DICCIONARIO BÁSICO
ESPASA

DICCIONARIO BÁSICO ESPASA

TOMO 3
ENGALLE
LAGUNAR

CON
VERSIÓN DE LA MAYORÍA DE LAS VOCES EN
FRANCÉS, INGLÉS, ITALIANO Y ALEMÁN
Y SUS ETIMOLOGÍAS

QUINTA EDICIÓN

ESPASA-CALPE, S. A.
MADRID-1983

ES PROPIEDAD

© Espasa-Calpe, S. A., Madrid, 1980

Impreso en España
Printed in Spain

—

Depósito legal: M. 9.781-1983

ISBN 84-239-4793-9 (Obra completa)
ISBN 84-239-4796-3 (Tomo III)

Para la realización gráfica de esta obra han colaborado:
La Papelera Vizcaína, S. A., del grupo La Papelera Española, S. A. Paseo de Urgoiti, 7.
Arrigorriaga (Vizcaya),
con el papel especialmente fabricado para esta edición
Espasa-Calpe, S. A., Carretera de Irún, km. 12,200. Madrid-34
en la fotocomposición, fotomecánica, impresión y encuadernación
Equipos de redacción, ilustración y diseño gráfico de Espasa-Calpe, S. A., Madrid

ABREVIATURAS

Las abreviaturas de substantivos y adjetivos pueden referirse indistintamente a los géneros masculino o femenino y a los números singular o plural, según el sentido de la frase. La duplicación de las siglas de una abreviatura equivale también, en algunos casos, a la forma del plural. A veces puede verse empleada mayúscula o minúscula inicial, indistintamente; o finalizar la abreviatura en s si se emplea en plural.

alemán.	a.	*América central.*	*Amér. c.*	*Barcelona.*	*Bar.*
ablativo.	abl.	*América meridional.*	*Amér. m.*	barbarismo.	barb.
abreviatura.	abr.	*América septentrional.*	*Amér. sep.*	*Bellas Artes.*	*B. Art.*
absoluto.	abs.	alemán moderno.	a. mod.	bajo bretón.	b. bret.
acusativo.	ac.	*Anatomía.*	*Anat.*	berberisco.	berb.
acepción.	acep.	*Andalucía.*	*And.*	bajo griego.	b. gr.
antes de Cristo.	a. C.	anglicismo.	angl.	*Bibliografía.*	*Bibliog.*
Arte decorativa.	*A. dec.*	anticuado, antiguo o antonomasia.	ant.	*Biografía.*	*Biog.*
adjetivo o adjetival.	adj.			*Biogeografía.*	*Biogeog.*
Administración.	*Adm.*	*Antillas.*	*Ant.*	*Biología.*	*Biol.*
adverbio o adverbial.	adv.	antiguo alemán.	ant. a.	*Bioquímica.*	*Bioq.*
adverbio de afirmación.	adv. a.	antiguo francés.	ant. fr.	*Blasón.*	*Bl.*
		Antropología.	*Antrop.*	bajo latín.	b. lat.
adverbio de cantidad.	adv. c.	aplicado a persona, úsase también como substantivo.	apl. a pers., ú. t. c. s.	*Bolivia.*	*Bol.*
adverbio correlativo de cantidad.	adv. correlat. cant.			*Botánica.*	*Bot.*
				Burgos.	*Bur.*
adverbio de duda.	adv. d.	apócope.	apóc.	ciudad o como.	c.
adverbio interrogativo de lugar.	adv. interrog. l.	árabe.	ár.	Después de un número con indicación de grados, significa centígrado (p. e.: 17° C.).	C.
		Aragón.	*Ar.*		
		araucano.	arauc.		
adverbio de lugar.	adv. l.	arcaico.	arc.		
adverbio de modo.	adv. m.	archipiélago.	arch.		
adverbio de negación.	adv. n.	*Argentina.*	*Arg.*		
		Aritmética.	*Arit.*	*Cáceres.*	*Các.*
adverbio de orden.	adv. o.	*Armería.*	*Arm.*	*Cádiz.*	*Cád.*
adverbio relativo de cantidad.	adv. relat. cant.	*Arqueología.*	*Arqueol.*	*Caligrafía.*	*Calig.*
		Arquitectura.	*Arquit.*	*Canarias.*	*Can.*
adverbio relativo de lugar.	adv. relat. l.	artículo.	art.	*Cantería.*	*Cant.*
		Artillería.	*Artill.*	capital.	cap.
adverbio de tiempo.	adv. t.	*Asturias.*	*Ast.*	*Carpintería.*	*Carp.*
afluencia o afluente.	afl.	*Astrología.*	*Astrol.*	*Cartografía.*	*Cart.*
Agricultura.	*Agr.*	*Astronomía.*	*Astron.*	castellano.	cast.
Artes industriales.	*A. ind.*	*Astronáutica.*	*Astronáut.*	*Castilla.*	*Cast.*
Álava.	*Ál.*	aumentativo.	aum.	*Castilla la Nueva.*	*Cast. N.*
Albacete.	*Alb.*	*Automovilismo.*	*Aut.*	*Castilla la Vieja.*	*Cast. V.*
Albañilería.	*Albañ.*	verbo auxiliar.	aux.	catalán.	cat.
Álgebra.	*Álg.*	*Ávila.*	*Áv.*	*Cataluña.*	*Cat.*
Alicante.	*Alic.*	*Aviación.*	*Aviac.*	céltico.	célt.
Almería.	*Alm.*	*Avicultura.*	*Avic.*	celtolatino.	celtolat.
Alpinismo.	*Alp.*	*Artes y Oficios.*	*A. y Of.*	*Cerámica.*	*Cer.*
Alquimia.	*Alq.*	azteca.	azt.	*Cetrería.*	*Cetr.*
altitud o altura.	alt.	*Bacteriología.*	*Bact.*	*Cinematografía.*	*Cin.*
ambiguo.	amb.	*Badajoz.*	*Bad.*	*Cinegética.*	*Cineg.*
América.	*Amér.*	*Baleares.*	*Bal.*	*Cirugía.*	*Cir.*

ABREVIATURAS

Citología.	Citol.	Enología.	Enol.	griego moderno.	gr. mod.
Cocina.	Coc.	Entomología.	Entom.	Guadalajara.	Guad.
Colombia.	Col.	epiceno.	epic.	guaraní.	guar.
colectivo.	colect.	Equitación.	Equit.	Guatemala.	Guat.
género común de dos.	com.	Escultura.	Esc.	Guayaquil.	Guay.
		escandinavo.	escand.	Guipúzcoa.	Guip.
Comercio.	Com.	Esgrima.	Esgr.	habitantes, hora; delante de una fecha, hacia.	h.
comparativo.	comp.	español.	esp.		
concejo.	conc.	estado.	est.		
condado.	cond.	Estadística.	Estad.	hebreo.	hebr.
conjunción.	conj.	Estática.	Estát.	Hidráulica.	Hidrául.
conjunción adversativa.	conj. ad.	etcétera.	etc.	Hidrografía.	Hidrog.
		etimología.	etim.	Hidrometría.	Hidrom.
conjunción comparativa.	conj. comp.	Etnografía.	Etnog.	Higiene.	Hig.
		Etnología.	Etnol.	Hípica.	Híp.
conjunción condicional.	conj. cond.	exclamación o exclamativo.	excl.	Historia.	Hist.
				holandés.	hol.
conjunción copulativa.	conj. cop.	expletivo.	expl.	homónimo.	hom.
		expresión.	expr.	Honduras.	Hond.
conjunción distributiva.	conj. dist.	expresión adverbial.	expr. adv.	Horticultura.	Hort.
		expresión elíptica.	expr. elípt.	inglés.	i.
conjunción disyuntiva.	conj. disy.	expresión proverbial.	expr. prov.	ibérico.	ibér.
		extensión.	ext.	Iconografía.	Icon.
conjunción ilativa.	conj. il.	Extremadura.	Extr.	idem.	íd.
conjugación.	conjug.	substantivo femenino o femenino.	f.	imperativo.	imperat.
conjúguese.	conjúg.			imperfecto.	imperf.
Construcción.	Constr.	familiar.	fam.	verbo impersonal.	impers.
contracción.	contr.	Farmacia.	Farm.	Imprenta.	Impr.
La Coruña.	Cor.	feligresía.	felig.	verbo incoativo.	incoat.
Córdoba.	Córd.	Ferrocarriles.	Ferr.	indefinido.	indef.
corresponden.	corr.	festivo.	fest.	indeterminado.	indet.
corrupción.	corrup.	figurado.	fig.	indicativo.	indic.
Cosmografía.	Cosmog.	Filatelia.	Filat.	Indumentaria.	Indum.
Cosmología.	Cosmol.	Filipinas.	Filip.	Industria.	Indus.
Ciudad Real.	C. Real.	Filología.	Filol.	infinitivo.	inf.
Costa Rica.	C. Rica.	Filosofía.	Filos.	influido.	infl.
Cristalografía.	Crist.	Física.	Fís.	Ingeniería.	Ing.
Cronología.	Cron.	Física nuclear.	Fís. nucl.	inseparable.	insep.
Cuenca.	Cuen.	Fisiología.	Fisiol.	intensivo.	intens.
China Nacionalista.	China. N.	flamenco.	flam.	interjección o interjectiva.	interj.
dativo.	dat.	Folklore.	Folk.		
después de Cristo.	d. C.	Fonética.	Fon.	interrogativo.	interr.
verbo defectivo.	def.	Fortificación.	Fort.	verbo intransitivo.	intr.
demostrativo.	dem.	Fotografía.	Fot.	inusitado.	inus.
Deportes.	Dep.	femenino plural.	f. pl.	invariable.	inv.
departamento.	depart.	francés, frase.	fr.	irlandés.	irl.
deponente.	depon.	frase proverbial.	fr. prov.	irónico.	irón.
Derecho.	Der.	verbo frecuentativo.	frec.	irregular.	irreg.
Derecho canónico.	Der. can.	futuro.	fut.	italiano.	it.
derivado.	deriv.	gaélico.	gaél.	iterativo.	iterat.
desinencia, desemboca o desembocadura.	des.	Galicia.	Gal.	Jardinería.	Jard.
		galicismo.	galic.	Joyería.	Joy.
		gallego.	gall.	Jurisprudencia.	Jurisp.
despectivo.	desp.	género.	gén.	kilómetro por hora.	kmh.
desusado.	desus.	Genealogía.	Geneal.	kilómetro por segundo.	km/s.
determinado.	det.	genitivo.	genit.		
dialectal.	dialec.	Geodesia.	Geod.	latín, o latitud (Geog.).	lat.
Dibujo.	Dib.	Geografía.	Geog.		
diminutivo.	dim.	Geografía histórica.	Geog. hist.	Lérida.	Lér.
Dinámica.	Din.	Geología.	Geol.	Léxico.	Léx.
distrito.	dist.	Geometría.	Geom.	Lingüística.	Ling.
distributivo.	distrib.	gerundio.	ger.	Literatura.	Lit.
República Dominicana.	Dom.	Gerona.	Ger.	literalmente.	liter.
dícese también.	d. t.	germánico.	germ.	Litografía.	Litog.
ejemplo.	e.	Germanía.	Germ.	Liturgia.	Litur.
Este.	E.	gobernación o gobierno.	gob.	locución.	loc.
Ebanistería.	Eban.			localidad.	local.
Economía.	Econ.	gótico.	gót.	loco citato (en el lugar citado).	loc. cit.
Economía doméstica.	Econ. dom.	griego.	gr.		
Ecuador.	Ecuad.	Grabado.	Grab.	locución conjuntiva.	loc. conjunt.
Electricidad.	Elec.	Gramática.	Gram.	locución prepositiva.	loc. prepos.
Electrónica.	Electrón.	Granada.	Gran.	Lógica.	Lóg.
Encuadernación.	Enc.	grecolatino.	grecolat.	Logroño.	Logr.

longitud.	long.
substantivo masculino, o metro, o muerto, o murió, o minuto.	m.
Madrid.	Mad.
modo adverbial.	m. adv.
Málaga.	Mál.
Marina.	Mar.
Marruecos.	Marr.
Matemáticas.	Mat.
modo adverbial interrogativo.	m. adv. interrog.
modo conjuntivo.	m. conj.
modo conjuntivo adversativo.	m. conj. ad.
modo conjuntivo condicional.	m. conj. cond.
Mecánica.	Mec.
Medicina.	Med.
Méjico.	Méj.
metros sobre el nivel del mar.	m. s. n. m.
Metalurgia.	Met.
metaplasmo.	metapl.
metátesis.	metát.
Meteorología.	Meteor.
Métrica.	Métr.
Metrología.	Metrol.
Microbiología.	Microb.
Milicia.	Mil.
Minería.	Min.
Mineralogía.	Miner.
Mitología.	Mit.
mixteco.	mixt.
moderno.	mod.
Montería.	Mont.
mismo origen.	m. or.
masculino plural.	m. pl.
metros por segundo.	m.-s.
municipio.	mun.
Murcia.	Mur.
Música.	Mús.
substantivo masculino y femenino.	m. y f.
neutro, o nace (por un río), nació, o nacido (por una persona).	n.
Norte.	N.
Navarra.	Nav.
Nordeste.	NE.
neerlandés.	neerl.
negación.	neg.
negativo.	negat.
neologismo.	neol.
Nicaragua.	Nic.
Noroeste.	NO.
nominativo.	nom.
nórdico.	nord.
nombre propio.	n. p.
número.	núm.
Numismática.	Num.
Oeste.	O.
Obstetricia.	Obst.
Oceanografía.	Ocean.
onomatopeya u onomatopéyico.	onomat.
Óptica.	Ópt.
Orfebrería.	Orfeb.
Orografía.	Orog.
Ortografía.	Ortog.
Oviedo.	Ov.
participio.	p.
participio activo.	p. a.
página.	pág.
Palencia.	Pal.
Paleografía.	Paleog.
Paleontología.	Paleont.
Las Palmas.	Palm.
Panamá.	Pan.
Paraguay.	Par.
parroquia.	parr.
partido o partícula.	part.
partícula comparativa.	part. comp.
partícula conjuntiva.	part. conj.
partícula inseparable.	part. insep.
Patología.	Pat.
por ejemplo.	p. e.
Pedagogía.	Pedag.
persona.	pers.
Petrografía.	Petr.
participio de futuro.	p. f.
participio de futuro pasivo.	p. f. p.
primera guerra mundial.	P. G. M.
Pintura.	Pint.
Piscicultura.	Pisc.
partido judicial.	p. j.
plural.	pl.
población.	pobl.
poético.	poét.
Poética.	Poét.
Política.	Polít.
Pontevedra.	Pont.
popular.	pop.
por antonomasia.	p. ant.
por excelencia.	p. excel.
por extensión.	p. ext.
portugués.	port.
Portugal.	Port.
participio pasivo.	p. p.
prefijo.	pref.
prefectura.	prefect.
Prehistoria.	Prehist.
preposición.	prep.
preposición inseparable.	prep. insep.
presente.	pres.
pretérito.	pret.
Puerto Rico.	P. Rico.
privativo.	priv.
pronominal o verbo pronominal.	prnl.
pronombre.	pron.
pronombre correlativo de cantidad.	pron. correlat. cant.
pronombre demostrativo.	pron. dem.
pronombre indefinido.	pron. indef.
pronombre personal.	pron. pers.
pronombre posesivo.	pron. pos.
pronombre relativo.	pron. relat.
pronombre relativo de cantidad.	pron. relat. cant.
pronunciación andaluza.	pronun. and.
pronunciación española.	pronun. esp.
pronunciación granadina.	pronun. gran.
pronúnciese.	pronúnc.
Prosodia.	Pros.
provincia.	prov.
Provincias vascongadas.	Prov. vasc.
provenzal.	provenz.
proverbio o proverbial.	proverb.
Psicología.	Psicol.
Psiquiatría.	Psiquiat.
poco usado.	p. us.
Química.	Quím.
Radiodifusión.	Radio.
Radioastronomía.	Radioastr.
Radiotelefonía.	Radiotelef.
Radiotelegrafía.	Radioteleg.
real decreto.	r. d.
Río de la Plata.	R. Plata.
verbo recíproco.	rec.
refrán.	ref.
regular.	reg.
regresivo.	regr.
Religión.	Rel.
Relojería.	Reloj.
Repostería.	Repost.
Retórica.	Ret.
riojano.	rioj.
real orden.	r. o.
República Popular China.	R. P. China.
substantivo o segundo; delante de un número romano, siglo.	s.
Sur.	S.
Salamanca.	Sal.
El Salvador.	Salv.
sánscrito.	sánscr.
Santander.	Sant.
Santa Cruz de Tenerife.	S. Cruz.
Sudeste.	SE.
Segovia.	Seg.
sentido.	sent.
separativo.	sep.
Sericicultura.	Seric.
Sevilla.	Sev.
segunda guerra mundial.	S. G. M.
significa o significación.	sign.
Silvicultura.	Silv.
sinónimo.	sin.
singular.	sing.
siriaco.	sir.
situado.	sit.
Su Majestad.	S. M.
Sudoeste.	SO.
Sociología.	Sociol.
Soria.	Sor.
Su Santidad.	S. S.
subafluente.	subafl.
subjuntivo.	subj.
substantivado.	subst.
sufijo.	suf.
superficie.	superf.
superlativo.	superl.
temporal, tiempo.	t.
Tarragona.	Tarr.
Tauromaquia.	Taurom.
Tecnicismo.	Tecn.
Telefonía.	Telef.
Telegrafía.	Teleg.
Televisión.	Telev.

ABREVIATURAS

Teología.	*Teol.*	usábase.	usáb.	vulgarismo, vulgar o vulgarmente.	vulg.
Teruel.	*Ter.*	Úsase también como.	Ú. t. c.	*Zamora.*	*Zam.*
Terapéutica.	*Terap.*	Úsase también como adjetivo.	Ú. t. c. adj.	zapoteca.	zap.
terminación.	term.	Úsase también como intransitivo.	Ú. t. c. intr.	*Zaragoza.*	*Zar.*
término.	térm.	Úsase también como pronominal.	Ú. t. c. prnl.	*Zoología.*	*Zool.*
territorio.	terr.	Úsase también como substantivo.	Ú. t. c. s.	*Zootecnia.*	*Zoot.*
teutónico.	teut.				
terminación femenina.	t. f.	Úsase también como substantivo femenino.	Ú. t. c. s. f.	**Signos:**	
Toledo.	*Tol.*				
Topografía.	*Topog.*	Úsase también como substantivo masculino.	Ú. t. c. s. m.	tanto por ciento.	%
Toxicología.	*Toxicol.*			libra esterlina.	£
verbo transitivo.	tr.			dólar, peso.	$ o $
Trigonometría.	*Trig.*	Úsase también como transitivo.	Ú. t. c. tr.	Forma hipotética.	*
Úsase.	Ú. o ú.	Úsase también en plural.	Ú. t. en pl.	Signo que equivale a la repetición de la voz inicial de un artículo en el caso de incluirse varias acepciones del mismo, con o sin determinante.	‖
Úsase como.	Ú. c.				
Úsase como substantivo femenino.	Ú. c. s. f.	Úsase también en singular.	Ú. t. en sing.		
Úsase como substantivo masculino.	Ú. c. s. m.	Véase.	V. o v.		
		Valencia.	*Val.*		
Úsase más.	Ú. m.	*Valladolid.*	*Vall.*	En la parte superior derecha de una cifra (p. e.: 17°), significa grados sexagesimales de circunferencia; si sigue una C. mayúscula (p. e.: 17° C.), quiere decir grados centígrados de temperatura.	°
Úsase más como.	Ú. m. c.	vascuence.	vasc.		
Úsase más con negación.	Ú. m. con neg.	*Venezuela.*	*Venez.*		
Úsase más como pronominal.	Ú. m. c. prnl.	versículo.	vers.		
		Veterinaria.	*Veter.*		
Úsase más como substantivo.	Ú. m. c. s.	visigótico.	visigót.		
Úsase más en plural.	Ú. m. en pl.	*Viticultura.*	*Vit.*		
Unión de Repúblicas Socialistas Soviéticas.	U. R. S. S.	*Vizcaya.*	*Viz.*		
		vocativo.	voc.		
Uruguay.	*Urug.*	volumen.	vol.		

engalle

engalle. (De *engallar*.) m. Parte del arnés de lujo, que consiste en dos correas que, partiendo del bocado y pasando por unas argollas de la frontalera, se reúnen en una hebilla o gancho fijo en la parte alta del collerón. Sirve para mantener erguida la cabeza del caballo.

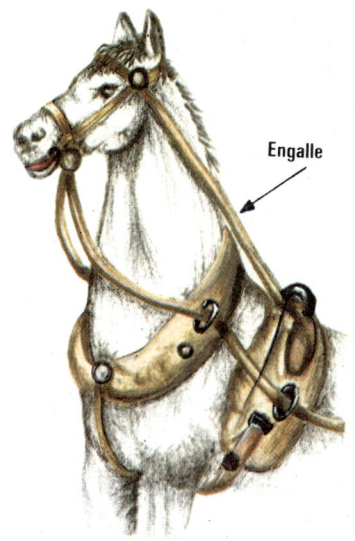
Engalle

enganchador, ra. adj. Que engancha.
enganchamiento. m. **enganche.**
enganchar. fr., *accrocher*; it., *appicare*; i., *to hang up*; a., *anhängen*. tr. Agarrar una cosa con gancho o colgarla de él. Ú. t. c. prnl. y c. intr. ∥ Poner las caballerías en los carruajes de manera que puedan tirar de ellos. Ú. t. c. intr. ∥ fig. y fam. Atraer a uno con arte, captar su afecto o su voluntad. ∥ En la milicia, atraer a uno a que siente plaza de soldado, ofreciéndole dinero. ∥ En tauromaquia, coger el toro al bulto y levantarlo con los pitones. ∥ prnl. En la milicia, sentar plaza de soldado.
enganche. m. Acción y efecto de enganchar o engancharse. ∥ Pieza o aparato dispuesto para enganchar.
enganchón. m. Acción y efecto de engancharse o prenderse la ropa o cabellera en un objeto punzante.
engandujo. m. Hilo retorcido que cuelga de cierta franja que tiene el mismo nombre.
engangochar. tr. *Chile*. Cubrir fardos o cajones con gancho o arpillera.

engañabobos. (De *engañar* y *bobo*.) com. fam. Persona que pretende embaucar o deslumbrar. ∥ Cosa que engaña o defrauda con su apariencia. ∥ m. **Zool.** *And.* **chotacabras.**
engañadizo, za. adj. Fácil de ser engañado.
engañador, ra. adj. Que engaña. ∥ fig. Que atrae dulcemente el cariño. Ú. t. c. s.
engañamiento. (De *engañar*.) m. ant. **engaño.**
engañamundo o **engañamundos.** m. **engañador,** que engaña.
engañanecios. m. **engañabobos,** persona que pretende embaucar o deslumbrar.
engañante. p. a. de **engañar.** Que engaña.
engañanza. (De *engañar*.) f. ant. **engaño.**
engañaojos. m. *Col.* Dibujo en que se representan varios objetos en desorden.
engañapastores. (De *engañar* y *pastor*.) m. **Zool. chotacabras.**
engañapichanga. f. *Arg., Chile* y *Urug.* **pichanga.** ∥ m. *Bol.* Mercachifle, hablador.
engañar. fr., *tromper*; it., *ingannare*; i., *to deceive*; a., *betrügen*. (Del lat. *in*, intens., y *gannāre*, burlar.) tr. Dar a la mentira apariencia de verdad. ∥ Inducir a otro a creer y tener por cierto lo que no lo es, valiéndose de palabras o de obras aparentes y fingidas. ∥ Producir ilusión, como acontece con algunos fenómenos naturales; p. e.: la calle o camino que parecen angostarse a su fin a quienes los miran desde el otro extremo, etc. ∥ Entretener, distraer. ∥ Hacer más apetitoso un manjar. ∥ **engatusar.** prnl. Cerrar los ojos a la verdad, por ser más grato el error. ∥ **equivocarse.**
engañifa. f. fam. Engaño artificioso con apariencia de utilidad.
engañifla. f. ant. **engañifa.** Ú. en Andalucía y Chile.
engañito. m. *Chile*. Regalo interesado.
engaño. (De *engañar*.) m. Falta de verdad en lo que se dice, hace, cree, piensa o discurre. ∥ Cualquier arte o armadijo para pescar. ∥ *Chile*. Dícese del regalo que se hace a una persona para captar su voluntad. ∥ **Taurom.** Muleta o capa de que se sirve el torero para engañar al toro.
engañosamente. adv. m. Con engaño.
engañoso, sa. adj. Falaz, que engaña o da ocasión a engañarse. ∥ *Ar., Av.* y *León.* Que dice mentiras.
engarabatar. tr. fam. Agarrar con garabato. ∥ Poner una cosa en forma de garabato. Ú. t. c. prnl.
engarabitar. intr. Trepar, subir a lo alto. Ú. t. c. prnl. ∥ tr. Engarabatar, dicho especialmente de los dedos que se encogen entumecidos por el frío. Ú. t. c. prnl.
engaratusar. (De *en y garatusa*.) tr. *Guat., Hond., Méj.* y *Nic.* Hacer a uno garatusas, engatusar.
engarbado, da. p. p. de **engarbarse.** ∥ adj. Dícese del árbol que al ser derribado queda sostenido por la copa de otro.
engarbarse. prnl. Encaramarse las aves a lo más alto de un árbol o de otra cosa.
engarberar. (De *en y garbera*.) tr. *And.* y *Mur.* Agrupar en el campo segado los haces de mies puestos de pie y sosteniéndose unos con otros.
engarbullar. (De *en y garbullo*.) tr. fam. Confundir, enredar, mezclar una cosa con otras.
engarce. m. Acción y efecto de engarzar. ∥ Metal en que se engarza alguna cosa. ∥ Conexión, relación entre las cosas.
engargantadura. f. **engargante.**
engargantar. tr. Meter una cosa por la garganta o tragadero, como se hace con las aves cuando se ceban a mano. ∥ intr. **engranar.** ∥ Meter el pie en el estribo hasta la garganta. Ú. t. c. prnl.
engargante. (De *engargantar*.) m. **Mec.** Encaje de los dientes de una rueda o barra dentada en los intersticios de otra.
engargolado, da. p. p. de **engargolar.** ∥ m. Ranura por la cual se desliza una puerta de corredera. ∥ **Carp.** Ensambladura, trabazón de lengüeta y ranura que une dos piezas de madera.
engargolar. tr. Ajustar las piezas que tienen gárgoles.
engaritar. tr. Fortificar o adornar con garitas una fábrica o fortaleza. ∥ fam. Engañar con astucia.
engarmarse. prnl. *Ast.* y *Sant.* Meterse el ganado en una garma.
engarnio. m. fam. Plepa, persona o cosa que no vale para nada.
engarrafador, ra. adj. Que engarrafa.
engarrafar. (De *en y garfa*.) tr. Meter en garrafas. ∥ fam. Agarrar fuertemente una cosa.
engarrar. (De *en y garra*.) tr. desus. **agarrar.**
engarriar. intr. Trepar, encaramar. Ú. t. c. prnl.
engarro. m. Acción y efecto de engarrar.
engarronar. (De *en y garrón*.) tr. Apiolar un animal muerto.
engarrotar. (De *en y garrote*.) tr. **agarrotar.** ∥ Causar entumecimiento de los miembros el frío. Ú. t. c. prnl.

engarrullar–englobar

engarrullar. tr. *Col.* Enredar, confundir.
engarruñarse. prnl. *Hond.* Engurruñarse, estar triste y encogido.
engarzador, ra. adj. Que engarza. Ú. t. c. s.
engarzadura. (De *engarzar*.) f. **engarce**.
engarzar. fr., *sertir;* it., *incastonare;* i., *to set in a bezel;* a., *fassen*. (Del ár. *jaraza*, cuenta o abalorio engarzado, con el pref. *en*.) tr. Trabar una cosa con otra u otras, formando cadena, por medio de hilo de metal. || Rizar el pelo. || **engastar.** || prnl. *Amér.* y *And.* Enzarzarse, enredarse unos con otros.
engasajar. (De *en* y *gasajo*.) tr. ant. **agasajar**.
engasgarse. (De la onomat. *gasg*.) prnl. **atragantarse**.
engastador, ra. adj. Que engasta. Ú. t. c. s.
engastadura. (De *engastar*.) f. **engaste**.
engastar. (Del lat. *incastrāre*.) tr. Encajar y embutir una cosa en otra, como una piedra preciosa en un metal.

Joyas con perlas engastadas en oro. Museo de Artes Decorativas. Madrid

engaste. fr., *chaton;* it., *castone;* i., *bezel;* a., *Fassung*. m. Acción y efecto de engastar. || Cerco o guarnición de metal que abraza y asegura lo que se engasta. || Perla desigual que por un lado es llana o chata y por el otro redonda.
engastonar. (Del it. *incastonare*.) tr. ant. **engastar**.
engastrílogo. m. **ventrílocuo**.
engatado, da. p. p. de **engatar**. || adj. Habituado a hurtar, como el gato; ratero.
engatar. (Acaso de *gato*.) tr. fam. Engañar halagando.
engatillado, da. p. p. de **engatillar**. || adj. Aplícase al caballo y al toro que tienen el pescuezo grueso y levantado por la parte superior. || m. Procedimiento empleado para unir dos chapas de metal, y que consiste en doblar el borde de cada una, enlazarlos y machacarlos para que se unan. || *Arquit.* Obra de madera, generalmente para techar los edificios, en la cual unas piezas están trabadas con otras por medio de gatillos de hierro.
engatillar. (De *en* y *gatillo*.) tr. Unir dos chapas metálicas por el procedimiento del engatillado. || En arquitectura, encajar los extremos de los maderos de piso en las muescas de una viga. || En arquitectura, sujetar con gatillos. || En una pintura artística sobre tabla, reforzar ésta con gatillo. || prnl. Hablando de escopetas y otras armas de fuego dotadas de gatillo, fallar el mecanismo de disparar. || *Col.* y *Ecuad.* Bajar la cabeza el caballo arrimando la boca al pecho.
engatuñarse. prnl. *Cuen.* Dicho de las tierras de labor, cubrirse de gatuña.
engatusador, ra. adj. fam. Que engatusa. Ú. t. c. s.
engatusamiento. m. fam. Acción y efecto de engatusar.
engatusar. (De *engatar*.) tr. fam. Ganar la voluntad de uno con halagos para conseguir de él alguna cosa.
engavetar. tr. *Guat.* Guardar algo en una gaveta por tiempo indefinido.
engaviar. (De *en* y *gavia*.) tr. Subir a lo alto. Ú. t. c. prnl. || *Val.* **enjaular**, encerrar en una jaula.
engavillar. (De *en* y *gavilla*.) tr. **agavillar**.
engazador, ra. (De *engarzar*.) adj. **engarzador**.
engazamiento. (De *engarzar*.) m. **engarce**.
engazar. tr. **engarzar**.
engazar. tr. *A.* y *Of.* En el obraje de paños, teñirlos después de tejidos. || *Mar.* Ajustar y poner gazas de firme a los motones, cuadernales y vigotas.
engazo. m. desus. **engarce**.
engazuzar. tr. *C. Rica.* Alborotar.
engelamiento. (De *en-*, con, y el lat. *gelāre*, helar.) m. **Fís** y **Meteor**. Acción y efecto de congelarse las gotas de agua al entrar en contacto con un objeto.
engelante. adj. **Fís.** y **Meteor**. Que produce engelamiento.
Engels (Friedrich). Biog. Filósofo, economista y político alemán, n. en Barmen, hoy Wuppertal, y m. en Londres (1820-1895). Entró en contacto en la Universidad de Berlín con los *jóvenes hegelianos*, y en Inglaterra simultaneó su trabajo teórico con la dirección de la industria de su padre, en Manchester. Fue uno de los más destacados colaboradores de

Friedrich Engels

los *Anales francoalemanes*, publicados bajo la dirección de Ruge y Karl Marx. Un gran acontecimiento en su vida fue el encuentro con éste, en París (1844), de quien llegó a ser el más íntimo amigo colaborador, hasta el punto de que es difícil precisar cuál es la aportación de cada uno al marxismo, pues juntos fundaron el materialismo dialéctico, el socialismo científico y el movimiento socialista internacional. Fue directivo de la Liga de los comunistas, contribuyó a la fundación de la Asociación internacional de trabajadores e inspiró la creación del partido socialista alemán. En 1870 liquidó sus negocios y se dio de lleno a la prosecución de sus ideas. Entre sus obras figuran: *La ideología alemana*, en colaboración (1844); *La sagrada familia*, en colaboración con Marx (1845); *Manifiesto del partido comunista*, también en colaboración con Marx (1848); *Socialismo utópico y socialismo científico* (1876-1877); *Anti-Dühring*, que después de *El capital*, de Marx, es la exposición más completa sobre el socialismo (1878); *Dialéctica de la naturaleza* (1882) y *Origen de la familia, la propiedad privada y el Estado* (1884). A la muerte de Marx (1883), recogió y publicó parte de las obras póstumas de su amigo y correligionario, y concretamente, redactó y publicó los libros segundo y tercero de *El capital*.
engendrable. adj. p. us. Que se puede engendrar.
engendración. (De *engendrar*.) f. ant. Acción y efecto de engendrar.
engendrador, ra. adj. Que engendra, cría o produce. || m. ant. **progenitor**.
engendramiento. m. Acción y efecto de engendrar.
engendrante. p. a. de **engendrar**. Que engendra.
engendrar. (Del lat. *ingenerāre*.) tr. Procrear, propagar la propia especie. || fig. Causar, ocasionar, formar. || **Geom.** Formar una línea por el movimiento de un punto en dirección determinada, una superficie por el movimiento de una línea, o un cuerpo por el de una superficie.
engendro. (De *engendrar*.) m. **feto**. || Criatura informe que nace sin la proporción debida. || fig. Plan, designio u obra intelectual mal concebidos.
engenerativo, va. adj. ant. **generativo**.
engenio. m. ant. **ingenio**.
engentarse. prnl. fam. *Méj.* En las gentes rústicas forasteras o poco sociables, aturdirse por encontrarse en una ciudad grande o entre personas desconocidas.
engeñar. (De *engeño*.) tr. ant. Combatir con ingenios o máquinas, o disponerlos para combatir.
engeñero. m. ant. **ingeniero**.
engeño. (Del lat. *ingenĭum*.) m. ant. **ingenio**.
engeñoso, sa. adj. ant. **ingenioso**.
engeridor. m. El que ingiere. || **Agr.** Abridor para hacer injertos.
engeridura. f. ant. **engerimiento**.
engerimiento. m. ant. Acción y efecto de engerir.
engerir. (Del lat. *ingerĕre*.) tr. Tomar por la boca alimentos, bebidas o medicinas. || prnl. *Col.* Engurruñarse, enmantarse.
engestado, da. adj. Agestado, encarado.
engibacaire o **engibador.** m. *Germ.* **rufián**, el que trafica con mujeres públicas.
engibar. (De *en* y *giba*.) tr. Hacer giboso o corcovado a uno. Ú. t. c. prnl. || *Germ.* Guardar y recibir.
engina. f. desus. **angina**.
engistomátido, da. (Del gr. *eggýs*, cerca, *-stomat-* e *-ido*.) adj. **Zool.** Dícese de los anfibios anuros, faneroglosos, que carecen de dientes y tienen en el centro del esternón una pieza cartilaginosa. Son tropicales, de América, África y Asia, y se alimentan principalmente de hormigas y termites. El ejemplo más típico es la *rana marsupial de Darwin*, de Chile. || m. pl. Familia de estos anfibios.
englandado, da. (De *en* y *glande*, bellota.) adj. **Bl.** Aplícase al escudo que tiene un roble o encina cargados de bellotas.
englantado, da. adj. **Bl. englandado**.
Engler (Heinrich Gustav Adolf). Biog. Botánico alemán, n. en Sagan y m. en Berlín (1844-1930). Su aportación más importante fue el haber establecido un nuevo sistema de clasificación botánica. Merece citarse como su obra capital *Die natürlichen Pflanzenfamilien*.
englobar. (Del m. adv. *en globo*.) tr. Incluir o considerar reunidas varias partidas o cosas en una sola.

englutativo, va. adj. ant. Glutinoso o aglutinante.
englutir. (Del lat. *inglutīre*.) tr. ant. **engullir.**
engocetar. tr. Poner el gocete de la lanza en el ristre.
engolado, da. adj. Que tiene gola, pieza de la armadura antigua.
engolado, da. (Del fr. *engoulé*, de *engouler*, tragar.) adj. Bl. Aplícase a las bandas, cruces, sotueres y demás piezas cuyos extremos entran en bocas de leones, serpientes, leopardos u otros animales.

Engolado

engolado, da. adj. Dícese de la voz, articulación o acento que tienen resonancia en el fondo de la boca o en la garganta. ‖ fig. Dícese del hablar afectadamente grave o enfático. ‖ fig. Fatuo, engreído, altanero.
engolamiento. m. Acción y efecto de engolar. ‖ Afectación, énfasis en el habla o en la actitud.
engolar. tr. Dar resonancia gutural a la voz.
engolfa. f. Ar. **algorfa,** sobrado.
engolfar. (De *en* y *golfo*.) tr. Meter una embarcación en el golfo. ‖ intr. Entrar una embarcación muy adentro del mar, de manera que ya no se divise tierra. Ú. m. c. prnl. ‖ prnl. fig. Meterse mucho en un negocio, dejarse llevar, arrebatarse de un pensamiento o afecto. Ú. t. c. tr.
engolillado, da. adj. fam. Que andaba siempre con la golilla puesta. ‖ fig. y fam. Dícese de la persona que se precia de observar con rigor los estilos antiguos.
engolillarse. prnl. *Cuba.* Entramparse, endeudarse.
engolondrinar. (De *en* y *golondro*.) tr. fam. Engreír, envanecer. Ú. t. c. prnl. ‖ prnl. fam. **enamoricarse.**
engolosinador, ra. adj. Que engolosina.
engolosinar. (De *en* y *golosina*.) tr. Excitar el deseo de uno con algún atractivo. ‖ prnl. Aficionarse, tomar gusto a una cosa.
engollamiento. m. fig. Presunción, envanecimiento.
engolletado, da. p. p. de **engolletarse.** ‖ adj. fam. Erguido, presumido, vano.
engolletarse. (De *en* y *gollete*.) prnl. fam. Engreírse, envanecerse.
engolliparse. (De *engullir* e *hipar*.) prnl. **atragantarse.** ‖ Atiborrarse, llenarse hasta el gaznate.
engomado, da. p. p. de **engomar.** ‖ adj. *Chile.* Peripuesto, acicalado.
engomadura. f. Acción y efecto de engomar. ‖ Primer baño que las abejas dan a las colmenas antes de fabricar la cera.
engomar. fr., *gommer;* it., *ingommare;* i., *to gum;* a., *gummieren.* tr. Dar goma desleída o tragacanto a las telas y otros géneros para que queden tiesos y consistentes (v. **apresto**). ‖ Untar de goma los papeles y otros objetos para lograr su adherencia.
engonzar. tr. Unir con gonces.
engorar. tr. **enhuerar.** Ú. t. c. intr. y c. prnl.
engorda. f. *Chile y Méj.* Engorde, ceba. ‖ Conjunto de animales vacunos o de cerda que se ceban para la matanza.

engordadero. m. Sitio o paraje en que se tienen los cerdos para engordarlos. ‖ Tiempo en que se engordan. ‖ Alimento con que se engordan.
engordador, ra. adj. Que hace engordar. Ú. t. c. s.
engordar. fr., *engraisser;* it., *ingrassare;* i., *to fatten;* a., *mästen.* tr. Cebar, dar mucho de comer para poner gordo. ‖ intr. Ponerse gordo, crecer en gordura. ‖ fig. y fam. Hacerse rico.
engorde. m. Acción y efecto de engordar o cebar al ganado, especialmente al de cerda.
engordecer. (De *en* y *gordo*.) tr. ant. **engordar.** Usáb. t. c. intr.
engordero. m. *Chile.* El que se ocupa en la compra de animales flacos para cebarlos.
engorgonar. tr. *Hond.* Gastar dinero ajeno sin poderlo restituir a su debido tiempo, o el dinero propio cuando se aplica a aquello para lo que no estaba reservado.
engorgoritar. tr. *Sal.* Engaritar, engañar con zalamerías. ‖ Galantear, enamorar. Ú. t. c. prnl.
engorra. (De *engorrar*.) f. desus. Asimiento, detención. ‖ ant. Vuelta o gancho de hierro de algunas saetas, que sirve para que no se caigan ni puedan sacarse de la herida sin grande violencia y daño.
engorrar. (Del lat. *angaria*.) tr. ant. Tardar, detener. Ú. en Aragón y Salamanca. Ú. t. c. prnl. ‖ En Venezuela, fastidiar, molestar. Ú. t. c. prnl. Quedarse prendido o sujeto en un gancho. ‖ Entrar una espina o púa en la carne de modo que no se pueda sacar fácilmente.
engorro. (De *engorrar*.) m. Embarazo, impedimento, molestia.
engorronarse. prnl. *Ar.* Vivir completamente retirado y casi como escondido.
engorroso, sa. (De *engorro*.) adj. Embarazoso, dificultoso, molesto.
engoznar. tr. Clavar o fijar goznes. ‖ Encajar en un gozne.
engraciar. intr. ant. Agradar, caer en gracia.
engramear. tr. ant. Sacudir, menear.
engranaje. fr., *engrenage;* it., *ingranaggio;* i., *gearing;* a., *Verzahnung.* m. Efecto de engranar. ‖ Conjunto de las piezas que engranan. ‖ Conjunto de los dientes de una máquina. ‖ Acoplo formado por dos ruedas dentadas, por una rueda y una cremallera o husillo, por una rueda y una cadena, o por rueda y tornillo sin fin, para transmitir un movimiento. ‖ fig. Enlace, trabazón de ideas, circunstancias o hechos. ‖ **cilíndrico.** *Mec.* Aquel que conecta dos ejes paralelos y cuyas superficies primitivas son cilíndricas. ‖ **cónico.** El que conecta dos ejes que forman ángulo en un mismo plano y cuyas superficies primitivas son cónicas. ‖ **de dientes helicoidales.** Aquel cuyo dentado no es recto, sino que tiene forma de hélice y hace un cierto ángulo con el eje.
engranar. (Del lat. *in*, en, y *crenae, -ārum*, muescas.) intr. Encajar los dientes de una rueda. ‖ fig. Enlazar, trabar.
engranar. (De *en* y *grana*.) tr. Teñir de grana.
engrandar. (De *en* y *grande*.) tr. **agrandar.**
engrandecer. fr., *agrandir;* it., *aggrandire;* i., *to enlarge;* a., *vergrössern, erweitern.* (Del lat. *ingrandescĕre*.) tr. Aumentar, hacer grande una cosa. ‖ Alabar, exagerar. ‖ fig. Exaltar, elevar a uno a grado o dignidad superior. Ú. t. c. prnl.
engrandecimiento. (De *engrandecer*.) m. Dilatación, aumento. ‖ Ponderación, exageración. ‖ Acción de elevar o elevarse uno a grado o dignidad superior.
engranerar. tr. Encerrar el grano; ponerlo en el granero o panera.
engranujarse. (De *en* y *granujo*.) prnl. Llenarse de granos. ‖ Hacerse granuja, apicararse.
engrapadora. f. Máquina que sirve para engrapar papeles.
engrapar. tr. Asegurar, enlazar o unir con grapas.
engrasación. f. Acción y efecto de engrasar o engrasarse.
engrasador, ra. adj. Que engrasa. Ú. t. c. s.
engrasar. fr., *graisser, engraisser;* it., *ingrassare;* i., *to fatten;* a., *mästen, einfetten.* tr. Dar substancia y crasitud a una cosa. ‖ Untar, manchar con pringue o grasa. Ú. t. c. prnl. ‖ Adobar con algún aderezo las manufacturas o tejidos. Ú. t. c. prnl. ‖ **Agr.** encrasar, fertilizar las tierras. ‖ **Mec.** Untar ciertas partes de una máquina con aceites u otras substancias lubricantes para disminuir el rozamiento. ‖ prnl. *Pat. Mej.* Contraer los mineros la enfermedad del saturnismo.
engrase. m. Acción y efecto de engrasar o engrasarse ‖ Materia lubricante.
engrasillar. tr. *Chile.* Cubrir lo raspado en el papel con grasilla o sandáraca.
engráulido, da. (Del lat. científico *engraulis*, gén. tipo, e *-ido;* aquél del gr. *eggraulis*, pescado pequeño.) adj. **Zool.** Dícese de los peces teleósteos, orden de los clupeiformes y gén. *engraulis*, al que pertenece el boquerón o bocarte. ‖ m. pl. Familia de estos peces.
engravecer. (Del lat. *ingravescĕre*.) tr. Hacer grave o pesada alguna cosa. Ú. t. c. prnl.
engredar. tr. Untar con greda.
engreimiento. fr., *bouffisure;* it., *vanità;* i., *vanity;* a., *Aufgeblasenheit.* m. Acción y efecto de engreír o engreírse. ‖ desus. Composición y adornos con que las mujeres se visten y aderezan.
engreír. (Del lat. *ingredĭre*, por *ingrĕdi*.) tr. **envanecer.** Ú. t. c. prnl. ‖ *Amér.* y *And.* Encariñar, aficionar. Ú. m. c. prnl.
engreñado, da. (De *en* y *greña*.) adj. **desgreñado.**
engrescar. (De *en* y *gresca*.) tr. Incitar a riña. Ú. t. c. prnl. ‖ Meter a otros en broma, juego u otra diversión. Ú. t. c. prnl.
engrifar. (De *en* y *grifo*.) tr. Encrespar, erizar. Ú. t. c. prnl. ‖ prnl. Enarmonarse, empinarse una caballería.
engrillar. tr. Meter en grillos. ‖ fig. Sujetar, aprisionar. ‖ prnl. *P. Rico y Venez.* Encapotarse el caballo.
engrillarse. prnl. Echar grillos o tallos las patatas.
engrilletar. tr. Poner el grillete a los presidiarios. ‖ *Mar.* Unir o asegurar por medio de grillete dos trozos de cadena, una cadena y una argolla, etc.

Engranajes

engrincharse. prnl. fam. *Cuba.* Incomodarse, ponerse serio, orgulloso.

engringarse. prnl. Seguir uno las costumbres o manera de ser de los gringos o extranjeros. Ú. m. en América.

engrosamiento. m. Acción y efecto de engrosar.

engrosar. (Del lat. *in*, en, y *grossus*, grueso.) tr. Hacer gruesa y más corpulenta una cosa, o darle espesor o crasitud. Ú. t. c. prnl. || fig. Aumentar, hacer más numeroso un ejército, una multitud, etc. || intr. Tomar carnes y hacerse más grueso o corpulento.

engrosecer. tr. ant. **engrosar.**

engrudador, ra. m. y f. Persona que engruda. || Utensilio que sirve para engrudar.

engrudamiento. m. Acción y efecto de engrudar.

engrudar. (Del lat. **inglutāre*; de *in*, en, y *glus*, *glutis*, engrudo.) tr. Untar o dar con engrudo a una cosa. || prnl. Tomar consistencia de engrudo.

engrudo. fr., *colle d'amidon*; it., *colla*; i., *paste*; a., *Kleister*. (De *engrudar*.) m. Masa comúnmente hecha con harina o almidón, que se cuece ligeramente en agua y sirve para pegar papeles y otras cosas ligeras. || *Can.* Cola de pegar.

engruesar. (De *en* y *grueso*.) intr. Hacer más grueso algo.

engrumecerse. prnl. Hacerse grumos un líquido o una masa fluida.

engruñar. (De *engurruñar*.) tr. Arrugar, encoger.

engruño. (De *engruñar*.) m. Acción de encoger. || Juego infantil en que se encoge y cierra la mano para que adivinen lo que hay dentro.

enguachinar. tr. Enaguachar, enaguazar, encharcar. Ú. t. c. prnl.

enguadar. tr. *Cuba.* Engatusar, engatar.

engualdrapar. tr. Poner la gualdrapa a una bestia.

engualichado, da. adj. *Arg.* Poseído del gualicho o demonio.

engualicharse. prnl. *Arg.* Meterse el gualicho o demonio dentro de una persona.

enguamba. m. *Bot.* Árbol de Méjico (Michoacán de Ocampo), de cuya fruta se extrae un aceite medicinal.

enguantado, da. p. p. de **enguantar.** || adj. *Chile.* Se dice del animal de color claro con las cuatro patas negras.

enguantar. tr. Cubrir la mano con el guante. Ú. m. c. prnl.

enguaraparse. (De *guarapo*.) prnl. *Amér.* **aguaraparse.**

enguarapetarse. prnl. *Méj.* Emborracharse.

enguatar. (De *en* y *guata*.) tr. Entretelar con manta de algodón en rama.

enguatusar. tr. *C. Rica.* **engatusar.**

enguedejado, da. adj. Aplícase al pelo que está hecho guedejas. || Dícese también de la persona que trae así la cabellera. || fam. Que cuida demasiado de componer y aliñar las guedejas.

enguera. (Del lat. *angaria*.) f. ant. Alquiler que devengaba una bestia de carga o tiro. || ant. Importe de lo que una bestia dejaba de producir mientras estaba prendada.

Enguera. Geog. Mun. de España, prov. de Valencia, p. j. de Játiva; 5.091 h. || Villa cap. del mismo; 4.791 h. (*engueriños*).

enguerar. (Del lat. *angariāre*.) tr. *Ar.* y *Nav.* **estrenar.** || *Rioja.* Dar que hacer, molestar, ocupar. || *Sal.* Detener o demorar en un trabajo pesado o engorroso. Ú. t. c. prnl. || Ahorrar, escatimar.

engüerar. tr. **enhuerar.**

enguerrillarse. prnl. *Venez.* Operar en guerrillas.

enguichado, da. (Del fr. *enguiché*.) adj. **Bl.** Dícese de las trompetas, cornetas, etc., cuando van pendientes o liadas con cordones de esmalte diferente del del instrumento.

Enguídanos. Geog. Mun. de España, prov. de Cuenca, p. j. de Motilla del Palancar; 1.238 h. || Villa cap. del mismo; 1.116 h. (*enguidaneses*).

enguijarrado, da. p. p. de **enguijarrar.** || m. Empedrado hecho con guijarros.

enguijarrar. tr. Empedrar con guijarros.

enguillotarse. (De *enquillotrarse*.) prnl. fam. Enfrascarse, tener absorbida la atención por algo.

enguirlandar. tr. ant. **enguirnaldar.**

enguirnaldar. tr. Adornar con guirnalda.

enguitarrarse. prnl. *Venez.* Vestirse de levita u otro traje de ceremonia.

enguizgar. (De *en* y *guizgar*.) tr. Incitar, estimular.

engullidor, ra. adj. Que engulle. Ú. t. c. s.

engullir. fr., *engloutir*; it., *ingollare*; i., *to devour, to gorge*; a., *schlingen*. (Del lat. *in*, en, y *gula*, garganta.) tr. Tragar la comida atropelladamente y sin mascarla. Ú. t. c. intr.

engurra. (De *engurrar*.) m. Arruga, encogimiento.

engurrar. (De *enrugar*.) tr. Arrugar, encoger.

engurria. (De *engurriar*.) f. ant. **arruga.**

engurriado, da. p. p. de **engurriar.** || adj. ant. **rugoso.**

engurriamiento. (De *engurriar*.) m. ant. **arrugamiento.**

engurriar. (De *engurrar*.) tr. ant. **arrugar.**

engurrio. (De *engurrar*.) m. Tristeza, melancolía.

engurrioso, sa. adj. *Col.* **envidioso.**

engurruminar. (De *engurrumir*.) tr. Arrugar, encoger.

engurrumir. (De *engurrar*.) tr. Arrugar, encoger. Ú. t. c. prnl.

engurruñar. (De *engurrar*.) tr. Encoger, arrugar. Ú. t. c. prnl. || prnl. Ponerse triste y melancólico.

engurruñir. (De *engurrar*.) tr. Arrugar, encoger. Ú. t. c. prnl.

enhacinar. tr. **hacinar.**

enhadar. tr. ant. **enfadar.**

enhado. m. ant. **enfado.**

enhadoso, sa. adj. ant. **enfadoso.**

enharinar. tr. Manchar de harina; cubrir con ella la superficie de una cosa. Ú. t. c. prnl.

enhastiar. tr. Causar hastío, fastidio, enfado. Ú. t. c. prnl.

enhastillar. tr. Poner o colocar las saetas en el carcaj.

enhastío. m. ant. **hastío.**

enhastioso, sa. (De *enhastío*.) adj. desus. **enfadoso.**

enhatijar. (De *en* y *hatijo*.) tr. *Apicultura.* Cubrir las bocas de las colmenas con unos harneros de esparto para llevarlas de un lugar a otro.

enhebillar. tr. Sujetar las correas a las hebillas.

enhebrar. fr., *enfiler*; it., *infilare*; i., *to thread*; a., *einfädeln*. tr. Pasar la hebra por el ojo de la aguja o por el agujero de las cuentas, perlas, etc. || fig. y fam. Decir seguidas muchas cosas sin orden ni concierto.

enhechizar. tr. ant. **hechizar.** Ú. en Salamanca.

enhelgado, da. adj. ant. **helgado.**

enhenar. tr. Cubrir o envolver con heno.

enherbolar. (Del lat. *in*, y *herbŭla*, dim. de *herba*, hierba, en el sentido de veneno.) tr. Inficionar, poner veneno en una cosa. Dícese más comúnmente de los hierros de las lanzas o saetas untadas con el zumo de hierbas ponzoñosas.

enhestador. m. El que enhiesta.

enhestadura. f. Acción y efecto de enhestar o enhestarse.

enhestamiento. m. **enhestadura.**

enhestar. (De *enhiesto*.) tr. Levantar en alto, poner derecha y levantada una cosa. Ú. t. c. prnl. || ant. *Mil.* Levantar gente de guerra.

enhetradura. (De *enhetrar*.) f. ant. Acción y efecto de enmarañar o enmarañarse el cabello.

enhetramiento. m. ant. **enhetradura.**

enhetrar. (De *en* y *hetría*.) tr. ant. Enredar, enmarañar el cabello. Usáb. t. c. prnl.

enhielar. tr. Mezclar una cosa con hiel.

enhierbarse. prnl. *Amér.* Cubrirse de hierba un terreno. || Comer un animal alguna hierba venenosa.

enhiesto, ta. (Del lat. *infestus*, levantado.) p. p. irreg. de **enhestar.** || adj. Levantado, derecho.

enhilar. (De *en* e *hilo*.) tr. **enhebrar.** || fig. Ordenar, colocar en su debido lugar las ideas de un escrito o discurso. || fig. Dirigir, guiar o encaminar con orden una cosa. || **enfilar.** || intr. Encaminarse, dirigirse a un fin.

enhollinarse. prnl. Tiznarse, mancharse de hollín.

enhorabuena. (De *en*, *hora* y *buena*.) f. **felicitación.** || adv. m. **en hora buena.**

enhoramala. adv. m. **en hora mala.**

enhorcar. (Del lat. *infurcāre*, poner en la horca.) tr. Formar horcos, de ajos o cebollas. || ant. **ahorcar.** || *León.* Coger con la horca el heno o la gavilla.

enhornar. tr. Meter una cosa en el horno para asarla o cocerla.

enhorquetar. tr. *Arg.*, *Cuba* y *P. Rico.* Poner a horcajadas. Ú. t. c. prnl.

enhotado, da. (De *en* y *hoto*.) adj. ant. **confiado.**

enhotar. (Del lat. *in*, en, y *fautus*, ayudado.) tr. ant. Azuzar o iniciar. Se decía ordinariamente de los perros.

enhoto. m. **confianza.**

enhuecador. adj. *Col.* **ahuecador.**

enhuecar. (Del lat. *inoccāre*.) tr. **ahuecar.**

enhuerar. tr. Volver huero. || intr. Volverse huero. Ú. t. c. prnl.

enhuevar. intr. *Chile.* **huevar.**

enhumedecer. tr. ant. **humedecer.**

énhydris. (Voz del lat. científico; del gr. *énhydris*, nutria.) Zool. Gén. de carnívoros al que pertenece la nutria marina.

Nutria del género énhydris

enigma. fr., *énigme*; it. e i., *enigma*; a., *Rätsel*. (Del lat. *aenigma*, y éste del gr. *aínigma*.) m. Dicho o conjunto de palabras de sentido artificiosamente encubierto para que sea difícil entenderlo o interpretarlo. || **adivinanza.** || Por ext., dicho o cosa que no se alcanza a comprender, o que difícilmente puede entenderse o interpretarse.

enigmáticamente. adv. m. De manera enigmática.

enigmático, ca. (Del lat. *aenigmaticus.*) adj. Que en sí encierra o incluye enigma; de significación obscura, misteriosa y muy difícil de penetrar.

enigmatista. (Del lat. *aenigmatista*, y éste del gr. *ainigmatistés*.) com. Persona que al hablar lo hace con enigmas.

Enix. Geog. Mun. de España, prov. y p. j. de Almería; 490 h. || Villa cap. del mismo; 380 habitantes.

enjablar. tr. Poner el fondo a las cubas.

enjabonado, da. p. p. de **enjabonar.** || adj. En Cuba, dícese de la caballería que tiene el pelo obscuro sobre el fondo blanco. || m. Acción y efecto de enjabonar.

enjabonadura. f. Acción y efecto de jabonar.

enjabonar. tr. **jabonar.** || fig. y fam. Dar jabón, adular. || fig. Reprender a uno, increparlo.

enjaezado, da. p. p. de **enjaezar.** || adj. *Germ.* Galano, bien vestido.

enjaezar. fr., *enharnacher;* it., *bardare;* i., *to harness;* a., *anschirren.* tr. Poner los jaeces a las caballerías.

enjaguadura. (De *enjaguar.*) f. **enjuagadura.**

enjaguar. (Del lat. **exaquāre.*) tr. **enjuagar.**

enjagüe. (De *enjaguar.*) m. Adjudicación que se hacía a los interesados en una nave, en satisfacción de los créditos respectivos. || ant. **enjuague.** Ú. en América.

enjalbegado, da. p. p. de **enjalbegar.** || m. Acción y efecto de enjalbegar o enjalbegarse.

enjalbegador, ra. adj. Que enjalbega. Ú. t. c. s.

enjalbegadura. f. Acción y efecto de enjalbegar o enjalbegarse.

enjalbegar. (Del lat. *ex*, de, y *albicāre*, blanquear.) tr. Blanquear las paredes con cal, yeso o tierra blanca. || fig. Afeitar, componer el rostro con albayalde u otros afeites. Ú. t. c. prnl.

enjalbiego. m. Acción y efecto de enjalbegar o enjalbegarse.

enjalma. (De *en* y *jalma.*) f. Especie de aparejo de bestia de carga, como una albardilla ligera.

enjalmar. tr. Poner la enjalma a una bestia. || Hacer enjalmas. || Ensalmar o encantar. || *Cuba.* Armar o colocar algo con poca gracia.

enjalmero. m. El que hace o vende enjalmas.

enjambradera. (De *enjambrar.*) f. **Apicultura.** Casquilla de la colmena. || En algunas partes, **abeja maestra.** || Abeja que, por el zumbido que produce dentro de la colmena, denota estar en agitación para salir a enjambrar en otra parte o vaso.

enjambradero. m. **Apicultura.** Sitio en que enjambran los colmeneros sus vasos o colmenas.

enjambrar. (Del lat. *examināre.*) tr. Coger las abejas que andan esparcidas, o los enjambres que están fuera de las colmenas, para encerrarlos en ellas. || Sacar un enjambre de una colmena cuando está muy poblada de abejas y en disposición de salirse de ella, a fin de poblar con él una nueva. || intr. Criar una colmena tantas abejas que esté en disposición de separarse parte de ellas con una reina. || fig. Multiplicar o producir en abundancia. || prnl. Convertirse en enjambre.

enjambrazón. f. Acción y efecto de enjambrar.

enjambre. fr., *essaim;* it., *sciame;* i., *swarm;* a., *Bienenschwarm.* (Del lat. *exāmen, -ĭnis.*) m. Conjunto de abejas que salen de una colmena con una abeja reina para fundar otra. || fig. Muchedumbre de personas o cosas juntas. || **Zool.** *Cuba* y *P. Rico.* Pez semejante a la cabrilla, de carne sabrosa, de la familia de los serránidos (*petrometopon cruentatus* y *p. marinus*).

enjaminar. tr. *Cuba.* Enjalmar, poner algo con poca gracia. || prnl. *Venez.* Componerse, adornarse.

enjaquimar. tr. Poner la jáquima a una bestia. || fam. *Sal.* Arreglar, componer.

enjaranarse. (De *en* y *jarana.*) prnl. *Amér. c.* Endeudarse.

enjarciar. tr. **Mar.** Poner la jarcia a una embarcación.

enjardar. tr. *And.* Llenar de grano la jarda.

enjardinar. (De *en* y *jardín.*) tr. Poner y arreglar los árboles como están en los jardines. || Convertir un terreno en jardín. || **Cetr.** Poner al ave de rapiña en un prado o paraje en que abunda el verde.

enjaretado, da. p. p. de **enjaretar.** || m. Tablero formado de tabloncillos colocados de modo que formen enrejado.

enjaretar. tr. Hacer pasar por una jareta un cordón, cinta o cuerda. || fig. y fam. Hacer o decir algo sin intermisión y atropelladamente o de mala manera. || Hacer de prisa ciertas cosas. || fig. y fam. Endilgar, encajar, intercalar o incluir algo molesto o inoportuno.

enjarje. (De *en* y el ár. *jarŷa*, salida, cosa saliente.) m. **Arquit. adarajas.** || Enlace de varios nervios de una bóveda en el punto de arranque.

enjarrarse. prnl. *C. Rica* y *Méj.* Ponerse con los brazos en jarras.

enjaular. tr. Encerrar o poner dentro de la jaula a una persona o animal. || fig. y fam. Meter en la cárcel a uno.

enjebar. (De *jebe.*) tr. Meter y empapar los paños en cierta lejía hecha con alumbre y otras cosas, para dar después el color. || *Méj.* Enjabonar, jabonar.

enjebar. (Del lat. *exalbāre.*) tr. Blanquear un muro con lechada de yeso.

enjebe. m. **jebe,** alumbre. || Acción y efecto de enjebar. || Lejía o colada en que se echan los paños antes de teñirlos.

enjeco. (Del m. or. que *achaque*, indisposición.) m. ant. Incomodidad, molestia. || ant. Perturbación, perjuicio.

enjeco. (Del ár. *aš-šakk*, la duda.) m. ant. Duda, dificultad, enredo.

enjergado, da. p. p. de **enjergar.** || adj. ant. Enlutado o vestido de jerga, que era el luto antiguo.

enjergar. (De *en* y *jerga*, tela.) tr. fam. Principiar y dirigir un negocio o asunto.

enjerir. (Del lat. *inserĕre.*) tr. **injertar.** || Meter una cosa en otra. || Introducir en un escrito una palabra, nota, texto, etc.

enjero. (De *enjerir.*) m. *And.* Palo largo de arado, que se ata al yugo.

enjertación. f. Acción y efecto de enjertar.

enjertal. m. **Agr.** Sitio plantado de árboles frutales injertos.

enjertar. (Del lat. *insertāre*, injertar.) tr. **injertar.**

enjerto, ta. (Del lat. *insertus*, injerto.) p. p. irreg. de **enjertar.** || m. Planta injertada. || fig. Mezcla de varias cosas diversas entre sí.

enjetar. tr. fam. *Arg.* **enyetar.** || prnl. *Arg.* y *Méj.* Enojarse.

enjicar. tr. *Cuba* y *P. Rico.* Poner los jicos a la hamaca.

enjillarse. prnl. *Cuba.* No cuajar bien el grano de maíz u otro fruto. || *Dom.* Quedarse encogido de hombros por enfermedad o accidente.

enjiquerar. tr. *Col.* Meter en un talego o saco.

enjordanar. (De *en* y *Jordán.*) tr. p. us. Remozar, rejuvenecer.

Enjambre

enjorguinarse. prnl. Hacerse jorguín o hechicero.

enjornar. tr. *Hond.* **enhornar.**

enjorquetar. tr. *Ant., C. Rica, Ecuad.* y *Méj.* Montar a horcajadas; llevar a un niño a horcajadas en la cintura.

enjoyado, da. p. p. de **enjoyar.** ‖ adj. ant. Que tiene o posee muchas joyas.

enjoyar. tr. Adornar con joyas a una persona o cosa. Ú. t. c. prnl. ‖ fig. Adornar, hermosear, enriquecer. ‖ Entre plateros, poner o engastar piedras preciosas en una joya.

enjoyelado, da. adj. Aplícase al oro o plata convertido en joyas o joyeles. ‖ Adornado de joyeles.

enjoyelador. (De *en* y *joyel.*) m. **engastador.**

enjuagadientes. m. Porción de agua o licor que se toma en la boca para enjuagar o limpiar la dentadura.

enjuagadura. f. Acción de enjuagar o enjuagarse. ‖ Agua o licor con que se ha enjuagado una cosa.

enjuagar. (De *enjaguar.*) tr. Limpiar la boca y dentadura con agua u otro licor. Ú. m. c. prnl. ‖ Aclarar y limpiar con agua clara lo que se ha jabonado o fregado, principalmente las vasijas. ‖ *Pesca. Mál.* Sacar del agua la bolsa de la red en el copo. Ú. t. c. intr.

enjuagatorio. m. Acción de enjuagar. ‖ Agua u otro líquido que sirve para enjuagarse. ‖ Vaso para enjuagarse.

enjuague. fr., *rinçage;* it., *lo sciacquare;* i., *rinsing;* a., *Spulen.* m. Acción de enjuagar. ‖ Agua u otro licor que sirve para enjuagar o enjuagarse. ‖ Vaso con su escupidera, destinado a enjuagarse. ‖ fig. Negociación oculta y artificiosa para conseguir lo que no se espera lograr por los medios regulares. ‖ desus. Complacencia y alarde con que uno se gloria de algo.

enjugador, ra. adj. Que enjuga. ‖ m. Utensilio que sirve para enjugar, como las cápsulas usadas en química para ese objeto, las cubetas de los cartoneros, etc. ‖ Especie de camilla redonda hecha de aros y tablas delgadas de madera, con un enrejado del cordel en la parte superior, que sirve para enjugar y calentar la ropa.

enjugar. fr., *essuyer;* it., *asciugare;* i., *to dry;* a., *abtrocknen.* (Del lat. *exsuccāre;* de *ex,* priv., y *succus,* jugo.) tr. Quitar la humedad a una cosa, secarla. ‖ Limpiar la humedad que echa de sí el cuerpo, como las lágrimas, el sudor, etcétera, o la que recibe mojándose las manos, el rostro, etc. Ú. t. c. prnl. ‖ fig. Cancelar, extinguir una deuda o un déficit. Ú. t. c. prnl. ‖ prnl. Enmagrecer, perder parte de la gordura que se tenía.

enjugascarse. prnl. *Mur.* Enfrascarse en el juego y algazara.

enjuiciable. adj. Que merece ser enjuiciado.

enjuiciamiento. fr., *procédure;* it., *procedura;* i., *proceedings;* a., *gerichtliches Verfahren.* m. Acción y efecto de enjuiciar. ‖ **Der.** Instrucción o substanciación legal de los asuntos en que entienden los jueces y tribunales. ‖ Forma de proceder en los juicios. ‖ Conjunto de normas prefijadas por la ley para la tramitación y terminación de toda clase de asuntos judiciales.

enjuiciar. (De *en* y *juicio.*) tr. fig. Someter una cuestión a examen, discusión y juicio. ‖ **Der.** Instruir un procedimiento con las diligencias y documentos necesarios para que se pueda determinar en juicio. ‖ Juzgar, sentenciar o determinar una causa. ‖ Sujetar a uno a juicio.

enjulio. (De *enjullo.*) m. **A. y Of.** Madero, por lo común redondo, colocado horizontalmente en los telares de paños y lienzos, en el cual se va arrollando el pie de urdimbre.

enjullo. (De *ensullo.*) m. **enjulio.**

enjuncar. tr. Cubrir de juncos. Ú. t. c. prnl. ‖ **Mar.** Atar con juncos una vela. ‖ Zafar los tomadores, substituyéndolos con filásticas, para poder cazar el velamen sin subir a las vergas.

enjunciar. tr. *Ar.* Cubrir de juncias las calles para alguna fiesta.

enjundia. (Del lat. *axungĭa.*) f. Gordura que las aves tienen en la overa, como la de la gallina, la pava, etc. ‖ Unto y gordura de cualquier animal. ‖ fig. Lo más substancioso e importante de alguna cosa no material. ‖ fig. Fuerza, vigor, arrestos. ‖ fig. Constitución o cualidad connatural de una persona.

enjundioso, sa. adj. Que tiene mucha enjundia. ‖ fig. Substancioso, importante, sólido.

enjunque. m. *Mar.* Lastre muy pesado que se pone en el fondo de la bodega, como galápagos de plomo, lingotes de hierro, etc. ‖ Colocación de este lastre.

enjuramiento. m. ant. Juramento legal.

enjurar. (De *en* y *juro.*) tr. ant. Dar, traspasar o ceder un derecho.

enjuta. f. **Arquit. pechina.** ‖ Albanega de un arco de forma triangular. ‖ **Geom.** Cada uno de los cuatro triángulos mixtilíneos que forma en un cuadro el círculo inscrito en él. ‖ **embecadura.**

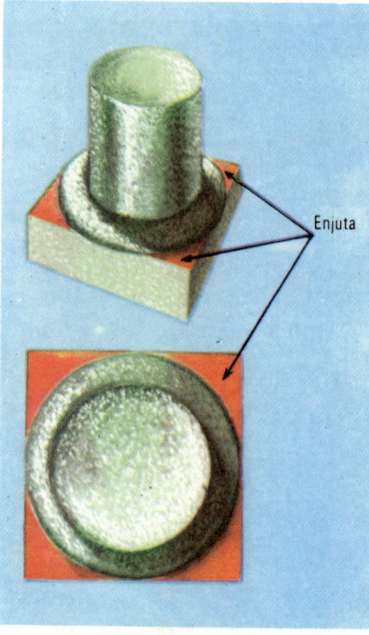

Enjuta

enjutar. (De *enjuto.*) tr. **Arquit.** Enjugar, secar la cal u otra cosa. Ú. t. c. prnl.

enjutar. (De *enjuta.*) tr. **Arquit.** Rellenar las enjutas de las bóvedas.

enjutez. (De *enjuto.*) f. Sequedad o falta de humedad.

enjuto, ta. (Del lat. *exsūctus,* p. p. de *exsugĕre,* chupar.) p. p. irreg. de **enjugar.** ‖ adj. Delgado, seco o de pocas carnes. ‖ ant. fig. Parco y escaso, así en obras como en palabras. ‖ m. pl. Tascos y palos secos, pequeños y delgados como sarmientos, que sirven de yesca para encender lumbre. Ú. más comúnmente entre pastores y labradores. ‖ Bollitos y otros bocados ligeros que excitan la gana de beber.

enlabiador, ra. adj. Que enlabia o seduce. Ú. t. c. s.

enlabiar. (De *en* y *labio.*) tr. Acercar, aplicar los labios.

enlabiar. (De *en* y *labia.*) tr. Seducir, engañar, atraer con palabras dulces y promesas.

enlabio. (De *enlabiar,* seducir.) m. Suspensión, engaño ocasionado por el artificio de las palabras.

enlace. m. Acción de enlazar. ‖ Unión, conexión de una cosa con otra. ‖ Dicho de los trenes, **empalme.** ‖ fig. Parentesco, casamiento. ‖ Persona que establece o mantiene relación entre otras, especialmente dentro de alguna organización. ‖ **Quím.** Unión de los átomos para formar moléculas. ‖ **covalente.** El constituido por electrones, generalmente dos, compartidos por dos átomos. ‖ **heteropolar. enlace iónico.** ‖ **homopolar. enlace covalente.** ‖ **iónico.** El creado por iones de cargas opuestas mediante atracción electrostática. ‖ **sindical.** *Der.* Delegado de los trabajadores ante la empresa.

enlaciar. tr. Poner lacia una cosa. Ú. t. c. intr. y c. prnl.

enladrillado, da. p. p. de **enladrillar.** ‖ m. Pavimento hecho de ladrillos.

enladrillador. (De *enladrillar.*) m. **solador.**

enladrilladura. f. **enladrillado.**

enladrillar. fr., *carreler;* it., *ammattonare;* i., *to floor with tiles;* a., *mit Fliesen belegen.* tr. Solar, formar de ladrillos el pavimento.

enlagunar. tr. Convertir un terreno en laguna, cubrirlo de agua. Ú. t. c. prnl.

enlamar. tr. Cubrir de lama los campos y tierras. Ú. t. c. prnl.

enlaminarse. (De *en* y *laminar,* lamer.) prnl. *Ar.* Engolosinarse, aficionarse a un manjar.

enlanado, da. adj. Cubierto o lleno de lana.

enlanchar. tr. *Sal.* **enlosar.**

enlardar. tr. Lardar o lardear.

enlatar. (De *en* y *lata,* hoja o tabla.) tr. *And.* y *Hond.* Cubrir un techo o formar una cerca con latas de madera.

enlatar. (De *en* y *lata,* envase.) tr. Meter alguna cosa en cajas de hojalata.

enlazable. adj. Que puede enlazarse.

enlazada. f. *Amér.* Acción y efecto de enlazar. ‖ Parte del lazo con que se aprisiona aquello que se enlaza. ‖ Tiro hecho con el lazo.

enlazador, ra. adj. Que enlaza. Ú. t. c. s.

enlazadura. f. **enlace.**

enlazamiento. (De *enlazar.*) m. **enlace.**

enlazar. fr., *enlacer;* it., *allacciare;* i., *to lace;* a., *verknüpfen.* (Del lat. *inlaqueāre;* de *in,* en, y *laquĕus,* lazo.) tr. Coger o juntar una cosa con lazos. ‖ Dar enlace a unas cosas con otras, como partes de un edificio, de una máquina, pensamientos, afectos, proposiciones, etc. Ú. t. c. prnl. ‖ Aprisionar un animal arrojándole el lazo. ‖ prnl. fig. **casar,** contraer matrimonio. ‖ fig. Unirse las familias por medio de casamientos. ‖ Estar combinado el horario de trenes, aviones, autobuses, barcos, de manera que el viajero de uno puede proseguir su viaje en otro sin gran intervalo de tiempo.

enlechar. tr. Cubrir con una lechada.

enlechuguillado, da. adj. Que usaba cuello de lechuguilla.

enlegajar. tr. Reunir papeles formando legajo, o meterlos en el que les corresponde.

enlegamar. (De *en* y *légamo.*) tr. **entarquinar.**

enlejiar. tr. Meter en lejía. ‖ **Qím.** Disolver en agua una substancia alcalina.

enlenzar. tr. Poner lienzos o tiras de lienzo en las obras de madera, particularmente en las de escultura, en las partes en que hay peligro de que se abran, o en las juntas.

enlerdar. tr. Entorpecer, retardar.

enlevitado. adj. Vestido de levita.

enligar. tr. Untar con liga, enviscar. ‖ prnl. Enredarse, prenderse el pájaro en la liga.

enlijar. (De *en* y *lijo,* inmundicia.) tr. ant. fig. Viciar, corromper, manchar, inficionar. ‖ prnl. ant. Emporcarse, mancharse, ensuciarse.

enlisar. (De *en* y *liso*.) tr. ant. **alisar.**
enlistonado. p. p. de **enlistonar.** || m. **Carp.** Conjunto de listones y obra hecha con ellos.
enlistonar. tr. **Carp. listonar.**
enlizar. tr. **A. y Of.** Entre tejedores, añadir lizos al telar para que se pueda tejer la tela.
enlobreguecer. tr. Obscurecer, poner lóbrego. Ú. t. c. prnl.
enlodadura. f. Acción y efecto de enlodar o enlodarse.
enlodamiento. m. **enlodadura.**
enlodar. tr. Manchar, ensuciar con lodo. Ú. t. c. prnl. || Dar con lodo a una tapia, embarrar. || fig. Manchar, infamar, envilecer. Ú. t. c. prnl. || **Min.** Tapar con arcilla las grietas de un barreno para impedir que filtre por ellas el agua.
enlodazar. tr. **enlodar.**
enlomar. tr. Hacer el lomo a un libro. || prnl. Arquear el lomo el caballo preparándose para dar un bote.
enloquecedor, ra. adj. Que hace enloquecer.
enloquecer. (De *en* y *loco*.) tr. Hacer perder el juicio a uno. || intr. Volverse loco, perder el juicio. || **Agr.** Dejar los árboles de dar fruto, o darlo con irregularidad, por falta de cultivo o por vicio del terreno. Ú. t. c. prnl.
enloquecimiento. m. Acción y efecto de enloquecer.
enlosado, da. p. p. de **enlosar.** || m. Suelo cubierto de losas unidas y ordenadas.
enlosador. m. El que enlosa.
enlosar. tr. Cubrir el suelo con losas unidas y ordenadas.
enlozanarse. (De *en* y *lozano*.) prnl. **lozanear,** mostrar lozanía.
enlozanecer. intr. ant. Adquirir lozanía.
enlozar. tr. *Amér.* Cubrir con un baño de loza o de esmalte vítreo.
enlucernar. (De *en* y *lucerna,* linterna.) tr. ant. **deslumbrar.**
enluciado, da. adj. ant. **enlucido.**
enlucido, da. p. p. de **enlucir.** || adj. Blanqueado para que tenga buen aspecto. || m. **Albañ.** Capa de yeso, estuco u otra mezcla, que se da a las paredes de una casa con objeto de obtener una superficie tersa.
enlucidor. m. El que enluce.
enlucimiento. m. Acción y efecto de enlucir.
enlucir. fr., *badigeonner;* it., *imbiancare;* i., *to parget;* a., *weissen.* (De *en* y *lucir.*) tr. Limpiar, poner tersas y brillantes las armas, etcétera. || **Albañ.** Poner una capa de yeso o mezcla a las paredes, techos o fachadas de los edificios.
enlustrecer. (De *en* y *lustre*.) tr. Poner limpia y lustrosa una cosa.
enlutado, da. p. p. de **enlutar.** || adj. Dícese de la persona vestida de luto. Ú. t. c. s.
enlutar. tr. Cubrir de luto. Ú. t. c. prnl. || fig. obscurecer, privar de luz y claridad. Ú. t. c. prnl. || fig. Entristecer, afligir.
enllantar. tr. Guarnecer con llantas las ruedas de un vehículo.
enllenar. tr. ant. **llenar.** Ú. entre el vulgo de España y América.
enllentecer. (Del lat. *illentescĕre,* ablandarse.) tr. Reblandecer o ablandar. Ú. t. c. prnl.
enllocar. (De *llueca*.) intr. **enclocar.** Ú. t. c. prnl.
enmabitar. tr. *Venez.* Causar mal de ojo o mabita.
enmadejar. tr. *Chile.* Aspar, hacer madeja.
enmaderación. f. **enmaderamiento.** || **entibación.**
enmaderado, da. p. p. de **enmaderar.** || m. **enmaderamiento.** || **maderaje.**

Enmaderamiento. Hostal de San Marcos. León

enmaderamiento. (De *enmaderar*.) m. Obra hecha de madera o cubierta con ella, como los techos y artesonados antiguos.
enmaderar. fr., *boiser;* it., *intavolare;* i., *to plank;* a., *täfeln.* tr. Cubrir con madera los techos, las paredes y otras cosas. || Construir el maderamen de un edificio.
enmadrarse. prnl. Encariñarse excesivamente el hijo con la madre.
enmagrecer. (De *en* y *magrecer*.) tr. **enflaquecer,** adelgazar. Ú. t. c. intr. y c. prnl.
enmaizar. (De *en-* y *maíz*.) prnl. *Méj.* **atascar.**
enmalecer. tr. Poner malo, dañar o echar a perder algo.
enmalecerse. prnl. **Agr.** Cubrirse de maleza un campo.
enmalezarse. prnl. *Chile, Perú y P. Rico.* **Agr.** Cubrirse de maleza un campo.
enmallarse. prnl. **Pesca.** Quedarse un pez sujeto por las agallas entre las mallas de la red.
enmalle. m. **Pesca.** Arte de pesca o red que se coloca en posición vertical de tal modo que al pasar los peces quedan enmallados.
enmangar. tr. Poner mango a un instrumento.
enmaniguarse. prnl. *Cuba.* Convertirse un terreno en manigua. || fig. Acostumbrarse a la vida del campo.
enmantar. tr. Cubrir con manta. Ú. t. c. prnl. || prnl. fig. Estar triste y melancólico. Dícese más comúnmente de las aves.
enmarañador, ra. adj. Dícese del que enmaraña. Ú. t. c. s.
enmarañamiento. m. Acción y efecto de enmarañar o enmarañarse.
enmarañar. fr., *ebouriffer;* it., *abbaruffare;* i., *to disorder one's hair;* a., *zerzausen.* (De *en* y *maraña*.) tr. Enredar, revolver una cosa; como el cabello, una madeja de seda, etc. Ú. t. c. prnl. || fig. Confundir, enredar un asunto haciendo más difícil su buen éxito. Ú. t. c. prnl. || prnl. Cubrirse de celajes el cielo.
enmararse. prnl. **Mar.** Alejarse la nave de tierra entrando en alta mar.
enmarcar. tr. **encuadrar,** encerrar en un marco o cuadro.
enmarchitable. adj. desus. **marchitable.**
enmarchitar. tr. desus. **marchitar.**
enmaridar. (De *en* y *maridar*.) intr. Casarse, contraer matrimonio la mujer. Ú. t. c. prnl.
enmarillecerse. prnl. Ponerse descolorido y amarillo.

enmaromar. tr. Atar o sujetar con maroma. Dícese más comúnmente de los toros y otros animales bravos.
enmascarado, da. p. p. de **enmascarar.** || adj. Dícese de la persona enmascarada. || m. y f. **máscara,** persona disfrazada de máscara.
enmascaramiento. m. Acción y efecto de enmascarar. || Forma de mimetismo, disimulo. || **Mil.** camuflaje.
enmascarar. tr. Cubrir el rostro con máscara. Ú. t. c. prnl. || fig. Encubrir, disfrazar.
enmasillar. tr. Cubrir con masilla los repelos o grietas de la madera. || Sujetar con masilla los cristales de las vidrieras.
enmatarse. prnl. Ocultarse entre las matas. Dícese especialmente de la caza. || *Al y Sal.* Enzarzarse, quedar aprisionado entre las matas.
enmechar. tr. ant. **mechar.**
Enmedio. Geog. Mun. de España, prov. de Santander, p. j. de Reinosa; 3.887 h. Corr. 1.479 a la cap., el lugar de Matamorosa.
enmelar. tr. Untar con miel. || Hacer miel las abejas. || fig. Endulzar, hacer suave y agradable una cosa.
enmendable. (De *emendable*.) adj. Que puede enmendarse.
enmendación. (De *emendación*.) f. Acción y efecto de enmendar o corregir.
enmendador, ra. (De *emendador*.) adj. Que enmienda o corrige.
enmendadura. (De *emendadura*.) f. Acción y efecto de enmendar defectos.
enmendamiento. m. ant. **enmendadura.**
enmendar. fr., *corriger, amender;* it., *emendare, correggere;* i., *to better, to correct, to mend;* a., *verbessern.* (De *emendar,* infl. por el pref. *en*.) tr. Corregir, quitar defectos. Ú. t. c. prnl. || Resarcir, subsanar los daños. || **Der.** Dícese de la rectificación hecha por un tribunal superior de la sentencia dada por él mismo, y de que suplicó alguna de las partes. || **Mar.** Dicho del rumbo, o del fondeadero, variarlo según las necesidades.
enmendatura. f. *Amér.* Enmendadura, enmienda.
enmenzar. (Cruce de *empezar* y *comenzar.*) tr. ant. **comenzar.**
enmienda. fr., *amendement;* it., *ammendamento;* i., *amendment;* a., *Verbesserung.* (De *emienda*.) f. Expurgo o eliminación de un error o vicio. || Cargo conferido por el Trecenazgo de la Orden Militar de Santiago, al caballero que ha de substituir al trece en sus ausencias. || Satisfacción y pago del daño hecho. || Propuesta de variante, adición o reemplazo de un proyecto, dictamen, informe o documento análogo. || En derecho, en los escritos, rectificación perceptible de los errores materiales, la cual debe salvarse al final. || desus. Recompensa o premio. || pl. **Agr.** Substancias que se mezclan con las tierras para modificar favorablemente sus propiedades y hacerlas más productivas.
enmiente. (De *en* y *miente*.) f. ant. Memoria o mención.
enmocecer. (De *en* y *mozo*.) intr. ant. Recobrar el vigor de la mocedad.
enmochiguar. (De *en* y *muchiguar*.) tr. ant. **amochiguar.** Usáb. t. c. intr. y c. prnl.
enmohecer. fr., *moisir;* it., *muffare;* i., *to mould;* a., *schimmeln.* tr. Cubrir de moho una cosa. Ú. m. c. prnl. || prnl. fig. Inutilizarse, caer en desuso, como utensilio o máquina que se cubre de moho.
enmohecimiento. m. Acción y efecto de enmohecer.
enmoldado, da. adj. ant. Impreso o de molde.
enmollecer. (Del lat. *emollescĕre*.) tr. **ablandar.** Ú. t. c. prnl.
enmonarse. prnl. *Amér.* Pillar una mona, emborracharse.

enmondar. (Del lat. *emundāre*, limpiar, purificar.) tr. **desliñar.**

enmontadura. (De *enmontar*.) f. ant. Acción y efecto de subir o levantar en alto una cosa.

enmontar. (De *en* y *montar*.) tr. ant. Remontar, elevar, encumbrar.

enmontarse. prnl. *Amér. c.* Cubrirse un campo de maleza.

enmordazar. tr. **amordazar.**

Enmore. Geog. Pobl. de Guyana, cap. del dist. de Demerara Este.

enmostar. tr. Manchar o empapar con mosto. Ú. t. c. prnl.

enmostrar. tr. ant. Mostrar, manifestar.

enmotar. (De *en* y *mota*, colina.) tr. Mil. Guarnecer de castillos.

enmudecer. (Del lat. *immutescĕre*.) tr. Hacer callar, detener y atajar a uno para que no hable más. || intr. Quedar mudo, perder el habla. || fig. Guardar uno silencio cuando pudiera o debiera hablar.

enmudecimiento. m. Acción y efecto de enmudecer.

enmugrar. tr. *Col.* y *Chile.* **enmugrecer.**

enmugrecer. tr. Cubrir de mugre. Ú. t. c. prnl.

enmustiar. tr. p. us. Poner mustio o marchito. Ú. t. c. prnl.

Enna. Geog. Prov. de Italia, en la isla de Sicilia; 2.562 km.² y 202.131 h. || C. cap. de la misma; 28.189 h. Minas de azufre. Es la antigua *Castrogiovanni.*

enneciarse. prnl. Volverse necio.

ennegrecer. (De *en* y *negrecer*.) tr. Teñir de negro, poner negro. Ú. t. c. prnl. || fig. **enturbiar,** turbar, obscurecer. || Ponerse negro o negruzco. Ú. t. c. prnl. || prnl. fig. Ponerse muy obscuro, nublarse.

ennegrecimiento. m. Acción y efecto de ennegrecer o ennegrecerse.

Ennio (Quinto). Biog. Poeta latino, n. en Rudia, Calabria, y m. en Roma (239-169 a. C.) Fue llevado a Roma por Catón *el Censor*, donde obtuvo el derecho de ciudadanía y escribió una epopeya nacional en 18 cantos, llamada *Annales*, que comprendía la historia de Roma desde su fundación hasta la época del autor.

Ennis. (En irl., *Inis*.) Geog. C. de Irlanda, provincia de Munster, cap. del cond. de Clare; 5.934 h.

Enniskillen. Geog. C. del R. U., en Irlanda del Norte, cap. del dist. de Fermanagh; 17.189 h. Centro comercial agrícola.

ennoblecedor, ra. adj. Que ennoblece.

ennoblecer. fr., *anoblir*; it., *nobilitare*; i., *to ennoble*; a., *adeln*. (De *en* y *noblecer*.) tr. Hacer noble a uno. Ú. t. c. prnl. || fig. Adornar, enriquecer una ciudad, un templo, etc. || fig. Ilustrar, dignificar, realzar y dar esplendor.

ennoblecimiento. m. Acción y efecto de ennoblecer.

ennudecer. (De *en* y *nudo*.) intr. Dejar de crecer las personas, animales y plantas.

eno-. (Del gr. *oinos*.) pref. que sign. vino.

-eno. (Del gr. *-ene*, suf. patronímico femenino.) Quím. Sufijo utilizado como terminación de los nombres de hidrocarburos no saturados, que poseen uno o más enlaces dobles, tanto en la serie acíclica como en la aromática.

enocar. tr. ant. **ahuecar.**

enocarpo. m. Bot. Palmera de América ecuatorial, de fruto globoso y ovoide, cuyo jugo produce un aceite inodoro y comestible.

Enoch o **Henoch.** Biog. Patriarca, hijo de Jared y progenitor de Matusalén, que vivió, según parece, trescientos sesenta y cinco años. || Hijo de Rubén. Fue profeta y fundador del clan de los hanokitas. || **(Libro de).** Lit. Es el primero y el más importante de los apocalipsis apócrifos, del que se conserva una versión etiópica descubierta en Abisinia, editada en Oxford en 1821 y reeditada en Leipzig en 1853. Se supone anterior en dos siglos a la aparición del cristianismo.

enodio. (Del lat. *enōdis*, sin nudos; de *e*, sin, y *nodus*, nudo.) m. Ciervo de tres a cinco años de edad.

enodrido, da. adj. **apocado.**

enoftalmía. (De *en-* y *oftalmía*.) f. Pat. Retracción del globo del ojo hacia dentro.

enojadizo, za. adj. Que con facilidad se enoja.

enojante. p. a. de **enojar.** Que enoja.

enojar. fr., *irriter*; it., *stizzire*; i., *to anger*; a., *argern*. (Del lat. *inodiāre*, enfadar.) tr. Causar enojo. Ú. m. c. prnl. || Molestar, desazonar. || prnl. fig. Alborotarse, enfurecerse. Dícese de los vientos, mares, etc.

enojo. (De *enojar*.) m. Movimiento del ánimo, que suscita ira contra una persona. || Molestia, pesar, trabajo. Ú. m. en pl. || ant. Agravio, ofensa. || **crecido de enojo.** loc. adj. Lleno de enojo.

enojón, na. adj. *Chile, Ecuad.* y *Méj.* **enojadizo.**

enojosamente. adv. m. Con enojo.

enojoso, sa. adj. Que causa enojo, molestia o enfado.

enojuelo. m. dim. de **enojo.**

enol. (Del suf. adjetival lat. *-enus* [v. *-eno*].) m. Quím. Alcohol con el grupo hidroxilo (−OH), en un átomo de carbono que forma parte de un enlace múltiple. Los enoles no son estables porque se transforman por isomerización en el compuesto carbonílico correspondiente, de carácter más estable.

enolización. f. Quím. Proceso por el que el oxígeno correspondiente a un compuesto cetónico se isomeriza a la forma enólica o enol.

enología. (De *eno-* y *-logía*.) f. Vinicultura. Ciencia que trata del análisis de vinos, aguardientes y licores, y de su elaboración, conservación y corrección.

enológico, ca. adj. Perteneciente o relativo a la enología.

enólogo. m. Persona entendida en enología.

enoplino, na. (De *en-*, con, y *-oplino*.) adj. Zool. Dícese de los gusanos acuáticos, filo de los nemertinos, curva trompa o probóscide puede estar provista de aguijones; como, p. e., los del gén. *nemertes*. || m. pl. Clase de estos gusanos, también llamados *enoplos*.

enoplo, pla. adj. Zool. **enoplino.**

enorfanecido, da. adj. desus. Que ha quedado huérfano.

enorgullecedor, ra. adj. Que enorgullece.

enorgullecer. fr., *énorgueillir*; it., *inorgoglire*; i., *to make proud*; a., *stolz machen*. tr. Llenar de orgullo. Ú. m. c. prnl.

enorgullecimiento. m. Acción y efecto de enorgullecer o enorgullecerse.

enorme. fr., *énorme*; it., *enorme*; i., *enormous*; a., *enorm*. (Del lat. *enormis*.) adj. Desmedido, excesivo. || Perverso, torpe.

enormedad. f. ant. **enormidad.**

enormemente. adv. m. Con enormidad.

enormidad. fr., *énormité*; it., *enormità*; i., *enormity*; a., *Enormität*. (Del latín *enormĭtas, -ātis*.) f. Exceso, tamaño irregular y desmedido. || fig. Exceso de maldad. || fig. Despropósito, desatino.

enormísimo, ma. adj. superl. de **enorme.** Der. V. **lesión enormísima.**

enorquismo. (De *en-*, *-or-*, *qu-* e *-ismo*.) m. Pat. criptorquidia.

enosis. (Del gr. mod. *hénosis*, de la misma voz griega, que sign. unión; de *henóō*, unir [de *hén*, uno].) f. Objetivo político de los grecochipriotas, que propugnan la anexión de Chipre a Grecia (v. **Chipre. Historia**).

enotecnia. (De *eno-* y *-tecnia*.) f. Enol. Arte de elaborar los vinos, y asesoramiento para la organización de su comercio.

Enotecnia. Cubas rotativas de fermentación, en una factoría francesa

enotécnico, ca. adj. Perteneciente o relativo a la enotecnia.

enoteráceo, a. (De *oenothera*, un gén. de plantas.) adj. Bot. Dícese de las plantas dicotiledóneas del orden de las mirtales, con unas 500 especies, generalmente herbáceas y, con menos frecuencia, arbustivas o arbóreas. Son principalmente de climas subtropicales y templados, y entre ellas figuran los gén. *circea*, *epilobium*, *oenothera*, etc. || m. pl. Familia de estas plantas, llamadas también *onoteráceas*.

Énova. Geog. Mun. y lugar de España, prov. de Valencia, p. j. de Játiva; 1.368 h. (*enovenses*).

enoyar. (Del lat. *inodiāre*.) tr. ant. **enojar.**

enquiciar. tr. Poner la puerta, ventana u otra cosa en su quicio. Ú. t. c. prnl. || fig. Poner en orden, afirmar.

enquillotrar. (De *en* y *quillotrar*.) tr. Engreír, desvanecer. Ú. t. c. prnl. || prnl. fam. **enamorarse.**

-énquima. (Del gr. *égchyma*; de *en*, en, y *chymós*, zumo, jugo [v. *quimi*-].) suf. que sign. aflujo de humor.

enquiridión. (Del lat. *enchiridion*, y éste del gr. *egchirídion*, manual; de *en*, en, y *cheír*, mano.) m. Libro manual con preceptos, máximas y sentencias instructivas, o que en poco volumen encierra mucha doctrina.

enquistado, da. p. p. de **enquistarse.** || adj. De forma de quiste o parecido a él. || fig. Embutido, encajado, metido dentro.

enquistamiento. (De *quiste*.) m. **Biol.** Formación de un quiste en torno a sí mismo por los organismos unicelulares, con el fin de pasar a un estado de vida latente y defenderse de las condiciones adversas: sequedad, frío, etcétera (v. **quiste**).

enquistarse. (De *en* y *quiste*.) prnl. **Pat.** Formarse un quiste.

enrabar. tr. Arrimar un carro por la rabera para la carga o descarga. || Sujetar con cuerdas la carga que va en la trasera de un carro.

enrabiar. (De *en* y *rabia*.) tr. **encolerizar.** Ú. t. c. prnl.

enracimarse. prnl. **arracimarse.**

enrafar. tr. *Mur.* Hacer una presa en un cauce.

enraigonar. tr. *Seric. Mur.* Embojar con raigón o atocha las paredes de las barracas de la seda para que suban los gusanos a tejer el capullo.

enraizar. intr. Arraigar, echar raíces. Ú. t. c. prnl.

enrajonar. tr. **Albañ.** *Cuba.* **enripiar.**

enralecer. intr. Ponerse ralo.

enramada. fr., *branchage*; it., *frascame*; i., *vower*; a., *Astwerk.* f. Conjunto de ramas de árboles espesas y entrelazadas naturalmente. || Adorno formado de ramas de árboles con motivo de alguna fiesta. || Cobertizo hecho de ramas de árboles para sombra o abrigo.

enramado, da. p. p. de **enramar.** || m. **Mar.** Conjunto de las cuadernas principales de un buque.

enramar. tr. Enlazar y entretejer varios ramos, colocándolos en un sitio para adornarlo o para hacer sombra. || Arbolar y afirmar las cuadernas del buque en construcción. || intr. Echar ramas un árbol. || prnl. Ocultarse entre ramas.

enramblar. tr. Entamar, poner los paños en la rambla para estirarlos y darles la marca.

enrame. m. Acción y efecto de enramar.

enranciar. tr. Poner o hacer rancia una cosa. Ú. m. c. prnl.

enrarecer. fr., *raréfier*; it., *rarefare*; i., *to rarefy*; a., *verdünnen.* (Del lat. *in*, en, intens., y *rarescĕre*, de *rarus*, raro.) tr. Dilatar un cuerpo gaseoso haciéndolo menos denso. Ú. t. c. prnl. || Hacer que escasee, que sea rara una cosa. Ú. t. c. intr. y más c. prnl.

enrarecimiento. m. Acción y efecto de enrarecer o enrarecerse.

enrasado, da. p. p. de **enrasar.** || m. **Albañ.** Fábrica con que se macizan las embecaduras de una bóveda hasta el nivel de su espinazo.

enrasamiento. m. **enrase.**

enrasar. tr. ant. **arrasar.** || **Albañ.** Igualar una obra con otra, de suerte que tengan una misma altura. Ú. t. c. intr. || **Arquit.** Hacer que quede plana y lisa la superficie de una obra; como pared, piso o techo. || intr. **Fís.** Coincidir, alcanzar dos elementos de un aparato la misma altura o nivel.

enrase. m. Acción y efecto de enrasar.

enrasillar. tr. **Albañ.** Colocar la rasilla a tope entre las barras de hierro que forman la armazón de los pisos.

enrastrar. (De *en* y *rastra*, sarta.) tr. **Seric. Murc.** Hacer sartas de los capullos de que se ha de sacar la simiente de la seda, enhilándolos por un lado y de manera que no penetre el hilo en lo interior del capullo.

enratonarse. (De *en* y *ratón*.) prnl. fam. **ratonarse.**

enrayado, da. p. p. de **enrayar.** || m. **Arquit.** Maderamen horizontal para asegurar los cuchillos y medios cuchillos de una armadura o cimbra.

enrayar. (De *en* y *rayo*.) tr. Fijar los rayos en las ruedas de los carruajes. || Engalgar, sujetar la rueda de un carruaje por uno de sus rayos para disminuir su velocidad.

enreciar. intr. Engordar, ponerse fuerte.

enredadera. fr., *plante grimpante*; it., *pianta rampicante*; i., *climbing plant*; a., *Schlingpflanze.* adj. **Bot.** Dícese de las plantas de tallo voluble o trepador que se enreda en las varas u otros

Enredadera

objetos salientes. Ú. t. c. s. || f. Nombre vulgar, que se suele aplicar a cualquier planta voluble, pero más particularmente a las de la familia de las convolvuláceas, a que pertenecen la correhuela mayor y la menor, la maravilla o dondiego de día y las campanillas. || **de campanillas.** Planta voluble, de la familia de las convolvuláceas, con tallo de 4 a 6 m. de largo, hojas acorazonadas, anchas, y flores embudadas, moradas, azules o abigarradas (*maravilla de Indias*). || **de Cuba.** Es la papilionácea *barbiera polyphylla*.

enredador, ra. adj. Que enreda. Ú. t. c. s. || fig. y fam. Chismoso o embustero de costumbre. Ú. t. c. s.

enredamiento. m. desus. **enredo.**

enredar. fr., *entortiller, embrouiller*; it., *attortigliare, imbrogliare*; i., *to wrap up, to embroil*; a., *verwickeln, verwirren.* tr. Prender con red. || Tender las redes o armarlas para cazar. || Enlazar, entretejer, enmarañar una cosa con otra. Ú. t. c. prnl. || fig. Meter discordia o cizaña. || fig. Meter a uno en empeño, ocasión o negocios comprometidos o peligrosos. || intr. Travesear, inquietar, resolver. Dícese comúnmente de los muchachos. || prnl. Complicarse un asunto al sobrevenir dificultades. || fam. **amancebarse.**

enredijo. m. fam. Enredo de hilos y otras cosas flexibles.

enredista. adj. *Amér.* Enredador, chismoso. Ú. t. c. s.

enredo. (De *enredar*.) m. Complicación y maraña que resulta de trabarse entre sí desordenadamente los hilos u otras cosas flexibles. || fig. Travesura o inquietud, especialmente hablando de los muchachos. || fig. Engaño, mentira que ocasiona disturbios, disensiones y pleitos. || fig. Complicación difícil de salvar o remediar en algún suceso o lance de la vida. || fig. Confusión de ideas, falta de claridad en ellas. || fig. En los poemas épico y dramático y la novela, conjunto de los sucesos, enlazados unos con otros, que preceden a la catástrofe o al desenlace. || fam. **amancebamiento.** || En Argentina y Uruguay, amorío. Ú. más en pl. || pl. fam. Trebejos, trastos.

enredoso, sa. adj. Lleno de enredos, embarazos y dificultades. || Enredador, chismoso. Ú. t. c. s.

enrehojar. (De *en*, *re* y *hoja*.) tr. **A. y Of.** Entre cereros, revolver en hojas la cera que está en los pilones, para que se blanquee.

enrejada. (De *enrejar*, poner la reja en el arado.) f. *Ar.* **enrejadura.** || *Sal.* Aguijada, vara larga con un aguijón en un cabo para picar a la yunta, y en el otro cabo los gavilanes para limpiar el arado.

enrejado, da. (De *enrejar*, cercar con rejas.) p. p. de **enrejar.** || m. Conjunto de rejas de un edificio y el de las que cercan, en todo o en parte, un sitio cualquiera, como parque, jardín, patio, etc. || Labor, en forma de celosía, hecha por lo común con cañas o varas entretejidas. || **emparrillado.** || Labor de manos que se hace formando varios dibujos; como hilos o sedas entretejidos y atravesados. || *Germ.* Cofia o red grande de mujer. || El peso.

Enrejado del Parque del Retiro (detalle). Madrid

enrejadura. f. **Veter.** Herida producida por la reja del arado en los pies de los bueyes o de las caballerías.

enrejalar. (De *en* y *rejal*.) tr. Formar rejales con ladrillos, tablas, etc.

enrejar. (De *en* y *reja*, parte del arado.) tr. Poner, fijar la reja en el arado. || Herir con la reja del arado los pies de los bueyes, caballerías, etc.

enrejar. fr., *griller*; it., *mettere una inferriata*; i., *to grate, to lattice*; a., *vergittern.* (De *en* y *reja*, conjunto de barrotes.) tr. Cercar con rejas, cañas o varas los huertos, jardines, etc.; poner rejas en los huecos de un edificio. || Colocar en pila ladrillos, tablas u otras piezas iguales, cruzándolas ordenadamente de modo que entre ellos queden varios espacios vacíos a modo de enrejado. || *Méj.* Zurcir la ropa. || *Germ.* Prender, poner en la cárcel a uno.

enrejar. (De *en* y *rejo*.) tr. *Col., Cuba, Guat., Hond.* y *Venez.* Poner el rejo o soga a un animal, manearlo. || *Cuba* y *Hond.* Atar el ternero a una de las patas de la vaca para ordeñarla.

enresmar. tr. Colocar en resmas los pliegos de papel.

enrevesado, da. adj. **revesado.**

enriado, da. p. p. de **enriar.** || m. **enriamiento.**

enriador–Enrique

enriador, ra. m. y f. Persona que enría.
enriamiento. m. Acción y efecto de enriar.
enriar. (De *en* y *río*.) tr. Meter en el agua por algunos días el lino, cáñamo o esparto para su maceración y fermentación de la pectosa, que se separa con facilidad de las fibras, las cuales se agramarán, espadarán y peinarán más tarde.
enridamiento. (De *enridar*, irritar.) m. ant. irritamiento.
enridante. p. a. ant. de enridar. Que enrida.
enridar. (Del lat. *inritāre*.) tr. ant. irritar, hacer sentir ira. Usáb. t. c. prnl. || ant. azuzar.
enridar. (Del alt. a. *ridan*, girar, torcer.) tr. ant. rizar.
enrielar. tr. Hacer rieles. || Echar los metales en la rielera. || *Chile* y *Méj.* Meter en el riel, encarrilar. Ú. t. c. prnl. || fig. *Chile.* Encarrilar, encauzar.
enrigidecer. tr. Poner rígida alguna cosa. Ú. t. c. prnl.
enriostrar. tr. riostrar.
enripiar. tr. *Albañ.* Echar o poner ripio en un hueco.
enrique. m. *Num.* Moneda de oro que, con ley de 23 quilates y 3/4 y peso de un castellano, mandó acuñar Enrique IV de Castilla, con su nombre y título en el anverso, alrededor de un escudo formado por dos castillos y dos leones cuartelados.
Enrique. (Del a. *Heinrich.*) (*San*). **Biog.** Emperador de Alemania, n. en Baviera y m. en Grona (973-1024). Reinó en Baviera desde 995, sucedió a su primo Otón III en el trono de Alemania en 1002 y fue coronado emperador en Roma, en 1014. Erigió Hungría en reino, fundó numerosos monasterios y abadías. Su fiesta, el 15 de julio. || **I** *el Pajarero.* Rey de Alemania, n. en 876 y m. en Memleben, Sajonia, en 936. Fue elegido en 919 sucesor de Conrado I. Rechazó a los daneses, hunos, húngaros y eslavos y otorgó a su país las primeras Cartas municipales. Es el rey que aparece en *Lohengrin.* || **II** *el Santo.* **Enrique** (*San*). || **III** *el Negro.* Emperador de Alemania, n. en 1017 y m. en Botfeld en 1056. Sucedió a su padre Conrado II en 1039 y fue coronado en Roma en 1046. Hizo destituir a los papas Gregorio VI (1046), Silvestre III y Benedicto IX, y nombrar a Clemente II, Dámaso II, León IX y Víctor II. || **IV.** Emperador de Alemania, n. en Goslar y m. en Lieja (h. 1050-1106). Hijo de Enrique III, a quien sucedió en 1056. Sostuvo contra el papa Gregorio VII una lucha terrible por la cuestión de las investiduras. Depuso a Gregorio VII y se hizo coronar por el antipapa Clemente III. Fue depuesto por la Dieta de Maguncia en 1105. || **V.** Emperador de Alemania, n. en 1081 y m. en Utrecht en 1125. Hijo menor del anterior, a quien sucedió en 1106. Concluyó con el Papado el concordato de Worms (1122), que dio fin a la querella de las investiduras. || **VI** *el Severo.* Emperador de Alemania, n. en Nimega y m. en Mesina (1165-1197). Hijo de Federico Barbarroja, a quien sucedió en 1190. Casó con Constanza, hija de Roger II, heredera del reino de Sicilia. En 1194 se hizo nombrar rey de dicho reino. || **VII de Hohenstaufen.** Rey de Alemania y de Sicilia y duque de Suabia, n. en 1211 y m. en Martirano en 1242. Fue hijo de Federico II y nombrado rey de Alemania en 1228. || **VII de Luxemburgo.**

Emperador de Alemania, n. en 1269 y m. en Buonconvento en 1313. Fue hijo de Enrique III, duque de Luxemburgo y sucesor de Alberto I en 1308. Recibió la corona de emperador en 1312, pero murió antes de emprender la guerra contra el rey de Nápoles. || **I de Flandes y Hainaut.** Segundo emperador latino de Oriente (1205-16), n. en Valenciennes y m. en Tesalónica (1174-1216). A la muerte de Balduino I, fue coronado su hermano Enrique, que se enfrentó a los búlgaros, a los bizantinos de Epiro y a los bizantinos de Nicea. || **X** *el Soberbio.* Duque de Baviera (1126-1138) y de Sajonia (1137-38) con el nombre de Enrique I, n. en 1102 y m. en Quedlimburgo en 1139. Yerno del emperador Lotario. Durante la expedición que éste realizó a Italia en 1132 fue nombrado regente del reino. || **II** *el León.* Duque de Baviera (1156-80) con el nombre de *Enrique XII Güelfo* y duque de Sajonia (1142-78), n. en Ravensburgo y m. en Brunswick (1129-1195). Alcanzó gran poderío, pero vio reducidos sus dominios a Brunswick y Luneburgo por su enemistad con el emperador. || **I.** Rey de Castilla (1214-17), n. en 1204 y m. en Palencia en 1217. Su hermana Berenguela ocupó la regencia, mientras que Álvaro Núñez de Lara se encargó de la tutela. Tras la muerte del rey, Berenguela fue nombrada reina, pero ella cedió el nombramiento a su hijo Fernando III. || **II,** llamado *el Bastardo* y *el de las Mercedes.* Rey de Castilla y León, conde de Trastámara, n. en Sevilla y m.

Estatua de *Enrique I* y estatua sepulcral de *Enrique II*, litografías de la obra *Iconografía española*, por Carderera y Solano. Museo Lázaro Galdiano. Madrid

en Santo Domingo de la Calzada (1334-1379). Hijo bastardo de Alfonso XI y de Leonor de Guzmán y hermanastro de Pedro I *el Cruel*, subió al trono en 1369, tras la muerte de este rey en el castillo de Montiel. Durante su reinado favoreció la política francesa frente a Inglaterra y firmó con Navarra, Aragón y Portugal tratados de paz que garantizaban la continuidad por medio de enlaces matrimoniales con las otras monarquías. || **III** *el Doliente.* Rey de Castilla (1390-1406), n. en Burgos y m. en

Enrique III ofrece un códice a la Virgen, que corona a su esposa, ilustración del *Códex áureus* (s. XI). Biblioteca del monasterio de El Escorial

Toledo (1379-1406). Durante la minoría de edad la anarquía e intrigas alcanzaron un nivel elevado. Favoreció a la nobleza segundona, debilitó el poder de las Cortes, ratificó la alianza con Francia y firmó la paz con Inglaterra. Inició la expansión castellana por el Mediterráneo con la alianza del rey de Aragón y con las embajadas al Gran Tamerlán (1402). Contrató los servicios del francés Juan de Bethencourt para la conquista de las islas Canarias. || **IV** *el Impotente.* Rey de Castilla (1454-1474), n. en Valladolid y m. en Madrid (1425-1474). Era hijo de Juan II de Castilla y María de Aragón. Casó primero con doña Blanca de Navarra y luego con doña Juana de Portugal, que dio a luz a la infanta Juana *la Beltraneja.* Durante su reinado, Enrique IV tuvo que enfrentarse a las intrigas y pretensiones de una parte de la nobleza, que capitaneada por el hermano del rey, don Alfonso, fue derrotada en la batalla de Olmedo (1467). A la muerte del infante don Alfonso, y por el tratado de los Toros de Guisando (1468), el rey declaró sucesora a la infanta Isabel, hermana suya, la cual contrajo matrimonio con don Fernando de Aragón (1469). Cuando murió el rey, la guerra civil se desencadenó entre los partidarios de Isabel y los de Juana, aunque terminó pronto con una victoria de la primera. || **I de Lusignan.** Rey de Chipre (1218-53), n. y m. en Nicosia (1217-1253). Hijo y sucesor de Hugo I, acompañó a San Luis de Francia durante su expedición a Egipto (1249). || **II de Lusignan.** Rey de Chipre y Jerusalén, n. en 1271 y m. en Strovils en 1324. Subió al trono en 1285, pero fue destronado en 1306 por su hermano Amaury. Mas éste murió asesinado en 1310, siendo restituido de nuevo en el poder Enrique II hasta su muerte. || **I.** Rey de Francia, n. en 1008 y m. en Vitry-aux-Loges en 1060. Era hijo de Roberto II *el Piadoso,* a quien sucedió en 1031. Fue tutor del futuro Guillermo *el Conquistador,* a quien se enfrentó en las batallas de Montemer (1054) y Varaville (1058), en las que Enrique fue vencido. || **II.** Rey de Francia, nacido en Saint-Germain-en-Laye y m. en París (1519-1559). Fue hijo de Francisco I, y subió al trono en 1547. Defendió la fe católica, aunque políticamente firmó alianzas con el Imperio turco y con los príncipes alemanes en contra de Carlos V (1552). Tomó Metz, Taul y Verdún en 1552, y Calais en 1558, aunque sufrió la derrota de San Quintín (1557). En 1559 firmó con Felipe II la paz de Cateau-Cambrésis. || **III.** Rey de Francia, n. en Fontainebleau y m. en Saint-Cloud (1551-1589). Fue hijo de Enrique II, y subió al trono en 1574. Su política dividió el reino en los partidarios de Enrique de Navarra, que eran protestantes, y los de Enrique de Guisa, que eran católicos. Al no tener descendencia y morir su hermano, el duque de Alençon (1584), se planteó el problema de la sucesión, cuyo legítimo heredero fue Enrique de Navarra. Se le enfrentó el duque de Guisa, a quien mandó asesinar, terminando él también asesinado. || **IV.** Rey de Francia (1589-1610) y III de Navarra (1562-1610), n. en el castillo de Pau y m., asesinado, en París (1553-1610). Sucedió a su madre, Juana de Albret, en el trono de Navarra y a Enrique III en el de Francia. Jefe de los hugonotes, se alió con los protestantes alemanes e ingleses. Abjuró del protestantismo en 1593, y por el Edicto de Nantes (1598) estableció un régimen de transigencia religiosa y pacificó el reino. Restableció la autoridad real, sometió a los gobernadores de las provincias, favoreció a la agricultura e incrementó la industria. || **I.** Rey de Haití, n. en la isla de Granada y m. en Puerto Príncipe (1767-1820). Se llamaba Henri Christophe. Fue generalísimo, después presidente de la

Enrique IV de Francia. Biblioteca del Arsenal. París

República (1807) y, por último, rey. Sus crueldades provocaron una sublevación y se suicidó para no caer vivo en poder de los rebeldes. || **I.** Rey de Inglaterra (1100-35) y duque de Normandía, n. en Selby y m. en Gisors (1068-1135). Fue hijo de Guillermo *el Conquistador* y sucesor de su hermano Guillermo II. Realizó una importante labor legislativa y designó como herederos a su hija Matilde y a su esposo, Godofredo Plantagenet. || **II.** Rey de Inglaterra (1154-1189), duque de Normandía, conde de Anjou y duque de Aquitania, n. en Le Mans y m. en Chinon (1133-1189). Recobró la autoridad, dominó a los nobles y a los clérigos y mantuvo sus dominios en Francia. Centralizó el poder, gracias a la competencia de sus colaboradores y a las normas legislativas que promulgó. Tuvo que reprimir las rebeliones de sus hijos. || **III.** Rey de Inglaterra (1216-72) y duque de Aquitania, n. en Winchester y m. en Westminster (1207-1272). Fue hijo de Juan *Sin Tierra.* No supo mantener la autoridad en el país, ni el prestigio fuera de él, por lo que los barones, dirigidos por Simón de Montfort, se sublevaron y le impusieron medidas reformatorias. En otra sublevación (1264), Simón de Montfort se hizo dueño del poder; pero en 1265 fue muerto, lo que permitió al rey recobrar el poder. || **IV.** Rey de Inglaterra (1399-1413) y duque de Lancaster, n. en Bolingbroke y m. en Westminster (1366-1413). Depuso a Ricardo II, se enfrentó a los franceses y escoceses, a los que contuvo. Emprendió la reconquista del país de Gales en 1409. || **V.** Rey de Inglaterra (1413-22), n. en Monmouth y m. en Vincennes (1387-1422). Restableció la autoridad real y emprendió la guerra contra Francia, en la que obtuvo la victoria de Azincourt. Por el tratado de Troyes (1420) obtuvo la mano de la princesa Catalina, hija de Carlos VI, y la regencia de Francia, que puso en manos de Bedford, poco antes de morir. || **VI.** Rey de Inglaterra (1422-61), n. en Windsor y m. en Londres (1421-1471). Era hijo de Enrique V y de Catalina de Francia, y llevaba el título de rey de Francia. Perdió todas las posesiones en Francia (1449-53). Asimismo, en Inglaterra el desorden se extendía sin trabas, hasta que estalló la guerra de las Dos Rosas (1455). En ella se enfrentaron la casa de York y la de Lancaster. La batalla de Towton (1461) decidió la victoria para Eduardo de York, que se proclamó rey con el nombre de Eduardo IV. Enrique VI fue encarcelado y muerto en la Torre de Londres. ||

VII. Rey de Inglaterra (1485-1509), n. en Pembroke y m. en Richmond (1457-1509). En 1485 derrotó y mató al rey Ricardo III en Bosworth, alcanzando así la corona de Inglaterra. Se casó con Isabel de York, hija de Eduardo IV, y logró restablecer el orden interior y el desarrollo económico del país. || **VIII.** Rey de Inglaterra y de Irlanda (1509-47), n. en Greenwich y m. en Westminster (1491-1547). Hasta 1521 apoyó a Carlos V y se unió al Papa contra Francia en la Alianza Santa (1511-14). Se casó con la viuda de su hermano, Catalina de Aragón, que sólo le dio una hija. Para buscar un heredero, se divorció de su mujer, aun con la prohibición de Clemente VIII, y se unió con Ana Bolena. En 1531 se hizo proclamar jefe supremo de la Iglesia de Inglaterra. El rompimiento con Roma (1533) trajo consigo las confiscaciones de propiedades eclesiásticas, alentadas por el anticlericalismo y las necesidades económicas, la oposición de los católicos del N. (1536-37) y la influencia luterana de sus consejeros Cromwell y Crammer. Entre otros incidentes se produjo la muerte de Tomás Moro, fiel a Roma. En 1541 se proclamó rey de Irlanda, y emprendió la anexión de Escocia al año siguiente, aunque sin éxito por el apoyo de Francia a los nacionalistas escoceses. En ese mismo año mandó ejecutar a Catalina Howard, después de haber tenido como mujer a Juana Seymour y Ana de Cléveris. Por último, se casó con Catalina Parr. Creó una potencia

Enrique VIII, por Holbein. Palacio Corsini, Roma

naval de gran importancia y bajo su impulso se desarrolló la influencia protestante y el incremento industrial, aunque al final de su reinado aparecieron los síntomas de la cercana crisis económica y social. || **I** *el Gordo.* Rey de Navarra, n. en 1238 y m. en Pamplona en 1274. Sucedió a su hermano Teobaldo II en 1270. Mantuvo la paz en su reino y al morir dejó el trono a su hija Juana. || **II.** Rey de Navarra, n. en Sangüesa y m. en Pau (1503-1555). Casó con Margarita de Valois, de quien tuvo a Juana de Albret, y heredó la parte francesa del reino en 1518. Tuvo que renunciar a la parte española al ser derrotado por las tropas de Carlos V en Quirós (1521). Fue hecho prisionero en la batalla de Pavía, pero logró escapar. Casó a su heredera con Antonio de Borbón. || **III.** Rey de Navarra. **Enrique IV,** rey de Francia. || **I de Borgoña.** Conde de Portugal y fundador de la dinastía de su nombre, n. en Dijon y m. en Astorga (1057-1114). Casó con la hija natural de Alfonso VI, Teresa. Se declaró independiente durante el gobierno de Urraca, en el reino de Castilla y León. || **II** *el Cardenal.* Rey de Portugal, n. y m. en Almeirim (1512-1580). Era hijo de Manuel I *el Afortunado* y de la infanta María, hija de los Reyes Católicos. Cardenal en 1565 y coronado rey en 1578, después de la muerte del rey don Sebastián. Propuso la candidatura de Felipe II de España para la sucesión al trono de Portugal, en las Cortes convocadas al efecto en Lisboa (1579) y Almeirim (1580), pero murió sin resolver el problema. || **Raspe.** Landgrave de Turingia, m. en Wartburgo en 1247. En 1227 fue nombrado sucesor de su hermano Luis IV, y elegido emperador de los romanos en 1246. Pero murió en la lucha frente a Conrado IV. || **de Aragón.** Infante de Aragón, n. en 1398 y m. en Calatayud en 1445. Era hijo de Fernando I de Aragón y de Leonor Urraca de Castilla. En 1420 se apoderó de la persona del rey y asumió el poder, aunque tuvo que retirarse al poco tiempo. || *el Navegante.* Príncipe portugués, hijo del rey Juan I, n. en Oporto y m. en Sagres (1394-1460). Emprendió el descubrimiento y exploración de las costas africanas del Atlántico: Madera, Azores, Río de Oro, la isla de Arguin y Senegal. || *el Senador.* Infante de Castilla, hijo de Fernando III *el Santo,* n. en 1225 y m. en Roa en 1303. En 1255 se sublevó con su hermano Alfonso X. Logró la regencia durante la minoría de edad de Fernando IV (1295-1301). Pactó con el rey de Portugal Dionís y reconoció a Alfonso de la Cerda (1303) como pretendiente al trono de Castilla. || **y Tarancón (Vicente).** Prelado español, n. en Burriana en 1907. Ha sido obispo de Solsona, arzobispo de Oviedo y arzobispo primado de Toledo. En 1969 fue designado cardenal y es, desde 1971, arzobispo de la diócesis Madrid-Alcalá y presidente de la Conferencia Episcopal Española. Ha publicado numerosos libros, artículos y documentos pastorales que acreditan en él una viva preocupación social y pastoral. || **Carbó. Geog.** Local. de Argentina, prov. de Entre Ríos, depart. de Gualeguaychú; 956 habitantes. || **Fynn.** Local. de Argentina, prov. de Buenos Aires, depart. de General Las Heras; 382 h. || **Lavalle.** Local. de Argentina, prov. de Buenos Aires, part. de Hipólito Yrigoyen; 457 h. || **Urien.** Local. de Argentina, prov. de Chaco, part. de Mayor Luis J. Fontana; 1.254 habitantes.

enriquecedor, ra. adj. Que enriquece.
enriquecer. fr., *enrichir;* it., *arricchire;* i., *to enrich;* a., *bereichern.* tr. Hacer rica a una persona, comarca, nación, fábrica, industria u otra cosa. Ú. m. c. prnl. || fig. Adornar, engrandecer. || intr. Hacerse uno rico. || Prosperar notablemente un país, una empresa, etc.
enriquecido, da. p. p. de **enriquecer.** || adj. **Fís.** y **Quím.** Se dice de la materia en que el número de isótopos de uno o varios de los componentes ha sido aumentado.
enriquecimiento. m. Acción y efecto de enriquecer o enriquecerse. || **torticero.** Der. El que, obtenido con injusto origen en daño de otro, se considera ilícito e ineficaz en derecho.
enriqueño, ña. adj. Perteneciente a los reyes Enrique I, Enrique II y Enrique III de Castilla. Aplícase, además, a las dádivas excesivas, recordando las que concedió Enrique II.
Enriques (Federico). Biog. Filósofo y matemático italiano, n. en Livorno y m. en Roma (1871-1946). Profesor en las Universidades de Bolonia y Roma, se ocupó de las superficies algebraicas. Autor de: *A través de la historia de la lógica* (1922), *Lecciones sobre la teoría de las superficies geométricas* (1931) y *Lecciones sobre la teoría geométrica de las ecuaciones y de las funciones algebraicas.*
Enriqueta Ana de Austria (María). Biog. Reina de Bélgica (1836-1902). Fue hija del archiduque José de Hungría y de la gran duquesa de Wurtemberg. Casó con el príncipe Leopoldo en 1853 y se distinguió por sus virtudes. || **María de Francia.** Reina de Inglaterra, n. en París, y m. en Bois-Colombes (1609-1669). Se distinguió por el auxilio que prestó a su esposo, Carlos I Estuardo, en su lucha contra los parlamentarios.
Enríquez (Alfonso). Biog. V. **Alfonso I de Portugal.** || **(Fadrique).** Segundo almirante de Castilla, m. en 1473. Fue abuelo de Fernando *el Católico.* Formó la Liga de nobles que en una Asamblea de Ávila depuso con pompa teatral

Fadrique Enríquez, litografía de la obra *Iconografía española,* por Carderera y Solano. Museo Lázaro Galdiano. Madrid

a Enrique IV y proclamó rey al infante don Alfonso. || **(Juana).** Juana Enríquez. || **de Acevedo (Pedro).** Rodríguez de Acevedo, **conde de Fuentes (Pedro).** || **de Almansa (Martín).** Político y soldado español del s. XVI. Fue virrey de Nueva España (1568-80) y de Perú (1580-83). En 1570 redujo, en Méjico, a las tribus salvajes del interior, y por su labor civilizadora fundando villas, templos, hospitales y escuelas, se conquistó la adhesión y aprecio de los naturales. || **del Castillo (Diego).** Político, sacerdote e historiador español, n. y m. en Segovia (1443-1503). Fue capellán y cronista de Enrique IV de Castilla. Escribió: *Crónica del rey don Enrique, el cuarto de su nombre de gloriosa memoria.* || **Gallo (Alberto).** Militar y político ecuatoriano (1894-1962). Ministro de Defensa (1935-37), dirigió el golpe militar que derrocó al presidente Páez. Proclamado jefe supremo de la República (1937), convocó una Asamblea nacional, que designó a su sucesor Manuel M. Borrero (1938). || **Gómez (Antonio).** Poeta, autor dramático y novelista español, n. en Segovia y m. en Amsterdam (1600-1660). Tuvo que abandonar España, acusado de judaizante por la Inquisición. Su efigie fue quemada en Sevilla, en un auto de fe, en 1660. Es autor de: *A lo que obligan los celos, A lo que obliga el honor, Engañar para reinar, Vida de don Gregorio Guadaña,* novela picaresca en la que imita a Quevedo, etc. || **de Guzmán (Enrique).** Militar y político español del s. XVII. Fue gobernador, presidente y capitán general de Guatemala en 1683, cargo que desempeñó hasta 1688, y dejó buen recuerdo de su mando. || **de Guzmán (Luis).** Administrador español y conde de Alba de Liste. Fue virrey de Nueva España (1650-53) y de Perú (1655-61), sofocando una sublevación de los indios tarahumaras y calchaquíes en la prov. de Tucumán. || **de Rivera (Payo).** Religioso agustino español, n. en Sevilla y m. en 1684. Fue virrey de Nueva España (1673-1680). De vuelta a España en 1681, fue designado presidente del Real Consejo de Indias y promovió al obispado de Cuenca, pero renunció a ambos cargos.

Enriquillo. Biog. Cacique de la isla de Santo Domingo, que se rebeló y luchó contra España de 1519 a 1533. Sólo se rindió cuando Carlos V, en carta autógrafa, le garantizó libertad completa y disfrute de propiedades para él y todos los indios que le acompañaban. || **Geog.** Mun. de la República Dominicana, prov. de Barahona; 12.649 h. || Villa cap. del mismo; 4.103 h.

enriscado. p. p. de **enriscar.** adj. Lleno de riscos o peñascos.
enriscamiento. m. Acción de enriscarse.
enriscar. (De *en* y *risco.*) tr. fig. Levantar, elevar. || prnl. Guarecerse, meterse entre riscos y peñascos.
enristrar. (Del lat. *arrestāre,* afianzar.) tr. Poner la lanza en el ristre. || Poner la lanza horizontal bajo el brazo derecho, bien afianzada para acometer. || fig. Ir derecho hacia una parte, o acertar finalmente con una cosa en que había dificultad.
enristrar. (De *en* y *ristra.*) tr. Hacer ristras con ajos, cebollas, etc.
enristre. (De *enristrar.*) m. Acción y efecto de enristrar.
enrizado, da. p. p. de **enrizar.** || m. desus. Rizado, bucle.
enrizamiento. m. Acción y efecto de enrizar.
enrizar. tr. **rizar.** Ú. t. c. prnl.
enrizar. (Del lat. **irritiāre,* de *irritāre.*) tr. ant. enrizar.
enrobinarse. prnl. *Alb.* y *Ar.* Cubrirse de robín, enmohecerse.
enrobrescido, da. (De *robre,* roble.) adj. ant. Duro y fuerte como el roble.
enrocar. (De *en* y *roque.*) tr. En el juego del ajedrez, mover simultáneamente el rey y la torre del mismo bando, trasladándose el rey dos casillas hacia la torre y colocándose ésta a su lado, saltando por encima del mismo.
enrocar. (De *en* y *rueca.*) tr. Revolver en la rueca el copo que ha de hilarse.
enrocarse. (De *en* y *roca.*) prnl. Trabarse algo en las rocas del fondo del mar, principalmente anzuelos, artes de pesca, anclas, etc.
enroco. m. *Chile.* enroque.
enrodar. (Del lat. *inrotāre;* de *in,* en, y *rota,* rueda.) tr. Imponer el suplicio de despedazar al reo sujetándolo a una rueda en movimiento.
enrodelado, da. adj. Armado con rodela.
enrodrigar. tr. rodrigar.
enrodrigonar. (De *en* y *rodrigón.*) tr. **rodrigar.**
enrojar. (De *en* y *rojo.*) tr. **enrojecer.** Ú. t. c. prnl. || Calentar el horno.
enrojecer. fr., *rougir;* it., *arrossire;* i., *to redden;* a., *erröten.* tr. Poner roja una cosa con el calor o el fuego. Ú. t. c. prnl. || Dar color rojo. || intr. ruborizarse. || prnl. Encenderse el rostro. Ú. t. c. tr.
enrojecimiento. m. Acción y efecto de enrojecer.
enrolamiento. m. Acción y efecto de enrolar.
enrolar. tr. En marina, inscribir un individuo en el rol o lista de tripulantes de un barco mercante. Ú. t. c. prnl. || prnl. Alistarse, inscribirse en el ejército, en un partido político u otra organización.
enrollado, da. p. p. de **enrollar.** || m. Roleo, voluta.
enrollar. (De *en* y *rollo.*) tr. Envolver una cosa que resulte en forma de rollo. || Empedrar con rollos o cantos.
enromar. tr. Poner roma una cosa. Ú. t. c. prnl.

enrona. (De *enruna*.) f. **Constr.** *Ar.* y *Nav.* Conjunto de escombros, cascotes y desperdicios que salen de las obras.

enronar. tr. **Constr.** *Ar.* Echar enrona en algún sitio, o cubrir de enrona o de tierra una cosa. || *Nav.* Manchar con lodo, polvo, etc.

enrone. m. **Constr.** *Nav.* **enruna.**

enrono. m. **Constr.** *Nav.* **enruna.**

enronquecer. tr. Poner ronco a uno. Ú. m. c. prnl.

enronquecimiento. (De *enronquecer*.) m. **ronquera.**

enroñar. tr. Llenar de roña, pegarla. || Cubrir de orín un objeto de hierro. Ú. m. c. prnl.

enroque. m. Acción y efecto de enrocar en el ajedrez.

enroscadamente. adv. m. En forma de rosca.

enroscadura. f. Acción y efecto de enroscar o enroscarse.

enroscamiento. m. Acción y efecto de enroscar.

enroscar. tr. Torcer, doblar en redondo; poner en forma de rosca una cosa. Ú. t. c. prnl. || Introducir una cosa a vuelta de rosca. || *Germ.* Envolver, liar la ropa.

enrostrar. tr. *Amér.* Dar en rostro, echar en cara, reprochar.

enrubescer. (Del lat. *inrubescěre*, enrojecer.) tr. ant. Poner o volver rojo o rubio. Usáb. t. c. prnl.

enrubiador, ra. adj. Que tiene virtud de enrubiar.

enrubiar. tr. Poner rubia una cosa. Dícese más comúnmente de los cabellos. Ú. t. c. prnl.

enrubio. m. Acción y efecto de enrubiar o enrubiarse. || Ingrediente con que se enrubia. || *Bot. P. Rico.* Árbol de madera muy dura, de albura blanca y corazón rojizo (*xanthóxylum lanceolátum, x. clavahérculis*).

enrudecer. tr. Hacer rudo a uno; entorpecerle el entendimiento. Ú. t. c. prnl.

enruga. (De *enrugar*.) f. **arruga.**

enrugar. (Del lat. *inrugāre* o *irrugāre*.) tr. Arrugar, encoger.

enruinecer. intr. Hacerse ruin.

enrulado, da. adj. *Arg., Par.* y *Urug.* Dícese del pelo rizado en bucles.

enrulamiento. m. Acción de enrular.

enrular. tr. *Arg., Bol., Par.* y *Urug.* **rizar.**

enruna. (De *enrunar*.) f. *Alb., Mur.* y *Val.* Cieno, tierras o malezas que se depositan en el fondo de las acequias, zanjas, aljibes, etc. || *Ar.* y *Nav.* **enrona.**

enrunar. (Del lat. *ruderāre*, construir con casquijo, de *rudus, -ěris*, casquijo, mediante la forma disimilada *inrudenāre*.) tr. *Alb.* Ensuciar con lodo u otra cosa análoga. || *Ar.* y *Nav.* **enronar.** || *Mur.* Cegar o llenar de enruna una acequia, aljibe, etc. Ú. t. c. prnl.

ensabanada. f. **encamisada.**

ensabanado, da. p. p. de **ensabanar.** || adj. Dícese de la persona disfrazada con una sábana, generalmente para hacerse pasar por fantasma. Ú. m. c. s. m. y en pl. || En tauromaquia, aplícase al toro que tiene negras u obscuras la cabeza y las extremidades, y blanco el resto del cuerpo. || m. **Albañ.** Capa primera de yeso blanco con que se cubren las paredes antes de blanquearlas.

ensabanar. tr. Cubrir, envolver con sábanas. Ú. t. c. prnl. || **Albañ.** Dar a una pared una mano de yeso blanco.

ensacador, ra. adj. Que ensaca. Ú. t. c. s.

ensacar. tr. Meter algo en un saco.

ensaimada. (Voz mallorquina, deriv. de *saim*, saín.) f. Bollo formado por una tira de pasta hojaldrada revuelta en espiral.

ensalada. fr., *salade*; it., *insalata*; i., *salad*; a., *Salat*. (De *en* y *sal*.) f. Hortaliza o varias hortalizas mezcladas, cortadas en trozos, que aderezadas principalmente con sal, aceite y vinagre, aunque pueden añadírseles otros componentes, como tomate, cebolla, aceitunas, etc., se comen crudas. || fig. Mezcla confusa de cosas sin conexión. || *Cuba*. Refresco preparado con agua de limón, hierbabuena y piña. || **Poét.** Composición poética en la cual se incluyen esparcidos versos de otras poesías conocidas. || Composición lírica en que se emplean ad líbitum metros diferentes. || **de frutas.** *Coc.* Mezcla de trozos de distintas frutas, generalmente con su propio zumo o en almíbar. || **italiana.** La que se hace con diversas hierbas y a veces, además, con pechugas de aves, aceitunas, etc. || **repelada.** La que se hace con diferentes hierbas, como mastuerzo, pimpinela, hinojo, etc. || **rusa.** La compuesta de patata, zanahoria, remolacha, guisantes y lengua o jamón, con salsa parecida a la mahonesa. || fig. *Léx.* Mezcla poco armónica de colores.

ensaladera. f. Fuente honda en que se sirve la ensalada.

ensaladilla. f. dim. de **ensalada.** || Manjar frío semejante a la ensalada rusa. || Bocados de dulce de diferentes géneros. || fig. Conjunto de piedras preciosas de diferentes colores engastadas en una joya. || Conjunto de diversas cosas menudas.

ensalivar. tr. Llenar o empapar de saliva. Ú. t. c. prnl.

ensalma. (De *ensalmar*, enjalmar.) f. ant. **enjalma.**

ensalmadera. f. ant. **ensalmadora.**

ensalmador, ra. (De *ensalmar*, componer.) m. y f. Persona que tenía por oficio componer los huesos dislocados o rotos. || Persona de quien se creía que curaba con ensalmos.

ensalmar. (De *en* y *salmo*.) tr. Componer los huesos dislocados o rotos. || Curar con ensalmos. Ú. t. c. prnl. || ant. **descalabrar,** herir a uno en la cabeza.

ensalmar. (De *en* y *salma*, jalma.) tr. ant. **enjalmar.** Ú. en Burgos, Logroño, Salamanca y Soria. || ant. V. **aguja, hilo de ensalmar.**

ensalmo. (De *ensalmar*, componer.) m. Modo supersticioso de curar con oraciones y aplicación empírica de varias medicinas. || **por ensalmo.** m. adv. Con prontitud extraordinaria y de modo desconocido.

ensalobrarse. prnl. Hacerse el agua amarga y salobre.

ensalzador, ra. adj. Que ensalza.

ensalzamiento. m. Acción y efecto de ensalzar.

ensalzar. (De *exalzar*.) tr. Engrandecer, exaltar. || Alabar, elogiar. Ú. t. c. prnl.

ensambenitar. tr. Poner a uno el sambenito por sentencia del tribunal de la Inquisición.

ensamblado, da. p. p. de **ensamblar.** || m. Obra de ensamblaje.

ensamblador. m. El que ensambla.

ensambladura. fr., *assemblage*; it., *commessura*; i., *joinery*; a., *Zusammenfügung*. f. Acción y efecto de ensamblar.

ensamblaje. m. **ensambladura.** || *Nav.* Pieza de madera de hilo, de longitud variable, con una escuadría de 12 cm. de tabla por 5 de canto.

ensamblar. fr., *assembler*; it., *incastrare*; i., *to assemble*; a., *zusammensetzen*. (De *ensemble*.) tr. **Carp.** Unir, juntar, trabar íntimamente. Dícese especialmente cuando se trata de ajustar piezas de madera.

ensamble. m. **ensambladura.**

ensancha. f. Acción y efecto de ensanchar una cosa.

ensanchador, ra. adj. Que ensancha. || m. *A. y Of.* Instrumento que usan los guanteros para ensanchar los guantes.

ensanchamiento. (De *ensanchar*.) m. Acción y efecto de ensanchar.

Ensambladuras

ensanchar. (Del lat. *explāre.*) tr. Extender, dilatar, aumentar la anchura de una cosa. ‖ prnl. fig. Desvanecerse, afectar gravedad y señorío. Ú. t. c. intr. ‖ Hacerse de rogar.

ensanche. fr., *élargissement;* it., *allargamento;* i., *enlargement;* a., *erweiterung.* (De *ensanchar.*) m. Dilatación, extensión. ‖ Parte de tela que se remete en la costura del vestido para poderlo ensanchar en caso necesario. ‖ Terreno dedicado a nuevas edificaciones en las afueras de una población y conjunto de los edificios que en ese terreno se han construido.

ensandecer. intr. Volverse sandio, enloquecer. Ú. t. c. tr.

ensangostar. (Del lat. *ex,* desde, y *angustāre,* estrechar.) tr. **angostar.**

ensangostido, da. adj. ant. **angustiado.**

ensangrentamiento. m. Acción y efecto de ensangrentar o ensangrentarse.

ensangrentar. fr., *ensanglanter;* it., *insanguinare;* i., *to blood;* a., *mit Blut beflecken.* (De *en* y *sangrentar.*) tr. Manchar o teñir con sangre. Ú. t. c. prnl. ‖ prnl. fig. Encenderse, irritarse demasiadamente en una disputa o contienda, ofendiéndose unos a otros.

ensangustiar. tr. ant. **angustiar.** Usáb. t. c. prnl.

ensañado, da. p. p. de **ensañar.** ‖ adj. ant. **valeroso.**

ensañamiento. m. Acción y efecto de ensañarse. ‖ Der. Circunstancia agravante que consiste en aumentar deliberadamente el mal del delito.

ensañar. (Del lat. *insania,* locura.) tr. Irritar, enfurecer. ‖ prnl. Deleitarse en causar el mayor daño y dolor posibles a quien ya no está en condiciones de defenderse.

ensarmentar. tr. Agr. **amugronar.**

ensarnecer. intr. Llenarse de sarna.

ensartar. fr., *enfiler;* it., *infilare;* i., *to thread;* a., *auf eine Schnur ziehen.* (De *en* y *sarta.*) tr. Pasar por un hilo, cuerda, alambre, etc., varias cosas; como perlas, cuentas, anillos, etc. ‖ **enhebrar.** ‖ Espetar, atravesar, introducir. ‖ fig. Decir muchas cosas sin orden ni conexión. ‖ fig. *Chile, Méj.* y *Nic.* Hacer caer en un engaño o trampa. Ú. t. c. prnl.

ensay. (Del fr. *essai.*) m. En las casas de moneda, **ensaye.**

ensayado, da. p. p. de **ensayar.** ‖ adj. V. **peso ensayado.**

ensayador. m. El que ensaya. ‖ El que tiene por oficio ensayar los metales preciosos.

ensayalar. tr. ant. Cubrir con tapete u otra cosa un mueble. ‖ prnl. Vestirse o cubrirse de sayal.

ensayamiento. (De *ensayar.*) m. ant. **ensayo.**

ensayar. fr., *essayer;* it., *assaggiare;* i., *to try;* a., *versuchen.* (De *ensayo.*) tr. Probar, reconocer una cosa antes de usar de ella. ‖ Amaestrar, adiestrar. ‖ Hacer la prueba de una comedia, baile u otro espectáculo antes de ejecutarlo en público. ‖ Probar la calidad de los minerales o la ley de los metales preciosos. ‖ desus. Sentar, caer bien alguna cosa. ‖ ant. Intentar, procurar. ‖ prnl. Probar a hacer una cosa para ejecutarla después más perfectamente o para no extrañarla.

ensaye. (De *ensayar.*) m. Acción y efecto de ensayar. ‖ Comprobación de los metales que contiene la mena. ‖ Análisis de la moneda para descubrir su ley.

ensayismo. m. Lit. Género literario constituido por el ensayo, escrito generalmente breve.

ensayista. com. Escritor de ensayos.

ensayístico, ca. adj. Perteneciente o relativo al ensayismo.

ensayo. fr., *essai;* it., *saggio;* i., *essay;* a., *Versuch, Probe.* (Del lat. *exagĭum,* peso.) m. Acción y efecto de ensayar. ‖ Prueba, examen o reconocimiento de una cosa. ‖ Lit. Escrito, generalmente breve, sin el aparato ni la extensión que requiere un tratado completo sobre la misma materia. ‖ Mec. Prueba o pruebas a que se somete a un material para conocer su resistencia. ‖ Miner. Operación por la cual se averigua el metal o metales que contiene la mena, y la proporción en que cada uno está con el peso de ella. ‖ Num. Análisis de la moneda para descubrir su ley. ‖ Quím. **análisis.** ‖ **general.** Teatro. Representación completa de una obra, que se hace antes de presentarla al público.

Enschede. Geog. C. de los P. B., prov. de Overyssel, dist. de Almelo; 143.330 h. Industrias textil y química.

ensebar. tr. Untar con sebo.

ensecar. (Del lat. *exsiccāre.*) tr. ant. Secar o enjugar.

enseguida. m. adv. **en seguida.**

enselvado, da. p. p. de **enselvar.** ‖ adj. Lleno de selvas o árboles.

enselvar. (De *en* y *selva.*) tr. Poner encubiertos entre el ramaje los soldados para una operación militar. ‖ prnl. Ocultarse entre el ramaje.

ensellar. tr. ant. **ensillar.**

ensembla. adv. m. ant. **ensemble.**

ensemble. (Del lat. *insimul.*) adv. m. ant. **juntamente.**

ensemejante. adj. ant. **semejante.**

ensenada. fr., *crique, anse;* it., *baia;* i., *cove, inlet;* a., *Bucht.* (De *ensenar.*) f. Seno, entrante entre dos salientes. ‖ Geog. Recodo que forma seno, entrando el mar en la tierra.

Ensenada (marqués de la). Biog. **Somodevilla y Bengoechea, marqués de la Ensenada (Zenón de).** ‖ Geog. Part. de Argentina, prov. de Buenos Aires; 39.154 h. ‖ Local. cap. del mismo; 31.586 h. ‖ Mun. de Méjico, est. de Baja California; 115.423 h. ‖ C. cap. del mismo; 77.687 h. ‖ **Grande.** Local. de Argentina, prov. de Corrientes, depart. de San Cosme; 333 h.

ensenado, da. p. p. de **ensenar.** ‖ adj. Dispuesto a manera o en forma de seno.

ensenar. (De *seno.*) tr. Esconder, poner en el seno una cosa. ‖ Mar. Meter en una ensenada una embarcación. Ú. m. c. prnl.

enseña. (Del lat. *insignia,* pl. n. de *insignis,* que se distingue por alguna señal.) f. Insignia o estandarte.

enseñable. adj. Que se puede fácilmente enseñar.

enseñadamente. adv. m. ant. Con enseñanza.

enseñadero, ra. adj. ant. Que puede ser enseñado.

enseñado, da. p. p. de **enseñar.** ‖ adj. ant. Docto, instruido. ‖ Educado, acostumbrado. Ú. más con los adv. *bien* o *mal.*

enseñador, ra. adj. Que enseña. Ú. t. c. s.

enseñalar. tr. ant. **señalar.**

enseñamiento. m. **enseñanza.**

enseñante. p. a. ant. de **enseñar.** Que enseña.

enseñanza. fr., *enseignement;* it., *insegnamento;* i., *teaching;* a., *Unterricht.* f. Acción y efecto de enseñar. ‖ Ejemplo, acción o suceso que nos sirve de experiencia, enseñándonos o advirtiéndonos cómo debemos obrar en casos análogos. ‖ Pedag. Método y sistema mediante los cuales se da instrucción. ‖ **media** o **secundaria.** La intermedia entre la primaria y la superior; se da en los institutos o liceos y corresponde a los estudios del bachillerato. ‖ **mutua.** Se conoce con este nombre el sistema docente en que los alumnos más adelantados de una clase enseñan a sus condiscípulos bajo la dirección y vigilancia del maestro. ‖ **primaria.** La de primeras letras, en sus diversos grados. ‖ **secundaria. enseñanza media.** ‖ **superior.**

Maestro impartiendo sus enseñanzas, miniatura de las *Cantigas de Santa María,* de Alfonso X. Biblioteca del monasterio de El Escorial

Comprende los estudios especiales y más elevados, que preparan para el ejercicio de profesiones específicas o para la investigación, tales como los de medicina, farmacia, ingeniería, derecho, economía, etc.

enseñar. fr., *enseigner;* it., *insegnare;* i., *to teach;* a., *lehren.* (Del lat. *insignāre,* señalar; de *in,* en, y *signum,* señal.) tr. Instruir, doctrinar, amaestrar con reglas o preceptos. ‖ Dar advertencia, ejemplo o escarmiento que sirve de experiencia y guía para obrar en lo sucesivo. ‖ Indicar, dar señas de una cosa. ‖ Mostrar o exponer una cosa, para que sea vista y apreciada. ‖ Dejar aparecer, dejar ver una cosa involuntariamente. ‖ prnl. Acostumbrarse, habituarse a una cosa.

enseño. (De *enseñar.*) m. fam. p. us. **enseñanza.**

enseñoramiento. m. Acción y efecto de enseñorearse.

enseñoreador, ra. m. ant. El que enseñorea o se enseñorea.

enseñorearse. prnl. Hacerse señor y dueño de una cosa; dominarla. Ú. t. c. tr.

enserar. tr. Cubrir o forrar con sera de esparto una cosa para su resguardo.

enserenar. (De *en,* prep., y *sereno,* humedad.) tr. Ecuad. Dejar alimentos o ropas al aire fresco de la noche, con el objeto de conservarlos fríos o blanquearlas. ‖ prnl. Quedarse al sereno una persona.

enseres. (De *en* y *ser.*) m. pl. Utensilios, muebles, instrumentos necesarios o convenientes en una casa o para el ejercicio de una profesión.

enseriarse. prnl. *And., Cuba, Perú, P. Rico* y *Venez.* Ponerse serio mostrando algún disgusto o desagrado.

enserir. (Del lat. *inserĕre.*) tr. desus. Meter una cosa en otra, juntarla, acoplarla. ‖ Introducir en un escrito una palabra, nota, texto, etcétera.

ensiemplo. m. ant. **ejemplo.**

ensiforme. (Del lat. *ensiformis;* de *ensis,* espada, y *forma,* figura.) adj. En forma de espada.

ensilado, da. p. p. de **ensilar.** ‖ m. Acción y efecto de ensilar.

ensiladora. f. Agr. Máquina para ensilar forraje.

ensilaje. m. **ensilado.**

ensilar. tr. Poner, encerrar los granos, semillas y forraje en el silo. ‖ ant. fig. Comer, tragar mucho.

ensilvecerse. (Del lat. *in*, intens., y *silvescĕre*, de *silva*, selva.) prnl. Convertirse en selva un campo o sembrado; quedar sin cultivo.

ensillada. f. Geog. Por alusión a la ensilladura del caballo, collado o depresión suave en el lomo de una montaña.

ensillado, da. p. p. de **ensillar**. ‖ adj. Dícese del caballo o de la yegua que tiene el lomo hundido. Suele aplicarse por semejanza, en el estilo familiar, a las personas.

ensilladura. (De *ensillar*.) f. Acción y efecto de ensillar. ‖ Parte en que se pone la silla al caballo, mula, etc. ‖ **Anat.** Encorvadura entrante que tiene la columna vertebral en la región lumbar.

ensillar. tr. Poner la silla al caballo, mula, etcétera. ‖ ant. Elevar, entronizar a uno.

ensimismado. adj. Distraído, metido en sí, extraño a lo que le rodea.

ensimismamiento. m. Acción y efecto de ensimismarse. ‖ **Filos.** Recogimiento en la intimidad de uno mismo, desentendido del mundo exterior. Se opone a *alteración*.

La Máscara y la Muerte, por James Ensor

ensimismarse. (De *en sí mismo*.) prnl. **abstraerse**. ‖ Sumirse o recogerse en la propia intimidad. ‖ *Col., Chile, Ecuad.* y *Perú*. Gozarse en sí mismo, envanecerse, engreírse.

ensobear. tr. Atar con el sobeo al yugo al pértigo del carro.

ensoberbecer. tr. Causar o excitar soberbia en alguno. Ú. t. c. prnl. ‖ prnl. fig. **Mar.** Agitarse el mar; alterarse, encresparse las olas.

ensoberbecimiento. m. Acción y efecto de ensoberbecer o ensoberbecerse.

ensobinarse. (Del lat. *in*, en, y *supināre*, echar boca arriba.) prnl. *Ar.* Quedarse en posición supina una caballería o un cerdo, sin poderse levantar. ‖ *Mur.* **acurrucarse**.

ensobrado. m. Acción y efecto de ensobrar.

ensobrar. tr. En las habilitaciones y pagadurías de centros oficiales, distribuir en sobres los haberes mensuales correspondientes a funcionarios de alta categoría.

ensogar. tr. Echar soga. ‖ Forrar una cosa con soga, como se hace con los frascos y redomas.

ensolerar. tr. **Apicultura.** Echar o poner soleras a las colmenas.

ensolvedera. (De *ensolver*.) f. desus. Brocha de pelo largo y suave con que se fundían las tintas al pintar.

ensolvedor, ra. (De *ensolver*.) adj. ant. Que resuelve o declara una cosa o duda. Úsáb. t. c. s.

ensolver. (Del lat. *in*, en, y *solvĕre*, desatar.) tr. Incluir una cosa en otra. ‖ Contraer, sincopar. ‖ **Med.** Resolver, disipar.

ensombrecer. tr. Obscurecer, cubrir de sombras. Ú. t. c. prnl. ‖ prnl. fig. Entristecerse, ponerse melancólico.

ensombrerado, da. adj. fam. Que lleva puesto sombrero.

ensoñación. f. Acción y efecto de ensoñar, ensueño.

ensoñador, ra. adj. Que tiene ensueños o ilusiones. Ú. t. c. s.

ensoñar. tr. Tener ensueños. ‖ *Ar.* y *Cuen*. **soñar.**

ensopar. tr. Hacer sopa con el pan, empapándolo. ‖ *Arg., Hond., P. Rico* y *Venez.* Empapar, poner hecho una sopa. Ú. t. c. prnl.

Ensor (James). Biog. Pintor y grabador belga, n. y m. en Ostende (1860-1949). Al principio se adhirió al movimiento impresionista, pero pronto se creó un estilo propio, lleno de originalidad y de fino humorismo. Entre sus obras figuran: *Autorretrato* (1879), *La dama de la nariz respingona* (1879), *Entrada de Cristo en Bruselas* (1888), *Máscaras extrañas* (1891), *Esqueletos en torno al fuego* y *Esqueletos en el estudio* (1900).

ensordamiento. (De *ensordar*.) m. ant. Efecto de ensordecer o hacerse sordo.

ensordar. (De *en* y *sordo*.) tr. ant. **ensordecer**. Ú. t. c. prnl. Ú. en Aragón.

ensordecedor, ra. adj. Que ensordece. ‖ Dícese del ruido o sonido muy intenso.

ensordecer. fr., *assourdir*; it., *assordire*; i., *to deafen*; a., *betäuben*. (De *en* y *sordecer*.) tr. Ocasionar o causar sordera. ‖ Aminorar la intensidad de un sonido o ruido. ‖ Perturbar grandemente a uno la intensidad de un sonido o ruido. ‖ Convertir una consonante sonora en sorda. ‖ intr. Contraer sordera, quedarse sordo. ‖ Callar, no responder.

ensordecimiento. m. Acción y efecto de ensordecer.

ensortijamiento. m. Acción de ensortijar. ‖ Sortijas formadas en el cabello.

ensortijar. fr., *boucler*; it., *arricciare*; i., *to curl*; a., *locken*, *ringeln*. (De *en* y *sortija*.) tr. Torcer en redondo, rizar, encrespar el cabello, hilo, etc. Ú. t. c. prnl. ‖ Poner un aro de hierro atravesando la nariz de un animal, ora para gobernarlo y guiarlo, ora para impedirle pacer en lugares donde no se quiere que lo haga.

ensotarse. prnl. Meterse, ocultarse en un soto o lugar boscoso.

enstatita. (Del gr. *enstátes*, adversario, e *-ita*.) f. **Miner.** Variedad de hiperstena carente de hierro y sumamente infusible.

ensuciador, ra. adj. Que ensucia.

ensuciamiento. m. Acción y efecto de ensuciar o ensuciarse.

ensuciar. fr., *salir*; it., *sporcare*; i., *to dirt, to sully*; a., *beschmutzen*. tr. Manchar, poner sucia una cosa. Ú. t. c. prnl. ‖ fig. Manchar el alma, la nobleza o la fama con vicios o con acciones indignas. ‖ intr. fam. Evacuar el vientre. ‖ prnl. fam. Hacer las necesidades corporales en la cama, con la ropa puesta, o en sitio inadecuado. ‖ fig. y fam. Obtener una persona interés o lucro indebido en el caudal, hacienda o negocio que maneja. ‖ **ensuciarla.** fam. **deslucir**, echar a perder un asunto, meter la pata.

ensueño. (Del lat. *insomnĭum*.) m. Sueño o representación fantástica del que duerme. ‖ Ilusión, fantasía.

ensugar. (Del lat. *exsucāre*.) tr. **enjugar**.

ensullo. (Del lat. *insubŭlum*.) m. A. y Of. **enjullo**.

ensuyar. tr. ant. **emprender.**

ent-. pref. V. **ento-.**

enta. prep. ant. A, hacia.

entabacarse. prnl. Abusar del tabaco.

entabicar. tr. **tabicar.**

entablación. f. Acción y efecto de entablar. ‖ Anotación o registro de las memorias, fundaciones y capellanías, así como de las obligaciones de los ministros del templo, la cual suele escribirse en una o en varias tablas y fijarse en las paredes de la iglesia para que consten al público.

entablado, da. p. p. de **entablar**. ‖ m. Conjunto de tablas dispuestas y arregladas en una armadura. ‖ Suelo formado de tablas. ‖ f. Acción y efecto de entablarse el viento. ‖ *Arg.* Condición de una tropilla bien enseñada.

entabladura. f. Acción y efecto de entablar o cubrir, cercar o asegurar con tablas.

entablamento. (De *entablar*.) m. **Arquit. cornisamento.**

entablamiento. m. ant. **Arquit. entablamento.**

entablar. fr., *planchéier*; it., *intavolare*; i., *to plank, to floor*; a., *täfeln, einleiten*. tr. Cubrir, cercar o asegurar con tablas una cosa. ‖ **entablillar.** ‖ En el juego de ajedrez, damas y otros análogos, colocar las piezas en sus respectivos lugares para empezar el juego. ‖ Disponer, preparar, emprender una pretensión, negocio o dependencia. ‖ Notar, en las tablas de las iglesias una memoria o fundación para que conste. ‖ Dar comienzo a una conversación, batalla, etc. ‖ En Argentina, acostumbrar al ganado mayor a que ande en manada o tropilla. Ú. t. c. prnl. ‖ prnl. En Andalucía y América, igualar, empatar. ‖ Resistirse el caballo a volverse a una u otra mano, a causa de un vicio contraído por enfermedad o resabio. ‖ Fijarse el viento de una manera continuada en cierta dirección.

entable. (De *entablar*.) m. **entabladura**. ‖ Varia disposición de los juegos de damas, ajedrez, etc. ‖ **de partida.** *Der. can.* Inscripción en los libros parroquiales de la que en su día fue omitida.

entablerarse. prnl. **Taurom.** En las corridas de toros, aquerenciarse éstos a los tableros del redondel para su defensa, aconchándose sobre ellos sin querer abandonarlos.

entablillar. tr. **Cir.** Asegurar con tablillas y vendaje el hueso roto o quebrado.

entado. (Del fr. *enté*, p. p. de *enter*, injerir.) adj. **Bl.** Aplícase a las piezas y partes del escudo que están enclavijadas unas en otras con entrantes y salientes. || **en punta.** Aplícase al triángulo curvilíneo que tiene su vértice en el centro del escudo y su base en la parte inferior, dentro del cual se coloca alguna empresa, como la granada en las armas de España.

entalamadura. (De *entalamar*.) f. Zarzo de cañas forrado de tela de cáñamo o de hule, que para defenderse del sol y del agua se pone sobre los carros y galeras, sujeto a tres arcos de madera fijos en los varales.

entalamar. (De *en* y *tálamo*.) tr. ant. Cubrir con paños o tapices. || Poner toldo a un carro.

entalegado, da. p. p. de **entalegar.** || m. Ar. El que metido en un saco hasta la cintura compite con otros a correr o saltar.

entalegar. tr. Meter una cosa en talegos o talegas para guardarla o para otro fin. || Ahorrar dinero, atesorarlo.

entalingar. (Del fr. *entalinguer*.) tr. Mar. Asegurar el chicote del cable o cadena al arganeo del ancla.

entalonar. intr. Agr. Echar renuevos los árboles de hoja perenne, como olivos, naranjos, algarrobos, etc.

entalpía. (Del gr. *enthálpo*, recalentar en.) f. Fís. Magnitud termodinámica de un cuerpo físico material. Es igual a la suma de su energía interna más el producto de su volumen por la presión exterior.

entalla. f. **entalladura.**

entallable. adj. Capaz de entallarse.

entallador. m. El que entalla o hace trabajos de talla.

entalladura. f. Acción y efecto de entallar o hacer figuras de relieve. || Corte que se hace en los pinos para resinarlos, o en las maderas para ensamblarlas.

entallamiento. (De *entallar*, hacer figuras de relieve.) m. **entalladura.**

entallar. (De *en* y *talla*.) tr. Hacer figuras de relieve en madera, bronce, mármol, etc. || Grabar o abrir en lámina, piedra u otra materia. || Cortar la corteza, y a veces parte de la madera, de algunos árboles para extraer la resina. || Hacer cortes en una pieza de madera para ensamblarla con otra. || En algunas partes, quedar aprisionado un miembro en una grieta u otra abertura.

entallar. tr. Hacer o formar el talle. Ú. t. c. intr. y c. prnl. || Ajustar la ropa de cama al cuerpo de la persona que está echada, remetiéndosela por los costados. || intr. Venir bien o mal el vestido al talle.

entalle. (De *entallar*, hacer figuras de relieve.) m. ant. Obra de entalladura. || Piedra dura grabada en hueco, en especial la que se usa como sello.

entallecer. intr. Agr. Echar tallos las plantas y árboles. Ú. t. c. prnl.

entallo. m. **entalle.**

entamar. tr. Cubrir con tamo. Ú. t. c. prnl. || Ast. **empezar,** encentar.

entameba. Zool. Gén. de amebas al que pertenecen algunas especies parásitas del hombre, como la *e. coli*, que vive en el intestino de éste sin causarle daño, o la *e. hystolítica*, que causa la disentería tropical amebiana.

entandar. (De *en* y *tanda*.) tr. Mur. Distribuir las horas de riego entre una comunidad de regantes.

entapar. tr. Chile. Encuadernar, empastar o forrar un libro.

entapecer. tr. ant. **tupir,** apretar mucho una cosa cerrando sus poros o intersticios.

entapetado, da. adj. desus. **tapetado.** || Cubierto con tapete.

entapizada. f. Alfombra, conjunto de cosas que cubre el suelo.

entapizado, da. p. p. de **entapizar.** || m. Acción y efecto de entapizar. || Materia con que se entapiza.

entapizar. tr. Cubrir con tapices. || Forrar con telas las paredes, sillas, sillones, etc. || fig. Cubrir o revestir una superficie con alguna cosa como cubriéndola con un tapiz. Ú. t. c. prnl.

entapujar. tr. fam. Tapar, cubrir. Ú. t. c. prnl. || fig. Andar con tapujos, ocultar la verdad.

entarascar. (De *en* y *tarasca*.) tr. fam. Cargar de demasiados adornos a una persona. Ú. t. c. prnl.

entarimado. (De *entarimar*.) m. Entablado del suelo.

entarimador. m. El que tiene por oficio entarimar.

entarimar. fr., *planchéier*; it., *intavolare*; i., *to plank, to floor*; a., *mit Dielen belegen.* (De *tarima*.) tr. Cubrir el suelo con tablas o tarima.

entarquinamiento. m. Agr. Operación de entarquinar.

entarquinar. tr. Manchar, ensuciar con tarquín. || Agr. Rellenar y sanear un terreno pantanoso o una laguna con la sedimentación del légamo o tarquín que lleva una corriente de agua. || Abonar las tierras con tarquín.

entarugado, da. p. p. de **entarugar.** || m. Pavimento formado con tarugos de madera a manera de adoquines.

entarugar. tr. Pavimentar con tarugos de madera.

éntasis. (Del lat. *entăsis*, y éste del gr. *éntasis*.) f. Arquit. Parte más abultada del fuste de algunas columnas.

ente. fr., *être*; it., *ente, essere*; i., *being*; a., *Sein, Wesen.* (Del lat. *ens, entis*, p. a. de *esse,* ser.) m. Lo que es, existe o puede existir. || fam. Sujeto ridículo, o que en su modo y porte se hace reparable. || **de razón.** Filos. El que no tiene ser real y verdadero y sólo existe en el entendimiento.

Entebbe. Geog. C. de Uganda, en el dist. de Buganda Occidental, sit. a orillas del lago Victoria, al S. de Kampala; 21.096 h.

entecado, da. p. p. de **entecarse.** || adj. **enteco.**

entecarse. (Del lat. *hectĭcus, a, um,* habitual, dicho de la fiebre.) prnl. ant. Enfermar, debilitarse. Ú. en Burgos.

entecarse. (De *entercarse*.) prnl. Chile y León. Obstinarse, emperrarse.

enteco, ca. (De *entecarse,* enfermar.) adj. Enfermizo, débil, flaco.

entechar. tr. Amér. c., Col., Chile, Ecuad. y Venez. **techar.**

entejar. tr. Tejar, cubrir con tejas.

entelar. (De *tela*.) tr. ant. Turbar, nublar la vista. || Pat. Ast. y León. Meteorizar, causar meteorismo. Ú. t. c. prnl.

entelequia. (Del lat. *entelechīa,* y éste del gr. *enteléchia,* de *enteleches,* que tiene su fin en sí mismo; de *en, en, télos,* acabamiento y *écho,* tener.) f. fam. Cosa imaginaria, inexistente. || Filos. Cosa real que lleva en sí el principio de su acción, y que tiende por sí misma a su fin propio. Introdujo la palabra Aristóteles, y Leibniz denominó entelequias a sus mónadas o substancias simples.

entelerido, da. (Como *aterido,* de la onomat. *ter.*) adj. Sobrecogido de frío o de pavor. || And., C. Rica, Hond. y Venez. Enteco, flaco, enclenque.

entena. (Del lat. *antenna*.) f. Madero redondo o en rollo, de gran longitud y diámetro variable. En Huesca tiene aproximadamente 24 m. de largo. || Mar. Verga donde se afirman las velas de las embarcaciones latinas; suele estar formada por dos piezas llamadas *car* y *pena,* unidas entre sí por un cabo denominado *enchina.*

entenado, da. (De *antenado*.) m. y f. **hijastro, tra.**

Embarcación con entena. Puerto de La Luz (Las Palmas de Gran Canaria)

entenciar. (Del lat. *intentĭo,* riña.) tr. ant. **insultar.**

entendederas. (De *entender*.) f. pl. fam. **entendimiento.** Lo común es denotar con este vocablo la escasez o torpeza de dicha facultad.

entendedor, ra. adj. Que entiende. Ú. t. c. s.

entender. fr., *comprendre*; it., *capire*; i., *to comprehend*; a., *begreifen, fassen.* (Del lat. *intendĕre,* dirigir, aplicar.) tr. Tener idea clara de las cosas; comprenderlas. || Saber con perfección una cosa, o tener conocimiento de una ciencia o arte. || Conocer, penetrar. || Conocer el ánimo o la intención de uno. || Discurrir, inferir, deducir. || Tener intención o mostrar voluntad de hacer una cosa. || Creer, pensar, juzgar. || prnl. Conocerse, comprenderse a sí mismo. || Tener un motivo o razón oculta para obrar de cierto modo. || rec. Ir dos o más de conformidad en un negocio, especialmente cuando tienen entre sí motivos especiales de confianza, secreto y amistad. || Tener hombre y mujer alguna relación de carácter amoroso recatadamente, sin querer que aparezca en público. || **a mi, tu, su entender.** m. adv. Según el juicio o modo de pensar de cada uno. || **cada uno se entiende.** expr. con que satisface aquel a quien reconvienen por una cosa que aparentemente disuena. || **¿cómo se entiende?** expr. que manifiesta el enojo que causa lo que se oye o se ve.

entendible. (De *entender*.) adj. ant. **inteligible.**

entendidamente. adv. m. Con inteligencia, pericia o destreza.

entendido, da. p. p. de **entender.** || adj. Sabio, docto, perito, diestro. Ú. t. c. s.

entendiente. p. a. ant. de **entender.** Que entiende.

entendimiento. fr., *entendement, raison*; it., *intendimento, intelletto*; i., *understanding*; a., *Verständnis, Verstand, Einsicht.* (De *entender*.) m. Potencia del alma, en virtud de la cual concibe las cosas, las compara, las juzga, e induce y deduce otras de las que ya conoce. || Alma, en cuanto discurre y raciocina. || Razón humana. || Buen acuerdo, relación amistosa entre los pueblos o sus gobiernos. || ant. Inteligencia o sentido que se da a lo que se dice o escribe. || **de entendimiento.** loc. adj. Muy inteligente.

entenebrar. (Del lat. *intenebrāre*.) tr. p. us. **entenebrecer.** Ú. t. c. prnl.

entenebrecer. (Del lat. *in,* en, y *tenebrescĕre,* obscurecer.) tr. Obscurecer, llenar de tinieblas. Ú. t. c. prnl.

entenga. f. *Ál.* Clavo largo de hierro.
entente. (Voz francesa; del lat. *intenta*, p. p. de *intendĕre*, tender hacia. Pronúnc. *antant.*) f. Inteligencia, trato secreto, pacto, concierto. || **Polít.** Acuerdo amistoso sobre un punto o puntos determinados.
Entente (Pequeña). Polít. Pacto que se estableció después de la P. G. M., en 1920, entre Checoslovaquia, Yugoslavia y Rumania. Se oponía a la restauración de los Habsburgo en Hungría. Desapareció en 1939 cuando se desmembró Checoslovaquia. || **(Triple).** Alianza constituida por Inglaterra, Francia y Rusia en 1904. Se confirmó en la Conferencia de Algeciras (1905) y, en 1911, en el asunto de Agadir. Llevó a estas naciones, unidas, a la P. G. M. y quedó rota con la defección rusa después de la revolución de 1917. Se oponía a la Triple Alianza, formada por Alemania, Austria e Italia. Se denominó también *Entente Cordiale*. || **Balcánica.** Acuerdo firmado por Turquía, Rumania, Grecia y Yugoslavia en 1934, para hacer efectivo el Tratado de Versalles. || **Cordiale. Entente (Triple).**
Entenza (Berenguer de). Biog. Noble catalán y jefe almogávar, m. en Cristópolis en 1307. Fue cuñado del almirante Roger de Lauria, hizo la campaña de Sicilia (1300) y se unió con Roger de Flor en Constantinopla. Asesinado éste, durante un banquete, Entenza se puso entonces al frente de las tropas y tomó terribles represalias, pasó a cuchillo a los habitantes de Gallípoli, donde tenían su cuartel general, y taló las costas de Tracia y Macedonia; se apoderó de Heraclea y solicitó ayuda del rey de Sicilia don Fadrique. Tan terrible fue la reacción, que ha pasado a la historia con el nombre de *Venganza catalana*. Víctima Entenza de una traición, cayó prisionero de los genoveses, recuperó la libertad por gestiones del rey de Aragón, Juan II, en 1306, y fue asesinado por partidarios de Bernardo de Rocafort.
entenzón. (Del lat. *intentĭo*, *-ōnis*.) f. ant. Contienda, discordia.
enteo. m. *Sal.* Deseo, antojo.
enter-, entero-; -entero-; -enterado, -enteral, -entéreo, -entería, -enterón. (Del gr. *énteron*.) pref., infijo o suf. que significa intestino; e. de suf.: dis**entería**, par**enteral**, cel**enterón**.
entera. (Por *lentera* y del lat. *limitarĭa*, pl. n. de *limitāris*, dintel.) f. *León*. dintel.
-enterado. suf. V. **enter-**.
enterado, da. adj. *Chile*. Orgulloso, entonado, estirado.
-enteral. suf. V. **enter-**.
enteralgia. (De *enter-* y *-algia*.) f. **Pat.** Dolor intestinal agudo.
enteramente. adv. m. Cabal, plenamente, del todo.
enteramiento. m. ant. Acción y efecto de enterar, completar una cosa.
enterar. fr., *informer*; it., *informare*; i., *to advise*; a., *benachrichtigen*. (Del lat. *integrāre*.) tr. Informar de un algo que no sabe o instruirle en cualquier negocio. Ú. t. c. prnl. || ant. Completar, dar integridad a una cosa. Ú. en Argentina y Chile, dicho especialmente de una cantidad. || *Col., C. Rica, Hond.* y *Méj.* Pagar, entregar dinero.
entercarse. prnl. Obstinarse, emperrarse.
enterciar. tr. *Cuba* y *Méj.* Empacar, formar tercios con una mercancía.
enterectasia. (De *enter-* y *ectasia*.) f. **Pat.** Dilatación del intestino.
enterectomía. (De *enter-* y *ectomía*.) f. **Cir.** Escisión quirúrgica de una parte del intestino.
-entéreo. suf. V. **enter-**.
enterez. f. ant. **entereza**.
entereza. fr., *intégrité*; it., *integrità*; i., *integrity*; a., *Vollständigkeit*. (De *entero*.) f. Integridad, perfección, complemento. || fig. Integridad, rectitud en la administración de justicia. || fig. Fortaleza, constancia, firmeza de ánimo. || fig. Severa y perfecta observancia de la disciplina. || **virginal.** *Lex.* virginidad.
-entería. suf. V. **enter-**.
entérico, ca. (Del gr. *énteron*, intestino.) adj. **Anat.** Perteneciente o relativo a los intestinos.
enterísimo, ma. adj. superl. de **entero**.
enteritis. (De *enter-* e *-itis*.) f. **Pat.** Inflamación de la membrana mucosa de los intestinos. El síntoma más importante es la diarrea.
enterizo, za. adj. **entero.** || De una sola pieza.
enternecedor, ra. adj. Que enternece.
enternecer. fr., *attendrir*, *toucher*; it., *anteneire*; i., *to soften*, *to touch*; a., *weich machen*, *rühren*. (Del lat. *in*, en, y *tenescĕre*, de *tener*, tierno.) tr. Ablandar, poner tierna y blanda una cosa. Ú. t. c. prnl. || fig. Mover a ternura, por compasión u otro motivo. Ú. t. c. prnl.
enternecidamente. adv. m. Con ternura.
enternecimiento. m. Acción y efecto de enternecer o enternecerse.
entero-; -entero-. pref. o infijo. V. **enter-**.
entero, ra. fr., *entier*; it., *intero*; i., *entire*, *whole*; a., *ganz*, *gänzlich*. (Del lat. *intĕgrum*, cabal.) adj. Cabal, cumplido sin falta alguna. || Aplícase al animal no castrado. || En Guatemala y Perú, idéntico, parecido. || fig. Robusto, sano. || fig. Recto, justo. || fig. Constante, firme. || fig. Que no ha perdido la virginidad. || fam. Tupido, fuerte, recio. Dícese de las telas. || m. *Col., C. Rica, Chile* y *Méj.* Entrega de dinero, especialmente en una oficina pública. || f. **Álg.** Se dice de la función que es holomorfa en todo conjunto acotado. || Expresión algebraica racional que no tiene ninguna variable como divisor. || **postal.** *Filat.* Denominación genérica de las tarjetas postales, aerogramas, sobres, bandas y cubiertas, que llevan oficialmente impreso el sello o marca de franqueo. || **por entero.** m. adv. **enteramente**.
enterocele. (De *entero-* y *cele*, hernia.) f. **Pat.** Hernia cuyo contenido está formado por partes del intestino.
enterocolitis. (De *entero-* y *colitis*.) f. **Pat.** Inflamación del intestino delgado, del ciego y del colon.
enterolito. (De *entero-* y *-lito*, piedra.) m. **Pat.** Piedra en el interior del intestino.
enterología. (De *entero-* y *-logía*.) f. **Med.** Rama de la medicina que estudia la fisiología y la patología de los intestinos.
-enterón. suf. V. **enter-**.
enteropatía. (De *entero-* y *-patía*.) f. **Med.** Término general que se utiliza para designar cualquier enfermedad intestinal.
enteropneusto, ta. (De *entero-* y el gr. *pnéo*, respirar.) adj. **Zool. hemicordado.**
enterorragia. (De *entero-* y *-rragia*.) f. **Pat.** Hemorragia del intestino.
enteroscopia. (De *entero-* y *-scopia*.) f. **Med.** Endoscopia intestinal por medio de instrumentos ópticos especiales.
enteroso, sa. adj. *Hond.* Entero, enterizo.
enterostomía. (De *entero-* y *-stomía*.) f. **Cir.** Desembocadura artificial que comunica el intestino con el exterior.
enterozoo. (De *entero-* y *-zoo*.) adj. **Zool.** Dícese de los parásitos animales que viven en el tubo digestivo de otros. Ú. t. c. s. || Dícese también de los metazoarios que poseen un tubo digestivo, en oposición a los que tienen cavidad atrial o gastrovascular. Ú. t. c. s.
Enterprise. Geog. Pobl. de Guyana, en la isla de Leguan, cap. del dist. de Islas Esequibo.
enterrador. (De *enterrar*.) m. **sepulturero.** || *Germ.* Estafador que da el timo del entierro. || **Entom.** Coleóptero pentámero que hace la puesta sobre los cadáveres de animales pequeños, como ratones, pájaros, etc., enterrándolos para que sus larvas encuentren el alimento necesario para su desarrollo. Tiene la cabeza cuadrada, las antenas terminadas en maza y los élitros más cortos que el abdomen. || **Taurom.** Peón que, después de haber recibido el toro la estocada, da vueltas a su alrededor, y haciéndole moverse a capotazos, acelera su caída.
enterramiento. (De *enterrar*.) m. Acción y efecto de enterrar los cadáveres. || **sepulcro**, monumento funerario u obra para sepultar el cadáver de una persona y honrar su memoria.

Enterramiento egipcio del año 3500 a. C. Museo Británico. Londres

|| Hoyo que se hace en tierra para enterrar un cadáver. || Lugar en que está enterrado un cadáver.
enterrar. fr., *enterrer*; it., *sotterrare*; i., *to bury*; a., *beerdigen*. tr. Poner debajo de tierra. || Dar sepultura a un cadáver. || fig. Sobrevivir a alguno. || fig. Hacer desaparecer una cosa debajo de otra, como si estuviese oculto bajo tierra. || fig. Arrinconar, relegar al olvido algún negocio, designio, etc., como si desapareciera de entre lo existente. || En América, clavar, meter un instrumento punzante. || fig. prnl. Retirarse uno del trato de los demás, como si hubiera muerto. || **contigo,** o **con** tal o tales personas, **me entierren.** expr. fam. con que uno da a entender que es del mismo gusto, genio o dictamen de la persona o personas a quienes se dirige o alude. || **¿dónde entierra usted?** expr. fig. y fam. con que se contiene y zumba al baladrón que echa muchos fieros.
enterratorio. m. *Arg., Chile* y *Urug.* **cementerio.**
enterriar. tr. En Salamanca, odiar, tener tirria. || prnl. ant. **obstinarse.**
entesadamente. adv. m. ant. Intensamente, fervorosamente.
entesado, da. p. p. de **entesar.** || adj. ant. Repleto, ahíto de comida.
entesamiento. m. Acción y efecto de entesar.
entesar. (Del lat. *intensus*, p. p. de *intendĕre*, extender.) tr. Dar mayor fuerza, vigor o intensión a una cosa. || Poner tirante y tesa una cosa, como cuerda o maroma.
entestado, da. (De *en* y *testa*.) adj. **testarudo.** || ant. Encasquetado o encajado en la cabeza.
entestar. (De *testa*.) tr. Unir dos piezas o maderos por sus cabezas. || Adosar, encajar, empotrar. Ú. t. c. intr. || intr. Estar una cosa en contacto con otra; lindar con ella.
entestecer. (De *en* y el lat. *testa*, escama, concha.) tr. Apretar o endurecer. Ú. t. c. prnl.
entibación. f. **Min.** Acción y efecto de entibar.
entibador. (De *entibar*.) m. **Min.** Operario dedicado a la entibación.
entibar. (Del lat. *instipāre*, poner junto o apiñado.) intr. **estribar.** || **sufrir,** oprimir una pieza que se golpea. || tr. En las minas, apuntalar, fortalecer con maderas y tablas las excavaciones que ofrecen riesgo de hundimiento. ||

entibiadero–**entorchado**

Ar. Represar las aguas en un río o canal para aumentar el salto o nivel de las mismas.

entibiadero. m. Lugar o sitio destinado para entibiar una cosa.

entibiar. fr., *attiédir*; it., *intiepidire*; i., *to make lukewarm*; a., *lau machen*. tr. Poner tibio un líquido, darle un grado de calor moderado. Ú. t. c. prnl. || fig. Templar, moderar las pasiones, los afectos o el fervor con que se hace una cosa. Ú. t. c. prnl.

entibiecer. (De *tibio*.) tr. ant. **entibiar.** Úsáb. t. c. prnl.

entibo. (De *entibar*.) m. Macizo de fábrica que sirve para sostener una bóveda. || Madero que en las minas sirve para apuntalar. || fig. Fundamento, apoyo. || *Ar.* Caudal de aguas represadas en un río o canal.

entidad. (Del lat. *ens, entis*, ente.) f. En filosofía, lo que constituye la esencia o la forma de una cosa. || Ente o ser. || Valor o importancia de una cosa. || Colectividad considerada como unidad. || **de población.** *Demografía.* Porción de territorio que contiene edificios habitables agrupados y, a veces, edificios diseminados. || **de entidad.** loc. De substancia, de consideración.

entierro. fr., *enterrement*; it., *sepoltura*; i., *burial*; a., *Beerdigung*. m. Acción y efecto de enterrar los cadáveres. || Sepulcro o sitio en que se ponen los difuntos. || Cadáver que se lleva a enterrar y su acompañamiento. || Tesoro enterrado. || Estafa que se comete a pretexto de desenterrar un tesoro. || **(santo).** *Litur.* Procesión de viernes santo, cuyo paso principal es el enterramiento de Cristo. || **de la sardina.** *Folk.* Fiesta carnavalesca que se celebraba el miércoles de ceniza.

El entierro de la sardina, por José Gutiérrez Solana. Exposición del Banco de Bilbao (1972)

entiesar. tr. **atiesar.**

entigrecerse. (De *en* y *tigre*.) prnl. fig. Enojarse, irritarse, enfurecerse.

entilar. (De *entiznar*.) tr. *Hond.* **tiznar.**

entimema. fr., *enthymème*; it., *entimema*; i., *enthymem*; a., *Enthymem*. (Del lat. *enthymēma*, y éste del gr. *enthýmema*, reflexión, pensamiento; de *enthymēomai*, reflexionar.) m. **Filos.** Silogismo abreviado que, por sobrentenderse una de las premisas, sólo consta de dos proposiciones, que se llaman antecedente y consiguiente; p. ej.: *el Sol alumbra, luego es de día.*

entimemático, ca. (Del lat. *enthymematĭcus*, y éste del gr. *enthymematikós*.) adj. Perteneciente al entimema.

entinar. tr. Poner en tina.

entintar. tr. Manchar o teñir con tinta. || fig. **teñir**, dar a una cosa un color distinto del que tenía.

entirar. (De *en* y *tirar*.) tr. ant. **estirar.**

entirriarse. (De *en* y *tirria*.) prnl. ant. Enojarse, enfadarse.

entisar. tr. *Cuba*. Forrar una vasija con una red de cordeles, tiras de cuero, etc.

entitativo, va. adj. **Filos.** Exclusivamente propio de la entidad.

entizar. tr. Dar de tiza al taco de billar.

entiznar. tr. **tiznar.**

ento-, ent-. (Del gr. *entós*.) pref. que sign. dentro.

-ento, -enta. suf. de adjetivos que significa manera o condición: *calenturiento, sangriento.*

entoladora. f. La que entola.

entolar. tr. Pasar de un tul a otro las flores o dibujos de un encaje.

entoldado, da. p. p. de **entoldar.** || m. Acción de entoldar. || Toldo o conjunto de toldos colocados y extendidos para dar sombra.

entoldadura. (De *entoldar*.) f. ant. **colgadura.**

entoldamiento. m. Acción y efecto de entoldar o entoldarse.

entoldar. (De *toldo*.) tr. Cubrir con toldos los patios, calles, etc., para evitar el calor. || Cubrir con tapices, sedas o paños las paredes de los templos, casas, etc. || Cubrir las nubes el cielo. || prnl. fig. **entoldarse el cielo.** || fig. V. **entoldarse el cielo.** || prnl. fig. Engreírse, desvanecerse. || fig. V. **entoldarse el cielo.**

entom-. pref. V. **entomo-.**

entomecer. (Del lat. *intumescĕre*, aumentar.) tr. ant. **entumecer.** Úsáb. t. c. prnl.

entomecimiento. m. ant. **entumecimiento.**

entomizar. tr. **Albañ.** Cubrir, liar con tomizas las tablas y los maderos de los techos y paredes para que pegue el yeso.

entomo-, entom-; -éntomo. (Del gr. *éntomon*, y éste de *entémno*, entrecortar, aludiendo a la forma de su cuerpo.) pref. y suf. que sign. insecto; e. de suf.: **proténtomo.**

entomófilo, la. (De *entomo-* y *-filo*, amigo.) adj. Aficionado al estudio y recolección de insectos. || **Bot.** Dícese de las plantas que deben su fecundación al transporte del polen por los insectos.

entomógamo. (De *entomo-* y *-gamo*.) adj. **Bot.** **entomófilo.**

entomología. fr., *entomologie*; it., *entomologia*; i., *entomology*; a., *Insektenkunde*. (De *entomo-*, cortar, porque los insectos aparecen cortados o divididos en tres partes, y *-logía*.) f. **Zool.** Parte de la zoología, que estudia los insectos; es ciencia que cuenta con más cultivadores, tanto profesionalmente como aficionados.

entomológico, ca. adj. Perteneciente o relativo a la entomología.

entomólogo. m. El que profesa la entomología o se dedica a su estudio.

entomostráceo, a. (De *entom-*, *-ostr-* y *-áceo*.) adj. **Zool.** Dícese de los crustáceos de pequeñas dimensiones y organización muy sencilla, caracterizados por carecer de apéndices abdominales, tener un número variable de segmentos y por su larva de tipo nauplius. || m. pl. Subclase de estos crustáceos, que tiende a desaparecer, por elevarse a subclases los órdenes que la forman.

entonación. fr. e i., *intonation*; it., *intonazione*; a., *Intonation, Abtönung*. f. Acción y efecto de entonar. || Inflexión de la voz según el sentido de lo que se dice, la emoción que se expresa y el estilo o acento en que se habla. || fig. Arrogancia, presunción.

entonadera. (De *entonar*.) f. **Mús.** Palanca con que se mueven los fuelles del órgano para que pueda sonar.

entonado, da. adj. *Amér.* Vanidoso, arrogante, presumido.

entonador, ra. adj. Que entona. || m. y f. Persona que tira o mueve los fuelles del órgano para que pueda sonar.

entonamiento. m. Acción y efecto de entonar.

entonante. p. a. de **entonar.** Que entona.

entonar. tr. Cantar ajustado al tono; afinar la voz. Ú. t. c. intr. || Dar determinado tono a la voz. || Dar viento a los órganos levantando los fuelles. || Empezar uno a cantar una cosa para que los demás continúen en el mismo tono. || En comercio, mejorar, animarse el mercado, etc. || En fisiología, dar tensión y vigor al organismo. || En pintura, armonizar, graduar las tintas para que no desdigan unas de otras. || prnl. fig. Desvanecerse, engreírse.

entonatorio. (De *entonar*.) adj. V. **libro entonatorio.** Ú. t. c. s.

entonce. (Del lat. *in* y *tuncce*.) adv. t. ant. **entonces.**

entonces. fr., *alors*; it., *allora*; i., *then*; a., *damals, dann*. (De *entonce*.) adv. t. En aquel tiempo u ocasión. || adv. m. En tal caso, siendo así. || **en aquel entonces.** loc. adv. **entonces**, en aquel tiempo u ocasión. || **¡entonces...!** o **¡pues entonces...!** interj. con que se da por confeso al interlocutor, como sacando de lo que dice lo que se tiene por obvia consecuencia.

entonelar. tr. Introducir algo en toneles.

entongar. tr. Apilar, formar tongadas.

entono. (De *entonar*.) m. Acción y efecto de entonar la voz. || fig. Arrogancia, desvanecimiento, presunción.

entontar. tr. *Amér.* Atontar, entontecer. Ú. t. c. prnl.

entontecer. fr., *hébéter*; it., *istupidire*; i., *to hebetate*; a., *dumm machen*. tr. Poner a uno tonto. || intr. Volverse tonto. Ú. t. c. prnl.

entontecimiento. m. Acción y efecto de entontecer o entontecerse.

entoñar. (De *en* y *tolla*, tremedal.) tr. *Sal., Vall.* y *Zam.* Enterrar, hundir. Ú. t. c. prnl.

entoparásito. (De *ento-* y *parásito*.) adj. **Zool.** endoparásito.

entorcarse. (De *en* y *torca*.) prnl. *Ál.* Atascarse un carro o coche en un bache. || *Bur.* Caerse el ganado en una sima de donde no puede salir.

entorchado. (De *entorchar*.) m. Cuerda o hilo de seda, cubierto con otro hilo de seda o de metal, retorcido alrededor para darle consistencia. Se usa para las cuerdas de los ins-

Bandas de gala con entorchados. Museo del Ejército. Madrid

trumentos músicos y los bordados. || Bordado en oro o plata que, como distintivo, llevan en el uniforme los ministros y otros altos funcionarios. || En el ejército español de tierra, un entorchado de plata es insignia de los generales de brigada; uno de oro, de los de división; dos, del teniente general, y tres, del capitán general. Actualmente se llevan en la bocamanga del uniforme de gala y en la visera de la gorra. En la marina, el entorchado de oro lo llevan los almirantes y generales en la bocamanga, debajo del galón o galones. || V. **columna entorchada.**

entorchar. (Indirectamente, del lat. *intorquēre*, torcer.) tr. Retorcer varias velas y formar de ellas antorchas. || Cubrir un hilo o cuerda enroscándole otro de metal.

entorilar. tr. **Taurom.** Meter al toro en el toril.

entormecimiento. m. ant. **entumecimiento.**

entornar. (De *en* y *tornar.*) tr. Volver la puerta o la ventana hacia donde se cierra. | Dícese también de los ojos cuando no se cierran por completo. || Inclinar, ladear, trastornar. Ú. t. c. prnl. || *Ar.* Hacer pliegues a la ropa en el borde.

entornillar. tr. Hacer o disponer una cosa en forma de tornillo.

entorno. (De *en* y *torno.*) m. ant. **contorno.** || Ambiente, lo que rodea. || *Ar.* Pliegue que se hace a la ropa en el borde.

entorpecedor, ra. adj. Que entorpece.

entorpecer. fr., *engourdir*; it., *intorpidire*; i., *to benumb*; a., *lähmen, verzögern*. (Del lat. *in*, en, y *torpescĕre*, torpecer.) tr. Poner torpe. Ú. t. c. prnl. || fig. Turbar, obscurecer el entendimiento, el espíritu, el ingenio. Ú. t. c. prnl. || fig. Retardar, dificultar. Ú. t. c. prnl.

entorpecimiento. m. Acción y efecto de entorpecer o entorpecerse.

entortadura. f. Acción y efecto de entortar.

entortar. tr. Poner tuerto lo que estaba derecho. Ú. t. c. prnl. || Hacer tuerto a uno, sacándole o cegándole un ojo.

entortijar. (Del lat. *tortilis*, retorcible, y éste de **intortiliāre*, retorcer.) tr. ant. **ensortijar.**

entosicar. (Del lat. *intoxicāre*; de *in*, en, y *toxicum*, veneno.) tr. ant. **entosigar.**

entosigar. (Del lat. **intussicāre.*) tr. **atosigar,** envenenar.

entozoario. (De *ento-* y *-zoario.*) m. **Zool.** V. **entozoo.**

entozoo. (De *ento-* y *-zoo.*) m. **Zool.** Animal endoparásito. En especial se da este nombre a los gusanos que viven parásitos en el interior del hombre y de los animales.

entrabar. tr. *And., Col.* y *Chile.* Trabar, estorbar.

entrada. fr., *entrée*; it., *entrata*; i., *entrance*; a., *Eingang, Eintritt.* f. Espacio por donde se entra a alguna parte. || Acción de entrar en alguna parte. || Acto de ser uno recibido en un consejo, comunidad, religión, etc., o de empezar a gozar de una dignidad, empleo, etc. || fig. Arbitrio, facultad para hacer alguna cosa. Ú. generalmente con los verbos *hallar, tener, dar.* || En los teatros y otros lugares donde se dan espectáculos, concursos o personas que asisten. || Producto de cada función. || Billete que sirve para entrar en un teatro u otro sitio donde se dan espectáculos, sin perjuicio del que se requiere para ocupar asiento determinado. || Principio de una obra; como oración, libro, etc. || Amistad, favor o familiaridad en una casa o con una persona. || En el tresillo y otros juegos de naipes, acción de jugar una persona contra las demás, señalando el palo a que lo hace, antes de descartarse de los naipes que no le conviene conservar, y tomar otros. || Conjunto de los naipes que guarda. || Prerrogativa y facultad de entrar en piezas señaladas de palacio los que tienen ciertas dignidades o empleos. Ú. t. en pl. || Cada uno de los manjares que se sirven después de la sopa y antes del plato principal. || Cada uno de los ángulos entrantes que forman el pelo en la parte superior de la frente. || Caudal que entra en una caja o en poder de uno. || Invasión que hace el enemigo en un país, ciudad, etc. || Primeros días del año, del mes, de una estación, etc. || *Arg., Cuba* y *Méj.* Arremetida, zurra. || **Arquit.** Punta de un madero que está metido en un muro o sentado sobre una solera. || **Min.** Período de tiempo que en cada día dura el trabajo de un grupo de operarios. || **Mús.** Momento preciso en que cada voz o instrumento ha de entrar a tomar parte en la ejecución de una pieza musical, y también el gesto que hace el director para indicar dicho acto. || **general.** *Teatro.* Asientos de la galería alta de un teatro. || **de pavana.** fig. y fam. *Léx.* Cosa fútil o impertinente, dicha o propuesta con misterio o ridícula gravedad. || **por salida.** *Com.* Partida que se anota a la vez en el debe y en el haber de una cuenta. || fig. *Léx.* Asunto o negocio en que el pro y el contra son equivalentes. || fam. Visita breve. || **entradas y salidas.** fig. *Der.* Colusiones que suele haber entre varios para el manejo de sus intereses. || **entradas y salidas** de una casa, heredad, etc. Derechos que tienen adquiridos para su beneficio y mejora tales fincas, los cuales se especifican en las escrituras del arrendamiento o de venta que de ellas se hacen, como parte de su estimación o precio. || **de entrada.** loc. adj. que se dice del grado de ingreso en ciertas carreras. || **de primera entrada.** m. adv. Al primer ímpetu.

entradero. (De *entrar.*) m. desus. Espacio por donde se entra.

entrado, da. p. p. **de entrar.** || V. **entrado en años.**

entrador, ra. adj. Altivo, emprendedor, arriesgado. || En Costa Rica, Méjico y Venezuela, que acomete fácilmente empresas arriesgadas. || En Chile, entrometido; intruso. || m. Persona que lleva las reses al matadero para su sacrificio.

Entrala. Geog. Mun. y villa de España, prov. y p. j. de Zamora; 260 h.

Entralgo y Vallina (Elías). Biog. Jurisconsulto y profesor cubano, n. en La Habana en 1903. Ha escrito: *Luisa Pérez de Zambrano* (1921), *Perfiles* (1923), *Domingo del Monte y su época* (1924), *El ideario de Varona en la filosofía social* (1937) y *Decadencia de la monarquía absoluta y aparición de la vida democrática.*

entramado, da. p. p. de **entramar.** || m. **Arquit.** Armazón de madera que sirve para

Entrada triunfal de Vespasiano en Roma, por Domenico Gargiulo. Museo del Prado. Madrid

entramar–entrecielo

Entramado

hacer una pared, tabique o suelo, rellenando los huecos con fábrica o tablazón.

entramar. (De *en* y *trama*.) tr. *Ál., Logr.* y *Nav.* Armar pendencia, cuestión, pleito. ∥ **Arquit.** Hacer un entramado.

Entrambasaguas. Geog. Mun. de España, prov. y p. j. de Santander; 2.542 h. ∥ Lugar cap. del mismo; 866 h.

entrambos, bas. (Del lat. *inter ambos*.) adj. pl. **ambos**.

entramiento. m. ant. Acción y efecto de entrar. ∥ **de bienes.** ant. *Der.* Embargo o secuestro.

entramos, mas. adj. pl. ant. **entrambos**.

entrampar. tr. Hacer que un animal caiga en la trampa. Ú. t. c. prnl. ∥ fig. Engañar artificiosamente. ∥ fig. y fam. Enredar, confundir un negocio, de modo que no se pueda aclarar o resolver. ∥ fig. y fam. Contraer muchas deudas; gravar con deudas la hacienda. ∥ prnl. Meterse en un trampal o atolladero. ∥ fig. y fam. Empeñarse, endeudarse, tomando empréstitos.

entrampillar. (De *entrampar* y *pillar*.) tr. Acosar a uno en un lugar de donde no pueda escapar. ∥ Prender, capturar a una persona.

entrante. p. a. de **entrar**. Que entra. Ú. t. c. s. ∥ adj. **Geom.** V. **ángulo entrante**. ∥ **entrantes y salientes.** fam. *Léx.* Los que sin objeto serio, y tal vez con miras sospechosas, frecuentan demasiado una casa.

entraña. fr., *entrailles*; it., *viscere*; i., *bowels*; a., *Eingeweide*. (Del lat. *interanea*.) f. Cada uno de los órganos contenidos en las principales cavidades del cuerpo humano y de los animales. ∥ Lo más íntimo o esencial de una cosa o asunto. ∥ En Argentina, bazo de las reses. ∥ pl. Conjunto de órganos alojados en la cavidad general o celoma de los animales. ∥ fig. Lo más oculto y escondido. ∥ fig. El centro, lo que está en medio. ∥ fig. Voluntad, afecto del ánimo. ∥ fig. Índole y genio de una persona.

entrañable. (De *entrañar*.) adj. Íntimo, muy afectuoso.

entrañablemente. adv. m. Con sumo cariño, con la mayor ternura.

entrañal. (De *entraña*.) adj. desus. **entrañable**.

entrañalmente. adv. m. desus. Con sumo cariño, con la mayor ternura.

entrañar. (De *entraña*.) tr. Introducir en lo más hondo. Ú. t. c. prnl. ∥ Contener, llevar dentro de sí. ∥ prnl. Unirse, estrecharse íntimamente, de todo corazón, con alguno.

entrañizar. (De *entraña*.) tr. ant. Querer a uno con íntimo afecto.

entraño, ña. (Del lat. *intrāneus*, de *inter*, entre.) adj. ant. Interior, interno.

entrapada. (De *en* y *trapo*.) f. Paño carmesí, no tan fino como la grana, que servía comúnmente para cortinas, para vestir coches y para otros usos.

entrapajar. (De *en* y *trapajo*.) tr. Envolver con trapos alguna parte del cuerpo herida o enferma. ∥ prnl. Entraparse, llenarse de polvo o mugre una tela, el cabello, etc.

entrapar. tr. Echar en la raíz de cada cepa cierta cantidad de trapo viejo, volviéndola a cubrir con la tierra, con lo cual la cepa cobra fuerza y produce más fruto. ∥ desus. Echar muchos polvos en el cabello para desengrasarlo y limpiar la cabeza con el peine, y también llenarlo de manteca y polvos para que abulte. ∥ desus. Empañar, enturbiar. ∥ prnl. Llenarse de polvo y mugre un paño o tela de cualquiera clase, de modo que no se pueda limpiar. Dícese también del cabello. ∥ Perder el corte, la agudeza y el relieve por acumulación de borra u otra suciedad; como las herramientas, la pluma de escribir, la forma de imprenta, etc.

entrapazar. intr. Usar de trapazas y otros engaños.

entrar. fr., *entrer*; it., *entrare*; i., *to enter into*; a., *eintreten, hineinkommen*. (Del lat. *intrāre*.) intr. Ir o pasar de fuera adentro. Ú. t. en sent. fig. ∥ Pasar por una parte para introducirse en otra. ∥ Encajar o poderse meter una cosa en otra, o dentro de otra. ∥ Desaguar, desembocar los ríos en otros o en el mar. ∥ Penetrar o introducirse. ∥ Acometer, arremeter. ∥ V. **entrar la romana con**. ∥ fig. Ser admitido o tener entrada en alguna parte. ∥ fig. Empezar a formar parte de una corporación. ∥ fig. Tratándose de carreras, profesiones, etc., abrazarlas, dedicarse a ellas. Ú. t. c. prnl. ∥ fig. Tratándose de estaciones o de cualquiera otra parte del año, empezar o tener principio. ∥ fig. Dicho de escritos o discursos, empezar o tener principio. ∥ fig. Tratándose de usos o costumbres, seguirlos, adoptarlos. ∥ fig. En el juego de naipes, tomar sobre sí el empeño de ganar la puesta, disputándola según las calidades o leyes de los juegos. ∥ fig. Tratándose de afectos, estados del ánimo, enfermedades, etc., empezar a dejarse sentir o a ejercer su influencia. ∥ fig. Ser contado con otros en alguna línea o clase. ∥ fig. Emplearse o entrar cierta porción o número de cosas para algún fin. ∥ fig. Hallarse, tener parte en la composición de ciertas cosas. ∥ fig. Junto con la preposición *a* y el infinitivo de otros verbos, dar principio a la acción de ellos. ∥ fig. Seguido de la preposición *en* y de un nombre, empezar a sentir lo que este nombre signifique. ∥ fig. Seguido de la preposición *en* y de un nombre, intervenir o tomar parte en lo que este nombre signifique. ∥ fig. Seguido de la preposición *en* y de voces significativas de edad, empezar a estar en la que se mencione. ∥ Empezar a cantar o tocar en el momento preciso. ∥ El toro en el terreno en que es eficaz la acción del torero o el torero en el del toro. ∥ tr. Introducir o hacer entrar. ∥ Invadir u ocupar a fuerza de armas una cosa. ∥ ant. Apoderarse de una cosa. ∥ fig. Acometer, en sentido figurado, a una persona, o ejercer influencia en su ánimo. También en esta acepción se usa con alguno de los pronombres personales en dativo. ∥ Ir alcanzando una embarcación a otra en cuyo seguimiento va. ∥ prnl. Meterse o introducirse en alguna parte. ∥ **ahora entro yo.** expr. de que usa el que ha estado oyendo lo que otro ha querido decir, sin interrumpirle, y luego habla para contradecirle.

entrático. m. ant. *Ar., Nav.* y *Rioja.* Entrada de religioso o religiosa.

entrazado, da. adj. *Arg.* y *Chile.* **trazado.** Con los advs. *bien* o *mal*, se aplica a la persona de buena o mala traza.

entre. fr., *entre*; it., *fra, tra*; i., *between*; a., *zwischen*. (Del lat. *inter*.) prep. que sirve para denotar la situación o estado en medio de dos o más cosas o acciones. ∥ Dentro de, en lo interior. ∥ Expresa estado intermedio. ∥ En el número de. ∥ Significa cooperación de dos o más personas o cosas. ∥ En composición con otro vocablo, limita o atenúa su significación: **entre**ver, **entre**fino. ∥ Expresa también situación o calidad intermedia: **entre**paño, **entre**tela. ∥ **entre que.** m. adv. **mientras**.

Entre Lagos. Geog. Comuna de Chile, prov. y depart. de Osorno. ∥ Pobl. cap. de la misma; 1.665 h. ∥ **Ríos.** Prov. nororiental de Argentina, en la región Litoral; 76.216 km.² y 811.691 h. Cap., Paraná. Es una semiplanicie, de clima húmedo y abundantes pastos y regada por gran número de ríos y arroyos. Sus regiones características son la del delta del Pa-

Entre Ríos. Palmar

raná y la de las Cuchillas, herbáceas en el centro y el sur, y con bosques en el norte. La zona del Delta es forestal y productora de pieles de carpincho y nutria. ∥ **-Minho-e-Douro. Geog. hist.** Ant. prov. de Portugal, con 6.986 km.², hoy dividida en dos, Douro Litoral y Minho.

entreabierto, ta. p. p. irreg. de **entreabrir**.

entreabrir. (Del lat. *interaperīre*.) tr. Abrir un poco o a medias una puerta, ventana, postigo, etc. Ú. t. c. prnl.

entreacto. fr., *entr'acte*; it., *intervallo*; i., *interval*; a., *Zwischenakt, Pause*. (De *entre* y *acto*.) m. Intermedio en una representación dramática. ∥ Baile que se ejecuta en este intermedio. ∥ Cigarro puro cilíndrico y pequeño.

entreancho, cha. adj. Aplícase a aquello que ni es ancho ni angosto.

entrebarrera. f. **Taurom.** Espacio que media en las plazas de toros entre la barrera y la contrabarrera. Ú. m. en pl.

entrecalle. (De *entre* y *calle*.) f. **Arquit.** Separación o intervalo hueco entre dos molduras.

entrecanal. f. **Arquit.** Cualquiera de los espacios que hay entre las estrías o canales de una columna.

entrecano, na. adj. Dícese del cabello o barba a medio encanecer. ∥ Aplícase al sujeto que tiene así el cabello.

entrecasco. (De *entre* y *casco*.) m. **entrecorteza**.

entrecava. (De *entrecavar*.) f. Cava ligera y no muy honda.

entrecavar. (De *entre* y *cavar*.) tr. Cavar ligeramente, sin ahondar. ∥ *Ar.* Limpiar de malas hierbas la hortaliza.

entrecejo. (Del lat. *intercilĭum*; de *inter*, entre, y *cilĭum*, ceja.) m. Espacio que hay entre las cejas. ∥ fig. Ceño, sobrecejo.

entrecerca. f. Espacio que media entre una cerca y otra.

entrecerrar. tr. Entornar una puerta, ventana, postigo, etcétera. Ú. t. c. prnl.

entrecielo. (De *entre* y *cielo*.) m. ant. **toldo**, pabellón o cubierta de tela para hacer sombra.

entrecinta. (De *entre* y *cinta*.) f. **Arquit.** Madero que se coloca entre dos pares de una armadura de tejado paralelamente al tirante.
entreclaro, ra. (De *entre* y *claro*.) adj. Que tiene alguna, aunque poca, claridad.
entrecogedura. f. Acción y efecto de entrecoger.
entrecoger. tr. Coger a una persona o cosa de manera que no se pueda escapar, o desprender, sin dificultad. || fig. Estrechar, apremiar a uno con argumentos, insidias o amenazas, en términos de dejarle sin acción o sin respuesta.
entrecolunio. (Del lat. *intercolumnĭum*.) m. ant. **Arquit.** intercolumnio.
entrecomar. tr. Poner entre comas una o varias palabras.
entrecomillado, da. p. p. de **entrecomillar**. || m. Palabra o palabras citadas entre comillas.
entrecomillar. tr. Poner entre comillas una o varias palabras.
entrecoro. m. Espacio que hay desde el coro a la capilla mayor en las iglesias catedrales y colegiales.
entrecortado, da. p. p. de **entrecortar**. || adj. Aplícase a la voz o al sonido que se emite con intermitencias, así como también a la respiración y al pulso.
entrecortadura. (De *entrecortar*.) f. Corte hecho en una cosa sin dividirla enteramente.
entrecortar. tr. Cortar una cosa sin acabar de dividirla.
entrecorteza. f. Defecto de las maderas, que consiste en tener en su interior un trozo de corteza.
entrecot. (Del fr. *entrecôte*, trozo de carne cortado entre dos costillas.) m. galic. por *entrecuesto, solomillo, chuleta*. Es voz usada constantemente en los restaurantes.
entrecriarse. prnl. Criarse unas plantas entre otras.
entrecruzar. tr. Cruzar dos o más cosas entre sí, entrelazar. Ú. t. c. prnl.
entrecubiertas. f. pl. **Mar.** Espacio que hay entre las cubiertas de una embarcación. Ú. t. en singular.
entrecuesto. (Del lat. *inter*, entre, y *costa*, costilla.) m. espinazo de los vertebrados. || **solomillo.** || *Sal.* **estorbo.**
entrechaza. (De *entre* y *chaza*.) f. **Mar.** Espacio entre dos portas, en una fragata.
entrechocar. tr. Chocar dos cosas una con otra. Ú. t. c. prnl.
entredecir. (Del lat. *interdicĕre*.) tr. ant. Prohibir la comunicación y comercio con una persona o cosa. || Poner entredicho.
entrederramar. tr. ant. Derramar, verter poco a poco una cosa.
entredicto. (Del lat. *interdictum*.) m. ant. **entredicho.**
entredicho, cha. fr., *interdit;* it., *interdetto;* i., *interdict;* a., *Kirchenbann*. (Del lat. *interdictus*, de *inter* y *dicĕre, dixi, dictum*.) p. p. irreg. de **entredecir**. || m. Prohibición, mandato para no hacer o decir alguna cosa. || ant. Contradicción, reparo, obstáculo. || **Rel.** Censura eclesiástica, por la cual se prohíbe a ciertas personas o en determinados lugares el uso de los divinos oficios, la administración y recepción de algunos sacramentos y la sepultura eclesiástica.
entredoble. adj. Aplícase a los géneros que ni son tan dobles ni tan sencillos como otros de su clase.
entredós. fr., *entre-deux;* it., *fettuccia di roba ricámata;* i., *inlet;* a., *Zwischenstreifen*. m. Tira bordada o de encaje que se cose entre dos telas. || Armario de madera fina y de poca altura, que suele colocarse en el lienzo de pared comprendido entre dos balcones de una sala. ||

Impr. En la antigua nomenclatura tipográfica, grado de letra mayor que el breviario y menor que el de lectura.
entrefino, na. adj. De una calidad media entre lo fino y lo basto. || Dícese del vino de Jerez que tiene algunas de las cualidades del llamado fino.
entreforro. m. **entretela**, lienzo que se pone entre la tela y el forro.
entrega. fr., *remise, livraison;* it., *rimessa, consegna;* i., *delivery;* a., *Auslieferung, Uebergabe*. f. Acción y efecto de entregar. || Cada uno de los cuadernos impresos en que se suele dividir y expender un libro que se publica por partes. || ant. **restitución.** || **Arquit.** Parte de un sillar o madero que se introduce en la pared.
entregadamente. adv. m. ant. Cabal y enteramente; con total entrega, posesión y dominio.
entregado, da. p. p. de **entregar**. || adj. **Arquit.** V. **columna entregada.**
entregador, ra. adj. Que entrega. Ú. t. c. s.
entregamiento. m. Acción y efecto de entregar.
entregar. fr., *remettre, livrer, rendre;* it., *rimettere, dare;* i., *to give, to deliver;* a., *geben, übergeben, liefern*. (Del lat. *integrāre*, restituir a su primer estado.) tr. Poner en manos o en poder de otro a una persona o cosa. || ant. Devolver, restituir. || En Andalucía, consumir, deshacer a uno a fuerza de disgustos. || Introducir el extremo de una pieza de construcción en el asiento donde ha de fijarse. || Ponerse en manos de uno, sometiéndose a su dirección o arbitrio; ceder a la opinión ajena. || Tomar, recibir uno realmente una cosa o encargarse de ella. || Tomar, aprehender a una persona o cosa; hacerse cargo, apoderarse de ella. || Dedicarse enteramente a una cosa; emplearse en ella. || fig. Abandonarse, dejarse dominar. || Darse a vicios o pasiones. || Declararse vencido, o sin fuerzas para continuar un empeño o trabajo. || **entregarla.** fam. **morir**, acabar la vida.
entregerir. (Del lat. *intergerĕre*.) tr. desus. Poner, injerir, mezclar una cosa con otra.
entrego, ga. p. p. irreg. ant. de **entregar**. || m. Acción y efecto de entregar. || Parte de un sillar o madero.
entregoteado, da. adj. ant. Goteado o salpicado.
entrehierro. (De *entre* y *hierro*.) m. **Elec.** Masa de aire comprendida entre el inductor y el inducido, en las dinamos y en los motores.
entrejuntar. tr. **Carp.** Juntar y enlazar los entrepaños o tableros de las puertas, ventanas, etcétera, con los paños o travesaños.
entrelargo, ga. adj. Dícese de cualquier objeto que es algo más largo que ancho.
entrelazamiento. m. Acción y efecto de entralazar.
entrelazar. (De *entre* y *lazar*.) tr. Enlazar, entretejer una cosa con otra.
entrelínea. f. Lo escrito entre dos líneas.
entrelinear. tr. Escribir algo que se intercala entre dos líneas.

Entredós

entreliño. m. **Agr.** Espacio de tierra que en las viñas u olivares se deja entre liño y liño.
entrelistado, da. adj. Trabajado a listas de diferente color, o que tiene flores u otras cosas entre lista y lista.
entrelubricán. (De *entre* y *lubricán*.) m. p. us. Crepúsculo vespertino.
entrelucir. (Del lat. *interlucēre*.) intr. Dividirse, dejarse ver una cosa entremedias de otra.
entrelunio. (Del lat. *interlunĭum*.) m. ant. **Astron. interlunio.**
entrellevar. tr. ant. Llevar a una persona o cosa entre otras.
entremediano, na. (De *entre* y *mediano*.) adj. ant. Que está en medio de los extremos.
entremediar. tr. Poner una cosa entremedias de otras.
entremedias. (De *entre* y *medio*.) adv. t. y l. Entre uno y otro tiempo, espacio, lugar o cosa.
entremedio, dia. adj. **intermedio**, que está en medio de los extremos. || m. adv. **en medio.**
entremés. fr., *farce, intermède;* it., *intermezzo;* i., *interlude;* a., *Intermezzo, Zwischenspiel*. (Del fr. *entremets*.) m. Cualquiera de los manjares, como encurtidos, aceitunas, rodajas de embutido, jamón, etc., que se ponen en las mesas para picar de ellos mientras se sirven los platos. Modernamente se suelen tomar antes de la comida. Ú. m. en pl. || Pieza dramática jocosa y de un solo acto. Solía representarse entre una y otra jornada de la comedia, y primitivamente alguna vez en medio de una jornada. || ant. Especie de máscara o mojiganga.
entremesar. tr. ant. **entremesear.**
entremesear. tr. Hacer papel en un entremés. || fig. Mezclar cosas graciosas y festivas en una conversación o discurso, para amenizarlo.
entremesil. adj. Perteneciente o relativo al entremés.
entremesista. com. Persona que compone entremeses o los representa.
entremetedor, ra. (De *entremeter*.) adj. ant. **entremetido.**
entremeter. fr., *entremêler;* it., *frammettere;* i., *to intermingle;* a., *untermischen*. (Del lat. *intermittĕre*.) tr. Meter una cosa entre otras. || Doblar los pañales que un niño tiene puestos, de modo que la parte enjuta y limpia quede en contacto con el cuerpo de la criatura. || prnl. Meterse uno donde no le llaman, o inmiscuirse en lo que no le toca. || Ponerse en medio o entre otros.
entremetido, da. p. p. de **entremeter**. || adj. Aplícase al que tiene costumbre de meterse donde no le llaman. Ú. t. c. s.
entremetimiento. m. Acción y efecto de entremeter o entremeterse.
entremezcladura. f. Acción y efecto de entremezclar.
entremezclar. tr. Mezclar una cosa con otra sin confundirlas.
entremiche. (Del cat. *entremig*, y éste del lat. *intermedĭum*.) m. **Mar.** Hueco que queda entre el borde alto del durmiente y el bajo del trancanil. || Cada de las piezas de madera que rellenan este hueco entre las extremidades de los baos, con los cuales endientan.
entremiente. (De *entre* y *miente*.) adv. t. ant. **entretanto.**
entremijo. (Del lat. *intermissum*.) m. *Sal.* **expremijo.**
entremirarse. prnl. Mirarse recíprocamente.
entremiso. (Del lat. *intermissum*.) m. **expremijo.**
entremorir. (Del lat. *intermŏri*.) intr. ant. Estarse apagando o extinguiendo alguna cosa.
entremostrar. tr. ant. Mostrar o manifestar escasa o imperfectamente una cosa.

Entrena. Geog. Mun. y villa de España, prov. y p. j. de Logroño; 1.204 h. *(entrenenses).*

entrenador. m. El que entrena personas o animales. ‖ **de pilotaje.** *Aviac.* Artificio en forma de cabina que, sin cambiar de lugar, sirve para que se entrenen en tierra pilotos aeronáuticos.

entrenamiento. (De *entrenar*.) m. Acción y efecto de entrenar o entrenarse.

entrenar. (Del fr. *entraîner*.) tr. Preparar, adiestrar personas o animales, especialmente para la práctica de un deporte. Hablando de personas, ú. t. c. prnl.

entrencar. tr. **Apicultura.** Poner las trencas en las colmenas.

entrenudo. m. **Bot.** Parte del tallo de algunas plantas comprendida entre dos nudos.

entrenzar. tr. Hacer trenzas.

entreoír. tr. Oír una cosa sin percibirla bien o entenderla del todo.

entreordinario, ria. adj. Que no es del todo ordinario y basto.

entreoscuro, ra. adj. Que tiene alguna obscuridad.

entrepalmadura. (De *entre* y *palma*.) f. **Veter.** Enfermedad que padecen las caballerías en la cara palmar del casco, por contusión seguida de supuración.

entrepanes. (De *entre* y *pan*.) m. pl. **Arg.** Tierras no sembradas, entre otras que lo están.

entrepañado, da. adj. Hecho o labrado a entrepaños.

entrepaño. (De *entre* y *paño*.) m. **Arquit.** Parte de pared comprendida entre dos pilastras, dos columnas o dos huecos. ‖ **Carp.** Ana-

Entrepaño

quel del estante o de la alacena. ‖ Cualquiera de las tablas pequeñas o cuarterones que se meten entre los peinazos de las puertas y ventanas.

entreparecerse. (De *entre* y *parecer*.) prnl. Traslucirse, divisarse una cosa. ‖ Parecerse, tener visos de semejanza.

entrepaso. (De *entre* y *paso*.) m. **Equit.** Modo de marchar el caballo, parecido al portante o al paso de ambladura.

entrepechuga. f. Porción de carne que tienen las aves entre la pechuga y el caballete.

entrepeines. m. pl. Lana que queda en los peines después de haber sacado el estambre.

entrepelado, da. p. p. de **entrepelar.** ‖ adj. Dícese del ganado caballar u ovino cuya capa tiene, sobre fondo obscuro, pelos blancos entremezclados. ‖ *Arg.* Dícese del ganado caballar que tiene el pelo mezclado de tres colores: negro, blanco y bermejo.

entrepelar. (De *entre* y *pelo*.) intr. Estar mezclado el pelo de un color con el de otro distinto, como blanco y negro. Dícese comúnmente de los caballos. Ú. t. c. prnl.

entrepernar. intr. Meter uno sus piernas entre las de otro.

entrepiernas. (De *entre* y *pierna*.) f. pl. Parte inferior de los muslos. Ú. t. en sing. ‖ Piezas cosidas entre las hojas de los calzones y pantalones, a la parte interior de los muslos, hacia la horcajadura. Ú. t. en sing. ‖ *Chile.* Taparrabos, traje de baño.

entrepiso. m. Piso que se construye quitando parte de la altura de uno y queda entre éste y el superior. ‖ *Arg.* Primer piso de una casa; principal. ‖ **Min.** Espacio entre los pisos o galerías generales de una mina.

entreplanta. (De *entre* y *planta*.) f. Entrepiso de tiendas, oficinas, etc.

entreponer. (Del lat. *interponĕre*.) tr. desus. **interponer.**

entrepostura. (De *entre* y *postura*.) f. ant. Efecto de entreponer.

entrepretado, da. (De *entre* y el lat. *pectus*, -ŏris*, pecho.) adj. **Veter.** Dícese de la caballería lastimada de los pechos o brazuelos.

entrepuentes. (De *entre* y *puente*.) m. pl. *Mar.* **entrecubiertas.** Ú. t. en sing.

entrepuerta. f. *Rioja.* Compuerta que se pone en un cauce.

entrepuesto, ta. (Del lat. *interposĭtus*.) p. p. irreg. ant. de **entreponer.**

entrepunzadura. (De *entrepunzar*.) f. *Pat.* Latido y dolor que causa un tumor cuando no está bien maduro.

entrepunzar. tr. *Pat.* Punzar una cosa, o doler con poca fuerza o con intermisión.

entrerraído, da. adj. Raído por partes, o a medio raer.

entrerrenglonadura. (De *entrerrenglonar*.) f. Lo escrito en el espacio que media de un renglón a otro.

entrerrenglonar. tr. Escribir en el espacio que media de un renglón a otro.

entrerriano, na. adj. Natural de Entre Ríos, o perteneciente a esta prov. argentina. Ú. t. c. s.

Entrerríos. Geog. Mun. de Colombia, depart. de Antioquia; 4.884 h. Minas de oro. ‖ Pobl. cap. del mismo; 1.922 h.

entrerromper. (Del lat. *interrumpĕre*.) tr. ant. **interrumpir,** estorbar o impedir la continuación de algo.

entrerrompimiento. (De *entrerromper*.) m. ant. **interrupción.**

entrés. (De *en* y *tres*.) m. Lance del juego del monte, en que, habiéndose duplicado una de las cartas en el albur o el gallo, se apunta a la contraria, con la condición de que la suerte no sea válida en los tres primeros naipes que saque el banquero.

entresaca. f. Acción y efecto de entresacar, principalmente en la tala de bosques.

entresacadura. f. **entresaca.**

entresacar. tr. Sacar unas cosas de entre otras. ‖ Aclarar un monte, cortando algunos árboles, o espaciar las plantas que han nacido muy juntas en un sembrado. ‖ Cortar parte del cabello cuando éste es demasiado espeso.

entresemana. adv. t. En los días de labor.

entreseña. f. ant. **enseña.**

entresijo. (Del lat. **intrinsĭcŭlus*, de *intrinsĕcus*, adentro.) m. **mesenterio.** ‖ fig. Cosa oculta, interior, escondida.

entresuelejo. m. dim. de **entresuelo.**

entresuelo. fr., *entre-sol;* it., *mezzanino;* i., *entresol;* a., *Zwischenstock.* (De *entre* y *suelo*.) m. Habitación entre el cuarto bajo y el principal de una casa. ‖ Cuarto bajo levantado más de un metro sobre el nivel de la calle, y que debajo tiene sótano o piezas abovedadas.

entresurco. m. *Agr.* Espacio que queda entre surco y surco.

entretalla. (De *entretallar*.) f. **entretalladura.**

entretalladura. (De *entretallar*.) f. Media talla o bajo relieve.

entretallamiento. (De *entretallar*.) m. ant. Cortadura o recortado hecho en una tela.

entretallar. (De *entre* y *tallar*.) tr. Trabajar una cosa a media talla o bajo relieve. ‖ Grabar, esculpir. ‖ Sacar y cortar varios pedazos en una tela, haciendo en ella calados o recortados; como en los encajes, sobrepuestos, etc. ‖ fig. Coger y estrechar a una persona o cosa, deteniéndole el curso o estorbándole el paso. ‖ prnl. Encajarse, trabarse unas cosas con otras. ‖ *Sal.* Encajarse, meterse en un sitio estrecho de donde no se puede salir.

entretanto. adv. **entre tanto.** Ú. t. c. s. precedido del artículo *el* o de un demostrativo.

entretecho. m. *Col.* y *Chile.* Desván, sobrado.

entretejedor, ra. adj. Que entreteje.

entretejedura. f. Enlace o labor que hace una cosa entretejida con otra.

entretejer. fr., *entrelacer;* it., *intrecciare;* i., *to interlace;* a., *verflechten.* (Del lat. *intertexĕre*.) tr. Meter o injerir en la tela que se teje hilos diferentes para que hagan distinta labor. ‖ Trabar y enlazar una cosa con otra. ‖ fig. Incluir, injerir palabras, períodos o versos en un libro o escrito.

entretejimiento. m. Acción y efecto de entretejer.

entretela. f. Lienzo, holandilla, algodón, etcétera, que se pone entre la tela y el forro de una prenda de vestir. ‖ pl. fig. y fam. Lo íntimo del corazón, las entrañas.

entretelar. tr. Poner entretela en un vestido, chaqueta, etc. ‖ **Impr.** Satinar, hacer que desaparezca la huella en los pliegos impresos.

entretención. f. *Amér.* Entretenimiento, diversión.

entretenedor, ra. adj. Que entretiene. Ú. t. c. s.

entretener. fr., *amuser;* it., *divertire;* i., *to amuse;* a., *unterhalten.* tr. Tener a uno detenido y en espera. Ú. t. c. prnl. ‖ Hacer menos molesta y más llevadera una cosa. ‖ Divertir, recrear el ánimo de uno. ‖ Dar largas, con pretextos, al despacho de un negocio. ‖ Mantener, conservar. ‖ prnl. Divertirse jugando, leyendo, etc.

entretenida (dar a uno **la,** o **con la**). Entretenerle con palabras o excusas para no hacer lo que solicita que se ejecute.

entretenida. (Del fr. *entretenue*.) f. Querida a la que su amante sufraga los gastos.

entretenido, da. p. p. de **entretener.** ‖ adj. Chistoso, divertido, de genio y humor festivo y alegre. ‖ En blasón, dícese de dos cosas que tienen una a otra; como dos llaves enlazadas por sus anillos. ‖ m. desus. Aspirante a oficio o cargo, que mientras lo alcanzaba tenía algunos gajes.

entretenimiento. m. Acción y efecto de entretener o entretenerse. ‖ Cosa que sirve para entretener o divertir. ‖ Mantenimiento o conservación de una persona o cosa. ‖ ant. Ayuda de costa, pensión o gratificación pecuniaria que se daba a uno para su manutención.

entretiempo. m. Tiempo de primavera y otoño que media entre las dos estaciones de invierno y estío.

entretomar. (De *entre* y *tomar*.) tr. ant. Emprender, intentar. ‖ ant. Entrecoger, detener una cosa entre otras.

entreuntar. tr. Untar por encima; medio untar.

entrevar. (Del provenz. *entrevar*, y éste del lat. *interrogāre*.) tr. *Germ.* Entender, conocer.

entrevenarse. prnl. Introducirse un humor o licor por las venas.

entrevenimiento. (De *entrevenir*.) m. ant. **intervención**.

entrevenir. (Del lat. *intervenīre*.) intr. desus. **intervenir**.

entreventana. f. Espacio macizo de pared que hay entre dos ventanas.

entrever. tr. Ver confusamente una cosa. || Conjeturarla, sospecharla, adivinarla.

entreverado, da. p. p. de **entreverar**. || adj. Que tiene interpoladas cosas varias y diferentes. || m. *Venez.* Asadura de cordero o de cabrito aderezada con sal y vinagre y asada al fuego en asador de madera.

entreverar. fr., *entremêler*; it., *frammischiare*; i., *to intermix*; a., *vermischen*. (Del lat. *inter*, entre, y *variāre*, variar.) tr. Mezclar, introducir una cosa entre otras. || prnl. *Arg.* Mezclarse desordenadamente personas, animales o cosas. || Chocar dos masas de caballería y luchar cuerpo a cuerpo los jinetes.

entrevero. m. *Arg.* y *Chile*. Confusión, desorden. || *Arg., Chile* y *Urug.* Acción y efecto de entreverarse.

entrevía. (De *entre* y *vía*.) f. **Ferr.** Espacio libre que queda entre los dos rieles de un camino de hierro. || Espacio comprendido entre las dos vías de un ferrocarril en su parte de vía doble.

entrevigado. m. **Albañ.** Acción y efecto de entrevigar.

entrevigar. tr. Rellenar los espacios entre las vigas de un piso.

entrevista. fr., *entrevue*; it., *conferenza*; i., *interview*; a., *Zusammenkunft*. f. Vista, concurrencia y conferencia de dos o más personas en lugar determinado, para tratar o resolver un negocio. || Acción y efecto de entrevistar.

entreyacer. (Del lat. *interiacēre*.) intr. ant. Mediar o estar en medio.

entricación. (De *entricar*.) f. ant. **intricación**.

entricadamente. adv. m. ant. **intricadamente**.

entricadura. f. ant. **entricamiento**.

entricamiento. (De *entricar*.) m. ant. **intricamiento**.

entricar. tr. ant. **intricar**.

entrico. (De *entricar*.) m. ant. **entricamiento**.

entriega. f. ant. Parte de un madero que se introduce en la pared.

entriego. (De *entregar*.) m. ant. **entrega**, acción y efecto de entregar.

entrillado, da. p. p. de **entrillar**. || adj. *Extr.* Dícese del día que se hace puente; el de trabajo que se considera feriado por estar comprendido entre dos festivos.

entrillar. tr. *Extr.* Coger, aprisionar oprimiendo, entallar. Ú. t. c. prnl.

Entrimo. Geog. Mun. de España, prov. de Orense, p. j. de Bande; 2.341 h. Corr. 510 a la cap., el lugar de Tierrachán.

Entrín Bajo. Geog. Mun. de España, prov. de Badajoz, p. j. de Almendralejo; 741 h. Se le llama también *Antrín*. || Villa cap. del mismo; 663 h.

entripado, da. adj. Que está, toca o molesta en las tripas. Ú. t. c. s. m. || Aplícase al animal muerto a quien no se han sacado las tripas. || m. fig. y fam. Enojo, encono o sentimiento que uno tiene y se ve precisado a disimular.

entripar. (De *en* y *tripa*.) tr. *Ant.* y *P. Rico*. Ensopar, mojar. Ú. t. c. prnl. || *Arg., Col.* y *Ecuad.* Disgustar, incomodar, enfadar. Ú. t. c. prnl.

entristar. (De *en* y *triste*.) tr. ant. **entristecer**.

Entrevista entre O'Donnell y Muley el-Abbas (23 de febrero de 1860), litografía

entrevistador, ra. adj. **Estad.** Persona encargada de recoger los datos del público al hacer una encuesta.

entrevistar. tr. Mantener una conversación, con una o varias personas, acerca de varios extremos, para informar al público de sus respuestas. || prnl. Tener una entrevista con alguna persona.

entrevolver. tr. ant. Envolver entre otras cosas.

entrevuelta. (De *entre* y *vuelta*.) f. **Agr.** Surco corto que el que ara da por un lado de la besana para enderezarla si va torcida.

entristecedor, ra. adj. Que entristece.

entristecer. fr., *attrister*; it., *rattristare*; i., *to sadden*; a., *traurig machen*. tr. Causar tristeza. || Poner de aspecto triste. || intr. ant. **entristecerse**. || pronominal. Ponerse triste y melancólico.

entristecimiento. m. Acción y efecto de entristecer o entristecerse.

entrizar. (Del lat. *strictiāre*, de *strictus*, apretado.) tr. *Sal.* y *Zam.* Apretar, estrechar, meter en un sitio estrecho.

entro. (Del lat. *intro*.) prep. ant. Hasta un lugar.

entrojar. tr. Guardar en la troje frutos, y especialmente cereales.

entrometer. (Del lat. *intromittēre*.) tr. **entremeter**. Ú. t. c. prnl.

entrometido, da. p. p. de **entrometer**. || adj. **entremetido, da**.

entrometimiento. (De *entrometer*.) m. **entremetimiento**.

entronar. (De *en* y *trono*.) tr. **entronizar**.

entroncamiento. m. Acción y efecto de entroncar.

entroncar. tr. Afirmar el parentesco de una persona con el tronco o linaje de otra. || En Andalucía y Méjico, aparear dos caballos o yeguas del mismo pelo. || intr. Tener parentesco con un linaje o persona. || Contraer parentesco con un linaje o persona. || *Cuba, Méj.* y *P. Rico*. Empalmar dos líneas de transporte. Ú. t. c. prnl.

entronecer. tr. ant. Deteriorar, maltratar.

entronerar. tr. Meter o encajar una bola en cualquiera de las troneras de la mesa en que se juega a los trucos. Ú. t. c. prnl.

entronización. f. Acción y efecto de entronizar o entronizarse.

entronizar. tr. Colocar en el trono. || fig. Ensalzar a uno; colocarle en alto estado. || prnl. fig. Engreírse, envanecerse.

entronque. m. Relación de parentesco entre personas que tienen un tronco común. || *Cuba* y *P. Rico*. Acción y efecto de entroncar o empalmar.

entropezado, da. p. p. de **entropezar**. || adj. ant. Enmarañado o enredado.

entropezar. (Del lat. *interpediāre*, por *interpedīre*, tropezar.) intr. ant. **tropezar**.

entropía. (Del gr. *entropía*, evolución, retorno.) f. **Fís.** Magnitud física que multiplicada por la temperatura absoluta de un cuerpo da la energía degradada, o sea la que no puede convertirse en trabajo si no entra en contacto con un cuerpo más frío.

entropiezo. (De *entropezar*.) m. ant. **tropezón**.

entropillar. tr. *Arg.* Acostumbrar a los caballos a vivir en tropilla.

entropión. (Del gr. *entropé*, vuelta.) m. **Pat.** Inversión hacia dentro del borde del párpado inferior por contracción muscular o por retracción cicatrizal.

entruchada. (De *entruchar*.) f. fam. Cosa hecha por confabulación de algunos con engaño o malicia.

entruchado, da. p. p. de **entruchar**. || m. fam. **entruchada**. || fam. *And*. Enojo reconcentrado.

entruchar. tr. fam. Atraer a uno con disimulo y engaño, usando de artificios para meterle en un negocio. || *Germ.* entrevar.

entruchón, na. adj. fam. Que hace o practica entruchadas. Ú. t. c. s.

entruejo. (Del lat. *introitŭlus*, dim. de *introĭtus*, entrada [de la cuaresma].) m. **antruejo**.

entrujar. (De *truja*.) tr. Guardar en la truja la aceituna.

entrujar. (De *troje*.) tr. **entrojar**. || fig. y fam. **embolsar**, guardar en la bolsa.

entubación. f. Acción y efecto de entubar.

entubajar. intr. *Germ.* Deshacer engaños.

entubar. tr. Poner tubos en alguna cosa.

entuerto. (Del lat. *intortus*.) m. Tuerto o agravio. || pl. **Pat.** Dolores de vientre que suelen sobrevenir a las mujeres poco después de haber parido.

entullecer. (De *en* y *tullecer*.) tr. fig. Suspender, detener la acción o movimiento de una cosa. || intr. **tullirse**. Ú. t. c. prnl.

entumecer. fr., *engourdir*; it., *intormentire*; i., *to benumb*; a., *erstarren machen*. (Del lat. *intumescĕre*, hincharse.) tr. Impedir, embarazar, entorpecer el movimiento o acción de un

entumecido-envejecimiento

miembro o nervio. Ú. m. c. prnl. ‖ prnl. fig. Alterarse, hincharse. Dícese más comúnmente del mar o de los ríos caudalosos.

entumecido, da. p. p. de **entumecer.** ‖ adj. **hinchado.**

entumecimiento. m. Acción y efecto de entumecer o entumecerse.

entumido. adj. *Col.* y *Méj.* Tímido.

entumirse. (Del lat. *intumēre*.) prnl. Entorpecerse un miembro o músculo por haber estado encogido, o sin movimiento, o por compresión de algún nervio.

entunicar. (De *en* y *túnica*.) tr. Cubrir o vestir con una túnica. ‖ **Constr.** Dar dos capas de cal y arena gruesa a la pared de ladrillo o piedra que se ha de pintar al fresco.

entuñarse. prnl. *Agr. Sal.* Llenarse de fruto los árboles o las vides.

entupir. (De *en* y *tupir*.) tr. Obstruir o cerrar un conducto. Ú. t. c. prnl. ‖ Comprimir y apretar una cosa.

enturar. tr. *Germ.* **dar.** ‖ **mirar.**

enturbiador, ra. adj. Que enturbia.

enturbiamiento. m. Acción y efecto de enturbiar.

enturbiar. fr., *troubler*; it., *intorbidare*; i., *to muddle*; a., *trüben*. tr. Hacer o poner turbia una cosa. Ú. t. c. prnl. ‖ fig. Turbar, alterar el orden; obscurecer lo que estaba claro y bien dispuesto. Ú. t. c. prnl.

entusiasmar. tr. Infundir entusiasmo; causar ardiente y fervorosa admiración. Ú. t. c. prnl.

entusiasmo. fr., *enthousiasme*; it., *entusiasmo*; i., *enthusiasm*; a., *Verzückung, Begeisterung*. (Del lat. *enthusiasmos*, y éste del gr. *enthousiasmós*, de *enthousiázo*, estar inspirado por los dioses.) m. Furor o arrobamiento de las sibilas al dar sus oráculos. ‖ Inspiración divina de los profetas. ‖ Inspiración fogosa y arrebatada del escritor o del artista, y especialmente del poeta o del orador. ‖ Exaltación y fogosidad del ánimo, excitado por algo que le admire o cautive. ‖ Adhesión fervorosa que mueve a favorecer una causa o empeño.

Entusiasmo del pueblo en la plaza Mayor, por la proclamación de Fernando VII (24 de agosto de 1808). Biblioteca del Palacio Real. Madrid

entusiasta. (Del lat. *enthusiastes*, y éste del gr. *enthousiastés*, inspirado.) adj. Que siente entusiasmo por una persona o cosa. Ú. t. c. s. ‖ Propenso a entusiasmarse. Ú. t. c. s. ‖ **entusiástico.**

entusiástico, ca. (Del gr. *enthousiastikós*.) adj. Perteneciente o relativo al entusiasmo; que lo denota o expresa.

Entwistle (William James). Biog. Hispanista inglés, n. en Chen Yang Kwan, China, y m. en Oxford (1895-1952). Profesor en las Universidades de Manchester y Glasgow. Desde 1932 desempeñó la cátedra de Alfonso XIII de estudios hispánicos en la Universidad de Oxford. Entre sus obras se citan: *La leyenda de Arturo en la Península* (1925), *El idioma español* (1936), *Cervantes* (1940) y *La lengua rusa y eslovaca* (1949).

enucleación. (De *enuclear*.) f. **Cir.** Extirpación de un órgano, glándula, quiste, etc., a la manera como se saca el hueso de una fruta.

enuclear. (Del lat. *enucleāre*, extirpar una glándula; de *e*, sin, fuera, y *nucleus*, almendra.) tr. **Cir.** Practicar la enucleación. ‖ Dejar al descubierto un hueso al practicar una operación quirúrgica.

Enugu. Geog. C. de Nigeria, cap. del est. de Anambra; 167.339 h.

énula campana. (Del lat. *inŭla*.) f. **Bot. helenio.**

Enuma elis. Lit. Poema caldeo, llamado el *Poema de la creación*, compuesto en la época de Hammurabi y sus sucesores, unos dos mil años antes de Cristo.

enumerable. adj. Que se puede enumerar.

enumeración. fr., *énumération*; it., *enumerazione*; i., *enumeration*; a., *Aufzählung*. (Del lat. *enumeratio, -ōnis*.) f. Expresión sucesiva y ordenada de las partes de que consta un todo, de las especies que comprende un género, etc. ‖ Cómputo o cuenta numeral de las cosas. ‖ **Ret.** Parte del epílogo de algunos discursos en que, para acabar de persuadir al auditorio, se repiten juntas con brevedad las razones antes expuestas separada y extensamente. ‖ Figura que consiste en enumerar o referir rápida y animadamente varias ideas o distintas partes de un concepto o pensamiento general.

enumerar. (Del lat. *enumerāre*.) tr. Hacer enumeración de las cosas.

enumerativo, va. adj. Que enumera o que contiene una enumeración.

enunciación. fr., *énoncé*; it., *enunciazione*; i., *enunciation*; a., *Äusserung, Eröffnung*. (Del lat. *enuntiatio, -ōnis*.) f. Acción y efecto de enunciar.

enunciado, da. p. p. de **enunciar.** ‖ m. **enunciación.** ‖ **Ling.** Oración o secuencia de oraciones.

enunciar. (Del lat. *enuntiāre*.) tr. Expresar uno breve y sencillamente una idea. ‖ Exponer el conjunto de datos que componen un problema.

enunciativo, va. (Del lat. *enuntiatīvus*.) adj. Dícese de que enuncia.

enuresis. (Del gr. *enouréo*, no contener la orina, orinar en.) f. **Pat.** Incontinencia de la orina.

envacar. tr. *Sal.* Traer la res a la vacada.

envainador, ra. adj. Que envaina.

envainar. fr., *engainer*; it., *inguainare*; i., *to sheathe*; a., *einstecken*. (Del lat. *invaginâre*; de *in*, en, y *vagĭna*, vaina.) tr. Meter en la vaina la espada u otra arma blanca. ‖ Envolver una cosa a otra ciñéndola a manera de vaina.

envalentonamiento. m. Acción y efecto de envalentonar o envalentonarse.

envalentonar. (De *en* y *valentón*.) tr. Infundir valentía o más bien arrogancia. ‖ prnl. Cobrar valentía. Se aplica más bien al que de suyo no es valiente y se jacta de serlo cuando lo puede hacer sin riesgo.

envalijar. tr. Meter en la valija una cosa.

envallo. m. **Pesca.** *Gal.* **trasmallo.**

envanecer. fr., *s'enorgueillir*; it., *insuperbire*; i., *to be proud*; a., *stolz werden*. (Del lat. *in*, en, y *vanescĕre*, incoat. de *vanēre*, desvanecer.) tr. Causar o infundir soberbia o vanidad a uno. Ú. t. c. prnl. ‖ prnl. p. us. Quedarse vano el fruto de una planta por haberse secado o podrido su meollo. Ú. t. c. prnl. Ú. en Chile.

envanecimiento. m. Acción y efecto de envanecer o envanecerse.

envaramiento. m. Acción y efecto de envarar o envararse.

envarar. (De *varar*.) tr. Poner varas. ‖ Entorpecer, entumecer o impedir el movimiento de un miembro. Ú. t. c. prnl.

envarbascar. (De *en* y *verbasco*.) tr. Inficionar el agua con verbasco u otra substancia análoga para atontar a los peces.

envarescer. tr. ant. Pasmar, sorprender. ‖ intr. ant. Pasmarse, sorprenderse.

envaronar. intr. Crecer con robustez.

envasado. m. Acción de envasar.

envasador, ra. adj. Que envasa. Ú. t. c. s. ‖ m. Embudo grande por el cual se echan los líquidos en pellejos y toneles.

envasar. fr., *embouteiller, entonner*; it., *imbottare*; i., *totun, to barrel*; a., *einfüllen*. tr. Echar en vasos o vasijas un líquido, como vino, vinagre, aceite, etc. ‖ Echar el trigo en los costales, o colocar cualquier otro género en su envase. ‖ fig. Beber con exceso. ‖ fig. Introducir en el cuerpo de uno la espada u otra arma punzante.

envase. m. Acción y efecto de envasar. ‖ Recipiente o vaso en que se conservan y transportan ciertos géneros. Dícese, por ejemplo, de los azogues, y generalmente de los líquidos. ‖ Todo lo que envuelve o contiene artículos de comercio u otros efectos para conservarlos o transportarlos.

envedijarse. prnl. Enredarse o hacerse vedijas en el pelo, la lana, etc. ‖ fig. y fam. Enzarzarse, enredarse unos con otros riñendo y pasando de las palabras a las manos.

envegarse. (De *en* y *vega*.) prnl. *Chile*. Empantanarse, tener exceso de humedad un terreno.

envejecer. fr., *vieillir*; it., *invecchiare*; i., *to grow old*; a., *alt werden*. tr. Hacer vieja a una persona o cosa; como los años y los trabajos a los hombres, y el mucho uso a las cosas. ‖ intr. Hacerse vieja o antigua una persona o cosa. Ú. t. c. prnl. ‖ Durar, permanecer por mucho tiempo.

envejecido, da. p. p. de **envejecer.** ‖ adj. fig. Acostumbrado, experimentado; que viene de mucho tiempo atrás.

envejecimiento. m. Acción y efecto de envejecer. ‖ **Biol.** Parte del ciclo de los seres vivos que se caracteriza por una disminución de la capacidad funcional de los órganos.

envelar. tr. ant. Cubrir con velo una cosa. ‖ Dar vela. ‖ intr. *Chile.* Huir. Ú. t. c. prnl.

envellonador. m. *R. Plata.* Peón que en las esquilas de ovejas tiene a su cargo la misión de hacer los vellones de cada una.

envenenador, ra. adj. Que envenena. Ú. t. c. s.

envenenamiento. fr., *empoisonnement;* it., *avvelenamento;* i., *poisoning;* a., *Vergiftung.* Pat. Acción y efecto de envenar o envenenarse. Puede tener varias causas: por alteraciones en el organismo; por ingestión imprudente o involuntaria de materias tóxicas; por ingestión voluntaria de drogas con propósitos suicidas; para provocar la muerte de otros, etcétera.

envenenar. fr., *empoisonner;* it., *avvelenare;* i., *to envenom;* a., *vergiften.* tr. Emponzoñar, inficionar con veneno. Ú. t. c. prnl. ‖ fig. Acriminar; interpretar en mal sentido las palabras o acciones. ‖ fig. Inficionar con malas doctrinas o falsas creencias.

Enver Bajá. Biog. Militar y político turco, n. en Apana y m. en Dushanbe (1882-1922). Participó en el golpe de Estado que destronó a Abdul-Hamid II en 1909. Durante la segunda guerra balcánica, tomó en 1913 Edirme (Andrinópolis). Promovió la guerra civil en Asia Menor, al mando de un ejército que pusieron a sus órdenes Trotsky y Lenin, a los que hizo traición. Fue rechazado por los soviéticos hacia el Pamir, donde libró su última batalla.

enverar. (Del lat. *in,* en, y *variāre,* cambiar de color.) intr. Empezar las uvas y otras frutas a tomar color de maduras.

enverdecer. (Del lat. *in,* en, y *viridescĕre,* de *viridis,* verde.) intr. Reverdecer el campo, las plantas, etc.

enverdir. tr. ant. Dar o teñir de verde.

envergadura. (De *envergar.*) f. Ancho de una vela contado en el grátil. ‖ Largo del grátil de una vela, de puño a puño. ‖ Distancia entre las puntas de las alas de las aves cuando aquéllas están completamente abiertas. ‖ fig. Importancia, amplitud, alcance.

envergar. tr. Mar. Sujetar, atar las velas a las vergas.

envergonzado, da. p. p. de **envergonzar.** ‖ adj. ant. **vergonzante.**

envergonzamiento. (De *envergonzar.*) m. ant. Vergüenza, empacho.

envergonzante. p. a. ant. de **envergonzar.** Que envergüenza. ‖ adj. ant. **vergonzante.**

envergonzar. tr. ant. **avergonzar.** Usáb. t. c. prnl. ‖ ant. Reverenciar o respetar.

envergue. (De *envergar.*) m. Mar. Cada uno de los cabos delgados que pasan por los ollaos de la vela y sirve para afirmarla al nervio de la verga. ‖ Acción y efecto de envergar.

enverjado. m. Conjunto de rejas de un edificio o de una verja.

envernadero. m. ant. **invernadero.**

envernar. intr. ant. **invernar.**

enverniego, ga. adj. ant. **invernizo.**

envero. (De *enverar.*) m. Color que toman las uvas y otras frutas cuando empiezan a madurar. ‖ Uva que tiene este color.

enversado, da. adj. Dícese de lo que estaba revocado en un edificio.

envés. (Del lat. *inversum.*) m. **revés.** ‖ fam. **espalda,** de una persona.

envesado, da. adj. Que manifiesta el envés. Dícese comúnmente del cordobán.

envesar. (De *envés.*) tr. Germ. Dar azotes a uno.

envestidura. f. **investidura.**

envestir. (Del lat. *investīre;* de *in,* en, en sentido de superponer, y *vestīre,* vestir.) tr. **investir.** ‖ ant. Revestir, cubrir.

enviada. f. Acción y efecto de enviar.

enviadizo, za. adj. Que se envía o se acostumbra enviar.

enviado, da. p. p. de **enviar.** ‖ m. El que va por mandado de otro con un mensaje, recado o comisión. ‖ **extraordinario.** Polít. Agente diplomático cuya categoría es, como de la de los ministros plenipotenciarios, la segunda de las reconocidas por el moderno derecho internacional. En España y otros países siempre se confieren estos dos títulos a una misma persona.

enviajado, da. (De *viaje,* corte sesgado.) adj. Arquit. Oblicuo, sesgo.

enviar. fr., *envoyer;* it., *mandare, spedire;* i., *to send;* a., *senden, schicken.* (Del lat. *inviāre.*) tr. Hacer que una persona vaya a alguna parte. ‖ Hacer que una cosa se dirija o sea llevada a alguna parte. ‖ ant. Dirigir, encaminar. ‖ ant. Desterrar, extrañar.

enviciamiento. m. Acción y efecto de enviciar.

enviciar. tr. Corromper, inficionar con un vicio. ‖ intr. Echar las plantas muchas hojas, haciéndose escasas de fruto. ‖ prnl. Aficionarse demasiadamente a una cosa; darse con exceso a ella.

enviciosarse. (De *en* y *vicioso.*) prnl. ant. Hacerse vicioso de una cosa.

envidada. f. Acción y efecto de envidar.

envidador, ra. adj. Que envida en el juego. Ú. t. c. s.

envidar. (Del lat. *invitāre.*) tr. Hacer envite en el juego. ‖ ant. **invitar.**

envidia. fr., *envie;* it., *invidia;* i., *envy;* a., *Neid.* (Del lat. *invidĭa.*) f. Tristeza o pesar del bien ajeno. ‖ Emulación, deseo honesto.

La envidia, por Giotto. Capilla de los Scrovegni. Padua

envidiable. (De *envidiar.*) adj. Digno de ser deseado y apetecido.

envidiador, ra. (De *envidiar.*) adj. ant. **envidioso.** Usáb. t. c. s.

envidiar. fr., *envier;* it., *invidiare;* i., *to envy;* a., *beneiden.* tr. Tener envidia, sentir el bien ajeno. ‖ fig. Desear, apetecer lo lícito y honesto.

envidioso, sa. (Del lat. *invidiōsus.*) adj. Que tiene envidia. Ú. t. c. s.

envido. (De *envidar.*) m. Envite de dos tantos en el juego del mus.

enviejar. (De *en* y *viejo.*) intr. **envejecer.** Ú. en Salamanca.

envigado, da. p. p. de **envigar.** ‖ m. Conjunto de las vigas de un edificio.

Envigado. Geog. Mun. de Colombia, depart. de Antioquia; 69.921 h. ‖ Pobl. cap. del mismo; 63.584 h.

envigar. tr. Asentar las vigas de un edificio. Ú. t. c. intr.

envilecedor, ra. adj. Que envilece.

envilecer. fr., *avilir;* it., *avvilire;* i., *to debase;* a., *herabwürdigen.* tr. Hacer vil, abatida y despreciable una cosa. ‖ prnl. Abatirse, perder uno la estimación que tenía.

envilecimiento. m. Acción y efecto de envilecer o envilecerse.

envilortar. tr. *Sal.* Atar los haces con vilortos o vencejos.

envinado, da. adj. *Méj.* De color de vino.

envinagrar. tr. Poner o echar vinagre en una cosa.

envinar. tr. Echar vino en el agua.

envío. m. Acción y efecto de enviar. ‖ **remesa.**

envión. (De *enviar.*) m. **empujón.**

envirar. (De *en* y *vira.*) tr. Apicultura. Clavar o unir con estaquillas de madera los corchos de que se forman las colmenas.

envirotado, da. (De *en* y *virote,* hombre tieso.) adj. fig. Aplícase al sujeto entonado y tieso en demasía.

enviscamiento. m. Acción y efecto de enviscar o enviscarse.

enviscar. fr., *engluer;* it., *impaniare;* i., *to lime;* a., *mit Vogelleim bestreichen.* (Del lat. *inviscāre;* de *in,* en, y *viscum,* liga.) tr. Untar con liga las ramas de las plantas, los espartos, etc., para que se peguen y enreden los pájaros, a fin de cazarlos de este modo. ‖ prnl. Pegarse los pájaros y los insectos con la liga.

enviscar. (De *en* y *guizgar.*) tr. **azuzar.** ‖ fig. Irritar, enconar los ánimos.

enviso, sa. (Del lat. *in,* en, y *visus,* vista.) adj. ant. Sagaz, advertido.

envite. (De *invitar.*) m. Apuesta que se hace en algunos juegos de naipes y otros, parando, además de los tantos ordinarios, cierta cantidad a un lance o suerte. ‖ fig. Ofrecimiento de una cosa. ‖ Envión, empujón. ‖ **al primer envite.** m. adv. De buenas a primeras, al principio.

enviudar. intr. Quedar viudo o viuda.

envolcarse. (Del lat. **involvicāre,* de *involvĕre,* envolver.) prnl. ant. **envolverse.**

envolinar. tr. *Nav.* confundir.

envoltarse. prnl. *Col.* **alborotarse.**

envoltijo. m. Envoltura, cosa que envuelve a otra.

envoltorio. (De *envuelto.*) m. Lío hecho de paños, lienzos u otras cosas. ‖ Defecto en el paño, por haberse mezclado alguna especie de lana no correspondiente a la clase del tejido.

envoltura. fr., *enveloppe;* it., *coperta;* i., *envelope;* a., *Hülle, Umschlag.* (De *envuelto.*) f. Conjunto de pañales, mantillas y otros paños con que se envuelve a los niños en su primera infancia. Ú. t. en pl. ‖ Capa exterior que cubre natural o artificialmente una cosa.

envolvedero. m. **envolvedor.**

envolvedor, ra. m. y f. Persona que se dedica a envolver mercancías. ‖ m. Cualquiera cosa que sirve para envolver. ‖ Mesa o camilla en donde se envuelve a los niños.

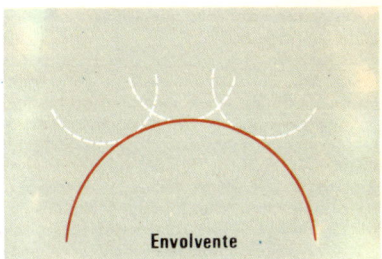

envolvente. p. a. de **envolver.** Que envuelve o rodea. Ú. c. adj. ‖ f. Geom. Curva descrita por los puntos de una tangente al rodar sobre otra curva, que constituye la evoluta.

envolver. fr., *envelopper;* it., *involgere;* i., *to envelop;* a., *einhüllen.* (Del lat. *involvĕre;* de *in,* en, hacia, y *volvĕre,* voltear.) tr. Cubrir un objeto parcial o totalmente, ciñéndolo de tela, papel u otra cosa análoga. || Vestir al niño con los pañales y mantillas. || Arrollar o devanar un hilo, cinta, etc., en alguna cosa. || En la milicia, rebasar por uno de sus extremos la línea de combate del enemigo, colocando a su flanco y aun a su retaguardia fuerzas que le ataquen en combinación con las que le acometen de frente. || fig. Rodear a uno, en la disputa, de argumentos o sofismas, dejándole cortado y sin salida. || fig. Mezclar o complicar a uno en un asunto o negocio, haciéndole tomar parte en él. Ú. t. c. prnl. || prnl. fig. Enredarse con algún fin deshonesto dos personas; amancebarse. || fig. Mezclarse y meterse entre otros, como sucede en las acciones de guerra.
envolvimiento. m. Acción y efecto de envolver o envolverse. || **revolcadero.**
envuelto, ta. (Del lat. *involūtus.*) p. p. irreg. de **envolver.** || m. *Méj.* Tortilla de maíz en forma de rollo y guisada. || f. pl. *Sal.* Envoltura del niño de pecho.
enyerbado. adj. *Guat.* y *Méj.* Entre la gente vulgar dícese del que ha sido víctima de prácticas de brujería y presenta síntomas de intoxicación por haber ingerido, sin saberlo, cocimientos de *cánnabis índica* o toloache.
enyerbarse. prnl. *Amér.* Cubrirse de hierba un terreno. || *Cuba.* Embrollarse un asunto. || *Méj.* **envenenarse.** || Enamorarse perdidamente.
enyertar. tr. ant. Poner yerta una cosa. Usáb. t. c. prnl.
enyesado, da. p. p. de **enyesar.** || Acción y efecto de enyesar. || m. *Vit.* Operación de echar yeso a los vinos para aumentar su fuerza o favorecer su conservación.
enyesadura. f. Acción y efecto de enyesar.
enyesar. fr., *plâtrer;* it., *ingessare;* i., *to plaster;* a., *vergipsen.* tr. Tapar o acomodar una cosa con yeso. || Igualar o allanar con yeso las paredes, los suelos, etc. || Agregar yeso a alguna cosa. || **Cir. escayolar.**
enyescarse. (De *en* y *yesca.*) prnl. ant. Encenderse, inflamarse.
enyetar. tr. *Arg.* Comunicar la yeta.
enyugamiento. (De *enyugar.*) m. ant. Casamiento en matrimonio.
enyugar. tr. Uncir y poner el yugo a los bueyes o mulas de labranza. || Poner el yugo a una campana. || prnl. ant. fig. **casar,** contraer matrimonio.
enyuntar. (De *en* y *yunta.*) tr. ant. Juntar o uncir.
enza. (Del lat. *index, -ĭcis.*) f. *Mur.* Señuelo, cimbel. || fig. Señuelo, cualquier cosa que sirve para atraer. || fig. Inclinación, afición.
enzainarse. prnl. Ponerse a mirar de zaino o a lo zaino. || fam. Hacerse traidor, falso o poco seguro en el trato.
enzalamar. tr. fam. Azuzar, cizañar.
enzamarrado, da. adj. Cubierto y abrigado con zamarra.
enzarzada. (De *enzarzar,* poner zarzas.) f. desus. **Mil.** Fortificación pasajera, consistente en un fuerte atrincheramiento en un bosque, en una garganta, en un paso importante, y que se procura esté oculta a la vista del enemigo.
enzarzar. tr. Poner zarzas en una cosa o cubrirla de ellas. || fig. Enredar a algunos entre sí, sembrando discordias y disensiones. Ú. t. c. prnl. || prnl. Enredarse en las zarzas, matorrales o cualquiera otra cosa. || fig. Meterse en negocios arduos y de salida dificultosa. || fig. Reñir, pelearse.
enzarzar. tr. Poner zarzos en los lugares donde se crían los gusanos de seda.

Enzensberger (Hans Magnus). Biog. Poeta alemán, nacido en Kaufbeuren en 1929. Ha publicado: *Verteidigung der Wölfe* (1958), *Zupp* (1959), *Landessprache* y *Museum der modernen Poesie* (1960). En 1963 fue galardonado con el premio Georg Büchner, el de mayor prestigio que se concede en la R. F. A.
enzima. fr. e i., *enzyme;* it., *enzima;* a., *Enzym.* (De *en-,* en, y *-zima.*) f. **Biol.** y **Bioq.** Substancia segregada por un organismo o por un órgano y que cataliza las reacciones químicas de los procesos vitales para que puedan realizarse normalmente, con continuidad y a un ritmo adecuado para las necesidades del orga-

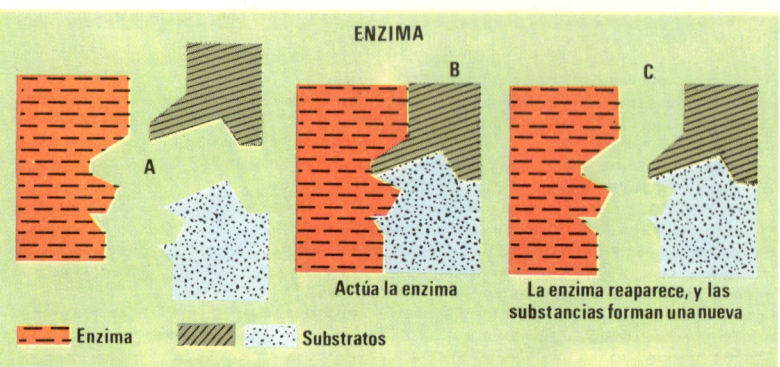

ENZIMA — Actúa la enzima — La enzima reaparece, y las substancias forman una nueva — Enzima — Substratos

nismo. Cada enzima actúa sobre un substrato específico o sobre un grupo funcional determinado y se denomina según éste: *carbohidrasa,* si descompone a un hidrato de carbono; *lipasa,* si a una grasa; *proteasa,* si a un prótido, etc. Toda enzima consta de un soporte proteínico o *apoenzima,* y un grupo activo o *coenzima.*
enzimología. (De *enzima* y *-logía.*) f. **Biol** y **Bioq.** Estudio o tratado de las enzimas.
Enzina (Juan del). Biog. **Encina (Juan del).**
Enzinas o Encinas (Francisco de). Biog. Humanista heterodoxo español, conocido también por *Dryander,* n. en Burgos y m. en Estrasburgo (1520-1570). Por consejo de su amigo y maestro Melanchthon, jefe del luteranismo, tradujo al castellano el Nuevo Testamento, lo que le costó ser encarcelado en Bruselas. Tradujo a Tito Livio, Luciano, Plutarco y Tucídides y escribió en latín una especie de autobiografía, publicada en francés con el título *Histoire de l'État des Pays-Bas et de la religion d'Espagne.*
enzocar. tr. *Chile.* Encajar, meter.
enzolvar. tr. *Méj.* Azolvar, cegar un conducto. Ú. t. c. prnl.
enzootia. (De *en-,* en, y *-zootia.*) f. **Veter.** Cualquiera enfermedad que acomete a una o más especies de animales en determinado territorio, por causa o influencia local.
enzoquetar. tr. Poner zoquetes o tacos de madera en un entramado para evitar que se muevan los maderos o que haya pandeo.
enzunchar. tr. Asegurar y reforzar cajones, fardos, toneles, etc., con zunchos, abrazaderas o flejes.
enzurdecer. intr. Hacerse o volverse zurdo.
enzurizar. (De *en* y *zuriza.*) tr. Azuzar, enzarzar o sembrar la discordia entre varias personas.
enzurronar. tr. Meter en un zurrón o una bolsa de cuero. || fig. y fam. Incluir o encerrar una cosa en otra.
enzurronarse. (De *en* y *zurrón,* cáscara.) prnl. **Agr.** *Ar., Pal.* y *Sal.* No llegar a granar los cereales por exceso de calor y falta de humedad.
eñe. f. Nombre de la letra *ñ.*

eo-, eos-. (Del gr. *eós,* aurora.) pref. que sign. aparición, principio. También, color rosado.
Eo. Geog. Río de España, en las prov. de Lugo y Oviedo, que des. en el Cantábrico; 91 km.
eoceno, na. (De *eo-* y *-ceno,* reciente.) adj. **Geol.** Dícese de los terrenos de la segunda época del período terciario, y de esta misma época, situada entre la paleocena y oligocena. Se inició hace unos 58 millones de años, y duró alrededor de 22 millones.
eohípo. (Del lat. científico *eohippus;* del gr. *eós,* aurora, e *hippos,* caballo.) **Paleont.** y **Zool.** Gén. de équidos fósiles de la época eocena, antecesor del caballo.
eohippus. **Paleont.** y **Zool.** **eohípo.**
Eolia o **Eólida.** Geog. hist. Ant. comarca de Asia Menor. Ocupaba la costa comprendida entre la Tróade al N. y la Jonia al S. Fue colonizada por griegos eolios.
Eolias. Geog. hist. Se dio el nombre de islas Eolias al grupo de las Lípari, sobre las cuales reinaba el dios Eolo, según la mitología.
eólico, ca. (Del lat. *aeolĭcus,* y éste de *aeŏles,* los eolios, o de *Aeolia,* Eolia.) adj. Perteneciente o relativo a los eolios o a la Eolia. || **Ling.** Dícese de uno de los cuatro principales dialectos de la lengua griega, hablado en la Eolia. Ú. t. c. s. m. || Perteneciente o relativo a este dialecto.
eólico, ca. (Del lat. *aeolĭcus,* y éste de *Aeŏlus,* Eolo, rey de los vientos en la mitología homérica.) adj. Perteneciente o relativo a Eolo. || Perteneciente o relativo al viento. || Producido o accionado por el viento.
Eólida. Geog. hist. **Eolia.**
eolio, lia. (Del lat. *aeolius,* y éste de *aeŏles* o de *Aeolia,* Eolia.) adj. **eólico,** perteneciente a los eolios.
eolio, lia. (Del lat. *aeolius,* y éste de *Aeŏlus,* Eolo.) adj. **eólico,** perteneciente a Eolo. || V. **arpa eolia.**
eolípila. (Del lat. *aeolipĭla* [*pila Aeoli*], bola de Eolo.) f. **A.** y **Of.** Aparato inventado por Herón de Alejandría para medir la fuerza motriz del vapor de agua.
eolito. (De *eo-* y *-lito.*) m. **Prehist.** Piedra de cuarzo usada en su forma natural como instrumento por el hombre primitivo.
Eolo. Mit. Hijo de Heleno y de la ninfa Orseis, nieto de Deucalión. Fue rey de Tesalia, y sus descendientes son los eolios. || Hijo de Júpiter y de Melanipa; dios de los vientos y rey de las islas Eolias.
eón. (Del lat. *aeōn,* y éste del gr. *aión,* tiempo indefinido.) m. **Filos.** En el gnosticismo, cada una de las inteligencias eternas o entidades divinas de uno u otro sexo, emanadas de la divinidad suprema. || Período de tiempo indefinido e incalculable.
Eón. (Del m. or. que el anterior.) m. Mit. En las creencias religiosas de la antigua Gre-

cia, símbolo y personificación del Tiempo indefinido.

eos-. pref. V. **eo-.**

Eos. Mit. Personificación de la Aurora en la mitología griega, hija de Hiperion y de Teia, hermana de Helios y Selene (el Sol y la Luna).

Eos llora sobre el cadáver de Memnón (530 a. C.). Museo Vaticano. Roma

eosina. (De *eos-* e *-ina.*) f. **Quím.** Colorante de color rosa, derivado de la fluoresceína, utilizado como materia colorante para teñir lana, seda y papel; también es utilizado en cosmética como colorante de los esmaltes de uñas y de los lápices de labios.

eosuquio, quia. (Del lat. científico *eosuchia*, gén. tipo; del gr. *eós*, aurora, principio, y *souchos*, cocodrilo de Egipto.) **Paleont.** y **Zool.** Dícese de los reptiles diápsidos del suborden de los lepidosaurios, de caracteres muy primitivos, y que vivieron durante el pérmico superior. || m. pl. Orden de estos reptiles fósiles.

Eötvös (Jozsef). Biog. Escritor y político húngaro, n. y m. en Budapest (1813-1871). Desempeñó las carteras de Culto y de Instrucción Pública y dio a la escena varias obras, pero su reputación de literato la alcanzó con sus novelas, entre las cuales sobresalen: *El notario del pueblo* (1845), *El cartujo* (1839) y *Las hermanas* (1857).

ep-. pref. V. **epi-.**

¡epa! interj. *Arg.* y *Par.* ¡Alto! ¡Cuidado! || *Col., Chile, Hond., Méj., Pan., Urug.* y *Venez.* ¡Hola! ¡Ea! || *Chile.* ¡Ea! ¡Upa!

epacta. (Del lat. *epactae, -ārum*, y éste del gr. *epactai*, añadidos, intercalados [días]; de *epi*, sobre, y *ágo*, conducir.) f. Número de días en que el año solar excede al lunar común de 12 lunaciones, o número de días que la luna de diciembre tiene el día primero de enero, contados desde el último novilunio. || **añalejo.**

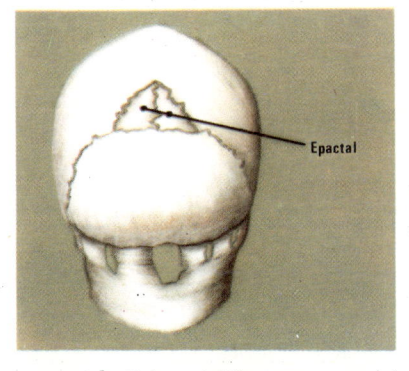

Epactal

epactal. (Del gr. *epaktós*, supernumerario) m. **Anat.** Hueso wormiano, triangular, que se presenta excepcionalmente como supernumerario, más arriba del occipital.

epactilla. f. dim. de **epacta**, añalejo o librito de la epacta.

épagneul. (Voz francesa que significa *español*.) **Zoot.** Raza de perros de caza de pelo largo y orejas largas y caídas, originarios de España, del grupo de los especializados en mostrar la pieza.

Epaminondas. Biog. General beocio, n. en Tebas y m. en Mantinea (418-326 a. C.). Venció a los espartanos en 371. En ese año fue elegido beotarca e invadió el Peloponeso. En 362 se enfrentó a la alianza organizada por Atenas, Esparta, Mantinea, los eleos y los aqueos, contra los tebanos. Invadió de nuevo el Peloponeso, pero murió en la batalla de Mantinea.

epanadiplosis. (Del lat. *epanadiplōsis*, y éste del gr. *epanadiplosis*, de *epanadiplóo*, doblar, reiterar.) f. **Ret.** Figura que consiste en repetir al fin de una cláusula o frase el mismo vocablo con que empieza.

epanáfora. (Del lat. *epanaphōra*, y éste del gr. *epanaphorá*, de *epanaphéro*, repetir.) f. **Ret. anáfora.**

epanalepsis. (Del lat. *epanalepsis*, y éste del gr. *epanálepsis*, de *epanalambáno*, volver a tomar.) f. **Ret. epanadiplosis.**

epanástrofe. (Del lat. *epanastrŏphe*, y éste del gr. *epanastrophé*, de *epanastrepho*, tornar, invertir.) f. **Ret.** Figura llamada también **concatenación.** || **conduplicación.**

epanortosis. (Del lat. *epanorthōsis*, y éste del gr. *epanórthosis*, de *epanorthóo*, rectificar.) f. **Ret.** Figura llamada también **corrección.**

epatar. (Del fr. *épater*.) tr. galic. por excitar la admiración, maravillar, asombrar, espantar, embobar.

Epatlán. Geog. Mun. de Méjico, est. de Puebla; 3.213 h. Cap., San Juan Epatlán.

epazote. (Del azt. *epazotl*.) m. **Bot.** *Méj.* **pazote.**

Epazoyucan. (Del azt. *epazotli* o *epazotl*, y la final de lugar *ean*: lugar en que hay epazote.) Geog. Mun. de Méjico, est. de Hidalgo; 6.184 habitantes. || Pueblo cap. del mismo; 1.326 h.

epecha. (Del vasc. *epetxa*, el reyezuelo.) m. **Zool.** *Prov. vasc.* Pájaro de la familia de los trogloditidos, también llamado *chepecha*, de unos 9 cm., rechoncho y de color pardo (*troglodytes troglodytes*). A veces se confunde con el reyezuelo.

epeira. (Voz del lat. científico; del gr. *epí*, sobre, y *eiro*, tejer.) **Zool.** Gén. de arácnidos, del orden de los araneidos (v.).

epéndimo. (Del gr. *ependyma*, revestimiento; de *epí*, sobre, y *dýo*, vestir.) m. **Anat.** Túnica endotelial de las cavidades del sistema nervioso central, como los ventrículos cerebrales y el canal central de la medula espinal.

epéntesis. (Del lat. *epenthĕsis*, y éste del gr. *epénthesis*, de *epentíthemi*, intercalar.) f. **Gram.** Figura de dicción que consiste en añadir algún sonido dentro de un vocablo, como en *corónica* por *crónica* y en *tendré* por *tenré*.

epentético, ca. adj. **Gram.** Que se añade por epéntesis.

eperlano. (Del fr. *éperlan*, y éste del a. *spierling*.) m. **Zool.** Pez teleóstomo del orden de los clupeiformes, familia de los salmónidos, de unos 15 cm. de largo, propio de las desembocaduras de los grandes ríos de Europa, muy parecido a la trucha, de la que se diferencia en tener las aletas ventrales más adelante que la primera dorsal y el color plateado con viso verdoso de las escamas (*osmerus eperlanus*).

epi-, ep-, ef-; -epi-. (Del gr. *epi, eph-*.) pref. o infijo que sign. sobre, después.

-epia o **-epía.** suf. V. **epo-.**

epiauriñaciense. (De *epi-* y *auriñaciense*.) adj. Prehist. epigravetiense.

epiblasto. (De *epi-* y *-blasto*.) m. **Anat.** ectodermo.

épica. f. Poét. Poesía épica.

épicamente. adj. m. De manera épica; con las calidades propias de la epopeya o de la poesía heroica.

epicanto. (De *epi-* y el gr. *kanthós*, ángulo.) m. **Pat.** Defecto congénito que se observa en la raza mongola y en el mongolismo, consistente en que el ángulo interno de los ojos está cubierto por un pliegue de la piel.

epicardio. (De *epi-* y *-cardio*.) m. **Anat.** Parte visceral del pericardio que cubre el corazón.

epicarpio. (De *epi-* y *-carpio*.) m. **Bot.** En el fruto, parte más externa del pericarpio, que rodea y protege la semilla. En el melocotón, el epicarpio es la piel.

epicedio. (Del lat. *epicedīon*, y éste del gr. *epikédeion*; de *epi*, en, y *kedos*, exequias.) m. **Poét.** Composición poética que en lo antiguo se recitaba delante del cadáver de una persona. || Cualquiera composición poética en que se llora y alaba a una persona muerta.

epiceno. (Del lat. *epicoenus*, y éste del gr. *epikoinos*; de *epi*, en, y *koinós*, común.) adj. **Gram.** V. **nombre epiceno.**

epicentro. (De *epi-* y *centro*.) m. **Geol.** Punto de la superficie terrestre más próximo al hipocentro de un sismo; el primero de dicha superficie al que llegan las ondas sísmicas longitudinales y transversales, y donde se originan las superficiales.

epiceyo. m. Poét. epicedio.

epicíclico, ca. adj. Astron. Perteneciente al epiciclo.

epiciclo. (Del lat. *epicyclus*, y éste del gr. *epikyklos*; de *epí*, sobre, y *kýklos*, círculo.) m. **Astron.** En el sistema de Tolomeo, círculo que se suponía descrito por un planeta alrededor de un centro que se movía en el deferente, o sea en una circunferencia alrededor de la Tierra.

epicicloide. (De *epi-* y *cicloide*.) f. Geom. Línea curva que describe un punto de una circunferencia que rueda continuamente en el mismo plano de un círculo por la parte externa de éste. || **esférica.** Las descrita cuando los planos de las dos circunferencias forman un ángulo constante. || **plana. epicicloide.**

epiclorhidrina. f. **Quím.** Derivado halogenado del óxido de propileno, de fórmula C_3H_5OCL, que tiene un grupo epoxi. Tiene importancia para la fabricación de derivados de la glicerina y sobre todo para la obtención de las resinas epoxi.

épico, ca. fr. *épique*; it., *epico*; i., *epic*; a., *episch*. (Del lat. *epĭcus*, y éste del gr. *epikós*; de *epos*, palabra, y en pl. *ta epe*, la épica.) adj. Perteneciente o relativo a la epopeya o a la poesía heroica. || Dícese del poeta cultivador de este género de poesía. Ú. t. c. s. || Propio y característico de la poesía épica; apto o conveniente para ella.

epicóndilo. (De *epi-* y *cóndilo*.) m. **Anat.** Terminación de hueso, de forma redonda, que entra en articulación con otro, p. e., con un acetábulo.

epicono. (De *epi-* y *cono*.) m. **Anat.** Parte de la medula espinal que se encuentra inmediatamente sobre la terminación o cono terminal.

epicrisis. (De *epi-* y *-crisis*.) f. **Med.** Juicio clínico que se emite por comparación de una historia clínica con dos resultados de una autopsia. || Fenómenos que suceden después de la crisis de una enfermedad.

Epicteto. Biog. Filósofo estoico griego, n. en Hierápolis, Frigia, y m. en Nicópolis (h. 50-h. 140). Llevado a Roma como esclavo de Epafrodito, éste le dio la libertad. Su doctrina es puramente moral y esencialmente religiosa. Su filosofía es una aceptación sincera de la necesidad. Epicteto no escribió nada. Su discípulo Arriano publicó un resumen de su doctrina en dos obras tituladas: *Discursos* o *Conversaciones de Epicteto* y *Manual* o *Enquiridión*.

epicureísmo. (De *epicúreo* e *-ismo*.) m. Sistema filosófico enseñado por Epicuro de Atenas, y seguido después por otros filósofos. || fig. Tendencia que busca el placer exento de todo dolor, según la doctrina de Epicuro. || En el lenguaje moderno supone una entrega absoluta a los goces sensuales y más particularmente a los de la mesa.

epicúreo, a. fr., *épicurien;* it., *epicureo;* i., *epicurean;* a., *epikurisch.* (Del lat. *epicurĕus.*) adj. Que sigue la doctrina de Epicuro. Ú. t. c. s. || Perteneciente a este filósofo. || fig. Sensual, voluptuoso, entregado a los placeres.

Epicuro. Biog. Filósofo griego, n. en Samos, según la tradición, y m. en Atenas (341-271). Fundó en el año 306 a. C., en Atenas, una escuela filosófica propia, llamada *el jardín de Epicuro.* Escribió más de 300 volúmenes. La filosofía hedonista de Epicuro es un arte de la vida encaminada a evitar el dolor y a buscar el placer. La virtud, *el justo arte de calcular,* nos enseña a renunciar a los placeres inferiores que puedan ser causa de dolor, y preferir los goces de todo tipo que dan tranquilidad al espíritu. Para alcanzar esto, Epicuro trató sobre todo de suprimir el temor a los dioses y a la muerte. De sus numerosos escritos, destacan las *Doctrinas y máximas* y el tratado *De la naturaleza.*

Epídamnos. Geog. hist. Durrës.

Epidauro. Geog. hist. Antigua pobl. de Grecia, nomo de Argólida, en la costa del golfo de Egina. Fue ciudad célebre por el templo de Esculapio, que contenía la estatua

Epidauro. Teatro

del dios en oro y marfil. Subsisten interesantes ruinas, entre ellas el mejor conservado de los teatros griegos.

epidemia. fr., *épidémie;* it., *epidemia;* i., *epidemy;* a., *Epidemie, Seuche.* (Del gr. *epidemía,* de *epídemos,* epidémico; de *epí,* sobre, y *demos,* pueblo.) f. **Pat.** Enfermedad que por alguna temporada aflige a un pueblo o comarca, acometiendo simultáneamente a gran número de personas, con tendencia a difundirse más o menos, según las condiciones higiénicas y climatológicas. Las epidemias se propagan por medio de varios agentes, como el agua potable contaminada, los alimentos infectados, las picaduras de algunos insectos, el contacto con personas o animales infectados, etc.

epidemiado, da. adj. *Amér.* Atacado de epidemia, apestado, infestado.

epidemial. (De *epidemia.*) adj. **epidémico.**

epidemicidad. f. Calidad de epidémico.

epidémico, ca. adj. Perteneciente a la epidemia.

epidemiología. (Del gr. *epidemia,* epidemia, y *-logía.*) f. **Med.** Tratado de las epidemias.

epidemiológico, ca. adj. **Med.** Perteneciente o relativo a la epidemiología.

epidemiólogo, ga. m. y f. Persona versada en epidemiología.

epidérmico, ca. adj. Perteneciente o relativo a la epidermis.

epidermis. fr., *épiderme;* it., *epidermide;* i., *epidermis;* a., *Epidermis, Oberhaut.* (Del lat. *epidermis,* y éste del gr. *epidermís;* de *epi,* sobre, y *dérma,* piel.) f. **Anat.** y **Zool.** Capa celular externa más superficial del cuerpo de los animales metazoarios. En los artrópodos suele denominarse *hipodermis* por quedar bajo una capa de quitina. En el cuerpo humano está formada por cinco capas: *basilar,* inmediatamente encima de la dermis, que consta de una sola capa de células prismáticas; *cuerpo mucoso de Malpighi, rete* o *strátum mucósum,* compuesto de células redondas o poligonales pigmentadas; *capa granular de Langerhans,* o *strátum granulósum* de Unna, formada de células aplanadas, cuyo protoplasma contiene granulaciones de eleidina; *capa transparente* o *strátum lúcidum* de Oehl, compuesta de varios estratos de células transparentes, con núcleo atrofiado, y *capa córnea* o *strátum córneum,* formado de células aplanadas, duras. || **Bot.** Capa celular externa que recubre todo el cuerpo de las plantas, y las protege de los agentes externos; está constituida por una sola capa de células de forma muy irregular, pero perfectamente trabadas.

epidermofitosis. (De *epidermis, -fit-* y *-osis.*) f. **Pat.** Infección cutánea, producida por hongos.

epidermólisis. (De *epidermis* y *-lisis,* disolución). f. **Pat.** Desprendimiento de la epidermis por la acción de los cáusticos o de ciertos agentes físicos.

epidiascopio. (De *episcopio* y *diascopio.*) m. **Fís.** Aparato de proyección, muy utilizado en la enseñanza.

epidiáscopo. m. **Fís. epidiascopio.**

epidídimo. (De *epi-* y el gr. *dídymos,* testículos.) m. **Anat.** Pequeño cuerpo vermiforme del aparato genital masculino de los vertebrados, situado a lo largo del borde posterior y superior del testículo, que conduce el semen desde aquél al vaso deferente.

epidota. (Del fr. *épidote,* y éste del gr. *epidídomi,* dar también; de *epí,* sobre, y *dídomi,* dar.) f. **Miner.** Silicato de la subclase de los sorosilicatos, que cristaliza en el sistema monoclínico y se presenta en cristales alargados según el eje de simetría, o en masas cristalino-fibrosas.

epidotita. f. **Geol.** Roca metamórfica de color verde-amarillento, de estructura granuda, acicular u hojosa, compuesta esencialmente de epidota con clorita, cuarzo y feldespato.

epidural. (De *epi-* y el lat. *dura,* duramadre.) adj. **Med.** Dícese del espacio entre la duramadre y los huesos.

epifanía. (Del lat. *epiphanía,* y éste del gr. *epipháneia,* manifestación, de *epiphaíno,* aparecer.) f. Manifestación, aparición. || **Rel.** Festividad que celebra la Iglesia anualmente el día 6 de enero, y que también se llama de la Adoración de los Reyes.

epifenómeno. (De *epi-* y *fenómeno.*) m. **Filos.** Se llama así en la filosofía antivitalista a los fenómenos propiamente anímicos o psicológicos, en especial todo conocimiento.

epifilo, la. (De *epi-* y *-filo,* hoja.) adj. **Bot.** Dícese del alga, hongo, liquen o musgo, que vive o se desarrolla sobre las hojas de otros vegetales.

epífisis. (Del lat. *epiphȳsis,* y éste del gr. *epiphysis,* excrecencia.) f. **Anat.** Pequeño órgano nervioso y glandular, llamado también glándula pineal, y situado en el encéfalo, entre los hemisferios cerebrales y el cerebelo. || Parte terminal de los huesos largos, separada del cuerpo de éstos durante los años del crecimiento por un cartílago, merced al cual crece el hueso en longitud.

epifito, ta. (De *epi-* y *-fito.*) adj. **Bot.** Dícese del vegetal que germina y vive sobre otra planta, pero sin alimentarse a expensas de ésta, como los musgos y líquenes.

epifonema. (Del lat. *epiphonēma,* y éste del gr. *epiphónema;* de *epí,* sobre, y *phonéo,* gritar.) f. **Ret.** Exclamación o reflexión deducida de lo que anteriormente se ha dicho, y con la cual se cierra o concluye el concepto o pensamiento general a que pertenece.

epifora. (Del gr. *epiphorá,* aflujo.) f. **Pat.** Lagrimeo copioso y persistente que aparece en algunas enfermedades de los ojos.

epigástrico, ca. adj. **Anat.** Perteneciente o relativo al epigastrio.

epigastrio. fr., *épigastre;* it., *epigastrio;* i., *epigastrium;* a., *Epigastrium.* (Del gr. *epigástrion;* de *epí,* sobre, y *gastér,* vientre.) m. **Anat.** Región del abdomen o vientre, que se extiende desde la punta del esternón hasta cerca del ombligo, y queda limitada en ambos lados por las costillas falsas.

epigénesis. (De *epi-* y *-génesis*.) f. **Biol.** Teoría embriológica que, en oposición a la de la preformación, admite que el desarrollo de cada organismo representa una sucesión de nuevas formaciones mediante segmentación, constitución del ectodermo, endodermo y mesodermo. || **Geog., Mineral.** y **Petr.** Conjunto de fenómenos que se producen en los sedimentos por el aumento de la temperatura y de la presión y que modifican las rocas o los minerales.

Mineral formado por epigénesis

epigeo, a. (Del gr. *epigeios*, lo que está sobre la tierra; de *epi*, sobre, y *ge*, tierra.) adj. **Bot.** Se dice del embrión que se desarrolla sobre el suelo.

epiglosis. (Del lat. *epiglosis*, y éste del gr. *epiglossís*; de *epi*, sobre, y *glossa*, lengua.) f. **Anat.** Parte de la boca de los insectos himenópteros. || ant. **epiglotis.**

epiglotis. (Del lat. *epiglottis*, y éste del gr. *epiglottís*; de *epi*, sobre, y *glottís*, glotis.) f. **Anat.** Válvula en forma de lengüeta, que en los mamíferos cierra la entrada de la laringe al tiempo de la deglución para impedir la penetración de cuerpos extraños en el conducto respiratorio.

epígono. (Del gr. *epígonos*, nacido después; de *epi*, sobre, y *gónos*, generación.) m. El que sigue las huellas de otro; especialmente se dice del que, carente de fuerza creadora, sigue una escuela o un estilo de una generación anterior.

epígrafe. fr., *épigraphe*; it., *epigrafe*; i., *epigraph*; a., *Inschrift*. (Del gr. *epigraphé*, de *epigrápho*, inscribir.) m. Resumen que suele preceder a cada uno de los capítulos u otras divisiones de una obra científica o literaria, o a un discurso o escrito que no tenga tales divisiones. || Cita o sentencia que suele ponerse a la cabeza de una obra científica o literaria, o de cada uno de sus capítulos o divisiones de otra clase. || **inscripción** en piedra, metal, etc. || Título, rótulo, cabeza.

epigrafía. (De *epígrafe*.) f. **Arqueol.** Ciencia cuyo objeto es conocer e interpretar las inscripciones antiguas que suministran datos útiles a la Historia o completan, por medio del lenguaje escrito, una obra de arte.

epigráfico, ca. adj. Perteneciente o relativo a la epigrafía.

epigrafista. com. Persona versada en epigrafía.

epigrama. fr., *épigramme*; it., *epigramma*; i., *epigram*; a., *Epigramm*. (Del lat. *epigramma*, y éste del gr. *epígramma*, de *epigrápho*, inscribir.) m. Inscripción en piedra, metal, etc. || Composición poética breve en que con precisión y agudeza se expresa un solo pensamiento principal, por lo común festivo o satírico. Usáb. t. c. f. || fig. Pensamiento de cualquier género, expresado con brevedad y agudeza, ya sea en verso, ya en prosa, ya en escritos, ya en la conversación, y especialmente si encierra burla o sátira ingeniosa.

epigramatario, ria. (Del lat. *epigrammatarius*.) adj. **epigramático.** || m. El que hace o compone epigramas. || Colección de epigramas.

epigramáticamente. adv. m. De manera epigramática.

epigramático, ca. (Del lat. *epigrammaticus*.) adj. Dícese de lo que pertenece al epigrama o lo contiene o participa de su índole o propiedades, y también del poeta que los compone o de la persona que los emplea. || m. **epigramatario**, que compone epigramas.

epigramatista. (Del lat. *epigrammatista*.) m. El que hace o compone epigramas.

epigramista. m. El que hace o compone epigramas.

epigravetiense. (De *epi-* y *gravetiense*.) adj. **Prehist.** Dícese del período situado inmediatamente después del gravetiense. También es conocido con el nombre de *epiauriñaciense*.

El río Jalón, a su paso por las proximidades de Épila

Épila. Geog. Mun. de España, prov. y p. j. de Zaragoza; 3.893 h. || Villa cap. del mismo; 3.786 h. (*epilenses*).

epilencia. (De *epilepsia*, con la term. de *dolencia*.) f. ant. **epilepsia.**

epilense. adj. Natural de Épila, o perteneciente a esta villa. Ú. t. c. s.

epiléntico, ca. (De *epilencia*.) adj. ant. **epiléptico.** Ú. t. c. s.

epilepsia. fr., *épilepsia*; it., *epilessia*; i., *epilepsy*; a., *Fallsucht*, *Epilepsie*. (Del lat. *epilepsia*, y éste del gr. *epilepsía*, interceptación.) f. **Pat.** Enfermedad general, caracterizada principalmente por accesos repentinos, con pérdida brusca del conocimiento y convulsiones.

epiléptico, ca. (Del lat. *epilepticus*, y éste del gr. *epileptikós*.) adj. **Pat.** Que padece de epilepsia. Ú. t. c. s. || Perteneciente a esta enfermedad.

epileptiforme. (Del gr. *epileptos*, epiléptico, y *-forme*.) adj. **Pat.** Semejante a la epilepsia o a sus manifestaciones.

epileptógeno, na. (Del gr. *epileptos*, epiléptico, y *-geno*.) adj. **Med.** Dícese de toda substancia o agente capaz de producir epilepsia.

epilogación. (De *epilogar*.) f. **epílogo.**

epilogal. (De *epílogo*.) adj. Resumido, compendiado.

epilogar. (De *epílogo*.) tr. Resumir, compendiar una obra o escrito.

epilogismo. (Del gr. *epilogismós*, cálculo, razonamiento.) m. **Astron.** Cálculo o cómputo.

epílogo. fr., *épilogue*; it., *epilogue*; i., *epilogue*; a., *Epilog*, *Nachwort*. (Del lat. *epilŏgus*, y éste del gr. *epílogos*; de *epi*, después, y *légo*, decir.) m. Recapitulación, compendio o resumen de todo lo dicho en un discurso u otra composición literaria. || fig. Conjunto o compendio. || **Lit.** Última parte de algunas obras dramáticas y novelas, desligada en cierto modo de las anteriores, y en la cual se representa una acción o se refieren sucesos que son consecuencia de la acción principal o están relacionados con ella, dando así al poema nuevo y definitivo remate. || **Ret.** peroración. Algunos retóricos aplican especialmente este nombre a la sola enumeración.

epímero, ra. (De *epi-* y *-mero*.) adj. **Quím.** Dícese de los hidratos de carbono isómeros, que se diferencian en la configuración del segundo átomo de carbono, contiguo al grupo carbonilo. Para explicar este fenómeno de transposición, tan particular de los azúcares, se supone que estos hidratos de carbono se enolizan en medio alcalino. Ú. t. c. s. || m. **Anat.** Cada uno de los segmentos de una extremidad, p. e.: brazo, antebrazo, carpo, metacarpo y dedos. En los insectos, la posterior de las dos piezas exoesqueléticas laterales de cada segmento torácico. También en los trilobites se llama así a las piezas laterales del tronco.

epímone. (Del lat. *epimŏne*, y éste del gr. *epimoné*, de *epiméno*, insistir.) f. **Ret.** Figura que consiste en repetir a intervalo una misma palabra para dar énfasis a lo que se dice, o en intercalar varias veces en una composición poética un mismo verso o una misma expresión.

Épinal. Geog. C. de Francia, cap. del depart. de Vosgos, a orillas del Mosela; 36.856 h. Estampería.

Épinay (madame d', o de La Live d'). Biog. Tardieu d'Esclavelles, dame de la Live d'Épinay (Louise).

epinicio. (Del lat. *epinicion*, y éste del gr. *epinikion*; de *epi*, sobre, y *nike*, victoria.) m. **Poét.** Canto de victoria, himno triunfal.

epiornitiforme. (De *epiornis* y *-forme*.) adj. **Zool.** Dícese de las aves corredoras o rátidas, que vivieron en Madagascar hasta hace unos pocos siglos, y de las que son géneros el *aepyornis* y el *mullerornis*. || f. pl. Orden de estas corredoras.

epiparásito. adj. **Biol.** ectoparásito.

epiplón. (Del gr. *epíploon*.) m. **Anat.** Extenso repliegue del peritoneo, que cubre por delante los intestinos; se adhiere a éstos, al estómago y a otras vísceras, y queda suelto inferiormente.

epiquerema. (Del lat. *epicherēma*, y éste del gr. *epicheírema*; de *epi*, sobre, y *cheir*, *cheirós*, mano.) m. **Lóg.** Silogismo en que una o varias premisas van acompañadas de una prueba.

epiqueya. (Del gr. *epieíkeia*, equidad.) f. **Der.** Interpretación moderada y prudente de la ley, según las circunstancias de tiempo, lugar y persona.

Epiro. Geog. Región de Grecia, junto al mar Jónico; 9.203 km.^{2} y 309.558 h.

epiroforesis. (Del gr. *épeiros*, continente, y *-foresis*.) f. **Geol.** Traslación o desplazamiento que sufren, o han sufrido, los continentes.

epirogénico, ca. (Del gr. *épeiros*, continente, y *-génico*.) adj. **Geol.** Se dice de los movimientos de levantamiento o hundimiento de los continentes o de extensas zonas de los mismos. La lentitud con que se verifican es tan grande, que son precisos siglos para que se pongan en evidencia.

epirota. (Del lat. *epirōta*.) adj. Natural de Epiro, o perteneciente a esta región. Ú. t. c. s.

epirótico, ca. (Del lat. *epiroticus*.) adj. Perteneciente a Epiro.

Epirus Melena. Geog. Cefalonia.

episcopado. fr., *épiscopat*; it., *vescovado*; i., *episcopate*; a., *Episkopat*, *Bistum*. (Del lat. *episcopātus*.) m. Tercero y último de los grados del sacramento del orden. || Dignidad de obispo. ||

episcopal. (Del lat. *episcopālis*.) adj. Perteneciente o relativo al obispo. || m. Libro en que se contienen las ceremonias y oficios propios de los obispos.

Época y duración del gobierno de un obispo determinado. || Conjunto de obispos del orbe católico o de una nación.

episcopaliano, na. adj. Partidario del episcopalismo. || **Rel.** Perteneciente a la iglesia episcopaliana. (v. **anglicanismo**).

episcopalismo. m. Sistema o doctrina de los canonistas favorables a la potestad episcopal y adversarios de la supremacía pontificia.

episcopio. (De *epi-* y *-scopio*.) m. **Fís.** Aparato de proyección, muy utilizado en la enseñanza, que permite proyectar sobre una pantalla la imagen de objetos materiales, grabados, fotografías, impresos, mapas, etc., recogida por un juego de lentes y reflejada mediante un espejo plano.

episcopo. (Del gr. *epískopos*, obispo.) m. **episcopologio.** || Palacio episcopal.

episcopologio. (Del gr. *epískopos*, obispo, y *-logio*, tratado.) m. Catálogo y serie de los obispos de una iglesia.

episépalo. (De *epi-* y *sépalo*.) adj. **Bot.** Dícese del estambre, carpelo, etc., situado frente a un sépalo.

episiotomía. f. **Cir.** episotomía.

episódicamente. adv. m. A manera de episodio, incidentalmente.

episódico, ca. adj. Perteneciente al episodio.

episodio. fr., *épisode*; it., *episodio*; i., *episode*; a., *Episode, Nebenhandlung*. (Del gr. *epeisódion*, de *epeísodos*, entrada, intervención.) m. Parte no integrante o acción secundaria de la principal de un poema épico o dramático, de la novela o de cualquiera otra obra semejante, pero de algún modo enlazada con esta misma acción principal, y conveniente para hacerla más varia y deleitable. || Cada una de las ac-

Episodio de la primera guerra mundial (1918). Museo del Ejército. París

ciones parciales o partes integrantes de la acción principal. || Digresión en obras de otro género o en el discurso. || Incidente, suceso enlazado con otros que forman un todo o conjunto.

episotomía. (Del gr. *epísion*, vulva, y *tomía*.) f. **Cir.** Sección en la vagina que se practica en ciertos partos para facilitar la salida del feto y evitar una fuerte laceración del perineo que podría llegar hasta el recto.

epispadias. (De *epi-* y el gr. *spadonízo*, hender.) m. **Pat.** Anomalía del canal uretral en el varón, que no desemboca en su sitio normal.

epispástico, ca. (Del gr. *epispastikós*, de *epispáo*, atraer.) adj. **Pat. vesicante.** Ú. t. c. s. m.

episperma. (De *epi-* y *-sperma*.) m. **Bot. epispermo.**

epispermo. (De *epi-* y *-spermo*.) m. **Bot.** Conjunto de las envolturas de la semilla, compuesto generalmente por dos capas: testa y endopleura.

epistasia. (De *epi-* y *-stasia*.) f. **Biol.** Enmascaramiento del carácter representado por un gen, debido a la acción de otro gen que no es su antagónico, esto es, que no forma con él un par de alelomorfos.

epistaxis. (Del gr. *epístaxis*; de *epí*, sobre, y *stázo*, fluir, correr gota a gota.) f. **Pat.** Flujo de sangre por las narices.

epistemología. (Del gr. *epistéme*, conocimiento, y *logía*.) f. **Filos.** teoría del conocimiento.

epistemológico, ca. (Del gr. *epístemos*, sabio, y *-lógico*.) adj. Perteneciente o relativo a la epistemología.

epístola. fr., *épître*; it., *epistola*; i., *epistle*; a., *Epistel, Brief*. (Del lat. *epistŏla*, y éste del gr. *epistolé*, de *epistéllo*, enviar.) f. Carta misiva que se escribe a los ausentes. || **Litur.** Parte de la misa, que se lee por el sacerdote o se canta por el subdiácono después de las primeras oraciones y antes del gradual. Se llamó así porque comúnmente se suele tomar de algunas de las epístolas canónicas. || Antiguo orden (v.) sacro del subdiácono. Se llamaba así porque el principal ministerio del subdiácono era cantar la epístola en la misa. || **Poét.** Composición poética de alguna extensión, en que el autor se dirige o finge dirigirse a una persona real o imaginaria, y cuyo fin más ordinario es moralizar, instruir o satirizar. En castellano se escribe generalmente en tercetos o en verso libre. || **católica.** *Litur.* Cualquiera de las escritas por los apóstoles Santiago y San Judas, y aun por San Pedro y San Juan. || **de San Pablo.** Recibe este nombre en España una exhortación que en las bodas dirige el sacerdote a los contrayentes después de la ceremonia y que glosa la doctrina de la epístola de San Pablo a los efesios sobre el matrimonio.

epistolar. (Del lat. *epistolāris*.) adj. Perteneciente a la epístola o carta.

epistolario. (Del lat. *epistolarĭus*.) m. Libro o cuaderno en que se hallan recogidas varias cartas o epístolas de un autor, escritas a diferentes personas sobre diversas materias. || **Litur.** Libro en que se contienen las epístolas que se cantan en las misas.

epistolero. m. Clérigo o sacerdote que tiene en algunas iglesias la obligación de cantar la epístola en las misas solemnes. || ant. **subdiácono.**

epistólico, ca. (Del lat. *epistolĭcus*.) adj. ant. **epistolar.**

epistolio. (Del lat. *epistolĭum*, y éste del gr. *epistólion*.) m. **epistolario.**

epistológrafo, fa. m. y f. Persona que se ha distinguido en escribir epístolas.

epístrofe. (Del lat. *epistrŏphe*, y éste del gr. *epistrophé*, de *epistrépho*, volver.) f. **Ret. conversión,** figura de dicción.

Epitacio Huerta. Geog. Mun. de Méjico, est. de Michoacán de Ocampo; 13.389 h. || Pueblo cap. del mismo; 343 h.

epitáfico, ca. adj. Perteneciente o relativo al epitafio.

epitafio. fr., *épitaphe*; it., *epitafio*; i., *epitaph*; a., *Grabschrift*. (Del lat. *epitaphĭus*, y éste del gr. *epitáphios*; de *epí*, sobre, y *táphos*, sepultura.) m. Inscripción que se pone, o se supone puesta, sobre un sepulcro o en la lápida o lámina colocada junto al enterramiento y dedicada al difunto.

epitalámico, ca. adj. Perteneciente o relativo al epitalamio.

epitalamio. (Del lat. *epithalamĭum*, y éste del gr. *epithalámios*; de *epí*, sobre, y *thálamos*, tálamo.) m. **Poét.** Composición poética del género lírico, en celebración de una boda.

epitálamo. (De *epi-* y *tálamo*.) m. **Anat.** Parte del encéfalo comprendida entre la comisura posterior y la epífisis o glándula pineal.

epítasis. (Del gr. *epítasis*, y éste del gr. *tasis*, de *epiteíno*, dar intensidad o fuerza.) f. **Lit.** Parte del poema dramático que sigue a la prótasis y precede a la catástrofe; enredo, nudo en el poema de este género.

epitelial. adj. Referente al epitelio.

epitelio. fr., *epithélium*; it., *epitelio*; i., *epithelium*; a., *Epithel*. (De *epi-* y *-telio*.) m. **Anat.** Tejido de revestimiento, protección o secreción. Hay epitelios de varias clases, pero siempre sus células están directamente unidas o con escasísima substancia intersticial. || **glandular.** Forma las glándulas y sus células son, en general, cúbicas. || **intestinal.** Reviste la pared interna del intestino; sus células son prismáticas, con chapa, alternando con otras células caliciformes secretoras. || **pavimentoso.** De células planas. El uniestratificado (*endotelio*) tapiza el interior del corazón y de los vasos; el que recubre la boca y las fosas nasales consta de escasas capas (*mucosa*), mientras que el que forma la epidermis es pluriestratificado. || **vibrátil.** El constituido por células prismáticas provistas de pestañas vibrátiles; tapiza las vías respiratorias principales.

epitelioma. (De *epitelio* y *-oma*.) m. **Pat.** Cáncer formado por células epiteliales, derivadas de la piel y del revestimiento mucoso.

epítema. (Del lat. *epithēma*, y éste del gr. *epithema*, de *epitithemi*, poner sobre.) f. **Cir.** Medicamento tópico que se aplica en forma de fomento, de cataplasma o de polvo.

epíteto. (Del lat. *epithĕton*, y éste del gr. *epítheton*, agregado; de *epí*, sobre, y *títhemi*, poner.) m. Adjetivo o participio cuyo fin principal no es determinar o especificar el nombre, sino caracterizarlo.

epítima. f. **epítema.** || fig. Consuelo, alivio.

epitimar. tr. **Terap.** Poner epítima o confortante en alguna parte del cuerpo.

epítimo. (Del lat. *epithўmon*, y éste del gr. *epíthymon*; de *epí*, sobre, y *tymós*, tomillo.) m. **Bot.** Nombre vulgar de la *cuscuta epithymun*, planta de la familia de las cuscutáceas, del orden de las tubifloras, con tallos filiformes ramosos, encarnados y sin hojas, y flores rojizas. Vive comúnmente parásita sobre el tomillo y otras plantas.

epitomadamente. adv. m. Con la precisión y brevedad propias del epítome.

epitomador, ra. adj. Que hace o compone epítomes. Ú. t. c. s.

epitomar. (Del lat. *epitomāre*.) tr. Reducir a epítome una obra extensa.

epítome. fr., *épitomé*; it. e i., *epitome*; a., *Abriss, Auszug*. (Del lat. *epitŏme*, y éste del gr. *epitomé*, de *epitémno*, cortar, abreviar.) m. Resumen o compendio de una obra más extensa, abreviando lo necesario cuanto es posible la materia tratada en ella, y exponiendo únicamente lo más fundamental o preciso. || **Ret.** Figura que consiste, después de dichas muchas palabras, en repetir las primeras para mayor claridad.

epítrito. (Del lat. *epitrĭtus*, y éste del gr. *epítritos*; de *epí*, sobre, y *tritos*, tercero.) m. **Poét.** Pie de la poesía griega y latina, que se compone de cuatro sílabas, cualquiera de ellas breve y las demás largas. Por los varios lugares que en él puede ocupar la sílaba breve, se le considera dividido en cuatro clases diferentes.

epítrope. (Del lat. *epitrŏpe*, y éste del gr. *epitropé*, concesión.) f. **Ret. concesión,** figura de dicción. || **permisión,** figura de dicción.

epizoario. (De *epi-* y *-zoario.*) adj. **Zool.** ectoparásito.

epizootia. (De *epi-* y *-zootia.*) f. **Pat.** Enfermedad que acomete a una o varias especies de animales por contagio, parásitos, influencias atmosféricas, o por huéspedes intermedios. Equivale a *epidemia* en el ser humano. || *Chile.* Glosopeda o fiebre aftosa.

epizoótico, ca. adj. Perteneciente o relativo a la epizootia.

epizootiología. (De *epizootia* y *-logía.*) f. Estudio científico de las epizootias.

epo-; -epia, -epía, -ope. (Del m. or. que *épico.*) pref. o suf. que sign. palabra, verso.

época. fr., *époque;* it., *epoca;* i., *epoch;* a., *Epoche.* (Del lat. *epŏcha,* y éste del gr. *epochḗ,* de *epécho,* continuar, persistir.) f. Fecha de un suceso desde el cual se empiezan a contar los años. || Período de tiempo que se señala por los hechos históricos durante él acaecidos. || Por ext., cualquier espacio de tiempo. || Punto fijo y determinado de tiempo, desde el cual se empiezan a numerar los años. || Temporada de considerable duración. || **Astron.** Fecha fijada arbitrariamente y necesaria para calcular la posición de un cuerpo celeste. || **Geol.** División geocronológica inmediatamente subordinada al período, y que, a su vez, abarca varias edades.

epoda. (Del gr. *epodé.*) f. **Poét.** epodo.

epodo. (Del lat. *epōdos,* y éste del gr. *epodé;* de *epi,* sobre, y *odé,* canto.) m. **Poét.** Último verso de la estancia, repetido muchas veces. || En la poesía griega, tercera parte del canto lírico compuesto de estrofa, antistrofa y epodo; división que alguna vez se ha usado también en la poesía castellana. || En la poesía griega y latina, combinación métrica compuesta de un verso largo y otro corto.

epojé o **epoché.** (Del m. or. que *época.*) f. **Filos.** En la Academia nueva y en la escuela escéptica, la suspensión del juicio tanto de carácter teórico como práctico, que era la base de todas sus conclusiones.

epónimo, ma. (Del gr. *epónymos;* de *epí,* sobre, y *ónoma,* nombre.) adj. Aplícase al héroe o a la persona que da nombre a una familia, un pueblo, una tribu, una ciudad o al período o época en que rigió o trabajó.

epopeya. fr., *épopée;* it., *epopea;* i., *epopee;* a., *Epopöe, Heldengedicht.* (Del gr. *epopoiía,* de *epopoiós,* poeta épico; de *épos,* palabra, discurso, verso, y *poiéo,* hacer.) f. **Poét.** Poema objetivo o narrativo extenso, de elevado estilo, acción grande y pública, personajes heroicos o de suma importancia, y en el cual interviene lo sobrenatural o maravilloso o sus hechos rebasan la medida ordinaria de las virtudes humanas. || Conjunto de hechos gloriosos dignos de ser cantados épicamente.

époque (la belle). **Hist.** Expresión francesa que significa *la buena época* y se refiere concretamente a los años iniciales del s. XX, hasta la P. G. M. (1914), los cuales pueden ser calificados de tranquilos y eufóricos, por la inexistencia de graves problemas internacionales.

epoto, ta. (Del lat. *epōtus.*) adj. ant. Bebido, casi ebrio.

epoxi. (De *ep-* y *-oxi.*) **Quím.** Término utilizado para distinguir una cadena compuesta por dos átomos de carbono, los cuales están, además, unidos por un puente de oxígeno

$$\overset{(C-C)}{\underset{O}{\vee}}$$

p. e.: las *resinas epoxi,* el *epoxietano,* etc.

epóxido. (De *ep-* y *óxido.*) m. **Quím.** Denominación genérica de los cuerpos resultantes de la oxidación de otros de función etilénica, mediante perácidos. Están constituidos por un anillo cíclico triangular (CH$_2$ − CH$_2$), que tiene por fórmula −C$_2$H$_4$O. Este grupo ha dado origen a una serie de derivados denominados *resinas epoxi, epoxídicas,* o *etoxilínicas.*

épsilon. (Del gr. ě, e, y ψιλὸν, breve.) f. Nombre de la *e* breve del alfabeto griego.

Epsom. Geog. Pobl. del R. U., en Inglaterra, cond. de Surrey; 72.054 h. con la pobl. de Ewell. Famosa por las carreras de caballos.

epsomita. (De *Epsom,* c. del R. U., e *-ita.*) **Miner.** Sulfato magnésico hidratado, de fórmula MgSO$_4$ + 7H$_2$O. En farmacia se emplea como purgante.

Epstein (Jacob). Biog. Escultor inglés, de padres polaco-rusos, n. en Nueva York y m. en Londres (1880-1959). Vivió en Londres desde 1904 y es uno de los escultores más originales del siglo. Proyectó la *tumba de Oscar Wilde,* en el cementerio del Père-Lachaise, de París (1912), y esculpió las obras *Venus* (1917), *Cristo* (1920), *El día* y *La noche,* para el ferrocarril Metropolitano, de Londres (1928), etc. En el campo de la pintura, ilustró una edición de *Flores del mal,* de Baudelaire.

épulis. (De *epi-,* y el gr. *oulon,* encía.) f. **Pat.** Tumor maligno de carácter sarcomatoso, que se forma en un alvéolo dentario. Se debe extirpar radicalmente, sacrificando también el hueso sano para evitar las recidivas.

El rico Epulón y Lázaro, miniatura del *Códex áureus* (s. XII). Monasterio de El Escorial

epulón. (Del lat. *epŭlo, -ōnis.*) m. El que come y se regala mucho; p. ext. del rico avariento de la parábola del Evangelio.

Epuyén. Geog. Local. de Argentina, prov. de Chubut, depart. de Cushamen; 957 habitantes.

-equesis. suf. V. **eco-,** resonancia.

equi-. (Del lat. *aequus,* igual.) pref. que sign. igualdad.

equiángulo, la. (De *equi-* y *ángulo.*) adj. **Geom.** Aplícase a las figuras y sólidos cuyos ángulos son todos iguales entre sí.

equidad. fr., *équité;* it., *equità;* i., *equity;* a., *Rechtlichkeit.* (Del lat. *equĭtas, -ātis,* de *aequus,* igual.) f. Igualdad de ánimo. || Bondadosa templanza habitual; propensión a dejarse guiar, o fallar, por el sentimiento del deber o de la conciencia, más bien que por las prescripciones rigurosas de la justicia o por texto terminante de la ley. || Justicia natural, por oposición a la letra de la ley positiva. || Moderación en el precio de las cosas que se compran o en las condiciones que se estipulan para el contrato.

equidiferencia. (De *equi-* y *diferencia.*) f. **Mat.** Igualdad de dos razones por diferencia.

equidistancia. (De *equi-* y *distancia.*) f. Igualdad de distancia entre varios puntos u objetos.

equidistante. (Del lat. *aequidistans, -antis.*) p. a. de **equidistar.** Que equidista.

equidistar. (De *equi-* y *distar.*) intr. **Geom.** Hallarse uno o más puntos, líneas, planos o sólidos a igual distancia de otro determinado, o entre sí.

equidna. Zool. Gén. tipo de mamíferos monotremas, de la familia de los equídnidos. Sólo se conoce la especie *echidna aculeata.*

Equidna. Mit. Monstruo mitad mujer y mitad serpiente, hijo de Tártaro y de la Tierra. Engendró a Cerbero de su unión con Tifón.

equidnasis. (Del gr. *échidna,* víbora.) f. **Quím.** Substancia activa en los venenos de las víboras.

equídnido, da. (De *equidna* e *-ido.*) adj. **Zool.** Dícese de los mamíferos monotremas, con púas como de erizo, garras cavadoras y lengua larga en el hocico prolongado, a propósito para cazar hormigas. Viven en Australia, Tasmania y Nueva Guinea. Sólo hay dos gén., el *equidna* y el *zagloso.* || m. pl. Familia de estos monotremas.

Manuscrito de la epopeya *Cantar de Mio Cid.* Biblioteca Nacional. Madrid

équido, da. (Del lat. cient. *equus*, gén. tipo de mamíferos, e *-ido;* aquél del lat. *equus,* caballo.) adj. **Zool.** Dícese de los mamíferos ungulados perisodáctilos, en los que hoy solamente está desarrollado el dedo medio de cada extremidad, mientras que los demás han quedado reducidos a los metacarpianos, o metatarsianos, y aparecen en el esqueleto como unos estiletes óseos situados detrás de la caña. En la marcha apoyan solamente el extremo de ese dedo, muy desarrollado y recubierto de un casco duro. Todos los équidos actuales pertenecen a un solo gén., el *equus,* en el que se reconocen tres grupos de especies que corresponden a los *caballos,* a los *asnos* y a las *cebras.* || m. pl. Familia de estos mamíferos ungulados.

equilátero, ra. (Del lat. *aequilatĕrus;* de *aequus,* igual, y *latus, -ĕris,* lado.) adj. **Geom.** Aplícase a las figuras cuyos lados son todos iguales entre sí.

equilibrado, da. p. p. de **equilibrar.** || adj. fig. Ecuánime, sensato, prudente.

equilibrante. p. a. de **equilibrar.** Que equilibra.

equilibrar. (Del lat. *aequilibrāre.*) tr. Hacer que una cosa se ponga o quede en equilibrio. Ú. t. c. prnl. || fig. Disponer y hacer que una cosa no exceda ni supere a otra, manteniéndolas proporcionalmente iguales.

equilibre. (Del lat. *aequilĭbris.*) adj. Dícese de lo que está equilibrado.

equilibrio. fr., *équilibre;* it., *equilibrio;* i., *equilibrium;* a., *Gleichgewicht.* (Del lat. *aequilibrĭum.*) m. Estado de un cuerpo cuando encontradas fuerzas que obran en él se compensan destruyéndose mutuamente. || Peso que es igual a otro peso y le contrarresta. || fig. Contrapeso, contrarresto, armonía entre cosas diversas. || fig. Ecuanimidad, mesura, sensatez en los actos y juicios. || **Anat.** y **Zool.** El sentido del equilibrio en el organismo humano se localiza en el cerebelo y en la base de los canales semicirculares del oído interno, y se perturba o se anula en ciertas alteraciones de éste. || **Fís.** En un sistema de fuerzas, existe estado de equilibrio cuando las fuerzas de que se trata están dispuestas de tal modo que se compensan y su resultante es nula. En el estudio del equilibrio de los cuerpos hay que distinguir dos casos: 1.º, que estén *apoyados* sobre una superficie; y 2.º, que estén *suspendidos* de un punto. En ambos casos, el equilibrio puede ser de tres clases: *estable, inestable* e *indiferente.* En el equilibrio estable, al separar el cuerpo de su posición, vuelve otra vez a dicha posición; en el inestable, al separar el cuerpo de su posición no vuelve a recuperarla, y en el indiferente todas las posiciones son de equilibrio. Para que los cuerpos apoyados estén en equilibrio, es necesario que la vertical que pasa por el centro de gravedad caiga dentro de la base de sustentación. El equilibrio es tanto más estable cuanto más bajo esté el centro de gravedad del cuerpo y más amplia sea la base sustentatoria. || pl. fig. **Léx.** Actos de contemporización, prudencia o astucia, encaminados a sostener una situación, actitud, opinión, etc., insegura o defectuosa. || **demográfico.** *Econ.* y *Sociol.* V. **equilibrio de la población.** || **de la población** o **demográfico.** El definido por Malthus como el mantenimiento de un nivel de vida mínimo o mínimo vital, sostenido gracias al juego de ciertos obstáculos, que se oponen al crecimiento de la población. || **térmico.** *Fís.* El que se establece entre dos o más cuerpos cuando tienen igual temperatura. En estas condiciones no hay paso de calor entre los mismos, aunque se pongan en contacto.

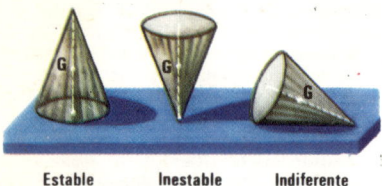

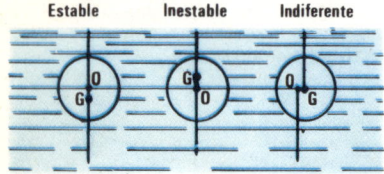

equilibrismo. m. Conjunto de ejercicios y juegos que practica el equilibrista.

equilibrista. adj. Diestro en hacer juegos o ejercicios de equilibrio. Ú. m. c. s.

Equilibrista, litografía

equimosis. (Del gr. *ekchýmosis,* de *ekchymóomai,* extravasarse la sangre.) f. **Pat.** Cardenal, mancha lívida, negruzca o amarillenta de la piel o de los órganos internos, que resulta de la sufusión de la sangre a consecuencia de un golpe, de una fuerte ligadura o de otras causas.

equino-, equin-; -equino. (Del gr. *echinos.*) pref. o suf. que sign. erizo.

equino. (Del lat. *echīnus,* y éste del gr. *echinos,* erizo.) Gén. de equinoideos regulares al que pertenecen los erizos de mar más conocidos *(echinus).* || m. **Arquit.** Moldura de superficie convexa, usada principalmente en el capitel dórico griego.

equino, na. (Del lat. *equīnus,* de *equus,* caballo.) adj. poét. Perteneciente o relativo al caballo. || m. Animal de la especie equina.

equinoccial. (Del lat. *aequinoctiālis;* de *aequus,* igual, y *nox,* noche.) adj. **Astron.** y **Geog.** Perteneciente al equinoccio. || f. **línea equinoccial.**

equinoccio. fr., *équinoxe;* it., *equinozio;* i., *equinox;* a., *Äquinoktium.* (Del lat. *aequinoctĭum;* de *aequus,* igual, y *nox,* noche.) m. **Astron.** y **Geog.** Momento en que el sol pasa por cada uno de los dos puntos de intersección de la eclíptica y el ecuador, y en los cuales los días son iguales a las noches en toda la Tierra; esto se verifica anualmente del 20 al 21 de marzo y del 22 al 23 de septiembre, y como esas fechas marcan el comienzo de la primavera y del otoño, se denominan respectivamente *equinoccio de primavera* y *equinoccio de otoño.*

equinococo. (De *equino-* y *-coco.*) m. **Zool.** Gusano platelminto, cestodo, del grupo de las tenias, con 3 a 4 anillos de 4 cm. de long., que vive cuando es adulto en el intestino del perro y raras veces en el de otros animales, al cual se fija por medio de ventosas y ganchos que posee en el primer anillo o cabeza. En estado de larva vive en el hígado del hombre y de los rumiantes, y a veces en los pulmones, en el cerebro, etc., donde forma el llamado *quiste hidatídico.*

equinococosis. (De *equinococo* y *-osis.*) f. **Pat.** Enfermedad producida por el cisticerco de la tenia equinococo.

equinodermo. (De *equino-* y *-dermo.*) adj. **Zool.** Dícese de los animales metazoos marinos, con simetría radiada, en general de cinco radios, caparazón calizo, formado por placas, frecuentemente con púas y que están provistos de un aparato ambulacral; por lo común, unisexuales y con larvas transparentes, pelágicas y de simetría bilateral. Son los *erizos, lirios, pepinos* y *estrellas de mar.* El cuerpo presenta, generalmente, dos caras bien definidas; una inferior u *oral,* en la que se abre la boca, y otra superior o *aboral,* opuesta a ella, donde está situado el ano. El aparato característico de los equinodermos es el *ambulacral,* que actúa, simultáneamente, como órgano de locomoción y de respiración, y se compone de un conjunto de tubos por los que circula el agua del mar. Consta de una placa porosa situada en la cara aboral, llamada *placa madrepórica* o *madreporito,* de la cual parte hacia el interior un conducto o *canal hidróforo* que, al llegar al estómago, lo rodea formando el *canal anular;* de éste parten cinco canales radicales que recorren la cara oral y originan infinidad de conductitos laterales que salen al exterior y pueden ponerse eréctiles al inyectarles agua unas vesículas especiales, que reciben la que entra por la placa madrepórica y es conducida por el canal hidróforo; estos conductitos, los *pies ambulacrales,* terminan en una ventosa y sirven al animal para la locomoción. || m. pl. Filo de estos metazoarios, que se divide en dos subfilos con cinco clases: *eleuterozoarios* (asteroideos, ofiuroideos, equinoideos y holoturoideos) y *pelmatozoarios* (crinoideos).

equinoideo, a. (De *equin-* y *-oideo.*) adj. **Zool.** Dícese de los equinodermos, con frecuencia esféricos y erizados, con cinco meridianos ambulacrales de la boca al ano. La boca, situada en el centro de la cara inferior u oral, posee un aparato masticador muy característico, la linterna de Aristóteles, provisto de cinco piezas. Algunos viven en las profundidades, pero son más frecuentes en el litoral. Los hay regulares e irregulares, por su simetría radiada más o menos perfecta; entre los

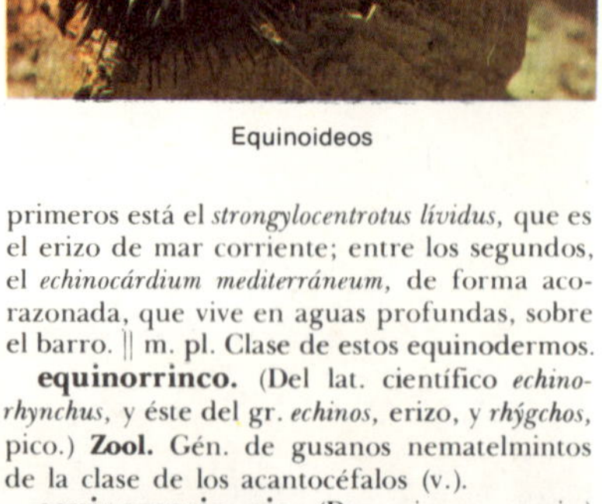

Equinoideos

primeros está el *strongylocentrotus lividus,* y el erizo de mar corriente; entre los segundos, el *echinocárdium mediterráneum,* de forma acorazonada, que vive en aguas profundas, sobre el barro. || m. pl. Clase de estos equinodermos.

equinorrinco. (Del lat. científico *echinorhynchus,* y éste del gr. *echinos,* erizo, y *rhýgchos,* pico.) **Zool.** Gén. de gusanos nematelmintos de la clase de los acantocéfalos (v.).

equinozoario, ria. (De *equino-* y *-zoario.*) adj. **Zool.** eleuterozoario.

equipaje. fr., *bagage;* it., *equipaggio;* i., *baggage;* a., *Gepäck.* (De *aquipar.*) m. Conjunto de cosas que se llevan en los viajes. || p. us. Conjunto de ropas y cosas de uso particular de una persona. || **Mar.** tripulación.

equipal. (Del azt. *icpalli*, asiento.) m. *Méj.* Especie de silla hecha de varas entretejidas, con el asiento y el respaldo de cuero o de palma tejida.

equipamiento. m. Acción y efecto de equipar.

equipar. tr., *équiper*; it., *equipaggiare*; i., *to equip*; a., *ausrüsten*. (Del fr. *équiper*, y éste del ant. *esquiper*, del anglosajón *skipian*, navegar.) tr. Proveer a uno de las cosas necesarias para su uso particular, y especialmente en punto a ropa. Ú. t. c. prnl. || **Mar.** Proveer a una nave de gente, víveres, municiones y todo lo necesario para su avío y defensa.

equiparable. adj. Que se puede equiparar.

equiparación. (Del lat. *aequiparatio*, *-ōnis*.) f. Comparación, cotejo de una persona o cosa con otra, considerándolas iguales o equivalentes entre sí.

equiparar. (Del lat. *aequiparāre*.) tr. Comparar una cosa con otra, considerándolas iguales o equivalentes.

equipo. fr., *équipement*; it., *equipaggio*; i., *equipment*; a., *Ausrüstung*. m. Acción y efecto de equipar. || Grupo de personas, profesionales o científicas, organizado para una investigación o servicio determinado. || Cada uno de los grupos que se disputan el triunfo en ciertos deportes. || Conjunto de ropas y otras cosas para uso particular de una persona, en especial, ropas, muebles, alhajas, etc., que se dan a una mujer cuando se casa. || Colección de utensilios, instrumentos y aparatos especiales para un trabajo.

equipolado. (Del fr. *équipollé*, y éste del latín *aequipollens*, *-entis*, equivalente.) adj. **Bl.** V. **punto, tablero equipolado.**

equipolencia. (Del lat. *aequipollens*, *-entis*, equipolente.) f. **Lóg.** equivalencia, igualdad en el valor de varias cosas.

equipolente. (Del lat. *aequipollens*, *-entis*.) adj. **Lóg.** equivalente, que equivale a otra cosa. || **Mat.** Dícese del vector igual a otro en dirección, magnitud y sentido.

equiponderancia. f. Igualdad en el peso.

equiponderante. p. a. de **equiponderar.** Que equipondera.

equiponderar. (Del lat. *aequus*, igual, y *ponderāre*, pesar.) intr. Ser una cosa de peso igual al de otra.

equipotente. (De *equi-* y *potente*.) adj. **Mat.** Dícese de cada uno de dos conjuntos, si se puede establecer entre ambos una correspondencia biunívoca.

equis. En Zoología, gén. de ofidios de la familia de los vipéridos (v.). || adj. Denota un número desconocido o indiferente. || f. Nombre de la letra *x*, y del signo de la incógnita en los cálculos.

equisetáceo, a. (Del lat. *equisētum*, cola de caballo, y *-áceo*.) adj. **Bot.** Dícese de las plantas criptógamas vasculares, clase de las articuladas, con las hojas por lo común en verticilos soldados situados en los nudos del tallo articulado, esporangios en esporófilos, espermatozoides con muchas pestañas y esporas iguales entre sí como las llamadas *cola de caballo*. Ú. t. c. f. || f. pl. Familia de estas plantas.

equisetíneo, a. (De *equiseto*.) adj. **Bot.** Dícese de plantas criptógamas pteridofitas, herbáceas, vivaces, con rizoma feculento, tallos rectos, articulados, huecos, sencillos o ramosos, con fructificación en ramillete terminal parecido a un penacho. Ú. t. c. f. || f. pl. Clase de estas plantas, la mayoría de las cuales son fósiles.

equiseto. (Del lat. *equisētum*, cola de caballo.) m. **Bot.** Nombre genérico de las plantas pertenecientes a la familia de las equisetáceas.

equísimo, ma. adj. superl. ant. de **ecuo,** recto.

equitación. fr., *équitation*; it., *equitazione*; i., *equitation*; a., *Reitkuns*. (Del lat. *equitatĭo*, *-ōnis*; de *equus*, caballo.) f. Arte de montar y manejar bien el caballo. || Acción de montar a caballo. || **Dep.** Deporte hípico en el que el jinete y el animal forman una unión; el primero, aparte de cabalgar, debe mantener una posición correcta, elegante y firme, dominando al bruto para obtener de él el mayor partido posible. El uso del caballo como animal doméstico se remonta al neolítico, y debió de utilizarse primeramente en labores de tiro y labranza, para pasar posteriormente a ser animal de montura. Las lecciones de equitación más antiguas que se conocen son las de Jenofonte (400 a. C.) en su escrito *El arte de la equitación*. La guerra ha sido una de las manifestaciones más antiguas y duraderas que la equitación ha tenido. En la Edad Media se practicó también la equitación en torneos y ejercicios ecuestres; pero hasta el Renacimiento no surgió como manifestación artística y aparecieron las primeras escuelas, que se inician en Italia y Francia, donde se mantuvieron en régimen de picadero o cerrado, frente al que posteriormente adoptarían las escuelas británicas, de régimen abierto o en libertad. Después de la P. G. M., la mujer se incorporó a este deporte, que había sido casi esclusivo del hombre. La Escuela Española de Equitación, de Viena, es, en su género, la más famosa del mundo. En ella se utilizan caballos descendientes de sementales españoles, llamados lipizanos, llevados a mediados del siglo XVII.

Diversos tiempos y pasos en equitación

equitador. m. *Amér.* **caballista,** el que entiende de caballos.

equitativamente. adv. m. De manera equitativa.

equitativo, va. (Del lat. *aequĭtas, -ātis,* igualdad.) adj. Que tiene equidad.

équite. (Del lat. *eques, equĭtis.*) m. Ciudadano romano perteneciente a una clase intermedia entre los patricios y los plebeyos, y que no servía en el ejército sino a caballo. || ant. caballero o noble.

equiúrido, da. (Del lat. científico *echiurus,* gén. tipo, e *-ido;* aquél del gr. *échis,* víbora, y *ourá,* cola.) adj. **Zool.** Dícese de los metazoos acuáticos del filo de los gefíreos, provistos de una larga trompa, con fase de larva trocófora, y cuyo representante más típico es la bonelia. || m. pl. Subfilo de estos animales.

equivalencia. fr., *équivalence;* it., *equivalenza;* i., *equivalence;* a., *Gleichwertigkeit.* (Del lat. *aequĭvălens, -entis,* equivalente.) f. Igualdad en el valor, estimación, potencia o eficacia de dos o más cosas. || **Geom.** Igualdad de áreas en figuras planas de distintas formas, o de áreas o volúmenes en sólidos diferentes. || **Mat.** Relación binaria definida en un conjunto.

equivalente. (Del lat. *aequĭvălens, -entis.*) adj. Que equivale a otra cosa. Ú. t. c. s. || **Geom.** Dícese de las figuras y sólidos que tienen igual área o volumen y distinta forma. || m. **Quím.** Mínimo peso necesario de un cuerpo para que, al unirse con otro, forme verdadera combinación. || Número que representa este peso, tomado con relación al de un cuerpo escogido como tipo. || **electroquímico.** *Quím.* Peso del elemento que se descompone o deposita en estado libre por el paso de la cantidad de corriente de un culombio; constituye, por tanto, la relación entre el peso atómico del elemento y la constante 96494 que constituye el *faraday.* || **gramo.** *Fís.* Masa de un cuerpo puro cuyo valor en gramos está expresado en el mismo número de su equivalente químico. || **químico.** *Quím.* Nombre dado a los números que expresan las relaciones en que los elementos químicos pueden reemplazarse en las combinaciones.

equivalentemente. adv. m. De una manera equivalente; guardando igualdad.

equivaler. (Del lat. *aequĭvalēre.*) intr. Ser igual una cosa a otra en la estimación, valor, potencia o eficacia. || **Geom.** Ser iguales las áreas de dos figuras planas distintas, o las áreas o volúmenes de dos sólidos también diversos.

Molusco equivalvo

equivalvo, va. adj. **Zool.** Se dice de las conchas de moluscos bivalvos, que son iguales entre sí.

equivocación. (Del lat. *aequĭvocatĭo, -ōnis.*) f. Acción y efecto de equivocar o equivocarse. || Cosa hecha equivocadamente.

equivocadamente. adv. m. Con equivocación.

equívocamente. adv. m. Con equívoco; con dos o más sentidos.

equivocar. fr., *se tromper;* it., *ingannarsi;* i., *to be mistaken;* a., *sich täuschen, sich irren.* (De *equívoco.*) tr. Tener o tomar una cosa por otra, juzgando u obrando desacertadamente. Ú. m. c. prnl.

equivocidad. f. Calidad o condición de equívoco.

equívoco, ca. fr., *équivoque;* it., *equivoco;* i., *equivocal;* a., *Doppelsinnig.* (Del lat. *aequĭvŏcus;* de *aequus,* igual, y *vocāre,* llamar.) adj. Que puede entenderse o interpretarse en varios sentidos, o dar ocasión a juicios diversos. || m. Palabra cuya significación conviene a diferentes cosas; como *Cáncer,* que significa uno de los signos del Zodíaco, y también una enfermedad. || Acción y efecto de equivocar o equivocarse. || **Ret.** Figura que consiste en emplear adrede en el discurso palabras homónimas o una equívoca en dos o más acepciones distintas.

equivoquista. com. Persona que con frecuencia y sin discreción usa de equívocos.

equos. m. pl. **Hist. ecuos.**

Er. Quím. Símbolo del *erbio.*

era. fr., *ère;* it. e i., *era;* a., *Ara.* (Del lat. *aera.*) f. **Cron.** Punto fijo o fecha determinada de un suceso, desde el cual se empiezan a contar los años. Sirve para los cómputos cronológicos. || Extenso período histórico caracterizado por una gran innovación en las formas de vida y de cultura. || Lapso de tiempo transcurrido a partir de la fecha tomada como punto de partida para contarlo. Las principales eras cronológicas son o han sido: la *cristiana,* la *española,* la de la *fundación de Roma,* la *judía,* la *mahometana* y la de las *olimpiadas.* || **Geol.** Cada una de las grandes unidades cronológicas de la historia terrestre, en la que se ha cumplido más o menos perfectamente un ciclo geológico, y que abarca varios períodos. || **atómica.** *Fís.* y *Quím.* Por la gran trascendencia de los descubrimientos atómicos, la época actual, en que aquéllos influyen poderosamente sobre la técnica y sus aplicaciones. || **común, cristiana** o **vulgar.** *Cron.* Cómputo de tiempo que empieza a contarse por años desde el nacimiento de Jesucristo. || **espacial.** *Astron.* Denominación que se aplica a la época actual, por haberse iniciado en ella la conquista del espacio extraterrestre. || **española.** *Cron.* Cómputo cronológico, que se usó exclusivamente en la península ibérica. Comenzó el 1 de enero del año 38 a. C., en que, dando Augusto por terminada la conquista del país, se introdujo el calendario juliano. || **de la fundación de Roma.** Se cuenta a partir de la creación de la ciudad por Rómulo, fecha incierta, pues se dan las de 754, 753, 752 y 751, según los autores, aunque, siguiendo a Varrón, se suele fijar corrientemente el hecho el 24 de abril de 753 a. C. || **mahometana. hégira.** || **de las olimpiadas.** Cómputo usado por los antiguos griegos, en que el tiempo se contaba por períodos de cuatro años, a partir del 1 de julio de 776 antes de Cristo, en que comenzaron los juegos.

era. (Del lat. *arĕa.*) f. Espacio de tierra limpia y firme, algunas veces empedrado, donde se trillan las mieses. || *R. Plata.* Montón de paja sin grano, recién trillada. Los de paja de trigo suelen quemarse en el campo para que abonen la tierra. || **Agr.** y **Jard.** Cuadro pequeño de tierra destinado al cultivo de flores u hortalizas. || **Albañ.** Suelo apisonado y preparado para majar el yeso, hacer las mezclas o arreglar sobre él los solados. || **Min.** Sitio llano cerca de las minas, donde se machacan y limpian los minerales.

eradicativo, va. (Del lat. *aeradicātus,* desarraigado.) adj. ant. Que tiene virtud de desarraigar.

eraje. (Del lat. *errātĭcus,* salvaje.) m. *Ar.* miel virgen.

eral, la. m. y f. Res vacuna de más de un año y que no pasa de dos años.

Erandique. Geog. Mun. de Honduras, depart. de Lempira; 6.117 h. || Pobl. cap. del mismo; 879 h.

erar. tr. Formar y disponer eras para poner plantas en ellas.

Erarico. Biog. Rey de los ostrogodos, que fue asesinado en 541.

erario, ria. (Del lat. *aerarĭus,* y *aerarĭum,* de *aes, aeris,* bronce.) adj. ant. Pechero, contribuyente, tributario. || m. Tesoro público de una nación, prov. o pueblo. || Lugar donde se guarda.

Erasístrato. Biog. Médico y anatomista griego, n. en Iulis, isla de Céos y m. en Alejandría (h. 310-h. 280 a. C.). Describió las arterias y venas cardíacas, la tráquea y el cerebro.

erasmiano, na. adj. Que sigue la pronunciación griega atribuida erróneamente a Erasmo en las escuelas y fundada principalmente en la traslación fonética literal. Apl. a pers., ú. t. c. s.

erasmismo. m. Doctrina filosófica de Erasmo de Rotterdam.

erasmista. adj. Partidario de las doctrinas de Erasmo. Ú. t. c. s. || Perteneciente o relativo al erasmismo.

Erasmo (Desiderio). Biog. Pensador holandés, cuyo nombre latinizado era *Desiderius Erasmus Roterodamus* y originariamente llamado *Geert Geerts,* n. en Rotterdam y m. en Basilea (1467-1536). Fue ordenado sacerdote en el año 1492, y doctorado en teología por la Universidad de Turín. Enseñó teología en la Universidad de Cambridge. De regreso a su patria, Carlos V le nombró consejero. Dedicó mucho tiempo a la lectura de Lutero, con quien tuvo algunas polémicas: escribió contra él *De libero arbitrio,* que provocó el *De servo arbitrio* de Lutero; sin embargo, por sus críticas contra las costumbres eclesiásticas, por su libertad y forma racionalista de enfocar las cuestiones, y por su traducción del *Nuevo Testamento,* se le acusó de haber preparado la Reforma. Hombre esencialmente de letras, su doctrina dio origen al movimiento erasmista. Abierta su mente a todas las cuestiones y erudito ingenioso. Erasmo es un precursor del liberalismo y del espíritu moderno. Su ideal fue puramente ético: reforma gradual y pacífica de la Iglesia y de la sociedad civil. La primera edición completa de su producción fue la publicada por Froben: *Opera omnia Desiderii Erasmi.* Entre sus obras, escritas en latín y en un estilo serio y brillante, destacan: *Adagia, Colloquia, Móriae encómium seu stultitiae laus, Enchiridion militis christiani* y *De óptimo bene dicendo.*

Eraso (Benito Francisco). Biog. Militar español, n. en Garinoain (1793-1835). Luchó denodadamente en las filas carlistas. A las órdenes de Zumalacárregui infligió a Espartero, el 2 de junio de 1835, una seria derrota, y tomó parte en el asedio de Bilbao.

Erasto (Thomas). Biog. Lüber o Lieber (Thomas).

Erasun. Geog. Mun. de España, prov. de Navarra, p. j. de Pamplona; 320 h. || Lugar cap. del mismo; 231 h.

Erato. Mit. Una de las nueve musas de la mitología griega, que lleva por atributo un arpa o una lira.

Eratóstenes. Biog. Geógrafo, poeta, filósofo, músico, matemático y astrónomo griego, n. en Cirene y m. en Alejandría (h. 275-h. 194 a. C.). Fue director de la Biblioteca de Alejandría y, por tanto, la longitud de la circunferencia terrestre. También halló un valor muy aproximado de la oblicuidad de la eclíptica sobre el ecuador. Ifventó la esfera armilar y se le debe además el algoritmo llamado *criba de Eratóstenes*, procedimiento inventado por él para determinar los números primos menores que un cierto número.

Erauso (Catalina de). Biog. Heroína española, conocida por *la Monja Alférez*, n. en San Sebastián y m. en Veracruz (1592-1650). Fue monja dominica, y disfrazada de hombre escapó del convento y marchó a América, donde llevó una vida aventurera. En 1625 se escribió un libro apócrifo llamado *Historia de la Monja Alférez*, publicado en 1829.

Erb (Wilhelm Heinrich). Biog. Médico alemán, n. en Winnweiler y m. en Heidelberg (1840-1921). Se especializó en las enfermedades neuropatológicas y en la aplicación de los tratamientos electroterápicos. Describió por primera vez varios conceptos nuevos de la medicina: *enfermedad de Erb*, parálisis bulbar asténica o miastenia grave seudoparalítica, que se caracteriza por debilidad muscular progresiva; la *miopatía juvenil de Erb* o atrofia muscular progresiva que se presenta generalmente en los músculos escapulohumerales y el *signo de Erb*, aumento de la excitabilidad de los nervios periféricos en el tétanos. Se denomina también *signo de Erb* la desaparición de reflejo pupilar a la luz. Obras principales: *Manual de las enfermedades de la medula* y *Manual de las enfermedades nerviosas periféricas*.

erbedo. (Del lat. *arbŭtus*.) m. Bot. Ast. y Gal. madroño, árbol.

Erbil. Geog. Arbil.

erbio. fr. e i., *erbium*; it., *erbio*; a., *Erbium*. (Del m. or. que *terbio*.) m. Quím. Metal muy raro extraído de la erbina, que es su óxido y que unido al itrio y terbio,se ha encontrado en algunos minerales de Suecia. Núm. atómico, 68; peso atómico, 167,2; símbolo Er.

Ercávica o **Ergávica.** Geog. hist. Antigua pobl. de la España Tarraconense, denominada Arcábrica por los visigodos. Estaba situada en lo que hoy es el despoblado y cerro de Cabeza del Griego, a 4 km. de Saelices (Cuenca).

ercavicense. adj. Natural de Ercávica, o perteneciente a esta pobl. de la España Tarraconense. Ú. t. c. s.

ercer. (Del lat. *ergĕre*, por *erigĕre*, levantar.) tr. ant. levantar. Ú. en Santander.

Catalina de Erauso, por J. Villar. Museo del Ejército. Madrid

Ercilla y Zúñiga (Alonso de). Biog. Poeta y militar español, de ascendencia vasca, n. y m. en Madrid (1533-1594). Viajó por toda Europa acompañando a Felipe II, pero su espíritu aventurero le llevó a Chile (1556-62) donde intervino en numerosas expediciones y combates y supo documentarse bien, no sólo en los hechos por él vividos, sino en los anteriores a su llegada a Chile. De regreso en España, redactó y terminó su poema épico *La Araucana*, cuya aparición (1569) constituyó un éxito aquí y en América, y una sorpresa. Realiza nuevos viajes y publica en 1578 la segunda parte y en 1590 la última parte. Este poema, la obra más destacada de la épica castellana, tiene por asunto esencial la insurrección de los indios de Arauco, mandados por el caudillo Caupolicán, contra los españoles; pero el plan primitivo se vio modificado con la adición de

Alonso de Ercilla, litografía antigua. Biblioteca Nacional. Madrid

la historia anterior de Chile y episodios de tipo imaginativo, amoroso, etc. || Geog. Comuna de Chile, prov. de Malleco, depart. de Collipulli; 8.103 h. || Pobl. cap. de la misma; 1.420 h.

Ercina (La). Geog. Mun. de España, prov. de León, p. j. de Cistierna; 1.639 h. || Lugar cap. del mismo; 478 h.

Erckmann (Émile). Biog. Novelista francés, n. en Phalsbourg y m. en Lunéville (1822-1899). En unión de Alexandre Chatrian (1826-1890) escribió varias obras, entre las cuales sobresalen: *La señora Teresa* (1863), *El amigo Fritz* (1864), *Waterloo* (1865) y *Los dos hermanos* (1873), sobre una familia de los Vosgos apellidada Rantzan.

ere. f. Nombre de la letra *r* en su sonido suave; p. e.: *ara, arena*.

erebo. (Del gr. *érebos*.) m. Infierno, averno.

Erebus. Geog. Volcán de la Antártida, en la isla de Ross; 4.026 m.

erección. fr., *érection*; it., *erezione*; i., *erection*; a., *Aufrichtung, Erektion*. (Del lat. *erectĭo, -ōnis*.) f. Acción y efecto de levantar, levantarse, enderezarse o ponerse rígida una cosa. || Fundación o institución. || tensión, estado de un cuerpo estirado por una o varias fuerzas. || Fisiol. Efecto de la afluencia de la sangre hacia los cuerpos cavernosos, en el varón y en los machos, que produce la rigidez del miembro y es condición previa para la eyaculación.

Erecteo. Biog. Héroe epónimo y primer rey de Atenas, que fue divinizado y a quien se erigió un templo en dicha ciudad.

Erecteón. Arqueol. Templo erigido en la Acrópolis de Atenas en honor de Erecteo. De estilo ático-jónico, es uno de los más bellos monumentos arquitectónicos griegos. Fue construido a fines del s. V a. C.

eréctil. (Del lat. *erectus*, levantado, erguido.) adj. Que tiene la capacidad o propiedad de levantarse, enderezarse o ponerse rígido. || Fisiol. Dícese de los órganos que tienen la facultad de ponerse turgentes y duros bajo la influencia del aflujo de sangre.

erectilidad. f. Calidad de eréctil.

erecto, ta. (Del lat. *erectus*, levantado.) adj. Enderezado, levantado, rígido.

erector, ra. (Del lat. *erector, -ōris*.) adj. Que erige. Ú. t. c. s.

erecha. (Del lat. *erecta*, erigida.) f. ant. Satisfacción, compensación o enmienda del daño recibido en la guerra.

Eregli o **Erekli.** Geog. C. de Turquía asiática, prov. de Konia; 46.137 h. Es la antigua *Cybistra*. || o **Bender Erekli.** C. de Turquía asiática, prov. de Zonguldak; 18.500 h. Corresponde a la antigua *Heraclea*.

Ereguayquín. Geog. Mun. de El Salvador, depart. de Usulután; 5.888 h. || Pobl. cap. del mismo; 1.202 h.

Erekli. Geog. Eregli.

eremita. (Del lat. *erēmīta*, y éste del gr. *eremítes*, de *éremos*, desierto, yermo.) m. ermitaño.

eremítico, ca. (Del lat. *eremitĭcus*.) adj. Perteneciente al ermitaño o al eremitorio.

eremitorio. m Paraje donde hay una o más ermitas.

Ereño. Geog. Mun. de España, prov. de Vizcaya, p. j. de Guernica y Luno; 407 h. Corr. 118 a la cap., la anteiglesia de Elejalde-Ceas.

erepsina. (Del gr. *ereipíoo*, destruir, y *pepsina*.) f. Fisiol. Conjunto de las peptidasas del jugo intestinal que actúan sobre los polipéptidos y dipéptidos (pero no sobre las proteínas intactas), descomponiéndolas en aminoácidos.

Eresma. Geog. Río de España, en las prov. de Segovia y Valladolid; n. en la sierra de Guadarrama y des. en el Adaja después de 150 km. de curso.

eretismo. (Del gr. *erethismós*, de *erethízo*, estimular, irritar.) m. Fisiol. Exaltación de las propiedades vitales de un órgano.

Eretria. Geog. hist. Antigua c. de Grecia, en la isla de Eubea, célebre por el activo comercio marítimo que sostuvo en su época de esplendor.

erétrico, ca. (Del lat. *eretrĭcus*.) adj. Perteneciente o relativo a Eretria, c. de Grecia antigua.

Erevan. Geog. Yerevan.

Erezcano. Geog. Local. de Argentina, prov. de Buenos Aires, part. de San Nicolás; 234 h.

Erfurt. Geog. Dist. de la R. D. A.; 7.348 km.² y 1.256.354 h. || Ciudad cap. del mismo;

Erecteón

198.265 h. Catedral del s. XVI. Industria textil, mecánica y electrotécnica.

erg-. pref. V. **ergo-**.
-erg-. Infijo V. **ergot-**.
erg. m. Denominación del *ergio*, en la nomenclatura internacional.
ergas-. pref. V. **ergo-**.
ergasto-. pref. V. **ergo-**.
ergástula. f. **ergástulo.**
ergástulo. (Del lat. *ergastŭlum*.) m. Lugar en que vivían hacinados los trabajadores esclavos o en que se encerraba a los esclavos sujetos a condena.
-ergia o **-ergía.** suf. V. **ergo-**.
-érgico. suf. V. **ergo-**.
ergio. (Del gr. *érgon*, trabajo.) m. **Fís.** Unidad de trabajo mecánico en el sistema cegesimal (C. G. S.), igual al producido por una fuerza de una dina que obliga a recorrer al punto de aplicación, en el sentido de aquélla, la distancia de un centímetro. Por ser muy pequeña se emplea en el orden práctico el kgm. y en el técnico el julio, equivalentes a 98.100.000 y az 10^7 ergios. ∥ **segundo.** Unidad cegesimal absoluta de potencia, equivalente a 102×10^{-10} kgm. por segundo, a 10^{-7} vatios y a $1,36 \cdot 10^{-10}$ caballos de vapor.
ergo-, erg-, ergas-, ergasto-; -ergo, -ergia, -ergía, -érgico, -ergúmeno, -urgo, -urgia. (Del gr. *ergon*, obra, o de *ergázomai*, trabajar.) pref. o suf. que sign. operación, trabajo; e. de suf.: al*ergia*, en*ergía*, en*ergúmeno*, dem*iurgo*, lit*urgia*, sin*érgico*.
ergo-. pref. V. **ergot-**.
ergo. conj. lat. Por tanto, luego, pues bien. Ú. en la argumentación silogística, y también festivamente.
ergobasina. f. **Terap.** **ergometrina.**
ergocalciferol. m. **Bioq.** **calciferol.**
ergología. (De *ergo-* y *-logía*.) f. Ciencia del trabajo, o sea aquella parte de la ciencia social que trata de la organización del trabajo, de la racionalización del mismo y de los métodos industriales y de la orientación profesional.
ergometrina. (De *ergo-*, cornezuelo; *-metr-*, útero, e *-ina*.) f. **Terap.** Alcaloide del cornezuelo de centeno.
ergonomía. (De *ergo-*, trabajo, y *-nomía*.) f. **Antrop.** Ciencia que estudia las posibilidades de rendimiento, trabajo, etc., del organismo humano.
ergosterina. (De *ergo-*, cornezuelo, y *esterina*.) f. **Quím.** **ergosterol.**
ergosterol. (De *ergo-*, cornezuelo, y *esterol*.) m. **Quím.** Substancia vegetal con un grupo fenólico perteneciente al grupo de las esterinas, que posee tres anillos ciclohexano y uno ciclopentano. Tiene por fórmula $C_{28}H_{44}O$. Fue descubierta en el insaponificable del cornezuelo de centeno por Tanret. Se denomina también *ergosterina* y provitamina D_2.
ergot-, ergo-; -erg-. (Dal fr. *ergot*.) **Quím.** y **Terap.** pref. o infijo que sign. cornezuelo del centeno; e. de infijo: lis*érg*ico.
ergotamina. (De *ergot-* y *amina*.) f. **Quím.** Alcaloide que se encuentra en el cornezuelo de centeno, de fórmula $C_{33}H_{35}O_5N_5$.
ergoterapia. (De *ergo-*, trabajo, y *terapia*.) f. **Terap.** Tratamiento de ciertas enfermedades mentales por medio del trabajo.
ergotina. (De *ergot-*, cornezuelo, e *-ina*.) f. **Quím.** Nombre de diferentes extractos del cornezuelo de centeno. Se usa en terapéutica, para obtener contracciones de la matriz y como hemostático.
ergotismo. (De *ergot-* e *-ismo*.) m. **Pat.** Conjunto de síntomas que se producen por el abuso del cornezuelo de centeno, o por la ingestión de pan de centeno atizonado.
ergotismo. m. Sistema de los ergotistas. ∥ Prurito o manía de ergotizar o argüir en forma silogística.

ergotista. adj. Que ergotiza. Apl. a pers., ú. t. c. s.
ergotizante. adj. **ergotista.**
ergotizar. (Del lat. *ergo*, pues, palabra que indica la conclusión de un argumento.) tr. Abusar del sistema de argumentación silogística.
ergotoxina. (De *ergo-*, cornezuelo, y *toxina*.) f. **Quím.** Alcaloide del cornezuelo de centeno, de fórmula $C_{35}H_{39}O_5N_5$.
Ergoyen. Geog. **Gámiz-Fica.**
Ergoyena. Geog. Mun. de España, prov. de Navarra, p. j. de Pamplona; 755 h. Corr. 304 a la cap., el lugar de Lizárraga.
erguén. m. **Bot.** Árbol espinoso, de la familia de las sapotáceas, de poca altura y de copa muy extendida, hojas enteras y coriáceas, flores de color amarillo verdoso, y fruto dru-

Ramas y frutos de erguén

páceo con semillas duras oleaginosas. La madera de este árbol es muy dura y se emplea en ebanistería; de las semillas se extrae aceite. Es planta oriunda de Marruecos y crece en Andalucía.
erguimiento. m. Acción y efecto de erguir o erguirse.
erguir. (Del lat. *erĭgo*.) tr. Levantar y poner derecha una cosa. Dícese más ordinariamente del cuello, de la cabeza, etc. ∥ prnl. Levantarse o ponerse derecho. ∥ fig. Engreírse, ensoberbecerse.
ergullir. (De *orgullo*.) intr. ant. Cobrar orgullo, envanecerse.
-ergúmeno. suf. V. **ergo-**.
Erhard (Ludwig). Biog. Economista y político alemán, n. en Fürth, Baviera, y m. en Bonn (1897-1977). Después de haber desempeñado cargos importantes, fue nombrado ministro federal de Asuntos Económicos (1949) y, propugnando una economía libre, se convirtió en el gran artífice de la recuperación de la República Federal de Alemania, después de la S. G. M. En 31 de octubre de 1957 se le designó vicecanciller, y en 16 de octubre de 1963, canciller. Al dejar Adenauer ese cargo, hasta 1966. Presidente del partido cristiano demócrata (1966-67). Publicó la obra *Bienestar para todos* en el año 1957.
ería. (Del lat. *arěa*.) f. **Agr.** **Ast.** Terreno de grande extensión, todo o la mayor parte labrantío, cercado y dividido en muchas hazas correspondientes a varios dueños o llevadores.
erial. fr., *friche*; it., *terreno incolto*; i., *fallow land*; a., *brachfeld*. adj. Aplícase a la tierra o campo sin cultivar ni labrar. Ú. m. c. s. m. ∥ m. **Sal.** **ternero.**

eriazo, za. (De *erio*.) adj. **erial.** Ú. t. c. s. m.
ericáceo, a. (Del lat. científico *erica*, gén. tipo, y *-áceo*; aquél del lat. *erīce*, jara, brezo.) adj. **Bot.** Dícese de las plantas dicotiledóneas, gamopétalas por lo común, leñosas, matas o arbustos por lo general, hojas persistentes y coriáceas en su mayoría; flores aisladas o en racimos; y fruto baya, drupa o cápsula. Comprende unas 1.350 especies de países fríos y cálidos. ∥ f. pl. Familia de estas plantas.
Erice. Geog. **Atez.** ∥ **Iza.**
Erico I *el Bueno*. Biog. Rey de Dinamarca, n. en Slangerup y m. en Baffa en 1103. Ocupó el trono en 1095. ∥ **II** *el Memorable*. Rey de Dinamarca, hijo natural del anterior, m. asesinado en Ribe en 1137. Implantó el cristianismo en su país. ∥ **III** *el Manso*. Rey de Dinamarca, m. en el monasterio de San Canuto, Odensea, en 1147. Después de un reinado de diez años en 1146 abdicó y se retiró al monasterio de San Canuto. ∥ **IV.** Rey de Dinamarca, hijo de Waldemar II (1216-1250). Sucedió a su padre en 1241 y luchó contra sus hermanos, los cuales se apoderaron de él en 1250 y lo decapitaron. ∥ **V.** Rey de Dinamarca, n. en la isla de Laaland y m. en Finderup (1249-1286). Ascendió al trono en 1259 y lo ocupó hasta 1286, en que fue asesinado. ∥ **VI.** Rey de Dinamarca, hijo del precedente, m. en Koskilde (1274-1319). Ciñó la corona en 1286 y reinó hasta su muerte. Su sucesor unió Dinamarca a Suecia. ∥ **VII.** Rey de Dinamarca y de Suecia, m. en Rugenwald (1368-1459). Fue elegido rey de Dinamarca en 1395 y rey de Suecia en 1396. A su regreso de una peregrinación a Jerusalén (1438), se sublevaron sus súbditos y hubo de abandonar sus reinos. ∥ Hay 14 reyes de Suecia que llevan este nombre, pero de los seis primeros se tienen pocos datos biográficos. ∥ **VII** *el Victorioso*. Rey de Suecia, m. en 994. Sucedió a su hermano Olao, con quien conjuntamente había sido proclamado rey, en 932, y reinó hasta 994. ∥ **VIII.** Rey de Suecia, que ciñó la corona a fines del s. XI, se convirtió al cristianismo y se hizo bautizar. ∥ **IX** *el Santo*. Rey de Suecia, m. en 1160. Propagó en sus estados el cristianismo y fue aprisionado y decapitado por Magno, hijo del rey de Dinamarca. ∥ **X.** Rey de Suecia, nieto del precedente, m. en Visingsö en 1216. Subió al trono en 1210 y reinó hasta su muerte. ∥ **XI.** Rey de Suecia, hijo póstumo del anterior (1216-1252). Sucedió a Juan I en 1222 y disfrutó del poder hasta 1252. ∥ **XII.** Rey de Noruega y de Suecia, hijo primogénito de Magno, n. en 1339 y m. envenenado en 1359. ∥ **XIII.** **Erico VII.** Rey de Dinamarca. ∥ **XIV.** Rey de Suecia, n. en Estocolmo y m. en Oerebro (1533-1577). Sucedió a su padre, Gustavo Vasa, en 1560 y reinó hasta 1568.
ericoideo, a. (De *erica* [v. *ericáceo*] y *-oideo*.) adj. **Bot.** Dícese de las plantas dicotiledóneas, de la familia de las ericáceas, caracterizadas por tener ovario súpero, fruto en cápsula y corola persistente, y cuyos representantes más conocidos son los brezos. ∥ f. pl. Subfamilia de estas plantas.
Ericsson (Johan). Biog. Ingeniero sueco, n. en Langbanshyttan y m. en Nueva York (1803-1889). Construyó máquinas de vapor, en las cuales se utilizaba aire caliente en vez de agua, concibió también uno de los primeros barcos provistos de hélice y contribuyó al triunfo de los Estados del Norte sobre los del Sur con la construcción del tipo de barcos llamados *Monitor*, acorazado cuya superestructura apenas sobresalía del agua.
Erídano. (Del lat. *Erĭdănus*.) **Astron.** Constelación del hemisferio austral, que primero se llamó *Río* y *Faetón*. Su principal estrella es Achernar, de magnitud 0,5. Su nombre científico es *Eridanus*.

Erídanus. Astron. Erídano.

Eridu. Geog. hist. Antigua c. sit. al S. de Mesopotamia. Sucedió a Ur y precedió a Nínive en la hegemonía del valle del Éufrates-Tigris.

Erie. Geog. Gran lago sit. entre EE. UU. y Canadá, unido con los de Hurón y Ontario; 25.820 km.² ‖ C. de EE. UU., en el de Pensilvania; 129.231 h.

Erígena (Johannes Scotus). Biog. Escoto (Juan).

erigir. (Del lat. *erigĕre*.) tr. Fundar, instituir o levantar. ‖ Constituir a una persona o cosa con un carácter que antes no tenía. Ú. t. c. prnl.

eril. m. *Gran.* Alferecía, eclampsia.

Erín. Geog. Nombre gaélico de la antigua Irlanda.

erina. (Del fr. *érine* y *érigne*, y éste del antiguo *aragne*, araña.) f. Cir. Instrumento metálico de uno o dos ganchos, de que sirven los anatómicos y los cirujanos para sujetar las partes sobre que operan, o apartarlas de la acción de los instrumentos, a fin de mantener separados los tejidos en una operación.

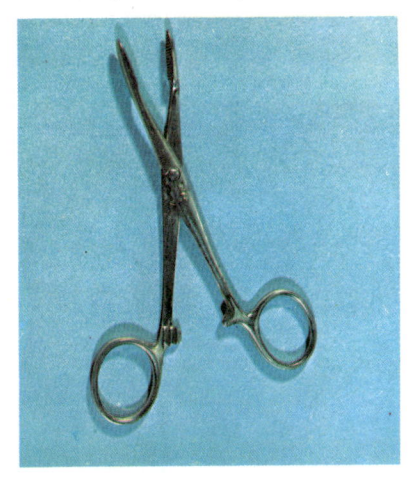

Erina

erinaceido, da. (Del lat. científico *erinaceus*, gén. tipo de mamíferos, e *-ido;* aquél del lat. *erinacĕus*, del erizo.) adj. Zool. Dícese de los mamíferos insectívoros, con orejas bien desarrolladas, dorso cubierto de púas rígidas, patas pentadáctilas normales e incisivos superiores centrales y cuyos representantes típicos son los erizos. ‖ m. pl. Familia de estos insectívoros.

eringe o **eringio.** (Del lat. *erynge*, y éste del gr. *éryggos*.) Bot. Gén. de plantas en que se incluye el *cardo corredor*, de la familia de las umbelíferas (v.).

Erinias. Mit. V. Furias.

erinosis. (Del lat. científico *erineum*, falso gén. de hongos, e *-osis;* aquél del gr. *erineos*, lanar.) f. Vit. Enfermedad de la vid causada por el ácaro *phytoptus vitis*, que ataca las hojas por la parte inferior formando agallas o zoocecidias en la superior.

erio-. (Del gr. *érion*.) pref. que sign. lana.

erío, a. adj. **erial.** Ú. m. c. s. m.

eriocauláceo, a. (Del lat. científico *eriocaulon*, gén. tipo, y *-áceo;* aquél del gr. *érion*, lana, y *kaulós*, tallo.) adj. Bot. Dícese de plantas del orden de las farinosas, suborden de las enantioblastas, hierbas vivaces de hojas radicales, flores rodeadas de brácteas y fruto en cápsula. Comprende varios centenares de especies, propias de países cálidos. ‖ f. pl. Familia de estas plantas.

eriófido, da. (Del lat. científico *eriophyes*, gén. tipo de arácnidos, e *-ido*.) adj. Zool. Dícese de los arácnidos ácaros, que no poseen más que dos pares de patas; tienen palpos con tres articulaciones, quelíceros estiliformes, y carecen de tráqueas y de ojos. Viven parásitos en diversas plantas, en las que producen atrofias y tumores. ‖ m. pl. Familia de estos ácaros.

eriosoma. (Voz del lat. científico; del gr. *érion*, lana, y *soma*, cuerpo.) Entom. Gén. de insectos de la familia de los áfidos (v.).

eriotecnia. (De *erio-* y *-tecnia*.) f. Estudio de la lana, especialmente en lo tocante a sus aplicaciones industriales.

erisi-. pref. V. **eritr-.**

erisifáceo, a. (Del lat. científico *erysiphe*, gén. tipo, y *-áceo;* aquél del gr. *erythrós*, rojo, y *siphon*, tubo encorvado.) adj. Bot. Dícese de los hongos ascomicetes, del orden de los perisporiales, cuyo micelio externo tiene tonalidad blanquecina, su reproducción asexual es por conidios, y parasitan la superficie de plantas superiores causándoles diversas enfermedades, como el oidium de la vid *(uncinula necátor)*, el mal blanco de encinas y robles *(microsphaera quercina)*, etc. ‖ f. pl. Familia de estos hongos.

erisipela. fr., *érysipèle*; it., *erisipola*; i., *erysipelas*; a., *Erysipel, Rose, Rotlauf*. (Del lat. *erysipĕlas*, y éste del gr. *erysípelas*.) f. Pat. Enfermedad infecciosa aguda, debida al estreptococo de Fehleisen, que consiste en una inflamación microbiana de la dermis de la piel, caracterizada por el color rojo y comúnmente acompañada de fiebre.

erisipelar. tr. Causar erisipela. Ú. t. c. prnl.

erisipelatoso, sa. adj. Que participa de la erisipela o de sus caracteres.

erisípula. f. ant. **erisipela.**

erismo. m. Bot. Hierba anual de la familia de las crucíferas de hasta 80 cm., con ramas patentes, vellosas, hojas inferiores runcinadas y superiores pinnadas, racimos terminales sin hojas ni brácteas, pétalos amarillos, sépalos erguidos, y semillas pardas, uniseriadas *(sisymbrium officinale)*.

erístico, ca. (Del gr. *eristikós*, de *eristós*, disputable.) adj. Filos. Dícese de la escuela socrática establecida en Megara. ‖ Aplícase también a la escuela que abusa del procedimiento dialéctico hasta el punto de convertirlo en vana disputa.

eritema. (Del gr. *erýthema*, rubicundez.) m. Pat. Inflamación superficial de la piel, caracterizada por manchas rojas. ‖ **solar.** El producido en la piel por haber estado expuesta al sol fuerte. ‖ **suérico.** Eritema por anafilaxia consecutivo a la inyección de un suero terapéutico.

eritr-, eritro-, erisi-. (Del gr. *erithrós*.) pref. que sign. rojo.

eritrea. (Del lat. científico *erythraea*, t. f. del lat. *erytraeus*, rojo, del gr. *erythraios*, rojizo.) Bot. Gén. de plantas de la familia de las gencianáceas (v.).

Eritrea. (Del m. or. que *eritreo*.) Geog. Prov. septentrional de Etiopía; 117.600 km.² y 1.589.000 h. Cap., Asmara. En 1869 Italia conquistó la base de Assab, con su terr. limítrofe, y los convirtió en colonia en 1882. En el año 1885 se adueñó de Massaua. Francia le cedió, en 1935, una parte de Somalia. Después de la S. G. M., la colonia fue administrada por el R. U., como fideicomiso, hasta que, en 1950, la Asamblea de la O. N. U. acordó poner este terr. bajo la soberanía etíope, en el cuadro de un Estado federal, acuerdo que entró en vigor en 11 de agosto de 1952. Después, fue convertida en prov. del imperio (20 de mayo de 1960), suprimido, en consecuencia, el gobierno autónomo, aunque conservando ciertas atribuciones. El 14 de noviem-

Paisaje de Eritrea

bre de 1962, la Asamblea de Eritrea aprobó la unificación con Etiopía, que se hizo efectiva al día siguiente. No obstante, la lucha de liberación nacional sigue, dirigida por el Frente Popular para la Liberación de Eritrea (F.P.L.E.).

eritremia. (De *eritr-* y *-emia*.) f. Pat. Aumento del número de glóbulos rojos de la sangre, debido a la producción excesiva de eritroblastos por la medula ósea.

eritreo, a. (Del lat. *erythraeus*, y éste del gr. *erythraios*, rojizo; de *erythrós*, rojo.) adj. Aplícase al mar Rojo y a lo perteneciente a él. Se usa principalmente en poesía. ‖ Natural de Eritrea, o perteneciente a esta prov. de Etiopía. Ú. t. c. s.

eritrina. (De *eritr-* e *-ina*.) f. Miner. Arseniato hidratado de cobalto, de fórmula $Co_3(AsO_4)_2 \cdot 8H_2O$, monoclínico, blando y de color rojo.

eritro-. pref. V. **eritr-.**

eritroblasto. (De *eritro-* y *-blasto*.) f. Fisiol. y Pat. Célula nucleada peculiar de la medula

eritroblastosis—Ermúa

ósea, de la que se originan los glóbulos rojos o eritrocitos.

eritroblastosis. (De *eritroblasto* y *-osis*.) f. **Pat.** Formación excesiva de eritroblastos, que se traduce en su presencia anormal en la sangre.

eritrocianosis. (De *eritro-* y *cianosis*.) f. **Pat.** Coloración anormal de la piel con manchas rojas y azules.

eritrocitemia. f. **Pat.** eritremia.

eritrocito. m. **Fisiol.** hematíe.

eritrocitosis. (De *eritrocito* y *-osis*.) f. **Pat.** Enfermedad producida por el aumento anormal de los glóbulos rojos de la sangre.

eritrogénesis o **eritrogenia.** (De *eritro-* y *-génesis* o *-genia*.) f. **Fisiol.** Generación y producción de glóbulos rojos o hematíes.

eritrólisis. (De *eritro-* y *-lisis*.) f. **Pat.** Destrucción de los hematíes (v. **hematólisis**).

eritromelalgia. (De *eritro-* y *melalgia*.) f. **Pat.** Coloración roja de las manos y de los pies, con intenso dolor de los mismos.

eritromicina. (De *eritro-*, *-mic-* e *-ina*.) f. **Farm.** Antibiótico aislado por Mac Guire y sus colaboradores en el año 1952, eficaz frente a las bacterias grampositivas y algunos protozoos, e incluso frente a bacterias resistentes a otros antibióticos.

eritropsia. (De *eritr-* y *-opsia*.) f. **Pat.** Visión roja de los objetos, fenómeno que se presenta después de la operación de la catarata.

eritrosa. (De *eritr-* y *-osa*.) f. **Quím.** Aldotetrosa con cuatro átomos de carbono, de fórmula $C_4H_8O_4$. Constituye uno de los azúcares de composición más sencilla.

eritrosedimentación. (De *eritro-* y *sedimentación*.) f. **Med. velocidad de sedimentación.**

eritrosina. (De *eritr-* y *eosina*.) f. **Quím.** Colorante rojo, correspondiente al derivado tetrayodado de la fluoresceína; de fórmula $C_{20}H_8O_5I_4$.

eritroxiláceo, a. (De *eritróxilon* y *-áceo*.) adj. **Bot.** Dícese de las plantas dicotiledóneas, del orden de las gruinales, leñosas, con hojas esparcidas, indivisas, estipuladas, flores pentámeras, actinomorfas, pétalos con apéndice o giba en la cara interna, diez estambres soldados en la base y fruto drupáceo. || f. pl. Familia de estas plantas.

eritroxíleo, a. adj. **Bot.** eritroxiláceo.

eritróxilon. (Voz del lat. científico; del gr. *erythrós*, rojo, y *xýlon*, madera.) **Bot.** Gén. de plantas de la familia de las eritroxiláceas (v.).

Eriúgena (Johannes Scotus). Biog. Escoto (Juan).

Erivan. Geog. Yerevan.

erizado, da. p. p. de **erizar.** || adj. Cubierto de púas o espinas, como el puerco espín, el erizo, etc.

erizamiento. m. Acción y efecto de erizar o erizarse.

erizar. fr., *hérisser;* it., *rizzare;* i., *to bristle up;* a., *sträuben.* tr. Levantar, poner rígida y tiesa una cosa, como las púas del erizo; dícese especialmente del pelo. Ú. m. c. prnl. || fig. Llenar o rodear una cosa de obstáculos, asperezas, inconvenientes, etc. || prnl. fig. Inquietarse, azorarse.

Erize. Geog. Local. de Argentina, prov. de Buenos Aires, part. de Puán; 334 h.

erizo. fr., *hérisson;* it., *riccio;* i., *hedgehog;* a., *Igel.* (Del lat. *ericius*.) m. Mamífero placentario, insectívoro de la familia de los erinaceidos, cubierto por el dorso y flancos de púas, orejas y rabo muy cortos, morro estrecho y uñas largas y curvas. Es nocturno y se arrolla en bola para defenderse. El erizo común es la especie *erinaceus europaeus*, que lucha ventajosamente con serpientes e insectos venenosos cuyas picaduras no le afectan. Hay otros erizos africanos y asiáticos que pertenecen a distintos gé-

Erizo, mamífero insectívoro

neros, pero no se diferencian mucho del erizo común. || Pez teleósteo del suborden de los plectognatos, que tiene el cuerpo erizado de púas; además de su vejiga natatoria dorsal, posee un saco ventral, que comunica con el estómago y puede llenarse de aire, lo que permite al animal flotar con el vientre hacia arriba. Es propio de los mares intertropicales. || fig. y fam. Persona de carácter áspero e intratable. || **Bot.** Nombre vulgar de varias plantas leguminosas. Una del gén. *erinácea* y tribu en que se incluyen las retamas, con ramas por lo común sin hojas o con hojas fugaces; rodales redondeados de 1 a 2 m. con las ramas cruzadas y muy espinosas, flores azuladas, blanquecinas o violetas. Vive en los Pirineos, Sierra Nevada y Córcega. También se llama así otra leguminosa del grupo de las retamas espinosas del gén. *calycotome*, de hasta metro y medio de alto, con hojas trifoliadas y flores amarillas laterales. || Fruto del *cadillo,* planta. || Zurrón o cúpula áspera y espinosa en que se crían la castaña y algunos otros frutos, como el del castaño de Indias. || **Fort.** Conjunto de puntas de hierro, que sirve para coronar y defender lo alto de un parapeto, tapia o muralla. || **hembra.** *Bot.* Cactácea llamada *mammillaria prolífera.* || **macho.** Cactácea a la que se da el nombre científico de *mammillaria coronaria.* || *Venez.* La tiliácea *apeiba tiburbu.* || **de mar** o **marino.** *Zool.* Nombre común o muchas especies de equinodermos de la clase de los equinoideos (v.).

erizón. aum. de *erizo.*) m. **asiento de pastor.** || fig. Peinado mujeril del s. XVIII, con aspecto de erizo.

Erla. Geog. Mun. y villa de España, prov. de Zaragoza, p. j. de Ejea de los Caballeros; 676 h.

Erlanger (Joseph). Biog. Fisiólogo estadounidense, n. en San Francisco y m. en Saint Louis, Misuri (1874-1965). Especializado en el estudio de la presión arterial y de la patología del corazón y del sistema nervioso. Compartió el premio Nobel de Medicina (1944) con Gasser por el descubrimiento de las funciones altamente diferenciadas de las fibras nerviosas simples.

Erlau. Geog. Eger.

ermador, ra. (De *ermar*.) adj. ant. **asolador.** Úsáb. t. c. s.

ermadura. (De *ermar*.) f. ant. Acción y efecto de ermar.

Ermak (Timofeiev). Biog. Yermak (Timofeiev).

ermamiento. (De *ermar*.) m. ant. Acción y efecto de ermar.

Erman (Adolf). Biog. Egiptólogo alemán, n. y m. en Berlín (1854-1937). Fue profesor de Egiptología en la Universidad de Berlín y director del Museo Egipcio. En 1926, en cola-

boración con H. Grapow, empezó a publicar el *Diccionario de la lengua egipcia.* || **(Georg Adolf).** Físico y viajero alemán, n. y m. en Berlín (1806-1877). Hizo un viaje alrededor del mundo (1828-30) para determinar las propiedades magnéticas del globo. En sus observaciones basó Gauss la primera teoría del magnetismo terrestre.

ermar. (De *yermo*.) tr. ant. Destruir, asolar, dejar yerma una ciudad, tierra, etc.

Ermengarda. Biog. Emperatriz de los francos, m. en Angers en 818. Se casó en 798 con Ludovico Pío, hijo de Carlomagno, entonces rey de Aquitania, convertido en emperador en 814.

Ermengol o **Armengol.** (Forma catalana del nombre *Hermenegildo*.) **Geneal.** Nombre de diez condes de Urgel que rigieron este condado desde que *Ermengol I* lo heredara de su padre, Borrell II de Barcelona, en 992, hasta la muerte de *Ermengol X* en 1314.

Ermesendis o **Ermesinda. Biog.** Condesa de Barcelona, m. en el castillo de Besora, Vich (972-1057). Esposa del conde Ramón Borrel III, a quien acompañó en sus campañas; fue tutora de su hijo Berenguer Ramón *el Curvo.*

Ermesinda. Biog. Reina de Asturias (739-757). Fue hija de don Pelayo y esposa de Alfonso I *el Católico,* rey de Asturias.

ermita. (De *eremita*.) f. Santuario o capilla, generalmente pequeño, situado por lo común en despoblado y que no suele tener culto permanente.

Ermita de La Alberca

Ermitage. B. Art. Célebre museo de Leningrado. Fue iniciado por Catalina II, en 1765, y sobresale en obras flamencas, holandesas y francesas, enriqueciéndose en 1852 con excelentes cuadros españoles.

ermitaño, ña. fr., *ermite;* it., *eremita;* i., *hermit;* a., *Einsiedler.* m. y f. Persona que vive en la ermita y cuida de ella. || m. El que vive en soledad; como el monje y el que profesa vida solitaria. || **Zool.** Crustáceo decápodo marino, del suborden de los anomuros, familia de los pagúridos, de 3 a 15 cm. de long., cuyo caparazón no le cubre más que el cefalotórax, pero no el abdomen, más voluminoso que aquél y blando, por lo cual, para protegerlo de sus enemigos, lo aloja en la concha vacía de un molusco. Sus especies son numerosas y la más frecuente en las costas españolas es el *eupagurus bernadus.* Se llama también *cangrejo ermitaño, bernardo ermitaño* y *paguro.* || **de camino.** *Léx. Germ.* **salteador.**

ermitorio. m. **eremitorio.**

Ermúa. Geog. Mun. y villa de España, prov. de Vizcaya, p. j. de Marquina; 14.563 h. Centro industrial.

ermunio. (Del b. lat. *ermunĭus*, y éste del lat. *immūnis*.) m. En lo antiguo, caballero que por su nobleza estaba libre de todo género de servicio o tributo ordinario, o cualquiera que sin ser caballero gozaba de este privilegio.

Ernakulam. Geog. V. **Cochin.**

Ernestina. Geog. Local. de Argentina, prov. de Buenos Aires, part. de 25 de Mayo; 715 h.

Ernesto. Biog. Archiduque de Austria, n. en Viena y m. en Bruselas (1553-1595). Hijo de Maximiliano II, a quien el rey de España Felipe II nombró gobernador de los Países Bajos. ∥ Rey de Hannóver, n. en Londres y m. en Hannóver (1771-1851). Hijo del rey de Inglaterra Jorge III, que ascendió al trono a la muerte de Guillermo IV en 1837.

Erni (Hans). Biog. Pintor suizo, n. en Lucerna en 1909. Está galardonado con algunos premios internacionales y ha cultivado la pintura mural, principalmente, de trazado geométrico e inspiración picassiana.

Ernst (Max). Biog. Pintor superrealista alemán, n. en Brühl y m. en París (1891-1976). Sus obras se caracterizan por cierto retozo infantil y por la captación de sensaciones inéditas: *La ciudad entera*, *La isla maldita*, *El monumento a los pájaros*, etc. ∥ **(Paul).** Escritor alemán, n. en Elbingerode, Harz, y m. en Sankt Georgen, Stiria (1866-1933). Militó, en un principio, en el romanticismo, llegando a ser después el más importante representante del neoclasicismo. Obras principales: *Das Kaiserbuch* (1923-1928), epopeya popular; *Demetrios* (1905), tragedia; los dramas *Canossa* (1908), *Brunhild* (1909) y *Ariadne auf Naxos* (1912); su principal obra crítica es *El camino hacia la forma* (1906).

ero-. pref. V. **erot-.**

-ero, -era. suf. usado en voces latinas, como *panera*, y en substantivos y adjetivos castellanos derivados de nombres. Denota oficio: *aduanero* (de *aduana*); árbol: *albaricoquero*; lugar: *leonera*; etc. Deriva de adjetivo, p. e.: *manquera* (de *manco*). ∥ Es indefinido el número de vocablos de buena formación que con esta desinencia castiza han sido creados en el lenguaje vulgar y culto indoamericano. Algunos con significado privativo, por evolución metafórica o extensiva del sentido inicial de la terminación formativa: *chalequero*, *pantalonero* (en Méjico), *periodiquero*, *avisero*, *jurero*, etc.

ero. (Del lat. *ager, agri*, campo.) m. **Agr. Ar.** Tablar de huerta.

erogación. (Del lat. *erogatĭo, -ōnis*.) f. Acción y efecto de erogar. ∥ *Amér.* Donativo, limosna, dádiva. ∥ Gasto, desembolso.

erogante. p. a. de **erogar.** Que eroga. En América, ú. c. adj. y s.

erogar. (Del lat. *erogāre*.) tr. Distribuir, repartir bienes o caudales. ∥ *Amér.* Pagar, desembolsar dinero.

erogatorio. (Del lat. *erogatorĭus*.) m. desus. Cañón por donde se distribuye el licor que está en algún vaso o depósito.

erógeno, na. (De *ero-* y *-geno*.) adj. Dícese de lo que provoca el amor, o la libido.

Erongarícuaro. (Del tarasco *erongariri*, atalaya, y la final *cuaro*, de lugar: *lugar vigilado* o *atalayado*.) Geog. Mun. de Méjico, est. de Michoacán de Ocampo; 9.470 h. ∥ Pueblo cap. del mismo; 2.135 h.

Eros. (Del gr. *Éros*.) Astron. Nombre dado al asteroide 433, descubierto en 1898 por Witt, muy notable por ser entre todos los planetas y planetoides el que más se acerca a la Tierra (22,5 millones de km.). ∥ **Mit.** Dios del amor, considerado en la antigüedad como una divinidad creadora. Más tarde se ha convenido en ver en él al hijo de Afrodita y al más joven de los dioses. Se le representa como un joven alado con arco, carcaj y flechas. También recibe el nombre latino de Cupido.

erosión. (Del lat. *erosĭo, -ōnis*, roedura.) f. Desgaste o destrucción producidos en la superficie de un cuerpo por la fricción continua o violenta de otros. Ú. t. en sent. fig. ∥ Lesión superficial de la epidermis por un agente externo mecánico, excoriación. ∥ Degradación del ánima de una boca de fuego, originada por falta de homogeneidad de su metal, por deficientes condiciones del proyectil o de la carga, o por excesiva velocidad o prolongación del fuego. ∥ Desgaste de prestigio o influencia que pueden sufrir una persona, una institución, etc. ∥ **Geol.** Proceso destructivo que determina cambios en la topografía de la superficie terrestre, originado por agentes geológicos externos, capaces de transportar materiales procedentes de la disgregación de las rocas (viento, agua de lluvia y de los ríos, los glaciares y el mar), cada uno de los cuales actúa de manera distinta y produce efectos también diferentes. El arbolado es uno de los mejores sistemas para evitar la degradación del suelo, ya que las raíces reducen el arrastre de tierras y hacen el suelo más permeable.

erosionable. adj. Susceptible de erosión.

erosionar. tr. Producir erosión. ∥ Desgastar el prestigio o influencia de una persona, una institución, etc. Ú. t. c. prnl.

erosivo, va. (Del lat. *erōsum*, supino de *erodĕre*, erosionar.) adj. Perteneciente o relativo a la erosión.

erostratismo. (De *Eróstrato*.) m. Manía que lleva a cometer actos delictivos para conseguir renombre.

Eróstrato. Biog. Griego que en 356 a. C., para alcanzar celebridad, incendió el magnífico templo de Diana, en Éfeso, una de las maravillas del mundo.

erot-, eroto-, ero-. (Del gr. *éros, érotos*.) pref. que sign. amor.

erotema. (Del lat. *erotēma*, y éste del gr. *erótema*, de *erotáo*, interrogar.) f. **Ret.** Interrogación retórica.

erótica. (Del gr. *erotiké*, t. f. de *erotikós*, erótico.) f. Poesía erótica.

erótico, ca. fr., *érotique*; it., *erotico*; i., *erotic*; a., *erotisch*. (Del lat. *erotĭcus*, y éste del gr. *erotikós*, de *éros*, amor.) adj. Amatorio. Aplícase con frecuencia a la poesía de este género y al poeta que la cultiva. ∥ Perteneciente o relativo al amor sensual.

erotismo. (De *erot-* e *-ismo*.) m. Pasión de amor. ∥ Amor sensual exacerbado.

Erotismo en una miniatura mongola del s. XVII. Biblioteca Nacional. París

eroto-. pref. V. **erot-.**

erotomanía. (De *eroto-* y *-manía*.) f. **Psiquiat.** Enajenación mental causada por el amor y caracterizada por un delirio erótico.

erotómano, na. adj. Que padece erotomanía. Ú. t. c. s.

E. R. P. Siglas de *European Reconstruction Plan*. V. **Marshall (Plan).**

erque. (Voz quechua que sign. *trompeta*.) m. Zampoña pastoril de los indios bolivianos.

errabundo, da. (Del lat. *errabundus*.) adj. Que va de una parte a otra sin tener asiento fijo.

errada. f. ant. **error.** ∥ En el juego de billar, lance de no tocar el jugador a la bola que debe herir.

erradamente. adv. m. Con error, engaño o equivocación.

erradicación. (Del lat. *eradicatĭo, -ōnis*.) f. Acción de erradicar.

erradicar. (Del lat. *eradicāre*.) tr. Arrancar de raíz.

erradizo, za. adj. Que anda errante y vagando.

errado, da. (De *errar*.) p. p. de **errar.** ∥ adj. Que yerra.

erraj. (De *herraj*.) m. Cisco hecho con el hueso de la aceituna después de prensada en el molino.

erráneo, a. (Del lat. *errаnĕus*.) adj. ant. **errante.**

errante. (Del lat. *errans, -antis*.) p. a. de **errar.** Que yerra. ∥ adj. Que anda de una parte a otra sin tener asiento fijo. ∥ **Zool.** Dícese de los gusanos anélidos de la clase de los poliquetos, con cabeza diferenciada, faringe desenvaginable, armados de mandíbulas, con todos los parápodos iguales a lo largo del cuerpo y las branquias en posición lateral. Son de vida libre, en general, casi siempre marinos y algunos pelágicos. ∥ m. pl. Orden de estos gusanos anélidos.

erranza. (Del lat. *errantĭa*.) f. ant. **error.**

errar. fr., *errer, manquer*; it., *errare*; i., *to err, to fail*; a., *irren, fehlen*. (Del lat. *errāre*.) tr. No acertar. Ú. t. c. intr. ∥ Faltar, no cumplir con lo que se debe. ∥ intr. Andar vagando de una parte a otra. ∥ Divagar el pensamiento, la imaginación, la atención. ∥ prnl. **equivocarse.** ∥ **errar y porfiar.** fr. prov. con que se reprende a los tercos.

errata. fr. e i., *erratum*; it., *errata*; a., *Fehler*. (Del lat. *errāta*, t. f. de *errātus*, errado.) f. Equivocación material cometida en lo impreso o lo manuscrito.

errático, ca. (Del lat. *errātĭcus*.) adj. Vagabundo, ambulante, sin domicilio cierto, lejano de su lugar de origen. ∥ **Geol.** Dícese de las rocas o de los bloques arrastrados a distancia por los hielos glaciares. ∥ **Med. errante.** Dícese de los dolores crónicos que se sienten ya en una, ya en otra parte del cuerpo, y también de ciertas calenturas que se producen sin período fijo.

errátil. (Del lat. *errātĭlis*.) adj. Errante, incierto, variable.

Errázuriz (Crescente). Biog. Prelado e historiador chileno, n. y m. en Santiago (1839-1931). Fue profesor del Seminario, catedrático de la Universidad de Santiago y presidente de la Academia de la Lengua. Obras principales: *Los orígenes de la Iglesia chilena*, *Seis años de la Historia de Chile* y *Compendio de Derecho Canónico*. ∥ **Aldunate (Fernando).** Político chileno, n. y m. en Santiago (1777-1841). Luchó por la Independencia y tras la renuncia de O'Higgins formó parte de la Junta de Gobierno. Asumió interinamente el Ejecutivo a la muerte del presidente Ovalle (1831). ∥ **Echaurren (Federico).** Político chileno, n. en Santiago y m. en Valparaíso (1850-1901). Fue presidente de la República (1896-1901), y se distinguió por su política prudente y enérgica y contribuyó eficazmente al arreglo chileno-argentino. ‖ **Zañartu (Federico).** Político chileno, n. y m. en Santiago (1825-1877). Fue ministro de Justicia, Culto e Instrucción Pública y de Guerra y Marina, y presidente de la República (1871-76). Reformó los Tribunales de su país y fomentó la marina y los ferrocarriles.

erre. f. Nombre de la letra r en su sonido fuerte. ‖ **erre**, o **erre, erre.** m. adv. desus. Asiduamente, con tenacidad. ‖ **erre que erre.** m. adv. fam. Porfiadamente, tercamente.

erreal. m. *Bot. Sal.* Especie de brezo de hoja morada o ligeramente purpúrea.

erro. (De *errar*.) m. ant. Error, yerro. Ú. en América.

Erro (Carlos Alberto). *Biog.* Escritor argentino, n. en Gualeguaychú en 1903. Obras: *Medida del criollismo, Diálogo existencial* (premio municipal de Literatura, 1937) y *Tiempo lacerado.* ‖ *Geog.* Mun. de España, prov. de Navarra, p. j. de Aoiz; 1.078 h. Corr. 94 a la cap., el lugar de Linzoáin.

errona. (De *errar*.) f. ant. Suerte en que no acierta el jugador. Ú. en Chile.

erróneamente. adv. m. Con error.

erróneo, a. (Del lat. *erronĕus*.) adj. Que contiene error.

error. fr., *erreur;* it., *errore, sbaglio;* i., *error;* a., *Irrtum, Fehler.* (Del lat. *error, -ōris*.) m. Concepto equivocado o juicio falso. ‖ Acción desacertada o equivocada. ‖ Cosa hecha erradamente. ‖ *Der.* Vicio del consentimiento causado por equivocación de buena fe, que anula el acto jurídico si afecta a lo esencial del mismo o de su objeto. ‖ *Filat.* Sello, emitido con un fallo o defecto de impresión. ‖ **absoluto.** *Mat.* Diferencia entre el valor exacto y el valor aproximado de un mismo número. ‖ **relativo.** Razón del error absoluto y el número exacto.

Ersekë. *Geog.* C. de Albania, cap., del dist. de Kolonjë; 2.570 h.

Erskine (John). *Biog.* Escritor y pedagogo estadounidense, n. y m. en Nueva York (1879-1951). En su variada producción destacan: *La vida privada de Elena de Troya* (1925), *El preferido de Penélope* (1928), *La hora breve de François Villon* (1937), *Dadme libertad* (1940), etcétera.

erubescencia. (Del lat. *erubescentĭa*.) f. Rubor, vergüenza.

erubescente. (Del lat. *erubescens, -entis*, que se sonroja.) adj. Que se pone rojo o que se sonroja.

erúcico, ca. (Del lat. científico *eruca*, gén. de las crucíferas, e *-ico;* aquél de la misma voz lat., que sign. cierta clase de berza.) adj. *Quím.* V. **ácido erúcico.**

eruciforme. (Del lat. *eruca*, oruga, y *-forme.*) adj. *Entom.* Dícese de las larvas de los insectos, que tienen el mismo aspecto que las orugas de los lepidópteros.

eructación. (Del lat. *eructatĭo, -ōnis*.) f. Acción y efecto de eructar.

Erupción del volcán Kanchatka (U. R. S. S.)

eructar. (Del lat. *eructāre*.) intr. Expeler con ruido por la boca los gases del estómago. ‖ fig. y fam. Jactarse vanamente.

eructo. (De *eructar*.) m. Acción y efecto de eructar.

erudición. (Del lat. *erudĭtĭo, -ōnis*.) f. Instrucción en varias ciencias, artes y otras materias. ‖ Lectura varia, docta y bien aprovechada.

eruditamente. adv. m. Con erudición.

erudito, ta. fr., *érudit;* it., *erudito;* i., *erudite, learned;* a., *gelehrter.* (Del lat. *erudītus*.) adj. Instruido en varias ciencias, artes y otras materias. Ú. t. c. s. ‖ **a la violeta.** *Léx.* El que sólo tiene una tintura superficial de las ciencias y artes.

eruela. f. dim. de *era*, donde se trilla.

eruga. (Del lat. *erūca*.) f. ant. *Entom.* Oruga, larva de los insectos lepidópteros.

eruginoso, sa. (Del lat. *aeruginōsus*.) adj. **ruginoso.**

erumnoso, sa. (Del lat. *aerumnōsus*.) adj. ant. Trabajoso, penoso, miserable.

erupción. fr., *éruption;* it., *eruzione;* i., *eruption;* a., *Ausbruch, Hautausschlag.* (Del lat. *eruptĭo, -ōnis;* de *e*, desde, y *rumpĕre*, rupi, ruptum, romper.) f. *Geol.* Emisión de materias sólidas, líquidas o gaseosas por aberturas o grietas de la corteza terrestre; unas veces es repentina y violenta, como en los volcanes y otras lenta y tranquila, como en las solfataras. ‖ *Pat.* Aparición y desarrollo en la piel, o las mucosas, de granos, manchas o vesículas. ‖ Estos mismos granos o manchas.

eruptivo, va. (Del lat. *eruptum*, supino de *erumpĕre*, brotar.) adj. Perteneciente a la erupción o procedente de ella. ‖ *Geol.* Dícese de las rocas formadas al consolidarse, por enfriamiento, un magma fundido. Si éste es lento y a profundidad, la roca se llama *intrusiva* o *plutónica*, y su textura es holocristalina (macrogranuda); si el enfriamiento es superficial y rápido, la roca se denomina *efusiva* o *volcánica*, y su textura es microcristalina o vítrea. Un grupo intermedio lo forman las rocas *filonianas*, cuya consolidación es lenta y profunda, al principio, para terminar rápidamente en el camino al exterior o en la misma superficie.

Principales rocas eruptivas

Formación y estructura \ Composición	Rocas ácidas				Rocas básicas	Rocas ultrabásicas
	Predominan los minerales leucocratos				Predominan los minerales melanocratos	
	Ortosa predominante	Plagioclasas predominantes			Con plagioclasas	Sin plagioclasas
	Con cuarzo	Sin cuarzo				
Rocas plutónicas (estructura granuda)	Granitos	Sienitas		Dioritas	Gabros	Peridotitas
Rocas filonianas (estructura porfídica)	Pórfidos cuarcíferos				Diabasas y ofitas	
Rocas volcánicas (estructura microcristalina o vítrea)	Riolitas y liparitas	Traquitas		Andesitas	Basaltos	

Erustes. *Geog.* Mun. y lugar de España, prov. de Toledo, p. j. de Torrijos; 303 h.

erutación. f. **eructación.**

erutar. intr. **eructar.**

eruto. m. **eructo.**

ervato. m. *Bot.* **servato.**

Ervigio. *Biog.* Rey visigodo que ocupó el trono español, por renuncia de Wamba, de 680 a 687. Renunció a la corona en favor de Egica.

ervilla. (Del lat. *ervĭlĭa*, arveja.) f. *Bot.* **arveja.**

Ervine (Saint John Greer). *Biog.* Dramaturgo y crítico irlandés, n. en Belfast en 1883.

Obras principales: *Juan Ferguson* (1914), *El Barco* (1922), *La dama de Belmont* (1924) y *Antonio y Ana* (1925).

Erzberger (Matthias). *Biog.* Político alemán, n. en Buttenhausen, Württemberg, y m. en Griesbach, Baden (1871-1921). El 6 de julio de 1917 pronunció un notable discurso acusando a los ministros de falsificar la situación militar de Alemania, exigiendo al propio tiempo que se hiciesen constar los deseos de paz del país. En 1919 desempeñó la cartera de Hacienda y el cargo de vicepresidente del Gobierno.

Erzerum. *Geog.* **Erzurum.**

Erzincan, Erzingham o **Erzinjan.** *Geog.* Prov. de Turquía asiática, región de Anatolia Oriental; 11.903 km.² y 277.647 h. ‖ C. cap. de la misma; 58.074 h.

Erzurum. (En ár., *Arz ar-Rum*, que sign. tierra de los romanos.) *Geog.* Prov. de Turquía asiática, región de Anatolia Oriental; 25.066 km.² y 685.955 h. ‖ C. cap. de la misma, cerca del nacimiento del Éufrates; 134.655 h.

es. *Filol.* Artículo árabe (v. **al**).

es-. pref. V. **e-.**

Es. *Quím.* Símbolo del *einstenio*.

Es Salt. *Geog.* C. de Jordania, cap. del dist. de Balga, al E. del Jordán; 17.896 h.

Esaki (Leo). Biog. Científico japonés, n. en Osaka en 1925. Doctorado en Física por la Universidad de Tokio. En 1973 compartió el premio Nobel de Física con el noruego Ivar Giaever, por sus trabajos sobre semiconductores y superconductores y el inglés Brian Josephson.

Esaú. Biog. Hijo primogénito de Isaac y hermano de Jacob. Atormentado por el hambre, un día vendió a su hermano el derecho de primogenitura por un plato de lentejas. Se le considera como el padre de los idumeos y se le llama también Edom.

Isaac bendice a Esaú, miniatura de la Biblia de San Luis de Francia. Catedral de Toledo

esbarar. (Del lat. *divarāre*, de *varus*, patituerto.) intr. **resbalar.**

esbardo. m. *Ast.* **osezno.**

esbarizar. (Cruce de *esbarar* y *deslizar*.) intr. *Ar.* **resbalar.**

¡ésbate! interj. *Germ.* Está quedo.

esbatimentante. p. a. de **esbatimentar.** Que esbatimenta.

esbatimentar. intr. Causar sombra un cuerpo en otro. || tr. **Pint.** Hacer o delinear un esbatimento.

esbatimento. (Del it. *sbattimento*, de *sbattire*, y éste del lat. *battĕre*, batir.) m. **Pint.** Sombra que hace un cuerpo sobre otro porque le intercepta la luz.

esbeltez. f. Estatura descollada, despejada y airosa de los cuerpos o figuras.

esbelteza. (De *esbelto*.) f. **esbeltez.**

esbelto, ta. fr., *svelte*; it., *svelto*; i., *tall*; a., *frei, schlank*. (Del it. *svelto*.) adj. Gallardo, airoso, bien formado y de gentil y descollada altura.

esbinzar. tr. *Cuen.* Quitar la binza del azafrán.

esbirro. fr., *sbire*; it., *sbirro*; i., *bailiff*; a., *Häscher*. (Del it. *sbirro*.) m. Oficial inferior de justicia. || El que tiene por oficio prender a las personas.

Esbjerg. Geog. C. de Dinamarca, cond. de Ribe, región de Jutlandia, sit. a orillas del mar del Norte; 76.488 h. Puerto.

esblandecer. (De *es-* y *blando*.) tr. ant. **esblandir.**

esblandir. tr. ant. **blandir,** adular.

esblencar. tr. *Cuen.* **esbrencar.**

esborregar. (Del lat. *divaricāre*, resbalar.) intr. *León* y *Sant.* Caer de un resbalón a causa de lo escurridizo del piso. Ú. m. c. prnl. || prnl. *Sant.* Desmoronarse un terreno.

esbozar. (Del it. *sbozzare*, deriv. de *bozza*, y éste del germ. **botja*, de *botan*, golpear.) tr. **bosquejar.** || Insinuar un gesto, normalmente del rostro.

esbozo. (Del it. *sbozzo*, de *sbozzare*.) m. Acción y efecto de esbozar. || Por ext., algo que puede alcanzar mayor desarrollo y perfección.

Esbozo para la cabeza de Leda, por Miguel Ángel. Galería de los Uffizi. Florencia

|| Bosquejo sin perfilar y no acabado. Se aplica especialmente a las artes plásticas, y, p. ext., a cualquiera obra del ingenio. || **Biol.** Cualquiera de los tejidos, órganos o aparatos embrionarios que todavía no ha adquirido su forma y su estructura definitivas. || **embrionario.** Embrión de los reptiles, aves y mamíferos, en una fase de su desarrollo en la que está formado por una masa celular mesodérmica y rodeado por el amnios y el corion.

esbrencar. tr. Quitar la brenca del azafrán.

esbronce. m. *Ar.* Movimiento violento.

esca. (Del lat. *esca*.) f. ant. Cebo, comida.

escaba. f. *Ar.* Desperdicio del lino. Ú. m. en pl.

escabechado, da. p. p. de **escabechar.** || adj. Dícese de la persona que se tiñe las canas o se pinta el rostro.

escabechar. fr., *mariner*; it., *marinare*; i., *to pickle*; a., *einlegen, marinieren*. tr. Echar en escabeche. || fig. Teñir las canas. Ú. t. c. prnl. || fig. y fam. Matar a mano airada, y ordinariamente con arma blanca. || fig. y fam. Suspender o reprobar en un examen.

escabeche. fr., *marinade*; it., *marinata*; i., *pickle*; a., *mariniertes Gericht*. (Del ár. *sakbây*, guiso de carne con vinagre.) m. Salsa o adobo que se hace con aceite frito, vino o vinagre, hojas de laurel y otros ingredientes, para conservar y hacer sabrosos los pescados y otros manjares. || Manjar conservado en esta salsa. || Pescado escabechado. || fig. Líquido para teñir las canas. || *Chile.* **encurtido.**

escabechina. f. fig. Riza, destrozo, estrago. || fam. Abundancia de suspensos en un examen.

escabel. fr., *escabeau*; it., *sgabello*; i., *footstool*; a., *Schemel*. (Del cat. *escabell*, y éste del lat. *scabellum*.) m. Tarima pequeña que se pone delante de la silla para que descansen los pies del que está sentado. || Asiento pequeño hecho de tablas, sin respaldo. || fig. Persona o circunstancia de que uno se aprovecha para medrar, por lo general ambiciosamente.

escabelo. m. ant. **escabel.**

escabies. (Del lat. *scabies*, sarna.) f. **Pat. sarna.**

escabiosa. fr., *scabieuse*; it., *scabiosa*; i., *scabious*; a., *Skabiose*. (Del lat. *scabiōsa*, áspera; de *scabies*, sarna.) f. **Bot.** Nombre vulgar de varias plantas de la familia de las dipsacáceas; la del gén. *scabiosa*, con las flores en cabezuelas, en que se incluyen las llamadas vulgarmente viudas por el color de sus flores. Además es nombre vulgar de *succisa pratensis* y de *trichera arvensis*, de la misma familia. La de Cuba es la escrofulariácea *capraria biflora*, con florecillas blancas. La de Méjico es la papilionácea *dálea sericea*.

escabioso, sa. (Del lat. *scabiōsus*.) adj. Perteneciente o relativo a la sarna.

escabro. (Del lat. *scābrum*, aspereza.) m. Roña que causa en la piel de las ovejas quiebras y costurones que la hacen áspera y echan a perder la lana. || **Agr.** Enfermedad parecida al escabro de las ovejas, que padecen en la corteza los árboles y las vides, y que daña mucho a estas últimas.

escabrosamente. adv. m. Con escabrosidad.

escabrosearse. (De *escabroso*.) prnl. Hacerse escabroso. || fig. ant. Resentirse, picarse o exasperarse.

escabrosidad. (De *escabroso*.) f. Cualidad de escabroso.

escabroso, sa. fr., *scabreux*; it., *scabroso*; i., *rough*; a., *rauh*. (Del lat. *scabrōsus*.) adj. Desigual, lleno de tropiezos y embarazos. Dícese especialmente del terreno. || fig. Áspero, duro, de mala condición. || fig. Peligroso, que está al borde de lo inconveniente o de lo inmoral.

escabuchar. tr. *Sal.* Pisar los erizos de las castañas para que suelten el fruto.

escabuchar. (De *excavar*.) tr. *Pal.* y *Rioja.* Escardar y escavanar.

escabuche. m. *Agr.* Azada pequeña que se usa principalmente para escardar.

escabullar. tr. *Sal.* Quitar el cascabillo a la bellota. || prnl. *Amér.* **escabullirse.**

escabullimiento. m. Acción de escabullirse.

escabullir. fr., *glisser*; it., *scorrere*; i., *to slide*; a., *entgleiten*. intr. p. us. Salir de un encierro, de una enfermedad o de un peligro. || prnl. Irse o escaparse de entre las manos una cosa como bullendo y saltando. || fig. Salirse uno de la compañía en que estaba sin que lo echen de ver.

escacado, da. adj. Bl. **escaqueado.** Ú. t. c. s.

Escacena del Campo. Geog. Mun. de España, prov. de Huelva, p. j. de La Palma del Condado; 2.211 h. || Villa cap. del mismo; 2.119 h. (*escaceneros*).

escachar. (De *es-* y *cachar*.) tr. Cascar, aplastar, despachurrar. || Cachar, hacer cachos, romper.

escacharrar. tr. Romper un cacharro. Ú. t. c. prnl. || fig. Malograr, estropear una cosa. Ú. t. c. prnl.

escachifollar. tr. **cachifollar.**

escacho. m. Espina de cualquier arbusto.

escaecer. (Del lat. **excadiscĕre*, de *cadĕre*, caer.) intr. Descaecer, desfallecer, enflaquecer.

escaencia. (Del b. lat. *scadentia*, de *scadere*, caer, del lat. *ex*, de, y *cadens, -entis*, p. a. de *cadĕre*, caer.) f. ant. Obvención o derecho superveniente.

escaf-, escafo-; -scafo. (Del gr. *skáphe*, artesa; de *skápto*, cavar [v. *esquife*, etim.].) pref. o suf. que sign. barco; e. de suf.: bati**scafo**.

escafandra o **escafandro.** fr., *scaphandre*; it., *scafandro*; i., *scaphander*; a., *Taucherausrüstung*. (De *escaf-* y *-andro*.) f. Aparato que, parcial o totalmente, aísla al buzo del medio acuático en que está inmerso, asegura su respiración, le defiende a veces de la presión del agua y le permite permanecer y ejecutar trabajos dentro de ella. La del francés Cabriol (1862), que, con algunas modificaciones ha llegado hasta nosotros, tiene el casco con cuatro mirillas de cristal, una válvula para evacuación del aire viciado, posibilidad de aumentar o reducir el volumen dando entrada o expulsando aire dentro del traje, lo que facilita la subida o el descenso respectivamente y botas de gruesa suela de plomo y pesos suplementarios en pecho y espalda para asegurar la estabilidad sobre el fondo. Para levantar y bajar al buzo se emplea un citurón y una cuerda salvavidas que sirve también para hacer señales. || Por ext., dispositivo que garantiza la respiración en un medio inadecuado: aire enrarecido, humo o gases tóxicos, aunque en estos casos suele usarse más la palabra *careta*. || **acorazada** o **metálica**. *Dep*. y *Mar*. Escafandra en la que el *traje* de goma ha sido substituido por una armadura metálica, de la cual salen *brazos* y *piernas* de este mismo material. || **autónoma**. La que facilita al buceador el aire necesario mediante unas botellas llenas de aire a presión que el propio buceador lleva sujetas a la espalda. La facilidad de movimientos que esta escafandra permite, ha dado lugar a un auge extraordinario de la pesca y de la exploración submarina con fines arqueológicos. La profundidad normal de su utilización llega a los 30 m. y se puede trabajar hasta los 60, pero se ha llegado hasta los 222 m. || **para aviación**. *Aviac*. Con el fin de asegurar la respiración cuando se vuela a gran altura, donde el aire está muy enrarecido, se fabrican escafandras especiales para aviadores. Son trajes flexibles, que permiten absoluta libertad de movimientos y mantienen al aviador en las condiciones de temperatura, presión y composición del aire adecuadas. || **para gases**. *Mil*. Escafandra enteramente de goma u otro material flexible usada para proteger el cuerpo humano contra los gases vesicantes en la guerra. || **para incendios**. *Indus*. Escafandra de amianto u otro material incombustible usada por los bomberos.

escafandro. m. **escafandra**.

escafilar. (Del ár. *cafr*, argamasa.) tr. Quitar la argamasa de los ladrillos viejos o las desigualdades de los nuevos.

escafo-. pref. V. **escaf-**.

escafocefalia. (De *escafo-* y *-cefalia*.) f. *Pat*. Forma patológica del cráneo, que se origina cuando es muy alargado su diámetro anteroposterior y estrecho su eje transversal.

escafoides. (De *escaf-* y *-oides*.) m. **Anat**. Hueso del carpo de los mamíferos, que en el hombre es el más externo y voluminoso de la fila primera. || Hueso del tarso de los mamíferos, que en el hombre se articula con el astrágalo y el cuboides.

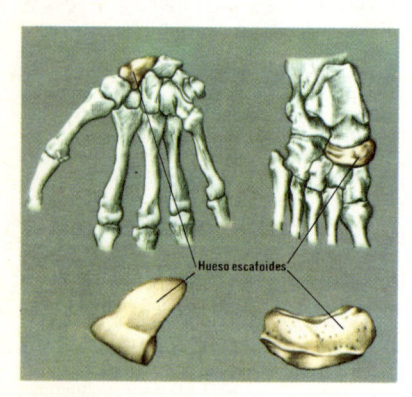

escafópodo, da. (De *escafo-* y *-podo*.) adj. *Zool*. Dícese de los moluscos marinos cuyo representante más típico es el *dentalium*, animal cubierto por una concha pequeña, univalva, sin opérculo, cónica, ligeramente curvada y abierta por los dos extremos; cabeza mal definida y pie cilíndrico y alargado. || m. pl. Clase de estos moluscos, con escasísimo número de especies.

escagarruzarse. prnl. vulg. Hacer de vientre involuntariamente.

Escairon. Geog. Saviñao.

escajo. (Del b. lat. *squalēus*, por *squalus*, descuidado.) m. **escalio**, tierra yerma que se pone en cultivo. || **Bot**. *Sant*. **aulaga**, tojo o árgoma.

escajocote. (Del azt. *ichcaxocotl*.) m. *Bot*. Árbol corpulento de Méjico y de la América central, de madera muy compacta, que produce una fruta agria, algo menor que una ciruela y que tiene el aspecto de una bola de algodón cuando se le quita la cáscara.

escala. fr., *échelle*; it., *scala*; i., *scale, ladder*; a., *Masstab, Leiter*. (Del lat. *scala*.) f. Escalera de mano, hecha de madera, de cuerda o de ambas cosas. || Sucesión ordenada de cosas distintas, pero de la misma especie. || Línea recta dividida en partes iguales que representan metros, kilómetros, leguas, etc., y sirve de medida para dibujar proporcionalmente en un mapa o plano las distancias y dimensiones de un terreno, edificio, máquina u otro objeto, y para averiguar con ayuda de ella sobre el plano las medidas reales de lo dibujado. || Tamaño de un mapa, plano, diseño, etc., según la escala a que se ajusta. || fig. Tamaño o proporción en que se desarrolla un plan o idea. || **Fís**. Graduación para medir los efectos de diversos instrumentos. || **Mar**. Paraje o puerto adonde tocan de ordinario las embarcaciones entre el puerto de origen y aquel donde van a rendir viaje. || **Mil**. **escalafón**. || **Mús**. Sucesión ascendente o descendente de sonidos que proceden por grados contiguos en

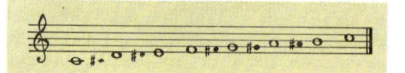

Escala cromática

altura o entonación, esto es, a distancia de tono o semitono cada uno de los anteriores. || **cerrada**. *Mil*. Escalafón para ascensos en orden de rigurosa antigüedad. || **cromática**. *Mús*. La que incluye, además de los siete grados diatónicos, las cinco notas cromáticas intermedias. || **de dureza** o **de Mohs**. *Miner*. Serie de 10 minerales de dureza creciente en intervalos aproximadamente iguales (excepto el intervalo 9-10).

Escala de dureza o de Mohs

1.	Talco laminar	Se rayan con la uña. Blandos.
2.	Yeso cristalizado.	
3.	Calcita	Se rayan con la navaja. Duros.
4.	Fluorita	
5.	Apatito	
6.	Feldespato ortosa	
7.	Cuarzo	No son rayados con la navaja y dan chispas con el eslabón. Muy duros.
8.	Topacio	
9.	Corindón	
10.	Diamante	

|| **franca**. *Com*. Puerto libre y franco donde los buques de todas las naciones pueden llegar con seguridad para comerciar. || **gradual**. *Der*. Cada una de las series de penas ordenadas en los códigos, de mayor a menor gravedad, para adaptarlas a la índole, grado y circunstancias de los delitos y participación de los culpables. || **de mar y de tierra**. *Mar*. Escalafones que constituyen el cuerpo general de la Armada y que están formados, el primero, por los marineros navegantes, y por los que no lo son, el segundo. || **del modo**. *Mús*. Serie de sonidos del mismo, arreglados entre sí por el orden más inmediato, partiendo del sonido tónico. || **real**. *Mar*. La que se arma exteriormente en el portalón de estribor de los buques, para servicio de los generales, jefes, oficiales y otras personas de distinción. || **de reserva**. *Mil*. Escalafón de los militares pertenecientes a las reservas del Ejército o de la Armada. || **de temperatura**. *Fís*. Cada una de las maneras convencionales de graduar los termómetros. Existen cuatro:

Celsius o *centígrado:* (abreviadamente se indica por °C.)

0° punto de fusión del hielo.
100° punto de ebullición del agua.

Fahrenheit: (abreviadamente se indica por °F.)

32° punto de fusión del hielo.
212° punto de ebullición del agua.

Esta escala se usa sólo en los países de habla inglesa.

Réaumur: (abreviadamente se indica por °R.)

0° punto de fusión del hielo.
80° punto de ebullición del agua.

Ya no se utiliza; y

absoluta: (abreviadamente se indica por °K.)

273° punto de fusión del hielo.
373° punto de ebullición del agua.

|| **de viento**. *Mar*. La formada a bordo con dos cabos y palos o trozos de cuerda atravesados de uno a otro de aquéllos, para que sirvan de escalones. || **a escala vista**. m. adv. En milicia, haciendo la escalada de día y a vista de los enemigos. || fig. Descubiertamente, sin reserva. || **en gran escala**. fr. adv. Por mayor, en montón, en grueso.

Escala (Víctor Hugo). Biog. Escritor y diplomático ecuatoriano, n. en Guayaquil en 1887. Ha publicado interesantes libro de viajes, entre los cuales merecen citarse: *Caleidoscopio*, *Medallones* y *La sandalia del peregrino*. || **(La)**. Geog. Mun. de España, prov. y p. j. de Gerona; 3.177 h. || Villa cap. del mismo; 2.395 habitantes *(escalenses)*. En su térm. se encuentra la local. arqueológica de Ampurias.

escalable. adj. Que puede ser escalado.

escalaborne. m. Trozo de madera ya desbastado para labrar la caja del arma portátil de fuego.

escalabrar. tr. **descalabrar**. Ú. t. c. prnl.

escalada. f. Acción y efecto de escalar una fortaleza valiéndose de escalas. || Acción y efecto de trepar por una pendiente o a una gran altura. || ant. Escala, escalera. || **Mil**. y **Polít**. Incremento de una acción política o militar en un conflicto internacional.

Escalada. Geog. Local. de Argentina, prov. de Buenos Aires, part. de Zárate; 343 h. || Mun. de España, prov. y p. j. de Burgos; 107 habitantes. || Lugar cap. del mismo; 59 h.

escalado, da. adj. Dícese de los animales abiertos en canal para salar o curar su carne.

escalador, ra. adj. Que escala. Ú. t. c. s. || m. *Germ*. Ladrón que hurta valiéndose de escala.

escalafón. (De *escala*.) m. Lista de los individuos de una corporación, clasificados según su grado, antigüedad, méritos, etc.

escalamiento. m. Acción y efecto de escalar.

escálamo. (De *escalmo*.) m. *Mar*. Estaca pequeña y redonda fijada y encajada en el borde de la embarcación, a la cual se ata el remo.

escalante. p. a. ant. de **escalar**. Que escala.

Escalante y Prieto (Amós). Biog. Literato español, que usó el seudónimo de *Juan García*, n. y m. en Santander (1831-1902). Publicó: *Poesías, Historia montañesa, Del Ebro al Tíber y Costas y montañas*. || Geog. Depart. de Argentina, prov. de Chubut; 14.015 km.² y 78.479 h. Cap., Comodoro Rivadavia. || Mun. de España, prov. de Santander, p. j. de Santoña; 1.002 h. || Villa cap. del mismo; 574 h.

escalar. (Del lat. *scalāris*.) m. *Ar*. Paso angosto en una montaña con escalones naturales o hechos a mano.

escalar. fr., *escalader;* it., *dar la scalata;* i., *to scale;* a., *ersteigen.* tr. Entrar en una plaza u otro lugar valiéndose de escalas. || Subir, trepar por una gran pendiente o a una gran altura. || Por ext., entrar subrepticia o violentamente en alguna parte, o salir de ella, rompiendo una pared, un tejado, etc. || Levantar la compuerta de la acequia para dar salida al agua. || En Aragón, abrir escalones o surcos en el terreno. || fig. Subir, no siempre por buenas artes, a elevadas dignidades.

escalar. adj. **Fís.** Dícese de cualquiera magnitud numéricamente definible y que puede, por tanto, referirse a una escala. Se diferencia de una magnitud vectorial en que a ésta ha de añadirse la dirección. Ú. t. c. s.

Escalda. (En fr., *Escaut;* en a., *Schelde.*) Geog. Río que n. en el N. de Francia, penetra después en Bélgica y entra, finalmente, en los P. B., para des. en el mar del Norte, cerca de Flesinga; 434 km.

escaldado, da. p. p. de **escaldar.** || adj. fig. y fam. Escarmentado, receloso. || fig. y fam. Aplícase a la mujer muy ajada, libre y deshonesta en su trato. || f. *Zam.* Comida de patatas y berzas.

escaldadura. f. Acción y efecto de escaldar.

escaldar. fr., *échauder;* it., *scottare;* i., *to scald;* a., *verbrühen.* (Del lat. *excaldāre.*) tr. Bañar con agua hirviendo una cosa. || Abrasar con fuego una cosa, poniéndola muy roja y encendida, como el hierro, etc. || prnl. Escocerse la piel, especialmente de las ingles.

Escaldes (Les). Geog. Pobl. de Andorra, que constituye un núcleo urbano de Andorra la Vella; 4.350 h.

escaldo. (Del escand. *scald,* cantor.) m. **Lit.** Cada uno de los antiguos poetas escandinavos, autores de cantos heroicos y de sagas.

escaldrido, da. adj. ant. Astuto, sagaz.

escaldufar. (De *es-* y *caldo.*) tr. *Mur.* Sacar porción de caldo de la olla que tiene más del que ha menester.

escalecer. (Del lat. *excalescĕre.*) tr. *Sal.* **calentar.**

escaleno. (Del lat. *scalēnus,* y éste del gr. *skalenós,* oblicuo.) adj. **Geom.** V. **triángulo escaleno.** || Se ha llamado también así al cono cuyo eje no es perpendicular a la base por ser su sección un triángulo de esta especie.

escalenoedro. (De *escaleno* y *-edro.*) m. **Miner.** Hemiedro de la bipirámide diexagonal, constituido por seis pares de caras, que son triángulos escalenos iguales. || Hemiedro de la bipirámide ditetragonal, constituido por cuatro pares de caras que son triángulos escalenos iguales.

escalentador. m. ant. Calentador para la cama.

escalentamiento. m. ant. **calentamiento.** || **Veter.** Enfermedad que sufren los animales en los pies y en las manos, por no limpiarles de las humedades e inmundicias que se les pegan.

escalentar. tr. ant. **calentar.** || ant. Calentar con exceso. || ant. fig. Inflamar o enardecer las pasiones y afectos. || intr. ant. Fomentar y conservar el calor natural.

escalera. fr., *escalier;* it., *scala;* i., *stairs;* a., *Treppe.* (Del lat. *scalaria,* escaleras, peldaños.) f. Serie de escalones que sirve para subir y bajar y para poner en comunicación los pisos de un edificio o dos terrenos de diferente nivel. || Pieza del carro, que componen los listones, las taleras y el pértigo, porque en la forma se parece a una escalera de mano. || Armazón de dos largueros y varios travesaños, semejantes a una escalera de mano corta, con que se prolonga por su parte trasera la carreta o el carro. || Reunión de naipes de valor correlativo. || Instrumento de cirugía parecido a una escalera, con algunas garruchas, de que se usó antiguamente para concertar los huesos dislocados. || fig. Trasquilón recto o línea de desigual nivel que la tijera deja en el pelo mal cortado. || En algunas partes, peldaño, escalón. || **de caracol.** *Arquit.* La de forma espiral, seguida y sin ningún descanso. || **de color.** *Dep.* Lance máximo del juego del póquer, que se consigue cuando se logra una escalera con cartas del mismo palo. || **de desahogo.** *Léx.* **escalera excusada.** || **de escapulario.** *Min.* La de mano que se cuelga pegada a la pared de los pozos. || **de espárrago.** La formada por un madero atravesado por estacas pequeñas salientes. || **excusada,** o **falsa.** *Léx.* La que da paso a los sobrados y a las habitaciones interiores de la casa. || **de husillo.** *Arquit.* **escalera de caracol.** || **de mano.** *Léx.* Aparato portátil, por lo común de madera, compuesto de dos largueros en que están encajados transversalmente y a iguales distancias unos travesaños que sirven de escalones. || **mecánica.** *Mec.* Tramo de escalera en forma de cadena sin fin que, en movimiento ininterrumpido, hace surgir suavemente del suelo los escalones y los hace desaparecer al llegar al piso superior, o a la inversa, si sirve para descender. || **de mono.** *Bot. C. Rica.* Nombre de varias especies de *bauhinia,* bejucos enormes de los bosques tropicales. || **real.** *Dep.* **escalera de color.** || **de servicio.** *Léx.* Escalera accesoria que tienen algunas casas para dar paso por ella a la servidumbre y a los abastecedores. || **de tijera,** o **doble.** La compuesta de dos de mano unidas con bisagras por la parte superior. || **de escalera abajo.** loc. adj. Se dice de los sirvientes domésticos, y especialmente de los que se ocupan en las faenas más humildes, cuando hay otros.

Escalera principal del Palacio Real de Aranjuez

Escaleras de la catedral de Santiago

escalereja. f. dim. de **escalera.**
escalerilla. (dim. de **escalera.**) f. Escalera de corto número de escalones. || En los juegos de naipes, tres cartas en una mano, de números consecutivos; como tres, cuatro y cinco. || *Ar.* Especie de parihuelas que, atadas sobre una albarda, sirven para sujetar a ellas los haces de mies o leña que forman la carga. || **Veter.** Instrumento de hierro, semejante a una escalera de mano, que sirve para abrir y explorar la boca de las caballerías. || **en escalerilla.** m. adv. Aplícase a las cosas que están colocadas con desigualdad y como en gradas.
escalerón. m. aum. de **escalera.** || Escalera de espárrago, formada por un madero atravesado por estacas pequeñas salientes. || *Ar.* y *Sant.* Escalón, peldaño.
escaleta. (De *escalera.*) f. Aparato compuesto de un tablón grueso sobre el que se levantan dos maderos con agujeros en correspondencia unos con otros, por los cuales se pasa un perno de hierro a la altura que se quiere, y de él se suspende el eje de cualquier vehículo para poder voltear las ruedas y limpiarlas, cambiarlas o componerlas.
escalfado, da. p. p. de **escalfar.** || adj. Aplícase a la pared que no está bien lisa y forma algunas vejigas, por no haber estado en punto la cal o el yeso cuando se dio de llana. || **afollado.**
escalfador. (De *escalfar.*) m. Jarro de estaño, cobre u otro metal, hecho a manera de chocolatera, con su tapa agujereada como un rallo, y en el cual calentaban y tenían los barberos el agua para afeitar. || Braserillo de hierro u otro metal, con tres pies, que se ponía sobre la mesa para calentar la comida. || Aparato que emplean los obreros pintores para quemar la pintura al óleo de puertas y ventanas que han de pintar de nuevo.
escalfamiento. (De *escalfar.*) m. ant. Fiebre, calentura.
escalfar. (Del lat. *excalfacĕre*, calentar.) tr. Cocer en agua hirviendo o en caldo los huevos sin la cáscara. || desus. Descontar, mermar, quitar algo de lo justo. Ú. en Méjico. || ant. calentar. || Cocer el pan con demasiado fuego, de tal modo que se levanten ampollas en aquél al cocerlo. Ú. t. c. prnl. || *Méj.* **desfalcar.**
escalfarote. (De *escalfar*, calentar.) m. Bota con pala y caña dobles, para que pueda rellenarse con borra o heno y conserve calientes el pie y la pierna.
escalfecerse. (Del lat. *excalfacĕre*, calentar.) prnl. *Ar.* Florecer, enmohecerse las substancias alimenticias.
escalfeta. (De *escalfar*, calentar.) f. Braserillo manual.
escaliar. (Del lat. *exsqualidāre*.) tr. *Agr. Ar.* Rozar, roturar o artigar un terreno.
escalibar. (De *calibo.*) tr. *Ar.* Escarbar el rescoldo para quitarle la ceniza y avivar el fuego. || fig. Echar leña al fuego, avivar una discusión.
escalinata. fr. e i., *perron;* it., *scalinata;* a., *Freitreppe.* (Del it. *scalinata.*) f. Escalera exterior de un solo tramo y hecha de fábrica.
escalio. (De *escaliar.*) m. *Agr. Ar.* Roza de un terreno, artiga.
escalmo. (Del lat. *scalmus*, y éste del gr. *skalmós.*) m. **Mar. escálamo.** || **Mec.** Cuña gruesa de madera, que sirve para calzar o apretar algunas piezas de una máquina.
escalo. (De *escalar*, subir.) m. Acción de escalar. || Trabajo de zapa o boquete practicado para salir de un lugar cerrado o penetrar en él.
escalofriado, da. adj. Que padece escalofríos.
escalofriante. p. a. de **escalofriar.** || adj. Pavoroso, terrible. || Asombroso, sorprendente.

escalofriar. intr. Causar escalofrío. Ú. t. c. intr. y c. prnl.
escalofrío. fr., *frisson;* it., *brivido;* i., *shiver;* a., *Schauer.* m. **Pat.** Sensación de frío, por lo común repentina, violenta y acompañada de contracciones musculares, que suele preceder a un ataque de fiebre. Ú. m. en pl. || Sensación semejante producida por una emoción intensa, especialmente de terror.
escalón. fr., *degré, marche;* it., *scalino;* i., *step;* a., *Stufe.* (De *escala.*) m. **peldaño.** || fig. Grado a que se asciende en dignidad. || fig. Paso o medio con que uno adelanta sus pretensiones o conveniencias. || *Germ.* **mesón.** || **Mil.** Una de las fracciones en que se dividen las tropas de un frente de combate y que se colocan tácticamente con intervalos y a distancias regulares. || **en escalones.** m. adv. Aplícase a lo que está cortado o hecho con desigualdad.
Escalón (Pedro José). **Biog.** Político salvadoreño (1847-h. 1907). Fue ministro de Estado y presidente de la República de 1903 a 1907. Durante su mandato hubo de hacer frente a una guerra con el dictador Estrada Cabrera, de Guatemala.
escalona. (Del lat. *ascalonĭa* [*caepa*, cebolla], de Ascalón de Fenicia.) f. **Bot. chalote.**
escalona. m. *Germ.* Escalador de paredes.
Escalona (Juan). **Biog.** General venezolano, n. y m. en Caracas (1768-1834). Intervino en la guerra de la Independencia americana y en 1811 formó parte del primer Gobierno provisional. || **Geog.** Mun. y villa de España, prov. de Toledo, p. j. de Torrijos; 1.429 h. *(escaloneros).* Ruinas de murallas antiguas y de un castillo que perteneció a Álvaro de Luna. || **del Prado.** Mun. y villa de España, prov. y p. j. de Segovia; 806 h.
escalonamiento. m. Acción y efecto de escalonar.
escalonar. fr., *échelonner;* it., *scaglionare;* i., *to place in echelons;* a., *staffeln.* (De *escalón.*) tr. Situar ordenadamente personas o cosas de trecho en trecho en la milicia. Ú. t. c. prnl. || Distribuir en tiempos sucesivos las diversas partes de una serie.
escalonia. (Del lat. *ascalonĭa.*) adj. **Bot.** V. **cebolla escalonia.** Ú. t. c. s.
Escalonilla. **Geog.** Mun. y lugar de España, prov. de Toledo, p. j. de Torrijos; 1.789 habitantes *(escalonillanos).*

Escalonilla. Ayuntamiento

escaloña. (Del lat. *ascalonĭa.*) f. **Bot. chalote.**
escalope. (Del i. *scallop*, concha, venera.) m. **Coc.** Loncha delgada de vaca o de ternera empanada y frita.
escalpelo. fr. e i., *scalpel;* it., *scalpello;* a., *Skalpel.* (Del lat. *scalpellum.*) m. **Cir.** Instrumento en forma de cuchillo pequeño, de hoja fina, puntiaguda, de uno o dos cortes, que se usa en las disecciones anatómicas, autopsias y vivisecciones.

escalplo. (Del lat. *scalprum.*) m. Cuchilla de curtidores.
escalla. (Del lat. *scandǎla.*) m. **Bot.** Carraón o escaña menor lampiña, clase de trigo.
escama. fr., *écaille;* it., *squama;* i., *scale;* a., *Schuppe.* (Del lat. *squāma.*) f. Membrana córnea, delgada y en forma de escudete, que, imbricada con otras muchas de su clase, suele cubrir total o parcialmente la piel de algunos animales, y principalmente la de los peces y reptiles. || fig. Lo que tiene figura de escama. || fig. Cada una de las launas de hierro o acero en figura de escama que forman la loriga. || fig. Recelos que uno tiene por el daño o molestia que otro le ha causado, o por el que teme. || **Bot.** Órgano escarioso o membranoso semejante a una hojita. || **Zool.** Formación quitinosa aplastada, que cubre las alas de las mariposas y que se separa como un polvillo al tocarlas. En los peces, son formaciones de origen dérmico, y de diferentes estructuras. También se llaman escamas a las formaciones puramente epidérmicas de los reptiles y de las patas de las aves, análogas a las plumas y a los pelos y formadas esencialmente de queratina.
escamada. (De *escamar.*) f. Bordado cuya labor está hecha en figura de escamas de hilo de plata o de oro.
escamado, da. p. p. de **escamar.** || adj. En Argentina, acobardado. || fig. y fam. Receloso, resentido. || m. Obra labrada en figura de escamas. || Conjunto de ellas.
escamadura. f. Acción de escamar.
escamar. (Del lat. *desquamāre.*) tr. Quitar las escamas a los peces. || Labrar en figura de escamas. || fig. y fam. Hacer que uno entre en cuidado, recelo o desconfianza. Ú. m. c. prnl.
escambrón. (Del lat. *scrabo, -ōnis*, tábano.) m. ant. **Bot. cambrón,** mata espinosa.
escambronal. m. ant. Sitio en que abundan los escambrones.
escamel. (Del provenz. o cat. *escamell*, y éste del lat. *scamellum*, banquillo.) m. Instrumento de espaderos, en el cual se tiende y sienta la espada para labrarla.
escamiforme. adj. Que tiene forma de escama, parecido a una escama.
Escamilla. **Geog.** Mun. y villa de España, prov. de Guadalajara; 353 h.
escamocha. f. *Méj.* **escamocho,** sobras de comida.
escamochar. (De *es-* y *camochar.*) tr. En Andalucía, quitar las hojas no comestibles a los palmitos, lechugas, alcachofas, etc. || fig. Desperdiciar, malbaratar.
escamoche. (De *escamochar.*) m. *Sal.* Desmoche, corta de leña.
escamochear. (De *escamocho.*) intr. **Apicultura.** *Ar.* Pavordear o jabardear.
escamocho. (De *escamochar.*) m. Sobras de la comida o bebida. || En algunas partes, jabardo o enjambrillo. || fig. *Al.* y *Ar.* Persona enteca, desmirriada. || *Ar.* Excusa o pretexto injustificado.
escamol. m. *Méj.* Huevo de una clase especial de hormigas, que comen guisado los indios en algunos puntos del interior del país. || Guiso preparado con el huevo de tales hormigas.
escamón, na. (De *escamar*, meter en cuidado.) adj. Receloso, desconfiado, que se escama.
escamonda. f. Acción y efecto de escamondar.
escamondadura. (De *escamondar.*) f. Ramas inútiles y desperdicios que se han quitado de los árboles.
escamondar. fr., *émonder;* it., *rimondare;* i., *to prune;* a., *beschneiden.* (Del lat. *ex*, de, y *caput mundāre*, podar lo somero.) tr. Limpiar los árboles quitándoles las ramas inútiles y las hojas

secas. || fig. Limpiar una cosa quitándole lo superfluo y dañoso.
escamondo. m. Acción y efecto de escamondar.
escamonea. (Del lat. *scammonĕa*, y éste del gr. *skammōnía*.) f. Gomorresina medicinal sólida y muy purgante, que se extrae de la raíz de la hierba del mismo nombre. Es ligera, quebradiza, de color gris subido, olor fuerte y sabor acre y amargo. || **Bot.** Planta de la familia de las convolvuláceas, que se cría en los países del Mediterráneo oriental y que produce esta gomorresina (*convólvulus scammonia*).
escamoneado, da. adj. Que participa de la calidad de la escamonea.
escamonearse. prnl. fam. Escamarse uno, recelar, entrar en cuidado de algo.
escamoso, sa. (Del lat. *squamōsus*.) adj. Que tiene escamas.
escamotar. tr. **escamotear.**
escamoteador, ra. adj. Que escamotea. Ú. t. c. s.
escamotear. tr. Hacer el jugador de manos que desaparezcan a ojos vistas las cosas que maneja. || fig. Robar o quitar una cosa con agilidad y astucia. || fig. Hacer desaparecer, quitar de en medio de un modo arbitrario o ilusorio algún asunto o dificultad.
escamoteo. m. Acción y efecto de escamotear.
escampada. f. fam. Clara, espacio corto de tiempo en que deja de llover un día lluvioso.
escampado, da. adj. Dícese del terreno descubierto, sin tropiezos, malezas ni espesuras.
escampamento. (De *escampar*.) m. ant. **derramamiento.**
escampar. (De *es-* y *campo*, dejar el campo.) tr. Despejar, desembarazar un sitio. || intr. Aclararse el cielo nublado, cesar de llover. || fig. Cesar en una operación; suspender el empeño con que se intenta hacer una cosa. || **¡ya escampa!** loc. fam. ¡ya escampa!, y llovían guijarros.
escampavía. (De *escampar*, despejar, y *vía*.) f. **Mar.** Barco pequeño y velero que acompaña a una embarcación más grande, sirviéndole de explorador. || Barco muy ligero y de poco calado, que emplea el resguardo marítimo para perseguir el contrabando.
escampilla. f. *Alic.* y *Ar.* Toña, tala.
escampo. m. Acción de escampar. || ant. escape.
escamudo, da. (De *escama*.) adj. **escamoso.**
escamujar. (Del lat. *ex*, de, y *caput mutilāre*, cortar lo somero.) tr. Cortar el ramón a un árbol, hacer una poda somera; dícese especialmente de los olivos cuando se entresacan varas o ramas para que no estén espesas y el fruto tenga mejor sazón.
escamujo. (De *escamujar*.) m. Rama o vara de olivo quitada del árbol. || Tiempo en que se escamuja.
escancia. f. Acción y efecto de escanciar.
escanciador, ra. (De *escanciar*.) adj. Que ministra la bebida en los convites, especialmente los vinos y licores. Ú. t. c. s.
escanciano. m. **escanciador.**
escanciar. fr., *verser*; it., *versare*; i., *to pour*; a., *einschenken*. (Del germ. *skankjan*; en a., *schenken*, dar de beber.) tr. Echar el vino al vaso o copa; servirlo en las mesas y convites. || intr. Beber vino.
escanda. (Del lat. *scandŭla*.) f. **Bot.** Trigo propio de países fríos y terrenos pobres, de paja dura y corta, y cuyo grano se separa dificultosamente del cascabillo.
escandalar. (Del lat. *scandŭla*, palo.) m. **Mar.** Cámara donde estaba la brújula en la galera.

escandalar. (De *cándalo*.) tr. *Cuen.* Quitar el ramaje a los pinos después de tumbados o apeados.
escandalera. f. fam. Escándalo, alboroto grande.
escandalizador, ra. adj. Que escandaliza. Ú. t. c. s.
escandalizar. fr., *scandaliser*; it., *scandalizzare*; i., *to scandalize*; a., *anstoss erregen*. (Del lat. *scandalizāre*, y éste del gr. *skandalízo*.) tr. Causar escándalo. || ant. Conturbar, consternar. || prnl. Mostrar indignación, real o fingida, por alguna cosa. || Excandecerse, enojarse o irritarse.
escandalizativo, va. adj. Dícese de lo que puede ocasionar escándalo.
escándalo. fr., *scandale*; it., *scandalo*; i., *scandal*; a., *Skandal*. (Del lat. *scandălum*, y éste del gr. *skándalon*.) m. Acción o palabra que es causa de que uno obre mal o piense mal de otro. || Alboroto, tumulto, inquietud, ruido. || Desenfreno, desvergüenza, mal ejemplo. || fig. Asombro, pasmo, admiración. || **activo.** *Moral.* Dicho o hecho reprensible que es ocasión de daño y ruina espiritual del prójimo. || **farisaico.** El que se recibe o se aparenta recibir sin causa, mirando como reprensible lo que no lo es. || **pasivo.** Ruina espiritual o pecado en que cae el prójimo por ocasión del dicho o hecho de otro.
escandalosa. f. **Mar.** Vela pequeña que, en buenos tiempos, se orienta sobre la cangreja.

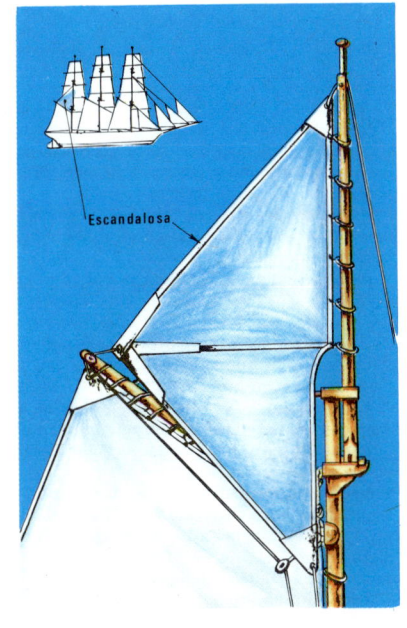

Escandalosa

escandalosamente. adv. m. Con escándalo.
escandaloso, sa. (Del lat. *scandalōsus*.) adj. Que causa escándalo. Ú. t. c. s. || Ruidoso, revoltoso, inquieto. Ú. t. c. s.
escandallar. tr. Sondear, medir el fondo del mar con el escandallo. || Apreciar el valor del conjunto de una mercancía por el valor de unas solas muestras. || **Com.** Determinar el precio de coste o de venta de una mercancía por los factores de su producción.
escandallo. fr., *sonde*; it., *scandaglio*; i., *deep-sea-lead*; a., *Senkblei, Lot*. (Del provenz. *escandall*, sonda, y éste del lat. **scandălum*, de *scandĕre*, subir.) m. Pieza de plomo de forma cónica y peso variable que, en su base inferior, tiene un rebaje donde se coloca sebo o grasa para que se peguen los materiales del fondo y

conocer su calidad. || Acción de tomar al azar o con ciertas condiciones una o varias unidades de un conjunto como representativas de la calidad de todas. || Muestra así recogida. || **Com.** En el régimen de tasas, determinación del precio de coste o de venta de una mercancía con relación a los factores que lo integran.
escandelar. (Del lat. *scandŭla*, palo.) **Mar. escandalar,** cámara.
escandelarete. m. dim. de **escandelar.**
escandia. (Del lat. *scandŭla*.) f. **Bot.** Especie de trigo muy parecida a la escanda, con dobles carreras de granos en la espiga.
Escandinavia. Geog. Se llama así la gran península del NO. de Europa, ocupada por los estados de Suecia y Noruega. Está limitada por el océano Glacial Ártico al N., el golfo de Botnia y el mar Báltico al E., el Báltico, los estrechos de Sund, Kattegat, Skager Rak y el mar del Norte al S., y el Atlántico al O.
escandinavo, va. adj. Natural de la Escandinavia, o perteneciente a esta región del norte de Europa. Ú. t. c. s.
escandio. (Del lat. *Scandía*, Escandinavia, nombre que le dio su descubridor como homenaje a su tierra natal.) m. **Quím.** Elemento metálico trivalente de transición, cuyas propiedades son intermedias entre las de los elementos de la familia del aluminio y las de las tierras raras. Peso atómico, 44,96, símbolo Sc y número 21 de la serie periódica. Se encuentra asociado en pequeñas cantidades a muchos minerales, entre ellos la volframita y la casiterita. Se obtiene de la volframita y de las escorias de estaño. Fue descubierto por L. F. Nilson en 1879.
escandir. (Del lat. *scandĕre*.) tr. **Poét.** Medir el verso; examinar el número de pies o de sílabas de que consta.
escanilla. (Del lat. *scamellum*, dim. de *scamnum*.) f. *Bur.* **cuna,** camita para niños.
escansión. (Del lat. *scansĭo, -ōnis*.) f. **Poét.** Medida de los versos.
escantador, ra. (De *escantar*.) adj. ant. **encantador.** Usáb. t. c. s.
escantar. (Del lat. *excantāre*.) tr. ant. **encantar,** obrar maravillas.
escantillar. (De *es-* y *cantillo*, dim. de *canto*, extremidad.) tr. Tomar una medida o marcar una dimensión a contar desde una línea fija. || *Ar.* y *Nav.* Romper las aristas o cantos de una cosa.
escantillón. (De *escantillar*.) m. Regla, plantilla o patrón que sirve para trazar las líneas y fijar las dimensiones según las cuales se han de labrar las piezas en diversos artes y oficios mecánicos. || En las maderas de construcción, lo mismo que escuadría.
escaña. (Del lat. *scandăla* o *scandŭla*, especie de trigo.) f. **Bot. escanda.**
escañarse. (De *caña del pulmón*.) prnl. *Ar.* Atragantarse, ahogarse.
escañero. m. Criado que cuida de los asientos y escaños en los concejos o ayuntamientos.
escañeto. m. **Zool.** *Sant.* Cachorro del oso.
escañil. m. *León.* Escaño pequeño.
escaño. fr., *banc*; it., *scanno*; i., *bank*; a., *Bank*. (Del lat. *scamnum*.) m. Banco con respaldo y capaz para sentarse tres, cuatro o más personas. || **Polít.** Puesto que ocupa el diputado elegido como representante en el Congreso.
escaño. m. ant. **escaña.**
Escaño (Antonio de). Biog. Marino español, n. en Cartagena y m. en Cádiz (h. 1750-1814). Participó brillantemente en todos los hechos bélicos más importantes de su tiempo. Fue miembro del Almirantazgo y del Consejo de Regencia de España e Indias, ministro de Marina y capitán electo del departamento de Cartagena.

Escañuela–escaramujo

Escañuela. Geog. Mun. y villa de España, prov. de Jaén, p. j. de Andújar; 1.213 h.
escañuelo. (De *escaño*, banco.) m. Banquillo para poner los pies.
escapada. f. Acción de escapar o salir de prisa; evasión brusca. ‖ **en una escapada.** fr. adv. **a escape.**
escapamiento. (De *escapar*.) m. **escapada.**
escapar. fr., *échapper;* it., *scappare;* i., *to escape;* a., *entflichen.* (Del lat. *ex*, fuera, y *cappa*, capa.) tr. Tratándose del caballo, hacerle correr con extraordinaria violencia. ‖ **librar,** sacar de un trabajo, mal o peligro. ‖ intr. Salir de un encierro o un peligro; como de una prisión, una enfermedad, etc. Ú. t. c. prnl. ‖ Salir uno de prisa y ocultamente. Ú. t. c. prnl. ‖ prnl. Salirse un líquido o un gas de un depósito, cañería, canal, etc., por algún resquicio. ‖ Quedar fuera del dominio o influencia de alguna persona o cosa. Ú. t. c. intr.
escaparate. fr., *vitrine;* it., *vetrina;* i., *shop-window;* a., *Schaufenster.* (Del medio neerl. *scaprade*, armario.) m. Especie de alacena o armario, con puertas de cristales y con andenes, para poner imágenes, barros finos, etc. ‖ Hueco que hay en la fachada de las tiendas, resguardado con cristales en la parte exterior, y que sirve para colocar en él muestras de los géneros que allí se venden, a fin de que llamen la atención del público. ‖ *Amér.* **armario.**
escaparatista. com. Persona encargada de disponer artísticamente los objetos que se muestran en los escaparates.
escapatoria. f. Acción y efecto de evadirse y escaparse. ‖ fam. Excusa, efugio y modo de evadirse uno del estrecho y aprieto en que se halla.
escape. m. Acción de escapar. ‖ Fuga de un gas o de un líquido. ‖ Fuga apresurada con que uno se libra de recibir el daño que le amenaza. ‖ Salida de los gases en las máquinas de vapor y en los motores de combustión. ‖ En algunas máquinas, como el reloj, la llave de la escopeta y otras, pieza que separándose deja obrar a un muelle, rueda u otra pieza que sujetaba. ‖ **a escape.** m. adv. A todo correr, a toda prisa.
escapismo. (De *escapar*.) m. neol. Tendencia a evadirse de la responsabilidad mediante actividades que aparten de la realidad cotidiana.
escapista. (Del m. or. que el anterior.) adj. neol. Perteneciente o relativo al escapismo. Ú. t. c. s.
escapo. (Del lat. *scāpus*.) m. **Arquit.** Fuste de la columna. ‖ **Bot.** Tallo terminado en inflorescencia y con brácteas o escamas, pero sin hojas propiamente dichas, siendo todas las de la planta radicales (ajo, jacinto, narciso, etc.).
escapolita. f. **Miner.** Silicato de fórmula muy compleja y variable, perteneciente al grupo de los tectosilicatos, que cristaliza en el sistema tetragonal, en cristales prismáticos de aspecto fibroso. Es de color blanco, gris, verde pálido y a veces azulado o rojizo; brillo vítreo, y trasparente a traslúcido.
escápula. (Del lat. *scapŭla*.) f. **Anat.** y **Zool.** Hueso, que, con la clavícula y el coracoides, forma la cintura escapular o torácica de los vertebrados. En la mayoría de los mamíferos se suelda al coracoides para formar el omóplato (v.).
escapular. (Tal vez del lat. *scapŭla*, espalda.) tr. **Mar.** Doblar o montar un bajío, cabo, punta de costa u otro peligro. ‖ intr. Zafarse una amarra por deshacerse su nudo o la vuelta que la afirma. Ú. t. c. prnl.
escapular. adj. **Anat.** y **Zool.** Referente a la escápula.
escapulario. fr., *scapulaire;* it., *scapolare;* i., *scapulary;* a., *Scapulier.* (Del lat. *scapulāris*, de *scapŭlae*, las espaldas.) m. **Rel.** Tira o pedazo

Pieza de escapolita. Museo Geológico. Londres

de tela, con una abertura por donde se mete la cabeza, y que cuelga sobre el pecho y la espalda; sirve de distintivo a varias órdenes religiosas. Se hace también de dos pedazos pequeños de tela, unidos con dos cintas largas para echarlo al cuello, y lo usan por devoción los seglares. ‖ Práctica devota en honor de la Virgen del Carmen, que consiste en rezar siete veces el padrenuestro con el avemaría y el gloriapatri.
escaque. fr., *échec;* it., *scacchi;* i., *chess;* a., *Schach.* (Del ár. *as-sikak*, las filas de casas, las calles.) m. Cada una de las casillas cuadradas e iguales, blancas y negras alternadamente, y a veces de otros colores, en que se divide el tablero de ajedrez y el del juego de damas. ‖ Cuadrito o casilla que resulta de las divisiones del escudo, cortado y partido a lo menos dos veces. ‖ pl. Juego de ajedrez.
escaqueado, da. adj. Aplícase a la obra o labor repartida o formada en escaques, como el tablero de ajedrez.
escara. (Del lat. *eschăra*, y éste del gr. *eschára*.) f. **Cir.** Costra, ordinariamente de color obscuro, que resulta de la mortificación o desorganización de una parte viva afectada de gangrena, o profundamente quemada por la acción del fuego o de un cáustico.
escarabaja. f. *Sal.* Palito menudo que se emplea para encender la lumbre. Ú. m. en pl.
escarabajear. intr. Andar y bullir desordenadamente como si se trazaran escarabajos o rasgos mal formados, torcidos y confusos. ‖ fig. Escribir mal, haciendo escarabajos o rasgos confusos. ‖ Sentir cosquilleo o picazón en alguna parte del cuerpo. ‖ fig. y fam. Punzar y molestar un cuidado, temor o disgusto.
escarabajeo. m. fig. y fam. Acción y efecto de escarabajear, molestar a uno un cuidado, temor o disgusto.
escarabajo. fr., *scarabée;* it., *scarabeo;* i., *scarab;* a., *Käfer.* (Del lat. *scarabaius*.) m. Nombre dado vulgarmente a muchos insectos coleópteros y aun a algunos de otros órdenes, pero más particularmente a los de la familia de los *escarabeidos* (v.). ‖ fig. En los tejidos, cierta imperfección, que consiste en no estar derechos los hilos de la trama. ‖ fig. y fam. Persona pequeña de cuerpo y de mala figura. ‖ **Artill.** Huequecillo que, por defecto del molde o del metal, o por otro accidente, a veces queda en los cañones de la parte interior. ‖ pl. fig. y fam. **Léx.** Letras y rasgos mal formados, torcidos y confusos, parecidos en algún modo a los pies de un escarabajo. ‖ **bolero.** *Entom.* **escarabajo pelotero.** ‖ **hércules.** Escarabeido de América tropical, con una enorme prolongación torácica y otra menor cefálica (*dinaster hercules*). ‖ **en leche.** *Léx.* fig. y fam. **mosca en leche.** ‖ **de la patata.** *Entom.* Coleóptero de color amarillo y negro, de la familia de los crisomélidos, que ataca las patatas (*leptinotarsa decemlineata*). ‖ **pelotero** o **bolero.** Nombre que se da a varias especies de escarabeidos coprófagos que hacen con el estiércol unas bolas, y dentro de cada una depositan un huevo. El gén. típico es el *scarabaeus*. ‖ **rinoceronte.** Escarabeido parecido al hércules, pero con una sola prolongación a modo de cuerno, y propio de nuestros climas (*oryctes nasicornis*). ‖ **sagrado.** *Entom.* y *Mit.* Especie de escarabajo pelotero, que los antiguos egipcios adoraron como animal sagrado por considerarlo símbolo de la divinidad creando el mundo, por la bolita de basura que forma este insecto y entierra, para su puesta de huevos, y que representaron en sus monumentos y en multitud de objetos (*ateuchus sácer*). ‖ **volador.** *Entom.* **ciervo volante.**
Escarabajosa de Cabezas. Geog. Mun. y lugar de España, prov. y p. j. de Segovia; 515 h.
escarabajuelo. m. dim. de **escarabajo.** ‖ *Entom.* Insecto coleóptero, de unos cinco milímetros de largo, color verde azulado brillante, élitros lisos y fémures de las patas posteriores muy desarrollados, que salta con facilidad y roe las hojas y otras partes tiernas de la vid.
escarabeido, da. (Del lat. *scarabaeus*, gén. tipo de insectos, e *-ido*.) adj. **Entom.** Dícese de los coleópteros polífagos de la superfamilia de los escaraboideos o lamelicornios, cuyas antenas son cortas y acodadas, las tibias anteriores espinosas y a propósito para cavar, y casi todos con alas bien desarrolladas. Entre los tropicales hay muy grandes o de colores vivos. Se alimentan, unos del jugo de las plantas o de los frutos, y otros de carroña y excrementos. Comprenden más de 14.000 especies, que presentan un dimorfismo sexual muy marcado; los machos son de mayor tamaño, tienen las antenas más desarrolladas y los élitros no recubren completamente el abdomen. Son los insectos llamados con mayor propiedad *escarabajos*. ‖ m. pl. Familia de estos coleópteros.
escaraboideo, a. (Del lat. *scarabaeus*, gén. tipo de insectos, y *-oideo*.) adj. **Entom.** Dícese de los insectos coleópteros polífagos, de antenas cortas y en maza hojosa, y de larva melolontoide. ‖ m. pl. Superfamilia de estos coleópteros, también llamada de los *lamelicornios*, que comprende varias familias: las más importantes son las de los *lucánidos* y *escarabeidos*.
escaramucear. intr. **escaramuzar.**
escaramujo. (Del lat. *scrabro, -ōnis*, tábano.) m. **Bot.** Especie de rosal silvestre, con las hojas algo agudas y sin vello; el tallo liso, con dos aguijones alternos; las flores o rositas encarnadas y por fruto una baya aovada, carnosa, coronada de cortaduras, y de color rojo

Escarabajo de la patata

Hojas y fruto de escaramujo

cuando está madura, que se usa en medicina. ‖ Fruto de este arbusto. ‖ **Zool.** Percebe, molusco.

escaramuza. fr., *escarmouche;* it., *scaramuccia;* i., *skirmish;* a., *Scharmützel.* (Del it. *scaramuzza,* combate.) f. Género de pelea entre los jinetes o soldados de a caballo, que van picando de rodeo, acometiendo a veces y a veces huyendo con grande ligereza. ‖ Refriega de poca importancia sostenida especialmente por las avanzadas de los ejércitos. ‖ fig. Riña, pendencia, disputa, contienda de poca importancia.

escaramuzador. m. El que escaramuza.

escaramuzar. intr. Sostener una escaramuza. ‖ Revolver el caballo a un lado y otro como si se juega.

escarapela. fr., *cocarde;* it., *coccarda;* i., *cockade;* a., *Kokarde.* (De *escarapelar.*) f. Divisa compuesta de cintas, por lo general de varios colores, fruncidas o formando lazadas alrededor de un punto. Como distintivo, se coloca en el sombrero, morrión, etc. Se usa también como adorno. ‖ Riña o quimera, principalmente entre mujercillas, en que de las injurias y dicterios se suelen pasar a repelones y arañazos, y entre hombres, la que acaba en golpearse con las manos. ‖ En el juego del tresillo, tres cartas falsas, cada cual de palo distinto de aquel a que se juega.

escarapelar. (Del lat. *scarpināre,* arañar.) intr. Reñir, trabar cuestiones o disputas y contiendas unos con otros. Se dice principalmente de las riñas y quimeras que arman las mujeres. Ú. t. c. prnl. ‖ *Col.* Ajar, manosear. ‖ *Col., C. Rica y Venez.* Descascarar, desconchar, resquebrajar. Ú. t. c. prnl. ‖ prnl. *Méj. y Perú.* Ponérsele a uno carne de gallina.

escarapulla. f. ant. Riña, principalmente entre mujercillas.

escaravía. f. **Bot.** Hierba vivaz, de la familia de las umbelíferas, con raíz en haz tuberoso, flores blancas y frutos casi redondos.

escarbadero. m. Sitio donde escarban los jabalíes, lobos y otros animales.

escarbadientes. (De *escarbar* y *diente.*) m. **mondadientes.**

escarbador, ra. adj. Que escarba. ‖ m. Instrumento para escarbar.

escarbadura. f. Acción y efecto de escarbar.

escarbaorejas. (De *escarbar* y *oreja.*) m. Instrumento de metal o marfil, hecho en forma de cucharilla, que sirve para limpiar los oídos o sacar la cerilla que se cría en ellos.

escarbar. fr., *fouiller;* it., *razzolare;* i., *to scrape;* a., *kratzen.* (Del lat. *scabrāre,* de *scaber,* áspero, desigual.) tr. Rayar o remover repetidamente la superficie de la tierra, ahondando algo en ella, según suelen hacerlo con las patas el toro, el caballo, la gallina, etc. ‖ Mondar, limpiar los dientes o los oídos sacando la suciedad introducida en ellos. ‖ Avivar la lumbre moviéndola con la badila. ‖ fig. Inquirir curiosamente lo que está algo encubierto y oculto, hasta averiguarlo.

escarbillos. (De *escarbar.*) m. pl. Trozos pequeños de carbón que salen de un hogar mezclados con la ceniza por combustión incompleta, y se usan para hacer conglomerados.

escarbo. m. Acción y efecto de escarbar.

escarceador, ra. adj. *Arg.* Dícese del caballo que escarcea.

escarcear. (Del lat. **excarptiāre,* de *carptus,* sacado.) intr. *Arg. y Venez.* Hacer escarceos el caballo.

escarcela. (Del it. *scarsella,* de *scarso,* avaro.) f. Especie de bolsa que se llevaba pendiente de la cintura. ‖ Mochila del cazador, a manera de red. ‖ Adorno mujeril, especie de cofia. ‖ **Arm.** Parte de la armadura, que caía desde la cintura y cubría el muslo.

escarcelón. m. aum. de **escarcela.**

escarceo. m. Movimiento en la superficie del mar, con pequeñas olas ampolladas que se levantan en los parajes en que se encuentran dos corrientes, o las que levanta un buque al cruzar un mar en calma, de banda a banda del tajamar. ‖ pl. Tornos y vueltas que dan los caballos cuando están fogosos o el jinete a ello los obliga. ‖ fig. Rodeo, divagación.

escarcina. f. **Arm.** Espada corta y corva, a manera de alfanje.

escarcinazo. m. Golpe dado con la escarcina.

escarcuñar. tr. *Mur.* Examinar, inquirir, averiguar.

escarcha. fr., *givre, gelée blanche;* it., *brina;* i., *whitefrost;* a., *Reif.* (De *escarchar.*) f. Rocío de la noche congelado.

escarchada. (De *escarchar.*) f. **Bot.** Hierba anual crasa, originaria del cabo de Buena Esperanza, de la familia de las aizoáceas, con tallos cortos y tendidos, hojas anchas, ovales, cubiertas de vesículas transparentes, llenas de agua, flores de muchos pétalos y fruto en caja (*mesembryánthemum crystallinum*).

escarchado, da. p. p. de **escarchar.** ‖ adj. Cubierto de escarcha. ‖ m. **A. y Of.** Cierta labor de oro o plata, sobrepuesta en la tela.

escarchar. (Del lat. **excrepitiāre,* rajar, de *crepāre, crepĭtum.*) tr. Preparar confituras de modo que el azúcar cristalice en lo exterior como si fuese escarcha. ‖ Preparar una bebida alcohólica, haciendo que el azúcar cristalice en una rama de anís introducida en la botella. ‖ En la alfarería del barro blanco, desleír la arcilla en el agua. ‖ Salpicar una superficie de partículas de talco o de otra substancia brillante que imite la escarcha. ‖ ant. Rizar, encrespar. ‖ intr. Congelarse el rocío que cae en las noches frías.

escarche. m. Escarchado, cierta labor de oro o plata.

escarcho. m. **Zool.** Rubio, pez.

escarda. f. **Agr.** Acción y efecto de escardar. ‖ Época del año a propósito para esta labor. ‖ Azada pequeña con que se arrancan los cardos, cardillos y otras hierbas que nacen entre los sembrados.

escardadera. f. **Agr. escardadora.** ‖ **almocafre.**

escardador, ra. m. y f. **Agr.** Persona que escarda los panes y sembrados.

escardadura. (De *escardar.*) f. **Agr.** Acción y efecto de escardar.

escardar. (De *es-* y *cardo.*) tr. Entresacar y arrancar los cardos y otras hierbas nocivas de los sembrados. ‖ fig. Separar y apartar lo malo de lo bueno para que no se confundan.

escardilla. (dim. de *escarda,* azadilla.) f. **Agr. almocafre.** ‖ *And.* Azadilla de boca estrecha y mango corto. Es menor que el escardillo.

escardillar. (De *escardilla.*) tr. **Agr.** Arrancar cardos con azadilla.

escardillo. (De *escardilla.*) m. Azada pequeña para escardar. ‖ En Andalucía, azada pequeña. ‖ En algunas partes, vilano del cardo. ‖ Viso o reflejo del sol producido por un espejo u otro cuerpo brillante, que sirve por lo común de entretenimiento a los niños. ‖ **lo ha dicho el escardillo.** expr. con que se apremia a los niños a que confiesen lo que han hecho, suponiendo que ya se sabe.

escardínido, da. adj. **Zool.** Dícese de los branquiópodos que tienen la concha desprovista de charnela. Son todos marinos y pueden vivir libres o fijos mediante un pedúnculo; p. e., el gén. *língula.* ‖ m. pl. Clase de estos branquiópodos, también llamados *inarticulados.*

Escardó (Florencio). Biog. Escritor y médico argentino, n. en Mendoza en 1904. Profesor de Pediatría en la Universidad Nacional de Buenos Aires. Entre sus obras figuran las siguientes: *Siluetas descoloridas (Apuntes de la vida de hospital y notas de un médico de guardia)* (1929), *Elogio de la pediatría* (1938), *La pediatría, medicina del hombre* (1951), *Anatomía de la familia* (1954), etc. Cultiva además la literatura humorística, bajo los seudónimos de *Piolín de Macramé* y *Juan de Garay.*

escarearse. (De *escara.*) prnl. *Sal.* Resquebrajarse la piel y llagarse por el frío.

escariador. m. Herramienta para escariar.

escariar. tr. Agrandar o redondear un agujero abierto en metal, o el diámetro de un tubo, por medio de herramientas adecuadas.

Escariche. Geog. Mun. y villa de España, prov. y p. j. de Guadalajara; 348 h.

escarificación. (Del lat. *scarificatĭo, -ōnis.*) f. **Cir.** Producción de una escara, ya accidentalmente, ya como medio quirúrgico, por el empleo del hierro candente, las pastas cáusticas, etc. ‖ Acción y efecto de escarificar.

escarificado, da. p. p. de **escarificar.** ‖ adj. **Cir.** V. **ventosa escarificada.**

escarificador. (De *escarificar.*) m. **Agr.** Instrumento que consiste en un bastidor de madera o de hierro con travesaños armados por su parte inferior de cuchillos de acero, para cortar verticalmente la tierra y las raíces. Suele estar montado con dos ruedas laterales y una delantera, y con timón y estera. ‖ **Cir.** Instrumento con varias puntas aceradas que se emplea para escarificar.

escarificar. (Del lat. *scarificāre,* y éste del gr. *skariphaomai,* arrancar, extraer.) tr. **Agr.** Labrar la tierra con el escarificador. ‖ **Cir.** Hacer en alguna parte del cuerpo cortaduras o incisiones muy poco profundas, para facilitar la salida de ciertos líquidos y humores.

escarificar. (De *escara.*) tr. **Cir. escarizar.**

escarioso, sa. (De *escara.*) adj. **Bot.** Aplícase a los órganos de los vegetales que, del color de hojas secas, son delgados y semi-

Escardando en un sembrado de remolacha

transparentes, lo cual a veces les da aspecto de escamas.

escarizar. tr. **Cir.** Quitar la escara que se cría alrededor de las llagas, para que queden limpias y encarnen bien.

escarlador. m. **A. y Of.** Hierro a modo de navaja, de que usan los peineros para pulir las guardillas de los peines.

escarlata. fr., *escarlate*; it., *scarlatto*; i., *scarlet*; a., *Skharlach*. (En b. lat., *scarlatum*, uno de los muchos derivados del ár. *siqlāṭ* o *siqlatūn*, tela de seda brochada muy reputada y difundida.) f. Color carmesí fino menos subido que el de la grana. || Tela de este color. || Grana fina. || Escarlatina, enfermedad. || *Extr.* **murajes.**

escarlatín. m. ant. Tela, especie de escarlata, de color más bajo y menos fino.

escarlatina. f. Tela fina, parecida a la serafina, de color encarnado o carmesí. || **Pat.** Fiebre eruptiva, contagiosa y con frecuencia epidémica, producida por el *streptococus scarlatinae*, y caracterizada por un exantema difuso de la piel, de color rojo subido, por grandes elevaciones de temperatura y angina, algunas veces de carácter gravísimo. Dura dos o tres semanas en los casos favorables y ataca principalmente a los niños.

escarmenador. (De *escarmenar*.) m. **carmenador.**

escarmenar. (Del lat. *ex* y *carmināre*, cardar.) tr. Carmenar la lana o la seda. || fig. Castigar a uno por travieso quitándole el dinero u otras cosas de que puede usar mal. || fig. Estafar poco a poco. || **Min.** Escoger y apartar el mineral de entre las tierras o escombros.

escarmentado, da. p. p. de **escarmentar.** || adj. Que escarmienta. Ú. t. c. s.

escarmentar. (De *escarmiento*.) tr. Corregir con rigor, de obra o palabra, al que ha errado, para que se enmiende. || ant. fig. Avisar de un riesgo. || intr. Tomar enseñanza de lo que uno ha visto y experimentado en sí o en otros, para guardarse y evitar el caer en los mismos peligros.

escarmiento. (De *escarmar* [usado en Sant.], y éste del lat. *carmināre*, cardar.) m. Desengaño, aviso y cautela, adquiridos con la advertencia, o la experiencia del daño, error o perjuicio que uno ha reconocido en sus acciones o en las ajenas. || Castigo, multa, pena.

escarnar. tr. ant. Quitar al hueso la carne.

escarnecedor, ra. adj. Que escarnece. Ú. t. c. s.

escarnecer. fr., *bafouer*; it., *schernire*; i., *to scoff*; a., *verhöhnen*. (De *escarnir*.) tr. Hacer mofa y burla de otro zahiriéndole con acciones o palabras.

escarnecidamente. adv. m. Con escarnio.

escarnecimiento. (De *escarnecer*.) m. **escarnio.**

escarnidamente. adv. m. ant. **escarnecidamente.**

escarnidor, ra. (De *escarnir*.) adj. ant. **escarnecedor.** Usáb. t. c. s. || **de agua.** ant. *Meteor.* **reloj de agua.** || ant. Recipiente portátil para regar.

escarnimiento. (De *escarnir*.) m. ant. **escarnio.**

escarnio. (De *escarnir*.) m. Befa tenaz que se hace con el propósito de afrentar. || **a,** o **en, escarnio.** m. adv. ant. Por escarnio.

escarnir. (Del germ. *skernian*, mofarse.) tr. ant. Hacer mofa o burla de otro.

escaro. (Del lat. *scarus*, y éste del gr. *skáros*.) **Zool.** Gén. de peces teleóstomos del orden de los perciformes, familia de los lábridos (v.). La especie más común es el *escaro de creta*, de unos 40 cm. de largo, con cabeza pequeña, mandíbulas muy convexas, labios prominentes, cuerpo ovalado, comprimido, cubierto de grandes escamas y de color más o menos rojo según la estación. Vive en las costas de Grecia, y su carne era muy apreciada por los antiguos (*scarus cretense*).

escaro, ra. (Del lat. *scaurus*.) adj. Dícese de la persona que tiene los pies y tobillos torcidos y pisa mal. Ú. t. c. s.

escarola. fr., *escarole*; it., *cicoria*; i., *endive*; a., *wilder Lattich*. (Del cat. y provenz. *escarola*, y éste del lat. **escariŏla*, de *escariŭs*, comestible.) f. Cuello alechugado que se usó antiguamente. || **Agr.** y **Bot.** Planta de la familia de las compuestas y especie *cichórium endivia*, que difiere de la achicoria por ser anual, lampiña, con las hojas inferiores pinatífidas y caulinares muy anchas, y cuatro a cinco cabezuelas en cada axila. La *rizada* es de hojas muy recortadas. Otra variedad principal tiene las hojas alargadas y su representante más peculiar es la endibia; ésta, de color verde obscuro, resiste bien los fríos invernales. La escarola procede, muy probablemente, de la India.

escarolado, da. p. p. de **escarolar.** || adj. Rizado como la escarola.

escarolar. (De *escarola*.) tr. Formar algo en figura de hoja de lechuga.

escarótico, ca. (Del lat. *escharoticus*, y éste del gr. *escharotikós*.) adj. **Cir.** **caterético.**

Escároz o **Ezcároz. Geog.** Mun. y villa de España, prov. de Navarra, p. j. de Aoiz; 465 h.

escarpa. fr., *rampe*; it., *scesa*; i., *slope*; a., *Böschung*. (Del it. *scarpa*.) f. Declive áspero de cualquier terreno. || **A. y Of. cincel.** **Fort.** Plano inclinado que forma la muralla del cuerpo principal de una plaza, desde el cordón hasta el foso y contraescarpa; o plano, también inclinado opuestamente, que forma el muro que sostiene las tierras del camino cubierto.

escarpado, da. p. p. de **escarpar.** || adj. Que tiene escarpa o gran pendiente. || Dícese de las alturas que no tienen subida ni bajada transitables o las tienen muy agrias y peligrosas.

escarpadura. (De *escarpar*, cortar una montaña.) f. Declive áspero de cualquier terreno.

escarpar. (Del germ. *skrapan*, raer.) tr. Limpiar y raspar materias y labores de escultura o talla por medio del escarpelo o de la escofina.

escarpar. (De *escarpa*.) tr. Cortar una montaña o terreno, poniéndolo en plano inclinado, como el que forma la muralla de una fortificación.

escarpe. (De *escarpar*, cortar una montaña.) m. Declive áspero de cualquier terreno.

escarpe. (Del it. *scarpa*, zapato.) m. **Arm.** Pieza de la armadura que cubría el pie.

escarpelar. tr. ant. **Cir.** Abrir con el escarpelo una llaga o herida para curarla mejor.

escarpelo. m. **A. y Of.** Instrumento de hierro, sembrado de menudos dientecillos, que usan los carpinteros, entalladores y escultores para limpiar, raer y raspar las piezas de labor. || **Cir. escalpelo.**

escarpia. (Del germ. *skarp*, agudo.) f. Clavo con cabeza acodillada, que sirve para sujetar bien lo que se cuelga. || pl. *Germ.* Las orejas.

escarpiador. m. ant. Peine para desenredar el cabello. || Horquilla de hierro que sirve para afianzar a una pared las cañerías o canalones cerrados.

escarpiar. tr. ant. Clavar con escarpias.

escarpidor. (De *escarpar*, limpiar.) m. Peine cuyas púas son más largas, gruesas y ralas que en los comunes, y que sirve para desenredar el cabello.

escarpín. fr., *escarpin*; it., *scarpino*; i., *pump*; a., *Tanzschuh*. (Del it. *scarpino*, y éste de *scarpa*, zapato.) m. Zapato de una suela y de una costura. || Calzado interior de estambre u otra materia, para abrigo del pie, y que se coloca encima de la media o del calcetín. || *Arg.* y *Urug.* Calzado, hecho con lana o hilo tejidos, sin suela, que cubre el pie y el tobillo. Lo usan los niños que aún no andan y muchos adultos para dormir.

escarpión (en). m. adv. En figura de escarpia.

escarramán. m. **Folk.** Danzza picaresca que se usó en España durante los s. XVI y XVII, en que se cantaba el romance de germanía alusivo a Escarramán, rufián bravucón.

escarramanado, da. adj. Dícese del que tiene tipo o hechos propios de rufián bravucón, por alusión al Escarramán, protagonista de un famoso romance de germanía.

escarramanchones (a). m. adv. fam. *Ar.* a horcajadas.

escarrancharse. (En gall. y port., *escarranchar*.) prnl. Esparrancarse, despatarrarse.

escarrio. (Del vasc. *askarr*, arce y quejigo.) m. **Bot.** *Bur.* Especie de arce.

escartivana. f. **A. y Of. cartivana.**

escarza. f. **Veter.** Herida causada en los pies o manos de las caballerías por haber entrado en ellos y llegado a lo vivo de la carne una china o cosa semejante.

escarzador. m. Catador de colmenas.

escarzador. m. ant. Tirador, disparador.

escarzano. (Del it. *scarso*, corto, reducido.) adj. **Arquit.** V. **arco escarzano.**

escarzar. tr. Doblar un palo por medio de cuerdas para que forme un arco.

escarzar. (Del lat. **excarptiāre*, de *excarpĕre*.) tr. Sacar unas cosas de entre otras. Se aplica principalmente a la operación de sacar las patatas más gordas, para que maduren las pequeñas, y quitar a las colmenas los panales que son delgados o tienen suciedad. || *Ar.* Hurtar la miel de las colmenas o los huevos de un nido. || Arrancar a un árbol la corteza seca, etcétera.

escarzo. m. Panal con borra o suciedad. || Operación o tiempo de escarzar o castrar las colmenas. || **hongo yesquero.** || Borra o desperdicio de la seda. || *Ar.*, *Rioja* y *Sal.* Materia fungosa que nace en el tronco de los chopos y otros árboles. || *Ar.* y *Sal.* Trozo de árbol seco y podrido, o trozo de madera podrida. || *Sal.* Polvillo de la madera podrida.

Escás de la cancha de un frontón

escás. (Del vasc. *escás*.) m. **Dep.** Línea que en el saque tiene que rebasar la pelota antes de botar. || En el juego de pelota vasca, cada una de las líneas que, bien en el frontis bien en la cancha, marcan la validez de las jugadas.

escasamente. adv. m. Con escasez. || Con dificultad, apenas.

escasear. (De *escaso*.) tr. Dar poco, de mala gana y haciendo desear lo que se da. || Ahorrar, excusar. || Cortar un sillar o un madero por un plano oblicuo a sus caras. || intr. Faltar, ir a menos una cosa.

escasero, ra. adj. fam. Que escasea una cosa. Ú. t. c. s.

escasez. (De *escaso*.) f. Cortedad, mezquindad con que se hace una cosa. || Poquedad, mengua de una cosa. || Pobreza o falta de lo necesario para subsistir.

escaseza. f. ant. **escasez.**

escaso, sa. (Del b. lat. *excarpsus*, escogido, raro.) adj. Corto, poco, limitado. || Falto, corto, no cabal ni entero. || Mezquino, nada liberal ni dadivoso. Ú. t. c. s. || Demasiado económico. Ú. t. c. s.

escatima. (Tal vez del vasc. *escatima*, querella.) f. ant. Falta, defecto, disminución en una cosa. || ant. Agravio, injuria, insulto o denuesto.

escatimar. fr. *lésiner*; it., *scemare*; i., *to curtail*; a., *schmälern*. (De *escatima*.) tr. Cercenar, disminuir, escasear lo que se ha de dar o hacer, acortándolo todo lo posible. || p. us. Viciar, adulterar y depravar el sentido de las palabras y de los escritos, torciéndolos e interpretándolos maliciosamente. || ant. Reconocer, rastrear y mirar con cuidado.

escatimosamente. adv. m. Maliciosa, astutamente.

escatimoso, sa. (De *escatimar*.) adj. p. us. Malicioso, astuto y mezquino.

escato-. (Del gr. *éschatos*.) pref. que sign. último.

escatofagia. f. Hábito de comer excrementos.

escatófago, ga. (Del gr. *skór, skatós*, excremento, y *-fago*.) adj. **Entom.** Dícese de los animales que comen excrementos.

escatófilo. (Del gr. *skór, skatós*, excremento, y *-filo*, amigo.) adj. **Entom.** Dícese de los insectos cuyas larvas se desarrollan entre excrementos.

escatología. (Del *escato-* y *-logía*.) f. **Rel.** Conjunto de creencias y doctrinas referentes a la vida de ultratumba. Desde el punto de vista católico es una parte de la teología que trata del fin de la vida y de la suerte del hombre en el más allá.

escatología. (Del gr. *skór, skatós*, excremento, y *-logía*.) f. Tratado de cosas excrementicias. || Cualidad de escatológico, referente a los excrementos.

escatológico, ca. (De *escatología*, creencias de ultratumba.) adj. Relativo a las postrimerías de ultratumba.

escatológico, ca. (De *escatología*, tratado de cosas excrementicias.) adj. Referente a los excrementos y suciedades.

Escatrón. **Geog.** Mun. y villa de España, prov. de Zaragoza, p. j. de Caspe; 2.314 h. (*escatroneros*). Fábricas de aguardientes. Central térmica.

escaupil. (Del azt. *ichcatl*, algodón, y *uipilli*, camisa.) m. Sayo de armas acolchado con algodón, que usaban los antiguos mejicanos para defenderse de las flechas.

escavador, ra. adj. Que escava.

escavanar. (Por *escavonar*, de *excavón*.) tr. **Agr.** Entrecavar los sembrados, con escarda o azadilla, cuando ya tienen bastantes raíces, para que la tierra se ahueque y se meteorice mejor, y para quitar las malas hierbas.

escavar. tr. **Agr.** Cavar ligeramente la tierra para ahuecarla y quitar la maleza.

escavillo. (De *excavar*.) m. **Alb.** y **Cuen.** Azada pequeña.

escayola. (Del it. *scagliuola*.) f. **Quím.** Yeso de mejor calidad, que se obtiene evitando la contaminación de los humos y el carbón procedente de la calcinación del mineral. || **estuco.**

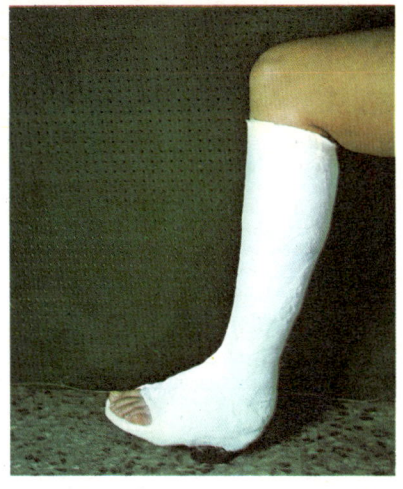

Pierna escayolada

escayolar. tr. **Cir.** Endurecer por medio del yeso o la escayola los apósitos y vendajes destinados a sostener en posición conveniente los huesos rotos o dislocados.

escayolista. m. Escultor que hace obras de escayola para la decoración de los edificios.

escaza. f. *Ar.* Cazo grande que se emplea en los molinos de aceite para echar el agua hirviendo con que se escalda la pasta contenida en los capachos.

escazarí. (Del ár. *al-qaṣarī*, reducido, corto.) adj. ant. Decíase del arco escarzano.

Escazu. **Geog.** Cantón de Costa Rica, prov. de San José; 25.026 h. || Dist. y pobl. cap. del mismo; 9.858 h.

escelerado, da. (Del lat. *sceleratus*.) adj. ant. **malvado.**

escena. fr., *scène*; it., *scena*; i., *scene*; a., *Szene*. (Del lat. *scena*, y éste del gr. *skené*, cobertizo de ramas.) f. Sitio o parte del teatro, en que se representa o ejecuta la obra dramática o cualquiera otro espectáculo teatral. Comprende el espacio en que se figura el lugar de la acción, y el cual, descorrido o levantado el telón de boca, queda a vista del público. || Lo que la escena representa. || Cada una de las partes en que se divide el acto de la obra dramática, o sea aquella en que hablan unos mismos personajes. || En cine, sucesión de planos coherentes que integran un episodio o acto concreto del argumento, realizado sin interrupción ni desvío del tema adoptado. || fig. Arte de la interpretación teatral. || fig. Literatura dramática. || fig. Suceso o manifestación de la vida real que se considera como espectáculo digno de atención. || fig. Acto o manifestación en que se descubre algo de aparatoso, teatral, y a veces fingido, para impresionar el ánimo.

escenario. (Del lat. *scenarium*.) m. Parte del teatro construida y dispuesta convenientemente para que en ella se puedan colocar las decoraciones y representar o ejecutar las obras dramáticas o cualquiera otro espectáculo teatral. || fig. Conjunto de circunstancias que se consideran en torno de una persona o suceso.

escénico, ca. (Del lat. *scenicus*.) adj. Perteneciente o relativo a la escena.

escenificable. adj. Que se puede escenificar.

escenificación. f. **Teatro.** Acción y efecto de escenificar.

escenificar. tr. **Teatro.** Dar forma dramática a una obra literaria para ponerla en escena.

escenografía. (Del gr. *skenographia*, de *skenográphos*, escenógrafo.) f. Total y perfecta delineación en perspectiva de un objeto, en la cual, con sus claros y obscuros, se representan todas aquellas superficies que se pueden descubrir desde un punto determinado. || **Teatro.** Arte de proyectar o realizar decoraciones escénicas. || Conjunto de decorados que se montan en el escenario para ser utilizados en una representación teatral.

escenográficamente. adv. m. Según las reglas de la escenografía.

escenográfico, ca. adj. Perteneciente o relativo a la escenografía.

escenógrafo. (Del gr. *skenográphos*; de *skené*, escena, y *grápho*, dibujar.) adj. Dícese del que profesa o cultiva la escenografía. Ú. t. c. s.

escenotecnia. f. **Cinc.** Técnica de la preparación escénica para el rodaje de películas o escenografía aplicada al cinematógrafo.

escepticismo. fr., *scepticisme*; it., *scetticismo*; i., *scepticism*; a., *Skeptizismus*. (De *escéptico* e *ismo*.) m. Incredulidad o duda acerca de la verdad o eficacia de alguna cosa. Ú. principalmente para la incredulidad exagerada o afectada. || Incredulidad respecto a la pureza y valor moral de las buenas acciones de las personas. || **Filos.** Doctrina de ciertos filósofos antiguos y modernos, que consiste en afirmar que la verdad no existe, o que el hombre es incapaz de conocerla, caso que exista.

escéptico, ca. (Del lat. *scepticus*, y éste del gr. *skeptikós*, de *sképtomai*, considerar.) adj. Que profesa el escepticismo. Apl. a pers., ú. t. c. s. || fig. Que no cree o afecta no creer en determinadas cosas. Ú. t. c. s.

esceptro. (Del lat. *sceptrum*, centro.) m. ant. **cetro.**

escetar. tr. ant. **exceptar.**

Escévola. (Del lat. *scaevola*, y éste del gr. *skaiós*, izquierdo.) **Geneal.** Familia romana a la que pertenecieron ilustres jurisconsultos y políticos. Los más importantes fueron: *Publio Mucio*, tribuno de la plebe en 141 a. C., cónsul y pontífice máximo. También se distinguió como jurisconsulto. *Quinto Mucio*, cónsul en 117 a. C. y maestro de Cicerón. *Quinto Mucio* (140-82 a. C.), hijo de Publio Mucio. Fue pro-

Cayo Mucio Escévola, relieve por Damián Campeny. Real Academia de Bellas Artes de San Fernando. Madrid

cónsul en África y pontífice máximo. Se le considera como el primer sistematizador del Derecho. El origen de esta familia se remonta a Cayo Mucio, a quien Porsena, rey de los etruscos, le concedió la libertad y, además, firmó la paz con Roma.

escibar. (Del lat. *ex*, priv., y *cibus*, cebo.) tr. ant. Quitar de los panales las celdas sin miel. || ant. Quitar el cebo a las armas de fuego.

escible. (Del lat. *scibĭlis*.) adj. ant. Que puede o merece saberse.

esciena. (Del lat. *sciaena*, cierto pez; del gr. *skiaina*, especie de perca o raño.) **Zool.** Gén. de peces de la fam. de los esciénidos (v.).

esciencia. f. ant. **ciencia.**

esciénido, da. (De *esciena* e *-ido*.) adj. Zool. Dícese de los peces teleóstomos del orden de los perciformes, de 20 a 80 cm. de long., robustos, algo comprimidos, de colores apagados y propios de los mares cálidos y templados, aunque a veces penetran en los ríos. Se les llama también *roncadores,* por el ruido que producen al sacarlos del agua, y se pescan por su carne y para obtener vitamina A de su hígado. Son especies importantes el *corvallo,* la *corvina,* la *lubina* o *verrogato.* || m. pl. Familia de estos peces.

esciente. (Del lat. *sciens, -entis*.) adj. Que sabe.

escientemente. adv. m. ant. Con ciencia o noticia de la cosa.

escientífico, ca. adj. ant. **científico.**

escifo-. (Del gr. *skýphos*.) pref. que sign. vaso, jarro, copa, etc.

escifostoma. (De *escifo-* y *-stoma*.) m. Zool. Primera fase del desarrollo posembrionario de los celentéreos acalefos o escifozoarios.

escifozoario, ria. (De *escifo-* y *zoario*, animalillo.) adj. Zool. **escifozoo.**

escifozoo. (De *escifo-* y *zoo-*.) m. Zool. **acalefo.**

escila. (Del lat. *scilla,* la cebolla albarrana.) Bot. Gén. de plantas de la familia de las liliáceas (v.). || f. **cebolla albarrana.**

Escila. (Del lat. *Scylla;* en it., *Scilla*.) Geog. Escollo de Italia, en el estrecho de Mesina, junto a Scilla y cerca del torbellino de Caribdis. || Mit. Ninfa del mar de Sicilia, a quien Circe transformó en un monstruo de seis cabezas. Lanzaba tan espantosos rugidos, que ella misma, horrorizada, se precipitó en el mar, cerca de la roca que tomó su nombre. || **entre Escila y Caribdis.** expr. fig. con que se explica la situación del que no puede evitar un peligro sin caer en otro. Dícese por alusión al escollo y al abismo o remolino que se encuentran próximos en la boca del estrecho de Mesina.

escílido, da. (Del lat. científico *scyllidae,* escílido; del gr. *skýlion,* perro marino.) adj. Zool. **esciliorrínido.**

esciliorrínido, da. (Del lat. científico *scylliorhinus,* gén. tipo de peces, e *-ido;* aquél del gr. *skýlion,* perro marino.) adj. Zool. Dícese de los peces elasmobranquios selacios, del orden de los escualiformes, en los que las aletas dorsales están insertas muy detrás del punto de arranque de las aletas pares posteriores; poseen cinco aberturas branquiales a cada lado; sus huevos están cubiertos por una cápsula coriácea en forma de almohadilla alargada con sus cuatro puntas provistas de filamentos arrollados como zarcillos, que sirven para fijar el huevo a los objetos del fondo del mar, no lejos de la costa. La especie más típica es la *lija* o *pintarroja.* || m. pl. Familia de estos selacios, llamados *escílidos.*

escíncido, da. (De *scinco* e *-ido*.) adj. Zool. Dícese de los reptiles saurios, brevilingües, que viven en regiones secas, arenosas o pedregosas, y se ocultan con rapidez en el terreno; muchos de ellos poseen dos o cuatro patas rudimentarias, y otros carecen de ellas, aunque conservan vestigios de las cinturas escapular y pelviana. Entre ellos están el *escinco* y el *eslizón.* || m. pl. Familia de estos saurios.

escinco. (Como *esquinco* y *estinco,* del lat. *scincus,* y éste del gr. *skigkos*.) m. Zool. Reptil saurio de la familia de los escíncidos, de unos 15 cm. de largo, con lengua corta y escamosa, cabeza cónica, cola corta y cónica, en cada pata cinco dedos deprimidos y de bordes aserrados y cuerpo plano por debajo. Se le llama también *pez de la arena,* por su costumbre de enterrarse en ella; es propio de Egipto *(scincus scincus)*. || **estinco.**

escindible. adj. Que puede escindirse.

escindir. (Del lat. *scindĕre*.) tr. Cortar, dividir, separar. || Fís. Romper un núcleo atómico en dos porciones próximamente iguales, con la consiguiente liberación de energía. Suele realizarse mediante el bombardeo con neutrones.

escintilar. intr. **centellear.**

Escipión (Cneo Cornelio). Biog. General romano, m. en 212 a. C. En 218 a. C. fue enviado a España por su hermano Publio, para contrarrestrar los éxitos de Aníbal en Italia. Desembarcó en Ampurias y se apoderó de Tarragona. Fue vencido por Asdrúbal. || **(Lucio Cornelio).** General y político romano, llamado *el Asiático,* m. hacia 184 a. C. Secundó a su hermano Publio Cornelio Escipión *el Africano,* en España, donde se apoderó de la actual Jaén. Fue pretor en Sicilia, hizo la guerra en Siria y, aunque vencedor, se le acusó de concusión al firmar la paz con Antíoco. || **(Publio Cornelio).** Político y militar romano, m. en 212 a. C. En calidad de cónsul fue enviado a España en 218 a. C., y al llegar a Marsella quiso impedir que las tropas de Aníbal cruza-

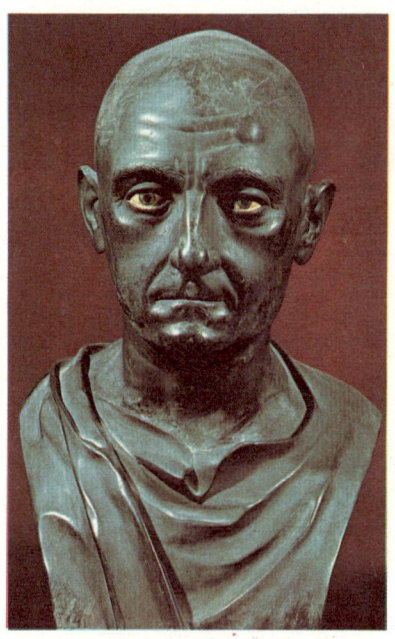

Publio Cornelio Escipión «el Africano». Museo Arqueológico. Nápoles

ran el Ródano. No lo consiguió y de regreso a Italia fue nuevamente vencido en Tesino y Trebia. Pasó a España (216), se apoderó de Sagunto y penetró en la bética, pero fue vencido y muerto por los cartagineses. || **(Publio Cornelio).** General romano, llamado *el Africano* o *Africano el Mayor,* m. en Liternum (235-183 a. C.). Hijo de Publio Cornelio, sobrevivió al desastre de Cannas, y a la muerte de aquél y de su tío, pidió ser destinado a España como procónsul. Reorganizó sus fuerzas, a las que unió muchos soldados ibéricos, y hasta logró, con hábil política, atraerse a los caudillos indígenas Indíbil y Mandonio, colaboradores hasta entonces de los cartagineses. La conquista de Cartagena (209) y las batallas de Bécula e Ilipa (Alcalá del Río) le hicieron dueño de Andalucía, a excepción de Cádiz, dando, prácticamente, fin al dominio púnico en España. Surgió entonces la rebeldía de los pueblos hispanos contra Roma. Fundó la ciudad de Itálica y se ausentó de España en 206. En 204 pasó de Sicilia a África y desembarcó en Utica con el propósito de que esta maniobra obligase a Aníbal a abandonar el suelo italiano y a acudir en defensa de su patria amenazada, como en efecto ocurrió. Escipión venció a Aníbal en Zama (202 a. C.) e impuso a los cartagineses duras condiciones de paz. En compañía de su hermano, Lucio Cornelio, venció a Antíoco, rey de Siria, pero fue acusado por sus compatriotas de recibir dinero de Antíoco, y decepcionado por la conducta de sus compatriotas, se retiró a sus tierras de Liternum, donde murió. Supo unir la cultura helénica al puro sentimiento nacional romano. || **Emiliano (Publio Cornelio).** General romano, conocido también por *Africano el Menor* o *el Segundo Africano* y *Numantino* (185-129 a. C.). Hijo de Paulo Emilio, adoptado por Publio, hijo mayor del primer Africano. En 151 estuvo en la península ibérica acompañando al cónsul Galba y, en calidad de lugarteniente, prestó servicio con el cónsul Lúculo. Abandona España y en 147 a. C. fue nombrado cónsul y se le dio el mando del ejército sitiador de Cartago, que logró tomar. Vuelve a España y tras un asedio que duró nueve meses incendió y arrasó la ciudad de Numancia (133). A su regreso a Roma se destacó por su desprecio a la plebe y su oposición a la ley agraria, que disponía el reparto de tierras. || **Násica (Publio Cornelio).** Político y general romano, n. en 219 a. C. Hijo de Cneo, fue pretor de la España Ulterior y, atacado por los lusitanos, los derrotó; después venció a los boios en la Galia.

escirro. (Del lat. *scirrhos,* y éste del gr. *skírros*.) m. Pat. Especie de cáncer que consiste en un tumor duro de superficie desigual al tacto y que se produce principalmente en las glándulas, p. e., en los testículos y, sobre todo, en los pechos de las mujeres.

escirroso, sa. adj. Perteneciente o relativo al escirro.

escisión. fr., *scission;* it., *scissione;* i., *secession;* a., *Spaltung*. (Del lat. *scissio, -ōnis,* cortadura.) f. Cortadura, rompimiento, desavenencia. || Fís. Fase del fenómeno de la fisión nuclear durante el cual se produce la división del núcleo en dos fragmentos.

escismático, ca. adj. ant. **cismático.**

escita. (Del lat. *scytha*.) adj. Natural de Escitia, o perteneciente a esta región de Asia antigua. Ú. t. c. s.

escitaminal. (Del lat. *scitamenta,* manjares delicados; por alusión a lo estimable de los frutos, raíces, etc., de ciertas especies de estas plantas.) adj. Bot. Dícese de las plantas espermafitas monocotiledóneas, trímeras, con seis estambres en dos verticilos, pero generalmente atrofiados, con excepción de uno que se conserva fértil. Las hojas suelen ser grandes y penninervias y tienden a desgarrarse en lacinias. || f. pl. Orden de estas plantas.

Escitia. Geog. hist. Nombre que antiguamente se daba a las regiones NE. de Europa y NO. de Asia, si bien Tolomeo sólo consideraba Escitia propiamente dicha la parte asiática.

escítico, ca. (Del lat. *scythĭcus*.) adj. Perteneciente a la Escitia.

esciúrido, da. (Del lat. científico *sciurus,* gén. tipo de mamíferos, e *-ido;* aquél del lat. *sciūrus,* ardilla.) adj. Zool. Dícese de los mamíferos roedores, simplicidentados esciuromorfos, con cinco dedos en las extremidades posteriores, provistos de uñas grandes y ganchudas, y cola muy peluda. Son los mamíferos conocidos también por *ardillas* y *ardillas voladoras.* Una de las especies más conocidas es el *chipmunk.* || m. pl. Familia de estos roedores.

esciuromorfo, fa. (Del lat. *sciūrus,* ardilla.) adj. Zool. Dícese de los mamíferos roedores simplicidentados, de formas, en general, aunque no siempre, esbeltas y que se distinguen de los demás roedores por tener separados el peroné y la tibia. Se distribuyen en siete familias, de las que las más importantes son la de los *esciúridos* y la de los *castóridos*. ‖ m. pl. Suborden de estos roedores.

esclafar. (Voz catalana.) tr. *Ar., Cuen.* y *Mur.* Quebrantar, estrellar.

esclarea. (En fr., *sclarée*.) f. **Bot.** amaro, planta.

esclarecedor, ra. adj. Que esclarece. Ú. t. c. s.

esclarecer. fr., *éclaircir;* it., *schiarare;* i., *to clear;* a., *aufklären.* (Del lat. *ex y clarescĕre.*) tr. Iluminar, poner clara y luciente una cosa. ‖ fig. Ennoblecer, ilustrar, hacer claro y famoso a uno. ‖ fig. Iluminar, ilustrar el entendimiento. ‖ fig. Poner en claro; dilucidar un asunto o doctrina. ‖ intr. Apuntar la luz y claridad del día; empezar a amanecer.

esclarecidamente. adv. m. Con grande lustre, honra y nobleza.

esclarecido, da. p. p. de **esclarecer.** ‖ adj. Claro, ilustre, singular, insigne.

esclarecimiento. m. Acción y efecto de esclarecer. ‖ Cosa que esclarece o sirve para esclarecer.

esclavatura. (Del port. *escravatura*.) f. desus. *Arg., Chile,* y *Perú.* Conjunto de esclavos que tenía cada hacienda.

esclavina. (De *esclavo.*) f. Vestidura de cuero o tela, que se ponen al cuello y sobre los hombros los que van en romería; se han usado más largas, a manera de capas. ‖ Cuello postizo y suelto, especie de camisolín, con una falda de tela de 6 u 8 dedos de ancho pegada alrededor, del cual usan los eclesiásticos. ‖ Pieza del vestido, que suelen llevar las mujeres al cuello y sobre los hombros para abrigo o para adorno. ‖ Pieza sobrepuesta que suele llevar la capa unida al cuello y que cubre los hombros. La tienen todavía la capa de torear y la de vestir.

esclavismo. m. **Hist.** Sistema económico-político que se basa en la propiedad de esclavos, y doctrina que lo propugnaba.

esclavista. adj. Partidario de la esclavitud. Ú. t. c. s.

esclavitud. fr., *esclavage;* it., *schiavitù;* i., *slavery;* a., *Sklaverei.* f. Estado de esclavo. ‖ fig. Hermandad o congregación en que se alistan y concurren varias personas a ejercitarse en ciertos actos de devoción. ‖ fig. Sujeción rigurosa y fuerte a las pasiones y afectos del alma. ‖ fig. Sujeción excesiva por la cual se ve sometida una persona a otra, o a un trabajo u obligación. ‖ **Hist.** La esclavitud tiene su origen desde que el hombre ha sido considerado como mercancía y como producto, y esto es muy remoto. La costumbre de matar a los prisioneros en un tiempo, comenzó a substituirse por la de traficar con ellos y destinarlos a los trabajos más humildes y degradantes. En Grecia y Roma se dividían en dos clases: esclavos *domésticos*, destinados a las labores de casa, y esclavos *rurales*, ocupados en los trabajos del campo. En Esparta el esclavo podía convertirse en ciudadano libre, por concesión de la patria. En Roma, sin embargo, sólo podían obtener la libertad por voluntad de sus amos. En el Extremo Oriente existió también la esclavitud, pero menos acentuada que en Grecia, Roma y Asia occidental. En América los conquistadores impusieron la esclavitud a los indígenas hasta 1503, en que las ordenanzas reales les reconocieron a los nativos como libres, obligándolos, sin embargo, a trabajar en beneficio de los blancos. Sólo se permitía, desde entonces, que se tuvieran como esclavos a los negros importados de África y a los hijos de éstos. En EE. UU., al vencer el abolicionista Lincoln, se produjo la guerra de Secesión y al finalizar ésta en 1865, fue abolida la esclavitud en este país. En España el primer decreto de abolición es de 1868 y en sus colonias el hecho se fue produciendo en general con la independencia de cada una. Actualmente aún existe esclavitud, principalmente en algunas partes de África y Asia.

esclavizar. tr. Hacer esclavo a uno; reducirle a esclavitud. ‖ fig. Tener a uno muy sujeto e intensamente ocupado.

esclavo, va. fr., *esclave;* it., *schiavo;* i.; *slave;* a., *sklave.* (Del b. lat. *sclavus*, esclavo, y éste del a. *sklave*, esclavo, prisionero.) adj. Dícese del hombre o la mujer que por estar bajo el dominio de otro carece de libertad. Ú. t. c. s. ‖ fig. Sometido rigurosa o fuertemente a deber, pasión, afecto, vicio, etc., que priva de libertad. Ú. t. c. s. ‖ fig. Rendido, obediente, enamorado. Ú. t. c. s. ‖ m. y f. Persona alistada en alguna cofradía de esclavitud. ‖ f. Pulsera sin adornos y que no se abre. ‖ **ladino.** *Hist.* El que llevaba más de un año de esclavitud.

Mercado de esclavos en Marrakex, litografía antigua. Colección particular. París

esclavócrata. adj. *Amér.* Partidario del sistema de la esclavitud.

esclavón, na. (De *esclavo.*) adj. Que está bajo el dominio absoluto de otro. Apl. a pers., ú. t. c. s. ‖ Natural de Eslavonia, o perteneciente a esta región. Ú. t. c. s.

Esclavonia. Geog. **Eslavonia.**

esclavonía. (De *esclavón.*) f. ant. **esclavitud.** ‖ *Chile.* Hermandad, congregación religiosa.

esclavonio, nia. adj. **esclavón.** Apl. a pers., ú. t. c. s.

escler-, esclero-; -sclera, -sclerosis. (Del gr. *sklerós*, duro.) pref. o suf. que sign. dureza; e. de suf.: *arterio*sclerosis y *mega*sclera.

esclereida. (Del gr. *sklerós*, duro.) f. **Biol.** Cualquier célula de membrana endurecida, que tiene función mecánica.

esclerito. (Del gr. *sklerós*, duro.) m. **Entom.** Pieza o región, endurecida por la quitina, del tegumento de los insectos.

esclero-. pref. V. **escler-.**

esclerocio. (Del lat. científico *sclerotium*, del gr. *sklerós*, duro.) m. **Bot.** Cuerpo duro constituido por gran número de hifas muy apretadas entre sí, que se forma en el micelio de los hongos.

esclerodermia. (Del lat. científico *scleroderma;* del gr. *sklerós*, duro, y *dérma*, piel.) Bot. Gén. de hongos basidiomicetes, con receptáculo reproductor sin tabiques.

esclerodermia. (De *esclero-* y *-dermia.*) f. **Pat.** y **Terap.** Enfermedad crónica de la piel caracterizada por el abultamiento y dureza primero, y por la retracción después.

esclerogenia. (De *esclero-* y *-genia.*) f. **Pat.** Formación de tejido escleroso.

esclerómetro. (De *escler-* y *-metro.*) m. **Fís.** Aparato para medir la dureza de un cuerpo al rayarlo.

esclerón. m. **Met.** Aleación de metal ligero a base de aluminio, litio, manganeso, cobre y cinc.

escleroproteína. (De *esclero-* y *proteína.*) f. **Biol.** y **Bioq.** Nombre de varias proteínas, que se encuentran en su mayor parte en el reino animal, típicas de los tejidos poco activos.

esclerosado, da. adj. **Pat.** Alterado por esclerosis.

esclerosar. tr. **Pat.** Producir esclerosis. ‖ prnl. Alterarse un órgano o tejido con producción de esclerosis.

escleróscopo. (De *esclero-* y *-scopo.*) m. **Fís.** Aparato para medir la dureza a base de la altura de rebote de una bola de acero que se deja caer de una altura determinada sobre la superficie del material que se ensaya.

esclerósico, ca. adj. **escleroso.**

esclerosis. (Del gr. *sklérosis;* de *sklerós*, duro, y *-osis*, -osis.) f. **Pat.** Endurecimiento de los tejidos. El término se aplica principalmente a la induración en el sistema nervioso debida a la hiperplasia (exceso de desarrollo) del tejido conjuntivo, generalmente el intersticial, a las arterias (arteriosclerosis), al oído interior (otosclerosis), etc. ‖ Por ext., embotamiento o rigidez de una facultad anímica. ‖ **lateral amiotrófica** o **lateral simétrica.** Induración gris de los cordones laterales de la médula espinal, que puede ser primitiva o secundaria a una lesión del encéfalo, de los miembros superiores o paresia, rigidez de los inferiores, aumento de los reflejos tendinosos y, finalmente, parálisis bulbar. ‖ **múltiple** o **en placas.** Esclerosis del cerebro, de la médula o de ambos, caracterizada por placas irregularmente diseminadas y son sus síntomas principales: parálisis de los miembros inferiores, trastornos cerebrales, ambliopía, diplopía, nistagmo, palabra premiosa, temblor en los movimientos, contracturas y trastornos de la inteligencia.

escleroso, sa. adj. **Pat.** Alterado por esclerosis.

esclerótica. (Del gr. *sklerós*, duro.) f. **Anat.** Membrana dura, opaca, de color blanquecino, que cubre casi por completo el ojo de los vertebrados y cefalópodos decápodos, dejando sólo dos aberturas: una posterior, pequeña, que da paso al nervio óptico, y otra anterior, más grande, en la que está engastada la córnea.

esclerótico, ca. adj. **Pat.** Perteneciente o relativo a la esclerosis.

esclisiado, da. adj. *Germ.* Herido en el rostro.

esclusa. fr., *écluse;* it., *chiusa;* i., *sluice;* a., *Schleuse.* (Del lat. *exclūsa*, cerrada.) f. **Hidrául.** Recinto de fábrica, con puertas de entrada y salida, que se construye en un canal de navegación para que los barcos puedan pasar de un tramo a otro de diferente nivel, llenando de agua o vaciando el espacio comprendido entre dichas puertas. ‖ **de limpia.** Gran depósito del cual se suelta el agua repentinamente para que arrastre con su velocidad las arenas y fangos del fondo de un puerto o de un embalse.

escoa. (En fr., *scoue;* en it., *ascosa.*) f. **Mar.** Punto de mayor curvatura de cada cuaderna de un buque.

escoba. fr., *balai;* it., *scopa;* i., *broom;* a., *Besen.* (Del lat. *scopa.*) f. Manojo de palmitos, de algarabía, de cabezuela o de otras ramas flexibles, juntas y atadas a veces al extremo de un palo, que sirve para barrer y limpiar. Las hay también de taray, retama y otras plantas fuertes, para barrer las calles y caballerizas. Los

escobada–escobino

albañiles usan una escoba pequeña y de mango corto para remojar la obra y para dar lechadas. || Cierto juego de naipes entre dos o cuatro personas, consistente en alcanzar quince puntos cumpliendo ciertas reglas. Los naipes se valoran de uno a diez. || **Bot.** Mata de la familia de las papilionáceas, que crece hasta dos metros de altura, con muchas ramas angulosas, asurcadas, verdes y lampiñas; hojas inferiores divididas y con pecíolo, sencillas y sentadas las superiores; flores amarillas, pe-

Escoba, lámina de J. Salinas en *Flora forestal española*, de Pedro de Ávila

dunculadas y que forman racimo, fruto de vaina ancha muy comprimida y semilla negruzca. Es planta muy a propósito para hacer escobas. || **amarga.** *Cuba.* Planta de la familia de las compuestas (*parthenium hysteróphorus*). || **amargosa.** *Hond.* canchalagua. || **babosa.** *Col. y Hond.* Malvácea del gén. *sida*, cuyas hojas, que contienen mucho mucílago, las aplican en cataplasmas, y disueltas en agua forman una especie de bandolina. || **de caballeriza.** *Léx.* La que se hace con ramas de tamujo. || **de cabezuela.** *Bot.* cabezuela, planta compuesta. || **cimarrosa.** *Perú.* Planta malvácea, perteneciente a los gén. *sida, abutilon* y *malva*. || **negra.** *C. Rica y Nic.* Arbustillo de la familia de las borragináceas, del cual se hacen escobas; tiene corteza de color obscuro, flor pequeña y blanquecina, fruto rojo cuando maduro.
escobada. f. Cada uno de los movimientos que se hacen con la escoba para barrer. || Barredura ligera.
escobadera. f. Mujer que limpia y barre con la escoba.
escobado. m. *Sal.* Marca que los ganaderos hacen a las reses, cortándoles la punta de la oreja con doble cortadura en ángulo.
escobajo. (De *escoba*.) m. Escoba vieja y estropeada por lo mucho que ha servido.
escobajo. (Del lat. *scopus*.) m. **Vit.** Raspa que queda del racimo después de quitarle las uvas.
escobar. m. Sitio donde abunda la planta llamada escoba.
escobar. (Del lat. *scopāre*.) tr. Barrer con escoba.
Escobar (Alberto). Biog. Poeta peruano, n. en Lima en 1929. Obtuvo el premio nacional de Poesía José Santos Chocano en 1951. Obras: *Poemas de misma travesía* (1950) y *Cantares del cielo y de la tierra* (1959). || **(Ignacio José).** Político y periodista español, primer marqués de Valdeiglesias, n. en Madrid (1823-1887). Colaboró en varios periódicos antes de fundar y ser director y propietario de *La Época*. Fue diputado, consejero de Estado y vicepresidente del Congreso de 1876 a 1878. || **(Patricio A.).** Militar y político paraguayo, muerto en 1912. Luchó en la guerra sostenida por Solano López y conspiró con el general Caballero para deponer al presidente Rivarola (1871). Dirigió un movimiento contra el presidente Jovellanos; ejerció la presidencia de la República de 1886 a 1890; y durante su mandato se creó la Universidad Nacional. || **(Vicente).** Pintor cubano, n. y m. en La Habana (1757-1834). Pintor de cámara de la reina de España María Cristina. Es autor, en su mayor parte, de los retratos que adornan el salón de recepciones del Palacio de La Habana. || **Geog.** Part. de Argentina, prov. de Buenos Aires; 277 km.^{2} y 46.150 h. Cap., Belén de Escobar. || Mun. de Paraguay, depart. de Paraguarí; 6.243 h. || Pobl. cap. del mismo; 548 h. || **de Campos.** Mun. y villa de España, prov. de León, p. j. de Sahagún; 166 h. || **de Polendos.** Mun. de España, prov. y p. j. de Segovia; 421 h. || Lugar cap. del mismo; 92 h.
escobazar. (De *escoba*.) tr. Rociar con escoba o ramas mojadas.
escobazo. m. Golpe dado con una escoba. || *Arg.* y *Chile.* Escobada, barredura ligera.
Escobedo (Francisco Fernando). Biog. General español del siglo XVII. Pasó a América y fue capitán general de Nicaragua, Honduras y Guatemala. En el desempeño de dichos cargos fomentó la agricultura y el comercio, fundó en León el Colegio Tridentino y en 1676 el Colegio de Santo Tomás de Guatemala, erigiéndolo en Universidad. || **(Helena).** Escultora mejicana, nacida en Méjico en 1934. Estudió como becaria en el Royal College of Art de Londres (1951-54). Sus obras, que se caracterizan por la fuerza y el dinamismo, tienen representación en notables colecciones particulares de su país y de EE. UU. || **(Juan de).** Político y noble español, n. en Colindres y m. en Madrid en 1578. Nombrado por Felipe II secretario de Juan de Austria, prestó grandes servicios en Flandes; en 1577 regresó a España para informar al rey de los asuntos de los Países Bajos, y, por intrigas cortesanas, fue asesinado en Madrid y en plena calle. || **(Mariano).** General mejicano, n. en Galeana y m. en Méjico (1826-1902). En 1846 tomó parte en la guerra contra EE. UU. Después del fusilamiento de Maximiliano (1867) fue nombrado comandante general de la zona del N. de Méjico y ministro de la Guerra en 1875. En 1878 organizó una sublevación contra el Gobierno de Porfirio Díaz. || **Geog.** Mun. de Méjico, est. de Coahuila de Zaragoza; 2.988 h. || Villa cap. del mismo; 752 h.
escobén. (En port., *escovem*; en fr., *écubier*.) m. **Mar.** Cualquiera de los agujeros circulares o elípticos que se abren en los miembros de un buque, a uno y otro lado de la roda, para que pasen por ellos los cables o cadenas del ancla.
escobera. f. Mujer que hace o vende escobas. || **Bot.** Retama común.
escobero. (Del lat. *scoparĭus*.) m. El que hace escobas o las vende.
escobeta. f. Cepillo para la ropa. || Escobilla de cerdas o alambre. || *Méj.* Escobilla de raíz de zacatón, corta y recia, para limpiar suelos, trastos, etc. || Mechón de cerda que sale en el papo a los pavos viejos.
escobetear. tr. *Méj.* Barrer con la escoba. || *Rioja.* Cepillar con la escobilla.
escobilla. (Del lat. *scopilĭa*, barreduras.) f. Tierra y polvo que se barre en los talleres donde se trabaja la plata y el oro, y que contiene algunas partículas de estos metales.

escobilla. fr., *goupillon*; it., *spazzoletta*; i., *brush*; a., *Bürste*. (dim. de *escoba*.) f. Cepillo para limpiar. || Escobita formada de cerdas o de alambre que se usa para limpiar. || **Bot.** Planta pequeña, especie de brezo, de que se hacen escobas. || Es la escoba de cabezuelo y el azulejo; pero también la quenopodiácea *caroxylum tamariscifolium*. || *C. Rica.* Denominación de la malvácea *sida rhombifolia*. || *Méj.* Llámase así a la compuesta *baccharis xalapensis*. || *Perú.* Nombre de la escrofulariácea *scorparia dulcis*. || **cardencha,** planta dipsacácea. || Mazorca del cardo silvestre, que sirve para cardar la seda. || f. pl. **Elec.** Haz de hilos de cobre destinado a mantener el contacto, por frotación, entre dos partes de una máquina eléctrica, una de las cuales está fija mientras la otra se mueve. Por ext. se da este nombre a las piezas, que, construidas con carbón duro, grafito, cobre o mezcla de estos materiales, sirven para el mismo fin. || **amarga.** *Bot. C. Rica.* **mastuerzo,** planta crucífera. || **de ámbar.** Hierba exótica anual, de la familia de las compuestas, con tallos erguidos, ramosos, de 40 a 60 cm., hojas sentadas con lóbulos oblongos y flores con cabezuelas terminales, amplias, de corola purpúrea, a veces rósea o blanca, con olor agradable, parecido al del ámbar. || **morisca.** *Amér.* Es la *scabiosa ambarina*. || **parda.** Cualquiera de las compuestas *artemisia glutinosa* y *a. campestris*.
escobillado, da. p. p. de escobillar. || m. *Arg.* y *Chile.* Acción y efecto de escobillar en los bailes.
escobillar. tr. Limpiar con la escobilla, cepillar. || En algunos bailes, batir el suelo con los pies con movimientos rápidos, semejantes a los que se hacen para lustrar los suelos.
escobilleo. m. Acción y efecto de escobillar, en el baile.
escobillo. m. **Bot.** *C. Rica.* Es la planta melastomática *conostegia lanceolata* y también la *c. pittieri.*
escobillón. (aum. de *escobilla*, cepillo.) m. Instrumento compuesto de un palo largo, que tiene en uno de sus extremos un cilindro con cerdas puestas alrededor, como cepillo o escobilla. Sirve para limpiar los cañones de las armas de fuego. || Cepillo unido al extremo de un astil, que se utiliza para barrer el suelo.
escobina. (Del lat. *scobīna*.) f. Serrín que hace la barrena cuando se agujerea con ella alguna cosa. || Limadura de un metal cualquiera.
escobino. m. **Bot.** *Sant.* Brusco o rusco, planta esmilácea.

Escobén y cadena del ancla

Castillo de Eilean Donan, en las Highlands

El lago Hacoin, en las tierras altas escocesas

escobio. (Del lat. *scopŭlus*, peñasco.) m. *Ast.* Lugar alto y quebrado. || *Ast., León* y *Sant.* Angostura, hoz, garganta o paso estrecho en una montaña o en un río.

escobizo. (De *escoba*.) m. **Bot.** *Ar.* **guardalobo.**

escobo. (De *escoba*, mata.) m. Matorral espeso, como retamar y otros semejantes.

escobón. m. aum. de **escoba**. || Escoba que se pone en un palo largo para barrer y deshollinar. || Escoba de mango muy corto. || **Bot.** escoba, mata de la familia de las papilionáceas. || pl. *Can.* **tagasaste.**

Escobosa de Almazán. *Geog.* Mun. y lugar de España, prov. de Soria, p. j. de Almazán; 88 h.

escocar. tr. **Agr.** *Al.* Desterronar, desmenuzar los terrenos con el zarcillo.

escocedura. f. Acción y efecto de escocerse.

escocer. fr., *cuire;* it., *bruciare;* i., *to smart;* a., *brennen, stechen*. (Del lat. *excoquĕre*.) intr. Producirse una sensación muy desagradable, parecida a la quemadura. || fig. Producirse en el ánimo una impresión molesta o amarga. || prnl. Sentirse o dolerse. || Ponerse rubicundas y con mayor o menor inflamación cutánea algunas partes del cuerpo, especialmente las ingles, a causa del roce motivado por la gordura, por el sudor excesivo, etc.

escocés, sa. fr., *écossais;* it., *scozzese;* i., *scottish;* a., *schottisch*. adj. Natural de Escocia, o perteneciente a este país de Europa. Ú. t. c. s. || Aplícase a telas de cuadros y de rayas formando cuadros de varios colores. Ú. t. c. s. || m. **Ling.** Dialecto céltico, llamado *gaélico* y hablado en Escocia.

escocia. (Del lat. *scotĭa*, y éste del gr. *skotia*, de *skótos*, sombra.) f. **Arquit.** Moldura cóncava, a manera de media caña, generalmente entre dos toros, o entre las paredes y el techo, y más ancha en su parte inferior.

Escocia. (En i., *Scotland;* en lat., *Caledonia*.) *Geog.* País del R. U., sit. al N. de Inglaterra. Su ext. superficial, con las islas adyacentes, es de 77.213 km.², y su pobl., de 5.206.200 h.; cap., Edimburgo. Se divide administrativamente en 12 regiones. El país es montuoso y pintoresco, con muchos lagos hacia el NO. en la región llamada *Highland*. Los primeros habitantes de Escocia fueron los celtas, llamados en la antigüedad *caledonios* u *hombres de la selva*, y entre ellos los *pictos* y *escotos*, que se refugiaron en las montañas o *Highlands*, después de la conquista romana. Se cree que los caledonios eran originarios de Irlanda, y que, después de convertidos al cristianismo por San Colombano, formaron un reino en el siglo IX, que duró sólo hasta el siglo XIII. El heroísmo de los Wallace, Bruce y Douglas contuvo la invasión de los reyes de Inglaterra. En 1371 comenzó la dinastía de los Estuardo, pero el reino se unió definitivamente al de Inglaterra en 1787. (V. **Reino Unido.**)

escociano, na. adj. ant. **escocés.** Apl. a pers., usáb. t. c. s.

escocimiento. (De *escocer*.) m. Sensación dolorosa por irritación o quemadura de la piel.

escoda. (De *escodar*, labrar las piedras.) f. **A. y Of.** Instrumento de hierro, a manera de martillo, con corte en ambos lados, enastado en un mango, para labrar piedras y picar paredes.

Escoda (Juan). *Biog.* Pintor español, n. en Barcelona en 1920. Ha abierto un nuevo camino en la pintura moderna, obteniendo la síntesis entre el figurativismo impresionista y la pintura abstracta más rigurosa.

escodadero. (De *escodar*, sacudir la cuerna.) m. **Mont.** Sitio donde los venados y gamos dan con la cuerna para descorrerla.

escodar. (Del lat. *excultĕre*, romper a golpes.) tr. Labrar las piedras con martillo. || Sacudir la cuerna los animales para descorrerla.

escodar. (Del lat. *coda*, cola.) tr. *Ar.* Cortar la cola a los animales. Ú. t. c. prnl.

escofia. f. **cofia.**

escofiado, da. p. p. de **escofiar.** || adj. ant. Aplicábase al que traía cofia en la cabeza.

escofiar. tr. Poner la cofia en la cabeza. Ú. t. c. prnl.

escofieta. (De *escofia*.) f. Tocado de que usaron las mujeres, formado ordinariamente de gasas y otros géneros semejantes. || Cofia o redecilla. || *Cuba.* Gorro de niño pequeño.

escofina. fr., *râpe;* it., *raspa;* i., *rasp;* a., *Reibeisen*. (Del osco *scoffina*, del lat. *scobīna*.) f. **A. y Of.** Herramienta a modo de lima, de dientes gruesos y triangulares, muy usada para desbastar, raspar y limpiar la madera. || **de ajustar.** Pieza de hierro o acero, de que usan los carpinteros para trabajar e igualar las piezas en el cepo de ajustar. Es, por lo regular, un cuadrilongo, sin mango, recio y de unos 20 cm. de largo.

escofinar. tr. **A y Of.** Limar con escofina.

escofión. m. aum. de **escofia.** || Antigua cofia de red de las mujeres.

escogedor, ra. adj. Que escoge. Ú. t. c. s.

escoger. fr., *choisir;* it., *scegliere;* i., *to choose;* a., *auswählen*. (Del lat. *ex*, de, y *colligĕre*, coger.) tr. Tomar o elegir una o más cosas o personas entre otras.

escogida. f. *Can.* y *Cuba.* Tarea de separar las distintas clases de tabaco. || Local donde se hace esa tarea y reunión de operarios a ella dedicados.

escogidamente. adv. m. Con acierto y discernimiento. || Cabal y perfectamente; con excelencia.

escogido, da. p. p. de **escoger.** || adj. **selecto, ta.**

escogiente. p. a. de **escoger.** Que escoge.

escogimiento. m. Acción y efecto de escoger.

Escoiquiz (Juan). *Biog.* Político y eclesiástico español, n. en Ocaña y m. en Ronda (1762-1820). Fue canónigo de Zaragoza de 1767 a 1789. Debió a Godoy su nombramiento de preceptor del príncipe de Asturias Fernando (luego Fernando VII). Fue el inspirador de los sucesos del Escorial y de Aranjuez, y acompañó a Fernando al destierro en Valençay. Al regresar de Francia fue ministro de Gracia y Justicia.

escolán. m. **escolano.**

escolanía. f. Conjunto o corporación de escolanos.

escolano. (De *escuela*.) m. Cada uno de los niños que, en los monasterios de Aragón, Cataluña, Valencia y algunos otros, se educaban para el servicio del culto, y principalmente para el canto.

escolapio, pia. adj. Dícese del religioso o religiosa perteneciente a la **Orden de Clérigos Regulares Pobres de la Madre de Dios de las Escuelas Pías** (v.). || m. y f. Estudiante que recibe enseñanza en las Escuelas Pías.

escolar. fr., *scolaire;* it., *scolare;* i., *scholar;* a., *Schüler.* (Del lat. *scholāris.*) adj. Perteneciente al estudiante o a la escuela. ‖ m. Estudiante que cursa y sigue las escuelas. ‖ ant. **nigromante.**

escolar. (Del lat. *excolāre.*) intr. Pasar por un sitio estrecho. Ú. t. c. prnl.

escolaridad. f. Conjunto de cursos que un estudiante sigue en un centro docente. ‖ Conducta o calificaciones de un estudiante. ‖ **obligatoria.** *Pedag.* Período de tiempo en que el Estado obliga a los niños a asistir a la escuela.

escolariego, ga. adj. Propio de escolares o estudiantes.

escolarino, na. (De *escolar,* perteneciente al estudiante.) adj. ant. **escolástico.**

escolástica. (Del lat. *scholastica.*) f. *Filos.* **escolasticismo.**

escolasticado. m. *Rel.* Tercera y última de las etapas por las que deben pasar, en algunas congregaciones religiosas, los que aspiran a ingresar en ellas. Es subsiguiente al noviciado.

escolásticamente. adv. m. En términos escolásticos; a la manera y uso de las escuelas.

escolasticismo. (De *escolástico* e *-ismo.*) m. Espíritu exclusivo de escuela en las doctrinas, en los métodos o en el tecnicismo científico. ‖ **Filos.** Filosofía de la Edad Media, cristiana, arábiga y judaica, en la que domina la enseñanza de los libros de Aristóteles, concertada con las respectivas doctrinas religiosas. ‖ Sistema filosófico-teológico que predominó en las escuelas de Occidente durante la Edad Media. En cuanto a su doctrina y a su método puede decirse que tiene sus antecedentes en San Agustín, San Juan Damasceno y Boecio. Pero su formación, larga y accidentada, tiene lugar durante los siglos IX al XII con las aportaciones de Escoto Erígena, Lanfranco, San Anselmo (llamado *Padre de la Escolástica*), Hugo de San Víctor, Abelardo y Pedro Lombardo. La verdadera Edad de Oro corresponde al siglo XIII, con sus incomparables maestros San Buenaventura, San Alberto Magno, Santo Tomás de Aquino y Duns Escoto. El conocimiento completo de las obras de Aristóteles en versiones directas, vino a dar un impulso extraordinario a la especulación en las escuelas de Occidente. Al principio, la doctrina de Aristóteles se utilizó por los escolásticos como confirmación o argumento de autoridad simplemente, no como fundamento filosófico para la explicación de la doctrina católica. La adaptación del sistema aristotélico con esta última finalidad llegó a su grado máximo en la *Suma Teológica* de Santo Tomás de Aquino. En el siglo XIV comienza la decadencia del escolasticismo, que se acentúa considerablemente en el siguiente, aunque durante este tiempo se dieron los primeros pasos hacia el desarrollo de la ciencia moderna. Su principal figura fue Guillermo de Occam. Después de un renacimiento reducido, pero brillante, en los siglos XVI y XVII, en que destacaron los españoles Francisco Suárez, Juan de Santo Tomás y Francisco de Vitoria, entre otros, desaparece de las Universidades para encerrarse en los Seminarios y Casas de formación para religiosos. Con la encíclica *Aeterni Patris,* publicada por León XIII en 1879, la corriente filosófico-teológica volvió al escolasticismo (v. **neoescolasticismo**) y en particular al tomismo (v. **neotomismo**). El escolasticismo se distinguió por el predominio de la idea religiosa, no sólo en teología, sino también en filosofía; por el dualismo o distinción entre Dios y el mundo; por el objetivismo o estudio de las formas y realidades que los sentidos nos descubren, y por el optimismo o firme confianza de que la razón puede alcanzar la verdad dentro de ciertos límites. La forma dialéctica más empleada fue el silogismo.

escolástico, ca. (Del lat. *scholastīcus.*) adj. Perteneciente a las escuelas o a los que estudian en ellas. ‖ **Filos.** Perteneciente al escolasticismo, al maestro que lo enseña o al que lo profesa. Apl. a pers., ú. t. c. s.

escoldo. (Del lat. *excaldăre.*) m. ant. Brasa resguardada por la ceniza.

escolécido, da. (Del gr. *skólex, -ekos,* lombriz, e *-ido.*) adj. *Zool.* Se dice de los gusanos provistos de escólex, como los platelmintos de la clase de los cestodos. No es un grupo sistemático.

escoleta. f. *Méj.* Banda de músicos aficionados. ‖ Acto de reunirse los músicos para estudiar, y el ejercicio mismo que ellos desempeñan.

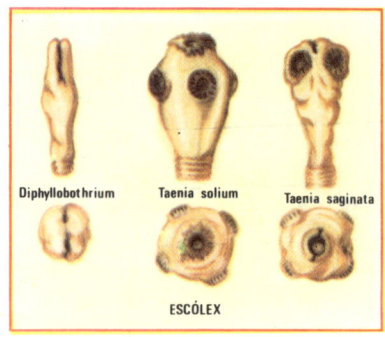

Distintos tipos de escólex

escólex. (Del gr. *skólex,* lombriz.) m. *Zool.* Abultamiento que en su extremo anterior presenta la tenia; está provisto de órganos adherentes, ganchos o ventosas (a veces unos y otras), con los que el animal se fija al cuerpo de su huésped, y se le da en ocasiones el nombre de cabeza, inadecuado, porque no tiene ni boca, ni órganos sensoriales.

escoli-. pref. V. **escolio-.**

escoliador. m. El que escolia.

escoliar. tr. Poner escolios a una obra o escrito.

escoliasta. (Del lat. *scholiastes,* y éste del gr. *scholiastés.*) m. **escoliador.**

escolimado, da. adj. fam. p. us. Muy delicado y endeble. Dícese de las personas.

escólimo. (Del m. or. que el siguiente.) *Bot.* Gén. de plantas, de la familia de las compuestas (v.).

escolimoso, sa. (Del lat. *scolymus,* y éste del gr. *skólymos,* cardo silvestre.) adj. fam. p. us. Descontentadizo, áspero, poco sufrido.

escolio-, escoli-. (Del gr. *skoliós,* tortuoso.) pref. que sign. desviado.

escolio. fr., *scolie;* it., *scolio;* i., *scholion;* a., *Scholie.* (Del lat. *scholĭum,* y éste del gr. *schólion,* comentario, de *scholé,* escuela.) m. Nota marginal que se pone a un texto para explicarlo.

escoliosis. (De *escoli-* y *-osis.*) f. *Pat.* Desviación del raquis o columna vertebral con convexidad lateral.

escolítido, da. (Del lat. científico *scólytus,* gén. tipo de insectos, e *-ido;* aquél del m. or. que el siguiente.) adj. **Entom.** Dícese de los coleópteros polífagos de la superfamilia de los rincóforos, animales en general pequeños, de 2 a 5 mm., de color obscuro, con patas cortas y fuertes y antenas en maza; sus larvas son ápodas, gruesas, blanquecinas, y habitan en la zona viva de los troncos, ramas y raíces de los árboles, donde causan graves daños por perturbar grandemente la circulación de la savia; su vida transcurre en galerías excavadas en la cara interna de la corteza y el líber, de modo que la impresión es doble y al arrancar o desprenderse la corteza queda un dibujo en ésta y otro igual en el tronco, figuras que son características de cada especie. ‖ m. pl. Familia de estos coleópteros.

escolitino, na. (Del lat. científico *scólytus,* gén. tipo de insectos, y éste del gr. *skolýptomai,* curvar, enrollar.) adj. **Entom.** Dícese de los insectos coleópteros, escolítidos, con los élitros casi horizontales hasta su extremidad, abdomen truncado en la terminación y tibias no dentadas en su borde externo; comprende un solo gén. *scólytus,* cuya especie *scólytus scólytus,* de 4 a 6 mm. de longitud, ataca en masa a los olmos. ‖ m. pl. Subfamilia de estos coleópteros.

escolopácido, da. (Del lat. científico *scólopax,* un gén. de aves, e *-ido;* aquél del b. lat. *scolópax,* del gr. *skolópax,* especie de becada.) adj. *Zool.* Dícese de las aves del orden de las caradriformes, con la frente estrecha y deprimida hacia adelante, pico casi siempre largo y fosas nasales en un surco; son aves zancudas que viven en playas y marismas, aunque algunas especies frecuentan terrenos secos del interior; en su mayoría son gregarias. Incluye esta familia las agachadizas, chochas, zarapitos, andarríos, etc. ‖ f. pl. Familia de estas aves.

escolopendra. (Del lat. *scolopendra* y éste del gr. *skolópendra.*) En zoología, gén. de miriápodos o ciempiés, de la familia de los escolopéndridos, con 21 pares de patas. La *común* o *morsitaria (scolopendra mórsitans)* mide de 5 a 9 cm., y tiene color amarillento sucio y forcípulos algo rojizos. Algunas especies americanas miden unos 25 cm., y una oriental, la *s. gigantea,* alcanza los 40 cm.: son muy venenosas por el enorme tamaño de sus forcípulos. ‖ f. **Bot. lengua de ciervo.** ‖ **de agua.** *Zool.* Anélido poliqueto marino de unos 30 cm. de largo, vermiforme, con cabeza bien señalada, tentáculos cortos, cuerpo casi cilíndrico, de color verde irisado, y provisto en cada anillo de dos grupos simétricos de cerdillas que sirven al animal para nadar.

escolopéndrido, da. (De *escolopendra,* gén. tipo de miriápodos, e *-ido.*) adj. *Zool.* Dí-

San Agustín, por Zurbarán. Colección particular. Madrid

cese de los miriápodos quilópodos, con 17 a 23 segmentos, y de los que son ejemplos típicos la escolopendra común y la gigante. ‖ m. pl. Familia de estos miriápodos.

escolopóforo. (Del gr. *skólops, skólopos,* espina, y *-foro.*) m. **Entom.** Cada uno de los órganos auditivos elementales de los insectos.

escolta. fr., *escorte;* it., *scorta;* i., *escort;* a., *Eskorte.* (Del it. *scorta,* de *scórgere,* guiar, y éste del lat. **excorrigĕre,* guiar.) f. Partida de soldados o embarcación destinada a escoltar. ‖ Acompañamiento en señal de honra y reverencia. ‖ Pareja de la guardia civil que va en los trenes de viajeros para custodia y vigilancia.

escoltar. fr., *escorter;* it., *scortare;* i., *to escort;* a., *eskortieren.* (Del it. *scortare,* de *scorte,* escolta.) tr. Resguardar, convoyar, conducir a una persona o cosa para que camine sin riesgo. ‖ Acompañar a una persona, a modo de escolta, en señal de honra y reverencia.

escollar. intr. *Arg.* Tropezar en un escollo la embarcación. ‖ fig. *Arg. y Chile.* Fracasar, malograrse un propósito por haber tropezado con algún inconveniente.

escollar. tr. Sobresalir. Ú. t. c. intr. y c. prnl.

escollera. (De *escollo.*) f. **Hidrául.** Obra hecha con piedras echadas al fondo del agua, bien para formar un dique de defensa contra el oleaje, para servir de cimiento a un muelle, o para resguardar el pie de otra obra de la acción de las corrientes.

escollo. fr., *écueil;* it., *scoglio;* i., *reef;* a., *Klippe.* (Del lat. *scopŭlus.*) m. Peñasco que está a flor de agua o que no se descubre bien. ‖ fig. Peligro, riesgo. ‖ fig. Dificultad, obstáculo.

escomar. (Del *es-* y *como,* paja.) tr. *Rioja.* Desgranar a golpes la paja del centeno destinada para vencejos, y el cáñamo, lino, etc.

escombra. f. Acción y efecto de escombrar. ‖ *Ar. y Nav.* Escombro, desecho, basura.

escombrar. (En provenz., *descombrar.*) tr. Desembarazar de escombros; quitar lo que impide el paso u ocasiona estorbo, para dejar un lugar llano, patente y despejado. ‖ Quitar de los racimos de pasas las muy pequeñas y desmedradas. ‖ fig. Desembarazar, limpiar. ‖ *Mur.* Quitar el escombro del pimiento para moler la cáscara.

escombrera. f. Conjunto de escombros o desechos. ‖ Sitio donde se echan los escombros o desechos de una mina.

Escombreras. Geog. Lugar de España, prov. de Murcia, próximo a Cartagena, a cuyo mun. pertenece, con 1.139 h. Restos arqueológicos de la época romana. Importante refinería para el tratamiento del petróleo y subproductos. Central térmica. Fábrica de fertilizantes. Amplio puerto, el primero de los petroleros en España.

Escombreras. Vista aérea de la central térmica

escombresócido, da. (De *escombresox* e *-ido.*) adj. **Zool.** Dícese de los peces teleóstomos, escombresociformes, de cuerpo muy largo y fino y con la mandíbula inferior más larga que la superior. Viven principalmente en los mares cálidos y templados. Se les llama *agujas de mar.* ‖ m. pl. Familia de estos peces.

escombresociforme. (De *escombresox* y *-forme.*) adj. **Zool.** Dícese de los peces teleóstomos, marinos, de cuerpo largo y estrecho y aletas no espinosas. ‖ m. pl. Orden de estos animales.

escombresox. (Del lat. científico *scómbresox,* y éste del lat. *scomber,* pez escombro, y *esox,* cierto pescado del Rin.) **Zool.** Género al que pertenece el pez llamado *paparda.*

escómbrido, da. (De *escombro,* género tipo de peces, e *-ido.*) adj. **Zool.** Dícese de los peces teleóstomos, perciformes, de cuerpo alargado, más o menos comprimido, con frecuencia plateado, desnudo o con escamas pequeñas, algunas veces con línea lateral de placas óseas aquilladas (p. e., chicharro), generalmente con aleta caudal en media luna. Se incluyen en ellos, principalmente, el atún, el bonito y la caballa. ‖ m. pl. Familia de estos peces.

escombro. fr., *décombres, débris;* it., *muriccia, rottame;* i., *rubbish;* a., *Schutt.* (De *escombrar.*) m. Desecho, broza y cascote que queda de una obra de albañilería o de un edificio arruinado o derribado. ‖ Desechos de la explotación de una mina, o ripio de la saca y labra de las piedras de una cantera. ‖ Pasa menuda y desmedrada que se separa de la buena y se vende a menor precio, la cual suele usarse para hacer vino. ‖ *Mur.* En el pimiento seco, parte que está junto al pedúnculo.

escombro. (Del lat. *scomber, -bri,* el pez escombro.) **Zool.** Gén. de peces de la familia de los escómbridos (v.). ‖ m. **caballa.**

escomearse. (Del lat. *ex* y *commeiĕre,* orinar.) prnl. ant. Padecer estangurria.

escomendrijo. m. Criatura ruin y desmedrada.

escomerse. (Del lat. *excomedĕre;* de *ex,* intens., y *comedĕre,* comer.) prnl. p. us. Irse gastando y comiendo, por el uso u otra causa, una cosa sólida, como los metales, las piedras, las maderas, etc.

escomesa. (Del lat. *excommissa,* t. f. de *-sus,* acontecido.) f. ant. Acción y efecto de acometer.

esconce. (De *esconzar.*) m. Ángulo entrante o saliente, rincón o punta que interrumpe la línea recta o la dirección que lleva una superficie cualquiera.

escondecucas. (De *esconder,* encubrir, y *cuca.*) m. *Ar.* Escondite, juego de muchachos.

escondedero. m. Lugar o sitio apropiado para esconder o guardar algo.

escondedora. adj. *R. Plata.* Dícese de la vaca que tiene la costumbre de retirar o esconder la leche en el acto del ordeño.

escondedrijo. m. ant. Lugar propio para esconderse.

esconder. (De *esconder,* encubrir.) m. Juego del escondite.

esconder. fr., *cacher;* it., *nascondere;* i., *to hide;* a., *verbergen.* (De *asconder.*) tr. Encubrir, ocultar, retirar de lo público una cosa a lugar o sitio seceto. Ú. t. c. prnl. ‖ fig. Encerrar, incluir y contener en sí una cosa que no es manifiesta a todos. Ú. t. c. prnl.

Escondida (La). Geog. Local. de Argentina, prov. de Chaco, cap. del part. de General Dónovan; 1.827 h.

escondidamente. adv. m. Sin ser visto.

escondidas (a). (De *escondido,* p. p. de *esconder.*) m. adv. Sin ser visto.

escondidijo. (De *escondido.*) m. Lugar propio para esconderse.

escondidillas. (De *escondidas.*) f. pl. *Méj.* Escondite, juego de muchachos. ‖ **a escondidillas.** m. adv. Ocultamente; con cuidado y reserva para no ser visto.

escondido, da. p. p. de **esconder.** ‖ m. desus. Lugar propio para esconderse. ‖ En Argentina, baile criollo muy antiguo, poco bailado en la actualidad, con letra muy graciosa. Alcanzó su máxima popularidad en el s. XIX. Su característica coreográfica reside en que, durante una de las partes, se esconde el hombre y la mujer baila sola, y en la otra sucede al revés. ‖ m. pl. En Perú, escondite, juego de muchachos. ‖ f. pl. *Amér.* Juego del escondite. ‖ **en escondido.** m. adv. Escondidamente, ocultamente.

escondimiento. (De *esconder,* encubrir.) m. Acción y efecto de esconder.

escondite. (De *esconder,* encubrir.) m. **escondrijo.** ‖ Juego de muchachos, en el que unos se esconden y otro busca a los escondidos.

escondredijo. (De *escondidijo,* con infl. de *escondrijo.*) m. Lugar propio para esconderse.

escondrijo. fr., *cachette;* it., *nascondiglio;* i., *hiding place;* a., *Schlupfwinkel.* (De *esconder,* encubrir.) m. Rincón o lugar oculto y retirado, propio para esconder y guardar en él alguna cosa.

esconjuro. m. ant. Exorcismo contra los malos espíritus.

escontra. prep. ant. En dirección a algo.

esconzado, da. adj. Que tiene esconces.

esconzar. (Del lat. **excomptiāre,* descomponer, de *comptus,* compuesto.) tr. Hacer a esconce una habitación u otra cosa cualquiera.

Escopas–escoria

Escopas. Biog. Escultor griego, oriundo de Paros, que floreció en el s. IV a. C. Realizó la decoración del templo de Atenea Alea en Tegea (Arcadia), en cuyos frontones representó la caza del jabalí Calidón, y el combate de Aquiles y Telefo. Su obra cumbre fue la decoración del Mausoleo de Halicarnaso, realizado con la colaboración de sus discípulos. Sus obras modificaron el carácter artístico de la escultura griega y ejercieron gran influencia, no sólo en la antigüedad, sino también en los tiempos de mayor esplendor del Renacimiento.

escopecina. f. ant. Saliva o flema que se escupe.

escopélido, da. (Del lat. científico *scópelus*, gén. tipo de peces, e *-ido*; aquél del gr. *skópelos*, peñasco elevado.) adj. Zool. Dícese de los peces teleósteos del orden de los escopeliformes, cuyos individuos son muy ricos en fotóforos que aparecen en grupos bien definidos bajo la línea lateral. Es típica la *anchoa luminosa*. ‖ m. pl. Familia de estos peces, llamados también *mictófidos*.

escopeliforme. (Del lat. científico *scópelus* [v. *escopélido*] y *-forme*.) adj. Zool. Dícese de los peces teleósteos, sin radios espinosos en las aletas, de pequeño tamaño y muchos de ellos abisales y provistos de órganos luminosos. ‖ m. pl. Orden de estos peces, también llamados *mictofiformes*.

escopeta. fr., *fusil*; it., *schioppo*; i., *shotgun*; a., *Flinte*. (Del it. *schioppetto*.) f. Arm. Arma de fuego portátil, con uno o dos cañones de 70 a 80 cm. de largo y con los mecanismos necesa-

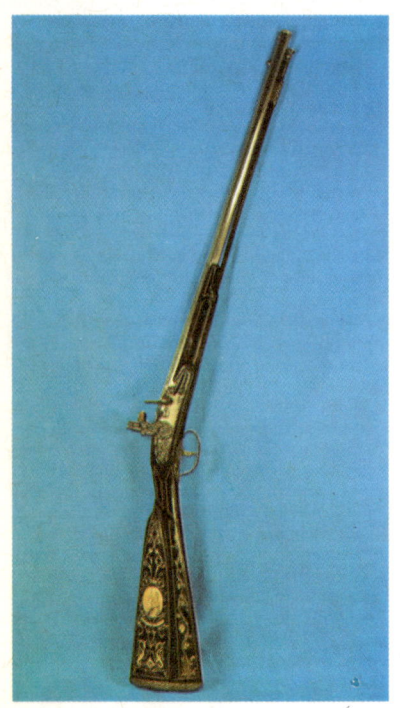

Escopeta italiana del siglo XVI. Museo Lázaro Galdiano. Madrid

rios para cargar y descargar montados en una caja de madera. ‖ Persona que caza o tira con escopeta. ‖ **de pistón.** Arm. La que se ceba con pólvora fulminante encerrada en una cápsula o pistón. ‖ **de salón.** La pequeña y de poco alcance que se usa para tirar al blanco en aposentos, jardines, etc. ‖ **de viento.** La que dispara el proyectil por medio del aire comprimido artificialmente dentro de la culata. ‖ **negra.** Lex. Cazador de oficio. ‖ **aquí te quiero,**

escopeta, o **aquí te quiero ver, escopeta.** exprs. figs. y fams. que dan a entender ser llegado el caso apurado de vencer una dificultad, o salir de un lance arduo.

escopetar. (Indirectamente, del lat. *scopāre*, barrer.) tr. Min. Cavar y sacar la tierra de las minas de oro.

escopetazo. m. Disparo hecho con escopeta. ‖ Ruido originado por el mismo. ‖ Herida o estrago producido. ‖ fig. Noticia o hecho desagradable, súbito e inesperado.

Escopete. Geog. Mun. y villa de España, prov. y p. j. de Guadalajara; 142 h.

escopetear. tr. Hacer repetidos disparos de escopeta. ‖ rec. fig. y fam. Dirigirse dos o más personas, alternativamente y a porfía, cumplimientos y lisonjas o, por el contrario, claridades e insultos.

escopeteo. m. Acción de escopetear o escopetearse.

escopetería. (De *escopetero*.) f. Gente armada de escopetas. ‖ Multitud de escopetazos.

escopetero. m. El que sin ser soldado va armado con escopeta. ‖ El que fabrica escopetas o las vende. ‖ El encargado de llevar las escopetas en las cacerías. ‖ **escopeta negra.** Mil. Soldado armado de escopeta. ‖ Entom. Coleóptero adéfago (zoófago), de la familia de los carábidos y del gén. *brachinus*, de cuerpo rojizo y élitros azulados, que vive debajo de las piedras, y que al ser molestado lanza por el ano una substancia que volatiliza en contacto con el aire y produce una pequeña detonación.

escopetilla. f. dim. de **escopeta.** ‖ Cañón muy pequeño, cargado de pólvora y bala, con que se rellenaba una especie de bomba.

escopetón. m. aum. de **escopeta.** Ú. t. c. desp.

escópido, da. (Del lat. científico *scopus*, gén. tipo de aves, e *-ido*; aquél del gr. *skiá*, sombra.) adj. Zool. Dícese de las aves del orden de las ciconiformes, muy próximas a las cigüeñas verdaderas, y cuyo único representante es el *ave martillo*. ‖ f. pl. Familia de estas aves.

escopladura. (De *escoplear*.) f. Carp. Corte o agujero hecho a fuerza de escoplo en la madera.

escopleadura. (De *escoplear*.) f. Carp. escopladura.

escoplear. tr. Carp. Hacer corte o agujero con escoplo en la madera.

escoplo. fr., *ciseau*; it., *scalpello*; i., *chisel*; a., *Meissel*. (Del lat. *scalprum*.) m. Carp. Herramienta de hierro acerado, con mango de madera, de unos 30 cm. de largo, sección de 1,5 a 3 cm. en cuadro, y boca formada por un bisel en chaflán o de dos planos de diferente inclinación. ‖ **de alfarjía entera.** Aquel con que los carpinteros trabajan esta clase de maderas. ‖ **de cantería.** Cant. El de mango de hierro, que se usa para labrar la piedra. ‖ **de fijas.** Carp. Escoplo muy estrecho que sólo sirve para escoplar las cajas en que se meten las fijas. ‖ **de media alfarjía.** Aquel con que los carpinteros trabajan esta clase de madera.

escopo. (Del lat. *scopus*, y éste del gr. *skopós*.) m. ant. Objeto o blanco a que uno mira y atiende.

escopolamina. (De *escopolia* y *amina*.) f. Quím. y Terap. Alcaloide de fórmula $C_{17}H_{21}NO_4$, contenido en la raíz de la *scopolia atropoides* y de otras solanáceas. Es uno de los narcóticos y soporíferos más potentes que se conocen; se usa para suprimir los dolores del parto y combatir el tétanos y la parálisis agitante.

escopolia. (Del lat. científico *scopolia*, de G. A. *Scopoli*, naturalista italiano.) Bot. Gén. de plantas de la familia de las solanáceas.

Cantero árabe trabajando con escoplo

escora. fr., *accore*; it., *puntello*; i., *shore*; a., *Stütze*. (Del i. *score*, hoy *shore*, ribera, puntal.) f. Mar. **línea del fuerte.** ‖ Cada uno de los puntales que sostienen los costados del buque en construcción o en varadero. ‖ Inclinación que toma un buque al ceder al esfuerzo de sus velas, por ladeamiento de la carga, etc.

escorar. tr. Apuntalar con escoras. ‖ Hacer que un buque se incline de costado. ‖ intr. Inclinarse un buque por la fuerza del viento, o por otras causas, así interiores como exteriores. Ú. t. c. prnl. ‖ Hablando de la marea, llegar ésta a su nivel más bajo. ‖ Cuba y León. **apuntalar.** ‖ prnl. Cuba y Hond. Arrimarse a un paraje que resguarde bien el cuerpo.

escorbútico, ca. adj. Perteneciente al escorbuto.

escorbuto. fr., *scorbut*; it., *scorbuto*; i., *scurvy*; a., *Scharbock, Skorbut*. (Del lat. medieval *scorbutus*, y éste del ruso *scrobota*.) m. Pat. Enfermedad general, producida por la escasez o ausencia en la alimentación de vitamina C o *ácido ascórbico*, y caracterizada por hemorragias cutáneas y musculares, por una alteración especial de las encías y por fenómenos de debilidad general.

Escorca. Geog. Mun. de España, provincia de Baleares, en la isla de Mallorca, p. j. de Inca; 210 h. ‖ Caserío cap. del mismo; 75 h. Monasterio de Nuestra Señora de Lluch.

escorchado. (De *escorchar*.) adj. Bl. V. **lobo escorchado.**

escorchapín. (Del lat. *scorciapino*.) m. Mar. Embarcación de vela que servía para transportar gente de guerra y bastimentos.

escorchar. (Del cat. y arag. *escorchar*, y éste del lat. *excorticāre*.) tr. Quitar la piel de uno o de un animal. ‖ Arg. fam. Fastidiar, molestar.

escorche. (Del it. *scorciare*, y éste del lat. *excurtiāre*, de *curtus*, corto.) m. ant. Pint. **escorzo.**

escordio. (Del lat. *scordium*, y éste del gr. *skórdion*.) m. Bot. Hierba de la familia de las labiadas, con tallos que se doblan y arraigan fácilmente, muy ramosos, vellosos y de uno a dos decímetros, hojas blandas, elíticas, dentadas y vellosas, y flores de corolas azules o purpúreas, en verticilos poco cuajados. Vive en terrenos húmedos y se emplea en medicina.

escoria. fr., *scorie*; it. e i., *scoria*; a., *Schlacke*. (Del lat. *scoria*.) f. Materia que a los martillazos suelta el hierro candente salido de la fragua. ‖ Lava esponjosa de los volcanes. ‖ fig. Cosa vil, desechada, y materia de ninguna estimación. || **Indus.** y **Quím.** Substancia vítrea o de aspecto de esmalte de los procesos de fusión en metalurgia. Resulta de la combinación de las bases existentes en los materiales que se funden con el ácido silícico (*escorias de silicatos*), como ocurre con la de los altos hornos, o por oxidación de diversas impurezas, como en la metalurgia del cobre, que está formada principalmente por óxidos.

escoriación. f. **excoriación.**

escorial. m. Sitio donde se han echado o se echan las escorias de las fábricas metalúrgicas. || Montón de escorias. || *Bol.* Monte cortado a tajo.

Escorial (El). Geog. Mun. de España, prov. de Madrid, p. j. de San Lorenzo de El Escorial; 3.839 h. || Villa cap. del mismo; 3.432 habitantes (*escurialenses*). Se halla a 1 km. de San Lorenzo de El Escorial. Suele denominársele vulgarmente *El Escorial de Abajo*. || **(San Lorenzo de El). Geog.** e **Hist.** Monasterio, palacio y panteón reales, sit. en el térm. municipal de San Lorenzo de El Escorial, a 50 km. al NO. de Madrid, en una estribación de la vertiente oriental del Guadarrama. Lo mandó construir Felipe II en cumplimiento de un voto, hecho por la victoria obtenida sobre los franceses en San Quintín, el 10 de agosto de 1557, día de San Lorenzo. Planeó el edificio el arquitecto Juan Bautista de Toledo, quien dirigió las obras entre 1563 y 1577; le sucedió en la dirección un italiano, Juan Bautista Castello, llamado *el Bergamasco*, y desde 1579 hasta la terminación de las obras, en 1584, fue Juan de Herrera quien estuvo al frente de los trabajos. El edificio forma un enorme rectángulo, con un ala también rectangular relativamente pequeña, en el lado E. El conjunto responde al seco y frío estilo grecorromano, y contribuyen a aumentar la impresión de austeridad la naturaleza del material empleado (piedra granítica) y el paisaje, del que el edificio parece ser un motivo más. El espacio central está ocupado por la iglesia, obra de Juan de Herrera. Debajo del altar mayor se halla el famoso Panteón, con las tumbas de los reyes y reinas de España. El Monasterio es un museo de valor incalculable por las obras de arte y riquezas que conserva, sobre todo en la sacristía, las Salas Capitulares y el palacio. No lo es menos

la Biblioteca, que, fundada por Felipe II, se enriqueció con donativos y adquisiciones posteriores.

escoriar. (Del lat. *excoriāre*, desollar.) tr. **excoriar.**

Escoriaza. Geog. Mun. de España, prov. de Guipúzcoa, p. j. de Vergara; 3.903 h. || Villa cap. del mismo; 3.136 h.

Escorihuela. Geog. Mun. y lugar de España, prov. y p. j. de Teruel; 406 h.

escorpena. Zool. escorpina.

escorpénido, da. (De *escorpena* e *-ido*.) adj. **Zool.** Dícese de los peces teleóstomos, del orden de los perciformes, de cuerpo alto, cabeza gruesa y acorazada y con numerosas espinas, aletas pectorales grandes y colores muy vivos. || m. pl. Familia de estos peces.

escorpera. Zool. escorpina.

escorpina o **escorpena.** (Del lat. *scorpaena*.) **Zool.** Gén. tipo de peces de la familia de los escorpénidos (v.). Las especies de las costas europeas tienen un fondo de color rojo y cuando se las coge lanzan a veces un gruñido, por lo que en algunos sitios las llaman *puercos de mar*.

Escorpio. (Del lat. *scorpĭus*.) **Astron.** Escorpión, signo del Zodiaco.

escorpioide. (Del gr. *skorpioeidés*; de *skorpíos*, escorpión, y *eidos*, forma.) f. **Bot.** La planta alacranera.

escorpioideo, a. (Del lat. científico *scorpioideus*, del lat. *scorpio*, escorpión.) adj. **Bot.** Se dice de la inflorescencia cimosa arrollada en espiral.

escorpión. fr. e i., *scorpion;* it., *scorpione;* a., *Scorpion*. (Del lat. *scorpĭo, -ōnis*.) m. Instrumento de que se sirvieron los tiranos para atormentar a los mártires. Era un azote formado de cadenas, en cuyos extremos había unas puntas o garfios retorcidos como la cola del escorpión. || o **escorpión criollo.** *Méj.* **acaltetepon.** || **Mil** Máquina de guerra, de figura de ballesta, que usaron los antiguos para arrojar piedras. Se le dio este nombre por una especie de tenaza que tenía, a manera de las pinzas del escorpión, con que agarraba las piedras. || **Zool.** Nombre vulgar que se da a las distintas especies del orden de los escorpiónidos. El escorpión de Europa es el *buthus europeus* o *alacrán*, de color amarillo rojizo y uña negra. Los grandes escorpiones, de color

Escorpión

pardo obscuro, son africanos: *scorpio maurus, sc. africanus, sc. imperatus*. Son animales ovovivíparos y de costumbres nupciales y familiares muy curiosas, con frecuentes casos de canibalismo. Para atacar recoge las pinzas, dobla la cola sobre el cuerpo y adelanta la punta con que pincha. La picadura de estos animales es generalmente peligrosa en las especies tropicales, y dolorosa y molesta en los demás, si hace tiempo que no han picado. || **de río. charrasco.** || **rojo.** Pez teleóstomo perciforme, de la familia de los escorpénidos, de unos 30 cm. de long., de cabeza y cuerpo parecidos a los de las escorpenas, pero con la primera aleta dorsal de 12 ó 13 radios espinosos larguísimos, la caudal como un abanico y las pectorales enormes. Es de color rojo con franjas transversales de tonalidad castaña y vive en las costas tropicales de África oriental (*pterois volitans*).

escorpión m. **Zool.** En algunas partes de América, diversas especies del gén. *escorpina*.

Escorpión. Astron. Signo octavo del Zodiaco, que va de los 210 a los 240° de longitud. El Sol lo atraviesa desde el 23 de octubre al 22 de noviembre. Actualmente, coincide con la constelación de la Balanza a causa de la precesión de los equinoccios, pero hace unos 2.000 años debió de coincidir con la del Escorpión. || Constelación austral muy vistosa, sit. en la Vía Láctea entre las constelaciones de la Libra, del Ofiuco y del Sagitario.

escorpiónido, da. (De *escorpión* e *-ido*.) adj. **Zool.** Dícese de los arácnidos artogastros, con el cuerpo dividido en dos regiones, un prosoma y un opistosoma, impropiamente llamados cefalotórax y abdomen; el primero está cubierto en la parte superior por un escudo continuo, y el segundo, formado por anillos anchos y estrechos; estos últimos, en número de cinco, forman la llamada cola, que termina en el telson, en forma de uña, donde se abre una glándula venenosa. Poseen un par de pequeños queliceros y otro de enormes pedipalpos, ambos en forma de pinza. Su aparato respiratorio está formado por tráqueas laminares o filotráqueas. Son carnívoros, y se alimentan, principalmente, de insectos y arácnidos. Viven en las comarcas templadas y cálidas. || m. pl. Orden de estos arácnidos.

escorredero. m. *Ar.* Canal de avenamiento.

escorredor. m. *Mur.* **escorredero.** || Compuerta para detener o soltar las aguas de un canal o acequia.

escorrentía. (De *es-* y *correntío*.) f. Corriente de agua que se vierte al rebasar su depósito o cauce naturales o artificiales. || **aliviadero.**

escorrozo. (De *corrozo*.) m. fam. Regodeo, deleite o complacencia en lo que se goza. || ant. Disgusto, indignación. || *Sal.* Melindre, remilgo.

Fachada principal del monasterio

escorzado, da. p. p. de **escorzar.** || m. Pint. escorzo.

escorzar. (Del lat. *excurtiāre*, de *curtus*, corto.) tr. **B. Art.** Representar, acortándolas según las leyes de la perspectiva, las cosas que se extienden en sentido perpendicular u oblicuo al plano del papel o lienzo sobre que se pinta.

escorzo. (De *escorzar*.) m. **B. Art.** Acción y efecto de escorzar. || Figura o parte de figura escorzada.

escorzón. m. Zool. escuerzo.

escorzonera. fr., *scorsonère*; it., *scorzonera*; i., *viper's grass*; a., *Schwarzwurzel*. (Del it. *scorzonera*; de *scorza*, corteza, y *nera*, negra.) f. **Agr.** y **Bot.** Hierba de la familia de las compuestas, con tallo de seis a ocho decímetros, erguido, ramoso y terminado en pedúnculos desnudos; hojas abrazadoras, onduladas, algo vellosas en la base; flores amarillas, y raíz gruesa, carnosa, de corteza negra que cocida se usa en medicina y como alimento. || *Amér.* m. Se da este nombre a la martiniácea *craniolaria annua*, hierba anual con raíz gruesa y carnosa.

Escorzonera

escosa. (Del lat. *excursa*, agotada, seca, p. p. de *excurrĕre*.) adj. ant. Doncella, virgen. || **Ast.** Aplícase a la hembra de cualquier animal doméstico cuando deja de dar leche. || **Pesca.** *Ast.* Desviación de las aguas de un río en un trecho corto, para dejar en seco el cauce y pescar en los charcos que quedan entre las peñas.

escosar. (De *escosa*.) intr. **Ast.** Cesar de dar leche una vaca, oveja, cabra u otra hembra de animal doméstico.

escoscar. tr. Quitar la caspa. || *Ar.* Quitar la cáscara de algunos frutos. || prnl. Agitarse por una molestia o comezón.

Escosura y Morrogh (Patricio de la). Biog. Político, novelista y poeta lírico y dramático español, n. en Oviedo y m. en Madrid (1807-1878). Publicó el poema *Hernán Cortés en Cholula*, la leyenda *El bulto vestido de negro capuz*, las novelas *Ni rey ni Roque*, *El patriarca del valle*, *Los desterrados a Siberia* y *El conde de Candespina*. Dio a la escena numerosas obras, entre ellas: *Las apariencias*, *El amante universal*, *El sueño de una noche de verano* y *También los muertos se vengan*, y compuso las inspiradas loas *¿Cuál es mayor perfección?* y *Una conversación entre bastidores*. Fue ministro de la Gobernación.

escota. f. ant. Arquit. escocia, moldura.

escota. (Del neerl. *schoot*.) f. **Mar.** Cabo que sirve para cazar las velas.

escota. f. Nav. escoda.

escotadizo, za. adj. ant. Decíase de lo que estaba escotado.

escotado, da. (De *escotar*, cortar.) p. p. de **escotar.** || m. Escotadura de un vestido.

escotadura. (De *escotar*, cortar.) f. Corte hecho en un cuerpo de vestido u otra ropa por la parte del cuello. || En los petos de armas, sisa o parte cortada debajo de los brazos para poderlos mover y jugar. || En los teatros, abertura grande que se hace en el tablado para las tramoyas, a diferencia del escotillón, que es abertura pequeña. || Entrante que resulta en una cosa cuando está cercenada, o cuando parece que lo está, como si le faltara allí algo para completar una forma más regular.

escotar. fr., *échancrer*; it., *incavare*; i., *to scallop*; a., *ausschneiden*. (De *escote*.) tr. Cortar y cercenar una cosa para acomodarla, de manera que llegue a la medida que se necesita. || Extraer agua de un río, arroyo o laguna, sangrándolos o haciendo acequias. || ant. **Mar.** Sacar el agua que ha entrado dentro de una embarcación.

escotar. (De *es* y *cola*, cuota.) tr. Pagar la parte o cuota que toca a cada uno de todo el coste hecho en común por varias personas.

escote. fr., *écol*; it., *scotto*; i., *tucker*; a., *Zeche*, *Ausschnitt*. (Del gót. *skaut*, orilla.) m. **escotadura**, y con especialidad la hecha en los vestidos de mujer, que deja descubierta parte del pecho y de la espalda. || Parte del busto que queda descubierto por estar escotado el vestido. || Adorno de encajes pequeños cosidos en una tirilla de lienzo y pegada al cuello de la camisa de las mujeres por la parte superior, que ciñe los hombros y el pecho.

escote. (Del germ. *skot*, tributo.) m. Parte o cuota que cabe a cada uno por razón del gasto hecho en común por varias personas. || **a escote.** m. adv. Pagando cada uno la parte que le corresponde en un gasto común.

escotera. f. **Mar.** Abertura que hay en el costado de una embarcación, con una roldana por la cual pasa la escota mayor o de trinquete. || Cornamusa grande afirmada en cubierta para amarre de la escota.

escotero, ra. (De *escueto*.) adj. Que camina a la ligera, sin llevar carga ni otra cosa que le embarace. Ú. t. c. s. || **Mar.** Aplícase al barco que navega solo.

escotilla. fr., *écoutille*; it., *boccaporto*; i., *hatchway*; a., *Schiffsluke*. (Del antiguo i. *scottelle* o *scuttle*.) f. **Mar.** Cada una de las aberturas que hay en las diversas cubiertas, para el servicio del buque.

Escotilla del submarino S-31, *A. G. Reyes*, de la Armada española

escotillón. (De *escotilla*.) m. Puerta o trampa cerradiza en el suelo. || **Mar.** Escotilla pequeña. **Teatro.** Trozo del piso del escenario, que puede bajarse o subirse para dejar aberturas por donde salgan a la escena o desparezcan personas o cosas.

escotín. (dim. de *escota*, cabo.) m. **Mar.** Escota de cualquier vela de cruz de un buque, excepto la de las mayores.

escotismo. m. **Filos.** Doctrina filosófica de Duns Escoto y sus numerosos discípulos en los siglos XIII y XIV.

escotista. adj. **Filos.** Que sigue la doctrina de Duns Escoto. Apl. a pers., ú. t. c. s.

escoto, ta. (Del lat. tardío *Scottus*, *Scotus*.) adj. **Etnog.** Dícese de un pueblo gaélico de Irlanda que en el s. VI se estableció en el Noroeste de la Gran Bretaña y en el IX se adueñó de la actual Escocia, a la que dio nombre. Apl. a pers. ú. t. c. s. || Perteneciente o relativo a dicho pueblo. || desus. **escocés**.

Escoto (Juan). Biog. Filósofo y teólogo irlandés, más conocido por *Escoto Eriúgena* o *Erígena* (h. 830-h. 880). Vivió en la época de Carlos *el Calvo*, quien le hizo traducir del griego las obras de Dionisio *el Areopagita*. Escribió obras filosóficas y teológicas y poemas en latín y griego. Sus ideas filosóficas son confusas y extrañas, y algunos llegan a considerarle como precursor de los panteístas de la Edad Media, aunque jamás estuvo en rebelión contra la Iglesia. || **(John Duns).** Duns Escoto **(John).**

escotoma. (Del gr. *skótoma*, obscuridad.) m. **Pat.** Mancha obscura o centelleante, etc., que aparece en el campo visual subjetivo; éste, muy desagradable para el paciente. Los escotomas pueden deberse a enfermedades en el globo del ojo o también en el cerebro y aparecer en la zona central o periférica, bilaterales o unilaterales, concéntricos, anulares, etc. Las llamadas *moscas de Purkinje*, enturbiamientos en el cuerpo vidrioso, que se mueven cuando el paciente mueve los ojos, son también escotomas. || **negativo.** El que se manifiesta con la falta de visión de una zona de dicho campo, por insensibilidad de la parte correspondiente de la retina.

escotorrar. tr. *Pal.* Desacollar las vides.

escoyo. (Del lat. *scopŭlus*, dim. de *scopus*, escobajo.) m. *Sal.* Escobajo del racimo de uvas.

escozarse. prnl. *Sal.* Coscarse, restregarse los animales contra algún objeto duro.

escoznete. m. *Ar.* Instrumento con que se sacan los escuezos.

escozor. (De *escocer*.) m. Sensación dolorosa, como la que produce una quemadura. || fig. Sentimiento causado en el ánimo por una pena o especie que duele y desazona.

Escragnolle Taunay (Alfonso). Biog. Historiador brasileño, n. en Florianópolis, Santa Catarina (1876-1958). Profesor universitario y uno de los más eminentes historiadores de su país. Obras: *Historia de São Paulo*, *Historia del café en el Brasil*, *Grandes figuras de la independencia brasileña*, *En la bahía colonial*, *Historia general de las bandeiras paulistas*. || **(Alfredo de).** Escritor y político brasileño, n. y m. en Río de Janeiro (1843-1899). Fue ingeniero militar y formó parte en la expedición enviada a Mato-Grosso a combatir a los paraguayos. Diputado, senador y presidente de la provincia de Santa Catarina. Obras: *Inocencia* y *La retirada de La Laguna*, etc.

escriba. (Del lat. *scriba*.) m. Doctor e intérprete de la ley entre los hebreos. || En la antigüedad, copista, amanuense.

Escriba sentado. Arqueol. Kai.

escribán. m. ant. **escribano**.

escribana. f. Mujer del escribano. || f. *Arg.*, *Par.* y *Urug.* Mujer que ejerce la escribanía.

escribanía. fr., *bureau, encrier;* it., *scrittoio, calamaio;* i., *writing-table, inkstand;* a., *Bureau, Tintenfass.* f. Oficio que ejercen los escribanos públicos. ‖ Aposento donde el escribano tiene su despacho, y donde están los protocolos y demás papeles pertenecientes a su oficio. Oficio u oficina del secretario judicial, quien vulgarmente se sigue denominando como de antiguo en los juzgados de primera instancia e instrucción. ‖ Papelera o escritorio. ‖ Recado de escribir, generalmente compuesto de tintero, salvadera y otras piezas, y colocado en un pie o platillo. ‖ Caja portátil que traían pendiente de una cinta los escribanos y los niños de la escuela, en que había un estuche para las plumas y un tintero con su tapa.

escribanil. adj. Perteneciente al oficio o condición del escribano.

escribanillo. dim. desp. de **escribano.** ‖ **del agua. Entom. escribano del agua.**

escribano. (Del b. lat. *scribānus,* y éste del lat. *scriba.*) m. El que por oficio público está autorizado para dar fe de las escrituras y demás actos que pasan ante él. En España los hubo de diferentes clases, como escribano de cámara, del rey, de provincia, del número y ayuntamiento, etc. Más tarde, los encargados de redactar, autorizar y custodiar las escrituras han sido los notarios, quedando reservada la fe pública a los escribanos en las actuaciones judiciales, y últimamente se les denomina secretarios. En Argentina, Costa Rica, Ecuador, Paraguay y Uruguay sigue vigente el uso de escribano en vez de notario. ‖ **secretario.** ‖ **pendolista.** ‖ desus. Maestro de escribir o maestro de escuela. Ú. por la gente del pueblo. ‖ ant. **escribiente.** ‖ **Zool.** Nombre común a numerosos pájaros de la familia de los fringílidos y del gén. *emberiza,* de coloración parda, con la cabeza y vientre de tonos variados; viven en las campiñas y crían en el suelo; se alimentan de granos y tienen el pico corto y fuerte; y los sexos se caracterizan por su dimorfismo. Existen numerosas especies: escribano cerillo (*emberiza citrinella*), escribano cabecinegro (*e. melanocéphala*), etc. ‖ *Cuba.* Ave zancuda de plumaje obscuro con manchas blancas. ‖ **acompañado.** *Der.* El que nombraba el juez para acompañar al que había sido recusado. ‖ **del agua.** *Entom.* **girino,** insecto coleóptero. ‖ **de molde.** ant. *Impr.* **impresor.** ‖ **de provincia.** *Der.* Cada uno de los del antiguo juzgado de provincia, ante quienes se actuaban los pleitos. ‖ **de la vid.** *Entom.* Insecto coleóptero polífago de la familia de los crisomélidos y del gén. *eumolpus.*

escribido, da. p. p. reg. de **escribir,** que sólo se usa, y con significación activa, en la locución familiar **leído y escribido,** con que se moteja al que tiene escasa cultura y la echa de entendido.

escribidor. (De *escribir.*) m. ant. **escritor.** ‖ fam. Mal escritor.

escribiente. fr., *écrivain;* it., *scrivano;* i., *writer;* a., *Schreiber.* (Del lat. *scribens, -entis.*) com. Persona que tiene por oficio copiar o poner en limpio escritos ajenos, o escribir lo que se le dicta. ‖ **amanuense.** ‖ m. ant. **escritor,** autor de una obra escrita o impresa.

escribimiento. m. ant. Acción de escribir.

escribir. fr., *écrire;* it., *scrivere;* i., *to write;* a., *schreiben.* (Del lat. *scribĕre.*) tr. Representar las palabras o las ideas con letras u otros signos trazados en papel u otra superficie, por medio de pluma y tinta o de otro instrumento adecuado a este fin, o por medio de la mecanografía. ‖ Trazar las notas y demás signos de la música. ‖ Componer libros, discursos, etc. ‖ Comunicar a uno por escrito alguna cosa. ‖ prnl. **inscribir.** ‖ Alistarse en algún cuerpo, como en la milicia, en una comunidad, congregación, etc.

Escriña. Geog. Local. de Argentina, prov. de Entre Ríos, depart. de Gualeguaychú; 183 habitantes.

escriño. (Del lat. *scrinĭum.*) m. Cesta o canasta fabricada de paja, cosida con mimbres o cáñamo, que se usa para recoger el salvado y las granzas de los granos. Los carreteros y boyeros se sirven de unos pequeños escriños para dar de comer a los bueyes cuando va de camino. ‖ Cofrecito o caja para guardar joyas, papeles o algún otro objeto precioso. ‖ *Sal.* y *Zam.* Cascabillo de la bellota.

escripia. (Del germ. *skripa* o *skirpa,* bolsa.) f. Cesta de pescador de caña.

escripto, ta. p. p. irreg. ant. **escrito.** ‖ m. ant. **escrito.**

escriptor, ra. m. y f. ant. **escritor.**

escriptura. f. ant. **escritura.**

escripturar. tr. ant. **escriturar.**

escripturario. m. ant. **escriturario.**

escrita. (De *escrito.*) f. **Zool.** Especie de pez raya, estrellada o santiaguesa, de hocico muy puntiagudo, vientre blanco y lomo gris rojizo, sembrado de manchas blancas, pardas y negras.

escritilla. (Del m. or. que *escripia.*) f. Criadilla de carnero. Ú. m. en pl.

escrito, ta. fr., *écrit;* it., *scritto;* i., *writing;* a., *Schrift.* (Del lat. *scriptus;* de *scribĕre, scripsi, scriptum,* escribir.) p. p. irreg. de **escribir.** ‖ adj. fig. Dícese de lo que tiene manchas o rayas que semejan letras o rasgos de pluma. Aplícase especialmente al melón. ‖ m. Carta, documento o cualquier papel escrito. ‖ Obra o composición científica o literaria. ‖ *Der.* Pedimento o alegato en pleito o causa. ‖ **de agravios.** Aquel en que el apelante exponía ante el tribunal superior los que creía haber recibido en la sentencia del inferior, y pedía que ésta se revocase o modificase. ‖ **de ampliación.** El posterior a los de discusión normal en que una parte litigante excepcionalmente alega un hecho importante sobrevenido o antes ignorado. ‖ **de calificación.** El dedicado en el juicio penal a fijar las afirmaciones de las partes sobre hechos, carácter delictivo de éstos, participación de los reos, circunstancias y responsabilidades, así como a proponer la prueba. ‖ **de conclusión,** o **de conclusiones.** El que, al terminar la primera instancia del juicio declarativo de mayor cuantía, presenta cada litigante, en vez del informe oral de su defensor, para recopilar sus probanzas y hacer examen crítico de las de su contrario. ‖ **estaba escrito.** loc. Así lo tenía dispuesto la Providencia. ‖ **no hay nada escrito sobre eso.** expr. fig. con que cortesanamente se niega lo que otro da por cierto o asentado. ‖ **por escrito.** m. adv. Por medio de la escritura.

escritor, ra. (Del lat. *scriptor, -ōris.*) m. y f. Persona que escribe. ‖ Autor de obras escritas o impresas. ‖ ant. El que tiene el cargo de redactar la correspondencia de una persona. ‖ Persona que escribe al dictado.

escritorio. (Del lat. *scriptorĭum.*) m. Mueble cerrado, con divisiones en su parte interior para guardar papeles. Algunos tienen un tablero sobre el cual se escribe. ‖ Aposento donde tienen su despacho los hombres de negocios; como banqueros, comerciantes, etc. ‖ Mueble de madera, comúnmente con embutidos de marfil, concha u otros adornos de taracea, y con gavetas o cajoncillos para guardar joyas. ‖ *Sant.* y *Tol.* Lonja cerrada donde se venden por mayor género y ropas.

escritorista. m. ant. El que por oficio hacía escritorios.

escritorzuelo, la. m. y f. dim. desp. de **escritor.**

escritura. fr., *écriture;* it., *scrittura,* i., *writing;* a., *Schrift.* (Del lat. *scriptūra.*) f. Acción y efecto de escribir. ‖ Arte de escribir. ‖ Carta, documento o cualquier papel manuscrito. ‖ Obra escrita. ‖ Por ant., la Sagrada Escritura o la Biblia (v.). Ú. t. en pl. **Der.** Escrito o documento que se hace para que conste algún acto jurídico. Puede ser *privada,* que firman los interesados, con testigos o sin ellos, y *pública,* ante notario y testigos. ‖ **Hist.** De cuantos inventos ha logrado el hombre, quizá ninguno tan trascendental para la cultura de la humanidad como la escritura. Tuvo su origen en la necesidad de comunicar y dar permanencia a los pensamientos, y, como todos los inventos humanos, ha sufrido grandes transformaciones a lo largo de los siglos. No pueden considerarse como sistemas de escritura los llamados mnemotécnicos, como el de los *quippos,* o cuerdas con nudos (Perú y China), el del *manpún,* o de perlas bordadas en los cintos (América del Norte), el de las *flores,* con atribución de sentidos diversos a las agrupaciones florales (archipiélago malayo), etc., porque, en realidad, eran procedimientos para recordar y no propiamente escrituras. En la evolución de la escritura a lo largo de su proceso representativo se distinguen tres etapas fundamentales: 1.ª La más primitiva consistió en la pintura o dibujo de los objetos mismos; se trataba, por tanto, de una escritura *pictográfica.* 2.ª Como el sistema pictográfico sólo servía para representar los objetos naturales, cuando el hombre quiso figurar las ideas abstractas, tuvo que recurrir a un simbolismo, que consistía en representarlas por seres materiales, que guardaban cierta relación con aquéllas: fue la etapa *ideográfica.* 3.ª Los dos sistemas anteriores expresaban ideas, no palabras, y la insuficiencia de los mismos condujo a la escritura *fonética,* cuyo objeto es representar los sonidos por signos gráficos; la escritura fonética puede ser *silábica* o *alfabética.* No es posible determinar cuál fue el pueblo que inventó la escritura. Lo más probable es que no haya un origen, sino que, a causa del aislamiento de los pueblos primitivos, se hayan producido diversos procesos, aunque semejantes en varios lugares de la Tierra. Los sistemas de escritura hasta hoy conocidos pueden, según Lenormant, reducirse a cinco tipos:

a) *Escritura egipcia.* Tuvo tres formas: jeroglífica, hierática y demótica. La primera, inicialmente pictográfica, se fue convirtiendo en ideográfica y luego en fonética de tipo silá-

Escribano egipcio, en granito gris. Museo Arqueológico. El Cairo

Escritura ideográfica cretense. Disco de las fiestas (1700 a. C.). Museo de Creta

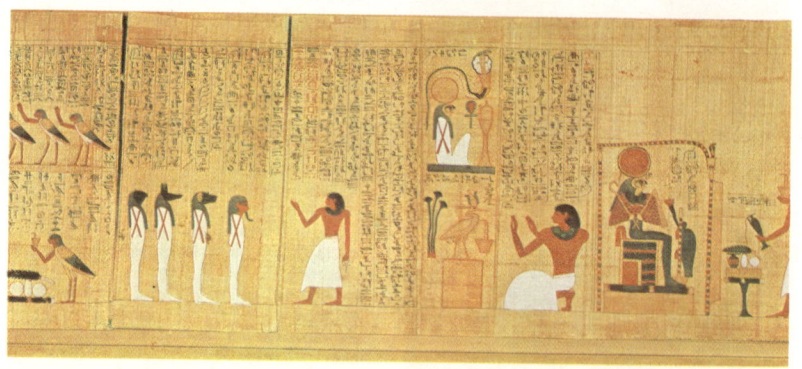

Jeroglíficos egipcios. Escritura de un papiro funerario de la 5.ª dinastía. Museo del Louvre. París

Escritura otomana con caracteres árabes. Museo Topkapi. Estambul

Al principio, todos los signos fueron representativos, pero con el tiempo se modificaron las figuras de tal modo, que sin dejar de ser ideogramas se convirtieron en signos convencionales. Estos signos adoptaron, como en Egipto, representaciones simbólicas y se combinaron entre sí. En una lengua monosilábica como la china era natural, en opinión del filólogo francés Lenormant, que el empleo de jeroglíficos con elementos fonéticos había de conducir a la escritura silábica. Cada signo ideográfico correspondía a una palabra monosilábica de la lengua hablada. La escritura china es, pues, una combinación no interrumpida de la ideográfica y la fonética. La escritura china dio origen a la japonesa, que ha pasado del ideografismo al método fonético silábico.

c) *Escritura cuneiforme.* Véase **cuneiforme.**

ch y d) *Escrituras americanas.* No cabe duda de la existencia de escrituras en América antes del descubrimiento. Los monumentos arqueológicos y los códices de Méjico y del Yucatán demuestran que existieron allí dos diferentes especies de escritura: la de los jeroglíficos mejicanos y la de los mayas de Yucatán. La primitiva escritura de los aztecas de Méjico no pasó de la fase jeroglífica y desapareció con la Conquista. La de los mayas evolucionó de la primitiva jeroglífica a la alfabética en un proceso semejante al de la escritura egipcia, aunque más lento. Tienen dos formas: una jeroglífica, esculpida en los monumentos, y otra

bico, para llegar, por último, al tipo alfabético; pero aunque los egipcios llegaron a formar un alfabeto de 24 letras, no usaron propiamente una escritura alfabética, sino a la vez ideográfica, simbólica y fonética, no sólo en el mismo texto, sino hasta en la misma palabra. La *hierática*, usada por los sacerdotes durante el imperio antiguo, fue una simplificación de la jeroglífica y de ella se derivó, en tiempo del imperio medio, la *demótica*, más simplificada, cursiva y popular. Los fenicios adoptaron los signos alfabéticos de la escritura egipcia en su forma hierática, prescindiendo en absoluto de los demás elementos. De este alfabeto fenicio se derivaron las escrituras hebreosamaritanas, arameas, griegas, etruscas y latinas.

b) *Escritura china.* Es difícil precisar la fecha de la escritura ideográfica usada en China.

hierática, con signos simplificados, usada en los libros religiosos. Las dos escrituras contienen los tres elementos: signos figurativos, signos ideográficos y signos fonéticos. Las escrituras americanas llegaron hasta el alfabetismo, pero los signos alfabéticos nunca se usaron solos, sino combinados con los figurativos y los ideográficos y constituían una auténtica escritura jeroglífica.

Propagación de la escritura fonética. Los sistemas de escritura pictográfica e ideográfica quedaron localizados en sus países respectivos, aislados, porque carecían de generalidad. Por el contrario, el método de representar los sonidos hablados por signos gráficos convencionales y sencillos, es decir, la escritura fonética, y sobre todo, su variante alfabética, llevaba dentro de sí, por su propia naturaleza, una forma universal, y por esto su propagación fue fácil. Considerando como foco originario de la escritura fonética a Fenicia, el movimiento alfabético se expandió por casi todo el mundo conocido en las siguientes direcciones: rama griega, rama latina, rama cartaginesa, rama hebrea, rama aramea, rama árabe, rama etíope y rama hindú.

Geometría de la escritura. La escritura se ha practicado siempre sobre una superficie, pero la disposición de los signos en ella varía de unos sistemas a otros. Así, la escritura china

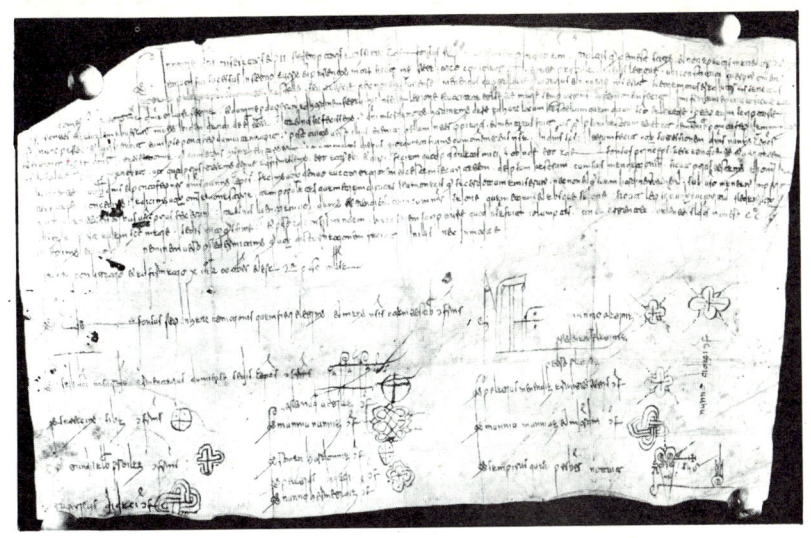

Letra visigótica, en un diploma de los reyes de León (año 1118)

coloca sus signos de arriba abajo y, a la vez, de derecha a izquierda; la hebrea y la árabe, de derecha a izquierda; la azteca, de abajo hacia arriba; la egipcia, la griega y la latina, de izquierda a derecha. En las inscripciones griegas antiguas era frecuente escribir en forma de surco, cambiando alternativamente de sentido, pero en dirección horizontal.

Instrumentos de escritura. La escritura se realizó primeramente sobre materias duras, como la piedra o el ladrillo; luego, sobre papiro o sobre pergamino y, más tarde, sobre papel. Los instrumentos en cada caso son diferentes: estilete, pincel, pluma, y ésta es primero la de ave y luego la metálica, perfeccionada últimamente por la estilográfica y simplificada y popularizada por el bolígrafo.

Escrituras usadas en España. La escritura española más antigua hallada en los restos arqueológicos y, especialmente, en las monedas fue la *ibérica*, cuyos antecedentes parecen estar en la fenicia y la griega arcaica. Las inscripciones de las monedas más antiguas carecen casi por completo de vocales; en cambio, en la etapa celtibérica es corriente que las tengan. En las colonias fenicias del sur de la Península y en las griegas de Levante se usaron, pero siempre como cosa exótica, las escrituras fenicia y griega de los pueblos colonizados. La romanización hizo penetrar en España la escritura de Roma, que predominó a partir del s. I, adoptándose las cuatro formas: capital, inicial, minúscula y cursiva. La presencia de los germanos no produjo modificaciones importantes en la escritura; los visigodos trajeron una escritura, llamada *ulfilana*, en la que estaban escritos sus códices y documentos litúrgicos, pero no duró más que su arrianismo. Al desaparecer éste se unificó la escritura con el nombre de *visigótica* y se empleó desde el s. V al VIII. Durante los primeros siglos de la Reconquista se usaron en España tres formas de escritura: la francesa, en Cataluña; la árabe, por el pueblo invasor; la visigoda, en los reinos cristianos occidentales. En el s. XII, en Castilla, León, Aragón y Navarra se generalizó la escritura francesa: era una escritura rectilínea, carecía de inclinación caligráfica, distinguía marcadamente gruesos y perfiles y no ligaba las letras, pero la constancia de sus proporciones le daban elegancia y belleza. En el siglo siguiente experimentó profundas modificaciones, dando lugar a un tipo de escritura que los españoles denominaron *letra de privilegios* por la clase de documentos en que principalmente se empleó. Por la misma época, otra modificación de la letra francesa, con trazos rectos y tipo cursivo, recibió el nombre de *letra de albalaes*. En el s. XIV se emplearon, además, otras tres escrituras: la *alemana*, la *redonda* y la *cortesana*. La primera procedía de la francesa y era más estrecha que ésta: la redonda o de *juros*, ancha y de líneas gruesas; la cortesana, derivación de la de albalaes, menuda, apretada y muy ligada. En el s. XV aparecen las formas *itálica* y *procesal;* la primera, llamada asimismo *bastardilla,* era una escritura parecida a la bastarda moderna española, y la procesal, empleada en las actuaciones judiciales, una corrupción de la cortesana. En el s. XVI siguieron usándose las escrituras cortesana, itálica y procesal, con predominio de la última, pero a fines del s. XVIII desapareció tan incorrecta forma de escribir, y fue substituida por la *bastarda* española, derivada de la itálica. En la reforma caligráfica intervinieron notables pendolistas españoles, entre los que figuran Juan de Iciar, como iniciador; Francisco de Lucas, como creador del tipo bastardo, y Pedro Díaz Morante, como padre de la bastarda cursiva. ǁ **acrofonética.** *Ling.* Aquella en que el valor de sus signos es el de la inicial del nombre de los objetos que representan. ǁ **alfabética.** La fonética que representa los sonidos mediante fonemas aislados, uno para cada sonido. ǁ **especular.** Trastorno de la escritura: las letras están invertidas como si estuvieran reflejadas por un espejo plano. ǁ **fonética.** Representación de los sonidos hablados por sílabas o por letras. ǁ **fonológica. escritura fonética.** ǁ **lineal A.** *Hist.* y *Ling.* Antigua lengua asiática que se habló unos 4.000 años a. C. Las investigaciones del profesor sueco Furumark (1958) en Creta permitieron comprobar su existencia. ǁ **lineal B.** Idioma silábico, del que se desconocía la transcripción fonética, descifrado en Creta (1952) por el inglés Michael Ventrix, quien pudo leer algunos textos griegos prehoméricos del segundo milenio a. C. ǁ **silábica.** *Ling.* La fonética que representa los sonidos mediante fonemas, uno para cada sílaba.

Privilegio rodado de Alfonso XI. Archivo Municipal. Sevilla

escriturar. tr. Contratar un artista especialmente de teatro. ‖ **Der.** Hacer constar con escritura pública y en forma legal un otorgamiento o un hecho.

escriturario, ria. adj. Que consta por escritura pública o que a ésta pertenece. ‖ m. El que hace profesión de declarar y enseñar la Sagrada Escritura, y ha adquirido gran conocimiento de la Biblia.

escriturista. m. y f. Persona que se dedica al estudio de la Sagrada Escritura.

Escrivá (el comendador). Biog. Poeta español de los s. XV y XVI, n. en Valencia. Fue maestre de Fernando el Católico y su embajador en la Santa Sede (1497). Es autor de poemas en castellano y catalán. Ocupa un buen puesto entre los poetas líricos castellanos por su bella canción que comienza con el verso *Ven muerte, tan escondida,* repetidamente glosada por Cervantes, Lope de Vega y Calderón. Menéndez y Pelayo elogia la musicalidad de sus *Villancicos* y la gracia de sus composiciones ligeras. ‖ **de Balaguer y Albás (Josemaría).** Sacerdote español, n. en Barbastro y m. en Roma (1902-1975). Obtuvo el doctorado en Derecho civil en la Universidad de Madrid y en Sagrada Teología en la Pontificia Universidad del Laterano. El 2 de octubre de 1928, tres años después de su ordenación, fundó el *Opus Dei* (v.), que fue aprobado definitivamente por la Santa Sede en 1950. Es autor de varios libros científicos y de espiritualidad, y entre ellos destaca *Camino* (1939) como obra ya clásica en la literatura ascética.

escrocón. m. ant. Especie de túnica que se ponía sobre el vestido o sobre la armadura.

escrófula. fr., *scrofule;* it., *scrofola;* i., *scrofula;* a., *Skrofel.* (Del lat. *scrofŭlae,* paperas.) f. **Pat.** Tumefacción fría de los ganglios linfáticos, principalmente cervicales, generalmente acompañada de un estado de debilidad general que predispone a las enfermedades infecciosas y sobre todo a la tuberculosis.

escrofularia. (De *escrófula,* por haberse usado esta planta como medicamento para las paperas.) f. **Bot.** Planta anual de la familia de las escrofulariáceas, que crece hasta un metro de altura, con corola casi globosa, labio superior erguido y bilobado, inferior con tres lóbulos pequeños, cápsula bivalva; flores pequeñas, rojopardusca o verdosas; tallo cuadrangular y con frecuencia fétidas (*scrophularia nodosa*). De España se conocen otras 20 especies, entre las cuales figuran la *scrophularia aquática* y la *s. canina.*

escrofulariáceo, a. (De *escrofularia* y *-áceo.*) adj. **Bot.** Dícese de las plantas dicotiledóneas, del orden de las tubiflorales, en su mayoría herbáceas, con las hojas sencillas, enteras; flores solitarias o en cimas terminales zigomorfas, pentámeras; y fruto en cápsula. Hay unas 2.000 especies repartidas por todo el mundo, agrupadas en las subfamilias de la pseudosolanoideas (verbasco), antirrinoideas (digital, boca de dragón, escrofularia); y rinantoideas (hierba de fuego, pendicularis). ‖ f. pl. Familia de estas plantas.

escrofulismo. m. **Pat.** y **Terap.** Enfermedad que se caracteriza por la aparición de escrófulas.

escrofuloso, sa. adj. **Pat.** Perteneciente a la escrófula. ‖ Que la padece. Ú. t. c. s.

escroto. (Del lat. *scrotum.*) m. **Anat.** Bolsa formada por la piel que cubre los testículos de los mamíferos, y las membranas que los envuelven.

escrudiñar. (Del lat. **scrutiniāre,* de *scruti-nāre,* con infl. de *scrutinĭum,* escrutinio.) tr. ant. **escudriñar.**

escrupulear. intr. ant. Formar escrúpulos o dudas.

escrupulete. m. fam. dim. de **escrúpulo.**

escrupulillo. (dim. de *escrúpulo.*) m. Grano de metal u otra materia, que se pone dentro del cascabel para que suene.

escrupulizar. intr. Formar escrúpulo o duda.

escrúpulo. fr., *scrupule;* it., *scrupolo;* i., *scruple;* a., *Skrupel.* (Del lat. *scrupŭlum,* dim. de *scrupus,* piedra.) m. Duda o recelo que punza la conciencia sobre si una cosa es o no cierta, si es buena o mala, si obliga o no obliga; lo que trae inquieto y desasosegado el ánimo. ‖ Exactitud en la averiguación o en el cumplimiento de un cargo o encargo. ‖ China que se mete en el zapato y lastima el pie. ‖ **Astron.** Cada una de las 60 partes en que se divide un grado de círculo. ‖ **Farm.** Peso antiguo, equivalente en Castilla a 24 granos, o sea 1.198 miligramos. ‖ **de Marigargajo,** o **del padre Gargajo.** *Léx.* fig. y fam. Escrúpulo ridículo, infundado, extravagante y ajeno de razón. ‖ **de monja.** fig. y fam. Escrúpulo nimio y pueril.

escrupulosamente. adv. m. Con escrúpulo y exactitud. ‖ Esmerándose en la cumplida y perfecta ejecución de lo que se emprende o desempeña.

escrupulosidad. (Del lat. *scrupulosĭtas, -ātis.*) f. Exactitud en el examen y averiguación de las cosas y en el estricto cumplimiento de lo que uno emprende o toma a su cargo.

escrupuloso, sa. fr., *scrupuleux;* it., *scrupuloso;* i., *scrupulous;* a., *Gewissenhaft.* (Del lat. *scrupulōsus.*) adj. Que padece o tiene escrúpulos. Ú. t. c. s. ‖ Dícese de lo que causa escrúpulos. ‖ fig. **exacto.**

escrutador, ra. fr., *scrutateur;* it., *scrutatore;* i., *searcher;* a., *erforscher.* (Del lat. *scrutātor.*) adj. Escudriñador o examinador cuidadoso de una cosa. ‖ Dícese del que en elecciones y otros actos análogos cuenta y computa los votos. Ú. t. c. s.

escrutar. (Del lat. *scrutāre.*) tr. Indagar, examinar cuidadosamente, explorar. ‖ Reconocer y computar los votos que para elecciones y otros actos análogos se han dado secretamente por medio de bolas, papeletas o en otra forma.

escrutinio. fr., *scrutin;* it., *scrutinio;* i., *scrutiny;* a., *Überprüfung.* (Del lat. *scrutinĭum.*) m. Examen y averiguación exacta y diligente que se hace de una cosa para saber lo que es y formar juicio de ella. ‖ Reconocimiento y regulación de los votos en las elecciones o en otro acto análogo.

escrutiñador, ra. (De *escrutinio.*) m. y f. Examinador, censor que reconoce una cosa haciendo escrutinio de ella.

escuadra. fr., *équerre;* it., *squadra;* i., *square;* a., *Winkelmass.* = fr., *escadre;* it., *squadra;* i., *fleet;* a., *Geschwader.* (De *escuadrar.*) f. Cada una de las cuadrillas que se forman de algún concurso de gente. ‖ **A. y Of.** Instrumento por lo general metal o madera, de figura de triángulo rectángulo, o compuesto solamente de dos reglas que forman ángulo recto. ‖ Pieza de hierro u otro metal, con dos ramas en ángulo recto, con que se aseguran las ensambladuras de las maderas. ‖ **Carp. escuadría.** ‖ **Mar.** Conjunto de buques de guerra para determinado servicio. ‖ **Mil.** Corto número de soldados a las órdenes de un cabo. Es la unidad táctica menor en las armas combatientes. ‖ Plaza de cabo de este número de soldados. ‖ **de agrimensor.** *Topog.* Instrumento topográfico, origen del cartabón, que constaba de cuatro alidadas, con que se podían señalar en el terreno alineaciones en ángulos rectos y semirrectos. ‖ **falsa,** o **falsa escuadra.** *Geom.* Instrumento para trazar ángulos formado por dos reglas giratorias alrededor de una articulación, que permite regular y fijar a voluntad el ángulo que forman. ‖ **sutil.** *Mar.* Conjunto de buques de guerra, generalmente pequeños, destinados a la vigilancia, policía y defensa de puertos, y costas. ‖ **a escuadra.** m. adv. En forma de escuadra o en ángulo recto. ‖ **a escuadra viva.** m. adv. Se dice del modo de labrar las vigas y maderos con sierra o hacha, dejándoles ángulos rectos y aristas bien rectas. ‖ **fuera de escuadra.** m. adv. En ángulo oblicuo.

Escuadra. Astron. Constelación austral, poco vistosa, sit. entre las del Escorpión y la del Triángulo Austral. Su nombre científico es *Norma.*

escuadrar. (Del lat. *exquadrāre,* de *quadrum,* cuadro.) tr. **A. y Of.** Labrar o disponer un objeto de modo que sus caras planas formen entre sí ángulos rectos.

escuadreo. (De *escuadrar.*) m. Acción y efecto de medir la extensión de un área en unidades cuadradas; como varas, leguas, metros o kilómetros.

escuadría. f. Las dos dimensiones de la sección transversal de una pieza de madera que está o ha de ser labrada a escuadra. ‖ ant. **escuadra,** instrumento de medir, de figura de triángulo rectángulo o compuesto de dos reglas en ángulo recto.

escuadrilla. f. **Aviac.** Unidad táctica militar, capacitada para realizar aisladamente determinadas operaciones aéreas. Las unidades tácticas que integran la escuadrilla son, de ma-

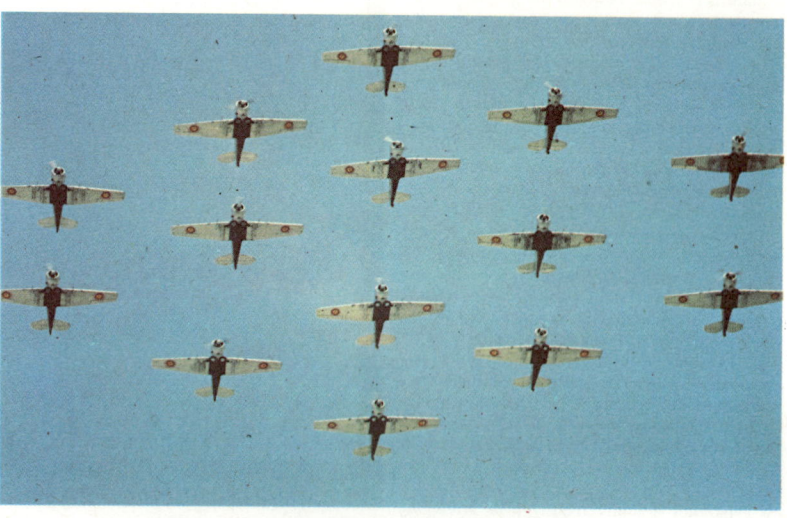

Escuadrilla aérea, en un desfile militar (1965). Madrid

yor a menor: *patrullas* y *parejas*. || **Mar.** Agrupación táctica formada por dos o tres buques menores. El conjunto de varias escuadrillas toma el nombre de *flotilla*.

escuadro. m. **escrita,** pez. || ant. Cerco de un cuadro, ventana, etc.

escuadrón. fr., *escadron;* it., *squadrone;* i., *squadron;* a., *Schwadron.* (aum. de *escuadra.*) m. **Mil.** Unidad de caballería que puede ser independiente o formar parte de un grupo, y que es mandada normalmente por un capitán. || Unidad aérea equiparable en importancia o jerarquía al batallón o grupo terrestre. || Unidad aérea de un número importante de aviones. || En lo antiguo, porción de tropa formada en filas con cierta disposición según las reglas de la táctica militar. ||. En lo antiguo, parte del ejército compuesta de infantería y caballería. || Unidad del cuerpo de aviación equivalente a batallón. || **volante.** ant. **cuerpo volante.**

escuadronar. tr. **Mil.** Formar la gente de guerra en escuadrón o escuadrones.

escuadroncete. m. dim. de **escuadrón.**

escuadronista. (De *escuadrón.*) m. desus. **Mil.** Oficial inteligente en la táctica y en las maniobras de la caballería.

escualidez. f. Suciedad, asquerosidad. || Flaqueza, delgadez, mengua de carnes.

escuálido, da. (Del lat. *squalĭdus.*) adj. Sucio, asqueroso. || Flaco, macilento. **Zool.** Dícese de los peces selacios del orden de los escualiformes, que carecen de aleta anal y poseen en cada una de las dos aletas dorsales una fuerte espina o aguijón; casi todos viven en los mares cálidos y templados. Son pequeños y no peligrosos para el hombre. || m. pl. Familia de estos peces.

escualiforme. (Del lat. científico *squalus,* gén. tipo de peces, del lat. *squalus,* la lija [pez].) adj. **Zool.** Dícese de los peces elasmobranquios de la subclase de los selacios o plagióstomos, de cuerpo alargado y fusiforme, con aberturas branquiales laterales, muchos dientes agudos como puñales en varias hileras y cola heterocerca bien desarrollada. Son marinos, ovovivíparos (en general) y se les llama vulgarmente *escualos* o *tiburones.* || m. pl. Orden de estos peces, con numerosas familias.

escualo. (Del lat. *squalus,* la lija [pez].) m. **Zool.** Nombre que se da corrientemente, sin una significación sistemática precisa, a la ma-

Escualo

yoría de los selacios escualiformes, y que viene a ser sinónimo de tiburón. Se llaman así la pintarroja, el marrajo, la tintorera, el pez martillo, el tiburón ballena, etc.

escualor. (Del lat. *squalor, -ōris.*) m. **escualidez.**

escucha. (De *escuchar.*) f. Acción de escuchar. || Centinela que se adelanta de noche a la inmediación de los puntos enemigos para observar de cerca sus movimientos. || En los conventos de religiosas, la que tiene por oficio acompañar en el locutorio, para oír lo que se habla, a las que reciben visitas de personas de fuera. || Criada que duerme cerca de la alcoba de su ama para poder oír si la llama. || Ventana pequeña que estaba dispuesta en las salas de palacio, donde se tenían los consejos y tribunales superiores, para que pudiese el rey, cuando gustase, escuchar lo que en los consejos se votaba, sin ser visto. || pl. **Fort.** Galerías pequeñas, radiales, que se hacen al frente del glacis de las fortificaciones de unna plaza, y que concurren a una galería mayor situada en un punto céntrico. Sirven para reconocer y detener a los minadores enemigos en sus trabajos. || **radiotelegráfica.** *Mar.* Servicio que prestan los operadores de radio de los buques; el tiempo en que se se debe prestar fue señalado en el Convenio internacional para la vida humana en el mar, de 1948.

Escucha. *Geog.* Mun. de España, prov. y p. j. de Teruel; 1.261 h. || Lugar cap. del mismo; 1.138 h.

escuchadera. f. desus. La que en los conventos tiene por oficio acompañar a la que recibe visitas.

escuchador, ra. adj. Que escucha.

escuchante. p. a. de **escuchar.** Que escucha.

escuchaño, ña. adj. ant. Decíase de la persona que se ponía en escucha.

escuchar. fr., *écouter;* it., *ascoltare;* i., *to listen;* a., *zuhören.* (Del lat. *auscultāre.*) intr. Aplicar el oído para oír. || tr. Prestar atención a lo que se oye. || Dar oídos, atender a un aviso, consejo o sugestión. || prnl. Hablar o recitar con pausas afectadas.

escuchimizado, da. adj. Muy flaco y débil.

escucho. (De *escuchar.*) m. *León y Sant.* Lo que se dice al oído en voz baja. || **a escucho,** o **al escucho.** m. adv. Al oído y con secreto.

escuchón, na. adj. Que escucha con curiosidad indiscreta lo que otros hablan, que escucha lo que no debe. Ú. t. c. s.

escudado. (Del lat. *scutātus.*) m. ant. Soldado armado de escudo.

escudaño. m. *Ál.* Sitio resguardado del frío, generalmente expuesto al mediodía.

escudar. tr. Amparar y resguardar con el escudo, oponiéndose al golpe del contrario. Ú. t. c. prnl. || fig. Resguardar y defender a una persona del peligro que le está amenazando. || prnl. fig. Valerse uno de algún medio, favor y amparo para justificarse, salir del riesgo o evitar el peligro de que está amenazado.

escuderaje. m. Servicio y asistencia que hace el escudero como criado de una casa.

escuderante. p. a. ant. de **escuderear.** Que escuderea.

escuderear. tr. Servir y acompañar a una persona principal como escudero y familiar de su casa.

escuderete. m. dim. de **escudero.**

escudería. f. Servicio y ministerio del escudero.

escudería. (Del it. *scuderia,* caballeriza, cuadra.) f. **Aut.** Conjunto de motocicletas o automóviles, normalmente destinados a la competición. || Lugar en que está instalado el conjunto.

escuderil. adj. Perteneciente al empleo de escudero y a su condición y costumbres.

escuderilmente. adv. m. Con estilo y manera de escudero.

escudero, ra. adj. Perteneciente o relativo al escudero.

escudero, ra. fr., *écuyer;* it., *scudiere;* i., *squire;* a., *Schildknappe.* (Del lat. *scutarĭus.*) m. Paje o sirviente que llevaba el escudo al caba-

Don Quijote y su escudero camino de Albaida, por Segrelles. Colección particular. Madrid

llero en tanto que no usaba de él. || El que por su sangre es noble y distinguido. || El que en lo antiguo llevaba acostamiento de un señor o persona de distinción, y tenía la obligación de asistirle y acudirle en los tiempos y ocasiones que se le señalaban. || El que hacía escudos. || El que está emparentado con una familia o casa ilustre, y reconocido y tratado como tal. || Criado qaue servía a una señora acompañándola cuando salía de casa y asistiendo en su antecámara. || **Mont.** Jabalí nuevo que el jabalí viejo trae consigo. || **de a pie.** *Hist.* En la casa real, mozo dedicado a llevar recados.

Escudero (José Agustín). *Biog.* Político y escritor mejicano, n. en Ciudad Hidalgo (1801-1862). Escribió numerosos trabajos sobre asuntos de derecho, historia y estadística. Sus principales obras son: *Noticias estadísticas del Estado del Chihuahua* (1834) y *Noticias estadísticas de Sonora y Sinaloa* (1849). || **(Pedro).** Médico argentino, n. y m. en Buenos Aires (1877-1963). Desempeñó los más altos cargos universitarios y hospitalarios de su país. Entre sus libros se destacan: *Sinergias fisiológicas y sinergias mórbidas, Lecciones de clínica médica* (cuatro volúmenes), *Quistes hidatídicos del pulmón* y *Etiología de la aortitis.* || **(Vicente).** Bailarín español, n. en Valladolid en 1892. Alcanzó notable éxito con *El amor brujo* de Falla. Es autor de un *Decálogo del buen bailarín* en el que expone las normas justas del baile que él entiende por español. Se le considera como la figura masculina más destacada de la danza española, por su clasicismo tan original, su gesto sobrio y su interpretación.

escuderón. (aum. de *escudero.*) m. desp. El que intenta hacer más figura de la que le corresponde.

escudete. m. Objeto semejante a un escudo pequeño. || Pedacito de lienzo en forma de escudo o corazón, que sirve de fuerza en los cortes de la ropa blanca. En las sobrepellices suelen ser de encaje. || Mancha redonda que las gotas de lluvia suelen producir en las aceitunas verdes, por donde éstas se dañan y acorchan. || **A. y Of.** En cerrajería, adorno metálico que guarnece la boca de la cerradura. || **Bot.** nenúfar.

escudilla. fr., *écuelle;* it., *scodella;* i., *bowl;* a., *Napf, Suppenschüssel.* (Del lat. *scutella.*) f. Vasija de forma de media esfera, que se usa comúnmente para servir en ella la sopa, el desayuno, el caldo, etc. || desus. **Metrol.** En Galicia, cierta medida mínima de granos.

escudillador, ra. adj. Que escudilla. Ú. t. c. s.

escudillar. tr. Echar en escudillas, fuentes o platos, caldo o manjares para distribuirlos. || Echar el caldo hirviendo sobre el pan con que se hace la sopa. || fig. Disponer y manejar uno las cosas a su arbitrio, como si fuera único dueño de ellas. || fig. *Ar.* y *Nav.* Contar lo que se sabe; no guardar secreto.

escudillero. m. *Ál.* Vasar, estante para colocar la vajilla.

escudillo. m. dim. de **escudo.** || *Num.* **doblilla.**

escudo. fr., *écu;* it., *scudo;* i., *shild;* a., *Schild.* (Del lat. *scutum.*) m. Arma defensiva para cubrir y resguardarse de las ofensivas, que se llevaba en el brazo izquierdo. || fig. Amparo, defensa, patrocinio. || *Arm.* Chapa de acero que, unida al montaje, llevan las piezas de artillería de montaña para que sirva de defensa a los sirvientes del cañón. || **A.** y **Of.** Planchuela de metal, a veces en forma de escudo, que para guiar la llave suele ponerse delante de la cerradura. || **Bl. escudo de armas.** || **Cir.** Cabezal de la sangría. || **Fís.** Bólido de la atmósfera. || **Geol. área continental.** || **Mar. espejo de popa.** || Tabla vertical que en los botes forma el respaldo del asiento de popa. || **Mont.** Espaldilla del jabalí, así llamada porque le sirve de defensa en los encuentros que tiene con otros. || **Num.** Moneda antigua de oro: entraban 68 en un marco, lo mismo que las coronas. || **peso duro,** antigua moneda de plata. || Moneda de plata que valía 10 reales de vellón y que hace años sirvió de unidad monetaria. || Antigua unidad monetaria de Chile, equivalente a 0,183057 g. de oro fino; en septiembre de 1975 fue substituida por el peso (v.). || Unidad monetaria de Portugal, equivalente a 0,66567 g. de oro fino. || **acuartelado.** *Bl.* El que está dividido en cuarteles. || **amartelado en aspa.** El resultante del escudo cortado y tajado. || **de armas.** Campo, superficie o espacio de distintas figuras en que se pintan los blasones de un Estado, población, familia, corporación, etc. || **burelado.** El que tiene 10 fajas, 5 de metal y 5 de color. || **cortado.** El que está partido horizontalmente en dos partes iguales. || **cortinado.** El partido por dos líneas que, arrancando del punto medio de la parte superior o inferior del jefe, terminan en los cantones de la punta. || **enclavado.** Escudo partido o cortado, en que una de las partes monta sobre la otra y aparece como enclavada en ésta. || **fajado.** Escudo cubierto de seis fajas, tres de metal y tres de color. Si tiene cuatro u ocho, se ha de especificar su número. || **mantelado. escudo cortinado.** || **partido en,** o **por, banda.** El dividido por una banda. || **raso.** El que no tiene adornos o timbres. || **tajado.** El que esta dividido diagonalmente con una línea que pasa desde el ángulo siniestro del jefe al diestro de la punta. || **tronchado.** El que se divide con una línea diagonal tirada del ángulo diestro del jefe del escudo al siniestro de la punta. || **vergeteado.** El que se halla compuesto de diez o más palos.

Escudo de Orión. *Astron.* Alineamiento curvo de estrellas en la parte O. de la constelación de Orión. || **de Sobiesky.** Constelación boreal sit. al S. de la del Águila. Su nombre científico es *Scutum.*

escudriñable. adj. Que puede escudriñarse.

escudriñador, ra. (De *escudriñar.*) adj. Que tiene curiosidad por saber y apurar las cosas secretas. Ú. t. c. s.

escudriñamiento. m. Acción y efecto de escudriñar.

escudriñante. p. a. de **escudriñar.** Que escudriña.

escudriñar. fr., *scruter;* it., *scrutare;* i., *to scrutinize;* a., *untersuchen.* (De *escrudiñar.*) tr. Examinar, inquirir y averiguar cuidadosamente una cosa y sus circunstancias.

escudriño. (Del lat. *scrutinĭum,* escrutinio.) m. ant. Acción y efecto de escudriñar.

escuela. fr., *école;* it., *scuola;* i., *school;* a., *Schule,* (Del lat. *schola,* y éste del gr. *scholé.*) f. Establecimiento público donde se da a los niños la instrucción primaria en todo o en parte.

El tocador de viola. Escuela de Parma (h. 1540). Museo del Prado. Madrid

|| Establecimiento público donde se da cualquier género de instrucción. || Enseñanza que se da o que se adquiere. || Conjunto de profesores y alumnos de una misma enseñanza. || Método, estilo o gusto peculiar de cada maestro para enseñar. || Doctrina, principios y sistema de un autor. || Conjunto de discípulos, secuaces o imitadores de una persona o de su doctrina, arte, etc. || Conjunto de caracteres comunes que en literatura y en arte distingue de las demás las obras de una época, región, etc. || fig. Lo que en algún modo alecciona o da ejemplo y experiencia. || pl. Sitio donde estaban los estudios generales. || **comarcal.** *Pedag.* V. **concentración escolar.** || **hogar.** Centro docente que, en régimen de internado, proporciona enseñanza primaria a los escolares de zonas, de población muy diseminada, y sin vías de comunicación, para transportarlos diariamente en autocar a un centro de enseñanza. || **normal.** Aquella en que se hacen los estudios y la práctica necesarios para obtener el título de maestro de primera enseñanza.

escuelante. m. *Col.* escolar.

Escuelas Pías. *Rel.* Orden de Clérigos Regulares Pobres de la Madre de Dios de las Escuelas Pías.

escuelero, ra. adj. En Argentina, escolar. Ú. t. c. s. || m. *Amér.* vulg. por **maestro de escuela.**

escuerzo. (Del lat. *scortĕus,* de piel arrugada.) m. Nombre de varios anfibios anuros de la familia de los cistignátidos, de cuerpo voluminoso y aspecto de sapo. El *escuerzo cornudo* tiene unas prolongaciones cefálicas a modo de cuernos, y está vistosamente multicoloreado (*ceratophrys cornuta*); el *escuerzo americano* tiene los cuernos menos acusados (*c. or-*

Escudo del emperador Carlos V. Armería real. Madrid. Litografía de la obra *Historia de la villa y corte de Madrid*

nata); ambos son sudamericanos. ‖ fig. y fam. Persona flaca y desmedrada.

escuetamente. adv. De un modo escueto.

escueto, ta. adj. Descubierto, libre, despejado, desembarazado. ‖ Sin adornos o sin ambages, seco, estricto.

escueznar. tr. *Ar.* Sacar los escueznos.

escuezno. m. *Ar.* Penca o pierna de nuez. Ú. m. en pl.

escuimpacle. m. Bot. *Méj.* **hierba cana.**

Escuinapa. Geog. Mun. de Méjico, est. de Sinaloa; 30.807 h. Cap., Escuinapa de Hidalgo. ‖ **de Hidalgo.** C. de Méjico, est. de Sinaloa, cap. del mun. de Escuinapa, 16.442 h.

Escuintla. Geog. Depart. de Guatemala; 4.384 km.² y 300.140 h. ‖ Mun. de Guatemala, depart. de su nombre; 66.573 h. ‖ C. cap. del depart. y mun. de su nombre; 37.180 h. ‖ Mun. de Méjico, est. de Chiapas 13.981 h. ‖ Pueblo cap. del mismo; 4.111 h.

escuintle. (Del azt. *itzcuintli,* perro.) m. *Méj.* Perro callejero. ‖ **muchacho.**

esculapio. m. p. us. Médico, galeno.

Esculapio. Mit. Príncipe de Tesalia y médico excelso, que, con el nombre de Asclepio,

Esculapio, escultura griega. Ampurias

fue adorado como hijo de Apolo y dios de la Medicina por los griegos, y con el de Esculapio por los romanos.

esculca. (Del lat. *sculca.*) f. desus. Espía o explorador.

esculcar. (De *esculca.*) tr. Espiar, inquirir, averiguar con diligencia y cuidado. ‖ Registrar para buscar algo oculto. ‖ *Extr.* Buscar y matar las pulgas del cuerpo.

esculpidor. (De *esculpir.*) m. El que se dedica a esculpir.

esculpidura. (De *esculpir.*) f. ant. **grabadura.**

esculpir. fr., *sculpter;* it., *scolpire;* i., *to sculpture;* a., *schnitzen, aushauen.* (Del lat. *sculpĕre.*) tr. Labrar a mano una obra de escultura, especialmente en piedra, madera o metal. ‖ Grabar algo en hueco o en relieve sobre una superficie de metal, madera o piedra.

esculta. (Del lat. *sculta.*) f. ant. **esculca.**

esculto, ta. (Del lat. *sculptus.*) p. p. irreg. ant. de **esculpir.**

escultopintura. (De *escultura* y *pintura.*) f. Pint. Concepción pictórica que pretende substituir la perspectiva convencional de los cuadros mediante el empleo de materiales diversos que dan al cuadro una perspectiva efectiva.

escultor, ra. fr., *sculpteur;* it., *scultore;* i., *sculptor;* a., *Bildhauer.* (Del lat. *sculptor.*) m. y f. Persona que profesa el arte de la escultura.

escultórico, ca. adj. **escultural.**

escultura. fr. e i., *sculpture;* it., *scultura;* a., *Bildhauerkunst.* (Del lat. *sculptūra.*) f. Arte de modelar, tallar y esculpir en barro, piedra, madera, metal u otra materia conveniente, representando en bulto figuras de personas, animales, u otros objetos de la naturaleza, o el asunto y composición que el ingenio concibe. ‖ Obra hecha por el escultor. ‖ Fundición o va-

Piedad de Palestrina (grupo escultórico en mármol), por Miguel Ángel. Galería de la Academia. Florencia

ciado que se forma en los moldes de las esculturas hechas a mano. ‖ B. Art. Se entiende por escultura el arte de representar objetos y de expresar ideas por medio de formas, en tres dimensiones. La *estatua* reproduce la figura humana por entero y aislada o de bulto redondo; el *grupo* está formado por varias figuras que representan un tema; el *relieve* presenta la figura o figuras de resalto sobre una superficie. La estatua puede ser *sedente, yacente, orante* y *ecuestre. Busto* es una estatua de sólo la cabeza y hombros; *torso,* de cabeza y tronco o sólo de tronco. En el relieve se distinguen *altorrelieve, mediorrelieve* y *bajorrelieve,* según que la figura resalte del plano más de la mitad del grosor proporcional, o sólo la mitad, o menos que ésta. La estatuaria se divide, además, en *profana* y *religiosa.* Los escultores suelen preparar su obra modelando con arcilla la figura que ha de servirles como tipo, y este *modelo* equivale al boceto de los pintores; después, cuando la escultura se ha de realizar definitivamente en piedra, el artista *saca de puntos* su obra del bloque elegido, tarea que consiste en señalar las partes más salientes de la escultura y desbastar cuanto no sea necesario antes de empezar la labor del esculpido propiamente dicha. En escultura se suele trabajar con barro, piedra, madera, bronce, hierro, marfil, plata y oro. Modernamente se han introducido los materiales más variados, de producción industrial (fibra de vidrio, planchas de acero, etc.) y de todo tipo (materiales de desecho, objetos de uso cotidiano). El procedimiento fundamental seguido por la escultura tradicional es el *esculpido,* que se sirve del escoplo y del buril o cincel, pero se emplean también el *moldeado* o *vaciado,* el *cincelado,* el *repujado,* el *embutido,* el *grabado* y el *estampado* o *troquelado.* Los arqueólogos demuestran que el arte escultórico precedió a la arquitectura propiamente dicha, y que tiene su origen en las edades arqueolíticas. Consiguientemente, el estudio completo de la escultura abarca el arte plástico, desde los estilos prehistóricos hasta su estado actual. A continuación se cita lo más sobresaliente de cada grupo histórico. *Escultura prehistórica:* Astas de reno con grabados; bastones de mando, descubiertos en Bélgica, Suiza, Austria, Francia, Polonia y España; idolillos de cobre y bronce, encontrados en estaciones prehistóricas de España y de otros países; modelados de bisontes y caballos en Francia; figuras femeninas que representan probablemente ídolos de la fecundidad. *Escultura egipcia:* Se conservan millares de estatuas y bajorrelieves en madera, marfil, bronce, barro cocido y piedra. Los tamaños varían, desde los colosos de Memnón, que miden 20 m., hasta 1 cm. que tienen algunas figurillas. (V. **Egipto.**) *Escultura sumeria:* Son célebres las estatuas de Gudea y algunos relieves como la *Estela de los buitres,* del Museo del Louvre. *Escultura asiria:* Bajorrelieves de Teglatfalasar I (s. XII a. C.) y Asurbanipal II (s. VII), Museos del Louvre y Británico. *Escultura medopersa:* Es de gran inte-

Estatua orante egipcia, en granito negro, y efigie policromada de la hija de Ramsés II. Museo Arqueológico. El Cairo

escultura

rés el *Friso de los arqueros,* del palacio de Susa (azulejo en relieve), hoy en el Louvre. *Escultura india:* Figuras simbólicas, en profusión e incorporadas a la arquitectura. *Escultura americana precolombina:* Remotas semejanzas egipcias, asirias e indias. Las obras de arte *aimara-quechua* son sencillas, desprovistas de adornos y realistas; las del *hua-maya* se distinguen por su exuberancia ornamental y simbólica. Es famoso el *Templo de la Cruz,* de Palenque. *Escultura griega:* Al período *protohistórico,* con Micenas (egeos), Creta y Chipre, siguen el período *arcaico,* el *clásico,* con grandes maestros como Fidias y Policleto, y el *helenístico.* Los museos del Louvre, Atenas, Copenhague, Británico de Londres y Vaticano guardan numerosas joyas de este arte. (V. **Grecia.**) *Escultura etrusca y romana:* Sarcófagos con estatuas semi-yacentes en Etruria. En Roma, los escultores griegos son romanizados. Bustos, relieves para arcos de triunfo y laboreo de piedras preciosas. Estatua de *Octavio, El Pudor,* en el Vaticano; *Agripina,* en el Museo Capitolino; las ecuestres de los Balbo (Museo de Nápoles). *Escultura ibérica e hispanorromana:* Fuera de Grecia y sus colonias, no hay nada en el arte pre-rromano de Europa que pueda compararse a la escultura ibérica. Lo más notable es la *Dama de Elche* y la *Dama de Baza,* ambas en el Museo Arqueológico de Madrid, las esculturas del Cerro de los Santos, las esculturas de guerreros que fueron hallados en Portugal y Galicia, y los *Toros de Guisando.* De la época romana existen en España, labradas en el país, notables imitaciones de las estatuas clásicas de Grecia y Roma. *Escultura bizantina:* Su estilo es una derivación del romano con influencia asiática. Destacan los capiteles labrados y los marfiles. *Escultura románica:* Recogiendo múltiples influencias (germánicas, romanas, orientales) decora las portadas de las iglesias y los capiteles con su característica rigidez, convencionalidad y fuerza expresiva. Una de sus obras maestras es el *Pórtico de la Gloria,* de la catedral de Santiago de Compostela (España). *Escultura gótica:* Se distingue por la tendencia a la imitación de la naturaleza con cierto idealismo. Actitudes sobrias, plegados naturales y elegantes, viva expresión de los afectos, serenidad en el semblante y dignidad y nobleza en el porte de la figura humana. *Escultura renacentista:* Tiende a reproducir plásticamente los modelos que nos ofrece la naturaleza, directamente estudiada, adoptando a la vez los escultores las formas y la técnica de la antigüedad griega y romana. Ghiberti, Donatello, Miguel Ángel, figuran entre los mejores escultores de este período. A la escultura *barroca* España aporta las dramáticas tallas policromadas de Gregorio Fernández, Martínez Montañés y Alonso Cano, entre otros. En el s. XIX, tras la corriente *neoclásica* que representan el italiano Canova y el danés Thorvaldsen, el *romanticismo* da paso a la obra de Rude, al naturalismo de Meunier y especialmente a Rodin, que se sitúa en una posición antiacademicista e inicia la escultura *moderna.* Aunque todavía el clasicismo tendrá buenos seguidores, como Maillol, la escultura actual rompe con la tradición tanto en técnicas y materiales (hormigón, materiales plásticos, etc.) como en la problemática formal que alcanza todos los grados de la abstracción, incorpora la luz, el movimiento, crea grandes conjuntos ambientales o se limita al simple *objet-trouvé.* Entre los grandes escultores de este siglo destacan: Jean Arp, Brancusi, Alberto Giacometti, Alexander Calder y Henry Moore. Y entre los españoles, Julio González y Eduardo Chillida.

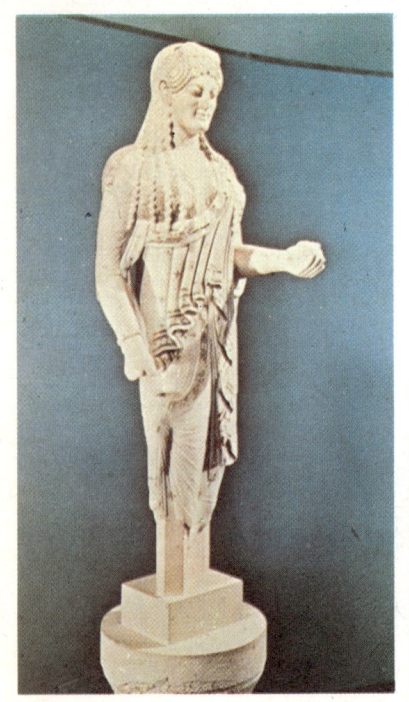

Kore, escultura griega (510 a. C.)

Escultura india que representa a una vaca amamantando a su ternero. Museo Victoria y Alberto. Londres

Cristo crucificado, por A. Cano. Monasterio de El Escorial

escultural. adj. Perteneciente o relativo a la escultura. || Que participa de alguno de los caracteres bellos de la estatua.

esculturar. tr. Esculpir, labrar una escultura.

escullador. (De *escullar*.) m. Vaso de lata con que en los molinos de aceite se saca éste del pozuelo cuando está hondo.

escullar. tr. En varias regiones, vulg. por **escudillar**, echar caldo o manjares en escudillas. || intr. *Bur., Pal.* y *Sant.* Gotear o escurrir un líquido de una vasija u otra cosa.

Escúllar. Geog. Mun. de España prov. y p. j. de Almería; 372 h. || Villa cap. del mismo; 291 h.

escullir. intr. *Mur.* Resbalar, caer. || prnl. **escabullirse.**

escullón. m. *Mur.* **resbalón.**

escuna. (Del port. *escuna*, y éste del hol. *schooner*.) f. *Mar.* **goleta.**

escupetina. f. **escupitajo.**

escupible. adj. p. us. *Méj.* Feo, desairado, ridículo, despreciable.

escupidera. f. Pequeño recipiente de loza, metal, madera, etc., que se pone en las habitaciones para escupir en él. || *And., Arg., Chile* y *Ecuad.* Orinal, bacín.

escupidero. m. Sitio o lugar donde se escupe. || fig. Situación en que está uno expuesto a ser ajado o despreciado.

escupido, da. p. p. de **escupir.** || adj. Dícese del sujeto que tiene mucho parecido con alguno de sus ascendientes directos. || m. **esputo.**

escupidor, ra. adj. Que escupe con mucha frecuencia. Ú. t. c. s. || m. *And., Ecuad.* y *P. Rico.* Recipiente para escupir en él. || *Col.* Ruedo, baleo.

escupidura. f. Saliva, sangre o flema escupida. || Excoriación que suele presentarse en los labios por consecuencia de una calentura.

escupiña. f. *Zool. Menorca.* **venus verrucosa,** molusco lamelibranquio.

escupir. fr., *cracher;* it., *sputare;* i., *to spit;* a., *ausspeien.* (Del lat. *ex* y *conspuĕre*.) intr. Arrojar saliva por la boca. || tr. Arrojar con la boca algo como escupiendo. || fig. Salir y brotar el cutis postillas u otras señales de humor ardiente que causó calentura. || fig. Echar de sí con desprecio una cosa, teniéndola por vil o sucia. || fig. Despedir un cuerpo a la superficie otra substancia que estaba mezclada o unida con él. || fig. Despedir o arrojar con violencia una cosa.

escupitajo. (De *escupir*.) m. fam. Saliva, flema o sangre escupida.

escupitina. (De *escupir*.) f. fam. **escupitajo.**

escupitinajo. (De *escupitina*.) m. fam. **escupitajo.**

escupo. m. Escupido, esputo.

Escuque. Geog. Dist. de Venezuela, est. de Trujillo; 22.350 h. || Mun. de Venezuela, est. de Trujillo, dist. de su nombre; 7.614 h. || Pobl. cap. del dist. y mun. de su nombre; 4.989 h.

escurana. f. ant. *And.* y *Amér.* **oscurana.**

escurar. (Del lat. *excurāre*, de *curāre*, cuidar.) tr. En el obraje de paños, limpiarlos del aceite con greda o jabón antes de abatanarlos.

escurar. (Del lat. *obscurāre*.) tr. ant. **obscurecer.**

escuras (a). m. adv. ant. y hoy vulgar. **a obscuras.**

escurecer. intr. ant. **obscurecer.** Ú. aún por el vulgo.

escurecimiento. m. ant. **obscurecimiento.**

escureta. (Del ant. fr. *escurette*, mod. *écurette*, de *écurer*, *écurer*, limpiar, y éste del lat. *excurāre*, de *curāre*, cuidar.) f. *Pal.* Especie de peine de púas largas y dobladas en ángulo recto, que sirve para limpiar en los telares el pelo que queda en los palmares al cardar las mantas.

escureza. f. ant. **escuridad.**

Escurial. Geog. Mun. y villa de España, prov. de Cáceres, p. j. de Trujillo; 1.355 h. (*escurialegos*). || **de la Sierra.** Mun. y villa de España, prov. y p. j. de Salamanca; 563 h.

escurialense. adj. Perteneciente al pueblo y al monasterio de El Escorial.

escuridad. f. ant. **obscuridad.**

escuro, ra. adj. ant. y hoy vulgar. **obscuro.**

escurra. (Del lat. *scurra*.) m. **truhán.**

escurraja. (De *escurrir*, apurar.) f. Escurridura, desecho, desperdicio. Ú. m. en pl.

escurreplatos. m. Mueble usado junto a los fregaderos para poner a escurrir las vasijas fregadas.

escurribanda. (De *escurrir*, apurar.) f. fam. **escapatoria**, acción y efecto de escaparse o evadirse. || fam. **desconcierto**, flujo de vientre. || fam. Corrimiento o fluxión de un humor. || fam. **zurribanda**, zurra con golpes repetidos.

escurrideras. f. pl. *Guat.* y *Méj.* Escurriduras, aguas sobrantes que escurren de un riego.

escurridero. m. Lugar a propósito para poner a escurrir alguna cosa.

escurridizo, za. adj. Que se escurre o desliza fácilmente. || Propio para hacer deslizar o escurrirse.

escurrido, da. p. p. de **escurrir.** || adj. Dícese de la persona estrecha de caderas. || Aplícase a la mujer que trae muy ajustadas las sayas. || *Méj.* y *P. Rico.* Corrido, confuso, avergonzado.

escurridor. m. Colador de agujeros grandes en donde se echan las viandas para que escurran el líquido en que están empapadas. || **escurreplatos.** || Dispositivo que tienen algunas máquinas lavadoras para escurrir o exprimir la ropa una vez lavada.

escurridura. (De *escurrir*.) f. Última reliquia o gota de un líquido que ha quedado en un vaso, pellejo, etc. Ú. m. en pl.

escurrilidad. (Del lat. *scurrilĭtas*.) f. Cosa propia de las escurra, truhanería.

escurrimbres. f. pl. fam. **escurriduras.**

escurrimiento. m. Acción y efecto de escurrir o escurrirse.

escurrir. (Del lat. *excurrĕre*.) tr. Apurar las reliquias o últimas gotas de un líquido que han quedado en un vaso, pellejo, etc. || Hacer que una cosa mojada o que tiene líquido despida la parte que quedaba detenida. Ú. t. c. prnl. || ant. Recorrer algunos parajes para reconocerlos. || ant. Remar largo. || intr. Destilar y caer gota a gota el licor que estaba en un vaso, etc. || Deslizar y correr una cosa por encima de otra. Ú. t. c. prnl. || prnl. Escapar, salir, huyendo. || fam. Correrse, por lo común inadvertidamente, a ofrecer o dar por una cosa más de lo debido. || Correrse, deslizarse, decir más de lo que se debe o se quiere decir.

escurrir. (Del b. lat. *excorrigĕre*, gobernar, conducir.) tr. ant. Salir acompañando a uno para despedirle. Ú. en Asturias, Palencia y Santander.

escusa. (Del lat. *absconsus*, escondido.) f. **escusabaraja.** || Cualquiera de los provechos y ventajas que por especial condición y pacto disfrutan algunas personas según los estilos de los lugares. || Derecho que el dueño de una finca o de una ganadería concede a sus guardas, pastores, etc., para que puedan apacentar, sin pagar renta, un corto número de cabezas de ganado de su propiedad, y esto como parte de la retribución convenida. || Conjunto de las cabezas de ganado a que se aplica este derecho. || **Entre ganaderos, res o cabeza de ganado horra.** || **a escusa,** o **a escusas.** m. adv. Con disimulo o cautela.

Escusa. Geog. Ribadumia.

escusabaraja. (De *escusa* y *baraja*.) f. Cesta de mimbre, con tapa de lo mismo, que sirve para poner o llevar ciertas cosas de uso común. || ant. *Mar.* **cuerpo muerto.**

escusadas (a). (De *escusa*.) m. adv. ant. **a escondidas.**

escusado, da. (De *escusa*.) adj. Reservado, preservado o separado del uso común. || m. Retrete.

escusalí. m. **excusalí.**

escusano. (De *escusa*.) adj. ant. Encubierto, escondido.

escusaña. (De *escusa*.) f. ant. Hombre de campo que en tiempo de guerra se ponía en un paso o vado para observar los movimientos del enemigo. || **a escusañas.** m. adv. ant. A escondidas o a hurto.

escusar. (De *escusa*.) tr. ant. Esconder, ocultar. Ú. t. c. prnl.

escuso (a, o **en).** (Del lat. *absconsus*, escondido.) m. adv. ant. Ocultamente, a escondidas.

escusón. m. Reverso de una moneda que tiene representado un escudo. || **Bl.** Escudo pequeño que carga a otro mayor.

escúter. (Del inglés *scooter*, patineta.) m. *Aut.* Especie de motocicleta de reducido tamaño y poco consumo, en la que el viajero no va ahorcajadas, sino con las piernas juntas.

escutiforme. adj. De forma de escudo.

escutígera. (Del lat. *scutum*, escudo, y *gera*.) f. *Zool.* Miriápodo quilópodo, de cuerpo más corto que el de la escolopendra, pero de patas muy largas y con ojos compuestos; este último carácter es único entre los miriápodos (*scutigera coleoptrata*).

Escutígera

escuyer de cocina. (Del ant. fr. *escuyer [tranchant]*, escudero [trinchante]; aquél del lat. *scutarĭus*, escudero.) m. Oficio de la casa real, según la etiqueta de la de Borgoña, equivalente al que en la de Castilla se llamaba veedor de vianda.

Escúzar. Geog. Mun. de España, prov. y p. j. de Granada; 1.309 h. || Lugar cap. del mismo; 1.280 h.

Esch. Geog. Cantón de Luxemburgo; 242,8 km.^{2} y 114.784 h. Cap., Esch-sur-Alzette. || **-sur-Alzette.** Ciudad de Luxemburgo, cap., del cantón de Esch; 27.575 h.

eschangar. tr. *Áv.* y *Extr.* Desbaratar, hacer pedazos.

Eschen. Geog. Mun. de Liechtenstein; 10,33 km.^{2} y 2.114 h.

Eschenbach (Wolfram von). Biog. *Minnesinger* o trovador alemán, n. en Baviera y m. en Eschenbach (h. 1170-1220). Estuvo al servicio del *landgrave* Harmann de Turingia. Su obra más importante es el *Parsifal*. Dejó sin concluir el *Willehalm*.

Esdras. Biog. Sacerdote y escriba judío (s. v a. C.). En el reinado de Artajerjes Longimano condujo a Palestina al segundo grupo de judíos liberados de la cautividad de Babilonia (458 a. C.). Con Nehemías adoctrinó a los

Esdras, por Berruguete. Museo de Paredes de Nava

hebreos. De los cuatro libros que llevan su nombre, sólo los dos primeros son reconocidos como canónicos por la Iglesia latina.

esdrujulismo. (De *esdrújulo.*) m. Calidad de esdrújulo.

esdrujulizar. tr. Dar acentuación esdrújula a una voz.

esdrújulo, la. (Del it. *sdrucciolo,* resbaladero.) adj. **Gram.** Aplícase al vocablo cuya acentuación prosódica carga en la antepenúltima sílaba. Ú. t. c. s. m. y más en pl. Todas las voces esdrújulas llevan acento ortográfico.

ese. f. Nombre de la letra *s.* || Eslabón de cadena que tiene la figura de una ese.

ese, esa, eso, esos, esas. (Del lat. *ipse, ipsa, ipsum.*) **Gram.** Formas del pron. dem. en los tres géneros m., f. y n. en ambos núm. sing. y pl. Designan lo que está cerca de la persona con quien se habla, o representan y señalan lo que ésta acaba de mencionar. Las formas m. y f. se usan como adj. y como s., y en este último caso se escriben normalmente con acento. || Pospuesto al nombre, tiene a veces valor despectivo. || **esa** designa la ciudad en que está la persona a quien nos dirigimos por escrito. || **esa** y **esas** hacen oficio de substantivos en diversas frases donde tienen su significado impreciso de *ocasión, vez, situación, jugada,* o equivalen a un substantivo sobrentendido. || **eso** equivale a veces a **lo mismo.** || **¡a ése!** interj. con que se incita a detener a uno que huye. || **a eso de.** loc. que acompaña a indicaciones de hora para dar idea de tiempo aproximado. || **eso mismo.** m. adv. Asimismo, también o igualmente. || **eso que.** loc. **a pesar de que.** || **ni por ésas,** o **ni por ésas ni por esotras.** m. adv. De ninguna manera; de ningún modo.

ESE. Geog. abr. de *estesudeste.*

esecilla. (dim. de *ese,* nombre de la letra *s.*) f. Cada una de las asillas con que se traban los botones de metal.

eseíble. (De *eser.*) adj. ant. **Filos.** Lo que puede ser.

Eséka. Geog. C. de Camerún, prov. de Centro-Sur, cap. del depart. de Nyong y Kelé.

esencia. fr. e i., *esence;* it., *essenza;* a., *Wesen.* (Del lat. *essentia,* de *ser.*) f. Naturaleza de las cosas. || fig. Lo más puro, más fino y acendrado de una cosa. || f. **Filos.** Lo característico y permanente de las cosas; lo que el ser es; aquello por lo que una cosa es lo que es. || **Quím.** Extracto que contiene concentrados los principios activos de determinadas substancias. || Perfume líquido con gran concentración de la substancia o substancias aromáticas. || Substancia volátil, de olor intenso, producida por ciertos vegetales, o resultante de la transformación de algunos de sus principios. Las esencias son mezclas de compuestos químicos muy diversos, entre los cuales figuran a menudo terpenos y sus derivados; son casi insolubles en el agua, y solubles, en cambio, en el alcohol, éter, sulfuro de carbono, grasas, etc. Las esencias o *aceites volátiles* son productos de origen vegetal, de olor muy pronunciado, líquidas a la temperatura ordinaria, muy movibles, arden con llama fuliginosa y tienen un fuerte sabor picante. Se obtienen por diferentes procedimientos, y es el más general el de destilación de las plantas, o partes de plantas que las contienen, con vapor de agua; otras se obtienen prensando la materia de que proceden y otras se extraen mediante disolventes volátiles o por medio de grasas. || **(quinta).** *Filos.* Quinto elemento que consideraba la filosofía antigua en la composición del universo, especie de éter sutil y purísimo, cuyo movimiento propio era el circular y del cual estaban formados los cuerpos celestes. || **Quím.** Entre los alquimistas, principio fundamental de la composición de los cuerpos, por cuyo medio esperaban operar la transmutación de los metales. || **gasolina.** || **de almendras amargas. aldehído benzoico.** || **de mirbana. nitrobenceno.** || **de trementina. aguarrás.**

esencial. fr., *essentiel;* it., *essenziale;* i., *essential;* a., *wesentlich.* (Del lat. *essentiālis.*) adj. Perteneciente a la esencia. || Substancial, principal, notable.

esencialidad. f. Calidad de sencial.

esencialmente. adv. m. Por esencia, por naturaleza.

esenciarse. prnl. desus. Unirse íntimamente con otro ser, como formando parte de su esencia.

esenciero. m. Frasco para esencia.

Esenciero alemán, en plata. Museo Lázaro Galdiano. Madrid

esenio, nia. (Del lat. *essēni, -ōrum.*) adj. Dícese del individuo de una secta de los antiguos judíos, que practicaba la comunidad de bienes y tenía gran sencillez y humildad en sus costumbres. Ú. t. c. s. || Perteneciente o relativo a esta secta.

Esequibo. (En i., *Essequibo.*) **Geog.** Río de Guyana, el más caudaloso del país; 1.100 km. || Dist. de Guyana; 57.000 h., con el dist. de Islas Esequibo. Cap., Suddie. || **(Islas).** Dist. de Guyana, formado por varias islas; 57.000 h. Cap., Enterprise.

eser. (Del lat. **essere,* de *esse,* ser.) intr. ant. ser.

eseyente. (De *eser.*) adj. ant. Que es.

esfacelarse. (De *escelo.*) prnl. **Pat.** Mortificarse o gangrenarse un tejido.

esfacelo. (Del gr. *sphákelos,* gangrena.) m. **Pat.** Parte mortificada de la piel, o de los tejidos profundos, que se forma en ciertas heridas o quemaduras.

esfagnáceo, a. (Del lat. científico *sphágnum,* gén. tipo, y *-áceo;* aquél del gr. *sphágnos,* musgo.) adj. **Bot.** Dícese de los musgos cuyas hojas llevan unas células con clorofila alternadas con otras muertas, que absorben gran cantidad de agua. Su único gén. es el *sphágnum,* cuyos residuos muertos forman la turba.

esfalerita. (Del gr. *sphalerós,* engañoso, e *-ita.*) f. **Miner. blenda.**

Esfarrapada. Geog. Salceda de Caselas.

esfécido, da. (Del lat. científico *sphex,* gén. tipo de insectos, e *-ido;* aquél del gr. *sphéx,* avispa.) adj. **Entom.** Dícese de los insectos himenópteros, fosores algunos de gran tamaño, pero la mayoría de 10 a 12 mm., robustos, con fuertes patas, antenas cortas y aguijón potente. Cazan insectos y, después de reducirlos a la inmovilidad con la picadura de su aguijón, ponen sobre ellos un huevo y los entierran, con lo cual las crías encuentran al nacer el alimento vivo necesario para su desarrollo. Ejemplos típicos son las avispas solitarias de los géneros *sphex* y *ammóphila.* || m. pl. Familia de estos himenópteros.

esfena. (Del gr. *sphén,* cuña.) f. **Miner. titanita.**

esfenícido, da. (Del lat. científico *spheniscus,* gén. tipo de aves, e *-ido;* aquél del gr. *spheniskos,* cuña pequeña.) adj. **Zool.** Dícese de las aves del orden de las esfeniciformes, de las costas antárticas, que comprenden los pájaros niños o pájaros bobos, a los que se ha llamado impropiamente pingüinos, pues tienen características distintas. || f. pl. Familia de estas aves.

esfeniciforme. (De *spheniscus,* gén. tipo de aves [v. *esfenícido*], y *-forme.*) adj. **Zool.** Dícese de las aves marinas, no voladoras, con las alas cubiertas de plumas cortas en forma de escamas, las patas muy cortas, plantígradas, con los dedos palmeados y unidos por membranas. Están perfectamente adaptadas a la natación. || f. pl. Orden de estas aves, comprendido dentro del superorden de las *impennes,* con una sola familia, la de las *esfenícidas.*

esfenodonte. (Del lat. científico *sphénodon;* del gr. *sphén,* cuña, y *odoús, odóntos,* diente.) **Zool.** Gén. de reptiles, del orden de los rincocéfalos (v.).

esfenofiláceo, a. (Del lat. científico *sphenophyllum,* gén. tipo de plantas fósiles, y *-áceo;* aquél del gr. *sphéns, phenós,* cuña, y *phýllon,* hoja.) adj. **Bot.** y **Paleont.** Dícese de las plantas equisetales, del orden de las esfenofilales, que mejor presentan los caracteres del orden. Su gén. tipo es el *sphenophýllum,* así llamado por sus hojas cuneadas. || f. pl. Familia de estas plantas.

esfenofilal. (Del lat. científico *sphenophýllum,* gén. tipo de plantas fósiles [v. *esfenofiláceo*].) adj. **Bot.** y **Paleont.** Dícese de las plantas pteridofitas, de la clase de las equisetíneas, todas ellas fósiles, de tallos largos y delgados con nudos y entrenudos muy marcados y, en ellos, hojas verticiladas, algunas cuneiformes, de cuyas axilas brotan las ramificaciones laterales. Vivieron en el paleozoico superior. || f. pl. Orden de estas plantas.

esfenoidal. (Del gr. *sphén, sphenós*, cuña, y *-oidal*.) adj. **Anat.** Perteneciente o relativo al hueso esfenoides.

esfenoides. (Del gr. *sphenoidés*; de *sphén*, cuña, y *eidos*, forma.) adj. **Anat.** Hueso o huesos que se extienden de lado a lado de la base del cráneo; en su origen son seis: dos medios y cuatro laterales, de los que los dos posteriores forman las grandes alas hacia las sienes, además de las apófisis pterigoideas hacia el paladar. En la cara superior presenta la fosa pituitaria (o de la hipófisis), llamada *silla turca*, con sus cuatro apófisis; en la cara inferior, un pico por delante; la cara posterior en el cráneo humano se suelda, en la juventud, con el occipital.

esfer-, esfero-; -sfer-, -sfera, -sferio. (Del gr. *sphaira* o de su dim., *sphairíon*.) pref., infijo o suf. que sign. esfera; e. de infijo: *calco*sfer*ita*; de suf.: *lito*sfera.

esfera. fr. *sphère*; it., *sfera*; i., *sphere*; a., *sphäre, Kugel*. (Del lat. *sphaera*, y éste del gr. *sphaira*.) f. Círculo en que giran las manecillas del reloj. ∥ poét. **cielo**. ∥ fig. Clase o condición de una persona. ∥ fig. Ámbito, espacio a que se extiende o alcanza la virtud de un agente, las facultades y cometido de una persona, etc. ∥ **Geom.** Sólido limitado por una superficie cuyos puntos equidistan todos de otro interior llamado *centro*. La esfera se concibe engendrada por la revolución de un semicírculo en torno del diámetro que le sirve de eje. El área o superficie de la esfera es $4\pi r^2$ y su volumen $4/3\pi r^3$, siendo π el número *pi*, de valor 3,1416. ∥ **de acción.** *Fís.* **esfera de actividad.** ∥ **de actividad.** Espacio a que se extiende o alcanza la virtud de cualquier agente. ∥ **armilar.** *Astron.* Aparato compuesto de varios círculos de metal, cartón u otra materia a propósito, que representan los de la esfera celeste, en cuyo centro se coloca un pequeño globo que figura la Tierra. ∥ **celeste.** Esfera ideal, concéntrica con la terráquea, y en la cual se mueven aparentemente los astros. ∥ **La celeste,** para los habitantes de la Tierra cuyo horizonte es oblicuo con respecto al ecuador. ∥ **paralela.** La celeste, para un observador colocado en cualquiera de los polos de la Tierra, porque entonces su horizonte sería paralelo al ecuador. ∥ **recta.** La celeste, para los que habitan en la línea equinoccial, cuyo horizonte corta perpendicularmente al ecuador. ∥ **terráquea, o terrestre.** *Geog.* Globo terráqueo o terrestre.

esferal. (Del lat. *sphaerālis*.) adj. **esférico.**

esfericidad. f. **Geom.** Calidad de esférico.

esférico, ca. (Del lat. *sphaerĭcus*, y éste del gr. *sfairikós*.) adj. **Geom.** Perteneciente a la esfera o que tiene su figura.

esferista. (De *esfera*.) m. ant. **astrólogo.** ∥ ant. **astrónomo.**

esfero-. pref. V. **esfer-.**

esferográfico, ca. (De *esfero-* y *estilográfico*.) m. y f. En algunos países de América meridional, **bolígrafo.**

esferoidal. adj. **Geom.** Perteneciente al esferoide o que tiene su figura.

esferoide. (Del lat. *sphaeroīdes*, y éste del gr. *sphairoeidés*; de *sphaira*, esfera, y *eidos*, forma.) m. **Geom.** Cuerpo de forma parecida a la esfera, sin serlo rigurosamente.

esferoideo, a. (De *esfer-* y *-oideo*.) adj. **Zool.** Dícese de los rotíferos, de forma globular, con el anillo preoral convertido en un círculo de pestañas. Es un pequeñísimo grupo formado por muy pocas especies, que viven en los arrozales de Filipinas y Australia, como el *trochosphaera ecuatorialis*. ∥ m. pl. Clase de estos rotíferos, también llamada los *trocosféridos*.

esferómetro. (De *esfero-* y *-metro*.) m. **Geom.** Instrumento para determinar la curvatura o el radio de superficies esféricas y para medir espesores pequeños.

esferopsidal. (Del lat. científico *sphaeropsis*, género de hongos, del gr. *sphaira*, esfera, y *ópsis*, vista.) adj. **Bot.** Dícese de los hongos deuteromicetos (de sistemática imperfectamente conocida), cuyas esporas se forman en conidios o en recipientes que se abren por un poro o una hendidura y que se parecen algo a las ascas de los ascomicetos, hongos éstos con los que probablemente están relacionados. Muchas especies son parásitas y perjudiciales para las plantas sobre las cuales viven. Los gén. más importantes son el *phoma* y el *septoria*. ∥ m. pl. Orden de estos hongos.

esferozoo. (Del lat. científico *sphaerozóum*.) **Zool.** Gén. de protozoos de la clase de los radiolarios (v.).

esfigmo-; -sfigmia, -sfixia. (Del gr. *sphygmós*, palpitación, o *sphýzo*, palpitar.) **Biol.** pref. o suf. que sign. aliento, palpitación; e. de suf. *a*sfigmia y *a*sfixia.

esfigmografía. (De *esfigmo-* y *-grafia*.) f. **Fisiol.** Método para registrar las pulsaciones de los vasos sanguíneos arteriales mediante aparatos llamados *esfigmógrafos*.

esfigmógrafo. (De *esfigmo-* y *-grafo*.) m. **Fisiol.** Instrumento destinado a registrar los movimientos, forma y fuerza del pulso arterial.

esfigmograma. (De *esfigmo-* y *-grama*.) m. **Fisiol.** Trazado esfigmográfico o gráfica del pulso obtenida por el esfigmógrafo.

esfigmomanometría. f. **Fisiol.** Medición de la presión arterial.

esfigmomanómetro. (De *esfigmo-* y *manómetro*.) m. **Fisiol.** Aparato para medir la presión arterial.

esfigmómetro. (De *esfigmo-* y *-metro*.) m. **Fisiol.** Instrumento para medir la frecuencia e intensidad del pulso, y la presión o tensión arterial.

esfigmotonometría. f. **Fisiol.** Método para evaluar la tensión arteriocapilar mediante el esfigmotonómetro.

esfinge. fr. e i., *sphinx*; it., *sfinge*; a., *Sphinx*. (Del lat. *sphinx, -ingis*, y éste del gr. *sphígx*.) amb. Animal fabuloso con cabeza, cuello y pecho de mujer y cuerpo y pies de león. Otras veces la cabeza es de hombre, de carnero o de gavilán. Ú. m. c. f. ∥ **Arqueol.** El ejemplar más antiguo es la gran Esfinge de Giza, en el Bajo Egipto. Es una figura de león echado, con cabeza de hombre, esculpida de un peñasco existente cerca de la pirámide de Khafra. Tiene 57 m. de longitud por 20 de altura total. ∥ **Entom.** Nombre de varias mariposas crepusculares de la familia de los esfíngidos, ya del gén. *sphinx*, ya del *macroglossa*, como la *esfinge colibrí* (m. *stellarátum*). ∥ **Mit.** Según la mitología griega, la esfinge tebana, descrita como una virgen alada, con cuerpo de perra o leona, proponía todos los días un enigma y daba muerte y devoraba al que no lo descubría. Edipo fue el único que pudo descifrar el enigma y en recompensa obtuvo la corona de Tebas y la mano de la reina Yocasta, que era su madre.

esfíngido, da. (Del lat. *sphinx*, gén. tipo de insectos, e *-ido*.) adj. **Entom.** Dícese de los lepidópteros heteróceros, de gran tamaño, cuerpo alargado y puntiagudo, espiritrompa larga, vuelo rápido y costumbres crepusculares. Son típicos las esfinges y la mariposa de la muerte, que llevan en el dorso un dibujo de aspecto de calavera. ∥ m. pl. Familia de estos lepidópteros.

Mariposa de la muerte (insecto esfíngido)

esfínter. fr. e i., *sphincter*; it., *sfintere*; a., *Ringmuskel*. (Del lat. *sphincter*, y éste del gr. *sphigktér*, de *sphíggo*, cerrar.) m. **Anat.** Músculo en forma de anillo con que se abre y cierra el orificio de una cavidad del cuerpo para dar salida a algún excremento o secreción, o para retenerlos; como el de la vejiga de la orina, el del ano, el del píloro y el de la pupila.

esfirénido, da. (Del lat. científico *sphyraena*, gén. tipo de peces, e *-ido;* aquél del gr. *sphýraina*, espetón o aguja.) adj. **Zool.** Dícese de los peces elasmobranquios selacios, del orden de los escualiformes, cuya cabeza se prolonga hacia los lados y, en el resto del cuerpo, ofrece el aspecto de un martillo con su mango. De ahí el nombre de *pez martillo* que se da a algunas de sus especies. Son, en general, grandes, de unos 4 m. de longitud y de carne comestible. ∥ m. pl. Familia de estos peces.

esfogar. tr. ant. Dar salida al fuego. ∥ Apagar la cal.

esfolar. (Del lat. **defollāre*, de *follis*, fuelle y pellejo.) tr. *Ast.* y *Sal.* **desollar.**

esfornecinar. tr. *Ar.* Quitar fornecinos de la vid.

esforrocinar. (De *forrocino*.) tr. **Agr.** Quitar los esforrocinos para que tengan mejor nutrición los sarmientos principales.

esforrocino. (De *esforrocinar*.) m. **Agr.** Sarmiento bastardo que sale del tronco, y no de las guías principales de las vides o de las parras.

esforzadamente. adv. m. Con esfuerzo.

esforzado, da. p. p. de **esforzar.** ∥ adj. Valiente, animoso, alentado, de gran corazón y espíritu.

esforzador, ra. adj. Que esfuerza. Ú. t. c. s.

esforzamiento. (De *esforzar*.) m. ant. **esfuerzo.**

La Esfinge de Giza

esforzar. fr., *encourager;* it., *incoraggiare;* i., *to encourage;* a., *aufmuntern.* (De *fuerza.*) tr. Dar o comunicar fuerza o vigor. || Infundir ánimo o valor. || intr. Tomar ánimo. || prnl. Hacer esfuerzos físicos y moralmente con algún fin. || ant. Asegurarse y confirmarse en una opinión.

esfoyar. (Del lat. *exfoliāre,* deshojar.) tr. *Ast.* Quitar la vaina a las mazorcas del maíz.

esfoyaza. (Del lat. *exfoliāre,* deshojar.) f. *Ast.* Reunión de varias personas en una casa para deshojar y enristrar las panojas del maíz cosechado.

esfriar. (Del lat. *ex* y *frigidāre,* de *frigĭdus,* frío.) tr. ant. **resfriar.** Úsab. t. c. prnl.

esfuerzo. fr. e i., *effort;* it., *sforzo;* a., *Anstrengung.* (De *esforzar.*) m. Empleo enérgico de la fuerza física contra algún impulso o resistencia. || Empleo enérgico del vigor o actividad del ánimo para conseguir una cosa venciendo dificultades. || Ánimo, vigor, brío, valor. || Empleo de elementos costosos en la consecución de algún fin. || ant. Auxilio, ayuda, socorro.

esfumación. f. Acción y efecto de esfumar o esfumarse.

esfumar. (Del it. *sfumare.*) tr. En pintura, extender los trazos de lápiz restregando el papel con el esfumino para dar empaste a las sombras de un dibujo. || En dibujo y pintura, rebajar los tonos de una composición o parte de ella, y principalmente los contornos, logrando con la suavidad de la factura cierto aspecto de vaguedad y lejanía. || prnl. fig. Disiparse, desvanecerse.

esfuminar. tr. *Dib.* Esfumar los trazos de lápiz.

esfumino. (Del it. *sfumino.*) m. *Dib.* Rollito de papel estoposo o de piel suave, terminado en punta, que sirve para esfumar.

esgambete. m. ant. **gambeta.**

esgarrar. (Por *desgarrar.*) tr. Hacer esfuerzo para arrancar la flema. Ú. t. c. intr.

esgarro. m. *Amér.* **gargajo.**

esgoardar. tr. ant. **esguardar.**

esgonzar. tr. **desgonzar.**

Esgos. *Geog.* Mun. de España, prov. y p. j. de Orense; 2.942 h. || Lugar cap. del mismo; 282 h.

esgrafiado, da. p. p. de **esgrafiar.** || m. Acción y efecto de esgrafiar. || Obra hecha con el grafio.

esgrafiar. (Del it. *sgraffiare.*) tr. Dibujar o hacer labores con el grafio sobre una superficie estofada o que tiene dos capas o colores sobrepuestos.

esgrima. fr., *escrime;* it., *scherma;* i., *fencing;* a., *Fechtkunst.* (De *esgrimir.*) f. *Dep.* Arte de jugar y manejar la espada, el sable, el florete y otras armas blancas y, p. ext., el bastón, etc. El ataque es el golpe con que el tirador trata de herir al adversario, y se llama completo cuando comprende el golpe y la estocada. Golpe es el conjunto de movimientos para tocar al contrario; estocada es la realización del golpe. Para poder alcanzar al adversario es preciso hacer el despliegue; para desplegarse o tenderse se levanta la mano, bajando el hombro, se abren los dos últimos dedos (anular y meñique), la pierna izquierda se tiende rápidamente como un muelle, el pie derecho resbala sobre el suelo y la pierna cae en la misma posición, la mano izquierda desciende a lo largo del costado, sin adherirse a él, permaneciendo el cuerpo vertical, para acelerar la retirada. La parada, según la posición del arma y de la mano, es *sencilla* cuando hace desviar el arma de la línea que sigue; *en oposición,* que va a buscar el arma enemiga en una línea opuesta; *de taco,* que separa el arma mediante un golpe seco; por fin, *en punta volante,* que levanta el arma enemiga bajando la mano. Japón, la India y Egipto se disputan el establecimiento de las primeras reglas, pero es evidente que de Egipto pasó a Grecia. Es deporte olímpico desde 1896. La prueba internacional más prestigiosa es la que se denomina Challenge Malibeau, realizada anualmente en Francia.

esgrimible. adj. Que se puede esgrimir.

esgrimidor. m. El que sabe esgrimir.

esgrimidura. f. Acción de esgrimir.

esgrimir. (Del antiguo alto a. *skirmyan,* proteger; en a. moderno, *schirmen.*) tr. Jugar la espada, el sable y otras armas blancas, reparando y deteniendo los golpes del contrario y acometiéndole. || fig. Usar de una cosa o medio como arma para lograr algún intento.

esgrimista. com. *Arg., Chile, Ecuad.* y *Perú.* **esgrimidor.** || fig. y fam. *Chile.* **sablista,** petardista, estafador.

esguardamillar. tr. fam. Desbaratar, descomponer, desencuadernar.

esguardar. (Del lat. *ex,* de, y el antiguo alto a. *warten,* guardar.) tr. ant. **mirar.** || ant. Considerar una cosa o atender a ella. || ant. Tocar, pertenecer.

esguarde. m. ant. Acción de esguardar.

esguazable. adj. Que se puede esguazar.

esguazar. (Del provenz. *guasar,* y éste del lat. *vadāre,* vadear.) tr. Vadear, pasar de una parte a otra un río o brazo de mar bajo.

esguazo. m. Acción de esguazar. || Vado de un río.

esgucio. (Del lat. *scotĭa.*) m. *Arquit.* Moldura cóncava cuyo perfil es la cuarta parte de un círculo; por un extremo está sentada sobre la superficie del cuerpo que adorna, y por el otro hace la proyectura que le corresponde.

Esguerra Gómez (Gonzalo). *Biog.* Médico, radiólogo y profesor universitario colombiano, n. en Bogotá en 1902. Es autor de *Estudio radiológico de la apendicitis crónica, La osificación de los huesos de la mano en la ciudad de Bogotá, El etileno y Física de los rayos X y aparatos.*

esgueva. f. *Sal.* Alcantarilla, cloaca.

Esgueva. *Geog.* Río de España; n. en Peña Tajada y Peña Cervera, corre por las prov. de Burgos y Valladolid y des. en el Pisuerga después de 166 km. de curso.

Esguevillas de Esgueva. *Geog.* Mun. de España, prov. y p. j. de Valladolid; 647 h. || Villa cap. del mismo; 634 h. (*esguevanos*).

esguila. (Del lat. *squilla.*) f. *Zool. Ast.* Quisquilla, camarón.

esguila. (Del lat. *sciurus* o **skiurus,* del gr. *skiouros,* ardilla.) f. *Zool. Ast.* **ardilla.**

esguilar. (De *esguila,* ardilla.) intr. *Ast.* **esquilar,** trepar.

esguilero. (De *esguila,* quisquilla.) m. *Ast.* Red pequeña de forma cónica, y sujeta a un aro con mango, que se usa para pescar esguilas o quisquillas.

esguín. (Del lat. **esoquīnus,* de *esox, -ŏcis,* salmón.) m. *Zool.* Cría del salmón cuando aún no ha salido de los ríos al mar.

esguince. m. Ademán hecho con el cuerpo, hurtándolo y torciéndolo para evitar un golpe o una caída. || Movimiento del rostro o del cuerpo, o gesto con que se demuestra disgusto o desdén. || *Pat.* Torcedura o distensión violenta de una coyuntura o articulación, en la que es frecuente la rotura de ligamentos o fibras musculares.

esguízaro, ra. (Del a. *schweizer.*) adj. **suizo.** Ú. t. c. s. || **pobre esguízaro.** fam. Hombre muy pobre y desvalido.

Eshkol (Leví). *Biog.* Político israelí, n. en Ucrania y m. en Jerusalén (1895-1969). Desarrolló una gran actividad sindical y política y durante la S. G. M. desempeñó varias misiones de ayuda a los judíos de Alemania y Lituania. Al crearse el Estado de Israel, fue nombrado director general del Ministerio de Defensa, ministro de Agricultura (1951-52) y de Hacienda (1952-63) y, en junio de este último año, primer ministro, cargo que desempeñó hasta su muerte.

esker. (Del antiguo escandinavo *sker,* cierta roca.) m. *Geol.* Cresta formada por detritos toscamente estratificados procedentes de los glaciares continentales pleistocénicos.

Eski Dzhumaya. *Geog.* **Targoviste.**

Eskilstuna. *Geog.* C. de Suecia, cond. de Södermanland; 92.656 h. Fábricas de hierro y de fusiles. Comercio de trigo.

Eskisehir. *Geog.* Prov. de Turquía asiática, región de Anatolia Occidental; 13.652 km.^{2} y 463.458 h. || C. cap. de la misma; 216.330 h. Es la antigua *Dorilea.*

Esla. *Geog.* Río de España; n. en la vertiente S. de la cordillera cantábrica, atraviesa las prov. de León y Zamora y se une al Duero después de 275 km. de curso.

eslabón. fr., *chaînon;* it., *anello di catena;* i., *link;* a., *Kettenglied.* (Del lat. *sclavus,* esclavo.) m. Pieza en figura de anillo o de otra curva cerrada que, enlazada con otras, forma cadena. || Hierro acerado con que se saca fuego de un pedernal. || Chaira para afilar. || **Veter.** Tumor duro, particularmente huesoso, que sale a las caballerías debajo del corvejón y de la rodilla, y que se extiende a estas articulaciones. || **Zool.** Alacrán negro, de unos 12 cm. de largo, el cual, como todos los de su clase, forma al atacar una especie de círculo o eslabón.

eslabonador, ra. adj. Que eslabona.

eslabonamiento. m. Acción y efecto de eslabonar o eslabonarse.

eslabonar. tr. Unir unos eslabones con otros formando cadena. || fig. Enlazar o encadenar las partes de un discurso o unas cosas con otras. Ú. t. c. prnl.

eslalon. (Del noruego *slalom*, líter., huella oblicua; o también, camino en [forma de] s.) m. **Dep.** Carrera con esquís consistente en una prueba de habilidad y velocidad en descenso.

eslamborado, da. adj. ant. Que tiene alambor.

Eslava (Antonio de). Biog. Novelista español, n. en Sangüesa, Navarra, h. 1570. Tiene un interés histórico especial porque su cuento *Del rey Nicéforo y la arte mágica del rey Dardano*, contenido en la colección *Noches de invierno* (1609), inspiró a Shakespeare su comedia *La Tempestad*. || **y Elizondo (Hilarión).** Compositor español, n. en Burlada, Navarra, y m. en Madrid (1807-1878). Se distinguió como compositor de música religiosa y profesor y desempeñó la plaza de maestro de la real capilla. Entre las óperas que compuso hay que recordar: *Don Pedro el Cruel, El Solitario* y *Las Treguas de Tolemaida*; entre las obras religiosas: *Tedéum, Misa de difuntos, Dies irae*, a fabordón, la *Paráfrasis de la Cantiga XIV de Alfonso el Sabio*, el famoso *Miserere*, y el conocido *Método completo de solfeo*. Fundó la *Gaceta Musical*. || **Geog.** Mun. y villa de España, prov. de Navarra, p. j. de Aoiz; 366 h.

eslavismo. m. **Polít.** paneslavismo.

eslavo, va. (Del lat. *slavus*.) adj. **Etnog.** Aplícase a un pueblo antiguo que se extendió principalmente por el nordeste de Europa. Los eslavos constituyen una gran rama de la familia indoeuropea. || Perteneciente o relativo a este pueblo. || Dícese de los que de él proceden. Ú. t. c. s. || **Ling.** Aplícase a la lengua de los antiguos eslavos y a cada una de las que de ella se derivan, como la rusa y la polaca.

Eslavonia. Geog. hist. Región de la ex monarquía austrohúngara, entre los ríos Drave, Danubio y Save. Cap., Eszeg. Actualmente pertenece a Yugoslavia.

eslección. (De *esleer*.) f. ant. **elección.**

esledor. (De *esleer*.) m. ant. **elector.** Hoy se usa esta voz en Vitoria, donde llaman *esledor de esledores* al procurador general, que se elige el día de San Miguel.

esleer. (Del lat. *eligĕre*, elegir.) tr. ant. **elegir.**

esleíble. (Del lat. *eligibĭlis*.) adj. ant. Que se debe elegir y es digno de elegirse.

esleidor. (De *esleír*.) m. ant. **elector.**

esleír. (Del lat. *eligĕre*, elegir.) tr. ant. **elegir.**

esleito, ta. (Del lat. *electus*, elegido.) p. p. irreg. ant. de **esleír.**

Eslida. Geog. Mun. y villa de España, prov. de Castellón, p. j. de Segorbe; 875 h. (*eslideros*).

eslinga. (Del i. *sling*.) f. Maroma provista de ganchos para levantar grandes pesos.

eslizón. (De *deslizar*.) m. **Zool.** Reptil saurio de la familia de los escíncidos, con cuatro miembros pentadáctilos muy reducidos; de color gris, con cuatro rayas pardas en el lomo, hocico cónico, párpado inferior transparente y escamas lisas; y de unos 28 cm. de largo (*chálcides ocellatus*). Vive en los prados y da grandes saltos para huir de sus perseguidores.

eslogan. (Del i. *slogan*.) m. Palabra que significó en gaélico el grito de guerra entre los montañeses de Escocia, y con la que se denomina la palabra o frase que, por herir fuertemente la imaginación, retiene la atención y tiene eficacia en la propaganda.

eslora. (Del neerl. *sloeren*.) f. **Mar.** Longitud que tiene la nave sobre la primera o principal cubierta desde el codaste a la roda por la parte de adentro. || pl. Maderos que se ponen endentados en los baos, barrotes o latas y en el sentido de popa o proa, con objeto de reforzar el asiento de las cubiertas.

esloría. f. ant. **Mar. eslora.** || pl. ant. **esloras.**

eslovaco, ca. adj. Aplícase a un pueblo eslavo que habita en la parte oriental de la República checoslovaca. Su idioma difiere muy poco del checo. Ú. t. c. s. || Perteneciente o relativo a este pueblo.

Eslovaquia. Geog. Región de Checoslovaquia que comprende las prov. de Eslovaquia Central, Eslovaquia Occidental y Eslovaquia Oriental; 49.014 km.² y 4.564.967 h. Se constituyó en República independiente el 14 de marzo de 1939, bajo la garantía de Alemania. Fue incorporada nuevamente a Checoslovaquia al terminar la S. G. M. Actualmente tiene una Asamblea legislativa propia y Gobierno autónomo en materias económicas y culturales, aunque responsable ante el Gobierno de Praga. || **Central.** (En checo, *Stredoslovensky*.) Prov. de Checoslovaquia; 17.976 km.² y 1.408.494 h. Cap., Banska Bystrica. || **Occidental.** (En checo, *Zapadoslovensky*.) Prov. de Checoslovaquia; 14.859 km.² y 1.892.802 h. Cap., Bratislava. || **Oriental.** (En checo, *Vychodoslovensky*.) Prov. de Checoslovaquia; 16.179 km.² y 1.263.671 h. Cap., Kosice.

Eslovenia. (En esloveno, *Slovenija*.) **Geog.** República federada del N. de Yugoslavia; 20.251 km.² y 1.725.088 h. Cap., Ljubljana.

esloveno, na. adj. **Etnog.** Aplícase al pueblo eslavo que habita en Carniola, Carintia y el sur de Estiria y llega hasta el Véneto, incorporado hoy a la República de Yugoslavia. Ú. t. c. s. || Perteneciente o relativo a este pueblo.

esllavas. f. pl. *Ast.* Lavazas, agua de fregar.

Esmalcalda. (En a., *Schmalkalden*.) **Geog.** C. de la R. D. A., dist. de Suhl; 14.400 h. Es famosa la liga constituida en esta ciudad por los protestantes (1531).

esmaltador, ra. m. y f. Persona que esmalta.

esmaltar. fr., *émailler*; it., *smaltare*; i., *to enamel*; a., *emaillieren*. (De *esmalte*.) tr. Cubrir con esmalte de uno o varios colores el oro, plata, etc. || fig. Adornar de varios colores y matices una cosa; combinar flores o matices en ella. || Adornar, hermosear, ilustrar.

esmalte. fr., *émail*; it., *smalto*; i., *enamel*; a., *Smail, Schmelz*. (Del germ. *smalt*.) m. Barniz vítreo que por medio de la fusión se adhiere a la porcelana, loza, metales y otras substancias elaboradas. || Objeto cubierto o adornado de esmalte. || Labor que se hace con el esmalte sobre un metal. || Color azul que se hace fundiendo vidrio con óxido de cobalto y moliendo la pasta que resulta. || fig. Lustre, esplendor o adorno. || **Anat.** y **Zool.** Capa muy dura y brillante que cubre la corona de los dientes de casi todos los vertebrados y formada de prismas perpendiculares a la superficie. || **Bl.** Cualquiera de los metales, colores o forros conocidos en el arte heráldico. || **Indus.** El esmalte se prepara colocando sobre un objeto de piedra, de cerámica, de cristal de roca o de metal, previamente labrado o dispuesto, una pasta vitrificable, diversamente colorida, que, sometida después a la acción de una temperatura muy elevada, se convierte en una especie de vidrio y permanece allí adherida. Se aplica para decorar los objetos o para recubrirlos de una capa protectora. La materia vitrificable es una mezcla de plomo, estaño, sílice y sal común. En vez de sal puede usarse carbonato de potasio o de sodio, esto es, potasa o sosa vulgar. Convenientemente fundida y preparada la mezcla, se aplica en polvo o en pasta al objeto que debe ornamentarse y se la somete al calor, fundiéndola de nuevo, junto con una pequeña porción de algún óxido metálico, que la da color permanente. La fusibilidad y el coeficiente de dilatación del esmalte han de ser compatibles con los del material que sirve de soporte.

Eslovaquia. Vista de los montes Tatra

Esmalte inglés (segunda mitad del s. XII). Museo Lázaro Galdiano. Madrid

esmaltina. (De *esmalte*.) f. **Miner.** Arseniuro de cobalto y níquel, de fórmula $(Co,Ni)As_3$, de color gris de acero o blanquecino. Se emplea para la fabricación de esmaltes azules.

Esmara. Geog. Smara.

esméctico, ca. (Del lat. *smecticus*, y éste del gr. *smektikós*.) adj. **Miner.** detersorio.

esmegma. (Del gr. *smegma*, jabón.) m. **Fisiol.** Secreción producida en el surco balanoprepucial o en los labios menores.

esmena. (Del lat. *ex* y *minus*.) f. ant. Rebaja o disminución de una cosa.

esmeradamente. adv. m. Con esmero.

esmerado, da. p. p. de **esmerar.** || adj. Que se esmera.

esmerador. m. Operario que pule piedra o metales.

esmeralda. fr., *émeraude*; it., *smeraldo*; i., *emerald*; a., *Smaragd*. (Del lat. *smaragdus*, y éste del gr. *smáragdos*.) f. **Miner.** Variedad transparente y verde del *berilo* (ciclosilicato de aluminio y berilio), con calidad de gema. Su color parece debido al óxido de cromo. Las esmeraldas de la antigüedad procedían de Egipto. Los cristales más finos proceden de América del Sur, especialmente de Muso (Colombia), de los Urales (Rusia) y de Carolina del Norte (EE. UU.). || **oriental.** Variedad de corindón verde.

Esmeralda (Ana). Biog. Bailarina española contemporánea, de raza gitana, n. en Tetuán. Ha intervenido en las películas: *El amor brujo* (1949) en la que debutó como protagonista; *Siempre Carmen, Lola, la piconera; Bronce y luna* (1952), *La casa de la Troya* (1959), *El vagabundo y la estrella* (1960), *La cesta* (1964), etc. || **Geog.** Local. de Argentina, prov. de Santa Fe, depart. de Castellanos; 911 h. || **(La).** Local. de Argentina, prov. de Entre Ríos, depart. de Feliciano; 348 h. || **(La).** Pueblo de Perú, depart. de Huancavelica, prov. de Tayacaja, cap. del dist. de Anco; 573 h.

Esmeraldas. Geog. Prov. de Ecuador; 15.000 km.² y 277.847 h. || Cantón de Ecuador, prov. de su nombre; 79.504 h. || C. cap. de la prov. y cantón de su nombre; 87.464 h.

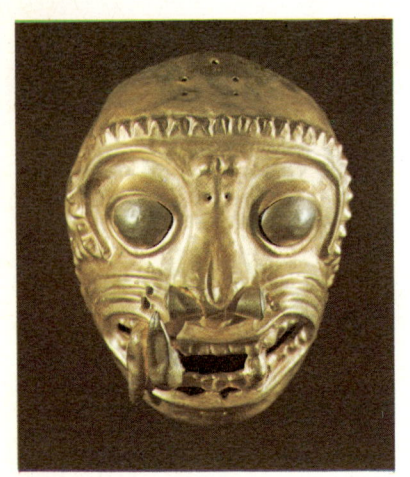

Máscara zoomorfa, en oro y platino, de La Tolita, provincia de Esmeraldas

Puerto en la desembocadura del río Esmeraldas. Minas de oro. Aeropuerto.

esmeraldino, na. adj. Semejante a la esmeralda. Aplícase principalmente al color.

esmeramiento. (De *esmerar*.) m. ant. **esmero.**

esmerar. (Del lat. **exmerare*, de *merus*, puro.) tr. Pulir, limpiar, ilustrar. || En Aragón, reducir un líquido por la evaporación. Ú. t. c. prnl. || prnl. Extremarse, poner sumo cuidado en ser cabal y perfecto. || Obrar con acierto y lucimiento.

esmerejón. (Del b. lat. *smerlionem*, y éste del ant. a. *smerl*.) m. **Artill.** Pieza de artillería de calibre pequeño. || **Zool.** Ave rapaz del orden de las falconiformes y de la familia de las falcónidas; una especie de halcón, de 26 a 30 cm. de long., con el vientre blanco, listado de rojizo y cola azul pizarroso con franjas negras; caza con campo abierto, persigue a la presa en vuelo bajo y vive en montes quebrados y acantilados marinos (*falco columbarius*).

esmeril. (Del fr. *esmeril*, esmerejón.) m. **Artill.** Pieza de artillería pequeña, algo mayor que el falconete.

esmeril. fr., *émeri*; it., *smeriglio*; i., *emery*; a., *Schmirgel*. (Del lat. *smyris*, y éste del gr. *smýris*.) m. **Miner.** Variedad basta y negruzca de corindón granudo o compacto, al que ordinariamente acompañan la mica y el hierro oxidado. Es tan dura que raya todos los cuerpos, excepto el diamante, por lo que se emplea en polvo para labrar las piedras preciosas, acoplar cristales, deslustrar el vidrio y pulimentar espejos, vidrios de óptica y metales.

esmerilar. tr. Pulir algo o deslustrar el vidrio con esmeril o con otra substancia.

esmerilazo. m. Tiro de esmeril.

esmero. (De *esmerar*.) m. Sumo cuidado y atención diligente en hacer las cosas con perfección.

esmiláceo, a. (Del lat. *smilax*, zarzaparrilla, y *-áceo*.) adj. **Bot.** esmilacoideo.

esmilacoideo, a. (Del lat. *smilax*, *-ăcis*, zarzaparrilla, y *-oideo*.) adj. **Bot.** Dícese de los arbustos o plantas sufruticosas, de la familia de las liliáceas, con ramas trepadoras y hojas de tres a cinco nervios reticulados y zarcillos rameales; y flores pequeñas, en cimas o racimos axilares o panojas terminales como las zarzaparrillas. || f. pl. Subfamilia de estas plantas.

esmilodonte. (Del lat. científico *smilodon*, del gr. *smíle*, utensilio cortante, y *odoús*, *odóntos*, diente.) **Paleont.** y **Zool.** Gén. de mamíferos fósiles, de la familia de los félidos (v.).

Esmirna. (En turco, *Izmir*.) **Geog.** Prov. de Turquía asiática, región de Mármara y Costas del Egeo; 11.973 km.² y 1.430.368 h. || C. cap. de la misma, en el golfo de su nombre; 520.686 h. Industria naval y fabricación de alfombras. Fue fundada por los eolios. Por el tratado de Sèvres de 1920 debía pasar a Grecia, pero como consecuencia de una lucha entre turcos y griegos, en 1922, éstos la evacuaron definitivamente.

esmirnio. (Del lat. *smyrnium*.) **Bot.** Género de plantas de la familia de las umbelíferas (v.).

esmirriado, da. adj. **desmirriado.**

esmitsonita. f. **Miner.** smithsonita.

esmola. (Del port. *esmola*, limosna.) f. *Sal.* Trozo de pan que es costumbre dar de merienda a los obreros del campo.

esmoladera. f. Instrumento preparado para amolar.

Esmolensco. Geog. Smolensko.

esmoquin. (Del fr. *smoking*, y éste del i. *to smoke*, fumar, pues los ingleses no usan esta palabra, aunque alguna vez han dicho *smoking jacket*, chaqueta para fumar.) m. Prenda masculina de etiqueta, de menos ceremonia que el frac, especie de chaqueta sin faldones, de paño negro y solapas de seda.

esmorecer. (Del lat. *emŏri*, morir.) intr. desus. Desfallecer, perder el aliento. Usáb. t. c. prnl. Ú. en Andalucía, Canarias, Costa Rica, Cuba, Extremadura y Venezuela.

esmorecido, da. p. p. de **esmorecer.** || adj. *Extr.* Aterido de frío.

esmuciarse. (Del lat. *mucĭdus*, mucoso.) prnl. *Sant.* Escurrirse una cosa de las manos o de otra parte.

esmuir. tr. **esmuñir.**

esmuñir. (Del lat. *emulgĕre*, ordeñar.) tr. *Ar.* y *Mur.* Ordeñar los ramos de los árboles.

Esna. Geog. Esneh.

Esnault-Pelterie (Robert). Biog. Ingeniero francés, n. en París y m. en Niza (1881-1957). Consagrado a la fabricación de aviones y motores, creó el aeroplano *REP*, en el que centralizó los mandos del timón de profundidad y los de alabeo de los alerones. Se le considera como uno de los fundadores de la astronáutica.

Esnefru. Biog. Faraón egipcio de la 4.ª dinastía (h. 2800 a. C.). Realizó frecuentes expediciones por Nubia y Libia.

Esneh, Esna o **Isna. Geog.** C. de Egipto, gob. de Qena, sit. en la orilla izquierda del Nilo; 27.900 h. Los griegos la denominaron *Latópolis*.

ésnido, da. (Del lat. científico *aeschna*, gén. tipo de insectos, e *-ido*; aquél quizá del gr. *aischyne*, pudor.) adj. **Entom.** Dícese de los insectos odonatos, de alas diferentes y muy próximos a las verdaderas libélulas. La especie típica es la *esna* (*aeschna cyánea*). || m. pl. Familia de estos odonatos.

esnob. (Del i. *snob*, contr. del lat. *sine nobilitate*, sin nobleza. En los colegios de nobles, cuando acogían a un alumno que no lo era, registraban su nombre seguido de la frase mencionada, en abreviatura: *s. nob.*, de donde procede *snob*.) adj. Dícese del que tiene esnobismo. Ú. t. c. s.

esnobismo. (De esnob e *-ismo*.) m. Exagerada admiración por todo lo que es de moda o por lo que tiene brillo social.

esócido, da. (De *esox* e *-ido*.) adj. **Zool.** Dícese de los peces teleóstomos del orden de los clupeiformes, cuyo único representante es el *lucio* o *sollo* (*ésox lucius*). || m. pl. Familia de estos peces.

esofágico, ca. adj. **Anat.** Perteneciente o relativo al esófago.

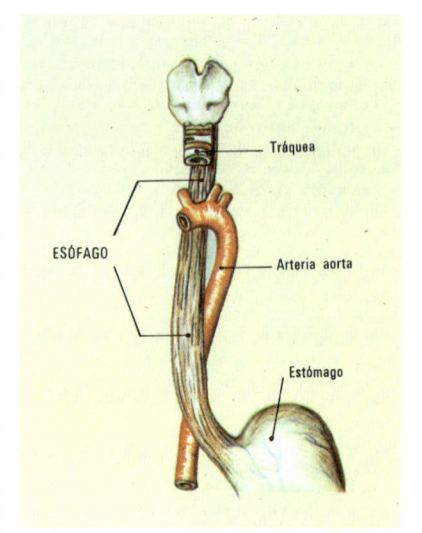

esófago. fr., *oesophage*; it., *esofago*; i., *oesophagus*; a., *Speiseröhre*. (Del gr. *oisophágos*.) m. **Anat.** Parte inicial del tubo digestivo de los vertebrados, que conduce desde la faringe al estómago. También se llama así la parte anterior del tubo digestivo de muchos invertebrados. En el hombre tiene unos 25 cm. de largo.

esópico, ca. (Del lat. *aesopĭcus*.) adj. Perteneciente o relativo al fabulista Esopo.

Esopo. Biog. Fabulista griego del s. VI a. C. La tradición o la leyenda, pues no hay certeza histórica, le supone de origen esclavo o liberado por su dueño. Sus *fábulas*, de gran

esotérico–espadaña

sencillez y carácter moralizador, fueron recopiladas dos siglos y medio después de su muerte.

esotérico, ca. (Del gr. *esoterikós*, interior; de *éso*, dentro.) adj. Oculto, reservado; lo contrario de exotérico. Dícese de la doctrina que los filósofos antiguos no comunicaban sino a corto número de sus discípulos.

esoterismo. adj. Calidad o doctrina de lo esotérico.

esotro, tra. pron. dem. Ese otro, esa otra. Ú. t. c. adj.

ésox. (Del lat. *esox*, lucio.) Zool. Gén. de peces al que pertenece el *lucio* o *sollo*.

espabiladeras. f. pl. **despabiladeras**.

espabilar. tr. **despabilar**.

espaciado. m. Acción y efecto de espaciar.

espaciador. m. En las máquinas de escribir, tecla que se pulsa para dejar espacios en blanco.

espacial. adj. Perteneciente o relativo al espacio.

espaciamiento. (De espaciar.) m. ant. Esparcimiento, dilatación.

espaciar. fr., *espacer;* it., *spaziare;* i., *to space;* a., *ausdehnen, durchschschiessen.* (Del lat. *spatiāri*.) tr. Poner espacio entre las cosas, ora en el lugar, ora en el tiempo. || Esparcir, dilatar, difundir, divulgar. Ú. t. c. prnl. || En imprenta, separar las dicciones, las letras o los renglones con espacios o con regletas. A veces se espacian las palabras o frases en un texto no espaciado, para llamar la atención sobre ellas. || fig. Dilatarse en el discurso o en lo que se escribe.

espácico, ca. adj. ant. Aciago, infausto, fatal.

espacio. fr., *espace;* it., *spazio;* i., *space;* a., *Zwischenraum, Raum.* (Del lat. *spatĭum*.) adv. **despacio**. || m. Continente de todos los objetos sensibles que coexisten. || Parte de este continente que ocupa cada objeto sensible. || Capacidad de terreno, sitio o lugar. || Transcurso de tiempo. || Tardanza, lentitud. || ant. Recreo, diversión. || Ast. Lugar descampado. || **Geom.** Lugar con tres dimensiones: longitud, latitud y profundidad. || **Impr.** Pieza de metal que sirve para separar las dicciones o poner mayor distancia entre las letras y, al mismo tiempo, dar a las líneas la medida establecida para que queden justificadas. || **Mat.** Conjunto de entes cualesquiera entre los que se establecen ciertos postulados. || **Mús.** Separación que hay entre las rayas del pentagrama. || **exterior.** *Astronáut.* **espacio sideral.** || **muerto.** *Fort.* En las fortificaciones, aquel que, no siendo visto por los defensores, no puede ser batido por los fuegos de éstos, y, por tanto, queda indefenso. || **de pelo.** *Impr.* Espacio de un punto equivalente a la dozava parte de un cícero. || **planetario.** *Astron.* El que ocupan los planos de las órbitas de los planetas. || **sideral.** Espacio a partir del límite sensible de la atmósfera terrestre. || **vital.** *Polit.* Extensión geográfica que necesita un pueblo para poder vivir en relación con el número de sus habitantes. || **espacios imaginarios.** Mundo irreal fingido por la fantasía.

espaciosamente. adv. m. Con espacio y lentitud.

espaciosidad. (Del lat. *spatiosĭtas, -ātis*.) f. Anchura, capacidad.

espacioso, sa. (Del lat. *spatiōsus*.) adj. Ancho, dilatado, vasto. || Lento, pausado, flemático.

espachurrar. tr. **despachurrar**.

espada. fr., *épée;* it., *spada;* i., *sword;* a., *Schwert.* (Del lat. *spătha*, y éste del gr. *spáthē*.) f. Arma blanca, larga, recta, aguda y cortante, con guarnición y empuñadura. || Persona diestra en el manejo de la espada. || En el juego de naipes, cualquiera de las cartas del palo de espadas. || As de espadas. || **sagita.** || Torero que hace profesión de matar los toros con espada. Ú. más c. m. || pl. Uno de los cuatro palos de la baraja española, en cuyos naipes se representan una o varias espadas. || **(media).** *Taurom.* Torero que, sin ser el principal, sale también a matar toros. || Por ext., se dice del que no es muy diestro en la profesión que ejerce. || **(primer** o **primera).** Entre toreros, el principal en esta clase. || fig. Persona sobresaliente en alguna disciplina, arte o destreza. || **blanca.** *Arm.* La ordinaria, de corte y punta. || **de Damocles.** *Léx.* fig. Amenaza persistente de un peligro. || **de dos filos.** fig. Dícese de un procedimiento, medio, argumento, etc., que al ser empleado puede dar un resultado contrario al que se persigue, o que produce a la vez dos efectos contrarios. || **de esgrima.** *Arm.* **espada negra.** || **de marca.** Aquélla cuya hoja tiene cinco cuartas. || **negra.** La de hierro, sin lustre ni corte, con un botón en la punta, que se usa en el juego de la esgrima. || **entre la espada y la pared.** loc. fig. y fam. En trance de tener que decidirse por una cosa o por otra, sin escapatoria ni medio alguno de eludir el conflicto. Ú. m. con los verbos *poner, estar* o *hallarse*. || **espada en cinta.** m. adv. Con la espada ceñida.

Espada de Orión. *Astron.* Línea vertical de estrellas de la constelación de Orión. Entre ellas se halla una célebre nebulosa, la más admirable de todo el firmamento.

espadachín. (Del it. *spadaccino*.) m. El que sabe manejar bien la espada. || El que se precia de valiente y es amigo de pendencias. || *Germ.* **rufiancillo.**

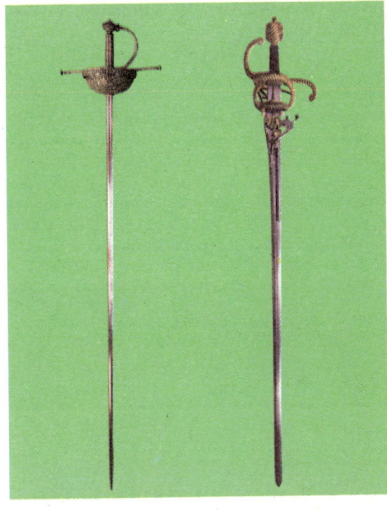

Espada española y espada-pistolete alemana (s. XVII). Museo Lázaro Galdiano. Madrid

espadada. f. ant. Tajo o golpe dado con espada.

espadado, da. adj. ant. Que lleva o tiene ceñida la espada.

espadador, ra. m. y f. Persona que espada.

espadaña. (De *espada*.) f. Campanario de una sola pared, en la que están abiertos los

Museo de Bellas Artes. Sevilla. Vista de la espadaña de la iglesia

huecos para colocar las campanas. || **Bot.** Anea, aceña, suca o bayón, del gén. *typha*. La *fina* es el lirio amarillo o ácoro falso. De la primera se emplean las hojas para hacer esterillas, asientos de silla, etc.; es hierba vivaz, con hojas grandes y coriáceas, envainadoras y largas, espigas unisexuales, cilíndricas, sobre un mismo eje, la superior masculina y ovario rodeado de pelos. La segunda, del mismo género que el lirio cárdeno o común, tiene los sépalos con venas rojizas en la base sobre fondo amarillo y los pétalos mucho menores.

Espadaña, del género typha

Espadaña. Geog. Mun. de España, prov. de Salamanca, p. j. de Vitigudino; 187 h. || Lugar cap. del mismo; 147 h.
espadañada. f. Golpe de sangre, agua u otra cosa, que a manera de vómito sale repentinamente por la boca. || fig. Copia, abundancia, bocanada.
espadañal. m. Sitio húmedo en que se crían con abundancia las espadañas.
espadañar. (De *espadaña*.) tr. Abrir o separar el ave las plumas de la cola.
Espadañedo. Geog. Mun. de España, prov. de Zamora, p. j. de Puebla de Sanabria; 540 h. || Lugar cap. del mismo; 175 h.
espadar. (De *espada*.) tr. **Indus.** Macerar y quebrantar con la espadilla el lino o el cáñamo para sacarle el tamo y poderlo hilar.
espadarte. m. **Zool. pez espada.**
espadería. (De *espadero*.) f. Taller donde se fabrican, guarnecen o componen espadas. || Tienda donde se venden.
espadero. m. El que hace, guarnece o compone espadas, o el que las vende.
espádice. (Del lat. *spadix, -ĭcis*.) m. **Bot.** Espiga de flores unisexuales con eje grueso y envuelto en su base por una espata (aro, cala, palmera y maíz).
espadicifloro, ra. adj. **Bot.** Dícese de las plantas monocotiledóneas que se caracterizan por sus flores dispuestas en espádice. || f. pl. Orden de estas plantas.
espadilla. f. dim. de **espada.** || Insignia roja, en figura de espada, que traen los caballeros de la Orden de Santiago. || Instrumento de madera, especie de agramadera ancha, a modo de machete, que se usa para espadar. || As de espadas. || En el juego de los trucos, taco cuya boca forma un cuadrilongo estrecho y plano por los cortes que se le dan, el cual sirve para tirar ciertas bolas cuando no se pueden herir en el punto debido. || Aguja grande de marfil o metal, que usaban las mujeres para tener recogido el cabello, en forma de rodete, sobre la cabeza. || *Amér.* Papilionácea del gén. *crotalaria*. || **Mar.** Timón provisional que se arma con las piezas de que se puede disponer a bordo, cuando se ha perdido el propio. || Pieza en figura de remo grande que hace oficio de timón en algunas embarcaciones menores.
Espadilla. Geog. Mun. y lugar de España, prov. y p. j. de Castellón; 91 h.
espadillado, da. p. p. de **espadillar.** || m. Acción y efecto de espadillar.
espadillar. (De *espadilla*.) tr. **espadar.**
espadillazo. m. En algunos juegos de naipes, lance en que viene la espadilla con tan malas cartas, que, obligando a jugar la puesta, se pierde por fuerza.
espadín. m. **Arm.** Espada de hoja muy estrecha o triangular, montada en una empuñadura más o menos adornada, que se usa como prenda de ciertos uniformes. || **Zool.** *Gal.* Pez de la familia de los clupeidos, parecido a la sardina, pero mucho menor; es la sardineta de otros puntos y la *kokarta* o *kolaka* de la costa vasca y se pesca en todos los mares europeos (*clúpea sprattus*).
espadón. m. aum. de **espada.** || fig. y fam. Personaje de elevada jerarquía en la milicia, cuya influencia política es, además, extraordinaria o decisiva. Por ejemplo, al general Narváez se le llamó *El espadón de Loja*. || Por ext. dícese también de otras jerarquías sociales.
espadón. (Del gr. *spádon*, eunuco.) m. Hombre castrado, que ha conservado el pene.
espadrapo. (En b. lat., *spadrapor*.) m. **esparadrapo.**
espagírica. (Del gr. *spáo*, extraer, y *ageíro*, reunir.) f. **Quím.** Arte de depurar los metales.
espagírico, ca. adj. Perteneciente a la espagírica. || Aplícase a ciertos medicamentos preparados con substancias minerales. || Se decía de los defensores del uso y conocedores de la preparación de los medicamentos espagíricos. Usáb. t. c. s.
espagueti. (Del it. *spaghetti*.) m. Pasta alimenticia de harina de trigo en forma de cilindros macizos, largos y delgados, pero más gruesos que los fideos.
espahí. (Del fr. *spahi*, y éste del m. or. que *cipayo*.) m. Soldado de caballería turca. || Soldado de caballería del ejército francés en Argelia.
Espaillat (Ulises Francisco). Biog. Político y escritor dominicano (1823-1878). Luchó contra la nueva dominación española implantada por Santana. Restaurada la República fue electo presidente (1876); pero ante la imposibilidad de gobernar dejó el poder al poco tiempo. || **Geog.** Prov. de la Rep. Dominicana; 999,58 km.² y 139.579 h. Cap., Moca. Está sit. en el valle central de la República.
espaladinar. (De *es-* y *paladino*.) tr. ant. Declarar, explicar con claridad.
espalar. tr. Apartar con la pala la nieve que cubre el suelo. Ú. t. c. intr.
espalda. fr., *dos*; it., *dorso*; i., *back*; a., *Rücken*. (Del lat. *spathŭla*, omóplato.) f. Parte posterior del cuerpo humano, desde los hombros hasta la cintura o, más propiamente, hasta las últimas costillas, por debajo de las cuales sigue el lomo. Ú. m. en pl. Dícese también de los animales, aunque no tan comúnmente. || Parte del vestido o cuartos traseros de él, que corresponden a la espalda. || ant. **espaldón**, barrera de contención. || pl. Envés o parte posterior de una cosa, como templo, casa, etc. || fig. Gente, y en particular cuerpo armado, que va detrás de otro conjunto de personas o de otro cuerpo para protegerlo o defenderlo en caso necesario. || **espaldas de molinero**, o **de panadero.** *Léx.* fig. y fam. Las anchas, abultadas y fuertes. || **a espaldas** de uno. loc. En su ausencia, sin que se entere, a escondidas de él. || **a espaldas** o **a las espaldas.** loc. adv. Con abandono u olvido voluntario de un encargo, negocio, preocupación o deber. Ú. principalmente con los verbos *dejar*, *echar* o *echarse*, *poner*, *tener* y semejantes. || **a espaldas vueltas.**

Gala desnuda de espaldas, por Dalí. Teatro-Museo Dalí. Figueras

loc. adv. A traición, por detrás y no cara a cara. || **a las espaldas.** loc. adv. **a espaldas.** **cargado de espaldas.** loc. Dícese de la persona, y más frecuentemente del varón que, por conformación natural o a consecuencia de enfermedad, presenta a una convexidad exagerada en la columna vertebral.
espaldar. (De *espalda*.) adj. ant. **postrero.** || m. Respaldo de una silla o banco. || Espalda, parte posterior del cuerpo. || Enrejado sobrepuesto a una pared para que por él trepen y se extiendan ciertas plantas, como jazmines, rosales, etc. || En armería, parte de la coraza, que sirve para cubrir y defender la espalda. || En zoología, parte dorsal de la coraza de los reptiles quelonios, que resulta de la mutua soldadura de las costillas y de las vértebras dorsales y lumbares. || pl. Colgaduras de tapicería, largas y angostas, que se colocaban en las paredes, a manera de frisos, para arrimar a ellas las espaldas.
espaldarazo. (De *espaldar*.) m. Golpe dado en la espalda con la espada, cintarazo. || fig. Admisión de alguno como igual en un grupo o profesión. || fig. Reconocimiento de la competencia o habilidad suficientes a que ha llegado alguno en una profesión o actividad.
espaldarcete. (dim. de *espaldar*.) m. **Arm.** Pieza de la armadura antigua, con que sólo se cubría la parte superior de la espalda.
espaldarón. (De *espaldar*.) m. **Arm.** Pieza de la armadura antigua, que cubría y defendía las espaldas.
espaldear. (De *espalda*.) tr. *Chile*. Hacer espaldas, proteger, defender a una persona. || **Mar.** Romper las olas con demasiado ímpetu contra la popa de la embarcación.
espalder. (Del fr. *espalier*, infl. por *espalda*.) m. **Mar.** Remero que iba de espaldas a la popa de la galera para mirar y gobernar a los demás, marcando con su remo el compás de la boga.
espaldera. f. **espaldar**, enrejado. || **Agr.** Pared con que se abrigan y protegen las plantas arrimadas a ella, disponiendo en espaldera árboles de diversas clases: a Mediodía, a Levante y a Poniente. Hay árboles que difícilmente pueden plantarse en espaldera y que en esta forma dan menos fruto y de peor calidad que si se los deja crecer en libertad: figuran entre ellos los almendros y las higueras. Los frutales en espaldera no dan tanto fruto, pero

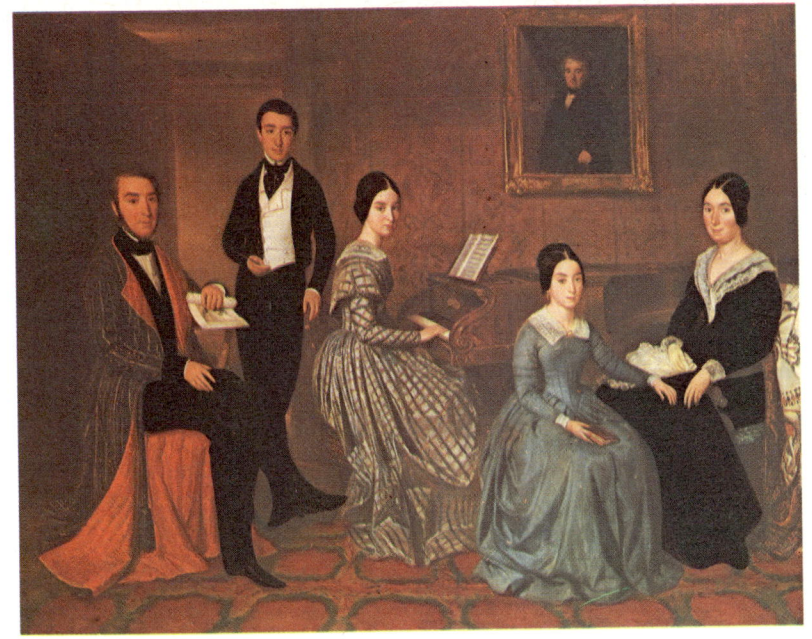

La familia Flaquer, por Espalter. Museo Romántico. Madrid

sí de mayor tamaño y más precoz. ‖ **a espaldera.** m. adv. Dícese de los árboles que se podan y guían de manera que extiendan sus ramas al abrigo de una pared.

espaldilla. f. dim. de **espalda.** ‖ Cuartos traseros del jubón o almilla, que cubren la espalda. ‖ Cuarto delantero de algunas reses, como el cerdo, el cordero, etc. ‖ *Méj.* Lacón de cerdo. ‖ **Anat. omóplato,** cada hueso de la espalda en que se articulan los húmeros y las clavículas.

espalditendido, da. adj. fam. Tendido o echado de espaldas.

espaldón. (De *espalda.*) adj. En Colombia, **espaldudo.** ‖ m. Parte maciza y saliente que queda en un madero después de abierta una entalladura. ‖ Barrera para resistir el empuje de las tierras o de las aguas. ‖ **Fort.** Valla artificial, de altura y cuerpo correspondientes, para resistir y detener el impulso de un tiro de rechazo.

espaldonarse. (De *espaldón.*) prnl. **Mil.** Ponerse a cubierto de los fuegos del enemigo, al abrigo de un obstáculo natural, como colina, bosque, etc.

espaldudo, da. adj. Que tiene grandes espaldas.

espalera. (Del it. *spalliera,* de *spalla,* y éste del lat. *spatŭla,* espalda.) f. **Agr.** Espaldar de plantas.

espalmador. (De *espalmar.*) m. **despalmador.**

espalmadura. (De *espalmar.*) f. Desperdicios de los cascos de los animales.

espalmar. tr. **despalmar.**

Espalter y Rull (Joaquín). Biog. Pintor español, n. en Sitges (Barcelona) y m. en Madrid (1809-1880). Su estilo se distingue por el dibujo esmerado y el colorido suave y armonioso. Sus mejores obras son la decoración del actual palacio del Congreso de los Diputados y la del techo del Paraninfo de la Universidad, en Madrid. Fue también un excelente ilustrador.

espalto. (Del it. *spalto.*) m. **Pint.** Color obscuro, transparente y dulce para veladuras.

espalto. (Del lat. *spatŭla,* espalda.) m. ant. **Fort. explanada.**

espantable. (De *espantar.*) adj. Que causa espanto.

espantablemente. adv. m. Con espanto.

espantada. f. Huida repentina de un animal. ‖ Desistimiento súbito, ocasionado por el miedo.

espantadizo, za. adj. Que fácilmente se espanta.

espantador, ra. adj. Que espanta. ‖ *Col.* **espantadizo, za.** Dícese del caballo.

espantagustos. m. Persona de mal carácter que turba la alegría de los demás.

espantajo. fr., *épouvantail;* it., *spaventacchio;* i., *scarecrow;* a., *Vogelscheuche.* (desp. de *espanto.*) m. Lo que se pone en un paraje para espantar, y especialmente lo que se pone en los sembrados para espantar los pájaros. ‖ fig. Cualquier cosa que por su representación o figura infunde vano temor. ‖ fig. y fam. Persona molesta y despreciable. ‖ **de higuera.** Cierto espantajo que se pone en las higueras para defender su fruto de los pájaros. ‖ Apodo que se aplica al negocio de gran apariencia y sin valor.

espantalobos. (De *espantar* y *lobo.*) m. **Bot.** Arbusto de la familia de las papilionáceas, que crece hasta 3 m. de alt., con ramas lampiñas, hojas divididas en un número impar de hojuelas acorazonadas, flores amarillas en grupos axilares y fruto en vainas inflamadas, membranosas y traslucientes, que producen bastante ruido al chocar unas con otras a impulso del viento (*colútea arboréscens*).

espantamoscas. m. **mosquero.**

espantanublados. (De *espantar* y *nublado.*) m. fam. Apodo que se aplicaba al tunante que andaba con hábitos largos por los lugares, pidiendo de puerta en puerta y haciendo creeer a la gente rústica que tenía poder sobre los nublados. ‖ Persona inoportuna que interrumpe una conversación o descompone un proyecto.

espantapájaros. m. Espantajo que se pone en los sembrados y en los árboles para ahuyentar a los pájaros.

Espantapájaros, por Cossío del Pomar. Colección del autor. Madrid

espantapastores. m. **Bot.** Quitameriendas, cólquico.

espantar. fr., *épouvanter;* it., *spaventare;* i., *to frighten;* a., *erschrecken.* (Del lat. **expaventāre,* de *expăvens, -entis,* temeroso.) tr. Causar espanto, dar susto, infundir miedo. Ú. t. c. intr. ‖ Ojear, echar de un lugar una persona o animal. ‖ Admirar, maravillar. Ú. m. c. prnl. ‖ prnl. Sentir espanto, asustarse.

espantavillanos. (De *espantar* y *villano.*) m. fam. Alhaja o cosa de poco valor y mucho brillo, que a los rústicos y no inteligentes parece de mucho precio.

espantazorras. f. **Bot.** Nombre vulgar de las matas plumbagíneas, de las especies *statice cordata* y *s. limónium.* Hierbas vivaces con hojas radicales y escapos no alados, muy ramosos, espiguillas dispuestas en espigas delgadas y con una a cuatro flores.

espante. m. Confusión que se produce en el real de una feria cuando el ganado se desmanda y da en huir.

espanto. fr., *épouvante;* it., *spavento;* i., *fright;* a., *Schrecken.* (De *espantar.*) m. Terror, asombro, consternación. ‖ Amenaza o demostración con que se infunde miedo. ‖ Enfermedad causada por el espanto. ‖ *Col., C. Rica, Guat., Hond., Méj., Nic.* y *Venez.* Fantasma, aparecido. Ú. m. en pl.

espantosamente. adv. m. De manera espantosa o que produce espanto.

espantoso, sa. adj. Que causa espanto. ‖ Maravilloso, asombroso, pasmoso.

España. n. p. ¡**cierra España!** expr. empleada en la antigua milicia para animar a los soldados y hacer que acometiesen con valor al enemigo.

Espantalobos y retama, lámina de J. Salinas en *Flora forestal española*, de Pedro de Ávila

España

España. fr., *Espagne;* it., *Spagna;* i., *Spain;* a., *Spanien.* **Geog.** Estado de Europa sudoccidental, en la península ibérica.

GENERALIDADES

Situación. El territorio español comprende una parte continental y otra insular. Las coordenadas geográficas de los puntos extremos, según las más recientes mediciones efectuadas por el Instituto Geográfico y Catastral, son, para la primera, las siguientes: lat. N.: 43° 27′ 25″ (punta de la Estaca de Bares, prov. de La Coruña); lat. S.: 35° 59′ 50″ (isleta de Tarifa, prov. de Cádiz); long. E.: 7° 00′ 28″ del meridiano de Madrid, o sea 3° 19′ 13″ del de Greenwich (cabo de Creus, prov. de Gerona); y long. O.: 5° 37′ 3″ del meridiano de Madrid, o sea 9° 18′ 18″ del de Greenwich (cabo de Touriñán o Toriñana, prov. de La Coruña). La parte insular está constituida por los archipiélagos balear y canario (v. **Baleares** y **Canarias**). Dos fenómenos primarios dan tipicidad a la situación del macizo ibérico: su singular *posición geográfica* en el extremo sudoeste de Europa, separado de ésta por los Pirineos, y de África por el angosto estrecho de Gibraltar, que hace de él un a modo de puente entre ambos continentes; y su doble significación de *tierra*, a la vez, *atlántica* y *mediterránea*, que lo coloca en un punto clave de la superficie del globo.

Irún. Puestos fronterizos en el límite entre España y Francia

Límites. Se dice corrientemente que la figura de la península ibérica guarda analogía con la de una piel de toro extendida. Geométricamente, su perfil litoral dibuja un pentágono irregular, cuyos vértices son los cabos de Creus, Gata, Tarifa, San Vicente y Finisterre. Mide de N. a S. (Peñas-Tarifa) 1.000 km., y de E. a O. (Creus-Finisterre) 1.100 km. La distancia máxima (Creus-San Vicente) es de 1.203 kilómetros. La España peninsular limita al N. con el mar Cantábrico, Francia y Andorra; al E.

Puente internacional sobre el Miño, en el límite entre España y Portugal

con el mar Mediterráneo; al S. con este mismo mar, el estrecho de Gibraltar, la posesión inglesa de este nombre y el océano Atlántico, y al O. con este último y Portugal. Su contorno tiene un perímetro de 5.037,5 km., distribuidos de esta forma:

Límites marítimos:
1. Océano Atlántico:
   - Costa cantábrica .... 770 km.
   - Costa atlántica del NO. .... 417 km.
   - Costa atlántica del S. .... 294 km.   1.481 km.
2. Mar Mediterráneo .... 1.663 km.

Fronteras terrestres:
- Frontera pirenaica con Francia y Andorra .... 677 km.
- Frontera con Portugal .... 1.215 km.
- Frontera con Gibraltar .... 1,5 km.   1.893,5 km.

Total .... 5.037,5 km.

Estrecho de Gibraltar. Al fondo, África

Por su parte, el contorno de la España insular mide 2.145 km., de los cuales corresponden 937 a las Baleares y 1.208 a las Canarias.

Superficie. La superficie de la España peninsular es de 492.264,8 km.² Si a esta extensión se agregan los 12.546,7 km.² que corresponden a la España insular y plazas de soberanía, resulta para el Estado español una superficie de 504.811,5 km.²

Población. La población total de España, según el último censo oficial (1970), alcanza la cifra de 33.956.560 h. Densidad, 67,2 h. por km.² Cap., Madrid (3.146.071 h.).

GEOGRAFÍA FÍSICA

Geología. *Generalidades.* Hasta llegar a su forma actual, la Península se fue constituyendo del modo siguiente: el núcleo más antiguo de la Meseta sería como una isla arcaica, integrada por plegamientos huronianos, que llegaría, por el E., hasta el límite que alcanza en el presente, y por el O., hasta un término no determinable. En la era primaria este viejo núcleo quedó sumergido, en parte, y sufrió la acción orogénica de los plegamientos caledonianos y hercinianos. Desde entonces la Meseta sólo ha experimentado movimientos epirogénicos. En la era secundaria se vio afectada por la transgresión mesocretácica que llevó las aguas tierra adentro, al N. y al S. de la sierra de Guadarrama, es decir, de la Cordillera Divisoria. Al iniciarse el terciario, la isla ibérica estaba bañada, al NE., por el mar numulítico, que comunicaba el Mediterráneo de entonces con el Cantábrico, y al S., por el estrecho bético que unía también el Mediterráneo con el Atlántico y la separaba del macizo del Rif. A lo largo de la era neozoica o terciaria, la Península sufrió grandes trastornos geológicos: en el emplazamiento del actual golfo de León emergió el macizo catalán, que casi separaba el mar numulítico nordoriental del resto del Mediterráneo; los plegamientos pirenaicos, que comenzaron en el eoceno y terminaron en el oligoceno, levantaron el fondo del mar numulítico y formaron el sistema montañoso de los Pirineos, mientras que el movimiento de báscula del macizo catalán —que se hunde hacia oriente y se eleva a occidente—, combinado con el levantamiento pirenaico, determinaron la formación del borde NE. de la Meseta, es decir, del sistema Ibérico, por el hundimiento de los sedimentos secundarios desde Santander hasta la región de Valencia, y, con ello, las tres formaciones orogénicas limitaron y cercaron la fosa tectónica del Ebro; en el S., los movimientos alpinos provocaron un empuje orogénico, procedente de África, que levantó del fondo del estrecho bético la cordillera Penibética y la adosó a la Meseta, cuando un golfo había de ser la fosa tectónica del Guadalquivir; más tarde quedaron separadas de la Península, por hundimiento parcial de la Penibética, y se abrió el estrecho de Gibraltar. A la luz de estos hechos, se explica la naturaleza de los terrenos geológicos de la tierra hispánica. Toda la Meseta, incluso los macizos montañosos que la bordean por el N. y el NO., está formada por terrenos arcaicos y paleozoicos constituidos por granitos, esquistos y pizarras cristalinas. En las dos submesetas, estos materiales están cubiertos por sedimentos lacustres terciarios y aluviones cuaternarios y glaciares constituidos al pie de las montañas cantábricas y al N. y S. de la Cordillera Divisoria, en la que afloran aquellos terrenos. Los materiales geológicos de la fosa ibérica son terciarios; los de la depresión bética, neozoicos y cuaternarios. En la depresión vasca, en el sistema Ibérico, en la cadena litoral catalana, en la Penibética y en el sistema Pirenaico afloran los materiales mesozoicos o secundarios, fundamentalmente areniscas, calizas y margas. En las cadenas exteriores abundan, sin embargo, los terrenos primarios y los de principios de la era terciaria. Los materiales cuaternarios están localiza-

La Pedriza del Manzanares (Madrid). En sus canchales se aprecian las huellas del glaciarismo cuaternario

dos en las llanuras costeras y al pie de las montañas. En resumen: en la mitad occidental de la Península predominan los terrenos arcaicos y primarios, en tanto que la mitad oriental es principalmente secundaria y terciaria.

Vulcanología. Rodeando la Meseta castellana en más de dos terceras partes de su perímetro y dispuestas como «un anillo eruptivo» alrededor de aquélla, existen diversas manifestaciones indicadoras de la actividad volcánica de que, en otro tiempo, fue teatro la península ibérica. Las emisiones eruptivas parecen corresponder a la era terciaria en casi su totalidad. Esos vestigios del pasado vulcanismo hispánico aparecen ya, en la región occidental, en el cabo de San Vicente y en la sierra de Monchique; parecen interrumpirse en la fosa tectónica guadalquivireña y reaparecen en la zona del cabo de Gata; desde aquí, la línea volcánica se prolonga hacia el N., a lo largo

Paisaje de los Picos de Europa, en Santander

España

Santa Pau (Gerona). Cráter del volcán de Santa Margarita

El Teide, visto desde el llano Ucanca

del litoral mediterráneo, por la sierra de Cartagena, Cofrentes (Valencia), Nuévalos (Aragón) y Olot (Gerona). En las islas Canarias hay que destacar el cono volcánico más majestuoso y la cumbre de mayor altura de todo el territorio nacional, el Teide (3.718 m.), en Tenerife. En Gran Canaria, la Caldera de la Tirajana, y en Palma, la Caldera de Taburiente. La isla de Lanzarote conserva el suelo ardiente en la Montaña de Fuego y todavía recientemente ha habido manifestaciones eruptivas en la isla de Palma.

Relieve. *Relieve peninsular.* La península hispánica, la más occidental y extensa de las tres grandes penínsulas mediterráneas, se nos aparece como un inmenso promontorio de gran altitud, superior a la de los otros países europeos, excepto Suiza. Considerada en su totalidad, mantiene, de una parte, una ligera inclinación de E. a O., y de otra, un descenso marcado de N. a S. El interior del país está constituido por tierras altas rodeadas de montañas, excepto a Occidente, y en su contorno, al E., al S. y al O., se despliegan amplias depresiones de tierras bajas, las dos primeras de las cuales, es decir, las fosas de Aragón y de Andalucía, aparecen externamente defendidas por las murallas de los sistemas Pirenaico y Penibético. Las ideas actuales acerca de la estructura geológica de la Península aconsejan separar los plegamientos que dependen de la Meseta de aquellos otros que son ajenos a ella.

Relieve insular. Las islas Baleares no ofrecen grandes elevaciones; el Puig Mayor, con 1.445 m., en Mallorca, es su punto culminante. En Ibiza el Pico Fornás (409 m.) es el

Paisaje de la isla de Gomera

más elevado de la isla. Menorca y las demás islas del arch. son casi llanas y sus relieves rebasan apenas los 300 m. En el arch. canario se encuentra, en la isla de Tenerife, el pico más alto de España, el Teide (3.718 m.). La isla de Gran Canaria culmina en el Pico de las Nieves (1.949 m.), la de La Palma en el Roque de los Muchachos (2.423 m.), la de Gomera en el de Garajonay (1.487 m.), y la de Hierro en el Malpaso o Virgen de los Reyes (1.501 m.). La topografía de todas estas islas presenta un relieve accidentado, abundante en barrancos, sobre los que descuellan las robustas masas de sus montañas.

Orografía de la Meseta. Procede distinguir las alineaciones montañosas del reborde externo y las que atraviesan su interior en dirección E.-O., dividiéndola en varias cuencas abiertas a Occidente. Forman las montañas circundantes de la Meseta a modo de un muro, que hay que franquear para salir de ella, y siendo la altura media del macizo de 600 a 700 m., el reborde del mismo presenta dos vertientes asimétricas: suaves declives del lado interno, y pendientes abruptas hacia el exterior. El muro exterior alcanza cumbres hasta de 2.500 m., lo que hace que las tierras interiores aparezcan como una hondonada o

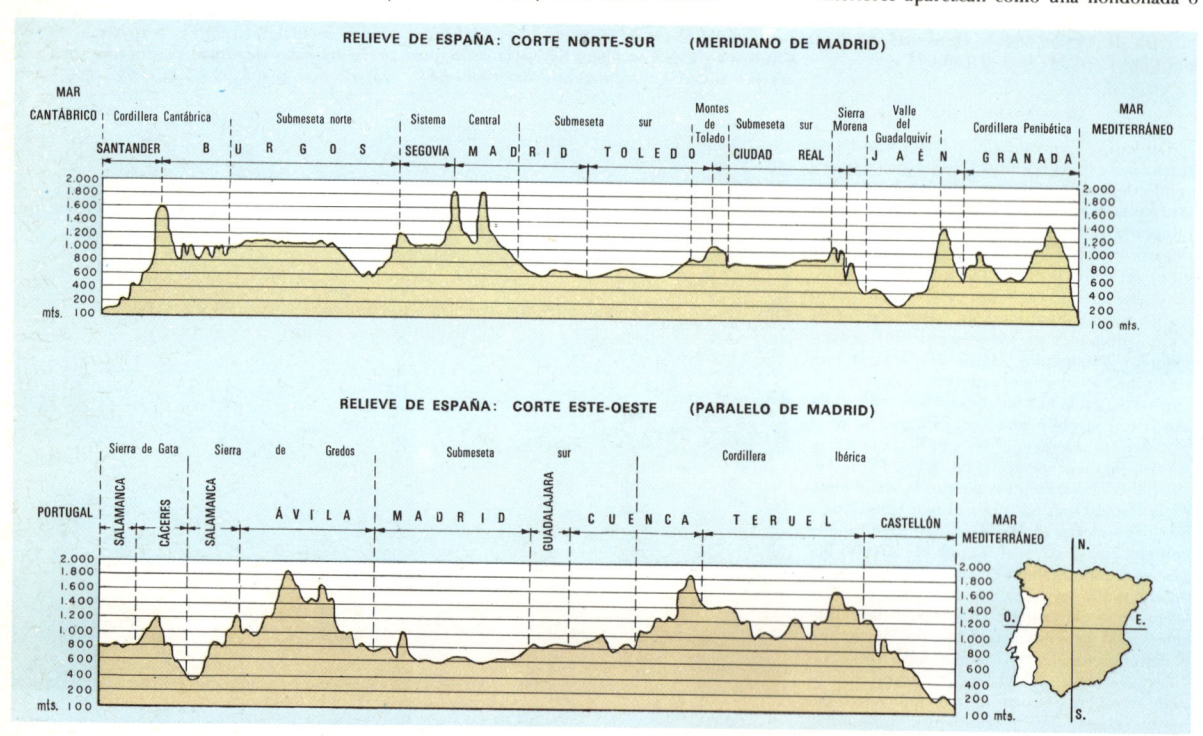

RELIEVE DE ESPAÑA: CORTE NORTE-SUR (MERIDIANO DE MADRID)

RELIEVE DE ESPAÑA: CORTE ESTE-OESTE (PARALELO DE MADRID)

Mapa en relieve del NO. de la península ibérica. Museo de Ciencias Naturales. Madrid

depresión, rellena por materiales terciarios y cuaternarios en mantos horizontales. Tres son las principales unidades orográficas del murallón circundante de la Meseta.

1. *Montañas periféricas de la Meseta.* A) *Montañas cantábricas y galaicas.* La orla septentrional está integrada por dos secciones: las montañas cantabroastúricas y el macizo galaico. Las primeras corren próximas y paralelas al litoral cantábrico, en dirección E.-O.; comienzan a occidente de la depresión vasca, en la sierra de Isar y el nudo de Peña Labra (2.002 m.); a continuación se alzan los Picos de Europa, en los que se distinguen tres macizos: el oriental o de Andara, el central o de los Urrieles y el occidental o de Covadonga; sus picos más prominentes son: Torre de Cerredo (2.648 m.), Torre de Llambrión (2.617), Peña Vieja (2.613) y Peña Santa (2.589); más a Occidente, la línea de la cordillera se dobla un poco hacia el Sur y forma los nudos de Peña Ubiña (2.417 m.), Cueto de Arbas (2.007) y Peña Rubia (1.821), con más acentuado descenso en el pico de Miravalles (1.969), picos de Ancares y el Montouto. Varios pasos permiten la salida de la Meseta hacia el litoral, siendo los más importantes los puertos de Reinosa (849 m.), Ventaniella, San Isidro (1.520), Pajares (1.379) y Leitariegos (1.525). Por su parte, los montes de Galicia forman un conjunto de alineaciones diversas cuyo núcleo es la Cabeza de Manzaneda (1.778 m.), desde la cual irradian ramales en distintas direcciones: el que por las sierras de Queija (1.707 m.) y San Mamed (1.618), Larouco (1.525), Raya Seca (1.468) y Gerêz (1.458) penetra en Portugal hasta más allá del Duero, y desviándose en la de San Mamed, por sierra Seca (1.292) y sierra Segundera, se prolonga, de una parte, por Peña Trevinca y Peña Negra, y más al Sur, por la sierra de la Culebra, cerrando el país de Sanabria; el que, hacia el Norte, constituye la sierra del Caurel (1.645 m.), la de Oribio, los montes de Cadebo (1.033), las sierras de Meira y Lorenzana (795), ésta en conexión con los montes del Buyo y la sierra de la Faladoira, cuya extremidad septentrional es la Punta de la Estaca de Bares; finalmente, de este ramal y enlazado con él por la sierra de la Carba, se desprende, en dirección SO., otro que se extiende por las sierras de la Loba, Coba da Serpe (838 m.), El Faro (1.187), El Testeiro, el Suido y Monte Faro de Avión (1.151), que alcanzan los salientes occidentales de la costa gallega. El paso más importante de la Meseta hacia Galicia es el puerto de Manzanal (1.230 m.), en las montañas de León.

B) *Montes ibéricos.* Se distinguen con esta denominación, y también con la de Cordillera Ibérica, una serie de macizos que, arrancando de Peña Labra (2.018), en el sistema antes citado, terminan en las playas del golfo de Valencia. El sistema Ibérico representa el borde nordeste de la Meseta, en pendiente hacia la fosa tectónica aragonesa. El conjunto se acusa

Vista parcial de Albarracín (Teruel), en la serranía de su nombre

primero, levemente, en la altiplanicie burgalesa, con los páramos de la Lora y la Bureba y los montes de Oca (995 m.); a continuación se levanta el poderoso macizo de la sierra de la Demanda, con los cerros de San Lorenzo (2.262 m.) y San Millán (2.131), y los Picos de Urbión (2.228), que con el del Moncayo (2.313) forman una áspera zona montuosa de la cual se desprenden diversos contrafuertes; al otro lado del río Jalón, el sistema se bifurca:

Mirador del Tombo, en los Picos de Europa. Vista desde León hacia Santander

Mapa en relieve del sector levantino de España. Museo de Ciencias Naturales. Madrid

España

Paso de Despeñaperros (Jaén)

una de las alineaciones bordea la Meseta y forma la paramera de Molina, la sierra de Albarracín y los Montes Universales, con la Muela de San Juan (1.830 m.) y el Cerro de San Felipe (1.839), cuyas vertientes internas dan origen a la quebrada y pintoresca serranía de Cuenca, con sus hoces, torcas y otros fenómenos de erosión, como el de la llamada Ciudad Encantada; la segunda alineación, más próxima al Ebro, está constituida por las sierras de Vicor, Algairén, Cucalón, Saint Just, Palomera y Gúdar, que enlaza con las de Javalambre y Peñagolosa (1.813 m.), montañas ya del Maestrazgo.

C) *Sierra Morena.* Sierra Morena, llamada también cordillera Mariánica, no es sino el labio erguido de la gran falla bética a modo de un escalón de algunos cientos de metros (702 m. en Ovejo) sobre el fondo del valle. Mirado desde éste, presenta un marcado relieve orientado de E. a O., pero viniendo de la Meseta no se advierten diferencias de nivel ni relieves de consideración. Sierra Morena se confunde, al E., con la sierra de Segura, que monta sobre la Meseta, procedente del plegamiento penibético; sus formaciones orográficas son poco marcadas hasta Despeñaperros, paso natural desde las planicies de la Mancha a la depresión del Guadalquivir; a partir de dicho puerto, ofrece varios murallones casi verticales (sierra Madrona, sierra de la Alcudia, sierra del Pedroso y sierra de Hornachos), separados entre sí por valles profundos; el descenso hacia la depresión andaluza se produce por barrancos de mucha pendiente, y en la propia margen derecha del Guadalquivir se levantan las sierras de Córdoba y de los Santos; el relieve continúa, más a Occidente, por una segunda alineación montañosa, en la que se hallan la sierra de Tudia, los Picos de Aroche y la sierra de Aracena, que se prolonga por los Algarves y acaba en el rocoso cabo de San Vicente (Portugal).

2. *Montañas interiores de la Meseta.* La Meseta central no es una plataforma rasa de uniformes tierras llanas, sino que en su modelado resaltan algunos relieves de señalada significación:

A) *Cordillera central divisoria.* Próximamente hacia su mitad, y en dirección E.-O., se halla atravesada la Meseta por la cordillera conocida de antiguo con la denominación de Carpetovetónica, que la parte en dos submesetas de distinto nivel: la del Norte, o de Castilla la Vieja, y la del Sur, o de Castilla la Nueva y Extremadura. Ninguna de ellas ofrece grandes relieves, si se exceptúan los Montes de Toledo. La cordillera divisoria arranca del reborde ibérico, en el nudo de Albarracín, al principio con macizos modestos: Altos de Barahona, sierra de la Pela y sierra de Ayllón, pero alcanzando pronto mayores alturas en Somosierra (Pico Ocejón, 2.058 m.; Peña Cebollera, 2.129); a continuación aparece el ingente macizo del Guadarrama, sierra arcaica muy arrasada, en cuyas rocas cristalinas (gneis y granitos) se elevan picachos que se acercan al límite de las nieves persistentes, tales como Peñalara (2.430 m.), Siete Picos (2.138) y Cabeza de Hierro (2.383), con estribaciones meridionales extensas e importantes; la sierra de Malagón, a occidente del Guadarrama, enlaza con la Paramera y la sierra de Ávila y con la Serrota, y casi paralela a esta alineación y al sur de la misma se extiende la robusta formación de Gredos, que posee las cumbres máximas del sistema Central: Almanzor (2.592 m.) y el Ameal de Pablo (2.571), y cuyas estribaciones meridionales llegan hasta el Tajo; más a poniente están la sierra de Béjar, la sierra de Peña de Francia y la sierra de Gata, y ya en Portugal, las de Guardunha y la Estrella. La comunicación entre las dos submesetas se es-

Pico de la Maliciosa, en el sistema Central

tablece, ya por los valles de los ríos Alagón y Alberche, ya por los puertos de Somosierra (1.440 m.), Navacerrada (1.860), Alto de los Leones de Castilla (1.511), las Pilas, El Pico y Baños.

B) *Montes de Toledo.* Se alzan hacia la mitad de la submeseta meridional y la dividen en dos cuencas, la del Tajo y la del Guadiana. Presentan caracteres comunes en su composición, génesis y estructura, y constituyen la cadena de menor importancia de la Península por su pequeño relieve (1.500 m.) y sus reducidas dimensiones (130 km. de long. y unos 40 de anchura). Separados del borde ibérico por la ancha llanura de la Mancha, mantienen una orientación E.-O. y forma en su comienzo el confuso laberinto cuyo núcleo es el cerro de Rocigalgo (1.448 m.), con las sierras de Yébenes, Enmedio, la Higuera, Malagón y la Calderina; a continuación está la sierra de Altamira, y luego la de Guadalupe (1.558 m.), con el áspero país de las Villuercas; el sistema se continúa por las sierras de Montánchez, San

Mapa en relieve de la península ibérica. Sector del sistema Central y Montes de Toledo. Museo de Ciencias Naturales. Madrid

El monasterio de Guadalupe, al pie de la sierra de su nombre

Desfiladero de Pancorvo. Vista parcial

Pedro y San Mamede (1.125 m.) y penetra en Portugal para agotarse en las montañas del Alentejo.

Orografía ajena a la Meseta. Los elementos orográficos desconectados de la Meseta guardan relación, en cambio, con las depresiones laterales.

1. *Cordillera pirenaica.* Formada en la época alpina, constituye un formidable murallón entre Francia y España; es una cadena de gran solidez que llena toda la anchura del itsmo (440 km.), en dirección E.-O., y tiene una altitud media superior a la de los Alpes. (V. **Pirineos.**)

2. *Depresión vasca.* Entre los Pirineos y la cordillera Cantábrica, de Roncesvalles a Peña Labra, se extiende un conjunto de macizos de mediana elevación, que se levanta sobre el fondo del geosinclinal cuyo eje se prolonga a lo largo del valle del Ebro. De Oriente a Occidente se encuentran la sierra de Aralar (1.427 m.), las de San Adrián (1.548), Elguea (1.538), Salvada (1.256), Montes de Ordunte (1.309), Castro de Valnera, Somo de Pas y Peñas Pardas, que van a confundirse con las montañas cantábricas. Más al S., y en dirección paralela a la alineación precedente, están las sierras de Andía (1.495 m.) y Urbasa y los montes de Vitoria. Todavía existe un tercer escalón, más meridional, con los montes Obarenes y sierra de Cantabrio, que enlaza con el sistema Ibérico, y entre ambos el desfiladero de Pancorvo, por el que se establece la comunicación con Álava.

3. *Cadena litoral catalana.* Esta alineación costera se extiende, en una longitud de 270 km., desde la región del Ampurdán, que la separa del Pirineo, hasta el sur del Ebro. Parecen señalarse en ella las dos alineaciones de diferente altura: una que bordea la costa, y otra, interior, más elevada. Constituyen la primera las sierras de Montnegre (793 m.), Montalt (593), Las Matas (469), el Tibidabo, los altos de Garraf, las de La Morella (595) y Balaguer con las de Montsiá e Irta, al sur del delta del Ebro. La alineación interna está formada por el Montseny (2.881 m.), áspero nudo orográfico; el macizo del Montserrat (1.193), de formas topográficas ruiniformes y bellísimas; el Puig de Montagut (953), y las sierras del Tallat, de la Llena y el Montsant (1.071).

4. *Sistema Penibético.* Forma el conjunto más extenso de la orografía de la Península y guarda estrechas relaciones con la región africana al N. del Atlas. Admitida la existencia de una falla cuyos extremos estarían localizados en el curso inferior del Segura y en el Genil, este conjunto orográfico puede considerarse separado por ella en dos grupos. Las montañas del norte de la fractura tienen como centro las sierras de Alcaraz (1.802 m.) y La Sagra (2.383), que cierran los altos valles del Guadalquivir y del Segura; a Poniente aparecen las sierras del Pozo, Segura y Cazorla; otra alineación, en la que aparecen las sierras de María, Estancias y Espuña, enlaza con la sierra de Filabres y las rocas volcánicas del cabo de Gata. Las del sur de la falla corren próximas al litoral mediterráneo y llegan hasta la punta de Tarifa. El núcleo principal del sistema es el ingente macizo de Sierra Nevada, que ofrece la mayor de las alturas de la Península: el

Sierra Nevada. Vista parcial

Mulhacén, con sus 3.478 m., y otras importantes altitudes (Veleta, 3.392; La Alcazaba, 3.366; Tajo de los Machos, 3.120; Pico del Cuervo, 3.172), en las que se observan circos de erosión glaciar. En torno a Sierra Morena se disponen, en todas direcciones, diversos alineamientos montañosos: hacia el NE. están las sierras de Gor y de Baza (1.901 m.); a Oriente, la sierra de los Filabres (1.914) y las de Alhamilla y cabo de Gata; al S., el quebrado

Mapa en relieve del NE. de la península ibérica. Museo de Ciencas Naturales. Madrid

España

Mapa en relieve del S. de la península ibérica. Museo de Ciencias Naturales. Madrid

territorio de las Alpujarras, y a Occidente, el sistema se prolonga hasta la propia Punta Marroquí, en una alineación, cortada por fallas transversales a la que pertenecen, entre otras, las sierras de Almijara, Alhama y Abdalajís, que se bifurca luego para constituir la fragosa región de la serranía de Ronda, zona amesetada y bordeada por las sierras de Tolox (1.959 m.), Nieves, Aguas, Blanquilla y Prieta, que se difunden, entre otras, por la sierra de Mijas, en dirección a Málaga, y por sierra Bermeja, que se prolonga hasta Punta Carbonera (910 m.) frente al Peñón de Gibraltar.

Costas e islas. Las costas españolas ofrecen naturaleza y aspecto muy diversos. Para su estudio conviene establecer las siguientes secciones:

Costa cantábrica. Se extiende desde la frontera francesa (desembocadura del río Bidasoa), al E., hasta la Punta de la Estaca de Bares, al O. La proximidad de los montes cantábricos da lugar a un litoral abrupto y bravío, con acantilados a veces muy elevados. Las escotaduras, determinadas, de E. a O., por los salientes de los cabos Higuer, Machichaco, Ajo, Peñas y Estaca de Bares, forman arcos de gran cuerda. En ella se destacan: el amplio seno del litoral vasco, con el puerto de Pasajes; la playa de la Concha e isleta de Santa Clara (San Sebastián), y la ría del Nervión, en la que radica el importante puerto de Bilbao; la costa santanderina, más elevada, con las rías de Santoña y de Santander, el cabo Mayor, los pequeños puertos de Suances, Comillas y San Vicente de la Barquera, y las rías de Tina Mayor y Tina Menor; finalmente, el tramo asturiano, con formas de transición entre el cántabro y el gallego, en el que se encuentran los puertos de Llanes, Ribadesella y El Musel (Gijón), y las rías de Avilés, Pravia, Navia (Asturias), Ribadeo, Foz y del Barquero (Galicia).

Costa gallega. Comprende la parte del litoral atlántico entre Estaca de Bares y la desembocadura del Miño, es decir, hasta la frontera portuguesa. Está constituida por rocas eruptivas antiguas y pizarras cristalinas. El descenso o hundimiento de la tierra firme en el mar, unido a la dirección perpendicular a la costa de los plegamientos montañosos, ha sido la causa inmediata de la existencia de las numerosas, bellas y accidentadas rías gallegas, que recuerdan a los fiordos noruegos. Dos secciones cabe distinguir: la de las *rías altas* y la de las *rías bajas,* separadas por la península de Muros. Entre la Estaca de Bares y la citada península aparecen sucesivamente: la ría de Santa Marta, el cabo Ortegal, la pequeña ría de Cedeira y, doblando los cabos Prior y Prioriño, las rías de El Ferrol del Caudillo, Ares o Betanzos y La Coruña, ramificaciones de la primitiva del valle del Eume; más a occidente está la ría de Corme y Lage, y entre los cabos Vilano y Touriñán, la de Camariñas; hacia el sur se encuentra el cabo Finisterre, y a conti-

Mejilloneras en la ría de Pontevedra

nuación la ría de Corcubión, amplia y complicada escotadura limitada por aquél y la península de Muros. Aquí empiezan las hermosas rías bajas, la primera de las cuales, de N. a S., es la de Muros y Noya, en la que desemboca el Tambre; separada de la anterior por una península se desenvuelve la ría de Arosa, de recortado perfil, que recibe las aguas del Ulla, y en cuyos senos se alojan los puertos de Cambados, Villanueva, Villagarcía y Carril, y que tiene a la entrada la isla de Sálvora y en su interior la de Arosa; a continuación se halla la de Pontevedra, con las islas Onza y Ons, y los puertos de Pontevedra y Marín; finalmente aparece la de Vigo, con un puerto profundo y magnífico cuya entrada guardan las islas Cíes y la de Boeiro; y saliendo de ella, antes de llegar al cabo Silleiro, está el puerto de Bayona, en el fondo de una protegida ensenada.

Costa atlántica meridional. Está constituida por el arco costero comprendido entre la desembocadura del Guadiana y el estrecho de Gibraltar. Se distinguen en ella dos tramos de diferente naturaleza: el más occidental es ligeramente cóncavo, de terrenos arenosos y bajos, y está poblado de dunas, salinas, lagunas y estanques, sin más accidentes interesantes que los estuarios del Odiel y el Tinto y la playa de Arenas Gordas; pasada la barra del Guadalquivir, desaparece la monotonía y se abre la hermosa bahía de Cádiz, con el puerto de su nombre y los de Santa María, Puerto Real y San Fernando; desde aquí hasta el Estrecho la costa, rocosa y escarpada, describe un arco convexo, en el cual se acusan: los cabos Trafalgar y Punta Marroquí, extremo austral de la Península, y el bello contorno de la bahía de Algeciras, que cierran los promontorios de Punta Carnero y Punta de Europa.

Costa mediterránea meridional. Sector del litoral hispánico limitado por el Estrecho y el cabo de Palos. La costa se desenvuelve en varios arcos muy abiertos y el litoral es rocoso y elevado, con reducidas playas. Entre el Peñón de Gibraltar y la punta de Calaburras existe un seno abierto, dentro del cual encontramos los

San Sebastián. Bahía de la Concha, desde Igueldo. En el centro, la isla de Santa Clara

Cabo de Gata (Almería). Vista aérea

Peñón de Ifach, en la costa alicantina

Costa del cabo de Palos (Murcia)

Costa Brava. Vista del castillo de Lloret de Mar (Gerona)

Tordesillas (Valladolid). El río Duero, desde el puente de piedra

puertos de Estepona y Marbella; luego, hasta el cabo Sacratif, otro arco, más abierto todavía, contiene la bahía de Málaga y el puerto de Motril; a continuación se abre el amplio golfo de Almería, que termina en el cabo de Gata; en esta prominencia, la costa cambia de dirección y se orienta hacia el NE., para formar el óvalo que se extiende hasta el cabo de Palos; en el trozo terminal del arco, entre cabo Tiñoso y cabo de Agua, se halla el excelente y seguro puerto de Cartagena.

Costa mediterránea oriental. El cabo de Palos y el de Cerbère (frontera con Francia) son los puntos extremos de esta sección. Su perfil está formado por arcos en guirnalda, tan típicos de la costa mediterránea. Desde el cabo de Palos la costa se torna baja y arenosa, presenta amplias y dilatadas playas y contiene lagunas y albuferas, marismas y terrenos pantanosos. Entre el cabo de Palos y el de la Nao se dibuja una curva en la que se encuentran la laguna del Mar Menor, que se comunica con el mar, y frente a la cual están las islitas Estacio, Grosa y Hormigas; la albufera de Torrevieja, la barra del Segura, los cabos de Santa Pola (ante él, la isla Tabarca) y de las Huertas, que limitan la ensenada alicantina y, más al norte, las también ensenadas de Villajoyosa y Altea; la región del cabo de la Nao forma un promontorio rocoso, en el que se distinguen como accidentes más acusados el peñón de Ifach y los cabos de Moraira, San Martín y San Antonio. Doblado este último, y hasta el delta del Ebro, la costa continúa siendo baja, pero más regular y uniforme, y describe una curva muy abierta, que es la de Valencia. Todo este litoral es una estrecha faja diluvial, que explica lo suave de su contorno. Los únicos accidentes costeros dignos de mención son: el cabo de Cullera, la extensa Albufera de Valencia, al norte de la cual está construido, junto a la desembocadura del Turia, El Grao, puerto de Valencia; el cabo de Oropesa, el tómbolo de Peñíscola y, frente a Castellón, el grupo de islotes volcánicos de las Columbretes. Accidente importante de la costa levantina es el delta del Ebro, cuyo punto más avanzado es el cabo de Tortosa; a uno y otro lado de este saliente están el puerto del Fangal, al N., y el de los Alfaques, al S. Acentuando la dirección NE. de la curva, el litoral catalán ofrece un carácter mixto alternando las playas con las costas peñascosas; pasado el golfo de San Jorge, en el que hay que señalar la presencia del cabo de Salou y del puerto de Tarragona, se encuentra la pintoresca y accidentada costa de Garraf y, junto a ella, el pequeño delta del Llobregat, más allá del cual está el gran puerto de Barcelona; a continuación aparecen los monótonos arenales de la Marina y en seguida comienza la *Costa Brava*, con su litoral desgarrado y agreste, que el golfo de Rosas, de líneas suaves, divide en dos porciones: la meridional, con calas profundas y acantilados, en la que se acusan el cabo Bagur y las islas Medas frente a la desembocadura del Ter, y la septentrional, más accidentada aún por corresponder a las últimas estribaciones del Pirineo catalán, con una península, cuyo punto más oriental es el cabo de Creus.

Hidrografía. La compleja estructura morfológica de la península hispánica, la disposición de sus sistemas montañosos y el carácter de sus precipitaciones atmósfericas han creado una complicada red hidrográfica que, para su mejor conocimiento, conviene dividir en varios grupos independientes.

Ríos de la Meseta. Tres grandes corrientes, de tipo estepario y régimen irregular, con grandes crecidas invernales y acusados estiajes, desaguan la Meseta y vierten sus aguas en el Atlántico: el Duero, el Tajo y el Guadiana. El *Duero*, la vena central de desagüe de la submeseta septentrional, nace en los Picos de Urbión, pasa por las áridas comarcas de Soria, atraviesa las tierras de Burgos y Valladolid, y alcanza, en pendiente suave, la región zamorana; aquí su cauce se hace sinuoso de orillas escarpadas, con saltos considerables en la misma frontera portuguesa; en la parte inferior de su curso lusitano se regulariza su corriente y desemboca en el Atlántico, próximo a Oporto. Los afluentes que recibe por su margen derecha proceden de la cordillera cantábrica, forman una red dispuesta en abanico y se unen en tres corrientes principales: el Pisuerga, el Valderaduey y el Esla. Los tributarios meridionales del Duero tienen su ori-

España

Toledo. Alcázar y río Tajo

rece para luego reaparecer en el punto conocido con el nombre de «Ojos del Guadiana»; en Badajoz sufre una inflexión hacia el S., y poco después sirve de límite con Portugal, en el que penetra más tarde, para hacerse nuevamente fronterizo hasta su desembocadura en Ayamonte, tramo que es navegable. De sus afluentes, el Zújar, por la izquierda, oriundo de Sierra Morena, es el de más extensa cuenca.

Ríos del macizo galaico. Región de abundantes y continuas lluvias, la de Galicia ofrece corrientes de régimen regular, y en general, de corto curso, que vierten en el Atlántico formando rías amplias y profundas. El río gallego por excelencia es el *Miño* (310 km.), de crecido caudal, que, originado en la meseta de Lugo, corre de N. a S., hasta que recibe a su impor-

Nacimiento del Miño, en la laguna de Fuenmiña (Lugo)

tante afluente el Sil (225), tan caudaloso como él; a partir de la confluencia, se orienta hacia el SO., pasa por la ciudad de Tuy, es en un buen trecho navegable, sirve de frontera con Portugal y termina en ancha boca entre la población española de La Guardia y la lusitana de Caminha. De los demás, tienen importancia el Tambre y el Ulla, que desembocan en las rías de Muros y Arosa, respectivamente, y el Lérez y el Oitavén, que lo hacen en las de Pontevedra y Vigo.

Ríos de la vertiente cantábrica. Es esta vertiente la estrecha zona comprendida entre el borde septentrional de la Meseta y los montes vasconavarros y el mar Cantábrico; sus ríos tienen curso corto y torrencial. Los más importantes, de E. a O., son: el Bidasoa, el Oria, fronterizo con Francia; el Urumea, el Deva, el Nervión, que forma la ría de Bilbao; el Pas, el Besaya, el Nansa, el Sella, el Nalón y el Narcea, que terminan en la ría de Pravia; el Navia, con la ría de su nombre, y el Eo, que marca el límite entre Asturias y Galicia.

El Nalón, en las cercanías de Trubia (Oviedo)

Ríos de la cuenca del Ebro. La arteria principal de la red fluvial de la fosa aragonesa es el *Ebro* (910 km.), cuyo nacimiento se sitúa tradicionalmente en Fontibre (de *Fons Íberi*), si bien algunos geógrafos estiman que debe considerarse al Híjar como rama madre del mismo. Su alto valle es un territorio áspero; a partir de Miranda va ensanchándose progresivamente hasta penetrar en la llanura aragonesa, que el río recorre hasta su final, donde salva el obstáculo de la cadena litoral catalana y forma un delta. De sus afluentes, los más importantes proceden de la depresión vasca y el Pirineo, y son: Nela, Zadorra, Ega, Aragón (197 km.), con sus afluentes el Irati, el Zidacos y el Arga, el Arba, el Gállego (149), que se le une en Zaragoza, y, finalmente, el más caudaloso de

gen en el sistema divisorio, y son los principales: el Riaza y el Duratón, el Cega, el Adaja, al cual se reúne el Eresma, el Tormes (247 km.), el Yeltes y el Águeda. El *Tajo* es el río español de mayor longitud (1.007 km.) y tiene sus fuentes en el cerro de San Felipe (Montes Universales); su curso alto es un valle estrecho en el que el cauce se encajona ininterrumpidamente hasta cerca de Aranjuez, para tornar a encajonarse, tajando el terreno, en la región toledana; posteriormente sirve de límite entre los dos Estados peninsulares, y a partir de Abrantes se hace navegable hasta su desembocadura en Lisboa. Los afluentes de la derecha proceden, en su mayor parte, de los macizos de Guadarrama y Gredos, y, de E. a O., son los siguientes: el Jarama (194 km.), el Guadarrama, el Alberche (182), el Tiétar (170) y el Alagón (201). Los de la margen izquierda, el Ibor, el Almonte y el Salor, tienen poca importancia y casi se agotan en la estación estival. El *Guadiana* (578 km.) es el de régimen más estepario entre los grandes ríos españoles. Su origen se sitúa en las lagunas de Ruidera, en las que nace el llamado alto Guadiana, que luego, por un fenómeno de filtración, desapa-

El Ebro, a su paso por Zaragoza; al fondo, la basílica del Pilar

todos, el Segre (261). Los de su margen derecha se originan en la vertiente externa del reborde ibérico, y son dignos de ser mencionados el Jalón (224 km.), el Huerva, el Martín, el Guadalope y el Matarraña.

Ríos de la vertiente catalana. Desde el extremo oriental del Pirineo hasta el delta del Ebro, la cadena costera catalana determina una breve vertiente hidrográfica tributaria del Mediterráneo. A ella pertenecen ríos de corto y áspero curso, tales como el Muga, el Fluviá, el Ter, el Tordera, el Besós, el Llobregat, el Gaya y el Francolí.

Ríos de la vertiente levantina. En el flanco SE. de la Meseta se forma otra vertiente hidrográfica importante, con ríos de régimen

El Guadiana, en su desembocadura, entre Ayamonte y Vila Real de Santo António

San Pablo de Seguríes (Gerona). Vista del río Ter

está determinado por las sierras de Cazorla —donde nace—, del Pozo y Segura. Pasada la Loma de Úbeda, desciende a la llanura, en la que describe numerosos meandros y alcanza Sevilla, desde donde es navegable; aguas abajo se divide y forma las islas Mayor y Menor, de arenas pantanosas («las marismas»); luego desemboca en el Atlántico por Sanlúcar de Barrameda. Sus afluentes por la derecha vienen de Sierra Morena y son: el Guadalimar, el Jándula, el Guadiato, el Viar, el Huelva y el Guadiamar. Los tributarios de la margen izquierda, procedentes de los macizos penibéticos, son más largos y caudalosos: el Guadiana Menor, el Guadalbullón, el Guadajoz, el Genil (337), alimentado por las nieves de Sierra Nevada; el Darro, el Guadaira y el Salado de Morón. En la depresión bética, pero ajenos a la cuenca del Guadalquivir, se hallan, al O., los Valles del Odiel (121 km.) y del Tinto (93), que desembocan en un doble estero, en Huelva, y al E., el del Guadalete, que desagüa en la bahía de Cádiz.

Climatología. La península hispánica ofrece una gran variedad de climas. Modifican el carácter general que, por su situación en la zona templada boreal y poco al norte del trópico de Cáncer, debería ser el dominante, la disposición de las alineaciones orográficas, de una parte, y, de otra, las influencias del Atlántico, que son las más activas; las del Mediterráneo y las del desierto del Sáhara.

Factores determinantes. 1. *Vientos.* En toda la región septentrional y en las tierras del interior de la Meseta predominan los vientos del NE. y del NO., cuya dirección modifican los macizos montañosos que rodean y cruzan aquélla. La zona meridional se halla sometida a las corrientes aéreas que vienen del SO. y penetran, desde el Atlántico, por el litoral limitado entre Lisboa y el Estrecho. Por su

torrencial, enormes crecidas y sequías prolongadas. Del montuoso Maestrazgo descienden el Mijares y el Palancia; el Turia o Guadalaviar (280) y el Júcar (498) proceden de los Montes Universales, y finalmente el Segura (325), que se inicia en los macizo béticos.

Ríos de la vertiente meridional. El derrame meridional del sistema Penibético origina una pequeña vertiente, caracterizada por el régimen irregular de sus ríos, a veces verdaderas ramblas. De oriente a occidente, los principales ríos penibéticos son: El Almanzora, el Almería, el Adra, el Guadalfeo, el Guadalhorce y el Guadiaro.

Ríos de la depresión bética. La vena principal de su red fluvial es el *Guadalquivir* (657 km.), llamado en otro tiempo Betis, cuyo curso alto

Sevilla. Vista del Guadalquivir. Al fondo, el puente de Triana

Paisaje de Valladolid. Tierras de pasto y cultivo

TEMPERATURAS DE JULIO

Isotermas reales

- Más de 26°
- De 24° a 26°
- De 22° a 24°
- De 20° a 22°
- De 18° a 20°
- Menos de 18°

Isotermas reducidas

parte, la región oriental de la Península sufre la influencia de los vientos del SE., procedentes del Sáhara.

2. *Temperatura.* En términos generales puede afirmarse que existe un mínimo de temperatura en el mes de febrero y un máximo en el mes de agosto. Pero la variedad local es grande. Hay que hacer, en primer término, una distinción entre la Meseta, que, aislada de los mares por los rebordes orográficos que la limitan, tiene clima continental, y las zonas costeras, que tienen las temperaturas propias de los países marítimos. En cuanto a la Meseta, de temperaturas extremadas siempre, sus secciones ofrecen, a este respecto, algunas diferencias. La submeseta inferior tiene veranos intensamente calurosos, con temperaturas hasta de 47° e inviernos relativamente benignos, aunque en algunas comarcas son extremados (Albacete, −22°,5) y se acusan oscilaciones diarias hasta de 30°. La submeseta del Duero, de inviernos duros y largos y veranos cortos y frescos, características que se agravan en los lugares de altitud superior a 900 m., como Soria, Ávila y Segovia. La depresión del Ebro se asemeja a la Meseta en sus temperaturas extremadas: cerrada, en todas direcciones, tiene inviernos durísimos y veranos muy cálidos. En el ángulo NO. de la Península es donde se dan las oscilaciones mínimas; en la zona atlántica meridional, casi desaparece el período de bajas temperaturas, nunca inferiores a 0°. En las costas del Mediterráneo es más amplia la oscilación anual y menos constantes las temperaturas; cuando existe, es brevísimo el período de la media inferior a 10°, y en verano es superior a 20°. Caracterizan la región los estíos calurosos y la falta, en general, de temperaturas por debajo de cero. Finalmente, la depresión bética posee inviernos templados y veranos extraordinariamente cálidos en las zonas más bajas, donde la media es siempre superior a 10°; en Sevilla se han registrado las mayores temperaturas de la Península (50°), y es famosa la denominada «sartén de Andalucía», zona comprendida entre Córdoba, Sevilla y Écija, por sus estíos de carácter africano.

3. *Lluvia.* Hay que distinguir en la Península dos amplias zonas acusadamente caracterizadas: las llamadas Iberia húmeda e

Vista aérea de Sevilla

Iberia seca. Comprende la primera las regiones costeras del Cantábrico y del Atlántico, hasta el cabo de San Vicente, los grandes macizos de las montañas septentrionales y algunas secciones del sistema Central; recibe las más elevadas precipitaciones acuosas de la Península, con una media anual de unos 1.000 mm., correspondiendo las máximas al otoño en las costas cantábricas y al invierno en Galicia (Santiago, 2.320,5 mm. en 1978). La segunda, con una superficie equivalente a las dos terceras partes del territorio español, se extiende por las depresiones laterales, las tierras de la Meseta, y el litoral mediterráneo; en ambas submesetas son escasas las precipitaciones (inferiores a 500 mm.), a excepción de las cumbres más elevadas: las alturas pirenaicas disfrutan un régimen pluvial análogo al del Cantábrico. La hondonada bética recuerda a la Meseta, con un mínimo de precipitaciones en Sevilla (500 mm.) y lluvias más abundantes en la vertiente inferior del macizo penibético y en la costa atlántica (San Fernando, 667 mm.); en la región oriental de la Península, las lluvias son escasas, con un ligero máximo en primavera, y disminuyen de N. a S.; las comarcas sudorientales sufren de sequías prolongadas debido a la influencia de los vientos secos y cálidos de origen sahariano.

Terrenos montañosos de Mojácar (Almería)

GEOGRAFÍA BIOLÓGICA

Flora. *Tipos de flora.* Por la riqueza y la variedad extraordinaria de las especies que integran su flora, denominó Linneo a España «la India europea». Cuatro son las formaciones vegetales del país: la mediterránea, la de los

DÍAS DE LLUVIA AL AÑO

España

Parque Nacional de Aigües Tortes y Lago de San Mauricio

litoral mediterráneo; entre las plantas que la integran figuran el esparto, el tomillo, el cantueso y numerosas variedades de plantas medicinales.

Regiones botánicas. Lázaro e Ibiza distingue, en el suelo de la Península, seis regiones botánicas, caracterizadas como se indica a continuación: *a)* **Región septentrional,** que comprende la vertiente meridional del Pirineo, la zona litoral cantábrica y el norte de Galicia, en la que es dominante la vegetación arbórea de tipo centroeuropeo, con especies como el roble (*quercus pedunculata* y *q. sessiliflora*), el castaño, la haya, el serbal, el cornizo (*cornus sanguinea*), el arce, el acebo (*ílex aquifólium*) y el abeto (*abies pectinata*), y en el monte bajo o matorral, el brezo (*daboecia polifolia*), el tojo (*úlex europeus* y *u. nanus*) y algunas timeleáceas, como el *thymelaea coridifolia*, indígena específica desde Galicia hasta Guipúzcoa, y el *th. calycina*, exclusiva del Pirineo. *b)* **Región central,** que abarca, aproximadamente, la mitad del territorio hispánico —ambas submesetas y la depresión aragonesa—, en la que las estepas cubren grandes extensiones. Sus formaciones boscosas son el pinar (*pinus pínea* o piñonero, *p. pináster, p. sylvestris, p. laricio*), las choperas y fresnedos (*fráxinus angustifolia*), los encinares y robledales (*quercus ilex, q. ballota, q. tozza, q. lusitánica*) y los alcornocales (*quercus súber*); el matorral, muy complejo, lo componen, entre otras especies, leguminosas como el piorno (*adenocarpus hispánicus*), el cambrión (*genista barnadesii*), la retama, el retamón (*cytisus púrgans*), la aliaga y las jaras, y labiadas como el espliego (*lavándula latifolia*), la salvia (*salvia lavandulaefolia*), el romero, el tomillo (*thymus hirtus*), la mejorana y el cantueso (*lavándula pedunculata*); la estepa, con especies típicamente hispánicas, tiene, en las zonas salinas, plantas halófilas, entre las que se distinguen las barrilleras: sisallo rojo (*kochia sanguínea*); atarfe (*támarix gállica*), y en las zonas gramíneas, el esparto y la *stipa. c)* **Región occidental,** que afecta al sur de Galicia, Portugal y una parte de Extremadura; contiene especies de la septentrional y caracteres propios determinados por las influencias marcadamente atlánticas. *d)* **Región meridional,** extendida por toda Andalucía, a excepción de la zona almeriense, con una flora riquísima, en la que están representadas: la vegetación estepária, en manchones considerables; la mediterránea, que es la dominante y más genuina, y la alpina, en los elevados macizos de Sierra Nevada. *e)* **Región suboriental,** que abarcando el SE. peninsular, tiene una flora acusadamente africana y son numerosas las especies comunes con la región argelina, poseyendo manchones esteparios que ocupan el 25 % de su extensión. *f)* **Región oriental o levantina,** que comprende la zona costera al N. del cabo de la Nao y es la más típicamente mediterránea de todas las regiones botánicas españolas. Tiene menos conexiones con la flora del norte de África que las regiones del sur español y carece de formaciones estepárias. Dentro de la asociación forestal, el pinar, en su forma árida, es consubstancial con el país levantino (*pinus pinea, p. pináster* y *p. halepensis*); abundan también el quejigo o roble enciniego, el alcornoque, la encina, la matarrubia (*quercus coccífera* L.), que constituyen manchones a veces de cierta extensión; el almez (*celtis*), el algarrobo (*ceratonia siliqua*), la higuera, el almendro y el grando. El matorral

Vista panorámica del palmeral de Orihuela

es aquí de una extremada complejidad floral y ofrece, como formas características, la adelfa (*nérium oleánder* L.), una jara (*cistus clúsii*), el mirto (*myrtus communis*) y el palmito (*chamaérops húmilis* L.), única palma enana mediterránea; pero existen labiadas en variedades numerosas, en todo momento grises y balsámicas, como los tomillos (*thymus hyemalis, th. piperella*), el romero y la salvia; leguminosas, como las albaidas (*anthyllis cytisoides, a. genístae*) y las coronetas (*coronilla emerus, c. glauca, c. juncea*); timeleáceas, como el torvisco (género *daphne*) y la bufalaga (género *thymelaea,* con diversas especies), y, finalmente, algunas compuestas.

Fauna. *Tipos de fauna.* Incluida en la comarca mediterránea de la llamada región paleártica, España posee mayor número de especies de tipo africano que el resto de los países bañados por el Mediterráneo. Hay una combinación de especies europeas y africanas que comprueban el carácter del país de transición.

Regiones zoológicas. Las regiones zoológicas en que habitualmente se considera dividida España, atendiendo a la distribución de los mamíferos, son: *a)* **Región pirenaica,** tipificada por la presencia de la ardilla (*sciurus vulgaris alpinus* Cuv.), el armiño (*mustela ermínea* L.), la marta (*martes martes* L.), el lirón (*glis glis pyrenaicus* Geoff.), el gato montés (*felis sylvestris* Sch.), una forma regional de la cabra montés (*capra pyrenaica* Schim.), la gamuza (*rubicapra pyrenaica* Bon.), y el oso (*ursus arctos pyrenaicus* Fischer.). *b)* **Región cantábrica,** de marcado carácter centroeuropeo, en la cual, además de

bosques boreales, la ártica y la estepária. La primera, que se extiende por las depresiones interiores y las zonas costeras del Atlántico y del Mediterráneo, o sea por la mayor parte de la Península, posee una vegetación de plantas leñosas: árboles, arbustos y matas de hoja perenne, si bien pueden distinguirse, en tan dilatada zona, varias regiones bien tipificadas. La flora correspondiente al bosque boreal ocupa la mayoría de las tierras de la región cantábrica y la vertiente española de los Pirineos, en donde se desenvuelve una vegetación análoga a la centroeuropea, con árboles y arbustos de hoja caediza, como el saúco, el chopo, la haya, el roble, el castaño, el fresno, etc., sin faltar especies arbóreas de hoja perenne, como algunas variedades de pino, ni matas leñosas de poca talla. La flora ártica, en la que predominan los musgos y los líquenes y faltan casi completamente las especies leñosas, queda reducida a los altos picos de las montañas peninsulares (Pirineos, Sierra Nevada, Picos de Europa, Gredos, Guadarrama, etc.), en las que forma pequeños islotes. Finalmente, la flora estepária ocupa en España una superficie de 72.000 km.^{2} y forma manchones por todo su ámbito, distinguiéndose varios núcleos de importancia variable, tales como el catalán, el ibérico, el leonés, el central, el andaluz y el

Fresnos en la provincia de Pontevedra

las especies antes citadas, se encuentran la más pequeñas de las musarañas ibéricas (*crocidura cántabra*), la jineta (*genetta genetta rhodánica*), el topillo mediterráneo (*microtus asturianus*), propio de zonas superiores a 1.200 m., y el rebeco

Lince leopardo (*linx pardellus*), variedad hispánica de ese felino

o rebezo (*rupicabra pyrenaica parva*) de los Picos de Europa. c) Región galaica, cuyas especies peculiares son el ratón de monte (*apodemus sylváticus callipides*), la liebre galaica (*lepus granatensis gallaecius* Miller) y la cabra montés (*capra pyrenaica lusitánica*), localizada, en la actualidad, en la sierra de Gerês. d) Región central, limitada por las dos anteriores, el Ebro y el Guadiana; tiene una fauna propia de la estepa y otra característica del bosque asociado al matorral; esta última es rica en mamíferos típicamente ibéricos, como el erizo (*erináceus europeus*), el topo *talpa* (*occidentalis*), la musaraña (*crocidura russula pulchra*); el tejón (*meles meles marianensis*), el lince (*linx pardellus*), la garduña (*martes foina mediterránea*), y, con estas especies, otros mamíferos, como el lobo (*canis lupus signatus*), la zorra (*vulpes vulpes siláceus*), el jabalí (*sus scofa castilianus*), el corzo (*capréolus capréolus canus*) el ciervo (*cervus élaphus bolívari*) y la subespecie regional de la cabra montés (*capra pyrenaica victoria*), reducida al centro de la sierra de Gredos, sin olvidar la ardilla, entre las formas arborícolas; en la fauna propiamente esteparia abundan los roedores terrícolas, tales como el conejo (*oryctolagus cuniculus algirus*), el topillo común (*pitymys ibéricus*) y la ratiela (*pitymys pelandonius*). e) Región bética, que, comprendida entre el Guadiana y las costas atlántica y mediterránea, se distingue por el predominio de las formas africanas: lirón, comadreja, etc. f) Región mediterránea, caracterizada por la ausencia de ciertos géneros comu-

Macho de *capra hispánica*, en la sierra de Cazorla

nes en el resto de la Península, como las ardillas; ofrece unas cuantas especies típicas de mamíferos, tales como dos variedades de murciélagos (el *rhinólophus ferrumequinum obscurus* y el *rhinólophus hipposiderus mínimus*), el rat penat de la bandera valenciana, y otras dos de topo (*pitymys ibéricus centralis* y *r. i. páscuus*). g) Región balear, en la que faltan los ungulados, ardillas y topos, y que posee especies propias, como la rata arañera y la jineta balear.

Fauna acuática. Particular mención merecen las especies migratorias de la familia de los escómbridos: caballa, bonito, atún, etc. Por su localismo, es digna de ser citada con algún detalle la fauna dulceacuícola. Los elementos que integran la ictiología de los ríos y lagunas de España pueden referirse a tres grupos: 1) especies indígenas exclusivas de agua dulce. 2) especies eurihalinas, 3) especies importadas. Pertenecen al primer grupo, de una parte, siete especies y seis subespecies, típicamente españolas: el cacho (*leuciscus céphalus pyrenaicus*), la bermejuela (*rútilus arcasi, r. alburnoides* y *r. lemmingi*), la boga (*chondróstoma polylepis*) y el barbo (*barbus meridionalis graellsi, b. barbus sclateri* y *b. comiza*); de otra, p. e., la lamprea de río (*lampetra fluviátilis* y *l. planeri*), la trucha (*salmo trutta*), la tenca (*tinca tinca*), el barbo de montaña (*b. meridionalis*) y el gobio (*g. gobio*).

Truchas en el Monasterio de Piedra (Zaragoza)

En el segundo grupo se citan en España hasta 24 especies de condición eurihalina, entre las cuales mencionaremos: la lamprea (*petromyzon marinus*), el esturión (*acipénser sturio*), el sábalo (*alosa alosa* y *a. fálax*), el salmón (*salmo sálar*), la anguila (*anguila anguila*), el mújol (*m. céphalus, provensalis, ramada, auratus, sáliens* y *lebeo*), el gobio (*g. microps* y *g. niger jozo*), la platija (*platichthys flesus*), el chucleto o pejerrey (*atherina hepsetus, présbyter* y *mochon*) y la lubina o róbalo (*morone lábrax* y *m. punctata*). Finalmente, entre las especies aclimatadas en las aguas dulces españolas deben ser citadas: *salmo irídeus, salvelinus fontinalis, gambusia holbrocki, ciprinus carpio* y *carassius carassius*.

Regiones naturales. La diversidad de los elementos plásticos que constituyen el suelo de la península hispánica, lo complejo de las formas de su relieve, la variedad de sus climas y los diferentes tipos de vegetación, antes apuntados, se manifiestan claramente en el hecho de sus numerosas *regiones naturales*. Estas regiones son conocidas en el país con nombres populares tan característicos como los de la Mancha, la Rioja, Tierra de Barros, Tierra de Campos, la Serena, los Monegros, la Plana, el Panadés, y otros muchos, en los que se alude siempre a una nota local dominante. Dentro de esta extraordinaria diversidad comarcal existen determinadas analogías y semejanzas que autorizan a considerar grupos o formaciones más extensas, en las cuales los elementos fundamentales de la región natural se manifiestan esencialmente del mismo modo. En la «España húmeda», país de fisonomía europea que contrasta con el resto de la nación, seco y africano:

1. La *región galaica*, es, en su mayor parte, un macizo formado por terrenos arcaicos y graníticos, muy erosionado, de alturas no superiores a 1.800 m.; su clima marítimo húmedo, con las máximas precipitaciones de España, explica la abundancia de sus cursos de agua, el carácter y frondosidad de su vegeta-

Hórreo en San Cristóbal (Orense)

ción y sus prados siempre verdes. Los productos del campo se conservan, para protegerlos de la humedad, en los típicos «hórreos»; los habitantes hablan la lengua gallega.

2. La *región cántabro-astúrica*, que se extiende por las provincias de Oviedo y Santander y comprende asimismo las zonas inmediatas de las de León y Palencia, es una tierra montañosa, que contiene las elevaciones má-

Hórreo en Cangas de Onís (Oviedo)

ximas del borde boreal de la Meseta (Picos de Europa, 2.630 m.) y que está constituida fundamentalmente por formaciones primarias enérgicamente plegadas; presenta dos vertientes: una al Cantábrico y otra hacia la meseta de Castilla; su clima húmedo y suave da una vegetación variada; junto al castaño, el roble y el nogal, crecen la higuera y el laurel mediterráneos, en tanto que las pomaradas dan al paisaje su nota típica; el bosque, el prado y la mina —pues la región contiene la zona hullera más importante de España— son sus rasgos dominantes; las industrias características del país son las derivadas de la minería, de la ganadería y de la pesca; la casa popular es la «casona» —madera y piedra caliza—; en la zona asturiana se habla el *bable,* resto del antiguo dialecto leonés.

3. La *región vasca* es una depresión en las cadenas montañosas del orte de la Península, cuyas culminaciones rebasan apenas los 1.500 m., constituida por materiales secundarios, principalmente cretácicos, región de clima marítimo, suave y brumoso, sin estación seca, su vegetación es la del bosque boreal; la riqueza de su subsuelo en minerales de hierro ha creado en la zona de Vizcaya una poderosa industria siderúrgica, pero, fuera de ella, la agricultura, la ganadería y la pesca, con sus industrias derivadas, son prósperas; la población, en general diseminada, se aglomera sobre todo en la comarca industrial del Nervión, donde la densidad alcanza una de las cifras más elevadas de España; la propiedad territorial, como en el resto de los países cantábricos, está muy dividida y las tierras son cultivadas por sus propietarios o con arreglo a tradicionales sistemas de arrendamiento; el campesino se establece en viviendas aisladas o «caseríos»; en opinión de Aranzadi, el actual pueblo vasco es resultado de la fusión del elemento ibero con otro boreal, mezclados, más tarde, con un tercer pueblo germánico. Se habla una lengua no románica, el euskera, y el carácter independiente de los habitantes de la región se ha manifestado de manera muy acusada a lo largo de la Historia.

4. La *región pirenaica* comprende el istmo montañoso de la Península, cuyo eje está constituido por terrenos agnostopaleozoicos y bordeado, a ambos lados del mismo, por depósitos mesozoicos; los Pirineos conservan aún huellas del glaciarismo cuaternario y en su topografía se distinguen grandes macizos y valles profundos; el clima es riguroso y sus precipitaciones, sobre todo las de nieve, son copiosas y disminuyen de occidente a oriente; posee una flora de tipo alpino o subalpino, según las alturas, predominando los bosques de abetos, robles, hayas, abedules y otras formaciones arbóreas y de matorral. La vida económica está basada en el aprovechamiento forestal y en la ganadería.

En la «España seca». De clima subtropical mediterráneo y estepario, pueden considerarse individualizadas las siguientes grandes regiones:

1. *En la Meseta:* A) La *región castellana,* constituida por la cuenca del río Duero, se corresponde exactamente con la gran llanada de la submeseta superior, formada por materiales terciarios, cubiertos, en parte, por rellenos diluviales; posee clima continental, con temperaturas extremadas y lluvias escasas, pero con nieblas invernales, y su paisaje es monótono y uniforme; las llanuras, dominio del cultivo cerealícola, carecen de arbolado, salvo las hileras de chopos y negrillos de las riberas fluviales, algunos encinares y alcornocales y los pinares propios del bosque de tierra llana y de tipo mediterráneo; ofrecen bastante extensión los pastos de dehesa, donde se da una ganadería predominantemente lanar; su economía es fundamentalmente agrícola, con industrias del mismo tipo; las agrupaciones rurales son muy numerosas, pero distanciadas, formando cada una de ellas un municipio. B) La *región manchega* se extiende por casi toda la submeseta inferior y, como la castellana, está integrada por depósitos terciarios sobre los cuales se han acumulado materiales cuaternarios; en sus extensas llanuras, sólo cortadas por los Montes de Toledo, la erosión ha tajado el terreno formando los característicos «páramos en artesa», o lo ha arrasado dejando como hitos geológicos los denominados «cerros testigos»; en el panorama de la llanura desolada de la *Mancha* aparecen lagunas y salobrales, que son expresión del difícil desagüe de este territorio; el clima es de tipo continental, extremado en temperaturas y con una gran sequía estival; la nota típica de la vegetación manchega es la *estepa,* y centenares de pueblos de la región viven de la industria del esparto; la disposición más común es que la estepa salina aparezca rodeada por la de gramíneas y ésta, a su vez, por el matorral; el bosque está representado por encinares y alcornocales; sus cultivos característicos, además de los cereales, son el de la vid y el del olivo, el primero de los cuales es la base de una próspera industria vinícola y alcoholera, mientras la ganadería es la propia de los terrenos de pastos pobres; en su subsuelo existen los yacimientos de mercurio de Almadén y los depósitos carboníferos de Puertollano; la población se agrupa en entidades de tipo medio, pueblos grandes muy distantes entre sí. C) La *región extremeña,* en la parte occidental de la submeseta inferior, está constituida por los plegamientos arrasados de la vieja cordillera herciniana de la Meseta, cubiertos, en parte, por depósitos terciarios y diluviales; su clima es extremado y seco; la formación vegetal más espléndida es el matorral, con sus jarales, romerales, tomillares y brezos, pero también el bosque hace su aparición (quejigo, encina y alcornoque); la población, esencialmente agrícola, se concentra también en núcleos grandes y distantes.

2. *Fuera de la Meseta,* en las tierras hispánicas a ella adosadas: A) La *región bética* es la depresión del mismo nombre cuyo fondo rellenan materiales del neógeno marítimo; está encajada entre Sierra Morena y el sistema diagonal andaluz, y ampliamente abierta sobre el Atlántico; su clima es meridional, con influencias marítimas y africanas, dándose las temperaturas absolutas más elevadas de España; los cultivos más extendidos son los del olivo (dos tercios de la producción aceitera de España) y la vid (con caldos célebres en todo el mundo),

Casona de Tudanca (Santander)

Torrentera en el Valle de Arán (Lérida)

Hornos de calcinación, en una mina de hierro de Vizcaya

Viñedos en las cercanías de Valdepeñas

Campo de olivos andaluz

Serranía de Ronda (Málaga)

y abundan los frutales de tipo mediterráneo; alcanza bastante importancia la ganadería, siendo particularmente famosas las yeguadas de Jaén, Córdoba y Sevilla, y las toradas de los campos cordobeses y sevillanos, con sus reses de lidia; el subsuelo es rico en yacimientos minerales: carbón en Peñarroya, plomo en Linares y La Carolina, cobre en Riotinto; la región ha estado muy poblada desde la antigüedad, y actualmente el carácter de sus ciudades, en general ricas y populosas, se mantiene inconfundible por sus usos y costumbres; en el campo andaluz, el «cortijo» expresa la organización de la explotación agrícola. B) La *región penibética* es la constituida por los plegamientos alpinos que se extienden al sudeste de la depresión del Guadalquivir, cuyos macizos más importantes son la alta mole de Sierra Nevada, la serranía de Ronda y la sierra de Alcaraz; la topografía del país es, en general, abrupta, con fallas, hoyas y valles transversales que crean poderosas individualidades geográficas; salvo en las partes más elevadas, cuyas cimas se alzan hasta el nivel de las nieves persistentes, el clima es subtropical, con temperaturas medias de 20 a 24°, pequeñas oscilaciones térmicas y lluvias escasas; existen bellas formaciones forestales: alcornocales y encinares en Cádiz, pinares en Málaga, y en las hondonadas frescas, sauces, fresnos y álamos; el matorral está representado por el palmito; la agricultura es muy compleja: cereales, legumbres, olivo y diversidad de frutales, como higuera, granado, avellano, cerezo, viñedo, naranjo y limonero, y en las comarcas tropicales se da la caña de azúcar; la población se concentra en las tierras fértiles y en la costa; sus habitantes conservan, más que en otras regiones españolas, la influencia de los pueblos musulmanes que la ocuparon durante largos siglos. C) La *región sudoriental* ocupa el extremo SE. de la Península y orográficamente es una región de naturaleza volcánica, accidentada por estribaciones y ramales del Sistema Penibético, que forman ásperas y abruptas serranías, y entre las cuales se extienden llanuras más o menos amplias; característico de la región es su clima seco, hasta el punto de que la zona almeriense es la de menos precipitaciones de la Península; la vegetación espontánea es pobre y esteparia: su formación típica es el *espartal*, y su ganadería la cabría; la agricultura ofrece grandes contrastes entre los cultivos de secano (cereales, viñedo) y los de regadío: el aprovechamiento de algunos ríos crea las «huertas»; como arbolado predominan el olivo, el almendro y el algarrobo, y el subsuelo es rico en productos minerales. D) La *región levantina* es una tierra que se dispone en gradería desde el propio borde oriental meseteño hasta el mar; los aluviones de los ríos que descienden de la Meseta han creado la fértil llanura litoral, base de la riqueza agrícola de la región; el clima de esta planicie es, por excelencia, mediterráneo: oscila entre 10° de mínima y 20° de máxima; la vegetación presenta dos tipos: mediterráneo y estepario; entre las formas vegetales propiamente mediterráneas predominan ciertas especies forestales como el pino carrasco, el roble encinego, la encina y el coscoll o matarrubia, árboles como el almer, el algarrobo, la higuera, el almendro, el granado, y un matorral de extraordinaria complejidad floral, con especies características tales como la adelfa *(baladre)*, el mirto *(murta)*, el palmito o palma enana *(margalló)*. Es esencialmente tierra de secano, pero se da en ella el fenómeno singular de que, en el seno de estepas y zonas áridas por naturaleza, brotan, a modo de oasis, las famosas «huertas», gracias al aprovechamiento intensivo de las aguas fluviales. En las zonas fértiles, la población se concentra en grandes entidades donde la presencia de los oasis de regadío perpetúa los gé-

Granada. Vista panorámica

Almería. Estudios cinematográficos

España

neros de vida rural, no obstante el influjo del industrialismo, y la densidad de población es la más elevada de España. El valenciano habla una forma dialectal del catalán, aunque gran parte de la región vive bajo la influencia del castellano limítrofe. E) La *región catalana* es un país mediterráneo accidentado por la llamada cadena litoral; desde el punto de vista geológico merece especial mención la zona volcánica de Olot, encuadrada entre el Pirineo, el Montseny y la costa gerundense; el clima, salvo en las comarcas altas, es suave, con temperaturas extremas medias de 29° y 4° y lluvias en torno a 500 mm.; la vegetación es la propia de los países áridos mediterráneos, pero su agricultura es floreciente; en la comarca del Delta del Ebro tiene gran importancia el cultivo del arroz. La ganadería representa considerable riqueza con sus rebaños de ovejas, sus caballos de tiro pesado, sus grandes piaras de cerdos y la cría de aves de corral; en el valle del Cardoner se encuentran los yacimientos salinos de Cardona y los de sales potásicas de Suria, de gran riqueza; la conjunción de diversas circunstancias favorables explican el desarrollo de las industrias catalanas, entre las que predominan las textiles y las eléctricas; el comercio tiene un volumen extraordinario, del que son exponente el movimiento de su densa red ferroviaria y de sus puertos marítimos, entre los que sobresale el de Barcelona; la población se aglomera en grandes villas fabriles o en pequeños burgos rurales, aunque también aparece diseminada, en las zonas agrícolas, en las granjas o «masías», tan típicas en algunas comarcas; en general, los naturales de la región son amantes de sus tradiciones, de su cultura autóctona y de su lengua, el catalán. F) La *región aragonesa* es la fosa tectónica del Ebro, con sus fallas en gradería y formas de erosión en terrazas; el substrato de la misma, hoy recubierto en gran parte por terrenos terciarios, está integrado por materiales secundarios, principalmente cretácicos; el clima, en general, continental y riguroso, algo atenuado en el alto valle por la influencia cantábrica, y de lluvias escasas (300 mm.) en la mayor parte de la cuenca, aunque relativamente abundantes en la cabecera gracias a la razón apuntada; allí donde no alcanzan los beneficios del regadío, la falta de agua es un problema de ingente gravedad; el país es de marcado carácter agrícola, con ricas huertas en las zonas bien regadas, productoras de apreciadísimas frutas y hortalizas, con cereales en las tierras de secano, extensos viñedos y olivares y bien cultivados campos de remolacha; la naturaleza de los pastos favorece la ganadería lanar en las regiones secas y la vacuna en las más húmedas, y las industrias predominantes son las derivadas de la agricultura; en las llanuras de la cuenca, la población se aglomera en centros bastante populosos y la vivienda se construye con ladrillo en las ciudades y con adobes en las entidades menores; son características muy acusadas de sus habitantes la altivez, la terquedad y su amor a la independencia; el antiguo dialecto aragonés, que todavía se hablaba en el s. XVI, casi ha desaparecido absorbido por la creciente castellanización.

Valencia. Barraca

Milenario olivo mallorquín

3. *España insular*. Los archipiélagos de las Baleares y de las Canarias constituyen sendas regiones naturales de muy acusado carácter: A) La *región balear*, en el Mediterráneo, frente a la costa del golfo de Valencia, de la que está separada por un canal de 85 km., está integrada por las islas de Mallorca, Menorca, Ibiza y otras menores; geológicamente, son prolongación del sistema Penibético peninsular, y su topografía no ofrece grandes elevaciones (el Puig Mayor, con 1.445 m., es su punto culminante); su clima es suave y benigno, con escasas precipitaciones; la vegetación es típicamente mediterránea, y su suelo, fértil y bien cultivado, produce cereales, frutas, vinos y aceites; abunda la pesca, y la industria y el comercio no carecen de importancia; su lengua vernácula es una forma dialectal del catalán, que posee muchas voces arcaicas. B) La *región canaria*, en el Atlántico, adyacente a la costa africana occidental, de la que la separa una distancia de sólo 115 km., está constituida por las islas de Lanzarote, Fuerteventura, Gran Canaria, Tenerife, Palma, Hierro, Gomera y otras menores, de origen volcánico, cuya topografía presenta un relieve accidentado, abundante en barrancos, sobre el que descuella la robusta masa del Teide (3.718 m.) en la de Tenerife; el clima es delicioso, pues su ambiente, aunque influido por los vientos sofocantes de África, se halla suavizado por las brisas marinas, disfrutándose una primavera permanente (temperatura media de enero, 17°; media de agosto, 25°); las lluvias son escasísimas, lo que, unido a la naturaleza permeable del terreno, origina en estas islas un grave problema de falta de agua; la vegetación se caracteriza por la mezcla de gran número de especies mediterráneas, atlánticas y tropicales; se cosechan cereales, legumbres, hortalizas, sobre todo cebollas y tomates, así como caña de azúcar, vino y tabaco, pero la principal riqueza del archipiélago la constituye el plátano, asociado a otros frutos tropicales, como el guayabo, el chirimoyo, el aguacate y el dátil, y mediterráneos, tales como el higo y el naranjo, dándose también, aunque en pequeña escala, el algodón y el café; abunda extraordinaria-

Campos de Alcañiz (Teruel). Vista desde el castillo

Paisaje del valle de Olot (Gerona)

mente la pesca y es considerable, por su situación en la ruta de América, el tráfico marítimo en sus puertos francos. Ocupadas estas islas por España, en tiempo de los Reyes Católicos, se establecieron en ellas gran número de peninsulares, sobre todo andaluces, pero no ha desaparecido la raza «guanche», a la que pertenecían los primitivos habitantes, tipo robusto y de aventajada estatura. Sin embargo, la españolización fue rápida y sólo se nota la persistencia de la población indígena en los rasgos físicos, antiguas costumbres y formas tradicionales de ciertas industrias locales.

Parques nacionales. Con el fin de proteger los espacios naturales de gran extensión, no alterados substancialmente por la explotación y ocupación humana, y donde flora, fauna y formaciones geomorfológicas tengan importancia cultural, educativa o recreativa, o existan paisajes naturales de gran belleza, se crean los parques nacionales. El primero que se creó oficialmente en España fue el de Covadonga, por ley de 22 de julio de 1918. Posteriormente se crearon otros siete hasta llegar a ocupar una extensión de unas 90.000 hect., cifra muy baja en opinión de los medios conservacionistas, tanto españoles como internacionales. No obstante, existen otros en proyecto de nueva creación, como los ya solicitados de Garajonay, en la isla de Hierro, y el de la sierra de Gredos.

Lago Estangento, en el Parque Nacional de Aigües Tortes y Lago de San Mauricio

Parques nacionales

Nombres	Provincias	Extensión — Hectáreas	Fecha de creación
Aigües Tortes y Lago de San Mauricio	Lérida	10.500	21 de octubre de 1955.
Caldera de Taburiente	Santa Cruz de Tenerife	3.500	6 de octubre de 1954.
Covadonga	Oviedo y León	16.925	22 de julio de 1918.
Doñana	Huelva y Sevilla	35.000	28 de octubre de 1969.
Tablas de Daimiel	Ciudad Real	1.875	28 de junio de 1973.
Teide	Santa Cruz de Tenerife	11.000	22 de enero de 1954.
Timanfaya	Las Palmas	5.107	9 de agosto de 1974.
Valle de Ordesa	Huesca	2.175	16 de agosto de 1918.

GEOGRAFÍA ECONÓMICA

Generalidades. Perdidas las últimas colonias de ultramar, Cuba, Filipinas y Puerto Rico (1898), la economía española sufre un duro golpe marcando un período de decadencia. Los deseos renovadores del 98 reactivan la economía y transcurre la primera década del s. XX con una tónica de recuperación y reactivación. La P. G. M. vino a reforzar el período de recuperación nacional al convertirse en abastecedora de los países beligerantes. La entrada de capital extranjero por concepto de exportación permite la liberación paulatina del capital extranjero invertido en la industria española. Este período de desarrollo se prolonga hasta 1929, año de la gran crisis mundial que, si bien con dos años de retraso, también se dejó sentir en España tanto en el sector agrícola como en el industrial. La guerra civil (1936-39) y la destrucción de industrias y servicios agravó esta situación. La S. G. M., a la que España permaneció ajena, y el bloqueo internacional posterior a que estuvo sometida, hicieron muy difícil la recuperación de la economía nacional. Esta época de bloqueo y aislacionismo económico se prolonga hasta 1950, año en que la O. N. U. recomienda a sus países miembros levantar el bloqueo económico. Esta fecha marcó el principio del desarrollo económico, si bien no fue en algunos casos gradual ni progresivo, adoleciendo de una falta de reorganización conjunta y progresiva de todos los sectores que integran la economía nacional. Con el deseo de aunar fuerzas y reactivar el desarrollo definitivo surgió el Plan de Desarrollo Económico y Social (I, II y III) que comprendía de 1964 a 1975 en períodos cuatrienales.

Agricultura. *Cuestiones generales.* 1. *Suelo y clima.* España no posee un suelo privilegiado desde el punto de vista agrícola. Las diferencias climáticas y de pluviosidad, el relieve orográfico y la elevada altura media, son los factores que determinan la pobreza del agro español. Dentro de los factores climáticos es de vital importancia la pluviosidad, factor que divide a España en dos partes: La España seca, con precipitaciones que no superan los 600 mm., y una superficie de 360.639 km.² (73,13 % del territorio nacional), y la España húmeda, con precipitaciones superiores a los 600 mm., y una superficie de 132.300 km.² (26,86 %).

Regadíos del Plan Badajoz. Presa y canal de Orellana

2. *Agua.* El problema fundamental de la agricultura española es el del agua. En la España seca la escasez de precipitaciones obliga a recurrir al riego artificial, y allí donde el regadío no ha llegado, predominan los cultivos de secano. A principios de siglo se inició la llamada política hidráulica. Con el plan Gasset (1902) se propugnaba la construcción de 300 obras hidráulicas para irrigar 1.500.000 hect. El plan hidráulico de 1933 fue el primero que estudió las necesidades de la economía nacional y de la orientación agronómica en los nuevos regadíos. En 1939 se creó el Instituto Nacional de Colonización Agrícola y se dictaron normas para la colonización de grandes zonas.

Riegos de las Vegas Bajas de Montijo (Badajoz)

España

En 1949 se promulgó la ley sobre la colonización y distribución de la propiedad de tierras regables. Por ley de 21 de julio de 1971 se creó el Instituto Nacional de Reforma y Desarrollo Agrario (IRYDA) tomando las funciones que hasta esta fecha correspondían al Instituto Nacional de Colonización y al Servicio Nacional de Concentración Parcelaria y Ordenación Rural. La superficie labrada con regadío, en 1978, era de 2.560.136 hect.

3. *Concentración parcelaria.* En diciembre del año 1952 se creó el Servicio Nacional de Concentración Parcelaria y Ordenación Rural, cuyo objetivo era la concentración parcelaria de las tierras en zonas de acusado minifundio, la creación de explotaciones agrarias de dimensiones adecuadas., la promoción de la agricultura de grupo y la concesión de auxilios técnicos. Las actividades de este Instituto fueron absorbidas en 1971 por el IRYDA. A finales de 1975, los resultados obtenidos eran los siguientes: 4.348.746 hectáreas concentradas, correspondientes a 864.935 propietarios, y 926.318 hectáreas con los trabajos iniciados. La superficie concentrada correspondía a 12.661.541 fincas, quedando reducidas después de la concentración a 1.653.760 parcelas.

4. *Población activa.* La mecanización de las faenas agrícolas, acentuada de una manera especial a partir de la década de los cincuenta, ha sido el factor determinante de la disminución de mano de obra en dichas faenas. A principio de siglo, de una población activa de 7.547.000 trabajadores, 4.558.300 (60,40 %) estaban empleados en la agricultura, caza y pesca; en 1950, el porcentaje era del 48,80, y en 1970, de una población activa nacional de 11.908.100 trabajadores, 2.958.700 (24,84 %) estaban empleados en este sector, cifra que ha ido descendiendo a lo largo de la primera década.

5. *Maquinaria.* La concentración parcelaria y la emigración de la población activa agrícola a otros sectores, han sido los factores decisivos para la mecanización de las faenas agrícolas. Exponente claro de esta mecanización es el tractor, por ser el útil de mayor rendimiento. En 1940 solamente había en el territorio nacional 4.300 tractores, cifra que se triplicó en la década siguiente. La evolución de la maquinaria agrícola con el período 1969-1977 queda reflejada en el cuadro de la columna siguiente.

Maquinaria agrícola

Clases	1969	1977
Tractores	239.544	421.393
Motocultores	63.187	181.057
Cosechadoras	29.720	42.037
Trilladoras	20.555	15.249
Motores para riego	165.936	197.349
Motores de otros usos	6.950	6.737

Cultivos. La superficie productiva de España, con ligeras oscilaciones, se mantiene estable; en el cuadro siguiente se detalla la superficie, durante los años 1968-77:

Distribución de la superficie de España (en miles de hectáreas)

Conceptos	1968	1977
Superficie productiva labrada:		
Siembra anual	9.537,4	9.767,1
Barbechos	5.148,1	5.288,5
Praderas artificiales y temporales	450,3	577,4
Frutales	859,4	1.170,8
Viñedo	1.539,8	1.637,0
Olivar	2.349,4	2.165,7
Total	19.884,4	20.603,5
Superficie productiva no labrada:		
Con pasto	21.602,4	19.187,1
Sin pasto	4.793,2	7.041,1
Total	26.395,6	26.228,2
Superficie productiva total	46.280,0	46.831,7
Superficie improductiva	4.195,0	3.643,3
Superficie nacional	50.475,0	50.475,0

Mecanización de faenas agrícolas

1. *Cereales.* El de los cereales es el cultivo predominante en los terrenos de secano de la mayor parte de España, casi siempre asociado al de las leguminosas. La práctica del cultivo cerealista es la de «año y vez», es decir, producción alternada con barbecho, sistema obligado por la poca profundidad de la capa laborable y la sequía. La superficie dedicada a estos cultivos era, en 1977, de 7.266.440 hect., siendo la cebada y el trigo los cultivos más extendidos, totalizando el 83,4 % de la superficie dedicada a cereales. La cebada es el principal cereal cultivado en cuanto a superficie, producción y valor se refiere. Su cultivo es principalmente de secano, siendo poco más del 6,9 % la superficie ocupada por el regadío, llegando en este caso a doblar el rendimiento medio por hect. Su siembra se realiza en casi toda España, siendo Valladolid, Burgos, Albacete, Huesca, Zaragoza, etc., por orden de importancia, las prov. de mayor producción (cosecha 1977). Le sigue en importancia el trigo, que se cultiva preferentemente en el interior de la península. El maíz, de altas cualidades alimenticias, es el cereal donde más predomina el cultivo de regadío (59,2 %) sobre el de secano. El arroz, cultivo clásico y exclusivo, hasta los años 40, del litoral levantino y de la desembocadura del Guadalquivir se extendió a partir de esta fecha, aprovechando las obras de regadío, a otras provincias; principalmente Badajoz, que con Sevilla, Valencia, Tarragona, Huesca y Cáceres totalizan prácticamente la producción nacional. En el cuadro siguiente se detalla la superficie y producción de los cereales cultivados:

Cultivo de judías

Cereales.—Superficie sembrada y producción

Conceptos	1968		1977	
	Hectáreas	Toneladas	Hectáreas	Toneladas
Trigo	3.962.000	5.312.400	2.715.000	4.063.800
Cebada	1.923.000	3.449.900	3.348.000	6.766.100
Maíz	523.000	1.473.200	432.000	1.892.200
Centeno	366.000	355.100	236.000	227.700
Avena	508.000	538.900	406.000	417.600
Arroz	61.000	362.100	68.000	379.200
Alpiste	1.834	2.102	5.029	5.874
Escanda	3.096	2.546	398	299
Mijo	983	2.677	495	901
Panizo	425	1.136		
Tranquillón	1.790	1.563	4.209	3.748
Sorgo	31.534	91	41.309	172
Totales	7.382.662	11.492.715	7.266.440	13.757.594

2. *Leguminosas.* El cultivo de leguminosas se extiende por toda España, bien asociadas con los cereales o bien solas. Entre las diversas especies dedicadas para alimento humano, destaca la judía, cultivada principalmente en el N. de España, siendo La Coruña, con 15.136 toneladas (1977) la primera prov. productora, seguida de León, con 13.141 ton. El garbanzo, componente principal del típico cocido, en otro tiempo consumo tradicional del país, ha disminuido su producción, siendo la región andaluza la principal productora. La superf. y producción de leguminosas, en el período 1968-77 fue la siguiente:

hasta que mediado el s. XVIII se generalizó su uso como alimento humano, siendo en la actualidad uno de los alimentos básicos del hombre. De las 402.623 hect. dedicadas al cultivo de la patata (1977), 208.587 pertenecían a cultivo de secano y el resto al de regadío. La mayor producción de este tubérculo corresponde a las prov. gallegas, que totalizan el 20,9 % de la producción nacional. Dentro de la producción típicamente hortícola, destaca la producción del tomate, cuyas principales zonas productoras son: Levante, Extremadura y Canarias. Las prov. de mayor producción, en la cosecha de 1977 fueron: Badajoz, 474.997 ton.; Almería, 405.760; Murcia, 198.756; Las Palmas, 144.844, etc. Las zonas productoras de hortalizas y verduras son: Levante español, desde Cataluña a Murcia; cuenca del Ebro, desde La Rioja hasta su des. y principales afl.; cuenca del Duero; cuenca del Guadalquivir, curso medio y bajo; la vega granadina y las

Leguminosas.—Superficie sembrada y producción

Conceptos	1968		1977	
	Hectáreas	Toneladas	Hectáreas	Toneladas
Judías	91.000	113.000	157.000	70.000
Habas	131.000	143.700	98.000	89.500
Garbanzos	216.000	141.300	101.000	558.000
Algarrobas	111.000	82.200	25.000	14.300
Guisantes	28.174	22.562	7.300	6.048
Lentejas	48.505	35.644	70.874	6.634
Yeros	87.416	74.202	5.530	45.245
Alholvas	6.719	6.287	3.544	3.885
Almortas	17.817	12.328	2.451	1.636
Altramuces	10.375	6.018	2.432	1.316
Veza	71.974	54.672	46.802	38.255
Totales	819.980	691.963	519.933	332.619

3. *Patata y hortalizas.* Las hortalizas y la patata son comunes a todos los pueblos de España, si bien la explotación intensa de las primeras corresponde a las zonas bien regadas o huertas, mientras que el área de cultivo de la segunda es mucho mayor, extendiéndose a terrenos poco aptos para el cultivo de hortalizas. La patata fue descubierta por los conquistadores españoles en América. En principio se destinó solamente para alimento de animales,

Recolección de patatas

España

hojas penibéticas. Dentro de los productos de huerta son de destacar el melón y la sandía, cultivados principalmente en Andalucía occidental, Levante y Castilla la Nueva. En el cuadro siguiente se detalla la superf. y producción en el período 1968-77:

Patatas y hortalizas.—Superficie sembrada y producción

Conceptos	1968 Hectáreas	1968 Toneladas	1977 Hectáreas	1977 Toneladas
Patata	380.640	4.545.700	402.623	5.880.600
Tomate	51.655	1.309.900	73.124	2.358.500
Cebolla	37.593	966.800	38.913	1.195.500
Col	25.033	652.300	18.351	460.500
Pimiento	23.524	392.200	28.836	480.900
Acelga	4.295	86.300	4.016	84.300
Ajo	17.271	123.600	33.354	197.600
Alcachofa	13.570	114.700	24.527	250.700
Batata	3.320	49.400	3.480	46.100
Berenjena	3.645	86.400	4.500	104.900
Calabaza	4.519	105.000	5.160	126.000
Cardo	1.601	35.200	1.194	27.600
Coliflor	9.860	242.500	8.414	197.000
Escarola	3.846	77.100	3.227	62.400
Guisantes verdes	15.527	104.400	11.339	52.200
Habas verdes	24.398	146.500	14.379	120.800
Judías verdes	16.040	105.200	24.418	221.900
Lechuga	15.853	338.500	20.738	467.200
Melón	59.340	639.400	62.412	726.500
Pepino	4.101	84.500	5.163	211.500
Sandía	17.840	209.700	25.897	449.300
Totales	733.471	10.406.300	814.065	13.722.000

Viñedos en las cercanías de Haro (Logroño)

4. Cultivos arbóreos y arbustivos. Está constituido este sector por el de mayor riqueza de la agricultura española y el principal factor como fuente de ingresos por concepto de exportación. La superf. dedicada a estos cultivos superaba en 1977 las 4.973.500 hect., lo que viene a representar el 10,6 % de la superf. total cultivada. El clima y el suelo de España son excelentes para el cultivo de la vid. La viña prospera en casi toda España y la extensión de su cultivo (1977) fue de 1.637.000 hect. Las prov. con mayor superficie dedicada a este cultivo son: Ciudad Real, 275.338 hect.; Toledo, 171.296; Albacete, 125.770; Valencia, 112.266, y Cuenca, 109.718, sumando entre las citadas el 48,5 % del total de la superf. La producción de uva (1977) fue de 3.575.030 ton. De la producción total de uva, se dedicaron 3.133.480 ton. para la obtención de vino, de las que se obtuvieron 21.820.000 hl. y 770.300 de mosto. España ocupaba en el año 1976, con 24.750.000 hl., el quinto lugar del mundo como productor de vino, después de Francia (71.810.000), Italia (65.700.000), la U. R. S. S. (29.650.000) y Argentina (24.910.000). El olivo es el árbol característico de los países mediterráneos y principalmente en España e Italia, principales productores mundiales de

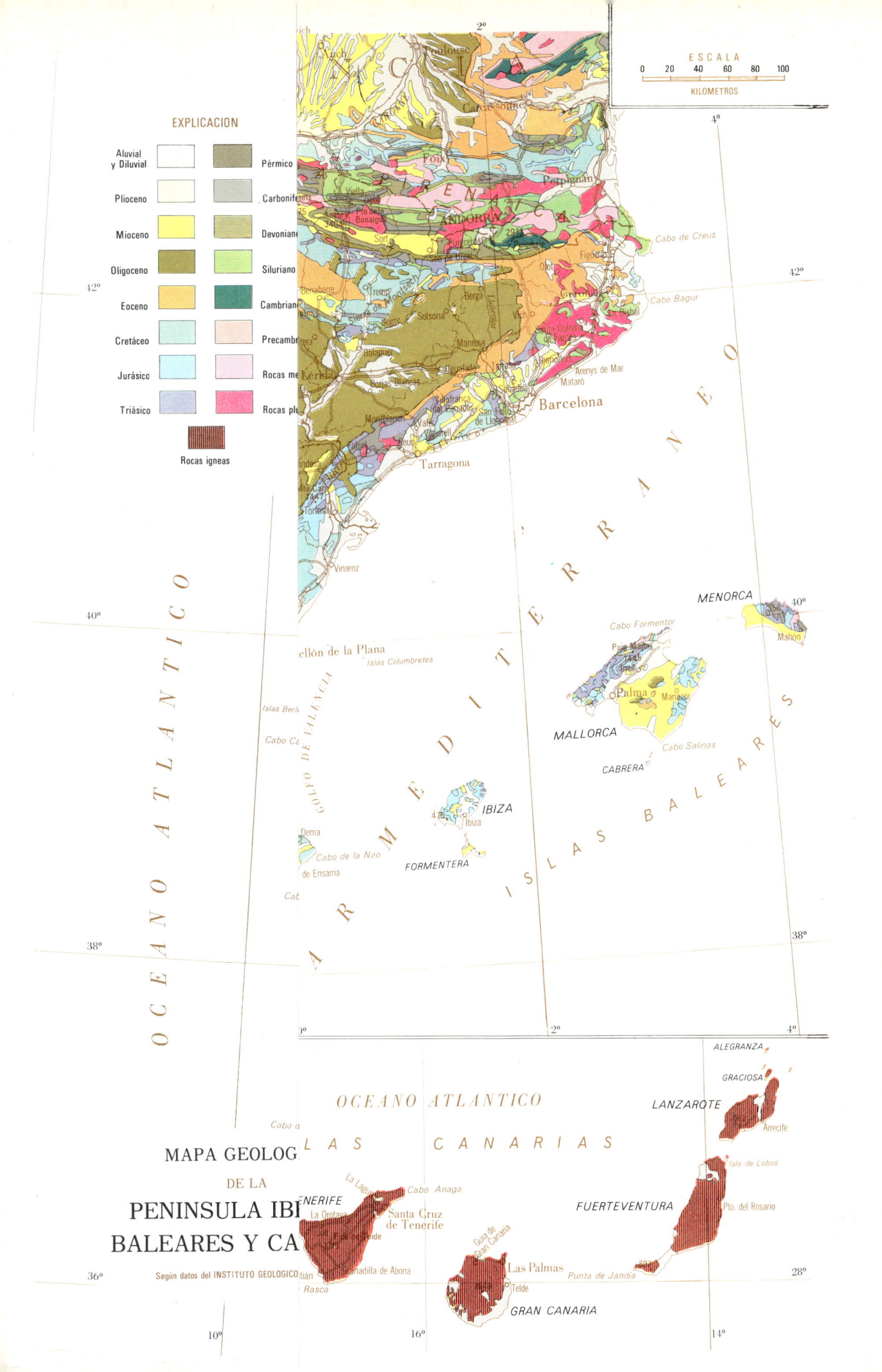

MAPA GEOLÓGICO DE LA PENÍNSULA IBÉRICA, BALEARES Y CANARIAS

Según datos del INSTITUTO GEOLÓGICO

EXPLICACIÓN

- Aluvial y Diluvial
- Plioceno
- Mioceno
- Oligoceno
- Eoceno
- Cretáceo
- Jurásico
- Triásico
- Pérmico
- Carbonífero
- Devoniano
- Siluriano
- Cambriano
- Precambriano
- Rocas metamórficas
- Rocas plutónicas
- Rocas ígneas

ESCALA 0 20 40 60 80 100 KILÓMETROS

MAPA OLIVARERO Y ACEITERO

LEYENDA:
- ▬▬ Límite del cultivo del olivo
- ▨ Zonas de alta calidad del aceite y de gran cosecha olivarera
- ● Principales centros olivareros

Aceituna de mesa:
- M.   Manzanilla
- M. s. Manzanilla serrana
- M. f. Manzanilla fina
- m.   Morón
- N.   Negra
- N. s. Negra serrana
- G.   Gordal

aceite. El área del cultivo es muy extensa y ocupa una superf., desde 1950, superior a los 2.000.000 de hect. Dentro de las dos grandes zonas donde este cultivo es más intenso, destacan las prov. andaluzas de Jaén, Córdoba y Sevilla, donde la superf., 910.000 hect., representa el 43,6 % del total. La producción de la cosecha 1977-78 fue de 1.934.170 ton. de aceituna, correspondiendo a las prov. citadas el 62,8 %. Casi el total de la producción de aceituna se utiliza para la obtención de aceite, y en un porcentaje muy bajo, 9,8 %, para el consumo directo. La producción de aceite fue de 349.890 ton., de las que en las tres prov. citadas se obtuvo el 64,4 %; esta producción coloca a España en el primer lugar del mundo, seguida de Italia. Otro de los cultivos arbóreos característicos de nuestro suelo son los agrios, principal especie dentro de los frutales y objeto de una gran corriente exportadora que da lugar a una sólida e importante fuente de divisas. La superf. dedicada a este cultivo sobrepasa desde 1967 las 100.000 hect., siendo la de 1977 de 180.907, encontrándose las mayores concentraciones en las tres prov. valencianas. De gran importancia económica son también: el almendro, cultivado principalmente en Levante, Baleares, Granada y Lérida; avellano, en Tarragona; albaricoque, en Murcia, Albacete y Baleares; melocotón, en Murcia, Lérida, Valencia, Barcelona, Tarragona y Zaragoza; manzana para consumo en Lérida principalmente, con una producción del 26,8 % Zaragoza, Oviedo, Barcelona y Valencia; manzana para sidra, producción típica de la región húmeda, en el litoral cantábrico y gallego. En el litoral penibético maduran algunas frutas tropicales, si bien la región española de frutas tropicales, por excelencia, es Canarias, cuyo principal exponente, el plátano, representa una gran fuente de riqueza.

5. *Cultivos industriales.* El cultivo de plantas industriales es muy reducido, siendo el más tradicional el de plantas textiles, si bien la producción está disminuyendo sensiblemente, ya que el campo de aplicación está siendo desplazado por los plásticos, siendo solamente el algodón el de cierta importancia económica. La superf. dedicada a la caña de azúcar está estabilizada alrededor de las 4.000 hect. Su cultivo fue introducido en España por los árabes en Andalucía y Levante, quedando en la actualidad las prov. de Granada y Málaga como productores exclusivos de caña, y en cantidades muy pequeñas Santa Cruz de Tenerife, Las Palmas y Almería. Otro de los cultivos que ha ido adquiriendo importancia a partir de la pérdida de las colonias ha sido el del tabaco. La producción principal de tabaco se obtiene en la comarca de la Vera, Cáceres (67,9 % de la producción total) y en menor porcentaje en Granada. Aumento considerable ha experimentado en los últimos años el

Olivo

Naranjales de Valencia

MAPA FRUTERO

- Límite del naranjo
- Naranjo
- Limón
- Manzano y peral
- Manzana de sidra
- Plátano

cultivo del girasol, pasando de una producción de 10.870 ton. en 1964 a 388.307 en 1977.

6. *Pastos y cultivos forrajeros.* Los prados naturales ocupan en España una parte reducida, circunscrita a la región septentrional y a las zonas de montaña. Los cultivos forrajeros es de destacar la alfalfa, con una producción de 13.895.900 ton. en 1977, nabo forrajero, calabaza, berza, vallico, remolacha, etc.

Silvicultura. En otros tiempos cubrían los bosques en España grandes extensiones, pero de aquella riqueza arbórea sólo quedan vestigios. La superf. forestal española supera los 26.000.000 de hect., aunque eso supone sólo el 43 % del área nacional. Las especies más abundantes son: pino, roble, encina, alcornoque, castaño y haya. Los pinares ocupan aún grandes extensiones en las provincias de Soria, Segovia y Ávila, que se prolongan, por las de Madrid y Guadalajara, hasta las serranías de Cuenca y Teruel, y más al sur aparecen en los manchones de Albacete y Jaén. En las provincias leonesas, en Castilla la Nueva y en Extremadura, los encinares tienen áreas bastante extensas que se continúan por Andalucía. En los Pirineos abundan las agrupaciones de pinos, carrascas y alcornoques, y forman masas espesas los robledales y hayedos en los altos valles aragoneses y navarros. Finalmente, en la región cantábrica predominan, además de las hayas, los robles corpulentos, los fresnos y los castaños. La repoblación forestal, iniciada en el año 1877, comenzó a tomar incremento a principios de siglo con la creación de las Divisiones Hidrológico-forestales, y más tarde, en 1926, con la de las Confederaciones Hidrográficas. La producción de madera y leña de los bosques españoles es la siguiente, por especies:

Producción de madera y leña (miles de m.³)

Principales especies	1968	1977
Pino	3.497	5.083
Abeto	41	23
Roble	107	142
Haya	307	189
Castaño	86	72
Eucalipto	732	1.449
Chopo	293	500

Dentro de la producción forestal es de destacar el corcho. El alcornoque crece espontáneo en la cuenca occidental del Mediterráneo. La producción nacional, en 1977, fue de 87.537 ton., siendo las prov. de Cádiz, Málaga, Badajoz Cáceres, Huelva y Sevilla las principales productoras.

Zootecnia. La ganadería no tiene hoy en España la importancia relativa de otras épocas (siglos XV y XVI), en que León y ambas Castillas poseyeron grandes cabañas. En los co-

Pinares resineros de Segovia

mienzos de la Edad Moderna quiso hacerse de la ganadería uno de los fundamentos esenciales de la economía del país, por lo que se le concedieron enormes privilegios con el llamado «Ordenamiento del Concejo de la Mesta» (1511). Las desorbitadas ventajas rompieron el indispensable equilibrio entre la cría de ganado y los cultivos, y produjeron una reacción que originó el mal contrario, agravado con la desaparición de las dehesas comunales a raíz de la desamortización; así, a fines del s. XIX, la ganadería había llegado a una situación lastimosa. En la década 1920-30 hay un primer intento de reactivar la cabaña ganadera. La guerra civil, seguida de la S. G. M., marcó un descenso considerable en la producción ganadera. A partir del año 1955 se empieza a recuperar ésta, si bien no se alcanza el volumen necesario. La principal área de extensión del ganado vacuno corresponde a la región septentrional, de pastos frescos y abundantes, siendo las prov. de Oviedo, La Coruña, Lugo y Santander las que mayor número de cabezas albergan. El toro de lidia abunda principalmente en Andalucía y Salamanca, teniendo importancia, además, otras ganaderías afincadas en Madrid, Navarra, Extremadura y Aragón. El ganado ovino se aclimata perfectamente al suelo seco y árido de España y es siempre el que ha contado con mayor número de cabezas. La cabaña de esta especie se mantiene estacionaria y se realizan importaciones de ejemplares selectos y de razas puras para mejorar su rendimiento. Las principales razas nacionales son: *merina, lacha, churra* y *caracul;* la castellana, manchega y aragonesa no son razas puras, sino cruce de las anteriores. En la región extremeña se concentra el mayor número de cabezas (1.868.392), siendo de singular importancia los núcleos de Zaragoza, Teruel, Toledo, Ciudad Real, Lérida, etc. El ganado de cerda representa el factor principal de la producción de carne, con un número de cabezas en alza, si bien disminuido sensiblemente durante algunos períodos como consecuencia de la llamada peste porcina africana. A escala regional corresponde el mayor número de cabezas a Cataluña, Galicia y Murcia. El desarrollo adquirido en este sector mediante el cruce de razas se ha traducido en un notable aumento de la producción de carne, iniciándose en 1970 medidas para facilitar la exportación de canales de esta especie. El sector avícola ha experimentado un crecimiento vertiginoso, acelerado por una demanda creciente de huevos y carne y las circunstancias típicas de su explotación: no exigir inversiones cuantiosas, el ciclo corto de su aprovechamiento, la no dependencia del factor atmosférico y la creación de una técnica mediante la selección de razas. Todas estas condiciones favorables fueron también factores determinantes que contribuyeron a la cría de aves, cuya producción ha llegado a desbordar en ocasiones las necesidades del consumo nacional.

Pesca. La transformación de la flota pesquera iniciada en 1961, que suponía la mejora de las embarcaciones y de las artes de pesca y una mejor preparación técnica de las tripulaciones, ha supuesto un aumento considerable de las capturas, colocando a España entre los diez primeros países del mundo por capturas desembarcadas. El total de capturas de 1977 fue de 1.473.694 ton. La capacidad de los ríos, lagos y embalses españoles tiene en potencia posibilidad para una mayor riqueza y variedad ictiológica que la actual y ser objeto de una mayor explotación, si bien esta posibilidad se ve mermada en algunas cuencas donde los vertidos de contaminantes en los ríos están acabando con toda la fauna en ellos existente, siendo necesaria la intervención inmediata por parte de la Administración con una legislación adecuada que ponga fin a la contaminación de las aguas interiores y la repoblación ictiológica de las especies desaparecidas. Las especies más abundantes y explotadas son: salmón, trucha, cangrejo, anguila, lamprea, sábalo, ciprínidos, etcétera.

Minería. La mayor parte de la riqueza minera de España es conocida desde la más remota antigüedad. A principios del s. XIX, la minería española adquirió extraordinario desarrollo y figuró a la cabeza de la producción mundial en varias especies: plomo, cobre, mercurio, hierro, etc. Pese a que España posee las reservas más altas de Europa occidental en minerales básicos, la capacidad extractiva es muy inferior a la de sus posibilidades. La modernización, por una parte, de los sistemas de extracción de otros países y la creciente demanda de la industria nacional, por otra, en su proceso de rápida expansión, han hecho que España deje de ser en poco tiempo un país exportador de minerales y ha creado la necesidad urgente de tener que importarlos masivamente. A principio de 1978 trabajaban en la minería 69.730 personas, cifra que contrasta con las 200.000 de los primeros años de la década de los 60. El valor de la producción minera en 1978 fue de 69.236 millones de pesetas.

Combustibles. Por desgracia, no es el carbón en España ni abundante ni rico en calorías, lo que dificulta el desarrollo de la industria metalúrgica. La casi totalidad de los combustibles minerales de España corresponde a los terrenos carboníferos de la era paleozoica. Citemos, en primer término, la cuenca asturiana y las de León y Palencia, en las montañas cantábricas. La de Asturias, recientemente ampliada con el descubrimiento de nuevos yacimientos, es la primera de todas, tanto por su extensión como por sus condiciones favorables de explotación. Otra región carbonífera es la de Sierra More-

España

na, a la que pertenecen las cuencas de Puertollano y Bélmez. Guardan relación con ambas cuencas algunas capas carboníferas halladas en la provincia de Sevilla y en Extremadura. De menos importancia aún son las pequeñas cuencas de los Pirineos, y las de la provincias de Santander, Burgos, Guadalajara, etc., Además de los anotados existen otros yacimientos que corresponden a formaciones geológicas distintas y en los que se encuentran lignitos, cuya más importante producción, siempre creciente, corresponde a la provincia de Teruel, con criaderos en Utrillas, Montalbán, Aliaga y Andorra. La hulla es la que arroja un mayor saldo tanto en producción como en valor, aunque la producción está disminuyendo.

Productos energéticos. La dependencia cada vez mayor de los derivados petroleros ha hecho necesaria la búsqueda de posibles recursos de este tipo en España. Esta investigación, regulada por la ley de 1958, ha realizado numerosos sondeos, de los cuales varios han resultado positivos. El programa nacional de combustibles para 1979 preveía que la producción nacional de crudos procedente de los campos de Amposta, Dorada, Casablanca y Tarraco, en el mar, y Ayoluengo, en tierra, ascendería a 1.100.000 ton. La producción de gas natural en 1977 fue de 4.312.000 m.³ procedentes en casi su totalidad de las prov. de Álava y Burgos. El uranio, por sus propiedades radiactivas, se incluye también dentro de los productos energéticos. Los principales yacimientos, con indicios filonianos encajados en granitos, tienen sus centros en Andújar, Albalá del Caudillo (Cáceres) y Ciudad Rodrigo, y entre los relacionados con pizarras, destacan la mina de El Lobo, en el municipio de Magacela (Badajoz), y el de Ciudad Rodrigo, junto a la frontera portuguesa. Las prospecciones llevadas a cabo en la Península señalan zonas de la meseta del Duero, cuenca del Ebro y cordilleras circundantes como posibles zonas de explotación uranífera. La obtención de mineral de uranio fue, en 1977, de 305.073 ton., con un contenido de 254 ton. de U₃O₈. La principal zona de extracción corresponde a la prov. de Salamanca con el 74 % del mineral y el 50 % del concentrado, seguida de Jaén, con el 49 % de concentrado, completando el total Badajoz y Cáceres.

Minas de uranio, en Ciudad Rodrigo (Salamanca)

paña ha sido el primer país del mundo productor de cobre gracias a estos riquísimos criaderos, primacía que por la falta de reorganización del sector ha desaparecido, y en la actualidad la producción es insuficiente para abastecer la demanda interna. Los criaderos españoles de mineral de plomo (galenas argentíferas) se presentan en dos regiones principales: una la de Sierra Morena y la del sudeste. En la zona oriental de aquélla se encuentran los distritos mineros de Linares y de La Carolina, Jaén, primera prov. productora (35 %). El centro principal de la cuenca del SE. es Murcia, en el distrito de Cartagena-Mazarrón, con una producción similar a la de Jaén. Existen otros yacimientos de menor importancia en Ciudad Real, Santander, Almería y Lérida. La producción de mineral de plomo, en 1978, fue de 107.510 ton. De las 254.320 ton. de mineral de cinc, la mayor parte procede de asociaciones de complejos plomo-cinc-piritas. La zona de mayor producción corresponde a la provincia de Santander (44 %) con los complejos mineros de Suances, Comi-

llas y Reocín, este último con una ley del 58 %, la más alta del mundo. La segunda región corresponde a la prov. de Murcia (33 %), con los complejos de La Unión, Llano del Real, Mazarrón, Zarzadilla de Totana, etc. Hay otros complejos mineros en Oyarzun y Aitzgorri en Guipúzcoa, Quintanar en Granada y valle de Arán en Gerona. Las muchas y variadas aplicaciones del estaño en la industria, y la modesta producción nacional, insuficiente para abastecer la demanda, pese a que las reservas son muy cuantiosas, han hecho necesaria una investigación en este sector para modernizar los sistemas de extracción y reactivar la producción. La principal zona de producción se encuentra en las prov. gallegas, de las que Orense, con yacimientos en Verín, Carballino, Ribadavia, etc., es la primera productora nacional con el 56 % de la producción total. El mineral de volframio se encuentra en los mismos terrenos que el estaño, compartiendo a veces los mismos yacimientos. Salamanca, con los yacimientos de Barruecopardo, Saucelle, Lumbrales, Villar del Ciervo, Fuentes de

Lavadero de mineral de hierro, en una instalación vizcaína

Minerales metálicos. Existen 133 grupos mineros (1977) dedicados a la extracción de minerales metálicos, atendidos por 13.311 personas. El valor total de este sector fue de 17.095 millones de pesetas, correspondiendo el mayor valor al mineral de hierro (4.608 millones de pesetas). Los yacimientos de pirita españoles son los mayores del mundo, correspondiendo la zona de mayor riqueza a la prov. de Huelva, entre los ríos Tinto y Odiel. Es-

Almadén. Vista aérea

Oñoro, Ciudad Rodrigo, etc., es la prov. de mayor producción, seguida de Córdoba y Badajoz. España y la U. R. S. S. son los principales productores mundiales de mercurio. Los yacimientos más importantes se encuentran en Almadén, Ciudad Real, explotados desde tiempo inmemorial según se puede deducir por las huellas que en ellos han dejado los distintos pueblos que han pasado.

Metales preciosos. Tuvo España, en la antigüedad, fama de poseer una gran riqueza en metales preciosos. Consta que los cartagineses y los romanos obtuvieron de la Península enormes cantidades de plata, y Plinio habla de los campos auríferos de la región septentrional. Hoy apenas aparecen algunas diminutas pepitas en los ríos, Darro, Genil, Sil, Órbigo, Águeda, etc., y yacimientos de muy bajo rendimiento en Galicia, Asturias, Cáceres, Toledo, Guadalajara y Rodalquilar (Almería). La mayor riqueza argentífera estuvo en otros tiempos en los yacimientos de Hiendelaencina, Guadalajara, hoy abandonados, así como los de La Matilla, Cáceres y Guadalcanal, Sevilla.

Minerales no metálicos. Existían en España a finales de 1977, dedicados a la extracción de este tipo de minerales, 300 grupos mineros que empleaban a 9.510 personas y cuya producción alcanzó un valor de 16.653 millones de pesetas. Teniendo en cuenta el valor final, son de destacar los siguientes productos: sal potásica, con los yacimientos más importantes en Cardona y Suria, Barcelona, y en la depresión

Santa Pola (Alicante). Salinas

del Ebro, Navarra. Ambas prov. totalizan la producción de cloruro potásico, 935.428 ton., de las que el 69,4 % procedían de Barcelona; sal marina, con 134 instalaciones, ubicadas principalmente en la costa S. y SE. del litoral. La producción fue de 1.175.668 ton., de las que el 72 % procedían de la prov. de Alicante, con instalaciones en Denia, Calpe, La Mata y Torrevieja; espato flúor, abundante en toda España y explotado de una manera especial en Oviedo, donde se obtiene el 78,5 % de las 281.865 ton. de producción nacional; magnesita, abundante en Navarra y en menor cantidad en Lugo y Madrid; etc.

Canteras. El aumento experimentado en los últimos años en el sector de la construcción se ha traducido en un aumento considerable de los grupos dedicados a la extracción de productos de cantera. Teniendo en cuenta el valor del producto, el más importante es la caliza (7.488 millones de pesetas en 1977), común a todas las provincias de España, siendo la de mejor calidad la de Alicante, Baleares, Barcelona, Guipúzcoa, León, Madrid, Santander, Segovia y Toledo.

Industria. *Generalidades.* España no ha desarrollado todavía su industria en términos satisfactorios. Es evidente, sin embargo, que se está acrecentando en los últimos años, como lo prueba el hecho de que desde 1939 se han creado o mejorado 70.000 industrias. Las causas de la modestia de la industria española hay que buscarlas en la escasez de combustibles y de primeras materias textiles, y en el problema de los transportes. Por esto el Estado trata, con los mayores esfuerzos, de abrir cauce a todos los aprovechamientos industriales de las riquezas naturales de la nación. El propósito

Instituto Nacional de Industria. Madrid

gubernamental de intensificar la vida industrial del país comenzó a tener realidad inmediatamente después de la guerra civil, y ya en 1939 se inició la puesta en marcha de nuevas industrias en sectores muy importantes de la producción. La creación en 1941 del Instituto Nacional de Industria (I. N. I.), señala el principio de la industrialización del país. Los tres Planes de Desarrollo Económico y Social, iniciados en 1964, trataban de promover por todos los medios la industrialización progresiva de la economía nacional.

1. *Alimentación.* Constituye este sector uno de los que arrojan un mayor producto industrial, y un total de 129.586 empleados en 1976. Las actividades que alcanzan más valor son las cárnicas, lácteas y de molturación de harinas. Está creándose dentro de este sector y principalmente en los últimos años, una auténtica industria en torno a los precocinados.

2. *Bebidas y tabaco.* A principio de 1977 estaban censados 3.180 establecimientos dedicados a estas actividades y 57.112 personas. La producción de bebidas, en 1976, fue: 137.248 hl. de alcoholes vínicos; 804.500 de alcoholes industriales; y 2.390.910 de aguardientes, compuestos y licores, entre los que es de destacar la producción de 1.458.300 hl. de brandy. La producción de cerveza supera los 17 millones de hl. La demanda creciente de tabaco ha dado un notable impulso a este sector adecuando las instalaciones para una producción cada vez mayor. La producción de las islas Canarias es importantísima, ya que en algunos tipos de elaboración se equipara a la nacional, que, en 1976, fue de 976 millones de cigarros (38,3 % de origen canario), 53.394 millones de cigarrillos (31,6 % canario) y 1.912 ton. de picadura.

3. *Textil.* La industria textil ha sido hasta principio de siglo la principal actividad manufacturera, pero el carácter artesanal y a escala familiar de algunos de los establecimientos, unido al viejo utillaje que empleaban, incapaces de hacer frente a una producción mecanizada, han sido los factores determinantes para que este sector fuera perdiendo dentro del producto industrial bruto nacional, cuyo índice de participación, en 1974, era del 3,5 %. De los 4.000 establecimientos y 188.342 empleados en este sector, en 1977, el mayor porcentaje corresponde a Barcelona, auténtico emporio textil, donde radican el 50,4 % de los establecimientos y el 56,8 % del personal, seguida de Valencia, Alicante y Gerona.

La materia prima utilizada ha cambiado a lo largo del tiempo. En el siglo pasado era el lino, después desbancado por el algodón y la lana, y el porvenir apunta por las fibras artificiales tanto solas como mezcladas con algodón y lana.

4. *Calzado, confección y cuero.* La producción de calzado constituye una importante fuente de ingresos por concepto de exportación. Alicante y Barcelona son los principales centros de producción, de donde sale el 39,1 %

Industria del calzado. Máquina de centrar y montar

de la producción nacional, que, en 1976, fue de: 44.126.000 pares de zapatos de caballero y cadetes, 50.010.000 de señora, 28.091.000 de niño y 9.249.000 de sandalias.

5. *Madera, corcho y muebles.* La despoblación forestal de que ha sido objeto el suelo español se ha traducido en la falta de materia prima de buena calidad capaz de abastecer el sector maderero y del mueble. Se va supliendo esta necesidad con una más intensa aplicación del tablero aglomerado, cuya producción en 1976, fue de 21.840 ton. Los principales volúmenes madereros estaban constituidos en

Planta concentradora de tomate, en una factoría de Conservas Trevijano, S. A.

España

1976 por: tableros especiales aglomerados y de fibras, 833.868 m.³; tabla, 723.876; tablillas para envase, 713.858; tablón, 576.952; tarimas, duelas, etc. En el sector mobiliario predomina la fabricación en serie con cifras que se aproximan a los 6 millones de unidades, mientras que los de ebanistería fina se quedan en un millón. El gran minifundio que existe en la industrialización del corcho frena la capacidad productiva, si bien la producción se mantiene constante a pesar de la competencia de los plásticos invadiendo campos exclusivos en otro tiempo del corcho, como, p. e., la industria corchotaponera. La producción, en

Serrería de Cabezón de la Sal (Santander)

Máquina de fabricación de papel, en una factoría de La Papelera Española, S. A. Aranguren (Vizcaya)

1976, fue de 14.867 ton. de corcho en planchas, 5.697 de tapones, 27.536 de aglomerados, etc.

6. *Papel y artes gráficas.* La industria papelera, ubicada principalmente en las prov. vascongadas, Cataluña y Levante, produjo, en 1976, 461.982 ton. de pasta, de las cuales 440.952 procedían de madera y el resto de esparto y otros vegetales. La producción, en el mismo año, ascendió a 842.609 ton. de papel y 1.023.865 de cartón y papel para embalaje. El arte de imprimir se inició en España entre los años 1470-75. El primer libro editado en España, según una versión que no llama *libro* a la obra citada en segundo término, fue *Les trobes en lahors de la Verge María*, publicado en Valencia en 1474; según otros, esta primacía corresponde al *Sinodal de Aguilafuente*, impreso en Segovia en 1472. En la actualidad, el libro, como elemento portador de cultura, ha alcanzado un desarrollo notable, con una publicación, en 1977, de 20.646 títulos y 5.675 publicaciones periódicas con una tirada global de 61.075.000 ejemplares.

7. *Productos químicos.* La fabricación de productos químicos se inicia en España a finales del siglo XIX, con capital de procedencia extranjera en su mayor parte. El desarrollo fue lento y la dependencia del exterior era casi total en algunos sectores. El desarrollo definitivo de la industria química se logra con los Planes de Desarrollo, llegando

Fábrica de superfosfatos de la empresa Cros, S. A. Barcelona

a quintuplicar la producción en el período 1960-70.

Una de las industrias que ha tenido un desarrollo más notable es la de los plásticos y caucho. Los plásticos han desplazado en sus aplicaciones a elementos como la madera, corcho e incluso hasta ciertos metales. El cloruro de vinilo es la materia plástica de mayor desarrollo industrial, con instalaciones en Puertollano, Torrelavega, Martorell, Monzón del Cinca, etc. El polietileno ha revolucionado la industria del embalaje, pues gracias a su flexibilidad y resistencia y a una mejor presentación de los objetos, ha desplazado a los materiales clásicos: papel-cartón y madera. Neumáticos y bandajes, calzado y una variadísima gama de artículos, son los campos de mayor aplicación del caucho. La demanda es cada vez mayor y la carencia de caucho natural en el territorio nacional obliga a la importación en consonancia con la demanda del mismo. En 1976 se produjeron 8.832.000 cubiertas para automóviles y 3.362.000 cámaras.

Respecto a productos farmacéuticos, la especialidad en mayor producción la constituyen los antibióticos, cuyos centros de producción se localizan en Madrid, Aranjuez, León y Pamplona. A escala provincial, Madrid y Barcelona son las que cuentan con mayor número de laboratorios.

8. El sector *energético* es el más deficitario, con un saldo negativo de 195.474 millones de pesetas, ya que el petróleo, principal fuente de energía primaria, procede en casi su totalidad de la importación. Las refinerías de petróleo se encuentran en Tenerife, Escombreras, Somorrostro, Algeciras, Castellón, La Coruña, Puertollano y Tarragona. Del refinado del petróleo en los años 1970-74 se obtuvieron los siguientes productos:

Fabricación de productos derivados del petróleo (toneladas)

Refinerías de petróleo	1972	1978
Gases no condensables	15.888	4.912
Gases licuables (propano-butano)	1.283.690	1.023.958
Gasolina auto 85-66 N. O.	977.824	1.269.003
Gasolina auto 96-86 N. O.	2.543.005	4.110.882
Gasolina auto 97 y más N. O.	325.837	105.740
Combustible para reactores	1.772.681	2.415.483
Combustible para tractores	5.219	
Queroseno (petróleo lampante)	159.845	80.203
Gasoil	8.231.209	10.567.427
Fueloil	17.116.924	20.940.665
Diesel-oil	229.066	289.600
Aceites lubricantes:		
Aceite para motores terrestres	160.819	117.884
Aceite de engrase general	4.117	9.053
Aceite para máquinas marinas	13.371	7.962
Aceite para cilindros de máquinas de vapor	3.838	1.792
Aceites no lubricantes:		
Spindle	49.991	9.258
Aceites aislantes	5.360	2.072
Otros productos:		
Asfaltos	711.371	926.668
Parafinas	13.374	26.203
Naftas para usos industriales	1.748.825	2.517.669

El carbón, como fuente de energía primaria, representaba a principio de la década de los 50 el 78 % de la energía total utilizada en España. Esta mayoría absoluta fue descendiendo a ritmo muy acelerado con una participación, en 1960, del 42 %, equiparada con la del petróleo, para llegar al principio de los 70 con una participación del 20 %. Mediante la destilación se utiliza también como fuente de productos químicos.

Refinería de petróleo de la empresa Esso (detalle). Castellón

Almaraz (Cáceres). Central nuclear

El sector eléctrico es uno de los que han tenido, dentro de la industria española, un crecimiento más acelerado. De los 6.500 millones de kw. instalados en el año 1960 se pasó a 10.000 en 1965, para llegar en 1976 a 27.550.205 kw., de los que el 47,5 % eran de origen hidráulico. La producción en 1978 fue de 198.860 millones de kwh., de los que 50.060 eran de origen térmico, 99.430 hidráulico y 7.850 nuclear. Es de destacar en este sector la energía de origen nuclear, que cuenta en España con las centrales de Zorita, Santa María de Garoña y Vandellós, y en construcción las de Almaraz, Lemóniz, Ascó y Cofrentes.

9. La *siderurgia* nacional es insuficiente para abastecer la demanda nacional, pese a ser España un país con grandes reservas de hierro. Dado el bajo consumo que se hacía de estos productos, durante las dos primeras décadas del siglo, la producción era suficiente; la reconstrucción de la posguerra, primero, y el aumento constante del consumo de acero, después, unido a la falta de programación para aumentar y modernizar los sistemas de producción, pese a haberse duplicado en los cinco últimos años, crearon la necesidad de importar grandes cantidades para abastecer la demanda nacional. En la cornisa cantábrica se concentran los principales centros siderúrgicos y el 85 % de la producción nacional; fuera de esta zona es de importancia la factoría de Sagunto.

10. las *industrias mecánicas y de bienes de equipo* constituyen la actividad más importante de la industria, tanto por la mano de obra cualificada que emplea como por el alto porcentaje de inversión que requieren las instalaciones. La más tradicional de estas actividades, en España, es la construcción naval, a la que se han unido posteriormente la de automóviles, motores eléctricos, electrodomésticos, etc. En 1908 se dictó la ley de Renovación de la Escuadra y a su amparo se creó la Sociedad Española de Construcción Naval; la recuperación de tonelaje botado fue lenta y se llegó a 1931 con una producción de 66.340 ton. Du-

Transporte de automóviles en ferrocarril

rante este período se fundaron diez grandes astilleros y se remodelaron otros que habían quedado anticuados. Con la creación de nuevos astilleros y el aumento de capacidad de los ya existentes se llega en 1977 a una producción de 1.814.941 ton., correspondientes a 159 buques. Los grupos más importantes dedicados a la fabricación naval son 40, de los que tres están en Canarias, uno en Baleares y el resto en la Península, correspondiendo la mayor capacidad de producción a la zona gallega, Vigo y El Ferrol del Caudillo, seguida de Andalucía occidental (Huelva, Sevilla y Cádiz), la cornisa cantábrica, de gran tradición en este tipo de construcciones (Gijón, Santander, Bilbao, Zumaya y Pasajes) y la región occidental (Barcelona, Tarragona, Valencia y Cartagena). La industria aeronáutica española se encuentra en un período de concentración y reorganización con miras a una mayor eficacia y a la integración en la C. E. E. Apenas existe una industria aeronáutica militar grande, pero hay interesantes instalaciones en Getafe, Sevilla, Cuatro Vientos, Cádiz, etc., en las que se fabrican prototipos propios como el avión *Azor*, con dos versiones, el birreactor *Saeta*, fabricado también en el extranjero con licencia española, y otros tipos de aviones ligeros. Cuenta, por otra parte, con participación en proyectos europeos: *Mercure* (10 %), *Aerobús* (fabricación de ciertas piezas no motrices), mantenimiento de material de las bases hispano-estadounidenses, etc. La reorganización de la producción de material ferroviario se inicia acabada la guerra civil con el fin de recuperar las pérdidas de la guerra, tanto en el sector viario como en el móvil. El Primer Plan de Desarrollo (1964) puso en marcha el Plan Decenal de Modernización de la Renfe con una inversión de 25.000 millones de pesetas. La producción de material móvil, en 1978, fue: 70 automotores y vagones de metro, 50 locomotoras y 580 coches y vagones. En la región vascocantábrica, Guipúzcoa, Vizcaya y Santander; en Madrid, Barcelona, Valencia, Málaga, Cádiz y Zaragoza se encuentran los principales centros de producción. La industria

Astillero de la empresa ASTANO. El Ferrol del Caudillo

Aviones supersaeta en pista

España

Nave de máquinas de la factoría Pegaso. Madrid

Embalse de Bolarque (Guadalajara)

automovilística carece de tecnología propia y la casi totalidad de las marcas que se fabrican son de patente extranjera. La producción de automóviles de turismo, en 1978, fue de 986.110 unidades. Álava, Barcelona, Guipúzcoa, Madrid y Oviedo son los principales productores de motocicletas: 197.100 inferiores a medio caballo de potencia y 59.580 superiores a esta cilindrada. La fabricación de vehículos industriales radica principalmente en Madrid (Pegaso, Barreiros, Ebro y Avia). La producción nacional en 1978 fue de 2.950 autobuses y autocares y 131.810 camiones y furgonetas. En Madrid y Barcelona se encuentran los centros para la producción de tractores, 31.690, y en Linares y Zaragoza la fabricación de vehículos para todo terreno, 20.850. La producción de bicicletas fue de 588.890 unidades.

11. *Construcción.* La despoblación que viene padeciendo el agro español en los últimos años con el abandono de sus viviendas y la necesidad de otras en los nuevos centros de residencia, unido a la mejora del nivel de vida que pide viviendas que reúnan mejores condiciones, y las obras públicas, son los factores determinantes que han influido en el valor del sector de la construcción. El exponente más clarificador de la importancia que ha adquirido el sector de la construcción, es la producción de cemento (28.124.444 ton. en 1977), en la que España ocupa el 7.º lugar dentro de la producción mundial.

Obras hidráulicas. Las obras realizadas en este sector tienen como finalidad el regadío, aprovechar el potencial hídrico como fuente de energía eléctrica, el abastecimiento de agua potable y la regulación del curso de

Plan Badajoz. Acueducto del canal de Orellana

los ríos. La evolución de la capacidad de los embalses fue lenta durante las primeras décadas del siglo presente; durante el período 1930-40, aumenta sensiblemente, llegando en la última fecha a una capacidad de 4.133 hm.³, cantidad que prácticamente quedó duplicada en 1950. La evolución de la capacidad de agua embalsada ha sido la siguiente: 1955, 11.831 hm.³; 1960, 17.314; 1965, 22.876; 1970, 36.628, y 1978, 39.957. La distribución, por cuencas, en 1978 era la siguiente:

	Hm.³
Tajo	10.123
Duero	6.492
Ebro	6.111
Guadalquivir	4.826
Guadiana	4.095
Norte	3.723
Júcar	2.531
Segura	893
Sur	533
Pirineo oriental	630

Entre las obras más ambiciosas de este sector son de destacar: el Plan Badajoz, que con una capacidad de agua embalsada de 3.786 hm.³ riega una superficie de 129.549 hect. por medio de una red de canales superior a 600 km. de longitud, y el trasvase Tajo-Segura, para regar las tierras del SE. español, que lleva las aguas desde el embalse de Bolarque en la cuenca del Tajo (Guadalajara) al de Talave, en el río Mundo, afl. del Segura (Albacete), a través del embalse de Alarcón, en el Júcar (Cuenca). La longitud total de las obras es de 241 km., de los que 160 son en canal a cielo abierto, 69 en túnel, 11 en acueducto y el resto en tubería. La capacidad de agua trasvasada es de 1.000 hm.³ En la actualidad se proyecta la posibilidad de captación de aguas del Ebro para cubrir las necesidades futuras de Barcelona y su comarca.

Comercio. El intercambio comercial arrojaba durante el período 1970-78 las siguientes cifras:

Balanza comercial (millones de pesetas)

	1970	1975	1978
Importación	332.301	931.986	1.431.033
Exportación	167.198	441.091	1.001.303
Saldo	− 165.103	− 490.895	− 429.650

Importación-exportación (1978)
(valor en millones de pesetas, según la clasificación internacional)

Conceptos	Importación (CIF)	Exportación (FOB)	Saldo
Productos alimenticios	153.551,3	159.356,1	5.804,8
Bebidas y tabacos	22.846,0	24.045,4	1.199,4
Combustibles y lubricantes	405.846,8	25.165,1	− 380.681,7
Materias primas	194.960,0	20.238,5	− 174.721,5
Aceites y mantecas	9.875,4	22.040,7	12.165,3
Artículos fabricados	639.832,1	749.685,8	109.853,7
Oro en pasta y moneda	4.121,0	851,9	− 3.269,1
Total	1.431.032,6	1.001.383,5	− 429.649,1

Los principales países con los que se realiza este intercambio y su valor son:

Origen y destino del comercio (millones de pesetas)

Importación de	Valor	Exportación a	Valor
EE. UU.	190.104,8	Francia	166.360,2
R. F. A.	142.425,1	R. F. A.	106.721,4
Francia	130.073,3	EE. UU.	92.743,6
Arabia Saudí	123.316,7	R. U.	64.570,9
R. U.	77.049,9	Italia	49.846,4
Irán	69.691,0	P. B.	36.857,6
Italia	67.520,1	Bélgica - Luxemburgo	28.497,2
Irak	42.574,5	Venezuela	26.097,4
P. B.	40.230,4	Portugal	20.379,3
Japón	40.091,9	Irán	19.858,2

Hacienda. Los presupuestos generales del Estado, ingresos y gastos, durante el trienio 1976-78, quedan expuestos en los cuadros siguientes:

Presupuesto inicial de gastos (millones de pesetas)

Conceptos	1976	1977	1978
Total general	785.000,0	967.250,0	1.433.000
Por secciones			
Obligaciones generales del Estado:			
Casa de S. M. el Rey	85,3	107,0	150
Consejo del Reino	13,2	17,2	17
Cortes Españolas	573,3	657,3	1.370
Deuda Pública	20.512,5	19.664,7	32.465
Clases Pasivas	60.300,5	78.431,7	106.287
Tribunal de Cuentas	88,2	120,2	161
Fondos Nacionales	24.647,5	29.647,5	47.767
Consejo Nacional y Secretaría G. del Movimiento	4.450,7	4.950,7	—
Obligaciones de los Departamentos ministeriales:			
Presidencia del Gobierno	10.148,0	17.284,8	22.547
Ministerio de Asuntos Exteriores	5.651,8	6.398,0	8.402
Ministerio de Justicia	13.854,5	20.174,7	27.843
Ministerio del Ejército	66.977,4	83.739,4	—
Ministerio de Marina	26.485,9	34.171,7	—
Ministerio de Defensa	—	—	188.666
Ministerio de la Gobernación	101.425,3	121.056,8	99.760
Ministerio de Obras Públicas y Urbanismo	—	—	113.628
Ministerio de Obras Públicas	69.207,6	82.573,4	—
Ministerio de Educación y Ciencia	132.003,5	168.945,4	233.845
Ministerio de Trabajo	33.858,3	33.960,4	5.526
Ministerio de Industria y Energía	18.813,6	23.868,3	32.915
Ministerio de Agricultura	40.135,8	44.387,7	63.004
Ministerio de Comercio y Turismo	13.680,8	13.013,4	14.476
Ministerio de Hacienda	11.679,0	13.191,7	22.555
Ministerio del Aire	31.071,5	39.483,8	—
Ministerio de Economía	—	—	2.543
Ministerio de Transportes y Comunicaciones	—	—	117.804
Ministerio de Sanidad y Seguridad Social	—	—	128.301
Ministerio de Cultura	—	—	19.351
Integración A. I. S. S.	—	—	25.034
Ministerio de Información y Turismo	7.243,7	7.799,1	—
Ministerio de la Vivienda	6.060,8	34.581,7	—
Ministerio de Planificación del Desarrollo	4.598,3	—	—
Gastos de diversos Ministerios	71.433,0	89.023,4	118.583

Ministerio de Hacienda. Madrid

Banco de España. Madrid

Presupuesto de ingresos (millones de pesetas)

Conceptos	1976	1977	1978
Total general	844.620,8	1.135.047,2	1.407.981,3
Impuestos directos	315.130,5	414.342,6	588.711,1
Impuestos indirectos	389.434,5	472.257,9	560.120,4
Tasas y otros ingresos	36.653,7	57.008,7	65.304,4
Transferencias corrientes	18.851,5	26.334,1	42.043,1
Ingresos patrimoniales	47.449,8	53.561,3	77.426,0
Enajenación de inversiones reales	197,7	327,1	400,8
Variación de activos financieros	1.852,3	1.501,6	1.634,0
Variación de pasivos financieros	35.023,0	109.703,3	72.341,5

El concepto de ingresos directos es el que aporta mayor cantidad, correspondiendo las mayores aportaciones, en 1978, a los sectores de rendimiento trabajo personal (300.605,5 millones de pesetas) e impuestos de la cuota sobre la renta global (99.258,0). Dentro del sector de impuestos indirectos, el correspondiente al impuesto sobre tráfico de empresas, con 91.002,8 millones de pesetas.

1. *Deuda pública.* Salvo los años de la P. G. M. y 1940, la deuda pública nacional ha superado siempre a la del año anterior. La distribución de la deuda durante el quinquenio 1975-1979 era la siguiente:

Deuda pública (millones de pesetas)

Clases de deuda	1975	1976	1977	1978	1979
Deuda del Estado:					
Exterior	1.472,2	1.458,4	1.804,0	2.079,3	1.222,9
Interior	406.051,2	453.008,8	561.115,5	670.472,7	916.728,0
Total	407.523,4	454.467,2	562.919,5	672.552,0	919.951,8
Deudas especiales avaladas por el Estado	28.799,9	27.312,0	25.834,6	24.419,6	22.988,5
Créditos concedidos en el extranjero	79.431,6	100.062,9	200.227,3	404.294,0	338.971,6
Total general	515.754,9	581.842,1	788.981,4	1.101.265,5	1.281.911,9

Sala de contrataciones. Bolsa de Barcelona

España

2. *Renta nacional.* A excepción de los años de la guerra civil y los inmediatamente posteriores, la renta nacional ha ido en continuo aumento, llegando a alcanzar, en 1977, los 8.330.418,1 millones de pesetas al coste de factores.

3. *Moneda.* La unidad monetaria española es la peseta. Se impuso como unidad monetaria el 19 de octubre de 1868, asignándola el peso de 5 g. de plata. Su paridad con las principales monedas en los años que se citan era la siguiente:

Cambios de moneda extranjera fijados por el I. E. M. E.
Máximo y mínimo de billetes de banco y mercado de divisas.—Cambio de compra

Monedas	1977 Billetes Máximo	1977 Billetes Mínimo	1977 Divisas Máximo	1977 Divisas Mínimo	1978 Billetes Máximo	1978 Billetes Mínimo	1978 Divisas Máximo	1978 Divisas Mínimo
1 Dólar U.S.A.	85,40	66,72	87,07	65,89	79,48	66,41	81,38	67,36
1 Dólar canadiense	80,39	63,34	82,21	64,91	71,98	56,13	73,82	57,20
1 Franco francés	17,56	13,43	17,90	13,72	17,18	15,78	17,55	16,05
100 Francos CFA	35,41	26,82	—	—	34,46	31,73	—	—
1 Libra esterlina	148,61	113,49	154,28	115,89	153,97	135,57	158,08	138,02
1 Franco suizo	38,80	26,33	40,25	26,77	46,59	38,64	49,16	39,36
100 Francos belgas	238,40	180,34	246,46	184,19	250,47	220,39	254,95	232,95
1 Marco alemán	37,40	27,89	38,44	28,27	38,95	36,27	41,34	36,64
100 Liras italianas	9,81	7,18	9,86	7,76	9,18	8,01	9,40	8,38
1 Florín holandés	34,92	26,59	35,55	26,98	36,40	33,19	37,13	33,81
1 Corona sueca	19,50	14,89	19,92	15,61	17,04	15,68	17,46	16,06
1 Corona danesa	14,23	11,03	14,55	11,40	14,00	12,94	14,44	13,24
1 Corona noruega	16,13	12,32	16,55	12,04	15,36	13,53	15,83	13,81
1 Marco finlandés	21,20	16,19	21,63	16,84	19,78	17,16	20,56	17,55
100 Chelines austriacos	524,90	390,67	535,38	396,27	538,82	494,03	552,37	503,04
100 Escudos portugueses	213,52	166,13	225,28	176,26	189,98	141,92	203,11	150,98
100 Yenes japoneses	33,17	24,67	34,58	23,27	40,48	32,37	41,24	30,02
1 Dirham	15,87	10,49	—	—	15,34	13,12	—	—
1 Cruceiro nuevo	4,85	3,44	—	—	4,37	2,33	—	—
1 Bolívar	19,78	15,23	—	—	18,21	15,06	—	—

El valor de los billetes en circulación, en 1978, era de 1.076.514 millones de pesetas; el oro del Banco de España y las divisas convertibles alcanzaban el año citado un valor de 727.328,5 millones de pesetas.

4. *Banca.* La banca oficial está representada por el Banco de España, institución financiera de ámbito nacional creada en 1856; el total activo-pasivo de esta entidad, a finales del año 1978, era, en millones de pesetas, de 2.007.878, y el de la banca privada, de 15.009.547.

5. *Bolsa.* Madrid, Barcelona y Bilbao cuentan con bolsa de contratación de valores, que negociaron efectos por valor de 100.316,5 millones de pesetas, en 1978, de los que el 70,9 % correspondieron a la de Madrid, 16,8 % a Barcelona y el resto a Bilbao.

6. *Sociedades anónimas.* En 1978 había constituidas 8.040 sociedades anónimas con un capital de 46.220 millones de pesetas.

Comunicaciones y transportes. *Generalidades.* Las comunicaciones, tanto los transportes de redes viarias, por mar y por aire, así como las comunicaciones por medios audiovisuales, son fundamentales e insubstituibles en el desarrollo económico. A un mayor desarrollo económico corresponde una más compleja red de comunicaciones. La más antigua red española de comunicaciones terrestres fue obra de los romanos, cuyas calzadas atravesaban la Península en todas direcciones, con magníficos puentes, muchos de los cuales siguen aprovechándose para el tránsito. Los Reyes Católicos atendieron las comunicaciones y mandaron construir nuevas vías, llamadas «caminos reales»; pero sólo en tiempo de Carlos III se estudió un plan completo de carreteras. El gran impulso en la construcción de caminos se inició después de la primera guerra carlista. La introducción del ferrocarril en España fue tardía, pues la primera vía férrea inaugurada, la de Barcelona a Mataró, es de 1848. Las primeras concesiones de ferrocarriles españoles se indican en el cuadro siguiente:

Vista aérea del edificio de la Bolsa de Madrid

Locomotora del primer tren español (Barcelona-Mataró, 28 de octubre de 1848)

Año de concesión	Línea concedida	Inauguración
1829	Jerez-Portal.	Concesión caducada.
1830	Jerez-Puerto de Santa María, Rota y Sanlúcar.	Concesión caducada.
1833	Reus-Tarragona.	Concesión caducada.
1843	Barcelona-Mataró.	28 de octubre de 1848.
1844	Madrid-Aranjuez.	9 de febrero de 1851.
1845	Sama de Langreo-Gijón.	7 de marzo de 1853.
1845	Alar del Rey-Santander (1).	28 de marzo de 1857.

(1) En una segunda concesión, otorgada en 1849, a los pocos meses de caducar la primera.

La construcción de líneas férreas tomó pronto gran impulso, y en 1865 había ya 4.000 km. en explotación, y en 1908 existían 11.000 km. de líneas de vía ancha y 3.000 km. de vía estrecha.

Carreteras. El aumento extraordinario de los transportes por carretera que se produjo después de la P. G. M., obligó a todos los países a mejorar sus caminos. En España, el Gobierno del general Primo de Rivera (1923-29) acometió el problema creando el Circuito Nacional de Firmes Especiales, que transformó rápidamente 6.600 km. de caminos de primer orden, los de mayor actividad, gastando en las obras 2.000 millones de pesetas. Con la consagración del camión pesado, las necesidades se incrementan progresivamente, y el Gobierno español incluyó en su Plan de Obras Públicas de 1941 la mejora de la red viaria, que dividió en tres tipos: *caminos nacionales* (de 9 m. de anchura), *caminos comarcales* (de 7,5 m. de ancho), que constituyen la red fundamental del Estado, y *caminos locales* (de 6 m.), encomendados a las diputaciones provinciales. La situación de las carreteras españolas en aquel momento (1941) era la siguiente:

Conceptos	Kilómetros construidos	Kilómetros en construcción	Total
Carreteras del Estado (nacionales, comarcales y locales).	75.300	2.351	77.651
Carreteras provinciales	13.066	803	13.869
Caminos vecinales	31.624	5.359	36.983
Totales	119.990	8.513	128.503

Carretera Madrid-Irún, en los alrededores de Robregordo (Madrid)

Considerando insuficiente la ley de 1941, se promulgó en 1950 un Plan de Modernización de la Red de Carreteras. La escasez de divisas impidió importar la maquinaria adecuada, y por ello los objetivos fijados no pudieron ser llevados a la práctica en su totalidad. El 22 de diciembre de 1961 las Cortes aprobaron la ley de Bases del Plan General de Carreteras y la ley de Carreteras en Régimen de Concesión. Según el ambicioso Plan, establecido para un período de dieciséis años (1962-77), suponía un total de gastos de 177.638,2 millones de pesetas, distribuidos por cuatrienios. En 1967 los anteriores planes se transformaron en el *Plan Redia* (Red de Itinerarios Asfálticos), que inicialmente (1967-1972), programó una moderna construcción viaria de las carreteras na-

Puestos de control de peaje, en la autopista de La Coruña. Vista nocturna

RED DE AUTOPISTAS, CARRETERAS RADIALES Y NACIONALES

Autopista
Carretera nacional radial
Carretera nacional
En construcción

España

cionales radiales, más otros tramos de gran interés, hasta totalizar 4.925 km. La red de carreteras en 1978 y su distribución según categorías era la siguiente:

Categorías	Kilómetros
Red del Estado:	
Autopistas (1)	1.603,9
Autovías	120,8
Otras carreteras	79.494,7
Red provincial:	
Carreteras provinciales y caminos vecinales	66.734,6
Total	147.954,0

(1) Figuran incluidos los 1.347 km. de peaje.

Durante el año 1978, la división según el pavimento, expresada en kilómetros, era la que se indica en el cuadro que figura a continuación:

	Red del Estado	Red provincial	Total
Macadán	—	10.586,4	10.586,4
Tratamiento superficial	62.598,4	51.101,0	113.699,4
Otros firmes:			
Hormigón o adoquinado	842,2	—	—
Aglomerado asfáltico	17.778,8	—	—
Total	18.621,0	5.047,2	23.668,2
Total general	81.219,4	66.734,6	147.954,0

El parque de vehículos muestra en los últimos años una tasa de crecimiento con tendencia a disminuir ligeramente tras el aumento explosivo experimentado en el período 1964-1967:

Vehículos automóviles en circulación

Conceptos	1965	1970	1975	1978
Turismos	807.317	2.377.726	4.806.833	6.530.428
Motocicletas	1.124.645	1.267.242	1.158.789	1.170.527
Camiones	366.863	710.223	1.001.074	1.189.993
Autobuses	20.340	30.728	39.028	41.569
Tractores	3.103	6.295	13.182	20.111
Totales	2.322.268	4.392.214	7.018.906	8.952.628

Correos. El Cuerpo de Correos fue creado en 1889, figurando unido corporativamente al de Telégrafos hasta 1892. El servicio postal nacional corre a cargo del Estado. En 1978 contaba con 12.803 oficinas, incluidos los carteros de enlace con servicio de oficina, y una plantilla de 41.482 personas. Los objetos postales, en 1978, fueron 4.379.290, de los que 3.618.454 pertenecían al servicio interior y 760.836 al servicio internacional (expedidos y recibidos).

Ferrocarriles. La construcción de los ferrocarriles españoles fue inicialmente, y así continuó hasta 1941, negocio de empresa, y las líneas se proyectaron para atravesar las zonas más ricas y pobladas. El coste de la construcción es muy elevado, porque la naturaleza montañosa del suelo español obliga frecuentemente a salvar en cortas distancias grandes desniveles con obras de fábrica (túneles, puentes, terraplenes y amplios rodeos). Las líneas férreas españolas son de vía ancha y de vía estrecha, predominando, con mucho, las primeras, que tienen una separación superior a la anchura normal en Europa. Las líneas fundamentales poseen doble vía. La red es bastante densa en las regiones litorales ricas (País Vasco, Cataluña, Levante y Asturias), que son las más industrializadas, en tanto que existen comarcas «casi vacías», que corresponden a las provincias interiores y menos valoradas industrialmente (Cuenca, Teruel, Albacete, Cáceres, Badajoz, Zamora, etc.). La ley de 24 de enero de 1941 dispuso el rescate anticipado por el Estado de las vías de ancho normal (vía ancha), explotadas hasta entonces por empresas privadas, y entonces se constituyó la Red Na-

Tren con tracción de máquina Diesel

cional de Ferrocarriles Españoles (RENFE). La fórmula adoptada para la nacionalización puso fin a una situación caótica en la vida económica de los ferrocarriles. En el momento de la constitución de la RENFE, la red nacional contaba con un total de 12.777 km., en tanto que los ferrocarriles secundarios, industriales y estratégicos tenían 5.148 km., lo que arrojaba un total de vías de 17.925 km., sin contar los en construcción. Desde aquella fecha, la RENFE centró todos sus esfuerzos en la reparación de las pérdidas ocasionadas por la guerra civil, en la adquisición y fabricación de material de tracción y en la mejora de los servicios de transporte. Posteriormente, el Estado comenzó a explotar las compañías ferroviarias de vía estrecha en estado deficitario, mientras permanecían sin intervención las compañías privadas de vía estrecha económicamente rentables. En 1978, la vía de ancho normal, sumaba 13.540 km.; la vía estrecha, 1.680, y del total de 15.220 estaban electrificados 4.783 y 538, respectivamente. Entre las mejoras in-

Palacio de Comunicaciones. Madrid

RED DE LOS FERROCARRILES NACIONALES

Ferrocarriles de vía ancha
Ferrocarriles de vía estrecha

troducidas por la nueva administración ferroviaria hay que citar la puesta en circulación de trenes tipos *Talgo, Taf, Ter, Electrotrén*, unidades eléctricas de alta velocidad para recorridos cortos, preferentemente en las cercanías de grandes núcleos de población, y empleo de ejes intercambiables para resolver el problema de la diferencia de ancho de vía entre España y el resto de Europa. En 1964 se dictó un plan decenal de modernización de la RENFE, revisado en 1967. Por dificultades de la programación a largo plazo, en 1970 se acordó el establecimiento de planes cuatrienales con objetivos específicos. El material de tracción de que disponía el ferrocarril español en 1978 alcanzaba las siguientes cifras:

Conceptos	Vía ancha	Vía estrecha
Locomotoras de vapor	—	31
Locomotoras eléctricas	436	33
Locomotoras Diesel	769	132
Automotores eléctricos y Diesel	660	236
Coches (1)	3.538	
Vagones	40.765(2)	5.310
Furgones	579	

(1) Incluidos remolques de automotores.   (2) Incluidos vagones de particulares.

Tráfico. a) *Tráfico interurbano.* El servicio interurbano por carretera ha adquirido en España un gran desenvolvimiento, y en el año 1977 cubría una red de 215.687 km. de long., atendida por 4.937 líneas de viajeros, con un parque de 12.087 vehículos, en 1976, y una capacidad de 605.289 plazas, en 1977, que transportaron 575.875 viajeros. La recaudación obtenida por dichas empresas fue de 16.615 millones de pesetas.

Centro de cálculo de la RENFE, en la estación de Chamartín. Madrid

Tráfico de viajeros y mercancías

Conceptos	1976 Vía ancha	1976 Vía estrecha	1977 Vía ancha	1977 Vía estrecha	1978 Vía ancha	1978 Vía estrecha
Viajeros transportados (miles)	206.283	128.851	212.200	127.760	207.100	116.068
Viajeros-kilómetro (millones)	16.686	1.497	17.163	1.480	16.758	1.332
Toneladas de mercancías transportadas (miles)	36.031	10.732	37.465	10.581	35.823	9.192
Toneladas de mercancías-kilómetro (millones)	10.766	393	11.425	401	10.709	369

España

b) *Tráfico urbano.* El trolebús es un medio de transporte urbano que, como ya lo hizo el tranvía en 1976, está llamado a desaparecer. La disminución del transporte en el trolebús se ve reflejada en los 109 millones de viajeros en el año 1970, frente a los 3.163.000 en 1978. Debido a la congestión del tráfico, el metropolitano es el sistema de comunicación urbana al que mayor atención dedican, sobre todo, las grandes ciudades. En 1978 funcionaban 12 líneas, que cubrían una longitud total de 110 km., y transportaron, diariamente, un promedio de 1.928.849 viajeros. Madrid es la ciudad mejor dotada, transportando, en 1978, un promedio diario de 1.224.000 viajeros, seguida de Barcelona, con 730.923. Se encuentra en construcción en Sevilla y figura como proyecto en Bilbao y Valencia. El autobús es el sistema de comunicación urbana más utilizado (4.572.958 viajeros, promedio diario en 1978). Este sistema cubría una red de 7.228 km. En 1978 había 42.916 taxímetros en circulación, en toda España.

Teléfonos. En España, la adopción del teléfono fue inmediata, tras su invención por Graham Bell, pero su explotación por la iniciativa privada, mediante concesiones hechas por el Estado, le privó de un desarrollo eficiente en los primeros años, a causa de falta de planificación. En 1924 se construyó la Compañía Telefónica Nacional, empresa a la que fueron revirtiendo todas las redes telefónicas existentes. El capital perteneció mayoritariamente a la International Telephone and Telegraph. En 1945, el Gobierno español emitió un empréstito de obligaciones por 50 millones de dólares estadounidenses, con vencimiento al 31 de diciembre de 1960, como parte de la compensación por la cesión o venta de las inversiones de la Telephone and Telegraph, a la Compañía Telefónica Nacional, cantidad que fue rescatada íntegramente en 1952, con ocho años de anticipación a la fecha del vencimiento. En consecuencia, el servicio telefónico quedó plenamente nacionalizado.

Evolución estadística del teléfono

Años	Teléfonos
1910	23.175
1920	57.813
1930	212.360
1940	327.075
1950	651.516
1960	1.779.314
1970	4.569.408
1978	10.311.423

Los anteriores datos son el exponente más diáfano del extraordinario incremento del servicio telefónico español. Sin embargo, el hecho de que siga desarrollándose con elevados índices (en 1978, tuvo una tasa superior al 7,5 %) y la creciente demanda, indican que aún se está lejos de alcanzar el nivel adecuado. En España todas las capitales de provincia tienen comunicación directa entre sí, y todas las provincias disponen de servicio automático con sus centros principales. Álava, Baleares, Navarra, Las Palmas y Santa Cruz de Tenerife disfrutan de automatización integral. El servicio automático internacional ha seguido a ritmo creciente, alcanzando en marzo del año 1977 a los siguientes países: Alemania (R. D. A.), Alemania (R. F. A.), Andorra, Australia, Austria, Bélgica, Brasil, Canadá, Checoslovaquia, Ciudad del Vaticano, Costa Rica, Chile, Dinamarca, República Dominicana, El Salvador, EE. UU., Filipinas, Finlandia, Formosa, Francia, Grecia, Hungría, Irlanda, Italia, Japón, Liechtenstein, Luxemburgo, Marruecos, Méjico, Mónaco, Noruega, P. B., Polonia, Portugal, R. U., República Sudafricana, Suecia, Suiza y Venezuela.

Movimiento telefónico en 1978

Conceptos	Millares
Líneas en servicio	6.185.420
Teléfonos en servicio	10.311.423
Conferencias	1.683.513
Interurbanas:	
Manuales	103.417
Automáticas	1.541.914
Internacionales:	
Manuales	2.786
Automáticas	35.396

Fuera de las fronteras peninsulares, se inició en 1965 un programa de expansión con la instalación de cables submarinos, facilitando la transmisión de datos a alta velocidad. La situación geográfica convierte a España en un centro importante de las telecomunicaciones mundiales, participando en misiones científicas en colaboración con la Agencia Europea del Espacio y con la N. A. S. A. En cuanto a las comunicaciones marítimas, el movimiento de los servicios radiotelefónicos, durante 1978, fue de 484.021 conferencias.

Telégrafos. El servicio telegráfico en España corre a cargo del Estado. Se inició en 1830 con el telégrafo óptico entre Madrid y Aranjuez, extendido hasta Irún (1847) y Cádiz (1850). Con el progreso de los medios de comunicación se perfeccionó gradualmente adoptando la electrotelegrafía de Morse (1855), transmisión telegráfica radioeléctrica (1906), y, finalmente, el teletipo y los sistemas télex y géntex, este último con la ventaja de operar combinadamente con aparatos telefónicos y telegráficos, acelerando las comunicaciones. Las cifras estadísticas correspondientes a 1978 fueron las siguientes:

Estaciones	Líneas — Km.	Despachos (1) Interiores Miles	Despachos (1) Internacionales Miles	Despachos (1) Total Miles	Ingresos — Millones	Gastos (2) — Millones
4.913	32.991	33.345	1.962	35.307	4.895	11.210

(1) Incluidos los telegramas-giro. (2) Incluidas las inversiones realizadas con cargo al Plan de Desarrollo.

Los 32.991 km. de líneas telegráficas terrestres suponen un desarrollo de conductores de 154.650 km. El número de aparatos en servicio en 1978 ascendía a 24.210 (72 de Morse, 23.800 teletipos, 95 emisores de radio, 85 receptores de radio y 158 centrales télex y géntex). Los aparatos *Morse rápido* fueron suprimidos a partir de 1965, y desde 1969 los Morse están siendo substituidos por teletipos. En cuanto a las comunicaciones marítimas, el movimiento de los servicios radiotelegráficos, durante el año 1978, fue de 484.021 radiotelegramas (115.274 expedidos y 348.121 recibidos).

Transporte aéreo. El tráfico aéreo en España se inició en 1921 con la creación de la Compañía de Tráfico Aéreo. El primer vuelo cubrió el espacio Sevilla-Larache, con un avión De Havilland DH-9, el 15 de octubre. El éxito animó a la creación de otras compañías, y así nacieron la Compañía Aeronáutica Mallorquina, Unión Aérea Española y la Compañía Iberia. De la fusión de estas tres compañías, en 1928 nació la compañía paraestatal Concesionaria Líneas Aéreas Subvencionadas (C. L. A. S. S. A.). Durante la guerra civil reapareció Iberia, obteniendo, en 1940, la exclusiva del tráfico de correo aéreo, pasajeros y mercancías. Con la autorización de nuevas compañías aéreas no regulares (1947), se creó Aviación y Comercio (Aviaco), controlada por Iberia al adquirir el I. N. I. la mayoría de las acciones en el mismo año de su fundación. En la actualidad existen otras tres compañías: Spantax, Air Spain y Trans Europa, que se dedican preferentemente a los vuelos *charter*. Además, funcionan tres compañías de aerotaxis, con bases de despegue en Barcelona, Madrid y Canarias. Iberia se transformó de forma espectacular en los años sesenta, llegando a figurar entre las compañías aéreas más importantes del mundo.

Aeropuerto transoceánico de Madrid-Barajas. Llegada de viajeros

Servicios de los transportes aéreos en 1978

Conceptos	Interior	Internacional	Total
Aeronaves-Comerciales	347.995	243.015	591.010
Pasajeros (miles)	25.719	22.657	48.376
Mercancías (toneladas)	249.878	144.336	394.214

Barcelona. Aeropuerto de Prat de Llobregat

España constituye una privilegiada plataforma de infraestructura aérea para apoyo de las líneas de enlace de Europa y África, y de las que comunican el continente americano con el asiático a través del Mediterráneo. Tiene abiertos al tráfico aéreo civil 41 aeropuertos y otros en construcción o en proyecto. En la ordenación y mejora de la aviación realizada últimamente, se ha dado preferencia a la construcción de grandes aeropuertos de tipo transoceánico o intercontinental. Los aeropuertos de Madrid, Barcelona, Palma de Mallorca, Las Palmas, Santa Cruz de Tenerife, Valencia, Málaga y Sevilla son los que soportan la mayor parte del tráfico con el resto del mundo y sirven de escalas técnicas de las grandes líneas internacionales, explotadas por un número siempre creciente de empresas extranjeras.

El 1 de noviembre de 1974 fue inaugurado el puente aéreo Madrid-Barcelona, y viceversa, primero en su género establecido en Europa.

Transporte marítimo. La marina mercante española ocupa un puesto de gran interés en relación con la de otras naciones del mundo. La Empresa Nacional «Elcano» de la Marina Mercante, por delegación del Gobierno, viene atendiendo a la intensificación de las nuevas construcciones de buques para renovar la flota. España ocupa el séptimo lugar mundial en cuanto al número de sus buques mercantes y el catorceavo atendiendo a su tonelaje. Las compañías navieras más importantes son: Empresa Nacional Elcano, Trasmediterránea, Aznar, C. A. M. P. S. A., Ybarra, Altos Hornos de Vizcaya, Pinillos, Cofruna y Transatlántica. Con la subvención del Estado, mediante primas a la navegación, existen líneas regulares a América del N., Central y del S. desde los puertos del Norte y Levante español, servicios cubiertos por las compañías Ybarra, Transatlántica y Aznar; las del norte de Europa están atendidas por Aznar, Cofrurta y Pinillos; las del Oriente Medio, por N. E. A. S. A. (Naviera de Exportación Agrícola, S. A.); y las comunicaciones entre la Península, Baleares, plazas del norte de África, Canarias y golfo de Guinea, por la Transmediterránea.

a) *Flota.* En 1978, la flota mercante española se componía de 3.249 buques de más de 100 ton. de arqueo, con un tonelaje de 7.697.177, de los cuales 2.167 estaban dedicados a la pesca.

b) *Puertos.* La costa española es dura e inabordable en la mayor parte de su litoral, y junto al reducido número de puertos natura-

Santa Cruz de Tenerife. Vista parcial del puerto

les, la habilitación de refugios seguros para los barcos mercantes y pesqueros es un problema de obras públicas. Los 48 puertos principales poseen, desde el punto de vista técnico y administrativo, cierta autonomía: las Juntas de Obras regulan las instalaciones portuarias, perciben las tarifas y recurren, cuando les es preciso, al crédito público. Los restantes dependen directamente del Gobierno a través de la Comisión Administrativa de Obras y Servicios de Puertos. Los más importantes, por su

Pesquero *Gondomar*, de la empresa Pescanova, S. A. el mayor buque congelador de Europa

tráfico anual, son: en el Mediterráneo, Barcelona, Valencia, Cartagena, Almería y Málaga; en el Atlántico, Cádiz, Sevilla (puerto fluvial, en el Guadalquivir), Huelva, Vigo y La Coruña; en el Cantábrico, Gijón, Santander y Bilbao; en las islas Canarias, Santa Cruz de Tenerife y Las Palmas, y en las Baleares, el de Palma de Mallorca.

CULTURA

España y la cultura universal. La aportación de España al pensamiento universal ha sido importante en todas las épocas desde los tiempos más remotos. Descubridora de un continente, llevó a él con su lengua y su religión, los principios y las realizaciones de la civilización occidental, a cuya expansión contribuyó en alto grado. En dos actividades culturales España destaca señeramente en el mundo: la literatura y la pintura.

Teología. El carácter distintivo de la teología hispánica ha sido siempre la exposición ortodoxa del dogma católico. Se atribuye a Osio, obispo de Córdoba, la redacción del *Credo*, en el Concilio de Nicea (325), pero el representante más caracterizado de la primera tradición teológica española es San Paciano (390), prelado barcelonés. En los primeros siglos, la obra teológica hispánica es una empresa contra los errores dogmáticos: en el s. IV se concentra contra el *priscilianismo*, herejía nacional; en el V, contra el *pelagianismo*, con la aportación de Orosio (417), amigo de San Agustín y San Jerónimo; en el VI, San Leandro, arzobispo de Sevilla, triunfó sobre el *arrianismo* de los visigodos, en el IX, Beato y Etherio combatieron al *adopcionismo*, que defendiera en España Elipando, metropolitano de Toledo. La tradición teológica es menos viva en los siglos X y XI, y en el XII hay que mencionar al judío converso Pero Alfonso; en el XIII aparecieron las obras de San Pedro Pascual y del dominico Ramón Martí y la gran figura del Beato Raimundo Lulio, en la controversia contra judíos y musulmanes. Los siglos XVI y XVII constituyen la edad de oro de la teología española, que interviene en la lucha doctrinal contra la Reforma; en este tiempo se publican numerosas y notables obras, y el escolasticismo español constituye un verdadero movimiento intelectual autónomo. Entre los centenares de teólogos de este período hay que citar al dominico Francisco de Vitoria, llamado el reparador de la Escolástica; a Melchor Cano, sumo maestro; al franciscano Luis de Carvajal y al agustino Lorenzo de Villavicencio; a Pedro de Soto y Domingo de Soto, dominico, famoso en el Concilio de Trento e intérprete de Santo Tomás; a los también

Monumento a Domingo de Soto, en Segovia

dominicos Bartolomé de Medina, a quien se atribuye el establecimiento del fundamento racional del probabilismo; Domingo Báñez, fundador de la doctrina de la predeterminación física, y Juan de Santo Tomás, cuyo *Curso de Teología* es uno de los mejores que se han escrito. Paralelamente a los de los dominicos, se desenvolvieron los de la Compañía de Jesús: en Trento figuraron dos de los primeros miembros de la Orden, los padres Laínez y Salmerón; Gregorio de Valencia se distinguió en las luchas teológicas contra el *protestantismo*, y Francisco de Torres, o *Turriano*, es conocido por sus escritos contra los *calvinistas;* Luis de Molina presentó un sistema nuevo para poner de acuerdo las ideas de libertad, gracia y predestinación; Juan de Maldonado se hizo famoso por sus lecciones de teología en París; Francisco Suárez recibió de Paulo V el título de *Dóctor Eximius;* Gabriel Vázquez, Juan de Lugo y Diego Ruiz de Montoya, que atinó en la fusión de las tendencias teológicas positiva y escolástica. Asimismo figuraron como apologistas o como teólogos del Concilio tridentino numerosos franciscanos españoles, y muchos de ellos se distinguieron como expositores del sistema teológico llamado *Escotismo.* Hay que mencionar igualmente a los carmelitas, escritores del *Cursus Theológicus Collegii Salmanticensis,* Francisco de Jesús María, Andrés de la Madre de Dios, Sebastián de San Joaquín e Ildefonso de los Ángeles; a los agustinos y, entre ellos, a fray Luis de León, y, como seglar, a Luis Vives, que ayudó a crear la alta significación universalista de la teología hispana. Entre los siglos XIII y XVII, los estudios de teología moral siguieron, en España, muy de cerca a los de teología dogmática. En época más moderna hay que destacar la labor de los jesuitas Villada y Mendive y muy en particular la del padre Juan Ferreres. En nuestros días la teología moral es estudiada, entre otros, por Marcelino Zalba. Por lo que respecta a la historia de la Iglesia, sus más destacados investigadores son R. García Villoslada y B. Llorca. Como canonista merece especial mención Fernández Regatillo. Entre los escrituristas, J. M. Bover, F. Cantera, Nacar, A. Colunga y J. M. González Ruiz. Son también nombres importantes en la teología española moderna, S. Ramírez, G. Fraile, S. del Páramo y Luis Maldonado.

Filosofía. *Edad Antigua.* El primero y más notable de los pensadores hispanos de la época romana fue el cordobés Lucio Anneo Séneca (2-65 d. de J. C.), figura destacada del estoicismo, preocupado por problemas éticos, y cuya doctrina, el senequismo, seguía vigente para A. Ganivet. Pertenece también al s. I otro pensador: Moderato de Gades, de tendencias pitagóricas, autor de *Ocios pitagóricos.*

Edad Media. En la época *visigoda,* la Iglesia española brilla con extraordinario esplendor: Paulo Orosio, lusitano, fue el primer expositor de una filosofía providencialista de la historia; Liciniano desenvuelve la tesis de que el alma está toda en cada uno de los sentidos; San Isidoro de Sevilla (¿570?-636), cuya obra capital, las *Etimologías,* es la más copiosa fuente de conocimientos para los escolásticos medievales, y su discípulo San Julián (m. en 690), el pensador más profundo de la escuela toledana. Invadida la Península por los árabes, en la *España cristiana* no se interrumpe la especulación filosófica, y, conquistada Toledo (1085), se abrió un glorioso período para el pensamiento español, merced a los trabajos de la Escuela de Traductores, a la que se debe la introducción de los textos árabes en los estudios occidentales. El movimiento filosófico *hebreohispánico* tuvo una importancia considerable con Salomón Aben Gabirol (1025-¿1070?) y, sobre todo, con Moisés ben Maimón o Maimónides (1135-1204), cuya *Guía de los descarriados* es una verdadera *Suma* teológico-filosófica judaica. No fue menor la contribución de los *árabes españoles* a la filosofía medieval; sus pensadores más representativos fueron: Aben-Badja, Aben Tofail (autor de *El filósofo autodidacto*) y, principalmente, Averroes (1126-1198), autor, entre otras obras, de un tratado sobre la armonía entre la religión y la filosofía. En el s. XIII se distinguen cuatro grandes pensadores: el ya citado Ramón Martí (¿1230-1280?), autor del *Pugio Fidei;* Arnaldo de Vilanova (¿m. en 1312?), algunas de cuyas doctrinas fueron condenadas por la Iglesia; Raimundo Lulio (1235-1315), el más insigne de los españoles de la época, y Pedro Hispano, de Lisboa. Entre los escolásticos españoles del XIV y del XV descuellan Juan de Torquemada (1388-1468), Alfonso de Madrigal *el Tostado,* Alfonso de Córdoba, Pedro de Osuna y Francisco Eiximenis. A caballo entre la Edad Media y el Renacimiento se halla Ramón Sibiuda, Sibiude o Sabunde, del que sólo se conoce una obra, *Theologia naturalis,* pero cuyo verdadero título parece ser *Liber creaturarum (seu naturae) seu Liber de homine,* condenada por racionalista.

Edad Moderna. Nadie representa mejor el Renacimiento filosófico que el valenciano Juan Luis Vives (1492-1540). En torno a este gran pensador pueden agruparse: Hernando Alon-

San Isidoro, por Murillo. Catedral de Sevilla

Fray Luis de León, grabado por Pacheco. Museo Lázaro Galdiano. Madrid

so de Herrera, el famoso médico Gómez Pereira, Miguel Sabuco, autor de *Nueva filosofía de la naturaleza del hombre* (1587), que apareció a nombre de su hija Oliva Sabuco de Nantes; Juan Huarte de San Juan (¿1550-1592?), con su celebérrimo *Examen de ingenios para las ciencias* (1575); Francisco Sánchez de las Brozas (1523-1601), renovador de los estudios dialécticos, y el médico Francisco Sánchez, que planteó el problema de la duda como fundamento de un nuevo método filosófico. A estos nombres hay que añadir los del cenáculo erasmista, entre los que figuraron Alonso y Juan de Valdés, y los reformistas Cipriano de Valera y Pedro Núñez Vela. El movimiento neoplatónico estuvo representado por el judío Judas Abarbanel (*León Hebreo*), fray Luis de León, Sebastián Fox Morcillo y Miguel Servet (1508-1551). En el mismo s. XVI

Miguel Servet, grabado antiguo

lograron destacar los peripatéticos Juan Ginés de Sepúlveda (1490-1573), Hernán Pérez de Oliva (1494-1533), Pedro Juan Núñez (1522-1603) y Gaspar Cardillo de Villalpando (1527-1581), y, con tendencia más bien ecléctica, Benito Arias Montano, Pedro Simón Abril (n. en 1530), Alejo de Venegas, Antonio de Guevara y Francisco Vallés (1524-1592). La figura sobresaliente del escolasticismo español fue el jesuita Francisco Suárez (1548-1617). Al grupo crítico pertenecen Baltasar Gracián, Benito Jerónimo Feijoo y Francisco Isla.

Edad Contemporánea. 1. *Siglo XIX.* Al lado de figuras tradicionalistas como J. Donoso Cortés y J. Balmes, representante este último de la filosofía escolástica, que expone en *El criterio* y *Filosofía fundamental,* existen intentos de renovación en J. Sanz del Río, introductor del krausismo, Martí de Eixalá y Llorens Barba. Estos aires de renovación europeizadora ayudarán al nacimiento de la Institución Libre de Enseñanza.

2. *Siglo XX.* A comienzos del siglo actual se acrecienta la divulgación filosófica. Existe un grupo de pensadores neoescolásticos de la escuela del cardenal Mercier, entre los cuales se distingue Juan Zaragüeta Bengoechea, de cuya producción citaremos *Teoría psicogenética de la voluntad* y *El problema del alma ante la psicología experimental.* Entre las figuras más destacadas en los últimos años hay que mencionar a Eugenio d'Ors, pensador de estilo muy personal; Manuel García Morente, autor de un estudio sobre Kant y una exposición de las doctrinas de

José Ortega y Gasset, por Ignacio Zuloaga. Colección de Miguel Ortega Spottorno

Bergson; M. de Unamuno, defensor frente a Ortega de la españolización de Europa (aunque no ha elaborado sistemáticamente una filosofía, se encuentran temas filosóficos tratados en sus novelas, teatro y sobre todo en sus ensayos; los temas que principalmente le preocupan son el sentimiento trágico de la vida, la intrahistoria y la perdurabilidad humana); A. Amor Ruibal, que ha estudiado las relaciones entre los dogmas católicos y la filosofía. Xavier Zubiri (n. en 1898), introductor de la fenomenología en España, goza hoy del máximo prestigio, y su filosofía se apoya en un profundo conocimiento de las ciencias. Pero el pensador español más universalmente conocido fue, sin duda, José Ortega y Gasset (1883-1955), que partiendo de un neokantismo fue derivando hacia una filosofía de la *razón vital.* Como discípulos de Ortega hay que mencionar a Paulino Garagorri y Julián Marías (n. en el año 1914). El ensayo filosófico es también cultivado por José Luis L. Aranguren y P. Laín Entralgo. Otros importantes pensadores son Juan David García Bacca, José Ferrater, José Gaos (1900-1969), Eduardo Nicol, Gustavo Bueno y Eugenio Trías.

Ciencias exactas, físicas y naturales. *Edad Antigua.* Pomponio Mela, hispanorromano, compuso el *De situ orbis,* primer tratado de Geografía del mundo (s. I), en el que se inspiraron Plinio y otros autores. Columela, en el

Monumento a Maimónides, en Córdoba

mismo siglo, escribió dos libros de agricultura, *De re rústica* y *De arbóribus.*

Edad Media. 1. *Musulmanes y judíos.* Mahometanos y judíos cultivaron preferentemente la Medicina, la Astronomía y las Matemáticas. Entre los primeros figuran los astrónomos Ben Asamh (s. XI), que vivió en Granada, Ben Said y Azarquiel, autores de las *Tablas Toledanas.* De los hebreos deben citarse: *Abendeath,* converso con el nombre de Juan de Sevilla, autor de la primera obra de *Álgebra;* Alpetragio, quien demostró la falsa verosimilitud del sistema de Tolomeo, y Abanna, que dio, en el s. XIII, normas para la extracción de la raíz cuadrada. La Medicina tuvo sus mejores figuras en los siglos XI y XII, con Aben Hezra, que escribió el *Libro de las luces;* Maimónides, autor de unos *Aforismos medicinales;* Sem Tob ben Izchaq, con su *Libro de la Medicina de Almanzor;* Vidal de Gislad, que escribió el *Régimen de Sanidad;* Ben Alchophui, con su *Remedio del cuerpo,* y Abraham ben Sem Top, autor de unas *Colecciones médicas.*

2. *Ciencia medieval cristiana.* En el s. XIII, Arnaldo de Vilanova inició los estudios de Bioquímica mucho antes que Paracelso. Su discípulo en la ciencia química, el filósofo mallorquín Beato Raimundo Lulio, supuso la redondez de la Tierra, hizo avanzar la metalurgia de la plata con la práctica de la copelación, escribió obras de Geometría, Astronomía y Física, e inventó la brújula, con gran antelación sobre el italiano Flavio de Gioia. En la misma centuria, Alfonso X *el Sabio* hizo resurgir la escuela de traductores toledanos y compuso los *Libros del saber de Astronomía,* y en 1252 las

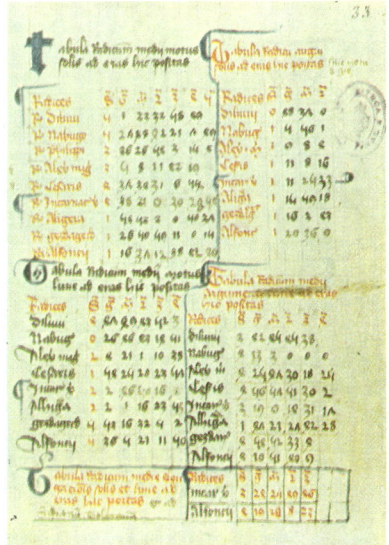

Fragmento de las *Tablas alfonsinas,* de Alfonso el Sabio. Biblioteca Nacional. Madrid

Tablas alfonsinas, obra de varios sabios dirigidos por el rey. Como espléndido anticipo de la imprenta, se fabricó en Játiva (Valencia), también en el s. XIII, el papel a base de trapos y fibras de algodón, cáñamo y lino. En el año 1332 se practicaba ya el grabado de textos en planchas de madera para su estampación, precedente de la imprenta con letras sueltas. Las empresas de catalanes, aragoneses y mallorquines imprimieron gigantesco avance a la cartografía, una de cuyas muestras más espléndidas es la llamada *Carta catalana,* trazada entre los años 1266 y 1290.

3. *Siglo XV.* A principios de este siglo, tres famosos personajes: el marqués de Vi-

España

llena, el marqués de Santillana y Juan de Mena, fundaron en Madrid una Academia de Ciencias. Benaflah inició los estudios sobre Trigonometría, proseguidos por Pérez Moya, y Esquivel trazó un mapa de España con arreglo a la triangulación geodésica.

Edad Moderna. 1. *Siglo XVI.* Es fecundo en extremo para el progreso científico nacional. El viaje Magallanes-Elcano alrededor del mundo (1519-1522) proporcionó la prueba rotunda de la esfericidad de la Tierra. A princi-

Antigua Casa de Contratación de Indias. Sevilla

pios de siglo (1503), los Reyes Católicos fundaron la Casa de Contratación de Sevilla, que fue centro de enseñanza, laboratorio geográfico y taller de fabricación de aparatos, tales como los famosos astrolabios. La atención que el mar exigía condujo a la creación de una Escuela de Pilotos en Cádiz. Pedro de Medina publicó el famosísimo tratado titulado *Arte de navegar* (1542), utilizado por todos los marinos del mundo durante dos siglos. La ciencia oceanográfica nació con las anotaciones de Albó, consignadas en el diario de viaje de Magallanes, los trabajos de Hernando de la Torre, Martín Uriarte y Ladrillero. Andrés García de Céspedes, en el libro *Teoría de los planetas*, estableció un exacto procedimiento para determinar la posición de los astros. Alonso de Santa Cruz escribió el *Libro de las longitudes*, recomendó la observación de los eclipses para determinar aquéllas, propuso la teoría de los polos magnéticos, trazó un mapa de variaciones magnéticas e ideó el sistema de proyecciones polares equidistantes. La Geografía ofrece los siguientes nombres preclaros: Juan López de Velasco, autor de la *Geografía y descripción universal de las Indias* (1574); Martín Fernández de Enciso escribió la *Suma de Geografía* (1519); José de Acosta, a quien se debe la *Historia natural y moral de las Indias*, hizo la descripción más completa de la flora y fauna americanas, y Gonzalo Fernández de Oviedo redactó *De la natural Historia de las Indias* (1526) e *Historia general y natural de las Indias* (1535-37). La cartografía tiene como joya principal el *Mapa de Juan de la Cosa* (1500), en el cual representó las tierras descubiertas por Colón y es el primer mapamundi del mundo; el ya citado García de Céspedes hizo el primer *Atlas de América*, en 37 mapas, y García Torreño empleó las proyecciones equidistantes mucho antes que el holandés Mercator (1569). La *Medicina* prosperó gracias al carácter experimental que adoptó, y sus más acusados valores fueron: Andrés Laguna, médico de Carlos I; Francisco Vallés, llamado *el Divino*, que lo fue de Felipe II, y Miguel Servet, descubridor de la circulación pulmonar de la sangre.

2. *Siglo XVIII.* Tras la decadencia del siglo XVII, en el XVIII se inicia un nuevo resurgir de la ciencia española. Los reyes de la Casa de Borbón trajeron a España investigadores extranjeros y crearon el *Jardín Botánico* y el *Gabinete de Historia Natural*, en Madrid. Se destaca-

ron como naturalistas: Antonio José Cavanilles, autor de una *Historia Natural del Reino de Valencia;* José Celestino Mutis, que estudió la flora y la fauna de Nueva Granada (Colombia), y Félix de Azara, explorador de la América meridional. Publicó una colección de *Mapas de las provincias de España* el geógrafo Tomás López, y escribieron obras sobre geografía americana Villaseñor, Alcedo Herrera y Alcedo Bejarano. Destacaron como matemáticos los marinos Jorge Juan, a cuya pluma se deben *Examen marítimo* y *Compendio de Navegación*, siendo, además, fundador del Observatorio Astronómico de Cádiz (1754), y Antonio Ulloa, los cuales formaron parte de la Comisión internacional que, entre 1735 y 1741, midió un arco de meridiano en América del Sur. Fueron notables los viajes científicos y de exploración de la Armada española en expediciones dirigidas por Alejandro Malaspina y José de Bustamante, desde el Río de la Plata, por el cabo de Hornos, hasta Alaska y mares de Oceanía.

Edad Contemporánea. En los comienzos del XX se creó la *Junta para Ampliación de Estudios e Investigaciones Científicas* (1907). El progreso contemporáneo de las Ciencias Naturales se inició con los trabajos geológicos y petrográficos de los ingenieros de minas Guillermo Schultz y Casiano de Prado; Fernández de Castro, primer presidente de la Comisión del Mapa geológico; Lucas Mallada, que escribió

Alejandro Malaspina, grabado antiguo. Biblioteca Nacional. Madrid

la ingente y magistral *Explicación del Mapa geológico de España;* MacPherson, gran petrógrafo, que dejó, entre los muchos trabajos de tectónica hispánica, una *Geología*, su obra fundamental. En 1862, el Gobierno español organizó la llamada *Expedición al Pacífico*, y entre los naturalistas que la componían se destacó Marcos Jiménez de la Espada por sus estudios sobre la fauna del continente americano. Posteriormente, Salvador Calderón se adelantó a su tiempo en cuestiones de vulcanología y legó un monumento científico con su obra *Los minerales de España* (1910). Al profesor Odón de Buen se debe la iniciación y progreso de los estudios de Oceanografía, de tan alto valor en España, y en 1914, se creó el *Instituto Español de Oceanografía*, al que se incorporó la *Estación de Biología Marina*, de Santander. Entre los antropólogos españoles más destacados figuran: Manuel Antón, Federico Olóriz, que escribió *Distribución geográfica del índice cefálico en España* (1894); Telesforo de Aranzadi, autor de la obra titulada *De Antropología en España* (1915), y Luis de Hoyos Sainz, especia-

Placa de homenaje a Ramón y Cajal. Colección del marqués de Lozoya. Madrid

lista en cuestiones folklóricas. Esta disciplina es también cultivada por Julio Caro Baroja. La Geografía de este período brinda algunos nombres: Madoz, autor de un *Diccionario geográfico;* Coello, que trazó los *Mapas de las provincias de España;* Botella, constructor del primer *Mapa de la Península* en relieve, y tratadistas o profesores como Gómez de Arteche y Torres Campos. La orientación de esta disciplina como ciencia de relación debe mucho al Museo de Ciencias Naturales, que asentó los estudios sobre una base geofísica con obras como *Resumen fisiográfico de la Península Ibérica*, de Juan Dantín Cereceda, que también escribió un ensayo titulado *Regiones naturales de España*. A estos trabajos siguieron otros igualmente interesantes de Blázquez, Beltrán y Rózpide, H. del Villar, Izquierdo-Croselles, Martín Echevarría, en nuestros días, Emilio Arija, autor de una monumental *Geografía de España*, Manuel de Terán, Carmina Vigili, Crusafont, Cabo Alonso, Amando Melón Ruiz de Gordejuela, etc. La Medicina es, acaso, la ciencia que en España ha producido mayor número de eminentes personalidades, entre las cuales se destacan los nombres de Velasco, Letamendi y Fourquet, anatómicos; Federico Rubio y Salvador Cardenal, grandes cirujanos; Novoa Santos, patólogo; Mariscal, epidemiólogo, y Ramón y Cajal, histólogo de fama mundial, premio Nobel en 1906. Otros nombres preclaros contemporáneos son los de Teófilo Hernando, Jiménez Díaz, Pittaluga, Calandre, Varela Radío, Marañón, León Cardenal, Bastos, Gómez Ulla, González Duarte; Barraquer, Castroviejo y Arruga, oculistas de fama internacional; en el campo de la bioquímica han destacado Severo Ochoa, nacionalizado estadounidense, y Juan Oró; Antonio Puigvert, urólogo; José Trueta, cuyos tratamientos para las heridas de guerra dieron la vuelta al mundo, y Francisco Grande Cobián, fisiólogo especializado en los problemas de la

Monumento a Gregorio Marañón. Ciudad Universitaria. Madrid

nutrición. Los matemáticos españoles más distinguidos por sus trabajos especulativos son el general Ibáñez, gran geodesta; Rey Heredia, autor de la *Teoría trascendental de las cantidades imaginarias;* García de Galdeano, expositor de la Matemática moderna; Rey Pastor, al que debe importantes contribuciones la teoría de

Severo Ochoa

los conjuntos, y José María Torroja, ingeniero, especialista en Fotogrametría. España ha contribuido también con algunos grandes inventos al progreso técnico de las navegaciones submarina y aérea, con Narciso Monturiol e Isaac Peral, en la primera; Torres Quevedo, gran ingeniero, maestro en la Mecánica, inventor de la armadura funicular para dirigibles; del telekino, destinado a gobernar un barco desde tierra; de la máquina de calcular, con la que pueden obtenerse hasta raíces reales e imaginarias, y el constructor del *Niágara Spanish Aerocar,* transbordador sobre aquellas cataratas norteamericanas; y Juan de la Cierva y Codorniú, inventor del autogiro. Contribuyen además al progreso científico español importantes organismos como el *Consejo Superior de Investigaciones Científicas,* el *Instituto Geográfico y Catastral* (denominado en la actualidad *Instituto Geográfico Nacional*), el *Servicio Geográfico del Ejército* y el *Instituto Geológico y Minero.*

Ciencias históricas. *Historiografía.* Conocemos algunos extremos de la historia de la Península hispánica en la Edad Antigua a través de los clásicos: César, Tito Livio, Polibio. En la *Edad Media* aparecieron las *crónicas* hispanolatinas y árabes. En la primera mitad del s. XIII se iniciaron las crónicas escritas en castellano y algunas crónicas latinas fueron romanceadas, entre ellas la *Crónica de Spaña*, de Lucas de Tuy. De Alfonso *el Sabio* y sus colaboradores son dos obras históricas: *Crónica General* o *Estoria d'Espanna* y la *Grande et General Estoria*. Merecen ser citadas también, entre otras, la *Crónica del rey don Pedro*, y las de *Enrique II, Juan I* y *Enrique III*, del canciller Pedro López de Ayala; la *Crónica de Juan II*, atribuida a Fernán Pérez; la *Atalaya de las Crónicas*, escrita por un capellán de Juan II; la *Suma de Crónicas*, de Pablo de Santa María; la *Crónica de Don Álvaro de Luna* y el *Passo honroso*, de Pedro Rodríguez de Lena. Título de cronistas merecen los historiadores de los Reyes Católicos Andrés Bernáldez y Hernando del Pulgar, autor de *Claros varones de Castilla* y de la *Crónica de los Reyes Católicos* (1545). Entre los cronistas catalanes hay que mencionar a Jaime I el *Conquistador*, que escribió la historia de su reinado, titulada *Crónica feta e escrita per aquell en la llengua natural;* a Bernardo Desclot, con sus *Croniques e conquestes de Catalunya;* a Ramón Muntaner, autor de una *Crónica* de la expedición de catalanes y aragoneses a Oriente, y a Boades, que redactó el *Llibre dels feyts d'armes de Catalunya*. Aragón tiene, ya en pleno s. XVI, un gran cronista oficial, Jerónimo Zurita (1512-1580), que escribió en lengua castellana los *Anales de la Corona de Aragón*. En el Siglo de Oro de las letras hispanas aparecen una larga serie de historiadores, entre los cuales se destacan el padre Juan de Mariana y los historiadores de Indias: Gonzalo Fernández de Oviedo (1478-1557), Bartolomé de las Casas (1470-1566), Bernal Díaz del Castillo (1492-1581) y Antonio de Solís (1610-1686). En el s. XVIII se creó la Real Academia de la Historia, se acometió la empresa de un *Diccionario historicocrítico de España*, y se publicaron obras de tanto mérito como la monumental *España Sagrada*, del padre Enrique Flórez (1702-1773). En la época contemporánea, los estudios históricos alcanzan extraordinario esplendor. Contribuyeron a ello poderosamente, aparte de la Academia, el *Institut d'Estudis Catalans* y el *Centro de Estudios Históricos*, creado por la Junta para Ampliación de Estudios en 1910. Los estudios sobre Prehistoria tuvieron por iniciadores a Manuel Góngora y a Juan Vilanova y Piera. La Junta creó, en 1913, la *Comisión de Investigaciones Paleontológicas y Prehistóricas,* que presidió el marqués de Cerralbo. Trabajaron bajo la égida de la Comosión Juan Cabré, conde de la Vega del Sella, el padre Carballo y Hugo Obermaier. Cataluña contó con una figura capital en el campo de la Prehistoria: el profesor Pedro Bosch Gimpera, y merece ser citado asimismo su discípulo José Serra Rafols. Son también de gran importancia los estudios de José Pérez de Barradas y Martín Almagro. La Historia, cultivada por eruditos como Clemencín y Fita, o por románticos intérpretes del sabor local, como José María Cuadrado, contó con historiadores de tipo general, como Modesto Lafuente y el conde de Toreno, o investigadores adscritos a la escuela filosófica: Milá y Fontanals, Eduardo de Hinojosa (1852-1919), autor de una *Historia general del Derecho español;* Joaquín Costa (1844-1911), que escribió unos *Estudios ibéricos*, y Rafael de Ureña. Mención señaladísima merecen el gran polígrafo Marcelino Menéndez y Pelayo, que nos legó la *Historia de los heterodoxos españoles* y la *Historia de las ideas estéticas en España,* y sus discípulos Adolfo Bonilla y San Martín, autor de una *Historia de la filosofía española*, y la figura señera de Ramón Menéndez Pidal. Entre los historiadores contemporáneos citaremos a Cánovas del Castillo, Emilio Castelar, Francisco Pi y Margall, Rafael Altamira, que escribió *Historia de España y de la civilización española*. Elías Tormo, Pío Zabala y Lera y Eduardo Ibarra; Ballesteros Beretta, con su *Historia de España y su influencia sobre la historia universal,* y José Pijoán, a quien se debe una *Historia del Mundo* y la *Historia general del Arte,* continuada por José Camón Aznar, en publicación por Espasa-Calpe. Esta editorial publica también una monumental *Historia de España*, que dirigió Menéndez Pidal y continúa J. M. Jover Zamora. Pedro Aguado Bleye fue autor de un *Manual de Historia de España*. Entre los estudiosos que han intentado desentrañar el sentido de la historia de España, hay que señalar las figuras de Américo Castro, en especial con *La realidad histórica de España,* y de Claudio Sánchez Albornoz, con *España, un enigma histórico*. Entre los muchos historiadores que cabría

Monumento al padre Flórez, en Villadiego (Burgos), su villa natal, obra de Aniceto Marinas

José Camón Aznar, por Enrique Segura. Colección Camón Aznar. Madrid

añadir, destacaremos los nombres de Luis Suárez Fernández, Francisco Morales Padrón, Mario Hernández Sánchez Barba, Vicente Palacio Atard, Carlos Seco Serrano, Miguel Artola Gallego, Manuel Tuñón de Lara, Alberto Gil Novales, etc.

Filología. En su período histórico más remoto, los estudios filológicos tuvieron por objeto primordial la ilustración literaria y se ciñeron a la Gramática y la Retórica principalmente. Son ejemplos de ello los *Razos de trobar,* de J. March, en el Levante español, y *De arte de trobar,* del marqués de Villena, en Castilla. Los humanistas fueron los primeros en ocuparse del estudio de la lengua castellana. En este

Marcelino Menéndez y Pelayo

sentido hay que citar los primeros autores de diccionarios: A. de Palencia, que dio un diccionario latino-castellano, y Antonio de Nebrija (1444-1532), con el *Lexicón latino-hispánicum* (1492) y con la primera *Gramática* castellana (1492). En estos tiempos aparece también el primer diccionario latino-catalán. Relativamente temprano se registra la inquietud de los estudiosos por el origen del castellano: así, en el tratado de Juan de Valdés, *Diálogo de la lengua,* y en la obra de Bernardo Alderete, *Del origen de la lengua castellana.* En orden a la lexicología merecen ser destacados el *Tesoro de la lengua española,* de S. Covarrubias (1611), y la *Etimología de todos los vocablos originales de la lengua castellana,* del médico Francisco del Rosal. El siglo XVIII se caracteriza por la iniciación de los trabajos de compilación de la obra literaria. La empieza Mohedano con una *Historia literaria de España* (1776), a la que siguen otras obras del mismo fondo: *Biblioteca de traductores,* de Antonio Pellicer; *Orígenes de la lengua castellana,* de Luis Velázquez; *Memorias para la historia de la poesía y poetas españoles,* de Martín Sarmiento (1695-1771), y *Colección de poesías castellanas anteriores al siglo XV* (1779), del bibliotecario Tomás Antonio Sánchez, obra en la que se daba a conocer por vez primera el *Poema del Cid.* Asimismo contribuyó poderosamente al progreso de los estudios del idioma la creación de la Academia Española (1714), con la publicación del llamado *Diccionario de Autoridades* (1726-1739), la *Ortografía* (1742) y la *Gramática* (1771). El problema del origen del idioma español vuelve a ser planteado por Mayans y Siscar (m. en 1781) en sus *Orígenes de la lengua española,* y es del mayor interés el *Ensayo de los sinónimos,* de M. Deudo y Ávila (1757). Al iniciarse el s. XIX, el jesuita Lorenzo Hervás y Panduro (1735-1809) publicó su magnífica obra *Catálogo de las lenguas de las naciones conocidas...* (1800-1805). Poco después de mediado el siglo, Felipe de Monlau introdujo el concepto histórico de la lengua con el *Diccionario etimológico de la lengua castellana* (1856). Por esta misma época comienza a publicarse la *Biblioteca de Autores Españoles,* de Rivadeneyra, cuando ya habían aparecido la *Colección de algunas poesías castellanas* (1841), del marqués de Pidal, la *Gran colección de romances* (1832), de A. Durán, y el *Cancionero de Baena* (1851). En plena floración filológica, Magín Pers y Ramona estudia los orígenes del catalán, dándolos en 1857, una interesante *Historia de la lengua y la literatura catalana,* a la que había precedido el *Romancerillo catalán* (1853), de Milá y Fontanals. Éste y Amador de los Ríos aparecen como los representantes de las nuevas tendencias filológicas con sus obras *De los trovadores de España* (1861) e *Historia crítica de la literatura española* (1851), respectivamente. La filología se sistematiza, ya entrado el siglo XX, con la creación, por la Junta de Ampliación de Estudios, del Centro de Estudios Históricos, bajo la dirección del eminente filólogo Ramón Menéndez Pidal. Al mencionado Centro de Estudios Históricos, hoy incorporado al Consejo Superior de Investigaciones Científicas, pertenecieron también importantes figuras de la filología moderna española, entre las que cabe destacar a Homero Serís, Antonio García Solalinde, A. Castro, Navarro Tomás, Federico de Onís, Dámaso Alonso y José Fernández Montesinos. Los estudios de lexicografía se han visto impulsados por diversas personalidades e instituciones; entre éstas la Real Academia Española comenzó, en 1960, la publicación de un *Diccionario histórico de la lengua española.* Hay que señalar también la labor de eminentes críticos como Manuel Alvar, Lázaro Carreter, López Estrada, Sánchez Barbudo, José M. Blecua, E. Alarcos Llorach, Rodríguez Adrados, etc., la mayoría de los cuales viene desarrollando también una labor importante en el campo de la lingüística moderna, aplicando al estudio de la lengua española los logros alcanzados por las distintas corrientes de dicha ciencia. En lo que respecta a la bibliografía, hay que señalar las dos obras de Nicolás Antonio, considerado como el padre de la bibliografía: *Bibliotheca Hispana Vetus* (1696) y *Bibliotheca Hispana Nova* (1672). Es también importante el *Ensayo de una biblioteca española de libros raros y curiosos* (1863-1889), de Bartolomé José Gallardo. Entre los más modernos destacó Antonio Rodríguez Moñino, infatigable investigador del Siglo de Oro y del Romancero. José Simón Díaz ocupa en la actualidad un puesto de honor con su obra *Bibliografía de la literatura hispánica.*

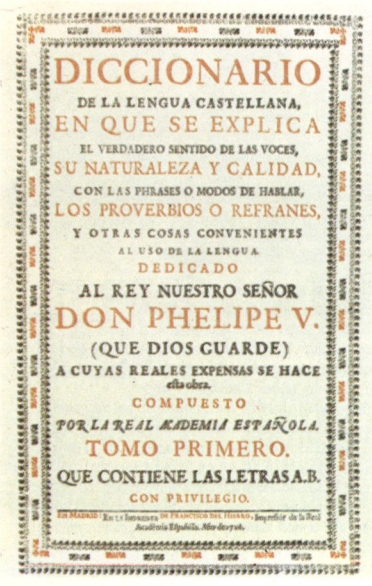

Ciencias sociales. *Derecho.* 1. *Edad Media.* Pueden considerarse como ilustres jurisconsultos los redactores de la *Lex visigothórum* y del *Breviario de Alarico,* los padres de los Concilios toledanos autores del *Fórum iúdicum* y el notario cordobés que, en tiempo de Sisebuto, redactó las *Fórmulas.* En la España cristiana, que tomó parte muy activa en el movimiento jurídico de la Escuela de Bolonia (siglos XII-XIV), descuella en Castilla el monumento a las *Partidas* del Rey Sabio, y en Cataluña, el de los *Usatges.*

2. *Edad Moderna.* El método jurídico de los humanistas tuvo como más señalado representante a Elio Antonio de Nebrija (1444-1522), quien, por su *Lexicón juris civilis* y otras obras, puede ser considerado como padre de la jurisprudencia. El movimiento progresivo de la ciencia jurídica española alcanzó su máximo esplendor en el s. XVI. Entre los principales juristas destacaron: Diego Covarrubias, magistrado y profesor; Francisco de Vitoria, creador del derecho internacional; el profesor Fernando de Menchaca, que se adelantó a Grocio en proclamar la libertad de los mares; Alfonso de Castro (1495-1558), que realizó la primera exposición sistemática del derecho penal; Lorenzo Matheu y Sanz, autor del primer tratado hispano de derecho criminal, y Miguel Molino, aragonés, que escribió el primer libro de derecho foral. También son de esta época los precursores de la antropología jurídica y la medicina legal, Juan Huarte de San Juan, Esteban Pujasol (*Anatomía de ingenios*), Miguel de la Fuente (*Las tres vidas del hombre*), con quien aparece la psicología criminal, y Bernardino de Sandoval, iniciador de la ciencia penitenciaria.

3. *Edad Contemporánea.* En el siglo XVIII comienza a tener personalidad propia el derecho genuinamente nacional. Contribuyó a este movimiento la creación de Academias de Derecho, antecedente de la actual de Jurispru-

Portada del Diccionario de Autoridades

Dámaso Alonso

Portada de una edición antigua de las Siete Partidas
Servicio Histórico Militar. Madrid

Elio Antonio de Nebrija, grabado antiguo.
Biblioteca Nacional. Madrid

dencia y Legislación. Inauguró los tratados de Derecho civil español, Tomás Martínez Galindo, en 1715. Las obras más notables de esta clase fueron: *Librería de Jueces, Abogados y Escribanos* (1789), de José Febrero, e *Ilustración del Derecho Real de España* (1803), de Juan Sala. Continuó la tradición en Derecho penal: Alfonso de Acevedo (1770) levantó su voz contra la tortura en un libro original y castizo *(De reórum absolutione)*, y contra la pena de muerte Martín Sarmiento, y se publicaron obras como las *Cartas*, de Cabarrús; los *Discursos*, de Campomanes, y las *Empresas políticas*, de Pozuelo, entre otras. En el s. XIX, y en la esfera de la filosofía del Derecho, los discípulos de Sanz del Río, especialmente Nicolás Salmerón y Francisco Giner, llevaron a sus cátedras el derecho krausista. Pero la tradición autóctona estuvo sostenida por Rodríguez de Cepeda, Mendizábal y Concepción Arenal. A fines de siglo y principios del XX, Rafael Salillas, director de la Escuela de Criminología, representa, con Bernaldo de Quirós y Fructuoso Carpena, la sociología criminal. En el mismo s. XIX entró España en el sistema constitucional, y en su defensa o en su oposición se produjo abundante literatura. Entre los tratadistas de Derecho constitucional merecen ser citados: Donoso Cortés, Pacheco, Hostos, Pedregal, Elorrieta, Andrés Borrego, Pi y Margall, Cánovas del Castillo, Segismundo Moret, Aparisi y Guijarro, etc. De fines del XIX y principios del XX son los Códigos fundamentales legislativos. Entre los cultivadores del Derecho en lo que va de siglo deben ser mencionados como más notables: en Derecho civil, Sánchez Román, José Castán, A. Hernández Gil y Federico de

Fernando de los Ríos, por Ángeles Ortiz (1933). Ministerio de Justicia. Madrid

Castro; en Derecho penal, Quintiliano Saldaña, Jiménez de Asúa y Cuello Calón; en Derecho político, Adolfo Posada, Fernando de los Ríos, Nicolás Pérez Serrano, Sánchez Agesta y C. Ruiz del Castillo; en Derecho internacional, Yanguas Messía y Aguilar Navarro; en Derecho administrativo, José Gascón y Marín, Saiz de Bujanda y E. García de Enterría; entre los historiadores del Derecho, Hinojosa y García Gallo.

Economía. En el s. XVI se inició en España el movimiento mercantilista. Entre los economistas españoles de esta tendencia se distinguió Jerónimo de Uztáriz, autor de *Teoría y práctica del comercio y de la marina* (1724), verdadero monumento de la ciencia económica. La reacción contra el mercantilismo reglamentista apareció en el mismo s. XVIII, y se abrió paso el liberalismo económico, al que contribuyeron poderosamente el marqués de la Ensenada, autor de la gran obra estadística *Catastro;* Floridablanca, Campomanes y Jovellanos. Las ideas de la *escuela fisiocrática* estuvieron representadas por Francisco Centani, en su obra sobre las tierras y la dotación de la Hacienda (1771), y Francisco Javier Pérez, autor de *Principios del orden esencial* (1785). La influencia del fisiocratismo se nota en la discusión de la *Ley agraria*, en la cual descuella el *Informe en el expediente de la Ley agraria*, de Jovellanos. Importante derivación práctica de estas doctrinas fue el intento de implantación del impuesto único sobre las tierras, promovido por el marqués de la Ensenada. Durante todo el siglo XIX siguió imperando en España el smithianismo o *escuela industrial*, del que fue precursor, en opinión de Canga Argüelles, Francisco Martínez de la Mata; pero la figura más saliente de la escuela liberal smithiana fue el gran economista Álvaro Flórez Estrada (1765-1853), con el *Curso de Economía política* y *La cuestión social*, obra ésta en la que desarrolla sus teorías sobre la nacionalización del suelo y sobre el derecho al producto íntegro del trabajo, siendo, por tanto, un precursor de Henry George. Dentro de la misma tendencia encontramos a Manuel Colmeiro, Mariano Carreras, y su discípulo Piernas Hurtado. Otro grupo menos importante alzó la bandera del librecambismo; a él pertenecen Figuerola, Sanromá y Segismundo Moret. Frente a dicho grupo lucharon los proteccionistas, predominantes en las regiones industrializadas de Cataluña y Vizcaya. La revolución de 1868 trajo consigo el triunfo de las doctrinas económicas liberales, hasta que Cánovas del Castillo (1888) declaró que el proteccionismo era dogma substancial del partido conservador. Los representantes más genuinos del movimiento proteccionista fueron Juan Güell y Ferrer (1800-1872), y sus continuadores, Federico Rahola y Guillermo Graell, seguidos por Luis Sedó y Luis Ferrer-Vidal. Pueden citarse como economistas Basilio Paraíso y Joaquín Costa, autor de *El colectivismo agrario en España*. Durante los últimos años del siglo XIX fue afirmándose la doctrina económica del intervencionismo del Estado. Los primeros trabajos aparecidos se deben a la pluma de Eduardo Sanz Escartín, que escribió *La cuestión económica* (1890), *El Estado y la reforma social* (1893) y *El individuo y la reforma social*, cuyas ideas caen dentro del llamado socialismo de cátedra. Una ramificación del intervencionismo es el movimiento de la democracia social cristiana, entre cuyos autores merecen ser citados el jesuita Antonio Vicent y Severino Aznar. Finalmente, debemos consignar la labor teórica realizada por Adolfo A. Buylla, Antonio Flores de Lemus, Luis Olariaga, Francisco Bernis, Jaime Algarra, Prados Arrarte, M. Funes Robert, J. R. Lasuén y Ramón Tamames. La evolución del intervencionismo estatal condujo (1939-75) a una economía casi dirigida bajo la égida del nuevo Estado. Se intenta, en la actualidad, la economía de libre mercado.

Pedagogía. Durante la *época romana*, Quinto Sertorio abrió en Huesca una Academia, tenida por algunos como la primera Universidad, con maestros traídos de Italia. Entre los escritores españoles de aquel tiempo que se ocuparon de cuestiones pedagógicas hay que citar a Fabio Quintiliano (42-120), autor de *Instituciones oratorias*. Un diligente historiador asegura que en el año 182 había establecidos en las principales ciudades colegios para la enseñanza de la juventud, debidos a la solicitud de los obispos. En el período de oro del Califato, la instrucción pública fue muy floreciente entre los árabes de España, apareciendo la enseñanza como función estatal, y el número de escuelas *(medersas)* era grande. Es interesante anotar que la enseñanza de la lectura y la escritura se hacía de modo simultáneo y que la técnica empleada en la segunda comenzaba por la palabra y no por las letras individualizadas. En las escuelas judías era obligado que cada maestro sólo podía tener quince alumnos a su cargo. En tiempo de Sancho *el Mayor*, de Navarra (970-1035), se inició un movimiento

Jovellanos, por Goya. Colección particular. Madrid

de expansión cultural. La escuela de Vich (Cataluña) fue tan famosa que a ella acudían discípulos extranjeros a formarse en las letras sagradas y profanas. Ese movimiento cultural continuó durante los reinados de Fernando I, Alfonso VI y Alfonso VII, y preparó el *renacimiento* del s. XIII. En el mismo s. XI, el obispo Poncio fundó en Palencia un *Estudio*, al que Alfonso VIII dio gran impulso, llamando a maestros extranjeros de todas las ciencias a principios del s. XIII. Los españoles, en cambio, iban a estudiar leyes y cánones a Bolonia, en cuya Universidad llegaron a ser profesores Bernardo el Compostelano, Juan de Dios y San Raimundo de Peñafort, como lo fueron en París Francisco de Bacó, fray Alonso de Vargas y Dionisio Murcia. El rey Alfonso X *el Sabio* fue el primer legislador sobre cuestiones docentes. En las *Partidas* (tít. XXXI, Partida II) se define lo que ha de ser un *Estudio*, se establece la diferencia entre *Estudios generales* y *particulares*, se señala el lugar donde deben ser instalados y se determina la organización de los establecimientos de enseñanza, las condiciones que deben reunir los maestros, etc. Cuando Jaime I conquistó Valencia, le concedió un fuero que establecía la libertad de enseñanza. La figura pedagógica más señera de esta época fue la del Beato Raimundo Lulio (1235-1315), quien, en su obra *Ars puerilis*, adelantándose a su tiempo, quiere que los niños reciban la enseñanza en lengua materna, en la que escribió textos escolares y fundó en Palma de Mallorca unos *Estudios*, que más tarde se convirtieron en Universidad. El rena-

Raimundo Lulio, por Horacio Eguía.
Palma de Mallorca

cimiento literario del s. XIII encarnó, sobre todo, en las Universidades. La primera Universidad española fue la de Salamanca (1253), que llegó a tener hasta 7.000 estudiantes y 86 catedráticos. Los siglos XV y XVI fueron los de su mayor esplendor; su fama se hizo universal, y a ella acudían reyes y pontífices cuando necesitaban resolver una cuestión científica, política o religiosa; fue el emporio científico de la vasta monarquía española, y la gloria de sus maestros estuvo a la altura de las de París, Oxford y Bolonia. En esta época se crearon otras Universidades: la de Murcia (1310), la de Valladolid (1326); la de Huesca, que Pedro IV de Aragón declaró única para su reino; la de Lérida, para el condado de Cataluña, y la de Sevilla, creada por Alfonso X. Otras Universidades fueron creándose en años posteriores: Luchente (1424), Gerona (1440), Ávila (1482), Alcalá de Henares (1495, trasladada a Madrid en 1836), Valencia (1502), Toledo (1520), Santiago de Compostela (1527), Granada (1531), Baeza (1538), Barcelona (1540), Oñate (1540), Sigüenza (1540), Zaragoza (1542), Gandía (1546), Lucena (1546), Osuna (1549), Almagro (1553), Tarragona (1574), Orihuela (1588), Osma (1594), Hirache (1605), Pamplona (1608), Oviedo (1608), Palma de Mallorca (1626), Tortosa (1645) y La Laguna (1714). En los últimos años del s. XV se producen dos acontecimientos singulares: Nebrija publica la primera gramática castellana (1492) y Cisneros funda la Universidad complutense (1495). En el s. XVI se crearon algunas escuelas especiales: las de Ciencias, de Zaragoza y Sevilla, y la de Náutica, de San Sebastián. Afirma Picatoste que en esta época los maestros utilizaban «métodos que dos siglos después se han presentado como nuevos en Europa», y Vicente de la Fuente, en su *Historia de las Universidades*, asegura que llegaron a establecerse hasta 4.000 estudios de Gramática y que existían 32 Universidades en todo el reino. Con la conquista de América, España asumió las responsabilidades de la instrucción en el Nuevo Mundo. En esta época se fundaron las Universidades de Méjico, Santo Domingo, Perú y Filipinas, dirigidas por órdenes religiosas. Es interesante consignar que a fines del XVI comienza la actuación pedagógica de la Compañía de Jesús, cuyo libro inspirador, el *Ratio studiórum*, fue compuesto en 1588. Entre los pensadores españoles de esta época que se ocuparon de doctrina pedagógica merece especial mención el filósofo valenciano Luis Vives, cuyas ideas están expuestas en sus obras *De disciplinis* e *Instrucción de la mujer cristiana*. Recuerdo especial se debe a Ponce de León, sabio y humilde benedictino, que fue el primer maestro de sordomudos, y aunque nada escribiera sobre el tema, lo hizo más tarde (1620) Juan Pablo Bonet, autor del primer libro impreso sobre el arte del famoso religioso, titulado *Reducción de letras y arte para enseñar a hablar a los mudos*. También en esta época floreció la caligrafía: Juan de Iciar es el primero en dar normas sobre el arte de escribir (1555); le siguen su discípulo Pedro Madariaga, autor del libro *Arte para escribir bien presto*; Juan de la Cuesta e Ignacio Pérez. En el s. XVII, la literatura pedagógica tuvo nuevas aportaciones: Diego Saavedra Fajardo (1584-1648) expuso sus ideas educativas en *Empresas políticas* o *Idea de un príncipe cristiano*; Juan de Velázquez publicó *El arte de memoria*; Francisco Navarrete, *El arte de enseñar*; Diego Gurrea, *El arte de enseñar hijos de príncipes y señores*; José de Casanova, *Arte de escribir todas formas de letra*, y Lorenzo Ortiz, *El maestro de escribir*. En 1642 se fundó la *Hermandad de San Casiano*, a la que Felipe IV concedió la facultad de examinar a los aspirantes al Magisterio primario. En este mismo siglo, San José de Calasanz fundó las *Escuelas Pías*, cuyo primer establecimiento se abrió en 1677. En el XVIII, el padre Sarmiento (1695-1772) defendió, en *Educación de los niños* y *Educación de la juventud*, el método intuitivo y las lecciones de cosas, y se declaró partidario de la enseñanza simultánea de la lectura y la escritura. Carlos III fue un verdadero protector de la enseñanza pública: en 1770 creó los Reales Estudios de San Isidro y en 1787 dispuso que todo concejo tuviera una escuela de primeras letras. De esta época es el importante documento pedagógico, debido a Campomanes (1723-1802), titulado *Discurso sobre la educación popular de los artesanos y su fomento*, y la tradición caligráfica se mantiene con Torío de la Riva, autor de *Arte de escribir por reglas y con muestras* (1798). En 1806 se abrió en Madrid, bajo la protección de Godoy, el *Real Instituto Militar Pestalozziano*, y en Santander, un Seminario de maestros conforme a las ideas del pedagogo suizo. No obstante el fracaso de ambas instituciones, el hecho de su existencia indica que las preocupaciones de la pedagogía científica se habían abierto camino en España. Los pensadores más señeros publican obras de elevado sentido pedagógico: Gaspar Melchor de Jovellanos (1744-1811) escribe su *Memoria sobre educación pública*, que Menéndez y Pelayo califica de «monumento insigne de pedagogía cristiana»; Manuel José Quintana (1772-1855)

El cardenal Cisneros, litografía de Casado, obtenida de un dibujo de Carderera en *Iconografía española*.
Museo Lázaro Galdiano. Madrid

redacta el *Informe* para la reforma de la instrucción pública, presentado a las Cortes de Cádiz (1812); Gil de Zárate (1781-1856) publica una preciosa obra titulada *De la Instrucción pública en España*; el coronel Amorós (1769-1840), su *Manual de educación física, gimnástica y moral*; Pablo Montesino (1781-1849), a la vuelta de su destierro en Londres, dio a conocer sus principios pedagógicos; Mariano Carderera (1816-1893) ejerció gran influencia con sus obras *Principios de educación y métodos de enseñanza* y *Diccionario de educación*; Joaquín Avendaño (1810-1886) es autor del interesante *Manual de Instrucción primaria*; José Mariano Vallejo escribió el *Método analítico para enseñar y aprender a leer*, y Concepción Arenal (1823-1893) se ocupó de cuestiones pedagógi-

Carlos III. Museo Lázaro Galdiano. Madrid

cas en *La mujer del porvenir* y en *La instrucción del pueblo*. En 1838 se promulgó un plan de enseñanza en armonía con el espíritu de la época, y en 1857, una importantísima ley de Instrucción Pública, conocida con el nombre de su autor, Claudio Moyano (1809-1890), que declaró obligatoria y gratuita la enseñanza primaria, y carrera facultativa la del profesorado. El movimiento liberal que encarnó la revolución de 1868 otorgó la libertad de enseñanza, espinosa cuestión que originó incidentes de grandes consecuencias para la instrucción pública. Francisco Giner de los Ríos (1839-1915), ya citado como maestro en Filosofía del Derecho, consagró, además, gran parte de su vida a las cuestiones teóricas y prácticas de la educación y la enseñanza. Fue fundador, junto a otros profesores krausistas, de la Institución Libre de Enseñanza (1876), de carácter privado, concebida sobre los principios del respeto y el armónico desarrollo de las facultades del alumno y la libertad de cátedra. En 1879, el conde de Toreno creó el primer «Jardín de la infancia», inspirado en el sistema fröbeliano. Poco después (1882) se organizó el *Museo Pedagógico Nacional*, bajo la dirección de Manuel B. Cossío, discípulo de Giner. El Museo Pedagógico fue el iniciador en España de las *colonias de vacaciones*, la primera de las cuales se realizó en 1887. De cómo a fines de siglo los problemas educativos habían penetrado en el ambiente nacional dan testimonio los Congresos pedagógicos de aquel tiempo: Congreso Pedagógico Nacional (1882), Congresos regionales de Pontevedra (1887) y Barce-

Manuel Bartolomé Cossío, dibujo al carbón, por L. Oroz

lona (1888) y Congreso pedagógico hispanoportugués-americano (1892). El siglo actual es, sobre todo, una época de realizaciones que encarnan los principios heredados del anterior. Los problemas de la cultura popular adquieren una jerarquía de primer orden dentro de la administración del Estado con la creación del Ministerio de Instrucción Pública y Bellas Artes, segregado del de Fomento. En el transcurso del presente siglo, España ha creado toda una organización docente. La pedagogía católica cuenta entre sus más recientes figuras al padre Andrés Manjón, fundador de las *Escuelas del Ave María*; al padre Ruiz Amado, jesuita; a Rufino Blanco Sánchez, autor de numerosos libros sobre la ciencia de la educación, y a Juan Zaragüeta, Víctor García Hoc, María Ángeles Galino, José Ercilla, también jesuita, etc.

Literatura. *Literaturas hispánicas precastellanas.* 1. *Literatura hispanolatina.* España, en cuanto provincia romana, dio brillantes escritores a la lengua del Imperio: Marcial, natural de Bilbilis (Calatayud), autor de *Epigramas;* Quintiliano (v. *Pedagogía*); Marco Anneo Séneca, cordobés, autor de *Suasorias* (discursos políticos) y de *Controversias* (discursos judiciales), y Lucio Anneo Séneca, que escribió las tragedias *Edipo, Medea, Hipólito,* etc.

2. *Literatura latinocristiana.* En los primeros siglos de la era cristiana se destacan como escritores: Juvenco (s. IV), autor de una *Historia evangélica,* escrita a imitación de los hexámetros virgilianos; Aurelio Prudencio Clemente, que escribió los notables poemas *Cathemérinon, Peristéphanon, Apotheosis, Harmatigenia* y *Psychomachia;* Paulo Orosio, portugués, y la religiosa Eteria, autora del *Itinerárium ad loca sancta.* Más adelante, ya en plena época visigoda, descuellan San Isidoro y sus discípulos San Ildefonso, Tajón, Braulio y San Julián.

3. *Literatura arabigoespañola.* La poesía arabigoandaluza se desarrolló a partir del s. X y alcanzó extraordinaria belleza. Figuras notables de esta literatura fueron el historiador Aben Hazam, de Córdoba, autor de una importante *Historia crítica de las religiones,* y el célebre novelista Aben Tofail, que escribió *El filósofo autodidacto,* cuyo tema utilizará Gracián en *El Criticón.*

4. *Escritores mozárabes.* Entre ellos descuellan San Eulogio, obispo de Córdoba, que redactó el *Documentórum martiriale,* y Álvaro Cordobés, autor de *Indículus luminosus.*

5. *Literatura sefardí.* Los judíos de España *(sefarditas)* tuvieron poetas insignes, como Yehuda Haleví, cuya fama se debe, principalmente, a su *Himno a la creación,* y Aben Gabirol.

Literatura castellana. 1. *Primeras manifestaciones literarias.* La investigación histórica ha demostrado la presencia de numerosas formas neolatinas en documentos de los siglos IX, X y XII. Pero se considera como primeros «documentos» literarios las *Glosas Emilianenses* y las *Glosas Silenses* (s. X), anotaciones marginales en castellano, a textos latinos, que servían para enseñar latín en los monasterios de San Millán de la Cogolla (Logroño) y Silos (Burgos). Hasta 1948 fue considerado primer «monumento» de la literatura española el *Cantar de Mio Cid,* de 1140, según R. Menéndez Pidal, aunque estudios posteriores retrasan la fecha de composición a comienzos del s. XIII. Ha llegado a nosotros en copia de principios del XIV (1307), hecha por Pero Abad. Se trata del primer cantar de gesta en idioma castellano y fue escrito para exaltar la figura del caudillo Rodrigo Díaz de Vivar. Existieron otros cantares épicos, refundidos posteriormente en las *crónicas,* tales como el de los infantes de Lara, el de Sancho II y el de Roncesvalles. En 1948, el hebraísta húngaro S. M. Stern descubrió unas 20 jarchas, escritas en romance mozárabe con caracteres arábigos. Se trata de los versos que van al final de moaxajas, poemas en árabe o hebreo y que datan de h. 1042. Esto las convierte no sólo en la muestra más antigua de la literatura cas-

Primitivos reyes españoles, miniatura de un códice emilianense (siglo X). Biblioteca del monasterio de El Escorial

tellana, sino de toda la Romania. De h. mediados del s. XII supone Menéndez Pidal que es el *Auto* o *Representación de los Reyes Magos,* la primera obra, cronológicamente, del teatro castellano.

2. *Siglo XIII.* Como él latín se iba olvidando progresivamente, fue indispensable adaptar el lenguaje literario al popular. Así aparece el *mester de clerecía* (oficio de clérigos), cuya lengua tiene mayor fijeza por ser *escrita,* frente al *mester de juglaría* (oficio de juglares), que era fundamentalmente oral. Ahora bien: entre el mester de clerecía y los primeros monumentos literarios pasó un siglo. El primer poeta castellano de nombre conocido fue Gonzalo de Berceo, monje en San Millán de la Cogolla, que escribió vidas de santos y tres poemas, de los cuales el más importante es el de los *Miraclos de Nuestra Señora,* colección de veinticinco casos milagrosos o leyendas devotas relativas a la Virgen María. A la misma tendencia del mester de clerecía pertenecen el *Libro de Alexandre* y el *Poema de Fernán González,* dedicado a cantar al creador de la independencia de Castilla. Por otra parte, según Menéndez Pidal, la poesía lírica tuvo dos formas primitivas principales: una galaicoportuguesa y otra más propiamente castellana. Son también del s. XIII algunos poemas de origen francés o provenzal, como la *Vida de Santa María Egipcíaca,* el *Libro de Apolonio* y el *Libro dels tres Reis d'Orient.* Figura descollante de la segunda mitad del XIII fue Alfonso X *el Sabio* (1252-1284), iniciador de la prosa castellana, cuya obra poética está recogida en las *Cantigas,* colección de 420 composiciones, escritas en gallego y dedicadas a la Virgen.

3. *Siglo XIV.* Tres nombres representan la vida literaria de este siglo: el infante don Juan Manuel, sobrino del Rey Sabio; Juan Ruiz, arcipreste de Hita, y el canciller Pero López de Ayala. El infante don Juan Manuel escribió obras didácticas, en estilo conciso, entre las que se destacan *El libro de los Estados* y la colección de cuentos educativos de *El conde Lucanor.* De Juan Ruiz se conoce un largo poema de 1.728 estrofas, escrito en mester de clerecía, el *Libro de Buen Amor.* El tercer hombre de letras del siglo, López de Ayala (1332-1407), es autor del *Rimado de Palacio,* poema doctrinal y moralizador. A estos nombres hay que añadir, en lo épico, el *Cantar de Rodrigo* y el *Poema de Alfonso XI,* y en la poesía didáctica, los *Proverbios morales,* del rabino de Carrión don Sem Tob.

4. *Siglo XV.* Es éste, en España, un siglo prerrenacentista, pues a fines del mismo se dejan sentir claramente las influencias del Renacimiento literario. Los poetas, a medida que se centraliza el poder político, se reúnen en la corte y promueven un movimiento que se concentra en los *cancioneros:* el de Baena, el de Stúñiga, etc. La poesía lírica tiene tres grandes representantes: Íñigo López de Mendoza, marqués de Santillana (1398-1458), que nos legó el *Proemio al Condestable de Portugal,* la *Comedieta de Ponza* y el *Infierno de los enamorados,* además de sus famosas *serranillas;* Jorge Manrique (1440-1478), que ha pasado a la historia por sus *Coplas a la muerte de su padre,* y Juan de Mena (1411-1456), cuya obra fundamental es el *Laberinto de Fortuna,* de tema alegórico. Por su parte, la poesía épica está expresada por los llamados *romances viejos,* restos de cantares de gesta. La prosa es muy notable por las siguientes obras: *Reprobación del amor mundano,* del arcipreste de Talavera; *Libro de aojamiento o fascinación,* de Enrique de Villena, y por la aparición de los primeros libros de caballerías: el *Amadís de Gaula* y *Tirant lo Blanch.* El teatro profano nace con Juan del Encina (1459-1529), y la obra teatral más importante aparece a fines del siglo (1499): es *La Celestina* o *Tragicomedia de Calixto y Melibea,* del bachiller Fernando de Rojas.

5. *Siglo XVI.* Con los Reyes Católicos, los romances de Castilla y Aragón conservaron su independencia, pero el castellano se afirmó, de día en día, como lengua predominante, y llegó a convertirse en la lengua imperial de España. No es pura casualidad que en 1492 —el año del descubrimiento de América—, Antonio de Nebrija (1441-1522) publicara la primera gramática castellana. Surgen los apologistas de la lengua Alejo de Venegas, Cristóbal de Villalón, Pedro Mexía, Ambrosio de Morales y Juan de Valdés, quien, en 1535, publicó en Nápoles el *Diálogo de la Lengua.* El gran cardenal Jiménez de Cisneros encargó la

Portada de la *Biblia Políglota Complutense*

edición de la *Biblia Políglota* a ilustres hombres de letras. En la primera mitad del siglo, los poetas introdujeron en España las modas literarias italianas: un catalán, Juan Boscán de Almogáver (m. en 1542), con la traducción de *El cortesano*, de Castiglione, incorporó a la lengua gran caudal de formas clásicas, y un toledano, Garcilaso de la Vega (¿1501?-1536), con sus celebradas *Églogas*, hicieron arraigar en la Península las formas italianizantes. A la misma tendencia importadora pertenecen Hernando de Acuña, Gutierre de Cetina, Francisco de Figueroa, Jerónimo Lomas y Francisco Sá de Miranda. Mantuvieron, en cambio, las tendencias tradicionales Cristóbal de Castillejo (¿1490?-1550), Antonio de Villegas (m. en 1551) y Gregorio Silvestre (1520-1569), mientras Diego Hurtado de Mendoza (1503-1575) representa una transacción entre el tradicionalismo y el petrarquismo. Por el contrario, la segunda mitad del siglo se caracterizó por la incorporación de las formas importadas al espíritu español. En este segundo período, la literatura hispana ofrece dos maneras o estilos: el de la escuela salmantina, cuyo representante más insigne es fray Luis de León (1527-1591), autor de *La perfecta casada*, *De los nombres de Cristo*, una traducción de *El Cantar de los Cantares* y magníficas poesías, al que siguen Malón de Chaide, Arias Montano y Francisco de la Torre; y el de la escuela sevillana, con Fernando de Herrera *el Divino* (1534-1597), conocido por sus poesías de amor platónico y por sus himnos patrióticos como la *Canción a la victoria de Lepanto*; Francisco de Medina, Baltasar del Alcázar (1530-1606), Pablo de Céspedes, y Francisco Pacheco. En la poesía narrativa brillan Alonso de Ercilla (1533-1594), autor de *La Araucana*, y Cristóbal de Virués; en la novela, el género pastoril produce *Diana*, de Montemayor, y *Diana enamorada*, de Gil Polo, y aparece el género picaresco con el *Lazarillo de Tormes* (1554), obra anónima, y a final de siglo (1599), el *Guzmán de Alfarache*, de Mateo Alemán (1547-1614). El teatro del siglo XVI tiene dos direcciones: una pastoril, con Juan del Encina y sus seguidores, y otra derivada de *La Celestina* y de Torres Naharro. Entre los autores dramáticos de la época merece particular mención Lope de Rueda (¿1510?-1565), cuyas producciones más típicas son los *pasos*, tales como *Las aceitunas* y *La carátula*. Florecen también en este fecundo s. XVI, las obras de mística y ascética: fray Luis de Granada (1504-1588), autor de *Guía de Pecadores* y *Libro de la oración y meditación*; Santa Teresa de Jesús (1515-1582), que escribió su *Vida, Castillo interior* o *Las Moradas* y otras obras; San Juan de la Cruz (1542-1591), cuyas producciones más salientes son *Noche oscura del alma* y *Llama de amor viva*, y San Juan de Ávila (1500-1569).

6. *Siglo XVII*. Es éste el Siglo de Oro de la lengua hispánica y de sus representantes más universales: Cervantes, Lope de Vega, Calderón, Tirso de Molina, Quevedo, Góngora... Miguel de Cervantes Saavedra (1547-1616) es el clásico español por antonomasia; su obra genial *El Ingenioso Hidalgo Don Quijote de la Mancha* ha traspasado las fronteras como ningún otro libro español. Félix Lope de Vega Carpio (1562-1635) fue el creador del teatro moderno español (*Peribáñez, Fuenteovejuna, El mejor alcalde, el Rey*, etc.). El más destacado de sus discípulos es fray Gabriel Téllez, más conocido por *Tirso de Molina* (¿1584?-1648). Pedro Calderón de la Barca (1600-1681) es autor de obras tan renombradas como *El alcalde de Zalamea* y *La vida es sueño*. Merecen ser citados como autores dramáticos de la época Francisco de Rojas Zorrilla (1607-1648), Agustín Moreto y Cavana (1618-1669) y Antonio de Solís (1610-1686). Francisco Gómez de Quevedo y Villegas (1580-1645) es el representante más genuino del *conceptismo*; sus obras más notables son *Historia de la vida del Buscón*, novela picaresca y una de las mejores producciones del XVII; *Los sueños*, etc. Luis de Góngora y Argote (1562-1631) es la figura máxima del *culteranismo*, con obras como las *Soledades* y el *Polifemo*. Entre los escritores del siglo XVII hay que mencionar a Diego Saavedra Fajardo (1584-1648), autor de la *República literaria*, y a los jesuitas Juan Eusebio Nieremberg (1595-1658), que destacó en temas ascéticos, y Baltasar Gracián (1601-1658), que escribió obras de tanto mérito como *El Criticón, El Político* y *El oráculo manual*. Entre los poetas deben ser citados los hermanos Argensola y Rodrigo Caro, que cobró fama por su canción *A las ruinas de Itálica*. La novela picaresca tiene un distinguido representante en Vicente Espinel (1551-1624), autor de *Vida del escudero Marcos de Obregón* (1618).

7. *Siglo XVIII*. Con la instauración de los Borbones en España coincide, aproximadamente, la introducción de las corrientes literarias imperantes en Francia. Aunque la poesía es tenida por algo inútil, no deja por eso de tener sus cultivadores, y si en un principio se muestra apegada al barroco, como es el caso de

Luis de Góngora, grabado antiguo

Torres Villarroel, será plenamente neoclásica con N. y L. F. de Moratín, y terminará siendo prerromántica con M. J. Quintana, J. N. Gallego, N. Álvarez de Cienfuegos y A. Lista. Algunos de éstos escriben una poesía patriótica, inspirados por la lucha de independencia contra las fuerzas invasoras. Otros prefieren la anacreóntica y el tono erótico, como J. Meléndez Valdés, una de las figuras líricas más destacadas de este período, y J. Cadalso, más conocido como prosista. Al lado de los poetas líricos existe una parcela, la de los fabulistas, cultivada por Iriarte y Samaniego. En el teatro es de destacar la polémica a favor y en contra de los autos sacramentales, que termina con la supresión de éstos. Entre las tragedias neoclásicas sobresale

Portada del *Quijote*, en una de las primeras ediciones francesas (1614). Biblioteca Nacional. Madrid

Jerónimo Feijoo, grabado de Joaquín Ballester (1765)

la *Raquel*, de García de la Huerta, aunque existen otros escritores trágicos, como N. Fernández de Moratín, Cadalso y Cienfuegos. La figura indiscutible de la comedia es L. Fernández de Moratín, autor de *El sí de las niñas* y *La comedia nueva o El café*. La forma popular del teatro tiene su muestra en los saineses de R. de la Cruz. Pero es en la prosa donde se dan los verdaderos creadores de esta centuria. Prosa satírica en el caso de J. F. de Isla, autor de *Historia del famoso predicador fray Gerundio de Campazas, alias Zotes*, y D. de Torres Villarroel, que hace pensar en la novela picaresca. Satírica, pero didáctica, será la prosa de J. P. Forner, que expresa su preocupación por la lengua española en *Exequias de la lengua castellana*. También preocupados por los problemas de España se muestran J. Cadalso en *Cartas marruecas* y G. M. de Jovellanos en sus diversos *Informes*. Luzán con su *Poética*, preceptiva literaria, tratará de poner orden a la anarquía derivada del barroco. El benedictino fray B. J. de Feijoo escribe ensayos sobre materias muy diversas en su *Teatro crítico universal* y *Cartas eruditas*.

8. *Siglo XIX*. Se acentúa el sentimentalismo en los poetas, como ocurre en José Quintana (1772-1857), el poeta nacional de la guerra de la Independencia, y en Juan Nicasio Gallego (1777-1853), a quien dio celebridad su oda al *Dos de Mayo*. Un desterrado político, Francisco Martínez de la Rosa (1787-1862), inicia en España el drama romántico con *La conjuración de Venecia*, a la que siguen *Don Álvaro o La fuerza del sino*, del duque de Rivas, *Los amantes de Teruel*, de J. E. de Hartzenbusch, *El trovador*, de A. García Gutiérrez y *Don Juan Tenorio*, de J. Zorrilla, también excelente poeta. Adquiere gran importancia el costumbrismo, gracias a *Fernán Caballero* y M. J. de Larra, así como la novela histórica, entre las que sobresale *El señor de Bembibre*, de E. Gil y Carrasco. La poesía romántica cuenta con grandes figuras como J. de Espronceda, aparte de los ya citados Rivas y Zorrilla. En el posromanticismo florecen dos grandes figura líricas, que escriben una poesía esencialmente intimista, G. A. Bécquer y Rosalía de Castro, que escribió también en gallego. Agotado el romanticismo, se abre una nueva era en la literatura española, que se impregna de *realismo*. Además de los nombres citados pertenecen al s. XIX, aunque algunos prolongan su vida artística hasta el primer tercio del s. XX, los siguientes: en el teatro, Manuel Bretón de los Herreros (1796-1873), Ventura de la Vega

José Echegaray, por Sorolla

(1807-1865), Manuel Tamayo y Baus (1829-1898), Adelardo López de Ayala (1829-1879), que también fue brillante poeta; José Echegaray (1832-1916), premio Nobel y autor de *El gran galeoto*, y Ricardo de la Vega (1839-1910), que escribió el libreto de *La verbena de la Paloma*; en la novela, que, a partir de 1880, se dejó influir por el naturalismo francés, Juan Valera (1824-1905), autor de *Pepita Jiménez, Genio y figura*, etc.; Pedro Antonio de Alarcón (1833-1891), de *El sombrero de tres picos, La pródiga*, y otras; José María de Pereda (1833-1906), cuyas obras más acabadas son *Peñas arriba* y *Sotileza*; Leopoldo Alas *(Clarín)* (1852-1901), gran crítico y autor de *La Regenta*; Emilia Pardo Bazán (1852-1921), que escribió numerosas obras, entre las que citaremos *La madre Naturaleza* y *Los Pazos de Ulloa*; Jacinto de Octavio Picón (1853-1924), autor de *Dulce y sabrosa* y de *Juanita Tenorio*; Ángel Ganivet (1865-1898), gran pensador que escribiera el *Ideárium español* y *Los trabajos del infatigable creador Pío Cid*; Armando Palacio Valdés (1853-1938), que creó novelas como *La hermana San Sulpicio, Marta y María*, etc.; Vicente Blasco Ibáñez (1867-1927), quien empezó escribiendo obras de tipo regional, como *La barraca* y *Flor de mayo*, y de tipo social, como *La bodega*; Benito Pérez Galdós (1843-1920), de amplia y fecunda producción, autor de los *Episodios Nacionales*, de buen número de novelas, entre ellas *La fontana de oro, Fortunata y Jacinta, Doña Perfecta, Gloria*, etc.; entre los poetas, los regionales Gabriel y Galán (1870-1905), en Extremadura; Vicente Medina (1866-1937), en Murcia, y Salvador Rueda (1857-1936), en Andalucía; Francisco Villaespesa (1877-1936), autor de *Intimidades* y *El jardín de las quimeras*, que también escribió teatro; Manuel del Palacio (1832-1907), Joaquín María Bartrina (1850-1880), Federico Balart (1831-1906) y algunos más.

9. *Siglo XX*. La literatura española contemporánea aparece con la llamada *generación del 98*, que tomó tal denominación de la reacción espiritual que se produjo en España con el desastre colonial de 1898. Pertenecen a ella pensadores como Unamuno y Maeztu, poetas

Mariano José de Larra, por J. Gutiérrez de la Vega. Museo Romántico. Madrid

Benito Pérez Galdós, por Sorolla. Colección M.ª Pérez Galdós. Madrid

como Antonio Machado, novelistas como Baroja y Valle-Inclán, comentaristas como *Azorín* (1874-1967), que fue el primero en usar el término *generación del 98*. Ramiro de Maeztu (1874-1936) ha sido el gran defensor de la Hispanidad; Miguel de Unamuno (1864-1936), de tendencia misticofilosófica en obras

Pío Baroja, por J. de Echevarría. Museo de Arte Moderno. Madrid

como *El sentimiento trágico de la vida*, escribió también poesías, novelas (*Paz en la guerra, Amor y pedagogía*, etc.). En la poesía se produjo la ruptura con el siglo anterior y la adopción del modernismo traído a España por Rubén Darío. Grandes poetas de la época son: Antonio Machado (1875-1939), cantor de Cas-

Miguel de Unamuno, por J. de Echevarría. Museo de Arte Moderno. Madrid

tilla (*Campos de Castilla*); su hermano Manuel Machado (1874-1947), autor de *Alma, Adelfos*, etcétera; Enrique Díez Canedo (1879-1944), autor de *Versos de las horas*; Enrique de Mesa (1878-1929); Juan Ramón Jiménez (1881-1958), premio Nobel, poeta elegiaco, de versos repletos de exaltación lírica, autor de *Arias tristes, Jardines lejanos* y *Platero y yo*. El gran esplendor del teatro se cifra en Jacinto Benavente

España

Juan Ramón Jiménez, por J. de Echevarría

(1866-1954), premio Nobel y cuyas comedias más celebradas son *Los intereses creados, La Malquerida*, etc.; Eduardo Marquina (1879-1946), que produjo obras como *Las hijas del Cid, En Flandes se ha puesto el sol* y *Doña María la Brava*, de temas históricos; los hermanos Serafín (1871-1938) y Joaquín Álvarez Quintero (1873-1944), productores de un teatro costumbrista de ambiente andaluz, y Gregorio Martínez Sierra (1881-1947), autor de *Canción de cuna*. Entre los novelistas ocupan lugar preferente Pío Baroja (1872-1956), autor de *La casa de Aizgorri, Zalacaín el aventurero, Memorias de un hombre de acción* y otras muchas; Ricardo León (1877-1943), famoso por *Alcalá de los Zegríes, Casta de hidalgos*; Ramón Pérez de Ayala (1881-1961), con *La pata de la raposa, Tigre Juan* y *El curandero de su honra*; Gabriel Miró

Jacinto Benavente

(1879-1930) prosista personal e independiente, que escribió *El obispo leproso* y *Figuras de la Pasión del Señor*; Ramón Gómez de la Serna (1880-1963), célebre por sus *Greguerías*; Benjamín Jarnés (1889-1949), autor de ensayos y novelas (*Lo rojo y lo azul, La teoría del zumbel*); Ramón del Valle-Inclán (1870-1935), célebre por sus *Sonatas* y sus *esperpentos*; Concha Espina (1879-1955), autora de *Altar mayor*, y Wenceslao Fernández Flórez, fino humorista que ha escrito, entre otras obras, *Las siete columnas* y *El malvado Carabel*. Menos destacados, pero buenos novelistas, son Rafael López de Haro, Alberto Insúa, Felipe Trigo y otros.

José Martínez Ruiz *(Azorín)* (1876-1967) es un escritor de fino estilo personal y comentarista sutil, autor de *La voluntad, Las confesiones de un pequeño filósofo* y *Los pueblos*. Son también maestros del idioma Ramón Menéndez Pidal, Ortega y Gasset y Gregorio Marañón. La novela de tipo social está representada por Ramón J. Sender, Joaquín Arderíus, José Díaz Fernández, Carranque de Ríos y César Muñoz Arconada. La renovación de la poesía, tras el creacionismo de Huidobro y Larrea, tiene lugar con un grupo de poetas, ya conocidos universalmente como *generación del 27*. Este grupo de poetas estuvo formado por Pedro Salinas (*La voz a ti debida, Razón de amor*), Gerardo Diego, premio Cervantes (*Romancero de la novia, Manual de espumas*), Jorge Guillén (*Cántico, Homenaje*), Dámaso Alonso (*Hijos de la ira*), Federico García Lorca (*Romancero gitano, Poeta en Nueva York*), Rafael Alberti (*Marinero en*

Federico García Lorca

Tierra, Sobre los ángeles), Vicente Aleixandre, premio Nobel (*Ámbito, Espadas como labios*), Luis Cernuda (*Perfil del Aire, Donde habite el olvido*), Emilio Prados (*Jardín cerrado*) y Manuel Altolaguirre (*Islas invitadas*). A la generación siguiente pertenece Miguel Hernández (1910-1942), de quien es representativo *El rayo que no cesa*. Nombres importantes en la poesía posterior son Luis Rosales (*Abril* y *La casa encendida*), León Felipe, Luis Felipe Vivanco, Ildefonso M. Gil, José García Nieto, Dionisio Ridruejo, Rafael Montesinos, José Luis Hidalgo, Carlos Bousoño, José María Valverde, Ramón de Garciasol, Blas de Otero, Gabriel Celaya, José Hierro, Eladio Cabañero, Jaime Gil de Biedma, Claudio Rodríguez, J. M. Caballero Bonald, Ángela Figuera Aymerich, Gloria Fuertes, Eugenio de Nora, Alfonso Canales, etc. En la novela destacan Camilo José Cela (n. en 1916), autor de *La familia de Pascual Duarte* y *La colmena*, Juan Antonio Zunzunegui, Rafael Sánchez Mazas (*La vida nueva de Pedrito de Andía*), Gonzalo Torrente Ballester (*Javier Mariño*), Ignacio Agustí (*Mariona Rebull*) y José María Gironella (*Los cipreses creen en Dios*), Miguel Delibes (*La sombra del ciprés es alargada*), Sebastián Juan Arbó, José Félix Tapia, Carmen Laforet (*Nada*), Elena Quiroga, Dolores Medio, Ana María Matute (*Primera memoria*), Rafael Sánchez Ferlosio (*El Jarama*), Juan Goytisolo (*Juegos de manos*), Martín Santos (*Tiempo de silencio*), García Pavón, Juan Benet (*Una meditación*), Juan Marsé (*Últimas tardes con Teresa*), Jesús Torbado (*Las corrupciones*), Alfonso Grosso (*Inés just comming*), Caballero Bonald (*Ágata, ojo de gato*), Francisco Umbral, etc. En la dramática, Federico García Lorca (*Yerma, La casa de Bernarda Alba*), Alejandro Casona (*La sirena varada, La dama del alba*), Antonio Buero Vallejo (*Historia de una escalera*), José Suárez

Carreño, Juan Ignacio Luca de Tena, Luis Fernández Ardavín, Agustín de Foxá, José López Rubio, Edgard Neville, Joaquín Calvo Sotelo, Claudio de la Torre, Samuel Ros, Víctor Ruiz Iriarte (*Un día en la Gloria*) Enrique Jardiel Poncela (*Eloisa está debajo de un almendro*), Antonio de Lara (más conocido por *Tono*) y Miguel Mihura, José María Pemán, Antonio Gala (*Anillos para una dama*), Lauro Olmo, Manuel

Vicente Aleixandre

Martínez Mediero (*El bebé furioso*), Jaime Salom (*La piel del limón*), Francisco Nieva (*La carroza de plomo candente*), Jaime de Armiñán, etcétera.

Otras literaturas hispánicas. 1. *Literatura catalana.* En la Edad Media, la dramática de Cataluña se manifiesta con el *Cant de la Sibila* (Baleares), la *Passió* (Cervera) y sobre todo, con el famoso *Misteri d'Elx* (Elche). La lírica tiene como representantes a los trovadores Berenguer de Falol, Guerau de Cabrera y Guillén de Bergadá. En el s. XIV se instauran los *Juegos Florales*, a imitación de los de Toulouse. En el campo de la prosa hay que citar a Arnaldo de Vilanova (s. XIII), que escribió *Raonament d'Avinyó* y a Francisco Eiximenis (siglo XIV). El humanismo renacentista se inició en Cataluña con la gran figura de Bernat Metge (segunda mitad del s. XIV), autor de *Lo somni*. Durante el reinado de Alfonso V fue muy fe-

Gabriel Celaya

cunda la influencia de Italia en las letras catalanas: Andreu Ferrer tradujo *La Divina Comedia*, y Jordi de Sant Jordi siguió las normas petrarquistas en *Passió d'amor*. El gran poeta de fines de la Edad Media fue Ausias March, autor de *Cants morals* y *Cant espiritual*. En el si-

Ausias March, litografía del s. XIX

glo XVI, la literatura catalana abandonó su propia lengua para usar el castellano, ya lengua imperial, y no volver a ella hasta muy avanzado el XIX, con el movimiento llamado *Renaixença*, que se abre con la *Oda a la patria*, de Carlos Aribau. En el año 1859 reaparecieron los Juegos Florales e influyeron considerablemente en el renacimiento de la poesía, en la que destacaron Joaquín Rubió y Víctor Balaguer. Al propio tiempo se fundó en Valencia *Lo Rat Penat*, sociedad literaria, y se destacaron Teodoro Llorente y Vicente W. Querol. El profesor Milá y Fontanals realizó profundos estudios acerca de las literaturas catalana y provenzal. A fines del XIX, Cataluña tiene dos grandes valores literarios: Ángel Guimerá (1847-1924), creador del teatro catalán contemporáneo y Jacinto Verdaguer (1845-1902), figura cumbre de la poesía catalana. Junto a ellos debe ser citado Santiago Rusiñol. La de acción realista tiene como representantes a Narciso Oller y a *Víctor Catalá*, seudónimo de Catalina Albert, autora de novelas enérgicas, como *Solitud*. En la poesía, la noble figura de Juan Maragall (1860-1911), con su *Cant espiritual*. La literatura contemporánea de Cataluña, en el movimiento cultural de gran alcance que impulsó el pensador Eugenio d'Ors *(Xenius)*, estuvo representada por los poetas de la escuela mallorquina Miguel Costa y Llovera y Juan Alcover y los de la escuela barcelonesa José Carner, José María López-Picó y Carlos Riba, mientras que el teatro tiene, como continuadores de Guimerá, a José María Sagarra y Carlos Soldevila. José Pla (n. en 1898) es sin duda el mayor prosista contemporáneo, del que pueden citarse *El cuaderno gris* y *Cadaqués*. Junto a Pla ocupa un lugar paralelo Lorenzo Villalonga (n. en 1898), autor de *Bearn* y *Andrea Victrix*, y Manuel de Pedrolo (n. en 1918). Juan Puig y Ferreter (1882-1956) escribió una interesante serie autobiográfica, *El pelegrí apassionat*. Mercedes Rodoreda (n. en 1909), autora de *La plaza del Diamante*. Otros nombres importantes que cultivan la novela son: Juan Perucho (n. en 1920), autor de *Libro de caballerías;* Baltasar Porcel (n. en 1937), a quien se deben importantes experimentos narrativos: *Los argonautas* y *Caballos hacia la noche;* Mauricio Serrahima, Jorge Sarsanedas, Terencio Moix, Javier Benguerel, José María Espinas, etc. En la poesía, tras el fallecimiento de José Carner, la figura más señera es J. V. Foix (n. en 1893), de tendencia surrealista, autor de *Diari 1918*, *Quatre colors aparien el món*, etc.; Salvador Espriu (n. en 1913), autor, entre otras obras, de *Ronda de muerte en Sinera*; Juan Brossa (n. en 1919) autor de *Poemas civiles*; Juan Oliver (n. en 1899), que escribe bajo el seudónimo de *Pere Quart*, Mariano Manent (n. en 1898), Juan Vinyoli (n. en 1914), Pedro Gimferrer (n. en 1945), Gabriel Ferrater (1922-1972), etc.

2. *Literatura gallega*. Desde tiempos muy remotos existió en Galicia una poesía delicada, de temas sencillos, que influida por la provenzal, llegada con las peregrinaciones compostelanas, dio lugar a una lírica caracterizada por las *cantigas de amor* y las *cantigas de amigo*. El poeta más significativo de esta literatura fue Payo Gómez Chariño, que brilló en los círculos de Alfonso *el Sabio;* este mismo escribió en gallego, como es sabido, sus *Cantigas a Santa María*. A este florecimiento literario siguieron tres siglos de postración, pero, como en Cataluña, el Romanticismo despertó el alma gallega. La gran figura de la literatura moderna gallega es Rosalía de Castro (1837-1880), autora de *Follas novas*. Son también eminentes representantes del renacimiento literario de Galicia, Manuel Curros Enríquez, que escribió *Airiños da miña terra;* Valentín Lamas Carvajal, inspirado autor de *Espiñas, follas e frores*, y Eduardo Pondal. La fundación de la Real Academia Gallega (1906), el Seminario de Estudios Galegos (1923) y la aparición de la revista *Nos* fueron algunas de las causas determinantes del resurgimiento de la literatura gallega en el s. XX. En torno a *Nos*, se agrupan una serie de escritores, artífices en realidad de este resurgimiento, al punto de denominarse a este grupo «generación de Nos». Los principales nombres de este grupo fueron: Vicente Risco, el fundador; Alfonso R. Castelao, Ramón Otero Pedrayo, Florentino Cuevillas y Ramón Cabanillas. De Vicente Risco (1884-1963) es representativa la obra *Nos, os inadaptados*. Alfonso R. Castelao (1886-1950) fue un agudo intérprete del alma de Galicia, tanto con sus obras de creación literaria como a través de sus dibujos. Florentino Cuevillas (1886-1958), autor de escasa obra, recogida en *Prosas galegas*. Ramón Otero Pedrayo (1888-1976) investigó en sus novelas la transformación de la vida en las zonas rurales. Entre su extensa producción destacan: *Os camiños da vida* y *O señorito de Reboraina*. Ramón Cabanillas (1873-1959) fue uno de los principales innovadores de la poesía con obras como *Camiños do Tempo, No desterro* y *Da terra asoballada*. Nombres importantes fueron también los de Manuel Antonio (1906-1928) y Luis Amado Carballo (1901-1927). Fermín Bouza Brey (n. en 1901) cuya obra se encuentra recogida principalmente en dos libros: *Lelias ao teu ouvido* (1926) y *Nao Senlleira* (1934). Álvaro Cunqueiro (n. en 1911), con importante obra narrativa: *Merlín y Familia* (1955) y *Las crónicas de Sochantre* (1971). La poesía cuenta con nombres ya clásicos, entre los que destacan Luis Pimentel (1897-1958), autor de *Sombra do aire na herba;* Luis Seoane (n. en 1910), autor de *Fardel de esiliado* y *Na Brétema Sant-Yago;* Celso Emilio Ferreiro (1914-1979) siguió la línea comprometida que iniciara Curros Enríquez, con obras como *O sono sulagado* y *Larga noche de piedra*. La poesía de Celso Emilio Ferreiro ha influido considerablemente en las promociones más jóvenes, principalmente en J. L. Méndez Ferrín, Bernardino Graña y Manuel María. José Luis Méndez Ferrín (n. en 1928), a quien se ha citado entre los poetas, es también destacado novelista en *Arrabaldo do morte* y *Antón e os inocentes*. En el campo de la novela se va afianzando la figura de José Neira Vilas (n. en 1928), conocido por sus *Memorias de un niño campesino* e *Historias de emigrantes*.

Celso Emilio Ferreiro

Eduardo Blanco Amor (1900-1979), autor de las novelas *La parranda, Xente ao lonxe, Os biosbardos* (cuentos), etc. Anxel Fole (n. en 1914), de quien es representativa *Contos da néboa*. Carlos Casares (n. en 1941), una de las principales revelaciones de los últimos años, con *Vento ferido* (1967), *Cambio en tres* (1969) y *Xoquetes pra un tempo prohibido* (1975). Son también importantes los nombres de: Rafael Dieste, Arcadio López Casanova, Antonio Tovar, José María Castroviejo, Eduardo Moreira, etcétera. Entre los ensayistas deben mencionarse los nombres de Jesús Alonso Montero, Basilio Losada, Ramón Piñeira, Domingo García Sabell y Ricardo Carballo Calero, autor de una magistral *Historia de la literatura gallega contemporánea*.

3. *Literatura vasca*. El más antiguo cultivo del vasco se remonta a los siglos XIV y XV. También aquí el verso, como en las lenguas romances, precedió a la prosa. Se trata de una lírica y épica populares, de las que se guardan restos escritos, correspondientes a varios géneros: los *eresiak*, los *olentzero*, las *toberas*, las *mayas*, las *pastorales suletinas*, teatro que tiene relación con los misterios medievales, y el género de los *bersolaris* o poetas populares. Hasta 1545 no aparece un libro literario: el tomo de poesías de Echepare. La literatura vasca de los siglos XVI y XVII es fundamentalmente religiosa y ascética. En este período son notables el *Guero*, de Pedro de Axular, y el *Atsotitzac edo Refranac*, refranero de Arnaldo de Oihenart, uno de los primeros poetas vascos. En el s. XVIII, el jesuita Manuel de Larramendi (1690-1766) inició una brillante época en la literatura vascuence, a la que pertenecen los también jesuitas Mendiburu y Cardaberaz. A principios del s. XIX aparecen los primeros escritores importantes: J. A. de Miguel, su sobrina Vicenta de Miguel y fray Pedro Astarloa. Tras la guerra civil de los siete años hay un gran florecimiento poético, al que pertenecen Elizamburu, Iturriaga, Etchano, Vilinch, Azkue e Iparraguirre, autor éste del *Guernikako arbola*. A partir de 1876, la literatura vasca se renueva y aparecen grupos locales de escritores, como los de la *escuela donostiarra*, que organiza Juegos Florales y publica

Baltasar Porcel

España

la revista *Euskal-Erria;* la Asociación Éuskara de Pamplona, la escuela de Arana-Goiri de Vizcaya y otros. Un gran momento para el resurgir del vascuence es el de 1918: con la celebración del Congreso de Estudios Vascos de Oñate y con la creación de la Academia de la Lengua Vasca desaparecen los grupos localistas dialectales y se llega a la unidad lingüística. Entre los diversos autores que cultivaron la lengua vasca merecen citarse: José Manuel de Echeita (1842-1915), autor de las novelas *Josecho y Jayoterri Maitia;* Pedro Miguel Urruzuno (1844-1923), que cultivó preferentemente el cuento; Juan Antonio de Irazusta, autor de la novela *Joañisio;* Eusebio Erquiaga, entre cuya producción destaca *Arranegi;* Juan Echaide, de quien puede citarse *Alos-Torrea:* José Eizaguirre, autor de *Ekaizpean,* novela sobre la guerra civil. En el terreno de la poesía hay que reseñar los nombres de Nicolás Ormaechea, *Orixe* (1888-1961), cuya obra cumbre es *Euskaldunak;* Salvador Michelena (1919-1965), autor del poema *Arantzazu;* Xavier Diharce, autor de *Zeru-Menditik.* La poesía de tipo social y corte vanguardista tiene su más conocido cultivador en Gabriel Aresti (n. en 1933), con libros como *Harri eta Herri, Euskal Harria,* etc. La literatura popular de carácter oral ha sido recogida por Resurrección María de Azkue en la obra *Euskalerriaren Yakintza (Literatura popular del país vasco).*

Bellas Artes. *Arquitectura.* 1. *Prehistórica.* Los más antiguos monumentos españoles datan de la época neolítica, en su fase avanzada, y reciben el nombre genérico de megalitos. Entre ellos merecen citarse el llamado *Cueva de Menga* (Antequera, Málaga), el

Cueva de Menga. Antequera (Málaga)

de *Soto* (Trigueros, Huelva) y el de *Matarrubilla,* próximo a Sevilla. Al período eneolítico pertenece la estación de *Los Millares* (Almería). En la segunda edad del bronce se construyeron ciudades fortificadas, que en la Meseta y Galicia se llaman *castros,* y en Portugal, *citanias.* En las islas Baleares existió una avanzada civilización que construyó poblados con muros de grandes piedras y monumentos notables: *talayotes* y *navetas.*

2. *Fenicia, griega y cartaginesa.* De fenicios y cartagineses sólo existen necrópolis, carentes de valor arquitectónico, y restos de *murallas* construidas por los primeros en Málaga. El conjunto de restos griegos más importante es *Ampurias.*

3. *Hispánica.* Los restos de mayor valor son los poblados de *Azaila* (Teruel) y *Numancia* (Soria). Hay también restos de santuarios y necrópolis, y en una de éstas, la de *Toya* (Jaén), se conserva una cámara sepulcral. Las llamadas *murallas ciclópeas,* en Tarragona, son también hispánicas.

4. *Romana.* Los romanos construyeron en España numerosos monumentos y obras públicas notabilísimas, como las calzadas y

Teatro romano. Mérida (Badajoz)

puentes, entre los que figuran el famoso de *Alcántara,* sobre el Tajo, en la prov. de Cáceres. No existen sino restos de *templos* en Vich (Barcelona) y Mérida y el del puente de Alcántara, muy bien conservado. Entre los edificios para espectáculos figuran el *teatro,* el *anfiteatro* y el *circo* de Mérida, y el *anfiteatro* de Itálica. Deben citarse también las *murallas de* Lugo, el *acueducto* de Segovia, la *necrópolis* de Carmona y el faro denominado *Torre de Hércules* (La Coruña).

5. *Visigótica.* Siguen en pie algunos templos de esta época, entre los que citaremos la iglesia de *San Juan de Baños* (Palencia), de *San Pedro de la Mata* (Toledo), *Santa Comba de Bande* (Orense) y *San Pedro de la Nave* (Zamora).

6. *Mahometana.* Los estilos propiamente musulmanes fueron tres: el califal (siglos VIII-XI), el almohade (s. XI-XIV) y el nazarita o granadino (s. XIV-XV). La ordenación más típica de la estructura califal se da en la *Mezquita de Córdoba* y el palacio de *Medina Azahara.* Del año 1000 es la pequeña mezquita

Ermita del Cristo de la Luz. Toledo

de Bal al-Mardum, más conocida con el nombre de ermita del *Cristo de la Luz,* en Toledo. El tipo arquitectónico almohade está maravillosamente representado por la parte inferior de la *Giralda* sevillana. Y el arte granadino se muestra en todo su esplendor en la alcazaba Al-Amra, la prodigiosa *Alhambra* de los reyes nazaritas, y en el palacio del *Generalife.*

7. *Asturiana.* La arquitectura asturiana se desarrolló en los siglos VIII, IX y X, como resultado de una evolución natural del arte visigodo, y terminó fundiéndose con el románico.

Sus edificios más notables son: *Santa María de Naranco* y *San Miguel de Lillo,* próximas a Oviedo, y *Santa Cristina de Lena* (Pola de Lena, Asturias).

8. *Mozárabe.* Se deriva del califal y sus construcciones maestras son las iglesias de *San Miguel de Escalada* y *Santiago de Peñalba* (León), *San Miguel de Celanova* (Orense) y *San Baudilio de Berlanga* (Soria).

9. *Románica.* Influencias mahometanas, lombardas y provenzales hicieron evolucionar, en Cataluña, la arquitectura visigótica, naciendo así un estilo llamado *prerrománico* porque contiene en germen los caracteres del románico, y del que es curioso ejemplar la iglesia de *San Pedro de Besalú* (Gerona). El prerrománico pasó a Francia, y de allí a la Alemania occidental, dando origen al arte *románico,* que fue traído a España como *nuevo e importado.* El románico se españolizó pronto. Es particularmente original el románico en ladrillo, que, sobre todo en Castilla la Vieja, llegó a ser propio y genuinamente español y de un soberano interés. El románico español abarca, cronológicamente, la segunda mitad del s. XI y todo el siguiente. Los principales monumentos que

Iglesia de San Martín. Frómista (Palencia)

aún se conservan son: *San Martín* (Frómista, Palencia), la *catedral vieja* de Salamanca, la *catedral* de Zamora y la *colegiata* de Toro, la *catedral* de Santiago de Compostela, y el *Palacio de Gelmírez,* en la misma localidad; *San Isidoro* (León), *San Vicente* (Ávila), las *iglesias de Segovia, Santa María de Ripoll* (Gerona), el *castillo-monasterio de Loarre* (Huesca), *Santo Domingo de Silos* (Burgos), las *murallas* de Ávila y las *iglesias románicas en ladrillo,* cuyo centro es Sahagún (León).

10. *Gótica.* En los siglos XIII al XV, el arte gótico, venido de Francia, se desenvolvió esplendoroso en España, que posee muchos edificios de estilo ojival, entre los que citaremos: las *catedrales* de León y Burgos (s. XIII), las de Barcelona y Pamplona (s. XIV) y la de Sevilla (s. XV), directamente inspiradas en el arte francés, y la de Toledo (s. XIII), la nueva de Salamanca y la de Segovia (ambas del s. XVI). Son numerosísimos los monasterios góticos, así como los edificios civiles, entre los que descuellan los palacios reales anejos a los monasterios de *Santas Creus* y *Poblet* (Tarragona), el *Palacio de la Generalidad* y el *Ayuntamiento* de Barcelona; las *lonjas* de Barcelona, Palma de Mallorca y Valencia, y los castillos de *Bellver* (Palma), de la *Mota* (Medina del Campo, Valladolid), *Turégano* (Segovia), etc.

11. *Mudéjar.* A partir del s. X se desarrolló una arquitectura típicamente española, de influjo mahometano, que utilizó el ladrillo como elemento fundamental constructivo y se caracteriza por su riqueza decorativa, el empleo de la cerámica vidriada y labores de alfarje. Este estilo perduró hasta el s. XVI, fundiéndose con las otras corrientes artísticas. Entre los mejores edificios mudéjares hay que ci-

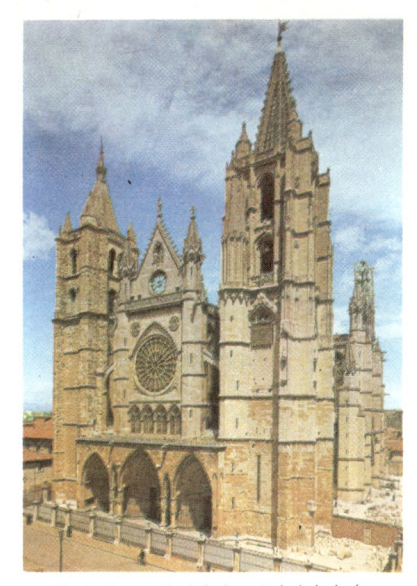

Fachada principal de la catedral de León

tar el *Palacio de Alfonso XI*, en Tordesillas (Valladolid); el *Alcázar* de Sevilla; las torres de *San Martín* y *El Salvador* (Teruel), y de *San Andrés*, en Calatayud (Zaragoza); el *Monasterio de Guadalupe* (Cáceres), la sinagoga de *Santa María la Blanca* y la *Puerta del Sol* (Toledo); la *Casa de Pilato* (Sevilla), etc.

12. *Renacimiento*. El Renacimiento tuvo en España algunos precursores, en el s. XIV y primera mitad del XV, pero su influencia quedó obscurecida por la espléndida floración del original gótico-mudéjar, llamado *estilo isabelino*, por coincidir con el reinado de la reina católica, de cuya época son el *Colegio de San Gregorio* (Valladolid), el *Palacio del Infantado* (Guadalajara) y la *Casa de las Conchas* (Salamanca). Según Lampérez, el Renacimiento español se divide en los siguientes estilos: plateresco, herreriano, barroco y neoclásico. El *plateresco* se desenvuelve en los últimos tiempos del s. XV y en el s. XVI, y sus obras más representativas son: el *Hospital de Santa Cruz* (Toledo), de Enrique Egas; la *Universidad de Salamanca*; la *fachada de la de Alcalá*, obra de Rodrigo de Hontañón, y la *Casa de los Guzmanes*, en León. El *estilo herreriano*, creación del gran arquitecto Herrera, y patrocinado por Felipe II, cortó los vuelos al plateresco y se caracteriza por su purismo clásico, seco y árido, opuesto a toda fantasía. Comprende, cronológicamente, la segunda mitad del s. XVI y primera del XVII, y su prototipo es el *Monasterio de San Lorenzo de El Escorial.*

13. *El estilo barroco*, mal llamado en España *churrigueresco*, es una continuación del plateresco con nuevos bríos, nacidos al influjo de la arquitectura barrominesca italiana. Abarca la segunda mitad del s. XVII y la primera del XVIII, y es su nota especial la licencia, más que libertad, en cuanto a líneas generales y ornamentación se refiere. Las mejores obras barrocas son: la *Plaza Mayor* de Salamanca, en la que intervino José Churriguera; la *fachada del Hospicio*, en Madrid, de Pedro Ribera, y la del *Obradoiro*, de la catedral compostelana, por Casas Novoa. En esta época se construyeron los palacios reales de *San Ildefonso* y de *Madrid*, así como el convento e iglesia de las *Salesas Reales* (Madrid).

14. *El estilo neoclásico*, surgido como reacción contra el barroco, prevaleció durante la segunda mitad del s. XVIII y principios del XIX. Las figuras más destacadas del estilo fueron los arquitectos Ventura Rodríguez y Villanueva, autor del *Museo del Prado* y del *Observatorio Astronómico* (Madrid); y entre los extranjeros, Sabatini, planeador de la *Puerta de Alcalá*, en la capital de España.

15. *Siglos XIX y XX.* Los arquitectos volvieron los ojos hacia el medievalismo románico y gótico, como Juan Madrazo y Ricardo Velázquez, y el marqués de Cubas, autor del proyecto de la *catedral gótica de la Almudena* (Madrid). En el arte oficial siguieron predominando las líneas clásicas, según puede apreciarse en la *Biblioteca Nacional* de Madrid, por Jareño, o en la *Facultad de Medicina* de Barcelona, obra de Doménech Estepá y Sagnier. A fines del pasado siglo y comienzos del actual se produjo un movimiento renovador. Una de las tendencias más fecundas se apoyó en el mudéjar; su iniciador fue Rodríguez Ayuso, autor de la derribada *Plaza de toros* de Madrid. El plateresco ha inspirado el *Palacio de Serra*, en Barcelona, del arquitecto catalán Puig y Cadafalch, y el *Palacio de Comunicaciones* de Madrid, por A. Palacios y J. Otamendi. El extranjerismo en arquitectura tiene por representante genuino a Arbós, autor de la *basílica de Atocha* y de la *iglesia de San Manuel y San Benito*, de estilo bizantino-italiano, ambas en Madrid. En la arquitectura catalana, el más grande de los innovadores, y acaso el más genial arquitecto español de la época, es Antonio Gaudí, naturalista y cultivador del simbolismo, que mantuvo la piedra como material básico, y cuya obra maestra es el templo de la *Sagrada Familia* (Barcelona). Son figuras fundamentales de las tendencias renovadoras en Cataluña los arquitectos Doménech y Muntaner, autor del *Palacio de la Música Catalana* y del *Hospital de San Pablo*, y Puig y Cadafalch, gran artífice de la Barcelona contemporánea, que trabajó en la *Exposición Internacional de Barcelona* (1929-30) y dejó numerosos edificios (*Casas Gari y Ametller*). La arquitectura de nuestros días puede calificarse de racionalista y funcional, con ausencia de elementos escultóricos. Pertenecen a esta arquitectura contemporánea el edificio de la *Compañía Telefónica* y el *edificio Carrión*, obra de Feduchi y Eced; el *Instituto Ramiro de Maeztu*, la *Ciudad Universitaria*, los *Nuevos Ministerios* y el *Edificio España*, todos en Madrid. Un caso curioso de arquitectura funcional es el *Club Náutico*, de San Sebastián, obra de Aizpurúa y Labayen. Entre las últimas promociones de arquitectos, deben citarse los nombres de Luis Peña Ganchegui, Juan M. de

Palacio Arzobispal, por Gaudí. Astorga (León)

Palacio del Infantado (detalle de la fachada). Guadalajara

España

Encío, Eugenio María de Aguinaga, autor del *Club de Golf* de Bilbao, José Antonio Coderch, a quien se debe el edificio *Girasol*, en Madrid. La arquitectura funcional es cultivada en Barcelona por José María Fargas y Enrique Tous, entre cuyas realizaciones son características la *casa Ballvé*, y el edificio industrial *Kas*, en Vitoria. Es también importante la labor teórica y práctica llevada a cabo por Oriol Bohígas, autor con José María Martorell y David Mackay de la casa vecinal de la *ronda de Guinardó*, en Barcelona. De la estética de José María Sostres es buena muestra la fachada de la sede del *Noticiero Universal*, obra plena de equilibrio y sensibilidad; Joaquín Gili y Francisco Bassó, autores del edificio de la *Editorial Gili;* de Ricardo Bofill es destacable la casa de viviendas de la plaza de *San Gregorio* en Barcelona. Para completar este panorama de la arquitectura moderna española, mencionaremos algunos de los nombres más representativos: José A. Corrales y R. Vázquez Molezún, constructores del *pabellón español* de la Exposición de Bruselas y del edificio *Selecciones del Reader's Digest* en Madrid; Miguel Fisac, autor de las *iglesias de los dominicos* de Madrid y Valladolid; Francisco J. Sainz de Oiza, a quien se debe el edificio *Torres Blancas*, en Madrid, y la urbanización *Ciudad Blanca*, en la bahía de Alcudia; Rafael Leoz, investigador del módulo L; Antonio Fernández Alba, de quien es representativo el *convento del Rollo*, en Salamanca; Rafael Moneo, con la *fábrica de Transformadores Diestre*. Dentro de la línea organicista han destacado muy especialmente Fernando Higueras y Antonio Miró, autor el primero de la *casa Muñoz* en Torrelodones y diversos proyectos en la isla de Lanzarote.

Escultura. La escultura española es notabilísima, aunque inferior a la pintura.

1. *Hispánica.* Ni de la escultura prehistórica española se conserva nada, ni de las aportaciones fenicia y griega se puede decir mucho, pues con citar el *sarcófago antropoide* fenicio, hallado en Cádiz, que acusa influencia grecoegipcia; las *cabezas de toro* en bronce encontradas en Costitx (Mallorca), y las toscas *figuras en barro* de la necrópolis púnica de Ibiza, se cierra la enumeración. Lo interesante es que, al conjuro de las influencias venidas de Oriente, se despertó el sentido escultórico de los pueblos hispánicos, que supieron crear un conjunto de obras notables en Levante y en Andalucía. Al primer grupo pertenece el famoso busto conocido con el nombre de *Dama de Elche*. En el Cerro de los Santos (Albacete) se hallaron otras esculturas de menos valor artístico, la más notable de las cuales es una *dama oferente* o sacerdotisa, y en distintos lugares han aparecido esculturas de animales echados, como la llamada *Bicha de Balazote*. Los restos escultóricos encontrados en Andalucía son más toscos: relieves de Osuna y Estepa, carentes de antecedente oriental, y numerosas *figurillas de bronce.* No obstante, ha revestido excepcional interés el hallazgo, en 1971, de la *Dama de Baza* (v).

2. *Clásica.* La mayor cantidad de esculturas romanas se ha hallado en Tarragona, Itálica y Mérida. Entre las más notables figuran la que representa a la diosa *Ceres*, la del general y cónsul *Agripa*. Hay también algunos *sarcófagos*.

3. *Visigótica.* La escultura visigótica se limita a capiteles, a veces historiados, a relieves en las iglesias y a algunos sarcófagos.

4. *Asturiana.* En la España cristiana de los primeros tiempos de la Reconquista, la escultura queda limitada también a los capiteles, a pobres intentos de aplicación decorativa mural y a algunas figuras rudísimas.

5. *Románica.* Es asombrosa la variedad de motivos que ofrece la escultura románica española, sobre todo en los capiteles y en las portadas. La obra maestra de esta escultura, sin rival en el mundo y de la segunda mitad del s. XII, es el *Pórtico de la Gloria* de la catedral compostelana, del genial maestro Mateo.

6. *Gótica.* La escultura gótica, influida substancialmente por el arte galo, tiene por notas esenciales el naturalismo, la sobriedad y la corrección. Los principales grupos de esculturas de la mejor época están vinculados a las catedrales de León y Burgos. Las obras maestras son: el relieve del *Juicio final* y la imagen de *Nuestra Señora la Blanca*, ambos en el pórtico de Poniente; en la catedral burgalesa, las puertas del *Sarmental* y de la *Coronería*. Los retablos propiamente escultóricos nacen en el s. XIV y alcanzan gran importancia. Su obra maestra es el *sepulcro del arzobispo Fernández de Luna*, en el templo de la Seo (Zaragoza), del artista catalán Pere Moragues. Los grandes escultores del s. XV son casi todos extranjeros; los más destacados son: Enrique Egas y Juan Alemán, que trabajaron en la *Puerta de los Leones*, de la catedral toledana; Juan Guás, francés, cuya huella se aprecia en numerosas esculturas, como el famoso sepulcro conocido por *el Doncel de Sigüenza*; y Gil de Siloé, de Amberes, quien se inmortalizó con el *retablo* y los *sepulcros reales* de la cartuja de Miraflores.

7. *Renacentista.* Su iniciación fue obra de artistas extranjeros: Julián Florentino, y Fancelli, que labró los sepulcros del *príncipe don Juan* (Ávila) y de los *Reyes Católicos* (Granada). Ya en el s. XVI surgen grandes artistas españoles, como Damián Forment, cuyos *retablos* de Gandía, el Pilar y Huesca son goticorrenacentistas, mientras su última obra, el de Santo Domingo de la Calzada, responde ya plenamente a las características del nuevo estilo; Vasco de la Zarza, así como Felipe Bigarny, autor del *retablo* de la Capilla real de Granada. El apogeo del Renacimiento brinda nombres gloriosísimos, como los de Bartolomé Ordóñez, cuya obra maestra es el *mausoleo de Felipe el Hermoso y Juana de Castilla*, en la catedral de Granada, y el *sepulcro de Cisneros*, en Alcalá de Henares; Diego de Siloé dejó el *retablo mayor* de la capilla del Condestable (Burgos), en colaboración con Bigarny, y la decoración de la *Puerta del Perdón*, en el templo metropolitano granadino; Alonso Berruguete, que produjo retablos admirables, y su obra más acabada en parte de la sillería del coro de la catedral de Toledo. Juan de Juni, nacido en Champaña, cuya obra cumbre es el *Entierro de Cristo*, de la catedral de Segovia.

8. *Clasicismo.* La construcción de El Escorial motivó la venida a España de Pompeyo Leoni, que fue portador de las estatuas encargadas a su padre, León Leoni, por Carlos I. De ellos los artistas aprendieron la técnica del bronce, como Juan de Arfe y Villafañe, a quien se debe la *estatua orante de Cristóbal de Rojas*, en la colegiata de Lerma.

9. *Naturalismo.* El naturalismo comprende en la escultura española el s. XVII. De este arte hay un núcleo en Castilla: Valladolid, y dos en Andalucía: Sevilla y Granada. Llena el primero Gregorio Fernández, que dejó obras excepcionales, entre las que pueden citarse: la

Torres Blancas, por Sainz de Oiza

Puerta del Sarmental. Catedral de Burgos

Estatua orante de Cristóbal de Rojas, por Juan de Arfe y Villafañe. Colegiata de Lerma (Burgos)

Virgen de las Angustias, por Gregorio Fernández. Museo de Escultura. Valladolid

Virgen de las Angustias (Valladolid) y el *Cristo yacente* (El Pardo, Madrid). Sevilla tiene un genio extraordinario en Martínez Montañés; entre sus obras más famosas figuran el *Cristo de los Cálices*, en la catedral de Sevilla, y un *retablo* en las capillas de los Alabastros, en el mismo templo. En Granada aparece a la cabeza de la

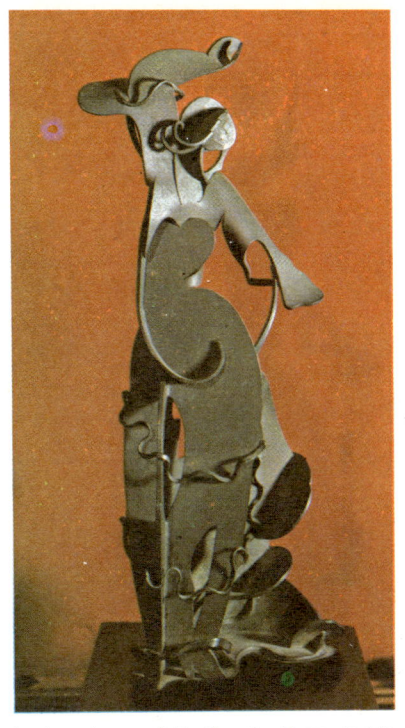

La danzarina, por Pablo Gargallo. Museo de Arte Moderno. Barcelona

escuela Alonso Cano; su obra maestra es la *Inmaculada* del facistol de la catedral granadina.

10. *Barroco.* Francisco Salzillo, en Murcia, fue el último imaginero, famoso por sus *pasos*, como el de *La Oración en el Huerto;* Narciso Tomé, autor del famoso *transparente* de la catedral de Toledo, y los Churriguera denotan la huella del *rococó francés*.

11. *Neoclásica.* El representante más característico del neoclasicismo es Manuel Álvarez, autor de la *Fuente de Apolo*, la más bella de Madrid.

12. *Siglo XIX.* El romanticismo no fue muy fecundo, pues basta citar, dentro de dicha escuela, a los Vallmitjana (Agapito y Venancio) y a Suñol, autor de la notable escultura de *Dante*. Representan la transición al siglo XX dos grandes artistas: Querol y Mogrobejo; el primero, extraordinariamente fecundo, pasa sucesivamente por las fases realistas (*La tradición*), de predominio de la fantasía (*Monumento a Bolognesi*, Lima) y de serena belleza clásica (*Mausoleo de Cánovas del Castillo*, Madrid); el segundo ostenta la tendencia innovadora dentro del realismo, y su obra más famosa es el *Busto del pintor Anselmo Guinea*.

13. *Siglo XX.* España ha dado a las corrientes extremistas dos innovadores revolucionarios en Pablo Gargallo y Julio González, que elevaron la escultura en hierro a la categoría de arte. Citaremos algunos nombres: Rodríguez Hernández, conocido por el seudónimo de *Julio Antonio*, dejó un maravilloso conjunto de bustos realistas, bajo la denominación de *Raza*, y *Adolescente muerto;* Mateo Inurria cultivó el desnudo femenino con acierto insuperable (*For-*

ma); Mariano Benlliure, cuyas obras están esparcidas por todas las ciudades españolas; y Lorenzo Coullaut-Valera, ecléctico y de gran producción, entre la que se cuenta el *Monumento a Cervantes*, en la plaza de España, de Madrid; Capuz, que de un barroquismo y un realismo crudo ha llegado a la ponderación de las obras clásicas y se ha asomado al expresionismo (*Descendimiento*); Clará, de forma clásica y expresión moderna, sereno y magistral; Victorio Macho, magnífico en el *Monumento a Ramón y Cajal*, en los jardines del Retiro, Madrid; Pérez Comendador, autor de la *Muerte de Adonis;* Emiliano Barral, que nos dejó excelentes bustos; importantísima fue la labor de Alberto Sánchez (1895-1962), no sólo en el campo de la escultura, sino también en la pintura y la escenografía; Ángel Ferrant (1890-1961), autor de una nutrida obra que agrupó en series: «esculturas intactas», «estáticos cambiantes», «escultura infinita», etc. Para completar este panorama de la escultura moderna hay que reseñar los nombres de Jorge de Oteiza, Juan de Ávalos, Pablo Serrano, Eduardo Chillida, Lobo, Martín Chirino, Marcel Martí, José M.ª Subirachs, Moisés Villelia, Andrés Alfaro, Miguel Ortiz Berrocal, Julio López Hernández, Venancio Blanco, Gabino, etc.

Pintura. 1. *Pintura prehistórica.* Sus primeras manifestaciones se remontan al paleolítico superior y son pinturas *rupestres*. En la cueva de Altamira (Santander), del período magdaleniense, radican las obras maestras de la pintura paleolítica. En el Levante español se ha encontrado otro tipo de pinturas prehistóricas, situadas en abrigos o rocas resguardados. La obra más típica es la llamada *Danza de Cogull* (Lérida).

2. *Pintura ibérica.* Las mejores representaciones se encuentran en las vasijas halladas en Archena, Azaila y Numancia, y especialmente en las piezas procedentes de las excavaciones del poblado del *Cerro de San Miguel* (Liria, Valencia).

3. *Pintura romana.* Pueden citarse como ejemplo las del *Columbario de Mérida*. Mayor importancia tienen los mosaicos. El que representa el *Sacrificio de Ifigenia*, hallado en Ampurias, es una magnífica muestra.

Unamuno, por Pablo Serrano. Salamanca

Cuerpo de hombre, por J. Subirachs. Colección March. Madrid

4. *Pintura visigótica.* En la Biblioteca Nacional de París se conserva un códice miniado del siglo VII, llamado *Pentateuco Ashburnham*, que se considera obra ejecutada en España durante la dominación visigótica.

5. *Pintura mozárabe.* La pintura mozárabe es bárbara y ruda, pero hondamente expresiva; su dibujo, ingenuo y deficiente, revela un sentido muy estimable de la composición, y el colorido constituye la nota predominante. El libro ilustrado con miniaturas de este tipo que gozó de mayor favor en la Edad Media fue el intitulado *Comentarios al Apocalipsis*, escrito en el s. VIII por el abad San Beato de Liébana. Nada tiene de extraño que abunden los *beatos*, llamados así por imitación de aquél; uno de los más notables es el *Beato de Valladolid* o *de Valcavado*, pintado por Dueco hacia el 970.

6. *Pintura románica.* Las llamadas *Biblias catalanas* de Ripoll y de San Pedro de Roda, escritas por el año 1000, marcan en la miniatura la transición del estilo mozárabe a una nueva modalidad artística: la románica. La pieza capital de la miniatura románica española no es un beato, sino el *Libro de los Testamentos*, de la catedral de Oviedo, formado de 1126 a 1129. Existen en España dos grupos de pinturas murales: el catalán y el castellano. Entre todas ellas destaca el ábside de *San Climent de Tahull*. La tendencia naturalista que aparece en las pinturas catalanas se acentúa en las del grupo castellanoleonés, menos numeroso, pero con obras más calificadas, como las del *Panteón de los Reyes* de San Isidoro, de León. Posee Cataluña, igualmente, la mayor colección de tablas románicas, procedentes de sus iglesias. Como ejemplo puede citarse el *Frontal de San Martín de Montgrony*, hoy conservado en el Museo de Vich.

7. *Pintura gótica.* Comenzó en el s. XIII y se mantuvo hasta mediados del siguiente. La pintura gótica continuó la tradición narrativa románica, y se caracteriza por el proceso creciente de la observación del natural. En cuanto a la miniatura, sigue en el mismo plano secundario que tenía en la época románica, aunque brinda algunas obras maestras, como el códice de las *Cantigas*, de Alfonso X *el Sabio*. Como primeros maestros surgen *Ferrer Bassa* (n. de 1285 a 1290 y m. en 1348), del que pueden citarse *La oración del huerto* y *El prendimiento;* y los hermanos Serra, de los cuales Jaime (m. antes de 1395) tiene su mejor obra en el *Retablo de la Madre de Dios*. Ya en 1429 estuvo en España Jean van Eyck, y en 1431, el pintor, probablemente valenciano, Luis Dalmau visitó Flandes por encargo del rey de Aragón y fue conquistado por el arte de los Van Eyck, como lo demuestra su única obra

España

documentada, la *Virgen de los Concelleres* (1443). La figura capital de la pintura de la Cataluña del siglo XV no es catalana, sino andaluza. Se trata de Bartolomé Bermejo (...1474-1498...), considerado como el primitivo español de más acusada personalidad. Pintó el *Retablo de Santo Domingo*, de Daroca, cuya tabla central, conservada en el Prado, es una de las mejores joyas de este Museo. En otra obra notabilísima, la *Piedad*, de la catedral de Barcelona, se muestra expresivo, patético y retratista excepcional. La permanencia de Jean van Eyck durante algún tiempo (1429) en tierra castellana puede, acaso, ser considerada como el punto de partida de la fecunda influencia de la pintura flamenca, que sirvió de motivo de inspiración a los artistas castellanos, quienes pusieron los jalones de un arte original hispanoflamenco. La gran figura, entre los primitivos castellanos, es Fernando Gallego (...1466 ó 67-1507...), a quien se debe el *Retablo de San Ildefonso*, de la catedral de Zamora. Son numerosas las obras destacadas de la pintura hispanoflamenca en su espléndida floración castellana. A título de ejemplo, puede citarse el *San Atanasio*, atribuido al llamado Maestro de San Ildefonso, de la escuela de Valladolid, en el Museo de esta ciudad. Pedro Berruguete (m. antes de 1504) puede ser considerado como el último y más grande de los primitivos castellanos. Sus mejores creaciones hay que buscarlas en sus figuras aisladas, feliz anuncio de las grandes obras posteriores de la pintura española. Como ejemplo puede citarse el *San Agustín*, detalle del bancal del retablo mayor de Santo Tomás, de Ávila. La pintura andaluza estuvo también sometida, durante el s. XIV a principios del XV, a la influencia italiana, pero ofrece caracteres propios. Alejo Fernández (m. en 1543) es el último gran primitivo andaluz, que representa en Andalucía, con retraso, lo que Pedro Berruguete en Castilla. Puede darse como obra representativa suya *La Virgen con el Niño*, tabla central del retablo de la capilla de la Universidad, en Sevilla.

8. *Renacentista*. El arte pictórico español del s. XVI es italianista, pero no de forma rigurosa. La primera aportación de la pintura renacentista italiana está representada por Hernando Yáñez de la Almedina (...1505-1536...) y Hernando de Llanos (m. después de 1525), discípulos de Leonardo da Vinci y autores de las puertas del retablo mayor de la catedral de Valencia. La *Presentación de la Virgen en el templo*, pieza de este conjunto, es un buen ejemplo del arte de Yáñez. Dos fueron las figuras que influyeron sobre todo en esta tendencia: Rafael Sanzio y Miguel Ángel. Del primero surgió el *romanismo*. Entre los artistas más destacados se cuentan Juan Vicente Masip y su hijo Vicente Juan Masip, más conocido por el sobrenombre de Juan de Juanes (1523-1579), que vivieron en Valencia. Una de las más representativas, a este respecto, es el *Cristo con la Hostia*, en el Prado, pero quizá su obra mejor es la *Asunción de la Virgen*, en el Museo de Valencia. El núcleo andaluz tiene una gran figura en Luis de Vargas (1502-1568). Una de sus mejores obras es la conocida *Generación temporal de Cristo*, existente en la catedral sevillana y vulgarmente designada con el nombre de *La Gamba*. En la segunda mitad del s. XVI reunió Felipe II en El Escorial un grupo de pintores, entre los que descuella Juan Fernández de Navarrete *el Mudo*. Se destacaron también en esta época Alonso Sánchez Coello y el griego españolizado Doménikos Theotocópoulos, conocido por *el Greco*. Una de sus obras más representativas es el *Entierro del conde de Orgaz*, conservado en la iglesia de Santo Tomé, de Toledo.

9. *Escuela nacional*. Se caracteriza por su naturalismo, su exaltación de la vida misma y la admisión de la luz para destacar y despegar las figuras de los fondos. Sólo es posible citar, por su número, a maestros excepcionales como Francisco Ribalta y José Ribera, llamado *el Españoleto*; los artistas de la escuela sevillana, como Zurbarán, Velázquez, que produjo obras admirables, como *Las meninas*, *Las hilanderas*, *La rendición de Breda*, *Cristo crucificado* y magníficos retratos de grandes personajes y de pícaros; Alonso Cano, Murillo, uno de cuyos temas predilectos fue el de la *Inmaculada* y entre cuyos cuadros más notables se hallan también *Visión de San Félix de Cantalicio* y *Santas Justa y Rufina*, del Museo de Sevilla; Juan de Valdés Leal, que llevó el barroquismo a sus obras pictóricas y representa la decadencia de la escuela sevillana. Todos estos artistas excepcionales crearon escuela. Los mejores pertenecieron a la escuela madrileña, y fueron: fray Juan Rizi, Antonio de Pereda, Juan Carreño de Miranda y Claudio Coello, que legó a la posteridad el cuadro de *La Sagrada Forma*, en El Escorial.

10. *Siglo XVIII*. La entronización de la Casa de Borbón trajo a España la injerencia del arte extranjero, principalmente del francés, y la pintura académica. Puso fin a este arte inexpresivo y sin vida otra figura genial de la pintura española: Goya. Entre sus cuadros más famosos pueden citarse: *El cacharrero*, *La familia de Carlos IV*, *El Dos de Mayo*, *La maja desnuda* y *Última comunión de San José de Calasanz*, todos en Madrid.

11. *Siglo XIX*. La huella de Goya no fue seguida por los artistas españoles, excepción hecha de Leonardo Alenza y Eugenio Lucas. La transición de uno a otro siglo está representada por Vicente López y Portaña, cuyo mejor retrato es quizá *El pintor Francisco Goya*.

Las meninas (detalle), por Velázquez. Museo del Prado. Madrid

El sepulcro de San Pedro Mártir (?) (detalle), por Pedro Berruguete. Museo del Prado. Madrid

La familia de Carlos IV, por Goya. Museo del Prado

ESPAÑA

SIGNOS CONVENCIONALES

⦿	Capital de nación		Marisma o zona pantanosa
⊙	Capital de provincia	⚓	Puerto de mar y faro
○	Cabeza de partido judicial (España) y capital de distrito en Portugal		Río y afluentes
		⊢⊢⊢⊢	Ferrocarril
•	Otras entidades de población		Carretera principal
─ ─ ─ ─	Límite de nación		Otras carreteras
·········	Límite de provincia (España) y límite de distrito en Portugal	✈	Aeropuerto
		🏰	Castillo o fuerte
△	Vértice y altitud en metros	⚒	Mina
	Embalse		Monasterio
	Lago o laguna		Parque nacional

Escala en kilómetros
0 25 50 75 100 125 150

ABREVIATURAS

B.	bahía	Lna.	laguna
C.	cabo	Pta.	punta
Cord.	cordillera	Pto.	puerto
Emb.	embalse	R.	río
G.	golfo	S.	San
I.	isla	S.ª	sierra
Is.	islas	Sta.	Santa
L.	lago	Sto.	Santo

Naturaleza muerta con mantel blanco, por Juan Gris. Colección privada

Se impuso la tendencia neoclásica, que creara David en Francia, expresada por José de Madrazo, y luego surgió así la afición por el cuadro de historia. El más genuino representante de esta escuela fue Federico de Madrazo. Sin embargo, en la segunda mitad del s. XIX se produjo un despertar realista del arte pictórico nacional con grandes figuras, como Casado del Alisal y Antonio Gisbert, y sobre todo Eduardo Rosales, madrileño, autor de *El testamento de Isabel la Católica,* y Mariano Fortuny, que produjo obras admirables como *La Vicaría* y *Corriendo la pólvora.* Es imposible citar a todos los pintores destacados de esta generación, y a título de ejemplo vayan los nombres de José Jiménez Aranda, Carlos Haes, Agustín Riancho, Casimiro Sainz y Martín Rico, y entre los dibujantes ilustradores de obras, a Daniel Urrabieta Vierge.

Cabeza de mujer, por Picasso. Museo Picasso. Barcelona

12. *Siglo XX.* Este siglo es encrucijada de tendencias artísticas muy diversas, y España acusa corrientes muy distintas que se mueven entre un clasicismo atenuado y un subjetivismo que, en último término, no es otra cosa que romanticismo, exaltación del yo. En la más notable de estas corrientes avanzadas, el cubismo, correspondió una acción decisiva a dos artistas españoles establecidos en París: Picasso y Juan Gris. El genio de Picasso, unido a su capacidad de quemar etapas a lo largo de toda su vida, ha sido, quizá, uno de los exponentes más importantes de la gran revolución e innovación artística de nuestro siglo. Los pintores de todo el mundo que, consciente o inconscientemente, han seguido a este pintor malagueño han sido innumerables. En Valencia surge la figura excelsa de Sorolla, el más grande de los impresionistas españoles, y también valencianos fueron: Muñoz Degrain, Ramón Casas y Manuel Benedito. En Castilla aparecen Aureliano de Beruete, Eduardo Chicharro, José Gutiérrez Solana y Eugenio Hermoso. En las Vascongadas debe mencionarse a Darío de Regoyos, Elías Salaverría, Ignacio Zuloaga, Ramón Valentín de Zubiaurre, Itussino y Echevarría. En Cataluña se destacan: José María Sert, Martí y Alsina, Joaquín Vayreda, Ramón Casas, Joaquín Mir y Santiago Rusiñol. En Andalucía: López Mezquita, Romero de Torres y Vázquez Díaz. Entre los pintores gallegos figuran: Álvarez de Sotomayor, Francisco Llorens y Castro Gil. En Asturias, Luis Menéndez Pidal. Joan Miró, figura de renombre mundial, es otro artista de gran originalidad, que a través de un surrealismo muy personal ha encontrado un lenguaje propio, lírico y simple. Salvador Dalí, pintor muy discutido, representa un verismo surrealista, en el que ha realizado obras incomparables. Pueden citarse también los renovadores Juan Luis López, Celso Lagar, José Seijo Rubio, Bernardino de Pantorba y Marceliano Santamaría. Entre los catalanes, se considera como precursor de la generación actual a Isidro Nonell. La vida pictórica española ha tenido una gran floración en los años subsiguientes a la guerra civil, a la que han contri-

La corrida de toros, por Miró. Galería de Arte Moderno. París

buido figuras como José Aguilar, Agustín Redondela, Durancamps, María Blanchard, Rafael Zabaleta, Pedro Mozos, Pancho Cossío, Gregorio Prieto, Eduardo Vicente, Pedro Bueno, Antonio Gómez Cano y Benjamín Palencia. Entre los pintores que han destacado en los últimos años hay que mencionar los nombres de José Caballero, Francisco Mateos, Luis García Ochoa, Álvaro Delgado, José Vela Zanetti, Francisco Bores, Hernando Viñes, Peinado, Antonio Clavé, Antonio López, César Manrique, Millares, Manuel Viola, Antonio Saura,

La cena, por Dalí. National Galery. Washington

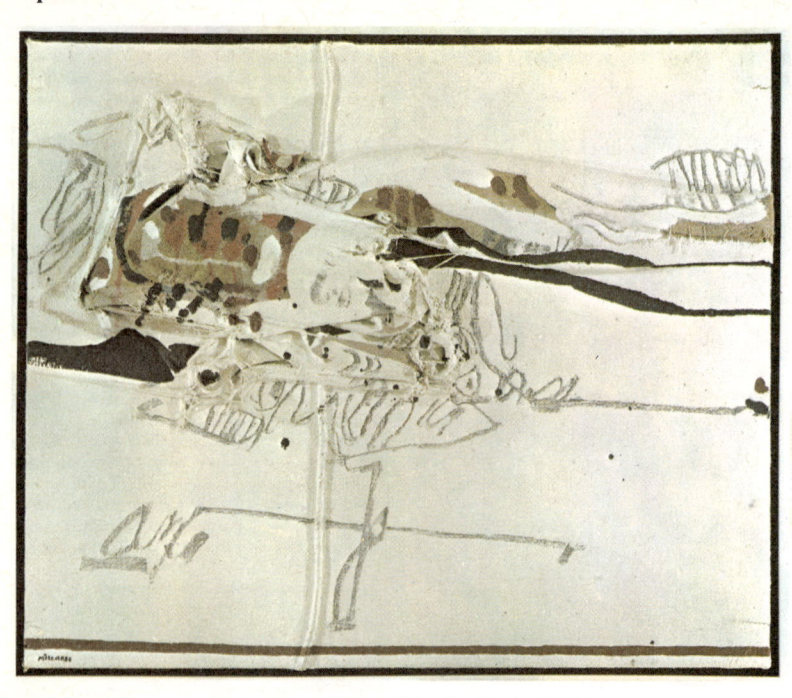

La acera, por Millares. Colección March. Madrid

Sempere, Orlando Pelayo, Francisco Farreras, Rafael Canogar, Antonio Tapies, Cuixart, Lucio Muñoz, Pablo Palazuelo, Guinovart, Zóbel, Torner, etc.

Artes decorativas. 1. *Cerámica.* La de mayor significación, por corresponder a una cultura auténticamente española, es la *ibérica*, con las obras maestras de Azaila, Liria, Elche y Archena. Ibérica es también la cerámica de Numancia. Merece ser citada la cerámica negra purísima que aparece en las *citanias* gallegas. Del s. X son los maravillosos mosaicos árabes de Medina Azzahra. Es un timbre de gloria para España haber naturalizado en Europa la loza de reflejos metálicos. A partir del s. XIII tiene gran esplendor la azulejería de Toledo, Sevilla, Aragón y Valencia, y de los siglos XIV y XV son los maravillosos alicatados granadinos. Talavera de la Reina (Toledo), a comienzos del Renacimiento, dio sentido popular a las formas exquisitas de Urbino y otros ceramistas, y a lo largo de los siglos XVI y XVII difundió su producción por toda España y América. En el s. XVIII, de tendencia europeizante, el conde de Aranda fundó la fábrica de loza de Alcora (Castellón); Carlos III creó la de porcelanas del Buen Retiro y la fábrica de cristales de La Granja (Segovia). En el primer tercio del XIX, Sargadelos (Galicia) compite con las fábricas inglesas de loza, y en tiempos más próximos a nosotros, las fábricas de Manises (Valencia), Sevilla y Talavera de la Reina realizan trabajos primorosos, índice del renacer del arte, y los vidrios de Cadarso de los Vidrios (Madrid), Cuenca, Orense, Castril y María (Granada) y Mataró (Barcelona) son muy buscados por los coleccionistas. Entre los ceramistas contemporáneos, merece ser citado Ruiz de Luna.

2. *Metalistería.* Estas manifestaciones artísticas alcanzaron al oro y al material bélico celta, como lo demuestra el suntuoso *casco de plata* que se conserva en el Instituto de Valencia de Don Juan (Madrid). En comarcas menos ricas, pero de mayor perfección artística, se labraron el tesoro ibérico de Jávea y el *tesoro de La Aliseda*, colección de joyas de oro fenicias. Únicos en el mundo son los llamados candeleros de oro hallados en Lebrija. En la Edad Media nos encontramos con las hermosas coronas del *tesoro de Guarrazar*, espléndidos joyeles visigóticos. En los primeros tiempos de la Reconquista atestiguan un arte refinado, entre otras obras, la arqueta de la Cámara Santa de la catedral de Oviedo, las cruces de los Ángeles y de la Victoria, etc. Procede citar las obras maravillosas de San Miguel *in Excelsis* (Navarra), Orense, Silos (Museo de Burgos), Roncesvalles y Salamanca. Del s. XII al XV mencionaremos, entre las obras maestras, el *sepulcro chapado del obispo don Mauricio*, en el coro de la catedral de Burgos; el *retablo de plata* de la catedral de Gerona; los relicarios barceloneses de la Santa Espina y del Museo del Louvre, y el *relicario de los corporales de Daroca*. El s. XVI es el gran momento de la *orfebrería* española, que proveyó de *custodias* a gran número de catedrales. En este arte se distinguió la familia de los Arfe, que llenó un siglo: el primero, Enrique de Arfe, hizo (1515-1523), entre otras, la *custodia de la catedral de Toledo*, su producción más importante, y la exquisita *arca de San Froilán*, de la catedral leonesa; Antonio de Arfe, hijo del anterior, dio fin en 1545 a la *custodia de la catedral de Santiago;* Juan de Arfe cinceló la *custodia de la catedral de Ávila*. En la era renacentista son dignos de ser citados los bronces de Cristóbal de Andino, con su reja de la *capilla del Condestable*, en Burgos (1523); de Francisco de Villalpando, que construyó en 1542 la *reja del altar mayor* de la catedral toledana; de Vergara, que hizo la *verja del sepulcro de Cisneros*, en Alcalá de Henares; de Juan de Arfe, autor de los sepulcros de los Lerma, y de Celma, que construyó los púlpitos de la catedral compostelana. La rejería, que comenzara en el s. XIII, alcanzó su mayor auge en el XV y el XVI. De las conservadas, la más antigua es la de la *capilla de San Sebastián* (Barcelona); Burgos conserva notables *púlpitos de hierro forjado*.

3. *Cueros, tejidos y marfiles.* Los guadameciles (*cueros estampados*) se trabajaron principalmente en Córdoba, y por esto se llamaron *cordobanes*. Ya en los tiempos prehistóricos se elaboraban *telas de esparto* como las halladas en la cueva de los Murciélagos (Granada). A los árabes se deben telas como el finísimo *tiraz de Hixem II*. De la etapa almohade es el célebre trozo de *tienda de campaña* del califa En Nasin. Entre los siglos XII y XV, el arte del tejido suntuario continuó sus labores de ascendencia oriental. En tiempos más próximos, los brocados de oro, los paños de Segovia, las sedas de Granada, las alfombras de Alcaraz y los tapices de Salamanca representan un considerable desarrollo artístico, y en la actualidad tienen enorme valor los bordados de Lagartera (Toledo), las blondas de Almagro (Ciudad Real) y las puntillas de Camariños (Galicia). En cuanto a los *marfiles*, hay que mencionar los cordobeses.

4. *Mobiliario.* De lo poco conservado de la época de la Reconquista, quizá el ejemplar

Pintura, por Tapies. Museo de Arte Contemporáneo. Madrid

Ruperto Chapí  — Manuel de Falla  — Enrique Granados  — Amadeo Vives

más antiguo es el *trono del obispo*, de la catedral de Gerona. Hacia fines del XIII se diseñó el arca o arcón. De principios del XIV quedan cierto número de arcones, de tapa ligeramente abovedada. Durante los siglos XIV y XV, el mueble semeja una construcción arquitectónica gótica, con decoraciones geométricas y curvilíneas. Entre las obras de esta época pueden citarse la famosa silla del rey Martín, de plata dorada, en la catedral barcelonesa; el sillón semicircular del Instituto de Valencia de Don Juan y las sillas presidenciales de la cartuja de Miraflores. Mientras predominaba el gótico surgió en la Península el mueble mudéjar. El Renacimiento importa muebles de gusto italiano; sus especies más interesantes son los *bargueños* y los llamados *sillones fraileros*. Del tipo clásico de bargueño se hizo, durante los siglos XVI y XVII, una industria en el pueblo de Bargas (Toledo). En el s. XVIII, los muebles suntuosos se inspiran en las construcciones francesa e inglesa. A mediados del mismo se trabaja el mueble de laca. En general, a partir de este momento, el mueble español es una variante, más seria, más simétrica y maciza, de las tendencias reinantes en Inglaterra y Francia.

Música. 1. *Edad Media.* Las grandes catedrales fueron centros de música polifónica ya en los siglos XII y XIII, y la polifonía del códice Calixtino (s. XII) es típicamente española. Existió igualmente en época temprana la canción polifónica de amor, y la corte del Rey Sabio fue una de las más refinadas en el orden musical, polifonía y monodia cortesanas, como lo acreditan las preciosas *Cantigas* a la Virgen.

2. *Siglos XVI y XVII.* La polifonía religiosa tuvo insignes compositores, entre los que destaca Tomás Luis de Victoria. La profana fue cultivada por los dos Flecha, en sus *Ensaladas burlescas*, y por Guerrero, con sus exquisitas *Villanescas*. La música para órgano culminó con el famoso ciego burgalés Antonio Cabezón (m. en 1566), autor de *Tientos*. Valderrábano, Millán y Fuenllana fueron los iniciadores de la canción acompañada, y Juan del Encina (1459-1539) creó la música escénica. En el año 1629 se representó, cantada, *La selva sin amor*, de Lope de Vega, que fue la primera comedia musical, y puede afirmarse que Calderón de la Barca escribió el libro para la primera zarzuela, *El laurel de Baco*, en 1657, con ocasión del segundo casamiento de Felipe IV.

Isaac Albéniz

3. *Siglo XVIII.* Con él penetró en España la música italiana, que impuso su hegemonía. Para contrarrestar el influjo italianizante, Luis Misón impuso la *tonadilla escénica*, base de la zarzuela renovada. Entre los maestros de la tonadilla fueron los más geniales Esteve y Laserna. En el mismo siglo florecieron el *villancico* y el *oratorio*, de polifonía clásica, siendo los compositores más destacados Nebra en Madrid, Valls en Barcelona y el padre Soler en El Escorial. La música instrumental tuvo magníficos compositores, entre los que se destaca José Elías.

4. *Siglo XIX.* Hilarión Eslava (1807-1878) intentó sacudir el yugo extranjerizante. Por la misma época, Rafael Hernández y Palmar inició la forma actual de la zarzuela; sin embargo, quien verdaderamente la nacionalizó, dándole españolismo y grandeza, fue Francisco Asenjo Barbieri (1823-1894), el más personal de los compositores de su época. A fines de siglo se produjo un movimiento renovador, cuyos precursores fueron Barbieri, Pedrell y Olmeda, quienes pregonaron con la palabra y con el ejemplo la emancipación de la música española, tanto de la tiranía wagneriana como de la italiana. La renovación musicológica hispana tuvo su principal adalid en Felipe Pedrell (1841-1927), que creó escuela y fue el iniciador del «renacimiento» musical de España. Músicos notables de este siglo son: Juan Crisóstomo Arriaga (1806-1826), Juan Emilio Arrieta (1823-1894), Federico Chueca (1846-1908), Tomás Bretón (1850-1923), Ruperto Chapí (1851-1909) y Manuel Fernández Caballero (1835-1900).

5. *Siglo XX.* Al *tradicionalismo* de los precursores sucedió el *realismo* de otros tres músicos geniales: Albéniz (1860-1909), Falla (1876-1946) y Turina (1882-1948), que formaron escuela propia. Hay que citar asimismo los nombres de Enrique Granados (1867-1916), Vicente Arregui (1871-1925), que escribió *Historia de una madre* (poema sinfónico), *Yolanda* y *La maga* (óperas), *El lobo ciego* (poema coral) y una *Suite vasca*; Joaquín Nin (n. en 1883), autor de *Danza ibérica* y *En el jardín de Lindaraja*; Amadeo Vives (1871-1932); Manuel Penella (1880-1939), autor de las zarzuelas *Amor ciego* y *Las musas latinas* y de la ópera *El gato montés*; Jesús Guridi (1886-1961) y Usandizaga (1887-1915). Añadamos los nombres de Conrado del Campo, Salvador Bacarisse, Enrique Fernández Arbós, Moreno Torroba, Óscar Esplá, Enrique Morera, Bartolomé Pérez Casas, Pablo Sorozábal, Ernesto Halffter, Joaquín Rodrigo —con su famoso *Concierto de Aranjuez*— y Federico Mompou, de sorprendente originalidad. El grupo renovador de la música hispana estuvo integrado por

Joaquín Rodrigo  — José Subirá  — Pablo Casals  — Andrés Segovia

España

Adolfo Salazar, Federico Mompou y Roberto Gerhard, respaldados por el genio de Óscar Esplá. España puede igualmente presentar una nutrida galería de compositores de música religiosa. Gran vulgarizador internacional de la música española fue el pianista Ricardo Viñes, e historiador de la misma el crítico José Subirá. Cuenta España con una honrosa pléyade de ejecutantes de primer orden. Entre los *pianistas* contemporáneos hay que nombrar a Cubiles, Larregla, Tragó, Iturbi, Arriola, Galvé, López Jimeno, Orozco, etc.; entre los grandes *violinistas*, aparte del genial Sarasate,

Pablo Martín Sarasate

la figura más gloriosa, a Manén, Quiroga, Bordás, Costa, Hierro, Toldrá, Grande y Perelló; como *violoncelistas*, en lugar preferente a Pablo Casals, considerado como el primero del mundo; Sala, Raventós, Bergé, Cassadó, Marés y otros, y entre los *guitarristas*, a Tárrega, Segovia, Pujol, Llovet, Manjón, Esquembre, Regino Sainz de la Maza, N. Yepes, etc. El gran cantante español fue Julián Gayarre y en nuestros días P. Domingo, A. Kraus, Victoria de los Ángeles, T. Berganza, M. Caballé, Ángeles Gulín, Pilar Lorengar, etc. Como directores de orquesta, son los más destacados Fernández Arbós, Pérez Casas, Ataúlfo Argenta, Rafael Frühbeck, Jesús López Cobos, Enrique Jordá, etc. Los máximos representantes de la música de vanguardia son Luis de Pablo (n. en 1930) y Cristóbal Halffter (n. en 1930). A estos nombres, ya clásicos, habría que añadir los de Tomás Marco, José María Mestres Quadreny, Carmelo Alonso Bernaola, Javier Montsalvatge, Miguel Ángel Coria, etc.

Montserrat Caballé

Retrato de un ibero con joyas del Tesoro del Carambolo. Museo Arqueológico. Sevilla

GEOGRAFÍA POLÍTICA

Etnografía. *Antropología.* Los estudios de la antropología hispánica (Antón, Olóriz, Aranzadi, Hoyos Sainz, etcétera), no han llegado todavía a conclusiones definitivas acerca de los grupos que poblaron el suelo de España. Razones históricas bien conocidas han determinado un gran complejo racial en la Península. Al comenzar los tiempos históricos, ésta se hallaba ocupada por los iberos, de procedencia africana. Más tarde, llegaron los celtas, raza belicosa que penetró por los Pirineos. Los primeros colonizadores, griegos, fenicios y cartagineses, vinieron en corto número, y su acción, más intensa en el litoral levantino y meridional, no penetró en las tribus del interior sino en forma de relaciones comerciales. La conquista romana se caracterizó, más que por fuertes inmigraciones, por un profundo esfuerzo de asimilación de los indígenas. Los pueblos bárbaros, que durante más de dos siglos se mantuvieron separados de los vencidos, acabaron por desaparecer ante el elemento más numeroso, pero dejaron huellas raciales en parte de la población. A su vez, los musulmanes, en los que el elemento árabe estaba en minoría, durante los casi ocho siglos que duró la Reconquista no dejaron de verter hacia la Península invasores (almorávides, almohades, benimerines) o inmigrantes pacíficos, casi todos berberiscos, los cuales representaron un elemento afín con el nacional, que fácilmente se fundió con él. Ningún otro factor ha alterado, en épocas posteriores, esta situación.

Folklore. La sabiduría popular —arte y poesía— presenta en España una riquísima variedad, manifestada en refranes, sentencias, cuentos, tradiciones, romances y canciones, en ocasiones privativos de una determinada región. Copiosa literatura ha recogido esas expresiones de los sentimientos y de los saberes más entrañables del pueblo. La importancia del romance, todavía vivo en el alma de las gentes, está plenamente demostrada por la espléndida floración del *Romancero español.* Casi todas las regiones de la Península poseen un rico tesoro propio de bailes y canciones que, aún hoy, inspiran muchos de los espectáculos públicos de carácter lírico o coreográfico. Son conocidísimas como canciones típicas regionales, la *jota*, principalmente aragonesa y navarra, pero también castellana, extremeña, montañesa, valenciana, etc.; la *sardana* de Cataluña, el *zortzico* vasco y el *cante hondo* andaluz, acompañadas de no menos típicas formas de baile. Dentro de la música popular española tienen asimismo gran importancia, por su claro sabor local, las canciones galaicas, asturianas, montañesas, leonesas y extremeñas. Muchas manifestaciones del arte lírico popular encuentran su expresión natural y colectiva en ciertos usos y costumbres tradicionales con motivo de verbenas y romerías, fiestas y juegos, bodas o bautizos. Por lo que se refiere a la indumentaria, los trajes regionales han desaparecido completamente de las grandes poblaciones; pero en las zonas rurales, todavía son de cierto uso. El traje del campesino español tiene de común, en la mayor parte de las regiones, el empleo del calzón corto, la faja y la chaquetilla para el hombre; la falda o refajo y el jubón o corpiño para la mujer, quien frecuentemente cubre su cabeza con un pañuelo. Dentro de este tipo general, cada comarca presenta diversas modalidades. Todavía, en los valles y localidades más aislados, como ocurre en ciertos rincones pirenaicos, el tipismo del vestido se mantiene con cierto aire de permanencia. El interés de los españoles en conservar estos restos de la tradición indumentaria está bien probado con la existencia de un *Museo del Traje.*

Vivienda popular. La casa popular, resultado de las condiciones del suelo y del clima, así como del género de ocupación, ofrece varios tipos. En las regiones montañosas, húmedas y frías del norte de España, la vivienda se construye con piedra y madera; en las zonas rurales de la Meseta y en los valles de su contorno, donde predominan los suelos arcillosos, la construcción dominante utiliza el ladrillo o

Tipo del valle de Ansó (Huesca)

el tapial, empleándose la cal para el blanqueado de las paredes. Formas típicas de vivienda popular son: la «casona» montañesa, el «caserío» vasco, la «masía» catalana, la «barraca» valenciana, el «cortijo» andaluz y la «alquería» castellana, cuya estructura arquitectónica y distribución responden a los fines específicos de la economía y de la vida campesinas.

Población. *Evolución.* Se cree que, en la antigüedad, la Península hispánica estuvo bastante poblada. El censo de Augusto le asignó una población de 6 millones de habitantes. En los siglos medievales, las circunstancias, bien conocidas, por las que pasó el territorio redujeron su densidad demográfica. Al final de la Reconquista, el censo de los Reyes Católicos acusó, por una parte, una población de 9 millones de almas, y de otra, que las mayores densidades y los más grandes núcleos urbanos correspondían a las tierras del interior. Más tarde descendió notablemente, por las guerras y la emigración a América, hasta el punto de que, a fines del s. XVII, durante el reinado de Carlos II, era poco mayor de 5 millones. Con los primeros Borbones, el fomento de la riqueza nacional se tradujo en un nuevo aumento de población, que al terminar la decimoctava centuria alcanzó una cifra ligeramente superior a los 10,5 millones. En el cuadro siguiente se expresa, a partir del s. XVI, la evolución numérica de la población de España.

Evolución de la población de España
(1594-1970)

Años	Habitantes de hecho	Índice de población — Base 1900 = 100	Densidad — Habitantes por km.²
Censos no oficiales			
1594	8.206.791	44,1	16,3
1768-69	9.159.999	49,3	18,1
1787	10.268.150	55,2	20,3
1797	10.541.221	56,7	20,9
Censos oficiales			
1857	15.454.514	83,1	30,6
1860	15.645.072	84,1	31,0
1877	16.622.175	89,4	32,9
1887	17.549.608	94,4	34,8
1897	18.108.610	97,4	35,9
1900	18.617.956	100,0	36,8
1910	19.992.451	107,2	39,5
1920	21.508.135	114,6	42,2
1930	23.844.796	126,7	46,7
1940	26.187.899	139,2	51,3
1950	28.368.642	150,5	55,4
1960	30.903.137	163,7	60,3
1970	33.956.560	182,3	67,2

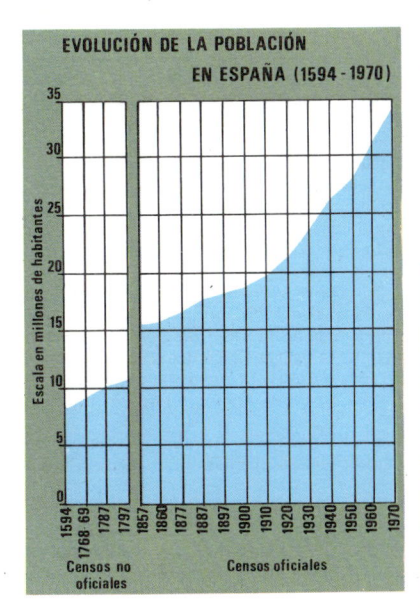

Población actual. La población de España, según el último censo oficial (1970), alcanza la cifra de 33.956.560 h. Esta población se descompone de la manera siguiente:

1. España peninsular 32.095.591
2. España insular (Baleares y Canarias) 1.728.511

Total 33.824.102

Si a esta cifra se añade la población de las posesiones del norte de África, tenemos:

Noblejas (Toledo). Vista parcial

3. Plazas de soberanía y plazas menores (Ceuta, Melilla, etc.) 132.458

Total 33.956.560

En 1976, la población fue calculada en 36.448.481 h.

Movimiento demográfico. El crecimiento vegetativo se pone de manifiesto en el cuadro que sigue.

Movimiento natural de la población
(1974-78)
(Por mil habitantes y según los cálculos para 1 de julio)

Años	Matrimonios	Nacimientos (1)	Defunciones (2)	Crecimiento vegetativo — Nacimientos-defunciones
1974 ..	7,55	19,27	8,34	10,93
1975 ..	7,58	18,69	8,33	10,36
1976 ..	7,20	18,69	8,25	10,44
1977 ..	6,97	17,72	7,75	9,97
1978 ..	6,94	17,06	7,82	9,24

(1) En el año 1974, sin los nacidos vivos que fallecieron antes de las 24 horas. Éstos se incluyen a partir de 1975.
(2) Sin los nacidos muertos o muertos al nacer. En el año 1974 se excluyen los fallecidos antes de las 24 horas de vida.

La esperanza de vida o *cálculo de viaa probable*, una vez transcurrido el delicado período del primer año, y respecto a la población total, viene experimentando una evolución en extremo favorable, pues la cifra de 42,38 años de vida probable en 1900, pasó a ser de 72,47 en 1970.

Idioma. Según la Constitución, la lengua oficial del Estado español es el castellano. Pero en el ámbito de las Comunidades Autónomas y según lo que disponen los Estatutos respectivos, son oficiales también las otras lenguas españolas: catalán, gallego y eusquera o vascuence. Asimismo, todas las demás modalidades lingüísticas gozan de respeto y especial protección. Los modos del habla española pueden reducirse a dos grupos, de muy desigual extensión: el del vascuence y el de las lenguas románicas, que son tres: el castellano, el gallego y el catalán. Las fronteras que separan los diversos idiomas no siempre pueden señalarse con precisión y, en realidad, el tránsito de unos a otros se realiza por gradaciones interlingüísticas. El vascuence, singular supervivencia de una lengua no aria (quizá ibérica), se habla en el País Vasco y tiene un área muy reducida, que comprende la provincia de Guipúzcoa, gran parte de la de Vizcaya, los pueblos limítrofes y valles pirenaicos de Navarra y parte de Álava (el valle de Aramayona). El castellano, que se habla en Valladolid con prístina pureza, ofrece varias formas dialectales, como el leonés, el extre-

Salardú (Alto Aran, Lérida)

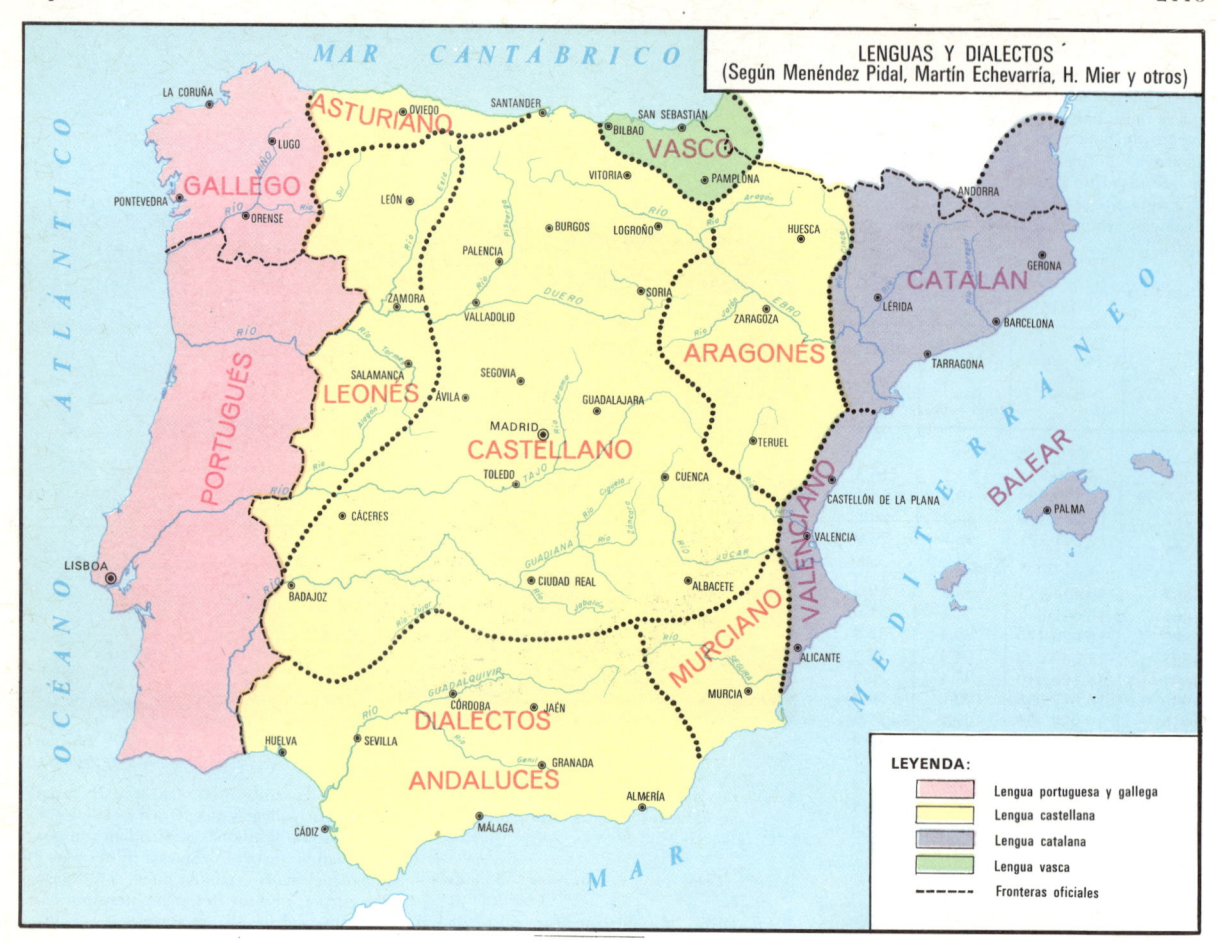

España

LENGUAS Y DIALECTOS
(Según Menéndez Pidal, Martín Echevarría, H. Mier y otros)

LEYENDA:
- Lengua portuguesa y gallega
- Lengua castellana
- Lengua catalana
- Lengua vasca
- ------ Fronteras oficiales

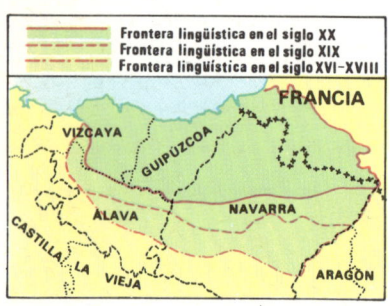

Difusión histórica y actual de la lengua vasca, según Caro Baroja
- Frontera lingüística en el siglo XX
- Frontera lingüística en el siglo XIX
- Frontera lingüística en el siglo XVI-XVIII

Andrés Bello

meño, el andaluz, el aragonés y el navarro. El viejo dialecto leonés se conserva en restos dispersos, como el asturiano o «bable», el maragato, el «charro» (Salamanca) y las formas dialectales zamoranas. Las variantes de los dialectos extremeño y andaluz son principalmente de orden fonético; el aragonés sólo se conserva con relativa pureza en algunos valles pirenaicos, y el navarro está visiblemente influido por la vecindad del francés y del vasco. El catalán se habla en Cataluña, Valencia y las islas Baleares y presenta cuatro formas dialectales: leridano, catalán, valenciano y mallorquín. El gallego es hablado en el NO. de la Península, si bien su área de difusión no se contrae a las cuatro provincias de Galicia, sino que penetra un poco en Asturias y se extiende por las comarcas de El Bierzo (León) y Sanabria (Zamora). El castellano, hablado por más de 300.000.000 de personas, es una de las lenguas oficiales de la O. N. U. Se usa, fuera de España, en todas las tierras vinculadas histórica y culturalmente con ella:

1. En *Hispanoamérica*, donde es el habla nativa y oficial de Méjico, Cuba, Santo Domingo, Puerto Rico, Costa Rica, Nicaragua, El Salvador, Guatemala, Honduras, Panamá, Colombia, Venezuela, Ecuador, Perú, Bolivia, Paraguay, Uruguay, Argentina y Chile. Durante muchos años dominó el criterio de considerar que las formas privativas del español en América debían ser rechazadas por incorrectas; pero, como demostró el eminente filólogo Andrés Bello, tal punto de vista es absurdo, y, reconociéndolo así, la Real Academia Española viene admitiendo en su Diccionario oficial los vocablos hispanoamericanos o *americanismos*.

2. En *Filipinas*, país donde lucha en condiciones de inferioridad con el idioma inglés y con las lenguas indígenas. El español de Filipinas ha dado páginas maestras a la literatura hispánica. El actual renacimiento del idioma español en aquella nación ha recibido un impulso eficaz con la declaración de la obligatoriedad de la enseñanza del mismo en los centros docentes.

3. En los *núcleos sefarditas* (judíos oriundos de España) del Oriente próximo. Se trata de una lengua arcaica que presenta las formas y la fonética del castellano del s. XV. Conservan, en toda su pureza, romances, canciones y refranes españoles transmitidos por tradición oral.

4. En territorios africanos que fueron antiguas colonias españolas (p. e., Guinea Ecuatorial).

5. Existe otra expresión del idioma de España: el negroespañol o afroespañol, dialecto de los negros americanos, que se distingue no sólo por sus deformaciones fonéticas, sino también por la supervivencia de vocablos de lenguas centroafricanas.

Religión. El 98,5 % de la población es católica. El número de protestantes es de 35.000 y la religión judía cuenta con unos 7.000 fieles. Sin embargo, según la Constitución, ninguna confesión religiosa tiene carácter estatal y los poderes públicos mantienen relaciones de cooperación con todas ellas; en el caso de la católica, a base de acuerdos preferenciales en materias específicas, que han substituido al Concordato de 1953, y que fueron ratificados en 1979. En el cuadro de la página siguiente se inserta la división administrativa católico-eclesiástica de España.

Arzobispados	Diócesis sufragáneas
Barcelona	—
Burgos	Bilbao, Osma-Soria, Palencia, Vitoria.
Granada	Almería, Cartagena, Guadix, Jaén, Málaga.
Madrid-Alcalá	—
Oviedo	Astorga, León, Santander.
Pamplona	Calahorra y La Calzada-Logroño, Jaca, San Sebastián.
Santiago de Compostela	Lugo, Mondoñedo-Ferrol, Orense, Túy-Vigo.
Sevilla	Badajoz, Cádiz-Ceuta, Islas Canarias (Las Palmas), Córdoba, San Cristóbal de la Laguna (Tenerife), Huelva, Jerez de la Frontera.
Tarragona	Gerona, Lérida, Solsona, Tortosa, Urgel, Vich.
Toledo	Ciudad Real, Coria-Cáceres, Cuenca, Plasencia, Sigüenza-Guadalajara.
Valencia	Albacete, Ibiza, Mallorca, Menorca, Orihuela-Alicante, Segorbe-Castellón de la Plana.
Valladolid	Ávila, Ciudad Rodrigo, Salamanca, Segovia, Zamora.
Zaragoza	Barbastro, Huesca, Tarazona, Teruel.

Para completar el cuadro anterior hay que mencionar las antiguas diócesis de Albarracín y Tudela, regidas a modo de administraciones apostólicas por los prelados de Teruel y Pamplona, respectivamente.

Bandera, escudo e himno. La bandera de España está formada por tres franjas horizontales, roja, amarilla y roja, siendo la amarilla de doble anchura que cada una de las rojas. La Constitución reconoce el derecho de las Comunidades Autónomas (v. **España. División territorial**) a poseer sus propias banderas o enseñas, que podrán figurar junto a la nacional en los actos oficiales. El escudo está centrado sobre la franja amarilla a una distancia de la vaina de media anchura de la bandera y de un tamaño de dos tercios de ésta, y por decreto de 2 de febrero de 1938, vigente hasta el decreto de 21 de enero de 1977, en que se modificó, tenía por base el de los Reyes Católicos, substituyendo las armas de Sicilia por las del antiguo reino de Navarra, con lo cual se integraban los blasones de las agrupaciones de Estados medievales que dieron origen a la España actual. El himno nacional se designa con el nombre de *Marcha granadera*, y es conocido vulgarmente por Marcha Real. Procede de Prusia, y Carlos III lo implantó por decreto dado en San Ildefonso el 3 de septiembre de 1770.

Condecoraciones. La mayoría tienen su origen en los emblemas que ostentaban las órdenes militares medievales (Santiago, Calatrava, Alcántara y Montesa), dedicadas, fundamentalmente, a la realización de hechos de armas de carácter extraordinario. Posteriormente fueron surgiendo distintas condecoraciones, al objeto de premiar tanto servicios militares como civiles. El otorgamiento de es-

Firma de los acuerdos que substituyen al Concordato de 1953 (Roma, 3 de enero de 1979)

DIVISIÓN ECLESIÁSTICA

España

tas distinciones en su grado máximo es potestativo del Jefe del Estado; los grados inferiores se conceden por los distintos Ministerios. La concesión de una condecoración da derecho al beneficiado al uso de los emblemas correspondientes y al tratamiento que llevan anejo: «Excmo. Sr.» para el collar y gran cruz, e «Ilmo. Sr.» para la encomienda con placa o de número. *Condecoraciones militares.* La más preciada de todas es la Cruz Laureada de la Real y Militar Orden de San Fernando, creada por

Cruz Laureada de la Real y Militar Orden de San Fernando

las Cortes de Cádiz en 1811, y que se concede por méritos extraordinarios de guerra; también para premiar méritos de guerra distinguidos se conceden las Medallas Militares, Naval y Aérea, Cruces del Mérito Militar, Naval y Aeronáutico; la constancia y acreditada honradez del personal se recompensa con la Real y Militar Orden de San Hermenegildo, creada en 1814; son asimismo importantes la Medalla de Mutilados, de Sufrimientos por la Pa-

Insignia de la encomienda de número de la Orden de Isabel la Católica

tria, etc. *Condecoraciones civiles.* Las más importantes son: Real y Distinguida Orden de Carlos III (1771), Real y Distinguida Orden de Isabel la Católica (1815), Orden del Mérito Civil, Orden de Alfonso X el Sabio, Orden de Beneficencia (1850), Orden de San Raimundo de Peñafort, Orden Civil del Mérito Agrícola, Medallas de trabajo, al mérito policial, etc.

División territorial. *División provincial.* Durante la etapa constitucional de 1820-1823 fue dividida la nación, por primera vez, en provincias, siendo éstas 52. El decreto-ley de 30 de noviembre de 1833 dividió el país en 49 (47 peninsulares y dos insulares), y el Real decreto de 21 de septiembre de 1927 separó en dos la provincia de Canarias. En la actualidad se halla, pues, España dividida en 50 provincias, de las cuales 47 corresponden a la Península y tres a los archipiélagos balear y canario. He aquí su relación, extensión y población con arreglo al censo del año 1970.

Provincias	Superficie Km.²	Población Habitantes	Densidad	Capitales y su población
Álava	3.047,3	204.323	66,9	Vitoria (124.791 h.).
Albacete	14.863	335.026	22,5	Albacete (82.607).
Alicante	5.796	920.105	158,7	Alicante (177.918).
Almería	8.774	375.004	42,7	Almería (104.008).
Ávila	8.048	203.798	25,3	Ávila (30.958).
Badajoz	21.646,9	687.599	31,7	Badajoz (80.793).
Baleares	5.014	558.287	111,3	Palma (191.416).
Barcelona	7.732,7	3.929.194	508,1	Barcelona (1.741.144).
Burgos	14.328,5	358.075	24,9	Burgos (118.366).
Cáceres	19.945	457.777	22,9	Cáceres (53.108).
Cádiz	7.385	885.433	119,8	Cádiz (135.743).
Castellón	6.678,2	385.823	57,7	Castellón de la Plana (79.773).
Ciudad Real	19.748	507.650	25,7	Ciudad Real (39.931).
Córdoba	13.717,6	724.116	52,7	Córdoba (216.049).
Coruña (La)	7.876	1.004.188	127,4	La Coruña (184.372).
Cuenca	17.061,4	247.158	14,4	Cuenca (33.980).
Gerona	5.886,2	414.397	70,4	Gerona (37.095).
Granada	12.531	733.375	58,5	Granada (185.799).
Guadalajara	12.190,3	147.732	12,1	Guadalajara (30.924).
Guipúzcoa	1.997	631.003	315,9	San Sebastián (159.557).
Huelva	10.085	397.683	39,4	Huelva (96.689).
Huesca	15.685,3	222.238	14,1	Huesca (33.076).
Jaén	13.498	661.146	48,9	Jaén (71.145).
León	15.468	548.721	35,4	León (99.702).
Lérida	12.028	347.015	28,8	Lérida (73.148).
Logroño	5.033,8	235.713	46,8	Logroño (83.177).
Lugo	9.880,5	415.052	42,0	Lugo (53.504).
Madrid	7.995	3.792.561	474,3	Madrid (3.146.071).
Málaga	7.276	867.549	119,2	Málaga (334.988).
Murcia	11.317	832.313	73,5	Murcia (102.242).
Navarra	10.421	464.867	44,6	Pamplona (142.686).
Orense	7.092,3	413.733	58,3	Orense (63.542).
Oviedo	10.565	1.045.635	98,9	Oviedo (130.021).
Palencia	8.028	198.763	24,7	Palencia (58.327).
Palmas (Las)	4.099,3	579.710	141,4	Las Palmas de Gran Canaria (260.368).
Pontevedra	4.391,3	750.701	170,9	Pontevedra (27.118).
Salamanca	12.336	371.607	30,1	Salamanca (125.132).
Santa Cruz de Tenerife	3.401	590.514	173,6	Sta. Cruz de Tenerife (74.910).
Santander	5.289	467.138	88,3	Santander (130.019).
Segovia	6.947	162.770	23,4	Segovia (41.880).
Sevilla	14.001	1.327.190	94,7	Sevilla (511.447).
Soria	10.287	114.956	11,1	Soria (24.744).
Tarragona	6.283	431.961	68,7	Tarragona (53.548).
Teruel	14.803,5	170.284	11,5	Teruel (20.614).
Toledo	15.368	468.925	30,5	Toledo (43.905).
Valencia	10.763	1.767.327	164,2	Valencia (626.675).
Valladolid	8.201	412.572	50,3	Valladolid (227.511).
Vizcaya	2.217	1.043.275	470,5	Bilbao (393.179).
Zamora	10.559	251.934	23,8	Zamora (48.791).
Zaragoza	17.194	760.186	44,2	Zaragoza (449.319).
Totales	504.779,1	33.824.102	67,0	
Plazas españolas del norte de África				
Ceuta	19	67.187	3.536,1	Ceuta (60.639).
Melilla	12,3	64.942	5.279,8	Melilla (64.942).
Plazas menores				
Alhucemas	0,3	63	210,0	—
Chafarinas	0,7	195	278,5	—
Vélez de la Gomera	0,1	71	710,0	—
Totales	32,4	132.458	4.088,2	
Totales generales	770.811,5	33.956.560	44,0	

División municipal. El número de municipios censados en el año 1970 en España (Península, islas Baleares y Canarias, Ceuta y Melilla) era de 8.655, cuya clasificación, según el número de sus habitantes, es la que figura en el cuadro siguiente:

Calella y Llafranch (Palafrugell, Gerona). Vista panorámica

Grupos	Número
Hasta 100 habitantes	451
De 101 a 500	3.115
De 501 a 1.000	1.557
De 1.001 a 2.000	1.260
De 2.001 a 3.000	638
De 3.001 a 5.000	614
De 5.001 a 10.000	532
De 10.001 a 20.000	282
De 20.001 a 30.000	83
De 30.001 a 50.000	49
De 50.001 a 100.000	36
De 100.001 a 500.000	34
De más de 500.000	4

Según establece la Constitución de 1978, el gobierno y administración de los municipios corresponde a la corporación municipal o ayuntamiento, que se compone del alcalde y los concejales. Los concejales son elegidos por sufragio universal y los alcaldes por los concejales o por los vecinos del municipio. Los municipios de Madrid y Barcelona gozan de una Carta especial. Al frente de cada provincia hay un gobernador civil, que encarna la representación de todos los servicios provinciales del Estado. Los intereses comunes a los municipios de cada provincia son administrados por una Diputación provincial. En los archipiélagos, las islas tienen, además, una administración propia en forma de Cabildo o Consejo.

División en Comunidades Autónomas. Coexistiendo con la provincia y el municipio, la Constitución de 1978 ha admitido la figura de la Comunidad Autónoma, máxima expresión de la autonomía política y económica, a la que están accediendo (v. **España. Historia**) todas las provincias limítrofes con características históricas, culturales y económicas comunes, los territorios insulares y las provincias con entidad regional histórica que la han solicitado.

Territorios de soberanía. Además de las tierras peninsulares e insulares, se integran también en el Estado español otros varios territorios: *a*) El pequeño enclave pirenaico de Llivia, situado en territorio francés. *b*) Las plazas españolas de Ceuta y Melilla. *c*) Las posesiones del Peñón de Vélez de la Gomera y los tres islotes de Alhucemas, el pequeño archipiélago de las Chafarinas, y los islotes de Perejil y Alborán.

Gobierno. *Organización estatal.* La organización del Estado español es la que sigue:
1. *Carácter del Estado.* La Constitución española, aprobada por las Cortes el 31 de octubre de 1978, y ratificada en referéndum por el pueblo español, sancionada por el Rey ante las Cortes, y promulgada, respectivamente, los

Frías (Burgos). Vista general

España

El Rey con uniforme de capitán general de la Armada

días 6, 27 y 29 de diciembre del mismo año, establece que España es un Estado social y democrático de Derecho, cuya forma política es la Monarquía parlamentaria; que la soberanía nacional reside en el pueblo español, y que la Nación española, indisolublemente una, es patria común e indivisible de todos los españoles, reconociendo y garantizando, al mismo tiempo, el derecho a la autonomía de las nacionalidades y regiones que la integran y la solidaridad entre todas ellas.

Escudo de la Casa Real de España

2. *Jefe del Estado.* Ocupa la Jefatura del Estado S. M. el Rey don Juan Carlos de Borbón y Borbón, que reina con el nombre de Juan Carlos I.

A) *Personalidad y atribuciones.* El Rey es el Jefe del Estado, símbolo de su unidad y permanencia, arbitra y modera el funcionamiento regular de las instituciones, asume la más alta representación del Estado español en las relaciones internacionales, especialmente con las naciones de su comunidad histórica, y ejerce las funciones que le atribuyen expresamente la Constitución y las leyes. Sus actos han de ser refrendados por el Presidente del Gobierno y, en su caso, por los Ministros competentes. La propuesta y el nombramiento del Presidente del Gobierno, y la disolución de las Cortes Generales prevista en el artículo 99 de la Constitución, serán refrendados por el Presidente del Congreso. Al ser proclamado ante las Cortes Generales, prestará juramento de desempeñar fielmente sus funciones, guardar y hacer guardar la Constitución y las leyes y respetar los derechos de los ciudadanos y de las Comunidades Autónomas.

Corresponde al Rey:
 a) Sancionar y promulgar las leyes.
 b) Convocar y disolver las Cortes Generales y convocar elecciones en los términos previstos en la Constitución.
 c) Convocar a referéndum en los casos previstos en la Constitución.
 d) Proponer el candidato a Presidente del Gobierno y, en su caso, nombrarlo, así como poner fin a sus funciones en los términos previstos en la Constitución.
 e) Nombrar y separar a los miembros del Gobierno, a propuesta de su Presidente.
 f) Expedir los decretos acordados en el Consejo de Ministros, conferir los empleos civiles y militares y conceder honores y distinciones con arreglo a las leyes.
 g) Ser informado de los asuntos de Estado y presidir, a estos efectos, las sesiones del Consejo de Ministros, cuando lo estime oportuno, a petición del Presidente del Gobierno.
 h) El mando supremo de las Fuerzas Armadas.
 i) Ejercer el derecho de gracia con arreglo a la ley, que no podrá autorizar indultos generales.
 j) El Alto Patronazgo de las Reales Academias.

La Corona de España es hereditaria en los sucesores de S. M. Don Juan Carlos I de Borbón, legítimo heredero de la dinastía histórica. La sucesión en el trono seguirá el orden regular de primogenitura y representación, siendo preferida siempre la línea anterior a las posteriores; en la misma línea, el grado más próximo al más remoto; en el mismo grado, el varón a la mujer, y en el mismo sexo, la persona de más edad a la de menos. El príncipe heredero, desde su nacimiento o desde que se produzca el hecho que origine el llamamiento, tendrá la dignidad de Príncipe de Asturias y los demás títulos vinculados tradicionalmente al sucesor de la Corona de España. Extinguidas todas las líneas llamadas en Derecho, las Cortes Generales proveerán a la sucesión en la Corona en la forma que más convenga a los intereses de España. Según la Constitución,

«1. Cuando el Rey fuere menor de edad, el padre o la madre del Rey y, en su defecto,

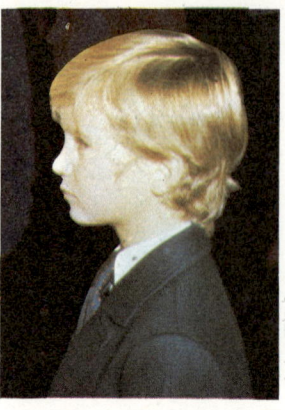

Felipe de Borbón, Príncipe de Asturias

el pariente mayor de edad más próximo a suceder en la Corona, según el orden establecido en la Constitución, entrará a ejercer inmediatamente la Regencia y la ejercerá durante el tiempo de la minoría de edad del Rey.

2. Si el Rey se inhabilitare para el ejercicio de su autoridad y la imposibilidad fuere reconocida por las Cortes Generales, entrará a ejercer inmediatamente la Regencia el Príncipe heredero de la Corona, si fuere mayor de edad. Si no lo fuere, se procederá de la manera prevista en el apartado anterior, hasta que el Príncipe heredero alcance la mayoría de edad.

3. Si no hubiere ninguna persona a quien corresponda la Regencia, ésta será nombrada por las Cortes Generales, y se compondrá de una, tres o cinco personas.»

El Rey en su despacho del Palacio de la Zarzuela

Edificio del Tribunal de Cuentas del Reino

3. *Fuerzas Armadas.* Las Fuerzas Armadas de la Nación, constituidas por el Ejército de Tierra, la Armada y el Ejército del Aire garantizan la soberanía e independencia de la Patria, la integridad de sus territorios y la defensa del ordenamiento constitucional. El Jefe del Estado es el Jefe supremo de las Fuerzas Armadas. La justicia castrense es administrada por un Consejo Supremo de Justicia militar.

4. *Altos Organismos de asesoramiento y fiscalización.* Entre otros, existen los siguientes: *Consejo de Estado.* Esta institución secular es el supremo Cuerpo consultivo de la Administración y su competencia y composición se ajustarán a lo que disponga la Ley Orgánica de dicho Consejo. *Consejo Económico y Social.* Es el órgano consultivo, asesor y técnico en los asuntos de importancia que afecten a la economía nacional. *Tribunal de Cuentas del Reino.* Le corresponde, con plena independencia, el examen y comprobación de las cuentas expresivas de los hechos realizados en ejercicio de las Leyes de Presupuestos y de carácter fiscal, así como de las cuentas de todos los organismos oficiales que reciban ayuda o subvención con cargo a los Presupuestos Generales del Estado y de sus Organismos autónomos, realizar las demás funciones que le señale su Ley orgánica y poner en conocimiento del Gobierno y de las Cortes, a través de las correspondientes memorias e informes, la opinión que le merezcan los términos en que hayan sido cumplidas las Leyes de Presupuestos y las demás de carácter fiscal, y asimismo, en todos aquellos casos en que, por su excepcional importancia, considere que debe hacer uso de esta facultad.

5. *Constitución.* El código fundamental en el que se basa la organización legislativa española es la Constitución que S. M. el Rey sancionó ante las Cortes el 27 de diciembre de 1978. Habrá de desarrollarse por medio de leyes orgánicas, de las que la primera aprobada por las Cortes Generales ha sido la referente al Tribunal Constitucional, organismo compuesto de 12 miembros nombrados por el Rey (de ellos, cuatro a propuesta del Congreso por mayoría de tres quintos de sus miembros; cuatro a propuesta del Senado con idéntica mayoría; dos a propuesta del Gobierno, y dos a propuesta del Consejo General del Poder Judicial) y una de cuyas principales competencias es acerca de los recursos de inconstitucionalidad contra leyes y disposiciones normativas con fuerza de ley. Contra las sentencias del Tribunal Constitucional no cabe recurso alguno.

6. *Gobierno de la Nación.* Según la Constitución, el Gobierno dirige la política interior y exterior, la Administración civil y militar y la defensa del Estado. Ejerce la función ejecutiva y la potestad reglamentaria de acuerdo con la Constitución y las leyes. Se compone del Presidente, de los Vicepresidentes, en su caso, de los Ministros y de los demás miembros que establezca la ley. El Presidente dirige la acción del Gobierno y coordina las funciones de los demás miembros del mismo. Después de cada renovación del Congreso de los Diputados, y en los demás supuestos constitucionales en que así proceda, el Rey, previa consulta con los representantes designados por los grupos políticos con representación parlamentaria, y a través del Presidente del Congreso, propondrá un candidato a la Presidencia del Gobierno. El candidato propuesto expondrá ante el Congreso de los Diputados el programa político del Gobierno que pretenda formar y solicitará la confianza de la Cámara. Si el Congreso de los Diputados, por el voto de la mayoría absoluta de sus miembros, otorgare su confianza a dicho candidato, el Rey le nombrará Presidente. De no alcanzarse dicha mayoría, se someterá la misma propuesta a nueva votación cuarenta y ocho horas después de la anterior, y la confianza se entenderá otorgada si obtuviere la mayoría simple. Si efectuadas las citadas votaciones no se otorgase la confianza para la investidura, se tramitarán sucesivas propuestas en la forma antedicha. Si transcurrido el plazo de dos meses, a partir de la primera votación de investidura, ningún candidato hubiere obtenido la confianza del Congreso, el Rey disolverá ambas Cámaras y convocará nuevas elecciones con el refrendo del Presidente del Congreso. Los demás miembros del Gobierno serán nombrados y separados por el Rey, a propuesta de su Presidente. El Gobierno cesa tras la celebración de elecciones generales, en los casos de pérdida de la confianza parlamentaria previstos en la Constitución, o por dimisión o fallecimiento de su Presidente. La responsabilidad criminal del Presidente y los demás miembros del Gobierno será exigible, en su caso, ante la Sala de lo Penal del Tribunal Supremo. Por lo que respecta a las relaciones entre las Cortes Generales y el Gobierno, éste responde solida-

Congreso de los Diputados

España

Palacio de la Moncloa, sede de la Presidencia del Gobierno

riamente en su gestión política ante el Congreso de los Diputados. Éste puede exigir la responsabilidad política del Gobierno mediante la adopción por mayoría absoluta de la moción de censura. La moción de censura deberá ser propuesta al menos por la décima parte de los Diputados, y habrá de incluir un candidato a la Presidencia del Gobierno. Si el Congreso niega su confianza al Gobierno, éste presentará su dimisión al Rey, procediéndose a continuación a la designación de Presidente del Gobierno, según lo dispuesto en el artículo 99 de la Constitución. Si el Congreso adopta una moción de censura, el Gobierno presentará su dimisión al Rey y el candidato incluido en aquélla se entenderá investido de la confianza de la Cámara a los efectos previstos en el artículo 99. El Rey le nombrará Presidente del Gobierno. El Presidente del Gobierno, previa deliberación del Consejo de Ministros, y bajo su exclusiva responsabilidad, podrá proponer la disolución del Congreso, del Senado o de las Cortes Generales, que será decretada por el Rey. El decreto de disolución fijará la fecha de las elecciones. La propuesta de disolución no podrá presentarse cuando esté en trámite una moción de censura. En la actualidad, y tras reorganización efectuada en el mismo por Real Decreto publicado el 6 de abril de 1979, el Gobierno está formado por un presidente, un vicepresidente primero, encargado de coordinar los asuntos de la Seguridad y Defensa Nacional, un vicepresidente segundo para la coordinación de los asuntos económicos, y los siguientes ministros: de Asuntos Exteriores, Justicia, Defensa, Hacienda, Interior, Obras Públicas y Urbanismo, Educación, Trabajo, Industria y Energía, Agricultura, Comercio y Turismo, Presidencia, Economía, Transportes y Comunicaciones, Sanidad y Seguridad Social, Cultura, Administración Territorial y Universidades e Investigación; hay, además, tres ministros sin cartera, Adjunto al Presidente, para las Relaciones con las Comunidades Europeas, y para las Relaciones con las Cortes.

7. *Función legislativa.* Según la Constitución, las Cortes Generales ejercen la potestad legislativa del Estado. Representan al pueblo español y están formadas por el Congreso de los Diputados y el Senado. El Congreso se compone de un mínimo de 300 y un máximo de 400 diputados, elegidos por sufragio universal, libre, igual, directo y secreto. El Senado, que es la cámara de representación territorial, es elegido, como el Congreso, para un período de 4 años; en cada provincia se eligen cuatro senadores por sufragio universal, libre, igual, directo y secreto, aparte de las peculiares normas de Baleares, Canarias y Comunidades Autónomas. Las Cortes Generales podrán delegar en el Gobierno la potestad de dictar normas con rango de ley sobre materias determinadas.

Departamentos ministeriales. Tratados, en parte, los asuntos jurisdiccionales de los Ministerios de Hacienda, Comercio y Turismo, Industria y Energía, y Obras Públicas y Urbanismo en la parte económica, nos ocuparemos aquí de otras parcelas de la vida nacional en relación con este apartado.

1. *Asuntos Exteriores.* La política internacional de España se basa fundamentalmente en la buena amistad con todos los países y en el respeto a sus formas políticas, y está cimentada en la fraterna inteligencia con Portugal, al que está ligada por el Tratado de noviembre de 1977, y con los pueblos de habla española (América hispánica y Filipinas), y en la cordial comprensión respecto de los países árabes. España es miembro de la O. N. U. desde 1955 y mantiene relaciones diplomáticas plenas con la mayoría de los países. Las relaciones con Estados Unidos han mejorado extraordinariamente tras la firma de los acuerdos de 1953 y 1976, que renovaron aquéllos, y que incluyen cláusulas de tipo económico y militar. Con respecto a nuestro Continente, el ingreso en el Consejo de Europa (noviembre de 1977) y el inicio de las negociaciones formales entre España y la Comunidad Económica Europea para la firma del tratado de adhesión de nuestro país a este organismo (septiembre de 1979) han supuesto dos hitos muy importantes para las relaciones con Europa.

A) *Instituto de Cooperación Iberoamericana.* El antes denominado *Instituto de Cultura Hispánica* y, posteriormente, *Centro Iberoamericano de*

Ministerio de Asuntos Exteriores

Cooperación, es una corporación de derecho público, con personalidad propia, consagrada al mantenimiento de los vínculos espirituales entre los pueblos que componen la comunidad cultural de la Hispanidad. Tiene como fines primordiales el estudio, defensa y difusión de la cultura hispánica, el fomento del conocimiento mutuo entre los pueblos hispánicos, la intensificación de su intercambio cultural y la ayuda y coordinación de todas las iniciativas públicas que tiendan al logro de estos fines. Los antecedentes de esta institución se encuentran en diversos congresos americanistas y en el *Consejo de la Hispanidad*, creado en 1940. En el orden docente cuenta con una cátedra propia, «Ramiro de Maeztu», destinada a analizar hechos sobresalientes del mundo his-

El Rey con el primer Gobierno constitucional (6 de abril de 1979)

Miconia poecilantha, lámina de la *Flora* de J. Celestino Mutis. Jardín Botánico. Madrid

pánico con carácter monográfico. Cuenta también con una magnífica biblioteca que supera el medio millón de volúmenes. El Centro publica *Cuadernos Hispanoamericanos*, con importantes colaboraciones de crítica literaria y filológica. El catálogo de libros editados por el Centro es ya muy extenso y comprende colecciones de incunables americanos, fuentes de derecho indiano, cuadernos de arte, libros de poesía, etc. Sobresale entre las diversas colecciones la *Flora de la real expedición botánica del Nuevo Reino de Granada*, de José Celestino Mutis, obra monumental publicada bajo los auspicios de los gobiernos de España y Colombia, en la que se reproducen, por primera vez a todo color, las preciadas láminas de la expedición botánica realizada durante los reinados de Carlos III y Carlos IV, bajo la dirección del sabio gaditano José Celestino Mutis.

2. *Defensa Nacional.* A) *El Ministerio de Defensa, organización y funciones.* El Ministerio de Defensa es el órgano de la Administración Central del Estado encargado de la ordenación y coordinación de la política general del Gobierno en cuanto se refiere a la Defensa Nacional, así como la ejecución de la política militar correspondiente. El titular de dicho Ministerio tiene la responsabilidad de capacitar a los Ejércitos de Tierra, Mar y Aire para que puedan cumplir sus respectivas misiones, y ejerce, también, las funciones de dirección de la política de Defensa que no se reserve el presidente del Gobierno. Creado el 4 de julio de 1977, supuso la desaparición de los antiguos Ministerios del Ejército, de Marina y del Aire. Con independencia de las ventajas que, en orden a una efectiva coordinación y a una simplificación burocrático-administrativa, representa esta estructura unitaria, adoptada universalmente desde hace años, con ella se consigue una clara separación entre los cometidos políticos y administrativos y los de la cadena del mando militar. La organización del Ministerio de Defensa, que entró en vigor el 2 de noviembre de 1977, es la siguiente: *Órganos de mando y dirección de la cadena de mando militar.* El general jefe del Estado Mayor del Ejército, el almirante jefe del Estado Mayor de la Armada y el general jefe del Estado Mayor del Aire, son las primeras autoridades de la cadena de mando militar dentro de sus respectivos Ejércitos y responsables de que éstos mantengan la máxima capacidad operativa, de conformidad con los recursos que les hayan sido proporcionados. Los citados jefes de Estado Mayor cuentan con un Cuartel General, de su respectivo Ejército, y se integran colegiadamente en la Junta de Jefes de Estado Mayor que se describe en el epígrafe siguiente. *Órganos de dirección de la rama político-administrativa.* Subsecretaría de Defensa, con cuatro Secretarías Generales (de Asuntos de Personal y Acción Social, de Asuntos Económicos, de Asuntos de Política de Defensa y Secretaría General Técnica), que tienen a su cargo las tareas políticas y la gestión de recursos. Dirección General de Armamento y Material, que propone, coordina y ejecuta lo concerniente a estos medios para los tres Ejércitos. Dirección General de la Guardia Civil, sin perjuicio de las competencias que sobre este cuerpo tiene el Ministerio del Interior. Centro Superior de Información de la Defensa, que obtiene, evalúa, interpreta y facilita al ministro de Defensa la información necesaria, y la Oficina de Información, Difusión y Relaciones Públicas de la Defensa. Entre los órganos consultivos y asesores del ministro figuran los Consejos Superiores del Ejército, de la Armada y del Aire, la Asesoría Jurídica General y el Consejo del Ministerio.

B) *Otros órganos de la Defensa Nacional. La Junta de Defensa Nacional.* Integrada por el presidente del Gobierno, ministro de Defensa, jefe del Alto Estado Mayor y los tres jefes de Estado Mayor de los Ejércitos, así como otros ministros o altos cargos requeridos expresamente en cada caso, es el órgano de máximo nivel en lo concerniente a seguridad y defensa nacional. *La Junta de Jefes de Estado Mayor.* Es el órgano colegiado superior de la cadena de mando militar de los Ejércitos. Está compuesta por un presidente, que, además, es jefe del Alto Estado Mayor, y por los jefes de Estado Mayor del Ejército, de la Armada y del Aire. Sin ser propiamente un órgano de mando, le corresponde redactar el plan estratégico unificado para la defensa de los intereses nacionales derivados de la política del Gobierno y asesorar técnicamente a la Junta de Defensa Nacional. *El Alto Estado Mayor.* Depende del presidente del Gobierno y, con anterioridad a la creación del Ministerio de Defensa, tenía por misión la coordinación de la acción de los tres Ejércitos. Está constituido por dos jefaturas adjuntas, de coordinación técnica de la Defensa y de coordinación operativa, y cinco divisiones: orgánica, inteligencia, estrategia, logística y telecomunicaciones y electrónica. *El CESEDEN.* Creado en 1964 con carácter interejércitos, el Centro Superior de Estudios de la Defensa Nacional está bajo la dependencia del Alto Estado Mayor y es el órgano conjunto de enseñanza superior de las Fuerzas Armadas. Consta de la Escuela de Altos Estudios Militares, la Escuela de Estados Mayores Conjuntos y el Instituto Español de Estudios Estratégicos. Los Estados Mayores Conjuntos que se forman en el CESEDEN cumplen sus funciones en los mandos unificados que incluyen unidades de dos o de los tres Ejércitos. La Junta de Jefes de Estado Mayor, por ejemplo, cuenta como órgano auxiliar de mando y de trabajo con un Estado Mayor Conjunto, constituido equilibradamente por miembros de los tres Ejércitos. Desde el punto de vista operativo y habida cuenta de las distintas demarcaciones territoriales en que está dividida España con respecto a Tierra, Mar y Aire, únicamente existe un Estado Mayor Conjunto que figura en el Mando Unificado de la Zona de Canarias, establecido en 1975.

C) *Defensa nacional y política exterior.* Desde septiembre de 1953, España fue renovando un acuerdo suscrito con EE. UU., mediante el cual, a cambio de ayuda y asistencia de carácter militar, económico y otros órdenes cedía el uso de bases aéreas y navales en suelo español, además de facilidades en materia de comunicaciones, logística, etc. Las bases principales, bajo la fórmula de utilización conjunta, fueron las de Torrejón (Madrid), Morón (Sevilla) y Zaragoza, todas ellas aéreas, y la aeronaval de Rota (Cádiz). En renovaciones posteriores del pacto, quedaron sólo en servicio las de Torrejón y Rota. En 1976, el acuerdo fue elevado a categoría de tratado. Los acuerdos con EE. UU. dieron lugar a relaciones militares de importancia, materializadas en la utilización casi exclusivamente de material militar de procedencia estadounidense, adiestramiento

Sesión del CESEDEN, conmemorativa del XIII aniversario de su fundación (1 de marzo de 1977)

España

Fuerzas especializadas de Marina, desembarcando en una playa

de oficiales y especialistas en aquel país y ejercicios conjuntos. Con anterioridad a este pacto, España había suscrito el denominado Pacto Ibérico con Portugal, substituido en 1978 por un tratado de cooperación. Con carácter esporádico, las Fuerzas Armadas españolas han realizado ejercicios de cooperación con las de otros países, como las de Francia y Gran Bretaña, además de las de EE. UU. Tema objeto de especulaciones durante años ha sido la posible integración de España en la O. T. A. N. De hecho, el pacto bilateral vigente con los estadounidenses ha supuesto una cierta vinculación, por vía indirecta, con esta organización, que, en caso de guerra, hubiera contado con un aliado que no es miembro de ella.

D) *Efectivos de las Fuerzas Armadas españolas.* Según datos del Instituto Internacional de Estudios Estratégicos de Londres (*The Military Balance*, 1977-1978), los efectivos totales ascienden a 309.000 hombres, distribuidos de la siguiente forma entre los tres Ejércitos: Ejército de Tierra: 220.000 (de ellos 178.000 procedentes del servicio militar obligatorio). Marina: 48.000 (incluidos 8.000 de Infantería de Marina y con 30.000 de servicio militar obligatorio). Aire: 41.000 (con 9.000 de la misma procedencia). No figuran, en estas cifras, ni los efectivos de la Guardia Civil (65.000) ni los de la Policía Nacional (38.000).

E) *Servicio militar.* La Ley General del Servicio Militar, de 6 de noviembre de 1969, establece «la prestación temporal y obligatoria realizada dentro del conjunto de deberes y derechos militares legalmente instituidos, que en circunstancias normales y a través de las Fuerzas Armadas tienen que cumplir todos los españoles varones, en relación con la Defensa Nacional». Dice el art. 1.º de dicha Ley que «el Servicio Militar es un honor y un deber inexcusable que alcanza a todos los españoles varones que reúnen condiciones de edad y aptitud psicofísica y que es, a su vez, un instrumento para la formación espiritual, física y cultural y para la promoción social de la juventud española». La inscripción para el servicio militar se lleva a cabo durante el año en que los jóvenes cumplen los 18 años de edad. Con estos datos, los ayuntamientos (juntas municipales de reclutamiento) y los consulados en el extranjero realizan la operación de alistamiento, dentro del año en que cumplen los 19 años. Mediante la fase de clasificación y revisión se determina quiénes son útiles para el servicio militar y quiénes quedan excluidos con carácter total,

por razones psicofísicas, o con carácter temporal por motivos físicos o por haber obtenido concesión de prórroga. Estos últimos deben pasar revisiones periódicas hasta consolidar la exclusión total o, en caso de desaparecer las causas que motivaron la exclusión temporal, incorporarse a filas. Existen cuatro tipos de prórroga: de 1.ª clase, por razones familiares (sostén o cabeza de familia, para padres y hermanos); de 2.ª, por estudios; de 3.ª, por tener hermanos en filas; y de 4.ª, por motivos laborales, de trabajo en determinadas empresas de interés nacional. Constituido el contingente anual, se procede al sorteo para determinar el Ejército (Tierra, Mar o Aire) y Región Militar a los que habrá de incorporarse. La incorporación a filas tiene lugar dentro de los veinte años y se realiza en cuatro llamamientos anuales. Desde 1976, los soldados cumplen el servicio militar en unidades ubicadas en región distinta a la de su residencia. La duración del servicio en filas es variable, según especifica la mencionada Ley, a criterio del Gobierno. Señala que será entre 15 y 18 meses para el personal de reclutamiento obligatorio y entre 15 y 24 meses para el voluntario. De hecho, últimamente los soldados vienen sirviendo 15 y 20 meses, respectivamente, incluidos dos meses de permiso. Los que se alistan con carácter voluntario gozan de la ventaja de escoger guarnición y unidad, aunque sea en la misma población de su residencia. En conjunto, las obligaciones del servicio militar tienen una duración de 18 años, distribuidos en las situaciones siguientes: en disponibilidad, a partir de la clasificación y hasta la incorporación. En actividad, durante dos años divididos en dos períodos: servicio en filas y servicio eventual que equivale a permiso en su domicilio. En reserva, hasta completar los 18 años de obligaciones militares. Durante el tiempo de servicio eventual y reserva se está sujeto a los deberes de movilización. En la Constitución está reconocida la objeción de conciencia, regulada por la ley con las debidas garantías.

F) *Gastos de Defensa.* Debido a su reciente creación, el Ministerio de Defensa figuraba por vez primera en los presupuestos del Estado para 1978 con un montante de 188.665 millones de pesetas. La comparación, pues,

2126

con años anteriores debe hacerse sumando los presupuestos concedidos en ellos a los tres Ministerios militares. También procede hacer la salvedad derivada de la desaparición del presupuesto de Defensa de antiguos conceptos, que tras la reorganización ministerial pasaron a otros departamentos. Tal es el caso de la Subsecretaría de Aviación Civil, dependiente antes del Ministerio del Aire, y en la actualidad del de Transportes y Comunicaciones. Si bien, en términos absolutos, el presupuesto de Defensa suponía un incremento de 19,8 % sobre el del año 1977 (157.398 millones), tal aumento no llegaba a compensar el crecimiento de los costes de todo orden habido en el año anterior. El tanto por ciento del total de los presupuestos del Estado, el de Defensa para 1978 representaba el 13,16 % (presupuestos del Estado de 1.433.000 millones), mientras que en 1977 supuso un 16,27 % (de 967.250 millones). Las cifras absolutas dedicadas a la función Defensa y los tantos por ciento del presupuesto del Estado en los últimos diez años se completan de la manera siguiente. Año 1968: 35.516 millones (14,94 %). 1969: 37.362 (13,75 %). 1970: 41.230 (13,31 %). 1971: 44.943 (12,14 %). 1972: 54.172 (12,92 %). 1973: 62.194 (13,11 %). 1974: 78.597 (14,24 %). 1975: 95.446 (14,55 %). 1976: 119.222 (15,18 %). Destacan, en los presupuestos de Defensa españoles, principalmente dos hechos: el elevado tanto por ciento de los gastos de personal (superando siempre, y en ocasiones largamente, el 60 por 100) con la secuela de tantos por ciento bajos para adquisición de material y gastos de funcionamiento, y la proporción muy baja que en comparación con otros países se dedica a Defensa en tanto por ciento del P. N. B. Según datos del Instituto de Estudios Estratégicos de Londres, en 1976 los tantos por ciento del P. N. B. dedicados por algunos países a defensa fueron: Gran Bretaña el 5,1; Grecia el 5,5; Francia el 3,7, lo mismo que Suecia; Turquía el 5,6, y Portugal el 3,9. España, en el mismo año, dedicó un 1,7 de su P. N. B. a Defensa.

G) *Producción nacional de armamentos.* Todos los armamentos ligeros y equipos individuales del Ejército se fabrican en España, unos en las Fábricas Nacionales de Armas (Toledo, Trubia, La Coruña, etc.) dependientes

Paracaidistas desfilando en Madrid (1968)

Cuerpo alpino desfilando en Madrid

directamente del Ministerio de Defensa, como también el Centro de Estudios Técnicos de Materiales Especiales (CETME), y otros en empresas del I. N. I., como la Empresa Nacional Santa Bárbara de Industrias Militares. Mediante contratación, empresas privadas (Instalaza, S. A., Bonifacio Echevarría, S. A., Esperanza y Compañía, Explosivos Alaveses, S. A., etc.) producen morteros de 60, 81 y 120 mm., pistolas, subfusiles, granadas de mano y diversos armamentos. Piezas de artillería en Trubia, Reinosa y Placencia de las Armas. Algunas armas, como la ametralladora *MG-42*, se fabrican con licencia extranjera, pero otras, de diseño y producción totalmente nacionales, como el fusil de asalto CETME, se abren mercados en otros países. El material automóvil, vehículos y camiones todo terreno, progresivamente va siendo nacional. Por lo que respecta al material pesado (carros de combate, concretamente), tras una dependencia de modelos exclusivamente estadounidenses, en 1975 empezó a producirse el *AMX-30* con licencias francesas. Para la Marina, la Empresa Nacional Bazán tiene en El Ferrol las factorías más importantes de construcciones navales militares que, además de botar y modernizar destructores y fragatas, ha llevado a cabo la construcción de las fragatas tipo *DEG-7* (cinco unidades), de proyecto y muchos componentes estadounidenses. Los submarinos tipo *Daphné*, de origen francés, también se construyen en España con planes para exportación de los mismos. En algunos campos como en electrónica, misiles, direcciones de tiro, etc., existe todavía una dependencia muy importante del extranjero. Posiblemente en material de aviación se acusa todavía más esta dependencia. Aviones de fabricación nacional son los *AISA I-115* y los *HA-200 Saeta*, ambos de adiestramiento, y los *HA-200D* y *HA-220 Supersaeta*, utilizados para apoyo terrestre. Como aviones de transporte, los *CASA 207 Azor*, y más reciéntemente, los *212 Aviocar* de despegue corto y en pistas de circunstancias. Los demás aviones de combate y de transporte son de origen extranjero, si bien Construcciones Aeronáuticas, S. A. (CASA) monta, en sus factorías de Getafe y Sevilla, el *F-54 Northrop*, y efectúa el mantenimiento y revisión de modernos aviones de combate estadounidense pertenecientes a unidades destacadas en Europa. Con la entrada en servicio de modelos franceses, *Mirage III-E* y *F-IC*, se ha diversificado el origen de la aviación de combate española.

Tratados los aspectos generales y comunes de la Defensa Nacional, pasemos a la descripción particular de cada uno de los tres Ejércitos.

Como consecuencia de la creación del Ministerio de Defensa, está en curso una reorganización que va poniéndose en práctica de forma progresiva y que sin duda afectará a la composición de las Fuerzas Armadas, así como a las subdivisiones territoriales que se describen a continuación.

H) *Ejército de Tierra.* a) *Organización del Cuartel General del Ejército.* El general jefe del Estado Mayor del Ejército, bajo la dependencia política del ministro de Defensa, ejerce el mando operativo de todas las fuerzas del Ejército de Tierra, salvo las asignadas a Mandos Unificados o Especificados Independientes. Para el desempeño de sus funciones cuenta con un Cuartel General que consta de los siguientes órganos. *Estado Mayor del Ejército*, órgano auxiliar inmediato integrado por una Secretaría General y cinco divisiones: Organización, Información, Operaciones, Logística y de Coordinación y Planes. *Jefatura Superior de Personal del Ejército*, que administra los recursos humanos y cuenta con tres direcciones: de Enseñanza, de Personal y de Movilización. *Jefatura Superior de Apoyo Logístico del Ejército*, que administra los recursos materiales de todo tipo estructurándose en cuatro direcciones (de Apoyo al Personal, de Apoyo al Material, de Infraestructura y de Industria y Material) y la jefatura de Investigación. *Dirección de Servicios Generales del Ejército*, con jefaturas de Asuntos Económicos, de Intervención y Asesoría Jurídica. *Escuela Superior del Ejército*, de la que depende la Escuela de Estado Mayor. Tres jefaturas: de Artillería, de Ingenieros y de las Fuerzas Aeromóviles del Ejército (FAMET).

b) *Organización territorial.* Desde el punto de vista territorial, España está dividida en nueve Regiones Militares y dos Capitanías Generales insulares. La designación, capitalidad y ámbito territorial son: 1.ª, *Madrid* (prov. de Madrid, Toledo, Ciudad Real, Cuenca, Ávila, Cáceres y Guadalajara); 2.ª, *Sevilla* (prov. de Sevilla, Huelva, Córdoba, Cádiz, Badajoz y la plaza de Ceuta); 3.ª, *Valencia* (prov. de Valencia, Alicante, Murcia, Albacete y Castellón de la Plana); 4.ª, *Barcelona* (prov. de Barcelona,

Fábrica Nacional de Armas. Trubia (Oviedo)

España

Tarragona, Lérida y Gerona); 5.ª, *Zaragoza* (prov. de Zaragoza, Huesca, Teruel y Soria); 6.ª, *Burgos* (prov. de Burgos, Guipúzcoa, Vizcaya, Álava, Santander, Logroño y Navarra); 7.ª, *Valladolid* (prov. de Valladolid, León, Zamora, Asturias, Salamanca, Segovia y Palencia); 8.ª, *La Coruña* (prov. de La Coruña, Lugo, Orense y Pontevedra); 9.ª, *Granada* (prov. de Granada, Málaga, Almería, Jaén y la plaza de Melilla). Las Capitanías Generales de Baleares y de Canarias comprenden los correspondientes archipiélagos y tienen su sede, respectivamente, en Palma de Mallorca y Santa Cruz de Tenerife. Al frente de cada Región Militar, con el mando de las fuerzas y dependencias comprendidas dentro de su territorio, figura un teniente general que ostenta el cargo de capitán general y es, además, la máxima autoridad judicial. En cada Región Militar hay un subinspector, con grado de general de división, que es el gobernador militar de la plaza y provincia donde está ubicada la Capitanía General y que, por delegación, realiza la inspección administrativa y contable dentro de la Región.

c) *Instrucción y enseñanza.* La función docente ocupa un lugar primordial en el Ejército y se desarrolla a todos los niveles. El soldado, al incorporarse a filas, inicia su formación militar realizando el período de instrucción básica del combatiente que con una duración de unas ocho semanas se imparte en los Centros de Instrucción de Reclutas (C. I. R.), que, en número de 16, se encuentran repartidos por todo el territorio nacional. Este período es común para todas las Armas y Cuerpos y durante él se clasifica a los reclutas de acuerdo con sus aptitudes psicotécnicas, procediéndose, al final del mismo, a la jura de Bandera y a destinar los soldados a las diferentes unidades de la Región. Otros cometidos que llevan a cabo dichos centros son la formación de conductores, selección para el curso de cabo y clasificación cultural con vistas a las clases de extensión cultural que durante todo el tiempo de servicio se imparten a quienes carecen del certificado de estudios primarios. El segundo período de instrucción es desarrollado en las unidades, dentro de las especialidades militares de cada una de ellas. En cada especialidad hay varios niveles técnicos que se alcanzan mediante el curso correspondiente. En la formación de mandos de pequeñas unidades, los soldados pueden acceder a los empleos de cabo, cabo primero y sargento de complemento. La Instrucción Militar de la Escala de Complemento (I. M. E. C.) tiene como misión la formación de alféreces y sargentos de complemento entre aquellos estudiantes universitarios y de carreras superiores que lo soliciten y superan unas pruebas de ingreso. Los admitidos siguen tres períodos de instrucción: el primero en un C. I. R., el segundo en la Academia del Arma correspondiente, donde obtienen el grado de alférez o sargento con carácter eventual. Finalmente, concluida la carrera, realizan unas prácticas de cuatro meses en una unidad, a cuyo término aquellos que las superan obtienen el grado con carácter efectivo en la escala de complemento. La formación de los cuadros de mando profesionales tiene lugar en Academias. Así, la Academia Básica de Suboficiales, situada en Tremp (Lérida), forma sargentos de las Armas y Cuerpos y dentro de éstas, diversas especialidades. La Academia Auxiliar Militar, en Villaverde (Madrid), desarrolla cursos para que los suboficiales puedan acceder al grado de oficial, ya sea en la escala auxiliar o en la escala especial. La Enseñanza Superior Militar fue reestructurada, para los tres Ejércitos, en abril de 1973. En consecuencia, la formación de oficiales profesionales de las cuatro Armas (Infantería, Caballería, Artillería e Ingenieros) y de los Cuerpos de Intendencia y de la Guardia Civil tiene una duración equivalente a la del primero y segundo ciclos de la educación universitaria, esto es cinco años, ya que la finalidad de la reforma fue adaptar la carrera militar a la Ley General de Educación de 1970. Después de haber seguido un curso selectivo que requiere, previamente, tener aprobado el curso de orientación universitaria y superar un examen final, los dos primeros años de carrera se estudian en la Academia General Militar de Zaragoza de forma conjunta, o sea, sin separación por Armas o Cuerpos. Al final de esos dos años, los cadetes son promovidos al grado de alférez del Arma o Cuerpo que hubiesen solicitado y consignan por las calificaciones alcanzadas. La especialización dura otros dos años, en la misma Academia, pero ya dentro del Arma o Cuerpo respectivo. Este sistema supuso la desaparición de las antiguas Academias Especiales como centros de formación de oficiales de la escala activa (quedando para cumplir otras funciones). Las Academias de los restantes Cuerpos del Ejército, como son, concretamente, los de Sanidad Militar, Farmacia, Jurídico e Intervención, radican en Madrid y se nutren de titulados civiles de las carreras correspondientes que, tras los estudios específicos de carácter militar, obtienen, como los de las Armas, el grado de teniente. Diversas especialidades militares, algunas de ellas propias de cada Arma o Cuerpo, se adquieren mediante cursos especiales en las

Academias. Así, las de carros de combate y proyectiles filoguiados (Infantería y Caballería), misiles antiaéreos, radares, direcciones de tiro, etc. (Artillería), vías de comunicación y transmisiones (Ingenieros) y especialidades de Intendencia y Sanidad, etc. Otros cursos están al alcance de oficiales de todas las Armas y se imparten en Escuelas determinadas, como son las de Automovilismo (Villaverde, Madrid), Educación Física (Toledo), Militar de Montaña y Operaciones Especiales (Jaca, Huesca), de Paracaidistas «Méndez Parada» (Alcantarilla, Murcia) y de Geodesia y Topografía (Madrid). La Escuela Politécnica del Ejército, en Madrid, titula a los oficiales del Cuerpo de Ingenieros de Armamento y Construcción en sus categorías de ingeniero, ayudante y auxiliar; dentro del campo técnico, la formación de especialistas se inicia, tanto para los grados de suboficial como de tropa, en las Escuelas de Formación Profesional n.º 1 (Carabanchel, Madrid), y en la n.º 2 (Calatayud). La Escuela de Estado Mayor (Madrid) tiene a su cargo la concesión del diploma para este servicio a los jefes y oficiales que superan los tres años de estudios de que consta el programa. Como máximo nivel, dentro del Ejército de Tierra, ya que en el de la Defensa Nacional e interejércitos existe el CESEDEN ya mencionado, la Escuela Superior del Ejército desarrolla cursos de aptitud para el ascenso al generalato y de información para los altos mandos.

d) *Organización operativa del Ejército.* Desde la reorganización efectuada en 1965, el Ejército de Tierra dispone de unas fuerzas de intervención inmediata, cuya misión principal es hacer frente a cualquiera agresión procedente del exterior en el menor tiempo posible y en cualquier zona del territorio nacional, y con unas fuerzas de defensa operativa del territorio (D. O. T.) encargadas de responder a la guerra subversiva y actuar en guerra convencional. Está prevista, aunque no constituida en tiempo de paz, la gran unidad Cuerpo de Ejército, por lo que, en dichas circunstancias, la mayor unidad operativa española es la División. Pertenecientes a las fuerzas de intervención inmediata existen tres Divisiones. La División Acorazada «Brunete», n.º 1, con cabecera en Madrid; la de Infantería Mecanizada «Guzmán el Bueno», n.º 2, en Sevilla, y la de Infantería Motorizada «Maestrazgo», n.º 3, en Valencia, todas ellas organizadas a base de dos Brigadas más las unidades propias de la División que constituyen el núcleo de tropas divisionario con caballería, artillería, zapadores, transmisiones y los diversos servicios. Existen, también, dos Divisiones de Montaña no encuadradas en las fuerzas de intervención inmediata: son la División de Montaña «Urgel», n.º 4, y la «Navarra», n.º 6, cuyos cuarteles generales radican, respectivamente, en Lérida y Pamplona. La Brigada de Alta Montaña está situada en Jaca y otras Brigadas independientes son: la Paracaidista, la Aerotransportable y la de Caballería «Jarama». Dos Brigadas de Artillería, varios Regimientos de Artillería Antiaérea y Mixtos, así como distintos Regimientos de Ingenieros y de los servicios (Intendencia, Automovilismo, Defensa A. B. Q., etc.)

Escuela Superior del Ejército. Madrid

forman parte de la reserva general. Nueve Brigadas de Infantería, a razón de una por Región Militar, constituyen los núcleos de la defensa operativa del territorio. Entre las pequeñas unidades especializadas hay que mencionar, sobre todo, a los Tercios de la Legión, cuatro Grupos de Fuerzas Regulares de Infantería, de guarnición en Ceuta y Melilla, las Compañías de Operaciones Especiales asignadas a las Brigadas D. O. T. y las Compañías de Esquiadores-Escaladores de las unidades de montaña. Las fuerzas de más reciente creación son las F.A.M.E.T. (Fuerzas Aeromóviles del Ejército de Tierra), que centralizan los helicópteros en servicio, cerca de un centenar, entre los tipos ligeros o de reconocimiento (*Bell 47G* y *AB-206*), medios de uso general (*UH-1*) y pesados o de transporte (*CH-47*). El material acorazado en servicio incluye más de 400 carros de combate *M-47* y *48* y 200 *AMX-30*, carros ligeros *M-41* y transportes blindados de personal tipo *M-113*. La artillería de campaña está equipada con piezas de 203, 175, 155 y 105 mm., parte de ellas autopropulsadas. Lanzacohetes múltiples de los calibres 108, 216 y 300 mm., todos ellos de fabricación nacional, completan la capacidad de fuego. En misiles antiaéreos o S. A. M., se dispone de los tipos *Nike* y *Hawk* y también de cañones automáticos de 35 y 20 mm.

I) *Marina.* a) *Organización de la Armada.* Dentro de la reorganización iniciada en 1977 en las Fuerzas Armadas, la Marina ha sido la menos afectada, por cuanto buena parte de los criterios innovados en Tierra y Aire estaban vigentes en la Armada desde 1970, año en que entró en vigor la Ley Orgánica de la Armada, de la que se derivó el esquema organizativo denominado «Sistema-1». Incluso con anterioridad a dicha ley, el Ministerio de Marina carecía tradicionalmente de subsecretario y había evitado el crecimiento excesivo de la burocracia. Al no existir subsecretario, la segunda autoridad del Ministerio era detentada por el almirante jefe del Estado Mayor de la Armada, quien estaba al frente de la cadena de mando naval, sistema que tras la reorganización y supresión de los tres ministerios militares se ha adoptado en Tierra y Aire. De acuerdo con el «Sistema-1» mencionado, la Armada se articula en órganos de mando, la Fuerza Naval y los Servicios. El órgano de mando central es el Cuartel General de

Cañón autopropulsado, en un desfile en Madrid (1968)

España

ZONAS MARÍTIMAS

la Armada, que consta de los siguientes departamentos y jefaturas. *Estado Mayor de la Armada*, estructurado en cuatro divisiones: estrategia, logística, táctica y orgánica. El jefe de la división de estrategia es un vicealmirante que desempeña, además, el cargo de segundo jefe del Estado Mayor de la Armada. *Departamento de Personal*, con tres direcciones: Reclutamiento y Dotaciones, Enseñanza Naval y Sanidad. *Jefatura de Apoyo Logístico*, con las direcciones de Construcciones Navales, Aprovisionamiento y Transportes y de Investigación y Desarrollo. *La Jefatura de Instrucción* y la *Dirección General de Material* constituyen los restantes órganos superiores del *Cuartel General*. El Cuerpo de Infantería de Marina está al mando de un comandante general, directamente subordinado al jefe del Estado Mayor de la Armada.

b) *Organización territorial.* Desde el punto de vista marítimo, el territorio español se divide, de acuerdo con la organización de diciembre de 1973, en cuatro Zonas Marítimas y una Jurisdicción Central, todas ellas al mando de un almirante que tiene el cargo de capitán general de la Zona Marítima correspondiente o almirante jefe de la Jurisdicción Central. La Zona Marítima del Cantábrico, con la capitanía en El Ferrol del Caudillo, comprende la costa entre la desembocadura del Bidasoa y la del Miño y las provincias de La Coruña, Lugo, Orense, Pontevedra, Oviedo, Burgos, Logroño, Santander, Álava, Guipúzcoa, Vizcaya y Navarra. La Zona Marítima del Estrecho tiene su cabecera en San Fernando (Cádiz), incluye el litoral comprendido entre la desembocadura del Guadiana y el cabo de Gata (Almería), así como las plazas de Ceuta y Melilla y las provincias de Almería (excepto los partidos judiciales de Cuevas de Almanzora, Sorbas y Vera, que pertenecen a la Zona Marítima del Mediterráneo), Cádiz, Córdoba, Granada, Huelva, Jaén, Málaga, Sevilla y Badajoz. La Zona Marítima del Mediterráneo, con la capitanía en Cartagena, comprende desde el cabo de Gata hasta la frontera francesa, con las provincias de Almería (partidos judiciales citados), Albacete, Murcia, Alicante, Valencia, Castellón de la Plana, Tarragona, Lérida, Barcelona, Gerona y las islas Baleares. La Zona Marítima de Canarias está al mando de un vicealmirante con sede en Las Palmas. La Jurisdicción Central comprende las provincias no citadas anteriormente y que son, todas ellas, interiores. Dentro de las Zonas Marítimas existe la subdivisión en Sectores navales y Comandancias de Marina con jurisdicción sobre una parte determinada de litoral. Cada una de las Zonas cuenta con un arsenal y un número variable de bases y estaciones navales. Los arsenales son los de El Ferrol, La Carraca (Cádiz) y Cartagena y en ellos coinciden las escuelas y centros de instrucción a los que a continuación nos referiremos, unidades de la flota y de aviación naval, órganos

Detalle de las torretas del crucero *Canarias*

Antenas de buques dragaminas españoles

logísticos, de construcción naval, etc. Bases y estaciones son las de Rota (de utilización conjunta con la Armada de EE. UU.), Tarifa, Mahón, Sóller, Marín, Las Palmas, La Graña, La Algameca, etc.

c) *Instrucción y enseñanza.* Con intensidad comparable a la que le dedican los Ejércitos de

Desembarco, durante unas maniobras de la Marina

Tierra y Aire, justificada por la complejidad y trascendencia de las misiones del personal embarcado y del que le apoya desde tierra firme, la Marina desarrolla una amplia labor de instrucción y enseñanza. En cada Zona Marítima funciona un Centro de Adiestramiento Departamental (C. A. D.) para los reclutas que llegan a la Marina. En Cartagena radica el Centro de Instrucción y Adiestramiento de la Flota (C. I. A. F.), del que dependen las siguientes escuelas: Centro de Instrucción de Lucha Antisubmarina (C. I. L. A. S.), Centro de Instrucción de Seguridad Interior (C. I. S. I.), Centro de Instrucción e Información de Combate (C. I. I. C.), Centro de Instrucción de Buceo (C. I. B.), Centro de Instrucción de Operadores Radiotelegráficos (C. I. O. R.), así como la Oficina de Valoración a Flote (O. V. A. F.). Los especialistas de la Armada se forman en diversas escuelas, son como: Escuela de Maniobra (El Ferrol), para la especialidad de maniobra; Escuela de Transmisiones y Electricidad de la Armada (E. T. E. A.), en Vigo, para las de electrónica, radio, electricidad y señalados; Escuela de Armas Submarinas «Bustamante» (Cartagena), para torpedos y minas; Polígono de Tiro Naval «Janer» (San Fernando, Cádiz), para artillería; Escuela de Máquinas (El Ferrol), para mecánica; Instituto Hidrográfico (Cádiz), para hidrografía; Escuela de Suboficiales (San Fernando), para escribientes; las especialidades de radar y sonar se adquieren en el C. I. A. F. La Infantería de Marina, por su parte, forma en la Escuela de Aplicación de San Fernando a sus especialistas en automovilismo, zapadores, armas pesadas y de acompañamiento y comunicaciones tácticas; previamente, los reclutas de este Cuerpo reciben instrucción en Cartagena, en el Centro de Instrucción de Infantería de Marina. La Instrucción Militar de la Escala de Complemento de la Armada (I. M. E. C. A. R.) tiene a su cargo la formación de oficiales y suboficiales de complemento entre los titulados y estudiantes de carreras superiores. Los cursos que siguen son: 2 meses de formación básica, 4 meses de adaptación para el servicio y una fase de 1 año de servicio en buques y dependencias de la Armada. Al término, pueden continuar con el grado obtenido dentro de la escala de complemento. La oficialidad profesional de la Marina de Guerra procede de la Escuela Naval Militar de Marín (Pontevedra). Con unos ciclos similares a los descritos de la Academia General Militar, existe la diferencia de que una vez que los guardiamarinas han obtenido el grado de alférez de fragata continúan en la misma Escuela, aunque pertenecientes ya al cuerpo elegido (Cuerpo General de la Armada, Infantería de Marina, Máquinas o Intendencia) hasta terminar la carrera como alféreces de navío. Las diversas especialidades las adquieren posteriormente en algunas de las escuelas citadas, que imparten cursos para oficiales, y en otras como la Escuela de Submarinos, de Cartagena, y el Centro de Instrucción y Adiestramiento Naval de Helicópteros (C. I. A. N. H. E.), situado en Rota. En Madrid, la Escuela de Ingenieros de Armas Navales titula a los que se integran en este Cuerpo y la Escuela de Guerra Naval capacita para el servicio de Estado Mayor e imparte cursos a mandos superiores.

d) *Organización operativa y medios de la Fuerza Naval.* La Fuerza Naval está constituida por tres núcleos: la Flota, las fuerzas especiales y las fuerzas auxiliares. *La Flota,* núcleo fundamental, está integrada por buques y otros medios de combate, tropas de Infantería de Marina e instalaciones navales en tierra, todo ello bajo el mando de un comandante general cuyo cuartel general reside en El Ferrol y que normalmente se constituye a bordo del portaaeronaves *Dédalo.* Los buques de la Flota se agrupan en dos mandos-tipo que son el Mando de Escoltas (MANDES) y el Mando Anfibio (MANDFIB). El primero cuenta con la 11.ª escuadrilla de destructores (*Churruca, Méndez Núñez, Gravina, Roger de Lauria* y *Marqués de la Ensenada*), la 21.ª escuadrilla de destructores (*Jorge Juan, Alcalá Galiano, Lepanto, Almirante Valdés* y *Ferrándiz*) y la 71.ª escuadrilla de fragatas (*Baleares, Andalucía, Cataluña, Asturias* y *Extremadura*). El Mando Anfibio radica en Cádiz y consta, básicamente, de tres buques transportes de ataque *(Aragón, Castilla* y *Galicia),* una flotilla de desembarco integrada por una escuadrilla de buques y barcazas de desembarco LST, LSM y BDK y un grupo naval de playa. El potencial humano del MANDFIB lo constituye la Infantería de Marina, que se integra operativamente en la flota formando el Tercio de Armada (TEAR), con base en San Fernando. EL TEAR se compone de una Agrupación de desembarco con dos batallones y una unidad de operaciones especiales, una Agrupación de apoyo de combate con artillería, carros de combate, sistemas antiaéreos y contracarro, zapadores anfibios, etcétera, y una Agrupación de apoyo logístico con unidades de transporte, sanidad, etc. *Las fuerzas especiales,* en las que cabe encuadrar también al Tercio de Armada descrito, son la fuerza aérea de la Armada, el arma submarina y la unidad de buceadores de combate. La Fuerza Aérea Naval, sucesora de la Aeronáutica Naval que dejara de existir durante más de veinte años, empezó a constituirse en 1954 y en la actualidad cuenta con medio centenar de helicópteros de diversos tipos, que forman ocho escuadrillas, y ocho aviones de despegue vertical AV-8A *Harrier,* denominados *Matador* en la Marina española, que embarcan en el *Dédalo.* Entre los helicópteros que tiene en servicio destacan, por su modernidad, una docena de SH-3D *Sea King* antisubmarinos y seis helicópteros de ataque AH-1G *Cobra,* con base en Rota. El Arma Submarina tiene en servicio ocho unidades, de las cuales las cuatro de tipo *Daphné,* de proyecto francés, son las más mo-

Buque escuela *Juan Sebastián Elcano*

España

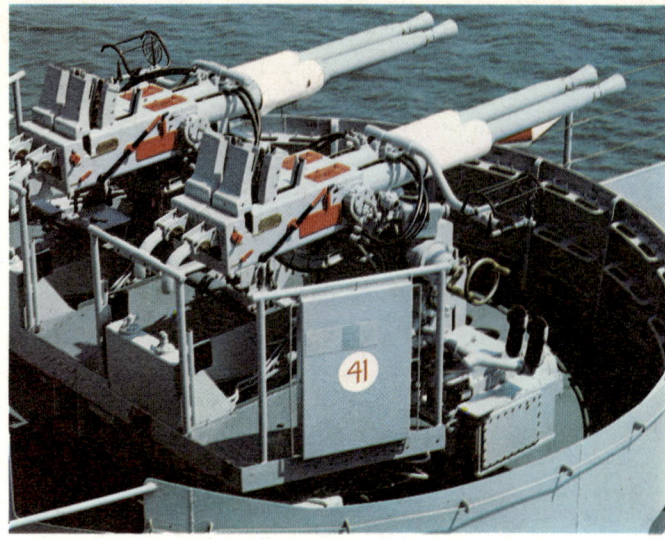

Portahelicópteros *Dédalo* y montaje cuádruple de sus cañones antiáreos

dernas. La unidad de buceadores de combate depende del Centro de Buceo de Cartagena y constituye un grupo operativo anfibio. *Las fuerzas auxiliares* están formadas por buques muy diversos, como corbetas, minadores, dragaminas, lanchas torpederas y patrulleros. Los medios con que cuenta la Armada son, en buena parte, anticuados y de ahí que se encuentre en marcha dentro del Plan General de la Armada (PLANGENAR) la construcción y proyecto de varias unidades. En construcción, ocho corbetas y dos submarinos de la clase *Agosta* y cerca de cincuenta embarcaciones menores entre patrulleros y lanchas de vigilancia. Los proyectos más ambiciosos incluyen un portaaeronaves para reemplazar al *Dédalo* y

Destructor *Almirante Ferrandis*

tres fragatas lanzamisiles del tipo FFG. Las características de los buques en servicio son las siguientes:

Portaaeronaves. El buque de mayor porte de la Flota española es el *Dédalo* (PA-01, en designación de la Armada), portaaeronaves construido en EE. UU. en 1943, que desplaza 16.400 ton. a plena carga; recibido en préstamo por cinco años en 1967, fue adquirido en 1973. Características: potencia, 100.000 c. v. en cuatro ejes; velocidad, 32 nudos; autonomía, 7.200 millas a 15 nudos; armamento, 26 cañones automáticos de 40 mm. en dos montajes cuádruples y nueve dobles; puede llevar hasta 20 helicópteros o aviones de despegue vertical; en la actualidad, transporta 5

aviones *Matador (Harrier)* y un número variable de helicópteros antisubmarinos, de ataque o de utilidad general. Su dotación es de 1.120 hombres.

Destructores. Cinco de la clase *Gearing Fram II*, botados en 1945 y en España desde 1972. Son los *Churruca* (DD 711), *Gravina* (DD 882), *Méndez Núñez* (889), *Lángara* (DD 879) y *Blas de Lezo* (DD 841). Desplazan a plena carga 3.480 ton.; velocidad, 34 nudos; autonomía, 4.800 millas a 15 nudos; armados con 4 cañones de 127 mm., un lanzador *ASROC* y dos tubos triples lanzatorpedos MK 32. Dos de la clase *Oquendo* modificada, que son el *Roger de Lauria* (D-42) y el *Marqués de la Ensenada* (D-43), botados, respectivamente, en 1958 y 1959 y en servicio desde 1969 y 1970; desplazamiento, 3.785 ton.; velocidad, 31 nudos; autonomía, 4.500 millas a 15 nudos; armamento: 6 piezas de 127 mm., 2 tubos triples para torpedos MK 44 antisubmarinos y 2 tubos de 533 mm.; llevan un helicóptero antisubmarino *Hughes 369*. Destructor *Oquendo* (D-41), de 3.005 ton.; velocidad, 32 nudos; autonomía, 5.000 millas a 15 nudos; armamento: 4 piezas de 120 mm. y 6 de 40 mm. antiaéreas, dos tubos triples de torpedos MK 32 y dos erizos.

Cinco de la clase *Fletcher*, en servicio desde 1957, aunque botados en 1944; *Lepanto* (D-21), *Almirante Ferrándiz* (D-22), *Almirante Valdés* (D-23), *Alcalá Galiano* (D-24) y *Jorge Juan* (D-25). Desplazan 3.050 ton.; velocidad, 35 nudos; autonomía, 5.000 millas a 15 nudos; armamento: 5 cañones de 127 mm. y 3 montajes dobles de 40 mm. dos de ellos y 4 de 127 mm. y 3 dobles de 76 mm. los otros tres; además, dos lanzadores antisubmarinos, 2 erizos, 4 morteros y 2 varaderos.

Fragatas. Los buques de guerra más modernos de que dispone la Flota son las cinco fragatas tipo *DEG-7*, construidas en El Ferrol sobre proyecto estadounidense a base de refundir los tipos *Brooke* y *Knox* a petición española. La primera en entrar en servicio fue la *Baleares* (F-71), en 1973, seguida con intervalos inferiores al año por la *Andalucía* (F-72), la *Cataluña* (F-73), la *Asturias* (F-74) y la *Extremadura* (F-75). Son fragatas lanzamisiles que desplazan 4.117 ton. a plena carga y 3.000 sin ella, de escolta oceánica, destinadas a la protección de convoyes y fuerzas navales contra ataques de submarinos, aviones y buques de superficie. Sus características son las siguientes: 133,5 m. de eslora, 14,3 m. de manga y 7,9 m. de ca-

Destructor *Jorge Juan*

lado con 8,7 m. de puntal de trazado; potencia, 35.000 c. v.; velocidad, 28 nudos; autonomía, 4.000 millas a 20 nudos; dotación, 15 oficiales y 214 suboficiales y especialistas; armamento: un lanzador de misiles *Standard* (con 16 misiles a bordo), 1 cañón automático de 127 mm., un equipo de lucha antisubmarina compuesto por un lanzador *ASCOR* y 6 lanzatorpedos (4 MK 32 y 2 MK 25), todo ello apoyado en complejas instalaciones electrónicas que cuentan con tres radares tridimensionales y dos equipos de sonar.

Corbetas. Se encuentran en construcción dos series de corbetas, a cuatro unidades cada serie, habiendo sido ya botadas las cuatro de la primera: *Descubierta* (F-31), *Diana* (F-32), *Infanta Elena* (F-33) e *Infanta Cristina* (F-34). Son buques de 1.500 ton., potencia de 16.000 c. v. y 26 nudos de velocidad, diseñados y construidos por la empresa Bazán en El Ferrol. Armamento: 1 cañón automático *OTO/Melara* de 76 mm. con capacidad para tiro antiaéreo y naval, 2 cañones de 40 mm., 2 montajes triples de torpedos MK 32 y dos tipos de misiles. A popa, un lanzador de ocho celdas de *Sea Sparrow* superficie-aire y, en las bandas, 4 lanzadores de *Exocet* superficie-superficie. Quedaban en servicio otras cuatro corbetas antiguas (*Nautilus, Princesa, Atrevida* y *Villa de Bilbao*), de 1.135 ton., 18 nudos de velocidad y armadas con 1 cañón de 76 mm. y 3 de 40 mm.

Submarinos. Cuatro submarinos de la clase *Daphné*: *Delfín* (S-61), *Tonina* (S-62), *Marsopa* (S-63) y *Narval* (S-64). Construidos en Cartagena, bajo patente francesa, entraron en servicio en 1973. Desplazan 870 ton. en superficie y 1.040 en inmersión, en la que navegan a 16 nudos de velocidad; van armados con 12 tubos lanzatorpedos de 550 mm. Se encuentran en grada dos submarinos de la clase *Agosta*, de 1.690 ton. en inmersión, 20 nudos de velocidad y altamente silenciosos en misión de ataque, para lo cual llevarán 14 torpedos filoguiados. Cuatro submarinos de la clase *Guppy*, procedentes de cesión estadounidense: *Almirante García de los Reyes* (S-31), *Isaac Peral* (S-32), *Cosme García* (S-34) y *S-35*. Los tres últimos desplazan 1.840 ton. en superficie y 2.445 en inmersión, siendo el S-31 de desplazamiento algo inferior en inmersión. Todos navegan a 18 nudos en superficie y a 15 nudos en inmersión; su armamento consiste en 10 torpedos de 533 mm.

Buques para la guerra de minas. Los dragaminas oceánicos *Guadalete* (M-41), *Guadalmedina* (M-42), *Guadalquivir* (M-43) y *Guadiana* (M-44), que desplazan 750 ton., alcanzan 15 nudos y van armados con 2 piezas de 20 mm. Los dragaminas tipo A *Eume* (M-13) y *Navia* (M-15) tienen características similares aunque son más lentos y antiguos. Doce dragaminas costeros tipo B (*Duero, Ebro, Genil, Júcar, Llobregat, Miño, Nalón, Odiel, Sil, Tajo, Turia* y *Ulla*) son de 380 ton., andan a 14 nudos y llevan 2 piezas de 20 mm.

Patrulleros. Serie de 6 nuevos patrulleros pesados del tipo *Lazaga* y otros 6 del tipo *Cándido Pérez*. Son buques muy modernos, de 400 ton., velocidad de 36 nudos y armados con 1 cañón automático *OTO-Melara* de 76 mm. y 1 *Breda-Bofors* de 40 mm. Quedan en servicio otros PP de 300 ton. como los *Villaamil* y *Cadarso*. Cinco patrulleros ligeros, de 100 ton., completan las existencias de patrulleros. En la categoría de guardapescas, los de mayor desplazamiento (300 ton.) *Centinela, Serviola* y *Sálvora*, seguidos de 3 tipos LAS de 63 ton., armados con piezas de 37 mm., y 11 lanchas guardapescas tipo V.

Buques especiales. Buque escuela *Juan Sebastián de Elcano*, velero de 3.500 ton.; buque tanque *Teide*, de 8.000 ton., más otros 5 de 470 y 10 más pequeños; cinco buques hidrográficos: *Malaspina* y *Tofiño*, ambos de 1.000 ton., y los *Castor, Pollux* y *Antares Rigel*, de 380 ton., pero dotados con moderno equipo; calarredes *CR-1*; 5 remolcadores oceánicos *RA*, de 1.100 toneladas; tres remolcadores costeros *RR-19, 20* y *29*, de 500 ton., y 17 remolcadores de puertos.

Fuerzas anfibias. Tres transportes de ataque: *Galicia* (TA-31), de 9.375 ton. a plena carga, armado con 12 cañones de 40 mm., velocidad de 15 nudos y que puede transportar 18 embarcaciones de desembarco, 27 carros de combate y 500 hombres; *Aragón* (TA-11) y *Castilla* (TA-21), de 12.000 ton., velocidad de 17 nudos e igual armamento que el *Galicia*, aunque menos moderno, con capacidad para 1.200 soldados y 680 ton. de vehículos o carga. Tres buques para desembarco de carros tipo LST: *Conde de Venadito* (L-13), *Martín Álvarez* (L-12) y *Velasco* (L-11), de 5.800 ton., armados con 6 piezas de 76 mm. y capacidad para 395 hombres y 10 carros de combate. Dos del tipo LSM, de 1.094 ton., armados con 2 piezas de 40 mm., que pueden transportar 400 hombres o 300 ton. de vehículos. Ocho del tipo BDK, o barcazas K de desembarco, de 900 ton. y armadas con dos ametralladoras de 20 mm.; su capacidad de carga es parecida a la de las LSM. Embarcaciones de desembarco menores: 27 LCM (para vehículos), 43 LCVP (para personal y vehículos), 16 LCPL (para personal), 1 LCPR (con rampa), 12 LCU (para carga). Parte de estas embarcaciones son transportadas por los buques de desembarco ya citados.

Medios aeronavales. Hay en servicio 8 escuadrillas de helicópteros con las siguientes aeronaves: 12 *SH-3D*, 11 *AB-204B*, 12 *Bell 47*, 10

Dragaminas *Odiel* (detalle)

Hughes 369HM, 5 *Sikorsky H-19D* y 6 *AH-1G*. Estos últimos son helicópteros *Huey Cobra* de ataque, fuertemente armados con ametralladoras múltiples, cohetes y misiles; los restantes corresponden a tipos antisubmarinos, de transporte y de enlace. El *Matador* es un avión de despegue vertical, que en picado puede alcanzar una velocidad de 1,3 mach, tiene un techo de 15.000 m. y capacidad para diversas combinaciones de armas, entre ellas 2 cañones de 30 mm., 3 bombas de 450 kg., lanzacohetes *Matra 155*, misiles *Sidewinder*, etc.

J) *Ejército del Aire*. a) *Organización general.* El Ejército del Aire se articula, a raíz de la reorganización de la Defensa llevada a cabo en 1977, en tres grandes estructuras: Cuartel General del Ejército del Aire (estructura de mando), la Fuerza Aérea (estructura operativa) y la Logística Aérea (estructura de apoyo a las operaciones).

b) *Cuartel General del Ejército del Aire.* Dispone de una *Secretaría Militar del Aire* que auxilia al general jefe del Estado Mayor del Aire en todo lo relativo a asuntos exteriores al Ejército del Aire. *El Estado Mayor del Aire*, integrado por cuatro secciones (organización, información, operaciones y servicios), facilita elementos de juicio para tomar decisiones y pone éstas en ejecución. *La Escuela Superior del Aire*, que completa la preparación de los cuadros de mando superiores y forma a los de Estado Mayor. *La Dirección de Asuntos Económicos*, que asesora en estas materias, y la *Agrupación del Cuartel General*, que incluye diversos elementos y servicios necesarios para la vida de este órgano.

c) *La Logística Aérea.* Consta de los organismos responsables de la gestión de los recursos humanos, materiales y de infraestructura que precisa la Fuerza Aérea para poder cumplir sus misiones. Dichos organismos son los siguientes. *Mando de Personal*, con las direcciones de Enseñanza, Personal y Servicios del Personal. *Mando de Material*, con las direcciones de Adquisiciones, Abastecimiento, Mantenimiento y Servicios de Material, cuyos órganos de ejecución son las Maestranzas Aéreas, Parques y Depósitos de Abastecimiento. *Dirección de Infraestructura Aérea*, que tiene a cargo todo lo relativo a instalaciones y dependencias del Ejército del Aire.

d) *Organización territorial.* El territorio nacional se divide en tres Regiones y una Zona Aérea. En cada una de ellas hay una cabecera

Submarino *Tonina*, construido por la Empresa Nacional Bazán en su factoría de Cartagena

España

Cuartel General del Ejército del Aire

donde reside el mando de la misma, ejercido por un teniente general en las Regiones y un general de división en la Zona. Las atribuciones del jefe de Región son análogas a las de un capitán general de Región Militar. Las Regiones y Zona se dividen en Sectores Aéreos. Esta organización se configura de la siguiente forma: *Primera Región Aérea* (Madrid), con los Sectores de Madrid (prov. de Madrid, Toledo, Guadalajara y Cuenca), Salamanca (prov. de Salamanca, Cáceres, Ávila y Segovia), Valladolid (prov. de Valladolid, Palencia, Burgos y Santander), León (prov. de León, Zamora y Oviedo), Galicia (prov. de La Coruña, Lugo, Orense y Pontevedra). *Segunda Región Aérea* (Sevilla), con los Sectores de Sevilla (prov. de Sevilla, Huelva y Córdoba), Badajoz (prov. de Badajoz), Cádiz (prov. de Cádiz y plaza de Ceuta), Málaga (prov. de Málaga, Granada, Almería y plaza de Melilla), Murcia (prov. de Murcia y Alicante), Albacete (prov. de Albacete, Ciudad Real y Jaén). *Tercera Región Aérea* (Zaragoza), con los Sectores de Zaragoza (prov. de Zaragoza, Huesca y partido de Tudela), Valencia (prov. de Valencia, Castellón y Teruel), Cataluña (prov. de Barcelona, Tarragona, Lérida y Gerona), Logroño (prov. de Logroño, Soria y Navarra, excepto el partido de Tudela), Vascongadas (prov. de Guipúzcoa, Vizcaya y Álava), Baleares (prov. de Baleares). *Zona Aérea de Canarias* (Las Palmas), con los Sectores de Las Palmas y de Santa Cruz de Tenerife, que comprenden las respectivas provincias. Desde el punto de vista funcional, los medios aéreos radican en bases y en aeródromos militares. Las bases son: Gando, Getafe, Jerez, Los Llanos, Málaga, Manises, Matacán, Morón, Reus, San Javier, Son San Juan, Talavera la Real, Torrejón, Zaragoza y Villanubla. Los aeródromos: Agoncillo, Alcantarilla, Cuatro Vientos, Granada, León, Pollensa, Tablada y Villafría. Operativamente, las unidades aéreas están constituidas en Alas y, dentro de ellas, en Escuadrones. Éstos, en Escuadrillas y Patrullas.

e) *Instrucción y enseñanza.* Después de efectuar el período de instrucción básica, los soldados de Aviación y aquellos que ingresan con carácter voluntario con este fin, pueden acogerse a la instrucción técnica especial para especializarse en mantenimiento de aviones, electrónica, mecánica del automóvil, administrativos-almaceneros, etc., alcanzando el grado de cabo 1.º Otro camino para la especialización son las Escuelas de Formación Profesional, como la de Logroño, para ajustadores, fresadores, soldadores, chapistas y torneros; la de Cuatro Vientos, para electrónicos e instaladores-montadores, y la de Getafe, para electricistas y mecánicos del automóvil. Las Es-

Bombardero *Mirage* III

Northrop F-5A, construido por CASA. Getafe (Madrid)

cuelas de Especialistas Profesionales no sólo forman a los primeramente citados, sino también a los que con grado de suboficiales continúan en el Ejército del Aire. Estas Escuelas son las de León, Málaga y Logroño, para mecánicos de mantenimiento y armeros-artificieros; la Escuela de Transmisiones de Cuatro Vientos, para mecánicos de electrónica y de transmisiones, operadores de alerta y control y radiotelegrafistas; la de Automovilismo de Getafe, la de Cartografía y Fotografía Aérea de Cuatro Vientos, la Escuela de Observadores de Málaga y la de Suboficiales de Los Alcázares (San Javier, Murcia). Específicamente para vuelo, a las que concurren también suboficiales, las Escuelas de Vuelo sin motor de Monflorite (Huesca), Somosierra (Madrid) y Llanes (Asturias), así como la Escuela Elemental de Vuelo de El Copero (Sevilla). La Escuela de Helicópteros de Cuatro Vientos forma a los pilotos de esta especialidad de los tres Ejércitos y también civiles. En Alcantarilla está la Escuela de Paracaidistas. La Academia General del Aire, en San Javier (Murcia), prepara a los oficiales profesionales del Arma de Aviación, tanto del Servicio de Vuelo como los de Tierra, y de Intendencia del Aire. Las Academias de los cuerpos de Sanidad, Farmacia, Intervención y Jurídico se hallan en Madrid. La Instrucción Militar de la Escala de Complemento del Ejército del Aire (I. M. E. C. E. A.) ofrece dos posibilidades. Un servicio o base de un curso de formación de dos meses, para sargento eventual, un mes de adaptación para el grado de alférez eventual y doce meses destinado en una unidad, o bien obtener el título de piloto de complemento que requiere un compromiso de permanecer cuatro años en filas. El ingreso en el Cuerpo de Ingenieros Aeronáuticos requiere poseer este título y seguir una formación militar de diez meses, en los que puede obtenerse el título de piloto militar, antes de pasar a las escalas respectivas de Ingenieros o de Ingenieros Técnicos. Los tenientes profesionales del Servicio de Vuelo deben especializarse, a la salida de la Academia, en las Escuelas siguientes: de Vuelo sin visibilidad de Matacán (Salamanca), de Polimotores o de Reactores, ambas en Talavera la Real (Badajoz). La Escuela de Cooperación Aeroterrestre está en Sevilla.

f) *Fuerza Aérea*. La estructura operativa del Ejército del Aire o Fuerza Aérea está integrada por cuatro Mandos Aéreos: de Combate, Aéreo Táctico, de Transporte y de Canarias. Las misiones y medios de estos mandos son las siguientes: *Mando Aéreo de Combate* (MACOM), que vigila y controla el espacio aéreo con el fin de conseguir la superioridad aérea en áreas vitales para la defensa nacional. A tales efectos, dispone de un sistema de defensa aérea semiautomatizado de asentamientos de radar de largo alcance, una completa red de comunicaciones y un Centro de Operaciones de Combate en el que, mediante ordenadores, se procesan automáticamente los datos proporcionando a los controladores de interceptación los elementos de juicio necesarios para conducir a los cazas al encuentro del enemigo. El sistema, producto del programa *Combat Grande*, entró en servicio a principios de 1978. Los aviones con que están dotados los escuadrones dedicados a este servicio incluyen F-4C *Phantom* (C.12, en denominación española), *Mirage* III E (C.11) y *Mirage* F-1CE (C.14), de elevadas prestaciones. Las disponibilidades, en 1978, eran de 35 C.12, 24 C.11 y 15 C.14 y estaban en vías de adquisición otros aviones, todavía sin decidir si serán del tipo *Mirage* F-IC de origen francés o F-16 norteamericanos. *Mando Aéreo Táctico* (MATAC), encargado de llevar a cabo acciones aéreas en apoyo de las fuerzas de superficie contribuyendo desde el aire, por el fuego y el reconocimiento, a las operaciones que se desarrollen en tierra y en el mar. Sus unidades disponen de cazabombarderos F-5A (C.9) y RF-5A (CR.9), ambos *Northrop* y el segundo de ellos de reconocimiento, montados en España; HA-220 *Super Saeta* (C.10) de diseño español en número de 25, junto a un total de 40 F-5. Para acciones sobre el mar, un escuadrón con 9 HU-16B *Albatros* y 2 P-3A *Orion*. Un grupo Móvil de Control Aerotáctico realiza la conducción de los aviones desde la zona de combate terrestre; *Mando Aéreo de Transporte* (MATRA), cuya misión consiste en efectuar los transportes de todo tipo, en paz o bien en guerra, en beneficio de la movilidad de las fuerzas y de la rapidez en el apoyo logístico. Los ocho escuadrones de transporte disponibles cuentan con 7 C-130H *Hércules* (T-10), 12 DHC-4 *Caribou* (T-9) de transporte ligero, al igual que 12 CASA-207 y 30 CASA-212 *Aviocar* (T-128), estos últimos de fabricación nacional (Construcciones Aeronáuticas). *Mando Aéreo de Canarias* (MACAN), que reúne unidades aéreas de los tipos mencionados en los mandos anteriores y que por razones geográficas y estratégicas se conjuntan para formar el componente aéreo del Mando Unificado de Canarias. Con independencia de los medios citados hasta aquí, existen en servicio diversas

Unidades del Ejército del Aire desfilando en Madrid

España

Aviones *Supersaeta*. Factoría de CASA. Tablada (Sevilla)

unidades de empleo general, específico o de adiestramiento. Así, tres escuadrones de SAR (Búsqueda y Salvamento) con 17 helicópteros AB-205 y 206, tres aviones cisternas KC-97 de reabastecimiento en vuelo, siete escuadrones de enseñanza con 24 F-5B, 40 T-33, 25 T-34, 80 T-6, 40 HA-200, 28 helicópteros Bell-47, etcétera.

K) *Cuerpos y Fuerzas de Orden Público*. Según la Constitución, «las Fuerzas y Cuerpos de seguridad, bajo la dependencia del Gobierno, tendrán como misión proteger el libre ejercicio de los derechos y libertades y garantizar la seguridad ciudadana». La nueva Ley de la Policía, promulgada el 8 de diciembre de 1978, además de regular el funcionamiento de la Guardia Civil, estructura a la policía en el Cuerpo Superior de Policía y la Policía Nacional (antigua Policía Armada). Los dos cuerpos militares de las Fuerzas de Orden Público, Guardia Civil y Policía Nacional, dependen del ministro del Interior, pero tienen unas especiales vinculaciones con el Ministerio de Defensa. La organización territorial de estos dos cuerpos militares es la siguiente. El despliegue de la Guardia Civil responde a una división del territorio nacional en seis Zonas, cuyas cabeceras están en: 1.ª, Madrid; 2.ª, Sevilla; 3.ª, Valencia; 4.ª, Barcelona; 5.ª, San Sebastián, y 6.ª, Valladolid. Cada Zona tiene varios Tercios, unidad operativa y administrativa en la Guardia Civil, designados por un número de dos cifras, la primera de las cuales coincide con la de la Zona a que pertenece. Cada uno de los cuatro o cinco Tercios existentes en cada Zona consta de dos, o en algunos casos tres, Comandancias, generalmente localizadas en capitales de provincia. Además de algunas unidades y centros independientes (Inspección de Enseñanza, Centro de Instrucción, Academia de la Guardia Civil, Academia de cabos, Parque de Automovilismo, Agrupación de Tráfico, todos ellos en Madrid, y el Colegio de Guardias jóvenes de Valdemoro), cuenta con tres Comandancias Móviles (Madrid, Logroño y Barcelona) como unidades de reserva. Dependientes de la Dirección General de Tráfico hay siete jefaturas regionales cuyas cabeceras, por el número de orden de su designación, se encuentran en: Madrid, Sevilla, Málaga, Valencia, Barcelona, Bilbao y León. Cada jefatura comprende un número variable de provincias y de ella dependen los efectivos que cuidan del tráfico en su demarcación. La Policía Nacional está estructurada en dos Subinspecciones, cada una de las cuales comprende varias de las Regiones Militares de la organización del Ejército de Tierra. Así, la primera Subinspección incluye las 1.ª, 2.ª, 7.ª, 8.ª y 9.ª Regiones, además de Canarias. Corresponden a la segunda Subinspección las 3.ª, 4.ª, 5.ª y 6.ª Regiones Militares. Dependientes de la Subinspección que les corresponda existen nueve Circunscripciones de la Policía Nacional y la Comandancia de Canarias. Cada Circunscripción abarca, exactamente, el ámbito de una Región Militar y es designada con el mismo número que ella. La unidad operativa y administrativa de la Policía Nacional es la Bandera y cada Circunscripción cuenta con varias Banderas, localizadas en ciudades importantes. Las capitales de mayor población tienen varias Banderas de guarnición, así como escuadrones y secciones de caballería. En función del número de habitantes, hay Banderas que cubren varias provincias. Banderas móviles cumplen la misión de reserva general en Madrid, Barcelona, Valladolid y Logroño. La Academia Especial de la Policía Nacional está establecida en Madrid.

3. *Justicia*. El órgano superior de la administración civil de la justicia es el Tribunal Supremo de Justicia, con sede en Madrid, que comprende seis salas: 1.ª, de lo civil; 2.ª, de lo penal; 3.ª, 4.ª y 5.ª, de lo contencioso-administrativo, y 6.ª, de lo social. Sus sentencias sientan jurisprudencia. A los efectos de la administración judicial, España se halla dividida en una Audiencia Nacional, creada en 1977, y 15 audiencias territoriales: Albacete (prov. de Albacete, Ciudad Real, Cuenca y Murcia), Barcelona (Barcelona, Gerona, Lérida y Tarragona), Burgos (Álava, Burgos, Logroño, Santander, Soria y Vizcaya), Cáceres (Cáceres y Badajoz), La Coruña (La Coruña, Lugo, Orense y Pontevedra), Granada (Granada, Almería, Jaén y Málaga, que incluye Melilla), Madrid (Ávila, Guadalajara, Madrid, Segovia y Toledo), Oviedo, Palma de Mallorca (Islas Baleares), Las Palmas (Las Palmas y Santa Cruz de Tenerife), Pamplona (Guipúzcoa y Navarra), Sevilla (Cádiz, que incluye Ceuta, Córdoba, Huelva y Sevilla), Valencia (Alicante, Castellón y Valencia), Valladolid (León, Palencia, Salamanca, Valladolid y Zamora) y Zaragoza (Huesca, Teruel y Zaragoza). Existen, además, 50 audiencias provinciales, 469 juzgados de primera instancia e instrucción, 254 juzgados comarcales, 7.758 juzgados de paz y 53 tribunales tutelares de menores. La población reclusa, en 1975, ascendía a 8.440, de los cuales, 8.090 eran varones y 350 mujeres. Según establece la Constitución, la ley orgánica del poder judicial determinará la constitución, funcionamiento y gobierno de los Juzgados y Tribunales. Y, también en el artículo 122: «El Consejo General del Poder Judicial es el órgano de gobierno del mismo. La ley orgánica establecerá su estatuto y el régimen de incompatibilidades de sus miembros

Edificio de la Dirección de la Seguridad del Estado, organismo que depende del Ministerio del Interior

y sus funciones, en particular en materia de nombramientos, ascensos, inspección y régimen disciplinario. El Consejo General del Poder Judicial estará integrado por el Presidente del Tribunal Supremo, que lo presidirá, y por veinte miembros nombrados por el Rey por

Ministerio de Justicia

un período de cinco años. De éstos, doce entre Jueces y Magistrados de todas las categorías judiciales, en los términos que establezca la ley orgánica; cuatro a propuesta del Congreso de los Diputados, y cuatro a propuesta del Senado, elegidos en ambos casos por mayoría de tres quintos de sus miembros, entre abogados y otros juristas, todos ellos de reconocida competencia y con más de quince años de ejercicio en su profesión.» El Ministerio Fiscal tiene por misión promover la acción de la Justicia, en defensa de los intereses públicos, y

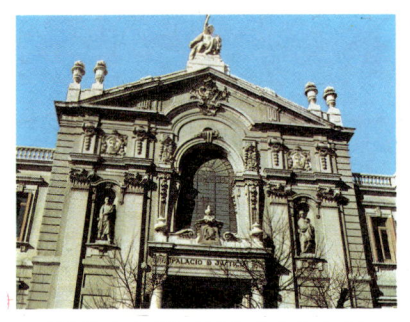

Palacio de Justicia (detalle de la fachada)

procurar ante los Juzgados y Tribunales el mantenimiento del orden jurídico y la satisfacción del interés social. El fiscal General del Estado es nombrado por el Rey, a propuesta del Gobierno, oído el Consejo General del Poder Judicial. El artículo 125 de la Constitución dice que «los ciudadanos podrán ejercer la acción popular y participar en la Administración de Justicia mediante la institución del Jurado, en la forma y con respecto a aquellos procesos penales que la ley determine, así como en los Tribunales consuetudinarios y tradicionales.» Para todo lo relacionado con las garantías de las libertades y derechos fundamentales de los ciudadanos, la Constitución contempla la figura del Defensor del Pueblo, como alto comisionado de las Cortes Generales; podrá supervisar la actividad de la Administración, dando cuenta a las Cortes Generales. Las incidencias laborales se ventilan ante la Magistratura del Trabajo. La Jurisdicción militar se regirá por las leyes y disposiciones que privativamente la regulan. La Jurisdicción eclesiástica tendrá por ámbito el que establezca el Concordato con la Santa Sede, en período de revisión.

4. *Educación.* Tras la reorganización gubernamental de abril de 1979 (véase más arriba, en el apartado *Gobierno de la Nación*), el anterior departamento de *Educación y Ciencia* fue dividido en 2, pasando varias competencias al Ministerio de *Universidades e Investigación* (v. más abajo). Entre los organismos que han pasado a éste están el Instituto de España (con las Reales Academias a él adscritas) y el Consejo Superior de Investigaciones Científicas.

Desde la Ley de Instrucción Pública, que patrocinó el ministro Claudio Moyano, en el año 1857, no se había legislado con carácter general sobre la materia y las disposiciones

Claudio Moyano

parciales publicadas habían sido rebasadas en gran parte por las exigencias de nuestro tiempo, especialmente en materia social. El ministro de Educación y Ciencia José Luis Villar Palasí, convencido de la necesidad de una reforma amplia, profunda y previsora de las necesidades nuevas, y previamente asesorado por los sectores profesionales más capacitados y las entidades más representativas de la sociedad española, presentó al Consejo de Ministros, el 6 de febrero de 1969, un estudio sobre *La Educación en España: Bases para una política educativa (Libro Blanco);* el correspondiente Proyecto de Ley llegó a las Cortes a finales del mismo año y fue aprobado por el Pleno el 28 de julio de 1970. El *Boletín Oficial del Estado* la publicó el 6 de agosto siguiente con el nombre de Ley General de Educación y Financiación de la Reforma Educativa. Esta Ley fue la aportación de España a la iniciativa de la Asamblea General de la O. N. U., que, a propuesta de la U. N. E. S. C. O., proclamó 1970 como Año Internacional de la Educación, con la invitación a todos los países para que dicho año se caracterizase por progresos importantes, cualitativos y cuantitativos, en la esfera educativa.

A) *Características de la reforma educativa.* Con la actual Ley General de Educación, el sistema educativo español asume tareas y responsabilidades de una magnitud sin precedentes. Debe proporcionar oportunidades educativas a la totalidad de la población para dar plena efectividad al derecho de toda persona humana a la educación y ha de atender a la preparación especializada del gran número de profesiones que requiere la vida moderna. Por otra parte, la conservación y el enriquecimiento de la cultura nacional, el progreso científico y técnico, la necesidad de capacitar al individuo para afrontar con eficacia las nuevas situaciones que le deparará el ritmo acelerado del mundo contemporáneo y la urgencia de contribuir a la edificación de una sociedad más justa, constituyen algunas de las arduas exigencias cuya realización se confía a la educación. El marco legal que ha regido nuestro sistema educativo respondía al esquema, ya centenario, de la Ley Moyano, cuyos fines eran distintos a la aspiración, generalizada en la actualidad, de democratizar la enseñanza. Los problemas educativos de nuestro país requieren una reforma amplia, profunda y previsora de las nuevas necesidades, y no medidas apresuradas con carácter de remedio de urgencia. La educación es una permanente tarea inacabada, por ello la Ley contiene en sí misma los mecanismos necesarios de autocorrección y flexibilidad. Entre los objetivos que se propone la presente Ley, son de especial relieve los siguientes: hacer partícipe de la educación a toda la población española, basando su orientación en las más genuinas y tradicionales virtudes patrias; completar la educación general con una preparación profesional que capacite para la incorporación fecunda del individuo a la vida del trabajo; ofrecer a todos la igualdad de oportunidades educativas, sin más limitaciones que la de la capacidad para el estudio; establecer un sistema educativo que se caracterice por su unidad, flexibilidad e interrelaciones, al tiempo que se facilita una amplia gama de posibilidades de educación permanente y una estrecha relación con las necesidades que plantea la dinámica de la evolución económica y social del país. El período de Educación General Básica, que se establece como único, obligatorio y gratuito para todos los españoles, se proponía acabar, en el plazo de implantación de la Ley, con cualquier discriminación y constituye la base indispensable de igualdad de oportunidades educativas, igualdad que se proyectará a lo largo de los demás niveles de enseñanza. El Bachillerato Unificado y Polivalente, al ofrecer una amplia diversidad de experiencias práctico-profesionales, permite el mejor aprovechamiento de las aptitudes de los alumnos y evita el carácter excesivamente teórico y academicista anterior, siendo de esperar que, cuando las condiciones económicas del país lo permitan, también llegue a ser gratuito. La enseñanza universitaria se enriquece y adquiere la debida flexibilidad al introducir en ella distintos ciclos, instituciones y más ricas perspectivas

José Luis Villar Palasí

de especialización profesional. En cualquier momento del proceso educativo, pasado el período de Educación General Básica, se ofrecen posibilidades de formación profesional, así como la reincorporación a los estudios en cualquier época de su vida de trabajo. Se pretende, mejorar también el rendimiento y calidad del sistema educativo, para lo que se considera fundamental la formación y perfeccionamiento continuado del profesorado, así como la dignificación social y económica de la profesión docente. Para poder intensificar la eficacia del sistema educativo, la presente Ley atiende a: la revisión del contenido de la educación, orientándolo más hacia los aspectos formativos y al adiestramiento del alumno para aprender por sí mismo que a la erudición memorística; establecer una adecuación más estrecha entre las materias de estudio y las exigencias que plantea el mundo moderno, previendo la introducción de nuevos métodos y técnicas de enseñanza; la cuidadosa evaluación del rendimiento escolar o la creación de servicios de orientación educativa y profesional, y la racionalización de múltiples aspectos del proceso educativo, que evitará la subordinación del mismo al éxito de los exámenes. La flexibilidad que caracteriza a esta Ley permitirá las reorientaciones e innovaciones necesarias, no sólo para la reforma que ella implica, sino también para la ordenación de la misma a las circunstancias cambiantes de una sociedad tan dinámica como la actual. La efectividad de esta Ley, para cuya aplicación se prevé un plazo de diez años, sólo será posible si en la vigilancia de su cumplimiento participa toda la sociedad española.

B) *Sistema educativo.* El sistema educativo se desarrollará a través de los niveles de: Educación preescolar, Educación General Básica, Bachillerato, Educación universitaria, Formación profesional y Educación permanente de los adultos.

a) *Educación preescolar.* Tiene como objetivo fundamental el desarrollo armónico del niño; es de carácter voluntario y está dividida en dos etapas: 1.ª, *Jardín de infancia,* para niños de dos y tres años, con un ambiente semejante al de la vida del hogar; y 2.ª, *Escuela de párvulos,* para niños de cuatro y cinco años. Durante este período se tenderá a promover las cualidades y virtudes del niño.

En el cuadro I, de la página 2136, figuran el número de centros y alumnos de educación preescolar, en los años académicos que se indican.

b) *Educación General Básica.* Tiene por finalidad proporcionar una formación integral, fundamentalmente igual para todos y adaptada, en lo posible, a las aptitudes y capacidad de cada uno. Abarca ocho años de estudio, divididos en dos etapas; en la primera, con una duración de cinco años, se acentúa el carácter globalizado de las enseñanzas, y en la segunda, de tres años, hay una moderada diversificación de las enseñanzas, atendiendo a las actividades de orientación con el fin de facilitar al alumno las ulteriores opciones de estudio y trabajo. Será obligatoria y gratuita para todos los españoles, y quienes no prosigan sus estudios en niveles superiores recibirán también, obligatoria y gratuitamente, la formación profesional de primer grado. La enseñanza a este nivel se imparte en los *Colegios nacionales de Educación General Básica.* Las antiguas escuelas mixtas, unitarias y graduadas que funcionan de modo autónomo y, en general, todos los centros docentes que no reúnan los requisitos para ser denominados *Colegios,* imparten solamente las enseñanzas de los cinco cursos correspondientes a la primera etapa. Al término de la Educación General Básica, los alumnos reciben el título de Graduado escolar, y los que no lo obtengan, un Certificado de escolaridad. El título de Graduado permite el acceso al Bachillerato y al Grado 1.º de Formación profesional, y el Certificado de escolaridad, solamente al Grado 1.º de Formación profesional.

En el cuadro II, de la página 2136, aparecen consignados los principales conceptos referentes a la Educación General Básica y Primaria.

c) *Bachillerato Unificado y Polivalente.* Este nivel será unificado en cuanto conduce a un título único y polivalente y comprenderá, junto con las materias comunes y las libremente elegidas, una actividad técnico-profesional. A los alumnos que superen los tres cursos de que consta, se les entregará el título de Bachiller, que habilitará para el acceso al Grado 2.º de Formación profesional o para seguir el Curso de Orientación Universitaria (C. O. U.).

El primer curso del nuevo Bachillerato se implantó por primera vez, con carácter general, en el año académico 1975-76; el tercer curso, en el año académico 1977-78. Las cifras que se insertan en el cuadro III, de la página 2136, corresponden al Bachillerato General.

d) *Educación universitaria.* Este nivel irá precedido del C. O. U., cuya finalidad es profundizar la formación de los alumnos, orientarles en la elección de las carreras o profesiones para las que demuestren mayores aptitudes y adiestrarles en la utilización de las técnicas de trabajo propias del nivel educativo superior. Será supervisado y programado por la Universidad y se desarrollará en los centros estatales de Bachillerato y en los no estatales autorizados (homologados). Una vez obtenida la evaluación positiva en el C. O. U., el alumno ha de someterse a unas pruebas de aptitud para el acceso a Facultades, Escuelas Técnicas Superiores y Colegios Universitarios. Estas pruebas entraron en vigor a partir del curso 1975-76, y para su superación, dispone el alumno de cuatro convocatorias como máximo. Los mayores de veinticinco años que no habiendo cursado los estudios de Bachillerato superen las pruebas reglamentariamente establecidas, también tienen acceso a la Educación universitaria. Esta última se verifica en Facultades y Escuelas Técnicas Superiores, Escuelas Universitarias y Colegios Universitarios.

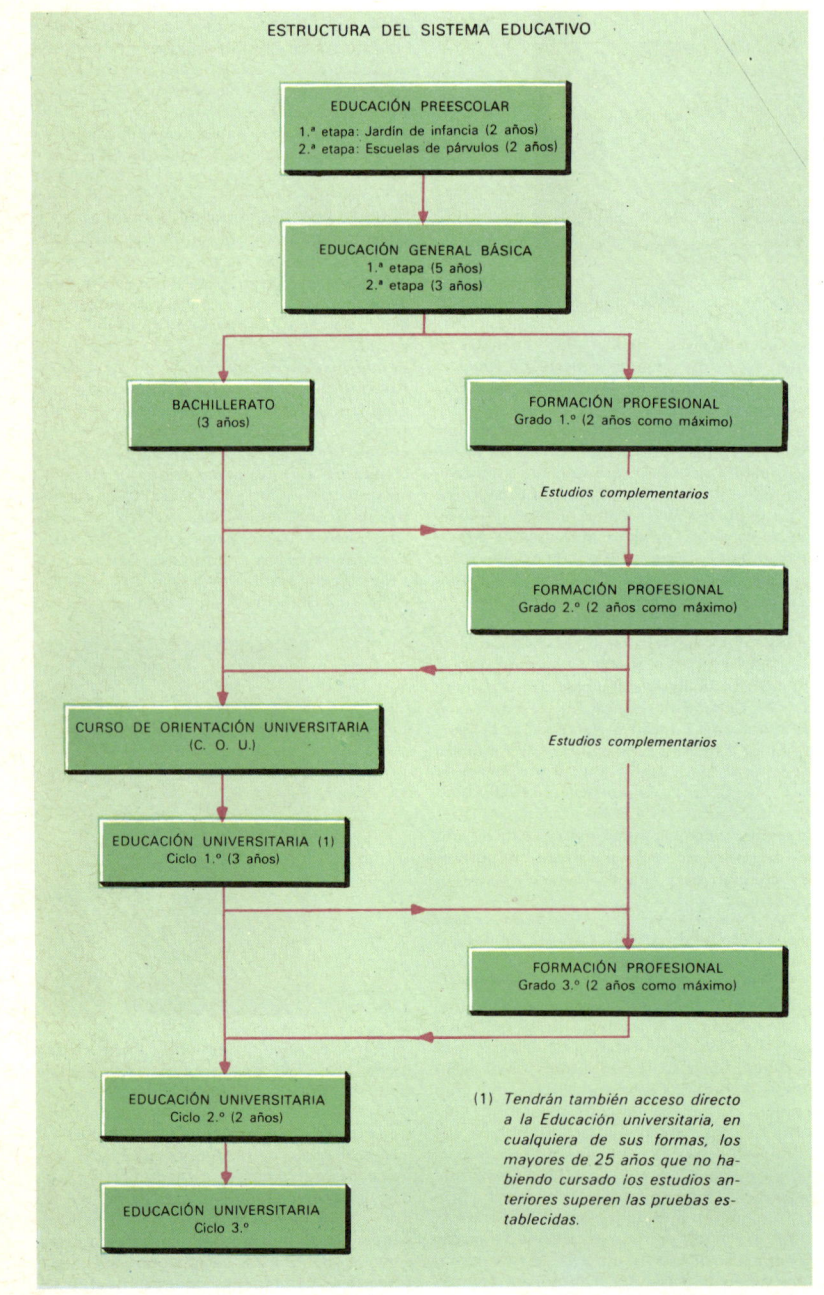

ESTRUCTURA DEL SISTEMA EDUCATIVO

- **EDUCACIÓN PREESCOLAR**
  - 1.ª etapa: Jardín de infancia (2 años)
  - 2.ª etapa: Escuelas de párvulos (2 años)

- **EDUCACIÓN GENERAL BÁSICA**
  - 1.ª etapa (5 años)
  - 2.ª etapa (3 años)

- **BACHILLERATO** (3 años)

- **FORMACIÓN PROFESIONAL** Grado 1.º (2 años como máximo)

Estudios complementarios

- **FORMACIÓN PROFESIONAL** Grado 2.º (2 años como máximo)

- **CURSO DE ORIENTACIÓN UNIVERSITARIA** (C. O. U.)

Estudios complementarios

- **EDUCACIÓN UNIVERSITARIA** (1) Ciclo 1.º (3 años)

- **FORMACIÓN PROFESIONAL** Grado 3.º (2 años como máximo)

- **EDUCACIÓN UNIVERSITARIA** Ciclo 2.º (2 años)

- **EDUCACIÓN UNIVERSITARIA** Ciclo 3.º

(1) Tendrán también acceso directo a la Educación universitaria, en cualquiera de sus formas, los mayores de 25 años que no habiendo cursado los estudios anteriores superen las pruebas establecidas.

I. Educación preescolar

Conceptos	1972-73	1973-74	1974-75
Unidades escolares	15.714	23.123	23.935
Estatales	9.344	8.978	9.169
No estatales	6.370	14.145	14.766
Alumnos matriculados	801.119	829.155	853.322
En Centros estatales	343.258	322.697	322.685
Niños	177.315	168.076	168.474
Niñas	165.943	154.621	154.211
En Centros no estatales	457.861	506.458	530.637
Niños	216.147	237.777	247.668
Niñas	241.714	268.681	282.969

II. Educación General Básica

Conceptos	1972-73	1973-74	1974-75
Unidades escolares	118.126	149.267	159.922
Estatales	94.545	94.400	99.423
No estatales	23.581	54.867	60.499
Alumnos matriculados	4.460.801	4.945.774	5.361.771
En Centros estatales	2.933.282	3.061.178	3.229.863
Niños	1.542.966	1.613.183	1.701.917
Niñas	1.390.316	1.447.995	1.527.946
En Centros no estatales	1.527.519	1.884.596	2.131.908
Niños	719.022	903.825	1.025.161
Niñas	808.497	980.771	1.106.747

III. Bachillerato General

Conceptos	1972-73	1973-74	1974-75
Centros	3.053	3.011	2.405
Alumnos matriculados:			
En los cursos (incluido preuniversitario)	1.267.797	1.009.711	790.111
Oficiales	554.054	483.724	405.012
Colegiados	449.975	338.094	242.562
Libres	263.768	187.893	142.537

Facultades y Escuelas Técnicas Superiores. La educación cursada en estos centros abarca tres ciclos: 1.º Dedicado al estudio de disciplinas básicas, con una duración de tres años, otorga el título de Diplomado, Arquitecto técnico o Ingeniero técnico. 2.º Tendrán acceso a este ciclo quienes hayan concluido el primer período de una Facultad o Escuela Técnica Superior, los que hayan seguido las enseñanzas de Grado 3.º de Formación profesional y los que hayan cursado los estudios correspondientes en una Escuela universitaria. Tiene una duración de dos años, los estudios están dedicados a la especialización y otorga el título de Licenciado, Ingeniero o Arquitecto. 3.º Tendrán acceso todos los que hayan acabado el segundo ciclo. Los estudios estarán dedicados a la especialización concreta y a la preparación para la investigación y la docencia. La superación de este ciclo, con la previa redacción y aprobación de una tesis, da derecho al título de Doctor.

Escuelas universitarias. Impartirán y coordinarán las enseñanzas correspondientes a los estudios que se desarrollen en un solo ciclo, con una duración de tres años, salvo excepciones. Acabado el ciclo, se otorga el título de Diplomado en la correspondiente materia y da acceso al segundo ciclo de Facultades y Escuelas Técnicas Superiores.

Colegios Universitarios. Son centros docentes destinados a impartir enseñanzas correspondientes al primer ciclo de Educación Universitaria de Facultades y Escuelas Técnicas Superiores. Existen dos clases de Colegios Universitarios: los *adscritos*, no estatales, cuyo régimen jurídico-administrativo es propio, bajo supervisión académica de la Universidad. Los Colegios Universitarios *integrados*, son centros oficiales y su régimen académico y económico es el propio de la Universidad a la que pertenezcan.

Universidad Nacional de Educación a Distancia. (Sus siglas, U. N. E. D.) La U. N. E. D. es el medio previsto en la Ley General de Educación para desarrollar el principio de igualdad de oportunidades al hacer posible el acceso a los estudios de nivel superior a todos los españoles que, por cualquier circunstancia, no pueden, o no han podido, cursar estudios en las Universidades tradicionales. Esta Universidad tiene el mismo rango y personalidad que las tradicionales, con capacidad jurídica y patrimonio propio. Salvo en lo que respecta a las peculiaridades en materia de horarios, calendario escolar, métodos y régimen de profesores y alumnos, las enseñanzas impartidas por esta modalidad se ajustarán en su contenido y procedimiento de evaluación a lo establecido con carácter general.

Pabellón de la U. N. E. D. Ciudad Universitaria. Madrid

División Universitaria de España. Desde el punto de vista académico, España está dividida en diecisiete distritos universitarios: *Barcelona* (prov. de Barcelona, Baleares, Gerona, Lérida y Tarragona); *Bilbao*, que comprende la provincia de Vizcaya; *Córdoba*, que comprende la prov. de su nombre; *Extremadura* (prov. de Cáceres y Badajoz), *Granada* (prov. de Almería, Granada, Jaén, Ceuta y Melilla), *La Laguna* (prov. de Santa Cruz de Tenerife y Las Palmas), *Madrid* (prov. de Madrid, Segovia, Guadalajara, Cuenca, Toledo y Ciudad

Escuela Técnica Superior de Ingenieros de Caminos, Canales y Puertos. Ciudad Universitaria. Madrid

España

Universidad de Bilbao

Real), *Málaga*, que comprende la prov. de su nombre; *Murcia* (prov. de Murcia y Albacete), *Oviedo* (prov. de Oviedo y León), *Salamanca* (prov. de Salamanca, Zamora y Ávila), *Santander*, que comprende la prov. de su nombre; *Santiago* (prov. de La Coruña, Lugo, Orense y Pontevedra), *Sevilla* (prov. de Sevilla, Cádiz y Huelva), *Valencia* (prov. de Valencia, Alicante y Castellón), *Valladolid* (prov. de Burgos, Guipúzcoa, Palencia, Valladolid y Álava) y *Zaragoza* (provincias de Zaragoza, Teruel, Soria, Navarra, Logroño y Huesca), en cada una de cuyas capitales existe una Universidad, a excepción de Valencia, Barcelona y Madrid. En Valencia existen dos Universidades, una para las Facultades, y la Politécnica para las Escuelas Técnicas Superiores. Barcelona posee Universidad Central, Politécnica y Autónoma. Madrid cuenta con la Universidad Complutense, con la Politécnica y la Autónoma, y es el único distrito que tiene la totalidad de Facultades, Escuelas Técnicas Superiores y Escuelas Universitarias; es, también, sede de la Universidad Nacional de Educación a Distancia (U. N. E. D.), con Centros Asociados en numerosas provincias. Aparte de las Universidades estatales, hay tres Universidades privadas: la de Deusto, en Bilbao; la Universidad de Navarra, en Pamplona y San Sebastián, y la Universidad Pontificia, en Salamanca. La Universidad española está compuesta por 15 Facultades, 10 Escuelas Técnicas Superiores y 14 Escuelas Universitarias. El número de Facultades ha aumentado notablemente, por haberse desdoblado la Facultad de Filosofía y Letras en tres Facultades: Filología, Filosofía y Ciencias de la Educación y Geografía e Historia. Los estudios de Ciencias se han dividido en cinco Facultades distintas: Biología, Física, Geología, Matemáticas y Química. Estas divisiones no afectan a todas las Universidades, por lo que a continuación, al indicar los centros en que se imparte cada enseñanza, figuran las Facultades propiamente dichas y las Universidades en que pueden cursarse dichos estudios, dentro de una Facultad de Filosofía y Letras o de Ciencias.

BIOLOGÍA

Facultades propias: Barcelona (Central), León y Madrid (Complutense).
Facultades de Ciencias: Barcelona (Autónoma), Bilbao, Córdoba, Granada, La Laguna, Madrid (Autónoma), Murcia, Oviedo, Pamplona (Universidad de Navarra), Salamanca, Santiago de Compostela, Sevilla y Valencia.

CIENCIAS ECONÓMICAS Y EMPRESARIALES

Barcelona (Central y Autónoma), Bilbao, Deusto, La Laguna, Las Palmas, Madrid (Complutense y Autónoma), Málaga, Oviedo, Santiago, Sevilla, Valencia, Valladolid, Zaragoza y U. N. E. D.

CIENCIAS DE LA INFORMACIÓN

Barcelona (Autónoma), Madrid (Complutense) y Pamplona (Universidad de Navarra).

CIENCIAS POLÍTICAS Y SOCIOLOGÍA

Madrid (Complutense).

Facultades de Ciencias Biológicas y Geológicas. Ciudad Universitaria. Madrid

Facultad de Ciencias de la Información. Ciudad Universitaria. Madrid

DERECHO

Barcelona (Central y Autónoma), Cáceres, Deusto, Granada, La Laguna, Lérida (Sección Delegada de la Central de Barcelona), Madrid (Complutense y Autónoma), Murcia, Oviedo, Palma de Mallorca (Sección Delegada de la Autónoma de Barcelona), Pamplona (Universidad de Navarra), Salamanca, San Sebastián, Santiago, Sevilla, Valencia, Valladolid, Zaragoza y U. N. E. D.

Universidad Autónoma de Madrid

Facultad de Derecho. Universidad Autónoma. Barcelona

FARMACIA

Barcelona (Central), Granada, La Laguna, Madrid (Complutense), Pamplona (Universidad de Navarra), Salamanca, Santiago, Sevilla y Valencia.

FILOLOGÍA

Facultades propias: Barcelona (Central), Madrid (Complutense) y Santiago.
Facultades de Filosofía y Letras: Alicante, Barcelona (Autónoma), Cáceres, Córdoba, Deusto, Granada, Lérida, Madrid (Autónoma), Málaga, Murcia, Oviedo, Palma de Mallorca, Pamplona (Universidad de Navarra), Salamanca (Estatal y Pontificia), Sevilla, Tarragona, Valencia, Valladolid, Zaragoza y U. N. E. D.

FILOSOFÍA Y CIENCIAS DE LA EDUCACIÓN

Facultades propias: Barcelona (Central), Madrid (Complutense) y Santiago.
Facultades de Filosofía y Letras: Barcelona (Autónoma), Deusto, Granada, La Laguna, Madrid (Autónoma), Murcia, Palma de Mallorca, Pamplona (Universidad de Navarra), Salamanca (Estatal y Pontificia), Sevilla, Tarragona y Valencia.

Facultad de Filosofía y Letras. Universidad de Navarra

FÍSICA

Facultades propias: Barcelona (Central) y Madrid (Complutense).
Facultades de Ciencias: Barcelona (Autónoma), Bilbao, Granada, Madrid (Autónoma), Salamanca, San Sebastián, Santander, Sevilla, Valencia, Valladolid, Zaragoza y U. N. E. D.

GEOGRAFÍA E HISTORIA

Facultades propias: Barcelona (Central), Madrid (Complutense) y Santiago.
Facultades de Filosofía y Letras: Alicante, Barcelona (Autónoma), Cáceres, Córdoba, Deusto, Granada, La Laguna, Lérida (Sección Delegada de la Autónoma de Barcelona), Madrid (Autónoma), Málaga, Murcia, Oviedo, Palma de Mallorca, Pamplona (Universidad de Navarra), Salamanca, Sevilla, Tarragona (Sección Delegada de la Central de Barcelona), Valencia, Valladolid, Zaragoza y U. N. E. D.

GEOLOGÍA

Facultades propias: Barcelona (Central) y Madrid (Complutense).
Facultades de Ciencias: Barcelona (Autónoma), Bilbao, Granada, Oviedo, Salamanca y Zaragoza.

MATEMÁTICAS

Facultades propias: Barcelona (Central) y Madrid (Complutense).
Facultades de Ciencias: Barcelona (Autónoma), Bilbao, Granada, La Laguna, Madrid (Autónoma), Málaga, Murcia, Salamanca, Santiago, Sevilla, Tarragona (Sección Delegada de la Central de Barcelona), Valencia, Valladolid, Zaragoza y U. N. E. D.

MEDICINA

Badajoz, Barcelona (Central y Autónoma), Bilbao, Cádiz, Córdoba, Granada, La Laguna, Madrid (Complutense y Autónoma), Málaga, Mataró (Sección Delegada de la Central de Barcelona), Murcia, Oviedo, Pamplona (Universidad de Navarra), Salamanca, Santander, Santiago, Sevilla, Valencia, Valladolid y Zaragoza.

QUÍMICA

Facultades propias: Barcelona (Central) y Madrid (Complutense).

Facultad de Veterinaria. Ciudad Universitaria. Madrid

Facultades de Ciencias: Alicante, Badajoz, Barcelona (Autónoma), Bilbao, Cádiz, Córdoba, Granada, La Laguna, Madrid (Autónoma), Málaga, Mataró (Sección Delegada de la Central de Barcelona), Murcia, Oviedo, Palma de Mallorca, Salamanca, Santiago, Sevilla, Tarragona (Sección Delegada de la Central de Barcelona), Valencia, Valladolid, Zaragoza y U. N. E. D.

VETERINARIA

Córdoba, León, Madrid (Complutense) y Zaragoza.

El número de alumnos matriculados en las diversas Facultades, durante los cursos 1971-1974, fue el siguiente:

Conceptos	1971-72	1972-73	1973-74
Facultad de Ciencias	42.572	45.892	50.098
Facultad de Ciencias Políticas, Económicas y Comerciales	25.683	—	—
Facultad de Ciencias Económicas y Empresariales	—	19.811	21.889
Facultad de Ciencias Políticas y Sociología	—	885	4.849
Facultad de Derecho	22.665	25.070	34.041
Facultad de Farmacia	8.083	9.647	13.350
Facultad de Filosofía y Letras	49.049	52.121	54.912
Facultad de Medicina	37.578	43.457	54.283
Facultad de Veterinaria	2.166	2.712	3.417
Facultad de Ciencias de la Información	—	3.503	5.876
Totales	187.796	203.098	242.715

ARQUITECTURA

Barcelona (Politécnica), La Coruña, Las Palmas, Madrid (Politécnica), Pamplona (Universidad de Navarra), Sevilla, Valencia (Politécnica) y Valladolid.

INGENIEROS AERONÁUTICOS

Madrid (Politécnica).

Facultad de Ciencias (secciones de Matemáticas y de Físicas). Ciudad Universitaria. Madrid

Escuela Técnica Superior de Ingenieros Agrónomos. Ciudad Universitaria. Madrid

INGENIEROS AGRÓNOMOS

Córdoba, Madrid (Politécnica) y Valencia (Politécnica).

INGENIEROS DE CAMINOS, CANALES Y PUERTOS

Barcelona (Politécnica), Madrid (Politécnica), Santander y Valencia (Politécnica).

España

Escuela Técnica Superior de Ingenieros de Minas. Madrid

Escuela Técnica Superior de Ingenieros de Telecomunicación. Madrid

INGENIEROS ELECTROMECÁNICOS
Madrid (Instituto Católico de Artes e Industrias).

INGENIEROS INDUSTRIALES
Barcelona (Politécnica), Barcelona (Instituto Químico de Sarriá), Bilbao, Gijón, Las Palmas, Madrid (Politécnica), San Sebastián (Universidad de Navarra), Sevilla, Tarrasa, Valencia (Politécnica), Valladolid, Vigo, Zaragoza y U. N. E. D.

INGENIEROS DE MINAS
Madrid (Politécnica) y Oviedo.

INGENIEROS DE MONTES
Madrid (Politécnica).

INGENIEROS NAVALES
Madrid (Politécnica).

INGENIEROS DE TELECOMUNICACIÓN
Barcelona (Politécnica), Madrid (Politécnica).

En las Escuelas Técnicas Superiores, en el período 1971-74, el número de alumnos matriculados fue el que a continuación se detalla:

Conceptos	1971-72	1972-73	1973-74
Centros del Estado			
Ingenieros Arquitectos	10.156	11.236	12.444
Ingenieros Aeronáuticos	1.625	1.596	1.708
Ingenieros Agrónomos	2.779	2.663	2.543
Ingenieros de Caminos	3.982	4.240	4.892
Ingenieros Industriales	13.999	14.001	13.631
Ingenieros de Minas	1.298	1.481	1.624
Ingenieros de Montes	636	708	760
Ingenieros Navales	1.210	1.145	1.185
Ingenieros de Telecomunicación	3.621	4.499	4.947
Instituto Politécnico (Valencia)	1.427	1.256	—
Totales	40.733	42.825	43.734
Centros no estatales			
Ingenieros Arquitectos (Pamplona)	275	290	331
Ingenieros Electromecánicos I. C. A. I.	450	514	567
Ingenieros Industriales (San Sebastián)	578	581	562
Instituto Químico de Sarriá	942	528	574
Totales	2.245	1.913	2.034

ARQUITECTOS TÉCNICOS
Barcelona (Politécnica), Burgos, Granada, La Coruña, La Laguna, Madrid (Politécnica), Sevilla, Valencia (Politécnica) y Sevilla (Centro de Enseñanzas Integradas).

INGENIEROS TÉCNICOS AERONÁUTICOS
Madrid (Politécnica).

INGENIEROS TÉCNICOS AGRÍCOLAS
Badajoz, Ciudad Real, Gerona, La Laguna, León, Lérida, Lugo, Madrid (Politécnica), Palencia, Valencia (Politécnica) y Sevilla (Centro de Enseñanzas Integradas).

INGENIEROS TÉCNICOS FORESTALES
Madrid (Politécnica) y Palos de la Frontera.

INGENIEROS TÉCNICOS INDUSTRIALES
Alcoy, Algeciras, Badajoz, Béjar, Bilbao, Cádiz, Cartagena, Córdoba, Gijón, Jaén, Las Palmas, Linares, Logroño, Madrid (Politécnica), Málaga, Palos de la Frontera, Pamplona (Universidad de Navarra), San Sebastián, Santander, Sevilla, Tarrasa, Valencia (Politécnica), Valladolid, Vigo, Villanueva y Geltrú, Vitoria y Zaragoza.
Centros de Enseñanzas Integradas: Córdoba, Éibar, Gijón, Huesca, Tarragona, Toledo y Zamora.

INGENIEROS TÉCNICOS DE MINAS
Almadén, Baracaldo, Bélmez, Cartagena, León, Linares, Manresa, Mieres, Palos de la Frontera y Torrelavega.

INGENIEROS TÉCNICOS NAVALES
Cádiz y El Ferrol del Caudillo.

INGENIEROS TÉCNICOS DE OBRAS PÚBLICAS
Alicante, Burgos, Cáceres y Madrid (Politécnica).

INGENIEROS TÉCNICOS DE TELECOMUNICACIÓN
Madrid (Politécnica) y Alcalá de Henares (Centro de Enseñanzas Integradas).

INGENIEROS TÉCNICOS TOPÓGRAFOS
Madrid (Politécnica).

ESTUDIOS EMPRESARIALES
Alicante, Almería, Badajoz, Barcelona (Central), Bilbao, Burgos, Cádiz, Gijón, Granada, Jaén, Jerez de la Frontera, La Coruña, Las Palmas, León, Madrid (Complutense), Málaga, Murcia, Oviedo, Palma de Mallorca, Pamplona, Sabadell, Salamanca, San Sebastián, Santa Cruz de Tenerife, Santander, Sevilla, Valencia, Valladolid, Vigo y Zaragoza.
Centros de Enseñanzas Integradas: Cáceres y Gijón.

PROFESORADO DE E. G. B.
Albacete, Alicante, Almería, Ávila, Badajoz, Barcelona (Autónoma y Central), Bilbao, Burgos, Cáceres, Cádiz, Castellón de la Plana, Ceuta (Distrito de Granada), Ciudad Real, Córdoba, Cuenca, Gerona, Granada, Guadalajara, Huelva, Huesca, Jaén, La Coruña, La Laguna, Las Palmas, León, Lérida, Logroño, Lugo, Madrid (2 en la Complutense y 1 en la Autónoma), Málaga, Melilla (Distrito de Granada), Murcia, Orense, Oviedo, Palencia, Palma de Mallorca, Pamplona, Pontevedra, Salamanca, Santander, San Sebastián, Santiago, Segovia, Sevilla, Soria, Tarragona, Teruel, Toledo, Valencia, Valladolid, Vitoria, Zamora, Zaragoza y Cheste (Centro de Enseñanzas Integradas).

IDIOMAS
Barcelona (Autónoma).

ÓPTICA
Madrid (Complutense).

En el cuadro siguiente figuran las cifras globales de alumnos matriculados en las distintas Escuelas Universitarias:

Conceptos	1971-72	1972-73	1973-74
Arquitectos Técnicos	13.865	13.230	12.199
Ingenieros Técnicos Aeronáuticos	1.171	958	845
Ingenieros Técnicos Agrícolas	4.805	4.092	4.441
Ingenieros Técnicos Forestales	396	291	266
Ingenieros Técnicos Industriales	31.285	24.114	19.892
Ingenieros Técnicos de Minas	2.513	1.904	1.661
Ingenieros Técnicos Navales	783	574	444
Ingenieros Técnicos de Obras Públicas	3.580	2.977	2.418
Ingenieros Técnicos de Telecomunicación	2.896	2.355	2.276
Ingenieros Técnicos Topógrafos	446	385	407
Estudios Empresariales	31.632	24.935	22.490
Profesorado de E. G. B.	59.250	45.531	44.560
Totales	152.622	121.346	111.899

Laboratorio de electricidad del Centro de Enseñanzas Integradas de Toledo

Escuela Universitaria del Profesorado de Educación General Básica. Madrid

Centros de Enseñanzas Integradas (antiguas *Universidades Laborales*). Son instituciones docentes creadas por las Mutualidades Laborales para la promoción social de los trabajadores y de sus hijos a través de la enseñanza. Su financiación está primordialmente atendida por las mencionadas entidades mutualistas y por los restantes organismos de la Seguridad Social, si bien participan también en la misma el Estado, a través de sus presupuestos generales, el Fondo Nacional de Protección al Trabajo y las Cajas de Ahorro Popular Confederadas. Administrativamente dependen del Ministerio de Educación, pero en el orden docente están plenamente integradas en el régimen académico de la Ley General de Educación, siendo, por tanto, las titulaciones que en ellas se obtienen las mismas que las de los centros estatales. Aunque los Centros de Enseñanzas Integradas pueden establecer planes docentes incluso de carácter superior universitario, en la actualidad las enseñanzas que imparten son las siguientes, tanto para alumnado joven como adulto: B. U. P., C. O. U., Formación Profesional en todos sus grados, estudios universitarios de Ingenierías Técnicas, Arquitectura Técnica, Asistentes Sociales, Ayudantes Técnicos Sanitarios, Administración de Empresas, Profesorado de E. G. B., Idiomas, Ciencias Químicas y Ciencias de la Información. En su Centro de Orientación y Selección de Cheste, con una capacidad de 5.000 puestos escolares, se imparte el segundo ciclo de E. G. B., distribuyéndose posteriormente este alumnado a los restantes centros del sistema para que puedan seguir otros ciclos de estudios. Integran actualmente el sistema de Centros de Enseñanzas Integradas 21 centros: Albacete, Alcalá de Henares (Madrid), Almería, Cáceres, Córdoba, La Coruña, Cheste (Valencia), Éibar (Guipúzcoa), Gijón (Oviedo), Huesca, Logroño, Málaga, Orense, Las Palmas, Sevilla, Tarragona, Tenerife (Santa Cruz de Tenerife), Toledo, Vigo (Pontevedra), Zamora y Zaragoza. A continuación se inserta un cuadro con indicación numérica de alumnos matriculados en los cursos 1973-76:

Universidades Laborales	1973-74	1974-75	1975-76
Albacete	—	—	533
Alcalá de Henares	1.575	1.749	2.011
Almería	—	375	799
Cáceres	1.553	1.705	1.819
Córdoba	1.684	1.984	2.136
Coruña (La)	1.398	1.483	1.546
Cheste	5.633	5.528	5.578
Éibar	847	1.146	1.321
Gijón	1.595	1.898	2.227
Huesca	1.214	1.133	1.338
Logroño	—	419	744
Málaga	—	745	1.071
Orense	—	—	610
Las Palmas	664	1.110	1.467
Sevilla	1.879	2.056	2.488
Tarragona	1.709	1.708	1.743
Tenerife	393	525	798
Toledo	753	1.087	1.202
Vigo	—	—	—
Zamora	1.115	1.142	1.103
Zaragoza	2.244	2.458	2.274
Totales	24.256	28.251	32.808

Enseñanzas asimiladas a la Educación Universitaria. La Ley General de Educación prevé la incorporación a la Enseñanza Universitaria de una serie de estudios cuya clasificación dentro de la jerarquía académica no está claramente delimitada. Se encuentran en este caso: 1.º Escuelas Superiores de Bellas Artes, incorporadas a distintas universidades en tanto no se aprueben sus nuevos planes de estudio. Existen cinco Escuelas Superiores: la de San Jorge (Barcelona, incorporada a la Universidad Central), la de Bilbao (incorporada a su Universidad), la de San Fernando (Madrid, incorporada a la Universidad Complutense), la de Santa Isabel de Hungría (Sevilla, incorporada a su Universidad) y la de San Carlos (Valencia,

Vista aérea del Centro de Enseñanzas Integradas de Córdoba

España

Alumnos de la Escuela de Bellas Artes, copiando en el Museo de Reproducciones Artísticas. Ciudad Universitaria. Madrid

incorporada a la Universidad Politécnica). 2.º Arte Dramático y Danza, con dos Escuelas Superiores, una en Madrid y otra en Barcelona, y Escuelas Profesionales en Córdoba, Málaga, Murcia, Sevilla y Valencia. 3.º Canto, con una Escuela Superior en Madrid. 4.º Conservatorios de Música, de los que son Superiores los de Alicante, Barcelona, Córdoba, Madrid, Málaga, Murcia, Santa Cruz de Tenerife, Sevilla y Valencia. Existen, además, 13 Conservatorios Profesionales y 21 Elementales. En el cuadro siguiente figuran las cifras relativas al número de alumnos en los cursos 1971-1974:

Conceptos	1971-72	1972-73	1973-74
Conservatorios de Música y Escuelas de Arte Dramático	53.984	66.129	77.141
Escuelas Superiores de Bellas Artes	1.934	2.320	1.950
Escuelas Superiores de Arte Dramático	1.385	2.300	2.486

También tienen rango de Educación Universitaria, la Enseñanza Superior Militar (v., más arriba, los apartados *Instrucción y Enseñanza*, dentro del epígrafe *Defensa Nacional*), y los estudios cursados en las Escuelas Oficiales de Náutica para la formación del personal de la Marina Mercante. Los estudios de Náutica tienen un nivel de Escuela Universitaria para la obtención de los títulos de Oficiales y Pilotos de segunda clase; la Enseñanza Náutica Superior tiene un nivel correspondiente al segundo ciclo de la Enseñanza Universitaria. Hay Escuelas Oficiales en La Coruña, Bilbao, Barcelona, Cádiz y Santa Cruz de Tenerife.

e) *Formación profesional.* Se orientará a preparar al alumno en las técnicas específicas de la profesión elegida y en las cuestiones de orden social, económico, empresarial y sindical que comúnmente se presentan en ella. Tendrá una duración necesaria para el dominio de la especialidad correspondiente y se dividirá en tres grados, con una duración de dos años como máximo cada uno. *Grado 1.º* Tendrán acceso quienes hayan completado la Educación General Básica y no prosigan estudios de Bachillerato. *Grado 2.º* Podrán acceder quienes posean el título de Bachiller y quienes, habiendo concluido el Grado 1.º, sigan las enseñanzas complementarias que sean precisas, de las que podrán ser dispensados los que demuestren la debida madurez profesional. Los que concluyan este Grado podrán acceder al 3.º o al Curso de Orientación Universitaria. Las enseñanzas de los Grados 1.º y 2.º se impartirán en los centros establecidos al efecto o en las secciones que se establezcan en los centros de los niveles correspondientes de Educación General Básica o Bachillerato. *Grado 3.º* Tendrán acceso, además de los alumnos que hayan concluido el primer ciclo de una Facultad o Escuela Técnica Superior, todos los graduados universitarios y los de Formación profesional del Grado 2.º que hayan seguido las enseñanzas complementarias reglamentarias.

Los centros docentes de este Grado forman parte de la Universidad. Los alumnos que superen la Formación profesional del Grado 3.º, podrán acceder al segundo ciclo de la Educación universitaria.

f) *Educación permanente de adultos.* Por medio de centros especialmente creados con este fin, o bien a través de sectores o grupos específicos en los centros ordinarios, se ofrecerá la posibilidad de seguir estudios equivalentes a la Educación General Básica, Bachillerato y Formación profesional a quienes, por cual-

Escuela Nacional de Artes Gráficas. Madrid

quier razón, no pudieron cursarlos oportunamente, y también de perfeccionamiento, promoción, actualización y readaptación profesional, así como la promoción y extensión cultural a distintos niveles.

5. *Universidades e Investigación.* Este nuevo departamento ministerial creado en el Gobierno tras la reestructuración de éste que tuvo lugar en abril de 1979 (v., más arriba, *Gobierno de la Nación*, en este mismo art.), ha asumido las competencias de tipo universitario y de alta investigación que anteriormente pertenecían al Ministerio de Educación y Ciencia. De todos modos, se habla de ciertos aspectos universitarios en el apartado anterior, dada su relación con la Ley General de Educación de 1970. Hay que citar, sobre todo, entre los organismos que han quedado adscritos al nuevo Ministerio, el *Instituto de España* y el *Consejo*

Instituto Politécnico Virgen de la Paloma. Madrid

Salón de actos de la Real Academia Española. Madrid

Palacio de la Magdalena. Santander

Fachada de la Real Academia Española. Madrid

Sede del Consejo Superior de Investigaciones Científicas. Madrid

Superior de Investigaciones Científicas. El primero reúne, «en Corporación nacional a título de Senado de la cultura española», las Reales Academias y sirve de mediador entre ellas y de concertador de sus trabajos. He aquí enumeradas las academias antes aludidas: *Real Academia Española*, fundada por Real cédula de Felipe V, de 3 de octubre de 1714; *Real Academia de Medicina*, que tuvo su origen en la llamada «Tertulia Literaria Médica», convertida más tarde, por virtud de Real cédula de Felipe V, de 13 de septiembre de 1734, en «Academia Médica Matritense»; *Real Academia de Ciencias Exactas, Físicas y Naturales*, creada en 1847, reinando Isabel II; *Real Academia de la Historia*, fundada por Real cédula de Felipe V, en 17 de julio de 1744; *Real Academia de Bellas Artes de San Fernando*, fundada también durante el reinado de Felipe V (1744); *Real Academia de Ciencias Morales y Políticas*, creada por R. D. de 30 de septiembre de 1857, reinando Isabel II; *Real Academia de Jurisprudencia y Legislación* y la *Real Academia de Farmacia*, en que se transformó el Real Consejo Farmacéutico en 1932. Además de estas academias de carácter nacional funcionan en provincias otras de la mayor parte de las especialidades. El *Consejo Superior de Investigaciones Científicas* (C. S. I. C.). Creado por ley de 24 de noviembre del año 1939, para fomentar, orientar y coordinar la investigación científica nacional en todos los órdenes del pensamiento, substituyó a la antigua «Junta para Ampliación de Estudios e Investigaciones Científicas» que inspirara y presidiera, durante tantos años, el ilustre histólogo Santiago Ramón y Cajal, gloria inmarcesible de la ciencia española. El Consejo estaba estructurado en Patronatos que tomaban su nombre de alguna figura señera de la ciencia española: «Menéndez y Pelayo», «Raimundo Lulio», «Alfonso el Sabio», «Diego Saavedra Fajardo», «José María Cuadrado», «Juan de la Cierva», «Alonso de Herrera» y «Santiago Ramón y Cajal». En enero de 1977 todos estos Patronatos se declararon extinguidos, y en tanto se establezca un reglamento orgánico, las labores de Consejo han sido asumidas por una Junta de Gobierno. El Consejo tiene instituido un importante premio denominado «Francisco Franco», que en 1976 estuvo dotado con 500.000 pesetas para letras, ciencias e investigación técnica individual, y con 750.000 para investigación técnica en equipo. Funcionan también, a nivel universitario, las denominadas *Universidades Internacionales*, que son centros españoles que prestan atención a la enseñanza para extranjeros, organizando cursos adecuados; entre ellos merecen ser mencionadas la Universidad Internacional de Las Palmas, creada el 27 de marzo de 1962, y la Universidad Internacional de Santander, que realiza, durante las vacaciones estivales, una labor digna del mayor encomio. Creada en 1931 e instalada, en aquella fecha, en el que fue Palacio Real de la Magdalena, el nuevo Estado ha ampliado su misión, la ha dotado de edificios propios y de un rectorado especial, colocándola bajo la advocación del nombre preclaro del polígrafo santanderino Marcelino Menéndez y Pelayo. La presencia en ella de las figuras representativas de la ciencia española y extranjera hacen de esta institución un centro de cultura universal. Los *Colegios Mayores Universitarios*, ya citados anteriormente, y adscritos asimismo a este Ministerio, son instituciones antiquísimas que promueven, en régimen de semiinternado, la formación universitaria de la juventud.

6. *Cultura.* Este nuevo Ministerio, creado en la reestructuración del Gobierno, de julio de 1977, ha asumido competencias de los Departamentos de Educación (Direcciones Generales del Patrimonio Artístico, Archivos y Mu-

España

scos, y de Música) y de la Presidencia (Consejo Superior de Deportes y Dirección General de la Juventud), así como del antiguo Ministerio de Información y Turismo (Direcciones Generales del Libro y Bibliotecas, Teatro y Espectáculos, Cinematografía y Radiodifusión y Televisión). A continuación se trata de algunas de ellas.

A) *Archivos.* Existen en España importantísimos archivos, que constituyen fuentes insustituibles para la investigación histórica. Los más notables de tipo general son: el Histórico Nacional (Madrid), fundado en 1866; el de Simancas (Valladolid), fundado por Carlos V en 1542; el de la Corona de Aragón (Barcelona), que ya en el s. XII se encontraba organizado y cuyos fondos más ricos están formados

Archivo Histórico Nacional. Madrid

por los Registros de la Cancillería Real; y el de Indias (Sevilla), instalado en 1781 en el Palacio de la Lonja, venero inagotable para todo lo referente a la historia de Filipinas e Hispanoamérica. Entre los archivos regionales los más importantes son: el del Reino de Valencia, creado en 1419; el Histórico de Mallorca, el de la Chancillería de Valladolid, el General de Navarra y el Regional de Galicia. Son asimismo importantes otros archivos locales o especiales, como el del Palacio Real, el General Militar, el de la Marina, etc.

B) *Bibliotecas.* La más notable de las españolas, por la cantidad y por la calidad de su contenido bibliográfico, es la *Biblioteca Nacional* (Madrid), fundada por Felipe V en 1712, con fondos procedentes de la Biblioteca Real. Sus depósitos alcanzan la cifra de 2.164.000 volúmenes. Son también importantes las de las Reales Academias, y en particular la de la Real Academia de la Historia; la Biblioteca Central, de la Diputación de Barcelona; la del Consejo Superior de Investigaciones Científicas (Ma-

Sala de Goya. Museo del Prado. Madrid

drid), la del Palacio Real (Madrid), las de los monasterios de El Escorial (Madrid) y de Ripoll (Gerona), la de la abadía de Silos (Burgos), las universitarias y algunas provinciales y locales. Funcionan en Madrid una Hemeroteca Nacional y la Hemeroteca Municipal, sostenida por el Ayuntamiento, que posee una gran riqueza histórica en publicaciones periódicas. El número de bibliotecas, en 1974, ascendía a 3.773. La población servida fue de 25.548.340 personas, y el número de volúmenes, 23.968.372 entre libros y publicaciones periódicas.

C) *Museos.* Son museos españoles notables: en Madrid, el Museo Nacional de Pintura o del Prado, una de las mejores pinacotecas del mundo; el de Pintura, de la Academia de San Fernando; el Museo-panteón de Goya (San Antonio de la Florida); el Museo Sorolla, con obras de este pintor valenciano; el de Arte Moderno, dividido, en 1951, en dos: Museo de Arte del Siglo XIX y Museo de Arte Contemporáneo; el Museo Lázaro Galdiano, constituido con el fondo de obras de arte donadas por este prócer; el de Artes Decorativas; el de Reproducciones Artísticas, el Museo del Pueblo Español, la Armería Real (Palacio Nacional), el Museo Arqueológico Nacional, el Museo Cerralbo, interesante por sus colecciones prehistóricas; el de Valencia de Don Juan, el

Biblioteca Nacional. Madrid

del Instituto Geológico y Minero de España, el Etnográfico, el Museo Romántico, el del Ejército, el Naval, el Museo Municipal, el Nacional de Ciencias Naturales, el del Palacete de la Quinta, como museo de papeles pintados, y el del Palacio de El Pardo. El Permanente de la Caza, instalado en el Palacio de Riofrío. En Barcelona: el Museo de Bellas Artes de Cataluña (Palacio Nacional), el Arqueológico y el de Artes Populares Industriales (Pueblo Español), todos en Montjuich, dependientes de la Junta de Museos; el Museo de la Ciudad y el

Vista parcial del Museo Español de Arte Contemporáneo. Madrid

Marítimo, el de Arte Moderno y el Diocesano, el Museo Martorell, de Historia Natural; el Geológico, del Seminario Conciliar, el Paleontológico y el Picasso. Dependen asimismo de la mencionada Junta de Museos, los de Cau Ferrat y Mar i Cel, en Sitges, y el Museo y Biblioteca Balaguer, en Villanueva y Geltrú. Merecen citarse, en otras localidades españolas, los siguientes: los Museos de Bellas Artes de Valencia y de Sevilla, los Arqueológicos de Mérida (Badajoz), Numantino y Celtibérico (So-

caballerescos; la *pelota*, en sus variadas modalidades, que tiene su mejor exponente en el País Vasco; el *lanzamiento de la barra*, de múltiples formas y estilos; las diversas modalidades del *juego de bolos*, etc., y en el País Vasco también, otros no menos viriles, estéticos y utilitarios, como el arrastre o levantamiento de piedras o cargas, cortado o aserrado de troncos, pruebas en competencia de segadores, regatas de remo en traineras, etc., ejercicios todos que integran el complejo conjunto del atletismo rural vasco, cuya estructura y significación social han maravillado a muchos extranjeros al encontrarse con el descubrimiento de una organización muy anterior a los modernos juegos atléticos y deportes. Lástima que el espíritu de estas pruebas no sea desinteresado, sino de sabor profesional y provocado por desafíos, que le restan parte de su deportiva e ideal pureza. Los deportes exóticos empezaron a introducirse en España a fines del siglo pasado, sirviendo de vehículo los extranjeros, particularmente británicos (marinos de buques mercantes o de guerra o gente establecida en

Momento de un campeonato nacional de bolos. Santander

Pomar (blancas) y el noruego Johannessen jugando en la XV Olimpiada de Varna (Bulgaria) o Torneo de las Naciones (1962)

ria) y de Sagunto (Valencia), el Diocesano, de Vich (Barcelona); el Museo de Arte Abstracto Español, en Cuenca; el Museo del Greco y el de las Parroquias (San Vicente), en Toledo; la Casa de Cervantes y el Museo Nacional de Escultura, en Valladolid; el Dalí, en Figueras (Gerona), y el Paleocristiano, en Tarragona. Son también interesantes: el Museo Geológico, Físico y de Historia Natural, de Gerona; las colecciones etnográficas y prehistóricas vascas, de los Museos de Bilbao y San Sebastián; el Museo de Historia Natural y Antigüedades de la Cartuja de Granada; los de los Institutos de Enseñanza Media de Orense, Pamplona, Teruel y Zaragoza; el Museo de Hidrobiología Española, y la Colección Paleontológica Botet, de Valencia. Hay además numerosos museos diocesanos, universitarios y locales diseminados por todo el país.

D) *Deportes*. Antes de la incontenible irrupción de juegos exóticos que de un siglo a esta parte han invadido nuestra nación, tenía España deportes, si no autóctonos, que es cosa rara y casi siempre de imposible demostración, sí, en cierto modo, *propios*, por las características que la raza y el medio ambiente durante siglos les han impreso. Son la *esgrima*, la *hípica* y la *caza*, derivación de los antiguos ejercicios

Cortadores de troncos (aizkolaris), en el País Vasco

Equipo de baloncesto del Real Madrid, en la entrega de la Copa de Campeones de Liga (1978-79)

sin la rígida reglamentación ni la brillante organización espectacular que han tenido después. En *ajedrez*, se celebra anualmente un campeonato nacional. Destacan los nombres de Golmayo, el doctor Rey, Medina, Fuentes, Pomar, Saborido Torán, Díez del Corral, Bellón, Visier y Sanz. El *atletismo*, base de todos los deportes, con la protección oficial que va recibiendo, acusa un progreso más rápido que antes, siendo la mejora de las marcas y el aumento constante del número de practicantes la más notable demostración de su pujanza. Internacionalmente han destacado, en los últimos tiempos, los atletas: Mendizábal, Juanito Muguerza, Andía, Oyarbide, Peña, Miranda, Baldomá, Coll, Amorós, Aguilar, Barris,

Dun Dun Pacheco (derecha) y Perico Fernández

Aritmendi, etc., y más recientemente, Sánchez Paraíso, Morera, Sola, Falcón, Blanquer, Fernández Gaytán, Areta, Carmen Valero, Josefina Salgado, etc. Atención especial merece el atleta Mariano Haro, que entre sus numerosos triunfos, obtuvo un cuarto y sexto puesto en la prueba de los 10.000 m. lisos, en las Olimpiadas de Munich (1972) y Montreal (1976), respectivamente. En *baloncesto*, el Real Madrid cosecha éxitos, tanto en España como en Europa. En *billar*, Burtrón, Domingo, Ventura, García, Bofill, Gálvez, Ricardo Fernández, etcétera, han ganado algunos campeonatos mundiales. El *boxeo* profesional cuenta entre sus figuras con el famoso Paulino Uzcudun, Isidoro Ara, Gironés, Martínez de Alfara, Sangchili, Bueno, Hilario Martínez, Arciniega, Romero, Ferrand, Fred Galiana, Young Martín, Folledo, Ben Alí, Legrá, Carrasco y Senín. Nombres representativos de actualidad son Perico Fernández, José Durán, Miguel Velázquez, Urtain, Toni Ortiz, Gitano Jiménez, Bob Allotey y Gómez Fouz. En el campo aficionado merecen ser mencionados Rodríguez Cal, medalla de bronce en Munich (1972); J. F. Rodríguez, campeón europeo en Madrid (1971); Sánchez Escudero y Vicente Rodríguez. En *ciclismo*, la prueba que más interés despierta es

Mariano Haro (núm. 240), en los Juegos olímpicos de Montreal (1976)

nuestro país), y también los jóvenes españoles que ampliaban estudios en el extranjero. El primero en hacer su aparición parece que fue el *fútbol*, hacia 1878, aunque no surgió un club organizado hasta 1890. Y después los demás: biciclismo, tenis, ciclismo, natación, atletismo, hípica y, en fin, todos los que figuran en el cuadro sinóptico expuesto en el artículo *deportes*, aunque bastantes de ellos se practicaban ya

España

Vista aérea de los estadios Santiago Bernabéu y Vicente Calderón, campos del Real Madrid y Atlético de Madrid, respectivamente

la Vuelta Ciclista a España, que se celebra desde 1935. Otras competiciones de gran importancia son: Vuelta Ciclista a Cataluña, Vuelta Ciclista a Levante, Vuelta Ciclista a Andalucía, Campeonato de España de Ciclismo y Campeonato de España de Velocidad. Han destacado como figuras principales: Luciano y Ricardo Montero, Langarica, Cañardó, V. Trueba, Berrendero, Esquerra, Janer, B. Ruiz, Alomar, Suárez, Iturat, Jiménez, Otaño, Soler, Pérez Francés, Botella, Pacheco, Trovat, Serra, Ferraz, Miguel Poblet, Loroño y Baha-

Federico Martín Bahamontes, el día de su triunfo en la Vuelta a Francia (julio de 1959)

montes, proclamados varias veces reyes de la montaña en la Vuelta Ciclista a Francia, y el último, ganador de la misma en 1959; Miguel María Lasa, López Carril, Mariano Díaz, Gandarias, Ocaña, ganador de la Vuelta Ciclista a Francia en 1973; González Linares, José Manuel Fuente, Tamames y Pesarrodona. Guillermo Timoner conquistó por seis veces el campeonato del mundo en medio fondo tras moto. En el campo aficionado, merecen ser destacados: Antonio Cerdá, tercero en el mundial tras moto (1970); José Luis Viejo, tercero en los mundiales de Mendrisio (1971); Huélamo, tercero en Munich (1972); M. Espinos, medalla de bronce en Montreal (1974), y Martínez Heredia, vencedor del *Tour* del Porvenir (1974). En *ciclo-cross*, han destacado A. Barrutia, Talamillo y Basualdo, subcampeón mundial (1970). El *deporte aéreo* está representado por el capitán Castaño, campeón mundial de acrobacia aérea en Bilbao (1964); A. Aspeitia, F. Álvarez y Alfonso Sánchez. En cuanto a la *espeleología*, se ha introducido en España el nuevo deporte de la exploración de cavernas, siendo los más entusiastas y cultivadores Monturiol, Llopis Lladó, Jesús Elósegui, R. Ondarra, F. Ruiz de Arcaute, Emilio Reyes, etc. El *esquí*, en la modalidad de *slalom* especial, está representado internacionalmente por Francisco Fernández Ochoa, medalla de oro olímpica en Sapporo (1972) y medalla de bronce en los campeonatos del mundo de Saint-Moritz (1974); Aurelio García y Conchita Puig. En *fútbol*, se creó en Huelva el primer club organizado en 1890. En los primeros clubs, con los españoles, alternaron jugadores ingleses de las colonias residentes, pero pronto arraiga y se nacionaliza, eliminando los concursos extranjeros. Los grandes éxitos españoles, comenzados en los Juegos olímpicos de Amberes (1920), y continuados hasta el presente con otros períodos no tan brillantes, han convertido al fútbol en el deporte más popular. No contentos con los ases del fútbol nacional, se recurre a la importación de futbolistas extranjeros, aunque con ciertas limitaciones, Kubala, Puskas, Di Stéfano, Santamaría, Evaristo, Vavá, Rial, Waldo, Muller, Re, Walter, Seminario, Kocsis (ya inactivos), Cruyff, Neeskens, Breitner, Arrúa, Kempes, Diarte, Pereira, Leivinha, etc., han sido las principales figuras con que algunos clubs fuertes han venido reforzando sus equipos. Las figuras nacionales señeras en esta especialidad han sido, entre otras: J. M. Belausteguigoitia, *Pichichi*, Massana, Arabaolaza, Arrate, Errazquin, René, Armet, Alcántara, Zamora, Meana, Samitier, Acedo, Vallana, Gamborena, Agustín Eizaguirre y su hijo Ignacio, Echeveste, Regueiro, J. M. Peña, Carmelo, Quincoces, Zu-

Francisco Fernández Ochoa, en una prueba de *slalom*

bieta, Zarra, Gaínza, Basora, Gonzalvo, César, Ramallets, Garay, Maguregui, Gento, Suárez, Del Sol, Peiró, Collar, Araquistáin, Arieta, Rivilla, Amancio, etc., y en la actualidad: Iríbar, Pirri, Benito, Camacho, Capón, Migueli, Asensi, Quini, Rojo I, etc. Su auge supera con mucho a la tradicional afición a los toros, que en el año 1975 contaba con 350 plazas. La Liga y la Copa son las principales competiciones, además de los diversos torneos regionales y trofeos. Los mejores estadios futbolísticos son los del Real Madrid y Atlético de Madrid, ambos en la capital, y el del Club de Fútbol Barcelona, en esta ciudad. En *gimnasia*, España perdió su mejor figura con la muerte de Joaquín Blume; ahora despuntan E. Artamendi, M. R. Balaguer, Ugarte, Ruiz, Ginés,

Pirri y García Remón, en el acto de entrega de la Copa de Campeones de Liga (1978-79)

Llorens, Sandoval y Pepita Sánchez. En el séptimo campeonato del mundo de gimnasia rítmica deportiva, celebrado en Madrid (1976), merece ser destacada la actuación de María Jesús Alegre. En *golf*, tenemos excelentes profesionales, como son Ángel y Sebastián Miguel, Ramón de la Sota, Gallardo, Román Tayá, Barrios, Garrido, Piñero y Ballesteros, los dos últimos vencedores de la Copa del Mundo en Palm Springs (1976). La pareja Ballesteros-Garrido revalidó este título en Manila (1977). En *hípica*, el deporte de más éxitos internacionales, se han distinguido extraordinariamente el marqués de Trujillos,

ción internacional, la Federación Española de Atletismo suprimió esta modalidad en 1963. Los grandes palancaris han sido G. Lizarda, B. Esnaola, Sacristán de Aguinaga, A. de Urigüen, Errauzquin, Aguirre, J. A. Iguarán y M. Clavero. En *montañismo*, los alpinistas españoles han triunfado en los cinco continentes. El Club Alpino Español envió una expedición que efectuó varias ascensiones en los Andes, a alturas entre 4.000 y 6.000 m., y conquistó el Aconcagua (6.999,70 m.). El intento final lo efectuaron tres escaladores, el 13 de febrero

Goyoaga montando a Cara Trapo

García Fernández y Navarro, que conquistaron una medalla de oro en Amberes (1928); Gavilán y García Cruz, que en equipo con el anterior citado, consiguieron una medalla de plata en Londres (1948); Nogueras, Figueroa, Ordovás, Goyoaga, López del Hierro, Álvarez de Bohórquez, el duque de Alburquerque, Queipo de Llano, Alfonso Segovia, el duque de Aveyro, Amorós, Martínez de Vallejo, Fernando Lazcano, Rosillo y Rivera. En *hockey sobre hierba*, la selección española consiguió un segundo puesto en la primera Copa del Mundo, celebrada en Barcelona (1971), y un quinto puesto en la segunda, celebrada en Amsterdam (1973). En *hockey sobre patines*, se han ganado los campeonatos del mundo celebrados en Barcelona (1951, 1954 y 1964), Milán (1955), São Paulo (1966), San Juan (1970), La Coruña (1972) y Oviedo (1976). El *lanzamiento de la barra* ha perdido su tradicional afición. La Federación Española suprimió esta prueba del programa de los campeonatos nacionales en 1956. Surgió entonces la jabalina española, aplicando la mecánica del lanzamiento de la barra, pero no teniendo proyec-

Ángel Nieto preparándose para una prueba

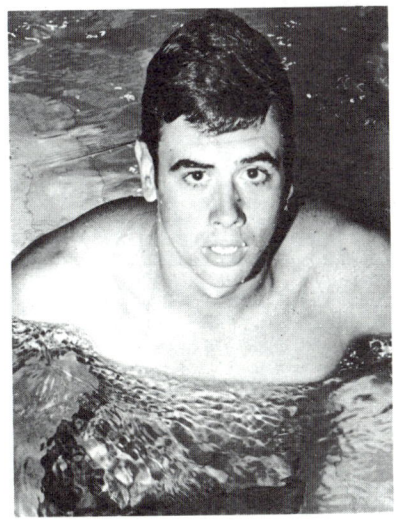

del año 1965; pero sólo llegó a la cima Antonio Riaño. El mal tiempo perturbó la empresa y el vencedor sufrió principio de congelación en ambos pies. La escalada a la cara norte del Eiger fue realizada por Anglada y Pons (1964) y por Romero y Pérez de Tudela (1969). Este último, junto con Herrero, conquistó el Aconcagua (1971) y, en solitario, el McKinley (1972), situándose en el grupo de los alpinistas

Juan Fortuny, campeón de España de natación en diversas modalidades durante varios años

más destacados del mundo. Una expedición dirigida por José María Monfort, en el año 1973, conquistó el Tirich Mir (7.707 m.). Anglada, Pons y Civis coronaron la cumbre este del Anapurna (8.026 m.), en 1974. Este techo fue superado por la expedición dirigida por José María Monfort, en 1976, con la conquista del Makalu (8.481 m.), la más alta cima conseguida por el montañismo español. Aparte de

Antonio Riaño, alpinista español

María Paz Corominas

los nombres mencionados, han destacado en este deporte: Bandrés, Sopeña, Espinosa, Ojanguren, Tiana, Teógenes Díaz, Antonio Moreno, Lorente, Rosen, Uriarte, Villar, Gallardo, etc. El *motociclismo*, internacionalmente, comenzó su historia con Ángel Nieto al proclamarse campeón del mundo en la categoría de cincuenta centímetros cúbicos en 1969, triunfo que revalidó en 1970, 1972, 1975, 1976 y 1977. El mismo corredor se proclamó también campeón del mundo en la categoría de ciento veinticinco centímetros cúbicos en 1971, 1972 y 1979. Otros nombres a destacar son: B. Grau, V. Palomo, J. A. Mendívil y J. Capapey, los dos últimos en la especialidad de motocross. En *natación*, sin alcanzar la altura de las grandes potencias, existe una constante superación de marcas. Cuadrada, Berdemás, Ruiz Villar, Manolo Martínez, Sabata, Brull, Lepage, Pinillo, Artigas, Sapes, Garamendi, Moral, Queralt, Guerra, Ferry, E. y J. Granados, Torres, Fortuny, Navarro, Espinosa, etc., entre el elemento masculino, y C. y E. Soriano, Aumacellas, Bernet, M. González, M. L. Vigo, Torrens, M. A. Martínez, Azpelicueta, P. Martín, las Pulido, Ballester, Castañé, etc., entre el femenino, han sido figuras destacables. Entre las actuales figuran S. Esteva, J. Comas, A. Lang-Lenton, P. Balcells y D. López-Zubero, en natación masculina, y M. P. Corominas, N. Panadell y M. Armengol, en natación femenina. En *patinaje*, merece ser mencionada en la modalidad artística Cionín Villagrá, que ha conseguido, entre otros triunfos, el campeonato de Europa, celebrado en Bruselas (1971), pequeña Copa del mundo (1972) y subcampeonato mundial, en La Coruña (1974). En *pelota*, los aficionados, en cuanto destacan, pasan generalmente a profesionales. Son muchas las modalidades de este juego y bastantes en

Luciano Juaristi Alberdi, Atano X, conquista en 1966 la chapela de campeón nacional de pelota a mano

España

número los campeones; merecen una mención Irún, Irigoyen, la dinastía de los Salsamendi, Ábrego, etc. (en remonte); Chiquito de Éibar, Chimela, Uriarte, Orbea, Goyogana, Arrasate, Churruca, los hermanos Mirapeix, Rodríguez, Pedragosa, Ortego, etc. (a cesta punta); Chiquito de Azcoitia, Mondragonés, Atano III, Gallástegui, Acarregui, los hermanos Arriarán, los hermanos García Ariño, Barberito, Cortabitarte, Ogueta, Azcárate, Atano X, Retegui, Del Pozo, Ansola, Guerediaga, Lajos, Alberdi, etc. (a mano); Chiquito de Abando, la dinastía de los Begoñeses, Chiquito de Gallarta, Pasay, Abásolo, Félix Izaguirre, Solozábal, Oroz I, Oroz III, Alsúa I, Anzizu, Reyzábal, Esparza, etcétera (a pala). En 1952 se celebraron en San Sebastián los primeros campeonatos del mundo, que ganó España, no sin dificultades, a causa de la brillante oposición encontrada en los pelotaris de otras naciones. Posteriormente se celebraron en Montevideo (1955), Biarritz-Hossegor (1958), Pamplona (1962), Montevideo (1966), San Sebastián (1970), Montevideo (1974) y Biarritz (1978). La actuación española en el séptimo campeonato mundial (1974), conquistó dos valiosos triunfos. Alberdi se proclamó campeón en mano individual, y Retegui, Del Pozo, Ansola y Guerediaga, consiguieron igualmente el campeonato, en la modalidad de mano por parejas. La *pesca submarina* tiene fervientes devotos, que han conseguido varios campeonatos del mundo. En el campeonato mundial de 1973, celebrado en Cadaqués, Amengual se proclamó campeón mundial individual, y por equipos, se consiguió el título por tercera vez.

Orantes, Santana, Gisbert y Arilla (de izquierda a derecha), equipo de la copa Davis (diciembre de 1967)

José Noguera, subcampeón mundial de pesca submarina, captura un mero a 26 m. de profundidad (Almería, 1961)

Otras figuras de este deporte son Noguera, Martín, Gomis, etc. En *piragüismo*, Celorrio, López Díaz Flor, Menéndez y Misioné, representantes españoles en la Olimpiada de Montreal (1976), conquistaron la medalla de plata en la modalidad K-4 1.000 m. El *tenis* ha tenido exponentes notables en Pepe y Manolo Alonso, el conde de Gomar, Flaquer, Mayer, Masip, Bartoli, Santana, triunfador del Roland Garros (1961 y 1964), del Forest Hills (1965) y en Wimbledon (1966); Gimeno, vencedor del Roland Garros (1972); L. y A. Arilla, Couder, Gisbert, Orantes, ganador del Forest Hills (1975); Muñoz, Herrera, Vilas, Higueras y Moreno. Entre mujeres, Pepa Chávarri, María J. de la Riba, la inolvidable Lilí Álvarez y M. C. Hernández Coronado. En *tiro con arco*, en 1976, ostentaban el récord nacional E. Ramos (en 90 y 70 m.) y L. Culi en (50 y 30 m.). En *tiro olímpico*, J. L. del Villar, Galán, L. del Cerro Forn, A. León Gonzalo, J. González Chas, J. Chas, J. Seguí Picornell, E. Azkue Larrañaga y J. de Ávalos. En *tiro al pichón*, han destacado el conde de Teba, P. Roel, campeón mundial en el año 1964; Cores, Sarasqueta, Morali, Elorduy, Roca y Vizcaya. Los tres últimos formaron el conjunto que ganó el campeonato mundial por equipos en Argentina (1973) y Oporto (1974). En *vela*, durante los últimos años, se ha conseguido el mayor número de títulos mundiales del deporte nacional. Sus figuras representativas son: Tomás Estela, en la clase «Optimis»; Abascal y López-Alonso, en «Vaurient»; Gancedo, Bernal y Parga, en «Snipe», y Albalat, Gorostegui y Pedro Millet en «470». Los dos últimos conquistaron una medalla de plata en la Olimpiada de Montreal (1976), en su especialidad. El deporte español ha alcanzado categoría internacional, como lo demuestran los numerosos campeonatos mundiales y europeos celebrados en nuestro país y los triunfos cosechados por nuestros deportistas. Las actividades deportivas están articuladas, en todo el ámbito nacional, mediante la agrupación de sociedades en federaciones regionales, y éstas en una federación nacional para cada especialidad. Al Consejo Superior de Deportes y al Comité Olímpico Español, les incumbe la dirección y estímulo de la vida deportiva, que se nutre

Manolo Santana recibe de la duquesa de Kent el trofeo de Wimbledon (1966)

económicamente de las quinielas y de exacciones que gravan al deporte profesional y los espectáculos deportivos (fútbol, pelota, hipismo, atletismo rural vasco, etc.), con cuyo producto se subvencionan los deportes pobres o de *aficionados*.

Ingresos y gastos en 1976 y 1977 (en millones de pesetas)

Detalle	1976	1977
Ingresos:		
Patronato de Apuestas Mutuas Deportivo Benéficas	4.745,9	5.370,1
Presupuesto del Estado	465	455
Otros ingresos	95	152
Totales	5.306,3	5.977,1
Gastos:		
Instalaciones	1.846,7	1.810
Actividades	2.986,9	3.471,4
Administración, conservación y sostenimiento	472,7	695,7
Totales	5.306,3	5.977,1

Existen unos 3.230 campos de fútbol, 3.245 de baloncesto, 2.073 de tenis, 2.340 frontones y 708 boleras. Son particularmente importantes para el deporte nacional las llamadas *ciudades deportivas*, dotadas de estadio, pistas, campos de fútbol, terrenos de tenis, canchas de baloncesto, gimnasio, frontones, etc. Algunas ciudades tienen, además, palacios de deportes, para practicar en ellos pruebas cuyas realizaciones al aire libre resultaría difícil en invierno. La Dirección General de la Juventud y el mencionado Consejo Superior de Deportes protegen el deporte en todos sus aspectos, edificando estadios, piscinas, albergues de montaña, etc. Entre sus empresas más importantes figuran los campamentos de verano y las marchas por etapas.

E) *Información.* a) *Prensa.* La prensa editada en 1974 fue la siguiente:

Frecuencia de aparición	Títulos	Tirada — Miles de ejemplares
Periódicos de información general		
Cuatro o más veces por semana	115	3.396
Dos o tres veces por semana	5	35
Una vez por semana	91	2.984
Con menor frecuencia	37	1.099
Totales	248	7.514
Otras publicaciones periódicas		
Cuatro o más veces por semana	51	538
De una a tres veces por semana	564	8.456
Dos o tres veces al mes	291	4.058
De ocho a doce veces al año	2.046	18.737
Cinco a siete veces al año	628	3.928
De dos a cuatro veces al año	980	4.484
Una vez al año o con intervalos mayores	211	1.807
A intervalos irregulares	171	1.124
Totales	4.942	43.132

b) *Libro.* De acuerdo con la clasificación de la U. N. E. S. C. O., las publicaciones puestas en circulación por la industria editorial española (1972-75) fueron las siguientes:

Materias	1972	1973	1974	1975
Generalidades	802	2.307	2.442	2.921
Filosofía, psicología	542	986	867	973
Religión, teología	1.235	1.376	1.411	1.336
Sociología, estadística	410	346	475	295
Ciencias políticas, economía política	601	575	686	766
Derecho, administración pública, previsión, asistencia social, seguros	1.140	809	898	760
Arte y ciencia militar	33	25	49	50
Enseñanza, educación	656	2.291	2.867	3.550
Comercio, comunicaciones, transportes	145	70	58	51
Etnografía, usos y costumbres, folklore	57	57	81	117
Lingüística, filología	830	545	630	386
Matemáticas	374	342	270	136
Ciencias naturales	694	672	941	796
Ciencias médicas, higiene pública	887	855	884	676
Ingeniería, tecnología, industria, artes y oficios	1.139	1.028	1.031	768
Agricultura, silvicultura, caza y pesca	225	154	181	250
Economía doméstica	91	115	106	194
Organización, administración y técnica del comercio, comunicaciones, transportes	232	160	293	191
Urbanismo, arquitectura, artes plásticas, oficios artísticos, fotografía, música, filme, cinematografía, teatro, radio, televisión	783	841	994	712
Recreos, pasatiempos, juegos, deportes	314	325	279	328
Literatura	7.883	7.461	6.613	6.459
Geografía, viajes	438	326	303	215
Historia, biografía	1.347	1.942	1.726	1.715
Totales	20.858	23.608	24.085	23.645

c) *Radiodifusión.* La radio comenzó a funcionar en España entre 1920 y 1921, con carácter experimental. A partir de la II República el Estado comenzó a ejercer un control sobre la radio. La red de emisoras de Radio Nacional estaba integrada, en 1975, por 19 emisoras de onda media, 2 de onda corta y 58 de frecuencia modulada, entre las del segundo y tercer programa. La duración total de las emisiones alcanzó 556.611 horas anuales. Las emisoras privadas se cifraban, en la misma fecha, en 190, con una emisión de 1.142.009 horas anuales. Estas emisoras están agrupadas, principalmente, en dos cadenas: la S. E. R. (Sociedad Española de Radiodifusión) y la R. E. M. (Red de Emisoras del Movimiento, en la actualidad suprimida). Entre las realizaciones más importantes llevadas a cabo por el antiguo Ministerio de Información y Turismo en los últimos años (este Departamento gubernamental fue creado en 1951 y suprimido en 1977), hay que destacar la inauguración del Centro Emisor del Sudeste (1965) en el municipio de Torres de Cotillas. El 20 de julio de 1971 se inauguró el Centro Emisor de Onda Corta de Noblejas (Toledo), en el que el Ministerio invirtió 500 millones de pesetas, empleando en su montaje las últimas técnicas electrónicas y radioeléctricas. Las áreas geográficas de radiación de este Centro abarcan: América del Sur, América Central, gran parte de América del Norte, parte de Europa occidental, los países de Europa oriental, Asia, Oceanía y la parte occidental del continente africano.

d) *Televisión.* En España la televisión se inició con carácter de ensayo en 1952. El 28 de octubre de 1956 se inauguró en Madrid la primera emisora, y en 1959 la emisora de Barcelona. En la actualidad la televisión cubre la totalidad de las provincias españolas. La red española está conectada con la Eurovisión a través de diversos enlaces, el primero de los cuales fue el de San Grau (Tossa, Gerona), inaugurado en 1960, y con la marroquí por medio de la estación de Sierra de Lújar. Desde

Placa conmemorativa de la EA J-I, primera emisora de radiodifusión de España, instalada en el monte Tibidabo. Barcelona

Casa de la Radio y Edificio de Televisión Española. Prado del Rey. Madrid

Teatro Real. Madrid

1965 se emite un segundo programa. La duración de las emisiones, en 1975, fue de 5.348 horas.

e) *Teatro.* El Ministerio patrocina una serie de teatros denominados nacionales y que se dedican preferentemente al arte clásico. La red de teatros nacionales comprende, en Madrid, el *Teatro Español,* el *María Guerrero,* el *Nacional de Cámara y Ensayo* y el de la *Zarzuela,* éste dedicado al género lírico; en Barcelona, el *Ángel Guimerá,* y en Valencia, el de la *Princesa.* Dentro del orden lírico hay que destacar el Gran Teatro del Liceo, de Barcelona, cuyas temporadas de ópera constituyen siempre un acontecimiento de primera magnitud. Madrid cuenta con dos importantes salas de conciertos: el Teatro Real, reinaugurado en 1966, y el Auditórium del Palacio de Congresos y Exposiciones.

f) *Cinematografía.* La evolución numérica de la producción de películas nacionales y coproducidas ha ido decreciendo paulatinamente en los últimos años. La cifra de 164 filmes, en 1966, no se ha vuelto a superar.

Evolución de la realización de películas (1972-75)

Años	Nacionales	Coproducciones	Total
1972	55	49	104
1973	73	39	112
1974	80	35	115
1975	85	17	102

Durante el año 1975 había censados en España 8.613 cinematógrafos, de los que se encontraban en funcionamiento 5.178. De las 4.035 películas que se exhibieron en 1975, 1.512 eran nacionales y 2.523 extranjeras. La recaudación fue de 10.218 millones de pesetas y el número de espectadores de 263 millones. (V. **cinematografía**.)

7. *Trabajo.* Los problemas sociales constituyen una honda preocupación del Estado español: su legislación laboral y las instituciones que a su amparo funcionan lo confirman plenamente:

A) *Legislación social.* Desde el punto de vista histórico, la primera fecha importante, en orden a la acción social del Estado, es la de 1883, en que se creó una Comisión encargada de regular las relaciones entre el capital y el trabajo, que en 1903 se convirtió en el *Instituto de Reformas Sociales.* El año 1908 se estableció el *Instituto Nacional de Previsión,* órgano oficial y autónomo, al que se encomendaron los seguros sociales, que hasta 1919 fueron de tipo voluntario (v., más abajo, el apartado *Sanidad y Seguridad Social*). La Dictadura (1923-29) promulgó el primer Código español del trabajo. Durante la República se afianzaron las conquistas sociales de épocas anteriores y se promulgaron leyes importantes, como las del contrato de trabajo, de colocación obrera, de retiro obrero y otras. Las normas por las que se rige actualmente la organización del trabajo están inspiradas en la declaración XIII del llamado *Fuero del Trabajo,* que es una a manera de carta constitucional laboral. Posteriormente diversas leyes, decretos, etc., fueron introduciendo distintas mejoras que cristalizaron en la Ley de Relaciones Laborales de 8 de abril del año 1976. Esta ley constituye un propósito de actualización y perfeccionamiento de aspectos fundamentales de la normativa del trabajo. Como puntos fundamentales cabe destacar la equiparación de la capacidad de obrar de la mujer casada a la del varón. En la regulación del contrato de trabajo se parte de la estimación de su duración indefinida como regla general. Se introduce la jornada de cuarenta y cuatro horas de trabajo. El descanso semanal se fija en un mínimo de treinta y seis horas semanales ininterrumpidas, y con carácter general, salvo excepciones, durante la tarde del sábado y la jornada completa del domingo. Se consagra el salario mínimo y su revisión periódica anual, y se introduce la posibilidad de una segunda revisión en función del incremento del coste de la vida, a los seis meses de la anterior modificación. Se crea el Fondo Nacional Interempresarial de Garantía Salarial, que con una razonable aportación de las empresas, evitará la falta de cobro de los salarios en situaciones de insolvencia producidas por las crisis económicas en perjuicio de los trabajadores. La edad mínima de admisión al trabajo se fija en los dieciséis años cumplidos. Quizá el artículo más importante era el 35, en que se regulaban los distintos supuestos de despido, arbitrándose medidas que suponían para el trabajador una sólida protección. Este artículo fue modificado por el Decreto-Ley de 4 de marzo del año 1977, sobre relaciones de trabajo, en el que se afirma el carácter causal que debe tener el despido, y se señalan dos tipos fundamentales para que se produzca el mismo: el de carácter disciplinario y el derivado de la capacidad profesional del trabajador o de necesidades de funcionamiento de la empresa. Punto fundamental del citado Decreto-Ley fue el reconocimiento del derecho de huelga.

B) *Inspecciones y Justicia del Trabajo.* Del Ministerio de Trabajo, máxima jerarquía oficial del ramo, dependen las *Delegaciones,* las *Inspecciones* y la *Magistratura de Trabajo.* Los órganos superiores a las Magistraturas en las cuestiones jurisdiccionales de trabajo son el Tribunal Central de Trabajo y la sala de lo social del Tribunal Supremo de Justicia.

C) *Asociacionismo sindical.* Terminada la guerra civil, la Ley de Unidad Sindical de 26 de enero de 1940 y la Ley de Bases de la Organización Sindical de diciembre del mismo año dieron expresión concreta a los principios contenidos en el Fuero del Trabajo, que había sido promulgado el 9 de marzo de 1938. La Ley Orgánica del Estado (10 de enero de 1967), al dar una nueva redacción a la exposición de motivos y a varias declaraciones del Fuero del Trabajo de 1938, abría de modo inmediato el proceso de elaboración de una nueva Ley Sindical, aprobada por las Cortes el 16 de febrero de 1971, con el título de *Ley Sindical. Ley de Convenios Colectivos Sindicales.*

Magistratura del Trabajo. Madrid

Sin embargo, como consecuencia de la Ley para la Reforma Política y del deseo del Gobierno de adaptar nuestra normativa laboral a la del resto de los países acogidos a la Organización Internacional del Trabajo, se subscribieron en abril de 1977 dos importantes convenios sobre libertad sindical y derecho de sindicación. En marzo habían aprobado las Cortes la nueva Ley Reguladora del Derecho de Asociación Sindical. Como consecuencia, las Centrales Sindicales, ya legalizadas, comenzaron a protagonizar, cada día más, la nueva vida obrera del país. Esto se ha puesto de relieve con motivo de las elecciones sindicales que se llevaron a cabo en toda España (1977-1978). Aun con los condicionamientos provisionales motivados por la espera de la aprobación por las Cortes de la Ley de Acción Sindical, que se comenzó a debatir el 25 de abril de 1978 por la Comisión de Trabajo del Congreso, los representantes de los trabajadores, elegidos por éstos, forman el denominado Comité de Empresa, encargado del diálogo con la Dirección de la Empresa, en todos los

Residencia de ancianos Francisco Franco. Colmenar Viejo (Madrid)

Hospital Clínico. Madrid

asuntos que puedan afectar a las relaciones patrono-obrero. En octubre de 1979 comenzaron en el Congreso los debates para la aprobación del nuevo Estatuto del Trabajador. Las principales Centrales Sindicales son Comisiones Obreras (CC. OO.) y Unión General de Trabajadores (U. G. T.). También ELA-STV (Solidaridad de Trabajadores Vascos), U. S. O. (Unión Sindical Obrera), S. U. (Sindicato Unitario), C. S. U. T. (Confederación de Sindicatos Unitarios de Trabajadores), S. T. C. (Solidaridad de Trabajadores Catalanes), C. N. T. (Confederación Nacional del Trabajo), C. G. T. (Confederación General de Trabajadores), etcétera. En las elecciones a las que antes se ha aludido, obtuvieron el mayor número de representantes CC. OO. y U. G. T., en este orden.

8. *Sanidad y Seguridad Social.* Este nuevo departamento ministerial ha asumido las competencias de su nombre, pertenecientes antes a los ministerios de Trabajo e Interior (antiguo Gobernación).

Seguridad social. Por Decreto de 21 de abril de 1966 se aprobó la Ley de Bases de la Seguridad Social, modificada por la Ley de Financiación y Perfeccionamiento de la Seguridad Social de 21 de junio de 1972. A través de la Seguridad Social, el Estado español ha garantizado a las personas que por razón de sus actividades están comprendidas en su campo de aplicación y a los familiares o asimilados que tuvieran a su cargo, protección adecuada en las contingencias y situaciones que en dicha Ley se definen y la progresiva elevación de su nivel de vida en los órdenes sanitario, económico y cultural. Están comprendidos en el sistema de la Seguridad Social todos los españoles, cualesquiera que sean su sexo, estado civil y profesión, que residan y ejerzan normalmente su actividad en territorio nacional. Atenderá a la consecución de sus fines a través de un *Régimen General* y de los *Regímenes Especiales* para aquellas actividades profesionales en que por su naturaleza, sus peculiares condiciones de tiempo y lugar o por la índole de sus procesos se hiciesen precisas. Las entidades gestoras del *Régimen General* de la Seguridad Social son el antiguo Instituto Nacional de Previsión (que ha desaparecido, siendo substituido por el Instituto Nacional de la Seguridad Social, el Instituto Nacional de la Salud y el Instituto Nacional de Servicios Sociales) y las Mutualidades Laborales. De los *Regímenes Especiales* se encargan diversas entidades: Instituto Social de la Marina, Mutualidad del Seguro Escolar, etc. Entre los diversos servicios que presta la Seguridad Social, destaca la asistencia sanitaria, que cubre la enfermedad común y la profesional; las lesiones derivadas de accidente, sea éste laboral o no; el embarazo, el parto y el puerperio. A continuación se incluye un cuadro resumen de las principales contingencias de asistencia sanitaria de la Seguridad Social durante el trienio 1972-74:

Conceptos	1972	1973	1974
Ambulatorios:			
Establecimientos	506	529	623
Consultas	101.944	110.815	118.198
Curas	2.917	2.948	3.067
Inyecciones	20.816	22.111	23.650
Investigaciones especiales	976	893	889
Operaciones	1.623	1.655	1.697
Radioscopias	1.079	1.059	1.052
Radiografías	7.552	7.949	9.278
Residencias sanitarias y clínicas quirúrgicas concertadas:			
Establecimientos	448	482	496
Intervenciones quirúrgicas	1.128	1.169	1.275
Con internamiento	817	856	922
Sin internamiento	311	313	353
Estancias causadas	7.097	7.514	7.928
Personal sanitario:			
Médicos	34.482	35.689	41.809
Auxiliares Técnicos Sanitarios (A. T. S.)	10.173	10.450	10.481
Diplomados en Enfermería	18.438	19.690	23.215
Matronas	1.544	2.239	2.569
Auxiliares de clínica	9.864	18.054	20.610
Otros	325	376	555

Nota. Todas las cifras, excepto las de establecimientos y personal sanitario, están expresadas en miles.

Ciudad sanitaria La Paz, de la Seguridad Social. Madrid

9. *Comercio y Turismo.* Explicados ya en el apartado *Comercio* (v. más arriba el epígrafe *Geografía económica*) los aspectos más mercantiles de las competencias de este Ministerio, resta ahora hablar del turismo. Las bellezas naturales de España y sus riquezas artísticas promueven un movimiento turístico realmente importante, y que justifica el que en los últimos años se haya convertido en una de las actividades más rentables y en la fuente de divisas más importante de nuestra balanza de pagos. Durante el año 1975 llegaron a España 30.122.478 visitantes. Esta cifra supuso un descenso del 0,74 % respecto a 1974, año en el que se registró un descenso del 12 % en comparación con 1973. En el capítulo de ingresos, en 1975 se obtuvieron 3.400 millones de dólares, frente a 3.100 millones en 1976. Estos descensos no son sino exponente de la grave situación económica por la que atraviesa Europa, debida fundamentalmente a la crisis del petróleo. Se reafirma la tradicional concen-

España

Cala Mayor. Mallorca (Baleares)

Parador Nacional de Monte Perdido, en el valle de Pineta (Huesca)

tración durante el período estival (junio-septiembre), en el transcurso del cual visitó España el 64,19 % del total (1975), y dentro de este período, agosto constituye el mes punta del año (22,89 %). En cuanto a la procedencia del turismo que llega a España, el 92,32 % es de origen europeo. El porcentaje de participación de los principales países fue el siguiente: Francia, 34,1; R. F. A., 15,2; R. U., 11,5; Portugal, 12,7; países escandinavos, 0,87, etcétera. Entre los medios de transporte utilizados, destacan el automóvil (19.769.181) y el avión (8.720.446), y en menor escala el tren y el barco. En el cuadro siguiente figuran el número y capacidad de alojamiento de los establecimientos turísticos existentes en 1974:

Clases	Número	Capacidad de alojamiento
Hoteles y pensiones	9.364	732.922
Fondas	6.637	83.319
Casas de huéspedes	6.660	87.321
Campings	521	221.239
Apartamentos turísticos	52.556	190.913
Establecimientos del Estado	77	3.745

Historia. El territorio de la península ibérica tenía ya moradores en los comienzos del período cuaternario, y por su posición es, desde muy pronto, escenario de múltiples invasiones y tránsito de pueblos. Los restos humanos más antiguos pertenecen al llamado hombre de Neanderthal, al que sigue la raza de Cro-Magnon, que perdura bastante tiempo en la Península. Es notable en la cultura prehistórica española el arte pictórico que desarrollan dos escuelas muy características. En la transición a la época histórica aparecen los iberos, pueblo libio, procedente del Sur. Más tarde penetran los celtas, característicamente arios, y de la fusión de ambas inmigraciones surge una nueva raza, la celtíbera, dividida en varias tribus: cántabros, astures, galaicos, lusitanos y turdetanos, que dan nombre a sus respectivas comarcas. Atraído por las riquezas mineras llega a España el pueblo comercial de los fenicios, los cuales fundan distintas factorías a lo largo de la costa, sin penetrar en el interior, la más importante en Cádiz. Luego se establecieron en el país los griegos, creando varias poblaciones que fueron importantes centros culturales: Rosas, Ampurias, Denia y Sagunto. Llamados por los fenicios en su lucha contra los griegos, vinieron los cartagineses, los cuales, para resarcirse de las pérdidas en Sicilia, se apoderan, a las órdenes de Amílcar Barca, de la mayor parte de España. Roma suscita una cuestión de límites en defensa de las zonas de influencia griega, y Aníbal, hijo de Amílcar, ataca a Sagunto para romper con Roma (219 a. C.), y empieza en la Península la segunda guerra púnica, que decide la suerte del mundo en aquel momento. Vencedora

Bajorrelieve ibérico de Castiltierra. Museo Arqueológico. Córdoba

Roma, Publio Cornelio Escipión *el Africano* inicia la conquista de España, cuya dominación dura seis siglos. La Península quedó dividida en dos partes: España Citerior y España Ulterior. Más tarde, con el Imperio, se hicieron de ella tres provincias: Tarraconense, Lusitania y

Aspecto parcial del puerto deportivo de Llafranch (Palafrugell, Gerona)

Benidorm (Alicante). Vista general

Bética, a las que se agregaron después la Mauritania, la Tingitana (África septentrional), la Cartaginense y la Baleárica. En un principio, el régimen de gobierno romano estuvo representado por los pretores; después, por el proconsulado. Las exacciones de los primeros motivaron algunas rebeliones aisladas, entre ellas la de Indíbil y Mandonio, príncipes celtíberos que sacrificaron la vida por su independencia. Viriato promovió una sublevación contra los romanos, que, no pudiendo ser reducida por las armas, terminó con el asesinato del valeroso caudillo. Numancia, con su heroica resistencia, dejó escrita la más gloriosa página de este período. La guerra civil romana entre Sila y Mario repercute también en España, donde el general Quinto Sertorio, proscrito de la República, inicia un levantamiento contra ella, hasta que sucumbió bajo el puñal de Perpenna. Sometida completamente la Península por Augusto, se romaniza hasta tal punto que da escritores de la talla de los Séneca y Lucano, y emperadores tan ilustres como Trajano y Adriano. A la caída del Imperio romano, con las invasiones bárbaras del siglo V, penetran en España suevos, alanos y vándalos, que son vencidos por los visigodos, los más romanizados de los pueblos invasores. Ataúlfo, su primer rey, instala su corte en Barcelona. Entre los reyes visigodos destacaron: Eurico, que se hizo célebre por la promulgación de un Código; y Leovigildo, que trató de unificar la Península, cosa que logró su hijo, Recaredo I, convertido al catolicismo. El profundo sedimento de cultura latina hace de España el gran foco del saber de Occidente, con la figura cumbre de San Isidoro de Sevilla. Mas las discordias sucesorias del régimen acaban trayendo la invasión de los árabes, que en 711 vencen al último rey godo, don Rodrigo, en la batalla del lago de la *Janda*, conquistan rápidamente la Península e instauran la dominación árabe, que dura cerca de ocho siglos. En ella se registran tres períodos: el emirato, de 711 a 756; el califato, de 756 a 1031, y los reinos de taifas, de 1031 a 1492. Los cristianos refugiados en las montañas organizan núcleos de resistencia y comienzan la reconquista del país. Pelayo levantó la bandera de la Independencia en Asturias, derrotando a los musulmanes en la batalla de Covadonga (718). Su yerno, Alfonso I, llegó triunfante a Galicia y luego penetró en Portugal. A Alfonso III *el Magno* se debe la conquista de Zamora, entre otras varias. Castilla, hasta entonces condado, tomó título de reino en tiempo de Bermudo III de León, el cual casó

Monedas romanas, acuñadas en España. Museo Arqueológico Nacional. Madrid

Ruinas arqueológicas de Sagunto (Valencia). En primer término, restos del teatro romano

Naves cartaginesas y romanas, acuarela de R. Monleón. Museo Naval. Madrid

Página del Fuero Juzgo, de un manuscrito del s. XI. Biblioteca Nacional. Madrid

España

Aurelio, Fruela, Alfonso I, Favila, Pelayo, Rodrigo y Sancho, pinturas en el salón de embajadores del Alcázar de Sevilla

a su hermana Sancha con el infante Fernando, hijo de Sancho *el Mayor* de Navarra, mediante la condición de que los nuevos esposos ostentasen el título de reyes soberanos de Castilla. A la muerte de Bermudo se realiza la unión de los reinos de León y de Castilla. Fernando I distribuyó sus estados entre sus hijos. El mayor, Sancho II, aspiró a reconstituirlos, y cuando lo tenía casi logrado, fue asesinado ante los muros de Zamora. Su hermano, Alfonso VI, lo consiguió totalmente, añadiendo a sus estados la conquista de Toledo (1080) y siendo reconocido como emperador de España por los demás reinos cristianos. Durante su reinado tuvo lugar la invasión de los almorávides. Una nueva división del reino de León y de Castilla se efectuó en el de Alfonso VII, quien dejó, al morir, Castilla a Sancho III y León a Fernando II. Muerto al cabo de un año Sancho III, subió al trono Alfonso VIII, en cuyo reinado se libró la famosa batalla de las Navas de Tolosa (1212) contra los almohades, que habían entrado en España. Con el advenimiento al trono de Fernando III *el Santo*, se reunieron definitivamente las dos coronas de León y Castilla. Le sucedió su hijo Alfonso X *el Sabio*, autor del *Código de las Siete Partidas*, de las *Tablas Astronómicas* y de los poemas de las *Cantigas*. Heredó la corona Sancho IV *el Bravo*, conquistador de Tarifa. Después del reinado de Fernando IV, de casi nula actividad reconquistadora, una nueva invasión, la de los benimerines, aconteció en el de Alfonso XI *el Justiciero*, que logró rechazarlos. Pedro I *el Cruel*, su sucesor, murió asesinado en los campos de Montiel por su hermano Enrique, conde de Trastámara, hijo de Alfonso XI y de su favorita Leonor de Guzmán. Enrique II, llamado *el de las Mercedes*, procuró conjurar los peligros con que amenazaba la turbulenta nobleza de la época. Le sucedieron Juan I; Enrique III *el Doliente*, en cuyo breve reinado se conquistaron las islas Canarias; Juan II, que reinó dominado por su favorito don Álvaro de Luna; y Enrique IV. A su muerte le sucedió su hermana Isabel *la Católica*, que por su amor a las letras. Dejó a su muerte el reino de Aragón a su hermano Juan II, cuyo hijo Fernando, el futuro Rey Católico, casó con la princesa Isabel. Con la toma de Granada, último reino musulmán de la Península, por los Reyes Católicos en 1492 principia la edad moderna de España. En este reinado se realiza, además, la gran epopeya del descubrimiento de América por Cristóbal Colón, en 1492, y pasan a formar parte del territorio

Palacio de los Vivero, donde se casaron los Reyes Católicos. Valladolid

español las islas Canarias. Se afirma la hegemonía mediterránea contra Francia con la conquista del reino de Nápoles, que lleva a cabo Gonzalo Fernández de Córdoba, *el Gran Capitán*, y es anexionada Navarra a la corona española. Muerto el príncipe don Juan, heredó la corona doña Juana, casada con Felipe I *el Hermoso*. Mas, privada de la razón, a la muerte de don Fernando (1516) fue nombrado regente el cardenal Cisneros, en tanto tomara posesión de sus estados el príncipe Carlos, hijo de doña Juana y de Felipe *el Hermoso*. Este rey trajo en herencia de su padre los Países Bajos, y por pertenecer a la casa de Austria y ser nieto de Maximiliano fue elegido emperador de Alemania. La preferencia de Carlos I por los flamencos y el apego de las ciudades a las libertades forales de tradición medieval dieron lugar al levantamiento de las

Enrique II de Castilla y su hijo Juan, detalle de *La Virgen de la Leche*, de los hermanos Serra. Colección particular. Barcelona

su casamiento con Fernando de Aragón realizó la unidad española. El reino de Aragón había comenzado a existir como nación independiente a la muerte de Sancho *el Mayor* de Navarra, aun cuando la tradición le asigna un origen más remoto. Uno de sus más gloriosos monarcas fue Alfonso I *el Batallador*, que se apoderó de Zaragoza. No menos insignes fueron: Jaime I *el Conquistador*, que ensanchó sus dominios con las conquistas de Valencia y Mallorca; Pedro III *el Grande*, que inició la política mediterránea del reino de Aragón con la conquista de Sicilia; Pedro IV *el Ceremonioso*, hábil diplomático; y Alfonso V, que se distinguió

Detalle del testamento de Sancho IV *el Bravo*. Servicio Histórico Militar. Madrid

Monumento conmemorativo de la vuelta de la carabela *Pinta*. Bayona (Pontevedra)

Carlos I, por Leone Leoni. Museo Lázaro Galdiano. Madrid

Comunidades de Castilla, que terminó con la batalla de Villalar. Francisco I de Francia, tratando de anular la potencia imperial, invadió el territorio español, tomando Pamplona y sitiando a Logroño. Rápidamente acudió el español en socorro de aquellas plazas, derrotando al francés hasta obligarle a pasar los Pirineos. Al propio tiempo, en Italia ponían los franceses sitio a Pavía, librándose junto a ella la célebre batalla en que cayó prisionero el rey de Francia. Al par de estas luchas, sostenía el soberano español otras con los protestantes, a quienes derrotó en la batalla de Mühlberg, ganada por el duque de Alba. Mientras España afirmaba su poder en Europa, Vasco

Obelisco a Padilla, Juan Bravo y Maldonado, en Villalar de los Comuneros (Valladolid)

Núñez de Balboa fundaba en el istmo de Panamá, Castilla del Oro, primera colonia en el continente americano; Ponce de León llegaba a la Florida; Juan Díaz de Solís, a las bocas del Amazonas; Hernán Cortés conquistaba Méjico, y Francisco Pizarro y Diego Almagro, el Perú. También fue expedición importante en este reinado la realizada a Túnez y Argel contra el pirata *Barbarroja*. Por abdicación de Carlos I, en 1555 subió al trono su hijo Felipe II. Francia, rompiendo de nuevo las hostilidades contra España, invadió los dominios españoles de Italia, siendo derrotadas sus tropas por el duque de Alba. Al propio tiempo, el duque de Saboya rendía la fuerte plaza de San Quintín, en conmemoración de cuya victoria mandó erigir Felipe II el monasterio de El Escorial. El poderío naval de los turcos quedó aniquilado por la victoria de Lepanto, ganada por don Juan de Austria. Se realiza, por otra parte, la incorporación a la corona española de Portugal, cuyo trono correspondía al rey español por línea materna. Pero la decadencia comenzó al final mismo del reinado de Felipe II: la paz de Vervins (1598) concedía un régimen autónomo para los Países Bajos, base de la futura independencia holandesa. Unos años antes (1588), España había perdido su *Armada Invencible*, que equivalía a conceder el dominio del mar a Inglaterra. A la muerte de Felipe II sube al trono Felipe III, que entregó el gobierno al duque de Lerma, abriéndose un período de relativa paz en el que España sigue pesando en la política europea. En 1609 son expulsados los moriscos, y en 1621 muere el rey, al que sucede su hijo Felipe IV. Más aficionado a las letras y a los placeres que a los negocios del Estado, deja el gobierno en manos del conde-duque de Olivares, el cual hubo de enfrentarse en Europa con el talento político de Richelieu. En la guerra con Francia, los tercios españoles sufrieron su primera derrota en Rocroi. Y en la descomposición del Estado se sublevan Cataluña y Portugal, el último de los cuales queda separado definitivamente. Con Carlos II, que subió al trono en 1665, niño y enfermo, termina la casa de Austria. En este reinado perdiéronse vastos territorios, entre ellos Flandes y el Franco Condado. A la muerte de Carlos II, en 1701, se entronizó la casa de Borbón con Felipe V, al que disputaba la corona el archiduque Carlos de Austria, ayudado por catalanes, portugueses e ingleses. Felipe V contaba con los castellanos y con Francia, por ser nieto de Luis XIV. Estalló la guerra llamada de Sucesión, en la que, tras la batalla de Almansa, triunfó la causa borbónica. Pero en la paz de Utrecht, impuesta a Felipe V, el Imperio español perdía todas sus posesiones europeas. La posterior política aventurera del ministro Alberoni y las ambiciones de Isabel de Farnesio para conseguir territorios donde pudieran reinar sus hijos, provocaron nuevamente una serie de conflictos con toda Europa. En el interior comenzaron a hacerse reformas beneficiosas por el ministro Patiño. A la muerte del rey le sucede Fernando VI en 1746, con una era de paz y prosperidad, en que el marqués de la Ensenada hace resurgir el poder naval y mercantil

Batalla de San Quintín, detalle de los frescos de la Sala de las Batallas. Monasterio de El Escorial

España

Carlos II, a caballo, por Lucas Jordán. Museo del Prado. Madrid

de España. Durante este reinado fueron creados la Academia de San Fernando, el Jardín Botánico de Madrid y el Colegio de Medicina de Cádiz; se instituyeron Pósitos y Montes de Piedad y se terminaron las obras del Palacio Real. Le sucedió en 1759 su hermano Carlos III, el cual firmó con Luis XV el *Pacto de familia*, por el que se comprometía a ayudar militarmente a Francia en caso de guerra con Inglaterra, que, al fin, se produjo, siendo en general desventajosa para España. Poco amigo de cambios, continuó Carlos III con los ministros de su hermano, a los que sucedieron más tarde los italianos Grimaldi y Esquilache y los españoles Floridablanca, Aranda y Campomanes, que realizaron grandes reformas en el interior. Sucedió a Carlos III su hijo Carlos IV, cuyo reinado absorbió la privanza de Godoy, elevado por el favoritismo de la reina María Luisa a los más altos cargos de la nación. Firmó éste un tratado de alianza ofensiva y defensiva con la República Francesa, cuya consecuencia fue una guerra con Inglaterra y la pérdida de la flota española en Trafalgar. Frente a la omnipotencia de Godoy, se formó un partido en torno del príncipe de Asturias, más tarde Fernando VII, y en medio de las intrigas familiares, Napoleón se convierte en el árbitro de España. Ante la promesa de una corona en la proyectada desmembración de Portugal, Godoy había firmado un tratado secreto en que se comprometía a dejar el paso franco a las tropas napoleónicas para atacar a la nación vecina, aliada de los ingleses. El resultado no se hizo esperar. España es invadida por las tropas francesas en 1808; depuestos Carlos IV y Fernando VII en la celada de Bayona, Napoleón nombra rey de España a su hermano José. Pero la nación entera, levantada en pie de guerra, realiza la epopeya que se conoce con el nombre de *guerra de la Independencia*, que comenzó con el alzamiento del pueblo de Madrid el día 2 de mayo. Tras la batalla de Bailén, adversa a las armas francesas, el emperador en persona viene a dirigir la guerra y toma Madrid, pero ha de abandonar al poco tiempo la Península llamado por necesidades apremiantes en otros campos europeos. La guerra continúa, en general, favorable para las tropas napoleónicas, cobrando por el lado español especial importancia el papel de los guerrilleros. Por fin, tras las batallas de Albuera, Arapiles, San Marcial y Vitoria, el ejército francés repasa los Pirineos y Fernando VII, prisionero en Francia, entra triunfalmente en España (1814). Las ideas de la Revolución francesa, infiltradas en España, habían dividido a la nación en dos bandos, que sólo un imperativo patriótico mantuvo unidos en la guerra. Don Fernando deroga la Constitución promulgada por las Cortes de Cádiz el año 1812 e implanta un régimen absolutista; abundan las tensiones políticas y las persecuciones de liberales, ambiente que favorece la separación de las provincias americanas. Del antiguo Imperio no quedan a España más que Cuba, Puerto Rico y las islas Filipinas. Al sentirse morir sin sucesión masculina, Fernando VII derogó la ley sálica, establecida por Felipe V, que negaba el acceso al trono a las mujeres, y pasa a sucederle en 1833 su hija Isabel II, niña de tres años, bajo la regencia de su madre, María Cristina de Borbón, partidaria de un liberalismo templado. Estalla inmediatamente la guerra civil, a pretexto de la cuestión dinástica, entre los partidarios de las ideas tradicionales, que se agrupan en torno de don Carlos, hermano del rey muerto, y los defensores del liberalismo, al lado de Isabel.

Felipe V, por Bonnart. Biblioteca Nacional. París

La lucha, que duró siete años, termina con el Convenio de Vergara, pero la pendencia política sigue, no obstante, entre los distintos grupos de liberales más o menos exaltados. Es destituida la regente por su matrimonio con Fernando Muñoz, y pasa a ocupar este puesto el general Espartero, el cual es a su vez destituido por el general Narváez en 1843, quien desarmó la milicia nacional y nombró un Ministerio presidido por Joaquín María López, bajo el cual las Cortes declararon mayor de edad a Isabel II. Substituyó a Joaquín María López el general Narváez, duque de Valencia, que hubo de reprimir varios movimientos revolucionarios. Bravo Murillo, jefe más tarde del Gabinete, tendió a convertir el régimen constitucional en un absolutismo ilustrado. En el exterior se restaura el prestigio de las armas españolas en la guerra de África, dirigida por el general O'Donnell, y en la expedición contra Chile y Perú, en que la escuadra española, al mando de Méndez Núñez, bombardeó Valparaíso y el Callao. Los fermentos revolucionarios seguían minando el Estado, y el destierro de varios generales en 1868 provoca una su-

Carlos III. Palacio Real de Aranjuez

Fernando VII perdona la vida a Godoy, grabado popular. Museo Municipal. Madrid

Madrileños preparándose al fusilamiento (2 de mayo de 1808), por Manuel Castellano. Museo Municipal. Madrid

Entrada de los franceses en Madrid (4 de diciembre de 1808), grabado de la época. Biblioteca Nacional. Madrid

blevación que hundió el trono en la batalla de Alcolea, ganada por el general Serrano, duque de la Torre, a las tropas fieles a la reina, mandadas por el general Pavía, marqués de Novaliches. Se formó un Gobierno provisional, que convocó a Cortes Constituyentes, las cuales ofrecieron la corona a Amadeo I de Saboya. Asesinado el general Prim, alma del Gobierno dirigido por el general Villacampa. En 1894 se inició un movimiento separatista en Cuba y en 1896 otro en Filipinas. El 4 de febrero de 1897 quiso el Gobierno, tardíamente, conceder a Cuba una autonomía amplísima. El 8 de agosto de aquel año caía Cánovas asesinado en Santa Águeda. Sucediéronle en el Gobierno el general Azcárraga y luego Sagasta. Las relaciones con EE. UU. se habían puestos tirantes, hasta que, a consecuencia de la voladura del crucero *Maine*, estalló la guerra, en la que fueron destruidas dos flotas españolas en Cavite y Santiago de Cuba por las escuadras estadounidenses, muy superiores en número y poderío de unidades. Tras un desembarco yanqui en Santiago de Cuba y una gloriosa defensa por parte de los españoles, se firmó el tratado de París el 10 de diciembre de 1898, en virtud del cual España perdió Cuba, Puerto Rico y Filipinas. En 1902 fue declarado mayor de edad Alfonso XIII, el cual juró la Constitución el 17 de mayo. En 1903 murió Sagasta. Los partidos se fraccionaron. Antonio Maura logra unir el partido conservador bajo su jefatura, con un deseo de purificación del sufragio y de reformas, que titulaba la *revolución desde el poder*. En julio de 1909 estalló en Cataluña un movimiento revolucionario, cuyo motivo aparente fue el embarque de tropas para el Rif, a consecuencia del levantamiento de las cabilas limítrofes de Melilla. El 12 de noviembre de 1912 es asesinado José Canalejas, presidente del Consejo de Ministros, en plena Puerta del Sol. El año 1917 surgen las Juntas Militares de Defensa, movimiento de espíritu sedicioso ante el que claudica el Gobierno, y más tarde las Juntas Civiles. Los diputados se reúnen en Barcelona en una asamblea. A fines de julio se proclama una huelga revolucionaria en toda España, que es dominada por el Gobierno. El

O'Donnell se entrevista con Muley Abbas para concertar la paz en Marruecos, por Joaquín Domínguez Bécquer (copia de Chaves). Museo del Ejército. Madrid

provisional y sostén del nuevo monarca, no pudo éste mantenerse, y abdicó en 1873. Fue entonces proclamada la República, durante la cual se sucedieron en la presidencia: Estanislao Figueras, Francisco Pi y Margall, Nicolás Salmerón y Emilio Castelar en un año. Estalló una nueva guerra civil con los partidarios del tradicionalismo y una sublevación de los cantonales, hasta que el general Pavía y Rodríguez de Alburquerque disolvió las Cortes el 3 de enero de 1874; y el 29 de diciembre, el general Martínez Campos proclamó en Sagunto la restauración de la monarquía en la persona de Alfonso XII, hijo de Isabel II. Se trató de organizar una monarquía parlamentaria, con dos Cámaras, a la manera inglesa. Organizáronse dos partidos políticos: el conservador, dirigido por Cánovas del Castillo, y el liberal, a cuyo frente figuraba Práxedes Mateo Sagasta. La guerra carlista terminó, así como una sublevación que estalló en Cuba, a la cual puso fin la paz de Zanjón. En 1885 murió Alfonso XII. Encargóse de la regencia su viuda, doña María Cristina de Habsburgo-Lorena, que poco después daba a luz un hijo póstumo: Alfonso XIII. El 19 de septiembre de 1886 fracasó un pronunciamiento militar

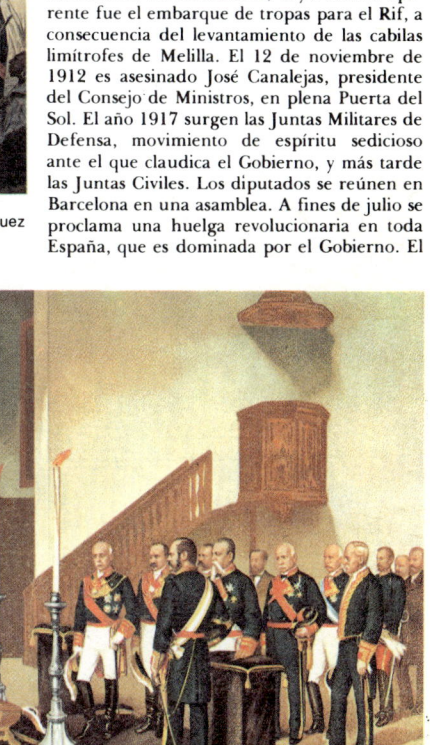

Amadeo I de Saboya visita el cadáver de Prim, litografía de la época, según el óleo de A. Gisbert

Alfonso XIII revistando las tropas en calidad de capitán general. Museo Municipal. Madrid

José Canalejas. Ministerio de Hacienda. Madrid

8 de marzo del año 1921 es asesinado el presidente del Consejo, Eduardo Dato, en las calles de Madrid, por los anarcosindicalistas catalanes. Y en el mismo verano, los moros se apoderan de las posiciones de la comandancia de Melilla. En un ambiente de desvío a la política imperante, el 13 de septiembre de 1923, el general Miguel Primo de Rivera, marqués de Estella, siendo capitán general de Barcelona, se levanta contra el Gobierno y realiza, por teléfono, un golpe de Estado, que es acogido favorablemente. Queda en suspenso la Constitución; el rey acepta los hechos consumados y comienza un período dictatorial, en que se termina con el estado de anarquía social y se da un gran impulso a las obras públicas. Este mismo año se levantan de nuevo las cabilas de Tetúan. Primo de Rivera toma personalmente el mando del ejército de África. Dispone la evacuación de Xauen y de la parte interior del país. De acuerdo con Francia, acomete el ataque contra el cabecilla Abd el-Krim; realiza un arriesgado desembarco en la bahía de Alhucemas, cuyos territorios, baluarte de la rebeldía, ocupa, y Abd el-Krim, batido en todas partes, tiene que entregarse a los franceses. Menos afortunado fue al enfocar los problemas políticos; sin una ideología definida, se apoya en la extrema derecha, mientras llama a los socialistas a colaboración y hace a Largo Caballero consejero de Estado, concitando en contra suya a los primates de los antiguos partidos parlamentarios. Fracasa la Asamblea Nacional, y dándose cuenta de la falta de ambiente, abandona el poder el marqués de Estella a principios de enero de 1930 y se dirige a París, donde muere poco tiempo después. Le substituye el general Berenguer, restableciendo las libertades suspendidas. Estallan todos los fermentos contenidos por Primo de Rivera: movimientos sediciosos y huelgas revolucionarias. El partido socialista, único que conserva su organización con la dictadura, cobra una situación preponderante. En la prensa y en la tribuna se dirigen ataques contra la monarquía. El 12 de diciembre de 1930 se promueve una sublevación militar en Jaca, que es sofocada y pasados por las armas los principales promotores, capitanes Galán y García Hernández. Pocos días después es también dominada otra sublevación militar en el aeródromo de Cuatro Vientos (Madrid). Berenguer dimite. Y tras una crisis dificilísima se va a un Gabinete de concentración monárquica presidido por el almirante Aznar. Se convocan elecciones de concejales para restablecer la normalidad constitucional, empezando de abajo arriba, y el 12 de abril de 1931 triunfan las coaliciones republicanas en Madrid, Alicante, Castellón, Granada, Huesca, Málaga, Murcia y Zaragoza, mientras en otras capitales de provincia, y especialmente en los pueblos, logran triunfar los monárquicos; ante el temor de una lucha sangrienta, el rey abandona el poder y se constituye el día 14 un Gobierno con los firmantes del manifiesto, presidido por Alcalá Zamora. La República se inaugura sin el menor disturbio; pero el 10 de mayo se producen los primeros incidentes, con la quema de conventos y casas religiosas. El 28 de junio se celebran las elecciones generales. Los socialistas son la minoría más numerosa de la Cámara, con más de 100 diputados. El 14 de julio se abren solemnemente las sesiones, que preside el catedrático socialista Julián Besteiro Fernández. La Constitución es aprobada definitivamente el 9 de diciembre de 1931. En diciembre se elige presidente de la República a Niceto Alcalá Zamora. El Parlamento seculariza los cementerios, aprueba una *ley de Divorcio* y comienza a discutir el *Estatuto catalán* (el 14 de abril Maciá había proclamado en Barcelona la República Catalana independiente) y la Reforma agraria. Se produce el

Alfonso XIII, por Luis Menéndez Pidal. Museo Municipal. Madrid

El desembarco de Alhucemas, por José Moreno Carbonero

movimiento derechista de 10 de agosto encabezado por el general Sanjurjo, en Sevilla, que fracasó rápidamente. En las elecciones municipales parciales obtiene mayoría la derecha. Azaña, que ocupaba la jefatura del Gobierno por segunda vez, se sostiene en el poder hasta el 8 de septiembre, en que Alcalá Zamora llama a sucederle a Lerroux, quien forma un Gabinete sin socialistas. El 29 de octubre de 1933 funda José Antonio Primo de Rivera la Falange Española en el Teatro de la Comedia de Madrid. En noviembre de ese mismo año

lugares. El 23 de julio se creaba la Junta de Defensa Nacional, que asumía todos los poderes. El 27 crea la Junta una Comisión de Tesoro Público, que asume las facultades de regir la Hacienda. Inmediatamente se constituye un Gabinete diplomático, que inicia las relaciones internacionales de la España naciente. Respecto a la Marina, sólo la base de El Ferrol se adhirió al Movimiento y se hicieron a la mar los barcos *Almirante Cervera*, *España* y *Velasco*. A los diez días de iniciado, el general Franco tenía en Tetuán dos aviones capaces de trans-

Sucesos revolucionarios de 1934, en Barcelona

Mitin del Teatro de la Comedia, en el que José Antonio Primo de Rivera pronunció el discurso fundacional de la Falange

se verifican elecciones en que la concentración de derecha (C. E. D. A.) obtiene 119 diputados, ingresando en el Gobierno. Ello produce una huelga general de izquierdistas en toda España, que adquiere terrible violencia en Asturias, donde los mineros, capitaneados por González Peña, se hacen dueños de la provincia. Es necesario un gran contingente de fuerzas del Tercio y Regulares con aeroplanos y cañones para reducirlos. Gil Robles, jefe de Acción Popular, se hace cargo del Ministerio de la Guerra. El presidente Alcalá Zamora, ante las dificultades parlamentarias, disuelve las Cortes y convoca unas elecciones para el 16 de febrero de 1936, encargándolas a Portela Valladares. Comienza una campaña electoral turbulenta, intervenida por el Gobierno, que da por resultado una mayoría de diputados del Frente Popular. Desde este momento los acontecimientos se suceden con rapidez vertiginosa. Derrotado Alcalá Zamora en una votación de confianza de las Cortes, Azaña es elevado a la primera magistratura de la República. El 13 de julio de 1936 se produce la muerte de José Calvo Sotelo y el 18 del mismo mes se inicia la sublevación militar conocida como Movimiento Nacional, que triunfa en seguida en Sevilla con el general Queipo de Llano, mientras el general Varela acomete la empresa de dominar Cádiz. Jerez, Córdoba y Granada se sumaron al Movimiento, y quedaron por el Gobierno de Madrid, Almería, Málaga, Jaén y Huelva. El general Franco triunfaba en Canarias; Aranda, en Oviedo; en Galicia dominaba Cavalcanti; en Aragón, Cabanellas. El general Mola se alzaba en Pamplona. Y se adherían al Movimiento: Valladolid, Burgos, Zamora, Palencia y Cáceres. El Gobierno dominaba en Madrid, en Levante, en las principales ciudades del Norte, en Barcelona, Gerona y Lérida; el Movimiento era sofocado por el Gobierno en Valencia, Guadalajara, Toledo, Albacete, San Sebastián y otros

portar veinticinco hombres cada uno. Por aire fueron llevados a Sevilla y Jerez tropas y material. El 6 de agosto pasó el general Franco a la Península, poniéndose al frente de su ejército. El 9 de septiembre enlaza la infantería procedente del Sur con la caballería que venía del Norte. Paralelamente se avanza por los otros frentes. Tienen importancia excepcional la toma de Irún y la de San Sebastián, que cortan la comunicación de la zona gubernamental del Norte con Francia. Prosigue la marcha sobre Madrid. Por un momento, las tropas se desvían para acudir en auxilio del Alcázar de Toledo. El 7 de noviembre de 1936, el ejército nacionalista llega a los puentes de Segovia y de la Princesa; ocupa parcialmente la Casa de Campo; y el 10, atravesando el Manzanares, penetra en la Ciudad Universitaria y llega a las calles de la antigua corte, donde es detenido y se estabiliza el

frente, hasta el final de la guerra, en duras y constantes luchas. El Gobierno se había trasladado a Valencia, precedido del presidente de la República. El 29 de septiembre de 1936, la Junta acuerda nombrar a Francisco Franco jefe del Gobierno, generalísimo de las fuerzas y jefe de operaciones. Ante el cariz de la guerra, Indalecio Prieto deja el poder en manos de Juan Negrín, que sostiene la resistencia hasta la caída de Cataluña. Es tomada Málaga el 6 de febrero. Comienzan operaciones en el Norte, y en junio entran las tropas del general Franco en la ciudad de Bilbao. Tratando de impedir las operaciones del Norte, el Gobierno desencadena una fuerte ofensiva por el centro, que logra llegar a Brunete, siendo rechazada, reconquistado este pueblo y reforzada la línea, tras durísimas luchas. Reanudada la campaña del Norte, es conquistada Santander. El 21 de octubre cae Gijón y se derrumba definitivamente el frente de Asturias. Los gubernamentales se lanzan contra Teruel, en los últimos días de diciembre; en pleno invierno, y con una temperatura durísima, logran cortar las comunicaciones y apoderarse de la ciudad. La operación tiene como consecuencia la batalla de Alfambra, con que el ejército nacionalista reconquista la ciudad, entra en Lérida y llega al Mediterráneo el 16 de abril, con la toma de Vinaroz, quedando de esta suerte dividida en dos partes la zona gubernamental. Se conquista Castellón de la Plana, y la guerra llega hasta Sagunto. Políticamente se realiza la unificación con la fusión de la Falange Española con la Comunión Tradicionalista, que forman, desde el 18 de abril de 1937, una sola organización, bajo el mando de Franco, con el nombre de Falange Española Tradicionalista y de las J. O. N. S. La campaña de 1939 se inicia más rápida que ninguna con la conquista de Tarragona y Bar-

Manuel Azaña jura el cargo de presidente de la República (11 de mayo de 1936)

España

Franco y el coronel Moscardó, en el Alcázar de Toledo (1936)

celona, ésta en 26 de enero. Días después se toman Gerona y la isla de Menorca, y el 10 de febrero se llega a la frontera francesa y se derrumba definitivamente el frente catalán. El Gobierno y el presidente de la República, Manuel Azaña, pasan a Francia y la Junta de Defensa de Madrid, que presiden Julián Besteiro y el coronel Casado, intenta entablar negociaciones con las autoridades nacionales para rendir la zona del centro. Rechazadas sus proposiciones y preparada la ofensiva que debía poner término a la guerra, la capital de España se rinde al ejército franquista el 28 de marzo, y en los tres días siguientes el resto de la zona, poniéndose así término a la guerra. El día 1 de abril, el parte de guerra anuncia: *En el día de hoy, cautivo y desarmado el ejército rojo, han ocupado las tropas nacionales sus últimos objetivos militares. La guerra ha terminado.* Al finalizar la guerra civil, se halló el nuevo régimen con ingentes problemas, tanto de orden interior como en la esfera internacional. Respecto a los primeros, encontró una economía destrozada en gran parte del país, y a tan magno problema vinieron pronto a sumarse las difi-

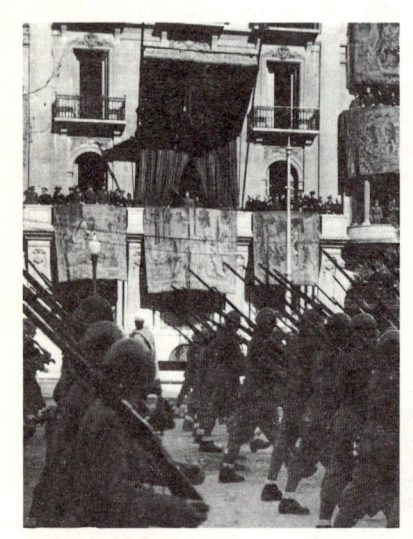

Barcelona. Desfile presidido por Franco, tras la ocupación de la ciudad

cultades derivadas de la guerra mundial. Al mismo tiempo tuvo que acometer la organización del Estado con arreglo a los nuevos principios. Para afrontar estas necesidades, el régimen concentró sus esfuerzos en tres objetivos fundamentales: 1.º, el institucional; 2.º, el cultural, y 3.º, el económico. En el aspecto primero se destacan como etapas esenciales: la creación y funcionamiento de las *Cortes españolas* (17 de julio de 1942), la promulgación del *Fuero de los españoles* (17 de julio de 1945), la

ley de Referéndum (22 de octubre del mismo año) y la *ley de Sucesión a la jefatura del Estado*, aprobada por referéndum nacional el 7 de julio de 1947, que declaró constituida a la nación en reino. Por lo que se refiere al proceso cultural, se promulgaron las leyes de Protección escolar y de Enseñanza primaria (1945), la ley de Enseñanza media laboral (1949) y la ley de Enseñanza media (1953), y se creó el Consejo Superior de Investigaciones Científicas (1939), el Instituto de España, el Instituto de Cultura Hispánica, hoy denominado Instituto de Cooperación Iberoamericana, y, de manera permanente, la Universidad Internacional Menéndez y Pelayo, que ya funcionaba anteriormente en Santander; se reformó la enseñanza universitaria y se inició la instalación de Universidades Laborales. En cuanto a la economía nacional, el Gobierno tuvo que preocuparse de incrementar la producción agrícola y de promover lo que respecta a la agricultura, la creación del Instituto de Colonización y la *ley de Concentración parcelaria*, y en cuanto a la industria, la creación del Instituto Nacional de Industria. La España del 18 de julio tropezó desde el primer momento con una gran hostilidad in-

Franco, en su despacho de Burgos

ternacional. Guatemala y El Salvador fueron los dos primeros países que reconocieron al Gobierno de Franco, el 8 de noviembre de 1936, y días después enviaron representantes

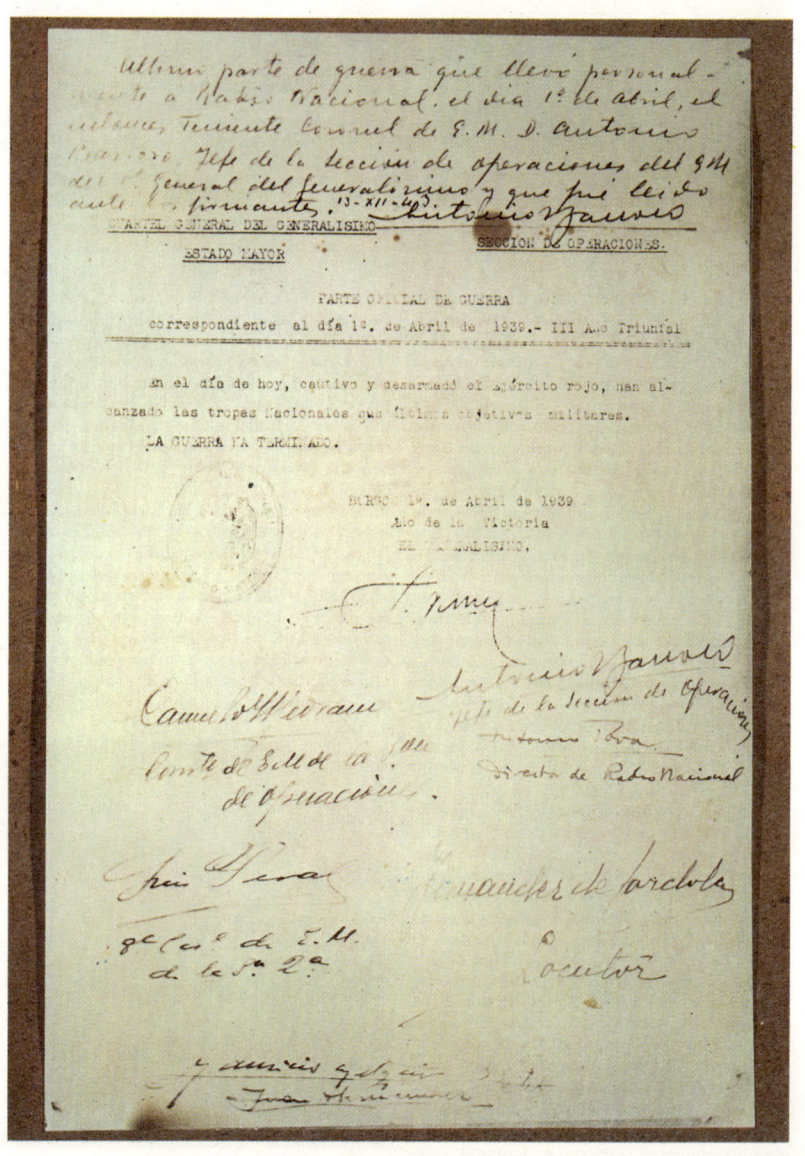

Último parte de la guerra civil. Servicio Histórico Militar. Madrid

Instituto de Cooperación Iberoamericana. Madrid

Franco y Oliveira Salazar, en Sevilla
(12 de febrero de 1942)

diplomáticos Alemania, Italia, Nicaragua y Albania; en 1937 lo hicieron Argentina, la Santa Sede y Japón; Honduras y Portugal, en 1938; e Irlanda, Suiza y cuarenta naciones más, en 1939. El *Pacto Ibérico*, suscrito con Portugal el 17 de marzo del año 1939, días antes de terminarse la guerra civil, vino a dar forma a las buenas relaciones entre los dos gobiernos. La aparente neutralidad de España en la S. G. M. favoreció mucho la causa de los aliados, como fue reconocido por Churchill. Terminada la contienda, comenzó a manifestarse la enemistad internacional en la Conferencia de Potsdam (2 de agosto de 1945), en la que la U. R. S. S., el R. U., EE. UU. y Francia pusieron a España al margen de las relaciones entre los pueblos. Insistiendo en la misma trayectoria, Francia, EE. UU. y el R. U. dieron a conocer en sendas notas su resolución de mantener el aislamiento del pueblo español hasta que cambiase su régimen político (4 de marzo), y la campaña culminó con el acuerdo adoptado por la O. N. U. el 12 de diciembre de 1946, recomendando a sus miembros la retirada de sus embajadores en España y la adopción de sanciones contra ella. Sin embargo, las férreas actitudes se fueron quebrantando; Italia, Irlanda, las naciones hispanoamericanas y los países árabes volvieron a la normalidad diplomática, y el Protocolo Franco-Perón (1948) abrió brecha en el bloqueo económico. Así, la O. N. U. acordó, en 4 de noviembre de 1950, el cese de su recomendación. En el año 1952 se vio España admitida en los organismos especializados de la O. N. U., entre ellos la U. N. E. S. C. O. Las relaciones con el Vaticano, reguladas por el convenio del año 1941, fueron reafirmadas con la aprobación de un nuevo Concordato, el 27 de agosto del año 1953. El 26 de septiembre se firmaron tres acuerdos con EE. UU. El *Convenio defensivo* tendría diez años de duración. Por él se obligaba EE. UU. a facilitar material de guerra para las fuerzas armadas españolas y adquiría el derecho a utilizar para fines militares, y conjuntamente con el Gobierno de España, las zonas e instalaciones (principalmente aeródromos) que se determinaban. El *Acuerdo de ayuda para la mutua defensa* estaría en vigor indefinidamente, hasta un año después de su denuncia por una de las partes. El *Acuerdo de ayuda económica* tendría validez hasta el 30 de junio de 1955. En el orden institucional son de destacar la promulgación, el 17 de mayo de 1958, de la ley de Principios del Movimiento Nacional, con carácter de *ley fundamental*, y la creación del cargo de vicepresidente del Gobierno, para desempeñar las funciones que expresamente le delegase el presidente, a quien substituiría en casos de vacante, ausencia o enfermedad (decreto-ley de 10 de julio de 1962). En el ámbito económico, la política del Go-

Firma del Concordato con la Santa Sede (27 de agosto de 1953)

España

Martín Artajo y el embajador Lodge firmando los acuerdos entre España y EE. UU. (26 de septiembre de 1953)

Franco y Eisenhower, en Madrid (diciembre de 1959)

Fraga Iribarne presenta en las Cortes el proyecto de la nueva Ley de Prensa

Castiella y Ullastres (los dos primeros, de izquierda a derecha), poco antes de la firma de ingreso de España en la O. C. D. E. (14 de diciembre de 1960)

bierno experimentó un acusado cambio de signo a partir de 1959. El fenómeno de integración regional observado en todo el mundo a medida que las economías de los diversos países se iban recuperando de los efectos de la S. G. M., y los peligros que suponía el aislamiento en medio de un proceso de integración general, movieron al Gobierno español a abandonar su política de autarquía económica emprendida a raíz de la guerra civil y organizar la economía nacional sobre bases que permitieran su integración en alguno de los grupos de países de características más similares a las españolas. Con este objetivo se llevó a efecto el Plan de Estabilización, iniciado en julio de 1959 y continuado con la serie de medidas fiscales, financieras y de política comercial que reordenaron la economía sobre unas nuevas bases mucho más liberales y abiertas a la competencia internacional. España ingresó en diversos organismos y organizaciones económicas mundiales y regionales, como el Fondo Monetario Internacional y Banco Internacional para la Reconstrucción y el Desarrollo (mayo de 1958), y en la Organización Europea de Cooperación Económica (20 de julio de 1959), convertida después en Organización para la Cooperación y el Desarrollo Económico. El 9 de febrero de 1962, España solicitó oficialmente la apertura de conversaciones para tratar de su asociación al Mercado Común Europeo, solicitud que fue reiterada el 17 de febrero de 1964. El 27 de diciembre de 1963, las Cortes Españolas aprobaron el plan de Desarrollo Económico y Social, para el período 1964-67. En el ámbito de las relaciones internacionales, la política seguida por España se caracterizó por su postura decididamente anticomunista. Su ingreso en la O. N. U. (15 de diciembre de 1955) fue la culminación del proceso de normalización de relaciones con los diversos países del mundo iniciado varios años antes. La política seguida por España con los diversos países del mundo fue distinta según la naturaleza de los vínculos históricos que con ellos la unían. La política de amistad con los países árabes fue mantenida a través de todos los avatares que sacudieron su historia en los últimos años; ejemplo de ello fue el reconocimiento de la independencia marroquí y la terminación del Protectorado (7 de abril de 1956). Respecto a Hispanoamérica, España se esforzó en fortalecer los vínculos históricos, aunque todo ello con pocas consecuencias prácticas, en el terreno cultural y económico. Las relaciones con Portugal se desenvolvieron dentro del mismo espíritu que dio origen a la creación del Pacto Ibérico. En cuanto a EE. UU., España reconoció en todo momento su condición rectora en el seno del bloque occidental. Los convenios defensivos hispano-estadounidenses firmados el 27 de agosto de 1953 fueron renovados el 26 de septiembre de 1963. España concedió la autonomía a Guinea Ecuatorial, constituida por las provincias de Fernando Poo y Río Muni, en 1964. El 1 de enero de este año, entró en vigor el I Plan de Desarrollo, con la pretensión de coordinar el sector privado con la actuación del sector público por medio de la acción concertada. Gracias a él, la empresa privada pudo acogerse a una amplia gama de beneficios y el ritmo de crecimiento marcado fue de un 6 por 100 para el período de vigencia del plan (1964-67). Durante la sesión plenaria de las Cortes celebrada el 15 de marzo de 1966, se aprobó la nueva Ley de Prensa e Imprenta, con la que desaparecía la censura previa, salvo en los casos de excepción o de guerra, reservándose la Administración el derecho de retirar la tirada íntegra de la publicación si consideraba que lo publicado atentaba contra alguno de los preceptos de la Ley. El 22 de noviembre, el Jefe del Estado leyó ante el Pleno de las Cortes el texto de la Ley Orgánica del Estado, que fue aprobada, por aclamación, por todos los procuradores. Dicha Ley fue sometida a referéndum nacional el 14 de diciembre y aprobada por el 85,5 % del cuerpo electoral. Apenas

Sesión plenaria de las Cortes en la que el Jefe del Estado presentó el proyecto de la Ley Orgánica del Estado (22 de noviembre de 1966)

Juan Carlos de Borbón y Borbón acepta ante las Cortes su designación como príncipe heredero de la Corona de España (23 de julio de 1969)

Fraga Iribarne, ministro de Información y Turismo, da cuenta, en público, de los resultados del referéndum del 14 de diciembre de 1966

nómicas injustas; como novedad estableció las señales de alerta encaminadas a advertir las desviaciones perjudiciales que se produjeran en la marcha de la economía. Estas señales fueron: índice del coste de vida y precios, porcentaje de cobertura de las exportaciones sobre las importaciones, variación de las reservas de divisas, oferta monetaria, índice de producción industrial y porcentaje de desempleo en relación con la población activa. El 22 de julio, el Jefe del Estado propuso a las Cortes la designación de Juan Carlos de Borbón y Borbón como su futuro sucesor a título de Rey. Las Cortes aceptaron tal designación, y al día siguiente, el Príncipe prestó juramento de lealtad al Jefe del Estado, a los Principios del Movimiento Nacional y demás Leyes Fundamentales, ante el Pleno de las Cortes, quedando de esta forma confirmado como Príncipe de España y futuro Rey. El 26 de septiembre de 1970 se firmó un Convenio de Amistad y Cooperación entre España y EE. UU. Este Convenio, que substituyó al Acuerdo defensivo de 1953, vigente hasta esta fecha, abrió una nueva etapa entre ambos países con el propósito de promover el bienestar y el progreso de los dos pueblos. Desapareció el concepto de *Bases de utilización conjunta*, quedando éstas en plena propiedad del Gobierno español, quien podría conceder al estadounidense

comenzado 1967 (6 de enero), una delegación del Gobierno español y otra de la República Popular de Rumania firmaron en París un acuerdo para la creación de representaciones consulares comerciales. Con la firma de este acuerdo se dio el primer y decisivo paso en la apertura de relaciones del Gobierno español con los países de la Europa del Este. En cumplimiento de un mandato expreso de la Ley Orgánica del Estado, que en una de sus disposiciones transitorias ordenaba que, previo dictamen del Consejo del Reino y deliberación del Consejo de Ministros, se publicaran unos textos refundidos de las Leyes Fundamentales en los que aparecieran las modificaciones habidas en alguna de ellas, el *Boletín Oficial del Estado* publicó el 21 de abril un decreto de la Presidencia del Gobierno, fechado el día anterior, por el que se aprobaban los textos refundidos de las Leyes Fundamentales del Reino: Ley de Principios del Movimiento Nacional, Fuero de los Españoles, Fuero del Trabajo, Ley Orgánica del Estado, Ley Constitutiva de las Cortes, Ley de Sucesión en la Jefatura del Estado y Ley de Referéndum Nacional, que continuaron ininterrumpidamente en la plenitud de su vigencia, quedando derogadas cuantas disposiciones se opusieran a lo establecido en ellas. El Pleno de las Cortes celebrado el 26 de junio aprobó el Proyecto de la Ley de Libertad Religiosa. Durante esta misma sesión se aprobó también el Proyecto de Ley de Representación Familiar en Cortes y el Proyecto de la Ley Orgánica del Movimiento y su Consejo Nacional. Durante el siguiente Pleno, celebrado el 22 de julio, se aprobó el Proyecto de la Ley Orgánica del Consejo del Reino. Un cambio en las altas esferas de la política y Administración, digno de señalar, fue el cese del vicepresidente del Gobierno, capitán general Agustín Muñoz Grandes, por incompatibilidad de cargos (28 de julio) y la posterior designación (21 de septiembre) para dichas funciones del almirante Luis Carrero Blanco. Como consecuencia de alteraciones del orden público y hechos de carácter delictivo que venían produciéndose en la provincia de Guipúzcoa, fue declarado (15 de agosto de 1968) el estado de excepción en toda la provincia durante tres meses, quedando suspendidos los artículos 14, 15 y 18 del Fuero de los Españoles. Transcurrido dicho período sin haber desaparecido los motivos por los que se implantó el estado de excepción, el Gobierno acordó prorrogarlo por tres meses más. El 12 de octubre de este mismo año fue concedida la independencia a Guinea Ecuatorial. Los representantes españoles hicieron la entrega de poderes al presidente electo Francisco Macías Nguema. Apenas entrado el año 1969, el Estado español firmó el tratado de retrocesión a Marruecos del territorio de Ifni (4 de enero). Todo el territorio nacional quedó bajo el estado de excepción y suspendidos los artículos 12, 14, 15, 16 y 18 del Fuero de los Españoles (24 de enero) durante tres meses; sin embargo, el Gobierno lo levantó a los dos meses de haber entrado en vigor. Las Cortes aprobaron el II Plan de Desarrollo Económico y Social (7 de febrero), objetivo este último que apareció por primera vez y marcó el propósito de superar las desigualdades sociales y eco-

España

Carrero Blanco jura el cargo de presidente del Gobierno (9 de junio de 1973)

las facilidades que creyera convenientes para su uso. Días después (2 y 3 de octubre), Nixon visitó España y mantuvo conversaciones con el Jefe del Estado. Durante la noche del 1 de diciembre fue secuestrado el cónsul de la R. F. A. en San Sebastián, Eugen Beihl. La organización terrorista E. T. A. se declaró autora del secuestro, manifestando que la suerte del cónsul dependía de la sentencia que diera el consejo de guerra a celebrar el día 3 en Burgos. El día de Navidad, el cónsul fue puesto en libertad cerca de la ciudad alemana de Wiesbaden. El día 28 se hizo pública la sentencia del consejo de guerra: nueve penas de muerte para los seis acusados del asesinato del inspector Manzanas, y 25 penas de reclusión y 13 absoluciones para los demás encartados. El Jefe del Estado, de acuerdo con el Consejo de Ministros y el Consejo del Reino, y haciendo uso de las prerrogativas que le concedía la Ley Orgánica del Estado, conmutó las penas de muerte. En la IV Comisión de la Asamblea General de las Naciones Unidas, poco antes de finalizar el año, tuvo lugar un debate sobre el Sáhara español, en el que fue aprobada una moción presentada por varios países afroasiáticos, en la que se pedía fuese acelerado el proceso descolonizador del Sáhara. El nombramiento, por parte de Franco, de Juan Carlos de Borbón y Borbón como futuro Rey de España y su confirmación por las Cortes, quedaron concretados por la Ley de la Jefatura del Estado de 15 de julio de 1971, en la que se dejó establecido que al Príncipe le correspondían las funciones que el artículo 11 de la Ley Orgánica del Estado encomienda al heredero de la Corona. Dicho artículo estableció que durante las ausencias del Jefe del Estado del territorio nacional o en caso de enfermedad asumiría sus funciones el heredero de la Corona. El pleno de las Cortes de 9 de mayo de 1972 aprobó, por unanimidad, el III Plan de Desarrollo Económico y Social. Este Plan, cimentado en los dos anteriores y con vigencia durante el cuatrienio 1972-75, trazó cuatro directrices fundamentales sobre las cuales se articulaban todas las demás: integración en la economía mundial, fomento de la investigación, desarrollo regional y fortalecimiento del sector público. El 9 de marzo de 1973, España y la R. P. China establecieron relaciones diplomáticas a nivel de embajada. A partir de esta fecha, el Gobierno español suprimió la representación oficial en China Nacionalista, aunque sigue manteniendo relaciones culturales, económicas y comerciales con el Gobierno de Taiwan. De conformidad con lo establecido en el artículo 14 de la Ley Orgánica del Estado, y previa presentación de terna por el Consejo del Reino, el Jefe del Estado nombró presidente del Gobierno a Luis Carrero Blanco, por decreto dado en Madrid el 8 de junio. En el Gobierno formado por el nuevo presidente se creó el Ministerio de Planificación del Desarrollo, que substituyó a la Comisaría del Plan de Desarrollo, y se desglosó de la Vicepresidencia del Gobierno la Subsecretaría de la Presidencia, que hasta entonces iban unidas. Salvaguardia del orden público, contención de precios y continuidad del desarrollo económico, fueron las tres bases programáticas del nuevo Gobierno. En la mañana del 20 de diciembre moría el almirante Carrero, víctima de un atentado frente al número 104 de la calle de Claudio Coello de Madrid, al hacer explosión una mina subterránea, accionada a distancia, bajo el automóvil en que viajaba. Dos días después, la Dirección General de Seguridad facilitó la identificación de los miembros del grupo terrorista que ejecutó la acción, pertenecientes al llamado Frente Militar de la E. T. A., V Asamblea, con base en el S. de Francia. De acuerdo con el artículo 16 de la Ley Orgánica del Estado, la misma mañana de la muerte del presidente, Torcuato Fernández Miranda, hasta entonces vicepresidente del Gobierno, juró el cargo de presidente en funciones. El 29 de diciembre, el Jefe del Estado nombró presidente del Gobierno a Carlos Arias Navarro, que juró el cargo el 2 de enero de 1974. La crisis internacional de energía, ocasionada por la decisión de los países árabes productores de petróleo de restringir la producción primero y de aumentar el precio de

Socavón producido por la explosión de la mina, en el atentado que costó la vida al almirante Carrero Blanco

los crudos después, dio lugar a un importante aumento de los derivados del petróleo para los países importadores y consumidores de este producto. España tuvo el suministro asegurado, aunque no por ello se vio libre de la subida de los crudos y del encarecimiento de los fletes internacionales, por lo que el Gobierno tuvo que subir considerablemente el precio de los derivados petrolíferos. Arias Navarro dio a conocer el 3 de enero la composición del nuevo Gobierno, casi totalmente re-

Franco con el Consejo del Reino y el jefe del Gobierno, almirante Carrero Blanco (junio de 1973)

La «marcha verde»

El Gobierno Arias, en las Cortes

Exequias de Franco, ante el Palacio Real

novado. El nuevo presidente creó tres vicepresidencias: la política (con el Ministerio de la Gobernación), la económica y la social. El ministro subsecretario de la Presidencia pasó a denominarse ministro de la Presidencia. Pío Cabanillas, ministro de Información y Turismo, abrió una nueva etapa informativa en la que los medios de comunicación pasaron a tratar los temas con matices más críticos y, gradualmente, fueron levantadas las calificaciones de materia reservada, que no permitían la exposición de algunos temas de interés. El presidente del Gobierno presentó su programa, en sesión plenaria de las Cortes, el 12 de febrero. Sus promesas de apertura dieron origen al denominado «espíritu del 12 de febrero». Los proyectos aperturistas se centraron en la autorización de asociaciones políticas y sindicales, alcaldes y presidentes de Diputación por elección, y promulgación de una ley de incompatibilidades para el ejercicio de cargos políticos. El ingreso del Jefe del Estado en la Residencia sanatorial Francisco Franco para ser atendido de una flebitis, puso en marcha el artículo 11 de la Ley y Disposiciones Sucesorias, ocupando interinamente la jefatura del Estado el príncipe Juan Carlos de Borbón entre el 19 de julio y el 2 de septiembre. El 13 de este mismo mes tuvo lugar la explosión de una bomba en una cafetería de la calle del Correo, próxima a la Dirección General de Seguridad de Madrid, causando 12 muertos y 70 heridos. El acto fue señalado como terrorismo político. Resultado de una crisis de Gobierno fue la dimisión de Pío Cabanillas y Barrera de Irimo, ministros de Información y Turismo y Hacienda, respectivamente (29 de octubre). Poco después, Arias Navarro presentó el Proyecto de Ley de Asociaciones al Consejo Nacional para que fuese examinado por dicho organismo. El año 1975 se presentó cargado de interrogantes e incógnitas. Existían hondas preocupaciones económicas y aleteaban indecisiones políticas en el desarrollo de llevar a realidad las promesas del 12 de febrero. El panorama africano se vio enturbiado al reclamar Marruecos, ante el Comité de Descolonización de la O.N.U., la soberanía de Ceuta, Melilla, las islas Chafarinas, el Peñón de Vélez de la Gomera y el de Alhucemas (27 de enero). Respecto al Sáhara español, el Gobierno manifestó al secretario general de la O.N.U. el deseo de poner fin a su presencia en el territorio (23 de mayo). A finales de febrero, cuatro meses después de la dimisión de los titulares de Información y Turismo y de Hacienda, se inició otra crisis de Gobierno al presentar su dimisión, con carácter de irrevocable, Licinio de la Fuente y de la Fuente, titular del Ministerio de Trabajo, que llevaba aneja la tercera vicepresidencia. La crisis se zanjó con la remodelación del Gabinete ministerial. Precedido de numerosos actos terroristas con varias víctimas, fue decretado el estado de excepción (25 de abril), mediante la suspensión de los artículos 12, 14, 15, 16 y 18 del Fuero de los Españoles. Al mes siguiente, el Gobierno procedió a la regularización del derecho de huelga, pero con timideces respecto al mundo occidental. A finales de mayo, Gerald Ford, presidente estadounidense, visitó oficialmente España. La situación política interior tuvo su expresión más relevante con la publicación del decreto-ley antiterrorista (26 de agosto). La ejecución de cinco miembros de organizaciones revolucionarias, a quienes se les aplicó el artículo 12 del decreto-ley antiterrorista (27 de septiembre), provocó una campaña en el extranjero contra el régimen español, con manifestaciones y protestas y retirada temporal de los embajadores de doce países. Interiormente se produjeron numerosas huelgas y una general en las provincias vascongadas. En Madrid y Barcelona murieron asesinados once agentes del servicio de orden público, durante los ocho días siguientes a la aplicación de las penas capitales. Con motivo de la nueva enfermedad de Franco, el príncipe Juan Carlos ocupó por segunda vez, interinamente, la jefatura del Estado el 30 de octubre. Las reclamaciones de Marruecos sobre el Sáhara español condujeron a la llamada «marcha verde», en apoyo de las reivindicaciones de Rabat sobre el territorio. Miles de civiles marroquíes cruzaron la frontera del territorio, con avanzadilla de una columna superior en número a los 300.000. Ante la posición española de no permitir la invasión del territorio, Hasán II dio marcha atrás y aceptó negociar con Madrid, según prescripciones de las Naciones Unidas. El acuerdo tripartito entre España, Marruecos y Mauritania se firmó en Madrid el 14 de noviembre. Por el mismo, España concluiría su presencia en el Sáhara español (hoy Sáhara Occidental) el 28 de febrero de 1976, y la administración del territorio pasaría a aquellos países. Francisco Franco, tras una larga agonía, murió en la madrugada del 20 de noviembre. El día 22, el hasta entonces Príncipe de España juró ante las Cortes su cargo de Rey de España con el nombre de Juan Carlos I. El Rey ratificó en su puesto a Arias Navarro, quien formó nuevo Gobierno.

España

Sesión solemne de las Cortes. Los procuradores asisten a la instauración de la monarquía

En este Gabinete, calificado por la crítica de Gobierno puente, no figuró ningún miembro del ala izquierda del movimiento asociacionista. Fraga Iribarne fue el gran triunfador al conseguir la vicepresidencia para Asuntos del Interior y el Ministerio de Gobernación. Al finalizar su mandato en la presidencia de las Cortes Alejandro Rodríguez de Valcárcel, fue designado para sucederle en el cargo Torcuato Fernández Miranda, volviendo al primer plano de la política activa. Juan Carlos I, como primer paso en pro de la reconciliación nacional, concedió un indulto que eliminó las penas de muerte en los procesos pendientes. Se reconoció oficialmente la existencia de presos políticos encarcelados, quedando en libertad un 10 %. El 24 de enero de 1976 fue firmado un tratado sobre el arriendo de bases militares españolas a EE. UU., que, ratificado el 21 de septiembre, entró en vigor el primero de octubre. El primer Consejo de Ministros del mes de febrero, por medio de un decreto-ley, atenuó el rigor de la ley antiterrorista y formuló un proyecto de ley sobre derecho de reunión. Con dos días de antelación a la fecha prevista en el Tratado de Madrid, España puso fin a su presencia militar en el territorio del Sáhara, y el día 27, el Frente Polisario formó la República Árabe Saharaui Democrática, con sede en el exilio argelino. En marzo fue aprobada la Ley de Relaciones Laborales. José María de Areilza, como ministro de Asuntos Exteriores, fue el encargado de exponer la política del Gobierno español, cara al interior y frente al Mercado Común. Para ello visitó las capitales de la C. E. E., comunicando el verdadero concepto de la reforma española. El 25 de mayo, las Cortes aprobaron el proyecto de ley de reunión y manifestación, primera de las normas del conjunto de reformas acometido por el Gobierno. Juan Carlos I visitó oficialmente la República Dominicana y EE. UU., entre el 31 de mayo y el 5 de junio. Fue este viaje el primero de una serie de visitas oficiales al exterior con el fin de relanzar las relaciones españolas con países tradicionalmente aliados, mostrarles la evolución experimentada y exponer el compromiso democrático de la Corona. En esta serie de viajes al exterior, los Reyes visitaron posteriormente, otra vez, la República Dominicana, Colombia y Venezuela (11-15 de octubre); Francia (27-29 de octubre); Ciudad del Vaticano y Roma (9-12 de febrero de 1977); Jordania y Egipto (16-26 de marzo); y R. F. A. (19-23 de abril). La ley reguladora del derecho de asociación política fue aprobada por las Cortes el 9 de junio. Los rumores de una crisis de gobierno se vieron confirmados con la dimisión de Arias Navarro y la designación de Adolfo Suárez González para sucederle. El nuevo Gobierno, igualmente reformista, se marcó una línea de aceleración del proceso, y Suárez manifestó su firme voluntad de dialogar con la oposición. El 11 de julio se produjeron manifestaciones en todo el territorio nacional solicitando amnistía. El clamor unánime del pueblo fue escuchado por el Rey en sus viajes por las distintas regiones de España, y el día 30, a propuesta del Consejo de Ministros que presidía, Juan Carlos I decretó una amnistía para los delitos políticos y de opinión, salvo en aquellos actos que hubiera habido muerte o peligrado la vida de alguna persona. Esta amnistía fue posteriormente ampliada en diferentes ocasiones. El Gobierno Suárez prometió unas elecciones generales, programadas para 1977, a fin de que de ellas salieran representantes legítimos que emprendieran la reforma de las leyes vigentes. El ministro de Asuntos Exteriores, Marcelino Oreja, proclamó oficialmente en la O. N. U. la voluntad de la Corona, del Gobierno y del pueblo español de implantar un sistema democrático basado en el reconocimiento del principio de soberanía popular. El 22 de septiembre se produjo el relevo del vicepresidente del Gobierno para Asuntos de la Defensa, Fernando de Santiago, que fue substituido por el teniente general Gutiérrez Mellado. El Gobierno Suárez consiguió un gran triunfo con la aprobación en las Cortes de la Ley de la Reforma Política (18 de noviembre) y su obtención de amplia mayoría al ser sometida a referéndum (15 de diciembre). El presidente del Consejo de Estado, Antonio María de Oriol y Urquijo, fue secuestrado cuatro días antes de la celebración del referéndum. Pocas horas después, el secuestro fue reivindicado por un comando de los Grupos de Resistencia Antifascista Primero de Octubre (G. R. A. P. O.), que para su libertad pusieron como condición la liberación de quince prisioneros. El año 1976 finalizó con la desaparición de los Tribunales de Orden Público y de Delitos Monetarios, y el paso de los delitos de terrorismo a la jurisdicción ordinaria. Se creó la Audiencia Nacional y los nuevos Juzgados Centrales, nombrados por concurso de antigüedad y no a voluntad del Gobierno. El 18 de enero de 1977 fue legalizado el uso de la *ikurriña* (bandera vasca), aspiración generalizada en el país vasco durante muchos años. También comenzaron a usarse las otras banderas regionales. La violencia nuevamente se convirtió en protagonista del momento político. El G. R. A. P. O. reivindicó el secuestro del teniente general Emilio Villaescusa Quilis,

Los Reyes, durante su visita al Vaticano (febrero de 1977)

El Rey dirige la palabra al Congreso de EE. UU.

presidente del Consejo Supremo de Justicia Militar, el día 24; y un grupo de extrema derecha cometió cinco asesinatos en un despacho laboralista de Madrid. El Gobierno tomó medidas excepcionales para garantizar la paz ciudadana, suspendiendo por un mes dos artículos del Fuero de los Españoles. El Consejo de Ministros, reunido el 4 de marzo, aprobó un decreto-ley sobre Relaciones Laborales, que dio unos límites de mayor amplitud al derecho de huelga y una cierta liberalización en la aplicación del despido. La apertura al Este culminó con las relaciones diplomáticas plenas con la U. R. S. S. el 9 de febrero. El proceso de apertura se inició con Rumania (21 de enero) y continuó, gradualmente, con Yugoslavia, Bulgaria, Polonia, Checoslovaquia y Hungría. En este capítulo de relaciones internacionales, España retiró su representante de Guinea Ecuatorial, tras los ataques contenidos en un discurso del presidente Macías (22 de

La *ikurriña*, en un edificio de San Sebastián, junto a la bandera nacional y la de la ciudad

marzo), y fueron formalizadas plenamente con Méjico el 28 del mismo mes, tras casi cuarenta años de interrupción. En el mes de abril desapareció la Secretaría General del Movimiento, fue aprobada la ley de Asociación Sindical, y tras una polémica nacional abierta, fue legalizado el Partido Comunista de España, por resolución del Ministerio de la Gobernación. La legalización de este partido creó malestar en algunos sectores, pero fue aceptada la decisión gubernamental. La crisis económica se vio seriamente acentuada, al coincidir con la compleja operación política emprendida y la incoherencia en los responsables de la economía, que se habían sucedido muy rápidamente en la dirección de ésta. Un factor importante de la depresión económica fue la inseguridad de inversión y la fuga de capitales, que dañaron notablemente las reservas y recursos financieros españoles, afectando negativamente al paro laboral y a la inflación. El calendario electoral presentó como fecha para comenzar la campaña el 24 de mayo, y como jornada electoral el 15 de junio. En un acto celebrado en el palacio de la Zarzuela el 14 de mayo, Juan de Borbón, conde de Barcelona y padre del Rey, hizo cesión de los derechos dinásticos de la Corona española, que recaían en su persona, en favor de su hijo y heredero Juan Carlos I. El Gobierno, en el Consejo del 20 de mayo, concedió la excarcelación de los últimos presos políticos, aunque obligando a algunos al extrañamiento fuera de territorio español. Esta medida de gracia quedaba completada el 14 de octubre al aprobar las Cortes una proposición de ley sobre amnistía, preparada por los distintos grupos parlamentarios. El 3 de mayo se establecieron relaciones diplomáticas, a nivel de embajada, con la República de Kampuchea (antes Khmer), y el 23 con Vietnam. Este proceso siguió completándose con las relaciones, también a pleno nivel, con Mongolia (4 de julio) y Angola (19 de oc-

Los Reyes brindan en el banquete que les ofreció el Gobierno de la R. F. A. (1977)

tubre). El presidente de Portugal, Ramalho Eanes, inició el 23 de mayo una visita oficial a España, declarando su deseo de un perfeccionamiento cada vez mayor de la amistad hispanolusa; ésta se vio afianzada el 22 de noviembre con la firma en Madrid del nuevo Tratado de Amistad y Cooperación, para cuyo acto se desplazó a la capital de España el jefe del Gobierno portugués, Mário Soares. Dicho Tratado substituyó al Pacto Ibérico de 1939. Pero el acontecimiento quizá más importante de 1977 fue la celebración, el 15 de junio, de las elecciones generales a Cortes, previstas en la ley para la Reforma Política, en las que triunfaron, por amplia mayoría, la U. C. D. (Unión de Centro Democrático), partido del jefe del Gobierno, Adolfo Suárez, y el P. S. O. E. (Partido Socialista Obrero Español), dirigido por Felipe González. El día 21 se difundió en París un comunicado de la oficina de prensa de la República Española en el exilio, por el que se notificaba la disolución de sus instituciones, aceptándose el resultado de las elecciones del 15 de junio. El 22 tuvo lugar la solemne apertura de las nuevas Cortes, en un acto que presidieron los Reyes. El 17 de junio, el presidente del Gobierno fue confirmado en su puesto por el Rey; días después inició las consultas para la formación del nuevo Gabinete ministerial, cuyos componentes juraron su cargo el 5 de julio. El último Consejo de Ministros del Gobierno anterior había dado el visto bueno, días antes, a una reestructuración administrativa que comportó, entre otras medidas, la supresión de los Ministerios del Ejército, Marina y Aire (integrándolos en un único Ministerio de Defensa), Información y Turismo (integrado en Cultura, y Comercio y Turismo), Relaciones Sindicales (cuyas competencias pasaron al de Trabajo) y Vivienda (integrado en Obras Públicas y Urbanismo); la creación de los de Cultura, Economía, Transportes y Comunica-

Gustavo Díaz Ordaz conversa con el Rey, tras la ceremonia de presentación de cartas credenciales como embajador de Méjico

España

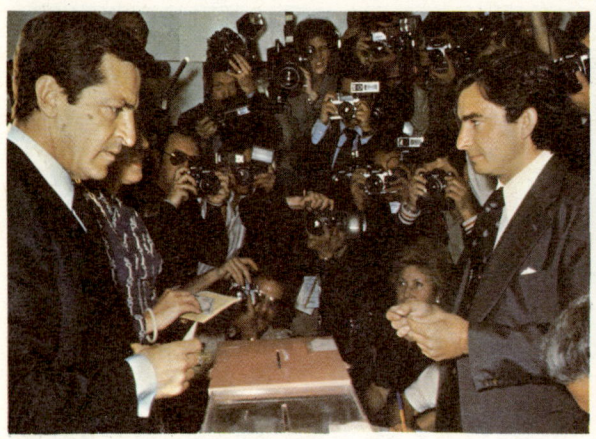

El presidente Adolfo Suárez y su esposa votando el 15 de junio de 1977

Firma de los Pactos de la Moncloa

ciones, y Sanidad y Seguridad Social, y la reestructuración y cambio de nombre de otros: Interior (antiguo de Gobernación), Obras Públicas y Urbanismo, Industria y Energía, y Comercio y Turismo. También quedó suprimido el cargo de ministro secretario del Gobierno (que había absorbido al de ministro secretario general del Movimiento, suprimido en abril). Asimismo se reinstauraron las vicepresidencias para Asuntos Económicos y Políticos, ahora sin cartera ésta y aneja aquélla al Ministerio de Economía, y se crearon dos Ministerios adjuntos, ambos también sin cartera, de Relaciones con las Cortes, y para las Regiones. En el Consejo de Ministros del 10 de febrero de 1978 se creó el cargo de ministro (sin cartera) de Relaciones con las Comunidades Europeas. Se crearon, por último, varias secretarías de Estado, figura nueva en la política española. El nuevo Gobierno continuó resueltamente su programa para llevar a buen término la constitución del proceso democrático, acentuando, sobre todo, su actuación en el campo económico, principal problema a resolver. Para esto, y como medida de urgencia, devaluó la peseta en un 20 % con respecto al dólar (12 de julio); pero lo más importante, a este propósito de la economía, sería la serie de acuerdos entre el Gobierno y los partidos políticos con representación parlamentaria, que recibieron el nombre de Pactos de la Moncloa, que incluían también una vertiente política, y que fueron aprobados por el Senado el 11 de noviembre. El 20 de septiembre aceptó la C. E. E. la candidatura de España para ser admitida en el seno de la Comunidad. En este capítulo de relaciones con Europa fue noticia importante la entrada de España en el Consejo de Europa, como miembro de pleno derecho (24 de noviembre). En el terreno turístico y comercial se facilitó la comunicación con los pueblos de Europa, suprimiéndose (febrero de 1978) la necesidad del pasaporte para visitar Bélgica, Suiza, la R. F. A. y Francia. Particular importancia en la política interior del país tenían las aspiraciones autonómicas de las regiones que integran España, anhelos que eran contemplados por el Gobierno y las Cortes, que concedieron el régimen preautonómico a Cataluña restableciendo su *Generalitat* (5 de octubre); al País Vasco y Navarra (6 de enero de 1978), instituyendo el Consejo General del País Vasco (aunque debiendo el pueblo navarro decidir su presencia o ausencia en dicho organismo), y a Galicia, Aragón, Canarias, País Valenciano (18 de marzo) y Andalucía (28 de abril), instituyendo, respectivamente, la *Xunta de Galicia*, la Diputación General de Aragón, la Junta de Canarias, el *Consell del País Valencià* y la Junta de Andalucía. El 24 de octubre, el honorable José Tarradellas tomó posesión de la presidencia de la Generalidad; el 17 de febrero de 1978, Ramón Rubial fue elegido presidente del Consejo General Vasco; fueron elegidos presidentes de aquellos supremos organismos preautonómicos, Juan Antonio Bolea Foradada (Aragón, 9 de abril), José Luis Albiñana Olmos (País Valenciano, 10), Antonio Rosón Pérez (Galicia, 11), Alfonso Soriano y Benítez de Lugo (Canarias, 14) y Plácido Fernández Viagas (Andalucía, 27 de mayo). El 1 de noviembre de 1977 tuvo lugar en el Real Sitio de Covadonga la ceremonia de exaltación como trigésimo quinto Príncipe de Asturias de S. A. R. Felipe de Borbón y Grecia, heredero de la Corona, siéndole impuesta la venera del Título por el presidente de la Diputación Provincial de Oviedo. El 8 de octubre llegó a Madrid en visita oficial el presidente mejicano, José López Portillo, primer jefe de Estado de Méjico que visitaba nuestro país. Los Reyes, a su vez, fueron a Canarias, coincidiendo con la estancia del presidente en el archipiélago; anteriormente habían realizado (8-18 de septiembre) su tercer viaje a América, visitando Venezuela, Guatemala, Honduras, El Salvador, Costa Rica y Panamá. Invitados por el Rey de Arabia, los monarcas españoles viajaron a este país en octubre (días 23-26). El 31 de enero de 1978 llegaron a Viena en visita oficial a Austria, que se prolongó hasta el 3 de febrero. Del 3 al 8 de mayo visitaron Portugal, ratificándose, con esta ocasión, el nuevo tratado hispanoluso. En otro orden de cosas, el proyecto regulador de las futuras elecciones municipales, fue remitido a las Cortes por acuerdo del Consejo de Ministros el día 1 de diciembre de 1977. Mientras tanto, el plazo de presentación de enmiendas al anteproyecto de Constitución, que, elaborado por la correspondiente Ponencia parlamentaria, pasó al presidente de la Comisión Constitucional del Congreso el 23 de diciembre de 1977, terminó el 31 de enero de 1978. El número de enmiendas presentadas fue superior a 1.130. El 24 de febrero de 1978, y provocada por la dimisión del ministro de Economía, hubo una reestructuración del Gobierno, incorporándose a éste Agustín Rodríguez Sahagún, en Industria y Energía; Rafael Calvo Ortega, en Trabajo; Salvador Sánchez Terán, en Transportes y Comunicaciones; y Jaime Lamo de Espinosa, en Agricultura. Fernando Abril Martorell pasó a ser vicepresidente segundo, encargándose de los asuntos económicos. A mediados de junio, los Reyes de España visitaron oficialmente la R. P. China. El hecho más importante, sin lugar a dudas, dentro del proceso político español fue la aprobación, después de 14 meses de prolongados debates, de la nueva Constitución por el pleno del Con-

Sesión de apertura de las nuevas Cortes, presidida por los Reyes de España

BANDERAS REGIONALES

ANDALUZA · ARAGONESA · ASTURIANA
BALEAR · CANARIA · CASTELLANO-LEONESA
CASTELLANO-MANCHEGA · CATALANA · EXTREMEÑA
GALLEGA · MURCIANA · NAVARRA
VALENCIANA · VASCA

greso el 31 de octubre de 1978. La Constitución, tras una campaña propagandística por parte de los grupos políticos con representación parlamentaria, fue sometida a referéndum nacional el 6 de diciembre. Acudió a las urnas el 67,11 % de la población electoral, siendo las Provincias Vascongadas, Navarra y Galicia las que registraron un mayor índice de absentismo. Fue aprobada por el 87,87 % de los votos escrutados, lo que representaba el 58,97 % del total del censo electoral. El 27 del mismo mes era sancionada por el Rey ante las Cortes, dando así por concluido el período de transición política en España. Entretanto, la oleada de actos terroristas, dirigidos en su mayoría contra las fuerzas de orden público, que por entonces estaba llevando a cabo la organización E. T. A., sirvió como pretexto para que un grupo minoritario dentro del Ejército intentase un golpe militar en la noche del 16 al 17 de noviembre, bajo la denominación de «Operación Galaxia»; pero alertados los servicios de Seguridad del Estado, el golpe no se llevó a efecto, produciéndose algunos arrestos. Precisamente el día 17, el Rey Juan Carlos I iniciaba un viaje oficial, previsto con anterioridad, a tierras de Hispanoamérica, visitando Méjico, Perú y Argentina durante diez días. El mismo día de la entrada en vigor de la Constitución, con su publicación en el *Boletín Oficial del Estado* (29 de diciembre), el presidente Suárez anunció la disolución de las Cortes y la convocatoria de elecciones generales para el 1 de marzo y de las municipales para el 3 de abril de 1979. En las primeras volvieron a triunfar, por amplia mayoría, U. C. D. y el P. S. O. E., reflejándose un ligero ascenso para el P. C. E., la irrupción de los partidos nacionalistas y el fracaso de Coalición Democrática (grupo electoral en el que figuraban Fraga, Areilza y Osorio en cabeza de lista por Madrid). V. cuadro referente a estas elecciones. Propuesto Adolfo Suárez por el Rey para la presidencia del Gobierno, el Congreso aprobó por mayoría absoluta su investidura, aunque sin el debate parlamentario previo que habían solicitado principalmente socialistas y comunistas. Las elecciones municipales celebradas el 3 de

España

El presidente López Portillo y su esposa con los Reyes, presidiendo un acto en su honor, durante su visita oficial a España

Palco de honor de la Ópera de Viena, en una representación en honor de los Reyes de España, durante su visita oficial a Austria

Elecciones generales del 1 de marzo de 1979

Partido, Asociación, Coalición	Congreso		Senado	
	Escaños	Votos	Escaños	Votos
Unión de Centro Democrático (*)	156	5.720.364	116	11.315.372
Partido Socialista Obrero Español (**)	104	4.569.847	59	7.949.761
Partido Socialista de Cataluña (P. S. C.-P. S. O. E.) (**)	17	875.529	10	2.628.703
Partido Comunista de España (***)	15	957.394	—	—
Centristes de Catalunya (*)	12	570.948	4	217.759
Coalición Democrática	9	477.044	3	68.889
Convergència i Unió	8	448.561	1	57.456
Partit Socialista Unificat de Catalunya (P. S. U. C.) (***)	8	472.191	—	—
Partido Nacionalista Vasco	7	275.292	8	816.565
Partido Socialista Andaluz	5	232.751	—	—
Herri Batasuna	3	138.091	1	63.549
Unión Nacional	1	110.730	—	—
Esquerra Republicana de Catalunya amb Frent Nacional de Catalunya i Partit Social Demòcrata de Catalunya	1	88.770	—	—
Euzkadiko Ezkerra	1	42.293	—	—
Unión del Pueblo Canario	1	38.304	—	—
Partido Aragonés Regionalista	1	38.042	—	—
Unión del Pueblo Navarro	1	28.248	—	—
Agrupació per l'Entesa	—	—	1	626.809
Candidatura Progresista Menorquina	—	—	1	11.745
Candidatos Independientes				
(Soria)	—	—	3	56.469
(Ávila)	—	—	1	21.891

(*) (**) (***) Afines.

abril, dieron, sin embargo, el triunfo a la izquierda, asegurándose ésta, en virtud de un pacto entre el P. S. O. E. y el P. C. E., las alcaldías de los municipios más importantes del país. La formación del nuevo Gabinete ministerial no fue tarea fácil para el presidente Suárez, quien, tras laboriosas consultas con diferentes personalidades políticas, pudo darla a conocer en la madrugada del 6 de abril; la reforma administrativa más importante residió en la potenciación de los Ministerios de la Presidencia y de Administración Territorial (antes Ministerio Adjunto para las Regiones); del primero dependerán las relaciones con los gobiernos civiles y el desarrollo de los textos jurídicos de la Constitución, y el de Administración Territorial entenderá de cuestiones relativas a las comunidades autónomas y administración local; el desdoblamiento del Ministerio de Educación y Ciencia produjo un nuevo departamento dedicado exclusivamente a Universidades e Investigación, quedando encomendadas las demás atribuciones al Ministerio que se llamará solamente de Educación; del Ministerio del Interior (cartera encomendada ahora a un militar) se eliminaron las competencias en materia de administración local y territorial. Hay que resaltar también la designación de un civil (Agustín Rodríguez Sahagún, hasta entonces ministro de Industria) para el Ministerio de Defensa, así como la exclusión de Francisco Fernández Ordóñez, máximo representante del sector socialdemócrata de U. C. D., de Pío Cabanillas y de Rodolfo Martín Villa, titulares de Hacienda, Cultura e Interior respectivamente, y figuras destacadas en la formación del partido del Gobierno. Se creó el ministro adjunto al presidente, sin cartera. En cuanto al proceso de las autonomías, tema ampliamente debatido dentro y fuera de las Cámaras, hay que señalar como importantes los acuerdos a que llegaron representantes del Gobierno con los parlamentarios vascos y catalanes para la firma de sus respectivos estatutos. Después de laboriosas negociaciones, el acuerdo global sobre el contenido del Estatuto vasco o de Guernica, tuvo lugar el 17 de julio con la firma de los presidentes de U. C. D., Adolfo Suárez, y del P. N. V., Carlos Garaicoechea. Por su parte, los representantes catalanes y del Gobierno llegaron a la firma del proyecto definitivo del Estatuto de Cataluña, llamado también de Sau, el 7 de agosto. Ambos, una vez ratificados por las ponencias conjuntas, Comisión Constitucional, Asamblea de Parlamentarios vascos y catalanes en cada caso, fueron sometidos a referéndum popular dentro de sus territorios (25 de octubre) y aprobados; a partir de esta fecha, el País Vasco y Cataluña se constituyeron en Comunidades Autónomas dentro del Estado español, accediendo por tanto a su autogobierno. A estos estatutos seguirán los de otras nacionalidades del Estado (Galicia, País Valenciano, etc.), a las que la Administración central irá cediendo también sus competencias respectivas. El año finalizó en un clima de alta tensión en el mundo del trabajo y en el universitario, con diversas manifestaciones de protesta. Los trabajadores testimoniaban su

Los Reyes en la Gran Muralla, durante su viaje a la R. P. China

desacuerdo con el contenido de algunos artículos del Estatuto del Trabajador, y los estudiantes se manifestaban en señal de protesta por la anunciada subida de tarifas académicas y por su negativa a aceptar la Ley de Autonomía Universitaria. La decisión adoptada por el comité ejecutivo del partido gubernamental de dar lentitud al ritmo de los procesos autonómicos y de propugnar la abstención en el referéndum de iniciativa autonómica de Andalucía, fue causa de un reajuste ministerial en el Gabinete Suárez (16 de enero de 1980), en el que dimitió el ministro de Cultura, Manuel Clavero Arévalo, defensor de la equiparación

España

El Rey Juan Carlos I sanciona la Constitución ante las Cortes
(27 de diciembre de 1978)

El presidente del Congreso, Fernando Álvarez de Miranda, declara aprobado el proyecto de Constitución (julio de 1978)

Antonio Fontán, presidente del Senado, declara aprobado el proyecto de Constitución (octubre 1978)

Los Reyes de España, durante su visita a la R. P. China (junio de 1978)

Los Reyes en el Concejo de Lima, donde se les hizo entrega de las llaves de la ciudad, con motivo de su viaje oficial a Perú

El Rey junto al presidente López Portillo, durante su visita oficial a Méjico

España

Reunión de la Comisión de Urgencia de las Cortes, celebrada en Madrid, para tratar sobre el tema de la autonomía vasca (2 de enero de 1978)

de Andalucía a las nacionalidades históricas de España. Ricardo de la Cierva substituyó a Manuel Clavero en el Ministerio de Cultura. Además, el ministro de la Presidencia, José Pedro Pérez-Llorca, asumió las Relaciones entre las Cortes Generales y el Gobierno, y Rafael Arias-Salgado, que ostentaba este Ministerio, permaneció en el Gabinete como ministro adjunto al presidente, con el encargo de coordinar los asuntos políticos. La política exterior durante 1979 ha seguido basándose en la no discriminación y acorde con el carácter de nación europea, democrática y occidental de España, con dos especiales proyecciones: África, por su inmediato contexto geográfico, e Hispanoamérica, fundamentalmente por lazos culturales. Así lo justifican los frecuentes viajes realizados tanto por el Rey como por el presidente y demás miembros del Gobierno. El 31 de enero, el presidente Adolfo Suárez comparecía ante el Consejo de Europa, destacando en su discurso de manera especial el proceso político español y la integración de España en la C. E. E. El 5 de febrero tenía lugar en Bruselas la apertura oficial de las negociaciones de España con la Comunidad, aunque ya en este primer encuentro quedaron en evidencia serias divergencias entre los representantes comunitarios y españoles. El 4 de agosto, el presidente del Gobierno iniciaba un nuevo viaje, esta vez con destino a Hispanoamérica, visitando Brasil, Ecuador y la República Dominicana; durante la gira se entrevistó con los más altos mandatarios de estos países, así como con los presidentes de Panamá, Venezuela y Colombia y con el secretario general de la Organización de Países Exportadores de Petróleo (O. P. E. P.). El 13 de septiembre llegó a Madrid el secretario general de la O. L. P., Yasser Arafat. Durante su visita fue recibido oficialmente por el presidente Suárez. Era la segunda vez que el líder palestino se entrevistaba con el jefe de Gobierno de un país occidental (la primera tuvo lugar en Viena el pasado mes de julio con el canciller austríaco). Por fin, el 18 de septiembre, comenzaron formalmente las negociaciones para el ingreso de España en el Mercado Común, tras la apertura oficial del 5 de febrero. La postura española, similar a la de otros países ya integrados en la Comunidad, se centra en la demanda de un período transitorio único que podría oscilar entre cinco y diez años a partir de enero de 1983, fecha que se considera la más probable para la entrada de España como miembro efectivo. Al término de estas sesiones negociadoras, que por parte española estarán dirigidas por el ministro de Relaciones con las Comunidades Europeas, Leopoldo Calvo Sotelo, se firmará un tratado de adhesión de España a la C. E. E. El 8 de octubre, el Rey Juan Carlos intervino ante la Asamblea de Parlamentarios del Consejo de Europa, con sede en Estrasburgo, en cuya Universidad le fueron impuestas las insignias de doctor honoris causa. El Rey (primer monarca que se dirigía a esta Asamblea), en sus alocuciones, resaltó la vocación europea de España y el proyecto político de la unión europea e hizo un llamamiento en favor de las libertades y derechos humanos. La visita oficial que los Reyes de España realizaron a Suecia, a mediados de este mes, sirvió para iniciar un deshielo en las relaciones políticas y diplomáticas de ambos países. El ministro de Asuntos Exteriores soviético, Andrei Gromyko, concluyó satisfactoriamente su visita oficial a España (19-21 de noviembre), por los progresos alcanzados en las relaciones bilaterales, principalmente en los sectores de intercambios económicos, culturales y científicos. A fin de encontrar una solución duradera sobre el enclave colonial gibraltareño, la XXXIV Asamblea General de las Naciones Unidas adoptó por consenso una declaración, pidiendo la iniciación de negociaciones a los gobiernos de España y R. U. Las relaciones francoespañolas se vieron fortalecidas con la visita oficial del presidente del Gobierno español, Adolfo Suárez, a París durante los días 26 y 27 del mismo mes. Se reavivó el tema de la emigración española en Francia, consiguiendo ciertas garantías para los trabajadores españoles en cuanto a la ley en trámite en el seno de la Asamblea Francesa. Fueron tratados los diferentes temas bilaterales y comunitarios, así como también la posibilidad de cooperación en las distintas áreas internacionales. El 2 de diciembre viajó a Guinea Ecuatorial una misión interministerial española, presidida por el titular de Transportes y Comunicaciones, Salvador Sánchez Terán, para estudiar, en colaboración con los poderes del Gobierno guineano, el destino de los créditos otorgados por la nación española. España firmó un Acuerdo financiero con Guinea Ecuatorial, mediante el cual se concedieron créditos por valor de veintitrés millones de dólares para el relanzamiento de la economía guineana. Asimismo, fueron firmados diversos protocolos sobre asistencia técnica y un acuerdo sobre telecomunicaciones. Posteriormente, la visita oficial de los Reyes de España a Guinea Ecuatorial adquirió un profundo significado histórico, por el reencuentro oficial y la renovación de una entrañable amistad, olvidada durante los once años anteriores. El canciller alemán, Helmut Schmidt, concluyó una visita oficial a España de tres días de duración, el 9 de enero de 1980. Durante la misma, condenó la intervención soviética en Afganistán, elogió ampliamente el proceso democrático español y acordó, juntamente con el Gobierno español, desplegar esfuerzos en favor de la distensión y de la celebración de la siguiente fase de la Conferencia de Seguridad y Cooperación Europea en Madrid. El presidente Suárez, invitado por Jimmy Carter, visitó Washington el 14 del mismo mes, donde ambos presidentes trataron, entre otros temas, cuestiones relativas al Sáhara, Oriente Medio y distensión, así como también de la decisión hispana de apoyar a EE. UU. en las crisis de

El ministro de la Presidencia y representantes catalanes y del Gobierno, al salir de la firma del proyecto definitivo del Estatuto de Cataluña (7 de agosto de 1979)

Recepción oficial de los Reyes de Suecia, en honor de los monarcas españoles (octubre de 1979)

El presidente de Guinea Ecuatorial recibe al Rey de España en el aeropuerto de Malabo

Entierro de los restos de Alfonso XIII, en el monasterio de El Escorial (19 enero de 1980)

Audiencias concedidas por el Rey don Juan Carlos al ministro de Asuntos Exteriores soviético, Andrei Gromyko (19 de noviembre de 1979), y al canciller de la R. F. A., Helmut Schmidt (7 de enero de 1980)

Irán y Afganistán. Consumada ya la transición política, fueron trasladados los restos mortales de Alfonso XIII, desde la tumba de la iglesia española de Nuestra Señora de Montserrat, en Roma, donde reposaban desde 1941, al Panteón de Reyes del monasterio de El Escorial (19 de enero de 1980). Para la formación del Parlamento del Consejo General Vasco, se celebraron elecciones en Euzkadi el 10 de marzo, de las que salió triunfador el Partido Nacionalista Vasco, al obtener 25 de los 60 escaños de que se compone dicho Parlamento, y cuyo máximo representante, Carlos Garaicoechea, fue elegido asimismo presidente del Gobierno de Euzkadi. Días después (20 de marzo), el país catalán acudía a las urnas para elegir su Parlamento. Las elecciones dieron la victoria a Convergència i Unió, que obtuvo 43 de los 245 escaños, y Jordi Pujol, líder del partido, fue elegido presidente de la Generalitat. Con motivo de la crisis surgida dentro del Gabinete ministerial, el presidente Suárez llevó a cabo la formación de un nuevo Gobierno (2 de mayo de 1980), el cuarto desde que accediera a la presidencia en 1976, en el que seis ministros abandonaban sus funciones y tres cambiaban de ministerio; cesaron los representantes del ala liberal de U. C. D. y los de tendencia socialdemócrata, por lo que la oposición acusó a Suárez de dar un giro a la derecha. El 20 de mayo de 1980 se reunió el Pleno del Congreso para someter a debate parlamentario, pedido por la oposición, la situación por la que atravesaba el país: economía, autonomías y terrorismo fueron los grandes temas sobre los que los distintos grupos parlamentarios interpelaron al Gobierno. Durante la sesión de debate del segundo día el P.S.O.E. presentó una moción de censura contra el Gobierno presidido por Adolfo Suárez, a la vez que proponía como nuevo presidente a su líder, Felipe González, quien en días sucesivos presentó ante el Congreso las coordenadas a seguir por su Gobierno para salir de la crisis, en que a su juicio, se encontraba el país. Sometida a votación pública la moción de censura (30 de mayo), fue rechazada por 166 votos en contra, 152 a favor y 21 abstenciones. Pese a no ser aprobada la moción, U. C. D. no contó con los votos de ningún grupo parlamentario. Durante la visita que el presidente estadounidense, Jimmy Carter, realizó a España (25-26 de junio), se trataron temas referentes a la colaboración entre ambos países. Por su parte, Jimmy Carter ofreció al Gobierno español su apoyo para la integración de España en Europa, tanto en el aspecto político como en el económico. En la remodelación del Gabinete ministerial, dada a conocer por el presidente Suárez el 8 de septiembre, quedaron representadas todas las tendencias políticas de U. C. D., a excepción del ala liberal. En este nuevo Gobierno, el quinto desde que el presidente Suárez accediera a la presidencia, se introdujo la novedad de *ministro de Estado* (once titulares de ministerio más los dos vicepresidentes tienen esta categoría), que serán encargados de elaborar las grandes líneas de actuación del Gobierno. El nuevo Gobierno quedó compuesto de la manera siguiente: Presidente: Adolfo Suárez González; Vicepresidente primero para Asuntos de Seguridad y Defensa Nacional: Manuel Gutiérrez Mellado; Vicepresidente segundo y encargado para Asuntos Económicos: Leopoldo Calvo Sotelo Bustelo; Ministro de Estado de Asuntos Exteriores: José Pedro Pérez-Llorca y Rodrigo; Ministro de Estado de Hacienda: Jaime García Añoveros; Ministro de Estado de Justicia: Francisco Fernández Ordóñez; Ministro de Estado

España

de Interior: Juan José Rosón Pérez; Ministro de Obras Públicas y Urbanismo: Jesús Sáncho Rof; Ministro de Estado de Educación: Juan Antonio Ortega y Díaz Ambrona; Ministro de Trabajo: Félix Manuel Pérez Miyares; Ministro de Industria y Energía: Ignacio Bayón Mariné; Ministro de Estado de Agricultura: Jaime Lamo de Espinosa; Ministro de Transportes y Comunicaciones: José Luis Álvarez Álvarez; Ministro de Cultura: Íñigo Cavero Lataillade; Ministro de Sanidad y Seguridad Social: Alberto Oliart Saussol; Ministro de Estado de Administración Territorial: Rodolfo Martín Villa; Ministro adjunto sin cartera para las Relaciones con la CEE: Eduardo Punset Casals; Ministro de Estado de Economía y Comercio: Juan Antonio García Díez; Ministro de Investigación y Universidades: Luis González Seara; Ministro de Estado de la Presidencia: Rafael Arias Salgado; Ministro de Estado de Defensa: Agustín Rodríguez Sahagún; Ministro de Estado adjunto al presidente: Pío Cabanillas Gallas; Ministro adjunto para la Administración Pública: Sebastián Martín Retortillo. El 15 de septiembre el presidente del Gobierno, Adolfo Suárez, presentó ante el Congreso de los Diputados el programa que el Gobierno se proponía llevar a cabo, para cuya consecución pidió el voto de confianza de los diputados. Austeridad para superar la crisis económica, generadora de inflación y desempleo, y desarrollo de la Constitución, principalmente la construcción del Estado de las autonomías, fueron los principales objetivos del programa expuesto por el presidente. Tras dos días de debates parlamentarios en los que intervinieron todos los grupos que componían la Cámara, se sometió a votación pública la propuesta del Gobierno, cuyos resultados fueron: 180 votos a favor, 164 en contra y 2 abstenciones, por lo que quedó otorgada la confianza solicitada por el Gobierno, ya que para su aprobación sólo

Carlos Garaicoechea y Jordi Pujol, presidentes del Consejo General Vasco y de la Generalitat

se necesitaba mayoría simple. Suárez dimitió a principios de 1981 y el rey propuso para nuevo presidente a Leopoldo Calvo-Sotelo. El 20 de febrero compareció ante el Congreso con su programa de gobierno para pedir la investidura, que no alcanzó en la primera votación. Reunidos los diputados nuevamente (23 de febrero), un destacamento de doscientos guardias civiles bajo el mando del teniente coronel Tejero ocupó el Congreso e hizo prisioneros a los diputados y al Gobierno en funciones. Fracasado el intento de golpe de Estado (24 de febrero), en el que aparecieron implicados, entre otros, los generales Jaime Milans del Bosch y Alfonso Armada Comyns, Calvo-Sotelo logró la investidura. Tras una profunda crisis en su partido en julio de 1982 y ante el Comité Ejecutivo de UCD, Calvo-Sotelo presentó su dimisión como presidente, cargo que pasó a desempeñar el presidente del Congreso, Landelino Lavilla. Antes de terminar el mes, Suárez abandona UCD, lo que erosiona aún más el descalabro del partido y hace que Calvo-Sotelo anuncie la disolución de las Cortes y convoque elecciones para el 28 de octubre. Celebradas las elecciones, el P.S.O.E. triunfa con mayoría absoluta (202 diputados), con lo que Felipe González se convirtió en el nuevo presidente del Gobierno, mientras que Manuel Fraga Iribarne, al frente de su partido Alianza Popular, coaligado con una de las fracciones surgidas del naufragio centrista, el PDP de Óscar Alzaga, encabezaba la primera fuerza de la oposición. El nuevo Gobierno quedó compuesto de la manera siguiente: Presidente: Felipe González Márquez; Vicepresidente: Alfonso Guerra González; Ministro de Asuntos Exteriores: Fernando Morán; Ministro de Defensa: Narcís Serra; Ministro de Interior: José Barrionuevo; Ministro de Economía, Hacienda y Comercio: Miguel Boyer; Ministro de Trabajo y Seguridad Social: Joaquín Almunia; Ministro de Administraciones Públicas: Javier Moscoso; Ministro de Industria y Energía: Carlos Solchaga; Ministro de Educación y Ciencia: José María Maravall; Ministro de Administración Territorial: Tomás de la Quadra-Salcedo; Ministro de Cultura: Javier Solana; Ministro de Justicia: Fernando Ledesma; Ministro de Sanidad: Ernest Lluch; Ministro de Obras Públicas y Urbanismo: Julián Campo; Ministro de Transportes y Comunicaciones: Enrique Barón; Ministro de Agricultura, Pesca y Alimentación: Carlos Romero.

Felipe González en la tribuna de oradores del Congreso de los Diputados

GOBERNANTES DE ESPAÑA

Nombres	Posesión	Cese	Fallecimiento
Fernando V *el Católico*	2-I-1492	23-I-1516	23-I-1516
Isabel I *la Católica*	2-1-1492	26-XI-1504	26-XI-1504
Dinastía de Austria			
Carlos I de España y V de Alemania	23-I-1516	16-I-1556	21-IX-1557
Felipe II	16-I-1556	13-IX-1598	13-IX-1598
Felipe III	13-IX-1598	31-III-1621	31-III-1621
Felipe IV	31-III-1621	17-IX-1665	17-IX-1665
Carlos II	17-IX-1665	I-XI-1700	1-XI-1700
Dinastía de Borbón			
Felipe V (primera vez)	1-XI-1700	10-I-1724	
Luis I	10-I-1724	31-VIII-1724	31-VIII-1724
Felipe V (segunda vez)	31-VIII-1724	9-VII-1746	9-VII-1746
Fernando VI	9-VII-1746	10-VIII-1759	10-VIII-1759
Carlos III	10-VIII-1759	14-XII-1788	14-XII-1788
Carlos IV	14-XII-1788	19-III-1808	19-I-1819
Fernando VII (1)	19-III-1808	29-IX-1833	29-IX-1833
Isabel II (2)	29-IX-1833	26-IX-1868	9-IV-1904
Dinastía de Saboya			
Amadeo I	4-XII-1870	13-II-1873	18-I-1890
Primera República			
Estanislao Figueras y Moragas	11-II-1873	11-VI-1873	11-XI-1882
Francisco Pi y Margall	11-VI-1873	18-VII-1873	29-XI-1901
Nicolás Salmerón y Alonso	18-VII-1873	7-IX-1873	20-VIII-1909
Emilio Castelar y Ripoll	7-IX-1873	3-I-1874	25-V-1899
Francisco Serrano Domínguez (3)	3-I-1874	29-XII-1874	26-XI-1885
Dinastía de Borbón			
Alfonso XII	29-XII-1874	25-XI-1885	25-XI-1885
Alfonso XIII (4)	17-V-1886	14-IV-1931	28-II-1941
Segunda República			
Niceto Alcalá Zamora	14-IV-1931	7-IV-1936	18-II-1949
Diego Martínez Barrio (provisional)	7-IV-1936	10-V-1936	1-I-1962
Manuel Azaña Díaz	10-V-1936	I-III-1939	4-XI-1940
Estado Español			
Miguel Cabanellas (presidente de la Junta de Defensa Nacional, de Salamanca)	23-VII-1936	I-X-1936	14-V-1938
Francisco Franco Bahamonde	I-X-1936	20-XI-1975	20-XI-1975
Dinastía de Borbón			
Juan Carlos I	22-XI-1975		

(1) No se incluye a José I por su condición de rey intruso.
(2) Durante la minoría ejercieron la regencia la reina madre María Cristina de Borbón y el general Espartero.
(3) Gobierno transitorio hacia la restauración de la monarquía.
(4) Ejerció la regencia desde la muerte de Alfonso XII hasta la coronación de Alfonso XIII en 1902, la reina madre María Cristina de Habsburgo-Lorena.

Españita. Geog. Mun. de Méjico, est. de Tlaxcala; 4.944 h. ‖ Pueblo cap. del mismo; 1.079 h.

español, la. fr., *espagnol;* it., *spagnolo;* i., *spaniard;* a., *Spanisch, Spanier.* adj. Natural de España, o perteneciente a esta nación. Ú. t. c. s. ‖ m. **Ling.** Lengua española, nacida en Castilla como resultado de la peculiar evolución experimentada allí por el latín, y extendida al resto de España y a Méjico, las Grandes Antillas, Centroamérica y Sudamérica, salvo las Guayanas y Brasil. Se habla también en diversas zonas y núcleos de EE. UU., de África, en determinados sectores de la población filipina, y, con peculiaridades muy características, en muchas comunidades sefardíes de Asia Menor, los Balcanes y Norte de África. ‖ **a la española.** m. adv. Al uso de España.

Español en París, por Evenepoel. Museo de Gante

Española (La). Geog. hist. Nombre dado por Colón, en su primer viaje, a la isla de Santo Domingo (v.).

españolado, da. adj. Extranjero que en el aire, traje y costumbres parece español. ‖ f. Acción, espectáculo u obra literaria que exagera y falsea el carácter español.

españolar. (De *español.*) tr. **españolizar.** Ú. t. c. prnl.

españolear. (Voz creada por *F. García Sanchiz.*) intr. «Vivir a España intensamente en las actitudes y en los gestos, con una admirable conciencia de finalidad.»

españolería. f. Cualidad o actitud propia de españoles. ‖ Apego a las cosas españolas. ‖ **españolada.**

españoleta. f. Baile antiguo español.

Españoleto. Biog. Ribera (José de).

españolismo. m. Amor o apego a las cosas de España. ‖ **hispanismo.** ‖ Carácter genuinamente español.

españolista. adj. Dado o afecto al españolismo.

españolización. f. Acción y efecto de españolizar.

españolizar. (De *español.*) tr. Dar carácter español. ‖ Dar forma española a un vocablo o expresión de otro idioma. ‖ prnl. Tomar carácter español o forma española.

esparadrapo. fr., *sparadrap;* it., *tela adesiva;* i., *cerecloth;* a., *Heftpflaster.* (En b. lat. *sparadrapum* [v. *espadrapo*].) m. **Farm.** Tira de tela, una de cuyas caras está cubierta de emplasto adherente, que se usa para sujetar los vendajes, y excepcionalmente como apósito directo o como revulsivo.

esparajismo. (De *paroxismo.*) m. **Alb.** y **León.** aspaviento.

esparaván. (Del gót. *sparwa.*) m. **gavilán**, ave de rapiña. ‖ Tumor en la parte interna e inferior del corvejón de los solípedos; si se endurece llega a producir cojera incurable. ‖ **boyuno.** Veter. El que hincha la articulación del tarso de modo que ésta llega a asemejarse a la del ganado vacuno. ‖ **de garbanzuelo.** Enfermedad de los músculos flexores de las piernas de los solípedos, caracterizada por los movimientos que hace el animal al moverse, levantando las extremidades donde existe la dolencia como si súbitamente se quemara. Es frecuente que al mal acompañe un tumorcillo duro, externo al corvejón, de forma y tamaño de un garbanzo pequeño. ‖ **huesoso.** El que llega a osificarse. ‖ **seco. esparaván de garbanzuelo.**

esparavel. fr., *épervier;* it., *sparviere;* i., *cast-net;* a., *Wurfgarn.* (De *esparver.*) m. **Albañ.** Tabla de madera con un mango en uno de sus lados, que sirve para tener una porción de la mezcla que se ha de gastar con la llana o la paleta ‖ **Pesca.** Red redonda para pescar, que se arroja a brazo en los ríos y parajes de poco fondo.

Esparavel

esparceta. f. **Bot.** pipirigallo.

esparciata. (Del lat. *spartiātes.*) adj. **espartano.** Apl. a pers., ú. t. c. s.

esparcidamente. adv. m. Distintamente, separadamente.

esparcido, da. p. p. de **esparcir.** ‖ adj. fig. Festivo, franco en el trato, alegre, divertido. ‖ **Bot.** Se dice de las hojas no opuestas ni verticiladas, a diferente altura del tallo; cuando están cada una a la media vuelta de la siguiente se llaman *alternas.*

esparcidor, ra. adj. Que esparce. Ú. t. c. s.

esparcimiento. fr. e i., *amusement;* it., *divertimento;* a., *Unterhaltung.* m. Acción y efecto de esparcir o esparcirse. ‖ Despejo, desembarazo, franqueza en el trato, alegría. ‖ Diversión, recreo, desahogo. ‖ Actividades con que se llena el tiempo que las ocupaciones dejan libre.

esparcir. fr., *répandre, parsemer;* it., *spargere;* i., *to strew, to scatter;* a., *ausstreuen.* (Del lat. *spargĕre.*) tr. Separar, extender lo que está junto o amontonado; derramar extendiendo. Ú. t. c. prnl. ‖ fig. Divulgar, publicar, extender una noticia. ‖ Divertir, desahogar, recrear. Ú. t. c. prnl.

espárido, da. (Del lat. científico *sparus,* gén. tipo de peces, e *-ido;* aquél del lat. *sparus* y éste del gr. *spáros,* boga.) adj. **Zool.** Dícese de los peces teleóstomos del orden de los perciformes, con radios espinosos, cuerpo comprimido y oblongo, opérculo sin espinas, y escamas enteras o muy finamente aserradas. Son, entre otros, los besugos, pageles y panchos, brecas, doradas, mojarras, etc. Algunas especies son hermafroditas, con el sexo variable según la época. ‖ m. pl. Familia de estos peces.

Manojo de espárragos

esparragado. m. Guisado hecho con espárragos.

esparragador, ra. m. y f. Persona que cuida y coge espárragos.

esparragal. m. Era plantada de espárragos.

Esparragalejo. Geog. Mun. y lugar de España, prov. de Badajoz, p. j. de Mérida; 1.481 h.

esparragamiento. m. Acción y efecto de esparragar.

esparragar. tr. Cuidar o coger espárragos.

espárrago. fr., *asperge;* it., *sparagio, asparago;* i., *asparagus;* a., *Spargel.* (Del lat. *asparăgus,* y éste del gr. *aspáragos.*) m. Palo largo y derecho que sirve para asegurar con otro un entoldado. ‖ Madero atravesado por estacas pequeñas a distancias iguales, para que sirva de escalera. ‖ Barrita de hierro que sirve de tirador a las campanillas, y que va embebida en la pared. ‖ *Bad.* Madero en rollo que se usa para las andamiadas. ‖ **Agr.** y **Bot.** Planta vivaz del gén. *asparagus,* con cladodios herbáceos, que semejan hojas lineales no punzantes; rizoma grueso y escamoso, con raíces largas y gruesas y turiones largos; flores verdosas o amarillentas, pequeñas, y bayas brillantes y rojas. Los turiones frescos son comestibles, no sólo los de huerta, sino también los *espárragos trigueros* o *amargos,* de la especie *asparagus aphyllus,* llamados también *espárragos negros,* y los de *a. albus* y *a. acutifolius.* (Por su buen gusto y propiedades medicinales, es diurético y contiene un extracto que sirve de sedante para el corazón), el **espárrago** fue consumido desde tiempos remotos. ‖ **Mec.** Vástago metálico roscado, que está fijo por un extremo, y que, pasando al través de una pieza, sirve para sujetar ésta por medio de una tuerca. ‖ **amarguero.** *Bot. And.* El que se cría en los eriazos. ‖ **perico.** El de gran tamaño. ‖ **triguero.** Espárrago silvestre, especialmente el que brota en los sembrados de trigo.

esparragón. m. Tejido de seda que forma un cordoncillo más doble y fuerte que el de la tercianela.

Esparragosa del Caudillo. Geog. Mun. de España, prov. de Badajoz, p. j. de Herrera del Duque; 1.993 h. ‖ Villa cap. del mismo; 1.903 habitantes. ‖ **de la Serena.** Mun. y villa de España, prov. de Badajoz, p. j. de Castuera; 1.252 h.

esparraguera. f. Era o haza de tierra que no tiene otras plantas que espárragos y está

Esparraguera–espartillo

destinada a criarlos. ‖ Plato de forma adecuada en que se sirven los espárragos. ‖ **Agr.** y **Bot. espárrago.**

Esparraguera. Geog. Mun. de España, prov. de Barcelona, p. j. de San Felíu de Llobregat; 7.675 h. ‖ Villa cap. del mismo; 6.992 habitantes *(esparraguerenses)*. Importantes industrias. Representación tradicional del drama sacro de *La Pasión*.

esparraguero, ra. m. y f. **esparragador.** ‖ Persona que vende espárragos.

esparraguina. (De *espárrago*, por su color.) f. **Miner.** Variedad española de apatito, de color verde claro, que se encuentra en Murcia y Almería.

esparramar. tr. vulg. **desparramar.**

esparrancado, da. p. p. de **esparrancarse.** ‖ adj. Que anda o está muy abierto de piernas. ‖ Dícese también de las cosas que, debiendo estar juntas, están muy separadas.

esparrancarse. fr., *écarquiller;* it., *spalancare;* i., *to spread wide;* a., *aufsperren.* prnl. fam. Abrirse de piernas, separarlas.

esparsión. (Del lat. *sparsĭo, -ōnis.*) f. ant. Acción y efecto de esparcir o esparcirse.

Esparta. Geog. Cantón de Costa Rica, prov. de Puntarenas; 12.095 h. ‖ Dist. y pobl. cap. del mismo; 6.686 h. ‖ C. de Grecia, cap. del nomo de Laconia, en el Peloponeso; 11.981 h. ‖ Mun. de Honduras, depart. de Atlántida; 11.002 h. ‖ Pobl. cap. del mismo; 459 h. ‖ **Geog. hist.** Ant. c. est. de Grecia, cap. de Lacedemonia o Laconia, en el Peloponeso, sit. junto a la orilla derecha del Eurotas, en las últimas estribaciones del Taigeto. Sostuvo guerras con Mesenia por espacio de largos años, quedando victoriosa; en la guerra del Peloponeso (431-404 a. C.) alcanzó una brillante victoria y adquirió gran preponderancia. Epaminondas le asestó un rudo golpe y Antígono Dosón acabó de quebrantar su poderío. Fue destruida en el s. VI por Alarico y reconstruida con el nombre de Lacedemonia por los bizantinos. (V. **Grecia.**) ‖ **Mit.** Hija de Eurotas y de Cleta, que dio su nombre a la cap. de Lacedemonia, en la Grecia antigua.

Espartaco. Biog. Jefe de esclavos en la antigua Roma (113-71 a. C.). Se empeñó en la empresa de redimir a sus compañeros de infortunio y llegó a reunir un ejército numeroso y disciplinado, con el que durante algunos años tuvo en jaque a los romanos; pero, finalmente, Marco Craso, al frente de ocho legiones, derrotó a las huestes de Espartaco en los campos de Silaro.

espartal. (De *esparto.*) m. **espartizal.**

espartanero, ra. m. y f. *Mur.* Persona que hace o vende obra de esparto.

espartano, na. fr. e it., *spartiate;* i., *spartan;* a., *Spartaner.* (Del lat. *spartānus.*) adj. Natural de Esparta, o perteneciente a esta ciudad de la Grecia antigua. Ú. t. c. s.

espartaquista. (Del lat. *Spartacus*, Espartaco, sobrenombre adoptado por Liebknecht.) adj. **Hist.** Se dijo de un grupo político alemán, de ideología marxista radical, fundado en 1917 por Karl Liebknecht y Rosa Luxemburgo. En 1919 trataron los espartaquistas de llevar a cabo la revolución proletaria en su país, pero fueron derrotados y sus líderes perecieron. De él surgió el partido comunista alemán. Ú. t. c. s. y m. en pl.

espartar. tr. *And.* y *Ar.* Cubrir con esparto las vasijas de vidrio o de barro.

esparteína. (De *spártium scopárium*, nombre científico de la retama, e *-ina.*) f. **Quím.** y **Terap.** Alcaloide que se encuentra en la retama de escobas en cantidad apreciable. Se usaba como medicamento tónico del corazón y regularizador de sus movimientos.

Espartel. Geog. Cabo de África, en la costa NO. de Marruecos y a 10 km. de Tánger. Tiene su origen en la cordillera que viene del E. siguiendo la costa y termina en el mar por un enorme peñón negruzco. En él se levanta un faro. En sus aguas tuvo lugar un combate (20 de octubre de 1782) entre las escuadras hispanofrancesa, al mando del general Luis de Córdoba, y la inglesa del almirante Howe, cuyo resultado fue indeciso. Desde 1865 su faro fue internacional, administrado por una comisión de 14 naciones, hasta que en 1958 pasó a la administración de Marruecos.

esparteña. (De *esparto.*) f. Especie de alpargata de cuerda de esparto.

espartería. fr., *sparterie;* it., *sparteria;* i., *esparto manufacture;* a., *Mattenfabrik.* f. Oficio de espartero. ‖ Taller donde se trabajan las obras de esparto. ‖ Barrio, paraje o tienda donde se venden.

espartero, ra. (Del lat. *spartarĭus.*) m. y f. Persona que fabrica obras de esparto o que las vende.

Espartero. Biog. García Cuesta (Manuel). ‖ (Baldomero). Fernández Álvarez Espartero (Joaquín Baldomero).

espartilla. f. Rollito manual de estera o esparto, que sirve como escobilla para limpiar las caballerías.

Espartillar. Geog. Local. de Argentina, prov. de Buenos Aires, part. de Adolfo Alsina; 426 h. ‖ Local. de Argentina, prov. de Buenos Aires, part. de Saavedra; 554 h.

espartillo. m. dim. de **esparto.** ‖ *Alb.* Fibras que se desarrollan en el bulbo del azafrán. ‖ **Bot.** *Cuba.* Planta gramínea de hojas filiformes. Sirve de pasto.

Esparta. Ruinas del teatro

Espartizal. Jumilla (Murcia)

Espartinas. Geog. Mun. de España, prov. de Sevilla, p. j. de Sanlúcar la Mayor; 1.773 h. || Villa cap. del mismo; 1.558 h.

espartizal. m. Campo donde se cría esparto.

esparto. fr., *sparte;* it., *sparto;* i., *esparto;* a., *Pfriemengras.* (Del lat. *spartum,* y éste del gr. *spárton.*) m. **Bot.** Hierba de la familia de las gramíneas, vivaz, de la especie *macróchloa tenacíssima,* de hasta un metro, cespitosa, con hojas duras y muy tenaces, arrolladas, filiformes, lampiñas, de hasta 60 cm., panoja floja, amarillenta y ramificada. Esta planta crece espontáneamente en España en terrenos incultos, áridos y pedregosos y abunda en las prov. de Valencia, Alicante, Almería, Murcia y las de la Mancha. De los bordes de las hojas de esta planta salen dos hilos, que cuando la planta está verde se arrancan de un tirón y con ellos se forman manojos que se dejan secar. Estas fibras son muy estimadas y tienen aplicaciones numerosas en la fabricación de pasta para papel, tripe, cables y maromas para buques, sogas, esteras, alpargatas, felpudos, etc. || Hojas de esta planta. || **basto. albardín.**

esparvar. tr. En algunas provincias españolas, **emparvar.**

esparvel. (De *esparver.*) m. En Aragón, gavilán, ave de rapiña. || fig. *Nav.* Persona alta, flaca y desgarbada. || **Pesca.** *Al.* **esparavel.**

esparver. (Del neerl. *sperwer.*) m. **Zool.** Gavilán, ave de rapiña.

Esparza. Geog. Mun. y villa de España, prov. de Navarra, p. j. de Aoiz; 233 h.

Espasa-Calpe. Editorial española; fue creada en Madrid, en el año 1925, por la fusión de otras dos importantes editoras: *Espasa,* de Barcelona, fundada en 1908, y *Calpe,* de Madrid, que lo fue en 1918. En 1936 se creó, en Buenos Aires, Espasa-Calpe Argentina, S. A., y en 1948, Espasa-Calpe Mejicana, S. A., en Méjico. Espasa-Calpe, S. A., tiene en Madrid talleres de fotocomposición, fotograbado, fotomecánica, impresión en offset y tipografía y encuadernación, un copioso archivo fotográfico, etc., y la más espléndida librería de España, llamada Casa del Libro, en la avenida de José Antonio, núm. 29. Cuenta con un catálogo de cerca de 5.000 títulos. Destacan en él la mundialmente conocida *Enciclopedia Universal Ilustrada Europeo-Americana,* habitualmente conocida por *Enciclopedia Espasa* o *el Espasa,* que consta ahora de 100 volúmenes, y que cada dos años es puesta al día mediante un *Suplemento;* el *Diccionario Enciclopédico Espasa;* el presente *Diccionario Básico Espasa;* la *Historia de España,* que dirigió Ramón Menéndez Pidal, de la que han aparecido 16 volúmenes; *Historia Universal,* que dirigió Walter Goetz, y que se completa con el undécimo tomo; *Manual de Historia de España,* por P. Aguado Bleye y C. Alcázar Molina, 3 tomos; *Manual de Historia Universal,* tratado histórico en siete volúmenes; *Summa Artis. Historia General del Arte,* iniciada bajo la inspiración de Manuel Bartolomé Cossío y José Pijoán, continuada por éste al fallecimiento del primero y proseguida, a su muerte, por José Camón Aznar, Jean Roger Rivière, el P. Fernando G. Gutiérrez, S. J., y Juan A. Gaya Nuño, con 25 volúmenes publicados; publicaciones de la Real Academia Española, que además de la decimonovena edición de su *Diccionario* incluye el *Esbozo de una nueva gramática de la lengua española;* en la serie de Obras Completas, se han publicado diez volúmenes de las correspondientes a Gregorio Marañón (además de su *Manual de diagnóstico etiológico,* actualizado por el doctor Alfonso Balcells) y doce de las de Ramón Menéndez Pidal; en la colección *Guías,* dedicada a las regiones españolas, han aparecido: *Asturias. Biografía de una región,* por

Fachada de la Casa del Libro

Edificio de la Editorial Espasa-Calpe, S. A. Carretera de Irún (Madrid)

Juan A. Cabezas; *Extremadura. La tierra en la que nacían los dioses*, por Miguel Muñoz de San Pedro, conde de Canilleros; *Galicia. Guía espiritual de una tierra*, por José M.ª Castroviejo; *Crónica y guía de la provincia de Madrid y Madrid. Crónica y guía de una ciudad impar*, ambas por Federico Carlos Sainz de Robles; *Crónica y guía de las provincias murcianas*, por Ángel Oliver; y *Valencia. Tierra y alma de un país*, por Luis Guarner; Colección de *Clásicos Castellanos*, con 218 volúmenes; *Colección Austral*, con 1.625 títulos; nueva Colección *Selecciones Austral*, que se ha iniciado con *Poesías completas*, de Antonio Machado, prologadas por M. Alvar; novísima *Colección Boreal*, cuyo primer título aparecido ha sido *La España real*, de Julián Marías; Colección *Grandes Biografías*, que incluye 60 personalidades relevantes, tanto del campo científico, como del histórico o artístico; nueva Colección *Clásicos de la Música*, con 24 títulos publicados; se ha iniciado una colección de diccionarios bilingües, de la que ya han aparecido los de idiomas francés e inglés, y un *Diccionario español de la lengua china;* de especialidades prácticas son las Colecciones *Hágalo usted mismo*, de la que se han publicado ya 27 títulos, y *Apréndalo por sí mismo*, 15 títulos. Obras de la Editorial que pueden citarse son: dos ediciones modernas de la inmortal obra cervantina *Don Quijote de la Mancha:* una en dos volúmenes, ilustrada por José Segrelles, y la otra con una antología de grabados pertenecientes a ediciones antiguas españolas y extranjeras; *Dominico Greco, Velázquez, Picasso y el cubismo* y *Miguel Ángel*, por José Camón Aznar; verdadera joya editorial, por su presentación, encuadernación, etc., es *El libro de los maestros del Ikebana*, libro japonés que estudia los fundamentos y principios artísticos en los arreglos florales; *Velázquez y su siglo*, por Karl Justi; *Historia de la arquitectura cristiana española*, por Vicente Lampérez, tres tomos; *Historia de la pintura española*, por Augusto L. Mayer; *Catedrales de España y Castillos de España*, por Carlos Sarthou Carreres; *El mundo de la música*, de B. Sandved, completo diccionario musical; *Los Toros (Tratado técnico-histórico)*, de José María de Cossío; *Los Sanfermines*, dedicada a las fiestas de Pamplona en honor de su patrón, con sus famosos encierros de toros, de Ramón Masats y Rafael García Serrano, obra que fue galardonada con la medalla Ibarra al libro mejor editado en 1963; *Historia universal de las exploraciones*, dirigida por L.-H. Parias; *Historia de los papas*, de Gaston Castella; *Historia social y económica del mundo helenístico*, de M. Rostovtzeff, obra fundamental para el conocimiento del mundo clásico; *Historia social y económica de la Edad Media europea*, de Luis Suárez Fernández; obras científicas, como las de Hans von Hentig: *Estudios de Psicología criminal* (diecisiete volúmenes), *La pena* (dos) y *El delito* (tres); *Psiquiatría forense*, de Albrecht Langelüddeke; *Genetica*, de Robert C. King; *La conquista del espacio*, de Wernher von Braun y Willy Ley; *Los encofrados deslizantes*, de Tudor Dinescu, Andrei Sandru y Constantin Rădulescu; *Introducción a la Química macromolecular*, de Georges Champetier y Lucien Monerie; *Control físico de la mente*, de José M. Rodríguez Delgado; *Neurosis y Psicoterapia*, de José M.ª López Piñero y José M.ª Morales Meseguer; una monumental *Geografía de España*, de Emilio Arija Rivarés, en 4 tomos; *El reino de los animales*, por H. Berger y J. Schmid, tres tomos; *Obras completas* de los hermanos Álvarez Quintero, siete tomos. Otras obras, entre las que algunas se encuentran agotadas, son: Colección Universal, con más de 300 títulos; Colección Contemporánea, 113 títulos; Historia y Filosofía de la Ciencia, 55 títulos; Nueva Ciencia, Nueva Técnica, 58 títulos; Viajes Clásicos, 34 títulos; Vidas Españolas e Hispanoamericanas del Siglo XIX, 59 títulos; Los Humoristas, 20 títulos; Figuras Históricas, 13 títulos; Colección de Crónicas Españolas, dirigida por Juan de Mata Carriazo, nueve tomos; Colección de Estudios Históricos, ocho tomos; *Historia verdadera de la conquista de la Nueva España*, por Bernal Díaz del Castillo; Biografías españolas de nuestro siglo, cuatro títulos; Obras de Menéndez y Pelayo; Los Grandes Viajes Modernos, dos títulos; Manuales Gallach, 150 títulos; Catecismos del Agricultor y del Ganadero, 150 títulos; Libros de la Naturaleza, 22 títulos; *Luchas fratricidas de España*, por Alfonso Danvila, 14 tomos; *La España de Felipe IV*, por José Deleito y Piñuela, siete tomos; Diccionario filosófico, dirigido por Julio Rey Pastor e Ismael Quiles, S. J., y *Jesucristo. Cuadros evangélicos*, obra publicada por encargo del fallecido generalísimo Franco; entre las publicaciones más recientes de la Editorial pueden citarse: *Obra poética escogida*, de León Felipe; *Estado y Constitución*, de Torcuato Fernández Miranda; *Enciclopedia del «Hágalo usted mismo»*, de Roland Göock; *Memorias (1921-1936). Amanecer sin mediodía*; *El corazón de piedra verde, Colón, Hernán Cortés, Bolívar, Mujeres españolas, Arceval y los ingleses* y *Guía del lector del «Quijote»* y otros libros de Salvador de Madariaga, y *La España musulmana, Ben Ammar de Sevilla, Viejos y nuevos estudios sobre las instituciones medievales españolas* y *El Islam de España y el Occidente*, de Claudio Sánchez Albornoz; *Dalí*, trabajo póstumo de Ramón Gómez de la Serna, en el que ha colaborado el pintor con varios dibujos y permitido la reproducción de su obra; y la **colección** nueva *Manuales Espasa*, compendios de ciencia, historia y tecnología al alcance del gran público.

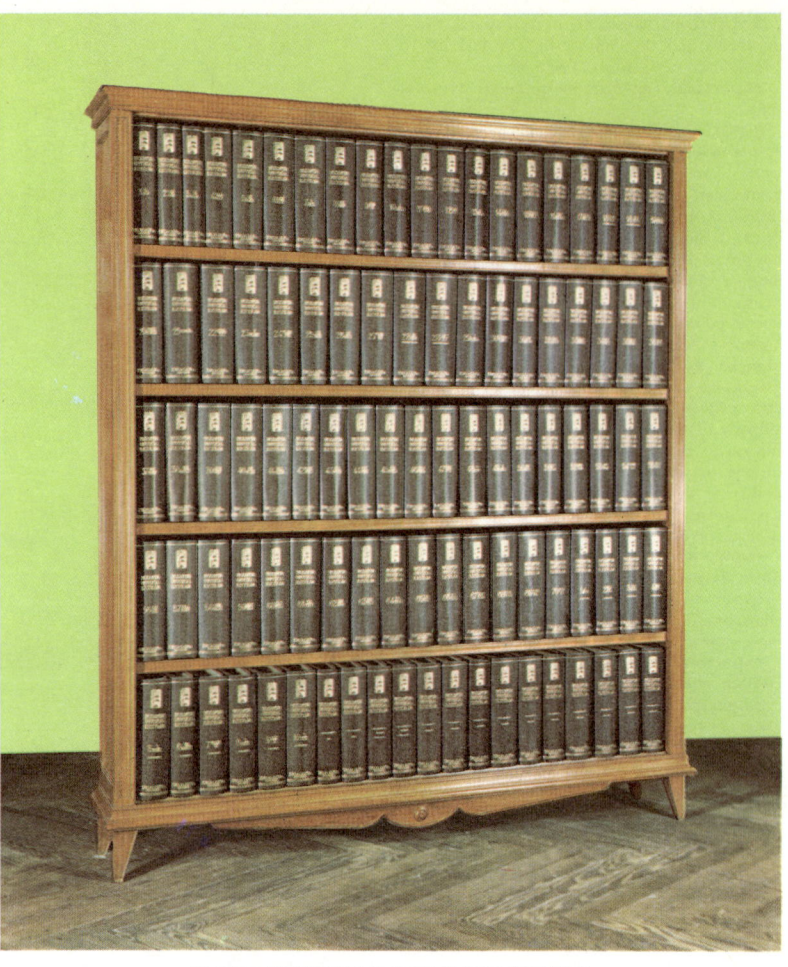

Enciclopedia Universal Ilustrada Europeo-Americana

espasmar. (De *espasmo*.) tr. ant. Producir espasmo o enfriamiento.

espasmo. fr., *spasme;* it., *spasimo;* i., *spasm;* a., *Krampf*. (Del lat. *spasmus*, y éste del gr. *spasmós*.) m. Enfriamiento, romadizo. ‖ Contracción involuntaria de los músculos, producida generalmente por mecanismo reflejo y acompañada de tonicidad en una zona anatómica determinada. El tipo más común es el calambre de los escribientes. ‖ **cínico.** *Fisiol.* Eretismo venéreo.

espasmódico, ca. fr., *spasmodique;* it., *spasmodico;* i., *spasmodic;* a., *krampfhaft*. (Del gr. *spasmódes*, de *spasmós*, pasmo.) adj. Perteneciente al espasmo, o acompañado de este síntoma.

espasmolítico, ca. (De *espasmo* y -*lítico*, de disolución.) **Terap.** antiespasmódico.

espata. (Del lat. *spatha*, ramo de palma con sus dátiles.) f. **Bot.** Bráctea grande, que envuelve a una inflorescencia durante su desarrollo (ajo, cebolla, aro, cala).

espatarrada. f. fam. **despatarrada.**

espatarrarse. prnl. fam. **despatarrarse.**

espático, ca. adj. **Miner.** Dícese de los minerales que, como el espato, se exfolian o dividen fácilmente en láminas.

espatifloro, ra. (De *espata* y -*floro*.) adj. **Bot.** Dícese de las plantas del orden de las monocotiledóneas, con flores cíclicas, reducidas en algún caso a un estambre y un carpelo. Comprende dos familias: las *aráceas* y *lemnáceas*. || f. pl. Orden de estas plantas.

espato. fr., *spath*; it., *spato*; i., *spar*; a., *Spat*. (Del a. *Spat*.) m. **Miner.** Cualquier mineral de estructura laminar, fácilmente exfoliable. Dícese especialmente de los lapídeos, de brillo vítreo, que forman con frecuencia la ganga de los minerales metalíferos; así p. e., el *espato calizo* es una variedad de calcita, que cristaliza en romboedros; el *espato flúor* es la fluorita o fluorina; el *pesado*, la baritina, etc. || **de Islandia.** Variedad de calcita, incolora y transparente, cristalizada en romboedros, que presenta una doble refracción muy marcada, por lo que se utiliza para los prismas de Nicol destinados a los microscopios polarizantes.

espátula. fr., *spatule*; it., *spatola*; i., *spattle, spatula, slice*; a., *Spatel*. (Del lat. *spathŭla*.) f. Paleta, generalmente pequeña, con bordes afilados y mango largo, de que se sirven los farmacéuticos y los pintores para hacer ciertas mezclas. Se usa también en otros oficios. || **Zool.** Ave zancuda del orden de las ciconiformes, familia de las tresquiornítidas o plegádidas; con el pico largo, estrecho en el centro y ancho y deprimido al final, como una espátula; cuello y patas largos, y cuerpo de unos 80 cm. Durante el celo, ambos sexos muestran un copete de plumas, que es mayor en los machos (*platálea leucorodia*).

espatulomancia o **espatulomancía**. (Del lat. *spathŭla* [y éste del gr. *spáthe*, omóplato, costilla] y *-mancia* o *-mancía*.) f. Arte vano y supersticioso con que se intentaba adivinar por los huesos de los animales, y principalmente por la espaldilla.

espavé, espavel o **espavey.** m. Bot. *C. Rica*. Nombre vulgar del *anacárdium rhinocarpus*, de la familia de las anacardiáceas, árbol majestuoso de la tierra caliente de aquel país. Su madera dura sirve para hacer embarcaciones y bateas; la corteza machacada era empleada por los indígenas para envenenar los peces. En Colombia se llama también *caracolí*. Abunda en Centroamérica.

espaviento. (Del ant. *espaventar*, y éste del lat. **expaventāre*, de *expăvens, -entis*, temeroso.) m. **aspaviento.**

espavorecido, da. adj. ant. **despavorido.**

espavorido, da. (Del ant. *espavorir*, y éste del lat. **expavorīre*, de *pavor, -ŏris*, miedo.) adj. Lleno de pavor.

espay. (Del m. or. que *cipayo*.) m. **espahí.**

especería. f. **especiería.**

lantes de la digestión. || ant. **específico**, medicamento apropiado para una enfermedad. || pl. Ciertos postres de la comida, que se servían antiguamente para beber vino y se tomaban como ahora el café.

especial. fr., *spécial*; it., *speciale*; i., *special*; a., *besonder*. (Del lat. *speciālis*.) adj. Singular o particular; que se diferencia de lo común, ordinario o general. || Muy adecuado o propio para algún efecto. || adv. m. *And.* y *Chile*. **especialmente.** || **en especial.** m. adv. **especialmente.**

especialidad. fr., *spécialité*; it., *specialità*; i., *speciality*; a., *Spezialität*. (Del lat. *speciālĭtas, -ātis*.) f. Particularidad, singularidad, caso particular. || Confección o producto en cuya preparación sobresalen una persona, establecimiento, una región, etc. || Rama de una ciencia, arte o actividad, cuyo objeto es una parte limitada de las mismas, y sobre el cual poseen saberes o habilidades muy preciosos quienes lo cultivan. || Medicamento preparado en un laboratorio, y autorizado oficialmente para ser despachado en las farmacias con un nombre comercial registrado. || **con especialidad.** m. adv. **especialmente.**

especialista. fr., *spécialiste*; it., *specialista*; i., *specialist*; a., *Fachmann*. adj. Dícese del que con especialidad cultiva un ramo de determinado arte o ciencia y sobresale en él. Aplícase sobre todo en medicina. Ú. t. c. s.

especialización. f. Acción y efecto de especializar o especializarse.

especializar. intr. Cultivar con especialidad un ramo determinado de una ciencia o de un arte. Ú. t. c. prnl. || Limitar una cosa a uso o fin determinado.

especialmente. adv. m. Con especialidad.

Especias (islas de las). Geog. Molucas.

especie. fr., *espèce*; it., *specie*; i., *kind*; a., *Art, Wesen*. (Del lat. *spěcĭes*.) f. Conjunto de cosas semejantes entre sí por tener uno o varios caracteres comunes. || Caso, suceso, asunto, negocio. || Tema, noticia, proposición. || Pretexto, apariencia, color, sombra. || **Biol.** Conjunto de individuos semejantes entre sí y a sus progenitores, y que pueden reproducirse y originar otros individuos como ellos, que, a su vez, son también fecundos. Es la categoría taxonómica fundamental, y se divide en subespecies, variedades y razas. Un conjunto de especies con caracteres comunes constituye un *género*. || **Esgr.** Treta de tajo, revés o estocada. || **Filos.** V. **evolucionismo.** || **Lóg.** Clase o grupo de individuos que tienen atributos comunes y son designados por un nombre común. Varias especies forman un *género* (v.), de ahí que se obtenga la especie a partir de éste y por medio de la *diferencia específica* (v.); p. e., la especie *hombre* se obtiene a partir del género *animal*, por medio de la diferencia específica,

racional. || **Mús.** Cada una de las voces en la composición. Divídense en consonantes y disonantes, y éstas en perfectas e imperfectas. || **Psicol.** Imagen o idea de un objeto, que se representa en el alma. || **Quím.** Cuerpo formado por átomos diferentes, en proporción invariable. || **remota.** *Lex.* **noticia remota.** || **especies sacramentales.** Teol. Accidentes de olor, color y sabor que quedan en el Sacramento después de convertida la substancia de pan y vino en cuerpo y sangre de Cristo. || **en especie.** m. adv. En frutos o géneros y no en dinero.

especiería. fr., *épicerie*; it., *spezieria*; i., *grocery*; a., *Gewürzladen*. (De *especiero*.) f. Tienda en que se venden especias. || Conjunto de especias. || Trato y comercio de especias. || ant. **droguería.**

especiero, ra. (Del lat. *speciārĭus*, de *spěcĭes*, especia.) m. y f. Persona que comercia en especias. || m. ant. El que preparaba y expendía medicinas, boticario. || Armarito con varios cajones para guardar las especias.

Especiero (detalle)

especificación. f. Acción y efecto de especificar. || **Der.** Modo de adquirir una la materia ajena que emplea de buena fe para formar obra de nueva especie, mediante indemnización del valor de aquélla a su dueño.

especificadamente. adv. m. Con especificación.

específicamente. adv. m. De manera específica.

especificar. fr., *spécifier*; it., *specificare*; i., *to specify*; a., *besonders bezeichnen*. (De *específico*.) tr. Explicar, declarar con individualidad una cosa. || Fijar o determinar de modo preciso.

especificativo, va. adj. Que tiene virtud o eficacia para especificar.

específico, ca. fr., *spécifique*; it., *specifico*; i., *specific*; a., *eigentümlich*. = fr., *spécialité*; it., *specifico*; i., *speciality*; a., *Arzneimittel*. (Del lat. *specifĭcus*; de *spěcĭes*, y *facěre*, hacer.) adj. Que caracteriza y distingue una especie de otra. || m. **Farm.** Medicamento especialmente apropiado para tratar una enfermedad determinada. || Medicamento fabricado por mayor, en forma y con envase especial, y que lleva el nombre científico de las substancias medicamentosas que contiene, u otro nombre convencional patentado.

espécimen. fr., *spécimen*; it., *modello*; i., *specimen*; a., *Muster*. (Del lat. *specĭmen*.) m. Muestra, modelo, señal. || En ciencias naturales se usa en sentido de ejemplar o individuo de una especie.

especiosidad. (Del lat. *speciosĭtas, -ātis*.) f. ant. **perfección.**

especioso, sa. fr., *spécieux, trompeur*; it., *specioso*; i., *specious*; a., *trügerisch*. (Del lat. *speciōsus*.) adj. Hermoso, precioso, perfecto. || fig. Aparente, engañoso.

Especias: canela, clavo y pimienta blanca y negra

especia. fr., *épice*; it., *spezia*; i., *spice*; a., *Gewürz*. (Del lat. *spěcĭes*.) f. Cualquiera de las substancias aromáticas con que se sazonan los manjares y guisados, como clavo, pimienta, azafrán, etc. Su composición química es muy variable, y actúan, en general, como estimu-

especiota. (aum. desp. de *especie*, caso, asunto.) f. fam. Proposición extravagante, paradoja ridícula, noticia falsa o exagerada.

espectable. (Del lat. *spectabĭlis*.) adj. ant. Digno de la consideración o estimación pública; muy conspicuo o notable. || Empleábase como tratamiento de personas ilustres.

espectacular. adj. Que tiene caracteres propios de espectáculo público. || Aparatoso, ostentoso.

espectacularidad. f. Calidad de espectacular.

espectáculo. fr. e i., *spectacle*; it., *spettacolo*; a., *Schauspiel*. (Del lat. *spectacŭlum*.) m. Función o diversión pública celebrada en un teatro, en un circo o en cualquier otro edificio o lugar en que se congrega la gente para presenciarla. || Aquello que se ofrece a la vista o a la contemplación intelectual y es capaz de atraer la atención y mover el ánimo infundiéndole deleite, asombro, dolor u otros afectos más o menos vivos o nobles. || Acción que causa escándalo o gran extrañeza. Ú. comúnmente con el verbo *dar*.

espectador, ra. (Del lat. *spectātor*.) adj. Que mira con atención un objeto. || Que asiste a un espectáculo público. Ú. m. c. s.

espectral. fr. e i., *spectral*; it., *spettrale*; a., *spektral*. adj. Perteneciente o relativo al espectro.

espectro. fr. e i., *spectre*; it., *spettro*; a., *Gespenst, Phantom, Spektrum*. (Del lat. *spectrum*.) m. Imagen, fantasma, por lo común horrible, que se representa a los ojos o en la fantasía. || **Fís.** Distribución de una realidad física cualquiera; p. ej.: el *espectro solar*. Se usa asimismo esta voz para designar la distribución de partículas de acuerdo con una escala de velocidades o energías. || **Mat.** Conjunto de los valores propios de una matriz, operador, etc. || **Med.** Amplitud de la serie de las diversas especies microbianas sobre las que es terapéuticamente activo un medicamento. Dícese especialmente de los antibióticos. || **de absorción.** *Fís.* El que se consigue interponiendo un cuerpo entre un rayo de luz blanca y el espectroscopio. Un cuerpo sólido, líquido o gaseoso, que sea capaz de emitir una radiación de energía, puede absorber otra de la misma longitud de onda. || **bacteriano.** *Terap.* Número de bacterias sobre las que actúan, destruyéndolas, ciertos medicamentos, especialmente antibióticos y sulfamidas. || **de bandas.** *Fís.* El constituido por gran número de rayas, muy juntas entre sí, y localizadas en zonas determinadas del espectro. Es propio de la actividad molecular. || **continuo.** El luminoso que presenta gradualmente y sin interrupciones la banda coloreada. || **de emisión.** El producido por los astros o por los elementos o compuestos químicos sometidos al arco eléctrico; puede ser *continuo*, o caracterizado por *rayas* o *bandas*, peculiares de la substancia que lo emite. || **estelar.** *Astron.* La luz de las estrellas se analiza igual que la de cualquier luminar próximo. Esto nos permite conocer las substancias que las forman, así como su luminosidad real, su temperatura y el estado de ionización de sus átomos. El corrimiento de las rayas nos indica si la estrella se aleja o acerca y si gira alrededor de su eje o de otra estrella (efecto Doppler); los efectos Stark y Zeeman nos informan sobre sus campos eléctricos o magnéticos, respectivamente, y el efecto Einstein nos da cuenta de la intensidad de su campo gravitatorio. || **invertido.** *Fís.* espectro de absorción. || **luminoso.** Banda matizada de los colores del iris, que resulta de la descomposición de la luz blanca a través de un prisma o de otro cuerpo refractor. || **de masas.** Resultado de la separación de los átomos isotópicos. || **de las nebulosas.** Son, en general, espectros de emisión, de rayas brillantes. || **planetario.** *Astron.* La luz de un planeta es reflejada de la del Sol, por lo que su espectro es el mismo solar; pero en él aparecen superpuestas las rayas de absorción de la atmósfera del planeta de que se trate. || **solar.** Es típico de las estrellas de la clase espectral F y presenta un espectro continuo producido por la fotosfera, y, sobre él, las rayas obscuras de Fraunhofer debidas a la absorción de los gases de la cromosfera y de la atmósfera solares. (V. **Sol.**) En un haz de rayos solares, los que integran la luz blanca, que no son sino una parte del amplio campo de las ondas electromagnéticas, condicionada por la capacidad visual humana para captar determinadas longitudes de onda, se perciben por el ojo humano las que van del rojo al violeta, pasando por el anaranjado, amarillo, verde, azul e índigo (colores del arco iris), aunque realmente se reducen a tres, rojo, amarillo y azul, que por combinación originan los demás; pero por debajo del rojo existen otros denominados *infrarrojos*, y por encima del violeta los llamados *ultravioleta*, ambos invisibles para el ojo humano. Los primeros son caloríficos y los últimos, actínicos. La gama de los rayos luminosos está formada por los de frecuencia comprendida entre 400 y 800 billones de vibraciones por segundo. Los ultraviolados tienen una frecuencia mayor y, por tanto, una longitud de onda menor que los rayos violeta, y los infrarrojos, una frecuencia menor y una longitud de onda mayor que los rayos rojos. A medida que aumenta la frecuencia disminuye la energía de estos rayos.

espectrocomparador. m. **Astron.** y **Fís.** Aparato debido a Hartmann, que permite yuxtaponer dos espectros ópticos, el de la estrella (u otro luminar) que se estudia, y el de un manantial de referencia cuya velocidad se conoce. Así se puede determinar el valor del efecto Doppler-Fizeau en cada caso.

espectrofotograma. m. **Fís.** espectrograma.

espectrofotometría. (De *espectrofotómetro*.) m. **Fís.** y **Quím.** Comparación de espectros luminosos mediante el espectrofotómetro.

espectrofotómetro. (De *espectro* y *fotómetro*.) m. **Fís.** y **Quím.** Aparato utilizado para el análisis químico cualitativo y cuantitativo de una substancia química. Consta de una fuente de luz monocromática producida por un prisma, de una célula fotoeléctrica y de un galvanómetro sensible.

espectrografía. (De *espectro* y *-grafía*.) f. **Quím.** Aplicación de la fotografía a la espectroscopia (v.), mediante la cual es posible obtener fotografías de los espectros.

espectrógrafo. fr., *spectrographe*; it., *spettrografo*; i., *spectrograph*; a., *Spektrograph*. m. **Fís.** Espectroscopio dispuesto para la obtención de espectrogramas. || Aparato que obtiene el espectro de un sonido analizando un sonido complejo en los elementos que lo componen. || **Fís.** y **Fon.** Aparato electrónico que, mediante un filtro graduable, registra sucesivamente las ondas sonoras comprendidas en determinado intervalo de frecuencias, de tal modo que, con tres registros correspondientes a intervalos convenientemente elegidos, basta para caracterizar y reproducir un sonido cualquiera. Se utiliza mucho para estudiar los sonidos del lenguaje. || **de masas.** *Fís.* Aparato que fue inventado por J. J. Thomson y Aston (1919), que separa los átomos en grupos según sus masas. Los átomos, ionizados previamente, son desviados primero por un campo eléctrico y después por uno magnético, consiguiéndose concentrar en un punto el haz de átomos de igual masa. Es de gran utilidad en física atómica.

espectrograma. (De *espectro* y *-grama*.) m. **Fís.** y **Quím.** Fotografía o diagrama de un espectro luminoso, obtenida directamente, mediante un espectrógrafo, sobre placa de cristal o película sensible. Esta prueba se hace imprescindible si se trata de espectros de la longitud de onda de los rayos ultravioleta, por no ser éstos visibles para el ojo humano. || Imagen fotográfica de un espectro. || **Fís.** y **Fon.** Representación gráfica de un sonido obtenida por un espectrógrafo.

espectroheliógrafo. (De *espectro* y *heliógrafo*.) m. **Astron.** y **Fís.** Espectrohelioscopio dispuesto para fotografiar la superficie del Sol con luz monocromática. Fue inventado casi simultáneamente por Hale (EE. UU.) y Deslandres (Francia).

Espectro, por Gauguin. Museo del Louvre. París

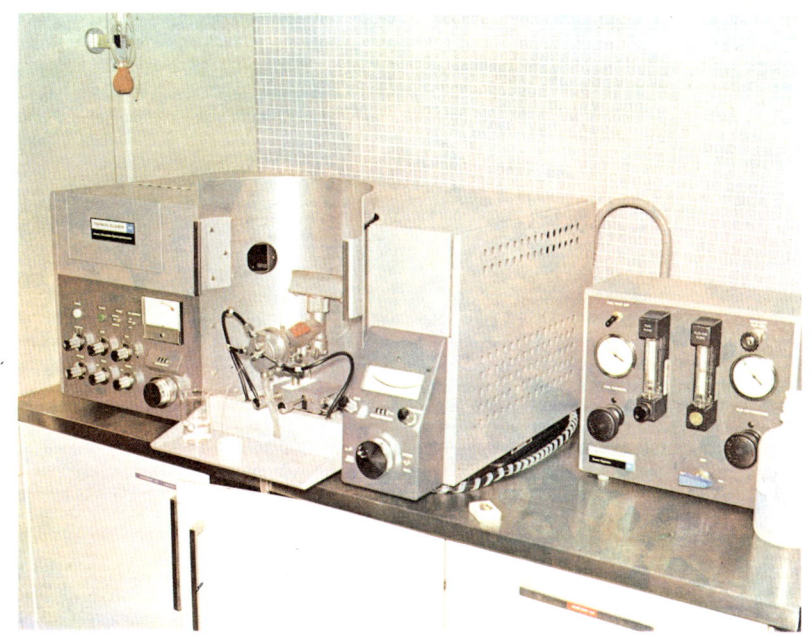

Espectrofotómetro de absorción atómica. Laboratorio Petronor. Somorrostro (Vizcaya)

espectroheliograma. (De *espectro* y *heliograma*.) f. Astron. y Fís. Fotografía solar tomada con un espectroheliógrafo.

espectrohelioscopio. (De *espectro* y *helioscopio*.) m. Astron. y Fís. Aparato para observar visualmente todo o parte del disco solar con una radiación monocromática, esto es, con una raya de Fraunhofer. Según las líneas empleadas se observa la atmósfera del Sol a diferentes alturas.

espectrometría. (De *espectrómetro*.) f. Fís. y Quím. Rama de estas ciencias que estudia la composición de los cuerpos, mediante el examen con el espectrómetro del espectro luminoso que emiten aquéllos cuando se ponen incandescentes.

espectrómetro. (De *espectro* y *-metro*.) m. Fís. y Quím. Aparato que sirve para medir el espectro lumínico. || Aparato que sirve para medir las masas y abundancias de los isótopos que forman una mezcla. || **de masas.** Aparato empleado especialmente para medir la abundancia de los isótopos en una mezcla.

espectroscopia. (De *espectro* y *-scopia*.) f. Fís. y Quím. Estudio e interpretación de los espectros atómicos y moleculares. Los espectros de los diferentes focos luminosos presentan bandas y rayas que permiten conocer los elementos químicos que integran estos focos. Así se ha podido averiguar la composición del Sol y de muchas estrellas. Este procedimiento de análisis químico se llama *análisis espectroscópico*. La espectroscopia es la ciencia de los métodos para estudiar la naturaleza química de los diversos focos luminosos. Su actividad se concreta a dos campos distintos: 1.º Estudio de la luz emitida por los astros, que permite establecer la composición química de la parte externa y numerosos datos acerca de su estado físico. 2.º Análisis de substancias químicas en general. Un elemento se identifica por sus rayas características, que son, p. e., para el sodio, una raya amarilla brillante; para el potasio, una raya característica en el extremo rojo y otra en el extremo violeta. En 1672 comunicó Newton a la Real Sociedad de Londres su teoría sobre el espectro solar, y en 1815 Fraunhofer descubrió las rayas obscuras del mismo que llevan su nombre; pero la espectroscopia, como ciencia práctica, empezó realmente con la interpretación que hizo Kirchhoff de las rayas de Fraunhofer (1859), afirmando que indican gases y vapores metálicos que rodean la masa incandescente del Sol.

espectroscópico, ca. adj. Perteneciente o relativo al espectroscopio.

espectroscopio. fr. e i., *spectroscope*; it., *spettroscopio*; a., *Spektroskop*. (De *espectro* y *-scopio*.) m. Fís. y Quím. Instrumento que sirve para obtener y observar un espectro. Esquemáticamente consta de tres partes principales: colimador, medio dispersivo y analizador. El principal es el medio dispersivo, que es generalmente un prisma de Flint en el que se efectúa la dispersión de la luz en un espectro; el colimador permite hacer incidir sobre el prisma un rayo paralelo de luz de mayor o menor anchura; el analizador sirve para fijar sobre una escala graduada las rayas del espectro a fin de determinar después su longitud de onda. Para aumentar la dispersión se recurre a las llamadas rejas de Michelson, nombre del físico que las construyó por primera vez. Para las radiaciones de muy corta longitud de onda (rayos X) se utilizan cristales cuyos átomos, simétricamente dispuestos, reemplazan las rejas citadas anteriormente. || **compuesto.** Aquel cuyo colimador forma ángulo con el anteojo analizador. || **de visión directa.** Aquel cuyas tres partes principales están en la misma dirección.

especulación. fr., *speculation*; it., *speculazione*; i., *speculation*; a., *Spekulation*. (Del lat. *speculatio, -ōnis*.) f. Acción y efecto de especular. || Com. Operación comercial que se practica con mercaderías, valores o efectos públicos, con ánimo de obtener lucro. Generalmente consiste en retener y almacenar durante cierto tiempo cantidades importantes de mercancías, retirándolas del mercado o no poniéndolas en circulación, para romper el equilibrio entre la oferta y la demanda y provocar un alza de precios.

especulador, ra. fr., *speculateur*; it., *speculatore*; i., *speculator*; a., *Spekulant*. (Del lat. *speculātor*.) adj. Que especula. Ú. m. c. s.

especular. (Del lat. *speculāris*, de *specŭlum*, espejo.) adj. ant. Transparente, diáfano. || ant. Perteneciente al espejo.

especular. fr., *spéculer*; it., *speculare*; i., *to speculate*; a., *spekulieren*. (Del lat. *speculāri*.) tr. Registrar, mirar con atención una cosa para reconocerla y examinarla. || fig. Meditar, contemplar, considerar, reflexionar. || intr. Comerciar, traficar, sobre todo si es con especulación. || Procurar provecho o ganancia fuera del tráfico mercantil.

especulario, ria. (Del lat. *speculariŭs*.) adj. ant. **especular,** perteneciente al espejo.

especulativa. (Del lat. *speculatīva*.) f. Facultad del alma para especular alguna cosa.

especulativamente. adv. m. De manera especulativa.

especulativo, va. (Del lat. *speculatīvus*.) adj. Perteneciente o relativo a la especulación. || Que tiene aptitud para especular. || Que procede de la mera especulación o discurso, sin haberse reducido a práctica. || Muy pensativo y dado a la especulación.

espéculo. (Del lat. *specŭlum*, espejo.) m. Cir. Instrumento que se emplea para examinar por la reflexión luminosa ciertas cavidades del cuerpo.

espechar. tr. ant. **espichar,** pinchar con una cosa aguda.

espedar. tr. ant. **espetar.**

espedazar. tr. ant. **despedazar.** Ú. por el vulgo.

espedimiento. (De *espedirse*.) m. ant. **despedida.**

espedirse. (Del lat. *expetĕre*.) prnl. ant. **despedirse.**

espedo. m. ant. **espeto.** Ú. en Aragón.

Espeja. Geog. Mun. y lugar de España, prov. de Salamanca, p. j. de Ciudad Rodrigo; 632 h. || **de San Marcelino.** Mun. de España, prov. de Soria, p. j. de Burgo de Osma; 589 h. Minas de hierro y de carbón. || Villa cap. del mismo; 171 h.

espejado, da. p. p. de espejar, limpiar. || adj. Claro y limpio como un espejo. || Que refleja la luz como un espejo.

espejar. (De *espejo*.) tr. ant. Limpiar, pulir, lustrar. || prnl. ant. Mirarse al espejo. || fig. Reflejarse, reproducirse como la imagen en un espejo.

espejar. (Del lat. *expediāre*, desembarazar.) tr. vulg. **despejar.**

espejear. intr. Relucir o resplandecer al modo que lo hace el espejo.

espejeo. m. **espejismo.**

espejera. f. Veter. Cuba. Llaga de las caballerías, producida por los arreos o la espuela.

espejería. f. Tienda en que se venden espejos y otros muebles, para adorno de casas.

espejero. fr., *miroitier*; i., *specchiaio*; i., *glass-maker*; a., *Spiegelmacher*, *Spiegelhändler*. m. El que hace espejos o los vende.

espejismo. fr., *mirage*; it., *miraggio*; i., *mirage, looming*; a., *Luftspiegelung*. (De *espejo*.) m. Ilusión óptica debida a una serie de refracciones de la luz cuando atraviesa capas de aire de densidad distinta, a una reflexión total en una de las capas inferiores, o a otra serie de refracciones en distinto sentido, con lo cual los objetos lejanos dan una imagen invertida por bajo del suelo, como si se reflejasen en el agua. Esto sucede en las llanuras de los desiertos. Menos frecuente es el espejismo debido a la reflexión total en el aire caliente de las capas altas situadas sobre el mar, caso complejo que los italianos denominan *fatamorgana* (v.). || fig. **ilusión** de la imaginación.

espejo. fr., *miroir*; it., *specchio*; i., *looking-glass, mirror*; a., *Spiegel*. (Del lat. *specŭlum*.) m. Lámina de cristal azogada o, más comúnmente en la actualidad, tratada con un compuesto de plata por la parte posterior para que se reflejen y se representen en él los objetos situados delante. Los hay también de acero u otro metal bruñido. || fig. Aquello en que se ve

Espejo–espeluznar

Espejo. Museo de Artes Decorativas. Madrid

una cosa como retratada. || fig. Modelo o dechado digno de estudio e imitación. || En arquitectura, adorno aovado que se entalla en las molduras huecas y que suele llevar floroncillos. || En Andalucía, transparencia de los vinos dorados. || pl. Remolino de pelos en la parte anterior del pecho del caballo. || **de armar.** *Léx.* ant. **espejo de cuerpo entero.** || **de asno.** *Miner.* **selenita.** || **cóncavo.** *Fís.* Aquel cuya superficie de reflexión es cóncava. || **convexo.** El que tiene convexa la superficie reflectante. || **de cuerpo entero.** *Léx.* Espejo grande en el que se representa todo o casi todo el cuerpo del que se mira en él. || **de los incas.** *Miner.* **obsidiana.** || **parabólico.** *Fís.* Aquel cuya superficie reflectante es parabólica. || **plano.** Aquel en que es plana la superficie de reflexión. || **de popa.** *Mar.* Fachada que presenta la popa desde la bovedilla hasta el coronamiento. || **retroscópico** o **retrovisor.** *Aut.* El colocado en la parte delantera del vehículo automotor, que permite al conductor observar lo que ocurre detrás de su coche. || **semitransparente.** *Fís.* El que refleja sólo parte de la luz que incide en él, dejando pasar el resto. Se fabrica plateando sólo parcialmente la superficie de cristal. Colocado entre una habitación obscura y otra iluminada, permite al observador colocado en la obscura ver a través de él sin ser visto. || **ustorio.** *Léx.* Espejo cóncavo que, puesto de frente al Sol, refleja sus rayos y los reúne en el punto llamado foco, produciendo un calor capaz de quemar, fundir y hasta volatizar los cuerpos allí colocados. || **de vestir.** *Léx.* **espejo de cuerpo entero.**

Espejo (Antonio de). *Biog.* Explorador español, n. en Córdoba en el s. XVI. Llegó a Nueva España en 1571, en el séquito del inquisidor Pedro Moya de Contreras. Atravesó Chihuahua (Méjico), y, siguiendo el curso del río Grande, continuó sus exploraciones hacia el N., hasta Zia y Jemez, al O. por Acoma, Zuñi, la región de los indios hopi, en Arizona, hasta la comarca en que hoy se encuentra Prescott, y, luego de retroceder, marchó hacia el E. por Pecos, siguiendo siempre su exploración. || **(José).** Actor español, n. en Mota del Cuervo, Cuenca, y m. en Madrid (1720-1797). Alcanzó grandes triunfos en su larga carrera, primero como galán joven y después como actor de carácter. || *Geog.* Cantón de Ecuador, prov. de Carchi; 22.650 h. Cap., El Ángel. || Mun. y villa de España, prov. de Córdoba, p. j. de Castro del Río; 5.925 h. Minas de sal.

Espejón. *Geog.* Mun. y villa de España, prov. de Soria, p. j. de Burgo de Osma; 320 h.

espejuela. f. *Equit.* Arco que suelen tener algunos bocados en la parte interior, y une los extremos de los dos cañones. || **abierta.** La que tiene un gozne en la parte superior para dar mayor juego al bocado. || **cerrada.** La de una pieza.

espejuelo. fr., *miroir, attrait*; it., *attrattivo, esca*; i., *attraction*; a., *Lerchenspiegel*. (dim. de *espejo*.) m. Yeso cristalizado en láminas brillantes. || Ventana, rosetón o claraboya, por lo general con calados de cantería y cerrada con placas de yeso transparente. || Hoja de talco. || Trozo curvo de madera de unos 20 cm. de largo, con pedacitos de espejo y generalmente pintado de rojo, que se hace girar para que, a los reflejos de la luz, acudan las alondras y poderlas cazar fácilmente. || Reflejo que se produce en ciertas maderas cuando se cortan a lo largo de los radios medulares. || Conserva de tajadas de cidra o calabaza que con el almíbar se hacen relucientes. || Entre colmeneros, borra o suciedad que se cría en los panales durante el invierno. || Callosidad que contrae el feto del animal en el vientre de la madre por la situación que tiene dentro de la matriz. || Excrecencia córnea que tienen las caballerías en la parte inferior e interna del antebrazo y en la superior y algo posterior de las cañas en las patas traseras. || **selenita.** pl. Cristales que se ponen en los anteojos y los anteojos mismos.

espeleología. fr., *spéléologie*; it., *speleologia*; i., *speleology*; a., *Spelaölogie*. (Del gr. *spelaion*, caverna, y *-logia*.) f. Ciencia que estudia la naturaleza, el origen y formación de las cavernas, y su fauna y flora. Aparte de los móviles puramente científicos o turísticos, interesa especialmente la espeleología por la posibilidad de descubrir y de aprovechar industrialmente las corrientes subterráneas de agua, haciéndolas aflorar a la superficie mediante túneles.

espeleológico, ca. adj. Perteneciente o relativo a la espeleología.

espeleologismo. (De *espeleologia* e *-ismo*.) m. **Dep.** Afición a visitar cuevas, cavernas o simas con fines turísticos, científicos o deportivos. Surgió como deporte en 1888, merced a las investigaciones y propaganda del francés E. A. Martel, que estudió, en las Baleares, las cuevas de Artá y del Drach, y descubrió en esta última un lago de agua dulce que lleva su nombre. En 1953, equipos españoles y franceses realizaron un descenso de 731 m. en la Piedra de San Martín (Pirineos), superado, más tarde, por un equipo francés que consiguió descender a 1.135 m., en la sima Berger, situada en la meseta de Sornin-en-Vercors. En 1966, un equipo, también francés, consiguió descender a 1.152 m. de profundidad en la sima de la Piedra de San Martín. Casi 10 años después, un equipo internacional bajó a 1.329 metros en una cueva próxima a Pau (Pirineos Atlánticos, Francia).

Espeleología. Exploración de una cueva

espeleólogo. m. El que se dedica a la espeleología.

espelotarse. prnl. vulg. Ponerse rollizo.

espelta. (Del lat. *spelta*.) f. **Bot.** Variedad de escanda.

espélteo, a. adj. Perteneciente a la espelta.

espelucar. tr. *Amér.* **despeluzar.** Ú. t. c. prnl.

espelunca. (Del lat. *spelunca*.) f. Cueva, gruta, concavidad tenebrosa.

Espeluy. *Geog.* Mun. de España, prov. de Jaén, p. j. de Andújar; 1.023 h. || Villa cap. del mismo; 453 h.

espeluzar. tr. **despeluzar.** Ú. t. c. prnl.

espeluznamiento. m. **despeluzamiento.**

espeluznante. p. a. de **espeluznar.** Que hace erizarse el cabello. || adj. Pavoroso, terrorífico.

espeluznar. tr. Descomponer, desordenar el pelo de la cabeza, de la felpa, etc. || Erizar el pelo o las plumas. Ú. t. c. prnl. || Espantar, causar horror. Ú. t. c. prnl.

Espejo (Córdoba). Vista del castillo

espeluznar. tr. Alborotar el cabello. U. t. c. prnl.

espeluzno. m. fam. Escalofrío, estremecimiento.

espeluzo. m. ant. Alboroto o desorden del cabello.

espenjador. (Del aragonés *espenjar*, y éste del lat. **expendicāre*, de *pendēre*, colgar.) m. *Ar.* Pértiga terminada en una horquilla de hierro, y que se utiliza para colgar y descolgar cualquier objeto.

espeo. (Del gr. *spéos*, caverna.) m. **Arqueol.** Tipo de templo egipcio labrado en la montaña, aparecido durante la 18.ª dinastía. De este tipo son los mandados construir por Ramsés II en Abu Simbel (Nubia).

espeque. fr., *anspet;* it., *leva;* i., *handspike;* a., *Hebebaum.* (Del neerl. *speek*, palanca.) m. Puntal para sostener una pared. ∥ Palanca recta de madera resistente. ∥ **Artill.** Palanca de madera, redonda por una extremidad y cuadrada por la otra, de que se sirven los artilleros.

espera. fr., *attente;* it., *attesa;* i., *await;* a., *Erwartung.* f. Acción y efecto de esperar. ∥ Calma, paciencia, facultad de saberse contener y de no proceder de ligero. ∥ **Artill.** Especie de cañón de artillería usado antiguamente. ∥ **Carp.** Escopleadura que empieza desde una de las aristas de la cara del madero y no llega a la opuesta. ∥ **Caza.** Puesto en que se aguarda a que la caza acuda espontáneamente o sin ojeo. ∥ **Der.** Aplazamiento que los acreedores acuerdan conceder al deudor en quiebra, concurso o suspensión de pagos. ∥ Plazo o término señalado por el juez para ejecutar una cosa, como presentar documentos, etc. ∥ ant. **Num.** Moneda de Levante.

espera. (Del lat. *spera*, por *sphaera*.) f. ant. **esfera.**

Espera. *Geog.* Mun. de España, prov. de Cádiz, p. j. de Arcos de la Frontera; 4.353 habitantes. ∥ Villa cap. del mismo; 3.494 habitantes (*espereños*).

esperable. (Del lat. *sperabĭlis*.) adj. ant. Que se puede o debe esperar.

esperación. (Del lat. *speratĭo, -ōnis*.) f. ant. **esperanza.**

esperadamente. adv. m. Precedido del adv. *no*, inesperadamente.

esperador, ra. (Del lat. *sperātor, -ōris*.) adj. Que espera. Ú. t. c. s.

esperamiento. (De *esperar*.) m. ant. Acción y efecto de esperar.

esperante. (Del lat. *sperans, -antis*.) p. a. ant. de **esperar.** Que espera.

esperantista. com. Persona que hace uso del esperanto y lo propaga.

esperanto. (Palabra artificialmente creada, que contiene la raíz lat. *sper*, y sign. *el que espera*. Fue usada inicialmente por su autor como seudónimo y convertida en denominación oficial por sus partidarios.) m. Idioma creado por el médico y filólogo polaco L. L. Zamenhof, después de diez años de estudio, con idea de que pudiera servir de lengua universal. Lo dio a conocer el 2 de junio de 1887, en un folleto titulado así: *Doktoro Esperanto. Linguo internacia. Antaŭparolo haj plena lernolibro*. El alfabeto se compone de 28 letras y la gramática es sencillísima, pues descansa en 16 reglas, sin excepción alguna. Su difusión hizo grandes progresos y se editan en este idioma más de 100 publicaciones, entre periódicos y revistas, siendo varias las emisoras que lo utilizan. Posee una bibliografía con más de 30.000 volúmenes entre traducciones y obras originales y tiene además literatos y poetas propios que la enriquecen continuamente. Lo hablan de 6 a 8 millones, y en muchas universidades y escuelas se enseña como lengua viva.

esperanza. fr., *espérance;* it., *speranza;* i., *hope;* a., *Hoffnung.* (De *esperar*.) f. Estado del ánimo, en el cual se nos presenta como posible lo que deseamos. ∥ **Mat.** Valor medio de una variable aleatoria o de una distribución de probabilidades. ∥ **Rel.** Virtud teologal por la que esperamos en Dios con firmeza que nos dará los bienes que nos ha prometido.

Esperanza. *Geog.* Local. de Argentina, prov. de Santa Fe, cap. del depart. de Las Colonias; 17.636 h. ∥ Mun. de Cuba, prov. de Las Villas; 21.963 h. ∥ Pobl. cap. del mismo; 6.297 h. ∥ Mun. de la República Dominicana, prov. de Valverde; 23.376 h. ∥ Villa cap. del mismo; 10.684 h. ∥ Mun. de Méjico, est. de Puebla; 8.662 h. ∥ Pueblo cap. del mismo; 4.258 h. ∥ Pueblo de Perú, depart. de Loreto, prov. de Coronel Portillo, cap. del dist. de Purús; 261 h. ∥ **(La). Rosario (El).** ∥ **(La).** Mun. de Guatemala, depart. de Quezaltenango; 4.023 h. ∥ Población cap. del mismo; 1.319 h. ∥ **(La).** Mun. de Honduras, depart. de Intibucá; 2.977 h. ∥ C. cap. del depart. de Intibucá y del mun. de su nombre; 2.000 h. ∥ **(La).** Dist. de Perú, depart. de Cajamarca, prov. de Santa Cruz; 4.655 h. ∥ Pueblo cap. del mismo; 81 h.

esperanzado, da. p. p. de **esperanzar.** ∥ adj. Que tiene esperanza de conseguir alguna cosa.

esperanzador, ra. adj. Que da o infunde esperanza.

esperanzar. tr. Dar o provocar esperanza.

esperar. fr., *attendre, espérer;* it., *aspettare, sperare;* i., *to hope, to expect, to await;* a., *hoffen, erwarten.* (Del lat. *sperāre*.) tr. Tener esperanza de conseguir lo que se desea. ∥ Creer que ha de suceder alguna cosa, especialmente si es favorable. ∥ Permanecer en sitio donde se cree que ha de ir alguna persona o en donde se presume que ha de ocurrir alguna cosa. ∥ Detenerse en el obrar hasta que suceda algo. ∥ Ser inminente o estar inmediata alguna cosa.

esperdecir. (Del lat. *disperdĕre*.) tr. ant. **despreciar.**

esperecer. (Del lat. *disperīre*.) intr. ant. **perecer.**

esperezarse. (Del lat. *ex*, fuera de, y *pigritĭa*, pereza.) prnl. Estirar o extender los miembros entumecidos.

esperezo. (De *esperezarse*.) m. Acción de esperezarse.

espergiar. (Por *aspergiar*.) intr. *Col.* Alzar, arquear la cola los cuadrúpedos.

espergurar. (Del aragonés *esporgar*, del lat. *expurgāre*, limpiar.) tr. **Agr.** *Rioja.* Limpiar la vid de todos los tallos y vástagos que echa en el tronco y madera, que no sean del año anterior, para que no chupen la savia a los que salen de las yemas del sarmiento nuevo, que son los fructíferos.

esperido, da. (Del lat. *deperītus*, acabado.) adj. ant. Extenuado, flaco, débil.

esperiego, ga. adj. **Bot. asperiego.** Ú. t. c. s. m. y f.

esperma. fr., *sperme;* it., *sperma;* i., *spermaceti;* a., *Samen.* (Del lat. *sperma*, y éste del gr.

La espera, por Jaime Mercadé. Colección particular. Madrid

La Esperanza, por Giotto. Capilla de los Scrovegni. Padua

espermafito–espesor

spérma, simiente.) amb. **Fisiol. semen**, líquido de las glándulas genitales del sexo masculino. || **de ballena.** Zool. Substancia muy parecida a las grasas por su aspecto y caracteres físicos, procedentes de la materia oleosa contenida en las cavidades del cráneo del cachalote. Se emplea para hacer velas y en algunos medicamentos.

espermafito, ta. (Del gr. spérma, simiente, y -fito.) adj. Bot. **fanerógamo.**

espermat-. pref. V. **espermato-.**

espermati-. pref. V. **espermato-.**

espermático, ca. (Del lat. spermatĭcus, y éste del gr. spermatikós.) adj. Perteneciente a la esperma.

espermátida. (Del gr. spérma, -atos, semilla.) f. Biol. Cada una de las dos células haploides resultantes de la división de los espermatocitos de segundo orden y que, mediante la espermiogénesis, se convertirán en espermatozoides.

espermato-, espermat-, espermati-, espermio-, espermo-; -sperm-, -spermat-; -sperma, -spermia, -spermal, -spermo. (Del lat. sperma, -ătis, y éste del gr. spérma, -atos; o del gr. spermeion.) pref., infijo o suf. que sign. semilla, esperma, etc.; e. de pref.: menispermáceo, aspermatismo; e. de suf.: endosperma, microspermal, dispermia, gimnospermo.

espermatoblasto. (De espermato- y -blasto.) m. Biol. **espermatogonio.**

espermatocito. (De espermato- y -cito.) m. Biol. Cada una de las células que, procedentes de los espermatogonios, originan, cada una, cuatro espermátidas a través de dos divisiones cariocinéticas, una de las cuales es meiótica. || **primario. espermatocito de primer orden.** || **de primer orden.** El que procede directamente de la división de un espermatogonio y, a su vez, se divide para dar dos espermatocitos de segundo orden. || **secundario. espermatocito de segundo orden.** || **de segundo orden.** El que procede directamente de la división de un espermatocito de primer orden, y se divide, a su vez, para dar dos espermátidas.

espermatófito, ta. (De espermato- o espermo- y -fito.) adj. Bot. Dícese de las plantas con flores y semillas. || f. pl. División de plantas del tronco cormófito de Weltstein, sin. de antófito, fanerógamo y espermófito, que incluye angiospermas y gimnospermas.

espermatóforo. (De espermato- y -foro.) m. Zool. Dispositivo que poseen los machos de muchos moluscos, artrópodos y otros invertebrados, y que se destina a almacenar los espermatozoides para liberarlos en el acto de la fecundación.

espermatogénesis. (De espermato- y -génesis.) f. Biol. Proceso de formación de los espermatozoides a partir de los espermatogonios.

espermatogonio. (De espermato- y -gonio.) m. Biol. Cada una de las células sexuales indiferenciadas, diploides, que se producen en los testículos y están destinadas a originar los espermatocitos primarios o de primer orden.

espermatorrea. fr., spermatorrhée; it., spermatorrea; i., spermatorrhaea; a., Samenfluss. (De espermato- y -rrea.) f. Pat. Eyaculación involuntaria y sin causa de orden erótico. Se presenta ya de modo espontáneo, ya después de poluciones nocturnas repetidas.

espermatozoario. (De espermato- y -zoario.) m. Fisiol. Espermatozoide de los animales.

espermatozoide. fr., spermatozöide; it., spermatozoo; i., spermatozoid; a., Spermatozoon. (De espermato- y -zoide.) m. Bot. Gameto masculino de las plantas criptógamas, que, por estar provisto de flagelos que le sirven para nadar en el agua, se asemeja a las células sexuales masculinas de la mayoría de los animales. || Cada uno de los dos gametos que resultan de la división de una de las células componentes del grano de polen. || Fisiol. Célula sexual masculina, contenida en el semen y destinada a la fecundación del óvulo, para dar origen, en unión de éste, a un cigoto, célula inicial de un nuevo ser. Es una célula pequeña, que consta, por lo general, de un filamento largo y delgado, llamado cola, muy móvil; de una porción ensanchada o cabeza, que contiene el núcleo, y entre ambas un pequeño estrechamiento llamado cuello. Su forma varía de unos a otros animales, pero es siempre el elemento activo de la fecundación, que proporciona la energía necesaria para la segmentación del huevo. El espermatozoide es haploide y procede de una espermátida en virtud del proceso llamado espermiogénesis.

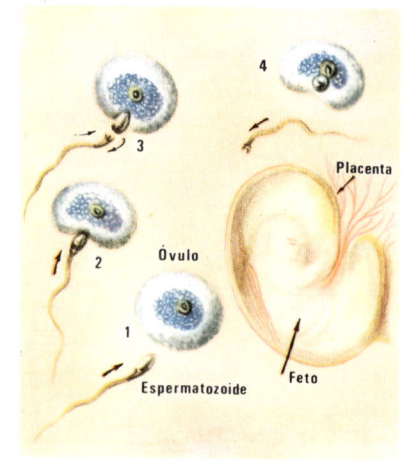

espermatozoo. (De espermato- y -zoo.) m. Fisiol. Espermatozoide de los animales.

espermio-. pref. V. **espermato-.**

espermiogénesis. (De espermio- y -génesis.) f. Biol. Proceso a través del cual las espermátidas se transforman en espermatozoides.

espermo-. pref. V. **espermato-.**

espernada. (De es- y pierna.) f. Remate de la cadena, que suele tener el eslabón abierto con unas puntas, para meterlo en la argolla que está fijada en un poste o en la pared.

espernancarse. prnl. Amer. y León. Abrirse de piernas.

espernible. (Del lat. spernĕre, despreciar.) adj. And. y Ar. Que merece desprecio.

esperón. (Del it. sperone.) m. Mar. **espolón**, pieza saliente en la proa de las embarcaciones.

esperonte. (De esperón.) m. Fort. Obra en ángulo saliente, que se hacía en las cortinas de las murallas y a veces en las riberas de los ríos.

esperpéntico, ca. adj. Perteneciente o relativo al esperpento literario. Dícese en especial de lenguaje, estilo u otros caracteres propios de los esperpentos o empleados en escritos que participan de su condición.

esperpento. m. fam. Persona o cosa notable por su fealdad, desaliño o mala traza. || Desatino, absurdo. || Lit. Género literario creado por Ramón del Valle-Inclán, en el que se deforma sistemáticamente la realidad, recargando sus rasgos grotescos y absurdos, a la vez que se degradan los valores literarios consagrados; para ello se dignifica artísticamente un lenguaje coloquial y desgarrado, en el que abundan expresiones cínicas y jergales.

esperriaca. (De esperriar.) f. Enol. And. Último mosto que se saca de la uva.

esperriadero. m. ant. Acción y efecto de esperriar.

esperriar. (De la onomat. pirr.) tr. ant. **espurriar.**

Espert Moreno (Nuria). Biog. Actriz teatral y cinematográfica española, n. en Hospitalet de Llobregat en 1936. Posee extraordinaria adaptabilidad para los más variados papeles. En el teatro ha interpretado obras como *Medea, Romeo y Julieta, Gigi, Fuenteovejuna, El deseo bajo los olmos, Las criadas*, por cuya interpretación se le concedió el premio de Teatro Mayte; *El certificado, Yerma y Triángulo*. En 1969 se le concedió, junto con su compañía, el gran premio especial del XVI Festival Internacional de Arte Dramático, en Belgrado. Es premio nacional de Interpretación. Ha intervenido en las películas: *La tirana, A las cinco de la tarde, Trigo limpio, María Rosa, Laia, Viva la muerte*, etc.

espertar. (Del lat. *expertus, p. p. de expergēre.) tr. ant. **despertar.** Ú. aún por el vulgo.

esperteza. (De espertar.) f. ant. Diligencia, actividad.

espesamente. adv. m. ant. Con frecuencia, con continuación.

espesar. (De espeso.) m. Parte de monte más poblada de matas o árboles que las demás.

espesar. fr., épaissir; it., ispessire; i., to ticken; a., verdicken, dickmachen. (Del lat. spissāre.) tr. Condensar lo líquido. || Unir, apretar una cosa con otra, haciéndola más cerrada y tupida, como se hacen los tejidos, medias, etc. || prnl. Juntarse, unirse, cerrarse y apretarse las cosas unas con otras, como hacen los árboles y plantas, creciendo y echando ramas.

espesativo, va. adj. Que tiene virtud de espesar.

espesedumbre. (Del lat. spissitūdo, -ĭnis.) f. ant. **espesura**, calidad de espeso.

espeseza. f. ant. **espesura.**

espeso, sa. fr., épais; it., spesso; i., thick; a., dick. (Del lat. spissus.) adj. Dícese de la masa o de la substancia fluida o gaseosa que tiene mucha densidad o condensación. || Dícese de las cosas que están muy juntas y apretadas, como suele suceder en los trigos, en las arboledas y en los montes. || p. us. Continuado, repetido, frecuente. || Grueso, corpulento, macizo. || fig. Sucio, desaseado y grasiento. || fig. Ar. y Venez. Pesado, impertinente, molesto.

espesor. fr., epaisseur; it., spessore, spessezza; i., thickness; a., Dicke. (De espeso.) m. Grueso de un sólido. || Fís. Densidad o condensación de un fluido, un gas o una masa.

Valle-Inclán, creador del esperpento, por Zuloaga. Colección del autor

espesura. f. Calidad de espeso. || ant. Solidez, firmeza. || fig. Cabellera muy espesa. || fig. Paraje muy poblado de árboles y matorrales. || fig. Desaseo, inmundicia y suciedad.

espetado, da. p. p. de **espetar.** || adj. Estirado, tieso, afectadamente grave.

espetaperro (a). m. adv. **a espeta perros.**

espetar. fr., *embrocher*; it., *infilzare*; i., *to spit*; a., *aufspiessen*. (De *espeto*.) tr. Atravesar con el asador, u otro instrumento puntiagudo, carne, aves, pescados, etc., para asarlos. || Atravesar, clavar, meter por un cuerpo un instrumento puntiagudo. || fig. y fam. Decir a uno de palabra o por escrito alguna cosa, causándole sorpresa o molestia. || prnl. Ponerse tieso, afectando gravedad y majestad. || fig. y fam. Encajarse, asegurarse, afianzarse.

espetera. (De *espeto*.) f. Tabla con garfios en que se cuelgan carnes, aves y utensilios de cocina, como cazos, sartenes, etc. || Conjunto de los utensilios de cocina que son de metal y se cuelgan en la espetera. || fig. y fam. Pecho de la mujer cuando es muy abultado.

Espetera. Museo de Artes Decorativas. Madrid

espeto. (Del germ. *spit*.) m. ant. Hierro largo y delgado, como asador o estoque.

espetón. (aum. de *espeto*.) m. Hierro largo y delgado, como asador o estoque. || Hierro para remover las ascuas de los hornos, hurgonero. || Alfiler grande. || Golpe dado con el espeto. || *And*. Conjunto de sardinas que se atraviesan por una caña para asarlas. || *Sal*. y *Zam*. Pendón grande que se saca en las procesiones. || **Zool. aguja,** pez.

espía. fr., *espion*; it., *spione*, *spia*; i., *spy*; a., *Spion*. (Del it. *spia*.) m. y f. Persona que con disimulo y secreto observa o escucha lo que pasa, para comunicarlo al que tiene interés en saberlo. || *Germ*. Persona que ataya. || **doble.** *Polit*. Persona que sirve a dos partes contrarias por el interés de ambas le resulta.

espía. (Del port. *espía*.) f. Cada una de las cuerdas o tiros con que se mantiene fijo y vertical un madero. || **Mar.** Acción de espiar, halar. || Cabo o estacha que sirve para espiar.

espiado, da. p. p. de **espiar,** acechar. || adj. *Germ*. Acusado, delatado.

espiado, da. p. p. de **espiar,** halar de un cabo. || adj. Dícese del madero afirmado al terreno por medio de espías, cabos o estachas.

espiador. (De *espiar,* acechar.) m. ant. **espía,** persona que con disimulo observa lo que pasa, para comunicarlo al que tiene interés en saberlo.

espiar. fr., *épier*, *espionner*; it., *spiare*; i., *to spy*; a., *ausspähen*. (Del it. *spiare*.) tr. Acechar; observar disimuladamente lo que se dice o hace.

espiar. (Del port. *espiar*.) intr. **Mar.** Halar de un cabo firme en un ancla, noray u otro objeto fijo, para hacer caminar la nave en dirección al mismo.

espibia. (De *estibia*.) f. **Veter.** Torcedura del cuello de una caballería en sentido lateral.

espibio o **espibión.** m. **Veter. espibia.**

espicanardi. (Del lat. *spica nardi*, espiga de nardo.) f. **Bot. espicanardo.**

espicanardo. (Del m. or. que el anterior.) m. **Bot.** Nardo índico de la familia de las valerianáceas; es una hierba que se cría en la India y tiene la raíz perenne y aromática, tallo velloso y sencillo, hojas pubescentes, las radicales muy largas y las del tallo sentadas, flores purpúreas en hacecillos opuestos y fruto en caja (*nardostachys jatamansi*). || Planta de la India de la familia de las gramíneas, con tallos en caña delgada, de 40 a 60 cm. de alt., hojas envainadoras, flores en espigas terminales; rizoma con numerosas raicillas fibrosas, de olor agradable, cuyo extracto da un perfume muy usado por los antiguos (*andropogon nardus*). || Llámanse así también las raíces de estas plantas. || *Amér*. m. Se llama así a la *arabia racemosa*.

espiciforme. (Del lat. *spica*, espiga, y *-forme*.) adj. Que tiene forma de espiga.

espícula. (Del lat. cient. *spicula*, dim. del lat. *spica*, espiga.) f. **Zool.** Cada una de las piezas pequeñas, calizas o silíceas, originadas en el seno de una célula especial (*espongioblasto* o *escleroblasto*), que, en gran número, constituyen el aparato de sostén de los espongiarios. También se llaman espículas a las piezas del esqueleto silíceo de los radiolarios, así como a una varilla quitinosa, encorvada y puntiaguda, que poseen los machos de gusanos nematodes detrás del intestino y que sirve de órgano auxiliar en la cópula.

espichar. (De *espiche*.) tr. Punzar con una cosa aguda. || intr. fam. Morir, acabar la vida uno. || prnl. *Cuba* y *Méj*. Enflaquecer, adelgazar.

espiche. (Del lat. *spicŭlum*, dardo, punta.) m. Arma o instrumento puntiagudo, como chuzo, azagaya o asador. || Estaquilla que sirve para cerrar un agujero, como las que se colocan en las cubas para que no se salga el líquido o en los botes para que no se anegüen.

Espichel. Geog. Cabo de Portugal, en la desembocadura del Tajo.

Cabo Espichel

espichón. m. Herida causada con el espiche o con otra arma puntiaguda.

espiedo. m. ant. **espedo.**

Espiel. Geog. Mun. de España, prov. de Córdoba, p. j. de Peñarroya-Pueblonuevo; 3.612 h. || Villa cap. del mismo; 2.787 h. (*espeleños*).

espiga. fr., *epi*; it., *spiga*; i., *ear*; a., *Ähre*. (Del lat. *spica*.) f. Parte de una herramienta o de otro objeto, adelgazada para introducirla en el mango. || Parte más estrecha de un escalón de caracol, por el cual se une al alma o eje de la escalera. || Clavo pequeño de hierro y sin cabeza. || Badajo de campana. || *Chile*. Pezón a que se ata el yugo. || *Sal*. Regalo que dan los convidados a la novia el día de la boda durante el baile o después de la comida. || **Agr.** Púa de un injerto. || Parte superior de la espada, en donde se asegura la guarnición. || **Artill.** Espoleta de bomba. || **Bot.** Inflorescencia indefinida con las flores (y luego los frutos) dispuestas a lo largo de un eje. En el trigo y otras gramíneas la espiga está compuesta de espiguillas. || **Carp.** Extremo de un madero, cuyo espesor se ha disminuido, ordinariamente en dos terceras partes, para que encaje en el hueco de otro madero, donde se ha de ensamblar. || Cada uno de los clavos de madera con que se aseguran las tablas o maderos. || **Mar.** Cabeza de los palos y masteleros. || Una de las velas de la galera.

espigadera. f. **espigadora.**

espigadilla. (De *espigado*.) f. Especie de cebada silvestre (*hórdeum murinum*).

espigado, da. p. p. de **espigar.** || adj. Aplícase a algunas plantas anuales cuando se las deja crecer hasta la completa madurez de la semilla. || Dícese del árbol nuevo de tronco muy elevado. || En forma de espiga. || fig. Alto, crecido de cuerpo. Dícese de los jóvenes.

espigador, ra. m. y f. Persona que recoge las espigas que quedan o han caído en la siega.

espigajo. m. *Ar*. Conjunto de espigas recogidas en los rastrojos.

espigar. fr., *épier, graner;* it., *spigolare, spigare;* i., *to ear, to glean;* a., *Ahren lesen.* (Del lat. *spicāre.*) tr. Coger las espigas que los segadores han dejado de segar, o las que han quedado en el rastrojo. ‖ Tomar de uno o más libros, rebuscando acá y allá, ciertos datos que a uno le conviene aprovechar. Ú. t. c. intr. ‖ desus. Mover el caballo la cola, sacudiéndola de arriba abajo. Ú. en Méjico. Ú. t. c. intr. ‖ En algunas partes de Castilla la Vieja y Salamanca, hacer una ofrenda o dar una alhaja a la mujer que se casa, el día de los desposorios, por lo regular al tiempo del baile. ‖ En carpintería, hacer la espiga en las maderas que han de entrar en otras. ‖ intr. Empezar los panes a echar espigas. ‖ prnl. Crecer demasiado algunas hortalizas, como la lechuga y la alcachofa, y dejar de ser propias para la alimentación por haberse endurecido. ‖ Crecer notablemente una persona.

Espigas. Geog. Local. de Argentina, prov. de Buenos Aires, part. de Olavarría; 1.000 h.

espigo. m. Espiga de una herramienta. ‖ *León.* Púa o hierro del peón.

espigón. (De *espiga.*) m. Punta del palo con que se aguija. ‖ Espiga o punta de un instrumento puntiagudo, o del clavo con que se asegura una cosa. ‖ Espiga áspera y espinosa. ‖ Mazorca o panoja. ‖ Cerro alto, pelado y puntiagudo. ‖ **Hidrául.** Macizo saliente que se construye a la orilla de un río o en la costa del mar, para defender las márgenes o modificar la corriente. ‖ **de ajo.** *Bot.* **diente de ajo.**

espigoso, sa. adj. ant. Que tiene espigas o abunda de ellas.

espiguear. intr. *Méj.* Mover el caballo la cola, sacudiéndola de arriba abajo.

espigüela. f. *Logr.* Indirecta, pulla.

espigueo. m. **Agr.** Acción de espigar los sembrados. ‖ Tiempo o sazón de espigar.

espiguilla. (dim. de *espiga.*) f. Cinta angosta o fleco con picos, que sirve para guarniciones. ‖ **Bot.** Inflorescencia parcial de las gramíneas con glumas y glumillas y que en conjunto pueden formar espiga, panoja, etc. ‖ Planta anual de la familia de las gramíneas, con el tallo comprimido, hojas lampiñas y flores en panoja sin aristas (*poa ánnua*). ‖ Flor del álamo.

espilocho. (Del it. *spilorcio.*) adj. ant. Pobre, desvalido. Decíase del que iba desharrapado y mal vestido. Ú. t. c. s.

espillador. (De *espillar.*) m. *Germ.* Jugador de naipes.

espillantes. (De *espillar.*) m. pl. *Germ.* Los naipes.

espillar. (De *espillo.*) tr. *Germ.* Jugar a los naipes.

espillo. (Del a. *spiel,* juego.) m. *Germ.* Lo que se juega a los naipes.

espín. fr., *porc-épic;* it., *porco spino;* i., *porcupine;* a., *Stachelschwein.* (Del lat. *spina.*) m. **Mil.** Orden en que antiguamente formaba un escuadrón, presentando por todos lados al enemigo lanzas o picas. ‖ **Zool. puerco espín.**

espín. (Del i. *to spin,* girar como un huso.) m. **Fís. nucl.** Momento de rotación alrededor de un eje central, propio de una partícula. Está representado por un vector cuantificado. Tienen espín cero, los piones y kaones; tienen espín 1, los fotones; tienen espín 1/2, los leptones, nucleones e hiperones, excepto el Ω^- (omega-menos), que tiene espín 3/2. En una partícula electrizada, este momento de rotación engendra un momento magnético. Fue descubierto por Uhlenbeck y Gouldsmith y matemáticamente justificado por Dirac. ‖ **(momento cinético del).** Producto del valor del espín por la constante de Planck h, y dividido por 2π. Así, p. e., el momento cinético del espín del electrón es $h/4\pi$. ‖ **isobárico.** **isospín.**

El niño de la espina. Museo Capitolino. Roma

espina. fr., *épine;* it., *spina;* i., *thorn, spina;* a., *Dorn, Stachel.* (Del lat. *spina.*) f. Astilla pequeña y puntiaguda de la madera, esparto u otra cosa áspera. ‖ fig. Escrúpulo, recelo, sospecha. ‖ fig. Pesar íntimo y duradero. ‖ **Anat.** Apófisis ósea larga y delgada. ‖ **Arquit.** Muro bajo y aislado en medio del circo romano, coronado de obeliscos, estatuas y otros ornamentos semejantes, y alrededor del cual corrían los carros y caballos que se disputaban el premio. ‖ **Bot.** Púa que nace del tejido leñoso o vascular de algunas plantas. Es dura y no procede solamente de la epidermis, como el aguijón, sino que es transformación de rama, ramilla o estípula, o modificación del borde de la hoja. ‖ **Zool.** Cada una de las piezas óseas largas, delgadas y puntiagudas que forman parte del esqueleto de muchos peces, como la apófisis de las vértebras y los radios duros y rígidos de las aletas. También se llama así a las púas de los erizos, puercoespines, erizos de mar y a la uña venenosa del escorpión. ‖ Espinazo de los vertebrados. ‖ **blanca.** *Bot.* **cardo borriquero.** ‖ **de Cristo. espina santa.** ‖ **de cruz.** *Arg.* y *Perú.* Arbusto de la familia de las ramnáceas. La corteza de las raíces produce espuma en el agua y sirve para lavar tejidos de lana. ‖ **dorsal.** *Anat.* **espinazo.** ‖ **ilíaca.** Cada una de las cuatro eminencias que se presentan, a pares, en cada uno de los bordes anterior y posterior del hueso ilion. ‖ **de pescado.** *A.* y *Of.* Entre pasamaneros, labor de las ligas de toda seda, cordeladas, que imita a la espina del pescado. ‖ *Bot. Arg.* Planta de la familia de las verbenáceas. ‖ **santa.** Arbusto de la familia de las ramnáceas, que crece hasta 4 m. de alt., con ramos tortuosos y armados de grandes espinas pareadas, hojas alternas, con tres nervios, ovaladas y agudas, flores pequeñas, amarillas, en racimos axilares, y fruto en drupa con ala membranosa y estriada desde el centro a la circunferencia.

Espina y Capo (Juan). Biog. Pintor español, n. y m. en Madrid (1848-1933). Discípulo de Haes, se distinguió como paisajista y obtuvo numerosas recompensas en certámenes españoles y extranjeros. ‖ **Tagle (Concha).** Escritora española, n. en Santander y m. en Madrid (1869-1955). Destaca en sus novelas, que aunque no poseen gran originalidad ni mucha técnica narrativa, están llenas de humanidad y afecto, pero rayan en el amaneramiento y el folletín. Obras: *La ronda de los galanes* (1909), que junto con *Naves en el mar* y *El jayón* formó el volumen *Ruecas de marfil* (1917); *La niña de Luzmela* (1909), premio nacional de Literatura 1927; *Despertar para morir* (1910), *Agua de nieve* (1911), *La esfinge maragata* (1914), premio Fastenrath de la Real Academia; *La rosa de los vientos* (1916), *El metal de los muertos* (1920), *Dulce nombre* (1922), *El cáliz rojo* (1923), *Altar mayor* (1926), *La virgen prudente* (1929), reeditada más tarde con el título de *Aurora de España; La flor de ayer* (1932), *Victoria de América* (1945), *El más fuerte* (1947), *Un valle en el mar* (1950), *Una novela de amor* (1953) y algunas otras; varios libros de poesías, y en el teatro estrenó el drama *El jayón,* premio Espinosa Cortina 1924. En 1950 le fue concedida la medalla de oro del Trabajo, y en 1954, la medalla de oro del Mérito Provincial, de Santander. ‖ **(monasterio de La Santa). Hist.** Antiguo cenobio cisterciense, sit. en el caserío de La Santa Espina, mun. de Castromonte (Valladolid).

espinablo. (Del lat. *spinus albus.*) m. **Bot.** *Ar.* Espino que da majuelas.

Monasterio de La Santa Espina

espinaca. fr., *épinard;* it., *spinaci;* i., *spinach;* a., *Spinat.* (Del ár. *isbanāŷ* o *isbināŷ*.) **Agr.** y **Bot.** Gén. de plantas quenopodiáceas, con flores dioicas, las femeninas con cáliz ventrudo, las dos interiores opuestas y en el fruto soldadas, las exteriores aplicadas o transformadas en espinas. La verdura común es anual, muy ramosa, de hasta 80 cm., con hojas de hasta 9 centímetros, aflechadas, triangulares.

Espinacito. Geog. Paso de la cordillera de los Andes, en Argentina, prov. de San Juan, depart. de Calingasta, sit. a 4.700 m. s. n. m. Por él pasó una parte del ejército de los Andes, en la expedición a Chile. Una placa conmemora ese hecho.

espinadura. f. Acción y efecto de espinar.

espinal. (Del lat. *spinālis*.) adj. **Anat.** y **Zool.** Perteneciente a la espina o espinazo. Dícese especialmente de la medula o raquis y de los nervios que salen de ella, también calificados de raquídeos.

Espinal. Geog. Mun. de Colombia, depart. de Tolima; 42.355 h. ‖ Pobl. cap. del mismo; 32.475 h. ‖ Mun. de Méjico est. de Veracruz-Llave; 15.469 h. ‖ Pueblo cap. del mismo; 2.167 h. ‖ **(El).** Mun. y pueblo de Méjico, est. de Oaxaca; 3.707 h.

espinapez. (Del it. *spina pesce*, y éste del lat. *spina piscis*, espina de pez.) m. Labor que se hacen en los solados y entarimados para formar la obra con rectángulos colocados oblicuamente a las cintas, con lo cual las juntas resultan escalonadas. ‖ fig. **espinar,** dificultad, embarazo.

espinar. fr., *épinaie;* it., *spineto;* i., *thornbush;* a., *Dorngebüsch.* m. Sitio poblado de espinos. ‖ fig. Dificultad, embarazo, enredo.

espinar. tr. Punzar, herir con espina. Ú. t. c. intr. y c. prnl. ‖ Poner espinos, cambroneras o zarzas atadas alrededor de los árboles recién plantados, para resguardarlos. ‖ fig. Herir, lastimar y ofender con palabras picantes. Ú. t. c. prnl. ‖ **Mil.** Dicho de escuadrón, formar el espín.

Espinar. Geog. Prov. de Perú, depart. de Cuzco; 36.982 h. Cap., Yauri. ‖ Dist. de Perú, depart. de Cuzco, prov. de su nombre; 12.760 habitantes. Cap., Yauri. ‖ **(El).** Mun. de España, prov. y p. j. de Segovia; 5.151 h. ‖ Villa cap. del mismo; 2.877 h. *(espinariegos).*

espinardo. m. **Bot.** Barrilla pinchosa.

espinazo. (Del it. *échine;* it., *spina dorsale;* i., *backbone;* a., *Rückgrat.* (De *espina*.) m. **Anat.** Eje del neuroesqueleto de los animales vertebrados, situado a lo largo de la línea media dorsal del cuerpo, que va desde la cabeza hasta el cóccix, el cual se prolonga hasta el extremo de la cola, en los animales que la tienen; está formado por una serie de huesos cortos, llamados vértebras, en número variable según los grupos, dispuestos en fila y articulados entre sí. Al referirse al hombre suele llamarse, con más propiedad, *columna vertebral* (v.). ‖ **Arquit.** Clave de una bóveda o de un arco.

Espíndula. Geog. Quebrada de Perú, por cuyo fondo corre el río Macará, en los lindes con Ecuador.

espinel. (Del cat. *espinell*.) m. **Pesca.** Especie de palangre con los ramales más cortos y el cordel más grueso.

Espinel (Vicente). Biog. Literato y músico español, n. en Ronda y m. en Madrid (1550-1624). Llevó una vida aventurera y azarosa, y se supone, con grandes visos de verdad, que su novela picaresca *Vida del escudero Marcos de Obregón* es, en su mayor parte, una autobiografía. Esta obra, una de las mejores novelas españolas, por su fondo y por su forma, presenta cierto tono de sencillez, una sana moral y un estilo claro y correcto, aunque a veces abunde en disquisiciones bastante extensas, que restan interés a la acción. Como poeta, escribió el *Arte poética*, que no es sino una traducción de Horacio, y *Rimas*, donde se acreditó como lírico. Se le atribuye la invención de la décima octosilábica, que de él tomó el nombre de *espinela*, y añadió a la guitarra su quinta cuerda.

espinela. (De V. *Espinel*.) f. **Poét.** décima, combinación métrica.

espinela. fr., *spinelle;* i., *spinella;* i., *spinel-ruby;* a., *Rubinspinell*. (Del it. *spinella*.) f. **Miner.** Óxido de aluminio y magnesio, de fórmula MgAl₂O₄, que cristaliza en el sistema cúbico, en octaedros, es de color rojo rubí y se utiliza en joyería.

Espinelvas. Geog. Mun. y lugar de España, prov. de Gerona, p. j. de Santa Coloma de Farnés; 296 h.

espíneo, a. (Del lat. *spinĕus*.) adj. Hecho de espinas o perteneciente a ellas.

espinera. f. **Bot.** espino, planta rosácea.

espinescente. (Del lat. *spinescens, -entis*.) adj. **Bot.** Que se vuelve espinoso. ‖ Que tiene pequeñas espinas.

espineta. (Del it. *spinetta*, y éste del lat. *spina*, punta.) f. **Mús.** Antiguo instrumento de cuerdas del s. XV, con teclado y caja en forma de pentágono irregular y cuerdas sencillas, arañadas por lengüetas terminadas en picos de pluma de cuervo. De débil sonoridad, fue reemplazada por el clavecín.

Domenico Cimarosa en la espineta, por Francisco S. Candido. Museo de San Martín. Nápoles

espingarda. fr., *espingard;* it., *spingarda;* i., *spingard;* a., *Spingard*. (Del fr. *espingard*, variante de *espingole;* en fr. ant., *espringale,* del germ. **pringan,* saltar.) f. desus. **Arm.** Cañón de artillería algo mayor que el falconete y menor que la pieza de batir. ‖ Escopeta de chispa muy larga que todavía usan algunos moros.

espingardada. f. Herida hecha con el disparo de la espingarda.

espingardería. f. **Mil.** Conjunto de espingardas. ‖ Conjunto de la gente que las usaba en la guerra.

espingardero. m. **Mil.** Soldado armado de espingarda.

espinguear. intr. *Méj.* Mover el caballo la cola, sacudiéndola de arriba abajo.

Espinhaço. Geog. Cordillera de Brasil; se extiende de SO. a NO., a través de Minas Gerais, y sirve de divisoria de los ríos Doce y San Francisco, comenzando en su extremo S. la sierra de Mantiqueiras y en el N. la de Chifre. Su punto culminante es el Caracá; 1.995 m.

espinilla. fr. e it., *tibia;* i., *shinbone;* a., *Schienbein*. f. dim. de **espina.** ‖ Parte anterior de la canilla de la pierna. ‖ Especie de barrillo que aparece en la piel y que proviene de la obstrucción del conducto secretor de las glándulas sebáceas.

Espinilla. Geog. V. **Hermandad de Campoo de Suso.**

espinillera. f. Prenda de cuero, tela gruesa, guatado, etc., que preserva la espinilla en trabajos peligrosos y en algunos deportes, como el fútbol. ‖ **Arm.** Pieza de la armadura antigua, que cubría y defendía la espinilla. La usaron también los caballeros que lidiaban toros a caballo.

espinillo. m. **Bot.** Arbusto espinoso de las papilionáceas, que crece en terrenos áridos; poco ramoso; hojas pequeñas, orbiculares; flores amarillas, de cinco pétalos, en racimos, madera dura. Tiene propiedades estomacales. El así llamado en España, Cuba y Cumaná es la leguminosa *parkinsonia aculeata*. En la última localidad se da también aquel nombre a *inga microphylla*. ‖ *Arg.* Árbol del género de las mimosas, con ramas cubiertas de espinas, hojas diminutas y florecillas esféricas de color amarillo, muy olorosas. El tronco es tortuoso, y sólo sirve para leña *(acacia o mimosa farnesiana)*.

Espinillo. Geog. Local. de Argentina, prov. de Córdoba, depart. de Río Cuarto; 479 habitantes. ‖ Local. de Argentina, prov. de Formosa, depart. de Pilagás; 1.249 h.

espino. fr., *épine;* it., *spino;* i., *thorn;* a., *Weissdorn*. (De *espina*.) m. **Bot.** Nombre vulgar de muchos árboles y arbustos con espinas, que se distinguen con diferentes apelativos. ‖ Arbolillo de la familia de las rosáceas, de 4 a 6 m. de alt., con ramas espinosas, hojas lampiñas y aserradas, flores blancas, olorosas y en corimbo, y fruto ovoide, revestido de piel tierna y rojiza que encierra una pulpa dulce y dos huesecillos casi esféricos. Su madera es dura, y la corteza se emplea en tintorería y como curtiente. ‖ *Arg.* Arbusto de la familia de las papi-

Espinos negro y cerval, lámina de J. Salinas en Flora forestal española, *de Pedro de Ávila. Jardín Botánico. Madrid*

lionáceas, que crece hasta una alt. de 5 m.; las ramas y el tronco producen una especie de goma; la madera es apreciada para chapear por sus vetas jaspeadas, y las flores son muy aromáticas *(acacia cavenia)*. ‖ *Cuba.* Arbusto silvestre de la familia de las rubiáceas, de 2 m. de alt., muy ramoso y espinoso, de madera muy dura, con vetas amarillas. ‖ **albar,** o

Espino–Espinoza

blanco. **espino**, planta rosácea. ‖ **artificial.** *Léx.* Alambrada con pinchos que se usa para cercas. ‖ **cerval.** *Bot.* Arbusto de la familia de las ramnáceas, con espinas terminales en las ramas, hojas elípticas y festoneadas, flores pequeñas y de color amarillo verdoso, y por frutos drupas negras, cuya semilla se emplea como purgante *(rhamnus cathártica).* Su madera se utiliza en la fabricación de pólvora. ‖ **de Cuba.** Es la liliácea *yucca gloriosa*, o sea la *champagra* de los peruanos. ‖ **majoleto. majoleto. majuelo. espino albar.** ‖ **negro.** Mata de la familia de las ramnáceas, muy espesa, con las ramillas terminadas en espina, hojas persistentes, obtusas, casi lineales, flores pequeñas, solitarias, sin corola, y fruto en drupa, amarillenta o negra, según los casos, y de unos 4 mm. de diámetro *(rhamnus lycioides).*

Espino. *Geog.* Cumbre de Argentina, en la sierra de Famatina, prov. de La Rioja; 5.500 m. s. n. m. ‖ Mun. de Venezuela, est. de Guárico, dist. de Infante; 4.658 h. ‖ Pobl. cap. del mismo; 559 h. ‖ **(El).** Mun. de Colombia, depart. de Boyacá; 5.203 h. ‖ Pobl. cap. del mismo; 1.130 h. ‖ **de la Orbada.** Mun. y lugar de España, prov. y p. j. de Salamanca; 570 h. ‖ **(Nuestra Señora del).** *Rel.* Imagen de la Virgen, aparecida al pastor Pedro García en 1339, venerada durante siglos en España en el monasterio de su nombre, prov. de Burgos.

espinochar. (De *panocha*.) tr. Quitar las hojas que cubren la panoja del maíz.

Espínola (Francisco). *Biog.* Escritor uruguayo, n. en 1901. Autor de *Raza ciega* (cuentos) y de *Sombras sobre la tierra*, novela introspectiva y a la vez pintura vigorosa del bajo fondo de un pueblo de campo. ‖ V. **Spínola.**

Espinós Moltó (Víctor). *Biog.* Literato, periodista y musicólogo español, n. en Alcoy y m. en Madrid (1871-1948). Dio a la escena española, con sus *retablos*, un género peculiar; fundó la Biblioteca Musical Circulante y el Museo Instrumental, en Madrid. Fue académico de la de Bellas Artes.

Espinosa (Alonso de). *Biog.* Religioso y escritor español del s. XVI, n. probablemente en la isla de Santo Domingo. Publicó *Del origen y milagros de la santa imagen de Nuestra Señora de Candelaria que apareció en las islas de Tenerife, con la descripción de esta isla* (1594), primer libro sobre las Canarias y sus primitivos pobladores. ‖ o **Spinoza (Baruch, Benedictus o Benito de).** Filósofo holandés, n. en Amsterdam y m. en La Haya (1632-1677). Descendía de una familia emigrada de hebreos españoles o portugueses. Mantuvo a todo trance su independencia intelectual, postura que le costó ser excluido de la comunidad israelita en 1656. Seguidor de la doctrina de Descartes, afirma con él la distinción entre extensión y pensamiento, que, discrepando de su maestro, no considera substancias diferentes, sino atributos de una misma substancia. Ello aboca a un franco panteísmo: Dios es todo y todo es Dios; todo es uno y eterno; no hay creación, no hay libertad, todo es necesario. De la *extensión* procede el mundo sensible y del *pensamiento* el mundo espiritual, tratándose siempre de meros fenómenos de la substancia única. Es autor de *Principios de la filosofía de Descartes* (1663), *Tratado teologicopolítico* (1670) y *Ética demostrada a la manera geométrica* (1675), su obra capital, compuesta según el método de la geometría de Euclides. ‖ **(Diego de).** Político y religioso español, n. en Martín Muñoz de las Posadas, Segovia (1502-1572). Consejero de Felipe II, fue obispo de Sigüenza, cardenal inquisidor general y presidente del Consejo de Castilla y del Consejo privado de Estado. ‖ **(Gabriel de).** Impostor español del s. XVI, más conocido por *el Pastelero de Madrigal*, m. en Madrigal en 1595. Hacia el año 1590 comenzó a hacerse pasar por el rey Sebastián de Portugal (muerto en la batalla de Alcazarquivir en 1578), consiguiendo engañar a la monja Ana de Austria, hija del célebre vencedor de Lepanto; en 1595 se descubrió su superchería, y fue condenado a muerte. Su vida dio base a Fernández y González para una novela. ‖ **(Javier).** Político ecuatoriano, n. y m. en Quito (1815-1870). Fue elegido presidente de la República tras la dimisión de Jerónimo Carrión. Su administración se caracterizó por la tolerancia hacia la oposición y el respeto de la Constitución. Fue derrocado por García Moreno (17 de enero de 1869). ‖ **(Jerónimo Jacinto).** Pintor español, n. en Cocentaina, Alicante, y m. en Valencia (1600-1667). La mayoría de sus obras, muy originales y vigorosas, se hallan en el Museo Provincial de Valencia. ‖ **(Nicolás).** Político salvadoreño de la primera mitad del s. XIX. A causa de sus servicios, la Asamblea Nacional le declaró benemérito de la patria (1834). Al año siguiente fue elegido jefe de Estado, pero renunció a los pocos meses. ‖ **del Campo (Januario).** Escritor chileno, n. en Linares y m. en Santiago (1882-1946). Consagró al periodismo su vida, cuyas actividades compartió con las de novelista, para lo cual poseía excelentes dotes de estilista y narrador, armonizando las creaciones de su fantasía con las realidades que le ofrecían las costumbres de su país. Publicó, entre otras, una colección de narraciones titulada *Un viaje con el Diablo*, la cual se consideró como lo mejor de toda su producción. Su última obra fue una biografía del ex presidente de Chile Manuel Francisco Montt. ‖ **Grau (Guillermo).** Director de orquesta y compositor colombiano, n. en Barranquilla en 1908. Ha dado a conocer en sus conciertos a los más destacados compositores de Sudamérica. ‖ **Medrano (Juan de).** Escritor peruano, apodado *el Lunarejo*, n. en Calcauso y m. en Cuzco (1632-1688). Es notable su *Apologético en favor de Góngora* (1662). En quechua escribió el drama religioso *El hijo pródigo*. ‖ **Pólit (Aurelio).** Escritor jesuita ecuatoriano, n. en Quito y m. en Cotocallao (1894-1961). Editor de las obras de José Joaquín Olmedo (1944), se especializó en la crítica virgiliana, destacando en este aspecto: *Virgilio, el poeta y su misión providencial* (1932) y *La ascensión espiritual de la crítica virgiliana* (1933). ‖ **Prieto (José María).** Pintor y escritor colombiano, popularmente conocido como *el abanderado de Nariño*, n. y m. en Bogotá (1796-1883). Participó en la lucha por la independencia nacional e hizo la campaña del Sur con Nariño. Entre sus obras pictóricas figura un retrato de Bolívar, y dejó en preciosas miniaturas las efigies de los héroes de la independencia y de los primeros presidentes de Colombia. Escribió: *Memorias de un abanderado*. ‖ **y Tello (José).** Marino español, n. en Sevilla y m. en Madrid (1763-1815). Sobresalió en los estudios científicos, acompañó a Malaspina en su viaje alrededor del mundo (1790-94), y realizó gran número de observaciones astronómicas, hidrográficas y topográficas. Trazó diversas cartas náuticas y escribió valiosas obras. ‖ **de los Caballeros.** *Geog.* Mun. y lugar de España, prov. de Ávila, p. j. de Arévalo; 179 h. ‖ **del Camino.** Mun. y lugar de España, prov. y p. j. de Burgos; 87 h. ‖ **de Cerrato.** Mun. y villa de España, prov. y p. j. de Palencia; 520 h. ‖ **de Cervera.** Mun. y villa de España, prov. de Burgos, p. j. de Salas de los Infantes; 182 h. ‖ **de Henares.** Mun. y villa de España, prov. y p. j. de Guadalajara; 724 h. En 1971 se le incorporó el mun. de Carrascosa de Henares. ‖ **de los Monteros.** Mun. de España, prov. de Burgos, p. j. de Villarcayo; 2.579 h. ‖ Villa cap. del mismo; 1.511 h. *(espinosiegos).* ‖ **de Villagonzalo.** Mun. y villa de España, prov. de Palencia, p. j. de Carrión de los Condes; 615 habitantes.

espinosiego, ga. adj. Natural del valle de Espinosa de los Monteros, prov. de Burgos, o perteneciente a este valle. Ú. t. c. s.

espinosismo. m. *Filos.* Doctrina filosófica profesada por Benito Espinosa, que consiste en afirmar la unidad de substancia, considerando los seres como modos y formas de la substancia única.

espinosista. adj. Partidario del espinosismo. Ú. t. c. s.

espinoso, sa. adj. Que tiene espinas. ‖ fig. Arduo, difícil, intrincado.

Espinoso del Rey. Jardines de la plaza de España

Espinoso del Rey. *Geog.* Mun. y villa de España, prov. de Toledo, p. j. de Talavera de la Reina; 1.144 h.

Espinoza (Enrique). *Biog.* Geógrafo y escritor chileno de fines del s. XIX, autor, entre otras obras, de una *Geografía descriptiva de la República de Chile* (1890). ‖ **de los Monteros.** *Geog.* Mun. de Venezuela, est. de Lara, dist. de Torres; 3.144 habitantes. Capital, Arenales.

espintariscopio. (Del gr. *spinthárís*, chispa, y *-scopio*.) m. **Fís.** Aparato ideado por el físico inglés Crookes para observar el impacto de las partículas alfa emitidas por una substancia radiactiva.

espinterómetro. (Del gr. *spinthárís*, chispa, y *-metro*.) m. **Fís.** Montaje constituido por dos electrodos (generalmente esféricos), entre los que salta una chispa eléctrica cuya longitud mide una diferencia de potencial determinada.

espinudo, da. adj. *Chile* y *Nic.* Que tiene espinas.

espinzar. (De *binza*.) tr. **Agr.** *Cuen.* Quitar de la flor o rosa del azafrán los estambres que constituyen la especie.

Espiñeira (Antonio). Biog. Autor dramático chileno (1855-1907). Entre sus obras se citan: *Martirio del amor*, *El castigo del malvado* y *Cómo pasarán las cosas*.

espiocha. (Del fr. *pioche*.) f. Especie de zapapico.

espión. (Del it. *spione*.) m. Persona que espía lo que se dice o hace.

espionaje. fr., *espionnage*; it., *spionaggio*; i., *spionage*; a., *Spionage*. (De *espión*.) m. Acción de espiar lo que se dice o hace.

espiote. m. ant. Arma o instrumento puntiagudo.

espira. fr. e i., *spire*; it., *spirale*, *spira*; a., *Windung*. (Del lat. *spira*.) f. **Arquit.** Parte de la basa de una columna que está encima del plinto. || **Geom.** Línea en espiral. || Cada una de las vueltas de una hélice o de una espiral. || **Elec.** Cada una de las vueltas de un devanado, bobina o solenoide eléctricos. || **Zool.** Espiral que forman arrollándose alrededor de un eje, la concha de muchos moluscos gasterópodos y algunos cefalópodos y el caparazón de ciertos foraminíferos.

Espira. Geog. Spira.

espiración. (Del lat. *spiratío, -ōnis*.) f. Acción y efecto de espirar. || **Fisiol.** Acción de expulsar el aire de los pulmones; es término contrario a inspiración y constituye el segundo tiempo de la respiración. || **Teol.** Término por el que se explican las relaciones del Espíritu Santo con las dos Personas de la Santísima Trinidad. || **activa.** *Teol.* Acción por la cual el Padre y el Hijo hacen proceder, como de un solo principio, al Espíritu Santo. || **pasiva.** La misma procedencia del Espíritu Santo del Padre y del Hijo, como de un solo principio.

espiráculo. (Del lat. *spiracŭlum*, de *spirāre*, soplar.) m. **Zool.** Cada uno de los dos orificios que poseen los peces elasmobranquios y ganoideos detrás de los ojos y que son aberturas branquiales atrofiadas, por las que penetra el agua cuando la boca está cerrada.

espirador, ra. adj. Que espira. || ant. **inspirador.** || **Anat.** Aplícase a los músculos que sirven para la espiración.

espiral. fr. e i., *spiral*; it., *spirale*; a., *Schneckenlinie*, *Spirallinie*. adj. Perteneciente a la espira. || f. **Geom.** Línea curva, plana y abierta que da indefinidamente vueltas alrededor de un punto, alejándose más de él en cada una de ellas. || **Reloj.** Muelle espiral del volante del reloj.

espiramiento. (Del lat. *spiramentum*.) m. ant. **espiración.** || ant. **Teol.** Hablando de la Santísima Trinidad, **Espíritu Santo.**

espirante. (Del lat. *spirans, -antis*.) p. a. de **espirar.** Que espira.

espirar. fr., *exhaler*, *expirer*; it., *espirare*, *esalare*; i., *to exhale*; a., *ausatmen*. (Del lat. *spirāre*.) tr. Exhalar, echar de sí un cuerpo buen o mal olor. || Infundir espíritu, animar, mover, excitar. Dícese propiamente de la inspiración del Espíritu Santo. || ant. Atraer el aire exterior a los pulmones. || En teología, producir el Padre y el Hijo, por medio de su amor recíproco, al Espíritu Santo. || intr. Tomar aliento, alentar. || Expeler el aire aspirado. Ú. t. c. tr. || **Poét.** Soplar el viento blandamente.

espirativo, va. adj. **Teol.** Que puede espirar o que tiene esta propiedad.

espiratorio, ria. adj. Perteneciente o relativo a la espiración.

Espirdo. Geog. Mun. de España, prov. y p. j. de Segovia; 173 h. || Lugar cap. del mismo; 116 h.

espiriférido, da. (Del lat. científico *spirifer*, gén. tipo, e *-ido*; aquél del gr. *speira*, espiral, y *phorós*, que lleva.) adj. **Paleont.** y **Zool.** Dícese de los braquiópodos articulados del paleozoico superior, de valvas aladas, anchas y con aparato braquial constituido por dos láminas en espiral. El gén. tipo es el *spirifer*. || m. pl. Orden de estos animales.

espirilo. (Del lat. *spirillus*, dim. de *spīra*, espira.) **Bot.** Gén. de bacterias flexuosas en forma de espiral, sin vaina o envoltura general, alargadas y rígidas, con manojos de flagelos en uno o los dos polos; comprende unas 20 especies.

espiritado, da. p. p. de **espiritar.** || adj. fam. Dícese de la persona que, por lo flaca y extenuada, parece no tener sino espíritu.

espirital. (Del lat. *spiritālis*.) adj. ant. Perteneciente a la respiración.

espiritar. (De *espíritu*, entendiéndose por el demonio.) tr. **endemoniar,** introducir los demonios en el cuerpo de uno. Ú. t. c. prnl. || fig. y fam. Agitar, conmover, irritar. Ú. m. c. prnl. || prnl. Adelgazar, consumirse, enflaquecer.

espiritillo. m. dim. de **espíritu.**

espiritismo. fr., *spiritisme*; it., *spiritismo*; i., *spiritism*; a., *Spiritismus*. m. Doctrina de los que suponen que por medio del magnetismo animal, o de otros modos, pueden ser evocados los espíritus de los muertos para conversar con ellos.

espiritista. adj. Perteneciente al espiritismo. || Que profesa esta doctrina. Ú. t. c. s.

Espírito Santo. Geog. Est. oriental de Brasil; 35.444 km.^{2} y 725.305 h. Cap., Vitória. Está surcado por los ríos Mucuruy, Guandú, Manguassú y otros. Producción agrícola. Su territorio está surcado por varias líneas férreas, entre ellas las de Cachoeiro do Itapemirim, Alegre e Itabapoana. **Vila Velha.**

espiritoso, sa. adj. Vivo, animoso, eficaz; que tiene mucho espíritu. || Dícese de lo que contiene mucho espíritu y es fácil de exhalarse, como algunos licores.

espiritrompa. f. **Entom.** Probóscide en espiral de los lepidópteros.

Espiritrompa

espíritu. fr., *esprit*; it., *spirito*; i., *spirit*, *ghost*; a., *Geist*, *Spiritus*. (Del lat. *spirĭtus*.) m. Ser inmaterial y dotado de razón. || Alma racional. || Vigor natural y virtud que alienta y fortifica el cuerpo para obrar. || Ánimo, valor, aliento, brío, esfuerzo. || Vivacidad, ingenio. || **demonio** infernal. Ú. m. en pl. || Vapor sutilísimo que exhalan el vino y los licores. || Parte o porción más pura y sutil que se extrae de algunos cuerpos sólidos y fluidos por medio de operaciones químicas. || fig. Principio generador, tendencia general, carácter íntimo, esencia o substancia de una cosa. || **Filol.** Cada uno de los dos signos ortográficos, llamados el uno *espíritu suave* y el otro *áspero* o *rudo*, con que en la lengua griega se indica la aspiración de una u otra clase. || **Filos.** Principio de la vida inmaterial. El concepto de espíritu ha sido uno de los que más han evolucionado a lo largo de la historia de la filosofía. Un rasgo común a todos los autores ha sido el de utilizarlo para explicar aquellas actividades humanas que no se realizan por los demás seres, p. e.: pensar, querer. En este sentido se ha identificado con *alma*. Sin embargo, de aquí, buscando un fundamento ontológico al espíritu individual, se ha llegado a la noción de espíritu objetivo, es decir, aquella realidad de la cual toman su ser todos los espíritus subjetivos. Esto origina la división de la realidad en dos categorías supremas: *espíritu* y *materia*, como principios supremos de las dos clases de operaciones que vemos en los seres concretos. En cambio, esa dualidad de lo real, que para el hombre se da antes en los existentes o concretos que en los principios generadores de ellos, no es una división rígida, irreductible. Son, sí, dos realidades esencialmente diferentes, pero una necesita de la otra para su total realización. El espíritu, siendo un principio vital, es, por esencia, evolutivo. Ahora bien, un espíritu concreto, es decir, un sujeto (que piensa, p. e.), no puede realizar sus actos (de pensar) sin algo en que pensar: ése es el objeto. El sujeto o el espíritu necesita imprescindiblemente del objeto o materia. Ambos están en tensión polar, que es un vislumbre de la unidad de ambos; porque, del mismo modo que las líneas paralelas se encuentran en el infinito, la dualidad espíritu-materia, que vemos en los seres concretos, puede encontrarse en sus principios o fundamentos objetivos; entonces tenemos un solo principio supremo o Ser Supremo; y como, a los ojos humanos, la materia es más imperfecta que el espíritu, el Ser Supremo tendrá que ser Espíritu Supremo. || **Teol.** Don sobrenatural y gracia particular que Dios suele dar a algunas criaturas. || Virtud, ciencia mística. || **de contradicción.** *Léx.* Genio inclinado a contradecir siempre. || fam. **de la golosina.** Persona falta de nutrición o muy flaca y extenuada. || **inmundo.** *Rel.* En la Escritura Sagrada, el demonio. || **de madera.** *Quím.* Dícese del alcohol metílico impuro que se obtiene en la destilación seca de la madera. || **maligno.** *Rel.* El demonio. || **de sal.** *Quím.* **ácido clorhídrico.** || **de vino.** *Enol.* Alcohol mezclado con menos de la mitad de su peso de agua. || **vital.** *Fisiol.* Cierta substancia sutil y ligerísima que se consideraba necesaria para la vida del animal. || **espíritus animales.** Fluidos muy tenues y sutiles que se suponía que servían para determinar los movimientos de nuestros miembros.

Espíritu Santo. Geog. Cabo de Argentina, en Tierra del Fuego. Forma el extremo meridional de la entrada E. del estrecho de Magallanes, casi frente al cabo de las Vírgenes, y de él parte la línea divisoria entre Argentina y Chile. || **Santo.** Isla de Méjico, en el golfo de California, al N. del canal de San Lorenzo, con 22 km. de largo por 7,5 de ancho. Ricas pesquerías de perlas, de propiedad nacional. || **Santo.** Isla del océano Pacífico, en el grupo septentrional del arch. de Nuevas Hébridas; 4.905 km.^{2} y 4.300 h. Es la más grande y occidental del arch. Su principal puerto es Lungaville, sit. en la costa SE. de la isla. Plantaciones de cocoteros y café. Descubierta por Quirós en 1606. || **Santo Tamazulapan.** Mun. de Méjico,

espiritual—espliego

est. de Oaxaca; 3.904 h. ‖ Pueblo cap. del mismo; 1.112 h. ‖ **Santo. Teol.** Tercera persona de la Santísima Trinidad, que procede igualmente del Padre y del Hijo. Es el término eterno, substancial e inmanente del amor mutuo entre el Padre y el Hijo. Por eso se le atribuyen las obras del amor y la gracia.

Venida del Espíritu Santo, tabla del Maestro de Vysi Brod (1350). Galería Nacional. Praga

espiritual. fr., *spirituel*; it., *spirituale*; i., *spiritual*; a., *geistig*. (Del lat. *spirituālis*.) adj. Perteneciente o relativo al espíritu.

espiritual. (Del i. [*negro*] *spiritual* [*song*], [canción negra] espiritual.) m. **Mús.** Tipo de canción de los negros estadounidenses que es interpretada durante las ceremonias religiosas. Ú. m. en pl. También se llaman *gospels*. (V. **música negra**.)

espiritualidad. fr., *spiritualité*; it., *spiritualità*; i., *spirituality*; a., *Geistigkeit*, *Spiritualität*. f. Naturaleza y condición de espiritual. ‖ Calidad de las cosas espiritualizadas o reducidas a la condición de eclesiásticas. ‖ Obra o cosa espiritual. ‖ Conjunto de ideas referentes a la vida espiritual.

espiritualismo. fr., *spiritualisme*; it., *spiritualismo*; i., *spiritualism*; a., *Spiritualismus*. (De *espiritual*.) m. **Filos.** Doctrina filosófica que reconoce la existencia de otros seres además de los materiales. ‖ Sistema filosófico que defiende la esencia espiritual y la inmortalidad del alma, y se contrapone al materialismo.

espiritualista. (De *espiritual*.) adj. Que trata de los espíritus vitales, o tiene alguna opinión particular sobre ellos. Ú. t. c. s. ‖ Que profesa la doctrina del espiritualismo. Ú. t. c. s.

espiritualización. f. Acción y efecto de espiritualizar.

espiritualizar. fr., *spiritualiser*; it., *spiritualizzare*; i., *to spiritualize*; a., *vergeistigen*. (De *espiritual*.) tr. Hacer espiritual a una persona por medio de la gracia y espíritu de piedad. ‖ Figurarse o considerar como espiritual lo que de suyo es corpóreo, para reconocerlo y entenderlo. ‖ Reducir algunos bienes por autoridad legítima a la condición de eclesiásticos, de suerte que el que los posee pueda ordenarse a título de ellos, sirviéndole de congrua sustentación, de modo que sus rentas puedan ser empleadas en fines canónicos; pero los bienes mismos no pueden ser enajenados ni gravados mientras se hallen afectos a aquella obligación eclesiástica. ‖ fig. Sutilizar, adelgazar, atenuar y reducir a lo que los médicos llaman espíritu.

espiritualmente. adv. m. Con el espíritu.

espirituano, na. adj. Natural de Sancti Spiritus, o perteneciente a esta c. de Cuba. Ú. t. c. s.

espirituoso, sa. adj. **espiritoso**.

espiritusanto. m. **Bot.** Nombre que desde Méjico hasta Colombia se aplica a una orquídea bellísima, que produce una flor parecida a una paloma. En Nicaragua se llama también *galán de noche* (*peristeria alata*, Hook; *anguloa virginalis*, Lindl).

espirómetro. fr., *spiromètre*; it., *spirometro*; i., *spirometer*; a., *Spirometer*. (Del lat. *spirāre*, espirar, y *-metro*.) m. Aparato para medir la capacidad respiratoria del pulmón.

espiroqueta. (Del gr. *speira*, espiral, y *chaíte*, pelo.) f. **Bact.** Bacilo en espiral de muchas y apretadas vueltas. Sin. de *espirilo*.

espiroqueto, ta. adj. **Bact.** Dícese de seres unicelulares, de posición sistemática muy dudosa, ya que algunos autores los consideran como bacterias, con el nombre de espiroquetales, y otros como protozoarios, sin que dentro de éstos tengan una significación sistemática fija. Viven en las aguas estancadas o en la sangre del hombre o de los animales y se cuentan entre estos últimos los causantes de algunas enfermedades humanas, como la sífilis, la fiebre recurrente y la fiebre amarilla. Los gén. más importantes son: *spirochaeta* y *treponema*.

espirostómido, da. (Del lat. científico *spirostómum*, gén. tipo de ciliados, e *-ido*; aquél del gr. *speira*, espiral, y *stóma*, boca.) adj. **Zool.** Dícese de los infusorios ciliados en que los cilios peribucales están diferenciados y dispuestos como en una espira, y a veces, aglutinados en una membrana. ‖ m. pl. Subclase de estos infusorios, que comprenden los órdenes de los heterotricos, oligotricos, hipotricos y peritricos.

espirriaque. m. **Enol.** Mosto procedente de la tercera presión. Se emplea para la destilación.

espita. fr., *canule*; it., *cannella*; i., *pipe*; a., *Fasshahn*. (Del lat. *spithāma*, y éste del gr. *spithamé*, palmo.) f. Canuto que se mete en el agujero de la cuba u otra vasija para que salga por él el licor que ésta contiene. ‖ fig. y fam. Persona borracha, o que bebe mucho vino. ‖ **Metrol.** Medida lineal de un palmo.

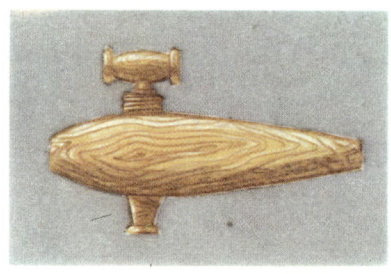

Espita

Espita. Geog. Mun. de Méjico, est. de Yucatán; 7.130 h. ‖ Villa cap. del mismo; 5.394 h.

espitar. tr. Poner espita a una cuba, tinaja u otra vasija.

espito. (De *espita*.) m. Palo largo, a cuya extremidad se atraviesa una tabla que sirve para colgar y descolgar el papel que se pone a secar en las fábricas o en las imprentas.

Esplá y Triay (Óscar). Biog. Compositor español, n. en Alicante y m. en Madrid (1886-1976). Sus composiciones se caracterizan por la profundidad y amplitud de las ideas y la elegancia y originalidad de la forma, y acusan una tendencia a la expresión de los estados afectivos más íntimos y complejos. Se trata, en suma, de un innovador que partiendo de un arte nacional lo encauzó hacia una técnica universalizadora. Sus más notables creaciones son: *Sinfonía en re*, el poema sinfónico *Sueño de Eros* y la suite *Poema de niños*, las tres para orquesta; *Cíclopes de Ifach*, ballet escrito para los bailes rusos de Diaghilev; *Las cumbres*, sinfonía coral que, como han dicho unos críticos extranjeros, «no tiene precedente en la música europea actual, si se exceptúan algunas obras de Ravel y Stravinski, que si pueden compararse en cuanto originalidad, no le alcanzan en substancia musical pura». También *Nochebuena del Diablo*, *Don Quijote velando las armas*, *Canciones playeras*, *Sonata del Sur*, *Sonata española*, *Plumas al viento*, *Sinfonía Aitana* y *Salmo De profundis*. Miembro de la Academia de San Fernando (1953), fue condecorado con la gran cruz de Alfonso X el Sabio (1964).

esplácnico, ca. (Del gr. *splágchnos*, vísceras.) adj. **Anat.** y **Zool.** Relativo a las vísceras; p. e.: *nervio* **esplácnico**.

esplacno-; **-splácnico.** (Del gr. *splágchnon*.) pref. o suf. que significa víscera, vísceras, referente a las vísceras, etc.; e. de suf.: *macrosplácnico*.

Esplegares. Geog. Mun. y lugar de España, prov. y p. j. de Guadalajara; 178 h.

esplen-, **espleno-**; **-splen-**; **-splenia**, **-splenio.** (Del gr. *splén*.) pref., infijo o suf. que sign. bazo; e. de infijo: *perisplenitis*; de suf.: *asplenia*.

esplendente. (Del lat. *splendens, -entis*.) p. a. de **esplender**. Que esplende. Ú. m. en poesía.

esplender. (Del lat. *splendēre*.) intr. **resplandecer**. Ú. m. en poesía.

espléndidamente. adv. m. Con esplendidez.

esplendidez. (De *espléndido*.) f. Abundancia, magnificencia, ostentación, largueza.

espléndido, da. fr., *splendide*; it., *splendido*; i., *splendid*; a., *glänzend*, *herrlich*. (Del lat. *splendĭdus*.) adj. Magnífico, liberal, ostentoso. ‖ **resplandeciente**. Ú. m. en poesía.

esplendor. fr., *splendeur*; it., *splendore*; i., *grandeur*; a., *Glanz*, *Schimmer*. (Del lat. *splendor*.) m. **resplandor**. ‖ fig. Lustre, nobleza. ‖ ant. **Pint.** Color blanco, hecho de cáscaras de huevos, que servía para iluminaciones y miniaturas.

esplendorosamente. adv. m. Con esplendor.

esplendoroso, sa. (De *esplendor*.) adj. Que esplende o resplandece.

esplenectomía. (De *esplen-* y *ectomía*.) f. **Cir.** Extirpación total del bazo.

esplenético, ca. (Del lat. *splenetĭcus*.) adj. ant. **esplénico**.

esplénico, ca. (Del lat. *splenĭcus*, y éste del gr. *splenikós*.) adj. Perteneciente o relativo al bazo. ‖ m. **Anat. esplenio**.

esplenio. fr., *splénius*; it., *splenio*; i., *spleen*; a., *Kopfwender*. (Del lat. *splenĭum*, y éste del gr. *splénion*, venda.) m. **Anat.** Músculo largo y plano que une las vértebras cervicales con la cabeza y contribuye a los movimientos de ésta.

esplenitis. (De *esplen-* e *-itis*.) f. **Pat.** Inflamación del bazo.

espleno-. pref. V. **esplen-**.

esplenopatía. (De *espleno-* y *-patía*.) f. **Pat.** Término general para designar las enfermedades del bazo.

espliego. (Del lat. *spicŭlum*, dim. de *spīca*, espiga.) m. **Agr.** y **Bot.** Mata de la familia de las labiadas, de 40 a 60 cm. de alt., con tallos leñosos, hojas elípticas, casi lineales, enteras y algo vellosas, flores azules en espiga, de pedúnculo muy largo y delgado, y semilla elipsoidal de color gris. Toda la planta es muy aromática, y principalmente de las flores se extrae un aceite esencial de mucha aplicación en perfumería (*lavándula vera* y *latifolia*). ‖

Espliego

Semilla de esta planta, que se emplea como sahumerio.

esplín. (Del i. *spleen*, y éste del gr. *splen*, bazo, hipocondría.) m. Melancolía, tedio de la vida.

esplique. (¿Del ant. alto a. *springâ*, pihuela, brete?) m. Trampa para cazar pájaros, formada de una varita a cuyo extremo se coloca una hormiga para cebo, y a los lados dos varetas con liga, para que sobre ellas pose el pájaro.

Espluga Calva. Geog. Mun. y villa de España, prov. y p. j. de Lérida; 583 h. *(espluguenses).* || **de Francolí.** Mun. de España, prov. y p. j. de Tarragona; 3.181 h. || Villa cap. del mismo; 3.033 h. *(espluguenses).* Es la población más próxima al real monasterio de Santa María de Poblet, que radica en el mun. de Vimbodí. Santuario de la Santísima Trinidad. Aguas mineromedicinales.

Esplugas de Llobregat. Geog. Mun. y lugar de España, prov. de Barcelona, p. j. de San Felíu de Llobregat; 29.474 h. *(espluguenses).*

Esplús. Geog. Mun. de España, prov. de Huesca, p. j. de Fraga; 1.509 h. || Lugar cap. del mismo; 1.055 h.

Espoile (Raúl Hugo). Biog. Músico y compositor argentino, n. en Mercedes (1889-1958). Entre sus producciones figuran: *Frenos*, ópera (1928); *La ciudad roja*, ópera; *La ciudad de los Césares*, ballet, y numerosas canciones y *lieder*, como *El centinela de los Andes, En la paz de los campos* y *En la cuesta del Totoral*. Cultivó también con acierto la música de carácter folklórico.

espolada. f. Golpe o aguijonazo dado con la espuela a la caballería para que ande. || **de vino.** *Léx.* fig. y fam. Trago de vino.

espolazo. (De *espuela*.) m. Golpe o aguijonazo dado con la espuela.

espoleadura. (De *espolear*.) f. Herida o llaga que la espuela hace en la caballería.

espolear. tr. Picar con la espuela a la cabalgadura para que ande, o castigarla para que obedezca. || fig. Avivar, incitar, estimular a uno para que haga alguna cosa.

espoleta. fr., *espolette;* it., *spoletta;* i., *fusee;* a., *Schlagöhrchen.* (Del it. *spoletta*, y éste del m. or. que *espolín*, lanzadera.) f. **Artill.** Artificio de fuego destinado a producir la inflamación de las cargas interiores de los proyectiles. La espoleta nació cuando el proyectil macizo fue substituido por el hueco. Las hay de varias clases: *de percusión*, que explotan al chocar con el blanco, y *de tiempo*, que lo hacen en un punto determinado de su trayectoria, o después de un rato de hallarse en el suelo, a lo que se denomina explosión retardada.

espoleta. (De *espuela*, por la forma.) f. **Zool.** Horquilla que forman las clavículas del ave. || *Arg.* y *Chile.* Espolón de las aves.

Espoleto. Biog. y **Geog.** Spoleto.
espoliación. f. **expoliación.**
espoliador, ra. adj. **expoliador.**
espoliar. tr. **expoliar.**
espolín. (Del germ. *spôla*.) m. **A.** y **Of.** Lanzadera pequeña con que se tejen aparte las flores que se mezclan y entretejen en las telas de seda, oro o plata. || Tela de seda con flores esparcidas, como las del brocado de oro o de seda.

espolín. m. dim. de **espuela.** || Espuela fija en el tacón de la bota. || Planta de la familia de las gramíneas, con cañas de más de 30 cm., hojas parecidas a las del esparto, y las flores en panoja con aristas de cerca de 30 cm., llenas de pelo largo y blanco, por lo cual sirve en algunas partes para hacer objetos de adorno. || pl. Par de rollizos que por un extremo se enganchan en la trasera de carros y camiones y por el otro descansan en el suelo. Sirven a modo de rampa para la carga y descarga de objetos pesados, especialmente toneles y bidones.

espolinar. tr. **A.** y **Of.** Tejer en forma de espolín, tela de seda con flores esparcidas. || Tejer sólo con espolín, y no con lanzadera grande.

espolio. (Del lat. *spolĭum*, despojo.) m. **Der.** Conjunto de bienes que, por haber sido adquiridos con rentas eclesiásticas, quedan de propiedad de la Iglesia al morir ab intestato el clérigo que los poseía.

espolio. m. **expolio.**

espolique. (De *espuela*.) m. Mozo que camina a pie delante de la caballería en que va su amo. || Talonazo que en el juego del fil derecho da el que salta al muchacho que está encorvado. || *And.* Ayudante en una faena, o acompañante de algún superior.

espolista. m. El que arrienda los espolios en sede vacante.

espolista. (De *espuela*.) m. **espolique,** mozo que acompaña a la caballería en que va su amo.

espolón. fr., *éperon;* it., *sprone;* i., *speir, beak;* a., *Sporn.* (De *esporón*.) m. **Anat.** Prominencia aguda de la parte posterior del tarso de muchos machos de aves gallináceas y que les sirve de arma en la pelea por una hembra. || Prominencia córnea que tienen las caballerías en la parte posterior de los menudillos de sus remos, cubierta por las cernejas. || **Arquit. contrafuerte,** machón para fortalecer un muro. || **Bot.** Prolongación tubulosa situada en la base de algunas flores, que unas veces es de la corola, como en la linaria, y otras del cáliz, como en la capuchina. || ant. **Equit.** Espuela para picar a la caballería. || **Geog.** Ramal corto y escarpado que parte de una sierra, en dirección aproximadamente perpendicular a ella. || **Hidrául.** Tajamar de un puente. || Malecón que suele hacerse a orillas de los ríos o del mar para contener las aguas, y también al borde de los barrancos y precipicios para seguridad del terreno y de los transeúntes. Se utiliza en algunas poblaciones como sitio de paseo. || **Mar.** Punta en que remata la proa de la nave. || Pieza de hierro aguda, afilada y saliente en la proa de las antiguas galeras y de algunos modernos acorazados, para embestir y echar a pique al buque enemigo. || fig. **Pat.** Sabañón que sale en el calcañar.

Espolón en la ría de Arosa

espolonada. (De *espolón*.) f. Arremetida impetuosa de gente a caballo.

espolonazo. m. Golpe dado con el espolón.

espolonear. (De *espolón*.) tr. desus. Picar con la espuela a la caballería.

espolsador. m. *Ar.* y *Mur.* Zorros para sacudir el polvo.

espolsar. tr. *Ar.* Limpiar el polvo.

espolvorar. (De *es-* y *pólvora*.) tr. ant. Sacudir, quitar el polvo.

espolvorear. tr. Quitar el polvo. Ú. t. c. prnl. || Esparcir sobre una cosa otra hecha polvo. || Desvanecer o hacer desaparecer lo que se tiene.

espolvoreo. m. Acción y efecto de espolvorear, esparcir polvo de una cosa.

espolvorizar. tr. Esparcir polvo.

Espolla. Geog. Mun. de España, prov. de Gerona, p. j. de Figueras; 542 h. || Lugar cap. del mismo; 516 h. *(espollenses).* Antiquísima necrópoli eneolítica. Monumentos megalíticos, como los dólmenes del Puig de la Devesa d'en Torrent y de Font del Roure, y el menhir de Pedra de la Murtra, de 3,45 m. de alt.

espondaico, ca. (Del lat. *spondaĭcus*.) adj. Perteneciente o relativo al espondeo.

espondalario. m. **Der.** En el país foral de Aragón, testigo del testamento común abierto y verbal.

espondeo. fr., *spondée;* it., *spondeo;* i., *spondee;* a., *Spondaus.* (Del lat. *spondēus*, y éste del gr. *spondeios*.) m. **Poét.** Pie de la poesía griega y latina, compuesto de dos sílabas largas.

espondil-. pref. V. **espondilo-.**
espóndil. (De *espóndilo*.) m. **Anat. espóndilo.**

espondilo-, espondil-; -spóndilo. (Del gr. *spóndylos*.) pref. o suf. que sign. vértebra; e. de suf.: aspido**spóndilo.**

espóndilo. (Del lat. *spondỹlus*, y éste del gr. *spóndylos*.) m. **Anat.** Cada una de las vértebras del espinazo.

espondilosis. (De *espóndilo* y *-osis*.) f. **Pat.** Grupo de enfermedades caracterizadas por la inflamación y fusión de las vértebras, con rigidez consecutiva de la columna vertebral.

Esponellá. Geog. Mun. de España, prov. y p. j. de Gerona; 499 h. || Lugar cap. del mismo; 138 h.

espongiario, ria. (Del lat. *spongia*, esponja.) adj. **Zool.** Dícese de animales metazoarios diploblásticos y acelomados, sin simetría, con la pared del cuerpo perforada por numerosos orificios llamados *poros inhalantes*, que ponen en comunicación el exterior con la cavidad interna del animal *(cavidad atrial);* ésta presenta, en la parte superior generalmente, una gran abertura u *ósculo;* las paredes del cuerpo encierran, en las formas más complejas, una serie de cavidades llamadas cestas vibrátiles, tapizadas interiormente por unas células especiales, los *coanocitos*, provistas de un flagelo, cuyo movimiento determina una corriente de agua, que entra por los poros inhalantes, atraviesa la cavidad atrial y sale por el ósculo. Las células forman tejidos, pero la diferenciación es escasa; el animal se alimenta de las partículas en suspensión que lleva el agua y que los coanocitos seleccionan ingiriéndolas y digiriéndolas. El sistema de sostén está formado por *espículas* (v.). La reproducción puede ser asexual, por gemación, o sexual mediante óvulos espermatozoides; la fecundación se realiza en el interior, así como el desarrollo del embrión, que sale al exterior en forma de esponja adulta o de larva nadadora, que después se fija y desarrolla. Salvo un pequeñísimo grupo, todas son marinas y viven fijas al fondo o sobre objetos sumergidos. || m. pl. Filo de estos animales, que comprenden tres clases: las *calcispongias*, las *triaxónidas* y las *demospongias*.

espongiosidad. (De *espongioso*.) f. ant. Calidad de espongioso.

espongioso, sa. (Del lat. *spongiōsus*.) adj. ant. **esponjoso**.

Esponja de coral

esponja. fr., *éponge;* it., *spugna;* i., *sponge;* a., *Schwamm.* (Del lat. *spongĭa*, y éste del gr. *spoggiá*.) f. **Zool.** Animal espongiario. || Esqueleto de ciertos espongiarios, formado por fibras córneas entrecruzadas en todas direcciones, que constituyen en conjunto una masa elástica llena de huecos y agujeros que, por capilaridad, absorbe fácilmente los líquidos. || Todo cuerpo que, por su elasticidad, porosidad y suavidad, sirve como utensilio de limpieza. || fig. El que con maña atrae y chupa la substancia o bienes de otro.

esponjado. (De *esponjar*.) m. **azucarillo.** || **del cazo.** *Léx. Ast.* Azucarillo tostado.

esponjadura. f. Acción y efecto de esponjar o esponjarse. || **Artill.** y **Met.** En la fundición de metales y artillería, defecto que se halla dentro del alma del cañón por estar mal fundido.

esponjamiento. m. *Arg.* Acción y efecto de esponjar o esponjarse.

esponjar. (De *esponja*.) tr. Ahuecar o hacer más poroso un cuerpo. || prnl. fig. Engreírse, hincharse, envanecerse. || fam. Adquirir una persona cierta lozanía, que indica salud y bienestar.

esponjera. f. Receptáculo para colocar la esponja que se usa para el aseo personal.

esponjosidad. f. Calidad de esponjoso.

esponjoso, sa. fr., *spongieux;* it., *spugnoso;* i., *spongy;* a., *schwammig.* (De *esponja*.) adj. Aplícase al cuerpo muy poroso, hueco y más ligero de lo que corresponde a su volumen.

esponsales. fr., *fiançailles;* it., *sponsali, sposalizio;* i., *betrothal;* a., *Verlobung.* (Del lat. *sponsāles,* ac. pl. de *sponsālis,* de *sponsus,* esposo.) m. pl. Mutua promesa de casarse que se hacen y aceptan el varón y la mujer. || **Der.** Esta misma promesa cuando está hecha en alguna de las formas que la ley requiere para que surta algún efecto civil de mera indemnización en casos excepcionales de incumplimiento no motivado.

esponsalías. (Del lat. *sponsalĭa*.) f. pl. ant. **esponsales.**

esponsalicio, cia. (Del lat. *sponsalicĭus*.) adj. Perteneciente a los esponsales.

espontáneamente. adv. m. De modo espontáneo.

espontanearse. (De *espontáneo*.) prnl. Descubrir uno a las autoridades voluntariamente cualquier hecho propio, secreto o ignorado, con el objeto, las más veces, de alcanzar perdón como en premio de su franqueza. || Por extensión, descubrir uno a otro voluntariamente lo íntimo de sus pensamientos, opiniones o afectos.

espontaneidad. fr., *spontanéité;* it., *spontaneità;* i., *spontaneity;* a., *Spontaneität.* f. Calidad de espontáneo. || Expresión natural y fácil del pensamiento.

espontáneo, a. fr., *spontané;* it., *spontaneo;* i., *spontaneous;* a., *Spontan.* (Del lat. *spontanĕus*.) adj. Voluntario y de propio movimiento. || Que se produce sin cultivo y sin cuidados del hombre. || m. **Taurom.** Espectador que se arroja al ruedo a intentar alguna suerte. Las leyes españolas prohíben y sancionan este hecho.

espontil. (Del lat. *spons, spontis,* voluntad, gusto.) adj. ant. Voluntario y de propio movimiento.

espontón. (Del it. *spuntone*.) m. **Mil.** Especie de lanza de poco más de dos varas de largo, con el hierro en forma de corazón, de que usaban los oficiales de infantería.

espontonada. f. **Mil.** Saludo hecho con el espontón. || Golpe dado con él.

espor-, esporo-; -spor-; -spora, -spóreo, -sporidio, -sporo. (Del m. or. que el siguiente.) pref. infijo o suf. que sign. semilla; e. de infijo: *acnidosporidio;* de suf.: *diáspora, cnidosporidio.*

espora. fr. e i., *spore;* it., *spora;* a., *Spore.* (Del gr. *sporá*, semilla.) f. **Biol.** Célula reproductora asexual, esto es, capaz por sí sola de originar un nuevo ser mediante un proceso de división y diferenciación. En el mundo de los vegetales, son muchos los que se reproducen por esporas, como hongos, algas, musgos y helechos. || **Bot.** Corpúsculo que se produce en una bacteria, cuando las condiciones del medio se han hecho desfavorables para la vida de este microorganismo. || **Zool.** Cualquiera de las células que en un momento dado de la vida de los protozoos esporozoos se forman por división de éstos, produciendo una membrana resistente que las rodea, y, dividiéndose dentro de este quiste, dan origen a los gérmenes que luego se transforman en individuos adultos. También se forman en los protozoos micetozoarios o mixomicetos.

Espora (Tomás). Biog. Marino argentino, n. y m. en Buenos Aires (1800-1835). Participó en la operación de transporte a Perú del ejército del general San Martín, y, al mando de uno de los barcos, tomó parte en el bloqueo del puerto del Callao. Intervino en la guerra contra el Imperio de Brasil, y se distinguió principalmente en la Colonia y en Quilmes, donde al mando de la *25 de Mayo* fue el héroe de la jornada. || **Geog.** Local. de Argentina, prov. de Buenos Aires, part. de San Andrés de Giles; 262 h.

Espórades o **Espóradas.** (Del gr. *Sporádes;* de *sporás,* disperso; de *speíro,* sembrar.) **Geog.** Nombre que se da a algunas islas del mar Egeo, dispersas, para distinguirlas de las Cícladas, que están agrupadas en círculo alrededor de Delos. Se dividen en Espórades del Norte, Espórades del Sur y Espórades del Este. Las de la costa de Asia Menor pertenecieron a Turquía hasta la P. G. M.

esporádico, ca. fr., *sporadique;* it., *sporadico;* i., *sporadic;* a., *sporadisch.* (Del gr. *sporadikós,* de *sporás,* disperso.) adj. Dícese de las enfermedades que atacan a uno o varios individuos en cualquier tiempo o lugar y que no tienen carácter epidémico ni endémico. || fig. Dícese de lo que es ocasional, sin ostensible enlace con antecedentes ni consiguientes.

Esporangio

esporangio. (De *espor-* y *-angio*, vaso.) m. **Bot.** Órgano en que se forman y contienen las esporas.

esporgar. intr. *Ar.* Perder los árboles o las vides parte de su fruto naciente; cerner.

esporidio. (De *espor-* e *-idio*.) m. **Bot.** Espora doble o múltiple.

Esporlas. Geog. Mun. de España, prov. de Baleares, p. j. de Palma; 2.748 h. || Villa cap. del mismo; 2.661 h.

esporo-. pref. V. **espor-.**

esporo. (Del gr. *sporós,* semilla.) m. **Bot. espora,** en las acepciones de célula vegetal criptógama y corpúsculo que se produce en una bacteria.

esporocarpio. (De *esporo-* y *-carpio*.) m. **Bot.** Cada uno de los órganos, propios de las hidropterídeas, que contienen los esporangios.

esporofita. (De *esporo-* y *-fita*.) adj. **Bot.** Dícese de las plantas que se reproducen por esporas.

esporófito. (De *esporo-* y *-fito*.) m. **Bot.** Una de las dos fases de las plantas que tienen generación alternante. Se desarrolla a partir de un cigoto diploide, y forma esporangios en los que, tras una reducción cromosómica (meiosis), se originan esporas haploides. De éstas procede la otra fase, el gametófito. ‖ Planta esporofita.

esporogonio. m. *Bot.* En los musgos, órgano productor de esporas y resultante de la fecundación de un arquegonio. Órgano análogo de las algas rodofíceas.

esporón. (Del germ. *sporo*.) m. ant. Espuela para picar a la caballería.

esporonada. (De *esporón*.) f. ant. **espolonada.**

esporozoario, ria. (De *esporo-* y *-zoario*.) adj. *Zool.* **esporozoo.**

esporozoo. (De *esporo-* y *zoo*.) adj. *Zool.* Dícese de los protozoos, parásitos internos, sin seudópodos, pestañas ni flagelos, al menos en la fase adulta, que se reproducen por esporas. Los más interesantes para el hombre son los hemosporidios del gén. *plasmodium*, productores del paludismo. Ú. t. c. s. ‖ m. pl. Clase de estos protozoos, que comprende las subclases de los *coccidiformes* y *gregariniformes*.

esportada. f. Lo que cabe en una espuerta.

esportear. tr. Echar, llevar, mudar con espuertas una cosa de un paraje a otro.

esportilla. (Del lat. *sportella*.) f. dim. de **espuerta.** ‖ *Mál.* Soplillo, aventador.

esportillero. (De *esportilla*.) m. En Madrid y otras partes, mozo que estaba ordinariamente en las plazas y otros parajes públicos para llevar en su espuerta lo que se le mandaba. ‖ Operario que acarrea con espuerta los materiales.

esportillo. (De *esportilla*.) m. Capacho de esparto o de palma que sirve para llevar a las casas las provisiones.

esportizo. m. *Nav.* Aguaderas de mimbre que se abren por el fondo para dejar caer la carga.

esportón. m. aum. de **espuerta.** ‖ *Mancha.* Esportillo en que llevan la carne de la carnicería.

esportonada. f. Cantidad que cabe en un esportón.

espórtula. (Del lat. *sportŭla*, regalo; de *sporta*, espuerta.) f. *Der. Ast.* Derechos pecuniarios que se daban a algunos jueces y ministros de justicia.

esposado, da. p. p. de *esposar*. ‖ adj. **desposado.** Ú. t. c. s.

esposajas. (Del lat. *sponsalia*, pl. n. de *sponsale*, esponsales.) f. pl. ant. **esponsalías.**

esposar. tr. Sujetar a uno con esposas.

Esposas

esposas. (De *esposa*.) f. pl. Manillas de hierro con que se sujeta a los presos por las muñecas.

Espósito (Arnaldo d'). *Biog.* Compositor argentino, n. en Mercedes y m. en Buenos Aires (1907-1945). Entre sus partituras figuran: *Cuento de abril*, ballet basado en el relato homónimo de Valle Inclán (1940); *Lin-Calel*, ópera en dos actos (1941); un *Concierto* para piano y orquesta; un *Quinteto* para arcos y piano, y preludios y fugas para piano.

esposo, sa. fr., *époux*; it., *sposo*; i., *husband*; a., *Ehegatte*. (Del lat. *sponsus*; de *spondēre*, prometer solemnemente.) m. y f. Persona que ha contraído esponsales. ‖ Persona casada. ‖ f. *Amér.* Anillo episcopal.

Espot. *Geog.* Mun. de España, prov. de Lérida, p. j. de Tremp; 269 h. ‖ Lugar cap. del mismo; 245 h.

Espoz y Mina (Francisco Javier). *Biog.* General español, cuyos verdaderos apellidos eran Espoz e Ilundáin, n. en Idocín, Navarra, y m. en Francia (1781-1836). Hijo de labradores y labrador él mismo, formó una partida de guerrilleros, con siete amigos, para luchar contra los franceses en la guerra de la Independencia. Su conocimiento del país, su intuición natural de la estrategia, su movilidad extraordinaria y su audacia y valentía, le proporcionaron victorias numerosas, no sólo en la guerra de sorpresa, sino en campo abierto. Fue nombrado comandante en jefe de las guerrillas navarras, por la Junta de Aragón; coronel (1810), brigadier (1811) y mariscal (1814). Los franceses, que se desacreditaron al perseguirle, pues llegaron a poner en juego hasta 40.000 hombres, como en la célebre campaña del Roncal, le dieron el sobrenombre de *El rey chico de Navarra*. Al regresar Fernando VII hubo de expatriarse a causa de sus ideas liberales. La amnistía de 1833 le permitió regresar a España, y en 1834 fue nombrado general en jefe del ejército del Norte, para combatir a los carlistas, pero su estado de salud le obligó a dimitir, y su mejor elogio lo hizo su contrincante, el gran general carlista Zumalacárregui. Restablecido, pasó en 1835 al mando del ejército de Cataluña, donde se apoderó del santuario de Hort y cometió el grave error de autorizar el fusilamiento de la madre de Cabrera; postrado en su lecho, siguió dirigiendo las operaciones contra los carlistas hasta su muerte. Mina escribió sus *Memorias*, que constituyen un precioso documento para la historia patria.

esprái. (Del i. *spray*.) m. Pulverizador, atomizador. ‖ Aerosol, sistema de pulverización mediante gases licuados a presión. ‖ Envase preparado para la aplicación de un aerosol.

esprint. (Del i. *sprint*.) m. *Dep.* En competiciones deportivas, y especialmente en las carreras ciclistas, esfuerzo supremo que imprimen a su marcha los corredores del grupo de cabeza, cuando se aproximan a la meta, a fin de conseguir el primer puesto.

Espriu y Castelló (Salvador). *Biog.* Poeta, novelista y autor teatral español, en lengua catalana, n. en Santa Coloma de Farnés, Gerona, en 1913. A los 16 años publicó su primer libro, *Israel* (1929), en prosa, seguido por *El doctor Rip* (1931), *Laia* (1932), *Aspectes* (1934) y *Miratge a Citerea* (1935), libros de narraciones, y *La pluja*, poemas. En 1935 apareció *Ariadna al laberint grotesc*, con la que se inicia la segunda parte de su obra, caracterizada por la intensificación del refinamiento formal, y de la que también forman parte *Letizia*, *Fedra* y *Petites proses blanques* (1938). Después de un largo silencio aparece su primer libro de poemas: *Cementiri de Sinera* (1946), al que siguieron *Cançons d'Ariadna* (1949), *Les hores* (1951) y *Mrs. Death*, *El caminant i el mur* y *Final del laberint*, publicadas en 1955, *La pell de brau* (1960), que intenta superar la situación todavía viva de guerra civil, y *Llibre de Sinera* (1963). Inició su obra dramática con *Primera història d'Esther* (1948), a la que siguieron *Fedra* y *Antígona* (1955). En 1972 recibió el premio de la Crítica (poesía) por su obra *Setmana Santa*, y el de Honor de las Letras Catalanas.

Espronceda y Delgado (José de). *Biog.* Poeta romántico español, n., probablemente, en las cercanías de Almendralejo y m. en esta misma ciudad (1808-1842). Discípulo de Alberto Lista, adquirió una cultura bastante extensa, y formó parte de la *Academia poética del Mirto*, que fue inspirada por su maestro, donde recibió una formación horaciana. Su popularidad y fama fueron debidas a la publicación de sus *Poesías*, entre las que se citan *Himno al Sol*, *La canción del pirata*, *El mendigo*, *El verdugo*, *A la patria*, *A la noche*, *Canto del cosaco*, *La despedida del patriota griego*, etcétera. Se le han atribuido erróneamente *El arrepentimiento* y *La desesperación*. Acusa mayor originalidad en *El estudiante de Salamanca*, com-

Espronceda, por Mercier. Museo Lázaro Galdiano. Madrid

posición fantástica, inspirada en una tradición. Pero su obra maestra es *El Diablo Mundo* (1840), poema filosófico, inacabado, de inspiración magnífica, donde se contienen fragmentos admirables, como el Prólogo, el canto a la Inmortalidad, la elegía a Teresa (el gran amor de su vida) y el canto a la Muerte. Convertido de repente en hombre importante, empezó a ser modelo de prudencia y sensatez e inició su carrera política con el cargo de secretario de la Legación en los P. B. y, en seguida, con el de diputado a Cortes. ‖ *Geog.* Mun. y villa de España, prov. de Navarra, p. j. de Estella; 296 h.

espuela. fr., *éperon*; it., *sprone*; i., *spur*; a., *Sporn*. (De *espuera*.) f. Espiga de metal terminada comúnmente en una rodajita con puntas y unida por el otro extremo a unas ramas en semicírculo, que se ajustan al calcañar y se sujetan al pie con correas, para picar a la cabalgadura. ‖ fig. Aviso, estímulo incitativo. ‖ fig. Última copa que toma un bebedor antes de separarse de sus compañeros. ‖ *Anat. Amér.* y *Can.* Garrón o espolón de las aves. ‖ *Arg.* y *Chile.* Espoleta de las aves. ‖ **de caballero.** *Bot.* Planta herbácea de la familia de las ranunculáceas, con tallo erguido, ramoso, de 40 a 60 cm. de alt.; hojas largas, estrechas y hendidas al través; flores en espiga de corolas azules, róseas o blancas, y cáliz prolongado en una punta cual si fuera una espuela (*delphinium consolida* o también *d. ajacis*). ‖ Flor de esta planta.

espuenda. (Del lat. *sponda*, borde de la cama.) f. *Ar.* y *Nav.* Borde de un canal o de un campo.

espuera. (Del gót. *spora*.) f. ant. Espuela para picar a la caballería.

espuerta. fr., *cabas*, *sporte*; it., *sporta*; i., *flat*, *hand-basket*; a., *Handkorb*. (Del lat. *sporta*.) f. Receptáculo de forma cóncava, con dos asas pequeñas, hecho de tejido de esparto, palma u otra materia, que sirve para llevar de una parte a otra escombros, tierra u otras cosas semejantes. ‖ **a espuertas.** m. adv. A montones, en abundancia.

espulgadero. m. Lugar o paraje donde se espulgan los mendigos.

espulgador, ra. adj. Que espulga. Ú. t. c. s.

espulgar. fr., *se pouiller, s'épouiller;* it., *spulciarsi;* i., *to search;* a., *flöhen, lausen.* tr. Limpiar la cabeza, el cuerpo o el vestido de pulgas o piojos. Ú. t. c. prnl. || fig. Examinar, reconocer una cosa con cuidado y pormenor.

espulgo. m. Acción y efecto de espulgar o espulgarse.

espuma. fr., *écume;* it., *spuma;* i., *foam;* a., *Schaum.* (Del lat. *spūma.*) f. Conjunto de burbujas que se forman en la superficie de los líquidos y se adhieren entre sí con más o menos consistencia. || Tratándose de líquidos en los que se cuecen substancias alimenticias, cuando están en ebullición, parte del jugo y de las impurezas de aquéllas que sobrenadan y que es preciso quitarles. || fig. y fam. Nata, flor, lo más estimado. || *And.* **espumilla**, tejido. || **de mar.** *Miner.* **sepiolita.** || **de nitro.** Materia salina eflorescente, constituida por nitratos, que suele formarse en la superficie de la tierra de donde se extrae, o en las paredes de sitios húmedos. Antiguamente se denominó *afronitro.* || **de la sal.** Substancia blanda y salada que deja el agua del mar pegada a las piedras.

espumadera. fr., *écumoire;* it., *schiumarola;* i., *scummer;* a., *Schaumlöffel.* (De *espumar.*) f. Paleta circular y algo cóncava, llena de agujeros, con que se saca la espuma del caldo o de cualquier otro licor para purificarlo.

espumador, ra. m. y f. Persona que espuma.

espumaje. m. Abundancia de espuma.

espumajear. intr. Arrojar o echar espumajos.

espumajo. (De *espuma.*) m. **espumarajo.**

espumajoso, sa. (De *espumajo.*) adj. Lleno de espuma.

espumante. (Del lat. *spumans, -āntis.*) p. a. de **espumar.** Que hace espuma.

espumar. fr., *écumer;* it., *schiumare;* i., *to foam;* a., *mussieren, schäumen.* (Del lat. *spumāre.*) tr. Quitar la espuma de un licor, como del caldo, del almíbar, etc. || intr. Hacer espuma, como la que hace la olla, el vino, etc. || fig. Crecer, aumentar rápidamente.

espumarajo. (dim. desp. de *espuma.*) m. Saliva arrojada en gran abundancia por la boca.

espumear. intr. *Amér.* y *And.* **espumar.**

espúmeo, a. (Del lat. *spumĕus.*) adj. **espumoso.**

espumero. (De *espuma.*) m. Sitio o lugar donde se junta agua salada para que cristalice o cuaje la sal.

espumilla. f. dim. de **espuma.** || Tejido muy ligero y delicado, semejante al crespón. || *Ecuad., Guat., Hond.* y *Nic.* **merengue,** dulce blando hecho con claras de huevo y azúcar y puesto al horno.

espumillón. (De *espumilla.*) m. Tela de seda, muy doble, a manera de tercianela.

espumoso, sa. fr., *écumeux, mousseux;* it., *schiumoso, spumoso;* i., *foamy;* a., *schaumig.* (Del lat. *spumōsus.*) adj. Que tiene o hace mucha espuma. || Que se convierte en ella, como el jabón.

Espuma de las olas. Costa del Sol portuguesa

espumuy. f. *Zool. Guat.* Paloma silvestre.

espundia. (Del lat. **spongŭla,* esponja pequeña.) f. *Veter.* Úlcera de las caballerías, con excrecencia de carne, que forma una o más raíces que suelen penetrar hasta el hueso.

espundio. m. *Sal.* **subterráneo.**

Espunyola. *Geog.* Mun. de España, prov. de Barcelona, p. j. de Berga; 349 h. La cap. es el caserío de El Estudi.

España. *Geog.* Sierra de España, prov. de Murcia, en el sistema Ibérico; 1.584 m. de alt.

espurcísimo, ma. (Del lat. *spurcissĭmus.*) adj. ant. Inmundísimo, impurísimo.

espúreo, a. adj. barb. por **espurio.**

espurio, ria. fr., *faux, bâtard;* it., *spurio;* i., *spurious;* a., *unecht.* (Del lat. *spurĭus.*) adj. **bastardo,** que degenera de su origen o naturaleza. || fig. Falso, contrahecho o adulterado y que degenera de su origen verdadero.

espurrear. (De la onomat. *purr.*) tr. Rociar una cosa con agua u otro líquido expelido por la boca.

espurriar. tr. Rociar con un líquido expelido por la boca.

espurrir. (Del lat. *exporrigĕre.*) tr. *Ast., León, Pal.* y *Sant.* Estirar, extender, dicho especialmente de las piernas y los brazos. || prnl. *Ast., León* y *Sant.* **desperezarse.**

espurrir. (De la onomat. *purr.*) tr. Rociar con un líquido expelido por la boca.

esputar. (Del lat. *sputāre.*) tr. Arrancar y arrojar por la boca flemas.

esputo. fr., *crachat;* it., *sputo;* i., *spittle;* a., *Auswurf.* (Del lat. *sputum.*) m. Lo que se arroja de una vez en cada expectoración.

esquebrajar. tr. Romper ligera o superficialmente algunos cuerpos duros.

esquejar. (De *esqueje.*) tr. *Agr.* Plantar esquejes.

esqueje. fr., *bauture;* it., *rampollo;* i., *slip, cutting;* a., *Steckreis.* (Del lat. *schidĭae,* y éste del gr. *schídia,* astillas, de *schízo,* hendir.) m. *Agr.* Tallo o cogollo que se introduce en la tierra para multiplicar la planta.

Esquel. *Geog.* Local. de Argentina, prov. de Chubut, cap. del depart. de Futaleufú; 13.771 h.

esquela. fr., *billet, carte;* it., *biblietto;* i., *bill, ticket;* a., *Billet, Anzeige, Karte.* (Del lat. *schedŭla,* dim. de *scheda,* hoja de papel.) f. Carta breve que antes solía cerrarse en figura casi triangular. || Papel en que se dan citas, se hacen invitaciones o se comunican ciertas noticias a varias personas y que, por lo común, va impreso o litografiado. || Aviso de la muerte de una persona que se publica en los periódicos con recuadro de luto. Suele incluir la invitación para el entierro, funeral, etc. || **mortuoria.** *Léx.* **esquela,** aviso de la muerte de una persona.

esqueletado, da. adj. Esquelético, muy flaco.

esquelético, ca. adj. Muy flaco. || *Anat.* Perteneciente o relativo al esqueleto.

esqueleto. fr., *squelette;* it., *scheletro;* i., *skeleton;* a., *Skelett.* (Del gr. *skeletós,* de *skello,* secar, desecar.) m. Aparato de sostén de los animales, que les sirve también para la inserción de los músculos y para proteger el organismo o algunos de sus órganos. || Piel de algunos animales convertida en caparazón, concha, placa o escama. || Esqueleto interior de los vertebrados. || fig. Armadura sobre la cual se arma algo. || fig. y fam. Sujeto muy flaco. || fig. *Col., C. Rica, Guat., Méj.* y *Nic.* Modelo o patrón impreso en que se dejan blancos que se rellenan a mano. || fig. *Chile.* Bosquejo, plan de una obra literaria, como discurso, sermón, etc. || *Impr.* Nombre dado por los tipógrafos y fundidores al carácter de letra estrecho. También le denominan *letra chupada.* || **externo. exoesqueleto** o **dermatoesqueleto.** || **interno. endoesqueleto.** || Conjunto de piezas duras, de origen endodérmico, articuladas o soldadas, que forman la armazón del cuerpo en los vertebrados. En los ciclóstomos y elasmobranquios, tales piezas son cartilaginosas, mientras que en los restantes vertebrados son óseas en su mayoría. Las partes del esqueleto humano se detallan en la lámina de la página siguiente. (V. también cada uno de los huesos o grupos de ellos en sus voces correspondientes.)

esquema. fr., *schéma;* it., *schema;* a., *Schema, Bild.* (Del lat. *schēma,* y éste del gr. *schema,* forma, hábito.) m. Representación gráfica y simbólica de cosas inmateriales. || Representación de una cosa atendiendo sólo a sus líneas o caracteres más significativos. || *Ling.* En glosemática, término equivalente al de lengua, según Saussure. || **Rel.** Cada uno de los temas o puntos diversos o de las series de cuestiones referentes a un mismo tema que, sobre materia dogmática o disciplinaria, se ponen a la deliberación de un concilio.

esquemáticamente. adv. m. Por medio de esquemas.

esquemático, ca. (Del lat. *schematĭcus,* y éste del gr. *schematikós.*) adj. Perteneciente al esquema.

esquematismo. (Del lat. *schematismus,* y éste del gr. *schematismós.*) m. Procedimiento es-

CUERPO HUMANO

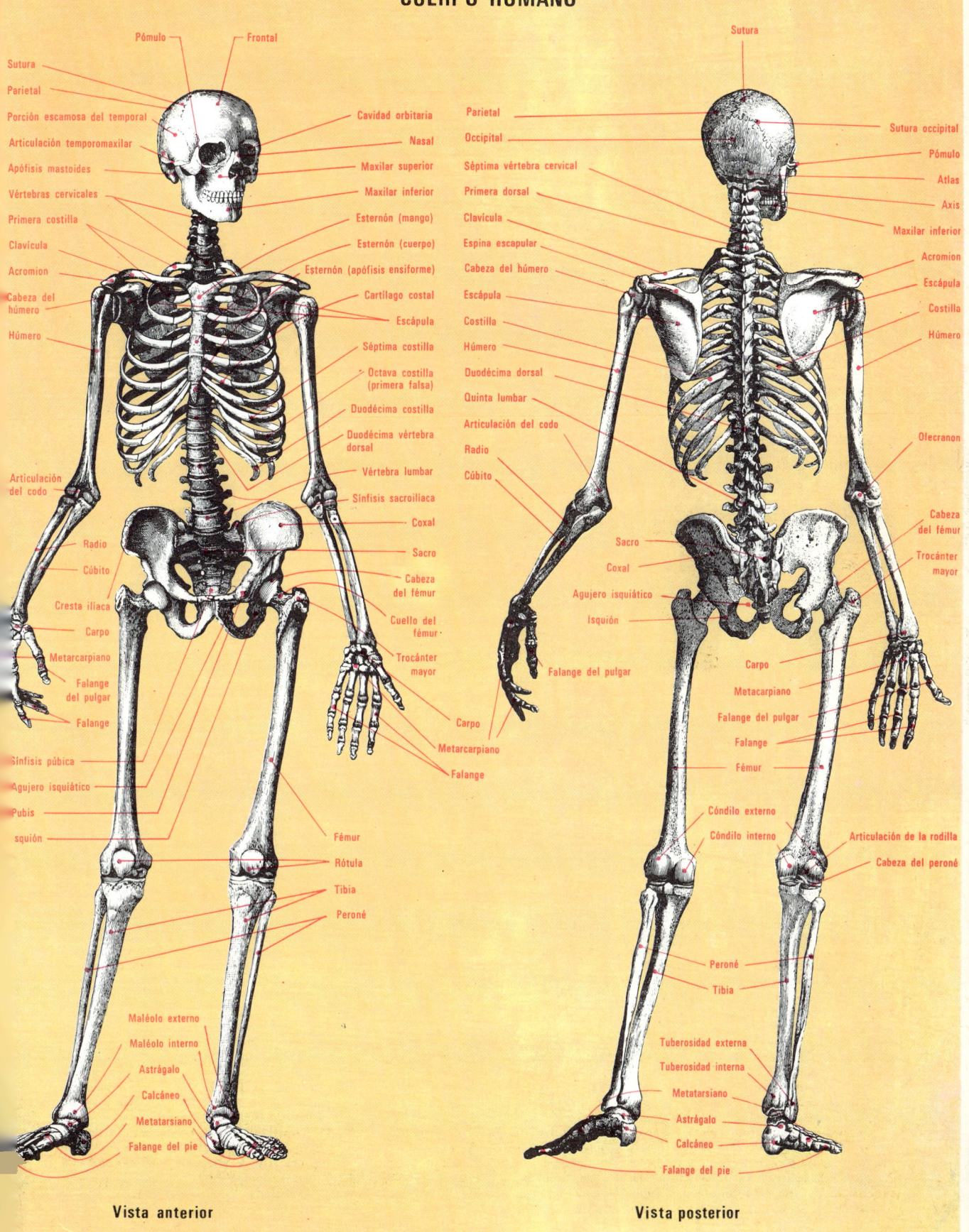

Vista anterior

Vista posterior

esquematización–esquilada

quemático para la exposición de doctrina. ‖ Serie o conjunto de esquemas empleados por un autor para hacer más comprensibles sus ideas.

esquematización. f. Acción y efecto de esquematizar.

esquematizar. tr. Representar una cosa en forma esquemática.

esquena. (Del ant. alto a. *skĕna* y *skina*, espina.) f. **Anat.** Espinazo de los vertebrados.

esquenanto. (Del lat. *schoenantus*, y éste del gr. *schoínanthos;* de *schoinos*, junco, y *ánthos*, flor.) m. **Bot.** Planta perenne de la familia de las gramíneas, indígena de la India y Arabia, con tallos duros y llenos, con muchas hojas lineares, estriadas y algo ásperas, en panojas unilaterales y lineares. La raíz es blanca, aromática y medicinal, y la emplean en Oriente para dar a las muselinas el olor particular que las distingue (*andropogon schoenanthus*). Se llama también *junco oloroso* y *paja de Meca.* ‖ Hoja de esta planta.

Esquerdo y Zaragoza (José María). **Biog.** Médico español, n. en Villajoyosa y m. en Madrid (1842-1912). Fue uno de los más grandes alienistas de su época y fundó y dirigió el manicomio que lleva su nombre en Carabanchel, Madrid. Figuró en política como afiliado al partido progresista, del que llegó a ser jefe.

Monumento a José María Esquerdo, en Madrid

esquero. (De *yesca.*) m. Bolsa de cuero que solía traerse asida al cinto, y servía comúnmente para llevar la yesca y el pedernal, el dinero u otras cosas.

Esquerra Republicana de Catalunya. Polít. Coalición de partidos de tendencia catalanista de izquierdas, formada en vísperas de las elecciones municipales de abril de 1931.

esquerro, rra. (Del vasc. *ezquerra*, análoga al lat. *scaevus*, y al gr. *skaiós*.) adj. ant. Izquierdo, zurdo.

esquí. (Del noruego *ski*, por intermedio del fr. *ski;* aquél, propiamente, leño, tronco cortado.) m. **Aviac.** Cada uno de los deslizadores de que van dotados los aeroplanos que despegan y aterrizan sobre la nieve o el hielo. ‖ **Dep.** Especie de patín muy largo, de madera u otro material, que se usa para deslizarse sobre la nieve o el agua, o por pistas apropiadas. ‖ **esquiaje.** ‖ Las pruebas de esquí sobre nieve admitidas internacionalmente son las siguientes: saltos, carreras de fondo (15 a 18 km.) y de gran fondo (30 a 60), carrera combinada nórdica, de saltos y fondo (15 a 18 km.), carrera de descenso, carrera de habilidad (*slalom*), carrera combinada de descenso y habilidad, carrera de relevos (30 a 40, 35 a 45 y 40 a 50 km., según el número de participantes) y *biathlon* o combinado de carrera (20 km.) y tiro. La práctica de este deporte figura en los Juegos olímpicos desde 1924, año en que las pruebas de invierno se celebraron en Chamonix (Francia). Desde esa fecha se han celebrado otras once olimpiadas de invierno más, en las cuales han figurado diversas pruebas de esquí; sus fechas y lugares de celebración han sido los siguientes: 1928, Saint-Moritz (Suiza); 1932, Lake Placid (Estados Unidos); 1936, Garmisch-Partenkirchen (Alemania); 1948, Saint-Moritz (Suiza); 1952, Oslo (Noruega); 1956, Cortina d'Ampezzo (Italia); 1960, Squaw Valley (EE. UU.); 1964, Innsbruck (Austria); 1968, Grenoble (Francia); 1972, Sapporo (Japón), donde por vez primera España consiguió una medalla de oro por la actuación

Esquiadores del Ejército español desfilando (1968). Madrid

personal de Francisco Fernández Ochoa; 1976, Innsbruck (Austria); y 1980, Lake Placid (EE. UU.). Las marcas se han superado en la prueba de *descenso*, en la que se ha llegado a la velocidad de 204 km. por hora, y en *salto:* en marzo de 1965, el alemán Lesser superó la del checoslovaco Dalibor Motejlek, de 142 m., con 145 m., y el 21 de marzo de 1969 superó ésta el noruego Bjornl Wirkola en Planika, Checoslovaquia, en 157 m. En los XXIII Campeonatos del Mundo de Esquí, en febrero de 1974, el italiano Gustavo Thoeni ganó la medalla de oro en el *slalom* especial de Saint-Moritz. La Copa del Mundo la ganó en el año 1974 (marzo) el italiano Piero Gros, en Vysoke Tatry. En febrero de 1978 y en Garmisch-Partenkirchen, el sueco Ingemar Stenmarck conquistó el campeonato del mundo de *slalon.* ‖ **acuático.** Esquiaje que se practica deslizándose el esquiador sobre la superficie del agua, por la que la arrastra una embarcación veloz, a la cual se sujeta mediante un cable. ‖ **acuáticoaéreo.** vuelo en cometa remolcada por canoa. ‖ **alpino.** El practicado sobre la nieve en superficies pendientes, laderas de montañas, etc. Se contrapone al *esquí nórdico* (v.). ‖ **nórdico.** El practicado sobre llano, campo a través, etc. Es más antiguo que el alpino.

esquiador, ra. m. y f. **Dep.** Patinador que usa esquís.

esquiaje. f. **Dep.** Acción de esquiar. ‖ Práctica de este ejercicio como deporte.

esquiar. intr. **Dep.** Patinar con esquís.

Esquías. Geog. Mun. de Honduras, depart. de Comayagua; 6.538 h. ‖ Pobl. cap. del mismo; 671 h.

esquiciar. fr., *esquisser;* it., *schizzare;* i., *to outline;* a., *skizzieren.* (De *esquicio.*) tr. p. us. **Pint.** Empezar a dibujar o delinear.

esquicio. (Del it. *schizzo*, y éste del lat. *schĕdium*, del gr. *schédion*, apunte.) m. **Pint.** Apunte de dibujo.

esquienta. f. *Sant.* Cima o cresta de una montaña.

esquifada. (De *esquife.*) f. Carga que suele llevar un esquife. ‖ *Germ.* Junta de ladrones o rufianes.

esquifar. (De *esquife.*) tr. **Mar.** Proveer de pertrechos y marineros una embarcación.

esquifazón. (De *esquifar.*) m. **Mar.** Conjunto de remos y remeros con que se armaban las embarcaciones.

esquife. fr., *esquif, canot;* it., *schifo;* i., *light boat;* a., *kleines Boot.* (Del ant. alto a. *skif;* en lat., *scaphe*, del gr. *skáphe*, barco, lancha [véase *escaf-*].) m. **Arquit.** Cañón de bóveda en figura cilíndrica. ‖ **Mar.** Barco pequeño que se lleva en el navío para saltar a tierra y para otros usos.

esquila. fr., *squille, sonnaille;* it., *squilla;* i., *handbell;* a., *Viehglocke.* (Del gót. *skilla.*) f. Cencerro pequeño fundido y en forma de campana. ‖ Campana pequeña para convocar a los actos de comunidad en los conventos y otras casas.

esquila. (De *esquilar*, cortar.) f. Acción y efecto de esquilar ganados, perros y otros animales. ‖ *R. Plata.* Acción de quitar la lana a las ovejas. Hasta fines del siglo pasado esta faena rural constituyó en todo el vasto territorio de Río de la Plata una verdadera fiesta. Se realizaba a tijera, y por eso exigía gran voluntad y mucha baquía en la labor.

esquila. (Del lat. *squilla*, y éste del gr. *skílla.*) Gén. de crustáceos malacostráceos del orden de los podoftalmos, suborden de los estomápodos. La especie típica es la *esquila común*, de cuerpo comprimido, el caparazón prolongado por delante en un rostro comprimido y aserrado, antenas muy largas, cuerpo grisáceo, casi incoloro, con dibujos negros; por la cocción se pone rojo. Las patas torácicas del segundo par son prensoras, parecidas a las de los ortópteros del gén. *mantis*, y de ahí su nombre científico (*squilla mantis*). En la costa cantábrica española se llaman a las **esquilas** *quisquillas, camarones y galeras.* ‖ f. **Bot. cebolla albarrana.** ‖ **Entom. girino** o **escribano de agua**, insecto coleóptero. ‖ **de agua.** *Zool.* Camarón, crustáceo.

Esquilache (marqués de). Biog. Gregorio, marqués de Esquilache (Leopoldo de). ‖ **(motín de). Hist.** V. **Gregorio, marqués de Esquilache (Leopoldo de).**

esquilada. (De *esquila*, cencerro.) f. *Ar.* Burla que se hace tocando esquilas.

esquilador, ra. adj. Que esquila el ganado. Ú. t. c. s. ‖ f. Máquina esquiladora.
esquilar. (De *esquila,* cencerro.) intr. *Áv.* y *Sal.* Tocar la esquila, cencerro o campanilla.
esquilar. fr., *tondre;* it., *tosare, tondere;* i., *to shear, to cut;* a., *scheren.* (En cat., *esquilar.*) tr. Cortar con la tijera el pelo, vellón o lana de los ganados, perros y otros animales.
esquilar. (De *esquilo,* ardilla.) intr. *Bur., León, Pal., Sant., Viz.* y *Zam.* Trepar a los árboles, cucañas, etc.
esquileo. fr., *tonte;* it., *tosatura;* i., *sheep, shearing;* a., *Schafschur.* m. Acción y efecto de esquilar ganados, perros y otros animales. ‖ Casa destinada para esquilar el ganado lanar. ‖ Tiempo en que se esquila.

Esquileo de oveja

esquilero. m. **Pesca.** Red en forma de saco con un aro de madera, que se emplea para pescar esquilas o camarones.
esquileta. f. dim. de **esquila,** cencerro o campanilla.
esquilfada. adj. ant. **esquifada,** dicho de la bóveda.
esquilfe. m. ant. **esquife,** barca que se lleva en el navío.
esquilimoso, sa. (De *escolimoso.*) adj. fam. Nimiamente delicado y que hace ascos de todo.
Esquilino. Geog. Una de las siete colinas de la antigua Roma.
esquilmar. fr., *dépouiller, laisser à nu;* it., *strappare;* i., *to impoverish;* a., *aussaugen.* (De *esquimar.*) tr. Coger el fruto de las haciendas, heredades y ganados. ‖ Chupar con exceso las plantas el jugo de la tierra. ‖ fig. Menoscabar, empobrecer, agotar una fuente de riqueza sacando de ella mayor provecho que el debido.
esquilmeño, ña. (De *esquilmo.*) adj. **Agr.** **And.** Dícese del árbol o planta que produce abundante fruto.
esquilmo. (De *esquilmar.*) m. Frutos y provechos que se sacan de las haciendas y ganados. ‖ *And.* Muestra de fruto que presentan los olivos. ‖ *Chile.* Escobajo de la uva. ‖ *Gal.* Broza o matas cortadas con que se cubre el suelo de los establos, con el doble objeto de procurar más comodidad al ganado y de formar abono para las tierras. ‖ *Méj.* Provechos accesorios de menor cuantía que se obtienen del cultivo o de la ganadería.
esquilo. m. ant. **esquileo,** acción y efecto de esquilar ganados, perros y otros animales. Ú. en Aragón y Rioja.

esquilo. (Del gr. *skíouros,* que se hace sombra con la cola.) m. ant. **Zool.** *Sant.* **ardilla.**
Esquilo o **Ésquilo. Biog.** Autor teatral griego, n. en Eleusis y m. en Gela, Sicilia (h. 525-456 a. C.). Participó en las batallas de Maratón, Salamina y Platea. Cultivó la tragedia, género a cuya estructura y puesta en escena llevó fundamentales innovaciones. Introdujo un segundo actor, y perfeccionó el aparato escénico y fijó la indumentaria de los personajes. Autor, según se cree, de unas ochenta obras, sólo siete han llegado hasta nosotros. Conocemos completa su trilogía *La Orestíada,* compuesta por *Agamenón, Las Coéforas* y *Las Euménides.* Las demás tragedias por nosotros conocidas son *Prometeo encadenado, Los Siete contra Tebas, Los Persas* y *Las Suplicantes.*
esquilón. m. aum. Esquila o cencerro grande.
esquimal. fr., *esquimau;* it., *eschimese;* i., *eskimo;* a., *Eskimo.* (En su propio idioma, *innuit.*) adj. **Etnog.** Dícese de un pueblo que ocupa una enorme extensión de terreno alrededor del Polo Norte, desde las costas árticas de Norteamérica hasta el extremo NO. de Siberia, aproximadamente unos 9.000 km. de ext., y que, sin embargo, forman una población de sólo 48.000 individuos, debido a las dificultades de subsistencia en ese ambiente. Algunos antropólogos los han clasificado como de raza amerindia, pero el profesor Vallois los cita como ejemplo de pueblo que es una de las subrazas mongolas en el cual coinciden raza y etnia; y, coincidiendo con Vallois, el antropólogo y explorador ártico Collins sostiene que la cultura esquimal tuvo su origen en Siberia, probablemente en las inmediaciones del lago Baikal, donde se inició el movimiento migratorio hacia el N. y el NE.,

Muchachas esquimales

pasando, a través del estrecho de Behring a América del N. unos mil años a. C. Actualmente los principales grupos de esquimales se encuentran en Groenlandia, borde septentrional de Canadá, Alaska y Kamchatka. La base económica de su subsistencia es la caza y la pesca. Los renos, bueyes almizclados, osos, morsas, ballenas y otros animales marinos, que constituyen la caza mayor, son capturados por los hombres, mientras las mujeres, niños y ancianos recogen pájaros, huevos, liebres y truchas. En invierno viven en chozas de hielo o iglús, y en verano en tiendas hechas con pieles y armazón de huesos de ballena. Su vestimenta típica está hecha de pieles de animales que saben adaptar al cuerpo. Su organización social está muy poco desarrollada y su núcleo es el matrimonio y la familia en sentido estricto. En cuanto a su religión, son animistas y chamanistas. Apl. a pers., ú. t. c. s. ‖ Perteneciente o relativo a este pueblo.
esquimar. (De *quima.*) tr. ant. **esquilmar,** coger el fruto de las haciendas, heredades y ganados.
esquimo. m. ant. **esquilmo,** frutos y provechos que se sacan de las haciendas y ganados.
esquina. fr., *angle, coin;* it., *angolo, cantonata;* i., *wedge, corner;* a., *Ecke.* (De *esquena.*) f. Arista, principalmente la que resulta del encuentro de las paredes de un edificio. ‖ ant. Piedra grande que se arrojaba a los enemigos desde lugares altos. ‖ **las cuatro esquinas.** *Dep.* Juego de muchachos que se hace poniéndose cuatro o más en los postes, rincones u otros lugares señalados, de suerte que se ocupen todos, quedando un muchacho sin puesto; todo los que lo tienen se cambian unos con otros, y el que no tiene puesto trata de llegar a uno antes del que va a tomarlo, y si lo consigue se queda el otro en medio hasta lograr ocupar otro puesto. ‖ **hacer esquina.** Dicho de un edificio, estar situado en la esquina de la manzana o del grupo de que forma parte.
Esquina. Geog. Depart. de Argentina, prov. de Corrientes; 3.723 km.^{2} y 22.625 h. ‖ Local. cap. del mismo, sit. en la margen izquierda del río Corrientes, junto a su des. en el Paraná; 6.931 h. ‖ Local. de Argentina, prov. de Tucumán, depart. de Leales; 1.167 h.
esquinado, da. p. p. de **esquinar.** ‖ adj. Dícese de la persona de trato difícil.
esquinadura. f. Calidad de esquinado.
esquinal. m. **Arquit.** *Ál., Bur., Sant.* y *Viz.* Ángulo de un edificio, y especialmente el formado por sillares.
esquinancia. (Del lat. *cynanche,* y éste del gr. *kynágche.*) f. desus. **angina.**
esquinante. m. **esquinanto.**
esquinanto. m. **esquenanto.**
Esquinapa. Geog. Mun. de Méjico, est. de Sinaloa; 17.994 h. ‖ **de Hidalgo.** C. cap. del anterior; 9.920 h.
esquinar. tr. Hacer o formar esquina. Ú. t. c. intr. ‖ Poner en esquina alguna cosa. ‖ Escuadrar un madero. ‖ fig. Poner mal, indisponer. Ú. m. c. prnl.
esquinazo. m. fam. Esquina de un edificio. ‖ *Chile.* Música durante la noche para festejar a una persona. ‖ **dar esquinazo.** fr. fam. Rehuir en la calle el encuentro de uno, doblando una esquina o variando la dirección que se llevaba. ‖ fr. fig. y fam. Dejar a uno plantado, abandonarle.
esquinco. (Del gr. *skínkos;* en lat., *scincus* [v. *escinco*].) m. **Zool. estinco.**
esquinela. (De *esquina,* por la arista que llevaba en medio.) f. **Arm.** Pieza de la armadura que cubría la espinilla de la pierna, espinillera.
esquinencia. f. **Pat. angina.**
esquinera. f. **cantonera,** ramera que suele apostarse en las esquinas de las calles. ‖ *Can.* y *Amér.* **rinconera,** mueble.
esquinero. m. *R. Plata.* Poste de donde parte o arranca un alambrado. Es recomendable el palo cocido, por la mayor duración y resistencia que ofrece. Por lo común, es de mayor diámetro y altura que los restantes palos del alambrado (v. **estancia**).
Esquines. Biog. Orador ateniense, n. en Atenas y m. probablemente en Samos (389-314 a. C.). Formó parte con Demóstenes de las dos embajadas enviadas a Macedonia para gestionar la paz con Filipo. A su regreso a Atenas, Esquines fue acusado por Demóstenes

Esquines. Museo Arqueológico. Nápoles

de haberse vendido a Filipo, y aunque Esquines consiguió librarse de la acusación, Demóstenes la resucitó tres años más tarde produciéndose el llamado *proceso de la Embajada*. Toda la vida de Esquines a partir de esta época se resume en este antagonismo con Demóstenes. Han quedado de él los discursos llamados *Contra Ctesifonte* (contestado por Demóstenes en *De la corona*) y *De la embajada*, y el pronunciado *Contra Timarco*.

esquinzador. m. Cuarto grande destinado en los molinos de papel a esquinzar el trapo.

esquinzar. (Del lat. *exquintiāre*, descuartizar.) tr. **desguinzar.**

esquipar. (Del anglosajón *skipian*, navegar.) tr. ant. **Mar.** Proveer de pertrechos y marineros una embarcación.

esquiparte. m. *Ar.* Pala pequeña, cortante y fuerte, empleada para limpiar las acequias.

esquipazón. m. ant. **Mar.** Acción y efecto de esquipar.

Esquipulas. Geog. Mun. de Guatemala, depart. de Chiquimula; 19.309 h. || Pobl. cap. del mismo; 6.912 h. || Mun. de Nicaragua, depart. de Matagalpa; 7.831 h. || Pobl. cap. del mismo; 1.636 h. || **del Norte.** Mun. de Honduras, depart. de Olancho; 1.646 h. || Pobl. cap. del mismo; 195 h. || **Palo Gordo.** Mun. de Guatemala, depart. de San Marcos; 3.777 h. || Pobl. cap. del mismo; 730 h.

esquiraza. (Como el ant. *esquirazo*, del it. *schirazzo* o *schierazo*, voz veneciana de origen turco.) f. **Mar.** Antigua nave de transporte con velas cuadradas.

esquirla. (De un dim. lat., *skyrŭla*; del gr. *skyros*, raja de piedra.) f. Astilla de hueso desprendida de éste por caries o por fractura. Se dice también de las que se desprenden de la piedra, cristal, etc.

esquirol. (Del cat. *esquirol*, y éste del gr. *skíouros*, ardilla.) m. desp. Obrero que se presta a realizar el trabajo abandonado por un huelguista, o que no abandona el trabajo en una huelga. || **Zool.** *Ar.* Ardilla de los bosques.

Esquirol (Jean-Étienne-Dominique). Biog. Alienista francés, n. en Toulouse y m. en París (1772-1840). Hizo interesantes estudios sobre las enfermedades mentales. Su obra maestra es la titulada *Las enfermedades mentales consideradas desde el punto de vista médico, higiénico y medicolegal*, en la cual define la locura y clasifica sus diferentes formas.

esquisar. (Del lat. *exquīsus*, por *exquisītus*, p. p. de *exquirĕre*, buscar.) tr. ant. Buscar o investigar.

esquisto. (Del lat. *schistos* [*lapis*], y éste del gr. *schistós*, dividido, de *schízo*, hendir.) m. **Geol.** Roca de color negro azulado que se divide con facilidad en hojas. || **bituminoso. petróleo.**

esquistoso, sa. adj. De estructura laminar.

esquitar. tr. ant. Desquitar, descontar o compensar. || Remitir, perdonar una deuda.

esquite. m. ant. Acción y efecto de esquitar. De uso hoy vulgar.

esquite. (Del azt. *izquitl*.) m. *C. Rica, Hond.* y *Méj.* Rosetas, granos de maíz tostados.

Esquiú (fray Mamerto). Biog. Prelado argentino, n. en Catamarca y m. en Suncho (1826-1883). Fue obispo de Córdoba y se distinguió como notable orador sagrado y político, así como por sus grandes virtudes. || **Geog.** Local. de Argentina, prov. de Catamarca, depart. de La Paz; 584 h.

esquivar. fr., *esquiver*; it., *schivare*; i., *to slip away*; a., *geschickt ausweichen*. = fr., *se dérober*; it., *eludere*; i., *to evade*; a., *ausweichen*. (Del germ. *skiuhan*, tener miedo; en a. moderno, *scheuen*.) tr. Evitar, rehusar. || prnl. Retraerse, retirarse, excusarse.

Esquivel (Antón de). Biog. Conquistador español del s. XVI, que en América formó parte de la expedición de Belalcázar hacia Perú, Ecuador y Quito, y fundó la villa de Timaná. Al ir a romperse las hostilidades con las fuerzas de Jiménez de Quesada y de Federman, que se habían adelantado al descubrimiento de Bogotá, el padre Las Casas puso paz entre ellos, fundando la c. de Santa Fe, en que se estableció Esquivel. || **(Antonio María).** Pintor español, n. en Sevilla y m. en Madrid (1806-1857). Artista muy representativo del romanticismo español, su realismo aparece aliado con el afán de revalorizar las tradiciones de la escuela nacional. Sobresalió en la pintura religiosa, en la de género y en el retrato; es considerado como su mejor cuadro *Despedida de Agar e Ismael por Abraham.* Muchas de sus obras fueron adquiridas en el extranjero. || **de la Guardia (Adolfo).** Literato costarriqueño, n. en Puntarenas y m. en Buenos Aires (1882-1952). En 1905 desempeñó la secretaría general de las Comandancias de Policía y de lo Criminal, en la prov. de Colón. Doctor en Medicina por el Colegio Médico de Virginia. Escribió gran número de artículos,

Antonio María Esquivel, autorretrato (1847). Museo Lázaro Galdiano. Madrid

poesías y ensayos, y entre sus obras de teatro se mencionan: *Madre, El amor que viene, Celos dobles* y *El saneamiento norteamericano del trópico.* || **Ibarra (Ascensión).** Político costarriqueño (1848-1927). Ministro de Estado, en 1889 asumió interinamente la presidencia de la República. Con el apoyo de todos los partidos, asumió la presidencia (1902-1906), y durante su mandato procuró resolver el problema de límites con Panamá. Siguió una política de conciliación y dio impulso a la agricultura. || **Obregón (Toribio).** Jurisconsulto y profesor universitario mejicano, n. en Méjico (1861-1946). En su amplia y fecunda labor hizo justicia a la labor colonizadora de España en América. Obras principales: *Influencia de España y Estados Unidos ante el Derecho internacional, Hernán Cortés y Francisco de Vitoria,* y su monumental *Apuntes para la historia del Derecho en Méjico.* || o **Sorata. Geog.** C. de Bolivia, depart. de La Paz, cap. de la prov. de Larecaja; 5.500 habitantes.

esquivez. (De *esquivo*.) f. Calidad de esquivo.

esquiveza. f. desus. Calidad de esquivo.

Esquivias. Geog. Mun. y villa de España; prov. y p. j. de Toledo; 2.731 h. *(esquivianos).* En esta villa vivió Cervantes, y de allí era natural su esposa.

esquividad. (De *esquivo*.) f. desus. Calidad de esquivo.

esquivo, va. fr., *dedaigneux*; it., *sdegnoso*; i., *sharp*; a., *spröde, unfreundlich*. (De *esquivar*.) adj. Desdeñoso, áspero, huraño.

esquiz-. pref. V. **esquizo-.**

esquizado, da. (Del it. *schizzato*, de *schizzo*, y éste del lat. *schedĭum*, del gr. *schédion*, esbozo, mancha.) adj. **Miner.** Dícese del mármol salpicado de pintas.

esquizo-, esquiz-; -squisis. (Del gr. *schízo*, dividir.) pref. o suf. que sign. división; e. de suf.: melo*squisis.*

esquizofito, ta. (De *esquizo-* y *-fito*.) adj. **Bot.** protófito.

esquizoforo, ra. (De *esquizo-* y *-foro*.) adj. **Entom.** Dícese de los insectos dípteros, del suborden de los ciclorrafos, donde figuran la mayoría de las moscas; unas pequeñas, con los balancines no protegidos (*acalípteros*), y otras grandes y con balancines protegidos (*calípteros*). || m. pl. Grupo de estos dípteros.

esquizofrenia. (De *esquizo-* y *-frenia*.) f. **Psicopatología.** Enfermedad denominada también demencia precoz, que se declara principalmente hacia la pubertad, y cuyos síntomas principales son la disociación del pensamiento con lucidez del conocimiento, alucinaciones a las que el enfermo presta entero crédito, por absurdas que sean, y trastornos de la afectividad, que conducen, en los casos graves, a una demencia incurable.

esquizofrénico, ca. adj. **Psicopatología.** Que se refiere a la esquizofrenia. || m. y f. Persona afectada de esquizofrenia.

esquizogonia. (De *esquizo-* y *-gonia*.) f. **Biol.** Reproducción por una división simple, propia de seres primitivos como las algas azules y los bacterios.

esquizoide. (De *esquiz-* y *-oide*.) adj. **Psicopatología.** Dícese de la persona que tiene algunos rasgos de la demencia precoz, sin ofrecer el cuadro completo.

esquizomicete. (De *esquizo-* y *-micete*.) adj. **Bot. bacterio.**

esquizópodo, da. (De *esquizo-* y *-podo*.) adj. **Zool.** Dícese de los crustáceos malacostráceos podoftalmos, muy pequeños, de cuerpo largo, caparazón membranoso y ocho pares de pereiópodos estiliformes, bifurcados y semejantes entre sí. Pasan por las fases larvarias nauplio y protozoea. || m. pl. Familia de estos crustáceos.

E. S. R. O. Polít. Siglas de *European Space Research Organization*. V. **Organización Europea de Investigación del Espacio.**

Essad-Bajá. Biog. Político albanés, n. en Tirana y m. en París (1856-1920). Fue el principal autor de la independencia de Albania, y cuando estalló la P. G. M. hizo luchar a su país al lado de los aliados. Fue asesinado en París.

Essarhaddón. Biog. **Asaradón.**

Essauira. (En fr., *Essaouira*.) Geog. C. de Marruecos, junto a la costa atlántica; 30.061 habitantes, de los que son europeos unos 1.300. Puerto. Posee hermosas mezquitas, con elevados alminares. Comercio de pieles, té, azúcar y géneros de algodón. En 1958 se le restituyó su antiguo nombre, suprimiendo el de Mogador, que llevó durante el protectorado francés.

Essen. Geog. C. de la R. F. A., est. de Rin Septentrional-Westfalia; 698.400 h. Centro fabril que debió en gran parte su importancia a la familia **Krupp**. A causa de la enorme significación de sus instalaciones industriales fue objeto de grandes bombardeos en la P. y S. G. M. Iglesia catedral construida en 852. Iglesia abacial de Essen-Werden, del s. XI. Museos.

Essenin (Sergen Alexandrovich). Biog. Poeta ruso, n. en Konstantinovo y m. en Moscú (1895-1925). Casó con la bailarina Isadora Duncan. Poeta de versos musicales y simples, es un paisajista incomparable. En su obra poética destacan *Réquiem* y *La confesión de un pillo*.

Essequibo. Geog. **Esequibo.**

Essex. (De *est*, este, y *sex* o *sax*, la misma raíz de *sajón*.) Geog. Cond. de EE. UU., en el de Massachusetts; 637.887 h. Cap., Salem. || Cond. del R. U., en Inglaterra; 3.674 km.² y 1.410.900 h. Cap., Chelmsford. Trigo y cebada.

Essone. Geog. Depart. de Francia; 1.811 km.² y 817.000 h. Cap., Evry-Petit-Bourg. Industria metalúrgica, química y eléctrica. Producción agrícola.

Est. Geog. Depart. de la República de Volta; 59.031 km.² y 666.907 h. Cap., Fada N'Gourma.

estabilidad. fr., *stabilité*; it., *stabilità*; i., *stability*; a., *Bestand*, *Festigkeit*. (Del lat. *stabilĭtas*, *-ātis*.) f. Permanencia, duración en el tiempo; firmeza, seguridad en el espacio.

estabilir. (Del lat. *stabilīre*, asegurar, afirmar.) tr. ant. **establecer.**

estabilísimo, ma. adj. superl. de **estable.**

estabilización. f. Acción y efecto de estabilizar.

estabilizador, ra. adj. Que estabiliza. Ú. t. c. s. || m. Mecanismo que se añade a un aeroplano, nave, etc., para aumentar su estabilidad.

estabilizar. tr. Dar a alguna cosa estabilidad. || Econ. Fijar y garantizar oficialmente el valor de una moneda circulante en relación con el patrón oro o con otra moneda canjeable por el mismo metal, a fin de evitar las oscilaciones del cambio.

estable. fr. e i., *stable*; it., *stabile*; a., *stabil*, *beständig*. (Del lat. *stabĭlis*; de *stare*, estar parado.) adj. Constante, durable, firme, permanente.

establear. tr. Acostumbrar una res al establo. Ú. t. c. prnl.

establecedor, ra. adj. Que establece. Ú. t. c. s.

establecer. fr., *établir*; it., *stabilire*; i., *to establish*; a., *etablieren*, *anlegen*, *einsetzen*, *einrichten*. (Del lat. **stabiliscĕre*, de *stabilīre*.) tr. Fundar, instituir, hacer de nuevo. || Ordenar, mandar, decretar. || prnl. Avecindarse uno o fijar su residencia en alguna parte. || Abrir por su cuenta un establecimiento mercantil o industrial.

estableciente. p. a. de **establecer.** Que establece.

establecimiento. fr., *établissement*; it., *stabilimento*; i., *establishment*; a., *Einrichtung*, *Unternehmen*, *Gründung*. (De *establecer*.) m. Ley, ordenanza, estatuto. || Fundación, institución o erección, como la de un colegio, universidad, etcétera. || Cosa fundada o establecida. || Colocación o suerte estable de una persona. || Lugar donde habitualmente se ejerce una industria o profesión. || **de las mareas.** Mar. Hora en que sucede la pleamar, el día de la conjunción u oposición de la Luna respecto de cada paraje. || **de puerto.** Diferencia entre la hora en que se verifica la pleamar de sicigias en un puerto y la del paso de la Luna por el meridiano superior.

Establecimiento de los Estrechos. (En i., *Straits Settlements*.) Geog. Nombre que se daba a los establecimientos coloniales ingleses de Penang y de Malaca, en la península de este nombre, hoy integrados en *Malaysia* (v.).

establemente. adv. m. Con estabilidad.

establería. (De *establero*.) f. ant. Establo o caballeriza.

establerizo. m. ant. El que cuida del establo.

establero. m. El que cuida del establo.

Establés. Geog. Mun. y lugar de España, prov. de Guadalajara, p. j. de Molina; 105 h.

establía. f. ant. **establo.**

establimiento. (De *establir*.) m. ant. **establecimiento.**

establir. (De *establir*.) tr. ant. **establecer.**

establishment. Voz i. utilizada innecesariamente por **poder**, grupo de líderes.

establo. fr., *étable*; it., *stalla*; i., *stable*; a., *Stall*. (Del lat. *stabŭlum*.) m. Lugar cubierto en que se encierra ganado para su descanso y alimentación. || *Cuba*. Cochera o establecimiento de coches de alquiler.

Establo de ganado vacuno de raza frisona. Valle de Pas (Santander)

Establo. Astron. **Pesebre.**

estabón. (Del lat. *stipa*, tronco o caña.) m. *Alb*. Tallo o caña de algunas plantas, despojadas de la hoja o del fruto.

estabulación. (Del lat. *stabulatĭo*, *-ōnis*.) f. Cría y mantenimiento de los ganados en establos.

estabular. (Del lat. *stabulāre*.) tr. Criar y mantener los ganados en establos.

estabuyo. m. *And*. Estaca, garrote, tranca.

estaca. fr., *pieu*; it., *steccone*; i., *stake*, *pile*; a., *Pfahl*, *Stecken*. (Del gót. **stakka*, palo.) f. Palo desbastado y sin desbastar, y de uno u otro tamaño, con punta en un extremo para fijarlo en tierra, pared u otra parte. || Palo grueso, que puede manejarse a modo de bastón. || Clavo de hierro de 30 ó 40 cm. de largo, que sirve para clavar vigas y maderos. || *Chile*. Pertenencia de una mina que se concede a los peticionarios mediante ciertos trámites. || Agr. Rama o palo verde sin raíces que se planta para que se haga árbol. || Arm. *Germ*. daga, arma blanca. || Zool. Cada una de las cuernas que aparecen en los ciervos al cumplir el animal un año de edad. || **a estaca,** o **a la estaca.** m. adv. Con sujeción; sin poder separarse de un lugar.

Estaca de Bares. Geog. Cabo de España, prov. de La Coruña, en el mar Cantábrico. Está formado por la estribación final de la sierra de la Faladoira y tiene especial importancia por ser el punto más septentrional de la península ibérica, a los 43° 17' de latitud N. En la parte oriental del promontorio existe otra punta llamada cabo de Bares, y poco más al S., la localidad de Bares, que da nombre a ambos.

estacada. fr., *estacade*; it., *steccato*; i., *stockade*; a., *Pfahlwerk*. (De *estacar*.) f. Cualquiera obra hecha de estacas clavadas en la tierra para reparo o defensa o para atajar un paso. || Palenque o campo de batalla. || Lugar señalado para un desafío. || Agr. *And*. Olivar nuevo o plantío de estacas. || Fort. Hilera de estacas clavadas en tierra verticalmente como a 5 cm. de distancia una de otra, aseguradas con listones horizontales. Se colocaba sobre la banqueta del camino cubierto, en los atrincheramientos o en otros sitios.

estacado, da. p. p. de **estacar.** || m. Estacada, palenque.

estacadura. f. Conjunto de estacas que sujetan la caja y los varales de un carro.

estacar. tr. Fijar en la tierra una estaca y atar a ella una bestia. || Señalar en el terreno con estacas una línea; como el perímetro de una mina, el eje de un camino, etc. || *Col., Chile, Hond., Nic.* y *Venez.* Sujetar, clavar con estacas. Dícese especialmente cuando se extienden los cueros en el suelo para que se sequen y se sujetan con estacas para que se mantengan estirados. (V. **estaquear**.) || prnl. fig. Quedarse inmóvil y tieso a manera de estaca. || *Col.* y *C. Rica.* Punzarse, clavarse una astilla. || *Ecuad.* Plantarse, repropiarse la caballería.

estacazo. m. Golpe dado con estaca o garrote. || fig. Daño, quebranto.

Estacio (Publio Papinio). Biog. Poeta latino, n. y m. en Nápoles (h. 45-h. 96). Fue profesor de retórica en Roma y es principalmente conocido por el poema *La Tebaida*.

estación. fr., *saison*; it., *stagione*; i., *season*; a., *Jahreszeit*. = fr., *gare*; it., *stazione*; i., *station*; a., *Bahnhof, Station*. (Del lat. *statĭo, -ōnis*.) f. Estado actual de una cosa. || Tiempo, temporada. || Estancia, morada, asiento. || Cada uno de los parajes en que se hace alto durante un viaje, correría o paseo. || Edificio donde las empresas de tranvías y otros transportes tienen sus cocheras y oficinas. || Punto y oficina donde se expiden y reciben despachos de telecomunicación. || ant. Sitio o tienda pública donde se ponían los libros para venderlos, copiarlos o estudiar en ellos. || fig. Partida de gente apostada. || **Astron.** Detención aparente de un planeta al cambiar su movimiento de directo a retrógrado, o viceversa. Es el resultado de la combinación de su movimiento propio con el de la Tierra. || **Biol.** Sitio o localidad de condiciones apropiadas para que viva una especie animal o vegetal. || **Cosmog.** Cada una de las cuatro partes o tiempos en que se divide el año, que son: invierno, primavera, verano y otoño. El plano de la eclíptica corta al del ecuador con un ángulo de 23° y 27', según la línea de los equinoccios; esta recta y la perpendicular a ella, llamada línea de los solsticios, cortan a la trayectoria aparente del Sol en cuatro puntos, que limitan otros tantos arcos; los tiempos empleados en recorrerlos son las estaciones. La primavera comienza con el equinoccio, el 21 ó 22 de marzo, y durante esta estación la declinación del Sol es boreal; el verano comienza con el solsticio, el 21 de junio, cuando la declinación del Sol varía muy poco, y la declinación sigue siendo boreal, pero se anula en el equinoccio de otoño. En otoño, que comienza el 22 de septiembre con el equinoccio, la declinación del Sol es austral, y alcanza su máximo valor en el solsticio de invierno, el 21 de diciembre; durante el invierno, la declinación es también austral, pero disminuye en valor absoluto hasta anularse en el punto vernal. En el hemisferio sur se dan las mismas cuatro estaciones y por el mismo orden; pero invertidas, según se indica en el cuadro:

Estación en el hemisferio boreal	Fecha de comienzo	Estación en el hemisferio austral
Primavera	21 ó 22 de marzo	Otoño.
Verano	21 de junio	Invierno.
Otoño	22 de septiembre	Primavera.
Invierno	21 de diciembre	Verano.

Las variaciones de la declinación son la causa de la desigualdad de los días y las noches. || **Ecología.** Conjunto de factores que intervienen en una localidad geográfica determinada y actúan sobre los seres vivos de la misma, conformando su género de vida. || **Ferr.** Sitio donde habitualmente hacen paradas los trenes y se admiten viajeros o mercancías. || Edificio o edificios en que están las oficinas y dependencias de una estación del ferrocarril. || **Geod.** y **Topog.** Cada uno de los puntos en que se observan o se miden ángulos de una red trigonométrica. || **Rel.** Visita que se hace por devoción a las iglesias o altares, deteniéndose algún tiempo a orar delante del Santísimo Sacramento, principalmente en los días de Jueves y Viernes Santo. || Cierto número de padrenuestros y avemarías que se rezan visitando al Santísimo Sacramento. || **aérea.** *Aviac.* Puesto en tierra, dotado de los medios necesarios para comunicar con los aviones en vuelo y con otras estaciones similares. || **espacial.** *Astronáut.* Satélite artificial de grandes dimensiones, colocado a una distancia adecuada para que pueda con facilidad recibir variedad de instrumentos de investigación, establecer verdaderos laboratorios cósmicos, situar lugares de socorro, talleres de reparaciones para posibles fallos en futuras naves espaciales y albergue permanente de servicios humanos. En junio de 1971 la U. R. S. S. consiguió unir el *Soyuz XI*, tripulado por los cosmonautas Georgi Dobrovolski, Vladislav Volkov y Viktor Pasayev, al *Salyut*, puesto en órbita en abril del mismo año, con lo que logró establecer la primera estación espacial. || **de servicio.** *Aut.* Instalación provista de surtidores de gasolina de diverso número de octanos, de gasóleo, lubrificantes, etc., y en la que a veces se pueden engrasar los vehículos automóviles y efectuar ligeras reparaciones en los mismos.

Estación de servicio

Estación Arenales. Geog. Local. de Argentina, prov. de Buenos Aires, part. de General Arenales; 345 h. || **Atamisqui.** Local. de Argentina, prov. de Santiago del Estero, depart. de Atamisqui; 590 h. || **Colombres.** Local. de Argentina, prov. de Tucumán, depart. de Cruz Alta; 1.555 h. || **Mazán.** Local. de Argentina, prov. de La Rioja, depart. de Arauco; 726 h. || **Medellín.** Local. de Argentina, prov. de Santiago del Estero, depart. de Atamisqui; 620 h. || **de Pucará.** Pueblo de Perú, depart. de Puno, prov. de Azángaro, cap. del dist. de José Domingo Choquehuanca; 1.522 h. || **Los Tigres.** Local. de Argentina, prov. de Santiago del Estero, depart. de Copo; 490 h.

estacional. (Del lat. *stationālis*.) adj. Propio y peculiar de cualquiera de las estaciones del año. || **Astron. estacionario,** dícese del planeta que aparentemente está parado.

estacionamiento. m. Acción y efecto de estacionar o estacionarse. || **Aut.** Detención de un vehículo por tiempo indeterminado. Ú. t. **aparcamiento.** || **en batería.** Aquel en que los vehículos se colocan unos al lado de otros y perpendicular u oblicuamente al bordillo de la acera. || **en línea.** Aquel en que los vehículos se disponen uno detrás de otro, a lo largo y junto al bordillo de la acera.

estacionar. (De *estación*.) tr. Situar en un lugar, colocar. Ú. t. c. prnl. || En automovilismo, detener un vehículo por tiempo indeterminado. Ú. t. **aparcar.** || En Argentina, hablando de majadas de ovejas, echarles los carneros en determinados meses del año. || prnl. Quedarse estacionario, estancarse.

Estación de comunicaciones por satélite. Buitrago de Lozoya (Madrid)

estacionario, ria. fr., *stationnaire;* it., *stazionario;* i., *stagnant, stationary;* a., *stillstehend, stationär.* (Del lat. *stationarĭus.*) adj. fig. Dícese de la persona o cosa que permanece en el mismo estado o situación, sin adelanto ni retroceso. ‖ En astronomía, aplícase al planeta que está como parado o detenido en su órbita aparente durante cierto tiempo. ‖ m. Librero que tenía puesto o tienda de libros para venderlos o dejarlos copiar o para estudiar en ellos. ‖ El que, según los estatutos de la Universidad de Salamanca, daba los libros en la biblioteca.

estacionero, ra. (Del lat. *stationarĭus.*) adj. El que anda con frecuencia las estaciones. Ú. t. c. s. ‖ m. ant. Vendedor de libros.

estacón. m. aum. de **estaca**.

estacte. (Del lat. *stacte,* y éste del gr. *stakté,* de *stázo,* destilar, caer gota a gota.) f. Aceite esencial oloroso, sacado de la mirra fresca, molida y bañada en agua.

estacha. f. **Mar.** Cabo que desde un buque se da a otro fondeado o a cualquier objeto fijo para practicar varias faenas. ‖ **Pesca.** Cuerda o cable atado al arpón que se clava a las ballenas para matarlas.

estache. m. *Caló.* Sombrero de fieltro flexible de alas muy reducidas.

Estadio Santiago Bernabéu. Madrid

estada. (De *estar.*) f. Mansión, detención, demora que se hace en un lugar o paraje.

Estada. Geog. Mun. y lugar de España, provincia de Huesca, p. j. de Barbastro; 310 habitantes.

estadal. (De *estado.*) m. Cinta bendita en algún santuario, que se suele poner al cuello. ‖ Cerilla, que suele tener de largo un estado de hombre. Llámase comúnmente así aunque tenga más o menos esta longitud. ‖ ant. Cirio o hacha de cera. ‖ **Metrol.** Medida de long. que tiene 4 varas, equivalentes a 3 m. y 334 mm. ‖ **estado,** medida longitudinal correspondiente a la estatura de un hombre. ‖ **cuadrado.** Medida superficial o agraria que tiene 16 varas cuadradas y que equivale a 11 m., 17 dm. y 56 centímetros cuadrados.

estadero. (De *estado.*) m. Sujeto que el rey nombraba para demarcar las tierras de repartimiento. ‖ ant. El que tenía bodegón o taberna.

estadía. (Del lat. *stativa.*) f. Detención, estancia. ‖ Tiempo que permanece el modelo ante el pintor o escultor. ‖ **Com.** Cada uno de los días que transcurren después del plazo estipulado para la carga o descarga de un buque mercante, por los cuales se ha de pagar un tanto por vía de indemnización. Ú. m. en pl. ‖ Por ext., la misma indemnización.

estadidad. f. *P. Rico.* Condición de Estado federal. Ú. especialmente con referencia a EE. UU.

Estadilla. Geog. Mun. y villa de España, prov. de Huesca, p. j. de Barbastro; 1.156 h. (*estadillanos*). Santuario de Nuestra Señora de la Carrodilla. Aguas minerales sulfuradocálcicas (15° C.), recomendadas en el escrofulismo y enfermedades de la nutrición y de la piel.

estadio. fr., *stade;* it., *stadio;* i., *stadium;* a., *Stadium.* (Del lat. *stadium,* y éste del gr. *stádion.*) m. Etapa o fase de un proceso, desarrollo o transformación. ‖ Fase, período relativamente corto. ‖ **Biol.** Período o fase de la vida o del desarrollo. ‖ **Dep.** Terreno de un estadio de long. que, en la antigua Grecia, se destinó inicialmente a las carreras pedestres de velocidad. A medida que aumentaron los espectadores se construyeron gradas a su alrededor, hasta que terminó siendo un recinto cerrado. En él se celebraron también otras pruebas deportivas, como carreras de caballos, luchas, etcétera. ‖ **En nuestros días** (aunque la denominación es impropia si no existen en él pistas de tierra apisonada, ceniza, madera, cemento, etcétera, para las carreras), **campo de deportes, de grandes dimensiones, principalmente destinado al fútbol.** ‖ **Metrol.** Medida de long. y unidad itineraria de los antiguos griegos, equivalente a 600 pies, variable según la del pie que se adoptase como unidad. ‖ **Pat.** Período, dicho especialmente de los tres que se observan en cada acceso de fiebre intermitente.

estadista. fr., *statisticien, homme d'État;* it., *statista;* i., *statist, statesman;* a., *Staatsmann.* (De *estado.*) m. Descriptor de la población, riqueza y civilización de un pueblo, provincia o nación. ‖ **Polít.** Persona versada en los negocios concernientes a la dirección de los Estados, o instruida en materias de política.

estadística. fr., *statistique;* it., *statistica;* i., *statistics;* a., *Statistik.* (De *estadista*). f. Ciencia que utiliza conjuntos de datos numéricos para obtener, a partir de ellos, inferencias basadas en el cálculo de probabilidades. ‖ Censo o recuento de la población, de los recursos naturales o industriales, del tráfico o de cualquier otra manifestación de un Estado, provincia, pueblo, clase, etc. ‖ Estudio de los hechos morales o físicos del mundo que se prestan a numeración o recuento y a comparación de las cifras a ellos referentes. Se aplica particularmente a los hechos sociales y económicos (nacimientos, matrimonios, defunciones, enfermedades, profesiones, primeras materias, hacienda, importación, exportación, etc.). Previamente a todo trabajo estadístico se procede a la depuración de los valores obtenidos mediante declaraciones, censos, etc. La estadística se divide en *estadística descriptiva* y *estadística teórica.* La estadística descriptiva estudia el tratamiento y resumen de los datos numéricos obtenidos y su presentación en tablas y gráficos. La estadística teórica, más allá de tratar los resultados observados, obtiene conclusiones de mayor alcance, al aplicar las leyes de la probabilidad. Sus múltiples problemas pueden sistematizarse en dos tipos: problemas de estimación y problemas de contraste o control. El problema de estimación más indicativo consiste en evaluar las probabilidades desconocidas de una moneda o de un juego, a partir de los resultados obtenidos, indicando el grado de aproximación que puede considerarse en función del número de pruebas o tiradas. El estudio de una población humana, a través de una muestra pequeña, se reduce a este esquema, siempre que los individuos elegidos en la muestra lo hayan sido en virtud de un sistema de azar o lotería. Un problema de contraste o control muy indicativo consiste en verificar los valores de las probabilidades de una moneda o de un juego, que se han introducido a partir de ciertas consideraciones teóricas o hipótesis; por ejemplo, la supuesta igualdad de probabilidades de los resultados de diversos juegos. El contraste o verificación se realiza a partir de los resultados obtenidos realmente, los cuales pueden conducir a aceptar o a rechazar la hipótesis supuesta. El control industrial de piezas buenas o defectuosas, por ejemplo, en el porcentaje que presenta una gran producción o partida, se realiza de acuerdo con este esquema.

estadístico, ca. adj. Perteneciente a la estadística. ‖ m. Persona que profesa la estadística.

estadizo, za. (De *estar.*) adj. Que está mucho tiempo sin moverse, orearse o renovarse. ‖ Dícese también de los manjares rancios o manidos.

estado. fr., *état;* it., *situazione;* i., *condition;* a., *Stand, Lage, Stellung.* = fr., *État;* it., *Stato;* i., *State;* a., *Staat.* (Del lat. *stătus.*) m. Situación en que está una persona o cosa, y en especial cada uno de los sucesivos modos de ser de una persona o cosa sujeta a cambios que influyen en su condición. ‖ Orden, clase, jerarquía y calidad de las personas que componen un reino, una república o un pueblo, como el eclesiástico, el de nobles, el de plebeyos, etc. ‖ Clase o condición a la cual está sujeta la vida de cada

Estado–Estados

uno, como de soltería, de matrimonio, de religión, de miseria, de prosperidad, etc. || Manutención que acostumbraba dar el rey en ciertos lugares y ocasiones a su comitiva. || Sitio en que se la servía. || ant. Séquito, corte, acompañamiento. || desus. Casa de comidas que era algo menos plebeya que el bodegón. || **Esgr.** Disposición y figura en que queda el cuerpo después de haber herido al contrario o reparado o desviado su espada. || **Estad.** Resumen por partidas generales que resulta de las relaciones hechas por menor, y que ordinariamente se figura en una hoja de papel. || **Impr.** Nombre que reciben los moldes formados por casillas separadas por filetes, que pueden ir con texto, cantidades y también en blanco, como en facturas y albaranes. || **Metrol.** Medida longitudinal tomada de la estatura regular del hombre, que se ha usado para apreciar alturas o profundidades, y solía regularse en 7 pies. || Medida superficial de 49 pies cuadrados. **cana.** || **Polít.** Cuerpo político de una nación. || País o dominio de un príncipe o señor de vasallos. || En el régimen federativo, porción de territorio cuyos habitantes se rigen por leyes propias, aunque sometidos en ciertos asuntos a las decisiones del gobierno general. ||

Estado de inocencia. *Creación de Adán*, miniatura de un códice bíblico medieval

Estado y galera de imprenta

absoluto. *Mar.* En los cronómetros o relojes marinos, atraso o adelanto respecto de la hora en el meridiano de comparación. || **de alarma.** *Polít.* Situación oficialmente declarada de grave inquietud para el orden público, que implica la suspensión de ciertas garantías constitucionales. || **celeste.** *Astron.* El que compete al planeta, según el signo en que se halla, y sus aspectos y configuraciones. || **civil.** *Der.* Condición de cada persona en relación con los derechos y obligaciones civiles. || **común. estado general.** || **de cosas.** *Léx.* Conjunto de circunstancias que concurren en un asunto determinado. || **de excepción.** *Polít.* En ciertos países, situación semejante al estado de alarma. || **federal.** El compuesto por estados particulares, cuyos poderes regionales gozan de autonomía y aun de soberanía para su vida interior. || **general.** *Der.* estado llano. || **de guerra.** El de una población en tiempo de guerra, cuando la autoridad civil resigna sus funciones en la autoridad militar. || El que según ley se equipara al anterior por motivos de orden público, aun sin guerra exterior ni civil. || **honesto.** *Léx.* El de soltera. || **de la inocencia.** *Rel.* Aquel en que Dios crió nuestros primeros padres en la gracia y justicia original. || **llano.** fig. *Der.* En lo antiguo, el común de los vecinos de que se componía un pueblo, a excepción de los nobles y los eclesiásticos. || **mayor.** *Mil.* Organismo integrado por jefes y oficiales especialistas al que incumbe la misión de señalar las normas de organización de la guerra y de la instrucción del ejército y de utilizar con fines militares los recursos humanos y materiales del país, el ganado y los víveres. También es de su incumbencia formar los ejércitos de operaciones y preparar el paso de la organización de paz a la de guerra; estudiar los territorios en su aspecto militar, los planes de operaciones, los ejércitos extranjeros y, a las órdenes del general en jefe, ser instrumento director de la guerra. || Generales y jefes de todos los ramos que componen una división, y punto central donde deben determinarse y vigilarse todas las operaciones de la misma, según las órdenes comunicadas por el estado mayor general y el general comandante de ella. || General o gobernador que manda una plaza, teniente de rey, sargento mayor, ayudantes y demás individuos agregados a él. || **mayor central.** Organismo superior en el ejército y en la marina. || **mayor general.** Conjunto de jefes y oficiales del estado mayor y de los demás cuerpos y servicios auxiliares, que constituyen el cuartel general y la secretaría de campaña del general que ejerce al mando superior sobre las tropas en operaciones. || **de necesidad.** *Der.* Situación de grave peligro o extrema necesidad, en cuyo urgente remedio se excusa o disculpa la infracción de la ley o la lesión económica del derecho ajeno. || **de prevención.** *Polít.* La primera y menos grave de las situaciones anormales reguladas por la legislación de orden público. || **del reino.** *Der.* Cualquiera de las clases o brazos de él, que solían tener voto en Cortes. || **de sitio, estado de guerra.**

Estado libre de Orange. *Geog.* Orange (Estado libre de).

estadojo. m. *Ast.* y *Sant.* Estaca del carro.
estadoño. m. *Ast.* Estaca del carro.
Estados. *Geog.* Isla de Argentina, que forma parte del terr. de la Tierra del Fuego andina, o sea la Austrandia, con montañas de 900 m. de alt.; 542 km.² Está casi deshabitada y sus costas son escarpadas e inhospitalarias. El clima es frío y lluvioso. Las condiciones climatológicas dificultan el cultivo. || **Bálticos.** Puede decirse de todas las naciones que limitan con el Báltico, y especialmente de Estonia, Latvia o Letonia y Lituania. || **Nórdicos.** Suele denominarse así al conjunto formado por Suecia, Noruega y Dinamarca, muy solidarizados en sus intereses y política exterior. || **de la Iglesia.** *Hist.* **Estados Pontificios.** || **Pontificios.** Denominación del poder temporal que tuvieron los papas desde antiguo sobre algunos territorios. Éstos, que fueron llamados *Patrimónium Sancti Petri* y constituían al papa en verdadero señor feudal, llegaron a su máximo esplendor durante el Renacimiento y llevaron después una vida lánguida, hasta que, como efecto de las revoluciones de Garibaldi y Cavour, fueron anexionados a Italia en 1870. Desde esta fecha hasta 1929, el papa vivió como preso voluntario en la Ciudad del Vaticano. Este conflicto, que se conoce con el nombre de «cuestión romana», fue solucionado, de una parte, por Benito Mussolini y, de otra, por el cardenal Pedro Gasparri, en el *Tratado de Letrán* (1929), por el que se creaba el Estado de la *Ciudad del Vaticano* (v.).

Representantes de los tres órdenes o estamentos de los Estados Generales de Francia (1789), litografía del s. XIX

Estados Unidos de América. Geog. República federal de América del Norte, cuya denominación oficial en inglés es *United States of America;* abreviadamente, *U. S. A.* o, en español, *EE. UU.*

GENERALIDADES

Situación y límites. Esta nación está sit. entre los paralelos 24° 25′ y 49° de lat. N. y los meridianos 66° 57′ y 124° 43′ de long. O. de Greenwich. Limita al N. con Canadá, al E. con el océano Atlántico, al S. con el golfo y la República de Méjico y al O. con el océano Pacífico.

Superficie. Con los nuevos estados de Alaska y Hawai es de 9.363.125 km.², por lo que en extensión le corresponde el segundo lugar, después de Canadá, entre los países del hemisferio occidental.

Población. La población absoluta es de 203.235.298 h. (257.700.000 calculados en 1979), con una densidad de 21,7 h. por km.² La máxima densidad corresponde a la región del Atlántico, que comprende los tres est. de Nueva York, Nueva Jersey y Pensilvania, donde la densidad de población sólo es sobrepasada en las regiones industriales de la R. F. A., P. B., Bélgica y R. U. Esta alta densidad de pobl. coincide con el área de máxima actividad industrial. También existen razones históricas: era ya el núcleo más importante de pobl. en la época colonial. Sigue a ésta en densidad la región de Nueva Inglaterra, que comprende los est. de Maine, Nuevo Hampshire, Vermont, Massachusetts, Rhode Island y Connecticut. El mínimo se encuentra en los est. de Montana, Idaho, Wyoming, Colorado, Nuevo Méjico, Arizona, Utah y Nevada, donde la densidad media no llega a 10 habitantes por km.²

GEOGRAFÍA FÍSICA

Geología. Las formaciones más antiguas pertenecen al precámbrico y lo integran rocas ígneas de granitos y diversas lavas junto con sedimentos sumamente metamorfoseados, los que se presentan como calizas cristalinas, esquistos y cuarcitas. Estas formaciones se presentan a lo largo de los Apalaches, desde Nueva Inglaterra a Alabama, y en las *Black Hills* y las Montañas Rocosas. El siguiente estrato cambriano descansa sobre rocas que han sufrido erosión precámbrica. Los estratos más antiguos del grupo paleozoico se extienden en grandes superficies en la zona oriental de EE. UU. y lo integran principalmente piedras areniscas, arcillas y calizas, mientras que en el Oeste sólo se presentan en zonas pequeñas y en terrenos aislados. Los sedimentos del devoniano y carbonífero se acumularon formando un gran espesor en el escudo de los Apalaches y por el O. hasta el valle del Misisipí, y en una extensión menor en las Montañas Rocosas. Al finalizar el carbonífero, los sedimentos a lo largo de los Apalaches fueron alzados por el mar y se plegaron formando montañas, que después perduraron como mesetas. En terrenos discontinuos de la parte occidental y en una zona que se estrecha a lo largo de la costa atlántica meridional y en la región del golfo de Méjico, llegando hasta el río Ohío por el valle del Misisipí, hay formaciones terciarias. Estos estratos incluyen piedras areniscas, arcillas, piedras calizas blandas y materiales detríticos no consolidados. Los depósitos del cuaternario están representados ampliamente por acumulaciones glaciales de grandes extensiones de hielo que, desde las tierras altas de Canadá, llegaban hasta la región septentrional de EE. UU. y que, al fundirse, dejaron un manto de arenas, cascajos y arcillas amontonados al azar formando colinas, que yacen sobre formaciones anteriores. El hielo, en su avance, jamás sobrepasó el río Ohío. Al final de la época glacial se originó una sumersión que hizo avanzar al mar y producir fiordos y valles inundables a lo largo de la costa.

Relieve. En conjunto, el territorio de EE. UU. puede considerarse como una gran depresión, limitada al E. y al O. por tierras elevadas. La gran depresión es la cuenca del Misisipí; el límite oriental consiste en los pliegues paralelos de los Apalaches, y el occidental, mucho más importante, en altas mesetas y grandes cordilleras que llevan los nombres de Montañas Rocosas *(Rocky Mountains),* Sierra Nevada, que se conoce por su nombre en español, y Cascade Range.

Cascade Range y *Sierra Nevada.* Paralela a la costa O. se desarrolla hacia el S. la gran cordillera de las Cascadas *(Cascade Range),* que en realidad comienza en Canadá, y cuya elevación media oscila entre 1.500 y 2.000 m. Al S. de una depresión de la cordillera, y formando hoy parte de un parque nacional, se alza el monte Rainier (4.394), el más alto de los Cascade propiamente dichos, y con 28 ventisqueros, algunos de más de 104 km.² de superf., en los cuales el hielo alcanza un espesor de 150 a 1.500 m., y por los cuales corre a veces la lava. Las dos cimas volcánicas vecinas de Santa Elena (2.970 m.), al SO., y Adams, al SE., no están cubiertas de nieve más que en invierno. Al S. de estas dos montañas la cordillera se ve interrumpida por el desfiladero que

Paisaje de las Montañas Rocosas, grabado de Girardet

se ha abierto el río Columbia; pero vuelve a encumbrarse al punto en el monte Hood, cuya masa puede contemplarse íntegra desde su base. Su altura, que en un principio se creyó de más de 5.000 m. y luego de 3.413, es en realidad de 3.584. La prolongación meridional de los Cascade enlaza también con otras cadenas costeras. Hasta aquí la cordillera ha cruzado los est. de Washington y Oregón; pero al entrar en California queda interrumpida por un gran desfiladero, al S. del cual se levanta el antiguo volcán de Shasta, cima comparable al Rainier antes citado, que alcanza 4.317 m. de alt. El monte Shasta es un hito donde la cordillera se divide en otras dos: al O. el Coast Range o Cordillera de la Costa, con picos de 2.200 a 2.400 m., y al E. Sierra Nevada, que forma

Monte Rainier

Estados Unidos

el nudo occidental de la meseta principal de EE. UU. Sus primeras cumbres no exceden mucho de 2.000 m., excepto el volcán Lassen, de color rojizo, que se eleva a 3.189 m.; pero hacia los 38° de lat., al E. de San Francisco, comienza la serie de montes más elevados del territorio, entre ellos el Williamsen (4.384 m.) y el Whitney (4.418 m.), punto señero de la cordillera. Grandes contrafuertes descienden gradualmente desde estas montañas hacia la llanura al O., mientras al S. una meseta montañosa va a reunirse al grupo del monte Pinos (2.690 m.), que domina la comarca de Los Ángeles. Este monte es el centro de donde irradian distintas cadenas: al O. la sierra de Santa Inés, que sigue el litoral de Santa Bárbara; al NO. el Coast Range, que termina al E. de San Francisco, cuya altura media se calcula en 1.200 m.; al SE. la sierra de San Bernardino, que se pierde en el desierto como otras varias sierras paralelas. Al E. de Cascade Range y de Sierra Nevada se extiende una mezcla de llanuras y regiones montañosas a las que se ha dado el nombre de Gran Cuenca, aunque en realidad no se parece en nada a una cuenca hidrográfica, cuyas aguas van a reunirse en una depresión central común. Esta cuenca comprende el espacio triangular limitado al N. por la cuenca del Columbia, al E. por la del Colorado y al O. y SO. por los montes de California. Consiste en centenares de depresiones distintas, algunas muy considerables, pero ninguna de las cuales tiene salida al mar, sino que son cuencas cerradas, cuyas aguas se reúnen en un lago permanente o temporal. Las principales de estas depresiones están separadas por cadenas de altura de 300 a 1.200 m. de elevación sobre el terreno circunvecino, casi todas orientadas de N. a S. Atravesando de E. a O. en línea recta la meseta, al S. del valle transversal que aprovecha el Ferrocarril Central del Pacífico, se cruzan unas 20 sierras paralelas, compuestas sobre todo de tobas y rocas volcánicas y de una época geológica reciente. La elevación de la parte septentrional de la meseta varía de 1.000 a 1.900 m., pero en el S. el fondo de las depresiones llega hasta 53 m. bajo el nivel del mar. Es el Valle de la Muerte (*Death Valley*), separado del Pacífico por la Sierra Nevada, y cuya superf. es de 75.000 km.² Otra vasta depresión que parece haber sido en otro tiempo prolongación del golfo de California, del que hoy dista unos 160 km., es una extensión pantanosa, y con frecuencia seca, llamada Lago Salado (*Salt Lake*).

Montañas Rocosas. Las Montañas Rocosas no forman una cordillera propiamente dicha, sino un conjunto de macizos y sierras aisladas entre sí que son como el reborde exterior oriental de las grandes mesetas y en conjunto se presentan paralelas al litoral de Oregón y de California. Dentro del territorio estadounidense sirven de divisoria entre los afl. del Misuri y los del Columbia, y se despliegan en una gran curva hacia el E. entre los paralelos 49 y 46°. Algunas de las cimas de esta sección llegan a 2.500 m. Al S. del 47° de lat. la arista principal tuerce bruscamente al O. Al SO. del macizo, la meseta está erizada de montañas que irradian a todos los altos valles de los afl. meridionales del Columbia, y al E., en medio de las terrazas regadas por el Alto Misuri, se levantan algunos macizos aislados. Entre estos montes se encuentra la comarca denominada Parque Nacional de Yellowstone, en el est. de Wyoming. Su altura media es de 2.250 m. (2.357 m. en el lago de su nombre.) Allí se ven reunidas verdaderas maravillas de la naturaleza: lagos, ríos, surtidores de aguas termales continuas e intermitentes, cascadas, ríos de lava y ventis-

Formaciones calizas. Parque Nacional de Yellowstone

queros. Al S. se extiende el valle de San Luis, verdadero paraíso cubierto de bosques y lagos, donde antes iban a pacer los bisontes. Después comienza la *Spanish Range* (Cordillera Española) o Sangre de Cristo, que se dirige al S., entre la cuenca del río Grande y la del Red. Sus cimas más altas exceden de 4.000 m. y tienen sus picos más notables en el Colorado: Elbert (4.399 m.), Massive (4.394), Harvard (4.388), La Plata (4.374) y Pikes' Peak (4.301). Esta cordillera penetra en el est. de Nuevo Méjico con el nombre de Sierra de Santa Fe cimas, de cerca de 4.300 m. La parte de las Rocosas, al O. del valle del río Grande, se pierde en una meseta, a la que se da el nombre de Meseta de Sierra Madre; pero en el territorio de Arizona se abre una ancha depresión de 1.100 m. de alt. media, al O. de la cual se elevan algunas cordilleras paralelas uniformemente orientadas de NO. a SE.

Depresión central. El centro de EE. UU. puede decirse que está exclusivamente formado por la gran cuenca del Misisipí, comprendida entre las Montañas Rocosas y los Apalaches. No hay en esta región cordilleras de importancia.

Apalaches. Estos montes (en i., *Appalachians*), llamados también Alleghanys, pueden ser considerados como reborde exterior del continente entre el litoral atlántico y la cuenca del Misisipí y se componen de tres partes bien distintas: en el centro, las sierras calizas paralelas y relativamente poco elevadas de las Blue Mountains o Alleghanys propiamente dichos, y en los dos extremos, sendos grupos de montañas más altas y de formación primitiva. Los Alleghanys propiamente dichos, desde el grupo de las Black Mountains hasta el paralelo 40°, tienen una dirección regular de SO. a NE. y se les llama con frecuencia *Blue Mountains* (Montes Azules), por el aspecto que presentan vistos desde la llanura que se extiende al E. El relieve orográfico del est. de Nueva York presenta una disposición distinta, como sucede en los montes Catskill, que se hallan tendidos de SE. a NO., o sea en águlo recto con la dirección general de los Alleghanys. Al E. del valle del Hudson, de formación primitiva, los montes siguen la misma dirección del río, paralelos a la depresión que va desde la ciudad de Nueva York al San Lorenzo por el Hudson, el lago Champlain y el río Richelieu.

Costas e islas. El litoral de EE. UU. mide 18.000 km., de los cuales 15.000 corresponden al Atlántico y el resto al Pacífico. El primero es, generalmente, bajo, y el segundo, alto y escarpado.

Costa atlántica. En el N. se presenta recortada, con numerosas bahías, algunas de las cuales son profundas y capaces de contener los mayores buques, como ocurre con la de Portland. Al S. está la península de cabo Cod. Desde la prov. canadiense de Nueva Escocia hasta dicho cabo, el litoral forma un gran golfo, en cuya parte meridional se encuentran las islas de Nantucket, Martha's Vineyard y Buzzard. Desde aquí la costa se inclina al SO. y se encuentra la isla de Long Island, que contribuye a formar la gran bahía de Nueva York. Entre las bahías de Delaware y de Chesapeake avanza la península del nombre de la primera con el cabo Charles. En el litoral de la Florida, el trabajo de los pólipos origina una permanente modificación de sus riberas, que en su extremo meridional adoptan líneas concéntricas. A lo lejos, en el mar, se despliega una formación semicircular de escollos en construcción que son el futuro litoral de la península. En el interior de este gran semicírculo se extiende la gran curva de los Cayos de la Florida, compuesta de islas, islotes y peñascos, a cuyo extremo se encuentra la gran estación comercial de Cayo Hueso (*Key West*). La costa oriental de la Florida es casi lisa; la occidental tiene algunos puertos, numerosas islitas, como las Ten Thousand, y termina en la bahía de los Apalaches, al O., en la cual la línea costera forma un vasto arco de círculo en el que se encuentra la bahía de Mobile y que termina en el avance de las tierras aluviales del delta del Misisipí, donde comienza otro gran semicírculo que muere en la des. del río Grande del Norte.

Costa del Pacífico. El litoral del Pacífico, franjeado por las estribaciones de la cadena costera (*Coast Range*), tiene en todas partes aguas profundas, pero no ofrece notables arti-

ESTADOS UNIDOS

SIGNOS CONVENCIONALES

- ⦿ Capital de nación
- ⊙ Capital de estado
- ○ Otras entidades de población
- ----- Límite de nación
- ····· Límite de estado
- △ Vértice y altitud en metros
- Lago o laguna
- Puerto de mar
- Río y afluentes
- Ferrocarril
- Carreteras principales
- ✈ Aeropuerto

Escala en kilómetros
0 200 400 600 800 1000

ABREVIATURAS

- B. bahía
- C. cabo
- Estr. estrecho
- G. golfo
- I. isla
- Is. islas
- L. lago
- Lna. laguna
- Pta. punta
- R. río

ESTADOS

1. NUEVO HAMPSHIRE
2. VERMONT
3. MASSACHUSETTS
4. CONNECTICUT
5. RHODE ISLAND
6. DELAWARE

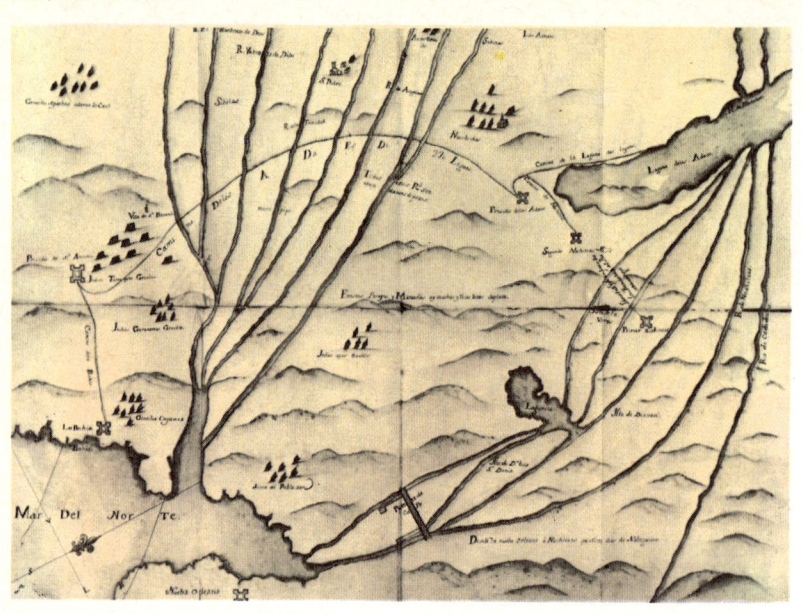

Plano de la cuenca del Misisipí, en la época de la dominación española

culaciones ni puertos, a excepción de la magnífica bahía de San Francisco, una de las mayores y más seguras del mundo. Al S. de la misma está la bahía de Monterrey y, frente a la **punta Concepción**, las islas de Santa Bárbara, separadas de la costa por el canal de su nombre, y únicas islas adyacentes del litoral occidental, con excepción de las del estrecho de Juan de Fuca, en el est. de Washington.

Hidrografía. *Ríos.* En la vertiente del Pacífico el río estadounidense más caudaloso es el Columbia, cuya cuenca pertenece en parte a Canadá. Al N. del Columbia, hasta Canadá, son bastantes los ríos que van directamente al Pacífico o al fiordo de las islas de Vancouver, pero sus cuencas son poco extensas. Al S. de la desembocadura del Columbia tampoco son caudalosos los ríos que van directamente al Pacífico; pero los que bajan de Sierra Nevada se ven detenidos por el Coast Range y siguen hasta encontrar el río transversal Sacramento (615 km.), navegable en gran parte de su curso y por el cual salen a la bahía de San Francisco. Al S. del Sacramento ocurre un fenómeno semejante: los ríos que se forman entre una y otra cordillera (Sierra Nevada y Coast Range) afluyen al San Joaquín (560 km.), que, corriendo en sentido contrario al Sacramento, se encuentra con éste y, torciendo con él bruscamente de dirección, va a desembocar en la bahía de San Francisco, especie de mar interior con gran número de puertos, que comunica con el océano por el canal llamado Golden Gate, guardado al S. por la gran ciudad comercial de San Francisco. Al otro lado de la península mejicana de la Baja California, desemboca en el golfo de California el río Colorado (2.334 km.), que corre por un lecho profundo excavado en la meseta peñascosa. Después de la confluencia del San Juan (580 km.), esta garganta se hace especialmente notable y se llama el Cañón del Colorado, de 490 km. de largo. A poca distancia de la garganta se ensancha el río formando **el lago Boulder, y 150 km. más abajo se encuentra el embalse del mismo nombre.** El Colorado, corriendo por una llanura aluvial, se dirige al golfo de California, siendo navegable en unos 500 km. de su curso. En la parte oriental de la meseta los lagos son menos numerosos, pero allí está el más célebre de todos ellos: el lago Salado *(Great Salt Lake).* La parte de meseta occidental estadounidense envía sus aguas al golfo de Méjico por medio del río Grande del Norte (2.900 km.), que n. entre las montañas de San Juan y el Spanish Range, corre hacia el S. y desde el desfiladero de El Paso sirve de frontera con Méjico y se dirige en general al SE. Apenas es navegable y sus aguas se distraen para el riego. El Misisipí, que tiene su origen al O. del Lago Superior, allí donde se dividen las cuencas del Atlántico, es, por antonomasia, *el río de EE. UU.,* pues los atraviesa de N. a S. en toda su extensión, recogiendo las aguas de su inmensa región central y, juntamente con el Misuri, tiene una long. de 6.230 km., sólo superada por el Nilo y el Amazonas. A 945 km. de su nacimiento en el lago Itasca, y cuando aún se dirige al SE. en las cataratas de Saint Anthony, cerca de la ciudad de Saint Paul, empieza el Misisipí a ser la gran arteria comercial de EE. UU. y aumenta su caudal con poderosos tributarios, que por la derecha son el Minnesota (534 km.), el Red (1.800), **el Iowa (468)** con su afl. el Cedar (529) y el Des Moines (526), y por la izquierda el Sainte Croix, el Chippewa, el Wisconsin (692), el Rock (680) y el Illinois (450). Después del Illinois, el Misisipí presenta el mismo ancho que en su curso inferior y recibe las aguas del enorme Misuri, con un recorrido de 3.983 **kilómetros, que, junto con el anterior, constituye el curso fluvial más largo del mundo.** Su cuenca,

Navegación por el Misisipí

no obstante ser en realidad una subdivisión del sistema del Misisipí, es de 1.370.000 km.², superior a la del otro afl., el Ohío, que es de 523.000 km.², siendo la cuenca total de ambos ríos de 3.205.800 km.² El Misuri tiene una dirección general SE., y los buques pueden remontarlo hasta unos 700 km. de la des. en su principal; sus mayores tributarios le llegan por la derecha, y cuenta entre ellos el Yellowstone (1.080 km.), el White (1.110), el Niobrara (694), el Platte de Nebraska (499) y el Kansas (272). Más abajo de su confluencia con el Misuri, el Misisipí recibe por la izquierda algunos tributarios de consideración, pero todos ellos insignificantes en comparación con el Ohío, que atraviesa las regiones más ricas y pobladas de toda la cuenca del Misisipí y toma su nombre en la industrial ciudad de Pittsburgh al formarse de la unión del Monongahela y del Alleghany (523 km.). En todo su trayecto, desde Pittsburgh a El Cairo, o sea en 1.579 kilómetros, no presenta otro obstáculo a la navegación que los rápidos de Louisville, salvados por un magnífico canal. El Ohío recibe a su vez afl. tan importantes como el Muskingum, el Scioto, el Miami y el Wabash, por la derecha, procedentes de las alturas limítrofes a los grandes lagos, y el New Ranawka, el Kentucky, el Green, el Cumberland y el Tennessee (1.049 km.), que bajan de los Alleghanys y sus ramificaciones. Al unirse con el Ohío es cuando el Misisipí lleva la mayor cantidad de agua; pero luego una parte se pierde en los pantanos ribereños, principalmente por la orilla occidental, donde se extiende hasta perderse de vista la llanura aluvial, antes fácilmente inundable y hoy resguardada por grandes diques. Más abajo, no recibe el Misisipí por el E. más río notable que el Yazoo (302 km.), y aun éste ha tomado parte de su caudal del propio Misisipí por un *bayou* o sangría lateral; por el O. le entran el Saint Francis (684 km.) y el White River, de curso lento, que forma grandes superficies de evaporación; el Arkansas, difícilmente navegable, a pesar de sus 2.320 km. de curso, y, en fin, el Red (1.800 km.), que aporta un gran volumen de agua al Misisipí, que, éste, empero, vuelve a perder pronto por otro *bayou* que se desprende del río principal poco antes de desembocar en el golfo de Méjico. En la bahía de Chesapeake vierten sus aguas el York, el Rappahannock, el Susquehanna y, sobre todo, el histórico Potomac (804 km.), uno de los más pintorescos de la América septentrional. Nace en los desfiladeros, y después de proveer de agua a Washington y pasar por esta c., entra en un estuario que no es más que una ramificación de la bahía de Chesapeake. Al N. de la estrecha península que separa la bahía de Chesapeake del mar, se abre la bahía de Delaware, donde termina el río de este nombre (500 km.), que baña la gran c. de Filadelfia y que casi convierte el est. de Nueva Jersey en otra península, limitada al E. por la bahía de Nueva York y por el río Hudson. Este río, de 492 km. de largo, por donde el navegante holandés que lo descubrió creía encontrar el paso del NO., baña las principales ciudades del est. de Nueva York, incluso su cap., Albany, desde la cual lo surcan grandes buques de vapor, y al llegar frente a Nueva York forma la isla de Manhattan, núcleo de la ciudad, siguiendo la rama principal su curso hacia el S. y yendo la secundaria a encontrar el brazo de mar de East River o Long Island. A la vertiente de los grandes lagos y del San Lorenzo pertenecen numerosas corrientes, pero todas ellas carecen de importancia. La más caudalosa es la del Oswego, que recoge las aguas de los muchos lagos que ocupan las depresiones paralelas de la parte O. del est. de Nueva York. Los dos lagos más

Carretera sobre el río Potomac, en Washington

pintorescos de Nueva York, el George y el Champlain, envían también el exceso de sus aguas al San Lorenzo. En la cuenca de Alaska, el Yukón (3.200 km.), con sus fuentes en Canadá, es el curso de agua más importante y a él afluyen ríos como el Porcupine, Chandlar, Tanana e Innoko.

Lagos. Al tratar de los ríos y aun de la orografía, hemos mencionado algunos de los lagos estadounidenses relacionados con aquéllos o con las montañas. Son numerosísimos en todo el terr. y hay est. cuyo número supera el de 30.000, como acontece en Florida, y de 11.000 en Michigán. De los cinco grandes lagos que son peculiaridad tan notable en la geografía de la América del Norte (Superior, Michigán, Hurón, Erie y Ontario), sólo uno, el Michigán, pertenece por entero a EE. UU., mientras que los restantes, en mayor o menor medida, son comunes con Canadá. Son de EE. UU. parte de la orilla septentrional del lago Superior, la meridional del mismo y del Erie y casi toda la del Ontario, las dos (occidental y oriental) del Michigán y la occidental del Hurón. El Michigán comunica con el Hurón por el estrecho de Mackinaw, y su costa oriental continúa al N. en una cadena de islas que separan del lecho principal otro distinto, al paso que la occidental forma la Green Bay y en ella se levantan las grandes ciudades de Chicago y Milwaukee, que sirven de intermediarias entre el comercio del San Lorenzo y el del interior del país y de la cuenca del Misisipí. El lago más célebre de EE. UU. por su belleza es el George, en el est. de Nueva York, de 58 kilómetros de largo por 1.500 a 5.000 m. de ancho, que des. en el lago Champlain (1.550 km.²). En el O. hay pocos lagos, pero en el E. son más abundantes, siendo el más grande el Gran Lago Salado, de 4.273 km.², en Utah. De los grandes lagos se dan los principales datos en el siguiente cuadro:

	Superior	Michigán	Hurón	Erie	Ontario
Longitud en kilómetros	563	494	331	388	262
Anchura en kilómetros	257	190	162	91	85
Profundidad máxima en metros	387	277	225	63	233
Superficie total en km.²	82.414	58.016	59.746	25.745	19.528
Superficie correspondiente a EE. UU.	53.639	58.016	23.595	12.924	9.220
Superficie correspondiente a Canadá	28.775	—	36.001	12.821	10.308
Latitud N.	46° 25′	41° 37′	43° 00′	41° 23′	43° 11′
	49° 00′	46° 6′	46° 17′	42° 53′	44° 15′
Longitud B. de Greenwich	84° 22′	84° 45′	79° 43′	78° 51′	76° 3′
	92° 6′	88° 2′	84° 45′	83° 29′	79° 53′

Climatología. Las principales características del clima de EE. UU. están determinadas por su situación equidistante del Polo Norte y del ecuador. La mayor parte del área ocupada por la Federación Estadounidense propiamente dicha, goza del clima correspondiente a una zona templada. La media de las temperaturas máximas absolutas llega de 45 a 50° C. en las partes más secas de Tejas y Arizona, y la media de las mínimas desciende hasta −16° C. en el Montana septentrional. En algunas zonas de Alaska la temperatura oscila entre 40° C. bajo cero en invierno y 32° C. en verano. La topografía y los característicos vientos del país son los dos elementos básicos que rigen el clima estadounidense. Los vientos predominantes son los del O., que desde el océano Pacífico soplan en la costa occidental, proporcionándole la humedad y la temperatura uniforme propias del clima marítimo. Si la tierra está más fría que el mar, como sucede en invierno, aquellos vientos producen copiosas lluvias. Si la tierra está más caliente, como en verano, producen poca o ninguna lluvia, y las corrientes de aire húmedas continúan hacia el E. para regar la región de las Montañas Rocosas. De ahí que el invierno sea la estación lluviosa en la costa y el verano tenga el mismo carácter en las Rocosas. En las cordilleras, di-

Church Rock. Kayenta (Arizona)

chos vientos occidentales se convierten en ciclones arremolinados con un movimiento de O. a E.; pero los vientos, al aproximarse a los centros tempestuosos, soplan desde todas direcciones hacia ellos. La mayoría de estas tempestades se originan en el NO., encamínanse primero al SE. en dirección al valle del Misisipí, y luego, siguiendo un curso ENE., pasan por encima de Nueva Inglaterra o descienden al valle del San Lorenzo. Así, sobre la mayor parte del país, los vientos que preceden a tales tempestades van hacia el ESE. y hacia el S., y de este modo obtienen aire caliente y húmedo del Atlántico y el golfo de Méjico. Después del paso del centro tempestuoso, los vientos saltan al O. y al NO. y son fríos, procediendo del interior septentrional del continente. En algunas ocasiones llegan tempestades de remolinos de las indias occidentales, tropicales, e invaden la parte oriental del país. Son estos vientos generalmente más intensos y dañinos, pero afectan a superficies más reducidas que las tempestades de igual carácter producidas por los vientos occidentales, y se parecen mucho a los tifones de Filipinas.

Regiones naturales. De modo escueto puede decirse que el territorio estadounidense puede caracterizarse por dos regiones naturales extensas: una, de tierras bajas y llanas que se extienden hasta el litoral atlántico, sólo interrumpidas por los Montes Apalaches; la

Estados Unidos

Boston. Vista general

otra, de montañas y altiplanicies entre 1.200 y 1.800 m. de alt. y con amplias zonas por encima de los 3.200 m. Para un corte ideal del territorio bastaría seguir el meridiano 100° longitud O. de Greenwich. Pero esta división es a todas luces insuficiente. Para una mejor explicación de la diversidad topográfica del país suelen distinguirse no menos de 10 regiones naturales, que iremos enumerando a continuación:

1) *Nueva Inglaterra.* Es la más pequeña de todas las regiones naturales, ya que abarca el 1,8 % de la superf. total del país. Abarca esta región desde la orilla oriental del lago Champlain (Vermont), los est. de Massachusetts y Connecticut hasta la frontera con Canadá. La recortada línea costera ofrece numerosas bahías y ensenadas, con buenos puertos naturales. El más importante de ellos, el de Boston. Los naturales, gentes empecinadas e industriosas, fueron conocidos en el resto de EE. UU. por los *yankees* (yanquis). Escasa en recursos naturales, carente de metales y combustibles para las manufacturas, esto no impidió que éstas tomaran impulso y hasta comienzos del s. XIX marchara a la cabeza en EE. UU. Estos inconvenientes obligaron a sus pobladores a aguzar el entendimiento, de modo que la invención de máquinas y la económica producción en masa tuvieron su comienzo aquí.

2) *El Atlántico medio.* Tiene muchos rasgos semejantes a la región precedente. Por tal causa suele mencionársela con aquélla bajo la denominación general de *Planicie Atlántica.* Al igual que Nueva Inglaterra, sus tierras son pobres, si bien algo mejores. Su población se halla concentrada en grandes centros urbanos. La región se extiende desde los lagos Ontario y Erie, parte de Ohío, Virginia Occidental y el litoral medio atlántico de EE. UU. La cordillera de los Apalaches separa la llanura costera del interior y sólo es cortada por ríos que des. en el océano formando abrigados puertos. Es una zona de terrenos ondulados, cubiertos de colinas, con anchos valles adecuados para los frutales y los productos de granja. La cadena urbana que se extiende desde Boston a Washington, conocida como el área metropolitana del Atlántico, es la mayor concentración de posibilidades industriales, comerciales y financieras del mundo, cuyo centro neurálgico es Nueva York.

3) *El Sur.* Es una región que se extiende desde el Atlántico hasta las grandes llanuras de Tejas. Comprende los tradicionales est. sudistas que integraron la Confederación esclavista en la guerra civil contra los estados del N., desde Virginia, Kentucky, Arkansas, Oklahoma y buena parte de Tejas. Es zona que fue famosa por sus grandes cultivos, propios del clima húmedo, subtropical, de veranos largos y calurosos e inviernos moderados. El clima se torna más seco a medida que se avanza hacia el O. y los árboles desaparecen en Oklahoma y el centro de Tejas, lo mismo que la vegetación propia de un clima húmedo. Es un área ésta de clima semiárido, semejante al de las grandes llanuras. El Sur es muy rico en cursos de agua, muchos de ellos navegables en el interior. En su mayoría bajan de las montañas y proveen de un gran potencial hidráulico, razón que ha originado el gran desarrollo industrial alcanzado en las últimas décadas en ciertas partes de esta región. Los suelos amarillos y rojizos no son favorables a un mayor desarrollo agrícola, pero una de las características de esta región es la gran diversidad que hay en materia de suelos, y que son adecuados a los cultivos contando con su respectiva especialidad.

4) *Llanos centrales del Norte.* Popularmente es conocida como el Centro Oeste y comprende desde los lagos Superior y Hurón hasta partes de Dakota del Norte por el NO., partes de Kansas, Misuri por el S. e Indiana y partes de Ohío por el E., o sea desde los Apalaches hasta el meridiano 100° de long. O. de Greenwich. En su parte septentrional es una comarca fragosa, rica en bosques y minerales. En esta zona prospera también la fruta, sobre todo junto a los Grandes Lagos, como asimismo en gran parte de Wisconsin, el oriente de Minnesota y partes de Iowa está la denominada *vertiente lechera* con su gran producción de lacticinios. Está bañada por la inmensa red fluvial del Misisipí y sus afl. Es la zona agrícola por antonomasia de EE. UU. y difícilmente pueden encontrarse en el mundo tierras tan aptas para el cultivo de granos y la ganadería. La explotación del hierro y su elaboración posterior en aceros se han convertido en la industria principal, fuera de la explotación agrícola y de productos de granja. Grandes centros urbanos hay en esta región, tales como Detroit, Cleveland y Chicago.

5) *Grandes llanos.* Es la región comprendida entre los llanos centrales y las Montañas Rocosas y comprende partes de Montana, Nebraska, Colorado, Nuevo Méjico, Wyoming, Oklahoma y Tejas. Poco a poco se pasa desde los llanos suavemente ondulados de la zona del trigo a los de pastoreo, característica primordial de esta región. Las lluvias son escasas (200 a 500 mm. anuales) y se lucha con la incertidumbre en cuanto al agua, que sólo se

Nueva Orleans. Vista parcial y río Misisipí

encuentra en las laderas occidentales de las Rocosas. El clima es el propio de una estepa semiárida, con veranos calurosos e inviernos cuya temperatura puede bajar a −10° C. en el N. Otro inconveniente a afrontar es la erosión provocada por los vientos que soplan de continuo y son de gran violencia. Los tornados pasan en torbellino, derribando a su paso casas y graneros. Los vientos, además, son tan quemantes que en un solo día pueden secar los sembrados. Los depósitos de minerales, puesto que el suelo es sedimentario, no son abundantes, limitándose a un carbón de pocas calorías y a piedra de construcción. En cambio se explota el petróleo en parte de Tejas, el O. de Montana y en la cuenca del Wyoming.

6) *Montañas Rocosas*. Esta región abarca partes de Montana, Idaho, Utah, Colorado, Wyoming y Nuevo Méjico en su parte oriental, y en el O. tiene por límites la cadena de montañas de rocas desnudas que le da nombre. La población es escasa en esta región abrupta, cuyas principales industrias son la minería (oro, plata y cobre) y el turismo. La temperatura y la pluviosidad son las propias de toda zona mediterránea, además de su lat. y alt. La temperatura es realmente ártica en los picos nevados, puesto que muchos de ellos superan los 4.000 m. Hay nieves perpetuas y pequeños glaciares descienden a los valles superiores. Los cursos de agua se precipitan en cascadas desde los peñascos y corren por profundas gargantas, y lagos claros se encuentran en las cuencas de antiguos glaciares. Las áreas más secas se extienden al oriente de las Rocosas. Las condiciones climáticas y la presión del aire hacen que en esta región sean las zonas más pobladas las situadas entre los 1.900 y 2.400 m. de alt. En las cuencas sólo son factibles las actividades rancheras y de granja. Aquí, durante el invierno y el verano, pace el ganado, para luego ser llevado a los pastos de montaña.

7) *Mesetas y cuencas*. Esta región se extiende al occidente de las Rocosas y llega hasta los est. de Washington, Oregón y California, teniendo por límites la Sierra de las Cascadas y la de Nevada. Comprende una serie de altiplanicies bien definidas por escarpas y cañones, de los cuales el más famoso, el Gran Cañón del Colorado, tiene una profundidad de 1.500 m. y una anchura de hasta 29 km. En esta área inmensa se encuentran también grandes depresiones como la del Valle de la Muerte, al E. de California. La región es en su casi totalidad árida y escarpada, con dos vastas altiplanicies y dos áreas de cuencas y cadenas montañosas. En el N., la meseta volcánica de Columbia cuenta con suelos fértiles adecuados para el trigo y otros cereales, que, al ser irrigados, pueden sostener huertos.

Parque Nacional del Grand Teton (Wyoming)

Gran Cañón del Colorado

Las escasas aguas en los torrentes se evaporan, son embebidas por los suelos, fluyen a lagos salados o disminuyen de caudal sin tener salida al mar. De los lagos salados, numerosos, el más grande es el Gran Lago Salado, de Utah. Por su topografía, esta región se subdivide en la cuenca y la cordillera (con la Gran Cuenca en su centro), la meseta y delta del río Colorado y la meseta de Columbia y el río Snake en el N. La zona SE. cuenta con un clima desértico, y el resto de la región con uno esteparío y 100 mm. de pluviosidad anual. Los días son calurosos y de intensa radiación solar, pero las noches son frías. Los aguaceros, muy raros, han provocado profundos surcos en el suelo, y las arenas arrastradas por los vientos han modelado las rocas, dándolas forma de agujas, cúpulas o mesas. Grandes zonas rocosas carecen de vida vegetal y sólo se encuentran pastos ralos en aquellas partes donde hay un poco de humedad. En las zonas altas pueden verse pinos y enebros y pino amarillo occidental y abeto Douglas a unos 2.000 m. de altura. La meseta de Columbia y el río Snake ocupan la parte septentrional. La meseta se halla cortada por cadenas de montañas y cañones, denominados *coulées*. Sólo el 3 % de la superf. está dedicada a cultivos; el resto no es apto para la agricultura por ser los suelos rocosos y alcalinos, además de la poca agua. Gran parte de la región se presta para la ganadería, aunque muchas zonas no cuentan con el suficiente pasto. El ganado pace en las tierras bajas en la primavera, y en el verano es llevado a las alturas boscosas. En la Gran Cuenca, los centros poblados de importancia están en los oasis, puesto que pocas comarcas del O. pueden contar con ciudades. Únicamente la explotación del uranio ha venido a dar vida a estas desoladas regiones.

8) *Costa del Pacífico*. Se extiende a lo largo del litoral del Pacífico y por el E. desde la Sierra de las Cascadas hasta la de Nevada. Puede subdividirse en: *Pacífico Sur*, que comprende California, desde el cabo Mendocino al S., y *Pacífico Norte*, desde este punto a la frontera de Canadá. Es región de grandes contrastes y muy atractiva por sus bellezas naturales. A lo largo del litoral corre la Sierra Costera y entre ésta y la de Nevada hay numerosos valles, aptos para una variada producción frutal y hortícola. Pocas zonas en el mundo pueden rivalizar con ciertos valles californianos, como también con otros que figuran entre los más inhóspitos. En las tierras bajas y calientes la vida vegetal varía de las palmas y cítricos a las de clima templado, y en los picos elevados es la típica de las tundras. El Valle Central es poco húmedo, debido a la barrera que significa la Sierra de la Costa. Salvo en invierno, una vegetación parduzca y pobre cubre las áreas no cultivadas gracias al regadío. Esta zona estuvo escasamente poblada hasta 1849, fecha en que se descubrieron yacimientos auríferos. Desde entonces hubo una constante migración, que se acrecentó más con el descubrimiento del petróleo en 1909. Antes de la S. G. M., la manufactura era una actividad secundaria y sólo tenían gran importancia industrial la cinematografía y la construcción de aviones. Desde entonces, industrias tales como la electrónica, la de equipos de transporte y maquinaria han cobrado gran impulso, y a partir de 1950 sólo el est. de Nueva York ha aventajado a California en este orden de cosas. La región del Pacífico Norte es sumamente boscosa, con escarpadas montañas coronadas de nieve, ríos y áreas de costa desolada. El litoral de aquí a la frontera con Canadá es de suelo fértil, con bosques y campos cultivados y de pastoreo. Están aquí los puertos de Seattle y de Portland entre los más importantes del

Paisajes hawaianos

Pacífico. La región ha adelantado mucho a partir de 1930, convirtiéndose en importante centro industrial, gracias a la riqueza de potencial hidráulico obtenido de sus rápidos ríos. La suficiente humedad y la larga estación de florecimiento favorecen los cultivos y la ganadería. La industria forestal y la pesquera, sobre todo la del salmón, tienen aquí un centro natural adecuado para su mayor desarrollo.

9) *Alaska.* Es región fronteriza, con grandes recursos en pesca, maderas y minerales preciosos e industriales, que después de la S. G. M. ha cobrado singular importancia por su posición estratégica. Esta vasta región comprende una parte septentrional con un clima rigurosamente ártico, escasa lluvia y ligera nieve. Su suelo es el característico de la tundra y en Punta Barrow el sol permanece por encima del horizonte durante 82 días consecutivos. Esto permite en verano la aparición de musgos y flores, aunque el suelo se deshiele a lo sumo unos 50 cm. Esta zona está separada de la meseta interior por las Montañas Rocosas, cuya espina dorsal la constituye la cordillera Brooks. Es una zona desolada de hielo y nieve y sólo se ve vegetación al pie de las laderas meridionales de las montañas. Por esta elevada meseta ondulada corren el Yukón con sus afl. y el Kuskokwin, que des. en el mar de Bering. El clima es del tipo frío extremo continental, con veranos muy cortos, pero con luz natural durando hasta 20 horas. Hay elevadas montañas y glaciares deslumbrantes en su blancura. La región del SE. o Panhandle, junto con la zona central meridional y el distrito de Fairbansk en la meseta central, son las partes pobladas de Alaska, con modernas ciudades en contraste con la desolación en el O. y NO., donde no hay caminos que lleven a los depósitos de minerales o a los bosques a orillas de los ríos. El Panhandle goza de un clima suave de tipo lluvioso. En los ríos montañosos abunda el salmón, y en el litoral son muchos los puertos abrigados para las flotas pesqueras.

10) *Hawai.* Esta región comprende islas e islotes volcánicos creados por erupciones. Cada uno de ellos tiene montañas o altiplanicies compuestas por una o más cúpulas volcánicas. Entre las planicies se encuentran valles profundos, cañones que se han formado con las fuertes lluvias y han originado rápidos cursos de agua. El suelo de las islas es muy fértil, formado por las rocas volcánicas, debido a la acción de un clima tropical moderado. El clima es del tipo tropical lluvioso y del tropical de sabana. Las islas son de suelo desigual y escarpado y en algunos lugares semiárido. No obstante, gracias a métodos científicos son aprovechados para los cultivos de la caña de azúcar y el ananá. La temperatura es tolerable a causa de los vientos alisios y varía muy poco de estación a estación. El monte Waialeale, en la isla Kauai, ha recibido hasta 6.240 mm. de lluvia en un año. Nieve cae en las laderas superiores del Mauna Loa y Mauna Kea en el invierno. A causa del clima, sus naturales bellezas y la mansedumbre y hospitalidad de sus habitantes, las islas son lugares de intenso turismo.

Geografía biológica

Flora. EE. UU. presenta una gran variedad de árboles forestales nativos. Se han estimado en más de 1.150 las especies y variedades, de las cuales 182 son de gran valor económico. En cuanto a las plantas que florecen, su número se estima en más de 22.000 especies, de las cuales varios centenares, nativas de otras regiones, se han aclimatado. Desde el Maine, en el límite con Canadá, hasta Minnesota y hacia el S., a lo largo de los montes Apalaches se extiende una estrecha faja boscosa con coníferas, integrada por pinos blancos y rojos, pinabetes (*abies canadiensis* o *tsuga*) y el bálsamo, y por otras más pequeñas de *tamaracks* o alerces negros o americanos, abedules, sauces, alisos y álamos temblones. Hacia el S., luego de una zona de transición de coníferas y árboles caedizos, viene otra de bosques de madera dura, con una variada mezcla de arces, robles, fresnos, acacias, tilos, liquidámbares, nogales de las especies *carya* e *hicoria*, como el *hickory*, sicomoros, hayas y tulípero (*liriodendron tulipera*). En los litorales atlánticos y del golfo de Méjico predominan diversas especies de pinos, unidos al *hickory* y a varias especies de robles, la magnolia, el cedro blanco y el fresno. En las zonas pantanosas abundan los cipreses, los tupelos del gén. *nyssa*, el cedro blanco y la caña. Los pinos, la palmera carolina y las encinas de la región meridional son reemplazados en el extremo S. de la península de Florida por la palma real, el bálago, las higueras, el palo águila y el mangle. En las praderas que se extienden hacia el O. hasta las faldas de las Montañas Rocosas son numerosas las hierbas, como el búfalo, la grama, la avena, especies de *stipa* y *agropyrum* que crecen en grupos, la aguja de pastor, etc. En la zona occidental del país, el pino amarillo, el abeto Douglas, el alerce occidental, el pino blanco, cedro rojo, diversas especies de abetos, el pinabete de la costa, el abeto rojo, figuran entre los árboles más significativos de los bosques, que son más espesos al O. de la cordillera Cascada y de la costa, desde el límite con Canadá hasta la región septentrional de California. La densidad de los bosques en esta zona es tal, que sólo los helechos, los musgos y unos cuantos arbustos y hierbas que prefieren la sombra medran allí. En estos bosques se dan árboles que exceden comúnmente los 30 m. de altura, y son de gran corpulencia y superan los 100 m. las sequoias de California. En las cuencas áridas y semidesiertas que se prolongan al O. de las Montañas Rocosas, el arbusto más común es la artemisa, aunque también abundan el enebro, el pino de nuez y la caoba de montañas bajas. La zona desértica desde el SE. de California hasta Tejas se caracteriza por sus numerosas cactáceas, el mezquite, la mata creosota y las acacias.

Fauna. La fauna comprende la mayor parte de los tipos de animales propios de la zona templada y ártica de América del Norte. Pocas especies de climas tropicales se encuentran en el territorio de EE. UU., entre ellos el cocodrilo americano en Florida meridional, algunas ranas y culebras en Tejas, no lejos de la frontera con Méjico, y raros jaguares y ocelotes. Únicamente el armadillo se ha extendido en suelo estadounidense, encontrándosele por el E. hasta el valle del Misisipi y por el N. en Oklahoma. La tundra ártica, que de territorio estadounidense sólo abarca Alaska, posee como fauna los turones, el lagópedo o chocha de nieve, el zorro ártico y el oso polar. Los animales acuáticos viven igualmente en los bosques y llanuras que se encuentran entre la frontera de Canadá y los est. a orillas del golfo de Méjico. Estos animales ampliamente extendidos incluyen el ciervo de Virginia, el oso negro, el puma, el gato montés, la nutria, el visón, el castor y la almizclera *(fiber zibéthicus)*. El coyote se encuentra en el occidente de EE. UU. y hacia el E. llega hasta Wisconsin, y el lobo gris, en cualquier parte del país. En la región de bosques coníferos del N. viven el alce americano, el castor, el zorro rojo, la liebre, la nutria, el lobo y el glotón. Desde las Montañas Rocosas al Atlántico, la *chélydra serpentina*, tortuga voraz, tiene su hábitat, y la región de los Montes Apalaches abunda en salamandras de diversas familias. En los est. del SE. medran las anguilas y los anfiumas. La variedad de ranas es muy grande, incluyendo las arbóreas del gén. *hyla*. Hay tortugas emídidas de agua dulce, culebras de agua, víboras de hoyo y otros gén. de serpientes. En los bosques de la parte occidental del país, el zorro gris, el coatí y la zorra mochilera u opossum de la especie *didelphis virginiana*. Entre las aves están el pavo salvaje y una notable variedad de picamaderos, y entre los pájaros, la tángara, la oropéndola americana y los colibríes. Los roedores del tipo cricétidos, los topos y las musarañas proliferan en estos bosques. En las vastas praderas centrales, el animal característico es el bisonte americano *(bison americanus)*, y en estas regiones tiene sus madrigueras el tejón americano y merodean el perro de las praderas y los geomís. En las Montañas Rocosas tienen su hábitat un antílope *(antilocapa americana)*, la marmota *(árctomys marmotta)* y numerosos roedores. En las regiones desérticas próximas a Méjico abundan los reptiles y lagartos, como asimismo las culebras de cascabel, y entre los mamíferos, las ratas canguros, de vida casi exclusivamente nocturna, el gato de cola anillada y el pecarí. En las Cascadas y en Sierra Nevada abundan las salamandras y características lagartijas, y en los arroyos helados de las montañas, la rana *áscaphus*. El manatí o vaca marina vive en los ríos de la península de Florida y las focas tanto en la costa atlántica como en la del Pacífico, mientras que los lobos marinos sólo se encuentran en este último mar. A lo largo del Pacífico, desde Canadá hasta Santa Bárbara, en California, tienen su

Aligatores en un parque de Kisseemmee (Florida)

hábitat el coatí, la mofeta, el pavo y las gallinas moñudas, y en la zona árida que abarca la mayor parte de la ladera oriental de las Cascadas y de Sierra Nevada, la liebre americana de cola blanca, el arvícola, la gallina *sage hen* y el tetrao. En los montes del O. moran la cabra y el carnero monteses, la ardilla voladora, el cascanueces *(nutcracker)* y el picagordo. Entre las aves han ido mermando en número las palomas viajeras, el *órtyx virginianus* y el cupido o perdiz de las praderas. Numerosos son los ofidios del gén. *crótalus*, y en las zonas desérticas de Arizona, un agámido, el monstruo de Gila, lagarto venenoso. Entre los anfibios, los más característicos: el *siredon lacertina* de Carolina, varios *anuros* y el *amphiuma* de Florida, y entre los peces de agua dulce, un ganoide, el

Recogida de la cereza. Lansing (Michigán)

amia calva, también de Carolina. La fauna de moluscos es numerosa, entre ellos los univalvos de los gén. *limnaea, physa* y *paludina*, y la entomológica también, siendo el más característico un mosquito, el *anópheles*.

GEOGRAFÍA ECONÓMICA

Agricultura. Si no la principal fuente de riqueza, es la agricultura una de las mayores, la que ha contribuido más a su extraordinario desarrollo, y la rama en que, por su perfeccionamiento científico y su intensa mecanización, supera EE. UU. a los demás países. La agricultura estadounidense ocupa a 3.200.000 personas, utilizando 4.273.000 tractores. Gracias a la variedad de condiciones climáticas y físicas, se cultivan la mayor parte de los productos corrientes en el mercado. Además, el desenvolvimiento agrícola de EE. UU. ha tenido una importancia inmensa en el progreso del mundo entero, no sólo revolucionando los sistemas de maquinaria agrícola, sino aumentando la cantidad de alimentos de que disponía Europa y permitiendo, por tanto, un rápido crecimiento de la población. Respecto a la adaptabilidad de las tierras para la agricultura, las características más notables son las cualidades del gran valle del Misisipí para el cultivo, y las vastas extensiones del Oeste, poco aptas para la roturación. El área de la cuenca del Misisipí, sumada a la de los demás tributarios del golfo de Méjico, representa un tercio del territorio. A esta fértil región, apenas interrumpida por montañas ni pantanos, corresponden unos cuatro quintos del valor total de los productos agrícolas. Se dedican a ella 205.080.000 hectáreas, lo que supone un 21,9 % de la superf. del país. Las cifras de la cosecha de 1975 son éstas:

Artículos	Superficie cultivada — Hectáreas	Producción — Toneladas
Algodón (Semilla de)	3.667.000	3.175.000
Arroz	1.134.000	5.789.000
Avena	5.524.000	9.535.000
Batatas	48.000	619.000
Cacahuete	609.000	1.750.000
Caña de azúcar	313.000	—
Cebada	3.526.000	8.340.000
Centeno	329.000	454.000
Fríjoles	586.000	780.000
Lino (Semilla de)	607.020	369.762
Maíz	27.075.000	146.487.000
Patatas	509.000	14.323.000
Remolacha azucarera	613.000	
Soja	21.693.000	41.406.000
Sorgo para grano	6.266.000	19.265.000
Tabaco	438.471	990.675
Trigo	28.188.000	58.074.000

Algunos de estos artículos se cosecharon principalmente en los est. siguientes: caña de azúcar, en Hawai, Luisiana y Florida; maíz, en Iowa, Illinois, Indiana, Minnesota y Nebraska; patatas, en Idaho, Maine y California; remolacha azucarera, en California, Idaho y Colorado; tabaco, en Carolina del Norte, Kentucky, Virginia, Tennessee y Carolina del Sur, y trigo, en Kansas, Dakota del Norte, Oklahoma, Montana, Tejas y Nebraska. No menos extraordinaria que la producción de cereales y cultivos industriales es la frutícola. El cuadro siguiente muestra el volumen de producción alcanzado en 1975:

Estados Unidos

Productos	Toneladas
Aceitunas	59.420
Cebollas	1.425.000
Cerezas	139.000
Ciruelas	585.000
Coles	1.330.000
Damascos	154.000
Dátiles	21.500
Duraznos	1.379.000
Guindas	112.000
Guisantes	166.000
Higos	32.000
Limones	1.053.000
Lúpulo	25.362
Naranjas y mandarinas	9.910.000
Tung (Aceite de)	400
Pampelmusas	2.264.000
Peras	694.000
Ricino	1.000
Tomates	8.620.000
Uvas	3.936.000

Silvicultura. El área boscosa, según recientes estadísticas, ocupa 304.700.000 hect., lo que supone un 32,5 % del país. La producción de madera aserrada en 1973 fue de 90.321.000 m³. En 1975 se obtuvieron 295.802.000 m³ de madera, formados por 69.802.000 de maderas duras y 226.000.000 de maderas blandas (coníferas).

Ganadería. La importancia de la ganadería puede apreciarse por las siguientes cifras, correspondientes a 1975:

Especies	Cabezas
Vacuno	131.826.000
Porcino	55.062.000
Ovino	14.512.000
Caballar	8.956.000
Cabrío	1.150.000
Asnal	4.000
Aves	392.259.000

Pesca. Las actividades pesqueras estadounidenses figuran entre las más importantes del mundo (2.798.703 ton. en 1975). En 1973-74 se efectuaron 21 capturas de ballenas, con tres barcos balleneros. Las personas de una u otra forma dedicadas a la pesca, en 1970, fueron 227.000.

Minería. EE. UU. ocupa el primer lugar de producción mundial en minerales como aluminio (de fundición), carbón de hulla, cinc (de fundición), cobre, fosfatos, gas natural, petróleo, plata, plomo y uranio, y en otros, como mineral de hierro, mercurio, oro y volframio, figura entre los más importantes. En los últimos años, la minería empleó a unos 654.000 trabajadores. El valor de la producción minera, en 1975, llegó a 61.703 millones de dólares, de los cuales 46.989 correspondieron a los combustibles (carbón, gas natural, gases naturales líquidos y petróleo, entre otros), 9.518 a las substancias no metálicas y 5.196 a los metales. En el citado año, la producción de combustibles minerales fue la siguiente:

Combustibles minerales	Toneladas	Valor — Miles de dólares
Carbón bituminoso y lignito	637.000.000	11.900.000
Gas natural	569.075 (2)	8.945.062
Gases L. P., gasolina natural y productos cíclicos	595.958.000 (1)	2.772.588
Petróleo crudo	3.056.779 (1)	23.116.059

(1) Barriles de 190,9 litros.
(2) Millones de m³.

Los minerales no metálicos de mayor importancia extraídos, en 1975, fueron los que se indican en el cuadro siguiente, con indicación de su cuantía y valor:

Minerales no metálicos	Toneladas	Valor — Miles de dólares
Piedra	902.900.000	2.123.049
Arena y grava	789.436.000	1.416.346
Cal	19.133.000	523.805
Sal común	41.030.000	368.063
Arcillas	49.047.000	424.556
Rocas fosfáticas	48.816.000	1.122.184
Azufre	6.077.000	304.843
Sales de potasio	2.501.000	223.098
Minerales de boro	1.172.000	158.772
Yeso	9.751.000	44.654

Los minerales metálicos explotados en mayor escala, en 1975, pueden apreciarse en el siguiente cuadro:

Metales	Toneladas
Cobre	1.464.000
Mineral de hierro	46.300.000
Uranio	8.800 (1)
Cinc	433.000
Molibdeno	48.072
Oro	32.729 (2)
Plomo	553.000
Plata	1.087 (3)
Vanadio	4.418 (1)
Bauxita	2.000.000
Manganeso	31.600 (1)
Níquel	15.410 (3)
Antimonio	804 (3)

(1) En 1974.
(2) Kilogramos.
(3) En 1975.

También hay que destacar la producción de amianto (102.000 ton. en 1974), en los est. de California, Vermont, Arizona y Carolina del Norte. Es forzosa para la industria del país la importación de minerales, a pesar de la elevada producción nacional.

Industria. EE. UU. es el primer país manufacturero del mundo. Esta situación obedece a múltiples causas. Una de las circunstancias que han contribuido a ello es la abundancia de materias primas. No debe olvidarse, sin embargo, que en los últimos años EE. UU. ha adquirido una acción, directa o indirecta, sobre vastas regiones en las que aquéllas se encuentran. Durante su primer medio siglo de vida independiente (hasta 1850) la actividad industrial de EE. UU. se limitó a la producción agrícola y forestal, a la pesca y al transporte marítimo. Al producirse la ocupación de California comienza la explotación de vastos yacimientos de oro y plata. La acumulación de capitales fue muy intensa, pero no suficiente para las necesidades del país, pues hasta el comienzo de la P. G. M., EE. UU. era deudor de Europa por enormes cantidades invertidas en sus ferrocarriles, industrias pesadas, etc. Durante dicho conflicto bélico se invirtió esta situación, que no ha cambiado hasta ahora. La industria de EE. UU. se ha levantado sobre un terreno absolutamente virgen de toda tradición industrial o artesanía. Esta carencia de empirismo tradicional ha conducido a la discusión científica de todos los problemas industriales, dando a la ciencia un predominio dentro de la industria, carácter que no se hallaba en otros países, donde la experiencia era transmitida de obreros a aprendices. La combinación de la ciencia y de la técnica y la necesidad de un mercado enorme han conducido, desde el principio, a la producción en masa, en la cual el obrero es un simple engranaje dentro de la maquinaria, no un artífice que deja su sello propio en lo que elabora. Según datos de 1972, la estadística del trabajo industrial arrojó las cifras que se detallan en el cuadro siguiente:

Industria petrolífera, en las cercanías del golfo de Méjico

Pozos de petróleo. Long Beach (Los Ángeles)

Grupos industriales	Empleados	Nómina — Millones de dólares	Valor añadido por la manufactura (1)
Alimentos y productos afines	1.084.400	8.007.400	35.616.600
Cueros y sus productos	240.400	1.230.800	2.917.200
Equipos de transporte	1.246.200	12.848.600	39.799.400
Goma y sus productos	486.000	3.605.000	11.653.300
Imprenta y editoriales	623.400	5.411.400	20.057.700
Industrias metálicas primarias	922.700	9.202.400	23.258.100
Instrumentos y productos afines	292.000	2.237.100	10.583.700
Madera y sus productos	601.100	3.932.900	10.309.400
Manufacturas varias	350.200	2.086.700	6.777.000
Maquinaria, excepto eléctrica	1.266.900	11.358.600	37.562.900
Maquinaria eléctrica	1.160.800	8.822.600	30.583.600
Petróleo y productos del carbón	97.900	1.064.000	5.793.100
Piedra, arcilla y vidrio	492.600	4.037.300	12.586.500
Productos metálicos fabricados	1.148.000	9.544.400	26.945.800
Productos químicos	525.000	4.753.900	32.413.900
Papel y derivados	498.800	4.320.200	13.064.100
Tabaco y sus productos	57.400	400.900	2.637.200
Textil	836.200	4.807.200	11.718.000
Vestidos y productos afines	1.198.300	5.461.100	13.487.500
Totales	12.504.900	88.482.900	327.707.300

(1) En miles de dólares.

Las cifras de producción de varias industrias, en 1976, fueron las siguientes:

a) *Ramo de la alimentación.*

Alimentos	Toneladas
Azúcar	6.536.000
Carne	25.390.000
Harina	11.772.000
Leche	53.737.000
Mantequilla	435.000
Margarina (1)	1.087.600
Queso	1.505.000

(1) En 1974.

b) *Bebidas alcohólicas.* La producción de cerveza fue de 185.257.000 hl. en 1975, y la de vino, de 14.690.000 hl. en 1976.

c) *Energía eléctrica.* La producción de energía eléctrica alcanzó, en 1974, un total de 1.967.289 millones de kwh. La potencia instalada fue de 495.361.000 kw.

d) *Goma.* La producción arrojó las cifras de 1.940.100 toneladas (1975) para las gomas sintéticas y 78.900 para las regeneradas.

e) *Metalurgia del hierro.* En 1976 se obtuvieron 46.312.800 ton. de hierro y en 1974 89.281.000 de arrabio. La producción de acero fue, en 1974, de 132.196.000 ton. Son de destacar, sobre todo, las instalaciones fabriles de Pittsburgh, considerada como la cap. mundial del acero.

f) *Papel y cartón.* En 1975, la producción de papel para periódicos fue de 3.120.000 toneladas y la de otros papeles y cartones, de 41.555.000.

g) *Producción de tabaco.* En 1974 se elaboraron 102.000 ton.; la producción de cigarros alcanzó 8.723 millones de unidades, y la de cigarrillos, 651.953 millones.

h) *Productos químicos.* Los más importantes, en 1976, fueron:

Clases	Toneladas
Ácido sulfúrico	29.952.000
Sosa Solvay	3.177.000
Sosa cáustica	9.216.000
Ácido nítrico (1)	7.425.000
Ácido clorhídrico (1)	2.180.700
Plásticos y resinas	8.268.000
Fertilizantes nitrogenados	8.621.000
Derivados del petróleo (1)	
Gasolina	274.850.000
Gasolina para aviones	1.845.000
Parafina	881.000
Nafta	3.819.000
Queroseno	7.295.000
Aceites ligeros	134.691.000
Aceites pesados	58.980.000

(1) En 1974.

i) *Textiles.* La producción algodonera, en 1974, fue de 1.261.100 ton. de fibra y 4.310 millones de metros de tejidos. La hilatura de lana alcanzó, en el mismo año, la cifra de 74.000.000 de m. de tejido y 64.300 ton. de hilados. También en 1974 se produjeron 5.496.000 m. de tejidos de seda natural. En cuanto a las fibras artificiales, en el año 1974 se produjeron 242.400 ton. de filamento continuo, 292.800 de fibra cortada y 901 millones de m. de tejido. De fibras sintéticas, de las que EE. UU. es el primer productor mundial, se obtuvieron, en 1976, 1.490.400 toneladas de filamento continuo y 1.507.200 de fibra cortada.

j) *Diversas industrias.* Otros productos de la industria fabril estadounidense son los siguientes: automóviles (6.717.043 turismos y 2.269.562 vehículos comerciales en 1975), radiorreceptores (15.559.000 en 1973), televisores (10.631.000 aparatos), barcos mercantes (1.047.000 toneladas en 1976), neumáticos (186.708.000 unidades en 1975) y cemento (61.428.000 ton. en 1976), producto en el que ocupa el tercer puesto mundial.

Comercio. La balanza comercial de EE. UU. arrojó, en el período 1973-76, las cifras que se indican a continuación, expresadas en millones de dólares:

Años	Importaciones	Exportaciones
1973	68.656	70.223
1974	107.112	97.144
1975	102.984	106.157
1976	128.875	113.323

Algodón de una plantación de Tennessee

Las principales exportaciones estadounidenses, en 1975, fueron:

Artículos	Valor — Millones de dólares
Maquinaria (total)	45.710
Automóviles y repuestos	10.036
Productos químicos	8.705
Aparatos eléctricos	7.587
Aeroplanos y repuestos	6.171
Trigo y harina de trigo	5.293
Maíz	4.448
Productos textiles	2.027
Carbón	3.343
Tabaco y sus manufacturas	1.255
Productos de hierro y acero	2.382
Frutos y hortalizas	1.277
Plásticos y resinas	1.173
Armamento y municiones	1.361
Metales no ferrosos y sus aleaciones	1.090
Algodón	991
Petróleo y sus productos	907
Pulpa, papel y sus productos	991

Recipiente siderúrgico refractario, para conservar el calor cuando no se utiliza el oxígeno básico

Estados Unidos

Y las mayores importaciones, en el año ya mencionado:

Artículos	Valor — Millones de dólares
Automóviles y repuestos	10.393
Maquinaria (total)	11.998
Petróleo y derivados	24.766
Productos textiles	3.784
Aparatos eléctricos	4.972
Productos de hierro y acero	4.138
Productos químicos	3.707
Metales no ferrosos	2.580
Ganado, carne y sus productos	1.217
Café	1.562
Pescado, incluyendo mariscos	1.355
Papel para diarios	1.418
Calzado	1.301
Azúcar	1.872
Bebidas alcohólicas	1.032
Diamantes (sin industrializar)	730
Juguetes y artículos de deporte	636
Cobre	419
Aparatos científicos y fotográficos	737
Pulpa de madera	1.000

En 1975, los mejores clientes de EE. UU. fueron los siguientes países:

Países	Valor — Millones de dólares
Canadá	21.759
Japón	9.565
R. F. A.	5.194
R. U.	4.525
P. B.	4.183
Francia	3.031
Italia	2.867
Bélgica y Luxemburgo	2.427
España	2.161
Australia	1.816
República de Corea	1.761
China N.	1.660
Suiza	1.153
República Sudafricana	1.310
Irán	3.242
Israel	1.551
Brasil	3.056
Méjico	5.144
Venezuela	2.243
Arabia Saudí	1.502
India	1.290
U. R. S. S.	1.836

A su vez, EE. UU. realizó sus mejores compras en los países que se citan en el cuadro siguiente:

Prueba del motor F-1 para astronáutica, cuya potencia es equivalente a 26.000 c. v. Factoría de Edwards (California)

Países	Valor — Millones de dólares
Canadá	22.170
Japón	11.425
R. F. A.	5.409
R. U.	3.773
Italia	2.457
Francia	2.164
China N.	1.946
Hong-Kong	1.573
Brasil	1.467
Australia	1.147
República de Corea	1.442
Méjico	3.066
Venezuela	3.625
Irán	1.398
Arabia Saudí	2.623
Indonesia	2.222
Nigeria	3.281
Antillas holandesas	1.559

Hacienda. *Presupuesto.* En vez de los varios conceptos de presupuesto que existían, en 1968 fue adoptado uno nuevo, que comprende, por ejemplo, capítulos como la Seguridad Social y las financiaciones crediticias.

Anverso de un billete de un dólar, con la efigie de Washington

Fábrica de hilados de algodón

Los fondos del presupuesto en los últimos años se indican a continuación:

Años terminados el 30 de junio	Millones de dólares		
	Ingresos	Gastos	Saldo
1973	224.984	249.796	−24.812
1974	264.932	268.392	−3.460
1975	280.997	324.601	−43.604

Las diferentes partidas de ingresos y gastos, en el año fiscal concluido el 30 de junio de 1976, fueron las que se citan:

Ingresos

	Millones de dólares
Impuesto sobre la renta individual	131.603
Impuesto sobre la renta a corporaciones	41.409
Impuesto de sisa	16.963
Impuestos de Seguridad Social	92.714
Impuesto sobre la propiedad y la herencia	5.216
Derechos de aduana	4.074
Ingresos varios	8.026
Total	299.005

Gastos

	Millones de dólares
Fondos aplicados al Presidente	3.525
Departamento de Defensa	90.160
» » Agricultura	12.796
» » Comercio	2.020
» » Interior	2.293
» » Sanidad, Educación y Bienestar	128.785
» » Alojamiento y Desarrollo Urbano	7.079
» » Justicia	2.241
» » Trabajo	25.742
» » Estado	1.062
» » Transportes	11.936
» » Tesoro	44.335
Tropa y Asistencia Militar	88.537
Dependencias Legislativas	779
Magistratura	325
Oficina Ejecutiva del Presidente	79
Agencia de Protección del Medio Ambiente	3.118
Administración Nacional de Aeronáutica y del Espacio	3.670
» » de Veteranos	18.415
» » de Investigación Energética y Desarrollo	3.759
Comisión de Servicios Civiles	8.320
Otras agencias	18.287
Subtotal	477.263
Administración de Servicios Generales	−92
Ingresos por compensación no distribuidos	−14.704
Total	462.467

Deuda nacional. La totalidad de la deuda directa, excluidas las obligaciones garantizadas, expresada en miles de dólares, y la fracción per cápita, en dólares, en 30 de junio de los diferentes años, fue la siguiente:

Años	Deuda bruta	Per cápita
1967	326.220.938	1.638,32
1968	347.578.407	1.727,72
1969	353.720.254	1.740,64
1970	370.918.707	1.811,12
1971	398.129.745	1.923,12
1972	427.260.461	2.046,00

Renta nacional. El producto nacional bruto correspondiente a 1975 fue de 1.516.300 millones de dólares. La renta nacional alcanzó, en el mismo año, 1.207.600 millones de dólares.

Moneda. A las modalidades monetarias en proceso de retirada hay que añadir la moneda fraccionaria. Solamente dos clases de billetes tienen ya importancia: 1) los de la Reserva federal de 1, 5, 10, 20, 50 y 100 dólares, y 2) los de Estados Unidos de 100 dólares; la circulación de los demás ha sido suspendida hace poco, aunque aún se usan. En cuanto a los valores en metal, el Congreso, según el Acta de Acuñación de 1965, autorizó la emisión de monedas de medio dólar con un contenido de plata del 40 %, y de cuarto de dólar y diez centavos de cuproníquel. En una enmienda al Acta antes citada, fechada el 31 de diciembre de 1970, estableció el Congreso que todas las monedas que se acuñaran en lo sucesivo, sin exceptuar el dólar y el medio dólar, fuesen fabricadas con cuproníquel. Sin embargo, una disposición especial permitía la emisión de 150 millones de monedas de dólar con un contenido del 40 % de plata. Estas piezas están acaparadas por los coleccionistas. Respecto a las reservas del Tesoro, hay que consignar que el 30 de junio de 1971, éste tenía en sus arcas 300 millones de onzas finas de oro en lingotes, equivalentes a 10.507 millones de dólares. La cantidad de plata en barras almacenada en la citada fecha era de 44.400.000 onzas finas (sin contar 165 millones de reserva especial). Por lo que se refiere al valor del dólar, el 3 de abril de 1972, el presidente Nixon firmó una disposición autorizando una alteración de la paridad dólar-oro; el precio de éste sería en lo sucesivo de 38 dólares la onza, en vez de 35; con lo que el dólar quedó devaluado por vez primera desde 1934. El 12 de febrero de 1973, de nuevo el presidente hubo de anunciar otra devaluación del dolar en un 10 %.

Bancos. El 31 de diciembre de 1975 había en EE. UU. 15.108 instituciones bancarias, con depósitos por un total de 897.101 millones de dólares. De estos bancos, 4.741, con depósitos por un valor de 447.590 millones, eran nacionales.

Comunicaciones. *Carreteras.* En 31 de diciembre de 1975, la long. de la red vial estadounidense era de 6.167.728 km., de los cuales 4.989.963 tenían firme especial. El número de vehículos automotores registrados en 1975 era de 132.950.410 incluyendo 106.712.551 automóviles, unos 25.775.715 camiones y 462.144 autobuses. La industria automovilística empleó, en 1975, a 9.050.000 trabajadores, o sea la sexta parte de la población laboral del país.

Telecomunicaciones. El 30 de junio de 1976 había 30.528 oficinas postales. Por lo que respecta a los teléfonos, en 1976 había en el país 149.011.000 aparatos. El número de aparatos

Puente colgante sobre la bahía de San Francisco

Estados Unidos

de radio era, en 1974, de 401.600.000 y 121.100.000 el de televisores.

Ferrocarriles. En 1974, la longitud de las vías férreas era de 322.498 km.

Marítimas. La marina mercante de EE. UU. contaba, en 1975, con 4.117 buques, con un desplazamiento de 12.931.002 ton. de registro bruto (sólo se cuentan los barcos con más de 100 ton.).

Aeronavegación. La aeronáutica civil, en 31 de diciembre de 1975, poseía 728.187 pilotos autorizados; el número de aviones llegaba a 196.342 en la misma fecha, de los cuales 171.156 estaban en servicio. En 1974 se realizaron 3.633.900.000 km. de vuelo y se transportaron 262.185.000.000 pasajeros-km.

GEOGRAFÍA POLÍTICA

Etnografía. El aumento de la pobl. en 1975 fue del 5,9 ‰, frente a la misma cifra en el año anterior. El aumento en los años 1969, 70 y 71 ha sido alrededor de la mitad del habido, por ejemplo, en 1955, 56 y 57; en estos años comenzó precisamente el decrecimiento de la natalidad, que continuó hasta 1968. Después ha habido crecimiento. La década 1960-1970 ha registrado un aumento de pobl. del 13,3 %. En 1970 se estimaba que en los EE. UU. había 22.672.570 personas de raza negra, aproximadamente; 2.880.820 de otras razas, también según cifras aproximadas, y que 53.884.804 personas vivían en medios rurales.

Idioma. El idioma de EE. UU. puede decirse que es exclusivamente el inglés, con las insignificantes excepciones de algunas familias que conservan en Nueva Orleans y sus cercanías un francés anticuado, algunos restos de español en los territorios cedidos por Méjico, y los idiomas indios, cada día hablados por menor número de individuos. El inglés ha tomado en EE. UU. un carácter peculiar, que lo diferencia bastante del que se habla en Gran Bretaña. Posee, en efecto, frases y palabras propias del país, que forman un conjunto de

Manifestación de negros. Memphis (Tennessee)

americanismos clasificados en las nueve especies siguientes: 1.ª, arcaísmos, hoy en desuso o muy poco usados en Gran Bretaña; 2.ª, palabras inglesas empleadas en sentido diferente del que reciben en el R. U.; 3.ª, palabras que en EE. UU. conservan su primitivo significado y en la metrópoli lo han cambiado por otro; 4.ª, provincialismos ingleses que se han hecho comunes en el territorio de la Unión; 5.ª, palabras de formación nueva que deben su origen a las producciones o circunstancias del país; 6.ª, palabras derivadas de otros idiomas europeos, en especial del francés, español y holandés; 7.ª, palabras indias; 8.ª, voces derivadas del habla de los negros, y 9.ª, particularidades de la pronunciación. En este sentido el destino del inglés en EE. UU. no difiere gran cosa del español en el resto de América; incluso es posible construir interesantes paralelos: la misma clasificación propuesta para los americanismos ingleses podría perfectamente ser aplicada al español en América.

Religión. Según *The Yearbook of American and Canadian Churches for 1977,* florecen en el país más de 200 comunidades religiosas, de las cuales las más numerosas son las que se citan en el cuadro siguiente.

La Iglesia Católica está dividida en 31 archidiócesis, 132 diócesis, un vicariato castrense, una abadía nullíus y dos exarcados para los fieles de los ritos maronita y melquita. La Santa Sede mantiene en EE. UU. un delegado apostólico.

Denominaciones	Iglesias locales	Miembros
Sectas protestantes	300.563	69.743.302
Iglesia Católica Romana	24.135	48.881.872
Congregaciones Judías	5.000	6.115.000
Iglesias Orientales	1.505	3.695.860
Católica Antigua, Católica Nacional Polaca y Armenia	420	845.922
Budistas	60	60.000
Totales para el año 1977	331.683	129.341.956

Los principales grupos protestantes son éstos:

Denominaciones	Miembros
Baptistas	25.340.870
Metodistas	12.615.703
Luteranos	8.560.870
Presbiterianos	3.535.825
Pentecostales	2.808.446
Iglesia Episcopal Protestante	2.857.513
Santos del Último Día (mormones)	2.494.477
Iglesias Congregacionales Cristianas e Iglesia Evangélica y Reformada	1.818.762

Gobierno. EE. UU. de América es una República federal constituida por 50 estados y un distrito federal. Su Gobierno es de tipo presidencialista.

Constitución. La forma de gobierno se basa en la Constitución del 17 de septiembre de 1787, a la que se han añadido, hasta el presente, 26 enmiendas. Las 10 primeras, texto fundamental en la historia constitucional estadounidense, son conocidas como *the Bill of Rights* y fueron aprobadas el 15 de diciembre de 1791. La última enmienda fue aprobada el 22 de junio de 1970, estableciendo en dieciocho años la edad a partir de la cual puede ejercerse el derecho al voto. Esta Constitución fue ratificada por nueve estados en 1788 y puesta en vigor por George Washington, primer presidente, en 1789. Tiene gran importancia en la Historia, por haber influido o servido de modelo a las Constituciones de numerosos países. Es clara y concisa, y consta de seis artículos, divididos en secciones: el 1.º trata del poder legislativo federal e impone ciertas restricciones a los estados; el 2.º se refiere al poder ejecutivo; el 3.º al judicial, y los tres siguientes contienen diversas materias, incluso el modo de reformar la Constitución. La reforma se ha de proponer por el voto de dos terceras partes del Congreso o por una Convención convocada por el Congreso a petición de las legislaturas de tres cuartas partes de los estados, y su aprobación ha de votarse por las legislaturas o por convenciones particulares de tres cuartas partes de los estados.

Relaciones entre el Gobierno nacional y los estados. Los estados son anteriores a la nación y sus facultades no son otorgadas, sino propias. Éste es principio fundamental de sus relaciones con la nación. Algunas de las facultades reservadas por la Constitución al Gobierno

Firma de la Constitución de EE. UU., por Howard Chandler Christy (1940)

central son: imposición y cobre uniforme de los impuestos; empréstitos sobre el crédito nacional; regulación del comercio extranjero y entre los estados; monedas, pesas y medidas; establecimiento de oficinas y vías postales; concesión de derechos exclusivos por patentes y privilegios; fuerzas armadas y declaraciones de guerra; jurisdicción sobre el área destinada a residencia del Gobierno nacional y de las destinadas a los fines de la defensa, y creación de las leyes necesarias para asegurar las facultades anteriores. Se prohíbe expresamente al Gobierno central: suspender el hábeas corpus, salvo en tiempo de guerra o de peligro público; dar preferencia comercial a un estado sobre otro; conceder títulos de nobleza; establecer o prohibir religión alguna o imponer alguna condición religiosa al desempeño de cualquier cargo; limitar la libertad de palabra, de imprenta, de reunión o de llevar armas; juzgar a nadie por determinados delitos sin el jurado o por un jurado que no sea el de su estado y distrito; decidir sin el jurado una cuestión cuyo valor exceda de 20 dólares. A los estados se les prohíbe también algunas cosas, como, p. ej., tener forma de gobierno no republicana o mantener la esclavitud (enmienda ya citada de 1865); otras facultades sólo pueden ejercerlas con el consentimiento de la legislatura nacional, y otras, en fin, no pertenecen al Gobierno central ni a los estados, y se llaman *reservadas al pueblo,* porque sólo el pueblo puede conferirlas mediante la reforma de la Constitución.

Estructura del Gobierno federal. El poder legislativo reside en el Congreso federal, que consta de dos cuerpos: la Cámara de Representantes y el Senado. La Cámara de Representantes se compone de miembros elegidos por dos años, según las leyes de su respectivo estado. La misma Cámara fijó en 435 el número de sus miembros. El Senado consta de dos miembros por cada estado, elegidos por seis años mediante voto popular, y renovable por terceras partes cada dos años. Además de las facultades legislativas, tiene el Senado la de aprobar los tratados internacionales, para lo cual se necesitan dos terceras partes de los votos; la de aprobar o desaprobar los nombramientos de funcionarios federales hechos por el presidente, y la de juzgar a las personas acusadas por el Congreso. El poder ejecutivo reside en el presidente, que es elegido por cuatro años junto con el vicepresidente. El período presidencial empieza el 20 de enero del año siguiente a la elección. El presidente tiene la dirección de los negocios extranjeros, pero no puede celebrar tratados ni declarar la guerra sin consentimiento del Senado. Tampoco puede por sí o por sus ministros presentar leyes, sino enviar mensajes al Congreso recomendando la adopción de medidas y presentar proyectos ministeriales por medio de un miembro del propio Congreso. En cambio, tiene el derecho de veto, dentro de los diez días de aprobada una ley, y para pasar por encima de este veto, las Cámaras han de volver a aprobar la ley con el voto de las dos terceras partes de sus miembros. El presidente nombra libremente a sus ministros, pero tanto éstos como los demás empleados están sujetos a la aprobación del Senado, y en la práctica sucede que éste no aprueba nombramientos hechos contra la voluntad del senador del partido del presidente que representa al estado a que el nombramiento se refiera. En tiempos de guerra o de públicos disturbios su autoridad se extiende mucho por su carácter de jefe de las fuerzas armadas, de manera que es mucho mayor que la de cualquier otro jefe de Estado constitucional. El poder judicial federal entiende en los casos civiles o criminales sometidos a leyes generales, y los que surgen entre ciudadanos de diversos estados por valor de más de 3.000 dólares. A su cabeza está el Tribunal Supremo *(Supreme Court)*, que es, además, en conjunto, Tribunal de apelación. Tribunal para ministros extranjeros y para conflictos entre los estados. Siguen a éste los Tribunales de circuito y, finalmente, los de distrito, que juzgan todos los casos criminales de su incumbencia específica o territorial, incluso los que se castigan con la pena capital.

Los estados. La Unión comprende 13 estados primitivos, 7 que fueron admitidos sin previa organización como territorios y 30 que fueron territorios; en suma, 50 estados. La admisión de otros nuevos se hace por un acta especial del Congreso. Las facultades del estado son inherentes y consisten en todas las no enajenadas en beneficio de la Unión. Cada uno tiene su Constitución formada por él mismo, su poder ejecutivo, su sistema judicial y sus Cámaras legislativas. La legislatura del Estado es competente en todas las materias no reservadas al sistema federal o prohibidas por la propia Constitución. Al frente del ejecutivo hay un gobernador, elegido por voto directo del pueblo y cuya permanencia en el cargo es de uno a cuatro años. Tiene como deberes velar por el cumplimiento de la ley y mandar las fuerzas militares del estado. Generalmente tiene escasa intervención en los nombramientos de empleados, y en casi todos ellos goza del derecho de veto con ciertas condiciones. El distrito de Columbia es una porción de territorio cedida por el estado de Maryland en 1791 para instalar la residencia del Gobierno.

Bombas de gran calibre

Su área coincide con la de la ciudad de Washington, y sus habitantes carecen de voto así en las cuestiones nacionales como en las municipales. Su administración municipal está en manos de tres comisarios nombrados por el presidente. El poder judicial en cada estado es un organismo independiente o incluye tres clases de Tribunales, siendo el más elevado el Supremo o de apelación, compuesto de un justicia jefe y varios justicias asociados, elegidos por el pueblo o nombrados por el gobernador con ausencia del Senado. Como Tribunales de jurisdicción propia están los de circuito o distrito, uno generalmente por condado, aunque a veces hay uno para varios condados.

Defensa nacional. *Ejército.* El mando del Ejército continental controla las instalaciones de los cuatro ejércitos continentales del país; los cuarteles generales están en fuerte George G. Meade, fuerte Mac Pherson, fuerte Sam Houston y presidio de San Francisco. El Ejército está organizado en divisiones de infantería (16.900 hombres, aproximadamente), divisiones aerotransportadas (13.000), acorazadas (16.900) y mecanizadas (16.600). El personal en servicio activo, incluyendo cadetes y mujeres, ascendía en 1976 a 782.000 personas.

Marina. Hay 15 distritos navales, más el de Washington. La flota de combate constaba principalmente, en 31 de diciembre de 1976, de las siguientes naves: 15 portaaviones de ataque, 5 portaaviones auxiliares, 9 portahelicópteros, 15 submarinos, 4 acorazados, 35 cruceros, 101 destructores, 65 fragatas (antes buques de escolta), 102 embarcaciones anfibias, 246 naves auxiliares y 1.250 embarcaciones de servicio. Unidades de propulsión nuclear se cuentan, entre otras: 112 submarinos, una nave para la investigación oceanográfica de las grandes profundidades y un portaaviones (el *Enterprise*); está ultimándose la construcción de un submarino nuclear de 18.700 toneladas (en inmersión) y un portaaviones, también nuclear, de 93.400 ton., entre otras

Sesión del Senado

Estados Unidos

El caza *Thunderjet F-84E*, que se utilizó en la guerra de Corea

unidades. El personal en activo, en 1976, ascendía a 528.194 hombres, más 192.014 oficiales y personal alistado del Cuerpo de Marina.

Fuerza aérea. Para fines operativos, el servicio está organizado en 13 comandos mayores y 13 agencias independientes. El número de aparatos de combate y transporte se aproximaba, en 1976, a 9.239. El personal, en el mismo año, entre civiles y militares era de 821.431 personas.

Himno. Es *The Star-spangled Banner (La bandera sembrada de estrellas).* La letra se debe a Francis Scott Key y la música a John Stafford Smith. Fue adoptado como himno nacional por resolución del Congreso el 3 de marzo de 1931.

División territorial. El terr. de EE. UU. se halla dividido en 50 estados y un distrito federal (Columbia), donde radica Washington, la capital de la nación.

A continuación se inserta el cuadro de población con la división territorial:

Estados	Superficie Km.²	Población Habitantes	Capitales y su población
Alabama	133.667	3.444.165	Montgomery (133.386 h.).
Alaska	1.518.800	302.173	Juneau (6.050).
Arizona	295.022	1.772.482	Phoenix (581.562).
Arkansas	137.539	1.923.295	Little Rock (132.483).
California	411.012	19.953.134	Sacramento (254.413).
Carolina del Norte	136.197	5.082.059	Raleigh (121.577).
Carolina del Sur	80.432	2.590.516	Columbia (113.542).
Colorado	269.998	2.207.259	Denver (514.678).
Columbia (dist. federal)	174	756.510	Washington (756.510).
Connecticut	12.973	3.032.217	Hartford (158.017).
Dakota del Norte	183.022	617.761	Bismarck (34.703).
Dakota del Sur	199.551	666.257	Pierre (9.699).
Delaware	5.328	548.104	Dover (17.488).
Florida	151.670	6.789.443	Tallahassee (71.897).
Georgia	152.488	4.589.575	Atlanta (496.973).
Hawai	16.705	769.913	Honolulú (324.871).
Idaho	216.412	713.008	Boise City (74.990).
Illinois	146.075	11.113.976	Springfield (91.753).
Indiana	93.993	5.193.669	Indianápolis (744.624).
Iowa	145.791	2.825.041	Des Moines (200.587).
Kansas	213.063	2.249.071	Topeka (125.011).
Kentucky	104.623	3.219.311	Frankfort (21.356).
Luisiana	125.674	3.643.180	Baton Rouge (165.963).
Maine	86.027	993.663	Augusta (21.945).
Maryland	27.394	3.922.399	Annapolis (29.592).
Massachusetts	21.386	5.689.170	Boston (641.071).
Michigán	150.779	8.875.083	Lansing (131.546).
Minnesota	217.735	3.805.069	Saint Paul (309.980).
Misisipí	123.584	2.216.912	Jackson (153.968).
Misuri	180.486	4.677.399	Jefferson City (32.407).
Montana	381.084	694.409	Helena (22.730).
Nebraska	200.017	1.483.791	Lincoln (149.518).
Nevada	286.296	488.738	Carson City (15.468).
Nueva Jersey	20.295	7.168.164	Trenton (104.638).
Nueva York	128.401	18.241.266	Albany (114.873).
Nuevo Hampshire	24.097	737.681	Concord (30.022).
Nuevo Méjico	315.113	1.016.000	Santa Fe (41.167).
Ohio	106.765	10.652.017	Columbus (539.677).
Oklahoma	181.090	2.559.253	Oklahoma City (366.481).
Oregón	251.180	2.091.385	Salem (68.296).
Pensilvania	117.412	11.793.909	Harrisburg (68.061).
Rhode Island	3.144	949.723	Providence (179.213).
Tejas	692.403	11.196.730	Austin (251.808).
Tennessee	109.412	3.924.164	Nashville (447.877).
Utah	219.932	1.059.273	Salt Lake City (175.885).
Vermont	24.887	444.732	Montpellier (8.609).
Virginia	105.716	4.648.494	Richmond (249.621).
Virginia Occidental	62.629	1.744.237	Charleston (71.505).
Washington	176.617	3.409.169	Olympia (23.111).
Wisconsin	145.438	4.417.933	Madison (173.258).
Wyoming	253.597	332.416	Cheyenne (40.914).
Totales	9.363.125	203.235.298	

Capital y poblaciones importantes. La capital es Washington (756.510 h.). Otras poblaciones importantes, además de las ya mencionadas en el cuadro precedente, son: Nueva York (7.867.760), Chicago (3.366.957), Los Ángeles (2.816.061), Filadelfia (1.948.609), Detroit (1.511.482), Houston (1.232.802), Baltimore (905.759), Dallas (844.401), Cleveland (750.903), Milwaukee (717.372) y San Francisco (715.674).

Fideicomisos, dependencias y territorios. EE. UU. administra en fideicomiso de las Naciones Unidas las islas Marianas (excepto Guam, que le pertenece), Carolinas y Marshall. La superf. total de estas islas es de 1.779 km.², y la pobl., de 114.774 h. No se incluye en la enumeración a Puerto Rico (v.), que es un Estado Libre Asociado. Además, EE. UU. posee varios territorios no autónomos, cuya superf. y pobl. se indican en el cuadro siguiente:

Territorios no autónomos	Superficie Km.²	Población Habitantes
Canal de Panamá (Zona del)	1.676	44.198
Guam (Isla de)	549	84.996
Midway (Islas de)	8,4	2.376
Samoa (Islas de)	197	28.000
Vírgenes (Islas)	345	62.468
Wake, Howland, Baker y Jarvis	20	1.109
Totales	2.795,4	223.147

Cultura. *Educación.* Dado que el analfabetismo puede estimarse como prácticamente eliminado, salvo casos de absoluta incapacidad mental, los educadores estadounidenses tratan de hacer desaparecer la categoría (creada en 1940) de los denominados «funcionalmente incapacitados», es decir, aquellas personas de veinticinco años o más de edad que, por diversas circunstancias, no han completado al menos los cinco años de la enseñanza elemental. En el período lectivo 1976-77, un total de 60.100.000 alumnos, o sea el 28 % del total de la pobl. de EE. UU. en ese tiempo, concurrían a los diferentes establecimientos educativos. En el curso anterior, la matrícula, en cifras redondas, dio las siguientes cantidades: 29.790.000 en las escuelas primarias, 20.646.000 en las secundarias y 9.732.000 en las universidades. El magisterio, en el mismo período, lo componían 1.368.000 maestros de enseñanza elemental, 1.116.000 de secundaria y 670.000 de universitaria. Respecto a los denominados «funcionalmente incapacitados», en marzo de 1976 su porcentaje era del 3,9 entre la pobl. blanca y del 10,7 entre la pobl. de color. Las principales escuelas de enseñanza profesional tuvieron, en el curso 1974-1975, la siguiente matrícula: agricultura, 1.012.595; tareas de distribución, 873.224; tareas sanitarias, 616.638; economía doméstica; 3.746.540; comerciales e industriales, 3.016.509; educación técnica, 447.336; tareas administrativas, 2.951.065. El Estado, en general, prescribe a las escuelas un mínimo de eficiencia, y en caso de no alcanzarse, retira la subvención. Casi todos los estados mantienen también escuelas normales y sus constituciones tienen prescripciones para la instrucción pública. En los distritos rurales y ciudades las escuelas están administradas en nombre de los contribuyentes por una junta elegida o nombrada, y en muchas hay, además, un inspector. La duración de la escuela primaria es de seis a nueve años. La enseñanza sigue, después de la elemental, en las escuelas superiores *(High schools),* tanto públicas como privadas. De la escuela de segunda enseñanza se pasa al colegio *(College),* que en EE. UU. es reflejo de los colegios ingleses de Oxford y Cambridge; pero se ha desarrollado en forma completamente propia y ha aumentado extraordinariamente desde 1870. El grado tradicional conferido es el de bachiller en artes; también

Universidad de Georgetown (Washington)

Universidades	Año de fundación	Número de volúmenes
Harvard	1638	8.606.842
Yale	1701	5.829.035
Illinois	1839	4.808.795
Columbia	1757	4.241.130
California (Berkeley)	1868	4.009.595
Michigán	1838	3.525.359

se otorgan los de bachiller en ciencias y en filosofía y letras, que se dan cuando no se ha estudiado el griego y el latín, necesarios para el primero. Se confieren en las universidades dos títulos: el de doctor y el de maestro de artes. Para el primero, que es el superior, se necesita un mínimo de dos años de estudio; pero en la práctica se exigen tres o cuatro años. Para entrar en la universidad es preciso haber pasado por el colegio, y muchas universidades son también colegios, siendo tal vez esta combinación el distintivo de la enseñanza superior estadounidense. Las universidades gozan de autonomía y disponen de amplios recursos financieros para su mejor desenvolvimiento, gracias a la aportación particular, y fundaciones como Rockefeller, Carnegie, Guggenheim y otras contribuyen con sumas importantes cada año. Varias de las universidades datan de hace más de dos siglos, como las de Harvard, en Cambridge (Massachusetts), fundada en 1636; Yale, en New Haven (Connecticut), en 1701; Pensilvania, en Filadelfia, en 1740; Princeton (Nueva Jersey), en 1746, y Columbia (Nueva York), en 1754. El Instituto Tecnológico de Massachusetts, fundado en 1861, y las Universidades de Berkeley (California), fundada en 1868, y Cornell, en Ithaca (Nueva York), fundada en 1865, son de gran renombre mundial. El Gobierno central mantiene por sí mismo una academia militar en West Point, fundada en 1802, y otra naval en Annapolis, creada en 1845.

Bibliotecas. La mayor de las bibliotecas estadounidenses, que comparte la primacía mundial con la Biblioteca Lenin de Moscú, es la del Congreso. En 1977 se le estimaban más de 70.000.000 de registros, entre los que ocupan lugar preferente los referentes a la colección de manuscritos, con 30.338.713. El número de libros y folletos, en la misma fecha, era de más de 17.000.000. Lugar de importancia corresponde a las bibliotecas universitarias. En el cuadro siguiente pueden verse las principales, con el número de volúmenes que poseen, incluidos periódicos encuadernados.

Museos. El número de museos es muy grande y han sido creados como parte integrante del sistema educativo del país. En su gran mayoría son mantenidos con fondos municipales, pero más por contribuciones privadas y legados. Pocos son administrados por el Estado federal, como sucede con el conjunto manejado por la Smithsonian Institution. Los más importantes son: *Museo Metropolitano de Arte,* de Nueva York, con su magnífica colección de antigüedades egipcias y la no menos de arte europeo, desde la época merovingia al s. XIX; *Museo de Bellas Artes,* de Boston, con sus colecciones de arte del Extremo Oriente y de las antigüedades egipcia y griega; *Galería Nacional de Arte,* en Washington; y *Museo Americano de Historia Natural,* en Nueva York, el mayor en su género de EE. UU., con grandes colecciones de animales prehistóricos.

Letras. La literatura estadounidense ha influido poderosamente en las demás literaturas en lo que va de siglo, y muchos de sus escritores han sido galardonados con el premio Nobel. Su eclosión se produjo bien entrado el s. XIX, aunque en las décadas precedentes contara en Nueva Inglaterra con focos culturales que influyeron en el desenvolvimiento de la sociedad estadounidense. Los escritores más significativos del período colonial fueron: Cotton Mather (1663-1728), Edwar Taylor (1644-1729), William Byrd (1674-1744), Jonathan Edwards (1703-1758), William Bertram (1739-1823) y Benjamin Franklin (1706-1790), el de mayor renombre del período. En la primera mitad del s. XIX, las figuras más destacadas y cuyos nombres adquirie-

Biblioteca del Congreso. Washington

Washington Irving

ron mayor resonancia hasta en Europa fueron: Washington Irving (1783-1859) y James Fenimore Cooper (1789-1851), como novelistas; William Cullen Bryant (1794-1878), como poeta, y Edgar Allan Poe (1809-1849), como cuentista y poeta genial. En Nueva Inglaterra florecieron figuras de primer orden y de renombre universal, tales: Ralph Waldo Emerson (1803-1882), Henry David Thoreau (1817-1862), Henry Wadsworth Longfellow (1807-1882), Oliver Wendell Holmes (1809-1894), James Russell Lowell (1819-1891) y Nathaniel Hawtorne (1804-1864). Contemporáneos de los precedentes, pero cuya obra se desarrolló en otros estados de la Unión: Herman Melville (1819-1891), Emily Dickinson

Estados Unidos

(1830-1886) y Walt Whitman (1819-1892). Autores de amplia difusión, pero de méritos disímiles: Harriet Beecher Stowe (1811-1896), el humorista Samuel Langhorne Clemens, *Mark Twain* (1835-1910), William Dean Howells (1837-1920) y Henry James (1843-1916), cul-

Mark Twain

tivadores de un realismo moral. A estos nombres también podemos agregar, entre otros, a los poetas: James Whitcomb Riley (1849-1916), Eugene Field (1850-1895), Edwin Markham (1852-1940), Robert Frost (1875-1963), Wallace Stevens (1879-1955), Marianne Moore (1887-1972), Conrad Aiken (1889-1973), Archibald Mac Leish (n. en 1892), Stephen Vincent Benet (1898-1943) y Hart Crane (1899-1932); entre los prosistas: Bret Harte (1836-1902), Edith Wharton (1862-1937), William Porter, *O. Henry* (1862-1910), Jack London (1876-1916), Stephen Crane (1871-1900), Frank Norris (1870-1902), Thornton Wilder (n. en 1897) y Margaret Mitchell (1900-1949). En la literatura reciente, especialmente en la novelística, se pueden destacar nombres de resonancia mundial, como: Theodore Dreiser (1871-1945), Upton Sinclair (1878-1968), Henry Adams (1838-1918), Willa Cather (1873-1947), Sinclair Lewis (1885-1951), Sherwood Anderson (1876-1941), Henry Louis Mencken (1880-1966), John Erskine (1879-1951), Pearl S. Buck (1892-1973), John Marquand (1893-1960), John Dos Passos

John Dos Passos

(1896-1970), Louis Bromfield (1896-1955), William Faulkner (1897-1962), Ernest Hemingway (1898-1961), John Steinbeck (1902-1968), Erskine Caldwell (n. en 1903) y Norman Mailer (n. en 1923). El teatro ofrece nombres sobresalientes en lo que va del siglo: Eugene O'Neill (1888-1953), Maxwell Anderson (1888-1959), Elmer Rice (1892-1967), Robert Sherwood (1896-1955), William Saroyan (n. en 1908), Tennessee Williams (n. en 1914), Clifford Odets (1906-1963), Arthur Miller (n. en 1915) y E. Albee (n. en 1928). Las últimas promociones poéticas cuentan entre los más notables: Carl Sandburg (1878-1967) y Ezra Pound (1885-1972), y entre los novelistas: James A. Michener (n. en 1907), Herman Wouk (n. en 1915), Truman Capote (n. en 1924) y S. Bellow (n. en 1915). Como historiadores, sociólogos y filósofos pueden mencionarse, entre los más notables: Thomas Paine (1737-1809), William H. Prescott (1796-1859), George Bancroft (1800-1891), William Lloyd Garrison (1805-1879), James Harvey Robinson (1863-1936), George Santayana (1864-1952), Charles Beard (1875-1948), James Truslow Adams (1879-1949), Will Durant (n. en 1885), Lewis Mumford (n. en 1895), John Dewey (1859-1953), William James (1842-1910), Harold Lamb (1892-1962) y W. van O. Quine (n. en 1908).

Pintura. La pintura estadounidense ha contado con artistas de primer orden a partir del s. XVIII. Contemporáneos de la lucha por la independencia, los acontecimientos sirviéronles de temas para sus cuadros y retrataron a muchos de sus prohombres. Nacieron en el siglo mencionado: John Singleton (1738-1815), Charles Wilson Peale (1741-1827), cuyos tres hijos fueron también distinguidos artistas; Gilbert Charles Stuart (1755-1828), John Trumbull (1756-1843), Edward Savage (1761-1817) y John James Audubon, a la vez notable ornitólogo. Nacieron en la primera mitad del s. XIX: William Morris Hunt (1824-1879), George Inness (1825-1894), James Mac Neill Whistler (1834-1903), uno de los mayores artistas de su época; Winslow Homer (1836-1910), Thomas Eakins (1844-1916), que cultivó también la escultura; Mary Cassatt (1845-1926), una de las figuras de mayor renombre del impresionismo, y Albert Pinkham Ryder (1847-1917), notable paisajista y marinista. Nacieron en la segunda mitad del siglo: John Singer Sargent (1856-1925), tan célebre como Whistler; Anna Mary Robertson Moses, *Grandma Moses* (1860-1961), que se inició en la pintura a muy alta edad; Fredric Remington (1861-1909), a la vez escultor y escritor; Maxfield Parish (1870-1966), John Sloan (1871-1951), Howard Chandler Christy (1873-1952), James Montgomery Flagg (1877-1960), George W. Bellows (1882-1925), Jockwell Kent (1882-1971), Thomas Hart Benton (n. en 1889), Dean Cornwell (1892-1960), Grant Wood (1892-1942), Charles E. Burchfield (1893-1967), Milton C. Avery (1894-1965), Stuart Davis (1894-1964), John Stuart Curry (1897-1946), Reginald Marhs (1898-1954), y los nacidos en el presente siglo: Robert Motherwell (n. en 1915), fundador del llamado «tachismo»; Andrew Wyeth (n. en 1917), Ray Johnson (n. en 1927), Roy Lichtenstein (n. en 1923), Robert Rauschenberg (n. en 1925), Andy Wahrol (n. en 1931) y Tom Wesselmann (n. en 1931).

Arthur Miller

Escultura. Solamente se registran figuras meritorias a partir del s. XIX, y el primero de ellos es Horatio Greenough (1805-1852). Posteriormente florecieron: Thomas Crawford (1813-1857), Augustus Saint Gaudens (1848-1907), Daniel Chester French (1850-1931), Lorado Taft (1860-1936), George Grey Barnanrd (1863-1938), Frederick Williams Mac Monnies (1863-1937), Paul Wayland Bartlett (1875-1925), extraordinario animalista; Hermon Atkuns Mac Neil (1866-1947), que se inspiró en motivos de pieles rojas; Gutzon Borglum (1871-1941), quien talló cabezas en el monte Rushmore, en Dakota del Sur; James Earle Fraser (1876-1953), Anna Hyatt de Huntington (1876-1973), autora de *El Cid;* Lee Lawrie (1877-1963), Rudolf Evans (1878-1960), Jo Davidson (1883-1952), Paul Manship (n. en 1885), Malvina Hoffmann (1887-

Alexander Calder

1966), Hugo Robus (1895-1964), Alexander Calder (1898-1976), que se valió de metales, alambres y otros elementos para sus obras, y R. Lippold (n. en 1915).

Música. Exceptuando los nombres de Gershwin, Copland y los compositores de yaz, esta rama del arte no brilla como las precedentes. El primero en orden de tiempo es Stephen Foster (1826-1864), que se inspiró en el folklore de los negros; vienen después: George Whitefield Chadwick (1854-1931), John Philip Sousa (1854-1932), Victor Herbert (1859-1942), Charles Martin Tornov Leoffler (1861-1935), Edward Alexander Mac Dowell (1861-1908), Ethelbert Woodbridge Nevin (1862-1901), Walter Damrosch (1862-1950), el más notable de una familia de músicos; Henry Thacker Burleigh (1866-1949), autor de *espirituales;* Henry Kimball Hadley (1871-1937), Charles Edward Ives (1874-1954), George Michael Cohan (1878-1942), Charles Wakefield Cadman (1881-1946), quien transcribió música indígena; Jerome David Kern (1885-

Leonard Bernstein dirigiendo a la Orquesta Filarmónica de Viena

1945), Deems Taylor (n. en 1885), Israel Baline, *Irving Berlin* (n. en 1888), Cole Porter (1893-1964), Oscar Hammerstein (1895-1960), Roger Sessions (n. en 1896), Henry Cowell (1897-1965), George Gershwin (1898-1937), Randall Thompson (n. en 1899), Aaron Copland (n. en 1900), Richard Rodgers (n. en 1902), William H. Schuman (n. en 1910), L. Bernstein (n. en 1918), J. Cage (n. en 1912), H. Cowell (1897-1965), y G.-C. Menotti (n. en 1911).

Historia. Las actuales costas orientales de EE. UU., visitadas ya por primera vez por los normandos en el año 1000, cuando desembarcó en ellas Erico *el Rojo*, y en la segunda mitad del s. XV por pescadores vascos de ballenas y bacalaos, llegados a Terranova, fueron descubiertas en forma oficial en la parte N. del continente, por el genovés, naturalizado veneciano, Juan Gaboto, al servicio de Inglaterra, en el año 1497. La Florida fue descubierta por Juan Ponce de León en el día de Pascua del año 1513. La colonización inglesa empezó en América en el año 1584, con sir Humphrey Gilbert, siguiéndole su hermanastro sir Walter Raleigh, que dio a las nuevas tierras el nombre de Virginia, en homenaje a la reina Isabel I. El rey Jacobo I hizo acusar a Raleigh de traición y dividió las costas del Atlántico, en 1606, entre las Compañías de Plymouth, al N., y de Londres, al S., con una zona intermedia que dio origen, junto con las otras dos divisiones, a las colonias del N., del S. y del Centro. Los primeros tiempos de la colonización inglesa en los actuales EE. UU. fueron llamados *época del hambre*, por los sufrimientos que tuvieron que pasar los colonos; pero pronto cada poblador tuvo derecho a poseer tierras, y entonces los colonos empezaron a sembrar tabaco, que vendían en Inglaterra. En 1619 llegaron en un buque holandés los primeros esclavos negros, quienes, como el cultivo del tabaco y del algodón requirió pronto su trabajo, fueron aumentando cada año prodigiosamente. Las plantaciones de tabaco se extendieron por el interior del país, en territorios adquiridos de los indios, ya por compra, ya por la fuerza. Las guerras civiles de Inglaterra repercutieron en Norteamérica, con el traslado de grandes cantidades de emigrantes que llevaron su dinero y sus oficios e hicieron progresar cada vez más las florecientes ciudades. En Terranova, los intentos de colonización resultaron estériles y las costas sólo siguieron visitándolas los pescadores ingleses. En 1628, el Consejo de Nueva Inglaterra constituyó la Compañía de Nueva Inglaterra y otorgó las tierras del actual estado de Massachusetts a los primeros pobladores, calvinistas puritanos, llegados a América en 1620, quienes lograron que se les autorizase a gobernarse a sí mismos. En Boston se formó así una verdadera república teocrática, de la cual, a raíz de disputas de carácter religioso, emigraron algunos de sus habitantes, que fundaron otras colonias, como Providencia, Portsmouth, Newport, Warwick, Connecticut y la ciudad de New Haven, desaparecida en 1665. En 1623, unos protestantes valones desembarcaron en la isla de Manhattan, y tres años después levantaron un fuerte llamado Nueva Holanda. Los holandeses se dedicaban a la agricultura y al comercio de pieles. La ciudad de Nueva Amsterdam, fundada por ellos, reunía en 1643 unos 400 h., entre los cuales se hablaban dieciocho idiomas diferentes; pasó a poder de Inglaterra en 1674, y tomó el nombre de Nueva York. Nueva Jersey se formó en 1665 con familias de New Haven, y en 1702 fue transformada en colonia real. La secta de los cuáqueros, que se extendió rápidamente por América e Inglaterra, logró, gracias a uno de sus adeptos, William Penn, que se le concediesen en el Nuevo Mundo, para vivir y profesar sus creencias, las tierras que hoy llevan el nombre de Pensilvania. La ciudad de Filadelfia fue fundada en 1682. EE. UU. había alcanzado en el s. XVIII un gran desarrollo. Tenía 1.500.000 h. A sus puertos llegaban barcos de todas las partes del mundo. Los franceses habían empezado a explorar distintas partes de los actuales EE. UU. Su colonización empezó en el s. XVII con la fundación de Port-Royal, más tarde llamada Nueva Escocia, y luego con Quebec, donde levantaron un fuerte. Hacia 1630 los jesuitas empezaron a visitar Nueva Francia. La lucha entre Inglaterra y Francia estalló también en el Nuevo Mundo, y a comienzos del s. XVIII los ingleses se fueron adueñando de las posesiones francesas. La guerra intensa comenzó en 1754. Ambos bandos buscaron la cooperación de los aborígenes. Los indios algonquines se pusieron del lado de los franceses y los iroqueses del lado de los ingleses. William Pitt, el gran ministro inglés, se propuso, y lo logró, alejar a los franceses de las posesiones inglesas. En 1763 se firmó la Paz de París, y en ella se acordó que Francia entregase a Inglaterra todas sus posesiones en América al este del Misisipí, exceptuando la ciudad de Nueva Orleans y las islas de San Pedro y Miquelón. Francia recibía las islas de Guadalupe y Martinica, en las Antillas, y España recuperaba las Filipinas y Cuba, pero perdía Florida y sus tierras al este del Misisipí, que fue declarado de libre navegación. No bien firmado el tratado, Francia transfirió a España toda la Luisiana y Nueva Orleans. En esta forma, España quedó en lugar de Francia. Canadá fue llamado la Provincia de América Británica. En ella habitaban unos 70.000 franceses. Las autoridades inglesas hicieron lo posible por transformar su religión, su lengua y sus sentimientos, pero no lo lograron, y todavía hoy se habla en Canadá el francés y la religión dominante es la católica. Los canadienses no quisieron unirse a los revolucionarios estadounidenses cuando se pronunciaron en contra de Gran Bretaña. EE. UU. trató de dominar Canadá por la fuerza, pero aquél se independizó y Canadá quedó unido a Gran Bretaña. En la segunda mitad del s. XVIII, el Gobierno de Gran Bretaña trató de hacer cumplir las leyes de navegación, enviar 10.000 hombres a las colonias americanas e imponer impuestos para sostener ese ejército. Se produjo un choque violento, no sólo por las medidas impositivas, sino entre distintos idearios políticos. En 1765, nueve colonias se reunieron en Nueva York y resolvieron jurar fidelidad a la corona y acatar al Parlamento, siempre que se les asegurasen las mismas libertades de que gozaban los habitantes de la metrópoli, pero los demás colonos declararon que no podían admitir impuestos, alegando los derechos naturales del hombre y sus derechos constitucionales. Una serie de incidentes hicieron que Inglaterra recurriera a medidas represivas. Pronto en las principales ciudades de EE. UU. se crearon Juntas de correspondencia, las que resolvían por su cuenta los asuntos de gobierno. Las legislaturas de cada colonia nombraban a sus integrantes. En el año 1774 se reunieron en Filadelfia los representantes de las colonias y trataron de constituirse en un Congreso que hiciese presente a Gran Bretaña los deseos de los descontentos. En este primer Congreso, que era sólo un cuerpo consultivo continental, quedó bien fijado que los colonos tenían derechos indiscutibles. No se declaró la independencia, pero quedó establecida la unión de las colonias. Entretanto, el Parlamento inglés seguía tomando medidas contra ellas, por juzgarlas rebeldes. En 1775 se reunió en Filadelfia el segundo Congreso Continental que se dirigió al rey Jorge III, al pueblo de Gran Bretaña, al de Canadá y a la asamblea de Jamaica. En estos documentos los congresistas explicaban las razones que los llevaban a empuñar las armas, para lo cual se organizó un ejército, del que fue nombrado jefe George Washington. Los combates entre este ejército colonial de soldados improvisados y las fuerzas inglesas tuvie-

Misión de San Gabriel Arcángel, fundada en 1717 por fray Junípero Serra. Los Ángeles (California)

Población de Florida, en la época española, grabado antiguo

ron resultado vario. Al propio tiempo, la idea de la independencia o separación de Gran Bretaña ganaba terreno. La obra del inglés Thomas Paine, *Sentido común,* publicada en 1776, tuvo una gran influencia en los propósitos de declarar la independencia. Habiendo madurado la idea de la libertad política, el Congreso de Filadelfia aprobó el 4 de julio de 1776 la declaración de la Independencia de las colonias americanas. En este documento quedaron bien fijados los derechos naturales del

Firma del Acta de Independencia

hombre. Sabido es que este documento tuvo una influencia decisiva en la Revolución francesa, y fue copiado en la declaración de los Derechos del Hombre de la misma revolución. La guerra por la independencia terminó en el Norte con la rendición del general inglés John Burgoyne, en Saratoga, el 17 de octubre de 1777. EE.UU. se alió con Francia contra Inglaterra, alianza a la cual se adhirió España. En el Sur, los españoles, en número de 7.000 con unos 700 franceses y algunos americanos, obtuvieron grandes triunfos sobre los ingleses y conquistaron la Luisiana y Florida. La paz con Inglaterra fue firmada en 1783, reconociéndose la Independencia. París fue la ciudad donde David Hatley, en representación de Gran Bretaña, y Adams, Franklin y Jay, por las trece colonias, firmaron el famoso documento de paz. La reorganización de EE.UU., empobrecido y arruinado por la guerra, fue lenta y trabajosa. Se temió que estallase una guerra civil. Alexander Hamilton reorganizó las finanzas con bastante éxito. Washington inició los trabajos de la Convención Constituyente que declaró la unión de todos los estados bajo la forma federal y republicana. El Congreso de la Federación terminó sus sesiones el 2 de marzo de 1789 y el primer presidente de EE.UU. fue George Washington, y el vicepresidente John Adams. La compra de la Luisiana a Francia permitió poco después extenderse sobre Florida, Tejas y California. En 1807 empezaron los primeros barcos movidos a máquina a recorrer el Hudson, el Misisipí y otros ríos. El comercio progresó, pero las hostilidades entre Francia e Inglaterra cerraron los puertos europeos. Afectado en sus derechos de comerciar con Europa, por los continuos abordajes de los buques ingleses a sus naves, que buscaban marineros de su nacionalidad para alistarlos, EE.UU. terminó por declarar la guerra a Inglaterra en 1812. No se alió a Francia, pero de hecho estaba al lado de Napoleón. La guerra era impopular y terminó en 1815. En los años siguientes, que fueron de paz y prosperidad, se discutió el problema de la esclavitud, y se declaró que ningún país europeo podía intervenir en los problemas de América. La historia posterior de EE.UU. se desarrolló entre discusiones constitucionales y económicas, y las que versaban sobre los derechos de los estados se hicieron tan agudas, que los del Sur encararon la posibilidad de constituir una nación separada llamada Confederación del Sur. En este período se agudizó la cuestión de la supresión de la esclavitud. Los partidarios de la misma sostenían que los estados esclavistas habían entrado como tales en la Confederación estadounidense y que no había derecho a obligarlos a cambiar su constitución política y social. En 1821, Méjico dio autorización a Moses Austin para que se estableciese a orillas del río Colorado con unas trescientas familias. Otros ciudadanos estadounidenses se dirigían a la misma región creyendo que se hallaban en

George Washington

una zona de EE.UU. Hubo en Tejas una sublevación y peticiones de independencia o autonomía. Un virginiano, de nombre Samuel Houston, se convirtió en jefe de las fuerzas tejanas y combatió contra los mejicanos; en 1836 fue proclamado presidente de la República de Tejas y al año siguiente EE.UU., reconoció su independencia. EE.UU. había deseado anexionarla desde tiempo antes, pero el nuevo estado era esclavista y su ingreso en la Unión desagradaba a los partidarios del abolicionismo. Por último, Tejas fue anexionada a la Unión en 1844. Méjico, no pudiendo permitir que una provincia rebelde pasase a poder de EE.UU., declaró la guerra a éste, pero fue vencido y el territorio de EE.UU. aumentó con los actuales estados de California, Nevada, Utah, Arizona y Nuevo Méjico, parte de Colorado y Wyoming. Méjico recibió en compensación 15 millones de dólares. El descubrimiento de oro en California llevó a esa región un gran número de exploradores y aventureros. Cuando Abraham Lincoln fue elegido presidente, la esclavitud entró en una fase decisiva. Los estados del Sur, convencidos de que Lincoln haría lo posible para suprimirla, amenazaron con separarse de la Unión. El 20 de diciembre de 1860, Carolina del Sur declaró no pertenecer más a ella, ejemplo que siguieron Georgia, Alabama, Florida, Misisipí, Luisiana y Tejas. Cuando la guerra empezó, Virginia, Arkansas, Tennessee y Carolina del Norte también se separaron. La guerra civil entre los estados esclavistas y antiesclavistas paralizó el desarrollo de la riqueza. En el Sur la miseria llegó a ser intensa. En el mes de septiembre de 1862, Lincoln leyó una proclama en la que se declaraba que, desde el 1 de enero de 1863, todos los esclavos que existían en EE.UU. serían libres. Los jefes de los ejércitos confederados y del Norte fueron los generales Robert Lee y Ulysses S. Grant. Una de las más sangrientas batallas de la guerra fue la de Gettysburg, en 1863. En ese mismo año, Lincoln pronunció un discurso (Gettysburg Adress), cuya primera frase ha llegado a ser el credo de la democracia estadounidense. La guerra terminó en 1865. Los ejércitos esclavistas tuvieron que rendirse incondicionalmente. El 14 de abril de 1865, en un teatro, Lincoln fue muerto por un actor partidario de los sudistas. Los negros obtuvieron el derecho al voto y su participación en las elecciones dio resultados inesperados. La supresión de la esclavitud cambió la economía de los estados sudistas. Las grandes plantaciones fueron vendidas o subdivididas. Los negros recibieron una educación que antes rara vez habían tenido. En el N. los ferrocarriles corrían por tierras nuevas y llevaban gran cantidad de inmigrantes a poblar los estados del medio y del lejano Oeste. En 1886 se celebró el primer centenario de la Independencia estadounidense. Con ese motivo, Francia regaló la estatua de *La Libertad iluminando al mundo,* obra que fue erigida en la bahía de Nueva York. La explosión del acorazado *Maine,* ocurrida en La Habana el año 1898, dio origen a una guerra entre España y EE.UU. España tuvo que hacer frente a la poderosa marina de EE.UU. y perdió Cuba, Puerto Rico y Filipinas. También fueron anexionadas las islas Hawai. El proyecto de abrir un canal en América central ocupaba, desde antiguo, la atención de EE.UU. Las conversaciones con Colombia no dieron los resultados esperados y cuando Panamá declaró su independencia, EE.UU. fue la primera nación en reconocerla. En febrero de 1904, Panamá otorgó a EE.UU. la fiscalización de una zona en la cual se abriría un canal interoceánico, ya proyectado por los españoles en la época hispánica, y aunque fracasó primero el genio de

Estados Unidos

Soldados confederados recogen su bandera tras la capitulación del general Lee, por Richard Morris Brooke. Colección particular. Dayton (Ohio)

Ferdinand Marie Lesseps, a causa de la enfermedad que diezmó a los trabajadores, se logró abrirlo gracias a los esfuerzos de los estadounidenses. La P. G. M. decidió a EE. UU. a declararse a favor de las naciones que luchaban contra Alemania, Austria-Hungría, Turquía y Bulgaria. Los submarinos alemanes habían hundido gran número de buques estadounidenses hasta que EE. UU. se decidió a intervenir en la guerra. La colaboración estadounidense fue eficacísima para los aliados, y éstos obtuvieron, en 1918, la victoria sobre Alemania y las potencias a ella asociadas. La paz se hizo sobre los catorce puntos fijados por el presidente Wilson. Después de la guerra, el presidente estadounidense proyectó la Sociedad de las Naciones, que llegó a constituirse con su sede en Ginebra. No obstante ser su creador, EE. UU. no se integró en la Sociedad. En 1929 comenzó en EE. UU. una intensa crisis económica de graves repercusiones mundiales. Todo el país colaboró en el resurgimiento nacional, renaciendo la normalidad después de grandes esfuerzos. Roosevelt fue reelegido presidente de EE. UU. por tercera vez, caso único en la historia de su país. Al producirse el ataque japonés a Pearl Harbour, EE. UU. declaró la guerra a Alemania, Italia y Japón. Las fuerzas de EE. UU. lograron ocupar, en noviembre de 1942, el norte de África y obtener triunfos que inclinaron la balanza de la guerra en favor de los aliados. También colaboraron de un modo decisivo en la invasión del Continente europeo. Poco antes de terminar la S. G. M., falleció el presidente Roosevelt, y fue substituido por el vicepresidente Harry Truman, a quien le ocupó resolver el lanzamiento de la bomba atómica sobre Japón. Truman fue reelegido en 1948. EE. UU. salió de la S. G. M. con su personalidad como primera potencia mundial reforzada y engrandecida en tal modo, que sólo la U. R. S. S. podía parangonársele en poderío. Prestó ayuda para la recuperación económica de los países europeos, mediante cuantiosos créditos y recursos otorgados en virtud de la *Foreign Asistance Act*, de 3 de abril de 1948, más conocida por Plan Marshall; firmó con otras once naciones el Tratado del Atlántico Norte para la defensa común (4 de abril de 1949), con lo que abandonó su antigua tendencia al aislacionismo y prosiguió las investigaciones atómicas, que le hicieron conseguir el primer lugar en esta especialidad técnica. Al producirse la invasión de Corea en julio de 1950, EE. UU., como parte principal del bando de las Naciones Unidas, se vio obligado a movilizar de nuevo su máquina militar y a llamar al servicio activo a nuevas quintas. En octubre declaró el presidente Truman que EE. UU. no tenía ambiciones territoriales y que sus tropas no permanecerían en Corea más que el tiempo indispensable para restablecer el orden y hacer unas elecciones generales en las que el pueblo coreano pudiera elegir libremente sus propios representantes. El 26 de febrero se aprobó la 22.ª enmienda a la Constitución, en virtud de la cual ningún presidente podrá ser reelegido más de dos veces, ni nadie que haya desempeñado la presidencia o actuado como presidente más de dos años, sea elegido más de una vez. El 4 de septiembre de 1951 firmó el Tratado de paz con Japón en la Conferencia de San Francisco. Las elecciones generales del 4 de noviembre de 1952 dieron el triunfo al partido republicano y, para el cargo de presidente de la República, al general Eisenhower, quien imprimió un cambio fundamental a la política exterior, substituyendo la doctrina de la *contención* del comunismo por la de *seguridad militar*, es decir, que en vez de acudir a los lugares en que aquél despliegue su juego, tiende a prepararse debidamente (sobre todo en lo referente a bases aéreas dentro y fuera de la nación, y a disponer de armas atómicas y termonucleares cuantiosas) para poner en acción, en los lugares previamente elegidos, una fuerza instantánea de represalia. El 27 de julio de 1953, después de laboriosas negociaciones, se firmó la tregua en Corea. Acaso desengañado de la acción colectiva, o conocedor de sus dificultades, EE. UU. procuró no sólo conservar los aliados de la S. G. M., sino además adquirir otros; así llegaron a la alianza con España en virtud de acuerdos de tipo militar y económico (26 de septiembre de 1953). El 8 de septiembre se firmó en Manila (Filipinas) el Tratado de Defensa del Sudeste Asiático (S. E. A. T. O.) con intervención de EE. UU. Como la situación en esta parte del mundo empeoró por la política expansionista del Gobierno de Pekín, Eisenhower obtuvo del Congreso autorización para el envío de fuerzas a las amenazadas Formosa e islas de Pescadores (enero de 1955). En las elecciones de renovación del Ejecutivo, Eisenhower resultó triunfante por mayoría abrumadora, sobre su adversario demócrata, Adlai Stevenson. Durante 1957 dominó en el escenario interno del país la disputa racial en los estados del S., que culminó con el envío de tropas federales a Little Rock (Arkansas) para garantizar la entrada de estudiantes de color en las escuelas secundarias, en cumplimiento del fallo de la Corte Suprema de Justicia, de mayo de 1954, que juzgó inconstitucional la separación racial vigente en algunos de los estados de la Unión. Hubo gran conmoción en EE. UU. cuando la U. R. S. S. lanzó con éxito su primer satélite artificial en torno a la Tierra, el llamado *Sputnik I* (4 de octubre). El 31 de enero de 1958, después de la tentativa fallida de diciembre del año anterior, la Marina de EE. UU., desde la base de lanzamiento en Cabo Cañaveral (Florida) puso en órvita, en torno a la Tierra, un satélite, el *Explorer I*. En agosto de 1959 el problema de Formosa se agravó nuevamente con el bombardeo por artillería pesada, efectuado por la R. P. China contra la isla de Quemoy, acto que indujo al secretario de Estado, John Foster Dulles, a manifestar que su país defendería a Formosa de cualquier ataque en caso de que el Gobierno nacionalista se mostrase incapaz de hacerlo. A fines de noviembre, la U. R. S. S. volvió de nuevo a plantear el problema de la unificación de las dos Alemanias y el arreglo de la cuestión de Berlín, declarando a ésta «ciudad libre», suprimiendo las zonas de ocupación y el control de los contactos de la zona occidental con las naciones del O. realizado por el Gobierno de Alemania Oriental instalado en Pankow. EE. UU., apoyado por sus aliados de la O. T. A. N., se opuso a esta pretensión. El 3 de enero de 1959 Alaska se con-

Truman jura el cargo de presidente (1949)

El presidente Franklin D. Roosevelt, durante su discurso del 20 de enero de 1945

Estados Unidos

virtió en el cuadragésimo nono estado del país, y el 21 de agosto, Hawai ingresó en la Unión como quincuagésimo estado. Para respaldar la política de no favorecer en lo sucesivo en América a gobiernos de neto matiz totalitario, EE. UU. adoptó medidas drásticas al suspender toda ayuda económica a Cuba y a la República Dominicana. Con la primera de dichas naciones la controversia se agudizó a consecuencia de la explosión en el puerto de La Habana de un buque que traía municiones, con su consiguiente secuela de muertos y heridos, suceso que, según Castro, era un sabotaje urdido por agentes estadounidenses (4 de marzo de 1960), y de la decisión tomada, previa autorización del Congreso, de reducir substancialmente la cuota de azúcar cubano (3 de julio). Afectada Cuba por esta medida, llevó su queja al Comité de Seguridad de la O. N. U., acusando de actos agresivos a EE. UU.; pero la organización internacional decidió que era un problema de incumbencia americana y dejó el asunto en manos de la O. E. A., que habría de tratarlo en su VII Conferencia de Cancilleres, a reunirse en San José de Costa Rica. Celebrada ésta, se condenó en una Declaración toda injerencia extracontinental en América, como la penetración chinosoviética en Cuba (23 de agosto). Las relaciones con la U. R. S. S. continuaron tirantes y se agravaron con el incidente sobrevenido el 1 de mayo, en que un avión estadounidense de reconocimiento, el *U-2*, fue derribado por baterías rusas en Sverdlovsk. Jruschev sacó provecho de esta coyuntura y en la reunión del Soviet Supremo, del 3 del mismo mes, acusó de espionaje a EE. UU. y, poco después, hizo fracasar en su comienzo la conferencia de jefes de Estado «en la cumbre» que había de celebrarse en París. El 22 de junio se canjearon los documentos de ratificación de la paz entre Japón y EE. UU., con evidente desagrado de la Unión Soviética. Hubo violentas manifestaciones en contra por elementos filocomunistas en Japón y esto determinó que la gira de Eisenhower por los países del Lejano Oriente se interrumpiera luego de las visitas a Manila y Seúl. Con estos antecedentes, los problemas de la «guerra fría» persistieron, como se comprobó en la reunión de la Asamblea General de la O. N. U., a la que asistieron y en la que hicieron uso de la palabra algunos de los jefes de Estado o de gobierno, entre ellos Eisenhower y Jruschev. La opinión en EE. UU. mostró indicios de que anhelaba una

Eisenhower recibe en la Casa Blanca al presidente electo John F. Kennedy

política exterior más enérgica, y en la campaña presidencial ambos candidatos, Richard Nixon por los republicanos y John F. Kennedy por los demócratas, se pronunciaron inequívocamente por ella. En los comicios triunfó Kennedy por escaso margen y asumió el cargo el 20 de enero de 1961. La U. R. S. S. explotó ampliamente la hazaña del mayor Gagarin, un oficial de su fuerza aérea, que, tripulando una nave espacial, había circunvolado el Globo y descendido indemne a la Tierra (12 de abril). En esta competencia por la exploración del espacio, EE. UU. logró lanzar al capitán de fragata Shepard, quien se remontó a una altura de 185 km. y regresó a la Tierra (5 de mayo). En el ínterin, la diplomacia estadounidense sufrió un revés con motivo del fracaso de la fuerza expedicionaria de exiliados cubanos, que, contando con su tácito apoyo, había desembarcado en la bahía de Cochinos (Las Villas), en un intento de derrocar el régimen de Fidel Castro (17 de abril). Uno de los puntos fundamentales en la política exterior del nuevo presidente fue la de prestar mayor atención a las necesidades de desarrollo de los países hispanoamericanos, poniendo en ejecución un eficaz programa de asistencia económica y financiera. Para tratar de los problemas internacionales más urgentes, Kennedy y Jruschev se reunieron en Viena, donde por espacio de dos días sostuvieron conversaciones y, entre otras cosas, convinieron apoyar en Laos a un Gobierno elegido por los laosianos sin injerencia extranjera y preservar la independencia de dicho país (4 de junio). Además, Jruschev, que había amenazado con firmar un tratado de paz con Alemania Oriental, indicó que dejaría transcurrir un nuevo plazo de seis meses para liquidar el problema de Berlín. El tránsito entre los sectores oriental y occidental de Berlín se hizo cada vez más difícil, los soviéticos comenzaron a levantar una muralla de cemento de 40 km. de long., que vino a cerrar la frontera entre ambas zonas (13 de agosto). El 21 de julio, el capitán de la fuerza aérea Grisson ascendió al espacio, llegando a una altura casi doble de la alcanzada por Shepard; pero esta proeza resultó empequeñecida (7 de agosto) ante la realizada por el cosmonauta soviético Titov, quien, tripulando una nave espacial, dio 17 vueltas a la Tierra en 25 horas de vuelo. Después de dos semanas de deliberaciones, comenzadas el 7 de agosto, se firmó en Punta del Este (Uruguay), en la Conferencia Económica y Social de los ministros de Finanzas de la O. E. A., un acuerdo por el cual los países hispanoamericanos, con excepción de Cuba, cuyo ministro de Industria, Ernesto Guevara, había asistido a las deliberaciones, resolvieron asociarse en un «esfuerzo común» para hacer viable el plan de Alianza para el Progreso, patrocinado por Kennedy, por un total de 20.000 millones de dólares, en un programa que había de desarrollarse en una década. Tras una larga tramitación diplomática, de dos meses, para designar al sucesor de Dag Hammarskjöld en la secretaría general de la O. N. U., recayó finalmente el cargo en el birmano U Thant. La tensión por Berlín llegó a límites peligrosos por esta época al enfrentarse en la línea divisoria los tanques soviéticos y estadounidenses; pero las cosas no pasaron a mayores y el problema de Berlín y el de la

Kennedy (asomado, en la esquina de la barandilla) contempla, en Berlín, el llamado *muro de la vergüenza*, que separa los sectores oriental y occidental de la ciudad

unificación de las dos Alemanias continuó sin resolverse. La tensión con Cuba llegó a su punto álgido cuando Castro admitió públicamente la presencia en su país de técnicos y tropas rusas. El 14 de octubre, EE. UU., mediante reconocimientos aéreos, tuvo la certeza de que la U. R. S. S. había instalado en Cuba bases para el lanzamiento de cohetes. Ante esta amenaza, se dispuso una movilización de barcos de guerra, aviones y tropas, que se destacaron a la zona meridional para bloquear Cuba y listos para cualquier eventualidad. Estas medidas fueron acompañadas por una enérgica advertencia de Kennedy a Jruschev. Se temió que estallase una nueva guerra mundial al saberse que barcos rusos, transportando cohetes, navegaban por el Atlántico con destino a Cuba. El peligro se salvó al acceder Jruschev (28 de octubre) a retirar las armas de Cuba y a que los barcos fueran inspeccionados en alta mar. La forma en que Kennedy se enfrentó con estos problemas y las medidas que adoptó para atajar los desmanes raciales habidos en Oxford (Misisipi) el 1 y 2 de octubre, favoreció a su partido en las elecciones del 6 de noviembre, pues conservó la mayoría en la Cámara de Representantes y aumentó el predominio en el Senado. Después de su visita a Cuba, el vicepromier ministro soviético Mikoyan se entrevistó con Kennedy para ultimar la solución de la crisis de Cuba (19-21 de noviembre). El 25 de julio, los jefes de las delegaciones de la U. R. S. S., R. U. y EE. UU. suscribieron en Moscú el texto de un acuerdo de prohibición de pruebas nucleares en la atmósfera, en el espacio exterior y en el mar; el 5 de agosto este tratado fue firmado solemnemente en la capital soviética por los ministros de Asuntos Exteriores del R. U., la U. R. S. S. y EE. UU. El 20 de septiembre, Kennedy, en un discurso pronunciado en las Naciones Unidas, exhortó a la U. R. S. S. a poner fin a la «guerra fría» y le propuso una expedición conjunta a la Luna, oferta ésta que Moscú optó por ignorar oficialmente. El 22 de noviembre, cuando en visita oficial y acompañado por su esposa y el gobernador del estado de Tejas, John Connally, pasaba en automóvil descubierto por una calle de Dallas, el presidente Kennedy fue alcanzado en la cabeza y en el cuello por dos balas de rifle, disparadas desde un edificio inmediato, y murió pocos minutos después; el gobernador resultó herido. El acontecimiento produjo una conmoción mundial. El vicepre-

Asesinato de Kennedy, en Dallas
(22 de noviembre de 1963)

sidente Lyndon Baines Johnson, de acuerdo con la Constitución, se hizo cargo de la presidencia en el mismo día, conservando el equipo ministerial de su antecesor. Poco después del asesinato fue detenido como sospechoso Lee Harvey Oswald, quien dos días más tarde fue también asesinado, cuando iba a ser trasladado de la comisaría de policía a la cárcel, por un sujeto llamado Jeck Leon Rubinstein. Johnson pronunció su primer discurso ante ambas Cámaras el 27 de noviembre, donde manifestó su intención de proseguir con la política desarrollada por Kennedy. En su empeño de aislar a Cuba, EE. UU. suspendió la ayuda al R. U., Francia y Yugoslavia por mantener relaciones comerciales con aquella isla del Caribe y pidieron aclaración a España y Marruecos sobre el particular. Un fuerte terremoto de diez minutos de duración, se cree que el más intenso del siglo, causó más de 100 muertos y grandes daños materiales en la zona de Anchorage, en Alaska (28 de marzo). Después de largas negociaciones, EE. UU. y Panamá reanudaron sus relaciones diplomáticas; pero en el acuerdo no hicieron alusión ninguna a la revisión o a posibles negociaciones respecto al tratado de 1903 (3 de abril). Después de ser aprobada por el Senado, el presidente Johnson firmó la ley de derechos civiles que abolía la segregación racial en escuelas, transportes, locales públicos, parques, etc. (2 de julio). Las dificultades que esta ley encontró desde el principio para su aplicación exasperó a los negros, que en Nueva York, Rochester y otras ciudades provocaron serios desórdenes durante julio y agosto. El destructor estadounidense *Maddox* fue atacado en aguas internacionales por lanchas torpederas rápidas de Vietnam del Norte (2 de agosto), y ataques semejantes a otras unidades de la VII flota se produjeron dos días más tarde; estos hechos obligaron al presidente Johnson a ordenar una operación de castigo contra las bases de lanchas torpederas y depósitos de combusti-

Lyndon B. Johnson presta juramento como nuevo presidente, poco después de la muerte de Kennedy

bles nordvietnamitas (5 de agosto). Ante el recrudecimiento de los ataques guerrilleros en Vietnam del Sur, el Gobierno estadounidense decidió bombardear las instalaciones militares y vías de comunicación de Vietnam del Norte; el primer bombardeo se efectuó el 7 de febrero, cuando el jefe del Gobierno soviético se hallaba en Hanoi en visita oficial. En un *Libro blanco*, EE. UU. acusó al Gobierno de Hanoi de ser el único responsable del estado de cosas existentes en Vietnam del Sur y advirtió que estaba dispuesto a llevar las operaciones más allá del paralelo 17 (27 de febrero). Fuerzas aéreas estadounidenses y sudvietnamitas realizaron un nuevo bombardeo contra objetivos de Vietnam del Norte (2 de marzo). Para proteger las instalaciones militares estadounidenses llegó a Vietnam del Sur un contingente de infantería de marina (7 de marzo). En lo sucesivo iría aumentando el número de soldados enviados al escenario de la guerra. La noticia de que habían sido empleados gases contra las guerrillas en Vietnam del Sur provocó una ola de protestas antiestadounidenses en todo el mundo. En un discurso pronunciado en Baltimore, el presidente Johnson afirmó que estaba dispuesto a entrar en negociaciones, sin ninguna condición previa, para poner fin a la lucha en Vietnam y que invitaba a la Unión Soviética a colaborar en un programa de desarrollo económico del Sudeste asiático bajo los auspicios de la O. N. U., como único medio de asegurar la paz y la estabilidad en aquella zona (7 de abril). Dos días más tarde llegaron a Vietnam del Sur 3.000 soldados de infantería de marina y varias escuadrillas de aviones. El Gobierno de Hanoi propuso como condición para entrar en negociaciones la retirada previa de los estadounidenses de Vietnam del Sur. El 28 de abril se ordenó por primera vez a la infantería de marina en Vietnam del Sur salir de la actitud meramente defensiva mantenida hasta entonces y lanzarse al ataque contra los guerrilleros. El día 15 de mayo se ordenó la suspensión de los bombardeos aéreos contra Vietnam del Norte, que se venían repitiendo con bastante frecuencia desde febrero, pero fueron reanudados poco después. Del 16 al 20 de julio permanecieron en Vietnam del Sur el secretario de Defensa y el jefe del Estado Mayor conjunto para estudiar sobre el terreno la situación militar; a su regreso a Washington informaron al presidente de la necesidad de elevar el número de soldados estadounidenses en Vietnam a 200.000. De conformidad con los informes de Mac Namara, se acordó enviar 50.000 soldados más a Vuetnam del Sur y duplicar el número de los llamados a quintas. Johnson pidió al secretario general de la O. N. U. que utilizase todos los medios diplomáticos a su alcance para poner fin a la guerra en el Sudeste asiático y declaró estar dispuesto a negociar con el Frente Nacional de Liberación de Vietnam del Sur si sus delegados se incorporasen a una delegación nordvietnamita. En este año de 1965 empezaron en EE. UU. las manifestaciones públicas contra la guerra de Vietnam, participando en ellas principalmente estudiantes. Una manifestación que pretendía hacer valer los derechos del negro del estado de Alabama para votar en las elecciones fue violentamente disuelta por la policía en la localidad de Selma (7 de marzo); una segunda manifestación, encabezada por el premio Nobel Martin Luther King, fue prohibida por el gobernador del estado; el Gobierno federal sometió a la autoridad judicial una demanda para que declarase legales las manifestaciones en favor de los derechos civiles del negro, que fue resuelta favorablemente; entretanto llegaron a Selma numerosos integracionistas, principalmente clérigos, de diversos puntos del país; el día 12 murió, a consecuencia de una paliza recibida el día anterior, el reverendo James Reeb, que había acudido desde Boston para unirse a la protesta; este hecho conmovió a la opinión nacional y el presidente Johnson se dirigió al Congreso en solicitud de una ley que garantizase la inscripción de los negros en el censo de votantes (17 de marzo); Martin Luther King encabezó una magna manifestación desde Selma a Montgomery, protegida durante todo el trayecto por las fuerzas regulares y de la Guardia nacional de Alabama. El 6 de agosto fue firmada por el presidente Johnson una ley de derechos civiles que eximía a todo ciudadano de la Unión de cualquier requisito para ser inscrito en el censo electoral, excepto el de no estar comprendido en la edad reglamentaria. Esta ley se considera de excepcional importancia para la emancipación social y política de la población negra, especialmente en el Sur, ya que por lo general las constituciones de muchos estados exigían a los votantes condiciones que normalmente los negros no reúnen. A pesar de esto, el 10 de agosto la población negra de Watts, barrio de Los Ángeles, provocó una serie de disturbios que pronto adquirieron caracteres alarmantes y se propagaron a Chicago. En la primera de estas ciudades tuvo que intervenir una división de la Guardia nacional, que tardó seis días en reducir a los amotinados; treinta y cinco personas resultaron muertas y ochocientas noventa y cinco heridas, además de los daños materiales producidos por los incendios provocados, que se calcularon en unos doscientos millones de dólares. Al ser derribada la Junta de gobierno presidida por Donald Reid Cabral, EE. UU. envió fuerzas de infantería de marina a la República Dominicana para proteger la vida de los súbditos estadounidenses y de otras nacionalidades (28 de abril). Ante el temor de que triunfasen en la República Dominicana los partidarios del ex presidente Juan Bosch, a quienes el Gobierno estadounidense consideraba dominados por elementos castristas y comunistas, se enviaron nuevos contingentes de infantería de marina y de paracaidistas, que pronto ascendieron a 32.000. El presidente Johnson se esforzó por medio de sus enviados especiales y a través de la O. E. A. en hacer llegar a un acuerdo a los dos bandos en lucha. El día 23 de marzo realizaron con pleno éxito un vuelo de tres órbitas los astronautas V. I. Grissom y J. W. Young, primera experiencia tripulada del proyecto *Géminis*. El 3 de junio fue puesta en órbita la nave espacial *Géminis IV*, que dio 62 vueltas a la Tierra; a bordo de ella iban los astronautas James McDivitt y Edward White; éste salió de la cápsula y, unido a ella por un cable, flotó en el vacío durante veintiún minutos. Durante el verano de 1966 continuaron los disturbios de tipo racial por parte de la población negra, que su-

Estados Unidos

ponía un 12 % del total estadounidense, pidiendo igualdad de derechos y oportunidades. El 9 de marzo, Francia se retiró de la N. A. T. O., lo cual constituyó un duro golpe para la Alianza del Atlántico. **En 1967 continuaron las manifestaciones en contra de la guerra del Vietnam; el 15 de abril, 125.000 personas exteriorizaron su protesta en Nueva York y 50.000 en San Francisco.** Con este mismo motivo, cuando tuvo lugar en Chicago, a fines de agosto, la convención del partido **demócrata, 15.000 manifestantes intentaron impedirla.** El 19 de mayo fue bombardeada por primera vez Hanoi, la capital nordvietnamita. Durante el verano se produjeron algunos de los más importantes disturbios en la historia de la nación; en las últimas semanas de julio murieron 26 personas en Newark (Nueva Jersey) y otras 40 en Detroit; las pérdidas materiales ascendieron a unos 500 millones de dólares. El presidente envió tropas federales para ayudar a la policía local. El 10 de febrero fue aprobada la 25 enmienda a la Constitución; permite que el vicepresidente de la nación se encargue del gobierno en caso de enfermedad grave o incapacidad del presidente. Después de la *guerra de los seis días*, EE. UU. apoyó a Israel y le envió armas y aviones. **En abril de 1968 surgieron de nuevo los disturbios raciales; murieron 46 personas y hubo 26.000 heridos,** principalmente en las ciudades de Baltimore, Washington y Chicago. Estos disturbios fueron ocasionados por el asesinato de Martin Luther King, gran líder del movimiento negro para conseguir la igualdad sin violencia. A principios de año hubo un fuerte ataque nordvietnamita contra Vietnam del Sur, denominado ofensiva del Tet (Tet es el nombre del año nuevo lunar); en esta batalla capturaron la importante y antigua ciudad de Hué, en el Norte, y mataron a 10.000 habitantes de esta ciudad, que a fines de febrero volvió al control de las tropas aliadas. Desde enero hasta principios de abril duró el cerco que sufrieron unas unidades de infantería de marina estadounidenses en la base de Khe Sanh, cerca de las rutas de infiltración de Laos. **El 3 de mayo, Vietnam del Norte y EE. UU. acordaron celebrar una conferencia de paz en París,** que tardó en tener éxito, a pesar de que EE. UU. ordenó el cese de los bombardeos para indicar su deseo de terminar la guerra. El 1 de noviembre había ordenado Johnson el cese de los bombardeos sobre Vietnam del Norte; pero en vista del fracaso de las conversaciones de París, los reanudó Nixon, con el objetivo concreto de cortar los abastecimientos de las tropas enemigas que operaban en el Sur. El 31 de mayo, el presidente Johnson anunció que no se presentaría como candidato en las elecciones de 1968. Se cree que su decisión fue motivada por las fuertes protestas contra su política en Vietnam. El 8 de agosto, la Convención republicana escogió a Nixon y Agnew para candidatos de su partido; el 28 quedaron como candidatos demócratas Humphrey y Muskie. El 5 de noviembre, por muy poco margen, ganó Nixon las elecciones. El 5 de junio del año 1968, un joven árabe, Sirhan Sirhan, asesinó a Robert Kennedy cuando éste celebraba su victoria en la elección primaria de California para la presidencia de la nación. El día 23 de enero de 1969 fue capturado por buques de patrulla de Corea del Norte la nave *Pueblo*, portadora de material de investigación marina, que, según dichos buques, operaba en aguas jurisdiccionales coreanas. Tras largas negociaciones fue liberada la tripulación el 23 de diciembre. Debido a la ineficacia del ejército sudvietnamita, EE. UU. se había visto obligado a ir aumentando su contingente de tropas en el Sudeste asiático. En abril del 1969 había en Vietnam alrededor de 545.000 hombres. Sin embargo, en los últimos años hubo graduales disminuciones de tropas, intentándose, por parte del Pentágono, una «vietnamización» de la guerra, es decir, dejar la responsabilidad y los efectivos de la lucha en manos de Vietnam del Sur, suprimiéndole poco a poco el masivo sostén estadounidense; «vietnamización» que realmente fracasó. El 8 de enero, el presidente Nixon anunció la primera retirada de tropas estadounidenses, que tuvo lugar meses después, seguida de otras dos. El 21 de noviembre concluyeron las conversaciones con Japón respecto a la devolución a este país de Okinawa y otros territorios, que habría de tener lugar en 1972. Ya, en abril de 1968, habían vuelto a poder también de Japón las islas de Bonín y Volcano por un acuerdo entre ambos países. El acontecimiento más importante quizá en este año, 1969, fue el alunizaje, con dos hombres a bordo, de la nave *Apolo XI*, el 20 de julio, punto cumbre en el programa espacial estadounidense y que costó 24.000 millones de dólares. Con las palabras «es un pequeño paso para un hombre, un salto gigante para la humanidad», Neil Armstrong llegó a la **superficie lunar**, seguido por el coronel Edwin «Buzz», Aldrin. Durante el período 1969-73, **cinco vuelos más llegarían a la Luna** *(Apolos XII, XIV, XV, XVI y XVII).* Sólo fracasó el *Apolo XIII*, y su tripulación tuvo que volver sin alunizar. En 1970 tuvo lugar el procesamiento y juicio de los presuntos culpables de las matanzas de personas civiles de My Lai (Vietnam del Sur); de los tres principales encartados, el teniente W. L. Calley y sus superiores el capitán E. Medina y el coronel O. K. Henderson, los **dos últimos fueron absueltos, y Calley condenado a veinte años de cárcel.** El 30 de abril fue dada la orden a las tropas estadounidenses de entrar en Camboya (hoy República Khmer), para eliminar los *santuarios* o focos de ataque o resistencia comunista de dicho país. La 26 enmienda a la Constitución fue aprobada por el Congreso el 22 de junio; permite el voto a las personas desde los 18 años. El 13 de agosto, el diario *New York Times* empezó a publicar unos documentos secretos del Pentágono acerca de la guerra del Vietnam; el Gobierno intentó impedir que continuase la publicación de dichos documentos, pero el Tribunal Supremo de EE. UU. falló contra el Gobierno, permitiendo que prosiguiese la difusión de los mismos. En abril se efectuaron magnas manifestaciones contra la guerra del Vietnam; en San Francisco hubo unos 155.000

Evans, astronauta del *Apolo XVII*, sale al espacio para coger del módulo instrumental, carretes fotográficos y cintas de registro del radar

manifestantes, y en Washington se reunieron 200.000 personas, de las que unas 7.000 fueron detenidas. Debido al problema de la inflación, el 15 de agosto el presidente Nixon anunció una congelación de precios y sueldos **durante 90 días. También puso fin a la convertibilidad del dólar en oro**, terminando así el sistema patrón-oro que había regido desde la **Conferencia Monetaria y Financiera de las Naciones Unidas**, que tuvo lugar en Bretton Woods (Nuevo Hampshire) en 1944. Durante una segunda fase de este plan, los aumentos de precios y salarios no habrían de sobrepasar un 5,5 % anual. De hecho, el dólar quedó devaluado; esta medida fue plenamente confirmada el 14 de diciembre, en una reunión de los presidentes Nixon y Pompidou. Primera devaluación desde 1934, su paridad con el oro quedó establecida en 38 dólares por onza. A muy pocas fechas, el 12 de febrero de 1972, el presidente estadounidense anunció una nueva devaluación, que redujo el valor del dolar en un 10 %, o sea 42,22 dólares por onza de oro. En el mes de julio, Nixon ordenó el comienzo de los preparativos para la adopción en el país del sistema métrico decimal. El día 11 de este mes, Chile nacionalizó las compañías estadounidenses de cobre Kennecott, Anaconda y Cerro. Acontecimiento en este año puede llamarse al comienzo de la disten**sión entre EE. UU. y la R. P. China**, merced al anuncio de un viaje oficial de Nixon a este **país. El 15 de julio se hizo pública la decisión**

Convención del partido demócrata

del presidente de aceptar una invitación china a este respecto. El 2 de agosto se difundió la noticia de que EE. UU. apoyaría en la O. N. U. la propuesta del ingreso de la R. P. China en la Organización. El 12 de octubre, Nixon anunció que visitaría la U. R. S. S. en mayo de 1972, tras su viaje a la R. P. China. El 3 de diciembre estalló la guerra indo-paquistaní, que duró sólo 14 días y que, a pesar de la ayuda que prestaron la R. P. China y EE. UU. a Pakistán, finalizó con la derrota de esta nación, que perdió su parte oriental, pasando a constituir ésta el nuevo Estado de Bangla Desh. El 25 de abril fueron entregadas a Nicaragua las islas Corn, según acuerdo firmado entre ambas partes el 14 de julio de 1970, que fue ratificado por el Senado estadounidense el 17 de febrero de 1971. El 1972 sería para los estadounidenses el último año de guerra en Vietnam. Con objeto de presionar a los nordvietnamitas a una mayor premura en las negociaciones de paz, el presidente Nixon mandó, el 8 de mayo, minar las aguas de siete puertos de Vietnam del Norte, entre los que estaba el muy importante de Haiphong. También lanzó una ofensiva aérea total, utilizando más de 1.000 aviones. El 29 de junio, el Tribunal Supremo abolió la pena de muerte en todo el territorio de EE. UU. El 12 de julio, el senador de Dakota del Sur, George S. McGovern, fue proclamado candidato presidencial demócrata, y el 22 de agosto, el presidente Nixon fue nombrado para la reelección por el partido republicano. El 7 de noviembre, Nixon ganó las elecciones por abrumadora mayoría (60,73% de los votos). El 14 de junio comenzó el llamado *caso Watergate;* cinco hombres fueron sorprendidos espiando en el cuartel general del partido demócrata, situado en el edificio Watergate, en Washington. Iniciada una investigación, se vio que el asunto era de importancia, ya que siguieron dimisiones de personas con altos cargos y el presidente Nixon declaró (30 de abril de 1973) que aceptaba la responsabilidad de lo ocurrido, aunque también añadió que no había tenido conocimiento de tales espionajes. De hecho, algunos periódicos pidieron el procesamiento o la dimisión del presidente. Entretanto continuaron las investigaciones, de las que se encargaron varios organismos, en concreto, un comité del Senado de EE. UU. En relación con la promesa hecha por Nixon, hacía tres años, de implantar el servicio militar exclusivamente voluntario, declaró el presidente, el 28 de agosto, que a partir de julio de 1973 sólo habría voluntarios en el Ejército; esta iniciativa, puesta en marcha en enero de 1973, no dio los resultados esperados por ser pequeño el número de individuos alistados. El gran acontecimiento diplomático del año 1972 fue la visita oficial del presidente Nixon a la R. P. China en los días 21 a 28 de febrero. Entre los acuerdos habidos entre ambas naciones destacan la afirmación de colaborar conjuntamente por la paz mundial, la progresiva retirada de las tropas estadounidenses de Taiwan, y la promesa de unas relaciones cada vez más crecientes entre ambos países. Fue la primera vez que un presidente estadounidense visitaba la R. P. China. El 22 de mayo, Nixon inició un viaje oficial a la U. R. S. S. El día 26, conjuntamente con Brezhnev, firmaba una serie de acuerdos acerca de limitación en armamento nuclear que pudieron calificarse de sensacionales. El 8 de septiembre, EE. UU. y Colombia firmaron un tratado por el cual la primera renunció a sus reclamaciones de soberanía sobre los islotes Quitasueño, Roncador, Serrana y Serranilla. El 1 del mismo mes fueron entregadas a Honduras, también por parte de EE. UU., las islas del Cisne o de Santanilla, según tratado

Nixon y Brezhnev juntos, con motivo de la visita que aquél efectuó a la U. R. S. S. (mayo de 1972)

que había sido firmado el 22 de noviembre de 1971. Después de numerosas sesiones de la conferencia para la paz en Vietnam, que comenzó en París el 13 de mayo de 1968 y que prosiguió, a través de los años, en la misma ciudad, se llegó a un acuerdo el 23 de enero de 1973, que pondría fin a la guerra. El feliz final de las deliberaciones entre los principales negociadores, Henry Kissinger y Le Duc Tho, fue conocido el mismo día 23, aunque la firma solemne, estampada en los acuerdos por las cuatro partes implicadas más directamente en el conflicto (EE. UU., Vietnam del Norte, Vietnam del Sur y el Gobierno Revolucionario Provisional sudvietnamita), tuvo lugar el 27. A esta firma siguió el alto el fuego en los campos de batalla. Después, estos tratados no fueron estrictamente respetados por ninguna de las partes. Quizá por esto se recibió con alguna mayor esperanza de paz la firma de un *comunicado* común cuatripartito sobre la aplicación de los acuerdos de paz en el Vietnam, que tuvo lugar en París el 13 de junio. El 29 de mayo se habían retirado del escenario de la guerra las últimas tropas estadounidenses. La contienda costó a EE. UU. 45.948 muertos, 303.640 heridos, 10.292 muertos no relacionados directamente con la guerra y, desde

Firma, en París, de los acuerdos de paz en Vietnam (27 de enero de 1973)

1965, 109.500 millones de dólares. El 15 de marzo inició en Ciudad de Panamá sus reuniones extraordinarias el Consejo de Seguridad de la O. N. U., emplazado en dicha población a petición de Panamá y con objeto de que aquél estudiase *in situ* con más realismo y profundidad el problema de la soberanía estadounidense en la Zona del Canal. EE. UU., sin embargo, vetó un proyecto de resolución sobre el canal de Panamá aduciendo como razón que el Consejo de Seguridad no le parecía el organismo adecuado para discutir el problema, y prometió futuras negociaciones con Panamá. A finales de julio fue presentado un proyecto de resolución sobre Oriente Próximo ante el Consejo de Seguridad de las Naciones Unidas por ocho países «no alineados», deplorando la ocupación de territorios árabes desde 1971, que no fue aprobado por EE. UU., por considerarlo excesivamente favorable para los países árabes. El 22 de agosto, el presidente Nixon confirmó la dimisión del secretario de Estado William Rogers, único superviviente de su primer Gabinete, y designó seguidamente a Henry Kissinger para ocupar su puesto; ambos anuncios serían efectivos con fecha de 3 de septiembre, y el nuevo secretario de Estado seguiría desarrollando igualmente sus funciones de asesor en política exterior. A primeros de septiembre también, EE. UU. anunció la retirada de tres mil de sus soldados estacionados en Formosa, una tercera parte de las tropas estadounidenses en la isla. El comunicado conjunto entre EE. UU. y la R. P. China especificaba que Washington iría retirando poco a poco sus efectivos militares en el Sudeste asiático, a medida que fuera disminuyendo la tensión en el área. En el campo espacial, el último éxito conseguido está en relación con el viaje realizado en torno a la Tierra, de 59 días y 11 horas, del *Skylab,* superándose a la perfección la tarea que se les había asignado a sus tripulantes. Éstos lograron enmendar las deficiencias ocasionadas por la ruptura de algunos paneles solares y realizaron con plena satisfacción su programa científico: cien mil fotografías del Sol, observación astronómica y otra serie de múltiples experimentos. Las mismas observaciones de sus propias reacciones somáticas vinieron a demostrar que el hombre se adapta al medio espacial más fácilmente de lo que se había

Estados Unidos

Henry Kissinger, secretario de Estado

pensado. En octubre dimitió el vicepresidente Agnew, substituyéndole Gerald Ford. En la denominada *guerra del petróleo* (v. **Próximo Oriente**), el Pentágono ordenó el 25 de octubre de 1973 a todas las tropas estadounidenses en el mundo el estado de alerta, que prolongó sólo hasta el día siguiente. Sin embargo, este gesto, que correspondió al soviético de alertar a varias divisiones aerotransportadas, no contribuyó en lo más mínimo a enfriar el clima de distensión entre ambas potencias. En noviembre se reanudaron las relaciones diplomáticas con Egipto, que estaban interrumpidas desde 1967. En 1974 hubo augurios de restablecimiento de relaciones con Cuba, gracias a la mediación de Brezhnev, quien visitó a Fidel Castro en febrero, junto con A. Gromyko; éste se entrevistó después con el presidente Nixon, en orden a planear las condiciones de dicho restablecimiento. El 7 de febrero, en Panamá, firmó el secretario de Estado, H. Kissinger, un acuerdo panameño-estadounidense acerca de las futuras negociaciones para el traspaso a Panamá de la soberanía de EE. UU. sobre el canal interoceánico. Pocos días después, los países árabes, reunidos en Trípoli, acordaron levantar el embargo de las exportaciones de petróleo a EE. UU., quien lo interpretó como premio a sus esfuerzos por conseguir la paz en Oriente. La visita realizada por Kissinger a Moscú (25-27 de marzo) no fue muy fructífera en consecuencias: continuó la guerra árabe-israelí, no se experimentó ningún avance en las conversaciones sobre desarme de Ginebra (S. A. L. T.), no mejoraron las relaciones comerciales U. R. S. S. - EE. UU. ni la situación de los judíos residentes en territorio soviético. Todo esto hizo que la visita fuese **calificada de fracaso**. El *caso Watergate*, al que en un principio Nixon calificó de atraco de 3.ª, siguió estrechándole el cerco hasta eliminarle políticamente. De decir que desconocía totalmente el caso, llegó a la dimisión el día 8 de agosto de 1974, aunque sin reconocer ni siquiera en el último momento su culpabilidad. Se supo que el presidente había instalado un sistema de grabaciones en su residencia para registrar las conversaciones de interés. La comisión especial del Senado pidió que entregara dichas cintas, pero Nixon se negó alegando motivos de seguridad nacional; luego accedió a entregar parte de las transcripciones, pero con espacios en blanco que infundieron sospechas y que él explicó haber borrado por contener palabras malsonantes. Finalmente, para evitar que se acumulase un cargo más contra él, cedió ante las insistencias de la comisión especial que le instó a través del Tribunal Supremo. La honradez del primer mandatario estaba en entredicho y la desconfianza popular en su presidente hacían temer que Nixon hiciera excesivas concesiones en el plano internacional, por lo que su partido aconsejó la dimisión. Muchos eran los cargos que pesaban contra él y que se fueron acumulando conforme avanzaban las investigaciones; pero entre ellos destacamos obstrucción a la justicia y abuso de poder, haber consentido el soborno de los que llevaron a cabo el allanamiento del edificio del partido demócrata y haber usado de los poderes presidenciales para ello. Estos cargos los presentó el presidente del Comité especial, Peter Rodino, ante el Comité judicial del Congreso, que aprobó el procesamiento. Esta decisión debería ser sometida al pleno del Congreso para que lo juzgara, y más tarde sería el Senado quien le condenara y separase del cargo. Sólo entonces podría haber sido sometido a los tribunales ordinarios. Pero no hubo lugar para todo este trámite, porque la separación del cargo sobrevino antes y voluntariamente. Y como causas de su caída no sólo se indicaron los cargos que pesaban contra él, sino otros, como, por ejemplo: un enfrentamiento con la prensa, que le atacó despiadadamente y le sacó los trapos sucios; excesivo interés por la política internacional en detrimento de la nacional, y descuido de su imagen después de ganar las elecciones, basado en una confianza excesiva. A raíz del golpe de Estado en Chipre, la U. R. S. S. acusó a EE. UU. de ser esto una maniobra de la O. T. A. N. y los fascistas para dividir la isla y establecer en ella una base de la Organización Atlántica. EE. UU. no aceptó la acusación e hizo unas tímidas declaraciones en favor de la independencia e integridad territorial chipriota; pero no mostró muchos deseos de restaurar a Makarios. Aunque aparentemente el golpe fue dirigido por Grecia, el Gobierno griego acusó a EE. UU. de que iba dirigido contra ella. Lo que sí parece claro es que contó con las simpatías e incluso el apoyo estadounidense, que consideró a la isla como una buena base para la VI flota. Se señaló concretamente la intervención de la C. I. A., que no había perdonado nunca el neutralismo de Makarios y su negativa a la entrada de la O. T. A. N., que consideraba como el principio del dominio estadounidense. El viaje de Makarios a la R. P. China colmó el vaso de la paciencia estadounidense, aunque el golpe estaba preparado de antes. Pero no contó EE. UU. con la reacción de Turquía, quien no se resignó a que los turcochipriotas fuesen encerrados en un gueto, ni a que la isla fuese convertida en base de la O. T. A. N. y de la VI flota, y poniendo en pie de guerra su ejército, ocupó la parte norte. Ante esta reacción, Kissinger dio marcha atrás y trató de contener el conflicto que él había iniciado, evitando un enfrentamiento entre dos aliados (Grecia y Turquía) e impidiendo a Grecia una intervención armada. El deterioro del Gobierno militar griego por la humillación sufrida fue aprovechada por EE. UU. para sugerir la instauración de una democracia formal. Se pensó entonces en Karamanlis, como hombre capaz de crear un Gobierno de unión nacional que agrupase a la derecha, la burguesía y el ejército. En la isla, Simpson fue substituido por Clerides, vicepresidente con Makarios, aunque negó ser su hombre de paja y pidió elecciones generales, quizá sugeridas para desembarazarse del arzobispo. Con la dimisión de Nixon se puso en funcionamiento el mecanismo constitucional, y automáticamente el vicepresidente Gerald Ford pasó a ocupar la presidencia. Su primera presentación ante el Congreso tuvo como objeto dar tranquilidad a la nación de que la Constitución estaba asegurada y no había solución de continuidad. Su programa en política interior fue la lucha contra la inflación, mediante la reducción de gastos, y en el exterior continuar con la línea marcada por Nixon, confirmando para ello a Kissinger en su cargo. Pero el que había sido señalado por Ford como tema capital: la lucha contra la inflación, fue desbordado por el problema chipriota. Como medida de presión para que ambos países tratara de hallar una solución, EE. UU. amenazó con retirar la ayuda militar a Grecia y Turquía. En respuesta a esta medida, Grecia retiró a sus fuerzas de la O. T. A. N. y negó facilidades en sus puertos a la VI flota. Turquía propuso la creación de seis cantones autónomos para los turcochipriotas. Esta tesis, francamente favorable a Ankara, fue apoyada por EE. UU. y rechazada por Grecia, que amenazó con expulsar de su territorio a los estadounidenses. Ford, una vez instalado en la presidencia, designó vicepresidente a Nelson Rockefeller (20 de agosto), quien debió responder ante una

Gerald Ford

comisión del Senado sobre su fortuna personal, que valoró en 178 millones de dólares. La declaración de la cifra, que pareció corta, fue exigida al tener conocimiento de generosos regalos hechos a Kissinger por Rockefeller, a quien se acusó, junto con Flanigan, de haber accedido a puestos políticos mediante soborno. Las primeras actuaciones de Ford como presidente decepcionaron al país; así, el perdón concedido a Nixon (8 de septiembre) antes de que fuera juzgado, fue interpretado como una maniobra política para ganarse a los sectores conservadores y hacer méritos para las elecciones de 1976. La medida fue tachada de injusta y absolutista, ya que no incluía el perdón general, anunciado anteriormente, y del que luego se volvió atrás diciendo que estudiaría cada caso individualmente. Tampoco fue satisfactorio el perdón parcial concedido a los desertores de Vietnam, quienes hicieron caso omiso a la llamada del presidente para que se reintegraran al territorio nacional. En las elecciones de noviembre de 1974, el partido demócrata obtuvo un resonado triunfo por mayoría aplastante: en el Congreso consiguió más de los 2/3, 62 senadores de 100 y 27 gobernadores de los 35 disputados. La oposición tenía así en sus manos el poder legislativo y comenzó a elaborar un programa económico por si se revelaba como inservible el de Ford. Éste reconoció la victoria demócrata y se apresuró a entrevistarse con Mike Mansfield, líder demócrata del Senado. En los primeros días de 1975, varios consejeros de Nixon fueron declarados culpables de conspiración, perjurio y obstrucción a la justicia, mientras aquél fue calificado de conspirador no procesado. Las restricciones en el suministro de petróleo produjeron alarma en EE. UU., y Kissinger, apoyado por Ford, amenazó con atacar a los países árabes si la manipulación del petróleo llegaba a estrangular la economía. Ante la imposibilidad de mantener por más tiempo al Gobierno fantasma de Thien, EE. UU. comenzó la evacuación de sus soldados, operación que terminó casi al mismo tiempo que Vietnam del Sur se rendía sin apenas resistencia (últimos de abril). La coincidencia se debió a que los vietnamitas utilizaron a los americanos como rehenes y exigieron que se les facilitara la huida. Pero la retirada de Vietnam no significó el fin de la guerra para EE. UU., quien tuvo que hacer frente al problema planteado por unos 150.000 refugiados necesitados de vivienda, alimento, trabajo, etc. Para endulzar las hieles que produjo la retirada de Vietnam, Ford, en un alarde de fuerza, puso una gota de miel en la opinión pública americana: para liberar al barco americano *Mayagüez*, secuestrado por la República Khmer, se hundieron tres buques camboyanos e inutilizaron cuatro. No obstante, el Congreso concedió poderes limitados para evitar que ocurriera lo mismo que con Johnson en 1964. Kissinger siguió desplegando una gran actividad diplomática como artífice de la política exterior de su país. En Viena se entrevistó con Gromyko para continuar las conversaciones tendentes a la distensión, especialmente en Oriente Medio; pero no se pusieron de acuerdo en la estrategia a seguir, pues mientras Washington era partidario de acuerdos parciales, Moscú se mostró favorable a la conferencia de Ginebra. También viajó a Turquía con el levantamiento del embargo que le fue impuesto por haber utilizado armamento estadounidense en la invasión de Chipre. Como muestra de la cooperación científica soviético-estadounidense, el 15 de julio se realizó un vuelo conjunto de las naves *Apolo* y *Soyuz*, las cuales, lanzadas por separado, se acoplaron en el espacio e intercambiaron parte de la tripulación. En los primeros días de junio, la capital estadounidense, engalanada, recibió a los reyes de España. Por primera vez en la Historia, un jefe de Estado español habló ante el Congreso. En su discurso reflejó el compromiso de la corona en la nueva línea política, reafirmando metas de libertad y democracia. El 4 de julio se celebró el bicentenario de la Independencia estadounidense. Como homenaje, se celebró una brillante parada naval en la bahía de Nueva York, en la que participaron más de doscientos navíos y barcos de guerra de veintidós países, entre los que figuró el *Juan Sebastián Elcano*. El 15 del mismo mes fue elegido candidato demócrata a la presidencia James Earl Carter, quien nombró al senador liberal del estado de Minnesota, Walter Mondale, como candidato a la vicepresidencia, que le acompañaría en las elecciones de noviembre. El 17 del mismo mes fue ratificado el Tratado de amistad y cooperación hispano-estadounidense, en Madrid. Celebradas las elecciones presidenciales (2 de noviembre), se adjudicó el triunfo J. Carter con una diferencia mínima sobre G. Ford (51 y 48 % de los votos, respectivamente). Con esta victoria el partido demócrata recuperó la presidencia, en manos de los republicanos durante los últimos ocho años, y Carter, con la jura de su cargo (20 de enero de 1977), se convirtió en el trigésimo noveno presidente de EE. UU. En su discurso de toma de posesión trazó las líneas generales de su política a seguir, manifestando su ilusión por el viejo sueño del largo camino en busca de la libertad, y su consagración absoluta a los derechos humanos para ayudar a compartir un mundo justo y pacífico. Prometió perseverancia en la labor de la limitación de armamentos, a aquellos que cada nación necesite para su seguridad, y continuar hacia la meta definitiva de eliminación de armas nucleares. En enero de 1979, EE. UU. inició las relaciones diplomáticas plenas con China, y en marzo del mismo año, el presidente Carter fue el principal artífice del tratado de paz firmado por Israel y Egipto, primero entre una nación árabe y el Estado de Israel, y que puso fin a una enemistad de cinco lustros. Otro logro importante del presidente Carter, en política exterior, fue la conclusión de los acuerdos SALT-II (18 de junio). Los temas que dominaron la política interior en 1979 fueron los problemas energéticos y económicos. La dependencia estadounidense de los países de la O. P. E. P., especialmente de los árabes, impulsó a Carter a implantar un ambicioso programa de restricciones energéticas. Un golpe para la energía nuclear fue el accidente de Harrisburg, producido por una combinación de errores humanos y deficiencias técnicas. A finales de 1979 y principios de 1980, EE. UU. se vio enfrentado a una grave crisis diplomática, tras la ocupación y retención de rehenes, por estudiantes islámicos iraníes, de la Embajada estadounidense en Teherán, el 4 de noviembre, con el propósito de que EE. UU. accediese a la extradición del Sah, gravemente enfermo en un hospital estadounidense. Con la suspensión estadounidense a la importación de crudo iraní, el conflicto entró en una fase de guerra económica. La intervención soviética en Afganistán (27 de diciembre) originó la condena estadounidense. EE. UU. canceló la venta de tecnología, suprimió los privilegios pesqueros y redujo las exportaciones de cereales a la Unión Soviética, en respuesta a la invasión, a la vez que hacía un llamamiento a sus aliados para que tomaran represalias contra la U. R. S. S. Pese a que el Sah abandonó el territorio estadounidense, la situación de los rehenes se mantenía estacionaria y el presidente Carter envió un comando militar para proceder a su liberación, pero la operación fracasó y el comando tuvo que regresar sin haber cumplido su misión, dejando en territorio iraní ocho hombres muertos y diverso material aéreo (25 de abril de 1980). Pocos días después de este suceso dimitió el secretario de Estado, Cyrus Vance, y fue substituido por Edmund Muskie. El jefe de la revolución iraní, Jomeini, aludió por primera vez al problema de los rehenes (12 de septiembre de 1980), señalando las condiciones que EE. UU. habrá de cumplir para que se lleve a cabo su liberación: restitución de los bienes del Sah, garantía de no injerencia política ni militar de EE. UU. en los asuntos iraníes, liberación de los fondos iraníes congelados en EE. UU. y la retirada de las demandas estadounidenses contra Irán. Bajo este clima de desprestigio del presidente Carter, se inició la última fase de la campaña electoral para la presidencia a la que se presentaba para su reelección como candidato del partido Demócrata, y en la que tuvo como principales oponentes al republicano Ronald Reagan y al independiente John Anderson. El resultado de las elecciones (4 de noviembre de 1980), dio la victoria a Ronald Reagan que consiguió el 51 % de los votos (41 % Carter y 7 % Anderson), convirtiéndose en el cuadragésimo presidente de EE. UU., tras la toma de posesión oficial el 20 de enero de 1981.

James Earl Carter

Ronald Reagan

PRESIDENTES DE EE. UU.

1789-1797	George Washington.
1797-1801	John Adams.
1801-1809	Thomas Jefferson.
1809-1817	James Madison.
1817-1825	James Monroe.
1825-1829	John Quincy Adams.
1829-1837	Andrew Jackson.
1837-1841	Martin van Buren.
1841	William H. Harrison.
1841-1845	John Tyler.
1845-1849	James K. Polk.
1849-1850	Zachary Taylor.
1850-1853	Millard Fillmore.
1853-1857	Franklin Pierce.
1857-1861	James Buchanan.
1861-1865	Abraham Lincoln.
1865-1869	Andrew Johnson.
1869-1877	Ulises S. Grant.
1877-1881	Rutherford Birchard Hayes.
1881	James Garfield.
1881-1885	Chester Allan Arthur.
1885-1889	Grover Cleveland.
1889-1893	Benjamin Harrison.
1893-1897	Grover Cleveland.
1897-1901	William MacKinley.
1901-1909	Theodore Roosevelt.
1909-1913	William Heward Taft.
1913-1921	Woodrow Wilson.
1921-1923	Warren Gamaliel Harding.
1923-1929	Calvin Coolidge.
1929-1933	Herbert Clark Hoover.
1933-1945	Franklin Delano Roosevelt.
1945-1953	Harry S. Truman.
1953-1961	Dwight D. Eisenhower.
1961-1963	John Fitzgerald Kennedy.
1963-1968	Lyndon Baines Johnson.
1968-1974	Richard Milhous Nixon.
1974-1977	Gerald R. Ford.
1977-1981	James Earl Carter.
1981	Ronald Reagan.

Estados Unidos Árabes. Hist. y Polít. Denominación adoptada el 8 de marzo de 1958 para designar la federación de la República Árabe Unida (Egipto y Siria) y de Yemen, ingresado en esa fecha, así como de otros Estados árabes que pudieran incorporarse a ella. En 1961 desaparecieron prácticamente los Estados Unidos Árabes, con la separación de Siria de la R. A. U. y la ruptura de relaciones de Yemen con Egipto. || **Unidos de Europa.** Polít. Proyecto de unir a todos los Estados de Europa en una Federación semejante a la de Estados Unidos de América (v. **Europa**).

estadounidense. adj. Natural de EE. UU. de América, o perteneciente a este país. Ú. t. c. s.

estafa. f. Acción y efecto de estafar. || *Germ.* Lo que el ladrón da al rufián. || *Cat.* **estafador.**

estafa. (Del it. *staffa*, y éste del ant. alto a. *stapho*, pedal.) f. Estribo del jinete.

estafador, ra. m. y f. Persona que estafa. || *Germ.* Rufián que estafa o quita algo al ladrón.

estafar. fr., *escroquer*; it., *truffare*; i., *to swindle*; a., *betrügen, ablisten.* tr. Pedir o sacar dinero o cosas de valor con artificios y engaños y con ánimo de no pagar. || **Der.** Cometer alguno de los delitos que se caracterizan por el lucro como fin y el engaño o abuso de confianza como medio.

estafermo. (Del it. *stà fermo*, está firme, sin moverse.) m. Figura giratoria de un hombre armado con un escudo en la mano izquierda, y en la derecha una correa con unas bolas o unos saquillos de arena pendientes. Se utiliza en un juego consistente en pasar corriendo los jugadores e hiriendo con una lancilla en el escudo; se vuelve la figura y les da con los saquillos o bolas en las espaldas si no lo hacen con destreza. || fig. Persona que está parada y como embobada y sin acción.

estafero. (De *estafa*, estribo.) m. ant. Criado de a pie o mozo de espuelas.

estafeta. fr., *stafette*; it., *staffetta*; i., *estafet*, *express*; a., *Staffette*. (Del it., *staffetta*.) f. Correo ordinario que iba a caballo de un lugar a otro. || Postillón que en cada una de las casas de postas aguardaba que llegase otro con el fardillo de despachos, para salir con ellos enseguida y entregarlos al postillón de la casa inmediata. || Casa u oficina del correo, donde se entregan las cartas que se envían y se recogen las que vienen de otros pueblos o países. || Oficina donde se reciben cartas para llevarlas al correo general. || Correo especial para el servicio diplomático.

estafetero. m. El que cuida la estafeta y recoge y hace la distribución de las cartas del correo.

estafetil. adj. Perteneciente a la estafeta.
estafiate. (Voz de origen nahua.) m. **Bot.** *Méj.* Nombre dado a varias plantas de la familia de las compuestas, entre ellas a la *artemisa filifolia*, cuyas hojas se usan como medicamento para afecciones estomacales.

estafil-, estafilo-; -estafilino. (Del gr. *staphylé.*) Biol. pref. o suf. que sign. uva, úvula, racimo, etc.; también (por la úvula) paladar. Ejemplo de suf.: *hipsi*estafilino.

estafilínido, da. (Del gr. *staphylinos*, especie de insecto, e *-ido;* aquél del m. or. que el anterior.) adj. **Entom.** Dícese de los coleópteros polífagos, de la superfamilia de los estafilinoideos, con el abdomen totalmente descubierto; alas anteriores transformadas en élitros muy pequeños, y posteriores, grandes, aptas para el vuelo y plegadas bajo los élitros. Abundan las especies mirmecófilas. Algunas viven en los hormigueros en calidad de comensales; pero otras, como las del gén. *lomechusa*, son verdaderos parásitos, que segregan un jugo muy del gusto de las hormigas (*formica sanguinea*), a cambio del cual devoran hasta las larvas de éstas. || m. pl. Familia de estos coleópteros.

-estafilino. suf. V. **estafil-.**
estafilinoideo, a. (Del gr. *staphylinos* [v. voz anterior] y *-oideo.*) adj. **Entom.** Dícese de los insectos coleópteros, del suborden de los polífagos, en cuyas alas han desaparecido las venas transversales; poseen antenas filiformes, mazudas, y élitros en general cortos. || m. pl. Superfamilia de estos coleópteros, con numerosas familias, de las cuales las de los *sílfidos* y los *estafilínidos* son las principales.

estafilo-. pref. V. **estafil-.**
estafilococia. f. **Pat.** Enfermedad debida al estafilococo (*staphylococcus áureus*, y *albus*). Las más importantes son: el forúnculo, la sicosis, el impétigo contagioso, el eccema impetiginoso y formas de piohemia y septicemia.

estafilococo. (De *estafilo-* y *coco.*) m. **Bact.** Micrococo esférico o esferoideo que se dispone generalmente en racimos. También se agrupa en cadeneta o en conjuntos de dos o de cuatro elementos. Carece de pestañas y de motilidad. Es anaerobio y aerobio discrecional.

estafiloma. (De *estafil-* y *-oma.*) m. **Pat.** Tumor prominente del globo del ojo.

estafisagria. (Del lat. *staphisagria*, y éste del gr. *staphís agría*, uva silvestre.) f. **Bot.** Planta herbácea de la familia de las ranunculáceas, con tallo erguido, velloso, de 80 a 120 cm. de altura, hojas grandes divididas en lóbulos enteros o trífidos; flores azules de cuatro hojas, pedunculadas, en espiga terminal poco densa, y fruto capsular con semilla negra, rugosa y amarga. Esta semilla contiene un alcaloide muy venenoso, llamado *delfinina*, por lo que reducida a polvo, o en tintura, se utilizó para matar insectos parásitos, como los piojos de la cabeza, de donde procede el nombre de *hierba piojera* que, con el de *albarraz*, se da también a esta planta (*delphinium staphisagria*).

Estagira. Geog. hist. Antigua c. de Macedonia, sit. en la costa E. de la península calcídica. Es patria de Aristóteles. Actualmente se la llama *Stavros*.

estagirita. (Del lat. *stagirites.*) adj. Natural de Estagira, o perteneciente a esta ant. c. de Macedonia, patria de Aristóteles. Ú. t. c. s.

Estagirita. Biog. Aristóteles.
Estaing, conde de Estaing (Jean-Baptiste-Charles-Henri-Hector). Biog. Almirante francés, n. en Auvergne y m. en París (1729-1794). En su larga carrera obtuvo grandes triunfos contra los ingleses y en 1779 estuvo en Madrid para tratar con el Gobierno de la unión de las dos escuadras, e ideó el plan de ataque a Jamaica.

estajar. tr. ant. y hoy vulg. **destajar.** || ant. Ir por un atajo.

estajero. m. **destajero.**
estajista. m. **destajista.**
estajo. m. ant. y hoy vulg. **destajo.** || ant. Atajo de un camino.

estala. (Del lat. *stabula*, plural de *stabulum*, de *stare*, estar.) f. Establo o caballeriza. || Escala de un barco.

estalación. (De *estalo.*) f. Clase que distingue y diferencia unos de otros a los individuos de una comunidad o cuerpo. Ú. de esta voz con especialidad en las iglesias catedrales, cuyas comunidades se componen de dignidades, canónigos y racioneros, y cada clase de éstos se llama estalación.

estalactita. fr. e i., *stalactite*; it., *stalattite*; a., *Stalaktit, Tropfstein.* (Del gr. *stalaktis, -idos*, que cae gota a gota; de *stalázo*, filtrar, destilar.) f. Geol. Concreción calcárea, por lo general en forma de cono irregular, que se origina pendiente del techo de las cavernas; al filtrarse el agua a través de aquél, disminuye la presión sobre ella, y se desprende el anhídrido carbónico que contiene, con lo cual el bicarbonato cálcico pasa a carbonato, que se precipita. La unión de una estalactita y una estalagmita da nacimiento a una columna.

estalagmita. fr. e i., *stalagmite*; it., *stalammite*; a., *Stalagmit, Warzenstein.* (Del gr. *stalagma*, líquido filtrado gota a gota, de *stalázo*, filtrar.) f. Geol. Concreción calcárea formada desde el suelo hacia arriba, por goteo de una estalactita y por causas semejantes a las de ésta.

estalaje. (Del ant. fr. *estaler*, aposentar, y éste del germ. *stall*, establo.) m. **estancia.** || Casa o lugar en que se hace mansión. || Mobiliario, ajuar de casa.

estalinismo. m. Se dice de las doctrinas propugnadas por Stalin.
estalinista. adj. Partidario de Stalin o de sus doctrinas.

estalo. (Del it., *stallo*, asiento, y éste del germ. *stall.*) m. ant. Asiento en el coro.

estallante. p. a. de **estallar.** Que estalla.
estallar. fr., *éclater, craquer*; it., *scoppiare*; i., *to crackle, to sparkle*; a., *knallen.* (En port., *estalar.*) intr. Henderse o reventar de golpe una cosa, con chasquido o estruendo. || **restallar.** || fig. Sobrevenir, ocurrir violentamente alguna cosa. || fig. Sentir y manifestar repentina y violentamente ira, alegría u otra pasión o afecto del ánimo.

estallido. fr., *éclat, éclatement*; it., *scoppio*; i., *crack, crashing*; a., *Knall, Krach.* (De *estallar.*) m. Acción y efecto de estallar.

estallo. (De *estallar.*) m. Acción y efecto de estallar.

estambrado, da. p. p. de **estambrar.** || m. *Mancha.* Especie de tejido de estambre.

estambrar. tr. **A. y Of.** Torcer la lana y hacerla estambre. || ant. Tramar, entretejer.

estambre. fr., *laine à peigne, étaim*; it., *stame, lane pettinate*; i., *worsted*; a., *Wollengarn.* (Del lat. *stamen, -inis.*) amb. Ú. m. c. m. Parte del vellón de lana que se compone de hebras largas. || Hilo formado de estas hebras. || p. us. **urdimbre,** pie de hilos después de urdirlos. || m. **Bot.** Órgano masculino floral en las plantas espermatofitas o fanerógamas, compuesto de tres partes: filamento, antera y polen. Se considera como una hoja transformada. A veces falta el filamento.

Estambul. (Del turco *Istanbul* o *Stanbul*, y éste del gr. vulg. *eis tin polin*, hacia la ciudad [por excelencia]; denominación moderna de la

J.-B.-Charles-H.-H. Estaing, litografía de 1845

antigua *Constantinopla*.) **Geog.** Prov. de Turquía asiática, región de Mármara y Costas del Egeo; 2.320 km.² y 757.100 h. ‖ Prov. de Turquía europea; 3.392 km.² y 2.238.091 h. ‖ C. cap. de ambas; 2.247.630 h. Es la mayor de Turquía, y desde 1457 hasta 1923 fue la cap. del imperio turco. En 1930 volvió a denominarse oficialmente Estambul, nombre que se empezó a usar desde mediados del s. XV. Se extiende en la extremidad meridional del Bósforo, en el Cuerno de Oro y mar de Mármara. Es célebre en la Historia, primero como cap.

Estambul, basílica de Santa Sofía

del Imperio romano de Oriente durante más de once siglos (330-1453), y luego como cap. del Imperio otomano. En cuanto a influencia en el desarrollo de la vida social de la humanidad, sus únicas rivales son Atenas, Roma y Jerusalén. Es la ant. *Bizancio*. Constantino *el Grande* le dio su nombre en el año 330, trasladando a ella la cap. del Imperio romano. Al caer el Imperio de Occidente en el año 476, se convirtió en asiento del de Oriente o Bajo Imperio. Fue tomada por los cruzados en 1204 y conquistada luego por los turcos de Muhammad II el año 1453, acontecimiento que sirve como punto de partida para dar comienzo a la Edad Moderna en la Historia universal. En 1923 fue proclamada solemnemente la república y la capitalidad trasladada a Ankara. En la S. G. M., merced a la hábil política diplomática del Gobierno turco, disfrutó de los beneficios de la neutralidad. En esta c. hablan el español unas 35.000 personas, la mayor parte judíos sefarditas. Los edificios más notables son: Santa Sofía la Mayor, Santa Sofía la Menor, mezquita de Muhammad II *el Conquistador*, mezquita de Selim, mezquita de Ahmed, mezquita de Solimán, mezquita de Bayaceto, el ant. serrallo, el *Tschinili Kiosk* o Palacio de Cerámica, la Biblioteca, etc.

estamental. adj. Perteneciente o relativo al estamento. ‖ Estructurado u organizado en estamentos.
estamento. (Del b. lat. *stamentum*, y éste del lat. *stāre*, estar.) m. Estrato o sector de una sociedad, definido por un común estilo de vida o una función social determinada. ‖ **Hist. y Der. político.** En la corona de Aragón, cada uno de los estados que concurrían a las Cortes; y eran el eclesiástico, el de la nobleza, el de los caballeros y el de las universidades o municipios. ‖ Cada uno de los dos cuerpos colegisladores establecidos en España por el Estatuto Real, que eran el de los próceres y el de los procuradores del reino.
estameña. (Del lat. *staminĕa*, de estambre.) f. Tejido de lana, sencillo y ordinario, que tiene la urdimbre y la trama de estambre.
estameñete. m. Especie de estameña ligera.
estamiento. (De *estamento*.) m. ant. Estado en que uno se halla y permanece.
estamíneo, a. (Del lat. *staminĕus*.) adj. Que es de estambre. ‖ Perteneciente o relativo al estambre.
estaminífero, ra. (Del lat. *stāmen, -ĭnis*, estambre, y *-fero*.) adj. **Bot.** Dícese de las flores que tienen estambres, y de las plantas que llevan estas flores.
estaminodio. m. **Bot.** Estambre estéril por carecer de antera o no producir polen.
estampa. fr., *gravure*; it., *stampa*; i., *print*; a., *Bild*. (De *estampar*.) f. Cualquiera efigie o figura trasladada al papel u otra materia, por medio del tórculo o prensa, de la lámina de metal o madera en que está grabada, o de la piedra litográfica en que está dibujada. ‖ Papel o tarjeta con una figura grabada. ‖ Huella del pie del hombre o de los animales en la tierra. ‖ fig. Figura total de una persona o animal. ‖ fig. Imprenta o impresión.
estampación. f. Acción y efecto de estampar.
estampado, da. fr., *toile peinte, indienne*; it., *stampato*; i., *textile printing, calico*; a., *bedruckter Stoff, Kattun*. p. p. de **estampar.** ‖ adj. Aplícase a varios tejidos en que se forman y estampan a fuego o en frío, con colores o sin ellos, diferentes labores o dibujos. Ú. t. c. s. ‖ Dícese del objeto que por presión o percusión se fabrica con matriz o molde apropiado. Ú. t. c. s. ‖ m. Acción y efecto de estampar.
estampador. m. El que estampa. ‖ ant. **impresor.**
estampar. (Del germ. *stampôn*, majar.) tr. Señalar o imprimir una cosa en otra; como el pie en la arena. ‖ fam. Arrojar a una persona o cosa o hacerla chocar contra algo. ‖ fig. Imprimir algo en el ánimo. ‖ **A. y Of.** Imprimir, sacar en estampa una cosa; como las letras, los dibujos o la imagen contenidos en un molde. Ú. t. c. intr. ‖ Dar forma a una plancha metálica por percusión entre dos matrices, una fija al yunque y la otra al martinete, de modo que forme relieve por un lado y quede hundida por otro.

estampería. f. Oficina en que se estampan láminas. ‖ Tienda donde se venden estampas.
estampero. m. El que hace o vende estampas.
estampía. (De *estampida*.) f. Ú. sólo en la frase **embestir, partir,** o **salir, de estampía,** que significa hacerlo de repente, sin preparación ni anuncio alguno.
estampida. (Del provenz. *estampida*, de *estampir*, y éste del germ. *stampjan*, aplastar.) f. **estampido.** ‖ Resonancia, divulgación rápida y estruendosa de algún hecho. ‖ *Col., Guat., Méj.* y *Venez.* Huida impetuosa que emprende una persona, animal o conjunto de ellos. ‖ *Ar.* **estampidor.**
estampido. fr., *éclat, explosion*; it., *scoppio*; i., *explosion*; a., *Krach*. (De *estampida*.) m. Ruido fuerte y seco como el producido por el disparo de un cañón. ‖ **sónico.** *Aviac.* Detonación fuerte y característica que se escucha desde tierra o desde otro aeroplano cuando un avión sobrepasa la velocidad del sonido.
estampidor. m. *Ar.* Madero para sostener la pared que amenaza ruina.
estampilla. fr., *estampille*; it., *stampiglia, francobollo*; i., *stamp*; a., *Stempel*. (dim. de *estampa*.) f. Sello que contiene en facsímil la firma y rúbrica de una persona. Ú. para evitar trabajo al firmante cuando son muchas las firmas que tiene que echar. ‖ Especie de sello con un letrero para estampar en ciertos documentos. ‖ *Amér.* y *Ar.* Sello de correos o fiscal.
estampillado, da. p. p. de **estampillar.** ‖ adj. Decíase, durante la guerra civil (1936-1939), y en la zona nacional, del jefe u oficial habilitado para el empleo superior. También de los civiles designados para funciones militares. Ú. t. c. s. ‖ m. Acción y efecto de estampillar.
estampillar. tr. Marcar con estampilla. ‖ Señalar con cajetín o sello ciertos títulos de deuda pública para distinguirlos entre otros y aplicarles trato especial.
estancación. f. Acción y efecto de estancar o estancarse.
estancado, da. p. p. de **estancar.**
estancamiento. (De *estancar*.) m. **estancación.**
estancar. fr., *arrêter, monopoliser*; it., *ristagnare, monopolizzare*; i., *to stop, to monopolize*; a., *zum Monopol erklären*. (Del lat. *stagnicāre*, frec. de *stagnāre*.) tr. Detener y parar el curso y corriente de una cosa, y hacer que no pase adelante. Ú. t. c. prnl. ‖ Prohibir el curso libre de determinada mercancía, concediendo su venta a determinadas personas o entidades. ‖ fig. Suspender, detener el curso de una dependencia, asunto, negocio, etc., por haber sobrevenido algún embarazo y reparo en su prosecución. Ú. t. c. prnl.
estancia. fr., *séjour*; it., *stanza, soggiorno*; i., *stay, sojourn*; a., *Aufenthalt*. (De *estar*.) f. Mansión, habitación y asiento en un lugar, casa o paraje. ‖ Aposento, sala o cuarto donde se habita ordinariamente. ‖ Permanencia durante cierto tiempo en un lugar determinado. ‖ Cada uno de los días que está el enfermo en el hospital. ‖ Cantidad que por cada día devenga el mismo hospital. ‖ **estrofa,** parte de una composición poética en que se observa cierta simetría. ‖ En Argentina y Chile, hacienda de campo destinada al cultivo, y más especialmente a la ganadería. Esencialmente, se llama estancia al establecimiento rural, casi siempre de más de 100 hect. de ext., dedicado por entero a la explotación de la ganadería, con exclusión de las faenas agrícolas; estas últimas son resorte exclusivo de las chacras. En 1580, el segundo fundador de Buenos Aires, Juan de Garay, hizo entre sus hombres el primer reparto de tierras o suertes para estancias, cuyas dimensiones eran de 3.000 m. de frente,

estanciero–estanquidad

Trabajadores de una estancia argentina

junto a la ciudad recién fundada, por 9.000 de fondo, hacia el desierto. Aquellas mercedes de tierras se extendían hasta el Río de las Conchas, Río Luján, Tigre y Cañada de Escobar. Las estancias se iniciaron en la vida rural del país, como avanzadas civilizadoras, semejantes a reductos fortificados; se cercaban con empalizadas de palo a pique todo el perímetro del establecimiento, en cuyo interior, al que se penetraba por un rústico puente levadizo, se levantaban los ranchos de las viviendas, algunos corrales interiores, el mangrullo o atalaya, el horno para los amasijos y un pozo de agua. Algunos estancieros, respetados en sus derechos, por privilegios de antiguas leyes españolas, acampaban en el desierto, a cuarenta o cincuenta leguas de la ciudad; con sus haciendas y tropillas en la costa de algún arroyo, construían un toldo con dos cueros vacunos y allí se refugiaban, mientras buscaban algunos palos, cortaban paja, armaban un rancho, le ponían un quincho embarrado y así terminaban su vivienda, en la que vivían años enteros, sin más puerta que un cuero atado con algunas guasquillas. Ganaderos por acentuado temperamento pastoril, así vivían y trabajaban aquellos primeros forjadores de las estancias del país. Fenecida la autoridad del gobierno virreinal (25 de mayo de 1810), los miembros de la Primera Junta de Gobierno, el 15 de junio de ese año, dictaron el primer decreto legislando sobre las estancias y ganaderías del país. El propósito del Gobierno de otorgar las tierras en enfiteusis se pone de manifiesto dos años más tarde, por un decreto de 4 de septiembre, dictado durante el gobierno de Rivadavia. A fines del pasado siglo, la estancia del país va cobrando categoría, se cuidan las construcciones, se levantan ranchos de adobe cocido, con techos de tejas francesas, se distancian las viviendas de los patronos de las de los capataces y peones, las aguadas naturales dejan de estar pendientes de la acción benefactora del tiempo o estado de los ríos. Fueron indispensables los extensos corrales de palo a pique, los trascorrales, el corral de las ovejas, el bañadero para las haciendas, el chiquero y el tambo. También constituían las habitaciones o galponcitos accesorios; el matadero, el cuarto de la carne, los varales para el estaqueadero de cueros, el jagüel con balde volcador, la noria y las bebidas. El mojón al princi-

pio y el alambrado después constituyeron la definitiva conquista de la pampa y el seguro afincamiento de la estancia moderna. Los mejores alambrados, en número de siete hilos, alternando los lisos y los de púas, se construyen con fuertes palos de quebracho, cuyo esquinero, firmemente asegurado, lo refuerzan otros de menor espesor apoyados en el suelo, llamados peones. Las actuales estancias argentinas, diseminadas en todo el vasto territorio del país, son verdaderas mansiones rurales, tanto por los más diversos y bellos estilos arquitectónicos, como por sus comodidades y magnificencia. Disfrutan de modernos elementos de iluminación eléctrica, cuidados jardines, arboladas avenidas, montes con árboles de sombra y frutales, parques para recreo y entretenimiento, piscinas de natación, canchas de tenis y pelota, agua corriente, salones de billar y cinematografía, sala de armas, biblioteca y, en más de un caso, valiosas colecciones artísticas. La formación y evolución de la estancia argentina es la historia del país mismo. || *Cuba* y *Venez.* Casa de campo con huerta y próxima a la ciudad; quinta. || **Mil.** ant. Campamento de tropas.

estanciero. m. El dueño de una estancia, casa de campo, o el que cuida de ella. || desus. Especie de mayoral encargado de velar el trabajo de los indios en las estancias.

Estancieros de Neuquén (Argentina)

estanco, ca. fr., *étanche;* it., *impermeabile;* i., *stanched;* a., *wasserdicht.* = fr., *débit de tabac;* it., *vendita di tabacco;* i., *tabacshop;* a., *Tabaksladen.* (De *estancar.*) adj. Aplícase a los navíos y otros vasos que se hallan bien dispuestos y reparados para no hacer agua por sus costuras. || m. Embargo o prohibición del curso y venta libre de algunas cosas, o asiento que se hace para reservar exclusivamente las ventas de mercancías, o géneros, poniendo los precios a que fijamente se hayan de vender. || Sitio, paraje o casa donde se venden géneros estancados, y especialmente sellos, tabaco y cerillas. || desus. Parada, detención, demora. || ant. Estanque de agua. || fig. Depósito, archivo. || *Ecuad.* Tienda que vende aguardiente.

estándar. (Del i. *standard.*) m. Tipo, modelo, patrón, nivel.

estandardización. f. **estandarización.**
estandardizar. tr. **estandarizar.**
estandarización. f. Acción y efecto de estandarizar, tipificar.
estandarizar. (De *estándar.*) tr. **tipificar,** ajustar a un tipo, modelo o norma. || **Indus.**

Fabricar en serie y a gran escala piezas sueltas y hasta conjuntos complicados, como casas prefabricadas, que pueden armarse rápidamente. V. **norma.**

estandarol. m. ant. **Mar.** Madero vertical de la crujía de popa sobre el que se afirmaba el tendal.

estandarte. fr., *étenard;* it., *stendardo;* i., *standard;* a., *Banner.* (Del antiguo fr., *estandart,* y éste de *estaindre,* del lat. *extendĕre,* extender.) m. Insignia que usan las corporaciones civiles y religiosas: consiste en un pedazo de tela generalmente cuadrilongo, donde figura la divisa de aquéllas, y lleva su borde superior fijo en una vara que pende horizontal de un astil con el cual forma una cruz. || Insignia a modo de bandera pequeña que usan los cuerpos montados: consiste en un pedazo cuadrado de tela unido a un asta vertical en el cual se bordan o sobreponen el escudo nacional y las armas del cuerpo a que pertenece. En lo antiguo se usó indiferentemente en la infantería y caballería. || **Bot.** Pétalo superior, por lo común el mayor, de la corola amariposada o papilionácea. || **real.** *Léx.* Bandera que se izaba en el tope mayor del buque en que se embarcaba una persona real, o en una asta en el edificio en que se alojaba.

estandorio. (Del lat. *statorĭum,* que está derecho.) m. *Ast.* Cada una de las estacas que de trecho en trecho se fijan a los lados del carro para sostener los adrales o la carga.

estangurria. (De *estrangurria.*) f. Micción dolorosa. || Cañoncito o vejiga que suele ponerse para recoger las gotas de la orina el que padece esta enfermedad.

Estanislao (San). **Biog.** Obispo de Cracovia, n. y m. en Szczepanow (1030-1079). Fue decapitado por orden del rey Boleslao II, cuyos excesos censuraba. Celébrase su fiesta el 11 de abril. || **de Kostka** (San). Joven de noble familia polaca, n. en Rostków y m. en Roma (1550-1568). Novicio de la Compañía de Jesús, sus virtudes fueron tan notables que, a pesar de haber muerto a los dieciocho años, fue canonizado en 1604 por el papa Benedicto XIII. La Iglesia honra su memoria el 13 de noviembre. || **I Lesczynski.** Rey de Polonia, n. en Lemberg y m. en Luneville (1677-1766). Padre de la reina María, esposa de Luis XV de Francia. Sitiado en Dantrin por un ejército ruso, hubo de huir a Francia, en donde consiguió, en 1738, por el tratado de Vilna, la soberanía de Lorena y el ducado de Bar. || **II Poniatowski.** Último rey de Polonia, n. en Wolczyn y m. en San Petersburgo (1732-1798). Elevado al trono a los treinta y dos años de edad (1764), su gobierno transcurrió en una continua lucha con los nobles insubordinados y con las sectas religiosas disidentes, que se esforzaban en substraerse al dominio de los católicos. En 1785 abdicó y se retiró a Grodno, hasta el advenimiento de Pablo I, que le liberó. || **del Campo. Geog.** Local. de Argentina, prov. de Formosa, depart. de Patiño; 1.447 h.

estannífero, ra. (Del lat. *stannum,* estaño, y *-fero.*) adj. Que contiene estaño.

estanque. fr., *bassin, étang;* it., *stagno;* i., *basin;* a., *Becken, Teich.* (De *estancar.*) m. Receptáculo de agua construido para proveer al riego, criar peces, etc. || pl. *Germ.* Silla del caballo.

estanquero. m. El que tiene por oficio cuidar de los estanques.

estanquero, ra. (De *estanco.*) m. y f. Persona que tiene a su cargo la venta pública del tabaco y otros géneros estancados.

Estánquez. Geog. Mun. de Venezuela, est. de Mérida, dist. de Sucre; 3.160 h. || Pobl. cap. del mismo; 201 h.

estanquidad. f. Calidad de estanco de los navíos y otros vasos.

estanquillero, ra. m. y f. **estanquero,** o persona encargada de un estanco.

estanquillo. m. dim. de **estanco.** ‖ Lugar donde se venden géneros estancados. ‖ *Ecuad.* Taberna de vinos y licores. ‖ *Méj.* Tienda pobremente abastecida.

estantal. (De *estante.*) m. **Albañ.** Estribo de pared.

estantalar. tr. Apuntalar, sostener con estantales.

estante. fr., *étagère;* it., *scaffale;* i., *bookshelf;* a., *Bücherstell.* (Del lat. *stans, -antis.*) p. a. de **estar.** Que está presente o permanente en un lugar. ‖ adj. Aplícase al ganado, en especial lanar, que pasta constantemente dentro del término jurisdiccional en que está amillarado. ‖ Dícese del ganadero o dueño de este ganado. ‖ Parado, fijo y permanente en un lugar. ‖ m. Mueble con anaqueles o entrepaños, y generalmente sin puertas, que sirve para colocar libros, papeles u otras cosas. ‖ Cada uno de los cuatro pies derechos que sostienen la armadura del batán o en que juegan los mazos. ‖ Cada uno de los dos pies derechos sobre que se apoya y gira el eje horizontal de un torno. ‖ *Amér.* Madero incorruptible que hincado en el suelo sirve de sostén al armazón de las casas en las ciudades tropicales. ‖ *Mur.* El que en compañía de otros lleva los pasos en las procesiones de Semana Santa. ‖ **Mar.** Palo o madero que se ponía sobre las mesas de guarnición para atar en él los aparejos de la nave. Ú. m. en pl.

estantería. f. Juego de estantes o de anaqueles.

estanterol. (Del m. or. que *estantal.*) m. **Mar.** desus. Madero, a modo de columna, que en las galeras se colocaba a popa en la crujía y sobre el cual se afirmaba el tendal.

estantigua. (contr. de las voces *hueste antigua.*) f. Procesión de fantasmas, o fantasma que se ofrece a la vista por la noche, causando pavor y espanto. ‖ fig. y fam. Persona muy alta y seca, mal vestida.

estantío, a. (De *estante.*) adj. Que no tiene curso; parado, detenido o estancado. ‖ fig. Pausado, tibio, flojo y sin espíritu.

Estany. Geog. Mun. de España, prov. de Barcelona, p. j. de Manresa; 365 h. ‖ Lugar cap. del mismo; 338 h.

estanza. f. ant. Mansión, habitación o asiento en un lugar, casa o paraje. ‖ ant. Estado, conservación y permanencia de una cosa en el ser que tiene.

Estanzuela. Geog. Mun. de Guatemala, depart. de Zacapa; 4.367 h. ‖ Pobl. cap. del mismo; 3.422 h.

Estanzuelas. Geog. Mun. de El Salvador, depart. de Usulután; 8.980 h. ‖ Pobl. cap. del mismo; 2.455 h.

estañado, da. p. p. de **estañar.** ‖ m. **Indus.** y **Quím.** Acción y efecto de estañar.

estañador. m. El que tiene por oficio estañar.

estañadura. f. Acción y efecto de estañar.

estañar. (Del lat. *stagnāre,* de *stagnum,* estaño.) tr. **Indus.** y **Quím.** Cubrir o bañar con estaño las piezas y vasos formados y hechos de otros metales, para el uso inofensivo de ellos. ‖ Asegurar o soldar una cosa con estaño.

estañero. m. El que trabaja en obras de estaño o trata en ellas y las vende.

estaño. fr., *étain;* it., *stagno;* i., *tin;* a., *Zinn.* (Del lat. *stannum* y *stagnum,* estaño.) m. **Quím.** Elemento químico; peso atómico, 118,7; símbolo químico, Sn; número atómico, 50; punto de fusión, 232°. Es un metal blanco, de brillo argénteo, dúctil y maleable, poco conductor de la electricidad y poco alterable en contacto con el aire; actúa como bivalente y tetravalente. Se encuentra en la naturaleza, principalmente en forma de sulfuro o de óxido, la casiterita; esta última es el mineral más importante y de donde se parte para su obtención. Los principales yacimientos se encuentran en Bolivia y Malaca. En la actualidad, las aplicaciones industriales más importantes son la fabricación de la hojalata y la del bronce. Como elemento de soldadura tiene gran importancia en la industria electrónica, donde se consume en forma de hilo de uno a dos mm. y en el que entra el estaño en la proporción del 50 al 60 %, mientras el resto es casi siempre plomo; este hilo lleva también en su interior tres o más almas de resina activada que actúan como fundente y decapante con objeto de que fluya el estaño con más facilidad sobre la superficie metálica. Cuando se usa para la soldadura de hojalata, se emplea en barras o varillas sin aportación de resina. En la fundición de bronce, aleación de cobre y estaño, entra este último en una proporción de hasta el 10 % como máximo.

estaño. (Del lat. *stagnum.*) m. ant. Laguna de agua.

Estapé Rodríguez (Fabián). Biog. Economista español, n. en Port-Bou en 1923. Catedrático de Hacienda Pública de la Facultad de Derecho de la Universidad de Zaragoza (1956) y de Política Económica de la de Ciencias Políticas y Económicas de Barcelona (1960), ha sido rector de la Universidad de Barcelona (1969-71 y 1974-76).

Fabián Estapé Rodríguez

estaqueada. (De *estaca.*) f. *Amér.* Acción y efecto de estaquear. ‖ Estaqueado o estaqueadura, cerco de estacas. ‖ fig. Paliza, vapuleo, garrotiza. ‖ *Arg.* Llámase así a la acción de quitarle el cuero a un animal.

estaqueado. (De *estaca.*) m. *R. Plata.* De antiguo viene usándose en el país el procedimiento de estaquear los cueros para que se sequen y luego proceder a su manufactura o exportación.

estaquear. tr. *Amér.* Estirar un cuero entre estacas. ‖ Estirar a un hombre entre cuatro estacas por medio de maneadores amarrados a las muñecas de las manos y gargantas de los pies. ‖ Sembrar estacas para hacer un corral, cercado, etcétera. ‖ Golpear con una estaca.

estaquero. m. Cada uno de los agujeros que se hacen en la escalera y varales de los carros y galeras para meter las estacas. ‖ **Mont.** Gamo o ciervo de un año.

estaquilla. (dim. de *estaca.*) f. Espiga de madera o caña que sirve para envirar, para asegurar los tacones del calzado, etc. ‖ Clavo pequeño de hierro, de figura piramidal y sin cabeza. ‖ **estaca,** clavo largo. ‖ *Chile.* Estaca de la baranda del carro.

estaquillador. (De *estaquillar.*) m. Lezna gruesa y corta de que se sirven los zapateros para hacer taladros en los tacones y poner en ellos las estaquillas.

estaquillar. (De *estaquilla.*) tr. Asegurar con estaquillas una cosa, como hacen los zapateros en los tacones de los zapatos. ‖ **Agr.** Hacer una plantación por estacas.

Tomateras estaquilladas

estar. fr., *être, rester;* it., *essere, stare;* i., *to be, to stand;* a., *sein, stehen.* (Del lat. *stare.*) intr. Existir, hallarse una persona o cosa. ‖ Permanecer o hallarse con cierta estabilidad en un lugar, situación, condición o modo actual de ser. Ú. t. c. prnl. ‖ Con ciertos verbos reflexivos toma esta forma quitándosela a ellos, y denota grande aproximación a lo que los tales verbos significan. ‖ Tocar o atañer. ‖ Tratándose de prendas de vestir, y generalmente seguido de dativo de persona, sentar o caer bien o mal. ‖ Junto con algunos adjetivos, sentir o tener actualmente la calidad que ellos significan. ‖ Junto con la partícula *a* y algunos nombres, obligarse o estar dispuesto a ejecutar lo que el nombre significa. ‖ Seguido de la prep. *a* y del número de un día del mes, indica que corre ese día; se usa principalmente en primeras personas del plural. ‖ Preguntando, al numeral puede substituir el interrogativo *¿a cuántos estamos?*, lo cual equivale a decir: ¿Qué día es el que corre? ‖ Junto con la misma prep. y una indicación de valor o precio, tener ese precio en el mercado la cosa de que se trata. ‖ Junto con la prep. *con* seguida de un nombre de persona, vivir en compañía de esta persona. ‖ Avistarse con otro, generalmente para tratar de un negocio. ‖ Tener acceso carnal. ‖ Junto con la prep. *de,* estar ejecutando una cosa o entendiendo en ella, de cualquier modo que sea. ‖ Con la misma prep. y algunos nombres substantivos, ejecutar lo que ellos significan, o hallarse en disposición próxima para ello. ‖ Junto con la prep. *en* y algunos substantivos, consistir, ser causa o motivo de una cosa. Ú. sólo en terceras personas de singular. ‖ Con la misma prep. y hablando del coste de alguna cosa, haber costado tanto. ‖ Junto con la prep. *para* y el infinitivo de algunos verbos, o seguida de algunos substantivos, denota la disposición próxima o determinada de hacer lo que significa el verbo o el substantivo. ‖ Junto con la prep. *por,* estar a favor de una persona o cosa. ‖ Junto con la prep. *por* y el infinitivo de algunos verbos, no haberse ejecutado aún, o haberse dejado de ejecutar, lo que los verbos significan. ‖ Con la misma prep. y el infinitivo de algunos verbos, hallarse uno casi determinado a hacer alguna cosa. ‖ ant. **ser.** ‖ Junto con la conj. *que* y un verbo en forma personal, hallarse en la situación o actitud expresada por este verbo. ‖ prnl. Detenerse o tardarse en alguna cosa o en alguna parte.

Estarás. Geog. Mun. de España, prov. de Lérida, p. j. de Cervera; 231 h. ‖ Lugar cap. del mismo; 48 h.

estarcido. (De *estarcir*.) m. Dibujo que resulta en el papel, tela, tabla, etc., del picado y pasado por medio del cisquero o de la brocha.

estarcir. fr., *patronner;* it., *spolverare, spolverizzare;* i., *to stencil;* a., *schablonieren, betupfen*. (Del lat. *extergĕre*, limpiar frotando.) tr. **A. y Of.** Estampar dibujos, letras o números pasando una brocha por una chapa en que están previamente recortados.

estarna. (Del it. *starna*, perdiz.) f. **Zool.** perdiz pardilla.

estárter. (Del i. *starter*, el que inicia; de *to start*, comenzar, poner en marcha.) m. **Aut.** Dispositivo para el arranque en frío de un automóvil. Con él se consigue una mezcla combustible más rica en gasolina, al cerrarse el paso del aire, con lo que se facilita dicho arranque.

estasis. (Del gr. *stásis*, detención, de *hístemi*, detener.) f. **Pat.** Estancamiento de sangre o de otro líquido en alguna parte del cuerpo.

estatal. (Del lat. *status*, estado.) adj. Perteneciente o relativo al Estado.

estatera. (Del lat. *statera*.) f. ant. Peso, balanza. ‖ **Hist.** y **Num.** Unidad monetaria en forma de tortuga de plata, que los griegos adoptaron de la isla de Egina, cuyo peso era de 12,4 g. En casos excepcionales eran acuñadas estateras de oro que equivalían entonces al valor de una didracma.

Estatera de la colonia de Corinto (s. IV a. C.). Museo Nacional. Roma

estática. fr., *statique;* it., *statica;* i., *statics;* a., *Statik*. (Del gr. *statiké*, sobrentendiéndose *epistéme*, ciencia.) f. **Fís.** Parte de la mecánica, que estudia las leyes del equilibrio. Si se trata del equilibrio de los gases, se denomina *aerostática;* si de los líquidos, *hidrostática*, y si de los sólidos, *estática* a secas, la rama más importante (v. **cinemática y composición de fuerzas**.) ‖ Conjunto de aquellas leyes. ‖ **gráfica.** Mec. Conjunto de métodos que resuelven sus problemas por medio del dibujo. ‖ **eléctrica.** Elec. **V. electrostática.**

estático, ca. fr., *statique;* it., *statico;* i., *statical;* a., *statisch*. (Del gr. *statikós*, de *histamai*, ponerse fijo.) adj. Perteneciente o relativo a la estática. ‖ Que permanece en un mismo estado, sin mudanza en él. ‖ fig. Dícese del que se queda parado de asombro o de emoción.

estatificar. tr. Poner bajo la administración o intervención del Estado.

estatismo. m. Inmovilidad de lo estático, que permanece en un mismo estado.

estatismo. m. **Polít.** Tendencia que exalta la plenitud del poder y la preeminencia del Estado sobre los diferentes órdenes y entidades.

estato-; -stat-; -stasia, -stasis, -stata, -stático, -stática, -stato. (Del gr. *statós*, fijo; *stásis*, posición de pie [de *hístemi*, estar de pie], etcétera.) pref., infijo o suf. que sign. fijeza, fijo, etc.; e. de infijo: *clinostatismo;* de suf.: *epistasia, hipóstasis*, **estático**, *hidrostática, termostato, litóstata*.

estatocisto. (De *estato-* y *-cisto*.) m. **Anat.** y **Zool.** Uno de los órganos al servicio del sentido del equilibrio en muchos celentéreos, gusanos, crustáceos, moluscos y tunicados, que consiste en una vesícula situada comúnmente debajo de los tegumentos y que contiene una o varias concreciones calcáreas.

estatorreactor. (De *estato-* y *reactor*.) m. **Aviac.** Motor de reacción sin compresores ni turbinas. (V. **turborreactor**.)

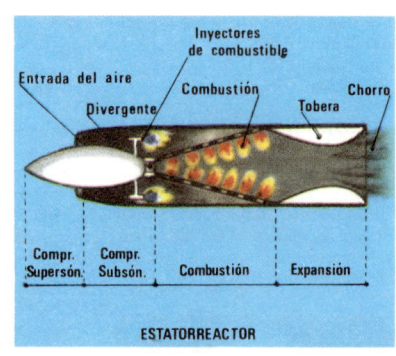

ESTATORREACTOR

estatua. fr. e i., *statue;* it., *statua;* a., *Statue, Bildsäule*. (Del lat. *statŭa*.) f. **Esc.** Figura de bulto labrada a imitación del natural. ‖ **ecuestre.** La que representa a una persona a caballo. ‖ **orante.** La que representa a una persona de rodillas y en actitud de orar. ‖ **sedente.** La que representa a una persona sentada. ‖ **yacente.** La que representa a una persona muerta.

estatuar. tr. Adornar con estatuas.

estatuaria. fr., *statuaire, sculpture;* it., *statuaria;* i., *statuary;* a., *Bildhauerei*. f. **Esc.** Arte de hacer estatuas.

estatuario, ria. (Del lat. *statuarĭus*.) adj. **Esc.** Perteneciente a la estatuaria. ‖ Adecuado para una estatua. ‖ m. El que hace estatuas.

estatuario, ria. (De *estatuir*.) adj. ant. **estatutario.**

estatúder. (Del neerl. *stadhouder;* de *stad*, lugar, y *houder*, teniente.) m. Jefe o magistrado supremo de la antigua república de los P. B. En un principio fueron lugartenientes del rey de España.

estatuderato. m. Cargo y dignidad de estatúder.

estatuir. fr., *statuer;* it., *statuire;* i., *to statute;* a., *bestimmen*. (Del lat. *statuĕre*.) tr. Establecer, ordenar, determinar. ‖ Demostrar, asentar como verdad una doctrina o un hecho.

estatura. fr., *taille;* it., *statura;* i., *stature;* a., *Statur*. (Del lat. *statūra*.) f. Altura, sobre el suelo, de una persona, desde los pies a la cabeza, en posición erguida.

estatutario, ria. adj. Estipulado en los estatutos, referente a ellos.

estatuto. fr., *statut;* it., *statuto;* i., *statute;* a., *Statut, Ordnung*. (Del lat. *statūtum*.) m. Establecimiento, regla que tiene fuerza de ley para el gobierno de un cuerpo. ‖ Por ext., cualquier ordenamiento eficaz para obligar: contrato, disposición testamentaria, etc. ‖ Ley especial básica para el régimen autónomo de una región dictada por el Estado de que forma parte. ‖ **Der.** Régimen jurídico al cual están sometidas las personas o las cosas, en relación con la nacionalidad o el territorio. ‖ **de Cataluña.** Hist. Régimen jurídico de autonomía concedido a Cataluña por la Segunda República, en virtud de la ley del 15 de septiembre de 1932, y que fue anulado por el Gobierno de la España nacional. ‖ **formal.** Der. Régimen concerniente a las solemnidades de los actos y contratos. ‖ **del país vasco.** Hist. Régimen jurídico de autonomía concedido a las tres provincias vascas (Álava, Guipúzcoa y Vizcaya) por la Segunda República, en virtud de la ley del 1 de octubre de 1936, y que fue anulado por el Gobierno de la España nacional. ‖ **personal.** Der. Régimen jurídico que se determina en consideración a la nacionalidad o condición personal del sujeto. ‖ **real.** Ley fundamental del Estado, que se promulgó en España en 1834 y rigió hasta 1836. ‖ Régimen legal que se determina en consideración a la naturaleza de las cosas o al territorio en que radican.

estauromedusa. (Del gr. *staurós*, cruz, y *medusa*.) adj. **Zool.** Dícese de los celentéreos acalefos o escifozoarios, medusas de forma cónica, a veces fijas por un pedúnculo a los objetos submarinos. Las más típicas son las lucernarias, que viven entre las hierbas marinas. ‖ f. pl. Orden de estos acalefos.

estay. (Del germ. *stag*, tendido.) m. **Mar.** Cabo que sujeta la cabeza de un mástil al pie del más inmediato, para impedir que caiga hacia la popa. ‖ **de galope.** El más alto de todos, que sirve para sujetar la cabeza de los masteleríllos.

-este-. Infijo. V. **estesio-.**

este. fr. e it., *est;* i., *east;* a., *Osten*. (Del anglosajón *east*.) m. **Geog.** Uno de los puntos cardinales. Al ponerse el observador cara al N., tiene el E. a su derecha. Como nombre, se usa generalmente para significar Asia y la parte oriental del mundo. ‖ **oriente, levante.** Ú. generalmente en geografía y marina. ‖ Viento que viene de la parte de oriente.

este, esta, esto, estos, estas. fr., *ce, cette, ceci;* it., *questo, questa;* i., *this, that;* a., *dieser, diese, dieses*. (Del lat. *iste, ista, istud*.) Formas de pron. dem. en los tres géneros m., f. y n., y en ambos núm. sing. y pl. Designan lo que está cerca de la persona que habla, o representan y señalan lo que acaba de mencionar. Las formas m. y f. se usan como adj. y como s., y en este último caso se escriben normalmente con acento. ‖ **ésta** designa la población en que está la persona que se dirige a otra por escrito. ‖ **en éstas y en estotras, o en éstas o éstas, o en éstas y las otras.** ms. advs. fams. Entretanto que algo sucede; en el ínterin, mientras esto pasa. ‖ **en esto.** m. adv. Estando en esto, durante esto, en este tiempo. ‖ **esta y estas** hacen oficio de substantivos en diversas frases donde tienen su significado impreciso de *ocasión, vez, situación, jugada*, o equivalen a un substantivo inexpreso: *de ésta nos quedamos sin médico; a todas éstas*. ‖ **por ésta, o por éstas, que son cruces.** Especie de juramento que se profiere en son de amenaza al mismo tiempo que se hace una o dos cruces con los dedos pulgar e índice.

Este. Biog. y Geneal. Apellido de una antigua e ilustre familia italiana, cuyo origen se remonta a Bonifacio I, m. en 823. En el s. XI la casa de Este se enlazó por matrimonio con la de los güelfos, y se fundó la rama alemana de Este, constituida por los duques de Hannóver y Brunswick. Sus principales representantes fueron: *Alfonso I, II, III y IV; Francisco I, II, III, IV y V; Hércules I, II y III; Borso*, marqués de Este, que fue el primero que ostentó los títulos de duque de Módena y de Reggio, que le concedió Francisco III, y el de duque de Ferrara, que le confirió el papa Paulo II; m. en 1471; *César*, que sucedió a Alfonso II (1562-1628) y fue hijo de un bastardo de Alfonso I; *Hipólito* (1479-1520). Fue nombrado cardenal a la edad de quince años por el papa

Alejandro VI. Entusiasta por las letras, protegió a Ariosto, quien le cantó en sus versos; *María Teresa,* hija de Francisco IV y hermana de Francisco V (1817-1886). Casó en 1846 con el conde de Chambord; *Nicolás III,* creador del poderío de la casa de Este (1384-1441). Fundó una Universidad en Padua y reorganizó la de Ferrara; *Renaud,* tío de Francisco II (1655-1737). Con motivo de la guerra de Sucesión de España, ensanchó sus estados.

Genealogía de la familia Este, por B. Bembo. Biblioteca Nacional. Roma

|| **Geog.** Región de Brasil, que comprende los est. de Bahia, Guanabara, Espirito Santo, Minas Gerais, Río de Janeiro, Sergipe y Serra dos Aimorés; 1.257.989 km.² y 24.832.611 h. || Región de Camerún, prov. de Camerún Oriental, formada por los depart. de Boumba Ngoko, Kadéi, Lom y Djérem y Nyong Alto; 111.200 km.² y 269.000 h. Cap., Bertoua.

estea-. pref. V. **estear-.**

estear-, estea-, esteat-, esteato-; -stear-, -steat-. (Del gr. *stéar, stéatos.*) pref. o infijo que sign. grasa; e. de infijo: mela**stear**rea, di**steat**osis.

esteárico, ca. (Del gr. *stéar,* sebo.) adj. De estearina.

estearina. fr., *stéarine;* it., *stearina;* i., *stearin;* a., *Stearin.* (De *estear-* e *-ina.*) f. **Quím.** Éster formado por ácido esteárico y glicerina, de fórmula C₅₇H₁₁₀O₆, que se encuentra como predominante en la mayoría de las grasas sólidas, como el sebo; es una substancia blanca, insípida, de escaso olor, insoluble en el agua, soluble en éter y cloroformo, fusible a 64,2° C. y que forma jabón con los álcalis. En el comercio suelen dar el nombre de estearina al *ácido esteárico,* que se extrae de las grasas y sirve para la fabricación de las *bujías esteáricas.* Sus sales más importantes son los estearatos.

esteat-. pref. V. **estear-.**

esteatita. fr., *stéatita;* it., *statita;* i., *steatite;* a., *Speckstein.* (De *esteat-* e *-ita.*) f. **Miner.** Variedad de talco de color blanco o verdoso, suave y tan blando que se raya con la uña. Es un filosilicato ácido de magnesio, que se emplea como substancia lubricativa, como aisladora (electricidad) y, con el nombre de *jabón de sastre,* sirve para hacer señales en las telas.

esteato-. pref. V. **estear-.**

esteatopigia. (De *esteato-* y *-pigia.*) f. **Fisiol.** Acumulación excesiva de grasa en la región glútea, en las mujeres de los hotentotes y los bosquimanos. Aparece también en ciertas representaciones prehistóricas de mujeres, como en la figurilla llamada Venus de Willendorf.

esteatornítido, da. (Del lat. científico *steatornis,* gén. tipo de aves, e *-ido;* aquél del gr. *stéar, stéatos,* grasa, y *órnis, -ithos,* pájaro.) adj. **Zool.** *Amér. m.* Dícese de las aves del orden de las caprimulgiformes, próximas a los chotacabras, y cuyo único representante es el *guácharo* (steatornis caripensis). || f. pl. Familia de estas aves.

esteba. (Del lat. *stoebe,* y éste del gr. *stoibé.*) f. **Bot.** Planta herbácea de la familia de las gramíneas, con cañas delgadas y nudosas, hojas ensiformes, muy ásperas por los bordes, glumas troncadas, flores verdosas en espigas cilíndricas, y semilla negra. Crece en sitios húmedos y pantanosos, hasta 4 ó 5 cm. de alt., y es pasto muy apetecido por las caballerías.

esteba. (Del lat. *stipes,* palo.) f. Pértiga gruesa con que en las embarcaciones se aprietan las sacas de lana unas sobre otras.

Esteban. (Del gr. *stéphanos,* corona.) *(San).* **Biog.** Protomártir o primer mártir del cristianismo. Acusado de blasfemar contra la ley de Moisés por predicar el cristianismo, fue muerto a pedradas en Jerusalén, cerca de nueve meses después de la crucifixión de Jesucristo. Su fiesta, el 26 de diciembre. || **I** *(San).* Papa, n. en Roma y m. en esta c. en 257. Ocupó el solio pontificio de 254 a 257. Sufrió el martirio en tiempo del emperador Valeriano. Su fiesta, el 2 de agosto. || **II.** Papa,

San Esteban I, relieve en marfil (s. II) Museo Victoria y Alberto. Londres

n. en Roma y m. en la misma c. en 757. Ocupó el solio pontificio de 752 a 757. Durante su pontificado, Italia se vio amenazada por los lombardos, y el papa se trasladó a Francia (753) con el fin de pedir auxilio a Pipino, rey de los francos. El rey donó al papa los territorios liberados y conquistados, base de lo que más tarde serían los estados pontificios. || **III.** Papa, n. en Sicilia y m. en Roma en 772. Ocupó el solio pontificio de 768 a 772. En 769 convocó un sínodo, que condenó al antipapa Constantino y en el que se declaró que sólo los cardenales podrían ser elegidos como papas y se excluyó a los laicos de todo derecho, aun el del voto. || **IV.** Papa, n. en Roma y m. en esta c. en 817. Ocupó el solio pontificio de junio de 816 a enero de 817. Coronó en Reims a Luis *el Piadoso,* hijo de Carlomagno, y reservó para el papado el derecho a consagrar los emperadores. || **V.** Papa, n. en Roma y m. en la misma c. en 891. Ocupó el solio pontificio de 885 a 891. En su época se declaró el cisma de Focio. || **VI.** Papa, n. en Roma y m. en esta c. en 897. Ocupó el solio pontificio de 896 a 897. Llevado del odio a su antecesor, Formoso, hizo desenterrar su cadáver, y después de presentarlo a un concilio revestido con los hábitos pontificales, le acusó de usurpador y ordenó al verdugo que le cortase la cabeza y la arrojara al Tíber. Ante este hecho, el pueblo se sublevó y los partidarios de Formoso se apoderaron de él y lo ahorcaron a los catorce meses de pontificado. || **IX.** Papa (Federico de Lorena), n. en Lorena y m. en Florencia en 1058. Ocupó el solio pontificio de 1057 a 1058. Luchó contra la investidura laica, que desencadenó un movimiento popular, en el N. de Italia, contra el clero simoníaco, obligando al papado a intervenir contra los actos de violencia. Tuvo como colaborador al monje Hildebrando, más tarde San Gregorio VII. || **V.** Patriarca de Armenia, sucesor en 1541 de Gregorio XI. Se unió a la Iglesia católica romana y adoptó la fe del Concilio de Florencia. || **I** *(San).* Primer rey de Hungría, n. en Esztergom y m. en Buda (975-1038). Ocupó el trono entre 997 y 1038. Fue hijo y sucesor del caudillo Gieza. Extendió el cristianismo en su reino y se distinguió por su inteligencia y sus virtudes. Según una leyenda áurea, el papa Silvestre II le regaló una corona por sus desvelos en pro de la Cristiandad, la cual ha sido un símbolo para la monarquía húngara. Perdida varias veces, fue siempre recuperada; después de la S. G. M. fue hallada por las tropas estadounidenses en el presbiterio de la iglesia de Mattzee, a 20 km. de Salzburgo. La Iglesia le conmemora el 16 de agosto. || **IV** *el Grande.* Príncipe de Moldavia (1432-1504). Recuperó el trono que había sido usurpado a su padre y luchó durante cuarenta años por la independencia de su país. || **Báthori.** Rey de Polonia, m. en Grodno (1533-1586). Príncipe de Transilvania (1571-76) y rey de Polonia (1576-86), elegido cuando Enrique III de Valois abandonó furtivamente aquel trono para ir a suceder a su hermano Carlos IX. Su reinado estuvo marcado por las luchas contra el zar Iván *el Terrible* por la posesión de Livonia. || **I.** Rey de Serbia, m. en Monte Athos en 1228. Coronado en 1217, su reinado marcó el comienzo del florecimiento de la cultura serbia. En 1219 proclamó la independencia de la Iglesia serbia, llegando a ser plenamente independiente como estado y como iglesia. En 1227 se retiró a un monasterio. || **VI Uroš II Milutin.** Rey de Serbia, m. en 1321. Hermano y sucesor de Esteban V Dragutin, accedió al poder en 1282. Fue el primer rey serbio que ambicionó la supremacía en la península balcánica, lo que significó la aparición de Serbia en el terreno internacional. Conquistó la mayor parte de Macedonia (1282-85), el N. de Albania y Durazzo (1296). || **VIII Uroš Dečanski.** Rey de Serbia, m. en Zvečan (1271-1334). Hijo bastardo de Esteban VI, subió al poder en 1321, eliminando a Ladislao, heredero legítimo. Consiguió el apoyo del clero. El zar de Bulgaria, Miguel, que apoyaba a Andrónico III, fue derrotado y m. en la batalla de Kjustendil (1330), convirtiéndose Serbia en la principal potencia de los Balcanes. En lugar de anexionarse Bulgaria, le concedió la independencia bajo la regencia de su hermana Ana (1231), y en el mismo año fue destronado en favor de su hijo. || **IX Uroš IV Dušan.** Rey de Serbia, m. en Diavoli (1308-1355). Hijo de Esteban VIII, fue entronizado en 1231 y se hizo coronar emperador de serbios, búlgaros y albaneses en 1346. Gran guerrero y conquistador, ha quedado como héroe nacional de Serbia. Tuvo la intención de crear un imperio serbiobizantino que substituyera al imperio de Oriente y cortara el paso a los turcos. Organizó una cruzada contra los turcos en la que le sorprendió la muerte. Durante su reinado dio a Serbia las más vastas fronteras que jamás había alcanzado en la historia, y su muerte significó el comienzo de la decadencia. ‖ **(Eustasio).** Sabio agustino español, prior general, investigador, jurisconsulto y periodista destacado, n. en La Horra, Burgos (1860-1945). Doctorado en Teología, regentó una cátedra de Derecho en El Escorial (1885). Trasladado a Perú, dirigió el popular diario *El Bien Social*, y llamado a Roma, intervino en los trabajos de redacción del nuevo Código de Derecho Canónico. ‖ **(Juan).** Conquistador español del siglo XVI, que se distinguió en la conquista y colonización de Nicaragua, Panamá y Honduras. ‖ **Collantes (Agustín).** Político y periodista español, n. en Carrión de los Condes y m. en Madrid (1815-1876). Fue diputado, director general de Administración y de Correos, ministro de Fomento y de Marina, y de España en Lisboa, y presidente del Consejo de Estado. ‖ **Miguel y Collantes, conde de Esteban Collantes (Saturnino).** Político y periodista español, hijo de Agustín, n. y m. en Madrid (1847-1937). Fue diputado, senador, subsecretario de la Presidencia, consejero de Estado y ministro de Instrucción Pública. Fundó y dirigió el diario *Las Ocurrencias*. ‖ **Agustín Gascón. Geog.** Local. de Argentina, prov. de Adolfo Alsina; 577 h. ‖ **Echeverría.** Part. y local. de Argentina, prov. de Buenos Aires; 377 km.² y 111.150 h. Uno de los que forman el Gran Buenos Aires. ‖ **de Luca.** Local. de Argentina, prov. de Buenos Aires, part. de Lucas Tejedor; 398 h. ‖ **Rams.** Local. de Argentina, prov. de Santa Fe, depart. de Nueve de Julio; 466 h. ‖ **de Urizar.** Local. de Argentina, prov. de Salta, depart. de Orán; 221 h.

Estébanez Calderón (Serafín). Biog. Escritor español, n. en Málaga y m. en Madrid (1799-1867). Con el seudónimo *El Solitario* es-

Serafín Estébanez Calderón

cribió en diversos periódicos numerosos artículos de castiza y vibrante prosa y sobresalió en la pintura de costumbres. También publicó *Poesías del Solitario, Colección de novelas originales españolas, Cristianos y moriscos, Escenas andaluzas* y *Novelas y cuentos*. Fue ministro del Tribunal Supremo de Guerra y Marina, consejero de Estado y miembro de la Academia de la Historia.

Estebanillo González. Lit. Personaje de la novela *La vida y hechos de Estebanillo González*, de autor anónimo, que fue la última manifestación de la literatura picaresca española.

estebar. m. Sitio donde se cría mucha esteba.
estebar. (De *estibar*.) tr. **A.** y **Of.** Entre tintoreros, acomodar en la caldera y apretar en ella el paño para teñirlo.
estefanita. (Del a. *Stephan*, Esteban, último palatino de Hungría y archiduque de Austria, m. en 1867.) f. **Miner. plata agria.**
estefanote. (Del lat. científico *stephanotis*; del gr. *stephanotís*, propio para hacer coronar.) **Bot.** *Venez.* Gén. de plantas de la familia de las asclepiadáceas, del que alguna especie se cultiva en los jardines por sus hermosas flores de color blanco mate (*s. floribunda*).
estegocéfalo. (Del gr. *stégo*, cubrir, y *-céfalo*.) adj. **Paleont.** y **Zool.** Dícese de los anfibios fósiles, de gran tamaño, cabeza aplastada, cráneo robusto, cubierto de numerosas placas óseas, con la superficie rayada o granuda, cola bastante desarrollada, patas iguales y dientes cónicos con estructura laberíntica, por lo que también se les llama *laberintodontos*. Vivieron a finales de la era paleozoica, y los más notables fueron los géneros *éryops* y *archeria*. ‖ m. pl. Orden de estos anfibios fósiles.
estegomia. (Del lat. científico *stegomyia*; del gr. *stégo*, cubrir, y *myia*, mosca.) **Entom.** Gén. de dípteros nematóceros, de la familia de los culícidos; las hembras de sus distintas especies transmiten la fiebre amarilla en los países cálidos. Se distingue por sus palpos largos en el macho y cortos en la hembra y por tener en el dorso del tórax unas líneas longitudinales formadas de escamas plateadas, cuyo conjunto recuerda la forma de una lira. La especie más importante es *s. fasciata*.
estela. fr., *sillage, honage*; it., *scia, solco*; i., *headway, wake*; a., *Kielwasser*, pl. n. de *aestuarium*, agitación del agua.) f. Señal o rastro de espuma y agua removida que deja tras sí en la superficie del agua una embarcación u otro cuerpo en movimiento. Dícese también del rastro que deja en el aire un cuerpo luminoso en movimiento o un avión en vuelo a causa del vapor de agua que satura los gases de escape de los motores de aviación, el cual se hace visible por condensación, a causa del frío que reina en las alturas, en forma de franjas de niebla de finísimos cristales de hielo.
estela. (Del lat. *stela*, y éste del gr. *stéle*.) f. **Arqueol.** Monumento conmemorativo que se erige sobre el suelo en forma de lápida, pedestal o cipo.
estela. (Del lat. *stella*, estrella.) f. **Bot.** Pie de león, estelaria, planta.
Estela. Geog. Local. de Argentina, prov. de Buenos Aires, part. de Puán; 307 h.
estelar. (Del lat. *stellāris*.) adj. Perteneciente o relativo a las estrellas.
estelaria. (Del it. *stellaria*, de *stella*, estrella, por la forma de sus flores.) **Bot.** Gén. de hierbas cariofiláceas, de tallos extendidos, o algo ascendentes, en un césped denso, a veces trepadoras, con cimas apanojadas o flores aisladas, con pétalos bífidos y fruto en cápsula. En él se incluye la pamplina.
Estelí. Geog. Depart. de Nicaragua; 2.000 km.² y 68.046 h. Producción agropecuaria. Minas de oro y plata. ‖ Mun. de Nicaragua, depart. de su nombre; 27.367 h. ‖ C. de Nicaragua, cap. del depart. y mun. de su nombre; 26.764 h.
estelifero, ra. (Del lat. *stellifĕrus*; de *stella*, estrella, y *ferre*, llevar.) adj. poét. Estrellado o lleno de estrellas.
esteliforme. adj. De forma de estela.
estelión. (Del lat. *stellĭo, -ōnis*.) m. Piedra que decían se hallaba en la cabeza de los sapos viejos, y a la que se atribuía virtud contra el veneno. ‖ **Zool.** Reptil saurio que pertenece a

Estela egipcia del Imperio Medio. Museo Arqueológico. El Cairo

la misma familia que el dragón, y que acostumbra a vivir en Egipto, en Asia Menor y en algunas islas griegas.
estelionato. fr., *stellionat*; it., *stellionato*; i., *stellionate*; a., *Trughandel, Stellionat*. (Del lat. *stellionātus*.) m. **Der.** Fraude que comete el que encubre en el contrato la obligación que sobre la hacienda, alhajas u otra cosa tiene hecha anteriormente.
estelita. (Del lat. *stella*, estrella, e *-ita*.) f. **Met.** Aleación de acero y cobalto. Es muy dura y se emplea para hacer cuchillas de herramientas destinadas al trabajo mecánico de metales.
estelo. (Del lat. *stŭlus*.) m. Columna, poste.
estelón. m. **estelión,** piedra que se creía ser un contraveneno.
Estelrich (Juan). Biog. Escritor y político español, n. en Felanitx y m. en París (1896-1958). Dirigió la Fundación Bernat Metge, donde tradujo al catalán autores griegos y latinos. Militó en la Lliga Regionalista Catalana. Dirigió el diario *España* de Tánger y fue delegado de España en la U. N. E. S. C. O.
Estella (Diego de). Biog. Religioso franciscano español y escritor ascético, n. en Estella (1524-1578). Sobrino de San Francisco Javier. Felipe II le nombró su predicador y consultor. De su tratado *De la vanidad del mundo* se han hecho muchas ediciones y está traducido a casi todos los idiomas. Entre sus obras se destaca, además de la citada, *Cien meditaciones devotísimas del amor de Dios*, y otras de carácter teológico. ‖ **Geog.** Mun. y c. de España, prov. de Navarra, p. j. de su nombre; 10.371 h. (*estelleses*). Tiene tres iglesias parroquiales, una de ellas del s. XI. Fue conocida en la época romana con el nombre de *Gebala*. En las guerras civiles de 1835 y 1873 fue teatro de grandes combates. ‖ **(La).** Mun. de Colombia, depart. de Antioquia; 22.105 h. ‖ Pobl. cap. del mismo; 13.812 h.
Estellenchs. Geog. Mun. y villa de España, prov. de Baleares, p. j. de Palma de Mallorca; 411 h.
Esteller. Geog. Dist. de Venezuela, est. de Portuguesa; 19.204 h. Cap., Píritu. Este dist. está constituido totalmente por el mun. de Píritu.
estellés, sa. adj. Natural de Estella, o perteneciente a esta c. de Navarra. Ú. t. c. s.
estema. (Del lat. *stigma*.) m. ant. *Ar.* Pena de mutilación.

estema. (Del lat. *stemma*, *-ătis*, y éste del gr. *stémma*, corona, diadema, y también, árbol genealógico.) m. **Filol.** En la crítica textual, esquema de la filiación y transmisión de manuscritos o versiones procedentes del original de una obra. ‖ **Zool.** Ojo simple que, en número variable, se encuentra en medio o a los lados de la cabeza de los artrópodos.

estemar. (Del lat. *stigmāre*.) tr. ant. *Ar.* Imponer la pena de mutilación.

estemple. (Del a. *Stempel*.) m. **Min. ademe.**

esten-; -esten-. pref. o infijo. V. **esteno-.**

estendijarse. prnl. ant. Extenderse, estirarse.

estenio. (Del gr. *sthénos*, fuerza.) m. **Fís.** Unidad de fuerza en el sistema M. T. S. Es la que en un segundo comunica a una masa de una tonelada un incremento de velocidad de un metro por segundo (1 estenio = 10^8 dinas).

esteno-, esten-; -esten-. (Del gr. *stenóō*, estrechar.) pref. o infijo que sign. estrechez; e. de infijo: *co*reste*no*ma.

estenocardia. (De *esteno-* y *-cardia*.) f. **Pat. angina de pecho.**

estenografía. (De *esteno-* y *-grafía*.) f. **taquigrafía.**

estenografiar. tr. Escribir en estenografía.

estenográficamente. adv. m. Por medio de estenografía.

estenográfico, ca. adj. Perteneciente o relativo a la estenografía.

estenógrafo, fa. m. y f. Persona que sabe o profesa la estenografía.

estenordeste o **estenoreste.** (En abr., ENE.) m. **Geog.** Punto del horizonte situado entre el nordeste y el este. Excepcionalmente, ú. t. c. adj. ‖ Viento que sopla de esta parte.

estenorrinco, ca. (De *esteno-* y *-rrinco*.) adj. **Entom.** Dícese de los insectos hemípteros del suborden de los homópteros, con antenas bien desarrolladas y tarsos de uno o dos artejos. ‖ m. pl. Grupo de estos hemípteros homópteros, que comprende las familias de los *áfidos*, *filoxéridos*, *cóccidos*, etc.

estenosis. (De *esten-* y *-osis*.) f. **Pat.** Estrechamiento de algún pasaje natural, como el esófago, el píloro, la uretra, el intestino o las válvulas del corazón.

estenotermo, ma. (De *esteno-* y *-termo*.) adj. **Biol.** Se dice del animal que no soporta grandes diferencias de temperatura. Lo contrario es *euritermo*.

estenotipia. (De *esteno-* y *-tipia*.) f. Estenografía o taquigrafía a máquina. ‖ Máquina especial de escribir, basada en la escritura fonética, que utiliza caracteres comunes a la escritura corriente y permite captar en una cinta la palabra humana a la misma velocidad que se habla. El teclado es más sencillo que el de la máquina de escribir y tiene sobre la taquigrafía la gran ventaja de que cualquiera puede leer lo escrito. ‖ Texto estenotipiado. ‖ Arte de escribir con estenotipia.

estentóreo, a. (Del lat. *stentorĕus*, de *Esténtor*, heraldo del ejército griego en el sitio de Troya, célebre por su voz.) adj. Muy fuerte, ruidoso o retumbante, aplicado al acento o a la voz.

estepa. fr. e i., *steppe*; it., *steppa*; a., *Steppe*. (Del ruso *step*.) f. **Geog.** Erial llano y muy extenso.

estepa. (Del lat. *stirps*, *stirpis*, tallo, tronco.) f. **Bot.** Mata resinosa de la familia de las cistáceas y gén. *cistus*, de 12 a 15 dm. de alt., con ramas leñosas y erguidas, hojas peciolada, elípticas, agudas, de color verde obscuro por la haz y blanquecinas por el envés, flores de corola grande y blanca, en ramos pedunculados y terminales, con brácteas coriáceas, sépalos ovalados y vellosos, y fruto capsular, aovado, sedoso, con cinco ventallas. ‖ **blanca. estepilla.** ‖ **negra. jaguarzo.**

Estepa. **Geog.** Mun. de España, prov. de Sevilla, p. j. de Osuna; 9.701 h. ‖ C. cap. del mismo; 9.376 h. (*estepeños*). Iglesia gótico-mudéjar de Santa María y plateresca de San Sebastián. ‖ **de San Juan.** Mun. y lugar de España, prov. y p. j. de Soria; 51 h.

estepar. m. Lugar o sitio poblado de estepas, matas.

Estépar. **Geog.** Mun. y villa de España, prov. de Burgos, p. j. de su nombre; 335 h. La cap. del mun. lo es también del p. j.

estepario, ria. adj. Propio de las estepas, eriales.

estepero, ra. adj. Que produce estepas. ‖ m. Sitio en donde se amontonan las estepas en las casas. ‖ m. y f. Persona que vende estepas.

estepilla. (De *estepa*.) f. **Bot.** Mata de la familia de las cistáceas, de un metro de altura aproximadamente, con ramas leñosas y blanquecinas, hojas sentadas, elípticas, algo revueltas por el margen, flores grandes y róseas, y fruto capsular ovoide y velloso (*cistus álbidus*).

Estepona. **Geog.** Mun. de España, prov. de Málaga, p. j. de Marbella; 21.163 h. ‖ Villa cap. del mismo; 18.560 h. (*esteponeros*).

Estepona. Vista general

estequiometría. (Del gr. *stoicheion*, elemento, y *-metría*.) f. **Quím.** Se llama también *teoría de los equivalentes* (v. **equivalentes**). Parte de la química que se ocupa de las relaciones ponderales que se observan en las acciones químicas.

ester-. pref. V. **estereo-.**

éster. (Del a. *Ester*; de *äther*, éter, y *säure*, ácido.) m. **Quím.** Combinación que se forma de la reacción de un alcohol con un ácido, con pérdida de agua. Según el carácter del ácido que tome parte en la reacción, se pueden clasificar en ésteres de ácidos orgánicos y ésteres de ácidos inorgánicos. Los primeros son los más numerosos e importantes. ‖ **interno.** El producido por reacción intramolecular de un compuesto cuya molécula posee a la vez la función alcohol y la función ácido, de forma que la esterificación se realiza entre ambos grupos; es por tanto una reacción interna, al contrario de lo que ocurre en la esterificación corriente, que se realiza entre dos moléculas distintas, de las cuales una posee la función alcohol y la otra la función ácido. A estos ésteres se les denomina también *lactonas*.

Ester (Santa). **Biog.** Judía de la tribu de Benjamín, que vivió en el s. VI a. C., casada con Asuero, rey de Persia. El ministro de éste, Amán, logró una orden para ahorcar al judío Mardoqueo, tío de aquélla, y pasar a cuchillo a los demás israelitas, a los que odiaba. Pero Ester desbarató los planes de Amán, enterando de ello al monarca, quien revocó la orden, hizo ahorcar al favorito y le concedió este puesto a Mardoqueo.

estera. fr., *natte*; it., *stuoia*; i., *mat*; a., *Matte*. (Del ant. *estuera*, del lat. *storĕa*.) f. Tejido grueso de esparto, juncos, palma, etc., o formado por varias pleitas cosidas, que sirve para cubrir el suelo de las habitaciones y otros usos.

esteral. m. p. us. *Arg.* Estero, terreno pantanoso.

esterar. fr., *natter*; it., *coprire con stuoie*; i., *to plait*; a., *mit Matten belegen*. tr. Poner tendidas las esteras en el suelo para reparo contra el frío. ‖ intr. fig. y fam. Vestirse de invierno. Dícese en son de burla aplicándolo al que lo hace antes de tiempo.

estercar. (De *estiércol*.) tr. ant. Echar estiércol a las tierras.

estercoladura. f. Acción y efecto de estercolar.

estercolamiento. m. Acción y efecto de estercolar.

estercolar. (De *estiércol*.) m. Lugar donde se recoge el estiércol.

estercolar. fr., *fienter, engraisser*; it., *concimare*; i., *to dung*; a., *düngen*. (Del lat. *stercorāre*.) intr. Echar de sí la bestia el excremento o estiércol. ‖ tr. **Agr.** Echar estiércol en las tierras para engrasarlas y beneficiarlas.

estercolero. fr., *fumier*; it., *letamaio*; i., *dunghill*; a., *Mistgrube, Misthaufen*. m. Mozo que recoge y saca el estiércol. ‖ **Agr.** Lugar donde se recoge el estiércol.

estercolizo, za. adj. Semejante al estiércol o que participa de sus cualidades.

estercorárido, da. (Del lat. científico *stercorarius*, gén. de aves, e *-ido*; aquél del lat. *stercorarius*, de *estiércol*.) adj. **Zool.** Dícese de las aves del orden de las caradriformes, muy próximas a las gaviotas, pero más robustas y de pico muy curvado en el extremo; viven en las playas y son grandes predadoras. Su nombre vulgar es *págalos*. ‖ f. pl. Familia de estas aves, así llamadas porque antes se creía que se alimentaban de estiércol.

estercóreo, a. (Del lat. *stercorĕus*.) adj. Perteneciente a los excrementos.

Estercuel. Geog. Mun. y villa de España, prov. y p. j. de Teruel; 635 h.

estercuelo. (De *estercolar*.) m. Acción y efecto de estercolar.

esterculiáceo, a. (Del lat. científico *sterculia*, gén. tipo; de *stercus*, estiércol, y *-áceo*.) adj. **Bot.** Dícese de plantas dicotiledóneas arquiclamídeas, del orden de las malvales, árboles, bejucos o hierbas de climas tropicales, con flores por lo común hermafroditas, pétalos grandes y tubo de estambres corto. Además del gén. *sterculia*, con 50 especies americanas, entre ellas la hierba araña, de Perú, y la *sterculia tragacánthera*, que proporciona una goma similar a la de las acacias, comprende los gén. *theobroma*, con 20 especies, una de ellas la *t. cacao*, o cacao, y *cola*, con la *cola acuminata*, o cola, cuya semilla es la nuez de cola, etc. Se dice también *bitneriáceo*. Ú. t. c. s. f. || f. pl. Familia de estas plantas.

estereo-, ester-, estero-; -ster-; -stérico. (Del gr. *stereós*, sólido.) pref., infijo o suf. que sign. rigidez, solidez, integridad; e. de infijo: *colesterol*, y de suf.: *holostérico*.

estéreo. (Del lat. *sterĕon*, y éste del gr. *stereós*, sólido.) m. **Metrol.** Unidad de medida para leñas, equivalente a la leña que puede colocarse, apilada, en el espacio de un metro cúbico.

estereocomparador. (De *estereo-* y *comparar*.) m. Aparato para determinar el desplazamiento relativo de los cuerpos valiéndose de la sensación estereoscópica.

estereofonía. fr., *stéréophonie*; it., *stereofonia*; i., *stereophonics*; a., *Stereophonie*. (De *estereo-* y *-fonía*.) **Cin., Fonografía** y **Radiotelef.** Técnica de la captación, amplificación, transmisión, reproducción y registro acústico, de tal modo que produzca en el oyente una sensación de distribución espacial similar a la de los focos del sonido de origen. En los aparatos estereogramofónicos se utilizan discos estereofónicos, en los cuales va inscrita sobre un solo surco una doble impresión del mismo fenómeno sonoro, captado desde dos puntos distintos. Al ser reproducido mediante dos altavoces diferentes, se origina la sensación de sonido estereofónico. Este sistema, patentado por el inglés Blumlein en 1931, no fue lanzado al mercado hasta fines de 1958. (V. **fonografía**.)

estereofónico, ca. adj. **Cin., Fonografía** y **Radiotelef.** Se dice de la música, y en general de cualquier combinación de sonidos, registrada o reproducida en forma tal que conserve el efecto de que el sonido procede de diversos lugares.

estereofotografía. f. **Fís.** Aplicación de la fotografía para vistas estereoscópicas.

estereofotogrametría. f. **Topog.** Delineamiento topográfico aplicando los principios de la estereoscopia y de la fotogrametría.

estereografía. (De *estereo-* y *-grafía*.) f. **Geom.** Arte de representar los sólidos en un plano.

estereográfico, ca. adj. Perteneciente a la estereografía. || **Cart.** Aplícase a la proyección en un plano de los círculos de la esfera por medio de rectas concurrentes en un punto de la misma esfera.

estereógrafo. m. El que profesa o sabe la estereografía.

estereograma. (De *estereo-* y *-grama*.) m. Representación, en un plano, de un cuerpo sólido proyectado sobre él. || **Fot.** Prueba o diapositiva fotográfica, obtenida con cámara estereoscópica, que, contemplada en el estereoscopio, produce sensación de relieve.

estereoisómero, ra. (De *estereo-* e *isómero*.) adj. **Quím.** Dícese de los cuerpos isómeros, cuyos átomos representan en su molécula distinta distribución espacial.

estereometría. (De *estereo-* y *-metría*.) f. **Geom.** Parte de la geometría, que trata de los sólidos y su medida. Es el nombre que se da a la geometría del espacio.

estereométrico, ca. adj. Perteneciente a la estereometría.

estereoquímica. (De *estereo-* y *química*.) f. **Quím.** Parte de la química, que estudia la disposición que tienen los átomos de las moléculas en el espacio.

estereorradián. (De *estereo-* y *radián*.) m. **Geom.** Unidad de ángulo sólido equivalente al que, con su vértice en el centro de una esfera, determina sobre la superficie de ésta un área equivalente a la de un cuadrado cuyo lado es igual al radio de la esfera. Se escribe también *estereorradiante* y *esterradián*.

estereoscópico, ca. adj. **Fís.** Referente al estereoscopio.

estereoscopio. (De *estereo-* y *-scopio*.) m. **Fís.** Instrumento óptico que permite ver en relieve las imágenes fotográficas. Con el estereoscopio se superponen dos imágenes co-

Estereoscopio

rrespondientes a las dos que se forman en los dos ojos, que no son perfectamente iguales cuando se trata de objetos próximos, puesto que corresponden a puntos de vista diferentes.

estereotipa. f. desus. **estereotipia.**

estereotipado, da. p. p. de **estereotipar.** || adj. fig. Dícese de los gestos, fórmulas, expresiones, etc., que se repiten sin variación.

estereotipador. m. El que estereotipa.

estereotipar. fr., *stéréotyper*; it., *stereotipare*; i., *to stereotype*; a., *stereotypieren*. (De *estereotipia*.) tr. **Impr.** Fundir en una plancha, por medio del vaciado, la composición de un molde formado con caracteres movibles. || Imprimir con esas planchas.

estereotipia. fr., *stéréotypie*; it., *stereotipia*; i., *stereotypery*; a., *Stereotypdruck*. (De *estereo-* y *-tipia*.) f. **Impr.** Arte de imprimir que, en vez de moldes compuestos de letras sueltas, usa planchas donde cada página está fundida en una pieza. La estereotipia es la manera de reproducir las páginas de composición tipográfica y grabados en relieve, sirviéndose de un molde negativo, llamado *matriz*, de cualquier materia y, generalmente, de cartón, que luego permita la reproducción del relieve vertiendo en él metal fundido. || Oficina donde se estereotipa. || Máquina de estereotipar. || Repetición involuntaria e intempestiva de un gesto, acción o palabra. Ocurre principalmente en ciertos dementes.

estereotípico, ca. adj. Perteneciente a la estereotipia.

estereotomía. (De *estereo-* y *-tomia*.) f. **A. y Of.** Arte de cortar piedras y maderas.

esterería. fr., *natterie*; it., *stuoiaia*; i., *matshop*; a., *Mattenfabrik*. f. Lugar donde se hacen esteras. || Tienda donde se venden.

esterero, ra. fr. *nattier*; it., *stuoiaio*; i., *matmaker*; a., *mattenmacher*. m. y f. Persona que hace esteras. || Persona que las vende y las cose y acomoda en las habitaciones.

Esteríbar. Geog. Mun. de España, prov. de Navarra, p. j. de Aoiz; 2.051 h. Corr. 5 h. a la cap., la casa consistorial de Venta de Aquerreta.

esterificación. (De *esterificar*.) m. **Quím.** Acción y efecto de esterificar.

esterificar. (De *éster* y *-ficar*.) tr. **Quím.** Convertir en éster. Ú. t. c. prnl.

estéril. fr., *stérile*; it. e i., *sterile*; a., *Unfruchtbar*. (Del lat. *sterĭlis*.) adj. Que no da fruto, o no produce nada, en sentido recto o figurado. || fig. Dícese del año en que la cosecha es muy escasa, y de los tiempos y épocas de miseria. || m. **Min.** Parte inútil del subsuelo que se halla interpuesto en el criadero.

esterilidad. fr., *stérilité*; it., *sterilità*; i., *sterility*; a., *Unfruchtbarkeit*. (Del lat. *sterilĭtas, -ātis*.) f. Calidad de estéril. || Falta de cosecha; carestía de frutos. || **Fisiol.** y **Pat.** Enfermedad caracterizada por falta de aptitud de fe-

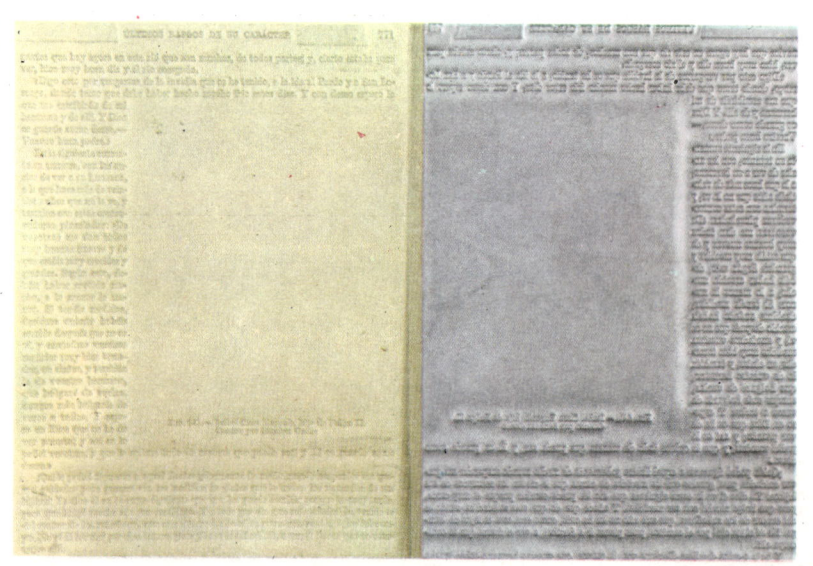

Estereotipia, matriz y plancha

cundar en el macho, y de concebir en la hembra.

esterilización. f. Acción y efecto de esterilizar. ∥ **Bact., Med.** y **Quím.** Proceso encaminado a la aniquilación de los microbios perjudiciales o patógenos, tanto desde el punto de vista de la conservación de alimentos, como de la defensa frente a la infección. La esterilización de los alimentos es una parte importante de su preparación para el consumo. El agua puede esterilizarse por ebullición o por destilación, y la leche, hirviéndola o exponiéndola a la acción del vapor sobrecalentado. Sin embargo, hirviendo la leche o calentándola demasiado se alteran su carácter y su valor alimenticio, y es mejor efectuar la esterilización por *pasteurización*, en la cual no se llega a temperaturas tan altas, por más que la destrucción de las bacterias no sea completa (v. **alimento**). En cirugía tiene gran importancia que los instrumentos y todo el material empleado estén bien esterilizados; los medios de esterilización empleados son: la ebullición en agua, el empleo de autoclaves, en los cuales se usa el vapor a presión, y los desinfectantes y antisépticos, p. e., el ácido fénico y el zotal, etc. Esta esterilización se denomina *asepsia*.

esterilizador, ra. adj. Que esteriliza. ∥ m. Aparato que esteriliza utensilios o instrumentos destruyendo los gérmenes patógenos que haya en ellos.

esterilizante. p. a. de **esterilizar**. Que esteriliza.

esterilizar. fr., *stériliser*; it., *sterilizzare*; i., *to sterilise*; a., *unfruchtbar machen*. (Del lat. *sterĭlis*, estéril.) tr. Hacer infecundo y estéril lo que antes no lo era. ∥ **Med.** Destruir los gérmenes patógenos que hay o puede haber en los instrumentos, objetos de curación, agua, etc., y aun también los del organismo.

esterilla. f. dim. de **estera**. ∥ Galón o trencilla de hilo de oro o plata, ordinariamente muy angosta. ∥ Pleita estrecha de paja. ∥ Tejido de paja. ∥ *Arg.* y *Ecuad.* Rejilla para construir asientos. ∥ *C. Rica, Chile* y *Ecuad.* **cañamazo.** ∥ *Sal.* Encella de pleita.

esterillado. m. *R. Plata.* Revestimiento especial que se hace con algunos tientos, dándole el aspecto de fina esterilla.

esterina. (De *ester-* e *-ina*.) f. **Biol.** y **Quím.** Nombre genérico de un grupo de alcoholes policíclicos, muy frecuentes en la composición de vegetales y animales. Entre las esterinas más conocidas figuran la colesterina y la ergosterina del cornezuelo del centeno. También se denomina *esterol*.

esterlín. m. Tela de hilo, de color, más gruesa y basta que la holandilla.

esternón. fr. e i., *sternum*; it., *sterno*; a., *Brustbein*. (Del gr. *stérnon*, de *stérnymi*, extender.) m. **Anat.** Hueso plano situado en la parte anterior del pecho de los vertebrados superiores, al que se unen parte de las costillas y las clavículas. En los reptiles se articula con el coracoides; en las aves voladoras tiene quilla; en los primates consta del cuerpo, por arriba el manubrio y por abajo el apéndice xifoides o ensiforme.

esternoptíquido, da. (Del lat. científico *sternóptyx*, gén. tipo, e *-ido*; aquél del gr. *stérnon*, extenso, y *ptyx*, capa de cuero o lámina de metal que formaba el espesor de un escudo.) adj. **Zool.** Dícese de los peces teleóstomos del orden de los clupeiformes, caracterizados por su cuerpo alto y comprimido, de brillo plateado, ojos grandes y a veces telescópicos, boca casi vertical y órganos luminosos en los costados. Ejemplo típico es el *argiropelco* o *pez hacha*. ∥ m. pl. Familia de estos peces.

esternorrinco, ca. (De **esternón** y *-rrinco*.) adj. **Entom.** Dícese de los insectos hemípteros, homópteros, pequeños, blandos, con alas delicadas y antenas largas; las hembras, con frecuencia, son incapaces de moverse a causa de su avanzado parasitismo; tienen un extraordinario poder de reproducción y constituyen enormes conjuntos que causan graves daños en las plantaciones. Entre ellos están los pulgones, la filoxera, etc. ∥ m. pl. Grupo de estos hemípteros, con numerosas familias: las de los *áfidos* y los *cóccidos* son las más importantes.

estero-. pref. V. **estereo-**.

estero. m. Acto de esterar. ∥ Temporada en que se estera.

estero. (Del lat. *aestuarĭum*.) m. **Geog. estuario.** ∥ *Amér.* Terreno bajo, pantanoso, intransitable, que suele llenarse de agua por la lluvia o por la filtración de un río o laguna cercana y que abunda en plantas acuáticas. ∥ *Chile.* Arroyo, riachuelo. ∥ *Venez.* Aguazal, charca.

esteroide. (De *éster* y *-oide*.) adj. **Quím.** Dícese de un importante grupo de productos de origen natural, derivados del ciclopentanofenantreno, al que pertenecen substancias tan interesantes como los ácidos biliares, las hormonas sexuales y adrenales, los principios activos del digital, la vitamina D, etc. Ú. t. c. s.

esterol. (De *ester-* y *-ol*.) m. **Biol.** y **Quím. esterina.**

Esteros. Geog. Local. de Argentina, prov. de Santiago del Estero, depart. de Figueroa; 508 h.

esterquero. m. Lugar donde se recoge el estiércol.

esterquilinio. (Del lat. *sterquilinĭum*.) m. Muladar o sitio donde se juntan inmundicias o estiércol.

Esterri de Aneu. Geog. Mun. y villa de España, prov. de Lérida, p. j. de Tremp; 650 habitantes. ∥ **de Cardós.** Mun. de España, prov. de Lérida, p. j. de Tremp; 80 h. ∥ Lugar cap. del mismo; 35 h.

estertor. fr., *râle*; it., *stertore, rantolo*; i., *rattle*; a., *Todesröcheln*. (Del lat. *stertĕre*, roncar.) m. Respiración anhelosa que produce un sonido involuntario, las más veces ronco, y otras a manera de silbido. Suele presentarse en los moribundos. ∥ **Pat.** Ruido de burbuja que se produce en ciertas enfermedades del aparato respiratorio y que se percibe por la auscultación.

estertóreo, a. adj. Que tiene estertor.

estertoroso, sa. adj. Que tiene estertor.

-estesia. suf. V. **estesio-**.

estesia. (Del gr. *aísthesis*, sensación; de *aisthánomai*, percibir por los sentidos.) f. **Med. sensibilidad.**

-estésico. suf. V. **estesio-**.

Estesícoro. Biog. Poeta griego, n. en Matauro, Magna Grecia, y m. en Catania (h. 630 - h. 555 a. C.). Se le ha llamado *el Homero lírico*. Vivió casi siempre en Hímera (Sicilia). Autor de himnos próximos a la épica, compuso la *Palinodia, Dafnis*, la *Orestíada*, etc.

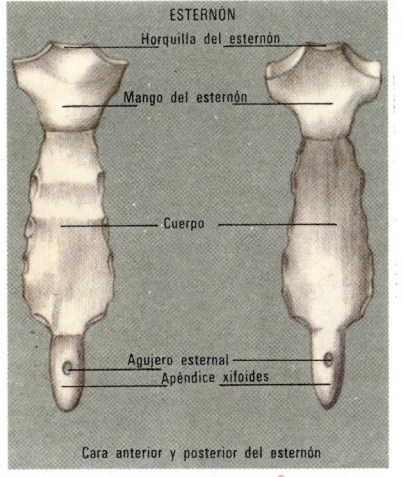

estesio-; -este-; -estesia, -estésico. (Del gr. *aisthánomai*, percibir por los sentidos.) pref., infijo o suf. que sign. sensación; e. de suf.: *an*estesia, *an*estésico.

estesudeste o **estesureste.** (En abr., *ESE*.) m. Geog. Punto del horizonte situado entre el este y el sudeste. Excepcionalmente, ú. t. c. adj. ∥ Viento que sopla de esta parte.

estética. fr., *esthétique*; it., *estetica*; i., *aesthetics*; a., Aesthetik, Schönheitslehre. (Del gr. *aisthetiké*, t. f. de *-kós*, estético.) f. **B. Art.** y **Filos.** Ciencia que trata de la belleza y de la teoría fundamental y filosófica del arte. En el concepto de estética se encierra no sólo la percepción, sino también el placer, y los objetos que lo causan son varios y de diferente naturaleza. Comprende, asimismo, la belleza, en su sentido ordinario.

estéticamente. adv. m. De manera estética.

estético, ca. (Del gr. *aisthetikós*, de *aisthánomai*, sentir.) adj. Perteneciente o relativo a la estética. ∥ Perteneciente o relativo a la percepción o apreciación de la belleza. ∥ Artístico, de bello aspecto. ∥ m. Persona que se dedica al estudio de la estética.

esteto-. (Del gr. *stethos*.) pref. que sign. pecho.

estetoscopia. f. **Med.** Exploración de los órganos contenidos en la cavidad del pecho por medio del estetoscopio.

estetoscopio. (De *esteto-* y *-scopio*.) m. **Med.** Instrumento a modo de trompetilla acústica destinado a la auscultación. Consiste en un tubo de unos 20 cm. de largo y 4 de diámetro exterior y ensanchado por su base; la parte más ancha se aplica a la piel, mientras el otro extremo se ajusta al oído del observador. Se usa preferentemente en ginecología. La gran ventaja de la auscultación biauricular es causa de que hoy se use más el fonendoscopio.

Esteva de un arado de madera. Galicia

esteva. fr., *rets, mancheron*; it., *stanga*; i., *ploughhandle*; a., *Kolterholz am Pflug*. (Del osco *steva*, gemelo del lat. *stiva*.) f. Madero curvo que en los carruajes antiguos sostenía en sus extremos las varas y se apoyaba por el medio sobre la tijera. ∥ **Agr.** Pieza corva y trasera del arado sobre la cual apoya la mano el que ara.

Esteva (Adalberto A.). Biog. Periodista y abogado mejicano, n. en Jalapa y m. en Barcelona (1863-1914). Fue cónsul general de Méjico en España. Escribió dos vol. de versos, y se le deben, además, catorce vol. de la conocida obra *Legislación mejicana*. ∥ **(José María).** Político y poeta mejicano, n. y m. en Veracruz (1818-1904). El Gobierno de Maximiliano le nombró gobernador de Puebla y luego ministro de la Gobernación.

estevado, da. fr., *cagneux;* it., *ercolino;* i., *knock-kneed, crock-kneed;* a., *krummbeinig.* adj. Que tiene las piernas torcidas en arco, a semejanza de la esteva, de tal modo que con los pies juntos quedan separadas las rodillas. Ú. t. c. s.

Estévanez y Murphy (Nicolás). Biog. Militar y político español, n. en Las Palmas de Gran Canaria y m. en París (1833-1914). Tomó parte en las guerras de África, Puerto Rico y Santo Domingo, en la revolución de 1868, y fue organizador del movimiento republicano de 1869. Al triunfar la República, fue gobernador de Madrid, diputado y ministro de la Guerra; pero tuvo que refugiarse después en Portugal y, expulsado de allí, se trasladó a París. Entre otras obras publicó un *Diccionario militar.*

Esteve Barba (Francisco). Biog. Escritor español, n. y m. en Madrid (1908-1968). Obras: *Descubrimiento y conquista de Chile* (1946), *Historia de la cultura* (1955) y *Cultura virreinal* (1961), obra por la que le fue concedido el premio nacional de Literatura Menéndez Pelayo. ‖ **Bonet (José).** Escultor español, n. y m. en Valencia (1741-1802). En 1772, su bajorrelieve *La rendición de Valencia por Jaime el Conquistador,* presentado en la Academia de San Carlos, le valió ingresar en dicha corporación. Carlos IV le confirió el título de escultor de cámara honorario. ‖ **Ródenas (Antonio).** Bailarín español, más conocido por *Antonio Gades,* n. en Elda en 1936. Posee una gran personalidad y está considerado como una de las figuras más sobresalientes del baile flamenco. Ha intervenido en las películas *Los tarantos, El amor brujo* y *Con el viento solano,* y por su actuación en el pabellón español de la Feria Mundial de Nueva York le fue concedida la medalla del Mérito Turístico (1964); en la temporada 1964-65, el Círculo de Bellas Artes le concedió la medalla de oro de Baile.

estevón. m. **esteva.**

estezado, da. p. p. de **estezar.** ‖ m. **correal.**

estezar. (De *tez.*) tr. Curtir las pieles en seco. ‖ *And.* Poner a uno encendido. Curtirle la piel a golpes. ‖ fig. Abusar de uno en punto a dinero.

Esther. Biog. **Ester.** ‖ Geog. Local. de Argentina, prov. de Buenos Aires, part. de Saladillo; 330 h. ‖ Local. de Argentina, prov. de Santa Fe, depart. de San Justo; 260 h.

estiaje. (Del fr. *étiage.*) m. **Hidrog.** Nivel más bajo o caudal mínimo que en ciertas épocas del año tienen las aguas de un río, estero, laguna, etc., por causa de la sequía. ‖ Período que dura este nivel bajo.

estib-. (Del lat. *stibĭum.*) **Quím.** pref. utilizado para indicar que ciertos compuestos poseen uno o más átomos de antimonio en su molécula; p. e., **estib**amina.

estiba. fr., *arrimage;* it., *stiva;* i., *rammer, stovrage;* a., *Lastenstauung.* (De *estibar.*) f. Lugar en donde se aprieta la lana en los sacos. ‖ *Germ.* Castigo o pena que se impone por un delito o falta. ‖ **Artill.** Atacador de los cañones. ‖ **Mar.** Colocación conveniente de los pesos de un buque, y en especial de su carga.

estibador. (De *estibar.*) m. El que estiba, aprieta materiales o cosas sueltas; distribuye los pesos del buque.

Estíbaliz (Nuestra Señora de). Rel. Imagen de la Virgen María, que se venera en la basílica de su nombre desde el s. XI y es patrona de la prov. de Álava (España). El edificio, enclavado en la local. de su nombre, mun. de Vitoria, es un notable monumento del románico alavés.

estibar. fr., *arrimer;* it., *stivare;* i., *to press, to stow;* a., *verstauen.* (Del lat. *stipāre.*) tr. Apretar, recalcar materiales o cosas sueltas para que ocupen el menor espacio posible, como se hace con la lana cuando se ensaca. ‖ *Germ.* Imponer castigo por un delito o falta. ‖ **Mar.** Disponer el cargamento de un buque de tal manera, que no se desplace con los movimientos propios de la navegación.

estibia. (Del lat. *stiva,* esteva.) f. **Veter. espibia.**

estibina. (De *estib-* e *-ina.*) f. **Quím.** Sexquisulfuro de antimonio, de fórmula Sb_2S_3, rómbico, de color gris plomo y brillo metálico; funde a la llama de una cerilla (núm. 1. de la escala de fusibilidad). Es mena del antimonio y se llama también *antimonita.*

estibio. (Del lat. *stibĭum.*) m. **Miner. antimonio.**

Estienne (Henri). Biog. Hombre de ciencia e impresor francés, n. en París y m. en Lyón (1531-1598). Aprendió el griego antiguo y moderno, latín, italiano, español y lenguas orientales. Estableció en 1557 una imprenta en Ginebra, de la que salieron por espacio de cuarenta años más de 170 obras en caracteres romanos y en diversas lenguas, casi todas pertenecientes a la literatura griega. Su edición del *Quintuplex Psaltérium,* impresa en 1508 en tamaño folio y a dos tintas, negro y rojo, está considerada como su obra maestra. ‖ **(Robert).** Políglota e impresor francés, n. en París y m. en Ginebra (1503-1559). Francisco I le nombró en 1528 impresor real, y fue el primero que usó los caracteres griegos grabados por Garamond. Con motivo de la publicación de algunas ediciones de la Biblia, tuvo que refugiarse en Ginebra, donde fundó una imprenta, que pasó al servicio de la Reforma, pues fue un calvinista ardiente y apasionado.

estierco. (Del lat. *stercus.*) m. **estiércol.**

estiércol. fr., *fiente, engrais;* it., *sterco;* i., *dung, manure;* a., *Dung.* (Del vulg. *estierco,* con la *l* de *estercolar,* del lat. *stercus, -ŏris.*) m. Excremento de cualquier animal. ‖ Materias orgánicas, comúnmente vegetales, podridas, que se destinan al abono de las tierras. ‖ V. **abono** y **energía biológica.**

estig-; -stigmat-, -stigmo-; -stígmato. (Del gr. *stígma,* marca, de *stízo,* punzar.) pref., infijo o suf. que sign. señal, punto, pinta, etc.; e. de infijo: a*stigmat*ismo, a*stigmó*metro; de suf.: a**stígmato.**

Estigarribia (José Félix). Biog. Militar paraguayo, n. en Caraguatay, Las Cordilleras, y m. en un accidente de aviación (1888-1940). Fue comandante en jefe del ejército paraguayo en la guerra del Chaco contra Bolivia. Elegido presidente de la República, asumió el poder en agosto de 1939, y en febrero de 1940, la totalidad de los poderes políticos. Escribió unas Memorias sobre la guerra del Chaco.

Estige. Mit. **Estigia.**

Estigia. Mit. Río antiguo de Grecia, que nacía en el monte Nonacris. Según la leyenda, en sus aguas sumergió Tetis a su hijo Aquiles, suspendiéndole por el talón, siendo, por tanto, éste el único punto vulnerable del héroe. Era creencia general que sus aguas poseían una virtud mágica y que el que se bañaba en ellas adquiría la inmortalidad. ‖ Ninfa de este río, hija del Océano, esposa de Palas y madre de Zelos, Nike, Kratos y Bia. ‖ Laguna del infierno griego.

estigio, gia. (Del lat. *stygĭus,* y éste del gr. *Stýx, Stygós,* Estigia.) adj. En mitología, aplícase a la laguna del infierno mitológico, y a lo perteneciente a ella. ‖ fig. y poét. **infernal,** perteneciente al infierno.

estigma. fr., *stigmate;* it., *stigma;* i., *mark;* a., *Brandmal.* (Del lat. *stigma,* y éste del gr. *stígma,* picadura; de *stízo,* picar, punzar.) m. Marca o señal en el cuerpo. ‖ Marca impuesta con hierro candente, bien como pena infamante, bien como signo de esclavitud. ‖ fig. Desdoro, afrenta, mala fama. ‖ **Anat.** y **Zool.** Mancha quitinosa en el borde anterior de las alas de muchos insectos. También se llama así la mancha ocular de diversos flagelados y cada abertura respiratoria de los artrópodos traqueales. ‖ **Bot.** Cuerpo glanduloso, en la parte final del pistilo, que recibe y retiene el polen para que desarrolle el tubo polínico y fecunde a la oosfera del óvulo. ‖ **Pat.** Lesión orgánica o trastorno funcional que indica enfermedad constitucional y hereditaria. ‖ **Teol.** Huella impresa sobrenaturalmente en el cuerpo de algunos santos extáticos, como símbolo de la participación que sus almas toman en la pasión de Cristo.

estigmatizado, da. adj. Se dice de la persona que presenta en su cuerpo huellas o señales de origen sobrenatural. Ú. t. c. s. ‖ Rel. San Francisco de Asís y Santa Catalina de Siena fueron estigmatizados. El escritor alemán Imbert recogió datos de 321 casos. Fueron célebres, en 1811, el de Catharine Emmerich, de Agnetemberg, que presentaba en sus manos, pies y costado, las llagas de Cristo; en 1868, el de Luisa Lateau, en Bélgica, y, por la misma época, el de Sor Patrocinio, la *Monja de las llagas,* en Madrid. El más reciente y conocido es el de Theresia Neumann.

estigmatizador, ra. adj. Que estigmatiza. Ú. t. c. s.

estigmatizar. fr., *stigmatiser;* it., *stimmatizzare;* i., *to estigmatice;* a., *stigmatisieren, brandmarken.* (Del gr. *stigmatízo.*) tr. Marcar a uno con hierro candente. ‖ fig. Afrentar, infamar. ‖ Rel. Imprimir milagrosamente a una persona las llagas de Cristo.

estil-. pref. V. **estilo-.**

estil. (Del lat. *stěrĭlis.*) adj. ant. vulg. *Sal.* Estéril, seco.

estilar. (De *estilo.*) intr. Usar, acostumbrar, practicar. Ú. t. c. tr. ‖ tr. Ordenar, extender, formar y arreglar una escritura, despacho, establecimiento y otras cosas conforme al estilo y formulario que corresponde.

estilar. (Del lat. *stillare.*) tr. ant. *Amér., And.* y *Sal.* Destilar, gotear. Ú. t. c. intr.

estilbón. m. *Germ.* Borracho, ebrio.

estilete. fr. e i., *stylet;* it., *stiletto;* a., *Stilett.* (dim. de *estilo.*) m. Estilo pequeño, punzón para escribir y gnomon del reloj de sol. ‖ Púa o punzón. ‖ Puñal de hoja muy estrecha y aguda. ‖ **Cir.** Tienta metálica delgada y flexible, generalmente de plata, terminada en una bolita, que sirve para reconocer ciertas heridas.

estilicidio. (Del lat. *stillicidĭum;* de *stilla,* gota, y *cadĕre,* caer.) m. Acto de estar manando o cayendo y destilando gota a gota un licor. ‖ Destilación que así mana.

Estilicón. Biog. Famoso germano procedente de noble familia. Fue recomendado al emperador Teodosio, quien le incorporó a su

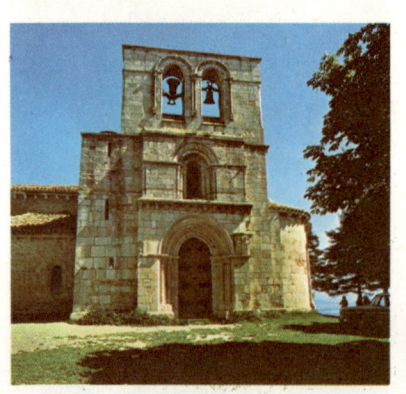

Basílica de Nuestra Señora de Estíbaliz

San Francisco de Asís estigmatizado, pintura hispanoitaliana de la 2.ª mitad del s. XV. Museo Lázaro Galdiano. Madrid

guardia personal. Llegó a casarse con Serena, hija adoptiva de Teodosio. A la muerte de éste, le fue concedida la tutela del hijo del fallecido emperador, Honorio, nombrado emperador de Occidente.

estilista. fr., *styliste;* it., *stilista;* i., *stylist;* a., *Stilist.* com. **Lit.** Escritor que se distingue por lo esmerado y elegante de su estilo.

estilística. (Del gr. *stylistiké*, sobrentendido *téchne*, arte.) f. **Lit.** Estudio de las formas de expresión, ya en literatura, ya en el habla corriente, especialmente en los matices afectivos más bien que lógicos.

estilístico, ca. (Del gr. *stylistikós*.) adj. Perteneciente o relativo al estilo.

estilita. (Del gr. *stylítes;* de *stylos*, columna.) adj. Dícese del anacoreta que por mayor sacrificio vivía sobre una columna. Ú. t. c. s.

estilización. f. Acción y efecto de estilizar.

estilizar. (De *estilo*.) tr. Interpretar convencionalmente la forma de un objeto haciendo resaltar tan sólo sus rasgos más característicos.

estilo-, estil-; -stilia, -stil, -stilo. (Del gr. *stylos*, estilete, columna.) pref. o suf. que sign. columna o pluma; e. de suf.: *auto***stilia**, *pró***stilo,** *ciclo***stilo.**

estilo. fr. e i., *style;* it., *stile;* a., *Stil.* (Del lat. *stĭlus*, y éste del gr. *stylos*, columna.) m. Punzón con el cual escribían los antiguos sobre tablillas revestidas de leve capa de cera. ǁ **gnomon,** del reloj de sol. ǁ Modo, manera, forma. ǁ Uso, práctica, costumbre, moda. ǁ **Bot.** Parte estrecha del pistilo, entre el ovario y el estigma, y que falta cuando es sentado éste. ǁ **Der.** Fórmula de proceder jurídicamente, y orden y método de actuar. ǁ **Lit.** Manera de escribir o de hablar, no por lo que respecta a las cualidades esenciales y permanentes del lenguaje, sino en cuanto a lo accidental, variable y característico del modo de formar, combinar y enlazar los giros, frases y cláusulas o períodos para expresar los conceptos. Según los antiguos retóricos, divídese en tenue o sencillo, medio o templado y grave o sublime. Aplícansele otros muchos calificativos tomados de los distintos géneros, tonos o cualidades a que puede pertenecer o acomodarse o por los que se puede distinguir, como didáctico, epistolar, oratorio, festivo, irónico, patético, amanerado, elegante, florido, etc. Califícase también por el nombre de algunos países en que predominó con cierto carácter especial, y así se le llama asiático, ático, lacónico o rodio. ǁ Manera de escribir o de hablar peculiar de un escritor o de un orador; carácter especial que, en cuanto al modo de expresar los conceptos, da un autor a sus obras, y es como sello de su personalidad literaria. ǁ Carácter propio que da a sus obras el artista, por virtud de sus facultades. ǁ **Mar.** Púa sobre la cual está montada la aguja magnética. ǁ **Mús.** **Arg.** y **Urug.** Música típica que se toca con guitarra; baile y canción populares que se acompañan con esta música. ǁ **antiguo.** *Cron.* El que se usaba en la computación de los años hasta la corrección gregoriana. ǁ **nuevo.** Modo de computar los años según la corrección gregoriana. ǁ **recitativo.** *Mús.* El que consiste en cantar recitando.

estilóbato. fr., *stylobat;* it., *stilobato;* i., *stylobate;* a., *Stylobat.* (Del lat. *stylobăta*, y éste del gr. *stylobátes*.) m. **Arquit.** Macizo corrido sobre el cual se apoya una columnata.

Estilóbato

estilográfico, ca. (De *estilo-* y *gráfico*.) adj. Dícese de cierta clase de pluma. También se aplica a lo escrito con tal pluma. ǁ f. **pluma estilográfica.**

estilógrafo. m. *Col.* y *Nic.* Pluma estilográfica con su portaplumas.

estima. fr., *estime;* it., *stima;* i., *esteem;* a., *Achtung, Schätzung.* (De *estimar.*) f. Consideración y aprecio que se hace de una persona o cosa por su calidad y circunstancias. ǁ **Mar.** Concepto aproximado que se forma de la situación del buque por los rumbos y las distancias corridas en cada uno de ellos.

estimabilidad. f. Calidad de estimable.
estimabilísimo, ma. adj. superl. de **estimable.**
estimable. (Del lat. *aestimabĭlis*.) adj. Que admite, estimación o aprecio. ǁ Digno de aprecio y estima.
estimación. (Del lat. *aestimatĭo, -ōnis*.) f. Aprecio y valor que se da y en que se tasa o considera una cosa. ǁ Aprecio, consideración, afecto. ǁ ant. Instinto de los animales. ǁ **Estad.** Operación que se realiza cuando no disponiendo de lo necesario para fijar con precisión el valor de una cantidad, se obtiene una aproximación partiendo de los resultados de un muestreo. ǁ **propia.** *Léx.* **amor propio.**
estimado, da. p. p. de **estimar.**
estimador, ra. (Del lat. *aestimātor*.) adj. Que estima. Ú. t. c. s. m.
estimar. fr., *estimer;* it., *stimare;* i., *to esteem;* a., *schätzen.* (Del lat. *aestimāre.*) tr. Apreciar, poner precio, evaluar las cosas. ǁ Juzgar, creer. ǁ Hacer aprecio y estimación de una persona o cosa. Ú. t. c. prnl.
Estimaríu. *Geog.* Mun. y lugar de España, prov. de Lérida, p. j. de Seo de Urgel; 157 h.
estimativa. (De *estimar.*) f. Facultad del alma racional con que hace juicio del aprecio que merecen las cosas. ǁ **instinto** de los animales.
estimatorio, ria. adj. Relativo a la estimación. ǁ **Der.** Que pone o fija el precio de una cosa.
Estimé (Dumarsais). *Biog.* Abogado, periodista y político haitiano, n. en Verrettes y m. en Nueva York (1900-1953). Nombrado presidente de la República para el período 1946-52, fue depuesto por un golpe de Estado el 10 de mayo de 1950, al conocerse su propósito de reformar la Constitución con la finalidad de ser reelegido.
estimulación. (Del lat. *stimulatĭo, -ōnis*.) f. ant. Acción y efecto de estimular.
estimulador, ra. adj. Que estimula.
estimulante. p. a. de **estimular.** Que estimula. Ú. t. c. s. m. ǁ **Biol.** y **Terap.** Se dice de la substancia que incrementa o facilita el desarrollo de una actividad orgánica. Ú. t. c. s. m. ǁ **Med.** Se dice de las drogas que, mediante una excitación del sistema nervioso central, provocan repentinas sensaciones de euforia, viveza, resistencia y confianza en sí mismo. Al grupo de ellas pertenecen la cocaína y sus derivados, y las llamadas anfetaminas. Ú. m. c. s. m. y en plural.
estimular. fr., *stimuler;* it., *stimolare;* i., *to stimulate;* a., *aufreizen, anregen.* (Del lat. *stimulāre.*) tr. Aguijonear, picar, punzar. ǁ fig. Incitar, excitar con viveza a la ejecución de una cosa, o avivar una actividad, operación o función.
estímulo. fr., *stimulation, stimulant;* it., *stimolo;* i., *stimulant;* a., *Reizmittel, Stimulans.* (Del lat. *stĭmŭlus.*) m. ant. Vara con punta de hierro de los boyeros. ǁ fig. Incitamiento para obrar o funcionar. ǁ **Biol.** Cualquier agente que provoca la respuesta de un organismo, órgano, célula, etc. ǁ **específico.** *Fisiol.* El que por naturaleza es más adecuado a suscitar una actividad fisiológica.
estimuloso, sa. (Del lat. *stimulōsus.*) adj. ant. Dícese de lo que estimula.
estinco. (Del lat. *stincus*, de *scincus*, y éste del gr. *skígkos*.) m. **Zool. escinco.**
estío. fr., *été;* it., *estate;* i., *summer;* a., *Sommer.* (Del lat. *aestivum* [*tempus*], [tiempo] de verano; de *aestas*, verano.) m. **Astron.** Estación del año que astronómicamente comienza en el solsticio de verano, el 22 de junio, y termina en el equinoccio de otoño, el 21 de septiembre.
estiomenar. (De *estiómeno.*) tr. **Pat.** Corroer una parte carnosa del cuerpo los humores que fluyen a ella.

estiómeno. (Del gr. *esthiómenos*, comido.) m. *Pat.* Corrosión de una parte carnosa del cuerpo por los humores que fluyen a ella.

estipe. (Del lat. *stipes*.) m. ant. *Arquit.* || *Bot.* **estípite.**

estipendial. adj. Perteneciente o relativo al estipendio.

estipendiar. (Del lat. *stipendiāri*.) tr. Dar estipendio.

estipendiario. (Del lat. *stipendiarĭus*.) m. El que lleva estipendio o sueldo de otro. || ant. Tributario, pechero.

estipendio. fr., *paye*; it., *stipendio*; i., *remuneration, pay*; a., *Belohnung, Lohn*. (Del lat. *stipendĭum*.) m. Paga o remuneración que se da a una persona por su trabajo y servicio.

estípite. (Del lat. *stipes, -ĭtis*, estaca, tronco.) m. *Arquit.* Pilastra en forma de pirámide truncada, con la base menor hacia abajo. || *Bot.* Tallo largo y no ramificado de las plantas arbóreas, monocotiledóneas, como las palmeras y los helechos arborescentes.

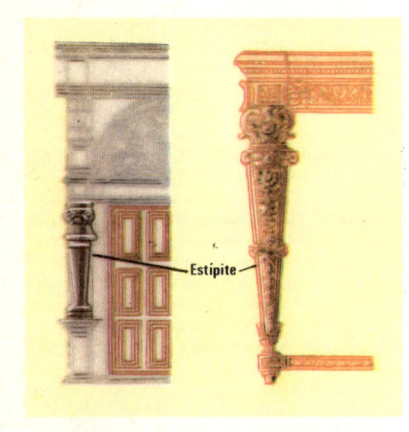

Estípite

estipticar. (De *estíptico*.) tr. *Med.* astringir, apretar los tejidos orgánicos alguna substancia.

estipticidad. f. *Med.* Calidad de estíptico.

estíptico, ca. (Del lat. *styptĭcus*, y éste del gr. *styptikós*, de *stýpho*, apretar.) adj. Que tiene sabor metálico astringente. || Que padece estreñimiento de vientre. || fig. Estreñido, avaro, mezquino. || *Farm.* **astringente.** || *Med.* Que tiene virtud de estipticar.

estiptiquez. f. *Amér.* Estipticidad, estreñimiento.

Estípulas

estípula. (Del lat. *stipŭla*, dim. de *stipa*, paja.) f. *Bot.* Apéndice foliáceo colocado en los lados del pecíolo o en el ángulo que éste forma con el tallo.

estipulación. (Del lat. *stipulatĭo, -ōnis*.) f. Convenio verbal. || *Der.* Cada una de las disposiciones de un documento público o particular. || Promesa que se hacía y aceptaba verbalmente, según las solemnidades y fórmulas prevenidas por el derecho romano. La legislación moderna ha abolido esas fórmulas, declarando eficaces, por regla general, todos los pactos lícitos una vez consentidos, exceptuados aquellos para cuya validez se requiere expresamente forma o solemnidad determinada.

estipulante. p. a. de **estipular.** Que estipula.

estipular. fr., *stipuler*; it., *stipulare*; i., *to stipulate*; a., *abmachen*. (Del lat. *stipulāre*.) tr. *Der.* Hacer contrato verbal; contratar por medio de estipulación. || Convenir, concertar, acordar.

estique. (Del i. *stick* [v.], bastoncillo.) m. Palillo de escultor, de boca dentellada, para modelar barro.

Estique. *Geog.* Dist. de Perú, depart. de Tacna, prov. de Tarata; 633 h. || Pueblo cap. del mismo; 267 h. || **-Pampa.** Dist. de Perú, depart. de Tacna, prov. de Zarata; 389 h. || Pueblo cap. del mismo; 371 h.

estiquirín. m. *Hond.* Búho, ave nocturna.

estira. (De *estirar*.) f. Instrumento de cobre, en forma de cuchilla, con que los zurradores quitan la flor, aguas y manchas del cordobán de colores, rayéndolo.

estiracáceo, a. (Del lat. *styrăca* y *-áceo*; aquél del gr. *stýrax, -akos*, estoraque.) adj. *Bot.* Dícese de árboles y arbustos angiospermos dicotiledóneos, que tienen hojas alternas, simples y sin estípulas, flores solitarias o en racimo, axilares y con brácteas, y frutos por lo común abayados, con semillas de albumen carnoso; como el estoraque y el aceitunillo. Ú. t. c. s. f. || f. pl. Familia de estas plantas.

estiradamente. adv. m. fig. Escasamente, apenas. || fig. Con fuerza, con violencia y forzadamente.

estirado, da. p. p. de **estirar.** || adj. fig. Que afecta gravedad o esmero en su traje. || fig. Entonado y orgulloso en su trato con los demás. || fig. Nimiamente económico.

estirajar. tr. fam. Estirar una cosa deformándola.

estirajón. m. fam. **estirón.**

estiramiento. m. Acción y efecto de estirar o estirarse.

estirar. fr., *étirer, étendre*; it., *stirare*; i., *to draw out*; a., *ausstrecken, ausziehen*. (De *es-* y *tirar*.) tr. Alargar, dilatar una cosa, extendiéndola con fuerza para que dé de sí. Ú. t. c. prnl. || Planchar ligeramente la ropa blanca para quitarle las arrugas. || fig. Hablando del dinero, gastarlo con parsimonia para atender con él al mayor número posible de necesidades. || fig. Alargar, ensanchar el dictamen, la opinión, la jurisdicción más de lo que se debe. || intr. Crecer una persona. Ú. t. c. prnl. || prnl. Desplegar o mover brazos o piernas para desentumecerlos.

estirazar. tr. fam. **estirar.**

estirazo. m. *Ar.* Especie de narria que se usa en el Pirineo aragonés para arrastrar pesos. Está formada por un tronco horquillado con una asa de hierro en el punto de convergencia de los brazos y una barra de madera que une los extremos de los mismos.

estireno. (Del lat. *styrăca*, estoraque, y *-eno*.) m. *Quím.* Hidrocarburo aromático, de fórmula C_8H_8, que se encuentra en el estoraque. Debido a su carácter no saturado, tiene una gran tendencia a la polimerización, propiedad de gran importancia industrial, ya que ha dado lugar a la preparación de una resina sintética, el *poliestireno* (v.), una de las substancias plásticas más utilizadas en la actualidad.

Estiria. (En a., *Steiermark*.) *Geog.* Est. de Austria; 16.386 km.² y 1.192.100 h. Minas de carbón. Como consecuencia de la S. G. M., parte de su territorio, que antes excedía de 22.000 km.², ha pasado a Yugoslavia. Cereales, legumbres y ganado. Cap., Graz; 248.500 h.

estirón. m. Acción con que uno estira o arranca con fuerza una cosa. || Crecimiento en altura de una persona.

estirpe. fr., *souch, lignée*; it., *stirpe*; i., *stock*; a., *Stamm*. (Del lat. *stirps, stirpis*.) f. Raíz y tronco de una familia o linaje. || *Der.* En una sucesión hereditaria, conjunto formado por la descendencia de un sujeto a quien ella representa y cuyo lugar toma.

estirpia. f. *Sant.* **adral**, zarzo o tabla que se pone en los costados del carro.

estítico, ca. adj. Estíptico, astringente.

estitiquez. f. *Amér.* Estiptiquez, estreñimiento.

estivación. f. Adaptación orgánica al calor y sequedad propios del verano.

estivada. f. *Arg.* Monte o terreno inculto cuya broza se cava y quema para meterlo en cultivo.

estival. (Del lat. *aestivālis*.) adj. Perteneciente al estío.

estival. (Del it. *stivale*, bota, y éste del a. *stiefel*.) m. desus. Botín o borceguí de mujer.

Estivella. *Geog.* Mun. y lugar de España, prov. de Valencia, p. j. de Sagunto; 1.181 h.

estivo, va. (Del lat. *aestīvus*.) adj. **estival**, perteneciente al estío.

estivo. (Del it. *stivale*, bota.) m. *Germ.* **zapato.**

estivón. (De *estivo*.) m. *Germ.* Paso o marcha rápida del hombre o del animal.

Estoa. (Del gr. *stoá*, pórtico.) *Hist.* Lugar de Atenas donde enseñaba Zenón de Citio, y que ha dado nombre al *estoicismo* (v.).

estocada. fr., *estocade*; it., *stoccata*; i., *stoccado*; a., *Degenstoss*. f. Golpe que se tira de punta con la espada o estoque. || Herida que resulta de él. || **de puño.** *Esgr.* La que se da cuando es muy corto el medio de proporción, sin mover el cuerpo, con sólo recoger y extender el brazo.

estocador. (De *estocar*.) m. ant. **estoqueador.**

estocafís. (Del i. *stock fish*, bacalao seco sin sal.) m. **pejepalo.**

estocar. (De *estoque*.) tr. ant. Herir con el estoque.

estocástico, ca. (Del gr. *stochastikós*, conjetural; [*téchne*] *stochastiké*, [arte] de conjeturar.) adj. Perteneciente o relativo al azar.

Estocolmo. (En sueco, *Stockholm*.) *Geog.* Cond. rural de Suecia; 7.950 km.² y 1.486.215 habitantes. || C. cap. de Suecia y del cond. rural de su nombre; 191 km.² y 699.238 h. La c. constituye por sí misma un cond. urbano. Espléndi-

Estocolmo. Vista general

dos edificios y monumentos, como el de Carlos XIV, entre el lago Mälar y el Báltico, y el de Gustavo Wasa, en la plaza de los Caballeros. La iglesia de Riddarholm, panteón de los reyes suecos y de los hombres ilustres, es de estilo gótico, con aditamentos del Renacimiento italiano y tiene una torre de 90 m. de altura. También del Renacimiento italiano es el Palacio Real, uno de los mejores del mundo. Es tristemente célebre la plaza Mayor por haber sido decapitados en ella, en 1520, por orden de Cristián II, los grandes del reino. Industrias farmacéutica y electromecánica. Refinería de petróleo. Su comercio es considerable, debido a la situación de la ciudad y a las condiciones de su puerto.

estofa. (Del germ. *stopfa*, y éste del lat. *stuppa*, estopa.) f. Tela o tejido de labores, por lo común de seda. || fig. Calidad, clase.

estofado, da. fr., *ragoût, étuvée;* it., *stufato;* i., *stewed meat, stew;* a., *ragout*. p. p. de **estofar,** guisar. || m. **Coc.** Guiso que consiste en condimentar un manjar con aceite, vino o vinagre, ajo, cebolla y varias especias, y ponerlo todo en crudo en una vasija bien tapada para que cueza a fuego lento sin que pierda vapor ni aroma.

estofado, da. p. p. de **estofar,** labrar telas. || Aliñado, engalanado, bien dispuesto. || m. **A. y Of.** Acción de estofar telas. || Adorno que resulta de estofar un dorado.

estofador, ra. m. y f. Persona que tiene por oficio estofar, labrar telas.

estofar. (Del lat. *extufāre*, del gr. *typhos*, vapor.) tr. Hacer el guiso llamado estofado.

estofar. fr., *broder en application;* it., *ricamare in rilievo;* i., *to-embroider;* a., *stikken, staffieren.* (De *estofa*.) **A. y Of.** tr. Labrar a manera de bordado, rellenado de algodón o estopa el hueco o medio entre dos telas, formando encima algunas labores y pespunteándolas y perfilándolas para que sobresalgan y hagan relieve. || Entre doradores, raer con la punta del garfio el color dado sobre el dorado de la madera, formando diferentes rayas o líneas para que se descubra el oro y haga visos entre los colores con que se pintó. || Pintar sobre el oro bruñido algunos relieves al temple, y también colorir sobre el dorado algunas hojas de talla. || Dar de blanco a las esculturas en madera para dorarlas y bruñirlas después.

estofo. m. Acción y efecto de estofar, labrar telas.

estoicamente. adv. m. Con estoicismo.

estoicismo. fr., *stoïcisme;* it., *stoicismo;* i., *stoicism;* a., *Stoizismus*. (De *estoico* y -*ismo*.) m. Doctrina o secta de los estoicos. || fig. Fortaleza o dominio sobre la propia sensibilidad. || **Filos.** Sistema filosófico fundado por Zenón de Citio, en Atenas, hacia el año 300 a. C. La escuela fundada por dicho filósofo se reunía en un pórtico ateniense, la Estoa. La doctrina estoica es, principalmente, moral y se funda en una metafísica que constituye un panteísmo naturalista. El ideal de la moral estoica está en sofocar toda pasión y seguir los dictados de la razón hasta llegar a la apatía absoluta. El estoicismo romano, más ecléctico que el griego, recibió influencias platónicas y aristotélicas y abandonó la metafísica de éste, limitándose casi exclusivamente a la moral. El estoicismo griego permitía el suicidio.

estoico, ca. fr., *stoïcien;* it., *stoico;* i., *stoic, stoical;* a., *Stoiker*. (Del lat. *stoïcus*, y éste del gr. *stoïkós*, de *stoá* [Estoa].) adj. Perteneciente al estoicismo. || Dícese del filósofo que sigue la doctrina del estoicismo. Ú. t. c. s. || fig. Fuerte, ecuánime ante la desgracia.

estojar. intr. *Sal.* Crecer, desarrollarse.

estol. (Del lat. *stolus*, y éste del gr. *stólos*.) m. ant. Acompañamiento o comitiva.

estola. fr. e i., *stole;* it., *stola;* a., *Stola*. (Del lat. *stola*, y éste del gr. *stolé*, vestido.) f. Vestidura amplia y larga que los griegos y romanos llevaban sobre la túnica, y se diferenciaba de la túnica por ir adornada con una franja que ceñía la cintura y caía por detrás hasta el suelo. || Banda larga de piel que usan las mujeres para abrigarse el cuello. || **Litur.** Ornamento sagrado que consiste en una banda de tela del color litúrgico correspondiente al día o

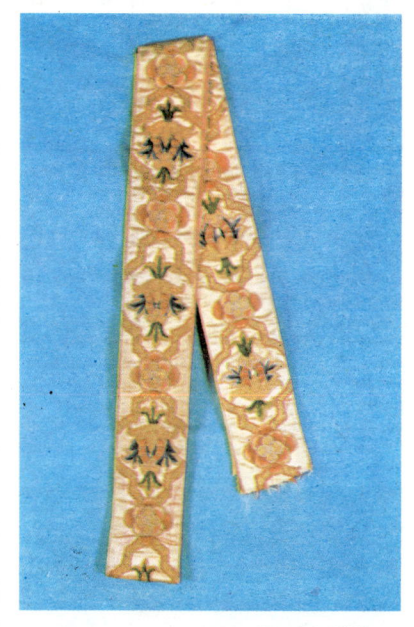

Estola litúrgica de taller segoviano (s. XVII). Museo Lázaro Galdiano. Madrid

al acto que se realice, y que los sacerdotes usan en el ejercicio de su ministerio colgada del cuello; también la usan los diáconos, pero cruzada desde el hombro izquierdo a la cintura.

estolidez. (De *estólido*.) f. Falta total de razón y discurso.

estólido, da. fr., *stupide;* it., *stolido;* i., *stupid, idiot;* a., *stumpfsinnig*. (Del lat. *stolĭdus*.) adj. Falto de razón y discurso. Ú. t. c. s.

estolón. m. aum. de **estola.** || Estola muy grande que usa el diácono en las misas de los días feriados de cuaresma, y la viste sólo cuando se desnuda de la dalmática y se queda con el alba.

estolón. (Del lat. *stolo, -ōnis*.) m. **Bot.** Vástago rastrero que nace de la base del tallo y echa a trechos raíces que producen nuevas plantas, como en la fresa.

Estollo. Geog. Mun. y villa de España, prov. y p. j. de Logroño; 278 h.

estom-. pref. V. **estomato-.**

estoma. (Del gr. *stóma*, boca [v. *estomato-*].) m. **Bot.** Abertura microscópica de la epidermis, situada en el envés de las hojas y que facilita el intercambio gaseoso de la planta. Está constituida por el *ostíolo* o abertura propiamente dicha, limitado por dos células arriñonadas llamadas *células oclusivas* o *de cierre*.

estomacal. fr., *stomacal;* it., *stomacale;* i., *stomachic;* a., *magenstärkend, gut für den Magen*. (Del lat. *stomăchus*, estómago.) adj. Perteneciente al estómago. || Que aprovecha al estómago. Ú. t. c. s. m.

estomagante. p. a. de **estomagar.** Que estomaga.

estomagar. (Del lat. *stomachāri*.) tr. Causar indigestión, empachar, ahitar. || fig. y fam. Causar fastidio o enfado.

estómago. fr., *stomac;* it., *stomaco;* i., *stomach;* a., *Magen*. (Del lat. *stomăchus*, y éste del gr. *stómachos*, orificio del estómago, de *stóma*, boca.) m. **Anat.** En los vertebrados superiores, la parte más dilatada del tubo digestivo, que sigue al esófago y en que el alimento permanece algún tiempo transformándose por el jugo gástrico en *quimo* (quimificación). Su abertura esofágica es el *cardias* y la intestinal el *píloro*. Las paredes están tapizadas interiormente por la mucosa gástrica. Tiene el estómago varias capas de músculos para realizar los movimientos peristálticos. En la mucosa hay numerosas glándulas *pepsicas,* que segregan el jugo gástrico para realizar la quimificación. En los mamíferos rumiantes consta de cuatro partes: *panza* o *rumen, redecilla, libro* u *omaso* y *cuajar* o *abomaso*. En las aves es muy musculoso (*molleja*), sirve para la masticación y está precedido de otro estómago glanduloso. En la mayoría de los peces, anfibios y reptiles es una mera dilatación del intestino. Se emplea el mismo nombre en muchos invertebrados celomados para designar diversas dilataciones del tubo digestivo. En los celentéreos se suele aplicar, incorrectamente, a la parte central, más ancha, de la cavidad gastrovascular. || **aventurero.** fig. y fam. *Léx.* Persona que come ordinariamente en mesa ajena.

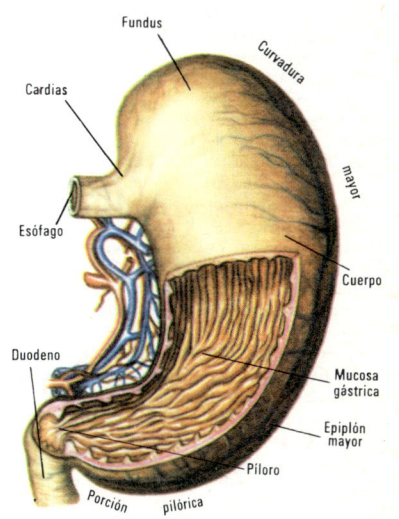

ESTÓMAGO

estomaguero. m. Pedazo de bayeta que se pone a los niños sobre el vientre o boca del estómago para abrigo y reparo, cuando se les envuelve y faja.

estomat-. pref. V. **estomato-.**

estomatical. (De *estomático*.) adj. **estomacal.**

estomático, ca. (Del lat. *stomachĭcus*, y éste del gr. *stomachikós*.) adj. ant. Perteneciente al estómago.

estomático, ca. (Del gr. *stóma, -atos,* boca.) adj. Perteneciente a la boca del hombre.

estomaticón. (De *estomático*.) m. Emplasto compuesto de varios ingredientes aromáticos, que se pone sobre la boca del estómago para confortarlo.

estomatitis. (De estomat- e -*itis*.) f. **Pat.** Inflamación de la mucosa bucal.

estomato-, estomat-, estom-; -stom-, -stomat-; -stoma, -stomía, -stomio, -stomo. (Del gr. *stóma, -atos*.) pref., infijo o suf. que sign. boca; e. de suf.: *ciclóstoma, prostomio, cacostomía, Crisóstomo;* infijo: *distomatáceo.*

estomatología. (De *estomato-* y -*logía*.) f. **Med.** Parte de la medicina que trata de las enfermedades de la boca del hombre.

estomatológico, ca. adj. *Med.* Perteneciente o relativo a la estomatología.

estomatólogo, ga. m. y f. *Med.* Persona especializada en estomatología.

estomatópodo, da. (De *estomato-* y *-podo.*) adj. *Zool.* Dícese de los crustáceos malacostráceos podoftalmos, con el cuerpo prolongado y ensanchado hacia atrás, a partir del borde posterior del caparazón; tienen gran número de maxilípedos, de los cuales, los del segundo par son grandes y están transformados en patas prensoras; p. e., las quisquillas, galeras y esquilas. || m. pl. Suborden de estos crustáceos.

Estomba. *Geog.* Local. de Argentina, prov. de Buenos Aures, part. de Tornquist; 270 h.

estonce. (De la prep. lat. *ex* y el adv. *tuncce.*) adv. t. ant. Entonces, en aquel tiempo u ocasión.

estonces. (De *estonce.*) adv. t. ant. **entonces,** en aquel tiempo u ocasión.

Estonia. *Geog.* República de la U. R. S. S., cuya denominación completa es R. S. S. de Estonia; 45.100 km.² y 1.356.079 h. Cap., Tallin. La topografía de su suelo acusa los efectos del glaciarismo cuaternario, con sus lagos (1.512), sus cantos erráticos y sus morrenas, y las formas de su relieve corresponden a las de una tierra arrasada en penillanura (200 m. de altura). Tiene 818 islas, siendo las más importantes: Sáaremaa (Ösel), Hiiumaa (Dago), Muhumaa (Moon) y Vormsi. El clima, riguroso, queda algo atenuado por los vientos lluviosos del Báltico. Las dos terceras partes de su suelo están dedicadas al cultivo, siendo también país ganadero. La lengua nacional, el estonio, pertenece al grupo finés occidental, de la familia lingüística finohúngara. Perteneció Estonia al imperio de los Zares, y fue creada república independiente, en febrero de 1918, a consecuencia de la revolución rusa. Como la situación estratégica del país logró despertar las apetencias de la U. R. S. S., el 23 de julio de 1940, tras del pacto germanosoviético, fue ocupado e incorporado a esta nación.

estoniano, na. adj. **estonio.**

estonio, nia. adj. Natural de Estonia, o perteneciente a esta república. Ú. t. c. s. || **Ling.** Lengua finesa hablada por este pueblo.

estopa. fr., *étoupe;* it., *stoppa;* i., *tow;* a., *Werg.* (Del lat. *stuppa.*) f. Parte basta o gruesa del lino o del cáñamo, que queda en el rastrillo cuando se peina y rastrilla. También se dice de la parte basta que queda de la seda. || Tela gruesa que se teje y fabrica con la hilaza de la estopa. || Rebaba, pelo o filamento que aparece en algunas maderas al trabajarlas. || **Mar.** Jarcia vieja, deshilada y deshecha, que sirve para calafatear.

estopada. f. Porción de estopa para hilar o para otros usos, como emplastos, etc.

estopeño, ña. adj. Perteneciente a la estopa. || Hecho o fabricado de estopa.

estoperol. (En it., *stoparuolo.*) m. *Amér.* Tachón, tachuela grande dorada o plateada. || *Col.* **perol.** || **Mar.** Clavo corto, de cabeza grande y redonda, que sirve para clavar capas y otras cosas.

estoperol. (De *estopa.*) m. *Mar.* Especie de mecha formada de filástica vieja y otras materias semejantes.

estopilla. (dim. de *estopa.*) f. Parte más fina que la estopa, que queda en el rastrillo al pasar por él, por segunda vez, el lino o el cáñamo. || Hilado que se hace con esa estopilla. || Tela que se fabrica con ese hilado. || Lienzo o tela muy sutil y delgada, como el cambray, pero muy rala y clara, y semejante en lo transparente a la gasa. || Tela ordinaria de algodón. || **de Suiza.** *Léx.* Cambray ordinario.

estopín. fr., *étoupil, étoupin;* it., *stoppino;* i., *quick-match;* a., *Zünd-schnur.* (De *estopa.*) m. *Artill.* Canuto relleno de mixtos que se introducía en el oído del cañón para darle fuego.

Estopiñán Cabeza de Vaca (Pedro de). *Biog.* Conquistador español, n. en Jerez de la Frontera hacia 1496. Era primo del adelantado Álvar Núñez y llegó con él a Paraguay en 1542. Hizo el viaje por el Río de la Plata y tomó parte en muchas expediciones. || **del Castillo.** *Geog.* Mun. de España, prov. de Huesca, p. j. de Barbastro; 449 h. Corr. 342 a la cap., la villa de Estopiñán.

estopón. m. Lo más grueso y áspero de la estopa, que, hilándose, sirve para arpilleras y otros usos. || Tejido que se fabrica de este hilado.

estopor. (Del i. *stopper,* que detiene; de *to stop,* detener.) m. **Mar.** Aparato de hierro que sirve para morder y detener, cuando se quiere, la cadena del ancla, que va corriendo por el escobén.

estoposo, sa. adj. Perteneciente a la estopa. || fig. Parecido a la estopa.

estoque. fr., *estoc;* it., *stocco;* i., *tuck;* a., *Stossdegen.* (Del a. *stock,* bastón.) m. Espada angosta que, por lo regular, suele ser de más de marca, y con la cual sólo se puede herir de punta. || Arma blanca a modo de espada angosta, o formada por una varilla de acero de sección cuadrangular y aguzada por la punta,

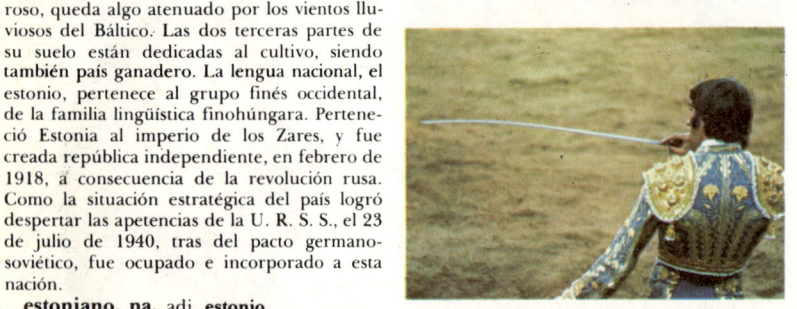

Matador preparado con el estoque

que suele llevarse metida en un bastón y con la cual sólo se puede herir de punta. || *Ál.* Rejón que se fija en la punta de la aguijada. || **Bot.** **gladíolo.** || **real.** *Bl.* Una de las insignias de los reyes, que en algunas solemnidades se llevaba desnuda delante del monarca, significando potestad y justicia.

estoqueador. m. El que estoquea. || **Taurom.** Dícese principalmente de los toreros porque matan los toros con estoque.

estoquear. tr. Herir de punta con espada o estoque.

estoqueo. (De *estoquear.*) m. Acto de tirar estocadas.

estoquillo. m. **Bot.** *Chile.* Planta de la familia de las ciperáceas, con el tallo en forma triangular y cortante, que crece en terrenos húmedos *(malacochaete riparia).*

Estor (El). *Geog.* Mun. de Guatemala, depart. de Izabal; 14.040 h. || Pobl. cap. del mismo; 2.354 h.

estora. f. **álabe,** estera que se pone a los lados de un carro.

estoraque. fr., *styrax, storax;* it., *storace;* i., *storax-tree;* a., *Storaxbaum.* (Del lat. *styraca* y *storax,* y éste del gr. *stýrax.*) m. **Bot.** Nombre vulgar de la estiracácea *stýrax officinalis.* Hay otras especies en Brasil. En América del Norte se llama así el copalme *(liquidámbar styraciflua),* y en Chipre y Asia Menor al *l. orientale.* El de Perú es la papilionácea *mirospérmum peruíferum.* || **Farm.** Se llama también *liquidámbar de Oriente.* Producto balsámico procedente de la estiracácea reseñada, que se emplea en perfumería y como medicamento externo. || **líquido.** Bálsamo americano, de consistencia pastosa, parecido al liquidámbar, y del cual suele extraerse el ácido cinámico.

estorbador, ra. (Del lat. *exturbător.*) adj. Que estorba.

estorbar. fr., *déranger, entraver;* it., *disturbare, seccare;* i., *to trouble;* a., *stören.* (Del lat. *exturbāre.*) tr. Poner embarazo u obstáculo a la ejecución de una cosa. || fig. Molestar, incomodar.

estorbo. m. Persona o cosa que estorba.

estorboso, sa. adj. Que estorba. || *Ar. Logr.* Dícese del tiempo malo, especialmente del lluvioso, cuando dificulta las labores del campo.

estorcer. (Del lat. *extorquĕre.*) tr. ant. Libertar a uno de un peligro o aprieto. Usáb. t. c. intr.

estorcijón. (De *estorcer.*) m. ant. **retortijón.**

estorcimiento. (De *estorcer.*) m. ant. **evasión.**

estordecido, da. adj. ant. Aturdido, atontado.

estordido, da. adj. ant. Aturdido, fuera de sí.

estórdiga. f. *Sal.* Túrdiga, tira de piel que se saca de la pata de una res vacuna para hacer abarcas. || Faja de tierra, larga y angosta.

estordir. (Del lat. **extorpidāre,* de *torpĭdus,* entorpecido, inmóvil.) tr. Aturdir, atontar.

Estoril. *Geog.* Pobl. de Portugal, dist. de Lisboa, prov. de Estremadura, sit. en la llamada Costa del Sol, frente al Atlántico, con playa muy concurrida por la aristocracia internacional. Durante el invierno tiene 15.740 habitantes, y eleva esta cifra en el verano en varios millares, repartidos en villas y hoteles a lo largo del Cuerno de Plata, que se inicia en San Juan de Estoril y termina en Cascaes.

estornija. (De *es-* y *torno.*) f. Anillo de hierro que se pone en el pezón del eje de los carruajes, entre la rueda y el clavo o clavijas que la detiene, para que no se salga. || **tala,** juego de muchachos.

estornino. fr., *étorneau;* it., *stornello;* i., *starling;* a., *Star.* (Del lat. *stornus.*) m. Pájaro de la familia de los estúrnidos, con la cabeza pequeña, pico largo, amarillo, alas agudas y cola corta, casi siempre truncada o redondeada, tarsos largos y robustos. Su cuerpo resulta esbelto, con plumaje negro de reflejos verdes y morados, y pintas blancas. Mide unos 22 cm. desde el pico a la extremidad de la cola, y 35 de envergadura; es bastante común. Se domestica y aprende fácilmente a reproducir los sonidos que se le enseñan. Este pájaro, que produce graves daños a los sembrados, abunda en las comarcas meridionales de España. Vuela con mucha rapidez y se caza con reclamos y liga. Para criarlo en cautividad, procede hacerlo como para los mirlos. Su carne es bastante sabrosa y se come, generalmente, estofada *(sturnus vulgaris).* || fig. *And.* Jornalero que recoge y apaña las aceitunas.

estornudar. fr., *éternuer;* it., *starnutare;* i., *to sneeze;* a., *niesen.* (Del lat. *sternutāre,* frec. de *sternuĕre.*) intr. **Fisiol.** Despedir o arrojar con estrépito y violencia el aire que se recibe, por la espiración involuntaria y repentina promovida por un estímulo capaz de irritar la membrana pituitaria.

estornudo. fr., *éternuement;* it., *starnuto;* i., *sneezing;* a., *Niesen.* (Del lat. *sternŭtus.*) m. Acción y efecto de estornudar.

estornutatorio, ria. adj. Que provoca a estornudar. Ú. t. c. s. m.

estotro, tra. pron. dem., contr. de *este, esta* o *esto,* y *otro* u *otra.*

Estournelles (Paul Henri Benjamin Balluat, barón de Constant de Rebecque d').

MAPA DE ESPAÑA, SEGÚN ESTRABÓN

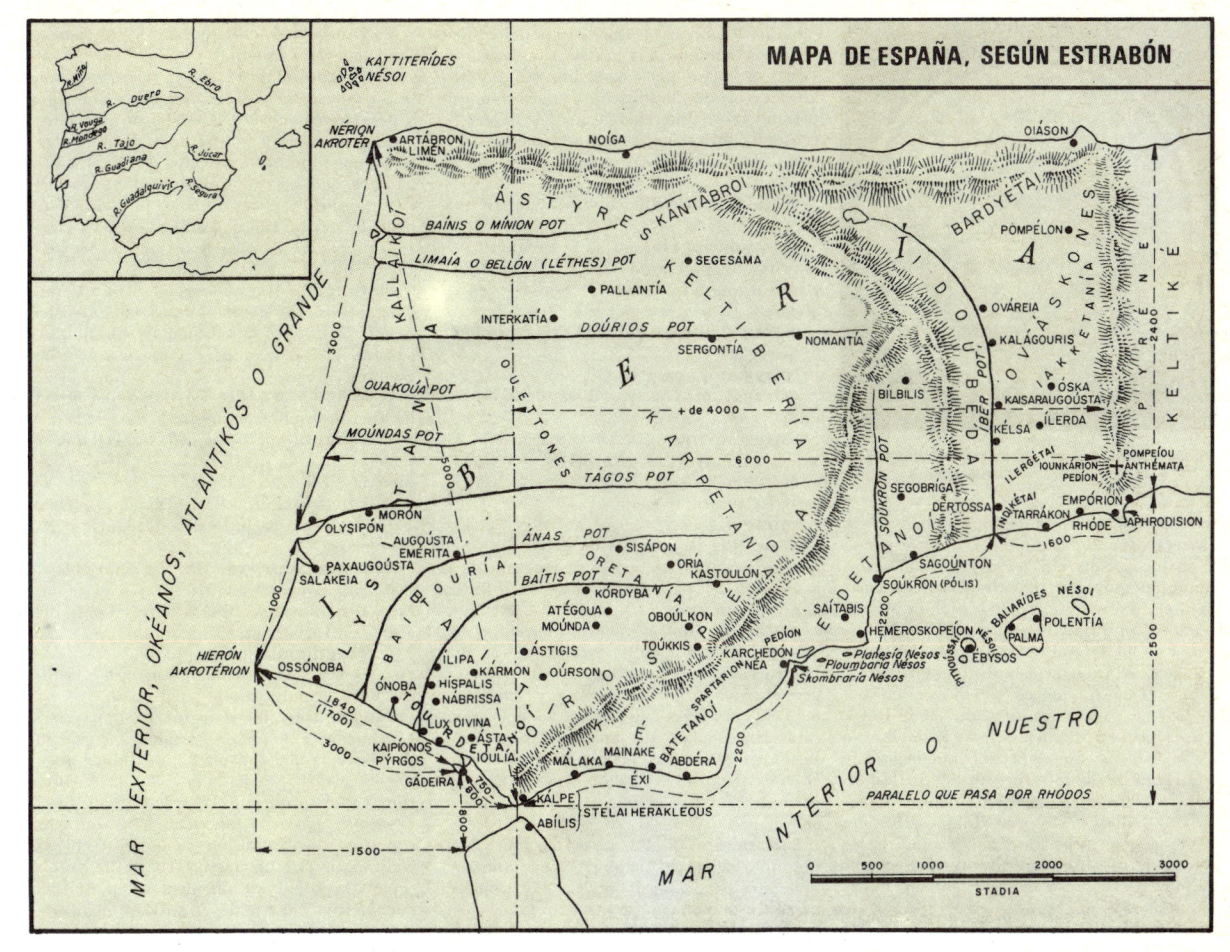

Biog. Balluat, barón de Constant de Rebecque d'Estournelles (Paul Henri Benjamin).

estovaína. (De *Stove*, seudónimo de su descubridor; del i. *stove*, estufa.) f. **Quím. y Terap.** Clorhidrato del éter benzoico del dimetilaminopropanol, de fórmula $C_{14}H_{21}O_2 \cdot ClH$, en forma de polvo blanco cristalino, muy soluble en el agua y el alcohol, con reacción ácida. Es anestésico local y pertenece al grupo de la cocaína, aunque menos tóxico que ésta. Se emplea principalmente en oftalmología y en la raquianestesia.

estovar. (Del b. lat. *stupha* y *stuba*, hipocausto.) tr. **rehogar**.

estozar. (Del cat. *tos*, testa.) tr. *Ar.* Desnucar, romper la cerviz. Ú. m. c. prnl.

estozolar. (De *tozuelo*.) tr. *Ar.* y *Nav.* **estozar**. Ú. m. c. prnl.

estrabismo. fr., *strabisme*; it., *strabismo*; i., *strabism*; a., *Schielen*. (Del gr. *strabismós*.) m. **Pat.** Disposición viciosa de los ojos por la cual los dos ejes visuales no se dirigen a la vez al mismo objeto.

estrabón. (Del lat. *strabo, -ōnis*, y éste del gr. *strábon*, de *strépho*, volver, torcer.) adj. ant. Bizco, bisojo. Úsáb. t. c. s.

Estrabón. Biog. Geógrafo griego, n. en Amasia, Capadocia, y m. en Roma (63 a. C.-19 d. C.). Dejó una geografía en 17 libros, obra que, con la de Tolomeo, es la mejor que de este género nos ha legado la antigüedad.

estrabosidad. f. ant. *Pat.* Bizquera, estrabismo.

estracilla. (dim. de *estraza*.) f. Pedazo pequeño y tosco de algún género de ropa o tejido de lana o lino. ‖ Papel algo más fino y consistente que el de estraza.

estrada. (Del lat. *strata*.) f. Camino o vía que resulta de hollar la tierra y la que se construye para andar por ella. ‖ *Germ.* Lugar o sitio donde se sientan las mujeres. ‖ *Sal.* Tabla sostenida en el aire por medio de unas cuerdas, que sirve a modo de anaquel para poner en él viandas y otras cosas. ‖ *Viz.* Camino entre dos tapias, cercas o setos. ‖ **encubierta.** *Fort.* **camino cubierto**.

Estrada (Ángel). **Biog.** Poeta y novelista argentino, n. en Buenos Aires y m. en el mar cerca de Río de Janeiro (1872-1923). Entre sus muchas producciones se citan: *Cuentos*, *Poesías*, *El color y la piedra*, *Formas y espíritus* y *Alma nómada*. ‖ **(Carlos). Otero Logares (Demetrio).** ‖ **(Emilio).** Político ecuatoriano, n. en Quito y m. en Guayaquil (1855-1911). Al triunfar sus correligionarios desempeñó algunos cargos públicos, y el 1 de septiembre de 1911 (tres meses antes de su fallecimiento) fue elegido presidente de la República. ‖ **(Genaro).** Político y escritor mejicano, n. en Mazatlán y m. en la c. de Méjico (1887-1937). Fue ministro de Relaciones Exteriores y embajador en España. Su obra literaria se distingue por la forma refinada. Escribió: *Pero Galín* (novela), *Escalera* (poesías), *Crucero* (poesías, 1928) y *Genio y figura de Picasso* (estudio, 1936). ‖ **(José Dolores).** General nicaragüense, m. en Trujillo (1787-1869). En 1856 se distinguió por su valor y pericia contra las fuerzas estadounidenses del general Walker. ‖ **(José Manuel).** Escritor e historiador argentino, n. en Buenos Aires, y m. en Asunción, Paraguay (1842-1894). Fundó y dirigió diarios y compartió, durante un tiempo, las ideas del movimiento católico de renovación, que había empezado a surgir en Bélgica y otros países de Europa. En sus últimos años contribuyó a la fundación del partido radical. Sus obras completas reúnen un conjunto extraordinario de escritos periodísticos, ensayos, críticas, lecciones y obras jurídicas e históricas. Entre sus libros se destacan *La política liberal bajo la tiranía de Rosas* y *Los comuneros del Paraguay*. ‖ **(José María).** Escritor y político nicaragüense, muerto en Ocotal en 1856. En 1855 asumió la presidencia de la República, pero fue asesinado poco después. ‖ **(Juan José).** Militar y político nicaragüense (1865-1947). Se sublevó contra el presidente Zelaya mientras desempeñaba la gobernación en la Costa Atlántica, y asumió el Ejecutivo en 1910, luego del interinato de Madriz. ‖ **(Rafael).** Abogado, escritor y poeta constarricense, n. en San Ramón (1904-1928). Se formó en la escuela del vanguardismo para pasar luego a un estilo más preciso, bajo la influencia de los clásicos castellanos y de Juan Ramón Jiménez. Publicó: *Viajes sentimentales*, *Canciones y ensayos* y *Sobre los estudios estéticos*. ‖ **Arnáiz (Rafael).** Almirante y escritor español, n. en El Ferrol (1885-1956). Miembro de la Real Academia Española en 1945, en 1951 pasó a ocupar la jefatura del Estado Mayor de la Armada española, y en 1953 se le nombró director del Instituto Social de la Marina. Entre otras obras, publicó *El almirante don Antonio Oquendo*. ‖ **Cabrera (Manuel).** Político guatemalteco, n. en Quezaltenango (1857-1924). En 1898 sucedió al general Reina Barrios como presidente de la República de Guatemala; fue elegido presidente efectivo para el período 1899-1905 y reelegido, sucesivamente, para los de 1905-11, 1911-17 y 1917-23; pero en 1920 estalló una revolución, en la que tomó parte casi todo el país, cansado de tan prolon-

estradiol–Estrasburgo

Manuel Estrada Cabrera, medalla por Roche (1902). Museo Lázaro Galdiano. Madrid

gada dictadura, que le arrojó del poder. ‖ **y Catoyra (Ramón).** Marino y escritor español, n. en La Habana (1852-1927). Mandó varios buques de guerra, entre ellos el crucero *Extremadura*, en el que se efectuaron en la Marina española los primeros experimentos de telegrafía sin hilos. Es autor de algunas obras muy notables, de carácter científico y didáctico. ‖ **Palma (Tomás).** Político cubano, n. en Bayamo y m. en Santiago de Cuba (1835-1908). Fue el primer presidente de la República de Cuba, habiendo desempeñado nominalmente este cargo desde 1874, después de la destitución de Céspedes, hasta 1877, en que cayó prisionero de los españoles en Holguín. Durante la última guerra con España fue uno de los principales organizadores de la revolución, y después trabajó para asegurar la independencia, siendo elegido presidente en 1902. ‖ **y Zenea (Ildefonso).** Literato cubano, n. en La Habana y m. en 1911. Publicó: *Recuerdos y esperanzas, El grito de la inocencia, Aguinaldo matancero, Alerta a los maridos, Historia de la monarquía goda en España*, en verso, y *El robo de la bandera*. ‖ **(La).** Geog. Mun. de España, prov. de Pontevedra, p. j. de su nombre; 27.550 h. ‖ Villa cap. del mismo; 4.167 h. (*estradenses*). Aguas medicinales.

estradiol. (Del gr. *oistros*, estímulo, *-di-* y *-ol.*) m. **Biol., Bioq.** y **Med.** Substancia que constituye el principal componente del estrógeno u hormona femenina.

estradiota. f. **Arm.** Lanza de unos 3 m. de long., con hierro en ambos extremos, que usaban los estradiotes. ‖ **a la estradiota.** M. adv. Manera de andar a caballo con estribos largos, tendidas las piernas, las sillas con borrenes, donde encajan los muslos, y los frenos de los caballos con las camas largas.

estradiote. (Del gr. *stratiótes*, soldado.) m. Soldado mercenario de a caballo, procedente de Albania.

estradivario o **stradivarius.** m. **Mús.** Violín hecho por el célebre constructor Antonio Stradivari.

estrado. fr., *estrade*; it., *strato*; i., *dais*; a., *Podium*. (Del lat. *strātum*.) m. Conjunto de muebles que servía para adornar el lugar o pieza en que las señoras recibían las visitas, y se componía de alfombra o tapete, almohadas y taburetes o sillas. ‖ Lugar o sala de ceremonia donde se sentaban las mujeres y recibían las visitas. ‖ Tarima cubierta con alfombra sobre la cual se pone el trono real o la mesa presidencial en actos solemnes. ‖ Sitio de honor, algo elevado, en un salón de actos. ‖ Entre panaderos, entablado o sitio que está junto al horno, en que se ponen los panes amasados, mientras no están en sazón para echarlos a cocer. ‖ pl. **Der.** Paraje del edificio en que se administra la justicia, donde en ocasiones se fijan, para conocimiento público, los edictos de notificación, citación o emplazamiento a interesados que no tienen representación en los autos. ‖ Salas de tribunales, donde los jueces oyen y sentencian los pleitos.

estrafalariamente. adv. m. fam. De manera estrafalaria.

estrafalario, ria. adj. fam. Desaliñado en el vestido o en el porte. Ú. t. c. s. ‖ fig. y fam. Extravagante en el modo de pensar o en las acciones. Ú. t. c. s.

estragadamente. adv. m. Con desorden y desarreglo.

estragador, ra. adj. Que estraga.

estragal. m. *Sant.* Portal, vestíbulo de una casa.

estragamiento. (De *estragar*.) m. ant. **estrago.** ‖ Desarreglo y corrupción.

estragar. tr. Viciar, corromper. Ú. t. c. prnl. ‖ Causar estrago.

estrago. fr. e i., *ravage*; it., *strage*; a., *Verwüstung*. (Del lat. *strages*.) m. Daño hecho en guerra; matanza de gente; destrucción de la campaña, del país o del ejército. ‖ Ruina, daño, asolamiento.

estragón. (Del ár. persa *aṭ-ṭarjūn*, y éste del gr. *drákon*, dragón [v. *dragoncillo*].) m. **Bot.** Hierba vivaz de la familia de las compuestas y gén. *artemisia*, con tallos delgados y ramosos de 60 a 80 cm., hojas enteras, verdes por ambas caras, lanceoladas, muy estrechas y lampiñas, y flores en cabezuelas pequeñas, amarillentas, en el extremo superior de los ramos. Es originario de la U. R. S. S. y se usa como aperitivo, en vinagre, y como condimento.

estrambote. (Del it. *strambotto*.) m. **Poét.** Conjunto de versos que por gracejo o bizarría suele añadirse al fin de una combinación métrica, y especialmente del soneto.

estrambóticamente. adv. m. fam. De manera estrambótica.

estrambótico, ca. adj. fam. Extravagante, irregular y sin orden.

estramonio. fr. e i. *stramonium*; it., *stramonio*; a., *Stechapfel*. (Del lat. *stramonium*.) m. **Agr.** y **Bot.** Hierba anual de la familia de las solanáceas, de hasta 1,20 m., con hojas de limbo desigualmente dentado-sinuado, flores aisladas, axilares, de 6 a 8 cm., con la mitad inferior del tubo verdosa y el resto blanco o ligeramente azulado, y fruto en caja espinosa oval. La especie tipo (*datura stramónium*) es uno de los más poderosos narcóticos conocidos.

estrangol. (De *estrangular*.) m. **Veter.** Compresión que impide en la lengua de una caballería la libre circulación de los fluidos, causada por el bocado o el ramal que se le mete en la boca.

estranguadera. f. *León.* Cajón que llevan los carros en el arranque de la vara.

estrangul. m. Pipa de caña o metal que se pone en algunos instrumentos de viento para meterla en la boca y tocar.

estrangulación. (Del lat. *strangulatĭo, -ōnis.*) f. Acción y efecto de estrangular o estrangularse.

estrangulador, ra. (Del lat. *strangulātor, -ōris.*) adj. Que estrangula. Ú. t. c. s. ‖ m. **Mec.** Dispositivo que abre o cierra el paso del aire en un carburador.

estrangulamiento. m. Acción y efecto de estrangular. ‖ Estrechamiento natural o artificial de un conducto o lugar de paso.

estrangular. fr., *étrangler*; it., *strangolare*; i., *to throttle*; a., *erdrosseln*. (Del lat. *strangulāre*.) tr. Ahogar a una persona o a un animal oprimiéndole el cuello hasta impedir la respiración. Ú. t. c. prnl. ‖ fig. Dificultar o impedir el paso por una vía o conducto. ‖ fig. Impedir con fuerza la realización de un proyecto, la consumación de un intento, etc. ‖ **Cir.** Interceptar la comunicación de una parte del cuerpo por medio de presión o ligadura. Ú. t. c. prnl.

estranguria. (Del lat. *stranguria*, y éste del gr. *straggouría*; de *strágx*, gota, y *ouréo*, orinar.) f. **Pat.** Micción difícil o dolorosa gota a gota, con tenesmo de la vejiga.

estrangurria. f. ant. **Pat.** Micción dolorosa.

estrapada. (Del it. *strappata*, y éste del germ. *strap*, tirar.) f. ant. Vuelta de cuerda en el tormento o trampazo.

estrapajar. tr. ant. Envolver en trapos.

estrapalucio. m. fam. Rotura estrepitosa, destrozo de cosas frágiles.

estraperlista. adj. Dícese de la persona que se dedica al estraperlo. Ú. t. c. s.

estraperlo. (De *straperlo*, voz formada de los nombres propios Strauss y Perlowitz, que se dio a un aparato fraudulento, para juegos de azar, inventado por los aventureros precitados, quienes, ante la prohibición del juego en España, pretendieron introducirlo, en 1935, valiéndose de una autorización obtenida mediante soborno de algunos personajes oficiales.) m. fam. Sobreprecio con que se venden clandestina e ilícitamente artículos sujetos a tasa, aprovechándose de su escasez o falta en el mercado. ‖ **mercado negro.** ‖ fam. **chanchullo.** ‖ **de estraperlo.** M. adv. fam. Clandestinamente y con sobreprecio. Ú. m. con los verbos *comprar, vender* y otros análogos.

estrapontín. m. Traspontín, asiento supletorio en los vehículos.

Estrasburgo. Geog. C. de Francia, cap. del depart. de Bajo Rin, en Alsacia, sit. a orillas del Ill, afl. del Rin, a muy corta distancia de la confluencia de ambos; 249.396 h. (*estrasburgueses*). Importante industria y activo comercio. Catedral de estilo gótico (s. XIII-XV), *Frauenhaus*, el *Hôtel du Commerce*, las Casas Consistoriales y la Cámara de Comercio.

Estrado de las damas. Casa de Lope de Vega. Madrid

Desde 1870 hasta 1918 perteneció a Alemania. Es sede de la Asamblea del Consejo de Europa.

estrat-. pref. V. **estrato-**.

estratagema. fr., *stratagème, manoeuvre;* it., *stratagemma;* i., *stratagem;* a., *Kriegslist.* (Del lat. *stratagēma,* y éste del gr. *stratégema,* de *stratégeo,* mandar un ejército; de *stratós,* ejército, y *hegéomai,* guiar.) f. Ardid de guerra; engaño hecho con astucia y destreza. ‖ fig. Astucia, fingimiento y engaño artificioso.

estratega. (Del gr. *strategós.*) com. Persona versada en estrategia. ‖ **Hist.** Se daba este nombre a los magistrados de la antigua Grecia encargados del mando del ejército de mar y tierra.

estrategia. fr., *stratégie;* it., *strategia;* i., *strategy;* a., *Strategie.* (Del lat. *strategĭa,* y éste del gr. *strategia,* de *strategós,* general, jefe.) f. Arte de dirigir las operaciones militares. ‖ fig. Arte, traza para dirigir un asunto. ‖ *Col.* **estratagema.** ‖ **Mat.** En un proceso regulable, el conjunto de las reglas que aseguran una decisión óptima en cada momento.

estratégicamente. adv. m. Con estrategia.

estratégico, ca. fr., *stratégique;* it., *strategico;* i., *strategic;* a., *strategisch.* (Del lat. *strategĭcus,* y éste del gr. *strategikós.*) adj. Perteneciente a la estrategia. ‖ Que posee el arte de la estrategia. Ú. t. c. s.

estratego. (Del lat. *strategus,* y éste del gr. *strategós.*) m. Persona versada en estrategia.

estratificación. fr. e i., *stratification;* it., *stratificazione;* a., *Schichtbildung.* (De *estratificar.*) f. **Geol.** Acción y efecto de estratificar o estratificarse. ‖ Disposición de las capas o estratos de un terreno.

estratificar. (Del lat. *strātus,* extendido, y *-ficar.*) tr. Disponer en estratos. Ú. t. c. prnl.

estratigrafía. (Del lat. *strātus,* lecho, y *-grafía.*) f. Estudio de los estratos arqueológicos, históricos, lingüísticos, sociales, etc. ‖ **Geol.** Parte de la geología, que estudia la disposición y caracteres de las rocas estratificadas.

estratigráfico, ca. adj. **Geol.** Perteneciente o relativo a la estratigrafía.

estrato-, estrat-. (Del gr. *stratós.*) pref. que sign. ejército.

estrato. (Del lat. *strātus,* manta; de *sternĕre, stravi, strātum,* tender en el suelo.) m. Cada conjunto de elementos que, con determinados caracteres comunes, se ha integrado con otros conjuntos previos o posteriores para la formación de una entidad o producto históricos, de una lengua, etc. ‖ Cada una de las capas superpuestas en yacimientos de fósiles, restos arqueológicos, etc. ‖ **Biol.** Cada una de las capas de un tejido orgánico que se sobrepone a otras o se extinguen por debajo de ellas. ‖ **Geol.** Masa de materiales dispuestos en forma de capa, de espesor variable, originada por sedimentación. ‖ **Meteor.** Nube que se presenta en forma de faja en el horizonte. ‖ **Sociol.** Cada una de las clases o grupos en que se considera dividida la sociedad. ‖ Capa o nivel de una sociedad. ‖ **cristalino.** *Geol.* Conjunto de las rocas eruptivas o metamórficas (estratocristalinas) que se encuentran inmediatamente debajo de las típicamente sedimentarias. Los terrenos de los tiempos precámbricos son de esta clase.

Estratos volcánicos. Tenerife (España)

Estratificaciones. Paisaje del Dead Horse Point. Parque Nacional de Canyonlands. Utah (EE. UU.)

estratopausa. (De *estratosfera* y el gr. *paúo,* detenerse.) f. **Meteor.** Zona de la atmósfera terrestre que separa la estratosfera de la mesosfera.

estratosfera. fr., *stratosphere;* it., *stratosfera;* i., *stratosphere;* a., *Stratosphäre.* (Del lat. *strātus,* extendido, y *-sfera.*) f. **Geol.** y **Meteor.** Nombre dado por Teisserenc de Bort a la región atmosférica situada inmediatamente encima de la troposfera, que se extiende aproximadamente desde los 13 a los 60 km. de alt. En un sentido más amplio se incluyen, a veces, en la estratosfera las capas superiores: la *ionosfera,* de los 60 a 200 km., y la *exosfera,* hasta el límite sensible de la atmósfera. Conquistada la troposfera con globos y aviones, se propuso el hombre hacer otro tanto con la estratosfera, desde que Sadi, en 1923, alcanzó la alt. de 11.000 m. En esta aspiración son famosas las exploraciones en avión de Gray (13.100 m.), las aerostáticas de Piccard en 1931 (15.800), en 1932 (16.500) y en 1938 (18.300); la del *Rusia* (21.900), la de los estadounidenses Anderson y Stevens a bordo del *Heer* en el año 1935 (22.066), sin contar los globos-sonda, que han alcanzado alturas superiores y que, dotados de aparatos registradores, proporcionan datos referentes a temperatura, presión, composición del aire, etc.

estratosférico, ca. adj. **Meteor.** Perteneciente o relativo a la estratosfera.

estrave. (En fr., *étrave,* en neerl., *steven.*) m. **Mar.** Remate de la quilla del navío, que va en línea curva hacia la proa.

estraza. fr., *chiffon;* it., *straccio;* i., *rag;* a., *Lumpen.* (De *estrazar;* en papel de estraza, con influencia del it. *cartastraccia, carta di straccio.*) f. Trapo, pedazo o desecho de ropa basta.

estrazar. (En it., *straziare.*) tr. ant. Despedazar, romper, hacer pedazos.

estrazo. (De *estrazar.*) m. ant. Andrajo, pedazo arrancado de un vestido, ropa u otra cosa.

estrechadura. (De *estrechar.*) f. ant. **estrechamiento.**

estrechamente. adv. m. Con estrechez. ‖ Con cercano parentesco, con íntima relación. ‖ fig. Exacta y puntualmente. ‖ fig. Fuertemente, rigurosamente, con toda eficacia.

estrechamiento. m. Acción y efecto de estrechar o estrecharse.

estrechar. fr., *étrécir, resserrer;* it., *stringere;* i., *to narrow;* a., *verengen.* (De *estrecho.*) tr. Reducir a menor ancho o espacio una cosa. ‖ ant. Contener o detener a uno; impedirle o embarazarle para que no prosiga ni que no pase adelante en su intento. ‖ fig. Apretar, reducir a estrechez. ‖ fig. Constreñir a uno mediante preguntas o argumentos a que haga o diga alguna cosa; acorralarle, acosarle. ‖ prnl. Ceñirse, recogerse, apretarse. ‖ fig. Cercenar uno el gasto, la habitación. ‖ fig. Unirse y enlazarse una persona a otra con mayor estrechez; como en amistad o en parentesco.

estrechez. fr., *étroitesse;* it., *strettezza;* i., *narrowness;* a., *Enge.* (De *estrecho.*) f. Escasez de anchura de alguna cosa. ‖ Escasez o limitación apremiante de tiempo. ‖ Efecto de estrechar o estrecharse. ‖ Unión o enlace estrecho de una cosa con otra. ‖ fig. Amistad íntima entre dos o más personas. ‖ fig. Aprieto, lance apretado. ‖ fig. Recogimiento, retiro y austeridad de vida. ‖ fig. Escasez notable; falta de lo necesario para subsistir. ‖ fig. Pobreza, limitación, falta de amplitud, con referencia expresa a alguna condición intelectual o moral. ‖ **Pat.** Disminución anormal del calibre de un conducto natural o de una abertura.

estrecheza. f. ant. **estrechez.**

estrechía. (Del lat. *estrecho.*) f. ant. **estrechez.**

estrecho–estrella

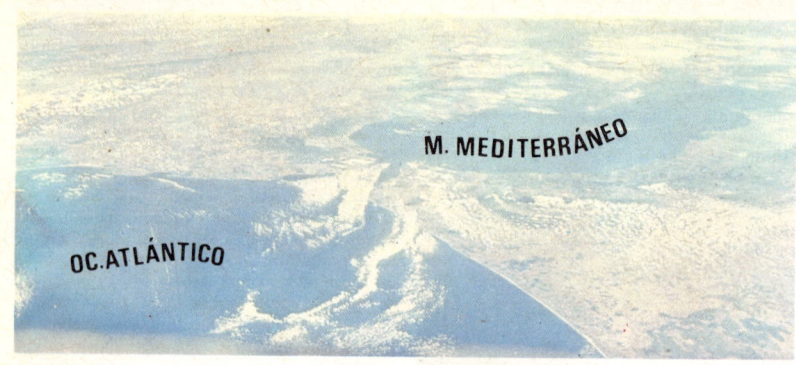

El estrecho de Gibraltar, visto por el *Géminis V*

estrecho, cha. fr., *étrait, rétréci*; it., *stretto*; i., *narrow*; a., *eng.* = fr., *étrait, détroit*; it., *stretto*; i., *straight*; a., *meerenge*. (Del lat. *strictus.*) adj. Que tiene poca anchura. || Ajustado, apretado. || fig. Se dice del parentesco cercano y de la amistad íntima. || fig. Rígido, austero, exacto. || fig. Apocado, miserable, tacaño. || m. El caballero respecto de la dama, o viceversa, cuando salen juntos al echar damas y galanes en los sorteos que por diversión era costumbre hacer por lo general la víspera de Reyes. Ú. en pl., para designar esta diversión. || fig. **estrechez**, aprieto. || **Geog.** Paso angosto comprendido entre dos tierras y por el cual se comunica un mar con otro. || **a la estrecha.** m. adv. ant. **estrechamente.** || ant. Con amistad. || ant. **rigurosamente.** || **al estrecho.** m. adv. **a la fuerza.**

Estrechos (Cuestión de los). Hist. La apetencia secular de Rusia a tener salida a mares libres de hielos todo el año, política iniciada a principios del s. XVIII por Pedro *el Grande*, encontró su cauce propicio en el s. XIX, con la decadencia del Imperio turco, dueño de los estrechos del Bósforo y de los Dardanelos; pero chocó con la política inglesa, opuesta a ver asentarse en el Mediterráneo oriental a otra gran potencia que pudiera amenazar su situación. Los principales hechos de esta pugna, conocida en el siglo pasado con el nombre de *Cuestión de Oriente*, fueron la guerra de Crimea (1855) y la guerra rusoturca, terminada por el Tratado de San Stéfano (1878), que, a pesar de haber sido victoriosa para los rusos, no les procuró el apetecido dominio, merced a la hábil intervención del ministro inglés Disraeli. Vencida Turquía por los aliados en la P.G.M., y apartada la U.R.S.S. de aquéllos por la revolución bolchevique, se firmó el Tratado de Lausana (1923), que neutralizó los Estrechos. El Tratado de Montreux, firmado por diez años (1936), autorizó de nuevo a Turquía a fortificarlos y reglamentó el tránsito por ellos de barcos mercantes y de guerra. Con la expiración del Tratado (1946). la U.R.S.S. volvió a plantear sus pretensiones, pero, una vez más, no pudo conseguir sus ambiciones a causa de la también tradicional oposición inglesa.

estrechón. m. **Mar. socollada,** sacudida de las velas cuando están flojas.

estrechura. (De *estrecho*.) f. Estrechez o angostura de un terreno o paso. || **estrechez**, amistad íntima; aprieto, dificultad; recogimiento.

estregadera. (De *estregar*.) f. Cepillo o limpiadera de cerdas cortas y espesas.

estregadero. m. Sitio o lugar donde los animales se suelen estregar; como peñas, árboles y partes ásperas. || Paraje donde estriegan y lavan la ropa.

estregadura. f. Acción y efecto de estregar o estregarse.

estregamiento. m. Acción y efecto de estregar o estregarse.

estregar. fr., *frotter*; it., *stropicciare*; i., *to scratch*; a., *verreiben, abkratzen*. (Del lat. *striga, de stringĕre*, rozar.) tr. Frotar, pasar con fuerza una cosa sobre otra para dar a ésta calor, limpieza, tersura, etc. Ú. t. c. prnl.

estregón. (De *estregar*.) m. Roce fuerte, refregón.

estrella. fr., *étoile*; it., *stella*; i., *star*; a., *Stern*. (Del lat. *stella*.) f. Especie de lienzo. || En el torno de la seda, cualquiera rueda, grande o pequeña, cuya figura es de rayos o puntas, y que sirve para hacer andar a otra o para ser movida por otra. || Lunar de pelos blancos, más o menos redondo y de la magnitud de unos 3 cm. de diámetro, que tienen algunos caballos o yeguas en medio de la frente. Se diferencia del lucero en ser de menor tamaño. || Objeto de figura de estrella, ya con rayos que parten de un centro común, ya con un círculo rodeado de puntas. || En Álava, lámpsana. || fig. Signo, hado o destino. || fig. Persona que sobresale en su profesión por sus dotes excepcionales. || fig. y fam. En Cuba, duro, moneda de plata de 5 pesetas. || En lenguaje de germanía, iglesia. || Cada uno de los numerosos cuerpos celestes, esencialmente análogos al Sol, que es uno de ellos, dotados de luz propia y aparentemente inmóviles, unos respecto de otros, en el firmamento. Debido a esto, los antiguos distinguieron bien las estrellas fijas o soles, de las estrellas errantes o planetas, cuyo desplazamiento sobre el fondo estrellado se aprecia fácilmente. Para localizarlas mejor, el hombre las ha agrupado en constelaciones, atribuyendo a varias de ellas, que a simple vista están constituidas por astros próximos los unos a los otros, una forma y un nombre; pero salvo en algunos casos, esa proximidad es sólo un efecto de perspectiva, puesto que pueden estar muy alejadas unas de otras en profundidad. Las estrellas de cada constelación se indican con letras del alfabeto griego, asignando la primera, α (alfa), a la más brillante, б (beta), a la que sigue en brillo, etc.; p. e.: α del Centauro, б del Centauro, etc. A simple vista únicamente alrededor de 2.500 pueden ser contempladas a la vez. Los modernos telescopios permiten observar, aproximadamente, 100.000.000.

Movimientos. Las estrellas tienen movimientos propios, pero debido a su enorme distancia, es muy difícil notar esa variación. Las velocidades estelares, medidas espectroscópicamente por el principio de Doppler-Fizeau, son casi siempre enormes.

Distancia. La inmovilidad aparente de las estrellas nos dice que están a distancias muy grandes, y, en efecto, éstas se miden en años luz y en parsecs. En 1838, por vez primera, Bessel y Struve midieron trigonométricamente las distancias de las estrellas 61 del Cisne y Vega (v. **paralaje**); pero este método no sirve más allá de los 450 años luz. Las intensidades de ciertas rayas espectrales indican la magnitud absoluta de la estrella, y, conociendo la aparente, se pueden obtener distancias hasta de 4.500 años luz. Por último, el método de las cefeidas variables hace que podamos medir distancias de estrellas situadas en las galaxias lejanas, hasta 250 millones de años luz. La estrella más cercana a nosotros es la Próxima del Centauro, a 4,3 años luz, unos 40 billones de kilómetros.

Luminosidad. Con arreglo a su brillo se clasifican en magnitudes, asignándose los números más bajos a las más brillantes. La luminosidad aparente no coincide, como es lógico, con la absoluta o brillo intrínseco de la estrella, puesto que en la primera interviene el factor distancia.

Tamaño. Los diámetros de las estrellas varían también enormemente, desde los de las supergigantes, como Betelgeuse o Antares y, sobre todo, ε del Cochero, en cuyo interior cabría la órbita de Saturno, hasta los de algunas enanas, como la compañera de Sirio o la estrella de Van Maanen, esta última de un diámetro del orden del terrestre; y aún las hay más pequeñas.

Masa y densidad. Las masas estelares no presentan las grandes discrepancias que ofrecen las luminosidades y los tamaños. Todas parecen hechas con cantidades iguales de materia; tenuísima en las gigantes como Antares, miles de veces menos densa que en el Sol, y compacta y apretadísima en las estrellas enanas.

Estructura. Una estrella es una masa gaseosa en la que actúan dos fuerzas, una atractiva, la gravitación, y otra expansiva, la presión de radiación, y ambas limitan la masa de la estrella. Para que el material estelar no se desplome es preciso que en el centro de la estrella reinen temperaturas enormes, de millones de grados, que produzcan una presión capaz de contrarrestar el peso de las capas exteriores. El sostenimiento de estas temperaturas sólo es posible por las reacciones termonucleares del tipo $4H \rightarrow He$, que suministran las enormes cantidades de energía que las estrellas disipan de continuo, y sólo pueden producirse precisamente a las temperaturas que allí reinan.

Diagrama de Russell. La luminosidad de las estrellas está relacionada con su clase espectral, como se ve en el diagrama, en el cual las

DIAGRAMA DE RUSSELL CON INDICACIÓN DE LAS ESTRELLAS DE MAYOR LUMINOSIDAD APARENTE

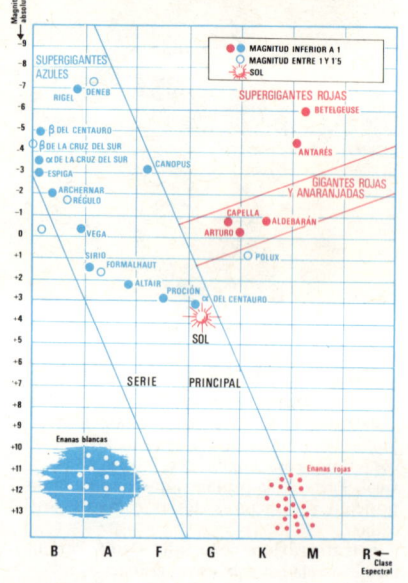

Cuadro de las estrellas más brillantes del cielo (de magnitud < 3)

Nombres	Magnitud aparente	Distancia al Sol en años luz	Luminosidad real	Color	Tipo espectral	Diámetro	Constelación
Sol	26,70	0	1	Amarillo.	G	1	
Sirio	− 1,43	8,7	24	Blanco.	A	1,80	Can Mayor.
Canopo	− 0,73	98	1.600	Amarillo.	F	—	Quilla.
α del Centauro	− 0,27	4,3	1,9	Amarillo.	G	1	Centauro.
Arturo	− 0,06	36	116	Anaranjado.	K	30	Boyero.
Vega	0,04	26,5	58	Blanco.	A	2,40	Lira.
Capella	0,09	45	133	Amarillo.	G	12	Cochero.
Rigel	0,15	900	93.000	Azul.	B	28	Orión.
Proción	0,37	11,3	7,5	Amarillo.	F	1,90	Can Menor.
Betelgeuse	0,41	520	16.600 (variable)	Rojo.	M	300	Orión.
Achernar	0,51	118	670	Azul.	B	—	Erídano.
β del Centauro	0,63	490	9.900	Azul.	B	11	Centauro.
Altair	0,77	16,5	13,5	Blanco.	A	1,40	Águila.
Aldebarán	0,86	68	230	Anaranjado rojizo.	K	60	Toro.
α de la Cruz del Sur	0,87	370	4.880	Azul.	B	—	Cruz del Sur.
Espiga	0,91	220	1.740	Azul.	B	—	Virgen.
Antares	0,92	520	10.300	Rojo.	M	450	Escorpión.

magnitudes absolutas están en el eje de ordenadas, y las clases espectrales en el de abscisas. El cuadro que precede contiene las características de algunas de las estrellas más conocidas.

Evolución. Se cree que las estrellas se forman continuamente por concentración del gas y del polvo interestelar, y que comienzan a hacerse luminosas cuando la temperatura debida a la concentración ha alcanzado un valor suficiente. Mientras contienen abundancia de hidrógeno que convertir en helio, permanecen en la serie principal. A medida que el combustible termonuclear disminuye en el centro, las reacciones alcanzan niveles más externos y la estrella aumenta de tamaño hasta convertirse en una gigante roja. A partir de ese momento, su volumen se reduce, pierde masa, y acaba por convertirse en una enana blanca, que continúa brillando, principalmente por la energía liberada en la contracción gravitatoria, hasta que esta producción cesa, y la estrella se extingue. Algunas, sin embargo, sufren explosiones cataclísmicas que las rejuvenecen por algún tiempo (v. nova). ‖ Fuerte de campaña que, por sus ángulos entrantes y salientes, imita en su figura a la estrella pintada. Se hace con cuatro, cinco o seis puntas o ángulos salientes, según la capacidad del terreno. ‖ pl. fig. Especie de pasta en figura de estrellas que sirve para sopa. ‖ **binaria** o **doble**. *Astron.* Grupo de dos estrellas que giran en torno al centro de gravedad del sistema. ‖ **doble**. Sistema de dos estrellas enlazadas por la gravitación universal; estrella binaria. ‖ **enana blanca**. Clase de estrella de gran densidad, pequeña masa relativa, y cuya luminosidad es demasiado baja para su tipo espectral. ‖ **errante o errática**.

Concepto anticuado por *planeta*. ‖ **fija**. Concepto anticuado por estrella verdadera o simplemente *estrella*. ‖ **fugaz. aerolito**. ‖ **de mar**. *Zool.* Nombre que se da, en general, a los equinodermos de la clase de los asteroideos, con un disco central y cinco o más brazos triangulares que son continuación del disco, y los tegumentos con piezas calizas provistas de espinas. Se reproducen sexualmente, pero regeneran con facilidad los brazos separados, y éstos, a su vez, pueden reproducir una estrella entera; reptan por el fondo y son muy voraces. La especie más típica es *asterias glacialis*; pero son muy variadas, en formas, colores y tamaños. ‖ **múltiple**. *Astron.* Grupo de tres o más estrellas que forman un sistema gravitatorio. Entre los sistemas ternarios es famoso el de α del Centauro, una de cuyas componentes, la Próxima del Centauro es, aparte del Sol, la estrella más cercana a nosotros (4,3 años luz). ‖ **de neutrones**. Centro cósmico de emisión de rayos X, considerado con un residuo de neutrones procedente de una explosión gigantesca de materia cósmica. De dimensiones generalmente reducidas, su densidad y su masa son tremendas. Están relacionadas íntimamente con las estrellas llamadas supernovas. ‖ **obscura**. *Radioastr.* **radioestrella**. ‖ **pulsante**. **radioestrella**. ‖ **de rabo**. *Astron.* Concepto anticuado por *cometa*. ‖ **temporaria**. **nova** o **supernova**. ‖ **triple**. Sistema de tres estrellas enlazadas por la gravitación universal. ‖ **variable**. Estrella que presenta cambios en alguna de sus cualidades, especialmente en la magnitud. Las más importantes de esta clase son las *cefeidas* (v.). ‖ **de Venus**. Denominación anticuada de este planeta. ‖ **con estrellas**. m. adv. Poco después de anochecer, o antes de amanecer.

Estrella del Norte. Astron. Estrella Polar. ‖ **Polar.** Estrella amarilla, de magnitud 2,1, aunque ligeramente variable, y situada a unos 450 años luz de la Tierra. Pertenece a la constelación de la Osa Menor y ocupa la punta de la lanza del carro, a 1°, aproximadamente, del Polo Norte, por lo que sirve como punto de orientación. Su nombre científico es α (alfa) *Ursae Minoris*. ‖ **Gutiérrez (Fermín).** *Biog.* Escritor y poeta argentino, de origen español, n. en Almería en 1900. Ha sido director de Educación de la prov. de Buenos Aires. Poeta profundamente lírico, recibió el premio Nacional de Literatura por el trienio 1947-49. En 1924 logró el premio municipal de Poesía por *El cántaro de plata*. Miembro de número de la Academia Argentina de Letras. Obras: *Canciones de la tarde* (1925), *El ídolo y otros cuentos* (1928), *Geografía espiritual de Buenos Aires* (1932), *El río* (cuentos, 1933), *Trópico* (novela, 1937), *Una mujer* (novela, 1938), *Sonetos del tiempo y su mudanza* (1943), *Sonetos de la soledad del hombre* (1949) y *San Martín* (1950). ‖ **Ureña (Rafael).** Militar y político dominicano, m. en 1945. Encabezó el movimiento que derrocó al presidente Vázquez y asumió la presidencia provisional de la República (1930). ‖ **Geog.** Río de América del Sur; forma el límite entre Brasil y Paraguay. ‖ Sierra de España, en el sistema mariánico; 1.220 m. de alt. ‖ La más elevada cordillera de Portugal, sit. al ENE. de Coimbra, que forma parte del Sistema Central de la península hispánica. Tiene 60 km. de ext., bellas lagunas, y su pico culminante en Malhão de la Sierra (1.993 m.). En una cima, en 1945, se erigió un bellísimo monumento a la Virgen de los Pastores, obra del escultor Antonio Duarte. ‖ **(La).** Mun. de Colombia, depart. de Antioquia; 16.479 h. ‖ Pobl. cap. del mismo; 6.175 h. ‖ **(La).** Comuna de Chile, prov. de Colchagua, depart. de Cardenal Caro; 3.766 h. ‖ Pobl. cap. de la misma; 292 h. ‖ **(La).** Mun. de España, prov. de Toledo, p. j. de Talavera de la Reina; 1.146 h. ‖ Lugar cap. del mismo; 1.041 h. *(estrellanos)*.

estrellada. (De *estrella*.) f. **Bot.** Amelo, planta.

estrelladera. f. p. us. Utensilio culinario de hierro, a modo de cuchara, pero con la pala plana y agujereada, como la espumadera, que se emplea para coger de la sartén los huevos estrellados y para otros análogos.

estrelladero. (De *estrellar*.) m. Instrumento de hierro o de cobre, a manera de una sartén llana, con varias divisiones en las que pueden caber dos yemas, que usan los reposteros para hacer los huevos dobles quemados.

Sierra de la Estrella, Portugal

Estrella de mar

estrellado, da. p. p. de **estrellar.** ǁ adj. De forma de estrella. ǁ Dícese del caballo o yegua que tiene una estrella en la frente.

estrellamar. (De *estrella de mar*.) f. **Bot.** Hierba de la familia de las plantagináceas, especie de llantén, del que se diferencia por ser las hojas más estrechas, muy dentadas y extenderse circularmente sobre la tierra a manera de estrella. ǁ **Zool. estrella de mar.**

estrellamiento. m. ant. Conjunto de estrellas o porción de cielo que corresponde a un punto o región del globo.

estrellar. (Del lat. *stellāris*.) adj. Perteneciente a las estrellas.

estrellar. (De *estrella*.) tr. Sembrar o llenar de estrellas. Ú. m. c. prnl. ǁ fam. Arrojar con violencia una cosa contra otra, haciéndola pedazos. Ú. t. c. prnl. ǁ Dicho de los huevos, freírlos. ǁ prnl. Quedar malparado o matarse por efecto de un choque violento contra una superficie dura. ǁ fig. Fracasar en una pretensión por tropezar contra un obstáculo insuperable.

estrellera. f. **Mar. aparejo real.**

estrellería. (De *estrellero*.) f. **astrología.**

estrellero, ra. (De *estrella*.) adj. Dícese del caballo o yegua que despapa o levanta mucho la cabeza. ǁ m. ant. **astrólogo.**

Estrelleta (La). Geog. Prov. de la República Dominicana; 1.787,97 km.² y 53.228 h. Cap., Elías Piña.

estrellón. m. aum. de **estrella.** ǁ Fuego artificial que al tiempo de quemarse forma la figura de una estrella grande. ǁ Figura o hechura de estrella muy grande, que se pinta o forma para colocar en lo alto de un altar o perspectiva. ǁ *Amér.* Choque, encontrón.

estrelluela. f. dim. de **estrella.** ǁ Rodajita con puntas en que rematan las espuelas y espolines.

Estremadura. Geog. Prov. de Portugal, que comprende la zona centroccidental de la nación y actualmente abarca parte de los dist. de Leiria, Setúbal y Lisboa.

Pinar en el distrito de Leiria. Estremadura (Portugal)

estremecedor, ra. adj. Que estremece.

estremecer. fr., *tressaillir*; it., *tremare*; i., *to shudder*; a., *erschüttern*. (Del lat. *ex*, de, y *tremiscĕre*, incoat. de *tremĕre*, temblar.) tr. Conmover, hacer temblar. ǁ fig. Ocasionar alteración o sobresalto en el ánimo una causa extraordinaria o imprevista. ǁ prnl. Temblar con movimiento agitado y repentino. ǁ Sentir una repentina sacudida nerviosa o sobresalto en el ánimo.

estremecimiento. m. Acción y efecto de estremecer o estremecerse.

Estremera. Geog. Mun. de España, provincia de Madrid, p. j. de Aranjuez; 1.395 h. ǁ Villa capital del mismo; 1.358 h. (*estremereños*).

estremezo. (De *estremecer*.) m. *Ar.* **estremecimiento.**

estremezón. m. *Bad.* Sensación repentina de frío con estremecimiento. ǁ *Col.* Acción y efecto de estremecerse.

Estremoz. Geog. C. de Portugal, dist. de Évora, prov. de Alto Alentejo, cap. del conc. de su nombre; 10.800 h. Notables edificios y monumentos. Excelentes mármoles en su término.

estremuloso, sa. (De *es-* y *tremuloso*.) adj. ant. Trémulo, temeroso, asombrado y propiamente tembloroso.

estrena. (Del lat. *strena*.) f. Dádiva, alhaja o presente que se da en señal y demostración de gusto, felicidad o beneficio recibido. Ú. t. en pl. ǁ desus. Principio o primer acto con que se comienza a usar o hacer una cosa.

estrenar. fr., *débuter*; it., *dar la strenna*; i., *to handsel*; a., *debütieren*. (De *estrena*.) tr. Hacer uso por primera vez de una cosa. ǁ Tratándose de ciertos espectáculos públicos, representarlos o ejecutarlos por primera vez. ǁ ant. Regalar, galardonar, dar estrenas. ǁ prnl. Empezar uno a desempeñar un empleo, oficio, encargo, etc., o darse a conocer por vez primera en el ejercicio de un arte, facultad o profesión. ǁ Hacer un vendedor o negociante la primera transacción de cada día.

estrenista. adj. Dícese de quien asiste habitualmente a los estrenos teatrales.

estreno. fr., *début*, *première*; i., *handsel*; a., *Debüt*, *Uraufführung*. m. Acción y efecto de estrenar o estrenarse. ǁ **de estreno.** loc. adj. Dícese del local dedicado habitualmente a estrenar películas.

estrenque. (De *estrinque*.) m. Maroma gruesa hecha de esparto. ǁ Cadena de hierro que enganchan los carreteros a las ruedas para que tiren de ella las caballerías cuando el carro está atascado.

estrenuidad. (Del lat. *strenuĭtas, -ātis*.) f. Calidad de estrenuo.

estrenuo, nua. (Del lat. *strenŭus*.) adj. Fuerte, ágil, valeroso, esforzado.

estreñido, da. p. p. de **estreñir.** ǁ adj. Que padece estreñimiento. ǁ fig. Miserable, avaro, mezquino.

estreñimiento. fr., *constipation*; it., *stitichezza*; i., *obstruction*; a., *Verstopfung, Hartleibigkeit*. m. Acción y efecto de estreñir o estreñirse.

estreñir. (Del lat. *stringĕre*, apretar, comprimir.) tr. Retrasar el curso del contenido intestinal y dificultar su evacuación. Ú. t. c. prnl. ǁ prnl. ant. fig. Apocarse, encogerse.

estrepa. (Del lat. *stirps, stirpis*, tallo, tronco.) f. **Bot.** Jara estepa de la especie *cistus laurifolius*.

estrepada. (Del provenz. *estrepar*, y éste de la raíz germ. *strap*, tirar.) f. Esfuerzo que se hace de cada vez para tirar de un cabo, cadena, etc., y en especial el esfuerzo reunido de diversos operarios, etc. ǁ *Mar.* Esfuerzo que para bogar hace un remero, y en general el esfuerzo de todos los remeros a la vez. ǁ **arrancada,** aumento repentino en la velocidad de un buque.

estrépito. fr., *fracas*; it., *strepito*; i., *terrible noise, noisiness*; a., *Lärm, Getöse*. (Del lat. *strepĭtus*.) m. Ruido considerable, estruendo. ǁ fig. Ostentación, aparato en la realización de algo.

estrepitosamente. adv. m. Con estrépito.

estrepitoso, sa. adj. Que causa estrépito.

estrepsítero, ra. (Del gr. *strepsis*, torsión, y *pterón*, ala.) adj. **Entom.** Dícese de los insectos holometábolos, de escaso número de especies, cuyas larvas viven en el abdomen de abejas, abejones y avispas; de la ninfa sale el macho con alas anteriores rudimentarias y posteriores grandes y plegadas a lo largo, mientras que la hembra permanece en la misma forma de ninfa y es vivípara; p. e., *stylops califórnica*. ǁ m. pl. Orden de estos insectos, llamados también *ripípteros*.

estrepto-; -strofe, -strofia. (Del gr. *streptós*, trenzado, o de *strépho*, retorcer.) pref. o suf. Que sign. torcido, vuelto; e. de suf.: *apóstrofe, angiostrofia.*

estreptococia. f. **Pat.** Infección producida por los estreptococos.

estreptocócico, ca. adj. **Pat.** Perteneciente o relativo a la estreptococia.

estreptococo. (De *estrepto-* y *coco*.) m. **Bact.** Nombre dado a bacterias de forma redondeada que se agrupan en forma de cadenita.

estreptomicetáceo, a. (Del lat. científico *streptomyces* [v. *estreptomicina*] y *-áceo*.) adj. **Bact.** y **Bot.** Dícese de las bacterias del orden de las actinomicetales, cuyo aparato vegetativo es un verdadero micelio, y que se reproducen por esporas formadas en los extremos de sus hifas. Hay dos gén., el *streptomyces* y el *micromonóspora*, cuyas especies, sobre todo las del primero, abundan en el suelo y de las cuales se extraen diversos antibióticos: *estreptomicina, terramicina, aureomicina*, etc. ǁ f. pl. Familia de estas bacterias.

estreptomicina. (Del lat. científico *streptomyces*, gén. tipo de hongos, e *-ina*; aquél del gr. *streptós*, trenzado, y *mýkes, -etos*, hongo.) f. **Biol.** y **Med.** Antibiótico segregado por el hongo del suelo *streptomyces griseus*, y preparado a partir de él. Es eficaz contra multitud de infecciones. Descubierta en 1943 por Waksman, constituyó el hallazgo farmacológico más sensacional tras el de la penicilina.

estrés. (Del i. *stress*.) m. **Med.** Situación de un individuo vivo, o de alguno de sus órganos o aparatos, que por exigir de ellos un rendimiento muy superior al normal, los pone en riesgo próximo de enfermar. ǁ Tensión, sobreesfuerzo. ǁ Agotamiento (v.).

estresante. adj. **Med.** Que produce estrés.

Detalle de las estrías de las columnas corintias del templo romano de Diana. Évora (Portugal)

estría. fr., *cannelure, strie*; it., *stria, scanalatura*; i., *fluting*; a., *Riefe, Rinne*. (Del lat. *stria*.) f. En arquitectura, mediacaña en hueco, que se suele labrar en algunas columnas o pilastras de arriba abajo. ǁ Por ext., cada una de las rayas en hueco que suelen tener algunos cuerpos.

estriación. (De *estriar*.) f. **Anat.** Conjunto de rayas o estrías transversales que tienen todas las fibras musculares de los artrópodos, y las que forman parte del miocardio y de los músculos de contracción voluntaria de los vertebrados.

estriar. (Del lat. *striāre*.) prnl. Formar una cosa en sí surcos o canales, o salir acanalada. ǁ tr. **Arquit.** Formar estrías.

estribación. (De *estribar*.) f. **Geog.** Estribo o ramal de montañas que se desprende de una cordillera.

estribadero. m. Parte donde estriba o se asegura una cosa.

estribador, ra. adj. ant. Que estriba y afirma en una cosa.

estribadura. f. ant. Acción de estribar.

estribar. fr., *appuyer;* it., *appoggiare;* i., *to prop;* a., *stützen.* (De *estribo.*) intr. Descansar el peso de una cosa en otra sólida y firme. ‖ fig. Fundarse, apoyarse. ‖ prnl. Quedar el jinete colgado de un estribo al caer del caballo.

estribera. (De *estribo.*) f. Estribo de la montura de la caballería. ‖ Sortija de la cabeza de la ballesta. ‖ *Ar.* y *Sal.* Trabilla del peal, que se sujeta al pie. ‖ Peal, media sin pie sujeta con una trabilla. ‖ *Arg.* Correa del estribo. ‖ *Ast.* Pedales del telar.

estribería. f. Taller donde se hacen estribos. ‖ Lugar o paraje donde se guardan.

estribero. m. *R. Plata.* Artesano casi desaparecido que se dedicaba a la fabricación de estribos de asta, madera, cuero y otros materiales consistentes. Dada la gran variedad de modelos usados en el país, sus labores eran abundantes y bien remuneradas.

estriberón. m. aum. de **estribera.** ‖ Resalto colocado a trechos sobre el suelo en un paso difícil, para que sirva de apoyo a los pies de los transeúntes. ‖ **Mil.** Paso firme hecho con piedras, zarzas o armazón de madera, para que puedan transitar por terrenos pantanosos o muy desiguales las tropas y sus trenes.

estribillo. fr., *refrain, ritournelle;* it., *ritornello;* i., *repetition;* a., *Kehrreim.* (dim. de *estribo.*) m. **bordón,** voz o frase que por hábito vicioso se dice con frecuencia. ‖ **Lit.** Expresión o cláusula en verso que se repite después de cada estrofa en algunas composiciones líricas, que a veces también empiezan con ella. ‖ **Mús.** Frase o parte de frase musical que se repite después de cada fragmento de canción o de un rondó.

estribo. fr., *étrier;* it., *staffa;* i., *stirrup;* a., *Steigbügel.* (Del alto a. *streban,* apoyarse; en a. moderno, *streben.*) m. Pieza de metal, madera o cuero en que el jinete apoya el pie, la cual está pendiente de la ación. ‖ Especie de escalón que sirve para subir o bajar de los coches y otros

Estribos moriscos del s. XV. Museo Lázaro Galdiano. Madrid

carruajes. ‖ Hierro pequeño, en figura de sortija, que se fija en la cabeza de la ballesta. ‖ Chapa de hierro doblada en ángulo recto por sus dos extremos, que se emplea para asegurar la unión de ciertas piezas, como las llantas a las ruedas de los carruajes y cureñas, los pendolones a los tirantes de las armaduras, etc. ‖ fig. Apoyo, fundamento. ‖*Germ.* **criado,** servidor. ‖ *R. Plata.* Siendo el gaucho rioplatense jinete por antonomasia, los estribos fueron unas de las prendas más importantes de su apero. Los usó primitivamente con forma de botón (pampa, chato o de pastelito), estribando entre los dedos mayor y segundo, y persistió en tan primitiva modalidad hasta la introducción de los primeros estribos de hierro fundido, que progresivamente fueron desplazando a los que hasta entonces se usaban en la campaña. Se clasifican los estribos del Plata, según su forma, en los siguientes principales tipos: *sahumador, brasero, campana, corona* y *piquería.* ‖ **Anat.** Uno de los tres huesecillos que se encuentran en la parte media del oído de los mamíferos y que está articulado con la apófisis lenticular del yunque. ‖ **Arquit.** Macizo de fábrica que sirve para sostener una bóveda y contrarrestar su empuje. ‖ **contrafuerte,** machón para fortalecer un muro. ‖ **Carp.** Madero que algunas veces se coloca horizontalmente sobre los tirantes, y en el que se embarbillan y apoyan los pares de una armadura. ‖ **Geog.** Ramal corto de montañas que se desprende a uno u otro lado de una cordillera. ‖ **vaquero.** *Léx.* El de madera y hierro, a veces revestido de cuero, que cubre todo el pie.

estribor. fr., *tribord;* it., *tribordo;* i., *starboard;* a., *Steuerbord.* (Del danés *styrbord.*) m. **Mar.** Costado derecho del navío mirando de popa a proa.

estribote. m. **Poét.** Composición poética antigua en estrofas con estribillo. La forma primitiva de cada estrofa consiste en tres versos monorrimos seguidos de otro verso en que se repite el consonante del estribillo.

estricarse. (Del lat. *extricāre.*) prnl. ant. **desenvolverse.**

estricia. (De un deriv. del lat. *strictus,* apretado, estrecho.) f. ant. Extremo, estrecho, conflicto.

estricnina. (Del lat. científico *strychnos* [del lat. *strychnos,* del gr. *strýchnos,* especie de dulcamara o hierba mora], *nux-vómica,* la nuez vómica, e *-ina.*) f. **Quím.** y **Terap.** Alcaloide de fórmula $C_{21}H_{22}O_2N_2$, que se encuentra en la nuez vómica, al 1,5 %, y en el haba de San Ignacio en mayor proporción. La extracción a partir de estas plantas se realiza con ácido sulfúrico al 10 % y alcohol etílico. Es extraordinariamente tóxica para los animales superiores, ya que paraliza la respiración por convulsión y se utiliza como raticida. Se emplea también en medicina por su acción estimulante, muy potente, de todo el sistema nervioso y para dar impulso a la fuerza motriz del corazón en momentos de crisis.

estricote (al). m. adv. Al retortero o a mal traer.

estrictamente. adv. m. Precisamente; en todo rigor de derecho.

estrictez. f. *Amér.* Calidad del estricto, rigurosidad.

estricto, ta. fr., *strict, rigoureux;* it., *stretto;* i., *strict;* a., *streng.* (Del lat. *strictus,* p. p. de *stringĕre,* apretar, comprimir.) adj. Estrecho, ajustado enteramente a la necesidad o a la ley que no admite interpretación.

estridencia. f. Sonido estridente. ‖ Violencia de la expresión o de la acción.

estridente. fr., *strident;* it., *stridente;* i., *shrill;* a., *schrill.* (Del lat. *stridens, -entis.*) adj. Aplícase al sonido agudo, desapacible y chirriante. ‖ **Poét.** Que causa ruido y estruendo.

éstrido, da. (De *estro,* gén. tipo de insectos, e *-ido.*) adj. **Entom.** Dícese de los dípteros ciclorrafos, cuyas larvas viven parásitas en la piel de ciertos mamíferos; también se fijan en las paredes internas del estómago e intestinos, y a veces en la cavidad nasal o bucal. ‖ m. pl. Familia de estos dípteros.

estridor. fr., *strideur;* it., *stridimento;* i., *stridor;* a., *Gellen.* (Del lat. *stridor.*) m. Sonido agudo, desapacible y chirriante.

estridular. intr. Producir estridor, rechinar, chirriar.

estridulatorio, ria. (De *estridular.*) adj. **Entom.** Dícese de los órganos que, en los insectos machos, están destinados a producir sonidos, generalmente por fricción.

Estriégana. **Geog.** Mun. y lugar de España, prov. de Guadalajara, p. j. de Sigüenza; 83 h.

estriga. (Del lat. *striga.*) f. *Gal.* Copo o porción de lino que se pone cada vez en la rueca para hilarlo.

estrige. (Del lat. *striges,* y éste del gr. *strígx.*) f. **Zool.** Lechuza, ave nocturna.

estrígido, da. (Del lat. científico *strix,* gén. tipo de aves, e *-ido;* aquél del lat. *strix, strigis,* ave nocturna.) adj. **Zool.** Dícese de las aves, antes llamadas rapaces nocturnas, con plumaje suave y holgado, ojos grandes, dirigidos hacia adelante y rodeados de una orla de plumas tiesas, y pico corto, ganchudo, cubierto, en parte, de plumas sedosas. Se incluyen en ellas las lechuzas, los mochuelos y los búhos. ‖ f. pl. Familia de estas aves.

Búho (ave estrígida)

estrigiforme. (De *strix,* gén. tipo de aves [v. voz anterior], y *-forme.*) adj. **Zool.** Dícese de las aves carinadas, antes conocidas como rapaces nocturnas. ‖ f. pl. Orden de estas aves, con una sola familia, la de las *estrígidas.*

estrígil. (Del lat. *strigĭlis.*) m. ant. Barra de metal en bruto. ‖ **Arqueol.** Adorno labrado en forma de S directa e inversa muy tendida, que se usó mucho en la decoración de los sarcófagos romano-cristianos. ‖ **Hist.** Especie de raspador utilizado por los atletas de la antigüedad clásica para quitarse el aceite con que ungían el cuerpo. También fue usado por las mujeres para quitarse los afeites.

estrilador, ra. adj. *Arg.* Que se enoja fácilmente. Es voz lunfarda.

estrilar. intr. *Arg.* Rabiar, enojarse. Es voz lunfarda.

estrilo. (Del it. *strillo,* chillido.) m. *Arg.* Enojo, enfado, mal humor. Es voz lunfarda.

estrillar. (Del lat. **strigilāre,* raspar, rascar.) tr. ant. Restregar, rascar o limpiar con la almohaza los caballos, mulas y otras bestias.

estringa. (Del lat. *stringĕre,* apretar.) f. ant. Agujeta para atacar los calzones, jubones y otras prendas.

estrinque. (Del i. *string,* cuerda.) m. *Alb.* y *Ar.* **estrenque.** ‖ *Pal.* Cada una de las argollas de hierro que llevan las varas del carro para enganchar la caballería. ‖ **Mar.** Maroma gruesa de esparto.

estriol. (Del gr. *oistros,* estímulo, *-tri-* y *-ol.*) m. **Biol., Bioq.** y **Med.** Hormona que constituye uno de los componentes del estrógeno, y se encuentra en la orina de las mujeres embarazadas, juntamente con la estrona. Se emplea en medicina, sobre todo en ginecología.

estro. fr., *estre;* it., *estro;* i., *inspiration;* a., *Begeisterung.* (Del lat. *oestrus,* y éste del gr. *oistros,* tábano, aguijón.) m. Ardoroso y eficaz estímulo con que se inflaman, al componer sus obras, los poetas y artistas capaces de sentirlo. ‖ **Veter.** Período de celo o ardor sexual de los mamíferos. ‖ **Zool.** Serie de cambios que tienen lugar periódicamente en las hembras de los mamífe-

estróbilo–estructura

ros y que se terminan con la ovulación. ‖ **bovino.** *Entom.* Gén. de insectos dípteros de la familia de los éstridos, que deposita sus huevos en la piel de las reses, que, al lamerse, ingieren las larvas *(oestrus bovis).* ‖ **ovino.** Congénere del anterior, parásito del carnero *(oestrus ovis).*

estróbilo. (Del lat. *strobĭlus*, y éste del gr. *stróbilos*, piña.) m. **Bot.** Falso fruto de las coníferas, constituido por una serie de escamas tectrices o brácteas y otra de frutíferas, que llevan las semillas. La piña de los pinos es un típico estróbilo en forma cónica.

Estróbilos de ciprés y de pino

estrobo. (Del lat. *strophus*, y éste del gr. *stróphos*, lazo de cuerda.) m. **Mar.** Pedazo de cabo unido por sus chicotes, que sirve para suspender cosas pesadas, sujetar el remo al tolete y otros usos semejantes.

estroboscopia. (Del gr. *stróbos*, rotación, y *-scopia*.) f. **Fís.** Procedimiento de observación de movimientos periódicos, que modifica aparentemente su velocidad y está fundado en la persistencia de imágenes en la retina del ojo humano. Con este procedimiento se pueden estudiar y medir los movimientos periódicos rápidos, ya que es posible observarlos tan lentamente como se quiera. Se utilizan para ello lámparas especiales, en las cuales el número de intervalos de luz y obscuridad es perfectamente conocido y que se regulan de tal modo que la pieza dé la sensación de quietud absoluta.

estroboscopio. m. **Fís.** Aparato inventado por el sabio belga Joseph A. F. Plateau para estudiar el movimiento de un cuerpo, iluminándolo a intervalos frecuentes, o examinándolo a través de las aberturas de un disco giratorio (v. **estroboscopia**).

estrofa. fr. e i., *strophe*; it., *strofa*; a., *Strophe*. (Del lat. *stropha*, y éste del gr. *strophé*, vuelta, conversión; de *stréphō*, volver.) f. **Poét.** Cualquiera de las partes compuestas del mismo número de versos y ordenadas de modo igual, de que constan algunas composiciones poéticas. ‖ Cualquiera de estas mismas partes, aunque no estén ajustadas a exacta simetría. ‖ En la poesía griega, primera parte del canto lírico compuesto de estrofa y antistrofa, o de estas dos partes y de otra además llamada epodo.

estrofanto. (Del lat. científico *strophantus*, y éste del gr. *stréphō*, volver, y *ánthos*, flor.) **Bot.** Gén. de plantas de la familia de las apocináceas. De las especies *s. hispidus* y *s. kombé* se emplean las semillas en terapéutica como tónico cardiaco, sucedáneo de la digital. Su principio activo es la estrofantina.

estrófico, ca. adj. **Poét.** Perteneciente a la estrofa. ‖ Que está dividido en estrofas.

estrófulo. (Del lat. *strophus*, cintilla.) m. **Pat.** Afección cutánea infantil que produce picor, caracterizada por la erupción de pequeñas pápulas.

estrogénico, ca. adj. Referente al estrógeno.

estrógeno. fr., *oestrogène*; it., *estrogeno*; i., *estrogenic*; a., *Östrogen*. (Del gr. *oistros*, estímulo, y *-geno*.) m. **Biol., Bioq.** y **Med.** Hormona sexual femenina, descubierta en el año 1924 y obtenida por síntesis en 1936. Se llama también hormona folicular o estrógena, estrina y foliculina, y estimula la aparición y el desarrollo de los caracteres femeninos.

estroma. (Del gr. *stroma*, tapiz.) f. ant. Alfombra, tapiz. ‖ **Anat.** Nombre dado en histología a la trama o armazón de un tejido, que sirve para el sostenimiento entre sus mallas de los elementos celulares, o de las substancias activas contenidas en algunas células.

estrómbido, da. (De *estrombo* e *-ido*.) adj. **Zool.** Dícese de los moluscos gasterópodos marinos de la subclase de los prosobranquios, y de conchas grandes, bellamente coloreadas. ‖ m. pl. Familia de estos gasterópodos.

estrombo. (Del lat. *strombus*, cierta clase de caracol; del gr. *strómbos*, trompo.) **Zool.** Gén. de gasterópodos. ‖ m. **gigante.** Gasterópodo prosobranquio de la familia de los estrómbidos, de hasta 30 cm. de largo y más de 2 kg. de peso; sus conchas se utilizan para hacer camafeos; es propio de los mares de América tropical *(s. gigas).*

Estrómboli. (En it., *Stromboli*.) **Geog.** Isla de Italia, arch. de Lípari. De formación enteramente volcánica, está muy poco habitada. Las erupciones del volcán de esta isla son muy aparatosas, pero no ofrecen peligro alguno.

estromboliano, na. adj. **Geol.** Dícese del volcán cuya erupción es análoga a la del de Estrómboli. (V. **volcán**.)

estronciana. (De *Strontian*, localidad de Escocia, donde se encontró este mineral.) f. **Quím.** Se da el nombre de estronciana al *óxido de estroncio*, SrO, y también al *hidróxido de estroncio*, Sr(OH)$_2$. Este último se emplea en la industria del azúcar, por la propiedad que posee de combinarse con él, permitiendo separar el azúcar que forma parte de las melazas.

Pieza de estroncianita, procedente de Braunsdorf (R. D. A.). Museo de la Escuela Técnica Superior de Ingenieros de Minas. Madrid

estroncianita. (De *estronciana* e *-ita*.) f. **Miner.** Carbonato de estroncio, de fórmula CO$_3$Sr; es incoloro o verde, de brillo cristalino, y se emplea en pirotecnia por el color rojo que comunica a la llama. Cristaliza en el sistema rómbico.

estroncio. fr., *stronce*; it., *stronzio*; i., *strontium*; a., *Strontium*. (De *estronciana*.) m. **Quím.** Elemento metálico, cuyo símbolo químico es Sr, su peso atómico, 87,63, y número atómico, 38. Es un metal duro, amarillento, maleable y dúctil. Se oxida fácilmente expuesto al aire y arde con llama roja, brillante. En la naturaleza se encuentra en forma de *celestina*, sulfato de estroncio, y *estroncianita*, carbonato de estroncio. Se obtiene libre por electrólisis del cloruro de estroncio fundido, en presencia de cloruro amónico. ‖ **90.** Isótopo radiactivo del estroncio. Se origina, con otros 200 más, en las explosiones atómicas y es el más peligroso de todos ellos por su actividad, por la facilidad con que se difunde en la atmósfera y por su larga vida radiactiva, de veintiocho años.

estróngilo. (Del lat. científico *stróngylus*, y éste del gr. *stróggylos*, redondo.) **Zool.** Gén. de gusanos nematelmintos de la clase de los nematodos, orden de los estrongiloideos (v.).

estrongiloideo, a. (De *stróngylus* [v. **estróngilo**], y *-oideo*.) adj. **Zool.** Dícese de los gusanos nematelmintos de la clase de los nematodos, de cuerpo largo y cilíndrico, con especies parásitas del hombre, como el *anquilostoma*, que produce la anemia de los mineros. ‖ m. pl. Orden de estos nematelmintos.

estropajear. tr. **Albañ.** Limpiar en seco las paredes enlucidas, o con estropajo mojado cuando están tomadas de polvo, para que queden tersas y blancas.

estropajeo. m. Acción y efecto de estropajear.

estropajo. fr., *lavette*; it., *strofinaccio*; i., *dishclout, dish-cloth*; a., *Waschlappen, Strohwisch*. (De un deriv. del lat. *stuppa*, estopa.) m. Porción de esparto machacado, que sirve principalmente para fregar. ‖ fig. Desecho, persona o cosa inútil o despreciable. ‖ **Bot.** *Amér.* Planta de la familia de las cucurbitáceas, cuyo fruto seco se usa en el sentido que indica el nombre, principalmente como cepillo de fricciones y para fabricar babuchas de baño.

estropajosamente. adv. m. fig. y fam. Con lengua estropajosa.

estropajoso, sa. (De *estropajo*.) adj. fig. y fam. Aplícase a la lengua o persona que pronuncia las palabras de manera confusa o indistinta por enfermedad o defecto natural. ‖ fig. y fam. Dícese de la persona muy desaseada y andrajosa. ‖ fig. y fam. Aplícase generalmente a la carne y otros comestibles que son fibrosos y ásperos y no se pueden mascar con facilidad.

estropear. fr., *estropier*; it., *stroppiare*; i., *to maim*; a., *verderben*. (En it., *stroppiare*.) tr. Maltratar a uno, dejándole lisiado Ú. t. c. prnl. ‖ Maltratar o deteriorar una cosa. Ú. t. c. prnl. ‖ Echar a perder, malograr cualquier asunto o proyecto. ‖ **Albañ.** Volver a batir el mortero y mezcla de cal.

estropeo. m. Acción y efecto de estropear o estropearse.

estropezadura. (De *estropezar*.) f. ant. **tropiezo.**

estropezar. intr. ant. **tropezar.**

estropezón. m. ant. **tropezón.**

estropicio. fr., *dégât*; it., *guasto*; i., *crash*; a., *Verwünstung*. (De *estropear*.) m. fam. Destrozo, rotura estrepitosa, por lo común impremeditada, de enseres de uso doméstico u otras cosas por lo general frágiles. ‖ Por ext., trastorno ruidoso de escasas consecuencias.

estropiezo. m. ant. **tropiezo.**

estruciónido, da. (Del lat. científico *struthio*, gén. tipo de aves, e *-ido*; aquél de la misma voz lat., del gr. *strouthion*, avestruz.) adj. **Zool.** Dícese de las aves corredoras del orden de los estrutioniformes, cuyo representante típico y único actual es el avestruz. ‖ f. pl. Familia de estas aves.

estructura. fr. e i., *structure*; it., *struttura*; a., *Bau, Gliederung*. (Del lat. *structūra*.) f. Distribución y orden de las partes importantes de un edificio. ‖ Distribución de las partes del cuerpo o de otra cosa. ‖ fig. Distribución y orden con que está compuesta una obra de ingenio; como poema, historia, etc. ‖ **Arquit.** Armadura generalmente de acero u hormigón armado y que, fija al suelo, sirve de sustentación a un edificio. **Ling.** Conjunto de los elementos del lenguaje que constituyen entre sí un todo solidario (v. **estructuralismo**). ǁ **cristalina**. *Miner*. V. **cristal.** ǁ **(filosofía de la)**. *Filos*. **filosofía de la forma.**

estructuración. f. Acción y efecto de estructurar.

estructural. adj. Perteneciente o relativo a la estructura.

estructuralismo. m. **Filos. filosofía de la forma.** ǁ **Ling.** Ciencia que concibe el lenguaje como un conjunto de elementos solidarios o estrechamente relacionados entre sí; es decir, como una estructura, de tal modo que no puede, ser modificado por un elemento esencial de una lengua sin que ello afecte a los demás (v. **lingüística**).

estructuralista. adj. **Filos.** y **Ling.** Perteneciente o relativo al estructuralismo.

estructurante. p. a. de **estructurar.** Que estructura.

estructurar. tr. Distribuir, ordenar las partes de una obra o de un cuerpo.

estruendo. fr., *fracas*, *éclat*; it., *fracasso, chiasso*; i., *clatter*; a., *grosser Lärm*. (Del lat. *ex*, de, desde, y *tonĭtrus*, trueno.) m. Ruido grande. ǁ fig. Confusión, bullicio. ǁ fig. Aparato, pompa.

estruendosamente. adv. m. Con estruendo.

estruendoso, sa. (De **estruendo**.) adj. Ruidoso, estrepitoso.

Estrugamou. Geog. Local. de Argentina, prov. de Buenos Aires, part. de las Flores; 312 habitantes.

estrujador, ra. adj. Que estruja. Ú. t. c. s. ǁ m. Instrumento para estrujar frutos y otras cosas y sacar el jugo.

estrujadura. f. Acción y efecto de estrujar.

estrujamiento. m. Acción y efecto de estrujar.

estrujar. fr., *pressurer*; it., *spremere*; i., *to press out*; a., *auspresen*. (Del lat. *extorcŭlāre*, de *torcŭlum*, prensa.) tr. Apretar una cosa para sacarle el zumo. ǁ Apretar a uno y comprimirle tan fuerte y violentamente, que se le llegue a lastimar y maltratar. ǁ fig. y fam. Agotar una cosa; sacar de ella todo el partido posible.

estrujón. (De *estrujar*.) m. Acción y efecto de estrujar. ǁ Vuelta dada con la briaga o soga de esparto al pie de la uva ya exprimida y reducida a orujo, echándole agua y apretándolo bien para sacar el aguapié. ǁ fam. **estrujadura.** ǁ *And*. Acto de prensar por primera vez la aceituna.

estruma. (Del lat. *struma*, escrófula.) m. **Pat. lamparón, bocio,** escrófula en el cuello.

estrumpido. p. p. de **estrumpir.** Úsase en Salamanca. ǁ m. *Sal*. Estallido, estampido, ruido.

estrumpir. intr. *Sal*. Hacer explosión, estallar, meter ruido.

estrupador. m. ant. **estuprador.**

estrupar. tr. ant. **estuprar.**

estrupo. m. ant. **estupro.**

estrutioniforme. (De *struthio* [v. *estruciónido*] y *-forme*.) adj. **Zool.** Dícese de las aves corredoras o rátidas, de gran tamaño, las mayores entre las actuales, con dos dedos solamente en cada pata y con alas normalmente constituidas, pero muy cortas. Su representante típico es el avestruz. ǁ f. pl. Orden de estas aves, con una familia viviente, la de las **estruciónidas**, y otra fósil, la de las **eleuterornítidas**.

estruz. (Del lat. *struthĭus*, y éste del gr. *strouthíon*.) m. ant. **avestruz.**

estuación. (Del lat. *aestuatĭo, -ōnis*, agitación, ardor.) f. **Ocean.** Flujo o creciente del mar en las mareas.

Estuaire. Geog. Región de Gabón; 20.740 km.² y 195.000 h. Cap., Libreville.

estuante. (Del lat. *aestŭans, -antis*.) adj. Demasiadamente caliente y encendido.

Estuardo. Biog. y **Geneal.** Forma españolizada de *Stuart*.

estuario. (Del lat. *aestuarĭum*.) m. **Geog.** Desembocadura de un río caudaloso que desagua en el mar y que se caracteriza por tener una forma semejante al corte longitudinal de un embudo, cuyos lados van apartándose en el sentido de la corriente y por la influencia de las mareas en la unión de las aguas fluviales con las marítimas.

Estubeny. Geog. Mun. y lugar de España, prov. de Valencia. p. j. de Játiva; 181 h.

estucado. m. Acción y efecto de estucar.

estucador. (De *estucar*.) m. El que hace obras de estuco.

estucar. tr. Dar a una cosa con estuco o blanquearla con él. ǁ Colocar sobre el muro, columna, etc., las piezas de estuco previamente moldeadas y desecadas.

estuco. fr. *stuc*; it. e i., *stucco*; a., *Stuck*. (De *estuque*.) m. **Albañ.** Masa de yeso blanco y agua de cola, con la cual se hacen y preparan muchos objetos que después se doran o pintan. ǁ Pasta de cal apagada y mármol pulverizado, con que se da de llana a las alcobas y otras habitaciones, barnizándolas después con aguarrás y cera.

estucurú. m. **Zool.** *C. Rica*. Búho grande de las comarcas cálidas.

estuchar. tr. Recubrir con estuche de papel los terrones de azúcar u otro producto industrial.

estuche. fr., *étui*; it., *astuccio*; i., *case, etwee*; a., *Etui, Besteck*. (Del cat. y provenz. *estug*, y éste del lat. *studĭum*.) m. Caja o envoltura para guardar ordenadamente un objeto o varios, como joyas, instrumentos de cirugía, etc. ǁ Por ext., cualquier envoltura que reviste o protege una cosa. ǁ Conjunto de utensilios que se guardan en el estuche. ǁ Entre peineros, peine menor que el mediano y mayor que el tallar. ǁ En algunos juegos de naipes, como el del hombre, cascarela y tresillo, espadilla, malilla y basto, cuando están reunidos en una mano; en el tresillo se llaman también *estuche* los naipes del palo que se juega, subsiguientes en valor a los tres antedichos, cuando se juntan con ellos en una mano. ǁ Cada una de las tres cartas de que se compone el estuche de la acepción anterior. ǁ **del rey.** *Hist*. Cirujano real que tenía el estuche destinado para curar a las personas reales. ǁ **mayor.** *Léx*. En el tresillo, si el juego es a bastos o a espadas, conjunto de espada, mala, basto y rey, y si el juego es a oros o copas se añade a estos cuatro triunfos el punto. ǁ **menor.** En el tresillo se diferencia del mayor en que falta la espada.

estuchista. m. Fabricante o constructor de estuches, cajas, envoltorios, etc.

Estudi (El). Geog. Espunyola.

estudiador, ra. adj. fam. Que estudia mucho.

estudiantado. m. Conjunto de alumnos o estudiantes como clase social. ǁ Conjunto de estudiantes de un establecimiento docente, alumnado. ǁ *Chile*. Colegio, casa de estudios, escuela, gimnasio.

estudiante. fr., *étudiant*; it., *studente*; i., *student*; a., *Student*. p. a. de **estudiar.** Que estudia. Ú. t. c. m. ǁ m. y f. Persona que actualmente está cursando en una universidad o estudio. ǁ m. El que tenía por ejercicio estudiar los papeles a los actores dramáticos. ǁ **pascuero**, o **torreznero.** *Léx*. Dícese del que iba del estudio a su casa muchas veces, con ocasión de las pascuas y otras fiestas. ǁ **de la tuna.** El que forma parte de una estudiantina.

Estudiante (el). Biog. Gómez Calleja (Luis).

estudiantil. adj. fam. Perteneciente a los estudiantes.

estudiantina. fr., *estudiantine*; it., *studiantina*; i., *scholar's company*; a., *Studentenfaschingszug*. f. Cuadrilla de estudiantes que salen tocando varios instrumentos por las calles del pueblo en que estudian, o de lugar en lugar, para divertirse o para socorrerse con el dinero que recogen. ǁ Comparsa de carnaval que imita en sus trajes el que usaban los antiguos estudiantes.

estudiantino, na. adj. fam. Perteneciente a los estudiantes. ǁ **a la estudiantina.** m. adv. fam. Al uso de los estudiantes.

estudiantón. m. desp. Estudiante aplicado, pero de escasas luces.

estudiantuelo, la. m. y f. dim. desp. de **estudiante.**

Estuche en forma de libro, por Benvenuto Cellini. Museo Lázaro Galdiano. Madrid

estudiar. fr., *étudier*; it., *studiare*; i., *to study*; a., *studieren*. (De *estudio*.) tr. Ejercitar el entendimiento para alcanzar o comprender una cosa. ǁ Cursar en las universidades u otros estudios. ǁ Aprender o tomar de memoria. ǁ Leer a otra persona lo que ha de aprender, ayudándola a estudiarlo. Dícese principalmente con relación al actor dramático. ǁ ant. Cuidar con vigilancia. ǁ **Pint.** Dibujar de modelo o del natural.

estudio. fr., *étude*; it., *studio*; i., *study*; a., *Studium*. (Del lat. *studĭum*.) m. Esfuerzo que pone el entendimiento aplicándose a conocer alguna cosa; y en especial, trabajo empleado en aprender y cultivar una ciencia o arte. ǁ Obra en que un autor estudia y dilucida una cuestión. || Lugar donde se enseñaba la gramática. || Pieza donde el abogado o el hombre de letras tiene su librería y estudia. || En Río de la Plata, bufete del abogado. || Pieza donde los pintores, escultores y arquitectos trabajan, en la cual tienen los modelos, estampas, dibujos y otras cosas necesarias para ejercitar su arte. || Local donde el fotógrafo ejerce su oficio. || Conjunto de edificios o dependencias destinado a la impresión de películas cinematográficas o a emisiones de radio o televisión. Ú. m. en pl. || fig. Aplicación, maña, habilidad con que se hace una cosa. || **Mús.** Composición destinada a que el ejecutante se ejercite en determinada dificultad. || **Pint.** Figura o pormenor dibujados, coloridos o modelados, preparatorios para una obra pictórica, o escultórica. || **general.** Léx. **universidad,** centro docente y edificio en que está situado. ||**estudios mayores.** En las universidades, los que se hacían en las facultades mayores.

estudiosamente. adv. m. Con estudio.
estudiosidad. (De *estudioso*.) f. Inclinación y aplicación al estudio.
estudioso, sa. (Del lat. *studiõsus*.) adj. Dado al estudio. || ant. fig. Propenso, aficionado a una cosa.
estufa. fr., *étuve;* it., *stufa;* i., *stove;* a., *Ofen.* (Del lat. **extufāre*, escaldar [v. *estovar*].) f. Hogar encerrado en una caja de metal o porcelana, que se coloca en las habitaciones para calentarlas. || Aposento recogido y abrigado, al cual se le da calor artificialmente. || Armazón de que se usa para secar una cosa o mantenerla caliente poniendo fuego por debajo. || Aposento destinado en baños termales a producir en los enfermos un sudor copioso. || Especie de enjugador alto hecho de aros de cedazo, con unos listones delgados de madera, dentro del cual entra la persona que ha de tomar sudores. || Especie de carroza grande, cerrada y con cristales. || Estufilla para calentar los pies. || **Agr.** Las estufas se distinguen de los invernáculos en que tienen, por lo menos, el techo y una de sus fachadas constituidos por vidrieras. || **Elec.** Aparato destinado a la calefacción por medio de la corriente eléctrica.
estufador. m. Olla o vasija en que se estofa la carne.
estufar. (Del lat. **extufāre*, escaldar.) tr. ant. Calentar una pieza.
estufero. (De *estufa*.) m. **estufista,** el que hace estufas y otros aparatos de calefacción.
estufido. m. *Alb.* y *Mur.* Bufido o voz del animal. || Expresión de enfado.
estufilla. (dim. de *estufa*.) f. Manguito pequeño hecho de pieles finas, para traer abrigadas las manos en el invierno. || Rejuela o braserillo para calentar los pies. || **chofeta,** braserillo de mano.
estufista. m. El que hace estufas, chimeneas y otros aparatos de calefacción, o tiene por oficio ponerlos y repararlos. || com. Persona que vende estos aparatos.
estultamente. adv. m. con estulticia.
estulticia. (Del lat. *stultĭtĭa*.) f. Necedad, tontería.
estulto, ta. (Del lat. *stultus.*) adj. Necio, tonto.
Estúñiga (Lope de). Biog. Poeta español del s. xv. Se educó en un ambiente literario que le permitió desde muy joven figurar en el mundo de las letras. Sus composiciones, casi todas de carácter erótico, le ponen en lugar preeminente entre los poetas de su tiempo. Nueve de ellas figuran en su *Cancionero*, llamado de *Estúñiga* por encabezarse con una poesía suya.
estuosidad. (De *estuoso.*) f. Demasiado calor y enardecimiento, como el de la calentura, insolación, etc.

estuoso, sa. (Del lat. *aestuõsus*, de *aestus*, calor, ardor.) adj. p. us. Caluroso, ardiente, como encendido o abrasado. Ú. m. en poesía.
estupa. Arqueol. stupa.
estupefacción. fr., *stupéfaction;* it. *stupefazione;* i., *stupefaction;* a., *Betäubung.* (Del lat. *stupefactĭo, -ōnis*.) f. Pasmo o estupor.
estupefaciente. fr., *stupéfiant;* it., *stupefacenti;* i., *stupefacient;* a., *Rauschgifte.* adj. Que produce estupefacción. || m. Substancia que hace perder o estimula la sensibilidad, o produce alucinaciones, y cuyo uso no ordenado por prescripción facultativa está severamente penado en casi todos los países. Los estupefacientes usados hoy en mayor escala son: la mariguana o hachís, el opio, el L.S.D., la morfina, la heroína y la cocaína.

Estupefacientes. *Fumadero de opio en Francia. Colección particular. París*

estupefactivo, va. (De *estupefacto.*) adj. Que causa estupor o pasmo.
estupefacto, ta. fr., *stupéfait;* it., *stupefatto;* i., *stupefied;* a., *erstaunt, betäubt.* (Del lat. *stupefactus*.) adj. Atónito, pasmado.
estupendamente. adv. m. De modo asombroso o admirable.
estupendo, da. (Del lat. *stupendus.*) adj. Admirable, asombroso, pasmoso.
estúpidamente. adv. m. Con estupidez.
estupidez. fr., *stupidité;* it., *stupidità;* i., *stupidity;* a., *Dummheit.* (De *estúpido*.) f. Torpeza notable en comprender las cosas. || Dicho o hecho propio de un estúpido.
estúpido, da. (Del lat. *stupĭdus.*) adj. Necio, falto de inteligencia. Ú. t. c. s. || Dícese de los dichos o hechos propios de un estúpido. || Estupefacto, poseído de estupor.
estupor. fr., *stupeur;* it., *stupore;* i., *stupor;* a., *Betäubung.* (Del lat. *stupor.*) m. **Pat.** Disminución de la actividad de las funciones intelectuales, acompañada de cierto aire o aspecto de asombro o de indiferencia. || fig. Asombro, pasmo.
estuprador. (Del lat. *stuprātor.*) m. Que estupra.
estuprar. (Del lat. *stuprāre.*) tr. Cometer estupro.
estupro. (Del lat. *stuprum.*) m. **Der.** Acceso carnal del hombre con una doncella logrado con abuso de confianza o engaño. El límite de edad de la doncella varía en cada nación según los códigos. Aplícase también, por equiparación legal, a algunos casos de incesto. || Por extensión, se decía también del coito con soltera núbil o con viudad, logrado sin su libre consentimiento.

estuque. (Del ant. alto a. *stucchi*, costra, corteza.) m. **A. y Of. estuco.**
estuquería. f. **A. y Of.** El arte de hacer labores de estuco. || Obra hecha de estuco.
estuquista. m. **A. y Of.** El que hace obras de estuco.
esturado, ra. p. p. de **esturar.** || adj. fig. *Sal.* Quemado, amostazado.
esturar. (Del lat. *extorrēre,* infl. por *aburar.*) tr. Asurar, socarrar. Ú. t. c. prnl.
esturdecer. tr. *Ar.* **aturdir.**
esturdir. (Del lat. **extorpĭdāre*, de *torpĭdus*, torpe, entorpecido.) tr. Aturdir, atontar.
esturgar. tr. **A. y Of.** Alisar y perfeccionar el alfarero las piezas de barro por medio de la alaria.
esturión. (Del lat. *sturĭo, -ōnis.*) m. **Zool.** Nombre común a varios peces teleósteos ganoideos, del orden de los acipenseriformes y familia de los acipenséridos. Son marinos, pero penetran en los grandes ríos europeos, sobre todo en los de la U. R. S. S., para depositar sus huevos. Con sus huevas se prepara el caviar. El esturión común es el *acipénser sturio;* los rusos son el *a. huso* y el *a. ruthenus.*
estúrnido, da. (Del lat. científico *sturnus,* gén. tipo de aves, e *-ido;* aquél del lat. *sturnus,* estornino.) adj. **Zool.** Dícese de ciertos pájaros de cola corta y pico largo y puntiagudo, sin deformismo sexual, cuyo representante típico es el estornino. || m. pl. Familia de estos pájaros.
esturrear. (De la onomat. *turr.*) tr. Dispersar, espantar a los animales, especialmente con gritos.
ésula. (Del lat. mod. *esŭla,* de *esus,* comido.) f. **Bot.** Nombre vulgar de una euforbiácea, especie de lechetrezna (*euphorbia peplus*).
esvarar. (Del lat. *divarāre,* de *varus,* zambo.) intr. Desvarar, resbalar. Ú. t. c. prnl.
esvarón. m. Acción y efecto de esvararse; resbalón.
esvástica. (De *suástica.*) f. **cruz gamada.**
esviaje. (De *viaje,* corte sesgado.) m. **Arquit.** Oblicuidad de la superf. de un muro o del eje de una bóveda respecto al frente de la obra de que forma parte.
Esztergom. (En a., *Gran.*) **Geog.** C. de Hungría, cond. de Komáron; 26.955 h. Es cuna de San Esteban, primer rey de Hungría. Su arzobispo católico es a la vez primado de Hungría.

et. (Del lat. *et.*) conj. ant. **y o e.**
eta. (Del gr. ἦτα.) f. Nombre de la *e* larga del alfabeto griego. En el gr. moderno se pronuncia *i* (v. **itacismo**).
etalaje. (Del fr. *étalage,* escaparate.) m. **Met.** Parte de la cavidad de la cuba en los hornos altos, inferior al vientre y encima de la obra, donde se completa la reducción de la mena por los gases del combustible.
etamina. (Del fr. *étamine.*) f. Tejido de algodón, de varias clases.
etanal. (De *etano* y *aldehído.*) m. **Quím.** Aldehído que se deriva del ácido acético. Industrialmente se obtiene a partir del acetileno por adición de agua, en presencia de sales de mercurio como catalizador. Constituye un producto intermedio en la obtención del caucho sintético.
etano. fr., *éthane;* it., *etano;* i., *ethane;* a., *Äthan.* (De *éter* y *-ano.*) m. **Quím.** Hidrocarburo saturado, segundo término de la serie, con dos átomos de carbono y de fórmula C_2H_6. Es un gas incoloro e inodoro que se encuentra disuelto en el petróleo bruto, del que se desprende en los pozos y sale a la superficie.

etanol. (De *etano* y *-ol.*) m. **Quím.** alcohol etílico.

etanolamina. (De *etanol* y *amina.*) f. **Quím.** Derivado amínico del glicol que se utiliza en la fabricación de jabones, por su gran poder detergente; para eliminar el anhídrido carbónico y el ácido sulfhídrico del gas natural y otros gases; en la síntesis de agentes tensoactivos, por su gran poder espumante, y como agente dispersante, en preparados químicos para la agricultura. En medicina tiene uso su oleato como agente esclerosante de venas varicosas. Se conoce también con los nombres de *oxietilamina* y *colamina*.

etapa. fr. *étape;* it., *tappa;* i., *station;* a., *Etappe.* (Del fr. *étape*, y éste del germ. *stapel*, emporio.) f. En lenguaje militar, ración de menestra u otras cosas que se da a la tropa en campaña o en marcha. || Cada uno de los lugares en que ordinariamente hace noche la tropa cuando marcha. || fig. Época o avance parcial en el desarrollo de una acción u obra.

Étaples (Jacques Lefèvre d'). **Biog.** Lefèvre d'Étaples (Jacques).

Etayo Elizondo (Carlos). **Biog.** Teniente de navío español contemporáneo. A bordo de una carabela (la *Niña II*), idéntica a la del mismo nombre que Colón llevó en su primer viaje a América, realizó la travesía del Atlántico, desde Palos de Moguer hasta la isla de San Salvador, siguiendo el mismo derrotero que el descubridor de América en 1492. Inició la travesía el 10 de septiembre de 1962 y la culminó el 26 de diciembre del mismo año. Ha escrito *Catorce mil millas en carabela por las rutas de Colón*. || **Geog.** Mun. de España, prov. de Navarra, p. j. de Estella; 145 h. || Lugar cap. del mismo; 129 h.

etcétera. fr. e i., *et caetera;* it., *eccetera;* a., *und so weiter.* (Del lat. *et*, y, y *caetĕra*, pl. de *cetĕrum*, lo demás, lo que falta.) f. Voz que se emplea para interrumpir el discurso indicando que en él se omite lo que quedaba por decir. Se representa por esta cifra: &, que tiene el mismo nombre, o con la abreviatura *etc*.

Etchebarne. (Miguel) Biog. Poeta argentino, n. en Tigre, Buenos Aires, en 1915. Ha publicado: *Región de soledad* (1943), *Lejanía* (1945), premio municipal del Poesía; *Soliloquios* (1947), *Campo de Buenos Aires* (1948) y *Juan Nadie (Vida y muerte de un compadre)* (1945), historia y evocación del arrabal porteño, premiada por la Comisión Nacional de Cultura.

Etchegoyen. **Geog.** Local. de Argentina, prov. de Buenos Aires, part. de Exaltación de la Cruz; 353 h.

Etchojoa. **Geog.** Mun. de Méjico, est. de Sonora; 55.573 h. || Pueblo cap. del mismo; 4.398 h.

Etelbaldo. **Biog.** Rey de Mercia y después monarca de los anglosajones; murió asesinado en 757.

Etelberto *(San)* **Biog.** Rey de Kent, m. en 616. Casó con Berta, hija de Cariberto, rey de París, que era cristiana, lo que le dispuso para recibir la fe. Fue un celoso propagador del evangelio y favoreció la predicación con todo su poder. Su fiesta, el 24 de febrero.

Etelredo *(San).* **Biog.** Muy joven entró al servicio del rey de Escocia, David, que quiso elevarle al episcopado, pero él prefirió la vida monástica, ingresando en la abadía de Rivaulx, de la que fue abad. Murió en 1166 ó 1167 y fue canonizado en 1191. || II Rey de Inglaterra. Sucedió a su hermano Eduardo el *Mártir* en 978. Disfrutó del poder hasta 1016.

Eten. **Geog.** Dist. de Perú, depart. de Lambayeque, prov. de Chiclayo; 7.093 h. || C. cap. del mismo; 6.999 h. En su término existen las piedras sonoras llamadas *campanas del milagro*. || **Puerto.** Dist. y pueblo de Perú, depart. de Lambayeque, prov. de Chiclayo; 2.192 h.

Eteocles. **Mit.** Hijo de Edipo, rey de Tebas, que luchó con su hermano Polinice, matándose ambos.

eteno. (De *éter* y *-eno.*) m. **Quím.** etileno.

éter. fr., *éther;* it., *etere;* i., *ether;* a., *Aether, Himmelsluft.* (Del lat. *aether*, y éste del gr. *aithér.*) m. poét. Esfera aparente que rodea la tierra. || **Fís.** Fluido sutil, invisible, imponderable y elástico que, en el sentir de los físicos, llenaba todo el espacio, y por su movimiento vibratorio transmitía las radiaciones. En realidad era una hipótesis destinada a dar una explicación lógica de la acción a distancia. Sin embargo, la física moderna prescinde de ella, pues el éter, de existir, habría de tener propiedades contradictorias, como ser imponderable, para no ofrecer resistencia a los cuerpos, y enormemente rígido, para transmitir la radiación. Su concepto se substituye hoy día por el del «campo». Eddington fue, quizá, el último físico que sostuvo aquel arcaísmo. || **Quím.** Función que puede considerarse como resultado de la substitución de los dos hidrógenos del agua por dos radicales alcohílo. También puede considerarse como un óxido de alcohílo comparable a los óxidos metálicos. || **compuesto. éster.** || **etílico** o **sulfúrico.** Es el más conocido e importante de todos y tiene por fórmula $(C_2H_5)_2O$. Se obtiene por reacción del alcohol etílico con el ácido sulfúrico concentrado y posterior destilación del éter formado. Es un líquido muy volátil e inflamable, debido a que su vapor forma con el aire mezclas explosivas. Industrialmente tiene mucho interés como disolvente; así, p. e., se utiliza en fábricas de extracción del aceite a partir del orujo, debido a ser un buen disolvente de las grasas, aunque tiene el inconveniente de su inflamabilidad. En el laboratorio tiene un enorme interés como agente de extracción. En estado de gran pureza se utiliza en medicina como anestésico. || **ordinario. éter etílico.** || **sulfúrico. éter etílico.**

etéreo, a. fr. *éthéré, céleste;* it., *etereo;* i., *ethereal;* a., *aetherisch.* (Del lat. *aethĕrĭus.*) adj. Perteneciente o relativo al éter. || poét. Perteneciente al cielo.

eterio. (Del gr. *etaireía*, asociación.) m. **Bot.** Reunión de aquenios sobre un receptáculo carnoso en la fresa, o de drupitas sobre un receptáculo seco en la mora de zarza y procedente de una sola flor.

Eterio. Fresas «reina de los belgas». Colección privada. Madrid

eterismo. m. Pérdida de toda sensibilidad por la acción del éter.

eterización. f. **Terap.** Acción y efecto de eterizar.

eterizar. tr. **Quím.** Combinar con éter una substancia. || **Terap.** Anestesia por medio del éter.

Eterna. **Geog.** Mun. de España, prov. y p. j. de Burgos; 76 h. || Lugar cap. del mismo; 54 h.

eternal. (Del lat. *aeternālis.*) adj. Que no tiene fin.

eternalmente. adv. m. Sin fin.

eternamente. m. Sin fin, siempre perpetuamente. || p. us. **nunca.** || fig. Por mucho o dilatado tiempo.

eternidad. fr., *éternité;* it., *eternità;* i., *eternity;* a., *Ewigkeit.* (Del lat. *aeternĭtas, -ātis.*) f. Perpetuidad, duración sin fin. || Duración dilatada de siglos y edades. || Vida del alma humana, después de la muerte. || **Rel.** Perpetuidad que no tiene principio ni tendrá fin, y en este sentido es atributo propio de Dios.

eternizable. adj. Digno de eternizarse.

eternizar. (De *eterno.*) tr. Hacer durar o prolongar una cosa demasiadamente. Ú. t. c. prnl. || Perpetuar la duración de una cosa.

eterno, na. fr., *éternel;* it., *eterno;* i., *eternal;* a., *ewig.* (Del lat. *aeternus.*) adj. Que sólo es aplicable propiamente al Ser divino, que no tuvo principio ni tendrá fin. || Que no tiene fin. || fig. Que dura por largo tiempo.

Eterno. **Teol.** Padre Eterno.

eteromanía. f. **Psicopatología.** Hábito morboso de aspirar vapores de éter.

Etheria. **Biog.** Abadesa, posiblemente coetánea de San Valerio (s. VII), que, refiriendo sus impresiones de un viaje a los Santos Lugares, escribió el códice *Itinerárium ad Loca Santa*, en forma animada y minuciosa. Nació en las playas de extremo Occidente, seguramente en Galicia.

ética. fr., *éthique;* it., *etica;* i., *ethics;* a., *Ethik, Sittenlehre.* (Del lat. *aethĭca*, y éste del gr. *ethiké*, sobrentendido *téchne*, arte, ciencia; ciencia de las costumbres.) f. **Filos.** Parte de la filosofía que trata de la moral y de las obligaciones del hombre. El objeto de la ética es la moralidad, y por moralidad se entiende el carácter de bondad o malicia de las acciones humanas; pero como al fin las acciones humanas adquieren este carácter según la relación que guardan con el deber, podría también decirse que el deber en general es el objeto de la ética. || **de situación.** Corriente o movimiento moral, nacido en los años cincuenta, que, en su interpretación más cruda, pone en peligro la vigencia de normas o principios universales, al destacar exageradamente cada situación concreta y particular. Sin embargo, ciertos presupuestos de esta moral pueden ser aceptados sin reservas por un católico; p. e., el gran respeto a las decisiones individuales tomadas con absoluta sinceridad, el subrayar la menor importancia de las leyes positivas en comparación con la ley natural, etc.

ético, ca. (Del lat. *aethĭcus*, y éste del gr. *ethikós*, de *éthos*, costumbre.) adj. Perteneciente a la ética. || m. **moralista,** el que estudia o enseña moral.

ético, ca. adj. **hético.** Ú. t. c. s.

etileno. (De *etilo* y *-eno.*) m. **Quím.** Hidrocarburo no saturado, con un doble enlace y dos átomos de carbono, de fórmula C_2H_2, que se encuentra en el gas del alumbrado en la proporción del 4-5 %. También se halla en los gases de petróleo, y llega a tener una proporción de hasta el 20 % en los pozos americanos. En el laboratorio se obtiene por deshidratación del alcohol etílico. Es punto de partida para numerosas síntesis.

etilo. (De *éter* e *-ilo.*) m. **Quím.** Nombre dado a un radical, cuya fórmula química es C_2H_5, que no existe en estado de libertad, pero cuya presencia se admite en gran número de compuestos químicos, de los cuales el más importante es el alcohol etílico, y otros, como el acetato, benzoato, sulfato, formiato, etcétera.

étimo. (Del lat. *etȳmon*, y éste del gr. *étymos*, verdadero.) m. **Filol.** Raíz o vocablo de que procede otro u otros; p. e., del lat. *mulier*, procede *mujer*.

etimología. fr., *étymologie;* it., *etimologia;* i., *etymology;* a., *Etymologie.* (Del lat. *etymologĭa*, y éste del gr. *etymología;* de *étymos*, verdadero, y *lógos*, dicción, palabra, razón.) f. **Filol.** Origen de las palabras, razón de su existencia, de su significación y de su forma. ‖ Parte de la gramática, que estudia aisladamente las palabras consideradas en esos aspectos; el de sus significaciones constituyen la llamada *semántica*. ‖ **popular.** Interpretación espontánea que en el lenguaje corriente o vulgar se da a una palabra relacionándola con otra de distinto origen. La relación así establecida puede originar cambios semánticos (v., p. e., **miniatura**) o provocar deformaciones fonéticas (v., p. e., **antuzano** y **altozano**).

etimológicamente. adv. m. Según la etimología; conforme a sus reglas.

etimológico, ca. (Del lat. *etymologĭcus*, y éste del gr. *etymologikós*.) adj. Perteneciente o relativo a la etimología.

etimologista. fr., *étymologiste;* it., *etimologo;* i., *etymologist;* a., *Etymolog.* com. Persona que se dedica a investigar la etimología de las palabras; persona entendida en esta materia.

etimologizante. p. a. de **etimologizar**. Que etimologiza.

etimologizar. tr. Sacar o averiguar etimologías; discurrir o trabajar en esta materia.

etimólogo. (Del gr. *etymológos*.) m. **etimologista**.

etiología. fr., *étiologie;* it., *etiologia;* i., *etiology;* a., *Aetiologie.* (Del gr. *aitiología*, de *aitiologéo*, explicar o buscar la causa; de *aitía*, causa, y *lógos*, tratado.) f. **Filos.** Estudio sobre las causas de las cosas. ‖ **Med.** Parte de la medicina, que tiene por objeto el estudio de las causas de las enfermedades.

etiológico, ca. adj. Perteneciente o relativo a la etiología.

etíope o **etiope.** fr., *éthiopien;* it., *etiope;* i., *ethiopian;* a., *Aethiopier.* (Del lat. *aethĭops, -ŏpis*, y éste del gr. *aithíops;* de *aítho*, tostar, y *ops*, aspecto, cara.) adj. Natural de Etiopía o Abisinia, país africano. ‖ **etiópico**. ‖ desus. Persona de raza negra. ‖ De color negro. ‖ m. **Quím.** Combinación artificial de azufre y azogue, que sirve para fabricar bermellón.

Etiopía. (Del lat. *Aethiopia*, y éste del gr. *aítho*, quemar, tostar, y *ops*, vista, aspecto; es decir, *de aspecto tostado*.) **Geog.** Est. republicano de África oriental.

Generalidades. Limita con el mar Rojo, Somalia, República Democrática de Yibuti, Kenya y Sudán. Superf., 1.221.900 km.²; pobl. absoluta, 23.667.000 h. (41.930.000 calculados en 1979). Densidad de pobl., 19,3 h. por km.² Cap., Addis Abeba (684.100 h.).

Geografía física. El sistema orográfico de este país está representado, de una parte, por la meseta abisinia, y de otra, por la meseta de Somalia. El macizo abisinio es el resultado de las erupciones volcánicas que se han producido desde el principio de los tiempos terciarios; su altura mayor es el Ras Dashan (4.622 metros). En cuanto a los ríos, entre los afluentes notables del Nilo se encuentra el Abbai o Nilo Azul. En dirección NO.-SE. fluyen el Uebbe Shibeli y el Ganale Dorya, que des. en el océano Índico. Los lagos más importantes son el Tana, el Abaya, el Chamo, el Estefanía y la parte septentrional del lago Rodolfo. La orografía, modificando la influencia de la situación geográfica, da variedad al clima. Hasta unos 1.800 metros de alt. es cálido, húmedo y malsano. A mayores alturas es templado y agradable, y pasados los 2.400 m., duro y frío. La media al año de precipitaciones acuosas es de unos 1.260 milímetros. La época de éstas dura, con ciertos intervalos, de abril a octubre.

Geografía biológica. Las formas de vegetación características son las acacias, algunas especies de euforbiáceas, sicómoros, adantonias (baobab), tamarindos y algodoneros silvestres. Se dan también frutos tropicales, como el café y la caña de azúcar, plantas medicinales y, además, plantas de clima mediterráneo: granado, limonero, olivo y vid. La fauna es abundante, hallándose en ella el elefante, rinoceronte, hipopótamo, búfalo, varias especies de monos, león, leopardo, hiena y jirafa; el cocodrilo vive en el lago Tana y otros; la boa habita en las zonas rocosas, siendo raras las serpientes venenosas, y, en cambio, numerosos los lagartos y tortugas. Entre las aves hay que mancionar el buitre, el águila, el halcón y el avestruz. El caballo local es de gran estimación, considerando algunos autores que este país es la cuna del caballo africano.

Técnicos de la O. N. U., midiendo la profundidad y la corriente del río Awash

Geografía económica. La superf. cultivada ocupa 13.730.000 hect. (11,2 % del total); los prados y pastos permanentes, 64.900.000 (53,1 %) y los bosques, 8.860.000 (7,3 %). Los principales cultivos son: cebada (830.000 hect. y 700.000 ton. en 1975), maíz (900.000 y 1.077.000), trigo (735.000) y 618.000), café (150.000 ton.), caña de azúcar (140.000 ton. de azúcar), plátanos (65.000 ton.), tabaco (4.300 hect. y 2.700 ton.), algodón (130.000 hect., 48.000 ton. de semilla y 24.000 de fibra), patata, ricino, etc. El patrimonio ganadero, en 1972, estaba compuesto de:

Ganado bovino	25.315.000	cabezas
» ovino	23.000.000	»
» cabrío	18.000.000	»
» asnal	4.000.000	»
» mular	1.460.000	»
» caballar	1.500.000	»
» de cerda	20.000	»
Camellos	1.010.000	»

Por lo que respecta a la minería, en el año 1974 se extrajeron 490 kg. de oro. Se obtuvieron 68.000 ton. de sal. En el aspecto industrial, en los establecimientos textiles se produjeron 11.700 ton. de hilados de algodón y 82 millones de m.² de tejidos de esta fibra en 1973. De cemento, 203.000 ton.; 1.660 millones de cigarrillos; 387.000 hl. de cerveza en 1974. En Assaba existe una refinería de petró-

Campiña etíope

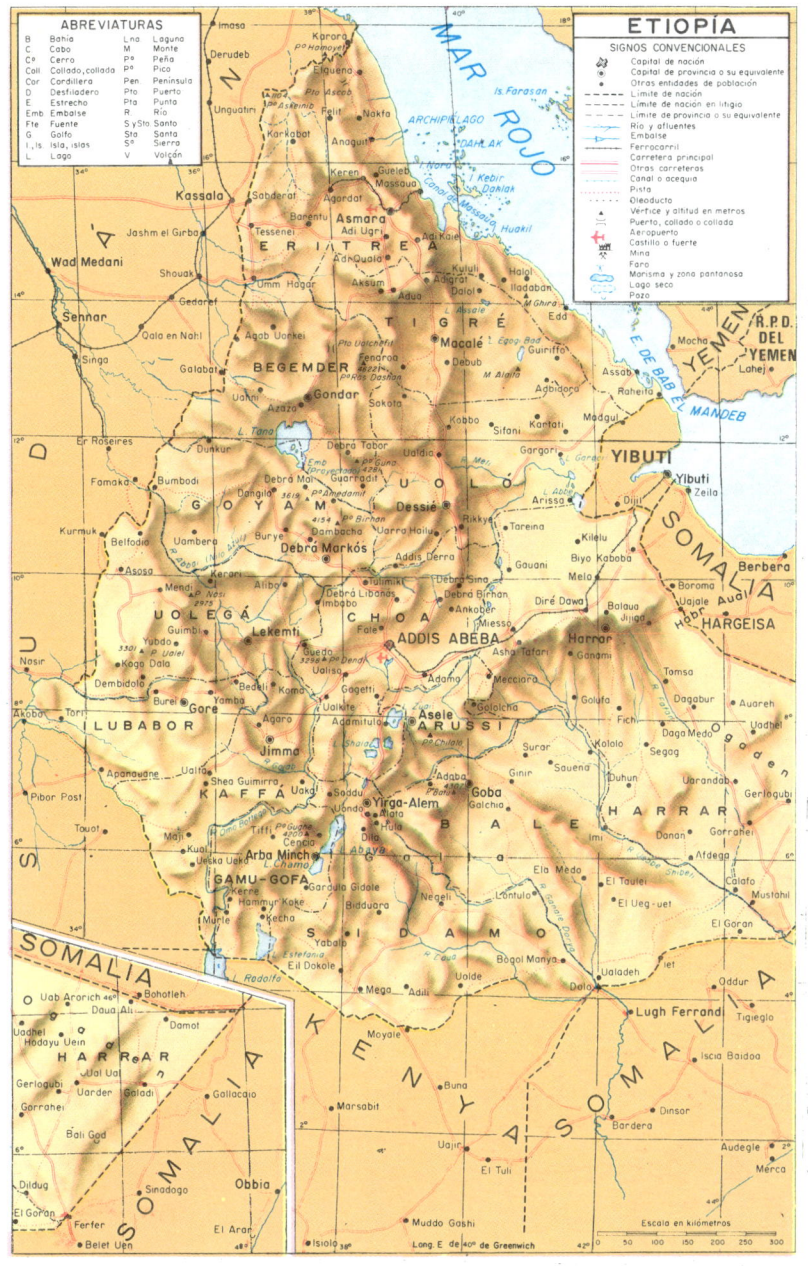

lor de las importaciones fue de 656.100.000 birr, y el de las exportaciones, de 481.300.000. En el capítulo de las comunicaciones hay estos datos: ferrocarriles: 1.000 km. Carreteras: 23.000 km. Automóviles: 53.700, de los cuales 41.000 son turismos.

Geografía política. Etiopía o Abisinia está ocupada por varios pueblos de la llamada raza etiópica, cuyos individuos se caracterizan por el color de su piel, entre rojizo y moreno negro, y de los que se pueden citar los galla, afar, amhara, bedja y abisinios. Estos pueblos pueden dividirse en dos grupos distintos: los del círculo abisinio de lenguas semíticas, todos ellos de civilización más desarrollada, que viven de la agricultura, y el círculo de pastores, que comprende las tribus propiamente camitas, que viven del pastoreo, aunque por influencia de los abisinios han empezado ya a cultivar los campos.

Idioma. La lengua oficial del reino de Etiopía es el amárico o amhárico. Se habla también el tigrino. Ambos idiomas son de origen semita y se hallan difundidos entre los pueblos del grupo abisinio. Las otras poblaciones del imperio emplean lenguas de origen camítico o nilótico. El idioma eclesiástico es el *gheez*.

Religión. La Constitución reconoce la libertad de cultos. La Iglesia etiópica se hizo autocéfala en 1559. Hay 193.900 católicos, dependientes de la archidiócesis de Addis Abeba (con las diócesis sufragáneas de Adigrat y Asmara), los vicarios apostólicos de Asmara de los Latinos, Jimma y Harrar, y las prefecturas apostólicas de Awasa y Hosseina.

Paisaje

Gobierno. El país está gobernado por un Consejo militar provisional que asumió el poder, con el lema *Etiopía por encima de todo*, al deponer y arrestar al emperador Haile Selassie el 12 de septiembre de 1974 y declarar una república el 21 de marzo de 1975.

División territorial. A continuación se inserta el cuadro de la división administrativa:

Euforbiácea, en la orilla de un lago

leo. La producción de energía eléctrica fue de 684 millones de kwh. en 1974. En 1975 el va-

Provincias	Superficie Km.²	Población Habitantes	Capitales y su población
Arussi	23.500	1.111.000	Asele (13.886 h.).
Bale	124.600	160.000	Goba (10.000).
Begemder	74.200	1.348.000	Gondar (30.734).
Choa	85.400	3.970.000	Addis Abeba (684.100).
Eritrea	117.600	1.589.000	Asmara (190.500).
Gamu-Gofa	39.500	841.000	Arba Minch.
Goyam	61.600	1.576.000	Debrá Markós (21.536).
Harrar	259.700	3.342.000	Harrar (42.771).
Ilubabor	47.400	663.000	Gore (7.000).
Kaffá	54.600	688.000	Jimma (30.580).
Sidamo	117.300	1.522.000	Yirga-Alem (10.727).
Tigré	65.900	2.307.000	Macalé (23.105).
Uolegá	71.200	1.430.000	Lekemti (12.691).
Uoló	79.400	3.120.000	Dessié (40.619).
Totales	1.221.900	23.667.000	

Tipos etíopes

Capital y poblaciones importantes. La capital es Addis Abeba (684.100 h.). Otras pobl. importantes, además de las mencionadas en el cuadro precedente, son: Diredawa (50.733 h.) y Massawa (15.489).

Historia. Los primeros habitantes de Etiopía pertenecieron a la raza camítica, que recibió su cultura de Egipto. En plena Edad Media, misioneros franciscanos españoles, italianos y franceses, y posteriormente algunos portugueses, predicaron el catolicismo, contrarrestando el poder musulmán. En 1507, el negus o emperador Preste Juan solicitó la ayuda del rey de Portugal contra los turcos. Hacia el s. XVIII fueron perdiendo prestigio y autoridad los monarcas de Etiopía. En 1890 subió al trono Menelik, que, aliado en un principio a los italianos, que acababan de conquistar Eritrea, luchó después contra ellos, derrotando decisivamente en Adua al general Baratieri (1896). En 1901 estalló la guerra entre Inglaterra y Etiopía, que terminó en 1902 con el tratado señalando los límites del Sudán anglo-egipcio. En 1913 murió Menelik. Tres años antes se había constituido una regencia que no fue reconocida por la emperatriz Zeodita, que se arrogó la autoridad imperial. Tras de varias luchas intestinas, el general Zafari fue nombrado heredero del trono y regente con el título de *ras.* Luego adoptó el de *negus* al subir al trono (1928). En 1934 ocurrió un incidente, en Somalia, entre Italia y Etiopía. Después de una cuidadosa preparación militar, procedieron los italianos a la invasión, por el N. y por el S. (otoño de 1935). La resistencia por parte de los etíopes cesó en 1936, cuando Haile Selassie abandonó el país con su familia. Al entrar Italia en la S. G. M. al lado de Alemania, se produjo una rebelión entre los etíopes, secundada por Inglaterra, y el territorio fue reconquistado por tropas inglesas, sudafricanas e indígenas (v. **guerra**), y, liberado el país, el negus asumió nuevamente el poder. En 1952, la O. N. U. acordó incorporar al imperio abisinio la antigua colonia italiana de Eritrea, en calidad de Estado federado; quedó convertida en parte integrante de Etiopía en 1962; sin embargo los anhelos secesionistas de Eritrea constituyen hoy el mayor problema político interior del país; no obstante, el cultural es importantísimo (90 % de analfabetismo), pese a haberse inaugurado (1961) la Universidad en Addis Abeba y funcionar otra en Asmara. En 1970 se celebró el XL aniversario de la coronación del emperador. A mediados de febrero de 1974 comenzaron los movimientos de protesta que culminarían, después de un proceso lento, en el derrocamiento de la monarquía absolutista y en la socialización del régimen feudal. El día 12 de septiembre se realizó el derrocamiento del emperador y se ofreció la corona a su hijo Merid Azmatch Asfa Wossen, que recibía tratamiento médico en Ginebra desde que en 1972 sufriera un ataque cerebral. Al anunciar que dicho soberano, caso de aceptar, no tendría poder político ni administrativo, pareció que el gobierno se iba a convertir de absoluto en monarquía constitucional. El nuevo presidente del Consejo Militar fue el general Teferi Benti. El año 1975 conoció importantes medidas socializadoras: se nacionalizaron los bancos, las compañías de seguros, las corporaciones de crédito hipotecario, muchas industrias, etc. Pocos días antes de cumplirse el primer aniversario de su destitución, Haile Selassie falleció en los sótanos de un cuartel de Addis Abeba (27 de agosto). Con su muerte desapareció una figura legendaria del continente africano y todo vestigio de la monarquía etíope, abolida el 21 de marzo de 1975. Dos años después de la abolición de la monarquía, la lucha interna del Consejo militar originó un golpe de Estado, organizado por una facción de militares (3 de febrero de 1977). Fueron ejecutados el jefe del Estado, Teferi Benti, y otros seis miembros del Consejo militar. Mengistu Haile Mariam, primer vicepresidente del Consejo, se consolidó en su posición de «hombre fuerte» de la nación. En 21 de noviembre de 1978, el Gobierno etíope firmó un tratado de amistad y cooperación con la U. R. S. S.

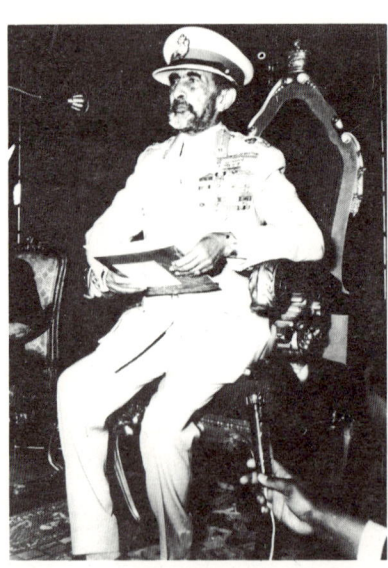

etiopiano, na. adj. ant. Natural de Etiopía, o perteneciente a este país. Usáb. t. c. s.

etiópico, ca. (Del lat. *aethiopĭcus,* y éste del gr. *aithiopikós.*) adj. Perteneciente a Etiopía. || **Zool.** Dícese de la subregión zoogeográfica, perteneciente a la región *artogeica,* que abarca África, desde el S. del Sáhara hasta el cabo de Buena Esperanza, además de la mitad meridional de Arabia.

etiópido, da. (De *etíope* e *-ido.*) adj. **Antrop.** Dícese del individuo perteneciente a la subraza etiópida, que presenta a la vez caracteres európidos y négridos, y es de probable origen mixto (v. **África. Etnografía**).

etiopio, pia. (Del lat. *aethiopĭus,* y éste del gr. *aithiópios.*) adj. Natural de Etiopía, o perteneciente a este país. Apl. a pers., ú. t. c. s.

etiqueta. fr., *étiquette;* it., *etichetta;* i., *etiquette;* a., *Etikette.* (Del fr. *étiquette,* y éste de la raíz germ. *stik-,* fijar, clavar.) f. Ceremonial de los estilos, usos y costumbres que se deben observar y guardar en las casas reales y en actos públicos solemnes. || Por ext., ceremonia en la manera de tratarse las personas particulares o en actos de la vida privada, a diferencia de los usos de confianza o familiaridad || **marbete,** rótulo y cédula que se adhiere a los equipajes. || Marca, señal o marbete que se coloca en un objeto o en una mercancía, para identificación, valoración, clasificación, etc. || Por ext., calificación identificadora de una dedicación, profesión, significación, ideología, etc. || **Informática.** Título o símbolo que permite clasificar o identificar un elemento de un conjunto.

etiquetado, da. p. p. de **etiquetar.** || m. Acción y efecto de etiquetar.

etiquetar. tr. Colocar etiquetas o marbetes.

etiquetero, ra. (De *etiqueta.*) adj. Que gasta muchos cumplimientos.

etiquez. f. **Pat.** hetiquez.

etites. (Del lat. *aetĭtes,* y éste del gr. *aetítes,* de *aetós,* águila.) f. **Miner.** Concreción de óxido de hierro en bolas informes, compuesta de varias capas concéntricas de color amarillo y pardo rojizo, generalmente con un nódulo de la misma substancia suelto en lo interior de la bola. Los antiguos creían que las águilas llevaban esta piedra a sus nidos para facilitar la postura.

etmoidal. adj. **Anat.** Perteneciente al hueso etnoides.

etmoides. (Del gr. *ethmoeidés* [*ostéon*], [hueso] de forma de criba; de *ethmós,* criba, y *eidos,* forma.) m. **Anat.** Hueso soldado de la cápsula olfatoria del cráneo del hombre, que, en los demás vertebrados, está constituido por tres huesos primarios.

etn-. pref. V. **etno-.**

Etna. Geog. Volcán de Italia, en el NE. de Sicilia, de 3.274 m. de alt., célebre por sus frecuentes y terribles erupciones, que se calculan en unas 500 a lo largo de dos mil quinientos años, habiendo costado la vida a más de un millón de personas.

Haile Selassie

Motta Sant'Anastasia (Catania). Al fondo, el Etna

etneo, a. (Del lat. *aetnaeus*.) adj. Perteneciente al Etna.

etnia. (Del gr. *éthnos*, pueblo, raza.) f. Agrupación natural de hombres que presentan ciertas afinidades somáticas, lingüísticas o culturales.

étnico, ca. (Del lat. *ethnĭcus*, y éste del gr. *ethnikós*, de *éthnos*, pueblo.) adj. Gentil, idólatra o pagano. ‖ Perteneciente a una nación o raza. ‖ **Gram.** Dícese del adjetivo gentilicio.

etno-, etn-. (Del gr. *éthnos*.) pref. que sign. pueblo, raza.

etnografía. fr., *ethnographie*; it., *etnografia*; i., *ethnography*; a., *Ethnographie, Völkerbeschreibung*. (De *etno-* y *-grafía*.) f. Ciencia que tiene por objeto el estudio y descripción de las razas o pueblos.

etnográfico, ca. adj. Referente a la etnografía.

etnógrafo, fa. fr., *ethnographe*; it., *etnografo*; i., *ethnographer, ethnographist*; a., *Ethnograph*. m. y f. Persona que profesa o cultiva la etnografía.

etnolingüística. f. **Ling.** Ciencia que estudia una lengua, y en especial las lenguas primitivas, como expresión de una cultura determinada.

etnología. fr., *ethnologie*; it., *etnologia*; i., *ethnology*; a., *Ethnologie, Völkerkunde*. (De *etno-* y *-logía*.) f. **Antrop.** La etnología estudia las formas y estilos de vida de las etnias contemporáneas, primitivas o complejas (rurales y urbanas). Se interesa por las diferencias entre culturas, la distribución y asociación de las costumbres y la dinámica de la cultura. Hace, por ello, hincapié en la comparación entre culturas, la reconstrucción histórica de la cultura y el estudio del cambio cultural. Representa un nivel de análisis y explicación intermedio entre la *etnografía* y la *antropología cultural*. Si con la primera describe las formas de vida, con la segunda subraya la comparación, aunque esta última lo hace con el propósito de establecer generalizaciones acerca de la naturaleza de las sociedades humanas. Los datos que usa la etnología son recogidos mediante el *trabajo de campo*, el cual implica la permanencia periódica o continuada *in situ* con el grupo social bajo estudio y el uso de técnicas especiales de observación y entrevista. Otro método de investigación es el etnohistórico. El etnohistoriador escribe la historia de aquellas etnias que no han dejado registros escritos, con lo cual, para su reconstrucción, depende de la información transmitida por *tradición oral*. Asimismo, y como resultado de que muchas culturas han sufrido cambios extensivos, o que incluso han llegado a desaparecer, trabaja también con materiales escritos, crónicas y registros oficiales y parroquiales. Con el fin de evitar juzgar las otras culturas en términos de la propia, esto es, etnocéntricamente, la investigación etnológica va guiada por el principio del relativismo cultural, o actitud humanista y científica que considera que las costumbres y las ideas deben ser explicadas en términos del contexto de cada cultura particular. En la literatura etnológica han sido descritas cerca de dos mil culturas, pero no todas han sido tratadas dentro del mismo marco teórico. Las orientaciones teóricas y metodológicas más importantes son: el evolucionismo unilinial (Tylor, Morgan), el historicismo particularista (Boas), el difusionismo (Graebner, Schmidt), el funcionalismo (Malinowski), el funcionalismo estructuralista (Radcliffe-Brown), cultura y personalidad (Linton, Mead), el materialismo cultural (White, Steward, Harris), el estructuralismo (Lévi-Strauss) y la etnociencia (Goodenough, Tyler). En España, la etnología está fundamentalmente representada por J. Caro Baroja (etnohistoriador), y C. Esteva Fabregat.

etnológico, ca. adj. Perteneciente o relativo a la etnología.

etnólogo, ga. fr., *etnologue*; it., *etnologo*; i., *ethnologer, ethnologist*; a., *Ethnolog, Völkerkundiger*. m. y f. Persona que profesa o cultiva la etnología.

eto-. (Del gr. *ethos*.) pref. que sign. costumbre.

Etolia. **Geog.** Región de la Grecia antigua, en la costa del golfo de Corinto.

etolio, lia. (Del lat. *aetolĭus*.) adj. Natural de Etolia, país de la Grecia antigua. Ú. t. c. s.

etolo, la. (Del lat. *aetōlus*.) adj. etolio. Ú. t. c. s.

Eton. **Geog.** Pobl. del R. U., en Inglaterra, condado de Buckinghamshire, a 34 km. de Londres; 3.954 h. Es célebre por el King's College que fundó Enrique VI en 1440 y que existe todavía; los estudiantes llevan uniforme especial.

etopeya. fr., *éthopée*; it., *etopeia*; i., *ethopoeia*; a., *Charakter-zeichung*. (Del lat. *ethopoeia*, y éste del gr. *ethopoiía*; de *éthos*, costumbre, y *poiéo*, hacer.) f. **Ret.** Descripción del carácter, acciones y costumbres de una persona y de los sentimientos y pasiones humanas en general.

etoxilo. m. **Quím.** Radical derivado de alcohol etílico, formado al perder éste un átomo de hidrógeno del grupo hidroxilo –OH. Tiene, por lo tanto, la fórmula C_2H_5O-.

Etruria. **Geog.** Local. de Argentina, prov. de Córdoba, depart. de General San Martín; 1.795 h.; 162 m. s. n. m. ‖ **Geog. hist.** Región antigua de Italia. Estaba poblada por los etruscos. ‖ Reino creado por Napoléon Bonaparte, quien por el Tratado de Luneville de 1801 lo cedió al príncipe heredero Luis de Parma.

etrusco, ca. fr., *étrusque*; it., *etrusco*; i., *etruscan*; a., *etrusker*. (Del lat. *etruscus*.) adj. Natural de Etruria, o perteneciente a este país de la Italia antigua. Ú. t. c. s. ‖ (**arte**). Conjunto de manifestaciones artísticas de los etruscos. Su influencia en el arte romano es manifiesta. En la arquitectura, p. e., tanto la casa como el templo de la Roma arcaica fueron construidos por arquitectos de Etruria. El s. VI a. C. representa el apogeo de la civilización de este país. Los etruscos aportan a Italia el empleo sistemático del arco y la bóveda, aunque no los emplean para las casas y los templos, sino para puertas de ciudades, obras públicas, etc. La escultura etrusca, precedente de la romana, presenta caracteres de arcaísmo; es muy parecida a la primitiva escultura griega (aunque también hay ejemplares, más tardíos de gran madurez: el célebre *Arringatore* u orador). El *Apolo de Veyes* parece un *kuroi* (v.); presenta la misma sonrisa estereotipada de las estatuas del templo de Egina. Influencia mesopotámica se advierte en las esculturas animalísticas, p. e., en la *Quimera de Arezzo* y en la célebre *Loba capitolina*. ‖ m. Lengua que hablaron los etruscos, y de la que se conservan inscripciones de las cuales algunas todavía no ha sido posible

Jefe animista de raza hausa (Sudán)

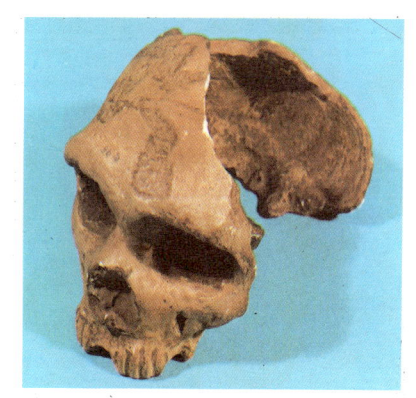

Cráneo prehistórico de Gibraltar. Museo Etnológico. Madrid

Etzatlán. Geog. Mun. de Méjico, est. de Jalisco; 14.358 h. ‖ Villa cap. del mismo; 9.822 habitantes.

eu-, ev-. (Del gr. *eu.*) pref. que sign. bueno, bien.

Eu. Quím. Símbolo del europio.

eubacterial. (De *eu-* y *bacteria.*) adj. Bact. Dícese de microbios unicelulares, de la clase de los esquizomicetos, como la mayoría de las bacterias, de forma esférica, de espiral, etc., unos capaces de movimiento mediante flagelos y otros no, y que nunca contienen clorofila. ‖ m. pl. Orden de estos organismos, que comprende las familias de las baciláceas, nitrobacteriáceas, neisseriáceas, azotobacteriáceas, lactobaciláceas y microceocáceas, entre otras.

Eubea. Geog. Isla y nomo de Grecia; 3.908 km.² y 165.822 h. Cap., Calais. Es la segunda del arch. y del mar Egeo.

eubeo, a. (Del lat. *euboeus.*) adj. Natural de Eubea, o perteneciente a esta isla del mar Egeo. Ú. t. c. s.

euboico, ca. (Del lat. *euboïcus.*) adj. Perteneciente a la isla de Eubea.

eubolia. (Del gr. *euboulía*, de *eúboulos*; de *eu*, bien, y *boulé*, consejo.) f. Virtud que ayuda a hablar convenientemente, y es una de las que pertenecen a la prudencia.

eucalipto. fr., *eucalypte*, *eucalyptus*; it., *eucalitto*; i., *eucalyptus*; a., *Eukalyptus*. (De *eu-* y *-calipto.*) m. Agr. y Bot. Gén. de plantas de la familia de las mirtáceas y subfamilia de las leptospermoideas con 800 especies de procedencia australiana, con frecuencia provistas de dos tipos de órganos foliáceos (hojas en ramas jóvenes y filodios en las más crecidas). Se utilizan su madera, su esencia y sus hojas, y en España para desecar terrenos pantanosos, por la rapidez con que prospera y su poca exigencia respecto al suelo.

Eucaristía. fr., *Eucharistie*; it., *Eucaristia*; i., *Lord's supper*; a., *Eucharistie, Abendmahl*. (Del lat. *eucharistĭa*, y éste del gr. *eucharistía*, de *eucháristos*, agradecido; de *eu*, bien, y *charizesthai*, dar gracias.) Rel. Sacramento de la Iglesia, en el cual, mediante las palabras pronunciadas por el sacerdote, el pan y el vino se transubstancian en el cuerpo y la sangre de Cristo. Fue instituido por Éste en la noche de la Última Cena, después de comer con sus Apóstoles el cordero pascual. Su materia es el pan de trigo (ácimo en la Iglesia latina, y fermentado en la griega) y el vino de vid. Su ministro es solamente el sacerdote, y la forma esencial son las palabras que pronuncia éste en el momento de la consagración, que reproducen las que Jesucristo pronunció en la noche de la institución del sacramento. En cuanto sacrificio, la Eucaristía recibe el nombre de misa.

eucarístico, ca. (Del lat. *eucharistĭcus*, y éste del gr. *eucharistikós.*) adj. Dícese de las obras en prosa o verso cuyo fin es dar gracias. ‖ **Rel.** Perteneciente a la Eucaristía. ‖ **pan eucarístico.** ‖ **internacional (congreso).** Magna asamblea que reúne a católicos de todo el mundo, dedicada al dogma de la Sagrada Eucaristía. En tiempos normales se han celebrado con intervalos de uno a cinco años (de dos lo más corriente), y desde el de Lille (1881) al de Filadelfia (1976) han tenido lugar 41. ‖ **nacional (congreso).** Se realizan en cada nación en la fecha y lugar que establezca el Episcopado respectivo.

eucíliado. (De *eu-* y *ciliado.*) adj. Zool. Dícese de los protozoos cilióforos, clase de los ciliados. Son todos los ciliados, con excepción de los mastigotricos, transición entre aquéllos y los flagelados. ‖ m. pl. Subclase de estos ciliados.

Eucken (Rudolf Christoph). Biog. Filósofo alemán, n. en Aurich, Frisia oriental, y m. en Jena (1846-1926). Su filosofía, más que un sistema de universo, es una prédica espiritual. Escribió, entre otras, las siguientes obras: *Cosmovisión de los grandes pensadores*, *El sentido y el valor de la vida* y *El hombre y el cosmos*. Obtuvo el premio Nobel de Literatura (1908).

Euclides. Biog. Matemático griego, que vivió en Alejandría en el s. III a. C. Era natural de Tiro; vivió en Damasco y en Alejandría entre los años 315 y 225 a. C. El rey de Alejandría, Tolomeo, deseando modernizar los tratados de Geometría existentes, encomendó a Euclides que refundiera los anteriores. Los *Elementos de Geometría* de Euclides constan de trece libros. Se le debe también el famoso *postulado de Euclides* que dice: «Por un punto externo a una recta no puede trazarse más que una paralela.» Le pertenece el mérito no pequeño de haber sido el primero en dar un tratado de geometría sistemático y lógicamente ordenado.

euclidiano, na. adj. Perteneciente o relativo a Euclides o a sus investigaciones o trabajos.

eucologio. (Del gr. *euché*, súplica, y *-lógio*.) m. Devocionario que contiene los oficios del domingo y principales fiestas del año.

eucrático, ca. (Del gr. *eúkratos*, bien mezclado; de *eu*, bien, y *keránnymi*, mezclar.) adj. Med. Dícese del buen temperamento y complexión de un sujeto, cual corresponde a su edad, naturaleza y sexo.

Eudes. Biog. Conde de París y rey de Francia, m. en La Fère (860-898). Sucedió a su padre, Roberto I *el Fuerte*, el 886 como conde de París, ciudad que defendió heroicamente contra los normandos. A la muerte de Carlos *el Gordo* (888) fue elegido rey de Francia y coronado en Compiègne. ‖ Duque de Aquitania y de Vasconia, m. en 735. Nieto de Cariberto, obtuvo hacia el año 685 la soberanía de aquellos países por medio de sucesivas conquistas y llegó a ser uno de los soberanos más poderosos de su tiempo. Rechazó la invasión de los musulmanes tras sangrientas luchas.

eudiómetro. (Del gr. *eudía*, tiempo sereno, y *-metro*; aquél de *eu*, bueno, y *Zeús*, *Diós*, Zeus.) m. Fís. Campana de vidrio de forma tubular con una escala que mide fracciones de volumen. Cerca del extremo cerrado tiene dos alambres de platino, entre los cuales se puede hacer saltar una chispa eléctrica para determinar la inflamación de una mezcla gaseosa. El extremo abierto está introducido en una cubeta de mercurio. Al saltar la chispa se produce una reacción de los gases y se forma un líquido. Según la altura a que se eleva el mercurio se sabe la disminución de presión y por tanto la cantidad del gas que se desea analizar.

Eudoxia. Biog. Emperatriz de Oriente, hija del filósofo ateniense Leoncias, n. en Atenas y m. en Jerusalén (402-460). Su primer nombre fue *Atenaida* o *Atenais*. Convertida al cristianismo en 421, con el nombre de *Aelia Eudoxia*, casó en el mismo año con Teodosio II, emperador de Oriente. Favoreció la cul-

Músicos y danzantes en torno a una crátera adornada con hiedra, fresco etrusco. Tumba de los Leones (s. VI-V a. C.). Tarquinia

Euclides y sus discípulos. Detalle de *La escuela de Atenas*, fresco de Rafael. Estancia de la Signatura. Vaticano

tura, cooperando en la restauración de la universidad (425). Acusada de infidelidad a su esposo, marchó a Jerusalén, donde se dedicó a escribir y a la meditación religiosa. ‖ Princesa romana, hija de Valentiniano III, emperador de Occidente, y de su esposa Eudoxia Licinia, m. en Jerusalén (438-472). Fue hecha prisionera por los vándalos de Genserico, y éste la casó con Hunnerico; pero a los dieciséis años de matrimonio, por incompatibilidad de costumbres, le abandonó y se refugió en Jerusalén, legando a su muerte todos los bienes a la Iglesia.

Eudoxio. Biog. Astrónomo y matemático griego, n. en Cnido (408-355 a. C.). Viajó por Egipto, estudió en la Academia de Platón y fundó luego una escuela rival de aquélla. Investigó sobre la sección áurea de un segmento, sobre el postulado de Arquímedes, del cual se valió para establecer el método de exhaución; demostró los primeros teoremas de semejanza y proporcionalidad, y a él se debe gran parte del material utilizado luego por Euclides. ‖ **Cícico.** Explorador y navegante griego del s. II a. C., n. en Cícico. Estaba en Egipto en tiempos de Tolomeo *Evergetes*, y propuso a este rey una expedición para hallar las fuentes del Nilo.

Eufemio Uballes. Geog. Local. de Argentina, prov. de Buenos Aires, part. de Tapalqué; 146 h.

eufemismo. fr., *euphémisme*; it., *eufemismo*; i., *euphemism*; a., *Euphemismus*. (Del lat. *euphemismus*, y éste del gr. *euphemismós*; de *eu*, bien, y *phemí*, decir.) m. **Ret.** Modo de decir para expresar con suavidad o decoro ideas cuya recta y franca expresión sería dura o malsonante.

eufemístico, ca. adj. Relativo al eufemismo.

eufonía. (Del lat. *euphonia*, y éste del gr. *euphonía*, de *éuphonos*, armonioso; de *eu*, bien, y *phoné*, voz.) f. Calidad de sonar bien o agradablemente la palabra.

eufónico, ca. (Del gr. *euphonikós*.) adj. Que tiene eufonía.

euforbiáceo, a. (Del lat. científico *euphorbia*, gén. tipo, y *-áceo*; aquél del lat. *euphorbia*, euforbio, planta.) adj. **Bot.** Dícese de las plantas dicotiledóneas, del orden de las tricocales,

Euphorbia canariensis o cardón (planta euforbiácea)

o sea con tres carpelos, por lo común, y semilla con carúncula; flores unisexuales; hierbas o plantas leñosas, en general con hojas esparcidas, con frecuencia estipuladas; flores, casi siempre, en inflorescencias compuestas; fruto desdoblado en cocas, más rara vez en baya o drupa. Las especies son unas 4.500, y con frecuencia tienen jugo lechoso. Ejemplos: crotón, cascarilla, chayo, tornasol, camala, ricino, *hévea* productora del caucho, manioc, manzanillo,

lechetreznas y tártago. Ú. t. c. s. f. ‖ f. pl. Familia de estas plantas.

euforbial. (Del lat. científico *euphorbia*, gén. tipo [v. *euforbiáceo*].) adj. **Bot.** Dícese de las plantas dicotiledóneas, de la subclase de las arquiclamídeas, con flores actinomorfas unisexuales, sin perianto o con él sencillo, rara vez doble y fruto en cápsula, drupa o baya. Todas ellas pertenecen a la única familia de las euforbiáceas. Ú. t. c. s. f. ‖ f. pl. Orden de estas plantas.

euforbio. fr., *euphorbe*; it., *euforbio, euforbia*; i., *euphorbia*; a., *Wolfsmilch*. (Del lat. *euphorbium*, del gr. *euphórbion*; de *Éuphorbos*, Euforbo, médico de Juba, segundo rey de la Mauritania, que descubrió el uso de esta planta.) m. **Bot.** Látex producido por las especies crasas o cactiformes *euphorbia resinífera* y *e. canariensis*, esta última llamada en Canarias *cardón*. ‖ **Farm.** Látex endurecido de la *euphorbia resinífera*, planta indígena de Marruecos, de donde procede el que se encuentra en el comercio.

euforia. (Del gr. *euphoría*, de *éuphoros*; de *eu*, bien, y *phéro*, llevar.) f. Capacidad para soportar el dolor y las adversidades. ‖ Sensación de bienestar, resultado de una perfecta salud. ‖ Estado de ánimo propenso al optimismo.

eufórico, ca. adj. Perteneciente o relativo a la euforia.

eufótida. (De *eu-*, *-fot-* e *-ida*.) f. **Geol.** Roca eruptiva básica, especie de gabro, compuesta de diálaga y plagioclasa; es de color blanco manchado de verde, de textura granujienta y muy tenaz. Sirve como piedra de adorno.

eufrasia. (Del gr. *euphrasía*, alegría.) f. **Bot.** Hierba vellosa, de la familia de las escrofulariáceas, con tallo erguido y ramoso, de 10 a 20 centímetros de alt. Tiene el labio inferior de la corola con lóbulos escotados o bilobulados, el superior cóncavo, y celdas de las anteras apendiculadas en desigualdad; hojas elípticas, dentadas y sin pecíolo; flores pequeñas, axilares, blancas, con rayas purpúreas y una mancha amarilla parecida a la figura de un ojo, circunstancia a que la planta ha debido su fama para las enfermedades de la vista. Hay en España unas ocho especies.

Éufrates. Geog. Río de Asia; n. en las montañas de Armenia (Turquía asiática), atraviesa Siria e Irak, al final de su curso se une al Tigris para formar el Shatt al-Arab y des. en el golfo Pérsico. Tiene 2.760 km. de curso y 765.000 km.² de cuenca. Entre su curso medio e inferior y el del Tigris se extiende la región llamada Mesopotamia. En sus orillas se alzaba Babilonia, la antigua cap. de la Caldea.

Eufrosina. (Del gr. *euphrosýne*, alegría; de *eu*, bien, y *phrén*, diafragma.) Mit. Una de las tres Gracias, que simboliza la alegría.

eufuísmo. (De *eu-* y el gr. *fýo*, crecer.) m. **Lit.** Denominación que tomó el barroquismo literario inglés. Este nombre procede del título (*Euphues*) de una novela del escritor John Lyly (1564-1606). Es parecido al gongorismo de la literatura castellana y fue criticado por Shakespeare en varios pasajes de sus obras.

Éugene. Geog. C. de EE. UU., en el O. de Oregón, cap. del cond. de Lane; 79.028 h.

eugenesia o **eugenética.** (De *eu-* y *-genesia*.) f. **Biol.** y **Genética.** Aplicación de las leyes biológicas de la herencia al perfeccionamiento de la especie humana.

eugenésico, ca. adj. Relativo a la eugenesia.

Eugenia María de Montijo de Guzmán, condesa de Teba. Biog. Emperatriz de Francia, n. en Granada y m. en Madrid (1826-1920). Hija del conde de Montijo, y dotada de extraordinaria belleza, casó en 1853 con Napoleón III. Ejerció tres veces la regencia: en 1859, en 1865 y en 1870. Proclamada la República en Francia, se trasladó a Inglaterra, en donde se reunió con su marido, que m. en 1873. Su hijo único, Luis, n. en 1856, tomó parte en 1879 en una expedición inglesa contra los zulúes y m. en una emboscada.

Eugenia de Montijo, por Winterhalter. Museo Municipal. Madrid

Eugenio. (Del gr. *eugenés*, de noble estirpe; de *eu*, bien, y *gennáo*, engendrar.) **I** (*San*). Biog. Papa, n. y m. en Roma, que ocupó el solio pontificio de 654 a 657. Estuvo encargado del gobierno de la Iglesia durante el cautiverio del papa San Martín I (654), y a la muerte de éste (655) le sucedió. Su fiesta, el 2 de junio. ‖ **II.** Papa, n. y m. en Roma, que ocupó el solio pontificio de 824 a 827. Durante su pontificado el emperador Lotario hizo promulgar, en Roma, la constitución que lleva su nombre, en la que declaró la primacía del Imperio sobre el papado. ‖ **III.** Papa (Bernardo Paganelli), n. cerca de Pisa y m. en Tívoli, que ocupó el solio pontificio de 1145 a 1153. Residió en Viterbo y en Francia (1147-1149), a causa de los desórdenes promovidos por el conde de Brescia. Defendió la Iglesia y la indisolubilidad del matrimonio. Fue beatificado en 1872. ‖ **IV.** Papa (Gabriel Condulmer), n. en Venecia y m. en Roma (1383-1447). Ocupó el solio pontificio de 1431 a 1447. Durante su pontificado tuvo lugar el XVII Concilio ecuménico con sede en Basilea (1431), Ferrara (1438) y Florencia (1439). ‖ Emperador romano, m. en 394 de nuestra era. Antes de subir al trono ocupó importantes cargos, lo que le permitió urdir una conspiración, asesinando a los secuaces de su antecesor. Teodosio le derrotó en los alrededores de Aquilea y fue decapitado. ‖ **A. Garay.** Geog. Dist. de Paraguay, depart. de Guairá; 7.484 h. ‖ **Bustos.** Local. de Argentina, prov. de Mendoza, depart. de San Carlos; 1.501 h.

euglenáceo, a. (De *euglena* y *-áceo*.) adj. **Bot.** Dícese de las algas unicelulares, del orden de las euglenales, tronco de las monadofitas, provistas de un solo flagelo y con cromatóforos, que abundan en las aguas estancadas ricas en compuestos amoniacales, a las que comunican intensas coloraciones (*euglena víridis*, *e. sanguínea* y *phacus pleuronectes*). Los zoólogos las consideran como protozoos (v. **euglenino**). ‖ f. pl. Familia de estas plantas.

euglenino, na. (De *euglena*.) adj. **Zool.** Dícese de los protozoos flagelados, de la subclase de los fitoflagelados o fitomastigóforos, con

Eulalia–Eurípides

uno o más flagelos, una clara citofaringe y cloroplastos; son autótrofos, casi siempre, y su material de reserva es el paramilón. Los botánicos los consideran como algas (v. **euglenáceo**). || m. pl. Orden de estos protozoos.

Eulalia. (Del gr. *eu*, bien, y *laléo*, hablar.) (*Santa*). **Biog.** Virgen española, natural de Mérida. Sufrió horrible martirio durante la persecución de Diocleciano en el año 304. Su fiesta, el 10 de diciembre. || (*Santa*). Virgen española, n. en Barcelona. Fue martirizada en la misma ciudad por orden del gobernador Daciano, durante la persecución de Diocleciano en el año 304. Proclamada patrona de la ciudad condal, se celebra su fiesta el 12 de febrero.

eulamelibranquio, quia. (De *eu-* y *lamelibranquio*.) adj. **Zool.** Dícese de los moluscos lamelibranquios con las láminas branquiales de cada lado unidas sólidamente, con dos músculos aductores iguales y con los sifones bien diferenciados. Son la casi totalidad de los lamelibranquios.

Eulate y Fery (Antonio). Biog. Marino de guerra español, n. en El Ferrol y m. en Barcelona (1845-1932). Luchó en Santiago de Cuba al mando del crucero *Vizcaya*, y por su heroísmo fue recibido por los estadounidenses con todos los honores, devolviéndole su espada. || **Geog.** Mun. y lugar de España, prov. de Navarra, p. j. de Estella; 487 h.

Eulenspiegel (Till). Lit. Till **Eulenspiegel.**

Euler (Leonhard). Biog. Matemático suizo, n. en Basilea y m. en San Petersburgo (1707-1783). Continuó y perfeccionó las investigaciones sobre el cálculo infinitesimal, iniciadas por los Bernoulli, especialmente por Jacques y Jean. Dio gran impulso y aplicó este tipo de cálculo a cuestiones de Mecánica, Astronomía y Física, y creó la teoría de los números superiores, comprobada luego por Lagrange y Gauss. Fue profesor en San Petersburgo y Berlín. || (**Ulf Svante von**). Científico sueco, n. en Estocolmo en 1905. En 1970 compartió el premio Nobel de Medicina con el inglés Bernard Katz y el estadounidense Julius Axelrod. || **-Chelpin (Hans von).** Químico alemán, n. en Augsburgo y m. en Estocolmo (1873-1964). Compartió el premio Nobel de Química en 1929, con Arthur Harden.

Eulogio. (Del gr. *Eulogios*; de *eu*, bien, *légo*, decir.) (*San*). **Biog.** Patriarca de Alejandría, elevado a la silla patriarcal en 580 y m. en 608. Se mantuvo en relaciones amistosas con el papa San Gregorio. Se le conmemora el 13 de septiembre. || , **Eulogio de Córdoba** o **Eloy** (*San*). Mártir español, obispo electo de Toledo en el s. IX. No pudo tomar posesión del obispado porque cuando se disponía a salir de Córdoba, donde residía en 859, fue decapitado por orden de Abd er-Rahman II. Se le honra el 9 de enero.

eumastácido, da. (Del lat. científico *eumástax*, gén. tipo, e *-ido;* aquél del gr. *eu*, bien, y *mástax*, especie de langosta.) adj. **Entom.** Dícese de los insectos ortópteros muy próximos a los acrídidos o verdaderos saltamontes. || m. pl. Familia de estos ortópteros.

Eume. Geog. Río de España, prov. de Lugo y La Coruña; n. en las sierras del Bistral y des. en el Atlántico; 73 km. de curso.

eumenes. (Del lat. científico *éumenes*, del gr. *eumenés*, bien dispuesto, benévolo; de *eu*, bien, y *ménos*, espíritu.) **Entom.** Gén. de insectos himenópteros de la familia de los véspidos.

Eumenes. Biog. Caudillo macedónico, n. en Kardia, Tracia (361-316 a. C.). Muy joven aún, Filipo le nombró su secretario, cargo que ostentó también con Alejandro Magno, quien le dio en matrimonio a Artonis, hermana de su esposa. Derrotó en batalla campal a Antípater y Crateros, y fue vencido por Antígono, que le hizo dar muerte. || **I.** Rey de Pérgamo, m. h. 241 a. C. Sucedió a su tío Filitero en 263. Venció a Antíoco I, rey de Siria, cerca de Sardes, asegurando así su independencia. Extendió considerablemente sus dominios. || **II.** Rey de Pérgamo, m. en 157 a. C. Hijo de Atalo I, a quien sucedió en el año 197, continuó fiel a su pacto de alianza con los romanos. Favoreció las artes y las ciencias y fundó la célebre bilioteca de Pérgamo.

Eunate. Voz vasc., que sign. *cien puertas*. || (**Nuestra Señora de**). **Geog.** y **Rel.** Basílica de España, prov. de Navarra, mun. de Muruzábal. Es un monumento de estilo románico que data del s. XII.

eunectes. (Voz del lat. científico; del gr. *eu*, bien, y *nektós*, que nada.) **Zool.** Gén. de ofidios al que pertenece la *anaconda*.

eunícido, da. (Del lat. científico *eunice*, gén. tipo de gusanos, e *-ido;* aquél del gr. *Eunike*, Eunice, cierta nereida.) adj. **Zool.** Dícese de los anélidos poliquetos errantes, con numerosas especies, individuos de extraordinaria belleza por su colorido y, a veces, de gran tamaño. Es típica la eunice gigante de hasta 2 m. de long. (*eunice gigantéa*). || m. pl. Familia de estos anélidos.

eunuco. (Del gr. *eunouchos;* de *euné*, lecho, y *écho*, guardar.) m. En la historia antigua oriental, ministro o empleado de un rey. || **Pat.** Llámase así al hombre castrado. En Oriente se les destinaba en los serrallos a la custodia de las mujeres, y en Occidente se castraba a los jóvenes destinados a cantores.

eupaguro. (Del lat. científico *eupagurus*.) **Zool.** Gén. de crustáceos decápodos a que pertenece el *cangrejo ermitaño* (*e. bernardus*).

eupatorio. (Del lat. *eupatório;* de *Eupátor*, sobrenombre del gran Mitrídates, rey del Ponto, quien hizo uso de esta hierba.) **Bot.** Gén. de la familia de las compuestas, con 400 especies, la mayoría americanas, con involucro cilíndrico, empizarrado, con pocas flores en la cabezuela, vilano peloso, sencillo, hojas opuestas y las cabezuelas en corimbos densos.

eupátrida. (Del gr. *eupatrídes*, de nacimiento noble; de *eu*, bien, *patér*, *trós*, padre, e *-ides*, -ides.) adj. **Hist.** En la antigua Ática, díjose del miembro de la familia noble. Ú. t. c. s.

eupepsia. (Del gr. *eupepsía;* de *eu*, bien, y *pépsis*, cocción, digestión.) f. **Fisiol.** Digestión normal. Lo contrario es la dispepsia.

eupéptico, ca. adj. **Med.** Aplícase a la substancia o medicamento que favorece la digestión.

Eurasia. f. **Geog.** Nombre con que designan a veces los geógrafos al conjunto de las tierras de Europa y Asia.

eurasiático, ca. adj. Perteneciente o relativo a Europa y Asia, consideradas como un todo geográfico.

Euratom. Polít. Comunidad Europea de Energía Atómica.

Eure. Geog. Depart. de Francia, que debe su nombre al río que lo riega; se halla formado por parte de la Normandía; 6.004 km.² y 397.000 h. Cap., Évreux. || **-et-Loir.** Depart. de Francia, que debe su nombre a los ríos que lo riegan; se halla formado por parte del Orleanesado, de la Normandía y de la Isla de Francia; 5.876 km.² y 320.000 h. Cap., Chartres.

¡eureka! (Del gr. *eúreka*, he encontrado, perfecto de indicativo de *eurísko*.) Voz griega usada como interjección de alegría cuando se halla o descubre algo que se busca con afán. Se supone que la pronunció Arquímedes (v.) al descubrir la flotación de los cuerpos.

Euríalo. Mit. Joven troyano de extraordinaria hermosura, célebre por la amistad que le unía a Niso, y a quien hizo famoso Virgilio por la proeza que le atribuye en el libro IX de *La Eneida.*

euriápsido, da. adj. **Paleont.** y **Zool.** Dícese de los reptiles fósiles muy próximos a los parápsidos, de los que sólo se diferenciaban porque sus cavidades temporales estaban limitadas inferiormente por el hueso escamoso y el postorbitario, en vez de estarlo por el postfrontal y el supratemporal. Los más importantes de estos reptiles son los del orden de los sauropterigios, más conocidos por *plesiosaurios* y *elasmosaurios*. || m. pl. Subclase de estos reptiles, que algunos zoólogos incluyen en la de los parápsidos.

Eurico. Biog. Rey visigodo, m. en Arlés (h. 420-484). Hijo de Teodoredo y sucesor de su hermano Teodorico II, a quien asesinó. Ocupó el trono de 466 a 484. Tuvo su corte en Tolosa, unas veces, y otras en Arlés y Bur-

Estatua de Eurico, en la plaza de Oriente de Madrid

deos; se aprovechó de la ruina total del Imperio romano de Occidente para extender sus dominios por las Galias y España, que llegó a conquistar casi en su totalidad, a excepción de algunas zonas montañosas (Galicia y parte de Lusitania). Hombre dotado de gran talento político, promulgó el llamado *Código de Eurico*, donde se contiene el derecho nacional visigodo, que se vio enriquecido por notables aportaciones del derecho romano. Esta compilación, primera ley germánica escrita de que se tiene noticia, constituye el medio de enlace entre los derechos romano y medieval. Le sucedió su hijo Alarico II.

Eurídice. Mit. Esposa de Orfeo, que para evitar las persecuciones de Aristeo entró en un bosque y, mordida por una víbora, m. víctima de su castidad. Orfeo, que tanto la amaba, recibió de Plutón permiso para visitar a su esposa en el Tártaro y volver luego a la Tierra.

Eurínome. Mit. Hija del Océano y de Tetis y madre de las tres Gracias.

Eurípides. Biog. Poeta trágico griego, n. en Salamina y m. en Macedonia (480-406 a. C.). Rival de Sófocles, compuso 92 obras, la mayor parte de las cuales sólo son conocidas por los títulos o por fragmentos. Con el ya nombrado y Esquilo forma la gloriosa trilogía que llevó la tragedia griega a su máximo esplendor. Se conservan diecinueve obras suyas: *Alcestes* (estrenada en 438), *Medea* (431), *Hipólito coronado* (428), *Las Troyanas* (415), *Hécuba*, *Andrómaca*, *Ifigenia en Áulide*, *Ifigenia en Táuride*, *Orestes* (408), *Electra*, *Las Bacantes* (póstuma),

Heracles furioso, Los Heráclidas, Ion, Las Fenicias, Las Suplicantes, Reso, cuya paternidad se le ha discutido, y *El Cíclope,* drama satírico. Aunque no poseía ni la potencia de Esquilo ni la perfección de Sófocles, tenía un talento fácil y un conocimiento profundo del corazón humano que le permiten rivalizar con ambos y figurar entre los mejores escritores trágicos. Al morir, el rey de Macedonia, Arquelao, le colmó de honores.

Eurípides, copia del original ático del s. IV a. C. Museo Arqueológico Nacional. Madrid

euripo. (Del lat. *eurīpus,* y éste del gr. *eúripos.*) m. ant. Estrecho de mar.

euriptérido, da. (Del lat. cientfíco *eurýpterus,* gén. tipo; e *-ido;* aquél del gr. *eurýs,* amplio, y *pteron,* ala.) adj. Paleont. y Zool. Dícese de los artrópodos merostomas fósiles, acuáticos, de los períodos silúrico y devónico, de 10 a 30 cm. de long., aunque a veces alcanzaban más de 1 m.; tenían el aspecto de escorpiones gigantes, pero estaban más relacionados con los actuales límulus. || m. pl. Orden de estos merostomas.

Eurístenes y **Procles. Mit.** Hijos gemelos de Aristodemo, fundadores de las dos familias reales de Esparta.

Euritania o **Evritania. Geog.** Nomo de Grecia, región de Grecia Central y Eubea; 2.045 km.² y 29.456 h. Cap., Karpenision.

euritmia. (Del lat. *eurythmĭa,* y éste del gr. *eurythmía;* de *eu,* bien, y *rhythmós,* ritmo.) f. **B. Art.** Buena disposición y correspondencia de las diversas partes de una obra de arte.

eurítmico, ca. adj. **B. Art.** Perteneciente o relativo a la euritmia.

euro. (Del lat. *eurus,* y éste del gr. *euros.*) m. **Poét.** Uno de los cuatro vientos cardinales, que sopla de Oriente. || **noto.** Viento intermedio entre el euro y el austro.

eurocomunismo. (De *Euro,* apócope de *Europa,* y *comunismo.*) **Polít.** Tendencia del comunismo internacional que en la década de los 70 surgió principalmente en los partidos comunistas italiano, francés y español. Tuvo sus principales defensores en Enrico Berlinguer, George Marchais y Santiago Carrillo. Pretendía hacer compatible el marxismo con el modelo de sociedad industrial avanzada y una mayor independencia de los dictados de Moscú, teniendo más en cuenta la peculiaridades de cada país. Santiago Carrillo se mostró como gran teórico de dicho movimiento con la publicación de *Eurocomunismo y Estado.*

eurodólar. m. **Econ.** Depósito en dólares colocado en bancos europeos.

Europa. Geog. Una de las cinco partes en que se considera dividido el mundo. Muchos de sus rasgos físicos son comunes con los de Asia. Su importancia política e histórica presta, sin embargo, motivos más que suficientes para que se la considere como una entidad independiente de aquélla.

GENERALIDADES

Situación y límites. Situada en el hemisferio septentrional del mundo, la enmarcan los paralelos 36° y 71° 6' de lat. N. y los meridianos 9° 27' de long. O. y 66° 20' de long. E. de Greenwich. Tiene países en la zona glacial y en la subtropical, aunque pocos; se extiende principalmente en la zona templada. La frontera oriental, los Urales, el río Ural y el mar Caspio, es un límite enteramente convencional y separa Europa de Asia más política que físicamente.

Superficie y población. Superf., 10.510.855,3 km.²; pobl. absoluta, 644.768.183 h., y pobl. relativa, 61,3 h. por km.² Es la parte del mundo más densamente poblada.

GEOGRAFÍA FÍSICA

Geología y relieve. El simple examen de un mapa hipsométrico de Europa, nos muestra el absoluto *predominio de las llanuras.* La parte oriental de esta parte del mundo está ocupada por la inmensa llanura rusa que se prolonga, a Occidente, en los llanos de Polonia, Alemania, P. B. y Bélgica. La altitud media de Europa es, según los cálculos de Heiderich, de 375 m., inferior a las de los demás continentes, incluida Australia. La orogenia de Europa, tal como nos la han revelado los estudios de Suess, explica la naturaleza de su relieve. Cuatro grandes series de plegamientos han afectado geológicamente el suelo de Europa: el huroniano, el caledoniano, el *herciniano* y el *alpino. a)* El primero de ellos sólo afectó a una región muy restringida de Europa: al E. de la península escandinávica y a Finlandia, que presentan hoy formas arrasadas en planicies de origen glaciar y de poca elevación. *b)* La zona caledoniana, que recibe su nombre de Caledonia, como se denominó antiguamente Escocia, se extiende desde la región septentrional de Irlanda hasta el N. de Noruega, y son su expresión actual montañas de alturas mediocres, desgastadas por la erosión: los montes Cámbricos del País de Gales (Snowdon, 1.097 m.), la cadena Penina (892 m.), los highlands de Escocia —compuestos de un macizo septentrional (montes de Ross, 1.031 m.) y otro meridional (montes Grampianos, 1.343 metros)—, prolongados en las islas Híbridas, Órcadas y Shetland, y las montañas noruegas que apenas rebasan, en sus mayores altitudes, la cota de 2.500 m. (Kebne Kaisse, 2.123; Snehetta, 2.294; Galdhoepig, 2.560). *c)* Los plegamientos hercinianos —del Harz alemán— afectaron una zona considerable en el O. y en el centro de Europa. Los restos del sistema, extraordinariamente denudados por la erosión, comprenden: las alturas de la meseta ibérica (2.660 m.), el macizo central francés (1.886 m.) y los montes armoricanos de Bretaña, los Vosgos (1.426 m.) y la Selva Negra (1.493 m.), que descienden hacia la cuenca renana, el Harz (1.142 m. en el Brocken), el macizo de Bohemia (Erz Gebirge, 1.238 m.) y los montes de los Sudetes (1.605 m. en el Schneekoppe). *d)* El sistema alpino es la cadena más importante de Europa y ocupa su línea meridional. Su origen se remonta a la era terciaria, y los comienzos occidentales de la gran formación eurasiática surgen en el SO. de Europa. Los elementos orográficos componentes del sistema alpino son todavía montañas jóvenes, poco erosionadas y de vertientes disimétricas. Sus alturas más notables pertenecen: a la cordillera Penibética (3.481 m.), a los Pirineos (3.404 m.), a los Alpes (el *Mont-Blanc,* con 4.810 m., es el punto culminante del sistema), a los Apeninos (2.921 m.), a los Cárpatos (2.663 m.) y a los Balcanes (2.512 m. en el Pindo). La acción destructora de las aguas ha abierto en todos ellos pasos relativamente bajos que facilitan las comunicaciones. En los límites con Asia, se encuentra la cadena montañosa del Cáucaso, con alturas superiores a 5.000 m. y cuyo punto culminante del sistema y de Europa es el Elbruz (5.633 m.).

Costas e islas. A su ventajosa posición geográfica une Europa la extraordinaria riqueza de sus articulaciones occidentales y meridionales. Así como el Oriente europeo es macizo y compacto, hacia Occidente las tierras se adelgazan progresivamente y penetran en ellas las aguas del océano en forma de mares —de mediterráneos—, semejantes a grandes golfos. Está bañada Europa por tres mares: el

El grupo montañoso del Mont-Blanc, visto desde el lago desecado Combal

EUROPA

océano Glacial Ártico, al N.; el océano Atlántico, al O., y el mar Mediterráneo, que no es otra cosa que un mar interior del segundo, al S. Los accidentes costeros más notables son: *Mares.* En el océano Ártico se forman el mar de Barents y su dependencia el mar Blanco; en el Atlántico, el mar del Norte, el Báltico, el de Irlanda y el Cantábrico; en el Mediterráneo, el mar de Liguria, el Tirreno, el Adriático, el Jónico, el Egeo, el de Mármara, el Negro y el Azov. *Penínsulas.* En el N. de Europa están las penínsulas de Kola y Kanin; al O., las de Escandinavia, con sus característicos fiordos, Jutlandia y Bretaña; al S., las tres grandes y típicas penínsulas mediterráneas: maciza la ibérica, alargada la itálica, dentellada la de los Balcanes; el mar Negro contiene la de Crimea. *Golfos.* En un litoral tan recortado como es el de Europa, los cabos y los golfos son numerosos; citemos los más importantes: los de Botnia, Finlandia y Lubech, en el Báltico; los de Saint-Malo y Vizcaya, en el Atlántico; los de Valencia, León, Génova, Venecia, Tarento, Lepanto y Salónica, en el Mediterráneo. *Cabos.* El cabo Norte, en Escandinavia; el Skagen, en Dinamarca; el Hague y Finisterre, en Francia; el Ortegal, Roca, San Vicente y Tarifa, en la península ibérica; el Teulada, en la isla de Córcega; el Corrientes, en Sicilia; el Espartivento y Santa María, en Italia; el de Matapán, en Grecia. *Estrechos.* A la entrada del mar Báltico, el Skager Rak, Kattegat y Sund, que separan Dinamarca de Escandinavia; el Paso de Calais y el canal de la Mancha, entre Francia y las islas Británicas, y en éstas el canal de San Jorge; el estrecho de Gibraltar, entre España y África; el de Bonifacio, entre Córcega y Cerdeña; el de Mesina, entre Italia y Sicilia; el canal de Otranto, entre las penínsulas itálica y balcánica; el estrecho de los Dardanelos y el Bósforo, que establecen una débil separación marítima entre Europa y Asia Menor. *Islas.* En el océano Glacial Ártico, las de Nueva Zembla, Waigach y Colguyev; en el Báltico, las de Aland, Osel, Gotland, Oland, Bornholm, Rügen y Zealand; en el Atlántico, Islandia, Feroe, Shetland, Hébridas, Órcadas, las Británicas, con Irlanda, y las Azores; en el Mediterráneo, las Baleares, Córcega, Cerdeña y Elba, Sicilia, las Jónicas, Creta, Rodas y las numerosas islas griegas del mar Egeo.

Hidrografía. Los ríos europeos obedecen a los rasgos dominantes de la configuración, del relieve y del clima de las grandes regiones. No tiene Europa una divisoria única de aguas, ni cuencas cerradas. Algunas veces, zócalos insignificantes separan los nacimientos de los cursos hidrológicos, que llevan sus aguas a mares muy alejados unos de otros. Tampoco tiene Europa, en razón a la modestia de sus dimensiones, ríos comparables, por su long., a las grandes corrientes de América o de África. Los más importantes ríos europeos son los de la llanura rusa, a causa de las ingentes cantidades de nieve que caen sobre el país, y, entre ellos, el Volga —con 3.400 km. de long.— no es sino el decimosexto río del mundo. También merecen citarse el Ebro (972 km.), el Ródano (812) y el Po (625), de régimen mediterráneo, que en su des., ante un mar sin corrientes ni mareas, forman deltas. El Garona (647 km.), el Loira (1.020), el Sena (775), el Rin (1.300), el Wesser (716) y el Elba (1.152). Los que vierten en mares cerrados forman deltas, como el Danubio (2.800 km.) al desembocar en el mar Negro, o colman con sus aluviones las albuferas (*haff*), como ocurre con el Oder (864) y con el Vístula (1.125) al desaguar en el Báltico. Los ríos del E. europeo o de región oriental: el Dvina (1.700 km.) y el Pechora (1.648), que vierten en el Blanco y Ártico, respectivamente; el Duna (970), en el Báltico; el Dniéper (2.139) y Dniéster (1.344), en el mar Negro; el Don (2.100), en el Azov, y el Volga, ya citado, en el Caspio, donde forma un complejo delta. Los ríos de la península escandinava y de las islas Británicas, de corto trayecto, entre los que hay que citar el Támesis (350 km.), en cuyo importante estuario está situada la aglomeración londinense. Por último, los ríos hispánicos, que desaguan la meseta en el Atlántico: el Duero (937 km.), el Tajo (1.008), el Guadiana (801) y el Guadalquivir (680).

Respecto a los lagos, he aquí los principales por orden de su extensión:

Ladoga	18.130	km.²
Onega	9.750	»
Saima	6.800	»
Wäner	5.550	»
Peipus	3.600	»
Watter	1.910	»
Ilmen	918	»
Balatón	635	»
Leman	578	»
Constanza	538	»

Climatología. La moderación del clima es debida a su situación astronómica, a su configuración, al predominio de los vientos del O. y a la propia distribución de su relieve. La corriente del golfo de Méjico, una de cuyas ramas cálidas bordea el litoral oceánico de Europa, contribuye a dulcificar su clima. Para una misma lat., el clima de Europa es más benigno que el de América o de Asia. La zona mediterránea, separada del resto de Europa por la cadena alpina, posee rasgos climáticos muy diferenciados: en torno al mar de su nombre tiene inviernos templados y veranos muy cálidos y de sequía extremada; las lluvias no son abundantes y caen, principalmente, en la época de los equinoccios; la luminosidad y cristalina transparencia del aire caracteriza esencialmente este clima. El centro de la península hispánica, apartado de las influencias del Atlántico y del Mediterráneo, por los bordes levantados de la meseta castellana, sufre un clima continental y semidesértico. En general, puede afirmarse: *a)* las localidades europeas son tanto más frías cuanto más orientales; *b)* las localidades continentales gozan temperaturas más extremas que las marítimas; *c)* las regiones marítimas, exceptuados los países mediterráneos, son mucho más lluviosas que las continentales, en igualdad de las demás condiciones; hay una adecuada correlación entre las suaves temperaturas y la pluviosidad de las localidades costeras.

GEOGRAFÍA BIOLÓGICA

Flora. Las formas de vegetación se suceden de N. a S., y son las siguientes: *a)* La *tundra*, en la parte septentrional, desierto helado ocupado por musgos y líquenes, y, en el corto verano, por vivas flores de todos colores y pequeños matorrales; los habitantes de la tundra arrastran una penosa existencia; el reno —al que se ha llamado el camello del desierto ártico— es el animal doméstico y de trabajo del territorio. *b)* El *bosque boreal* o ancha faja de arbolado —la *taiga* de rusos y siberianos—, que se extiende desde Escandinavia a Siberia, y está casi exclusivamente compuesto de árboles de follaje perenne: pinos, abetos, piceas y alerces. Más al S., los bosques de la Europa central reemplazan sus especies de hoja siempre verde por otras de follaje caedizo: fresnos, serbales, hayas, castaños, abedules, robles, tilos, olmos, etc. En los lugares húmedos, las praderas hicieron posible la ganadería y los cultivos; en las estepas del E. aparecen las gramíneas y la oveja. *c)* En las *tierras*

Budapest. El Parlamento y el Danubio

Kiel (R. F. A.). Vista de la playa

Europa

mediterráneas hay un tipo de vegetación inconfundible: los árboles (encinas, laureles, acebuches) son de hoja dura y resistente, para soportar la inevitable sequía estival; lo realmente característico es el matorral (tomillo, romero, jara, cantueso, etc.), los bulbos (azafrán, gamones, penitentes) y los árboles frutales (vid, olivo, higuera, almendro, limón, naranjo, etc.).

Naranjos de Castellón

Fauna. El desarrollo material de Europa y su aumento de población, al aclarar los bosques, ha extinguido gran número de formas animales silvestres. Hoy sólo viven de la caza los pueblos más septentrionales. Hay en Europa gran número de animales domésticos, en su mayoría de origen eurasiático: caballo, asno, mulo, vaca, oveja, cabra. En las tierras meridionales del Mediterráneo se cría el gusano de seda. Las costas del N. y del NO. son próvidas en pesca: el bacalao, el arenque, la sardina y el atún son las especies más abundantes. Los ríos dan la trucha y el salmón; el Volga proporciona el sollo y el esturión, cuyas huevas preparadas constituyen el caviar.

Geografía económica

Agricultura y silvicultura. Europa es país de producciones agrícolas variadas, aunque no suficientes por sí solas para el sostenimiento de su enorme población. El cultivo de los cereales ocupa el lugar más importante: en el N. se dan los cereales inferiores —cebada, centeno y avena—; más al S., el trigo, y en zonas más meridionales todavía, el maíz. Esta región de cultivo cerealícola está cortada por una banda humífera muy fértil, que va desde las tierras negras de la U. R. S. S. hasta la cuenca de París, consagrada a la remolacha azucarera. La patata se cultiva en los países septentrionales, en los de clima húmedo y en las zonas montañosas. El lino y el cáñamo se producen en los suelos ricos y de clima frío. La viña está limitada, al N., por una línea que corresponde a la isoterma de 15° en septiembre, pero es en los países mediterráneos donde se da en abundancia y calidad, así como el olivo, el naranjo, el limón, el arroz, el algodón y la caña de azúcar. Las cifras de la producción agrícola europea en 1975, expresada en millones de toneladas métricas son las siguientes: trigo (78,24), arroz (2), cebada (58,19), centeno (12,97), maíz (46,41) y patata (116,78). Los bosques, extensísimos en otras épocas, ocupan todavía gran superficie en algunas regiones, obteniéndose de ellos maderas, papel, y resinas.

Ganado ovino, cerca de Haarlem
(Holanda Septentrional)

Zootecnia. Los animales útiles al hombre, y en particular los domésticos, representan una considerable riqueza. Si prescindimos del reno, cuya área queda limitada estrictamente a la región ártica, los demás animales domésticos se encuentran en todas partes. Las condiciones del suelo y del clima determinan, no obstante, el predominio de una forma particular de ganadería. Así, en la región de los bosques y de las estepas el caballo es el animal de trabajo; como animales de carne se crían el cerdo, el ganado vacuno (en las ricas y jugosas praderas) y el lanar (en los pastos secos). Por el contrario, en la región meridional predominan como animales de carne, la *l*oveja y la cabra, y como bestias de carga, el mulo y el asno. En 1975 había en Europa 125.806.000 cabezas de ganado ovino, 135.363.000 de bovino y 200.546.000 cerdos.

Pesca. Es un factor muy importante, a causa de la longitud de sus costas. Sobresalen en esta actividad: la U. R. S. S., Noruega, España, Islandia, el R. U. y Dinamarca. La pesca marítima, más la obtenida en aguas interiores, en 1975, fue de 20.875.000 toneladas.

Minería. Europa es rica en productos del subsuelo. Los combustibles sólidos abundan en el R. U., en la cuenca francobelga y del Rin, y en la U. R. S. S., en torno al Mar Negro. Los minerales metálicos se presentan en sitios diversos. Los montes metalíferos de Alemania son el más rico y completo conjunto. El hierro es más abundante en España, Suecia, R. U. y U. R. S. S.; el cobre y el plomo, en Suecia, Alemania, los montes Urales y España. Ésta ocupa el primer lugar en la obtención de mercurio. Entre los metales finos, hay plata en Alemania y España; oro y platino, en los Urales. Petróleo, principalmente en la U. R. S. S., junto a las montañas del Cáucaso. Sal, en los enormes depósitos de Sajonia y de Polonia y en todas las estepas. El azufre y el ácido bórico se encuentran en los distritos volcánicos de Cerdeña, Sicilia e Italia.

Industria. Europa es la tierra de la revolución industrial del s. XVIII. A principios del siglo actual, todavía era el primer taller del mundo. Últimamente ha tenido que sufrir la competencia de EE. UU., el país más rico en materias primas. Los principales grupos industriales son: el angloescocés, el del norte de Francia y Bélgica, el de Renania, el alsaciano, el del Harz, el de Sajonia, el de Bohemia y Moravia y el polaco. Fuera de la zona hullera cuenta Europa con otras grandes regiones industriales, como la del norte de Italia, Cataluña y Vascongadas (España) y Rusia central. El continente europeo se halla atravesado en distintas direcciones, desde los puertos principales a las refinerías, por un nuevo sistema de transportes, los oleoductos; el principal atraviesa Italia, Austria y el S. de la R. F. A. En 1975 la producción mineral e industrial europea, expresada en miles de toneladas métricas, fue la siguiente: hulla (963.228), lignito (785.208), petróleo (516.432), gas natural (481.254 millones de m.^{3}), acero bruto (338.648), ácido sulfúrico (48.417), cemento (329.112), hierro (181.484), abonos nitrogenados (19.580), automóviles (12.335.495 unidades) y energía eléctrica (2.693.058 millones de kwh.).

Pueblo minero, en Spitzbergen (Noruega)

Lieja (Bélgica). Zona industrial

Aspecto parcial de la plaza de San Pedro (Vaticano), centro de la religión católica

Bilbao (Vizcaya). Puerto exterior

Ésta presenta una pigmentación todavía más clara que la de la raza nórdica, con la piel muy pálida, cabellos rubio ceniza, que casi llega al blanco, y ojos azul claro o grises. La estatura es algo inferior a la de los nórdicos y el cuerpo rechoncho. La cabeza es algo braquicéfala, con la cara huesuda en la que destacan los pómulos muy prominentes y la nariz corta y ancha, con el perfil cóncavo y punta roma.

Idioma. Casi el 95 % de la población de Europa habla idiomas que pertenecen al grupo de

Comunicaciones y transportes. Innumerables líneas de navegación surcan todos los océanos y unen a Europa con los países de Ultramar. Los grandes puertos comerciales son: Londres, Hamburgo, Amberes, Liverpool, Cardiff, Rotterdam, Marsella y Constantinopla, y los seis primeros están situados en la región más industrial. Son también importantes: Leningrado y Copenhague, en el Báltico; Amsterdam, Newcastle, Southampton, Glasgow, El Havre, Cherburgo, Burdeos, Bilbao y Lisboa, en las costas atlánticas; Barcelona, Génova, Trieste y El Pireo, en el Mediterráneo. La marina mercante tienen 162.988.000 ton., que representan la mitad del tonelaje mundial. Las vías fluviales son numerosas. Las grandes líneas férreas tienen una long. de 393.500 kilómetros.

Comercio. Europa es el gran centro comercial del mundo. Importa las primeras materias necesarias para la industria y los productos alimenticios destinados a la población más densa del globo. Exporta, reexpidiéndolos, los productos manufacturados por sus industrias.

GEOGRAFÍA POLÍTICA

Etnografía. Europa constituye el territorio de expansión característico de las diferentes razas «blancas» que integran el tronco racial európido, todas las cuales, salvo los ainu de Japón, se encuentran representadas en territorio europeo. Entre ellas figura la raza *nórdica*, dolicocéfala, de elevada estatura, piel color rosado, cabello rubio, ojos azules, y cara alargada con nariz delgada y labios finos. Se extiende principalmente por los países escandinavos, Dinamarca, Finlandia, N. de Polonia, Alemania, P. B. y Francia, así como por la mayor parte de Inglaterra y Escocia. En el S. de Europa, alrededor de la cuenca mediterránea, se encuentra otra raza dolicocéfala, de estatura mediana o baja, tez morena, cabello y ojos obscuros, cara larga de contorno ovalado, y nariz estrecha y rectilínea. Esta descripción corresponde al denominado tipo *mediterránido grácil*, que constituye el elemento predominante en la península ibérica. Acompañando al anterior en su área de difusión se encuentra el *tipo eurafricánido*, igualmente dolicocéfalo y de complexión obscura que difiere de aquél por ser más alto y robusto. A las dos regiones dolicocéfalas que acabamos de indicar se contraponen otras tres con formas braquicéfalas. La primera corresponde a la raza *lápida*, característica del pueblo lapón, de baja estatura, cuerpo rechoncho y cabeza muy braquicéfala. La segunda es la denominada zona de braquicefalia centroeuropea, en la que se encuentran representadas dos razas: alpina y dinárica. La raza *alpina* es de estatura baja, cuerpo rechoncho, achaparrado, y fuertemente braquicéfala, de cabellos obscuros y ojos más bien claros. La raza *dinárica*, también braquicéfala, con la cabeza corta y aplanada en la región occipital, es por el contrario de elevada estatura. La cara es en ella muy larga y la nariz prominente y convexa. La tercera zona de braquicefalia, o zona subbraquicéfala oriental, corresponde principalmente a los países bálticos, en los que predomina la raza *esteeuropea* o *báltico-oriental*.

Europa

los indoeuropeos, representado por unos setenta idiomas y dialectos. Éstos pueden dividirse en tres grandes categorías: *lenguas románicas* (italiano, español, portugués, francés, rumano y romanche); *lenguas germánicas* (alemán, sueco, noruego, danés, holandés, flamenco e inglés); *lenguas eslavas* (polaco, checo, serbio, búlgaro y ruso). El 5 % de la población de Europa habla lenguas de menor difusión: el vasco, el bretón, el galés, el griego, el albanés, el magiar, el turco y el finés.

Religión. La gran mayoría de los europeos profesan religiones cristianas, y se distribuyen entre las tres grandes confesiones: católica, ortodoxa y protestante. La religión católica está extendida, de modo particular, en el mundo latino. Los germanos están, en gran mayoría, adheridos a las diversas sectas protestantes. La ortodoxa predomina en el este europeo. El mahometismo, introducido en Europa en el s. XV, es la religión de algunos pueblos del SE. de la U. R. S. S., de los turcos y de otros pue-

blos balcánicos. Hay núcleos israelitas, y otros que son todavía paganos, como los calmucos y los samoyedos. El siguiente cuadro expresa las personas adheridas a las principales religiones que se practican en el continente europeo:

Católicos	174.141.000
Protestantes	116.833.000
Ortodoxos	63.900.600
Mahometanos	8.370.000
Hebreos	3.490.000

División territorial de Europa

Nombres	Conceptos	Superficie Km.²	Población Habitantes	Densidad	Capitales y su población
Naciones independientes					
Albania	República	28.748	2.135.600	74,2	Tirana (171.300 h.).
Alemania (República Democrática Alemana)	Ídem	108.178	17.042.363	157,5	Berlín Oriental (1.087.982).
Alemania (República Federal de Alemania)	Ídem	248.577	60.650.400	243,9	Bonn (274.500).
Andorra	Principado	464	20.800	44,7	Andorra la Vella (9.850).
Austria	República	83.850	7.456.403	88,9	Viena (1.614.841).
Bélgica	Monarquía	30.514	9.650.944	316,2	Bruselas (1.074.726).
Bulgaria	República	110.912	8.514.883	76,7	Sofía (885.655).
Ciudad del Vaticano	Est. Pontificio	0,44	1.025	—	—
Checoslovaquia	República	127.876	14.406.772	112,6	Praga (1.103.350).
Dinamarca	Monarquía	43.069	4.950.598	114,9	Copenhague (625.678).
España (1)	Ídem	497.278,8	32.653.878	65,6	Madrid (3.146.071).
Finlandia	República	337.034	4.622.299	13,6	Helsinki (514.652).
Francia	Ídem	543.998	51.496.000	94,6	París (8.196.746).
Grecia (2)	Ídem	122.873	8.337.665	67,8	Atenas (2.540.000).
Hungría	Ídem	93.032	10.324.700	110,9	Budapest (2.023.200).
Irlanda	Ídem	70.280	2.971.230	42,2	Dublín (566.034).
Islandia	Ídem	102.829	204.578	1,9	Reykiavik (82.893).
Italia	Ídem	301.243	54.134.846	179,7	Roma (2.781.993).
Liechtenstein	Ídem	160	21.350	133,4	Vaduz (3.921).
Luxemburgo	Gran Ducado	2.586,4	339.848	131,3	Luxemburgo (76.143).
Malta	República	315,6	322.000	1.020,2	La Valetta (15.615).
Mónaco	Principado	1,9	24.000	—	Mónaco (1.774).
Noruega	Monarquía	323.886	3.922.015	12,1	Oslo (477.476).
Países Bajos	Ídem	41.160	13.269.563	322,3	Amsterdam (1.028.749).
Polonia	República	312.700	33.845.700	108,0	Varsovia (1.326.000).
Portugal (3)	Ídem	91.275,6	8.415.047	92,1	Lisboa (782.266).
Reino Unido	Monarquía	244.610	55.968.200	228,8	Londres (7.111.500).
Rumania	República	237.500	20.469.658	86,1	Bucarest (1.488.328).
San Marino	Ídem	60,57	18.000	297,1	San Marino (4.000).
Suecia	Monarquía	449.750	8.144.847	18,1	Estocolmo (699.238).
Suiza	República	41.288	6.324.000	153,1	Berna (282.200).
Turquía (parte europea)	Ídem	24.011	3.163.605	131,7	Ankara (1.208.791).
U. R. S. S. (parte europea)	Ídem	5.571.000	181.804.000	32,6	Moscú (7.061.008).
Yugoslavia	Ídem	255.804	20.504.516	79,9	Belgrado (770.140).
Totales		10.446.865,31	646.131.333	61,7	
Dependencias de otras naciones					
Canal (Islas)	Terr. autónomos dependientes del R.U.	195	126.363	648,0	Saint Peter Port (16.303).
Feroe (Islas)	Terr. autónomos dependientes de Dinamarca	1.399	38.731	27,6	Thorshavn (9.738).
Gibraltar	Terr. español bajo dominio del R. U.	6	27.965	4.660,8	—
Man (Isla)	Terr. autónomo dependiente del R.U.	588	56.289	95,7	Douglas (20.385).
Svalbard	Terr. bajo la soberanía de Noruega	62.422	2.851	—	
Totales		64.610	252.199	3,9	
Totales generales		10.511.475,31	646.383.532	61,3	

(1) Excluidas las islas Canarias, por formar parte de África (7.500,3 km.² y 1.170.224 h.).
(2) Excluidas las islas del Egeo, por formar parte de Asia (9.071 km.² y 416.475 h.).
(3) Excluido el archipiélago de Madera, por formar parte de África (796 km.² y 253.220 h.).

Cultura. Europa, la tierra civilizada por excelencia, ha sido en todos los tiempos el foco intelectual, científico y artístico del mundo, y continúa siéndolo. Sus grandes universidades y sus escuelas de Altos Estudios irradian la luz de los conocimientos científicos y filosóficos, permitiéndole ejercer, sin solución de continuidad, su sublime magisterio sobre la faz del mundo. Si en el orden económico, y hasta en el de la cultura material y la técnica, otras regiones terrestres, por el imperio de la abundancia de las cosas materiales, han podido sobrepasarla, en el orden del espíritu sigue siendo la maestra de la humanidad, la norma y el ejemplo para todos los pueblos de la Tierra.

Palacio de la Cultura, terminado en 1955. Varsovia

pias de la civilización moderna. A fines del s. XV y principios del XVI, españoles y portugueses descubren nuevos territorios en África, Asia y América, en los que se vierte el espíritu de Europa y abren nuevos caminos sobre el mar. El Renacimiento y la Reforma dieron un nuevo rumbo a la vida cultural y religiosa europea. El catolicismo se mantuvo intacto en los países latinos, en Polonia, en Irlanda, Austria y Hungría. Sobrevino luego la guerra entre Francia y Austria (1521-1648). La guerra de los Treinta Años dio lugar a nuevos conflictos (1618-48). La supremacía de España inspiraba muchas envidias en Francia e Inglaterra, quienes fueron debilitándola cuando pudieron por mar y por tierra. Los tratados de Utrecht y Rastatt marcan el fin de la hegemonía francesa. Nuevo elemento en la política fue la doctrina que procuró poner en práctica la Revolución francesa (1789). Luis XVI fue ejecutado, y los P. B., Inglaterra, España y Cerdeña invadieron el territorio francés; pero fueron expulsados. Napoleón dominó a Europa en 1799. En 1813 los aliados le vencieron y en 1814 llegaron a París. El Congreso de Viena (1814-15) reorganizó Europa después de la caída de Napoleón. Luego de una guerra entre Dinamarca y Prusia (1864) y otra entre Austria y Prusia (1866), vino la guerra franco-prusiana (1870-71), que dio la victoria a Prusia, asistida por otros pueblos alemanes; así surgió el Imperio alemán. Siguió una paz armada que sufrió crisis muy peligrosas, en especial por la cuestión de los Balcanes. Así se mantuvo el equilibrio europeo, hasta que en 1914, tomando como motivo ocasional el asesinato del príncipe heredero de Austria-Hungría, archiduque Francisco Fernando, en Sarajevo, se desencadenó la P. G. M., que duró hasta 1918, y en la que tomó parte casi toda Europa y varias naciones de otros continentes. Uno de los resultados que se obtuvieron de la contienda fue la creación de un organismo internacional para evitar todo conflicto bélico: la llamada *Sociedad de las Naciones*. Las dificultades crecientes, tanto en lo económico como en lo internacional, condujeron a una situación que culminó con la S. G. M., iniciada en 1939 y terminada en 8 de mayo de 1945 (v. **guerra**). Desgraciadamente, las discrepancias entre la U. R. S. S. y las naciones occidentales acerca de la solución que deba darse a los numerosos pro-

Historia. El descubrimiento de restos de los hombres prehistóricos y de su cultura demuestra que Europa estuvo poblada desde los más remotos tiempos. La historia de este continente empieza con Grecia, que disfrutó de una alta cultura mucho antes que el resto de Europa. Luego en Italia, España y S. de Francia se fue extendiendo la primitiva influencia griega. Vino después el apogeo romano, y ese pueblo dominó toda Europa meridional y occidental, como antes lo había hecho Grecia respecto a Asia Menor. En Roma se perfeccionó notablemente el Derecho, que ha sido la base de tantos otros derechos nacionales. En tiempo del Imperio romano el cristianismo trajo una enorme influencia. Sobrevino la invasión de los bárbaros (476), el Imperio romano se fue desmoronando y sus dominios se hicieron independientes. Los ostrogodos mandaban en Italia, los visigodos en España y los francos en la Galia. Los lombardos vinieron más tarde y se apoderaron de Italia. Todavía parecía ser Roma el centro del antiguo Imperio romano, y Carlomagno fue coronado allí emperador. Más tarde se instauró el Imperio romanogermánico. Los árabes ocuparon España y el S. de Italia. Los turcos se lanzaron sobre el oriente de Europa, y las Cruzadas constituyeron la reacción más eficaz. Las naciones iban tomando un carácter más acusado y se fueron incrementando las relaciones mutuas, pro-

Europa, obra de Abraham Ortelius. Atlas de Chabes (1579). Servicio Geográfico del Ejército. Madrid

europeidad–európido

Avance de una división acorazada alemana, protegida por una colina, durante la S. G. M. (1942)

blemas planteados por la posguerra ha dividido a Europa en dos sectores antagónicos: el bloque oriental, de dirección soviética, y el grupo occidental, de dirección democrática, separados por el llamado *telón de acero* o frontera artificial sovieticodemocrática. Ese mismo antagonismo político ha creado también la división de Alemania en dos Estados independientes: la R. F. A., que actúa en la órbita de los occidentales, y la R. D. A., sometida a la influencia de Moscú. Ahora bien, esa tirantez entre ambos grupos de naciones, resultado de criterios políticos encontrados, es un peligro para la paz del mundo; a esta situación se la ha denominado, con evidente acierto, *guerra fría*, y ha provocado una preocupación del mayor alcance en orden a los peligros que entraña. Para evitar un nuevo conflicto bélico, las naciones del occidente europeo, de acuerdo con EE. UU., están organizando un sistema de inteligencia y de unión entre ellas, base de su fortaleza frente a la U. R. S. S. De entre todos los organismos creados al efecto, procede indicar uno de tipo más bien oficioso, propagandístico y moral, que es el llamado *Consejo de Europa* o Unión Europea, y otro de carácter práctico y defensivo, que es el *Pacto del Atlántico Norte*. Aparte de los dos organismos citados, pero en inmediata relación con los fines que persiguen, EE. UU. organizó la Ayuda Económica a Europa *(Plan Marshall)*, a base de la concesión a los países democráticos europeos de créditos cuantiosos a efectos de su recuperación económica después de la guerra y para la preparación militar ante los peligros de una guerra con las naciones del grupo moscovita. Otra acción de importancia en orden a la solidaridad de la Europa occidental es la representada por la constitución de la *Comunidad Europea del Carbón y del Acero (Plan Schuman)*, acordada el 18 de abril de 1951 y que entró en vigor el 5 de julio de 1952. Más que las vicisitudes de cada uno de los Estados de Europa occidental en particular, lo que caracteriza la historia de Europa en los últimos tiempos es la aparición y consolidación de organismos orientados en la misma línea política integracionista que se inició inmediatamente después de terminada la S. G. M. Los países de Europa oriental que quedaron dentro de la órbita soviética, después de un período de agitación y de cambios profundos, reflejo de los experimentados en la U. R. S. S. después de la muerte de Stalin, parecen haber entrado en una etapa de estabilidad y consolidación de sus regímenes socialistas, que cada vez los distancia más de Occidente. En Europa occidental, la tendencia integracionista, iniciada con la creación de organizaciones de carácter más bien oficioso, propagandístico y moral, como el Consejo de Europa, o puramente militar, como la O. T. A. N., o con fines excesivamente vagos y poco concretos, como la Unión Europea Occidental (1955) o la Organización Europea de Cooperación Económica (O. E. C. E.), transformada en enero del año 1961 en Organización para la Cooperación y el Desarrollo Económicos (O. C. D. E.), o de alcance muy limitado en cuanto a su ámbito territorial, como la unión aduanera del Benelux, ha plasmado en instituciones más ambiciosas, más concretas y orientadas hacia campos fundamentales en la vida de los pueblos, como

Edificio sede de la Comunidad Económica Europea. Bruselas

el económico. Entre estas organizaciones, la que con mayor firmeza parece estar orientada y se muestra más rica en posibilidades, es la Comunidad Económica Europea (C. E. E.) o Mercado Común (v.). Los países socialistas, por su parte, siguieron una política paralela y entre ellos surgieron asociaciones similares, como el Pacto de Varsovia, de carácter militar, y el C. O. M. E. C. O. N., especie de mercado común. En cuanto a sus relaciones con los demás países de otros continentes, los Estados de Europa no han dejado de sentir las consecuencias de uno de los movimientos más característicos del último decenio: la emancipación de los pueblos colonizados de África y Asia. Francia, Inglaterra, Bélgica y P. B. han sido los más afectados por este movimiento, pues han perdido todas o la casi totalidad de sus antiguas colonias. Siguiendo una política de integración, se vienen produciendo intentos de acercamiento entre la Europa oriental y la Europa occidental con tratados de amistad, pero sobre todo en el campo económico. El 3 de julio de 1973, los ministros de Asuntos Exteriores de Europa, EE. UU. y Canadá, inauguraron en Helsinki la Conferencia Europea de Seguridad y Cooperación con el propósito de encauzar la unificación europea basada en una amplia colaboración de todos los países integrantes. Como única excepción por parte europea figuró Albania. El resultado fue la denominada *Declaración de Helsinki*, carta

Una sesión de la Conferencia Europea de Seguridad y Cooperación (3 de julio de 1973)

de seguridad y de paz en Europa, firmada en Helsinki (1975) y ratificada, posteriormente, en Belgrado (1978). La cuarta guerra árabe-israelí (octubre de 1973) tuvo su incidencia en Europa. Los países árabes, grandes productores de petróleo y principales proveedores de esta materia para el continente europeo, declararon el embargo de dicho crudo a los P. B., país abiertamente pro judío, y redujeron el suministro a otros. ‖ **(Punta de).** Nombre que se da a la extremidad meridional del Peñón de Gibraltar. ‖ **Mit.** En la mitología griega, hija de Fénix o del rey fenicio Agenor, a la que Zeus, en forma de toro, se llevó por mar a Creta, donde engendró a Minos, Radamanto y Sarpedón. Después fue soberana de Creta.

europeidad. f. Calidad o condición de europeo. ‖ Carácter genérico de los pueblos que componen Europa.

europeísmo. m. Predilección por las cosas de Europa. ‖ Carácter europeo.

europeísta. adj. Dícese del partidario de la unidad o de la hegemonía europeas. Ú. t. c. s.

europeización. f. Acción y efecto de europeizar.

europeizante. p. a. de **europeizar.** ‖ adj. Que europeíza. Partidario del europeísmo, o de la europeización. Ú. t. c. s.

europeizar. tr. Dar carácter europeo. ‖ prnl. Tomar este carácter.

europeo, a. fr., *européen*; it., *europeo*; i., *european*; a., *europäer*. (Del lat. *europaeus*.) adj. Natural de Europa, o perteneciente a esta parte del mundo. Ú. t. c. s.

európido, da. (De *europeo* e *-ido*.) adj. **Antrop.** Dícese de uno de los tres grandes troncos raciales de la humanidad actual. Los individuos perteneciente al mismo se caracterizan principalmente por el color blanco de su piel.

europio. (De *Europa*.) m. **Quím.** Elemento metálico del grupo de las tierras raras, de símbolo, Eu; peso atómico, 152, y núm. atómico 63. Existe en pequeñísima proporción en las arenas monacíticas y sus compuestos más estables y conocidos son aquellos en que funciona como trivalente. Fue descubierto por Demarcay, quien lo dedicó a Europa.

eurosiberiano, na. adj. Dícese de lo relativo a Europa y a Siberia. ‖ **Bot.** Dícese de la región corológica de Europa y Asia, que se extiende desde el mar Ártico hasta el Mediterráneo.

Eurotas o **Evrotas. Geog.** Río de Grecia, en el Peloponeso. Riega Esparta y des. en el golfo Lakonikós. Hoy se llama Vasilipótamo, y en su curso inferior, Iri.

Leda y el Cisne (a orillas del Eurotas), por Correggio. Museo del Estado. Berlín

euscalduna. (Del vasc. *euskalduna*.) com. Persona que habla vascuence. ‖ adj. Vasco.

éuscaro, ra. adj. Perteneciente al lenguaje vascuence o, en general, al pueblo y costumbres vascos. ‖ m. Lengua vasca. (V. **eusquera**.)

Eusebia. Geog. Local. de Argentina, prov. de Santa Fe, depart. de Castellanos; 849 h.

Eusebio de Cesarea. Biog. Obispo de Cesarea, n. en Palestina (267-340). Considerado como el prelado más sabio de su época. Se le llama *Padre de la historia eclesiástica*, y ha dejado numerosas obras, entre ellas una *Historia general* y una *Historia eclesiástica*. Se le acusa de partidario de Arrio y de adversario de San Atanasio. ‖ **de Dorilea.** Teólogo griego del s. V, que denunció las doctrinas de Eutiques y logró que éstas fuesen condenadas en un Concilio. ‖ **Ayala. Geog.** Mun. de Paraguay, depart. de La Cordillera; 15.482 h. ‖ Pobl. cap. del mismo; 4.326 h. Antes se llamó *Barrero Grande*.

Euskalerría. (Voz vascuence.) **Geog.** Nombre eusquera del País Vasco.

euskera. adj. y m. **eusquera.**

euspongia. (Voz del lat. científico; del gr. *eu*, bien, y *spoggiá*, esponja.) **Zool.** Gén. al que pertenece la *esponja de baño* o *de tocador* (e. officinalis).

esporangiado, da. (De *eu-* y *esporangio*.) adj. **Bot.** Dícese de los helechos (filicinas) cuyos esporangios están rodeados de varias capas de células, y con esporas iguales entre sí, como la lengua de serpiente (*ophioglóssum vulgátum*) y la lunaria menor (*botrýchium lunaria*), utilizados respectivamente como vulnerario y astringente en la disentería. ‖ f. pl. Subclase de estas plantas.

eusquera. (Del vasc. *euskera*.) adj. Perteneciente o relativo a la lengua vasca. m. Vascuence, la lengua vasca.

eusquérico, ca. adj. Perteneciente o relativo al eusquera o vascuence.

Eustaquio III. Biog. Conde de Boulogne, m. en 1125. Era hermano de Godofredo de Bouillon y padre de Matilde, reina de Inglaterra. Fue el más célebre de los condes de Boulogne. ‖ **(Bartolomeo).** Médico italiano, n. probablemente en San Severino y m. en Fossombrone (1510-1574). Se le debe, entre otros descubrimientos, el del conducto de comunicación entre el oído medio y la faringe, que ha conservado el nombre de *trompa de Eustaquio* (v.).

éustilo. (Del lat. *eustylos*, y éste del gr. *eustylos*.) m. **Arquit.** Intercolumnio en que el claro o distancia de columna a columna es de cuatro módulos y medio.

Eustolia. Geog. Local. de Argentina, prov. de Santa Fe, depart. de Castellanos; 486 h.

eutanasia. fr. e i., *euthanasia*; it., *eutanasia*; a., *Gnadentod*. (De *eu-* y *-tanasia*.) f. Muerte sin sufrimiento físico y, en sentido restricto, la que así se provoca voluntariamente.

eutéctico, ca. (Del gr. *eútektos*, que se funde fácilmente; de *eu*, bien, y *téko*, fundir.) adj. **Fís.** y **Quím.** Referente a la eutexia. Ú. t. c. s.

euterio, ria. (De *eu-* y *-terio*.) adj. **Zool.** Dícese de los mamíferos de la subclase de los terios, carentes de huesos epipúbicos y de bolsa, con la vagina sencilla (de ahí el nombre de *monodelfos*, que también se les da). Son vivíparos, pues las hembras poseen *placenta* (v.) para la nutrición del embrión, por lo que el desarrollo de éste puede prolongarse dentro del cuerpo de la madre hasta una fase relativamente avanzada, al fin de la cual se produce el parto. Son euterios todos los órdenes de mamíferos actuales, con excepción de los monotremas y marsupiales. ‖ m. pl. Infraclase de estos mamíferos, también llamados *monodelfos* y *placentarios*, con numerosos órdenes vivientes y fósiles.

eutexia. (Voz del lat. científico; del gr. *eutexía*; de *eu*, bien, y *téko*, fundir.) f. **Fís.** y **Quím.** Fenómeno que presentan ciertas mezclas homogéneas y que consiste en que, cuando las substancias mezcladas lo hacen en una proporción determinada, la temperatura de fusión de dicha mezcla, llamada *punto eutéctico* o *temperatura eutéctica*, es inferior a la de las materias componentes o a la de cualquiera de las otras mezclas posibles de las mismas. Las aleaciones eutécticas tienen gran importancia industrial, pues se han llegado a obtener algunas que funden a 70° C., punto bastante inferior al de ebullición del agua. Ú. t. c. s.

eutineuro, ra. (Del gr. *euthýs*, recto, y *-neuro*.) adj. **Zool.** Dícese de los moluscos gasterópodos, hermafroditas, con dos pares de tentáculos en la cabeza y marcada tendencia a la reducción progresiva del saco visceral, de la concha y del opérculo. ‖ m. pl. Subclase de estos gasterópodos, que comprende los órdenes de los *opistobranquios* y *pulmonados*.

Eutiques. Biog. Heresiarca griego, n. en Constantinopla (h. 378-h. 454). Fundó la secta de los eutiquianos o monofisitas. Sostenía que en Jesucristo no había más que una sola naturaleza, la divina, que había absorbido a la naturaleza humana. Fue excomulgado en los concilios de Constantinopla (448) y Calcedonia (451).

eutiquianismo. m. Doctrina y secta de los eutiquianos.

eutiquiano, na. adj. Sectario de Eutiques, heresiarca del s. V. Ú. t. c. s. ‖ Perteneciente a la doctrina y secta de Eutiques.

eutocia. (De *eu-* y *-tocia*.) f. **Obst.** Parto normal que se desarrolla sin dificultades. Lo contrario es *distocia*.

eutócico, ca. (De *eutocia*.) adj. **Med.** Dícese del remedio que facilita el parto.

eutrapelia. (Del gr. *eutrapelía*; de *eu*, bien, y *trépo*, volver, distraerse.) f. Virtud que modera el exceso de las diversiones o entretenimientos. ‖ Donaire o jocosidad urbana e inofensiva. ‖ Discurso, juego o cualquiera ocupación inocente que se toma por vía de recreación honesta, templanza.

eutrapélico, ca. adj. Perteneciente o relativo a la eutrapelia.

eutrofia. (Del gr. *eutrophía*.) f. Buen estado de nutrición.

eutrófico, ca. adj. Dícese del órgano o del organismo en estado de eutrofia, y de los medios nutritivos que permiten conseguir tal estado.

eutropelia. f. **eutrapelia.**

eutropélico, ca. adj. Perteneciente o relativo a la eutropelia.

Eutropio. (Del gr. *Eutrópios*, tornadizo; de *eu*, bien, y *trépo*, volver.) **Biog.** Historiador romano del s. IV. Escribió un compendio de la historia de Roma, en 11 libros, en estilo sencillo, elegante y claro.

Euzkadi. Geog. Nombre que los vascos dan a su país.

ev-. pref. V. **eu-.**

Eva. (Del hebr. *Hawwā*, relacionado, según la etimología popular usual en la Biblia, con el verbo *hiyyā*, dar la vida.) *(Santa).* **Biog.** La primera mujer. Creado el primer hombre, quiso Dios formar un ser de la naturaleza de aquél para que fuese complemento del mismo, y así se fundó la especie humana. La Sagrada Escritura dice que tuvo varios hijos e hijas; sólo conserva, empero, los nombres de Caín, el primogénito, Abel y Set. ‖ **Perón. Geog.** La prov., la ciudad y la localidad de Argentina que llevaron antiguamente este nombre, han vuelto a denominarse La Pampa, La Plata y Niquivil (véanse), respectivamente.

evacuación. fr., *évacuation*; it., *evacuazione*; i., *evacuation*; a., *Räumung*. (Del lat. *evacuatio, -ōnis*.) f. Acción y efecto de evacuar.

evacuante. p. a. de **evacuar.** Que evacua. ‖ adj. **Med.** Que tiene virtud de evacuar. Ú. t. c. s.

evacuar. fr., *évacuer;* it., *evacuare;* i., *to evacuate;* a., *ausleeren.* (Del lat. *evacuāre.*) tr. Desocupar alguna cosa. ‖ Expeler un ser orgánico humores o excrementos. ‖ Desempeñar un encargo, informe o cosa semejante. ‖ Trasladar forzosamente y con carácter provisional, a toda o parte de la población civil, del lugar de su residencia a otro, por razones militares, sanitarias, de riesgo catastrófico, etc. ‖ ant. Enervar, debilitar, minorar. ‖ **Der.** Cumplir un trámite. ‖ **Med.** Sacar, extraer los humores sobrantes o viciados del cuerpo humano. ‖ **Mil.** Dejar una plaza, una ciudad, una fortaleza, etc., las tropas o guarnición que había en ella.

evacuativo, va. adj. **Farm.** Que tiene propiedad o virtud de evacuar. Ú. t. c. s. m.

evacuatorio, ria. adj. En medicina, **evacuativo.** ‖ m. Lugar público destinado en las poblaciones para que los transeúntes puedan hacer aguas.

evad, evas, evat. def. ant. que sólo se halla usado en estas personas del presente y del imperativo, y sign. **veis aquí, ved, mira, mirad,** y también **sabed** o **entended.**

evadir. (Del lat. *evadĕre.*) tr. Evitar un daño o peligro inminente; eludir con arte o astucia una dificultad prevista. Ú. t. c. prnl. ‖ prnl. Fugarse, escaparse.

evagación. (Del lat. *evagatĭo, -ōnis.*) f. ant. Acción de vaguear. ‖ fig. Distracción de la imaginación.

evaluación. (De *evaluar.*) f. Acción y efecto de evaluar.

evaluador, ra. adj. Que evalúa.

evaluar. (De *e-* y *valuar.*) tr. Señalar el valor de una cosa. ‖ Estimar, apreciar, calcular el valor de una cosa.

Evandro. Mit. Hijo de Mercurio y de una ninfa, que, según la leyenda, pasó al Lacio (Italia) al frente de un grupo de pelasgos.

evanecer. tr. **evanescer.**

evanescencia. (De *evanescente.*) f. Acción y efecto de desvanecerse algo o esfumarse. ‖ Cualidad o condición de lo que es evanescente.

evanescente. (Del lat. *evanescĕre,* desvanecerse.) adj. Que se desvanece o esfuma.

evanescer. tr. Desvanecer o esfumar. Ú. t. c. prnl.

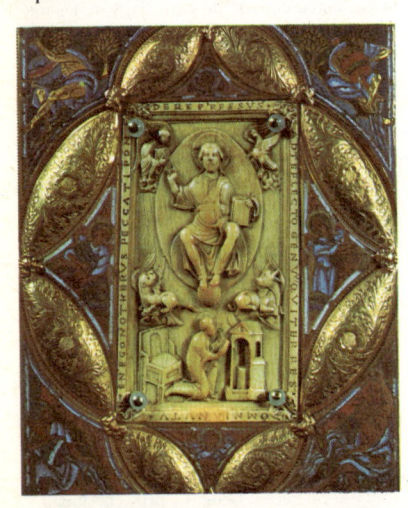

Cubierta de evangeliario. Arte medieval belga. Museo Arqueológico. Lieja

evangeliario. m. **Rel.** Libro de liturgia que contiene los evangelios de cada día del año.

evangélicamente. adv. m. **Rel.** Conforme a la doctrina del evangelio.

evangélico, ca. (Del lat. *evangelĭcus.*) adj. **Rel.** Perteneciente o relativo al evangelio. ‖ Perteneciente al protestantismo. ‖ Dícese particularmente de una secta formada por la fusión del culto luterano y el calvinista.

evangelio. fr., *évangile;* it., *vangelo, evangelio;* i., *gospel;* a., *Evangelium.* (Del lat. *evangelĭum,* y éste del gr. *euaggélion,* buena nueva, buena noticia; de *eu,* bien, y *ággelos,* mensajero.) m. Historia de la vida, doctrina y milagros de Nuestro Señor Jesucristo, relatados por los evangelistas San Mateo, San Marcos, San Lucas y San Juan, que constituyen los cuatro primeros libros canónicos del Nuevo Testamento. Los tres primeros fueron escritos entre los años 40 y 63, y el cuarto lo fue probablemente entre el año 70 y el 80. El de San Mateo lo fue en lengua aramea y los otros en griego. ‖ En la misa, capítulo tomado de uno de los cuatro libros de los evangelistas, que se lee después de la *epístola.* ‖ fig. Religión cristiana. ‖ fig. y fam. Verdad indiscutible. ‖ pl. Librito muy chico, forrado comúnmente en tela de seda, en que se contiene el principio del Evangelio de San Juan y otros tres capítulos de los otros tres santos evangelistas, el cual se solía poner entre algunas reliquias y dijes a los niños, colgado en la cintura. ‖ **evangelios abreviados,** o **chicos.** fig. y fam. **Léx.** Los refranes, por la verdad que hay o se supone en ellos. ‖ **sinópticos.** Lit. y Rel. Los de San Lucas, San Marcos y San Mateo, por presentar en los relatos y en el orden de los mismos tales coincidencias que pueden ser apreciadas visualmente colocándolos juntos.

evangelista. fr., *évangéliste;* it., *vangelista, evangelista;* i., *evangelist;* a., *Evangelist.* (Del lat. *evangelista.*) m. **Méj.** Memorialista, el que tiene por oficio escribir cartas u otros papeles que necesita la gente que no sabe hacerlo. ‖ **Rel.** Cada uno de los cuatro escritores sagrados que escribieron el evangelio. ‖ Persona destinada para cantar el evangelio en las iglesias.

Evangelista. Geog. Pinos.

evangelistero. (De *evangelista.*) m. **Rel.** Clérigo que en algunas iglesias tiene la obligación de cantar el evangelio en las misas solemnes. ‖ ant. **diácono.** Díjose así porque es el que canta el evangelio. ‖ ant. Atril con su pie, sobre el cual se pone el libro de los evangelios, para cantar el que se dice en la misa.

evangelización. f. **Rel.** Acción y efecto de evangelizar.

evangelizador, ra. adj. **Rel.** Que evangeliza. Ú. t. c. s.

evangelizante. p. a. de **evangelizar. Rel.** Que evangeliza.

evangelizar. fr., *évangéliser;* it., *vangelizzare, evangelizzare;* i., *to evangelize;* a., *das Evangelium predigen.* (Del lat. *evangelizāre,* y éste del gr. *euaggelizo,* anunciar una noticia buena.) tr. **Rel.** Predicar la fe de Nuestro Señor Jesucristo a las virtudes cristianas.

Evans (Arthur John). Biog. Arqueólogo y escritor inglés, n. en Nash Mills y m. en Boar's Hill (1851-1941). Fue profesor de arqueología en la Universidad de Oxford. Perteneció a la Real Academia del *Lincei,* de Italia, a la Academia Bávara de Munich, a las Reales Academias de Suecia y P. B., al Instituto Arqueológico Alemán, a la Sociedad Arqueológica de Rusia y al Instituto de Francia. Llevó a cabo importantes exploraciones arqueológicas en Creta y dirigió las excavaciones del palacio protohistórico de Knossos. Escribió: *Tombs of Knossos* (1921-30), *Palace of Minos* (1921-36), *Jarn Mound,* etc. ‖ **(Mary Ann).** Novelista inglesa, más conocida por el seudónimo de *George Aliot,* n. en Arburg Farm y m. en Londres (1819-1880). Escribió solamente siete novelas, que la colocaron en la primera línea de la literatura inglesa: *Adam Bede, El molino junto al Floss, Romola, Silas Marner, Felix Holt, Middlemarch* y *Daniel Deronda.* ‖

Mary Ann Evans. Galería Nacional. Londres

(Robley Duglinson). Almirante estadounidense, n. en Virginia y m. en Nueva York (1843-1912). Navegó por todos los mares del globo y tomó parte en 1898 en la guerra contra España al mando del acorazado *Iowa.* Por su patriotismo agresivo, que nunca trató de disimular, se le dio el nombre de *Fighting Bob (Bob el Batallador).*

Evansville. Geog. C. de EE. UU., en el de Indiana, cap. del cond. de Vanderburgh, en la orilla derecha del Ohío; 138.764 h. En sus alrededores, aguas minerales, *Pigeon Springs,* muy visitadas. Industrias de fundición, cervecería y loza, y comercio de carbón y carnes de cerdo.

evaporable. adj. Que se puede evaporar.

evaporación. fr., *évaporation;* it., *evaporazione, svaporazione;* i., *evaporation;* a., *Verdampfung.* (Del lat. *evaporatĭo, -ōnis.*) f. Acción y efecto de evaporar o evaporarse. ‖ **Fís.** Transformación de un líquido en vapor a la temperatura ordinaria. Este fenómeno se verifica solamente en la superficie del líquido, y en esto estriba su diferencia de la ebullición. El agua de los océanos y las aguas territoriales, al evaporarse pasan a la atmósfera éste al origen a las nubes, que, en circunstancias determinadas, se precipitan dando lugar a la lluvia. Gracias a estos dos fenómenos opuestos, evaporación y condensación, el agua de la Tierra llena un circuito cerrado. (V. **vaporización.**)

evaporante. p. a. de **evaporar.** Que evapora.

evaporar. fr., *évaporer;* it., *evaporare, svaporare;* i., *to evaporate;* a., *verdampfen.* (Del lat. *evaporāre.*) tr. Convertir un líquido en vapor. Ú. t. c. prnl. ‖ fig. Disipar, desvanecer. Ú. t. c. prnl. ‖ prnl. fig. Fugarse, desaparecer sin ser notado.

evaporatorio, ria. adj. **Med.** Aplícase al medicamento que tiene virtud y eficacia para hacer evaporar. Ú. t. c. s. m.

evaporizar. tr. **vaporizar.** Ú. t. c. intr. y c. prnl.

Evaristo *(San).* **Biog.** Papa que ocupó el solio pontificio de 97 a 105. Sufrió el martirio en tiempos de Adriano y fue sepultado en el Vaticano al lado del apóstol San Pedro. Su fiesta, el 26 de octubre.

evasión. (Del lat. *evasĭo, -ōnis.*) f. Efugio para evadir una dificultad. ‖ Acción y efecto de evadirse de un lugar.

evasiva. fr., *échappatoire;* it., *evasiva;* i., *evasive;* a., *Vorwand, Ausflucht.* f. Efugio o medio para eludir una dificultad.

evasivo, va. (Del lat. *evāsum*, supino de *evadĕre*, evadirse.) adj. Que incluye una evasiva o la favorece.

evasor, ra. (Del m. or. que el anterior.) adj. Que se evade.

Evatt (Herbert Vere). Biog. Escritor, jurista y político australiano, n. en East Maitland, Nueva Gales del Sur, y m. en Canberra (1894-1965). Miembro del Tribunal Supremo en Canberra, pasó en 1941 a ocupar el Ministerio de Asuntos Exteriores, donde desenvolvió una política de la máxima eficacia para su país.

evección. (Del lat. *evectio, -ōnis*, acción de levantarse en el aire.) f. **Astron.** Desigualdad periódica en la forma y posición de la órbita de la Luna, ocasionada por la atracción del Sol.

evenciano, na. adj. Natural de San Vicente de la Barquera, o perteneciente a esta villa. Ú. t. c. s.

evenir. (Del lat. *evenīre*.) impers. ant. Suceder, acontecer.

Evenki (Distrito Nacional de los). Geog. Dist. de la U. R. S. S., en la R. F. S. S. R.; 767.600 km.² y 12.658 h. Cap., Tura.

evento. (Del lat. *eventus*.) m. Acaecimiento. ‖ Eventualidad, hecho imprevisto o que puede acaecer. ‖ **a todo evento.** m. adv. En previsión de todo lo que pueda suceder. ‖ Sin reservas ni precauciones. ‖ **a cualquier evento.** loc. adv. **a todo evento.**

eventración. (De *e-*, fuera, y el lat. *venter, -tris*, vientre.) f. **Pat.** Salida de las vísceras, principalmente de los intestinos y epiplón, del interior del vientre, por una herida que rasga la pared abdominal o por debilitación de esta pared.

eventual. fr. *éventuel*; it., *eventuale*; i., *eventual*; a., *zufällig*. adj. Sujeto a cualquier evento o contingencia. ‖ Aplícase a los derechos o emolumentos que se pagan a un funcionario o empleado fuera del sueldo fijado. ‖ Dícese de ciertos fondos destinados en algunas oficinas a gastos accidentales.

eventualidad. fr., *éventualité*; it., *eventualità*; i., *contingency, eventuality*; a., *Eventualität, Möglichkeit*. f. Calidad de eventual. ‖ Hecho o circunstancia de realización incierta o conjetural.

eventualmente. adv. m. Incierta o casualmente.

Everdingen (Allart van). Biog. Pintor holandés, n. en Alkmar y m. en Amsterdam (1621-1675). Fue autor de gran número de paisajes que adolecen, tal vez, de cierta monotonía, pero en los que se encuentran hermosos efectos. Entre sus obras, se citan como más notables: *Una tempestad*, *La desembocadura del Escalda* y *Caza del ciervo*.

Everest (Frank Kendall). Biog. Aviador militar estadounidense, n. en Fairmont, Virginia, en 1920. Piloto de pruebas, ha tripulado aviones, reactores y aviones-cohete. Después de batir las marcas de altura en dos ocasiones (21.900 y 27.000 m.) y la de velocidad (2.500 kmh.), realizó el 25 de julio de 1956 la proeza de sobrepasar el muro del calor, a la alt. de 28.000 m. y a la velocidad de 3.218 kmh. ‖ **(George).** Geógrafo e ingeniero militar inglés, n. en Greenwich y m. en Londres (1790-1866). De 1823 a 1843 dirigió el Servicio Topográfico de la India e hizo la medición de la misma; reconoció la isla de Java y publicó numerosas obras. El hecho de haber descubierto y medido el pico más alto del Himalaya ha perpetuado su nombre, incorporándolo al mencionado monte. ‖ (En tibetano, *Chomo-Lungma*, que sign. *Madre-diosa de las montañas*.) **Geog.** El pico más alto del Himalaya y también del globo. Su alt. es de 8.848 m. Está sit. en el límite entre Nepal y el Tíbet, y debe su nombre al coronel George Everest, quien determinó su altura en 1852. El afán del hombre de dominar a la naturaleza tenía planteado desde hace años el problema de la conquista del Everest; pero hasta 1953 todos los intentos fracasaron a causa de las tremendas dificultades de la empresa. El coronel John Hunt dirigió una expedición inglesa, la undécima efectuada hasta entonces, que merced a la preparación técnica (en que fueron de gran provecho las experiencias de las expediciones suizas) y al espíritu de equipo, dos de sus miembros, los que se encontraban en mejores condiciones físicas, el neozelandés Edmund Hillary y el sherpa Tensing Bhutia, nepalí de nacimiento e indio por su residencia, lograron culminar la cima el día 29 de mayo. La japonesa Junko Tawai ha sido la primera mujer que ha escalado el Everest, hazaña que completó el 16 de mayo de 1975. El 8 de mayo de 1978 fue coronado por una cordada austriaca que no portaba oxígeno.

Vista del circo del Everest

Everett. Geog. C. de EE. UU., en el de Washington, cap. del cond. de Snohomish; 53.622 h.

Everglades. Geog. Región pantanosa de EE. UU., en el de Florida. Su enorme ext., 600.000 hect., se ha convertido en un impresionante parque nacional, notable por sus especies animales raras de tipo tropical.

eversión. (Del lat. *eversĭo, -ōnis*.) f. Destrucción, ruina, desolación.

Evia (Jacinto). Biog. Poeta ecuatoriano, n. en Guayaquil en 1620. Publicó en 1675 el *Ramillete de varias flores poéticas recogidas y cultivadas en los primeros abriles de sus años*, que comprende obras suyas, del bogotano Hernando Domínguez Camargo y del sevillano Antonio de Bastidas.

Évian-les-Bains. Geog. C. de Francia, depart. de Alta Saboya, en la orilla meridional del lago Ginebra; 5.200 h. En su término tuvieron lugar en 1961 y 1962, con diversas interrupciones, las conversaciones entre los representantes del Gobierno francés y del Frente de Liberación Nacional, para resolver el problema de Argelia, cuyo resultado fueron los llamados *Acuerdos de Évian*, firmado el 18 de marzo de 1962.

evicción. (Del lat. *evictio, -ōnis*.) f. **Der.** Pérdida de un derecho por sentencia firme y en virtud de derecho anterior ajeno.

evidencia. fr., *évidence*; it., *evidenza*; i., *evidence*; a., *Evidenz*. (Del lat. *evidentia*.) f. **Filos.** Certeza clara, manifiesta y tan perceptible de una cosa, que nadie puede racionalmente dudar de ella. ‖ **moral.** Certidumbre de una cosa, de modo que el sentir o juzgar lo contrario sea tenido por temeridad. ‖ **en evidencia.** m. adv. Con los verbos *poner, estar, quedar*, etc., en ridículo, en situación desairada.

evidenciar. (De *evidencia*.) tr. Hacer patente y manifiesta la certeza de una cosa; probar y mostrar que no sólo es cierta, sino clara.

evidente. fr., *évident*; it., *evidente*; i., *evident*; a., *offenbar, augenscheinlich*. (Del lat. *evidens, -entis*.) adj. Cierto, claro, patente y sin la menor duda. ‖ Se usa como expresión de asentimiento.

evidentemente. adv. m. Con evidencia.

eviscerar. (Del lat. *eviscerāre*.) tr. Extraer las vísceras o entrañas.

evitable. (Del lat. *evitabĭlis*.) adj. Que se puede evitar o debe evitarse.

evitación. (Del lat. *evitatĭo, -ōnis*.) f. Acción y efecto de precaver y evitar que suceda una cosa.

evitado, da. (Del lat. *evitātus*.) adj. ant. **vitando.** Usáb. t. c. s.

evitar. fr., *éviter, échapper*; it., *evitare*; i., *to avoid*; a., *meiden*. (Del lat. *evitāre*.) tr. Apartar algún daño, peligro o molestia; precaver, impedir que suceda. ‖ Excusar, huir de incurrir en algo. ‖ Huir de tratar a uno; apartarse de su comunicación. ‖ prnl. ant. Eximirse del vasallaje.

eviterno—evolucionismo

eviterno, na. (Del lat. *aeviternus.*) adj. **Filos.** Que habiendo comenzado en tiempo, no tendrá fin; como los ángeles, las almas racionales, el cielo empíreo.

evo. (Del lat. *aevum.*) m. **Poét.** Duración de tiempo sin término. || **Teol.** Duración de las cosas eternas.

evocable. adj. Que se puede evocar.

evocación. fr., *évocation;* it., *evocazione;* i., *evocation;* a., *Anrufung.* (Del lat. *evocatio, -ōnis.*) f. Acción y efecto de evocar.

evocador, ra. adj. Que evoca.

evocar. fr., *évoquer;* it., *evocare;* i., *to evoke;* a., *anrufen.* (Del lat. *evocāre.*) tr. Llamar a los espíritus y a los muertos, suponiéndolos capaces de acudir a los conjuros e invocaciones. || Apostrofar a los muertos. || fig. Traer alguna cosa a la memoria o a la imaginación.

evocatorio, ria. adj. Perteneciente o relativo a la evocación.

¡evohé! (Del lat. *evoe,* y éste del gr. *euoi.*) interj. **Mit.** Grito de las bacantes para aclamar o invocar a Baco.

evolar. (Del lat. *evolāre.*) intr. ant. Salir volando, volar.

evolución. fr., *évolution;* it., *evoluzione;* i., *evolution;* a., *Entwicklung.* (Del lat. *evolutio, -ōnis.*) f. Acción y efecto de evolucionar. || Desarrollo de las cosas o de los organismos, por medio del cual pasan gradualmente de un estado a otro. || Cambio de forma. || fig. Mudanza de conducta, de propósito o de actitud. || fig. Desarrollo o transformación de las ideas o de las teorías. || **Biol.** Conjunto de las diversas formas o estados por los que pasa el individuo hasta llegar a un desarrollo perfecto, y la especie en su marcha progresiva hacia formas superiores de vida. Esta palabra, que en su origen significaba la acción de desenvolver un volumen para leerlo, tiene el mismo sentido metafórico que la voz *desarrollo.* Hay también que considerar la evolución *filogenética,* o de las especies, es decir, el conjunto de modificaciones a través de las cuales los seres vivos han dado lugar, a lo largo de los tiempos geológicos, a la enorme variedad de formas existentes y extinguidas, siguiendo un proceso, en general progresivo, iniciado a partir de organismos sencillísimos, probablemente de ciertas substancias inorgánicas muy complejas y en condiciones especialmente favorables. En general, se entiende hoy por evolución, no sólo el hecho biológico, sino la teoría que sostiene la veracidad de este hecho, el *evolucionismo* (v.) o *transformismo,* así como las hipótesis tendentes a explicar el mecanismo *evolutivo:* el *darvinismo,* el *lamarckismo* y otras. || **Filos.** Hipótesis que pretende explicar todos los fenómenos, cósmicos, físicos y mentales, por transformaciones sucesivas de una sola realidad primera, sometida a perpetuo movimiento intrínseco, en cuya virtud pasa de lo simple y homogéneo a lo compuesto y heterogéneo. || **Mar.** y **Mil.** Movimiento que hacen los buques o las tropas, pasando de unas formaciones a otras para atacar al enemigo o defenderse de él.

evolucionar. intr. Desenvolverse, desarrollarse los organismos o las cosas, pasando de un estado a otro. || Mudar de conducta, de propósito o de actitud. || **Mar.** y **Mil.** Hacer evoluciones los buques o las tropas.

evolucionismo. (De *evolución* e *-ismo.*) m. **Biol.** Doctrina que admite el hecho de la evolución orgánica, llamada también *transformismo* o *teoría de la evolución.* El origen de las especies puede explicarse admitiendo que cada una de ellas es producto de un acto especial de creación, y que todas son esencialmente inmutables; esto quiere decir que sus variaciones no alcanzan a producir especies nuevas; esta doctrina se ha venido denominando *creacionismo* o *fijismo.* El evolucionismo supone, en cambio, la transformación de unas especies en otras a lo largo de la historia de la Tierra. En el momento actual, los biólogos son evolucionistas en su inmensa mayoría, si bien discrepan en cuanto a las causas de la evolución.

Origen de la vida. Según el criterio evolucionista, la vida debió iniciarse en las aguas primitivas hace más de 3.000 millones de años, en un medio abundante en metano, hidrógeno, amoníaco y agua, y con descargas eléctricas frecuentes, gracias a las cuales se pudieron formar los compuestos orgánicos base de la materia viva, fenómenos que se han repetido experimentalmente en los últimos tiempos. Durante millones de años las reacciones continuaron hasta producir substancias capaces de autoduplicarse (ácidos desoxirribonucleicos), y cuando estas substancias «aprendieron» a elaborar, seleccionar e incorporar proteínas, fue cuando pudo iniciarse la formación de los organismos vivos más sencillos. Es claro que la disponibilidad de tiempo fue enorme, y que se debieron producir incontables reacciones ineficaces, hasta que les llegó el turno a las reacciones «adecuadas y fructíferas». Aparte de aquellos primeros compuestos vivos, poco más que macromoléculas de nucleoproteidos, sencillos como los virus, los factores que se indicarán luego determinaron la variación continuada y progresiva de las especies. Dos hechos deben tenerse en cuenta en este proceso. El primero es que organismos hoy conceptuados sencillos, como la ameba, son evolutivamente muy complejos, y que entre los primitivos vivientes y los amébidos hubo de transcurrir mucho más tiempo que entre éstos y la aparición de los primeros vertebrados. El segundo, que la evolución ha sido posible gracias a la aparición de ciertas estructuras y capacidades que han representado una decidida ventaja en el cumplimiento de las funciones esenciales de la vida. Tales han sido la fotosíntesis, el sistema transmisor de energía formado por el tri y el di-fosfato de adenosina (TFA-DFA), la mitosis, la reproducción sexual, el huevo protegido de reptiles y aves, la homotermia, el viviparismo, etc.

Factores de la evolución. La moderna síntesis evolucionista ve así el proceso de la transformación de las especies: frente a la *herencia,* que tiende a conservar los caracteres, existe la *variabilidad,* cuyos factores esenciales son la *mutación* y la *recombinación génica;* sobre los resultados debidos a estos factores actúan, a su vez, la *selección natural* y el *aislamiento,* que determinan la adaptación de los seres vivos al medio. Las *mutaciones* son cambios discretos en el material génico; se deben a causas diversas y producen modificaciones *hereditarias.* La *recombinación génica* es causa de que, en la reproducción sexual, se originen formas antes no existentes, ya por nuevas

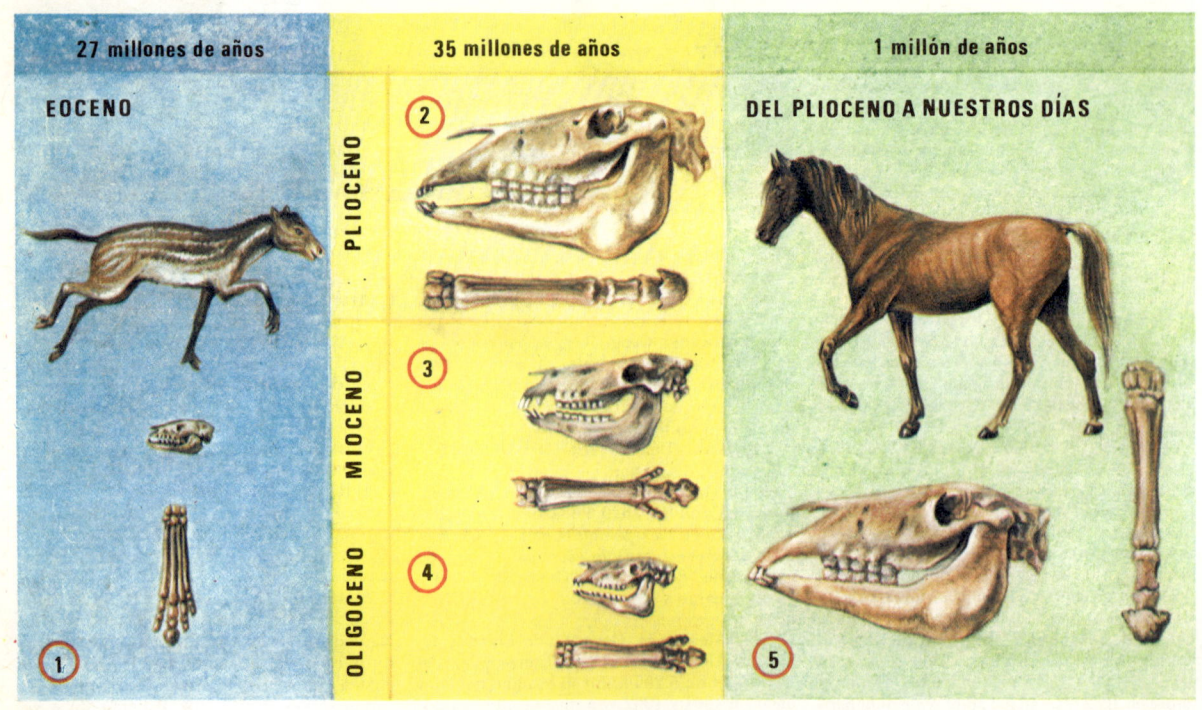

Evolución de un caballo

combinaciones de cromosomas, o de genes dentro de cada par de cromosomas, ya por alteraciones posicionales de los genes, por duplicación de los cromosomas, por pérdida de porciones de éstos, etc. La *selección natural*, base de la explicación darvinista de la evolución (v. **darvinismo**), significa que el medio actúa sobre las variaciones. Los individuos que las poseen desfavorables dejan menos descendencia que los que las presentan favorables, acabando aquéllos por extinguirse. Así, pues, la selección natural no crea caracteres, sólo adapta los originados por la mutuación y por la recombinación génica. Por último, por el *aislamiento*, los descendientes separados de una especie no se pueden poner en contacto, y sus mutaciones y recombinaciones los alejan cada vez más hasta que sus dotaciones genéticas se hacen tan diferentes que dejan de ser entrecruzables.

Historia. Ya Anaximandro, en la antigüedad clásica, tuvo ideas evolucionistas, pero hasta el s. XVIII, hasta Buffon y Erasmus Darwin, el creacionismo reinó indiscutido, pese a que la clasificación natural de Linneo parecía exigir una explicación. El primer evolucionista que ejerció un influjo claro sobre el pensamiento biológico fue el francés Lamarck, para quien la evolución se debía al influjo directo del medio, que «modelaba» a los organismos, hipótesis expuesta en su *Filosofía zoológica* (1809). Frente al lamarckismo (v.), el inglés Charles Robert Darwin estableció como factor fundamental de la evolución la selección natural, que, en efecto, es uno de los principales, idea que desarrolló en *El origen de las especies* (1859) y que fue la base del darvinismo (v.). Ernst Heinrich Haeckel (v.), biólogo alemán, seguidor de la doctrina de Darwin, formuló la *ley biogenética fundamental* (1868),

Charles Robert Darwin

de honda trascendencia. El ejemplo clásico, de que los embriones de reptiles, aves y mamíferos poseen aberturas branquiales, debe interpretarse no como una repetición ontogenética de un estado ictioforme adulto, sino como un estado del desarrollo individual que posiblemente apareció en los embriones de los antecesores de esos vertebrados pulmonados a partir de formas acuáticas con respiración branquial. En los demás grupos zoológicos se encuentran hechos parecidos: larvas con notocordio de algunos procordados, larvas nadadoras de equinodermos sedentarios (erizos y estrellas de mar), de moluscos lamelibranquios, etc. La genética, iniciada por Mendel; las mutaciones, puestas de manifiesto por Hugo de Vries, y los progresos en citología, bioquímica, etc., condujeron hacia 1930 a la síntesis moderna que se resumió más arriba.

evolucionista. adj. Biol. Relativo a la evolución. ‖ Partidario del evolucionismo. Ú. t. c. s.

evolutivo, va. adj. **Biol.** Perteneciente a la evolución.
evónico, ca. adj. **Bot.** Relativo al evónimo.
evónimo. (Del lat. *evonўmus*, y éste del gr. *eúonymos*; de *eu*, bien, y *ónoma*, nombre.) **Bot.** Gén. de plantas de la familia de las celastráceas, con setenta especies de países templados, entre ellas el bonetero y el evónimo de Japón.
Évora. Geog. Dist. de Portugal, prov. de Alto Alentejo; 7.393 km.² y 176.044 h. ‖ C. cap. del mismo y de la prov. de Alto Alentejo; 35.406 habitantes. Es sede arzobispal y está rodeada de murallas. Notable templo romano, muy bien conservado; acueducto; catedral, en parte del s. XII y casi toda ella de estilo gótico primitivo.
Évreux. Geog. C. de Francia, cap. del depart. de Eure, a orillas del Iton; 42.550 h. Majestuosa catedral construida entre los s. XI y XVI; iglesia románica del s. XI; palacio episcopal y torre de observación. Diversas industrias.
Evtuchenko (Eugeni). Biog. Poeta soviético, n. en Zima, Siberia, en 1933. Es muy admirado por parte de la juventud soviética, que ve en él un portavoz de sus aspiraciones frente a las generaciones anteriores. Su poema *Baby Yar* (1961), en memoria de los judíos asesinados cerca de Kiev por los nazis, sirvió de base al compositor Shostakovich para su decimotercera sinfonía. Autor también de *No he nacido tarde* (1962), *Los herederos de Stalin, Entre la ciudad sí y la ciudad no*, etc.

Evzones

evzón. (Del gr. mod. *eúzonos*, activo; de *eu*, bien, y *zónnymi*, ceñir.) m. Soldado griego que forma parte de una unidad especial de infantería ligera y va vestido con la indumentaria nacional llamada *fustanella*. Su armamento es moderno.
Ewald (Johannes). Biog. Poeta danés, n. y m. en Copenhague (1743-1781). Además de sus numerosas composiciones poéticas, escribió y dio a la escena varias obras, como *Adán y Eva*, *Rolf Krage* (1770), *La muerte de Balder* (1773) y *Los pescadores* (1779). De esta última, a la que puso música Hartmann, han sacado los daneses su himno nacional.
Ewing (sir James Alfred). Biog. Ingeniero y físico inglés, n. en Dundee, Escocia, y m. en Cambridge (1855-1935). Fue rector y vicecanciller de la Universidad de Edimburgo, profesor en Tokio, Dundee y Cambridge. Estudió el magnetismo y observó los fenómenos de la histéresis.
ex. prep. lat. que forma parte de algunas locuciones latinas usadas en nuestro idioma, p. e., **ex** *aequo*, **ex** *cáthedra*, etc. Ú. m. c. pref., con la significación, por lo común, de más allá de cierto espacio o límite de lugar o tiempo, como en **ex**traer, **ex**temporáneo; negación o privación, como en **ex**heredar, o encareciendo, como en **ex**clamar. (V. **e-**.) ‖ Antepuesta a nombres de dignidades o cargos, denota que los tuvo y ya no los tiene la persona de quien se hable; v. gr.: **ex** *provincial*, **ex** *ministro*. ‖ También se antepone a

otros nombres o adjetivos de persona para indicar que ésta ha dejado de ser lo que aquéllos significan: **ex** *discípulo*, **ex** *monárquico*.
ex-, exo-. (Del gr. *ek, ex,* o *éxo.*) pref. que sign. fuera de.
ex abrupto. (Del lat. *ex abrupto,* de repente, de improviso.) m. adv. que explica la viveza y calor con que uno prorrumpe a hablar cuando o como no se esperaba. ‖ **Der.** Arrebatadamente, sin guardar el orden establecido. Decíase principalmente de las sentencias cuando no les habían precedido las solemnidades de estilo.
exabrupto. (De *ex abrupto.*) m. Salida de tono, dicho o ademán inconveniente e inesperado, manifestado con viveza.
exacción. fr. e i., *exaction;* it., *esazione;* a., *Erpressung.* (Del lat. *exactio, -ōnis.*) f. Cobro injusto o violento. ‖ **Econ.** Acción y efecto de exigir, con aplicación a impuestos, prestaciones, multas, deudas, etc.
exacerbación. (Del lat. *exacerbatĭo, -ōnis.*) f. Acción y efecto de exacerbar o exacerbarse.
exacerbamiento. m. **exacerbación.**
exacerbar. fr., *irriter, exaspérer;* it., *esacerbare;* i., *to exacerbate;* a., *erbittern, verbittern, verschlimmern.* (Del lat. *exacerbāre;* de *ex*, intens., y *acerbus,* amargo.) tr. Irritar, causar muy grave enfado o enojo. Ú. t. c. prnl. ‖ Agravar o avivar una enfermedad, una pasión, una molestia. Ú. t. c. prnl.
exactamente. adv. m. Con exactitud.
exactitud. fr.,*exactitude, justesse;* it.,*esattezza;* i., *exactness;* a., *Pünktlichkeit, Genauigkeit.* (De *exacto.*) f. Puntualidad y fidelidad en la ejecución de una cosa.
exacto, ta. (Del lat. *exactus,* de *exigĕre,* exigir.) adj. Puntual, fiel y cabal.
exactor. (Del lat. *exactor.*) m. Cobrador o recaudador de los tributos, impuestos o emolumentos.
ex aequo. loc. lat. que sign. con mérito o título iguales; en igualdad de condiciones.
exageración. fr., *exagération;* it., *esagerazione;* i., *exaggeration;* a., *Übertreibung.* (Del lat. *exaggeratio, -ōnis.*) f. Acción y efecto de exagerar. ‖ Concepto, hecho o cosa que traspasa los límites de lo justo, verdadero o razonable.
exageradamente. adv. m. Con exageración.
exagerado, da. p. p. de **exagerar.** ‖ adj. **exagerador.** ‖ Excesivo, que incluye en sí exageración.
exagerador, ra. (Del lat. *exaggerātor, -ōris.*) adj. Que exagera. Ú. t. c. s.
exagerante. p. a. de **exagerar.** Que exagera.
exagerar. fr., *exagérer;* it., *esagerare;* i., *to exaggerate;* a., *übertreiben.* (Del lat. *exaggerāre;* de *ex*, fuera, y *agger,* dique.) tr. Encarecer, dar proporciones excesivas, decir, representar o hacer una cosa de modo que exceda de lo verdadero, natural, ordinario, justo o conveniente.
exagerativamente. adv. m. Con exageración.
exagerativo, va. adj. Que exagera.
exagitado, da. (Del lat. *exagitātus.*) adj. ant. Agitado, estimulado.
exaltación. fr. e i., *exaltation;* it., *esaltazione;* a.,*Erhebung, Erhöhung.* (Del lat. *exaltatĭo,-ōnis.*) f. Acción y efecto de exaltar o exaltarse. ‖ Gloria que resulta de una acción muy notable.
Exaltación de la Cruz. Geog. Part. de Argentina, prov. de Buenos Aires; 662 km.² y 10.630 h. Cap., Capilla del Señor.
exaltado, da. p. p. de **exaltar.** ‖ adj. Que se exalta.
exaltador, ra. adj. Que exalta.
exaltamiento. (De *exaltar.*) m. Acción y efecto de exaltar o exaltarse.
exaltar. fr., *exhausser, exalter;* it., *esaltare;* i., *to exalt;* a., *erheben, erhöhen.* (Del lat. *exaltāre.*) tr. Elevar a una persona o cosa a mayor auge o

dignidad. ‖ fig. Realzar el mérito o circunstancias de uno con demasiado encarecimiento. ‖ prnl. Dejarse arrebatar de una pasión, perdiendo la moderación y la calma.

exalzar. (Del lat. *exaltiāre.*) tr. ant. **ensalzar.**

examen. fr. *examen;* it., *esame;* i., *inquiry, examen, examination;* a., *Prüfung, Untersuchung.* (Del lat. *exāmen.*) m. Indagación y estudio que se hace acerca de las cualidades y circunstancias de una cosa o de un hecho. ‖ Prueba que se hace de la idoneidad de un sujeto para el ejercicio y profesión de una facultad, oficio o ministerio, o para demostrar el aprovechamiento en los estudios. ‖ **(libre).** *Rel.* El que desde el punto de vista cristiano se hace de los dogmas, sin otro criterio que el texto de la Biblia interpretado conforme al juicio personal y descartando la autoridad de la Iglesia docente. ‖ **de conciencia.** Recordación de las palabras, obras y pensamientos con relación a las obligaciones de cristiano. ‖ **de testigos.** *Der.* Diligencia judicial que se practica tomando declaración a las personas que, no siendo parte en el juicio, saben y pueden dar testimonio sobre lo que se quiere averiguar.

examinación. (Del lat. *examinatio, -ōnis.*) f. ant. **examen.**

examinador, ra. (Del lat. *examinātor, -ōris.*) m. y f. Persona que examina. ‖ **sinodal.** *Der. can.* Teólogo o canonista nombrado por el prelado diocesano en el sínodo de su diócesis, o fuera de él, en virtud de su propia autoridad, para examinar a los que han de ser admitidos a las órdenes sagradas y ejercer los ministerios de párrocos, confesores, predicadores, etc.

examinamiento. (De *examinar.*) m. ant. **examen.**

examinando, da. (Del lat. *examinandus.*) m. y f. Persona que está para ser examinada.

examinante. p. a. de **examinar.** Que examina. ‖ m. ant. Que está para examinarse.

examinar. fr., *examiner;* it., *esaminare;* i., *to examine;* a., *prüfen.* (Del lat. *examināre.*) tr. Inquirir, investigar, escudriñar con diligencia y cuidado una cosa. ‖ Reconocer la calidad de una cosa, viendo si contiene algún defecto o error. ‖ Probar o tantear la idoneidad y suficiencia de los que quieren profesar o ejercer una facultad, oficio o ministerio, o ganar cursos en los estudios. Ú. t. c. prnl.

exangüe. (Del lat. *exsanguis;* de *ex,* priv., y *sanguis,* sangre.) adj. Desangrado, falto de sangre. ‖ fig. Sin ningunas fuerzas, aniquilado. ‖ fig. **muerto,** sin vida.

exanimación. (Del lat. *exanimatio, -ōnis.*) f. *Med.* Privación de las funciones vitales.

exánime. (Del lat. *exanimis;* de *ex,* priv., y *ănimus,* espíritu.) adj. Sin señal de vida o sin vida. ‖ fig. Sumamente debilitado; sin aliento, desmayado.

exánquido, da. (Del lat. científico *hexanchus,* gén. tipo de peces, y *-ido;* aquél del gr. *héx,* seis, y *ágcho,* apretar, estrangular.) adj. *Zool.* Dícese de los selacios escualiformes, con seis o siete pares de aberturas branquiales y muchos caracteres arcaicos. Son la cañabota y el boquidulce. ‖ m. pl. Familia de estos peces.

exantema. fr., *exanthème;* it., *esantema;* i., *exanthema;* a., *Hautausschlag.* (Del lat. *exanthēma,* y éste del gr. *exánthema,* de *exanthéo,* florecer: *eflorescencia.* De hecho, exantema es el conjunto, *eflorescencia,* cada manifestación por separado.) m. *Pat.* Erupción de tipo congestivo, como la viruela, sarampión, escarlatina, y más especialmente, erupción de la piel, de color rojo más o menos subido, que desaparece momentáneamente con la presión del dedo; va acompañada o precedida de calentura y termina por descamación.

exantemático, ca. adj. *Pat.* Perteneciente al exantema o acompañado de esta erupción.

exarca. (De *exarco.*) m. Gobernador que algunos emperadores de Oriente enviaban a Italia para que gobernase las provincias sujetas a ellos, y residía ordinariamente en Ravena. ‖ En la Iglesia griega, dignidad inmediatamente inferior a la de patriarca.

exarcado. m. Dignidad de exarca. ‖ Espacio de tiempo que duraba el gobierno de un exarca. ‖ Período histórico en que hubo exarcas. ‖ Territorio gobernado por un exarca.

exarco. (Del lat. *exarchus,* y éste del gr. *éxarchos.*) m. **exarca.**

exardecer. (Del lat. *exardescĕre.*) intr. ant. Enardecerse, airarse extremadamente.

exárico. (Del ár. *aš-šarīk,* asociado, aparcero.) m. Aparcero o arrendatario moro que pagaba una renta proporcional a los frutos de la cosecha. ‖ Siervo de la gleba, de origen moro.

exartrosis. (De *ex,* fuera de, y *-artrosis.*) f. *Pat.* Luxación de dos huesos articulados por diartrosis.

exasperación. (Del lat. *exasperatio, -ōnis.*) f. Acción y efecto de exasperar o exasperarse.

exasperante. p. a. de **exasperar.** Que exaspera.

exasperar. fr., *exaspérer;* it., *esasperare;* i., *to exasperate;* a., *reizen, erzürnen.* (Del lat. *exasperāre.*) tr. Lastimar, irritar una parte dolorida o delicada. Ú. t. c. prnl. ‖ fig. Irritar, enfurecer, dar motivo de enojo grande a uno. Ú. t. c. prnl.

exaudible. (Del lat. *exaudibĭlis.*) adj. ant. De naturaleza o calidad para ser oído favorablemente, y para ser merecida lo que se pide.

exaudir. (Del lat. *exaudīre.*) tr. ant. Oír favorablemente los ruegos y conceder lo que se pide.

excandecencia. (Del lat. *excandescentĭa.*) f. Irritación vehemente.

excandecer. (Del lat. *excandescĕre.*) tr. Encender en cólera a uno, irritarle. Ú. t. c. prnl.

excarcelable. adj. Que puede ser excarcelado.

excarcelación. f. Acción y efecto de excarcelar.

excarcelar. (De *ex,* fuera de, y *cárcel.*) tr. Poner en libertad al preso, por mandamiento judicial, bajo fianza o sin ella. Ú. t. c. prnl.

excarceración. (Del lat. *ex,* fuera de, y *carcer,* cárcel.) f. p. us. *Der.* **excarcelación.**

ex cáthedra. (expr. lat.; de *ex,* desde, y *cáthedra,* cátedra, silla.) Desde la cátedra (de San Pedro). Dícese cuando el papa enseña a toda la Iglesia y define, queriendo imponerlas como irreformables, verdades pertenecientes a la fe o a las costumbres. ‖ Por ext., desde la silla (del catedrático). Dícese del que se expresa con alcance o tono magistral, aunque no esté sentado. ‖ fig. y fam. En tono magistral y decisivo.

excautivo, va. adj. Que ha padecido cautiverio. Ú. t. c. s.

excava. f. *Agr.* Acción y efecto de excavar, quitar tierra de alrededor de una planta.

excavación. fr., *fouille, excavation;* it., *escavazione, scavo;* i., *excavation;* a., *Aushöhlung, Ausgrabung.* (Del lat. *excavatio, -ōnis.*) f. Acción y efecto de excavar.

excavador, ra. adj. Que excava. Ú. t. c. s. ‖ f. Máquina para excavar. (V. **draga.**)

excavar. fr., *excaver, déchausser, faire des fouilles;* it., *scavare, affondare;* i., *to excavate;* a., *aushöhlen.* (Del lat. *excavāre.*) tr. Quitar de una cosa sólida, especialmente de la tierra, parte de su masa o grueso, haciendo hoyo o cavidad en ella. ‖ Hacer en el terreno hoyos, zanjas, desmontes, pozos o galerías subterráneas. ‖ *Agr.* Descubrir y quitar la tierra de alrededor de las plantas para beneficiarlas.

excedencia. f. Condición de excedente, dicho del funcionario público que no ejerce su cargo. ‖ Haber que percibe el oficial público que está excedente.

excedente. p. a. de **exceder.** Que excede. ‖ adj. **excesivo.** ‖ **sobrante,** que sobra. Ú. t. c. s. m. ‖ Se dice del empleado público que, sin perder este carácter, es decir, sin abandonar el cuerpo a que pertenece y continuando en el escalafón del mismo, está temporalmente alejado de su cargo, ya con carácter voluntario o forzoso. ‖ m. *Econ.* Cantidad de mercancías o dinero que, en un régimen económico de competencia, sobrepasa el nivel normal de la demanda y da origen a una modificación del nivel de precios.

exceder. fr., *excéder, dépasser;* it., *eccedere, trasmodare;* i., *to exceed, to surpass;* a., *überschreiten.* (Del lat. *excedĕre.*) tr. Ser una persona o cosa más grande o aventajada que otra con que se compara en alguna línea. ‖ intr. Propasarse, ir más allá de lo lícito o razonable. Ú. m. c. prnl.

excelencia. fr., *excellence;* it., *eccellenza;* i., *excellency;* a., *Vortrefflichkeit, Exzellenz.* (Del lat. *excellentĭa.*) f. Superior calidad o bondad que constituye y hace digna de singular aprecio y estimación en su género una cosa. ‖ Tratamiento de respeto y cortesía que se da a algunas personas por su dignidad o empleo. ‖ **por excelencia.** m. adv. **excelentemente.** ‖ **por antonomasia.**

excelente. fr. e i., *excellent;* it., *eccellente;* a., *vortrefflich, ausgezeichnet.* (Del lat. *excellens, -entis,* p. pres. de *excellĕre.*) adj. Que sobresale en bondad, mérito o estimación entre las cosas que son buenas en su misma especie. ‖ Tratamiento honorífico usado antiguamente. ‖ m. **Num.** Moneda de oro acuñada por los Reyes Católicos, equivalente a la dobla. ‖ **de la granada.** Moneda de oro acuñada por los Reyes Católicos, de menos peso y valor que la dobla. Se llamó así por llevar en el escudo del anverso la figura de una

Excavadora

Excelentes. Museo Arqueológico Nacional. Madrid

granada alusiva a la reconquista del reino de Granada.

excelentemente. adv. m. Con excelencia.

excelentísimo, ma. (superl. de *excelente*.) adj. Tratamiento y cortesía con que se habla a la persona a quien corresponde el de excelencia, antepuesto a la palabra *señor* o *señora*.

excelsamente. adv. m. De un modo excelso; alta y elevadamente.

excelsitud. (Del lat. *excelsitūdo*.) f. Suma alteza.

excelso, sa. fr., *éminent, très haut*; it., *eccelso*; i., *eminent, high, lofty*; a., *hoch, erhaben*. (Del lat. *excelsus*, p. p. de *excellēre*.) adj. Muy elevado, alto, eminente. || fig. Úsase por elogio, para denotar la singular excelencia de la persona o cosa a que se aplica. || **el Excelso. el Altísimo.**

excéntricamente. adv. m. Con excentricidad.

excentricidad. fr., *excentricité*; it., *eccentricità*; i., *eccentricity*; a., *Exzentrizität*. (De *excéntrico*.) f. Rareza o extravagancia de carácter. || Dicho o hecho raro, anormal o extravagante. || **Geom.** Distancia que media entre el centro de la elipse y uno de sus focos.

excéntrico, ca. fr., *excentrique*; it., *eccentrico*; i., *eccentric*; a., *exzentrisch*. (De *ex-*, fuera de, y *céntrico*.) adj. De carácter raro, extravagante. || En términos geométricos, que está fuera del centro o que tiene un centro diferente. || m. Artista de circo que practica ejercicios originales o extraños y que, generalmente, toca varios instrumentos musicales. || f. **Mec.** Pieza que gira alrededor de un punto que no es su centro de figura; tiene por objeto transformar el movimiento circular continuo en rectilíneo alternativo. Ú. t. c. m. || **de la espada.** *Esgr.* Empuñadura, estando en postura de ángulo agudo.

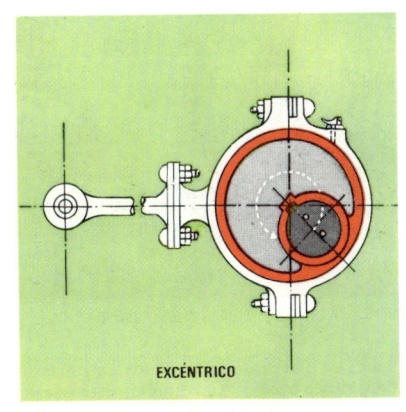

EXCÉNTRICO

excepción. fr. e i., *exception*; it., *eccezione, eccettuazione*; a., *Ausnahme*. (Del lat. *exceptĭo, -ōnis*; de *ex-*, fuera, y *capĕre, cepi, captum*, tomar.) Acción y efecto de exceptuar. || Cosa que se aparta de la regla o condición general de las demás de su especie. || **Der.** Título o motivo jurídico que el demandado alega para hacer ineficaz la acción del demandante; como el pago de la deuda, la prescripción del dominio, etc. || **dilatoria.** La que, según ley, puede ser tratada y resuelta en artículo de previo pronunciamiento, con suspensión entretanto del juicio. || **perentoria.** La que se ventila en el juicio y se falla en la sentencia definitiva.

excepcional. fr., *exceptionel*; it., *eccezionale*; i., *exceptional*; a., *eine, Ausnahme machend, aussergewöhnlich*. adj. Que forma excepción de la regla común. || Que se aparta de lo ordinario, o que ocurre rara vez.

excepcionalmente. adv. m. Por excepción.

excepcionar. tr. us. Excluir de la regla o caso común. || **Der.** Alegar excepción en el juicio.

exceptación. (De *exceptar*.) f. ant. **excepción.**

exceptador, ra. (De *exceptar*.) adj. ant. Que exceptúa.

exceptar. (Del lat. *exceptāre*.) tr. ant. Excluir de la regla o caso común.

exceptivo, va. adj. Que exceptúa. || Que expresa o hace excepción.

excepto, ta. (Del lat. *exceptus*, retirado, sacado.) p. p. irreg. ant. de **exceptar.** || adj. ant. Sin dependencia. || adv. m. A excepción de, fuera de, menos.

exceptuación. (De *exceptuar*.) f. Acción y efecto de exceptuar.

exceptuar. fr., *excepter*; it., *eccettuare*; i., *to except*; a., *ausnehmen, ausschliessen*. (Del lat. *exceptus*, p. p. de *excipĕre*, sacar.) tr. Excluir a una persona o cosa de la generalidad de lo que se trata o de la regla común. Ú. t. c. prnl.

excerpta. (Del lat. *excerpta*, pl. de *excerptus*, elegido, entresacado.) f. Colección, recopilación, extracto.

excerta. f. **excerpta.**

excesivamente. adv. m. Con exceso.

excesivo, va. fr., *excessif*; it., *eccessivo*; i., *excessive*; a., *übermässig*. (De *exceso*.) adj. Que excede y sale de regla.

exceso. fr., *excès*; it., *eccesso*; i., *excess*; a., *Übermass*. (Del lat. *excessus*.) m. Parte que excede y pasa más allá de la medida o regla. || Lo que sale en cualquier línea de los límites de lo ordinario o de lo lícito. || Aquello en que una cosa excede a otra. || Abuso, delito o crimen. Ú. m. en pl. || ant. Enajenamiento y transportación de los sentidos. || **exceso de peso.** || **de capacidad.** *Informática*. Condición que se produce cuando el registro receptor es menor que el emisor. || **de peso,** o **de equipaje.** *Léx.* En los ferrocarriles y otros sistemas de transporte principalmente en avión, la demasía en el peso del equipaje, respecto del número de kilos que la compañía concede gratuitamente a cada viajero. || **de poder.** *Der.* Acto recurrible de la autoridad administrativa en que se extralimita de sus facultades o las ejerce fuera del procedimiento legal. || **en exceso.** m. adv. **excesivamente.**

excidio. (Del lat. *excidĭum*.) m. ant. Destrucción, ruina, asolamiento.

excipiente. fr. e i., *excipient*; it., *ecipiente*; a., *Auflösungsmittel*. (Del lat. *excipĭens, -entis,* p. a. de *excipĕre*, sacar, tomar.) m. **Farm.** Substancia, por lo común inerte, que se mezcla con los medicamentos para darles la consistencia, forma, sabor u otras cualidades que faciliten su uso.

excitabilidad. f. Calidad de excitable.

excitable. (Del lat. *excitabĭlis*.) adj. Capaz de ser excitado. || Que se excita fácilmente.

excitación. fr., *excitation*; it., *eccitazione, eccitamento*; i., *excitement*; a., *Erregung*. (Del lat. *excitatĭo, -ōnis*.) f. Acción y efecto de excitar o excitarse. || **Biol.** Efecto que produce un excitante al actuar sobre una célula, un órgano o un organismo. || **Elec.** Producción del flujo de inducción magnética, en un circuito magnético, por medio de una corriente eléctrica. Este término se emplea, a veces, como sinónimo de la fuerza magnetomotriz, que produce el flujo en un electroimán.

excitador, ra. fr., *excitateur*; it., *eccitatore*; i., *exciter*; a., *Entlader*. adj. Que produce excitación. || m. **Fís.** Aparato formado por dos arcos metálicos, aislado cada uno en uno de sus extremos y sujetos a girar alrededor de un eje; sirve para producir la descarga eléctrica entre dos puntos que tengan potenciales diferentes. || Sistema destinado a engendrar la descarga oscilatoria en las estaciones transmisoras de la telegrafía sin hilos.

excitante. p. a. de **excitar.** Que excita. Ú. t. c. s. m. || **Biol.** Estímulo cualitativo o cuantitativo, del medio en que se halla una célula, un órgano o un organismo, y que puede producir en éstos un cambio de su equilibrio material y dinámico, acompañado de la liberación de cierta cantidad de energía.

excitar. fr., *exciter*; it., *eccitare*; i., *to excite*; a., *erregen, aufreizen*. (Del lat. *excitāre*.) tr. Mover, estimular, provocar, inspirar algún sentimiento, pasión o movimiento. || prnl. Animarse por el enojo, el entusiasmo, la alegría, etcétera.

excitativo, va. adj. Que tiene virtud o intención de excitar o mover. Ú. t. c. s. m.

excitatriz. adj. fam. Que excita, excitadora. || f. **Fís.** Máquina suministradora de una corriente, generalmente continua, la cual alimenta las bobinas creadoras del campo magnético inductor, en otra máquina eléctrica principal.

exclamación. fr. e i., *exclamation*; it., *esclamazione*; a., *Ausruf*. (Del lat. *exclamatĭo, -ōnis*.) f. Voz, grito o frase en que se refleja una emoción del ánimo, sea de alegría, pena, indignación, cólera, asombro o cualquier otro afecto. || **Ret.** Figura que se comete expresando en forma exclamativa un movimiento del ánimo o una consideración de la mente.

exclamar. fr., *exclamer*; it., *esclamare*; i., *to exclaim*; a., *ausrufen*. (Del lat. *exclamāre*.) intr. Emitir palabras con fuerza o vehemencia para expresar un vivo afecto o movimiento del ánimo, o para dar vigor y eficacia a lo que se dice. Ú. t. c. tr.

exclamativo, va. (De *exclamar*.) adj. **exclamatorio.**

exclamatorio, ria. (De *exclamar*.) adj. Propio de la exclamación.

exclaustración. f. Acción y efecto de exclaustrar.

exclaustrado, da. p. p. de **exclaustrar.** || m. y f. Religioso exclaustrado.

exclaustrar. fr., *séculariser*; it., *schiostrare*; i., *to secularize*; a., *aus dem Kloster entlassen*. (De *ex*, fuera de, y *claustro*.) tr. Permitir u ordenar a un religioso que abandone el claustro, por supresión del instituto a que pertenece o por otro motivo. || **Der. can.** Permitir a un religioso que viva temporalmente fuera del claustro.

exclave. m. **Geog.** Terr. de una jurisdicción, separado de ella y enclavado en tierras de otra, con respecto a la cual constituye un enclave (v.).

excluible. (Del lat. *excludibĭlis*.) adj. Que puede ser excluido.

excluidor, ra. adj. Que excluye.

excluir. fr., *exclure*; it., *escludere, ributtare*; i., *to exclude*; a., *ausschliessen*. (Del lat. *excludĕre*.) tr. Echar a una persona o cosa fuera del lugar que ocupaba. || Descartar, rechazar o negar la posibilidad de alguna cosa.

exclusión. (Del lat. *exclusĭo, -ōnis*.) f. Acción y efecto de excluir.

exclusiva. fr., *privilège*; it., *esclusiva*; i., *exception, sole right*; a., *Vorzugsrecht*. (De *exclusivo*.) f. Repulsa para no admitir a uno en un empleo, comunidad o cargo. || Privilegio o derecho que se adquiere, en virtud del cual una persona o corporación puede hacer algo que está prohibido a las demás.

exclusivamente. adv. m. Con exclusión. || Sola, únicamente.

exclusive. fr., *en ne comptant pas, excepté*; it., *escluso*; i., *excluded*; a., *ausschliesslich*. adv. m. **exclusivamente.** || Significa, en todo género de cálculos y recuentos, que el último número o la última cosa de que se hizo mención no se toma en cuenta.

exclusividad. f. Calidad de exclusivo.

exclusivismo. (De *exclusivo*.) m. Obstinada adhesión a una persona, cosa o idea, sin prestar atención a las demás que deben ser tenidas en cuenta.

exclusivista. adj. Relativo al exclusivismo. || Dícese de la persona que practica el exclusivismo. Ú. t. c. s.

exclusivo, va. fr., *exclusif;* it., *esclusivo;* i., *exclusive;* a., *exklusiv, ausschliesslich.* (De *excluso.*) adj. Que excluye o tiene fuerza o virtud para excluir. ‖ Único, solo, excluyendo a cualquier otro.

excluso, sa. p. p. irreg. de **excluir.**

excluyente. adj. Que excluye, deja fuera o rechaza.

excogitable. (Del lat. *excogitabĭlis.*) adj. Que se puede excogitar, discurrir o imaginar.

Excomunión de Roberto «el Piadoso», por J. P. Laurens. Museo del Luxemburgo. París

excogitar. fr., *excogiter, imaginer;* it., *escogitare;* i., *to imagine, to excogitate;* a., *ausdenken, erdenken.* (Del lat. *excogitāre.*) tr. Hallar o encontrar una cosa con el discurso y la meditación.

excombatiente. adj. Que peleó bajo alguna bandera militar o por alguna causa política. Ú. t. c. s. ‖ El que, después de actuar en alguna de las últimas guerras, integró con sus compañeros de armas agrupaciones sociales o políticas en varios países.

excomulgación. (De *excomulgar.*) f. ant. **excomunión.**

excomulgado, da. fr., *excommunié;* it., *scomunicato;* i., *excommunicated;* a., *exkommuniziert.* p. p. de **excomulgar.** ‖ m. y f. Persona excomulgada. ‖ fig. y fam. Indino, endiablado. ‖ **vitando** *Der. can.* Aquel con quien no se puede lícitamente tratar ni comunicar en aquellas cosas que se prohíben para la excomunión. Para ser vitando, se requiere haber sido excomulgado nominalmente por la Sede Apostólica, que la excomunión haya sido públicamente anunciada y que, en el decreto o sentencia, se diga que *debe evitarse.* De suyo sólo se considera excomulgado vitando el que pusiere violentamente sus manos en la persona del Romano Pontífice.

excomulgador. (Del lat. *excommunicātor, -ōris.*) m. El que excomulga.

excomulgamiento. (De *excomulgar.*) m. ant. **excomunión.**

excomulgar. fr., *excommunier;* it., *scomunicare;* i., *to excommunicate;* a., *exkommunizieren, mit dem Bann belegen.* (Del lat. *excommunicāre.*) tr. En términos eclesiásticos, apartar de la comunión de los fieles y del uso de los sacramentos a un pecador. ‖ fig. y fam. Declarar a una persona fuera de la comunión o trato con otra u otras, casi siempre con violencia de expresión.

excomunicación. (Del lat. *excommunicatĭo, -ōnis.*) f. ant. **excomunión.**

excomunión. fr., *excommunication, anathème, interdit;* it., *scomunica, scomunicazione;* i., *excommunication;* a., *Kirchenbann, Bannbrief.* (De *ex-,* priv., y *comunión.*) f. **Rel.** Acción y efecto de excomulgar. ‖ Carta o edicto con que se intima y publica esta censura. ‖ **feréndae senténtiae.** La que se impone por la autoridad eclesiástica, aplicando a persona o personas determinadas la disposición de la Iglesia que tiene establecida condena de la falta cometida. ‖ **látae senténtiae.** Aquella en que se incurre en el momento de cometer la falta previamente condenada por la Iglesia, sin necesidad de imposición personal expresa. ‖ **a matacandelas.** La que se publicaba en la Iglesia con varias solemnidades, y entre ellas la de apagar candelas metiéndolas en agua. ‖ **mayor.** Privación activa y pasiva de los sacramentos y sufragios comunes de los fieles. ‖ **menor.** Privación pasiva de los sacramentos.

excoriación. fr. e i., *excoriation;* it., *escoriazione, scorticatura, spellamento;* a., *Hautschrunde, Abschürfung der Haut.* f. Acción y efecto de excoriar o excoriarse.

excoriar. fr., *excorier;* it., *escoriare;* i., *to excoriate;* a., *abschürfen, ritzen.* (Del lat. *excoriāre,* quitar la piel.) tr. Gastar, arrancar o corroer el cutis o el epitelio, quedando la carne descubierta. Ú. m. c. prnl.

excrecencia. fr., *excroissance;* it., *escrescenza;* i., *excrescence;* a., *Auswuchs.* (Del lat. *excrescentĭa.*) f. Carnosidad o superfluidad que se cría en animales y plantas, alterando su textura y superficie natural. Son peculiares las *agallas* o *cecidias.*

excreción. (Del lat. *excretĭo, -ōnis.*) f. Acción y efecto de excretar.

excremental. (De *excremento.*) adj. **excrementicio.**

excrementar. tr. Deponer los excrementos.

excrementicio, cia. adj. Perteneciente a la excreción y a las sustancias excretadas.

excremento. fr., *excrément;* it., *escremento;* i., *excrement;* a., *Exkrement.* (Del lat. *excrementum.*) m. **Fisiol.** Residuos del alimento no digerido, que, después de hecha la digestión, despide el cuerpo por el ano. ‖ Cualquiera materia asquerosa que despidan de sí la boca, nariz u otras vías del cuerpo. ‖ El que se produce en las plantas por putrefacción.

excrementoso, sa. adj. Aplícase al alimento que nutre poco y se convierte más que otro en excremento. ‖ Perteneciente a la excreción.

excrescencia. f. **excrecencia.**

excretar. fr., *excréter;* it., *escretare;* i., *to excrete;* a., *absondern.* (De *excreto.*) intr. **Fisiol.** Función vital por la cual los materiales de desecho producidos por el metabolismo pasan de las células y órganos donde se han formado a otros órganos, y éstos los evacuan al exterior. A veces se llama *eliminación* a esta fase final de la excreción.

excreto, ta. (Del lat. *excrētus,* p. p. de *excernĕre,* separar, purgar.) adj. Que se excreta.

excretor, ra. adj. **Anat.** y **Zool.** Dícese del sistema formado por el conjunto de órganos destinados a separar del cuerpo y expulsar al exterior los productos de la excreción. ‖ Dícese de dichos órganos, y, también, del conducto por el que salen de las glándulas los productos que éstas han elaborado.

excretorio, ria. (De *excreto.*) adj. **Anat.** Dícese de los órganos que sirven para excretar.

excrex. (Del lat. *excrescĕre,* crecer, extenderse.) m. **Der.** *Ar.* Donación que hace un cónyuge a otro en consideración a sus prendas personales, o aumento de dote que el marido asigna a la mujer. En plural se dice **excrez.**

exculpación. fr., *exculpation;* it., *discolpa, scusa;* i., *exculpation, exoneration;* a., *Entschuldigung.* f. Acción y efecto de exculpar o exculparse. ‖ Hecho o circunstancia que sirve para exonerar de culpa.

exculpar. (Del lat. *ex culpa,* sin culpa.) tr. Descargar a uno de culpa. Ú. t. c. prnl.

exculpatorio, ria. adj. Que exculpa.

excullado, da. adj. ant. Debilitado, desvirtuado.

excursión. fr. e i., *excursion;* it., *escursione;* a., *Ausflug, grösserer Spaziergang.* (Del lat. *excursĭo, -ōnis.*) f. Correría de guerra. ‖ Ida a alguna ciudad, museo o paraje para estudio, recreo o ejercicio físico. ‖ **Der. excusión.**

excursionismo. m. **Dep.** Ejercicio y práctica de las excursiones como deporte o con fin científico o artístico. Es una forma de turismo a pie que se completa con el acampamiento o *camping* (v.).

excursionista. fr., *excursioniste;* it., *escursionista;* i., *excursionist;* a., *Ausflügler.* com. **Dep.** Persona que hace excursiones.

excurso. (Del lat. *excursus,* p. p. de *excurrĕre,* correr fuera de.) adj. Dícese del trabajo publicado a modo de apéndice en una obra. ‖ m. **Ret.** Digresión de un orador.

excusa. fr. e i., *excuse;* it., *scusa;* a., *Entschuldigung.* f. Acción y efecto de excusar o excusarse. ‖ Motivo o pretexto que se invoca o se utiliza para eludir una obligación o disculpar alguna omisión. ‖ **Der.** Excepción o descargo.

excusa. f. **escusa.**

excusabaraja. f. **escusabaraja.**

excusable. (Del lat. *excusabĭlis.*) adj. Que admite excusa o es digno de ella. ‖ Que se puede omitir o evitar.

excusación. (Del lat. *excusatĭo, -ōnis.*) f. Acción y efecto de excusar o excusarse.

Excursión en el Tirol (Austria)

excusada. f. ant. Acción y efecto de excusar o excusarse. ‖ **a excusadas.** m. adv. ant. **a escusadas.**

excusadamente. adv. m. Sin necesidad.

excusadero, ra. adj. ant. Digno de excusa o que puede excusarse.

excusado, da. (De *escuso*, escondido, del lat. *absconsus*.) adj. **escusado.** ‖ m. Común, retrete.

excusado, da. p. p. de **excusar.** ‖ adj. Que por privilegio está libre de pagar tributos. ‖ Superfluo e inútil para el fin que se desea. ‖ Lo que no hay precisión de hacer o decir. ‖ Tributario que se excusaba de pagar al rey o señor, y debía contribuir a la persona o comunidad a cuyo favor se había concedido el privilegio. ‖ Dícese del labrador que en cada parroquia elegía el rey u otro privilegiado para que le pagase los diezmos. Ú. t. c. s. ‖ m. Derecho que tenía la Hacienda real de elegir, entre todas las casas dezmeras de cada parroquia, una que contribuyese al rey con los diezmos que debía pagar a la Iglesia. ‖ Cantidad que dichas casas rendían. ‖ Tribunal que se decidían los pleitos relativos a las casas dezmeras.

excusador, ra. (Del lat. *excusātor.*) adj. Que excusa. ‖ m. El que exime y excusa a otro de una carga, servicio o ministerio, sirviéndolo por él. ‖ Teniente de un beneficiado, que sirve el beneficio por él. **Der.** El que sin tener poder del reo ni ser su defensor, le excusaba, alegando y probando la causa por que no podía venir ni comparecer.

excusalí. m. Delantal pequeño.

excusano, na. (De *escuso*, escondido.) adj. ant. Encubierto, escondido.

excusanza. (De *excusar*.) f. ant. Acción y efecto de excusar o excusarse.

excusaña. (Del lat. *absconsus*, escondido.) f. ant. Hombre de campo que en tiempo de guerra se colocaba en un paso o vado para observar los movimientos del enemigo. ‖ **a excusañas.** m. adv. ant. A escondidas o a hurto.

excusar. fr., *s'excuser;* it., *scusarsi;* i., *to excuse one's self;* a., *entschuldigen.* (Del lat. *excusāre.*) tr. Exponer y alegar causas o razones para sacar libre a uno de la culpa que se le imputa. Ú. t. c. prnl. ‖ Evitar, impedir, precaver que una cosa perjudicial se ejecute o suceda. ‖ Rehusar hacer una cosa. Ú. t. c. prnl. ‖ Eximir y libertar del pago de tributos o de un servicio personal. ‖ Junto con infinitivo, poder evitar, poder dejar de hacerlo lo que éste significa.

excusión. (Del lat. *excussĭo, -ōnis.*) f. **Der.** Derecho o beneficio de los fiadores para no ser compelidos, por regla general, al pago mientras tenga bienes suficientes el obligado principal o preferentemente.

excuso, sa. adj. ant. Excusado y de repuesto. ‖ m. Acción y efecto de excusar.

exea. (Del lat. *exīre*, salir.) m. **Mil.** Soldado explorador.

execrable. (Del lat. *exsecrabĭlis.*) adj. Digno de execración.

execración. fr., *exécration, imprecation;* it., *esecrazione;* i., *execration, cursing;* a., *Abscheu.* (Del lat. *exsecratĭo, -ōnis.*) f. Acción y efecto de execrar. ‖ **Rel.** Pérdida del carácter sagrado de un lugar, sea por profanación, sea por accidente. ‖ **Ret.** Figura en que se toma esta palabra en su misma acepción vulgar.

execrador, ra. (Del lat. *exsecrātor, -ōris.*) adj. Que execra. Ú. t. c. s.

execramento. (Del lat. *exsecramentum.*) m. ant. Acción y efecto de execrar. ‖ desus. Superstición en que se usa de cosas y palabras a imitación de los sacramentos.

execrando, da. (Del lat. *exsecrandus.*) adj. Execrable, o que debe ser execrado.

execrar. fr., *exécrer, abhorrer;* it., *esecrare, imprecare;* i., *to execrate;* a., *verabscheuen.* (Del lat. *exsecrāre.*) tr. Condenar y maldecir con autoridad sacerdotal o en nombre de cosas sagradas. ‖ Vituperar o reprobar severamente. ‖ **aborrecer,** odiar, tener aversión.

execrativo, va. adj. Que execra.

execratorio, ria. adj. Que sirve para execrar.

exedra. (Del lat. *exēdra*, o *exhēdra*, y éste del gr. *exédra;* de *ex*, fuera, y *hédra*, silla.) f. **Arquit.** Construcción descubierta, de planta semicircular, con asientos fijos en la parte interior de la curva, y respaldos también perimetrales permanentes.

exégesis o **exegesis.** fr., *exégèse;* it., *esegesi;* i., *exegesis;* a., *Erklärung.* (Del gr. *exégesis*, de *exegéomai*, guiar, exponer, explicar.) f. Explicación, interpretación. Aplícase principalmente a la de los libros de la Sagrada Escritura.

exegeta. fr., *exégète;* it., *esegeta;* i., *exeget;* a., *Exeget, Erklärer.* (Del gr. *exegetés.*) m. Intérprete o expositor de la Sagrada Escritura.

exegético, ca. (Del gr. *exegetikós.*) adj. Perteneciente a la exégesis. ‖ **Der.** Dícese del método expositivo en las obras de Derecho que sigue el orden de las leyes positivas, a cuya interpretación atienden principalmente.

exención. fr., *exemption, affranchissement;* it., *esenzione;* i., *dispensation;* a., *Befreiung, Erlass.* (Del lat. *exemptĭo, -ōnis.*) f. Efecto de eximir o eximirse. ‖ Franqueza y libertad que uno goza para eximirse de algún cargo u obligación.

exentamente. adv. m. Libremente, con exención. ‖ Claramente, con franqueza, sencillamente.

exentar. (De *exento.*) tr. Dejar exento. Ú. t. c. prnl.

exento, ta. fr., *exempt, dégagé;* it., *esente;* i., *exempt;* a., *befreit, frei.* (Del lat. *exemptus.*) p. p. irreg. de **eximir.** ‖ adj. Libre, desembarazado de una cosa. ‖ Dícese de las personas o cosas no sometidas a la jurisdicción ordinaria. ‖ Aplícase al sitio o edificio que está descubierto por todas partes. ‖ m. **desus.** Oficial de guardias de corps, inferior al alférez y superior al brigadier.

exequátur. (Del lat. *exsequātur*, que ejecute; de *exsĕqui*, ejecutar, cumplimentar.) m. **Der.** Voz con que se designa el pase que da la autoridad civil de un Estado a las bulas y rescriptos pontificios para su observancia. ‖ Autorización que otorga el jefe de un Estado a los agentes extranjeros para que en su territorio puedan ejercer las funciones propias de sus cargos.

exequial. (Del lat. *exsequialis.*) adj. Chile. Perteneciente o relativo a las exequias.

Exequias, miniatura de un códice del s. XV. Biblioteca Nacional. Nápoles

exequias. fr., *obsèques, funérailles;* it., *esequie;* i., *funeral rites, exequies, obsequies;* a., *Leichenbegängnis.* (Del lat. *exsequiae;* de *ex*, fuera, y *sequi*, seguir, acompañar.) f. pl. Honras funerales.

exequible. (Del lat. *exsĕqui*, conseguir.) adj. Que se puede hacer, conseguir o llevar a efecto.

exercivo, va. adj. ant. Que ejerce con actividad y fuerza.

exergo. fr. e i., *exergue;* it., *esergo;* a., *Exergo, Inschrift.* (De *ex-* y *-ergo.*) m. **Num.** Parte de una moneda o medalla, donde cabe o se pone el nombre de la ceca u otra inscripción, debajo del tipo o figura.

Exeter. **Geog.** C. del R. U., en Inglaterra, cap. del cond. de Devon, sit. a orillas del Exe; 95.598 h. Hermosa catedral, primitivamente románica (1112), gótica después (1280-1370).

exfoliación. f. Acción y efecto de exfoliar o exfoliarse. ‖ **Med.** Pérdida o caída de la epidermis en forma de escamas. ‖ **Miner.** Etimológicamente, propiedad que tienen algunos minerales de separarse en hojas; pero se aplica de un modo más general a la cualidad de romperse dichos objetos naturales según caras planas; la galena en cubos, la calcita en romboedros, etc.

exfoliador, ra. adj. *Col., Chile, Ecuad.* y *Méj.* Aplícase a una especie de cuaderno que tiene las hojas ligeramente pegadas para desprenderlas fácilmente.

exfoliar. (Del lat. *exfoliāre.*) tr. Dividir una cosa en láminas o escamas. Ú. t. c. prnl.

exhalación. fr. e i., *exhalation;* it., *esalazione;* a., *Ausdünstung.* (Del lat. *exhalatĭo, -ōnis.*) f. Acción y efecto de exhalar o exhalarse. ‖ **estrella fugaz.** ‖ Rayo, centella. ‖ Vapor o vaho que un cuerpo exhala y echa de sí por evaporación.

exhalador, ra. adj. Que exhala.

exhalante. p. a. de **exhalar.** Que exhala.

exhalar. fr., *exhaler, émettre, dégager;* it., *esalare, spandere;* i., *to exhale, to emit;* a., *ausdünsten, ausatmen.* (Del lat. *exhalāre.*) tr. Despedir gases, vapores u olores. ‖ fig. Dicho de suspiros, quejas, etc., lanzarlos, despedirlos. ‖ prnl. fig. Angustiarse o afanarse con anhelo por conseguir algo.

exhaustivo, va. (Del lat. *exhaustus*, agotado.) adj. Que agota o apura por completo.

exhausto, ta. fr., *tari, épuisé;* it., *esausto, esaurito;* i., *exhausted;* a., *verbraucht, erschöpft.* (Del lat. *exhaustus*, p. p. de *exhaurīre*, agotar.) adj. Enteramente apurado y agotado de lo que necesita tener para hallarse en buen estado.

exheredación. (Del lat. *exheredatĭo, -ōnis.*) f. Acción y efecto de exheredar. ‖ **Der. desheredación.**

exheredar. (Del lat. *exheredāre.*) tr. **desheredar.**

exhibición. fr. e i., *exhibition;* it., *esibizione;* a., *Vorlegung, Ausstellung.* (Del lat. *exhibitĭo, -ōnis.*) f. Acción y efecto de exhibir.

exhibicionismo. m. Prurito de exhibirse.

exhibicionista. com. Persona aficionada al exhibicionismo.

exhibir. fr., *exhiber, montrer, présenter;* it., *esibire, presentare;* i., *to exhibit;* a., *vorzeigen, austellen.* (Del lat. *exhibēre.*) tr. Manifestar, mostrar en público. Ú. t. c. prnl. ‖ *Méj.* Pagar una cantidad. ‖ **Der.** Presentar escrituras, documentos, pruebas, etc., ante quien corresponda.

exhibita. (Del lat. *exhibĭta*, exhibida.) f. **Der.** *Ar.* **exhibición.**

exhortación. fr. e i., *exhortation;* it., *esortazione;* a., *Ermahnung.* (Del lat. *exhortatĭo, -ōnis.*) f. Acción de exhortar. ‖ Advertencia o aviso con que se intenta persuadir. ‖ Plática o sermón familiar y breve.

exhortador, ra. (Del lat. *exhortātor, -ōris.*) adj. Que exhorta. Ú. t. c. s.

exhortar. fr., *exhorter, prier;* it., *esortare;* i., *to exhort;* a., *ermahnen.* (Del lat. *exhortāre.*) tr. Inducir a uno con palabras, razones y ruegos a que haga o deje de hacer alguna cosa.

exhortativo, va. adj. **exhortatorio.**

exhortatorio, ria. (Del lat. *exhortatorĭus.*) adj. Perteneciente o relativo a la exhortación.

exhorto. fr., *comission rogatoire;* it., *requisitoria;* i., *letters requisitorial;* a., *schriftliches Gesuch.* (1.ª pers. de sing. del pres. de indic. de *exhortar;* fórmula que el juez emplea en estos despachos.) m. **Der.** Despacho que libra un juez a otro su igual para que mande dar cumplimiento a lo que le pide. Dícese así porque le exhorta y pide, y no le manda, por no ser superior.

exhumación. fr. e i., *exhumatio;* it., *esumazione, disotterramento;* a., *Ausgrabung.* f. Acción de exhumar.

exhumador, ra. adj. Que exhuma. Ú. t. c. s.

exhumar. fr., *exhumer, déserrer;* it., *esumare, disotterrare;* i., *to disinter, to exhume, to unbury;* a., *ausgraben.* (Del lat. *ex,* fuera de, y *humus,* tierra.) tr. Desenterrar, sacar de la sepultura un cadáver o restos humanos. ‖ fig. **desenterrar,** sacar a la luz lo olvidado.

-exia. (Del gr. *héxis,* estado, de *écho,* estar, tener.) suf. que sign. estado: *caquexia.*

exicial. (Del lat. *exitiális,* de *exitíum,* destrucción, muerte.) adj. ant. Mortal, mortífero.

exicosis. (De *ex-,* el lat. *siccus,* seco, y *-ōsis.*) f. **Pat.** Estado agudo de deshidratación, por pérdida de líquidos o insuficiente ingreso de los mismos.

exida. (De *exir.*) f. ant. **salida.**

exigencia. fr., *exigence;* it., *esigenza;* i., *exigency;* a., *Anspruch.* (Del lat. *exigentĭa.*) f. Acción y efecto de exigir. ‖ Pretensión caprichosa o desmedida. ‖ ant. **exacción** de impuestos, multas, deudas, etc.

exigente. (Del lat. *exigens, -entis.*) p. a. de **exigir.** ‖ adj. Dícese en especial del que exige caprichosa o despóticamente. Ú. t. c. s.

exigible. adj. Que puede o debe exigirse.

exigidero, ra. adj. **exigible.**

exigir. fr., *exiger;* it., *esigere;* i., *to exact;* a., *fordern.* (Del lat. *exigĕre.*) tr. Cobrar, percibir, sacar de uno por autoridad pública dinero u otra cosa. ‖ fig. Pedir una cosa, por su naturaleza o circunstancia, algún requisito necesario para que se haga o perfeccione. ‖ fig. Demandar imperiosamente.

exigüidad. fr., *exiguité;* it., *esiguità;* i., *exiguity;* a., *Kärglichkeit.* (Del lat. *exiguĭtas, -ātis.*) f. Calidad de exiguo.

exiguo, gua. fr., *exigu;* it., *esiguo;* i., *exiguous;* a., *spärlich.* (Del lat. *exigŭus.*) adj. Insuficiente, escaso.

exiliado, da. adj. Expatriado, generalmente por motivos políticos. Ú. t. c. m. y f.

exiliar. tr. Expulsar a uno de un territorio. ‖ prnl. Expatriarse, generalmente por motivos políticos.

exilio. (Del lat. *exilĭum.*) m. Separación de una persona de la tierra en que vive. ‖ Expatriación, generalmente por motivos políticos. ‖ Efecto de estar exiliada una persona. ‖ Lugar en que vive el exiliado.

Eximeno y Pujades (Antonio). Biog. Religioso, musicógrafo y literato español, n. en Valencia y m. en Roma (1729-1808). Fue una de las personalidades más interesantes de la vida musical del s. XVIII en España. Entre las obras que escribió, hay que destacar principalmente *Sobre el origen de las reglas de la música, con la historia de su progreso, decadencia y renovación* (1774).

eximente. p. p. de **eximir.** Que exime.

eximición. (De *eximir.*) f. ant. **exención.**

eximio, mia. fr., *excellent, parfait;* it., *esimio;* i., *eximious, very eminent;* a., *vortrefflich.* (Del lat. *eximĭus.*) adj. Muy excelente.

eximir. fr., *exempter;* it., *esimere;* i., *to exempt;* a., *befreien.* (Del lat. *eximĕre;* de *ex,* de, desde y *emĕre,* comprar.) tr. Libertar, desembarazar de cargas, obligaciones, cuidados, culpas, etc. Ú. t. c. prnl.

exinanición. (Del lat. *exinanitĭo, -ōnis.*) f. Notable falta de vigor y fuerza.

exinanido, da. (Del lat. *exinanītus,* p. de *exinanīre,* consumir.) adj. Notablemente falto de fuerzas y vigor.

exir. (Del lat. *exīre.*) intr. ant. **salir.**

existencia. fr. e i., *existence;* it., *esistenza;* a., *Existenz.* (Del lat. *existentĭa.*) f. Acto de existir. ‖ Vida del hombre. ‖ En filosofía, por oposición a esencia, la realidad concreta de un ente cualquiera. En el léxico del existencialismo, p. ant., la existencia humana. ‖ pl. Cosas que no han tenido aún la salida o empleo a que están destinadas; como los frutos que están por vender al tiempo de dar cuenta.

existencial. adj. Perteneciente o relativo al acto de existir.

existencialismo. (De *existencial* e *-ismo.*) m. **Filos.** Doctrina filosófica contemporánea, impulsada por Kierkegaard, Heidegger, Jaspers, Sartre, Marcel, etc., con distintas modalidades y signos: unos ateos; otros creyentes, y los más agnósticos. Este movimiento filosófico trata de fundar el conocimiento de toda realidad sobre la experiencia inmediata de la existencia propia.

Sartre, impulsor del existencialismo

existencialista. adj. Perteneciente o relativo al existencialismo. ‖ Partidario del existencialismo. Ú. m. c. s.

existente. (Del lat. *existens, -entis.*) p. a. de **existir.** Que existe.

existimación. (Del lat. *existimatĭo, -ōnis.*) f. Acción y efecto de existimar.

existimar. (Del lat. *existimāre.*) tr. Hacer juicio o formar opinión de una cosa; tenerla por cierta, aunque no lo sea.

existimativo, va. (De *existimar.*) adj. putativo.

existir. fr., *exister, être;* it., *esistere;* i., *to exist;* a., *bestehen, sein.* (De *existĕre.*) intr. Tener una cosa ser real y verdadero. ‖ Tener vida. ‖ Haber, estar, hallarse.

éxito. fr., *succès, réussite;* it., *esito;* i., *issue, result;* a., *Erfolg, Ausgang.* (Del lat. *exĭtus,* de *exīre,* salir.) m. Fin o terminación de un negocio o dependencia. ‖ Resultado feliz de un negocio, actuación, etc.

ex libris. (expr. latina.) m. Cédula que se pega en el reverso de la tapa de los libros, en la cual consta el nombre del dueño o el de la biblioteca a que pertenece el libro.

exo-. V. **ex-,** fuera de.

exoascáceo, a. (De *exo-, -asc-,* de odre, y *-áceo.*) adj. **Bot.** Dícese de los hongos ascomicetes, orden de los exoascales, con los ascos libres en la superficie y el micelio dicariótico, que parasitan hojas y ramas jóvenes de plantas superiores originándoles enfermedades, como la conocida por «escobas de bruja» de melocotoneros (*exoascus défórmans*), ciruelos (*e. pruni*), cerezos (*e. cérasi*), etc. ‖ f. pl. Familia de estos hongos.

exocétido, da. (De *exoceto* e *-ido.*) adj. **Zool.** Dícese de los peces teleósteos, del orden de los escombresociformes, de aletas pectorales muy largas que, extendidas, funcionan como las alas de un avión, lo cual les permite mantenerse en el aire, planeando a ras del agua, mientras con la aleta caudal dan enérgicas sacudidas que les impulsan hacia delante. Son los denominados *peces voladores.* ‖ m. pl. Familia de estos peces.

exoceto. (Del lat. científico *exocoetus,* es de la misma voz lat., que sign. pez que sale a dormir en tierra; del gr. *éxo,* fuera, y *koitos,* sueño.) **Zool.** Gén. al que pertenece el pez volador (*e. vólitans*).

exocrino, na. (De *exo-* y *-crino.*) adj. **Fisiol.** Dícese de la glándula que tiene conducto excretor, por el cual salen los productos que ha elaborado.

éxodo. (Por alusión al *Éxodo.*) m. fig. Emigración de un pueblo o de una muchedumbre de personas.

Éxodo. fr., *Exode;* it., *Esodo;* i., *Exodus;* a., *Exodus, Auszug.* (Del lat. *exŏdus,* y éste del gr. *éxodos,* salida; de *ex,* fuera de, y *hodós,* camino.) **Lit.** y **Rel.** Segundo libro del Pentateuco, en el cual se refiere en primer lugar la salida o éxodo de los israelitas de Egipto.

exoesqueleto. (De *exo-* y *esqueleto.*) m. **Zool.** dermatoesqueleto.

exoftalmía. (De *ex-,* del gr. *ex,* y *oftalmia,* ojo.) f. **Pat.** Situación saliente del globo ocular.

exoftálmico, ca. adj. Perteneciente o relativo a la exoftalmía.

exoftalmos. m. **Pat.** Situación saliente del globo ocular.

exogamia. (De *exo-* y *-gamia.*) f. **Biol.** Cubrimiento de un animal hembra por un macho de distinta especie. ‖ **Etnog.** Regla o práctica de contraer matrimonio con cónyuge de distinta tribu o ascendencia.

exogámico, ca. adj. **Biol.** y **Etnog.** Perteneciente o relativo a la exogamia.

exógeno, na. (De *exo-* y *-geno.*) adj. **Biol.** Que se origina en el exterior del cuerpo; que es debido a una causa externa. ‖ **Geol.** Dícese de las rocas formadas por procesos externos, como las sedimentarias, y también de las eruptivas solificadas al exterior de la superficie terrestre, también llamadas efusivas, extrusivas o volcánicas.

exoneración. (Del lat. *exoneratĭo, -ōnis.*) f. Acción y efecto de exonerar o exonerarse.

exonerar. fr., *exonérer;* it., *esonerare, esentare;* i., *to exonerate;* a., *entlasten, befreien.* (Del lat. *exonerāre.*) tr. Aliviar, descargar, libertar de peso, carga u obligación. Ú. t. c. prnl. ‖ Separar, privar o destituir a alguno de un empleo.

exorable. (Del lat. *exorabĭlis.*) adj. Dícese del que se deja vencer fácilmente de los ruegos, y condesciende con las súplicas que le hacen.

exorar. (Del lat. *exorāre.*) tr. Pedir, solicitar con empeño.

exorbitancia. (Del lat. *exorbĭtans, -antis,* exorbitante.) f. Exceso notable con que una cosa pasa del orden y término regular.

exorbitante. fr. e i., *exorbitant;* it., *esorbitante;* a., *übermässig.* (Del lat. *exorbĭtans, -antis,* p. a. de *exorbitāre,* salirse del camino, separarse.) adj. Que excede mucho del orden y término regular.

exorbitantemente. adv. m. Con exorbitancia.

exorcismo. fr., *exorcisme;* it., *esorcismo, esorcisma;* i., *exorcism;* a., *Teufelsbeschwörung.* (Del lat. *exorcismus,* y éste del gr. *exorkismós.*) m. **Rel.** Conjuro ordenado por la Iglesia contra el espíritu maligno.

exorcista. fr., *exorciste;* it., *esorcista;* i., *exorciser;* a., *Teufelsbeschwörer.* (Del lat. *exorcista,* y éste del gr. *exorkistés.*) m. **Rel.** El que en virtud de orden o grado menor eclesiástico tenía potestad para exorcizar (v. **orden**).

exorcistado. m. **Rel.** Antigua orden de exorcista, que era la tercera de las menores (v. **orden**).

exorcizante. p. a. de **exorcizar.** Que exorciza.

exorcizar. fr., *exorciser;* it., *esorcizzare;* i., *to exorcise;* a., *beschwören, bannen.* (Del lat. *exorcizāre,* y éste del gr. *exorkízo;* de *ex,* fuera, y *órkos,* juramento.) tr. **Rel.** Usar de los exorcismos dispuestos y ordenados por la Iglesia contra el espíritu maligno. Actualmente la Iglesia no usa de estos conjuros.

exordiar. (De *exordio.*) tr. ant. Empezar o principiar.

exordio. fr., *exorde;* it., *esordio;* i., *exordium, beginning;* a., *Eingang, Anfang.* (Del lat. *exordĭum.*) m. Principio, introducción, preámbulo de una obra literaria; especialmente la primera parte del discurso oratorio, la cual tiene por objeto excitar la atención y preparar el ánimo de los oyentes. ‖ Preámbulo de un razonamiento o conversación familiar. ‖ ant. fig. Origen y principios de una cosa.

exordir. (Del lat. *exordīri.*) intr. ant. Hacer exordio, dar principio a una oración.

exornación. (Del lat. *exornatĭo, -ōnis.*) f. Acción y efecto de exornar o exornarse.

exornar. fr., *orner;* it., *esornare;* i., *to adorn;* a., *zieren, schmücken.* (Del lat. *exornāre.*) tr. Adornar, hermosear, ú. t. c. prnl. ‖ Tratándose del lenguaje escrito o hablado, amenizarlo o embellecerlo con galas retóricas.

exorno. m. Acción y efecto de exornar.

exorreico, ca. (De *exo-* y *-rreico.*) adj. **Geog.** Dícese de la comarca que vierte sus aguas al mar. Lo contrario es endorreico.

exosfera. (De *exo-* y *-sfera.*) f. **Meteor.** Capa más exterior de la atmósfera (v.), a 600 u 800 kilómetros de altitud.

exósmosis o **exosmosis.** (De *exo-* y *ósmosis.*) f. **Fís.** Ósmosis que tiene lugar de dentro a fuera y que se establece al mismo tiempo que su contraria la endósmosis, cuando dos líquidos de distinta densidad están separados por una membrana.

exóspora. (De *exo-* y *espora.*) f. **Bot.** Espora formada en el exterior de otra célula y no encerrada en un esporangio.

exosporal. (De *exóspora.*) adj. **Bot.** Dícese de los hongos mixomicetos, cuyas células se fusionan en plasmodios y que se reproducen por medio de esporas externas. Todos pertenecen a una sola familia, la de los *ceraciomixáceos.* ‖ m. pl. Orden de estos hongos.

exotérico, ca. fr., *exotérique;* it., *esoterico;* i., *exoteric;* a., *exoterisch, öffentlich.* (Del lat. *exoterĭcus,* y éste del gr. *exoterikós.*) adj. Común, accesible para el vulgo, lo contrario de esotérico. Aplícase, por lo común, a la doctrina que los filósofos de la antigüedad manifestaban públicamente.

exotérmico, ca. (De *exo-* y *térmico.*) adj. **Fís.** Dícese del proceso que va acompañado de elevación de temperatura.

exoticidad. f. Calidad de exótico.

exótico, ca. fr., *exotique;* it., *esotico;* i., *exotic;* a., *exotisch.* (Del lat. *exotĭcus,* y éste del gr. *exotikós.*) adj. Extranjero, peregrino. Dícese más comúnmente de las voces, costumbres, plantas y drogas. ‖ Extraño, chocante, extravagante.

exotiquez. f. Calidad de exótico.

exotismo. m. Calidad de exótico.

expandir. (Del lat. *expandĕre.*) tr. Extender, dilatar, ensanchar, difundir. Ú. t. c. prnl.

expansibilidad. fr., *expansibilité;* it., *espansibilità;* i., *expansibility;* a., *Ausdehnbarkeit, Spannkraft.* (De *expansible.*) f. **Fís.** Propiedad que tiene un cuerpo de poder ocupar mayor espacio que el que ocupa.

expansible. adj. **Fís.** Susceptible de expansión.

expansión. fr., *expansion, épanchement;* it., *espansione;* i., *expansion, extension;* a., *Ausdehnug.* (Del lat. *expansĭo, -ōnis.*) f. Acción y efecto de extenderse o dilatarse. ‖ fig. Acción de desahogar al exterior de un modo efusivo cualquier afecto o pensamiento. ‖ Recreo, asueto, solaz. ‖ **del Universo. Astron.** Las medidas de Hubble, en el año 1929, sobre las distancias de las galaxias o nebulosas espirales, y del corrimiento hacia el rojo de las rayas de sus espectros, muestran que tales galaxias se alejan, con poquísimas excepciones, a velocidades tanto mayores cuanto más lejos están de nosotros (unos 500 km. por segundo por cada megaparsec de distancia).

expansionarse. prnl. Espontanearse, desahogarse.

expansivo, va. fr., *expansif, communicatif;* it., *espansivo;* i., *expansive;* a., *expansiv, offenherzig.* (Del lat. *expansus,* extendido.) adj. Que puede o que tiende a extenderse o dilatarse ocupando mayor espacio. ‖ fig. Franco, comunicativo.

expatriación. f. Acción y efecto de expatriarse o ser expatriado.

expatriado, da. p. p. de **expatriarse.** ‖ adj. Que se expatria. Ú. t. c. s.

expatriarse. fr., *s'expatrier;* it., *spatriarsi;* i., *to espatriate;* a., *sein Vaterland verlassen.* (De *ex-* y *patria.*) prnl. Abandonar uno su patria por necesidad o por cualquier otra causa.

expavecer. (Del lat. *expavescĕre.*) tr. ant. Atemorizar, espantar. Usáb. t. c. prnl.

expectable. (Del lat. *exspectabĭlis.*) adj. espectable.

expectación. fr. e i., *expectation;* it., *espettazione;* a., *Erwartung.* (Del lat. *exspectatĭo, -ōnis.*) f. Espera, generalmente curiosa o tensa, de un acontecimiento que interesa o importa. ‖ Contemplación de lo que se expone o muestra al público.

Expectación. Fiesta que se celebra el día 18 de diciembre en honor de la virgen Nuestra Señora, y sucedió a la de la Anunciación, que celebraba antes en semejante día la Iglesia de España desde el concilio décimo toledano.

expectante. (Del lat. *expectans, -antis,* p. a. de *exspectāre,* observar.) adj. Que espera observando, o está a la mira de una cosa. ‖ **Der.** Dícese del hecho, la cosa, la obligación o el derecho de que se tiene conocimiento como venidero con certeza o sin ella.

expectativa. fr., *expectative;* it., *espettativa, aspettativa;* i., *expectation, expectancy;* a., *Aussicht, Erwartung.* (Del lat. *spectātum,* esperado.) f. Cualquiera esperanza de conseguir en adelante una cosa, si se depara la oportunidad que se desea. ‖ Especie de futura que se daba en Roma en lo antiguo a una persona para obtener un beneficio o prebenda eclesiástica, luego que se verificase quedar vacante. ‖ Posibilidad, más o menos cercana o probable, de conseguir un derecho, acción, herencia, empleo u otra cosa, al ocurrir un suceso que se prevé o al hacerse efectiva determinada eventualidad.

expectoración. fr., *expectoration;* it., *espettorazione;* i., *expectoration, sputum;* a., *Schleimauswurf.* f. Acción y efecto de expectorar. ‖ Lo que se expectora.

Exotismo oriental, por J. M. Rodríguez Acosta. Colección de la Fundación Rodríguez Acosta. Granada

expectorante. adj. Terap. Que hace expectorar. Ú. t. c. s. m.

expectorar. fr., *expectorer;* it., *espettorare;* i., *to expectorate;* a., *den Schleim auswerfen.* (Del lat. *expectorāre;* de *ex,* fuera de, y *pectus,* pecho.) tr. Arrancar y arrojar por la boca las flemas y secreciones que se depositan en la faringe, la laringe, la tráquea o los bronquios.

expedición. fr., *expédition, envoi, remise;* it., *spedizione;* i., *expedition, forwarding;* a., *Versendung, Beförderung.* = fr., *facilité, désinvolture;* it., *spedizione, agilità;* i., *nimbleness, readiness, speed;* a., *gefällige Zwanglosigkeit, Leichtfertigkeit.* (Del lat. *expedĭtio, -ōnis.*) f. Acción y efecto de expedir. ∥ Facilidad, desembarazo y prontitud en decir o hacer. ∥ Despacho, bula, breve, dispensación y otros géneros de indultos que dimanan de la curia romana. ∥ Excursión que tiene por objeto realizar una empresa en punto distante. ∥ Conjunto de personas que la realizan. ∥ Excursión colectiva a alguna ciudad o paraje con un fin científico, artístico o deportivo.

Expedición al Himalaya

expedicionario, ria. fr., *expéditionnaire;* it., *spedizionario;* i., *expeditionary;* a., *Teilnehmer an einem Zuge.* adj. Que lleva a cabo una expedición. Ú. t. c. s.

expedicionero. m. El que trata y cuida de la solicitud y despacho de las expediciones que se solicitan en la curia romana.

expedidamente. adv. m. ant. Fácilmente, desembarazadamente.

expedido, da. (De *expedir.*) adj. ant. Expedito, desembarazado.

expedidor, ra. m. y f. Persona que expide.

expedientar. tr. Someter a expediente a un funcionario.

expediente. fr., *procédure, diligence, dossier;* it., *espediente, provvedimento, procedura;* i., *proceedings, law-suit;* a., *Verfahren, Vorsechrift, Prozess.* (Del lat. *expediens, -entis,* p. a. de *expedīre,* soltar, dar curso, convenir.) adj. ant. Conveniente, oportuno. ∥ m. Dependencia o negocio que se sigue sin juicio contradictorio en los tribunales, a solicitud de un interesado o de oficio. ∥ Conjunto de todos los papeles correspondientes a un asunto o negocio. Aplícase señaladamente a la serie ordenada de actuaciones administrativas, y también a las judiciales en los actos de jurisdicción voluntaria. ∥ Medio, arbitrio o partido que se toma para dar salida a una duda o dificultad, o salvar los inconvenientes que presenta la decisión o curso de una dependencia. ∥ Despacho, curso en los negocios y causas. ∥ Facilidad, desembarazo y prontitud en la decisión o manejo de los negocios u otras cosas. ∥ Título, razón, motivo o pretexto. ∥ Avío, surtimiento, provisión. ∥ Procedimiento administrativo en que se enjuicia la actuación de un funcionario.

expedienteo. m. Tendencia exagerada a formar expedientes, o a prolongar o complicar la instrucción de ellos. ∥ Tramitación de los expedientes.

expedir. fr., *expédier, envoyer;* it., *spedire;* i., *to send;* a., *versenden, spedieren.* (Del lat. *expedīre.*) tr. Dar curso a las causas y negocios; despacharlos. ∥ Despachar, extender por escrito, con las formalidades acostumbradas, bulas, privilegios, reales órdenes, etc. ∥ Pronunciar un auto o decreto. ∥ Remitir, enviar mercancías, telegramas, pliegos, etc. ∥ ant. Despachar y dar lo necesario para que uno se vaya. ∥ prnl. *Arg., Chile y Urug.* Manejarse, desenvolverse en asuntos o actividades.

expeditamente. adv. m. Fácilmente, desembarazadamente.

expeditivo, va. (De *expedito.*) adj. Que tiene facilidad en dar expediente o salida en un negocio, sin muchos miramientos, evitando trámites.

expedito, ta. (Del lat. *expedītus.*) adj. Desembarazado, libre de todo estorbo; pronto a obrar.

expelente. p. a. de **expeler.** Que expele.

expeler. fr., *expulser, chasser, rejeter;* it., *espellere;* i., *to expel, to eject;* a., *fortjagen, austreiben, abführen.* (Del lat. *expellĕre.*) tr. Arrojar, lanzar, echar de sí una parte a una persona o cosa.

expendedor, ra. fr., *débitant, buraliste;* it., *spacciatore;* i., *spender, dealer, seller, lavisher;* a., *Verkäufer, Verschleisser.* adj. Que gasta o expende. Ú. t. c. s. ∥ m. y f. Persona que vende efectos de otro, y más particularmente la que vende tabaco, sellos, etc., en los estancos, o billetes de entrada para las funciones de teatro y otras. ∥ **de moneda falsa.** *Der.* El que secreta y cautelosamente va distribuyendo e introduciendo en el comercio moneda falsa.

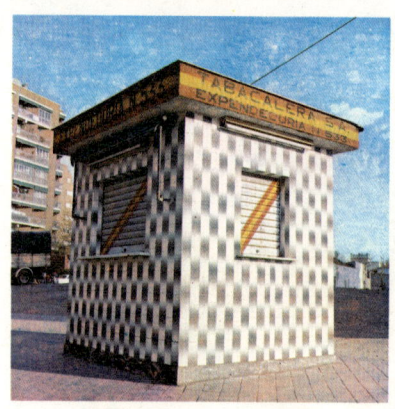

Expendeduría de tabacos. Madrid

expendeduría. fr., *débit, bureau, débit de la régie;* it., *monopolio, privativa;* i., *shop, cigarstore;* a., *Kleinhandel, Verkaufsbude.* (De *expendedor.*) f. Tienda en que se vende por menor tabaco u otros efectos, estancados o monopolizados.

expender. fr., *débiter;* it., *spendere;* i., *to spend, to sell by retail;* a., *-im Kleinen verkaufen.* (Del lat. *expendĕre,* pesar, pagar.) tr. Gastar, hacer expensas. ∥ Vender efectos de propiedad ajena por encargo de su dueño; despachar billetes de ferrocarril, espectáculos, etc. ∥ Vender al menudeo. ∥ **Der.** Dar la salida por menor a la moneda falsa.

expendición. f. Acción y efecto de expender.

expendio. (De *expender.*) m. p. us. Gasto, dispendio, consumo. ∥ *Arg., Méj. y Perú.* Expendición, venta al menudeo. ∥ *Méj.* Tienda en que se venden géneros estancados.

expensar. tr. *Chile y Méj.* Costear, pagar los gastos de alguna gestión o negocio. Ú. principalmente en lenguaje forense.

expensas. fr., *frais;* it., *spese;* i., *expenses, costs;* a., *Kosten, Unkosten.* (Del lat. *expensa.*) f. pl. Gastos, costas. ∥ **Der. litis-expensas.** ∥ **a expensas.** m. adv. A costa, por cuenta, a cargo.

experiencia. fr., *expérience;* it., *esperienza;* i., *experience;* a., *Erfahrung.* (Del lat. *experientĭa.*) f. Advertimiento, enseñanza que se adquiere con el uso, la práctica o sólo con el vivir. ∥ Acción y efecto de experimentar.

experimentación. f. Acción y efecto de experimentar. ∥ **Biol., Fís.** y **Quím.** Método científico de indagación, fundado en la provocación voluntaria de los fenómenos.

experimentado, da. p. p. de **experimentar.** ∥ adj. Dícese de la persona que tiene experiencia.

experimentador, ra. adj. Que experimenta o hace experiencias. Ú. t. c. s.

experimental. fr., *expérimental;* it., *sperimentale;* i., *experimental;* a., *erfahrungsmässig.* (De *experimento.*) adj. Fundado en la experiencia, o que se sabe y alcanza por ella. ∥ Que sirve de experimento, con vistas a posibles perfeccionamientos, aplicaciones y difusión.

experimentalmente. adv. m. Por experimento o experimentación.

experimentar. (De *experimento.*) tr. Probar y examinar prácticamente la virtud y propiedades de una cosa. ∥ Notar, echar de ver en sí una cosa, como la gravedad o alivio de un mal. ∥ Sufrir, padecer. ∥ Hablando de impresiones, sensaciones o sentimientos, tenerlos. ∥ Recibir las cosas una modificación, cambio o mudanza. ∥ En las ciencias fisicoquímicas y naturales, hacer operaciones destinadas a descubrir, comprobar o demostrar determinados fenómenos o principios científicos.

experimento. fr., *expérience, essai, épreuve;* it., *sperimento, sperimentazione;* i., *experiment;* a., *Versuch, Probe.* (Del lat. *experimentum.*) m. Acción y efecto de experimentar.

expertamente. adv. m. Diestramente, con práctica y conocimiento.

experticia. f. *Venez.* Prueba pericial.

experto, ta. fr., *adroit, habile, expert;* it., *esperto, esperimetato;* i., *clever, destrous;* a., *geschickt, erfahren.* (Del lat. *expertus,* p. p. de *experīre,* experimentar.) adj. Práctico, hábil, experimentado. ∥ m. El que con título de perito tiene especial conocimiento de una materia y el llamado por los tribunales para informar.

expiación. fr., *expiation;* it., *espiazione;* i., *expiation, atonement;* a., *Sühne, Sühnopfer, Busse.* (Del lat. *expiatĭo, -ōnis.*) f. Acción y efecto de expiar.

expiar. fr., *expier, payer;* it., *espiare, purgare;* i., *to expiate, to atone for a crime;* a., *abbüssen, sühnen.* (Del lat. *expiāre;* de *ex,* preposición completiva, y *piāre,* rendir propicio, purificar.) tr. Borrar las culpas; purificarse de ellas por medio de algún sacrificio. ∥ **Der.** Tratándose de un delito o de una falta, sufrir el delincuente la pena impuesta por los tribunales. ∥ fig. **Léx.** Padecer trabajos por consecuencia de desaciertos o de malos procederes. ∥ fig. **Rel.** Purificar una cosa profanada, como un templo, etc.

expiativo, va. (Del lat. *expiātum,* supino de *expiāre,* expiar.) adj. Que sirve para la expiación.

expiatorio, ria. fr., *expiatoire;* it., *espiatorio;* i., *expiatory;* a., *sühne.* (Del lat. *expiatorĭus.*) adj. Que se hace por expiación o que la produce.

expilar. (Del lat. *expilāre.*) tr. Robar, despojar.

expillo. m. Bot. matricaria.

expiración. (Del lat. *expiratĭo, -ōnis.*) f. Acción y efecto de expirar.

expirante. p. a. de **expirar.** Que expira.

expirar. (Del lat. *expirāre.*) intr. Acabar la vida. ∥ fig. Acabarse, fenecer una cosa.

explanación. fr., *éclaircient, explication;* it., *schiarimento, spiegazione, spianamento;* i., *explanation;* a., *Erläuterung, Erklärung.* (Del lat. *explanatĭo, -ōnis.*) f. Acción y efecto de explanar. ∥ Acción y efecto de allanar un terreno. ∥ fig. Declaración y explicación de un texto, doctrina o sentencia que tiene el sentido obscuro u ofrece muchas cosas que observar.

explanada. fr., *glacis, esplanade*; it., *spianata*; i., *glacis, platform*; a., *Abhang, Böschung*. (Del lat. *explanāta*, allanada.) f. Espacio de terreno allanado. ‖ **Fort.** Declive que se continúa desde el camino cubierto hacia la campaña. ‖ Parte más elevada de la muralla, sobre el límite de la cual se levantan las almenas. ‖ **Mil.** Pavimento de fábrica o armazón de fuertes largueros, sobre los cuales se monta y resbala la cureña en una batería.

explanar. fr., *niveller, rendre plan*; it., *spianare, spiegare*; i., *to level, to explain*; a., *ebnen*. (Del lat. *explanāre*.) tr. **allanar.** ‖ Construir terraplenes, hacer desmontes, etc., hasta dar al terreno la nivelación o el declive que se desea. ‖ fig. Declarar, explicar.

explayada. adj. **Bl.** Dícese del águila que se representa con las alas extendidas.

explayar. fr., *se développer*; it., *estendersi*; i., *to spread, to extend*; a., *ausbreiten, sich verbreiten*. (De ex- y *playa*.) tr. Ensanchar, extender. Ú. t. c. prnl. ‖ prnl. fig. Difundirse, dilatarse, extenderse. ‖ fig. Esparcirse, irse a divertir al campo. ‖ fig. Confiarse de una persona, comunicándole algún secreto o intimidad, para desahogar el ánimo.

expletivo, va. fr., *explétif*; it., *espletivo*, i., *expletive*; a., *ausfüllend*. (Del lat. *expletivus*.) adj. Aplícase a las voces o partículas que, sin ser necesarias para el sentido, se emplean para hacer más llena o armoniosa la locución.

explicable. (Del lat. *explicabĭlis*.) adj. Que se puede explicar.

Barco y torre para exploración submarina

explicablemente. adv. m. ant. Con distinción y claridad.

explicación. fr., *explication*; it., *esplicazione, spiegazione*; i., *explication, elucidation*; a., *Erklärung*. (Del lat. *explicatio, -ōnis*.) f. Declaración o exposición de cualquiera materia, doctrina o texto por palabras claras o ejemplos, para que se haga más perceptible. ‖ Satisfacción que se da a una persona o colectividad declarando que las palabras o actos que puede tomar a ofensa carecieron de intención de agravio. ‖ Manifestación o revelación de la causa o motivo de alguna cosa.

explicaderas. f. pl. fam. Manera de explicarse o darse a entender cada cual.

explicador, ra. (Del lat. *explicātor, -ōris*.) adj. Que explica o comenta una cosa. Ú. t. c. s.

explicar. fr., *exprimer, expliquer, éclaircir*; it., *spiegare, esplicare*; i., *to explain, to exprime*; a., *erklären, deutlich machen*. (Del lat. *explicāre*; de *ex*, fuera, y *plica*, pliegue.) tr. Declarar, manifestar o dar a conocer a otro lo que uno piensa. Ú. t. c. prnl. ‖ Declarar o exponer cualquiera materia, doctrina o texto difícil por palabras muy claras con que se haga más perceptible. ‖ Enseñar en la cátedra. ‖ Justificar, exculpar palabras o acciones, declarando que no hubo en ellas intención de agravio para otra persona. ‖ Dar a conocer la causa o motivo de alguna cosa; darse cuenta de ella. ‖ prnl. Llegar a comprender la razón de alguna cosa.

explicativo, va. adj. Que explica o sirve para explicar una cosa.

éxplicit. (Del lat. tardío *explicit*, forma abreviada de *explicĭtus* [*est liber*], «[el libro ha sido] desenrollado [hasta el final]», y paralela a *incipit*.) m. Término con que en las descripciones bibliográficas se designan las últimas palabras de un escrito o de un impreso antiguo.

explícitamente. adv. m. Expresa y claramente.

explicitar. tr. Hacer explícito.

explícito, ta. fr., *explicite*; it., *esplicito*; i., *explicit, open, clear*; a., *ausdrücklich, bestimmt*. (Del lat. *explicĭtus*; de *ex*, fuera, y *plicāre, plicui, plicĭtum*, plegar.) adj. Que expresa clara y determinantemente una cosa.

explicitud. f. Calidad de explícito.

explicotearse. prnl. fam. Explicarse con claridad y desenfado.

explique. m. fam. *Nav.* Facilidad de palabra, facundia, explicaderas.

explorable. adj. Que puede ser explorado.

exploración. fr., *exploration, recherche*; it., *esplorazione*; i., *exploration*; a., *Esforschung*. (Del lat. *exploratio, -ōnis*.) f. Acción y efecto de explorar. ‖ **submarina.** *Mar.* Por exploración submarina se entiende, en sentido amplio, todas las actividades encaminadas al mejor conocimiento del interior del mar; pero, en sentido restringido, que es el más generalizado, se limita a aquellas actividades de origen reciente y que no han de estar necesariamente relacionadas con la oceanografía, como la busca de objetos arqueológicos procedentes de naufragios, la práctica deportiva pura, etc. La exploración submarina, realizada en naves especiales, ha permitido descubrir una fauna y flora submarinas de gran profundidad, desconocida hasta ahora; pero dicha exploración quedaba limitada por la longitud del cable de suspensión que, por cuestión de resistencia, no podía ser demasiado largo. Por esto, el profesor Auguste Piccard, célebre por sus ascensiones a la estratosfera, inventó el batiscafo (v.), con el que se ha descendido a la máxima profundidad submarina.

explorador, ra. fr., *explorateur*; it., *esploratore*; i., *explorer, explorator*; a. (Del lat. *explorātor*.) adj. Que explora. Ú. t. c. s. ‖ **exploradores españoles.** m. pl. *Dep.* y *Pedag.* Denominación en España de los *boy-scouts*, institución encaminada a la formación cívica, patriótica y deportiva de la infancia y de la adolescencia mediante el desarrollo de la personalidad y el fortalecimiento y endurecimiento físicos, en un ambiente de contacto con la naturaleza. Para lograr esos fines, el escutismo estimula en los muchachos la confianza en sí mismos (poniendo en juego sus aptitudes y acostumbrándolos para aprovechar debidamente los medios de que dispongan), el sentido de responsabilidad y de ciudadanía y el espíritu de iniciativa al mismo tiempo que se crean en ellos hábitos de disciplina y de solidaridad con los demás. Fue creada en el R. U. por Robert Baden Powell en 1908; se extendió rápidamente por todo el mundo y luego decayó, para renacer en las organizaciones juveniles de algunos países, si bien con un sentido más político que educativo.

explorar. fr., *explorer*; it., *esplorare*; i., *to explore*; a., *erfoschen*. (Del lat. *explorāre*.) tr. Reconocer, registrar, inquirir o averiguar con diligencias una cosa o lugar.

exploratorio, ria. adj. Que sirve para explorar. ‖ **Med.** Aplícase al instrumento o medio que se emplea para explorar cavidades o heridas en el cuerpo. Ú. t. c. s.

Explorer. (Voz i. que sign. *Explorador*.) **Astronáut.** Nombre genérico de cierto tipo de satélites artificiales estadounidenses, el primero de los cuales, de 18 kg. de peso, lanzado el 31 de enero de 1958, fue, además, el primer satélite enviado al espacio por EE. UU. La misión de estos ingenios es explorar las capas superiores de la atmósfera, y entre los resultados prácticos conseguidos se cuenta el descubrimiento de los cinturones radiactivos de Van Allen. El último lanzado, que hizo el número 55, lo fue el 18 de noviembre de 1975.

explosión. fr., *explosion*; it., *esplosione*; i., *explosion, outburst*; a., *Zerspringen, Ausbruch*. (Del lat. *explosĭo, -ōnis*.) f. Acción de reventar, con estruendo, un cuerpo continente, por rebasar los límites de la resistencia de sus paredes el esfuerzo producido por la dilatación progresiva, unas veces, y otras, por la súbita transformación en gases del cuerpo contenido. ‖ Dilatación repentina de un gas expelido del cuerpo que lo contiene, sin que éste estalle ni se rompa; como se observa en el disparo de una arma de fuego y en muchos aparatos motores. ‖ fig. Manifestación súbita y violenta de ciertos afectos del ánimo. ‖ **Fon.** Parte final de la articulación o sonido de las consonantes oclusivas *p, t*, etcétera, en los casos en que el aire aspirado sale repentinamente al cesar la oclusión; como en *padre, taza*. ‖ **atómica.** *Fis. nucl.* La que se produce en las bombas atómicas. ‖ **termonuclear.** La que se produce en las bombas o ingenios termonucleares.

explosionar. intr. Hacer explosión. ‖ tr. Provocar una explosión. ‖ Úsase más en artillería, minería y otras disciplinas afines.

explosivo, va. fr., *explosif*; it., *esplosivo*; i., *explosive*; a., *explosiv*. adj. Que hace o puede hacer explosión. ‖ Que se incendia con explosión; como los fulminantes o la pólvora. Ú. t. c. s. m. ‖ **Fon.** Dícese del fonema que se pronuncia con oclusión y explosión. Ú. t. c. s. ‖ Dícese de la consonante que, sin ser oclusiva ni explosiva, forma sílaba con la vocal que la sigue.

explotable. adj. Que se puede explotar.

explotación. fr., *exploitation;* it., *sfruttamento;* i., *working, improving;* a., *Bebrieb, Ausnützung.* f. Acción y efecto de explotar. || Conjunto de elementos dedicados a una industria o granjería.

explotador, ra. adj. Que explota. Ú. t. c. s.

explotar. fr., *exploiter;* it., *sfruttare;* i., *to work;* a., *ausbeuten.* (Del fr. *exploiter,* de *exploit,* y éste del lat. *explicĭtum,* p. p. de *explicāre,* desplegar, acabar.) tr. Extraer de las minas la riqueza que contienen. || fig. Sacar utilidad de un negocio o industria en provecho propio. || fig. Aplicar en provecho propio, de un modo abusivo, las cualidades o sentimientos de una persona, o un suceso o circunstancia cualquiera.

explotar. intr. Explosionar, estallar, hacer explosión.

expoliación. fr. e i., *spoliation;* it., *spogliazione, spogliamento;* a., *Beraubung.* (Del lat. *exspoliatĭo, -ōnis.*) f. Acción y efecto de expoliar.

expoliador, ra. (Del lat. *exspoliātor.*) adj. Que expolia o favorece la expoliación. Ú. t. c. s.

expoliar. (Del lat. *exspoliāre;* de *ex,* fuera, y *spolia, -ōrum,* prenda.) tr. Despojar con violencia a uno con iniquidad.

expolición. (Del lat. *expolitĭo, -ōnis.*) f. Ret. Figura que consiste en repetir un mismo pensamiento con distintas formas, o en acumular varios que vengan a decir lo mismo, aunque no sean enteramente iguales, para esforzar o exornar la expresión de aquello que se quiere dar a entender.

El expolio, por el Greco. Cripta de la catedral de Toledo

expolio. (Del lat. *exspolĭum.*) m. Acción y efecto de expoliar. || Botín del vencedor. || Conjunto de bienes que, por haber sido adquiridos con rentas eclesiásticas, quedan de propiedad de la Iglesia al morir ab intestato el clérigo que los poseía.

exponedor. (De *exponer.*) m. ant. El que expone una cosa.

exponente. fr., *exposant;* it., *esponente;* i., *exponent;* a., *Exponent.* p. a. de **exponer.** Que expone. Ú. t. c. s. || m. **prototipo,** persona o cosa representativa de lo más característico en un género. || **Mat.** En la potenciación, número que indica las veces que hay que multiplicar la base por sí misma para obtener la potencia. Se coloca en la parte superior derecha de la base y es de menor tamaño. || Diferencia de una progresión aritmética o razón de una geométrica.

exponer. fr., *exposer, interpréter;* it., *esporre, dichiarare;* i., *to expose, to expound;* a., *ausstellen, darlegen.* (Del lat. *exponĕre.*) tr. Presentar una cosa para que sea vista, ponerla de manifiesto. Ú. t. c. intr. en el sentido de manifestar el Santísimo Sacramento. || Colocar una cosa para que reciba la acción de un agente. || Declarar, interpretar, explicar el sentido genuino de una palabra, texto o doctrina que puede tener varios o es difícil de entender. || Arriesgar, aventurar, poner una cosa en contingencia de perderse o dañarse. Ú. t. c. prnl. || Abandonar a un niño recién nacido a la puerta de una iglesia, o casa, o en un paraje público.

exportable. adj. Que se puede exportar.

exportación. fr., *exportation;* it., *esportazione;* i., *export;* a., *Ausfuhr.* (Del lat. *exportatĭo, -ōnis.*) f. **Com.** Acción y efecto de exportar. || Conjunto de mercaderías que se exportan.

exportador, ra. (Del lat. *exportātor.*) adj. Que exporta. Ú. t. c. s.

exportar. fr., *exporter;* it., *esportare;* i., *to export;* a., *ausführen.* (Del lat. *exportāre.*) tr. **Com.** Enviar productos del propio país a otro.

exposición. fr., *exposition;* it., *esposizione;* i., *exhibition;* a., *Ausstellung.* (Del lat. *exposĭtĭo, -ōnis.*) f. Acción y efecto de exponer o exponerse. || Representación que se hace por escrito, comúnmente a una autoridad, pidiendo o reclamando una cosa. || Manifestación pública de artículos de industria o de artes y ciencias, para estimular la producción, el comercio o la cultura. || Conjunto de las noticias dadas en las obras épicas, dramáticas y novelescas, acerca de los antecedentes o causas de la acción. || Situación de un objeto con relación a los puntos cardinales del horizonte. || **Fot.** Acción y efecto de impresionar la emulsión sensible sometiéndola a la acción de la luz. || Espacio de tiempo durante el cual se expone a la luz una placa fotográfica o un papel sensible para que se impresione. Ú. especialmente en contraposición a la exposición instantánea. || **Mús.** En ciertas formas musicales, parte inicial de una composición en la que se presentan el tema o los temas que han de repetirse o desarrollarse después.

expositivo, va. (Del lat. *expositīvus.*) adj. Que expone, declara o interpreta.

expósito, ta. fr., *enfant esposé;* it., *esposito, bastardello;* i., *foundling;* a., *findelkind.* (Del lat. *expositus,* expuesto.) adj. Dícese del que, recién nacido, fue expuesto o abandonado en un paraje público. Ú. m. c. s. || Por extensión, el depositado en una inclusa o casa de beneficencia a ellos destinada.

expositor, ra. (Del lat. *expositŏr, -ōris.*) adj. Que interpreta, expone y declara una cosa. Ú. t. c. s. || m. **Por ant.,** el que expone o explica la Sagrada Escritura, o un texto jurídico. || m. y f. Persona que concurre a una exposición pública con objetos de su propiedad o industria.

expremijo. (De *exprimir.*) m. Mesa baja, larga, de tablero con ranuras, cercada de listones y algo inclinada, para que al hacer queso escurra el suero y salga por una abertura hecha en la parte más baja.

exprimir. (Del lat. *exprimĕre.*) tr. ant. **expresar.**

expresamente. adv. m. De modo expreso.

expresar. fr., *exprimer;* it., *esprimere;* i., *to express, to utter;* a., *ausdrücken.* (De *expreso,* claro.) tr. Decir, manifestar con palabras lo que uno quiere dar a entender. || Dar uno indicio del estado o los movimientos del ánimo por medio de miradas, actitudes, gestos o cualesquier otros signos exteriores. || Manifestar el artista con viveza y exactitud los efectos propios del caso. || prnl. Darse a entender por medio de la palabra.

expresión. fr., *expression, manifestation;* it., *espressione;* i., *expression, utterance;* a., *Ausdruck, Äusserung, Erklärung.* (Del lat. *expresio, -ōnis.*) f. Especificación, declaración de una cosa para darla a entender. || Palabra o locución. || En glosemática, lo que, en un signo o en un enunciado lingüístico, corresponde sólo al significante oral o escrito. || Cuanto en un enunciado lingüístico manifiesta los sentimientos del hablante. || Efecto de expresar algo sin palabras. || Viveza y propiedad con que se manifiestan los afectos en las artes y en la declamación, ejecución o realización de las obras artísticas. || Cosa que se regala en demostración de afecto a quien se quiere obsequiar. || Acción de exprimir. || pl. Memorias, recuerdos, saludos. || **Álg.** Conjunto de términos que representa una cantidad. || **Farm.** Zumo o substancia exprimida. || **algebraica.** *Mat.* Expresión analítica que no contiene más funciones que aquellas que pueden calcularse con las operaciones del álgebra, a saber: suma, multiplicación y sus inversas. || **analítica.** Conjunto de números y de símbolos ligados entre sí por los signos de las operaciones del álgebra; suma, multiplicación y sus inversas. En ella, los símbolos pueden representar números variables o funciones cualesquiera.

Expresionismo. *Aventura de una joven,* por Klee. Galería Tate. Londres

expresionismo. (De *expresión* e *-ismo.*) m. **Lit.** Movimiento literario, que es similar y también simultáneo al pictórico del mismo nombre, que consiste en una etapa intermedia entre el romanticismo y el superrealismo. Cada uno a su modo, han sido expresionistas escritores como Büchener, Kafka, Werfel, Wedekind y muchos otros. || **Mús.** Orientación moderna de la expresión musical, paralela a la del mismo nombre en pintura, que puede considerarse como la primera forma de aparición del atonalismo. || **Pint.** Escuela y tendencia artística iniciada en varios lugares de Europa a finales del siglo pasado, como reacción contra el impresionismo, que niega la primacía del objeto como fuente de inspiración imitativa pura y propugna la intensidad de la expresión sincera aun a costa del equilibrio formal. Lo han cultivado artistas como Edward Munch, Nolde, Kokoschka, Rouault, Derain, Matisse, Vlaminck, Dufy, Paul Klee, Kandisky, etcétera, cada uno dentro de su tendencia.

expresivamente. adv. m. De manera expresiva.

expresividad. f. Calidad de expresivo.

expresivo, va. (De *expreso*.) adj. Dícese de la persona que manifiesta con gran viveza lo que siente o piensa. || Dicho de cualquier manifestación mímica, oral, escrita, musical, o plástica, que muestra con viveza los sentimientos de la persona que se manifiesta por aquellos medios. || Característico, típico. || Que constituye un inicio de algo. || Cariñoso, afectuoso. || **Ling.** Perteneciente o relativo a la expresión lingüística.

expreso, sa. fr., *exprès*; it., *espresso*; i., *express*; a., *ausdrücklich, deutlich*. (Del lat. *expressus*.) p. p. irreg. de **expresar.** || adj. Claro, patente, especificado. || m. **tren expreso.** || Correo extraordinario, despachado con una noticia o aviso determinado. || adv. m. Ex profeso, con particular intento.

exprimidera. f. Instrumento que se usa para estrujar la materia de que se quiere sacar el zumo.

exprimidero. m. Instrumento para estrujar algo y sacar el zumo.

exprimidor. m. **exprimidera.**

exprimir. fr., *exprimer*; it., *spremere*; i., *to express*; a., *keltern, auspressen*. (Del lat. *exprimĕre*.) tr. Extraer el zumo o líquido de una cosa que lo tenga o esté empapada en él, apretándola o retorciéndola. || fig. **estrujar,** agotar una cosa. || fig. Expresar, manifestar.

ex profeso. m. adv. lat. De propósito o de caso pensado.

expropiación. fr. e i., *expropiation*; it., *espropiazione*; a., *Zwangsenteignung*. f. Acción y efecto de expropiar. || Cosa expropiada. Ú. m. en pl.

expropiador, ra. adj. Que expropia.

expropiante. p. a. de **expropiar.** Que expropia.

expropiar. fr., *exproprier*; it., *espropiare*; i., *to expropiate*; a., *enteignen*. (De *ex-* y *propio*.) tr. Desposeer de una cosa a su propietario, dándole en cambio una indemnización, salvo casos excepcionales. Se efectúa legalmente por motivos de utilidad pública.

expuesto, ta. (Del lat. *expositus*.) p. p. irreg. de **exponer.** || adj. **peligroso.** || ant. **expósito.**

expugnable. (Del lat. *expugnabĭlis*.) adj. Que se puede expugnar.

expugnación. (Del lat. *expugnatĭo, -ōnis*.) f. Acción y efecto de expugnar.

expugnador, ra. (Del lat. *expugnātor, -ōris*.) adj. Que expugna. Ú. t. c. s.

expugnar. (Del lat. *expugnāre*.) tr. Tomar por fuerza de armas una ciudad, plaza, castillo, etcétera.

expulsar. fr., *expulser, chasser*; it., *espeller, cacciare*; i., *to expel, to drive out*; a., *bertreiben, verstossen*. (Del lat. *expulsāre*, intens. de *expellĕre*, expeler.) tr. **expeler.** Dícese comúnmente de las personas, a diferencia de expeler, que se aplica más bien a los humores y otras cosas materiales.

expulsión. fr., *expulsion*; it., *espulsione, cacciata*; i., *expulsion, expelling*; a., *Vertreibung*. (Del lat. *expulsĭo, -ōnis*.) f. Acción y efecto de expeler o expulsar. || **Esgr.** Golpe que da el diestro sacudiendo violentamente con la fuerza de su espada a la flaqueza de la del contrario, para desarmarlo.

expulsivo, va. (Del lat. *expulsīvus*.) adj. Que tiene virtud y facultad de expeler. Ú. t. c. s. m.

expulso, sa. (Del lat. *expulsus*.) p. p. irreg. de **expeler** y **expulsar.**

expulsor, ra. adj. Que expulsa. || m. **Arm.** En algunas armas de fuego, mecanismo dispuesto para expulsar los cartuchos vacíos.

expurgación. (De lat. *expurgatĭo, -ōnis*.) f. Acción y efecto de expurgar.

expurgador, ra. adj. Que expurga. Ú. t. c. s.

expurgar. fr., *expurger*; it., *espurgare*; i., *to expurgate, to expurge*; a., *reinigen, ausmerzen*. (Del lat. *expurgāre*.) tr. Limpiar o purificar una cosa. || fig. Mandar la autoridad competente tachar algunas palabras, cláusulas o pasajes de determinados libros o impresos, sin prohibir la lectura de éstos.

expurgatorio, ria. (Del lat. *expurgātum*, expurgado.) adj. Que expurga o limpia.

expurgo. (De *expurgar*.) m. **expurgación.**

exquisitamente. adv. m. De manera exquisita.

exquisitez. f. Calidad de exquisito.

exquisito, ta. fr., *exquis*; it., *squisito*; i., *exquisite*; a., *ausgesucht*. (Del lat. *exquisītus*.) adj. De singular y extraordinaria calidad, primor o gusto en su especie.

exsanguinotransfusión. (Del i. *exsanguinotransfusion*; del gr. *ex*, fuera, y el lat. *sanguis*, sangre, y *transfusio*, transfusión.) f. **Terap.** Recurso empleado por primera vez en 1947 en el Hospital infantil de Boston (EE. UU.). Consiste en la substitución parcial o total de la sangre del paciente por la de otra persona sana. Simultáneamente se realiza la extracción y la transfusión en cantidades idénticas. Está indicada en casos de intoxicaciones, nefritis agudas, leucemias y en la enfermedad de los recién nacidos, denominada eritoblastosis fetal, producida por incompatibilidad del factor Rh de los padres.

éxtasi. m. **éxtasis.**

extasiarse. (De *éxtasis*.) prnl. **arrobarse.**

éxtasis. fr., *extase*; it., *estasi*; i., *ecstasy*; a., *Ekstase*. (Del lat. *ecstăsis*, y éste del gr. *ékstasis*.) m. Estado del alma enteramente embargada por un sentimiento de admiración, alegría, etc.

Éxtasis de Santa Catalina de Siena, por Sodoma (1525). Basílica de Santo Domingo. Siena

|| **Teol.** Estado del alma, caracterizado interiormente por cierta unión mística con Dios mediante la contemplación y el amor, y exteriormente por la suspensión mayor o menor del ejercicio de los sentidos.

extáticamente. adv. m. Con éxtasis.

extático, ca. fr., *extatique, ravi*; it., *estatico, estasiato*; i., *ecstatical*; a., *extatisch, verzückt*. (Del gr. *ekstatikós*.) adj. Que está en actual éxtasis, o lo tiene con frecuencia o habitualmente. || Que se refiere al éxtasis, principalmente en la expresión.

extemporal. (Del lat. *extemporālis*.) adj. **extemporáneo.**

extemporáneamente. adv. m. Fuera de su tiempo propio y oportuno.

extemporáneo, a. fr., *extemporané, hors de propos*; it., *estemporaneo, estemporale*; i., *extemporaneous, untimely*; a., *extemporiert, unvorbereitet*. (Del lat. *extemporanĕus*.) adj. Impropio del tiempo en que sucede o se hace. || Inoportuno, inconveniente.

extender. fr., *étendre, déplier*; it., *stendere*; i., *to extend, to spread*; a., *ausbreiten, ausdehnen*. (Del lat. *extendĕre*.) tr. Hacer que una cosa, aumentando su superficie, ocupe más lugar o espacio que el que antes ocupaba. Ú. t. c. prnl. || Esparcir, desparramar lo que está amontonado, junto o espeso. || Desenvolver, desplegar o poner a la larga una cosa que estaba doblada, arrollada o encogida. Ú. t. c. prnl. || Hablando de cosas morales, como derechos, jurisdicción, autoridad, conocimientos, etc., darles mayor amplitud y comprensión que la que tenían. Ú. t. c. prnl. || Hablando de escrituras, autos, despachos, etc., ponerlos por escrito y en la forma acostumbrada. || prnl. Ocupar cierta porción de terreno. Dícese de los montes, llanuras, campos, pueblos, etc. || Ocupar cierta cantidad de tiempo, durar. || Hacer por escrito o de palabra la narración o explicación de las cosas, dilatada y copiosamente. || fig. Propagarse, irse difundiendo una raza, una especie animal o vegetal, una profesión, uso, opinión o costumbre donde antes no la había. || fig. Alcanzar la fuerza, virtud o eficacia de una cosa a influir o comprenderse en otras. || fig. y fam. Ponerse muy hinchado y entonado, afectando señorío y poder.

extendidamente. adv. m. **extensamente.**

extendimiento. (De *extender*.) m. ant. **extensión.** || ant. fig. Expansión o dilatación de una pasión o afecto.

extensamente. adv. m. Por extenso, con extensión.

extensible. adj. Que se puede extender.

extensión. fr., *extension, étendue, portée*; it., *estensione*; i., *extent, extension, extensiveness*; a., *Ausdehnung*. (Del lat. *extensĭo, -ōnis*.) f. Acción y efecto de extender o extenderse. || **Fís.** Propiedad general de los cuerpos de ocupar un lugar en el espacio. || **Fisiol.** Movimiento de despliegue de los segmentos de un miembro opuesto al de flexión. || **Geom.** Medida del espacio ocupado por un cuerpo. || **Gram.** Tratando del significado de las palabras, ampliación del mismo a otro concepto relacionado con el originario. || **Lóg.** Conjunto de individuos comprendidos en una idea.

extensivamente. adv. m. De un modo extensivo.

extensivo, va. (Del lat. *extensīvus*.) adj. Que se extiende o se puede extender, comunicar o aplicar a más cosas que a las que ordinariamente comprende.

extenso, sa. fr., *étendu, paste*; it., *esteso, ampio*; i., *vast, extensive, spacious*; a., *weit, umfassend*. (Del lat. *extensus*.) p. p. irreg. de **extender.** || adj. Que tiene extensión. || Que tiene mucha extensión. || **por extenso.** m. adv. Extensamente, circunstanciadamente.

extensor, ra. fr., *extenseur*; it., *estensore*; i., *extensor*; a., *Streckmittel*. (De *extenso*.) adj. Que extiende o hace que se extienda una cosa, p. e., los músculos extensores, que son antagonistas de los flexores.

extenuación. fr., *exténuation, accablement*; it., *estenuazione, emaciazione*; i., *extenuation*; a., *Entkräftung*. (Del lat. *extenuatĭo, -ōnis*.) f. Enflaquecimiento, debilitación de fuerzas materiales. Ú. t. en sent. fig. || **Ret.** atenuación, figura de dicción.

extenuante. p. a. de **extenuar.** Que extenúa.

extenuar–extranjería

extenuar. fr., *exténuer, épuiser*; it., *estenuare*; i., *to extenuate*; a., *entkräften, abzehren*. (Del lat. *extenuāre*.) tr. Enflaquecer, debilitar. Ú. t. c. prnl.

extenuativo, va. adj. Que extenúa.

exterior. fr., *extérieur, externe*; it., *estero, esterno*; i., *exterior, external*; a., *äusserlich*. = fr., *mine, aspect, apparence*; it., *apparenza*; i., *personal, appearance*; a., *Äusseres, Aussehen*. (Del lat. *exteriŏr, -ōris*.) adj. Que está por la parte de afuera. || Relativo a otros países, por contraposición a nacional e interior. || m. Superficie externa de los cuerpos. || Traza, aspecto o porte de una persona.

exterioridad. fr., *extériorité, apparence, mine, contenance*; it., *esteriorità, apparenza*; i., *sight, aspect, outside*; a., *Äusserlichkeit*. (De *exterior*.) f. Cosa exterior o externa. || Apariencia, aspecto de las cosas, o porte, conducta ostensible de una persona. || Demostración con que se aparenta un afecto del ánimo, aunque en realidad no se sienta. || Honor de pura ceremonia; pompa de mera ostentación. Ú. m. en pl.

exteriorizable. adj. Que puede exteriorizarse.

exteriorización. f. Acción y efecto de exteriorizar.

exteriorizar. fr., *extérioriser*; it., *esteriorizzare*; i., *to externalize*; a., *zum Ausdruck brigen*. tr. Hacer patente, revelar o mostrar algo al exterior. Ú. t. c. prnl.

exteriormente. adv. m. Por la parte exterior; ostensible o aparentemente.

exterminable. (Del lat. *exterminabĭlis*.) adj. Que se puede exterminar.

exterminación. (Del lat. *exterminatĭo, ōnis*.) f. Acción y efecto de exterminar.

exterminador, ra. (Del lat. *exterminātor, -ōris*.) adj. Que extermina. Ú. t. c. s. || m. ant. Apeador o deslindador de términos.

exterminar. fr., *exterminer*; it., *esterminare*; i., *to exterminate*; a., *ausrotten, vertilgen*. (Del lat. *extermināre*.) tr. desus. Echar fuera de los términos; desterrar. || fig. Acabar del todo con una cosa como si se desterrara, extirpara o descastara. || fig. Desolar, devastar por fuerza de armas.

exterminio. fr., *extermination, destruction entière*; it., *sterminio, rovina*; i., *extermination, extirpation*; a., *Ausrottung, Vertilgung*. (Del lat. *exterminĭum*.) m. Acción y efecto de exterminar.

externado. m. Establecimiento de enseñanza donde se reciben alumnos externos. || Estado y régimen de vida del alumno externo. || Conjunto de alumnos externos.

externamente. adv. m. por la parte externa.

externar. tr. Exteriorizar, manifestar.

externo, na. fr., *externe*; it., *esterno*; i., *external*; a., *auswärtig, äusserlich*. (Del lat. *externus*.) adj. Dícese de lo que obra o se manifiesta al exterior, y en comparación o contraposición con lo interno. || Dícese del alumno que sólo permanece en el colegio o escuela durante las horas de clase.

exterritorialidad. f. **extraterritorialidad**.

ex testamento. m. adv. lat. **Der.** Por el testamento.

extinción. fr., *extintion, perte totale*; it., *estinzione, spegnimento*; i., *extinction, loss*; a., *Auslöschen, Verlust, Vertilgung*. (Del lat. *exstinctĭo, -ōnis*.) f. Acción y efecto de extinguir o extinguirse.

extinguible. (Del lat. *exstinguibĭlis*.) adj. Que se puede extinguir.

extinguir. fr., *éteindre, détruire*; it., *estinguere, spegnere, annientare*; i., *to extinguish, to put out*; a., *auslöschen, tilgen, vertilgen*. (Del lat. *exstinguĕre*.) tr. Hacer que cese el fuego o la luz. Ú. t. c. prnl. || fig. Hacer que cesen o se acaben del todo ciertas cosas que desaparecen gradualmente; como un sonido, un efecto, una vida. Ú. t. c. prnl.

extintivo, va. (De *extinto*.) adj. Que causa extinción. || **Der.** Que hace caducar, perderse o cancelarse una acción o un derecho.

extinto, ta. (Del lat. *exstinctus*.) p. p. irreg. de **extinguir**. || adj. Apagado. || com. Muerto, fallecido.

extintor, ra. (De *extinto*, extinguido.) adj. Que extingue. || m. Aparato para extinguir incendios, que por lo común arroja sobre el fuego un chorro de agua o de una mezcla que dificulta o impide la combustión.

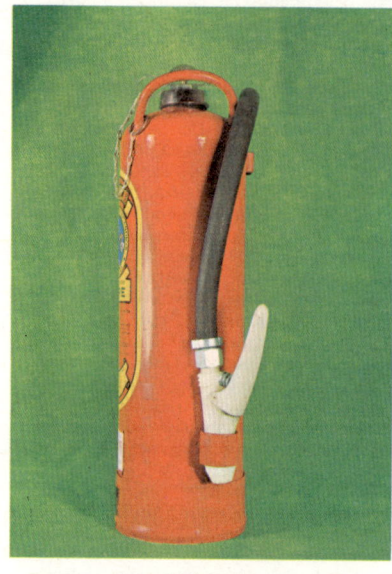

Extintor

extirpable. adj. Que se puede extirpar.

extirpación. fr. e i., *extirpation*; it., *estirpazione, estirpamento*; a., *Ausrottung*. (Del lat. *extirpatĭo, -ōnis*.) f. Acción y efecto de extirpar.

extirpador, ra. fr., *extirpateur*; it., *estirpatore*; i., *extirpator*; a., *Ausrotter*. (Del lat. *extirpātor, -ōris*.) adj. Que extirpa. Ú. t. c. s. || m. Agr. Instrumento que consiste en un bastidor de madera o de hierro, con travesaños armados por su parte inferior de cuchillas de hierro a modo de rejas, que cortan horizontalmente la tierra y las raíces. Suele estar montado sobre tres ruedas: una delantera y dos laterales.

extirpar. fr., *extirper, déraciner*; it., *estirpare, sradicare, svellere*; i., *to extirpate, to roat up*; a., *ausrotten, entwurzeln*. (Del lat. *exstirpāre*.) tr. Arrancar de cuajo o de raíz. || fig. Acabar del todo con una cosa, de modo que cese de existir, como los vicios, abusos, etc.

extorno. (De *ex-* y *torno*.) m. Parte de prima que el asegurador devuelve al asegurado a consecuencia de alguna modificación en las condiciones de la póliza contratada.

extorsión. fr., *extorsion, exaction, dommage*; it., *estorsione, esazione, storsione, storta*; i., *extortion, overcharge*; a., *Erpressug, Erzwugnung*. (Del lat. *extorsĭo, -ōnis*.) f. Acción y efecto de usurpar y arrebatar por fuerza una cosa a uno. || fig. Cualquier daño o perjuicio.

extorsionar. fr., *extorquer*; it., *estorcere, storre*; i., *to extort*; a., *erpressen, erzwingen*. tr. Usurpar, arrebatar. || Causar extorsión o daño.

extra. (Del lat. *extra*.) prep. que, en estilo familiar, suele emplearse aislada, significando además: **extra** *del sueldo, tiene muchas ganancias*. Ú. t. c. pref., con la significación de *fuera de*. || adj. Extraordinario, óptimo. || m. Plato que no figura en el cubierto ordinario. || Persona que presta un servicio accidental. || fam. Adehala, gaje, plus. || **Cin.** Persona que interviene como comparsa.

extracción. fr., *extraction; souche issue*; it., *estrazione*; i., *extraction*; a., *Herausziehen*. (Del lat. *extractĭo, -ōnis*; de *ex*, desde, y *trahĕre, -xi, -ctum*, arrastrar.) f. Acción y efecto de extraer. || En el juego de la lotería, acto de sacar algunos números con sus respectivas suertes, para decidir por ellos las ganancias o pérdidas de los jugadores. || Origen, linaje. Tómase, por lo común, en mala parte, o se usa con los adjetivos *baja, humilde*, etc.

extracta. (Del lat. *extracta*, sacada, extraída.) f. **Der.** Ar. Traslado fiel de cualquier instrumento público o de una parte de él.

extractador, ra. adj. Que extracta. Ú. t. c. s.

extractar. fr., *extraire, résumer*; it., *compendiare*; i., *to extract, to abridge, to epitomize*; a., *einen Auszug machen, ausziehen*. (De *extracto*.) tr. Reducir a extracto una cosa; como escrito, libro, etc.

extracto. fr., *extrait, abrégé, sommaire*; it., *estratto*; i., *extract, abridgment*; a., *Extrakt, Auszug*. (Del lat. *extractus*, p. p. de *extrahĕre*, extraer, sacar.) m. Resumen que se hace de un escrito cualquiera, expresando en términos precisos únicamente lo más substancial. || Cada uno de los cinco números que salían a favor de los jugadores en la lotería primitiva. || **Der.** Apuntamiento o resumen de un expediente o de pleito contenciosoadministrativo. || **Quím.** Producto sólido o espeso obtenido por evaporación de un zumo o de una disolución de substancias vegetales o animales. || **de Saturno**. Disolución acuosa del acetato de plomo básico. || **tebaico.** Extracto acuoso de opio.

extractor, ra. fr., *extracteur*; it., *estrattore*; i., *extractor*; a., *Ausziehender*. (De *extracto*.) m. y f. Persona que extrae. || Aparato o pieza de un mecanismo que se utiliza para extraer.

extracurricular. adj. Dícese de lo que no pertenece a un currículo, o no está incluido en él.

extradición. fr. e i., *extradition*; it., *estradizione*; a., *Auslieferung*. (Del lat. *ex*, fuera de, y *traditĭo, -ōnis*, acción de entregar.) f. **Der.** Entrega del reo refugiado en un país, hecha por el Gobierno de éste a las autoridades de otro país que lo reclaman para juzgarlo y, en su caso, castigarlo. Sólo suele concederse por delitos comunes; los delitos políticos suelen merecer el llamado derecho de asilo.

extradós. (Del francés *extrados*.) m. **trasdós**.

extraente. p. a. de **extraer**. Que extrae. Ú. t. c. s.

extraer. fr., *extraire, tirer hors*; it., *estrarre*; i., *to extract, to draw out*; a., *extrahieren, ausziehen*. (Del lat. *extrahĕre*.) tr. Sacar, poner una cosa fuera de donde estaba. || **Der.** Ar. Sacar traslado de un instrumento público o de una parte de él. || **Mat.** Tratándose de raíces, calcular cuáles son las de una cantidad dada. || **Min.** Arrancar o sacar del interior de la tierra los minerales para su aprovechamiento. || **Quím.** Separar alguna de las partes de que se componen los cuerpos.

extrajudicial. fr. e i., *extrajudicial*; it., *estragiudiziale*; a., *aussergerichtlich*. (De *extra* y *judicial*.) adj. Que se hace o trata fuera de la vía judicial.

extrajudicialmente. adv. m. Sin las solemnidades judiciales y, por lo general, privadamente.

extralimitación. fr. e i., *extralimitation*; it., *estralimitazione*; a., *Überschreitung*. f. Acción y efecto de extralimitarse.

extralimitarse. fr., *outrepasser, excéder, abuser du pouvoir*; it., *oltrepassare i limiti*; i., *to go beyond, to overstep*; a., *überschreiten*. (De *extra* y *límite*.) prnl. fig. Excederse en el uso de facultades o atribuciones; abusar de la benevolencia ajena. Ú. t. c. tr.

extramuros. (Del lat. *extra muros*, fuera de las murallas.) adv. l. Fuera del recinto de una ciudad, villa o lugar.

extranjería. fr., *extranéité*; it., *qualità di straniero*; i., *alienship*; a., *Fremdheit, Fremdsein*. f.

Der. Calidad y condición que por las leyes corresponden al extranjero residente en un país, mientras no está naturalizado en él. || Sistema o conjunto de normas reguladoras de la condición, los actos y los intereses de los extranjeros en un país.

extranjerismo. m. Afición desmedida a costumbres extranjeras. || Voz, frase o giro de un idioma extranjero empleado en español.

extranjerizante. p. a. de **extranjerizar.** Que extranjeriza.

extranjerizar. tr. Introducir las costumbres extranjeras, mezclándolas con las propias del país. Ú. t. c. prnl.

extranjero, ra. fr., *étranger;* it., *straniero;* i., *foreigner;* a., *ausländisch, fremd, Ausländer, Fremder.* (Del ant. fr. y provenz. *estrangier,* y este del lat. **extraneārius,* de *extranĕus,* extraño, extranjero.) adj. Que es o viene de país de otra soberanía. || Natural de una nación con respecto a los naturales de cualquiera otra. Ú. m. c. s. || m. Toda nación que no es la propia.

extranjía. f. fam. **extranjería.**

extranjis (de). loc. fam. De tapadillo, ocultamente.

extraña. f. Bot. Nombre vulgar de una planta de la familia de las compuestas; es una hierba anual, procedente de China y cultivada en los jardines; es de hasta 50 cm., erizada, con hojas inferiores espatuladas; las medianas romboideolanceoladas, y las superiores, oblongas, todas con dientes gruesos; las cabezuelas, aisladas en las ramas, grandes, con brácteas involucrales foliáceas y aplicadas; el color de las cabezuelas es muy variado (*áster* o *callistephus chinensis*).

extrañación. f. Acción y efecto de extrañar o extrañarse.

extrañamente. adv. m. De manera extraña.

extrañamiento. fr., *bannissement, exil;* it., *bando, esilio;* i., *deportation;* a., *Verbannung, Deportation.* m. Acción y efecto de extrañar o extrañarse.

extrañar. fr., *bannir, éxiler, expatrier;* it., *esiliare, straniare;* i., *to transport, to banish;* a., *deportieren, verbannen.* = fr., *s'étonner;* it., *meravigliarsi;* i., *to be surprised;* a., *verwundern.* (Del lat. *extraneāre.*) tr. Desterrar a país extranjero. Ú. t. c. prnl. || Apartar, privar a uno del trato y comunicación que se tenía con él. Ú. t. c. prnl. || Ver u oír con admiración o extrañeza una cosa. Ú. t. c. prnl. || Sentir la novedad de alguna cosa que usamos, echando de menos la que nos es habitual. || Echar de menos a alguna persona o cosa, sentir su falta. || Afear, reprender. || ant. Rehuir, esquivar. || prnl. Rehusarse, negarse a hacer una cosa.

extrañero, ra. (De *extraño.*) adj. ant. Extranjero o forastero.

extrañez. f. **extrañeza.**

extrañeza. fr., *étrangeté, rareté;* it., *stranezza, stranianza;* i., *strangeness;* a., *Seltsamkeit, Verwunderung.* (De *extraño.*) f. Calidad de raro, extraño, extraordinario. || Cosa rara, extraña, extraordinaria. || Desvío, desavenencia entre los que eran amigos. || Admiración, novedad.

extraño, ña. fr., *étranger;* it., *straniero, estraneo;* i., *strange;* a., *fremd.* = fr., *singulier, rare;* it., *singolare;* i., *strange;* a., *sonderbar.* (Del lat. *extranĕus.*) adj. De nación, familia o profesión distinta de la que se nombra o sobrentiende; se contrapone a *propio.* Ú. t. c. s. || Raro, singular. || **extravagante.** || Dícese de lo que es ajeno a la naturaleza o condición de una cosa de la cual forma parte. || Seguido de la preposición *a,* dícese de lo que no tiene parte en la cosa nombrada tras la preposición.

extraoficial. adj. Oficioso, no oficial.

extraoficialmente. adv. m. De modo extraoficial.

extraordinariamente. adv. m. De manera extraordinaria.

extraordinario, ria. fr., *extraordinaire;* it., *straordinario;* i., *extraordinary, uncommomon;* a., *ausserordentlich.* (Del lat. *extraordinarius.*) adj. Fuera del orden o regla natural o común. || m. Correo especial que se despacha con urgencia. || Plato o manjar que se añade a la comida diaria. || Número de un periódico que se publica por algún motivo extraordinario.

extrapolación. f. Fís. Acción y efecto de extrapolar.

extrapolar. (De *interpolar,* con substitución del pref. *inter-* por *extra-.*) tr. Fís. Averiguar el valor de una magnitud para valores de la variable que se hallan fuera del intervalo en que dicha magnitud ha sido medida.

extrarradio. m. Parte o zona del término municipal que rodea al casco y radio de la población.

extrasístole. (De *extra,* fuera, y *sístole.*) f. Pat. Contracción de los ventrículos del corazón, fuera del ritmo cardíaco, debida a estímulos anormales. Sigue frecuentemente una pausa en la que el paciente tiene una sensación desagradable de choque y angustia, como si por un instante se le suspendiese la vida.

extratémpora. (Del lat. *extra,* fuera de, y *tempŏra,* los tiempos.) f. Rel. Dispensa para que un clérigo reciba las órdenes mayores fuera de los tiempos señalados por la Iglesia.

extraterritorial. adj. Dícese de lo que está o se considera fuera del territorio de la propia jurisdicción.

extraterritorialidad. (De *extra* y *territorio.*) f. Der. Derecho o privilegio fundado en una ficción jurídica que considera el domicilio de los agentes diplomáticos, los buques de guerra, etcétera, como si estuviesen fuera del territorio en donde se encuentran, para seguir sometidos a las leyes de su país de origen.

extrauterino, na. adj. Pat. Que está situado u ocurre fuera del útero, dicho de lo que normalmente está situado u ocurre dentro de él.

extravagancia. (De *extravagante.*) f. Desarreglo en el pensar y obrar.

extravagante. fr. e i., *extravagant;* it., *stravagante;* a., *närrisch, überspannt.* (De *extra,* fuera de, y el lat. *vagans, -antis,* errante.) adj. Que se hace o dice fuera del orden o común modo de obrar. || Que habla, viste o procede así. Ú. t. c. s. || Dícese de la correspondencia que recibe de tránsito una administración de Correos, para ser enviada a otras poblaciones. || m. ant. Escribano que no era del número ni tenía asiento fijo en ningún pueblo, juzgado o tribunal. || f. Rel. Cualquiera de las constituciones pontificias que se hallan recogidas y puestas al fin del cuerpo del derecho canónico, después de los cinco libros de las decretales y clementinas. Se les dio este nombre porque están fuera del cuerpo canónico. Unas se llaman comunes y otras de Juan XXII.

extravasación. fr. e i., *extravasation;* it., *travasamento;* a., *Erguss, Extravasat.* f. Acción y efecto de extravasarse.

extravasarse. fr., *s'extravaser;* it., *stravasarsi;* i., *to extravasate;* a., *aus seinen Gefässen austreten.* (De *extra* y *vaso.*) prnl. Salirse un líquido de su vaso. Tiene mucho uso esta voz en medicina.

extravenar. (De *extra,* fuera de, y *vena.*) tr. Hacer salir la sangre de las venas. Ú. m. c. prnl. || fig. Desviar, sacar de su lugar.

extraversión. (De *extra,* fuera, y *versión.*) f. Psicol. Movimiento del ánimo que, cesando en su propia contemplación, sale fuera de sí por medio de los sentidos.

extravertido, da. adj. Psicol. Dícese de uno de los tipos psicológicos estudiados por Jung, que define al individuo que vive psíquicamente de dentro para afuera. Opuesto a introvertido.

extraviado, da. p. p. de **extraviar.** adj. De costumbres desordenadas. || Tratando de lugares, poco transitado, apartado.

extraviar. fr., *fourvoyer;* it., *traviare, sviare;* i., *to mislead;* a., *irreführen.* = fr., *s'égarer, se détourner;* it., *deviarsi, fuorviare;* i., *to go astray;* a., *verirren.* (Del lat. *extra,* fuera de, y *via,* camino.) tr. Hacer perder el camino. Ú. t. c. prnl. || Poner una cosa en otro lugar que el que debía ocupar. || Hablando de la vista o de la mirada, no fijarla en objeto determinado. || prnl. No encontrarse una cosa en un sitio e ignorarse su paradero. || fig. Dejar la carrera o forma de vida que se había empezado y tomar otra distinta. Tómase, por lo común, en mala parte.

extravío. fr., *égarement, écart;* it., *traviamento, sviamento;* i., *wandering, error;* a., *Verirrung.* m. Acción y efecto de extraviar o extraviarse. || fig. Desorden en las costumbres. || fam. Molestia, perjuicio.

extrema. f. vulg. abr. de *extremaunción.*

extremadamente. adv. m. Con extremo, por extremo.

extremadano, na. adj. ant. **extremeño.** Apl. a pers., úsab. t. c. s.

extremadas. f. pl. Entre ganaderos, tiempo en que están ocupados en hacer el queso.

extremado, da. fr., *extrême;* it., *stremato;* i., *extreme;* a., *übermässig.* p. p. de **extremar.** || adj. Sumamente bueno o malo en su género.

Extremadura. Geog. Antigua región española, sit. en la parte centrooccidental de la Península, actualmente dividida en las prov. de Cáceres y Badajoz. Su superficie es de

Guadalupe (Cáceres). Vista general y monasterio

41.591,9 km.^{2}, con una población absoluta de 1.145.376 h. (*extremeños*), y una densidad media de 27,5 h. por km.^{2} Al N. y al S., respectivamente, se levantan el sistema Central, con las sierras de Gredos y de Gata, y Sierra Morena, y en el centro quedan algunos restos de los viejos macizos hercinianos (Guadalupe, Montánchez, San Pedro y San Mamed), continuación de los Montes de Toledo. La región pertenece a dos regiones hidrográficas: la del Tajo, al N., y la del Guadiana, al S. El clima es continental, más templado en invierno y más caluroso en verano que en el resto de la meseta. Ofrece inmensas posibilidades económicas; sus fuentes de riqueza son la agricultura y

Monumento a Pizarro, en Trujillo

la ganadería, pero tiene pocas minas y escasas industrias. Badajoz y Cáceres son las prov. más extensas de España.

Historia. El nombre de Extremadura procede de haber sido un tiempo, durante la Reconquista y a partir del s. XI, *tierra de extremos*, o comarca fronteriza con los dominios musulmanes. País de enormes recursos naturales, su riqueza y su población se redujeron por varios motivos, entre otros, por la emigración a América, en cuyos descubrimientos y conquistas figuraron numerosos extremeños (Hernán Cortés, Pizarro, Núñez de Balboa, Alvarado, etc.). A esta despoblación contribuyó también la acumulación de la propiedad en grandes latifundios. En 1973 se creó la Universidad de Extremadura, dividida entre Cáceres, con las Facultades de Letras, y Badajoz, de Ciencias.

extremamente. adv. m. **en extremo.**
extremar. fr., *pousser à l'extrême;* it., *stremare, sfiancarsi;* i., *to reduce to an extreme;* a., *aufs äusserste treiben.* tr. Llevar una cosa al extremo. || ant. Separar, apartar una cosa de otra. Ú. t. c. prnl. Hoy conserva uso entre ganaderos cuando apartan los corderos de las madres; y en León, como pronominal, especialmente en la significación de separarse los que viven juntos para establecerse cada uno de por sí. || ant. Hacer a uno el más excelente en su género. || Ar. y Nav. Hacer la limpieza y arreglo de las habitaciones. || intr. Entre ganaderos se dice de los ganados que trashuman y van a pasar el invierno en los territorios templados de Extremadura. || prnl. Emplear uno toda la habilidad y esmero en la ejecución de una cosa.

extremaunción. fr., *extrême-onction;* it., *estrema-unzione;* i., *extreme-unction;* a., *letzte Ölung.* (De extrema, última, y unción.) f. **Rel. unción de los enfermos.**

extremeño, ña. fr., *habitant des frontières;* it., *fronterigio;* i., *frontiersman;* a., *Grenzbewohner.* adj. Natural de Extremadura, o perteneciente a esta región de España. Ú. t. c. s. || Que habita en los extremos de una región. Ú. t. c. s.

extremidad. fr., *extrémité, bout;* it., *estremità;* i., *extremity, end;* a., *Extremität, äusserstes Ende.* (Del lat. *extremĭtas, -ātis.*) f. Parte extrema o última de una cosa. || fig. Grado último a que una cosa puede llegar. || ant. Superioridad, preeminencia, excelencia o ventaja en una persona o cosa respecto de otra. || pl. Cabeza, pies, manos y cola de los animales. || Pies y manos del hombre. || Los brazos y piernas o las patas, en oposición al tronco.

extremismo. m. Tendencia a adoptar ideas extremas o exageradas, especialmente en política.

extremista. adj. El que practica el extremismo. Ú. t. c. s.

extremo, ma. fr., *extrême;* it., *estremo;* i., *extreme;* a., *Ende.* (Del lat. *extremus.*) adj. **último.** || Aplícase a lo más intenso, elevado o activo de cualquier cosa. || Excesivo, sumo, mucho. || **distante.** || **desemejante.** || m. Parte primera o parte última de una cosa, o principio o fin de ella. || Asunto, punto o materia que se discute o estudia. || Punto último a que puede llegar una cosa. || Esmero sumo en una operación. || Invernadero de los ganados trashumantes, y pastos en que se apacientan en el invierno. || desus. **padre nuestro,** cuenta del rosario más gruesa que las demás. || pl. Manifestaciones exageradas y vehementes de un afecto del ánimo, como alegría, dolor, etc. Ú. principalmente en la frase *hacer extremos.* || **con extremo.** m. adv. Muchísimo, excesivamente. || **de extremo a extremo.** m. adv. Desde el principio al fin. || **de un extremo** al otro su contrario. || **en extremo.** m. adv. **con extremo.** || **por extremo.** m. adv. **con extremo.**

extremosidad. f. Calidad de extremoso.
extremoso, sa. fr., *excessif, exagéré;* it., *eccesivo;* i., *exagerated;* a., *übertreibend.* (De extremo.) adj. Que no se comide o no guarda medio en afectos o acciones, sino que declina o da en un extremo. || Muy expresivo en demostraciones cariñosas.

extrínsecamente. adv. m. De manera extrínseca.

extrínseco, ca. fr., *extrinsèque;* it., *estrinseco;* i., *extrinsic, outward;;* a., *äusserlich.* (Del lat. *extrinsĕcus.*) adj. Externo, no esencial.

extrudir. (Del lat. *extrudĕre.*) tr. Dar forma a una masa metálica, plástica, etc., haciéndola salir por una abertura especialmente dispuesta.

extrusión. f. Acción y efecto de extrudir.
extrusivo, va. (De extrusión.) adj. **Geol.** sin. de *efusivo, exógeno* o *volcánico,* aplicado a las rocas eruptivas.

extrusor, ra. adj. Que extrude. || f. Máquina para extrudir.

exturbar. (Del lat. *exturbāre,* echar fuera.) tr. ant. Arrojar o expeler a uno con violencia.

exuberancia. fr., *exuberance;* it., *esuberanza;* i., *exuberancy;* a., *Überfülle.* (Del lat. *exuberantĭa.*) f. Abundancia suma; plenitud y copia excesiva.

exuberante. fr., *exubérant;* it., *esuberante;* i., *exuberant;* a., *üppig, wuchernd.* (Del lat. *exubĕrans, -antis,* p. a. de *exuberāre,* abundar mucho.) adj. Abundante y copioso con exceso.

Facultades de Filosofía y Derecho. Universidad de Extremadura. Cáceres

exuberar. (Del lat. *exuberāre*; de *ex*, intens., y *uber*, abundante.) intr. ant. Abundar con exceso.

exudación. (Del lat. *exsudatio*, *-ōnis*.) f. Acción y efecto de exudar.

exudado. (Del lat. *ex*, fuera, y *sudor*, transpiración.) p. p. de **exudar**. || m. Producto de la exudación, generalmente por extravasación de la sangre en las inflamaciones.

exudar. fr., *exsuder*; it., *essudare*; i., *to exude*; a., *ausschwitzen*. (Del lat. *exsudāre*.) intr. Salir un líquido fuera de sus vasos o continentes propios. Ú. t. c. tr.

exulceración. fr., *exulcération*; it., *esulcerazione*, *esulceramento*; i., *exulceration*; a., *Schwäre*. (Del lat. *exsulceratĭo*, *-ōnis*.) f. Pat. Acción y efecto de exulcerar o exulcerarse.

exulcerar. fr., *exulcérer*; it., *esulcerare*; i., *to exulcerate*; a., *aufbrechen*. (Del lat. *exulcerāre*.) tr. Pat. Corroer el cutis de modo que empiece a formarse llaga. Ú. t. c. prnl.

exultación. fr. e i., *exultation*; it., *esultazione*, *esultanza*; a., *Frohlocken*, *Jauchzen*, *Hüpfen vor Freude*. (Del lat. *exsultatĭo*, *-ōnis*.) f. Acción y efecto de exultar.

exultar. (Del lat. *exsultāre*.) intr. Saltar de alegría, transportarse de gozo.

exutorio. (Del lat. *exūtum*, supino de *exuĕre*, separar, extraer.) m. Cir. Úlcera abierta y sostenida por el arte, para determinar una supuración permanente con un fin curativo.

Exvotos en la ermita de Nuestra Señora de Valverde, Fuencarral, Madrid

exvoto. (Del lat. *ex voto*, por voto.) m. Don u ofrenda, como muletas, mortajas, figuras de cera, cabellos, tablillas, cuadros, etc., que los fieles dedican a Dios, a la Virgen o a los santos en señal y por recuerdo de un beneficio recibido. Se cuelgan en los muros o en la techumbre de los templos. También se dio este nombre a parecidas ofrendas que los gentiles hacían a sus dioses.

eyaculación. f. Fisiol. Acción y efecto de eyacular.

eyacular. (Del lat. *eiaculāri*.) tr. Lanzar con rapidez y fuerza el contenido de un órgano, cavidad o depósito. || Fisiol. Expulsar el semen de los testículos en el espasmo sexual.

eyaculatorio, ria. (Del lat. *eiaculātus*, vaciado.) adj. Perteneciente o relativo a la eyaculación.

Eyck (Hubert van). Biog. Pintor flamenco, m. en 1426. Posiblemente hermano de Jan, apenas se tienen noticias de su vida. || **(Jan van).** Pintor flamenco, n. en Maaseik y m. en Brujas (1390-1441). Fue uno de los pintores europeos más importantes de su época, y también un innovador de la técnica pictórica. Sus mejores producciones son *La Virgen del canciller Rolin*, *La Virgen del canónigo Van der Paele*, *Los esposos Arnolfini*, *El hombre del turbante*, y, sobre todo, el retablo de *La adoración del Cordero*, tríptico en el templo de San Bavón, en Gante, obra en la que colaboró Hubert van Eyck.

eyector. (Del lat. *eiectus*, arrojado; de *eicĕre*, *ēci*, *-ectum*, arrojar fuera.) m. Arm. En las armas de fuego portátiles, mecanismo que hace saltar del cañón los cartuchos vacíos.

eyrá. m. Zool. *Amér.* m. **yaguarundi.**

Eyre (Edward John). Biog. Explorador y político inglés, n. en Hornsea y m. en Tavistock (1815-1901). En una de sus expediciones descubrió el lago australiano que lleva su nombre; regresó en 1845 a Inglaterra, donde se dedicó a los estudios geográficos y a la política colonizadora. || Geog. Lago salado de Australia, en el est. de Australia del Sur. Desembocan en él varios ríos y ocupa unos 10.000 km.² Es el mayor del país.

Eyuboglu (Bedri Rahmi). Biog. Pintor y poeta turco, n. en Trabzon en 1911. Se formó artísticamente en la Academia de Bellas Artes de Estambul y en París. A su regreso a Turquía se adhirió al grupo de artistas de vanguardia, constituido como reacción contra el realismo e impresionismo de los pintores turcos de la generación de 1914, y en 1937 ocupó el puesto de profesor en la Academia de Bellas Artes de Estambul. A partir de 1940 prescindió de toda influencia de la escuela de París y se orientó hacia una expresión más nacional. Entre sus obras sobresalen: *Salón de café en Corumola*, *Viejo Café*, *Escena de café en Anatolia*, *Mujer del campo y su niño*, *Kariya*, *Karacaoglon* y *Estambul*. Es además uno de los poetas más brillantes de la nueva generación y ha publicado también algunos ensayos.

Eyzaguirre (Agustín). Biog. Político chileno, n. y m. en Santiago (1766-1837). Integró la Junta de Santiago de 1810 y la que sucedió a O'Higgins en 1823. Vicepresidente de la República en 1826, ocupó la presidencia tras la renuncia de Blanco Encalada. || **(Jaime).** Escritor e historiador chileno, n. y m. en Santiago (1908-1968). Obras: *O'Higgins*, por la que obtuvo en 1946 el primer premio del certamen organizado por el Ministerio de Educación de su país, para honrar al libertador chileno Bernardo O'Higgins; *Fisonomía histórica de Chile*, *Ventura de Pedro de Valdivia*, *Chile durante el gobierno de Errázuriz Echaurren*, premiada en 1958 con el premio de la Municipalidad, e *Hispanoamérica del dolor*.

Eyzies-de-Tayac (Les). Geog. Mun. de Francia, depart. de Dordoña; 1.028 h. Es famoso en el orden prehistórico por sus importantes yacimientos del paleolítico.

Ezcabarte. Geog. Mun. de España, prov. de Navarra, p. j. de Pamplona; 949 h. Corr. 67 a la cap., el arrabal de Oricáin, donde radica el Ayuntamiento.

Ezcaray. Geog. Mun. de España, prov. de Logroño; p. j. de Haro; 2.052 h. || Villa cap. del mismo; 1.737 h.

Ezcároz. Geog. Escároz.

Ezcurra (Juan Antonio). Biog. Militar y político paraguayo (1859-1929). Coronel (1897) y ministro de Guerra y Marina (1898), fue elegido presidente de la República en 1902. || Geog. Mun. y villa de España, prov. de Navarra, p. j. de Pamplona; 352 h.

Ezeiza. Geog. Pobl. de Argentina, prov. de Buenos Aires, part. de Esteban Echeverría; 2.502 h. Magnífico aeropuerto.

Ezequías. Biog. Rey de Judá, que sucedió a Acaz en 726 a. C. y m. en 697. Luchó sin éxito con los asirios. Recibió los consejos del profeta Isaías, quien le profetizó la ruina y la cautividad de Judá.

Ezequiel. (En hebr., *Yehezq'el*, Dios fortalece.) *(San).* Biog. Uno de los cuatro grandes profetas del Antiguo Testamento. Escribió sus libros en un dialecto medio hebreo, medio arameo. Comenzó a usar del don de profecía en 595 a. C. y continuó durante veintidós años. Fue

La Virgen del canciller Rolin, por Van Eyck. Museo del Louvre. París

Ezequías, por Pedro Berruguete. Museo de Paredes de Nava (Palencia)

asesinado por un príncipe judío a quien reprochaba su idolatría. La Iglesia le conmemora el 10 de abril. ‖ **Montes. Geog.** Mun. de Méjico, est. de Querétaro de Arteaga; 10.910 h. ‖ Villa cap. del mismo; 3.139 h. ‖ **Zamora.** Dist. de Venezuela, est. de Barinas; 30.609 h. Cap., Santa Bárbara. ‖ **Zamora.** Mun. de Venezuela, est. de Monagas, dist. de Maturín; 8.365 h. Cap., Punta de Mata.

Ezeta (Carlos). Biog. Militar y político salvadoreño, n. en San Salvador y m. en Monterrey, Méjico (1855-1903). Elegido presidente de la República en 1891, gobernó despóticamente. Depuesto en 1894, huyó a Méjico.

ezpatadantza. f. **Folk.** En Vascongadas, danza típica, supervivencia de otra de tipo guerrero, a lo que alude su nombre (danza de espadas), en que estas armas han sido substituidas por palos.

ezpatadantzari. m. **Folk.** Cada uno de los bailadores o comparsas de la ezpatadantza.

Ezpeleta y Enrile (Joaquín de). Biog. General español, n. en La Habana y m. en Madrid (1786-1863). Comenzó su carrera militar en la guerra de la Independencia; hecho prisionero en 1808, fue conducido a Francia, de donde pudo escapar. Fue capitán general de Cuba, consejero de Estado y ministro de Marina. ‖ **y Veire de Galdeano (José de).** General español, n. en Pamplona y m. en Madrid (1740-1823). Pasó a América y fue gobernador de Panzapla, de la isla de Cuba y virrey de Nueva Granada. También fue capitán general de Cataluña y de Navarra. ‖ **Geog.** Local. de Argentina, prov. de Buenos Aires, part. de Quilmes; 2.700 h.

Ezprogui. Geog. Mun. de España, prov. de Navarra, p. j. de Aoiz; 115 h. Corr. 25 a la cap., el lugar de Moriones.

ezquerdear. tr. ant. Llevar una arma en el lado izquierdo. ‖ intr. Torcerse a la izquierda de la visual una hilada de sillares, un muro, etc. ‖ ant. fig. **izquierdear.**

Ezquerra del Bayo (Joaquín). Biog. Mineralogista español, n. en El Ferrol y m. en Tudela (1793-1859). Dirigió la fábrica de cristales de Aranjuez, tomó parte en la canalización del Lozoya y fue fundador de la Real Academia de Ciencias.

Joaquín de Ezpeleta, por Eduardo Balaca y Canseco. Palacio del Senado. Madrid

Ezquioga-Ichaso. Geog. Mun. de España, prov. de Guipúzcoa, p. j. de Azpeitia; 764 h. Corr. 265 a la cap., el barrio de Santa Lucía. Se formó por fusión de los mun. de Ezquioga e Ichaso.

Ezra (Mosé Aben). Biog. Poeta hispanojudío, n. en Granada (h. 1060-1135). Escribió *Anak Tartus (Collar de perlas)* y realizó una antología de poetas árabes y cristianos titulada *Libro de los diálogos y recuerdos,* donde propugna la unidad y el diálogo entre las razas hispanas.

f. f. Séptima letra del abecedario español y quinta de sus consonantes. Su nombre es **efe.** Pronúnciase con articulación labiodental fricativa sorda. ‖ **Mat.** abr. de *función;* así se escribe *f (x, y)* y se lee, función de *x* e *y*. ‖ **Mús.** abr. de *forte*.

F. Fís. abr. de *faradio*. ‖ abr. de *grado Fahrenheit*. ‖ **Mús.** En algunos países, como Alemania e Inglaterra, nombre de la nota *fa*. ‖ **Ópt.** abr. de *distancia focal*. ‖ **Quím.** Símbolo del *flúor*. ‖ **cero.** *Quím.* Partícula elemental, eléctricamente neutra, un 30 % más pesada que el protón y de vida generalmente muy breve.

fa. (Nombre sacado por Guido Aretino, así como las de las cinco restantes notas de la escala de su tiempo, de la primera estrofa del himno de San Juan Bautista: **ut** *quéant laxis* **re***sonare fibris* - **mi***ra gestórum* **fá***muli tuórum,* - **sol***ve polluti* **lá***bii reátum...*) m. *Mús.* Cuarta nota de la escala musical.

faba. (Del lat. *faba*.) f. ant. *Bot.* **haba,** planta herbácea. ‖ *Ar., Ast.* y *Gal.* Fruto y semilla de esta planta. ‖ *Ast.* **judía,** planta papilionácea. ‖ Fruto y semilla de esta planta.

fabada. (De *faba*.) f. *Ast.* Potaje típico del país, compuesto de *fabes* (judías), *tocín* (tocino) y *morciella* (morcilla).

Fabara. *Geog.* Mun. y villa de España, prov. de Zaragoza, p. j. de Caspe; 1.617 h. (*fabaroles*).

Fabbri (Diego). *Biog.* Dramaturgo italiano, n. en Forli en 1911. Es profesor de Filosofía, se le considera como un dramaturgo innovador y su modo de hacer teatro es llamado «teatro de la hipótesis». Obras principales: *Inquisición* (1950), *Il seduttore* (1951), *Pleito de familia* (1953), *Proceso de Jesús* (1955), *La embustera* (1956), *La señal de fuego* (1962) y *Robo en el Vaticano*.

fabeación. f. ant. *Ar.* Acción y efecto de fabear.

fabeador. (De *fabear*.) m. ant. *Ar.* Cada uno de los consejeros cuyos nombres se sacaban por suerte entre los insaculados en las bolsas de los jurados de Zaragoza, para votar los que podían entrar en suerte de oficios; y porque votaban con habas se les denominaba fabeadores.

fabear. (De *faba*.) intr. ant. *Ar.* Votar con habas blancas y negras.

Fabela (Isidro). *Biog.* Abogado, diplomático y escritor mejicano, n. en Atlacomulco en 1882. Se especializó principalmente en Derecho internacional. Escribió, entre otras obras: *Los Estados Unidos contra la libertad* y *Los precursores de la diplomacia mexicana*.

Faber (Johann Lothar von). *Biog.* Industrial alemán, n. y m. en Stein, cerca de Nuremberg (1817-1896). Se hizo célebre con la fabricación de lápices. Su fábrica de Nuremberg fue, en su género, la primera del mundo. ‖ **Stapulensis.** Lefèvre d'Étaples (Jacques).

Fabero. *Geog.* Mun. de España, prov. de León, p. j. de Ponferrada; 7.936 h. Minas de carbón. ‖ Lugar cap. del mismo; 5.540 h.

Fabert (Abraham de). *Biog.* Mariscal de Francia, n. en Metz y m. en Sedán (1599-1660). Soldado desde la edad de catorce años, sus brillantes hechos militares le hicieron muy famoso.

Fabia (gens). *Geneal.* e *Hist.* Antigua familia patricia romana, muy vinculada al senado, y cuyos miembros fueron muchas veces cónsules. La gens Fabia dio a Roma gran número de personajes eminentes (v. **Fabio**).

Fabián (*San*). *Biog.* Papa que ocupó el solio pontificio de 236 a 250 y sufrió el martirio en tiempo del emperador Decio. Su fiesta, el 20 de enero.

San Fabián, tabla aragonesa por el Maestro de Dalmau de Mur (detalle). Museo Lázaro Galdiano. Madrid

fabiana. *Bot.* Gén. de plantas de la familia de las solanáceas, tribu de las cestreas, de cáliz tubuloso-acampanado y corola tubulosa, ventruda en la porción superior. La *f. imbricata*, llamada vulgarmente *fabiana* y *pichí*, de Argentina, Chile y Perú, es un arbusto de aspecto de brezo; hojas pequeñas, escamosas, y flores también pequeñas, tubulosas, blancas y muy numerosas, que recubren completamente la planta.

Fabini Bianchi (Eduardo). *Biog.* Músico y compositor uruguayo, n. en Pueblo Solís y m. en Montevideo (1883-1951). Fue cofundador del Conservatorio musical de Montevideo (1907) y creó la Asociación de música de cámara (1910). Obras: *Campo*, poema sinfónico estrenado en 1922; *La isla de los ceibos*, también poema sinfónico; *Tristes*, para orquesta, guitarra y violín, etc.

Fabio (Cayo Píctor). *Biog.* Pintor romano del s. IV a. C. Decoró los muros del templo de la Salud. ‖ **Máximo Ruliano (Quinto).** General romano que vivió en el s. IV a. C. Fue seis veces cónsul y obtuvo brillantísimas victorias sobre los enemigos de su país, la última cuando contaba cerca de los cien años de edad. ‖ **Máximo Verrucosus Cunctátor (Quinto).** Cónsul y dictador romano (275-203 a. C.) Debió sus apodos, el primero a una verruga que tenía en el labio superior, y el segundo a la parsimonia de su carácter. Vencedor de Aníbal en Tarento. Fue un temible adversario de Escipión. ‖ **Máximo Emiliano (Quinto).** General romano, hijo adoptivo de Quinto Fabio Máximo Cunctátor (186-130 a. C.). Luego de luchar en la conquista de Macedonia fue enviado a España, en donde permaneció dos años guerreando contra Viriato.

Fabiola (*Santa*). *Biog.* Dama romana, m. hacia el 400 de la era cristiana. Perteneció a la *gens Fabia*. Su fiesta, el 21 de marzo. ‖ Reina de Bélgica, de origen español, cuyo nombre completo es *Fabiola de Mora y Aragón*, hija del marqués de Casa Riera, n. en Madrid en 1928. El 15 de diciembre de 1960 contrajo matrimonio con el rey Balduino de Bélgica. En julio de 1962 fue nombrada hija predilecta de Madrid.

Fabios (los). (De *Fabius*, n. p.) **Hist.** Nombre que se dio a los representantes de la *gens Fabia* (v.), a partir del año 477 a. C.

fabla. (Del lat. *fabŭla*, de *fari*, hablar.) f. ant. **habla.** ‖ Imitación convencional del español antiguo hecha en algunas composiciones literarias. ‖ ant. **fábula.** ‖ ant. Concierto, confabulación.

fablable. (De *fablar*.) adj. ant. Decible o explicable.

fablado, da. (Del lat. *fabulātus*.) adj. ant. Con los adv. *bien* o *mal*, bien o mal hablado.

fablador–Fabricius

fablador, ra. (De *fablar*.) adj. ant. **hablador.** Úsáb. t. c. s.

fablante. p. a. ant. de *fablar*. Que fabla.

fablar. (Del lat. *fabulāre*.) tr. ant. **hablar.**

fabliau. (Voz francesa.) m. Lit. Cuento breve en verso que solían recitar los juglares al fin de los banquetes para entretenimiento de los comensales. Parece que llegaron a Francia en tiempo de las cruzadas, y de ellos se conservan unos ciento cincuenta.

fabliella. (dim. de *fabla*, fábula.) f. ant. Cuento o relación. || ant. **hablilla.**

fablistán. (De *fablar*.) adj. ant. **hablistán.** Úsáb. t. c. s.

fablistanear. (De *fablistán*.) intr. ant. Charlar, hablar mucho y con impertinencia.

fabo. (Del lat. *fagus*.) m. Bot. *Ar.* **haya.**

fabordón. fr., *faux-bourdon;* it., *falso bordone;* i., (del fr. *faux-bourdon*.) m. Mús. Contrapunto sobre canto llano, usado principalmente para la música religiosa.

Fabra y Fontanils, marqués de Alella (Camilo). Biog. Industrial y político español, n. y m. en Barcelona (1833-1902). Propulsó activamente la vida industrial de Barcelona, fue diputado y senador, y fundó el Observatorio que lleva su nombre, emplazado en el Tibidabo (Barcelona). || **y Poch (Pompeu).** Filólogo, ingeniero y químico español, n. en Barcelona y m. en Prades, Rosellón (1868-1948). Fue catedrático de Química en la Escuela de Ingenieros de Bilbao y abandonó la cátedra para dedicarse al estudio de la lengua catalana. Presidente del Consejo de Cultura de la Generalidad de Cataluña, se dedicó a la fijación del catalán moderno. Obras: *Ensayo de Gramática del catalán moderno, Diccionari Ortogràfic, Diccionari de la llengua catalana, Tractat d'ortografia catalana*, etc. || **y Soldevilla (Francisco).** Médico español, n. en Llivia y m. en Madrid (1778-1839). Se le debe la creación en Madrid de la Academia de Ciencias Naturales.

Fabre (Jean Henri). Biog. Entomólogo francés, n. en Saint-Léons y m. en Serignandu-Comtat (1823-1915). Pasó los primeros años de su vida en la indigencia. A los dieciocho se encargó de una escuela de primera enseñanza, donde, en los ratos de ocio, completó sus conocimientos de Matemáticas y Física y pudo adquirir su primer libro de Entomología. Más tarde, profesor de Filosofía natural en Ajaccio y luego en el Liceo de Aviñón, dedicó su actividad al estudio de los insectos. Dio a la luz pública sus primeras observaciones en *Anales de las Ciencias Naturales* (1855-58), ampliándolas luego en *Recuerdos entomológicos* (10 vols., 2.ª edición, 1914), traducidos a todos los idiomas. Sus escritos, al par que revelan una observación cuidadosa y muy detallada, son de gran calidad literaria. También escribió una *Astronomie élémentaire*. || **d'Églantine (Philippe).** Poeta dramático y político francés, n. en Carcasona y m. en París (1750-1794). En siete años compuso 17 obras teatrales, algunas de las cuales, como *El aristócrata* y *Los preceptores* (1794), obtuvieron gran éxito. Murió en la guillotina, el mismo día que Danton y Desmoulins.

Fábregues (Juan Antonio de). Biog. Militar español, n. en Tortosa y m. en Córdoba (1780-1844). A su heroísmo se debió la salvación y el regreso a España del pequeño ejército del marqués de la Romana, del cual formaba parte en 1808. En la Península luchó denodadamente contra las tropas francesas, ascendiendo por sus méritos a brigadier.

Fabrés y Costa (Antonio). Biog. Escultor y pintor español, n. en Barcelona y m. en Roma (1854-1936). Como pintor cultivó con éxito la acuarela.

Fabriano (Gentile da). Biog. Pintor italiano, n. en Fabriano y m. en Roma (1370-1427). Fue

La Adoración de los Reyes Magos, por G. da Fabriano. Galería de los Uffizi. Florencia

el maestro más sobresaliente de la escuela de Umbría y discípulo de Fra Angélico, del cual aprendió la suavidad y la dulzura de estilo. Su obra maestra, *La Adoración de los Reyes Magos*, se halla en Florencia, en la Galería de los Uffizi. || Geog. C. de Italia, prov. de Ancona, en Las Marcas, a orillas del Giano; 28.017 h. Artesanía. Se cree que su industria de papel es la más antigua de Italia.

fábrica. fr., *fabrique, usine;* it., *fabbrica;* i., *manufacture, mill;* a., *Fabrik, Erzeugung*. (Del lat. *fabrĭca*.) f. Acción y efecto de fabricar. || Establecimiento dotado de la maquinaria, herramienta e intalaciones necesarias para la fabricación de ciertos objetos, obtención de determinados productos o transformación industrial de una fuente de energía. || **edificio.** || Cualquier construcción o parte de ella hecha con piedra o ladrillo y argamasa. || Renta o derecho que se cobra, y fondo que suele haber en las iglesias, para repararlas y costear los gastos del culto divino. || Invención, artificio de algo no material.

Fábrica Colón. Geog. Local. de Argentina, prov. de Entre Ríos, depart. de Colón; 1.067 habitantes.

fabricación. (Del lat. *fabricatĭo, -ōnis*.) f. Acción y efecto de fabricar.

fabricadamente. adv. m. ant. Hermosa y pulidamente; con artificio y primor.

fabricador, ra. (Del lat. *fabricātor, -ōris*.) adj. ant. **fabricante.** Ú. t. c. s. || Que inventa o dispone una cosa no material.

fabricante. fr., *fabricant;* it., *fabbricante;* i., *manufacturer, maker;* a., *Fabrikant*. p. a. de **fabricar.** Que fabrica. Ú. t. c. s. || m. Dueño, maestro o artífice que tiene por su cuenta una fábrica.

fabricar. fr., *fabriquer, construire;* it., *fabbricare;* i., *to manufacture, to make;* a., *fabrizieren, erzeugen, herstellen*. (Del lat. *fabricāre*.) tr. Producir objetos en serie, generalmente por medios mecánicos. || Construir un edificio, un dique, un muro o cosa análoga. || Por ext., **elaborar.** || fig. Hacer o disponer una cosa no material.

Fabrici d'Acquapendente (Girolamo). Biog. Anatomista y cirujano italiano, n. en Acquapendente y m. en Padua (1533-1619). Fue discípulo de Falopio. Se le debe el descubrimiento de las válvulas de las venas.

Fabricio (Carel). Biog. Pintor holandés, n. en Midden Beemster y m. en Delft (1622-1654). Fue discípulo de Rembrandt y hasta hace algún tiempo sus obras eran muy poco conocidas porque se confundían con las de su maestro. Su mejor obra es una colección de *retratos de familia*.

Fabricius (David). Biog. Astrónomo alemán, n. en Esens y m. en Osteel (1564-1617). Descubrió la estrella *Mira Ceti*, de la constelación de la Ballena. || **(Johann).** Astrónomo alemán, hijo del anterior (1587-1657). Descubrió en 1610 las manchas solares, gloria que comparte con Schneider y Galileo, y dio a conocer el hecho en junio de 1611 en su obra *De máculis in Sole observatis*. Utilizó su descubrimiento para establecer la rotación del Sol alrededor de su eje. || **(Johann Christian).** Naturalista dinamarqués, n. en Tondern y m. en Kiel (1745-1808). Fue discípulo de Linneo y autor de varias obras sobre Entomología, entre las que merecen citarse *Nova insectórum génera* y *Systema entomológiae sistens insectórum classes* (1775).

fabrido, da. (Del lat. *fabrītus*, p. p. de *fabrĕre*, construir, labrar.) adj. ant. Fabricado, labrado.

fabril. fr., *manufacturier;* it., *fabbrile;* i., *manufacturing;* a., *fabrik-, gewerbe-*. (Del lat. *fabrīlis*.) adj. Perteneciente a las fábricas o a sus operarios.

fabrilmente. adv. m. ant. Artificiosamente, con maestría.

fabriquero, ra. (De *fábrica*.) adj. En Aragón, persona que trabaja en alguna fábrica. || m. **fabricante.** || Persona que en las iglesias cuida de la custodia y la inversión de los fondos dedicados a los edificios y a los utensilios y paños del culto. || Operario que en los montes trabaja en el carboneo.

Fabrizi (Aldo). Biog. Actor de cine italiano, n. en Roma en 1905. Entre sus mejores películas se encuentran: *Roma, ciudad abierta* (1945), *Vivir en paz* (1948), *Mi hijo, profesor* (1949), *Una hora en*

Aldo Fabrizi, en una escena de *El maestro* (1958)

su vida (1951), *Guardias y ladrones* (1953), *El maestro* (1958), *Han robado un tranvía*, dirigida por él mismo; *Donatella, Los defraudadores* y *Un militar y medio*.

fabro. (Del lat. *faber, fabri*.) m. ant. **artífice.**
Fabry (Charles). Biog. Físico francés, n. en Marsella y m. en París (1867-1945). Sus investigaciones se refieren especialmente a óptica, espectroscopia y a sus aplicaciones de las interferencias.

fabuco. (Del lat. *fagum*, hayuco.) m. **hayuco.**

fábula. fr., *fable, apologue;* it., *favola;* i., *fable, fiction;* a., *Fabel, Märchen*. (Del lat. *fabŭla*.) f. Rumor, hablilla. || Relación falsa, mentirosa, de pura invención, destituida de todo fundamento. || Ficción artificiosa con que se encubre o disimula una verdad. || Suceso o acción ficticia que se narra o se representa para deleitar. || **mitología.** || Cualquiera de las ficciones de la mitología. || Objeto de murmuración irrisoria o despreciativa. || **Lit.** Composición literaria, generalmente en verso, en que por medio de una ficción alegórica y de la representación de personas humanas y de personificaciones de seres irracionales, inanimados o abstractos, se da una enseñanza útil o moral. || En los poemas épico y dramático y en cualquier otro análogo, serie y contexto de los incidentes de que se compone la acción, y de los medios por que se desarrolla. || **milesia.** Cuento o novela inmoral, y sin más fin que el de entretener o divertir a los lectores. Se la llamó así por haberse hecho célebres en Mileto las obras de esta clase.

fabulación. (Del lat. *fabulatĭo, -ōnis*.) f. ant. Acción de fabular o hablar.

fabulador. (Del lat. *fabulātor, -ōris*.) m. **fabulista.**

fabular. (Del lat. *fabulāre*.) tr. ant. Hablar. || ant. Inventar cosas fabulosas.

fabulario. m. Repertorio de fábulas.

fabulesco, ca. adj. Propio o característico de la fábula como género literario.

fabulista. fr., *fablier, fabuliste;* it., *favolista;* i., *fabulist, fabler;* a., *Fabeler, Fabeldichter*. com. Persona que compone o escribe fábulas literarias, generalmente en verso. || Persona que escribe acerca de la mitología.

fabulizar. tr. ant. **fabular.**

fabulosamente. adv. m. Fingidamente o con falsedad. || fig. Excesivamente, exageradamente.

fabulosidad. (Del lat. *fabulosĭtas, -ātis*.) f. ant. Falsedad de las fábulas. || Calidad de fabuloso.

fabuloso, sa. fr., *fabuleux;* it., *favoloso;* i., *fabulous;* a., *fabelhaft*. (Del lat. *fabulōsus*.) adj. Falso, de pura invención, destituido de existencia real o de verdad histórica. || fig. Extraordinario, excesivo, increíble.

faca. (Del ár. *farja*, cuchillo de un palmo.) f. Cuchillo corvo. || Cualquier cuchillo de grandes dimensiones y con punta, que suele llevarse envainado en una funda de cuero.

faca. (Del i. *hack*, caballo de alquiler.) f. ant. **jaca**, caballo de poca alzada.

facado. adj. **Taurom.** Se dice del toro que tiene la cara cruzada por una raya blanca o clara, como hecha con una faca o navaja.

Facatativá. Geog. Mun. de Colombia, depart. de Cundinamarca; 35.543 h. || C. cap. del mismo; 27.892 h. Industria agropecuaria. Yacimientos de hulla en los alrededores.

facazo. m. Golpe que se da con la faca. || Herida que resulta de este golpe.

facción. fr., *faction, coterie;* it., *fazione;* i., *faction, sentry;* a., *Partei, Gesichtszug*. (Del lat. *factĭo, -ōnis*.) f. Parcialidad de gente amotinada o rebelada. || Bando, pandilla, parcialidad o partido violentos o desaforados en sus procederes o sus designios. || Cualquiera de las partes del rostro humano. Ú. m. en pl. || Acción de guerra. || Acto del servicio militar; como guardia, centinela, patrulla, etc.; y así, del militar que está ocupado en algo de esto, se dice que *está de* **facción**. || ant. **hechura.** || ant. Figura y disposición con que una cosa se distingue de otra.

faccionar. (De *facción*, figura.) tr. ant. Dar figura o forma a una cosa.

faccionario, ria. (Del lat. *factionarĭus*, de *factĭo*, facción.) adj. Que se declara a favor de un partido o parcialidad.

faccioso, sa. fr., *factieux;* it., *fazioso;* i., *factionist, factious;* a., *aufrührer, rebell*. (Del lat. *factiōsus*.) adj. Perteneciente a una facción. Dícese comúnmente del rebelde armado. Ú. t. c. s. || Inquieto, revoltoso, perturbador de la quietud pública. Ú. t. c. s.

facecia. (Del lat. *facetĭa*.) f. desus. Chiste, donaire o cuento gracioso.

facecioso, sa. (De *facecia*.) adj. ant. Que encierra en sí chiste o donaire.

facedero, ra. (De *facer*.) adj. ant. **hacedero**, que puede hacerse o es fácil de hacer.

facedor, ra. (De *facer*.) m. y f. ant. **hacedor.** || m. ant. **factor**, el que hace una cosa.

facendero, ra. (De *facienda*.) adj. ant. *Ast.* y *León.* **hacendero.**

facer. (Del lat. *facĕre*.) tr. ant. **hacer.** Usáb. t. c. prnl.

facera. (Del lat. **faciarĭa*, de *facĭes*, cara.) f. **acera**, fila de casas que hay a cada lado de una calle.

facería. (De *facero*, fronterizo.) f. *Nav.* Terrenos de pasto que hay en los linderos de dos o más pueblos y se aprovechan por ellos en común. || Por ext., terreno de pasto aprovechado por dos o más pueblos, aunque no sea limítrofe con ellos; p. e., los valles del Roncal y de Salazar disfrutan pastos comunes en las Bardenas.

facerir. (De *fazferir*.) tr. ant. **zaherir.**

facero, ra. (Del lat. **faciarĭus*, de *facĭes*, cara.) adj. ant. **fronterizo.** || *Nav.* Perteneciente a la facería.

faceruelo. (De *faz*, cara.) m. ant. Almohada para reclinar la cabeza en la cama.

faceta. fr., *facette;* it., *faccetta;* i., *facet;* a., *Seitenfläche*. (Del fr. *facette*.) f. Cada una de las caras o lados de un poliedro, cuando son pequeñas. Dícese especialmente de las caras de las piedras preciosas talladas. || fig. Cada uno de los aspectos que en un asunto se pueden considerar.

facetada. f. *Méj.* Chiste sin gracia.

faceto, ta. (Del lat. *facētus*.) adj. desus. **chistoso.** Ú. en Méjico.

facia. (Del lat. *facie ad*, con la cara dirigida a tal sitio.) prep. ant. **hacia.**

facial. (Del lat. *faciālis*, de *facĭes*, cara.) adj. Perteneciente al rostro. || **intuitivo.**

facialmente. adv. m. **intuitivamente.**

facidiáceo, a. (De *facidium* y *-áceo*.) adj. **Bot.** Dícese de los hongos discomicetes, orden de los helotiales, inoperculados, de talo filamentoso, que viven parásitos sobre plantas cultivadas determinando enfermedades. Comprende entre otros gén. *hipoderma* que parasitan las hojas del *abies excelsa* y abeto común, el *lophodérmium* a los pinos, *rhytisma* a los arces y sauces, y *phacidium* a las fagáceas. || f. pl. Familia de estos hongos.

facienda. (Del lat. *facienda*, cosas que se han de hacer.) f. ant. **hacienda.** || ant. Negocio, asunto. || ant. Hecho de armas, pelea.

faciente. (Del lat. *facĭens, -entis*.) p. a. ant. de **facer**, **haciente.**

facies. fr., it. e i., *facies;* a., *Facies*. (Del lat. *facĭes*, cara.) f. **Med.** Aspecto del semblante en cuanto revela alguna alteración o enfermedad del organismo. || **hipocrática.** *Pat.* Aspecto que presentan, generalmente, las facciones del enfermo próximo a la agonía.

fácil. fr., *facile, aisé;* it., *facile;* i., *easy;* a., *leicht*. (Del lat. *facĭlis*.) adj. Que se puede hacer sin mucho trabajo. || Que puede suceder con mucha probabilidad. || desus. Aplícase al que con ligereza se deja llevar del parecer de otro, y por lo común se toma en mala parte; porque del que muda su dictamen con facilidad, se dice que es dócil y prudente. || Aplicado a la mujer, frágil, liviana. || adv. **fácilmente.**

facilidad. fr., *facilité;* it., *facilità;* i., *facility easyness;* a., *Leichtigkeit, Erleichterung*. (Del lat. *facĭlitas, -ātis*.) f. Disposición para hacer una cosa sin gran trabajo. || Ligereza, demasiada condescendencia. || Oportunidad, ocasión propicia para hacer algo.

facilillo, lla. adj. dim. de **fácil.** || Dícese en sentido irónico para indicar lo que es difícil.

facílimo, ma. (Del lat. *facillĭmus*.) adj. superl. ant. de **fácil.**

facilitación. f. Acción de facilitar una cosa.

facilitar. fr., *faciliter;* it., *facilitare;* i., *to facilitate;* a., *leicht machen, erleichtern*. tr. Hacer fácil o posible la ejecución de una cosa o la consecución de un fin. || Proporcionar o entregar.

facilitón, na. adj. fam. Que todo lo cree fácil, o presume de facilitar la ejecución de las cosas. Ú. t. c. s.

fácilmente. adv. m. Con facilidad.

facimiento. (De *facer*.) m. ant. Acción y efecto de hacer una cosa. || ant. Trato o comunicación familiar. || ant. Cópula carnal.

facina. (Del lat. **fascīna*.) f. ant. **hacina.**

facineroso, sa. fr., *malfaiteur scélérat;* it., *facinoroso;* i., *wicked, facinerous;* a., *Schurke, Bösewicht*. (Del lat. *facinerōsus*.) adj. Delincuente habitual. Ú. t. c. s. || m. Hombre malvado, de perversa condición.

facinoroso, sa. (Del lat. *facinorōsus*.) adj. ant. **facineroso.** Usáb. t. c. s.

Facio (Justo A.). Biog. Poeta costarricense, n. en Santiago de Veraguas, Panamá (1860-1932). Se nacionalizó en Costa Rica, donde llegó a ser ministro de Instrucción Pública. En su libro *Mis versos* (1894), se distinguen las composiciones *Werther* y *Mármol griego*, por su originalidad de imágenes y elegancia de forma. || **Hebequer (Guillermo).** Pintor y grabador uruguayo, n. en Montevideo y m. en Buenos Aires (1889-1935). Cultivó preferentemente la lito-

fación–factor

grafía y el grabado y tuvo como motivos de inspiración los desvalidos de la fortuna, en trabajos como: *La huelga, Los carboneros, El velorio* y *Fin de jornada*.

fación. f. ant. **facción**, cualquiera de las partes del rostro humano; acción de guerra y acción y efecto de hacer. ‖ **a fación.** m. adv. ant. A manera, al modo.

facionado, da. (De *fación*.) adj. ant. Con los adv. *bien* o *mal*, aplicábase a la persona bien o mal configurada en sus miembros, especialmente en el rostro.

facistelo. m. ant. **facistol**. ‖ ant. **faldistorio**.

facistol. fr., *lutrin*; it., *leggio*; i., *lectern, reading-desk*; a., *Chorpult*. (Del b. lat. *facistolĭum*, y éste del germ. *faldastôl*, sillón.) m. Atril grande donde se ponen el libro o libros para cantar en la iglesia: el que sirve para el coro suele tener cuatro caras para poner varios libros. ‖ ant. **faldistorio**. ‖ adj. *Ant*. y *Venez*. Engreído, pedante.

faco-. (Del gr. *phakós*.) pref. que sing. lente o cosa de forma lenticular.

facón. m. aum. de **faca**. ‖ *R. Plata*. Cuchillo grande usado por la gente de campo.

facóquero. (De *faco*- y el gr. *choiros*, cerdo.) m. **Zool**. Mamífero artiodáctilo queromorfo, de la familia de los suidos, también llamado *jabalí verrucoso (phacochoerus ethiōpicus)*. Vive en África, desde el Sáhara hasta el cabo de Buena Esperanza.

facsímil. m. **facsímile.**

facsimilar. adj. Dícese de las reproducciones, ediciones, etc., en facsímile.

facsímile. fr., *fac-similé*; it. e i., *fac-simile*; a., *Faksimile*. (Del lat. *fac*, imperat. de *facĕre*, hacer, y *simĭle*, semejante.) m. Perfecta imitación o reproducción de una firma, escrito, dibujo, impreso, etc.

Facta (Luigi). Biog. Político italiano, n. en Pinerolo (1861-1930). Se encargó en 1922 de la presidencia del Consejo, y fue el último que desempeñó este cargo antes del advenimiento del fascismo.

factible. fr., *faisable*; it., *fattibile*; i., *feasible*; a., *tanglich*. (Del lat. *factibĭlis*.) adj. Que se puede hacer.

facticio, cia. (Del lat. *facticĭus*.) adj. Que no es natural y se hace por arte.

fáctico, ca. (Del lat. *factum*, hecho, obra.) adj. Perteneciente o relativo a hechos. ‖ Basado

Facistol de la catedral de Granada

en hechos o limitado a ellos, en oposición a teórico o imaginario.

factitivo, va. (Del lat. *factum*, hecho.) adj. **Gram.** Dícese del verbo o perífrasis verbal cuyo sujeto no ejecuta por sí mismo la acción, sino que la hace ejecutar por otro u otros.

facto. (Del lat. *factum*, hecho.) m. desus. El hecho, en contraste con el dicho o con lo pensado. ‖ desus. Negocio, provecho. ‖ **de facto**. loc. adv. lat. **de hecho,** en oposición a **de jure**.

factor. fr., *facteur*; it., *fattore*; i., *factor, postman*; a., *Faktor*. (Del lat. *factor, -ōris*.) m. p. us. El que hace una cosa. ‖ Entre comerciantes, apoderado con mandato más o menos extenso para traficar en nombre y por cuenta del poderdante, o para auxiliarle en los negocios. ‖ Dependiente del comisario de guerra o del asentista para la distribución de víveres a la tropa. ‖ Oficial real que en las Indias recaudaba las rentas y rendía los tributos en especie pertenecientes a la Corona. ‖ ant. Hacedor o capataz. ‖ fig. Elemento, concausa. ‖ **Álg.** y **Arit.** Cada una de las cantidades que se multiplican para formar un producto. ‖ **submúltiplo**. ‖ **Ferr.** Empleado que en las estaciones de ferrocarriles cuida de la recepción, expedición y entrega de los equipajes, encargos, mercancías y animales que se transportan por ellos. ‖ **Fís.** Se dice, en general, de una variable o constante que interviene en el valor de una magnitud física. Estrictamente tendría que referirse tan sólo a un multiplicando (factor), pero, a veces, se dice también en sentido amplio, aunque la dependencia matemática sea otra. ‖ **de potencia.** *Elec.* Coeficiente por el que hay que multiplicar la potencia aparente consumida en un circuito de corriente alterna para obtener la potencia real que se consume en el mismo. ‖ **Rh.** *Biol.* y *Fisiol.* Aglutinógeno hereditario contenido en los glóbulos rojos de la sangre humana, descubierto por Lansteiner y Wiener (1940). El determinante Rh procede del nombre científico de un mono *(macacus rhesus)*, cuyos glóbulos rojos poseen un antígeno afín al humano. (v. **rhesus**). La inyección de la sangre de ese mono a un animal de laboratorio origina en la de éste la formación de un anticuerpo (aglutinina anti-rhesus), que tiene la particularidad de aglutinar los glóbulos rojos de la sangre del mono si se pone en contacto con ella. Este fenómeno, normal en serología (v. **antígeno** y **anticuerpo**), no merecería cita especial si no fuese porque esa aglutinina anti-rhesus produce el mismo efecto en muchos seres humanos, lo que significa que la reacción es positiva en unos casos y negativa en otros. Así, la raza blanca es Rh positiva en un 85 % y Rh negativa en el 15 % restante. La cuestión tiene extraordinaria importancia clínica, porque si a una persona Rh negativa se le hace una transfusión de sangre procedente de otra Rh positiva, se formará en ella la aglutinina anti-rhesus y si se le hace otra transfusión de sangre Rh positiva, pueden presentarse trastornos graves. El factor Rh es dominante frente a su ausencia (v. **herencia**), por lo que dicho carácter suele aparecer en todos o en la mayoría de los hijos de una pareja. Entre los casos posibles hay uno de gran interés para la descendencia, esto es, cuando el padre es Rh + (positivo), puro o híbrido, y la madre es Rh − (negativo). Si el primer hijo es Rh +, lo cual es muy probable, por ser éste un carácter dominante, podrán pasar a la madre, por la placenta, algunos hematíes del hijo, y su aglutinógeno Rh determinará la formación del anticuerpo en la sangre de aquélla. En sucesivas gestaciones, podrá aumentar la concentración de esta aglutinina anti-Rh, la cual, llegado un determinado embarazo, a veces incluso el segundo, podrá penetrar por la placenta en el cuerpo del feto provocando la aglutinación de sus hematíes (si es Rh +), la llamada *eritroblastosis fetalis*, con el resultado de que el niño muera al nacer. La determinación precoz del Rh del padre y de la madre es, por tanto, del mayor interés, pues la medicina tiene la posibilidad de reducir los riesgos de esa eventualidad, cambiando por completo la sangre del recién nacido o evitando la sensibilización Rh de la madre mediante una inyección de globulina anti-Rh, que elimina de su sangre este factor. ‖ **sanguíneo.** Cada uno de los aglutinógenos existentes en los hematíes, que permiten clasificar las distintas sangres. Unos factores actúan aislados y otros forman grupos o sistemas, los más conocidos de los cuales son el grupo ABO (desde 1900), el MNP (desde 1927) y el Rh (v. **grupos sanguíneos**). ‖ **factores de la producción.** *Econ.* Agentes o elementos concausantes de la producción. Tradicionalmente, los economistas han distinguido tres factores: la tierra, el trabajo y el capital. A. Marshall añadió a éstos un cuarto factor: la *actividad empresarial*, que no es más que un trabajo especializado de dirección.

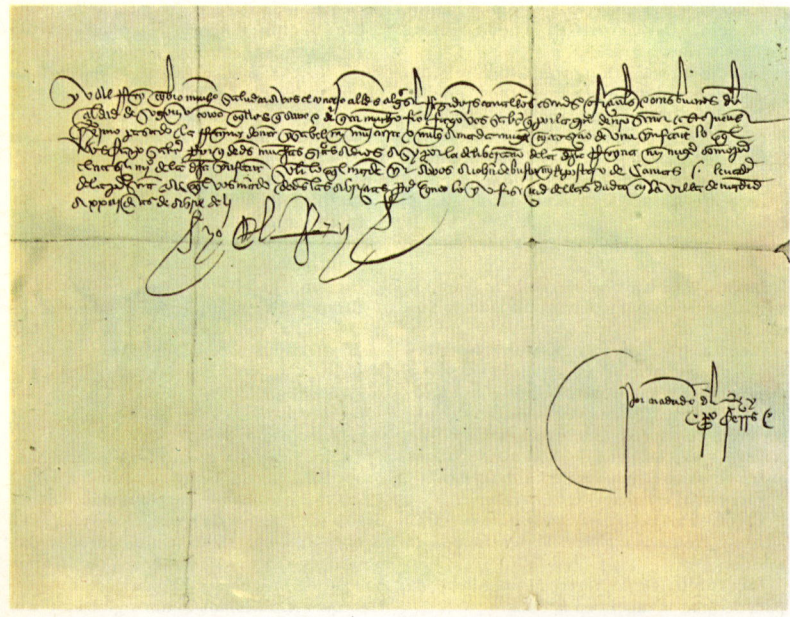

Facsímile de la carta dirigida por Juan II de Castilla a Segovia, sobre el nacimiento de Isabel *la Católica*. Del libro *Historia de la villa y corte de Madrid*

Factoría Renault, de construcción de automóviles. Valladolid

factoraje. m. Empleo y encargo del factor. ‖ Oficina del factor.

factoría. fr., *factorat, factorerie, factorie;* it., *fattoria;* i., *factory;* a., *Faktorei.* f. Empleo y encargo del factor. ‖ Paraje u oficina donde reside el factor y hace los negocios de comercio. ‖ Establecimiento de comercio, especialmente el situado en país colonial. ‖ **Econ.** Establecimiento industrial que agrupa a masas de obreros y emplea maquinaria para la producción. ‖ También se emplea como sin. de *fábrica.*

factorial. (De *factor.*) f. **Mat.** Producto de todos los términos de una progresión aritmética.

factoring. (Voz inglesa.) m. **Econ.** Método financiero empleado internacionalmente que consiste en la operación de crédito por parte de una entidad intermedia, llamada *factor,* la cual se responsabiliza, ante su empresa cliente, del cobro de los créditos que ésta mantiene pendientes con sus compradores.

factótum. (Del lat. *fac.* imperat. de *facĕre,* hacer, y *totum,* todo.) m. fam. Sujeto que desempeña en una casa o dependencia todos los menesteres. ‖ fam. Persona entremetida que oficiosamente se presta a todo género de servicios. ‖ Persona de plena confianza de otra y que en nombre de ésta despacha sus principales negocios.

factual. (Del lat. *factum,* hecho.) adj. Fáctico, perteneciente o relativo a hechos.

factura. fr., *facture;* it., *fattura;* i., *invoice;* a., *Faktur.* (Del lat. *factūra.*) f. Acción y efecto de hacer. ‖ Cuenta que los factores dan del coste y costas de las mercaderías que compran y remiten a sus corresponsales. ‖ Relación de los objetos o artículos comprendidos en una venta, remesa u otra operación de comercio. ‖ Cuenta detallada de cada una de estas operaciones, con expresión de número, peso o medida, calidad y valor o precio. ‖ *Arg.* Nombre que se da a toda clase de bollos que suele fabricarse y venderse en las panaderías. ‖ **Esc.** y **Pint. ejecución,** manera de ejecutar una cosa.

facturación. f. Acción y efecto de facturar.

facturar. fr., *facturer;* it., *fatturare;* i., *to invoice;* a., *fakturieren, berechnen.* tr. Extender las facturas. ‖ Comprender en ellas cada artículo, bulto u objeto. ‖ Registrar, anotar en las estaciones de ferrocarriles equipajes o mercancías para que sean remitidos a su destino.

fácula. (Del lat. *facŭla,* antorcha pequeña.) f. **Astron.** Denominación de ciertas áreas brillantes de la fotosfera solar, mayores que las manchas y relacionadas con ellas, pues las anuncian y, a veces, permanecen luego de desaparecidas éstas.

facultad. fr., *faculté, pouvoir;* it., *facoltà;* i., *faculty, means;* a., *Fakultät, Macht, Fähigkeit.* (Del lat. *facultas, -ātis.*) f. Aptitud, potencia física o moral. ‖ Poder, derecho para hacer alguna cosa. ‖ Ciencia o arte. ‖ En las universidades, cuerpo de doctores o maestros de una ciencia. ‖ Cada una de las grandes divisiones de una universidad, correspondiente a una rama del saber, y en la que se dan las enseñanzas de una carrera determinada o de varias carreras afines. ‖ Local o conjunto de locales en que funciona dicha división de una universidad. ‖ Cédula real que se despachaba por la cámara, para las fundaciones de mayorazgos, para enajenar bienes vinculados, o para imponer cargas sobre ellos o sobre los propios de las ciudades, villas y lugares. Decíase más comúnmente *facultad real.* ‖ Médicos, cirujanos y boticarios de la cámara del rey. ‖ Licencia o permiso. ‖ desus. Caudal o hacienda. Ú. m. en pl. ‖ **Fisiol.** Fuerza, resistencia. ‖ **mayor.** *Pedag.* En las universidades se llamaron así la teología, el derecho y la medicina.

facultar. fr., *autoriser;* it., *facoltizzare;* i., *to authorize;* a., *ermächtigen.* tr. Conceder facultades a uno para hacer lo que sin tal requisito no podría.

facultativamente. adv. m. Según los principios y reglas de una facultad. ‖ De modo potestativo.

facultativo, va. fr., *facultatif;* it., *facoltativo;* i., *optional;* a., *fakultativ, Arzt.* adj. Perteneciente a una facultad. ‖ Perteneciente a la facultad, o poder que uno tiene para hacer alguna cosa. ‖ Dícese del que profesa una facultad. ‖ Potestativo; aplícase al acto que no es necesario, sino que libremente se puede hacer u omitir. ‖ m. Médico o cirujano.

facultoso, sa. (De *facultad,* caudal.) adj. ant. Que tiene muchos bienes o caudales.

facundia. fr., *eloquence;* it., *facondia;* i., *facundity, eloquence;* a., *Redseligkeit.* (Del lat. *facundĭa.*) f. Afluencia, facilidad en el hablar.

facundo, da. (Del lat. *facundus.*) adj. Fácil y afluente en el hablar.

Facundo. Biog. Cuéllar (José Tomás de). ‖ **Geog.** Local. de Argentina, prov. de Chubut, depart. de Río Senguer; 430 h.

facha. fr., *mine, air;* it., *faccia, aspetto;* i., *figure;* a., *Aufsehen, Gestalt.* (Del it. *faccia,* y éste del lat. *facĭes,* faz.) f. fam. Traza, figura, aspecto. ‖ fam. Mamarracho, adefesio. Ú. a veces c. m. ‖ *Chile.* **fachenda.** ‖ **facha a facha.** m. adv. **cara a cara.** ‖ **ponerse en facha.** fr. Parar el curso de una embarcación por medio de las velas, haciéndolas obrar en sentidos contrarios.

facha. (Del lat. *facŭla.*) f. ant. **hacha,** herramienta cortante.

facha. f. ant. **hacha,** mecha.

facha. (Del ant. aragonés *faxa,* faja, y éste del lat. *fascĭa.*) f. ant. **faja.**

fachada. fr., *façade, frontispicie;* it., *facciata;* i., *front, face;* a., *Vorderseite, Front.* (De *facha,* traza, figura.) f. Paramento exterior de un edificio, generalmente el principal. ‖ fig. y fam. **presencia,** aspecto, figura del cuerpo humano. ‖ fig. Portada en los libros.

fachado, da. (De *facha,* traza.) adj. fam. Con los adv. **bien** o **mal,** que tiene buena o mala figura, traza o aspecto.

fachear. tr. Dotar de fachada a una casa; arreglar la que tiene. ‖ intr. **Mar.** Estar o ponerse en facha una vela o nave.

Facheca. Geog. Mun. y lugar de España, prov. de Alicante, p. j. de Alcoy; 232 h.

fachenda. (De *facha,* traza.) f. fam. Vanidad, jactancia. ‖ m. fam. El que tiene fachenda.

fachendear. (De *fachenda.*) intr. fam. Hacer ostentación vanidosa o jactanciosa.

fachendista. (De *fachenda.*) adj. fam. Que tiene fachenda. Ú. t. c. s.

fachendón, na. (De *fachenda.*) adj. fam. Que tiene fachenda. Ú. t. c. s.

fachendoso, sa. adj. ant. Que tiene fachenda. Ú. t. c. s.

fachina. f. *Sal.* Huerta, cercado, fajina.

fachinal. m. *Arg.* Estero o lugar anegadizo cubierto de paja brava, junco y otra vegetación.

Fachinal. Geog. Local. de Argentina, prov. de Misiones, depart. de Capital; 546 h.

fachosear. intr. *Méj.* Hacer ostentación, presumir.

fachoso, sa. (De *facha,* traza.) adj. fam. De mala facha, de figura ridícula. ‖ *Chile* y *Méj.* **fachendoso.**

fachudo, da. adj. De mala facha.

fachuela. f. ant. dim. de **facha,** hacha.

fada. (Del lat. *fata,* de *fatum,* hado.) f. Hada, maga, hechicera. ‖ **Bot.** Variedad de camuesa pequeña, de que se hace en Galicia una conserva muy estimada.

Fada N'Gourma. Geog. C. de la república de Volta, cap. del depart. de Est; 5.655 h.

fadar. (De *fado.*) tr. ant. **hadar.**

Fader (Fernando). Biog. Pintor argentino, n. en Mendoza y m. en Losa Corral (1882-1935). Completó sus estudios en Alemania, donde fue discípulo de Zügel, en Munich. Sus telas más citadas son ocho, que llevan el título común *La vida de un día,* pintadas en un único lugar, a la manera de Monet. Muy preocupado por los

Escuela de Estomatología de la Facultad de Medicina. Universidad Complutense. Madrid

efectos de luz, en sus cuadros supo expresar cabalmente el paisaje argentino.

Fadeyev (Aleksandr Aleksandrovich). **Biog.** Novelista soviético, n. en Kimry y m. en Moscú (1901-1956). Entre sus obras figuran: *A contracorriente* (1923) y *La gran crecida* (1924), inspiradas en la guerra civil; *La derrota* (1927), una de las primeras grandes obras de orientación socialista, en que se acusa la influencia de Tolstoi y de Gorki; *Siderurgia* (1955), canto a la labor de la clase obrera, etc.

fadiga. (De *fadigar*.) f. **Der.** *Ar.* Tanteo y retracto que las leyes de la corona de Aragón reconocen a los poseedores del dominio directo en la enfiteusis, y a los señores en los feudos, cuando el enfiteuta o el vasallo enajenan sus derechos. ‖ Cantidad que en algunos casos percibían el dueño directo o el señor por la renuncia de su derecho de prelación en las enajenaciones de enfiteusis y feudos.

fadigar. tr. *Ar.* Tantear el precio, calidad o valor de algún solar u otra cosa material que se desea comprar, beneficiar o labrar.

fading. (Voz inglesa.) m. **Radioteleg.** Disminución de la intensidad del sonido hasta su completa desaparición, para aparecer nuevamente en un receptor. Modernamente se atribuye a menudo a las ondas hertzianas producidas por los astros (v. **radioastronomía**), que originan, en gran parte, los ruidos de fondo.

fado. (Del lat. *fatum*.) m. ant. **hado.** ‖ **Folk.** Cierta canción popular portuguesa.

Fadrique. ant. n. p. de varón. ‖ **I. Biog.** Rey de Sicilia. (V. **Federico II,** emperador de Alemania.) ‖ **II.** Rey de Sicilia, m. en las inmediaciones de Palermo (1272-1337). Tercer hijo de Pedro III de Aragón y de Constanza de Suabia. ‖ Infante de Castilla, m. en Sevilla (1334-1358). Fue hermano bastardo de Pedro I.

fadrubado, da. adj. ant. Estropeado, desconcertado, descoyuntado.

Faelldin (Thorbjorn). **Biog.** Político sueco, n. en 1926. Elegido parlamentario en 1958, alcanzó el liderazgo del partido centrista en 1971. En las elecciones generales del 18 de septiembre de 1976, venció la alianza formada por los partidos centro, conservador y liberal, y el Parlamento eligió como primer ministro al líder centrista. Esta coalición quedó desintegrada el 5 de octubre de 1978, al presentar su renuncia Faelldin. Éste formó nuevo Gobierno tras las elecciones de septiembre de 1979.

faena. fr., *besogne, ouvrage*; it., *faccenda, affare*; i., *work*; a., *Arbeit*. (Del cat. *feyna*, y éste del lat. *facienda*, cosa que se ha de hacer.) f. Trabajo corporal. ‖ fig. Trabajo mental. ‖ **quehacer.** U. m. en pl. ‖ Mala pasada. ‖ Servicio que se hace a una persona. ‖ *Ecuad.* En la jornada de los trabajos agrícolas, la parte que corresponde a la mañana. ‖ *Guat.* y *Méj.* Trabajo que se hace en una hacienda fuera de las horas acostumbradas. ‖ **Taurom.** En el campo, cada una de las operaciones que se verifican con el toro. En la plaza, las que efectúa el diestro durante la lidia, y principalmente la brega con la muleta, preliminar de la estocada.

faenar. (De *faena*.) tr. Matar reses y descuartizarlas o prepararlas para el consumo.

faenero, ra. adj. *And.* Dedicado a la faena de la recolección o vendeja de una cosecha. ‖ m. *And.* y *Chile.* Obrero del campo.

Faenza. Geog. Mun. y c. de Italia, prov. de Ravena, en Emilia-Romagna; 55.371 h. Célebre antiguamente por su fabricación de porcelana y mayólica.

Faeroe. Geog. Feroe.

faetón. fr., *phaéthon*; it., *faeton*; i., *phaeton*; a., *Phaeton*. (De **Faetón,** personaje mitológico.) m. **Aut. cabriolé.** ‖ od **fetón. Zool.** Ave marina del orden de las pelicaniformes, familia de las faetónidas, de color blanco o rosado, con manchas negras. Tiene el vuelo sostenido y se hunde como una flecha en el agua para pescar animales marinos. Es propia de los mares cálidos. Se llama también *rabijunco*, y hay dos especies, el *faetón índico* (*pháethon índicus*) y el *rojo* (*ph. rubricauda*).

Faetón. (Del gr. *Phaéthon*, el resplandeciente, de *phaéthō*, brillar.) **Mit.** Hijo del Sol y de Climene. Su padre condescendió en dejarle guiar su carro durante un día; pero los caballos, mal dirigidos, lo acercaron demasiado a la Tierra, donde todo se abrasó y luego se alejó tanto que se heló todo.

faetónido, da. (De *pháethon*, gén. tipo de aves, e *-ido*.) adj. **Zool.** Dícese de las aves marinas del orden de las pelicaniformes, con un solo gén., el *pháeton*, al que pertenecen los *faetones, fetones* o *rabijuncos*. ‖ f. p!. Familia de estas aves.

fafarachero, ra. (Del it. *farfaro*, fanfarrón.) adj. *Col.* Dícese de la persona fachendosa, jactanciosa.

fagáceo, a. (De *fagus* y *-áceo*.) adj. **Bot.** Dícese de las plantas leñosas del orden de las fagales, con hojas esparcidas y estípulas libres y caedizas; flores unisexuales, frutos aislados o en grupos poco numerosos, rodeados o envueltos

Encinas (árboles fagáceos)

por una cúpula de origen axial; y el fruto, seco e indehiscente, monospermo, con la semilla desprovista de tejido nutricio. Los géneros más importantes son: *fagus, castánea* y *quercus*. ‖ f. pl. Familia de estas plantas, antes denominadas *cupulíferas*.

fagal. (De *fagus*.) adj. **Bot.** Dícese de las plantas dicotiledóneas, de la subclase de las arquiclamídeas, leñosas y arborescentes, monoicas, con flores de perianto bracteoide, doble o sencillo, pero no diferenciado en cáliz y corola (con tépalos). A veces son desnudas. El fruto es seco, indehiscente y las semillas carecen de albumen. Se distribuyen en dos familias muy importantes, las *fagáceas* y las *betuláceas*, propias de los países templados y, en menor grado, de los cálidos. ‖ f. pl. Orden de estas plantas.

-fagia. suf. V. **fago-**.

fago-; -fago, -fagia. (Del gr. *phágomai*, comer.) pref. o suf. que sign. comer, devorar; e. de suf.: *antropófago, disfagia*.

fago, ga. adj. **Biol.** Aféresis de **bacteriófago.**

Fago. Geog. Mun. y lugar de España, prov. de Huesca, p. j. de Jaca; 97 h.

fagocito. fr. e i., *phagocyte*; it., *fagocito*; a., *Phagocyt, Freeszell*. (De *fago-* y *cito*.) m. **Anat.** y **Zool.** Célula libre de los animales capaz de emitir seudópodos, como las amebas, para moverse, capturar y digerir microbios, o células y partículas extrañas. La mayoría están en la sangre y son ciertos leucocitos llamados *macrófagos*.

fagocitosis. (De *fago-, -cit-* y *-osis*.) f. **Fisiol.** Función que desempeñan los fagocitos en el organismo.

fagot o **fagote.** fr., *basson, fagot*; it., *fagotto*; i., *bassoon*; a., *Fagott*. (Del fr. *fagot*.) m. **Mús.** Instrumento de viento, formado por un tubo de madera de unos 7 cm. de grueso y más de 1 m. de largo, con agujeros y llaves, y que se toca con una boquilla de caña puesta en un tudel encorvado. ‖ Persona que toca este instrumento.

Músico tocando un primitivo fagot, miniatura de un códice de las *Cantigas de Santa María,* de Alfonso X. Biblioteca del monasterio de El Escorial

fagotista. m. **Mús.** El que ejerce o profesa el arte de tocar el fagot.

fagüeño. (Del lat. *favonius*.) m. *Ar.* **favonio.**

fagus. (Voz lat. que sign. *haya*.) **Bot.** Gén. de plantas de la familia de las fagáceas, con las inflorescencias masculinas amentáceas erguidas; cúpula oval leñosa, en cuya formación participan cuatro brácteas no punzantes; y nueces trígonas, comestibles (hayucos). Comprende ocho especies, de las cuales destaca por su importancia la *f. silvática* o *haya roja*.

Fahrenheit (Daniel Gabriel). **Biog.** Físico alemán, n. en Danzig y m. en La Haya (1686-1736). Substituyó el alcohol de los termómetros por el mercurio y, en 1716, introdujo la escala (v.) que lleva su nombre.

F. A. I. Siglas de *Federación Aeronáutica Internacional* y de *Federación Anarquista Ibérica*.

Faial. Geog. Isla de Portugal, la más occidental de las Azores, prov. de Horta, sit. a 8 km. de la del Pico; 172 km.² y 25.000 h. Es muy montañosa. Horta es la primera población de la isla. Cereales, naranjas, vino, etc.

Fain, barón de **Fain** (Agathon). **Biog.** Secretario e historiador de Napoleón I, n. y m. en París (1778-1837). Siguió a Napoleón en todas sus campañas hasta la abdicación en Fontainebleau. Dejó una serie de obras interesantes acerca de los sucesos de su época.

fainá. (Del genovés *faina*.) f. *R. Plata.* Torta hecha con harina de garbanzos, cocida al horno.

fainada. f. *Cuba.* Dicho torpe, descortés.

faino, na. adj. *Cuba.* Rústico, incivil.

faique. m. **Bot.** *Ecuad.* y *Perú.* Árbol de la familia de las mimosáceas (*prosopis hórrida*).

fair play. expr. i. que sign. *juego limpio.*

Fair. Geog. Local. de Argentina, prov. de Buenos Aires, part. de Ayacucho; 228 h.

Fairbanks (Douglas). **Biog.** Actor de cine estadounidense, n. en Denver y m. en Santa Mónica (1883-1939). Entre sus mejores películas figuran: *El signo del zorro, El ladrón de Bagdad, El pirata negro* y *Los tres mosqueteros.* Con Charles Chaplin y otros, formó el famoso consorcio *United Artists.* ‖ (**Douglas**). Actor y empresario de cine estadounidense, hijo del anterior, n. en

Nueva York en 1909. Películas: *El prisionero de Zenda, Simbad el marino, Safari, La conquista de un reino* (1948), *Secreto de estado* (1951) y *El pato atómico* (1952). ‖ **Geog.** C. de EE. UU., en el de Alaska, a orillas del Chena Slough, afl. del Tanana; 14.771 h. Importantes yacimientos de oro y de estroncio y refinerías de petróleo. Estación de mando y recepción de datos para satélites.

Fairfax. Geog. Cond. de EE. UU., en el de Virginia; 455.032 h. ‖ C. cap. del mismo; 21.970 habitantes.

Faisal I. Biog. Rey de Arabia Saudí, n. y m. en Riyadh (1905-1975). Hermano del rey Saud, fue nombrado virrey de Heyaz en 1926. Fue varias veces primer ministro. El 30 de marzo de 1964, y a causa de la forzada decisión del rey Saud, que por motivos de salud delegó en él todos los poderes, se convirtió en regente efectivo. El 2 de noviembre de 1964 fue destronado el rey Saud y nombrado Faisal para sucederle. Murió asesinado por uno de sus sobrinos, el emir Faisal Ben Abdel Aziz. ‖ **I.** Rey de Irak, n. en La Meca y m. en Berna (1883-1933). Hijo del jeque de La Meca, luego primer rey de Heyaz, Hussein ibn Alí, fue el creador del reino de Irak (Mesopotamia) y coronado en 1921. A su muerte le sucedió su hijo Ghazi ibn Faisal. ‖ **II.** Rey de Irak, hijo de Ghazi ibn Faisal, n. y m. en Bagdad (1935-1958). Sucedió a su padre en 1939, bajo la regencia de su tío materno, el emir Abd ul-Alá; ocupó el trono, de hecho, en 1953; y murió asesinado el 14 de julio de 1958, en el curso de una revolución.

faisán. fr., *faisan;* it., *fagiano;* i., *pheasant;* a., *Fasan.* (Del provenz. *faizan*, y éste del lat. *phasiānus*, pájaro del río Faso, en la Cólquida, de la que la habían tomado su nombre.) m. **Bot.** *And.* Hongo comestible de color pardo que se cría en los jarales. ‖ **Zool.** Nombre común a varias especies de aves galliformes de la familia de las fasiánidas. Los faisanes propiamente dichos, del gén. *phasianus*, tienen la cola en forma de cuña con 16 ó 18 plumas, las mejillas desnudas y con frecuencia dos moñitos dirigidos hacia atrás. Habitan en el SE. de Europa y Asia central, hasta Japón y Formosa, pero se han introducido en Europa y América como aves de caza. El *faisán común* mide cerca de 90 cm. Cabeza y cuello son de color verde obscuro con reflejos azules y bronceados; dorso y alas entre pardo y anaranjado con manchas negras y amarillentas; y pecho, vientre y costado castaños purpúreos (*phasianus cólchicus*). Son especies del mismo gén., más vistosas que el faisán común, el *faisán venerado*

Faisal I

(*ph. revesi*), de China, el *cúpreo* (*ph. soemmerringi*), de Japón; otros faisanes son de diversos gén., como el *faisán plateado* (*gennaéus nycthémerus*) y el *dorado* (*chrysólophus pictus*), ambos del sur de China, el de *Borneo* (*lophura nóbilis*), del arch. malayo, y el *faisán real* o *lofóforo*, de los bosques del Himalaya, todos los cuales se estiman mucho como aves de adorno.

faisana. f. **Zool.** Hembra del faisán.

faisanería. f. Corral o cercado para los faisanes.

faisanero, ra. m. y f. Persona que se dedica a la cría o a la venta de faisanes.

Faisanes. (Del fr. *faisan*, nombre de las personas que resolvían las diferencias entre los pescadores del río Bidasoa.) **Geog.** Isleta sit. en la des. del Bidasoa que, por acuerdo entre España y Francia, concertado en 1902, desde el 1 de febrero a julio, ambos inclusive, bajo la jurisdicción de España, y de agosto a enero, también inclusive, bajo la de Francia, que ejercen su autoridad por medio de los respectivos comandantes de marina del Bidasoa. 140 m. de long., 20 de anchura y unos 2.500 m.² En ella tuvo lugar la conferencia en que el cardenal Mazarino y Luis de Haro negociaron en 1659 la Paz de los Pirineos.

faisánido, da. (De *faisán* e *-ido*.) adj. **Zool.** fasiánido.

Faistos. Geog. hist. Antigua c. de Creta, célebre por el descubrimiento en 1900 de dos palacios prehistóricos, el más antiguo de los cuales data del año 1800 a. C.

Faiyum. Geog. Fayum.

Faizabad. Geog. C. de Afganistán, cap. de la prov. de Badakshan, a orillas del río Kokcha; 60.000 h. Productos agrícolas.

faja. fr., *bande, ceinture;* it., *fascia, zona;* i., *girdle, belt;* a., *Gürtel, Schärpe.* (Del aragonés antiguo *faxa*, y éste del lat. *fascia*.) f. Tira de tejido de punto de algodón, lana o seda con que se rodea el cuerpo por la cintura, dándole varias vueltas. ‖ Cualquier lista mucho más larga que ancha; y así, se llaman fajas las zonas del globo celeste o terrestre, y también, en la arquitectura, ciertas listas salientes, más anchas que el filete, que adornan algunas partes del edificio. ‖ Tira de papel que en vez de cubierta o sobre se pone al libro, periódico o impreso de cualquiera clase que se ha de enviar de una parte a otra, y especialmente cuando ha de ir por el correo. ‖

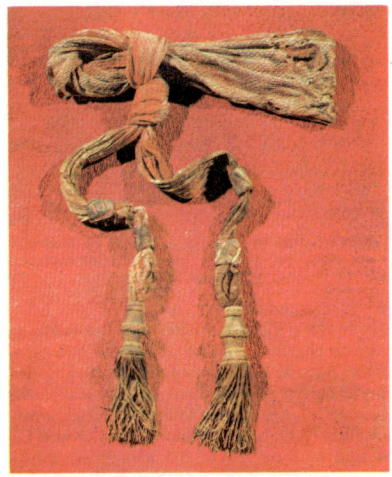

Faja que vistió el general José de Canterac en Ayacucho. Museo del Ejército. Madrid

Insignia propia de algunos cargos militares, civiles o eclesiásticos. La que usan los generales del ejército y la armada es de seda encarnada, con las borlas y los entorchados que corresponden a su graduación. También usan faja de seda, pero azul celeste, todos los oficiales del cuerpo de estado mayor del ejército. ‖ En arquitectura, moldura ancha y de poco vuelo. ‖ Telar liso que se hace alrededor de las ventanas y arcos de un edificio. ‖ En blasón, pieza de honor horizontal que corta el escudo por el centro, ocupando un tercio de su altura. ‖ pl. *Germ.* Azotes.

fajado, da. p. p. de **fajar.** ‖ adj. Dícese de la persona azotada. ‖ V. **escudo fajado.** ‖ *And.* y *R. Plata.* Dícese del animal que tiene en los lomos y la barriga una zona de color distinto del que domina en su capa. ‖ m. Madero o tablón que para formar piso se emplea en las minas. ‖ Madero en rollo que se emplea en la entibación de los pozos mineros. ‖ f. Acción y efecto de fajar, golpear, o de fajarse, golpearse.

fajadura. f. Acción y efecto de fajar o fajarse. ‖ **Mar.** Tira de lona alquitranada con que se forran algunos cabos para resguardarlos.

fajamiento. m. Acción y efecto de fajar o fajarse.

fajana. f. *Can.* Terreno llano al pie de laderas o escarpes y formado comúnmente por materiales desprendidos de las alturas que lo dominan.

Fajans (Kasimir). Biog. Químico estadounidense, de origen polaco, n. en Varsovia (1887-1975). Estudió los electrólitos fuertes, los elementos radiactivos y los isótopos y, al mismo tiempo que Soddy (1913), descubrió las leyes de filiación de las transformaciones radiactivas.

fajar. fr.,*ceindre, emmaillotter;* it.,*fasciare;* i.,*to swaddle;* a., *umwickeln.* (Del aragonés *fajar*, y éste del lat. *fasciāre*.) tr. Rodear, ceñir o envolver con faja o venda una parte del cuerpo. Ú. t. c. prnl. ‖ Envolver al niño y ponerle el fajero. ‖ Pegar a uno, golpearlo. Ú. t. c. prnl. ‖ En Puerto Rico, pedir dinero prestado. ‖ En Cuba, hacer la corte a una mujer, enamorarla con propósitos deshonestos. ‖ prnl. En Puerto Rico, trabajar, dedicarse intensamente al trabajo. ‖ rec. *Cuba.* Irse a las manos dos personas.

fajardo. m. Cubilete de masa de hojaldre, relleno de carne picada y perdigada.

Fajardo (Francisco). Biog. Explorador español de raza mestiza, n. en Palguarime y m. en Cumaná (h. 1530-1564). Al final de una expedición a lo largo de la costa en que hoy está La Guayra, obtuvo el título de teniente gobernador desde Borburata hasta Maracaipiria, fundó la villa de Rosario y un pueblo que vino a ser la ciudad de Caracas. ‖ **(Pedro).** General español, marqués de los Vélez, m. en 1693. Fue virrey de Aragón y Cataluña, de Sicilia y presidente del Consejo de Indias. ‖ **e Izquierdo (Luis).** General español, n. en Barcelona y m. en Cartagena (1829-1886). Tomó parte en la guerra de África de 1860 y en la segunda guerra carlista. Fue gobernador militar de Cartagena. ‖ **de Tenza (Alonso).** Militar español, n. en Murcia a últimos del s. XVI y m. en Manila en 1624. Fue gobernador y capitán general de Filipinas. ‖ **Geog.** Mun. de Puerto Rico, dist. de Huamaco; 23.032 h. Situado al ESE. de San Juan, sus ríos arrastran arenas auríferas. En su térm. hay platino, cuarzo y almagre. Refinería de azúcar. Producción agrícola. ‖ Pueblo cap. del mismo; 18.249 h.

fajares. (De *fajo*.) m. pl. ant. Haces o gavillas.

fajazo. (De *fajar*.) m. *Ant.* Embestida, acometida. ‖ *P. Rico.* Petición de dinero, sablazo.

fajeado, da. adj. Que tiene fajas o listas.

fajero. m. Faja de punto que se pone a los niños de teta.

fajilla. f. dim. de **faja.** ‖ Faja que se pone a los impresos.

fajín. m. dim. de **faja.** ‖ Ceñidor de seda de determinados colores y distintivos que usan con el uniforme los generales del ejército, los almirantes de la armada, los jefes y oficiales de estado mayor, los jefes de administración, ingenieros, arquitectos y otros funcionarios ci-

fajina–falcado

viles. En algún caso lo usan también con atuendo civil.

fajina. fr., *faisceaux;* it., *fascina;* i., *bundle, fasces;* a., *Bündel, Büschel.* (Del aragonés *fajina*, y éste del lat.*fascĭna*, de *fascis*, haz.) f. Conjunto de haces de mies que se pone en las eras. || *Leña* ligera para encender. || *Sal.* Haza, huerta, tierra cercada dedicada al cultivo intensivo. || **Fort.** Haz de ramas delgadas muy apretadas, de que se sirven los ingenieros militares para diversos usos, y muy señaladamente para revestimientos. Las hay de revestir, de coronar, incendiarias, etc. || **Mil.** Toque que ordena la retirada de las tropas a sus alojamientos o el término de una facción, etc.

fajina. f. faena.

fajinada. f. **Fort.** Conjunto de fajinas, haces de ramas. || Obra que se hace con ellas.

fajo. fr., *faiseau, gerbe;* it., *fascia;* i., *sheaf;* a., *Bündel.* (Del aragonés ant. *faxo*, y éste del lat. *fascis*.) m. Haz o atado. || En Guipúzcoa, unidad de peso para leñas. || En Navarra, unidad longitudinal para medir la listonería de madera. || pl. Conjunto de ropa y paños con que se viste a los niños recién nacidos.

fajol. (Del cat. *faxol*, y éste del lat. *phaseŏlus*, alubia.) m. **Bot.** alforjón.

fajón. m. aum. de **faja.** || **Arquit.** Recuadro ancho de yeso alrededor de los huecos de las puertas y ventanas. || Arco adherente a una bóveda. || **dar un fajón.** loc. fig. y fam. *Cuba.* Tratar de seducir a una mujer por medios deshonestos y groseros.

fajuela. f. dim. de **faja.**

fakir. m. **faquir.**

falace. (Del lat. *fallax, -acis*.) adj. ant. **falaz.**

faláceo, a. (De *falus* y *-áceo*.) adj. **Bot.** Dícese de los hongos del orden de los gasteromicetales, de forma de huevo y color blanco sucio. Comprende las tribus de los faleos y la de los clastreos. || f. pl. Familia de estos hongos.

falacia. fr., *fallace, sophisme;* it., *fallacia;* i., *fallacy;* a., *Trug.* (Del lat. *fallacĭa*.) f. Engaño, fraude o mentira con que se intenta dañar a otro. || Hábito de emplear falsedades en daño ajeno. || **Filos.** Base falsa en que se funda el sofisma.

falacrocorácido, da. (Del lat. científico *phalacrocorax*, gén. tipo de aves, e *-ido*; aquél del lat. *phalacrocŏrax, -ăcis*, el ciervo de agua.) adj. **Zool.** Dícese de las aves del orden de las pelicaniformes, muy parecidas a las pelicánidas, de las que se diferencian por carecer de bolsa bajo el pico. Sólo existe un gén., el *phalacrocorax*, al que pertenecen los cormoranes o cuervos marinos (v.). || f. pl. Familia de estas aves.

Cormorán (ave falacrocorácida)

falagador, ra. (De *falagar*.) m. y f. ant. Persona que falaga.

falagar. (Del ár. *jalaqa*, mentir, pulir una cosa, componer un discurso.) tr. ant. **halagar.** || ant. Apaciguar, amortiguar. Úsáb. t. c. prnl. || prnl. ant. **alegrarse.**

falago. (De *falagar*.) m. ant. **halago.**

falagüeñamente. adv. m. ant. **halagüeñamente.**

falagüeño, ña. (De *falago*.) adj. ant. **halagüeño.**

falaguero, ra. adj. ant. **halagüeño.**

Falaise. Geog. C. de Francia, depart. de Calvados, a orillas del Ante, afl. del Diver; 6.711 h. Hermoso castillo.

Falam. Geog. C. de Birmania, cap. del territ. autónomo de Chin.

Falan. Geog. Mun. de Colombia, depart. de Tolima, 13.609 h. || Pobl. cap. del mismo; 1.328 habitantes.

falange. fr., *phalange;* it., *falange;* i., *phalanx;* a., *Phalanx, Schaar.* (Del lat. *phalanx, -angis*, y éste del gr. *phálagx*.) f. Cuerpo de infantería pesadamente armada, que formaba la principal fuerza de los ejércitos de Grecia. Alejandro el Grande la aumentó y perfeccionó; su orden de batalla era 16 de fondo; su número, 16.000 infantes. || Cualquier cuerpo de tropas numeroso. || fig. Conjunto numeroso de personas unidas en cierto orden y para un mismo fin. || **Anat.** Cada uno de los huesos que forman los dedos de manos y pies. Se distinguen con los adjetivos ordinales *primera, segunda* y *tercera*, a contar desde el metacarpo o metatarso respectivamente. Reciben también los nombres de falange propiamente dicha la primera, falangina la segunda y falangeta la tercera o hueso terminal del dedo. El pulgar carece de la falange intermedia o falangina, por lo que su falangeta suele llamarse falangina.

Falange Española Tradicionalista y de las J. O. N. S. Polít. Partido político nacionalista, fundado en España el 29 de octubre de 1933 por José Antonio Primo de Rivera con el nombre de Falange Española. Se oponía al mar-

Número 1 de una revista publicada en Madrid, en 1933, por Falange Española. Hemeroteca Municipal. Madrid

xismo y al parlamentarismo e incorporaba a su ideario el sentido católico de la tradición española. Agrupó en torno suyo a las juventudes, preferentemente universitarias, y más tarde se unió a las Juntas de Ofensiva Nacional Sindicalista (J. O. N. S.), fundadas por Ramiro Ledesma el 4 de marzo del año 1934, constituyendo la F. E. de las J. O. N. S. El 8 de abril de 1937, por decisión del generalísimo Franco, se verificó la unificación en Falange Española Tradicionalista (F. E. T.) y de las J. O. N. S. de los grandes partidos nacionales: Falange Española y Comunión Tradicionalista.

falangérido, da. (Del lat. científico *phalánger*, gén. tipo de mamíferos, e *-ido*; aquél del gr. *phálagx*, hueso del dedo.) adj. **Zool.** Dícese de los marsupiales diprotodontos, fitófagos, con cinco dedos, de los que el segundo y el tercero de las patas posteriores están unidos y el primero es oponible. Viven en Australia y llevan vida arborícola. || m. pl. Familia de estos marsupiales, que comprende las subfamilias de los *fascolarctinos, falangerinos* y *tarsipedinos.*

falangeta. (De *falange*.) f. **Anat.** Falange terminal de los dedos.

falangia. f. **Zool.** **falangio**, segador, arácnido.

falangiano, na. (De *falange*, hueso.) adj. **Anat.** Perteneciente o relativo a la falange.

falangina. (De *falange*.) f. Falange segunda de los dedos.

falangio. fr., *phalange;* it., *falangio;* i., *phalangium concroides;* a., *Zauberblume.* (Del lat. *phalangĭum*, y éste del gr. *phalággion*.) m. **Bot.** Planta de la familia de las liliáceas, con la raíz pequeña, delgada y verde, hojas radicales largas y estrechas, dos o tres escapos con flores blancas y las semillas negras. Los antiguos la supusieron antídoto contra la picadura del arácnido del mismo nombre (*anthéricum ramósum.*). || **Zool.** segador, arácnido.

falangioideo, a. (Del lat. *phalangĭum*, falangio, nombre de un gén. tipo de arácnidos.) adj. **Zool.** Dícese de los arácnidos artrogastros, con cuatro pares de patas muy largas y delgadas, que pueden abandonar en caso de peligro. || m. pl. Orden de estos arácnidos, también llamados *opiliones.*

falangismo. m. Ideología y tendencias propias de la Falange Española.

falangista. adj. Perteneciente o relativo a Falange Española. || com. Persona afiliada a este movimiento.

falansterio. fr., *phalanstère;* it., *falansterio;* i., *phalanstery;* a., *Phalanster.* (Del gr. *phálagx*, falange, y el suf. *-terio*, que indica lugar.) m. Edificio en que, según el sistema de Fourier, habitaba cada una de las falanges en que dividía la sociedad. || Por ext., alojamiento colectivo para numerosa gente.

falárica. (Del lat. *falarĭca*.) f. Lanza arrojadiza que usaron los antiguos.

falaris. (Del lat. *phalăris*, y éste del gr. *phălaris*.) f. **Bot.** Gén. de plantas de la familia de las gramíneas. La especie *phalaris canariensis* es el alpiste. || f. **Zool.** foja, ave.

falaropódido, da. (Del lat. científico *phalaropus*, gén. tipo de aves, e *-ido*.) adj. **Zool.** Dícese de las aves del orden de las caradriformes, pequeñas, con cuello largo, pico grácil y dedos lobulados, sin membranas interdigitales. || f. Familia de estas aves.

falaz. fr., *trompeur;* it., *fallace;* i., *fallacious;* a., *trügerisch.* (Del lat. *fallax, -ăcis*.) adj. Dícese de la persona que tiene el vicio de la falacia. || Aplícase también a todo lo que halaga y atrae con falsas apariencias.

falazmente. adv. m. Con falacia; de manera falaz.

falbalá. fr., *falbala;* it., *falbalà;* i., *furbelow;* a., *Falbal.* (En port., *falbalá*.) m. Pieza casi cuadrada que se pone en la abertura de un corte de la faldilla del cuarto trasero de la casaca. || **faralá.**

falca. (Del ár. *falga* o *filqa*, cuña de madera.) f. Defecto de una tabla o madero que le impide ser perfectamente lisos o rectos. || *Ar.* y *Mur.* Cuña, pieza de madera o metal en forma de ángulo diedro muy agudo. || Cualquier objeto que se emplea para estos fines. || *Col.* Cerco que se pone como suplemento a las pailas. Ú. m. en pl. || **Mar.** Tabla delgada que se coloca de canto, y de popa a proa, sobre la borda de las embarcaciones menores para que no entre el agua.

falcado, da. p. p. de **falcar.** || Que forma una curvatura semejante a la de la hoz. || f. *Ar.* Manojo de mies que el segador corta de un sólo golpe de hoz.

Falcao Espalter (Mario). *Biog.* Escritor uruguayo, n. y m. en Montevideo (1892-1941). Fue crítico, poeta, investigador y ensayista de estilo castizo y elegante pluma. Obras: *Sobre el impresionismo, La disciplina política, Pasado y presente, El pensamiento de Esteban Echevarría, Los católicos sociales alemanes, El Uruguay*, etc.

falcar. (Del lat. *falx, falcis,* hoz.) tr. ant. Cortar con la hoz.

falcar. (De *falca.*) tr. *Ar.* y *Mur.* Asegurar con cuñas.

falcario. (Del lat. *falcarĭus.*) m. Soldado romano armado con una hoz.

falcata. (Voz lat., t. f. de *falcātus,* hecho a modo de hoz.) f. *Hist.* Espada curva, propia de los pueblos hispánicos, que responde a una influencia oriental, mientras que las contemporáneas, de *aletas* y *planas,* obedecen a la tradición celta.

falce. (Del aragonés *falce*, y éste del lat. *falx, falcis,* hoz.) f. Hoz o cuchillo corvo.

falceño. *Agr. Ar.* Falce, cuchillo corvo que se usa para vendimiar.

Falces. *Geog.* Mun. y villa de España, prov. de Navarra, p. j. de Tafalla; 3.139 h. Iglesia parroquial de los s. X u XI, reconstruida en el XVIII. Gran producción de ajos.

falci-. (Del lat. *falx, falcis.*) pref. que significa hoz.

falciforme. (De *falci-* y *-forme.*) adj. Que tiene forma de hoz.

falcinelo. (Del it. *falcinello,* y éste del lat. *falx, falcis,* hoz, por la forma del pico de esta ave.) m, *Zool.* Ave ciconiforme de la familia de las tresquiornítidas, del grupo de los llamados, en general, ibis. Es poco mayor que una paloma, de pico muy largo, corvo, comprimido y grueso en la punta; plumaje castaño en la cabeza, garganta y pecho, y verde brillante con reflejos cobrizos en las alas, dorso y cola; patas largas, verdosas, y dedos y uñas muy delgados. En España se le da frecuentemente el nombre de *morito (plégadis falcinellus).*

Falcini (Luis Victorio). *Biog.* Escultor argentino, n. en Buenos Aires en 1889. Obtuvo el primer premio nacional de Escultura en 1927 y el gran premio de Escultura en la Exposición Internacional de Bruselas (1958). Sus obras se encuentran en museos de Amberes, Bruselas, París, Buenos Aires y otras ciudades de América.

falcino. (Del lat. *falx, falcis,* hoz.) m. *Zool. Ar.* Vencejo, pájaro.

Falcioni (Rodolfo Domingo). *Biog.* Médico y escritor argentino, n. en La Plata, Buenos Aires, en 1916. Ha escrito: *Las órbitas vacías,* cuentos (1948); *Las máscaras,* cuentos (1952); *La casa sitiada,* teatro (1953); *A través del espejo,* teatro (1957), y *El hombre olvidado,* novela (1958), que obtuvo el segundo premio nacional a la Producción en prosa correspondiente al trienio 1957-59.

falcirrostro, tra. (De *falci-* y *rostro,* pico.) adj. Dícese de las aves que tienen el pico en forma de hoz, como, p. e., el *morito* o *falcinelo.*

falco. (Voz lat. que sign. *halcón.*) *Zool.* Gén. al que pertenecen los halcones, cernícalos, alcotanes y gerifaltes.

falcón. (Del lat. *falco, -ōnis.*) m. *Artill.* Especie de cañón de la artillería antigua. ‖ ant. *Zool.* **halcón.**

Falcón (Juan Crisóstomo). *Biog.* Militar y político venezolano, n. en Paraguaná y m. en la isla de Martinica (1820-1870). En 1859 encabezó el movimiento federalista. Elegido presidente de la República, una revolución en 1868 le obligó a dimitir y a expatriarse a Europa. Dividió a Venezuela en viente estados autónomos. ‖ *Geog.* Est. de Venezuela, a orillas del Caribe, en el golfo de Venezuela; 24.800 km.^{2} y 407.957 h. Cap., Coro. Petróleo. Riquísimas maderas de construcción. Algodón. ‖ Dist. de Venezuela, est. de Cojedes; 18.552 h. Cap., Tinaquillo. Este dist. está constituido totalmente por el mun. de Tinaquillo. ‖ Dist. de Venezuela, est. del mismo nombre; 39.134 h. Cap., Pueblo Nuevo.

Juan Crisóstomo Falcón, dibujo artístico

falconero. (De *falcón.*) m. ant. Halconero, el que cuidaba de los halcones.

Falconet (Étienne). *Biog.* Escultor francés, n. y m. en París (1716-1791). En Leningrado tiene una famosa estatua de *Pedro el Grande* y se le debe, además, *Apoteosis de Catalina de Rusia.* Fue director de la Academia Francesa de Pintura.

falconete. (De *falcón.*) m. *Artill.* Especie de culebrina que arrojaba balas hasta de kilo y medio.

falconiano, na. adj. Natural del est. venezolano de Falcón, o perteneciente a dicho estado. Ú. t. c. s.

falcónido, da. (De *falco,* gén. tipo de aves, e *ido.*) adj. *Zool.* Dícese de las aves rapaces del orden de las falconiformes, de tamaño muy diverso, cabeza más redondeada que la de las restantes falconiformes, y pico corto y curvado desde la base. Son voladoras muy potentes y rápidas, y entre ellas hay aves tan conocidas como los *cernícalos, halcones, alcotanes* y *gerifaltes.* Ú. t. c. s. ‖ f. pl. Familia de estas aves.

falconiforme. (De *falco,* gén. tipo de aves, y *-forme.*) adj. *Zool.* Dícese de las aves con el pico robusto, cubierto en la base por una membrana llamada *cera,* de bordes cortantes y punta ganchuda, y uñas aceradas y retráctiles. Presentan estas características gran parte de las llamadas rapaces o aves de rapiña, como el águila, el halcón, el milano, el gavilán, etc. Se agrupan en varias familias: *catártidas, sagitáridas, accipitridas, falcónidas* y *pandiónidas.* ‖ f. pl. Orden de estas aves.

falda. fr., *jupe, basque;* it., *falda, gonnella;* i., *skirt, lap;* a., *Schoss, Frauenrock.* (Del germ. *falda,* pliegue, seno.) f. Parte de toda ropa talar desde la cintura abajo. Ú. m. en pl. ‖ Vestidura o parte del vestido de mujer que con más o menos vuelo cae desde la cintura abajo. ‖ Cada una de las partes de una prenda de vestir que cae suelta sin ceñirse al cuerpo. ‖ Hierro del guardabrazo, pendiente del hombro, que por detrás protegía el omóplato y por delante iba a cubrir parte del pecho. ‖ En la armadura, parte que cuelga desde la cintura abajo. ‖ Carne de la res, que cuelga de las agujas, sin asirse a hueso ni costilla. ‖ **regazo.** ‖ ant. Halda, harpillera con que se empacan algunos géneros. ‖ Ala del sombrero, que rodea la copa. ‖ fig. Parte baja o inferior de los montes o sierras. ‖ En términos de imprenta, espacio en blanco que en el pliego impreso queda entre los bordes de las páginas correspondientes al corte del libro opuesto al lomo. También se llama margen exterior. ‖ pl. fam. Mujer o mujeres, en oposición al hombre.

Falda (La). *Geog.* Local. de Argentina, prov. de Catamarca, depart. de Fray Mamerto Esquiú; 417 h. ‖ **(La).** Local. de Argentina, prov. de Córdoba, depart. de Punilla; 10.551 h. Lugar de veraneo. ‖ **del Carmen.** Local. de Argentina, prov. de Córdoba, depart. de Santa María; 494 habitantes.

faldamenta. f. Falda de una ropa talar que va desde la cintura abajo. ‖ fam. Falda larga y desgarbada.

faldamento. m. **faldamenta.**

faldar. (De *falda.*) m. Parte de la armadura antigua, que caía desde el extremo inferior del peto, como faldilla. ‖ *Cuen.* Delantal que usan las mujeres.

faldear. tr. Caminar por la falda de un monte u otra eminencia del terreno.

faldellín. (De *faldilla.*) m. Falda corta. ‖ Falda corta y vuelda que usan las campesinas sobre las enaguas.

faldeo. m. *Arg., Cuba* y *Chile.* Faldas de un monte.

faldero, ra. adj. Perteneciente o relativo a la falda. Ú. t. c. s. ‖ fig. Aficionado a estar entre mujeres. ‖ f. Mujer que se dedica a hacer faldas.

faldeta. f. dim. de **falda.** ‖ *Teatro.* En la maquinaria teatral, lienzo con que se cubre lo que ha de aparecer a su tiempo.

faldicorto, ta. adj. Corto de faldas.

faldillas. (dim. de *faldas.*) f. pl. En ciertos trajes, partes que cuelgan de la cintura abajo.

faldinegro, gra. adj. Aplícase al ganado vacuno bermejo por encima y negro por debajo.

faldistorio. fr., *faldistoire;* it., *faldistero;* i., *faldstool;* a., *Kniestuhl, Altarpult.* (Del b. lat. *faldistorium,* y éste del germ. *faldastôl,* sillón.) m. Asiento especial de que usan los obispos en algunas funciones pontificales.

Faldistorio papal. Castillo de Sant'Angelo. Roma

faldón. m. aum. de **falda.** ‖ Falda suelta al aire, que pende de alguna ropa. ‖ Parte inferior de alguna ropa, colgadura, etc. ‖ Piedra de tahona que por estar muy gastada sirve encima de otra, que no lo está tanto, para que con el peso de ambas pueda molerse mejor el grano. ‖ *Arquit.* Vertiente triangular de un tejado que cae sobre una pared testera. ‖ Conjunto de los dos lienzos y del dintel que forma la boca de la chimenea.

faldriquera. (De *falda.*) f. **faltriquera.**

faldudo, da. adj. Que tiene mucha falda. ∥ *Col.* Dícese del terreno empinado. ∥ m. *Germ.* Broquel, escudo pequeño de madera o corcho, cubierto de piel o tela encerada.

faldulario. (De *falda*.) m. Ropa que desproporcionadamente cuelga sobre el suelo.

falena. (Del gr. *phálaina*, mariposa nocturna.) f. **Entom.** Mariposa de cuerpo delgado y alas anchas y débiles, cuyas orugas tienen dos pares de falsas patas abdominales, mediante las cuales pueden mantenerse erguidas y rígidas sobre las ramas de los árboles, imitando el aspecto de éstas.

falencia. (Del lat. *fallens, -entis*, engañador.) f. Engaño o error que se padece en asegurar una cosa. ∥ *Arg., Col., Chile, Hond.* y *Nic.* Quiebra de un comerciante.

falénido, da. (Del gr. *phálaina*, mariposa nocturna, e *-ido*.) adj. **Entom.** Dícese de los lepidópteros heteróceros, nocturnos, de alas anteriores grises, doradas o pardas, y posteriores blancas, algunas de cuyas orugas son plagas agrícolas. ∥ m. pl. Familia de estos lepidópteros.

faleo, a. adj. **Bot.** Dícese de los hongos de la familia de los faláceos, de pedicelo grueso y hueco, con receptáculo cilíndrico, que lleva la porción superior fértil de la gleba ensanchada. Comprende los géneros *falus, mutinus* y *dictyóphora*. ∥ f. pl. Tribu de estos hongos.

falerno. m. Vino famoso en la antigua Roma, así llamado porque procedía de un campo del mismo nombre en Campania.

falescer. (incoat. del lat. *fallĕre*.) intr. ant. **faltar.**

falibilidad. (Del lat. *fallibĭlis*, falible.) f. Calidad de falible. ∥ Riesgo o posibilidad de engañarse o errar una persona. ∥ fig. Aplícase a algunas cosas abstractas.

falible. (Del lat. *fallibĭlis*.) adj. Que puede engañarse o engañar. ∥ Que puede faltar o fallar.

fálico, ca. fr., *phallique*; it., *fallico*; i., *phallic*; a., *phallisch*. (Del gr. *phallikós*.) adj. Relativo o perteneciente al falo.

falidamente. adv. m. ant. En vano, sin fundamento.

falido, da. (De *falir*.) adj. ant. **fallido.**

Faliero (Marino). Biog. General y dux de Venecia, m. en esta c. (1274-1355). Ofendido por un joven patricio y creyendo que los nobles le trataban con desconsideración, se puso de acuerdo con los plebeyos para asesinar a los nobles; pero, descubierta la conspiración, fue depuesto de su cargo y condenado a muerte. ∥ **(Ordelafo).** Dux de Venecia de 1102 a 1117. Envió a Tierra Santa unos 100 buques, venció a los paduanos, arrojó de Zara a los austriacos y murió en una batalla contra el rey de Hungría.

faligote. m. **Zool.** *Ast.* **aligote,** especie de besugo.

falimiento. (De *falir*.) m. p. us. Engaño, falsedad, mentira.

falir. (Del lat. *fallĕre*.) intr. ant. Engañar o faltar uno a su palabra.

falisco. m. **Poét.** Verso de la poesía latina, compuesto de tres dáctilos y un espondeo.

falispa. (Voz leonesa.) f. *León.* **nevisca,** ráfaga de nieve. Ú. m. en pl.

Falk (Adalbert). Biog. Hombre de estado prusiano, n. en Metschkau y m. en Hamm (1827-1900). Se distinguió como jurisconsulto, y su obra de jurisprudencia *Los cinco hombres* le dio cierta popularidad. ∥ **(Adalbert von).** General alemán (1856-1944). Se distinguió en la P. G. M., sobre todo en la famosa batalla de Tannenberg.

Falkenhayn (Erich von). Biog. General alemán, n. en Burg Belchau y m. en Schlosshindstedt (1861-1922). Fue ministro de la Guerra (1913); jefe del Estado Mayor general (1914-16); relevado del cargo a causa del fracaso de la ofensiva en Verdún; general en jefe del 9.º ejército (1916); dirigió sin resultado las operaciones del ejército turco contra los ingleses en Palestina y Mesopotamia, y fue depuesto en marzo de 1918.

Erich von Falkenhayn

Falkland. Geog. Nombre que dan los ingleses a las Malvinas (v.).

Falkner (William). Biog. Novelista estadounidense, más conocido por *William Faulkner*, n. en New Albany y m. en Oxford, Missipí (1897-1962). Describió, valiéndose de un país imaginario que denominó Yoknapatawpha County y no es otro que Lafayette County, la vida violenta y dramática en los estados del Sur después de la guerra de Secesión. Obras principales: *El fauno de mármol* (1925), *La paga de un soldado* (1926), *El sonido y la furia* (1929, llevada al cine), *Santuario* (1931), *¡Absalón! ¡Absalón!* (1936), *Invencible* (1938), *Las palmeras salvajes* (1939), *¡Desciende, Moisés!* (1942), *Réquiem por una mujer*, llevada al teatro (1953), *La fábula* (premio Pulitzer 1955), *Parábola* (1958) y *Trilogía de los Snopes: El villorrio* (1940), *En la ciudad* (1957) y *La mansión* (1961). En 1949 le fue concedido el premio Nobel de Literatura y, después de su muerte, le fue otorgado por segunda vez el premio Pulitzer, por su novela *Los salteadores* (1963).

Falmouth. Geog. C. de Jamaica, cap. de la parr. de Trelawny; 3.900 h. Azúcar, café y ron. Puerto.

falo. fr. e i., *phallus*; it., *fallo*; a., *Phallus*. (Del gr. *phallós*.) m. **Anat.** Pene, miembro viril.

Falo. (Del m. or. que el anterior.) **Mit.** Uno de los cuatro dioses de la generación, en la mayor parte de los pueblos primitivos.

falondres (de). (Del lat. **fundus, -ŏris*, fondo.) m. adv. **Mar.** *Cuba* y *Venez.* De golpe, de repente, con todo el cuerpo.

Falopio o **Fallopio (Gabriele). Biog.** Médico y anatomista italiano, n. en Módena y m. en Padua (1523-1562). Desempeñó la cátedra de Anatomía en Venecia y se le considera como uno de los más grandes anatómicos que registra la historia de la Medicina. Se le debe, entre otras muchas descripciones, la de la trompa uterina u oviducto de los mamíferos, llamada hoy *trompa de Falopio* (v.).

falordia. f. *Ar.* **faloria.**

faloria. (Tal vez del lat. *fabularia*, pl. n. de *fabulāris*, fabuloso, falso.) f. *Ar.* Cuento, fábula, mentira.

Fálquez y Ampuero (Francisco). Biog. Jurisconsulto y escritor ecuatoriano, n. en Guayaquil (1880-1940). Escribió: *Lujo de pobre, Rondeles indígenas y mármoles lavados, Sintiendo la batalla, Gobelinos e Himno gigante.*

falquía. f. ant. Doble cabestro que se ataba al cabezón de una caballería.

falsa. (De *falso*.) f. *Alb., Ar.* y *Méj.* **falsilla.** ∥ *Ar.* y *Mur.* **desván.**

falsaarmadura. f. **contraarmadura.**

falsabraga. (De *falsa* y *braga*.) f. **Fort.** Muro bajo que para mayor defensa se levanta delante del muro principal.

falsada. (De *falsar*.) f. Vuelo rápido del ave de rapiña.

falsador, ra. (Del lat. *falsātor, -ōris*.) adj. ant. **falseador.**

falsamente. adv. m. Con falsedad.

falsar. (Del lat. *falsāre*.) tr. Falsear en el juego del tresillo.

falsario, ria. fr., *faussaire*; it., *falsario*; i., *falsifying*; a., *fälscher*. (Del lat. *falsarĭus*.) adj. Que falsea o falsifica una cosa. Ú. t. c. s. ∥ Que acostumbra decir o hacer falsedades y mentiras. Ú. t. c. s.

falsarregla. (De *falsa* y *regla*.) f. **falsa escuadra.** ∥ *And., Perú* y *Venez.* **falsilla.**

falseador, ra. adj. Que falsea o contrahace alguna cosa.

falseamiento. m. Acción y efecto de falsear.

falsear. fr., *fausser, contrefaire*; it., *falsificare*; i., *to warp*; a., *fälschen*. (De *falso*.) tr. Adulterar, corromper o contrahacer una cosa material o inmaterial, como la moneda, la escritura, la doctrina, el pensamiento. ∥ En el juego del tresillo, salir de una carta que no sea triunfo ni rey, en la confianza de que no poseen otra mayor los contrarios, para despistarlos y evitar que se la fallen. ∥ Romper o penetrar la armadura. ∥ En arquitectura, desviar un corte ligeramente de la dirección perpendicular. ∥ intr. Flaquear o perder una cosa su resistencia y firmeza. ∥ Disonar de las demás una cuerda de un instrumento. ∥ Entre guarnicioneros, dejar en las sillas hueco o anchura para que los asientos de ella no hieran ni maltraten a la cabalgadura.

falsedad. fr., *fausseté, faux*; it., *falsità*; i., *falsity, falseness*; a., *Falschheit, Unwahrheit*. (Del lat. *falsĭtas, -ātis*.) f. Falta de verdad o de autenticidad. ∥ Falta de conformidad entre las palabras, las ideas y las cosas. ∥ **Der.** Cualquiera de las mutaciones u ocultaciones de la verdad, sea de las castigadas como delito, sea de las que causan nulidad de los actos, según la ley civil.

falseo. m. **Arquit.** Acción y efecto de falsear, desviar un corte ligeramente de la dirección perpendicular. ∥ Corte o cara de una piedra o madero falseados.

Falset. Geog. Mun. y villa de España, provincia de Tarragona, p. j. de Reus; 2.517 h. (v. *falsetenses*).

Falset. Vista general

falseta. f. **Mús.** En la música popular de guitarra, frase melódica o floreo que se intercala entre las sucesiones de acordes destinadas a acompañar la copla.

falsete. fr., *fausset*; it., *falsetto*; i., *spigot*; a., *Falsett*. (De *falso*.) m. Corcho para tapar una cuba cuando se quita la canilla. ∥ Puerta pequeña y de una hoja, para pasar de una a otra pieza de una casa. ∥ **Mús.** Voz más aguda que la natural, que se produce, haciendo vibrar las cuerdas superiores de la laringe. || **falseta.**

falsía. (De *falso.*) f. Falsedad, deslealtad, doblez. || ant. Falta de solidez y firmeza en alguna cosa.

falsificación. fr., *contrefaçon*; it., *falsificazione*; i., *falsification*; a., *Fälschung*. f. Acción y efecto de falsificar. || **Der.** Delito de falsedad que se comete en documento público, comercial o privado, en moneda, o en sellos o marcas.

falsificador, ra. fr., *contrefacteur, falsificateur*; it., *falsificatore*; i., *falsificator*; a., *Fälscher*. adj. Que falsifica. Ú. t. c. s.

falsificar. (Del lat. *falsificāre*; de *falsus*, falso, y *facĕre*, hacer.) tr. Falsear, adulterar o contrahacer.

falsilla. fr., *transparent*; it., *falsariga*; i., *blacklines*; a., *Linienblatt*. (De *falso.*) f. Hoja de papel con líneas muy señaladas, que se pone debajo de otra en que se ha de escribir, para que aquéllas se transparenten y sirvan de guía.

falsío. (Del lat. *farcīre*, rellenar.) m. *Mur.* Relleno hecho con carne, pan, especias y ajos.

falso, sa. fr., *faux, fourbe, feint*; it., *falso, vizioso*; i., *false, untrue*; a., *falsch, unecht, treulos*. (Del lat. *falsus.*) adj. Engañoso, fingido, simulado, falto de ley, de realidad o veracidad. || Incierto y contrario a la verdad. || Dícese del que falsea o miente. || desus. Cobarde, pusilánime. Ú. en Chile. || En Aragón y Navarra, flojo, haragán. || Aplícase a la caballería que tiene resabios y cocea aun sin hostigarla. || Dícese de la moneda que maliciosamente se hace imitando la legítima. || Entre colmeneros, dícese del peón o colmena cuyo trabajo se empezó por el centro o medio de lo largo de la caja. || En la arquitectura y otras artes, se aplica a la pieza que suple la falta de dimensiones o de fuerza de otra. || m. Pieza de la misma tela, que se pone interiormente en la parte del vestido donde la costura hace más fuerza, para que no se rompa o falsee. || Ruedo de un vestido. || *Germ.* Verdugo que ajusticia a los reos. || *Méj.* **falso testimonio.** || **de falso.** m. adv. **en falso,** con intención contraria a la que se quiere dar a entender. || **en falso.** m. adv. Falsamente o con intención contraria a la que se quiere dar a entender. Es muy usado en los juegos de envite, cuando el que tiene poco juego envida para que se engañe el contrario. || **Sin la debida seguridad y resistencia.** || **sobre falso.** m. adv. **en falso,** sin la debida seguridad.

falsopeto. (De *falso* y *peto.*) m. ant. **farseto.** || ant. Balsopeto, bolsa grande que se trae junto al pecho.

Falstaff o **Fastolf (John). Biog.** Caballero inglés, m. en Caister (1378-1459). Guerreó contra Francia, se distinguió en numerosas batallas, fue nombrado, sucesivamente, gobernador de la Bastilla y lugarteniente del rey regente en Normandía. Shakespeare lo inmortalizó en dos de sus obras, Verdi compuso una ópera con este título y asunto, libreto de A. Boito, y O. Nicolai lo eligió como figura central en su ópera *Las alegres comadres de Windsor.*

falta. fr., *manque, faute*; it., *mancanza, difetto*; i., *fault, want*; a., *Mangel, Fehler.* (Del lat. **fallĭtus*, por *falsus*, p. p. de *fallĕre*, engañar, faltar.) f. Defecto o privación de una cosa necesaria o útil. || Carencia o privación de alguna cosa. || Defecto en el obrar, quebrantamiento de la obligación de cada uno. || Ausencia de una persona del sitio en que hubiera debido estar, y nota o registro en que se hace constar esa ausencia. || Ausencia de una persona, por fallecimiento u otras causas. || Error de cualquiera naturaleza que se halla en una manifestación oral o escrita. || Defecto que posee alguien o que se le achaca. || **Dep.** En el juego de la pelota, caída o golpe de ésta fuera de los límites señalados; también se llama así en otros deportes. || Transgresión de las normas de un juego o deporte, sancionada por su reglamento. || **Der.** Infracción voluntaria de la ley, ordenanza, reglamento o bando, a la cual está señalada sanción leve. || **Fisiol.** Supresión de la regla o menstruo en la mujer, principalmente durante el embarazo. || **Impr.** Toda la que se observe en un pliego impreso: agujetas, errata, fraile, ladrón, mancha, etc. || **Num.** Defecto de la moneda en cuanto al peso que por la ley debía tener. || **de intención.** *Der.* Circunstancia atenuante determinada por la desproporción entre el propósito delictivo y el mayor daño causado. || **sin falta.** m. adv. Puntualmente, con seguridad.

faltante. p. p. de **faltar.** Que falta.

faltar. fr., *manquer, faillir, falloir*; it., *mancare, difettare*; i., *to fail, to be deficient*; a., *fehlen, mangeln.* (De *falta.*) intr. No existir una prenda, calidad o circunstancia en lo que debiera tenerla. || Consumirse, acabar, fallecer. || No corresponder una cosa al efecto que se esperaba de ella. || No acudir a una cita u obligación. || Hacerse ausente una persona del lugar en que suele estar. || No corresponder uno a lo que es, o no cumplir con lo que debe. || Dejar de asistir a otro, o no tratarle con la consideración debida. || desus. Carecer.

falte. m. *Chile.* **buhonero.**

falto. fr., *nécessiteux, dépourvu*; it., *manchevole*; i., *wanting*; a., *mangelhaft, dürftig.* (De *faltar.*) adj. Defectuoso o necesitado de alguna cosa. || Escaso, mezquino, apocado. || *And.* y *Arg.* Tonto o medio tonto.

faltón, na. adj. fam. Que falta con frecuencia a sus obligaciones, promesas o citas. || *Cuba.* Que falta al respeto.

faltoso, sa. adj. ant. Falto, necesitado. || fam. Que no tiene cabales sus facultades, falto de juicio.

faltrero, ra. (Del ant. alto a. *falt*, pliegue, seno.) m. y f. p. us. Ladrón, ratero.

faltriquera. fr., *poche*; it., *saccoccia, tasca*; i., *pocket*; a., *Tasche, Beutel.* (De *faldriquera.*) f. Bolsillo de las prendas de vestir. || Bolsillo que se atan las mujeres a la cintura y que llevan colgando debajo del vestido o delantal. || Cubillo, palco de los teatros antiguos.

falúa. fr., *feloque*; it., *feluca*; i., *felucca*; a., *Feluke.* (De *faluca.*) f. **Mar.** Pequeña embarcación a remo, vela o motor, provista por lo general de carroza y destinada al transporte de personas de calidad.

faluca. (Del ár. *falūka*, embarcación pequeña.) f. ant. **Mar. falúa.**

falucho. fr., *feloque*; it., *felucchio*; i., *boat*; a., *Kleine, Feluke.* (De *faluca.*) m. Embarcación costanera con una vela latina. || *Arg.* Sombrero de dos picos y ala abarquillada que usan los jefes militares y los diplomáticos en las funciones de gala. || *Bol.* Arete de oro de gran tamaño que usan las mujeres del pueblo.

Falucho. Geog. Local. de Argentina, prov. de La Pampa, depart. de Realicó; 280 h.

Falúa principesca, por A. Frans van der Meulen. Convento de la Encarnación. Madrid

falún. (De *Falun*, local. de Suecia.) m. **Geol.** Depósito calcáreo constituido por arena silícea y gran cantidad de restos fósiles de conchas de moluscos y polípperos.

Falun. Geog. C. de Suecia, cap. del cond. de Kopparberg; 47.070 h. Minas de cobre. Fábricas de material ferroviario.

falus. (Del lat. *phallus*, y éste del gr. *phallós*, pene.) **Bot. Gén.** de hongos de la familia de las faláceas. Es de forma ovoidea cuando joven, con peridio externo elástico, que se rompe en la madurez, para dejar salir el aparato esporífero, llamado *phallus impúdicus*.

falla. (De *fallir.*) f. Defecto, falta. || Defecto material de una cosa que merma su resistencia. Dícese especialmente de las telas. || Cantidad de real y medio impuesta en Filipinas al indígena o mestizo por cada uno de los días que no prestaba servicio comunal en los cuarenta que anualmente le eran obligatorios. || Incumplimiento de una obligación. || **Geol.** Fractura de la corteza terrestre con respecto a la cual las rocas se han desplazado relativamente. En las *fallas normales* el desplazamiento es oblicuo o vertical, quedando un bloque levantado y otro hundido; en las *fallas horizontales* el desplazamiento es preferentemente lateral. A veces se forma un sistema de fallas contiguas, *fallas en escalera*, o dos sistemas confluentes (v. **fosa, meseta tectónica**). || **sin falla.** m. adv. ant. Sin menoscabo.

falla. (Del hol. *falie*; en fr., *faille.*) f. Cobertura de la cabeza, que ha muchos años usaban las mujeres para adorno y abrigo de noche al salir de las visitas, la cual dejaba descubierto el rostro solamente, y bajaba cubriendo hasta los pechos y mitad de la espalda. || *Méj.* Gorrito de tela fina con que se cubre la cabeza a los niños pequeños.

falla. (Del cat. *falla* y éste del lat. *facŭla*, de *fax*, tea.) f. **Folk.** En el reino de Valencia, hoguera que los vecinos encienden en las calles por la fiesta de San José. En la cap. constituyen los objetos que se han de quemar verdaderas obras de arte, formando grupos o representaciones simbólicas alusivas a sucesos de actualidad. El acto de instalar fallas se denomina *plantá*, y el de quemarlas, *cremá*. El *ninot* (monigote) de más mérito de todas las fallas, designado por votación popular, es indultado del fuego y llevado a un museo.

Falstaff, por E. Grützner

Falla–familiar

Falla y Matheu (Manuel de). Biog. Compositor español, n. en Cádiz y m. en Alta Gracia, Argentina (1876-1946). En 1905 obtuvo un premio de la Academia de San Fernando, y dos años después, fijó su residencia en París y amplió estudios con Dukas y Debussy. El año 1913 estrenó en Niza su ópera *La vida breve,* que logró un gran éxito; posteriormente escribió el ballet *El sombrero de tres picos,* para la compañía de bailes rusos de Diaghilev; la música de *El amor brujo* (1915), sobre un libro de Martínez Sierra; el capricho sinfónico para piano y orquesta *Noches en los jardines de España,* y la fantasía instrumental, inspirada en el Quijote, *El retablo de maese Pedro,* que ha sido calificada de obra profundamente española. Falla, el más destacado

Manuel de Falla, por Ignacio Zuloaga. Colección del autor. Zumaya (Guipúzcoa)

valor de la música española contemporánea, ha sabido beber en las fecundas fuentes de la tradición musical y folklórica de España; pero en su evolución, se ha ido apartando de lo muy concreto o anecdótico para convertirse en un artista representativo del alma nacional. Desde 1939 residió en Alta Gracia (Córdoba, Argentina), trabajando en su gran poema sinfónico *La Atlántida,* basado en la obra de Verdaguer, que el maestro dejó inacabada y terminó su discípulo Ernesto Halffter. Falla está considerado como uno de los mejores músicos contemporáneos. || Geog. Mun. y pobl. de Cuba, prov. de Camagüey, p. j. de Morón; 2.500 h.
fallada. f. Acción de fallar, en juego de cartas.
Fallada (Hans). Biog. Ditzen (Rudolf).
fallador, ra. (De *fallar,* hallar.) adj. ant. **hallador.**
fallador, ra. (De *fallar,* de *falla.*) m. y f. En los juegos de naipes, persona que falla.
fallamiento. (De *fallar,* hallar.) m. ant. Hallazgo, descubrimiento o invención.
fallanca. f. Vierteaguas de una puerta o ventana.
fallar. fr., *prononcer, arrêter;* it., *sentenciare;* i., *to give sentence;* a., *aburteilen.* (Del lat. *afflāre,* soplar, olfatear, husmear.) tr. ant. **hallar.** || Der. Decidir, determinar un litigio o proceso.
fallar. (De *falla.*) tr. En algunos juegos de cartas, poner un triunfo por no tener el palo que se juega. || intr. Frustrarse, faltar o salir fallida una cosa, no respondiendo a lo que se esperaba de ella. || Perder una cosa su resistencia rompiéndose o dejando de servir.
fallazgo. (De *fallar,* hallar.) m. ant. **hallazgo.**
falleba. fr., *espagnolette, loquet;* it., *spagnoletta;* i., *latch;* a., *Tür-, Fensterriegel.* (Del ár. *jallāba,* tarabilla.) f. Varilla de hierro acodillada en sus dos extremos, sujeta al bastidor de la puerta o ventana mediante varios anillos y que puede

girar por medio de un manubrio, para cerrar las ventanas o puertas de dos hojas, asegurando una con otra, o con el marco, donde se encajan las puntas de los codillos.
fallecedero, ra. adj. Que puede faltar o fallecer.
fallecedor, ra. (De *fallecer.*) adj. ant. **fallecedero.**
fallecer. fr., *décéder, trépasser;* it., *mancare, decedere;* i., *to die;* a., *sterben, verscheiden.* (De un incoat. del lat. *fallĕre.*) intr. **morir,** acabar la vida. || Faltar o acabarse una cosa. || ant. Carecer y necesitar de una cosa. || ant. Faltar, errar. || ant. Caer en una falta.
fallecido, da. p. p. de **fallecer.** || adj. ant. Desfallecido, debilitado.
falleciente. p. a. de **fallecer.** Que fallece.
fallecimiento. fr., *décès, trépas;* it., *decesso;* i., *decease;* a., *Ableben, Tod.* m. Acción y efecto de fallecer.
fallero, ra. adj. Perteneciente o relativo a la falla, hoguera. || m. y f. Persona que toma parte en las fallas de Valencia.
fallero, ra. (De *falla,* incumplimiento.) adj. Dícese del empleado o del jornalero que deja de concurrir con frecuencia a su ocupación o trabajo. Ú. t. c. s.
fallidero, ra. (De *fallir.*) adj. ant. Que puede fallir, perecer o acabarse.
fallido, da. fr., *failli, raté;* it., *fallito;* i., *frustrated;* a., *misslungen.* p. p. de **fallir.** || adj. Frustrado, sin efecto. || Quebrado o sin crédito. Ú. t. c. s. || Dícese de la cantidad, crédito, etc., que se considera incobrable. Ú. t. c. s.
fallir. (Del lat. *fallĕre.*) intr. Faltar o acabarse una cosa. || Errar. || Engañar o faltar uno a su palabra.
fallo, lla. (De *fallar,* de *falla.*) adj. En algunos juegos de naipes, falto de un palo. Ú. con el verbo *estar.* || En Álava y Navarra, desfallecido, falto de fuerzas. || En Chile, aplícase al cereal cuya espiga no ha granado por completo. || m. Falta de un palo en el juego de naipes. || Falta, deficiencia o error. || Acción y efecto de salir fallida una cosa.
fallo. fr., *arrêt;* it., *sentenza;* i., *judgment;* a., *Richterspruch.* (De *fallar,* decidir.) m. Sentencia definitiva del juez, y en ella, especialmente, el pronunciamiento decisivo o imperativo. || Por ext., decisión tomada por persona competente sobre cualquier asunto dudoso o disputado.
Fallon (Diego). Biog. Poeta colombiano, n. en Santa Ana y m. en Bogotá (1834-1905). Entre sus composiciones destacaron *Las rocas de Suesca* y *A la Luna.* Perteneció a la Academia Colombiana, que contribuyó a fundar.
Falloux, conde de Falloux (Alfred Frédéric). Biog. Político y académico francés, n. y m. en Angers (1811-1886). Escribió, entre otras obras, una *Historia de Luis XV, Estudios y recuerdos, Augusto Cochin* y *Memorias de un realista* (1888).
falluca. f. *Méj.* vulg. Comercio ambulante, y p. ext., contrabando.
falluto, ta. adj. *Arg.* Persona falsa. || *Mur.* **vano.** || **huero.**
fama. fr., *renommée, renom;* it., *fama;* i., *name, opinion;* a., *Meinung, Ruf.* (Del lat. *fama.*) f. Noticia o voz común de una cosa. || Opinión que las gentes tienen de una persona. || Opinión que el común tiene de la excelencia de un sujeto en su profesión o arte.
famado, da. (De *fama.*) adj. ant. **afamado.**
Famagusta. Geog. Dist. de Chipre, en la costa oriental; 1.971 km.² y 126.000 h. Producción agrícola. || C. cap. del mismo, al S. de la desembocadura del Pidias; 42.500 h. Produce naranjas y almendras. Industria textil y destilerías de alcohol. Pesca. Conserva vestigios de su antiguo esplendor.
Famaillá. Geog. Depart. de Argentina, prov. de Tucumán; 982 km.² y 53.700 h. Indus-

tria agropecuaria. || Local. cap. del mismo; 8.237 h.
Famatina. Geog. Grupo montañoso de Argentina, prov. de La Rioja. Es una continuación de la cordillera que empieza en la prov. de Mendoza y continúa en la de San Juan. Su punto culminante es el Nevado de Famatina (6.250 metros). Yacimientos de plata. || Depart. de Argentina, prov. de La Rioja; 4.587 km.² y 4.897 h. Yacimientos metalíferos. || Local. cap. del mismo; 1.204 h.
fambre. (Del lat. *famen, -ĭnis,* por *fames.*) f. ant. **hambre.**
fambriento, ta. (De *fambre.*) adj. ant. **hambriento.**
fame. (Del lat. *fames.*) f. ant. **hambre.**
famélico, ca. (Del lat. *famelĭcus.* adj. **hambriento.**
familia. fr., *famille;* it., *famiglia;* i., *family;* a., *Familie.* (Del lat. *familĭa.*) f. Grupo de personas emparentadas entre sí que viven juntas bajo la autoridad de una de ellas. || Número de criados de uno, aunque no vivan dentro de su casa. || Conjunto de ascendientes, descendientes, colaterales y afines de un linaje. || Cuerpo de una orden o religión, o parte considerable de ella. || Parentela inmediata de uno. || **prole.** || Conjunto de individuos que tienen alguna condición común. || fam. Grupo numeroso de personas. || *Chile.* Enjambre de abejas. || Bot. y Zool. Agrupación de géneros naturales que poseen gran número de caracteres comunes. Constituye, pues, una categoría sistemática comprendida entre el orden y el suborden y el género. El nombre de familia termina en *-áceas* (botánica) o *-idos, -idas* (zoología): *ranunculáceas, liliáceas, camélidos, cicónidas,* etc. || Impr. Conjunto de caracteres de distintos cuerpos. Pueden entrar en ella los tipos fino, seminegro, negro, supernegro, en las modalidades de ancha y estrecha, y de redondo y cursiva, siempre que respondan a un mismo estilo y diseño. || Mat. Conjunto, cuyos elementos son conjuntos. || **numerosa.** Der. En España, según la legislación de protección social, aquella que tiene cuatro o más hijos menores de 18 años de edad o mayores incapacitados para el trabajo. || **radiactiva.** Fís. Grupo de isótopos radiactivos, cada uno de los cuales es producto de la descomposición radiactiva del precedente, y el último un isótopo estable. Actualmente se conocen cuatro familias radiactivas, tres de ellas naturales (la del actinio, la del uranio-radio y la del torio) y una artificial, la del neptunio. También se suele decir serie radiactiva. || **de buena familia.** loc. adj. Dícese de las personas cuyos antecesores gozan de buen crédito y estimación social. || **en familia.** m. adv. Sin gente extraña, en la intimidad.
familiar. fr. *familier;* it., *famigliare;* i., *familiar;* a., *familiär, vertraulich.* (Del lat. *familiāris.*) adj. Perteneciente a la familia. || Dícese de aquello que uno tiene muy sabido o en que es muy

Famagusta. Mezquita de Lala Mustafá, antigua catedral de San Nicolás

experto. ‖ Aplicado al trato, llano y sin ceremonia, a modo del que se usa entre personas de una misma familia. ‖ Aplicado a voces, frases, lenguaje, estilo, etc., natural, sencillo, corriente, propio de la conversación o de la común manera de expresarse en la vida privada. ‖ Dícese de cada uno de los caracteres normales o patológicos, orgánicos o psíquicos que presentan varios individuos de una misma familia, transmitidos por herencia. ‖ m. Deudo o pariente de una persona, y especialmente el que forma parte de su familia. ‖ Que tiene trato frecuente y de confianza con uno. ‖ Criado, sirviente. ‖ Eclesiástico o paje dependiente y comensal de un obispo. ‖ Ministro de la Inquisición, que asistía a las prisiones y otros encargos. ‖ Criado que tienen los colegios para servir a la comunidad, y no a los colegiales en particular. ‖ En la orden militar de Alcántara, el que por afecto y devoción era admitido en ella, ofreciendo gratuitamente, para el presente o futuro, el todo o parte de sus bienes. ‖ El que tomaba la insignia o hábito de una religión, como los hermanos de la Orden Tercera. ‖ Demonio que se supone tener trato con una persona, y acompañarla y servirla. Ú. t. en pl. ‖ Coche de muchos asientos (v. **furgón**).

familiaridad. fr., *familiarité*; it., *famigliarità*; i., *familiarity*; a., *Familiarität, Vertraulichkeit*. (Del lat. *familiarĭtas, -ātis*.) f. Llaneza y confianza con que algunas personas se tratan entre sí. ‖ Empleo de familiar de la Inquisición. ‖ Empleo de fámulo en un colegio. ‖ ant. Criados y personas de familia.

familiarizar. fr., *familiariser*; it., *famigliarizzare*; i., *to familiarize*; a., *Vertraut machen*. tr. Hacer familiar o común una cosa. ‖ prnl. Introducirse y acomodarse al trato familiar de uno. ‖ Adaptarse, acostumbrarse a algunas circunstancias o cosas.

familiarmente. adv. m. Con familiaridad y confianza.

familiatura. f. Empleo o título de familiar de la Inquisición. ‖ Empleo de familiar o de fámulo en un colegio. ‖ En algunas órdenes, hermandad que uno tenía con ellas.

familio. m. ant. Familiar, criado.
familión. m. aum. de **familia**. ‖ Familia numerosa.
famillo. m. ant. **familio**.

Famorca. Vista panorámica

Famorca. Geog. Mun. y lugar de España, prov. de Alicante, p. j. de Alcoy; 170 h.

famosamente. adv. m. De una manera famosa. ‖ Excelentemente, muy bien.

famoso, sa. fr., *fameus, vanté*; it., *famoso*; i., *famous*; a., *berühmt, famös*. (Del lat. *famōsus*.) adj. Que tiene fama y nombre en la acepción común, tomándose tanto en buena como en mala parte. ‖ fam. Bueno, perfecto y excelente en su especie. ‖ fam. Aplícase a personas y a hechos o dichos que llaman la atención por su chiste o por ser muy singulares y extravagantes. ‖ ant. Visible e indubitable.

fámula. (Del lat. *famŭla*.) f. fam. Criada, doméstica.

famular. (Del lat. *famulāris*.) adj. Perteneciente o relativo a los fámulos.

famulato. (Del lat. *famulātus*.) m. Ocupación y ejercicio del criado o sirviente. ‖ Servidumbre, conjunto de criados de una casa.

famulicio. (Del lat. *famulitĭum*.) m. **famulato.**

fámulo. fr., *valet, domestique*; it., *servo, famiglio*; i., *servant*; a., *Bedienter, Knecht*. (Del lat. *famŭlus*.) m. Sirviente de la comunidad de un colegio. ‖ fam. Criado, doméstico.

-fan-. Infijo. V. **fanero-**.
fan. (Voz i., apóc. de *fanatic*, fanático.) m. y f. angl. y gal. innecesarios por **fanático**, entusiasta, admirador.

-fana. suf. V. **fanero-**.
fanal. fr., *fanal, cloche*; it., *fanale*; i., *beacon*; a., *Leuchtfeuer*. (Del it. *fanale*, y éste del gr. *phanós*, antorcha, luz.) m. Campana transparente, por lo común de cristal, que sirve para que el aire no apague la luz puesta dentro de ella o para atenuar y matizar el resplandor. ‖ Campana de cristal cerrada por arriba, que sirve para resguardar del polvo lo que se cubre con ella. ‖ Germ. **ojo**, órgano de la vista del hombre. ‖ **Mar.** Farol grande que se coloca en las torres de los puertos para que su luz sirva de señal nocturna. ‖ Cada uno de los grandes faroles que colocados en la popa de los buques servían como insignia de mando.

fanáticamente. adv. m. Con fanatismo.
fanático, ca. fr., *fanatique*; it., *fanatico*; i., *fanatic, zealot*; a., *Fanatiker, Schwärmer*. (Del lat. *fanatĭcus*.) adj. Que defiende con tenacidad desmedida y apasionamiento, creencias u opiniones religiosas. Ú. t. c. s. ‖ Preocupado o entusiasmado ciegamente por una cosa ligera. Ú. t. c. s.

fanatismo. fr., *fanatisme*; it., *fanatismo*; i., *fanaticism*; a., *Fanatismus, Schwärmerei*. m. Tenaz preocupación, apasionamiento del fanático.

fanatizador, ra. adj. Que fanatiza. Ú. t. c. s.
fanatizar. fr., *fanatiser*; it., *fanatizzare*; i., *to fanaticise*; a., *fanatisieren*. tr. Provocar o sugerir el fanatismo.

Fancelli (Domenico Alessandro). Biog. Escultor renacentista italiano, n. en Settignano y m. en Zaragoza (1469-1518). Muy joven se trasladó a España, donde esculpió los sepulcros del príncipe don Juan, hijo de Fernando e Isabel (iglesia de Santo Tomás, Ávila), y de los Reyes Católicos (Capilla real, Granada) y comenzó el del cardenal Cisneros, que, a causa de su muerte, continuó Bartolomé Ordoñez.

fandango. m. **Folk.** Antiguo baile español, muy común todavía en Andalucía y otras comarcas españolas, especialmente las levantinas, cantado con acompañamiento de guitarra y castañuelas o palillos, y hasta de platillos y violín, a tres tiempos y con movimiento vivo y apasionado. ‖ Tañido y coplas con que se acompaña. ‖ fig. y fam. Bullicio, trapatiesta.

fandanguero, ra. adj. Aficionado a bailar el fandango, o a asistir a bailes y festejos. Ú. t. c. s.

fandanguillo. m. Baile popular, en compás de tres por ocho, parecido al fandango, y copla con que se acompaña.

fandulario. m. **faldulario**.
faneca. f. **Zool.** Pez teleóstomo marino de la familia de los gádidos, congénere del bacalao, de 20 a 30 cm. de largo, cabeza apuntada, dientes de sierra, color pardusco por el lomo y blanco por el vientre, y piel tan transluciente, que a través de ella se ven todos los músculos (*gadus luscus*). Abunda en el Atlántico, desde las

Fanal de la nave de Álvaro de Bazán, en Lepanto. Colección Marqués de Santa Cruz. Madrid

islas británicas a Marruecos, y en el Mediterráneo. || **capellán.**

fanega. (Del ár. *faníqa*, cierta medida para áridos.) f. **Metrol.** Medida de capacidad para áridos que, según el marco de Castilla, tiene 12 celemines y equivale a 55 litros y medio; pero esta cabida es muy variable según las diversas regiones de España. || Porción de granos, legumbres, semillas y cosas semejantes que cabe en esa medida. || **de puño,** o **de sembradura.** Espacio de tierra en que se puede sembrar una fanega de trigo. || **de tierra.** Medida agraria que, según el marco de Castilla, contiene 576 estadales cuadrados y equivale a 64 áreas y 596 miliáreas. Esta cifra varía según las regiones.

fanegada. f. **Metrol.** fanega de tierra. || **a fanegadas.** m. adv. fig. y fam. Con mucha abundancia.

faneguero. m. *Ast.* El que cobra en renta gran cantidad de fanegas de grano.

fanero-, fantas-, fen-, feno-; -fan-, -fen-; -fana, -fanía, -fanes, -fano, -fante, -fasis, -feno. (Del gr. *pháino*, mostrar, aparecer.) pref., infijo o suf. que sign. claro, aparente, etc.; e. de suf.: *cimo*fana, *teo*fanía, *Teó*fanes, *diá*fano, *sico*fante, *én*fasis, *acu*feno; de infijo: *propio*fenona.

fanerógamo, ma. (De *fanero-* y *-gamo.*) adj. **Bot.** Dícese de las plantas con los órganos sexuales, es decir, las flores, perceptibles a simple vista, según estableció Linneo en su célebre sistema artificial; para Lázaro e Ibiza es el conjunto de las gimnospermas y angiospermas. En la sistemática moderna se ha substituido este término por el de antófita, embriófita, espermáfita, etcétera. || f. pl. Antiguo tipo de estas plantas.

fanerozoico, nia. (Del gr. *phanerós*, visible, y *zone*, faja.) adj. **Zool.** Dícese de los equinodermos, de la clase de los asteroideos, que se caracterizan por el desarrollo de sus placas marginales. Son ejemplos los gén. *asterina* y *astropecten*. || m. pl. Orden de estos equinodermos.

-fanes. suf. V. **fanero-**.

Fanfani (Amintore). Biog. Político y economista italiano, n. en Pieve Santo Stefano en 1908. Ocupó el cargo de primer ministro en 1954, 1958-59 y 1960-63. En 1968 fue elegido presidente del Senado, organismo del que se le nombró miembro vitalicio (1972). Ha sido secretario general de la Democracia Cristiana (1954-59, 1973-75), y presidente de dicho partido durante unos meses en 1976.

fanfare. (Voz fr. q algunos traducen por *fanfarria.*) f. **Mús.** Aire corto y brillante ejecutado con instrumentos de metal en cacerías a caballo, fiestas militares o regocijos públicos.

fanfarrear. intr. Hablar con arrogancia echando fanfarrias.

fanfarria. fr., *fanfaronnade, fanfaronnerie*; it., *millanteria*; i., *empty arrogance, bluster*; a., *Prahlerei*. (De *fanfarrear*.) f. fam. Baladronada, bravata, jactancia. || m. *Ar.* Que se precia y hace alarde de valentía o de otros valores.

fanfarria. (De *fanfare*.) f. *Amér.* Conjunto de trompetas que al tocar producen una música disonante y bulliciosa, generalmente de ritmo marcial.

fanfarrón, na. fr., *fanfaron*; it., *spaccamonti*; i., *boaster*; a., *Prahler, Grossprecher, Aufschneider*. (De la onomat. *fanf.*) adj. fam. Que se precia y hace alarde de lo que no es, y en particular de valiente. Ú. t. c. s. || fam. Aplícase a las cosas que tienen mucha apariencia y hojarasca.

fanfarronada. fr., *fanfaronnade*; it., *fanfaronata*; i., *fanfaronade, boast, rodomontade*; a., *Prahlerei, Grossprecherei*. f. Dicho o hecho propio de fanfarrón.

fanfarronear. fr., *se vanter, fanfaronner*; it., *far il fanfarone*; i., *to brag*; a., *prahlen, aufschneiden*. (De *fanfarrón*.) intr. Hablar con arrogancia, echando fanfarronadas.

fanfarronería. f. Modo de hablar y de portarse el fanfarrón.

fanfarronesca. f. Porte, conducta y ejercicio de los fanfarrones.

fanfurriña. f. fam. Enojo leve y pasajero.

fangal o **fangar.** m. Sitio lleno de fango.

Fangio (Juan Manuel). Biog. Automovilista argentino, n. en Balcarce en 1911. Comenzó su vertiginosa carrera en 1940, al conseguir el Premio Internacional del Norte. Después fue cinco veces campeón del mundo (1951-54-55-56 y 57) y ganador de la carrera panamericana en 1953; se retiró de la práctica activa en 1958. Ha escrito: *Veinte años de carreras*.

Juan Manuel Fangio

fango. fr., *fange, boue, bourbe*; it., *fango, loto*; i., *mud, mire*; a., *Koth, Schmutz, Schlamm*. (Del gót. *fani*.) m. Lodo glutinoso que se forma generalmente con los sedimentos térreos en los sitios donde hay agua detenida. || fig. En algunas frases metafóricas, vilipendio, degradación.

fangoso, sa. (De *fango*.) adj. Lleno de fango. || fig. Que tiene la blandura y viscosidad propias del fango.

-fania. suf. V. **fanero-**.

Fanjul Goñi (Joaquín). Biog. Abogado y general del Ejército español, n. en Vitoria y m. en Madrid (1880-1936). Fue, en distintas épocas, diputado, senador y subsecretario de Guerra. Murió al encabezar, en Madrid, al frente de la guarnición que mandaba, el movimiento nacionalista español.

Fanlo. Geog. Mun. de España, prov. de Huesca, p. j. de Boltaña; 154 h. Corr. 23 a la cap., el lugar de Fanlo del Valle del Vío.

-fano. suf. V. **fanero-**.

fano. (Del lat. *fanum*.) m. ant. **templo.**

Fano Geog. C. de Italia, prov. de Pésaro y Urbino, en Las Marcas, a orillas del Adriático, cerca de la des. del Metauro; 36.329 h. Catedral con notables obras artísticas; sede arzobispal. Balneario. Industria sericícola.

Fanshawe (Richard). Biog. Poeta y diplomático inglés, n. en Ware Park, Hertfordshire, y m. en Madrid (1608-1666). En 1655 concertó las paces entre España y Portugal. Ann, su esposa, publicó a la muerte de Richard unas *Memorias* con detalles curiosísimos de las costumbres de su época.

fantaciencia. (De *fantástica* y *ciencia*.) f. **Cin.** y **Lit.** Tipo de creación en que se presentan hechos fantásticos como si fuesen científicos, reales y posibles; viene a ser, por tanto, como la pintura imaginaria de un mundo de anticipación, como lo fueron en su tiempo las famosas obras *Veinte mil leguas de viaje submarino, Un descubrimiento prodigioso* y *De la Tierra a la Luna*, de Julio Verne. Se dice también *ciencia-ficción*.

fantas-. suf. V. **fanero-**.

fantaseador, ra. adj. Que fantasea.

fantasear. fr., *fantasier, rêver, fantastiquer*; it., *fantasticare, fantasiare, ghiribizzare*; i., *to fancy, to imagine*; a., *phantasieren*. intr. Dejar correr la fantasía o imaginación. || Preciarse vanamente. || tr. Imaginar algo fantástico.

fantasía. fr., *fantaisie, imagination*; it., *fantasia*; i., *fancy, humour, fantasy*; a., *Phantasie, Einbildungskraft*. (Del lat. *phantasia*, y éste del gr. *phantasía*.) f. Facultad que tiene el ánimo de reproducir por medio de imágenes las cosas pasadas o lejanas, de representar las ideales en forma sensible o de idealizar las reales. || Imagen formada por la fantasía. || Fantasmagoría, ilusión de los sentidos. || Grado superior de la imaginación; la imaginación en cuanto inventa o produce; es decir, la imaginación creadora. || Ficción, cuento, novela o pensamiento elevado e ingenioso. || Adorno que imita una joya. || fam. Presunción, entono y gravedad afectada. || En música, composición instrumental de forma libre o formada sobre motivos de una ópera. || pl. Granos de perlas que están pegados unos con otros con algún género de división por medio. || **de fantasía.** loc. adj. que, en términos de modas, se aplica a las prendas de vestir y adornos que no son de forma u gusto corrientes. || Se aplica también a los objetos de adorno personal que no son de material noble o valioso. A veces se omite la preposición.

fantasioso, sa. (De *fantasía*, presunción.) adj. fam. Vano, presuntuoso.

fantasma. fr., *fantôme*; it., *fantasma*; i., *phantom, ghost*; a., *Phantom, Gespenst*. (Del lat. *phantasma*, y éste del gr. *phántasma*.) m. Visión quimérica, como la que ofrecen los sueños o la imaginación acalorada. || Imagen de un objeto que queda impresa en la fantasía. || fig. Persona entonada, grave y presuntuosa. || f. Espantajo o persona disfrazada que sale por la noche para asustar a la gente sencilla. En ésta acepción se va generalizando también su uso como masculina.

fantasmagoría. (Del gr. *phántasma*, aparición, y *agoreúo*, hablar, llamar.) f. Arte de representar figuras por medio de una ilusión óptica. || fig. Ilusión de los sentidos o figuración vana de la inteligencia, desprovista de todo fundamento.

fantasmagórico, ca. adj. Perteneciente o relativo a la fantasmagoría.

fantasmal. adj. Perteneciente o relativo al fantasma de los sueños o de la imaginación.

fantasmón, na. adj. fam. Lleno de presunción y vanidad. Ú. t. c. s. || m. Persona entonada y presuntuosa. || Persona disfrazada que sale por la noche para asustar a la gente.

fantásticamente. adv. m. Fingidamente, sin realidad. || fig. Con fantasía y engaño.

fantástico, ca. fr., *fantasque, fantastique*; it., *fantastico*; i., *fantastic, fanciful*; a., *phantastisch, imaginär*. (Del lat. *phantasticus*, y éste del gr. *phantastikós*.) adj. Quimérico, fingido, que no tiene realidad, y existe sólo en la imaginación. || Perteneciente a la fantasía. || fig. Presuntuoso y entonado.

-fante. suf. V. **fanero-**.

fantesioso, sa. adj. vulg. **fantasioso.**

Fantin Latour (Henri). Biog. Pintor francés, n. en Grenoble y m. en Buré (1836-1904). Constituyó el enlace entre la pintura romántica y la moderna y se destacó en el retrato colectivo, el retrato femenino, las naturalezas muertas y las flores.

Fantino. Geog. Mun. de la República Dominicana, prov. de Sánchez Ramírez; 13.471 h. || Villa cap. del mismo; 3.456 h.

fantochada. f. fig. Acción propia de fantoche.

fantoche. (Del fr. *fantoche*, y éste del it. *fantoccio*, muñeco.) m. Títere o figurilla de forma humana o animal, que se mueve manejada desde arriba mediante hilos que la gobiernan y de los cuales pende. A diferencia de los títeres, tienen piernas que parecen apoyarse en el suelo del reducido escenario que les es peculiar. || Sujeto aniñado de figura pequeña o ridícula. || Sujeto informal o vanamente presumido. || *Amér.* Individuo sin personalidad.

Fanzara. Geog. Mun. y villa de España, prov. y p. j. de Castellón; 364 h.

faña. f. Acción de fañar.

fañado, da. p. p. de fañar. || adj. Dícese del animal que tiene un año.

fañar. tr. Marcar o señalar las orejas de los animales por medio de un corte.

Fáñez de Minaya (Álvar). Biog. Guerrero español, m. en Segovia en 1114. Sobrino del *Cid Campeador*, realizó grandes hazañas acompañando a Alfonso VI y Alfonso VII en sus empresas. Se distinguió en la conquista de Cuenca y Guadalajara y en la defensa de Toledo y de Valencia, y fue considerado, después del Cid, como el mejor capitán de su época.

Estatua de Álvar Fáñez, por Joaquín Lucarini, en el puente de San Pablo. Burgos

fañoso, sa. adj. *Can., Cuba, Méj., P. Rico y Venez.* Que habla con una pronunciación nasal obscura.

F. A. O. Siglas de *Food and Agricultural Organization* (Organización para la Alimentación y la Agricultura). V. **Organización de las Naciones Unidas.**

faquí. m. **alfaquí.**

faquín. fr., *colporteur, portefaix, faquin;* it., *facchino;* i., *scoundrel;* a., *Schlingel, Träger.* (Del it. *facchino.*) m. Ganapán, esportillero, mozo de cuerda.

faquir. fr., *faquir, fakir;* it., *fachiro;* i., *faquir;* a., *Faquir.* (Del ár. *faqīr,* pobre, hombre religioso que hace voto de pobreza.) m. En sentido amplio, santón mahometano que vive de limosna y practica actos de singular austeridad. Hay faquires en varios países de Oriente, y con especialidad en la India. || En sentido estricto, penitente mahometano, llamado generalmente derviche. Este último pertenece a la clase ortodoxa de los monjes derviches que contraen matrimonio, o a la heterodoxa de mendicantes célibes. || Por ext., asceta de otras sectas hindúes. || Artista de circo que hace espectáculo de mortificaciones semejantes a las practicadas por los faquires.

far. (Del lat. *facĕre.*) tr. ant. hacer.

Far West. expr. inglesa que sign. *Lejano Oeste* (v.).

fara. (Del lat. *parĭas.*) f. Zool. Culebra africana de 1 m. de long., aproximadamente, de color gris con manchas negras y una raya también negra, y de escamas aquilladas a lo largo del dorso. || *Col.* Nombre que dieron los españoles a un marsupial de la familia de los didélfidos, el *cayopollín* o *filandro común.*

farabusteador. (De *farabustear.*) m. Germ. Ladrón diligente.

farabustear. (Tal vez del m. or. que *filibustero.*) tr. Germ. Hurtar.

faracha. f. *Ar.* Espadilla para macerar el lino o cáñamo.

farachar. (Del lat. **fractiāre,* de *fractus,* roto.) tr. *Ar.* **espadar.**

farad. (De *Faraday.*) m. Elec. Nombre del faradio en la nomenclatura internacional.

faraday. (De *Faraday.*) m. Elec., Fís. y Quím. Cantidad de electricidad necesaria para depositar o liberar en una electrólisis un equivalente-gramo de un elemento. Equivale a 96.500 culombios.

Faraday (Michael). Biog. Físico y químico inglés, n. en Newington Butts, cerca de Londres, el 22 de septiembre de 1791 y m. en Hampton Court, cerca de Richmond, el 25 de agosto de 1867. Fue profesor en la Royal Institution y en la Academia Militar de Woolwich. Descubrió el *benzol* en el gas de alumbrado, licuó algunos gases como el cloro, amoniaco, anhídridos carbónico y sulfuroso, etc., y efectuó trabajos de extraordinario interés para la química. Desde 1821 se ocupó de electricidad, en la cual, entre otros, hizo los siguientes descubrimientos: rotación e inducción electromagnética, extracorriente de apertura y cierre, inducción terrestre, introdujo el concepto de líneas de fuerza eléctricas y magnéticas; concibió la llamada *jaula de Faraday,* recinto de paredes conductoras conectadas a tierra, que anulan, en su interior, los efectos de los campos eléctricos exteriores y los creados por los circuitos interiores sobre el exterior; enunció la ley de equivalentes electroquímicos; formuló la llamada *ley de la electrólisis de Faraday,* descubrió el *efecto Faraday,* primer fe-

Michael Faraday, por H. W. Pickersgill. Wellcome Historical Medical Museum. Londres

nómeno magnetoóptico conocido; pero su aportación más importante fue el concepto de *campo* (v.) que ha substituido al de *éter* (v.), lo que facilitó extraordinariamente la expresión matemática de la física moderna.

faradio. fr. e i., *farad;* it., *faradio;* a., *Farad.* (De *farad.*) m. Elec. Unidad de capacidad eléctrica en el sistema basado en el metro, el kilogramo, el segundo y el amperio. Es la capacidad de un conductor o de un condensador que, al aplicarle la diferencia de potencial de un voltio, adquiere la carga de un culombio. Esta unidad es sumamente grande por lo que, en la práctica, se usan: el microfaradio, que es igual a una millonésima (10^{-6}) del faradio y abreviadamente se escribe µF; el nanofaradio (nF), equivalente a una milmillonésima (10^{-9}) del faradio, y el picofaradio (pF), equivalente a una billonésima (10^{-12}) del faradio.

Farah Diba. Biog. Dama iraní, n. en Teherán en 1938. En 21 de diciembre de 1959 contrajo matrimonio con el sah de Irán, Muhammad Reza Pahleví. Fue coronada emperatriz el 26 de octubre de 1967 y en 1979 abandonó el país, junto con su esposo, al convertirse Irán en una república islámica. || Geog. Prov. occidental de Afganistán; 58.847 km.^{2} y 306.000 h. || C. cap. de la misma; 27.000 h. Aeropuerto.

Faraján. Geog. Mun. y villa de España, prov. de Málaga, p. j. de Ronda; 413 h.

faralá. (De *farfalá.*) m. Volante, adorno compuesto de una tira de tafetán o de otra tela, que rodea las basquiñas y briales o vestidos y enaguas de las mujeres; está plegado y cosido por la parte superior, y suelto o al aire por la inferior. También se llaman así los adornos de cortinas y tapetes en la misma disposición. || fam. Adorno excesivo y de mal gusto.

farallo. (Del ant. *frallar,* del lat. **fragulāre,* romper.) m. *Sal.* Migaja de pan.

farallón. (Del m. or. que el anterior.) m. Roca alta y tajada que sobresale en el mar y alguna vez en tierra firme. || **crestón,** parte de un filón que sobresale del suelo.

faramalla. fr., *intrigue, bredouillement;* it., *imbroglio;* i., *artful trick;* a., *Schwindel.* f. fam. Charla artificiosa encaminada a engañar. || fam. **farfolla,** cosa que sólo tiene apariencia. || com. fam. Persona faramallera. Ú. t. c. adj.

faramallero, ra. (De *faramalla.*) adj. fam. Hablador, trapacero. Ú. t. c. s.

faramallón, na. adj. fam. Hablador, trapacero. Ú. t. c. s.

Faramontanos de Tábara. Geog. Mun. y lugar de España, prov. y p. j. de Zamora; 870 habitantes.

Faranah. Geog. Región de Guinea; 12.397 km.^{2} y 97.000 h. || C. cap. de la misma; 8.500 h.

farandola. f. *Ar.* y *Nav.* Faralá, adorno, volante.

farándula. (Del a. *fahrender,* vagabundo.) f. Profesión de los farsantes. || Una de las varias compañías que antiguamente formaban los cómicos: se componía de siete hombres o más, y de tres mujeres, y andaban representando por los pueblos. || fig. y fam. Charla engañosa.

farandulear. intr. **farolear.**

farandulero, ra. (De *farándula.*) m. y f. Persona que recitaba comedias. || adj. fig. y fam. Hablador, trapacero, que tira a engañar. Ú. m. c. s.

farandúlico, ca. adj. Perteneciente a la farándula.

faranga. (Del ár. *farag,* ociosidad.) f. *Sal.* Haraganería, dejadez.

faraón. fr. e i., *pharaon;* it., *faraone;* a., *Pharao.* m. Cualquiera de los antiguos reyes de Egipto anteriores a la conquista de este país por los persas. || Juego de naipes parecido al monte, y en el cual se emplean dos barajas. Se llamó así por la figura de un faraón que se representaba en las antiguas barajas españolas.

faraónico, ca. adj. Perteneciente o relativo a los faraones.

faraute. (De *haraute.*) m. El que lleva y trae mensajes entre personas que están ausentes o distantes, fiándose entrambas partes de él. || Rey de armas de segunda clase, que tenían los generales y grandes señores. || El que al principio de la comedia recitaba o representaba el prólogo o introducción de ella, que después se llamó loa. || fam. El principal en la disposición de alguna cosa, y más comúnmente el bullicioso y entremetido que quiere dar a entender que lo dispone todo. || ant. **intérprete, trujamán.** || *Germ.* **mandilandín.**

farda. (Del ár. *farḍa,* impuesto, obligación.) f. **alfarda,** contribución, tributo.

farda. (Del ár. *farda*, media carga de una acémila, paquete.) f. Bulto o lío de ropa.
farda. (Del ár. *farda*, corte, muesca.) f. **Carp.** Corte o muesca que se hace en un madero para encajar en él la barbilla de otro.
fardacho. (Del ár. *ḥardūn*, lagarto.) m. **Zool.** lagarto, reptil saurio.
fardaje. (De *fardo*.) m. Conjunto de fardos.
fardar. (De *fardo*.) tr. Surtir y abastecer a uno, especialmente de ropa y vestidos. Ú. t. c. prnl.
fardel. fr., *havresac, gibecière*; it., *bisaccia*; i., *haversack*; a., *Ranzen*. (De *fardo*.) m. Saco o talega que llevan regularmente los pobres, pastores y caminantes de a pie, para las cosas comestibles u otras de su uso. || **fardo.** || fig. y fam. Persona desaliñada.
fardela. f. León. Fardel, bolsa, saco.
fardelejo. m. dim. de **fardel.**
fardería. f. Conjunto de fardos.
fardero. (De *fardo*.) m. *Amér.* m. **changador.** || *Ar.* Mozo de cordel.
fardialedra. (Del anglosajón *feordling*, cuarta parte de una moneda.) f. *Germ.* Dineros menudos.
fardido, da. (Del germ. *hardjan*, endurecer, aguerrir.) adj. ant. **ardido.**
fardo. fr., *ballot, fardeau*; it., *pacco, fardello*; i., *bale, burden*; a., *Pack, Bürde, Last.* (De *farda*, lío de ropa.) m. Lío grande de ropa u otra cosa, muy apretado, para poder llevarlo de una parte a otra; lo que se hace regularmente con las mercaderías que se han de transportar, y se cubren con harpillera o lienzo embreado o encerado, para que no se maltraten.
Farel (Guillaume). Biog. Reformador de la Suiza francesa, n. en Lex Fareaux, Delfinado, y m. en Neuchatel (1489-1565). Consiguió introducir en 1535 la reforma en Ginebra y llamó allí a Calvino; fue desterrado por éste en 1538, y vivió desde entonces generalmente en Neuchatel.
farellón. (Como *farallón* y *farillón*, del antiguo *frallar*, del lat. *fragulāre*, romper.) m. **farallón.**
fares. (Del lat. *farus*, candelero tenebrario.) f. pl. *Mur.* Tinieblas de la Semana Santa.
farfalá. (De *falbalá*.) m. **faralá.**
farfallear. intr. *Ar.* **tartamudear.**
farfallón, na. adj. fam. Farfullero, chapucero. Ú. t. c. s.
farfalloso, sa. (De *farfulla*.) adj. *Ar.* Tartamudo o tartajoso.
farfán. (Del ár. *farḥān*, alegre, jovial.) m. Nombre con que se distinguió en Marruecos a cada uno de los individuos de ciertas familias españolas que se dice haber pasado allí en el s. VIII, las cuales siempre conservaron la fe cristiana, y al fin volvieron y se establecieron en Castilla el año 1390.
Farfán (Antonio). Biog. General ecuatoriano del s. XIX, n. en el Cuzco. Se distinguió en la guerra de la Independencia de su país. Cuando en 1830 fue separado Ecuador de Colombia, quedó al servicio de la primera de dichas Repúblicas.
farfante. (Del provenz. *farfant*, jactancioso, hablador, de *forfaire*, hacer una mala hazaña.) m. fam. **farfantón.** Ú. t. c. adj.
farfantón. (De *farfante*.) m. fam. Hombre hablador, jactancioso, que se alaba de pendencias y valentías. Ú. t. c. adj.
farfantonada. f. fam. Hecho o dicho propios del farfantón.
farfantonería. f. fam. **farfantonada.**
fárfara. (Del lat. *farfărus*.) f. **Bot.** Planta herbácea de la familia de las compuestas, con bohordos de escamas coloridas y de 10 a 20 cm. de alt.; hojas radicales, grandes, denticuladas, tenues, tomentosas por el envés, y que aparecen después que las flores, que son aisladas, terminales, amarillas y de muchos pétalos (*tussilago fárfaro*). El cocimiento de las hojas y flores se emplea como pectoral.

fárfara. (Del ár. *halhala*, tejido sutil y claro.) f. Telilla o cubierta blanda que tienen los huevos de las aves por la parte interior. || **en fárfara.** m. adv. fig. A medio hacer o sin la última perfección.

farfaro. (Del a. *pfarrherr*, cura párroco.) m. *Germ.* **clérigo**, el que ha recibido las órdenes sagradas.

farfolla. (Del dialec. *marfolla*, y éste del lat. *malum folium*.) f. Espata o envoltura de las panojas del maíz, mijo y panizo. || fig. Cosa de mucha apariencia y de poca entidad.

Farfolla de maíz

farfulla. (De la onomat. *farf*.) f. fam. Defecto del que habla balbuciente y de prisa. || com. fam. Persona farfulladora. Ú. t. c. adj.
farfulladamente. adv. m. fam. Con prisa, atropelladamente.
farfullador, ra. adj. fam. Que farfulla. Ú. t. c. s.
farfullar. (De *farfulla*.) tr. fam. Hablar muy de prisa y atropelladamente. || fig. y fam. Hacer una cosa con tropelía y confusión.
farfullero, ra. adj. fam. **farfullador.** Ú. t. c. s.
fargallón, na. adj. fam. Que hace las cosas atropelladamente. Ú. t. c. s. || Desaliñado y descuidado en el aseo. Ú. t. c. s.
Fargo. Geog. C. de EE. UU., en el de Dakota del Norte, cap. del cond. de Cass; 53.365 habitantes.
Fargue (Léon-Paul). Biog. Poeta y escritor francés, n. y m. en París (1876-1947). Se le llamaba *el poeta de París.* Obras principales: *Tancredo* (1911), *Poemas* (1912), *Para la música* (1914), *Bajo la lámpara* y *Espacios* (1928).
faria. m. Cigarro barato peninsular de marca figurada y tripa de hebra larga.
Faría. Geog. Mun. de Venezuela, est. de Zulia, dist. de Miranda; 3.305 h. Cap., Quisiro.
Fariab. Geog. Prov. nordoccidental de Afganistán; 22.401 km.² y 423.000 h. Cap., Maimana.
Faridpur. Geog. Dist. de Bangla Desh, prov. de Dacca; 6.977 km.² y 3.433.263 h. || C. cap. del mismo; 28.333 h. Arroz y yute.
Farigoule (Louis). Biog. Romains (Jules).
farillón. m. **farallón.**
farina. (Del lat. *farīna*.) f. ant. **harina.**
Farina (Giuseppe). Biog. Corredor automovilista italiano, más conocido por *Nino Farina*, n. en Turín y m. en Chambéry, Francia, en accidente de automóvil (1906-1966). Fue campeón de Italia de 1937 a 1939 y campeón mundial en 1950.

Farinacci (Roberto). Biog. Periodista y político italiano, n. en Isernia y m. en Vimercate (1892-1945). Socialista en su juventud, fue después ardiente colaborador de Mussolini, secretario del partido fascista y miembro del Gran Consejo. Se erigió en defensor de los asesinos de Matteotti, a los que presentó como héroes nacionales, y se distinguió por sus ataques a la Iglesia católica. Siguió la suerte de Mussolini y, condenado por un tribunal popular, fue fusilado.
farináceo, a. fr., *farinacé*; it., *farinaceo*; i., *farinaceous*; a., *mehlig.* (Del lat. *farināceus.*) adj. Que participa de la naturaleza de la harina o se parece a ella.
farinal. (Del lat. *farina*, harina.) adj. **Bot.** Dícese de las plantas espermatofitas monocotiledóneas, que se parecen por unos caracteres a las liliflores y por otros a las glumiflores, y cuya familia más importante es la de las bromeliáceas. || f. pl. Orden de estas plantas, que muchos botánicos incluyen casi totalmente en el de las liliflores.
farinato. (De *farina*.) m. *Sal.* Embutido de pan amasado con manteca de cerdo, sal y pimienta.
Farinelli. Biog. Broschi (Carlo).
farinetas. (De *farina*.) f. pl. *Ar.* Gachas de harina.
faring-, faringo-. (Del m. or. que *faringe*.) pref. que indica relación con la faringe.

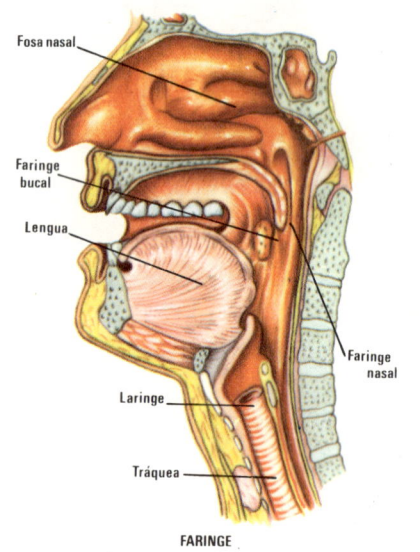

FARINGE

faringe. fr. e i., *pharynx*; it., *faringe*; a., *Schlundkopf.* (Del gr. *phárygx, pháryggos.*) f. **Anat.** Porción ensanchada del tubo digestivo de muchos animales, de paredes generalmente musculosas y situada a continuación de la boca. En el hombre y en los demás mamíferos tiene varias aberturas, por las que comunica con las fosas nasales, con la trompa de Eustaquio, con la laringe y con el esófago.
farìngeo, a. fr., *pharygien*; it., *faringeo*; i., *pharyngeal*; a., *schlund*, adj. **Anat.** Perteneciente o relativo a la faringe.
faringitis. fr., *pharyngite*; it., *faringite*; i., *pharyngitis*; a., *Schlundkopfentzündung.* (De *faring-* e *-itis*.) f. **Pat.** Inflamación de la faringe.
faringo-. suf. V. **faring-.**
fariña. (Del gall. *fariña*, y éste del lat. *farīna*, harina.) f. *Arg.* Harina gruesa de mandioca. || pl. *Ast.* Harina de maíz cocida con agua. Se llama también *farrapas.*
Fariña Núñez (Eloy). Biog. Poeta y escritor paraguayo, n. en Humaitá y m. en Buenos Aires (1885-1929). Escribió: *Elogio del silencio, Mitos guaraníes* y *Canto secular.*

fariñera. f. *R. Plata.* Indistintamente, daga, cuchillo o facón de gran tamaño, ancho de hoja, preferido en tiempos pasados para servirse fariña en mayor cantidad. Por ext., toda arma blanca muy larga.

fariño, ña. adj. *Sal.* Flojo; aplícase a las tierras de ínfima calidad.

farisaicamente. adv. m. **hipócritamente.**

farisaico, ca. fr., *pharisaïque;* it., *farisaico;* i., *pharisaical;* a., *pharisaisch.* (Del lat. *pharisaïcus.*) adj. Propio o característico de los fariseos. || fig. **hipócrita.**

farisaísmo. m. Cuerpo, conjunto, secta, costumbres o espíritu de los fariseos.

fariseísmo. m. **farisaísmo.** || fig. **hipocresía.**

fariseo. fr., *pharisien;* it., *fariseo;* i., *pharisee;* a., *Pharisäer.* (Del lat. *pharisaeus;* éste del gr. *pharisaîos,* y éste de la raíz hebrea *faras,* separar.) m. Entre los judíos, miembro de una secta que afectaba rigor y austeridad, pero, en realidad, eludía los preceptos de la ley y, sobre todo, su espíritu. || fig. Hombre hipócrita. || fig. y fam. Hombre alto, seco y de mala intención o catadura.

Fariza. Geog. Mun. de España, prov. y p. j. de Zamora; 1.296 h. Minas de cuarzo y volframio. || Lugar cap. del mismo; 325 h.

Farlete. Geog. Mun. y lugar de España, prov. y p. j. de Zaragoza; 543 h.

farmacético, ca. adj. ant. **farmacéutico.**

farmaceuta. adj. *Amér.* **farmacéutico.**

farmacéutico, ca. fr., *pharmaceutique;* it., *farmaceutico;* i., *pharmaceutical;* a., *pharmazeutisch.* = fr., *pharmacien;* it., *farmacista;* i., *apothecary;* a., *Apotheker.* (Del lat. *pharmaceutïcus,* y éste del gr. *pharmakeutikós,* de *pharmakeúo,* preparar o administrar drogas.) adj. Perteneciente a la farmacia. || m. y f. Persona que profesa la farmacia.

farmacia. fr., *pharmacie;* it., *farmacia;* i., *pharmacy;* a., *Apotheke.* (Del lat. *pharmacïa,* y éste del gr. *pharmakeía.*) f. Ciencia que enseña a conocer los cuerpos naturales y el modo de prepararlos y combinarlos para que sirvan de remedio en las enfermedades o para conservar la salud. || Profesión de esta ciencia. || Laboratorio y despacho del farmacéutico. || Hist. En sus inicios, la *farmacia,* que originalmente significaba empleo de las drogas, estaba en manos de los sacerdotes, como ocurría en Egipto y entre los judíos, para pasar más tarde, en Europa, a ser ejercida por los monjes. Pero fue en el curso del s. XVII cuando empezó a usarse la palabra *farmacia* en el sentido

Facultad de Farmacia. Universidad Complutense. Madrid

de preparación de medicamentos, hasta establecerse la diferencia entre la persona que preparaba los medicamentos y el doctor que trataba directamente a los enfermos. En la actualidad, la labor del farmacéutico, que es la persona que ejerce la farmacia, se ha visto acrecentada por el examen que debe efectuar de muy diversas materias que interesan a los doctores, como son los análisis de orina, de alimentos, etc. Los conocimientos del farmacéutico le facultan también para intervenir en un gran número de industrias farmacéuticas y químicas y en indagaciones agrícolas, como también en asuntos relacionados con la higiene. Todo esto independientemente de su labor en la preparación y conservación de las substancias medicamentosas y de los medicamentos por ellos elaborados. En muchos países se ha establecido un código oficial, o *Farmacopea,* mediante el cual se dan ciertas indicaciones que reglan las preparaciones de los medicamentos, al que el farmacéutico debe atenerse. En la actualidad, muchos medicamentos son de procedencia marina, ya que se han obtenido resultados positivos en las investigaciones que se han hecho en plantas de ese medio, por lo que el mar, al parecer, se convertirá en una fuente fundamental de materia prima para la preparación de medicamentos y, por lo tanto, en origen de una nueva diversidad de productos farmacéuticos. Con este objeto se han efectuado importantes investigaciones en la flora del mar de las Antillas, principalmente.

fármaco. (Del lat. *pharmäcum,* y éste del gr. *phármakon.*) m. **medicamento.**

farmacognosia. (De *fármaco* y *-gnosia.*) f. Estudio de las substancias medicamentosas en su estado natural.

farmacología. (De *fármaco* y *-logía.*) f. Parte de la materia médica que trata de los medicamentos.

farmacológico, ca. adj. Perteneciente o relativo a la farmacología.

farmacólogo, ga. (De *farmacología.*) m. y f. Persona que profesa la farmacología o tiene en ella especiales conocimientos.

farmacopea. fr., *pharmacopée;* it., *farmacopea;* i., *pharmacopeia;* a., *Pharmakopöe.* (De *fármaco* y el gr. *poiéo,* hacer.) f. Libro en que se expresan las substancias medicinales que se usan más comúnmente, y el modo de prepararlas y combinarlas.

farmacopola. (Del lat. *pharmacopöla,* y éste del gr. *pharmakopóles;* de *phármakon,* medicamento, y *poléo,* vender.) m. p. us. **farmacéutico,** que profesa o ejerce la farmacia.

farmacopólico, ca. (De *farmacopola.*) adj. Perteneciente a la farmacia o a los medicamentos.

Farman (Henri). Biog. Industrial y aviador francés, n. y m. en París (1874-1958). Demostró gran afición al automovilismo y construyó también diferentes tipos de aeroplanos. En 1908 ganó el premio *Deutsch-Archdeacon* de vuelo circular y el del *Daily Mail,* por su travesía de Londres a Manchester. Con sus hermanos Richard y Maurice se dedicó a la construcción de aviones durante la P. G. M. Inventó el biplano que lleva su nombre.

Farnabazo o **Farnabaces.** Biog. Sátrapa persa que gobernó el Helesponto y Frigia a fines del s. V a. C. En las guerras del Peloponeso fue aliado de Esparta.

farnaca. (Del ár. *jarnaqa,* cría de liebre.) f. *Ar.* **lebrato.**

Farnaces II. Biog. Hijo de Mitrídates *el Grande;* m. en el año 47. Sucedió a su padre en el reino del Bósforo el año 64 a. C. Recuperó el reino de Ponto; reducido a prov. romana, lo perdió después, y murió en la batalla de Zela el año 47, vencido por César (v. **Zile** y **veni, vidi, vici**).

Farnese. Geneal. Familia ducal italiana, cuyo nombre en español es *Farnesio* (v.).

Farnesio. Biog. y Geneal. Familia ducal italiana, cuyo origen se remonta a mediados del s. XIII, época en que poseía el castillo de Farneto, cerca de Orvieto. El papa Alessandro Farnesio

Alejandro Farnesio, por Otto van Veen. Museo Real. Bruselas

(Pablo III) instituyó en título hereditario el ducado de Parma y de Piacenza en favor de su hijo natural Pedro Luis Farnesio, antes de recibir Alejandro las órdenes eclesiásticas. De 1545 a 1731 fueron los Farnesios duques soberanos de Parma. || **(Alejandro).** General español, duque de Parma, hijo y sucesor de Octavio, n. en Roma y m. en Arras (1545-1592). Aunque nacido en Italia (su apellido en italiano es Farnese), se educó en Madrid bajo la dirección de su madre, la princesa Margarita, hija natural de Carlos V. Emprendió el sitio de Amberes, uno de los hechos más admirables y famosos que el ejército español realizó en su dilatada historia. A la muerte de don Juan de Austria, se encargó del gobierno de los P. B. Peleó victoriosamente contra Enrique IV, y teniéndole a raya, penetró en Francia marchando sobre París (1592), victorioso y cargado de enorme botín, y ello a pesar de estar herido de bala en un brazo, herida recibida en el cerco de Caudebec y que pocos meses después fue causa de su muerte. || **(Alessandro).** Pablo III, papa. || **(Francisco).** Duque de Parma (1678-1727). Como no tuviese sucesión, se convino (1720) entre las principales potencias que la herencia de la casa de Farnesio pasase al hijo mayor de Isabel de Farnesio, esposa de Felipe V, rey de España. || **(Octavio).** Duque de Parma, hijo de Pedro Luis, m. en Parma (1520-1585). A la muerte de su padre se apoderó del gobierno de Parma; pero no pudo recobrar Piacenza, la cual, después le fue cedida, merced a la intervención del papa Julio III. || **(Pedro Luis).** Primer duque de Parma, hijo natural del papa Pablo III (1409-1547). Ejerció en sus Estados tal despotismo, que sus súbditos, exasperados, acabaron por asesinarle. Piacenza fue entregada a Carlos V.

faro. fr., *phare, fanal, tour à feu;* it., *faro;* i., *lighthouse, pharos;* a., *Feuerwarte, Lichtturm.* (Del lat. *pharus,* y éste del gr. *Pháros* [Faros], isla de la embocadura del Nilo, que dio su nombre al faro en ella construido.) m. Torre alta edificada en las costas o en islotes próximos a ellas, con luz en su parte superior, para que durante la noche sirva de señal y aviso a los navegantes. Desde mucho tiempo antes de la era cristiana hasta mediados del s. XIX, grandes fuegos encendidos en las colinas próximas a los puertos guiaban a los marinos. A mediados de la centuria pasada se reemplazaron éstos fuegos abiertos de leña o de carbón por quemaderos de petróleo. El introductor del faro moderno fue James Chane, quien implantó el sistema óptico que emitía resplandores sencillos o múltiples para distinguir a un faro de otro. || Farol con potente reverbero. ||

Faro–farsálico

fig. Aquello que da luz en un asunto, lo que sirve de guía a la inteligencia o a la conducta. || **piloto.** *Aut.* El que llevan los vehículos automóviles en la perte posterior para indicar su posición.

Faro. *Geog.* Local. de Argentina, prov. de Buenos Aires, part. de Coronel Dorrego; 362 h. || Dist. meridional de Portugal; 5.072 km.² y 266.621 h. || C. cap. del mismo; 21.581 h.

Faro (Portugal). Puerta de Santo Tomás

Faroe. *Geog.* **Feroe.**
farol. fr., *lanterne, torchère;* it., *lanterna;* i., *lantern;* a., *Laterne.* (De *faro.*) m. Caja formada de vidrios o de otra materia transparente, dentro de la cual se pone luz para que alumbre y no se apague con el aire. || Cazoleta formada de aros de hierro, en que se ponen las teas para las luminarias o para alumbrarse. || fig. y fam. Fachenda, papelón. || fig. Hecho o dicho jactancioso que carece de fundamento. Ú. m. en la fr. **tirarse un farol.** || En el juego, jugada o envite falso hecho para deslumbrar o desorientar. || Funda o cubierta de papel para paquetes de picadura de tabaco. || **Taurom.** Lance de capa a la verónica, en que el torero, después de echar la capa al toro, la pasa en redondo sobre su cabeza y la coloca en sus hombros. || **(medio).** Suerte de frente con la capa, en la que el diestro deja este engaño a la espalda, tras de pasarla por encima de la cabeza, generalmente para iniciar otra suerte, como el lance de espalda, el galleo, etc. || **de situación.** *Mar.* Cada uno de los faroles que se encienden de noche en los buques que navegan, y que por los distintos colores de sus cristales sirven de guía para evitar los abordajes.
farola. fr., *phare, fanal, falot;* it., *faro;* i., *beacon;* a., *Strassenlaterne.* f. Farol grande, generalmente compuesto de varios brazos, con sendas luces, propio para iluminar plazas y paseos públicos. || **Mar.** Farol grande en la torre de los puertos.
farolazo. m. Golpe dado con un farol. || *Amér. c.* y *Méj.* Trago de licor.
farolear. (De *farol, fachenda.*) intr. fam. Fachendear o papelonear. || *Perú.* Engañar o referir algún cuento con el objeto de salir de un apuro.
faroleo. m. Acción y efecto de farolear.
farolería. f. Establecimiento donde se hacen o venden faroles. || fig. Acción propia de persona farolera.

farolero, ra. fr., *lanternier;* it., *lanternaio;* i., *lanternmaker;* a., *Laternenmacher.* adj. fig. y fam. Vano, ostentoso, amigo de llamar la atención y de hacer lo que no le toca. Ú. t. c. s. || m. El que hace faroles o los vende. || El que tiene cuidado de los faroles del alumbrado público.
farolillo. (dim. de *farol.*) m. **Bot.** Planta herbácea, trepadora, de la familia de las sapindáceas, con hojas lanceoladas de bordes dentadas y pecioladas de tres en tres; flores axilares de color blanco amarillento, y fruto globoso de un cm. de diámetro con tres semillas verdosas casi redondas. Son los *farolillos de enredadera*, llamados *bombitas (cardiospérmum halicácabum).* Se cultiva en los jardines, se ha usado en medicina como diurética y en la India, de donde procede, ensartan los frutos para hacer pulseras y collares. || Planta de la familia de las campanuláceas, llamada también *pucheritos,* con tallos herbáceos de 30 a 50 cm. de alt., estriados y ramosos; hojas sentadas, oblondas, ásperas, con dientes, y flores grandes, de unos 4 cm., blancas o azules, con los senos del cáliz apendiculados, de pedúnculos largos *(campánula médium).* Se cultiva en los jardines y florece todo el verano.
farolón. adj. fam. Vano, ostentoso, amigo de llamar la atención. Ú. t. c. s. || m. aum. fam. de **farol.**
farón. (De *faro.*) m. ant. *Mar.* Farol o fanal de buque.
Faros. (Del gr. *Pháros*.) **Geog.** Isla roqueña del extremo O. de la costa de Egipto, frente a la ciudad de Rakotis. En ella, en su extremo oriental, es donde empezó Tolomeo I la edificación del gran faro considerado como una de las siete maravillas del mundo antiguo.
farota. (Del ár. *jarūta*, mujer charlatana y mentirosa.) f. fam. Mujer descarada y sin juicio.
farotón, na. (De *farota.*) m. y f. fam. Persona descarada y sin juicio. Ú. t. c. adj.
farpa. (Como *arpa* y *harpa*, del germ. *harpa,* rastrillo.) f. Cada una de las puntas agudas que quedan al hacer una o varias escotaduras en el borde de algunas cosas, como banderas, estandartes, planos de veleta, etc.
farpado, da. adj. Que remata y está cortado en farpas.
Farquhar (George). **Biog.** Autor cómico inglés, n. en Londonderry y m. en Londres (1678-1707). Está considerado como uno de los mejores de su época. Dio a la escena unas 40 obras, que tuvieron excelente acogida, sobre todo las tituladas *Las reclutas oficiales* y *Linda estratagema.* || **Geog.** Grupo de islas de Seychelles, al NE. de Madagascar; 320 km. y 85 h. Producción de copra.
farra. (Del lat. *farĭo.*) f. **Zool.** Pez teleóstomo del orden de los clupeiformes, familia de los salmónidos, parecida al salmón, que vive principalmente en el lago de Ginebra, y tiene la cabeza pequeña y aguda, la boca pequeña, la lengua corta, el lomo verdoso y el vientre plateado *(coregonus lavaretus).* Su carne es muy sabrosa.
farra. f. Juerga, jarana, parranda. || *Arg., Guip., Nav.* y *Urug.* Burla.
farraca. f. *Sal.* y *Zam.* **faltriquera.**
farrago. m. desus. **fárrago.**
fárrago. fr., *farrago, brouillaminis;* it., *farragine;* i., *confusion;* a., *Wirrwarr.* (Del lat. *farrāgo.*) m. Conjunto de cosas superfluas y mal ordenadas, o especies inconexas y mal digeridas.
farragoso, sa. adj. Que tiene fárrago.
farraguas. com. fam. *Extr.* y *Sal.* Joven o muchacho travieso, revoltoso.
farraguista. (De *fárrago.*) com. Persona que tiene la cabeza llena de ideas confusas y mal ordenadas.
Farragut (David Glasgow). **Biog.** Marino estadounidense, n. en Knoxville, Tennessee, y m. en Fortsmouth, Nuevo Hampshire (1801-1870). En la guerra con Méjico mandó la nave

Saratoga. Participó en la guerra de Secesión a favor de la Unión, se distinguió en la toma de Nueva Orleans y fue el primer vicealmirante y luego almirante de la escuadra de los EE. UU.
farranca. f. *Ar.* Canto rodado, guijo.
farrapas. (Como *jarrepas* [*Sant.*] del lat. *far, farris,* harina y salvado.) f. pl. *Ast.* **fariñas.**
farrapo. m. **harrapo.**
Farré Albagés (Miguel). **Biog.** Pintor español, n. en Barcelona en 1901. Ocupa uno de los primeros lugares entre los maestros españoles de pintura a la acuarela. Fue premiado en el Concurso Nacional de Acuarelas, de Madrid, y consiguió las medallas de oro y plata en los concursos de paisaje organizados por la Academia de San Jorge.
farrear. intr. *Arg.* y *Chile.* Andar de farra o de parranda.
Farrell (Edelmiro Julián). **Biog.** General y hombre de estado argentino, n. en Avellaneda en 1887. En 1943 fue designado ministro de la Guerra; pasó luego a la vicepresidencia de la República y, en 1944, ocupó el cargo de presidente, que desempeñó hasta 1946. || **(James Thomas).** Novelista estadounidense de ascendencia irlandesa, n. en Chicago en 1904. De familia humilde, desempeñó diversos oficios, hasta dedicarse a la Literatura (1929). Publicó, en 1935, la trilogía *Studs Lonigan (Al sur de Chicago, El viento en las calles,* y *El día del Juicio)* y posteriormente, *No star is lost* (1938), *Father and son* (1940) y *My days of anger* (1943).
Farrera. **Geog.** Mun. de España, prov. de Lérida, p. j. de Tremp; 92 h. || Lugar cap. del mismo; 17 h.
Farrère (Claude). **Biog.** Bargone (Frédéric Charles).
Farriar. **Geog.** Pobl. de Venezuela, est. de Yaracuy, cap. del mun. de Veroes; 1.596 h.
farrio. m. *Extr.* Morralla, trasto. Ú. m. en pl.
farrista. adj. *Arg., Par.* y *Urug.* Juerguista, aficionado a la juerga o farra.
farro. (Del lat. *far, farris.*) m. Cebada a medio moler, después de remojada y quitada la cascarilla. || Semilla parecida a la escanda.
farroba. f. *Bot. Can.* Nombre de la crasulácea *sempervívum balsamíferum.*
farropea. (De *ferropea.*) f. ant. **arropea.**
farruco, ca. (Del ár. *farrūq*, muy tímido.) adj. fam. Aplícase en muchas provincias a los gallegos o asturianos recién salidos de su tierra. Ú. m. c. s.
farruco, ca. (Del ár. *fārūq*, valiente.) adj. fam. Valiente, impávido. || f. Variedad de cante flamenco. || Baile con que se acompaña este cante.
farruto, ta. adj. *Chile.* Enteco, canijo.
Fars o **Farsistán.** (En persa, *país de los persas.*) **Geog.** Prov. suroccidental de Irán; 133.000 km.² y 1.617.000 h. Cap., Shiraz. Terreno montañoso. En medio de un país arenoso y llano se extiende el gran lago salado de Bajtegan. Tabaco, vino, arroz, dátiles, opio, rosas, etc.
farsa. fr., *farce;* it., *farsa;* i., *farde, mimic;* a., *Posse, Schwank.* (Del lat. *farsus,* relleno.) f. Nombre dado en lo antiguo a las comedias. || Pieza cómica, breve por lo común, y sin más objeto que hacer reír. || Compañía de farsantes. || desp. Obra dramática desarreglada, chabacana y grotesca. || fig. Enredo, tramoya para aparentar o engañar.
farsador, ra. (De *farsar.*) m. y f. ant. **farsante.**
Farsalia. **Geog.** C. de Grecia, nomo de Larisa, en Tesalia; 4.000 h. En sus inmediaciones se libró la batalla del mismo nombre entre César y Pompeyo, en la que el primero derrotó definitivamente a su rival, quien se vio obligado a refugiarse en Egipto (9 de agosto del 48 a. C.).
farsálico, ca. (Del lat. *farsalĭcus.*) adj. Perteneciente a Farsalia.

farsanta. (De *farsante*.) f. Mujer que tenía por oficio representar farsas.

farsante. fr., *farceur, intrigant;* it., *commediante;* i., *buffoon;* a., *Possenreisser.* (De *farsar*.) m. El que tenía por oficio representar farsas; comediante. ‖ adj. fig. y fam. Dícese de la persona que con vanas apariencias finge lo que no siente o pretende pasar por lo que no es. Ú. m. c. s.

farsantear. intr. *Chile.* Hablar u obrar como farsante.

farsantería. f. Calidad de la persona que pretende pasar por lo que no es.

farsar. (De *farsa*.) intr. ant. Hacer o representar papel de cómico.

farsear. intr. *Chile.* Bromear, chancear.

farseto. (Del it. *farsetto*, y éste del lat. *farsus*, relleno.) m. Jubón acolchado o relleno de algodón, de que usaba el que se había de armar, para resistir sobre él las armas y que no hiciesen daño al cuerpo.

farsista. com. Autor de farsas. ‖ ant. El que tenía por oficio representar farsas o comedias.

Farsistán. Geog. Fars.

fartal. m. ant. **farte.**

fartar. (De *farto*.) tr. ant. **hartar.**

farte. (Del cat. *fart*, y éste del lat. *fartus*, relleno.) m. ant. Coc. Frito de masa rellena de una pasta dulce con azúcar, canela y otras especias.

farto, ta. (Del lat. *fartus*, relleno.) adj. ant. **harto.**

fartura. (De *fartar*.) f. ant. **hartura.**

Faruk I. Biog. Rey de Egipto, n. en El Cairo y m. en Roma (1920-1965). Sucedió en el trono a su padre, Fuad I, por muerte de éste en 1936. Después de conseguir la evacuación de las fuerzas inglesas (1947), pidió la retirada de los últimos contingentes de éstas, que guarnecían la zona de Suez (1950). Abdicó el 26 de julio de 1952 en su hijo Fuad, de siete meses de edad. Poco después abandonó el país, fijando su residencia en Italia. Privado de la nacionalidad egipcia (29 de abril de 1958), obtuvo la monegasca en 1959.

fas (por) o por nefas. (Del lat. *fas*, justo, lícito, y *nefas*, injusto.) m. adv. fam. Justa o injustamente; por una cosa o por otra.

fascáceo, a. (De *fáscum* y *-áceo*.) adj. Bot. Dícese de los musgos del orden de los briales, generalmente anuales, con tallos cortísimos, esporangio indehiscente, sin opérculo, ni peristoma. Ú. t. c. s. f. ‖ f. pl. Familia de estos musgos.

fascal. (Del lat. *fascālis*, de *fascis*, haz.) m. *Alm.* Cuerda de esparto crudo y sin majar hecha con trenzado muy flojo. Sirve para hacer maromas. ‖ *Ar.* Conjunto de treinta haces de trigo, que se amontonan en el campo al tiempo de segar y corresponde a una carga.

fasces. (Del lat. *fasces*, pl. de *fascis*, haz.) f. pl. Insignia del cónsul romano, que se componía de una segur en un hacecillo de varas.

fascículo. (Del lat. *fascicŭlus*, hacecito.) m. **entrega,** cuaderno. ‖ **Anat.** Paquete de fibras musculares o nerviosas. Es sin. de haz.

fascinación. fr. e i., *fascination;* it., *fascinazione;* a., *Benzauberung.* (Del lat. *fascinatio, -ōnis.*) f. **aojo.** ‖ fig. Engaño o alucinación.

fascinador, ra. (Del lat. *fascinātor, -ōris*.) adj. Que fascina.

fascinante. p. a. de **fascinar.** Que fascina.

fascinar. fr., *halluciner, fasciner;* it., *fascinare;* i., *to fascinate;* a., *bezaubern, behexen.* (Del lat. *fascināre*.) tr. **aojar.** ‖ fig. Engañar, alucinar, ofuscar.

fascio. (Voz italiana.) m. **Polít.** fascismo.

fasciola. (Voz lat. que sign. *cinta*.) **Zool.** Gén. de gusanos platelmintos trematodos, que generalmente viven parásitos en los canales biliares de los mamíferos. La especie más importante es la *duela del hígado* (*fasciola hepática* o *dístomum hepáticum*).

fascioso, sa. adj. ant. **fastidioso.**

La marcha sobre Roma, por S. Galimberti

fascismo. (Del it. *fascio*, y éste del lat. *fascis*, haz.) m. **Hist.** Movimiento político y social, principalmente de juventudes organizadas en milicias bajo el signo de las antiguas fasces, que se produjo en Italia después de la P. G. M. Su promotor fue Benito Mussolini. La causa del mismo fue el descontento por la política del Gobierno de los que habían tomado parte en la guerra, y la situación económica y social en general, a lo que se añadió pronto el deseo de combatir la actividad de los comunistas. En las elecciones de 1920 no lograron los fascistas mayoría para la Cámara de Diputados, pero sí en la representación de los municipios. Más decisiva aún fue la formación de una organización militar, que desafió públicamente a los comunistas y hubo de compartir la responsabilidad de los tumultos ocurridos en Bolonia (noviembre de 1920) y otras poblaciones, que degeneraron en una especie de guerra civil. En mayo de 1921 hubo otras elecciones generales, en las que los fascistas obtuvieron 38 puestos en la Cámara. Constituidos ya como partido político, tuvieron un Congreso en Roma y allí formularon su programa. En octubre de 1922, después de celebrar otro Congreso, esta vez en Nápoles, 200.000 de ellos realizaron la célebre *marcha sobre Roma*, a consecuencia de la cual Víctor Manuel III confió el poder a Mussolini, más que como primer ministro, en calidad de dictador. El régimen fascista se caracterizó, en lo interior, por el ejercicio íntegro del poder, sin oposición, lo que llevó a la supresión de los partidos políticos y de la libertad de prensa (1926); y en lo exterior, por su afán imperialista, fundamentado en la falta de espacio vital (conquista de Etiopía, anexión de Albania y título de emperador a Víctor Manuel, e intervención en la S. G. M.), y su trato discreto con la Santa Sede, con la que firmó el *Pacto de Letrán* (1929), que, al crear la Ciudad del Vaticano, puso fin al viejo pleito entre la Iglesia y el Estado italiano, aunque los roces volvieron a surgir bien pronto, publicando Pío XI la encíclica *Non abbiamo bisogno* (1931). El fascismo tuvo de común con el nacionalsocialismo alemán (al que también intentó frenar Pío XI con la encíclica *Mit brennender Sorge*) la organización autoritaria del Estado y el repudio de la democracia y del marxismo. Sin embargo, existían diferencias radicales en el enjuiciamiento de los problemas: no tendía sino a una reforma de algunas fallas de la economía capitalista, y creía en la superioridad de la cultura latinomediterránea. Estas diferencias no fueron obstáculo para la colaboración de ambos sistemas. Los desastres sufridos por Italia en el curso de la S. G. M. motivaron la caída de Mussolini y del régimen fascista (1943), minado éste también por la corrupción y las ambiciones y enemistades personales, y este derrumbamiento repercutió en el propio régimen monárquico y dio origen a la abdicación de Víctor Manuel, primero, y a la proclamación de la república después. ‖ **Polít.** Doctrina del partido político italiano de este nombre y de los similares en otros países.

fascista. adj. Perteneciente o relativo al fascismo. ‖ Partidario de esta doctrina o movimiento social. Ú. t. c. s.

fascolómido, da. (Del lat. científico *phascólomys*, gén. tipo de marsupiales; del gr. *pháskolos*, saco de cuero, y *mys*, ratón.) adj. Zool. Dícese de los marsupiales del suborden de los diprotodontos, grandes y pesados, con cabeza ancha y de-

Mussolini y Víctor Manuel III, grabado de la época

primida, cola rudimentaria, y extremidades muy cortas. Son herbívoros y viven en Australia y Tasmania, donde los llaman *uombats* (v.). || m. pl. Familia de estos marsupiales, llamados también *uombátidos*.

fascona. f. ant. **azcona.**

fase. fr. e i., *phase*; it., *fase*; a., *Phase, Wandlungstufe*. (Del gr. *phásis* de *phaíno*, brillar.) f. Cada uno de los distintos estados sucesivos de un fenómeno natural o histórico, o de una doctrina, negocio, etc. || **Astron.** Cada una de las diversas apariencias o figuras con que se dejan ver la Luna y algunos planetas, según los ilumina el Sol. || **Biol.** Cada uno de los diversos estados que presenta un organismo desde que es engendrado hasta que muere. || **Elec.** Cada una de las tres corrientes o conductores, de una instalación trifásica, distintos del neutro. || **Fís.** y **Quím.** Porción homogénea de un sistema, separada de otra porción homogénea del mismo sistema; p. e., si en un recipiente cerrado se tiene hielo, agua líquida y vapor de agua se dice que existen tres fases.

faséolo. (Del lat. *phaseŏlus*.) m. **Bot.** ant. **Frí-jol** o **judía.**

faséolus. (Del m. or. que el anterior.) **Bot.** Gén. de plantas de la familia de las papilionáceas, tribu de las trifolioleas. Comprende unas 150 especies americanas de las cuales se cultivan en España el *phaseŏlus vulgaris*, enredadera de largas legumbres, cuyas semillas son las judías y de la cual existen numerosas variedades hortenses. El *ph. multiflorus* o *judía escarlata* y el *ph. caracalla* o *caracol real*, ambas de América meridional, se cultivan como enredaderas ornamentales.

Fasher o **Facher (El).** Geog. Pobl. de Sudán, cap. de la prov. de Darfur; 30.000 h.

Fashoda. Geog. **Kodok.**

-fasia, -femia, -femo, -femismo. (Del gr. *phemí*, decir.) suf. que sign. voz, habla, etc.: *disfasia, Eufemia, blasfemo, eufemismo.*

fasiánido, da. (Del lat. científico *phasianus*, gén. tipo de aves, de la misma voz gr. que sign. *faisán*.) adj. **Zool.** Dícese de las aves del orden de las galliformes, con cabeza en parte desnuda, sobre todo en las mejillas, con cresta, lóbulos o penachos de plumas, pico mediano, muy encorvado y abovedado en la punta y mayores y más vistosos en los machos, pues su dimorfismo sexual es, a veces, enorme. Unas son monógamas y otras polígamas, y las hay buenas voladoras, en

Aves fasiánidas

tanto que algunas no lo son realmente. Aunque se extienden por casi todo el planeta, son originarias en su mayoría de Asia, de donde proceden todas las especies domésticas. Son fasiánidas el *gallo*, la *gallina de Guinea*, el *pavo real*, la *francolí*, las *perdices* y *codornices*, los *faisanes*, etc. || f. pl. Familia de estas aves, también llamada de las *fasiánidas.*

-fasis. suf. V. **fanero-.**

fásmido, da. (Del gr. *phásma*, aparición, e *-ido*.) adj. **Entom.** Dícese de los insectos que son: unos largos, cilíndricos y ápteros, con antenas largas, cercos cortos de una sola pieza, y todas las patas semejantes, y otros con el abdomen foliáceo, las alas anteriores grandes y las posteriores muy pequeñas o nulas; todos ellos son fitófagos y se confunden fácilmente por su forma y coloración (parda, amarilla o verde) con tallos, ramitas u hojas de vegetales, por lo que se les llama, respectivamente, *insectos palos* e *insectos hojas*. || m. pl. Orden de estos insectos, antes considerados como un suborden de los ortópteros.

Fasnia. Geog. Mun. de España, prov. de Santa Cruz de Tenerife, p. j. de Granadilla de Abona; 2.530 h. || Lugar cap. del mismo; 1.349 habitantes.

Fasoda. Geog. **Kodok.**

fásol. (Del cat. *fásol*, y éste del lat. **phasŭlus*, por *phaselus*, alubia.) m. **Bot.** **Fríjol** o **judía.** Ú. m. en pl.

fasquía. (Del lat. *fastidium*, infl. por *asco*.) f. ant. Asco o hastío, especialmente el que se toma de una cosa por su mal olor.

fasquiar. (De *fasquía*.) tr. ant. Causar asco o hastío.

fasta. (De *fata*.) prep. ant. **hasta.**

Fastenrath (Johannes). Biog. Poeta e hispanista alemán, n. en Remscheid y m. en Colonia (1839-1908). Escribió en alemán y en español, entre otros: *El libro de mis amigos en España, Un ramillete de romances españoles* y *Maravillas hispalenses*. Hijo adoptivo de Sevilla (1864), pasó gran parte de su existencia en España. Tradujo al alemán muchas obras españolas y legó a la Academia Española capital para adjudicar un premio que lleva su nombre (1909), que se convoca todos los años siguiendo un turno de rotación entre los siguientes grupos literarios: *poesía lírica, crítica o historia literarias, novela, historia* y *obras dramáticas.*

fastial. fr., *faîte, sommet*; it., *cima*; i., *top summit*; a., *Spitze, Giebel*. (Del lat. *fastigĭum*, remate de un edificio.) m. ant. **Arquit. hastial,** parte triangular de la fachada de un edificio. || Piedra más alta de la fachada.

fastidiar. fr., *ennuyer, assommer, dégoûter*; it., *infastidire, annoiare*; i., *to disgust, to loathe*; a., *anekeln, anwidern*. (De *fastidio*.) tr. Causar asco o hastío una cosa. Ú. t. c. prnl. || fig. Enfadar, disgustar o ser molesto a alguien. || fam. Ocasionar daño material o moral.

fastidio. fr., *dégoût, ennui*; it., *fastidio*; i., *disgust, fastidiousness*; a., *Widerwillen, Verdruss.* (Del lat. *fastidĭum*.) m. Disgusto o desazón que causa el manjar mal recibido en el estómago, o el olor fuerte y desagradable de una cosa. || fig. Enfado, cansancio, hastío, repugnancia.

fastidiosamente. adv. m. Con fastidio.

fastidioso, sa. (Del lat. *fastidiōsus*.) adj. Enfadoso, importuno; que causa disgusto, desazón y hastío. || Fastidiado, disgustado.

fastigio. (Del lat. *fastigĭum*.) m. Lo más alto de alguna cosa que remata en punta; como una pirámide. || fig. **cumbre,** grado sumo. || **Arquit.** Remate triangular de una fachada.

fastío. (De *fastidio*.) m. ant. **hastío.**

fasto, ta. (Del lat. *fastus*.) adj. Aplícase al día en que era lícito en la antigua Roma tratar los negocios públicos y administrar justicia. || Dícese también, por contraposición a nefasto, del día, año, etc., feliz o venturoso. || m. **fausto,** pompa o luto.

fastos. fr., *faste, fastes*; it., *fasto, fasti*; i., *fasti, annals*; a., *Annalen, Jahrbücher*. (Del lat. *fastos*, ac. de *fasti, -ōrum*, los fastos.) m. pl. Entre los romanos, especie de calendario en que se anotaban por meses y días sus fiestas, juegos y ceremonias y las cosas memorables de la República. || fig.

Anales o serie de sucesos por el orden de los tiempos.

fastosamente. adv. m. **fastuosamente.**

fastoso, sa. (Del lat. *fastōsus*.) adj. **fastuoso.**

fastuosamente. adv. m. Con fausto, de manera fastuosa.

fastuoso, sa. fr., *fastueux*; it., *fastuoso*; i., *pompous*; a., *prunkend, prunkvoll, prunkliebend*. (Del lat. *fastuōsus*.) adj. Ostentoso, amigo de fausto y pompa.

fata. (Del ár. *ḥattā*.) adv. l. ant. **hasta.**

fatal. fr., *fatal, funeste*; it., *fatale*; i., *fatal, unlucky*; a., *unglücklich, verhängnisvoll*. (Del lat. *fatālis*.) adj. Perteneciente al hado, inevitable. || Desgraciado, infeliz. || fam. Muy malo. || **Der.** Dícese del plazo o término que es improrrogable.

fatalidad. (Del lat. *fatalĭtas, -ātis*.) f. Calidad de fatal. || Desgracia, desdicha, infelicidad.

fatalismo. fr., *fatalisme*; it., *fatalismo*; i., *fatalism*; a., *Schicksalsglaube, Fatalismus*. (De *fatal*.) m. **Filos.** Doctrina según la cual todo sucede por las determinaciones ineludibles del hado o del destino. || Enseñanza de los que opinan que una ley ineludible encadena a todos los seres, sin que pueda existir en ninguno libertad ni albedrío.

fatalista. adj. Que sigue la doctrina del fatalismo. Ú. t. c. s.

fatalmente. adv. m. Inevitablemente, forzosamente. || Desgraciadamente, desdichadamente. || Muy mal.

fatamorgana. (Voz italiana que sign. *hada Morgana*.) f. **Fís.** Caso de espejismo complejo, que se produce en las costas del Atlántico y del Pacífico, en latitudes elevadas y, a veces, en el estrecho de Mesina, donde los italianos le dieron el nombre que lleva.

Fatarella. Geog. Mun. de España, prov. de Tarragona, p. j. de Tortosa; 1.650 h. || Villa cap. del mismo; 1.642 h. (*fatarellenses*).

Fatehpur Sikri. El Diwan-i-khass

Fatehpur Sikri. Geog. C. de la India, est. de Uttar Pradesh, 35 km. al OSO. de Agra; 13.997 habitantes. Fue fundada en 1569 por Akbar el Grande, como capital del imperio mongol y en su construcción se armonizan los estilos arquitectónicos hindú y musulmán.

Fath Alí Sah. Biog. Rey de Persia, m. en Ispahán (1771-1834). Ocupó el trono desde 1797 hasta su muerte. Acosado por los rusos hubo de cederles el Daghestán y otros territorios. || **ben Jalaf ben Yahia.** Último de los reyezuelos de Niebla, de raza árabe, destronado en el s. XI por Almotádid, rey de Sevilla.

fatídicamente. adv. m. De manera fatídica.

fatídico, ca. fr., *fatidique*; it., *fatidico*; i., *fatidical*; a., *weissagend*. (Del lat. *fatidĭcus*.) adj. Aplícase a las cosas o personas que anuncian o pronostican el porvenir. Dícese más comúnmente de las que anuncian desgracias.

fatiga. fr., *fatigue, halètement*; it., *fatica*; i., *fatigue, toil*; a., *Ermüdung, Matigkeit*. (De *fatigar*.) f. **Fisiol.** Agitación, cansancio, trabajo extraordinario. || Molestia ocasionada por la respiración frecuente o difícil. Es sin. de *disnea.* || Ansia de vomitar. Ú. m. en pl. || fig. Molestia, penalidad, sufrimiento. Ú. m. en pl.

fatigación. (Del lat. *fatigātĭo, -ōnis*.) f. **fatiga.** || ant. fig. Molestia causada por la pretensión de otro.

fatigadamente. adv. m. Con fatiga.

fatigador, ra. (Del lat. *fatigātor, -ōris*.) adj. Que fatiga a otro.

fatigante. p. a. de **fatigar.** Que fatiga.

fatigar. fr., *ennuyer, harceler, harasser;* it., *affaticare, faticare;* i., *to fatigue, to tire;* a., *abmatten, ermüden.* (Del lat. *fatigāre;* de *fatim*, con exceso, y *agĕre*, hacer.) tr. Causar fatiga. Ú. t. c. prnl. || Vejar, molestar. || *Germ.* **hurtar.**

fatigosamente. adv. m. Con fatiga.

fatigoso, sa. adj. Fatigado, agitado. || Que causa fatiga.

Fatiha. (En ár., *la que comienza, la que abre.*) Primer capítulo del Corán. Principal oración de los mahometanos.

Fátima. Biog. Hija menor de Mahoma y de Jadiya, n. en La Meca y m. en Medina (606-632). Dio nombre a la familia de los fatimíes (v.). Tuvo por marido a Alí, cuarto de los califas. || **(Nuestra Señora del Rosario de). Rel.** Advocación e imagen de la Virgen muy venerada en Portugal

Fátima. Santuario y basílica

por haberse aparecido la *Senhora* repetidas veces a tres pastorcitos llamados Jacinta, Francisco y Lucía, en la aldea de Fátima, conc. de Vila Nova de Ourém (20 km. al E. de Batalha), el 13 de mayo de 1917. Las apariciones tuvieron lugar en el sitio llamado Cova da Iria. Fátima es lugar de peregrinación, muy visitado por este motivo. El Santuario tiene categoría de *basílica*. En mayo de 1967, al conmemorarse el cincuentenario de las apariciones, el papa Pablo VI se unió a la peregrinación.

fatimí. (Del ár. *fāṭimī*, perteneciente o relativo a Fāṭima.) adj. Dícese de una familia de príncipes mahometanos, que afirmaban descender de Fátima, hija de Mahoma y esposa de Alí (910-1171). Reinaron en el N. de África, Egipto y Siria. Apl. a pers., ú. t. c. s.

fatimita. adj. **fatimí.** Ú. t. c. s.

fato. (Del lat. *fatum*.) m. ant. **hado.**

fato. (Del gót. **fat*.) m. ant. **hato.**

fato, ta. (Del lat. *fatŭus*.) adj. *Ast.*, Huesca y Rioja. **fatuo.** Ú. t. c. s.

fato. (Del lat. *olfactus*.) m. *And., Extr.*, León y Zam. Olor, especialmente el desagradable. || *Ar.* y *Extr.* **olfato.**

Fatone (Vicente). Biog. Escritor y profesor universitario argentino, n. y m. en Buenos Aires (1903-1962). Especializado en temas orientales, ha sido catedrático de Historia de las Religiones de la Facultad de Humanidades, de La Plata. Ha escrito: *Sacrificio y gracia, De los Upanishads al Makayana* (1931), *Introducción al conocimiento de la filosofía de la India* (1943), *El existencialismo y la libertad creadora* (1948), *La existencia humana y sus filósofos* (1953) y los ensayos *El hombre y Dios* y *Definición de la mística.*

fator. m. ant. **factor.**

fatoraje. m. ant. **factoría.**

fatoría. f. ant. **factoría.**

Fatraló. Geog. Local. de Argentina, prov. de Buenos Aures, part. de Guaminí; 110 h.

fatuidad. (Del lat. *fatuĭtas, -ātis*.) f. Falta de razón o de entendimiento. || Dicho o hecho necio. || Presunción, vanidad infundada y ridícula.

fatula. f. ant. *Entom.* Fotula, cucaracha voladora. || *P. Rico.* Cucaracha grande de color leonado.

fatulo, la. (De *fatula*.) adj. *Dom.* y *P. Rico.* Dícese del gallo que, a pesar de ser grande, no sirve para la pelea. || Falso. || *P. Rico.* Cobarde, necio, tonto.

fatuo, tua. fr., *fat, sot, niais;* it., *fatuo;* i., *foppish, fatuous;* a., *geckenhaft.* (Del lat. *fatŭus*.) adj. Falto de razón o de entendimiento. Ú. t. c. s. || Lleno de presunción o vanidad infundada y ridícula. Ú. t. c. s.

faucal. adj. Perteneciente o relativo a las fauces.

fauces. fr., *gosier, pharynx;* it., *fauci;* i., *gullet, throat;* a., *Schlund, Kehle.* (Del lat. *fauces*.) f. pl. *Anat.* Parte posterior de la boca de los mamíferos, que se extiende desde el velo del paladar hasta el principio del esófago.

Faulhaber (Michael von). Biog. Cardenal alemán, arzobispo de Munich, n. en Klosterheidenfeld y m. en Munich (1869-1952). Entre sus obras merecen citarse: *Judaísmo, cristianismo y germanismo* (1933), *Cristianismo y paganismo* (1934) y *La moral del Evangelio* (1936).

Faulkner (William). Biog. Falkner (William).

fauna. fr., *faune;* it. e i., *fauna;* a., *Fauna, Tierwelt.* (De *fauno*.) f. **Zool.** Conjunto de especies animales peculiares de un territorio mayor o menor *(fauna neotropical, española, pirenaica, etc.);* o de una forma especial de vida *(fauna terrestre, acuática, arborícola, etc.);* o correspondientes a determinado período geológico *(fauna paleozoica, cretácica, etc.).* V. **zoogeografía.** || Libro que enumera y describe cualquier tipo de fauna. || **abisal.** La marina que vive a más de 200 m. de profundidad. || **acuática.** La que vive en el agua. || **arborícola.** La que vive en los árboles. || **bentónica.** La marina que vive en contacto con el fondo del mar. || **dulceacuícola.** La que vive en agua dulce. || **litoral.** La marina, que vive próxima a la costa y a no más de 200 m. de profundidad. || **marina.** La que vive en el mar. || **pelágica.** La marina que vive en alta mar y, por tanto, desligada del fondo y entre dos aguas.

faunesco, ca. adj. Perteneciente o relativo al fauno; propio del fauno.

fáunico, ca. adj. Perteneciente o relativo a la fauna.

fauno. fr., *faune;* it., *fauno;* i., *faunus;* a., *Faun.* (Del lat. *faunus*.) m. **Mit.** Semidiós de los campos y selvas en la antigüedad pagana de Grecia y Roma.

Faura. Geog. Mun. y villa de España, prov. de Valencia, p. j. de Sagunto; 2.628 h.

Faure (Edgar). Biog. Político francés, n. en Béziers en 1908. Fue director de los servicios legislativos y del Comité del Frente Nacional de Liberación francés (1943-44); participó en el juicio de los criminales de guerra de Nuremberg; diputado radical-socialista (1946), fue primer ministro en 1952 y 1955 y ministro de Hacienda en 1958. Es senador (1959) y profesor de la Facultad de Derecho de Dijon (1961) y presidente de la Asamblea Nacional de 1973 a 1978. En junio de 1978 fue elegido miembro de la Academia Francesa. || **(François-Félix).** Político francés, n. y m. en París (1841-1899). Fue elegido presidente de la República el 15 de enero de 1895.

Fauré (Gabriel). Biog. Compositor francés, n. en Pamiers y m. en París (1845-1924). Profesor de la Escuela Niedermayer, de París, se dio a conocer como compositor con una *Sonata* para piano y violín, a la que siguieron sus *Melodías*, que le confirmaron como autor de indiscutible mérito. Compuso, además, la ópera en tres actos *Penélope.*

faurestina. f. *Bot. Cuba.* Árbol de la familia de las mimosáceas, muy copudo, de flores olorosas, que se planta a los lados de los caminos para dar sombra *(albizzia lebbek).*

Fauriel (Claude). Biog. Crítico e historiador francés, n. en Saint-Étienne y m. en París (1772-1844). Publicó una *Historia de la Galicia meridional, Cantos populares de la Grecia moderna, Dante y los orígenes de la lengua y literatura italianas, Vida de Lope de Vega* e *Historia literaria de Francia.* Se le considera como el fundador, en su país, del estudio de las literaturas comparadas.

fáustico, ca. adj. Perteneciente o relativo al *Fausto* de Goethe y a la actitud espiritual que el protagonista de esta obra representa.

Faustino I. Biog. Soulouque (Faustin). || **M. Parera. Geog.** Local. de Argentina, prov. de Entre Ríos, depart. de Gualeguaychú; 612 h.

fausto, ta. (Del lat. *faustus*.) adj. Feliz, afortunado.

fausto. fr., *éclat, ostentation;* it., *fasto, fausto;* i., *ostentation;* a., *Prunk.* (Del lat. *fastus*.) m. Gran ornato y pompa exterior; lujo extraordinario.

Fausto. Lit. V. **Goethe (Johann Wolfgang von).**

faustoso, sa. adj. **fastuoso.**

fautor, ra. fr., *fauteur*; it., *fautore*; i., *favourer*; a., *Helfershelfer, Beschützer, Verfechter*. (Del lat. *fautor, -ōris.*) m. y f. El que favorece y ayuda a otro. Hoy se usa más generalmente en mala parte.

fautoría. (De *fautor*.) f. **favor**, ayuda, socorro que se concede a uno.

fauvismo. m. **Pint. fovismo**.

Fauzón. Geog. Local. de Argentina, prov. de Buenos Aires, part. de Nueve de Julio; 457 habitantes.

Favareta. Geog. Mun. y lugar de España, prov. de Valencia, p. j. de Alcira; 1.651 h.

favila. (Del lat. *favilla*.) f. poét. Pavesa o ceniza del fuego.

Favila. Biog. Rey de Asturias, hijo de Pelayo, m. en 739. Ocupó el trono de 737 a 739; combatió contra los moros, a los que venció en diferentes combates. Por sus virtudes y valor hacía concebir bellas esperanzas, que fueron frustradas al parecer víctima de un oso mientras estaba de caza en los montes astures.

Favila, grabado antiguo. Museo Municipal. Madrid

favo. (Del lat. *favus*.) m. ant. *Sal.* panal de miel. || **Pat.** Enfermedad cutánea semejante a la tiña.

favonio. (Del lat. *favonĭus*.) m. Viento que sopla de poniente; céfiro, viento suave. Ú. m. en poesía.

favor. fr., *faveur, aide*; it., *favore*; i., *support*; a., *Hilfe.* = fr., *faveur, service*; it., *grazia*; i., *favour, mercy*; a., *Gunst, Beistand.* (Del lat. *favor, ōris*.) m. Ayuda, socorro que se concede a uno. || Honra, beneficio, gracia. || **privanza**. || Expresión de agrado que suelen hacer las damas. || Cinta, flor u otra cosa semejante dada por una dama a un caballero, y que en las fiestas públicas llevaba éste en el sombrero o en el brazo. || *Méj.* Seguido de la prep. *de* y un infinitivo, equivale a **hazme, hágame**, etc., **el favor.** || **a favor de.** m. adv. En beneficio y utilidad de uno. || A beneficio en virtud de. || **de favor.** loc. adj. Dícese de algunas cosas que se obtienen gratuitamente; como billetes de teatro, pases de ferrocarril, etc. || **hazme el favor** de tal cosa. expr. de cortesía con que se pide algo. Ú. t. con otros tiempos y personas del verbo *hacer*. || **por favor.** loc. **hazme el favor**.

favorable. fr., *favorable, propice*; it., *favorevole, favoroso*; i., *favourable*; a., *günstig*. (Del lat. *favorabĭlis*.) adj. Que favorece. || Propicio, apacible, benévolo.

favorablemente. adv. m. Con favor, benévolamente. || De conformidad con lo que se desea.

favorecedor, ra. adj. Que favorece. Ú. t. c. s.

favorecer. fr., *favoriser, aider*; it., *favorire, favoreggiare*; i., *to favour, to protect, to help*; a., *begünstigen, beschützen*. (De *favor*.) tr. Ayudar, amparar, socorrer a uno. || Apoyar un intento, empresa u opinión. || Dar o hacer un favor. || Mejorar el aspecto o apariencia de alguien o de algo.

favoreciente. p. a. de **favorecer**. Que favorece.

favorido, da. p. p. del verbo antiguo **favorir**, favorecer.

favoritismo. fr., *favoritisme*; it., *favoritismo*; i., *favouritism*; a., *Günstlingswirtschaft*. (De *favorito*.) m. Preferencia dada al favor sobre el mérito o la equidad, especialmente cuando aquélla es habitual y predominante.

favorito, ta. fr., *préféré*; it., *favorito*; i., *favourite*; a., *liebling*. (De *favor*.) adj. Que es con preferencia estimado y apreciado. || m. y f. Persona que priva con un rey o personaje. || m. **palo de favor**.

Favre (Jules). Biog. Político y abogado francés, n. en Lyón y m. en Versalles (1809-1880). Se distinguió como orador forense, y fue sucesivamente secretario general del Ministerio del Interior, representante de la Asamblea Constituyente y ministro de Negocios Extranjeros. Perteneció a la Academia Francesa y dejó gran número de escritos.

faya. (Del fr. *faille*, y éste del neerl. *falie*, velo de mujer.) f. Cierto tejido grueso de seda, que forma canutillo.

faya. f. *Sal.* **peñasco**, peña grande y elevada.

faya. f. **Bot. haya.** || *Can.* Nombre vulgar de la miricácea *myrica faya*.

fayado. (Del gall. *fayar*, techar.) m. *Gal.* Desván que por lo común no es habitable.

Fayal. Geog. **Faial**.

fayanca. f. Postura del cuerpo en la cual hay poca firmeza para mantenerse. || desus. Vaya, burla.

Fayence. Geog. Pobl. de Francia, depart. de Var; 1.435 h. Durante el s. XVII, fue uno de los mejores centros productores de cerámica y alfarería.

fayenza. (Del fr. *faïence*, y éste de *Faenza*, c. italiana.) f. **Cer.** Loza fina esmaltada, originaria de Faenza.

Fayette (marqués de La). Biog. Motier, marqués de La Fayette (Marie Joseph). || **(condesa de La). Pioche de la Vergne, condesa de La Fayette (Marie Madeleine).**

Fayetteville. Geog. C. de EE. UU., en el est. de Carolina del Norte, cap. del cond. de Cumberland; 53.510 h.

Fayón. Geog. Mun. y lugar de España, prov. de Zaragoza, p. j. de Caspe; 556 h. (*fayonenses*). En 1967 el antiguo emplazamiento de este lugar quedó sumergido bajo las aguas del embalse de Ribarroja y sus vecinos fueron trasladados a un lugar próximo.

Fayos (Los). Geog. Mun. y villa de España, prov. de Zaragoza, p. j. de Tarazona; 315 h.

Fayum o **Faiyum (El).** (Voz ár. procedente del copto *Ph-iôm*, que sign. *el mar, el lago*.) **Geog.** Depresión de Egipto, al O. del Nilo y a unos 60 km. al SO. de El Cairo, rodeada por terreno desértico y cuyo fondo está ocupado por el lago Birket Karum, resto de los lagos y pantanos que hicieron desecar los faraones. De esta zona proceden los ejemplares más antiguos que se conocen del orden de los proboscídeos, pertenecientes a los gén. *moerithe-*

rium, del eoceno y del oligoceno inferior, y *phiomia*, del olioceno, por lo que es uno de los lugares más importantes del mundo para estudiar los elefantes terciarios y la filogenia del orden (v. **meriterio**). Los faraones y muy especialmente a partir de la 12.ª dinastía, gustaron de construir monumentos sagrados y funerarios y son famosas las pinturas murales encontradas, principalmente las de motivo vegetal y animal. || **Gob.** de Egipto, en el desierto líbico, al O. del Nilo, constituido por la depresión de su nombre; 1.792 km.^{2} y 1.008.000 h. Cap., El-Fayum.

faz. (Del lat. *fascis*.) f. ant. **haz**.

faz. fr., *visage, côte*; it., *faccia*; i., *face*; a., *Gesicht*. (Del lat. *facĭes*.) f. Rostro o cara. || Vista o lado de una cosa. || **anverso**, haz principal o cara en las monedas y medallas. || pl. ant. Mejillas. || **faz a faz.** m. adv. **cara a cara**. || **a prima,** o **primera, faz.** m. adv. **a primera vista**. || **en faz.** m. adv. **a vista**. || **en faz y en paz.** m. adv. Pública y pacíficamente.

faz. f. **Pesca**. Boca de la nasa.

faz. (Del lat. *facĭes*, cara.) prep. ant. **hacia**.

La Santa Faz, por el Greco. Museo del Prado. Madrid

Faz (Sacra o **Santa). Rel.** Imagen del rostro de Jesús.

faza. (Del lat. *fascĭa*.) f. ant. **haza**.

fazaleja. (De un dim. del lat. *facĭes*.) f. ant. **toalla**.

fazaña. (De *facer*.) f. ant. **hazaña**. || ant. Sentencia dada en un pleito. || ant. Sentencia o refrán.

fazañero, ra. (De *fazaña*.) adj. ant. **hazañoso**.

fazañoso, sa. (De *fazaña*.) adj. ant. **hazañoso**.

fazferir. (Del lat. *faciem ferire*, herir en la cara.) tr. ant. Echar en rostro a uno una acusación o un cargo, hiriéndole con él como si fuese con una cosa material.

fazo. m. *Germ.* Pañuelo de narices.

fazoleto. (Del it. *fazzoletto*.) m. ant. **pañuelo**.

F. B. I. Polít. Siglas de *Federal Bureau of Investigation* (v.).

fe. fr., *foi*; it., *fede*; i., *faith*; a., *Glaube*. (Del lat. *fides*.) f. Confianza, buen concepto que se tiene de una persona o cosa. || Creencia que se da a las cosas por la autoridad del que las dice o por la fama pública. || Palabra que se da o promesa que se hace a uno con cierta solemnidad o publicidad. || Seguridad, aseveración de que una cosa es cierta. || **fidelidad**, lealtad, observancia de la fe que se debe a uno. || **Der.** Documento que certifica la verdad de una cosa. || **Teol.** La primera de las tres virtudes teologales; es una luz y conocimiento sobrenatural en virtud del cual creemos lo que Dios dice o la Iglesia nos propone como revelado por Él. La fe, según el Concilio Vaticano I, es una virtud sobrenatural por la que, con la inspiración y el auxilio de la gracia de Dios, creemos ser verdaderas las cosas reveladas por Él, no por la verdad intrínseca de las cosas,

La Fe, por Giotto. Capilla de los Scrovegni. Padua

percibida con la luz natural de la razón, sino por la autoridad de Dios mismo que las revela, el cual ni puede engañarse ni engañarnos. El objeto formal, por tanto, de la fe es la autoridad de Dios, suma de su omnisciencia, infalibilidad y bondad. El objeto material, en cambio, son todas las verdades reveladas, ya se refieran directamente al mismo Dios en sí (objeto primario), ya se refieran a todas las demás verdades reveladas (objeto secundario). ‖ **(buena).** *Der.* Convicción en que se halla una persona de que hace o posee alguna cosa con derecho legítimo. ‖ *Léx.* Rectitud, honradez. ‖ **(mala).** *Der.* Malicia o temeridad con que se hace una cosa o se posee o detenta algún bien. ‖ *Léx.* Doblez, alevosía. ‖ **católica.** *Rel.* **religión católica.** ‖ **de erratas.** *Impr.* Lista de las erratas que hay en un libro, inserta en el mismo al final o al comienzo, con la enmienda que de cada una debe hacerse. ‖ **de livores.** *Der.* Diligencia o testimonio que extiende el escribano en las causas criminales sobre muerte, heridas u otras lesiones corporales, especificando el número de éstas y su tamaño, situación y aspecto, según su leal saber y entender. ‖ **pública.** Autoridad legítima atribuida a notarios, escribanos, agentes de cambio y bolsa, cónsules y secretarios, de juzgados, tribunales y de otros institutos oficiales, para que los documentos que autorizan en debida forma sean considerados como auténticos y lo contenido en ellos sea tenido por verdadero mientras no se haga prueba en contrario. ‖ **púnica.** fig. *Léx.* **mala fe.** ‖ **de vida.** Certificación negativa de defunción y afirmativa de presencia, utilizada principalmente para el cobro de haberes pasivos. ‖ fig. y fam. Acto de presencia o noticia auténtica del que permanecía alejado. Ú principalmente con el verbo *dar.* ‖ **a buena fe.** m. adv. Ciertamente, de seguro, sin duda. ‖ **a fe.** m. adv. **en verdad.** También se repite, diciendo **a fe a fe,** por mayor encarecimiento. ‖ **a fe mía.** m. adv. con que se asegura una cosa. ‖ **a la buena fe.** m. adv. Con ingenuidad y sencillez; sin dolo o malicia. ‖ **a la fe.** m. adv. ant. Verdaderamente, ciertamente. Se usa todavía entre gente rústica, y las más veces con admiración y extrañeza. ‖ **de buena fe.** m. adv. Con verdad y sinceridad. ‖ **de mala fe.** m. adv. Con malicia o engaño. ‖ **en fe.** m. adv. En seguridad, en fuerza. ‖ **mía fe.** desus., o **por mi fe.** m. adv. **a fe mía.**

fe. adv. demostrativo ant. **he.**

Fe. (Del lat. *ferrum,* hierro.) **Quím.** Símbolo del *hierro.*

fealdad. fr., *laideur;* it., *bruttezza;* i., *ugliness;* a., *Hässlichkeit.* (De *feo,* según el modelo de *beldad.*) f. Calidad de feo. ‖ fig. Torpeza, deshonestidad o acción indigna y que parece mal.

feamente. adv. m. Con fealdad. ‖ fig. Torpemente, brutalmente y con acciones indignas.

feamiento. m. ant. **fealdad.**

Febe. (Del gr. *Phoíbē,* la reluciente, de *phos,* luz.) *Astron.* Décimo satélite de Saturno por su distancia a éste, 12.950.000 km., pero el noveno en cuanto a su descubrimiento, que realizó Pickering en 1898. ‖ **Mit.** Hija de Urano y de la Tierra, esposa de Ceo y madre de Latona y de Asteria.

febeo, a. (Del lat. *phoebēus.*) adj. poét. Perteneciente a Febo o al Sol.

feblaje. (De *feble.*) m. *Num.* Merma que al ser acuñada podía sacar en su peso una moneda por defecto de los aparatos de acuñación.

feble. (Del lat. *flebĭlis,* de *flēre,* llorar.) adj. Débil, flaco. ‖ **Num.** Hablando de monedas, y en general, de aleaciones de metales, falto, ya en peso, ya en ley, de lo estrictamente necesario. Ú. t. c. s.

febledad. (De *feble.*) f. ant. Debilidad, flaqueza.

feblemente. adv. m. Flacamente, flojamente, sin firmeza.

Febo. (Del lat. *Phoebus,* y éste del gr. *Phoibos,* el resplandeciente, de *phos,* luz.) Sobrenombre del fabuloso Apolo, como dios de la luz, que en lenguaje poético se toma por el Sol.

febra. (Del lat. *fibra.*) f. ant. **hebra.**

febrático, ca. (De *fiebre.*) adj. ant. Febricitante o calenturiento.

Febre. *Geog.* Local. de Argentina, prov. de Entre Ríos, depart. de Nogoyá; 429 h.

febrera. (De *fervir,* hervir.) f. Zanja de riego.

febrerillo. m. dim. de **febrero.** Ú. sólo en la loc. **febrerillo el loco,** para denotar la inconstancia del tiempo en este mes, y en el refrán **febrerillo corto, con sus días veintiocho.**

febrerista. adj. Dícese de un partido político de Paraguay, que desde fines del s. XIX constituye, con *los colorados,* la base de la mecánica política del país. Equivale al partido liberal de otras naciones. Ú. m. c. s.

febrero. fr., *février;* it., *febbraio;* i., *february;* a., *Februar.* (Del lat. *februarĭus.*) m. Segundo mes del año, que en los comunes tiene veintiocho días y en los bisiestos veintinueve.

Febres Cordero (Julio). *Biog.* Escritor e historiador venezolano, n. en Mérida (1860-1938). Estudió el pasado aborigen en sus razas, mitos y tradiciones. Obras: *Los mitos de los Andes y Clave histórica de Mérida,* entre sus obras de investigación, y *Poemas y fantasías, De tierra venezolana* y su libro *Don Quijote en América,* entre las de ficción.

febricitante. (Del lat. *febricĭtans, -antis,* p. a. de *febricitāre,* tener calentura.) adj. *Pat.* Dícese del que tiene indicios de fiebre o calentura.

febrícula. (Del lat. *febricŭla,* dim. de *febris,* fiebre.) f. *Pat.* Hipertermia prolongada, moderada, por lo común no superior a 38° C., casi siempre vespertina, de origen infeccioso o nervioso.

febrido, da. adj. ant. Bruñido, resplandeciente.

febrífugo, ga. fr., *fébrifuge;* it., *febbrifugo;* i., *febrifuge;* a., *fiebervertreibend.* (Del lat. *febris,* calentura y *-fugo.*) adj. *Farm.* Que quita las calenturas, y más particularmente las intermitentes. Ú. t. c. s. m.

febril. fr., *fébrile;* it., *febbrile;* i., *febrile;* a., *fieberhaft.* (Del lat. *febrīlis.*) adj. Perteneciente a la fiebre. ‖ fig. Ardoroso, desasosegado, violento.

febrilmente. adv. m. Con fiebre. ‖ fig. Con afán, con vehemencia.

Febró. *Geog.* Mun. y lugar de España, prov. y p. j. de Tarragona; 31 h.

febroniano, na. adj. Perteneciente a la doctrina y escuela de Febronio.

Febronio o **Febronius (Justinus).** *Biog.* **Hontheim (Johann Nikolaus von).**

fecal. (Del lat. *faex, faecis,* hez, excremento.) adj. *Fisiol.* Perteneciente o relativo al excremento intestinal.

Fécamp. *Geog.* Pobl. de Francia, depart. de Sena Marítimo; 19.851 h. Elaboración del licor benedictino (*bénédictine*). Abadía.

fecial. (Del lat. *feciālis.*) m. El que entre los romanos intimaba la paz y la guerra.

fécula. fr., *fécule;* it., *fecola;* i., *fecula, starch;* a., *Mehl, Kartoffelmehl.* (Del lat. *faecŭla.*) f. **Biol.** y **Bioq.** Nombre que se aplica, en general, a las substancias semejantes a la harina de los cereales, y cuyo principal componente es el polisacárido llamado *almidón.* Es una substancia blanca o blanquecina, ligera y suave al tacto, compuesta de carbono, hidrógeno y oxígeno, estos contenidos en la misma proporción en que forman el agua. En forma de granos microscópicos y como substancia de reserva, se encuentra principalmente en las semillas de los precitados cereales y abunda también en la patata, nabo, boniato y otros muchos tubérculos, rizomas y raíces, de donde se extrae para utilizarlo como alimento del hombre o de los animales domésticos o con fines industriales. Hervida en agua, produce una masa blanquecina, viscosa y aglutinante llamado engrudo, que toma color azulado en contacto con el yodo. Se usa también como sin. de *almidón.*

feculento, ta. (Del lat. *faeculentus.*) adj. Que contiene fécula. ‖ Que tiene heces.

fecundable. adj. Susceptible de fecundación.

Febrero, pintura románica alegórica. Panteón Real de la iglesia de San Isidoro. León

fecundación. fr., *fécondation*; it., *fecondazione*; i., *fecundation, fertilization*; a., *Befruchtung*. f. **Biol.** Unión de dos células reproductoras, de sexos contrarios, los gametos, hasta fundirse en un solo los respectivos núcleos y parte del citoplasma. Es un proceso complicado que conduce a la formación de una célula, el *cigoto* o huevo, y que comienza con la penetración de un espermatozoide en un óvulo.

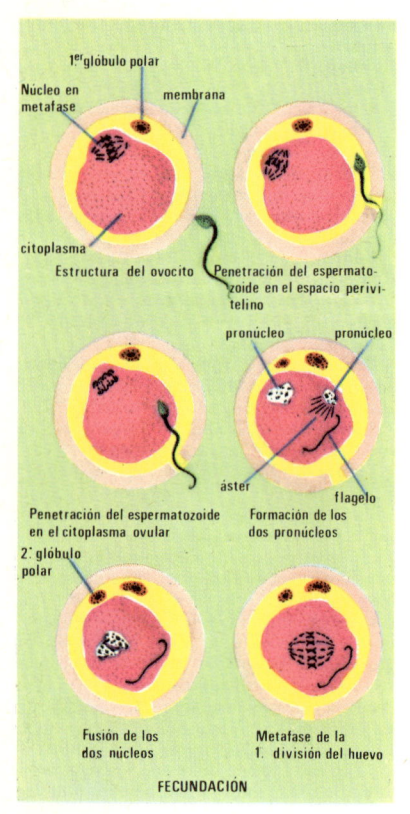

[Figura: FECUNDACIÓN — Estructura del ovocito; Núcleo en metafase, membrana, citoplasma, 1er glóbulo polar; Penetración del espermatozoide en el espacio perivitelino; pronúcleo, pronúcleo; Penetración del espermatozoide en el citoplasma ovular, áster, flagelo; Formación de los dos pronúcleos; 2º glóbulo polar; Fusión de los dos núcleos; Metafase de la 1. división del huevo]

fecundador, ra. (Del lat. *fecundātor, -ōris*.) adj. Que fecunda.
fecundamente. adv. m. Con fecundidad.
fecundante. p. a. de **fecundar**. Que fecunda.
fecundar. fr., *féconder*; it., *fecondare*; i., *to fertilize, to fecundate*; a., *fruchtbar machen, befruchten*. (Del lat. *fecundāre*.) tr. Fertilizar, hacer productiva una cosa. || Hacer directamente fecunda o productiva una cosa por vía de generación a otra semejante. || **Biol.** Acción de unir los gametos masculino y femenino con objeto de originar un cigoto o huevo del que, por divisiones sucesivas y un proceso de diferenciación, se forma un nuevo individuo de la misma especie.
fecundativo, va. adj. Que tiene virtud de fecundar.
fecundidad. fr., *fécondité*; it., *fecondità*; i., *fecundity*; a., *Fruchtbarkeit*. (Del lat. *fecunditās, -ātis*.) f. Virtud y facultad de producir. || Calidad de fecundo. || Abundancia, fertilidad. || Reproducción numerosa y dilatada.
fecundización. f. Acción y efecto de fecundizar.
fecundizador, ra. adj. Que fecundiza.
fecundizante. p. a. de **fecundizar**. Que fecundiza.
fecundizar. fr., *féconder*; it., *fecondare*; i., *to fecundate*; a., *fruchtbar machen, befruchten*. (De *fecundo*.) tr. Hacer una cosa susceptible de producir o de admitir fecundación.
fecundo, da. fr., *fécond*; it., *fecondo*; i., *fertile*; a., *fruchtbar*. (Del lat. *fecundus*.) adj. Que

produce o se reproduce por virtud de los medios naturales. || Fértil, abundante, copioso.
fecha. fr. e i., *date*; it., *data*; a., *Datum*. (Del lat. *facta*, f. de *factus*, hecho.) f. Data, nota o indicación del lugar y tiempo en que se hace o sucede una cosa, y especialmente la indicación que se pone al principio o al final de una carta o de cualquier otro documento. || Data, tiempo en que ocurre o se hace una cosa. || Cada uno de los días que transcurren desde uno determinado. || Tiempo o momento actual. || **(larga).** *Léx.* **data (larga).** || **ut retro.** La misma expresada anteriormente en un escrito. Ú. de esta fórmula para no repetir la fecha. || **ut supra.** La misma del encabezamiento de un escrito. Ú. de esta fórmula para no repetir la fecha.
fechador. m. Matasellos u otra estampilla de tipos movibles para marcar la fecha correspondiente.
fechar. fr., *dater*; it., *datare*; i., *to date*; a., *datieren*. tr. Poner fecha a un escrito. || Determinar la fecha de un documento, obra de arte, suceso, etc.
Fechner (Gustav-Theodor). Biog. Psicólogo y fisiólogo alemán, n. en Gross-Särchen y

Gustav-Theodor Fechner, grabado del s. XIX

m. en Leipzig (1801-1887). Fue uno de los fundadores de la Psicofísica y contribuyó a establecer una ley sobre la relación entre el estímulo y la reacción (ley de Weber y Fechner).
fecho, cha. (Del lat. *factus*.) p. p. irreg. ant. de **facer.** Se usó hasta nuestros días en las mercedes reales, reales despachos y otros documentos públicos. || En las oficinas dícese de los expedientes cuyas resoluciones han sido cumplimentadas por las mismas. Ú. t. c. s. || m. Nota que se pone generalmente en las minutas de documentos oficiales o al pie de los acuerdos, como testimonio de que han sido cumplimentados. || ant. Acción, hecho o azaña. || **malos fechos.** *Léx.* ant. Delitos.
fechor. (Del lat. *factor, -ōris*.) m. ant. El que hace alguna cosa.
fechoría. (De *fechor*.) f. Mala acción.
fechura. (Del lat. *factūra*.) f. ant. **hechura.** || ant. Hechura o figura que tiene una cosa.
fechuría. f. **fechoría.**
fedatario. (De *fe* y *datario*.) m. Denominación genérica aplicable al notario y otros funcionarios que gozan de fe pública.
fedayín. (Del ár. *fidā'*, redención.) m. Nombre que se da al guerrillero de la Resistencia palestina (v. **Próximo Oriente**).
Fedchenko. Geog. Glaciar de la U.R.S.S., en Tajikistán. Es el mayor del mundo después de los de Groenlandia y la Antártida. Su cabecera se halla a una alt. de 5.330 m. s. n. m. Mide más de 70 km. de long. y entre 1.700 y 300 m. de anchura.
fedegar. tr. *Sal.* Bregar, amasar.
feder. (Del lat. *foetēre*.) intr. ant. **heder.**
federación. fr., *fédération*; it., *federazione*; i., *federation, league*; a., *Bund*. (Del lat. *foederatio, -ōnis*.) f. Acción de federar. || Organismo, entidad o Estado resultante de dicha acción. || Estado federal. || Poder central del mismo.

Federación Internacional de Fútbol Asociación. ·Dep. Organismo internacional, fundado en París en 1904, en el que están integradas todas las federaciones nacionales de fútbol y cuyo objetivo es difundir y reglamentar éste deporte. Abreviadamente, *F. I. F. A*. || **Geog.** Depart. de Argentina, prov. de Entre Ríos; 3.670 km.² y 35.725 h. Producción agrícola: olivos, arroz, etc. || Local. cap. del mismo; 4.876 h. || Mun. de Venezuela, est. de Anzoátegui, dist. de Peñalver; 4.183 h. Cap., Puerto Píritu. || Dist. de Venezuela, est. de Falcón; 33.993 h. Cap., Churuguara. || **de Arabia Meridional. Geog. hist.** El 11 de febrero de 1959 se constituyeron en federación los emiratos de Beihan y Dalha, los sultanatos de Audali, Fadhil y Yafa inferior, y el jecato de Aulaqi superior, todos ellos pertenecientes al protectorado británico de Aden Occidental. Posteriormente se unieron varios sultanatos y jecatos del protectorado occidental más el sultanato de Wahidi del protectorado oriental, y la colonia de Aden. Un alto comisario inglés tenía reservados poderes sobre asuntos exteriores, defensa, seguridad interior, policía y servicios civiles. Durante 1964 se produjeron frecuentes revueltas contra la autoridad británica, alentadas desde Egipto y Yemen. Las tropas inglesas, que tuvieron que ser reforzadas, se enfrentaron varias veces con guerrilleros yemenitas. Finalmente, el 30 de noviembre de 1967, se proclamó como república independiente con la denominación de *Yemen del Sur* (v.). || **de Emiratos del Golfo Pérsico.** La que constituyeron el 30 de marzo de 1968 nueve emiratos, situados en el golfo Pérsico. || **de Estados del Golfo Pérsico.** La que constituyeron en 1971 los nueve emiratos, a excepción de Bahrein y Qatar. || **de las Indias occidentales. Indias Occidentales Británicas.** || **Indochina. Indochina francesa.** || **Malaya. Malaysia.** || **de Repúblicas Árabes. Polít.** Federación integrada por Egipto, Siria y Libia. Creada en 1971, entró oficialmente en vigor el 1 de enero de 1972. La suprema autoridad de la Federación radica en un Consejo formado por los presidentes de los tres Estados miembros. || **Anarquista Ibérica. Sociol.** Agrupación anarquista española creada en Valencia el mes de julio de 1927. Abreviadamente se designa con las siglas *F. A. I.* La organización obrera, de ella dependiente, llevaba el título de Confederación Nacional del Trabajo (C. N. T.).
federal. (Del lat. *foedus, -ĕris*, pacto, alianza.) adj. **federativo.** || **federalista.** Apl. a pers., ú. t. c. s. || **Zool.** Nombre vulgar de un pájaro de la familia de los ictéridos (*amblyramphus holosericeus*). Por lo general es de plumaje negro, a excepción de la cabeza, el cuello, la parte superior del pecho, el lomo y los muslos, de color escarlata. En Argentina vive en la región mesopotámica y en el NE., aunque se le encuentra en Uruguay, Paraguay y SE. de Brasil. Su canto es un silbido agradable.
Federal. Geog. Local. de Argentina, prov. de Entre Ríos, depart. de Concordia; 6.977 h. || **Bureau of Investigation. Políl.** Oficina de Información Federal, de EE. UU., más conocida por sus siglas *F. B. I*. Fue creada en 1908, como dependencia del Departamento de Justicia. Le corresponde la investigación de los delitos contra las leyes federales, es decir, comunes a todos los estados.
federalismo. fr., *fédéralisme*; it., *federalismo*; i., *federalism*; a., *Föderalismus*. (De *federal* e -*ismo*.) m. **Políl.** Espíritu o sistema de confederación entre corporaciones o Estados.
federalista. adj. Partidario del federalismo. Apl. a pers., ú. t. c. s. || **federativo.**
federar. (Del lat. *foederāre*.) tr. Hacer alianza, liga, unión o pacto entre varios. Ú. t. c. prnl. || prnl. *Col.* Separarse, divorciarse.

federativo, va. (Del lat. *foederātus.*) adj. Perteneciente o relativo a la federación. || **Polít.** Aplícase al sistema de varios Estados que, rigiéndose cada uno de ellos por leyes propias, están sujetos en ciertos casos y circunstancias a las decisiones de un gobierno central.

federica (a la). m. adv. **Indum.** Aplícase a la indumentaria, tocado, arreos y demás adornos según la moda imperante en tiempos de Federico el Grande de Prusia.

Federico. (Del a. *Friedrich.*) n. p. de varón, que en otro tiempo se dijo *Fadrique.* || **I** *Barbarroja.* **Biog.** Emperador de Alemania, n. en Veitsberg y m. ahogado en el río Cidno (1123-1190). A la muerte de su tío, el emperador Conrado III fue elegido rey de Alemania y más tarde de Italia, coronándole emperador de Alemania (Sacro Imperio) el papa Adriano IV en 1152, y ocupó el trono hasta su muerte. || **II.** Emperador de Alemania (Sacro Imperio) y antes rey de Sicilia y de Alemania, n. en Jesi y m. en Fiorentino, Apulia (1194-1250). El papa Inocencio IV le excomulgó y predicó contra él una verdadera cruzada. || **III.** Emperador de Alemania (Sacro Imperio), n. en Insbruck y m. en Linz (1415-1493)1 Bisabuelo de Carlos V. || **III.** Emperador de Alemania y rey de Prusia, n. y m. en Potsdam (1831-1888). Conocido por Federico Guillermo antes de su advenimiento al poder, era hijo de Guillermo I. Casó con la princesa Victoria, hija de la reina de Inglaterra. Sólo reinó noventa y nueve días. || **III** *el Hermoso.* Duque de Austria, m. en Gutenstein (1286-1330). A la muerte del emperador Enrique VII aspiró al Imperio, pero la mayoría de los electores se declararon por Luis de Baviera; y como Federico se hiciese coronar por el arzobispo de Colonia, su rival le derrotó en una batalla, le cogió prisionero y lo tuvo encerrado tres años en una fortaleza. || **I.** Elector de Brandeburgo, n. en Nuremberg y m. en el castillo de Kadolzburg (1371-1440). Fue cabeza de la línea Brandeburgo de los Hohenzollern. || **Guillermo.** Elector de Brandeburgo, llamado *el Gran Elector,* n. en Berlín y m. en Potsdam (1620-1688). Con el tratado de Oliva se aseguró la soberanía en su ducado de Prusia, y aliado con Holanda arrojó a los suecos de la mayor parte de sus posesiones. || **I.** Rey de Dinamarca y de Noruega, n. en Copenhague y m. en Gottorp (1471-1533). Renunció al trono de Suecia, rompiendo así la Unión Escandinava. || **II.** Rey de Dinamarca y de Noruega, n. en Haderslev y m. en Antvorskov (1534-1588). Protegió el comercio, las Artes y las Letras, creó escuelas y publicó un Código marítimo. || **III.** Rey de Dinamarca y de Noruega, n. en Haderslev y m. en Copenhague (1609-1670). Recobrados los territorios que al principio de su reinado le habían tomado los suecos, dedicó los últimos años de su vida al mejoramiento de su Ejército y de su Armada y al saneamiento de la Hacienda. || **IV.** Rey de Dinamarca y de Noruega, n. en Copenhague y m. en Odense (1671-1730). Dotó a su país de instituciones de enseñanza y de beneficencia y administró sabiamente la Hacienda. || **V.** Rey de Dinamarca y de Noruega, n. y m. en Copenhague (1723-1766). Mejoró la condición de los labriegos, creó en Copenhague numerosas instituciones de beneficencia y envió una expedición de sabios a Egipto y a Arabia. || **VI.** Rey de Dinamarca y de Noruega, n. y m. en Copenhague (1768-1839). Le arrebató Bernadotte Noruega, y no recibió en compensación más que Rügen y la Pomerania sueca. || **VII.** Rey de Dinamarca, n. en Copenhague y m. en Glücksborg (1808-1863). Liberal y patriota, dejó de su reinado excelentes recuerdos; entre otras instituciones y reformas, implantó el servicio militar obligatorio. || **VIII.** Rey de Dinamarca, n. en Copenhague y m. en Hamburgo (1834-1912). Ascendió al trono cuando ya contaba sesenta y tres años, y reinó sólo seis, sabia y prudentemente. || **IX.** Rey de Dinamarca, hijo del rey Cristián X, n. en el castillo de Sorgenfri y m. en Copenhague (1899-1972). Casó en 1935 con la princesa Ingrid, nieta del rey Gustavo V de Suecia. Subió al trono en 1947, al fallecimiento de su padre, y le sucedió su hija mayor, Margarita. || **Guillermo I.** Elector de Hesse, n. en Philippsruhe y m. en Praga (1802-1875). Invadidos sus Estados por las tropas prusianas en 1866, concertó con Prusia un tratado por el cual conservó sus bienes particulares. || **Enrique.** Príncipe de Orange-Nassau y estatúder de los Países Bajos, n. y m. en Delft (1584-1647). Sucedió a su hermano Mauricio en 1625. Durante su reinado los Países Bajos alcanzaron gran esplendor. Aumentó la marina en las colonias y gobernó con mucha prudencia y talento. || **III** *el Piadoso.* Elector del Palatinado, n. en Simmern y m. en Heidelberg (1515-1576). Sucedió a su tío Otón Federico III (1559). Abrazó el calvinismo y organizó su culto en Alemania. || **V.** Elector del Palatinado y rey de Bohemia, n. en Amberg y m. en Maguncia (1596-1632). Casó en 1613 con Isabel, hija del rey de Inglaterra Jacobo I; empuñó al año siguiente las riendas del Estado y se convirtió en jefe de la Unión Evangélica. Fue despojado de sus Estados por Fernando II de Bohemia, a quien había usurpado el reino. || **I.** Primer rey de Prusia, hijo del *Gran Elector,* n. en Königsberg y m. en Berlín (1657-1713). Ensanchó sus Estados con numerosas anexiones. || **II** *el Grande.* Rey de Prusia, hijo de Federico Guillermo I, n. en Berlín y m. en Potsdam (1712-1786). Con sus hechos guerreros, que le acreditaron de excelente caudillo, obtuvo Silesia y tuvo participación en el reparto de Polonia. También supo asegurarse la sucesión de Baviera y los ducados de Franconia. Con sus reformas hizo nacer la prosperidad en Prusia, a la que atrajo a gran número de sabios extranjeros, entre los que figuró Voltaire. || **Guillermo I.** Rey de Prusia, hijo de Federico I, n. en Berlín y m. en Potsdam (1688-1740). Con la paz de Utrecht se hizo asegurar la posesión de Neufchâtel, de Valegin y de Güeldres, y la paz de Estocolmo le dio toda la Pomerania Citerior. Por sus violencias y sus intemperancias se le llamó *el Rey Sargento.* || **Guillermo II.** Rey de Prusia, sobrino y sucesor de Federico *el Grande,* n. y m. en Berlín (1744-1797). Tomó parte en las últimas particiones de Polonia, que valieron a Prusia un aumento de cerca de 3 millones de habitantes, incluyendo a Varsovia. También se anexionó los principados de Anspach y de Bayreuth. || **Guillermo III.** Rey de Prusia, hijo primogénito y sucesor del precedente, n. en Potsdam y m. en Berlín (1770-1840). El tratado de Lunéville (1801) quitó a Prusia sus posesiones de la orilla izquierda del Rin, pero dándole compensaciones importantísimas. Federico Guillermo tomó parte en todas las coaliciones contra Francia y gobernó sus estados muy discretamente. || **Guillermo IV.** Rey de Prusia, n. en Berlín y m. en el castillo de Sans-Souci (1795-1861). En su reinado se ensancharon eus estados con el ducado de Hohenzollern. Preso de un ataque de enajenación mental, Federico tuvo que ceder el poder a su hermano Guillermo en 1857. || **I** *el Batallador.* Elector y duque de Sajonia, n. y m. en Altemburgo (1369-1428). De espíritu bélico, guerreó continuamente hasta que, derrotado en 1427, enfermó y murió de pena. || **II** *el Benigno.* Elector y duque de Sajonia, n. y m. en Leipzig (1411-1464). Dividió sus estados con su hermano Guillermo, al que cedió Turingia, quedándose él con Sajonia. || **III** *el Sabio.* Elector y duque de Sajonia, n. en Torgau y m. en Lochau (1463-1525). En 1510, a la muerte de Maximiliano I, los electores le ofrecieron la corona imperial, pero él la rechazó e hizo ele-

Federico III «el Sabio», por L. Cranach. Galería de los Uffizi. Florencia

gir emperador a Carlos V. Fue el primer príncipe protestante de Alemania. ‖ **Augusto I** *el Justo.* Rey de Sajonia, n. y m. en Dresde (1750-1827). Después de la batalla de Jena, vio su electorado erigido en reino; pero en el Congreso de Viena (1814-15) Prusia obtuvo la mayor parte de Sajonia. ‖ **Augusto II.** Rey de Sajonia, sobrino de Federico Augusto I, n. en Dresde y m. en el Tirol (1797-1854). Como en 1849 se negase a sancionar la nueva Constitución del Imperio, se sublevó el pueblo y proclamó la República; pero él, con ayuda del ejército prusiano, logró someter a los rebeldes. ‖ **Augusto III.** Rey de Sajonia, n. en Dresde y m. en el castillo de Sibyllenort, Silesia (1865-1932). Desempeñó importantes cargos en el ejército sajón y luego en el prusiano. En 1904 ocupó el trono, renunciando en 1918. ‖ **I. Rey de Sicilia** (v. **Federico II** de Alemania). ‖ **II. Rey de Sicilia** insular (v. **Fadrique II**). ‖ **I. Rey de Suecia**, n. en Cassel y m. en Estocolmo (1676-1751). Hijo del landgrave de Hesse-Cassel. Se distinguió al servicio de Holanda en la guerra de Sucesión de España, y casado con una hermana de Carlos XII, a la muerte de éste colocó en el trono a su esposa, la cual abdicó en su favor. ‖ **Guillermo de Hohenzollern.** Hijo y heredero del último emperador alemán Guillermo II, n. en Potsdam y m. en Hechingen (1882-1951). Se destacó en la P. G. M. por su ofensiva contra Verdún. Al perder la guerra Alemania, dejaron de reinar los Hohenzollern, y el ex kronprinz se retiró a la vida privada en su castillo de Heschingen (Alemania).

fediente. p. a. ant. de **feder.** Que hiede.
Fedin (Constantin Alexandrovich). **Biog.** Escritor ruso, n. en Saratov y m. en Moscú (1892-1977). Detenido en Alemania durante la P. G. M., regresó a su país después de la Revolución e inició su vida literaria bajo la dirección e influencia de Máximo Gorki. Fue el más importante representante de la corriente occidentalista en la literatura de su país. Entre sus obras más destacadas citaremos: *Las ciudades y los años, Los hermanos, El jardín, Tierra desperdiciada, El viejecito, El rapto de Europa, Las primeras alegrías, La caballería roja,* etc.
fediondo, da. adj. ant. **hediondo.**
Fedón. Biog. Filósofo griego del s. V a. C., n. en Elis. Fue amigo y discípulo de Sócrates, que lo libertó de la condición de esclavo. A la muerte de su maestro fundó la escuela llamada de Elis, destinada a conservar las doctrinas socráticas. Lleva su nombre uno de los más célebres diálogos de Platón.
fedor. (Del lat. *foetor, -ōris.*) m. ant. **hedor.**
Fedor I, Ivanovich. Biog. Emperador de Rusia (1557-1598). Hijo y sucesor de Juan IV. Murió envenenado por Boris Godunov, que le substituyó en el trono. ‖ **II.** Emperador de Rusia, hijo de Boris Godunov (1589-1605). Elevado al poder en 1605. Fue condenado a muerte por Dimitri, a quien, a raíz de este hecho, se le proclamó zar. ‖ **III, Alexievich.** Emperador de Rusia (1658-1682). Hijo y sucesor de Alejo Micaelovitz en 1676. Luchó con los tártaros y los turcos.
Fedorenko (Nikolai Trofimovich). **Biog.** Diplomático ruso, n. en Piatigorsk en 1912. Experto en lenguas orientales y miembro de la Academia de Ciencias de la U. R. S. S. Ha sido embajador de su país en Tokio (1956-62) y substituyó a Valerian Zorin en el cargo de representante permanente de la U. R. S. S. en la O. N. U. (1963-68).
Fedra. Mit. Hija de Minos, rey de Creta, y esposa de Teseo, rey de Atenas. Habiéndose enamorado de su hijastro Hipólito, y ante la indiferencia de éste, le acusó de haber solicitado sus favores, por lo que su padre le castigó cruelmente. Fedra, acosada por los remordimientos, se dio muerte. Este tema fue tratado por Eurípides y por Racine, cuya *Fedra* tradujo Schiller al alemán.
Fedro. Biog. Fabulista latino del s. I de nuestra era. Aunque imitó a Esopo, logró dar un carácter tan personal a sus fábulas, que bien pueden considerarse completamente originales.
Feduchi Ruiz (Luis M.). **Biog.** Arquitecto y decorador español, n. en Madrid en 1901. Es autor de obras tan destacadas como el *Edificio Capitol* (en colaboración con V. Eced) y el *Museo de América* (en colaboración con L. Moya), ambos en Madrid; de la restauración de La Rábida, del castillo de Oropesa, etc., y autor de una *Historia del mueble* (1946) y de *La casa por dentro* (1948).
feedback. (Voz inglesa.) m. **Biol. retrocontrol.** ‖ **Electrón. realimentación.**
Feeney (Sean O'). **Biog.** Director de cine estadounidense, más conocido por el seudónimo de *John Ford,* n. en Cap Elizabeth, Maine, y m. en Palm Desert, California (1895-1973). Películas: *El delator* (1935), *Tobacco road* (1944), *Viñas de ira* (1940), *¡Que verde era mi valle!, La diligencia* (1944), *Hombres intrépidos* (1947), *Pasión de los fuertes* (1949), *El fugitivo* (1951), *¡Bill, que grande eres!* (1952), *Mogambo, El hombre tranquilo* (1954), *Cuna de héroes, Misión de audaces, El sargento negro, Centauros del desierto, El hombre que mató a Liberty Valence, Dos cabalgan juntos, La conquista del Oeste,* esta última en colaboración con Henry Hathaway y George Marshall, *La taberna del irlandés, El gran combate, Siete mujeres,* etc.
feet. Metrol. Voz inglesa, pl. de **foot** (v.).
feeza. (De *feo.*) f. ant. **fealdad.**
fefaciente. (De *fe* y *faciente.*) adj. ant. **fehaciente.**
fefaút. (De la letra *f* y de las notas musicales *fa* y *ut.*) m. **Mús.** Antiguamente, indicación del tono que principia en el cuarto lugar de la escala diatónica de *do* y se desarrolla según los preceptos del canto llano y del canto figurado.
féferes. m. pl. *Col., C. Rica, Cuba, Ecuad.* y *Méj.* Bártulos, trastos, baratijas.
fehaciente. (De *fefaciente.*) adj. **Der.** Que hace fe en juicio.
Fehleisen (Friedrich). **Biog.** Médico alemán (1854-1924). Describió el estreptococo que produce la erisipela, que lleva su nombre.
Feijoo y Montenegro (Benito Jerónimo). **Biog.** Polígrafo benedictino español, n. en Casdemiro, Orense, y m. en Oviedo (1676-1764). La época de su mayor actividad literaria empieza al fin de su vida profesional; al jubilarse, en 1739, había terminado su *Teatro crítico,* si bien añadió dos años después un tomo de correcciones y suplementos, y daba comienzo a la publicación de las *Cartas eruditas.* Fue Feijoo hombre de gran cultura, sereno en sus juicios y valiente en sus afirmaciones; a sabiendas de las dificultades, acometió la ardua empresa de formar un inventario de las ideas de su tiempo, de las supersticiones, de los prejuicios, con la intención sanísima de asentar y dar a conocer la verdadera doctrina.
feila. f. *Germ.* Cierta flor o engaño que usan los ladrones cuando los cogen en un hurto; y es fingirse desmayados o con mal de corazón.
-feína. suf. V. **feo-.**
Feininger (Lyonel). **Biog.** Pintor estadounidense, n. y m. en Nueva York (1871-1956). Dedicado al cubismo (1911), realizó su primera exposición en el Salón de Otoño de Berlín (1913). A partir de 1936 enseñó pintura y expuso en EE. UU. Practicó con singular destreza la litografía, el agua fuerte y la talla en madera. Obras: *Escenas de Manhattan, Azul marino, Sunset fires, Dunes, Moon flow* y *Phatom ship.*
feísmo. m. Tendencia artística o literaria que valora estéticamente lo feo.
Feizi o **Feyazi** (Abul Feir Hindi). **Biog.** Poeta y escritor indio, n. y m. en Agra (1547-1595). El gran mongol Akbar le dio el título de *rey de los poetas.* Produjo innumerables trabajos literarios.
feje. (Del lat. *fascis.*) m. *León.* Haz, fajo.
Fejér. Geog. Cond. de Hungría; 4.374 km.^{2} y 394.100 h. Cap., Székesfehérvár. Región agrícola.
felá. (Del ár. *fallah,* labrador.) com. **Etnog.** Nombre que reciben entre los pueblos árabes los agricultores sedentarios.
feladiz. (De *filadiz.*) m. *Ar.* Trencilla, especialmente la que se usa para atar las alpargatas.
Felanitx. Geog. Mun. de España, en la isla de Mallorca, prov. de Baleares, p. j. de Manacor; 12.946 h. ‖ C. cap. del mismo; 9.190 h. (*felaginenses*). Puerto en el caserío de Porto Colom. Existen en su término cuevas naturales con restos de habitación de época prehistórica, entre las que se cuentan la del *Confessionari d'es Moros* y la *Calenta.*
feldespático, ca. adj. **Miner.** Perteneciente o relativo al feldespato. ‖ Que contiene feldespato.
feldespato. fr. e i., *feldespath;* it., *feldespato;* a., *Feldspat.* (Del a. *Feldspat;* de *feld,* campo, y *spat,* esparto.) adj. **Miner.** Dícese de los silicatos alumínicos de potasio, sodio o calcio, o de varios de éstos a la vez, que cristalizan en los sistemas monoclínico y triclínico, y cuyos planos de exfoliación se cortan, respectivamente, en ángulo recto u oblicuo, por lo que se denomina a los primeros *ortoclasas,* y *plagioclasas* a los últimos. Entran como componentes de la mayoría de las rocas eruptivas y metamórficas; y la meteorización los descompone, y forma carbonatos alcalinos y alcalinotérreos solubles, que son arrastrados por las aguas corrientes, y dejan un residuo arcilloso. Los más importantes son la *sanidina* y la *ortosa,* entre las ortoclasas, y la *microclina* y la

Feijoo, grabado por J. Amills, de un dibujo de P. Esplugas. Colección particular. Madrid

feldespatoide–Felipe

serie *albita-anortita* entre las plagioclasas. Ú. t. c. s. || m. pl. Grupo de estos tectosilicatos.

feldespatoide. (De *feldespato* y *-oide.*) adj. **Miner.** Dícese de los silicatos alumínicos de sodio y potasio, parecidos a los feldespatos y, como ellos, tectosilicatos, pero formados en magmas deficientes en sílice. En las rocas no se encuentran nunca con cuarzo libre, pues en tal caso habrían reaccionado con él dando feldespatos. Los más importantes son la *leucita* y la *nefelina.* || m. pl. Grupo de estos tectosilicatos.

feldmariscal. (Del a. *feldmarschall;* de *feld*, campo, y *marschall*, mariscal.) m. **Mil.** Mariscal de campo, cargo militar en Alemania, Inglaterra y Rusia, equivalente al de capitán general en España.

felecho. m. **Bot. Ast.** y **León. helecho.** || Este nombre da origen a la denominación de varias localidades de aquellas regiones, como Felechas, Felechares, Felechosa, etc.

felequera. f. **Bot. Ar. helecho.**

Felguera (La). Geog. Villa de España, prov. de Oviedo, p. j. de Laviana, mun. de Langreo; 21.456 h. Importante centro industrial. Minas de carbón, metalurgia, fundiciones de acero, fábricas de nitrogenados, productos químicos y farmacéuticos, a base de los subproductos de la obtención del coque, etc.

felibre. (Voz provenzal.) m. Nombre que se dieron en el año 1854 los escritores neoprovenzales que intentaron crear una nueva literatura provenzal cultivando los diversos dialectos de la lengua de oc. Los más importantes fueron Mistral, Roumanille, Aubanel, Brunet, Mathieu, Tavan y Giéra.

felice. (Del lat. *felix, -īcis.*) adj. poét. **feliz.**

Felicia. Geog. Local. de Argentina, prov. de Santa Fe, depart. de Las Colonias; 1.017 h.

Feliciano. Geog. Depart. de Argentina, prov. de Entre Ríos; 3.015 km.² y 11.875 h. Cap., San José de Feliciano. Producción agropecuaria; lanas.

felicidad. fr., *bonheur*, *félicité*; it., *felicità*; i., *felicity*; a., *Glück.* (Del lat. *felicĭtas, -ātis.*) f. Estado de ánimo que se complace en la posesión de un bien. || Satisfacción, gusto, contento. || Suerte feliz.

felicitación. fr., *félicitation*; it., *felicitazione*; i., *congratulation*; a., *Glückwunsch.* (De *felicitar.*) f. Acción de felicitar.

felicitar. fr., *féliciter, saluer*; it., *felicitare*; i., *to congratulate*; a., *beglückwünschen.* (Del lat. *felicitāre*, hacer feliz.) tr. Manifestar a una persona la satisfacción que se experimenta con motivo de algún suceso, fausto para ella. Ú. t. c. prnl. || Expresar el deseo de que una persona sea venturosa. || desus. Hacer feliz y dichoso a uno.

félido, da. (De *felis* e *-ido.*) adj. **Zool.** Dícese de los mamíferos del orden de los carnívoros, suborden de los fisípedos, vulgarmente llamados fieras. Son de cuerpo esbelto y ágil para saltar, cabeza globosa, hocico corto y ancho, lengua áspera, ojos grandes, dirigidos hacia adelante, y dentición especialmente carnívora, reducida en número, con enormes caninos y muelas carniceras. Son digitígrados, con uñas retráctiles, salvo en el guepardo, y con almohadillas plantares, que hacen su marcha silenciosa. Además de los gatos, son félidos actuales el ocelote, puma, jaguar, león, tigre, leopardo, guepardo, lince, etc. || m. pl. Familia de estos carnívoros, dividida en las subfamilias de los *acinonicinos, felinos* y *panterinos*.

feligrés, sa. fr., *paroissien, ouaille*; it., *parrocchiano*; i., *parishioner, sheep*; a., *Pfarrangehöriger, Pfarrkind.* (Del lat. *fil [ius] ecclēsiae*, hijo de la Iglesia.) m. y f. Persona que pertenece a cierta y determinada parroquia, respecto a ella misma. || fig. p. us. Camarada, compañero.

feligresía. fr., *ouailles*; it., *parrocchia*; i., *parish*; a., *Pfarrei.* (De *feligrés.*) f. Conjunto de feligreses de una parroquia. || Territorio bajo la dirección de un párroco. || Parroquia rural, compuesta de diferentes barrios.

felino, na. fr., *félin*; it., *felino*; i., *feline*; a., *katzenartig.* (Del lat. *felīnus.*) adj. Perteneciente o relativo al gato. || Que parece de gato. || **Zool.** Dícese de los mamíferos carnívoros de la familia de los félidos, maulladores y provistos de uñas retráctiles. Son vulgarmente llamados gatos, linces, ocelotes, etc., todos ellos de tamaño relativamente pequeño, y los pumas. || m. pl. Subfamilia de estos mamíferos.

Felipe (*San*). **Biog.** Apóstol cristiano, uno de los doce discípulos de Jesucristo, natural de Betsaida, Galilea. Fue apedreado y crucificado el año 54. Su fiesta, el 3 de mayo. || (*San*). Uno de los siete primeros diáconos. Predicó el Evangelio en Samaria y logró numerosas conversiones, entre ellas la de Simón *el Mago.* Su fiesta, el 6 de junio. || Emperador de Alemania, hijo de Federico *Barbarroja*, m. en Bamberg (1177-1208). A la muerte de su padre heredó Suabia y Toscana, y luego de fallecer su hermano Enrique VI se hizo coronar emperador, en detrimento de su sobrino; pero al año siguiente fue asesinado por Otón de Wittesbach. || **II** *el Atrevido.* Duque de Borgoña, n. en Pontoise y m. en Hal (1342-1404). Cuarto hijo del rey Juan *el Bueno.* Se señaló por su valor en diversas expediciones militares, y recibió el ducado de Borgoña con el título de par de Francia en 1363. ||

Felipe I «el Hermoso». Ilustración del manuscrito de los *Estatutos de la Orden del Toisón de Oro.* Instituto Valencia de Don Juan. Madrid

Felipe II «el Atrevido», grabado. Museo Nacional. Roma

III *el Bueno.* Duque de Borgoña, n. en Dijon y m. en Brujas (1396-1467). Hijo de Juan *Sin Miedo.* Después de reunir a sus estados en 1431, Brabante, Holanda, Zelanda y el resto de los P. B., declaró la guerra al rey de Inglaterra y sitió Calais, aunque sin éxito. Creó la Orden del Toisón de Oro. Le sucedió su hijo Carlos *el Temerario*. || **I** *el Hermoso.* Rey consorte de España, Castilla, hijo del emperador Maximiliano I de Alemania y de María de Borgoña, hijo y heredera de Carlos *el Temerario*, n. en Brujas y m. en Burgos (1478-1506). Casó en 1496 con la infanta Juana, hija de los Reyes Católicos. A la muerte de la reina Isabel, en 1504, regresó a España, con su esposa, e intrigó hasta lograr que su suegro Fernando el Católico, a quien correspondía la regencia por incapacidad de doña Juana y disposición testamentaria de la reina, se retirase a sus estados de Aragón, y en las Cortes de Valladolid pretendió que se le autorizase para recluir a su esposa, a fin de gobernar por sí solo, pero aquéllas juraron por reina a la princesa y a él como su legítimo marido. La gestión de Felipe como regente fue desacertada y muy breve, pues de resultas de beber un vaso de agua fría estando sudoroso, adquirió unas fiebres que en pocos días lo llevaron al sepulcro. Por su belleza se le llamó *el Hermoso*, y se atribuye a la conducta infiel que siguió con su enamorada esposa la locura que ésta llegó a padecer. Se le incluye, tradicionalmente en la cronología de los reyes de España. || **II.** Rey de España y Portugal, hijo de Carlos I y de Isabel de Portugal, n. en Valladolid y m. en el monasterio de San Lorenzo de El Escorial (1527-1598). Educado por su madre, por el que luego fue arzobispo de Toledo, don Juan Martínez Silíceo y por don Juan de Zúñiga, recibió una formación sólida, a que se prestó eficazmente su sentido del deber y su natural reflexivo. Su padre dirigió personalmente su preparación política y diplomática, le asoció a las tareas de gobierno, dejándole como regente en sus prolongadas ausencias y llegó a tener en él absoluta confianza. Por razones políticas, el emperador casó muy pronto a su heredero, primero con su prima María de Portugal (1543), de cuyo matrimonio nació el desdichado príncipe don Carlos, y luego, viudo, con la reina de Inglaterra María Tudor. Aún contrajo Felipe, ya rey, dos nuevos matrimonios: con Isabel de Valois, hija del rey de Francia, Enrique II; con quien fue feliz y de quien

Felipe II, por Pantoja de la Cruz

Felipe

tuvo a sus hijas predilectas, las infantas Isabel Clara Eugenia y Catalina Micaela, y, por último, con Ana de Austria, hija del emperador Maximiliano II, de quien nació su sucesor Felipe III. Su padre renunció en él, en 1555, la soberanía de los P. B. y, al año siguiente, la corona de España con todas sus posesiones y colonias, con lo que, a pesar de no ser soberano de Alemania, resultó el rey más poderoso de su tiempo. Heredó también de su padre la guerra con Francia y las luchas contra los turcos y protestantes. La *guerra entre las casas de Austria y de Francia,* donde a la sazón reinaba Enrique II, fue continuación de las que sostuvieron Carlos I y Francisco I. Enrique, ayudado por el papa Paulo V y por el sultán de Turquía, tomó la ofensiva; el duque de Alba invadió los Estados Pontificios y Manuel Filiberto, duque de Saboya, al frente del ejército de Flandes derrotó a los franceses en San Quintín (1557), el día de San Lorenzo; en memoria de tan señalado triunfo mandó construir Felipe II el monasterio de San Lorenzo de El Escorial (v.). Puso fin a la guerra el Tratado de Cateau-Cambrésis (1559), por el que se concertó el matrimonio de Isabel de Valois con el príncipe don Carlos; pero, aplazado aquél por la poca edad de los prometidos, y viudo el rey por segunda vez, contrajo nuevas nupcias con la futura esposa de su hijo, a quien se llamó Isabel de la Paz. *La lucha contra los mahometanos* no fue de tipo ideológico, sino que debatió el problema del dominio del Mediterráneo; frente a los turcos, que amenazaban la soberanía de los estados cristianos, se formó la Liga Santa, proyectada por el papa Pío V, en la que entraron, además, Felipe II y la República de Venecia. Se armó una poderosa escuadra que, al mando de don Juan de Austria, hermano bastardo del rey, derrotó a la mandada por Alí Bajá, a la entrada del golfo de Lepanto (1571), victoria de que los aliados no supieron sacar partido. *La lucha contra los protestantes* llevó al monarca español a inmiscuirse en las guerras de religión de Francia, al apoyar a los católicos. Muerto Enrique III de Francia, heredó los derechos al trono Enrique de Bearne o de Navarra, jefe de los protestantes, contra el que luchó Felipe II, deseoso de lograr la corona francesa para su hija Isabel, o para el duque de Guisa, jefe del partido católico, con el que aquélla contraería matrimonio. El ejército de Flandes, al mando de Farnesio, invadió Francia y obtuvo señaladas victorias, pero la conversión de Enrique de Bearne al catolicismo le abrió las puertas de París, y el mismo Felipe II, por la paz de Vervins, hubo de reconocer como rey de Francia a su rival, Enrique IV, fundador de la dinastía borbónica (1598). Sostuvo una larga *guerra en Flandes,* donde, alegando que se imponían gobernantes extranjeros, se produjo una situación de violencia. El rey nombró gobernadora a su hermana Margarita de Parma, pero no obstante este principio de autonomía se produjeron sublevaciones (1567). El duque de Alba, don Fernando Álvarez de Toledo, reprimió duramente la rebelión y la propaganda protestante, y creó, de acuerdo con las instrucciones recibidas, el Tribunal de la Sangre, que, entre otros hechos, condenó a muerte a los condes de Egmont y de Horn; derrotó a Luis de Nassau, hermano del príncipe de Orange, pero su falta de tacto y la ayuda de Inglaterra y Francia a los rebeldes le hicieron fracasar. Felipe II cambió entonces de política con el nuevo gobernador, don Luis de Zúñiga y Requesens, pero la guerra siguió, lo mismo durante su gobierno como en los de don Juan de Austria y Alejandro Farnesio, quienes obtuvieron señaladísimos triunfos militares, pero ninguna ventaja efectiva. Convencido, al fin, el monarca de las enormes dificultades para sostener una guerra a tan larga distancia, cedió Flandes a su hija Isabel Clara Eugenia, casada con el archiduque Alberto de Austria, bajo el protectorado de España, que se reservaba sus derechos si del matrimonio no hubiera descendencia (1597). En 1580 *conquistó Portugal,* invocando, no solamente su mejor derecho hereditario frente a otros pretendientes, como nieto del rey don Manuel *el Afortunado,* sino imponiéndose por la fuerza; un ejército mandado por el duque de Alba invadió el vecino reino, y don Álvaro de Bazán, marqués de Santa Cruz, venció en las islas Azores a la escuadra francesa, venida en ayuda de los portugueses. Se realizó así *la unidad ibérica,* España vio acrecentados sus dominios con todas las posesiones de Portugal, y Felipe II pudo decir que el Sol no se ponía en sus estados. *La lucha con Inglaterra* fue soslayada al principio por el monarca español, no obstante el restablecimiento del protestantismo en Inglaterra, que tuvo lugar a la muerte de su esposa María y con el advenimiento de Isabel I, hija de Enrique VIII. Pero la ayuda prestada por Inglaterra a los rebeldes flamencos y holandeses y a los refugiados de Portugal y los ataques del corsario Drake a los barcos y colonias españolas, movieron a Felipe II a intentar la invasión de Inglaterra con una poderosa escuadra, llamada *La Invencible,* que fue deshecha por las tempestades y atacada por los ingleses (1588). Por otra parte, se continuó la consolidación del imperio español en América, se conquistaron las Filipinas por Miguel López de Legazpi (1564) y se dictaron sabias leyes de Indias. En el orden interno, Felipe II *trasladó la corte de Toledo a Madrid* (1556), y amplió su Alcázar; a causa de haber prohibido el uso del árabe de las costumbres mahometanas, se produjo en 1567 *una rebelión de los moriscos granadinos,* que hallaron un paladín en don Fernando de Córdoba y de Válor, quien tomó el nombre de Aben-Humeya, pues se consideraba descendiente de ese linaje; la sublevación, sostenida por los turcos desde Argel, fue combatida por don Juan de Austria y don Luis de Requesens, y acabó después de la muerte de Aben-Humeya por sus propios partidarios, y la de su sucesor Aben-Aboó, asesinado por dos traidores. Los moriscos granadinos fueron deportados a diversas regiones, y el reino de Granada, repoblado lentamente con españoles (1571). *El heredero de la corona* parece que no disfrutaba de entero juicio; disgustado por la designación del duque de Alba como gobernador de Flandes, proyectó escaparse a aquel país, mas descubierta la trama, el rey hizo detener a don Carlos y le dio por prisión algunas habitaciones de palacio (1568), donde murió seis meses después. Aunque el rey no fue responsable del hecho, las circunstancias íntimas de este conflicto han permanecido ignoradas. Acusado Antonio Pérez, secretario del rey, del asesinato de Escobedo, que lo era de don Juan de Austria (1578), fue detenido, pero al cabo de once años logró escaparse de la cárcel y refugiarse en Aragón, donde, como aragonés, se acogió al privilegio de manifestación y fue entregado, en consecuencia, al Tribunal del Justicia Mayor; entonces la Inquisición le acusó de hereje, por lo que hubo de hacerse cargo del detenido, pero el pueblo se amotinó y le puso en libertad, permitiéndole este hecho huir a Francia. El rey, entonces, celoso de su poder absoluto, mandó matar al justicia don Juan de Lanuza (1591) y restringió los fueros aragoneses. Felipe II es una de las figuras más grandes y discutidas de la historia moderna; minucioso y de una extraordinaria capacidad de trabajo, llevó personalmente los hilos del gobierno, tanto en el orden nacional como en el internacional; profundo conocedor del corazón humano, supo elegir a sus colaboradores con gran acierto, y si les exigió rectitud y eficacia, comenzó por darles ejemplo; su calma proverbial parece que no era sino resultado de su voluntad de hierro; la parsimonia con que estudiaba y resolvía asuntos y situaciones, por lo que mereció el dictado de *Prudente,* acusan, no obstante, falta de decisión y, en ocasiones, perjudicaron su propia causa. No aspiró a ampliar sus estados, pero ligó su destino a la defensa del Catolicismo contra los protestantes y arrastró a España a luchas en que sus enemigos, Francia e Inglaterra principalmente no vieron sino propósito de expansión. Utilizó a la Inquisición como instrumento de gobierno para evitar la extensión de la herejía en sus estados, y lo logró plenamente en España. Felipe II representa el apogeo del poder absoluto del rey y el punto culminante del gran Imperio español, que ya en los últimos años de su reinado inicia su decadencia, y es, con sus defectos y equivocaciones,

Monasterio de San Lorenzo de El Escorial, residencia de Felipe II

una de las grandes figuras nacionales. || **III.** Rey de España y Portugal, hijo del anterior y de su cuarta esposa, Ana de Austria, n. y m. en Madrid (1578-1621). Subió al trono en 1598 y casó con Margarita de Austria, hija del archiduque Carlos, en 1599. Como su padre había previsto, se dejó gobernar; sus validos fueron don Francisco Gómez de Sandoval y Rojas, duque de Lerma, ambicioso en extremo, influido, a su vez, por don Rodrigo Calderón, marqués de Siete Iglesias, y el hijo del primero, don Cristóbal, duque de Uceda, totalmente inepto. Con un rey bueno y piadoso, pero poco menos que ajeno a los asuntos del gobierno y unos validos incapaces, los destinos de España se encaminaron rápidamente a su ruina; la descomposición, no obstante, no se acusó tanto en el orden exterior, donde, en general, siguió sosteniéndose el prestigio nacional, como en lo interior. Felipe se creyó obligado a sostener a su hermana Isabel Clara Eugenia y a su esposo el archiduque Alberto en los dominios que su padre les cediera, continuándose así la *guerra de Flandes,* en la que las tropas españolas, al mando de Ambrosio Spínola, se cubrieron de gloria al apoderarse de Ostende; pero, una vez más, las dificultades de tan lejana contienda obligaron a ponerle fin, mediante la Tregua de doce años, concertada en La Haya, en 1609, por la que se reconoció, de hecho, la independencia de las Provincias Unidas de Holanda. Continuó la *guerra con Inglaterra,* heredada de Felipe II, y caracterizada por ataques a las respectivas costas y a las colonias de España, hasta la paz de 1605. *Las relaciones con Francia* fueron más cordiales y se afirmaron con los matrimonios de Luis XIII con Ana de Austria, hija de Felipe III, y del príncipe de Asturias, luego Felipe IV, con Isabel de Borbón, hermana de aquél. También intervino España por aquel entonces en la *guerra de los Treinta Años,* en ayuda del partido católico, por lo que salió de los P. B. el marqués de Spínola con un ejército para ayudar al emperador Fernando; este ejército se apoderó del Palatinado. El acuerdo de *expulsión de los moriscos,* llevado a cabo entre los años 1609 y 1614, y motivado por causas relacionadas con los piratas berberiscos fue medida muy popular, que, si produjo algún beneficio en cuanto a la unidad nacional y religiosa se refiere, infligió a la agricultura y a la industria nacionales un terrible daño, al privarles de cerca de medio millón de laboriosos trabajadores. Paralelamente se emprendieron campañas por mar, y, logradas numerosas victorias,

Felipe III, por Pantoja de la Cruz. Museo Lázaro Galdiano. Madrid

se consiguió la tranquilidad del litoral levantino y meridional. De otras medidas adoptadas en el interior, deben citarse el *traslado de la corte de Madrid a Valladolid* (1600) y *nuevamente a Madrid* (1606), que valieron al rey cuantiosos donativos de ambas ciudades; se hizo general el cohecho, tan perseguido por Felipe II, y la inmoralidad administrativa y el desgobierno minaron la base de la grandeza nacional. A este reinado, en que comienza a tomar vuelos la decadencia española, corresponde, por curioso contraste, el apogeo del llamado *Siglo de Oro* de su literatura y de su arte. || **IV.** Rey de España y Portugal, hijo de Felipe III y de Margarita de Austria, n. en Valladolid y m. en Madrid (1605-1665). Reinó durante cuarenta y cuatro años y fue, aunque de ingenio y discreto, más amigo de deportes, fiestas y diversiones, que de los asuntos de gobierno. Sintió una particular afición por las comedidas, en las que intervino unas veces como actor y otras como autor. De su indolencia se aprovechó su valido, don Gaspar de Guzmán, conde-duque de Olivares, que tuvo el poder omnímodo en sus manos desde 1621 a 1643; el conde-duque estimuló las distracciones del rey y alejó de su lado a quienes pudieran minar su influencia, como el famoso cardenal-infante don Fernando, hermano del rey, gran político y militar. El de Olivares hizo concebir, al principio, grandes esperanzas con la exigencia de responsabilidades a los ministros y colaboradores de Felipe III, duque de Lerma, Uceda y Osuna y a don Rodrigo Calderón, que fue ejecutado, y adoptó medidas de orden interno que fueron bien recibidas. Aunque capaz, incansable, íntegro y bien intencionado, carecía de visión política y le faltó el sentido de la medida entre las posibilidades de España y las empresas a que la lanzó. De este modo, fue el principal culpable, después del rey, de la decadencia española. La *guerra de Flandes* se reprodujo al morir sin hijos el archiduque Alberto, por lo que, según la cesión hecha por Felipe II a su hija Isabel Clara Eugenia, esposa de aquél, el dominio revertía a España. El marqués Ambrosio Spínola se apoderó de la plaza de Breda, conceptuada como inexpugnable (1624), hecho inmortalizado por Velázquez en uno de sus mejores lienzos. Muerta también Isabel Clara, fue gobernador el cardenal-infante, que restableció el prestigio de España. *Las relaciones con Inglaterra* se llevaron por mal camino, perdiéndose Jamaica. En la *guerra de los Treinta Años* tomó parte también España, en auxilio de la rama imperial austriaca; el cardenal-infante triunfó en Nördlingen (1634), de Gustavo Adolfo de Suecia, pero entonces intervino Francia, aliada a los holandeses y a los protestantes alemanes. España se vio atacada en Flandes, en Italia y en sus propias fronteras, y, aunque se lograron algunas victorias, hubo de llegarse a la paz de Westfalia (1648), por la que triunfaron los protestantes en Alemania, pasó a Francia la hegemonía de Europa, se reconoció la independencia de las Provincias Unidas y quedaron en su poder los dominios conquistados en Asia. El curso desastroso de esta lucha y las sublevaciones de Cataluña y Portugal originaron la *caída de Olivares* (1643). Le sucedió como valido don Luis de Haro, marqués del Carpio, gobernante discreto, pero falto de las altas dotes que la delicada situación de España requería; además, se aconsejaba el rey, más cuidadoso en los últimos años de sus obligaciones, de la inteligente y discreta monja Sor María de Jesús de Ágreda, con quien sostuvo interesante correspondencia. La falta de tacto de Olivares y la tendencia separatista de Cataluña produjeron una sublevación (1640), ayudada por Francia con sus tropas, pero la violenta conducta de éstas y la caída del valido cambiaron el ánimo de los catalanes. No obstante, siguió la guerra contra los franceses hasta la paz de los Pirineos. La *sublevación de Portugal,* ocurrida seis meses después de la de Cataluña (1640), tuvo por causa próxima los propósitos unificadores de Olivares. Auxiliados los portugueses por Francia, Inglaterra y Holanda, y falta España de medios, acabó por el reconocimiento de la independencia, reinando ya Carlos II (1668). España conservó solamente Ceuta, de los dominios portugueses. Después de la paz de Westfalia siguió la *guerra con Francia,* por las exigencias de ésta. Franceses e ingleses unidos ganaron la batalla de las Dunas (1658), y al año siguiente se firmó la paz de los Pirineos, por la que pasaron a Francia Artois, Luxemburgo, Rosellón, Cerdeña y varias plazas de Flandes, y se concertó el matrimonio de Luis XIV con María Teresa de Austria, hija de Felipe IV. Corresponde todavía al reinado de Felipe IV parte del Siglo de Oro de la literatura española, la época de Lope de Vega, que, con las altas manifestaciones de las artes plásticas (Fernández, Montañés, Cano, el Greco, Velázquez, etc.), compensan, en el orden interior, del desprestigio creciente en lo exterior. || **V.** Rey de España y duque de Anjou, hijo del delfín Luis y de María Ana de Baviera y nieto de Luis XIV de Francia, n. en Versalles y m. en Madrid (1683-1746). Obtuvo la corona de España por disposición testamentaria de Carlos II (1700), y fue el primer soberano de la dinastía borbónica en este país. Le disputó el trono el archiduque Carlos de Austria, hijo segundo del emperador Leopoldo I, que invocaba el derecho de sucesión familiar; se originó así una *guerra de Sucesión,* que no fue meramente dinástica, sino europea, pues se trataba de evitar el excesivo poderío de Francia y España unidas. El archiduque, auxiliado por la coalición formada por Austria, Inglaterra, Holanda y Portugal, se trasladó a España y, reconocido por rey en Cataluña, Aragón y Valencia, entró por dos veces en Madrid. Las victorias obtenidas por las tropas de Felipe en Almansa (1707), Brihuega y Villaviciosa (1710), y el fallecimiento del emperador de Austria, José I, hermano del archiduque, que heredó la

Felipe IV y el enano «Soplillo», por Rodrigo de Villandrando. Museo del Prado. Madrid

Felipe V, por anónimo español del s. XVIII. Colección particular. Madrid

corona de aquel país, invirtieron los términos del problema y los aliados de Carlos pusieron fin a la lucha. Por el tratado de Utrecht (1713) fue reconocido Felipe V internacionalmente por rey de España, con expresa renuncia de sus posibles derechos al trono francés, y a costa de la nación española vio acrecidos sus territorios Inglaterra con Gibraltar y Menorca, y pasaron al emperador los dominios españoles de Italia (a excepción de Sicilia, que tuvo por soberano a Víctor Amadeo de Saboya) y los P. B. Felipe V, débil de carácter y maniático, sentía una profunda aversión por los problemas de gobierno, y no tuvo validos porque dejó hacer a sus dos esposas; la primera, María Luisa Gabriela de Saboya, inteligente y firme de carácter, tuvo además, a su lado como camarera a María Ana de la Trémouille, princesa de Orsini, o de los Ursinos, mujer de atractivos personales, de gran talento y espíritu intrigante, que mantuvo su influencia hasta el fallecimiento de la reina. La segunda esposa, Isabel de Farnesio, sobrina y heredera del duque de Parma, apenas llegada a España (1715), mandó poner en la frontera a la princesa de los Ursinos y el rey la dejó hacer; substituyó la influencia italiana a la francesa y convirtió en árbitro de los destinos de España al cardenal italiano Julio Alberoni, a quien la reina debía su casamiento, por su habilidad diplomática. Inesperadamente, en 1724, abdicó Felipe V la corona en su hijo Luis I y se retiró a San Ildefonso, donde había mandado construir un espléndido palacio, a imitación de Versalles; pero la muerte del nuevo rey, a los siete meses de ocupar el trono, obligó a aquél a reinar de nuevo. Las intrigas de Isabel de Farnesio, infatigable en su obsesión de colocar bien a sus hijos, valiéndose esta vez del holandés barón de Riperdá, llevaron a Felipe a la firma del tratado de Viena (1725) entre España y Austria, lo que motivó una alianza contra ambas; se puso infructuoso sitio a Gibraltar, y la defección del emperador obligó al rey a firmar los preliminares de paz, volviéndose a la situación convenida en el tratado de Utrecht (1728). Felipe V fue un rey sin voluntad, más obscuro todavía por la personalidad de sus dos esposas, sobre todo la de Isabel de Farnesio; poseía no obstante, excelentes prendas de carácter, y se interesó por el progreso material y el arte. Espiritualmente fue siempre francés, y se dejó llevar de marcado favoritismo hacia sus compatriotas. En su tiempo se reorganizó la vida económica, obra del gran ministro Patiño, quien también inició el resurgir de la Marina, proseguido felizmente por Ensenada, y se dio nueva organización al Ejército, por propia iniciativa del rey y según el plan francés. Felipe V creó la Real Academia Española (1714) y prestó protección a artistas y escritores, principalmente extranjeros; mandó construir los palacios reales de Madrid y La Granja, y reconstruir el de Aranjuez, pero esta arquitectura tiene poco de nacional; en el terreno literario, su época fue claramente de decadencia. ‖ **I**. Rey de Francia, m. en Melun (1052-1108). Hijo de Enrique I, a quien sucedió en 1060, bajo la tutela del conde de Flandes. Fue excolmulgado en 1092 por haber repudiado a su esposa Berta y casado con Bertrada, mujer del duque de Anjou. ‖ **II** *Augusto*. Rey de Francia, n. en París y m. en Mantes (1165-1227). Hijo de Luis VII, al que sucedió en 1180. Persiguió y expolió cruelmente a los judíos y en 1189 se alió con Ricardo *Corazón de León* y emprendió con él la tercera Cruzada para reconquistar a Jerusalén. ‖ **III** *el Atrevido*. Rey de Francia, n. en Poissy y m. en Perpignan (1245-1285). Hijo de Luis IX y de Margarita de Provenza. Acompañó a su padre a la última Cruzada y guerreó contra el rey de Aragón Pedro III. ‖ **IV** *el Hermoso*. Rey de Francia, n. en París y m. en Fontainebleau (1268-1314). Hijo y sucesor de Felipe III. Se apoderó de Flandes, tuvo desavenencias con el pontífice Bonifacio VIII, quien le excomulgó y suprimió la Orden de los templarios, cuyas grandes riquezas ambicionaba. ‖ **V** *el Largo*. Rey de Francia, hijo de Felipe *el Hermoso*, m. en Longchamp (1293-1322). Fue proclamado rey por muerte de su sobrino Juan I. ‖ **VI**. Rey de Francia, m. en Nogent-le-Roi (1293-1350). Fue proclamado rey en 1328. En su reinado tuvo comienzo la guerra llamada de los Cien Años, entre Francia e Inglaterra. ‖ *el Sabio*. Rey consorte de Navarra (1305-1343). Esposo de la reina Juana. Prestó auxilio al rey de Castilla Alfonso XI en la guerra contra los moros en 1343, cayó enfermo en el sitio de Algeciras, y, conducido a Jerez, murió a los pocos días. ‖ **de Borbón y Grecia**. Príncipe heredero de España, n. en Madrid en 1968. Con ocasión del primer viaje de sus padres los reyes a Asturias, la Diputación Provincial del principado hizo la petición en Covadonga, el 18 de mayo de 1976, la petición de que se le concediera el título de príncipe de Asturias, aceptando don Juan Carlos I dicha súplica y prometiendo, ante el jefe del Gobierno, presente en el acto, que en breve se daría forma oficial a la concesión. Ésta tuvo lugar el 21 de enero de 1977, por lo que le corresponde ostentar, como príncipe heredero, los títulos de príncipe de Asturias, de Gerona y de Viana, duque de Montblanc, conde de Cervera y señor de Balaguer. ‖ **Mountbatten, príncipe del Reino y duque de Edimburgo**. Príncipe consorte del R. U., hijo único del príncipe Andrés de Grecia y Dinamarca (hijo de Jorge I de Grecia) y de la princesa Alicia Mountbatten (hija de Luis Alejandro Mountbatten) y tataranieto de la reina Victoria de Inglaterra, n. en Corfú, Grecia, el 10 de junio de 1921. Educado en el R. U., al lado de su tío carnal, Luis Mountbatten de Birmania, siguió la carrera de marino de guerra; y renunció a su nacionalidad y títulos de príncipe de Grecia y Dinamarca, para adquirir la nacionalidad inglesa, con el apellido materno (1947). La víspera de su matrimonio con la princesa Isabel, heredera del trono inglés, celebrado el 20 de noviembre de 1947, el rey Jorge VI le concedió los títulos de barón de Greenwich, conde de Merioneth y duque de Edimburgo y el título de Alteza Real. El primer hijo del matrimonio, Carlos, príncipe de Gales, n. el 14 de noviembre de 1948. ‖ **(León)**. *Camino Galicia (León Felipe)*. ‖ **Neri** *(San)*. Fundador de la Congregación del Oratorio, n. en Florencia y m. en Roma (1515-1595). Su fiesta, el 26 de mayo. ‖ **Carrillo Puerto**. Geog. Delegación de Méjico, terr. de Quintana Roo; 32.314 h. ‖ Pueblo cap. del mismo; 2.052 h. ‖ **Solá**. Local. de Argentina, prov. de Buenos Aires, part. de Puán; 1.270 h.

felis. (Voz lat. que sign. *gato*.) Zool. Gén. de mamíferos carnívoros de la familia de los félidos, subfamilia de los felinos, al que pertenecen las diversas especies y razas de *gatos*, el *serval*, el *ocelote*, el *yaguarundi*, el *puma*, etc.

Felíu Cruz *(Guillermo)*. Biog. Historiador chileno, n. en Talca en 1900. Jefe de la Biblioteca Americana José Toribio Medina y profesor universitario. Obras principales: *Un libelo sobre el General San Martín, Alejandro Fuenzalida Grandón* e *Imágenes de Chile*.

Felipe de Borbón y Grecia, príncipe de Asturias

San Félix III

Félix I *(San)*. Biog. Papa, n. y m. en Roma. Ocupó el solio pontificio de 269 a 274. Sufrió el martirio en tiempo del emperador Aureliano. Su fiesta, el 30 de mayo. ‖ **II**. Antipapa, m. en 365. Elegido por el emperador Constancio, ocupó el solio pontificio de 355 a 365 durante el pontificado y exilio del papa Liberio. ‖ **III** *(San)*. Papa, n. y m. en Roma. Ocupó el solio pontificio de 483 a 492. Debería llevar el número II puesto que Félix II fue antipapa. Su fiesta, el 1 de marzo. ‖ **IV** *(San)*. Papa, n. en Benevento y m. en Roma. Ocupó el solio pontificio de 526 a 530. Su fiesta, el 22 de septiembre. ‖ **V. Amadeo VIII de Saboya**. ‖

(María). **Félix Guareña (María de los Ángeles).** ‖ **Guareña (María de los Ángeles).** Actriz de cine mejicana, más conocida por *María Félix*, n. en Álamos, Sonora. Películas principales: *El peñón de las ánimas* (1942), *La mujer sin alma* (1943), *Enamorada* (1946), *Río escondido* (1947), *Belleza maldita* (1948), *French-Cancan* (1954), *Los héroes están cansados* (1955), *Tizoc* (1956), *Faustina* (1957), *La cucaracha* (1958), *Juana Gallo* (1960), *Café Colón, Historias de casados, Miércoles de ceniza, La bandida* (1962), *Safo 63* y *La casa de cristal* (1967). ‖ **de Valois (San).** Religioso francés, n. probablemente en Amiens y m. en Cerfroid (1127-1212). Fundó, con San Juan de Mata, la Orden de los Trinitarios. Su fiesta, el 20 de noviembre. ‖ **Geog.** Mun. de España, prov. y p. j. de Almería; 2.829 h. ‖ Villa cap. del mismo; 847 h. (*felisarios*). ‖ **Pérez Cardozo.** Dist. de Paraguay, depart. de Guaira; 5.533 h. ‖ Pobl. cap. del mismo; 699 h.

feliz. fr., *heureux*; it., *felice*; i., *happy*; a., *glücklich*. (Del lat. *felix, -īcis*.) adj. Que tiene o goza felicidad. Ú. t. en sent. fig. ‖ Que ocasiona felicidad. ‖ Aplicado a las concepciones del entendimiento o a los modos de manifestarlas o expresarlas, oportuno, acertado, eficaz. ‖ Que ocurre o sucede con felicidad.

felizmente. adv. m. Con felicidad. ‖ Por dicha, por fortuna.

felo-. (Del gr. *phellós*.) pref. que sign. corcho.

felón, na. fr., *felon*; it., *fellone*; i., *felonious*; a., *treulos, treubrüchig*. (Del it. *fellone*, y éste del germ. *fillon*, azotador.) adj. Que comete felonía. Ú. t. c. s.

felonía. fr., *félonie*; it., *fellonia*; i., *treachery, felony*; a., *Treulosigkeit, Treubruch*. (De *felón*.) f. Deslealtad, traición, acción fea.

felpa. fr., *panne, peluche*; it., *felpa*; i., *plush, shag*; a., *Plüsch, Wollsammet*. (Del a. *felbel*; especie de terciopelo.) f. Tejido de seda, algodón, etc., que tiene pelo por la haz. ‖ fig. y fam. Zurra de golpes. ‖ fig. y fam. Rapapolvo. ‖ **larga.** *Léx.* La que tiene el pelo largo como de medio dedo.

felpar. tr. Cubrir de felpa. ‖ fig. poét. Cubrir con vello u otra cosa a manera de felpa.

felpeada. f. *Arg.* y *Urug.* **felpa,** represión áspera.

felpear. tr. *Arg.* y *Urug.* Reprender ásperamente a una persona. ‖ *Méj.* Dar una felpa, aplicar un castigo.

felpilla. (dim. de *felpa*.) f. Cordón de seda tejida en un hilo con pelo como la felpa, que sirve para bordar y guarnecer vestidos u otras cosas.

felpo. m. Felpudo, ruedo.

felposo, sa. (De *felpa*.) adj. Cubierto de pelos blandos, entrelazados, de modo que no se distinguen sus hilos. ‖ Semejante a la felpa.

felpudo, da. (De *felpa*.) adj. Tejido en forma de felpa. ‖ Que parece de felpa. ‖ m. **ruedo,** esterilla afelpada. ‖ Estera gruesa y afelpada, que se usa principalmente en la entrada de las casas a modo de limpiabarros, o para pasillos de mucho tránsito.

felús. (Del ár. *fulūs*, monedas de cobre, dinero, y éste del gr. *obolós*.) m. *Num. Marr.* Dinero, y especialmente la moneda de cobre de poco valor.

fellah. com. **felá.**

Fellini (Federico). **Biog.** Autor, realizador y guionista cinematográfico italiano, n. en Rímini en 1920. Inició su carrera cinematográfica al conocer a Rosellini, con quien cooperó en la preparación de los escenarios para los filmes *Paisa* (1946), Oscar en 1948; *Roma, ciudad abierta*, que obtuvo el Oscar de Hollywood, premio al mejor filme extranjero (1947); *El milagro* y *San Francisco, juglar de Dios*; con Pietro Germi colaboró en los escenarios de: *En nombre de la ley, El camino de la esperanza* y *La ciudad se defiende*; y en el texto de *Sin piedad* y *El molino del Po*, con Alberto Lattuada; realizó luego como autor, con este último: *Luces de las variedades* y a continuación *Jeque blanco*, que obtuvo el León de Plata en el Festival de Venecia (1952); *Los inútiles*, también premiada con el León de plata en la Bienal de 1953; *La strada* (1954), *Almas sin conciencia* y *Las noches de Cabiria* (1957), que obtuvo el Oscar de Hollywood (1957) a la mejor película extranjera y

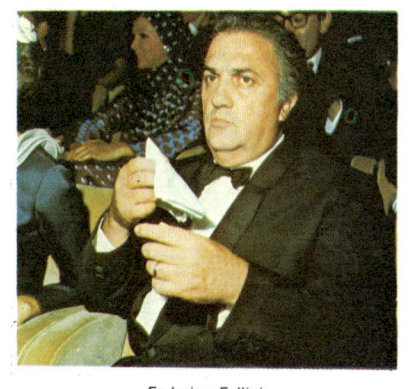

Federico Fellini

el premio de la Oficina Católica Internacional del Cine; *Fortunella* (1958), *La dolce vita*, primer premio del Festival de Cannes (1960); *La tentación del doctor Antonio*, de la película *Boccaccio 70* (1962), *Fellini ocho y medio* (1963), premiada en Hollywood con el Oscar a la mejor película extranjera (1964); *Julieta de los espíritus* (1965), *Satyricón, Los clowns, Roma y Amarcord*, que obtuvo el Oscar de Hollywood a la mejor película extranjera (1974). Está casado con la actriz Giulietta Masina, protagonista de varias de sus películas.

-fem. Infijo. V. **-fasia.**

f. e. m. *Elec.* abr. de *fuerza electromotriz*.

femar. tr. *Ar.* Abonar con fiemo o fimo.

fematero, ra. (De *fiemo*.) m. y f. *Ar.* Persona que se dedica a recoger la basura.

fembra. (Del lat. *femina*.) f. ant. **hembra.**

femencia. (Del lat. *vehementĭa*.) f. ant. **hemencia.**

femenciar. (De *femencia*.) tr. ant. **hemenciar.**

femenil. (Del lat. *feminīlis*.) adj. Perteneciente o relativo a la mujer.

femenilmente. adv. m. Afeminadamente; con modo propio de la mujer.

femenino, na. fr., *féminin*; it., *femminino*; i., *female*; a., *weiblich*. (Del lat. *feminīnus*.) adj. Propio de mujeres. ‖ Dícese del ser dotado de órganos para ser fecundado. ‖ Perteneciente o relativo a este ser. ‖ fig. Débil, endeble. ‖ **Biol.** En las especies unisexuales, dícese de los individuos que producen gametos susceptibles de ser fecundados, esto es, oosferas (a veces llamadas óvulos en los animales). ‖ Dícese también de los propios gametos y de las gónadas u órganos que los elaboran; de las flores que sólo tienen carpelos y del verticilo formado por éstos en las flores hermafroditas. Por último, se dice de los caracteres secundarios típicos de los animales hembras y de las hormonas que son responsables, tanto de estos caracteres, como del propio sexo. ‖ Perteneciente al género femenino.

fementidamente. adv. m. Con falsedad y falta de fe y palabra.

fementido, da. fr. *faux, perfide, traître*; it., *sleale, traditore*; i., *perfidious*; a., *treulos*. (De *fe* y *mentido*.) adj. Falto de fe y palabra. ‖ Engañoso, falso, tratándose de cosas.

femera. (De *fiemo*.) f. *Ar.* Lugar donde se recoge el estiércol.

-femia. suf. V. **-fasia.**

fémina. (Del lat. *femina*.) f. Mujer, persona del sexo femenino.

feminal. (Del lat. *feminālis*.) adj. ant. **femenil.**

femineidad. (De *femíneo*.) f. Calidad de femíneo. ‖ **Der.** Calidad de ciertos bienes, de ser pertenecientes a la mujer.

feminela. f. *Artill.* Pedazo de zalea que cubre el zoquete de la lanada.

femíneo, a. (Del lat. *feminĕus*.) adj. Femenino, femenil.

feminidad. (Del lat. *femĭna*, mujer.) f. **Biol.** Calidad de femenino; se representa con el signo ♀, que simboliza el espejo de Venus. ‖ **Biol.** y **Pat.** Estado anormal del varón en que aparecen uno o varios caracteres sexuales femeninos.

feminismo. fr., *féminisme*; it., *femminismo*; i., *feminism*; a., *Frauenbewegung, Frauenfrage*. (Del lat. *femina*, mujer, hembra, e *-ismo*.) m. **Sociol.** Doctrina social favorable a la condición de la mujer, a quien concede capacidad y derechos reservados hasta ahora a los hombres.

feminista. adj. Relativo al feminismo. ‖ com. Partidario del feminismo.

feminización. f. Acción de dar forma específica femenina a un nombre que no la tiene. ‖ Acción de dar género femenino a un nombre originariamente masculino o neutro.

feminoide. (Del lat. *femina*, mujer, y *-oide*.) adj. Dícese del varón que tiene ciertos rasgos femeninos.

-femismo. suf. V. **-fasia.**

-femo. suf. V. **-fasia.**

femoral. adj. *Anat.* y *Zool.* Perteneciente al fémur o al muslo; sin. de *crural*.

femto-. (Del danés *femten*, quince.) pref. de nombres que significan la milbillonésima parte (10^{-15}) de las respectivas unidades.

fémur. fr., *femur*; it., *femore*; i., *thighbone, femur*; a., *Schenkelknochen*. (Del lat. *femur*.) m. *Anat.* Hueso del muslo.

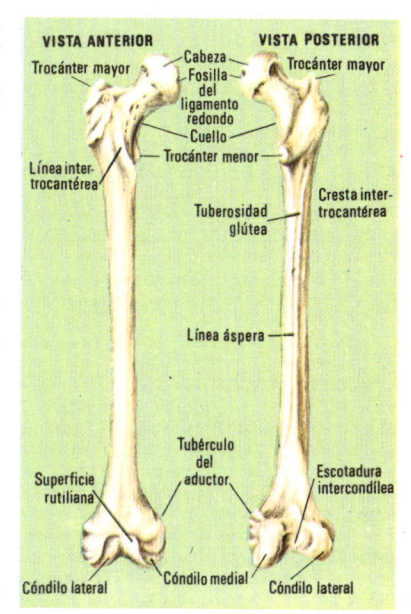

Fémur derecho

fen-; -fen-. pref. o infijo. V. **fanero-.**

fenacodóntido, da. adj. **Paleont.** y **Zool.** Dícese de los mamíferos ungulados, orden de los condilartros, que vivieron en el período terciario y cuyo representante típico es el

fenal–Fénix

fenacodonte (phenácodus). || m. pl. Familia de estos ungulados fósiles.

fenal. (Del lat. *foenum,* heno.) m. *Agr. Ar.* **prado,** terreno húmedo o de regadío con hierba para el ganado.

fenantraceno. (De *fenol* y *antraceno.*) m. **Quím. fenantreno.**

fenantreno. (Del m. or. que el anterior.) m. **Quím.** Hidrocarburo aromático sólido, isómero del antraceno, que se extrae por destilación de los aceites antracénicos procedentes del alquitrán de hulla. Se emplea en la fabricación de colorantes y de medicamentos y se encuentra en la brea de hulla, de donde se obtiene. Sintéticamente puede obtenerse a partir del bifenilo; con el etileno, haciéndolos pasar a través de un tubo calentado al rojo. Es base de algunos colorantes sintéticos.

fenazo. (Del lat. *foenum,* heno.) m. *Bot. Ar.* **lastón,** planta gramínea.

fenchidor, ra. adj. ant. **henchidor.**

fenchimiento. m. ant. **henchimiento.**

fenchir. tr. ant. **henchir.**

fenda. (De *fender.*) f. Raja o hendedura al hilo en la madera, causadas fundamentalmente por el frío intenso.

fendedura. (De *fender.*) f. ant. **hendedura.**

fender. (Del lat. *findĕre.*) tr. ant. **hender.**

fendi. m. **efendi.**

fendiente. (De *fender.*) m. **hendiente.**

Fene. *Geog.* Mun. de España, prov. de La Coruña, p. j. de El Ferrol del Caudillo; 11.101 habitantes *(feneses).* Corr. 270 a la cap., la aldea de Fojas.

fenec o **fenek.** (Del ár. *fanak.*) m. **Zool.** Mamífero carnicero de la familia de los cánidos, muy afín a los zorros. Es propio de las hondonadas húmedas de los desiertos y las estepas del norte de África, de costumbres nocturnas, y se alimenta de presas pequeñas, más bien de insectos, frutas y huevos, por los que tiene especial predilección *(fénnecus zerda).*

fenecer. fr., *décéder, finir;* it., *finire, morire;* i., *to end, to finish;* a., *enden, beenden, verscheiden.* (incoat. del lat. *finire.*) tr. Poner fin a una cosa, concluirla. || intr. Morir o fallecer. || Acabarse, terminarse o tener fin una cosa.

fenecí. m. desus. *And.* Estribo, contrafuerte de arco.

fenecimiento. m. Acción y efecto de fenecer.

fenek. m. **Zool. fenec.**

Fénelon (François de Salignac de La Mothe-). *Biog.* **Salignac de La Mothe-Fénelon (François de).**

fenestra. (Del lat. *fenestra.*) f. ant. **ventana.**

fenestración. f. *Cir.* Intervención quirúrgica, cuya finalidad es realizar una perforación o abertura en el laberinto del oído, en casos de sordera por esclerosis de la ventana oval.

fenestraje. (De *fenestra.*) m. ant. Conjunto de fenestras.

fenianismo. (Del i. *fenianism,* y éste del antiguo irl. *féinne,* antigua casta guerrera y real irlandesa.) m. **Hist.** Partido de los fenianos, organizado por los irlandeses y los americanoirlandeses, que se propusieron liberar a Irlanda del dominio inglés y establecer la república. Tuvo dos ramas, una americana y otra irlandesa, y los planes de ambas fueron redactados en París por un pequeño grupo de revolucionarios irlandeses, en 1848. Fracasadas dos incursiones en Canadá y un intento de insurrección en Irlanda (1867), los fenianos llevaron a cabo atentados terroristas y varios miembros de la sociedad fueron ahorcados por las autoridades británicas. Surgido en el movimiento llamado *Home Rule,* se extinguió la sociedad de los fenianos. (v. **Sinn Fein).** || **Polít.** Conjunto de principios y doctrinas que defienden.

feniano. (Del i. *fenian.*) m. Individuo de la secta y partido políticos adversos a la dominación inglesa en Irlanda.

fenicado, da. adj. Que tiene ácido fénico.

fenicar. tr. Echar ácido fénico a una cosa.

fenice. (Del lat. *phoenix, -īcis.*) adj. **fenicio.** Apl. a pers., ú. t. c. s.

Fenicia. (Del lat. *Phoenicia;* del gr. *Phoiníke,* de *phoinix,* púrpura, color que los fenicios habían descubierto.) **Geog.** e **Hist.** Antigua comarca de Asia, que comprendía una estrecha faja de territorio extendida en la costa occidental de Siria hasta el monte Carmelo al S., entre el Líbano, y el mar. Durante la dominación romana se agregó la comarca de Celesiria o Fenicia del Líbano, y entonces se denominó Fenicia Marítima a la primitiva, cuyas ciudades principales fueron Sidón, Tiro, Trípoli, Arad, Biblos, Beyruth y Aco o Tolemais. Sus habitantes, oriundos del golfo Pérsico, y descendientes de los cananeos, comienzan a aparecer en la historia a finales del segundo milenio, pero su poderío se extiende del 1170 al 700 a. C. Desarrollaron bien pronto sus aptitudes marítimas y comerciales, fundando activas ciudades, célebres por su tráfico y por la obra de colonización que realizaron por el Mediterráneo. Se les debe también un alfabeto del que se derivan la mayor parte de los del mundo antiguo. En España, donde según tradiciones se asentaron en el s. XII a. C., hacia los s. VIII y VII tenían establecidas las importantes colonias de Algeciras, Málaga, Adra, Sevilla, Cádiz, etc.

feniciano, na. adj. ant. **fenicio.** Apl. a pers., usáb. t. c. s.

fenicio, cia. fr., *phénicien;* it., *fenicio;* i., *phoenician;* a., *phönizier.* (Del lat. *phoenicius.*) adj. Natural de Fenicia, o perteneciente a este país del Asia antigua. Ú. t. c. s.

fénico, ca. (Del gr. *phaíno,* brillar, por alusión al gas.) adj. **Quím.** V. **ácido fénico.**

Arte de Fenicia. Divinidad femenina del s. XIII. a. C. Museo del Louvre. París

fenicoptérido, da. (Del lat. científico *phoenicópterus,* gén. tipo, e *-ido;* aquél del gr. *phoinikópteros,* flamenco, de *phoinix, -kos,* púrpura, y *pterón,* ala.) adj. **Zool.** Dícese de las aves del orden de las fenicopteriformes u odontoglosas, con el pico largo y geniculado, patas largas, delgadas y desnudas en la parte inferior y cuyos únicos representantes son los *flamencos* (v.). || f. pl. Familia de estas aves.

fenicopteriforme. (De *phoenicópterus* [v. *fenicoptérido*] y *-forme.*) adj. **Zool.** Dícese de las aves neognatas o carinadas, próximas a las ciconiformes, y cuyos representantes actuales, llamados vulgarmente *flamencos,* pertenecen todos a una sola familia, la de las *fenicoptéridas* (v.). || f. pl. Orden de estas aves, también llamadas *odontoglosas,* que antes se consideraban como un suborden de las ciconiformes.

Flamenco (ave fenicopteriforme)

fenicúlido, da. (Del lat. científico *phoenículus,* gén. tipo de aves, e *-ido;* aquél dim. del gr. *phoinix,* palmera.) adj. **Zool.** Dícese de las aves del orden de las coraciformes, muy parecidas a las upúpidas o abubillas, de las que se distinguen por su plumaje negrísimo, con reflejos metálicos verdosos, patas más cortas y cola más larga; el ejemplo típico es la *abubilla purpúrea (phoenículus purpúreus)* de África tropical. || f. pl. Familia de estas aves.

fenilacetamida. (De *fenilo, acético* y *amida.*) f. **Quím. acetanilida.**

fenilalanina. (De *fenilo* y *alanina.*) f. **Biol.** y **Bioq.** Uno de los nueve aminoácidos esenciales entre la veintena de ellos que forman parte de las proteínas. Su nombre químico es ácido α-amino-o-fenilpropiónico.

fenilamina. (De *fenilo* y *amina.*) f. **Quím. anilina.**

fenilo. (De *fenol* e *-ilo.*) m. **Quím.** Radical del hidrocarburo aromático llamado benceno, que actúa como monovalente y tiene por fórmula $-C_6H_5$; es el benceno que ha perdido un átomo de hidrógeno y puede unirse a cualquier átomo o grupo monovalente. No se encuentra en estado libre.

fénix. fr., *phénix;* it., *fenice;* i., *phoenix;* a., *Phönix.* (Del lat. *phoenix.*) m. fig. Lo que es exquisito o único en su especie.

Fénix. *Astron.* Constelación austral situada entre la de la Grulla y la de Erídano. Su nombre científico es *Phoenix.* || **Geog.** Grupo de ocho islas madrepóricas, en la Polinesia, que forma parte de la república de Kiribate, a excepción de Canton y Enderbury, que constituyen un condominio anglo-estadounidense desde abril de 1939. || **Mit.** Ave fabulosa, que los antiguos creyeron que era única y que renacía de sus cenizas. El ave Fénix, animal sagrado entre los egipcios, que sería una especie de airón, según la fábula, tenía el tamaño de un águila, y vivía quinientos sesenta años *(ardea garzetta).* || Hijo de

Agenor y hermano de Europa. Enviado por su padre en busca de su hermana, raptada por Júpiter, se estableció en el país que tomó el nombre de Fenicia (Europa).

Fenn (Waldemar). Biog. Arqueólogo y artista alemán contemporáneo. Hizo detenidos estudios sobre los monumentos megalíticos de Menorca y descifró el misterio que hasta entonces encerraban. En 1952 publicó su obra: *Gráfica prehistórica de España y el origen de la cultura europea.*

feno-; -feno. pref. o suf. V. **fanero-**.

fenobarbital. (Nombre comercial.) m. Farm. V. **ácido fenilertilbarbitúrico.**

fenoftaleína. (De *fenol*, ácido *ftálico* e *-ina*.) f. Quím. Colorante rojo, de fórmula $C_{20}H_{14}O_4$. Se obtiene por condensación del anhídrido ftálico con el fenol en presencia de ácido sulfúrico, como agente condensante. Se emplea mucho como indicador del pH en acidimetría. En medicina se emplea como purgante.

Fenoglio (Eugenia). Biog. Actriz francesa, más conocida por el seudónimo de *Eve Lavallière*, n. en Toulon y m. en Thuillières (1866-1929). Despues de haber llevado una vida mundana, ingresó en la Tercera Orden franciscana y pasó los últimos años de su vida entregada a la vida ascética.

Eugenia Fenoglio, por Cappiello

fenogreco. (Del lat. *foenum graecum*, heno griego.) m. Bot. **alholva,** planta.

fenol. fr., *phénol;* i., *phenol;* it., *fenolo;* a., *Phenol.* (De *fen-* y *-ol*.) m. Quím. Denominación del más sencillo de los fenoles, también llamado *ácido fénico* y *ácido carbólico*, de fórmula C_6H_6O. Se encuentra en el alquitrán de hulla. También se obtiene industrialmente por síntesis a partir del ácido benzolsulfónico, como producto intermedio, ya que éste, a su vez, se prepara por sulfonación del benzol. El fenol pertenece a las substancias más importantes y más indispensables de la gran industria químicoorgánica; así, se emplea para la obtención de numerosas materias colorantes, taninos artificiales y resinas fenólicas; por condensación con el formaldehído da lugar a las famosas baquelitas (v.); interviene en la formación del ácido pícrico, numerosos medicamentos especialmente el ácido salicílico y sus ésteres y se emplea como poderoso desinfectante, antiséptico y germicida. || m. pl. Grupo funcional de algunos compuestos orgánicos que poseen el grupo oxidrilo (OH) unido a un anillo aromático. Tienen todos carácter antiséptico por lo que se utilizan como tales en alimentos, etc.

fenólico, ca. adj. Quím. Perteneciente o relativo al fenol.

fenomenal. fr., *phénoménal;* it., *fenomenale;* i., *phenomenal;* a., *phänomenal.* adj. Perteneciente o relativo al fenómeno. || Que participa de la naturaleza del fenómeno. || fam. Tremendo, muy grande.

fenoménico, ca. adj. Perteneciente o relativo al fenómeno como apariencia o manifestación de algo.

fenomenismo. (De *fenómeno* e *-ismo*.) m. Filos. Doctrina filosófica que afirma que lo real es fenómeno, o que solamente el fenómeno es propiamente objeto de conocimiento.

fenómeno. fr., *phénomène;* it., *fenomeno;* i., *phenomenon;* a., *Phänomen, Erscheinung.* (Del lat. *phaenomĕnon*, y éste del gr. *phainómenon*, de *phaino*, aparecer.) m. Toda apariencia o manifestación, así del orden material como del espiritual. || Cosa extraordinaria y sorprendente. || fam. Persona o animal monstruoso. || fam. Persona sobresaliente en su línea.

fenomenología. (De *fenómeno* y *logía*.) f. Filos. Tratado o discurso sobre los fenómenos. || En la filosofía hegeliana, la ciencia que muestra la sucesión de las diferentes formas por las que atraviesa la conciencia hasta llegar al saber absoluto. || Para Husserl, la fenomenología es un método consistente en la descripción del contenido intencional de las actitudes y vivencias psíquicas.

fenomenológico, ca. adj. Referente a la fenomenología.

Fenosa Florensa (Apeles). Biog. Escultor español, n. en Barcelona en 1899. Reside en París desde 1921. Sus obras se caracterizan

Figuras en bronce, por Apeles Fenosa

por una gracia idealizada y melancólica, destacando entre ellas *Las tres gracias* y *Desnudo del espejo.*

fenotípico, ca. adj. Biol. y Genét. Perteneciente o relativo al fenotipo.

fenotipo. (De *feno-* y *-tipo*.) m. Biol. y Genética. Realización visible del genotipo en un determinado ambiente.

feo-; -feína. (Del gr. *phaiós*.) pref. o suf. que sign. de color pardo; e. de suf.: *fico***feína.**

feo, a. fr., *laid, vilain;* it., *brutto;* i., *ugly;* a., *hässlich.* (Del lat. *foedus*.) adj. Que carece de belleza y hermosura. || fig. Que causa horror o aversión. || fig. De aspecto malo o desfavorable. || En el juego, se dice de las cartas falsas. || m. fam. Desaire manifiesto, grosero. || adv. Col. De mal sabor, de mal olor.

feodario, ria. (De *feo-* y el gr. *eidos*, forma.) adj. Zool. Dícese de los protozoos radiolarios cuya cápsula central sólo presenta tres poros, uno principal y dos secundarios menores. || m. pl. Suborden de estos radiolarios.

feofeína. (Del gr. *phaiós*, pardo.) f. Biol. y Bot. Pigmento pardo contenido en los cromoplastos de las diatomeas, que parece ser una modificación de la clorofila, unida a un carotinoide, la diatomina.

feofíceo, a. (De *feo-* y *-fíceo*.) adj. Bot. Dícese de las algas pardas, principalmente marinas, en el protoplasma de cuyas células se observan gotitas grasas como materias de reserva, pero nunca contienen almidón; los cromatóforos son de color pardo o amarillento. || f. pl. Clase de estas algas.

feote, ta. adj. aum. de **feo**.

feotón, na. m. adj. fam. aum. de **feote**.

fer-; -for-; -feral, -fero, -ferol, -foreo -foria, -fórico, -foro, -fora, -foral, -foresis. (Del gr. *phero*, llevar, o de *phorós*, portador.) pref., infijo o suf. que sign. el que lleva, portador de, etc.; e. de suf.: *coni***feral,** *quili***fero,** *rizo***fóreo,** *eu***foria,** *piro***fórico,** *reó***foro,** *balanó***fora.**

fer. (Del lat. *facĕre*.) tr. ant. **hacer**.

feracidad. fr., *fertilité;* it., *feracità;* i., *feracity;* a., *Fruchtbarkeit.* (Del lat. *feracĭtas, -ātis.*) f. Agr. Fertilidad, fecundidad. Dícese con relación a los campos que dan abundantes frutos.

-feral. suf. V. **fer-**.

feral. (Del lat. *ferālis.*) adj. desus. Cruel, sangriento.

feraz. fr., *fertile;* it., *ferace;* i., *fruitful;* a., *fruchtbar, ergiebig.* (Del lat. *ferax, -ācis*, de *ferre*, llevar.) adj. Fértil, copioso de frutos.

Ferchault de Réaumur (René Antoine). Biog. Físico y naturalista francés, más conocido por *Réaumur*, n. en La Rochelle y m. en Saint-Julien-du-Terroux (1683-1757). Fue miembro de la Academia de París. Debió especialmente la celebridad a la construcción del termómetro con la escala graduada que lleva su nombre (v. **escalas de temperatura**), pero fueron mucho más importantes sus investigaciones acerca de las aleaciones de hierro. Descubrió también el vidrio blanco opaco, conocido con el nombre de *porcelana de Réaumur*, y efectuó numerosos trabajos sobre Historia natural.

Ferdusi. Biog. **Firdausi.**

Féré (Octave). Biog. Mogeta (Charles-Octave).

ferecracio. (Del lat. *pherecratĭus*, de *Pherecrátes*, poeta griego, inventor de este metro.) adj. V. **verso ferecracio.** Ú. t. c. s.

feredad. (Del lat. *ferĭtas, -ātis*.) f. ant. Calidad de fiero.

feréndae senténtiae. expresión lat. V. **censura, excomunión feréndae senténtiae.**

féretro. fr., *bière;* it., *feretro;* i., *coffin;* a., *Sarg, Bahre.* (Del lat. *feretrum*, de *ferre*, llevar.) m. Caja o andas en que se llevan a enterrar los difuntos.

Férez. Geog. Mun. de España, prov. de Albacete, p. j. de Hellín; 1.254 h. || Villa cap. del mismo; 1.224 h.

Ferghana. Geog. Prov. de la U. R. S. S., en Uzbekistán; 7.100 km.^{2} y 1.331.972 h. Agricultura y minería. || C. cap. de la misma; 111.311 h. Industria textil. Refinería de petróleo.

Ferguson (Adam). Biog. Economista y filósofo inglés, n. en Logierait y m. en Saint Andrews (1723-1816). Sacerdote y profesor de Filosofía en la Universidad de Edimburgo, se dedicó al estudio de la Economía política y publicó, entre otras obras, un *Ensayo sobre la* *historia de la sociedad civil.* También se distinguió como filósofo, y en sus puntos de vista sobre la humanidad se le reconoce como precursor de la sociología. ‖ **(Harry).** Industrial e inventor inglés, n. en Dromore, Irlanda, y m. en Stow-on-the-Wold (1884-1960). Asociado con Henry Ford, lanzó al mercado el tractor de su nombre (1935), que alcanzó un gran éxito.

Fergusson (Robert). Biog. Poeta escocés, n. y m. en Edimburgo (1750-1774). Antes de cumplir los veinte años adquirió gran reputación literaria con sus poesías, escritas unas en inglés y otras en escocés.

feria. fr., *foire*; it., *feria, fiera*; i., *fair, market*; a., *Markt, Messe*. (Del lat. *feria*.) f. Cualquiera de los días de la semana, excepto el sábado y domingo. Se dice feria segunda, el lunes; tercera, el martes, etc. ‖ Descanso y suspensión del trabajo. ‖ Mercado de mayor importancia que el común, en paraje público y días señalados, y también las fiestas que se celebran con tal ocasión. ‖ Paraje público en que están expuestos los animales, géneros o cosas para este mercado. ‖ Concurrencia de gente en un mercado de esta clase. ‖ fig. Trato, convenio. ‖ *C. Rica.* Adehala, añadidura, propina. ‖ *Méj.* Dinero menudo, cambio. ‖ pl. **Léx.** Dádivas o agasajos que se hacen por el tiempo que hay ferias en algún lugar. ‖ **de muestras.** *Com.* Instalación moderna de mercancías diversas, con carácter de exposición, organizada en algunas ciudades, a veces con carácter internacional, con el fin de intensificar el intercambio comercial. Suelen contar con el apoyo de los gobiernos, municipios, cámaras de comercio, sindicatos productores y demás organismos económicos. ‖ **ferias mayores.** *Litur.* Las de Semana Santa.

Feria. Geog. Mun. y villa de España, prov. de Badajoz, p. j. de Zafra; 2.950 h. (coritos). ‖ **del Monte.** V. Cospeito.

feriado, da. p. p. de **feriar.** ‖ adj. V. **día feriado.**

ferial. (Del lat. *feriāle*.) adj. Perteneciente a las ferias o días de la semana. ‖ ant. Perteneciente a feria o mercado. ‖ m. **feria,** mercado público y lugar donde se celebra.

feriante. (De *feriar*.) adj. Concurrente a la feria para comprar o vender. Ú. t. c. s.

feriar. (Del lat. *feriāri*.) tr. Comprar en la feria. Ú. t. c. prnl. ‖ Vender, comprar o permutar una cosa por otra. ‖ Dar ferias, regalar. Ú. t. c. prnl. ‖ intr. Suspender el trabajo por uno o varios días, haciéndolos como feriados o de fiesta.

Ferid - Eddin - Muhammad ben - Ibrahim El-Attar. Biog. Poeta religioso persa, n. en Kerken (1119-1229). Dedicado a la vida contemplativa, después de una peregrinación a la Meca escribió el libro *Hechos memorables de los amigos de Dios* y numerosos poemas que le dieron gran reputación. Vivió ciento diez años y fue asesinado en tiempo de la invasión de Persia por los mongoles.

La feria de Madrid, por Manuel de la Cruz. Museo Municipal. Madrid

ferida. (De *ferir*.) f. ant. **herida.** ‖ ant. Golpe en el cuerpo.

feridad. (Del lat. *ferĭtas, -ātis*.) f. ant. Ferocidad o fiereza.

ferido, da. p. p. de **ferir.** ‖ adj. ant. V. **lid ferida de palabras.**

feridor, ra. (De *ferir*.) adj. ant. Que hiere. Úsáb. t. c. s.

ferino, na. (Del lat. *ferīnus*.) adj. Perteneciente a la fiera o que tiene sus propiedades.

ferir. (Del lat. *ferīre*.) tr. ant. **herir.** ‖ ant. **aferir.**

Ferkéssédougou. Geog. Depart. de Costa de Marfil; 19.292 km.² y 70.000 h. ‖ C. cap. del mismo; 9.132 h.

ferlín. (Del anglosajón *feordling,* cuarta parte de una moneda.) m. **Num.** Moneda antigua que valía la cuarta parte de un dinero.

Ferlini (Juan). Biog. Autor dramático argentino, n. y m. en Buenos Aires (1892-1941). De musa fácil, chispeante ingenio y gran teatralidad, sus comedias fueron muy celebradas, gozando de gran popularidad en su país. Escribió: *La empresaria del Colón, Mi marido es muy formal, Esto lo arreglo yo,* etc.

Fermanagh. Geog. Dist. del R. U., en el SO. de Irlandia del Norte; 1.876 km.² y 50.900 habitantes. Cap., Enniskillen. Produce avena.

Fermat (Pierre de). Biog. Matemático francés, n. en Beaumont-de-Lomagne y m. en Castres (1601-1665). Sus investigaciones se extienden al cálculo infinitesimal de probabilidades, teoría de los números, etc. Se le debe el enunciado de un teorema o problema que lleva su nombre y que dice así: «Si dos números enteros son potencias del mismo exponente, su suma no puede ser otra potencia entera del mismo exponente, a no ser que sea 2». En el campo de la óptica creó el principio que lleva su nombre, que dice: el camino que recorre un rayo luminoso de un punto a otro, es el que, de todos los posibles, necesita un tiempo menor.

fermata. (Del it. *fermata,* detención.) f. **Mús.** Sucesión de notas de adorno, por lo común en forma de cadencia, que se ejecuta suspendiendo momentáneamente el compás. ‖ **calderón,** signo que representa la suspensión de este movimiento.

fermentable. adj. Susceptible de fermentación.

fermentación. fr. e i., *fermentation*; it., *fermentazione*; a., *Gärung*. (Del lat. *fermentatĭo, -ōnis*.) f. Acción y efecto de fermentar. ‖ **Quím.** Transformación química de una substancia orgánica, llamada *materia fermentescible,* producida por la acción de otra substancia orgánica, denominada *fermento,* actuando ésta en mínima proporción respecto de la primera. Los fermentos pueden ser organismos vivos, como levadura, bacterias, etc., y se llaman en este caso, a menudo, *fermentos no figurados,* o bien substancias no organizadas, que modernamente se denominan *enzimas.* Al parecer, los fermentos vivos producen enzimas en su funcionamiento vital y estas enzimas son las que en realidad determinan las fermentaciones; en este concepto, todas las fermentaciones serían de carácter enzimático. Sin embargo, existe una diferencia importante entre las fermenta-

Sala de fermentación de la factoría de El Águila. Villaverde (Madrid)

ciones producidas por unos y otros fermentos; los vivos o figurados se reproducen y pueden ser de este modo fuente inagotable de enzimas, mientras que éstas, una vez formadas, no gozan de tal propiedad. ‖ **acética.** La que se origina a partir del alcohol etílico, que se transforma en ácido acético, debido a la acción de la bacteria *mycoderma aceti.* Esta fermentación se aplica industrialmente para la fabricación del vinagre natural. ‖ **alcohólica.** Fermentación producida sobre la glucosa por medio de la acción de las enzimas generadas por diversas levaduras, en cuya reacción se produce alcohol etílico, anhídrido carbónico y agua. En esta fermentación está basada la fabricación del vino a partir del mosto, obtenido en el prensado de la uva, y la fabricación de la cerveza y de numerosas bebidas alcohólicas. || **láctica.** La producida en el azúcar mediante el *bacillus Delbrücki*, en que se produce ácido láctico; este proceso bioquímico se utiliza industrialmente para la fabricación del ácido láctico. Igualmente, la lactosa de la leche se transforma en ácido láctico mediante el bacilo *bacillus lactis ácidi*, reacción que se aprovecha industrialmente en la fabricación de numerosos alimentos de origen lácteo, tales como el queso, requesón, kefir, etc. || **metánica.** Aquella en que se forma metano por descomposición bacteriana de la celulosa. Esta fermentación da lugar al metano producido en los pantanos, por cuyo motivo este hidrocarburo gaseoso recibe también el nombre de *gas de los pantanos*. La descomposición de la celulosa en la panza del ganado vacuno es igualmente una fermentación metánica, y por esta razón el aire de la respiración de los animales que pastan con celulosa contiene este hidrocarburo.

fermentado, da. p. p. de **fermentar.** || adj. V. **pan fermentado.**

fermentador, ra. adj. Que fermenta.

fermentante. p. a. de **fermentar.** Que fermenta o hace fermentar.

fermentar. fr., *fermenter*; it., *fermentare*; i., *to ferment*; a., *gären*. (Del lat. *fermentāre*.) intr. Producirse un proceso químico por la acción de un fermento, que aparece íntegramente al final de la serie de reacciones químicas sin haberse modificado. || fig. Agitarse o alterarse los ánimos. || tr. Hacer o producir la fermentación.

fermentativo, va. adj. Que tiene la propiedad de hacer fermentar.

fermento. fr. e i., *ferment*; it., *fermento*; a., Ferment, *Gärungsstoff*. (Del lat. *fermentum*.) m. **Biol.** y **Quím.** Cuerpo orgánico que puesto en contacto con otro lo hace fermentar. Son substancias de fórmula muy compleja, sólo conocida en algunos casos, que se producen en el organismo y principalmente en sus células. Son idénticos a las enzimas, pero hay otros que, quizá, son producidos en el suero sanguíneo, como los fermentos de Abderhalden, que significan una defensa del organismo. Intervienen en el desarrollo de muchos procesos bioquímicos y actúan a la manera de los catalizadores inorgánicos.

Fermi (Enrico). Biog. Físico italiano, n. en Roma y m. en Chicago (1901-1954). Profesor de las universidades de Florencia y Roma. Publicó *Introducción a la Física atómica*. En 1938 se le concedió el premio Nobel de Física por sus estudios sobre la radiactividad artificial. En 1944 se nacionalizó en EE. UU. y allí fue profesor de las universidades de Columbia y de Chicago. Se le llamó el *bisabuelo de la bomba atómica* porque, con sus colaboradores, bombardeó con neutrones 60 elementos, logró la transformación de 40 y consiguió transmutar átomos del elemento 92, uranio, en átomos de un elemento 93, neptunio, que no existe en la naturaleza, mediante el bombardeo con neutrones lentos. Ante los resultados de sus últimas investigaciones se mostró optimista en las posibilidades de la energía atómica en la medicina y en la biología. Su esposa Laura relató su vida en el libro *El átomo en familia: mi vida con Enrique Fermi*.

Fermín (San). Biog. Prelado español y obispo de Pamplona, n. en esta misma ciudad. Predicó el Evangelio en Francia y sufrió el martirio en su diócesis. Su fiesta, el 7 de julio.

fermio. (De E. *Fermi*.) m. **Fís. nucl.** Unidad de longitud nuclear, equivalente a la diezbillonésima parte del centímetro (10^{-13} cm.). Es el tamaño del campo nuclear tomado como unidad. || **Quím.** Elemento número 100 de la serie periódica, de símbolo *Fm* y peso atómico 254. Junto con el einstenio, fue descubierto, en 1952, entre los residuos producidos por explosión de una bomba de hidrógeno y, más tarde, aislado en un reactor nuclear de Berkeley, EE. UU., por el profesor Seaborg y sus colaboradores (1954), fecha en que se hizo pública la noticia de su existencia al someter el californio al bombardeo por neutrones; pero su estabilidad es tan escasa que se desintegra espontáneamente en media hora. Sus propiedades químicas muestran analogía con las del erbio. Inicialmente se denominó *centurio*, por su lugar en la serie periódica. Algunos le dieron también el nombre de ekaerbio.

fermión. (De E. *Fermi*.) m. **Fís.** Partícula de spín igual a $^1/_2$, que, en su comportamiento, sigue la estadística de Fermi-Dirac.

fermosamente. adv. m. ant. **hermosamente.**

Fermoselle. Geog. Mun. y villa de España, prov. y p. j. de Zamora; 3.196 h.

fermoso, sa. (Del lat. *fermōsus*.) adj. ant. **hermoso.**

fermosura. (De *fermoso*.) f. ant. **hermosura.**

fernambuco. (De *Fernambuco*, o *Pernambuco*, prov. de Brasil, de donde procede esta mercancía.) m. **Bot.** palo de fernambuco.

fernán sánchez. m. **Bot.** *Perú*. Nombre de la poligonácea *triplaris americana*, una de las plantas denominadas *palo santo* o *palo María*.

Fernán Caballero. Biog. V. **Böhl de Faber (Cecilia).** || **Gómez (Fernando).** Actor español de teatro y de cine, n. en Buenos Aires en 1921. Comenzó a trabajar muy pronto en el teatro y más tarde en el cine, en cuyo medios ha simultaneado las funciones de primer actor y director. Películas principales: *Botón de ancla, La mies es mucha, Balarrasa, El sistema Pelegrín, La otra vida del capitán Contreras, La vida por delante, La venganza de don Mendo, El mundo sigue, El extraño viaje*, premiada por el Círculo de Escritores Cinematográficos como la mejor película española de 1969; *Ana y los lobos, El espíritu de la colmena, El amor del capitán Brando, Ninette y un señor de Murcia, Mayores con reparos, La vil seducción* y *¡Arriba Hazaña!* Ha obtenido el Oso de plata en el Festival de Berlín (1977), por su interpretación en *El anacoreta*. Ha conseguido varias veces el premio nacional de Teatro a la mejor interpretación dramática masculina. || **González. González (Fernán).** || **Núñez. Geog.** Mun. y villa de España, prov. de Córdoba, p. j. de Montilla; 9.635 h. *(fernannuñeses)*. Notable iglesia parroquial. Palacio de los duques de Fernán Núñez.

Fernancaballero. Geog. Mun. y villa de España, prov. y p. j. de Ciudad Real; 1.492 h. *(fernanducos)*.

Fernandel. Biog. Contandin (Fernand Joseph Désiré).

Fernandes Braga (Joaquim Teófilo). Biog. Historiador, poeta, crítico y político portugués, n. en Ponta Delgada, Azores, y m. en Lisboa (1843-1924). En política profesó ideas avanzadas y presidió el primer Gobierno de la República portuguesa (1910). Dotado de un talento y de una fecundidad extraordinarios, compuso innumerables obras y abordó todos los géneros literarios: poesía, cuentos, novela, crítica e historia. Figuran entre sus producciones el poema bíblico *Stella matulina*, los *Contos tradicionais do povo português, Romanceiro geral*, la *História do Direito português* e *História universal*. || **Duarte (Joaquim Alfonso).** Profesor y poeta portugués, más conocido por *Alfonso Duarte*, n. en Ereira, Montemor-o-Velho (1884-1958). Perteneció al grupo poético *Exotéricps*, de Coimbra, y publicó, en verso: *Cancioneiro das Pedras, Tragédia do Sol-posto, Rapsódia do Sol-nado, Ritual de amor, Os sete poemas líricos* y *Ossadas*; y en prosa: *Barros de Coimbra, Um esquema do cancioneiro popular* y *O ciclo do Natal na literatura oral portuguesa*.

Fernández (Alejo). Biog. Pintor español, n. y m. en Sevilla (1470-1543). Cultivó la pintura religiosa. Obras principales: *La Virgen de la Rosa, El descendimiento* y *La Virgen del Buen Aire* (Museo del Prado). || **(Arturo).** Actor teatral y cinematográfico español, n. en Gijón en 1929. Películas principales: *Distrito quinto, Un vaso de güisqui, La casa de la Troya, La fiel infantería, María, matrícula de Bilbao, La viudita naviera, Jandro, Las viudas, Camino del Rocío, Novios a la española* y *¿Quién soy yo?* || **(Constantino).** Jurisconsulto y político ecuatoriano, n. y m. en Ambato (1831-1895). De arraigadas convicciones liberales, fue víctima de continuas persecuciones por parte de sus enemigos políticos. En 1883 pudo regresar a su patria, fue elegido diputado y ocupó un puesto en la Convención. En 1895 organizó una columna contra el Gobierno y cayó mortalmente herido en las calles de Ambato. || **(Emilio).** Director cinematográfico mejicano, más conocido por el seudónimo de *El indio Fernández*, n. en Hondo, Coahuila de Zaragoza, en 1904. Es una de las principales figuras de su país, que sabe calar hondo en las películas de sentido dramático. Ha dirigido, entre otras. *María Candelaria, Flor silvestre, Enamorada, La perla, La malquerida* ((1950), *Bugavilia* (1951), *La sombra enamorada* (1952), *La red* (1953), *Noso-*

Fernán Núñez. Vista del palacio de los duques

tros dos (1954), *La mujer rebelde* y *Los llaneros*. || **(Félix Miguel).** Militar y político mejicano, más conocido por el seudónimo de *Guadalupe Victoria*, nombre que adoptó como símbolo de sus ideas religiosas y de su victoria, n. en Tamazula, Durango, y m. en el castillo de Perote, Veracruz (1785-1842). Tomó parte en la guerra contra España, participando en el sitio de Oaxaca con Morelos (1812) y apoyando el Plan de Iguala de Iturbide. Combatió a éste

Fernández

cuando se proclamó emperador y, cuando abdicó, entró a formar parte del gobierno tripartito provisional (1823). Elegido primer presidente constitucional (1824-29), logró la rendición del castillo de San Juan de Ulúa (1825), último baluarte de los realistas. A él se debió la ley de expulsión de los españoles y la abolición de la esclavitud. ‖ **(Gregorio).** Escultor español, a quien muchos autores apellidan, indebidamente, Hernández; n. en Galicia y m. en Valladolid (h. 1566-1636). De los dos centros que tuvo la escultura española en el s. XVII, el

Gregorio Fernández, por Diego Valentín Díaz. Museo Nacional de Escultura. Valladolid

castellano y el andaluz, Fernández personifica el primero de un modo absoluto, pues no tuvo predecesores, contrincantes ni discípulos, aunque no le faltaron colaboradores ni imitadores. La única influencia marcada en su estilo es la de la escultura flamenca del s. XV, acusada en la expresión y en el plegado anguloso de los paños. La nota sobresaliente del arte del gran escultor castellano es la religiosidad. Obras principales: el *Cristo yacente*, en los Capuchinos de El Pardo, conocido por el *Cristo de El Pardo*, hecho en 1605 por encargo de Feli-

Ecce Homo, por Gregorio Fernández. Iglesia de Santiago. Valladolid

pe III, el *Cristo de la Luz* y *La quinta angustia*, del Museo de Valladolid; los pasos procesionales, de inspiración popular, grupos de figuras sueltas más que verdaderas composiciones; la *Inmaculada*, de San Esteban de Salamanca, y los retablos, de grandes esculturas y arquitectura sobria. El mayor conjunto de su producción se encuentra en Valladolid. ‖ **(Juan).** Navegante y descubridor español, n. probablemente en Cartagena y m. en Santiago de Chile (h. 1536-h. 1602). Descubrió tres islas situadas 440 km. al occidente de Valparaíso, llamadas de Juan Fernández, en memoria suya. ‖ **(Juana).** Poetisa uruguaya, más conocida por *Juana de Ibarbourou* y por *Juana de América*, n. en Melo, Cerro Largo, y m. en Montevideo (1895-1979). Muy joven llamó la atención en todo el mundo de habla española, por su franca expresión de emociones juveniles; después orientó su poesía en un sentido grave y melancólico. Obras principales: *Las seis lenguas de diamante* (1918), *Raíz salvaje* (1922), *La rosa de los vientos* (1930), *Estampas de la Biblia* (1934), *Loores de Nuestra Señora* (1934), *Poemas* (1942), *Romances del destino*, galardonada con el premio Bellas Artes-Cultura Hispánica, y *Tiempo*, antología poética. En 1950 fue nombrada presidenta de la Sociedad Uruguaya de Escritores. En 1967 se le concede el premio *Ciudad de Palma* de poesía por su obra *Elegía*. ‖ **(León).** Político e historiador costarriqueño (1840-1887). Se distinguió como escritor satírico y polemista y desempeñó elevados cargos diplomáticos, entre ellos el de ministro plenipotenciario en Madrid, en 1883. Es autor, entre otras obras, de una *Historia de Costa Rica*. ‖ **(Lucas).** Autor dramático español, n. y m. en Salamanca (1474-1542). Su nombre ha pasado a la posteridad merced a un volumen impreso en Salamanca en 1514 con el título de *Farsas y églogas al modo y estilo pastoril y castellano*, seis obras de las que la última, el *Auto de la Pasión*, le convierten en la más importante figura, con Juan del Encina, de la dramática española de su época. ‖ **(Macedonio).** Escritor argentino, n. y m. en Buenos Aires (1874-1952). Fue magistrado judicial y cultivó las letras, planteando problemas metafísicos con una profunda vena humorística. De este carácter son sus obras más significativas: *No todo es vigilia la de los ojos abiertos* (1928), *Papeles de Recienvenido* (1930), ampliada en 1944, y *Una novela que comienza* (1940). ‖ **(María Antonia).** Vallejo Fernández (María Antonia). ‖ **(María del Rosario).** Actriz española, más conocida por *la Tirana*, n. en Sevilla y m. en Madrid (1775-1803). Empezó su brillante carrera en los Reales Sitios, donde representó obras de Calderón, Rojas, Zorrilla, Comella, Racine, Corneille y Molière. ‖ **(Pepín).** Fernández Rodríguez (José). ‖ **(Próspero).** General costarricense, n. en San José (1834-1885). Se distinguió en la expedición contra el filibustero Walker y fue nombrado después general en jefe de las tropas de Costa Rica y presidente de la República. ‖ **Albano (Elías).** Político chileno, n. en Santiago (1845-1910). Fue diputado en tres legislaturas seguidas y desempeñó, sucesivamente, los cargos de ministro de Industria y Obras Públicas, ministro de Guerra y Marina y presidente interino de la República. ‖ **Almagro (Melchor).** Escritor español, n. en Granada y m. en Madrid (1895-1966). Se ha destacado como historiador y crítico literario. Entre otras obras pueden citarse: *La emancipación de América y su reflejo en la conciencia española*, *En torno al 98*, *Vida y literatura de Valle-Inclán*, *Vida y obra de Ángel Ganivet* (1925), *Historia política de España contemporánea*. Fue miembro de las Reales Academias de la Historia y de la Lengua. ‖ **Alonso (Aniceto).** Religioso dominico español, n. en Pardisivil, Santa Colomba de Curueño,

en 1895. Es licenciado en Ciencias Físicas y doctor en Sagrada Teología. Ha sido profesor de Filosofía en la Universidad Pontificia de Santo Tomás, de Roma. De 1950 a 1962 fue superior de la provincia de España, y de 1953 a 1962 presidente de la Confederación Española de Religiosos (CONFER). Ha sido maestro general de la Orden (1962-1974). ‖ **Alonso (Severo).** Político boliviano, n. en Sucre y m. en Lima (1859-1925). Elegido presidente de la República en 1896, abandonó el poder en 1898, tras la derrota de las fuerzas del gobierno en la guerra civil habida por la capitalidad entre Sucre y La Paz. ‖ **Álvarez Espartero (Joaquín Baldomero).** General y político español, más conocido por *Baldomero Espartero*, n. en Granátula, Ciudad Real, y m. en Logroño (1793-1879). Tomó parte en la guerra de la Independencia; finalizada ésta, pasó a América, donde intervino en muchos combates, hasta el fin de la dominación española como consecuencia de la batalla de Ayacucho, y regresó a España en 1825 con el grado de coronel. Al morir Fernando VII (1833), se declaró ardiente partidario de Isabel II, y, nombrado jefe de las tropas que operaban en Vizcaya, se destacó en la primera guerra carlista, llamada de los Siete Años, y puso fin a la contienda con el Convenio de Vergara (1839). Al fin de la lucha era Espartero duque de la Victoria y de Morella, conde de Luchana y teniente general; halagado por la reina regente y por los partidos políticos *progresista* y *moderado*, acabó por intervenir activamente en la política como miembro de aquél. Fue árbitro de los destinos de España, y las divergencias entre la reina madre y el general obligaron a María Cristina a renunciar a la regencia. Las Cortes eligieron entonces regente al duque de la Victoria, pero a los dos años hubo de abandonar el cargo y refugiarse en Inglaterra (1841-43); la revolución triunfante le privó de todos sus títulos y honores. Regresó a España en 1848, y formó Gobierno en 1851, siendo entonces la reina madre María Cristina la que tuvo que emigrar a Francia. En 1856, viendo el general descontento, que se traducía en constantes conspiraciones, abandonó la presidencia y buscó retiro y quietud en Logroño, apartado de toda política, donde recibió la visita del rey Amadeo, quien, con tal motivo, le otorgó el título de príncipe de Vergara. También le visitó en Logroño Alfonso XII. Constituyó para todos una figura nacional. ‖ **Álvarez (Manuel).** Historiador español, n. en Madrid en 1921. Catedrático de Historia moderna de la Universidad de Salamanca, y profesor de investigación del C. S. I. C. Ha publicado, entre otras obras: *Economía, Sociedad y Corona* (1963), *La España del Emperador Carlos V* (1966), tomo XVIII de la monumental *Historia de España*, dirigida por Menéndez Pidal, *La sociedad española del Renacimiento* y *Evolución del pensamiento histórico en los tiempos modernos* (1975). Colaboró en el tomo XVII, 2.ª parte de la citada *Historia de España*. ‖ **Arbós (Enrique).** Violinista y director de orquesta español, n. en Madrid y m. en San Sebastián (1863-1939). Fue director de la Orquesta Sinfónica. Es autor de varias obras: *Bolero, Seguidillas gitanas, Viaje al centro de la Tierra* (zarzuela) y las transcripciones para orquesta de la *Suite Iberia*, de Albéniz. En 1963 se publicaron sus *Memorias*. ‖ **Ardavín (César).** Director de cine español, hijo de Luis, n. en Madrid en 1923. Películas principales: *El lazarillo de Tormes* (1959), que mereció el Oso de Oro en el Festival de Berlín, *Cerca de las estrellas* (1961), galardonada en el Festival de Valladolid, *La frontera de Dios* y *La Celestina*. ‖ **Ardavín (Luis).** Poeta y autor dramático español, n. y m. en Madrid (1891-1962). Publicó *Meditaciones y* otros poemas, *La eterna inquietud* y *A mitad del camino*, entre otras obras. Estrenó, entre otras producciones teatrales, *La parranda, La Bejarana, Rosa de Madrid, La dama del armiño, El cantar del organillo* (1949), *La reina clavel* (1951), *Sierra Morena* (1952) y *La Caramba* (1953). Fue presidente de la Sociedad General

Luis Fernández Ardavín

de Autores. ‖ **Armesto (Felipe).** Periodista español, más conocido por el seudónimo de *Augusto Assía*, n. en Orense en 1906. Desde Londres, y como corresponsal de *La Vanguardia*, de Barcelona, y de *Ya*, de Madrid, hizo la crónica de la S. G. M. y de la posguerra con reconocido éxito. Ha publicado: *Mi vuelta al mundo* (1950) y *La traición como arte* (1955). ‖ **Arrondo (Ernesto).** Poeta y periodista cubano, n. en Güines (1897-1956). Por sus *Poemas del amor feliz* recibió el premio nacional de Poesía. Obras: *Bronces de libertad* e *Inquietud*. ‖ **de Avellaneda (Licenciado Alonso).** Seudónimo con que en 1614 se publicó el *Segundo tomo del Ingenioso Hidalgo don Quijote de la Mancha*, obra apócrifa atribuida a Lope, a Bartolomé de Argensola, a fray Luis de Aliaga y a otros escritores de aquella época. ‖ **Beschtedt (Domingo).** Escritor, poeta y profesor argentino, más conocido por el seudónimo de *Fernán Félix de Amador*, n. en Luján y m. en Buenos Aires (1889-1954). De sus obras en verso merecen citarse: *La lámpara de arcilla* (1912), *El ópalo escondido* (1921) y *La copa de David* (1924), y en prosa: *Allu mapu o el país de la lejanía* (1941). ‖ **Béthencourt (Francisco).** Genealogista y escritor español, n. en Lanzarote y m. en Alicante (1850-1916). Publicó, entre otros libros, la *Historia genealógica y heráldica de la monarquía española*, *La nobleza y la corona de España* y *Diccionario histórico-biográfico-genealógico de Canarias*. ‖ **Caballero (Manuel).** Compositor español, n. en Murcia y m. en Madrid (1835-1906). Compuso cerca de 200 obras escénicas, entre ellas *Los sobrinos del capitán Grant, El dúo de la Africana, El cabo primero, La viejecita* y *Gigantes y cabezudos*, que alcanzaron extraordinaria popularidad. ‖ **de Cabrera, conde de Chinchón (Luis Jerónimo).** Gobernante español, virrey de Perú, n. en Madrid (1590-1647). Según la tradición, su esposa doña Francisca de Rivera Enríquez, enferma de paludismo, fue curada por un indígena con la corteza del quino, por lo que se introdujo esta terapéutica en Europa. Linneo, en homenaje a la condesa, clasificó la substancia con el nombre de *cinchona*. ‖ **Camús (Emilio).** Jurisconsulto y profesor universitario cubano, n. en 1898. Ha publicado numerosos estudios sobre temas jurídicos, entre los que se destacan: *Código civil explicado, La acción pauliana* e *Historia de la compensación*. ‖ **de Castro y Abeille (José Antonio).** Jurisconsulto, diplomático y escritor cubano, n. y m. en La Habana (1897-1951). Se especializó en la historia de la independencia de su país y publicó sobre ella diversas investigaciones. Merece recordarse: *Medio siglo de historia colonial de Cuba: José Antonio Saco y sus amigos durante la revolución de Yara*. Otras obras: *Barraca de feria* (1933), *Tema negro en las letras de Cuba* (1943) y *Esquema histórico de las letras en Cuba* (1949). ‖ **de Castro Andrade y Portugal, conde de Lemos (Pedro).** Político español, n. en Monforte de Lemos y m. en Madrid (1575-1637). Perteneció al Consejo de Indias y al de Italia y fue virrey de Nápoles. Fue el mecenas de los escritores y artistas de su tiempo, entre los que sobresalen Lope de Vega, Quevedo, los Argensola, Góngora, Es-

Pedro Fernández de Castro, grabado antiguo. Biblioteca Nacional. Madrid

quivel, y a quien Cervantes, en los postreros momentos de su vida, dedicó su última obra: *Los trabajos de Persiles y Sigismunda*. ‖ **Concheso (Aurelio).** Jurista y político cubano, n. en Sancti-Spiritus y m. en Méjico (1896-1955). Fue profesor de Derecho penal en la Universidad de La Habana. En el período de la Junta de los Cinco desempeñó el cargo de secretario de Justicia. Escribió: *A la libertad por la cultura*. ‖ **de Córdoba (Diego).** Guerrero y magnate español de la segunda mitad del s. XV y principios del XVI. Hizo la campaña de Granada. Fue nombrado virrey de Navarra en 1513. ‖ **de Córdoba, marqués de Guadalcázar (Diego).** Político español, n. en Sevilla y m. en Guadalcázar (1578-1630). Fue virrey de Méjico y de Perú. Fundó la villa de Córdoba en 1618 y la ciudad de Lerma en 1620. ‖ **de Córdoba (Francisco).** Conquistador español, n. en Granada y m. en León, Nicaragua (1475-1525). Después de tomar parte en la conquista de la América central, fundó la ciudad de Granada y levantó en ella el primer templo; fundó también la ciudad de León en Imabite, y penetró en Honduras; al pretender gobernar independientemente de Pedrarias Dávila, éste le redujo a prisión y le mandó degollar. ‖ **de Córdoba (Gonzalo).** General español, conocido por el *Gran Capitán*, n. en Montilla y m. en Loja (1453-1515). Tomó parte en la guerra de sucesión en favor de los Reyes Católicos y se distinguió de manera extraordinaria en las de Granada. Escogido por la reina Isabel, fue nombrado para mandar el ejército enviado a Italia por Fernando el Católico para expulsar del reino de Nápoles a los franceses, que se

Gonzalo Fernández de Córdoba. Biblioteca Colombina. Sevilla

habían apoderado de él. Con muy escasas fuerzas y maniobrando con gran habilidad se apoderó de Calabria; efectuó después una marcha, modelo de audacia y técnica militar, por la que mereció el título de *Gran Capitán*, y llegó oportunamente para contribuir a la derrota de los franceses. Entró triunfador en Nápoles, donde fue repuesto el rey Fadrique III, de la dinastía aragonesa, y regresó a España en 1498. En 1500 pactó Fernando V con el rey de Francia Luis XII el reparto del reino de Nápoles, pero, enemistados, lucharon entre sí. El *Gran Capitán* derrotó en Ceriñola al ejército mandado por el duque de Nemours, que murió en el combate (1503), y se apoderó de todo el reino. Mandó Luis XII un nuevo ejército, que fue igualmente vencido a orillas del Garellano (1504), y los franceses hubieron de rendir la plaza fuerte de Gaeta y dejar libre el campo a los españoles. Terminada la guerra, Fernández de Córdoba gobernó en Nápoles durante cuatro años. ‖ **de Córdoba (Luis).** Militar español, n. en Buenos Aires y m. en Lisboa (1798-1840). Adicto a Fernando VII, combatió contra los liberales en el año 1822 y tuvo que emigrar a Francia, de donde regresó en 1823, incorporado al ejército de Angulema. Fue secretario de Estado. ‖ **de Córdoba y Valcárcel (Fernando).** General español, n. en Buenos Aires y m. en Madrid (1809-1883). Combatió a los carlistas en la primera guerra civil; a los sublevados de Cartagena y de Madrid en 1845; mandó las tropas españolas que pasaron a Roma en socorro del papa Pío IX, y fue presidente del Consejo de ministros. Publicó sus célebres *Memorias íntimas*, meritísima obra histórica. ‖ **-Cuesta Merelo (Raimundo).** Jurisconsulto español, n. en Madrid en 1896. Es notario y pertenece al Cuerpo Jurídico de la Armada con el grado de ministro togado. Ha sido embajador, ministro de Agricultura, de Justicia, ministro-secretario del Movimiento y presidente del Consejo de Estado. Es académico de la Real de Jurisprudencia y Legislación desde 1940, siendo en la actualidad vicepresidente de la misma. Desde octubre de 1976 preside Falange Española de las J. O. N. S. ‖ **de la Cueva, duque de Alburquerque (Francisco).** Capitán español, n. en Barcelona y m. en Madrid (1617-1676). Combatió en Fuenterrabía y en Flandes, y fue herido en la derrota de Rocroy. En la guerra de Cataluña derrotó a la escuadra francesa frente a Cambrils. Fue virrey de Méjico. ‖ **Díaz (Antonio).** Cantaor español, más conocido por el seudónimo de *Fosforito*, n. en Puente Genil, Córdoba, en 1932. Obtuvo su consagración en el Concurso nacional de cante hondo, organizado por el Ayuntamiento de Córdoba, en abril de 1956, al acreditarse como primera figura en los dieciséis cantes exigidos en las bases, tanto por su voz como por su estilo. ‖ **de Echeverría y Veytia (Mariano).** Historiador mejicano, n. en Puebla (1718-1779). Su *Historia antigua de Méjico*, que se apoya en datos no conocidos hasta entonces, cuenta la evolución del pueblo azteca desde que se estableció en el valle de Anáhuac hasta mediados del s. XV. ‖ **Flórez (Darío).** Escritor español, n. en Valladolid y m. en Madrid (1909-1977). Colaboró en la prensa y en la revista y ha escrito: *Inquietud* (1931), *Zarabanda* (1944), *La dueña de las nubes*, comedia (1944), *Lola, espejo oscuro* (1950), *Memorias de un señorito* (1956), *Yo estoy dentro*, novela (1961), *Nuevos lances y picardías de Lola, espejo oscuro*, *Frontera* y *Asesinato de Lola, espejo oscuro* (1974). ‖ **Flórez (Wenceslao).** Periodista y novelista español, n. en La Coruña y m. en Madrid (1886-1964). En 1934 ingresó en la Real Academia de la Lengua. Colaboró asiduamente en la prensa con artículos de los más variados asuntos, siempre llenos de interés e ingenio. Debe, no obstante, la mayor parte de su fama a las novelas, donde campea un humorismo lleno de trascendental ironía y de fino desdén hacia las cosas de la vida. Sus obras más famosas son: *La procesión de los días* (1913), *Volvoreta* (1917), *Las gafas del diablo* (1918), *El secreto de Barba Azul* (1923), *Visiones de neurastenia* (1924), *Las siete columnas* (1926), *El bosque animado* (1943), consideradas estas dos como las mejores; *Fantasmas*, la más específicamente humorista; *El Malvado Carabel*, *El toro, el torero y el gato* (1946), *Fuegos artificiales* (1954) e *Impresiones de un hombre de buena fe*, dos tomos, que comprenden los años 1914-19 y 1920-36, publicada en 1964. ‖ **De Folgueras (Mariano).** Militar español, n. en Barcelona y m. en Manila (1776-1823). Fue segundo cabo, gobernador y capitán general de Filipinas, y murió asesinado por los sediciosos filipinos mandados por el capitán Novales. ‖ **Galiano (Emilio).** Naturalista español, m. en 1956. Miembro de la Real Academia de la Lengua, desde 1948, trabajó en la 18.ª edición del Diccionario de dicha corporación, revisando y añadiendo términos de su especialidad. ‖ **García (Luis).** Autor dramático y comediógrafo español, más conocido por *Fernández de Sevilla*, n. en Sevilla

Manuel Fernández y González. Ateneo de Madrid

y m. en Madrid (1888-1974). Escribió los libretos de algunas zarzuelas como: *La del Soto del Parral*, *Los claveles*, *Don Manolito*, *Un beso* y *La eterna canción*. ‖ **y González (Manuel).** Novelista español, n. en Sevilla y m. en Madrid (1821-1888). Entre sus numerosas novelas sobresalen: *Martín Gil*, *El cocinero de Su Majestad* y *Men Rodríguez de Sanabria*. Compuso también buenos versos: *Los alcázares de España*, *La Alhambra*, *La batalla de Lepanto* y *El rezo*, y dio al teatro muchas obras, como *Cid Rodrigo de Vivar*, *Deudas de la honra* y *La muerte de Cisneros*. ‖ **Granados (Enrique).** Poeta mejicano, n. en Ciudad de Méjico (1866-1920). Cultivó la poesía neoclásica en sus formas anacreónticas. Autor de *Mirtos y margaritas*. ‖ **Grilo (Antonio).** Poeta español, n. en Córdoba y m. en Madrid (1845-1906). Publicó, entre sus numerosas composiciones, *Las ermitas*, *Nochebuena*, *La monja*, *El invierno* y *El campo*. ‖ **Guardia (Ricardo).** Escritor, historiador y político costarricense, n. en Alajuela (1867-1950). Fue director de las Academias costarricenses de la Lengua y de la Historia. Escribió: *El descubrimiento y la conquista de Costa Rica*, *Reseña histórica de Talamanca*, *Crónicas coloniales*, *La independencia y otros episodios*. Cultivó también la crónica y el cuento, de los que son ejemplo: *Cuentos Ticos* (1901 y 1926), *La miniatura* (1920) y *Cosas y gentes de antaño* (1935). ‖ **Guerra y Orbe (Aureliano).** Publicista y literato español, n. en Granada y m. en Madrid (1816-1894). Sobresalió por sus estudios históricos, que le llevaron a la Academia Española. La lista de sus producciones es muy extensa, debiéndosele también unos 100 mapas de la España antigua. ‖ **de Heredia (Juan).** Guerrero, político diplomático y escritor español, n. en Munébrega y m. en Caspe (h. 1310-1396). Luchó en Francia, y salvó al rey en la batalla de Crécy. Consejero de los reyes de Aragón y alto servidor de los papas en Aviñón, acompañó al papa Gregorio XI a su retorno a Roma. Fue embajador de Aragón en Navarra y Francia, canciller en Aragón de la Orden de San Juan de Jerusalén y gran maestre de dicha Orden. ‖ **Juncos (Manuel).** Escritor y político puertorriqueño, n. en Ribadesella y m. en San Juan de Puerto Rico (1846-1928). Dirigente del partido autonomista, fue ministro de Hacienda en el año 1897. Fundó la *Revista Puertorriqueña*. Obras: *Tipos y caracteres de Puerto Rico* y *Costumbres y tradiciones de Puerto Rico*. ‖ **Larraín (Sergio).** Político, hispanista y escritor chileno, n. en Melipilla en el año 1909. Diputado (1937-49), senador (1949-53) y embajador en España (1959), es comendador (1946) y gran cruz (1947) de la Orden de Isabel la Católica. Colabora en la prensa con temas económicos y sociales y ha escrito: *Derecho político soviético*, *Treinta y tres meses de Frente Popular*, *La verdad en el caso español*, *Las relaciones diplomáticas entre Chile y España*, *Traición* y *Sergio Fernández informa*. Pertenece a la Academia de la Historia de su país (1962). ‖ **Ledesma (Enrique).** Poeta, escritor y político mejicano, n. en Los Pinos (1888-1940). Fue director de la Biblioteca Nacional de 1929 a 1935. Obras: *Con la sed en los labios* (poesías) e *Historia crítica de la tipografía en México*. ‖ **de Lizardi (José Joaquín).** Escritor mejicano, n. y m. en Méjico (1771-1827). Se hizo célebre con el seudónimo de *el Pensador Mejicano*. Editó folletos seriados, de carácter periodístico, con distintos títulos. También hay que citar las novelas *El periquillo Sarmiento*, que continúa reeditándose al presente; *La quijotita y su prima*, *Don Catrín de la Fachenda*, *Ratos entretenidos* y *Noches tristes*; publicó también un libro de fábulas. ‖ **Mac Gregor (Jenaro).** Escritor mejicano, n. en Ciudad de Méjico (1883-1959). Fue miembro del Tribunal Permanente de

Arbitraje de La Haya y rector de la Universidad Nacional de Méjico. Obras: *Novelas triviales*, *Mies tardía*, *La santificación de Sor Juana*, *Díaz Mirón* y *Estudios de Derecho Internacional*. ‖ **Madrid (José).** Político y literato colombiano, n. en Cartagena de Indias y m. en Londres (1789-1830). Fue elegido presidente de la República de Colombia en 1816, pero cayó prisionero de las tropas españolas y no volvió a su país hasta después del triunfo de Bolívar. ‖ **Medina (Benjamín).** Diplomático y literato uruguayo, n. en Montevideo y m. en Madrid (1873-1960). Subsecretario de Asuntos Exteriores (1911) y embajador de su país en Alemania y los P. B. (1916), España y Portugal (1917-1930) y Cuba (1930-35), fue doctor honoris causa por la Universidad de Salamanca, académico correspondiente de la Española y de la Historia y poseía las grandes cruces de Isabel la Católica y de Alfonso XII. Obras principales: *Camperas y serranas*, poesías; *Cuentos del Pago*, *Antología uruguaya*, *Charamuscas* (1891), *Diálogos, monólogos y otras composiciones recitables* (1896-98), *Poesías* (1912), *Estampas de mujeres del Uruguay* (1928) y *Figuras, doctrinas y empresas hispánicas* (1930). ‖ **-Miranda y Hevia (Torcuato).** Político español, n. en Gijón y m. en Londres (1915-1980). Catedrático de Derecho político en Oviedo (1945) y Madrid (1968), ha sido también rector de la Universidad de Oviedo. A la muerte de Carrero Blanco (20 de diciembre de 1973) se hizo cargo de la presidencia del

Torcuato Fernández-Miranda

Gobierno. El 2 de diciembre de 1975 fue nombrado por real decreto presidente de las Cortes Españolas y del Consejo del Reino, dimitiendo en mayo de 1977. Su Majestad el Rey le concedió el collar del Toisón de Oro y le otorgó el título de duque de Fernández-Miranda. Autor de *Estado y Constitución* (1975). ‖ **Montesinos (José).** Crítico y escritor español, n. en Granada y m. en Berkeley (1897-1972). Realizó numerosas ediciones críticas de nuestros clásicos. Principales obras: *Estudios sobre Lope* (1951), *Introducción a una historia de la novela en el s. XIX* y *Alarcón* (1955), *Ensayos y estudios de literatura española* (1959), *Costumbrismo y novela* (1960) y *Galdós* (I y II tomo, 1968-69; III, 1973), por la que recibió el premio nacional de Literatura Miguel de Unamuno en 1968. ‖ **de la Mora (Gonzalo).** Diplomático, periodista y escritor español, n. en Barcelona en 1924. Ingresó en la carrera diplomática en 1947. Premio Luca de Tena (1952) y Mariano de Cavia (1960), fue galardonado con el premio nacional de Ensayos Culturales (1961), por su libro *Ortega y el 98*. Otras obras: *La quiebra de la razón de Estado*, *Maeztu y la revolución* y *Pensamiento español* (colección anual de las críticas literarias publicadas en el diario *A B C* de Madrid). En el año 1970 fue nombrado académico de Ciencias Morales y Políticas y ministro de Obras Públicas. Al cesar como ministro de Obras Públicas (enero de 1974), fue ascendido a la categoría de embajador y nombrado director de la Escuela Diplomática. ‖ **de Moratín (Leandro).** Poeta y autor dramático español, hijo de Nicolás, n. en Madrid y m. en París (1760-1828). En 1779, la Academia Española premió su poema épico a la *Toma de Granada,* y en 1782, obtuvo un nuevo lauro, de la misma institución, por su *Lección poética.* Durante la guerra de la Independencia se vio

Leandro Fernández de Moratín, por Goya. Academia de San Fernando. Madrid

envuelto en la acusación de afrancesado, y, terminada aquélla, se trasladó a Francia; volvió a España en 1820 y regresó nuevamente a Francia, donde murió. Fue Moratín el último y más ilustre de los dramaturgos españoles del s. XVIII, y, no obstante conocer el teatro inglés y el francés, se dejó influir por el último, pero conservó en sus obras un sabor muy nacional, por los asuntos, los personajes y el ambiente. Obras maestras suyas son las comedias *El viejo y la niña* (1790), *La comedia nueva* o *El café* (1792), fina sátira contra los malos autores dramáticos, *El barón* (1803), *La mojigata* (1804) y *El sí de las niñas,* la más hermosa de sus comedias (1806). Se le deben también *La derrota de los pedantes* y *Los orígenes del teatro español,* obra interesantísima de erudición. ‖ **de Moratín (Nicolás).** Poeta y autor dramático español, n. y m. en Madrid (1737-1780). Desempeñó la cátedra de Poética en los estudios del Colegio Imperial de San Isidro, donde expuso las doctrinas de Luzán. Escribió, de acuerdo con las reglas clásicas, varias obras dramáticas, mejor intencionadas que felices, como *La petimetra, Lucrecia, Hormesinda* y *Guzmán el Bueno,* que no tuvieron éxito. En cambio, cuando, olvidándose de las reglas, se dejaba arrastrar por su inspiración, hablaba en él el sentir nacional y se hallaba muy cerca de los perseguidos poetas del Siglo de Oro. Son, pues, sus composiciones poéticas las que le han concedido un puesto en la historia de la literatura española, y de entre ellas merecen destacarse: *Fiesta de toros en Madrid,* quizá la mejor poesía escrita en castellano en el s. XVIII; *Las naves de Cortés destruidas* y *Romances moriscos,* donde supo imitar a la perfección las obras maestras del gran Romancero español y a Lope y Góngora, continuadores de esta tradición. ‖ **Moreno (Baldomero).** Poeta y escritor argentino, n. y m. en Buenos Aires (1886-1950). Dentro del modernismo, trajo una forma sencilla, ya

irónica, ya sentimental. Entre sus obras en verso se distinguen: *Las iniciales del misal, Intermedio provinciano, Ciudad, Campo argentino, Canto de amor, de luz, de agua, Versos de Negrita, El hogar en el campo, Sonetos* y *Continuación.* Primer premio nacional de Literatura en 1936 y gran premio de honor en 1949, concedido por la Sociedad Argentina de Autores por su libro *Parva.* ‖ **Moreno (César).** Poeta argentino, n. en Buenos Aires en 1919. Premio municipal de Literatura 1940 por su obra *Gallo ciego.* Entre su producción se pueden destacar *Valle verde* y *Epístolas a Julio Verne.* ‖ **de Navarrete el Mudo (Juan).** Pintor español, n. en Logroño y m. en Toledo (h. 1526-1579). Estuvo en Italia y al servicio de Felipe II desde 1568, y así pudo admirar las obras maestras de la pintura que se conservaban en las colecciones reales y sentir la influencia veneciana a través de su más genuino representante, por lo que mereció el sobrenombre de *Tiziano español.* No obstante, su gran personalidad y su acentuada raigambre española le hicieron reaccionar contra el italianismo, convertido ya en amaneramiento insulso. En 1578 le llevó Felipe II a trabajar en El Escorial. Fue el pintor español

Martirio de Santiago el Mayor, por Juan Fernández de Navarrete, detalle. Salas capitulares. Monasterio de El Escorial

más recio del s. XVI, tanto por su carácter innovador como por su dibujo correcto y valiente pincelada. Casi todas sus obras son de asunto religioso; entre las mejores figuran: *Bautismo de Cristo* (Prado), *Nacimiento de Cristo, Sagrada Familia* y las parejas de santos para los altares, que dejó empezadas, todas en El Escorial. ‖ **de Navarrete (Martín).** Marino y escritor español, n. en Abalos y m. en Madrid (1765-1844). Estudió en el seminario de Vergara entrando posteriormente en la marina de guerra. Luego de alcanzar elevados puestos, se retiró a la vida privada. Escribió: *Colección de viajes y descubrimientos que hicieron por mar los españoles desde fines del siglo XV, Historia de las Cruzadas* y *Vida de Miguel de Cervantes.* También redactó y reformó, por encargo de la Academia, la *Ortografía de la lengua castellana.* Fue bibliotecario perpetuo de la Real Academia Española, director de la de la Historia y miembro de varias Academias extranjeras. ‖ **de Navarrete (Pedro).** Militar y marino español, n. y m. en Navarrete (1647-1711). Se cubrió de gloria en numerosas acciones terrestres y navales, y ascendió por méritos desde alférez a generalísimo de mar y tierra. Dejó

varias obras de mérito, a las que ha debido que su nombre figurara en el *Catálogo de Autoridades de la Lengua,* publicado por la Academia Española. ‖ **Navarro (Lucas).** Cristalógrafo español, n. y m. en Madrid (1869-1930). Catedrático de Historia Natural en varios institutos, obtuvo, en 1902, la cátedra de Cristalografía de la Universidad de Madrid, donde ejerció la enseñanza hasta su muerte, y fue académico desde 1925. Su *Cristalografía* fue durante muchos años el único texto español sobre la materia. Otras obras: *Mineralogía, Minerales de España,* etc. ‖ **Ordóñez (Francisco).** Político español, n. en Madrid en 1930. Licenciado en Derecho por la Universidad de Madrid, y especializado en Economía por la Universidad de Harvard (1966-67), ha desempeñado numerosos cargos en la Administración. De julio de 1977 a abril de 1979 ocupó el cargo de ministro de Hacienda. ‖ **de Oviedo y Valdés (Gonzalo).** Militar, político e historiador español, n. en Madrid y m. en Valladolid (1478-1557). Peleó en Italia y Flandes, y pasó en 1514 a América como cronista, escribano real y veedor de las fundiciones. Regresó a España para acusar a Pedrarias, y se le nombró gobernador de Cartagena. Obras principales: *De la natural Historia de las Indias* (1526), *Historia general y natural de las Indias e Islas y Tierra Firme del mar Océano* (1535-47), reeditada completa por la Academia de la Historia en 1851. ‖ **Pacheco (Juan Manuel).** Prócer español, marqués de Villena y duque de Escalona, m. en Madrid (1650-1725). Fue uno de los organizadores de la Academia Española y su primer director. ‖ **de Palencia (Diego).** Capitán español, n. en Palencia y m. en Sevilla (1520-1581). Pasó a América y luchó en Perú. El virrey marqués del Cañete le llevó a su lado como cronista, y como tal escribió la obra *Historia del Perú,* que comienza en 1556. ‖ **de Piedrahíta (Lucas).** Historiador colombiano, n. en Bogotá y m. en Panamá (1624-1688). En 1676 publicó su conocida *Historia general de las conquistas del Nuevo Reino de Granada.* ‖ **de Portocarrero (Luis Manuel).** Cardenal y político español, n. y m. en Toledo (1635-1709). Cardenal arzobispo de Toledo y consejero de Estado, ejerció gran influencia en la política del país en las postrimerías del reinado de Carlos II, gracias a su ascendiente sobre el monarca. A él se debió fundamentalmente el testamento cuyo beneficiario fue Felipe de Anjou, sobrino carnal del rey y nieto de Luis XIV de Francia (1700). Presidió el Consejo de regencia hasta que vino el nuevo soberano. ‖ **Pradera (María Dolores).** Cantante y actriz teatral y cinematográfica española, más conocida por *María Dolores Pradera,* n. en Madrid en 1924. Películas: *Mi vida en tus manos* (1943), *Altar Mayor* (1944), *Los habitantes de la casa deshabitada* (1947), *Fuego en la sangre* (1953), *La danza de los deseos,* etc. A partir de 1954 se reveló como excelente cantante melódica. ‖ **de Quirós (Pedro).** Navegante portugués, n. en Évora y m. en Nueva España (1565-1616). Al servicio de España, formó parte como piloto de la segunda expedición de Álvaro de Mendaña (1595-96), que llegó a las islas Marquesas, y, muerto su jefe, tomó el mando militar de la expedición, que condujo a Cavite (Filipinas). El 21 de diciembre de 1605 partió del Callao, en busca del continente austral, que presentía, atravesó el Pacifico en dirección O. y llegó al archipiélago hoy llamado de Nuevas Hébridas. ‖ **Ramírez (Salvador).** Gramático español, n. en Madrid en 1896. Catedrático de Griego en el Instituto de Alcalá de Henares, dio cursos de Lengua y Literatura en la Universidad de Madrid. *Estudios Históricos.* En 1951 inició la publicación de su *Gramática Española,* con el tomo I: *Los sonidos, el nombre y el pronombre.* El 3 de diciembre de

fernandina–Fernando

1959 fue elegido miembro de la Real Academia Española de la Lengua. ‖ **de los Ríos (Ángel).** Político y escritor español, n. en Madrid y m. en París (1821-1880). Figuró en todas las conspiraciones de carácter liberal del s. XIX, iniciando la propaganda republicana en 1863. Vivió desterrado hasta el triunfo de la revolución, y al ser proclamada la República no quiso aceptar cargo alguno. ‖ **Rodríguez (José).** Comerciante y hombre de negocios español, más conocido por *Pepín Fernández*, n. en El Rollán, Asturias, en 1893. Viajó por Méjico y Cuba; en 1910 se estableció en La Habana y creó nuevas formas de publicidad, y en 1934 volvió a España, donde creó nuevas empresas y renovó los sistemas de venta. ‖ **Sánchez (Ignacio).** Actor teatral y cinematográfico español, más conocido por el seudónimo de *Tony Leblanc*, n. en Madrid en 1922. Ha intervenido en las películas: *Las chicas de la Cruz Roja, La fiel infantería, Los pedigüeños*, director, actor y autor; *Los que tocan el piano*, etc. ‖ **Santos (Jesús).** Novelista y director cinematográfico español, n. en Madrid en 1926. Obras: *Los bravos* (1954), *En la hoguera* (1957, premio Gabriel Miró), *Cabeza rapada* (1965), *Libro de las memorias de las cosas* (premio Nadal 1970), *Las catedrales* (1970) y *Paraíso encerrado* (1973). Ha dirigido la película *Llegar a más*. ‖ **de Sevilla (Luis). Fernández García (Luis).** ‖ **Shaw (Carlos).** Poeta lírico y autor cómico español, n. en Cádiz y m. en Madrid (1865-1911). Publicó poesías, escribió en periódicos y revistas y dio a la escena varias obras en colaboración con López Silva y con Luceño, entre ellas *Las bravías, La Revoltosa, La chavala* y *Don Lucas del Cigarral*. ‖ **Shaw e Iturralde (Guillermo).** Autor dramático español, hijo de Carlos, n. y m. en Madrid (1893-1965). Entre sus obras escénicas más celebradas se cuentan: *La canción del olvido, La serranilla, Luisa Fernanda, El talismán, Doña Francisquita, El dictador, La tabernera del puerto, La duquesa del candil* y *El canastillo de fresas*. ‖ **Shaw e Iturralde (Rafael).** Comediógrafo español, hermano de Guillermo, n. y m. en Madrid (1905-1967). Colaboró con su hermano en algunas obras y en otras, entre otras, de *Leonardo el Joven* y *Tiene razón don Sebastián*. ‖ **Silvestre (Manuel).** General español, m. en Annual (1871-1921). Tomó parte en la guerra de Cuba, en la que fue horriblemente macheteado; pasó más tarde a Marruecos, y, siendo comandante general de Melilla, murió con motivo del levantamiento general de los rifeños contra España. ‖ **Spencer (Antonio).** Escritor dominicano, n. en Santo Domingo en 1922. Es secretario de la Academia de la Lengua y miembro correspondiente de la Española. De sus obras cabe destacar: *Vendaval interior* (1945), *Bajo la luz del día* (1952, premio Adonais), *Caminando por la literatura hispánica* (1964, premio nacional de Literatura), *Noche infinita* (1967) y *Diario del mundo* (1969, premio Leopoldo Panero). ‖ **Speroni (Carlos).** Médico argentino, n. en Buenos Aires en 1901. Ha representado a su país en varias misiones en el extranjero, especialmente en EE. UU. Entre sus obras se destacan: *Legislación sanitaria y secreto médico* y *Relatos clínicos de endocrinología*, en colaboración esta última con Enrique Cantilo, y con prólogo de Gregorio Marañón; entre sus numerosos trabajos cabe citar: *La hernia inguinal como accidente de trabajo, Psicosis postraumáticas* y *Tratamiento de la diabetes del climaterio por el método de la hipofisoinhibición humoral*. ‖ **de Velasco, duque de Frías (Bernardino).** Poeta y político español, conde de Haro, n. y m. en Madrid (1786-1851). Compuso numerosas poesías, entre ellas *El llanto conyugal, La muerte de Felipe II, El llanto del proscrito* y la leyenda *Don Juan de Lanuza*. Fue consejero de Estado y ministro de la Corona. ‖ **de Villa-sante (Julio Moisés).** Pintor español, más conocido por *Julio Moisés*, n. en Tortosa y m. en Suances (1880-1968). Las obras *Seminarista de Vich* (1915) y *Retrato de la madre del artista* (1917) iniciaron su prestigio. Especializado en el retrato, acusa en los tipos femeninos una influencia de ciertas escuelas italianas del s. XVI, mientras que en los de personajes masculinos se aprecia la huella de los grandes pintores españoles del s. XVII. Estos últimos siguen en la senda de su primera producción, recia y enérgica (el *Santero*, el *Pastor*, etc.). Cultivó también la pintura decorativa (Teatro de Cádiz) y la restauración de cuadros. Algunas de sus obras han sido adquiridas por el Estado. ‖

Raimundo Fernández-Villaverde. Ministerio de Hacienda. Madrid

Villaverde y García del Rivero (Raimundo). Político y hacendista español, n. y m. en Madrid (1848-1905). Fue gobernador de Madrid, ministro de la Gobernación, Gracia y Justicia, Hacienda y presidente del Consejo de Ministros. En su paso por el Ministerio de Hacienda realizó, a raíz de la pérdida de las colonias, una gran labor, pues restauró el crédito nacional con sus acertadas medidas. ‖ **Geog.** Local. de Argentina, prov. de Santiago del Estero, cap. del depart. de Robles; 4.800 h.

fernandina. (Del fr. *ferrandine*.) f. Cierta tela de hilo.

fernandino, na. adj. Perteneciente o relativo a Fernando VII. ‖ Partidario de este rey. Ú. t. c. s.

Fernando I. Biog. Emperador de Alemania, hermano menor de Carlos V, n. en Alcalá de Henares y m. en Viena (1503-1564). En 1521-22 Carlos V le cedió el archiducado de Austria, Estiria, Carniola, Tirol y Alsacia. En 1526 fue rey de Bohemia y Hungría, y en 1531 rey de romanos. Llegó al trono de Alemania por abdicación de su hermano en 1556. En contraposición a Carlos V, favoreció la paz de Augsburgo (1555), pero coincidió con éste en fomentar la Contrarreforma y apoyar a los jesuitas. ‖ **II.** Emperador de Alemania (1619-1637), n. en Graz el 9 de julio de 1578 y m. en Viena el 15 de febrero de 1637. Educado por los jesuitas, sucedió a su padre, el gran duque Carlos, en cuyos reinos introdujo la Contrarreforma. Por la muerte de su primo Matías (1619), fue soberano en Austria, Bohemia y Hungría, así como emperador de Alemania. ‖ **III.** Emperador de Alemania y rey de Bohemia, de Hungría y de romanos,

El emperador Fernando II, por Rubens. Museo del Prado. Madrid

n. en Graz y m. en Viena (1608-1657). Celebró la paz de Westfalia. ‖ **IV.** Emperador de Alemania, hijo de Fernando III (1634-1654). Fue coronado rey de Bohemia en 1646 y de Hungría en 1647 y elegido rey de romanos al año siguiente. ‖ **I.** Rey de Aragón y Sicilia, hijo de Juan I de Castilla y de doña Leonor, hija de Pedro IV de Aragón, n. en Medina del Campo y m. en Igualada (1380-1416). Rehusó la corona de Castilla, que le ofrecieron a la muerte de su hermano, Enrique III *el Doliente*, y gobernó como regente y de una manera ejemplar durante la minoría de su sobrino Juan II. En este tiempo rompió las hostilidades contra el reino musulmán de Granada y conquistó la plaza de Antequera (1410), por lo que se le conoció desde entonces por *Fernando el de Antequera*, y se preparaba a mayores empresas guerreras cuando, muerto sin heredero inmediato el rey de Aragón Martín, se reunieron en Caspe nueve compromisarios, representantes de Aragón, Cataluña y Valencia, y entre varios pretendientes lo eligieron por rey (1412), origen de la dinastía castellana en Aragón. Su intervención fue reclamada para mediar en el cisma de Occidente, promovido por el aragonés Pedro de Luna, antipapa con el nombre de Benedicto XIII. ‖ **II.** Rey de Aragón. V. **Fernando V.** Rey de Castilla. ‖ **I.** Emperador de Austria, hijo de Francisco I, n. en Viena y m. en Praga (1793-1875). Su delicada salud le obligó a dejar el gobierno a una regencia dirigida por Metternich. Abdicó en favor de su sobrino Francisco José I. ‖ **I.** Zar de Bulgaria, hijo del príncipe Augusto de Sajonia-Coburgo-Gotha, n. en Viena y m. en Coburgo (1861-1948). Contrajo matrimonio con María Luisa de Parma e introdujo diversas reformas en el reino. Deseó emancipar la península Balcánica de la influencia europea y, a tal efecto, en 1908 se proclamó zar de los búlgaros. Durante la P. G. M. luchó a favor de los Imperios Centrales siguiendo su misma suerte; abdicó en favor de su hijo Boris III, retirándose a Coburgo, donde se dedicó a obras de mecenazgo hasta que le sorprendió la muerte. ‖ **I.** Rey de Castilla y León, m. en León (h. 1017-1065). Hijo de Sancho III *el Mayor*, de Navarra, que heredó de su padre el condado de Castilla con el título de rey; fue, por tanto, el primer monarca castellano y el origen de la dinastía navarra (1035-1065). Casó con doña Sancha, hermana de Bermudo III de León, con quien luchó y a quien derrotó en Támara (1037); murió el rey leonés en la contienda y Fernando I se anexionó sus dominios, uniéndose así León y Castilla. Combatió luego contra su hermano el rey García de Navarra, derrotado y muerto en la batalla de Atapuerca (1054), y llevó hasta el Ebro las fronteras de Castilla por el Este. Pacificados sus reinos, emprendió una serie de expediciones en contra de los musulmanes, consiguiendo que los reyes moros de Toledo, Badajoz y más tarde de Sevilla (1063) se reconociesen vasallos suyos. En 1064 se apoderó de Coimbra, y, con posterioridad, venció al rey moro de Valencia. A pesar de haber luchado para anular la división del reino, hecha por su padre, incurrió en el mismo error político, pues, en vida, adjudicó Castilla a su primogénito Sancho; León, a Alfonso; Galicia, a García, y a sus hijas Urraca y Elvira, los señoríos de Zamora y Toro, respectivamente, división que produjo una guerra civil, hasta que Sancho II reconstituyó los dominios de su padre. ‖ **II.** Rey de León, m. en Benavente (h. 1145-1188). Hijo y sucesor de Alfonso VII *el Emperador* y

Sepulcro de Fernando II de León (detalle), en la catedral de Santiago de Compostela

de doña Berenguela, hija de Ramón Berenguer, conde de Barcelona (1157-88). Su padre repartió sus estados entre sus hijos, y dejó Castilla a Sancho III, y León a Fernando. Éste tuvo aspiraciones absorbentes sobre los territorios de su hermano, sin embargo no pudo lograrlas. Luchó contra los musulmanes en el S., se apoderó de Yelves y Alcántara, y aunque tomó Cáceres, fue por poco tiempo. También combatió con su suegro, Alfonso Enríquez, rey de Portugal. ‖ **III** *el Santo.* Rey de Castilla y León, hijo de Alfonso IX de León y de Berenguela, hija de Alfonso VIII, rey de Castilla, n. en el monasterio de Bellafonte, más tarde de Valparaíso, enclavado en el actual término municipal de Peleas de Arriba, Zamora, y m. en Sevilla (1199-1252). Dispuesta la separación de los esposos por el Papa, a causa de ser parientes próximos, y heredera doña Berenguela del trono de Castilla, a la muerte de Enrique I (1217), lo cedió a su hijo Fernando, a quien pretendió quitárselo su propio padre. Fernando III venció a Alfonso IX, y posteriormente, cuando murió éste y dejó de herederas a las hijas de su primer matrimonio, Sancha y Dulce, incorporó pacíficamente a sus estados el reino de León, mediante un convenio con sus hermanas, a quienes dotó espléndidamente. De este modo se llevó a cabo la unión definitiva de León y Castilla (1230), en la que tuvieron una intervención prudente y magnífica las dos esposas de Alfonso IX, doña Teresa, cuyo matrimonio también había sido disuelto por parentesco, y doña Berenguela. Fernando III casó en 1219 con doña Beatriz de Suabia, hija del emperador de Alemania. La principal preocupación de este gran rey fue la lucha contra los musulmanes. Conquistó Córdoba (1236), y por enfermedad suya, el príncipe Alfonso (luego Alfonso X), ocupó el reino de Murcia, que se había hecho vasallo de

San Fernando III, por C. Múgica (1890). Ministerio de Justicia. Madrid

Castilla, y se apoderó de Lorca y Mula, que se le resistieron (1244). En el mismo año firmó el príncipe con Jaime I de Aragón el tratado de Almizra, por el que se fijó el límite de la expansión aragonesa por el S. Restablecido Fernando, llegó hasta la vega de Granada, se apoderó de Jaén (1246), del reino granadino, cuyo soberano Muhammad Alhamar *el Viejo* se hizo tributario suyo, hasta ayudó a Fernando a conquistar otros territorios musulmanes. Prosiguió sus avances por el valle del Guadalquivir, se apoderó de Carmona (1247) y puso sitio a Sevilla, a la que cercó por tierra y por el río, mediante una escuadra mandada por Ramón Bonifaz, que, luego de vencer a la flota musulmana, penetró por el Guadalquivir y cortó la comunicación entre Sevilla y Triana; después de un asedio de quince meses, capituló la ciudad (1248). A la caída de Sevilla, siguió la de otras importantes poblaciones, como Arcos, Medina-Sidonia, Sanlúcar, Jerez y Cádiz, con lo que sólo quedaba a los musulmanes el reino de Granada, tributario de Castilla. Sobrevino la muerte del rey cuando proyectaba una expedición a Marruecos, donde los benimerines se habían adueñado del poder, deponiendo a la dinastía almohade (1252). Favoreció con privilegios y exenciones al Estudio general de Salamanca (1242), por lo que se le considera como fundador de aquella Universidad; comenzó las catedrales de Burgos (1217) y Toledo (1227), de estilo gótico; se empezó a usar en los documentos el romance leonés-castellano, en substitución del latín; ordenó la traducción al castellano del Fuero Juzgo; abrigó el proyecto, que llevó a cabo su hijo, de unificar y refundir toda la legislación, y reunió Cortes por primera vez en Castilla (1250). Fue una de las más grandes figuras de la edad media y el que dio mayor avance a la empresa de la Reconquista; conceptuado como santo por su vida ejemplar, fue canonizado en 1671 por el papa Clemente X, y su fiesta se celebra el 30 de mayo, que fue el día de su muerte. ‖ **IV.** Rey de Castilla y de León, hijo de Sancho IV y de doña María de Molina, n. en Sevilla y m. en Jaén (1285-1312). Heredó la corona cuando tenía nueve años, bajo la regencia de su madre, que se acreditó de prudentísima, hábil y enérgica. Los hijos de don Fernando de la Cerda, primogénito de Alfonso X, disputaron a Fernando IV la corona, ayudados por Jaime II de Aragón, y las ambiciones del infante don Juan, tío del rey, y de los nobles crearon una situación turbulenta que la regente supo conllevar hasta la mayor edad de Fernando. Los castellanos se apoderaron de Gibraltar, en la empresa dirigida por Guzmán *el Bueno*, asistido por naves aragonesas, aunque fracasaron ante Algeciras. Fernando aspiró, no sólo a expulsar a los musulmanes, sino a dominar ambas orillas del estrecho de Gibraltar, como medio de prevenir las invasiones africanas. ‖ **V.** Rey de Castilla y II en las dinastías de reyes de Aragón. Hijo de Juan II de aquel reino y de su segunda esposa, doña Juana Enríquez, n. en Sos, por él llamado del Rey Católico, Zaragoza, y m. en Madrigalejo (1452-1516). Fue nombrado rey de Sicilia por su padre, en 1468, y al siguiente año contrajo matrimonio con la princesa Isabel, hermana de Enrique IV *el Impotente*, de Castilla, que la había reconocido como heredera en detrimento de su hija Juana, a quien la voz popular creía adulterina. A la muerte de Enrique IV (1474) fueron Fernando e Isabel aclamados reyes de Castilla y convinieron en que administrarían justicia de acuerdo cuando estuviesen juntos, y cada uno por sí si se hallasen separados; que en las monedas figuraría el busto de ambos, y que las disposiciones habrían de llevar las firmas de los dos. Fueron símbolos de esta unión en el escudo adoptado, donde figurarían unidas las armas de Castilla y Aragón, el yugo, el haz de flechas y el mote *Tanto monta*. Los Reyes Católicos se propusieron terminar la obra de la Reconquista, aprovechándose de la anarquía

Don Fernando «el Católico», dibujo de Carderera en su obra Iconografía española, sacado de un cuadro coetáneo conservado en el Museo del Prado. Museo Lázaro Galdiano. Madrid

existente en el reino mahometano de Granada, donde el rey Abul Hasán Alí, llamado por los cristianos Muley Hacén, asistido por su hermano Abu Abdallah Muhammad el Zagal (v. **Abd-Alá**) y los zegríes, luchaba contra su hijo Abd-Alá, llamado en las crónicas españolas Boabdil *el Chico* (v.), alentado por su madre Aixa la Horra y defendido por los abencerrajes. Fernando se apoderó de Loja, de Vélez-Málaga y de Málaga, pero hubo de retirarse a Murcia ante las acometidas del Zagal. La toma

Fernando—-fero

de Baza (1489) produjo la sumisión del Zagal, que entregó todas las tierras que le obedecían y dejó a su sobrino reducido a Granada. Fernando puso cerco a la ciudad y, después de un sitio en que rivalizaron en valor cristianos y musulmanes, rindió Boabdil la plaza el 2 de enero de 1492. Otro de los timbres de gloria de este reinado fue el *descubrimiento de América*, llevado a cabo por el genial navegante Cristóbal Colón (v.) con la ayuda prestada por los reyes de España (1492). También pensaron Fernando e Isabel en la necesidad de dominar el N. de África para prevenir el peligro de nuevas invasiones, e iniciaron la *política de expansión africana* con la anexión a la corona y nueva conquista de las islas Canarias (1494-95) y la toma de Melilla (1497). La lucha secular entre Aragón y Francia por el *predominio sobre Italia* se produjo al invadir Carlos VIII el reino de Nápoles, deponiendo a un príncipe aragonés, en cuya ayuda envió Fernando V un ejército al mando de Gonzalo Fernández de Córdoba, llamado el *Gran Capitán* (v.). Triunfantes los españoles, acordaron poco después los soberanos español y francés el reparto de aquel reino, en detrimento de su monarca; mas, surgida la desavenencia, lucharon entre sí y nuevamente se cubrieron de gloria las tropas españolas, que eran mandadas por el *Gran Capitán*, que se apoderó del reino de Nápoles (1504). Tampoco descuidaron la política al casar a sus hijos. Con Manuel I de Portugal contrajeron matrimonio, sucesivamente, Isabel y María; Juana casó con Felipe *el Hermoso*, hijo del emperador de Alemania Maximiliano; el príncipe de Asturias, Juan, con Margarita, también hija de Maximiliano, y Catalina de Aragón, con el príncipe de Gales y, muerto éste, con Enrique VIII de Inglaterra. En el orden interno procuraron el robustecimiento del poder real, *abatieron el poder de la nobleza*, establecieron la unidad *religiosa*, con la conversión de los mudéjares y la expulsión de los judíos (1492), y, con la colaboración del Cardenal Cisneros, acometieron la dignificación del clero. Para evitar y corregir las falsas conversiones de judíos y moriscos y los delitos de apostasía y herejía fundaron la *Inquisición*, tribunal eclesiástico con fuero propio, independiente del episcopado. Sometieron a la Corona las *Órdenes militares*, hasta entonces autónomas. Se creó la *Santa Hermandad* para garantizar el orden; se *unificó la legislación* con las leyes de Toro, en Castilla (1504), y la compilación de fueros y privilegios, en Aragón (1482 y 1515); fue creado el *ejército permanente*, a sueldo y a base de recluta obligatoria. *En Italia*, consiguió Fernando V asegurar su preponderancia frente a Venecia, primero, y siempre contra Francia. Por último, completó la unidad nacional con la *conquista de Navarra* (1512). ‖ **VI.** Rey de España, hijo de Felipe V y de María Luisa de Saboya, n. en Madrid y m. en Villaviciosa de Odón, Madrid (1712-1759). Casó con la hija del rey de Portugal Juan V, María Bárbara de Braganza, en quien encontró, mientras fue príncipe de Asturias, una consejera inteligente y ponderada y una poderosa ayuda contra su madrastra, la absorbente y voluntariosa reina Isabel de Farnesio. Ayudado por el marqués de la Ensenada reorganizó la hacienda, el ejército y la marina y favoreció el progreso interior y la industria. Por iniciativa de doña Bárbara construyeron los reyes, en Madrid, el convento de las Salesas Reales, proyectado y dirigido por François Carlier con arreglo al gusto barroco, en cuya iglesia están enterrados ambos soberanos. Carente de heredero directo, pasó la corona a su hermano Carlos, III de este nombre en España y también III en Nápoles, donde reinaba. ‖ **VII.** Rey de España, hijo de Carlos IV y de

Fernando VI, siendo príncipe de Asturias, por Ranc. Museo del Prado. Madrid

María Luisa de Parma, n. en San Ildefonso y m. en Madrid (1784-1833). Cuando era príncipe de Asturias, conspiró contra Godoy, favorito de su padre, y contra éste con intención de destronarle; pero, descubierto el plan, tuvo que humillarse ante su progenitor para evitar ser desheredado. Como consecuencia del motín de Aranjuez (19 de marzo de 1808) se produjo la caída de Godoy y la abdicación de Carlos IV, y Napoleón, que jugaba con los destinos de España, atrajo a Carlos IV y a Fernando VII a Bayona, y allí, en una escena bochornosa, Fernando renunció al trono y al título de príncipe de Asturias en favor de su padre, y éste abdicó la soberanía en el propio Napoleón, quien, a su vez, la cedió a su hermano José. Mientras el 2 de mayo iniciaba el pueblo madrileño el levantamiento contra el invasor, y España entera entablaba una guerra de seis años por su independencia, Fernando VII permanecía prisionero en Valençay; vuelto a España en 1814, y acogido con extraordinario júbilo por toda la nación, que le dio el título de *Deseado*, declaró nulas la Constitución de 1812 y las disposiciones de las Cortes de Cádiz y se erigió en rey absoluto. Desde

Fernando VII, por Goya. Ministerio de Hacienda. Madrid

entonces, el reinado de Fernando VII fue una pugna entre los principios constitucionales, que el rey aceptó cuando no tuvo otro remedio (sublevación de Riego en 1820), y la subsiguiente reacción absolutista, lograda con la entrada de tropas francesas (1823). Don Carlos, hermano del rey y paladín del absolutismo intransigente, viendo a Fernando achacoso y sin hijos, aspiraba a sucederle, pero la boda del rey con su sobrina María Cristina de Nápoles, que consiguió de su marido la derogación de la ley Sálica, puesta en vigor por Felipe V, por la que se excluía a las hembras de la sucesión, y el subsiguiente nacimiento de la princesa Isabel (1830), dieron origen a la lucha entre don Carlos y la reina. Fernando VII, gravemente enfermo, restableció la ley Sálica, pero la presencia de la animosa Luisa Carlota, hermana de Cristina, volvió las cosas a su anterior situación; fue desterrado don Carlos, y las Cortes, convocadas y reunidas con arreglo a la usanza antigua, juraron heredera a la princesa Isabel (1833). Murió poco después el rey y dejó a su esposa Cristina como tutora y gobernadora, durante la menor edad de Isabel, y, latente, una guerra civil. ‖ **I.** Rey de las Dos Sicilias, hijo de Carlos de Borbón, n. y m. en Nápoles (1751-1825). Cuando su padre ocupó el trono de España con el nombre de Carlos III, él fue nombrado rey de Nápoles y de Sicilia con la denominación de Fernando IV. Más tarde, en 1817, cuando después de ser expulsado de su reino por Napoleón, lo recuperó, reunió sus dos estados en uno sólo, que llamó reino de las Dos Sicilias, y tomó el nombre de Fernando I. ‖ **I.** Rey de Nápoles, llamado *Ferrante* en italiano, hijo natural de Alfonso V de Aragón, n. en Cataluña y m. en Nápoles (h. 1431-1494). Se impuso con suma crueldad a la casa de Anjou y a los barones napolitanos, con la protección del papa Pío II. ‖ **III.** Rey de Nápoles. V. **Fernando V.** Rey de Castilla. ‖ **I.** Rey de Portugal, hijo y sucesor de Pedro *el Cruel*, n. en Coimbra y m. en Lisboa (1345-1383). Guerreó sin fortuna contra Enrique II y Juan I de Castilla, y se hizo impopular por su casamiento con Leonor Téllez de Meneses. ‖ **I.** Rey de Rumania, n. en Sigmaringen y m. en Sinaia (1865-1927). Sobrino del rey Carlos de Rumania, sucedió a éste en el trono el 11 de octubre de 1914. Se casó en 1893 con la princesa inglesa María. ‖ **III** *de Médicis*. Gran duque de Toscana y archiduque de Austria, n. y m. en Florencia (1769-1824). Sucesor de su padre, el gran duque Leopoldo, cuando éste pasó a ocupar el trono de Alemania. En 1801 fue despojado de sus Estados y obtuvo en compensación el principado de Salzburgo. En 1814 recobró Toscana. ‖ Infante de Castilla, más conocido por *Fernando el de Antequera*. V. **Fernando I.** Rey de Aragón. ‖ Duque de Braganza, hijo del rey de Portugal Alfonso I (1403-1478). Tomó parte en la expedición contra Tánger en 1437 y gobernó el reino en nombre de Alfonso V durante una expedición de este soberano contra los moros, en 1471. ‖ Duque de Parma, nieto de Felipe V, rey de España, n. y m. en Parma (1751-1802). En 1801 Francia le impuso el cambio de Parma por Toscana, erigida en reino de Etruria. Murió antes de efectuarse el cambio. ‖ **Lores.** Geog. Dist. de Perú, depart. de Loreto, prov. de Maynas; 15.036 h. Cap., Tamshiyacu. ‖ **de la Mora.** Mun. y pobl. de Paraguay, depart. Central; 36.774 h. ‖ **de Noronha.** (En port., *Fernão de Noronha*.) Isla volcánica y territorio de Brasil, en el océano Atlántico, situada a 350 km. del cabo San Roque; 26 km.^{2} y 2.239 habitantes. Cap., Remedios. Suelo fértil. Maíz, caña de azúcar, ricino. Administrativamente forma un territorio desde 1942. ‖ **Poo. Bioko.**

-fero, -ferol. suf. V. **fer-**.

feroce. (Del lat. *ferox, -ōcis.*) adj. poét. p. us. **feroz.**

ferocia. (Del lat. *ferocĭa.*) f. ant. **ferocidad.**

ferocidad. fr., *férocité;* it., *ferocità;* i., *ferocity;* a., *Wildheit, Grausamkeit.* (Del lat. *ferocĭtas, -ātis.*) f. Fiereza, crueldad. ‖ Atrocidad, dicho o hecho insensato.

ferodo. m. Aut. Nombre registrado de una substancia adherente formada por un tejido resistente de amianto e hilos metálicos de cobre, latón u otra aleación, que se fija a los discos del embrague de los automóviles. También se emplea para forrar las zapatas de los frenos.

Feroe, Faeroe, Faerӧerne o **Faroe.** (Voz que sign. en el ant. nórd. *Isla de las ovejas,* o quizá también *Isla de los gansos.*) Geog. Arch. del océano Atlántico, sit. a unos 402 km. al SE. de Islandia, que constituye un terr. autónomo dependiente de Dinamarca; 1.399 km.² y 38.731 h. Está formado por 22 islas montañosas de origen volcánico, de ellas 18 habitadas, siendo las principales: Strömö, la mayor del grupo, Suderö, Sandö, Vaagö y Östero. La cap. es Thorshavn, en la isla de Strömö. Tienen una superf. cultivable de unas 3.000 hect., dedicadas en su mayor parte a forrajes y al cultivo de patata. La ganadería es relativamente abundante (68.393 ovejas en 1972). La pesca (285.618 ton. en 1975) da origen a una industria de salazones muy difundida. También se practica la caza de la ballena. Posee un ejecutivo y un legislativo propios y está representada en el Parlamento de Dinamarca por dos Diputados. Reviste importancia la recolección de plumas y huevos de pájaros marinos, que en bandadas innumerables anidan en las rocas del archipiélago.

feróstico, ca. (De *fiero.*) adj. fam. Irritable y discolo. ‖ fam. Feo en alto grado.

feroz. fr., *féroce;* it., *feroce;* i., *ferocious;* a., *grausam, wild, reissend.* (Del lat. *ferox, -ōcis.*) adj. Que obra con ferocidad y dureza.

ferozmente. adv. m. Con ferocidad.

ferr-, ferri-, ferro-. (Del lat. *ferrum.*) pref. que sign. hierro.

ferra. f. Zool. **farra,** pez de agua dulce.

ferrada. (Del lat. *ferrāta,* armada de hierro.) f. Maza armada de hierro, como la de Hércules. ‖ ant. Ast. **herrada,** vasija.

ferrado, da. p. p. de **ferrar.** ‖ m. Metrol. Medida agraria, usada en Galicia, cuya capacidad superficial varía desde 4 áreas y 288 miliáreas hasta 6 áreas y 395 miliáreas. ‖ Medida de capacidad para áridos en la misma región, que varía desde 13 litros y 13 centilitros hasta 16 litros y 15 centilitros.

ferrador. (De *ferrar.*) m. ant. **herrador.**

ferradura. (De *ferrar.*) f. ant. **herradura.**

ferraje. m. ant. **herraje.**

ferrallista. (Del fr. *ferraille,* hierro de desecho.) m. Operario encargado de doblar y colocar convenientemente la varilla o el redondo de hierro para formar el esqueleto de una obra de hormigón armado.

ferramienta. (Del lat. *ferramenta,* instrumento de hierro.) f. ant. **herramienta.**

Ferrán y Clúa (Jaime). Biog. Médico y biólogo español, n. en Corbera y m. en Barcelona (1852-1929). Admirador de Pasteur, preparó vacunas y obtuvo su máximo triunfo al conseguir la inmunización contra el cólera (1885). Fue muy combatido por este descubrimiento, así como por su labor sanitaria, pero alcanzó gran reputación, consolidada más tarde con el empleo del suero antirrábico.

Ferrandis Torres (Manuel). Biog. Historiador español, n. en Madrid y m. en Sangüesa (1898-1973). Fue catedrático de Historia de la Cultura en la Universidad de Madrid. Obras: *Historia general de la Cultura* (1934) e *Interpretación política de la Historia de España* (1954).

Ferrándiz y Badenes (Bernardo). Biog. Pintor español, n. en Valencia y m. en Málaga (1835-1885). Fue el precursor de los modernos artistas valencianos y su obra *El viático a un mendigo moribundo* es notable por su solidez y realismo. ‖ **y Niño (José).** Marino de guerra español, n. en Sevilla y m. en Madrid (1847-1918). Fue ministro de Marina y trabajó con entusiasmo por la reorganización de la Armada; fue también brillante escritor técnico.

Ferrant y Fischermans (Alejandro). Biog. Pintor español, n. y m. en Madrid (1843-1917). Sobrino y discípulo de Luis Ferrant, cultivó con igual acierto la pintura de género, la histórica, la religiosa y la decorativa. Además de los numerosos cuadros de caballete y retratos que hizo, deben recordarse sus obras decorativas, entre ellas *Sibilas y Profetas,* en la cúpula de San Francisco el Grande, de Madrid. Fue director del Museo de Arte Moderno de esta villa. ‖ **y Llausás (Fernando).** Pintor español, n. en Palma de Mallorca y m. en El Escorial (1810-1856). Excelente paisajista, pintor de cámara del rey Francisco de Asís. ‖ **y Llausás (Luis).** Pintor español, hermano de Fernando, n. en Barcelona y m. en Madrid (1806-1868). Fue pintor de cámara de la reina Isabel II. ‖ **y Vázquez (Ángel).** Escultor español, hijo de Alejandro, n. y m. en Madrid (1891-1961). Su labor ha seguido varias fases, que pueden caracterizarse de esta manera: tauromaca (1939), satírica (1940), objetos tallados (1945) y serie ciclópea (1947-48). De sus obras se destacan: *Escolar,* premio nacional de Escultura (1927), y *San Francisco.*

ferrar. (Del lat. *ferrāre.*) tr. Guarnecer, cubrir con hierro una cosa. ‖ ant. **herrar.** ‖ ant. Marcar o señalar con hierro.

Ferrara (Orestes). Biog. Escritor y diplomático cubano, n. en Nápoles (1876-1972). Hizo la guerra de la Independencia; presidió la Cámara de Representantes; fue embajador en la U. N. E. S. C. O. y ministro de Relaciones Exteriores en 1933. Obras principales: *Maquiavelo, El Papa Borgia, Vida de Cicerón, Un pleito sucesorio: Enrique IV, Isabel de Castilla y la Beltraneja y El siglo XVI a la luz de los embajadores sicilianos.* ‖ **Geog.** Prov. de Italia, región de Emilia-Romagna, en el delta del Po; 2.632 km.² y 383.639 h. ‖ C. cap. de la misma; 154.066 h. Industrias. Sede arzobispal. Catedral de San Jorge, con fachada del s. XII e interior del XIII. Cuna de Savonarola. Desde 1438 hasta 1439 se celebró en esta ciudad, trasladado desde Basilea, el Concilio que, tras continuar en Florencia (con cuyo nombre es más conocido) y concluir en Roma, decidió la unión de la Iglesia romana y la Iglesia oriental, resultado que fue efímero.

ferrarés, sa. adj. Natural de Ferrara, o perteneciente a esta c. de Italia. Ú. t. c. s.

Ferrari (Emilio). Biog. Pérez Ferrari (Emilio). ‖ **(Enzo).** Corredor automovilista e industrial italiano, n. en Módena en 1898. Desde 1940 los bólidos de su marca han competido en numerosos campeonatos internacionales.

Última comunión de San Fernando, por Ferrant y Fischermans. Palacio del Senado. Madrid

Ferrater y Mora (José). Biog. Profesor y escritor estadounidense, de origen español, n. en Barcelona en 1912. Ha publicado, entre otras obras, un monumental *Diccionario de Filosofía,* un notable estudio sobre Unamuno, el mejor comentario sobre el pensamiento y filosofía del gran pensador, según la alta crítica; *Variaciones sobre el espíritu,* que comprende breves ensayos, *El hombre en la encrucijada, La Filosofía en el mundo de hoy,* publicada originalmente en inglés en 1960 y vertida al español en 1963; *El ser y la muerte* (1962) y *Tres mundos: Cataluña, España, Europa* (1963). En 1967 publicó una selección de sus obras, en dos vol. Otras obras: *El hombre y su medio y otros ensayos, Las palabras y los hombres* (1971), *Ortega y Gasset, etapas de una filosofía* (1974) y *Cambio de marcha en filosofía* (1974).

Ferraz (Valentín). Biog. General y político español, n. en Anciles y m. en El Escorial (1793-1866). Tomó parte en la guerra de la Independencia y luchó después en Perú hasta 1825. Fue segundo cabo de Filipinas, hizo la primera guerra civil y ostentó los cargos de diputado, senador, alcalde de Madrid, ministro de la Guerra y presidente del Consejo de Ministros.

ferre. m. Zool. Ast. **alforre,** especie de halcón.

Ferré (Luis Alberto). Biog. Político e industrial puertorriqueño, n. en Ponce en 1904. Ha sido miembro de la Cámara de Representantes (1952-56) y gobernador de Puerto Rico (1968-72). ‖ **(Pedro).** Militar y político argentino, n. en Corrientes y m. en Buenos Aires

(1788-1867). Fue varias veces gobernador de su provincia. Se distinguió por su espíritu progresista y su decidida oposición a la dictadura de Rosas, si bien él era de convicciones federalistas. ‖ **Geog.** Local. de Argentina, prov. de Buenos Aires, part. de General Arenales; 1.161 h.

ferreal. adj. *Agr. Sal.* Dícese de una variedad de uva de grano oval y hollejo grueso y encarnado.

Ferreira (Antonio). Biog. Poeta y autor teatral portugués, n. y m. en Lisboa (1528-1569). Seguidor de la orientación italianizante y clasicista preconizada por Sa de Miranda, ello no fue obstáculo para su ardiente sentido nacional. Entre sus piezas teatrales destaca *Inés de Castro*. Su obra poética lleva el nombre de *Poemas lusitanos*. ‖ **(Benigno).** Militar y estadista paraguayo, n. en Asunción y m. en Buenos Aires (1846-1920). Fue ministro de Guerra y Marina, Interior, Justicia, Culto e Instrucción Pública; en 1904 se puso al frente de una revolución y fue presidente provisional de la República, cargo que en 1906 ejerció en propiedad, hasta ser depuesto en 1908. ‖ **(Domingo).** Militar y político paraguayo (1845-1922). En 1904 dirigió la revolución que depuso al presidente Ezcurra y en 1906 fue designado para hacerse cargo de la presidencia de la República. En 1908 fue depuesto por un golpe militar. ‖ **Basso (Juan).** Poeta argentino, n. en 1911. Premio municipal de Literatura 1943 por su libro *El mineral. El árbol. El caballo;* es autor, además, de *La rosa de arcilla* y *La Soledad*. ‖ **da Silva Porto (António Francisco).** Explorador portugués, n. en Oporto y m. en Bié, Angola (1810-1890). Recorrió varias veces el territorio de Zambeze, y por fin se estableció en Bié, de donde fue nombrado capitán mayor. ‖ **de Castro (José María).** Escritor portugués, n. en Ossela (Oliveira de Azeméis), Aveiro, y m. en Oporto (1898-1974). Autodidacta, fue forjando a lo largo de su vida una obra literaria que lo situó en uno de los primeros puestos de la literatura contemporánea de su país. Principales novelas: *Emigrantes* (1928), *La selva* (1930), considerada como su mejor obra, *Eternidad* (1931), *Tierra fría* (1934), *La tempestad* (1940), *La lana y la nieve* (1947), *La curva del camino* (1950), *La misión* (1954) y *El instinto supremo* (1968). También publicó varios libros, especialmente de impresiones de viajes, como *Pequeños mundos y viejas civilizaciones* (1937) y *La vuelta al mundo* (1944) y una obra de divulgación titulada *Las maravillas artísticas del mundo* (1970). ‖ **de la Cerda (Bernarda).** Escritora portuguesa, n. en Oporto y m. en Lisboa (1695-1744). Fue preceptora de los hijos de Felipe III, y se le deben, entre otras obras, *Poesías y diálogos* y *España libertada*. ‖ **Geog.** Mun. y villa de España, prov. de Granada, p. j. de Guadix; 735 h. *(ferreireños).* Minas de hierro. ‖ V. **Valle de Oro.** ‖ **do Alentejo.** Villa de Portugal, dist. de Beja, cap. del concejo de su nombre; 8.967 h. Aceite, trigo, frutas, etc. Ruinas de un antiguo castillo.

ferreiro. (Voz port. que sign. herrero.) m. *Zool.* Anfibio anuro de la familia de los hílidos, de costumbres similares a la rana de San Antonio.

Ferreiro (Celso Emilio). Biog. Escritor español, n. en Celanova y m. en Vigo (1912-1979). Escribió preferentemente en gallego. En su poesía cultiva los temas relacionados con la realidad concreta de cada día, pero rechaza el calificativo de social, que él prefiere substituir por el de beligerante. Poesía: *O soño sulagado* (1955), *Longa noite de pedra* (1962), *Viaxe ao país dos ananos* (1968), *Terra de ningures* (1969) y *Onde o mundo chámase Celanova* (1975). Prosa: *A fronteira infinda* (1972) y *A taberna do galo*

(1978). ‖ **(Felipe).** Jurisconsulto, político y profesor universitario uruguayo, n. en Río Blanco en 1892. Ha escrito: *El primer resplandor de la democracia oriental, Filiación histórica de las juntas americanas de 1810* y *Causas de la revolución de 1810.* sobre 1810. ‖ **(Martín).** Geógrafo y cartógrafo español, n. y m. en Madrid (1830-1896). Colaboró en el *Atlas de España* y en el *Código Internacional de Señales Marítimas*. Realizó la triangulación en la parte comprendida entre la costa de Granada y Madrid. Escribió: *Las corrientes marítimas, Debates sobre los medios de reformar la enseñanza de la Geografía, Mapa de España en el s. XV,* etc.

Ferreiros. *Geog.* V. **Corgo.**

ferreña. (De *fierro*.) adj. V. **nuez ferreña.**

Ferreñafe. *Geog.* Prov. de Perú, depart. de Lambayeque; 35.920 h. ‖ Dist. de Perú, depart. de Lambayeque, prov. de su nombre; 13.624 h. ‖ C. de Perú, cap. de la prov. y dist. de su nombre; 12.112 h.

férreo, a. fr., *de fer;* it., *ferreo;* i., *ferreous;* a., *eisern*. (Del lat. *ferreus*.) adj. De hierro o que tiene sus propiedades. ‖ fig. Perteneciente al siglo o edad de hierro. ‖ fig. Duro, tenaz.

ferrer. (Del cat. y aragonés *ferrer,* y éste del lat. *ferrarius,* herrero.) m. ant. **herrero,** el que por oficio labra el hierro.

Ferrer (Jaime). Biog. Cosmógrafo español de fines del s. XV, más conocido por *el de Blanes,* por haber residido mucho tiempo en esa población, n. en Vidrieras. Fue muy apreciado por los Reyes Católicos, a quienes asesoró acerca de la famosa línea de demarcación entre los dominios de España y Portugal (1495). ‖ **(José). Otero y Cintrón (José Vicente Ferrer).** ‖ **(Mel). Ferrer (Melchor).** ‖ **(Melchor).** Actor estadounidense de cine, más conocido por *Mel Ferrer,* n. en Nueva Jersey en 1917. Películas: *Encubridora, Lili, La muchacha de Berlín, Guerra y paz, Las manos de Orlac, Ley de guerra, El día más largo, La caída del Imperio romano* (1964), *El señor de La Salle, La pícara soltera, El Greco* y *El Anticristo.* También ha actuado como director en la película *Mansiones verdes.* ‖ **Guardia (Francisco).** Pedagogo y anarquista español, n. en Alella, Barcelona, y m. en Barcelona (1859-1909). Desde muy joven perteneció a la masonería. Su gran afán revolucionario le llevó a fundar en Barcelona *La Escuela Moderna,* intento de educación popular y laica. Al ocurrir el atentado contra Alfonso XII en 1906 fue procesado. En 1909, acusado de fomentar la llamada *Semana Trágica,* fue sometido a Consejo de Guerra y fusilado en el castillo de Montjuich.

Ferrera (Francisco). Biog. Político hondureño, n. en Cantarranas, hoy San Juan de Flores, y m. en Chalatenango (1794-1851). Con ocasión de la guerra de la Independencia americana, en 1827 abrazó la carrera militar. Fue tres veces presidente de la República por elección popular.

Ferreras. *Arqueol.* Acueducto romano, conocido por *puente de las Ferreras* y *puente del Diablo,* sit. 4 km. al N. de Tarragona, España.

Acueducto Ferreras

Tiene 11 arcos en la parte baja y 23 en la superior; 25 m. de altura máxima y 164 m. de longitud. En la parte superior tiene un canal abierto por donde corría el agua que probablemente abasteció a la antigua *Tarraco* de los romanos. ‖ **de Abajo.** *Geog.* Mun. de España, prov. y p. j. de Zamora; 1.188 h. ‖ Lugar cap. del mismo; 776 h. ‖ **de Arriba.** Mun. de España, prov. y p. j. de Zamora; 894 h. ‖ Lugar cap. del mismo; 625 h.

Ferreri (Marco). Biog. Director de cine italiano, n. en Milán en 1928. Sus películas son de tendencia neorrealista, destacando: *El pisito* (en colaboración con Isidoro M. Ferry), *Los chichos, El cochecito, La abeja reina, La grande bouffe,* por la que obtuvo el premio de la Crítica en el Festival de Cannes (1973), compartido con Jean Eustache, por *La mamman et la putain,* y *Adiós al macho,* premio Especial del jurado en el Festival de Cannes (1978).

ferrería. (De *ferrero*.) f. **Indus.** Taller en donde se beneficia el mineral de hierro, reduciéndolo a metal. ‖ **de chamberga.** *Al.* La que se ocupa en la fabricación de sartenes y otros objetos análogos.

Ferrerías. *Geog.* Mun. y villa de España, prov. de Baleares, en la isla de Menorca, p. j. de Mahón; 2.502 h. *(ferrerienses).*

ferrero. (Del lat. *ferrarius*.) m. ant. **herrero.**

Ferreruela. *Geog.* Mun. de España, prov. y p. j. de Zamora; 1.325 h. ‖ Lugar cap. del mismo; 639 h. ‖ **de Huerva.** Mun. y lugar de España, prov. de Teruel, p. j. de Calamocha; 187 h.

ferreruelo. (Del a. *feier hülle,* manto de gala.) m. **Indum.** Capa más bien corta que larga, con sólo cuello sin capilla.

ferrete. (dim. de *fierro*.) m. **A y Of.** Sulfato de cobre que se emplea en tintorería. ‖ Instrumento de hierro que sirve para marcar y poner señal a las cosas.

ferretear. (De *ferrete,* instrumento de *hierro*.) tr. **ferrar,** guarnecer con hierro; herrar. ‖ Labrar con hierro.

ferretería. fr., *commerce de fers, ferrerie*; it., *commercio del ferro*; i., *hardware store*; a., *Eisenhandel*. (De *ferrete*.) f. **ferrería**. ‖ Comercio de hierro. ‖ Conjunto de objetos de hierro que se venden en las ferreterías, como cerraduras, clavos, herramientas, vasijas, etc.

ferretero, ra. m. y f. Tendero de ferretería.

Ferretis (Jorge). Biog. Escritor mejicano, n. en Río Verde, San Luis Potosí, en 1902. Ha escrito: *Tierra caliente, Cuando engorda el Quijote* y *El sur quema* (novelas), y *Hombres en tempestad* y *El coronel que asesinó un palomo* (cuentos).

ferri-. pref. V. **ferr-**.

ferricianuro. fr., *ferricyanure*; it., *ferricianuro*; i., *ferricyanide*; a., *Ferricyan*. m. **Quím.** Sal compleja formada por la acción de una sal férrica y de un cianuro, generalmente alcalino, de fórmula Fe(CN)$_6 \equiv$; es, por tanto, trivalente.

férrico, ca. (Del lat. *ferrum*, hierro.) adj. **Quím.** Aplícase a las combinaciones del hierro en las que el cuerpo unido a este metal lo está en la proporción máxima en que puede efectuarlo.

ferrificarse. (De *ferri-* y el lat. *facĕre*, hacer.) prnl. **Min.** Reunirse las partes ferruginosas de una substancia, formando hierro o adquiriendo la consistencia de tal.

ferrimagnetismo. (De *ferri-* y *magnetismo*.) m. **Fís.** Clase de magnetismo, macroscópicamente análogo al ferromagnetismo, pero más parecido microscópicamente al antiferromagnetismo. El ferrimagnetismo se ha observado en las ferritas y combinaciones análogas, por ejemplo, los granates.

ferrita. (De *ferr-* e *-ita*.) f. **Quím.** Hierro puro o exento de carbono (hierro α), que se encuentra en los aceros *hipoeutécticos*, es decir, los que contienen menos del 0,85 % de carbono. Tiene forma poliédrica. ‖ Compuesto artificial que contiene un ion ferroso, dos iones férricos y cuatro iones oxígeno, generalmente unidos en la red cristalina con otro metal divalente, como el níquel o el cinc. Las ferritas han adquirido mucha importancia por sus propiedades magnéticas, que las hacen aptas para la construcción de núcleos magnéticos miniatura para bobinas, transformadores y memorias electrónicas. ‖ Nombre de substancias cerámicas semiconductoras y ferromagnéticas obtenidas por sinterización a alta temperatura de óxidos metálicos bivalentes, con el óxido férrico.

ferrizo, za. (De *ferro*.) adj. p. us. De hierro.

ferro-. pref. V. **ferr-**.

ferro. (Del lat. *ferrum*, hierro.) m. **Mar.** Ancla de la nave.

ferroaleación. (De *ferro-* y *aleación*.) f. **Met.** Dícese de las aleaciones del hierro con diversos metales o metaloides como el manganeso, el silicio o el tungsteno, de las cuales se forman, respectivamente, el ferromanganeso, el ferrosilicio y el ferrotungsteno.

ferrobús. (De *ferrocarril* y *autobús*.) m. **Ferr.** Tipo de tren ligero, constituido por un coche motor de tipo Diesel con tracción en ambos extremos para evitar la maniobra de dar vuelta a la máquina, y varios vehículos para viajeros.

ferrocarril. fr., *chemin de fer*; it., *ferrovia*; i., *railway*; a., *Eisenbahn*. (Del lat. *ferrum*, hierro, y de *carril*, carril de hierro.) m. Camino con dos filas de barras de hierro paralelas, sobre las cuales ruedan los carruajes, arrastrados generalmente por una locomotora. Según el método de traslación, se distinguen dos tipos principales: 1.º *De adhesión*, en el cual el simple contacto entre la rueda y el riel permite la traslación. 2.º *De cremallera*, aquel en que el movimiento de traslación tiene lugar mediante una rueda dentada que engrana sobre un riel también dentado, colocado entre los dos. El ancho de vía oscila entre 0,60 y 2 m. En la Conferencia de Berna (1886) se acordó como ancho normal el de 1,435 m. Los ferrocarriles de menor anchura se denominan de *vía estrecha*, y los de mayor, de *vía ancha*. España y Portugal tienen una anchura de vía de 1,672 m. y Francia de 1,440. De esta diferencia, que no es única, se siguen enormes perturbaciones, hoy día bastante aminoradas gracias a algunos sistemas, basados sobre todo en ejes intercambiables que permiten el paso de unidades de un tipo de vía a otro. Los trenes se mueven por tres sistemas distintos: 1.º, locomotora de vapor; 2.º, locomotora eléctrica; 3.º, locomotora combinada con el coche de pasajeros, que se mueve mediante motores Diesel, con transmisión eléctrica. Las velocidades horarias de los trenes han llegado a un límite insospechado. En EE. UU. se han logrado marcas superiores a los 251 kmh. Tales velocidades son posibles gracias a la aplicación de motores Diesel, como también al empleo de líneas aerodinámicas, cuyo diseño es apropiado para ofrecer la menor resistencia posible al aire. En

El talgo Virgen de Begoña

Máquina con motores Diesel, usada en los ferrocarriles españoles

ferrocarrilero–Ferry

1952 se efectuaron cerca de Colonia (R. F. A.) las pruebas de un nuevo modelo de ferrocarril, que alcanzó 350 kmh. y en las curvas 140. La gran innovación radica en la vía, que es una viga continua de cemento armado, de sección cuadrangular, sostenida por pilares del mismo material que levantan aquélla del suelo. Una de las cosas que más han adelantado en estos últimos años es la señalización automática, que hará imposible toda clase de choques. ‖ **Hist.** En 1795 se construyó en el R. U. el primer ferrocarril de tracción animal. En 1814, George Stephenson construyó la primera locomotora a vapor, y en 1825 se ensayó en la línea Stockon-Darlington (R. U.). Después de la S. G. M., la tracción Diesel, Diesel eléctrica y eléctrica se han ido imponiendo y substituyendo a la tracción por vapor en la mayoría de las líneas de ferrocarriles. En 1960 se ensayó en Francia un ferrocarril urbano colgante, con vía hueca central, de hormigón armado, en cuyo interior rueda el carretón con ruedas neumáticas, del que cuelga el vehículo. En 1966 empezó a funcionar entre Hamburgo y Munich el *Blaner Enzian*, el tren más rápido de Europa, alcanzando velocidades superiores a los 200 kmh. En 1969 se realizaron en EE. UU. experiencias satisfactorias con el *turbotrén*, tren accionado por turbinas de gas, y un año más tarde Japón llevó a feliz éxito este sistema. Su velocidad oscila entre los 190 y 250 kmh.

Unidades eléctricas ferroviarias para el servicio de cercanías

Primera locomotora eléctrica que circuló en España (1911), construida para una tensión de 6.000 voltios, por Brown Boveri (Suiza)

ferrocarrilero, ra. adj. *Arg., Col., C. Rica, Ecuad.* y *Méj.* **ferroviario.**
ferrocianhídrico. (De *ferro-* y *cianhídrico*.) adj. **Quím.** Dícese del ácido obtenido por combinación de una molécula de cianuro ferroso con cuatro de ácido cianhídrico.
ferrocianuro. fr., *ferrocyanure*; it., *ferrocianuro*; i., *ferrocyanide*; a., *Ferrocyanid*. (De *ferro-* y *cianuro*.) m. **Quím.** Sal del ácido ferrocianhídrico. ‖ **férrico.** También llamado *azul de Prusia* o *de Berlín*, fue descubierto por Diesbach en 1704.
ferrocino. (Del lat. *fornicīnus*, bastardo.) m. **Agr.** Sarmiento bastardo.
ferroelectricidad. (De *ferro-* y *electricidad*.) f. **Fís.** Fenómeno que presentan algunas substancias dieléctricas, calificadas de *ferroeléctricas* (v.).
ferroeléctrico, ca. (De *ferro-* y *eléctrico*.) adj. **Fís.** Dícese de las substancias dieléctricas que manifiestan polarización eléctrica espontánea y presentan histéresis (v.) dieléctrica.
ferrojar. (Del ant. *ferrojo*, cerrojo; y éste del lat. *veruculum*, infl. por *ferrum*, hierro.) tr. ant. **aherrojar.**
Ferrol del Caudillo (El). Geog. Mun. de España, prov. de La Coruña, p. j. de su nombre; 87.736 h. ‖ C. cap. del mismo y del p. j.; 75.464 h. Astilleros para la construcción de grandes buques de guerra y mercantes. Puerto de primer orden. Es de fundación muy antigua. Su nombre se atribuye al faro que guiaba la entrada al puerto. Alfonso VII le concedió privilegios, confirmados por Sancho IV. Es uno de los mejores arsenales militares de Europa y se han construido en él varios buques de la Escuadra española. Factoría con capacidad para 14.000 ton. de bacalao anuales. En 1963 se creó una Escuela de Peritos Navales. Es cuna de Francisco Franco Bahamonde.
ferrolano, na. adj. Natural de El Ferrol del Caudillo, o perteneciente a esta ciudad. Ú. t. c. s.
ferromagnético, ca. (De *ferro-* y *magnético*.) adj. **Fís.** Dícese de materiales como el hierro, que tienen muy alta permeabilidad magnética, se saturan y se imantan.
ferromanganeso. m. **Met.** Aleación de hierro y manganeso.
ferrón. m. El que trabaja en una ferrería. ‖ *Nav.* Arrendatario y maestro de los trabajos en las ferrerías. ‖ **Zool.** *And.* **acantias.**

ferronas. (De *fierro*.) f. pl. *Germ.* Espuelas.
ferropea. (Del lat. *ferrum*, hierro, y *pes, pedis*, pie.) f. ant. **herropea.**
ferroprusiato. (De *ferro-* y *prusiato*.) m. **Quím. ferrocianuro.** ‖ Copia fotográfica obtenida en papel sensibilizado con ferroprusiato de potasa. Este papel es de color azul intenso y se usa principalmente para la reproducción de planos y dibujos.
ferrosilicio. (De *ferro-* y *silicio*.) m. **Met.** Aleación de hierro y silicio.
ferroso, sa. (De *ferr-* y *-oso*.) adj. **Quím.** Aplícase a las combinaciones de hierro en las cuales éste actúa como divalente.
ferrotungsteno. m. **Met.** Aleación de hierro y tungsteno.
ferrovial. adj. **ferroviario.**
ferroviario, ria. fr., *cheminot*; it., *ferroviario*; i., *railroad-worker*; a., *eisenbahner*. adj. Perteneciente o relativo a las vías férreas. ‖ m. Empleado de ferrocarriles.
ferrugiento, ta. (Del lat. *ferrūgo, -inis*, herrumbre.) adj. De hierro o con alguna de sus cualidades.
ferrugíneo, a. (Del lat. *ferruginĕus*.) adj. p. us. **ferruginoso.**
ferruginoso, sa. fr., *ferrugineux*; it., *ferrugineo, ferruginoso*; i., *ferruginous*; a., *eisenhaltig*. (Del lat. *ferrugĭnus*, de *ferrūgo*, orín de hierro.) adj. **Miner.** Dícese del mineral que contiene hierro visiblemente, ya en estado metálico, ya en combinación. ‖ Aplícase a las aguas minerales en cuya composición entra alguna sal de hierro.

El Ferrol del Caudillo. Entrada a la ría

ferry-boat. (expr. inglesa; de *ferry*, pasar de una orilla a otra, y *boat*, barco.) m. **Mar.** Embarcación provista en su cubierta de carriles coincidentes con los emplazados en los muelles, para que los trenes puedan pasar de tierra al barco y viceversa, a fin de ser transportados a través de un río o canal. Existen un servicio de *ferry-boat* entre Francia y el R. U. por los puertos de Calais y Dover, y otro en EE. UU., en el de Nueva York, a través del río Hudson. Los transbordadores o *ferry-boats* que el R. U. tiene entre la isla de Wight, Southampton y el S. tienen capacidad para 160 pasajeros, 90 automóviles y 60 vagones. También se dice, a veces, simplemente *ferry*. ‖ **-car. car-ferry.**
Ferry (Jules). Biog. Político francés, n. en Saint-Dié y m. en París (1832-1893). Actuó

como jefe de la izquierda republicana, fue varias veces ministro y en dos ocasiones presidente del Consejo. La última vez fue derribado del Gobierno por Clemenceau, en 1885. Se dedicó especialmente a la política colonial y colocó a Túnez, Madagascar y Anam bajo el protectorado francés.

fértil. fr. it. e i., *fertile*; a., *fruchtbar*. (Del lat. *fertĭlis*, de *ferre*, llevar.) adj. Aplícase a la tierra que lleva o produce mucho. || Dícese de los materiales que, por captación de neutrones, producen núcleos escindibles. || fig. Dícese del año en que la tierra produce abundantes frutos, y p. ext., del ingenio. || **Biol.** Capaz de producir semillas, esporas o cualquier clase de gérmenes de reproducción. || Dícese de lo que es apto para reproducir.

fertilidad. fr., *fertilité*; it., *fertilità*; i., *fertility*; a., *Fruchtbarkeit, Fertilität*. (Del lat. *fertilĭtas, -ātis*.) f. Virtud que tiene la tierra para producir copiosos frutos.

fertilizable. adj. Que puede ser fertilizado.

fertilizador, ra. adj. Que fertiliza.

fertilizante. p. a. de **fertilizar.** Que fertiliza. Ú. t. c. s.

fertilizar. fr., *fertiliser*; it., *fertilizzare*; i., *to fertilize*; a., *befruchten, fruchtbar machen*. (De *fértil*.) tr. **Agr.** Fecundizar la tierra, disponiéndola para que dé abundantes frutos.

férula. fr. *férule*; it. e i., *ferula*; a., *Fuchtel, Zuchtruthe*. (Del lat. *ferŭla*; de *ferīre*, golpear, por emplearse sus tallos con este objeto.) Gén. de plantas de la familia de las umbelíferas, tribu de las peucedáneas; de grandes hojas sobrecompuestas con divisiones lineales y flores amarillas, con las umbelas laterales estériles y más largamente pediceladas que la central. Las *f. communis, hispánica* y *granatensis* son conocidas en España como *cañahejas*; más importantes son la *f. assafoétida, foétida* y *nárthex*, que producen la *gomorresina de asafétida*, usada como antiespasmódica, y la *f. galbaniflua* de Persia, que es la principal productora de *gálbano*. || **f. cañaheja.** Palmeta de castigo a los muchachos de la escuela. || fig. Autoridad o poder despótico. || **Cir.** Aparato de madera, hierro, alambre, cartón, etc., rígido o flexible, que se aplica a alguna región del cuerpo para mantener en determinada posición partes de él patológicamente desplazadas, en especial a causa de fractura ósea o de luxación.

feruláceo, a. (Del lat. *ferulacĕus*.) adj. Semejante a la férula o cañaheja.

fervencia. (Del lat. *fervens, -entis*, p. a. de *fervēre*, hervir.) f. **hervencia.**

ferventísimo, ma. adj. superl. **fervientísimo.**

férvido, da. (Del lat. *fervĭdus*.) adj. Que arde. || Que causa ardor. || Que hierve.

ferviente. (Del lat. *fervens, -entis*.) p. a. ant. de **fervir.** Que hierve. || adj. fig. **fervoroso.**

fervientemente. adv. m. Con fervor, celo, o eficacia suma.

fervientísimo, ma. adj. superl. de **ferviente.**

fervir. (Del lat. *fervēre*.) tr. ant. **hervir.**

fervor. fr., *ferveur, ardeur*; it., *fervore, fervenza, fervidezza*; i., *fervour*; a., *Eifer*. (Del lat. *fervor, -ōris*.) m. ant. **hervor.** || Calor intenso; como el del fuego o el del sol. || fig. Celo ardiente y afectuoso hacia las cosas de piedad y religión. || fig. Eficacia suma con que se hace una cosa.

fervorar. (De *fervor*.) tr. Infundir fervor.

fervorín. (dim. de *fervor*.) m. Cada una de las breves jaculatorias que se suelen decir en las iglesias, con especialidad durante la comunión general. Ú. m. en pl. || Plática o exhortación, hecha como preparación para la comunión.

fervorizar. (De *fervor*.) tr. Infundir fervor. Ú. t. c. prnl.

fervorosamente. adv. m. Con fervor. Ú. m. en lo moral.

fervoroso, sa. adj. fig. Que tiene fervor activo y eficaz.

fescenino, na. (Del lat. *fescennīnus*.) adj. Natural de Fescenio, o perteneciente a esta ciudad de Etruria. Ú. t. c. s.

feseta. (Del lat. *fossorĭum*, con cambio de sufijo.) f. **Agr.** *Mur.* Azada pequeña.

fesoria. (Del lat. *fossorĭa*, por *fossorĭum*.) f. **Agr.** *Ast.* Azada pequeña.

festa. (Del lat. *festa* [*dies*].) f. ant. **fiesta.**

festeante. p. a. ant. de **festear.** Que festea.

festear. tr. ant. *Ar., Mur.* y *Val.* **festejar.**

festejador, ra. adj. Que festeja. Ú. t. c. s.

festejante. p. a. de **festejar.** Que festeja y obsequia a otro.

festejar. fr., *fêter*; it., *festeggiare*; i., *to celebrate, to feast*; a., *feiern*. tr. Hacer festejos en obsequio de uno; cortejarle. || Requebrar a una mujer. || Procurar captarse el amor de una mujer. || En Méjico, azotar, castigar de obra, golpear. || prnl. Divertirse, recrearse.

festejo. fr., *fête*; it., *festa, festeggiamento*; i., *feast*; a., *Feier*. (dim. de *festa*.) m. Acción y efecto de festejar. || Acción de galantear o requebrar a una mujer. || pl. Regocijos públicos.

festeo. m. ant. **festejo.**

festero, ra. (De *fiesta*.) m. y f. **fiestero.** || m. El que en las capillas de música cuida de ajustar las fiestas, avisar a los músicos para ellas y satisfacerles su estipendio.

festín. fr., *festin*; it., *festino*; i., *feast, banquet*; a., *Gastmahl*. (Del fr. *festin*, y éste del it. *festino*, dim. de *festa*, del lat. *festa*, fiesta.) m. Festejo particular, con baile, música, banquete u otros entretenimientos. || Banquete espléndido.

festinación. (Del lat. *festinatĭo, -ōnis*.) f. Celeridad, prisa, velocidad.

festinar. (Del lat. *festināre*.) tr. ant. Apresurar, precipitar, activar. Ú. t. en América.

festival. (Del lat. *festivālis*.) adj. ant. **festivo.** || m. Fiesta, especialmente musical. || Tiempo en que se exhibe un determinado arte, finalizando generalmente con otorgación de premios. Suele celebrarse periódicamente.

festivamente. adv. m. Con fiesta, regocijo y alegría.

festividad. fr., *solennité*; it., *festività*; i., *solemnity*; a., *Feierlichkeit*. (Del lat. *festivĭtas, -ātis*.) f. Fiesta o solemnidad con que se celebra una cosa. || Día festivo en que la Iglesia celebra algún misterio o a un santo. || Agudeza, donaire en el modo de decir.

festivo, va. fr., *joyeux, gai*; it., *festivo*; i., *gay*; a., *fröhlich*. = fr., *de fête*; it., *festivo*; i., *holy day*; a., *feiertag, festtag*. (Del lat. *festīvus*.) adj. Chistoso, agudo. || Alegre, regocijado y gozoso. || Solemne, digno de celebrarse.

Festo o **Festos. Geog. hist. Faistos.**

festón. fr., *feston*; it., *festone*; i., *festoon*; a., *Feston*. (Del it. *festone*, deriv. de *festa*, del lat. *festa*, fiesta.) m. Adorno compuesto de flores, frutas y hojas, que se ponía en las puertas de los templos donde se celebraba una fiesta o se hacía algún regocijo público, y en las cabezas de las víctimas en los sacrificios de los gentiles. || Bordado de realce en que por un lado queda rematada cada puntada con un nudo, de tal modo que puede cortarse la tela a raíz del bordado sin que éste se deshaga. Cualquier bordado, dibujo o recorte en forma de ondas o puntas, que adorna la orilla o borde de una cosa. || **Arquit.** Adorno a manera de festón, en las puertas de los templos antiguos.

festonar. (De *festón*.) tr. **festonear.**

festoneado, da. p. p. de **festonear.** || adj. Que tiene el borde en forma de festón o de onda.

festonear. tr. **A. dec.** Adornar con festón. || Bordar festones.

festuca. (Del lat. *festuca*, paja, heno.) **Bot.** Gén. de plantas de la familia de las gramíneas, tribu de las festuceas, con espiguillas de 2 a 15 flores, de dos glumas aquilladas, la glumilla inferior redondeada y generalmente aristada y la superior con dos quillas, y cariópside acanalado-apendiculada. Cuenta con numerosas especies y subespecies. Es frecuente la *f. ovina*, propia de praderas de montaña, con varias subespecies, y la *f. ampla*, de elegante porte, que crece en las serranías oretana y mariánica.

festuceo, a. (De *festuca*.) adj. **Bot.** Dícese de las gramíneas de glumillas más largas que las glumas, sin aristas o con arista apical, y espiguilla con dos o varias flores (nunca unifloras), dispuestas en panículas y rara vez en racimos o espigas. || f. pl. Tribu de estas plantas que comprende los gén. *arundo, briza, bromus, cynosurus, dáctylis, danthonia, eragrostis, glyceria, melica, molinia, phragmites, poa*, etc.

F. E. T. Siglas de *Falange Española Tradicionalista*.

fetación. (Del lat. *foetus*.) f. **Fisiol.** Desarrollo del feto, gestación.

fetal. (Del lat. *foetālis*.) adj. **Fisiol.** Perteneciente o relativo al feto.

Feth Alí Shah. Biog. Rey de Persia, de la dinastía de los Kadjares (1762-1834). Sucesor de su tío Muhammad, Agar en 1793. En 1805 se alió con Napoleón contra los rusos, pero fue vencido por éstos y hubo de firmar una paz humillante.

feticida. (Del lat. *foetus*, feto, y -*cida*.) adj. Que ocasiona la muerte de un feto. || com. Dícese del que voluntariamente causa la muerte a un feto. Ú. m. c. adj.

feticidio. m. Muerte dada violentamente a un feto.

fetiche. fr., *fétiche*; it., *feticcio*; i., *fetich*; a., *Fetisch, Götzenbild*. (Del fr. *fétiche*, y éste del lat. *factĭcius*, artificial.) m. Ídolo u objeto de culto supersticioso en algunos pueblos primitivos.

fetichismo. fr., *fétichisme*; it., *feticismo*; i., *fetichism*; a., *Fetischismus*. m. Culto de los fetiches. || fig. Idolatría, veneración excesiva.

fetichista. adj. Perteneciente o relativo al fetichismo. || com. Persona que profesa este culto.

Fetiche procedente del Congo. Asiatische Kunst. Rijksmuseum. Amsterdam

fetidez. fr., *fétidité;* it., *fetidezza;* i., *fetidness;* a., *Gestank, übler Geruch.* (De *fétido.*) f. Hediondez, hedor.

fétido, da. (Del lat. *foetĭdus,* de *foetēre,* oler mal.) adj. **hediondo,** que arroja de sí mal olor.

feto. fr. e i., *foetus;* it., *feto;* a., *Fötus.* (Del lat. *foetus.*) m. **Embriología.** Embrión de los mamíferos placentarios desde el momento en que se hacen patentes las características que tendrá el individuo posnatal, que, en la especie humana, es a partir de los 3 meses, hasta el momento del parto. ‖ Por ext., el mismo embrión desde el momento de su existencia. ‖ El mismo, después de abortado.

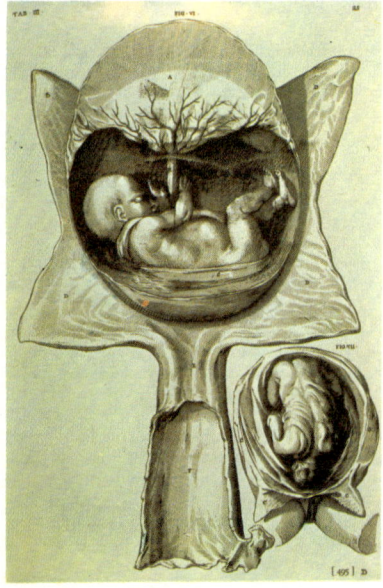

Asentamiento del feto humano, dibujo por Howard B. Adelman

fetor. (Del lat. *foetor, -ōris.*) m. desus. **hedor.**

fetua. (Del ár. *fatwà,* dictamen sobre una consulta jurídica.) f. Decisión que da el muftí a una cuestión jurídica.

feúco, ca. (De *feo.*) adj. despect. fam. **feúcho.**

feúcho, cha. (De *feo.*) adj. desp. fam. con que se encarece y moteja la fealdad de una persona o cosa.

Feuchtwanger (Lion). Biog. Novelista alemán, n. en Munich y m. en Los Ángeles, California (1884-1958). Expulsado, en el año 1933, de Alemania, emigró a EE. UU., donde permaneció hasta su muerte. Obras: *El judío Suss, Éxito, La guerra de los judíos* y la narración de tipo histórico *Goya.*

feudal. fr., *féodal;* it., *feudale;* i., *feodal;* a., *feudal, lehnbar.* adj. Perteneciente al feudo. ‖ Perteneciente a la organización política y social fundada en los feudos, y al tiempo de la Edad Media en que éstos estuvieron en vigor. ‖ Por ext., se dice de la persona que tiene cualidades propias de esa época.

feudalidad. f. Calidad, condición o constitución del feudo.

feudalismo. fr., *féodalité, feudalisme;* it., *feudalismo;* i., *feudalism;* a., *Feudalismus.* m. **Hist.** Organización política y social que tiene su fundamento en los feudos. Fue una institución que arraigó en Europa en la Edad Media y que, importada por la invasión de los germanos, se fundamentaba en un concepto de Derecho privado para deducir después en el Derecho público consecuencias que afectaron tanto al régimen de soberanía como al de libertad, entre varios señores que tenían dominio sobre ellos y sobre las personas que los habitaban y dependían, a su vez, de otros más poderosos magnates o de un soberano a quien debían homenaje. El feudalismo, por sus características, ha sido objeto de las más encondadas críticas acerca de su eficiencia político-económica y de si ha supuesto un avance o un retroceso en la marcha de los pueblos. Derivado de una compleja situación, responde sin duda a las necesidades históricas, políticas y económicas de la época. ‖ Conjunto de los derechos feudales.

feudar. (De *feudo.*) tr. ant. Dar en feudo. ‖ Entregar el vasallo al señor y el ciudadano al Estado las cargas o impuestos debidos.

feudatario, ria. fr., *feudataire;* it., *feudatario;* i., *feudatory;* a., *lehnsmann.* adj. Sujeto y obligado a pagar feudo. Ú. t. c. s.

feudista. m. **Der.** Autor que escribe sobre la materia de feudos.

feudo. fr., *fief;* it., *feudo;* i., *fief, feud;* a., *Lehngut, Lehensvertrag.* (Del germ. *fĕhu,* rebaño, propiedad.) m. **Der.** e **Hist.** Contrato por el cual los soberanos y los grandes señores concedían en la Edad Media tierras o rentas en usufructo, obligándose el que las recibía a guardar fidelidad de vasallo al donante, prestarle el servicio militar y acudir a las asambleas políticas y judiciales que el señor convocaba. ‖ Reconocimiento o tributo con cuya condición se concedía el feudo. ‖ Dignidad o heredamiento que se concedía en feudo. ‖ fig. Respeto o vasallaje. ‖ fig. Propiedad privada. ‖ **de cámara.** El que estaba constituido en situado anual de dinero sobre la hacienda del señor, inmueble o raíz. ‖ **franco.** El que se concedía libre de obsequio y servicio personal. ‖ **impropio.** Aquel a que faltaba alguna circunstancia de las que pedía la constitución del feudo riguroso; como el feudo de cámara, el franco, etcétera. ‖ **ligio.** Aquel en que el feudatario quedaba tan estrechamente subordinado al señor, que no podía reconocer otro con subordinación semejante, a distinción del vasallaje en general, que se podía dar respecto de diversos señores. ‖ **propio.** Aquel en que concurrían todas las circunstancias que pedía su constitución para hacerlo riguroso; como el feudo ligio, el recto, etc. ‖ **recto.** El que contenía obligación de obsequio y servicio personal, determinado o no.

Feuerbach (Anselm von). Biog. Pintor alemán, sobrino de Ludwig, n. en Speyer y m. en Venecia (1829-1880). Recibió la influencia de Couture, de quien asimiló el colorismo y el estilo decorativo. En sus cuadros de historia antigua ofreció una imagen ideal del mundo. Sus obras principales son: *Pietà, Hafiz en la fuente, Hafiz en la taberna, Nana, Ifigenia, Medea, Autorretrato, El banquete de Platón,* etc. ‖ **(Ludwig).** Filósofo alemán, hijo de Paul, n. en Landshut y m. en Rechemberg (1804-1872). Su obra más conocida es *La esencia del Cristianismo* (1840), la más acerba crítica de su época del concepto cristiano del Universo. Escribió, además, *Historia de la filosofía desde Bacon de Verulam hasta Baruch Spinoza* y *La esencia de la religión.* ‖ **(Paul Johann Anselm von).** Criminalista alemán, n. en Hainichen, cerca de Jena, y m. en Francfort del Mein (1775-1833). Además de las numerosas obras que escribió sobre su especialidad, en 1805 tomó parte en la elaboración de un proyecto de Código penal bávaro y desde 1807 estudió el Código de Napoleón para adaptarlo a Baviera, trabajo que se publicó parcialmente en 1808 y 1809.

Feyder (Jacques). Biog. Frédérix (Jacques).

Feynman (Richard Phillips). Biog. Físico estadounidense, n. en Nueva York en 1918. Trabajó en el proyecto de la bomba atómica estadounidense, en el Departamento atómico de la Universidad de Princeton (1942-43) y en el Laboratorio nuclear de Los Álamos (1943-1945); fue profesor asociados de Física teórica en Cornell (1945-50) y profesor de la misma especialidad en el Instituto de Tecnología, de California. En 1965 compartió el premio Nobel de Física con su compatriota J. S. Schwinger y el japonés S. Tomonaga.

fez. (Del lat. *faex, faecis.*) f. ant. **hez.**

fez. (Del nombre ár. de *Fez, Fās.*) m. **Indum.** Gorro de fieltro rojo y de figura de cubilete, usado especialmente por los moros, y hasta 1925 por los turcos.

Fez o **Faz.** (En ár., *Fās.*) **Geog.** Prov. de Marruecos; 17.940 km.² y 1.071.416 h. ‖ C. cap. de la misma; 325.327 h. Está sit. a la salida de la llanura de Sais y regada por el Guad o Uadi Fas. Punto central de la vida religiosa, comercial y social de Marruecos. En la pintoresca ciudad vieja se encuentran el palacio del sultán, el barrio judío y los edificios de la administración militar. Fez es sede de altos organismos administrativos, así como de escuelas

Fez. Murallas de la ciudadela

superiores islámicas. Artesanía en cueros, sedas y mosaicos, mundialmente conocidos. Fez llegó a ser el año 808 cap. de los Idrisidas y después de la Meca, la ciudad más santa del Islam.

-fi-. Infijo. V. **fis-.**

fi. m. desus. **hijo.**

fi. phi.

fía. (De *fiar.*) f. *Extr.* y *Sant.* Venta hecha al fiado. ‖ *Logr.* Fianza, fiador.

fiabilidad. f. Calidad de fiable. ‖ Probabilidad de buen funcionamiento de una cosa. ‖ **Informática.** Seguridad de funcionamiento de una aplicación.

fiable. adj. Dícese de la persona a quien se puede fiar, o de quien se puede responder.

fiado, da. p. p. de *fiar.* ‖ ant. Seguro y digno de confianza. ‖ **al fiado.** m. adv. con que se expresa que uno toma, compra, vende, juega o contrata sin dar o tomar de presente lo que debe pagar o recibir. ‖ **en fiado.** m. adv. Debajo de fianza, y se usa cuando uno sale de la cárcel mediante fianza.

fiador, ra. fr., *répondant;* it., *mallevadore;* i., *surety;* a., *Bürge.* m. y f. Persona que fía a otra para la seguridad de aquello a que está obligada. ‖ m. Cordón que llevan algunos objetos para impedir que se caigan o pierdan al usarlos; como el que cosido al interior del cuello de la capa o manteos se rodea a la garganta; el que lleva el sable en su empuñadura para rodearlo a la mano y a la muñeca; el que llevan los instrumentos quirúrgicos destinados a introducirse en el interior de una herida, etc. ‖ Pasador de hierro que sirve para afianzar las puertas por el lado de adentro a fin de que aun cuando se falsee la llave, no se pueda abrir. ‖ Cada uno de los garfios que sostienen por debajo los canalones de cinc de los tejados.

|| Correa que lleva la caballería de mano o de contraguía a la parte de afuera, desde la guarnición a la cama del freno. || Pieza con que se afirma una cosa para que no se mueva; como el fiador de la escopeta. || fam. Nalgas de los muchachos, porque son las que, llevando el castigo, pagan las travesuras o picardías que ellos hacen. || *Chile* y *Ecuad.* **barboquejo.** || *R. Plata.* Una de las piezas del equipo de montar del hombre de campo, constituida por una larga soga de cuero envuelta en torno al cogote de la cabalgadura y de la que a veces suele colgarse la manea. En la actualidad se usan adornadas con lujosos chapones de plata cincelada, con cadenillas o sogas lujosamente trenzadas con finos tientos. Es común observar en casi todos ellos una media luna morisca, usada por muchos jinetes sin sospechar su remoto origen. Casi siempre contribuye a realzar el lujo de las cabezadas y frentera de plata. || *Cetr.* Cuerda larga con la cual sueltan al halcón cuando empieza a volar, y le hacen que venga al señuelo. || **carcelero.** *Lex.* El que responde de que otro guardará carcelería. || **de salvo.** *Hist.* En lo antiguo, el que se daban los que tenían enemistad o estaban desafiados; y esta fianza producía el mismo efecto que la tregua. || **lego, llano** y **abonado.** *Der.* El que por no gozar de fuero particular ha de responder ante el juez ordinario de aquello a que se obliga.

fiadora. f. Mujer que va vendiendo por las casas ropas y alhajas al fiado y que cobra por lo general a plazos.

fiadura. (De *fiar.*) f. ant. **fianza.**

fiaduría. (De *fiador.*) f. ant. **fianza.**

Fiallo (Fabio). Biog. Poeta y cuentista dominicano, n. en Santo Domingo y m. en La Habana (1865-1942). Intervino en las luchas políticas con motivo de la ocupación estadounidense en 1916. Profundamente romántico, es el autor del poemario *La canción de una vida* (1926). Escribió también: *Cuentos frágiles* (narraciones cortas, 1908), *Cantaba el ruiseñor* y *El balcón de Psiquis* (versos), *Las manzanas de Mefisto* (narraciones) y *Primavera sentimental* (versos).

Fiallos (Enrique Constantino). Biog. Ingeniero y político hondureño, n. en la ciudad de la Antigua Guatemala (1862-1910). Fue, sucesivamente, ministro de Fomento, de Instrucción Pública y Justicia, de Agricultura y de Relaciones Exteriores.

Fiambalá. Geog. Local. de Argentina, prov. de Catamarca, depart. de Tinogasta; 1.119 h.; 1.800 m. s. n. m.

fiambrar. (De *fiambre.*) tr. Preparar los alimentos que han de comerse fiambres.

fiambre. (De *frío; fiambre,* por *friambre.*) adj. Que después de asado o cocido se ha dejado enfriar para no comerlo caliente. Dícese en especial de carnes y pescados. Asimismo se aplica a carnes curadas. Ú. t. c. s. m. || fig. y fam. Pasado de tiempo o de la sazón oportuna. Ú. t. c. s. m. || m. fig. y fam. **cadáver.** || *Guat.* Plato nacional que se hace con toda clase de carnes, encurtidos y conservas. Se suele comer una vez al año, el día de Todos los Santos. Es plato frío.

fiambrera. f. Cestón o caja para llevar el repuesto de cosas fiambres. || Cacerola, ordinariamente cilíndrica y con tapa bien ajustada, que sirve para llevar la comida fuera de casa. || Conjunto de cacerolas iguales que, sobrepuestas unas a otras y con un braserillo debajo, se usan, sujetas en dos barras de hierro, para llevar la comida caliente de un punto a otro. || *Arg.* **fresquera.**

fiambrería. f. *And.* y *Arg.* Tienda donde se venden o preparan fiambres.

Fiamengo (Pietro). Biog. Verschaffelt (Pieter Anton).

Fianarantsoa. Fachada de la catedral

Fianarantsoa. Geog. Prov. de Madagascar; 102.373 km.^{2} y 1.861.492 h. Está regada por el río Mangoky. Plantaciones de café, tabaco y arroz. Central hidroeléctrica. || C. cap. de la misma; 55.240 h.

fianza. fr., *caution, garantie;* it., *fidanza;* i., *security;* a., *Bürgschaft.* (De *fiar.*) f. Obligación que se contrae para seguridad de que otro pagará lo que debe o cumplirá aquello a que se obligó, tomando sobre sí el fiador verificarlo él en el caso de que no lo haga el deudor principal, o sea el que directamente para sí estipuló. || Prenda que da el contratante en seguridad del buen cumplimiento de su obligación. || Cosa que se sujeta a esta responsabilidad, especialmente si es dinero, que pasa a poder del acreedor, o se deposita y consigna. || Persona que fía a otro para la seguridad de una obligación. || ant. **confianza.** || ant. **finca.** || **de arraigo.** *Der.* La que se da hipotecando u obligando bienes raíces. || La que se exige de algunos litigantes de que permanezcan en el juicio y respondan a sus resultas. Exígese más comúnmente del litigante extranjero que demanda a un español, y se presta en los casos y en la forma que en la nación a que pertenezca se exigiere de los españoles. || **carcelera.** La que se da de que alguno a quien sueltan de la cárcel se presentará siempre que se le mande. || **de estar a derecho.** La que presta un tercero de que el demandado se presentará al llamamiento del juez siempre que éste lo ordenare. || **de la haz.** La que se hace de estar por el reo a todas las obligaciones reales y personales.

fiar. fr., *vendre à crédit;* it., *vendere a credito;* i., *to sell with a bail;* a., *auf Borg verkaufen.* = fr., *se fier;* it., *fidare;* i., *to trust;* a., *anvertrauen.* (Del lat. *fidāre,* por *fidēre.*) tr. Asegurar uno que otro cumplirá lo que promete, o pagará lo que debe, obligándose, en caso de no hacerlo, a satisfacer por él. || Vender sin tomar el precio de contado, para recibirlo en adelante. || Confiar en una persona. || Dar o comunicar a uno una cosa en confianza. Ú. t. c. prnl. || ant. Afianzar o asegurar. || En Colombia, pedir fiado. || intr. Esperar con firmeza o seguridad algo grato.

fiasco. fr., *insuccès;* it., *fiasco;* i., *unsuccessfulness, failure;* a., *Fiasko.* (Del it. *fiasco.*) m. Mal éxito.

fíat. (Del lat. *fiat,* hágase, sea hecho.) m. Consentimiento o mandato para que una cosa tenga efecto. || Gracia que hacía el Consejo de la Cámara para que uno pudiera ser escribano. || **fiat lux.** (Traducción del hebr. *Yehi or.*) loc. lat. que sign. *hágase la luz.* Palabras de Dios, en el *Génesis,* para desvanecer las tinieblas el primer día de la Creación.

fibiella. (Del lat. **fibella,* por *fibŭla.*) f. ant. **hebilla.**

Fibiger (Johannes). Biog. Médico dinamarqués, n. en Silkeborg y m. en Copenhague (1867-1928). Profesor de Anatomía patológica en la Universidad de Copenhague. Se le concedió en 1926 el premio Nobel de Medicina por su descubrimiento del carcinoma de la espiróptera, un gusano que vive parásito en el intestino del ganado ovino, vacuno, etc.

fibra. fr. e i., *fibre;* it., *fibra;* a., *Faser, Fiber.* (Del lat. *fibra.*) f. Cada uno de los filamentos que, dispuestos en haces, entran en la composición de los tejidos orgánicos vegetales o animales. || fig. Vigor, energía, robustez. || **Bot.** Cada una de las células vegetales alargadas, muertas y lignificadas que constituyen el esclerénquima o tejido de sostén de las plantas superiores. Alternan con los vasos leñosos y, aparte de su importancia biológica, muchas de ellas la tienen económica para el hombre por sus aplicaciones textiles: *esparto, cáñamo, lino,* etcétera. || Nombre que se da a las raicillas de muchas plantas, cuando son muy finas y delicadas. || **Miner.** Cada uno de los filamentos que presentan, en su textura, ciertos minerales. A veces se muestran unidos como en el yeso fibroso, y otras están sueltos y apelotonados y pueden separarse y utilizarse para fabricar telas incombustibles, como los del asbesto. || **Quím.** Cada uno de los filamentos a que se reducen las materias plásticas de obtención química que vienen a substituir modernamente a las de origen vegetal o animal. El gran progreso de la investigación técnica ha conseguido dar a la celulosa las características de la fibra natural, y actualmente ha logrado ya enorme desarrollo la fabricación de fibras artificiales o sintéticas en la industria textil. Entre ellas se cuentan el rayón, viscosa, nailon, orlón, metacrilato, polipropileno y la numerosa gama de los poliésteres (v. **plásticos**). También se utilizan actualmente en la industria textil mezclas de fibras naturales y sintéticas. || **artificial.** *A. ind.* Aquella que, aunque no es la misma que ha dado la naturaleza, procede, en su fabricación, de materia natural. || **conjuntiva.** *Anat.* y *Zool.* Cada uno de los filamentos que, reunidos en haces, forman parte de la materia fundamental del tejido conjuntivo. Son de colágena y abundan en los tendones y en el cartílago fibroso. || **continua.** *Indus.* En términos textiles, la de gran longitud. En la naturaleza sólo es así la de la seda. También se suele hablar, en el caso de tratarse de fibras continuas, de *filamentos continuos.* (V. **fibra discontinua.**) || **discontinua.** *Indus.* En términos textiles, la de corta longitud. (V. **fibra continua.**) Son así las fibras naturales, excepto la de seda. Las artificiales suelen fabricarse en hilos continuos; si se cortan a semejanza de las naturales se suelen llamar *fibras cortadas* o *en floca.* || **elástica.** *Anat.* y *Zool.* Cada uno de los filamentos de elastina, no agrupados en haces, que abundan en los tejidos conjuntivo elástico y cartilaginoso elástico. || **leñosa.** *Bot.* La alargada y puntiaguda en sus extremos, de paredes gruesas lignificadas, que se halla en el cuerpo leñoso de las plantas. Tiene función mecánica o de sostén y, en general, muere pronto. || **liberiana.** Fibra alargada, de paredes gruesas suberificadas, que forma, junto con las esclereidas, los elementos mecánicos de la corteza. || **muscular.** *Anat.* y *Zool.* Cada una de las células alargadas, formadas por miofibrillas, capaces de contraerse y relajarse, ya por estímulos exteriores, ya por estímulo nervioso, y que constituyen los músculos de los animales. Hay tres clases de fibras musculares: la *fibra lisa,* uninu-

fibrina–ficha

cleada, fusiforme, microscópica, pálida y de contracción lenta y, en general, involuntaria, que forma los músculos viscerales de los vertebrados y la totalidad del sistema muscular en gusanos, moluscos, etc.; la *fibra estriada*, plurinucleada, cilíndrica, roja, de varios centímetros de longitud, estriada transversalmente y de movimientos rápidos y voluntarios, que forma los músculos de la vida animal en los vertebrados y en los artrópodos, y la *fibra cardíaca*, de estructura intermedia entre la lisa y la estriada, que forma el miocardio de los vertebrados y es de contracción rápida, pero involuntaria. || **nerviosa.** Cuerpo filiforme, cilíndrico, formado por la neurita (v.) de una neurona y por la envoltura que la protege. || **sinté-**

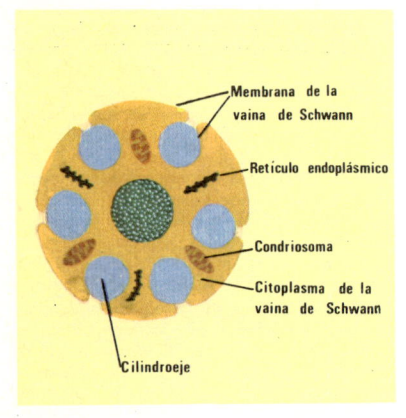

Corte transversal de una fibra nerviosa gris

tica. *Quím.* Aquella cuya fuente u origen es exclusivamente químico. || **de vidrio.** Denominación genérica que se da a los filamentos conocidos con los nombres de lana y seda de vidrio. Se emplea principalmente en construcción por sus buenas cualidades como aislante térmico y acústico, y empieza a difundirse su empleo como fibra textil. También encuentra aplicación actualmente en la fabricación de estratificados juntamente con resinas artificiales del tipo de poliéster y epoxi, utilizados en canoas y otras carrocerías, así como en laminados empleados en la fabricación de circuitos impresos. Su nombre técnico es *vitrofib.*
fibrina. fr. e i., *fibrine;* it., *fibrina;* a., *Faserstoff, Fibrin.* (De *fibra* y -*ina.*) f. **Bioq.** y **Fisiol.** Substancia albuminoidea, insoluble en el agua y en los líquidos salinos, producida al coagularse el fibrinógeno disuelto en el plasma sanguíneo, por la acción del fermento trombina en presencia de iones de calcio. El coágulo de fibrina es un retículo esponjoso y blanco que aprisiona los hematíes. La velocidad con que esto sucede, mayor en ciertos estados patológicos, es, pues, un signo clínico.
fibrinógeno. (De *fibrina* y -*geno.*) m. **Biol.** Globulina disuelta en el plasma sanguíneo, producida probablemente en el hígado y que, por efecto de la trombina y en presencia de iones de calcio, se desdobla en un dipéptido soluble, llamado fibrinoglobulina, y en fibrina, insoluble, que forma un coágulo (v. **sangre**).
fibrocartilaginoso, sa. adj. **Anat.** y **Zool.** Relativo al fibrocartílago.
fibrocartílago. (De *fibra* y *cartílago.*) m. **Anat.** y **Zool.** Variedad de tejido cartilaginoso en la que predomina los haces colágenos, y que forma los discos intervertebrales.
fibrocemento. (De *fibra* y *cemento.*) m. **Constr.** Material constituido por una mezcla de amianto y cemento. Se suele fabricar en forma de placas onduladas, de gran aplicación para cubiertas de edificios y fabricación de tu-

berías. Comercialmente se conoce por el nombre de *uralita.*
fibroma. fr., *fibrome;* it. e i., *fibroma;* a., *Fibrom.* (De *fibra* y -*oma.*) m. **Pat.** Tumor formado exclusivamente por tejido fibroso. Se llama muchas veces así un tumor benigno de la matriz que, como está compuesto por tejido muscular, debería llamarse, más bien, mioma.
fibroso, sa. fr., *fibreux;* it., *fibroso;* i., *fibrous;* a., *faserig.* adj. Que tiene muchas fibras. || **Anat.** y **Zool.** Dícese de una variedad de tejido conjuntivo en la que predominan los haces colágenos y que se halla, sobre todo, en los ligamentos, tendones, aponeurosis, envolturas membranosas de ciertos órganos y túnicas de algunos vasos.
fibrovascular. (De *fibra* y *vascular.*) adj. **Bot.** Dícese de los órganos compuestos de elementos fibrosos y vasculares.
fíbula. (Del lat. *fibŭla.*) f. Hebilla, a manera de imperdible, de que usaron mucho los griegos y romanos.

Fíbulas de bronce. Museo de Numancia. Soria

-ficación. suf. V. **-ficar.**
-fical. suf. V. **fico-.**
ficante. (De *ficar.*) m. *Germ.* **jugador.**
-ficar, -fico, -ficación. (Del lat. *facĕre.*) suf. que sign. hacer: humidi**ficar**, proli**fico**, emulsi**ficación**.
ficar. (Del lat. *figicāre,* por *figĕre,* fijar.) intr. ant. **quedar.** || tr. *Germ.* **jugar.**
ficción. fr. e i., *fiction;* it., *finzione, fizione;* a., *Erfindung, Verstellung.* (Del lat. *fictĭo, -ōnis.*) f. Acción y efecto de fingir. || Invención poética. || **de derecho,** o **legal.** *Der.* La que introduce o autoriza la ley o la jurisprudencia en favor de uno; como cuando, en algunos casos, al hijo concebido se le tiene por nacido.
ficcioso, sa. adj. *Chile.* Que finge lo que no es.
fice. (Del lat. *phycis,* y éste del gr. *phykís.*) m. *Zool.* Pez teleóstomo marino del orden de los gadiformes, familia de los gádidos, de unos 40 centímetros de largo, cabeza pequeña o rojiza, labios gruesos y doble el de la mandíbula superior, dientes fuertes y cónicos, color verdoso con manchas grises por el lomo y plateado y con líneas rojas por el vientre. Su vejiga natatoria es muy larga y alcanza la región caudal. Vive cerca de las costas y su carne es bastante apreciada (*phycis mediterráneus*).
-fíceo. suf. V. **fico-.**
Ficino (Marsilio). Biog. Filósofo, médico y filólogo italiano, n. en Figline y m. en Careggio (1433-1499). Su nombre va asociado a la famosa Academia platónica de Florencia, que bajo su dirección llegó a su mayor esplendor.

-fico. suf. V. **-ficar.**
fico-; -fical, -fíceo. (Del gr. *phykos.*) pref. o suf. que sign. alga; e. de suf.: *clorofical, clorofíceo*.
ficocianina. (De *fico-, -cian-* e -*ina.*) f. **Biol.** y **Bot.** Pigmento de color azul que, asociado a la carotina y a la clorofila, se encuentra en el jugo celular de las *cianoficeas*, antiguamente llamadas, por ello, algas azules. También se halla, en proporción variable, en las algas rodoficeas.
ficoeritrina. (De *fico-* y *eritrina.*) f. **Biol.** y **Bot.** Substancia nitrogenada de color rojo, fluorescente, soluble en agua dulce y que existe en los cromoplastos de las algas rodoficeas marinas, generalmente acompañado por la ficocianina. Según las proporciones de ambos pigmentos, el color de estas algas varía del rojo vivo al rojo azulado o verdoso, puesto que también poseen clorofila.
ficofeína. (De *fico-* y -*feína.*) f. **Biol.** y **Bot.** Pigmento pardo amarillento que, en los cromoplastos de las algas feofíceas, acompaña a la clorofila, xantofila y carotina. Es afín a los carotinoides y se llama también *ficoxantina.*
ficoideo, a. (Del lat. *ficus,* higo, y -*oideo.*) adj. **Bot. aizoáceo.**
ficomicetes. (Del m. or. que el anterior.) adj. **Bot.** Dícese de los hongos considerados todavía como *hongos-algas;* de micelio constantemente unicelular, no tabicado, por lo menos en su período vegetativo; uninucleados o plurinucleados, sin crecimiento apical; y reproducción asexual por zoosporas, y sexual por fecundación de una oosfera. || m. pl. Primera clase en que se dividen estos hongos, también llamada *sifonicetes,* que comprende los siguientes órdenes: *quitridiales, comicetales* y *zigomicetales.*
ficoxantina. (De *fico-* y *xantina.*) f. **Biol.** y **Bot. ficofeína.**
ficticio, cia. fr., *fictif;* it., *fittizio;* i., *fictitious;* a., *angenommen, erdichtet.* (Del lat. *fictĭus.*) adj. Fingido o fabuloso. || Aparente, convencional.
ficto, ta. (Del lat. *fictus.*) p. p. irreg. de **fingir.**
ficus. (Voz lat. que sign. *higo.*) **Bot.** Gén. de plantas moráceas, subfamilia de las artocarpoideas; de flores masculinas y femeninas en inflorescencia endógena, piriforme, carnosa en la madurez; la infrutescencia en sicono, posee una abertura obturada por pelos dirigidos hacia dentro de manera que pueda entrar el himenóptero *blastóphaga grossórum,* pero no salir hasta que se consiga la polinización, momento en el cual se encogen los pelos dejando salir al insecto. La especie *f. carica* es la higuera. De Asia tropical es la *f. elástica* o *higuera del caucho,* de cuyo látex se prepara esta substancia.
ficha. fr., *fiche, jeton;* it., *gettone;* i., *chip;* a., *Spielmarke.* (Del fr. *fiche.*) f. Pieza pequeña de marfil, madera, hueso, etc., que sirve para señalar los tantos que se atraviesan en el juego. || Cada una de las piezas del juego del dominó. || Pieza pequeña de cartón, metal u otra substancia a la que se asigna un valor convenido y que se usa en substitución de la moneda en algunas casas de negocios y establecimientos industriales. || Cédula de cartulina o papel fuerte que puede con otras ser clasificada y guardada verticalmente en cajas. || **antropométrica.** *Léx.* Cédula en que se consignan medidas corporales y señales individuales para la identificación de personas sujetas a la vigilancia de la policía. || **perforada.** La de cartulina gruesa y rígida con agujeros en puntos determinados, indicadores de datos, cuya lectura puede hacerse de modo casi automático por medio de clavijas que se introducen en los agujeros y cierran circuitos eléctricos, inte-

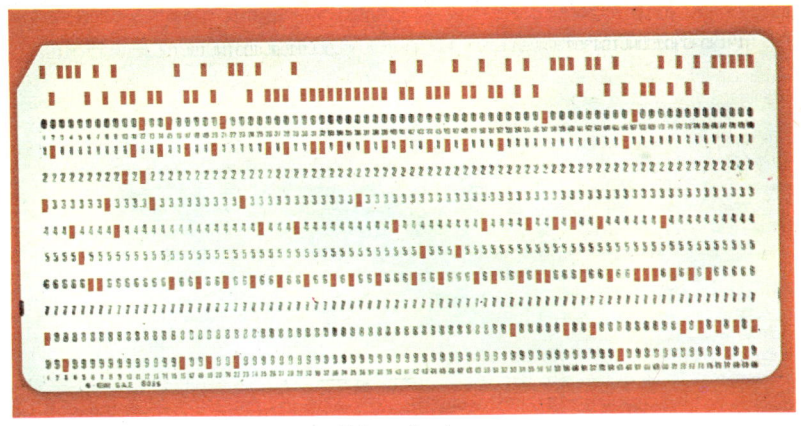

Ficha perforada

rrumpidos por el cartón, que es aislante. Se ha generalizado su empleo en informática, contabilidad comercial, trabajos estadísticos, transmisiones telegráficas, máquinas de calcular, etcétera. ‖ **recapitulativa.** Aquella en la que automáticamente quedan recogidas, mediante perforaciones, determinados resultados de la tabulación.

fichaje. (De *fichar*.) m. Acción y efecto de fichar a un jugador, atleta o técnico deportivo. ‖ Por ext., acción y efecto de obtener los servicios o ayuda de una persona.

fichar. tr. En el juego del dominó, poner la ficha. ‖ Hacer la ficha antropométrica de un individuo. ‖ Ir contando con fichas los géneros que el camarero de café, casino, etc., recibe para servirlos. ‖ fig. y fam. Refiriéndose a una persona, ponerla en el número de aquellas que se miran con prevención y desconfianza. ‖ **Dep.** En las asociaciones deportivas, especialmente en las de fútbol, comprometerse uno a actuar como jugador o como técnico en algún club o entidad deportiva.

fichero. m. Caja o mueble con cajonería donde se pueden guardar ordenadamente las fichas o cédulas. ‖ **Informática.** Lugar para almacenar un conjunto de información. Pueden ser permanentes o maestros, de movimiento y de trabajo.

Fichte (Johann Gottlieb). **Biog.** Filósofo alemán, n. en Rammenau y m. en Berlín (1762-1814). Partiendo de Kant, llegó, sin embargo, a separarse radicalmente de su pensamiento. Abandonando el punto de vista crítico

Johann Gottlieb Fichte

por el constructivo, elaboró un sistema idealista original: *la teoría de la ciencia*. Para él no hay conflicto entre la razón práctica y la razón teórica; ésta se halla necesariamente subordinada a la primera. El principio de toda realidad es el Yo, si bien contrapone al Yo empírico, individual y fenoménico, el Yo absoluto,

impersonal, razón inmanente que se contempla a sí misma. Niega la independencia del mundo sensible respecto al espíritu que lo percibe; se trata, no de un obstáculo con que choca el Yo, sino de una autolimitación. Llega a negar la personalidad y la substancialidad de Dios, si bien, luego, aceptó un Absoluto divino. En su teoría del Estado exige la superación de las exigencias individuales en favor de la razón al servicio del todo. Entre sus obras principales: *Teoría de la Ciencia* (1794), *Fundamentos del Derecho natural, El sistema de la moral según los principios de la teoría de la ciencia* (1798), *El destino del hombre* y *El estado comercial cerrado* (1800).

fidalgo, ga. (De *fijodalgo*.) m. y f. ant. **hidalgo.**

fidecomiso. m. **fideicomiso.**

fidedigno, na. fr., *véridique, digne de foi, croyable;* it., *degno di fede;* i., *credible, trustworthy;* a., *glaubwürdig.* (Del lat. *fides*, fe, y *dignus*, digno.) adj. Digno de fe y crédito.

fidería. f. *R. Plata*. Fábrica de fideos y pastas semejantes. ‖ Lugar donde se venden.

fidero, ra. m. y f. Persona que fabrica fideos u otras pastas semejantes.

fideicomisario, ria. (Del lat. *fideicommissarius*.) adj. **Der.** Dícese de la persona presente o futura a quien se destina un fideicomiso. Ú. t. c. s. ‖ Perteneciente al fideicomiso.

fideicomiso. fr., *fidéicommis;* it., *fedecommesso;* i., *entail;* a., *Fideikommiss.* (Del lat. *fideicommissum;* de *fides*, fe, y *commissus*, confiado.) m. **Der.** Disposición contractual, o testamentaria, en la cual el contratante, o el testador deja su hacienda o parte de ella encomendada a la fe de uno para que, en caso y tiempo determinados, la transmita a otro sujeto o la invierta del modo que se le señala. ‖ Cosa constituida en propiedad fiduciaria. ‖ **Polít.** Nombre con que la O. N. U. ha substituido al de *mandato,* de la extinguida Sociedad de las Naciones. Como éste, es la solución hallada después de la S. G. M. para que las grandes potencias sigan rigiendo algunas colonias que todavía no han alcanzado su madurez política.

fideicomitente. (Del lat. *fideicommittens, -entis*.) com. **Der.** Persona que ordena el fideicomiso.

fideísmo. (Del lat. *fides*, fe, e *-ismo*.) m. **Filos.** Sistema que fundamenta toda la certeza filosófica en la fe divina, de tal modo que sin ésta no es posible lograr aquélla. ‖ Actitud extrema, en relación con el conocimiento de Dios, que niega la capacidad de la razón humana para la cognoscibilidad natural de la realidad divina y señala la Revelación como único camino a través del cual las verdades relativas a Dios son asequibles al hombre. Profesó ya entre otros esta doctrina en el s. XVII, al me-

nos en algunos de sus postulados, el obispo francés Daniel Huet, como reacción contra el racionalismo cartesiano. El fideísmo fue condenado por el Concilio Vaticano I en la constitución dogmática *Dei Filius.*

fideísta. adj. Partidario del fideísmo. Ú. t. c. s.

Fidel de Sigmaringa (San). **Biog.** Religioso capuchino alemán, n. en Sigmaringa y m. en Seewis o Sevis (1577-1622). Encargado de predicar el Evangelio en Prusia, cuando se dirigía un día a la iglesia de Sevis, encontró en su camino a unos soldados que, después de maltratarle, le dieron muerte. Su fiesta se conmemora el 24 de abril. ‖ **Olivas Escudero. Geog.** Dist. de Perú, depart. de Ancash, prov. de Mariscal Luzuriaga; 2.325 h. Capital, Sanachgán.

fidelidad. fr., *fidélité;* it., *fedeltà;* i., *fidelity;* a., *Treue.* (Del lat. *fidelĭtas, -ātis*.) f. Lealtad, observancia de la fe que uno debe a otro. ‖ Puntualidad, exactitud en la ejecución de una cosa, especialmente en la reproducción de un dechado. ‖ **Elec.** Efecto de reproducir con exactitud en la salida de un sistema electrónico la señal de entrada en el mismo. ‖ **(alta).** *Electrón.* Tipo de grabación de discos y de audición radiofónica, que recoge una amplia gama de sonidos, generalmente en dos bandas, para las notas bajas y altas, que luego se oyen simultáneamente mediante altavoces. Este sistema permite, además, destacar de los otros el sonido de una de las bandas, si así interesa. Se le designa abreviadamente con las siglas inglesas *hi-fi,* de *high fidelity* (alta fidelidad).

fidelísimo, ma. (Del lat. *fidelissĭmus*.) adj. superl. de **fiel.** ‖ Título o sobrenombre que llevaron en un tiempo los reyes de Portugal.

fideo. fr., *vermicelle;* it. e i., *vermicelli;* a., *Fadennudeln.* (Del cat. *fideu;* en it., *fedelini.*) m. Pasta de harina de trigo, ya sola, ya mezclada con gluten y fécula, en forma de cuerda delgada, que ordinariamente se toma en sopa. Ú. m. en pl. ‖ fig. y fam. Persona muy delgada.

fidería. f. *Méj.* **fideería.**

Fidias. Biog. Escultor griego, hijo del ateniense Cármides, n. en Atenas y m. probablemente en la misma c. (h. 500-h. 431 a. C.). Se le considera como el artista más grande de

Amazona, por Fidias. Museo Capitolino. Roma

Grecia. La primera obra que se conoce de Fidias es una *Atenea*, de oro y marfil, así como la última se supone que fue la *Atenea Prómacos* de la Acrópolis, por el hecho de que la dejó inconclusa. Dirigió, entre otras, las obras del Partenón, en el cual ejecutó ambos frontones, las 92 metopas de la cornisa exterior y el friso que rodeaba la nave. Injustamente acusado, murió en la cárcel. Entre las numerosas estatuas, bustos y altos relieves salidos de sus manos, hay que citar la colosal estatua de *Júpiter Olímpico*, y una estatua de *Deméter*, en mármol. En 1957 fue descubierto en Olimpia el taller de este escultor, con restos de los moldes empleados para repujar los pliegues de la túnica de oro de la imagen del *Júpiter Olímpico*.

Fidji. Geog. Fiji.
fido, da. (Del lat. *fidus*.) adj. ant. **fiel.**
fiducia. (Del lat. *fiducia*.) f. ant. **confianza.**
fiduciario, ria. fr., *fiduciaire*; it., *fiduciario*; i., *fiduciary*; a., *treuhänder*. (Del lat. *fiduciarius*.) adj. Der. Heredero o legatario a quien el testador manda transmitir los bienes a otra u otras personas, o darles determinada inversión. Ú. t. c. s. ‖ **Com.** Que depende del crédito y confianza que merezca.
fiebre. fr., *fièvre*; it., *febbre*; i., *fever*; a., *Fieber*. (Del lat. *febris*.) f. Fenómeno patológico que se manifiesta por elevación de la temperatura normal del cuerpo y mayor frecuencia del pulso y la respiración. ‖ fig. Viva y ardorosa agitación producida por una causa moral. ‖ **amarilla.** Pat. Enfermedad infecciosa endémica en las Antillas, el golfo de Méjico y Brasil, que a veces se vuelve epidémica y se difunde a otras regiones, como el golfo de Guinea (África). Se transmite por la picadura de un mosquito llamado *aedes aegypti* (antes *stegomya fasciata* o s. *callopus*), que fue descubierto por el doctor Finlay. El microbio fue aislado por los especialistas de la Fundación Rockefeller al realizar experimentos en monos de Bahía, Brasil. Se manifiesta con fiebre, ictericia, hematemesis, nefritis, oliguria, delirios y coma. Sólo una parte de los enfermos se salva, y quedan inmunizados luego para toda la vida. Llámase también *vómito negro*. Actualmente se dan muy pocos casos de esta enfermedad. ‖ **anticipante.** La que se adelanta. ‖ **continua.** La que sigue su curso sin interrupción. ‖ **efémera**, o **efímera.** La que dura, por lo común, un día natural y desaparece ordinariamente por algún fenómeno crítico espontáneo. ‖ **eruptiva.** La que va acompañada de erupciones cutáneas. ‖ **esencial.** La que no es sintomática de una enfermedad local. ‖ **héctica**, o **hética.** La propia de las enfermedades consuntivas. ‖ **del heno.** Período morboso agudo que se presenta todos los años en la primavera o verano y se caracteriza por conjuntivitis y catarro nasal, al que acompañan síntomas asmáticos, que se juzga ocasionado por la inhalación del polen de algunas plantas. ‖ **intermitente.** La que aparece y desaparece por intervalos más o menos largos. ‖ **láctea.** La que generalmente se presenta en la mujer al segundo o tercer día del parto y es precursora de la subida de la leche. ‖ **de Malta, ondulante, mediterránea, melitense, de Bruce,** o **de Napoleón.** Enfermedad, especie de brucelosis, que padecen los animales caprinos y ovinos y se transmite al hombre por falta de limpieza en las manos de los que cuidan a dichos animales, por ingestión de leche no hervida o pasteurizada, o de sus derivados (quesos, manteca, requesón), o de carne de reses infectadas, por contacto con carnes, lanas y pieles contaminadas y hasta por medio del agua. Se caracteriza por fiebre ondulante y produce debilidad, dolor de articulaciones, jaqueca, inapetencia, etc.; pero rara vez es mortal. Vencida la septicemia y luego de soportar ondas febriles decrecientes, proceso que perdura de tres meses a tres años, se produce la curación natural, aunque suelen quedar como secuela dolencias que afectan al hígado, al sistema nervioso y a la columna vertebral. Es enfermedad que se va extendiendo y se combate eficazmente con el antibiótico llamado *catomicina*. ‖ **palúdica.** V. **paludismo.** ‖ **paratifoidea.** Fiebre ininterrumpida con síntomas parecidos o idénticos a los de la fiebre tifoidea, pero en la que no es positiva la reacción de Widal. Se transmite por los bacilos del grupo colotifoide. ‖ **perniciosa.** Paludismo con síntomas graves, de rápido curso, que, a veces, terminan por la muerte en los primeros accesos. ‖ **puerperal.** Período morboso que sigue al parto o al aborto, debido a la penetración en el organismo, por la mucosa uterina, de distintos gérmenes, especialmente estreptococos, y que presenta varias formas, más o menos graves, desde la simple metritis a la infección purulenta y septicemia. ‖ **recurrente.** Enfermedad infecciosa y contagiosa, producida por el espirilo de Obermeier, que se caracteriza por escalofríos, fiebre repentina ininterrumpida, dolores en el cuerpo y cefalalgia. Los síntomas desaparecen tras una profusa sudación al final de la primera semana, para reaparecer después de un intervalo variable, precedidos también de un escalofrío. Pueden presentarse de tres a cuatro recidivas. ‖ **remitente.** La que durante su curso presenta alternativas de aumento y disminución en su intensidad. ‖ **sincopal.** La que se junta con el síncope. ‖ **sínoca,** o **sinocal.** La continua, sin remisiones bien definidas y que no es, por lo general, grave. ‖ **sintomática.** La ocasionada por cualquiera enfermedad localizada en un órgano. ‖ **subintrante.** Aquella cuya accesión sobreviene antes de haberse quitado la antecedente. ‖ **tifoidea.** Enfermedad contagiosa específica, denominada también tifus, producida por el bacilo de Eberth y cuyos caracteres se señalan por la inflamación y ulceración de las placas de Peyer, ingurgitación del bazo y ganglios mesentéricos y catarro de las mucosas gastrointestinales. El agente productor está en las deposiciones y se transmite por el agua potable y alimentos contaminados.
fiel. fr., *fidèle, loyal*; it., *fedele, leale*; i., *faithful, upright*; a., *treu, gläubig*. (Del lat. *fidēlis*.) adj. Que guarda fe. ‖ Exacto, conforme a la verdad. ‖ Que tiene en sí las reglas y circunstancias que pide el uso a que se destina. ‖ Por

Fieles orando en la mezquita de El Azhar. El Cairo

ant., cristiano que vive en la debida sujeción a la Iglesia Católica Romana. Ú. t. c. s. ‖ Creyente de otras religiones. ‖ m. El encargado de que se hagan algunas cosas con la exactitud y legalidad que exige el servicio público, vigilando el cumplimiento de los preceptos legales o de las órdenes de la autoridad. ‖ Aguja que juega en la alcoba o caja de las balanzas y romanas, y se pone vertical cuando hay perfecta igualdad en los pesos comparados. ‖ Clavillo que asegura las hojas de las tijeras. ‖ ant. Persona diputada por el rey para señalar el campo y reconocer las armas de los que entraban en público desafío, cuidar de ellos y de la debida igualdad en el duelo, y era como el juez del desafío. ‖ ant. En derecho, persona a cuyo cargo se ponía judicialmente una cosa litigiosa mientras se decidía el pleito. ‖ *And.* En algunas partes de la región, tercero o persona que tenía por oficio recoger los diezmos y guardarlos. ‖ **Arm.** Cada una de las dos piezas de acero que tiene la ballesta, la una embutida en el tablero y quijeras en que está la llave, y la otra fuera de ellas, lo que basta para que puedan rodar las navajas de la gafa cuando se arma el instrumento. ‖ Cualquiera de los hierrecillos o pedazos de alambre que sujetan algunas piezas de la llave del arcabuz. ‖ **almotacén.** Léx. almotacén. ‖ **cogedor. cillero.** ‖ **contraste. contraste,** persona que contrasta pesas, monedas, etc. ‖ **ejecutor.** Regidor a quien toca asistir al repeso. ‖ **de fechos.** Sujeto habilitado para ejercer funciones de escribano en los pueblos en que no lo hay. ‖ **de lides.** Cualquiera de las personas encargadas de asistir a los retos en lo antiguo, para partir el campo, reconocer las armas de los contendientes y hacer observar completa igualdad, evitando todo fraude y engaño. ‖ **medidor.** Oficial que asiste a la medida de granos y líquidos. ‖ **de romana.** Oficial que asiste en el matadero al peso de la carne por mayor. ‖ **en fiel.** m. adv. Con igualdad de peso, o sin inclinarse las balanzas, ni el fiel del peso, ni la lengüeta de la romana, a un lado ni a otro.
fielato. (De *fiel*.) m. Oficio de fiel. ‖ Oficina del fiel. ‖ Oficina a la entrada de las poblaciones, en la cual se pagan los derechos de consumo.
fielazgo. (De *fiel*.) m. desus. **fielato.**
fieldad. (Del lat. *fidelĭtas, -ātis*.) f. Oficio de fiel. ‖ Seguridad, custodia, guarda. ‖ Despacho que el Consejo de Hacienda solía dar a los arrendadores al principio del año para que pudieran recaudar las rentas reales de su cargo mientras se les despachaba el recudimiento de frutos. ‖ En algunas partes, **tercia,** casa en que se depositaban los diezmos. ‖ ant. **fidelidad.**
Fielding (Henry). Biog. Novelista y autor dramático inglés, n. en Sharpham Park y m. en Lisboa (1707-1754). Admirador de Cervantes, su primera obra teatral fue la comedia *Don Quijote en Inglaterra*; después se dedicó a la novela, en la que alcanzó gran reputación, y se le considera como el creador de la novela inglesa. Su obra maestra, *Tom Jones (Historia de Tomás Jones el Expósito)*, ha sido traducida a varios idiomas. Otra notable novela suya es *Joseph Andrews*.
fielmente. adv. m. Con fidelidad.
fieltrar. fr., *feutrer*; it., *feltrare*; i., *to felt*; a., *filzen, verfilzen*. tr. Hacer o fabricar fieltro. ‖ Dar a la lana la consistencia del fieltro. ‖ Guarnecer con fieltro. ‖ Poner fieltro en el asiento de una silla, embutirla.
fieltro. fr., *feutre*; it., *feltro*; i., *felt*; a., *Filz*. (Del germ. *felt*.) m. Especie de paño no tejido que resulta de conglomerar borra, lana o pelo. ‖ Sombrero, capote, alfombra, etc., hechos de fieltro. ‖ desus. Capote o sobretodo que se ponía encima de los vestidos para defenderse del agua.
fiemo. (Del lat. *fimus*.) m. *And., Ar., Nav.* y *Rioja.* Fimo, estiércol.
Fier. Geog. Dist. de Albania, en la región de Elbasan-Berat; 1.191 km.^{2} y 158.200 h. ‖ C. cap. del mismo; 19.681 h.

fiera. fr., *bête, féroce*; it., *fiera*; i., *beast*; a., *Raubtier*. (Del lat. *fera*.) f. Bruto indómito, cruel y carnicero. ∥ fig. Persona cruel o de carácter malo y violento. ∥ **carnívoro,** mamífero unguiculado con cuatro extremidades, como el tigre. ∥ pl. *Germ.* Criados de justicia. ∥ **corrupia.** *Folk.* Designación de ciertas figuras animales que se presentan en fiestas populares, y son famosas por su deformidad o aspecto espantable. ∥ **hecho una fiera.** loc. fig. y fam. Muy irritado. Ú. principalmente con los verbos *estar* y *ponerse*.

fierabrás. fr., *fier-à-bras*; it., *smargiasso*; i., *hector*; a., *Eisenfresser, Prahlhans*. (Por alusión al famoso gigante de este nombre que figura en los antiguos libros de caballería, al cual se atribuían gran número de hazañas extraordinarias, en los relatos de la Edad Media. Pertenecía al mahometismo y se le suponía hijo de Balán, emir de Antioquía.) m. fig. y fam. Persona mala, perversa, ingobernable. Aplícase, por lo común, a los niños traviesos.

fieramente. adv. m. Con fiereza.

fiereza. fr., *sauvagerie*; it., *fierezza, fierità*; i., *unhumanity, savagery, ferocity*; a., *Wildheit, Unmenschlichkeit*. (De *fiero*.) f. Inhumanidad, crueldad de ánimo; y en los brutos, saña y braveza. ∥ fig. Deformidad que causa desagrado a la vista.

fiero, ra. fr., *sauvage, farouche*; it., *fiero, efferato*; i., *wild, grausam*; a. (Del lat. *ferus*.) adj. Perteneciente o relativo a las fieras. ∥ Duro, agreste o intratable. ∥ feo. ∥ Grande, excesivo, descompasado. ∥ ant. Aplicábase a los animales no domesticados. ∥ fig. Horroroso, terrible. ∥ m. Bravata y amenaza con que uno intenta aterrar a otro. Ú. m. en pl. ∥ galic. por orgulloso, satisfecho.

fierra. (De *fierro*.) f. ant. Herradura de las caballerías.

fierro. (Del lat. *ferrum*.) m. ant. **hierro,** úsase hoy en América y en algunas partes de España. ∥ pl. ant. Prisiones, como grillos, cadenas, etc. ∥ *Amer.* **hierro,** marca para el ganado.

Fierro (Humberto). *Biog.* Poeta simbolista ecuatoriano (1890-1929). Fue autor de *El laúd en el valle* y *Velada palatina*. ∥ **y Ordóñez (Ildefonso).** Financiero español, n. en Valdelugueros, León, y m. en Madrid (1882-1961). Promotor de industrias, fundó empresas de las más diversas ramas de la economía.

Fiésole (Fra Giovanni da, o también **Fra Angélico).** *Biog.* Pintor italiano, n. en Vicchio, cerca de Florencia, y m. en Roma (1387-1455). Fue dominico en Fiésole. Vivió en el convento de San Marcos, en Florencia, desde 1436 a 1445. Pintó cuadros religiosos de intenso espiritualismo y vida interior. Fra Angélico fue uno de los maestros del primitivo Renacimiento. Sus cuadros principales son: *La Anunciación, La Coronación de la Virgen, Santo Domingo y San Francisco, Escenas de la vida de San Cosme y San Damián, Jesús Crucificado* y el *Juicio Final*.

fiesta. fr., *fête*; it., *festa*; i., *feast*; a., *Fest, Festtag*. (Del lat. *festa*, pl. de *festum*.) f. Alegría, regocijo o diversión. ∥ fam. Chanza, broma. ∥ Día que la Iglesia celebra con mayor solemnidad que otros, mandando oír misa en él y emplearlo en obras santas, como son los domingos, Pascua y otros. ∥ Día en que se celebra alguna solemnidad nacional y en el que están cerradas las oficinas y otros establecimientos públicos. ∥ Solemnidad con que la Iglesia celebra la memoria de un santo. ∥ Regocijo dispuesto para que el pueblo se recree. ∥ Agasajo, caricia u obsequio que se hace para ganar la voluntad de uno, o como expresión de cariño. Ú. m. en pl. ∥ pl. Vacaciones que se guardan en la fiesta de Pascua y otras solemnes. ∥ **de armas.** *Hist.* En lo antiguo, combate público de unos caballeros con otros para mostrar su valor y destreza. ∥ **de las cabañuelas,** o **de los tabernáculos.** *Rel.* Solemnidad que celebran los hebreos en memoria de haber habitado sus mayores en el desierto debajo de tiendas antes de entrar en tierra de Canaán. ∥ **de consejo.** *Léx.* Día de trabajo que es de vacación para los tribunales. ∥ **doble.** *Litur.* La que la Iglesia celebraba con rito doble. ∥ *Folk.* fig. y fam. Función de gran convite, baile y regocijo. ∥ **fija,** o **inmoble.** *Litur.* La que la Iglesia celebra todos los años en el mismo día; como la Pascua de Navidad, a 25 de diciembre. ∥ **de guardar.** *Rel.* Día en que hay obligación de oír misa. ∥ **de la Hispanidad.** *Hist.* Denominación con que se designa actualmente en España la fiesta de la Raza, y es la solemnidad del 12 de octubre que viene celebrándose desde 1915 para conmemorar el descubrimiento de América. ∥ **litúrgica.** *Litur.* La relacionada con la misa y el oficio de que se trate. En la categoría litúrgica los antiguos conceptos de rito doble, semidoble y simple han sido reemplazados por los de solemnidad, fiesta y memoria. ∥ **movible.** La que la Iglesia no celebra todos los años en el mismo día; como la Pascua de Resurrección y demás dependientes de ésta, el Corpus, etc. ∥ **nacional.** *Léx.* Fiesta oficial. ∥ **de pólvora.** fig. Lo que pasa o se gasta con presteza y brevedad. ∥ **de precepto.** *Rel.* **fiesta de guardar.** ∥ **de la Raza.** *Hist.* V. **fiesta de la Hispanidad.** ∥ **religiosa.** *Rel.* La más antigua fiesta religiosa de la Iglesia es el domingo, recuerdo semanal de la Pascua de la resurrección de Jesucristo. A través de los siglos se fue posteriormente delimitando y formando el *año eclesiástico* (v.),

La Anunciación, por Fra Giovanni da Fiésole. Museo del Prado. Madrid

Fiesta en el Jardín Botánico de Madrid, por Luis Paret

así como el establecimiento de las festividades de la Virgen y los santos. Las fiestas más importantes de los mahometanos son, además del viernes, como fiesta semanal, el Ramadán, el grande y pequeño *Bairam* (respectivamente: día de la inauguración de la peregrinación a la Meca y fiesta del fin del ayuno del Ramadán, también llamados Aid el-Kebir y Aid el-Seguer), el día del nacimiento de Mahoma y el del martirio de Hussein y la Noche del Llamado del profeta. Entre los judíos, además del sábado, fiesta semanal, se celebran principalmente el *Pésaj* o Pascua, la Fiesta de las Semanas o Pentecostés, la Fiesta de los Tabernáculos, el Año Nuevo y el Día del Perdón (*Yom Kipur*). ‖ **semidoble.** Litur. La que la iglesia celebraba con rito semidoble. ‖ **simple.** La que la Iglesia celebraba con rito simple. ‖ **fiestas reales.** Léx. Festejos hechos en obsequio de una persona real, con esplendor y ciertas solemnidades.

fiestero, ra. adj. Amigo de fiestas. Ú. t. c. s.

F. I. F. A. Siglas de *Federación Internacional de Fútbol Asociación.*

Fife. Geog. Región marítima del R. U., en Escocia; 1.305 km.² y 336.300 h. Cap., Glenrothes. Importantes minas de carbón y de hierro. Hilanderías.

fifiriche. (De la onomat. *fifr* de lo inestable.) adj. *C. Rica* y *Méj.* Raquítico, flaco, enclenque. ‖ **petimetre.**

figana. f. Zool. *Venez.* Ave del orden de las galliformes, familia de las crácidas y del gén. *crax,* de unos 25 cm. de largo; color, generalmente, pardo rayado de negro; patas amarillas; y cuello largo. Se domestica fácilmente y limpia las casas de insectos y sabandijas.

Fígari (Pedro). Biog. Pintor y escritor uruguayo, n. y m. en Montevideo (1861-1938). A los 60 años de edad cerró su estudio de abogado y se fue a París a pintar. Sus cuadros, de técnica nada convencional, pero expresiva, provocaron encendidas polémicas. Se inspiró en la antigua vida de los negros en el Río de la Plata y, por su colorido delicado en los paisajes y la fuerza con que reconstruye tipos y costumbres del país, es uno de los artistas más característicos de América. Entre sus cuadros figuran: *Salida de baile, Pericón en el patio* y *Candombe.* Escribió: *Arte, Estética, Ideal* (filosofía biológica) y *La reforma constitucional.*

Figarillo. Biog. **Alberdi (Juan Bautista).**

fígaro. (De *Fígaro,* personaje de dos comedias de Beaumarchais.) m. Barbero de oficio. ‖ **torera,** chaquetilla ceñida.

Fígaro. Biog. **Larra (Mariano José de).**

Figaró (El). Geog. **Montmany.**

Figarola Caneda (Domingo). Biog. Escritor y bibliófilo cubano, n. y m. en La Habana (1852-1928). Fue director fundador de la Biblioteca Nacional y miembro de la Academia de la Historia. Obras: *Cartografía cubana del British Museum* (1910), *Diccionario cubano de seudónimos* (1942), *Escudos primitivos de Cuba, Bibliografía de Enrique Piñeyro* y *Bibliografía de Rafael M. Merchán.*

Fighiera. Geog. Local. de Argentina, prov. de Santa Fe, depart. de Rosario; 2.768 h. Producción agropecuaria.

figle. fr. *ophicléide;* it., *oficleide;* i., *ophicleide;* a., *Ophikleïd, Schlangenhorn.* (Del fr. *ophicléide,* y éste del gr. *óphis,* serpiente, y *kleís,* llave.) m. Mús. Instrumento músico de viento, que consiste en un tubo largo de latón, doblado por la mitad, de diámetro gradualmente mayor desde la embocadura hasta el pabellón, con llaves o pistones que abren o cierran el paso del aire. ‖ Persona que tiene por oficio tocar dicho instrumento.

figo. (Del lat. *ficus.*) m. ant. **higo.**

Figols. Geog. Mun. de España, prov. de Barcelona, p. j. de Berga; 66 h. ‖ Lugar cap. del mismo; 53 h. ‖ **y Aliñá.** Mun. de España, prov. de Lérida, p. j. de Seo de Urgel; 576 h. Corr. 146 a la cap., el lugar de Fígols de Organyá.

figón. m. Casa donde se guisan y venden cosas ordinarias de comer. ‖ ant. **figonero.**

figonero, ra. m. y f. Persona que tiene figón.

fue elegido presidente de la nación, asumiendo la presidencia el 15 de marzo de 1979.

Figuera (La). Geog. Mun. y lugar de España, prov. de Tarragona, p. j. de Reus; 204 habitantes.

figueral. m. **higueral.**

Figueras y Moragas (Estanislao). Biog. Político español, n. en Barcelona y m. en Madrid (1819-1882). Organizó el partido republicano, fue diputado y al proclamarse la República en 1873 fue elegido presidente del Poder ejecutivo, a cuyo cargo renunció por el estado anárquico de la nación; se expatrió a Francia, de donde regresó al ser proclamado Alfonso XII, y se retiró definitivamente de la política en 1880. ‖ Geog. Mun. y c. de España, prov. de Gerona, p. j. de su nombre; 22.087 h. Iglesia de San Pedro, del s. XIV. Santuario de la Virgen de Requesens. Castillo de San Fernando, hoy habilitado para presidio. Es población muy comercial. Agricultura floreciente. En mayo de 1971 fue inaugurado el Museo del Ampurdán, que cuenta con amplias salas dedicadas a pintura antigua y moderna, y entre estas últimas figuran originales de Picasso. En septiembre de 1974 se abrió al público oficialmente el Teatro-museo Dalí.

Figueredo y Cisneros (Pedro). Biog. Periodista y músico cubano, n. en Bayamo y m. en Santiago de Cuba (1819-1870). Fundó en La Habana *El Correo de la Tarde* (1857). General en la llamada guerra de Yara, participó en la toma e incendio de Bayamo y en esa oportunidad improvisó la letra, a la cual puso luego música, de la canción marcial *La Bayamesa* o *Himno de Bayamo,* más tarde adoptado como Himno nacional.

figuerense. adj. Natural de Figueras, o perteneciente a esta ciudad. Ú. t. c. s.

Figueres Ferrer (José). Biog. Político, ingeniero y agricultor costarriqueño, n. en San Ramón, Costa Rica, en 1907. Hijo de un cirujano español, estudió en EE. UU. Exiliado por el régimen de Calderón Guardia, en 1948 dirigió el movimiento revolucionario. En 1953, y hasta 1958, desempeñó el cargo de presidente de la República; cargo para el que fue elegido nuevamente en 1970, para un período de cuatro años. En 1974 publicó *La pobreza de las naciones.*

Figueroa (Fernando). Biog. Militar y político salvadoreño, n. en San Vicente (1849-1912). Abrazó muy joven la carrera de las armas llegando a general en 1876. En 1907 fue proclamado presidente de la República. ‖ **(Francisco de).** Poeta español, n. y m. en Alcalá de Henares (1536-1617). Se distinguió en la poesía lírica y en la pastoril por su delicadeza de sentimiento y su elegancia de forma. ‖ **(Gabriel).** Operador de cine mejicano, n. en Ciudad de Méjico en 1907. Ha sido repetidamente galardonado por la fotografía de sus películas, entre las que se cuentan: *María Candelaria, Enamorada, Río escondido, La sombra enamorada, Café Colón* y *La mujer rebelde.* ‖ **(Jerónimo).** Indio de raza azteca y sacerdote jesuita, n. en Méjico (1604-1683). Durante cuarenta años se dedicó a evangelizar a los indios tepehuanes y tarahumaras, a los cuales congregó en pueblos, les enseñó trabajos agrícolas y oficios. Escribió: *Arte y vocabulario de las lenguas tepehuana y tarahumara,* y *Catecismo y Confesionario* en las mismas lenguas. ‖ **(Melecio).** Grabador filipino, n. en Arévalo, Iloílo, y m. en Manila en 1910. Ingresó en Madrid en la Academia de Bellas Artes y sus progresos en el arte del grabado fueron tales, que la Academia le concedió una pensión para Roma, donde no tardó en ser premiado. De regreso en Manila, fue nombrado profesor de la Escuela de Artes de aquella capital. ‖ **(Virgilio).** Escritor e historiador chileno, n. en Talca

Figueira da Foz. Vista de la playa, con la ciudad al fondo

Figueira da Foz. Geog. C. de Portugal, prov. de Beira Litoral, dist. y 38 km. al O. de Coimbra; 11.201 h. Playa muy concurrida. Cereales, vinos, frutas, etc.

Figueiredo (João Baptista). Biog. Militar y político brasileño, n. en Río de Janeiro en 1918. General de las Fuerzas Armadas. En 1974 fue nombrado jefe de los Servicios de Información del Gobierno. En octubre de 1978

(1870-1939). Fue autor de un *Diccionario histórico y biográfico de Chile* y de otras muchas obras. ‖ **Alcorta (José).** Jurisconsulto y político argentino, n. en Córdoba y m. en Buenos Aires (1860-1931). Fue sucesivamente diputado, senador y ministro de Gobierno y Hacienda en su provincia, diputado nacional (1892), gobernador de Córdoba (1895) y senador nacional (1898). En 1904 figuró en la fórmula presidencial encabezada por Quintana y, por fallecimiento de éste, en marzo de 1906, ocupó la presidencia de la República. También presidió la Corte Suprema de Justicia (1929). ‖ **Larrain (Emiliano).** Político chileno, n. en Santiago (1863-1931). Fue ministro varias veces y presidente de la República de 1925 a 1927. ‖ **y Torres, conde de Romanones (Álvaro de).** Político español, n. y m. en Madrid (1863-1950). Fue alcalde de Madrid, varias veces presidente del Congreso y del Senado, diecisiete veces ministro, tres presidente del Consejo, jefe del partido liberal y diputado en las Cortes Constituyentes de la segunda República, en las que mantuvo sus convicciones monárquicas e hizo la defensa de Alfonso XIII cuando se formuló la acusación contra éste. Desempeñó durante muchos años la presidencia de la Academia de Bellas Artes de San Fernando y fue miembro de la Academia de la Historia. Autor ameno, escribió: *Breviario de política experimental, Notas de una vida, ...Y sucedió así, Amadeo de Saboya, Doña María Cristina de Habsburgo y Lorena, Observaciones y recuerdos*, y algunas otras. ‖ **y Vargas (Baltasar).** Pintor colombiano (1630-1667). Es el pintor más notable de su época y fue maestro de Gregorio Vázquez Ceballos. Cultivó los temas religiosos y muchas de sus obras se conservan en diversas iglesias de Bogotá. Obras: *La Sagrada Familia, El martirio de Santa Bárbara* (1659) y *La Virgen de las Mercedes* (1662). ‖ **Geog.** Depart. de Argentina, prov. de Santiago del Estero; 6.695 km.² y 15.590 h. Cap., La Cañada. ‖ Mun. de Venezuela, est. de Nueva Esparta, dist. de Marcano; 6.062 h. Cap., Juangriego.

Figuerola (José). Biog. Abogado argentino, de origen español, n. en Barcelona en 1897. Establecido en Argentina desde 1930, dirigió los servicios de Estadística del Trabajo. En el año 1946 ocupó el puesto de secretario técnico de la presidencia del Gobierno del general Perón. ‖ **(Justo).** Político y escritor peruano, n. en Lima y m. en 1854. Presidió el Consejo de Estado y en 1844 se hizo cargo provisionalmente de la Presidencia de la República. ‖ **y Ballester (Laureano).** Político español, n. en Calaf y m. en Madrid (1816-1903). Fue catedrático de las Universidades de Barcelona y Madrid, y en política perteneció al partido progresista; fue concejal, diputado y, durante la República, ministro de Hacienda y presidente del Senado. ‖ **Geog.** Mun. y lugar de España, prov. de Tarragona, p. j. de Valls; 294 h.

Figueroles. Geog. Mun. y lugar de España, prov. y p. j. de Castellón; 543 h.

Figueruela de Arriba. Geog. Mun. de España, prov. y p. j. de Zamora; 1.466 h. ‖ Lugar cap. del mismo; 424 h. ‖ **de Sayago.** Mun. y lugar de España, prov. y p. j. de Zamora; 103 h.

Figueruelas. Geog. Mun. y lugar de España, prov. y p. j. de Zaragoza; 670 h.

figulino, na. (Del lat. *figulīnus*, de *figŭlus*, alfarero.) adj. De barro cocido. ‖ f. Estatuilla de cerámica.

figura. fr. e i., *figure*; it., *figura*; a., *Figur, Gestalt*. (Del lat. *figūra*.) f. Forma exterior de un cuerpo por la cual se diferencia de otro. ‖ Parte anterior de la cabeza. ‖ En el dibujo, la que representa el cuerpo humano. ‖ Cosa que representa o significa otra. ‖ desus. En lo judicial, forma o modo de proceder. ‖ Cualquiera de los tres naipes de cada palo que representan personas, y se llaman rey, caballo y sota. En algunos juegos, también se designa así al as. ‖ Gesto, mueca. ‖ Estatua o pintura que representa el cuerpo del hombre o animal. ‖ Nota musical. ‖ Personaje de la obra dramática y actor que lo representa. ‖ Persona que destaca en determinada actividad. ‖ Cambio de colocación de los bailarines en una danza. ‖ **ilustración**, estampa, grabado de un libro. ‖ En geometría, línea o conjunto de líneas con que se representa un objeto o un concepto. ‖ Espacio cerrado por líneas o superficies. ‖ Conjunto de líneas o representación de objetos que sirve para la demostración de un teorema o un problema. ‖ Gramaticalmente, **figura de construcción.** ‖ **figura de dicción.** ‖ Cada uno de ciertos modos de hablar que, apartándose de otro más vulgar o sencillo, aunque no siempre más natural, da a la expresión de los afectos o las ideas singular elevación, gracia o energía. ‖ m. p. us. Hombre entonado, que afecta gravedad en sus acciones y palabras. ‖ com. Persona ridícula, fea y de mala traza. ‖ **(buena, o mala).** *Léx.* La de partes armónicas y bien proporcionadas, o al contrario. ‖ **de bulto.** *Esc.* La que se hace de piedra, madera u otra materia. ‖ **celeste.** *Astrol.* Delineación que expresa la positura y disposición del cielo y estrellas en cualquier momento de tiempo señalado. Represéntanse en ella las doce casas celestes y los grados de los signos, y el lugar que los planetas y otras estrellas tienen en ellos. ‖ **de construcción.** *Gram.* Cada uno de los varios modos de construcción gramatical con que, siguiendo la sintaxis llamada figurada, se quebrantan las leyes de la reputada por regular o normal. ‖ **decorativa.** fig. *Léx.* Persona que ocupa un puesto sin ejercer las funciones esenciales del mismo, o asiste a un acto solemne sin tomar en él parte activa. ‖ **de delito.** *Der.* Definición legal específica de cada delito que señala los elementos o caracteres típicos de éste y garantiza la aplicación estricta de la ley penal. ‖ **de dicción.** *Gram.* Cada una de las varias alteraciones que experimentan los vocablos en su estructura habitual, bien por aumento, bien por supresión, bien por transposición de letras, bien por contracción de dos de ellos. ‖ **del donaire.** *Lit.* Gracioso de las comedias. ‖ **moral.** *B. Art.* La que en las pinturas, representaciones dramáticas o alegorías significa algo no material; como la inocencia, el tiempo, la muerte. ‖ **penal.** *Der.* **figura de delito.** ‖ **del silogismo.** *Lóg.* Cada uno de los cuatro grupos en que se clasifican los silogismos según la posición del término medio en las premisas: primera, sujeto en la mayor y predicado en la menor; segunda, predicado en ambas; tercera, sujeto en las dos; cuarta (más artificiosa y menos usada), predicado en la mayor y sujeto en la menor. Cada figura comprende diferentes modos. ‖ **de tapiz.** fig. y fam. *Léx.* Persona de traza o figura ridícula.

figurable. adj. Que se puede figurar.

figuración. (Del lat. *figuratĭo, -ōnis*.) f. Acción y efecto de figurar o figurarse una cosa. ‖ **B. Art.** V. **figurativismo.**

figuradamente. adv. m. Con sentido figurado.

figurado, da. fr., *figuré*; it., *figurato*; i., *figurative*; a., *bildlich*. p. p. de **figurar.** ‖ adj. Aplícase al canto o música cuyas notas tienen diferente valor según su diversa figura, en lo cual se distingue del canto llano. ‖ Que usa figuras retóricas. ‖ Dícese del sentido en que se toman las palabras para que denoten idea diversa de la que recta y literalmente significan. ‖ Aplícase también a la voz o frase de sentido figurado.

figural. (Del lat. *figurālis*.) adj. ant. Perteneciente a la figura.

figurante, ta. (De *figurar*.) m. y f. Comparsa de teatro.

figurar. fr., *figurer*; it., *figurare, figureggiare*; i., *to figure*; a., *darstellen, abbilden*. (Del lat. *figurāre*.) tr. Disponer, delinear y formar la figura de una cosa. ‖ Aparentar, suponer, fingir. ‖ intr. Formar parte o pertenecer al número de determinadas personas o cosas. ‖ Destacar, brillar en alguna actividad. ‖ **hacer figura.** ‖ prnl. Imaginarse, fantasear, suponer uno algo que no conoce.

figurativamente. adv. m. De un modo figurativo.

figurativismo. m. **B. Art.** Modo de concebir el arte, opuesto al abstracismo, en el que aparecen figuras, sea en imitación perspectiva, en esquema o en cualquier otra forma.

Álvaro de Figueroa y Torres, por Díez Molina. Ministerio de Justicia. Madrid

Pintura figurativa, por Jaime Mercadé

figurativo, va. fr., *figuratif*; it., *figurativo*; i., *figurative*; a., *bildlich*. (Del lat. *figuratīvus*.) adj. Que es o sirve de representación o figura de otra cosa. ‖ **B. Art.** Dícese de la pintura con valor substantivo, en la que, además, se acusa o sugiere la figuración. ‖ Dícese del arte y de los artistas que representan figuras de realidades concretas, en oposición al arte y artistas abstractos. ‖ **no figurativo.** Dícese del arte abstracto y del artista que lo cultiva.

figurería. f. Condición del que hace muecas o ademanes ridículos. ‖ Mueca o ademán ridículo o afectado.

figurero, ra. (De *figura*.) adj. fam. Que tiene costumbre de hacer figurerías o muecas.

figurilla–Fiji

Ú. t. c. s. ‖ m. y f. Persona que hace o vende figuras de barro o yeso.

figurilla. dim. de **figura**. ‖ com. fam. Persona pequeña y ridícula.

figurín. fr., *modèle*; it., *figurino*; i., *model*; a., *Modebild*. (dim. de *figura*.) m. Dibujo o modelo pequeño para los trajes y adornos de moda. ‖ fig. Lechuguino, gomoso.

figurón. m. aum. de **figura**. ‖ fig. y fam. Hombre fantástico y entonado, que aparenta más de lo que es. ‖ fig. y fam. Protagonista de la comedia de figurón. ‖ **de proa.** *Mar.* mascarón de proa.

fija. (Del lat. *fixa*, t. f. de *fixus*, fijo.) f. desus. **bisagra** de puertas. ‖ *Arg.* Dato que se considera seguro con respecto al caballo que se cree ha de ganar una carrera. ‖ **Cant.** Paleta larga y estrecha, con dientes o sin ellos en los bordes, que sirve para sacar los calzos de entre los sillares sentados en obra y para introducir la mezcla en las juntas. Úsanla los empedradores para introducir arena o mezcla entre los adoquines. ‖ **Pesca.** *Arg.* **arpón**.

fijación. f. Acción de fijar. ‖ *Biol.* Proceso micrográfico a que se somete una preparación microscópica para poder conservarla. ‖ *Quím.* Estado de reposo a que se reducen las materias después de agitadas y movidas por una operación química.

fijadalgo. (contr. de *fija de algo*.) f. ant. **hijadalgo**.

fijado, da. p. p. de **fijar**. ‖ adj. Bl. Dícese de todas las partes del blasón que acaban en punta hacia abajo. ‖ m. *Fot.* Acción y efecto de fijar una imagen fotográfica.

fijador, ra. adj. Que fija. ‖ m. Preparación cosmética glutinosa que se usa para asentar el cabello. ‖ **Albañ.** Operario que se emplea en introducir el mortero entre las piedras y en retundir las juntas. ‖ **Carp.** El operario que fija las puertas y ventanas en sus cercos. ‖ **Fot.** Líquido que sirve para fijar. ‖ **Pint.** Líquido que esparcido por medio de un pulverizador sirve para fijar dibujos hechos con carbón o con lápiz. ‖ **Quím.** Nombre de los reactivos químicos empleados para asegurar la fijación de ejemplares histológicos o patológicos. Los principales fijadores son: alcohol, ácido ósmico, sublimado corrosivo, yodo, ácido pícrico, etc.

fijamente. adv. m. Con seguridad y firmeza. ‖ Atenta, cuidadosamente.

fijante. (De *fijar*.) adj. *Artill.* Aplícase a los tiros que se hacen por elevación y utilizando generalmente los morteros.

fijapelo. m. Fijador del cabello.

fijar. fr., *fixer, ficher*; it., *fissare, affissare*; i., *to fix, to fasten*; a., *befestigen, fetsetzen*. (De *fijo*, firme.) tr. Hincar, clavar, asegurar un cuerpo en otro. ‖ Pegar con engrudo, etc.; como en la pared los anuncios y carteles. ‖ Hacer fija o estable alguna cosa. Ú. t. c. prnl. ‖ Determinar, limitar, precisar, designar de un modo cierto. ‖ Dirigir o aplicar intensamente. ‖ Introducir el mortero en las juntas de las piedras cuando están calzadas, valiéndose de una fija o paleta. ‖ Poner las bisagras y asegurar y ajustar las hojas de puertas y ventanas a los cercos de las mismas cuando éstos se han colocado ya en los muros. ‖ Hacer que la imagen fotográfica impresionada en una placa o en un papel sensible quede inalterable a la acción de la luz. ‖ prnl. Determinarse, resolverse. ‖ Atender, reparar, notar.

fijasellos. (De *fijar* y *sello*.) m. **Filat.** Papel muy fino, engomado ligeramente y de unos 15 × 20 mm. que, doblado desigualmente en el sentido de la longitud, se pega en su parte menor al sello y en la mayor al álbum, y que permite retirar aquél sin deteriorarlo. Para substituir al fijasellos se va generalizando el uso de la llamada filocubierta.

fijativo. adj. Que fija o sirve para fijar. ‖ m. **fijador**, líquido para fijar. ‖ **B. Art.** Líquido compuesto generalmente de alcohol y barniz o de una solución de goma laca, blanca, o de cola de pescado, por medio del cual se convierten en indelebles los dibujos al carbón, al lápiz y al pastel.

fijeza. fr., *fixité*; it., *fermezza*; i., *fixity*; a., *Festigkeit*. (De *fijo*.) f. Firmeza, seguridad de opinión. ‖ Persistencia, continuidad.

Fiji, Fidji o **Viti.** Geog. Arch. y est. independiente de Oceanía, en el océano Pacífico, sit. a unos 2.100 km. al N. de Nueva Zelanda; 18.272 km.^{2} y 551.000 habitantes (636.000 calculados en 1979). Está formado por 844 islas e islotes, siendo las más importantes: Viti Levu, Vanua Levu, Taveuni, Kandavu, Koro, Ovalau, Ngau y los grupos de Lau y Yasawa. Administrativamente también está anexionada la lejana, y sit. más al N., isla de Rotuma. Cap., Suva (80.248 h.), en la isla de Viti Levu. Son volcánicas, y sus montes alcanzan hasta 1.390 m. de alt. Aunque están rodeadas de peligrosos bancos de coral, poseen buenos puertos naturales. Los indígenas son melanesios, aunque influidos por los vecinos polinesios de Tonga. Los principales cultivos y su producción son: caña de azúcar (48.000 hectáreas y 340.000 ton. de azúcar en 1972), banano (3.000 ton. exportadas en 1972), palma de coco (270.000 ton. de nueces y 26.000 ton. de copra en 1972). Para el consumo local se cultiva arroz (9.000 hect. y 19.000 ton.), maíz, tabaco, mandioca (88.000 toneladas) y batata (16.000). Hay ganado bovino (113.000 cabezas), cabrío (24.000), de cerda (21.000) y caballar (16.000). Se extrae oro (2.772 kg. en 1971) y manganeso (6.200 ton.). La industria se li-

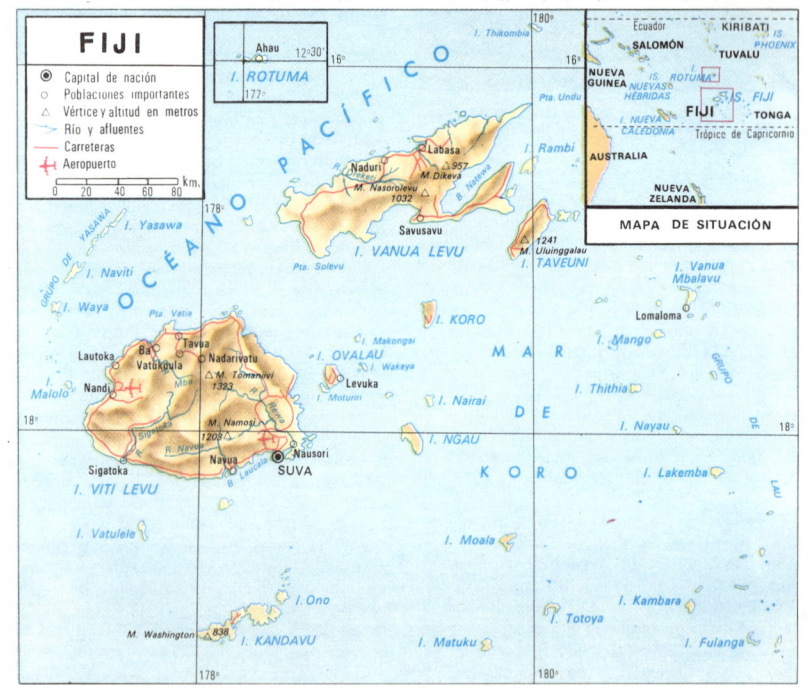

Guerreros

mita a la elaboración de productos locales: azúcar, arroz, aceite, café, jabón, cigarrillos y cerveza. La producción eléctrica, en 1972, fue de 191 millones de kwh. Su unidad monetaria es el dólar fijiano. La red de carreteras tiene una longitud de 2.366 km., y la de ferrocarriles, 708. En la c. de Nadi o Nandi, al O. de Viti Levu, hay aeropuerto internacional. Suva tiene un magnífico puerto natural. Estas islas fueron descubiertas en 1643 por el explorador holandés Tasman y visitadas por el capitán Cook en 1764. Colonia británica desde 1874, se constituyó en Estado independiente, dentro del ámbito de la Commonwealth, a partir del 10 de octubre de 1970. Es una monarquía constitucional cuya soberana es la reina de Inglaterra, representada por un gobernador general. Un primer ministro ostenta la jefatura del Gobierno, el cual, según la Constitución de 1966, está formado por un Consejo ejecutivo, compuesto de 11 miembros, y otro legislativo, de 40 miembros. Estado miembro de la O. N. U.

fijiano, na. Natural de las islas Fiji, o perteneciente a ellas. Ú. t. c. s.

fijismo. (De *fijo,* permanente.) m. **Biol.** creacionismo.

fijo, ja. fr., *fixe;* it., *fisso;* i., *fixed;* a., *fest.* (Del lat. *fixus.*) p. p. irreg. de **fijar.** || adj. Firme, asegurado. || Permanentemente establecido sobre reglas determinadas, y no expuesto a movimiento o alteración. || **a la fija.** m. adv. En Chile y Uruguay, con seguridad. || **de fijo.** m. adv. Seguramente, sin duda. || **en fija.** m. adv. En Argentina y Uruguay, con seguridad.

fijo, ja. (Del lat. *filius.*) m. y f. ant. **hijo.** || ant. Persona que desciende de otra.

fijodalgo. (contr. de *fijo de algo.*) m. ant. **hijodalgo.**

fil-; -fil-. pref. e infijo. V. **filo-,** amigo.
fil-; -fil-. pref. e infijo. V. **filo-,** hoja.
-fil-. Infijo V. **filo-,** raza, tribu.
fil. (De *fiel.*) m. ant. **fiel de romana.** || derecho. *Léx.* **pídola.**
-fila. suf. V. **filo-,** amigo.
-fila. Forma menos correcta del suf. **-filo,** hoja.

fila. fr., *file, rang, rangée;* it., *fila, filarata;* i., *series, line;* a., *Reihe.* (Del lat. *fila,* pl. n. de *filum.*) f. Orden que guardan varias personas o cosas colocadas en línea. || Unidad de medida que lleva para apreciar la cantidad de agua que llevan las acequias, y se usa principalmente en Valencia, Aragón y Navarra. Varía según las localidades, desde 46 a 85 litros por segundo. || Línea que los soldados forman de frente, hombro con hombro. || fig. y fam. Tirria, odio, antipatía. || En Huesca, pieza de madera de hilo, de 26 a 30 palmos de longitud, con una escuadría cuyos canto y tabla son casi guales. || En Zaragoza, madero en rollo, de 13 varas de longitud y 12 dedos de diámetro. || En germanía, **cara,** parte anterior de la cabeza. || En matemáticas, línea formada por letras o signos colocados uno al lado del otro. || **de carga.** *Léx. Bar.* Pieza de madera de hilo, de 24 palmos de longitud y con una escuadría de siete cuartos de palmo en la tabla, y cinco y medio en el canto. || **india.** La que forman varias personas una tras otra. || **en fila.** m. adv. con que se explica la disposición de estar algunas cosas en línea recta o puestas en ala. || **en filas.** m. adv. En servicio activo en el ejército.

filáciga. f. ant. *Mar.* Hilos de los cabos y jarcias.

-filacio. suf. V. **-filáctico.**

filacteria. (Del lat. *phylacteria,* pl. de *phylacterium,* y éste del gr. *phylaktérion,* amuleto; de *phylásso,* guardar.) f. Amuleto o talismán que usaban los antiguos. || Cada una de dos pequeñas envolturas de cuero que contienen tiras de pergamino con ciertos pasajes de la Escritura; los judíos, durante ciertos rezos, las llevan atadas, una al brazo izquierdo y otra en la frente. || Cinta con inscripciones o leyendas, que suele ponerse en pinturas o esculturas, en epitafios, escudos de armas, etc.

-filáctico, -filaxia, -filaxis, -filacio. (Del gr. *phylásso,* guardar, o de *phylaktikós,* preservativo, o de *phýlaxis,* protección.) suf. que sign. preservación: *profiláctico, profilaxia, pirofilacio.*

Filadelfia. *Geog.* Mun. de Colombia, depart. de Caldas, prov. de Manizales; 13.593 h. Café y cacao. || Pobl. cap. del mismo; 3.553 h. || Pobl. de Costa Rica, prov. de Guanacaste, dist. y cap. del cantón de Carrillo; 4.484 h. Pastos, arroz, maíz y fríjoles; cría de ganado. || C. de EE. UU., en la c. de Pensilvania, cap. del cond. de su nombre; 1.948.609 h. (4.817.914 habitantes con su área metropolitana). Es la cuarta ciudad del país con respecto al número de habitantes. Entre los monumentos más importantes hay que citar el *Independence Hall,* donde se proclamó la independencia estadounidense (1776), y la antigua Casa Consistorial. Museo de Arte, Museo Rodin. Universidad de Pensilvania, fundada en 1740. Es uno de los principales centros industriales de EE. UU. || **Geog. hist.** C. de la antigua Lidia, en Asia Menor. Debió su celebridad a la carta que en nombre de Jesucristo le dirigió San Juan en el Apocalipsis, y estuvo sit. en la meseta central del Asia Menor, a 118 km. al E. de Esmirna. Sus vinos eran famosos en la antigüedad.

filadelfo. (Del lat. científico *philadelphus;* de *Filadelfia,* c. de EE. UU., de donde fueron traídas estas plantas.) **Bot.** Gén. de plantas de la familia de las saxifragáceas, con 50 especies del hemisferio boreal, en el que figura la celinda o jeringuilla *(coronarius).*

filadillo. (De *filado.*) m. ant. **hiladillo.**

filadiz. fr., *filoselle;* it., *fioretto;* i., *flossilk;* a., *Flockseide.* (De *filado.*) m. **Seric.** Seda que se saca del capullo roto.

filado, da. p. p. de **filar.** || m. ant. **hilado,** acción de hilar; porción de fibra reducida a hilo.

filador, ra. (De *filar.*) m. y f. ant. **hilador.**

Filae. *Arqueol.* y *Geog.* **Filé.**

filamento. (Del b. lat. *filamentum,* y éste del lat. *filum,* hilo.). m. Cuerpo filiforme, flexible o rígido. || **Bot.** Parte estéril del estambre, generalmente estrecha, que sostiene la antera; si falta, se llama ésta sentada. || **Elec.** Alambre fino y resistente que, calentado y puesto en incandescencia mediante el paso de una corriente eléctrica, actúa en una lámpara eléctrica como foco luminoso y en un tubo de rayos catódicos, como emisor de electrones. || **continuo.** *Indus.* **fibra continua.**

filamentoso, sa. adj. Que tiene filamentos.

filamiento. (Del b. lat. *filamentum.*) m. ant. Acción y efecto de hilar.

Filandia. *Geog.* Mun. de Colombia, depart. de Quindío; 10.033 h. Industria agropecuaria. || Pobl. cap. del mismo; 3.008 h.

filandón. (Del lat. *filandum,* lo que ha de hilarse.) m. *Ast.* y *León.* Reunión nocturna de mujeres para hilar.

filandria. (Del fr. *filandre,* fibra de carne, hilacha; de *filer,* y éste del lat. *filáre,* hilar.) **Zool.** Gén. de gusanos nematelmintos nematodos, parásitos en el aparato digestivo de las aves, especialmente de las de rapiña. Son filiformes, blanquecinos y muy pequeños. Los naturalistas distinguen varias especies, cada una de ellas propia del animal en que se desarrolla.

filandro. (Del lat. científico *philánder;* de *pilander* o *pilandoc,* un rumiante malayo.) **Zool.** Gén. de marsupiales poliprotodontos, familia de los didélfidos, parecidos a las zarigüeyas, de mediano tamaño, cola más larga que el resto del cuerpo, orejas grandes, pelo largo y espeso y cuyas hembras sólo tienen un rudimento de marsupia a modo de dos pliegues abdominales. Son todos sudamericanos y de costumbres arborícolas. El *filandro común* o *cayopollín,* que fue llamado *fara* por los españoles, mide unos 55 cm. en total *(ph. philánder);* el de Trinidad *(ph. trinitatis)* es algo menor; el *lanoso,* también llamado *micuré lanoso,* de abundante pelo largo y leonado y algo mayor que el común, fue descubierto y descrito por Félix de Azara *(ph. lániger).* Nombre dado por los exploradores holandeses de Australia a los canguros y ualabíes, por su parecido con el pilandoc, y que, por confusión, se aplicó luego en América a los cayopollines.

filantropía. fr., *philanthropie;* it., *filantropia;* i., *philanthropy;* a., *Menschenliebe.* (Del gr. *philanthropía,* de *philánthropos,* filántropo.) f. Amor al género humano.

filantrópico, ca. adj. Perteneciente a la filantropía.

filántropo. fr., *philanthrope;* it., *filantropo;* i., *philanthropist, philanthrope;* a., *Philanthrop, Menschenfreund.* (Del gr. *philánthropos;* de *phílos,* que ama, y *ánthropos,* hombre.) m. El que se distingue por su amor a sus semejantes.

-filar. suf. V. **fili-.**

filar. (Del lat. *filáre.*) tr. ant. **hilar.** || **Caló.** Ver o mirar. || **Germ.** Cortar sutilmente. || **Mar.** Arriar progresivamente un cable o cabo que está trabajando.

filarete. (Del fr. *filaret,* y éste del it. *filaretto,* del lat. *filum,* hilo.) m. desus. **Mar.** Red que se echaba por los costados del navío, dentro de la cual se colocaban ropas para defensa de las balas enemigas.

filaria. (Del lat. *filus,* hilo.) f. **Zool.** Nombre de varios gusanos nematodos de la familia de los filáridos, parásitos tropicales del hombre y

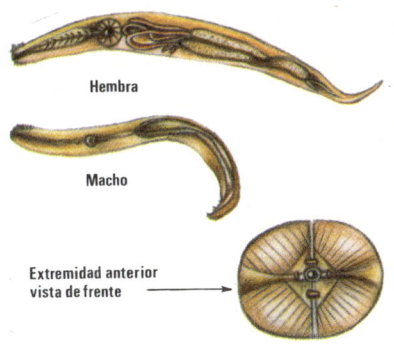

filariasis–filete

de los animales a los que producen las enfermedades llamadas, en general, filariosis. Antes se incluían todos en el gén. *filaria,* hoy descompuesto en varios, de los que son los más importantes el *dracúnculus* y el *wuchereria.*

filariasis. f. Pat. filariosis.

filárido, da. (De *filaria* e *-ido.*) adj. Zool. Dícese de los gusanos nematelmintos, clase de los nematodos, de cuerpo filiforme y boca rodeada de papilas o labios. Antes se consideraba como el más importante el gén. *filaria,* hoy descompuesto en varios. ‖ m. pl. Familia de estos nematelmintos.

filariosis. (De *filaria* y *-osis.*) f. Pat. Parasitosis del hombre y otros vertebrados producidas por gusanos filáridos. La causada por el gusano *wuchereria bancrofti* se llama elefantiasis.

filarmonía. fr., *philharmonie;* it., *filarmonia;* i., *philharmony;* a., *Philharmonie.* (De *fil-,* que ama, y *armonía.*) f. Pasión por la música o por el canto.

filarmónica. f. Viz. Especie de acordeón.

filarmónico, ca. fr., *philharmonique;* it., *filarmonico;* i., *philharmonical;* a., *philharmonisch.* (De *filarmonía.*) adj. Apasionado por la música. Ú. t. c. s.

filástica. fr., *fil de caret;* it., *filaccica;* i., *rope-yarn;* a., *Flossgarn.* (De *filo,* hilo.) f. Mar. Hilos de que se forman todos los cabos y jarcias. Sácanse las filásticas de los trozos de cables viejos que se destuercen para atar con ellos lo que se ofrezca.

filatelia. fr., *philatélie;* it., *filatelia,* i., *philately;* a., *Philatelie* (De *fil-,* amigo, *-a-* y *-telia.*) f. Arte que trata del conocimiento de los sellos, principalmente de los de correos. La mejor colección de sellos que ha existido fue la de Ferrari de la Renotiere, la de Hind y, en la actualidad, la de la reina de Inglaterra. También son importantes la que dejó el presidente Roosevelt, la del Museo Británico y la de la Oficina Central de Correos, de Londres. El coleccionismo de sellos empezó casi simultáneamente con la aparición, en 1840, de los primeros sellos de correo en Gran Bretaña, inventados por Rowland Hill. La innovación fue seguida por Brasil en 1843, por el cantón de Basilea en 1845, por EE. UU. y la isla de Mauricio en 1847, por Francia y Bélgica en 1849, y por España en 1850. A mediados del siglo actual estaban catalogados 70.000 tipos diferentes de sellos, que se diversifican en un total de 180.000 variedades; esta cifra aumenta aproximadamente en 3.500 cada año. Como es tarea cada vez más difícil ser coleccionista universal, buena parte de los filatelistas limitan su actividad a un campo determinado: ya un país, una época, un tema concreto del dibujo (pájaros, flores, motivos religiosos), ya una determinada clase de sellos (ordinarios, conmemorativos, aéreos, de urgencia, etc.). La cotización de un sello en el mercado filatélico guarda proporción con su grado de rareza. Así el sello de Guayana británica, de un centavo, de 1856, color magenta, del que sólo existe un ejemplar, alcanzó el precio de 45.000 dólares en una de sus últimas transacciones. El sello estadounidense de 24 centavos, de 1918, en el que, por error, el dibujo central (un aeroplano) aparece invertido respecto al marco y del que sólo existen 100 ejemplares, ha alcanzado una cotización de 4.000 dólares.

filatélico, ca. adj. Relativo a la filatelia. ‖ m. y f. Coleccionista de sellos.

filatelista. com. Persona que se dedica a la filatelia.

filatería. (De *filatero.*) f. Tropel de palabras que un embaucador ensarta para engañar y persuadir de lo que quiere. ‖ Demasía de palabras para explicar o dar a entender un concepto.

filatero, ra. (Del lat. *filātum,* supino de *filāre,* salir hilo a hilo.) adj. Que acostumbra usar de filaterías. Ú. t. c. s. ‖ *Germ.* Ladrón que hurta cortando alguna cosa.

filaucía. (Del gr. *philautía,* de *philautos,* egoísta; de *philos,* amante, y *autós,* mismo.) f. ant. **amor propio.**

filautero, ra. adj. p. us. Que tiene egoísmo.

filautía. f. p. us. **filaucía.**

-filaxia. f. V. **-filáctico.**

-filaxis. suf. V. **-filáctico.**

filaxis. (Del m. or. que el anterior.) f. Med. Protección o defensa del organismo contra las infecciones.

filderretor. (De *filo, -de-* y *retor,* tela de algodón.) m. Tejido de lana, semejante al que hoy llaman lanilla, pero de algo más cuerpo, que se usaba para hábitos de sacerdotes y para vestidos de alivio de luto en las mujeres.

Filé. (Del lat. *Philae,* y éste del gr. *Phílai.*) Arqueol. y Geog. Isla fluvial de Egipto, en el Nilo, a 11 km. de Assuán. Al construir la presa de este nombre quedó sumergida, y sólo resurge de julio a octubre, cuando se abren las compuertas. Magníficos templos, cuya salvación de los efectos de las aguas se inició en 1971 patrocinada por la U.N.E.S.C.O.

filelí. (Del ár. *filālī,* perteneciente o relativo a *Tafilalt* o *Tafilete,* oasis de Marruecos.) m. ant. Tela muy ligera de lana y seda, que se solía traer de Berbería.

filemón. Zool. Gén. de pájaros de la familia de los melifágidos. La especie más típica es el *filemón cornudo,* de cabeza parcialmente desnuda y con la piel del color del cuero o el cobre, pico largo y ganchudo y con una protuberancia en su base; su plumaje es grisáceo y blanco, y el pico y las patas negras. Viven en los bosques y matorrales australianos y anidan en las ramas altas de los árboles (*philemon corniculatus*).

Filemón (San). Biog. Colaborador del apóstol San Pablo, n. en Colosas. Éste le escribió una carta, contenida en el Nuevo Testamento. Su fiesta, el 22 de noviembre.

fileno, na. (De *Filis,* nombre de mujer en los poetas bucólicos.) adj. fam. Delicado, afeminado.

filera. f. Pesca. Arte que se cala a la entrada de las albuferas, y consiste en varias filas de redes que tienen al extremo unas nasas pequeñas.

filete. fr., *filet, cordonnet;* it., *filetto;* i., *fillet;* a., *Leiste, Schnur.* (Del fr. y del cat. *filet,* y éstos

Sellos de distintos países, emitidos en los años 1965-66

del lat. *filum,* hilo.) m. Miembro de moldura, el más delicado, como una lista larga y angosta. ‖ Línea o lista fina que sirve de adorno ‖ Remate de hilo enlazado que se echa al canto de alguna ropa, especialmente en los cuellos y puños de las camisas, para que no se maltraten. ‖ Asador pequeño y delgado; **solomillo**. ‖ Lonja delgada de carne magra o de pescado limpio de raspas. ‖ Espiral saliente del tornillo o de la tuerca. ‖ *Alm.* Cuerda de esparto retorcida que se compone de dos hilos. ‖ **Blas.** Banda, orla, faja, etc., cuando son muy estrechas. ‖ **Equit.** Embocadura compuesta de dos cañoncitos de hierro delgados y articulados en el centro, a cuyos extremos hai unas argollitas, en las cuales se colocan las correas de las riendas y testeras. Sirve para que los potros se acostumbren a recibir el bocado. ‖ **Impr.** Pieza de metal cuya superficie termina en una o más rayas de diferentes gruesos, y sirve para distinguir el texto de las notas y para otros usos. ‖ Trazo que, al imprimir, resulta de esta pieza. ‖ *Mar.* Cordoncillo de esparto que sirve para enjuncar las velas en los buques latinos. ‖ **nervioso.** *Anat.* Ramificación tenue de los nervios.

filetear. fr., *garnir de filets, fileter;* it., *filettare;* i., *to adorn with fillets;* a., *einsäumen.* tr. Adornar con filetes.

-filético. suf. V. **filo-,** raza, tribu.

filetón. (aum. de *filete.*) m. **A.** y **Of.** Entre bordadores, entorchado más grueso y retorcido que el del ordinario, con que se forman las flores que se imitan en los bordados.

filfa. f. fam. Mentira, engaño, noticia falsa.

Filgueiras. Geog. V. **Capela.**

fili-, filo-, hili-; -filar. (Del lat. *filum.*) pref. o suf. que sign. hilo; e. de suf.: *bifilar.*

-filia. suf. V. **filo-,** amigo.

-filia. suf. V. **filo-,** tribu.

-filia. suf. V. **filo-,** hoja.

filiación. fr. e i., *filiation;* it., *filiazione;* a., *Abstammung, Personalien.* (Del lat. *filiatĭo, -ōnis,* de *filius,* hijo.) f. Acción y efecto de filiar. ‖ Procedencia de los hijos respecto a los padres. ‖ Dependencia que tienen algunas personas o cosas respecto de otra u otras principales. ‖ Señas personales de cualquier individuo. ‖ **Mil.** Registro que en los regimientos se hace del que sienta plaza de soldado, especificando su estatura, facciones y otras señas.

filial. fr. e i., *filial;* it., *filiale;* a., *kindlich, zweig.* (Del lat. *filiālis.*) adj. Perteneciente al hijo. ‖ Aplícase a la iglesia o al establecimiento que depende de otro.

filialmente. adv. m. Con amor de hijo.

filiar. (Del lat. *filius,* hijo.) tr. Tomar la filiación a uno. ‖ prnl. Inscribirse o hacerse inscribir en el asiento militar. ‖ Afiliarse.

Filiberto (Juan de Dios). Biog. Músico y compositor argentino, creador de tangos de calidad, n. en Buenos Aires en 1885. Sus composiciones lo han popularizado como uno de los mejores exponentes de la música porteña; se citan *Pañuelito, Caminito* y *Clavel del aire.*

filibote. (De i. *fly-boat;* de *fly,* volar, y *boat,* barco: *barco mosca.*) m. **Mar.** Embarcación semejante a la urca, de dos palos, de popa redonda, y alterosa. Hoy ya no está en uso.

filibranquio, quia. (De *fili-* y *branquia.*) adj. Zool. Dícese de los moluscos lamelibranquios, con un par de branquias foliáceas dobles. Poseen concha asimétrica (*concha de peregrino, mejillón, ostra comestible, arca,* etc.). ‖ m. pl. Orden de estos lamelibranquios. Algunos autores incluyen como suborden el orden de los *seudolamelibranquios.*

filibusterismo. m. Partido de los filibusteros de ultramar.

filibustero. fr., *filibustier;* it., *filibustiere;* i., *filibuster;* a., *Flibustier, Freibeuter, Seeräuber.* (Del i. *freebooter,* merodeador.) m. **Hist.** Nombre de ciertos piratas que por el siglo XVII infestaron el mar de las Antillas. ‖ desus. El que trabajaba por la emancipación de las que fueron provincias ultramarinas de España.

Filicaja (Vicenzo da). Biog. Poeta italiano, n. y m. en Florencia (1642-1707). Sus *Canzoni* sobre el levantamiento del sitio de Viena por los turcos le dieron gran renombre.

filical. (Del lat. *filix, -ĭcis,* helecho.) adj. Bot. Dícese de plantas pteridofitas filicinas, que comprende las familias de las osmundáceas, esquiceáceas, himenofiláceas, dicksoniáceas, ciateáceas, polipodiáceas y parkeriáceas. ‖ f. pl. Orden de estas plantas, sinónimo de enfilicales.

filicida. (De *filĭus,* hijo, y *caedĕre,* matar.) com. Que mata a su hijo. Ú. t. c. adj.

filicidio. m. Muerte dada por un padre o una madre a su propio hijo.

filicíneo, a. adj. Bot. En España se suele decir así en vez de **filicino.**

filicino, na. (Del lat. *filix, -ĭcis,* helecho.) adj. Bot. Dícese de las plantas pteridofitas o criptógamas vasculares, con hojas casi siempre más desarrolladas que el tallo, el cual suele carecer de nudos y entrenudos. Comprende cuatro subclases: ceonopteridinas, filicinas eusporangiatas, filicinas leptosporangiatas e hidropteridinas. ‖ f. pl. Clase de estas plantas.

-**fílico.** suf. V. **filo-,** amigo.

-**fílico.** suf. V. **filo-,** hoja.

filidráceo, a. (Del lat. científico *phylidrium,* gén. tipo, y *-áceo.*) adj. Bot. Dícese de las plantas del orden de las farinosas, suborden de las filidrineas, con flores hermafroditas, irregulares y reunidas en espigas, y fruto polispermo en cápsula. ‖ f. pl. Familia de estas plantas.

filidrineo, a. (Del lat. científico *phylidrium,* gén. tipo.) adj. Bot. Dícese de las plantas del orden de las farinosas, con flores de perianto corolino; comprende sólo la familia de las filidráceas. ‖ f. pl. Suborden de estas plantas.

filiera. (Del fr. *filière,* de *fil,* hilo.) f. Bl. Bordura disminuida en la tercera parte de su anchura puesta en la misma situación.

filiforme. (De *fili-* y *-forme.*) adj. Que tiene forma o apariencia de hilo.

filigrana. fr., *filigrane;* it., *filigrana;* i., *filigree, filigrane, water-mark;* a., *Filigran.* (Del it. *filigrana,* y éste del lat. *filum,* hilo, y *granum,* grano.) f. Obra formada de hilos de oro o plata, unidos y soldados con mucha perfección y delicadeza. ‖ Señal o marca transparente hecha en el papel al tiempo de fabricarlo. ‖ fig. Cosa delicada y pulida. ‖ **Bot.** *Cuba.* Nombre de varias plantas de la familia de las verbenáceas y de los gén. *lantana* y *callicarpa.*

filili. (De *fileli.*) m. fam. Delicadeza, sutileza, primor de alguna cosa.

filipéndula. fr., *filipendule;* it., *filipendula;* i., *spiroea filipendula;* a., *Filipendel.* (Del lat. *filum,* hilo, y *pendŭla,* colgante, pendiente.) Bot. Gén. de plantas de la familia de las rosáceas, subfamilia de las rosoideas, incluidas anteriormente en las espireas, de las que se diferencian por sus frutos monospermos indehiscentes. En muchas montañas españolas vive la *filipéndula hexapétala,* de raíces tuberosas, astringentes, llamada *filipéndula* y *saxífraga roja* y característica de praderas húmedas, es la llamada *reina de los prados* (f. *ulmaria*).

filipense. (Del lat. *philippensis.*) adj. Natural de Filipos, o perteneciente a esta ciudad de Macedonia. Ú. t. c. s.

filipense. (De *Filipo,* Felipe.) adj. Dícese del sacerdote de la Congregación de San Felipe Neri. Ú. t. c. s.

Filipepi (Alessandro). Biog. Pintor italiano, más conocido por *Sandro Botticelli,* n. y m. en Florencia (1445-1510). Estudió con Filippo Lippi y más tarde estuvo influido por Verròcchio y Pollaiuolo. En sus últimos años

Nacimiento de Venus, por Alessandro Filipepi. Galería de los Uffizi. Florencia

mostró una gran propensión hacia el misticismo y fue partidario de Savonarola. En su obra se compenetran la realidad y la belleza en una delicada fusión altamente espiritual, nimbada de un profundo sentimiento poético. Entre sus obras más famosas destacan: *La Primavera, Nacimiento de Venus, Marte y Venus, Adoración de los Reyes, Coronación de María,* etc.

filipétido, da. (De *philepitta,* gén. tipo de aves, e *-ido.*) adj. Zool. Dícese de los pájaros del suborden de los tiranoideos o clamadores, de 15 a 20 cm., con dimorfismo sexual y que viven en los bosques de Madagascar. El único representante es el *mirlo dorado,* cuyos machos son negros, con las alas doradas y una carúncula verde sobre el pico *(philepitta jala).* ‖ m. pl. Familia de estos pájaros.

filípica. fr., *philippique;* it. *filippica;* i., *philippic;* a., *Philippika.* (Por alusión a las arengas u oraciones de Demóstenes contra Filipo, rey de Macedonia.) f. Invectiva, censura acre.

filipichín. m. Tejido de lana estampado.

filipina. f. *Cuba* y *Méj.* Chaqueta de dril, sin solapas, que visten los hombres.

Filipinas

Filipinas. Geog. Estado republicano del sudeste asiático.

GENERALIDADES

Situación y límites. Se halla sit. en la zona tórrida, entre los 4° 40′ y los 21° 10′ de lat. N. y los 116° 40′ y 126° 34′ de long. E. del meridiano de Greenwich.

Superficie y población. Superf., 300.000 km.², incluidas las aguas interiores. Pobl. absoluta, 36.684.486 h. (47.700.000 calculados en 1979). Su densidad es de 122,2 h. por km.²

Transporte de cocos, en Tinglayan

GEOGRAFÍA FÍSICA

Geología y relieve. Las islas Filipinas, como las de Japón, forman parte de las tierras en guirnalda dispuestas a lo largo de la costa oriental de Asia, y son los restos emergidos de una zona de hundimiento. Sus territorios son volcánicos y pertenecen a lo que se ha denominado *cinturón de fuego del Pacífico*. Entre sus montañas, el punto culminante es el volcán Apo (2.955 m.).

Costas e islas. Sus costas son generalmente escarpadas y están rodeadas de bancos madrepóricos y arrecifes peligrosos. Los golfos, senos y bahías son muy numerosos. Existen unas 7.083 islas, de las cuales 462 tienen una superf. de más de 2,5 km.²; 2.441 tienen nombre y 4.642 carecen del mismo. Los estrechos más importantes son el de San Bernardino, la gran vía comercial del archipiélago; el de Mindoro, San Juanico, Surigao, Iloilo, Guimarás, Basilán, Tañón, Cebú y Balábac. Además del océano Pacífico y de los mares de China meridional y de Célebes, que bañan el archipiélago, éste encierra el de Joló, Mindanao y de las Bisayas. En aguas interiores del archipiélago la navegación es difícil a causa de las corrientes. Islas principales: Luzón, Mindanao, Basilán, Bohol, Burias, Busuanga, Camiguín, Catanduanes, Culión, Dinagat, Dumaran, Guimarás, Leyte, Linapacán, Masbate, Marinduque, Mindoro, Negros, Cebú, Panaon, Panay, Palawan, Polillo, Sámal, Samar, Siargao, Sibuyán, Siquijor, Joló, Tablas, Ticao, Alabat y Tawi-Tawi. Por su constitución geológica y por su flora y fauna, son más asiáticas que oceánicas.

Hidrografía. De los ríos, el más caudaloso es el Cagayán (350 km. de curso), en la isla de Luzón; luego le siguen el Abra, el Agno, el Mindanao y el Agusan (40 km.).

Climatología. Encuadradas enteramente entre el ecuador y el trópico de Cáncer, gozan de un clima ecuatorial, con precipitaciones constantes, de influencia monzónica. Las alteraciones atmosféricas son frecuentes y, entre ellas, los tifones del mar de la China producen, a veces, estragos en las islas.

GEOGRAFÍA BIOLÓGICA

Flora y fauna. La flora de Filipinas presenta selvas vírgenes espléndidas, donde abundan los helechos, orquídeas, palmas, aráceas y melastomáceas; vegetan lozanos el árbol de la almáciga y diversos podocarpos. La fauna no ha sido aún estudiada por completo. Los animales feroces no existen. Mamíferos: el desdentado *pangolín* o *balington*. Cetáceos: el delfín, cachalote, ballena austral y el sabroso *halicore* o *pez mujer*. Roedores: el puerco espín, ratas blancas y una enorme de color canela, la ardilla, el *caguang*, el *mago*, el mono blanco, gallo montés y tabón. Reptiles: tortugas carey, blanca y de río, serpiente pitón, las venenosas *naja* y *trigonocéphalus*. Cerca de los ríos abundan las iguanas y el *crocodilus biporcatus*, que llega a medir 10 m. En aguas del archipiélago pululan el tiburón, pez sierra, pez arado, lija, raya, tucó, pez martillo, pez erizo, pez cofre, aguja de mar, caballo marino, anguilas y sardinas, rodaballos, lenguados, etc. En anfibios se cuentan más de 86 especies. Como animales domésticos, además del carabao, hay un caballo de corta alzada, cerdo, gato, perro, gallina común y pato.

GEOGRAFÍA ECONÓMICA

Agricultura y silvicultura. La superf. cultivada ocupa 8.653.000 hect. (28,9 % de la superf. territorial). Los principales cultivos destinados a la alimentación son: arroz (3.329.000 hectáreas y 4.971.000 ton., en 1972), maíz (2.480.000 y 1.973.000), bananas, batata y árbol del pan. Entre los destinados a la exportación figura en primer puesto la caña de azúcar (440.000 hect. y 1.815.000 ton. de azúcar), que tiene por principales regiones productoras la vertiente occidental de la isla de Negros y la llanura del norte de Manila; siguen en importancia a la caña los productos de la palma: nuez (8.000.000 de ton. en 1972), copra (2.180.000 ton.) y el aceite de coco. Es muy apreciado el tabaco filipino (77.640 hect. y 56.313 ton.), que se obtiene en mayor cantidad y mejores calidades en el valle del río Cagayán. Cultivo típicamente filipino es el del abacá o cáñamo de Manila (150.000 hect. y 68.000 ton.); otras plantas textiles, como maguey, sisal y ramio, no se cultivan todavía en gran escala. Es limitada la importancia del café (52.000 ton., en 1972) y el cacao (7.000 hect. y 3.300 ton.), e insignificante la del caucho. Los bosques ocupan 15.875.000 hect. (52,9 % del país). Es muy apreciada la caoba filipina y está muy difundido el bambú.

Zootecnia y pesca. El patrimonio zootécnico, discreto y variado, en 1969-70 era el siguiente:

Ganado porcino	7.742.000	cabezas
» bovino	1.933.000	»
» cabrío	1.083.000	»
» equino	295.000	»
» ovino	29.000	»
Búfalos	4.711.000	»

La pesca (1.049.700 ton., en 1971) contribuye notablemente a la alimentación de la población, aunque se practica con medios y métodos poco adecuados.

Minería. Los yacimientos más intensamente explotados son los de mineral de hierro (1.381.000 ton., en 1971). Los mayores yacimientos de cromita se encuentran en la prov. de Zambales y en Masinloc, en la isla de Luzón; la extracción de este mineral se intensificó mucho en los últimos años, aunque más recientemente ha disminuido algo (150.400 ton. de contenido metálico en 1971). Más modesta

FILIPINAS
SIGNOS CONVENCIONALES
Capital de nación
Capital de división primaria
Poblaciones importantes
Otras entidades de población
Límite de nación
Límite de división primaria
Vértice y altitud en metros
Lago o laguna
Puerto de mar
Río y afluentes
Ferrocarril
Carretera principal
Escala en kilómetros
0 50 100 150 200 250
FORMOSA
BATANES
BASCO
I. Itbayat
I. Batán
I. Sabtang
CANAL BALINTANG
I. Babuyán
I. Calayán
I. Dalupiri
I. Camiguín
I. Fuga
KALINGA APAYAO
IFUGAO
BENGUET
SAMAR DEL NORTE
5 SAMAR ORIENTAL
6 SAMAR OCCIDENTAL
7 DAVAO ORIENTAL
8 DAVAO DEL SUR
MANILA
QUEZÓN CITY
CAVITE
B. de Manila
Lna. de Bay
Escala en kilómetros
0 10 20 30 40
CANAL BABUYÁN
C. Engaño
C. Bojeador
APARRI
Bangui
Clavería
LAOAG
ILOCOS NORTE
Sicapoo 2361
CAGAYÁN
TUGUEGARAO
SIERRA MADRE
VIGAN
BANGUED
ABRA
TABUK
MOUNTAIN
ILOCOS SUR
BONTOC
LAGAWE
ILAGAN
ISABELA
Palanán
Pta. Palanán
SAN FERNANDO
LA UNIÓN
BAGUIO
BAYOMBONG
NUEVA VIZCAYA
C. Bolinao
LINGAYEN
DAGUPAN
PANGASINAN
C. S. Ildefonso
TARLAC
NUEVA ÉCIJA
CABANATUÁN
ISLA LUZÓN
B. Dingalan
I. Polillo
Is. Polillo
IBA
ZAMBALES
PAMPANGA
SAN FERNANDO
BULACÁN
MALOLOS
OLONGAPO
BALANGA
BATAÁN
QUEZÓN CITY
RIZAL
PASIG
MANILA
CAVITE
LAGUNA
STA. CRUZ
S. PABLO
BATANGAS
LUCENA
CAMARINES NORTE
DAET
CAMARINES SUR
NAGA
ALBAY
LEGAZPI
CATANDUANES
VIRAC
I. CATANDUANES
SORSOGÓN
MARINDUQUE
BOAC
CALAPÁN
MINDORO OCCID.
MINDORO OR.
I. MINDORO
Halcón 2505
MAMBURAO
I. Lubang
ROMBLÓN
I. Tablas
I. Sibuyán
MASBATE
SAMAR
CATARMAN
CATBALOGAN
BORONGÁN
I. SAMAR
LEYTE
TACLOBÁN
LEITE DEL SUR
MAASIN
AKLAN
KALIBO
CÁPIZ
ROXAS
ANTIQUE
ILOILO
I. PANAY
MAR DE LAS BISAYAS
BACOLOD
NEGROS OCCID.
NEGROS OR.
DUMAGUETE
I. NEGROS
CEBÚ
I. CEBÚ
BOHOL
TAGBILARAN
I. BOHOL
SURIGAO DEL NORTE
SURIGAO DEL SUR
I. Dinagat
I. Siargao
MAR DE MINDANAO
CAMIGUÍN
MAMBAJAO
AGUSÁN DEL NORTE
BUTUAN
AGUSÁN DEL SUR
MISAMIS OR.
CAGAYÁN
MISAMIS OCCID.
OROQUIETA
DIPOLOG
ZAMBOANGA DEL NORTE
ZAMBOANGA DEL SUR
PAGADIÁN
ZAMBOANGA
ILIGAN
LANAO DEL NORTE
LANAO DEL SUR
MARAWI
BUKIDNON
MALAYBALAY
DAVAO DEL NORTE
DAVAO
TAGUM
MATI
COTABATO
DULAUAN
KORONADAL
DIGOS
COTABATO DEL SUR
ISLA MINDANAO
G. de Davao
C. San Agustín
I. Basilán
JOLÓ
I. Joló
MAR DE JOLÓ
ARCH. DE JOLÓ
Is. Tawi-Tawi
MAR DE CÉLEBES
I. PALAWAN
PUERTO PRINCESA
PALAWAN
Is. Cuyo
I. Dumaran
Is. CALAMIANES
I. Busuanga
I. Culión
I. Balabac
ESTR. BALABAC
SABAH
BORNEO (MALAYSIA)
MAR DE CHINA MERIDIONAL
OCÉANO PACÍFICO
120°
16°
12°
8°

Filipinas

es la producción de manganeso (2.500 ton.), en las provs. de Camarines del Norte y de Mountain, y la del cobre (188.500 ton.), con yacimientos en las islas de Luzón, Rapa Rapa y Panay. La extracción de carbón, en la isla de Cebú, sigue siendo insignificante (39.600 ton. en 1973). Están en curso de investigación las riquezas petrolíferas. Desde hace tiempo se vienen extrayendo minerales auríferos en los distritos de Baguio, Mambulao, Paracale y Aroroy (19.814 kg. de oro en 1971), que contienen también plata (59.000 kg.) y pequeñas cantidades de platino.

Industria. La producción de energía eléctrica alcanzó 8.666 millones de kwh. en 1970. La industria está limitada casi exclusivamente a la fabricación de productos locales: unas 50 fábricas de azúcar, comprendidas 4 refinerías, y otras para la preparación del arroz, elaboración del aceite en Manila y manufacturas de tabaco. La fabricación de fertilizantes cuenta con la fábrica de María Cristina. La industria textil ha recibido un gran impulso últimamente (32.280 ton. de hilados de algodón); ha aumentado considerablemente la fabricación de cemento (4.140.000 ton., en 1973), con una modernísima fábrica en la isla de Guimaras. La fabricación indígena de sombreros de paja es muy apreciada, así como otros productos de la industria artesana: bordados, estuches, cerámica, etc. La industria automovilística existente está limitada al montaje (17.364 turismos y 13.128 vehículos comerciales, en 1973) y a la reparación.

Comercio. En el período 1968-72, las cifras relativas al comercio exterior, en millones de dólares estadounidenses, fueron las siguientes: Importaciones: 1.280, 1.254, 1.286, 1.405, 1.485. Exportaciones: 946, 965, 1.119, 1.178, 1.159.

Comunicaciones. *Marina mercante:* 404 buques, con un registro bruto de 947.210 ton. (1973). *Puertos principales* son: Manila, Cebú, Iloilo, Davao y Batangas. *Carreteras:* 75.724 kilómetros, y 458.617 vehículos. *Ferrocarriles:* 1.067 kilómetros. *Aviación civil:* 40.815.000 kilómetros volados y 1.497.000.000 de pasajeros por km. en 1971.

GEOGRAFÍA POLÍTICA

Etnografía. La pobl. más primitiva de las islas Filipinas la constituyen los aetas, a los que los españoles denominaron negritos. Los negritos son de corta estatura, 1,47-1,50 m., entrando en la categoría de los pigmeos. Ocupan las zonas montañosas, especialmente en el centro de la isla de Luzón. En la actualidad existen unos 36.000 aetas, de los cuales tan solo una séptima parte está exenta de mestizajes. Aparte los negritos, la población indígena de las Filipinas está formada por una serie de pueblos pertenecientes a la llamada raza protomalaya. La estatura de estos pueblos oscila entre 1,55 y 1,60 m., la piel es de un moreno claro, los cabellos son negros y lisos, las facciones son rudas: pómulos prominentes, nariz aplastada, ojos grandes, rectos y sin pliegue mongol. Las tribus más representativas son los igorrotes, ifugao y tagalos.

Cultura indígena. La cultura de los negritos es muy primitiva, su economía se basa en la caza y la recolección, construyen rústicos paravientos con hojas de palmera para protegerse de las inclemencias del clima. Van casi enteramente desnudos, cazan con arcos y flechas envenenadas. Son paganos, su principal divinidad es la Luna. Los protomalayos son agricultores, conocen el cultivo en terrazas, el regadío y el abono. Confeccionan vestidos con corteza de árbol y construyen casas sobre estacas rodeadas de una valla protectora. Sus armas son la lanza con punta de hierro y el hacha, y como defensa utilizan grandes escudos de madera. Practican el culto a los antepasados, tallando figurillas antropomorfas destinadas a este culto.

Idioma. La lengua oficial es el *tagalo*, que se habla en la sección meridional de la isla de Luzón (44 % de la pobl.). Son idiomas comerciales, y se emplean también en los medios gubernativos, el inglés (39,5 %) y el español (2 %). El Gobierno estadounidense fomentó el idioma inglés, pero existe un importante movimiento intelectual para la conservación de la lengua española, que, no obstante, lucha en desiguales condiciones para extenderse. Los idiomas catalogados filipinos son el tagalo, bisaya, pampango, ilocano, pangasinán, bicol, zambal, batanés, tagbanúa y manguindanao.

Religión. De forma muy aproximada, el 83 % de la pobl. es católica; 1.414.000 pertenecen a la Iglesia filipina independiente; 1.317.000 son musulmanes, y 785.000 protestantes. El resto pertenecen a otras religiones o son paganos. La Iglesia católica cuenta con 13 diócesis metropolitanas (Cagayán, Manila, Cebú, Jaro, Davao, Cáceres, Nueva Segovia, Lingayen-Dagupan, Lipa, Zamboanga, Cápiz, San Fernando y Tuguegarao), 31 sufragáneas, 13 prelaturas nullíus y 4 vicariatos apostólicos.

Gobierno. La nueva Constitución (17 de enero de 1973) pone fin a 26 años de régimen presidencial y prevé una división de poderes entre el presidente de la República, el primer ministro y la Asamblea legislativa.

División territorial. A continuación se inserta el cuadro de la división administrativa:

Fetiche igorrote. Museo Etnológico. Madrid

Igorrote de Banoue

Provincias	Superficie Km.²	Población Habitantes	Capitales y su población
Isla de Luzón			
Abra	3.976	145.508	Bangued (19.368 h.).
Albay	2.553	673.981	Legazpi (69.000).
Bataán	1.373	216.210	Balanga (18.143).
Batangas	3.166	926.308	Batangas (108.868).
Benguet	2.655	263.550	Baguío (84.538).
Bulacán	2.672	836.431	Malolos (48.968).
Cagayán	9.003	581.237	Tuguegarao (43.074).
Camarines del Norte	2.113	262.207	Daet (35.434).
Camarines del Sur	5.267	948.436	Naga (63.000).
Cavite	1.288	520.180	Cavite (75.739).
Ifugao	2.518	92.487	Lagawe.
Ilocos del Norte	3.399	343.427	Laoag (50.198).
Ilocos del Sur	2.580	385.139	Vigan (25.990).
Isabela	10.665	648.123	Ilagan (48.251).
Kalinga-Apayao	7.048	136.249	Tabuk.
Laguna	1.760	699.736	Santa Cruz (32.850).
Manila	38	1.330.788	Manila (1.330.788).
Mountain	2.097	93.112	Bontoc (16.301).
Nueva Écija	5.284	851.294	Cabanatuán (103.400).
Nueva Vizcaya	6.961	221.965	Bayombong (17.499).
Pampanga	2.181	907.275	San Fernando (56.861).
Pangasinán	5.368	1.386.143	Lingayen (45.321).
Quezón	11.946	983.324	Lucena (56.000).
Rizal	1.860	2.844.689	Pasig (62.130).
Sorsogón	2.141	427.047	Sorsogón (35.542).
Tarlac	3.053	559.708	Tarlac (121.400).
Unión (La)	1.493	373.682	San Fernando (37.836).
Zambales	3.714	343.034	Iba (14.555).
Totales	108.172	18.001.270	

Provincias	Superficie Km.²	Población Habitantes	Capitales y su población
Isla de Mindanao			
Agusán del Norte	} 11.556	278.053	Butuan (131.094 h.).
Agusán del Sur		174.682	Langasián.
Bukidnon	8.294	414.762	Malaybalay (34.008).
Camiguín	230	53.913	Mambajao.
Cotabato	16.441	1.136.007	Cotabato.
Cotabato del Sur	7.356	466.110	Koronadal.
Davao del Norte	8.130	442.543	Tagum.
Davao Oriental	5.164	247.995	Mati.
Davao del Sur	6.378	785.398	Digos.
Lanao del Norte	3.092	349.942	Iligan (104.493).
Lanao del Sur	3.873	455.508	Marawi (31.000).
Misamis Occidental	1.939	319.855	Oroquieta (29.477).
Misamis Oriental	3.570	472.756	Cagayán de Oro (128.319).
Surigao del Norte	2.739	238.714	Surigao (37.439).
Surigao del Sur	4.552	258.680	Tandag.
Zamboanga del Norte	6.075	409.379	Dipolog (32.236).
Zamboanga del Sur	9.922	1.034.018	Pagadian (41.810).
Totales	99.311	7.538.315	
Otras provincias			
Aklan	1.818	263.358	Kalibo (21.303).
Antique	2.522	289.172	S. José de Buenavista (17.124).
Batanes	209	11.398	Basco (2.868).
Bohol	4.117	683.297	Tagbilarán (20.250).
Cápiz	2.633	394.041	Roxas (57.000).
Catanduanes	1.511	162.302	Virac (34.417).
Cebú	5.088	1.634.182	Cebú (347.116).
Iloilo	5.324	1.167.973	Iloilo (209.738).
Joló	2.688	425.617	Joló (33.259).
Leyte	6.268	1.110.626	Tacloban (61.000).
Leyte del Sur	1.735	251.425	Maasin.
Marinduque	959	144.109	Boac (26.712).
Masbate	4.048	492.908	Masbate (31.613).
Mindoro Occidental	5.880	144.032	Mamburao (5.822).
Mindoro Oriental	4.365	328.364	Calapán (33.060).
Negros Occidental	7.926	1.503.782	Bacolod (187.300).
Negros Oriental	5.745	715.240	Dumaguete (40.000).
Palawan	14.896	236.635	Puerto Princesa (23.125).
Romblón	1.356	167.082	Romblón (16.708).
Samar del Norte	3.480	306.114	Catarmán.
Samar Occidental	5.609	442.244	Catbalogán (34.873).
Samar Oriental	4.340	271.000	Borongán (28.000).
Totales	92.517	11.144.901	
Totales generales	300.000	36.684.486	

Manila. Ayuntamiento y avenida Taft

Capital y poblaciones importantes. La cap. es Manila (1.330.788 h.). Otras poblaciones importantes, además de las ya mencionadas en el cuadro precedente, son: Davao (392.473 h.), Caloocan (274.453), Pasay (206.283), Zamboanga (199.901), San Carlos (165.200) y Basilan (143.829).

Cultura. La instrucción en Filipinas tiene actualmente el carácter de libre. Para la enseñanza primaria hay 33.400 escuelas. El número de analfabetos no excede del 30 %. Para la enseñanza superior existe la Universidad de Filipinas, que es oficial. Tiene considerable importancia la Universidad pontificia de Santo Tomás, fundada en 1611. La Oficina Meteorológica y Observatorio de Manila es tal vez la institución más importante de su género.

Alegoría de la conquista de las islas Filipinas, grabado antiguo

Historia. Al geógrafo chino Chao Yu Kua, que falleció a mediados del s. XIII, se deben las primeras noticias del arch. filipino. La historia propiamente dicha de las Filipinas arranca de su descubrimiento por Fernando de Magallanes. Este navegante, en su viaje hacia las islas de las Especias (Molucas), descubrió en marzo del año 1521 las que llamó de San Lázaro, que luego se denominaron de Poniente y, por último, *Filipinas*. Después de haber tocado en las de Sámar y otras del grupo de las Bisayas, amén de la de Mindanao, la escuadra de Magallanes fondeó en Cebú el 7 de abril, y el 27 del mismo mes encontró Magallanes la muerte en la isla próxima de Mactán, con seis de sus compañeros. En 1546 llegó Ruy López de Villalobos a Mindanao y Leyte, y llamó *Filipinas* al arch. en honor del príncipe don Felipe. Son también famosos la expedición y gobierno del conquistador de las islas, Miguel López de Legazpi. El 21 de noviembre de 1564 zarpó del puerto de Navidad una numerosa flota mandada por éste, y el 13 de febrero llegó a Leyte. El 23 se posesionó de Sámar y el 27 de abril de Cebú. Fue acogido con prevención por los cebuanos, pero se comportó con rara habilidad y se sometieron sin protesta. Desde Cebú mandó Legazpi algunos soldados a distintas islas, y sin guerrear, los españoles se fueron posesionando de todas aquellas por donde pasaban. En la jornada de Filipinas invirtió Legazpi todo su caudal, recibiendo por toda recompensa la real cédula de

Filipinas

Plano de las fortificaciones construidas para la defensa de Manila, durante la guerra de 1898. Servicio Histórico Militar. Madrid

Proclamación de la independencia de Filipinas (Manila, 4 de julio de 1946)

La bandera de EE. UU. es arriada y substituida por la de la República de Filipinas, durante los actos de proclamación de la independencia celebrados en Manila

de Quezón y al mismo tiempo formuló oficialmente la declaración de que serían cumplidas las promesas concernientes a la independencia absoluta de las islas. Muerto el presidente Manuel L. Quezón, en 1 de agosto de 1944, le sucedió en el cargo el político filipino Sergio Osmeña, quien prestó juramento ante el ministro de la Corte de Justicia Robert Jackson, y, liberado el archipiélago, fue proclamada solemnemente su independencia y aprobada su constitución republicana en 1946, siendo elegido primer presidente Manuel L. Rojas Acuña. Muerto éste en 1948, fue elegido para sucederle Elpidio Quirino, reelegido en 1949. El 30 de agosto de 1951 se firmó un tratado de defensa mutua entre EE. UU. y Filipinas por el que se reconoce al primero de dichos países la utilización de las bases navales filipinas por un período de noventa y nueve años. Por ley de 26 de febrero de 1949, la enseñanza del castellano es obligatoria en los centros de enseñanza media, y el 17 de junio de 1952 se promulgó otra ley declarando obligatorio el castellano en universidades y colegios. También se firmó un convenio con España sobre validez recíproca de títulos y grados académicos. En noviembre de 1953 se celebraron elecciones y fue designado presidente de la República el candidato de nacionalistas y demócratas Ramón Magsaysay, quien tomó posesión el 30 de diciembre. El 8 de sep-

14 de agosto de 1569. Durante la dominación española menudearon las insurrecciones más o menos importantes, hasta la última (1898), que fue verdadera guerra y que finalizó con la soberanía de España en el archipiélago, debido, fundamentalmente, a la intervención estadounidense. Por el tratado de París entre España y EE. UU., las islas Filipinas pasaron al dominio de esta última nación, no sin que antes tuviera que luchar con los naturales del país, que se resistían a someterse. En el año 1934, el celo de los filipinos por su independencia logró una autonomía de las islas, por un período de doce años, bajo el protectorado de los Estados Unidos. En 1935 fue nombrado presidente de Filipinas el doctor Manuel L. Quezón. Durante su administración fueron invadidas y ocupadas las Filipinas por Japón, y el Gobierno se trasladó a EE. UU. En plena S. G. M., el 13 de noviembre de 1943, EE. UU. decretó la prórroga del mandato presidencial

El primer ministro malasio, príncipe Abdul Rahman; el presidente de Filipinas, Diosdado Macapagal, y el jefe del Estado de Camboya, príncipe Norodom Sihanuk, durante la entrevista celebrada en Phnom Penh (febrero de 1964)

tiembre del año 1954 terminó la Conferencia de Manila con la firma del Pacto defensivo del sudeste asiático y de la llamada Carta del Pacífico. Pertenece a la S. E. A. T. O. y al plan de Colombo. El 18 de marzo de 1956 murió en accidente de aviación el presidente Magsaysay y se hizo cargo de la presidencia el vicepresidente Carlos P. García. El partido comunista fue declarado fuera de la ley (23 de mayo de 1957). En las elecciones presidenciales (10 de noviembre) resultó elegido Carlos P. García (nacionalista), quien tomó posesión el 30 de diciembre. En diciembre de 1960 fue elegido presidente el hasta entonces vicepresidente Diosdado Macapagal (liberal), que tomó posesión de su cargo el 1 de junio de 1961; proclamó la soberanía de Filipinas sobre el Borneo Septentrional y propuso conversaciones sobre el particular al Gobierno inglés, que fueron rechazadas (22 de junio de 1962). Dando pruebas de la permanencia de los vínculos históricos que unen a su país con España, el presidente llegó a Madrid el 30 de junio de 1962, en visita oficial que duró varios días. Con motivo de esta visita se celebraron acuerdos, estableciendo el derecho de residencia permanente para los ciudadanos españoles y filipinos en ambos países, y quedaron abolidos los derechos consulares para visados de turismo y negocio (6 de junio). En noviembre de 1965 resultó vencedor en las elecciones Fernando Edralín Marcos, perteneciente al partido nacionalista, y fue reelegido en 1969, tras una trágica jornada electoral. En julio de 1972 adoptó un nuevo sistema de gobierno, transformándolo de presidencial en parlamentario. En marzo de 1973, el presidente firmó un decreto que reconocía al idioma español, como lengua oficial interina de Filipinas, juntamente con el inglés y el tagalo. El referéndum, celebrado a finales de julio, proclamó oficialmente la extensión del régimen de ley marcial y la indefinida permanencia de Fernando Marcos en el poder, con virtuales facultades ilimitadas, al señalar el presidente de la Comisión electoral que más del 91 % de los votantes emitió papeletas con el «sí» a que el presidente Marcos siguiera gobernando después del 31 de diciembre, fecha en que expiraba su mandato. Los descontentos con la proclamación de la ley marcial no permanecieron silenciosos. Prueba de ello fueron los incidentes ocurridos en la capital provincial de Jolo (febrero de 1974). Un grupo de musulmanes ocupó la capital y llegó a controlar cinco poblaciones, que arrasaron en su retirada. En los enfrentamientos con las tropas gubernamentales hubo que lamentar numerosas muertes; mientras que los comunicados oficiales hablaron de 400 víctimas, algunas agencias extranjeras cifraron las mismas en 10.000. Respondiendo a una invitación hecha por el presidente filipino, los príncipes de España realizaron un viaje a aquel país ostentando la representación del Jefe del Estado español. Con tal motivo ambas naciones firmaron un acuerdo de cooperación técnica y científica, estrechando aún más los lazos de unidad existentes. El 27 de febrero de 1975 fue votado el referéndum propuesto por el presidente Marcos sobre la aceptación de ley marcial, en vigor desde hacía dos años y medio, y también sobre su continuidad a la cabeza de la nación. El resultado fue un amplio margen de confianza con el 90 % de votos a favor del presidente y de su política. En junio, Filipinas estableció relaciones diplomáticas con la R. P. China, reconociéndola como único gobierno de China, y por tanto finalizó las que tenía con el régimen nacionalista de Formosa. Un año después (junio de 1976), las estableció con la U. R. S. S. El 16 de agosto, un violento terremoto asoló el S. del país, ocasionando más de 4.000 víctimas y dejando sin hogar a más de 90.000 personas. Al cumplirse el cuarto aniversario de la proclamación de la ley marcial, el presidente Marcos sometió nuevamente a referéndum la continuidad, o la vuelta al proceso constitucional. Celebrado los días 16 y 17 de octubre, la inmensa mayoría se pronunció en favor del presidente Marcos y la vigencia de la ley marcial.

Detenidos en virtud de la ley marcial, prestan juramento de fidelidad al Gobierno filipino, al ser puestos en libertad

Unas nuevas elecciones generales, en abril de 1978, volvieron a dar el triunfo a Fernando E. Marcos. En las municipales del 30 de enero de 1980, boicoteadas por la oposición, triunfó la Nueva Sociedad, partido del presidente.

GOBERNANTES DE FILIPINAS

1935-1944	Manuel L. Quezón.
1944-1946	Sergio Osmeña.
1946-1948	Manuel L. Rojas Acuña.
1948-1953	Elpidio Quirino.
1953-1956	Ramón Magsaysay.
1957-1961	Carlos P. García.
1961-1965	Diosdado Macapagal.
1965	Fernando E. Marcos.

El presidente Fernando Marcos y su esposa, acompañados del primer ministro de Japón, Eisaku Sato, y su esposa, durante el viaje oficial realizado a dicho país

filipinismo. m. Vocablo o giro propio de los filipinos que hablan la lengua española. ‖ Afición a las cosas propias de Filipinas. ‖ Modo de proceder semejante al de los filipinos. ‖ Amor del filipino a su país.

filipinista. com. Persona que cultiva y estudia las lenguas, costumbres e historia de Filipinas.

filipino, na. fr., *philippin;* it., *filippino;* i., *philippian;* a., *Philippiner.* adj. Natural de las islas Filipinas, o perteneciente a ellas. Ú. t. c. s. ‖ Perteneciente o relativo a Felipe II, rey de España, y también a sus inmediatos sucesores.

Filipo o **Herodes Filipo.** Biog. Rey de Judea, hijo de Herodes *el Grande,* casado con Herodías el año 10. Fue padre de Salomé, la que pidió la cabeza de San Juan Bautista. ‖ **II.** Rey de Macedonia (360 a 336 a. C.), hijo de Amintes IV, n. en Pela en 389 a. C. Se apoderó de Metona de Imbro y de Lemmos y trató inútilmente de pasar las Termópilas. Murió asesinado. Fue el soberano más notable de Macedonia, después de su hijo Alejandro Magno. ‖ *el Tetrarca.* Hijo de Herodes *el Grande.* Muerto su padre, heredó la tetrarquía de Iturea y de Traconite, cuyos territorios se extendían al E. del Jordán. Gobernó con suavidad y justicia y en su Estado halló el Salvador un asilo seguro cuando hubo de huir de los dominios de Herodes Antipas.

Filipos. Geog. hist. C. de Macedonia, en los confines de Tracia y próxima al mar. En ella Antonio y Octavio vencieron a Bruto y Casio en el año 42 a. C. Actualmente pueden contemplarse sus ruinas al pie de los montes Drama, a 13 km. al NO. de Kavala.

filirea. (Del lat. científico *phillýrea,* del gr. *phillyréa,* especie de arbusto oleáceo de la familia del ligustro o alheña.) Bot. Gén. de plantas de la familia de las oleáceas.

filis. (De *Filis,* nombre poético de mujer.) f. Habilidad, gracia y delicadeza en hacer o decir las cosas para que salgan con la última perfección. ‖ Juguetillo de barro muy pequeño que solían usar las mujeres atado en una cinta prendida al brazo.

filisteo, a. fr., *philistin;* it., *filisteo;* i., *philistine;* a., *philister.* (Del lat. *philistaeus.*) adj. Dícese del individuo de una pequeña nación enemiga de los israelitas, y que ocupaba la costa del Mediterráneo al norte de Egipto. Ú. t. c. s. ‖ Perteneciente o relativo a los filisteos. ‖ m. fig. Hombre de mucha estatura y corpulencia. ‖ fig. Persona de espíritu vulgar y de cortos alcances. ‖ m. pl. Hist. Pueblo probablemente de origen cretense, que, con motivo de la expansión de los griegos hacia el Asia Menor, se vieron obligados a abandonar su territorio terminando por establecerse en la antigua sede del pueblo fenicio, entre la cordillera del Líbano y el mar, en cinco ciudades, Gaza, Ascalon, Achdolt, Gath y Ecron. Es a este pueblo al que debemos el nombre de Palestina a dicho país.

filistrín. m. *Venez.* Pisaverde, currutaco.

film. m. **Cin.** filme.

filmación. f. Acción y efecto de filmar.

filmador, ra. adj. Que filma o cinematografía. Ú. t. c. s. ‖ f. Máquina para filmar o cinematografiar.

filmar. (De *filme.*) tr. **Cin.** Impresionar una película.

filme. (Del i. *film.*) m. Película cinematográfica.

filmografía. (De *filme* y *-grafia.*) f. **Cin.** Descripción o conocimiento de filmes o microfilmes.

filmoteca. (De *filme* y *-teca.*) f. Lugar donde se guardan, ordenados para su conservación, exhibición y estudio, filmes que ya no suelen proyectarse comercialmente. ‖ Conjunto o colección de estos filmes.

filmpack. (Voz inglesa.) m. **Fot.** Bloque de hojas de película fotográfica que se impresionan sucesivamente, haciendo que la ya expuesta a la luz pase a la parte posterior, en vez de enrollarse como en el carrete. Ya no se usa.

filo. fr., *tranchant, fil;* it., *filo;* i., *edge;* a., *Schärfe, Schneide.* (Del lat. *filum.*) m. Arista o borde agudo de un instrumento cortante. ‖ Punto o línea que divide una cosa en dos partes iguales. ‖ ant. **hilo.** ‖ *Arg.* Persona que afila o flirtea. ‖ **rabioso.** *Léx.* El que se da al cuchillo u otra arma ligeramente y sin arte. ‖ **del viento.** *Mar.* Línea de dirección que éste lleva. ‖ **por filo.** m. adv. Justa, cabalmente, en punto.

filo-, fil-, fila-; -filia, -fílico, -filo. (Del gr. *philéo,* querer, o de *philos,* amigo.) pref. o suf. que sign. simpatía, amistad, preferencia; e. de suf.: haltero**filia,** hemo**fílico,** hidró**filo.**

filo-, fil-; -fil-, -filo-; -fila, -filia, -fílico, -filo. (Del gr. *phýllon.*) pref. infijo o suf. que sign. hoja; e. de infijo: di**filo**botrio; de suf.: hetero**filia,** cristali**fílico,** antó**filo.**

filo-; -fil-, -filético, -filia, -filo. (Del gr. *phylé* o *phylon.*) pref., infijo o suf. que sign. especie, raza, tribu; e. de infijo: tri**fili**ta; de suf.: poli**filético,** organo**filia.**

filo-. pref. V. **fili-.**

filo. (Del gr. *phylon,* raza, estirpe.) m. **Biol.** En los sistemas filogenéticos, serie de organismos que se consideran originados unos de otros a partir de una misma forma fundamental y que corresponde al tipo de las antiguas clasificaciones, si bien a éste no se le atribuía ningún sentido genealógico. Es una división de primer orden en los sistemas filogenéticos de clasificación, que comprende todos los organismos concatenados que pueden considerarse derivados de una forma común. (V. **botánica** y **zoología.**)

Filoctetes. Mit. Guerrero griego, amigo de Hércules; tomó parte en la expedición de los argonautas y asistió al sitio de Troya.

filocubierta o **filoestuche.** f. y m. Filat. Especie de sobrecito, con la cara anterior transparente, que se utiliza para colocar los sellos de correos en los álbumes, pegando aquél por detrás y preservando así a dichos sellos de todo deterioro. Su uso va substituyendo al del fijasellos.

filodendron. (Del lat. científico *philodendron;* del gr. *philódendros,* que gusta de los árboles.) Bot. Gén. de plantas de la familia de las aráceas.

filodio. (Del gr. *phillódes,* parecido a una hoja.) m. Bot. Pecíolo ensanchado en lámina y con funciones de limbo; p. e., en las ramas ya crecidas de eucalipto.

filoestuche. m. Filat. filocubierta.

filófago. (De *filo-,* hoja, y *-fago.*) adj. **Zool.** Que se alimenta de hojas. Ú. t. c. s.

filogenia. fr., *phyllogénie;* it., *filogenia;* i., *phyllogeny;* a., *Phyllogenie.* (De *filo-,* estirpe, y *-genia.*) f. Biol. Genealogía de las especies de animales y plantas de los grupos taxonómicos que constituyen. ‖ Formación y desarrollo de una especie por evolución biológica. Según la teoría evolucionista, las especies actuales y extinguidas poseen antecesores comunes de los que se han originado por un lento proceso de diferenciación. La filogenia estudia, pues, las relaciones de parentesco y la historia de los grupos. Su estudio se basa en datos comparativos paleontológicos, ontogénicos, de anatomía comparada, y de clasificación y distribución de faunas y floras. Recientemente, las reacciones serológicas han confirmado la mayoría de los grupos taxonómicos establecidos y han permitido perfeccionar o corregir otros.

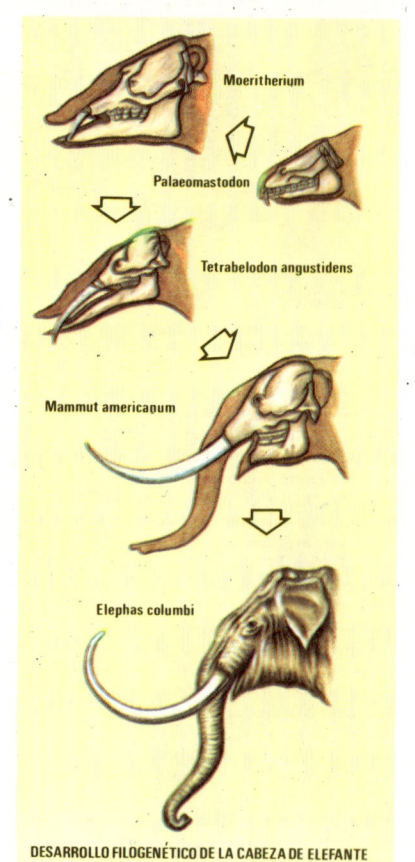

filoguiado. (De *filo-,* hilo, y *guiar.*) adj. **Mil.** Dícese de un torpedo que durante su trayectoria va desenrollando un par de cables, unidos al lanzador, por los cuales se transmiten los datos de corrección de la trayectoria.

filología. fr., *philologie;* it., *filologia;* i., *philology;* a., *Philologie.* (Del lat. *philologĭa,* y éste del gr. *philología.*) f. Ciencia histórica que estudia una cultura, tal como se manifiesta en su lengua y en su literatura, principalmente a través de los textos escritos. ‖ Técnica que se aplica a los textos para reconstruirlos, fijarlos o interpretarlos. ‖ **lingüística.**

filológica. (De *filológico.*) f. **filología.**

filológicamente. adv. m. Con arreglo a los principios de la filología.

filológico, ca. (De *filología.*) adj. Perteneciente o relativo a la filología.

filólogo, ga. fr., *philologue;* it., *filologo;* i., *philologist;* a., *Philolog.* (Del lat. *philologus,* y éste

Goliat y los filisteos, miniatura de una Biblia del s. XIII. Academia de la Historia. Madrid

DESARROLLO FILOGENÉTICO DE LA CABEZA DE ELEFANTE

del gr. *philológos;* de *phílos,* que ama, y *lógos,* doctrina, erudición.) m. y f. Persona versada en filología.

filolumenia. (De *filo-,* amigo, y el lat. *lumen,* luz.) f. Coleccionismo de estampas de cajas de cerillas.

filomanía. fr., *phyllomanie;* it., *filomania;* i., *philomany;* a., *Blattsucht.* (De *filo-,* hoja, y *-manía.*) f. **Bot.** Superabundancia de hojas en un vegetal.

filomedusa. (Del lat. científico *phyllomedusa;* del gr. *phyllon,* hoja, y *medousa,* medusa.) **Zool.** Gén. de anfibios anuros sudamericanos de la familia de los hílidos. Vulgarmente se llama a las filomedusas *ranitas maquis.*

filomela. (Del lat. *philomēla,* y éste del gr. *Philomēla;* de *philos,* que ama, y *mélos,* el canto.) f. poét. **ruiseñor.**

filomena. f. poét. **filomela.**

Filomena (*Santa*). **Biog.** La Sagrada Congregación de Ritos, tras una labor de veinticinco años, declaró, en abril de 1961, que no existió la Santa Filomena, virgen y mártir, cuya fiesta venía conmemorándose el 11 de agosto, quedando, por consiguiente, suprimida del santoral, a pesar de que podrá seguir imponiéndose el nombre de Filomena por existir otras dos santas de la misma advocación, una de las cuales celebra su fiesta el 5 de julio.

Filomeno Mata. Geog. Mun. de Méjico, est. de Veracruz-Llave; 4.799 h. ‖ Pueblo cap. del mismo; 4.088 h.

filón. fr., *filon;* it., *filone;* i., *vein;* a., *Metal-lader.* (Del fr. *filon,* de *file,* fila.) m. Mineral que rellena una grieta de terreno. Puede ser *metalífero,* cuando contiene una o varias menas metálicas, y *estéril,* si sólo tiene ganga. Si el filón forma una roca, se denomina *dique.* En un filón se distinguen: la *caja* o grieta ocupada por los minerales, y las *salbandas* o costados; en éstas, el costado inferior es el *muro* y el superior, el *techo.* El relleno de un filón obedece a distintos orígenes: emanaciones magmáticas condensadas, minerales disueltos en aguas de infiltración, o minerales llevados a la caja por aguas subterráneas. ‖ fig. Materia, negocio, recurso del que se espera sacar gran provecho.

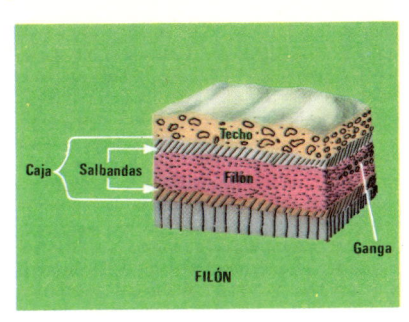

Filón de Alejandría. Biog. Filósofo judío, n. en Alejandría (h. 20 a. C.-50 d. C.). Intentó conciliar el Antiguo Testamento con la filosofía griega por medio de interpretaciones alegóricas de la Biblia. Influyó en los primeros apologistas cristianos.

filonio. (Del lat. *philonĭum,* de *Philon,* nombre de un médico.) m. **Farm.** Electuario compuesto de miel, opio y otros ingredientes calmantes y aromáticos.

Filopátor o **Filopator.** (Del gr. *Philopátor,* amante de su padre; de *phileo,* amar, y *patér, -trós,* padre.) adj. **Hist.** Epíteto o sobrenombre que llevaron algunos reyes de la dinastía tolemaica.

filópodo, da. (De *filo-,* hoja, y *-podo.*) adj. **Zool.** Dícese de los crustáceos entomostráceos, con las patas foliáceas y aptas para nadar; el número de segmentos del cuerpo es muy variable y oscila entre 10 y 60. Entre ellos están las *pulgas de agua, artemias, tortuguitas,* etc. ‖ m. pl. Orden de estos crustáceos.

filopos. m. pl. **Mont.** Telas o vallas de lienzo y cuerda que se forman para encaminar las reses al paraje en que se deben montear.

filóscopo. (De *filo-,* hoja, y *-scopo.*) **Zool.** Gén. de pájaros de la familia de los sílvidos.

filoseda. (De *filo,* hilo, y *seda.*) f. Tela de lana y seda. ‖ Tejido de seda y algodón.

filosidad. f. **Agr.** Enfermedad propia de las patatas, caracterizada por el desarrollo de sus gérmenes en forma de largos y delgados filamentos que llegan a medir en ocasiones hasta tres metros. Como la enfermedad tiene su origen en la degeneración de la variedad cultivada, se aconseja el cambio de variedad para evitarla. Actualmente, los cultivadores de este importante tubérculo cambian de simiente en cada temporada, importándola de regiones a veces muy distantes.

filosilicato. (De *filo-,* hoja, y *silicato.*) adj. **Miner.** Dícese de los silicatos de estructura hojosa, cada una de cuyas capas está formada, a su vez, por una lámina de tetraedros SiO_4, que comparten tres oxígenos, y por una o dos láminas de grupos octaédricos enlazados, cuyo átomo central es hierro, aluminio o magnesio. Hay, pues, dos grupos de filosilicatos, los *bilaminares* y los *trilaminares;* entre estos últimos están el talco, las micas, la clorita, etc. ‖ m. pl. Subclase de estos silicatos.

filoso, sa. adj. *Arg., C. Rica, Hond.* y *Nic.* Afilado, que tiene filo. ‖ f. **Germ. espada,** arma. ‖ **Bot.** Planta cistínea.

filosofador, ra. adj. Que filosofa. Ú. t. c. s.

filosofal. (De *filósofo.*) adj. ant. Perteneciente o relativo a la filosofía.

filosofalmente. adv. m. ant. Con filosofía.

filosofante. p. a. de **filosofar.** Que filosofa.

filosofar. fr., *philosopher;* it., *filosofare, filosofeggiare;* i., *to philosophize;* a., *philosophieren.* (Del lat. *philosophāri.*) intr. Examinar una cosa como filósofo, o discurrir acerca de ella con razones filosóficas. ‖ fam. Meditar, hacer soliloquios.

filosofastro. fr., *philosophiste;* it., *filosofastro, filosofaccio;* i., *philosophaster;* a., *Afterphilosoph.* (Del lat. *philosophaster, -tri.*) m. desp. Falso o pretendido filósofo, que no tiene la instrucción necesaria para ser considerado como tal.

filosofía. fr., *philosophie;* it., *filosofia;* i., *philosophy;* a., *Philosophie.* (Del lat. *philosophĭa,* y éste del gr. *philosophia,* de *philósophos,* filósofo.) f. Conjunto de doctrinas que con este nombre se aprenden en los institutos, colegios y seminarios. ‖ Facultad dedicada en las universidades a la ampliación de estos conocimientos. ‖ Ciencia que trata de la esencia, propiedades, causas y efectos de las cosas naturales. Esta palabra, de origen griego, significa *amor a la sabiduría.* La filosofía tiene por objeto establecer conceptos, los más generales, sobre el cosmos y el hombre. Se diferencia de las ciencias en general en que investiga las causas últimas, en contraposición a la actividad científica y experimental, que se limita a las causas inmediatas. Cada escuela tiene de esta ciencia su definición propia, que depende de su teoría del conocimiento, así como de su metafísica. La filosofía comprende: 1.º, una disciplina de carácter empiricorracional, la *psicología* (ciencia del alma); 2.º, la *lógica* (doctrina del razonamiento); 3.º, la *metodología* (tratado de la ciencia y del método) y la *epistemología* o *gnoseología* (teoría o crítica del conocimiento); 4.º, la *metafísica* (ciencia del ser); 5.º, la *ética* o filosofía moral, y 6.º, una serie de disciplinas, que podrían agruparse con el nombre de filosofía *aplicada,* entre las cuales destacan la estética y filosofía del arte, del derecho, del lenguaje, de la historia, etc. Se suele dividir la filosofía en dos grandes corrientes: la *filosofía oriental* y la *filosofía occidental.* A continuación se dará, a grandes rasgos, una historia de la evolución de esta última. Dentro de la filosofía occidental se distinguen cuatro épocas: 1.ª, la griega; 2.ª, la patrística; 3.ª, la medieval, y 4.ª, la moderna. Para los griegos, la filosofía era mucho más extensa que en la actualidad, pues incluían en ella la cosmología, la física, etc. Pocos temas podrían citarse en la filosofía moderna que no se encuentren ya de una manera más o menos explícita en algún autor griego. En este período, que abarca desde el s. VIII a. C. hasta los comienzos del cristianismo, destacan Sócrates, Platón y Aristóteles. Entre los filósofos posteriores a éstos deben citarse Lucrecio, los estoicos Séneca y Marco Aurelio, y Epicuro. La filosofía patrística abarca desde el s. VIII de nuestra era. Su tarea consistió en luchar contra las herejías basándose en el Nuevo Testamento. Los de mayor influencia son los llamados Padres de la Iglesia, entre los que descue-

Santa Filomena, por Sebastián Miranda

FILÓN

Patatas con filosidad

filosóficamente–filoxera

lla San Agustín. Entre los s. I y IV existe una escuela grecooriental, neoplatónica, cuyo principal representante es Plotino. La filosofía medieval, del s. IX al XV, es continuación de la patrística. Tres figuras descuellan: San Alberto Magno, Santo Tomás de Aquino y Duns Scoto. Tomás de Aquino continúa la filosofía patrística y sintetiza la escuela griega (Aristóteles-Platón), los escolásticos anteriores (San Alberto Magno) y la filosofía árabe. Paralelamente existe en el judaísmo y en el mahometismo una corriente neoplatónica y aristotélica, cuyos principales representantes son Avicebrón, Maimónides y Averroes. Dos nombres merecen citarse por su valor intrínseco y por no haber pertenecido a la escolástica: Roger Bacon (la experiencia es la fuente última del conocimiento) y Raimundo Lulio, que pretendió reducir a figuras geométricas las demostraciones teológicas. La filosofía moderna, del s. XVI a nuestros días, se inicia, por un lado, con un renacimiento de la escolástica (Vitoria, Molina, Suárez), y, por otra parte, con una crítica de la filosofía medieval, que comienza con Bacon de Verulam y sigue con Galileo y Newton, con los cuales se inicia la ciencia experimental moderna. Descartes establece la *duda metódica* como sistema, y de él se derivan las teorías de Spinoza, Leibniz, Kant y los empiristas ingleses. Leibniz intenta conciliar, mediante su *monadología*, el racionalismo de Descartes con los conceptos de finalidad y libertad. Spinoza intenta fundir a Maimónides con los escolásticos, y en su *Ética* desarrolla una metafísica panteísta. Hobbes establece una teoría social cuya influencia puede seguirse hasta nuestros días. Locke es, por su teoría del conocimiento, un precursor del empirismo, del positivismo e incluso de Kant. Hume afirma que aun la idea del *yo* presume la de causalidad. Kant establece que en todo conocimiento la materia la suministran los sentidos, y la forma, la razón. Hegel representa el panlogismo: el mundo real y el ideal son una evolución lógica del concepto como tesis, antítesis y síntesis. Schopenhauer deduce su pesimismo de su teoría metafísica: existencia de un absoluto-voluntad. Natorp, Cohen y Cassirer renuevan la filosofía kantiana con el nombre de neokantismo. El materialismo moderno con el materialismo dialéctico de Marx y Engels tiene un papel preponderante en el pensamiento actual. El positivismo se inicia con Comte, y su principal representante en la lógica es Stuart Mill. El positivismo moderno está representado por el pragmatismo de James, y el positivismo vitalista por Nietzsche. El realismo moderno está representado por filósofos como Russell y Whitehead, Husserl, Scheler, Heidegger, etcétera. El idealismo, por Croce, Bergson, etc. España y la América española han producido figuras eminentes que han contribuido a la elaboración de problemas filosóficos de nuestros días: García Morente, Korn, Ors, Ortega y Gasset, Santayana (nacido en España, vivió en Estados Unidos y escribió obras en inglés), Unamuno y Zubiri. || fig. Fortaleza o serenidad de ánimo para soportar las vicisitudes de la vida. || **existencial.** Teoría filosófica cuyo núcleo está formado por el concepto de la existencia del hombre. Se inicia con Kierkegaard, y ha llegado a ser, mediante Jaspers y Heidegger, una extensa teoría del ser. (V. **existencialismo.**) || **de la forma.** (Traducción de la voz a. *Gestalt* o *Gestaltpsychologie.*) Doctrina psicológica y filosófica, también conocida por extructuralismo y gestaltismo, según la cual en la vida no existen montones o aglomerados de *sumandos* sin ninguna relación entre sí ni con la suma total, sino que esos sumandos están siempre, en mayor o menor grado, relacionados e influidos mutuamente con y por la totalidad de la suma. || **natural.** La que investiga las leyes de la naturaleza. || **de los valores.** V. **valor.**

filosóficamente. adv. m. Con filosofía.

filosófico, ca. (Del lat. *philosophĭcus*, y éste del gr. *philosophikós*.) adj. Perteneciente o relativo a la filosofía.

filosofismo. (De *filósofo*.) m. Falsa filosofía. || Abuso de esta ciencia.

filósofo, fa. fr. *philosophe*; it., *filosofo*; i., *philosopher*; a., *Philosoph*. (Del lat. *philosŏphus*, y éste del gr. *philosophos*; de *philos*, amante, y *sophía*, sabiduría.) adj. **filosófico.** || **afilosofado.** || m. y f. Persona que estudia, profesa o sabe la filosofía. || m. Hombre virtuoso y austero que vive retirado y huye de las distracciones y concurrencias. || *Chile.* Atrevido, descarado, respondón.

Filósofo Rancio (el). Biog. Alvarado (Francisco de).

filosoviético, ca. adj. **sovietófilo.**

filospóndido, da. (De *filo-*, hoja, y el gr. *spóndylos*, vértebra.) adj. **Paleont.** y **Zool.** Dícese de los anfibios extinguidos con aspecto general de tritón. Vivieron en los períodos carbonífero y pérmico y son ejemplos de ellos el *branquiosaurio*, el *ériops*, el *ictiostega*, y otros. || m. pl. Orden de estos anfibios fósiles.

filostómido, da. (De *filo-*, hoja, *-stom-* e *-ido*.) adj. **Zool.** Dícese de los quirópteros americanos, del suborden de los microquirópteros, con las narices en la parte superior y, tanto ellas como el hocico, rodeados de apéndices cutáneos en forma de hoja, que les dan un aspecto terrorífico. Son insectívoros, aunque algunas especies se alimentan de frutos y flores, pero nunca de chupar la sangre a los mamíferos. Todos ellos pertenecen al gén. *vampýrum*, y se conocen vulgarmente con el nombre general de vampiros falsos. || m. pl. Familia de estos quirópteros.

Filóstrato. Biog. Orador y filósofo griego (170-245). Su obra más notable es la *Vida de Apolonio de Tiana*, especie de novela filosófica en la que se describe al protagonista como la encarnación de Prometeo.

filotráquea. f. **Anat.** Cada una de las bolsas comunicantes con el exterior, y con pared provista de repliegues laminares, que tienen los escorpiones y arañas, y en las cuales entra el aire que el animal utiliza para la respiración.

filoxera. (De *filo-*, hoja, y *-xera*.) f. **Entom.** Nombre común a varios insectos hemípteros, homópteros, de la familia de los filoxéridos. La más importante es la *filoxera de la vid*, de complicado ciclo biológico. Durante la primavera viven en las raíces hembras ápteras, que originan sucesivas generaciones partenogenéticas de nuevas hembras. Durante el verano aparecen hembras aladas, que se dirigen a las hojas y ponen dos clases de huevos, de los que nacen individuos de distinto sexo, ápteros, que no se alimentan y proceden a fecundarse. Las hembras vuelven a las raíces y ponen allí los huevos fecundados, que duran todo el invierno y dan nuevas hembras partenogenéti-

Mosaico de los filósofos. Museo Arqueológico. Nápoles

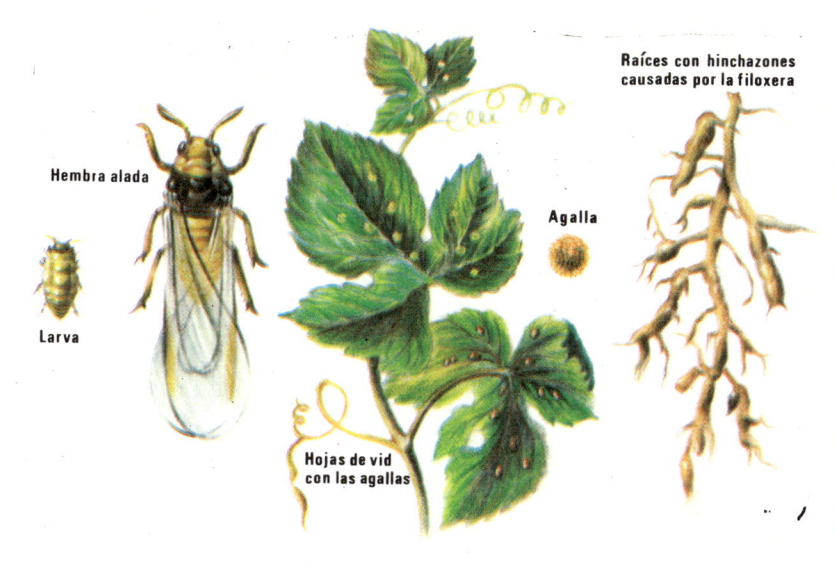

FILOXERA

cas a la primavera siguiente. Es oriunda de América del Norte, parecida al pulgón, de color amarillento, de menos de medio milímetro de largo, ataca primero a las hojas y después los filamentos de las raíces de las vides, y se multiplica con tal rapidez, que en poco tiempo aniquila todos los viñedos de una comarca. Para combatir la filoxera en Europa se acude al injerto de ciertas variedades americanas de la vid que son inmunes a ella. Hoy se incluye la filoxera de la vid en el gén. *vitéus* (*v. vitifólii*), y se deja el *phylloxera* para la del roble (*ph. quercus*).

filoxérico, ca. adj. Relativo a la filoxera.
filoxérido, da. (De *filoxera* e *-ido*.) adj. **Entom.** Dícese de los insectos hemípteros, homópteros, próximos a los afídidos o pulgones, parásitos de las plantas, y entre los que se encuentran las *filoxeras*, pertenecientes a diversos géneros. ‖ m. Familia de estos insectos.
filtración. fr., *filtration, filtrage*; it., *filtrazione*; i., *filtration*; a., *Filtrierung*. (Del lat. *filtratĭo, -ōnis*.) f. Acción de filtrar o filtrarse.
filtrador, ra. (De *filtrar*.) adj. Que filtra. ‖ m. Filtro para clarificar un líquido.
filtrante. adj. **Biol.** Dícese de los microbios que no son detenidos por los filtros ordinarios, cual sucede, p. e., con los virus.
filtrar. fr., *filtrer*; it., *filtrare*; i., *to filter*; a., *filtrieren*. tr. Hacer pasar un líquido por un filtro. ‖ intr. Penetrar un líquido a través de un cuerpo sólido. ‖ Dejar un cuerpo sólido pasar un líquido a través de sus poros vanos o resquicios. ‖ prnl. fig. Hablando de dinero o de bienes, desaparecer inadvertida o furtivamente.
filtro. fr., *filtre*; it., *filtro*; i., *filter*; a., *Filter*. (Del germ. *felt*, fieltro.) m. Materia porosa (fieltro, papel, esponja, carbón, piedra) o masa de arena o piedras menudas a través de la cual se hace pasar un líquido para clarificarlo. ‖ Dícese, por ext., de aparatos similares dispuestos para depurar el gas que los atraviesa. ‖ Manantial de agua dulce en la costa del mar y a veces hasta por debajo del nivel superficial. ‖ **Elec.** Aparato para eliminar determinadas frecuencias en la corriente que lo atraviesa. ‖ **Informática.** Dispositivo o programa que separa datos, señales o material de acuerdo con criterios específicos. ‖ **Ópt.** Pantalla que se interpone al paso de la luz para excluir ciertos rayos, dejando pasar otros. En la fotocromía se utiliza el filtro coloreado, llamado también *ecrán*.

filtro. (Del lat. *philtrum*, y éste del gr. *philtron*.) m. Bebida o composición que se ha fingido podía conciliar el amor de una persona.
filudo, da. adj. *Amér*. De filo muy agudo.
filum. (Voz lat. deriv. del gr. *phylon*, estirpe.) **Biol.** filo.
filustre. m. fam. Finura, elegancia.
filván. m. Rebaba sutil que queda en el corte de una herramienta recién afilada.
Fillmore (Millard). Biog. Estadista estadounidense, n. en Locke y m. en Buffalo (1800-1874). Ocupó la presidencia de EE. UU. desde 1850 hasta 1853. Durante su gobierno se verificó la anexión del est. de California.
filló. (De *filloa*.) Coc. m. Fruta de sartén, que se hace con masa de harina, yemas de huevo batidas y un poco de leche, frita en manteca. Ú. m. en pl.
filloa. (Del gall. *filloa*, y éste del lat. *foliŏla*, hojuela, de *folia*, hoja.) f. filló. Ú. m. en pl.
filloga. (Del m. or. que el anterior.) f. *Zam*. Morcilla hecha con sangre de cerdo, arroz, canela y azúcar.
-fima. suf. V. **fis-**.
fimbria. fr., *frange*; it., *fimbria*; i., *fringe*; a., *Franse*. (Del lat. *fimbria*, de *fiber*, remate.) f. Borde inferior de la vestidura talar. ‖ Orla o franja de adorno.
-fimia. suf. V. **fis-**.
fimo. (Del lat. *fimus*.) m. Estiércol, cieno.
fimosis. (Del gr. *phímosis*.) f. Fisiol. Estrechez del orificio del prepucio, que impide la salida del bálano.
fin. fr., *fin, bout*; i., *fine*; it., *end, close*; a., *Ende, Schluss*. = fr., *but*; it., *fine*; i., *purpose*; a., *Zweck, Ziel*. (Del lat. *finis*.) amb. Término, remate o consumación de una cosa. Ú. m. c. m. ‖ m. desus. Límite, confín. ‖ Objeto o motivo con que se ejecuta una cosa. ‖ **de fiesta.** Teatro. Composición literaria corta con la cual se terminaba un espectáculo teatral. ‖ fig. *Lex*. Final notable, por lo común impertinente, de una conversación, asunto, etc. ‖ **de semana.** Denomínase así la costumbre de nuestros días de aprovechar la tarde del sábado y el domingo para desplazarse de las grandes ciudades en busca de la quietud y del aire del campo. ‖ **último.** Aquel a cuya consecución se dirigen la intención y los medios del que obra. ‖ **a fin de.** m. conj. final. Con objeto de; para. Únese con el infinitivo. ‖ **a fin de que.** m. conj. final. Con objeto de que, para que. Va seguido del subjuntivo. ‖ **a fines** del mes, año, siglo, etc. m. adv. En los últimos días de cualquiera de estos

períodos de tiempo. ‖ **al fin.** m. adv. Por último; después de vencidos todos los embarazos. Dícese también **al fin, al fin,** o **al fin, fin,** para mayor energía de lo que se asienta o trata. ‖ **al fin de la jornada.** loc. adv. Al cabo de tiempo; al concluirse, al descubrirse una cosa. ‖ **al fin del mundo.** loc. adv. En sitio muy apartado. ‖ **al fin y a la postre. al fin y al cabo, al fin y al postre.** m. adv. **al fin, al fin.** ‖ **en fin.** m. adv. Finalmente, últimamente. ‖ En suma, en resumidas cuentas, en pocas palabras. ‖ **en fin de cuentas.** m. adv. En resumen, en definitiva. ‖ **por fin.** m. adv. **en fin.** ‖ **por fin y postre.** m. adv. Al cabo, por remate.
finable. (De *finar*.) adj. ant. Que tiene fin.
finado, da. p. p. de **finar**. ‖ m. y f. Persona muerta.
final. fr. e i., *final*; it., *finale*; a., *Ende*. (Del lat. *finālis*.) adj. Que remata, cierra o perfecciona una cosa. ‖ m. Fin y remate de una cosa. ‖ f. Última y decisiva competición en un campeonato o concurso. ‖ **por final.** m. adv. **en fin.**
Finale Ligure. Geog. Pobl. de Italia, prov. de Savona, en Liguria, puerto en el golfo de Génova; 12.000 h. Industria aeronáutica.
finalidad. fr., *finalité*; it., *finalità*; i., *finality*; a., *Finalität, Endzweck*. (Del lat. *finalĭtas, -ātis*.) f. fig. Fin con que o por que se hace una cosa.
finalista. com. Partidario de la doctrina de las causas finales. ‖ Cada uno de los que llegan a la prueba final, después de haber resultado vencedores en los concursos previos de un campeonato. Ú. t. c. adj. ‖ adj. Dícese de los autores de obras que en los certámenes literarios llegan a la votación final. Ú. t. c. s.
finalizar. fr., *finir, épirer*; it., *finire*; i., *to end*; a., *enden*. (De *final*.) tr. Concluir una obra, darle fin. ‖ intr. Extinguirse, consumirse o acabarse una cosa.
finalmente. adv. m. Últimamente, en conclusión.
finamente. (De *fino*.) adv. m. Con finura o delicadeza.
finamiento. (De *finar*.) m. Acción y efecto de finar uno.
financiación. f. Acción y afecto de financiar.
financiamiento. f. Acción y efecto de financiar.
financiar. (Del fr. *financer*.) tr. **Com.** Aportar el dinero necesario para una empresa. ‖ Sufragar los gastos de una actividad, obra, etc.
financiero, ra. fr., *financier*; it., *finanziere*; i., *financial*; a., *Finanzier*. (Del fr. *financier*, de *finances*, hacienda pública.) adj. Perteneciente o relativo a la hacienda pública, a las cuestiones bancarias y bursátiles o a los grandes negocios mercantiles. ‖ m. y f. Persona versada en la teoría o en la práctica de estas mismas materias.
financista. m. *Amér*. Persona entendida en finanzas; técnico en cuestiones financieras.
finanza. (Del fr. *finances*, de *finer*, finar.) f. ant. Obligación que uno asume para responder de la obligación de otro. ‖ ant. **rescate**.
finanzas. f. pl. Caudales, bienes. ‖ Hacienda pública.
finar. (De *fin*.) intr. Fallecer, morir. Usáb. también en lo ant. c. prnl. ‖ prnl. Consumirse, deshacerse por una cosa o apetecerla con ansia.
Finat y Escrivá de Romaní, conde de Mayalde (José). Biog. Político español, n. en Madrid en 1904. Fue alcalde de Madrid (1952-1965). Posee la gran cruz de Carlos III, que le fue concedida en 1962, y la medalla de Madrid, en su categoría de oro, obtenida al cesar en la alcaldía.

finca. fr., *immeuble;* it., *proprietà immobile;* i., *landed estate;* a., *Gut, unbewegliches Gut.* (De *fincar.*) f. Propiedad inmueble, rústica o urbana. ‖ **Der.** Toda porción delimitada de la superf. terrestre, perteneciente a un propietario o a varios por indiviso. ‖ **¡buena finca!** irón. **¡buena hipoteca!**

fincabilidad. f. Caudal inmueble.

fincable. (De *fincar.*) adj. ant. **restante.**

fincar. (Del lat. **figicāre,* de *figĕre,* fijar.) tr. ant. **hincar,** introducir o clavar una cosa en otra. ‖ intr. Adquirir fincas. Ú. t. c. prnl. ‖ ant. **quedar.**

finchado, da. p. p. de **finchar.** ‖ adj. fam. Ridículamente vano o engreído.

finchar. tr. ant. **hinchar.** ‖ prnl. fam. Engreírse, envanecerse.

finchazón. f. ant. **hinchazón.**

finés, sa. fr., *finnois;* it., *finlandese;* i., *finlander;* a., *Finländer, finner.* (Del lat. *Finnĭa,* Finlandia.) adj. Etnog. Dícese del individuo de un pueblo antiguo que se extendió por varios países del N. de Europa, y el cual dio nombre a Finlandia. Los fineses actuales pertenecen étnicamente a las dos grandes ramas de la raza nórdica: nórdicos propiamente dichos y orientales o bálticos. ‖ Perteneciente o relativo a este pueblo. ‖ **finlandés.** ‖ m. Ling. Idioma del grupo ugrofinés o finougrio, de la familia lingüística uraliana, que se divide en dos dialectos: suomi y carelio. El finés suomi es hablado por unos 3 millones y medio de personas y el carelio por unas 300.000 personas que habitan en la república autónoma rusa de Carelia y en las orillas del mar Blanco, hasta el sur del lago Onega.

Fines. Geog. Mun. de España, prov. de Almería, p. j. de Huércal-Overa; 1.459 h. ‖ Villa cap. del mismo; 1.157 h. *(fineses).*

Finestrat. Geog. Mun. de España, prov. de Alicante, p. j. de Villajoyosa; 1.138 h. ‖ Villa cap. del mismo; 1.018 h. *(finestratenses).*

Finestrat. Calle de José Antonio

fineta. (Del fr. *finette.*) f. Tela de algodón de tejido diagonal compacto y fino.

fineza. fr., *finesse;* it., *finezza;* i., *fineness;* a., *Feinheit.* = fr., *galanterie, prévenance, finesse;* it., *finezza;* i., *gentry, keepsake;* a., *Schmeichelei, Feinheit.* (De *fino.*) f. Pureza y bondad de una cosa en su línea. ‖ Acción y dicho con que uno da a entender el amor y la benevolencia que tiene a otro. ‖ Actividad y empeño amistoso a favor de uno. ‖ Dádiva pequeña y de cariño. ‖ Delicadeza y primor.

Fingal. Geog. Caverna del R. U., en Escocia, en la isla Staffa, arch. de las Hébridas. Tiene 110 m. de long., 20 de ancho en la entrada y 11 en el fondo, y 32 de alt. Sus fustes basálticos, completamente regulares, forman una columnata continua que soporta una bóveda desigual, de donde penden caprichosas estalactitas. El agua que penetra hasta el fondo de la caverna hace resonar, al chocar contra ellas, las paredes y las bóvedas, o viene a morir suavemente con un sordo ruido. ‖ **Mit.** Héroe de la leyenda irlandesa, llamado también Finn o Fionn. El poeta Macpherson lo cantó en su poema *Ossian.* La gruta que lleva su nombre es tema de una inspirada obertura de Mendelssohn.

fingible. adj. Que puede fingirse.

fingidamente. adv. m. Con fingimiento, simulación o engaño.

fingido, da. p. p. de **fingir.** ‖ adj. Que finge, falso.

fingidor, ra. adj. Que finge. Ú. t. c. s.

fingimiento. fr., *feinte, fiction;* it., *fingimento;* i., *knavery, feint;* a., *Heuchelei.* (De *fingir.*) m. Simulación, engaño o apariencia con que se intenta hacer que una cosa parezca diversa de lo que es. ‖ ant. Fábula, ficción.

fingir. fr., *feindre;* it., *fingere;* i., *to geign;* a., *heucheln, sich verstellen.* (Del lat. *fingĕre.*) tr. Dar a entender lo que no es cierto. Ú. t. c. prnl. ‖ Dar existencia ideal a lo que realmente no la tiene. Ú. t. c. prnl. ‖ Simular, aparentar.

Fini (Leonor). Biog. Pintora italiana, n. en Buenos Aires en 1908. Desde 1933 vive en París. Dibuja bocetos para escenografías y vestidos para ballet. Ha ilustrado obras literarias, entre las que conviene destacar *Casa de muñecas,* de Ibsen.

finible. (De *finir.*) adj. Que se puede acabar.

finibusterre. (De las palabras latinas *finĭbus terrae;* liter., en los fines de la tierra o del mundo.) m. fam. Colmo, el acabóse. ‖ *Germ.* Término o fin. ‖ *Germ.* Horca de los condenados a esta pena.

finiestra. (Del lat. *fenestra,* ventana.) f. ant. **ventana.**

Finiguerra (Maso). Biog. Orfebre florentino (1426-1464). Logró fijar sobre papel la huella de una placa grabada en hueco que cubrió con pasta líquida de negro humo, claro precedente del huecograbado. El grabado que ejecutó sobre una placa de plata, representando la coronación de la Virgen, se conserva en el Gabinete de Estampas de la Biblioteca Nacional de París.

finiquitar. (De *finiquito.*) tr. Terminar, saldar una cuenta. ‖ fig. y fam. Acabar, concluir, rematar.

finiquito. fr., *finito, solde;* it., *saldo d'un conto;* i., *settlement of accounts;* a., *Rechnungsabschluss.* (De *fin y quito.*) m. Remate de las cuentas o certificación que se da para que conste estar ajustadas y satisfecho el alcance que resulta de ellas.

finir. (Del lat. *finīre.*) intr. ant. Finalizar, acabar. Ú. en Colombia, Chile y Venezuela.

finisecular. adj. Perteneciente o relativo al fin de un siglo determinado.

Finistère. Geog. Finisterre, depart. de Francia.

Finisterre. Geog. Cabo de España, en la costa occidental de la prov. de La Coruña. Tiene en su cumbre una planicie en la que se elevan varios picachos. ‖ Mun. de España, prov. de La Coruña, p. j. de Corcubión; 4.485 habitantes. ‖ Villa cap. del mismo; 2.455 h. *(finisterranos).* Puerto. Estación costera radiotelegráfica y semafórica, y faro de primer orden en el cabo del mismo nombre. ‖ o **Finistère.** Depart. de Francia, en la región de Bretaña; 6.785 km.^{2} y 782.000 h. Cap., Quimper. Debe su nombre a la situación extrema de la península bretona, que fue llamada en la antigüedad *finis terrae* (fin de la tierra). La ciudad más importante es Brest, puerto militar.

finítimo, ma. (Del lat. *finitĭmus.*) adj. p. us. Cercano, vecino, confinante. Dícese de poblaciones, territorios, campos, etc.

finito, ta. (Del lat. *finītus,* acabado, finalizado.) adj. Que tiene fin, término o límite.

finlaísmo. m. *Cuba.* Teoría propuesta y demostrada por el médico cubano doctor Carlos J. Finlay, según el cual el agente transmisor de la fiebre amarilla es el mosquito *aedes aegypti.*

finlaísta. adj. *Cuba.* Perteneciente o relativo al finlaísmo. ‖ Partidario de esta teoría. Ú. t. c. s.

finlandés, sa. adj. Natural u oriundo de Finlandia, o perteneciente a este país de Europa. Ú. t. c. s. ‖ m. Idioma finlandés, finés.

Finisterre (La Coruña). Playa de Llagosteira

Finlandia. (En finés, *Suomi;* en sueco, *Finland,* tierra de los fineses.) **Geog.** Golfo más oriental del mar Báltico, comprendido entre la República de Finlandia al N., y la U. R. S. S. al E. y S. Su long., de O. a E., es de 400 km., y su anchura, de 60 a 120 km. ‖ República del N. de Europa.

GENERALIDADES

Situación y límites. Está sit. al NO. de la U. R. S. S., entre los 59° 45′ y 70° 10′ de lat. N. y los 20° y 31° 30′ de long. E. de Greenwich. Las últimas rectificaciones de frontera la han privado de su salida al mar de Barents.

Superficie y población. La superf. actual de Finlandia (fijadas sus fronteras en 1948) es de 337.034 km.², incluidas las aguas interiores. En 1939 era de 382.801 km.² La parte de territorio cedido a la U. R. S. S. por el tratado de paz de París, de 10 de noviembre de 1947, se calcula en 45.688 km.², de los cuales 10.480 corresponden a la región de Petsamo y 7.500 a la de Salla-Kuusamo. La población absoluta es de 4.622.299 h. (4.931.496 calculados en 1979); pobl. relativa, 13,6 h. por km.².

GEOGRAFÍA FÍSICA

Geología y relieve. Geológicamente, Finlandia tiene unidad con Suecia, de la que está separada por el hundimiento que hoy ocupa el golfo de Botnia. Las propias islas Aland son testimonio de la antigua unión de ambos territorios en un macizo herciniano que el poderoso glaciarismo cuaternario convirtió en la actual penillanura de rocas cristalinas (gneis, granito), arrasadas por la erosión. Constituye este país la transición de Escandinavia a la llanura rusa. No rebasa apenas, en sus puntos culminantes, la cota de los 1.000 m. de alt.

Costas e islas. Las costas son extraordinariamente recortadas y poseen numerosos accidentes geográficos, entre los que cabe destacar las frecuentes bahías. Acompañando todo el litoral existen innumerables islas que dan a la costa carácter muy peculiar. Entre ellas hay que citar las islas de Aland. Geográficamente, está Finlandia separada de la U. R. S. S. por una depresión, antiguo estrecho que unía el mar Blanco con el golfo de Finlandia, y en la que se extienden los grandes lagos rusos de Onega y Ladoga.

Hidrografía. Abundan los lagos, particularmente en la región meridional, por lo que se ha llamado a Finlandia el *país de los mil lagos.* De hecho existen más de 35.000. Los ríos son cortos y torrenciales. Los lagos más importantes son el Saimaa (6.800 km.²), el Oulu y el Inari.

Climatología. Es muy dura y ofrece inviernos largos y rigurosos (media de −3° C. al SO. y de −10° C. al NE.), con grandes nevadas; los veranos son relativamente moderados (17 a 13°). El mar se hiela durante los crudos inviernos.

GEOGRAFÍA BIOLÓGICA

Flora. La riqueza principal de Finlandia son sus bosques. Los árboles forestales más comunes en Finlandia son el pino escocés, el abeto, dos especies de abedul, así como el abedul enano; dos especies de *alnus,* el roble llamado *quercus pedunculata* y el álamo temblón.

Fauna. La fauna es interesante por diversos conceptos; se encuentran en sus bosques

Finlandia

bastantes osos, lobos, linces, zorros, nutrias y martas. En la parte S. se crían aún alces. En sus ríos y lagos abundan el salmón y la trucha.

GEOGRAFÍA ECONÓMICA

Agricultura y silvicultura. Después de Noruega, es Finlandia el país europeo de más restringida superf. cultivable con 2.726.000 hectáreas (8,1 % de la superf. territorial); los prados y pastos naturales, 56.000 (0,2 %), y los bosques, 19.452.000 (57,7 %), ocupando el primer puesto en extensión forestal, entre los

Transporte de troncos, en el canal de Saimaa

países europeos. Las tierras improductivas se calculan en 11.467.000 hect. (34 %). A pesar de ello, la agricultura no carece de importancia. La producción de cereales, según datos de 1972, es la siguiente: avena (501.000 hect. y 1.245.000 ton.), trigo (178.000 y 463.000) y centeno (60.000 y 116.000). La patata (48.000 y 716.000) constituye, con la cebada (466.000 y 1.140.000), el principal recurso de la región septentrional. Cultivos menores son las legumbres, el lino, el cáñamo y el tabaco. En sus bosques abundan las coníferas, aunque en el mediodía se dan también las encinas. Los productos forestales constituyen la principal fuente de riqueza del país. La producción de madera, en 1971, fue de 42.930.000 m.^{3}.

Zootecnia y pesca. La agricultura y la ganadería ocupan en sus actividades el 60 % de la población. La cría del ganado se practica con procedimientos racionales. En 1972 el patrimonio zootécnico arrojaba las siguientes cifras:

	Cabezas
Ganado bovino	1.835.000
» de cerda	1.046.000
» ovino	155.000
» caballar	60.000
Renos	229.000
Total	3.325.000

Está muy difundida la cría de animales para el aprovechamiento de sus pieles y no falta la apicultura (20.000 colmenas). La pesca es modesta (67.000 ton. de pescado, en 1972, de las que 62.650 correspondieron a la marítima). Su producto principal, la *haréngula spratus,* un pequeño arenque característico del Báltico (58.745 ton., en 1971). Finlandia ha perdido, con la región de Petsamo, sus bases pesqueras del mar de Barents.

Minería. La riqueza del subsuelo no es muy variada. El único producto minero de amplia disponibilidad es la pirita de cobre (38.160 ton. de contenido, en 1973), cuyos yacimientos más importantes están en Outokumpu. De estas piritas se obtienen, además del cobre, concentrados de cinc, oro, hierro y azufre. También es cuprífero el mineral de Orijärvi, pero más importancia tiene el plomo, con el cual se extrae asimismo cinc, oro y plata. Desde 1950 se explotan las minas de cobre de Ylojärvi, y han sido descubiertos yacimientos de níquel en la prov. de Pohjois-Karjalan. El oro y la plata se extraen puros en Haveri. En 1971, la producción de oro ascendió a 541 kg., y la de plata, a 19.000, en el año 1972. Falta el carbón, suplido en parte por la energía hidroeléctrica, que es importante, con sus numerosos saltos de agua.

Industria. La energía eléctrica procede en su mayor parte de centrales hidráulicas. En 1972 había instalados 5.924.000 kw. de potencia, de los cuales 2.320.000 eran hidráulicos; la producción de energía, en 1973, se elevó a 24.840 millones de kwh., de los cuales 10.241 eran hidráulicos. Las industrias derivadas de la ganadería proporcionaron, en 1972, 83.500 toneladas de mantequilla y 46.433 de queso. De mucha importancia son los productos forestales y sus derivados: madera, celulosa (4.238.000 ton., en 1971) y papel (3.117.000 ton.), que es la principal fuente de ingresos de la economía finlandesa. La metalurgia es modesta, debido a la poca variedad y abundancia de sus productos mineros: 117.560 ton. de titanio, 40.800 de cinc, 38.160 de cobre, 5.100 de plomo y 1.196 de vanadio. La siderurgia ha de importar las materias primas que utiliza; su producción, en 1973, fue de 1.615.000 ton. de acero y 1.412.400 de fundición de hierro. La industria mecánica, localizada principalmente en Helsinki, cuenta con la fabricación de barcos (1.397.232 ton., en 1970), máquinas de vapor, motores y maquinaria diversa. La industria textil es la segunda en orden de importancia; la del algodón depende enteramente de las materias primas de importación (17.000 ton. de hilados y 14.800 de tejidos) y tiene sus centros principales en Tampere (la Manchester finlandesa), Turku, Pori, Forssa y Vasa. La de la lana (3.900 ton. de hilados y 2.300 de tejidos) dispone de materia prima local y su centro principal es Hyvinkaa. Abunda la producción de fibras artificiales y no falta el lino. Entre las industrias menores hay que citar la fabricación de harinas, cemento (2.124.000 ton., en 1973), azúcar (91.000) y las manufacturas de tabaco, que, en 1972, elevaron su producción a 7.624 millones de cigarrillos. Dentro de la industria química sólo tienen importancia la fabricación de colorantes, jabones, grasas, ácido sulfúrico (934.800 ton.), superfosfatos (540.500) y rayón. En Riihimaki existe la mayor vidriería de los países nórdicos, y en Helsinki, fabricación de porcelana.

Comercio. Se exportan: maderas y artículos fabricados con ellas, manteca y otros productos de ganadería. Se importan: artículos alimenticios, materias primas industriales y artículos manufacturados. La balanza comercial de Finlandia es, generalmente, favorable. De 1968 a 1972, el valor de las importaciones y exportaciones, en millones de nuevos marcos finlandeses, fue el siguiente: Importaciones: 6.711, 8.505, 11.071, 11.734, 13.114. Exportaciones: 6.874, 8.345, 9.687, 9.897, 12.082. Los países con quienes mantiene mayor inter-

Planta de energía hidráulica, en Sertakorpi

cambio son los siguientes: R. U., R. F. A., U. R. S. S., EE. UU. y Suecia.

Moneda. La unidad monetaria de Finlandia es el nuevo marco (1963), equivalente a 100 marcos viejos o 100 peniques.

Comunicaciones. La marina mercante contaba, en 1973, con 390 barcos, equivalentes a 1.545.626 ton. de registro bruto. El mayor puerto es Helsinki. La red navegable interna cuenta con 6.674 km. *Carreteras:* 72.787 km. (40.044 principales). *Ferrocarriles:* 5.910 km. (1971). *Vehículos de motor:* 927.833. *Aviación civil:* 22.223.000 km. volados y 829.000.000 de pasajeros-km., en 1971. Los principales aeropuertos son los de Helsinki, Oulu, Vasa y Turku.

GEOGRAFÍA POLÍTICA

Etnografía. La pobl. se compone de un 90 % de fineses y un 10 % de suecos; éstos habitan especialmente la costa y las islas Aland. La densidad de pobl., reducida en general, es muy pequeña en el N. y en el centro; en el S. y en el litoral es algo más elevada. Existen en el N. del territorio hasta 203.000 lapones.

Idioma. Las lenguas oficiales del país son el finés y el sueco; el 92,4 % de la pobl. habla la primera de ellas; el resto, lengua sueca.

Religión. Los finlandeses son protestantes en su inmensa mayoría (4.664.962); hay también ortodoxos (65.062), católicos romanos (2.959), hebreos (1.430) y musulmanes (916). Los católicos dependen del obispado de Helsinki. Existe completa libertad de cultos, aunque tiene carácter oficial la iglesia luterana.

Gobierno. República democrática independiente desde el 6 de diciembre de 1917. La Constitución actual fue promulgada el 17 de julio de 1919. El presidente del Estado se designa por elección indirecta. Ejerce sus funciones durante seis años y es jefe del poder ejecutivo. Nombra los ministros, que deben contar con la confianza del Parlamento. Éste se compone de 200 miembros, elegidos por cuatro años en sufragio universal directo, secreto y proporcional. Son electores todos los ciudadanos de dieciocho años cumplidos.

División territorial. A continuación se inserta el cuadro de la división administrativa:

Tipo lapón

Provincias	Superficie Km.²	Población Habitantes	Capitales y su población
Aland	1.505	20.789	Maarianhamina (8.609 h.)
Hämeen	20.662	638.842	Hämeenlinnä (37.721).
Keski-Suomen	18.337	239.060	Jyväskylä (57.297).
Kuopio	20.014	256.842	Kuopio (64.169).
Kymi	12.846	345.162	Kotka (33.581).
Lappi	99.198	198.338	Rovaniemi (26.937).
Mikkeli	21.659	220.295	Mikkeli (25.667).
Oulu	61.147	403.206	Oulu (85.500).
Pohjois-Karjalan	21.441	186.324	Joensuu (36.714).
Turku-Pori	23.015	678.076	Turku (153.006).
Uusimaa	10.351	1.012.355	Helsinki (514.652).
Vasa	26.859	423.010	Vasa (48.391).
Totales	337.034	4.622.299	

Capital y poblaciones importantes. La capital es Helsinki (514.652 h.). Otras poblaciones importantes, además de las mencionadas en el cuadro precedente, son: Tampere (156.375), Esbo (97.281), Lahti (83.153), Pori (73.626), Lappeenranta-Villmanstrand (50.949), Imatra (34.505), Hyvinkaa (34.461), Kemi (27.360), Kouvola (26.308), Varkaus (24.075) y Rauma-Raumo (25.700).

Cultura. Los finlandeses han alcanzado un grado de civilización igual al de los pueblos germánicos y escandinavos y muy superior al de la masa del pueblo ruso. La enseñanza primaria es obligatoria y comprende seis años. Existen, además numerosas escuelas medias, industriales y especiales, así como ocho Universidades populares. La Universidad del Estado se encuentra en Helsinki. Se publican 214 diarios y semanarios en finés, 20 en sueco y 4 en ambas lenguas. Existen también 1.712 publicaciones periódicas en finés, 194 en sueco y 178 en ambas lenguas.

Historia. Los finlandeses se introdujeron en el país actual hacia el s. II. d. C. En la Edad Media, Suecia dominó todo el país y al mismo tiempo evangelizó a sus habitantes. Conquistada por Suecia en el s. XII, cayó en poder de Rusia en el XVIII, pero conservó cierta autonomía y tuvo su Dieta especial. En 1284 formó el Ducado de Finlandia; en 1581, un Principado. La Reforma apareció al mismo tiempo que en Suecia. En 1721 debió entregar Carelia a Rusia. En 1743, otra región del S., hasta que en 1808-09 el zar Alejandro se proclamó gran duque de Finlandia y este país pasó a formar parte de Rusia. Contra el predominio de la cultura e idioma sueco surgió un movimiento nacional finlandés. Al quebrantarse, durante la P. G. M., el poderío de los zares, Finlandia proclamó su independencia el 6 de diciembre de 1917. Tras diversas confrontaciones con la U. R. S. S., y firmado un armisticio en septiembre de 1944, se restablecieron las condiciones del tratado de octubre de 1940 con algunas modificaciones. A fines de septiembre de 1944 se anunció que Finlandia había roto todas sus relaciones con Japón. Terminada la S. G. M., por el tratado de paz de París, de 10 de noviembre de 1947, tuvo que ceder el territorio de Petsamo y el de Salla-Kuusamo a la U. R. S. S., obligándose además a pagarle una indemnización de guerra por valor de 300.000.000 de dólares, abonables en maquinaria y diversas mercaderías, en un plazo de seis años. La población de ambas zonas (400.000 h.) se incorporó a la patria reducida. La península de Hanko (117 km.²), dada a Finlandia en administración por treinta años, pasó a integrarse con ella, en virtud del armisticio de 1944, pues la U. R. S. S. la cedió a cambio de la península de Porkkala (380 km.²)

El presidente Kekkonen, a su llegada al aeropuerto de Moscú, es recibido por Podgorny y Kosygin (1968)

Entre Finlandia y la U. R. S. S. existe un tratado de amistad, no agresión y ayuda mutua (abril de 1948), pero la primera se ve sometida a una fuerte presión política por parte de la U. R. S. S. Su duración estaba prevista para diez años; fue renovado en 19 de septiembre de 1955 para un nuevo período de veinte y en él se acordó la devolución de la base de Porkkala, que efectivamente pasó a poder de Finlandia el 26 de enero de 1956. Desde el año 1937 fueron elegidos parlamentariamente presidentes de Finlandia: Kallio (1937-40),

Helsinki. Monumento al mariscal Mannerheim, frente al Parlamento

Finlay–fiordo

Ryti (1940-44), Mannerheim (1944-46), que tuvo que dimitir para evitar una situación de violencia con los rusos, y Paasikivi (1950-56). En las elecciones presidenciales (15 de febrero de 1956) resultó elegido Urho Kekkonen, que fue reelegido en 1962, 1968 y 1978. A petición popular y con el apoyo de más de cinco sextos del Parlamento, los diputados de todas las corrientes aprobaron, el 17 de enero de 1973, una ley prorrogando por cuatro años el mandato presidencial de Urho Kekkonen, que terminaba el 1 de marzo de 1974. A primeros de junio de 1975 los príncipes de España visitaron oficialmente Finlandia. El 15 de marzo de 1978, Kekkonen fue reelegido presidente de la República, por un mandato de seis años, y en diciembre del mismo año, cursó una visita oficial de tres días a España.

Finlay y Barres (Carlos Juan). Biog. Médico y biólogo cubano, n. en Camagüey y m. en La Habana (1833-1915). En 1865 inició sus investigaciones sobre la fiebre amarilla. Estos trabajos fueron decisivos para la espectacular investigación que Walter Reed y sus colegas llevaron a cabo en Cuba dos décadas más tarde, y gracias a la cual confirmaron que el virus de la fiebre era transmitido, en efecto, por mosquitos del gén. *aedes*.

Finlayson (Clarence). Biog. Filósofo, catedrático y escritor chileno, n. en Valparaíso en 1913. Ha sido profesor en varias Universidades y colegios hispanoamericanos y de EE. UU. Se le considera como un destacado representante de la filosofía neoescolástica. Ha escrito: *Aristóteles y la filosofía moderna, Analítica de la contemplación, Poetas y poemas, Intuición del ser y Dios y la filosofía*.

finn. m. Dep. Velero olímpico, proyectado por Rickard Sarby para la Olimpíada de Helsinki (1952), de 4,50 m. de eslora, 1,51 de manga y. 150 kg. de peso, totalmente aparejado.

Finn. Mit. Fingal.

Finnmark. Geog. Condado de Noruega; 48.649 km.² y 77.060 h. Cap., Vadsö. Sus principales fuentes de riqueza son la pesca y la ganadería. En sus costas, durante el solsticio de verano, puede contemplarse el admirable espectáculo del sol de medianoche.

Finnmark. Vista parcial de Hammerfest

fino, na. fr., *fin, recherché, mince, délicat;* it., *fino, delicato;* i., *fine, nice;* a., *fein, dünn, zart.* = fr., *poli, courtois;* it., *fino;* i., *gentle, urbane, courteous;* a., *höflich.* = fr., *fin, malin, rusé;* it., *astuto;* i., *fine, astucious, cunning;* a., *schlau, listig.* (De *fin*, término.) adj. Delicado y de buena calidad en su especie. ‖ Delgado, sutil. ‖ Dícese de la persona delgada, esbelta y de facciones delicadas. ‖ De exquisita educación; urbano y cortés. ‖ Amoroso, afectuoso. ‖ Astuto, sagaz. ‖ Que hace las cosas con primor y oportunidad. ‖ Tratándose de metales, muy depurado o acendrado. ‖ Dícese del jerez muy seco, de color pálido, y cuya graduación oscila entre 15 y 17 grados. Ú. t. c. m. ‖ En marina dícese del buque que por su traza corta el agua con facilidad. ‖ pl. **Indus.** Polvo de carbón mineral arrastrado por las aguas durante el lavado, y que se recupera por tratamiento de dichas aguas.

Finochietto (Enrique). Biog. Cirujano argentino, n. y m. en Buenos Aires (1881-1948). Enseñó Clínica quirúrgica en la Facultad de Medicina de Buenos Aires, cátedra en que adquirió nombradía al imaginar una serie de instrumentos y aparatos de cirugía, adoptados luego, muchos de ellos, mundialmente. En 1922 fue designado presidente de la Sociedad de Cirugía de Buenos Aires. Entre sus obras deben mencionarse: *Esplenectomía, Plásticas de la cara, Fracturas de la pierna, Artroplastias, Cirugía del colon y Cirugía del estómago y del duodeno*. ‖ **(Ricardo).** Cirujano y profesor universitario argentino, n. en Buenos Aires (1886-1962). Fundó y dirigió la Escuela Quirúrgica Municipal para graduados desde 1953. Escribió: *Técnica quirúrgica*, en 21 volúmenes, en curso de publicación, y *Biblioteca de la enfermera de cirugía*, en 7 volúmenes.

finojo. (Del lat. *fenucŭlum*, hinojo.) m. ant. **hinojo,** rodilla. Usáb. m. en pl.

finolis. adj. fig. Dícese de la persona que afecta finura y delicadeza. Ú. t. c. s.

Finot (Enrique). Biog. Diplomático e historiador boliviano, n. y m. en Santa Cruz de la Sierra (1891-1952). Fue delegado ante la Sociedad de las Naciones. Obras: *Historia de la pedagogía boliviana y La cuna de Monteagudo* (1917), *El cholo Portales*, novela (1927), *La cultura colonial española en el Alto Perú* (1935), *Historia de la conquista del oriente boliviano* (1939) e *Historia de la literatura boliviana* (1943).

finougrio o **finougro.** (De *fino*, *finés*, y *ugrio*.) adj. Etnog. y Ling. **ugrofinés**.

finquero. m. El que explotaba una finca rústica en los territorios españoles del golfo de Guinea.

Finsen (Nyels Riberg). Biog. Médico danés, n. en Thorshavn y m. en Copenhague (1860-1904). Inventor de la fototerapia y especialmente de la lámpara que lleva su nombre, cuya luz es rica en rayos ultravioleta; se usa particularmente para el tratamiento del lupus vulgar. En 1903 fue galardonado con el premio Nobel de Medicina por su tratamiento terapéutico con rayos luminosos concentrados, que aplicó especialmente a dicha enfermedad.

finta. f. Tributo que se pagaba al príncipe, de los frutos de la hacienda de cada súbdito, en caso de grave necesidad.

finta. (Del lat. *fincta*, de *ficta*, fingimientos, con la *n* de *fingĕre*, fingir.) f. Ademán o amago que se hace con intención de engañar a uno. ‖ Esgr. Amago de golpe para tocar con otro; se hace para engañar al contrario, que acude a parar el primer golpe.

fintar. intr. Hacer fintas, amagos para engañar a uno.

finura. fr., *urbanité, politesse;* it., *finezza;* i., *courtesy;* a., *Höflichkeit, guter Ton.* (De *fino*.) f. Primor, delicadeza, buena calidad. ‖ Urbanidad, cortesía.

finústico, ca. (De *fino* con la terminación de *rústico*.) adj. fam. desp. de **fino;** dícese especialmente de la persona que exagera su cortesía en el trato social.

finustiquería. f. fam. Calidad de finústico.

fiñana. m. Agr. Variedad de trigo fanfarrón, de aristas negras.

Fiñana. Geog. Mun. de España, prov. y p. j. de Almería; 3.509 h. ‖ Villa cap. del mismo; 2.915 h. Es pobl. antiquísima.

fiofío. (Voz onomatopéyica.) m. Zool. Chile. Pájaro insectívoro, de plumaje verde aceitunado, blanquecino por el vientre y la garganta y, el macho, con una cresta de plumas blancas; se conoce también por *chiflete* o *torito (elaimea álbiceps)*.

Fionia. Geog. Isla, región y cond. de Dinamarca, al S. de Jutlandia, en el Báltico; 3.486 km.² y 433.765 h. Cap., Odense.

Fionn. Mit. Fingal.

Fioravanti (José). Biog. Escultor argentino, n. en Buenos Aires (1896-1969). Produjo obras rebosantes de emoción y espiritualismo, entre ellas: *En la brecha, Ocaso, Mi madre*, busto retrato del pintor *Antonio Pedone, Vieja vasca* y el grupo escultórico en mármol *El Tributo*. ‖ **(Leonardo).** Médico y alquimista italiano, n. y m. en Bolonia (h. 1518-1588). Inventó el bálsamo de su nombre, al cual atribuía propiedades milagrosas, y escribio varias obras que alcanzaron numerosas ediciones y fueron traducidas a casi todos los idiomas.

fiordo. (Del escand. *fjord*.) m. Golfo estrecho y profundo, entre montañas de laderas abruptas, peculiar en las costas de Noruega, y con mayor exactitud, antiguo valle glaciar in-

Fiordo y villa de Geiranger, Noruega

vadido por el mar, a consecuencia de un hundimiento continental o de una elevación del nivel marino.

Fiorito. Geog. Pobl. de Argentina, prov. de Buenos Aires, part. de Lomas de Zamora; 2.580 h. Producción agropecuaria.

fique. m. *Col.*, *Méj.* y *Venez.* Fibra de la pita de que se hacen cuerdas.

Firavitoba. Geog. Mun. de Colombia, depart. de Boyacá; 5.281 h. ∥ Pobl. cap. del mismo; 1.276 h. Industria agropecuaria.

Firdausi o **Firdusi.** Biog. Abul Kássim Mansur o Hasán.

Firenze. Geog. Florencia.

Firgas. Geog. Mun. de España, en la isla de Gran Canaria, prov. de Las Palmas, p. j. de Las Palmas de Gran Canaria; 5.176 h. ∥ Villa cap. del mismo; 1.823 h. Aguas medicinales.

firma. fr., *signature;* it., *firma;* i., *signature, subscription;* a., *Unterschrift.* (De *firmar.*) f. Nombre y apellido, o título, de una persona, que ésta pone con rúbrica al pie de un documento escrito de mano propia o ajena, para darle autenticidad o para obligarse a lo que en él se dice. ∥ Nombre y apellido, o título, de la persona que no usa rúbrica, o no debe usarla, puesto al pie de un documento. ∥ Conjunto de documentos que se presentan a un jefe para que los firme. ∥ Acto de firmarlos. ∥ Razón social, casa de comercio. ∥ **Der.** *Ar.* Uno de los cuatro procesos forales de Aragón, por el cual se mantenía a uno en la posesión de los bienes o derechos que se suponían pertenecerle. ∥ Despacho que expedía el tribunal al que se valía de este proceso. ∥ **(buena,** o **mala).** *Com.* Persona de crédito, o que carece de él. ∥ **(media).** *Léx.* En los documentos oficiales, aquella en que se omite el nombre de pila. ∥ **en blanco.** La que se da a uno, dejando hueco en el papel, para que pueda escribir lo convenido o lo que quiera. ∥ **tutelar.** *Der. Ar.* Despacho que se expide en virtud de título; como ley o escritura pública.

firmal. (Del port. *firmal*, y éste del lat. *firmus*, firme.) m. Joya en forma de broche.

firmamento. fr. e i., *firmament;* it., *firmamento;* a., *Himmelsgewölbe.* (Del lat. *firmamentum.*) m. La bóveda celeste en que están aparentemente fijos los astros. ∥ ant. Apoyo o cimiento sobre que se afirma alguna cosa.

firmamiento. m. ant. **firmeza.**

firmán. (Del persa *fermān*, orden, rescripto.) m. Decreto soberano en Turquía.

firmante. fr., *signataire;* it., *firmatario, segnatore;* i., *subscriber;* a., *unterzeichueter, signatar.* p. a. de **firmar.** Que firma. Ú. t. c. s.

firmar. fr. *signer;* it., *firmare, sottoscrivere;* i., *to sing;* a., *unterzeichnen.* (Del lat. *firmāre*, afirmar, dar fuerza.) tr. Poner uno su firma. ∥ ant. Afirmar, dar firmeza y seguridad a una cosa. ∥ En Aragón, ajustar a un sirviente por un año. ∥ prnl. Usar de tal o cual nombre o título en la firma.

Firmat. Geog. Local. de Argentina, prov. de Santa Fe, depart. de General López; 11.217 habitantes. Producción agropecuaria.

firme. fr., *solide, stable;* it., *fermo;* i., *firm, steady;* a., *fest, beständig.* (Del adv. lat. *firme*, firmemente, del lat. *firmus*, firme.) adj. Estable, fuerte, que no se mueve ni vacila. ∥ fig. Entero, constante, que no se deja dominar ni abatir. ∥ m. Capa sólida de terreno, sobre que se puede cimentar. ∥ Capa de guijo o de piedra machacada que sirve para consolidar el piso de una carretera. ∥ adv. m. Con firmeza, con valor, con violencia. ∥ **de firme.** m. adv. Con constancia y ardor, sin parar. ∥ Con solidez. ∥ Recia, violentamente. ∥ **en firme.** m. adv. En las operaciones comerciales, modo de concertarlas con carácter definitivo. ∥ Dícese de las operaciones de Bolsa que se hacen o contratan definitivamente a plazo fijo. ∥

¡firme! Voz marinera con la que se ordena la terminación de una maniobra. ∥ **¡firmes!** Voz de mando que se da en la formación a los soldados para que se cuadren.

firmedumbre. (Del lat. *firmitūdo*, *-ĭnis.*) f. ant. **firmeza.**

firmemente. adv. m. Con firmeza.

firmeza. fr., *fermeté, stabilité;* it., *fermezza;* i., *firmness;* a., *Festigkeit, Beständigkeit.* (De *firme.*) f. Estabilidad, fortaleza, estado de lo que no se mueve ni vacila. ∥ fig. Entereza, constancia, fuerza moral de quien no se deja dominar ni abatir. ∥ fig. Joya u objeto que sirve de prueba de lealtad amorosa. ∥ **Folk.** *Arg.* Baile popular, de compás de seis por ocho. Es baile de galanteo, de pareja suelta, cuyos pasos y movimientos van ejecutándose según las órdenes expresadas en el estribillo, que es siempre cantado.

firmón. (De *firmar.*) adj. Aplícase al que por interés firma escritos o trabajos facultativos ajenos. ∥ El que firma irreflexivamente escritos ajenos.

Firozpur o **Ferozepore.** Geog. C. de la India, est. de Punjab; 97.900 h. Importante centro de comercio de algodón. Acantonamiento militar con el mayor arsenal de la India. Los ingleses se establecieron en la ciudad en 1835.

firulete. (De *flor.*) m. *Arg.* y *Perú.* Adorno superfluo y de mal gusto. Ú. m. en pl. ∥ **arrequives.**

Firuz I. Biog. Rey persa de la dinastía de los arsácidas. Ocupó el trono desde el 83 al 103. Fue destronado por Cosroes. ∥ **II.** Rey persa de la dinastía de los sasánidas, elevado al trono en 458. Pereció en un combate contra los heyatelitas en 484. ∥ Esclavo persa que asesinó al califa Omar, segundo de los sucesores de Mahoma. Firuz se escondió una noche en la mezquita y cuando entró el califa a rezar sus oraciones de la mañana le dio de puñaladas hasta matarle. El asesino fue muerto por sus aprehensores.

fis-, fisio-; -fi-; -fisis, -fisita, -fima, -fimia. = **fito-, fit-, fiton-; -fit-; -fita, -fitas, -fitia, -fítico, -fito, -fitón, -fiteusis.** (Del gr. *phýsis*, naturaleza, *phyma*, excrecencia, o *phytón*, planta; de *phýo*, producir, hacer brotar o nacer.) pref., infijo o suf. que sign. naturaleza, tumor, planta o vegetal, etc.; e. de infijo: mono*fio*donto; e. de suf.: hipó*fisis*, mono*fisita*, rino*fima*, entero*fimia*, eo*fítico*, sapro*fita*, neó*fito*, zoó*fito*, en*fiteusis*, acanto*fitón*.

Fisac Serna (Miguel). Biog. Arquitecto español, n. en Daimiel, Ciudad Real, en 1913. Cursó estudios en la Escuela Superior de Arquitectura de Madrid, obteniendo a su término (1942) el premio de la Real Academia de San Fernando. Su objetivo principal ha sido siempre el de dar forma al espacio, basado en la unión de necesidad humana, técnica y arte. En el año 1954 ganó la medalla de oro en la Exposición Internacional de Arte Sacro, de Viena, por su proyecto de *Iglesia para el convento de dominicos*, de Valladolid. Entre sus obras se destaca el *Teologado dominico* y la *Parroquia de Moratalaz*, ambas en Madrid. El urbanismo es también una de sus preocupaciones más acuciantes y ha publicado un estudio de la ciudad del futuro con el título de *La Molécula Urbana* (1969). Actualmente realiza investigaciones sobre piezas de hormigón pretensado.

fisalia. (Del lat. científico *physalia*; del gr. *physális*, vejiga.) Zool. Gén. de celentéreos hidrozoos, del orden de los sifonóforos.

Interior de la iglesia del convento de San Pedro Mártir, obra de Miguel Fisac. Madrid

fisalis. (Del lat. científico *phýsalis;* del gr. *physalis,* alquequenje.) Bot. Gén. de plantas de la familia de las solanáceas.

fisán. (Del lat. *phasēlus,* alubia, con cambio de sufijo.) m. *Sant.* Alubia, judía.

fisberta. (De *Fusberta,* nombre de la espada de Reinaldo, según Ariosto y Pulci.) f. *Germ.* Espada, arma.

fisca. f. *Can.* y *Venez.* Pizca, meaja.

fiscal. fr., *fiscal;* it., *fiscale;* i., *crownsollicitor;* a., *Fiskal, Staatsanwalt.* (Del lat. *fiscālis.*) adj. Perteneciente al fisco o al oficio de fiscal. ‖ m. Ministro encargado de promover los intereses del fisco. ‖ fig. El que averigua o delata las operaciones de uno. ‖ desus. *Amér.* En los pueblos de indios era uno de los indígenas encargado de que los demás cumpliesen sus deberes religiosos. ‖ *Bol.* y *Chile.* Seglar que cuida de una capilla rural, dirige las funciones del culto y auxilia al párroco, por quien es nombrado. ‖ **Der.** El que representa y ejerce el ministerio público en los tribunales. ‖ **civil.** *Der.* Magistrado que, representando el interés público, intervenía cuando era necesario en los negocios civiles. ‖ **criminal.** Ministro que promovía la observancia de las leyes que tratan de delitos y penas. ‖ **lo civil. fiscal civil.** ‖ **de vara.** *Léx.* Alguacil eclesiástico. ‖ **togado.** *Der.* Funcionario del cuerpo jurídico militar que representa al ministerio público ante los tribunales superiores militares.

Fiscal. Geog. Mun. de España, prov. de Huesca, p. j. de Boltaña; 270 h. En 1967 se fusionó con el mun. de Burgasé, formando uno nuevo con su mismo nombre. ‖ Lugar cap. del mismo; 184 h.

fiscalear. tr. ant. **fiscalizar.**

fiscalía. (De *fiscal.*) f. Oficio y empleo de fiscal. ‖ Oficina o despacho del fiscal.

fiscalizable. adj. Que se puede o se debe fiscalizar.

fiscalización. f. Acción y efecto de fiscalizar.

fiscalizador, ra. adj. Que fiscaliza. Ú. t. c. s. m.

fiscalizar. fr., *surveiller, censurer;* it., *fiscaleggiare, criticare;* i., *to inquire, to censure;* a., *rügen, überwachen.* tr. Hacer el oficio de fiscal. ‖ fig. Criticar y traer a juicio las acciones u obras de otro.

fisco. fr. e i., *fisc;* it., *fisco;* a., *Fiskus.* (Del lat. *fiscus.*) m. Erario, tesoro público. ‖ **Num.** *Venez.* Moneda de cobre, equivalente a la cuarta parte de un centavo.

fiscorno. m. **Mús.** Instrumento músico de metal parecido al bugle y que es uno de los que componen la cobla. Se llama también *fliscorno.*

Fischer (Emil). Biog. Químico alemán, n. en Euskirchen y m. en Berlín (1852-1919). Contribuyó extraordinariamente a las conquistas de la química orgánica; estudió los azúcares y descubrió la constitución de muchos de ellos; se le debe también el *veronal,* hipnótico). Obtuvo el premio Nobel de Química (1902). ‖ **(Ernst Otto).** Científico alemán, n. en Munich en 1918. Ha obtenido, entre otros galardones, el premio de Química de la Academia de Ciencias de Gotinga (1957) y el Alfred Stock de la Sociedad de Químicos Alemanes (1959). En 1973 se le concedió el premio Nobel, compartido con el inglés G. Wilkinson, por sus trabajos, realizados separadamente, sobre la relación de átomos metálicos con las moléculas orgánicas. ‖ **(Hans).** Médico y químico alemán, n. en Höchst del Mein y m. en Munich (1881-1945). Profesor de Química en la Facultad de Medicina de Innsbruck, obtuvo el premio Nobel de Química (1930) por sus trabajos sobre composición estructural de las materias colorantes de la sangre y de las hojas, y por la síntesis de la hemina. ‖ **(Robert James).** Ajedrecista estadounidense, de origen alemán, n. en Chicago en 1943. En 1958 ganó el título de campeón de ajedrez de EE. UU. y en 1972 se proclamó campeón del mundo al derrotar al soviético Boris Vasilievich Spassky, título del que fue desposeído en 1975, al no aceptar la Federación Internacional de Ajedrez sus condiciones, siendo declarado el soviético Anatoly Karpov nuevo campeón mundial. Ha publicado: *Fischer enseña ajedrez* (1973). ‖ **von Erlach (Johann Bernhard).** Arquitecto austriaco, n. en Graz y m. en Viena (1656-1723). Obras principales: *Iglesia de la Universidad,* en Salzburgo; *Palacio del Príncipe Eugenio* e *Iglesia de San Carlos Borromeo,* en Viena.

fiséter. (Del lat. científico *physēter,* y éste del lat. *physēter,* del gr. *physetér,* ballena.) Zool. Gén. de cetáceos al que pertenece el cachalote (*physéter macrocéphalus*).

fisetérido, da. (De *fiséter* e -*ido.*) adj. Zool. Dícese de los cetáceos odontocetos, de gran tamaño, con dientes funcionales, un único espiráculo y un órgano especial situado sobre el esqueleto del hocico y lleno de la substancia llamada *espermaceti.* Sus representantes son los cachalotes y los cachalotes enanos. ‖ m. pl. Familia de estos cetáceos.

fisga. f. *Ast.* Pan de escanda. ‖ Grano de la escanda descascarado.

fisga. (De *fisgar.*) f. Burla que con arte se hace de una persona, usando de palabras irónicas o acciones disimuladas. ‖ **Pesca.** Arpón de tres dientes para pescar peces grandes. ‖ **Taurom.** *Guat.* Banderilla que se pone al toro.

fisgador, ra. adj. Que fisga. Ú. t. c. s.

fisgar. fr., *harponner;* it., *ramponare;* i., *to harpoon;* a., *harpunieren.* = fr., *fouiller, fureter;* it., *spiare;* i., *to inquire, to spy;* a., *ausspähen.* (Del lat. **fixicāre,* clavar, de *fixus,* fijo.) tr. Pescar con fisga o arpón. ‖ Husmear con el olfato. ‖ Husmear indagando. ‖ intr. Burlarse de uno diestra y disimuladamente, hacer fisga. Ú. t. c. prnl.

fisgón, na. adj. Que hace burla. Ú. t. c. s. ‖ Que husmea. Ú. t. c. s.

La fisgona, por Peter Fendi. Museo Imperial. Viena

fisgonear. (De *fisgón.*) tr. Fisgar, husmear de continuo o por hábito.

fisgoneo. m. Acción y efecto de fisgonear.

Fisher, barón de Lambeth (Geoffrey Francis). Biog. Prelado inglés, n. en Higham on the Hill, Leicestershire, y m. en el condado de Dorset (1887-1972). Obispo de Chester (1932-39) y de Londres (1939-45), miembro

Geoffrey Francis Fisher

del Consejo de la Iglesia anglicana (1932) y arzobispo de Canterbury y primado de Inglaterra (1945-61), realizó, en diciembre de 1960, un viaje a Roma, donde se entrevistó con Juan XXIII. ‖ **(Irving).** Economista estadounidense, n. en Saugerties y m. en Nueva York (1867-1947). Fue profesor de Economía Política en la Universidad de Yale. Entre su numerosa producción deberemos mencionar las siguientes obras, consideradas como las más principales: *The nature of capital and income, The purchasing power of money, Stabilizing the dollar, The making of index number, The theory of interest, Stable money, Constructive income taxation, World maps and globe* y *How to live,* libro que alcanzó numerosas ediciones, el cual escribió en colaboración con E. L. Fisk.

física. fr., *physique;* it., *fisica;* i., *physics;* a., *Physik.* (Del lat. *physica,* y éste del gr. *physiké* [*téchne*], [arte] de la naturaleza; de *phýsis,* naturaleza.) f. Ciencia que estudia los fenómenos de la naturaleza y las relaciones entre los mismos. En esta definición tan general se incluían varias ciencias (química, astronomía, etcétera) que se han separado modernamente del cuerpo de la física. Antiguamente, la física recibía el nombre de filosofía natural. La física es la ciencia de la medida, con el objetivo de establecer relaciones cuantitativas entre las magnitudes, para llegar a formular leyes y teorías que expliquen los fenómenos observados. El proceso continuo de separación de numerosas ramas de la física que van adquiriendo importancia propia, y de incorporación a su seno de las que surgen como resultado de las investigaciones en curso, hacen que la física sea una ciencia dinámica, cuyo campo de aplicación varía casi incesantemente; por ejemplo, ciertas partes de la electricidad que pertenecían a la física se desarrollan actualmente en la separada ciencia de la electrónica. La interconexión de la física con las demás ciencias es muy grande y en sus límites, difíciles de distinguir netamente, se originan nuevas ciencias que participan de la naturaleza de las componentes y que, en consecuencia, reciben nombres apropiados, como fisicoquímica, astrofísica, biofísica, etc. La física puede dividirse, de modo general, en dos ramas: física experimental y física matemática. En la primera, la labor de investigación tiende a obtener los datos necesarios para establecer los postulados y axiomas de la física matemática. Ésta, partiendo de esos datos experimentales, establece principios de los cuales se deducen, mediante los recursos del cálculo, fórmulas generales. La física clásica se divide en las siguientes materias: *mecánica, acústica, óptica, termología, magnetismo* y *electricidad*. La *mecánica* se subdivide en otros capítulos, como estática, dinámica, cinemática, mecánica de fluidos, etc. También incluye datos obtenidos experimentalmente, como densidad, gravitación, viscosidad, elasticidad, difusión, ósmosis, tensión superficial, etcétera. La mecánica aplicada se denomina también mecánica física. La *acústica* se dedica al estudio de las vibraciones audibles, de los movimientos ondulatorios cuyas reflexiones, refracciones, interferencias, etc., deben ser minuciosamente conocidas si se pretende producir o reproducir sonidos, fabricar instrumentos musicales, etc. La *óptica* trata del conjunto de fenómenos producidos por la luz, forma de la energía radiante originada por un movimiento ondulatorio capaz de impresionar nuestra retina. Se estudian aquí sus relaciones, leyes, aprovechamiento, forma de producirla, cálculo de sistemas ópticos, etc. Alguno de estos capítulos va formando ciencias aplicadas, con vida propia, como la luminotecnia, la fotometría, la fotografía, etc. La termología estudia el calor y los fenómenos que produce. Se ocupa de la dilatación de sólidos, líquidos y gases; de la calorimetría o medida de la cantidad de calor; de los cambios de estado; de la termometría o medida de la temperatura y de las transformaciones y efectos de la energía calorífica o termodinámica. *Electricidad* y *magnetismo* se estudiaron en un principio separadamente, pero hoy constituyen un todo orgánico por haberse llegado a la conclusión de que ambos son manifestaciones de la misma forma de energía. La importancia práctica de esta parte de la física es extraordinaria y sus aplicaciones, numerosísimas, constituyen una de las bases fundamentales de nuestra civilización. A principios del s. XX apareció la física atómica, que comprende la teoría de la relatividad, la mecánica cuántica, la física estadística y la física nuclear. La física actual se interesa especialmente por el estado sólido, la espectroscopia, las partículas elementales y la astrofísica.

Síntesis histórica. Las antiguas civilizaciones orientales realizaron algunos avances en el dominio de la física y llegaron a conocer intuitivamente las leyes mecánicas sobre la cuña, el plano inclinado, etc. Aunque el punto de vista esencialmente especulativo de Aristóteles constituyó una rémora para el desarrollo de esta ciencia, fueron los griegos quienes establecieron sus primeras bases científicas: Demócrito dio un gran paso con sus atisbos sobre la constitución del átomo. Arquímedes estableció las leyes de la palanca y dio origen a la hidrostática con su famoso principio, relativo a la acción del agua sobre los cuerpos sumergidos en ella. En los tiempos medievales, los árabes contribuyeron al desarrollo de la óptica. Del período escolástico merecen destacarse como cultivadores de la ciencia: R. Bacon (s. XIII), quien se alzó contra el aristotelismo imperante y mantuvo el criterio de la experimentación como medio fundamental de investigación. En los s. XVI y XVII, W. Gilbert, en Inglaterra, sentó los fundamentos de las leyes sobre electricidad y magnetismo, y Galileo, en Italia, verdadero fundador de la física moderna, tanto experimental como teórica, realizó magníficos experimentos sobre las nociones más importantes de la dinámica, estudió la acción de la gravedad, dedujo con gran precisión las leyes del movimiento uniformemente variado, demostró que la velocidad de caída no depende del peso y luchó denodadamente contra el pensamiento general de su época, derrumbando la tradición aristotélica. J. Kepler estableció las leyes de los movimientos planetarios. R. Boyle fijó la relación entre el volumen de los gases y la presión que ejercen. C. Huygens resolvió problemas de mecánica y de óptica e inventó el reloj de péndulo, independientemente de Galileo. Isaac Newton, hombre realmente genial, ordenó las leyes fundamentales de la mecánica, dedujo una gran ley sobre los movimientos, aplicable a problemas terrestres y astronómicos, y consideró el espacio vacío y a los cuerpos capaces de ejercer acciones a distancia. Después de Newton, la física avanzó en todos los campos y sus cultivadores más destacados fueron:

Laboratorio de física de Isodell-Sprecher. Madrid

Central nuclear de Vandellós (Tarragona)

Michel Faraday (físico inglés), por H. Adlard. Science Museum. Londres

Galileo Galilei (físico italiano), grabado por Cantagalli

físicamente-fisiología

Young, en óptica; Ampère, Gauss, Ohm, Faraday y Maxwell, en electricidad y magnetismo; y Carnot, Joule y Kelvin en termología. Al mismo tiempo, se multiplicaron las aplicaciones prácticas de la física y una serie de importantes inventos vino a transformar la vida del hombre: la máquina de vapor, el barco de vapor, la locomotora, el teléfono, la luz eléctrica, el fonógrafo, etc. A finales del s. XIX y en el XX el desarrollo de la física ha sido crucial: Roentgen descubre los rayos X; Becquerel, la radiactividad; el matrimonio Curie, el radio; Planck enuncia la teoría cuántica; Einstein, la teoría de la relatividad; Rutherford y Soddy observan las primeras desintegraciones atómicas espontáneas; Bohr establece el modelo atómico; Rutherford consigue la primera transmutación atómica artificial. Energía y materia quedaron íntimamente relacionadas y la mecánica ondulatoria vino a resolver el problema onda-partícula. De Broglie, Schrödinger, Heisenberg, Chadwick, Millikan, Bragg, Compton, Pauling, Pauli, Boltzmann y Yukawa, entre otros, han sido los grandes constructores de la física actual. || ant. **Med.** Ciencia de curar las enfermedades del cuerpo humano.

físicamente. adv. m. **corporalmente.** || Real y verdaderamente.

físico, ca. fr., *physique*; it., *fisico*; i., *physical*; a., *Physisch*. = fr., *physicien*; it., *fisico*; i., *physicist*; a., *Physiker*. (Del lat. *physicus*, y éste del gr. *physikós*, de *phýsis*, naturaleza.) adj. Perteneciente a la física. || Perteneciente a la constitución y naturaleza corpórea, y en este sentido se contrapone a moral. || En Cuba y Méjico, pedante, melindroso. || m. y f. Persona que profesa la física o tiene en ella especiales conocimientos. || m. ant. Profesor de medicina, médico. Ú. en muchos pueblos de Castilla. || Exterior de una persona; lo que forma su constitución y naturaleza.

fisicoquímica. f. Parte de las ciencias naturales que estudia los fenómenos comunes a la física y a la química.

fisicoquímico, ca. adj. Perteneciente o relativo a la fisicoquímica.

fisio-. pref. V. **fis-**.

fisiocracia. fr., *physiocratie*; it., *fisiocrazia*; i., *physiocracy*; a., *Physiokratie, Physiokratismus*. (De *fisio-* y *-cracia*.) f. Poder omnímodo de la naturaleza como creadora, conservadora y reproductora. || Doctrina de los fisiócratas. || **Econ.** Sistema que atribuía exclusivamente a la naturaleza el origen de la riqueza.

fisiócrata. fr. e i., *physiocrat*; it., *fisiocrata*; a., *Physiokrat*. (De *fisio-*, naturaleza, y *-crata*, poder.) com. Partidario de la fisiocracia.

El físico, por Gutiérrez Solana. Colección Fernando Riviere. Madrid

fisiocrático, ca. adj. **Polít.** Perteneciente o relativo a la fisiocracia o a los fisiócratas.

fisiofobia. (De *fisio-*, naturaleza, y *-fobia*, miedo.) f. **Psicol.** Miedo a no poder cumplir ciertas funciones fisiológicas.

fisiognomía. (De *fisio-*, naturaleza, y *-gnomía*, conocimiento.) f. **Biol.** Ciencia que estudia el aspecto de una persona, animal, planta o región como expresión de su peculiaridad interna.

fisiografía. fr., *physiographie*; it., *fisiografia*; i., *physiography*; a., *Naturbeschreibung*. (De *fisio-* y *-grafía*.) f. **Geol.** Ciencia que estudia la constitución de la Tierra y de cada una de sus partes.

fisiográfico, ca. adj. Perteneciente o relativo a la fisiografía.

Portada de *Exercitationes anatomicae, de motu cordis et sanguinis circulatione* (1660), el tratado de fisiología más importante de la época, de William Harvey. Facultad de Medicina. Madrid

Página de un manuscrito del *Libro de la Física*, de Aristóteles. Biblioteca del monasterio de El Escorial

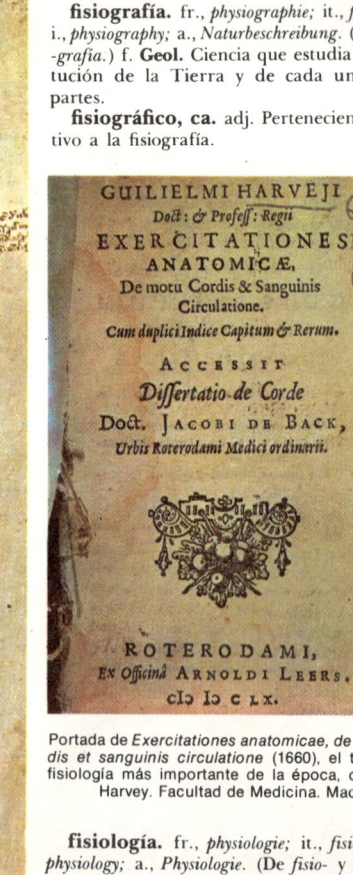

fisiología. fr., *physiologie*; it., *fisiologia*; i., *physiology*; a., *Physiologie*. (De *fisio-* y *-logía*.) f. **Biol.** Ciencia que estudia las funciones de los seres vivos, entendiendo por función aquel conjunto de propiedades activas concurrentes hacia un mismo objetivo (como puede ser la

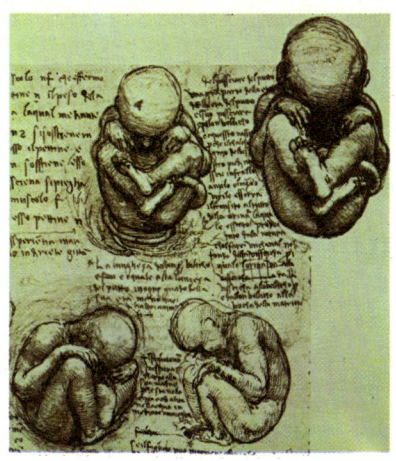

Página de la obra *Fisiología* (con las formas del feto), de Leonardo da Vinci. Biblioteca Nacional. París

nutrición, la reproducción, el movimiento etcétera). Hay una *fisiología general*, que trata de los fenómenos vitales comunes a todos los organismos, y una *fisiología especial*, centrada en las funciones de las plantas (*fisiología vegetal*) o de los animales (*fisiología animal*). Por sus especiales características, la *fisiología humana* puede entenderse como una rama autónoma de la *fisiología animal*. La *fisiología comparada* estudia las mismas funciones en los distintos organismos a fin de establecer conclusiones generales y alcanzar una visión, ya actual, ya filogenética, del dinamismo de los seres vivos. Como ciencia inductiva, la fisiología se apoya en la observación y experimentación, y se relaciona estrechamente con las demás ciencias biológicas y, en el caso de la fisiología humana, con la medicina, ya que numerosas investigaciones patológicas y técnicas terapéuticas han arrojado, en efecto, viva luz sobre la fisiología normal: autopsias, empleo de fármacos curativos, excitantes o analgésicos, métodos físicos de exploración (electroencefalografía, electrocardiografía, rayos X, etc.), resección e injerto de glándulas, hibernación, análisis clínicos, estudio de las malformaciones cardiacas, de las afasias, etc. El moderno desarrollo de las ciencias naturistas, de la medicina preventiva y de la higiene ha contribuido también, de modo muy eficaz, al mejor conocimiento de la fisiología humana desde una perspectiva de salud física y mental, tal como había sido preconizado, ya en el s. XVI, por el que puede ser considerado primer fisiologista moderno, J. Fernel. A partir de las ideas transformistas de Lamarck, según las cuales «la función crea el órgano», se impuso una concepción organicista de la fisiología, pues se entendió que las distintas funciones vitales eran desarrolladas por conjuntos de *órganos*, agrupados en *sistemas* y constituyendo *aparatos* especialmente adaptados para unas determinadas actividades vitales. Según esta perspectiva, la fisiología se dividía en función de los aparatos (función del aparato digestivo, función del aparato respiratorio, etc.), dentro de cuatro grandes divisiones constitutivas de la actividad vital: la relación, la nutrición, la correlación y la reproducción. Modernamente, con el desarrollo de la *bioenergética*, se insiste en que la función básica de los organismos vivientes es el lograr un alto grado de organización utilizando la energía radiante y la materia inorgánica de la Tierra. Desde esta perspectiva, se distingue la *función somática*, que incluye el estudio de todas las funciones del organismo para su mantenimiento individual, de la *función de la reproducción*, que se centra en el estudio de la perpetuación de la especie.

fisiológicamente. adv. m. Con arreglo a las leyes de la fisiología.

fisiológico, ca. fr., *physiologique*; it., *fisiologico*; i., *physiological*; a., *physiologisch*. (Del gr. *physiologikós*.) adj. Perteneciente a la fisiología.

fisiólogo. fr., *physiologue, physiologiste*; it., *fisiologo*; i., *physiologist*; a., *Physiologe*. (Del lat. *physiologus*, y éste del gr. *physiológus*; de *phýsis*, naturaleza, y *lógos*, tratado.) m. El que estudia o profesa la fisiología.

fisión. (Del lat. *fissio, -ōnis*.) f. **Fís. nucl.** Escisión del núcleo de un átomo, acompañada de liberación de energía, tal como se produce mediante el bombardeo de dicho núcleo con proyectiles atómicos, como protones, deutones, heliones y neutrones.

fisionar. prnl. **Fís. nucl.** Romperse un núcleo, producirse en él la fisión (v.).

fisionomía. (Del lat. *physiognomĭa*, y éste del gr. *physiognomonía*, de *physiognómon*, conocedor de la naturaleza; de *phýsis*, naturaleza, y *gnómon*, el que distingue.) f. **fisonomía.**

fisiopatología. (De *fisio-* y *patología*.) f. Rama de la patología que estudia las alteraciones funcionales del organismo entero o de alguna de sus partes.

fisioterapeuta. (De *fisio-* y *terapeuta*.) com. Persona especializada en aplicar la fisioterapia.

fisioterapéutico, ca. adj. **Med. fisioterápico.**

fisioterapia. fr., *physiothérapie*; it., *fisioterapia*; i., *physiotherapy*; a., *Physiotherapie, physikalische Behandlung*. (De *fisio-* y *-terapia*.) f. **Med.** Método curativo por medio de los agentes naturales: aire, agua, luz, ejercicio físico, etc., con o sin ayuda de aparatos.

fisioterápico, ca. adj. **Med.** Perteneciente o relativo a la fisioterapia.

fisioterapista. com. **Col. fisioterapeuta.**

fisiparidad. f. **Biol.** Modo de reproducción asexual en que la célula se divide en dos partes.

fisípedo, da. (Del lat. *fissĭpes, -ĕdis*, de *fissus*, hendido, y *pes, pedis*, pie.) adj. **Zool.** Dícese de los mamíferos del orden de los carnívoros, con patas conformadas para la locomoción terrestre, dedos libres, aunque a veces puedan existir membranas interdigitales, cual es el caso de las nutrias. Son fisípedos los cánidos, úrsidos, prociónidos, mustélidos, vivérridos, hiénidos y félidos. ‖ m. pl. Suborden de estos carnívoros.

fisirrostro, tra. (Del lat. *fissus*, hendido, y *rostrum*, pico.) adj. **Zool.** Dícese de las aves que tienen el pico muy hendido hacia atrás y que pueden abrir mucho para cazar su alimento al vuelo. ‖ m. pl. Antiguo suborden de estas aves.

-fisis. suf. V. **fis-**.

-fisita. suf. V. **fis-**.

fisoclisto, ta. (Del gr. *physa*, vejiga, y *-clisto*, cerrado.) adj. **Zool.** Dícese de los peces teleóstomos que carecen de vejiga natatoria o en los que ésta no comunica con el esófago.

fisonomía. fr., *physionomie*; it., *fisonomia*; i., *physiognomy*; a., *Physiognomie, Gesichtsausdruck*. (De *fisionomía*.) f. Aspecto particular del rostro de una persona, que resulta de la varia combinación de sus facciones. ‖ fig. Aspecto exterior de las cosas.

fisonómico, ca. adj. Perteneciente a la fisonomía.

fisonomista. adj. Dícese del que se dedica a hacer estudio de la fisonomía. Ú. t. c. s. ‖ Aplícase al que sin este estudio tiene facilidad natural para recordar y distinguir a las personas por su fisonomía. Ú. t. c. s.

fisónomo. m. **fisonomista.**

fisostigma. (Del lat. científico *physostigma*; del gr. *physáo*, inflar, y *stigma*, marca.) **Bot.** Gén. de plantas de la familia de las papilionáceas (v.).

fisostigmina. (De *fisostigma* e *-ina*.) f. **Quím.** Alcaloide muy venenoso, de fórmula $C_{15}H_{21}O_2N_3$, que se encuentra en el haba de Calabar y en algunas otras plantas de la familia de la papilionáceas. Se emplea en oftalmología, en medicina y en veterinaria.

fisóstomo. (Del gr. *physa*, vejiga, y *-stomo*.) adj. **Zool.** Dícese de los peces teleóstomos, de la subclase de los teleósteos, cuya vejiga natatoria, cuando existe, comunica con el esófago por un conducto neumático.

fistol. (Del it. *fistolo*, diablo.) m. p. us. Hombre ladino y sagaz en su conducta, y singularmente en el juego. ‖ *Méj.* Alfiler que se prende como adorno en la corbata.

fístola. f. ant. **fístula.**

fistolar. (De *fístola*.) tr. ant. Hacer que una llaga se haga fístula.

fistra. (Del lat. *fistŭla*, cañafístula.) f. **Bot.** Ameos, planta umbelífera.

fístula. fr. e i., *fistule*; it., *fistola*; a., *Fistel*. (Del lat. *fistŭla*.) f. Cañón o arcaduz por donde cuela el agua u otro líquido. ‖ **Mús.** Instrumento de aire, a manera de flauta. ‖ **Pat.** Conducto anormal, ulcerado y estrecho, que se abre en la piel o en las membranas mucosas. ‖ **lacrimal.** *Pat.* **rija.**

fistular. (Del lat. *fistulāris*.) adj. Perteneciente a la fístula.

fistular. tr. Hacer que una llaga se haga fístula.

fistularia. (Voz del lat. científico; del lat. *fistŭla*, tubo o caña.) **Zool.** Gén. único de peces teleósteos, de la familia de los fistuláridos (v.).

fistulárido, da. (De *fistularia*.) adj. **Zool.** Dícese de los peces teleósteos, del orden de los singnatiformes, con cabeza, tronco y cola larguísimos, aletas reducidas, la caudal ahorquillada, y propios de los mares tropicales. ‖ m. pl. Familia de estos peces.

fistulina. (Voz del lat. científico; del lat. *fistula*, tubo). **Bot.** Gén. de hongos de la familia de los poliporáceos (v.).

fistuloso, sa. (Del lat. *fistulōsus*.) adj. Que tiene la forma de fístula o su semejanza. ‖ **Bot.** Largo, cilíndrico y hueco; p. e.: el tallo de muchos juncos, gramíneas, umbelíferas, etc. ‖ **Pat.** Aplícase a las llagas y úlceras en que se forman fístulas.

fisura. fr. e i., *fissure*; it., *fessura*; a., *Spalt, Riss*. (Del lat. *fissūra*.) f. **Min.** Hendidura que se encuentra en una masa mineral. ‖ **Pat.** Fractura o hendidura longitudinal de un hueso. ‖ Grieta en el ano. ‖ **fisuras de Silvio.** *Anat.* y *Zool.* V. **surco cerebral.**

fisurela. (De *fisura*.) f. **Zool.** Molusco gasterópodo prosobranquio, del orden de los aspidibranquios, parecido a la lapa de forma cónica, que es ovalada y lleva un orificio en el borde (*fisurella nubécula*).

fit-; -fit-. pref. o infijo. V. **fis-**.

-fita. suf. V. **fis-**.

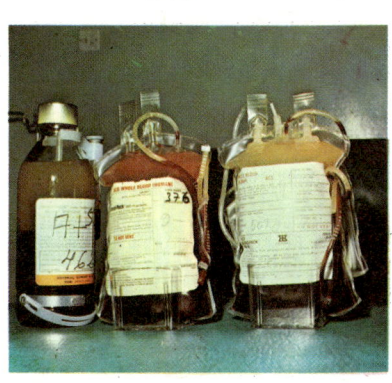

Unidades de sangre

Fita–Fitzgerald

Fidel Fita y Colomer, por F. Lozano Sidró. Academia de la Historia. Madrid

Fita y Colomer (Fidel). Biog. Historiador español, n. en Arenys de Mar y m. en Madrid (1835-1917). Sus investigaciones historicoarqueológicas le dieron celebridad científica y le valieron los elogios de los críticos más eminentes. Fue miembro de la Academia de la Historia.

-fitas. suf. V. **fis-**.

Fitch (John). Biog. Inventor estadounidense, n. en Windsor y m. en Bardstow (1743-1798). Fue el primero que en EE. UU. aplicó el vapor a la navegación.

Fitelberg (Grzegorz). Biog. Compositor y director de orquesta polaco, n. en Dunaburgo y m. en Katowice (1879-1953). Fue director de la Ópera Imperial de Viena y de la orquesta Filarmónica de Varsovia. Entre sus composiciones merece destacarse una *Rapsodia polaca*.

fitélefas. (Del lat. científico *phytélephas;* del gr. *phytón*, vegetal, y *élephas*, marfil.) **Bot.** Gén. de plantas de la familia de las palmáceas (v.).

Fitero. Geog. Mun. y villa de España, prov. de Navarra, p. j. de Tudela; 2.303 h. (*fiteranos*). Famoso monasterio en ruinas, fundado en el s. XII; subsiste la iglesia. Junto a Fitero se levantaban en otro tiempo el castillo y la villa de Tudellén (v.), donde Alfonso VII de Castilla y Ramón Berenguer IV firmaron un importante tratado.

fiteuma. (Del lat. científico *phyteuma*.) **Bot.** Gén. de plantas de la familia de las campanuláceas (v.).

-fiteusis. suf. V. **fis-**.
-fitia. suf. V. **fis-**.
-fítico. suf. V. **fis-**.

fitina. (Del i. *phytin*, marca registrada; del gr. *phytón*, planta, e *-in, -ina*.) f. **Quím.** Sal mixta de calcio y magnesio del ácido resultante de esterificar todos los hidroxilos de la inosita con ácido fosfórico.

fito-; -fito. pref. o suf. V. **fis-**.

fito, ta. (Del lat. *fictus*, p. p. de *figĕre*, fijar.) p. p. ant. de **fincar**. ∥ m. ant. Hito o mojón.

fitoácido. (De *fito-* y *ácido*.) m. **Bot.** Cada uno de los ácidos orgánicos que se hallan en las células vegetales, especialmente en las de los frutos, pero también en el resto de la planta.

fitocenosis. (De *fito-*, *-cen-*, común, y *-osis*.) f. **Bot.** Colectividad vegetal en la cual los distintos individuos mantienen relaciones de dependencia entre sí y con el medio.

fitoecología. (De *fito-* y *ecología*.) f. **Bot.** Ecología vegetal.

fitófago, ga. fr., *phytophage;* it., *fitofago;* i., *phytophagan;* a., *pflanzenfressend*. (De *fito-* y *-fago*.) adj. **Biol.** Que se alimenta de materias vegetales. Es sin. de *herbívoro*. Ú. t. c. s.

fitofarmacia. (De *fito-* y *farmacia*.) f. neol. por botánica farmacéutica o farmacéutica vegetal.

fitoflagelado. (De *fito-* y *flagelado*.) adj. **Bot.** y **Zool.** Dícese de los protozoos flagelados, con caracteres de vegetal. ∥ m. pl. Subclase de estos flagelados, también llamados fitomastiginos.

fitoftirio, ria. (De *fito-* y el gr. *phtheír*, piojo.) adj. **Entom.** Dícese de los insectos hemípteros, homópteros, de pequeño tamaño y parásitos de los vegetales. ∥ m. pl. Antigua división de estos insectos.

Capullos de rosa con fitoftirios

fitogeografía. (De *fito-* y *geografía*.) f. **Biogeog.** Rama de esta ciencia que estudia la distribución de las plantas sobre la superficie del globo. (V. **geografía**.)

fitogeográfico, ca. adj. Que se refiere a la fitogeografía.

fitografía. fr., *phytographie;* it., *fitografia;* i., *phytography;* a., *Pflanzenbeschreibung*. (De *fitógrafo*.) f. **Bot.** Parte de esta ciencia que tiene por objeto la descripción de las plantas.

fitográfico, ca. adj. Perteneciente o relativo a la fitografía.

fitógrafo. (De *fito-* y *-grafo*.) m. El que profesa o sabe la fitografía.

fitohormón. m. **Fisiol. fitohormona**.
fitohormona. (De *fito-* y *hormona*.) f. **Fisiol.** Hormona vegetal.

fitol. (De *fito-* y *-ol*.) m. **Quím.** Alcohol natural acíclico, de veinte átomos de carbono, no saturado y de fórmula $C_{20}H_{40}O$, que existe como radical en la clorofila.

fitolaca. (Del lat. científico *phytolacca;* del gr. *phytón*, planta, y el lat. científico *lacca*, laca.) **Bot.** Gén. de plantas de la familia de las fitolacáceas (v.).

fitolacáceo, a. (De *fitolaca* y *-áceo*.) adj. **Bot.** Dícese de las hierbas o plantas leñosas del orden de las centrospermas. ∥ f. pl. Familia de estas plantas.

fitología. (De *fito-* y *-logía*.) f. **Bot.** Ciencia que trata de los vegetales.

fitomastigino, na. (De *fito-* y el gr. *mástix-, -igos*, látigo.) adj. **Bot.** y **Zool. fitoflagelado**.

fitomonadino, na. (De *fito-* y *mónada*.) adj. **Bot.** y **Zool.** Dícese de los flagelados de la subclase de los fitoflagelados, con dos flagelos; aislados o coloniales; con cloroplastos y pirenoides y un estigma o mancha ocular; son autótrofos, y su reserva es de almidón. ∥ m. pl. Orden de estos protozoos, también llamados *fitomonadales* cuando se los considera como algas.

fiton-; -fitón. pref. o suf. V. **fis-**.
fitonisa. f. **pitonisa**.
fitopatología. (De *fito-* y *patología*.) f. **Bot.** Estudio de las enfermedades de la plantas.

fitoplancton. (De *fito-* y *placton*.) m. **Bot.** Plancton de naturaleza vegetal.

fitoptirio, ria. adj. **Zool.** sin. de **fitoftirio**, menos correcto, pero más usado.

fitora. f. **Pesca.** *Cat.* **fisga**.

fitorregulador. (De *fito-* y *regulador*.) m. **Bot.** Substancia capaz de estimular o modificar algún proceso fisiológico de los vegetales.

fitosanitario, ria. (De *fito-* y *sanidad*.) adj. **Bot.** Dícese del producto que contribuye a la sanidad de los cultivos vegetales.

fitosaurio, ria. (De *fito-* y *saurio*.) adj. **Paleont.** y **Zool.** Dícese de los reptiles diápsidos, del orden de los tecodontos, que vivieron en el período triásico y fueron muy parecidos a los cocodrilos. ∥ m. pl. Suborden de estos reptiles fósiles.

fitosíntesis. (De *fito-* y *síntesis*.) f. **Biol.** Término propuesto por Melvin Calvin para una síntesis en que no interviene la luz.

fitosociología. (De *fito-* y *sociología*.) f. **Bot.** Rama de esta ciencia que estudia las colectividades vegetales y sus relaciones con el medio.

fitosterol. (De *fito-* y *esterol*.) m. **Biol.** y **Bioq.** Alcohol en cuya fórmula entra como parte fundamental el grupo esterano.

fitotecnia. (De *fito-* y *-tecnia*.) f. **Bot.** Ciencia que estudia el cultivo de las plantas.

fitoterapia. (De *fito-* y *terapia*.) f. **Terap.** Tratamiento de ciertas enfermedades por medio de plantas o extractos vegetales.

fitotomía. (De *fito-* y *-tomía*.) f. **Bot.** Parte de esta ciencia que trata de la disección de los tejidos vegetales.

fitotrón. (De *fito-* y *electrón*.) m. Laboratorio ideado para crear los más variados climas artificiales, mediante el empleo de las modernas técnicas electrónicas, con el fin de estudiar la influencia de aquéllos en el crecimiento de las plantas, la posibilidad de adaptación de éstas a climas diferentes y la obtención de variedades de características determinadas.

Fittig (Rudolf). Biog. Químico alemán, n. en Hamburgo y m. en Estrasburgo (1835-1910). Fue el primero que llamó la atención sobre la constitución de las lactonas (anhídridos de oxácidos). Asimismo descubrió la síntesis de los hidrocarbonos aromáticos y la llamada reacción de Wurtz-Fittig acerca de la síntesis de dos compuestos halógenos.

Fittipaldi (Emerson). Biog. Corredor automovilista brasileño, n. en São Paulo en 1946. En 1972 se proclamó campeón mundial de fórmula 1, título que renovó en 1974.

Fitz. (De la ant. voz franconormanda *fiz*, del lat. *filĭus*, hijo.) pref. i. que sign. *hijo de*. Usado inicialmente con carácter general, se reservó después a los hijos ilegítimos de los reyes o de los nobles, anteponiéndolo en el primer caso a la palabra *roy* (Fitzroy) y en el segundo al apellido del padre (Fitzclarence, Fitzgerald). Se usa indistintamente unido al patronímico o separado de él por un guión (Fitz-Gerald).

Fitz Roy. Geog. Monte de Argentina, prov. de Santa Cruz, en los Andes patagónicos; 3.375 m. de alt. ∥ **Roy.** Local. de Argentina, prov. de Santa Cruz, depart. de Deseado; 98 habitantes.

Fitzgerald (Francis Scott Key). Biog. Escritor estadounidense, más conocido por *Scott Fitzgerald*, n. en Saint Paul, Minnesota, y m. en Hollywood (1896-1940). Sus novelas y cuentos abordan el problema de la ansiedad juvenil frente a un mundo decadente. Obras principales: *Más acá del paraíso* (1920), *Los malditos y los bellos* (1921), *Relatos de la Edad del yaz* (1922), *El gran Gatsby* (1925), *Tierna es la noche* (1934) y *El último magnate* (1939), que dejó inacabada.

Fitzmaurice-Kelly (James). Biog. Escritor e hispanista inglés, n. en Glasgow y m. en Sydenham (1857-1923). Su *Historia de la literatura española*, publicada en 1898 y reimpresa varias veces, alcanzó gran difusión.

fiucia. f. ant. **fiducia.**

fiuciar. (Del lat. *fiduciāre*.) tr. ant. **afiuciar.**

Fiume. Geog. **Rijeka.**

Fiumicino. Geog. Lugar de Italia, perteneciente al mun. de Roma; 3.000 h. Pequeño puerto. En sus inmediaciones se encuentra el aeropuerto internacional del mismo nombre.

Fivaller (Juan). Biog. Ciudadano español del s. XV, que, siendo *conceller* de la c. de Barcelona, alcanzó gran celebridad para defender con entereza los privilegios de la misma ante el rey Fernando I de Aragón y por la prueba de lealtad y vasallaje rendida al mismo monarca al ir a prestarle asistencia durante su enfermedad y muerte en Igualada.

Fives Lille. Geog. Pobl. de Argentina, prov. de Santa Fe, depart. de San Justo; 4.000 habitantes.

fiyuela. f. *León.* **filloga.**

fizar. (Del lat. *fictiāre*, del p. p. *fictus*, de *figĕre*, hincar.) tr. *Ar.* Picar, producir una picadura o mordedura, especialmente los insectos o reptiles.

Fizeau (Armand Hippolyte Louis). Biog. Físico francés, n. en París y m. en Venteuil (1819-1896). Colaboró con Foucault en los experimentos sobre la velocidad de la luz. Obtuvo el primer premio de la Academia de Ciencias de París con sus estudios sobre la velocidad de la luz. Estudió la dilatación de los cuerpos debida al calor y la radiación térmica.

fizón. (De *fizar*.) m. *Ar.* **aguijón.**

fjord. Geog. **fiordo.**

flabelado, da. (Del lat. *flabellum*, abanico.) adj. **flabeliforme.**

flabelicornio. (Del lat. *flabellum*, abanico, y *cornu*, cuerno.) adj. **Zool.** Que tiene las antenas en forma de abanico; p. e., los lamelicornios o escarabeidos.

flabelífero, ra. (Del lat. *flabellĭfer, -ĕri*, que lleva abanico.) adj. Aplícase al que tiene por oficio llevar y agitar un abanico grande montado en una vara, en ciertas ceremonias religiosas o cortesanas.

flabeliforme. (Del lat. *flabellum*, abanico, y *-forme*.) adj. En forma de abanico.

flabelo. (Del lat. *flabellum*, abanico.) m. Abanico grande con mango largo.

flacamente. adv. m. Débil, flojamente.

flaccidez. f. Calidad de fláccido. || Laxitud, debilidad muscular, flojedad.

fláccido, da. (Del lat. *flaccĭdus*.) adj. Flaco, flojo, sin consistencia.

flacidez. f. **flaccidez.**

flácido, da. adj. **fláccido.**

flaco, ca. fr., *maigre, faible*; it., *magro, fiacco*; i., *weak, feeble*; a., *mager, schwach*. (Del lat. *flaccus*.) adj. Dícese de la persona o animal de pocas carnes. || fig. Flojo, sin fuerzas, sin vigor para resistir. || fig. Aplícase al espíritu falto de vigor y resistencia, fácil de ser movido a cualquiera opinión. || fig. Endeble, sin fuerzas. || m. Defecto moral o afición predominante de las personas.

Flacq. Geog. Dist. de Mauricio; 278 km.^{2} y 91.963 h. Destilerías de alcohol.

flacuchento, ta. adj. *Chile.* **flacucho.**

flacucho, cha. adj. dim. despect. de **flaco,** de pocas carnes.

flacura. f. Calidad de flaco.

flacurtiáceo, a. (Del lat. científico *flacourtia*, gén. tipo de plantas, y *-áceo*; aquél de E. de *Flacourt* [1607-1660], colonizador de Madagascar.) adj. Bot. Dícese de las plantas del orden de las parietales, con flores regulares, hermafroditas o unisexuales por aborto, pequeñas y solitarias, o en inflorescencias cimosas. || f. pl. Familia de estas plantas.

flagelación. fr. e i., *flagellation;* it., *flagellazione;* a., *Geisselung.* (Del lat. *flagellatĭo, -ōnis*.) f. Acción de flagelar o flagelarse. Para ello se utilizan instrumentos de cuero, de tiras sencillas o entrelazadas con cadenillas de hierro terminadas por abrojos metálicos.

flagelado, da. (Del lat. *flagellum*, látigo.) adj. **Zool.** Dícese de los protozoos del subfilo de los plasmodromos, formados por células aisladas o en colonias, y provistos de uno a ocho flagelos. Son dulceacuícolas, marinos o parásitos. Su interés científico es enorme por hallarse en una zona limítrofe entre los protozoos y las algas. Se distinguen, pues, dos grupos: los *fitoflagelados* y los *zooflagelados*. || m. pl. Clase de estos protozoos plasmodromos, también llamados *mastigóforos*.

flagelador, ra. adj. Que flagela. Ú. t. c. s.

flagelante. p. a. de **flagelar.** Que flagela. || m. Hereje de la secta que apareció en Italia en el s. XIII, y cuyo error consistía en preferir, como más eficaz para el perdón de los pecados, la penitencia de los azotes a la confesión sacramental. || Disciplinante, penitente que se azotaba en público, especialmente en los días de Semana Santa.

flagelar. (Del lat. *flagellāre*.) tr. Maltratar con azotes. Ú. t. c. prnl. || fig. Fustigar, vituperar.

flagelariáceo, a. (Del lat. científico *flagelaria*, gén. tipo de plantas, y *-áceo*; aquél del lat. *flagellum*, látigo.) adj. **Bot.** Dícese de las plantas del orden de las farinosas, con flores regulares, hermafroditas o unisexuales, gineceo tricarpelar, ovario trilocular, fruto drupáceo y largos tallos, a veces trepadores. || f. pl. Familia de estas plantas.

flagelo. (Del lat. *flagellum*.) m. Azote o instrumento destinado para azotar. || **azote,** calamidad. || fig. Dícese de ciertas enfermedades por sus efectos en la especie humana: la tuberculosis, el cáncer, la sífilis, etc. || **Biol.** Cada una de las prolongaciones finas y muy movibles que tienen algunos microorganismos (protozoos, bacterias y algas unicelulares), así como varias células epiteliales, y que les sirven para cambiar de posición y de lugar, o para el movimiento en el líquido circundante. || **Entom.** Artejo intermedio de las antenas de los insectos, en general constituido por muchos segmentos y situado entre el escapo y la maza.

flageolet. (Voz fr. del lat. vulg. *flabeŏlum*, de *flabellum*, abanico.) m. **Mús.** Pequeño instrumento, llamado también flauta alemana. || Registro del órgano. || En los instrumentos de arco, cuando éste se pasa rápidamente y con ligereza, alternándose el timbre al sonar con más intensidad los armónicos agudos.

flagicio. (Del lat. *flagitĭum*.) m. ant. Delito grave y atroz.

flagicioso, sa. (Del lat. *flagitiōsus*.) adj. ant. Que comete muchos y graves delitos.

flagrancia. (Del lat. *flagrantĭa*.) f. Calidad de flagrante.

La flagelación de Cristo, por Paul Lautensack. Nueva Residencia. Bamberg

flagrante–Flandes

flagrante. (Del lat. *flagrans, -antis.*) p. a. poét. de **flagrar.** Que flagra. || adj. Que se está ejecutando actualmente. || **en flagrante.** m. adv. En el mismo momento de estarse cometiendo un delito, sin que el autor haya podido huir.

flagrar. (Del lat. *flagrāre.*) intr. poét. Arder o resplandecer como fuego o llama.

Flagstad (Kirsten). Biog. Soprano noruega, n. en Hamar y m. en Oslo (1895-1962). Fue uno de los mayores prestigios del arte lírico y genial intérprete de las obras de Wagner. Destacó especialmente en los papeles de Brünnhilde e Iseo.

Flaherty (Robert Joseph). Biog. Explorador y director de cine estadounidense, n. en Iron Mountain y m. en Dummerston (1884-1951). Exploró las islas Belcher, también dirigió notabilísimas películas documentales: *Nanuk* (1922), *Moana* (1925), *Tabú* (1931), *Hombres de Arán* (1934), *The Land* (La tierra, 1942) y *Louisiana Story* (1948).

flama. (Del lat. *flamma.*) f. llama. || Reflejo o reverberación de la llama. || **Mil.** Adorno que se usó en la parte anterior y superior del morrión y del chacó.

Flamand (François). Biog. Duquesnoy. (François).

flamante. fr., *neuf, brillant;* it., *nuovo, fiammante;* i., *new, fresh;* a., *neu, frisch.* (Del lat. *flammans, -antis.*) adj. ant. Que arroja llamas. || Lúcido, resplandeciente. || Nuevo en una línea o clase; recién entrado en ella. || Aplicado a cosas, acabado de hacer o de estrenar.

flamear. (De *flamma.*) intr. Despedir llamas. || fig. Ondar las grímpolas y flámulas o la vela del buque por estar al filo del viento. || fig. Ondear una bandera movida por el viento, pero sin llegar a desplegarse enteramente. || **Med.** Quemar alcohol u otro líquido inflamable en superficies o vasijas que se quieren esterilizar. || **Taurom.** Ondear o mover el capote o la muleta solicitando la atención del toro.

flamen. (Del lat. *flamen.*) m. Hist. Sacerdote romano destinado al culto de especial y determinada deidad. Vestía largo manto abrochado al cuello, cubría su cabeza con un gorro a manera de casquete, realzado en lo alto por un borlón de lana, y llevaba en la mano un bastón de olivo. En pl. flámines. || **augustal.** *Léx.* El de Augusto. || **dial.** El de Júpiter. || **marcial.** El de Marte. || **quirinal.** El de Rómulo.

flamenco, ca. fr., *flamand;* it., *flammingo;* i., *flemish;* a., *flandrisch, flamländer.* (Del germ. *flaming.*) adj. Natural de la antigua región de Flandes o de las modernas provs. de este nombre, o perteneciente a ellas. Ú. t. c. s. || Dícese de lo andaluz que tiende a hacerse agitanado. || Que tiene aire de chulo. Ú. t. c. s. || Aplícase a las personas, especialmente a las mujeres, de buenas carnes, cutis terso y bien coloreado. Ú. t. c. s. || En Puerto Rico, delgado, flaco. || En zootecnia, se dice de sendas razas caballar, porcina, bovina y lanar. La caballar es de gran alzada y capa torda atruchada; la bovina, de capa roja caoba, es de características lecheras, pues llega a los 3.500 l. anuales; la porcina es de fuerte talla, cuerpo muy largo y tipo céltico; y la ovina, de tipo danés y de gran peso. || m. Idioma flamenco. || *Arg.* **facón.** || **Zool.** Nombre vulgar de las aves del orden de las fenicopteriformes, familia de las fenicoptéridas; de cerca de un metro de altura, con los pies palmeados, pico, cuello y patas muy largos; plumaje blanco rosado en el cuello, pecho y abdomen, y rojo intenso en la cabeza, espalda, colora, parte superior de las coberteras de las alas, pies y parte superior del pico, cuya punta es negra, lo mismo que las remeras. Hay varias especies que muchos consideran como variedades geográficas de una especie única.

Flamencos

flamencología. (De *flamenco* y *-logía.*) f. Folk. Conjunto de conocimientos, técnicas, etcétera, sobre el cante y baile flamencos (cante, particularmente el llamado cante hondo (v.), música y baile).

flamencólogo, ga. adj. Dícese de la persona experta en las variantes del cante y baile flamencos. Ú. t. c. s.

flamenquería. f. Calidad de flamenco, chulería.

flamenquilla. (De *flamenco.*) f. Plato mediano, de figura redonda u oblonga, mayor que el trinchero y menor que la fuente. || **Bot. maravilla,** planta.

flamenquismo. (De *flamenco.*) m. Afición a las costumbres flamencas o achuladas.

flameo. m. Acción y efecto de flamear. || Longitud de una bandera.

flámeo. (Del lat. *flammĕus.*) adj. Que participa de la condición de la llama. || m. Indum. Velo o toca de color de fuego que en la Roma antigua se ponía a las desposadas.

flamero. (De *flama.*) m. Candelabro que, por medio de mixtos contenidos en él, arroja una gran llama.

flamígero, ra. fr., *flammigère;* it., *fiammeggiante;* i., *flammiferous;* a., *flammensprühen.* (Del lat. *flammĭger, -ĕra;* de *flamma,* llama, y *gerĕre,*

Flamero de bronce, arte popular iraní. Instituto Arqueológico. Madrid

llevar.) adj. Que arroja o despide llamas, o imita su figura. Ú. m. en poesía.

fláminos. m. pl. Hist. V. **flamen.**

Flammarion (Camille). Biog. Astrónomo francés, n. en Montigny-le-Roi y m. en Juvisy-sur-Orge (1842-1925). Editó las revistas *Cosmos* y *L'Astronomie.* Fundó la Sociedad Astronómica de Francia (1887). Su obra más conocida es *Astronomie populaire* (1880).

Flamsteed (John). Biog. Astrónomo inglés, n. en Derby y m. en Greenwich (1646-1719). Fundó en 1675 el Observatorio de Greenwich. Fue autor de *Historia Coelestis Británnica,* y de un *Atlas Coelestis.*

flámula. (Del lat. *flammŭla.*) En botánica, gén. de hongos de la familia de los agaricáceos (v.). || f. Especie de grímpola. || **Bot.** Nombre genérico de plantas de la familia de las ranunculáceas, de los gén. *clématis* y *ranúnculus.* || ant. **ranúnculo** o apio de ranas.

flan. fr. e it., *flan;* i., *flawn;* a., *Fladen.* (Del fr. *flan,* y éste del germ. *flado,* pastel.) m. **Coc.** Plato de dulce que se hace mezclando yemas de huevo, leche y azúcar, y poniendo este compuesto, para que se cuaje, en el baño María, dentro de un molde generalmente bañado de azúcar tostada. Suele componerse también de harina, y con frecuencia se le echa alguna otra cosa, como café, naranja, vainilla, etc. || **Num.** V. **cospel.**

Flanagan (Edward Joseph). Biog. Sacerdote católico irlandés, n. en Ros Comáin y m. en Berlín (1886-1948). A los dieciocho años se trasladó a EE. UU., donde hizo los primeros estudios, que completó en Roma en la Universidad Gregoriana, y en Innsbruck. Dedicó todos sus esfuerzos a la infancia abandonada y creó en Omaha un hogar infantil (1917), que pronto se convirtió en la *Ciudad de los muchachos,* donde se recogen y educan niños y jóvenes al borde de la delincuencia.

flanco. fr., *flanc;* it., *fianco;* i., *side, flank;* a., *Seite.* (Del fr. *flanc.*) m. Cada una de las dos partes laterales de un cuerpo considerado de frente. || Lado o costado de un buque. || Lado de una fuerza militar, o zona lateral e inmediata a ella. || **Anat.** Región lateral del tronco, que va desde las costillas al hueso iliaco. || **Fort.** Parte del baluarte que hace ángulo entrante con la cortina y saliente con el frente. || Cada uno de los dos muros que unen al recinto fortificado las caras de un baluarte. || **del escudo. Bl.** Cualquiera de los costados del mismo en el sentido de su longitud, y de un tercio de su anchura. || **retirado.** *Fort.* El del baluarte cuando está cubierto con el orejón.

flandes. Zool. Nombre de una raza de conejos de gran tamaño.

Flandes (Juan de). Biog. Pintor flamenco, cuyo verdadero nombre (acaso Juan Sallaert) se ignora, n. en Gante en 1480 y m. en Palencia antes de 1519. Pintó, en colaboración con Sithium, un retablo, del que se conservan algunas tablitas en el Palacio Real (Madrid), y el retablo mayor de la catedral de Palencia. || **Geog.** Mun. de Colombia, depart. de Tolima; 20.409 h. || Pobl. cap. del mismo; 14.932 h. || (En flam., *Vlaenderen,* tierra sumergida; en fr., *Flandre* o *Flandes.*) Terr. de la Europa centrooccidental, comprendido entre el paso de Calais y el río Escalda, que por sus características y hasta por la relativa homogeneidad del pueblo que lo habita puede considerarse como una región natural típica. Actualmente está dividido entre Francia (depart. del Nord), Bélgica (Flandes Oriental y Flandes Occidental), y en los P. B. es flamenca la parte de la prov. de Zelanda, sit. al S. del Escalda. En la Edad Media estuvo regido por condes hasta que, por el casamiento de Margarita con Felipe, duque de Borgoña (1384), ejercieron la soberanía los duques de este feudo francés.

Flandes Occidental.
Vista de un canal de Brujas

Flandes Oriental.
Entrada al *Grand Béguinage*, Gante

María de Borgoña, hija de Carlos, llevó a su matrimonio con el emperador Maximiliano I de Austria (1477) los restos de los dominios de su padre, y entre ellos, Flandes. Al casarse su hijo y heredero, Felipe *el Hermoso*, con doña Juana de Castilla, hija de los Reyes Católicos, transmitió la soberanía sobre Flandes a Carlos I de España y V de Alemania, quien amplió sus dominios con algunas conquistas. Felipe II, cedió a su hija Isabel Clara Eugenia, que estaba casada con el archiduque de Austria, Alberto, los Países Bajos, bajo el protectorado de España. Felipe III continuó la guerra en Flandes para sostener a su hermana, pero acabó por firmar la Tregua de doce años (1609). Durante el reinado de Felipe IV expiró la Tregua y murió sin hijos el archiduque Alberto, y, a la muerte de la infanta (1633), nombró un gobernador y prosiguió la guerra. Posteriormente se mantuvo el dominio sobre Flandes hasta que, por los tratados de Utrecht (1713) y Rastadt (1714), Napoleón lo anexionó a Francia y el Congreso de Viena a Holanda, hasta que, aprovechándose de la revolución de 1830 en Francia, formó parte del reino de Bélgica. ‖ **Occidental.** Prov. occidental de Bélgica, entre los P. B., Francia y el mar del Norte; 3.134 km.² y 1.054.429 h. Cap., Brujas. Fabricación de tejidos, encajes y mantelería. ‖ **Oriental.** Prov. oriental de Bélgica, que hace frontera con los P. B.; 2.982 km.² y 1.310.117 habitantes. Cap., Gante. Lino, tejidos e hilados de algodón y lana, cervecerías, destilerías, refinerías de sal y azúcar, etc. ‖ **francés. Geog. hist.** Antigua prov. de Francia, anexionada a la Corona bajo Luis XIV por el tratado de Aquisgrán (1668). Su cap. era Lille. Ha constituido luego el depart. de Nord. ‖ **(batalla de). Hist.** En la P. G. M. fue esta región teatro de terribles batallas en diferentes ocasiones: otoño de 1914 (18 de octubre a 30 de noviembre), la llamada batalla del Yser y la batalla de Ypres (30 de octubre a 24 de noviembre de 1914). La verdadera batalla de Flandes (27 de mayo a 3 de diciembre de 1917) empezó con la voladura de una gigantesca mina, a consecuencia de la cual el frente alemán hubo de retroceder. La batalla tuvo su punto culminante en el arco de Ypres. En 1918 (20 a 29 de abril) los alemanes recuperaron esta región, pero fueron obligados a retirarse definitivamente en la segunda batalla de Flandes (28 de septiembre a 17 de octubre de 1918).

Flandre. Geog. Flandes.

Flandrin (Jean-Hippolyte). Biog. Pintor francés, n. en Lyón y m. en Roma (1809-1864). Discípulo de Ingres, tiene cierta semejanza con Fra Angélico.

flanear. (Del fr. *flâner*.) intr. galic. por vagar, callejear, zangolotear.

flanero. m. Molde en que se cuaja el flan.

flanqueado, da. p. p. de **flanquear.** ‖ adj. Dícese del objeto que tiene a sus flancos o costados otras cosas que le acompañan o completan. ‖ **Bl.** Dícese de la figura que parte el escudo del lado de los flancos, ya por medios óvalos, ya por medios rombos, que corren desde el ángulo del jefe al de la punta del mismo lado de donde toman su principio. ‖ **Mil.** Defendido o protegido por los flancos.

flanqueador, ra. adj. Que flanquea. Ú. t. c. s.

flanqueante. p. a. de **flanquear.** Que flanquea.

flanquear. fr., *flanquer*; it., *fiancheggiare*; i., *to flank*; a., *flankieren*. (De *flanco*.) tr. Estar colocado al flanco o lado de una cosa. ‖ **Mil.** Proteger los propios flancos. ‖ Amenazar los flancos del adversario. ‖ Estar colocado un castillo, baluarte, monte, etc., de tal suerte, respecto de la ciudad, fortificación, etc., que llegue a éstas con su artillería, cruzándolas y atravesándolas con sus fuegos.

flanqueo. m. Acción y efecto de flanquear. ‖ **Mil.** Acción o disposición de una tropa que bate al enemigo por sus flancos.

flanquís. (Del fr. *flanchis*.) m. **Bl.** Sotuer que no tiene sino el tercio de su anchura normal.

flaón. (Del fr. antiguo *flaon*, y éste del germ. *flado*.) m. p. us. Flan de dulce.

flaquear. fr., *faiblir, chanceler*; it., *infiacchire, scoraggiarsi*; i., *to faint*; a., *schwach werden*. (De *flaco*.) intr. Debilitarse, ir perdiendo la fuerza. ‖ Amenazar ruina o caída alguna cosa, como un edificio, una columna o viga. ‖ fig. Decaer de ánimo, aflojar en una acción.

flaquecer. (De *flaco*.) intr. ant. Quedarse flaco.

flaquera. (De *flaco*.) f. Sal. Debilidad, extenuación. ‖ Enfermedad de las abejas producida por la falta de pasto.

flaqueza. fr., *faiblesse*; it., *fiacchezza*; i., *weakness, fainting*; a., *Schwäche, Schwachheit*. (De *flaco*.) f. Extenuación, falta, mengua de carnes. ‖ fig. Debilidad, falta de vigor y fuerzas. ‖ fig. Fragilidad o acción defectuosa cometida por debilidad, especialmente de la carne. ‖ **Esgr.** Tercio flaco.

flas. (Del i. *flash*.) m. **Fot.** destellador.

flash. (Voz i. que sign. *fogonazo, destello*.) m. **Fot. flas.** ‖ **Quím.** Depósito electroquímico producido sobre una pieza metálica, cuya película es extremadamente fina, debido al poco tiempo de permanencia de la pieza en el baño electrolítico.

Flassá. Geog. Mun. de España, prov. y p. j. de Gerona; 924 h. ‖ Lugar cap. del mismo; 258 h.

flato. fr., *flatuosité*; it., *flato*; i., *flatus, flatulence*; a., *Blähung*. (Del lat. *flatus*, viento.) m. Acumulación molesta de gases en el tubo digestivo, que algunas veces es enfermedad. ‖ ant. Corriente de aire en la atmósfera. ‖ *Amér. central, Col., Méj.* y *Venez.* Melancolía, murria, tristeza.

flatoso, sa. adj. Sujeto a flatos.

flatulencia. (Del b. lat. *flatulentĭa*, y éste del lat. *flatus*, viento.) f. Indisposición o molestia del flatulento.

flatulento, ta. adj. Que causa flatos. ‖ Que los padece. Ú. t. c. s.

flatuoso, sa. adj. **flatoso.**

Flaubert (Gustave). Biog. Novelista francés, n. en Ruán y m. en Croisset (1821-1880). Se le considera el fundador de la moderna novela realista y, con ello, precursor ilustre del naturalismo. En él se dan cita la minuciosa observación de la realidad con el exquisito cuidado del idioma, hasta el punto de ser considerado un magistral artífice de la lengua fran-

flauta–flechaste

cesa. De su obra, citamos: *Madame Bovary* (1857), su obra más celebrada, que, al tiempo de su aparición, le costó un proceso por ataque a la moral; *Salambó* (1862), magnífica y erudita evocación de la vida cartaginesa; *La tentación de San Antonio* (1874), libro cuya elaboración le llevó veinticinco años; *Bouvard y Pécuchet* (aparecida después de su muerte, en 1881), lograda sátira de la mentalidad burguesa. Su correspondencia tiene un extraordinario interés.

flauta. fr., *flûte*; it., *flauto*; i., *flute*; a., *Flöte*. (En ant. fr., *flaüte*.) adj. En zoología, dícese de cierto tipo de canarios de plumaje verdoso y muy cantores. ∥ f. **Mús.** Instrumento músico de viento, en forma de tubo con varios agujeros circulares que se tapan con los dedos o con llaves. Se hacía comúnmente de boj o de ébano, y hoy se hace de metal. ∥ m. Persona que toca la flauta. ∥ **dulce.** La que tiene la embocadura en el extremo del primer tubo y en forma de boquilla. ∥ **de pan. siringa.** ∥ **de pico. flauta dulce.** ∥ **travesera.** La que se coloca de través, y de izquierda a derecha, para tocarla. Tiene cerrado el extremo superior del primer tubo, hacia la mitad del cual está la embocadura en forma de agujero ovalado, mayor que los demás. Éstos se tapan o destapan con los dedos o por medio de llaves.

flautado, da. (De *flauta*.) adj. Semejante a la flauta. ∥ m. Uno de los registros del órgano, compuesto de cañones, cuyo sonido imita el de las flautas.

flauteado, da. adj. De sonido semejante al de la flauta. Aplícase especialmente a la voz dulce y delicada.

flautero. m. Artífice que hace flautas.

flautillo. (De *flauta*.) m. Caramillo de sonido muy agudo.

flautín. (dim. de *flauta*.) m. Flauta pequeña, de tono agudo y penetrante, cuyos sonidos corresponden a los de la flauta ordinaria, pero en una octava alta. Ú. en las orquestas, y más en las bandas militares. ∥ Persona que toca este instrumento.

flautista. fr., *flûtiste*, *flûteur*, *joueur de flûte*; it., *flautista*; i., *flute-player*; a., *Flötenspieler*. com. Persona que ejerce o profesa el arte de tocar la flauta.

flautos. (De *flauta*.) m. pl. fam. V. **pitos flautos.**

flav-. pref. del m. or. y significado que **flavo.**

flavina. (De *flav-* e *-ina*.) f. **Bioq.** Nombre genérico de varios pigmentos amarillos, de origen vegetal, que, en los cambios enzimáticos de oxidación-reducción de los tejidos animales, actúan como portadores de hidrógeno; p. e.: la *riboflavina*. ∥ **Quím.** Denominación genérica de colorantes de acridina, que se utilizan en medicina como antisépticos; p. e.: la *acriflavina*. ∥ **iso-aloxacina.**

Flavios. Hist. Nombre de una de las dinastías que gobernaron Roma en la antigüedad, a la que pertenecieron los emperadores Vespasiano, Tito y Domiciano.

flavo, va. (Del lat. *flavus*.) adj. De color entre amarillo y rojo, como el de la miel, el del oro.

flavona. (Del lat. *flavus*, amarillo, y *-ona*.) f. **Quím.** Colorante amarillo de los vegetales, del grupo de los pironderivados, que se encuentra, a veces, en forma de glucósido en los pétalos de las flores de este color. Es un compuesto heterocíclico oxigenado, de fórmula $C_{15}H_{11}O_2$.

flavoproteína. (Del lat. *flavus*, amarillo, y *proteína*.) f. **Biol.** y **Bioq.** Proteína que forma parte del enzima respiratorio amarillo de Warburg, unida a un grupo prostético parecido al de la hemoglobina.

Flaxman (John). Biog. Escultor y dibujante inglés, n. en York y m. en Londres (1755-1826). Se le deben gran número de estatuas y monumentos de ejecución muy esmerada.

fleb-, flebo-. (Del gr. *phléps*, *phlebós*.) pref. que sign. vena.

flebalgia. (De *fleb-* y *-algia*.) f. **Pat.** Dolor a lo largo de las venas, especialmente en caso de varices. Es un signo de trombosis inflamada o infecta.

flebectasia. (De *fleb-* y *ectasia*.) f. **Pat.** Dilatación de las venas.

flebectomía. (De *fleb-* y *ectomía*.) f. **Cir.** Extirpación quirúrgica, parcial o total, de una vena.

flébil. (Del lat. *flebilis*, de *flere*, llorar.) adj. Digno de ser llorado. ∥ Lamentable, triste, lacrimoso. Ú. más en poesía.

flebitis. (De *fleb-* e *-itis*.) f. **Pat.** Inflamación de las venas. ∥ **aguda.** Estado que se caracteriza por la inflamación de las túnicas del vaso precedida de un trombo sanguíneo coagulado, o de un depósito puriforme en la luz del mismo. ∥ **crónica.** Inflamación lenta, consecutiva a ciertas infecciones, como el paludismo, o a intoxicaciones repetidas, que se caracteriza por la esclerosis de la pared y, en ocasiones, incrustación calcárea. ∥ **puerperal.** Flebitis séptica de las venas uterinas u otras, consecutivas al parto. ∥ **séptica,** o **supurativa.** Flebitis aguda consecutiva a procesos sépticos (erisipela, tuberculosis, cáncer), que se caracteriza por la infiltración purulenta de las túnicas del vaso y desprendimiento de embolias sépticas que son transportadas a distintas partes del cuerpo y producen el cuadro clínico de la infección purulenta.

flebo-. pref. V. **fleb-.**

flebografía. (De *flebo-* y *-grafía*.) f. **Med.** Representación gráfica, generalmente radiográfica, de las venas.

flebolito. (De *flebo-* y *-lito*, piedra.) m. **Pat.** Concreción calcárea en el interior de una vena.

flebosclerosis. (De *flebo-* y *esclerosis*.) f. **Pat.** sin. de endoflebitis crónica o fibrosa. Proceso venoso análogo a la arteriosclerosis en las arterias.

flebostasis (De *flebo-* y *estasis*.) f. **Med.** Estasis de la corriente sanguínea en las vías venosas.

flebotomía. (Del gr. *phlebotomía*, de *phlebótomos*; de *phleps*, vena, y *témno*, cortar.) f. **Cir.** Arte de sangrar abriendo una vena. ∥ Acción y efecto de sangrar abriendo una vena.

flebotomiano. m. Profesor de flebotomía; sangrador.

flebótomo. (De *flebo-* y *-tomo*.) Gén. de insectos dípteros, de la familia de los psicódidos (v.). ∥ m. **Cir.** Pequeño bisturí empleado antiguamente para la práctica de la sangría.

flebotrombosis. (De *flebo-* y *trombosis*.) f. **Pat.** Trombosis de una vena.

fleco. fr., *frange*; it., *frangia*, *balzana*; i., *fringe*, *purl*, *flounce*; a., *Franse*, *Quaste*. (De *flueco*.) m. Adorno compuesto por una serie de hilos y cordoncillos colgantes de una tira de tela o de pasamanería. Se usa para adornar tejidos de longitud limitada, como toallas, mantos, cortinajes, tapices, etc. ∥ Flequillo de la flexión. ∥ fig. Borde deshilachado por el uso en una tela vieja.

Flecos en un peto de caballería, en cuero bordado, de Ugíjar (Granada)

flecha. fr., *flèche*; it., *freccia*; i., *dart*, *arrow*; a., *Pfeil*. (Del fr. *flèche*.) m. y f. Nombre dado a los miembros de las juventudes de F. E. T. y de las J. O. N. S., comprendidos entre los once y catorce años inclusive. ∥ f. **saeta.** ∥ **Fort.** Obra compuesta de dos caras y dos lados, que suele formarse en tiempo de sitio a las extremidades de los ángulos entrantes y salientes del glacis: sirve para estorbar los aproches. ∥ **Geol.** Formación sedimentaria marina, prolongación de una punta costera, originada al depositarse los materiales arrastrados por dos corrientes que recorren lateralmente la punta y se neutralizan en su vértice. ∥ **Geom. sagita.** ∥ **Mar.** Todo el tajamar. ∥ Parte del tajamar que sobresale de la línea de flotación. ∥ Parte alta del tajamar. ∥ **Mec.** Desviación máxima de un elemento mecánico desde su posición de reposo a aquella en que está sufriendo la flexión. ∥ **Orog. aguja.** ∥ **Zool. volador,** cefalópodo afín al calamar. ∥ **de agua.** *Bot.* Nombre vulgar de la alismácea *sagitaria sagittifolia*. ∥ **india.** *Bot.* V. **canna.** ∥ **m. Zool. volador.**

Flecha. Astron. Pequeña constelación boreal situada al N. del Águila, con varias estrellas de 4.ª magnitud, dispuestas en línea recta. Su nombre científico es *Sagitta*. ∥ **de Barnard.** Estrella enana roja descubierta por Barnard, unas 60 veces más voluminosa que Júpiter, de clase espectral M, y magnitud 9,5; está a una distancia de 6 años luz y pertenece a la constelación de Ofiuco. ∥ **(Mateo).** Religioso y músico español, n. en Prades y m. en el monasterio de la Portella, Solsona (1520-1604). Carlos V le nombró maestro de la capilla imperial. Entre sus obras hay que recordar un *Libro de música de contrapunto* (1558) y *Ensaladas* (1581).

flechado, da. p. p. de **flechar.** ∥ adj. Dícese del barco que lleva la dirección y velocidad necesarias para entrar sin tropiezo por un sitio o lugar determinado. ∥ fam. Disparado, rápido. Se usa principalmente con el verbo *salir.*

flechador. m. El que dispara flechas.

flechadura. f. **Mar.** Conjunto de flechastes de una tabla de jarcia.

flechar. tr. Estirar la cuerda del arco, colocando la flecha para arrojarla. ∥ Herir o matar a uno con flechas. ∥ fig. y fam. Inspirar amor, cautivar los sentidos repentinamente. ∥ intr. Tener el arco en disposición para arrojar la saeta.

flechaste. (De *flecha*, como en fr. *enfléchure*, de *en* y *flèche*.) m. **Mar.** Cada uno de los cordeles horizontales que, ligados a los obenques, como a medio metro de distancia entre sí y en toda la extensión de jarcias mayores y de gavia, sirven de escalones a la marinería para subir a ejecutar las maniobras en lo alto de los palos.

flechazo. m. Acción de disparar la flecha. ‖ Golpe o herida que ésta causa. ‖ fig. y fam. Amor que repentinamente se concibe o se inspira.

flèche. Zool. Nombre de una raza francesa de gallinas, de gran tamaño y plumaje negro, con carne de gran calidad.

flechera. f. Mar. Venez. Embarcación ligera de guerra, de forma de canoa con quilla, movida por canaletes, y que antiguamente iba montada por indios armados de flechas.

flechería. f. Conjunto de muchas flechas disparadas. ‖ Provisión de flechas.

flechero. m. El que se sirve del arco y de las flechas para las peleas y otros usos. ‖ El que hace flechas.

Flechero persa, detalle del friso, en ladrillo esmaltado, del palacio de Darío I, en Susa. Museo Barroco. Roma

flechilla. (dim. de *flecha*.) f. Bot. Arg. Pasto fuerte que come el ganado cuando está tierno. La planta está provista de unos vástagos en forma de flecha que son perjudiciales para aquél.

fleg-, flegma-. (Del gr. *phlégo*, inflamar.) pref. que sign. inflamación.

flegma-. pref. V. **fleg-**.

flegma. (Del lat. *phlegma*, y éste del gr. *phlégma*, inflamación y su efecto.) f. ant. **flema**.

flegmasía. (Del gr. *phlegmasía*, de *phlégo*, quemar, arder.) f. Pat. Enfermedad que presenta todos los fenómenos característicos de la inflamación. ‖ **alba dolens**. Forma de flebitis obliterante de la vena femoral, que, por lo general, se observa algunas veces después del parto y de fiebres graves. Se caracteriza, además de los síntomas propios de la flebitis, por el edema blanco doloroso del miembro.

flegmático, ca. (Del lat. *phlegmatĭcus*, y éste del gr. *phlegmatikós*.) adj. ant. **flemático**.

flegmón. (Del lat. *phlegmon, -ōnis*, y éste del gr. *phlegmoné*, de *phlégo*, inflamarse.) m. ant. **flemón**, tumor, inflamación.

flegmonoso, sa. (De *flegmón*.) adj. Pat. **flemonoso**.

fleixense. adj. Natural de Flix, o perteneciente a esta villa. Ú. t. c. s.

fleja. (Por *freja*, del lat. **fraxa*, deriv. regr. de *fraxĭnus*, fresno.) f. Ar. **flejar**.

flejar. m. Ar. fresno.

fleje. (Del lat. *flexus*, doblado, arqueado.) m. Tira de chapa de hierro con que se hacen arcos para asegurar las duelas de cubas y toneles y las balas de ciertas mercancías. ‖ Pieza alargada y curva de acero que aislada o junta con otras sirve para muelles o resortes. ‖ Col. Refuerzo perpendicular a las barras longitudinales de los elementos de hormigón armado sometidos a compresión.

flema. fr., *flegme*; it., *flemma*; i., *phlegm*; a., *Phlegma, Kaltblütigkeit*. (De *flegma*.) f. Uno de los cuatro humores que se distinguían antiguamente en el cuerpo humano. ‖ Mucosidad pegajosa que se arroja por la boca, procedente de las vías respiratorias. ‖ fig. Tardanza y lentitud en las operaciones. ‖ Producto acuoso obtenido de las substancias orgánicas al ser descompuestas por el calor en aparato destilatorio. ‖ En Andalucía, lías que se forman en el vinagre y otros líquidos antes de purificarse. ‖ pl. Aguardientes obtenidos de la destilación de orujos de uva fermentados. Llámanse más comúnmente *orujos* (v.).

Flémalla o **Flémalle (Maestro de).** Biog. Pintor anónimo y una de las fuertes personalidades artísticas del s. XV. Se ignoran su nombre y su patria cierta, y entre los apelativos que se le han dado figura el de *Maestro de Flémalla*, que le asignó Von Tschudi por creer que las obras suyas, que guarda el Instituto Staedel, de Francfort, provenían de la abadía de Flémalle, en tierra de Lieja.

flemático, ca. fr., *phlegmatique*; it., *flemmatico*; i., *phlegmatic*; a., *phlegmatisch, kaltblütig*. (Del gr. *phlegmatikós*.) adj. Perteneciente a la flema o que participa de ella. ‖ Tardo y lento en las acciones.

fleme. (Del provenz. *flecme*, y éste del lat. *phlebotŏmus*.) m. Veter. Instrumento de hierro con una laminita acerada, puntiaguda y cortante, que sirve para sangrar las bestias.

Fleming (sir Alexander). Biog. Médico y bacteriólogo inglés, n. en Lochfield y m. en Londres (1881-1955). Estudió en la Universi-

Monumento a Alexander Fleming, en Olot (Gerona)

dad de Londres, en la que llegó a ser profesor de Bacteriología. Descubrió el antibiótico llamado lisozima (1922) y, en 1928, el gran poder antibacteriano del moho *penicíllium notátum*, del que obtuvo un cultivo líquido, que impedía el desarrollo de estafilococos y que llamó *penicilina* (v.). Por este descubrimiento mereció el premio Nobel de Medicina (1945), que compartió con Florey y con E. B. Chain. (v. también **antibiótico**). ‖ **(John Ambrose).** Inge-

niero inglés, n. en Lancaster y m. en Sidmouth (1849-1945). Inventó la lámpara de radio llamada diodo, es decir, de dos electrodos, cuyo alcance no pasaba de unos cuantos metros; pero que fue el antecedente del tríodo inventado por Lee de Forest. ‖ o **Flemming (Paul).** Poeta alemán, n. en Hartenstein y m. en Hamburgo (1609-1640). Siendo estudiante aún, sus versos latinos y alemanes le valieron la corona poética, que no solía concederse más que a poetas de fama reconocida. La crítica moderna lo considera como el mejor poeta de la escuela de Silesia.

flemón. m. aum. de **flema**.

flemón. fr. e i., *phlegmon*; it., *flemmone*; a., *Phlegmone*. (De *flegmón*.) m. Pat. Tumor en las encías. ‖ Inflamación del tejido conjuntivo, en la mayoría de los casos, de la piel, que se pone dolorosa y toma una coloración del rosa al violeta. Se trata, casi siempre, de una inflamación microbiana que llega a supurar espontáneamente o después de una incisión.

flemonoso, sa. (De *flegmonoso*.) adj. Perteneciente o relativo al flemón.

flemoso, sa. adj. Que participa de flema o la causa.

flemudo, da. adj. **flemático**, calmoso. Ú. t. c. s.

fleo. Bot. Gén. de plantas gramíneas, tribu de las agrostideas, de espiguillas casi sentadas con sólo una flor desarrollada; y glumas más desarrolladas que las glumillas, aristadas y truncadas. Buena planta forrajera es la *phleopratense*, común en praderas húmedas.

flequezuelo. m. dim. de **fleco**.

flequillo. m. dim. de **fleco**. ‖ Porción de cabello recortado que a manera de fleco dejan caer las mujeres sobre la frente. También se deja a los niños pequeños.

fleta. (De *fletar*.) f. Col. y Venez. **fricción.** ‖ Cuba y Chile. Azotaina, zurra.

Fleta (Miguel B.) Biog. Tenor español, n. en Albalate de Cinca, Huesca, y m. en La Coruña (1897-1938). En 1920 fue a Italia y debutó con la ópera *Francesca da Rimini*. En 1922 debutó en el Teatro Real de Madrid con la ópera *Carmen*. Estuvo conceptuado como el mejor tenor de su época.

fletación. (De *fletar*, frotar.) f. And. **fricción.**

fletador. (De *fletar*, alquilar, embarcar.) m. El que fleta. ‖ Com. En el contrato de fletamento, el que entrega la carga que ha de transportarse.

fletamento. fr., *affrètement, nolisement*; it., *noleggio, noleggiamento*; i., *charterage*; a., *Befrachtung*. (De *fletar*, alquilar, embarcar.) m. Acción de fletar. ‖ Com. Contrato mercantil en que se estipula el flete.

fletamiento. m. ant. **fletamento**.

fletán. m. Zool. Pez teleósteo del orden de los pleuronectiformes, familia de los pleuronéctidos, como los lenguados y rodaballos.

fletante. (De *fletar*.) p. a. de **fletar**. ‖ m. Arg., Chile y Ecuad. El que da en alquiler una nave o una bestia para transportar personas o mercaderías. ‖ Com. Contrato mercantil mediante el cual se pone un buque o parte de él a disposición de una persona para el transporte de mercaderías de un puerto a otro.

fletar. fr., *fréter, noliser*; it., *noleggiare*; i., *to freight, to charter*; a., *befrachten, chartern*. (De *flete*.) tr. Alquilar la nave o alguna parte de ella para conducir personas o mercaderías. Por ext., se aplica a vehículos terrestres o aéreos. ‖ Embarcar mercaderías o personas en una nave para su transporte. Ú. t. c. prnl. ‖ *Amér.* Alquilar una bestia de carga o un vehículo para transportar personas o cargas ‖ fig. *Chile* y *Perú*. Soltar, espetar, largar, dicho de acciones o palabras inconvenientes o agresivas. ‖ prnl. *Cuba* y *Méj.* Largarse, marcharse de pronto. ‖

fletar–floema

Arg. Colarse, introducirse en una reunión sin ser invitado. ‖ *Arg. y Chile.* Enviar a alguien a alguna parte en contra de su voluntad. ‖ *Arg. y Chile.* Despedir a alguien de un trabajo o empleo.

fletar. (De *fretar*.) tr. ant. Frotar, restregar, friccionar.

fletcher. Mar. Sistema de radionavegación hiperbólica, basado en el defasaje, con que se reciben a bordo dos señales.

Fletcher (John Gould). Biog. Poeta y crítico de arte estadounidense, n. y m. en Little Rock (1886-1950). En 1939 se le otorgó el premio Pulitzer. Escribió: *Life is my song*, autobiografía.

flete. fr., *fret*, *nolis*; it., *nolo*; i., *freight*; a., *Fracht*. (Del neerl. *vraecht*, pago.) m. Precio estipulado por el alquiler de la nave o de una parte de ella. ‖ Carga de un buque. ‖ *Amér.* Precio del alquiler de una nave o de otro medio de transporte. ‖ Carga que se transporta por mar o por tierra. ‖ *Cuba.* Cliente de la fletera. ‖ *R. Plata.* Caballo hermoso, casi siempre ligero y de gran calidad. (V. **parejero**.) ‖ **aéreo.** *Aviac.* Carga transportada por un avión. ‖ Derechos percibidos por ese servicio. ‖ **falso flete.** Cantidad que se paga cuando no se usa de la nave o de la parte de ella que se ha alquilado.

fletear. (De *flete*.) tr. *Nic.* Transportar carga de un lugar a otro. ‖ intr. *Cuba.* Recorrer una prostituta las calles en busca de clientes.

fleteo. m. *Cuba.* Acción de fletear o buscar hombres una prostituta.

fletero, ra. (De *flete*.) adj. *Amér.* Dícese de la embarcación, carro u otro vehículo que se alquila para transporte. ‖ *Amér.* Dícese del que tiene por oficio hacer transportes. Ú. t. c. s. m. *Chile y Perú.* El que en los puertos se encarga de transportar mercaderías o personas entre las naves y los muelles. ‖ f. *Cuba.* Prostituta que recorre las calles en busca de clientes.

Fletschorn. Geog. Nombre de las cumbres de Suiza, en los Alpes, est. de Valais. La del N. tiene 4.001 m. de alt., y la del S., 4.005 metros.

Fleurus. Geog. C. de Bélgica, prov. de Henao; 7.718 h. En sus alrededores se han librado sangrientas batallas, siendo las más célebres la del 29 de agosto de 1622, ganada por los españoles durante la guerra de los Treinta Años; la del 1 de julio de 1690 entre un ejército francés mandado por el mariscal de Luxemburgo, y los holandeses y alemanes aliados, que ganaron los primeros; la del 26 de junio de 1794, en la que el general francés Jourdan venció al príncipe de Coburgo, y la del 16 de junio de 1815 entre Napoleón y los ingleses y prusianos, que puede decirse fue el prólogo de la de Waterloo.

Fleury. Biog. (André Hercule de). Político y cardenal francés, n. en Lodève y m. en París (1653-1743). Preceptor primero, y después consejero de Luis XV, su labor fue sumamente beneficiosa para la prosperidad del país. Fue tolerante en política religiosa y protegió las Letras, las Artes y las Ciencias, por lo que fue elegido socio por las Academias respectivas. Dejó el recuerdo de hombre bondadoso y honrado.

Fleuve. Geog. Región de Senegal; 44.000 km.^{2} y 372.000 h. Cap., Saint-Louis.

-flexia. (Del lat. *flectĕre*, *flexi*, *flexum*, doblar.) suf. que sign. acción o efecto de doblar.

flexibilidad. fr., *flexibilité*, *souplesse*; it., *flessibilità*; i., *flexibleness*, *pliance*, *ductility*; a., *Biegsamkeit*, *Geschmeidigkeit*. (Del lat. *flexibilĭtas*, *-ātis*.) f. Calidad de flexible. ‖ Disposición que tiene algunas cosas para doblarse fácilmente sin romperse. ‖ fig. Disposición del ánimo a ceder y acomodarse fácilmente a un dictamen.

flexibilizar. tr. Hacer flexible alguna cosa, darle flexibilidad.

flexible. fr., *flexible*, *souple*; it., *flessibile*; i., *flexible*, *pliant*, *supple*; a., *biegsam*, *schmiegsam*. (Del lat. *flexibĭlis*.) adj. Que tiene disposición para doblarse fácilmente. ‖ fig. Dícese del ánimo, genio o índole que tienen disposición a ceder o acomodarse fácilmente al dictamen o resolución de otro. ‖ **Elec.** Conjunto de hilos finos de cobre recubierto de una capa aisladora, que se emplea como conductor eléctrico cuando éste ha de estar sometido a movimiento frecuente.

flexión. fr., *flexion*, *pliement*; it., *flessione*, *flessura*; i., *flection*; a., *Beugung*, *Biegung*, *Flexion*. (Del lat. *flexĭo*, *-ōnis*.) f. Acción y efecto de doblar o doblarse. ‖ Movimiento de repliegue sobre sí misma de una extremidad. ‖ **Fís.** Variación momentánea de la forma longitudinal de una pieza por efecto de una carga o de su propio peso. Aumenta al incrementarse la carga y la distancia de los apoyos, y disminuye al aumentar el momento de la inercia. ‖ **Gram.** Alteración que experimentan las voces conjugables y las declinables con el cambio de desinencias.

flexional. adj. **Gram.** Perteneciente o relativo a la flexión.

flexivo, va. adj. Perteneciente o relativo a la flexión gramatical. ‖ Que tiene flexión gramatical.

Flexner (Simon). Biog. Médico estadounidense, n. en Louisville y m. en Nueva York (1863-1946). Profesor de las Universidades de John Hopkins y Pensilvania, perteneció al Instituto Rockefeller de investigaciones médicas.

flexo. m. Lámpara de mesa con brazo flexible.

flexómetro. (Del lat. *flexus*, doblado, y *-metro*.) m. Cinta métrica de acero, semirrígida y flexible, para seguir entrantes y salientes.

flexor, ra. (Del lat. *flexus*.) adj. Que dobla o hace que una cosa se doble con movimiento de flexión. Lo contrario es extensor. ‖ **Anat.** Dícese de los músculos que sirven para aproximar las piezas esqueléticas de una articulación, p. e., los que doblan los dedos.

flexuoso, sa. (Del lat. *flexuōsus*.) adj. Que forma ondas. ‖ fig. Blando, condescendiente.

flexura. (Del lat. *flexūra*.) f. Pliegue, curva, doblez. ‖ Línea sobre la que se realiza la flexión.

flictena. fr., *phlyctène*; it., *flittena*; i., *phlyctene*; a., *Wasserbläschen*. (Del gr. *phlyktaina*, ampolla, de *phlýzo*, brotar, fluir.) f. **Pat.** Tumorcillo cutáneo, transparente, a modo de ampolla, que contiene humor seroso como los producidos por las quemaduras.

Flinders (Matthew). Biog. Navegante inglés, n. en Donington y m. en Londres (1774-1814). En 1798, en un viaje de exploración, junto con el médico Bass, descubrió entre Nueva Holanda y la Tierra de Van Diemen el estrecho al que se dio el nombre de Bass. Flinders está considerado como uno de los más distinguidos hidrógrafos de su época. ‖ **Geog.** Río de Australia, est. de Queensland. Se divide en dos brazos, y después de un curso de 775 km. des. en el golfo de Carpentaria.

flint glass. (expr. i. que liter. sign. *cristal*; de *flint*, duro, y *glas*, vidrio.) m. **Fís. y Quím.** Variedad de vidrio que contiene silicato de plomo y potasio, y se obtiene cuando se introduce en la mezcla silicato de plomo en abundancia, ácido bórico y bismuto; se utiliza en los instrumentos de óptica y tiene un índice de refracción mayor que el del vidrio ordinario.

Flint Geog. Atolón del Pacífico, en el grupo de las Line; 2,7 km.^{2} ‖ Río de EE. UU., en Georgia, que toma el nombre de Thronateeska y se une con el Chattahooche para formar el Apalachícola. Tiene un curso de 480 kilómetros. ‖ C. de EE. UU., en el de Michigán, a orillas del río de su nombre, cap. del cond. de Genesee; 193.317 h. Importantes fábricas de bujías, vehículos automóviles, talleres siderúrgicos, etc.

flirt. (Voz inglesa.) m. **flirteo.**

flirtear. (Del i. *flirt*, coquetear.) intr. Practicar el flirteo.

flirteo. (De *flirtear*.) m. Discreteo y juego amoroso que no se formaliza ni supone compromiso.

fliscorno. Mús. fiscorno.

Flix. Geog. Mun. de España, prov. de Tarragona, p. j. de Reus; 5.116 h. ‖ Villa cap. del mismo; 3.451 h. (*fleixenses*). Industrias químicas. Central hidroeléctrica. Ruinas de un antiguo castillo.

flocadura. (Del lat. *floccus*, fleco.) f. Guarnición hecha de flecos.

floculación. (Del m. or. que el anterior.) f. **Quím.** Propiedad de las substancias coloidales de separar de la solución, ya espontáneamente, ya por la acción de ciertos agentes físicos o químicos, partículas sólidas del coloide, en forma de pequeños copos o flóculos. Precede a la coagulación y, en ella, los flóculos conservan su individualidad, aunque no pueden separarse unos de otros, como ocurre con la albúmina cuando se somete a una temperatura de 80° C. No debe confundirse con la coagulación ni con la precipitación.

flóculo. (Del lat. *floccŭlus*, copo pequeño.) m. **Astron.** Nombre que se da a ciertas nubes de vapores de calcio situadas a diferentes alturas sobre la fotosfera solar. Son observables con el espectroheliógrafo. Se les denomina frecuentemente con el plural de su nombre italiano: *floculi*. ‖ **Quím.** Substancia de aspecto flecoso que se forma en disoluciones, generalmente por cambio de reacción ácida o alcalina.

Flodden. Geog. Llanura del R. U., en Inglaterra, cond. de Northumberland, al pie de la colina de igual nombre. Célebre por la batalla allí librada el 9 de septiembre de 1513, en que Jacobo IV de Escocia fue derrotado por el ejército inglés del conde de Surrey.

floema. (Del gr. *phloiós*, corteza.) m. **Bot.** Parte del sistema vascular de los vegetales constituido por células vivas, cuya misión es distribuir las substancias alimenticias desde las hojas a los distintos órganos de la planta. sin. de *deptoma*.

Victoria de Fleurus, por Bartolomeo Carducci. Museo del Prado. Madrid

floemático, ca. (De *floema*.) adj. **Bot.** Propio del floema, o referente a él.

flogístico, ca. adj. **Pat. inflamatorio.** || **Quím.** Perteneciente o relativo al flogisto.

flogisto. (Del gr. *phlogistós*, inflamable; de *phlogizo*, inflamarse.) m. **Quím.** Principio introducido por Stahl, en el s. XVIII, para explicar los fenómenos químicos y el desprendimiento u absorción de calor, que les acompaña. Se suponía que formaba parte de los cuerpos exotérmicos y que se desprendía de ellos en la combustión. Por el contrario, los óxidos, considerados entonces como cuerpos simples, con flogisto, o sea calor, debían dar metales.

flogopita. (Del gr. *phlogopós*, que tiene el aspecto de la llama, e -*ita;* aquél de *phlóx, phlogós*, llama, y *ops, opós*, cara.) f. **Miner.** Filosilicato de aluminio, potasio y magnesio, de la serie de las micas; monoclínico, de estructura foliar trilaminar; color de amarillo claro a pardo y brillo vítreo o perlado; muestra asterismo. Es el extremo sin hierro de una serie que termina por el otro extremo en la *biotita* (v.).

flogosis. (Del gr. *phlógosis*, de *phlogóo*, inflamar.) f. **Pat.** Flegmasía, inflamación.

flojamente. adv. m. Con descuido, pereza y negligencia.

flojear. intr. Obrar con pereza y descuido; aflojar en el trabajo. || **flaquear.** || **Taurom.** Ceder el toro en bravura.

flojedad. fr., *lâcheté, faiblesse;* it., *floscezza;* i., *sloth, laziness;* a., *Kraftlosigkeit, Feigheit.* (De *flojo*.) f. Debilidad y flaqueza en alguna cosa. || fig. Pereza, negligencia y descuido en las operaciones.

flojel. (Del cat. *fluixell*, pelillo del paño, de *fluix*, flojo.) m. Tamo o pelillo delicado y sutil que se saca y despide de encima del pelo del paño. || Especie de pelillo que tienen las aves, que aún no llega a ser pluma.

flojera. (De *flojo*.) f. fam. **flojedad.**

flojo, ja. fr., *lâche, flasque;* it., *floscio;* i., *lax, slack, loose;* a., *locker, schlaff, weich, welk.* (Del lat. *fluxus*, p. p. de *fluěre*, fluir.) adj. Mal atado, poco apretado o poco tirante. || Que no tiene mucha actividad, fortaleza o vigor. || fig. Perezoso, negligente, descuidado y tardo en las operaciones. Ú. t. c. s. || *R. Plata.* Aplícase al mate excesivamente suave en la infusión, por la mala calidad de la hierba, pobre en principios extractivos. || **Bot.** Se dice de la inflorescencia en que las flores están bastante distantes unas de otras. || **Mar.** Dícese del viento que tiene una velocidad de 4,3 m. por segundo. || **Taurom.** Dícese de los toros de poco poder.

flojuelo. m. *Ál.* y *Rioja.* Ramo, pelillo del paño.

flojura. f. **flojedad.**

flomis. (Del lat. científico *phlomis*, del gr. *phlomís*, verbasco.) **Bot.** Gén. de plantas de la familia de las labiadas (v.).

floque. (Del lat. *floccus*, fleco.) m. **Mar.** Reunión de filásticas torcidas.

floqueado, da. (Del lat. *floccus*, fleco.) adj. Guarnecido con fleco.

floquecillo. m. dim. ant. de **fleco.**

flor. fr., *fleur;* it., *fiore;* i., *flower;* a., *Blume.* (Del lat. *flos, floris*.) f. Lo más escogido de una cosa. || Polvillo que tienen ciertas frutas en el árbol, y aún conservan recién cortadas y cuando no han sido manoseadas; como se ve en las ciruelas, uvas y otras. || Nata que hace el vino en lo alto de la vasija. || Irisaciones que se producen en las láminas delgadas de metales, cuando candentes pasan por el agua. || Parte más sutil y ligera de los minerales, que se pega en lo más alto del alambique. || Virginidad. || Piropo, requiebro. Ú. m. en pl. || Juego de envite que se juega con tres naipes; y del que junta tres de un palo, se dice que hace flor. || Lance en el juego de la perejila o de la treinta y una, que consiste en tener tres cartas blancas del mismo palo. || Cacho, juego de naipes. || En las pieles adobadas, parte exterior, que admite pulimento, a distinción de la parte que se llama carnaza. || Entre fulleros, trampa y engaño que se hace en el juego. || *Chile.* Manchita blanca de las uñas. || **Bot.** En el lenguaje corriente, parte más vistosa de los vegetales. || Extremo de un ramito o vástago con sus hojas transformadas de manera que sirvan para la reproducción sexual. El ramito o vástago se llama *pedúnculo*, y su extremo acortado y aplanado, *tálamo* o *receptáculo*, en que se insertan, concéntricamente las demás piezas florales, dispuestas en verticilos, que en el caso de mayor complicación son: el *cáliz*, constituido por *sépalos;* la *corola*, por *pétalos;* el *androceo*, por *estambres* y el *gineceo*, formado por *carpelos*. El conjunto del cáliz y la corola constituye el *perianto*, que está integrado por hojas estériles destinadas a proteger las hojas fértiles del androceo y del gineceo. La flor que, como la des-

flor

Baobab · *Lirio* · *Tulipán* · *Malvas*
Pensamientos · *Narcisos* · *Clavel* · *Rosa*
Dalia · *Amapola* · *Geranio* · *Girasol*

crita, reúne en sí misma androceo y gineceo, se llama *hermafrodita*; si falta uno de ambos órganos se llama *unisexual* y será *masculina* si sólo posee el androceo y *femenina* si sólo el gineceo. Las flores típicas y *completas*, es decir, las que poseen *cáliz, corola, androceo y gineceo*, son susceptibles de sufrir diversas modificaciones que pueden afectar: 1.º, a su simetría, con relación a la cual son *actinomorfas o zigomorfas;* 2.º, a la forma y existencia del perianto, o de alguna de sus partes, en cuya circunstancia pueden ser *aclamídeas, haploclamídeas, diploclamídeas, homoclamídeas y heteroclamídeas;* 3.º, a la disposición de los verticilos florales, con relación a la cual pueden ser *cíclicas o acíclicas;* 4.º, a la relación que guardan entre sí los verticilos, que puede ser *epigina, hipogina y perigina,* y 5.º, a la relación que mantienen entre sí las piezas de cada verticilo (v. **cáliz, corola, androceo** y **gineceo**). En algunas flores, y generalmente en el receptáculo, se encuentran unos órganos glandulares, llamados *nectarios*, que segregan un líquido azucarado y aromático, el *néctar*, al cual deben las flores su aroma. ‖ Por ext. se ha dado a veces el nombre de flor al vástago correspondiente en los musgos, equisetos y algunas otras criptógamas. ‖ **acíclica.** La que tiene sus verticilos dispuestos helicoidalmente. ‖ **aclamídea.** La que carece de perianto. ‖ **actinomorfa.** La que tiene por lo menos dos ejes de simetría. ‖ **de agua. ahuejote.** ‖ **del amor.** También llamada cresta de gallo o moco de pavo, gén. *celosia*. ‖ **de ángel.** *Al.* Narciso amarillo. ‖ **asimétrica.** La que tiene uno o varios verticilos asimétricos. ‖ **del cacao.** *Quím.* **cacaosuchil.** ‖ **de la canela.** loc. fig. y fam. *Léx.* Aplícase para encarecer lo muy excelente. ‖ **del cangrejo.** *Bot.* **cañacoro.** ‖ **cíclica.** La que tiene sus verticilos a un mismo nivel. ‖ **completa.** La que consta de cáliz, corola, estambres y pistilos. ‖ **compuesta.** Cabezuela con flósculos, lígulas o ambas formas de flores en un receptáculo. ‖ **de la corona.** Flor de la piña. ‖ **desnuda.** La que carece de cáliz y corola. ‖ **de diciembre. sanvicente.** ‖ **del embudo. aro de Etiopía.** ‖ **incompleta.** La que carece de alguna o algunas de las partes de la completa. ‖ **isostémona.** La que tiene tantos estambres como pétalos o sépalos. ‖ **de lis.** *Bl.* Forma heráldica de la flor del lirio, que se compone de un grupo de tres hojas, la del medio grande y ancha, y las de los costados más estrechas y retorcidas, terminadas todas por un remate más pequeño en la parte inferior. ‖ *Bot.* Planta americana de la familia de las amarilidáceas, con un escapo de tres decímetros de alto, en cuyo extremo nace una flor grande, de color rojo purpúreo y aterciopelada, dividida en dos grandes labios muy desiguales, y cada uno con tres lacinias, la del medio más larga que las otras, y todas juntas en forma parecida a la flor de lis heráldica. ‖ **de macho.** *Bot. Ál.* **amargón.** ‖ **de la maravilla.** Planta de adorno, originaria de Méjico, de la familia de las iridáceas, con flores grandes, terminales, que se marchitan a las pocas horas de abiertas, y tienen la corola de una pieza, dividida en seis lacinias, las tres exteriores más largas que las otras y todas de color de púrpura con manchas como la piel del tigre *(tigridia pavonia).* ‖ fig. y fam. *Léx.* Persona que convalece súbitamente o con mucha brevedad de una dolencia, y está tan pronto buena como mala. ‖ **de muerto. flamenquilla.** La de Cuba es el clavetón, y la de Méjico es la orquidácea *oncídium tigrínum.* ‖ **y nata.** *Léx.* **flor.** Lo más selecto en su especie. ‖ **de la nieve.** (En fr., *fleur de neige;* en a., *edelweiss.) Bot.* Hierba vivaz de la familia de las compuestas, con hojas cenicientas, lanceoladas, y corimbo apretado de cabezuelas, ceñido por cinco a siete hojas oblongas, muy lanudas y radiantes; florece en verano, en los altos Pirineos y los Alpes *(leontopódium alpínum).* En España le dan algunos erróneamente el nombre de *pie de león,* que corresponde a la *alchemilla vulgaris.* ‖ **pentacíclica.** La que tiene los cinco verticilos. ‖ **regular. actinomorfa.** ‖ **de la sal.** *Quím.* Especie de espuma rojiza que produce la sal, y es de uso en medicina. ‖ **de la sangre.** *Bot. Perú.* **capuchina.** ‖ **de Santa Lucía.** Planta del orden de las bromeliáceas que tiene flores azules obscuras o blancas. ‖ **de tabaco. árnica.** ‖ **tetracíclica.** La que tiene cuatro verticilos, es decir, con un solo verticilo estaminal. ‖ **de la Trinidad. trinitaria.** ‖ **unisexual.** La que no reúne los dos sexos, y carece, por tanto, de estambres o de pistilos. ‖ **del viento. pulsatila.** ‖ *Mar.* Primeros soplos que de él se sienten cuando cambia o después de una calma. ‖ **zigomorfa.** *Bot.* La que tiene simetría bilateral. ‖ **flores de arsénico.** *Miner.* **arsenolita.** ‖ **de cantueso.** fig. y fam. *Léx.* Cosa fútil o de poca entidad. ‖ **de cinc.** *Quím.* Copos de óxido de este metal. ‖ **de cobalto y níquel.** *Miner.* Formaciones rosa, de eritrina, y verde, de annabergita, originadas secundariamente por oxidación en los yacimientos donde hay arseniuros de cobalto y níquel, respectivamente. || **conglomeradas.** *Bot.* Las que en gran número se contienen en un pedúnculo ramoso, estrechamente unidas y sin orden. || **cordiales.** *Med.* Mezcla de ciertas flores, cuya infusión se da a los enfermos como sudorífico. || **de maíz.** *Léx.* Rosetas de maíz. || **de mano.** Las que se hacen a imitación de las naturales. || **de mayo.** *Rel.* Culto especial que se tributa a la Virgen Santísima en todos los días de este mes. || **solitarias.** *Bot.* Las que nacen aisladas unas de otras en una planta. || **a flor de tierra.** **de cuño.** Expresión que denota la excelente conservación de una moneda o medalla. || **a flor de agua.** m. adv. A la superficie, sobre o cerca de la superficie del agua. || **a flor de tierra.** m. adv. A la superficie, sobre o cerca de la superficie de la tierra. || **ajustado a flor.** Entre ebanistas y carpinteros, se dice de la pieza que está embutida en otra quedando igual la superficie de ambas. || **a la flor del agua.** m. adv. **a flor de agua.** || **como mil flores,** o **como unas flores.** expr. adv. con que se explica la galanura y buen parecer de una cosa. || También se usa para significar que uno está satisfecho o como quiere. || **de mi flor.** loc. adj. fam. Excelente, magnífico. || **en flor.** m. adv. fig. En el estado anterior a la madurez, complemento o perfección de una cosa. || **en flores.** m. adv. fig. En claro, en ayunas.

flor. (Del lat. *fluor, -ōris*, flujo.) f. Menstruación de la mujer. || **flores blancas.** *Pat.* **flujo blanco.**

Flor (Roger de). *Biog.* Caudillo italiano al servicio de la corona de Aragón desde 1280 hasta su muerte, n. en Bríndisi y m. en Andrinópolis (1262-1307). Después de ayudar en sus campañas a Fadrique de Aragón, rey de Sicilia, acudió al frente de 8.000 almogávares en socorro del emperador de Constantinopla Andrónico II, a quien los turcos atacaban. Roger derrotó a los otomanos, pero como sus tropas devastasen el país, fue atraído a un lazo y asesinado por sus aliados, a la vez que muchos de sus compañeros eran muertos por el populacho. || **de Oro.** *Geog.* Pobl. de Argentina, prov. de Santa Fe, depart. de General Obligado; 500 h. Producción agropecuaria. || **de Punga.** Pueblo de Perú, depart. de Loreto, prov. de Requena, cap. del dist. de Capelo; 853 h.

-flora. suf. V. **flori-**.

flora. fr., *fleure;* it. e i., *flora;* a., *Pflanzenwelt.* (Del lat. *Flora*, diosa de las flores.) f. *Biol.* Grupo bacteriano que suele residir en un órgano o parte de él; generalmente se dice de los gérmenes no causantes de enfermedad. || **Bot.** Conjunto de especies vegetales, que crecen espontáneas en un país. || Obra que trata de ellas y las enumera y describe.

Flora *Geog.* Pobl. de Argentina, prov. de Córdoba, depart. de Marcos Juárez; 1.200 h. Producción agropecuaria. || **Mit.** Diosa de los jardines y de las flores.

floración. (De *florar*.) f. *Bot.* **florescencia.** || Tiempo que duran abiertas las flores de las plantas de una misma especie.

florada. f. *Ar.* Entre colmeneros, tiempo que dura una floración.

floraina. (De *flor*, trampa.) f. *Germ.* Falta de verdad.

-floral. suf. V. **flori-**.

floral. (Del lat. *florālis*.) *Bot.* adj. Perteneciente o relativo a la flor: *verticilo* **floral.**

florales. (Del lat. *florāles ludi*, juegos florales.) adj. pl. Aplícase a las fiestas o juegos que celebraban los gentiles en honor de la diosa Flora. A su imitación se han instituido después en Provenza y en otras partes.

florar. intr. Dar flor. Dícese de los árboles y las plantas, singularmente de los que se cultivan para cosechar sus frutos.

floravia. f. *Bot.* Planta de la familia de las compuestas, subfamilia de las radiadas, llamada también *cachurrera menor* o *cadillos* (*xántium spinósum*).

flordelisado, da. adj. **Bl.** V. **cruz flordelisada.**

flordelisar. tr. **Bl.** Adornar con flores de lis una cosa.

floreado, da. p. p. de **florear.**

floreal. (Del fr. *floréal*.) m. Octavo mes del calendario republicano francés, cuyos días primero y último coincidían, respectivamente, con el 20 de abril y el 19 de mayo.

florear. tr. Adornar y guarnecer con flores. || Tratándose de la harina, sacar la primera y más sutil por medio del cedazo más espeso. || Disponer el naipe para hacer trampa. || intr. Vibrar, mover la punta de la espada. || Tocar dos o tres cuerdas de la guitarra con tres dedos sucesivamente sin parar, formando así un sonido continuado. || fam. Echar a una mujer piropos. || *Ar., Chile y Sal.* Escoger lo mejor de una cosa. || *Col., Guat.* y *Hond.* Florecer, brotar las flores. || prnl. **Taurom.** Adornarse en las suertes.

florecedor, ra. adj. Que florece.

florecer. fr., *fleurir, prospérer;* it., *fiorire;* i., *to flower, to flourish;* a., *blühen.* (De *florescer*.) intr. Echar o arrojar flor. Ú. t. c. tr. || fig. Prosperar, crecer en riqueza o reputación. Dícese también de los entes morales; como la justicia, las ciencias, etc. || fig. Existir una persona o cosa insigne en un tiempo o época determinada. || prnl. Hablando de algunas cosas, como el queso, pan, etc., ponerse mohosas.

floreciente. p. a. de **florecer.** Que florece. || fig. Favorable, venturoso, próspero.

florecimiento. m. Acción y efecto de florecer o florecerse.

Florencia. n. p. V. **raja de Florencia.**

Florencia. *Geog.* Local. de Argentina, prov. de Santa Fe, depart. de General Obligado; 1.490 h. || Mun. de Colombia, intendencia de Caquetá; 32.165 h. || Pobl. cap. de la intendencia de Caquetá y del mun. de su nombre; 31.817 h. Centro comercial. || (En it., *Firenze.*) Prov. de Italia, al N. de la región de Toscana; 3.880 km.² y 1.146.367 h. || C. cap. de la misma y de la región de Toscana, sit. a orillas del Arno; 457.803 h. Industrias química y farmacéutica. Fábricas de cuero, tabaco y cerveza. Productos de artesanía y material óptico. Sus más notables monumentos son: el *Palacio Vecchio* y la catedral de *Santa María del Fiore*, con su magnífica cúpula de Brunelleschi (1420-1434). Hacia el Arno se extienden am-

Florencia. Catedral y vista general

bas alas del Palacio de los Oficios, construido por Vasari (1560-1574). Es sede arzobispal y tiene una Universidad fundada en 1321 y Academia de Artes. Sus museos más célebres son: la *Galería de los Uffizi*; el *Palacio Pitti*; el Museo Arqueológico, el Museo Nacional, etc. En la iglesia de la Santa Cruz se hallan los sepulcros de Miguel Ángel, Galileo y Maquiavelo. De 1865 a 1871 fue cap. del nuevo reino de Italia. En abril de 1972 se creó la Universidad Europea de Florencia, primera realidad cultural de la Europa comunitaria.

Florencio Varela. *Geog.* Part. y local. de Argentina, prov. de Buenos Aires; 206 Km² y 98.446 h. Uno de los que forman el Gran Buenos Aires. Zona de creciente industrialización. || **Villarreal.** Mun. de Méjico, est. de Guerrero; 10.575 h. Cap., Cruz Grande.

Florensz (Adriano). *Biog.* Adriano VI.

florentín. adj. **florentino.** Apl. a pers., ú. t. c. s.

Florentín (Domenico Alessandro). *Biog.* **Fancelli (Domenico Alessandro).**

florentino, na. fr., *florentin;* it., *fiorentino;* i., *florentine;* a., *Florentiner.* (Del lat. *florentīnus*.) adj. Natural de Florencia, o perteneciente a esta c. de Italia Ú. t. c. s.

florentino, na. adj. Natural de Florencia, o perteneciente a esta c. de Colombia. Ú. t. c. s.
Florentino Ameghino. Geog. Depart. de Argentina, prov. de Chubut; 16.088 km.² y 1.244 h. Cap., Camarones. ‖ Local. de Argentina, prov. de Misiones, depart. de San Javier; 1.200 h.

florentísimo, ma. (Del lat. *florentissĭmus.*) adj. sup. de **floreciente.** Que prospera o florece con excelencia.

floreo. fr., *causerie, conversation banale*; it., *discorso di passatempo*; i., *witty but idle talk*; a., *überflüssiger Wortkram, Plauderei, Gerede.* (De *florear.*) m. fig. Conversación vana y de pasatiempo. ‖ fig. Dicho vano y superfluo empleado sin otro fin que el de hacer alarde de ingenio, o el de halagar o lisonjear al oyente, o sólo por mero pasatiempo. ‖ **Danza.** En la danza española, movimiento de un pie en el aire cuando el otro permanece en el suelo, y el cuerpo sostenido sobre él. ‖ **Esgr.** Vibración o movimiento de la punta de la espada. ‖ **Mús.** Acción de florear en la guitarra, así como en la corneta u otros instrumentos de viento. ‖ **Taurom. adorno.**

florería. f. Tienda donde se venden flores y plantas de adorno. Dícese también floristería.

florero, ra. fr., *bouquetier*; it., *vaso da fiori*; i., *flower-pot, flower-vase*; a., *Blumenvase.* adj. fig. Que usa de palabras chistosas y lisonjeras. Ú. t. c. s. ‖ m. y f. El que o la que vende flores. ‖ m. Vaso para poner flores naturales o artificiales. ‖ Maceta o tiesto con flores. ‖ Armario, caja o lugar destinado para guardar flores. ‖ *Germ.* Fullero que hace trampas floreando el naipe. ‖ **Pint.** Cuadro en que sólo se representan flores.

Flores (Cirilo). Biog. Político centroamericano, m. en Quezaltenango (1779-1826). Presidente de Guatemala en 1826, se trasladó con los diputados a Quezaltenango, por parecerle lugar más seguro para celebrar las sesiones; pero insubordinado el populacho por ciertas disposiciones que se habían dictado, penetró en el templo donde se hallaba Flores y le dio muerte. ‖ **(Juan de).** Escritor español de fines del s. XV y principios del XVI, n. en Sevilla. Sus obras más conocidas son *Historia de Grisel y Mirabella con la disputa de Torrellas y Braçayda.* ‖ **(Juan José).** Militar y político ecuatoriano, n. en Puerto Cabello y m. a bordo del buque *Smark,* cerca de Santa Rosa, Ecuador (1801-1864). Militando en las filas realistas abrazó la causa de los patriotas. Constituida la Gran Colombia, fue comandante militar en Pasto y prefecto del Departamento del Sur. En 1824 pasó a Quito, donde promovió, en 1830, la separación de ese territorio de la Gran Colombia. Colaboró en la constitución de Ecuador como república independiente, de la cual fue su primer presidente (1831-35). ‖ **(Manuel Antonio).** Marino español, n. en Sevilla en el primer tercio del s. XVIII y m. en Madrid en 1799. Fue virrey de Nueva Granada y de Méjico, donde gobernó desde el 27 de agosto de 1787 hasta el 5 de octubre de 1789. ‖ **(Venancio).** General y político uruguayo, n. en Porongos, depart. de San José, y m. en Montevideo (1809-1868). Después de ocupar la presidencia de la República de su país, se vio obligado a emigrar a Argentina. Combatió a Rosas y, en 1863, invadió Uruguay para derrocar al presidente Berro, apoyado por Brasil. Gobernó con Fructuoso Rivera en 1853-54 y, en 1854-55, completó el período del presidente Giró. Como dictador gobernó de 1865 a 1868, año en que fue asesinado. ‖ **Avendaño (Guillermo).** Coronel guatemalteco, n. en 1901. Por designación de la Junta militar que anuló las elecciones celebradas el 20 de octubre de 1957, ocupó provisionalmente la presidencia de la República desde el 29 de octubre de dicho año al 19 de enero de 1958. ‖ **Jijón (Antonio).** Político y escritor ecuatoriano, n. en Quito (1833-1912). Hijo de Juan José Flores, fue plenipotenciario en España y, en 1888-92, presidente de la República. Inició la llamada política del progresismo y durante su mandato se llegó a un acuerdo de límites con Perú. ‖ **de Lemus (Antonio).** Economista español, n. en Jaén y m. en Madrid (1876-1941). Por su extraordinaria competencia en la materia fue llamado por todos los Gobiernos, a partir de 1906, para colaborar en los proyectos más importantes de carácter económico y financiero. ‖ **de Oliva (Isabel). Rosa de Lima (Santa). ‖ Geog.** Cantón de Costa Rica, prov. de Heredia; 6.524 h. Cap., San Joaquín. ‖ Mun. de Guatemala, depart. de Petén; 8.810 h. ‖ C. cap. del depart. de Petén y del mun. de su nombre; 1.551 h. ‖ o **Mangeral.** Isla de Indonesia, al NO. de Timor; 15.174 km.² y 500.000 h. Cap., Ende. ‖ Isla de Portugal, en el arch. de las Azores; 143 km.² y 7.845 h. Por sus circunstancias estratégicas, meteorológicas y del fondo del mar, ha sido elegida para instalación de un polígono submarino, en cuyo proyecto toman parte siete naciones. ‖ Depart. de Uruguay; 4.519 km.² y 23.530 h. Cap., Trinidad. Su principal riqueza es la ganadería. Fábricas de carnes en conserva. ‖ **(Las).** Part. de Argentina, prov. de Buenos Aires; 20.469 h. ‖ Local. cap. del mismo; 15.665 h. ‖ **(Las).** Local. de Argentina, prov. de San Juan, depart. de Iglesias; 670 h. ‖ **(Las).** Local. de Argentina, prov. de Santiago del Estero, depart. de Capital; 1.011 h. ‖ **(Las).** Mun. de El Salvador, depart. de Chalatenango; 4.402 h. ‖ Pobl. cap. del mismo; 687 h. ‖ **(Las).** Mun. de Honduras, depart. de Lempira; 3.156 h. ‖ Pobl. cap. del mismo; 521 h. ‖ **(mar de). Geog. Sonda (mar de).** ‖ **de Ávila.** Mun. y villa de España, prov. de Ávila, p. j. de Arévalo; 697 h. ‖ **Costa Cuca.** Mun. de Guatemala, depart. de Quezaltenango; 8.607 h. ‖ Pobl. cap. del mismo; 1.081 habitantes.

florescencia. fr., *fleuraison, floraison*; it., *floritura*; i., *bloomingness, florescence, flowering*; a., *Aufblühen, Blüthe, Blüthezeit.* f. **eflorescencia.** ‖ **Bot.** Acción de florecer. ‖ Época en que las plantas florecen, o aparición de las flores en cada vegetal. Es sin. de *antesis.*

florescer. (Del lat. *florescĕre.*) intr. ant. **florecer.**

floresta. fr., *forêt, bocage*; it., *foresta*; i., *forest, grove*; a., *Wald, Gebüsch.* (Del b. lat. *foresta,* y éste de *foras,* de fuera.) f. Terreno frondoso y ameno poblado de árboles. ‖ fig. Reunión de cosas agradables y de buen gusto.

Floresta. Geog. Mun. de Colombia, depart. de Boyacá; 5.028 h. ‖ Pobl. cap. del mismo; 1.004 h. ‖ Mun. y lugar de España, prov. y p. j. de Lérida; 309 h.

florestero. m. Guarda de una floresta.

floreta. (dim. de *flor.*) f. Entre guarnicioneros, bordadura sobrepuesta que sirve de fuerza y adorno en los extremos de las cinchas. ‖ En la danza española, tejido o movimiento que se hacía con ambos pies, en figura de flor.

floretada. (De *florete.*) f. ant. **Esgr.** Papirote dado en la frente.

floretazo. m. **Esgr.** Golpe dado con el florete.

florete. fr., *fleuret*; it., *fioretto*; i., *floret*; a., *Stossdegen, Floret.* (Del fr. *fleuret,* y éste del it. *fioretto,* del lat. *flos, floris.*) m. Lienzo o tela entrefina de algodón. ‖ **Esgr.** Esgrima con espadín. ‖ Espadín destinado a la enseñanza o ejercicio de este juego; es de cuatro aristas, y no suele tener aro en la empuñadura.

floretear. (De *floreta.*) tr. Adornar y guarnecer con flores una cosa. ‖ intr. **Esgr.** Manejar el florete.

floreteo. m. Acción y efecto de floretear.

floretista. m. **Esgr.** El que es diestro en el juego del florete.

Florey (Howard Walter). Biog. Médico y biólogo australiano, n. en Adelaida y m. en Londres (1898-1968). Hizo sus estudios en la Universidad australiana de Adelaida. Trabajó en España con Cajal, en 1929. Completó el descubrimiento de Fleming aislando la penicilina en estado sólido (1940), y efectuó con ella las primeras experiencias en animales y los primeros ensayos clínicos. Por eso, en unión de su colaborador el profesor Chain, participó con aquél en el premio Nobel de Medicina, en 1945.

Flórez Estrada (Álvaro). Biog. Economista y político español, n. en Pola de Somiedo y m. en Noreña (1766-1853). Terminada la carrera de Leyes en la Universidad de Oviedo, se trasladó a Madrid para dedicarse al estudio de la Economía política, en la que bien pronto adquirió merecido renombre. Diputado varias veces y ministro de Estado, se vio en la necesidad de emigrar a Inglaterra por sus ideas liberales. Publicó: *Curso completo de Economía política,* traducido a varias lenguas, y *Constitución militar de España.* ‖ **de Setién y Huidobro (Enrique).** Historiador y religioso agustino español, n. en Villadiego, Burgos, y m. en Madrid (1702-1773). Después de doctorarse en Teología y de aprender varias lenguas, se consagró a las investigaciones históricas y escribió varios libros, entre ellos su *España Sagrada,* en 29 vol., obra magna de erudición y crítica histórica que ha inmortalizado su nombre y que es un verdadero monumento de conocimientos.

flori-; -flora, -floral, -floro. (Del lat. *flos, -oris.*) pref. o suf. que sign. flor.

Florescencia en el Huerto del Cura. Elche (Alicante)

Juan José Flores, grabado antiguo

floricultor, ra. fr., *fleuriste, jardinier;* it., *fioricultore;* i., *floricultor;* a., *Blumengärtner.* (De *flori-* y *-cultor.*) m. y f. Persona dedicada a la floricultura.

floricultura. fr. e i., *floriculture;* it., *fioricultura;* a., *Blumenzucht.* (De *flori-* y *-cultura.*) f. Cultivo de las flores. ‖ Arte que lo enseña.

floricundio. m. *Méj.* **floripondio**, flor grande en los tejidos.

Florida. Geog. Pobl. de Argentina, prov. de Buenos Aires, part. de Vicente López; 22.250 h. ‖ Pobl. de Argentina, prov. de Santa Fe, depart. de General Obligado; 500 h. Explotación forestal. ‖ Mun. y pobl. de Colombia, depart. de Nariño, prov. de Pasto; 6.100 h. Minas de oro. ‖ Mun. de Colombia, depart. de Valle del Cauca; 33.315 h. ‖ Pobl. cap. del mismo; 22.400 h. Está sit. al pie de los Andes colombianos, a orillas de El Fraile. Azúcar, café, plátanos, maíz, tabaco, etc. ‖ Comuna de Chile, prov. y depart. de Concepción; 8.070 h. ‖ Pobl. cap. de la misma; 1.190 h. ‖ Est. de EE. UU., en el extremo SE. del país; 151.670 km.^{2} y 6.789.443 h. Cap., Tallahassee. Se divide en 61 condados. Riega el est. el Indian River. En los bosques, que cubren un 58 % del país, abundan los osos, lobos, jaguares, zorros, nutrias y ciervos; el águila real, el ibis y otras aves; en los ríos y lagos, el caimán y el cocodrilo. Producción: ananás, tabaco arroz, algodón y, principalmente, naranjas. Ganado vacuno, lanar, caballar y de cerda. Flora: pinos, cipreses, cedros, olmos, hayas, encinas, palmeras y caobas. Fue admitido en la Unión en 1845. ‖ Mun. de Honduras, depart. de Copán; 15.488 h. ‖ Pobl. cap. del mismo; 2.402 h. ‖ Dist. de Paraguay, depart. de Misiones; 1.202 habitantes. ‖ Pobl. cap. del mismo; 1.144 h. ‖ Dist. de Perú, depart. de Amazonas, prov. de Bongará; 1.180 h. ‖ Pueblo cap. del mismo; 1.123 habitantes. ‖ Pequeño arch. del océano Pacífico, perteneciente al estado de Salomón. Compuesto por las islas volcánicas de Olevuga, Tulagi, Nggela y varios atolones, produce copra. ‖ Depart. de Uruguay; 12.107 km.^{2} y 63.987 h. ‖ C. cap. del mismo; 20.923 h. Hipódromo. Escuela agropecuaria. ‖ Mun. de Venezuela, est. de Portuguesa, dist. de Turén; 877 h. ‖ Pobl. cap. del mismo; 396 h. ‖ **(La).** Mun. de Colombia, depart. de Nariño; 11.731 habitantes. ‖ Pobl. cap. del mismo; 1.137 h. ‖ **(La).** Comuna de Chile, prov. y depart. de Santiago; 53.447 h. ‖ **(La).** Mun. de Venezuela, est. de Táchira, dist. de Cárdenas; 4.721 h. ‖ Pobl. cap. del mismo; 640 h. ‖ **(canal de).** Estrecho que separa EE. UU. de Cuba, entre el est. de Florida, Cuba y las islas Bahamas, y une el golfo de Méjico con el océano Atlántico. Tiene 480 km. de long. y una anchura de 95 a 160 km. Su profundidad es de 900 m. ‖ **Adentro.** Barrio de Puerto Rico, en la municipalidad de Barceloneta; 3.219 h. ‖ **Afuera.** Barrio de Puerto Rico, en la municipalidad de Barceloneta; 5.740 h. ‖ **de Liébana.** Mun. de España, prov. y p. j. de Salamanca; 357 h. ‖ Villa cap. del mismo; 332 h.

Floridablanca (conde de). Geneal. Título creado en 1773 para José Moñino y Redondo, el célebre estadista. ‖ **Geog.** Mun. de Colombia, depart. de Santander; 44.032 h. ‖ Pobl. cap. del mismo; 38.446 h. ‖ Mun. y pobl. de Filipinas, en la isla de Luzón, prov. de Pampanga; 7.000 h. En ella se cosecha palay, camote, tabaco y azúcar.

floridamente. adv. m. fig. Con elegancia y gracia.

floridano, na. adj. Natural de la Florida, o perteneciente a este est. de EE. UU. Ú. t. c. s.

florídeo, a. adj. **Bot.** Dícese de las algas rojas o rodofíceas, con talo pluricelular, de conformación muy diversa, con reproducción sexual por anteridios, aparatos femeninos, llamados carpogonios, unicelulares y multiplicación asexual por tetrasporas haploides, alterna con la reproducción sexual. ‖ f. pl. Clase de estas plantas, que comprende los siguientes órdenes: *nemalionales, gelidiales, criptonemiales, gigartinales, rodimeniales* y *ceramiales.*

floridez. (De *florido.*) f. Abundancia de flores. ‖ fig. Calidad de florido, en el estilo.

florido, da. fr., *fleuri;* it., *fiorito;* i., *florid, flowery;* a., *blühend, blumig.* adj. Que tiene flores. ‖ fig. Dícese de lo más escogido de alguna cosa. ‖ fig. Dícese del lenguaje o estilo ameno y profusamente exornado de galas retóricas. ‖ *Germ.* Rico, opulento.

florífero, ra. (Del lat. *florĭfer, -ĕra;* de *flos, floris,* flor, y *ferre,* llevar.) adj. Que lleva o produce flores.

florígero, ra. (Del lat. *florĭger, -ĕra;* de *flos, floris,* flor, y *gerĕre,* llevar.) adj. poét. **florífero.**

florilegio. fr., *florilège;* it., *florilegio;* i., *florilegium, anthology;* a., *Blütenlese, Florilegium.* (Del lat. *flos, floris,* flor, y *legĕre,* escoger.) m. fig. Colección de trozos selectos de materias literarias.

florín. fr. e i., *florin;* it., *fiorino;* a., *Gulden.* (Del it. *fiorino,* moneda florentina marcada con el lirio de los Médicis.) m. **Num.** Moneda de plata equivalente al escudo de España, que se usa en algunos países y estuvo marcada antiguamente con una flor de lis. El florín se usó en el sistema monetario austrohúngaro hasta el año 1900. ‖ Moneda de oro mandada acuñar por los reyes de Aragón copiando los florines o ducados de Florencia; su valor sufrió grandes alteraciones por efecto del abuso de liga en el metal. ‖ Unidad monetaria de los P. B., que equivale a 0,245489 g. de oro fino; se llama también *gulden* o *guilder.* ‖ Unidad monetaria de Hungría, que equivale a 0,085 de dólar estadounidense. ‖ Unidad monetaria de Surinam, que equivale a 0,471230 g. de oro fino; se llama también *gulden* o *guilder.*

Flórina. Geog. Nomo de Grecia, en Macedonia, lindante con las fronteras de Yugoslavia y Albania; 1.863 km.^{2} y 52.213 h. ‖ C. cap. del mismo; 11.180 h. Tiene tres mezquitas e iglesia griega.

Florinda la Cava. Biog. Dama de la reina Egilona, esposa de don Rodrigo, último rey visigodo de España, e hija del conde don Julián, que vivió en el s. VIII. Según la leyenda, prendado de su belleza, el rey abusó de ella, lo cual motivó la traición de don Julián cuando se produjo la invasión agarena (v. **Julián**).

floripondio. (Quizá de *flor* y el dialec. *pendío,* del lat. *pendĭdus,* pendiente.) m. **Bot. Amér.** m. Arbusto de la familia de las solanáceas, que crece hasta 3 m. de alt., con tronco leñoso, hojas grandes, alternas, oblongas, enteras y vellosas; flores solitarias, blancas, en forma de embudo, de unos 30 cm. de largo, de olor delicioso, pero perjudicial si se aspira mucho tiempo, y fruto elipsoidal, con muchas semillas pequeñas de figura de riñón. Se llama también *borrachero.* El encarnado es la *datura sanguínea,* y el blanco, la *d. suavéolens.* Todos pertenecientes a las solanáceas y congéneres del estramonio. ‖ fig. desp. Flor grande que suele figurar en adornos de mal gusto.

florista. fr., *fleuriste;* it., *fiorista;* i., *flowermaker;* a., *Blumenmacher, Blumenmädchen.* com. Persona que fabrica flores de mano. ‖ Persona que vende flores.

Florida (EE. UU.). Canal en Miami

Floripondio o borrachero

floristería. f. florería.

Florit y Sánchez de Fuentes (Eugenio). Biog. Poeta cubano, n. en Madrid en 1903. Está considerado uno de los mejores poetas modernos cubanos. Sus obras: *32 poemas breves, Trópico, Doble acento, Reino* y *Cuatro poemas*.

floritura. (Del it. *fioritura*, adorno en el canto.) f. Adorno en el canto, en varios otros ejercicios y en otras cosas diversas.

florlisar. tr. **Bl. flordelisar.**

-floro. suf. V. **flori-**.

floroglucina. (De *floricina*, *-gluc-* e *-ina*.) f. **Quím.** Trioxibenzol simétrico, de fórmula $C_6H_6O_3 \cdot 2H_2O$, que se encuentra en numerosas substancias naturales.

florón. fr., *fleuron*; it., *fiorone*; i., *flower*; a., *Blumenzierat*. m. aum. de **flor**. ‖ Adorno hecho a manera de flor muy grande, que se usa en pintura y arquitectura en el centro de los techos de las habitaciones, etc. ‖ fig. Hecho que da lustre, que honra. ‖ **Bl.** Adorno, a manera de flor, que se pone en el círculo de algunas coronas.

flósculo. fr., *floscule*; it., *flosculo*; i., *floret*, *floscule*; a., *Blütchen*. (Del lat. *flosculus*, florecita.) m. **Bot.** Cada una de las florecillas tubulosas de una cabezuela, de la familia de las compuestas y subfamilia de las tubulifloras.

flos sanctórum. expr. lat. **Lit.** Libro en que se relataban vidas de santos, durante la Edad Media.

flota. fr., *flotte*; it., *flotta*; i., *fleet*; a., *Flotte*. (Como el fr. *flotte*, del anglosajón *flôta*.) f. fig. **Col.** Fanfarronada, baladronada. ‖ fig. *Chile* y *Ecuad*. Multitud, caterva. ‖ **Aviac.** Conjunto de aparatos de aviación para un servicio determinado. ‖ **Mar.** Conjunto de barcos mercantes de un país, compañía de navegación o línea marítima. ‖ Conjunto de otras embarcaciones que tienen un destino común.

Flota pesquera, en el puerto de Bermeo (Vizcaya)

flotabilidad. f. Capacidad de flotar.

flotable. adj. Capaz de flotar. ‖ Dícese del río por donde pueden conducirse a flote maderas u otras cosas, aunque no sea navegable.

flotación. fr., *flottage, flottaison*; it., *flottazione, galleggiamento*; i., *floatation, flotation*; a., *Schwimmung*. f. Acción y efecto de flotar. ‖ **Mar.** Línea de flotación. ‖ **Met.** Procedimiento de separación de la parte útil de un mineral de los lodos, aprovechando la flotabilidad de éstos en determinadas soluciones.

flotador, ra. fr., *flotteur*; it., *galleggiante*; i., *floating*; a., *Schwimmer*. adj. Que flota o sobrenada en un líquido. ‖ m. Cuerpo destinado a flotar en un líquido. ‖ Corcho u otro cuerpo ligero que se echa en un río o arroyo para observar la velocidad de la corriente y deducir el volumen que fluye por segundo de tiempo. ‖ Dispositivo que sirve para aprender a nadar. ‖ Aparato que sirve para determinar el nivel de un líquido o para regular la salida del mismo. ‖ **Aviac.** Cuerpo hueco en el cual se apoya un hidroavión sobre la superficie del agua. ‖ **Zool.** Individuo de una colonia de sifonóforos que tiene por misión sostenerla en la superficie del mar, para lo cual se modifica hasta convertirse en una bolsa de aire (v. **sifonóforo**).

flotadura. (De *flotar*.) f. **flotación**.

flotamiento. (De *flotar*.) m. **flotación**.

flotante. p. a. de **flotar**. Que flota. ‖ **Col.** **fanfarrón**. ‖ **Mil.** Se dice que las armas son flotantes cuando van enfundadas en el *lumarite*, fina película plástica utilizada por el ejército estadounidense en la S. G. M., que permite que las armas floten y se mantengan secas.

flotar. fr., *flotter, surnager*; it., *flottare, fluitare*; i., *to float, to waver*; a., *schwimmen*. (Del fr. *flotter*, y éste del lat. *fluctuāre*.) intr. Sostenerse un cuerpo en la superficie de un líquido. ‖ Sostenerse en suspensión un cuerpo sumergido en un líquido o gas. ‖ Ondear en el aire.

flotar. tr. ant. **frotar**.

flote. (De *flotar*.) m. **flotadura**. ‖ **a flote.** m. adv. Manteniéndose sobre el agua. ‖ fig. Con recursos, habilidad o suerte para salir de apuros.

flotilla. fr., *flottille*; it., *flottiglia*; i., *flotilla*; a., *Flottille*. f. dim. de **flota**. ‖ Conjunto menor de naves, aviones u otras unidades. ‖ **Mar.** Flota compuesta de buques pequeños.

flou. m. **flu**.

Flourens (Pierre Jean Marie). Biog. Fisiólogo francés, n. en Maureilhan y m. en Montgeron (1794-1867). Fue auxiliar de Cuvier en el Colegio de Francia y en el Museo, y lo substituyó en 1828 y 1830, respectivamente. Fue el primero que demostró los efectos anestésicos del cloroformo e hizo notables descubrimientos acerca de la composición y recomposición de los huesos, de las localizaciones cerebrales y de la función reguladora del cerebelo. Escribió sobre psicología comparada, sobre el instinto y la inteligencia en los animales y sobre las funciones nerviosas en los vertebrados.

flox. (Del lat. científico *phlox*, y éste del gr. *phlós*, llama.) **Bot.** Gén. de plantas de la familia de las polemoniáceas (v.).

fluctuación. (Del lat. *fluctuatĭo, -ōnis*.) f. Acción y efecto de fluctuar. ‖ fig. Irresolución, indeterminación o duda con que vacila uno, sin acertar a resolverse. ‖ **Biol.** En genética, variación continua no hereditaria, puramente fenotípica y debida al ambiente, que experimentan los individuos normales en sus caracteres. Los valores individuales de uno de estos caracteres oscilan en más y en menos del término medio, con mayor frecuencia de los próximos a éste, y gradación continua de frecuencia descendente hacia los valores extremos, como es la norma en las distribuciones aleatorias de frecuencias. Es sinónimo de *somación* y de *variación fluctuante*, y opuesta a *mutación*. ‖ **Econ.** y **Estad.** Diferencia entre el valor instantáneo de una cantidad fluctuante y su valor anormal. ‖ **en el alcance.** **Fís.** Cambio aleatorio en el camino recorrido por los iones de un género dado al atravesar la materia. ‖ **del nivel del mar.** *Ocean*. Se consideran como fluctuaciones, además del flujo y reflujo de las mareas, las llamadas de *período corto*, con duración máxima de un año, que se deben a las variaciones estacionales de presión, temperatura, salinidad, aportes fluviales, evaporación y fusión de las nieves; y las de *período largo*, que duran desde varios años hasta algunos milenios y se deben a los movimientos epirogénicos de levantamiento y hundimiento y a la desviación producida en el mar por la rotación terrestre (efecto de Coriolis).

fluctuante. (Del lat. *fluctuans, -antis*.) p. a. de **fluctuar.** Que fluctúa.

fluctuar. fr., *fluctuer, chanceler*; it., *fluttuare*; i., *to fluctuate, to waver, to undulate*; a., *hin-und herschwanken*. (Del lat. *fluctuāre*, de *fluctus*, ola.) intr. Vacilar un cuerpo sobre las aguas por el movimiento agitado de ellas. ‖ **ondear**, ser llevado por las olas. ‖ fig. Estar a riesgo de perderse y arruinarse una cosa. ‖ fig. Vacilar o dudar en la resolución de una cosa. ‖ fig. **oscilar**, crecer y disminuir alternativamente. ‖ **Econ.** y **Estad.** Cambiar de valor entre ciertos límites o en torno de cierto valor fijo que se considera normal.

fluctuoso, sa. (Del lat. *fluctuōsus*.) adj. Que fluctúa.

flueco. (Del lat. *floccus*, fleco.) m. ant. **fleco**.

fluencia. f. Acción y efecto de fluir. ‖ Lugar donde mana o comienza a fluir un líquido. ‖ **Fís.** Deslizamiento de substancias viscosas o deformación permanente de los materiales plásticos por acción de una carga o bien de su propio peso.

fluente. (Del lat. *fluens, -entis*.) p. a. de **fluir.** fluyente, que fluye.

fluidal. (De *fluido*.) adj. **Petr.** Se dice de la estructura de ciertas rocas, que por su conformación recuerda el movimiento de ciertos fluidos.

fluidez. fr., *fluidité*; it., *fluidezza*; i., *fluidity*; a., *Flüssigkeit*. f. Calidad de fluido de los cuerpos. ‖ **Econ.** Facilidad de movimiento y operación de los factores económicos (mercado, transportes, mano de obra, etc.).

fluídica. (De *fluido* y *lógica*.) f. Técnica en la que, mediante un fluido (agua, aire comprimido o caliente, metal fundido), se pueden efectuar muchas de las funciones que realiza la electrónica valiéndose de corrientes de electrones. Esta técnica fue inventada por el estadounidense B. M. Morton.

fluidificar. fr., *fluidifier*; it., *fluidificare*; i., *to fluidify*; a., *verflüssigen*. tr. Hacer fluida una cosa.

fluido, da. fr., *fluide*; it., *fluido*; i., *fluid, liquid or gas*; a., *fluidum, fliessendes.* = fr., *fluide*; it., *fluido*; i., *fluid*; a., *flüssig*. (Del lat. *fluĭdus*.) adj. Dícese de cualquier cuerpo cuyas moléculas tienen entre sí poca o ninguna coherencia, por lo que carece de forma propia y toma siempre la del recipiente o vaso donde está contenido; como los líquidos y los gases, que se diferencian entre sí porque, en los primeros, el volumen no depende del recipiente, y en los segundos, sí. Ú. t. c. s. ‖ fig. Tratándose del lenguaje o estilo, corriente y fácil. ‖ Tratándose de factores económicos, fáciles de actuar o mover. ‖ m. fam. Corriente eléctrica. ‖ **Fisiol.** sin. de **humor orgánico:** sangre, linfa, líquido cefalorraquídeo, plasma intersticial, endolinfa, perilinfa, humor acuoso y humor vítreo. ‖ Antiguamente, cada uno de ciertos agentes admitidos por algunos fisiólogos, como el fluido nervioso y el magnético animal. ‖ **imponderable.** *Fís.* Cada uno de los agentes invisibles y de naturaleza desconocida que se han considerado como causa inmediata de los fenómenos eléctricos, magnéticos, luminosos y caloríficos, y se distinguían con el calificativo correspondiente. ‖ **fluidos elásticos.** Cuerpos gaseosos.

fluir. (Del lat. *fluĕre*.) intr. Correr un líquido o un gas.

flujo. fr., *flux*; it., *flusso*; i., *flow, rising tide*; a., *Fluth*. = fr., *flux*; it., *flusso*; i., *flux, flow*; a., *Fluss*. (Del lat. *fluxus*, de *fluĕre*, *fluxi*, *fluctum*, fluir.) m. Acción y efecto de fluir. ‖ **Fís.** Número de partículas contenidas en una unidad de volumen, teniendo en consideración su velocidad media, o las que pasan a través de una unidad de superficie en la unidad de tiempo. ‖ **Quím.** Cada uno de los compuestos que se emplean en los laboratorios para fundir minerales y aislar metales. ‖ **blanco.** *Pat.* Excreción anormal procedente de las vías genitales de la mujer. ‖ **luminoso.** *Fís.* Energía que, cada segundo, emite un foco luminoso en lo interior de un ángulo sólido dado. Se expresa en lúmenes. ‖ **magnético.** Cantidad de líneas de fuerza que atraviesan una superficie. ‖ **marino.** *Ocean.* Movimiento ascendente del agua del mar, que dura aproximadamente 6 horas y que constituye una de las fases de la marea (v.). ‖ **neutrónico.** *Fís.* Número de neutrones que, en una emisión radiactiva (generalmente en una pila atómica), atraviesan la unidad de superficie en la unidad de tiempo. ‖ **de palabras.** fig. *Léx.* Abundancia excesiva de voces. ‖ **de reír.** fig. Hábito que uno tiene de reír con exceso. ‖ **de risa.** Carcajada ruidosa, prolongada y violenta. ‖ **de un vector.** *Mat.* Producto del área de un elemento de superficie por el valor algebraico de la componente del vector sobre la normal a la superficie. ‖ **de vientre.** *Pat.* Indisposición que consiste en la frecuente evacuación del vientre. ‖ **volcánico.** *Geol.* Masa viscosa de lava procedente de una erupción volcánica, que avanza sobre el suelo, a veces sobre el fondo marino, hasta que el enfriamiento la solidifica.

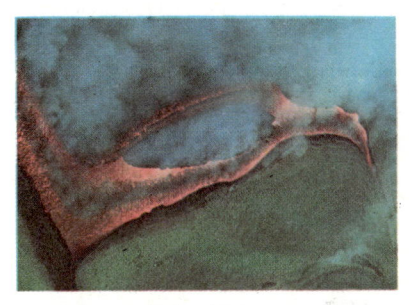

Flujo volcánico

flujómetro. (De *flujo* y -*metro*.) m. **Elec. fluxómetro.**

fluminense. adj. Natural de Río de Janeiro, o perteneciente a esta ciudad. Ú. t. c. s.

fluocerina o **fluocerita.** (De *flúor*, *cerio* e -*ina* o -*ita*.) f. **Miner.** Fluoruro de tierras raras, del que se obtiene cerio, lantano y didimio.

fluon. m. **Quím.** Materia plástica cuya constitución es la de un politetrafluoretileno. Es resistente a la corrosión y al calor, esto en grado máximo entre los plásticos, pues puede soportar temperaturas hasta de 400° C., lo que le da unas características muy apreciables en la industria. Tiene una elevada densidad.

flúor. fr., *fluor*; it., *fluoro*; i., *fluorine*; a., *Fluor*. (Del lat. *fluor, -ōris*, de *fluĕre*, fluir.) m. **Quím.** Elemento monovalente, que pertenece al grupo de los halógenos, de peso atómico 19, símbolo F y número 9 de la serie atómica. Es un metaloide gaseoso, más pesado que el aire, de olor sofocante y desagradable, irrespirable y tóxico y color amarillo verdoso. Fue obtenido por Moissan (1886), por electrólisis del fluoruro potásico en ácido fluorhídrico anhidro y empleando vasijas de plomo. ‖ Flujo para fundir y aislar metales.

fluorapatito. (De *flúor* y *apatito*.) m. **Miner.** Fluorofosfato de calcio, de fórmula Ca5(PO4)3F, variedad del *apatito* (v.).

fluoreno. (De *fluorescencia* y -*eno*.) m. **Quím.** Hidrocarburo policíclico, de formula C13H10, presente en el alquitrán de hulla, de donde se obtiene con facilidad de la fracción del aceite de antraceno, gracias a formar con facilidad derivados metálicos.

fluoresceína. (De *fluorescencia* e -*ina*.) f. **Quím.** Colorante derivado de las sales de xantilio, grupo de heterociclos derivado del pirano, de fórmula C20H12O5. Se obtiene sintéticamente por condensación del anhídrido ftálico con la resorcina, en presencia de ácido sulfúrico como agente de condensación.

fluorescencia. fr. e i., *fluorescence*; it., *fluorescenza*; a., *Schillern*. (De la *fluorita*, mineral en que se observó primeramente el fenómeno.) f. **Fís.** Luminiscencia que desaparece al cesar la causa excitante. Todos los gases son fluorescentes a una determinada frecuencia, y los rayos X, los catódicos y los ultravioleta pueden hacerse visibles al incidir sobre substancias fluorescentes, lo que se aplica en las pantallas de los aparatos de rayos X y en los tubos de rayos catódicos de los osciloscopios y de los receptores de televisión. Asimismo se aplica en los análisis químicos (v. **luminiscencia**). ‖ **de impacto.** La determinada por impactos nucleares.

fluorescente. adj. Perteneciente o relativo a la fluorescencia. ‖ **Elec.** Dícese de cierta clase de lámpara eléctrica y de la luz que produce. (V. **lámpara fluorescente.**) ‖ **Quím.** Dícese del pigmento que rectifica la frecuencia de ciertos rayos no visibles para el ojo humano, convirtiéndolos en frecuencias visibles. Son sensibles a la luz ultravioleta.

fluorhídrico. (De *flúor* e -*hídrico*.) adj. **Quím.** V. **ácido fluorhídrico.**

fluorina. f. **Miner. fluorita.**

fluorita. (De *flúor* e -*ita*.) f. **Miner.** Mineral compuesto de flúor y calcio, de fórmula F2Ca (fluoruro de calcio), que cristaliza en el sistema regular y se presenta con frecuencia en agrupaciones de numerosos cubos maclados.

fluoroscopio. (De *fluorescencia* y -*scopio*.) m. **Fís.** Aparato que consiste en una pantalla fluorescente convenientemente montada, separada y en conjunción con un tubo de rayos X, y con el cual se hacen visibles las sombras de rayos X de los objetos colocados, entre el tubo y la pantalla, lo que permite su visión interior.

fluorosis. (De *flúor* y -*osis*.) f. **Pat.** Envenenamiento crónico provocado por la asimilación excesiva de flúor.

fluoruro. (De *fluorhídrico* y -*uro*.) m. **Quím.** Sal formada por reacción del ácido fluorhídrico con una base. ‖ **de calcio.** Sal de fórmula F2Ca, que se encuentra en la naturaleza formando la *fluorita* (v.) o *espato flúor*, como componente del esmalte de los dientes y en algunas aguas minerales. Se obtiene calentando al rojo una mezcla de criolita o fluoruro doble de aluminio y sodio, y carbonato cálcico. Se emplea como fundente y para la obtención del ácido fluorhídrico por reacción con el ácido sulfúrico.

fluslera. f. ant. **fruslera.**

flutter. (Voz inglesa que sign. *aleteo, alboroto*.) m. **Pat.** Trastorno de la contracción de las cavidades auriculares del corazón, en el que éste se hace independiente del nódulo sinusal fisiológico, multiplicándose hasta 200 ó 400 las contracciones auriculares por minuto.

Fluviá. *Geog.* Río de España, prov. de Gerona; n. en Grau de Olot y des. en el Mediterráneo, por la playa de San Pedro Pescador, después de 98 km. de curso.

fluvial. fr. e i., *fluvial*; it., *fluviale*; a., *fluss*. (Del lat. *fluviālis*, de *fluvĭus*, río.) adj. Perteneciente a los ríos.

fluviometría. (Del lat. *fluvĭus*, río, y -*metría*.) f. **Hidrául.** Arte de medir los aforos de los cursos de agua.

fluviómetro. (Del lat. *fluvĭus*, agua corriente, y -*metro*.) m. **Hidrául.** Aparato para medir el nivel del agua de una corriente, río o canal.

flux. (Del fr. *flux*, y éste del lat. *fluxus*, flujo, abundancia.) m. En ciertos juegos, circunstancia de ser de un mismo palo todas las cartas de un jugador. Es mayor o menor, según el valor de los naipes. ‖ *Ant., Col.,* y *Méj.* terno, traje masculino completo.

fluxibilidad. f. ant. Calidad de fluxible.

fluxible. (Del lat. *fluxibĭlis*.) adj. desus. Fluido, líquido.

fluxión. fr., *fluxion*; it., *flussione*; i., *flux, flow*; a., *Fluss*. (Del lat. *fluxĭo, -ōnis*.) f. ant. flujo. ‖ **Mat.** Método debido a Newton, que constituye el germen del cálculo diferencial, cuya paternidad dio origen a una polémica entre Newton y Leibniz. ‖ **Pat.** Acumulación morbosa de humores en cualquier órgano. ‖ Constipado de narices, resfriado.

fluxómetro. (Del lat. *fluxus*, flujo, y -*metro*.) m. **Elec.** Aparato que se utiliza para medir el flujo magnético.

Piezas de fluorita, procedentes de San Luis Potosí (Méjico) y Cumberland (R. U.). Museo de la Escuela Técnica Superior de Ingenieros de Minas. Madrid

fluyente. p. a. de **fluir.** Que fluye.

Fly o **Gower. Geog.** Río de Nueva Guinea, sit. la mayor parte de su curso en Papuasia; sirve parcialmente de frontera con las posesiones holandesas y desemboca en el golfo de Papua, después de 1.000 km. de curso.

flying bedstead. V. **aviación.** *Aparatos de despegue y aterrizaje vertical.*

Flynn (Errol). Biog. Actor de cine irlandés, n. en Hobart, Australia, y m. en Vancouver, Canadá (1909-1959). Llevó una vida aventurera antes y después de dedicarse al cine. Películas principales: *El capitán Blood* (1939), *Murieron con las botas puestas* (1941), *La carga de la brigada ligera* (1947), *Robin de los bosques* (1948), *Dodge, ciudad sin ley* (1949), *El burlador de Castilla* y *Objetivo: Birmania* (1950), *La isla de los corsarios* (1953), *El señor de Balantry* (1954) y *Las raíces del cielo* (1958).

Fm. Quím. Símbolo del *fermio*.

F. M. Electrón. Siglas de *frecuencia modulada.* (V. **modulación de frecuencia.**)

F. M. I. Siglas de *Fondo Monetario Internacional* (v.).

f. m. m. Elec. Siglas de *fuerza magnetomotriz.*

¡fo! interj. de asco.

F. O. Com. Siglas de la loc. inglesa *for orders*, que sign. *por órdenes.* Suele escribirse F/o.

F. O. B. Com. Siglas de la loc. inglesa *free on board* (franco a bordo), empleada para expresar un envío de mercancías sin otro gasto por parte del expedidor que el de su colocación a bordo.

fobia. (Del gr. *fobía*, horror.) f. Apasionada o enconada aversión hacia algo. ‖ **Pat.** Miedo injustificado o patológico. Aparece como síntoma aislado y dentro del cuadro general de graves enfermedades mentales: *foto***fobia**, horror a la luz; *hidro***fobia**, horror al agua; *claustro***fobia**, horror a locales cerrados, etc.

fobo-; -fobo. (Del gr. *phóbos*, o *phobía*.) pref. o suf. que sign. temor, repulsión, aversión.

Fobos. (Del gr. *phóbos*, fuga o miedo.) **Astron.** Satélite de Marte, el más cercano al planeta, de cuyo centro dista 9.300 km., y de su superficie unos 6.000. Mide probablemente 15 kilómetros de diámetro y tarda 7 horas, 39 minutos y 14 segundos en dar una vuelta alrededor del planeta. Fue descubierto por Asaph Hall, en Washington, el 17 de agosto de 1877, al mismo tiempo que *Deimos.*

fobotaxis. (De *fobo-* y *-taxis.*) f. **Bot.** Tactismo negativo por el cual un organismo, sometido a un factor cualquiera (luz, calor, substancia química, etc.), se sitúa en la zona donde dicho factor se manifiesta con menor intensidad.

foca. fr., *phoque*; it., *foca*; i., *seal*; a., *Robbe*. (Del lat. *phoca*, y éste del gr. *phóke.*) f. **Zool.** Mamífero carnívoro pinnípedo, de la familia de los fócidos; de cuerpo fusiforme y patas en forma de aleta, uno y otras aptos para nadar, y pelo espeso y fofo, que, debido al aire que contiene, forma una capa a la vez flotadora y aislante. Es de vida anfibia, aunque predominantemente marina, si bien suele descansar en tierra en grupos numerosos. Abunda en las regiones frías y mucho más en el hemisferio norte, aunque las hay también en los mares templados. ‖ **marina. becerro marino.**

focal. adj. **Fís.** y **Geom.** Perteneciente o relativo al foco.

foceifiza. (Del ár. *fusaifisa*, mosaico.) f. Género de mosaico en el cual, por medio de pedacitos de vidrio dorado o de colores, figuraban árboles, ciudades, flores y otros dibujos los artífices musulmanes.

focena. (Del lat. científico *phocena*, y éste del gr. *phókaina*, marsopa.) **Zool.** Gén. de cetáceos odontocetos, al que pertenecen las marsopas (*phocaena sp.*).

Foca. Parque Zoológico. Madrid

focénido, da. (De *focena* e *-ido.*) adj. **Zool.** Dícese de los mamíferos cetáceos odontocetos, de 2 m. de long., como máximo, sin pico; es decir, con el hocico poco apuntado y con dientes en forma de azada. Son los llamados puercos marinos, marsuinos, o marsopas. ‖ m. pl. Familia de estos cetáceos.

focense. (Del lat. *phocensis.*) adj. Natural de Fócida, o perteneciente a este país de Grecia antigua Ú. t. c. s.

focense. adj. Natural de Foz (Lugo), o perteneciente a esta villa. Ú. t. c. s.

Fócida. Geog. Nomo de Grecia, región de Grecia Central y Eubea; 2.121 km.^{2} y 41.530 habitantes. Cap., Anfisa. ‖ **Geog. hist.** Comarca de la ant. Grecia, al N. del golfo de Corinto, entre Tesalia y Beocia, cuya ext. era de unos 2.000 km.^{2} Adquirió gran importancia por la posesión del oráculo de Delfos. Entre sus montes figuraba el Parnaso.

fócido, da. (De *foca* e *-ido.*) adj. **Zool.** Dícese de los mamíferos del orden de los carnívoros, suborden de los pinnípedos, sin prolongaciones cutáneas en las extremidades, que terminan en uñas; las posteriores están siempre extendidas a los lados de la cola, y aunque eficaces en la natación, les son inútiles para la locomoción terrestre; carecen de orejas, en lo que se distinguen de los osos y leones marinos, y sus caninos son normales, como los de los carnívoros terrestres actuales, y mucho más cortos que los de las morsas. Son ejemplos las especies del gén. *phoca*, o *focas verdaderas*, las *focas fraile*, la *de casco* y el *elefante marino*, llamado así por su tamaño y por su trompa eréctil en el macho. ‖ m. pl. Familia de estos pinnípedos.

focino. (De *foz.*) m. Aguijada de punta algo corva con que se rige y gobierna al elefante.

Focio. Biog. Teólogo griego, n. en Constantinopla y m. en un monasterio de Armenia (h. 820-891). Fue elevado a la silla patriarcal de Constantinopla en 857 por Bardas, que ejercía el poder imperial y que había depuesto al legítimo patriarca San Ignacio. El papa Nicolás I excomulgó entonces a Focio y esto fue el comienzo de la separación de la Iglesia griega de la romana, consumada con Miguel Cerulario.

foco. fr., *foyer, centre*; it., *foco*; i., *focus*; a., *Brennpunkt.* (Del lat. *focus*, fogón.) m. En física, punto donde vienen a reunirse los rayos luminosos o sus prolongaciones y los caloríferos reflejados por un espejo cóncavo o refractados por una lente. ‖ Punto, aparato o reflector de donde parte un haz de rayos luminosos o caloríferos. ‖ En geometría, en la elipse, cada uno de los dos puntos fijos, tales que la suma de las distancias de un punto cualquiera de la curva a ellos es constante. En la hipérbola, cada uno de los dos puntos fijos, tales que la diferencia de distancias de un punto cualquiera de la curva a ellos es constante. En la parábola, punto fijo, tal que son iguales las distancias de un punto cualquiera de la curva a él y a una recta llamada directriz. ‖ fig. Lugar real o imaginario en que está como reconcentrada alguna cosa con toda su fuerza y eficacia, y desde el cual se propaga o ejerce influencia. ‖ **Pat.** Centro principal de un proceso morboso. ‖ **acústico.** *Fís.* Punto donde se concentran las ondas sonoras emitidas dentro de una superficie cóncava al ser reflejadas por ésta. ‖ **real.** El de un espejo o de una lente. ‖ **sísmico.** *Geol.* **hipocentro.** ‖ **virtual.** *Ópt.* Punto en que concurren las prolongaciones de los rayos luminosos reflejados por un espejo convexo o refractados por una lente divergente. ‖ **volcánico.** *Geol.* Masa local de rocas en el seno de la corteza terrestre, fundida a consecuencia de la temperatura allí reinante, y que sale al exterior en forma de lava durante las erupciones volcánicas.

focomelia. (Del gr. *phóke*, foca, y *-melia.*) f. **Pat.** Malformación en que las manos o pies se insertan directamente en el tronco.

focómetro. (De *foco* y *-metro.*) m. **Ópt.** Aparato para determinar la distancia focal de las lentes.

fóculo. (Del lat. *focŭlus*, dim. de *focus*, fogón, hogar.) m. Hogar pequeño. ‖ Cavidad del ara gentílica, donde se encendía el fuego.

Foch (Ferdinand). Biog. Mariscal francés, n. en Tarbes y m. en París (1851-1929). Tomó parte en la guerra francoprusiana como soldado y en 1895 fue nombrado profesor de la Escuela Superior de Guerra. Tomó parte en la P. G. M. desde el principio y sirvió puestos subalternos, hasta que Clemenceau le nombró generalísimo en abril de 1917.

focha. (Del cat. *folxa*, y éste del lat. *fulica*, gaviota.) f. **Zool.** Nombre de varias aves del orden de las gruiformes, familia de las rállidas y gén. *fúlica*. La *focha cornuda*, propia de África, es más rara en nuestros países y su placa frontal tiene dos carúnculas rojas, a las que debe su nombre (*f. cristata*).

fodolí. (Del ár. *fuḍūli*, curioso, entremetido.) adj. desus. Entremetido, hablador; que pretende aconsejar, mandar o intervenir donde no le llaman.

foenis. (Del lat. científico *phoénix*, del gr. *phoinix*, palmera.) Gén. de la familia de las palmáceas, subfamilia de las corifoideas; constituido por palmeras exóticas, de frutos comestibles generalmente.

fofadal. (De *fofo.*) m. *Arg.* **tremedal.**

fofo, fa. (De *bofo.*) adj. Esponjoso, blando y de poca consistencia.

fofoque. (Del fr. *faux-foc.*) m. **Mar.** Vela triangular que se coloca entre el foque y el entrefoque.

fogaje. (De *fuego*, en el sentido de hogar o casa.) m. Cierto tributo o contribución que pagaban antiguamente los habitantes de casas. ‖ *Ar.* Fuego, hogar. ‖ *Arg., Can.* y *Méj.* Fuego, erupción de la piel. ‖ *Arg., Col., P. Rico* y *Venez.* Bochorno, calor. ‖ *Ecuad.* Fogata, llamarada. ‖ fig. *P. Rico.* Bochorno, sonrojo, sofoco.

fogar. (Del lat. *focāris.*) m. ant. **hogar.** ‖ **hoguera.**

fogarada. (De *fogar.*) f. Fuego que levanta llama.

fogarata. f. fam. Fuego que levanta llama.

fogarear. tr. *Ar.* y *Sal.* Quemar produciendo llama. ‖ prnl. *Sal.* Abochornarse las plantas, especialmente las vides.

fogaril. (De *fogar.*) m. Jaula de aros de hierro, dentro de la cual se enciende lumbre, y que se cuelga en sitio desde donde ilumine o sirva como señal. ‖ **fogarín.** ‖ *And.* y *Ar.* Hogar de la cocina.

fogarín. (dim. de *fogar*.) m. And. Hogar común que usan los trabajadores del campo reunidos en una viña, cortijo, etc. Ordinariamente está en bajo.

fogarizar. (De *fogar*.) tr. Hacer fuego con hogueras.

Fogás de Monclús. Geog. Mun. de España, prov. de Barcelona, p. j. de Granollers; 360 h. Corr. 175 a la cap., el lugar de Muscarolas. || **de Tordera.** Mun. y lugar de España, prov. de Barcelona, p. j. de Arenys de Mar; 244 h. Aguas ferruginosas. Minas de plomo y cobre.

fogata. fr., *fougasse;* it., *rogo;* i., *blaze;* a., *Lagerfeuer.* f. Fuego hecho con leña u otro combustible que levanta llama. || Hornillo superficial o de pequeña cavidad que, cargado con escasa porción de pólvora, sirve para vencer obstáculos de poca resistencia en la nivelación de terrenos. Aplícase también para defensa de las brechas.

Fogazzaro (Antonio). Biog. Novelista italiano, n. y m. en Vicenza (1842-1911). Fue uno de los escritores más distinguidos de su país. Sus novelas principales son: *Mala sombra, Daniel Cortis, El pequeño mundo antiguo, El pequeño mundo moderno* (1901) y *El santo* (1906).

Foggia. Geog. Prov. de Italia, en Apulia, antes denominada *Capitanata;* 7.184 km.^{2} y 657.292 h. || C. cap. de la misma; 141.711 h. Intenso mercado en trigo y lana. Catedral del s. XII, ampliamente restaurada. Es sede episcopal y conserva restos del antiguo palacio del emperador Federico II.

Fogo. Geog. Isla de Portugal, arch. de Cabo Verde, grupo de Sotavento; 486 km.^{2} y 16.700 h. Es de origen volcánico, y su cráter moderno se eleva a 2.975 m. s. n. m. Mijo, café, frutas, etc.

fogón. fr., *foyer, âtre;* it., *fornello;* i., *hearth;* a., *Feuerstelle.* (Del lat. *focus*, fogón.) m. Sitio adecuado en las cocinas para hacer fuego y guisar. || *Arg.* Reunión de paisanos o soldados en torno al fuego. || *Arg., C. Rica y Chile.* Fuego, fogata. || *R. Plata.* Lugar donde se hace el fuego para calentar agua o disponer el cocimiento de la mayoría de las comidas, construido con ladrillos u otros materiales refractarios al calor. || **Arm.** Oído en las armas de fuego, y especialmente en los cañones, obuses, morteros, etc. || **Indus.** En las calderas de las máquinas de vapor, lugar destinado a contener el combustible.

fogonadura. (De *fogón*, por comparación con el agujero por donde pasa el tubo del fogón.) f. Abertura en un piso de madera para dar paso a un pie derecho que sirve de sostén a algún objeto elevado. || **Mar.** Cada uno de los agujeros que tienen las cubiertas de la embarcación para que pasen por ellos los palos a fijarse en sus carlingas.

fogonazo. fr., *explosion, éclair;* it., *esplosione;* i., *flame of a gun;* a., *Feuerblitz.* (De *fogón*, oído en las armas de fuego.) m. Llamarada instantánea que algunas materias inflamables como la pólvora, el magnesio, etc., producen al inflamarse.

fogonero. fr., *chauffeur;* it., *fochista;* i., *stoker;* a., *Heizer.* m. El que cuida del fogón, sobre todo en las máquinas de vapor.

fogosidad. (De *fogoso*.) f. Ardimiento y viveza demasiada.

fogoso, sa. (De *fuego*.) adj. ant. Que quema y abrasa. || fig. Ardiente, demasiado vivo.

fogueación. f. Numeración de hogares o fuegos.

fogueado, da. adj. Persona experimentada, ducha en alguna cosa.

foguear. tr. Limpiar con fuego un arma, lo que se hace cargándola con poca pólvora y disparándola. || fig. Acostumbrar a alguien a las penalidades y trabajos de un estado u ocupación. || **Mil.** Acostumbrar a las personas o caballos al fuego de la pólvora. || **Taurom.** Poner banderillas de fuego a un toro. || **Veter. cauterizar.**

fogueo. m. Acción y efecto de foguear.

foguera. (Del lat. *focaria*, de *focus*, fuego.) f. ant. **hoguera.**

foguero, ra. (Del lat. *focarius*.) adj. ant. Perteneciente al fuego o llama de la hoguera. || m. ant. Braserillo y hornillo en que se pone lumbre.

foguezuelo. m. dim. de **fuego.**

föhn. (Del lat. *Favonius*, céfiro.) m. Meteor. Viento cálido y seco que desciende por las laderas de los Alpes a las planicies y valles, mientras su temperatura aumenta adiabáticamente, por compresión, alrededor de 1° C. por cada 100 m. de caída.

Föhr. Geog. Isla de la R. F. A., en el mar del Norte, que forma parte del est. de Schleswig-Holstein; 11.500 h. Cap., Wyk.

foie-gras. (expr. francesa que sign. *manteca de hígado;* pronúnc. *fuagrás*.) m. Coc. Pasta preparada con hígado de ganso o de pato. Existe también una variedad obtenida del hígado de cerdo, más barata.

foír. (Del lat. *fugere*.) intr. ant. **huir.**

foísmo. Rel. Nombre que se aplicaba al budismo de China; se derivaba de la primera sílaba de la palabra foe-ta, que en chino significa Buda.

foiso, sa. (Del lat. *fossus*, cavado, ahondado.) adj. ant. **hondo.**

Foix (Gaston de). Biog. Capitán francés, hijo de Jean de Foix, vizconde de Narbona, y de María de Orleans, hermana de Luis XII, m. en Ravena (1489-1512). Se reveló luchando en Italia contra la Liga Santa. Después de su victoria de Ravena atacó a la infantería española, que se retiraba en orden, y halló la muerte combatiendo. || **(José Vicente).** Poeta español en lengua catalana, n. en Barcelona en 1894. En 1966 se le concedió el premio nacional de Literatura Jacinto Verdaguer por sus *Obres poetiques.* Otras de sus principales obras: *L'estrella d'en Perris* (1963), *Darrer comunicat* (1970) y *Tocant a mà...* (1972). En 1973 fue proclamado «premio de honor de las letras catalanas». || **(condes de).** Geneal. Familia feudal francesa, oriunda de los condes de Carcasona, y cuyo origen se remonta al s. XI. He aquí la lista cronológica de los condes de Foix: Roger Bernardo I (1012-1035), Roger I (1035-1064), Pedro (1064-1071), Roger II (1071-1124), Roger III (1124-1148), Roger Bernardo II (1148-1188), Raimundo Roger (1188-1222), Roger Bernardo III (1222-1240), Roger IV (1240-1265), Roger Bernardo IV (1265-1302), Gastón I (1302-1315), Gastón II (1315-1343), Gastón Febo (1343-1391), Mateo de Castelbon (1391-1398), Arquimbaldo de Grailly (1398-1412), Juan de Grailly (1412-1436), Gastón IV (1436-1472), Francisco Febo (1472-1483), Juan de Albret (1483-1516), Enrique (1516-1555), Antonio de Borbón (1555-1572), Enrique III de Navarra y Enrique IV de Francia, que unió el condado a la corona. || **Geog.** C. de Francia, cap. del depart. de Ariège; 9.331 h. Castillo.

Foixá. Geog. Mun. de España, prov. de Gerona, p. j. de La Bisbal; 442 h. || Lugar cap. del mismo; 284 h. Antiquísimo castillo condal.

foja. (Del lat. *folia*, hojas.) f. ant. **hoja.** || **Der.** Hoja de papel en un proceso. Ú. en América en el lenguaje corriente.

foja. f. Zool. focha. || **gallareta.**

Fojas. Geog. Fene.

fojuela. f. ant. hojuela.

Fokien. Geog. Fukien.

Fokin (Mijail). Biog. Coreógrafo ruso, n. en San Petersburgo y m. en Nueva York (1880-1942). Fundador del arte coreográfico nacional. Creó el ballet *La muerte del cisne* para Ana Paulova. Se destacan, además, sus coreografías: *El pabellón de Armanda,* de Cherepnin; *Silfides,* de Chopin; *Carnaval,* de Schumann, y *Scheherazada* y *Petruchka,* dos obras maestras del baile ruso. Últimamente residía en Nueva York. Formó pareja con Vera Fokina.

Fokker (Anthony). Biog. Ingeniero holandés, constructor de aviones, n. en Kediri y m. en Nueva York (1890-1939). Inició sus actividades en 1913. Durante la P. G. M. construyó los primeros tipos de aviones de caza alemanes. Inventó la sincronización del movimiento de las hélices con las ametralladoras a bordo, de modo que los proyectiles atraviesan el espacio libre de aquéllas en su rotación.

fol-. pref. V. **foli-.**

foládido, da. (Del lat. científico *pholas,* gén. tipo de moluscos, e *-ido;* aquél del gr. *pholás, -ádos,* que habita en cavernas.) adj. Zool. Dícese de los moluscos lamelibranquios, del orden de los eulamelibranquios, que perforan galerías en la madera y la piedra de los puertos y diques mediante un movimiento de rotación y raspado consiguiente con el extremo áspero de sus valvas. || m. pl. Familia de estos moluscos.

folclor. m. folklore.

Foix, castillo de los condes de Foix

folclore. m. folklore.
folclórico, ca. adj. **folklórico.**
folclorista. m. y f. **folklorista.**
Folch y Torres (José María). Biog. Escritor español, n. y m. en Barcelona (1880-1950). Dirigió la revista *L'Atlántida* y el semanario *La Tralla*, por cuyas campañas fue acusado de supuestos delitos de imprenta y desterrado a Francia durante tres años (1905-08). Compuso novelas de corte realista: *Animes blanques* y *Lária* (1904), *Aigua avall* (1907), *Una vida* (1910), etcétera, y piezas teatrales para niños: *Los pastores* (1919), *La cenicienta* (1920), *El anillo maravilloso* (1925) y *De este agua no beberé* (1931).
Folchi. Biog. **González Martí (Manuel).**
foleto, ta. (Del fr. *follet*.) adj. Alocado, falto de seso.
folga. (De *folgar*.) f. ant. Huelga, pasatiempo y diversión.
folgado, da. p. p. de **folgar.** || adj. ant. **holgado.**
folgamiento. (De *folgar*.) m. ant. **huelga.**
folganza. (De *folgar*.) f. ant. Holgura o descanso. || ant. fig. Desahogo del ánimo.
folgar. (Del lat. *follicāre*, de *follis*, fuelle.) intr. ant. **holgar.** || ant. Tener ayuntamiento carnal.
Folgarolas. Geog. Mun. y lugar de España, prov. de Barcelona, p. j. de Vich; 977 h. Monumento a Verdaguer, que nació en este lugar. En 1968 se hallaron restos de un poblado ausetano.
folgazano, na. (De *folganza*.) adj. ant. **holgazán.**
Folgefond. Geog. Glaciar de Noruega meridional, a 250 km. O. de Cristianía. Tiene 36 kilómetros de largo por 6 a 15 de ancho, y 1.350 m. de altura.
folgo. (Del lat. *follĭcus*, deriv. regr. de *folicŭlus*, fuelle.) m. Bolsa de pieles, abierta por la parte superior, donde se introducen los pies y las piernas, para tenerlos abrigados, cuando se está sentado.
Folgoso de Caurel. Geog. Mun. de España, prov. de Lugo, p. j. de Monforte de Lemos; 3.609 h. *(caurelaos)*. Corr. 325 a la cap.,

Plancha con inscripción romana, procedente de Folgoso de Caurel. Museo Provincial. Lugo

la aldea de Folgoso. || **de la Ribera.** Mun. de España, prov. de León, p. j. de Ponferrada; 1.998 h. || Villa cap. del mismo; 634 h.
folguín. m. ant. **golfín.**
folgura. (De *folgar*.) f. ant. **holgura.**
foli-, fol-; -folio. (Del lat. *folium*.) pref. o suf. que sign. hoja; e. de suf.: *crasifolio*.
folía. (Del fr. *folie*, de *fol*, y éste del lat. *follis*, fuelle.) f. ant. **locura.** || Canto popular de las islas de Canarias que se acompaña con la guitarra. || fig. Cualquier música ligera, generalmente de gusto popular. || pl. Baile portugués de gran ruido, que se bailaba entre muchas personas. || Tañido y mudanza del baile español, que solía bailar uno solo con castañuelas. || *Mur.* Cosa insignificante, nadería.
foliáceo, a. (Del lat. *foliacĕus*, de *folĭum*, hoja.) adj. **Bot.** Perteneciente o relativo a las hojas de las plantas. || Que tiene estructura laminar.
foliación. f. Acción y efecto de foliar. || Serie numerada de los folios de un escrito o impreso. || **Bot.** Acción de echar hojas las plantas. || Modo de estar colocadas las hojas en una planta. || **Geol.** Disposición de los elementos que integran una roca en hojas sensiblemente paralelas, normales a la dirección de la presión. Se da en los esquistos y neises, y se llama también esquistosidad y pizarrosidad.
foliado, da. (Del m. or. que el ant.) adj. **Bot.** Que tiene hojas.
foliador, ra. adj. Que sirve para foliar. Dícese especialmente de máquinas y aparatos que numeran correlativamente los folios. U. t. c. s.
foliar. (Del lat. *foliāris*.) adj. **Bot.** Perteneciente o relativo a la hoja.
foliar. fr., *pagener*; it., *fogliettare*; i., *to page*; a., *numierieren*. tr. Numerar los folios del libro o cuaderno.
foliatura. (Del lat. *foliatūra*.) f. **foliación.**
fólico, ca. (Del *fol-* e *-ico.*) Biol. y Bioq. V. **ácido fólico.**
folicular. adj. En forma de folículo.
foliculario. (Del fr. *folliculaire*, y éste del lat. *follicŭlus*, folículo.) m. desp. Folletista, periodista.
foliculina. (De *folículo* e *-ina*.) f. Fisiol. y Terap. **estrona,** hormona del folículo ovárico.
foliculitis. (De *folículo* e *-itis*.) f. Pat. Inflamación de los folículos de la piel, que aparece en muchas enfermedades cutáneas.
folículo. fr., *follicule*; it., *follicolo*; i., *folicle*; a., *Drüsenbalg, Samenhülle*. (Del lat. *follicŭlus*.) m. Anat., Fisiol. y Zool. Cada una de las cavidades saciformes excavadas en la piel, mucosas u otros órganos, y en las cuales se originan formaciones de diversos tipos. || **Bot.** Fruto sencillo y seco, que se abre sólo por un lado y tiene una sola cavidad que comúnmente encierra varias semillas. || **dental** o **dentario.** Anat., Fisiol. y Zool. Cada uno de los situados en los maxilares y que contienen los esbozos de los dientes antes de su erupción. || **de Graaf.** folículo ovárico. || **linfático.** Nódulo muy pequeño, muchas veces microscópico, principalmente enquistado en las mucosas de ciertos órganos de los mamíferos; es acumulación y sitio de proliferación de células linfáticas. || **ovárico.** En las hembras de los mamíferos, región del ovario formada por un óvulo rodeado de capas de células protectoras y nutricias (foliculares), que dejan una cavidad llena de un líquido. || **piloso.** Indentación tubulosa de la piel, que penetra hasta la capa subcutánea a través de la epidermis y la dermis, y en cuyo fondo está implantada la raíz de un pelo, al que ha dado origen. || **sebáceo.** **glándula sebácea.**
fólido, da. (Del gr. *pholeós*, madriguera, e *-ido*.) adj. Zool. Dícese de los peces teleóstomos, del orden de los perciformes, próximos a los bléninos, con una larguísima aleta dorsal y las pectorales grandes como abanicos; p. e., el *gunelo*. || m. pl. Familia de estos peces.
folidoto, ta. (Del gr. *pholis, -ídos*, escama.) adj. Zool. Dícese de los mamíferos euterios, llamados también *nomartros* e incluidos antes en los desdentados, con el cuerpo cubierto de grandes placas córneas imbricadas, pelos esparcidos entre ellas, sin dientes, y lengua larga que utilizan para capturar insectos. Son los *pangolines*, propios de África y SE. de Asia. || m. pl. Orden de estos mamíferos, con una sola familia, la de los *mánidos*.

folijones. (De *folía*, baile.) m. pl. ant. Folk. *Cast. V.* Son y danza con acompañamiento de arpa, guitarra, violín, tamboril y castañuelas.
-folio. suf. V. **foli-.**
folio. (Del lat. *folĭum*, hoja.) m. Hoja del libro o cuaderno. || Titulillo o encabezamiento de las páginas de un libro. || Número que lleva cada página de un libro, folleto o revista. En el primer caso, suele llevar el título de la obra y el nombre del autor. || **Bibliog.** Tamaño del libro que tiene las dimensiones de un pliego de papel de tina doblado. || **Bot.** Hierba dioica de la familia de las euforbiáceas, que tiene las hojas aovadas y cubiertas de una especie de tomento blanco, el tallo algo leñoso, las flores conglobadas y con las semillas casi redondas. || **Filat. hoja.** || **atlántico.** *Léx.* El de grandes dimensiones y que no se dobla por la mitad, sino que forma una hoja cada pliego, como en los grandes atlas geográficos. || **de Descartes.** Geom. Curva de tercer grado, con dos ramas infinitas que tienen una asíntota común y se cortan formando un lazo sencillo, semejante a una hoja aovado-lanceolada. || **índico.** *Bot.* Hoja de árbol de la canela. || **recto.** *Impr.* Primera página de un folio, cuando solamente ella está numerada. || El de las páginas impares. || **verso. folio vuelto.** || **vuelto.** Revés o segunda planta de la hoja del libro que no está numerada sino la primera. || El de las páginas pares. También se dice *verso*, en estas últimas. || **al primer folio.** m. adv. fig. con que se explica que una cosa se descubre inmediatamente o se conoce con facilidad. || **de a folio.** loc. adj. fig. y fam. Muy grande, dicho de ciertas cosas inmateriales. || **en folio.** loc. adj. Dícese del libro, folleto, etc., de papel de tina, cuyas hojas corresponden a dos por pliego. || Dícese también de otros libros cuya altura es de 33 cm. o más. Cuando mide 34 a 45, dícese *en folio marquilla*. || **en folio mayor.** loc. adj. En folio superior a la marca ordinaria. || **en folio menor.** loc. adj. En folio inferior a la marca ordinaria.
folíolo. (Del lat. *foliŏlum*.) m. Bot. Cada una de las hojuelas de una hoja compuesta.
folión. m. Mús. Música ligera, generalmente popular.
foliota. (Del lat. científico *pholiota*; del gr. *pholís*, escama, y *ous, otós*, oreja.) Bot. Gén. de hongos de la familia de los agaricáceos (v.).
folk. adj. Mús. V. **música folk.**
folklore. (Voz inglesa.) m. Conjunto de las tradiciones, creencias y costumbres de las clases populares. || Ciencia que estudia estas materias. En su origen, en inglés, se refería sólo a las tradiciones orales.
folklórico, ca. adj. Perteneciente al folklore.
folklorista. m. y f. Persona versada en el folklore.

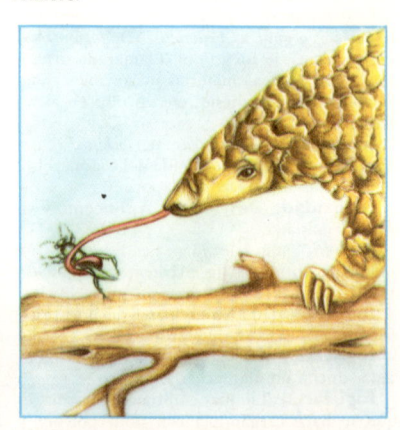

Detalle de un pangolín (mamífero folidoto)

foluz. (Del m. or. que *felús*.) f. **Num.** Cornado o tercia parte de una blanca.

folla. (De *follar*, hollar.) f. Lance del torneo en que batallan dos cuadrillas desordenadamente. || Junta o mezcla de muchas cosas diversas, sin orden ni concierto, por diversión o capricho. || Diversión teatral compuesta de varios pasos de comedia inconexos, mezclados con otros de música. || ant. Concurso de mucha gente, en que sin orden ni concierto hablan todos, o andan revueltos para alcanzar alguna cosa que se les echa a la rebatiña.

follada. (De *follar*, formar en hojas.) f. Empanadilla hueca y hojaldrada.

follado, da. p. p. de *follar*. || m. *Sal.* La parte más ancha y holgada de las mangas y de la pechera de la camisa. || **Bot.** *Can.* Arbusto caprifoliáceo cuyas ramas se emplean en cestería. || m. pl. ant. **Indum.** Especie de calzones o calzas que se usaban en lo antiguo, muy huecos y arrugados a manera de fuelles.

follador. (De *follar*, soplar.) m. El que afuella en una fragua.

follaje. fr., *feuillage*; it., *fogliame*; i., *foliage*; a., *Laubwerk*. (Del provenz. *follatge*, y éste del lat. *foliaticum*, de *folium*, hoja.) m. Conjunto de hojas de árboles y otras plantas. || Adorno de cogollos y hojas con que se guarnece y engalana una cosa || fig. Adorno superfluo, complicado y de mal gusto. || fig. Copia de palabras superfluas o superabundancia de exornación retórica en lo escrito o hablado.

follajería. f. ant. Adorno de cogollos y hojas.

follar. (Del lat. *follis*, fuelle.) tr. Soplar con el fuelle. || prnl. Soltar una ventosidad sin ruido.

follar. (Del lat. *folium*, hoja.) tr. Formar o componer en hojas alguna cosa.

follar. (Del lat. *fullāre*, abatanar.) tr. ant. **hollar.** || ant. Talar o destruir.

follero. m. El que hace o vende fuelles.

folleta. (Del provenz. *folheta*, y éste dim. del lat. *folia*.) f. ant. Medida de vino que corresponde al cuartillo.

folletero. m. **follero.**

folletín. fr. e i., *feuilleton*; it., *appendice*; a., *Beiblatt, Feuilleton.* m. dim. de *folleto*. || Escrito que se inserta en la parte inferior de las planas de los periódicos, y en el cual se trata de materias extrañas al objeto principal de la publicación; como artículos de crítica, novelas, etc. Su característica esencial, cuando de novela se trata, es el intentar la captación de lectores populares mediante temas dramáticos o sentimentales, envueltos en una intensa acción y aun a costa de la verosimilitud. La palabra folletín suele tener un sentido peyorativo.

folletinesco, ca. adj. Perteneciente o relativo al folletín. || fig. Complicado y avivador del interés, como suelen ser las novelas que se publican en los folletines.

folletinista. com. Escritor de folletines.
folletista. com. Escritor de folletos.

folleto. fr., *brochure*; it., *foglietto*; i., *pamphlet*; a., *Broschüre*. (Del it. *foglietto*, y éste del lat. *folium*, hoja.) m. **Impr.** Obra impresa, no periódica, que no consta de bastantes hojas para formar libro. || ant. *Léx.* Gacetilla manuscrita que contenía regularmente las noticias del día.

follisca. f. *Amér. c., Pan., P. Rico* y *Dom.* Fullona, pendencia, gresca.

follón, na. (Del lat. *follis*, fuelle.) adj. Flojo, perezoso y negligente. Ú. t. c. s. || Vano, arrogante, cobarde y de ruin proceder. Ú. t. c. s. || m. Cohete que se dispara sin trueno. || Alboroto, discusión tumultuosa. || Asunto pesado o enojoso. || Ventosidad sin ruido. || ant. Cualquiera de los vástagos que echan los árboles desde la raíz, además del tronco principal. || pl. **Indum.** *Ecuad.* Vestiduras mujeriles que caen de la cintura abajo, como faldas, enaguas, refajos.

follonería. (De *follón*.) f. ant. Ruindad en el modo de proceder.

follonía. (De *follón*.) f. desus. Vanidad, presunción.

follosas. (De *fuelle*.) f. pl. *Germ.* Calzas, prendas de vestir.

foma. (Del lat. científico *phoma*; del gr. *phoîs*, mancha de una quemadura en la piel.) **Bot.** Gén. de hongos hifomicetes esferopsidales, que viven parásitos sobre las ramas y tallos jóvenes de las plantas, produciéndoles enfermedades.

Fomalhaut. (Del ár. *fal-hawt*, boca del pez.) **Astron.** Estrella de magnitud 1,3, en la constelación del Pez Austral. Está a 20 años luz de la Tierra; es blancoazulada, de la clase espectral A, y su nombre científico es α-*Piscis Austrini*.

Fombellida. Geog. Mun. y villa de España, prov. y p. j. de Valladolid; 551 h.

Fombuena. Geog. Mun. y lugar de España, prov. de Zaragoza, p. j. de Daroca; 19 h.

fomentación. (Del lat. *fomentatĭo, -ōnis*.) f. **Terap.** Acción y efecto de fomentar, aplicar paños a una parte enferma. || **fomento**, medicamento que se aplica en paños.

fomentador, ra. adj. Que fomenta. Ú. t. c. s.

fomentar. fr., *fomenter, encourager*; it., *fomentare*; i., *to foment*; a., *anreizen, unterhalten, nähren*. (Del lat. *fomentāre*.) tr. Dar calor natural o templado que vivifique o preste vigor. || fig. Excitar, promover o proteger una cosa. || fig. Atizar, dar pábulo a una cosa. || *Cuba*. Fundar, organizar un negocio. || **Terap.** Aplicar a una parte enferma paños empapados en un líquido.

fomento. (Del lat. *fomentum*, contr. de *fovimentum*; de *fovēre*, abrigar, calentar.) m. Calor, abrigo, y reparo que se da a una cosa. || Pábulo o materia con que se ceba una cosa. || fig. Auxilio, protección. || **Terap.** Medicamento líquido que se aplica en paños exteriormente.

Fómeque. Geog. Mun. de Colombia, depart. de Cundinamarca; 10.914 h. || Pobl. cap. del mismo; 2.842 h.

fomes. (Del lat. *fomes, -ĭtis*, yesca.) **Bot.** Gén. de hongos de la familia de los poliporáceos (v.).

fomes. (Del lat. *fomes*.) m. p. us. Causa que excita y promueve una cosa.

fómite. (Del lat. *fomes, -ĭtis*.) m. desus. **fomes.**

Fompedraza. Geog. Mun. y villa de España, prov. y p. j. de Valladolid; 214 h.

fon-. pref. V. **fono-.**

fon. adj. **Etnog.** Dícese de una importante tribu del pueblo negroafricano ewe. Son de cultura y raza guineana. Los fon fundaron a principios del s. XVII el importante reino de Dahomey, en la región de Abomey. Apl. a pers., ú. t. c. s. || Perteneciente o relativo a esta tribu.

fon. m. **Fís. fonio.**

fona. (Del cat. *fona*, y éste del lat. *funda*.) f. desus. Cuchillo en las capas u otras ropas Ú. m. en pl.

fonación. (Del gr. *phoné*, voz.) f. Emisión de la voz o de la palabra. || **Fisiol.** Producción de sonidos en los animales por medio de un órgano especializado, *laringe* o *siringe*, diferenciación de la porción anterior de la tráquea.

fonacoscopia. (De *fon-, -aco-* y *-scopia*.) f. **Terap.** Percusión y auscultación combinadas por medio de una cámara de resonancia en forma de campana, con un martillo percutor que golpea la pared torácica anterior mientras el que practica el examen ausculta en el dorso.

foncarralero, ra. adj. Natural de Fuencarral (España), o perteneciente a este pueblo, hoy anexionado a Madrid. Ú. t. c. s.

Foncea. Geog. Mun. y villa de España, prov. de Logroño, p. j. de Haro; 218 h.

Fond Du Lac. Geog. Cond. de EE. UU., en el de Wisconsin; 84.567 h. || Pobl. cap. del mismo; 35.515 h. Manufacturas de maderas, papel, harinas, maquinaria, calzado, etc.

fonda. fr., *restaurant*; it., *albergo*; i., *hotel, inn*; a., *Gasthof, Hotel*. (Del m. or. que *fondac*.) f. Establecimiento público donde se da hospedaje y se sirven comidas. Por lo general es hoy de categoría inferior a la del hotel o de tipo más antiguo. || El servicio y conjunto de cámara, comedor y cocina de un buque mercante. || *Chile*. Puesto o cantina en que se despachan comidas y bebidas. || *Guat.* Tienda donde se vende aguardiente.

fonda. (Del lat. *funda*.) f. ant. Honda para tirar piedras.

Fonda (Henry). Biog. Actor de cine estadounidense, n. en Grand Island, Nebraska, en 1905. Películas: *Pasión de los fuertes, Doce hom-*

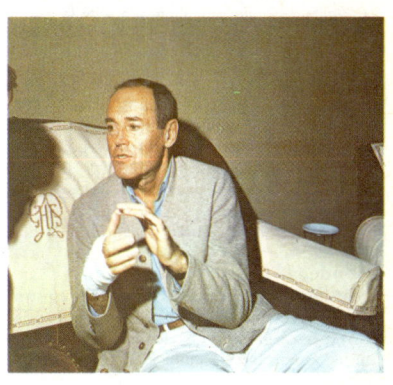

Henry Fonda

bres sin piedad, Falso culpable, Guerra y paz, Tempestad sobre Washington. || **(Jane).** Actriz de cine estadounidense, n. en Nueva York en 1937. Películas: *La gata negra, Reajuste matrimonial, Amor prohibido, La jauría humana, Confidencias de mujer, Klute*, por la que obtuvo el Oscar (1971) a la mejor actriz; *Todo va bien, Material americano, Chantaje contra una esposa* y *Barbarella.*

fondable. (De *fondo*.) adj. Aplícase a los parajes de la mar donde pueden dar fondo los barcos.

fondac. (Del ár. *fundāq*, hospedería, depósito, alhóndiga.) m. En Marruecos, hospedería y almacén donde se negocia con las mercancías que llevan allí los traficantes.

fondado, da. (De *fondo*.) adj. Aplícase a los barriles y pipas cuyo fondo o suelo se asegura con cuerdas o con flejes de hierro para que no se desbarate con el peso que llevan dentro.

Fondarella. Geog. Mun. y lugar de España, prov. y p. j. de Lérida; 521 h.

fondeadero. fr., *mouillage*; it., *ancoraggio*; i., *anchoring-place*; a., *Anker-platz*. m. **Mar.** Paraje situado en costa, puerto o ría, de profundidad suficiente para que la embarcación pueda hacer fondo.

fondeado, da. adj. *Amér.* Rico, acaudalado, que está en fondos. **Mar.** Dícese del barco asegurado por medio de anclas o grandes pesos que agarren o descansen en el fondo de las aguas.

fondear. fr., *mouiller*; it., *scandagliare, ancorare*; i., *to anchor*; a., *zu Anker gehen*. tr. Reconocer el fondo del agua. || Registrar, reconocer los ministros o individuos de la hacienda pública o del fisco una embarcación para ver si trae géneros prohibidos o de contrabando. || fig. Examinar con cuidado una cosa hasta llegar a sus principios. Se aplica también a las

La fragata «Resolución», fondeada ante la isla de los Leones Marinos, acuarela de R. Monleón (1882). Museo Naval. Madrid

personas para cerciorarse de su aptitud o conocimientos. ‖ Desarrumar o apartar la carga del navío hasta descubrir el plan y fondo de él para reconocer una cosa. ‖ intr. Asegurar una embarcación o cualquier otro cuerpo flotante, por medio de anclas o grandes pesos que se agarren o descansen en el fondo de las aguas.

fondearse. prnl. *Amér.* Acumular fondos, enriquecerse.

fondega. f. **Zool. trigla.**

fondeo. m. Acción de fondear, registrar una embarcación en busca de contrabando; apartar la carga de un navío para reconocer el fondo; asegurar una embarcación por medio de anclas.

fondero, ra. (De *fonda,* establecimiento.) m. y f. *Amér.* **fondista.**

fondero. (De *fonda,* honda.) m. ant. **hondero.**

Fondevila. Geog. Lovios.

fondeza. (De *fondo,* honda.) f. ant. Hondura o profundidad de una cosa.

Fondi. Geog. Lago de Italia, prov. de Latina, en el Lacio; 4,5 km.²

fondillón. (De *fondo.*) m. Asiento y madre de la cuba cuando, después de mediada, se vuelve a llenar y rehenchir, y suele conservarse muchos años. ‖ Vino rancio de Alicante.

fondillos. (De *fondo.*) m. pl. Parte trasera de los calzones o pantalones.

fondirse. (De *fondo.*) prnl. ant. **hundirse.**

fondista. (De *fonda.*) com. Persona que tiene a su cargo una fonda.

fondo, da. fr., *fond;* it., *fondo;* i., *bottom, ground;* a., *Grund, Boden.* (Del lat. *fundus.*) adj. ant. **hondo.** ‖ m. Parte inferior de una cosa hueca. ‖ Hablando del mar, de los ríos o estanques, superficie sólida sobre la cual está el agua. ‖ **hondura.** ‖ Extensión interior de un edificio. ‖ Color o dibujo que cubre una superficie y sobre el cual resaltan los adornos, dibujos o manchas de otro u otros colores. ‖ En pintura, espacio que no tiene figuras o sobre el cual se representan. ‖ **campo.** ‖ Grueso que tienen los diamantes. ‖ Caudal o conjunto de bienes que posee una persona o comunidad. ‖ Condición o índole de uno. ‖ Cualquier porción de dinero. Ú. m. en pl. ‖ fig. Lo principal y esencial de una cosa. En esta acepción se contrapone a la forma. ‖ fig. Caudal de una cosa; como de sabiduría, de virtud, de malicia, etcétera. ‖ **vaca,** dinero que se juega en común. ‖ Cada una de las colecciones de impresos o manuscritos de una biblioteca que ingresan de una determinada procedencia. ‖ Falda de debajo sobre la cual se arma el vestido. ‖ Cada uno de los dos témpanos de la cuba o del tonel. ‖ Espacio en que se forman las hileras y ocupan los soldados pecho con espalda. ‖ En filatelia, cualquiera de los elementos impresos no legibles que hay entre el reborde y el dibujo. ‖ En términos de imprenta, impresión compacta en un color débil, para reimprimir sobre él un texto o un grabado en tinta más fuerte. Puede ser con una plancha completamente lisa o con orlas especiales, así como de madera, linóleo o plástico. ‖ fig. En deporte, resistencia física, reserva de energía corporal para aguantar prolongados esfuerzos. ‖ *Ál.* Arte de pesca compuesto de una cuerda a cuyo extremo hay dos anzuelos y un plomo. ‖ *Cuba.* Caldera usada en los ingenios. ‖ *Méj.* Saya blanca que las mujeres llevan debajo de las enaguas. ‖ pl. **Com.** Caudales, dinero, papel moneda, etc., perteneciente al tesoro público o al haber de un negociante. ‖ **Der.** En los procesos, la cuestión de derecho substantivo, por contraposición a las de trámite y excepciones dilatorias. ‖ **Mar.** La parte sumergida del casco de un buque. ‖ **de cabaña.** *Arqueol.* Pequeño yacimiento arqueológico correspondiente al suelo de una cabaña, sobre el que se fueron acumulando diversos restos (conchas, huesos, trozos de utensilios, etc.), y cuyo estudio puede dar alguna luz sobre la civilización de quienes la ocuparon. ‖ **doble.** *Mar.* Espacio entre el casco exterior y el fondo interior de un buque, dividido en compartimientos estancos. ‖ **editorial.** *Impr.* Los libros que una casa editora tiene en propiedad para imprimir y vender. ‖ **de garantía.** *Com.* Reserva que constituye toda sociedad mercantil con el producto mismo de las operaciones, para responder del capital aportado por los socios. ‖ **muerto, perdido,** o **vitalicio.** *Der.* Capital que se impone a rédito por una o más vidas, con la condición de que, muriendo aquel o aquellos sobre cuyas vidas se impone, quede a beneficio del que recibió el capital y paga el rédito. ‖ **de reserva.** *Econ.* En las compañías mercantiles, y más particularmente en las sociedades anónimas, dinero sobrante después de haber hecho el reparto del tanto por ciento estipulado a los accionistas. Dicho fondo se retiene para ser repartido en los ejercicios de beneficios bajos o nulos o para atender a las eventualidades del negocio. ‖ **fondos de amortización.** *Der.* Los destinados a extinguir una deuda o a reintegrar un haber del demérito o destrucción de bienes que lo integran. ‖ **de inversión.** *Econ.* Los que, procedentes del ahorro privado, son administrados por empresas especializadas, para su conversión en valores negociables en Bolsa. Esta forma de inversión colectiva se ha encauzado a través de la historia bajo diversas formas en distintos países a partir de la Edad Media, siendo en el R. U. y EE. UU. donde adquirió mayor desarrollo. Más tarde se implantó también con cierta importancia en Suiza y en la R. F. A. Tiene gran importancia en el mercado de capitales, ya que estimula el ahorro y contribuye trascendentalmente al desarrollo económico general. ‖ **públicos.** *Hacienda.* Caudales del estado y, p. ext., los de las provs., mun. y corporaciones que dependen de estas entidades. Están constituidos por el numerario, oro, plata, calderilla, billetes y efectos que, al ingresar en las cajas públicas, figuran con su correspondiente valoración. Estos fondos no pueden salir de las cajas sino por mandato del funcionario llamado ordenador y son inembargables. ‖ **de reptiles.** fig. y fam. *Léx.* En algunos ministerios, fondos secretos que se aplican a la captación de voluntades o al simple favor. ‖ **secretos.** *Polit.* Los créditos autorizados por el presupuesto para gastos de seguridad interior o exterior del estado, sin sujeción a los requisitos y justificantes de las leyes de contabilidad. ‖ **a fondo.** m. adv. Enteramente, hasta el límite de las posibilidades. ‖ **a fondo perdido.** fr. Dícese de la cantidad invertida en una finalidad cualquiera, sin idea de lucro, ni de recuperación, como cuando el estado, para estimular la construcción de viviendas económicas, asigna una cifra no reintegrable a cada una de las que se edifiquen. ‖ **en el fondo.** loc. adv. En realidad, en esencia.

Fondo Internacional de Urgencia de las Naciones Unidas para la Infancia. (En i., *United Nations International Children's Emergency Fund,* y abreviadamente, *U. N. I. C. E. F.*) **Sociol.** Organismo de la O. N. U., dependiente del Consejo Económico y Social, para atender a la infancia desvalida de todo el mundo, en casos apremiantes. ‖ **Monetario Internacional.** (En i., *International Monetary Fund* o, abreviadamente, *Fund.*) **Econ.** V. **Organización de las Naciones Unidas.** ‖ **de Ordenación y Regulación de Producciones y Precios Agrarios. Com.** Organismo autónomo español, configurado al Ministerio de Agricultura. Sus siglas son *F. O. R. P. P. A.*

Documento acreditativo de un fondo de inversión. Cámara de valores de la Confederación de Cajas de Ahorro. Madrid

fondón, na. adj. fam. y desp. Dícese de la persona que ha perdido la gallardía y agilidad de la juventud por haber engordado.

fondón. (De *fondo*.) m. Asiento y madre del vino de la cuba. || Lo más bajo, o el fondo, de los brocados de altos. || ant. Fondo profundo. || **de fondón.** m. adv. ant. Decíase así cuando se destruía, derribaba o desbarataba una cosa hasta los fundamentos. || **en fondón.** m. adv. ant. En lo hondo.

Fondón. Geog. Mun. de España, prov. y p. j. de Almería; 1.461 h. || Lugar cap. del mismo; 971 h. (*fondonenses*).

fondonero, ra. (De *fondón*.) adj. ant. **hondonero.**

fondura. f. ant. **hondura.**

fonébol. (Del cat. *fonèbol*, y éste del lat. *fundibŭlum*.) m. **fundíbulo.**

Fonelas. Geog. Mun. y lugar de España, prov. de Granada, p. j. de Guadix; 1.913 h.

-fonema. suf. V. **fono-.**

fonema. (Del gr. *phónema*, sonido de la voz.) m. **Fon.** Cada uno de los sonidos simples del lenguaje hablado. || Cada una de las unidades fonológicas mínimas que en el sistema de una lengua pueden oponerse a otras en contraste significativo; p. e., las consonantes iniciales de *pozo* y *gozo*, *mata* y *bata*; las interiores de *cala* y *cara*; las finales de *par* y *paz*; las vocales de *tan* y *ten*, *sal* y *sol*, etc. Dentro de cada fonema, caben distintos alófonos.

fonemático, ca. adj. Perteneciente o relativo al fonema o al sistema fonológico. || f. **Fon.** Parte de la fonología que estudia los fonemas.

fonendoscopio. (De *fono-* y *endoscopio*.) m. Estetoscopio en el que el tubo rígido se substituye por dos tubos de goma que enlazan la boquilla que se aplica al organismo con dos auriculares· o dos botones perforados que se introducen en los oídos. || Aparato semejante al estetoscopio, más perfeccionado y para audición biauricular.

fonesis. (Del gr. *phoné*, sonido.) f. **Pat.** Sonido que se percibe en la percusión, y es distinto según el estado del tejido profundo.

fonética. fr., *phonétique*; it., *fonetica*; i., *phonetic*; a., *Phonetik*. (Del gr. *phonetiké*, t. f. de *phonetikós*, fonético.) f. Conjunto de los sonidos de un idioma. || Estudio acerca de los sonidos de uno o varios idiomas, sea en su fisiología y acústica, sea en su evolución histórica. Es una ciencia de observación, que utiliza particularmente los siguientes aparatos: 1.º, el diapasón, que inscribe sus vibraciones sobre un tambor; 2.º, el laringoscopio y otros diversos aparatos, que registran los movimientos respiratorios o musculares concomitantes con la fonación. La fonética estudia: 1.º, la fisiología de la emisión de la voz, tanto al hablar como en el canto; 2.º, la patología del lenguaje: tartamudeo, afasia, etc., principalmente en cuanto tienen un origen psíquico; 3.º, clasificación de los diferentes sonidos que ocurren en un idioma y comparación con los de·otros. Como los signos de que se sirven todos los idiomas para representar por escrito el idioma hablado no representan exactamente cada uno de los sonidos, la fonética se sirve de un sistema especial de símbolos tales que a cada fonema corresponde un símbolo e inversamente; 4.º, acentuación de las palabras y de la frase (esto último constituye una ciencia especial: la *tonética*; en i., *tonetic*; en a., *tonfall-lehre*). || **experimental.** **Fon.** Estudio práctico de los sonidos de un idioma, sin consideración de su significado o de su sémantica.

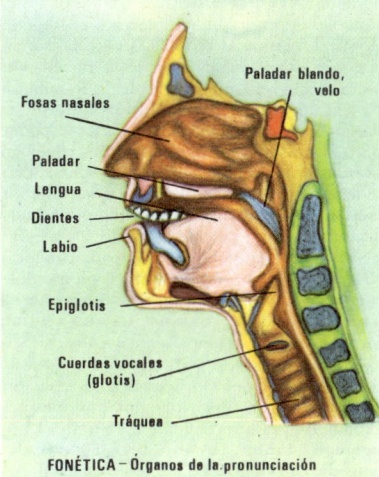

FONÉTICA – Órganos de la pronunciación (Paladar blando, velo; Fosas nasales; Paladar; Lengua; Dientes; Labio; Epiglotis; Cuerdas vocales (glotis); Tráquea)

Transcripción fonética	Inglés	Traducción literal española
1. ai θink its taim tə gou tə bed.	1. I think it's time to go to bed.	1. Creo que es hora de ir a la cama.
2. ju məst bi fi'lin ra'də taiəd.	2. You must be feeling rather tired.	2. Usted debe sentirse más bien cansado.
3. ai θoit praeps ju' mait help mi.	3. I thought perhaps you might help me.	3. Creí que usted tal vez pudiera ayudarme.
4. hwai didnt ju rait tə mi bi fɔər əbaut it?	4. Why didn't you write to me before about it?	4. ¿Por qué no me escribió usted antes acerca de ello?
5. hwot ə priti litl haus!	5. What a pretty little house!	5. ¡Qué linda casita!

Texto en escritura fonética, escritura corriente inglesa y traducción al español.

fonético, ca. (Del gr. *phonetikós*.) adj. Perteneciente a la voz humana o al sonido en general. || Aplícase a todo alfabeto o escritura cuyos elementos o letras representan sonidos, de cuya combinación resultan las palabras. Se opone a todo sistema de escritura en que los signos representan sílabas, ideas, etc. (V. **alfabeto.**) || Aplícase especialmente al alfabeto u ortografía que trata de representar los sonidos con mayor exactitud y más especificadamente que la escritura usual.

fonetismo. m. Conjunto de caracteres fonéticos de un idioma. || Adaptación de la escritura a la más perfecta representación de los sonidos de un idioma.

fonetista. com. Persona versada en fonética.

Fonfría. Geog. Mun. y lugar de España, prov. de Teruel, p. j. de Calamocha; 80 h. || Mun. de España, prov. y p. j. de Zamora; 2.147 h. En 1973 se le incorporó parte del mun. de Ceadea. || Villa cap. del mismo; 524 habitantes.

-fonía. suf. V. **fono-.**

foníatra o **foniatra.** (De *fon-* e *-iatra*.) m. o f. Persona que profesa la foniatría.

foniatría. (De *fon-* e *-iatría*.) f. Parte de la medicina que se dedica a las enfermedades de los órganos de la fonación.

-fónico. suf. V. **fono-.**

fónico, ca. (Del gr. *phoné*, voz.) adj. Perteneciente a la voz o al sonido.

fonil. (Del aragonés *fonil*, y éste del lat. *fundīle*, por *fundibŭlum*, embudo.) m. Embudo con que se envasan líquidos en las pipas.

fonio. (Del gr. *phoné*, voz.) m. **Fís.** Unidad de nivel sonoro, equivalente a un decibelio del sonido cuya frecuencia es de mil hercios. A veces se llama también *fono*, *fon* o *phon*.

fonje. (Del cat. *fonjo*, y éste del lat. *fungĕus*, de *fungus*, hongo.) adj. p. us. Blando, muelle o mollar y esponjoso.

fono-, fon-; -fonema, -fonía, -fono, -fónico. (Del gr. *phoné*.) pref. o suf. que sign. voz, sonido.

fono. m. *Arg.*, *Bol.* y *Chile*. Auricular del teléfono. || **Fís.** **fonio.**

fonocaptor. (De *fono-*, y el lat. *captor, -oris*, captador, recogedor.) m. **Elec.** Aparato que aplicado a un disco de gramófono permite reproducir eléctricamente las vibraciones inscritas en el disco. Consta de un brazo articulado en cuyo extremo libre hay una aguja conectada con la membrana de un micrófono.

fonocardiografía. (De *fono-* y *cardiografía*.) f. **Med.** Registro gráfico de los ruidos del corazón por reproducción eléctrica, en la que se emplea un micrófono, amplificador y galvanómetro, o por transmisión de las vibraciones a una fina membrana cuyas oscilaciones se registran ópticamente.

fonocardiograma. (De *fono-* y *cardiograma*.) m. Curva del registro de las variaciones en el tono cardiaco.

fonofaro. (De *fono-* y *faro*.) m. **Mar.** Estación terrestre que transmite señales acústicas submarinas.

fonografía. (De *fono-* y *-grafía*.) f. Manera de inscribir sonidos para reproducirlos por medio del fonógrafo o de otro aparato. Maneras modernas de la fonografía son la estereofonía y la cuadrafonía. En 1931 el inglés Blumlein descubrió la *estereofonía* (v.), sistema que fue lanzado al mercado, con gran éxito, en 1958. El gran desarrollo alcanzado por la fonografía comenzó en 1948 al aparecer el *disco microsurco* (v.), que permite grabaciones de gran duración, y al que siguieron el *disco estereofónico* (v. **estereofonía**), el *sistema cuadrafónico* o *cuadrisónico*, llamado también *cuadrafonía*, que crea efectos sorprendentes al hacer uso de cuatro amplificadores, cuatro altavoces y un nuevo tipo de registro a cuatro pistas, y, últimamente, el *sistema Scheiber* (v.), con el que se logra grabar en dos canales el sonido de cuatro.

fonográfico, ca. adj. Perteneciente o relativo al fonógrafo.

fonógrafo. fr., *phonographe*; it., *fonografo*; i., *phonograph*; a., *Phonograph*. (De *fono-* y *-grafo*.) m. **Fís.** Instrumento que se destina a grabar la voz humana o cualquier otro sonido y a reproducirlos. Inventado por Edison en 1878, se componía originalmente de una bocina que recogía las ondas sonoras, de una membrana (diafragma) que se agitaba más o menos según la intensidad de las vibraciones, de una aguja que, como consecuencia, penetraba con mayor o menor profundidad en la capa de cera de que estaba cubierto un cilindro y, al desplazarse éste, describía una línea helicoidal. Al funcionar en sentido inverso, es decir, al moverse el cilindro impresionado y recorrer la aguja el surco, hacía vibrar el diafragma y se reproducían los sonidos. Por facilidad de manejo y de conservación, el cilindro fue substituido pronto por un disco (v. **gramófono**), donde la aguja describía una espiral desde la periferia hacia el centro, y la aparatosa bocina exterior fue dispuesta en la misma caja del aparato. El funcionamiento de estos aparatos en cuanto al movimiento dependía de un dispositivo de relojería, al que se daba cuerda mediante una manivela. Posteriormente este mecanismo fue substituido por un motorcito eléctrico.

fonograma. (De *fono-* y *-grama.*) m. Sonido representado por una o más letras. ‖ Cada una de las letras del alfabeto. ‖ *Amér.* Mensaje que se transmite al destinatario por teléfono.

fonolita. (De *fono-* y *-lita*, roca.) f. *Geol.* Roca eruptiva volcánica, básica, con igual proporción de ortosa y plagioclasas, con feldespatoides.

fonología. (De *fono-* y *logía*.) f. **fonética.** ‖ Rama de la lingüística, que estudia los elementos fónicos, atendiendo a su respectivo valor funcional dentro del sistema propio de cada lengua. Suele subdividirse en dos partes: fonemática y prosodia.

fonológico, ca. adj. Relativo a la fonología.

fonólogo. m. Persona entendida en fonología.

Fonollosa. *Geog.* Mun. de España, prov. de Barcelona, p. j. de Manresa; 656 h. ‖ Lugar cap. del mismo; 240 h.

fonometría. (De *fono-* y *-metría*.) f. **Fís.** Parte de esta ciencia que se ocupa de medir los sonidos.

fonómetro. (De *fono-* y *-metro.*) m. Aparato para medir el sonido.

fonón. (Del gr. *phonéo*, sonar.) m. **Fís.** y **Miner.** Cuanto de energía mecánica que transmite las vibraciones de los átomos de un cristal.

fonóptico, ca. (De *fono-* y *óptico.*) adj. Dícese de las cintas magnetofónicas que además del sonido registran imágenes ópticas.

fonoteca. (De *fono-* y *-teca.*) f. Colección o archivo de cintas o alambres magnetofónicos, discos, etc., impresionados con la palabra hablada, con música u otros sonidos.

fonotecnia. (De *fono-* y *-tecnia.*) f. Estudio de las maneras de obtener, transmitir, registrar y reproducir el sonido.

fonsadera. (De *fonsado*, en b. lat. *fonsadera.*) f. Servicio personal en la guerra, que se prestaba antiguamente. ‖ Tributo que se pagaba para atender a los gastos de la guerra.

fonsado. (Del m. or. que *fosado*.) m. **fonsadera.** ‖ Labor del foso. ‖ ant. Ejército, hueste.

Fonsagrada. *Geog.* Mun. de España, prov. de Lugo, p. j. de su nombre; 9.744 h. ‖ C. cap. del mismo y del p. j.; 1.044 h. (v. *buxaneses*.)

fonsario. (Del b. lat. *fonsarius*, y éste del lat. *fossa*, foso.) m. ant. Foso que circunda las plazas.

Fonseca (Alonso de). *Biog.* Prelado español, n. en Salamanca y m. en Santiago en 1512. Fue arzobispo de Santiago de Compostela. Tuvo con María de Ulloa, señora de Cambados, un hijo, Alonso, a quien consiguió que se le nombrara sucesor suyo en la sede compostelana. ‖ **(Alonso de).** Prelado español, hijo del anterior, n. en Santiago y m. en Toledo (1475-1534). Estudió en Salamanca y sucedió a su padre en el arzobispado de Santiago (1508). Fundó el colegio de Fonseca en Alcalá de Henares y el de Santiago, y, en 1524, fue nombrado arzobispo de Toledo y primado de España. Bautizó a Felipe II. ‖ **(Manuel Deodoro de).** General brasileño, n. en Alagoas y m. en Río de Janeiro (1827-1892). Siendo gobernador del estado de Rio Grande do Sul, acaudilló la revolución que derrocó el Imperio (1889). Proclamó la república federal, asumió el gobierno provisional y, en 1891, fue elegido por el Congreso presidente de la República. Al encarar una tenaz oposición, disolvió el Parlamento, pero hubo de renunciar al poder poco después. ‖ **(Pedro de).** Filósofo y teólogo portugués, n. en Corticada (1528-1599). Perteneció a la Compañía de Jesús desde 1548, y escribió una serie de tratados filosóficos muy difundidos por Europa durante los s. XVI y XVII. Felipe II de España y el papa Gregorio XIII le tuvieron en gran estima, honrándole con elevados cargos y delicadas comisiones. ‖ *Geog.* Golfo de la costa de América central, formado por el océano Pacífico entre El Salvador, Honduras y Nicaragua. Fue descubierto en 1522 por Gil González de Ávila. Su entrada se halla dominada por dos volcanes extinguidos: el Conchagua (1.175 m.) y el Cosiguina (1.158 m.). ‖ Mun. de Colombia, depart. de La Guajira; 17.540 h. ‖ Pobl. cap. del mismo; 9.988 h.

Font y Carreras (Augusto). Biog. Arquitecto español, n. y m. en Barcelona (1845-1924). Entre sus obras principales figuran el Seminario Conciliar de Tarragona. ‖ **y Quer (Pío).** Botánico y farmacéutico español, n. en Lérida y m. en Barcelona (1888-1964). Fue profesor de la Universidad de Barcelona, farmacéutico militar, conservador y director del Instituto de Botánica de Barcelona, etc. Es autor de *Diccionario de Botánica* (1953), *Botánica pintoresca* (1958) y *Plantas medicinales* (1962). ‖ **y Sagué (Norberto).** Humanista, geólogo y sacerdote español, n. y m. en Barcelona (1873-1910). Investigó en literatura e historia catalanas; estudió ciencias naturales en Barcelona y Madrid; realizó viajes de estudio por España y el Sáhara, y fue uno de los iniciadores de la espeleología española. ‖ **de Gaume.** *Geog.* y *Prehist.* Yacimiento prehistórico de Francia, depart. de Dordoña, en Les Eyzies. Está formado por una cueva con más de 200 figuras pintadas y grabadas de arte rupestre. Fue descubierta en 1901 por Peyrony.

Fontaine (Jean de La). Biog. Poeta y fabulista francés, n. en Château-Thierry y m. en París (1621-1695). Debió especialmente la celebridad a sus *Fábulas*, que son modelo en su género. ‖ a **Fontaines, conde de Fontaines (Pablo Bernardo).** Militar lorenés, n. en Lorena y m. en Rocroi (h. 1570-1643). Estuvo al servicio de España, donde fue conocido por *conde de Fuentes*, españolización de su apellido; fue gobernador de Brujas (1631) y después de Flandes. Mandaba los tercios españoles, y al frente de ellos murió luchando contra los franceses en la batalla de Rocroi en 1643.

Fontainebleau. *Geog.* C. de Francia, depart. de Sena y Marne; 22.704 h. Hermoso castillo construido por Francisco I, en el que Napoleón firmó su abdicación en 1814. Grande y pintoresco bosque.

fontal. (Del lat. *fontālis*.) adj. Perteneciente a la fuente. ‖ ant. fig. Primero y principal.

Fontán Pérez (Antonio). Biog. Político español, n. en Sevilla en 1923. Cursó la carrera de Filosofía y Letras en Sevilla y Madrid, doctorándose en esta última ciudad. Ha realizado una intensa labor docente. Fundador del Partido Demócrata, ha sido ministro de Administración Territorial (abril de 1979-mayo de 1980). Ha escrito, entre otras obras: *Humanismo romano* (1975) y *España, esa esperanza* (1979).

fontana. (Del lat. *fontāna*.) f. poét. Manantial que brota de la tierra. ‖ Aparato por el que sale el agua de la cañería. ‖ Construcción por la que sale o se hace salir agua.

Fontana (Domenico). Biog. Arquitecto italiano, n. en Melide y m. en Nápoles (1543-1607). Entre sus principales obras figuran el Palacio Laterano, el Quirinal y la Biblioteca del Vaticano. ‖ **(Lucio).** Escultor y pintor argentino, n. en Rosario, Santa Fe, y m. en Varese, Italia (1899-1968). Estudió en Milán, en cuya galería de Arte Moderno figura su escultura *Pescador* (1934). Su *busto de niña* fue premiado en la Exposición Internacional de Barcelona (1929) y su *Salón de la Victoria*, grupo gigantesco, lo fue igualmente en la Exposición Internacional de Milán (1936). En 1943, *el hombre del Delta* logró el primer premio Municipal de Escultura en Buenos Aires. Su obra pictórica le valió el primer premio de la Bienal de São Paulo. ‖ **(Niccolo).** Geómetra italiano, más conocido por el apodo de *Tartaglia* (que sign. tartamudo), n. en Brescia y m. en Venecia (1500-1557). Se le debe el procedimiento de resolución de las ecuaciones de tercer grado y la primera aplicación de las matemáticas al arte militar. ‖ **(Piero Bruno).** Cantor, actor y director cinematográfico argentino, más conocido por el seudónimo de *Hugo del Carril*, n. en Buenos Aires en 1912. Inició su carrera cantando música popular en la radiofonía; pasó después a los escenarios teatrales y se inició como actor en 1936, para proseguir en esta actividad en la cinematografía. Su carrera ha culminado como director cinematográfico. ‖ **(Prospero).** Pintor italiano, protegido de Miguel Ángel, n. y m. en Bolonia (1512-1597). Se dedicó al retrato y fundó una escuela de pintura, que se hizo famosa. ‖ *Geog.* Local. de Argentina, prov. de Chaco, part. de San Fernando; 1.737 h.

fontanal. (Del lat. *fontanālis*.) adj. Perteneciente a la fuente. ‖ m. Manantial de agua. ‖ Sitio que abunda en manatiales.

Fontanals de Cerdanya. *Geog.* Mun. de España, prov. de Gerona, p. j. de Puigcerdá; 462 h. Corr. 68 a la cap., la aldea de El Vilar.

fontanar. (De *fontana.*) m. Manantial de agua.

Fontanar. *Geog.* Mun. y villa de España, prov. y p. j. de Guadalajara; 695 h.

Fontanarejo. *Geog.* Mun. y lugar de España, prov. y p. j. de Ciudad Real; 883 h.

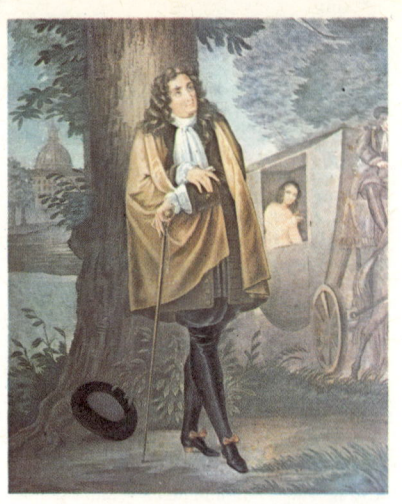

La Fontaine en el paseo de la Reina, grabado de Bouchot

Sepulcro de Alonso de Fonseca, en la iglesia del convento de las ursulinas, de Salamanca, su ciudad natal, obra de Diego de Siloé

Fontanares. Geog. Mun. y lugar de España, prov. de Valencia, p. j. de Onteniente; 1.125 h.

Fontane (Theodor). Biog. Escritor alemán, n. en Neuroppin y m. en Berlín (1819-1898). Viajó por el R. U., donde estudió el teatro, arte y literatura ingleses, y fruto de estos viajes fue su obra *Imágenes de Inglaterra, Estudios y cartas*, que publicó en 1860.

fontanela. fr., *fontanelle;* it., *fontanella;* i., *fontanel;* a., *Fontanelle.* (De *fontana.*) f. **Anat.** Parte de la bóveda craneal no cerrada por huesos, sino por una membrana tensa en los mamíferos recién nacidos y que más tarde se cierra en parte; en el niño hay dos: la grande, entre frontal y parietales, y la pequeña, entre parietales y occipital. || **Cir.** Instrumento de que usaban los cirujanos para abrir fuentes en el cuerpo humano.

Fontanella (Juan Pedro). Biog. Jurisconsulto español, n. en Olot y m. en Perpiñán (1576-1660). Como *conceller en cap* de Barcelona, resistió por las armas a las tropas castellanas que asediaban a Barcelona al mando del marqués de los Vélez.

fontanería. (De *fontanero.*) f. Arte de encañar y conducir las aguas para los diversos usos de ellas. || Conjunto de conductos por donde se dirige y distribuye el agua.

fontanero, ra. fr., *fontainier;* it., *fontaniere;* i., *inspector of wells;* a., *Brunnenmeister.* (De *fontana.*) adj. Perteneciente a las fuentes. || m. Artífice que encaña, distribuye y conduce las aguas para sus diversos usos.

fontaniego, ga. adj. Natural de Fuentes de Andalucía, o perteneciente a esta villa. Ú. t. c. s.

Fontanillas. Geog. Mun. de España, prov. de Gerona, p. j. de La Bisbal; 168 h. || Lugar cap. del mismo; 91 h.

fontano, na. (Del lat. *fontānus.*) adj. ant. Perteneciente o relativo a la fuente.

fontanoso, sa. (De *fontana.*) adj. ant. Aplicábase al lugar que tiene muchos manantiales.

Fontcuberta. Geog. Mun. de España, prov. y p. j. de Gerona; 509 h. || Lugar cap. del mismo; 56 h.

fonte. f. ant. **fuente.**

fontecica, lla. f. dim. ant. de **fuente.**

Fontechévade. Geog. Gruta de Francia, depart. de Charente, local. de Montbron, en la que la señorita Henri Martin encontró en 1950 un fragmento craneano, en estado fósil, que cree pertenecer a un antiguo ejemplar del *homo sapiens*, anterior al de Neanderthal (v. **hombre de Fontechévade**).

fontegí. m. **Bot.** Variedad de trigo fanfarrón.

Fontellas. Geog. Mun. de España, prov. de Navarra, p. j. de Tudela; 512 h. || Villa cap. del mismo; 430 h.

Fontenelle (señor de). Biog. Bobier (Bernard Le).

Fontenoy. Geog. Pobl. de Bélgica, prov. de Hainaut, dist. de Tournai; 600 h. El 11 de mayo de 1745 se dio la batalla de su nombre, en que los franceses, mandados por el mariscal de Sajonia, derrotaron a los aliados ingleses, holandeses, alemanes y austriacos.

fontense. adj. Natural de Fuentes de Jiloca, o perteneciente a este lugar. Ú. t. c. s.

fontepedreño, ña. adj. Natural de Fuente de Piedra, o perteneciente a este lugar. Ú. t. c. s.

Fonteta. Geog. Mun. y lugar de España, prov. de Gerona, p. j. de La Bisbal; 390 h. Aguas mineromedicinales.

Fonteyn (Margot). Biog. Hookham (Margaret).

fontezuela. f. dim. de **fuente.**

Fontezuela. Geog. Pobl. de Argentina, prov. de Buenos Aires, part. de Pergamino; 199 h.

Fontibón. Geog. Mun. de Colombia, depart. de Cundinamarca, prov. de Bogotá; 4.500 h. Patatas, maíz y legumbres.

Fontibre. Geog. Lugar de España, prov. de Santander, mun. de Hermandad de Campoo de Suso. Pertenece al valle de Reinosa, y en sus inmediaciones, a 853 m., se hallan las fuentes del Ebro.

Fontibre. Nacimiento del río Ebro

fonticonense. adj. Natural de Fonz, o perteneciente a esta villa. Ú. t. c. s.

fontículo. (Del lat. *fonticŭlus.*) m. **Anat.** fontanela. || **Cir.** exutorio.

Fontihoyuelo. Geog. Mun. y lugar de España, prov. de Valladolid, p. j. de Medina de Rioseco; 169 h.

fontinaláceo, a. (De *fontinalis* y *-áceo.*) adj. **Bot.** Dícese de los musgos del orden de los briales, pleurocárpicos, de caliptra entera y desnuda y perístoma doble. Comprende los gén. *dichélyma* y *fontinalis*. || f. pl. Familia de estos musgos.

fontinalis. (Voz lat. que sign. *de la fuente.*) **Bot.** Gén. de musgos de la familia de los fontinaláceos (v.).

fontino, na. adj. Natural de Fuente la Higuera, o perteneciente a esta villa. Ú. t. c. s.

Fontioso. Geog. Mun. de España, prov. de Burgos, p. j. de Lerma; 191 h. || Lugar cap. del mismo; 169 h.

Fontiveros. Geog. Mun. y villa de España, prov. de Ávila, p. j. de Arévalo; 1.285 h. (*fontivereños*). Iglesia parroquial, declarada monumento nacional, con artesonado mudéjar.

Fontrubí. Geog. Mun. de España, prov. de Barcelona, p. j. de Villafranca del Penedés; 1.338 h. Corr. 421 a la cap., el lugar de Guardiola.

Fonvizin (Denis Ivanovich). Biog. Escritor ruso, n. en Moscú y m. en San Petersburgo (1745-1792). Su primera comedia, *Brigadit*, cimentó su gloria literaria, y después de un viaje al extranjero, al volver a Rusia, escribió otra, *Nedorosl*, cuyo éxito fue grandioso.

Fonz. Geog. Mun. de España, prov. de Huesca, p. j. de Barbastro; 1.704 h. || Villa cap. del mismo; 1.387 h. (*fonticonenses*).

Fonzaleche. Geog. Mun. de España, prov. de Logroño, p. j. de Haro; 300 h. || Villa cap. del mismo; 223 h.

foñico. (Del lat. *folium*, hoja.) m. *And.* Hoja seca de maíz.

foot. (Voz inglesa que sign. *pie.*) **Metrol. pie.** || **-ball.** *Dep.* **fútbol.** || **-pound.** *Metrol.* Medida práctica de trabajo (R. U.), equivalente a 0,138 kilográmetros.

foque. fr., *foc;* it., *fiocco;* i., *jib;* a., *Klüver.* (Del hol. *fok.*) m. fig. y fam. Cuello almidonado de puntas muy tiesas. || **Mar.** Nombre común a todas las velas triangulares que se orientan y se amuran sobre el bauprés; se aplica p. ant. a la mayor y principal de ellas, que es la que se enverga en un nervio que baja desde la encapilladura del velacho a la cabeza del botalón de aquel nombre.

-for-. Infijo. V. **fer-.**

-fora. suf. V. **fer-.**

Foradada. Geog. Mun. de España, prov. de Lérida, p. j. de Balaguer; 210 h. || Lugar cap. del mismo; 80 h. Santuario de Nuestra Señora del Carmen del Salgar. || **de Toscar.** Mun. de España, prov. de Huesca, p. j. de Boltaña; 353 h. || Lugar cap. del mismo; 35 h.

foradador. (De *foradar.*) m. ant. Instrumento con que se horada.

foradar. (De *forado.*) tr. ant. **horadar.** Ú. t. c. prnl.

forado, da. (Del lat. *forātus*, de *forāre*, horadar.) adj. ant. Que está horadado. || m. ant. Abertura más o menos redonda. || *Amér.* m. Horado hecho en una pared.

foraida. (Del lat. *forāre*, agujerear.) f. ant. Hondonada u hoyada.

Forain (Jean-Louis). Biog. Pintor francés, n. en Reims y m. en París (1852-1931). Pintó mujeres elegantes y dibujó numerosas litografías.

forajido, da. fr., *bandit, fugitif;* it., *latitante;* i., *highwayman, outlaw;* a., *Strassenräuber.* (Del lat. *foras,* fuera, y *exĭtus,* salido.) adj. Aplícase a la persona facinerosa que anda fuera de poblado, huyendo de la justicia. Ú. t. c. s. || de sus. El que vive desterrado o extrañado de su patria o casa. || **malhechor.**

-foral. suf. V. **fer-.**

foral. adj. Perteneciente al fuero. || V. **Alera, consorcio foral.** || V. **bienes forales.** || V. **grita foral.** || m. *Gal.* Tierra o heredad dada en foro o enfiteusis.

foralmente. adv. m. Con arreglo a fuero.

forambre. (Del lat. *forāmen, -ĭnis.*) f. ant. Abertura más o menos redonda.

forambrera. f. ant. **forambre.**

foramen. (Del lat. *forāmen*.) m. Agujero o taladro. || Hoyo o taladro de la piedra baja de la tahona, por donde entra el palahierro. || **déxtrum.** *Anat.* y *Zool.* Orificio en el diafragma que da paso a la vena cava inferior. || **mágnum.** Orificio en el hueso occipital por el que la medula espinal penetra en el cráneo para unirse al encéfalo; es sin. de *agujero occipital*. || Orificio que comunica las cavidades cefálica y torácica de los insectos. || **oval.** Orificio del tabique interauricular en los fetos, por el cual pasa la sangre de la aurícula derecha a la izquierda, en vez de pasar al ventrículo derecho.

foraminífero, ra. (Del lat. *foramen, -inis* y *-fero*.) adj. *Zool.* Dícese de los protozoos plasmodromos rizópodos, con el cuerpo protegido por una concha sólida, de forma variadísima. Entre los politálamos que son marinos, merecen especial mención: la *globigerina*, la *fusulina* del carbonífero y los *nummulites*. Los seudópodos son finos, largos, anastomosables e incluso reticulados. || m. pl. Orden de estos protozoos.

foráneo, a. (Del b. lat. *foranĕus*, y éste del lat. *foras*, de fuera.) adj. Forastero, extraño. || *Rioja.* Exterior, de fuera. Aplícase a las hojas exteriores de las berzas, lechugas, etc.

foranes (Del m. or. que *foráneo*.) m. pl. *Mar.* Perchas de pino que se colocan verticalmente en los costados de los buques en construcción para formar los andamios.

forano, na (Del b. lat. *forānus*, de *foras*, de fuera.) adj. ant. Forastero, extraño. || ant. Rústico, huraño. || ant. Exterior, extrínseco y de afuera. || *Germ.* **forastero.**

foraño, ña. (Del b. lat. *foranĕus*, y éste del lat. *foras*, de fuera.) adj. ant. Exterior, de afuera. || m. *Sal.* La tabla que se saca de junto a la corteza del árbol.

foras. (Del lat. *foras*.) adv. l. ant. **fuera.** || ant. **fuera de.**

forastero, ra. fr., *étranger;* it., *forestiero;* i., *stranger;* a., *fremd.* (Del ant. fr. *forestier*, de *forest*, y éste del lat. *foras*, de fuera.) adj. Que es o viene de fuera del lugar. || Dícese de la persona que vive o está en un lugar de donde no es vecina y en donde no ha nacido. Ú. t. c. s. || fig. Extraño, ajeno.

forbante. (Del fr. *forban* y éste del ant. fr. *forbannir*, desterrar por medio de un bando.) m. **pirata.** || Corsario fuera de bando; que ejercía la piratería por su cuenta.

Forbes, conde de Montalembert (Charles). *Biog.* Político y literato francés, n. en Londres y m. en París (1810-1870). Fundó, con Lamennais, el periódico *El Porvenir*, y condenado por el papa Gregorio XVI por su liberalismo, se sometió y entró en la Cámara, en la que defendió hasta 1848 las doctrinas ultramontanas. En 1850, elegido diputado en la Asamblea Legislativa, hizo votar la ley sobre la libertad de enseñanza. Fue miembro de la Academia Francesa y escribió varias obras.

forca. (Del lat. *furca*.) f. ant. **horca.** || ant. **horquilla.**

Forcall. *Geog.* Mun. y villa de España, prov. de Castellón, p. j. de Vinaroz; 921 h. (*forcallanos*).

Forcall. Vista general

Forcanada (Pico de). *Geog.* Cumbre de España, en los Pirineos, prov. de Lérida; 2.882 metros de altura.

Forcarey. *Geog.* Mun. de España, prov. de Pontevedra, p. j. de La Estrada; 7.045 h. || Lugar cap. del mismo; 947 h. (*forcareses*).

forcate. (Del aragonés *forcat*, y éste del lat. *furcatus*, de *furca*, horca.) m. *Ál., Ar.* y *Rioja.* Arado con dos varas o timones para que tire de él una sola caballería.

forcatear. tr. *Agr. Ál.* y *Rioja.* Arar con forcate.

forcaz. (De *forca*.) adj. Dícese del carromato de dos varas.

forcejar. intr. Hacer fuerza para vencer alguna resistencia. || fig. Resistir, hacer oposición, contradecir tenazmente. || tr. ant. **forzar,** gozar a una mujer.

forcejear. (De *forcejo*.) intr. Hacer fuerza para vencer una resistencia. || Hacer oposición, contradecir tenazmente.

forcejeo. m. **forcejo.**

forcejo. (De *forcejar*.) m. Acción de forcejar.

forcejón. (De *forcejo*.) m. Esfuerzo violento.

forcejudo, da. (De *forcejo*.) adj. Que tiene y hace mucha fuerza.

fórceps. fr. e i., *forceps;* it., *forcipe;* a., *Geburtszange*. (Del lat. *forceps*, tenaza.) m. Instrumento en forma de tenaza, que se usa para la extracción de las criaturas en los partos difíciles. El primitivo fórceps obstétrico, inventado por Chamberlen en 1647, tenía una sola curva en las ramas para la cabeza del feto. Vino luego Levret (1747), quien añadió la curva pélvica en los bordes de las ramas. El pl. de esta voz es igual al sing.

forciar. tr. ant. **forzar.**

forcina. (Del dialec. *forcina*, y éste del lat. *fuscĭna*, horca, infl. por *furca*.) f. ant. Especie de tenedor de grandes púas.

forcípula. (Voz del lat. científico; dim. del lat. *forceps, -ĭpis*, tenazas.) f. Instrumento utilizado para medir el diámetro del tronco de los árboles. Consta de una regla, graduada en centímetros, a la que van perpendiculares a ella, uno fijo y otro móvil; es igual a un calibrador de grandes dimensiones.

forcir. (Del lat. *fulcīre*, apoyar.) tr. ant. Fortalecer o reforzar.

forchina. (Del lat. *fuscĭna*, infl. por *furca*, horca.) f. ant. Tenedor para comer. || **Arm.** Arja de hierro a modo de horquilla.

Ford (Gerald Rudolph). *Biog.* Político estadounidense, n. en Omaha, Nebraska, en 1913. Cursó estudios en las Universidades de Michigán y de Yale y posteriormente ejerció la abogacía. En octubre de 1973 fue nombrado por Nixon vicepresidente de EE. UU. al ser aceptada la dimisión de Spiro Agnew, y en agosto de 1974 asumió la presidencia de la nación hasta enero de 1977, que le sucedió James E. Carter. || **(Henry).** Industrial estadounidense, nacido en Greenfield y muerto en Dearbon (1863-1947). Empezó a trabajar, siendo aún niño, en un taller de maquinaria de Detroit. Después estudió ingeniería, llegando a ingeniero jefe de la Edison Iluminating Co., y en 1903 se estableció por su cuenta en Detroit, fundando la Ford Motor Co., que bajo su presidencia llegó a ser la mayor fábrica de automóviles y tractores del mundo. Creó el

Gerald Rudolph Ford

automóvil más popular que ha existido, el famoso modelo T, llamado vulgarmente *fotingo*, del que vendió diez millones de 1908 a 1924; luego se superó con otros modelos, como el V-8, que también logró gran difusión. Escribió: *Mi filosofía industrial* (1929). || **(Henry).** Industrial estadounidense, conocido por *Henry Ford II*, n. en Detroit en 1917. Desde 1945 dirige la empresa creada por su abuelo, y con el 95 % de las acciones de la misma, pertenecientes a él y su familia, ha creado la Fundación Ford, cuyos fines son el fomento de la paz, de la educación y la ciencia, el desarrollo de las instituciones democráticas y la consolidación de la seguridad económica. Creó también el premio. *Átomos para la Paz*, dotado con 75.000 dólares. || **(John). Feeney (Sean O').**

Forécariah. Geog. Región de Guinea; 4.265 km.² y 94.000 h. || C. cap. de la misma; 7.500 h.

Foreign Office. (expr. inglesa, liter., *Oficina Exterior*; pronúnc. *forin ofis*.) Polít. Ministerio de Relaciones Exteriores del R. U.

Foreman (George). Biog. Boxeador estadounidense contemporáneo. En 1973 se proclamó campeón del mundo de los pesos pesados al derrotar a Joe Frazier en Kingston (Jamaica), título que perdió frente a Muhammad Alí, en Kinshasa (Zaire), en octubre del año 1974.

forense. (Del lat. *forensis*, de *forum*, foro, plaza pública.) adj. Perteneciente al foro. || ant. Público y manifiesto.

forense. (Del lat. *foras*, de fuera.) adj. **forastero.**

-fóreo. suf. V. **fer-**.

forero, ra. adj. Perteneciente o que se hace conforme a fuero. || ant. Aplicábase al práctico y versado en los fueros. Usáb. t. c. s. || m. Dueño de finca dada a foro. || El que paga foro. || ant. El que pagaba foro, pecho o tributo. || ant. El que cobraba las rentas debidas por fuero o derecho.

Forés. Geog. Mun. y lugar de España, prov. y p. j. de Tarragona; 86 h.

foresia. (Del gr. *foreo*, llevar.) f. Biol. Relación entre dos individuos de distinta especie, en la que uno transporta al otro; es una variedad del *inquilinismo*.

-foresis. suf. V. **fer-**.

Forest (Lee de). Biog. Ingeniero estadounidense, n. en Council Bluffs, Iowa, y m. en Hollywood, California (1873-1961). Inventó el audión amplificador, que posibilitó la radiotelefonía. En 1923 exhibió películas sonoras en Nueva York. Escribió: *Television today and tomorrow* y *Father of radio* (autobiografía). || **Bogart (Humphrey de).** Actor de teatro y cine estadounidense, más conocido por *Humphrey Bogart*, n. en Nueva York y m. en Hollywood (1900-1957). Fue una gran figura del cine por su sobriedad interpretativa y su fácil adaptación a tipos muy diferentes. Filmó numerosas películas, entre las que sobresalen: *El bosque petrificado, Casablanca, El tesoro de Sierra Madre, Cayo Largo, El motín del Caine, La reina de África*, por la que obtuvo el Oscar de Hollywood (1951), *Llamad a cualquier puerta, La condesa descalza*.

forestación. f. *Chile*. Acción y efecto de forestar.

forestal. (Del b. lat. *forestalis*, de *foresta*, bosque, y éste del lat. *foras*, afuera.) adj. Relativo a los bosques y a los aprovechamientos de leñas, pastos, etc.

forestar. tr. Poblar un terreno con plantas forestales.

forester. (Voz inglesa; de *forest*, bosque.) m. Zool. Nombre que los ingleses dieron al *canguro gigante gris*.

forfícula. (Del lat. *forficŭla*, dim. de *forfex, -icis*, tijeras.) Entom. Gén. de insectos dermápteros al que pertenecen las tijeretas.

forficúlido, da. (De *forficula* e *-ido*.) adj. Entom. Dícese de los insectos del orden de los dermápteros; con élitros muy cortos, debajo de los cuales se pliegan las alas de manera complicada, por lo que, a simple vista, parecen ápteros y, a veces, sin élitros, ni alas. Son los insectos llamados vulgarmente *tijeretas* o *cortapicos*. || m. pl. Familia de estos insectos.

fórfolas. (Del lat. *furfur, -ŭris*, caspa.) f. pl. ant. Escamas que se forman en el cuero cabelludo, al modo de caspa gruesa, pero pegada y con algún humor debajo.

Forfoleda. Geog. Mun. de España, prov. y p. j. de Salamanca; 398 h. || Lugar cap. del mismo; 371 h.

Forges. Biog. Fraguas de Pablo (Antonio).

-foria. suf. V. **fer-**.

-fórico. suf. V. **fer-**.

forigar. (Del lat. *furicāre, de *furāri*, robar.) tr. *Ar*. Hurgar, hurgonear.

forillo. m. Teatro. Telón pequeño que se pone detrás y a la distancia conveniente del telón de foro en que hay puerta u otra abertura semejante.

forínseco, ca. (Del lat. *forinsĕcus*.) adj. ant. Que está de la parte de fuera.

forista. m. ant. El versado en el estudio de los fueros.

forja. (Del fr. *forge*, y éste del lat. *fabrĭca*, fábrica.) f. fragua. La llaman así los plateros a distinción de la de los herreros. || **ferrería.** || Acción y efecto de forjar. || **argamasa.** || Met. Término relativo a los útiles necesarios para trabajar el hierro desde la forma cruda o semimanufacturada hasta un orden más elevado y distinto de la fundición. || **a la catalana.** Aparato que se usaba antiguamente para la fabricación del hierro, y compuesto de tres partes principales: un hogar bajo y abierto, una trompa y un martinete para forjar el hierro obtenido.

Vivero forestal, en Quintanar de la Sierra (Burgos)

Forja. Geog. Beariz. || **Porquera.** || **Pungín.**

forjado, da. p. p. de **forjar.** || m. Arquit. **entramado,** armazón de madera para hacer una pared.

forjador, ra. adj. Que forja. Ú. t. c. s.

forjadura. (De *forjar*.) f. Acción y efecto de forjar.

forjar. fr., *forger*; it., *fucinare*; i., *to forge*; a., *schmieden, hämmern*. (Del fr. *forger*, y éste del lat. *fabricāre*.) tr. Dar la primera forma con el martillo a cualquier pieza de metal. || Fabricar y formar. Dícese particularmente entre los albañiles. || fig. Inventar, fingir, fabricar. Ú. t. c. prnl. || **A. ind.** Modelar el hierro artísticamente. || **Albañ.** Revocar toscamente con yeso o mortero. || Llenar con bovedillas o tableros de rasilla los espacios que hay entre viga y viga. || Met. Trabajar el hierro en forma de barras. || **con estampa.** *Léx*. Procedimiento que consiste en comprimir, entre estampas de acero, el material calentado a la temperatura de forja. Este procedimiento permite alcanzar una mayor producción y un mejor acabado.

forjatán. adj. Natural de Alforja, o perteneciente a esta villa. Ú. t. c. s.

forlana. (Del it. *furlana*.) f. Mús. Una de las antiguas danzas de la *suite* clásica. De carácter vivo y elegante y, en general, de ritmo binario.

Forli. Geog. Prov. de Italia, en Emilia-Romagna; 2.910 km.² y 565.470 h. || C. cap. de la misma; 104.971 h. Azúcar, vino y mermeladas. Entre sus edificios merece especial mención la catedral. Es la antigua *Fórum Lívii*.

forlón. m. Especie de coche antiguo de cuatro asientos: era sin estribos, cerrado con puertecillas, colgada la caja sobre correones y puesta entre dos varas de madera.

forma. fr., *forme*; it., *forma*; i., *form, shape, fashion*; a., *Form, Gestalt*. (Del lat. *forma*.) f. Figura o determinación exterior de la materia. || Disposición o expresión de una potencialidad o facultad de las cosas. || Fórmula y modo de proceder en una cosa. || Molde en que se vacía y forma alguna cosa; como son las formas en que se vacían las estatuas de yeso y muchas obras de platería. || Molde de barro cocido, de figura cónica y con un agujero en el vértice, empleado para elaborar los panes de azúcar. || **formato.** || Modo, manera de hacer una cosa. || Calidades de estilo o modo de expresar las ideas, a diferencia de lo que constituye el fondo substancial de la obra literaria. Tratándose de letra, especial configuración que tiene la de cada persona, o la usada en país o tiempo determinado. || **formero.** || Requisitos externos o aspectos de expresión en los actos jurídicos. || Cuestiones procesales, en contraposición al fondo del pleito o causa. || En lenguaje filosófico, principio activo que con la materia prima constituye la esencia de los cuerpos; tratando de formas espirituales, sólo se llama así al alma humana. || Principio activo que da a la cosa su entidad, ya substancial, ya accidental. || En geobotánica, apariencia externa de los vegetales, que resulta de su especificidad y de su adaptación al medio ambiente. || **biotipo.** || En glosemática, conjunto de relaciones que determinan la substancia de la expresión y del contenido. || En lingüística, para Saussure es sinónimo de estructura y se opone a substancia. || Pan ázimo, cortado regularmente en figura circular, mucho más pequeña que la de la hostia, y que sirve para la comunión de los legos. Se le da este nombre aun después de consagrada. || Palabras rituales que, aplicadas por el ministro competente a la materia de cada sacramento, integran la esencia de éste. || Molde que se pone en la prensa para imprimir una cara de todo el pliego. || En términos de imprenta, molde, página o páginas impuestas en una rama para ser impresas. || pl. **Anat.** Configuración del cuerpo humano, especialmente los pechos y caderas de la mujer. || **accidental.** *Filos.* En escolástica, elemento que determina a una cosa en algún modo de ser secundario; p. e., el que sea redonda. || **biológica.** *Biol.* **biotipo.** || **cristalina.** *Miner.* Conjunto de caras que pueden deducirse de una dada a partir de los elementos de simetría existentes en el cristal. || **factorial de un número.** *Mat.* Expresión de un número por el producto de sus factores primos. Así, la forma factorial del número $240 = 2^4 \cdot 3 \cdot 5$. || **hipotética.** *Filol.* Denominación que se da a la voz cuya existencia no está demostrada por ningún documento escrito, sino que únicamente se conjetura o supone por inducción. || **silogística.** *Lóg.* Modo de argüir usando de silogismos. || **substancial.** *Filos.* En la escolástica, el elemento que determina a la materia prima para ser algo, de tal manera que una cosa es lo que es, en su ser primario, gracias a la forma substancial. || **formas de transición.** *Biol.* Se llaman así los grupos taxonómicos de seres vivos (actuales o pretéritos) que presentan algunos caracteres intermedios entre los de otros grupos bien diferenciados. || **de forma.** loc. Dícese de la persona de distinción y prendas recomendables. || **de forma que.** loc. conjunt. que indica consecuencia y resultado. || **en debida forma.** m. adv. Conforme a las reglas del derecho y prácticas establecidas. || **en forma.** m. adv. como es debido. || Con formalidad. || Las mejores condiciones para la práctica de un deporte. || En posesión de otras clases de aptitud física o moral. || **en debida forma.** || **en toda forma.** m. adv. Bien y cumplidamente; con toda formalidad y cuidado.

formable. (Del lat. *formabĭlis*.) adj. Que se puede formar.

formación. fr. e i., *formation*; it., *formazione*; a., *Bildung, Formgebund*. (Del lat. *formatĭo, -ōnis.*) f. Acción y efecto de formar o formarse. || Figura exterior o forma. || Perfil de entorchado con que los bordadores guarnecen las hojas de las flores dibujadas en la tela. || **Geobotánica.** Agrupación vegetal caracterizada por la forma biológica que en ella predomina, nunca por su carácter sistemático. || **Geol.** Conjunto de rocas o masas minerales que presentan caracteres geológicos y paleontológicos comunes a ellas. || **Mil.** Reunión ordenada de un cuerpo de tropas para revistas y otros actos del servicio. || **litológica.** *Geol.* Masa de rocas con líneas definidas y ciertas características comunes, que lo distinguen de las otras formaciones adyacentes.

formador, ra. (Del lat. *formātor, -ōris.*) adj. Que forma o pone en orden. Ú. t. c. s.

formadura. (Del lat. *formatūra.*) f. ant. Figura de una cosa y conformación en sus partes.

formaje. (Del fr. *fromage*, y éste del lat. **formatĭcum*, de *forma*, forma del queso.) m. encella. || desus. **queso.**

formal. fr., *formel, sérieux*; it., *formale*; i., *formal*; a., *förmlich, formell*. (Del lat. *formālis.*) adj. Perteneciente a la forma. En este sentido se contrapone a esencial. || Que tiene formalidad. || Aplícase a la persona seria, amiga de la verdad y enemiga de chanzas. || Expreso, preciso, determinado.

formaldehído. m. **Quím. aldehído fórmico.**

formaleta. (De *fornalla*.) f. **Arquit. Alb.** y **Col. cimbra,** armazón que sostiene un arco.

formalete. (De *fornalla*.) m. **Arquit. medio punto.**

formalidad. fr., *formalité, gravité*; it., *formalità, gravità*; i., *seriousness, ceremony*; a., *Formalität, Ernsthaftigkeit*. (De *formal*.) f. Exactitud, puntualidad y consecuencia en las acciones. ||

Formación militar en la batalla de la Higueruela, fresco de la Sala de las Batallas. Monasterio de El Escorial

Cada uno de los requisitos que se han de observar o llenar para ejecutar una cosa. || Modo de ejecutar con la exactitud debida un acto público. || Seriedad, compostura en algún acto.

formalina. (De *formaldehído* e *-ina*.) f. **Quím.** Solución acuosa al 40 % de formaldehído. Se usa como desinfectante, especialmente de ambientes en los que hubo casos de enfermedades epidémicas.

formalismo. (De *formal*.) m. Rigurosa aplicación y observancia, en la enseñanza o en la indagación científica, del método, procedimiento y manera externa recomendados por alguna escuela.

formalista. (De *formal*.) adj. Dícese del que para cualquier asunto observa con exceso de celo las formas y tradiciones. Ú. t. c. s.

formalización. f. **Log.** En lógica simbólica, la substitución de los criterios internos (como el significado), para juzgar la validez de una definición o una prueba, por criterios externos, basados únicamente en la estructura de las sentencias.

formalizar. fr., *formaliser, terminer*; it., *formalizzare*; i., *to establish*; a., *ausfertigen*. (De *formal*.) tr. Dar la última forma a una cosa. || Revestir una cosa de los requisitos legales. || Concretar, precisar. || Dar carácter de seriedad a lo que hasta entonces no la tenía. || prnl. Ponerse serio, haciendo aprecio de una cosa que acaso se dijo por chanza o sin intención de ofender.

formalmente. adv. m. Según la forma debida. || Con formalidad, expresamente.

formalote, ta. adj. fam. aum. de **formal.** Que tiene formalidad, y persona seria, amiga de la verdad. || Dícese de la persona joven que muestra más formalidad de la que sería de esperar de su edad.

formamida. (De *fórmico* y *amida*.) f. **Quím.** Amida líquida, que tiene por fórmula CH_3ON, única que se conoce en este estado. Se obtiene a partir del formiato de etilo con amoniaco. Se utiliza como disolvente selectivo de albuminoides.

Forman (Miloš). Biog. Director de cine checoslovaco, n. en Cáslaw en 1932. Su estilo, entre realismo y fantasía irónica, se funda en un gran sentido de la observación. Películas: *El as de pique* (1963), *Pedro el negro* (1964), *Los amores de una rubia* (1965), *¡Fuego, bomberos!* (1967) y *Alguien voló sobre el nido del cuco*, por la que obtuvo el Óscar 1975 a la mejor dirección y el premio Ciudad de Valladolid en la XXI Semana Internacional de Cine.

formante. p. a. de **formar.** Que forma.

formar. fr., *former*; it., *formare*; i., *to form*; a., *bilden, verfertigen*. (Del lat. *formăre*.) tr. Dar forma a una cosa. || Juntar y congregar diferentes personas o cosas, uniéndolas entre sí para que hagan aquéllas un cuerpo moral y éstas un todo. || Hacer o componer varias personas o cosas el todo del cual son partes. Ú. t. c. intr. || En milicia, poner en orden. || intr. Colocarse una persona en una formación, cortejo, etc. || Entre bordadores, perfilar las labores dibujadas en la tela con el torzal o felpilla. || Criar, educar, adiestrar. || prnl. Adquirir una persona más o menos desarrollo, aptitud o habilidad en lo físico o en lo moral.

formativo, va. adj. Dícese de lo que forma o da forma.

formato. (Del fr. *format*, it., *formato*.) m. **Cin.** Anchura de una película. || **Filat.** Figura geométrica y posición del sello. Ú. t. c. sin. de *tamaño*. || **Fot.** Dimensiones de cada fotograma contenido en una película o rollo fotográfico. || **Impr.** Tamaño de un impreso, expresado en relación con el número de hojas que comprende cada pliego (folio, cuarto, octavo, dieciseisavo), o indicando la longitud y anchura de la plana. También se puede decir *boceto*. || **Informática.** Orden predeterminado de los

Forman recibe el Óscar, por el filme *Alguien voló sobre el nido del cuco*

Retablo del altar mayor de la catedral de Santo Domingo de la Calzada, por Forment

Hormiga (insecto formícido)

Formentera de Segura. Iglesia parroquial de la Purísima Concepción

caracteres, campos, líneas, número de páginas, signos de puntuación, etc.

formatriz. (Del lat. *formātrix, -īcis.*) adj. **formadora.**

-forme. (Del lat. *forma,* forma.) Suf. que sign. de forma de: *esferi***forme.**

formeno. (De *fórmico* y *-eno.*) m. **Quím.** metano.

Forment (Damián). Biog. Escultor español, n. en Valencia y m. en Santo Domingo de la Calzada (h. 1480-1541). Fue uno de los iniciadores del renacimiento italiano en la escultura, y sus obras marcan, gradualmente, el tránsito del estilo gótico a las nuevas tendencias. Sus obras más destacadas son el retablo mayor de la colegiata de Gandía (1501-1507), el retablo del Pilar de Zaragoza, el de la catedral de Huesca, el de Poblet y el de Santo Domingo de la Calzada, que dejó sin terminar.

Formentera. Geog. Isla y mun. de España, arch. y prov. de Baleares, p. j. de Ibiza; 2.965 h. (*formenteranos*). Corr. 1.187 a la cap., el caserío de San Francisco Javier. Puerto. ‖ **del Segura.** Mun. de España, prov. de Alicante, p. j. de Orihuela; 1.888 h. ‖ Lugar cap. del mismo; 1.427 h.

Formentor. Geog. Promontorio de España, en la isla de Mallorca, que forma el extremo septentrional de la misma. Faro de luz fija, blanca.

formero. (De *forma.*) m. **Arquit.** Cada uno de los arcos en que descansa una bóveda vaída. ‖ **And.** Armazón que sostiene un arco.

formiáceo, a. (De *formio,* gén. tipo de plantas, y *-áceo.*) adj. **Bot. liliáceo.**

formiato. (De *fórmico* y *-ato.*) m. **Quím.** Sal que resulta de la combinación del ácido fórmico con una base.

formica. (Voz lat. que sign. *hormiga.*) **Entom.** Gén. de insectos himenópteros, de la familia de los formícidos (v.).

formicante. (Del lat. *formīcans, -āntis,* que anda como la hormiga.) adj. Propio de hormiga. ‖ Lento, tardo.

formicárido, da. (De *formicarius,* gén. tipo, e *-ido;* aquél del lat. *formica,* hormiga.) adj. **Zool.** Dícese de los pájaros del suborden de los tiranoideos o clamadores, con el pico más corto o, a lo sumo, tan largo como la cabeza y, generalmente, recto. Viven en las selvas sudamericanas y constituyen un reducido número de especies. ‖ m. pl. Familia de estos pájaros.

formícido, da. (De *formica* e *-ido.*) adj. **Entom.** Dícese de los insectos himenópteros, suborden de los clistogastros o apócritos, de 2 a 18 mm. de long., abdomen pedunculado, de color negro o rojizo y antenas geniculadas con largo escapo; alas, cuando existen, de venación reducida y carentes de escama protectora basal, carácter que no se da en ningún otro himenóptero. ‖ m. pl. Familia de estos insectos.

fórmico. (Del lat. *formīca,* hormiga, e *-ico.*) adj. **Quím.** V. **ácido fórmico.**

Formiche Alto. Geog. Mun. y lugar de España, prov. y p. j. de Teruel; 382 h.

formidable. fr. e i., *formidable;* it., *formidabile;* a., *furchtbar.* (Del lat. *formidabĭlis.*) adj. Muy temible y que infunde asombro y miedo. ‖ Excesivamente grande en su línea.

formidar. (Del lat. *formidāre.*) tr. ant. Temer, recelar.

formidoloso, sa. (Del lat. *formidolōsus.*) adj. Que tiene mucho miedo. ‖ Espantoso, horrible y que impone miedo.

formol. m. **Quím.** aldehído fórmico.

formón. fr., *fermoir, emporte-pièce;* it., *scarpello;* i., *paring-chisel;* a., *Stemmeisen, Stechbeitel.* (De *forma.*) m. Sacabocados con que se cortan las hostias y otras cosas de figura circular. ‖ **Agr.** *Rioja.* Pieza del arado de hierro sobre el cual se apoyan la vertedera por encima y la regla por delante. ‖ **Carp.** Instrumento semejante al escoplo, pero más ancho de boca y menos grueso. ‖ **de punta corriente.** El que acaba en corte oblicuo.

Formosa

Formosa. *Geog.* Isla de Asia, llamada Taiwan por chinos y japoneses, que constituye la casi totalidad del terr. de la China N.

Situación. Está sit. en el océano Pacífico. Sus coordenadas geográficas son: 21° 55' y 25° 46' de lat. N., y 120° 2' y 122° de long. E.

Superficie y población. La superf. de la isla de Formosa es de 35.966 km.², y la pobl. de 14.937.054 h. (17.440.000 calculados en 1979). Con las islas de Quemoy y Matsu, el total de la China N. es de 36.168,4 km.² y 15.015.119 h., con una pobl. relativa de 415,1 h. por km.²

Agricultura y silvicultura. La superf. cultivada es de 322.000 hect. (8,9 % de la superf. territorial), los prados y pastos abarcan 2.000 (0,06 %) y los bosques 2.319.000 (64 %). Los cultivos principales son: arroz (2.452.000 ton., en el año 1974), caña de azúcar (100.400 hect. y 180.200 ton.), batata (815.571 y 2.788.000, en 1974), mandioca (25.000 y 325.000 en 1972), maíz (19.000 y 109.300, en el año 1974), ananás (307.851 ton.), plátanos (15.800 y 333.628), tabaco (9.000 y 12.500) y té (31.800 y 24.173). Además se produjeron en 1971: agrios (90.000 ton. de naranjas y mandarinas, 10.000 de limones y 16.000 de pomelos), ciruelas (42.000), melocotones (4.000), peras (20.000), tomates (4.000 hect. y 52.000 toneladas), cebollas (5.000 y 65.000), coles (345.000 toneladas), soja (44.500 y 66.000), cacahuetes (64.400 y 93.939), algodón (785 hect., 2.000 ton. de semilla y 880 de fibra), colza (2.000 hectáreas y 2.000 ton.), sésamo (5.000 y 2.900), cáñamo (2.000 y 4.600), yute (300 y 416), sisal (10.000 y 11.100), lino (4.000 y 2.300). Las especies forestales dominantes son el bambú, el árbol del alcanfor y un ciprés llamado *hinoki* en el país. En 1971 la producción de madera fue de 1.565.000 m.³

Zootecnia y pesca. La ganadería es escasa y entre sus especies más importantes se cuentan: ganado de cerda (2.809.000 cabezas, en 1974), caprino (188.000) y bovino (95.000). También hay búfalos (200.000). La pesca es, en cambio, muy abundante (779.950 ton., en 1975), especialmente en la costa de levante, y se practica con medios modernos.

Minería. Del subsuelo se extrae carbón en abundancia (2.898.000 ton., en 1974). Menor importancia tienen el azufre (3.700 ton.), el cobre (2.500), la plata (1.021 kg.) y el oro (556 kilogramos). Aunque en escala modesta, también se obtiene petróleo (215.000 ton.) y gas natural (1.264 millones de m.³, en 1972).

Industria. Son notables los recursos hidroeléctricos. En 1974 había instalados 4.358.000 kw. de potencia, de los cuales 1.365.000 eran hidráulicos; la producción de energía eléctrica en el mismo año fue de 20.534 millones de kwh., de los cuales 4.683 millones eran hidráulicos. Existen en funcionamiento 40 fábricas de azúcar, la mayor parte de ellas con refinerías anejas. Para la fabricación de cemento (6.171.000 ton., en 1974), fertilizantes, celulosa y papel, existen modernas fábricas. La industria textil ha experimentado una fuerte expansión (553.000 husos y 19.939 telares). En Ta-kow hay una fábrica de aluminio que trabaja con mineral importado.

Comercio. En 1974, el valor de las importaciones ascendió a 6.966 millones de dólares, y el de las exportaciones, a 5.639 millones. Los principales productos de exportación fueron: tejidos, maquinaria, bananas, madera, azúcar, productos químicos, pesca, etc.

Moneda. La unidad monetaria es el nuevo dólar de Taiwan, que equivale a 0,025 de dólar estadounidense.

Comunicaciones y transportes. Principales puertos: Keelung (exportación de carbón), Kaohsiung y Hualien. *Marina mercante:* 428 navíos, con 1.449.957 toneladas de registro, en 1975. *Ferrocarriles:* 4.300 km. *Carreteras:* 16.197 km. *Aviación civil:* 17.752.000 km. volados y 954.001.000 pasajeros-km., en el año 1970. Hay aeropuertos en Taipeh, Hualien, Taitung y Tainan.

Idioma. La lengua oficial es el chino.

Vista de un templo

Religión. Confucionismo y budismo. Hay 283.936 católicos. Existe una sede metropolitana en Taipeh y prefecturas apostólicas en Hsinchu, Hualien, Kaoh-siung, Chiayi, Taichung y Tainan. Protestantes, 313.000.

Gobierno. Después de la derrota de los nacionalistas conseguida por Mao Tse-tung (1950), la isla de Formosa ha quedado como principal reducto del Gobierno del Koumintang. Desde 1 de marzo de 1950 hasta abril de 1975 el jefe de dicho partido fue el generalísimo Chiang Kai-shek, substituyéndole, en esta fecha, su hijo Chiang Ching-kuo.

División territorial. A continuación se inserta el cuadro de la división administrativa.

Nombres	Superficie Km.²	Población Habitantes
Municipios (Shih)		
Kaohsiung	113,7	864.157
Keelung	132,3	329.049
Taichung	163,4	464.215
Tainan	175,6	484.127
Taipeh	272,0	1.828.743
Condados (Hsien)		
Changhua	1.066	1.059.185
Chiayi	1.951	850.685
Hsinchu	1.529	595.864
Hualien	4.629	337.516
Ilan	2.138	415.612
Kaohsiung	2.833	846.077
Miaoli	1.820	528.875
Nantou	4.106	513.849
Pescadores (Penghu)	127	118.686
Pingtung	2.776	833.822
Taichung	2.051	798.091
Tainan	2.004	937.029
Taipeh	2.052	1.290.830
Taitung	3.515	293.181
Taoyuan	1.221	746.418
Yunlin	1.291	801.043
Totales	35.966 (1)	14.937.054

(1) Quedan excluidas las islas de Quemoy (175,37 km.² y 61.008 h.) y Matsu (27,1 km.² y 17.057 h.).

Capital. La cap. es Taipeh (1.828.743 h.).

Historia. La isla de Formosa (Taiwan) fue cedida a Japón por China, por medio del tratado de Shimonoseki, ratificado el 8 de mayo de 1895. Al terminar la S. G. M., la isla fue devuelta a China (septiembre de 1945). Después de la guerra civil y del triunfo del caudillo comunista Mao Tse-tung, quedó en manos del Gobierno nacionalista de Chiang Kai-shek. El 1 de diciembre del año 1954, EE. UU. y el Gobierno nacionalista chino concluyeron un tratado de seguridad mutua por el que aquéllos garantizaban la protección de Formosa y de las islas de los Pescadores. En marzo de 1966 fue reelegido Chiang Kai-shek en su cargo para otro período de seis años. En la misma fecha fue nombrado también como sucesor de Chiang Kai-shek el primer ministro Jean Chia-kan. En octubre de 1971, China Nacionalista fue expulsada de la O. N. U., de la U. N. E. S. C. O. y de la O. I. T., al ser admitida como miembro de estas organizaciones la R. P. China. Chiang Kai-shek fue reelegido nuevamente en su cargo (marzo de 1972), y Chiang Ching-kuo, su hijo mayor, fue nombrado primer ministro el 17 de mayo. En septiembre de 1973, EE. UU., dando un paso más en su retirada del SE. asiático, anunciaba que la tercera parte de sus tropas (3.000 soldados), estacionadas en Formosa, comenzaban a abandonar la isla; dicha retirada estaba relacionada, según parece, con la visita del presidente Nixon a Pekín en febrero de 1972. En abril de 1975 murió Chiang Kai-shek, y fue elegido, días después, su hijo Chiang Ching-kuo como presidente del Kuomintang (v.). En marzo de 1978, Chiang Ching-kuo fue elegido presidente de la nación. En enero de 1979, Formosa rompió sus relaciones diplomáticas con EE. UU. ‖ Prov. septentrional de Argentina, en la región Litoral, frontera con Paraguay; 72.066 km.² y 234.075 h. La explotación de bosques es una de las industrias principales, y pasan por el puerto de Formosa anualmente más de 50.000 toneladas de madera. Los árboles madereros principales son: quebracho colorado, urundey, lapacho y mora. Ríos: Pilcomayo, Araguay, Salado y Bermejo. ‖ Depart. de la misma; 70.534 habitantes. ‖ C. de Argentina, cap. de la prov. y depart. de su nombre; 61.071 h. ‖ **, Fu-Kien** o **Pescadores (canal de).** Estrecho que separa la isla de Formosa de la costa de la R. P. China.

formoseño, ña. adj. Natural de Formosa (Argentina), o perteneciente a esta provincia o a su capital. U. t. c. s.

Formoso. Biog. Papa que ocupó el solio pontificio desde 891 hasta 896. Fue cardenal-obispo de Porto y restauró la basílica de San Pedro.

fórmula. fr., *formule;* it. e i., *formula;* a., *Formel.* (Del lat. *formŭla.*) f. Modo ya establecido para explicar o pedir, ejecutar o resolver una cosa con palabras precisas y determinadas. ‖ **receta** del médico, o receta para confeccionar alguna cosa. ‖ Expresión concreta de una avenencia o transacción entre diversos pareceres, partidos o grupos. ‖ Mat. Resultado de un cálculo, cuya expresión, reducida a sus más simples términos, teniendo cada símbolo o letra el significado que se le da corrientemente en matemáticas, o que el autor establece en ese caso especial, sirve de pauta y regla para resolución de todos los casos análogos. ‖ **Quím.** Representación simbólica de la composición de un cuerpo por medio de letras y signos determinados. ‖ **de Balmer.** *Fís.* La que permite calcular la longitud de onda de los rayos del espectro visible del átomo de hidrógeno (v. **Balmer, Juan Jacobo**). ‖ **de Broca.** *Antrop.* El peso de un hombre adulto debe ser, en kg., igual al número de cm. que su estatura pasa de 1 m. ‖ **dental** o **dentaria.** *Anat.* y *Zool.*

Formosa (Argentina). Casa de Gobierno

Símbolo de la dentición de un mamífero, que indica el número, clase y disposición de los dientes; para ello se expresan con números los incisivos, caninos, premolares y molares *de la mitad de la mandíbula superior,* y debajo, como, en un quebrado, los de la inferior. ‖ **dimensional.** *Fís.* Expresión de las dimensiones de una magnitud física en función de las magnitudes fundamentales: masa, M; longitud, L, y tiempo, T. ‖ **empírica.** *Mat.* La que se basa en fenómenos experimentales no demostrados matemáticamente. ‖ **de estructura.** *Quím.* (V. **Quím.** en este mismo artículo.) ‖ **física.** *Fís.* La que relaciona diversas magnitudes físicas. ‖ **floral.** *Bot.* Conjunto de iniciales, cifras y otros signos utilizados para expresar abreviadamente la disposición y número de las piezas florales. ‖ **leucocitaria.** *Hematología.* Proporcionalidad de las varias formas de glóbulos blancos o leucocitos existentes en la sangre. ‖ **matemática.** *Mat.* La que se puede demostrar. ‖ **por fórmula.** m. adv. Para cubrir apariencias, sin convicción, para salir del paso.

formulación. f. Acción y efecto de formular.

formular. fr., *formuler;* it., *formulare;* i., *to formulate;* a., *formulieren.* (De *fórmula.*) tr. Reducir a términos claros y precisos un mandato, una proposición o un cargo. ‖ **recetar.** ‖ Expresar, manifestar.

formular. adj. Relativo o perteneciente a la fórmula; que tiene cualidades de fórmula.

formulario, ria. adj. Relativo o perteneciente a las fórmulas o al formulismo. ‖ Dícese de lo que se hace por fórmula, cubriendo las apariencias. ‖ m. Libro o escrito en que se con-

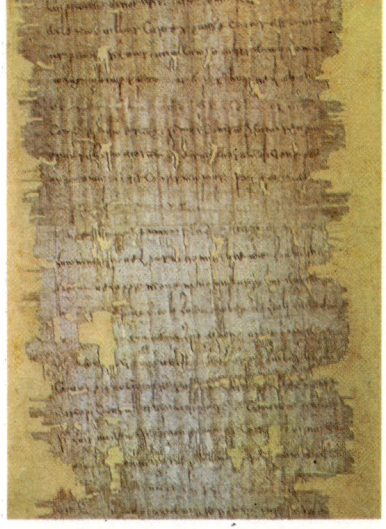

Fragmento de una bula del papa Formoso, en papiro (891). Museo de la catedral. Gerona.

formulismo–foro

tienen fórmulas que se han de observar para la petición, expedición o ejecución de algunas cosas.

formulismo. m. Excesivo apego a las fórmulas en la resolución y ejecución de cualquier asunto, especialmente de los oficiales y burocráticos. ‖ Tendencia a preferir la apariencia de las cosas a su esencia.

formulista. adj. Aplícase a la persona partidaria del formulismo. Ú. t. c. s.

fornacense. adj. Natural de Hornachos, o perteneciente a esta villa. Ú. t. c. s.

fornáceo, a. (Del lat. *furnacĕus*, de *furnus*, horno.) adj. poét. Perteneciente o semejante al horno.

fornacino, na. adj. ant. **Anat.** V. **costilla fornacina.**

Fornalutx. Geog. Mun. y villa de España, en la isla de Mallorca, prov. de Baleares, p. j. de Palma; 555 h. Está sit. en un valle al pie del Puig Mayor.

fornalla. (Del lat. *furnacŭla*.) f. ant. **horno.** ‖ *Cuba.* Cenicero, parte inferior de un horno por donde se extrae la ceniza.

Fornarina (la). (Del it. *forno*, horno; sign.: *pequeña panadera* o *hija de panadero*.) **Biog.** Joven romana de singular belleza, n. a principios del s. XVI, que fue amante de Rafael, y a la que el insigne artista inmortalizó con sus pinceles. De su vida se tienen escasas noticias. Se sabe que era hija de un panadero, de donde procede el apodo con que es conocida; pero su verdadero nombre era Margarita. Aparece retratada en muchos cuadros del genial pintor. ‖ **Fornarina (la).** Tonadillera española, cuyo verdadero nombre era *Consuelo Bello*, n. y m. en Madrid (1884-1915). Triunfó en España en el teatro de variedades como máxima figura y se hizo popular en Europa con sus canciones llenas de gracia y picaresca.

Fórnax. Astron. Nombre científico de la constelación de *Horno*.

fornazo. (Del lat. *furnacĕus*.) m. ant. **hornazo.**

fornecer. (De *fornir*.) tr. desus. Proveer de todo lo necesario una cosa para algún fin.

fornecimiento. (De *fornecer*.) m. desus. Provisión, reparo y fortificación con que se proveía y guarnecía una cosa.

fornecino, na. (Del lat. *fornix, -ĭcis*, lupanar.) adj. ant. Decíase del hijo bastardo o del nacido de adulterio. ‖ **Agr.** *Ar.* Dícese del vástago sin fruto de la vid. Ú. m. c. s.

fornel. (Del cat. *fornell*, y éste del lat. *furnellus*, de *furnus*, horno.) m. *Alb., Alm.* y *Jaén.* **anafe.**

Fornela. Geog. Comarca de España, prov. de León, regada por el río de su nombre, en el Bierzo alto.

fornelo. (Del it. *fornello*, y éste del lat. *furnellus*, de *furnus*, horno.) m. Chofeta manual de hierro, de que regularmente se sirven las casas de comunidad para hacer el chocolate.

Fornelos de Montes. Geog. Mun. de España, prov. y p. j. de Pontevedra; 2.340 h. (*fornelenses*). Corr. 122 a la cap., la villa de Iglesia.

Fornells de la Selva. Geog. Mun. de España, prov. y p. j. de Gerona; 900 h. ‖ Lugar cap. del mismo; 427 h.

Forner (Juan Bautista Pablo). Biog. Crítico y erudito español, n. en Mérida y m. en Madrid (1756-1797). Su primera obra, *Sátira contra los abusos introducidos en la poesía castellana*, fue premiada por la Academia Española; después escribió contra Iriarte la *Fábula del asno erudito*, que dio origen a una viva polémica entre ambos escritores; en 1787 publicó sus *Discursos filosóficos sobre el hombre*, en los que compendia su crítica filosófica; más tarde aparecieron un *Discurso sobre la Historia de España*, *Plan sobre unas instituciones de Derecho español y otros libros importantes*; también escribió algunas comedias. Pero su obra maestra es *Exequias de la lengua castellana*. Fue el contradictor más inteligente que tuvo Rousseau en España. ‖ **(Raquel).** Pintora argentina, n. en Buenos Aires en 1902. Su cuadro *Interludio* obtuvo un segundo premio en el Salón Nacional de Pintura (1934); en el XXXII Salón Nacional de Bellas Artes (1942) mereció el primero por su cuadro *El drama*, inspirado en los horrores de la S. G. M.; en 1943 consiguió el de la Comisión Nacional de Cultura, y en 1947 se le adjudicó el premio Palanza. Otras obras suyas son: *Mujeres del mundo, Las rocas, La farsa* y *El lago*.

fornicación. (Del lat. *fornicatĭo, -ōnis*.) f. Acción de fornicar.

fornicador, ra. (Del lat. *fornicātor*.) adj. Que fornica. Dícese regularmente del que tiene este vicio. Ú. t. c. s.

fornicante. p. a. de **fornicar.** Que fornica.

fornicar. fr. *forniquer;* it., *fornicare;* i., *to fornicate;* a., *Hurerei treiben.* (Del lat. *fornicāre*.) intr. Tener ayuntamiento o cópula carnal fuera del matrimonio. Ú. t. c. tr.

fornicario, ria. (Del lat. *fornicarĭus*.) adj. Perteneciente a la fornicación. ‖ Que tiene el vicio de fornicar. Ú. t. c. s.

fornicio. (Del lat. *fornix, -ĭcis*, lupanar.) m. **fornicación.**

fornición. (De *fornir*.) f. ant. Abastecimiento o provisión.

fornido, da. fr., *trapu;* it., *robusto;* i., *corpulent, stout;* a., *stark, dick.* p. p. de **fornir.** ‖ adj. Robusto, y de mucho hueso.

forniguero. (De *forno*.) m. ant. Encargado de un horno. ‖ *Ar.* y *Nav.* Horno del campo en que se quema leña menuda.

Fornillos de Fermoselle. Geog. Mun. de España, prov. y p. j. de Zamora; 619. h. En 1971 se le incorporó el mun. de Formariz. ‖ Lugar cap. del mismo; 226 h.

fornimento. (De *fornir*.) m. ant. Provisión y prevención que se hace de las cosas necesarias para un fin. ‖ ant. Arreo o jaez.

fornimiento. m. ant. Provisión de cosas necesarias para un fin.

fornir. (Del germ. *frumjon*, producir, fabricar.) tr. ant. **fornecer.** ‖ *Germ.* Arreciar o reformar.

fornitura. (Del fr. *fourniture*, de *fournir*, y éste del m. or. que *fornir*.) f. Piezas de repuesto de un reloj o de otro mecanismo de precisión. ‖ Conjunto de botones, trencillas, corchetes y otros elementos accesorios usados en la confección de prendas de vestir. ‖ **Impr.** Porción o letra que se funde para completar una fundición. ‖ **Mil.** Correaje y cartuchera que usan los soldados. Ú. m. en pl.

fórnix. (Del lat. *fornix*, arco, bóveda.) m. **Anat.** Trígono cerebral. ‖ Cavidad sacular o fondo de saco entre el cuello uterino y las paredes anterior y posterior de la vagina. ‖ **Bot.** Escama que tienen ciertas plantas en sus corolas, en forma de bóveda.

forno. (Del lat. *furnus*.) m. ant. **horno.** ‖ **de poya.** ant. **horno de poya.**

Fornovo di Taro. Geog. Local. de Italia, prov. de Parma, en Emilia-Romagna, a orillas del Taro, afl. del Po; 6.157 h. Refinerías de petróleo. Célebre por la victoria de Carlos VIII sobre los italianos en 1495.

-foro. suf. V. **-fer.**

foro. fr. e i., *forum;* it., *foro;* a., *Forum.* (Del lat. *forum*.) m. Plaza donde se trataban en Roma los negocios públicos y donde el pretor celebraba los juicios. ‖ Por ext., sitio en que los tribunales oyen y determinan las causas. ‖ Curia, y cuanto concierne al ejercicio de la abo-

Estado actual del foro romano

gacía y a la práctica de los tribunales. ‖ Reunión para discutir asuntos de interés actual ante un auditorio que a veces interviene en la discusión. ‖ Parte del escenario o de las decoraciones teatrales opuesta a la embocadura y más distante de ella. ‖ **Der.** Derecho real enajenable sobre cosas inmuebles ajenas, que permite el uso y goce de las mismas, mediante el pago a su propietario de cierta cantidad anual, por razón de las utilidades que ha de rendir la finca, y la obligación de conservarla, mejorarla y devolverla, en su caso. Dícese también del contrato en el que se constituye. ‖ Contrato consensual por el cual una persona cede a otra, ordinariamente por tres generaciones, el dominio útil de una cosa mediante cierto canon o pensión. ‖ Canon o pensión que se paga en virtud de este contrato. ‖ ant. **fuero.** ‖ **Hist.** Se dio este nombre, especialmente en la antigua Roma, a un terreno abierto, oblongo e irregular en la forma, entre los montes Palatino y Capitolino, y se le conocía por *Forum romanum*. Allí tenían lugar las asambleas del pueblo, y en él dirigían la palabra, desde el tribunal o *rostra*, los magistrados y otros. Al ensancharse la ciudad se añadieron otros foros, como el *Julium*, el *Augustum* y el *Pacis*, en el que Vespasiano erigió el templo de la Paz. El *Forum Trajanum*, erigido por el emperador Trajano, superaba a todos los demás en tamaño y esplendor, habiendo quedado como el mayor monumento de la arquitectura romana. ‖ **por tal foro.** m. adv. Con tal condición o pacto.

forona. f. **Quím.** Cetona no saturada, de fórmula $(CH_3)_2$ C = CH – CO – CH = = C $(CH_3)_2$, que se forma de la acetona por condensación en presencia de deshidratantes. Punto de fusión, 28° C.; punto de ebullición, 198-199° C.

Foronda. Geog. Mun. de España, prov. de Álava, p. j. de Vitoria; 702 h. Corr. 84 a la cap., el lugar de Antezana.

forondo, da. adj. *Chile.* Orondo, lleno de presunción.

foronídeo, a. (Del lat. científico *phoronis*, gén. tipo de invertebrados, e *-ideo*; aquél del gr. *Phoronis*, sobrenombre de Io, hija de Foroneo.) adj. **Zool.** Dícese de los invertebrados marinos vermiformes, que viven sedentarios en los fondos de mares someros, en el interior de tubos membranosos o coriáceos que ellos mismos fabrican, reunidos en colonias; la parte anterior del animal, guarnecida por una corona de tentáculos, en cuyo centro está la boca, asoma con frecuencia por el extremo libre del tubo. Su long. varía desde menos de 1 mm. hasta más de 20 cm. El ejemplo típico es el *foronis*. ‖ m. pl. Filo de estos invertebrados, antes incluido en el de los vermídeos.

fororraco. (Del lat. científico *phorórhacos*; del gr. *phór*, especie de abejón, y *rhákos*, trapo, harapo.) **Paleont.** y **Zool.** Gén. de aves de gran tamaño, que habitaron en Patagonia durante el período terciario, robustas, con alas poco desarrolladas, no voladoras, y con una cabeza y un pico enormes, éste de unos 60 cm. de largo por 35 de alto.

F. O. R. P. P. A. Com. Siglas de *Fondo de Ordenación y Regulación de Producciones y Precios Agrarios*.

forqueta. (dim. de *forca*, horquilla.) f. ant. Tenedor para comer. ‖ ant. Horca de madera que se pone a algunos animales para que no entren en las fincas.

Forqueta (La). Geog. Puerto de España, en los Pirineos, prov. de Lérida; 2.545 m. de alt.

forración. f. Procedimiento para reforzar y hacer flexibles las pinturas sobre lienzo. Consiste en adherirle otro mediante engrudo especial, caseína, etc., con el empleo de rodillos o planchas, moderadamente calientes.

forradura. (De *forrar*.) f. ant. Forro para resguardar o revestir una cosa.

forraje. fr., *fourrage*; it., *foraggio*; i., *forage*; a., *Viehfutter*. (Del fr. *fourrage*, y éste del germ. *fodr*.) m. Cualesquiera de los vegetales que se dan al ganado, especialmente en la primavera. ‖ Acción de forrajear. ‖ fig. y fam. Abundancia y mezcla de muchas cosas de poca substancia. ‖ *Arg., Chile y Méj.* Pasto seco conservado para alimentación del ganado, y también los cereales destinados a igual uso.

forrajeador. (De *forrajear*.) m. Soldado que va a forrajear.

forrajear. fr., *fourrager*; it., *foraggiare*; i., *to forage*; a., *Futter holen, fouragieren.* tr. Segar y coger el forraje. ‖ **Mil.** Salir los soldados a coger el pasto para los caballos.

forrajera. (De *forraje*.) f. Red de cuerda que los soldados de caballería ligera llevaban arrollada a la cintura cuando iban a forrajear. Después de llena de hierba o de mieses verdes, sujetaban la red a la montura de los caballos. ‖ Cinturón o faja que usan ciertos regimientos montados con el uniforme de gala. ‖ Cuerda que los jinetes forrajeadores llevaban arrollada al cuerpo y les servía para atar los haces de mies. ‖ Cordón que los militares de cuerpos montados llevan rodeado al cuello por un extremo, y que por el otro va sujeto a un botón de la parte anterior del uniforme en actos de servicio pie a tierra, y al ros o chacó en maniobras a caballo.

forrajero, ra. adj. Aplícase a las plantas o a algunas de sus partes, que sirven para el forraje. ‖ m. ant. Soldado que va a forrajear.

forrar. fr., *doubler*; it., *foderare, soppannare*; i., *to line*; a., *füttern, unterlegen.* (Del fr. *fourrer*, y éste del germ. *fodr*.) tr. **aforrar,** poner forro a una cosa. ‖ Cubrir una cosa con funda o forro que la resguarde y conserve. ‖ prnl. Atiborrarse, hartarse. ‖ fam. **enriquecerse.** ‖ **un cabo.** *Mar.* Recubrirlo con vueltas de meollar muy apretadas.

forrería. f. Especialidad textil dedicada a la fabricación de tela para forros de prendas de vestir. ‖ Existencia de géneros de esta especialidad.

Forres. Geog. Local. de Argentina, prov. de Santiago del Estero, depart. de Robles; 1.634 h.

Forrestal (James Vincent). Biog. Periodista, financiero y político estadounidense, n. en Beacon y m. en Bethesda (1892-1949). Secretario de Marina con Roosevelt (1944-47), desempeñó el cargo de secretario de Defensa

James Vincent Forrestal

con Truman (1947-49); dimitió por razones de salud, y, estando en observación en un hospital, se arrojó por la ventana, afectado de trastorno mental.

Forrez. Geog. Local. de Argentina, prov. de Santiago del Estero, depart. de Robles; 3.022 h.

forro. fr., *doublure*; it., *fodera, fodero, soppanno*; i., *lining, doubling*; a., *Futter.* (De *forrar*.) m. Abrigo, defensa, resguardo o cubierta con que se reviste una cosa por la parte interior o exterior. Dícese especialmente de las telas y pieles que se ponen por la parte interior de las ropas o vestidos. ‖ Cubierta del libro. ‖ *Cuba.* Trampa, engaño. ‖ *Chile.* Disposición, aptitud. ‖ **Mar.** Conjunto de tablones con que se cubre el esqueleto del buque interior y exteriormente. ‖ Conjunto de planchas de cobre o de tablas con que se revisten los fondos del buque.

forro, rra. adj. ant. **horro.**

forrocino. (Del lat. *fornix, -ĭcis*, lupanar.) m. Hijo bastardo. ‖ Vástago sin fruto de la vid.

forsitia. (Del lat. científico *forsythia*; de W. *Forsyth*, botánico inglés.) **Bot.** Gén. de plantas exóticas, de la familia de las oleáceas, subfamilia de las fraxinoideas (v.).

Forskal (Pehr). Biog. Naturalista sueco, n. en Helsingfors y m. en Yarim, Arabia (1732- 1763). En sus obras hay descripciones de muchas especies de plantas y de insectos hasta entonces desconocidos, y la más famosa es *Flora aegyptiaco-arábica*.

Forssmann (Werner). Biog. Físico y médico alemán, n. en Berlín (1904-1979). Director del Hospital de Bad Kreuznach, compartió el premio Nobel de Medicina (1956) con los mé-

Werner Forssmann

dicos estadounidenses D. W. Richards y A. F. Cournand, por el descubrimiento de nuevos medios de diagnóstico en las enfermedades cardiacas.

Forster (Edward Morgan). Biog. Novelista inglés, n. en Londres y m. en Cambridge (1879-1970). Obras principales: *Donde no se atreven los ángeles, El viaje más largo, El fin* y la notable *Pasaje para la India* (1924). Escribió ensayos de crítica literaria (*Aspectos de la novela* y *La razón de ser del criticismo*), una biografía de G. L. Dickinson y dos volúmenes de cuentos.

forsterita. (De Johann R. *Forster*, naturalista alemán, e *-ita*.) f. **Miner.** Silicato de magnesio, de fórmula Mg_2SiO_4; es un nesosilicato, que constituye el extremo sin hierro de la serie continua del olivino $(Mg, Fe)_2SiO_4$.

Fort, baronesa von le Fort (Gertrud von le). Biog. Escritora alemana, n. en Münden, Westfalia, y m. en Oberstdorf (1876-1971). Estudió teología, filosofía e historia en la Universidad de Heidelberg, y ha dedicado la mayoría de sus obras a temas religiosos. Entre ellas se cuentan: *La última en el cadalso*, novela en que se inspiró Bernanos para su obra teatral *Diálogos de carmelitas*, y *El velo de la Verónica*. ‖ **(Paul).** Poeta francés, n. en Reims y m. en Argenlieu, cerca de Montlhery (1872-1960). En 1891 fundó el Teatro del Arte. Fue nombrado *príncipe de los poetas franceses*, en 1924. Sus obras principales son: *Baladas francesas y Crónicas de Francia.* ‖ **-de-France. Geog.** C. cap. de la isla de Martinica, depart. de ultramar de Francia, sit. en la costa O. de la isla; 90.000 h. Puerto fortificado. Fabricación de azúcar. Destilerías de ron. Allí n. en 1763 la emperatriz Josefina. ‖ **Jameson. Chipata.** ‖ **Johnston. Mangoche.** ‖ **-Lamy. N'Djamena.** ‖ **Rosebery. Mansa.** ‖ **-Rousset.** C. de la República Popular de Congo, cap. de la región de Cuvette. Ahora se llama Owando. ‖ **Victoria.** C. de Rhodesia, cap. de la prov. de Victoria; 14.000 h. ‖ **Wellington.** Pobl. de Guyana, cap. del dist. de Berbice Oeste.

fortacán. (De *furtar* y *can*.) m. *León.* **ladrón,** portillo de una acequia.

fortachón, na. (aum. de *fuerte*.) adj. fam. Recio y fornido; que tiene grandes fuerzas y pujanza.

fortalecedor, ra. adj. Que fortalece.

fortalecer. (De *fortaleza*.) tr. Hacer más fuerte o vigoroso. Ú. t. c. prnl. ‖ ant. Confirmar, corroborar. Dícese de los argumentos, razones, etc.

fortalecimiento–forzado

fortalecimiento. m. Acción y efecto de fortalecer o fortalecerse. || Lo que hace fuerte un sitio o población, como muros, torres, etc. || ant. **fortaleza**, recinto fortificado.
Fortaleny. Geog. Mun. y lugar de España, prov. de Valencia, p. j. de Alcira; 940 h.
fortaleza. fr. e i., *fortitude;* it., *fortezza;* a., *Kraft, Stärke.* (Del provenz. *fortaleza,* y éste del lat. *fortis.*) f. Fuerza y vigor. || Tercera de las cuatro virtudes cardinales, que consiste en vencer el temor y huir de la temeridad. || Natural defensa que tiene un lugar o puesto en su misma situación. || Recinto fortificado, como castillo, ciudadela, etc. Las fortalezas antiguas eran poblaciones amuralladas, con un castillo o ciudadela. Las modernas son plazas protegidas por cañones y obras de defensa construidas estratégicamente alrededor de ellas. || *Chile.* Hedor, hediondez. || Juego de muchachos que se juega con unas bolitas que han de meterse en unos hoyos hechos en el suelo. || pl. **Arm.** Defecto de las hojas de espada y demás armas blancas, que consiste en unas grietecillas menudas. || **volante.** Aviac. Tipo estadounidense de avión de bombardeo pesado, de amplio radio de acción. (V. **aeroplano.**)
Fortaleza. Geog. C. de Brasil, cap. del est. de Ceará y del mun. de su nombre; 872.702 h. Sede episcopal. Fue villa hasta 1725 y es ciudad desde 1823.
Fortanete. Geog. Mun. y villa de España, prov. y p. j. de Teruel; 465 h.
¡forte! Voz ejecutiva con que se manda hacer alto en las faenas marineras.
forte. (Voz italiana que sign. *fuerte.*) adv. m. **Mús.** Notación que, en una pieza musical escrita, indica un matiz de mayor intensidad; en abreviatura, *f.*
fortepiano. (Del it. *forte,* fuerte, y *piano,* suave, dulce con alusión a los sonidos de este instrumento.) m. **Mús.** Piano, instrumento músico.
fortezuelo, la. adj. dim. de **fuerte.** || m. dim. de **fuerte.**
Forth. Geog. Río del R. U., en Escocia; nace en la región montañesa del condado de Perth y desemboca en el fiordo de su nombre; 185 km. || Golfo del R. U., en la costa E. de Escocia, en el mar del Norte.
Fortiá. Geog. Mun. y lugar de España, prov. de Gerona, p. j. de Figueras; 436 h.
fortificación. fr. e i., *fortification;* it., *fortificazione;* a., *Befestigung, Festungswerk.* (Del lat. *fortificatio, -ōnis.*) f. Acción de fortificar. || Obra o conjunto de obras con que se fortifica un pueblo o un sitio cualquiera. || **arquitectura militar.** || **de campaña.** *Mil.* La que se hace para defender por tiempo limitado un campo u otra posición militar. || **permanente.** *Lex.* La que se construye con materiales duraderos, para que sirva de defensa por tiempo ilimitado.
fortificador, ra. adj. Que fortifica.
fortificante. p. a. de **fortificar.** Que fortifica.
fortificar. fr., *fortifier;* it., *fortificare;* i., *to fortify;* a., *verstärken, befestigen.* (Del lat. *fortificāre;* de *fortis,* fuerte, y *facĕre,* hacer.) tr. Dar vigor y fuerza material o moralmente. || Hacer fuerte con obras de defensa un pueblo o sitio cualquiera, para que pueda resistir a los ataques del enemigo. Ú. t. c. prnl.
fortín. fr., *fortin;* it., *fortino;* a., *Feldschanze.* (dim. de *fuerte.*) m. **Fort.** Una de las obras que se levantan en los atrincheramientos de un ejército para su mayor defensa. || Fuerte pequeño.
Fortín. Geog. Mun. de Méjico, est. de Veracruz-Llave; 21.658 h. Cap., Fortín de las Flores. || **(El).** Local. de Argentina, prov. de Córdoba, depart. de San Justo; 1.272 h. ||

Acha. Local. de Argentina, prov. de Buenos Aires, part. de Leandro N. Alem; 326 h. || **Aguilar.** Local. de Argentina, prov. de Chaco, part. de Presidencia de la Plaza; 338 h. || **Cardoso.** Local. de Argentina, prov. de Chaco, part. de Libertad; 161 h. || **de las Flores.** C. de Méjico, est. de Veracruz-Llave, cap. del mun. de Fortín; 9.358 h. || **Inca.** Local. de Argentina, prov. de Santiago del Estero, depart. de Belgrano; 604 h. || **Olavarría.** Local. de Argentina, prov. de Buenos Aires, part. de Rivadavia; 1.275 h. || **Tiburcio.** Local. de Argentina, prov. de Buenos Aires, part. de Junín; 833 h.
fortísimo, ma. adj. superl. de **fuerte.**
fortissimo. (Voz italiana.) adv. m. **Mús.** superl. de **forte.**
fortitud. (Del lat. *fortitūdo.*) f. ant. Fortaleza física o moral de algo.
fortran. (abr. del i. *formula translation,* formulación transpuesta.) m. **Informática.** Lenguaje simbólico utilizado para la solución de problemas científicos.
fortuitamente. adv. m. Casualmente, sin prevención ni premeditación.
fortuito, ta. fr., *fortuit;* it., *fortuito;* i., *fortuitous;* a., *zufällig.* (Del lat. *fortuītus;* de *fors, fortis,* suerte, casualidad.) adj. Que sucede inopinada y casualmente. || V. **caso fortuito.**
fortuna. fr. e i., *fortune;* it., *fortuna;* a., *Glück, Zufall.* (Del lat. *fortūna.*) f. Encadenamiento de los sucesos, considerado como fortuito. || Circunstancia casual de personas y cosas. || Suerte favorable. || Éxito, aceptación rápida. || Hacienda, capital, caudal. || Aceptación de una cosa entre la gente. || Borrasca, tempestad en mar o tierra. || ant. Desgracia, adversidad, infortunio. || **por fortuna.** m. adv. Afortunadamente, por casualidad.
Fortuna. Geog. Mun. de España, prov. de Murcia, p. j. de Cieza; 5.564 h. (*fortuneros*). Villa cap. del mismo; 3.292 h. || Local. de Argentina, prov. de San Luis, depart. de Gobernador Dupuy; 709 h. || **Mit.** Divinidad alegórica de los griegos y de los romanos, hija de Océano y de Tetis, según Hesíodo, que presidía los sucesos de la vida, distribuyendo ciegamente los bienes y los males. Tenía numerosos templos en Grecia y en Roma. El primero se le erigió en Roma por Servio Tulio en 295 a. C.

La Fortuna, orfebrería romana. Museo Británico. Londres

fortunado, da. p. p. de **fortunar.** || adj. ant. Que tiene buena suerte.
fortunal. (De *fortuna,* desgracia, adversidad.) adj. ant. Peligroso o arriesgado.
fortunar. (Del lat. *fortunāre.*) tr. ant. Hacer dichoso a uno.
Fortunato (Honorio Clementino Venancio). Biog. Compositor y poeta latino, obispo de Poitiers, n. en Duplavilis, hoy Valdobbiadene, cerca de Treviso, y m. en Poitiers (h. 530-h. 600). Se le deben los himnos *Vexilla regis* y *Pange lingua* para el Viernes Santo, así como el *Salve festa dies* para el Domingo de Pascua.
Fortune. Geog. Islita deshabitada del arch. de Bahamas; 38 km.^{2} || Profunda bahía de Canadá, en la costa meridional de la isla de Terranova. Tiene 104 km. de largo. En ella desemboca el río Salmón.
fortunero, ra. adj. Natural de Fortuna (Murcia), o perteneciente a esta villa. Ú. t. c. s.
fortunio. (Del lat. *fortuniŭs,* de *fortuna,* suerte.) m. desus. Felicidad, dicha. || ant. **infortunio.**
fortuno, na. (De *fortunar.*) adj. ant. **fortunoso.**
fortunón. m. fam. aum. de **fortuna.**
fortunoso, sa. (De *fortuna,* borrasca, desgracia.) adj. desus. Borrascoso, tempestuoso. || ant. Azaroso, desgraciado.
Fortuny y Carbó (Mariano). Biog. Pintor y aguafuertista español, n. en Reus y m. en Roma (1838-1874). Alcanzó en 1858 una plaza de pensionado en Roma. En 1860, empeñada España en la guerra de Marruecos, fue allá por encargo de la Diputación de Barcelona para que pintara un gran cuadro de circuns-

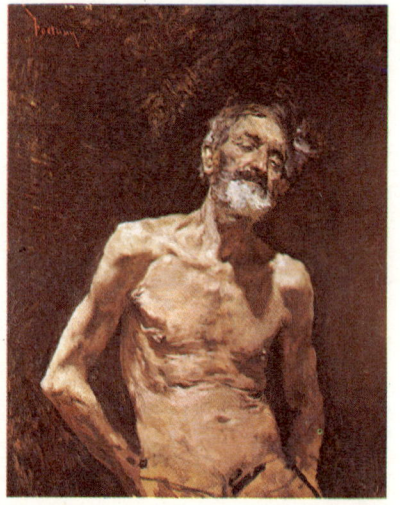

Viejo desnudo al sol, por M. Fortuny. Museo de Arte Español del Siglo XIX. Madrid

tancias, *La batalla de Tetuán.* Hizo otro viaje a Marruecos y residió principalmente en Roma, París y Granada. Entre sus obras más famosas figuran: *La playa de Portici, Niños en un salón japonés, Odalisca, Fantasía árabe* y *Corriendo la pólvora,* de ambiente marroquí; *Los académicos eligiendo modelo* y *La vicaría,* inspiradas en el s. XVIII, esta última considerada como su obra maestra.
Fórum Livii. Geog. hist. **Forli.**
forúnculo. m. Pat. **furúnculo.**
forza. f. ant. **fuerza.**
forzadamente. adv. m. Por fuerza. || ant. Forzosamente, necesariamente.
forzado, da. fr., *forçat;* it., *galeotto;* i., *sentenced to galleys;* a., *galeerensträfling.* p. p. de **forzar.** || adj. Ocupado o retenido por fuerza.

|| No espontáneo. || p. us. **forzoso**. || m. Galeote condenado a servir al remo en las galeras. || adv. m. ant. **forzosamente**.

forzador. (De *forzar*.) m. El que hace fuerza o violencia a otro, y más comúnmente el que fuerza a una mujer.

forzal. (De *fuerza*.) m. Banda o faja maciza de donde arrancan las púas de un peine.

forzamento. m. ant. **forzamiento**.

forzamiento. m. Acción de forzar o hacer fuerza.

forzante. p. a. ant. de **forzar**. Que fuerza.

forzar. fr., *forcer*; it., *forzare*; i., *to force*; a., *zwingen*. = fr., *violer*; it., *violentar*; i., *to ravish*; a., *uberwältigen, schänden*. (Del lat. *fortiāre*, de *fortis*, fuerte.) tr. Hacer fuerza o violencia física para conseguir un fin que habitualmente no debe ser conseguido por la fuerza. || Entrar, sujetar y rendir a fuerza de armas una plaza, castillo, etc. || Gozar a una mujer contra su voluntad. || Tomar u ocupar por fuerza una cosa. || fig. Obligar o precisar a que se ejecute una cosa. Ú. t. c. prnl. || prnl. ant. **esforzarse**. || **la vela.** *Mar.* Navegar con mucho trapo, o largar más velas de lo necesario, dada la intensidad del viento.

forzosa. (De *forzoso*.) f. Lance en el juego de damas a la española, con el cual se gana precisamente dentro de doce jugadas, teniendo tres damas contra una y la calle de en medio del tablero por suya; y si se descuida y a las doce jugadas no ha acabado el juego, queda hecho tablas. || **la forzosa**. fam. Precisión ineludible en que uno se encuentra de hacer algo contra su voluntad.

forzosamente. adv. m. **por fuerza**. || **violentamente**. || Necesaria e ineludiblemente.

forzoso, sa. fr., *forcé*; it., *forzoso*; i., *needful*; a., *unvermeidlich*. (De *fuerza*.) adj. Que no se puede excusar. || ant. Fuerte, recio o violento. || ant. Que tiene grandes fuerzas. || ant. Violento; contra razón y derecho.

forzudamente. adv. m. Con mucha fuerza y empuje.

forzudo, da. fr., *fort, vigoureux, trapu*; it., *forzuto*; i., *strong, able-bodied*; a., *handfest, stark*. adj. Que tiene grandes fuerzas.

fos-, foto-; -fot-; -foto. (Del gr. *phos, photós*.) pref., infijo o suf. que sign. luz || **Bioq.** pref. utilizado para designar aquellos procesos que se producen mediante la acción catalítica de la luz.

fosa. fr., *fosse*; it., *fossa*; i., *grave*; a., *Graben, Grube, Gruft*. (Del lat. *fossa*, de *fodĕre*, cavar.) f. Enterramiento. || Hoyo en la tierra para enterrar uno o más cadáveres. || ant. Piso inferior del escenario. || Excavación profunda alrededor de una fortaleza. || *Sal.* Finca plantada de árboles frutales. || **Anat.** y **Zool.** Depresión extensa y más o menos profunda en una superficie ósea. || **Mar.** Estanque de agua de mar, en comunicación con éste, en donde se guardan los tablones destinados a la construcción naval. || **Zool.** Mamífero carnívoro de la familia de los criptopróctidos, de tronco muy alargado (unos 70 cm., sin la cola), patas muy cortas, uñas retráctiles, cabeza pequeña, hocico largo y pelaje amarillo-rojizo. || **amarilla.** *Anat.* y *Zool.* **fovea lútea**. || **craneal.** Cada una de las existentes en las caras internas de los huesos del cráneo y en las cuales encajan los lóbulos cerebrales correspondientes. Hay, pues, fosas frontales, occipitales, parietales y temporales. || **ilíaca externa.** Ancha depresión en la cara externa del ilion, donde se disponen los músculos glúteos. || **ilíaca interna.** La que está en la cara interna superior del ilion. || **lagrimal.** La situada en la pared superior del ángulo externo de la órbita, que aloja a la glándula lagrimal. || **nasal.** Cada uno de los huecos anfractuosos, situados a uno y otro lado del plano facial de simetría, que dan paso al aire y sirven para la olfación. || **navicular.** Dilatación o ensanche que hay en el extremo de la uretra del hombre. || **oceánica.** *Geol.* Depresión estrecha y alargada con profundidad superior a los 6.000 m. y, en general, próxima a un continente. En la Challenger, océano Pacífico, al SO. de la isla de Guam, está la mayor profundidad hasta hoy conocida, con 10.911 m.; dicha medición fue llevada a cabo en 1960 por Jacques Piccard y Donald Walsh con el batiscafo *Trieste*. || **orbitaria.** *Anat.* y *Zool.* **órbita.** || **oval.** Fosita en la aurícula derecha, resto del foramen oval del feto de los mamíferos. || **de Silvio.** V. **Boe** (François de la). || **supraclavicular.** Cada una de las limitadas por la clavícula y el músculo esternocleidomastoideo del mismo lado. || **supraesternal.** La situada en la base anterior del cuello, entre las inserciones de los dos músculos esternocleidomastoideos. || **tectónica.** *Geol.* Depresión formada por dos sistemas convergentes de fallas en escalera, de modo que la profundidad máxima queda en el centro. Frecuentemente, constituyen un valle fluvial que el río ha acabado por modelar: las fosas del Ebro y del Rin, p. e. Lo contrario es la *meseta tectónica*.

Fosa tectónica del Ebro, en Santander

fosada. (De *fosar*.) f. ant. Hoyo, foso; excavación profunda alrededor de una fortaleza.

fosado. (Del lat. *fossātum*, de *fossāre*, cavar.) m. ant. Hoyo que se abre en la tierra para alguna cosa. || ant. Conjunto de fortificaciones de una ciudad. || ant. **fonsadera.** || **Fort.** Excavación que circuye una fortaleza.

fosadura. (De *fosado*.) f. ant. Zanja u hoyo hecho en la tierra.

fosal. (De *fosa*.) m. **cementerio.** || ant. *Ar.* Sepulcro, fosa.

fosar. m. ant. **cementerio.**

fosar. (Del lat. *fossāre*.) tr. Hacer foso alrededor de una cosa.

fosario. (De *fosar*.) m. ant. **osario.**

fosca. (De *fosco*.) f. Obscuridad de la atmósfera. || *Mur.* Bosque o selva enmarañada.

Fosca. *Geog.* Mun. de Colombia, depart. de Cundinamarca, prov. de Oriente; 6.993 h. || Población capital del mismo; 1.008 habitantes; 2.113 m. s. n. m.

Foscari (Francesco). *Biog.* Dux de Venecia, n. y m. en esta ciudad (1373-1457). Guerreó continuamente contra los estados vecinos, y para sostenerse en el mando sancionó la condena de tormento y destierro perpetuo impuesta a su hijo Jacobo por el supuesto delito de traición.

foscarral. m. *Mur.* Espesura, maleza.

fosco, ca. (Del lat. *fuscus*.) adj. **hosco.** || De color obscuro, que tira a negro.

Foscolo (Niccolò Ugo). *Biog.* Poeta italiano, n. en Zante y m. en Turnham Green (1778-1827). Cuando aún no tenía diecinueve años escribió la tragedia *Thieste*, representada con mucho aplauso en Venecia; pero lo que le dio reputación europea fue la obra *Últimas cartas de Jacobo Ortis*, que obtuvo un éxito prodigioso, aunque efímero. Sus *Obras completas* forman 11 volúmenes.

Niccolò Ugo Foscolo, por Andrea Appiani. Pinacoteca Brera. Milán

fosdrina. (Del fr. *phosdrine*.) f. **Quím.** Insecticida poderoso, de reciente invención, que, pulverizado sobre las legumbres frescas, carece de efectos nocivos para el hombre pasados tres días.

fosf-. pref. V. **fosfo-.**

fosfágeno. (De *fosfato* y *glucógeno*.) adj. **Quím.** V. **ácido creatinfosfórico.**

fosfamina. f. **Quím.** Combinación de fósforo e hidrógeno, de fórmula PH_3. Se obtiene por la acción del hidrógeno formado entre el cinc y el ácido sulfúrico, sobre el fósforo en matraz cerrado.

fosfatado, da. adj. Que tiene fostato. || m. **Quím.** Proceso seguido sobre algunas piezas metálicas para su protección contra la corrosión. Se realiza sumergiendo dichas piezas en un líquido, cuyo componente principal es el ácido fosfórico.

fosfatar. fr., *phosphater*; it., *fosfatare*; i., *to phosphatise*; a., *mit Phosphat verschen*. tr. **Agr.** Fertilizar, abonar con fosfatos las tierras de cultivo. || **Enol.** Añadir a los vinos fosfato de cal.

fosfatasa. (De *fosfato* y *-asa*.) f. **Bioq.** Fermento o enzima existente en la mayor parte de los tejidos orgánicos, capaz de desdoblar los compuestos orgánicos.

fosfatemia. (De *fosfato* y *-emia*.) f. **Med.** Presencia de fosfatos en la sangre.

fosfático, ca. adj. **Quím.** Perteneciente o relativo al fosfato.

fosfátido. (De *fosfato* e *-ido*.) m. **Quím.** Nombre de varias substancias parecidas a las grasas y aceites por su composición química, pero que contienen en su molécula fósforo y un componente de carácter básico como la colina o la colamina.

fosfato. fr. e i., *phosphate*; it., *fosfato*; a., *Phosphat*. (De *fosfórico* y *-ato*.) m. **Quím.** Sal formada por el ácido fosfórico y una base. || **amónico.** El más importante es el que contiene además sodio en su molécula, y tiene por fórmula PO_4NaHNH_4. Se encuentra en el guano y en la orina fermentada. Industrialmente se obtiene haciendo cristalizar una mezcla de fosfato disódico y cloruro amónico. || **cálcico.** El más importante es el tricálcico, que, unido al fluoruro, constituye el *apatito* y la *fosforita*. Está muy difundido en la naturaleza. || **de dimetil-diclorovinilo.** Es más conocido por las siglas *D. D. V. P.*, de su nombre en inglés, de fórmula C$_4$H$_7$O$_2$PCl$_2$, y potente insecticida, eficaz contra insectos resistentes al D. D. T. || **de piridoxal.** *Bioq.* Importante coenzima en el metabolismo de los aminoácidos, derivada de la piridina. || **sódico.** *Quím.* De los tres fosfatos sódicos que se conocen, el disódico, que cristaliza con doce moléculas de agua y tiene por fórmula PO$_4$HNa$_2$ · 12H$_2$O, es el más importante.

fosfaturia. (De *fosfato* y *-uria*.) f. **Pat.** y **Terap.** Pérdida excesiva de ácido fosfórico por la orina. En estado normal deben eliminarse, por 100 partes de nitrógeno fijado, de 18 a 20 de ácido fosfórico. A veces una alimentación demasiado rica en fósforo puede aumentar esta cifra. En gran número de afecciones, como son la nefritis, reumatismo, cáncer, gota, obesidad, etc., se han señalado modificaciones de eliminación fosforada, pero se supone también que éstas dependen del régimen de alimentación. En otras enfermedades, tales como la diabetes fosfatúrica, albuminuria fosfática, neurastenia grave y tuberculosis pulmonar, el acompañamiento obligado es la fosfaturia.

fosfeno. (De *fos-* y *-feno*.) m. **Fisiol.** Sensación luminosa producida por la excitación mecánica de la retina mediante una presión sobre el globo ocular.

fosfito. (De *fosforoso* e *-ito*.) m. **Quím.** Sal formada por el ácido fosforoso y una base.

fosfo-, fosf-. (Del m. or. que *fósforo*.) **Quím.** pref. utilizado para indicar las sales derivadas del ácido fosfórico.

fosfoaminolípido. (De *fosfo-*, *amino* y *lípido*.) m. **Quím. fosfátido.**

fosfolípido. (De *fósforo* y *lípido*.) m. **Quím. fosfátido.**

fosfolipina. (De *fósforo*, *lípido* e *-ina*.) f. **Quím. fosfátido.**

fosfomolibdato. m. **Quím.** Sal compleja de fosfato y molibdeno, que tiene por fórmula [PO$_4$ · 12MoO$_3$]M$_3$, siendo *M* un catión monovalente. || **amónico.** Constituye el fosfomolibdato más importante y tiene por fórmula [PO$_4$ · 12MoO$_3$] (NH$_4$)$_3$.

fosfoproteido. (De *fosfórico* y *proteido*.) m. **Quím.** Proteína cuyo grupo prostético es el ácido fosfórico.

fosforado, da. (De *fósforo*.) adj. Que contiene fósforo, metaloide sólido.

fosforecer. fr., *dégager de la phosphorescence*; it., *fosforescere*; i., *to phosphoresce*; a., *phosphoreszieren*. (De *fósforo*.) intr. **fosforescer.**

fosforera. fr., *boîte à allumettes*; it., *scatoletta da fiammiferi*; i., *match-case*; a., *Streichholzschachtel*. f. Estuche o caja en que se guardan o llevan los fósforos.

fosforero, ra. m. y f. Persona que vende fósforos. Ahora suele decirse *cerillero*.

fosforescencia. fr., *phosphorescence*; it., *fosforescenza*; i., *phosphorescency*; a., *phosphoreszenz*. f. **Fís.** Luminiscencia producida por una causa excitante y que persiste más o menos cuando desaparece dicha causa. || Luminiscencia persistente de origen químico; por ejemplo, la de las luciérnagas.

fosforescente. p. a. de **fosforecer.** Que fosforece.

fosforescer. intr. Manifestar fosforescencia o luminiscencia.

fosfórico, ca. fr., *phosphorique*; it., *fosforico*; i., *phosphoric*; a., *phosphor, enthaltend*. adj. **Quím.** Perteneciente o relativo al fósforo.

fosforilación. f. **Biol.** y **Fisiol.** Introducción en una molécula orgánica de algún radical del ácido fosfórico, especialmente del grupo PO$_4$, que cede fósforo; p. e., para la conversión de un azúcar en éster fosfórico. || **fotosintética.** *Biol.* Proceso de conversión directa de la energía solar en energía química que, sin la intervención habitual de otros factores, efectúan los cloroplastos.

fosforilasa. f. **Quím.** Enzima muy extendida en la naturaleza, formada por glucosa-1-fosfato del glicógeno y un fosfato inorgánico.

Pieza de fosforita

fosforita. (De *fósforo*, elemento químico, y *-ita*.) f. **Miner.** Forma criptocristalina del apatito en sus variedades compacta, radiada, concrecionada, mamelonada o estalactítica, que se utiliza en agricultura como abono, después de acidificarla, para transformar el fosfato tricálcico, insoluble, en superfosfatos solubles y absorbibles por las raíces vegetales.

Fosforito. Biog. Fernández Díaz (Antonio).

fósforo. fr., *phosphore*; it., *fosforo*; i., *phosphorus*; a., *Phosphor*. (Del lat. *phosphŏrus*, y éste del gr. *phosphóros*, el lucero de la mañana; de *phos*, luz, y *phéro*, llevar.) m. Trozo de cerilla, madera o cartón, con cabeza de fósforo y un cuerpo oxidante que sirve para encender luz. || El lucero del alba. || **Quím.** Elemento químico, metaloide; símbolo, P; peso atómico, 31,02 y núm. 15 de la serie atómica. Se encuentra en la naturaleza en forma de fosfatos principalmente cálcicos. Aparece también en combinaciones orgánicas, en los huesos, nervios, tejidos animales, vegetales, etc. Se conocen de él dos formas alotrópicas: el fósforo blanco y el rojo. Los primeros fósforos se fabricaban de la variedad alotrópica blanca, actualmente prohibida por su toxicidad. Este elemento es necesario a los seres vivos: las plantas lo toman del suelo, por lo que son necesarios los abonos fosfatados; y los animales, de su alimento. El cuerpo humano lo contiene principalmente en los huesos, en forma de fosfato de calcio tribásico; en los albuminoides, del grupo de los fosfoproteidos, a los que pertenece la caseína de la leche y la vitelina de la yema de huevo, y especialmente en la substancia nerviosa. Su exceso se elimina por la orina. || **blanco.** Estado alotrópico del fósforo, que en contacto con el aire se oxida lentamente, emitiendo luz. || **radiactivo.** Tiene por símbolo P-32 y se usa en el tratamiento de algunas enfermedades de la sangre, especialmente cuando existe un número excesivo de glóbulos rojos. || **rojo.** Estado alotrópico del fósforo, que no luce en la obscuridad y es más difícilmente inflamable que el fósforo blanco.

fosforógeno, na. (De *fosforescencia* y *-geno*.) adj. **Quím.** Dícese de las substancias que en mínima cantidad excitan la florescencia producida por ciertos cuerpos fosforescentes. Entre estas substancias están los sulfuros de sodio, manganeso, bismuto, etc.

fosforoscopio. (De *fósforo* y *-scopio*.) m. **Fís.** Instrumento que sirve para averiguar si un cuerpo es o no fosforescente.

fosforoso, sa. adj. **Quím.** Dícese del ácido obtenido por la acción del agua sobre el tricloruro de fósforo.

fosfuro. m. **Quím.** Combinación del fósforo con un elemento radical electropositivo, sin participación del oxígeno. Entre los fosfuros metálicos se ha empleado el de cinc, en medicina, como dinamógeno y afrodisíaco.

fosgenita. f. **Miner. cerasina.**

fosgeno. (De *fos-* y *-geno*.) m. **Quím.** Cloruro de carbonilo, que tiene por fórmula COCl$_2$, descubierto por Davy a partir del óxido de carbono y el cloro, por la acción de la luz, en un proceso reversible, ya que a elevadas temperaturas se desdobla en estos componentes. Es uno de los gases tóxicos más mortíferos que se conocen, y, según datos ingleses, es insoportable después de pocos segundos, en cuanto su concentración pasa de una parte en 100.000 de aire, ó 40 miligramos por metro cúbico. Ataca las vías respiratorias.

fósil. fr. e it., *fossile*; i., *fossil*; a., *Fossil, Stein*. (Del lat. *fossĭlis*, de *fossum*, supino de *fodĕre*, cavar.) adj. Dícese de los restos de vegetales o animales, o del hombre, que existieron en edades geológicas pretéritas y que, ya petrificados, o conservados en circunstancias especiales (como algunos insectos en ámbar), han llegado a nosotros. Ú. t. c. s. m. || Por ext., dícese de la impresión, vestigio o molde que denota la existencia de organismos que no son de la época geológica actual. Ú. t. c. s. m. || fig. y fam. Viejo, anticuado. || m. desus. Mineral o roca de cualquier clase. || m. **Paleont.** Resto o impresión dejado por un ser otrora vivo y que ha llegado hasta nosotros. || **característico.** El que por haber tenido una vida geológica corta y una dispersión geográfica grande, se en-

Rana fósil sobre pizarra. Facultad de Farmacia. Universidad Complutense. Madrid

cuenta prácticamente en todas las rocas de un tiempo determinado, y sólo en ellas, lo que permite precisar dichas rocas y correlacionar cronológicamente formaciones muy distintas. || **viviente.** *Bot.* y *Zool.* Especie actual, cuyos rasgos son más propios de grupos desaparecidos, pero que han sobrevivido a las extinciones geológicas por su gran capacidad de acomodación.

fosilífero, ra. adj. **Geol.** Dícese del terreno que contiene fósiles.

fosilización. f. **Paleont.** Acción y efecto de fosilizarse (v. **fósil**).

fosilizarse. (De *fósil*.) prnl. Convertirse en fósil un cuerpo orgánico.

fosique. m. fusique.

foso. (Del lat. *fossus*, p. p. de *fodĕre*, cavar.) m. hoyo. || Piso inferior del escenario, o sea espaciosa cavidad a que el tablado sirve como de techo. || En los garajes y talleres mecánicos, excavación que permite arreglar cómoda-

El foso de las murallas portuguesas. Ceuta

mente desde abajo la máquina colocada encima. || **Fort.** Excavación profunda que circuye la fortaleza.

fosor, ra. (Del lat. *fossor, -ōris*, cavador.) adj. **Entom.** Dícese de los insectos himenópteros, del suborden de los apócritos, que capturan arañas y larvas de insectos, a las que paralizan con su aguijón y depositan en cuevas por ellos excavadas; luego ponen sus huevos sobre las víctimas, cierran los escondrijos y no vuelven a preocuparse de la descendencia.

fosquera. (De *fosca*.) f. *Sal.* Broza, especialmente la de las colmenas.

fosura. (Del lat. *fossūra*.) f. ant. **excavación**.

-fot-. Infijo. V. fos-.

fot. m. **Fís.** Unidad de intensidad de iluminación, equivalente a la de un objeto que recibe el flujo luminoso de un lumen por centímetro cuadrado. Es igual a 10.000 lux. En la nomenclatura internacional se llama *phot*.

f. o. t. Mar. Siglas de la expr. inglesa *free on truck*.

fotiniano, na. adj. Partidario de Fotino, hereje del s. IV. Ú. t. c. s.

foto-; -foto. pref. o suf. V. fos-.

foto. (Del lat. *fautum*, p. p. de *favēre*, ayudar.) m. ant. confianza.

foto. f. abr. fam. de **fotografía**, imagen obtenida fotográficamente.

fotobacteria. (De *foto-* y *bacteria*.) f. **Bot.** bacteria fosforescente.

fotocélula. f. **Fís.** célula fotoeléctrica.

fotoceptor. (De *foto-* y *-ceptor*.) m. **Anat.** Formación nerviosa apta para la percepción de excitaciones causadas por la luz.

fotocolor. (De *foto* y *color*.) adj. **Fot.** Dícese de un procedimiento para obtener fotografías en color. Ú. t. c. s. || m. Fotografía obtenida por este procedimiento. || Fotograbado hecho a base de una fotografía en color.

fotocomposición. (De *foto* y *composición*.) m. **Impr.** Procedimiento, el más moderno, de composición. Se realiza a través de unas máquinas especiales de las que existen varios modelos, si bien todas a base de un teclado universal, como las máquinas de escribir, con matrices transparentes (fotomatrices) que, a medida que el teclista pulsa las teclas, va fotografiando sobre papel o película lo que compone. Se emplea para libros y revistas que han de imprimirse en offset o en huecograbado (v. **composición**).

Perforador no justificador

fotoconductividad. f. Conductividad variable, propia de los cuerpos fotoconductores.

fotoconductivo, va. adj. **Fís.** Dícese de la propiedad de algunos cuerpos de disminuir su resistencia eléctrica al aumentar la iluminación; como ocurre, p. e., en el selenio.

fotoconductor, ra o **fotoconductriz.** adj. Dícese de los cuerpos cuya conductibilidad eléctrica varía según la intensidad de la luz que los ilumina.

fotocopia. (De *foto-* y *copia*.) f. **Fot.** Fotografía especial obtenida directamente sobre el papel y empleada para reproducir páginas manuscritas o impresas.

fotocopiador, ra. adj. Que fotocopia. || f. Máquina para fotocopiar.

fotocopiar. tr. Hacer fotocopias.

fotocromía. (De *foto-* y *-cromía*.) f. **Fot.** Reproducción de los objetos con sus colores naturales.

fotocromo. m. **Fot.** Imagen fotográfica en colores naturales.

fotoelasticimetría. (De *foto-*, *elasticidad* y *-metría*.) f. **Fís.** Medida de las tensiones mecánicas internas por procedimientos ópticos.

fotoelectricidad. (De *foto-* y *electricidad*.) f. **Fís.** Electricidad producida por el desprendimiento de electrones bajo la acción de la luz.

fotoeléctrico, ca. adj. **Fís.** Perteneciente o relativo a la fotoelectricidad, como la variación de la resistencia de algunos cuerpos cuando reciben radiaciones luminosas de una determinada longitud de onda. || Dícese de los aparatos en que se utiliza dicha acción.

fotoelectrón. (De *foto-* y *electrón*.) m. **Fís.** Electrón emitido por efecto fotoeléctrico.

fotofobia. (De *foto-* y *-fobia*.) f. **Pat.** Intolerancia, horror a la luz.

fotófobo, ba. adj. Que padece fotofobia. Ú. t. c. s.

fotofonía. (De *foto-* y *-fonía*.) f. **Fís.** Grabación y reproducción de los sonidos mediante radiaciones luminosas, visibles o invisibles. || Se llama así también a la técnica del cine sonoro. (V. **cinematógrafo**.)

fotófono (De *foto-* y *-fono*.) m. **Fís.** Instrumento que sirve para transmitir el sonido por medio de ondas luminosas, visibles o invisibles.

fotogenia. (De *foto-* y *-genia*.) f. Cualidad de la fisonomía que resulta agradable, de valor plástico y crea valoraciones artísticas al ser reproducida y proyectada por el filme.

fotogénico, ca. adj. Que promueve o favorece la acción química de la luz. || Dícese de aquello que tiene buenas condiciones para ser reproducido por la fotografía.

fotograbado. fr., *photogravure*; it., *fotoincisione*; i., *photoengraving, photogravure*; a., *Photogravure*. (De *foto-* y *grabado*.) m. **Fot.** y **Grab.** Procedimiento de grabar un cliché fotográfico sobre planchas de cinc, cobre, etc., y arte de estampar estas planchas sobre papel para obtener reproducciones numerosas, por acción química de la luz. || Lámina grabada o estampada por este procedimiento.

fotograbar. tr. Grabar por medio de la fotografía.

fotografía. fr., *photographie*; it., *fotografia*; i., *photography*; a., *Photographie*. (De *foto-* y *-grafía*.) f. Arte de reproducir y fijar por medio de reacciones químicas, en superficies conve-

Objetivo *ojo de pez*

fotografía

nientemente preparadas, las imágenes recogidas en el fondo de una cámara oscura. La fotografía, como arte práctico, principió con las invenciones de J. Niepce y J. Daguerre, principalmente. En la fotografía ordinaria se emplea la cámara fotográfica, en la cual se forman las imágenes reales e invertidas de los objetos por medio de una lente que las hace coincidir con la placa sensible que queda impresionada por las imágenes. Para obtener una fotografía se requieren las siguientes operaciones principales: exposición o impresión por la luz de la placa o película, revelado y fijado de la placa y obtención de las pruebas positivas. En la exposición de la placa en la cámara oscura, la sal de

Cámara de Daguerre, construida hacia 1840

plata que contiene sufre una modificación en virtud de la cual cuando se trata por reactivos apropiados (revelado), aparece la imagen negativa, es decir, los blancos del objeto aparecen negros y viceversa. Esta imagen negativa desaparecería si no se lavase la placa y no se le diera un baño capaz de disolver el bromuro de plata no alterado (fijado). Una vez lavada nuevamente la placa y seca, queda dispuesto el negativo. Aplicando éste sobre el papel sensible a la luz y después de tratamientos semejantes a los descritos se obtiene la prueba positiva. Además de las placas ordinarias, existen otras que permiten obtener pruebas positivas en las cuales la intensidad de las tintas corresponde mejor que en las ordinarias a la intensidad real de luz de los colores en los objetos. Se fabrican también placas con las que pueden obtenerse imágenes con los colores naturales. La fotografía tiene numerosas aplicaciones en muy diversas ramas de la actividad humana: fotograbado, huecograbado, cinematografía, microscopia, fotogrametría, etc. Son notables los últimos progresos realizados en el campo de la fotografía: transmisión de fotografías por las ondas eléctricas (radiofotografía); la fotografía de fondo o de tres dimensiones, que ofrece a la visión natural una imagen semejante a la que transmite el estereoscopio y que ofrece numerosas aplicaciones prácticas en el terreno educativo y científico; el ojo mágico; la fotografía telescópica; las fotografías submarinas, conseguidas con aparatos tomavistas impermeables al agua salada, etc. La fotografía hace posible la percepción de movimientos que, por su rapidez o lentitud acusadas, no podrían captarse con detalle, ya haciendo desfilar lentamente ante la vista los movimientos rápidos (cámara lenta) o haciendo pasar con rapidez lo que en realidad se desarrolla muy lentamente. Como ejemplo de lo primero puede citarse la trayectoria de una bala, y de lo segundo, el crecimiento y movimiento de una planta. La fotografía viene experimentando un avance considerable que afecta a las cámaras, a la química fotográfica y procesos de laboratorio y a las nuevas modalidades y aplicaciones de esta actividad. Las cámaras han sido objeto de una gran mejora en sus medios ópticos, más luminosos, de mayor profundidad de foco y mayor obertura (el objetivo llamado ojo de pez, por ejemplo), y los teleobjetivos son mucho más potentes. Se ha aumentado también la velocidad de disparo de los obturadores, de modo que permite fotografiar la trayectoria de proyectiles. En otro orden de cosas, se tiende al automatismo en la adecuación de los distintos factores precisos para obtener buenas fotografías (precisión de enfoque, abertura del diafragma y tiempo de exposición). Hay cámaras fotográficas que permiten usar indistintamente varios tipos diferentes de película. Existen cámaras panorámicas de movimiento rotatorio sincronizado con el paso de la película que permiten recoger un paisaje de 360°, es decir, en torno a un punto dado y sin solución de continuidad; cámaras que pueden fotografiar cavidades subterráneas, útiles en arqueología; cámaras microscópicas que se hacen llegar a vísceras internas del cuerpo humano y facilitan la localización de

Fotografía nocturna del alcázar de Segovia

posibles lesiones, etc. Los avances en química fotográfica se han orientado en el sentido de obtener emulsiones más sensibles y rápidas, para corresponder al tiempo decreciente de exposición, y a simplificar los procesos de laboratorio. Entre las modalidades y aplicaciones de la fotografía pueden citarse las siguientes: la que utiliza los rayos infrarrojos, de aplicación en astronomía y en ciencias naturales;

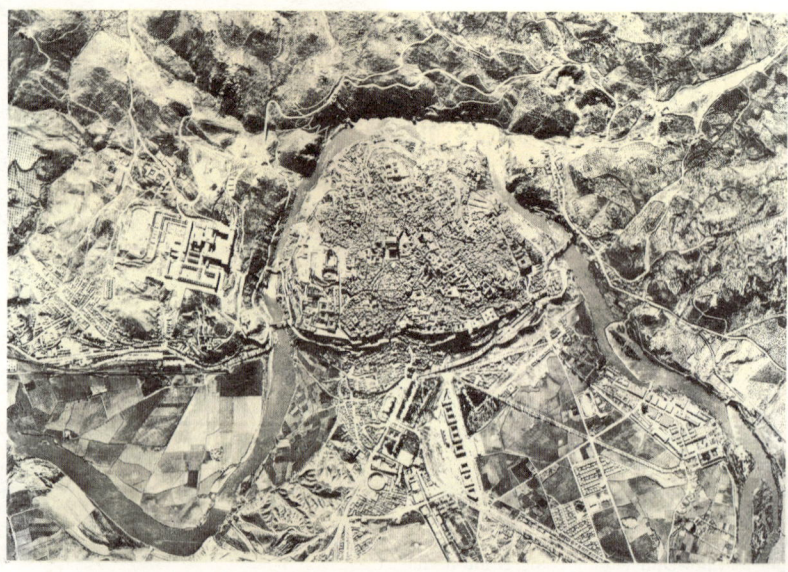

Fotografía aérea de Toledo

Diversos tipos de máquina fotográfica

la fotografía aérea; la fotografía electrónica; la fotografía por neutrones; la fotografía de color; la fotografía sobre tela; la fotografía sobre vidrio fotosensible, resultando una fotografía tridimensional y, en ocasiones, de aspecto estereoscópico; la fotografía en relieve. Las nuevas aplicaciones de la fotografía, técnica en continua expansión, tienen que ver con la mayoría de actividades del hombre.

fotografiar. fr., *photographier;* it., *fotografare;* i., *to photography;* a., *photographieren.* tr. Ejercer el arte de la fotografía. || Reproducir una imagen o figura por medio de la fotografía. || fig. Describir de palabra o por escrito, en términos tan precisos y claros y con tal verdad, sucesos, cosas o personas que parecen presentarse ante la vista.

fotográficamente. adv. m. Por medio de la fotografía.

fotográfico, ca. adj. Perteneciente o relativo a la fotografía.

fotógrafo. fr., *photographe;* it., *fotografo;* i., *photographer;* a., *Photograph.* m. El que ejerce la fotografía.

fotograma. (De *foto-* y *-grama.*) m. **Fot.** Fotografía aérea tomada a título de fuente de información y destinada a un estudio ulterior de aplicación cartográfica o catastral, de prospección geológica o minera, de investigación arqueológica, etc. || **Cin.** Cualquiera de las imágenes que se suceden en una película cinematográfica considerada aisladamente.

fotogrametría. (De *foto-*, el griego *grámma,* trazado, y *-metría.*) f. **Fot.** Técnica que utiliza la fotografía para la medida indirecta de accidentes naturales, monumentos, etc., y en la cual es de especial utilidad la fotografía estereoscópica. Tiene numerosas aplicaciones, especialmente en el levantamiento de planos topográficos, en la obtención de plantas, alzados y perfiles de monumentos, en geología, astronomía, hidráulica, artes militares y otras especialidades. || Procedimiento para obtener planos de grandes extensiones de terreno por medio de fotografías, tomadas generalmente desde una aeronave. (V. **aerofotografía.**).

fotólisis. (De *foto-* y *-lipsis.*) f. **Bot.** Enfermedad de las plantas, debida al exceso de iluminación, que produce la alteración y desorganización de los cloroplastos.

fotolito. (De *foto-* y *-lito,* piedra.) m. Prueba tipográfica para ser reproducida fotográficamente en serigrafía.

fotolitografía. (De *foto-* y *litografía.*) f. Arte de fijar y reproducir dibujos en piedra litográfica, por medio de la acción química de la luz sobre substancias convenientemente preparadas. || Estampa que se obtiene por medio de este arte.

fotolitografiar. tr. Ejercer el arte de la fotolitografía.

fotolitográficamente. adv. m. Por medio de la fotolitografía.

fotolitográfico, ca. adj. Perteneciente o relativo a la fotolitografía.

fotoluminiscencia. (De *foto-* y *luminiscencia.*) f. **Fís.** Emisión de luz como consecuencia de la absorción previa de una radiación. (V. **luminiscencia.**)

fotomatón. m. **Fot.** Nombre del aparato fotográfico inventado por el mecánico ruso Anatol José. Consiste en un mecanismo que obtiene el retrato, revela y fija el negativo, tira los positivos que se desean y entrega las copias secas, todo ello en pocos minutos.

fotomecánica. f. Copia de documentos y de libros obtenida por medio de máquinas con dispositivo fotográfico.

fotomecánico, ca. (De *foto-* y *mecánico.*) adj. **Impr.** Dícese del procedimiento de impresión obtenido a base de clichés fotográficos. Ú. t. c. s. || f. Técnica de emplear métodos fotomecánicos.

fotometría. fr., *photométrie;* it., *fotometria;* i., *photometry;* a., *Lichtmessung.* (De *fotómetro.*) f. **Fís.** Parte de la óptica que trata de las leyes relativas a la intensidad de la luz y de los métodos para medirla.

fotométrico, ca. adj. Perteneciente o relativo al fotómetro.

fotómetro. (De *foto-* y *-metro.*) m. **Fís.** Instrumento para medir la intensidad de iluminación de la luz. || **ultravioleta.** Aparato que acusa la presencia de gases por medio de los rayos ultravioleta.

fotón. (Del gr. *phos, photós,* luz.) m. **Fís.** Partícula subnuclear sin masa, ni carga eléctrica y con espín 1, que corresponde a la cantidad mínima de energía de que constan las radiaciones. Su existencia fue establecida por Einstein en 1905 y es la base de la teoría de los *cuantos* de Planck.

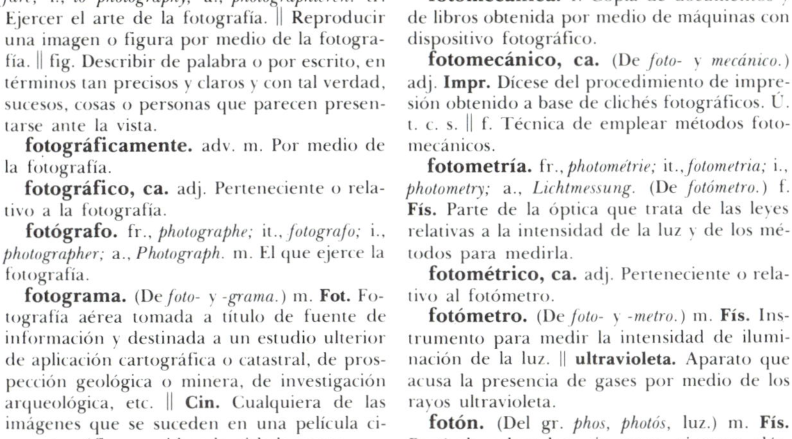

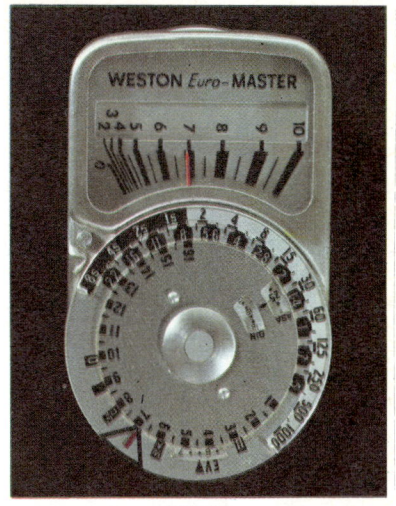

Fotómetro

fotonovela. (De *foto,* apóc. fam. de *fotografía,* imagen obtenida fotográficamente, y *novela.*) f. Historia narrada por medio de fotografías que, ajustadas a los diálogos de los personajes, ilustran la acción paso a paso.

fotoperiodicidad. (De *foto-* y *periodicidad.*) f. **Biol.** Conjunto de fenómenos fisiológicos y morfológicos que se producen en los seres vivos cuando están sometidos a una sucesión alternativa de períodos de obscuridad y luminosidad.

fotoperiódico, ca. adj. **Biol.** Referente o relativo a la fotoperiodicidad.

fotoperíodo. m. **Biol.** Tiempo diario que una planta está sometida a la luz, y que, según la especie, ha de tener una determinada duración para que la planta florezca (v. **fotoperiodicidad**).

fotopila. (De *foto-* y *pila.*) f. **Elec.** Pila eléctrica activada por la luz solar. Fue puesta a punto, en los laboratorios de la Bell Telephone Co., por los investigadores Pearson, Chapin y Fuller.

fotopintura. (De *foto-* y *pintura.*) f. Fotografía en lienzo pintada al óleo.

fotoplano. (De *foto-* y *plano.*) m. **Topog.** Plano fotográfico obtenido por procedimientos fotogramétricos.

fotopsia. (De *foto-* y *-opsia.*) f. **Pat.** Sensaciones luminosas que no dependen del mundo exterior, sino de alteraciones en la retina.

fotoquímica. (De *foto-* y *química.*) f. **Quím.** Ciencia que estudia las reacciones químicas que produce la luz o las radiaciones invisibles.

fotorradioscopia. (De *foto-* y *radioscopia.*) f. **Med.** Procedimiento de diagnóstico aplicado especialmente en la investigación de la tuberculosis pulmonar.

fotorrecepción. (De *foto-* y *recepción.*) f. **Biol.** Proceso por el que ciertas células de los seres vivos absorben la energía luminosa, ya sea para realizar la fotosíntesis, caso de la mayoría de las plantas, ya sea como base de la visión, en los animales. En muchas células libres, la fotorrecepción va acompañada de una respuesta motriz inmediata (v. **ojo, visión, fotosíntesis, fototactismo** y **fototropismo**).

fotorreceptor, ra. adj. **Biol.** Dícese de las células encargadas de realizar la fotorrecepción.

fotorresistencia. (De *foto-* y *resistencia.*) f. **Electrón.** V. **célula fotoeléctrica** y **fotoelectricidad.**

fotosensibilización. (De *foto-* y *sensibilización.*) f. **Biol.** Sensibilización de una substancia u organismo a la influencia de la luz.

Fotogrametría. Montaje fotográfico que muestra las curvas de nivel trazadas por un estereoautógrafo

fotosfera. (De *foto-* y *-sfera*.) f. **Astron.** Superficie visible del Sol, capa gaseosa de unos cientos de kilómetros de espesor y de una temperatura de 5.780° K. La fotosfera constituye la transición entre el interior opaco, y la cromosfera, transparente (v. **Sol**).

fotosíntesis. (De *foto-* y *síntesis*.) f. **Bot.** y **Quím.** Proceso químico que tiene lugar en las plantas de coloración verde, por el cual, aprovechando la energía solar, se transforman bióxido de carbono (CO_2) y agua, tomados respectivamente del aire y de la tierra, en materia orgánica y oxígeno. Esta labor de las plantas verdes se denomina también *función clorofílica*, y gracias a ella se mantiene el equilibrio, en el aire, del anhídrido carbónico originado por las combustiones de tipo físico o biológico (respiración).

fototactismo. (De *foto-* y *tactismo*.) m. **Biol.** Tactismo provocado por la luz; se llama también *fototaxis* o *fototaxia* (v. **tactismo**).

fototeca. (De *foto* y *-teca*.) f. Colección de fotografías, debidamente ordenadas, con miras a su conservación y utilización posterior, ya como documentos gráficos del pasado, o a efectos de ilustración de obras y publicaciones periódicas.

fototelegrafía. (De *foto-* y *telegrafía*.) f. Es la transmisión de las imágenes por radio. Puede hacerse ya la transmisión de imágenes en colores, y también la de una imagen movida, tomada en el exterior, como un desfile (v. **telefotografía**).

fototerapia. fr., *photothérapie*; it., *fototerapia*; i., *phototherapeutics*; a., *Lichtbehandlung*. (De *foto-* y *terapia*.) f. **Terap.** Tratamiento de las enfermedades por la acción de la luz, especialmente por la distinta concentración de los rayos luminosos o por la diferente coloración de la luz. Si se trata de la solar, se llama helioterapia, empleándosela en general por su contenido en rayos ultravioleta (de efecto químico) e infrarrojos (de efecto calorífico).

fototipia. (De *foto-* y *-tipia*.) f. Procedimiento de reproducir clichés fotográficos sobre una capa de gelatina, con bicromato, extendida sobre cristal o cobre, y arte de estampar esas reproducciones. || Lámina estampada por este procedimiento.

fototípico, ca. adj. Relativo a la fototipia.

fototipografía. (De *foto-* y *tipografía*.) f. **Impr.** Arte de obtener y de estampar clichés tipográficos obtenidos por medio de la fotografía.

fototipográfico, ca. adj. **Impr.** Perteneciente o relativo a la fototipografía.

fototopografía. (De *foto-* y *topografía*.) f. **Topog.** Procedimiento que permite, por medio de fotografías tomadas desde estaciones cuya posición relativa es conocida, el trazado de planos topográficos.

fototransistor. (De *foto-* y *transistor*.) m. **Fís.** Célula fotoconductora de germanio, equivalente a un tríodo.

fototropismo. (De *foto-* y *tropismo*.) m. **Biol.** Movimiento hacia la luz o para alejarse de ella, que efectúan muchas plantas; en el primer caso se dice que es positivo, en el segundo, negativo.

fotovoltaico, ca. adj. **Fís.** Dícese de la propiedad de algunos cuerpos de transformar la luz en electricidad, como así ocurre, p. e., en el selenio.

fotula. (Del lat. *blattŭla*, con la *f* de *foetēre*, heder.) f. ant. **Entom.** *And.* Cucaracha voladora.

fotutazo. m. *Cuba.* vulg. Ruido que se produce con el fotuto o bocina de los automóviles.

fotutear. intr. *Cuba.* Tocar el fotuto, en especial de modo insistente y molesto.

fotuto. m. *Cuba, P. Rico* y *Venez.* Instrumento de viento que produce un ruido prolongado y fuerte como el de una trompa o caracola. || *Cuba.* Bocina de los automóviles. || *P. Rico.* Persona que habla por otra. || *P. Rico* y *Dom.* Pito cónico de cartón con embocadura de madera.

Foucauld, vizconde de Foucauld (Charles Eugène). **Biog.** Explorador y religioso francés, n. en Estrasburgo y m. en Tamanrasset (1858-1916). Después de una vida brillante, combatió la insurrección argelina de 1881. Ingresó en la Trapa. Siendo sacerdote estuvo en el Sáhara, donde se dedicó a la vida contemplativa y dejó escritas unas reglas donde se han inspirado tres congregaciones y continúan su apostolado sahariano. De ellas, la más conocida es el *Instituto de los Hermanitos de Jesús* (v.).

Foucault (Jean Bernard Léon). **Biog.** Astrónomo, matemático y físico francés, n. y m. en París (1819-1868). Ideó un procedimiento para hallar la velocidad de la luz y demostró que es mayor en el aire que en el agua. Descubrió las llamadas *corrientes de Foucault*, inducidas en un conductor por la acción de un campo magnético variable, que dan lugar a pérdidas de energía, e inventó el giróscopo.

Foucquet (Jean). **Biog.** Fouquet (Jean). || **(Nicolas).** Fouquet (Nicolas).

Fouché (Jacobus Johannes). **Biog** Político sudafricano, n. en Wepener, est. libre de Orange, en 1898. En 1968 fue elegido presidente de la República Sudafricana para un período de siete años. || **, duque de Otranto (Joseph).** Político francés, n. en Nantes y m. en Trieste (1754-1820). Intervino en la Revolución de 1793 y votó la ejecución de Luis XVI; fue ministro de Policía, antes y con Napoleón, a pesar de lo cual contribuyó poderosamente al derrumbamiento del Imperio, preparando, después de Waterloo, la vuelta de los Borbones. Acabó su vida en el destierro.

Fouillée (Alfred). **Biog.** Filósofo francés, n. en La Pouëze, Maine-et-Loire, y m. en Lyon (1838-1912). Su teoría de las ideas-fuerza estudia la función activa del pensamiento en la vida individual y social. Entre sus obras se distingue: *Las ideas-fuerza*.

Foujita (Léonard). **Biog.** Pintor francés, de origen japonés, cuyo nombre nativo era Tsuguharu, n. en Tokio y m. en Zurich (1886-1968). Estudió en la Escuela de Bellas Artes de Tokio; en 1913 se trasladó a París, donde adquirió renombre y entabló amistad con Picasso, Derain, etc.; en 1930 hizo un recorrido por América y regresó a París en 1932; durante la S. G. M. fue repatriado, pero volvió en 1945 y se nacionalizó francés diez años después. En 1959 se convirtió a la religión católica y fue bautizado en la catedral de Reims con el nombre de Léonard. Goza de gran fama por sus dibujos, retratos y desnudos femeninos.

Foulché-Delbosc (Raymond). **Biog.** Escritor francés, n. en Toulouse y m. en París (1864-1929). En la *Revue Hispanique*, que dirigió desde su fundación en 1904, publicó innumerables estudios, todos ellos interesantísimos para España.

Foulques (Gui). **Biog.** Clemente IV.

Foumban. **Geog.** C. de Camerún, prov. de Camerún Oriental, cap. del depart. de Bamoun; 38.000 h. Plantaciones de café.

Fouquet o **Foucquet (Jean).** **Biog.** Pintor francés, n. y m. en Tours (h. 1420-h. 1480). Dueño de un virtuosismo pocas veces igualado, pintó el famoso *Libro de horas* del tesorero real de Carlos VII de Francia. Fue pintor y miniaturista de Luis XI. Entre sus miniaturas deben ser citadas: las ilustraciones para *Les cas des nobles hommes et femmes malhereux*, en la Biblioteca de Munich; los libros de horas de María de Cléveris y de Felipe de Commynes, la obra *Antiquités des juifs*, en la Biblioteca Nacional de París, etc. Entre sus grandes creaciones pictóricas figuran: *Virgen con el Niño*, en el Museo de Amberes; *Esteban Chevalier con San Esteban*, en el Museo de Berlín; el retrato de *Carlos VII*, en el Museo del Louvre. || o **Foucquet (Nicolas).** Hombre de Estado francés, n. en París y m. en Pignerol (1615-1680). Por su amistad con Mazarino, fue nombrado superintendente de Hacienda y de aquí dimanó su cuantiosa fortuna y la enemistad que le profesaron luego Luis XIV y Colbert, los cuales le persiguieron tenazmente hasta que lo encarcelaron en el castillo Pignerol.

Fourcroy (Antoine-François de). **Biog.** Químico y político francés, colaborador de Lavoisier, n. y m. en París (1755-1809). Fue ministro de Instrucción Pública y catedrático de Química en París, donde fundó la Facultad de Medicina.

Fourier (François-Marie-Charles). **Biog.** Economista francés, n. en Besançon y m. en París (1772-1837). Miembro de una familia de comerciantes, su propia experiencia le hizo aborrecer la especulación y el espíritu mercantil. Enemigo de la lucha de clases y, por tanto, de cualquier cambio social violento, afirmaba la bondad congénita de las pasiones humanas, a las que pretendía dar legítima satisfacción con su sistema. En él propone la creación de agrupaciones libres para la producción, compuestas de 1.500 a 2.000 personas, que vivirían en una manera de cuarteles llamados *falansterios*. En esta organización se reconoce y se retribuye al capital. Sus obras principales son: *Teoría de los cuatro movimientos* (1808) y *Tratado de la asociación doméstica y agrícola* (1820). || **(Jean-Baptiste-Joseph).** Matemático y físico francés, n. en Auxerre y m. en París (1768-1830). Sus más célebres trabajos como matemático se refieren a la teoría de las funciones periódicas, habiendo demostrado que toda función de esa clase puede desarrollarse en una serie de senos y cosenos: serie de Fourier.

fourierismo. m. **furierismo.**

fourierista. adj. **furierista.**

Fournier (Jacques). **Biog.** Benito XII || **(Pierre Simon).** Tipógrafo, grabador y fundidor francés, n. y m. en París (1712-1768). Introdujo en la tipografía musical las notas con cabeza redondeada en lugar de los tipos cuadrados que antes se usaban. Es autor de un *Manual tipográfico* y de *Catálogo de tipos*. || **Geog.** Local. de Argentina, prov. de Buenos Aires, part. de 9 de julio; 704 h.

Fouta-Djalon o **Fouta-Dhialon.** **Geog.** Comarca de la República de Guinea, en la región

Luchador japonés, por Foujita (1926): Museo de Grenoble

de Labé. Está en una meseta habitada por la población más vigorosa de África occidental, y en la que tienen su origen los ríos Senegal, Gambia, Níger y otros menos importantes. Es un país montañoso, limitado al N. por el río Senegal y al O. por Guinea-Bissau; 110.000 km.² Minas de cobre y hierro. La población indígena son los jalonjés. ‖ **-Toro. Geog. hist.** Antigua región de África occidental, en la actual República de Senegal. Se extendía por la ribera S. del río Senegal, desde las cercanías del mar hasta la región del Boundou. Comprendía cuatro divisiones: el Dimar, el Toro, el Fouta y el Daniga. Su pobl. más importante, Saldé. Minas de hierro.

fóvea. (Del lat. *fŏvĕa*, hoyo.) f. **Anat.** Pequeña depresión o fosa de algunos órganos y huesos. ‖ Depresiones que, en una zona edematosa, especialmente en los edemas de tobillos, se originan por la presión de los dedos, y que tardan cierto tiempo en desaparecer. ‖ **lútea. mancha amarilla.**

foveolado. adj. **Bot.** Con hoyuelos muy menudos.

fovismo. (Del fr. *fauvisme*; de *fauve*, fiera, e *-isme*, -ismo.) m. **Pint.** Escuela pictórica francesa que comenzó a ser conocida hacia 1905, y a la que se dio ese nombre por la violencia agresiva de sus colores. Los pintores *fauves* más importantes fueron: Friesz, Van Dongen,

Fovismo. *Naturaleza muerta. Magnolia*, por Matisse. Museo de Arte Moderno. París

Derain, Vlaminck, Dufy, Braque, Moreau y Matisse. La frase que dio origen a ese nombre la pronunció un crítico al entrar en una exposición de estos pintores y ver sus cuadros en torno a una escultura renacentista: «Donatello entre las fieras».

fox. (abr. del i. *fox-trot*, paso de zorra.) m. **Mús.** Danza americana. Tuvo por origen un baile que inventó un artista de *music-hall* y en el que se ejecutaban alternativamente movimientos lentos y rápidos, y a este baile dio el nombre de *fox-trot*. Luego fue adoptado como baile de pareja e introducido como tal en Europa. ‖ **-terrier.** *Zool.* Raza pequeña de terrier (perro de busca) que se empleaba antiguamente para desenterrar la zorra. Hoy lo utilizan aún algunos para este menester, pero también para la caza de ratones. Por lo demás, el *fox-terrier* es perro de compañía como los otros. Los hay de dos clases: el de pelaje fino y el de pelaje áspero; el primero no tiene tan fuerte instinto de caza como el segundo.

Fox (Charles James). Biog. Político inglés, n. en Westminster y m. en Chiswick, cerca de Londres (1749-1806). Era partidario entusiasta de la independencia de América, y así lo defendió en muchos actos públicos. En 1806, siendo ministro de Negocios Extranjeros, abolió la trata de negros. ‖ **(George).** Fundador de la secta de los cuáqueros, n. en Drayton y m. en Londres (1624-1691). No aceptaba el culto exterior ni las jerarquías de la Iglesia; predicaba contra la guerra y los diezmos, y no doblaba la rodilla ni descubría la cabeza ante ningún soberano. ‖ **Morcillo (Sebastián).** Filósofo español, n. en Sevilla y m. en un naufragio cuando regresaba de Lovaina a España (h. 1526-1560). Por la precocidad de su talento, fue una de las figuras más notables de su siglo, y tan grande era su renombre, que llegó a oídos del rey Felipe II, quien lo llamó para que educase a su hijo Carlos. ‖ **Geog.** Río de EE. UU.; n. en Wisconsin, y después de un curso de 275 km. des. por la derecha en el Illinois. ‖ Río de EE. UU.; n. en la parte meridional del est. de Wisconsin, cond. de Gray, y des. en la bahía Green, del lago Michigán. Más de 400 km. de curso, en gran parte navegable.

Foxá (Agustín de). Biog. Torroba Rodríguez de Arellano y Goicoechea, conde de Foxá (Agustín).

Foy (Maximilien). Biog. General francés, n. en Ham y m. en París (1775-1825). Estuvo en España con el ejército de Napoleón y se distinguió notablemente en la batalla de Arapiles. Escribió una historia de la guerra de España.

foya. (Del lat. *fŏvĕa*.) f. ant. **hoya,** concavidad grande formada en la tierra. ‖ *Ast.* Hornada de carbón.

foyer. (Voz francesa; pronúnc. *fuayé*.) m. Sala de descanso en los teatros.

foyo. (De *foya*.) m. ant. **hoyo.**

Foyos. Geog. Mun. y lugar de España, prov. y p. j. de Valencia; 4.341 h.

foyoso, sa. (De *foyo*.) adj. ant. **hoyoso.**

foz. (Del ár. *hawz*, distrito.) f. ant. **alfoz.**

foz. (Del lat. *falx, falcis*.) f. ant. **hoz,** instrumento.

foz. (Del lat., *faux, faucis*.) f. ant. **hoz,** angostura. ‖ **Mar.** Estrechamiento de un río en su desembocadura, formando un puerto interior.

Foz (Braulio). Biog. Polígrafo y periodista español, n. en Fórnoles, Teruel, y m. en Borja (1791-1865). Luchó con bravura en la guerra de la Independencia, y, expatriado en Francia, logró conocimientos nada comunes en astronomía, geografía, historia y lenguas. Fue catedrático en el Colegio de Vossy (Francia) y en la Universidad de Zaragoza. Fundó en 1837 *El Eco de Aragón*. Entre sus numerosas obras se cita *Vida de Pedro Saputo* (1844). ‖ **Geog.** Mun. de España, prov. de Lugo, p. j. de Mondoñedo; 8.274 h. ‖ Villa cap. del mismo; 2.241 h. (*focenses*). ‖ **-Calanda.** Mun. y villa de España, prov. de Teruel, p. j. de Alcañiz, 330 h.

Fr. Quím. Símbolo del *francio.*

frac. fr., *frac*; it., *fracco*; i., *dressecoat*; a., *Frack.* (De a. *frack.*) m. Vestidura de hombre, que por delante llega hasta la cintura y por detrás tiene dos faldones más o menos anchos y largos. ‖ pl. *fraques.*

fracasado, da. p. p. de **fracasar.** ‖ adj. fig. Dícese de la persona desconceptuada a causa de los fracasos padecidos en sus intentos o aspiraciones. Ú. t. c. s.

fracasar. fr., *échouer*; it., *fracassare*; i., *to fail*; a., *misslingen.* (Del it., *fracassare.*) tr. desus. Destrozar, hacer trizas alguna cosa. ‖ intr. Romperse, hacerse pedazos y desmenuzarse una cosa. Dícese regularmente de las embarcaciones cuando, tropezando en un escollo, se hacen pedazos. ‖ fig. Frustrarse una pretensión o un proyecto. ‖ Tener un resultado adverso en un negocio.

fracaso. fr., *insuccès*; it., *fracasso*; i., *unissue*; a., *Misserfolg.* (De *fracasar.*) m. Caída o ruina de una cosa con estrépito y rompimiento. ‖ Malogro, resultado adverso de una empresa o negocio. ‖ fig. Suceso lastimoso, inopinado y funesto.

Fracastori o **Fracastoro (Gerolamo). Biog.** Médico y poeta italiano, n. y m. en Verona (1483-1553). Su cultura era enciclopédica, pues se ocupó a la vez de medicina, filosofía, literatura y ciencias exactas. Su poema *Syphilis, sive de morbo gallico*, escrito en versos virgilianos, lo dedicó al cardenal Bembo.

fracción. fr., *fraction, partie*; it., *frazione*; i., *fraction*; a., *Bruch, Parteigliederung.* (Del lat. *fractĭo, -ōnis*, de *fractum*, supino de *frangĕre*, romper.) f. División de una cosa en partes. ‖ Cada una de las partes o porciones de un todo con relación a él, divididas o consideradas con separación del todo. ‖ Cada uno de los grupos de un partido u organización, que difieren entre sí o del conjunto, y que pueden llegar a independizarse. ‖ ant. Quebrantamiento de una ley o de una norma. ‖ ant. Acción y efecto de quebrantar otras cosas. ‖ **Alg. y Arit.** Expresión que indica una división no efectuada o que no puede efectuarse. ‖ **Arit. número quebrado.** ‖ Conjunto de dos números enteros en un cierto orden, que se llaman numerador y denominador y se escriben uno encima del otro, separados por una raya horizontal. Es sin. de *quebrado*. El denominador indica en cuántas partes se ha dividido la unidad, y el numerador cuántas de éstas se toman. ‖ **Fís. y Quím.** En procesos como la destilación, la depuración, etc., cada una de las partes que se separan de una substancia. ‖ **algebraica.** *Alg.* Aquella cuyos dos términos son expresiones algebraicas; como, p. e. $(2x + 1)/3y$. ‖ **continua.** *Arit.* La que tiene por numerador la unidad y por denominador un número mixto, cuya fracción tiene por numerador la unidad y por denominador otro número mixto de igual clase, y así sucesivamente. ‖ **decimal.** Aquella cuyo denominador es una potencia de 10. Se suele escribir abreviadamente mediante un número decimal, que consiste en el numerador, después de separar de su derecha con una coma tantas cifras como ceros haya en el denominador; p. e., 325/100 = 3,25. ‖ **decimal exacta.** La fracción decimal que tiene un número finito de cifras; p. e., 2/25 = 0,08. ‖ **decimal inexacta.** La fracción decimal que tiene infinitas cifras; p. e., 3/11 = 0,27272... ‖ **de fracción.** Aquella cuyos dos términos son fraccionarios; p. e., 1/3 : 2/5. ‖ **generatriz de una decimal.** La que engendra ésta al dividir el numerador por el denominador; p. e. 2/5 es la generatriz de 0,4. ‖ **impropia.** Aquella cuyo numerador es igual o mayor que el denominador, y por consiguiente es igual o mayor que la unidad; p. e., 6/5 = 1,2 > 1. ‖ **irracional.** La que tiene alguno de sus términos afectados en un radical, de raíz no exacta; p. e., $\sqrt{3}/2$. ‖ **irreductible.** Aquella en que el numerador y el denominador son primos entre sí, y por tanto no se puede simplificar; p. e., 5/7. ‖ **literal.** *Alg.* **fracción algebraica.** ‖ **mixta.** *Arit.* La fracción impropia en que el numerador no es múltiplo del denominador; p. e., 7/3 = 2 + 1/3. ‖ **de muestreo.** *Estad.* La constituida por la proporción de unidades elegidas al azar. ‖ **numérica.** *Arit.* Aquella cuyos dos términos son números, con exclusión de toda expresión literal. ‖ **del pan.** *Rel.* Nombre con que se conocía en el primitivo cristianismo el rito de la comunión eucarística. ‖ **periódica.** *Arit.* La fracción inexacta en que cierto grupo de cifras consecutivas se repite constantemente en el mismo orden. ‖ **periódica mixta.** La fracción periódica en que el grupo de cifras o período que se repite no empieza desde la primera cifra decimal, sino que hay una o más de éstas que no se repiten, y luego sigue el período, que se repite indefinidamente; p. e., 13/30 = 0,43333. ‖ **periódica pura.** La fracción periódica en que el período o grupo que se repite comienza desde la primera cifra decimal; p. e., 1/3 = 0,333. ‖ **propia.** Aquella cuyo numerador es menor que el denominador, y por consiguiente vale menos que la

fraccionable–fragmidio

unidad; p. e., 5/8 = 0,625 < 1. ‖ **pura. fracción propia.** ‖ **racional.** Aquella que no tiene ninguno de sus dos términos afectado por signos radicales.
fraccionable. adj. Que puede fraccionarse.
fraccionamiento. m. Acción y efecto de fraccionar.
fraccionar. tr. Dividir una cosa en partes o fracciones. Ú. t. c. prnl.
fraccionario, ria. (De *fracción*.) adj. Perteneciente o relativo a la fracción de un todo. ‖ **número quebrado.** Ú. t. c. s.
fractura. fr. e i., *fracture;* it., *frattura;* a., *Bruch.* (Del lat. *fractūra*.) f. Acción y efecto de romper o romperse. ‖ **Cir.** Rotura de huesos debida ordinariamente a violencia externa; puede ser de varias clases. En la fractura simple no hay comunicación entre el sitio de ella y el aire exterior; en la compuesta, las partes que tiene encima están tan lesionadas que producen esta comunicación. ‖ **Geol.** Discontinuidad en las rocas de la corteza terrestre, que se produce cuando las tensiones a que es-

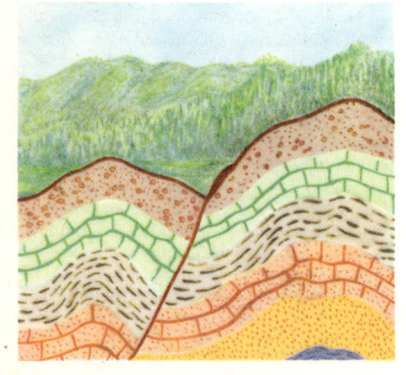

Fractura geológica

tán sometidas superan a su límite de elasticidad. Un ejemplo de ello son las *fallas.* ‖ **Miner.** Ruptura en un mineral, que se diferencia de la exfoliación porque no se produce según una superficie plana, sino irregular: *astillosa, granulosa, ganchuda* o *concoidea* (en forma de concha). ‖ **conminuta.** *Med.* Dícese especialmente de las fracturas en múltiples y pequeños fragmentos, como son, generalmente, las producidas por aplastamiento. Generalmente se tratan por reducción o soldadura, colocando los fragmentos en su posición adecuada, e inmovilizando el miembro herido mediante el escayolado.
fracturar. fr., *fracturer;* it., *fratturare;* i., *to fracture;* a., *brechen.* (De *fractura*.) tr. Romper o quebrantar con esfuerzo una cosa Ú. t. c. prnl.
frada. f. *Ast.* y *Sant.* Acción y efecto de fradar.
fradar. (De *frade*.) tr. **Agr.** *Ast.* y *Sant.* **afrailar.**
frade. (Por **fradre*, del lat. *frater, -tris*, hermano.) m. ant. **fraile.**
fradear. (De *frade*.) intr. ant. Entrarse o meterse fraile.
Frades. Geog. Mun. de España, prov. de La Coruña, p. j. de Santiago; 4.167 h. Corr. 70 a la cap., la aldea de San Mauro. ‖ **de la Sierra.** Mun. y villa de España, prov. y p. j. de Salamanca; 446 h.
fraga. (Del lat. *fraga*, fresas.) f. **frambueso.** ‖ *Ar.* **fresa,** planta, fruto.
fraga. (Del lat. **fraga*, t. f. de *fragus*, segundo elemento de *naufrăgus*, etc.) f. **breñal.** ‖ Entre madereros, la madera inútil que es necesario cortar para que las piezas queden bien desbastadas en la primera labra.

Fraga. n. p. V. **maza de Fraga.**
Fraga Iribarne (Manuel). Biog. Catedrático y político español, n. en Villalba, Lugo, en 1922. Ha sido secretario general del Instituto de Cultura Hispánica (1951), del Consejo Nacional de Educación (1953), secretario general técnico del Ministerio de Educación Nacional (1955), delegado nacional de Asociaciones (1959), director del Instituto de Estudios Políticos y consejero de Estado (1961), ministro de Información y Turismo (1962-69), embajador en Londres (1973-75) y vicepresidente para Asuntos del Interior y ministro de la Gobernación (1975-76). Durante su mandato como ministro de Información y Turismo se promulgó la nueva ley de prensa e imprenta (1966). Líder de Alianza Popular, que agrupa a ex ministros de Franco, situada políticamente entre Fuerza Nueva y Unión de Centro Democrático. Fue elegido diputado por Madrid en 1977 y 1979. Ha escrito *La Constitución y otras cuestiones fundamentales* (1979). ‖ Geog. Local. de Argentina, prov. de San Luis, depart. de Coronel Pringles; 618 h. ‖ Mun. de España, prov. de Huesca, p. j. de su nombre; 10.013 h. ‖ C. cap. del mismo del p. j.; 9.665 h. (*fragenses*). Iglesia de San Pedro, antigua mezquita. Su producción de higos es famosa.
frágala. f. *Mur.* Poso del vino.
fragancia. fr., *odeur, parfum;* it., *fragranza;* i., *fragance;* a., *Wohlgeruch.* (Del lat. *fragantĭa*.) f. Olor suave y delicioso. ‖ fig. Buen nombre y fama de las virtudes de una persona.
fragante. (Del lat. *fragrans, -antis*, p. a. de *fragrāre*, exhalar olor.) adj. Que tiene o despide fragancia; que huele bien.
fragante. (Del lat. *fragrans, -antis*.) adj. Que arde o resplandece. ‖ **en fragante.** m. adv. **en flagrante.**
fragaria. (Del lat. *fraga*.) Bot. Gén. de plantas de la familia de las rosáceas, subfamilia de las rosoideas (v.). Comprende entre otras especies la *fresa* y el *fresón.* ‖ f. **fresa.**
fragata. fr., *frégate;* it., *fregata;* i., *frigate;* a., *Fregatte.* f. **Mar.** Buque de tres palos, con cofas y vergas en todos ellos. La de guerra sólo tenía una batería corrida entre los puentes, además de la cubierta, a diferencia de los navíos, que, aparte de éstas en cubierta, tenían dos o tres corridas entre los puentes. ‖ Embarcación menor a remo usada en el río Tajo. ‖ **Zool.** Nombre dado por los marinos ingleses al *rabihorcado* (v.). ‖ **ligera.** *Mar.* **corbeta.**
fragátido, da. (De *fregata* e *-ido*.) adj. **Zool.** Dícese de las aves marinas del orden de las pelicaniformes, con un solo gén., el *fregata,* al que pertenecen las *fragatas, rabihorcados* o *águilas de mar.* ‖ f. pl. Familia de estas aves.
fragense. adj. Natural de Fraga (Huesca), o perteneciente a esta ciudad. Ú. t. c. s.
frágil. fr. e it., *fragile;* i., *brittle, frail;* a., *zerbrechlich.* (Del lat. *fragĭlis*.) adj. Quebradizo, y que con facilidad se hace pedazos; como la loza, el vidrio, etc. ‖ fig. Dícese de la persona que cae fácilmente en algún pecado, especialmente contra la castidad. ‖ fig. Caduco y perecedero.
fragilaria. (Voz del lat. científico; del lat. *fragĭlis,* frágil.) Bot. Gén. de diatomeas de la familia de las fragilariáceas (v.).
fragilariáceo, a. (De *fragilaria* y *-áceo.*) adj. Bot. Dícese de las diatomeas, del orden de las pennales, de valvas sin rafes, aunque a menudo con seudorrafe. ‖ f. pl. Familia de estas plantas, que comprende los gén. *asterionella, diatoma, fragilaria, grammatóphora* y *synedra.*
fragilidad. fr., *fragilité;* it., *fragilità;* i., *fragility;* a., *Bruchtück, Fragment.* (Del lat. *fragilĭtas, -ātis.*) f. Calidad de frágil.
frágilmente. adv. m. Con fragilidad.
frágino. (Del lat. *fraxĭnus*.) m. **Bot.** *Ar.* Fresno, árbol.
fragm-, fragmo-; -fragma. (Del gr. *phragma.*) pref. o suf. que sign. cierre.
-fragma. suf. V. **fragm-.**
fragmentación. f. Acción y efecto de fragmentar. ‖ **nuclear.** *Fís.* Rotura de un núcleo atómico en varios fragmentos.
fragmentar. (De *fragmento.*) tr. Fraccionar, reducir a fragmentos. Ú. t. c. prnl.
fragmentario, ria. adj. Perteneciente o relativo al fragmento. ‖ Incompleto, no acabado.
fragmento. fr. e i., *fragment;* it., *frammento;* a., *Bruchtück, Fragment.* (Del lat. *fragmentum.*) m. Parte o porción pequeña de algunas cosas quebradas o partidas. ‖ Trozos o restos de una obra escultórica o arquitectónica. ‖ Trozo de una obra literaria o musical. ‖ fig. Parte que ha quedado, o que se publica, de un libro o escrito.
fragmidio. (Del lat. científico *phragmídium,* y éste del gr. *phragma,* tabique.) Bot. Gén. de hongos de la familia de los uredináceos (v.).

La fragata «Blanca». Museo Naval. Madrid

fragmites. (Del lat. científico *phragmites*; del gr. *phragma*, tabique.) Bot. Gén. de plantas de la familia de las gramíneas (v.).

fragmo-. pref. V. **fragm-.**

fragmobasidio. (De *fragmo-* y *basidio.*) m. Bot. Basidio tabicado (v. **fragmobasidiomicete**).

fragmobasidiomicete. (De *fragmo-* y *basidiomicete.*) adj. Bot. Cualquiera de los hongos basidiomicetes, cuyos basidios están divididos en varios compartimientos transversales o longitudinales (fragmobasidios). Entre ellos hay grupos tan conocidos como los *ustilaginales* (carbón o tizón), los *uredinales* (royas), etc. || m. pl. Subclase de estos hongos.

fragmobasidiomiceto, ta. adj. Bot. **fragmobasidiomicete.**

fragmocono. (De *fragmo-* y *cono.*) m. Zool. Porción tabicada y locular de la concha de un cefalópodo, cónica en los primitivos, y profundamente modificada en la mayoría de las formas.

Frago (El). Geog. Mun. y lugar de España, prov. de Zaragoza, p. j. de Ejea de los Caballeros; 177 h.

Fragonard (Jean Honoré). Biog. Pintor y grabador francés, n. en Grasse y m. en París (1732-1806). Con sus cuadros, pintados en un estilo elegante y fácil y en los que representó escenas galantes, motivos de la vida familiar, figuras y paisajes, se hizo el artista predilecto de la sociedad. Fueron sus obras principales: *Serment d'amour, La Culbute, La chemise enlevée, La fête de Saint-Cloud, Le sacrifice de la rose*, etc.

Rosalía Fragonard con una marmota, por J. H. Fragonard. Galería Albertina. Viena

fragor. fr., *fracas*; it., *fragore*; i., *noise, crash*; a., *Getöse, Krachen*. (Del lat. *fragor, -ōris*.) m. Ruido, estruendo.

fragoroso, sa. (De *fragor*.) adj. Fragoso, ruidoso, estrepitoso.

fragosidad. (De *fragoso*, quebrado, escarpado.) f. Aspereza y espesura de los montes. || Camino o tierra lleno de asperezas y breñas.

fragoso, sa. (Del lat. *fragōsus*, quebrado y ruidoso.) adj. Áspero, intrincado, lleno de quiebras, malezas y breñas. || Ruidoso, estrepitoso.

Fragoso Carmona (António Óscar de). Biog. General y político portugués, n. en Lisboa y m. en Luniar (1869-1951). Fue ministro de Relaciones Exteriores, primer ministro y, en 1925, presidente provisional de la República Portuguesa; iniciador del movimiento encaminado a renovar las instituciones del Estado, y presidente efectivo. En 1929 se le eligió nuevamente presidente, siendo reelegido para el mismo cargo en 1935, 1942 y 1949.

fragrancia. f. ant. **fragancia.**
fragrante. adj. **fragante.**
fragua. fr. e i., *forge*; it., *fucina*; a., *Schmiede*. (Del lat. *fabrĭca*.) f. Fogón en que se caldean los metales para forjarlos. Distínguese de los demás fogones en que, para activar el fuego en él, se establece siempre una corriente horizontal de aire por medio de un fuelle o de otro aparato análogo.

Fragua (La). Geog. Local. de Argentina, prov. de Santiago del Estero, depart. de Pellegrini; 694 h.

fraguado, da. p. p. de **fraguar.** || m. Albañ. Acción y efecto de fraguar el yeso, la cal, etc.

fraguador, ra. (Del lat. *fabricātor, -ōris*.) adj. fig. Que fragua, traza y discurre alguna cosa. Tómase en mala parte: **fraguador** de enredos. Ú. t. c. s.

fraguante (en). m. adv. ant. **en fragante.**
fraguar. (Del lat. *fabricāre*.) tr. Forjar metales. || fig. Idear, discurrir y trazar la disposición de alguna cosa. Tómase comúnmente en mala parte. || intr. Albañ. Dicho de la cal, yeso y otras masas, llegar a trabar y a endurecerse consistentemente en la obra con ellos fabricada.

Fraguas de Pablo (Antonio). Biog. Humorista español, más conocido por el seudónimo de *Forges*, n. en Madrid en 1942. Sus chistes gráficos, en los que utiliza un lenguaje entre castizo y barroco, aparecen en multitud de publicaciones periódicas nacionales. Ha publicado *El libro del Forges* (1972).

Fragueyro. Geog. Pobl. de Argentina, prov. de Córdoba, depart. de Río Cuarto; 307 habitantes.

fragüín. (De *fraga*.) m. Extr. Arroyuelo que corre saltando entre piedras por un terreno fragoso.

fragura. f. Aspereza del terreno.
Fraijanes. Geog. Mun. de Guatemala, depart. de Guatemala; 8.033 h. || Pobl. cap. del mismo; 2.993 h.

frailada. f. fam. Acción descompuesta y de mala crianza, cometida por un fraile.

frailar. (De *fraile*.) tr. ant. Hacer fraile a uno.

fraile. fr., *moine, frère*; it., *frate*; i., *friar*; a., *Mönch*. (De *fraire*.) m. Nombre que se da a los religiosos de ciertas órdenes. || Doblez hacia afuera que suele hacer una parte del ruedo de los vestidos talares. || Rebajo triangular que se

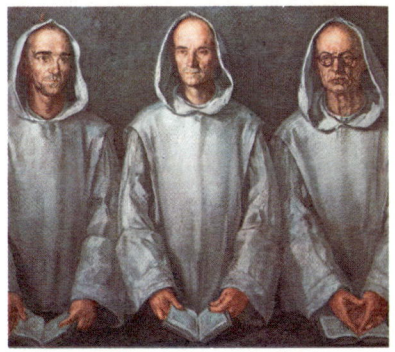

Los frailes, por José Aguiar

hace en la pared de las chimeneas de campana para que el humo suba más fácilmente. || Saliente de los muros laterales en la fachada de una casa. || Mogote de piedra con figura más o menos semejante a la de un fraile. || Parte del papel donde no se señala la correspondencia del molde al hacerse la impresión. || desus. En los ingenios de azúcar, bagazo o cibera que queda de la caña después de haberle sacado todo el jugo. || *And*. Montón de mies trillada, que se hace en las eras para aventarla cuando haga viento a propósito. || *And*. Piel móvil que cubre el bálano. || *Mál*. En los lagares, montón de uvas ya pisadas y apiladas para formar los pies. || *Mur*. La parte alta del ramo donde hilan los gusanos. || pl. Bot. *Ál* y *Nav*. Planta orquídea con flores en espiga muy compactas, rojas o blancas, jaspeadas. || En Cataluña, una orobanque de los habales. || **de misa y olla.** El que está destinado para asistir al coro y servicio del altar, y no sigue la carrera de cátedras o púlpito ni tiene los grados que son consiguientes a ella.

Fraile Muerto. Geog. Pobl. de Uruguay, depart. de Cerro Largo; 4.000 h. || **Muerto.** Bell Ville. || **Pintado.** Local. de Argentina, prov. de Jujuy, depart. de Ledesma; 2.892 h.

frailear. intr. Agr. *And*. **afrailar**, podar un árbol no dejando más que el tronco.

frailecillo. m. dim. de **fraile.** || En el torno de la seda, cada uno de los dos zoquetillos hincados en él, a modo de pilares, donde se asegura el husillo de hierro. || *And*. Cada una de las varas con que se sujeta la puente delantera de las correderas en las carretas. || Cada uno de los dos palitos que están por bajo de las orejeras para que éstas no se peguen con la cabeza del arado. || Bot. *Cuba*. Arbusto de la familia de las euforbiáceas, de 100 hasta 150 centímetros de alt., madera blancuzca, ramas tortuosas, hojas alternas, oblongas y una espina en su base; flores olorosas, pequeñas, de cuatro pétalos blancos; fruto aovado, amarillo, carnoso, que encierra una almendra. || **tuatúa.** || Zool. Ave del orden de las caradriformes, familia de las álcidas, de unos 30 cm., con pico triangular, comprimido y de colores muy vivos, amarillo, rojo y azul, en primavera y verano, pero que en otoño pierde la cubierta de

Frailecillos

la córnea y aparece otra menor y negruzca, que volverá a adquirir vistosidad en la primavera siguiente; cabeza grande; plumaje blanco y negro, y patas muy cortas y anaranjadas. || *Cuba*. Ave zancuda de unos 30 cm. de alt., plumaje grisáceo con algunas fajas negras, pico negro, patas amarillas y ojos grandes. || **avefría.**

frailecito. m. dim. de **fraile.** || Juguete que hacen los niños cortando incompletamente la parte superior de una haba, sacándole el grano, con lo que queda el hollejo de modo que semeja la capilla de un fraile.

fraileño, ga. adj. Perteneciente o relativo a frailes.

frailejón. m. Bot. *Col., Ecuad*. y *Venez*. Nombre colombiano de la compuesta *espeletia grandiflora*; alcanza hasta 2 m. de alt., crece en los páramos, tiene hojas anchas, gruesas y aterciopeladas, y flor de un color amarillo de oro; produce una resina muy apreciada.

frailengo, ga. adj. fam. Perteneciente o relativo a frailes.

fraileño–francfortés

fraileño, ña. adj. fam. Perteneciente o relativo a frailes.

frailería. f. fam. Los frailes en común.

frailero, ra. adj. Propio de los frailes: *sillón* **frailero.** || fam. Muy apasionado por los frailes. || **Carp.** Dícese de la ventana cuyo postigo va colgado de la misma hoja y no del cerco.

Frailes. Geog. Cumbre de Bolivia, depart. de Potosí; 5.253 m. de alt. || Mun. de España, prov. de Jaén, p. j. de Alcalá la Real; 2.093 h. || Villa cap. del mismo; 1.802 h.

frailesco, ca. adj. fam. Perteneciente o relativo a frailes.

frailezuelo. m. dim. de **fraile.**

frailía. f. Estado de clérigo regular.

fraillillos. (dim. de *fraile.*) m. pl. **Bot.** arísaro.

frailote. m. aum. de **fraile.**

frailuco. m. despect. Fraile despreciable y de poco respeto.

frailuno, na. adj. fam. despect. Propio de fraile.

fraire. (Del provenz. *fraire*, y éste del lat. *frater.*) m. ant. **fraile.**

frajenco. (Del germ. *frising* o *frisking*, jabato.) m. *Ar.* Cerdo mediano que ni es ya de leche ni sirve todavía para la matanza.

Fram. Geog. Mun. de Paraguay, depart. de Itapúa; 13.945 h. || Pobl. cap. del mismo; 1.047 h.

frambuesa. fr., *framboise;* it., *lampone;* i., *raspberry;* a., *Himbeere.* (Del fr. *framboise*, y éste del gót. *frambesi.*) f. **Bot.** Fruto del frambueso, semejante a la zarzamora, algo velloso, de color carmín, olor fragante y suave, y sabor agridulce muy agradable. En el Pirineo aragonés lo llaman *chordón*.

Frambuesas, grabado antiguo. Colección particular. Madrid

frambueso. (De *frambuesa.*) m. **Bot.** Mata perteneciente a la familia de las rosáceas, subfamilia de las rosoideas, del mismo gén. que las zarzamoras, erguida, con las terminaciones de las ramas jóvenes cilíndricas, estípulas adheridas al pecíolo, flores axilares, sépalos lanceolados, pétalos blancos, pequeños, espatulados, y drupitas rojas, vellosas, reunidas sobre receptáculo cónico, no carnoso, de color carmín, olor agradable y suave y sabor agriculce muy estimado. En el Pirineo aragonés lo llaman *chordón (rubus idaeus).*

frámea. (Del lat. *framĕa.*) f. **Arm.** Arma usada solamente por los antiguos germanos. Era un asta con un hierro en la punta, angosto y corto, pero muy agudo.

framicetina. f. **Med.** Antibiótico aislado por Decaris, en 1947, de los cultivos del *streptomyces R-2103 decaris*, también llamado *streptomyces lavándulae.*

frana. (Voz italiana; de *franare*, correrse el terreno.) f. **Geol.** Desprendimiento localizado de masas rocosas, en laderas de gran pendiente.

Franca. Geog. Dist. de Paraguay, depart. de Neembucú; 1.432 h. || Población cap. del mismo; 353 h.

francachela. f. fam. Comida de dos o más personas a cualquiera hora del día o de la noche, para regalarse o divertirse con extremo regocijo.

francalete. m. Correa con hebilla en un extremo y a propósito para oprimir o asegurar alguna cosa. || *And.* y *Méj.* Correa gruesa que une los tiros o tirantes al horcate.

francamente. adv. m. Con franquicia o exención. || Con franqueza y sinceridad.

France (Anatole). Biog. Thibault (Anatole François). || **(Henri de).** Inventor e industrial francés, n. en París en 1911. Precursor de la televisión francesa, ultimó en 1928 un televisor en blanco y negro, e inventó el sistema francés de 827 líneas y, últimamente, el de televisión en color conocido por SECAM.

francés, sa. fr., *français;* it., *francese;* i., *french;* a., *Franzose.* (Del provenz. *fransés*, y éste del germ. *frank*, libre.) adj. Natural de Francia, o perteneciente a esta nación de Europa. Ú. t. c. s. || m. Lengua francesa, una de las neolatinas. || *Guat.* Pieza de pan francés. || *libre. Hist.* El que durante la S. G. M. y la ocupación alemana vivió en la zona llamada *Francia libre* o *Francia de Vichy* (v.). || **a la francesa.** m. adv. Al uso de Francia. || Con los verbos *despedirse, marcharse, irse*, significa bruscamente, sin decir una palabra previa.

Francés Urcu. Geog. Cerro volcánico de Ecuador, sit. cerca de Quinche; 4.093 m. de altitud.

francesada. f. Invasión francesa en España en 1808. || Dicho o hecho propio y característico de los franceses.

Francesca (Piero della). Biog. Pintor italiano, n. y m. en Borgo San Sepolcro (1416-1492). Fue discípulo de Domenico Veneziano, a quien ayudó a pintar el coro de San Egidio, en Florencia. Su más peculiar característica fue saber unir el dominio de la perspectiva a una pintoresca concepción de la obra, realizada con tonos claros. Entre sus obras más importantes citaremos: *Bautismo de Cristo*, los frescos de la *Leyenda de la Santa Cruz, Madonna del Parto, Flagelación de Cristo*, etc.

Franceschini (Marcantonio). Biog. Pintor italiano, n. y m. en Bolonia (1648-1729). Discípulo de Cignani, a quien imitó en su estilo hasta el punto de confundirse sus obras. Después se inspiró en Guido Reni y produjo notables frescos.

Francfort del Mein. Teatro de la Ópera

francesilla. (Por haber venido de Francia.) f. Panecillo de masa muy esponjosa, poco cocido y de figura alargada. || **Bot.** Planta anual de la familia de las ranunculáceas y de la especie *cyprisanthe asiática*, con hojas radicales, pecioladas, enteras o recortadas; tallo central con hojas de tres en tres, divididas en segmentos hendidos; flores terminales, grandes, muy variadas de color, y raíces en tubérculos pequeños, agrupados en un centro común. Se cultiva en los jardines. || Ciruela parecida a la damascena, que se cultiva mucho en la comarca de Tours, en Francia.

Franceville. Geog. Pobl. de Gabón, cap. de la prefectura de Alto Ogooué; 5.848 h. Minas de manganeso.

Francfort. Geog. Distrito de la R. D. A.; 7.185 km.² y 684.442 h. Cap., Francfort del Oder. || **del Mein, del Main** o **del Meno.** (En a., *Frankfurt am Main.*) C. de la R. F. A., est. de Hesse, a orillas del Mein; 669.000 h. Francfurt significa *vado de los francos*, quienes pudieron salvarse de sus enemigos en tiempo de Carlomagno, cruzando el río. Casa natal de Goethe. Hermoso Jardín de las palmeras. Jardín Zoológico y Museo de Ciencias Naturales. Numerosas iglesias, entre las que destaca la catedral católica, del s. XIII. Es importante su industria. Fue ciudad libre y en ella se firmó el tratado que puso fin a la guerra francoprusiana de 1871. || **del Oder.** (En a., *Frankfurt an der Oder.*) C. de la R.D.A., cap. del dist. de Francfort, en la orilla izquierda del Oder; 63.529 h. Notable Casa-Ayuntamiento; templo de la Virgen María, del s. XIII.

francfortés, sa. adj. Natural de Francfort, o perteneciente a esta ciudad o a sus habitantes. Ú. t. c. s.

Francia (doctor). Biog. Rodríguez Francia (José Gaspar). ‖ Geog. Estado republicano de la Europa occidental.

GENERALIDADES

Situación y límites. Está sit. entre los paralelos 42° 20′ y 51° 5′ de lat. N. y los meridianos 4° 47′ de long. O. y 8° 14′ de long. E. de Greenwich. Limita al N. con el mar del Norte y Bélgica; al E. con Luxemburgo, la R. F. A., Suiza e Italia; al S. con el mar Mediterráneo y España, al O. con el océano Atlántico y al NO. con el canal de la Mancha, que la separa del R. U.

Superficie y población. Superf., 543.998 km².; la pobl. absoluta es de 51.496.000 h. (53.400.000 calculados en 1979); pobl. relativa, 94,6 h. por km².

GEOGRAFÍA FÍSICA

Geología y relieve. Desde el punto de vista del relieve, se distinguen en ella los siguientes elementos orográficos: 1.º La *meseta central* (*Plateau Central*), antiguo macizo herciniano, teatro en otro tiempo de activo volcanismo del que quedan conos o *puys*. 2.º Los *Alpes occidentales*, o región montañosa del sudeste de Francia, que la separan de la península apenina, y están divididos en Alpes ligúricos y marítimos, Alpes cotinos, macizo del Mont-Blanc, Alpes de Provenza, Alpes del Delfinado y Alpes saboyanos. 3.º El *Jura*, formado por una serie de arrugas paralelas más bajas que las del sistema alpino. 4.º Los *Vosgos*, al N. del Jura, montañas de no gran altitud, enhiestas en el borde occidental de la fosa tectónica del Rin. 5.º La *meseta de Langres*, nudo hidrográfico importante, que alcanza como altura máxima la de 516 m. en Haut du Sec. 6.º Los *Pirineos*, montañas en que la gran cadena alpina tiene su comienzo occidental. 7.º La *penillanura normandobretona*, frente al país semejante de Cornualles, al otro lado del canal de la Mancha. 8.º La *cuenca parisiense*, tierra de escarpes calizos y depresiones arcillosas.

Costas e islas. La costa septentrional es baja y carece de accidentes notables. La costa mediterránea, desde Cerbère hasta el Ródano, es baja y con marismas. Son importantes las islas If, Porquerolles, Hyeres, Port-Cros y la importante de Córcega, más próxima a Italia que a Francia.

Hidrografía. El sistema fluvial francés obedece a cuatro vertientes: a) *Vertiente del mar del Norte*. Puede considerarse en esta vertiente al Rin, que recibe como afluentes franceses al Ill y al Mosela (550 km.). El Mosa (950) se une al Rin, en los P. B. El Sambre y el Escalda (430). b) *Vertiente del canal de la Mancha*, cuyo río más importante es el Sena (775 km.), que recibe por la derecha el Aube, Marne y Oise, y por la izquierda el Yonne, Loir y Eure. También pertenecen a esta vertiente el Somme y el Orne. c) *Vertiente atlántica*, que comprende el Loira (1.020 km.), con el Allier (410), el Vienne (360) y el Sarthe (285); el Garona (720), que recibe por la derecha al Tarn (375) y al Dordoña (490). d) *Vertiente mediterránea*. El más notable de sus ríos es el Ródano. Tiene como afl. el Saona (480 km.) y el Doubs; otros tributarios son el Isère (290) y el Durance (380). Los mayores lagos franceses son los de Bourget (45 km.²), Grandlieu (37) y Annecy (28 km.²).

Climatología. Las dos terceras partes del suelo francés están acogidas al clima marítimo, suave y húmedo, de influencias atlánticas (Burdeos, 5,6 y 20,6° C.; Brest, 6,3 y 17,9° C.). Alsacia, Lorena y el valle del Saona sufren temperaturas de tipo continental. El sur mediterráneo tiene inviernos templados y veranos cálidos (Marsella, 6,4 y 22,1° C.).

GEOGRAFÍA BIOLÓGICA

Flora. La parte de los llanos presenta una flora compuesta de plantas litorales y de algunas plantas del interior. En la zona de clima atlántico abunda la pradera natural con ricos pastos para la ganadería y en la zona continental montañosa se mezclan los árboles de hoja persistente con los de hoja caduca.

Fauna. Son abundantes los animales insectívoros y carnívoros. La especie herbívora ungulada está caracterizada por el jabalí y el ciervo. Las aves características de Francia son: el águila, el halcón, el tordo y el gorrión.

GEOGRAFÍA ECONÓMICA

Agricultura. La superf. cultivada ocupa 17.235.000 hect. (31,5 % del territorio), y los prados y pastos naturales, 13.597.000 (24,9 %). Casi la mitad del suelo arable está dedicado a cereales, con predominio del trigo (3.869.000 hectáreas y 15.041.000 ton., en 1975), cebada (2.779.000 y 9.336.000), avena (641.000 y 1.898.000), maíz (1.984.000 y 8.143.000) y centeno (110.000 y 307.000). Se cultiva también el arroz en la Camarga (10.000 hect. y 46.000 ton., en 1975). Francia ocupa el segundo puesto, en orden de importancia, en la producción mundial de vino (1.365.000 hect. y 66.900.200 hl.). Entre los cultivos alimenticios destaca el de la patata (311.000 hectáreas y 7.219.000 ton.); son objeto de cultivo muy racional los árboles frutales y las plantas hortícolas, así como las flores, en la Costa Azul. Entre las plantas industriales destaca la remolacha azucarera (575.000 hect. y 22.859.000 ton. de remolacha); menor importancia tiene el lino (48.300 hect. y 48.146 ton. de fibra) y el tabaco (20.274 hect. y 50.988 ton.).

Silvicultura. Oficialmente se calcula en 14.608.000 hect. la superf. forestal del país incluyendo el matorral. La producción de madera, en 1975, fue de 28.683.000 m.³

Zootecnia. Las cifras relativas a la ganadería, en 1975, fueron las siguientes:

Ganado bovino .... 24.700.000 cabezas
  » lanar .... 10.429.000 »
  » de cerda ..... 12.000.000 »
  » caballar ...... 434.000 »
  » cabrío .... 907.000 »
  » asnal .... 30.000 »
  » mular .... 24.000 »

Valle del Oisans (Altos Alpes)

Francia

Pesca. En 1972 contaba con 14.163 barcos y 34.609 personas en este servicio. En 1975 la pesca fue de 805.785 ton.

Minería. La producción total de carbón (24.500.000 ton. de carbón y 3.192.000 de lignito, en 1975) es inferior a las necesidades del consumo interior. Los yacimientos de mineral de hierro son, en cambio, muy abundantes (13.554.000 ton., en 1976). Las investigaciones petrolíferas han tenido un éxito discreto (1.056.000 ton.). La producción de gas natural, en 1976, fue de 6.228 millones de m.³ Entre los demás minerales destacan la bauxita (2.292.000 ton.) y los yacimientos alsacianos de potasa (2.275.000 ton., en 1974). La producción de uranio cubre las necesidades nacionales (1.610 ton., en 1974).

Industria. Son abundantes los recursos hidroeléctricos (16.600.000 kw. sobre un total de 49.302.000, en 1974). La producción de energía, en 1974, fue de 180.402 millones de kwh. (56.830 millones de origen hidráulico). La producción de energía nuclear, en 1974, fue de 13.932 millones de kwh. La escasez de carbón, y especialmente de coque, limita las posibilidades de la siderurgia (19.032.000 ton. de hierro colado y 23.232.000 ton. de acero, en 1976). La industria metalúrgica produjo, en 1974, lo siguiente: aluminio (393.000 ton.), cobre (44.000), plomo (124.300) y magnesio (6.531). La industria mecánica está muy desarrollada en las ramas más complejas de la fabricación de material ferroviario, automóviles (2.546.154 turismos y 315.152 vehículos comerciales, en 1975), naval (1.195.275 ton. de capacidad), aeronáutica, calderas y motores, y maquinaria agrícola y textil. Ligada parcialmente a la automovilística y ciclista está la in-

Zona turística de La Motte

Cadena de montaje de la factoría Renault, en Boulogne-Billancourt

dustria del caucho (44.004.000 neumáticos, en 1976). La rama algodonera, en 1970, contaba con 3.599.500 husos, 49.790 telares automáticos y 9.800 ordinarios; la de la lana, con 914.100 husos y 8.700 telares (4.700 automáticos). Los tejidos artificiales van tomando un gran auge (24.480 ton. de rayón). También es importante la producción de abonos nitrogenados y la de carbonato sódico (1.492.000 toneladas en 1972) y ácido sulfúrico (3.960.000 toneladas en 1976). La producción de cemento se elevó a 29.004.000 ton. en 1976.

Comercio. El comercio exterior alcanzó, en el período 1973-76, las siguientes cifras, en millones de francos: Importaciones: 166.123; 254.651; 232.362; 308.112. Exportaciones: 159.714; 220.213; 223.309; 266.787.

Moneda. La unidad monetaria es el nuevo franco, equivalente a 0,16 g. de oro fino.

Comunicaciones y transportes. *Carreteras:* Las carreteras tienen una long. de 806.903 kilómetros, de los cuales, unos 73.306 son de carreteras nacionales y 289.295 de carreteras departamentales. En el año 1975 tenía 17.810.000 vehículos de motor (15.520.000 turismos). *Ferrocarriles:* Poseen sus ferrocarriles una long. de 34.297 km., de los cuales, 9.327 están electrificados. *Telecomunicaciones:* Cuenta con 17.034.000 aparatos de radio, 12.332.000 televisores y alrededor de 12.405.000 teléfonos. *Transporte aéreo:* La aviación civil voló 239.600.000 km., con 21.745.000.000 de pasajeros-km., en 1974. *Transporte marítimo:* La marina mercante cuenta con 1.393 barcos mayores de 100 ton. y un total de 10.745.999 ton. de registro bruto. Posee 7.080 km. de vías na-

Basílica del Sagrado Corazón. París

FRANCIA

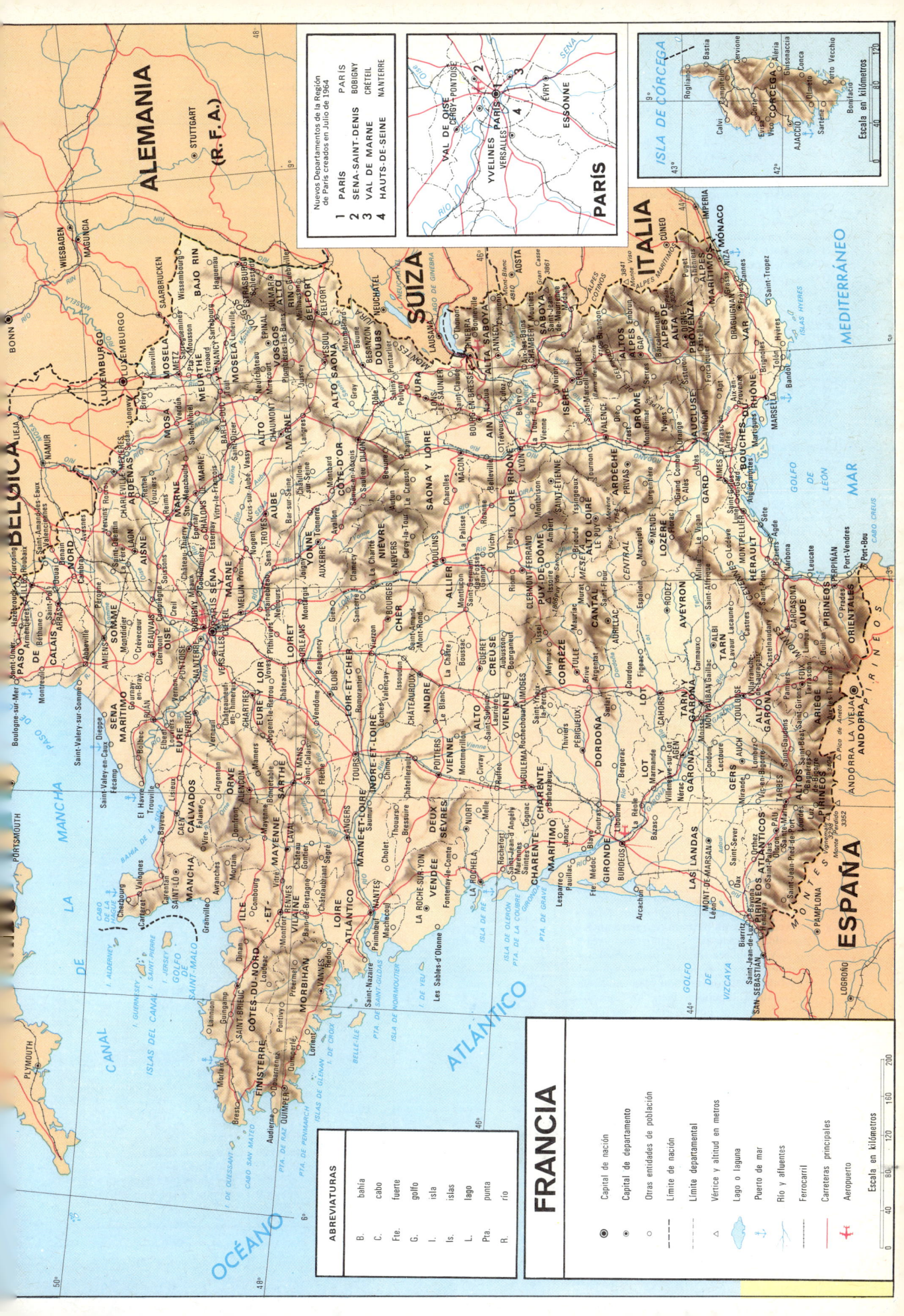

Francia

vegables, de los cuales, 4.187 son de canales. Sus puertos comerciales más importantes son: El Havre, Dunkerque, Ruán, Cherburgo, Burdeos y Marsella.

Geografía política

Etnografía. Debe su nombre al pueblo germano de los francos. Entre los elementos raciales más destacados hay que contar, en la actualidad, a los bretones, en la península de Bretaña; en el NE., el elemento germánico; en el SO. viven los vascos, a los que deben su nombre los gascones, y en la región mediterránea, los provenzales.

Idioma. Derivado del latín, el francés es un idioma en el cual se distinguen todavía tres grandes dialectos: el del Norte (*langue d'oïl*), el provenzal o francés del Sur (*langue d'oc*) y el de la Isla de Francia, del que se deriva el francés actual. En Francia se hablan, además, dos idiomas no latinos: en el SO., el vasco, y en el NO., el bretón (idioma céltico).

Religión. La Iglesia católica está separada del Estado desde 1905; pertenece a ella la mayoría de la población, excepto 1.000.000 de musulmanes, unos 900.000 protestantes, 520.000 judíos y 180.000 armenios.

Gobierno. Según la Constitución de 1958, el Parlamento de la República se compone de la Asamblea Nacional y del Senado. La primera está compuesta de 487 diputados, elegidos por sufragio directo para un período de

El Senado votando la declaración de guerra (1870), grabado de la época

cinco años (465 son elegidos por los departamentos metropolitanos, 10 pertenecen a los departamentos de ultramar y 7 a los territorios de ultramar). El Senado está compuesto por 274 miembros (255 franceses, 7 que representan a los departamentos de ultramar, 6 a los territorios de ultramar y 6 a los franceses residentes en el exterior), elegidos por sufragio indirecto para un período de nueve años.

Comunidad francesa. Organización creada por la V República francesa para substituir a la Unión francesa, de la IV. Quedó constituida el 4 de diciembre de 1958 y la preside el presidente de la República. Tiene un Consejo ejecutivo, constituido por los respectivos jefes de Gobierno; un Senado de 284 miembros y un Tribunal de arbitraje. Francia se reservó la intervención en política exterior, defensa, hacienda y justicia suprema. Al obtener la independencia las diversas repúblicas autónomas constituidas en 1958, la Comunidad sufrió ciertos cambios hasta adoptar la actual composición: A) Estados que forman parte de ella expresamente: República francesa, República Centroafricana, Gabón, Madagascar, Congo, Chad y Senegal. B) Estados ligados a Francia por relaciones especiales: Costa de Marfil, Dahomey, Volta, Níger, Camerún y Mauritania.

División territorial. A continuación se inserta el cuadro de la división administrativa:

Departamentos	Superficie Km.²	Población Habitantes	Capitales y su población
Rin (Alto)	3.523	607.000	Colmar (59.550 h.).
Rin (Bajo)	4.787	862.000	Estrasburgo (249.396).
Alsacia	8.310	1.469.000	Estrasburgo.
Dordoña	9.184	368.000	Périgueux (37.450).
Gironde	10.000	1.037.000	Burdeos (266.662).
Landas (Las)	9.236	282.000	Mont-de-Marsan (24.458).
Lot y Garona	5.358	292.000	Agen (34.949).
Pirineos Atlánticos	7.629	524.000	Pau (74.005).
Aquitania	41.407	2.503.000	Burdeos.
Allier	7.327	387.000	Moulins (25.979).
Cantal	5.741	167.000	Aurillac (28.226).
Loire (Alto)	4.965	207.000	Le Puy (26.389).
Puy-de-Dôme	7.955	573.000	Clermont-Ferrand (148.896).
Auvernia	25.988	1.334.000	Clermont-Ferrand.
Côte-d'Or	8.765	444.000	Dijon (145.357).
Nièvre	6.837	248.000	Nevers (42.422).
Saona y Loire	8.565	560.000	Mâcon (33.445).
Yonne	7.425	292.000	Auxerre (35.784).
Borgoña	31.592	1.544.000	Dijon.
Côtes-du-Nord	6.878	509.000	Saint-Brieuc (50.281).
Finisterre	6.785	782.000	Quimper (52.496).
Ille-et-Vilaine	6.758	679.000	Rennes (180.943).
Morbihan	6.763	547.000	Vannes (36.576).
Bretaña	27.184	2.517.000	Rennes.
Cher	7.228	310.000	Bourges (70.814).
Eure-et-Loir	5.876	320.000	Chartres (34.469).
Indre	6.777	243.000	Châteauroux (49.138).
Indre-et-Loire	6.124	466.000	Tours (128.120).
Loir-et-Cher	6.314	279.000	Blois (42.264).
Loiret	6.742	459.000	Orleans (95.828).
Centro	39.061	2.077.000	Orleans.
Córcega	8.682	219.000	Ajaccio (40.834).
Córcega	8.682	219.000	Ajaccio.
Ardenas	5.219	314.000	Charleville-Mézières (55.543).
Aube	6.002	281.000	Troyes (74.898).
Marne	8.163	519.000	Châlons-sur-Marne (50.764).
Marne (Alto)	6.216	217.000	Chaumont (25.779).
Champagne	25.600	1.331.000	Reims (152.967).
Belfort	610	124.000	Belfort (53.214).
Doubs	5.228	457.000	Besanzón (113.220).
Jura	5.008	238.000	Lons-le-Saunier (18.769).
Saona (Alto)	5.343	217.000	Vesoul (16.352).
Franco-Condado	16.189	1.036.000	Besanzón.
Aude	6.232	275.000	Carcasona (43.616).
Gard	5.848	493.000	Nimes (123.292).
Hérault	6.113	620.000	Montpellier (161.910).
Lozère	5.168	71.000	Mende (9.713).
Pirineos Orientales	4.087	287.000	Perpiñán (102.191).
Languedoc	27.448	1.746.000	Montpellier.
Corrèze	5.860	238.000	Tulle (20.016).
Creuse	5.559	153.000	Guéret (12.849).
Vienne (Alto)	5.513	349.000	Limoges (132.935).
Limousin	16.932	740.000	Limoges.
Loire Atlántico	6.893	897.000	Nantes (259.208).
Maine-et-Loire	7.131	604.000	Angers (128.533).
Mayenne	5.171	256.000	Laval (45.674).
Sarthe	6.210	474.000	Le Mans (143.246).
Vendée	6.721	428.000	La Roche-sur-Yon (36.067).
Loire (País de)	32.126	2.659.000	Nantes.

Francia

Departamentos	Superficie Km.²	Población Habitantes	Capitales y su población
Meurthe y Mosela	5.235	729.000	Nancy (123.428 h.).
Mosa	6.220	205.000	Bar-le-Duc (19.159).
Mosela	6.214	1.009.000	Metz (107.537).
Vosgos	5.871	397.000	Épinal (36.856).
Lorena	23.540	2.340.000	Nancy.
Ariège	4.890	136.000	Foix (9.331).
Aveyron	8.735	272.000	Rodez (23.328).
Garona (Alto)	6.301	730.000	Toulouse (370.796).
Gers	6.254	178.000	Auch (21.462).
Lot	5.228	150.000	Cahors (19.203).
Pirineos (Altos)	4.507	230.000	Tarbes (55.375).
Tarn	5.751	334.000	Albi (42.930).
Tarn y Garona	3.716	183.000	Montauban (45.895).
Mediodía-Pirineos	45.382	2.213.000	Toulouse.
Eure	6.004	397.000	Évreux (42.550).
Sena Marítimo	6.254	1.167.000	Ruán (120.471).
Normandía (Alta)	12.258	1.564.000	Ruán.
Calvados	5.536	545.000	Caen (110.262).
Mancha	5.947	455.000	Saint-Lô (18.615).
Orne	6.100	294.000	Alençon (31.656).
Normandía (Baja)	17.583	1.294.000	Caen.
Nord	5.739	2.484.000	Lille (190.546).
Paso de Calais	6.639	1.401.000	Arrás (49.144).
Norte	12.378	3.885.000	Lille.
Aisne	7.378	532.000	Laon (26.316).
Oise	5.857	579.000	Beauvais (46.777).
Somme	6.176	526.000	Amiens (117.888).
Picardía	19.411	1.637.000	Amiens.
Charente	5.953	332.000	Angulema (47.822).
Charente Marítimo	6.848	492.000	La Rochela (73.347).
Sèvres (Deux)	6.004	330.000	Niort (48.469).
Vienne	6.985	346.000	Poitiers (70.681).
Poitou-Charentes	25.790	1.500.000	Poitiers.
Alpes (Altos)	5.520	91.000	Gap (23.994).
Alpes de Alta Provenza	6.944	107.000	Digne (14.661).
Alpes Marítimos	4.294	756.000	Niza (322.442).
Bouches-du-Rhône	5.112	1.539.000	Marsella (889.029).
Var	5.999	588.000	Draguignan (18.376).
Vaucluse	3.566	371.000	Aviñón (86.096).
Provenza-Costa Azul	31.435	3.452.000	Marsella.
Essonne	1.811	817.000	Évry (7.113).
Hauts-de-Seine	175	1.510.000	Nanterre (90.332).
París	105	2.461.000	París.
Sena y Marne	5.917	660.000	Melun (34.518).
Sena-Saint-Denis	236	1.350.000	Bobigny (39.453).
Val-de-Marne	244	1.224.000	Créteil (49.197).
Val-d'Oise	1.249	788.000	Cergy-Pontoise (19.712).
Yvelines	2.271	965.000	Versalles (90.829).
Región de París	12.008	9.775.000	París.
Ain	5.756	354.000	Bourg-en-Bresse (37.887).
Ardèche	5.523	261.000	Privas (10.080).
Drôme	6.525	366.000	Valence (62.358).
Isère	7.474	812.000	Grenoble (161.616).
Loire	4.774	733.000	Saint-Étienne (213.468).
Rhône	3.215	1.421.000	Lyón (527.800).
Saboya	6.036	302.000	Chambéry (51.066).
Saboya (Alta)	4.391	411.000	Annecy (54.484).
Rhône-Alpes	43.694	4.660.000	Lyón.
Totales	543.998	51.496.000	

Troyes. Aspecto parcial

Carcasona. Vista del castillo (siglos XII y XIII)

Niza. Vista de la playa

París. El Sena

Francia

La cap. es París (2.461.000 h). La aglomeración parisiense alcanza la cifra de 8.196.746 habitantes.

Departamentos y territorios de ultramar. Del gran imperio colonial francés, tan sólo han quedado realmente ligados a la metrópoli, después de la creación de la Comunidad francesa, cuatro departamentos y cinco territorios de ultramar, como podemos ver en el cuadro que figura a continuación.

Nombres	Superficie Km.²	Población Habitantes	Capitales y su población
Departamentos			
Guadalupe y dependencias	1.705	312.724	Basse-Terre (15.690 h.).
Guayana Francesa	91.000	56.000	Cayena (24.518).
Martinica	1.102	344.000	Fort-de-France (141.369).
Reunión	2.510	466.000	Saint-Denis (85.444).
Territorios de ultramar			
Nueva Caledonia y dependencias	19.058	107.900	Nouméa (41.853).
Polinesia Francesa y Clipperton	4.007,2	119.168	Papeete (79.494).
Saint-Pierre-et-Miquelon	242	5.325	Saint-Pierre (4.600).
Tierras Australes y Antárticas Francesas	395.280	—	
Wallis y Futuna	255	9.000	Mata Utu (3.500).

El condominio anglofrancés de Nuevas Hébridas no forma parte de la Comunidad.

Cultura. Francia está dividida en 23 regiones escolares, cada una de las cuales tiene universidad propia. Existen 6.805 escuelas preescolares, 74.687 primarias, 8.608 secundarias, 3.179 técnicas, 162 normales, 19 superiores y 742 especiales.

Historia. Francia ocupa el terr. de la antigua Galia, conquistada por las legiones de César. A partir del s. IV comienzan las invasiones germánicas, particularmente la de los francos, que durante el reinado de Clodoveo lograron restaurar la unidad de las Galias. Éste fue el verdadero fundador de la dinastía merovingia. En 752, Pipino *el Breve*, padre de Carlomagno, fundó la dinastía carolingia, que alcanzó su mayor grado de prosperidad con Carlomagno. En 987, Hugo Capeto llevó al poder la familia de su nombre. En los s. XIV y XV, el progreso que marcaba esta dinastía se vio detenido por la guerra de los Cien Años, reorganizándose solamente el Estado en tiempos de Carlos VII y con Juana de Arco, que libró a Francia de la hegemonía inglesa. Durante el reinado de Luis XVI se produjo la Revolución francesa. Después del Terror, el poder pasó, sucesivamente, a manos del Directorio, del Consulado y, por fin, del general Bonaparte, quien se hizo proclamar emperador en 1804. Pero, derrotado, hubo de abdicar, sucediéndole el hermano de Luis XVI, llamado Luis XVIII. Poco después, Napoleón restableció el Imperio, pero por corto tiempo (los Cien Días); derrotado de nuevo por los aliados en Waterloo, se vio obligado a abdicar y fue confinado en Santa Elena. El gobierno de Napoleón III se señaló por una notable prosperidad industrial y comercial, pero terminó con la desastrosa guerra francoprusiana de 1870-71, en la que perdió Alsacia y Lorena. Al estallar la P. G. M. era presidente Poincaré. Bajo el mando de Joffre se produce el *milagro del Marne*, pero después de las batallas de Verdún, de Somme y de Champagne, sólo la voluntad de hierro de Clemenceau fue capaz de conducir la guerra hasta el fin. La paz de Versalles devolvió a Francia Alsacia y Lorena, le dio el mandato sobre Siria, Camerún y Togo y la ocupación por quince años del Sarre y de la orilla izquierda del Rin. Después de la ocupación de Renania (1936), la anexión de Austria (1938) y la de Checoslovaquia (1939), llevadas a cabo por los alemanes, la invasión de Polonia motivó la declaración de guerra de Francia a Alemania (3 de septiembre de 1939) y la S. G. M. (v. **guerra**). Partidario de proseguir la guerra después de la ruptura del frente del Somme por los alemanes, Reynaud dimitió el 16 de junio de 1940, y Pétain, encargado del Gobierno, solicitó inmediatamente el armisticio, mientras el general De Gaulle, subsecretario de Defensa en el Gobierno anterior, hacía un llamamiento a los franceses, desde Londres, para proseguir la lucha contra Alemania (18 de junio). Firmado el armisticio (22 de junio), Francia quedó dividida en dos zonas: la *Francia ocupada* por los alemanes, que comprendía la parte N. del país, más una franja paralela a la costa atlántica, y la *Francia libre*, o *Francia de Vichy*. Mientras, De Gaulle dirigía desde Londres el Gobierno de la resis-

Pétain, pastel por Marcel Baschet

tencia, al que obedecía parte del imperio francés. El Comité Francés de Liberación Nacional, con participación de todos los partidos republicanos y presidido por De Gaulle, se organizó en Argel (junio de 1943) y fue reconocido en agosto por EE. UU., R. U. y la U. R. S. S. A consecuencia del desembarco aliado en Normandía (6 de junio de 1944) y del avance subsiguiente, París se sublevó, De Gaulle entró en la población el 25 de agosto, el 10 de septiembre se convirtió en presidente del Gobierno provisional y primer ministro, y el 23 de octubre fue reconocido *de jure* por EE. UU., R. U., la U. R. S. S. y Canadá. El 7 de noviembre de 1944 comenzó a funcionar una Asamblea consultiva provisional, que fue reemplazada por la Asamblea Nacional Constituyente, la cual elaboró una Constitución. De Gaulle abandonó la presidencia el 20 de enero de 1946, por discrepancias políticas. La Constitución fue rechazada mediante referéndum popular en mayo de 1946, y una segunda Asamblea Constituyente elaboró un nuevo texto, que fue promulgado el 27 de octubre. El 16 de enero de 1947 fue elegido presidente de la República Vincent Auriol, y al hallar el cauce normal de sus instituciones, quedó constituida la cuarta República. En sesión celebrada el 23 de diciembre de 1953 fue elegido presidente de la República René Coty, quien tomó posesión el 16 de enero del año 1954. El 17 de junio, Mendès-France, encargado de formar Gobierno, triunfó ruidosamente en la Asamblea al comprometerse a poner fin, en el plazo de un mes, a la guerra de Indochina. En efecto, aprovechando la reunión de la Conferencia de Ginebra, para tratar de los problemas de Asia, y luego de conversaciones directas entre franceses, chinos, vietnamitas y vietminitas, se firmó el alto el fuego el 20 de julio. (V. **Indochina francesa**.) Francia se liberó así

El centro del ejército inglés en Waterloo, grabado de W. Heath. Biblioteca Nacional. París

de una empresa impopular. Mendès-France fue derrotado en la Asamblea y le sucedió Edgar Faure (23 de febrero de 1955). Las negociaciones entabladas para resolver el problema de Túnez terminaron con la concesión de autonomía (3 de julio). El Gobierno, presionado por los acontecimientos en Marruecos, decidió restablecer en el trono a Muhammad ben Yussef, quien entró triunfalmente en Rabat (16 de noviembre). El Gobierno Faure perdió la confianza de la Asamblea (29 de noviembre) y ésta fue disuelta por primera vez desde 1877. Las elecciones parlamentarias se celebraron el 2 de enero de 1956, la primera sesión de la nueva Asamblea se celebró el 16 del mismo

Edgar Faure

mes, y la investidura al Gobierno formado por Guy Mollet fue concedida el 31 de enero. El nuevo Gobierno entabló negociaciones con las autoridades marroquíes para tratar de la independencia de Marruecos (22 de febrero), que fue proclamada en una declaración conjunta el 2 de marzo. Las conversaciones para la creación de la Comunidad Económica Europea, que se habían iniciado anteriormente, terminaron felizmente con los acuerdos de Roma (25 de marzo de 1957). Durante la crisis gubernamental de mayo de 1958, se produjo el golpe militar de Argel con la creación de un Comité de Salvación Pública. El Gobierno dio órdenes al general Salan para que se hiciese cargo de la situación en Argelia y restableciese el orden en el territorio, pero el general se solidarizó con el Comité de Salvación Pública. El presidente Coty encargó a De Gaulle la formación de un nuevo Gobierno, el cual, después de conseguir el apoyo de los socialistas, obtuvo la investidura (1 de junio) y plenos poderes para un período de seis meses. El general De Gaulle fue elegido presidente de la República el 21 de diciembre. Los elementos extremistas partidarios de una Argelia francesa iniciaron una campaña de terrorismo en Argelia y en la metrópoli, que causó numerosas víctimas. Dichos elementos se hallaban organizados en la denominada O. A. S. (Organisation de l'Armée Secrète, u Organización del Ejército Secreto), a cuyo frente se hallaba el general Salan, que fue capturado y condenado a cadena perpetua. El problema argelino quedó resuelto con la aprobación por el electorado francés, primero (8 de abril de 1962), y por el de Argelia, después (1 de julio), de la propuesta de autodeterminación del pueblo argelino. Una vez ultimados los acuerdos de Evian (18 de marzo) con los dirigentes argelinos, Michel Debré, primer ministro desde enero de 1959, dimitió y fue substituido por Georges Pompidou (22 de abril de 1962). El proyecto de reforma constitucional patrocinado por De Gaulle encontró una fuerte oposición en la Asamblea, la cual votó una moción de censura contra el Gobierno (5 de octubre),

que se vio obligado a dimitir. El presidente De Gaulle disolvió la Asamblea (10 de octubre) y ordenó la celebración de un referéndum para que la nación se pronunciara a favor o en contra de la elección de presidente por sufragio universal directo; la consulta se celebró el 28 de octubre y en ella el 62,5 % del electorado se manifestó por la primera alternativa. En las elecciones para la Asamblea Nacional celebradas en primera y segunda vuelta los días 18 y 25 de noviembre, el partido de De Gaulle, la Unión para la Nueva República (U. N. R.), obtuvo 234 escaños. En el orden interno, la política de De Gaulle no dejó de encontrar serios obstáculos. Los miembros de la O. A. S., agrupados entonces bajo el Comité Nacional de Resistencia, intentaron asesinar al general (15-16 de febrero de 1963), pero su proyecto fracasó y los encartados fueron detenidos y condenados a muerte, aunque sólo uno de ellos, el teniente coronel Jean Marie Bastien-Thierry, fue ejecutado (11 de marzo). Firme en su propósito de dotar a Francia de una fuerza nuclear propia, el presidente De Gaulle se negó a firmar el tratado de prohibición parcial de pruebas nucleares de Moscú (5 de agosto). En unas declaraciones a la prensa, De Gaulle propuso como único medio de salvar a la O. N. U. la convocatoria de una conferencia entre Francia, EE. UU., la U. R. S. S., R. U. y la R. P. China, para que preparasen una nueva estructura de la organización mundial. También dijo que se debería volver al sistema del patrón oro en las transacciones comerciales (4 de febrero de 1965). Estas proposiciones fueron muy mal acogidas en EE. UU., lo mismo que la hecha días más tarde para que se celebrase una conferencia internacional a fin de resolver el conflicto vietnamita conforme a los acuerdos de Ginebra de 1954 y 1962. En una demostración más de su discrepancia con el sistema de alianzas militares patrocinadas por EE. UU., el general De Gaulle se negó a enviar un representante a la reunión de la S. E. A. T. O., celebrada en Londres a primeros de mayo, aunque asistió a las sesiones un observador. El 27 del mismo mes, desde la base de Hammaguir, en el Sáhara argelino, puso en órbita su primer satélite artificial *A-1*, denominado también *Astérix*. Esta experiencia tuvo por objeto la puesta a punto del lanzador *Diamante 1*. El 26 del mes siguiente lanzó el satélite *FR-1*, con el objeto de probar el satélite y no el lanzador. En los

Candidatos en las elecciones presidenciales de 1965

resultados definitivos de las elecciones de 1965, De Gaulle fue reelegido presidente de la República (29 de diciembre). Se encargó directamente de la reorganización del Gobierno el primer ministro Georges Pompidou. Tras las experiencias del año anterior, lanzó al espacio, con éxito, su primer satélite científico *D-1-A*, bautizado *Diapasón*, por medio de un cohete *Diamante*, desde la base francesa de Hammaguir. El propósito de este lanzamiento, que co-

locó a Francia en el tercer puesto del mundo de la carrera del espacio, después de EE. UU. y la U. R. S. S., consistía en la comprobación del instrumental científico que llevaba a bordo. Francia, siguiendo su progresiva empresa astronáutica, puso en órbita el satélite *D-1-C*, llamado también *Diadema 1* (8 de febrero de 1967). Seis días más tarde, colocó en órbita el *Diadema II*, con el fin de obtener experiencias geodésicas. Fruto de los adelantos y técnicas más modernas fue la botadura del primer submarino atómico francés (29 de marzo), bautizado con el nombre de *Le Redoutable*, en el arsenal de Cherburgo. A primeros de febrero de 1968, se enfrentó a la más grave crisis económica desde 1930, y en mayo del mismo año tuvo lugar la convulsión más intensa desde la guerra de Argelia. Se produjeron grandes disturbios estudiantiles y manifestaciones. Las gigantescas huelgas llevaron a Francia al caos. El objetivo era derribar a De Gaulle. El presidente disolvió la Asamblea Nacional y convocó nuevas elecciones. A prime-

El presidente Pompidou

ros de julio finalizaron las elecciones con un triunfo gaullista sin precedentes. Francia volvió a la normalidad, pero necesitó superar el problema de la crisis económica. Varios países le concedieron un crédito por valor de mil trescientos millones de dólares. El primer ministro Pompidou presentó su dimisión y le substituyó Couve de Murville. Se realizó la primera prueba de una bomba termonuclear de hidrógeno, en la isla de Tahití, constituyéndose así en la quinta potencia atómica, después de EE. UU., la U. R. S. S., R. U. y la R. P. China (24 de agosto). Al serle adverso el referéndum celebrado en abril de 1969, en el cual se consultaba a la nación acerca de una reforma de las regiones y del Senado, De Gaulle dimitió, como había anunciado, asumiendo las funciones de la Presidencia, hasta nuevas elecciones, el presidente del Senado Alain Poher. En las elecciones resultó electo Georges Pompidou, quien tomó posesión de la Presidencia el 20 de junio. Fue designado primer ministro Jacques Chaban-Delmas. En la política internacional de Francia destacaron notablemente: la crisis de Oriente Medio (embargo de armas a Israel, el problemático asunto de las cañoneras del puerto de Cherburgo, la venta de 110 aviones *Mirage* a Libia); la aprobación del Gobierno para la entrada del R. U. en el Mercado Común; la persistencia en la actitud mantenida por el anterior Gobierno del general De Gaulle ante la O. T. A. N.; y el acuerdo de cooperación militar firmado con el Gobierno español en Madrid, el 22 de junio de 1970. El 5 de julio de 1971 hubo una nueva experiencia nuclear en el atolón de Mururoa,

Francia

con el objetivo de dotar a los submarinos atómicos, y el 5 de abril de 1972, colaborando con la U. R. S. S., lanzó su satélite *S. R. E. T. I.* mediante el cohete soviético *Molnya,* destinado a estudiar la degradación de las células solares por los rayos cósmicos. El 5 de julio presentó su dimisión Chaban-Delmas, y fue nombrado jefe de Gobierno Pierre Messmer. Uno de los acontecimientos más importantes de 1972, en cuanto a política interior, fue el acuerdo entre el partido socialista de Mitterrand y el partido comunista para elaborar un «programa de gobierno» y un «contrato de legislatura», en caso de que ganaran las elecciones legislativas de marzo de 1973 y fueran llamados por el presidente Pompidou para formar Gobierno. Del 4 al 11 de marzo de 1973 se celebraron las quintas elecciones legislativas de la quinta República, saliendo vencedores los candidatos de la mayoría, agrupada en torno al presidente de la República. Las minorías étnicas existentes en el país creyeron ver un momento propicio para sus reivindicaciones después que Francia firmó la Declaración de Derechos Humanos. En el verano de 1973 hubo peticiones de autonomía en Córcega e hicieron graves acusaciones al Gobierno central. Pero la actividad terrorista desencadenada en esta región, Bretaña y País Vasco, decidió al Consejo de Ministros a abolir los movimientos separatistas que operaban en territorio galo. La crisis energética y el caso Lip provocaron un desgaste del Gabinete, por lo que Pompidou, atendiendo las peticiones de la opinión pública que pedía un cambio, aceptó la dimisión de Messmer para nombrarle de nuevo primer ministro. El cambio se limitó a una reducción de las carteras ministeriales para favorecer la cohesión. A la muerte de Pompidou, acaecida a primeros de abril de 1974, se hizo cargo interinamente de la presidencia de la República Alain Poher, presidente del Senado, al mismo tiempo que se convocaron elecciones. El 19 de mayo fue elegido presidente de Francia Valery Giscard d'Estaing, antiguo ministro de Finanzas que presidía el partido de la Federación Nacional de los Republicanos Independientes, con sólo 400.000 votos más que su inmediato oponente, el socialista François Mitterrand, en el escrutinio más apretado que recuerda la reciente historia de Francia. Poco después, Giscard daba a conocer el nombre del primer ministro, Jacques Chirac, hasta entonces ministro del Interior. En su primer mensaje a la Asamblea Nacional (30 de mayo), el nuevo presidente anunció decisiones urgentes, esbozando todas las líneas generales de su programa, expresado ya durante su campaña electoral, en relación con la independencia nacional, la unión de Europa, la cooperación con EE. UU., la U. R. S. S., la R. P. China, en un plano de estricta igualdad, y los países en vías de desarrollo. Anunció también tres decisiones urgentes: 1.ª, rebajar la edad del derecho de voto a los 18 años, que aprobaría el Gobierno poco después; 2.ª, modificar las condiciones de acceso a la presidencia de la República, y 3.ª, hacer posible que los ministros puedan seguir, una vez que cesen en sus puestos, su vida parlamentaria. A últimos de octubre, con la huelga de los empleados de correos se le plantearon al Gobierno los más serios problemas sociales desde su acceso al poder. El malestar era bastante anterior, por las condiciones de trabajo, el mantenimiento de diversas categorías de empleados y, sobre todo, por el salario insuficiente de un tercio de ellos, que es uno de los más bajos entre los funcionarios públicos. El día 28, cuatro centrales sindicales organizaron la más grande manifestación de empleados de correos *(postiers)* que se recuerda, originando uno de los conflictos más graves de la historia del monopolio estatal de la comunicación, ya que en Francia se opera normalmente con cheques postales y se cobra también por este sistema. A este conflicto vinieron a unirse la huelga de periodistas de radiotelevisión y de enfermeras y personal auxiliar hospitalario, al mismo tiempo que la empresa automovilística Citroën anunciaba el despido de 2.700 de sus empleados. El encuentro, en la Martinica (28 de diciembre), de Giscard d'Estaing y el presidente Ford sirvió para borrar las disensiones franco-

Valéry Giscard d'Estaing

estadounidenses, heredadas del general De Gaulle; ambos presidentes establecieron un arreglo práctico para hacer frente en común al problema petrolífero y a la crisis en general que azota a Occidente. Mientras, la política interior, principalmente entre los partidos comunista y socialista, continuaba su curso de duelo abierto, que lógicamente a nadie favorecía más que a la mayoría que gobierna; estas divergencias rebrotaron con más fuerza a primeros de 1975: los comunistas, esta vez, fueron más lejos en sus ataques, acusando a sus aliados, y al propio Mitterrand, de no ser fieles al programa de gobierno de la izquierda que habían establecido en común, y denunciaban, también abiertamente, al mundo capitalista y expresamente a las compañías petrolíferas por los diversos abusos en materia fiscal en cuanto a la situación del mercado del petróleo. El 25 de agosto de 1976 dimitió el primer ministro, J. Chirac. El mismo día, el jefe del Estado designó para substituirle al economista R. Barre, quien dos días después había formado Gobierno, reservándose él la cartera de Economía y Finanzas. El primer ministro Raymond Barre presentó la dimisión de su Gobierno al presidente de la República, el 28 de marzo de 1977, siéndole encomendada nuevamente la formación de otro Gabinete. Al día siguiente fue presentado el segundo Gobierno Barre, en cuya formación se tuvo más en cuenta la capacidad técnica de sus miembros que el matiz político de éstos. El 26 de junio se proclamó independiente el Territorio de los Afars y de los Issas, adoptando el nombre de República Democrática de Yibuti. Giscard d'Estaing, en su mensaje a la nueva República, hizo un llamamiento a todos los pueblos africanos, sugiriendo un pacto de solidaridad entre Europa y África, como coronación de la obra de descolonización. Las disensiones de las izquierdas, en torno a la actualización de un programa común, propiciaron el triunfo electoral de la derecha en las legislativas de marzo de 1978. El presidente Giscard cursó una visita oficial a España a finales de junio, expresando su apoyo condicional al ingreso español en el Mercado Común. Francia firmó varios acuerdos económicos con Méjico, en el transcurso de la visita oficial del presidente francés a esta capital (1-4 de marzo de 1979). Adolfo Suárez, respondiendo a la invitación del presidente francés en junio de 1978, realizó una visita oficial a Francia en noviembre de 1979, con la que abrió una nueva etapa en las relaciones franco-españolas. Los resultados fueron fructíferos en los diferentes temas bilaterales y comunitarios, así como también en cuanto a la posibilidad de cooperación en las distintas áreas internacionales.

REYES, EMPERADORES Y PRESIDENTES

Reyes carolingios.

752-768	Pipino *el Breve.*
768-814	Carlomagno.
768-771	Carlomán.
814-840	Ludovico I *Pío.*
840-877	Carlos II *el Calvo.*
877-879	Luis II *el Tartamudo.*
879-882	Luis III.
882-884	Carlomán II.
884-887	Carlos II *el Gordo.*
887-898	Eudes de París.
898-922	Carlos IV *el Simple.*
922-923	Roberto I.
923-936	Rodolfo de Borgoña.
936-954	Luis IV.
954-986	Lotario.
986-987	Luis V *el Haragán.*

Capetos.

987-996	Hugo Capeto.
996-1031	Roberto II *el Santo.*
1031-1060	Enrique I.
1060-1108	Felipe I.
1108-1137	Luis VI *el Gordo* o *El Batallador.*
1137-1180	Luis VII *el Joven.*
1180-1223	Felipe II *Augusto.*
1223-1226	Luis VIII *el León.*
1226-1270	Luis IX *el Santo.*
1270-1285	Felipe III *el Atrevido.*
1285-1314	Felipe IV *el Hermoso.*
1314-1316	Luis X *el Testarudo.*
1316	Juan I.
1316-1322	Felipe V *el Largo.*
1322-1328	Carlos IV *el Prudente.*

Valois

1328-1350	Felipe VI *el Afortunado.*
1350-1364	Juan II *el Bueno.*
1364-1380	Carlos V *el Sabio.*
1380-1422	Carlos VI *el Bienamado.*
1422-1461	Carlos VII *el Victorioso.*
1461-1483	Luis XI.
1483-1498	Carlos VIII.

Valois-Orleans.

1498-1515	Luis XII.

Valois-Angulema.

1515-1547	Francisco I.
1547-1559	Enrique II.
1559-1560	Francisco II.
1560-1574	Carlos IX.
1574-1589	Enrique III.

Borbones

1589-1610	Enrique IV.
1610-1643	Luis XIII.
1643-1715	Luis XIV, *el Rey Sol.*
1715-1774	Luis XV.
1774-1792	Luis XVI.

Primera República

1792-1795	Convención Nacional.
1795-1799	Directorio.
1799-1804	Consulado.

Primer Imperio

1804-1814, 1815   Napoleón I.

Borbones (Restauración).

1814-1824   Luis XVIII.
1824-1830   Carlos X.

Casa de Orleans.

1830-1848   Luis Felipe.

Segunda República.

1848-1852   Luis Napoleón Bonaparte (príncipe presidente).

Segundo Imperio.

1852-1870   Napoleón III.

Tercera República.

1871-1873   Louis Adolphe Thiers.
1873-1879   Maurice Mac-Mahon.
1879-1887   Jules Grévy.
1887-1894   Marie-François Sadi-Carnot.
1894-1895   Casimir Perier.
1895-1899   Félix Faure.
1899-1906   Émile Loubet.
1906-1913   Armand Fallières.
1913-1920   Raymond Poincaré.
1920   Paul Deschanel.
1920-1924   Alexandre Millerand.
1924-1931   Gaston Doumergue.
1931-1932   Paul Doumer.
1932-1940   Albert Lebrun.

Gobierno de Vichy.

1940-1944   Philip Pétain.

Gobierno provisional.

1944-1946   Charles de Gaulle.
1946   Félix Gouin y Georges Bidault.
1946-1947   Léon Blum.

Cuarta República.

1947-1953   Vincent Auriol.
1953-1958   René Coty.

Quinta República.

1958-1969   Charles de Gaulle.
1969-1974   Georges Pompidou.
1974   Valéry Giscard d'Estaing.

Francia (La). Geog. Pobl. de Argentina, prov. de Córdoba, depart. de San Justo; 2.886 h. || **libre** o **Francia de Vichy.** Hist. Porción sudoriental de Francia que, a consecuencia del armisticio firmado con los alemanes el 22 de junio de 1940, quedó bajo la autoridad del mariscal Pétain, quien estableció su capital en Vichy, y conservó su libertad hasta el 11 de noviembre de 1942, en que, después de los desembarcos en el N. de África, fue también ocupada por los alemanes. || **ocupada.** Porción N. y occidental de Francia, la cual, durante la S. G. M. y a partir del armisticio (22 de junio de 1940), quedó en poder de los alemanes hasta la liberación del país (1944). A ella fue incorporada la Francia libre o de Vichy en 1942.
Franciabigio. Biog. Bigi **(Francesco di Cristofano).**
fráncico. m. Ling. Antigua lengua alemana, una de las tres en que, en la Edad Media, se subdividía el antiguo alto alemán.
francio. (De *Francia*, donde fue descubierto.) m. Quím. Elemento de peso atómico 233, número atómico 87 y símbolo Fr. Fue descubierto por la investigadora francesa Margueritte Perey en 1939, entre los productos de la desintegración espontánea del actinio, por emisión de una partícula alfa. Fue llamado también *virginio* y *moldavio*.
Franciosino. Biog. Cordier **(Nicola).**
francisca. (Del lat. *francisca*, hacha de dos filos.) f. ant. Especie de hacha grande.
franciscano, na. fr., *franciscain, cordelier;* it., *francescano;* i., *franciscan;* a., *Franziskaner.* adj. Dícese del religioso perteneciente a la Orden de Hermanos Menores. Ú. t. c. s. || Perteneciente a esta Orden. || Parecido en el color al sayal de los religiosos de la Orden de San Francisco. || fam. Que participa de algunas de las virtudes propias de San Francisco.

San Francisco de Asís (fundador de los franciscanos), por pintor anónimo. Museo Lázaro Galdiano. Madrid

francisco, ca. adj. Religioso de la Orden de San Francisco. Ú. t. c. s.
Francisco I. Biog. Emperador de Alemania, esposo de María Teresa, hija del emperador Carlos VI, y fundador de la rama de los Habsburgo-Lorena, n. en Nancy y m. en Innsbruck (1708-1765). Reinó por espacio de veinte años y tuvo 16 hijos, entre ellos José II, que le sucedió en el trono || **II.** Emperador de Alemania y rey de Bohemia y Hungría, n. en Florencia y m. en Viena (1768-1835). Firmó con Francia el tratado de Campoformio (1797), renunciando a Lombardía y a los P. B. La paz de Presburgo disminuyó aún más sus posesiones, por lo que renunció al título de emperador de Alemania, y tomó el título de emperador de Austria. En 1810 dio a su hija María Luisa en matrimonio a Napoleón, pero en 1813 contribuyó a su derrota. Vencida Francia, se le devolvieron casi todos sus estados y pudo reinar en paz hasta su muerte. || **José I.** Emperador de Austria, nieto del Emperador de Alemania Francisco II, n. y m. en el palacio de Schoenbrunn, Viena (1830-1916). Subió al trono en 1848, sucediendo a su tío Fernando I. En 1859 hubo de ceder Lombardía a Italia; en 1866 quedó excluido de toda intervención en los asuntos de Alemania, como resultado de su guerra con Prusia, y hubo de ceder el Véneto a Italia. Se le nombró rey de Hungría en 1867. El asesinato del príncipe heredero y de la esposa de éste en Sarajevo, en 1914, fue causa de la P. G. M. || **I.** Duque de Bretaña, n. en Vannes (1414-1450). Sucedió a su padre, Juan VI, y luchó continuamente contra los ingleses. || **II.** Último duque de Bretaña, m. en Couëron (1435-1488). Tomó parte en todas las coaliciones feudales contra el rey de Francia, pero la derrota sufrida en la batalla de Saint-Aubin le hizo someterse a Carlos VIII. || **I.** Rey de las Dos Sicilias, hijo de Fernando I y de María Carolina, n. y m. en Nápoles (1777-1830). Después de la revolución de Nápoles de 1820, juró la Constitución. Fue padre de la duquesa de Berry y de María Cristina, esposa de Fernando VII. || **II.** Rey de las Dos Sicilias, hijo de Fernando II y último Borbón reinante en Nápoles, n. en Nápoles y m. en Arco, Tirol (1836-1894). En 1860 estalló una insurrección en Palermo, y Garibaldi derrotó a un cuerpo de ejército napolitano y entró por sorpresa en Palermo. Después Garibaldi entró en Nápoles, y Francisco se refugió en Gaeta. || **I.** Rey de Francia, n. en Cognac y m. en Rambouillet (1494-1547). Pretendió la corona imperial de Alemania, y como la obtuviese Carlos I, rey de España, sostuvo con éste una rivalidad que le fue frecuentemente adversa. Después de numerosas derrotas, Francisco fue vencido y hecho prisionero por los españoles en Pavía. Dejó por sucesor a su hijo Enrique II. || **II.** Rey de Francia, n. en Saint-Germain-en-Laye y m. en Orleans (1544-1560). Casado con María Estuardo, reina de Escocia, sobrina del duque de Guisa y del cardenal de Lorena, dejó toda su autoridad en manos de estos últimos. **José II.** Príncipe soberano de Liechtenstein, n. en Frauenthal, Austria, en 1906. Hijo del príncipe Luis de Liechtenstein (1869-1955), estudió la carrera de ingeniero agrónomo en Viena y ascendió al trono en 1938 por renuncia previa de su padre. || **I Sforza.** Duque de Milán, n. en San Miniato y m. en Milán (1401-1466). Se distinguió por su bravura y su pericia; tomó a Eugenio IV la Marca de Ancona en 1434, y se proclamó duque de Milán en 1450. || **II Sforza.** Último duque de Milán, n. en Vigevano y m. en Milán (1495-1535). Fue hijo de Ludovico *el Moro*, y restablecido en el ducado de Milán por León X y Carlos V. || **I.** Duque de Módena, hijo de Alfonso III, n. en Módena y m. en Santhia (1610-1658). Adherido a la política de España, la abandonó en 1647 para seguir la de Francia. || **II.** Duque de Módena, hijo de Alfonso IV, n. en Módena y m. en Sassuolo (1660-1694). Sucedió a su padre en 1662. || **III.** Duque de Módena, hijo de Renaud, n. en Módena y m. en Varese (1698-1780). Mandó los ejércitos españoles en Italia durante la guerra de Sucesión de Austria. || **IV.** Duque de Módena, n. en Milán y m. en Módena (1779-1846). Obligado a dejar sus estados durante la campaña de Murat, volvió después a ellos. || **V.** Duque de Módena, n. en Módena y m. en Viena (1819-1875). Siguió la

Francisco José I de Austria. Museo Bertarelli. Milán

misma política de su padre. || **Febo.** Rey de Navarra, m. en Pau (1467-1483). Sucedió a su abuela materna, doña Leonor, a la edad de once años. || **de Asís María Fernando de Borbón.** Rey consorte de España como esposo de Isabel II, n. en Aranjuez y m. en su palacio de Epinay, Francia (1822-1902). Mandaba un regimiento de caballería cuando se casó con su prima en 1846, y actuó sin inmiscuirse en la política. || **Carlos.** Archiduque de Austria, padre del emperador Francisco José I (1802-1878). Cuando abdicó su hermano, Fernando I, Francisco renunció a sus derechos en favor de su hijo. || **Fernando.** Archiduque de Austria, n. en Graz y m. en Sarajevo (1863-1914). Después de heredar (1875) los bienes y títulos de la casa de Habsburgo-Este, vino a ser presunto heredero de la corona de Austria-Hungría por el suicidio del príncipe heredero Rodolfo en 1889. Casado morganáticamente en 1900 con la condesa Sofía Chotek, renunció a la sucesión en nombre de sus hijos, pero mantuvo ese derecho por lo que personalmente le afectaba. Su asesinato en Sarajevo, junto con su esposa (28 de junio de 1914), precipitó la P. G. M. || **María de Médicis.** Gran duque de Toscana, hijo de Cosme I (1541-1587). Después de la muerte de su padre, en 1575, obtuvo de España la confirmación de su título de gran duque. Fue un príncipe cruel y desalmado. || **I Rakoczi.** Príncipe soberano de Transilvania (1645-1676). Fue elegido príncipe aun en vida de su padre, pero renunció al trono y se retiró a Hungría, en donde murió. || **II Rakoczi.** Príncipe soberano de Transilvania, n. en Borsi y m. en Rodosto (1676-1735). Se proclamó soberano en 1707 y luchó para recobrar el trono de sus mayores, pero fue vencido por los austriacos. || **de Asís** (San). Religioso italiano, n. en Asís (1182-1226). Fundador de la Orden de Hermanos Menores. Repartió sus bienes entre los necesitados, se vistió con un tosco sayal y se convirtió en apóstol de los pobres. Ansioso de martirio, predicó el Evangelio en Siria, con doce de sus compañeros; pero como los idólatras respetasen su vida, regresó a Italia y se retiró al monte Alvernia para consagrarse a la perfección de su Orden. Su *Cántico de las criaturas* o *Cántico del Hermano Sol* inició una tendencia poética que ha influido en la literatura universal. Fue también el iniciador de los *nacimientos*. Su fiesta, el 4 de octubre. || **de Borja** (San). Noble español, marqués de Lombay, n. en Gandía y m. en Roma (1510-1572). Fue uno de los primeros y más resueltos favorecedores de Íñigo de Loyola. Se educó al lado de su tío Juan de Aragón, arzobispo de Zaragoza, y luego pasó al servicio de Carlos I y de su esposa. Casó con una de sus damas, doña Leonor de Castro (1529). Marqués de Lombay por merced de Carlos I. A la muerte de la emperatriz fue encargado de trasladar su cadáver a Granada; cuando tuvo que descubrir el féretro y contemplar el descompuesto rostro de la que había sido su hermosa soberana, sintió en lo íntimo el despego de todo lo terreno (1539). Fue virrey de Cataluña. A la muerte de su esposa, 1546, profesó en la Compañía de Jesús. Fue nombrado comisario de la Orden, vicario y luego tercer general de la Compañía para suceder al padre Láinez (1565). Su fiesta se celebra el 3 de octubre. || **Javier** (San). Jesuita de noble familia navarra, y cuyo nombre era Francisco Jassu y Azpilcueta, n. en el castillo de Javier, cerca de Pamplona, y m. en la isla de Shang-ch'uan (1506-1552). Se le llama también Apóstol de las Indias y de Japón, y por declaración de Pío X (1904) le es Patrono de la Propagación de la Fe. De 1525 a 1535 estudió en París, donde tuvo por compañero a Ignacio de Loyola, quien supo cap-

San Francisco de Borja, por Alonso Cano. Museo de Bellas Artes. Sevilla

tarle para sus proyectos. En 15 de agosto de 1534 hicieron voto de ir a Jerusalén y ponerse luego al servicio y obediencia del Papa; y presentada la fórmula del Instituto, se obtuvo la aprobación verbal del Papa. Partió de Lisboa y llegó a Goa. Predicó en las costas de Pesquería, Travancore, Malaca, islas Molucas, India y Japón. En 1552 abandonó la India camino de China, pero murió antes de llegar a Pekín. Su fiesta, el 3 de diciembre. || **de Sales** (San). Obispo de Ginebra y confesor, n. en el castillo de Sales y m. en Lyón (1567-1622). Predicó la fe católica a los protestantes de Gex y convirtió a casi todos al catolicismo. Fundó la Orden de la Visitación (Salesas) y escribió obras de teología y ascética, como su *Filotea* y la *Introducción a la vida devota.* Pío IX le proclamó doctor de la Iglesia, y Su Santidad Pío XI le declaró Patrono celestial de los escritores y periodistas católicos. Su fiesta, el 24 de enero. || **Solano** (San). Religioso franciscano español, n. en Montilla y m. en Lima (1549-1610). En 1589 marchó a las misiones de América. Estuvo en Santo Domingo, Panamá, tierras del Plata, Uruguay y Perú. Por su permanencia y los frutos obtenidos en este último país, se le llama *Apóstol de Perú.* Su fiesta, el 14 de julio. || **A. Berra.** Geog. Local. de Argentina, prov. de Buenos Aires, part. de Monte; 380 h. || **Ayerza.** Local. de Argentina, prov. de Buenos Aires, part. de Pergamino; 495 h. || **I. Madero.** Mun. de Méjico, est. de Coahuila de Zaragoza; 37.343 h. || Villa cap. del mismo; 12.613 h. || **I. Madero.** Villa de Méjico, est. de Durango, cap. del mun. de Pánuco de Coronado; 4.127 h. || **I. Madero.** mun. de Méjico, est. de Hidalgo; 16.409 h. Cap., Tepatepec. || **José (Tierra de). Tierra de Francisco José.** || **León.** Mun. de Méjico, est. de Chiapas; 6.171 h. || **Pueblo** cap. del mismo; 762 h. || **Madero.** Local. de Argentina, prov. de Buenos Aires, part. de Pehuajó; 1.596 h. || **Magnano.** Local. de Argentina, prov. de Buenos Aires, part. de Trenque Lauquen; 102 h. || **Marature.** Local. de Argentina, prov. de Buenos Aires, part. de Adolfo Alsina; 401 h. || **Morazán** Depart. de Honduras; 7.946 km.² y 483.200 h. Cap., Tegucigalpa. || **de Orellana.** Pueblo de Perú, depart. de Loreto, prov. de Maynas, cap. del dist. de Las Amazonas; 306 h. || **de Victoria.** Local. de Argentina, prov. de Trenque Lauquen; 178 h. || **Z. Mena.** Mun. de Méjico, est. de Puebla; 13.269 h. Cap., Metlaltoyuca.

Francistown. Geog. Dist. de Botswana; 19.000 h. || C. cap. del mismo; 9.000 h.

Franck (César-Auguste). Biog. Compositor y organista francés, n. en Lieja y m. en París (1822-1890). Estudió en Lieja y París. Se constituyó en el auténtico jefe de la joven escuela musical francesa. Discípulos suyos fueron Chabrier y Paul Dukas. Entre su variada y extensa producción merecen considerarse como más representativas de su personalidad: *Le sermon sur la montagne, Ruth, Les béatitudes, Les éolides, Psyché, Psaume CL, Variations symphoniques, Prélude, choral et fugue.* || **(James).** Físico y químico estadounidense, n. en Hamburgo y m. en Gotinga (1882-1964). Fue profesor de Física experimental en la Universidad de Gotinga y en la de Berlín. Compartió el premio Nobel de Física (1925) con Gustav Hertz, por el descubrimiento de las leyes que rigen el impacto de un electrón sobre un átomo. Se dedicó especialmente a las investigaciones sobre física cuántica, descargas de gases, fotoquímica y reacciones nucleares. || **Geog.** Local. de Argentina, prov. de Santa Fe, depart. de Las Colonias; 1.350 h.

Francke (el Maestro). Biog. Pintor alemán que floreció en el s. XV. Se le considera como uno de los mejores coloristas de la escuela alemana. Es notable entre sus obras el *Cristo en la agonía.*

Francken o **Franck. Biog.** y **Geneal.** Familia de pintores flamencos de los s. XVI y XVII. || **(Ambrosius).** Pintor belga, n. en Herentals y m. en Amberes (1544-1618). Al igual que sus hermanos, fue discípulo de Franz Floris, dedicándose a los asuntos religiosos. || **(Franz I).** Pintor flamenco, n. en Herentals y m. en Amberes (1542-1616). Es autor de *El prendimiento,*

Ecce Homo, por Franz I Francken. Museo del Prado. Madrid

Jesús entre los doctores, etc. || **(Franz II).** Pintor belga, n. y m. en Amberes (1581-1642). Fue el más distinguido artista de la familia. Pintó, entre otros cuadros, *Adoración de la Virgen* y *El hijo pródigo.*

francmasón, na. fr., *franc-maçon;* it., *frammassone;* i., *freemason;* a., *Freimaurer.* (Del fr. *franc-maçon.*) m. y f. Persona que pertenece a la francmasonería.

francmasonería. fr., *franc-maçonnerie;* it., *frammassoneria;* i., *freemasonry;* a., *Freimaurerei.* (Del fr. *franc-maçonnerie.*) f. Asociación secreta de personas que profesan principios de fraternidad mutua, usan emblemas y signos especiales, y se agrupan en entidades llamadas logias. || **Hist.** Parece que nació de los antiguos gremios ingleses de albañilería para la defensa económica de los mismos, en un principio, pero convirtiéndose luego en sociedad secreta. La primera logia de que se tiene noticia cierta **es la fundada por Antonio Sayer en 1717 en** Londres. De Inglaterra pasó en seguida a Francia (1721), España (1728) y Portugal (1735). Su apogeo corresponde a la segunda mitad del s. XIX, y las naciones en que ejerció más influencia política y social fueron Francia e Italia. El mayor número de adeptos, casi tres cuartas partes de la secta, se halla en Norteamérica, siguiéndole después Inglaterra, Francia e Italia. Después de la P. G. M. se produjo una fuerte reacción contra la francmasonería en muchos círculos europeos.

franco, ca. fr., *franc, sincère, vrai*; it., *franco*; i., *open-hearted, free, clear*; a., *offenherzig, gerade*. (Del ant. alto a. *franco*, hombre libre; en lat., *francus*.) adj. Liberal, dadivoso, bizarro y elegante. || Desembarazado, libre y sin impedimento alguno. || Libre, exento y privilegiado. || Aplícase a las cosas que están libres y exceptuadas de derechos y contribuciones, y a los lugares, puertos, etc., en que se goza de esta exención. || Sencillo, ingenuo y leal en su trato. || En la costa de África, **europeo.** Apl. a pers., ú. t. c. s. || Dícese de los pueblos antiguos de la Germania inferior. Apl. a pers., ú. t. c. s. || Dícese de la lengua que usaron estos pueblos. || **francés.** Apl. a pers., ú. t. c. s. Úsase en los compuestos que indiquen nacionalidad. || En Argentina y Chile, franco de servicio, libre de servicio u obligación. || En comercio y precediendo a las palabras *bordo, vagón, almacén* u otras análogas y referido a precios, denota que los gastos hechos por una mercancía hasta llegar al lugar que se indica no son de cuenta del comprador. || En tauromaquia, metafóricamente hablando, se dice del toro claro, sencillo y boyante. || m. Unidad monetaria de Bélgica y Luxemburgo, que equivale a 0,0177734 g. de oro fino. || Unidad monetaria de Francia, que equivale a 0,16 g. de oro fino. El franco francés rige como moneda, con variación en su valor, en países que pertenecen o pertenecieron a la Comunidad Francesa. Así, en África, para el Imperio Centroafricano, Congo, Gabón, Senegal, Chad, etc., equivale a 0,0032 g. de oro fino. El franco de Nuevas Hébridas equivale a 0,0099 g. de oro fino. El cambio del de Malí es un franco francés por 100 francos de Malí. El de Madagascar equivale a 0,02 francos franceses. Aún en algunos territorios franceses de ultramar hay variaciones en la paridad con el franco de la metrópoli. Así, en Reunión, Comores, y Saint-Pierre-et-Miquelon rige el mismo valor expresado antes para África. Para los territorios de Polinesia, Nueva Caledonia y Wallis y Futuna, su valor es 0,0088 g. de oro fino. Por ascenso, el franco de Yibuti equivale a 0,00414507 g. de oro fino. || Unidad monetaria de Ruanda; equivale a 0,00888671 g. de oro fino. || Unidad monetaria de Suiza, que equivale a 0,20322 g. de oro fino. || Tiempo que dura la feria en que se vende libre de derechos. || Entre el vulgo, sello de franqueo. || pl. **Hist.** Se menciona por primera vez a los francos el año 260 a. C. En el siglo V ocuparon toda la orilla izquierda del Rin, Flandes y el N. de Francia. Al fundarse el imperio de los francos en el siglo VI, se extendieron aún más al Sur. || **bordo.** *Mar.* Distancia del agua a la cubierta superior del barco; es la medida que limita el calado de los buques y, por tanto, su desplazamiento máximo, y la carga, también máxima, que pueden llevar los mercantes. Está regulada internacionalmente para los navíos de carga. || **CFA** (*Communauté Financière Africaine*). *Num.* Unidad monetaria de las colonias **francesas de África, que equivale a 0,0032 g.** de oro fino (v. **franco,** unidad monetaria de Francia).

Franco (Luis Leopoldo). Poeta, escritor e historiador argentino, n. en Belén, Catamarca, en 1898. Recibió el premio Nacional en 1941. Obras: *La flauta de caña* (1920), *Libro del gay vivir* (1924), *Coplas del pueblo* (1927) y *Pequeño diccionario de la desobediencia* (1959). || **(Manuel).** Político y educador paraguayo, n. y m. en Asunción (1875-1919). Elegido presidente de la República por el partido liberal en 1916, falleció antes de concluir su mandato. Durante su administración se promulgó la ley electoral, a base del sistema de lista incompleta y voto secreto. || **(Niccolò).** Poeta satírico italiano, n. en Benevento y m. en Roma **(1515-1570).** Fue secretario de Aretino y el papa Pío V le hizo ahorcar por haberle dedicado una sátira. || .**(Rafael).** Militar y político paraguayo, nacido hacia 1900. Se distinguió en la guerra del Chaco y dirigió el movimiento que derrocó al presidente Eusebio Ayala (febrero de 1936). En agosto de 1937 fue desalojado del poder por un golpe militar. || **y Bahamonde (Francisco).** Militar y político español, n. en El Ferrol del Caudillo y m. en Madrid (1892-1975). Ingresó en la Academia de Infantería de Toledo (1907), de la que salió con el grado de segundo teniente (1910). En 1912 pasó voluntario a Marruecos, donde obtuvo su ascenso a primer teniente y poco después a capitán (1916). Comandante a los veintitrés años, pasó a Oviedo, donde tuvo una actuación destacada en la represión de la huelga revolucionaria de Asturias (1917). Al organizarse el Tercio de Extranjeros, se hizo cargo de una bandera (1920), y posteriormente alcanzó el cargo de coronel jefe de dicha unidad. Intervino en la toma de Alhucemas (1925) y en las operaciones complementarias que culminaron con la caída de Axdir, por lo cual fue ascendido a general (1926), y fue entonces el general más joven de Europa. Al ser restaurada la Academia General Militar, en Zaragoza, Primo de Rivera lo designó para dirigirla. Al advenimiento de la segunda República, disuelta la Academia General, conocida su ideología derechista, Franco quedó en situación de disponible y pasó después a la Comandancia militar de Baleares. En 1934 fue llamado por el ministro de la Guerra, Diego Hidalgo, para sofocar la revolución de Asturias. En 1935, siendo Gil Robles ministro de la Guerra, le nombró jefe del Estado Mayor Central. Triunfante el Frente Popular (1936), se le mandó de gobernador militar a Canarias. Los organizadores del Movimiento Nacional lo designaron para ponerse al frente del ejército de África, y, ocurrido éste, el 18 de julio, partió para Tetuán y bajo su dirección cruzaron las tropas el Estrecho, con el objeto de sumarse a los sublevados, cuyo fin era derribar el Gobierno de la República. El día 1 de octubre de 1936 la Junta de Defensa Nacional le entregó la jefatura del Estado, nombrándolo Generalísimo de los Ejércitos de Tierra, Mar y Aire. El último parte de guerra, firmado por el Caudillo, se dio el 1 de abril de 1939. Terminada la guerra civil, siguió desempeñando la triple jefatura del Ejército, Gobierno y Estado. Por ley de 31 de marzo de 1947, llamada *ley de Sucesión*, sometida a referéndum el 6 de julio se legisló otras cuestiones de trascendental importancia (v. **España**). A finales de 1966, Franco propuso la Ley Orgánica del Estado, después aprobada por referéndum, que preveía la separación de los cargos de jefe del Estado y jefe del Gobierno. El 22 de julio de 1969, ante el pleno de las Cortes, propuso al

Catafalco con los restos mortales de Franco durante la misa de córpore insepulto, en sus funerales

príncipe Juan Carlos como sucesor de la Jefatura del Estado a título de rey, propuesta que fue aprobada por un 94,6 % de los procuradores. Fue enterrado en el Valle de los Caídos. || **y Bahamonde (Ramón).** Aviador militar español, n. en El Ferrol del Caudillo y m. en Mallorca (1896-1938). Se inició en Marruecos, pero su nombre no trascendió al público hasta que con sus compañeros Durán, Ruiz de Alda y el mecánico Rada llevó a cabo el glorioso vuelo del *Plus Ultra*, de Palos de Moguer (Huelva, España) a Buenos Aires, atravesando el Atlántico Sur, del 22 de enero al 10 de febrero de 1926, con el que batió varias marcas mundiales. Secundó el Movimiento encabezado por su hermano. || **(El).** *Geog.* Mun. de España, prov. de Oviedo, p. j. de Luarca; 4.699 h. Corr. 810 a la cap., la villa de La Caridad. || **-Condado.** Región de Francia que

francoalemana–frángula

comprende los depart. de Belfort, Doubs, Jura y Alto Saona; 16.189 km.² y 1.036.000 h. Cap., Besanzón. ‖ **Condado. Geog. hist.** Antigua prov. del E. de Francia, que constituyó luego, juntamente con Belfort, los depart. de la región precitada. Su cap. era Besanzón. A la muerte de Carlos *el Temerario*, pasó a su hija María. Al morir María, pasó a su hijo Felipe *el Hermoso*. Luis XIV lo ocupó en 1668, pero lo devolvió en el mismo año por el tratado de Aquisgrán. Conquistado de nuevo en 1674, quedó definitivamente unido a Francia por el tratado de Nimega (1678).

francoalemana (guerra). Hist. La que enfrentó a Francia y Prusia (19 de julio de 1870-26 de febrero de 1871). Entre las batallas más notables que se libraron es necesario hacer destacar la toma de Weissenburg y Geisberg (4 de agosto), Vionville-Mars-la-Tour (16 de agosto) y Saint-Privat (18 de agosto); a con-

Napoleón III, prisionero en la guerra francoprusiana, grabado de la época

secuencia de estas batallas, Bazaine quedó encerrado en Metz; la batalla de Sedán (1 de septiembre) obligó al emperador Napoleón III, prisionero, a pedir un armisticio. A consecuencia de él y del subsiguiente tratado de Francfort, Francia debió pagar 5.000 millones de francos oro, que a los dos años había satisfecho totalmente, y ceder Alsacia-Lorena.

francocanadiense. adj. Dícese de los habitantes de origen francés de la cuenca del río San Lorenzo, en Canadá, que se establecieron en esa región en el s. XVII. Hablan un francés arcaico, objeto de numerosos estudios en los últimos años.

francocuartel. m. **Bl. franco cuartel.**

francófilo, la. (De *franco*, francés, y *-filo*.) adj. Que simpatiza con Francia o con los franceses.

francófobo, ba. (De *franco*, francés, y *-fobo*.) adj. Contrario a los franceses.

francófono. (De *franco*, francés, y *-fono*.) adj. De habla francesa.

François, conde François (Nicolas). Biog. Estadista y literato francés, también conocido por *François de Neufchâteau*, n. en Saffais y m. en París (1750-1828). En 1766 publicó su primer libro de versos con el título de *Cosas fugitivas*. Alentado por Voltaire, continuó escribiendo, a la par que seguía su carrera política, que le llevó a desempeñar la cartera del Interior en 1797.

Francolí. Geog. Río de España, prov. de Tarragona; n. en Vallclara y des. en el Mediterráneo después de 58 km. de curso.

francolín. (Del it. *francolino*.) m. **Zool.** Nombre de varias aves del orden de las galliformes, familia de las fasiánidas y gén. *francolinus*. Son afines a las perdices, con catorce plumas timoneras, plumaje sin bandas en los lados del cuerpo o de colores poco llamativos. Hay cerca de 50 especies, casi todas asiáticas y africanas.

francolino, na. adj. *Chile y Ecuad.* **reculo.**

Francone (Bonifacio). Biog. Antipapa de origen romano con el nombre de *Bonifacio VII*, m. en 985. Se opuso a Benito VII (974) y fue expulsado de Roma por Otón II. A la muerte del emperador, reapareció, encarceló al papa Juan XIV y lo dejó morir de hambre; luego, ocupó el papado (984-985).

Franconetti (Silverio). Biog. Cantaor español, más conocido por *Silverio* o el *Gran Silverio*, n. y m. en Sevilla (1831-h. 1900). Fundó con *el Burrero* el café cantante de la Escalerilla; cuando se separaron, abrió el café de Silverio, por donde desfilaron las mayores glorias del cante hondo. Cantó de todo, pero se distinguió principalmente en la interpretación de soleares, solearillas, cañas y polos.

Franconia. Geog. hist. Nombre de un antiguo ducado de Alemania, actualmente englobado en Baviera, que comprendía la región de ambas márgenes del Mein, desde el Rin hasta las montañas de Bohemia. En 1837 Baviera creó tres provincias: *Alta Franconia*, con una ext. de 6.999 km.² y 656.489 h., y cuya cap. era Bayreuth; *Baja Franconia*, con 8.702 km.² y 733.971 h., cap., Wurzburgo, y *Franconia Central*, con 7.583 km.² de ext. y 948.175 habitantes, teniendo por cap. a Auspach.

La Residencia. Wurzburgo (antigua Franconia)

Francos Rodríguez (José María). Biog. Periodista, escritor y político español, n. y m. en Madrid (1862-1931). Dirigió *El Globo* y *Heraldo de Madrid*; fue gobernador de Barcelona, director de Correos, ministro de Instrucción Pública y de Gracia y Justicia.

francote, ta. adj. aum. de **franco**, ingenuo y abierto en su trato. ‖ fam. Dícese de la persona de carácter abierto y que procede con sinceridad y llaneza.

francotirador. (Del fr. *franc-tireur*.) m. **guerrillero.** ‖ En el extranjero suele usarse para indicar al individuo perteneciente a fuerzas o guerrillas que luchan por su cuenta. Por extensión, se llama también así a todos los que hacen la guerra sin estar encuadrados en las filas del ejército regular. ‖ fig. Dícese también de los que se aprovechan de las ocasiones fáciles para lograr su objetivo sin comprometerse ni darle defensa posible al contrario.

Franchet d'Espery (Louis Félix Marie François). Biog. General francés, n. en Mostaganem, Argelia, y m. en Saint-Amancet (1856-1942). En la P. G. M. tomó parte en la batalla del Marne, a cuyo éxito contribuyó con su sangre fría y habilidad maniobrera.

franchote, ta. m. y f. **franchute.**

franchute, ta. m. y f. despect. **francés.**

Frandovínez. Geog. Mun. y villa de España, prov. y p. j. de Burgos; 173 h.

franela. fr., *flanelle*; it., *flanella*; i., *flannel*; a., *Flanell*. (Del i. *flannel*, de origen céltico.) f. Tejido fino de lana ligeramente cardado por una de sus caras. ‖ **Taurom.** muleta.

frange. (Del lat. *frangĕre*, cortar.) m. **Bl.** División del escudo de armas, hecha con dos diagonales que se cortan en el centro.

frangente. p. a. de **frangir.** Que frange. ‖ m. Acontecimiento fortuito y desgraciado, que coge sin prevención.

frangible. (Del lat. *frangibĭlis*.) adj. Capaz de quebrarse o partirse.

frangir. (Del lat. *frangĕre*.) tr. Partir o dividir una cosa en pedazos. ‖ *Sal.* Mover la uva en el lagar.

franglais. (De *français* y *anglais*.) m. Jerga que se está formando por la abundosa intrusión de voces inglesas en el francés.

frangle. (De *franja*.) m. **Bl.** Faja estrecha que sólo tiene de anchura la sexta parte de la faja o la decimoctava del escudo.

frangollar. (De *frangollo*.) tr. Quebrantar los granos de cereales o legumbres. ‖ fig. y fam. Hacer una cosa de prisa y mal.

frangollero, ra. adj. *And. y Amér.* Que hace las cosas mal y de prisa.

frangollo. (Del lat. **fragucŭlum*, de *-fragus*, quebrado.) m. Trigo machacado y cocido. ‖ Pienso de legumbres o granos triturados que se da al ganado. ‖ fig. Cosa hecha de prisa y mal. ‖ *Arg.* Locro de maíz muy molido. ‖ Acción y efecto de frangollar. ‖ *Can.* Maíz cocido con leche. ‖ *Cuba y P. Rico.* Dulce seco hecho de plátano verde triturado. ‖ *Chile.* Trigo, cebada o maíz triturados para cocerlos. ‖ fig. *Méj.* Comida hecha sin esmero. ‖ fig. *Perú.* Mezcolanza, revoltijo.

frangollón, na. (De *frangollar*.) adj. *Amér., And. y Can.* Dícese de quien hace de prisa o mal una cosa.

frangote. m. **Com.** Fardo mayor o menor que los regulares de dos en carga. ‖ **Mar.** Fardo de unos 37 pies cúbicos que servía de medida para la carga de los buques que iban a América.

frángula. (Del lat. científico *frángula*; del lat. *frangĕre*, romper.) f. **Bot.** Arbusto de la familia de las ramnáceas, que alcanza hasta 6 metros de alt., con fruto de drupa, que en principio es rojo y más tarde negro, y hojas enteras insertas alternativamente en ramas sin espinas.

Su corteza, llamada *corteza de arraclán*, es laxante, y cuando está fresca, emética (*rhamnus frángula*).

franhueso. (De *frañer* y *hueso*.) m. **Zool.** Quebrantahuesos, ave rapaz.

franja. (Del fr. *frange*, y éste del lat. *fimbria*, fimbria.) f. Guarnición tejida de hilo de oro, plata, seda, lino o lana, que sirve para adornar y guarnecer los vestidos u otras cosas. || Faja, lista o tira en general. || **Fís.** Raya luminosa producida por fenómenos de interferencia.

franjalete. m. *Méj.* Correa de las guarniciones, que descansa en el lomo de la bestia y sirve para sostener los tirantes.

franjar. tr. Guarnecer con franjas.

franjeado, da. p. p. de **franjear.** || adj. Dispuesto en forma de franja. || **Bot.** Con el borde dividido en tiras o cintas muy estrechas.

franjear. (De *franja*.) tr. **franjar,** guarnecer con franjas.

Franjieh (Suleiman). **Biog.** Político libanés, n. en Ehden en 1910. Ha sido ministro de Correos y Telégrafos, Agricultura, Interior, Justicia, Obras Públicas, Economía y presidente de la República (1970-76).

franjón. m. aum. de **franja.**

franjuela. f. dim. de **franja.**

Frank (Anne). **Biog.** Niña judía, víctima de la persecución nazi, n. en Francfort del Mein y m. en el campo de concentración de Bergen-Belsen (1930-1945). Se ha hecho famosa en el mundo entero, después de muerta, por su *Diario*, en que narró las vicisitudes ocurridas a ella y a su familia en la buhardilla de una casa de la ciudad de Amsterdam, donde estuvieron escondidos durante dos años (1942-44). || **(Hans).** Político y jurisconsulto alemán, n. en Karlsruhe y m. en Nuremberg (1900-1946). Diputado del Reichstag por el partido nazi y ministro sin cartera. Fue gobernador de la zona polaca correspondiente a Alemania, en cuyo cargo se le imputó la muerte de tres millones de judíos polacos, por lo que fue condenado a la horca. || **(Ilia Mijailovich).** Físico soviético, n. en San Petersburgo en 1908. Miembro de la Academia de Ciencias soviética y profesor de la Universidad de Moscú, recibió el premio Stalin 1946 junto con Cherenkov y Tamm, y compartió también con éstos el premio Nobel de Física (1958), por su explicación del *efecto Cherenkov*. V. **Cherenkov (P. A.).** || **(Karl Hermann).** Político alemán, n. en Karlsbad y m. en Praga (1898-1946). Fue diputado de los Sudetes en el Parlamento checo (1935-38) y luchó por la anexión de aquel país a Alemania. A causa del asesinato de Heydrich en 1942, ordenó la matanza de las pobl. de Lidice y Lezaky, por cuyo crimen fue condenado a muerte y ahorcado. || **(Leonhard).** Escritor alemán, n. en Wurzburgo y m. en Munich (1882-1961). Su obra más conocida es *Carlos y Ana*, novela corta, de la cual hizo después un drama. Entre muchas otras novelas se destacan: *El hombre es bueno* y *La partida de bandoleros*. || **(Waldo).** Escritor estadounidense, n. en Long Branch y m. en White Plains, Nueva York (1889-1967). Sus libros *Nuestra América* (sobre EE. UU.), *El descubrimiento de América*, *España virgen* y *América hispana* contienen su pensamiento acerca de los problemas modernos. || **Geog.** Local. de Argentina, prov. de Santa Fe, depart. de Las Colonias; 1.553 h.

Frankfurt am Main. **Geog.** Francfort del Mein. || **an der Oder.** Francfort del Oder.

franklin. (De B. *Franklin*.) m. **Fís.** Nombre del **franklinio** en la nomenclatura internacional.

Franklin (Benjamin). **Biog.** Físico y político estadounidense, n. en Boston y m. en Filadelfia (1706-1790). Fue diputado del Congreso. Hizo importantes estudios e inventó el pararrayos. Dejó numerosos escritos de orden filosófico, económico y científico, como *El camino de la riqueza* y *La ciencia del tío Ricardo*, además de unas *Memorias* incompletas. || **(sir John).** Marino y explorador inglés, n. en Spilsby y m. cerca de la isla del Rey Guillermo, Canadá (1786-1847). Tomó parte en el combate de Trafalgar y en los bloqueos de las costas de Portugal y de América, y pereció en un viaje de exploración. || **Geog.** Canal en el océano Glacial Ártico, que separa la península de Boothia de la isla del Príncipe de Gales, al N. de Canadá. || Dist. de Canadá, constituido por todas las islas situadas al N. del país hasta el Polo Norte, más las penínsulas de Boothia y Melville; 1.422.560 km^2.

franklinio. (De *Franklin*.) m. **Fís.** Unidad de carga eléctrica en el sistema electrostático cegesimal. Es la carga que ejerce sobre otra igual, colocada en el vacío a la distancia de un centímetro, la fuerza de una dina.

franklinita. (De *Franklin*, localidad de EE. UU., en Nueva Jersey, e *-ita*.) f. **Miner.** Ferrito de hierro, manganeso y cinc, de fórmula (Fe, Zn, Mn) (Fe O$_2$)$_2$, de una serie en la que varían las proporciones metálicas.

Franko (Ivan). **Biog.** Escritor ucraniogalitziano, n. en Nahujevich, Galitzia, y m. en Lvov (1856-1916). Su actividad literaria fue muy extensa: historia, literatura, sociología, etnografía, crítica literaria, etc. Escribió en ruteno, ruso y polaco, y sus poesías se distinguen por su ardiente patriotismo.

franqueable. adj. Que puede franquear dejando paso o camino.

franqueado, da. p. p. de **franquear.** || adj. ant. Aplicábase al zapato recortado y desviado pulidamente.

franqueamiento. (De *franquear*.) m. Acción y efecto de franquear el paso a la libertad.

franquear. fr., *affranchir*; it., *affrancare*; i., *to affranchise, to free*; a., *frankieren, frei machen*. (De *franco*.) tr. Libertar, exceptuar a uno de una contribución, tributo, pecho u otra cosa. || Conceder una cosa liberalmente y con generosidad. || Desembarazar, quitar los impedimentos que estorban e impiden el curso de una cosa; abrir camino. || Pagar previamente en sellos el porte de cualquier objeto que se remite por el correo. || Dar libertad al esclavo. || Traspasar, abrirse paso. | prnl. Prestarse uno fácilmente a los deseos de otro. || Descubrir uno su interior a otro. || ant. Hacerse franco, libre o exento.

franquenia. (Del lat. científico *frankenia*; de J. *Francke*, médico sueco del s. XVII, a quien Linneo dedicó estas plantas.) **Bot.** Gén. de plantas de la familia de las franqueniáceas (v.).

franqueniáceo, a. (De *franquenia* y *-áceo*.) adj. **Bot.** Dícese de las plantas del filo de las parietales-rhoedales-synanterales, orden de las parietales; herbáceas o sufruticosas, con tallo articulado; hojas pequeñas opuestas o verticiladas; flores poco aparentes, con cáliz de 5 piezas generalmente, y corola violada o purpurina, casi siempre con 6 estambres en dos verticilos, y ovario de 2 a 4 carpelos, análogo al de las tamaricáceas. || f. pl. Familia de estas plantas.

franqueo. m. Acción y efecto de franquear dejando paso o camino. || Dar libertad al esclavo. || Pagar en sellos el porte del correo.

Franquesas del Vallés (Las). **Geog.** Mun. de España, prov. de Barcelona, p. j. de Granollers; 5.539 h. Corr. 4.374 a la cap., el lugar de Corró de Vall.

franqueza. fr., *franchise*; it., *franchezza*; i., *frankness*; a., *Freimüthigkeit, Offenheit*. (De *franco*.) f. Libertad, exención. || Liberalidad, generosidad. || fig. Sinceridad, lisura, abertura de corazón, ingenuidad.

Franqueza y Esteve, conde de Villalonga y Villafranqueza (Pedro). **Biog.** Político español, n. en Igualada y m. en Torres de León (h. 1547-h. 1614). De humilde paje, con la protección del duque de Lerma llegó a ser el personaje más influyente de la nación, amasando cuantiosa fortuna; mas, caído en desgracia y descubiertos sus sucios negocios, fue procesado, le confiscaron sus bienes y murió preso.

franquía. (De *franco*.) f. Situación en la cual un buque tiene paso franco para hacerse a la mar o tomar determinado rumbo. Ú. m. en las frases **poner en franquía, estar en franquía** o **ganar franquía**. || **en franquía.** m. adv. fig. y fam. Tratándose de personas, en disposición de poder hacer lo que quieran, librándose de algún quehacer o compromiso. Ú. también con los verbos *estar* y *ponerse*.

franquicia. fr., *exemption*; it., *franchigia, francagione*; i., *franchise*; a., *Freiheit, Vorrecht*. (De *franco*.) f. Libertad y exención total o parcial que se concede a una persona para no pagar derechos por las mercaderías que introduce o extrae, o por el aprovechamiento de algún servicio público. Cuando la exención es parcial solamente, se llama *bonificación* o *reducción arancelaria*. || **arancelaria absoluta.** *Com.* Libertad de derechos sin excepción alguna. || **arancelaria absoluta circunstancial.** Libertad de derechos en determinadas circunstancias y siempre que se cumplan las condiciones que para cada una de ellas se expresan.

frañer. (Del lat. *frangĕre*.) tr. ant. Quebrantar, romper. Ú. todavía en Asturias.

frao. (Del cat. *frau*.) m. ant. Ar. **fraude.**

fraque. m. **frac.**

frasca. (Del it. *frasca*.) f. Hojarasca y ramas pequeñas y delgadas de los árboles. || *Méj.* Fiesta, bulla, algazara. || *Sal.* Gentuza.

frasco. fr., *flacon*; it., *fiasco*; i., *bottle*; a., *Flasche, Flakon*. (Del germ. *flaska*.) m. Vaso de cuello recogido, que se hace de vidrio, plata, cobre, estaño u otra materia, y sirve para contener líquidos, substancias en polvo, comprimidos, etc. ‖ Vaso hecho regularmente de cuerno, en que se lleva la pólvora para cargar la escopeta. ‖ Contenido de un frasco. ‖ **cuentagotas.** *Léx.* El que por la forma de su gollete y de su tapón sirve para verter gota a gota su contenido. ‖ **de mercurio.** *Metrol.* Peso de tres arrobas de mercurio, que es la cabida de los antiguos frascos de hierro usados como envase en Almadén.
Frascuelo. Biog. Sánchez Povedano (Salvador).
frase. fr. e i., *phrase*; it., *frase*; a., *Satz*. (Del lat. *phrasis*, y éste del gr. *phrásis*, de *phrázo*, hablar.) f. Conjunto de palabras que basta para formar sentido, y especialmente cuando no llega a constituir una oración cabal. ‖ Locución enérgica, y por lo común metafórica, con la que se significa más de lo que se expresa, u otra cosa de lo que indica la letra. ‖ Modo particular con que ordena la dicción y expresa sus pensamientos cada escritor u orador, y aun índole y aire especial de cada lengua. ‖ **adverbial.** *Léx.* La que haciendo oficio de adverbio modifica o conceptúa la acción o el significado de un verbo. ‖ **hecha. frase proverbial.** ‖ La que en sentido figurado y con forma inalterable es de uso vulgar y no incluye sentencia alguna. ‖ **musical.** *Mús.* Período de una composición delimitado por una cadencia, y que tiene sentido propio. ‖ **proverbial.** *Léx.* La que es de uso vulgar y expresa una sentencia a modo de proverbio. ‖ **publicitaria. eslogan.** ‖ **sacramental.** fig. La fórmula consagrada por el uso o por la ley para determinadas circunstancias o determinados conceptos.
frasear. fr., *phraser*; it., *fraseggiare*; i., *to phrase*; a., *Sätze bilden*. tr. Formar frases. ‖ **Mús.** Arte de hacer resaltar la frase melódica mediante el ritmo y las intensidades sonoras, procurando que no se confundan entre sí distintas frases, y que una misma no aparezca dividida.
fraseo. m. **Mús.** Acción de frasear.
fraseología. fr., *phraséologie*; it., *fraseologia*; i., *phraseology*; a., *Phraseologie, hohles Geschwätz*. (Del gr. *phrásis*, frase, y *-logia*.) f. Conjunto de modos de expresión peculiares de una lengua, grupo, época, actividad o individuo. ‖ Conjunto de expresiones intrincadas, pretenciosas o falaces. A veces, palabrería. ‖ Conjunto de frases hechas, locuciones figuradas, metáforas y comparaciones fijadas, modismos y refranes, existentes en una lengua, en el uso individual o en el de algún grupo.
fraseológico, ca. adj. Perteneciente o relativo a la frase.
Fraser. Geog. Río de Canadá. Se forma de dos brazos, el más importante de los cuales recibe las aguas de una serie de lagos y después de recorrer 416 km. se une con el otro brazo (320 km.), que nace en las Montañas Roqueñas, cerca de Fort George, y luego de un curso total de 1.185 km. des. en el golfo de Georgia.
-frasia. suf. V. **-frasis.**
-frasis, -frasia. (Del gr. *phrásis*.) suf. que sign. dicción.
frasis. amb. ant. **frase.** ‖ desus. Habla, lenguaje.
frasnero, ra. adj. Natural de El Frasno, o perteneciente a este lugar. Ú. t. c. s.
frasnialado. m. Bot. Planta de la familia de las compuestas, subfamilia de las tubulifloras, blanquecina, con hojas hasta cerca de las cabezuelas, que están solitarias y con corola purpúrea (*centaurea polymorfa*).

Frasno (El). Geog. Mun. de España, prov. de Zaragoza, p. j. de Calatayud; 1.046 h. ‖ Lugar cap. del mismo; 804 h. (*frasneros*).
frasquera. f. Caja hecha con diferentes divisiones, en que se guardan ajustados los frascos para llevarlos de una parte a otra sin que se maltraten.
frasqueta. (Del fr. *frisquette*.) f. Impr. Cuadro con bastidor de hierro y crucetas de papel o pergamino, con que en las prensas de mano se sujeta al tímpano y se cubre en los blancos la hoja de papel que se va a imprimir.
frasquete. m. dim. de **frasco.**
fratás. (De *fratasar*.) m. **Albañ.** Instrumento compuesto de una tablita lisa, cuadrada o redonda, con un taruguito en medio para agarrarla. Sirve para alisar el enlucido o jaharrar, humedeciéndolo primero.
fratasar. (De *fretar*, probablemente infl. por *frisar*, refregar.) tr. Igualar con el fratás la superficie de un muro enfoscado o jaharrado, a fin de dejarlo liso, sin hoyos ni asperezas.
fraterna. (Del lat. *fraterna*, t. f. de *fraternus*, fraterno.) f. Corrección o represión áspera.
fraternal. fr., *fraternel*; it., *fraternale*; i., *fraternal*; a., *brüderlich*. (De *fraterno*.) adj. Propio de hermanos.
fraternalmente. adv. m. Con fraternidad.
fraternidad. fr., *fraternité*; it., *fraternità*; i., *fraternity, brotherhood*; a., *Fraternität, Bruderschaft*. (Del lat. *fraternĭtas, -ātis*.) f. Unión y buena correspondencia entre hermanos o entre los que se tratan como tales.
Fraternidad. Geog. Mun. de Honduras, depart. de Ocotepeque; 921 h. ‖ Pobl. cap. del mismo; 283 h. ‖ Mun. de Venezuela, est. de Carabobo, dist. de Puerto Cabello; 19.295 h. Cap., Puerto Cabello.
fraternizar. fr., *fraterniser*; it., *fraternizzare*; i., *to fraternize*; a., *sich verbrüdern*. (De *fraterno*.) intr. Unirse y tratarse como hermanos.
fraterno, na. (Del lat. *fraternus*; de *frater*, hermano.) adj. Perteneciente a los hermanos. ‖ V. **corrección fraterna.**
Fratra. Geog. Nombre de dos estribaciones de los Cárpatos, en Checoslovaquia. Sus puntos culminantes son: Pequeño Krivan, 1.711 metros, y Gran Kriszna, 1.575 m.

fratres. (pl. del lat. *frater*, hermano.) m. pl. ant. Tratamiento que se daba a los eclesiásticos que vivían en comunidad.
fratria. f. Conjunto de hermanos y hermanas.
fratría. (Del gr. *phratria*.) f. Entre los antiguos griegos, subdivisión de una tribu que tenía sacrificios y ritos propios. ‖ Sociedad íntima, hermandad, cofradía.
fratricida. (Del lat. *fratricīda*; de *frater*, hermano, y *caedĕre*, matar.) com. Que mata a su hermano. Ú. t. c. adj.
fratricidio. fr. e i., *fratricide*; it., *fratricidio*; a., *Brüdermord*. (Del lat. *fratricidĭum*.) m. Muerte de una persona, ejecutada por su propio hermano.

Fratricidio. *Caín matando a Abel*, por Franz II Francken. Museo del Prado. Madrid

Frau. (Del ant. alto a. *frouwa*, señora.) En alemán actual, seguido de un apellido, *señora*. ‖ Sin nombre propio, significa *mujer*.
fraudador, ra. (Del lat. *fraudātor, -ōris*.) adj. ant. **defraudador.** Usáb. t. c. s.
fraudar. (Del lat. *fraudāre*.) tr. ant. Cometer fraude o engañar.
fraude. fr., *fraude*; it., *frode*; i., *fraud*; a., *Betrug*. (Del lat. *fraus, fraudis*.) m. Engaño, inexactitud consciente, abuso de confianza que produce o prepara un daño, generalmente material. Se ha usado como femenino. ‖ **Der.** Delito que comete el encargado de vigilar la ejecución de contratos públicos, y aun de algunos privados, confabulándose con la representación de los intereses opuestos. ‖ **en fraude de acreedores.** *Der.* Dícese de los actos del deudor, generalmente simulados y rescindibles, que dejan al acreedor sin medio de cobrar lo que se le debe.
fraudulencia. (Del lat. *fraudulentĭa*.) f. **fraude.**
fraudulentamente. adv. m. Con fraude.
fraudulento, ta. (Del lat. *fraudulentus*.) adj. Engañoso, falaz.
fraudulosamente. adv. m. ant. **fraudulentamente.**
Frauenfeld. Geog. C. de Suiza, cap. del est. de Turgovia, a orillas del Murg; 17.567 h.
Fräulein. (Voz a. que sign. *señorita*, y es diminutivo de *Frau*, mujer, señora.) Aya o señorita alemana de compañía.

Fraunhofer (Joseph von). *Biog.* Optico alemán, n. en Straubing y m. en Munich (1787-1826). Contribuyó a perfeccionar el telescopio; determinó los índices de refracción de varios cristales para distintos colores o longitudes de onda; inventó las redes de difracción, y puede ser considerado como el precursor del análisis espectral, por el descubrimiento en el espectro solar de las líneas oscuras que llevan el nombre de *líneas de Fraunhofer,* correspondientes a las rayas de emisión de diversos elementos químicos existentes en la atmósfera solar.

fraustina. f. Cabeza de madera en que se solían aderezar las tocas y moños de las mujeres.

Fravashi. *Mit.* En el zoroastrismo, ángel de la guarda de las almas virtuosas, que coopera con Ormuz en la lucha entre este dios (el bien) y Ahrimán (el mal).

fraxinela. (Del lat. *fraxinus,* fresno.) f. **Bot.** díctamo blanco.

fraxinoideo, a. (De *fráxinus* y *-oideo.*) adj. **Bot.** Dícese de las plantas de la familia de las oleáceas (v.): || f. pl. Subfamilia de estas plantas, que comprende los gén. *fráxinus, syringa* y *forsythia.*

fráxinus. (Voz del lat. científico; del lat. *fraxinus,* fresno.) **Bot.** Gén. de plantas de la familia de las oleáceas (v.).

fray. fr., *frère;* it., *frate, fra;* i., *brother;* a., *Frater.* m. apóc. de **fraile.** Ú. precediendo al nombre de los religiosos de ciertas órdenes. || **frey.**

Fray Mocho. *Biog.* **Álvarez** (José Sixto). || **Bentos.** *Geog.* C. de Uruguay, cap. del depart. de Río Negro; 20.755 h. Tiene la famosa fábrica de extracto de carne Liebig's Fray Bentos. || **Cayetano Rodríguez.** Local. de Argentina, prov. de Córdoba, depart. de Presidente Roque Sáenz Peña; 266 h. || **Justo Santa María de Oro.** Part. de Argentina, prov. de Chaco; 2.874 km.^{2} y 10.817 h. Cap., Santa Silvina. || **Luis Beltrán.** Local. de Argentina, prov. de Mendoza, depart. de Maipú; 1.144 h. Viñedos, ganadería. || **Luis Beltrán.** Local. de Argentina, prov. de Santa Fe, depart. de San Lorenzo; 5.093 h. || **Mamerto Esquiú.** Depart. de Argentina, prov. de Catamarca; 280 km.^{2} y 5.836 h. Cap., San José.

frazada. fr., *couverture de lit;* it., *coperta;* i., *blanket;* a., *Bettdecke.* (De *frezada.*) f. Manta peluda que se echa sobre la cama.

Frazer (James George). *Biog.* Antropólogo y etnólogo escocés, n. en Glasgow y m. en Cambridge (1854-1941). Su monumental obra *The golden bough* (1890-1915) es el más completo estudio sobre las formas del mito y el rito religiosos.

Frazier (Joe). *Biog.* Boxeador estadounidense, n. en Filadelfia en 1944. En 1968 fue reconocido campeón mundial de los pesos pesados por el Consejo Mundial de Boxeo, al vencer a Buster Mathis. En 1969 y 1970 revalidó su título ante Jerry Quarry y Jimmy Ellis, respectivamente. Retuvo el título al vencer a Muhammad Alí (marzo de 1971), hasta 1973, en que fue derrotado por George Foreman.

freático, ca. (Del gr. *phreáteios,* de *phréar,* pozo, cisterna.) adj. *Geol.* Dícese de las capas de rocas permeables del terreno, empapadas por las aguas de lluvia que se han filtrado hasta encontrar una capa impermeable.

frecuencia. fr., *fréquence;* it., *frequenza;* i., *frequency;* a., *Frequenz, Häufigkeit.* (Del lat. *frequentĭa.*) f. Repetición a menudo de un acto o suceso. || **Elec.** La de la corriente alterna suministrada para usos industriales y domésticos. || *Estad.* Número de veces que se ha realizado un suceso de cierto número de experiencias u observaciones. || Razón por cociente entre el número de elementos de una clase de la población y el total de habitantes de ésta. || *Fís.* En los movimientos oscilatorios y vibratorios, número de oscilaciones o de vibraciones, respectivamente, que se producen durante cada unidad de tiempo. En el movimiento ondulatorio, número de ondas que pasan por un punto durante una unidad de tiempo. || **Informática.** Número de veces que se actualiza y consulta un fichero por unidad de tiempo. || **Radio y Telev.** Las ondas electromagnéticas tienen frecuencias que oscilan entre 3 Kc/s y 300 Gc/s. La longitud de onda, medida en metros, multiplicada por la frecuencia, medida en kilociclos por segundo, es igual a 300.000. || **(alta).** *Fís.* Fenómeno vibratorio, corriente eléctrica u onda electromagnética de frecuencia elevada. Las corrientes y ondas se consideran de alta frecuencia a partir de 100.000 ciclos por segundo. || **(baja).** Señal eléctrica utilizada en radiodifusión y cuya frecuencia es igual a la del sonido que se transmite. En general, se llama también así a todas las señales alternas de frecuencia inferior a 20.000 ciclos por segundo. || **absoluta.** *Estad.* Número de veces que se presenta éste en una serie de experiencias. || **absoluta acumulativa.** *Fís.* Suma de las frecuencias absolutas de todos los valores de la variable inferiores o iguales a uno dado. || **estadística.** *Econ.* Repetición de un acto comercial, financiero o referente a otra cualquier clase de actividad humana, cuya condición es necesario reflejar y comentar por procedimientos gráficos o escritos. || **modulada.** *Fís.* **modulación de frecuencia.** || **muy alta.** *Telev.* Aquella cuya long. de onda va de 10 a 1 m. En abr., *V. H. F.* || **relativa** *Estad.* Cociente entre la frecuencia absoluta y el número de observaciones. || **relativa acumulativa.** *Fís.* Suma de las frecuencias relativas de todos los valores de la variable inferiores o iguales a uno dado. || **tensión.** Tensión superior a los 1.000 voltios. Los valores más usuales son 6, 15, 30, 100 y 400 kilovoltios. || **ultraalta.** *Telev.* Aquella cuya long. de onda va de 1 m. a 10 cm. En abr., *U. H. F.*

frecuencímetro. (De *frecuencia* y *-metro.*) m. **Elec.** Aparato que mide la frecuencia de la corriente eléctrica.

frecuentación. (Del lat. *frequentatĭo, -ōnis.*) f. Acción de frecuentar.

frecuentador, ra. (Del lat. *frequentātor, -ōris.*) adj. Que frecuenta. Ú. t. c. s.

frecuentar. fr., *fréquenter;* it., *frequentare;* i., *to frecuent;* a., *häufig besuchen.* (Del lat. *frequentāre.*) tr. Repetir un acto a menudo. || Concurrir con frecuencia a un lugar.

frecuentativo. (Del lat. *frequentatĭvus.*) adj. *Gram.* V. **verbo frecuentativo.** Ú. t. c. s.

frecuente. fr., *fréquent;* it., *frequente;* i., *frequent;* a., *häufig, ofmalig.* (Del lat. *frequens, -entis.*) adj. Repetido a menudo. || Usual, común.

frecuentemente. adv. m. Con frecuencia.

Frechilla. *Geog.* Mun. y villa de España, prov. y p. j. de Palencia; 602 h. *(frechillanos).* || **de Almazán.** Mun. de España, prov. de Soria, p. j. de Almazán; 107 h. || Lugar cap. del mismo; 50 h.

Fredegunda. *Biog.* Favorita y después esposa de Chilperico I, rey de Neustria (545-597). Hizo asesinar a la segunda esposa de su marido y a dos de sus hijos, a Sigeberto, hermano de Chilperico y rey de Neustria, y por último, a su mismo marido.

Fredericton. *Geog.* C. de Canadá, cap. de la prov. de Nueva Brunswick, sit. a orillas del Saint-John; 22.460 h. Notables edificios. Comercio de maderas y fábricas de calzado.

Frederiksberg. *Geog.* C. de Dinamarca, en la región de Seeland, que constituye por sí sola un cond.; 9 km.^{2} y 101.970 h.

Frederiksborg. *Geog.* Cond. de Dinamarca, en la región de Seeland; 1.346 km.^{2} y 260.825 h. Cap., Hilleröd. Magnífico palacio real.

Frederiksborg. Castillo-palacio

Frédérix (Jacques). *Biog.* Director cinematográfico francés, más conocido por el seudónimo de *Jacques Feyder,* n. en Ixelles, Bélgica, y m. en Rives-de Frangins, Suiza (1888-1948). Dirigió, entre otras películas, *La kermesse heroica* (1935), su mejor filme; *La bandera, La Atlántida,* etc.

Fredes. *Geog.* Mun. y lugar de España, prov. de Castellón de la Plana, p. j. de Vinaroz; 50 h.

fredo. (Del lat. *frigdus,* de *frigĭdus.*) adj. frío. Ú. t. c. s.

Fredonia. *Geog.* Mun. de Colombia, depart. de Antioquia; 21.882 h. || Pobl. cap. del mismo; 7.895 h.

fredor. (Del lat. *frigdor, -ōris.*) m. ant. **frío.**

Fredro, conde de Fredro (Aleksander). *Biog.* Autor dramático polaco, n. en Suchorow y m. en Lvov (1793-1876). Fue el creador de la comedia polaca. Dio a la escena numerosas obras, entre las que citaremos: *Orgullo y humildad, La primera es la mejor, Las damas y los húsares* y *La diligencia.*

Freetown. Geog. C. cap. de Sierra Leona y de la prov. de Área Occidental, sit. en el extremo N. de la península de Sierra Leona; 178.600 h. Estación carbonífera. Caucho, aceite de palma, gomas, cueros, etc.

fregación. (Del lat. *fricatĭo, -ōnis.*) f. ant. **fricación.**

Fregenal de la Sierra. Vista del castillo

fregadero. m. Banco donde se ponen los artesones o barreños en que se friega. Hay también fregaderos hechos de fábrica. || Pila de fregar.

fregado, da. p. p. de **fregar.** || adj. En Argentina, Chile, Ecuador y Nicaragua, majadero, enfadoso, importuno, dicho de personas. || En Colombia y Ecuador, tenaz. || En Ecuador y Méjico, bellaco, perverso. || En Ecuador y Panamá, exigente, severo. || m. Acción y efecto de fregar. || Combate en que ha habido muchas bajas o serias dificultades. || fig. y fam. Enredo, embrollo, negocio o asunto poco decente. || fig. y fam. Lance, discusión o contienda desordenada en que puede haber algún riesgo imprevisto.

fregador, ra. (Del lat. *fricātor, -ōris.*) adj. Que friega. Ú. t. c. s. || m. **fregadero.** || Estropajo para fregar.

fregadura. (Del lat. *fricatūra.*) f. **fregado,** acción de fregar.

fregajo. (De *fregar.*) m. En las galeras, estropajo para fregar.

fregamiento. (Del lat. *fricamentum.*) m. **fricación.**

fregar. fr., *froter, écurer;* it., *fregare, stropicciare;* i., *to rub, to scour;* a., *reiben, reinigen.* (Del lat. *fricāre,* frotar, restregar.) tr. Restregar con fuerza una cosa con otra. || Limpiar alguna cosa restregándola con estropajo, cepillo, etc., empapado en agua y jabón, u otro líquido adecuado. || fig. y fam. *Amér.* Fastidiar, molestar, jorobar. Ú. t. c. prnl.

fregata. (Voz del lat. científico.) Zool. Gén. de aves del orden de las pelicaniformes, familia de las fragátidas (v.).

fregata. f. ant. fam. **fregona.**

fregatina. f. *Chile.* Molestia, pejiguera.

fregatriz. f. **fregona.**

Frege (Gottlob). Biog. Matemático y filósofo alemán, n. en Wismar y m. en Bab Kleinen (1848-1925). Se le puede considerar como el fundador de la moderna lógica matemática, tomando la lógica como la base de la filosofía. Obras: *Begriffsschrift* (1879), *Die Grundlagen der Arithmetik* (1884), investigación logicomatemática fundada en el concepto de número, y *Grundgesetze der Arithmetik* (1892-1903).

Fregenal de la Sierra. Geog. Mun. de España, prov. de Badajoz, p. j. de su nombre; 7.706 h. || C. cap. del mismo y del p. j.; 6.826 habitantes (*fregenaleros*). Iglesia románica de Santa María. Castillo de los templarios, hoy plaza de toros. Ruinas de la época romana. Patria de Arias Montano y Bravo Murillo.

Fregeneda (La). Geog. Mun. de España, prov. de Salamanca, p. j. de Vitigudino, 947 h. || Villa cap. del mismo; 922 h. Minas de estaño y volframio.

Freginals. Geog. Mun. y lugar de España, prov. de Tarragona, p. j. de Tortosa; 529 habitantes.

Frégoli (Leopoldo). Biog. Transformista italiano, n. en Roma y m. en Viareggio (1867-1936). El número de sus creaciones fue grande y variado, consiguiendo el milagro de reunir en una sola persona una compañía completa, pues incluso representó obras de cinco, seis y hasta diez personajes.

fregón. m. *And.* Estropajo para fregar.

fregona. f. Criada que sirve en la cocina y friega. Ú. generalmente en sentido despectivo. || Utensilio doméstico para fregar los suelos sin necesidad de arrodillarse.

fregonil. adj. fam. Propio de fregonas.

fregosa. f. Bot. *Col.* Nombre de la escrofulariácea *capraria biflora.* || *Salv.* La compuesta *eupatórium odorátum.*

fregotear. tr. fam. Fregar de prisa y mal.

fregoteo. m. fam. Acción y efecto de fregotear.

Frei Montalva (Eduardo). Biog. Político chileno, n. en Santiago en 1911. Estudió derecho en la Universidad Católica, de la que más tarde fue profesor (1939). Ha sido presidente de la Falange Nacional, ministro de Obras Públicas (1944-46) y senador desde esta última fecha. Ingresó en la democracia cristiana, y fue presidente de la República (1964-70). En 1973 fue nombrado presidente del Senado y, como consecuencia, del Parlamento.

Freiburg im Breisgau. Geog. **Friburgo de Brisgovia.**

freicinetia. (Del lat. científico *freycinetia,* a su vez de L. C. D. de *Freycinet,* navegante francés.) Bot. Gén. de plantas de la familia de las pandanáceas (v.).

freidor, ra. m. y f. *And.* Persona que fríe pescado para venderlo.

freidura. f. Acción y efecto de freír.

freiduría. (De *freidor.*) f. Tienda donde se fríe pescado para la venta.

freieslebenita. f. **Miner. freislebenita.**

freila. (De *freile.*) f. Religiosa de alguna de las órdenes militares. || ant. Religiosa lega de una orden regular.

Freila. Geog. Mun. de España, prov. de Granada, p. j. de Baza; 1.488 h. || Villa cap. del mismo; 1.444 h.

freilar. (De *freile.*) tr. ant. Recibir a uno en alguna orden militar.

freile. (De *freile.*) m. Caballero profeso de alguna de las órdenes militares. || Sacerdote de alguna de ellas.

Freiligrath (Ferdinand). Biog. Poeta alemán, n. en Detmold y m. en Cannstatt (1810-1876). Su poesía, en la que describió mundos exóticos, marcó nuevos rumbos a la lírica alemana. Con Karl Marx dirigió el periódico *Neue Rheinische Zeitung.* Escribió: *Glaubensbekenntnis, Neuere politische und soziale Gedichte,* etcétera.

Freinet (Célestin). Biog. Pedagogo francés, n. en Gars y m. en Vence (1896-1966). Fue el creador de la escuela convertida en imprenta, en la que los alumnos se capacitan en el trabajo y la responsabilidad.

freír. fr., *frire;* it., *friggere;* i., *to fry;* a., *braten, backen.* (Del lat. *frigĕre.*) tr. Hacer que un manjar crudo llegue a estar en disposición de poderse comer, teniéndolo el tiempo necesario en aceite o grasa hirviendo. Ú. t. c. prnl. || fig. Mortificar pesada e insistentemente, encocorar.

Freir. Mit. **Freyr.**

freira. (De *freire.*) f. Religiosa de alguna de las órdenes militares.

freire. (De *fraire.*) m. **freile.**

Freire (Ramón). Biog. Militar y político chileno, n. y m. en Santiago (1787-1851). Hizo las campañas de la independencia. Director interino a la caída de O'Higgins, desempeñó la presidencia de la República (1823-26). En 1824 asumió poderes dictatoriales y expulsó a los españoles de Chiloé (1825). En 1827 asumió nuevamente la dictadura y, siendo presidente provisional en 1829, sufrió la derrota de Lircay y hubo de expatriarse a Perú. || **de Andrade** (Gomes). General y estadista portugués, n. en Río de Janeiro (1685-1763). Fue gobernador de Río de Janeiro desde 1733 y luchó contra España por cuestión de límites entre Brasil y Paraguay. En 1748 asumió el gobierno de Goiás, Guiaba y Mato Grosso. || Geog. Local. de Argentina, prov. de Córdoba, depart. de San Justo; 3.563 h. || Comuna de Chile, prov. de Cautín, depart. de Temuco; 22.898 habitantes. || Pobl. cap. de la misma; 2.112 h.

freiría. f. Conjunto de freires.

Freirina. Geog. Depart. de Chile, prov. de Atacama; 10.530 h. || Comuna del mismo; 5.530 h. || Pobl. cap. del depart. y comuna de su nombre; 2.576 h. Hermosas huertas. Minas de cobre, plata, oro y cobalto.

freislebenita. (De J. K. *Freiesleben,* químico alemán, e *-ita.*) f. **Miner.** Sulfoantimonito de plomo y plata, de fórmula (Pb, Ag)S. Es monoclínico y de color gris de acero, y se explotó en Hiendelaencina como mena de la plata.

Freitas Branco (Pedro de). Biog. Director de orquesta portugués, n. en Lisboa (1896-1963). Fue el creador de la primera compañía portuguesa de ópera (1925) y, posteriormente, de los Conciertos Sinfónicos de Lisboa. Dirigió la Orquesta Sinfónica Nacional. || **Gazul** (Francisco de). Compositor portugués, n. en Lisboa (1842-1925). Gozó en su país de gran popularidad. Escribió buen número de operetas, oratorios, parodias y piezas sueltas para orquesta, banda, etc.

Freites. Geog. Dist. de Venezuela, est. de Anzoátegui; 34.321 h. Cap., Cantaura.

Freixanet y Al-tadill. Geog. **San Guim de Freixanet.**

fréjol. (Del catalán *fesol*, y éste del lat. *phasēlus*, por *phasēlus*, alubia.) m. Bot. Judía, planta. || Fruto y semilla de esta planta. || **de olor.** *Cuba.* Nombre de la papilionácea *clitoria speciosa*, también llamada *frijol de olor*.

Frémiet (Emmanuel). Biog. Escultor francés, n. y m. en París (1824-1910). Se dedicó a la escultura de animales y es autor de varias estatuas ecuestres.

Frémin (René). Biog. Escultor francés, n. y m. en París (1672-1744). Trabajó en el real sitio de San Ildefonso. En París ejecutó también algunas obras para los jardines de Versalles.

frémito. (Del lat. *fremĭtus*.) m. **bramido.** || Pat. Estremecimiento o vibración, especialmente la que es perceptible por palpación.

Fremy (Edmond). Biog. Químico francés, n. en Versalles y m. en París (1814-1894). Se le debe el descubrimiento del ácido férrico, del ácido palmítico, de la fermentación láctica, etc. Publicó *Tratado de Química general*.

fren-, freno-; -frenia, -frénico. (Del gr. *phrén, phrenós.*) pref. o suf. que sign. diafragma, inteligencia, mente, etc.

frenado, da. p. p. de **frenar.** m. Mec. Acción y efecto de frenar.

frenador. adj. Anat. Dícese de ciertos nervios que tienen la función de disminuir o detener.

frenaje. (Del fr. *freinage*.) m. gal. por **frenado.**

frenalgia. (De *fren-* y *-algia*.) f. Pat. Dolor o neuralgia del diafragma, que es frecuente en la pleuritis diafragmática seca. || **Psicopatología.** Melancolía, dolor moral.

frenamiento. m. **frenado.**

frenar. (Del lat. *frenāre*.) tr. **enfrenar.** Moderar o parar con el freno el movimiento de una máquina o de un carruaje. || ant. fig. Moderar los ímpetus.

frenastenia. (De *fren-* y astenia.) f. **Psicopatología.** Falta de vigor mental. Se trata de anomalías congénitas, por detención en el desarrollo, y se divide en imbecilidad, idiotez y cretinismo.

frenazo. m. Frenado brusco.

French, conde de Ypres (John). General inglés, n. en Ripple, Kent, y m. en Deal Castle (1852-1925). Enviado a África del Sur cuando la guerra anglobóer, cooperó notablemente en la victoria de Elandslaagte. En 1911 fue nombrado jefe del Estado Mayor General, y en 1913, mariscal de campo. Al estallar la P. G. M., en 1914, le fue confiado el mando del ejército expedicionario. Dio las dos primeras batallas de Ypres y la de Festubert, en mayo de 1915. A su regreso a Inglaterra fue nombrado comandante en jefe de las fuerzas del R. U. y virrey de Irlanda (1918-21). || Geog. Local. de Argentina, prov. de Buenos Aires, part. de Nueve de Julio; 1.109 h. || **Broad River.** Río de EE. UU.; n. en el Blue Ridge, del est. de Carolina del Norte, y después de un curso de más de 320 km. se une al Holston River para formar el río Tennessee.

frenería. (De *frenero*.) f. Paraje en que se hacen frenos. || Tienda en donde se venden.

frenero. m. El que hace frenos o los vende. || Guardafrenos del tren.

frenesí. fr., *frénésie;* it., *frenesia;* i., *frenzy;* a., *Raserei.* (Del lat. *phrenēsis*.) m. Delirio furioso. || fig. Violenta exaltación y perturbación del ánimo.

frenesía. f. ant. **frenesí.**

frenéticamente. adv. m. Con frenesí.

frenético, ca. fr., *frénétique;* it., *frenetico;* i., *frenetic;* a., *rasend, tobsüchtig.* (Del lat. *phreneticus*.) adj. Poseído de frenesí. || Furioso, rabioso.

-frenia. suf. V. **fren-.**

frenicectomía. (De *frénico* y *ectomía*.) f. Cir. Sección del nervio frénico.

-frénico. suf. V. **fren-.**

frénico. (Del gr. *phrén, phrenós,* diafragma.) adj. Zool. Perteneciente al diafragma.

frenillar. (De *frenillo*.) tr. Mar. Sujetar con frenillos.

frenillo. fr., *filet, frein;* it., *scilingugnolo;* i., *fraenum;* a., *Zungenbad.* (dim. de *freno*.) m. Cerco de correa o cuerda que, sujeto a la cabeza del perro o de otro animal, se ajusta alrededor de su boca para que no muerda. || *Amér. c. y Cuba.* Cada una de las cuerdas o tirantes que lleva la cometa, y que convergen en la cuerda que la sujeta. || Anat. Repliegue membranoso que sujeta la lengua por la línea media de la parte inferior y que, cuando se desarrolla demasiado, impide mamar o hablar con expedición. Lo hay también en la línea media de cada labio. || Ligamento que sujeta el prepucio al glande. || Mar. Cabo o rebenque para diversos usos. || Barbiquejo del botalón de foque y contrafoque.

freno-. pref. V. **fren-.**

freno. fr., *frein, mors;* it., *freno, frenello;* i., *brake;* a., *Bremse, Zaum.* (Del lat. *frenum*.) m. Instrumento de hierro que se compone de embocadura, camas y barbada y sirve para sujetar y gobernar las caballerías. || Aparato o artificio especial que sirve en las máquinas y carruajes para moderar o detener el movimiento. || fig. Sujeción que se pone a uno para moderar sus acciones. || Mec. Dispositivo que reduce o detiene el movimiento de una

Fuente de las tres Gracias, por René Frénim. Jardines del palacio de San Ildefonso (Segovia)

Freno usado en Entre Ríos (Argentina). Museo de América. Madrid

frenología–fresa

rueda, o de un árbol transmisor de aquél, oponiendo una resistencia a dicho movimiento y transformando en calor la fuerza viva del móvil. || **acodado.** *Equit.* Freno cerrado o gascón, que es oportuno para hacer la boca a los potros, porque los lastima menos que los demás. || **aerodinámico.** *Aviac.* Dispositivo constituido por pantallas metálicas, ocultas en las alas o el fuselaje de los aviones, y que el piloto puede hacer salir a voluntad para oponer mayor resistencia al aire. || **de cinta.** *Mec.* Aquel en que un tambor, unido al elemento giratorio, va ceñido por una cinta de acero; si se tira de los extremos de dicha cinta, el tambor se ve frenado en su movimiento. || **dinamométrico.** El destinado a medir el trabajo mecánico de una máquina. || **de disco.** *Aut.* Sistema en que el frenado es obtenido mediante zapatas que actúan sobre ambas caras de un disco plano, unido a las ruedas del vehículo. || **eléctrico.** *Mec.* En tracción eléctrica, el que consiste en emplear los motores como generadores. || **electrodinámico. freno electromagnético.** || **electromagnético.** El que funciona electromagnéticamente. Un tipo frecuente consiste en un disco metálico, unido al eje de giro, que se mueve entre dos electroimanes, cuyo campo magnético actúa sobre el disco, frenándolo. || **estático.** Freno constituido por unas mallas metálicas articuladas, sujetas al chasis mediante un sistema especial de amortiguación, que, al ser soltadas y pisadas por las ruedas, bloquean y frenan automáticamente el vehículo. || **hidráulico.** Sistema en que se efectúa el frenamiento por medio de un fluido líquido. || **de mano.** El que actúa por acción exclusiva del esfuerzo humano, mediante un volante o manivela y una transmisión que aprieta la zapata contra la rueda. || **moral.** *Sociol.* Obstáculo preventivo de la teoría maltusiana, que se opone al crecimiento de la población, y que los individuos se imponen voluntariamente asociando la prolongación de la soltería con la abstinencia. || **motor.** *Mec.* Consiste en utilizar el motor como freno, y es muy usado en automovilismo. || **neumático.** El que utiliza la acción del aire comprimido. Consiste en un depósito general de aire comprimido, emplazado en la locomotora, que está en comunicación tubular con otros menores situados en los coches, y éstos, articulados con el cilindro del freno de zapatas; cuando la presión del aire baja, el freno actúa, por lo que basta abrir el escape del aire por el maquinista, o por los viajeros mediante el llamado timbre de alarma, o que se produzca un escape de rotura, para que el tren se detenga. || **de tambor.** V. **freno de zapatas.** || **de zapatas.** Aquel cuya pieza esencial, las zapatas, de igual curvatura que la rueda o tambor a que han de aplicarse, se aprieta fuertemente contra aquéllos. Una modalidad es el llamado *freno de tambor*, que se caracteriza porque las zapatas actúan sobre la pared interior de un cilindro que gira solidariamente con la rueda; se usa en automovilismo, aunque va siendo reemplazado por el freno de disco.

frenología. fr., *phrénologie;* it., *frenologia;* i., *phrenology;* a., *Phrenologie, Schädellehre.* (De *freno-* y *-logía*.) f. **Fisiol.** y **Psicol.** Hipótesis fisiológica formulada por el anatómico Gall en 1796. Tanto él como los demás frenólogos consideraban el cerebro como un agregado de partes, en cada una de las cuales residía una determinada facultad intelectual, instintiva o afectiva. Suponían una correspondencia exacta entre las facultades mentales y determinadas regiones de la corteza cerebral, tanto más desarrolladas cuanto más lo estuviesen aquéllas, y como admitían, además, una adaptación del cráneo a la corteza cerebral, llegaron a afirmar que bastaba una simple inspec-

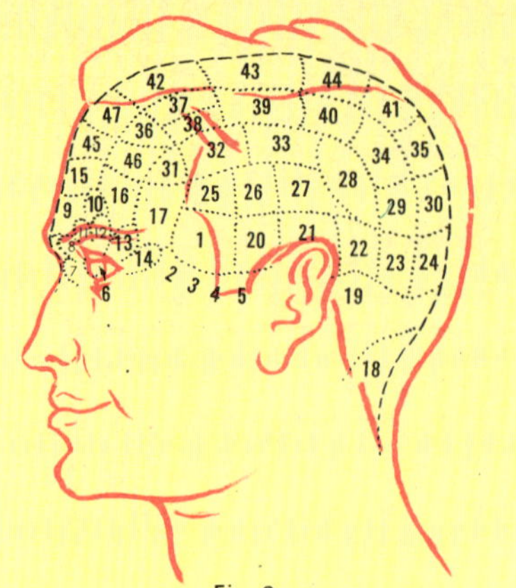

Fig. 2
LOCALIZACIÓN Y NOMENCLATURA FRENOLÓGICA DE CUBÍ

1. tactividad
2. visualitividad
3. auditividad
4. gustatividad
5. olfatividad
6. lenguajetividad
7. configuratividad
8. mediatividad
9. individualitividad
10. localitividad
11. pesatividad
12. coloritividad
13. ordenatividad
14. contatividad
15. movimentividad
16. duratividad
17. tonotividad
18. generatividad
19. conservatividad
20. alimentividad
21. destructividad
22. acometividad
23. conyugatividad
24. filoproletividad
25. constructividad
26. adquisitividad
27. secretividad
28. precautividad
29. adhesividad
30. habitavitividad
31. chistosidad
32. mejoratividad
33. sublimitividad
34. aprobatividad
35. concentratividad
36. mimiquividad
37. imitatividad
38. relatividad
39. efectuatividad
40. rectividad
41. superiotividad
42. benevolentividad
43. inferioritividad
44. continuatividad
45. comparatividad
46. causatividad
47. deductividad

ción de su forma exterior para describir moral e intelectualmente a un individuo.

frenológico, ca. adj. Perteneciente a la frenología.

frenólogo. fr., *phrénologue, phrénologiste;* it., *frenologo;* i., *phrenologist;* a., *Phrenolog.* m. El que profesaba la frenología.

frenópata. m. El que profesa la frenopatía.

frenopatía. fr., *phrénopathie;* it., *frenopatia;* i., *phrenopathy;* a., *Phrenopathie.* (De *freno-* y *-patía*.) f. Parte de la medicina, que estudia las enfermedades mentales. || Enfermedad mental, en general.

frenosis. (De *fren-* y *-osis*.) f. **Psicopatología.** Denominación genética de las enfermedades mentales.

Frenssen (Gustav). **Biog.** Escritor alemán, n. y m. en Barlt, Dithmarschen (1863-1945). Después de publicar algunos libros, obtuvo en 1901 un triunfo definitivo con su obra maestra *Jörn Uhl.*

frental. adj. **Anat.** Perteneciente o relativo a la frente.

frentazo. m. *Méj.* Chasco, desaire.

frente. fr., *front, visage, façade;* it., *fronte, faccia;* i., *front, face;* a., *Stirn, Gesicht, Antlitz.* (De *fruente*.) f. Parte superior delantera de la cabeza, comprendida entre una y otra sien, y desde encima de las cejas hasta el comienzo normal de la cabellera, a la vuelta del cráneo. Corresponde muy aproximadamente al hueso frontal (v.). || Parte delantera de una cosa, a diferencia de sus lados. || En la carta u otro documento, blanco que se deja al principio. || fig. Semblante, cara. || amb. Fachada o lo primero que se ofrece a la vista en un edificio u otra cosa. || Cara de una moneda o primera página de un libro. || En fortificaciones, cada uno de los dos lienzos de muralla que desde los extremos de los flancos se van a juntar para cerrar el baluarte y formar su ángulo. || Primera fila de la tropa formada o acampada. || Extensión o línea de territorio continuo en que combaten los ejércitos con cierta permanencia o duración. || adv. l. En lugar opuesto. || adv. m. En contra, en pugna. || **calzada.** *Léx.* La que es poco espaciosa, por nacer el cabello a corta distancia de las cejas. || **de batalla.** *Mil.* Extensión que ocupa una porción de tropa o un ejército formado en batalla. || **frío.** *Meteor.* Superficie de discontinuidad entre una masa de aire frío que avanza y el aire más cálido situado ante ella. || **de onda.** *Elec.* Parte anterior de la onda. || **polar.** *Meteor.* Frente frío que se produce a latitudes superiores a los 60°. || **único.** fig. *Léx.* Coalición de fuerzas distintas con una dirección común para fines sociales o políticos. || **a frente.** m. adv. De cara o en derechura. || **con la frente levantada.** loc. adv. fig. y fam. Con serenidad o con descaro. || **de frente.** m. adv. Con los verbos *llevar, acometer* y otros, significa con gran resolución, ímpetu y actividad. || **en frente.** m. adv. **enfrente. frente a frente.** m. adv. **cara a cara.** || **frente por frente.** m. adv. **enfrente.** Ú. para encarecer la exactitud de la situación que se quiere determinar. || **me la claven en la frente.** expr. fig. y fam. con que se pondera la persuasión en que uno está de la imposibilidad de una cosa.

Frente Popular. Políti. Movimiento político que unió circunstancialmente a los partidos republicanos de izquierda, comunistas y socialistas para oponerse al fascismo. Triunfó en las elecciones de febrero y mayo de 1936, en España y Francia, respectivamente.

frentepopulista. adj. Se decía del partidario del Frente Popular o de lo referente a él.

frentera. (De *frente*.) f. *R. Plata.* Bordado con que se adorna la correa delantera de la cabezada en las caballerías.

frentero. m. Almohadilla que se ponía a los niños sobre la frente para que no se lastimasen al caer.

frentón, na. adj. Que tiene mucha frente.

Frentones (Los). Geog. Local. de Argentina, prov. de Chaco, part. de Almirante Brown; 1.139 h.

freo. (Del cat. *freu*, y éste del lat. *fretum*.) m. **Mar.** Canal estrecho entre dos islas o entre una isla y tierra firme.

freon. (Nombre comercial.) m. **Quím.** Se da este nombre a una serie de clorofluormetanos, líquidos, de bajo punto de ebullición y, por consiguiente, muy volátiles, carentes de toxicidad y casi inodoros, que se emplean en aparatos frigoríficos y como agentes propulsores de los aerosoles.

frere. (Del fr. *frère*, y éste del lat. *frater, -tris*, hermano.) m. ant. **freile.**

Fréron (Élie). Biog. Publicista y crítico literario francés, conocido por el *Zoilo* del s. XVIII, n. en Quimper y m. en París (1718-1776). Fue combatido señudamente por Voltaire. Escribió *Ode sur la bataille de Fontenoy* (1745) e *Historia de l'empire d'Allemagne* (1771).

fres. (De *friso*.) m. *Ar.* **franja.** Ú. m. en pl.

fresa. fr., *fraise;* it., *fragola;* i., *strawberry;* a., *Erdbeere.* (Del fr. *fraise*, y éste del lat. *fragĕa*, de *fragum*.) adj. Aplícase a lo que tiene color rojo semejante al de la fresa. || f. **Bot.** Nombre de diversas plantas del gén. *fragaria*, de la familia de las rosáceas, con estolones radicantes y pedúnculos erguidos, flores con cálculos de cinco piezas, unos veinte estambres y receptáculo floral convexo, que se hace carnoso y rojo en la madurez, y en cuyas paredes quedan empotrados numerosos y pequeños aquenios.

En España se cultivan muchísimo en Aranjuez, Villaviciosa de Odón y Valencia. || Fruto de esta planta.

fresa. fr., *fraise*; it., *fresse*; i., *milling cutter*; a., *Fräse*. (De *fresar*.) f. **Mec.** Herramienta de corte empleada para la operación de fresar, caracterizada por presentar aristas cortantes o bien cuchillas, y trabajar siempre como un utensilio rotatorio. Se emplea principalmente para el trabajo de metales y maderas y sirve para labrar o alisar superficies planas y curvas, obtener ranuras de formas diversas, tallar engranajes, cremalleras, tornillos sin fin, etc.

fresada. (De *fresar*.) f. Cierta vianda compuesta de harina, leche y manteca, que se usó antiguamente.

fresado, da. p. p. de **fresar.** || adj. ant. Guarnecido con franjas, flecos, etc. || m. Acción y efecto de fresar, agujerear con la fresa.

fresador. m. Operario encargado de manejar las diferentes clases de máquinas para fresar.

fresadora. fr., *fraiseuses*; it., *fresatrice*; i., *milling machines*; a., *Fräsmaschinen*. f. **Mec.** Máquina que se utiliza para trabajar metales u otros materiales, utilizando una fresa, es decir, una herramienta giratoria de varios cortes o cuchillas.

fresal. fr., *fraisière*; it., *fragolaia*; i., *strawberry patch*; a., *Erdbeerbeet, Erdbeerstaude*. m. **Agr.** Terreno plantado de fresas.

fresar. (Del lat. *fresāre*, de *fresum, frendĕre*, machacar, rechinar los dientes.) tr. Guarnecer con freses o fresos. || Abrir agujeros y, en general, labrar metales por medio de la herramienta llamada fresa. || En Albacete, mezclar la harina con el agua antes de amasar. || intr. ant. Gruñir o regañar.

fresca. f. Frío moderado. || El frescor de las primeras horas de la mañana o de las últimas de la tarde en tiempo caluroso. || fam. Expresión resuelta y algo desagradable que se dice a uno.

frescachón, na. (aum. de *fresco*.) adj. Muy robusto y de color sano.

frescal. adj. Dícese de algunos pescados no enteramente frescos, sino conservados con poca sal. || ant. **fresco,** moderadamente frío. || *Sor*. **fresquedal.**

frescales. com. fam. Persona fresca, que no tiene empacho.

frescamente. adv. m. Recientemente, sin haber mediado mucho tiempo. || fig. Con frescura y desenfado.

Fréscano. Geog. Mun. y villa de España, prov. de Zaragoza, p. j. de Tarazona; 415 h.

fresco, ca. fr., *frais*; it., *fresco*; i., *fresh, cool*; a., *frisch*. = fr., *nouveau, récent*; it., *recente*; i., *new, fresh*; a., *neu, jung*. = fr., *serein*; it., *tranquillo*; i., *calm, serene*; a., *ruhig*. (Del germ. *frisk*.) adj. Moderadamente frío, con relación a nuestra temperatura, a la de la atmósfera o a la de cualquier otro cuerpo. || Reciente, acabado de hacer, de coger, etc. || fig. Reciente, pronto, acabado de suceder. || fig. Abultado de carnes y blanco y colorado, aunque no de facciones delicadas. || fig. Sereno y que no se inmuta en los peligros o contradicciones. || fig. y fam. Desvergonzado, que no tiene empacho. Ú. t. c. s. || fig. Descansado, que no da muestras de fatiga. || fig. Dícese de las telas delgadas y ligeras; como el tafetán, la gasa, etc. || m. Frío moderado. || **frescura.** || Pescado fresco, sin salar. || Tocino fresco. || Pintura hecha al fresco. || *Amér. c., Ecuad., Méj., Perú y Venez*. Refresco, bebida fría o atemperante. || **al fresco.** m. adv. al sereno. || **de fresco.** m. adv. ant. De pronto, al instante.

Frescobaldi (Girolamo). Biog. Compositor y organista italiano, n. en Ferrara y m. en Roma (1583-1643). En 1608 se le nombró organista de San Pedro, de Roma, cargo que desempeñó hasta su muerte. Como compositor fue uno de los más distinguidos y dejó numerosa producción musical.

Frescobaldi al órgano, fresco de Arturo Villigiardi. Sala de conciertos de la Academia Chigiana. Siena

frescor. m. Frescura o fresco. || **Pint.** Color rosado que tienen las carnes sanas y frescas.

frescote, ta. adj. aum. de **fresco.** || fig. y fam. Dícese de la persona abultada de carnes que tiene el cutis terso y de buen color.

frescura. fr., *toupet, effronterie*; it., *trascuratezza*; i., *tranquillity*; a., *Frechheit*. (De *fresco*.) f. Calidad de fresco. || Amenidad y fertilidad de un sitio delicioso y lleno de verdor. || fig. Desembarazo, desenfado. || fig. Chanza, dicho picante, respuesta fuera de propósito. || fig. Descuido, negligencia y poco celo. || fig. Serenidad, tranquilidad de ánimo.

Fresenius (Karl Remigius). Biog. Químico alemán, n. en Francfort del Mein y m. en Wiesbaden (1818-1897). Se le deben varias obras sobre química analítica, entre ellas el *Tratado de análisis cualitativo químico*, que fue traducido a todas las lenguas europeas.

fresera. f. **fresa,** planta.

fresero, ra. m. y f. Persona que vende fresa.

Fresia. Geog. Comuna de Chile, prov. de Llanquihue, depart. de Puerto Varas; 15.410 habitantes. || Pobl. cap. de la misma; 3.863 h.

fresnal. adj. Perteneciente o relativo al fresno.

fresneda. fr., *frênaie*; it., *frassineto*; i., *grove of ash-tress*; a., *Eschenpflanzung, Eschenwäldchen*. (Del lat. *fraxinētum*.) f. Sitio o lugar de muchos fresnos.

Fresneda (La). Geog. Mun. de España, prov. de Teruel, p. j. de Alcañiz; 910 h. En 1971 se le incorporó el mun. de Fórnoles. || Villa cap. del mismo; 654 h. || **de Altarejos.** Mun. y lugar de España, prov. y p. j. de Cuenca; 216 h. || **de Cuéllar.** Mun. y lugar de España, prov. de Segovia, p. j. de Cuéllar; 390 habitantes. || **de la Sierra.** Mun. y lugar de España, prov. y p. j. de Cuenca; 179 h. || **de la Sierra Tirón.** Mun. y villa de España, prov. y p. j. de Burgos; 323 h.

Fresnedilla. Geog. Mun. y villa de España, prov. de Ávila, p. j. de Arenas de San Pedro; 237 h.

Fresnedillas. Geog. Mun. y villa de España, prov. de Madrid, p. j. de San Lorenzo de El Escorial; 421 h. En su término existe una gran antena de seguimiento de satélites.

Fresnedo. Geog. Mun. de España, prov. de León, p. j. de Ponferrada; 815 h. || Villa cap. del mismo; 382 h.

Fresnedoso. Geog. Mun. y lugar de España, prov. de Salamanca, p. j. de Béjar; 252 habitantes. || **de Ibor.** Mun. y villa de España, prov. de Cáceres, p. j. de Navalmoral de la Mata; 731 h.

Fresnel (Augustin). Biog. Físico francés, n. en Broglie y m. en Ville-d'Avray (1788-1827). Estudió la aberración, la birrefringencia, la difracción y la polarización circular, pero su mérito principal consiste en haber dado una base definitiva a la teoría ondulatoria de la luz.

Fresneña. Geog. Mun. de España, prov. y p. j. de Burgos; 243 h. || Lugar cap. del mismo; 117 h.

fresnero, ra. adj. Natural de Fresno el Viejo, o perteneciente a esta villa. Ú. t. c. s.

fresnillo. (De *fresno*.) m. **Bot.** díctamo blanco.

Fresnillo. Geog. Mun. de Méjico, est. de Zacatecas; 103.515 h. Cap., Fresnillo de González Echeverría. || **de las Dueñas.** Mun. y villa de España, prov. de Burgos, p. j. de Aranda de Duero; 472 h. || **de González Echeverría.** C. de Méjico, est. de Zacatecas, cap. del mun. de Fresnillo; 44.475 h. Minas de plomo y metales preciosos. || **de Trujano.** Mun. de Méjico, est. de Oaxaca; 1.124 h. || Pueblo cap. del mismo; 427 h.

fresno. fr., *frêne*; it., *frassino*; i., *ash*; a., *Esche*. (Del lat. *fraxinus*.) m. **Bot.** Árbol del gén. *fráxinus*, de la familia de las oleáceas, con tronco grueso, de 25 a 30 m. de alt., corteza cenicienta y muy ramoso; hojas compuestas de hojuelas sentadas, elípticas, agudas en el ápice y con dientes marginales; flores pequeñas, blanquecinas, en panojas cortas, primero erguidas y al fin colgantes, y fruto seco con ala membranosa y semilla elipsoidal.

Fresno (Maruchi). Biog. Gómez Pamo del Fresno (María Lourdes). || **Geog.** Mun. de Colombia, depart. de Tolima; 22.399 h. || Pobl. cap. del mismo; 8.141 h. || **(El).** Mun. de España, prov. y p. j. de Ávila; 513 h. || Lugar cap. del mismo; 505 h. || **-Alhándiga.** Mun. de España, prov. y p. j. de Salamanca; 540 h. || Lugar cap. del mismo; 259 h. || **de Cantespino.** Mun. de España, prov. de Segovia, p. j. de Sepúlveda; 461 h. || Villa cap. del mismo; 274 habitantes. || **de Caracena.** Mun. y villa de España,

freso–frezar

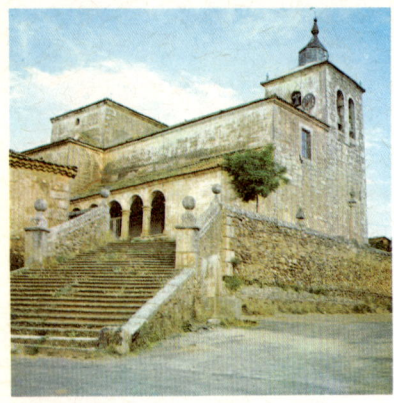

Fresno de Cantespino. Iglesia parroquial

prov. de Soria, p. j. de El Burgo de Osma; 96 habitantes. || **de la Fuente.** Mun. y lugar de España, prov. de Segovia, p. j. de Sepúlveda; 160 h. || **de Losa. Junta de San Martín de Losa.** || **de la Polvorosa.** Mun. y lugar de España, prov. de Zamora, p. j. de Benavente; 372 h. || **de la Ribera.** Mun. y villa de España, prov. de Zamora, p. j. de Toro; 589 h. || **del Río.** Mun. y lugar de España, prov. de Palencia, p. j. de Carrión de los Condes; 347 h. || **de Riotirón.** Mun. y villa de España, prov. y p. j. de Burgos; 437 h. || **de Rodilla.** Mun. y lugar de España, prov. y p. j. de Burgos; 54 h. || **de Sayago.** Mun. de España, prov. y p. j. de Zaragoza; 552 h. || Lugar cap. del mismo; 376 h. || **de Torote.** Mun. de España, prov. de Madrid, p. j. de Alcalá de Henares; 166 h. || Villa cap. del mismo; 120 h. || **de la Vega.** Mun. y villa de España,

Fresno el Viejo. Parroquia de San Juan Bautista

prov. y p. j. de León; 1.036 h. || **el Viejo.** Mun. y villa de España, prov. de Valladolid, p. j. de Nava del Rey; 1.833 h. *(fresneros).*
freso. m. ant. **friso.**
frésol. m. Bot. **fréjol.**
fresón. m. **Bot.** Fruto de una fresera oriunda de Chile, semejante a la fresa, pero de volumen mucho mayor, de color rojo amarillento y sabor más ácido. En el país de origen la llaman *quelguén* o *frutilla* (v. **fresa**).
fresquedal. m. Porción de prado o de monte, que por tener humedad mantiene su verdor en la época de agostamiento.
fresquera. fr., *garde-manger;* it., *dispensa;* i., *safe, larder;* a., *Speiseschrank.* f. Especie de jaula fija o móvil, que se coloca en sitio ventilado para conservar frescos algunos comestibles o líquidos. Se llama también así cierta cámara frigorífica casera.
fresquería. (De *frasco*.) f. *Amér.* **botillería,** casa donde se hacen y venden bebidas heladas o refrescos.

fresquero, ra. m. y f. Persona que conduce o vende pescado fresco.
fresquilla. f. **Bot.** Especie de melocotón o prisco.
fresquista. fr., *fresquiste;* it., *freschista;* i., *fresco-painter;* a., *Freskomaler.* m. **Pint.** El que pinta al fresco.
fretar. (Como *afretar*, del lat. *frictāre*, de *frictum, fricāre.*) tr. Frotar, restregar.
frete. m. **Bl.** Enrejado compuesto de bandas y barras muy estrechas.
Freud (Sigmund). Biog. Médico, psiquiatra, psicólogo y pensador austriaco, de raza judía, n. en Freiberg, Moravia, y m. en Londres (1856-1939). Es el creador del psicoanálisis (v.). Inició los trabajos necesarios para descubrir las propiedades anestésicas de la cocaína. Profesor de neuropatología en la Universidad de Viena, marchó luego a París, donde estudió con Charcot la histeria como enfermedad psíquica (1886-87). El paso decisivo para su nueva concepción de las enfermedades nerviosas fue la curación de una histérica por Breuer, al hacerse consciente el hecho que originó la neurosis. El empleo de la libre asociación de ideas, en lugar de la hipnosis, para explorar la personalidad del paciente, le llevó a las conclusiones que tan trascendental repercusión han tenido en la medicina y en la vida. En 1930 fue galardonado con el premio Goethe. Afirmó el

Sigmund Freud

papel preponderante y decisivo de la sexualidad en la vida personal y social. Desenvolviendo la intuición ya recogida por antiguos e ilustres pensadores, vino a distinguir tres zonas en la personalidad: el *yo*, procedente de la educación y la experiencia; el *super yo*, donde radica el ideal de perfección del individuo, y, con profundidad abismal, el *ello*, obscuro dominio de la vocación a la saciedad del instinto sin trabas estéticas ni morales. El *ello*, desde la subconsciencia, condiciona de modo decisivo la vida consciente, representado por el *yo* y el *su-*

Fresón

per yo; la misma creación del artista expresa la sublimación del instinto reprimido. Figuran entre sus obras principales: *Estudios sobre la histeria* (1895), en colaboración con Breuer; *La interpretación de los sueños* (1900), *Psicopatología de la vida cotidiana* (1901), *Tótem y tabú* (1913), *Introducción del psicoanálisis* (1916), *Psicología de las masas y análisis del «yo»* (1921) y *Moisés y el monoteísmo* (1939).
freudiano, na. adj. Que se refiere a las teorías de Sigmund Freud.
frey. m. Tratamiento que se usa entre los religiosos de las órdenes militares, a distinción de las otras órdenes, en que se llaman fray.
Freya o **Freyja. Mit.** En la leyenda nórdica, la diosa del amor y de la curación. Como distribuidora de las lluvias veraniegas, se cierne sobre la Tierra con un vestido de plumas (la nube).
Freyer (Hans). Biog. Sociólogo y filósofo alemán, n. en Leipzig en 1887. Fue profesor en Kiel (1922), en Leipzig (1925) y Münster. Obras: *La sociología como ciencia de la realidad* (1930), *Teoría del espíritu objetivo* (1934).
Freyr o **Freir. Mit.** Dios de la lluvia, del sol naciente y de la fertilidad, en la tradición nórdica, venerado especialmente en Suecia. Hermano de Freya, su casa en Asgard era Alfheim.
Freyre (sir **Gilberto de Mello). Biog.** Historiador y sociólogo brasileño, n. en Recife, Pernambuco, en 1900. Fundador del Instituto Joaquim Nabuco de Pesquisas Sociales. Autor, entre otras, de las siguientes obras: *Casa grande e senzala, Sobrados e mucambos, Ordem e progresso, Talvez poesia* y *Como e por que son e não sou sociólogo.* || **Geog.** Pobl. de Argentina, prov. de Córdoba, depart. de San Justo; 3.026 h.
Freytag (Gustav). Biog. Escritor e historiador alemán, n. en Kreuzburg y m. en Wiesbaden (1816-1895). Fue catedrático de Literatura en la Universidad de Breslau. Dirigió la revista *Die Grenzboten,* que llegó a constituir un importante órgano de la burguesía avanzada de su país. Representó al partido nacional liberal en el Reichtag del Norte. Realizó importantes investigaciones históricas. Escribió: *Debe y haber, La letra perdida, Die Ahnen, Die Technik des Dramas,* etc.
Freytez. Geog. Mun. de Venezuela, est. de Lara, dist. de Crespo; 13.303 h. Cap., Duaca.
frez. (De *frezar*, arrojar el estiércol los animales.) f. **freza,** excremento.
freza. fr., *frai;* it., *fregola;* i., *spawn, spawning;* a., *Laichspur, Fischbrut.* (Del m. or. que el anterior.) f. **desove.** || Surco que dejan ciertos peces cuando se restriegan contra la tierra del fondo para desovar. || Tiempo del desove. || Huevos de los peces y pescado menudo recién nacido de ellos. || Estiércol o excremento de algunos animales. || **Mont.** Señal u hoyo que hace un animal escarbando u hozando.
freza. (De *frezar,* comer hojas). f. Tiempo en que durante cada una de las mudas come el gusano de seda.
frezada. (De *frisar*.) f. **frazada.**
frezador. (De *frezar,* arrojar el estiércol los animales.) m. ant. Comedor o gastador.
frezar. (Del lat. *frictāre,* de *frictum, fricāre,* frotar.) intr. Arrojar o despedir el estiércol o excremento los animales. || Entre colmeneros, arrojar o echar de sí la colmena la inmundicia y heces. || **desovar.** || Restregarse el pez contra el fondo del agua para desovar. || Escarbar u hozar un animal haciendo frezas u hoyos. || tr. Limpiar las colmenas de las inmundicias producidas en su interior.
frezar. (Del lat. *fressāre,* moler y hacer ruido.) intr. Tronchar y comer las hojas los gusanos de seda después que han despertado.
frezar. (Del franco *frisi,* ribete y rizo.) intr. ant. Frisar, acercarse.

fría. (De *frío.*) f. desus. Frío moderado. || **con la fría.** m. adv. desus. Con la fresca.
Fria. Geog. Región de Guinea; 29.000 h. || C. cap. de la misma; 12.000 h.
Fría (La). Geog. Pobl. de Venezuela, est. de Táchira, dist. de Jáuregui, cap. del mun. de García de Hervia; 8.134 h.
friabilidad. f. Calidad de friable.
friable. fr. e i., *friable;* it., *friabile;* a., *zerreibbar.* (Del lat. *friabĭlis,* de *friāre,* desmenuzar.) adj. Que se desmenuza fácilmente.
frialdad. fr., *froideur;* it., *frigidità;* i., *coldness, frigidity;* a., *Kälte.* (De *frío.*) f. Sensación que proviene de la falta de calor. || Impotencia para la generación. || fig. Flojedad y descuido en el obrar. || fig. **necesidad.** || fig. Dicho insulso y fuera de propósito. || fig. Indiferencia, despego, poco interés.
frialeza. f. ant. **frialdad.**
fríamente. adv. m. Con frialdad. || fig. Sin gracia, chiste, ni donaire.
Frías (duque de). Biog. Fernández de Velasco (Bernardino). || (Heriberto). Escritor mejicano, n. en Querétaro y m. en Tizapán (1870-1928). Se caracterizó por la novela histórica. Sus obras principales: *Águila o Sol, El último duelo, Tomochic* y *Episodios militares.* || **(Tomás).** Hombre de Estado boliviano, n. en Potosí y m. en Florencia (1805-1884). Muy joven ingresó en la política, siendo diputado varias veces y luego ministro de Estado en distintos gobiernos. En dos ocasiones fue presidente de la República, y por su patriotismo y honradez se le llamó el *Washington sudamericano.* || Geog. Local. de Argentina, prov. de Santiago del Estero, cap. del depart. de Choya; 12.421 h. || Mun. de España, prov. de Burgos, p. j. de Briviesca; 475 h. || C. cap. del mismo; 391 h. || Dist. de Perú, depart. de Piura, prov. de Ayabaca; 15.869 h. || Pueblo cap. del mismo; 1.015 habitantes. Cereales, caña de azúcar. || **de Albarracín.** Mun. de España, prov. y p. j. de Teruel; 339 habitantes. || Lugar cap. del mismo; 302 h.
friático, ca. adj. friolero. || Frío, necio, sin gracia.
Friburgo. Geog. Est. de Suiza; 1.670 km.² y 180.000 h. El terreno es muy montañoso. Trigo, centeno, frutas, verduras. Ganadería e industria lechera, fabricación de queso, relojes, maderas. || C. cap. del mismo, a orillas del Gerine; 39.695 h. || V. **Swiebodzice.** || **de Brisgovia.** (En a., *Freiburg im Breisgau.*) C. de la R. F. A., est. de Baden-Wurtemberg, sit. en la falda occidental de la Selva Negra; 162.200 h. Su catedral, de los s. XIII y XIV, con torre de piedra rojiza, posee el órgano mayor de Alemania. Museo de los Agustinos. Universidad.
frica. f. *Chile.* Azotaina, tunda, zurra.
fricación. (Del lat. *fricatĭo, -ōnis.*) f. Acción y efecto de fricar.
fricandó. (Del fr. *fricandeau.*) m. Cierto guisado de la cocina francesa.
fricar. (Del lat. *fricāre.*) tr. Frotar, refregar.
fricasé. (Del fr. *fricassé.*) m. Guisado de la cocina francesa, cuya salsa se bate con huevos.
fricasea. (Del fr. *fricassée.*) f. desus. Guisado que se hacía de carne ya cocida, friéndola con manteca y sazonándola con especias, y se servía sobre rebanadas de pan.
fricasmo. (Del gr. *phrikasmós,* escalofrío, de *phrísso,* erizar.) m. Pat. Frío que precede a la elevación de la temperatura normal del cuerpo.
fricativo, va. (Del lat. *fricāre,* fregar.) adj. Fon. Dícese de los sonidos cuya articulación, permitiendo una salida continua de aire emitido, hace que éste salga con cierta fricción o roce en los órganos bucales; como la *f, s, z, j,* etcétera. || Dícese de la letra que representa este sonido. Ú. t. c. f.
fricción. fr., *friction, frottement;* it., *frizione;* i., *friction, rubbing;* a., *Reibung, Friktion.* (Del lat. *frictĭo, -ōnis,* de *fricāre, -ui -ctum,* frotar.) f. Acción y efecto de friccionar. || Roce de dos cuerpos en contacto. Un cuerpo que descansa sobre una mesa requiere cierta fuerza para moverse por ella y para seguir moviéndose. La magnitud de esta fuerza depende de dos cosas: de la materia de que se componen ambos objetos y de la presión normal entre las superficies de contacto. La fricción entre dos cuerpos se disminuye en gran manera con el uso de lubricantes. Es más fácil mantener el movimiento de un cuerpo en una superficie que hacerle arrancar, de donde se sigue que la fricción llamada estática (fricción en reposo) es mayor que la fricción cinética (fricción en movimiento). La fricción de líquidos y gases se llama propiamente *viscosidad.* || pl. fig. Desavenencias entre personas o colectividades.
friccionar. (De *fricción.*) tr. Restregar, dar friegas.
Frick (Wilhelm). Biog. Político alemán, n. en Alsenz y m. en Nuremberg (1877-1946). Tomó parte en el golpe de Estado nacionalsocialista de Munich (1923). Desde 1933, ministro del Interior del Reich y protector de Bohemia y Moravia. El tribunal de Nuremberg (v.) le declaró culpable, y fue condenado a morir en la horca.
frido, da. (Del lat. *frigĭdus.*) adj. ant. **frío.**
Friedeberg in Neumark. Geog. Strzelce Krajeńskie.
Friedel (Charles). Biog. Químico y mineralogista francés, n. en Estrasburgo y m. en Montauban (1832-1899). Fue profesor de Mineralogía de la Sorbona. Trabajó con James Mason Crafts, con quien descubrió la acilación y alquilación del benceno. Con R. D. Silva descubrió un método nuevo para la obtención de la pinacona y ambos sintetizaron el glicerol.
Friedkin (William). Biog. Director de cine estadounidense, n. en Chicago en 1939. Películas: *Good times, The birthday party, The boy's in the band, French Connection (Contra el imperio de la droga),* por la que obtuvo, en 1971, el Oscar al mejor director, y *French Connection 2.*
Friedländer (Max). Biog. Historiador de arte alemán, n. en Berlín y m. en Amsterdam (1867-1958). Fue director del Kaiser Friedrich Museum, de Berlín, y destituido por los nazis, se trasladó a Holanda. Destaca su obra monumental *Geschichte der altniederländisches Malerei* (1926-35).
Friedman (Milton). Biog. Economista estadounidense, n. en Brooklyn en 1912. Profesor de la Universidad de Chicago, se ha especializado en teoría monetaria. Ha reactualizado la teoría cuantitativa del dinero, en consonancia con el enfoque ultraconservador de la escuela de Chicago. Fue elaborador del programa económico de Barry Goldwater, candidato a la presidencia de EE. UU. en 1964, e inspirador económico oficial del presidente Nixon en 1968. En 1976 fue galardonado con el premio Nobel de Economía, por sus trabajos sobre la teoría monetaria y por sus demostraciones de la complejidad de la política de estabilización. Ha publicado, entre otras obras: *Un*

Friburgo. Vista panorámica

Frías (Burgos). Casas bajo el castillo

programa de estabilidad monetaria y reforma bancaria (1959), y en colaboración con Anna J. Schwetz, *Historia monetaria de EE. UU., 1867-1960* (1963).

Milton Friedman

Friedreich (Nikolaus). Biog. Médico alemán, n. en Wurzburgo y m. en Heidelberg (1825-1882). Describió la forma especial de ataxia que lleva su nombre, conocida con el nombre de *heredoataxia cerebelosa*, que ataca especialmente a los niños, calificada de familiar y hereditaria; sus principales secuelas son: desórdenes motores y reflejos, sensitivos, sensoriales, vasomotores, intelectuales y de la palabra.

Friedrich (Kaspar David). Biog. Pintor alemán, n. en Greifswald y m. en Dresde (1774-1840). Fue profesor en la Academia de Dresde. En su obra predomina el paisaje. En el color fue sobrio. Sus obras tienen un acento religioso y están llenas de símbolos. Las más importantes son: *Cruz en la montaña, Dos hombres contemplando la Luna, Monje junto al mar, Puerto de Greifswald, Tumba de monasterio,* etc.

friega. fr., *frottation;* it., *fregagione, fregatura;* i., *friction;* a., *Abreibung.* (De *fregar*, restregar.) f. Remedio que se hace restregando alguna parte del cuerpo con un paño o cepillo o con las manos. || fig. y fam. Tunda, zurra. || *Col., C. Rica y Ecuad.* Molestia, fastidio.

friegaplatos. (De *fregar* y *plato*.) adj. Dícese de cierto aparato destinado al lavado de platos. Ú. t. c. s. || f. **fregona.** || Bot. *Cuba.* **pendejera.**

friera. (De *frío*.) f. **sabañón.**

Friera de Valverde. Geog. Mun. y lugar de España, prov. de Zamora, p. j. de Alcañices; 502 h.

Fries (Elias Magnus). Botánico sueco, n. en Femsjöe y m. en Upsala (1794-1878). Se le debe un sistema natural de clasificación basado en la morfología y biología. Escribió: *Systema mycológicum.* || **(Jakob Friedrich).** Filósofo alemán, n. en Barby y m. en Jena (1773-1843). Fue catedrático de Filosofía en Jena. Trató vanamente de conciliar la filosofía racionalista con la fe. Publicó numerosas obras de carácter filosófico

Friesland. Geog. **Frisia.**

Friesz (Émile-Othon). Biog. Pintor francés, n. en El Havre y m. en París (1879-1949). Tras pasar por el taller de Bonnat, expuso en los Independientes y en el Salón de Otoño. Le valieron renombre las escenas de circo, así como sus visiones de Alemania y Portugal. Entre sus obras se citan: *La cale rouge, Cathédrale de Rouen, Les femmes à la fontaine, La guerre* y *La paix.*

frieza. f. ant. **frialdad.**

Friga. Mit. Diosa que, entre los escandinavos, simbolizaba el amor y la fidelidad conyugal. Era la esposa de Odín y la madre de los cuatro Ases: Balder, Braga, Hermod y Thor.

frigánea. (Del lat. científico *phrygánea;* del gr. *phrýganon*, madera desmenuzada.) **Entom.** Gén. de insectos del orden de los tricópteros, familia de los frigánidos (v.). || f. Nombre que se aplica vulgarmente a todos los tricópteros, por su parecido con los del gén. *phrygánea.*

frigánido, da. (De *frigánea* e *-ido*.) adj. **Entom.** Dícese de los insectos del orden de los tricópteros, todos ellos muy semejantes a las frigáneas. || m. pl. Familia de estos insectos.

frige. adj. ant. **frigio.**

frigente. (Del lat. *frigens, -entis,* p. a. de *frigēre,* estar frío.) adj. ant. Que enfría o se enfría.

frigerativo, va. (Del lat. *frigerātum,* supino de *frigerāre*, enfriar, refrescar.) adj. ant. Que tiene virtud de enfriar o refrescar.

Frigia. Geog. hist. Antigua comarca de Asia, emplazada al S. de Bitinia, en la región central del Asia Menor, dividida en Mayor y Menor, y cuyas ciudades principales fueron: Iconio, Cícico, Lámpsaco, Troya, Gordio, Abidos, Pesinonte y Ancira.

frigidez. (De *frígido*.) f. **frialdad.** || Pat. Ausencia o escaso impulso del apetito sexual.

frigidísimo, ma. adj. sup. de **frío.**

frígido, da. (Del lat. *frigĭdus*.) adj. poét. **frío.**

Frigiliana. Geog. Mun. y villa de España, prov. de Málaga, p. j. de Vélez-Málaga; 2.169 habitantes.

frigio, gia. fr., *phrygien;* it., *frigio;* i., *phrygian;* a., *phrygier.* (Del lat. *phrygĭtus*.) adj. Natural de Frigia, o perteneciente a este país de Asia antigua. Ú. t. c. s. || Uno de los modos de la música griega antigua, cuyos sonidos correspondían a la escala *re, mi, fa, sol* — *la, si, do, re.* || m. pl. Hist. Pueblos de origen tracio, que se establecieron en la antigüedad en el Asia Menor, provocando con ello movimientos de otros pueblos y la destrucción del Imperio hitita.

frigoría. (Del lat. *frigus, -ōris,* frío.) f. Fís. Kilocaloría o caloría grande substraída a un cuerpo para enfriarlo.

frigoriento, ta. (Del lat. *frigus, -ōris,* frío.) adj. amer. Dícese del que es muy sensible al frío.

frigorífico, ca. fr., *frigorifique;* it., *frigorifico;* i., *frigorific;* a., *Kälte erzeugend.* (Del lat. *frigorificus;* de *frigus, -ōris,* frío, y *facĕre,* hacer.) adj. Que produce artificialmente gran descenso de temperatura. Dícese principalmente de las mezclas y dispositivos especiales que hacen bajar la temperatura en más o menos grados. || Dícese de las cámaras o espacios enfriados artificialmente para conservar frutas, carnes, etc. Ú. t. c. s. || m. **nevera,** armario con refrigeración eléctrica o química para guardar alimentos.

Frigorífico Yuquerí. Geog. Local de Argentina, prov. de Entre Ríos, depart. de Concordia; 1.022 h.

frigorista. adj. Dícese del técnico en frigoríficos. Ú. t. c. s.

friísimo, ma. adj. sup. de **frío.**

frijol. m. *Amér.* **fréjol.** || m. pl. *Méj.* Por eufemismo, la comida. || fig. Bravuconadas.

fríjol. (Del lat. *phaseŏlus*.) m. **fréjol.** || *Amér. c., Ant.* y *Méj.* Leguminosa muy común en América. || **de olor.** Bot. **fréjol de olor.**

frijolar. m. Agr. Terreno sembrado de fríjoles.

frijolillo. m. Bot. *Cuba.* Árbol silvestre de la familia de las papilionáceas, de madera fuerte, hojas de largo pecíolo con hojuelas ovales puntiagudas, y cuyo fruto sirve de alimento al ganado (*lonchocarpus latifolius*).

frijón. m. Bot. *And.* y *Extr.* **fréjol.**

frimáceo, a. (Del lat. científico *phryma*, gén. de plantas, y *-áceo*.) adj. Bot. Dícese de las plantas del orden de las tubifloras, herbáceas, de hojas opuestas, flores pequeñas en espigas, y una sola especie propia del Asia oriental y América del Norte (*phryma leptostachya*). || f. pl. Familia de estas plantas.

frimario. (Del fr. *frimaire*.) m. Tercer mes del calendario republicano francés, cuyos días primero y último coincidían, respectivamente, con el 21 de noviembre y el 20 de diciembre.

Friné. Biog. Cortesana griega, famosa por su hermosura, n. en Tespia en el s. IV a. C. Fue amante de Praxíteles, al que sirvió de modelo para sus estatuas de Venus. Acusada de impiedad, fue desnudada por su defensor, el orador Hipereides, ante los jueces, y, admirados éstos de su belleza, la absolvieron por unanimidad.

Friné, modelo de la *Venus de Cnido*, por Praxíteles. Museo de las Termas. Roma

fringa. f. *Hond.* Manta, especie de capote de monte.

fringílago. (Del lat. *fringilla*.) m. Zool. **paro carbonero.**

fringílido, da. (De *fringilla* e *-ido*.) adj. Zool. Dícese de los pájaros de pequeño o mediano tamaño, con pico corto, grueso y cónico, doce timoneras, plumaje a veces muy vistoso y, frecuentemente, con un acusado dimorfismo sexual. || m. pl. Familia de estos pájaros, la más rica en especies.

fringilla. (Del lat. *fringilla*, fringílago.) Zool. Gén. de pájaros, tipo de la familia de los fringílidos.

frío, a. fr., *froid, indifférent;* it., *freddo, frigido;* i., *cold, indifferent;* a., *kalt, kühl.* = fr., *froid;* it., *freddo;* i., *cold;* a., *Kälte.* (Del lat. *frigĭdus*.) adj. Aplícase a los cuerpos cuya temperatura es muy inferior a la ordinaria del ambiente. || fig. Impotente o indiferente al placer sexual. || fig. Que, respecto de una persona o cosa, muestra indiferencia, despego o desafecto, o que no toma interés por ella. || fig. Sin gracia, espíritu ni agudeza. || fig. Ineficaz, de poca recomendación. || m. Disminución notable de calor en los cuerpos; descenso de temperatura que, por regla general, los contrae y llega a liquidar los gases y congelar los líquidos. || Sensación que se experimenta por el contacto con cuerpos que, por estar a temperatura excesivamente baja, roban demasiado calor al organismo. || Sensación análoga a la que produce la permanencia en un ambiente frío, pero ocasionadas por causas fisiológicas o morbosas, como el primer período de la digestión y el que precede a ciertos procesos febriles. || Bebida enfriada con nieve o hielo, pero líquida. || Voz que se emplea para advertir a una persona que está lejos de encontrar un objeto escondido o de acertar algo. ‖ **(cadena del).** *Indus.* Expresión que designa el sistema de conservación que se mantiene en todos los grados de la producción, el transporte, el almacenamiento, la distribución y el consumo, como único medio de asegurar la incorruptibilidad absoluta de los productos alimenticios que se descomponen fácilmente: carne, pescado, etc. ‖ **absoluto.** *Fís.* El que corresponde al reposo de las moléculas en contacto, y es la temperatura de −273° C. Se llama también *cero absoluto*. ‖ **artificial.** El producido por medios simplemente físicos o mecánicos. Industrialmente se obtiene por medio de las máquinas frigoríficas, y en la práctica doméstica con las llamadas neveras eléctricas. Ambas pueden funcionar por el sistema de expansión o por el de compresión. Las de compresión utilizan gases fácilmente licuables, como el amoníaco, anhídrido carbónico, etano, etileno y freón. Constan de un *compresor*, que aumenta la presión y temperatura del gas, el cual pasa a un *condensador*, refrigerado por agua o aire a temperatura inferior a la anterior, donde se licúa dicho gas, y va luego al refrigerador para expansionarse, transformándose otra vez en gas, que vuelve al compresor, cerrando el ciclo. ‖ **a frías.** m. adv. ant. **fríamente.** ‖ **en frío.** m. adv. fig. Tratándose de operaciones quirúrgicas en un órgano o tejido inflamado, practicarlas después de haber desaparecido la flogosis. ‖ Sin estar bajo la impresión inmediata de las circunstancias del caso.

Friol. *Geog.* Mun. y aldea de España, prov. y p. j. de Lugo; 7.196 h. *(frioleses).* Corr. 620 a la cap., el lugar de San Julián de Friol.

friolengo, ga. adj. ant. **friolero.**

friolento, ta. (Del lat. **frigorentus,* de *frigor, -ōris,* frío, temblor, escalofrío.) adj. **friolero.**

friolera. fr., *bagatelle, vétille;* it., *inezia, bagatella;* i., *bagatelle;* a., *Kleinigkeit, Spielerei.* (De *frior.*) f. Cosa de poca monta o de poca importancia. ‖ ant. Frialdad, cosa falta de gracia.

friolero, ra. (De *frior.*) adj. Muy sensible al frío.

frioliento, ta. (Del lat. **frigorentus,* de *frigor, -ōris,* frío.) adj. ant. **friolero.** Dícese del que es muy sensible al frío.

friollego, ga. adj. ant. Dícese del que es muy sensible al frío.

frión, na. adj. aum. de *frío,* sin gracia.

frior. (Del lat. *frigor, -ōris.*) m. ant. **frío.**

fris. f. *Mús.* **czarda.**

frisa. (Del anglosajón *frise,* rizado.) f. Tela ordinaria de lana, que sirve para forros y vestidos de las aldeanas. ‖ desus. *Arg.* y *Chile.* Pelo de algunas telas, como el de la felpa. ‖ *León.* Especie de manta de lana fuerte que usan las maragatas para cubrirse la cabeza y que les cuelga hasta más abajo de la cintura. ‖ **Fort.** Estacada o palizada oblicua que se pone en la berma de una obra de campaña. ‖ **Mar.** Arandela o lámina de figura conveniente y de materia poco dura para hacer hermética la unión de dos piezas.

frisado, da. p. p. de **frisar.** ‖ m. Tejido de seda cuyo pelo se frisaba formando borlillas. ‖ Acción y efecto de frisar.

frisador, ra. m. y f. Persona que frisa el paño u otra tela.

frisadura. f. Acción y efecto de frisar.

frisar. fr., *friser;* it., *accotonare, arricciare;* i., *to frizzle, to curl;* a., *kraüseln.* (Del germ. **frisi,* ribete, rizo.) tr. Levantar y rizar los pelillos de algún tejido. ‖ p. us. **disminuir.** ‖ En marina, colocar frisas. ‖ intr. Congeniar, confrontar. ‖ fig. **acercarse.**

frisar. (Del lat. *frictiāre,* frotar.) tr. **refregar.**

frisca. f. *Mús.* **czarda.**

frisca. f. *Chile.* **frica.**

frisco. m. Denominación abreviada de San Francisco de California, usada en EE. UU.

Frisch (Karl Ritter von). **Biog.** Zoólogo alemán, n. en Viena en 1886. Ha consagrado su vida al estudio de las abejas y sus hábitos. Resultado de sus trabajos ha sido el descubrimiento del lenguaje de estos insectos y de su sentido de los colores. En 1973 recibió el premio Nobel de Medicina, compartido con el austríaco Konrad Lorenz y el holandés Nikolas Tinbergen, en atención a sus trabajos realizados sobre el comportamiento animal. Obras principales: *Der Farbensinn und Formensinn der Bienen, Ueber den Geruchsinn der Bienen und seine blütenbiologische Berdeutung, Ueber die «Sprache» der Bienen.* ‖ **(Max).** Escritor y arquiecto suizo, n. en Zurich en 1911. Obras: *Santa Cruz* (1944), *La muralla china* (1946), *Don Juan o el amor a la geometría* (1953), *Stiller* (1954), *Homo faber* (1957), *Biedermann y los incendiarios* (1958), *Andorra* (1961) y *Biografía* (1965). ‖ **(Ragnar).** Economista noruego, n. en Oslo en 1895. En 1969 se le concedió el premio Nobel de Ciencias Económicas, junto con el holandés Jan Tinbergen. Obras: *New methods of measuring marginal utility* (1932) y *Statistical confluence analysis by means of complete regression systems* (1934).

Frisia. (En hol., *Friesland.*) *Geog.* Prov. de los P. B.; 3.312 km.² y 532.524 h. Cap. Leeuwarden. Gran fabricación de quesos y mantequilla; cría de ganado, en especial de una raza caballar. ‖ **Oriental.** *Geog. hist.* Antiguo principado de Alemania, sit. entre el est. de Oldemburgo, el mar del Norte y los P. B. Su cap. era Emden. Ganado, cereales, lino, etc.

Frisadores de lana, grabado antiguo

Karl Ritter von Frisch

Frisias. *Geog.* Cadena de islas del mar del Norte, frente a las costas de los P. B., R. F. A. y Dinamarca, dividida en tres grupos, cuyas principales islas son: *Frisias Septentrionales:* Trischen, Nordstrand, Pellwarm, Amrum, Föhr y Helgoland, alemanas, y Römö y Fanö, danesas; *Frisias Orientales:* Borkum, Juist, Norderney, Langeoog, Spiekeroog y Wangerooge, alemanas, y *Frisias Occidentales:* Texel, Vlieland, Terschelling, Ameland, Schiermonnikoog, Rottumerplaat y Rottumeroog, holandesas.

frisio, sia. adj. **frisón.** Apl. a pers., ú. t. c. s.

friso. fr., *frise;* it., *fregio;* i., *frieze;* a., *Fries.* (Del ár. *ifrīz,* ornamento de arquitectura, y éste quizá del gr. *zophóros,* con pérdida de la primera sílaba.) m. **Arquit.** Parte del cornisamento que media entre el arquitrabe y la cornisa, donde suelen ponerse follajes y otros adornos. ‖ Faja más o menos ancha que suele pintarse en la parte inferior de las paredes, de diverso color que éstas. También suele ser de seda, estera de junco, papel pintado, azulejos, mármol, etc.

frísol. (Del lat. *phaseŏlus.*) m. **Bot. fríjol, judía.**

frisón, na. fr., *frison;* it., *frisone;* i., *freisian;* a., *Friesländer.* adj. Natural de Frisia, o perteneciente a esta prov. de los P. B. Ú. t. c. s. ‖ Dícese de los caballos que vienen de Frisia o son de aquella casta, los cuales tienen muy fuertes y anchos los pies. Ú. t. c. s. ‖ fig. Dícese de una cosa grande y corpulenta dentro de otras de su género. ‖ m. **Ling.** Lengua germánica hablada por los frisones.

frisuelo. (Del lat. *phaseŏlus.*) m. **Bot. frísol.**

frisuelo. (Del b. lat. *frixeŏlus*, dim. de *frixus*, frito.) m. Especie de fruta de sartén.

fritada. fr., *friture;* it., *frittura, frittume;* i., *fried meat of fish;* a., *Braten, Backen, Gebackenes.* f. **Coc.** Conjunto de cosas fritas. ‖ *Ar.* Guiso parecido al pisto.

fritado. m. **Met.** Acción y efecto de fritar.

fritanga. f. Fritada, especialmente la abundante en grasa. A veces se usa en sentido despectivo. ‖ *Chile.* Cansera, molestia, fatiga.

fritar. (De *frito*.) tr. *Col.* y *Sal.* **freír.** ‖ **Met.** Quemar los cuerpos combustibles de una mezcla mineral (v. **sinterizar**).

fritilaria. (Del lat. científico *fritillaria;* del lat. *fritillus*, tablero del juego de damas.) **Bot.** Género de plantas de la familia de las liliáceas (v.).

fritillas. (De *frito*.) f. pl. *Mancha.* Una masa frita especial.

frito, ta. (Del lat. *frictus*.) p. p. irreg. de **freír.** ‖ m. **fritada.** ‖ Cualquier manjar frito.

Fritsch (Gustav Theodor). **Biog.** Antropólogo y fisiólogo alemán, n. en Cottbus y m. en Berlín (1838-1917). Son muy interesantes sus investigaciones sobre la sensibilidad y la estimulación eléctrica del cerebro, así como las referentes a la óptica práctica y al cerebro de los peces.

fritura. (Del lat. *frictūra*.) f. **Coc.** Conjunto de cosas fritas.

Friul-Venecia-Julia. (En it., *Friuli-Venezia-Giulia*.) **Geog.** Región de Italia, que comprende las provincias de Gorizia, Pordenone, Trieste y Udine; 7.845 km.² y 1.213.532 h. Cap., Trieste. En febrero de 1963 fue dotada de autonomía y de un estatuto especial.

friulano, na. adj. Natural del Friul, o perteneciente a esta región de Italia. Ú. t. c. s. ‖ m. **Ling.** Lengua neolatina, hablada en el Friul. Se asemeja al italiano, pero difiere, sin embargo, notablemente de esta lengua; p. e., el plural se forma agregando una *s*, como en el español. Tiene literatura y canciones con música propia, que se llama *villote*, de carácter algo nostálgico.

Friuli-Venezia-Giulia. **Geog.** **Friul-Venecia-Julia.**

friura. (De *frío*.) f. desus. *León, Sant.* y *Venez.* Temperatura fría. ‖ **Pat.** Escara producida por el frío.

frívolamente. adv. m. Con frivolidad.

frivolidad. fr., *frivolité;* it., *frivolezza;* i., *frivolity;* a., *Frivolität, Leichtfertigkeit.* f. Calidad de frívolo.

frívolo, la. (Del lat. *frivŏlus*.) adj. Ligero, veleidoso, insubstancial. ‖ Fútil y de poca substancia. ‖ Voluble, tornadizo, irresponsable. ‖ Dícese de los espectáculos ligeros y sensuales, de sus textos, canciones y bailes, y de las personas, especialmente las mujeres, que los interpretan. ‖ Dícese de las publicaciones que tratan temas ligeros, con predominio de lo sensual.

frivoloso, sa. adj. ant. **frívolo.**

friz. f. **Bot.** Flor del haya.

Fröbel (Friedrich). **Biog.** Pedagogo alemán, n. en Oberweissbach y m. en Marienthal (1782-1852). Tuvo estrecha amistad con Pestalozzi, y en *Die Menschenerziehung (La educación del hombre)* explicó su sistema pedagógico, que tiende a fomentar en el niño el deseo de actividad y de creación mediante juegos graduados y atractivos que tienen en cuenta su desarrollo espiritual. En 1840 estableció en Blankenburg el primer *Kindergarten* (jardín de infancia).

fröbeliano, na. adj. **Pedag.** Dícese del sistema educativo de Friedrich Fröbel.

Frobenius (Leo). **Biog.** Etnólogo e historiador alemán, n. en Berlín y m. en Biganzalo (1873-1938). Emprendió un viaje a África y exploró el Congo y Kassai, recogiendo valioso material lingüístico y etnográfico acerca de este territorio. Es el fundador de la teoría de los ciclos culturales, según la cual las formas de cultura de un pueblo se transmiten generalmente, no aisladas, sino en conjunto.

Frobisher (Martin). **Biog.** Marino inglés, n. en Altofs y m. en Plymouth (1535-1594). Descubrió la parte meridional de Groenlandia y el estrecho que lleva su nombre. Contribuyó a la destrucción de la *Armada Invencible* de Felipe II y luchó contra los españoles con Enrique IV de Francia. ‖ **Geog.** Bahía de Canadá en el estrecho de Davis. Se abre hacia el O., entre el estrecho de Hudson y la península de Cumberland. Tiene 320 km. de largo por 32 de ancho.

Martin Frobisher, por autor anónimo. Biblioteca Bodleiana. Oxford (R. U.)

froga. (Del lat. *fabrĭca*.) f. **Albañ.** Fábrica de albañilería, especialmente la hecha con ladrillos, a diferencia de la sillería.

frogar. (Del lat. *fabricāre*.) intr. **Albañ. fraguar,** endurecerse la cal, el yeso, etc. ‖ tr. Hacer la fábrica o pared de albañilería.

Froilán Palacios. **Geog.** Local. de Argentina, prov. de Santa Fe, depart. de Iriondo; 1.393 h.

Froissart (Jean). **Biog.** Cronista francés, n. en Valenciennes y m. en Chimay (1337-h. 1400). Recorrió toda Francia protegido por John Beaumont, y, a la muerte de éste, pasó a Inglaterra, donde la reina Felipa, sobrina de su protector, le acogió benévolamente. Estuvo también en España, Flandes e Italia, y fue testigo de muchos acontecimientos, que narró en su *Crónica*, que abarca de 1325 a 1400.

Froment (Nicolas). **Biog.** Pintor francés, n. en Uzès y m. en Aviñón (h. 1435-1484). Fue nombrado pintor de cámara del rey de Provenza, para el cual pintó *La zarza ardiendo*, su obra maestra, existente en la catedral de Aix.

Frómista. **Geog.** Mun. y villa de España, prov. de Palencia, p. j. de Carrión de los Condes; 1.372 h. (*fromistanos*). Fabricación de quesos. Interesante iglesia románica de San Martín, resto del monasterio benedictino del s. XI, declarada en 1944 monumento histórico artístico. Posee además otros edificios notables.

Fromm (Erich). **Biog.** Psicoanalista estadounidense, de origen alemán, n. en Francfort del Meno y m. en Muratto, Suiza (1900-1980). Es una de las figuras más destacadas de la escuela culturalista psicoanalítica, que intenta aplicar el psicoanálisis a los problemas de la cultura y de la sociedad. Sobre el autoritarismo sostiene la teoría de que su origen está en la familia y que la educación autoritaria familiar favorece el autoritarismo del Estado. Su obra principal es *El miedo a la libertad* (1941).

froncia. f. *Sal.* Mata de baleo que se usa para barrer.

fronda. (Del lat. *frons, frondis*.) f. **Bot.** Hoja de una planta. ‖ Hoja de los helechos. ‖ pl. Conjunto de hojas o ramas que forman espesura.

fronda. (Del fr. *fronde*, y éste del lat. *funda*, honda.) f. **Cir.** Vendaje de lienzo, de cuatro cabos y forma de honda, que se emplea en el tratamiento de las fracturas y heridas.

Fronda (guerra de la). **Hist.** Se conoce con este nombre la guerra civil desarrollada en Francia (1648-53). Representó el último esfuerzo de la alta nobleza y de la burguesía del Parlamento contra el Estado absolutista.

fronde. (Del lat. *frons, frondis*.) m. **Bot.** Hoja de helecho u otras criptógamas con esporangios u otros órganos de reproducción.

frondescencia. (Del lat. *frondescĕre*, cubrirse de hojas.) f. **Bot.** Transformación completa de los pétalos de una flor, o de todos sus órganos en hojas.

frondío, día. adj. *And.* y *Col.* Malhumorado, displicente. ‖ *Col.* y *Méj.* Sucio, desaseado, tosco.

Frondizi (Arturo). **Biog.** Abogado y político argentino, n. en Paso de los Libres, Corrientes, en 1908. Afiliado a la Unión Cívica Radical en 1931, en 1946 fue elegido diputado nacional por el dist. federal, y reelegido para el período 1948-51. En 1954 pasó a presidir el Comité Nacional de la Unión Cívica Radical. Fue elegido presidente de la República en 1958. Con motivo del triunfo peronista en las elecciones provinciales celebradas el 18 de mayo de 1962, y la presión militar contra ese resultado, fue depuesto el 29 del mismo mes.

frondosidad. (De *frondoso*.) f. Abundancia de hojas y ramas.

frondoso, sa. fr., *épais, touffu;* it., *frondoso, frondifero;* i., *leafy, luxuriant;* a., *Dicht belaubt.* (Del lat. *frondōsus*.) adj. Abundante de hojas y ramas. ‖ Abundante de árboles que forman espesura.

frontal. fr., *frontal, fronteau;* it., *frontale;* i., *altarhanging, frontal;* a., *vorderseite*. (Del lat. *frontālis*.) adj. Perteneciente o relativo a la frente. ‖ m. *Ar.* Témpano de la cuba o barril. ‖ *Col., Ecuad.* y *Méj.* **frontalera,** correa o cuerda que ciñe la frente del caballo. ‖ **Anat.** Hueso que forma la parte anterior y superior del cráneo, y que en la primera edad de la vida se compone de dos mitades que se sueldan después. ‖ **Arquit. carrera,** madero horizontal. ‖ **Litur.** Paramento de sedas, metal u otra materia con que se adorna la parte delantera de la mesa del altar. ‖ **Mar. propao.**

frontalera. (De *frontal*.) f. Correa o cuerda de la cabeza y de la brida del caballo, que le ciñe la frente y sujeta las carrilleras. ‖ Fajas y adornos como goteras, que guarnecen el frontal por lo alto y por los lados. ‖ Sitio o paraje donde se guardan los frontales del altar. ‖

frontil, pieza acolchada que se pone a los bueyes entre su frente y la coyunda.

frontalero, ra. (De *frontal*.) adj. ant. **fronterizo.**

frontalete. m. dim. de **frontal** del altar.

fronte. (Del lat. *frons, frontis*.) f. ant. **frente.**

frontera. fr., *frontière*; it., *frontiera*; i., *frontier*; a., *Grenze*. (De *frontero*.) f. Confín de un Estado. El concepto de frontera ha evolucionado mucho con los tiempos. El *limes imperii* de los romanos no era una línea trazada mediante el acuerdo de ambas partes, sino simplemente el lugar donde se detenían las legiones romanas. Las fronteras se clasifican de la siguiente manera: *Frontera física*, constituida por los accidentes geográficos de una nación. *Frontera geométrica. a)* línea recta (meridiano u otro círculo máximo); *b)* paralelo de latitud; *c)* línea de rumbo o curva loxodrómica; *d)* arco de círculo; *e)* línea paralela o equidistante de una costa o de un río. *Frontera antropológica. a)* límites de tribus; *b)* límites lingüísticos; *c)* religiosos; *d)* económicos; *e)* históricos; *f)* culturales. *Frontera condicionada*. Líneas preexistentes de propiedad privada; líneas catastrales. *Fronteras complejas*, que pertenecen a más de uno de los tipos anteriormente citados. Desde el punto de vista histórico, es posible, además, clasificar las fronteras de la manera siguiente: *Fronteras antecedentes*. Son las establecidas previamente a toda colonización y aun a su descubrimiento. *Fronteras subsecuentes*. Las establecidas después de haberse desarrollado la región atravesada por ellas. *Fronteras sobrepuestas*. Las que cortan áreas, dentro de las cuales existe unidad cultural. *Fronteras consecuentes*. Las que se establecen en regiones escasamente pobladas o de densidad de población nula. ‖ **frontis.** ‖ Cada una de las fajas o fuerzas que se ponen en el serón por la parte de abajo para su mayor firmeza. ‖ **Albañ.** Tablero fortificado con barrotes que sirve para sostener los tapiales que forman el molde de la tapia cuando se llega con ellas a las esquinas o vanos. ‖ **lingüística.** *Léx*. Zona de contacto de dos idiomas distintos.

Frontera. Geog. Local. de Argentina, provincia de Formosa, depart. de Pilcomayo; 1.514 h. ‖ Local. de Argentina, prov. de Santa Fe, depart. de Castellanos; 3.873 h. ‖ Mun. de España, en Canarias, prov. de Santa Cruz de Tenerife, en la isla y p. j. de Hierro; 2.313 h. Corr. 439 a la cap., el lugar de Las Lapas. ‖ Mun. de Méjico, est. de Coahuila de Zaragoza; 27.979 h. Cap., Villa Frontera. ‖ C. de Méjico, est. de Tabasco, cap. del mun. de Centla; 10.066 h. Hasta 1947 se denominó *Álvaro Obregón*. ‖ **(La).** Mun. y villa de España, prov. y p. j. de Cuenca; 436 h. ‖ **Comalapa.** Mun. de Méjico, est. de Chiapas; 18.690 h. ‖ Pueblo cap. del mismo; 2.925 h. ‖ **Hidalgo.** Mun. de Méjico, est. de Chiapas; 6.110 h. ‖ Pueblo cap. del mismo; 1.154 h. ‖ **del Noroeste.** Prov. de Pakistán; 101.743 km.² y 10.909.000 h., en los que están incluidos 27.221 km.² y 2.507.000 h. de las áreas tribales administrativas. Cap., Peshawar.

Fronteras. Geog. Mun. de Méjico, est. de Sonora; 3.792 h. ‖ Pueblo cap. del mismo; 614 habitantes.

frontería. (De *frontero*.) f. ant. **frontera.**

Fronterita (La). Geog. Local. de Argentina, prov. de Tucumán, depart. de Graneros; 2.116 h.

fronterizo, za. fr. e i., *limitrophe*; it., *limitrofo*; a., *angrenzend*. adj. Que está o sirve en la frontera. ‖ Que está enfrente de otra cosa.

frontero, ra. (Del lat. *frons, frontis*, frente.) adj. Puesto y colocado enfrente. ‖ m. **frentero.** ‖ Caudillo o jefe militar que mandaba la frontera. ‖ adv. l. **enfrente,** en punto que mira a otro o está delante de otro.

frontil. (De *fronte*.) m. Pieza acolchada de materia basta, regularmente de esparto, que se pone a los bueyes entre su frente y la coyunda con que los uncen, a fin de que ésta no les ofenda. ‖ *Cuba* y *Méj*. Parte de la cabezada que cubre la frente de una caballería.

frontino, na. adj. Dícese de la bestia que tiene alguna señal en la frente.

Frontino. Geog. Páramo de la cordillera occidental de Colombia, en el depart. de Antioquia; 3.400 m. de alt. ‖ Mun. de Colombia, depart. de Antioquia; 26.129 h. Caña de azúcar, algodón y maíz. Minas de oro. ‖ Pobl. cap. del mismo; 6.082 h.

frontis. fr., *frontispice*; it., *fronte, facciata*; i., *frontispiece*; a., *Vorderseite, Frontispiz*. (Del lat. *frons, frontis*, frente.) m. Fachada o frontispicio de una fábrica o de otra cosa. ‖ Muro del frontón o trinquete contra el que se lanza la pelota. ‖ **Impr.** apóc. de **frontispicio.**

frontispicio. (Del lat. *frons, frontis*, frente, y *spicĕre*, ver, examinar.) m. Fachada o delantera de un edificio, mueble u otra cosa. ‖ fig. y fam. **cara,** parte anterior de la cabeza. ‖ **Arquit. frontón,** remate triangular de una fachada. ‖ **Impr.** Página de un libro anterior a la portada; la mayoría de las veces, estampada por procedimiento distinto al tipográfico: grabado, litografía, calcografía. Suele contener el título y algún grabado o viñeta.

frontón. fr., *jeu de paume*; it., *giuocco di palla*; i., *ballgame*; a., *Ballspielplatz*. (De *fronte*.) m. Pared principal o frente contra el cual se lanza la pelota en el juego de pie. ‖ Edificio o sitio dispuesto para jugar a la pelota. ‖ Parte del muro de una veta donde trabajan los mineros para adelantar horizontalmente la excavación de la mina. ‖ **Arquit.** Remate triangular de una fachada o de un pórtico; se coloca también encima de puertas y ventanas. ‖ **Geog.** Parte escarpada de una costa. ‖ **descabezado.** *Min. Arg.* Frontón de una excavación que desciende algo.

frontudo, da. (De *fronte*.) adj. Dícese del animal que tiene mucha frente.

Frosinone. Geog. Prov. de Italia, en Lacio; 3.239 km.² y 444.150 h. ‖ C. cap. de la misma; 39.028 h. Centro agrícola.

Frost (Robert). Biog. Poeta estadounidense, n. en San Francisco y m. en Boston (1875-1963). Describió en intensos poemas cortos la vida de los lugares pequeños de la Nueva Inglaterra. Fue galardonado con el premio Pulitzer en 1924, 1931, 1937 y 1943. Sus obras: *A boy's will* (1913), *New Hampshire* (1923), *West-running brook* (1928), *A further range* (1936), *A witness tree* (1942), *Steeple bush* (1947) e *In the clearing* (1962).

frotación. f. Acción de frotar o frotarse.

frotador, ra. adj. Que frota. Ú. t. c. s. ‖ Que sirve para frotar.

frotadura. m. **frotación.**

frotamiento. fr., *frottement*; it., *fregamento, frizione*; i., *friction*; a., *Reiben*. m. Acción y efecto de frotar o frotarse.

frotante. p. a. de **frotar.** Que frota.

frotar. fr., *frotter, frictionner*; it., *fregare, stropicciare*; i., *to rub*; a., *reiben*. (Del fr. *frotter*, y éste del lat. **frictāre*, de *frictum fricāre*.) tr. Pasar una cosa sobre otra con fuerza muchas veces. Ú. t. c. prnl.

frote. (De *frotar*.) m. **frotamiento.**

frotis. (Del fr. *frottis*, capa de color ligera y transparente.) m. **Med.** Extensión sobre lámina de cristal de una secreción en capa fina adecuada para la observación microscópica.

Froude (William). Biog. Ingeniero inglés, n. en Dartington y m. en Simonstown (1810-1879). Dedicado a la construcción naval, estudió teóricamente la forma óptima del casco, ideando un método experimental para estudiar el comportamiento de modelos.

fructa. f. ant. **fruta.**

fructero, ra. (De *fructo*.) adj. ant. **frutal.**

fructículo. (Del lat. *fructicŭlus*, dim. de *fructus*, fruto.) m. **Bot.** Recibe este nombre cada uno de los frutos de gineceo apocárpico.

fructidor. (Del fr. *fructidor*.) m. Duodécimo mes del calendario republicano francés, cuyos días primero y último coincidían, respectivamente, con el 18 de agosto y el 16 de septiembre.

fructíferamente. adv. m. Con fruto.

Frontón de la fachada de la Galería Mucsarnok. Budapest

fructífero, ra. fr., *fructifère*; it., *fruttifero*; i., *fructiferous*; a., *fruchtbringend*. (Del lat. *fructĭfer, -ĕri*; de *fructus*, fruto, y *ferre*, llevar.) adj. fig. Que produce fruto, o resulta eficaz o beneficioso. ‖ **Bot.** Se dice de la planta que sostiene o produce fruto, y p. ext., la parte que tiene o produce esporangios.

fructificable. adj. Que puede fructificar.

fructificación. (Del lat. *fructificatĭo, -ōnis*.) f. Acción y efecto de fructificar.

fructificador, ra. adj. Que fructifica.

fructificante. p. a. de **fructificar.** Que fructifica.

fructificar. fr., *fructifier*; it., *fruttificare*; i., *to fructify*; a., *Frucht bringen*. (Del lat. *fructificāre*; de *fructus*, fruto, y *facĕre*, producir.) intr.

fructo–fruta

Dar fruto los árboles y otras plantas. || fig. Producir utilidad una cosa.

fructo. (Del lat. *fructus*.) m. ant. **fruto.**

fructosa. (Del lat. *fructus*, fruto, y *-osa*.) f. **Quím.** Azúcar perteneciente al grupo de las hexosas, isómera de la glucosa y de fórmula $C_6H_{12}O_6$. Se encuentra en muchas frutas, en la miel y en el azúcar de caña. Se llama también *levulosa*.

fructual. (Del lat. *fructus*.) adj. ant. **frutal.**

fructuario, ria. (Del lat. *fructuarius*.) adj. **usufructuario.** || Que consiste en frutos.

fructuosamente. adv. m. Con fruto, con utilidad.

fructuoso, sa. fr., *fructueux*; it., *fruttuoso*; i., *fructuous, fruitful*; a., *fruchttragend, einträglich*. (Del lat. *fructuōsus*.) adj. Que da fruto o utilidad.

frucho. (Del lat. *fructus*.) m. ant. **fruto.**

Fruela I. Biog. Rey de Asturias y León, m. en Cangas de Onís (722-768). Ocupó el trono de 757 a 768. Combatió a los moros con fortuna, apaciguó la rebelión de los vascones, decretó la prohibición de que se casaran los clérigos y fundó la c. de Oviedo. || **II.** Rey de Asturias y León. Ocupó el trono de Asturias (910), y más tarde, a la muerte de su hermano Ordoño, el de León (924-925), usurpando los derechos de Alfonso, hijo de Ordoño, mandando quitar la vida a los principales señores del reino y desterrando a los obispos.

fruente. (Del lat. *frons, frontis*.) f. ant. **frente.**

fruente. p. a. de **fruir.** Que fruye.

frugal. fr., *frugal*; it., *frugale*; i., *frugal, parcimonius*; a., *sparlich, mässig, einfach*. (Del lat. *frugālis*; de *frux, frugis*, fruto de la tierra.) adj. Parco en comer y beber. || Aplícase también a las cosas en que esa parquedad se manifiesta: *vida, almuerzo* **frugal.**

Comida frugal, tapiz de Teniers. Museo de Santiago de Compostela

frugalidad. fr., *frugalité*; it., *frugalità, moderanza*; i., *frugality, thrift*; a., *Frugalität, Genügsamkeit, Einfachheit*. (Del lat. *frugalĭtas, -ātis*.) f. Templanza, moderación, prudencia en la comida y la bebida.

frugalmente. adv. m. Con frugalidad.

frugífero, ra. fr., *frugifère*; it., *frugifero*; i., *frugiferous*; a., *Früchte tragend*. (Del lat. *frugĭfer, -ĕri*; de *frux, frugis*, fruto, y *ferre*, llevar.) adj. poét. Que lleva fruto.

frugívoro, ra. fr., *frugivore*; it., *frugivoro*; i., *frugivorous*; a., *von Früchten lebend*. (Del lat. *frux, frugis*, fruto de la tierra, y *vorāre*, comer.) adj. **Zool.** Aplícase al animal que se alimenta de frutos. || En algunas clasificaciones, sin. de *megaquiróptero*.

Frugoni Queirolo (Emilio). Biog. Político y escritor uruguayo, n. y m. en Montevideo (1880-1969). Jefe del partido socialista, dirigió el diario *El Sol* y fue representante en el Congreso. En el año 1944 fue ministro plenipotenciario en la U. R. S. S. Obras: *Poemas montevideanos* (1923) y *La esfinge roja*.

Frühbeck Frühbeck (Rafael). Biog. Músico español, de ascendencia alemana, más conocido por *Rafael Frühbeck de Burgos*, n. en Burgos en 1933. Estudió en la Escuela Superior de Música de Munich, en la que se graduó en 1958, y obtuvo los premios Richard Wagner y Richard Strauss. En 1962 fue nombrado director de la Orquesta Nacional, cargo que ocupó hasta marzo de 1978. Desde 1975 es académico de Bellas Artes.

frui. f. **Bot.** Fruto del haya.

fruición. fr., *jouissance*; it., *fruizione*; i., *fruition*; a., *Genuss, Vergnügen*. (Del lat. *fruitio, -ōnis*, de *frui*, gozar.) f. Goce muy vivo en el bien que uno posee. || Complacencia, goce en general.

fruir. (Del lat. *frui*.) intr. Gozar del bien que se ha deseado.

fruitivo, va. (Del lat. *fruĭtus*, p. p. de *frui*, gozar.) adj. Propio para causar placer con su posesión.

Frumales. Geog. Mun. y lugar de España, prov. de Segovia, p. j. de Cuéllar; 447 h.

frumentario, ria. (Del lat. *frumentarius*.) adj. Perteneciente o relativo al trigo y otros cereales. || m. Oficial de Roma que se enviaba a las provincias para remitir convoyes de trigo al ejército.

frumenticio, cia. (Del lat. *frumentum*, trigo.) adj. **Agr. frumentario,** perteneciente o relativo al trigo y otros cereales.

frunce. (De *fruncir*.) m. Arruga o pliegue, o serie de arrugas o pliegues menudos que se hacen en una tela frunciéndola.

fruncidor, ra. adj. Que frunce. Ú. t. c. s.

fruncimiento. m. Acción de fruncir. || fig. Embuste y fingimiento.

fruncir. fr., *froncer, plisser*; it., *arrugare*; i., *to frown, to contract*; a., *runzeln, falten*. (Del ant. fr. *froncir*, y éste del franco *hrunkjan*, arrugar.) tr. Arrugar la frente y las cejas en señal de desabrimiento o de ira. || Recoger el paño u otras telas, haciendo en ellas unas arrugas pequeñas. || Estrechar y recoger una cosa, reduciéndola a menor extensión: **fruncir** la boca. || fig. p. us. Tergiversar u obscurecer la verdad. || prnl. fig. Afectar compostura, modestia y encogimiento. || *Méj.* Entre el vulgo, amilanarse, acobardarse.

Frúniz. Geog. Mun. de España, prov. de Vizcaya, p. j. de Guernica y Luno; 420 h. || Anteiglesia cap. del mismo; 78 h.

Frunze (Mijail Vasilievich). Biog. Militar soviético, n. en Pishpek, hoy Frunze, y m. en Moscú (1885-1925). En la Revolución bolchevique de 1917 mandó varios cuerpos del ejército rojo. Fue jefe del Estado Mayor de la U. R. S. S., de la Academia Militar, que hoy lleva su nombre, y miembro del comité central del partido comunista. || **Geog.** Pobl. de la U. R. S. S., cap. de la república de Kirguizistán; 430.618 h. Anteriormente dio su nombre a una provincia luego suprimida. Llamada antes Pishpek, lleva el nombre actual en honor de M. V. Frunze.

fruslera. (De *fuslera*.) f. Raeduras que salen de las piezas de azófar cuando se tornean. || ant. Latón o azófar.

fruslería. fr., *futilité, bagatelle*; it., *futilità, inezia*; i., *trifle*; a., *Läpperei*. (De *fruslera*.) f. Cosa de poco valor o entidad. || fig. y fam. Dicho o hecho de poca substancia.

fruslero. (Por *fuslero*, del lat. *fustilarius*, de *fustis*, palo, como *uslero*.) m. Cilindro de madera que se usa en las cocinas para trabajar y extender la masa.

fruslero, ra. (Del lat. *frustŭlum*, de *frustum*, pedazo, trozo.) adj. Fútil o frívolo.

frustración. (Del lat. *frustratio, -ōnis*.) f. Acción y efecto de frustrar o frustrarse.

frustráneo, a. (De *frustrar*.) adj. Que no produce el efecto apetecido.

frustrante. adj. Que causa frustración.

frustrar. fr., *frustrer, échouer*; it., *frustrare*; i., *to frustate*; a., *täuschen, vereiteln*. (Del lat. *frustrāre*.) tr. Privar a uno de lo que esperaba. || Dejar sin efecto, malograr un intento. Ú. t. c. prnl. || **Der.** Dejar sin efecto un propósito contra la intención del que procura realizarlo. Ú. t. c. prnl.

frustratorio, ria. (Del lat. *frustratorius*.) adj. Que hace frustrar o frustrarse una cosa.

frustro, tra. adj. **Arqueol.** Galicismo por desgastado, borroso, imperfecto, dicho especialmente de monedas, inscripciones, etc.

fruta. fr. e i., *fruit*; it., *frutta*, a., *Obst*. (De *fruto*.) f. Fruto comestible principalmente por el pericarpio, aunque alguna vez lo es, como la granada, por las semillas y otras, como la fresa, por el receptáculo, que dan los árboles y plantas. || fig. y fam. Producto de una cosa o consecuencia de ella. || **a la catalana.** *Coc.* **garbías.** || **del cercado ajeno.** loc. fig. *Léx.* Todo lo que por ser propiedad ajena despierta en nosotros más codicia. || **nueva.** fig. *Léx.* Lo que es nuevo en cualquiera línea. || **prohibida.** fig.

Detalle de frutas, en el cuadro *Baco adolescente,* por Caravaggio. Galería de los Uffizi. Florencia

Todo aquello que no nos es permitido usar. ‖ **de sartén.** *Coc.* Masa frita, de varios nombres y figuras. ‖ **seca.** *Léx.* La que por la condición de su cáscara, o por haber sido sometida a la desecación, se conserva comestible todo el año. ‖ **del tiempo.** La que se come en la misma estación en que madura y se coge. ‖ fig. y fam. Cosa que sucede con frecuencia en tiempo determinado; como los resfriados en invierno.

frutaje. m. Pintura de frutas y flores.

frutal. fr., *fruitier;* it., *fruttale;* i., *fruitbearing;* a., *Früchte tragend.* adj. Dícese del árbol que lleva fruta. U. t. c. s.

frutar. intr. Dar fruto los árboles y otras plantas.

frutecer. (Del lat. *fructescĕre.*) intr. poét. Empezar a echar fruto los árboles y las plantas.

frutería. fr., *fruiterie;* it., *frutteria;* i., *fruitery;* a., *Obstladen.* (De *frutero.*) f. Tienda o puesto donde se vende fruta. ‖ Oficio que había en la casa real, en que se cuidaba de la prevención de las frutas y de servirlas a los reyes. ‖ Paraje o sitio de la casa real, en que se tenía y guardaba la fruta.

frutero, ra. fr., *fruitier, panier aux fruits;* it., *fruttiera;* i., *fruit-basket;* a., *obstchale.* adj. Que sirve para llevar o contener fruta. ‖ m. y f. Persona que vende fruta. ‖ m. Plato hecho a propósito para servir la fruta. ‖ Lienzo labrado con que por curiosidad se cubre la fruta que se pone en la mesa. ‖ Cuadro o lienzo pintado de diversos frutos. ‖ Canastillo de frutas imitadas.

frutescente. (Del lat. *frutex, -ĭcis,* arbusto.) adj. **Bot.** Dícese de las plantas arbustivas o leñosas.

frútice. (Del lat. *frutex, -ĭcis,* arbusto.) m. **Bot.** Cualquiera planta casi leñosa y de aspecto semejante al de los arbustos; como el rosal.

fruticoso, sa. (Del lat. *fruticōsus.*) adj. **Bot.** Que tiene la naturaleza o calidades del frútice.

fruticultura. f. *Agr.* Cultivo de las plantas que producen frutas. ‖ Arte que enseña ese cultivo.

frutier. (Del provenz. *frutier,* y éste del lat. *fructus,* fruto.) m. desus. Oficial palatino encargado de la frutería, según la etiqueta de la casa de Borgoña.

frutífero, ra. adj. Que produce o da fruto.

frutificar. intr. ant. Dar fruto los árboles y otras plantas.

frutilla. f. dim. de **fruta.** ‖ Cuentecilla de las Indias para hacer rosarios. ‖ *Arg.* **fresa.** ‖ **Bot.** *Amér. m.* Nombre chileno del fresón. ‖ **del campo.** *Chile.* Arbusto de la familia de las ramnáceas, de ramas alargadas y derechas.

frutillar. m. *Agr. Amér. m.* Sitio donde se crían las frutillas.

Frutillar. *Geog.* Comuna de Chile, prov. de Llanquihue, depart. de Puerto Varas; 12.810 h. ‖ Pobl. cap. de la misma; 2.946 h.

frutillero. m. *Amér. m.* Vendedor ambulante de frutillas.

fruto. fr. e i., *fruit;* it., *frutto;* a., *Frucht.* = fr., *profit, gain;* it., *frutto;* i., *fruit, profit;* a., *Nutzen.* (Del lat. *fructus.*) m. Cualquiera producción de la tierra que rinde alguna utilidad. ‖ La del ingenio del trabajo humano. ‖ fig. Utilidad y provecho. ‖ En botánica, ovario fecundado y maduro. Parte de la planta, producto de la fecundación, que contiene las semillas encerradas una cubierta de forma, consistencia y tamaño muy diferentes, según las especies, y es de utilidad para el hombre o los animales en muchas de ellas. ‖ En la cubierta del fruto, que recibe el nombre de *pericarpo,* se pueden distinguir tres zonas o capas: la externa o *exocarpo,* la intermedia o *mesocarpo* y la interna o *endocarpo.* Con relación a su procedencia, según sea un gineceo monocarpelar o policarpelar, con los carpelos libres o soldados, pueden ser *monocárpicos, policárpicos* o *sincárpicos.* Los frutos simples proceden de la transformación de un gineceo constituido por un solo carpelo o por varios, soldados; es decir, son frutos monocárpicos y sincárpicos. Los frutos múltiples son los policárpicos, y los compuestos, también llamados *infrutescencias,* proceden de la transformación de toda una inflorescencia. ‖ pl. Producciones de la tierra, de que se hace cosecha. ‖ **de bendición.** *Léx.* Hijo de legítimo matrimonio. ‖ **prohibido.** fig. **fruta prohibida.** ‖ **frutos civiles.** *Der.* Utilidad que producen las cosas mediante arrendamiento o contratos equivalentes. ‖ Contribución que se pagaba por las rentas procedentes de arriendos de tierras, fincas, derechos reales y juros jurisdiccionales. ‖ **en especie.** *Léx.* Los que no están reducidos o valuados a dinero u otra cosa equivalente. ‖ **mostrados,** o **parecidos.** *Der.* Se llamó así a los frutos pendientes en la fase inicial de su desarrollo. ‖ **pendientes.** Lo que estando más o menos desarrollados permanecen unidos a la cosa que los produce. ‖ **percibidos.** Los que ya se separaron de la cosa de que proceden. ‖ **a fruto sano.** expr. de que se usa entre labradores en los arrendamientos de tierras y frutos, y denota ser el precio lo mismo un año que otro, sin que se minore por esterilidad u otro caso fortuito.

frutuoso, sa. adj. ant. Que da fruto o utilidad.

Fry (Christopher). *Biog.* Comediógrafo inglés, n. en Bristol en 1907. Es también actor de gran reputación en el teatro. Obras: *The boy with a cart* (1939), *Firstborn* (1946), *Venus observed, Ring round the Moon* (1950) y *Curtmantle* (1962). ‖ **(Maxwell).** Arquitecto inglés, n. en 1899. Ha colaborado con Gropius y Le Corbusier. Se le deben numerosos edificios modernos en Inglaterra, India, Ghana y Nigeria. ‖ **(Roger Elliot).** Pintor y crítico de arte inglés, n. y m. en Londres (1866-1934). Fue profesor de Historia del Arte en la Universidad de Cambridge y dirigió la revista *Burlington Magazine.* Fue el introductor de Cézanne y su escuela en Inglaterra. Publicó el libro *A sampler of Castilla.* Publicó también: *Bellini, Transformations, Vision and design, Cézanne, Characteristics of french art,* etc.

F. S. H. (Del i. *follicle-stimulating hormone.*) f. **Biol.** Siglas con que se designa internacionalmente la *hormona estimulante del folículo (H. E. F.).*

F. S. M. *Polít.* Siglas de *Federación Sindical Mundial.*

f. t. Siglas correspondientes a la locución inglesa *free trade* (v.).

Ftah. *Mit.* Divinidad egipcia, también conocida con los nombres de *Ptah* y *Tah.* Se le adoraba en Menfis. Tiene dos caracteres, al parecer contradictorios: el de creador y el de divinidad momiforme. En la mitología egipcia se le ha incorporado al culto del buey Apis en Menfis, al dios menfita de los muertos Sokar o Seker, etc.

ftalato. (De *ftálico* y *-ato.*) m. **Quím.** Sal resultante de la combinación del ácido ftálico con una base o con un radical alcohólico.

ftaleína. (De *ftalina.*) f. **Quím.** Nombre de diversas substancias colorantes, que se obtienen condensando el anhídrido ftálico con los fenoles; una de las principales es la fenolftaleína.

ftálico, ca. (De *naftaleno* e *-ico.*) adj. **Quím.** Relativo al anhídrido o al ácido ftálico.

ftalimida. f. **Quím.** Compuesto heterocíclico, que se obtiene por la acción del amoníaco sobre el anhídrido ftálico a altas temperaturas. Funde a 238° C.

ftalina. (De *naftalina.*) f. **Quím.** Nombre de diversas substancias derivadas de las ftaleínas por reducción, y que por oxidación vuelven a convertirse en ftaleínas.

ftalocianina. (De *ftálico* y *cianina.*) f. **Quím.** Materia perteneciente a un grupo de colorantes muy sólidos derivados del isoindol, que fueron descubiertos por Linstead y Lowe.

Ftiótida. *Geog.* Nomo de Grecia, región de Grecia Central y Eubea; 4.368 km.^{2} y 154.955 h. Cap., Lamia. No lejos de la boca de Sperkeios se encuentran las antiguas Termópilas, hoy separadas del mar por tierras de aluvión.

ftiríasis. (Del gr. *phtheír,* piojo, e *-iasis.*) f. *Pat.* **pediculosis.**

fu. (Voz onomatopéyica.) m. Bufido del gato. ‖ interj. de desprecio. ‖ **ni fu ni fa.** loc. fam. con que se indica que algo es indiferente, que no es ni bueno ni malo.

fu. m. *Geog.* Nombre japonés que se aplica a las prefecturas urbanas de Kyoto y Osaka.

fuácata. *Ant.* y *Méj.* **estar uno en la fuácata.** expr. fam. Estar arrancado, sin dinero, en la inopia; estar bruja.

Fuad (Ahmed Bajá). *Biog.* Rey de Egipto, n. y m. en El Cairo (1868-1936). Hijo menor del jedive Ismail Bajá y hermano del primer sultán de Egipto, Hussein Kamil (al que sucedió el 9 de octubre de 1917), fue candidato al nuevo trono de Albania, pero se retiró para dedicarse a fomentar los intereses de Egipto, y fue proclamado rey de este Estado en 1922. Le sucedió en el trono Faruk I. ‖ **Chehab.**

Frutero de plata, obra de arte alemán del s. XVI. Museo Lázaro Galdiano. Madrid

Ahmed Bajá Fuad

fucáceo–fuego

Chehab (Fuad). ‖ **Bajá (Mehemed).** Estadista y literato turco, n. en Estambul y m. en Niza (1814-1869). Fue comisario y ministro en diferentes gobiernos, y publicó *Gramática de la lengua osmana* e inspiradas poesías.

fucáceo, a. (De *fuco*, gén. botánico, y *-áceo*.) adj. Bot. Dícese de las algas feofíceas, orden de las fucales, de talo grande, con ramificación generalmente en un plano y cavidades provistas de un ostiolo y de parafisos, en cuyo interior se originan los órganos sexuales, aunque algunos de ellos permanecen estériles. Comprende, entre otros, los gén. *fucus* y *sargasum.* ‖ f. pl. Familia de estas algas.

fucal. adj. Bot. Dícese de las algas feofíceas, de talos macizos, con morfología muy complicada, diferenciación anatómica, crecimiento apical y sin reproducción asexual. ‖ f. pl. Orden de estas plantas, que comprenden las familias de las *durvilleáceas* y *fucáceas*.

fúcar. (Con alusión a los banqueros alemanes de la familia de *Fugger*, famosos por sus riquezas.) m. fig. Hombre muy rico y hacendado.

fucia. (De *fiucia*.) f. ant. **confianza.** ‖ **a fucia.** m. adv. ant. **en confianza.**

fucilar. (Del it. *fucile*, eslabón del yesquero.) intr. Producirse fucilazos en el horizonte. ‖ Fulgurar, rielar.

fucilazo. (De *fucilar*.) m. Relámpago sin ruido que ilumina la atmósfera en el horizonte por la noche.

fuco. (Del lat. *fucus*, fuco, alga.) Bot. Gén. de algas pardas o feofíceas, sin zoosporas, con anteridios y ocho oosferas en cada oogonio, en cavidades terminales apiñadas llamadas conceptáculos. ‖ m. *Rioja.* Alga de color aceitunado y cubierta de mechones blancos.

fucsia. fr. e i., *fuchsia;* it., *fucsia;* a., *Fuchsie.* (Del lat. científico *fuchsia*, de *Fuchs*, botánico alemán del s. XVI.) Bot. Gén. de plantas enoteráceas, arbustos o arbolillos, alguna vez bejucos, con hojas esparcidas, opuestas o verticiladas, sencillas y por lo común caedizas; flores pedunculadas, generalmente colgantes y vistosas, con receptáculo alargado y colorido violeta, rojo o blanco, y baya carnosa.

fucsina. fr. e i., *fuchsine;* it., *fucsina;* a., *Fuchsin.* (De *fucsia*, por el color.) f. Quím. y Terap. Materia colorante sólida que resulta de la acción del ácido arsénico u otras substancias sobre la anilina. Se emplea para teñir de rojo obscuro fibras, tejidos, papel, pieles, etc., para colorar los vinos y para otras aplicaciones. Hay dos variedades: *fucsina básica* y *fucsina ácida*. Se le da también el nombre de *rojo de anilina*.

fuchaco. m. *León.* Ramón o ramas de roble, fresno o chopo cargadas de hoja que se guardan en haces para alimento de las cabras en invierno.

fuchina. f. Quím. **fucsina.**

fuchina. (Del cat. *fugir*, y éste del lat. *fugĕre*, huir.) f. Ar. Huida, escapada.

Fu-chou. (Voz china que sign. *región feliz.*) Geog. C. de la R. P. China, cap. de la prov. de Fukien, en la región Oriental; 623.000 h. Su puerto se abrió al comercio europeo en 1842. Arsenal. Géneros de lana y algodón. Laca. La pobl. está rodeada de murallas y situada en la margen izquierda del río Mingkiang. También se llamó *Minhow* (1934-43).

Fuchs (Klaus Emil Julius). Biog. Investigador alemán, n. en Russelheim en 1912. Estudió en las Universidades de Kiel y Oxford. En 1943 se nacionalizó inglés. De 1943 a 1947 trabajó en los laboratorios atómicos americanos de Oakridge y Los Álamos, formando parte del reducido equipo de investigadores nucleares. Fue condenado (1 de marzo de 1950) a catorce años de prisión por haber proporcionado informes desde 1945 a una potencia extranjera. En 22 de junio de 1959, cumplida su condena, fue puesto en libertad y se trasladó a Leipzig (R. D. A.), donde adquirió la nacionalidad de alemán oriental. ‖ **(Leonhart).** Médico y botánico alemán, n. en Wemding y m. en Tubinga (1501-1566). Se le considera como el restaurador de la botánica.

fuchsita. (De L. *Fuchs* e *-ita*.) f. **Miner.** Variedad de moscovita, de color verde muy vivo, y en la que una parte de los átomos de aluminio están substituidos por otros de magnesio, hierro o cromo.

Fudô-Mio-Ho. (*El inmutable rey luminoso*.) Mit. El dios más importante del budismo japonés después de los budas y bodisatvas.

Fudô-Mio-Ho, pintura sobre papel, obra del s. XIX. Museo de Arte Asiático. Amsterdam

Tiene el don de combatir a los demonios y abrir el espíritu de los hombres a las verdades religiosas. Se le representa rodeado de llamas, y el pueblo japonés siente por él gran devoción.

fudre. (Del fr. *foudre*.) m. Pellejo, cuba; recipiente para el vino, generalmente de gran tamaño.

Fueba (La). Geog. V. **Fueva (La).**

fuego. fr., *feu;* it., *fuoco;* i., *fire;* a., *Feuer*. (Del lat. *focus*.) m. Combustión que se manifiesta con desprendimiento de luz, calor intenso y, frecuentemente, llama. ‖ Materia encendida en brasa o llama; como carbón, leña, etcétera. ‖ **incendio.** ‖ Ahumada que se hacía de noche en las atalayas de la costa para advertir si había enemigos o no. ‖ Efecto de disparar las armas de fuego. ‖ fig. Hogar, vecino que tiene casa y hogar. ‖ fig. Encendimiento de sangre con alguna picazón y señales exteriores; como ronchas, costras, etc. ‖ fig. Ardor que excitan algunas pasiones del ánimo; como el amor, la ira, etc. ‖ fig. Lo muy vivo y empeñado de una acción o disputa. ‖ En los escudos se representa en forma de llamas o hachas encendidas. ‖ Flanco de una fortaleza. ‖ En mitología, entre los fenómenos de la naturaleza, el fuego es el primero en producir asombro y temor en el hombre, y su asociación con la religión se encuentra en casi todas las mitologías, al ser símbolo de la divinidad en gran número de ellas y hallarse casi siempre en conexión con cultos solares, ya que siendo el Sol fuente de luz y calor, cuando el hombre logró producir el fuego lo consideró un sol en pequeño. Como era difícil producir el fuego, se procuró mantenerlo encendido por medio de toda clase de cuidados; del primitivo hogar familiar surgió el altar y el culto al fuego. En tauromaquia, las banderillas o rejones con cartucho de pólvora y mecha, que se encienden después de clavarlas. ‖ pl. **fuegos artificiales,** artificios de pólvora. ‖ **(extinción del).** Léx. El elemento más general para extinguir el fuego es el agua. Cuando por distintas causas no puede usarse el agua, se emplean otros procedimientos: el método seco, en el cual, mediante aire comprimido, se arroja sobre el incendio un polvo que lo cubre. El procedimiento de la espuma se utiliza generalmente cuando arden combustibles líquidos, aceites, alquitrán, etc. Otro procedimiento es el de la nieve carbónica. ‖ **(producción del).** Los métodos primitivos para producir fuego se basaban esencialmente en la perforación o frotación de madera con madera. Se obtenía, y en parte se obtiene todavía, el fuego por surco, por aserramiento, por taladramiento, por piedra con piedra o por piedra con hierro, o por espejos ustorios, y por producción neumática. En el año 1779 se inventaron los primeros fósforos, consistentes en cerillas encerradas en un tubo de vidrio, e impregnadas en uno de sus extremos con una mezcla de fósforo, azufre y aceite que se encendía al romper el tubo. El francés Chancel inventó en 1805 los primeros fósforos de inmersión. ‖ **de batallón.** Mil. El que hace unido en un batallón. ‖ **central.** Geol. Hipótesis ideada por Humboldt para explicar la constitución interna de la Tierra, la cual estaría formada por una masa de rocas fundidas, resto de la primitiva nebulosa laplaciana, rodeada por una costra sólida de unos 50 km. de espesor. ‖ **fatuo.** Biol. Inflamación de ciertas materias que se elevan de las substancias animales o vegetales en putrefacción, y forman pequeñas llamas que se ven andar por el aire a poca distancia de la tierra, especialmente en los parajes pantanosos y en los cementerios (v. **luz mala**). ‖ **graneado.** Mil. El que se hace sin intermisión por los soldados individualmente, y a cuál más de prisa puede. ‖ **greguisco.** ant. Hist. **fuego griego.** ‖ **griego.** Mixto incendiario que se inventó en Grecia para quemar las naves enemigas. Se preparaba en calderas que se ponían al fuego llenas de estopas empapadas en una mezcla de betún líquido (*nafta*), pez y azufre. El líquido ardiente se lanzaba contra el enemigo mediante unos sifones. Se utilizaba preferentemente en la guerra naval, y los barcos que lo lanzaban recibían el nombre de *dromones sifonóforos*. Aunque su invención se atribuye a los griegos, los árabes lo conocían también, pues Harún al Raschid, en 803, lo empleó en el sitio de Heraclea. ‖ **guirgüesco.** ant. **fuego griego.** ‖ **del hígado.** Pat. **calor del hígado.** ‖ **incendiario.** Artill. El que se hace disparando proyectiles cargados de materias incendiarias. ‖ **infernal.** El que se compone de aceite, resina, alcanfor, salitre y otros ingredientes de semejante naturaleza. ‖ **muerto.** Quím. **sublimado corrosivo.** ‖ **nutrido.** Mil. El que se hace sin interrupción y persistentemente. ‖ **oblicuo.** El que se hace con dirección al costado derecho o izquierdo. ‖ **pérsico.** Pat. **zona,** enfermedad. ‖ **potencial.** Cir. Cáustico cuya virtud está en minerales, plantas o piedras corrosivas. ‖ **sacro** o **sagrado.** Pat. **fuego de San Antón.** ‖ **de San Antón,** o **de San Marcial.** Enfermedad epidémica que hizo grandes estragos desde el s. X al XVI, que consistía en una especie de gangrena precedida y acompañada de ardor abrasador. Era una erisipela maligna, probablemente producida por ergotismo o intoxicación con cornezuelo de centeno, frecuente en el pan elaborado con este cereal. || **de Santelmo.** *Meteor.* Meteoro ígneo que, al hallarse muy cargada de electricidad la atmósfera, suele dejarse ver en los mástiles y vergas de las embarcaciones, especialmente después de la tempestad. || **fuegos artificiales.** *Mil.* Invenciones de fuego que se usan en la milicia; como granadas y bombas. || *Pirotecnia.* Cohetes y otros artificios de pólvora, que se hacen para regocijo o diver-

Fuegos artificiales

sión. || **chinos.** Artificios rellenos de polvo de hierro que al quemarse producen chispas en forma de estrellas. || **japoneses.** Bombas de pirotecnia que al quemarse producen un globo incandescente, seguido de una lluvia de estrellas y lágrimas, o dejan caer monigotes, globitos, cartuchos de confites, etc. Se usa con ocasión de ferias y otros regocijos populares. || **a fuego lento** o **manso.** m. adv. fig. con que se da a entender el daño o perjuicio que se va haciendo poco a poco y sin ruido. || **a fuego y hierro; a fuego y sangre.** ms. advs. **a sangre y fuego.** || **¡alto el fuego!** loc. con que se ordena que cese el tiroteo. || m. Suspensión momentánea o definitiva de las acciones militares en una contienda. || **apagar el fuego con aceite.** expr. usada cuando en lugar de aplacar una contienda, la enconamos más. || **¡fuego!** interj. que se emplea para ponderar lo extraordinario de una cosa. || Voz con que se manda a la tropa disparar las armas de fuego. || **¡fuego de Cristo! ¡fuego de Dios!** exprs. con que se denota grande enojo o furor, y también lo mismo que con la sola voz **¡fuego!** usada como interjección.

Fuego (Volcán del). *Geog.* Monte volcánico de Guatemala, sit. al SO. de la ciudad de este nombre, en el límite de los depart. de Chimaltenango y Sacatepéquez; 4.260 m. de alt.

fueguecillo, to. m. dim. de **fuego.**
fueguezuelo. m. dim. de **fuego.**
fueguino, na. adj. Natural de la Tierra del Fuego, o perteneciente al archipiélago o a la isla del mismo nombre. Ú. t. c. s. || **Etnog.** Dícese de los pueblos que habitan en el extremo meridional de América, en la llamada Tierra del Fuego. Física y culturalmente, constituyen el grupo más primitivo de los que pueblan el continente americano. Actualmente quedan sólo tres pueblos fueguinos: yagan, alacaluf y ona. Estos indios son de corta estatura (1,57 m.), cráneo alargado, y frente huidiza con marcado prognatismo y rasgos brutales; la piel es de un tono pardo amarillento y los cabellos son lacios y negros. Desconocen la agricultura, viven de la caza del guanaco, un

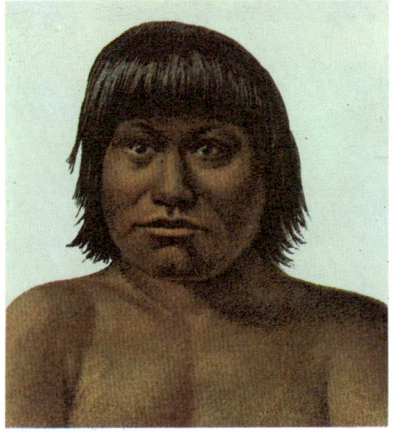

Fueguino, grabado antiguo

camélido americano. Socialmente se dividen en hordas, pequeñas agrupaciones que poseen en comunidad un terreno para cazar y pescar. El matrimonio es monógamo, siendo frecuente el adulterio, sin castigo subsiguiente. Creen en espíritus y, más o menos vagamente, adoran un ser supremo. Entre ellos está muy desarrollado el chamanismo. El chamán es a la vez hechicero, jefe y médico. Apl. a pers., ú. t. c. s. || Perteneciente o relativo a este grupo de pueblos.

fuel. m. Voz i. que sign. combustible. || **-oil.** *Quím.* **fuelóleo.**
fuelgo. (De *folgar.*) m. ant. **aliento.**
fuelóleo. (Del i. *fuel-oil;* de *fuel*, combustible, y *oil*, aceite.) m. **Quím.** Aceite pesado, llamado *mazout* en francés, que se emplea como combustible substituyendo al carbón en los buques modernos y automotores. Su poder calorífico es setenta veces mayor que el de la hulla.

fuellar. (Del aragonés *fuella,* y éste del lat. *fólia,* hoja.) m. Talco de colores con que se adornan las velas rizadas, principalmente el día de la Purificación de Nuestra Señora.

fuelle. fr., *soufflet, capote;* it., *soffietto;* i., *bellows;* a., *Balg, Blasebalg.* (Del lat. *follis.*) m. Instrumento para recoger aire y lanzarlo con dirección determinada. Los hay de varias formas, según los usos a que se destinan, pero esencialmente se reducen a una caja con tapa y fondo de madera, costados de piel para que sean flexibles, una válvula por donde entra el aire y un cañón por donde sale, cuando, plegándose los costados, se reduce el volumen del aparato. || Bolsa de cuero de la gaita gallega. || Arruga del vestido, casual o hecho de propósito, o por estar mal cosido. || En los carruajes, cubierta de vaqueta, que, mediante unas varillas de hierro puestas a trechos y unidas por la parte inferior, se extiende para guarecerse del sol o de la lluvia, y se pliega hacia la parte de atrás cuando se quiere. || Pieza de piel u otra materia plegable que se pone en los lados de bolsos, carteras o estuches, etc., para poder aumentar o disminuir su capacidad. || fig. Conjunto de nubes que se dejan ver sobre las montañas, y que regularmente son señales de viento. || fig. y fam. Persona soplona. || *Ar.* En los molinos de aceite de Teruel, pieza de cantería en que se recogen los caldos. || *Ast.* Odre usado en los molinos para envasar harina.

fuéllega. (Del lat. **fullicāre,* de *fullāre,* pisar.) f. *And.* Huella del pie en la tierra.

Fuembellida. *Geog.* Mun. y lugar de España, prov. de Guadalajara, p. j. de Molina; 82 h.

Fuencalderas. *Geog.* Mun. y lugar de España, prov. de Zaragoza, p. j. de Ejea de los Caballeros; 94 h.

Fuencaliente. *Geog.* Mun. de España, prov. de Ciudad Real, p. j. de Puertollano; 2.000 h. || Villa cap. del mismo; 1.947 h. || **de la Palma.** Mun. de España, prov. de Santa Cruz de Tenerife, en la isla de La Palma, p. j. de Los Llamos; 1.749 h. En su término entró en erupción, en octubre de 1971, el volcán Teneguía, que duró hasta la segunda mitad del mes de noviembre. || Lugar cap. del mismo; 587 h. También se llama *Los Canarios.* || **(Covacho del).** Prehist. Lugar cercano a Almodóvar del Campo, prov. de Ciudad Real, en donde se encuentran pinturas rupestres, que fueron descubiertas en 1788 por Fernando López de Cárdenas. Las pinturas, de color rojo obscuro y divididas en siete zonas, pueden agruparse con las del arte esquemático del Sur de España.

fuencarralero, ra. adj. **foncarralero.**
Fuencemillán. *Geog.* Mun. y villa de España, prov. y p. j. de Guadalajara; 265 h.
Fuendejalón. *Geog.* Mun. y lugar de España, prov. de Zaragoza, p. j. de Tarazona; 1.081 h.
Fuendetodos. *Geog.* Mun. y lugar de España, prov. y p. j. de Zaragoza; 234 h. Es patria de Goya.

Fuendetodos. Casa de Goya

Fuenferrada. *Geog.* Mun. y lugar de España, prov. de Teruel, p. j. de Calamocha; 106 h.
Fuengirola. *Geog.* Mun. y villa de España, prov. de Málaga, p. j. de Marbella; 20.597 h. (*fuengiroleños*). Puerto. Aduana y pintoresca playa.
Fuenlabrada. *Geog.* Mun. y villa de España, prov. y p. j. de Madrid; 7.327 h. || **de los Montes.** Mun. y villa de España, prov. de Badajoz, p. j. de Herrera del Duque; 2.526 h.
Fuenllana. *Geog.* Mun. y villa de España, prov. de Ciudad Real, p. j. de Infantes; 616 habitantes.
Fuenmayor. *Geog.* Mun. de España, prov. y p. j. de Logroño; 1.876 h. || Villa cap. del mismo; 1.817 h. (*fuenmayoranos*).
Fuensaldaña. *Geog.* Mun. y villa de España, prov. y p. j. de Valladolid; 672 h.
Fuensalida. *Geog.* Mun. y villa de España, prov. de Toledo, p. j. de Torrijos; 4.489 h. (*fuensalidanos*).
Fuensanta. *Geog.* Mun. y villa de España, prov. de Albacete, p. j. de la Roda; 603 h. (*fuensanteños*). || **de Gayangos.** Lugar de España, prov. de Burgos. || **de Lorca.** Lugar de España, prov. de Murcia. || **de Martos.** Mun. de España, prov. de Jaén, p. j. de Martos; 4.285 h. || Villa cap. del mismo; 2.890 h.

fuentada. f. fam. Cantidad de vianda que cabe en una fuente.
fuentano, na. adj. Natural de Fuentes de Rubielos, o perteneciente a este lugar. Ú. t. c. s.

fuente. fr., *fontaine, source;* it., *fonte, fontana;* i., *fountain, spring;* a., *Quelle, Brunnen.* (Del lat. *fons, fontis.*) f. Manantial de agua que brota de la tierra, debido a que la superficie del suelo corta una capa freática o un curso de agua subterránea; en este último caso se dice que es una resurgencia. || Aparato o artificio con que se hace salir el agua en los jardines y en las casas, calles o plazas, para diferentes usos, trayéndola encañada desde los manantiales o desde los depósitos. || Cuerpo de arquitectura hecho en fábrica, piedra, hierro, etc., que sirve para que salga el agua por uno o muchos caños dispuestos en él. || Pila bautismal. || Plato grande, circular u oblongo, más o menos hondo, que se usa para servir las viandas. || Cantidad de vianda que cabe en dicho plato. || Vacío que tienen las caballerías junto al corvejón. Ú. m. en pl. || Documento, obra o materiales que sirven de información o de inspiración a un autor. || fig. Principio, fundamento u origen de una cosa. || fig. Aquello de que fluye con abundancia un líquido. || **Cir. exutorio.** || **artificial.** *Léx.* Aparato convenientemente dispuesto para hacer salir un líquido. || **ascendente.** *Geol.* Surtidor de agua que brota de una hendidura vertical del terreno. || **descendente.** La que brota de una capa acuífera colocada a mayor altura que la del terreno a que aflora. || **hipogénica.** La que se origina en capas profundas de la corteza terrestre, y que por esa causa suele brotar a temperatura superior a la del ambiente (40 a 90° C.). || **intermitente.** La que mana sólo de cuando en cuando y no continuamente. Las hay naturales, en las que la intermitencia se debe a la disposición de las grietas en forma de sifón, comunicando con un depósito subterráneo, y artificiales, en las que el líquido que mana vuelve al punto de que salió para manar otra vez, y así sucesivamente, mediando un corto espacio de tiempo entre las dos emisiones de líquido. || **luminosa.** *Ing.* Aquella en que el agua se colorea, bien mediante un cristal de colores iluminado por una lente, bien por proyectores de colores colocados al aire libre. || **mineral.** *Miner.* La que lleva substancias en disolución, a veces con propiedades terapéuticas. || **termal.** *Geol.* fuente hipogénica.

Fuente Abejuna. *Geog.* Fuente Obejuna. || **-Álamo.** mun. de España, prov. de Albacete, p. j. de Almansa; 2.628 h. || Villa cap. del mismo; 2.594 h. (*fuentealameros*). || **-Álamo.** Lugar de España, prov. de Jaén. || **-Álamo.** Mun. de España, prov. de Murcia, p. j. de Cartagena; 8.914 h. || Villa cap. del mismo; 2.048 h. || **Amarga.** Pueblo de España, prov. de Cádiz. || **del Arco.** Mun. de España, prov. de Badajoz, p. j. de Llerena; 1.974 h. || Villa cap. del mismo; 1.337 h. (*fuentelarqueños*). || **de Cantos.** Mun. y villa de España, prov. de Badajoz, p. j. de Zafra; 5.967 h. En su término se producen cereales, vinos y aceites; tienen importancia la cría de ganado y la fabricación de chocolates, embutidos, harinas, tejas, ladrillos, etc. Construcciones ciclópeas en el cerro de los Castillejos. Sepulcros romanos. Patria del pintor Zurbarán. || **-Encalada.** Mun. y lugar de España, prov. de Zamora, p. j. de Benavente; 288 h. || **Encarroz.** Mun. y villa de España, prov. de Valencia, p. j. de Gandía; 3.235 h. || **la Encina.** Pueblo de España, prov. de Jaén. || **el Fresno.** Mun. de España, prov. de Ciudad Real, p. j. de Daimiel; 4.125 h. || Villa cap. del mismo; 3.747 h. || **la Higuera.** Mun. y villa de España, prov. de Valencia, p. j. de Onteniente; 2.787 h. (*fontinos*). || **la Lancha.** Mun. y villa de España, prov. de Córdoba, p. j. de Peñarroya-Pueblonuevo; 413 h. || **del Maestre.** Mun. y c. de España, prov. de Badajoz, p. j. de Zafra; 6.853 h. (*bacalones*). Fue fundada en la época romana. Perteneció a la Orden de Santiago, a la cual la cedió Alfonso IX de León. El mun. recibe también nombre de *La fuente.* || **Obejuna.** Mun. de España, prov. de Córdoba, p. j. de Peñarroya-Pueblonuevo; 9.247 h. || Villa cap. del mismo; 4.118 h. (*fuenteobejunenses*). Su iglesia parroquial tiene un magnífico retablo y ocupa el emplazamiento del antiguo palacio de los comendadores de Calatrava. Fuente Obejuna data de la época romana y corresponde probablemente a Mellaria y, luego, a Fuente Abejuna. En la actualidad se escribe también *Fuenteovejuna.* Su nombre fue inmortalizado por la famosa comedia de Lope de Vega así titulada. || **-Olmedo.** Mun. y lugar de España, prov. de Valladolid, p. j. de Medina del Campo; 125 h. || **el Olmo de Fuentidueña.** Mun. de España, prov. de Segovia, p. j. de Cuéllar; 400 h. || Lugar cap. del mismo; 315 h. || **el Olmo de Iscar.** Mun. y lugar de España, prov. de Segovia, p. j. de Cuéllar; 180 h. || **de Oro.** Mun. de Colombia, depart. de Meta; 7.397 h. || Pobl. cap. del mismo; 1.228 h. || **-Palmera.** Mun. de España, prov. de Córdoba, p. j. de Posadas; 8.685 h. || Villa cap. del mismo; 1.853 h. || **de Pedro Naharro.** Mun. y villa de España, prov. de Cuenca, p. j. de Tarancón; 1.616 h. (*fuenteños*). || **Picante de Amer.** Pueblo de España, prov. de Gerona. || **de Piedra.** Mun. y lugar de España, prov. de Málaga, p. j. de Antequera; 2.131 h. (*fontepedreños*). || **la Reina.** Mun. y lugar de España, prov. de Castellón, p. j. de Segorbe; 77 h. || **de San Esteban (La).** Mun. de España, prov. de Salamanca, p. j. de Ciudad Rodrigo; 1.449 h. || Lugar cap. del mismo; 1.401 h. || **de Santa Cruz.** Mun. y villa de España, prov. de Segovia; 336 h. || **el Sáuz.** Mun. y villa de España, prov. de Ávila, p. j. de Arévalo; 400 h. || **el Saz de Jarama.** Mun. y villa de España, prov. de Madrid, p. j. de Alcalá de Henares; 1.010 h. Antes se llamó *Fuente el Saz.* || **el Sol.** Mun. y villa de España, prov. de Valladolid, p. j. de Medina del Campo; 462 h. || **-Tójar.** Mun. de España, prov. de Córdoba, p. j. de Priego de Córdoba; 1.408 h. || Villa cap. del mismo; 1.111 h. (*tojeños*). || **Vaqueros.** Mun. de España, prov. y p. j. de Granada; 3.396 h. || Lugar cap. del mismo; 3.241 h.

fuentealamero, ra. adj. Natural de Fuente-Álamo (Albacete), o perteneciente a esta villa. Ú. t. c. s.

Fuentealbilla. *Geog.* Mun. de España, prov. y p. j. de Albacete; 2.128 h. || Villa cap. del mismo; 1.756 h. (*fuentealbillanos*).

Fuentearcada. *Geog.* V. **Peroja (La).**

Fuentearmegil. *Geog.* Mun. de España, prov. de Soria, p. j. de El Burgo de Osma; 721 habitantes. || Villa cap. del mismo; 218 h.

Fuentebureba. *Geog.* Mun. de España, prov. de Burgos, p. j. de Briviesca; 246 h. || Villa cap. del mismo; 119 h.

Fuentecambrón. *Geog.* Mun. de España, prov. de Soria, p. j. de El Burgo de Osma; 205 habitantes. || Lugar cap. del mismo; 99 h.

Fuentecantos. *Geog.* Mun. y lugar de España, prov. y p. j. de Soria; 88 h. (*fuentecanteños*).

Fuentecén. *Geog.* Mun. y villa de España, prov. de Burgos, p. j. de Aranda de Duero; 648 h. (*ribereños*).

Fuente el Fresno. Santuario de la Virgen de la Sierra

Fuentecén. Vista parcial

Fuentedías. *Geog.* Touro.

Fuenteguinaldo. *Geog.* Mun. y villa de España, prov. de Salamanca, p. j. de Ciudad Rodrigo; 1.291 h. (*guinaldeses*).

Fuenteheridos. *Geog.* Mun. y villa de España, prov. de Huelva, p. j. de Aracena; 788 h. (*fuenterideños*). Canteras de mármol.

Fuentelahiguera de Albatages. *Geog.* Mun. y villa de España, prov. y p. j. de Guadalajara; 307 h.

Fuentelapeña. *Geog.* Mun. y villa de España, prov. de Zamora, p. j. de Toro; 1.384 h.

fuentelarqueño, ña. adj. Natural de Fuente del Arco, o perteneciente a esta villa. Ú. t. c. s.

Fuentelcésped. *Geog.* Mun. y villa de España, prov. de Burgos, p. j. de Aranda de Duero; 478 h.

Fuentelencina. *Geog.* Mun. y villa de España, prov. y p. j. de Guadalajara; 388 h. (*fuentelencineros*).

Fuentelespino de Haro. *Geog.* Mun. y villa de España, prov. de Cuenca, p. j. de Tarancón; 515 h. || **de Moya.** Mun. y lugar de España, prov. y p. j. de Cuenca; 355 h.

Fuenteliante. *Geog.* Mun. de España, prov. de Salamanca, p. j. de Vitigudino; 243 h. || Lugar cap. del mismo; 240 h.

Fuentelisendo. *Geog.* Mun. y villa de España, prov. de Burgos, p. j. de Aranda de Duero; 272 h.

Fuentelmonje. *Geog.* Mun. y lugar de España, prov. de Soria, p. j. de Almazán; 294 habitantes.

Fuentelsaz. *Geog.* Mun. y villa de España, prov. de Guadalajara, p. j. de Molina; 217 h. Célebre Monasterio de Piedra, a 12 km. || **de Soria.** Mun. de España, prov. de Soria; 153 h. || Lugar cap. del mismo; 61 h.

Fuentelviejo. *Geog.* Mun. y villa de España, prov. y p. j. de Guadalajara; 100 h.

Fuentemolinos. *Geog.* Mun. y lugar de España, prov. de Burgos, p. j. de Aranda de Duero; 284 h.

Fuentenava de Jábaga. *Geog.* Mun. de España, prov. y p. j. de Cuenca; 696 h. Corr. 217 a la cap., el lugar de Jábaga.

Fuentenebro. *Geog.* Mun. de España, prov. de Burgos, p. j. de Aranda de Duero; 370 h.

Fuentenovilla. *Geog.* Mun. y villa de España, prov. y p. j. de Guadalajara; 394 h.

fuenteño, ña. adj. Natural de Fuente de Pedro Naharro, o perteneciente a esta villa. Ú. t. c. s.

fuenteobejunense. adj. Natural de Fuente Obejuna, o perteneciente a esta villa. Ú. t. c. s.

Fuenteovejuna. Geog. Fuente Obejuna.

Fuentepelayo. Geog. Mun. y villa de España, prov. de Segovia, p. j. de Cuéllar; 1.342 habitantes *(fuentepelayenses).*

Fuentepinilla. Geog. Mun. de España, prov. de Soria, p. j. de Almazán; 331 h. ‖ Villa cap. del mismo; 145 h.

Fuentepiñel. Geog. Mun. y lugar de España, prov. de Segovia, p. j. de Cuéllar; 296 h.

Fuenterrabía. (En vascuence, *Ondarribia.*) **Geog.** Mun. de España, prov. de Guipúzcoa, p. j. de San Sebastián; 10.471 h. ‖ C. cap. del mismo; 2.350 h. *(ondarribiarras).* Puerto. Aduana. Catedral, rica en ornamentos. Museos. Archivo histórico. Murallas. Castillo de la época de Carlos V, declarado monumento nacional. Estación veraniega y pobl. muy urbanizada.

Fuenterrabía. Vista general

Fuenterrebollo. Geog. Mun. y lugar de España, prov. de Segovia, p. j. de Sepúlveda; 730 h.

Fuenterroble de Salvatierra. Geog. Mun. y lugar de España, prov. y p. j. de Salamanca; 515 h.

Fuenterrobles. Geog. Mun. y villa de España, prov. de Valencia, p. j. de Requena; 964 habitantes.

Fuentes (conde de). Biog. Enríquez de Acevedo (Pedro) y **Fontaine** o **Fontaines (Pablo Bernardo).** ‖ **(Carlos).** Escritor mejicano, n. en Ciudad de Méjico en 1929. Ha trabajado sobre todo en la novela, en la que usa un lenguaje barroco y con arcaísmos, que sin embargo no desentonan. Novelas: *La región más transparente* (1958), *Las buenas conciencias* (1959), *La muerte de Artemio Cruz* (1962) y *Cambio de piel* (1967). Además de trabajar para el cine y para el teatro, ha escrito los cuentos *Los días enmascarados* (1954) y *Cantar de ciegos* (1964), y las novelas cortas *Aura* (1962), *Zona sagrada* y *Cumpleaños* (1970). ‖ **(Pedro E.).** Enríquez de Acevedo (Pedro). ‖ **Quintana (Enrique).** Político español, n. en Carrión de los Condes en 1924. Catedrático de Economía Política y Hacienda Pública de la Universidad de Valladolid, y de Hacienda Pública y Derecho Fiscal en la Universidad de Madrid. Vicepresidente segundo para Asuntos Económicos (1977-78). ‖ **Geog.** Local. de Argentina, prov. de Santa Fe, depart. de San Lorenzo; 1.473 h. ‖ Mun. de España, prov. y p. j. de Cuenca; 676 h. ‖ Villa cap. del mismo; 638 h. ‖ **de Andalucía.** Mun. de España, prov. de Sevilla, p. j. de Écija; 9.968 h. ‖ Villa cap. del mismo; 8.857 h. *(fontaniegos).* ‖ **de Año.** Mun. y villa de España, prov. de Ávila, p. j. de Arévalo; 502 h. ‖ **de Ayódar.** Mun. y lugar de España, prov. y p. j. de Castellón; 99 h. ‖ **de Béjar.** Mun. y lugar de España, prov. de Salamanca, p. j. de Béjar; 575 h. *(fuenterricos).* ‖ **Calientes.** Mun. y lugar de España, prov. y p. j. de Teruel; 248 h. ‖ **de Carbajal.** Mun. de España, prov. y p. j. de León; 264 h. ‖ Villa cap. del mismo; 103 h. ‖ **de Carvajal. Fuentes de Carbajal.** ‖ **Carrionas.** Bravía y pintoresca comarca de España, prov. de Palencia; así llamada porque en ella nace el río Carrión. Se proyecta convertirla en coto turístico y deportivo. ‖ **Claras.** Mun. y lugar de España, prov. de Teruel, p. j. de Calamocha; 1.085 h. Aguas ferruginosas (templadas), recomendadas en la anemia y cloroanemia y enfermedades del aparato sexual femenino. ‖ **de Ebro.** Mun. y villa de España, prov. y p. j. de Zaragoza; 3.534 h. *(fuentinos).* ‖ **de Jiloca.** Mun. y lugar de España, prov. de Zaragoza, p. j. de Daroca; 729 h. *(fontenses).* ‖ **de León.** Mun. y villa de España, prov. de Badajoz, p. j. de Fregenal de la Sierra; 3.699 h. ‖ **de Magaña.** Mun. y villa de España, prov. y p. j. de Soria; 287 h. ‖ **de Nava.** Mun. y villa de España, prov. y p. j. de Palencia; 1.224 h. ‖ **de Oñoro.** Mun. de España, prov. de Salamanca, p. j. de Ciudad Rodrigo; 1.069 h. ‖ Villa cap. del mismo; 506 h. En esta villa se libró la batalla de su nombre entre las fuerzas francesas, al mando de Massena, y las aliadas, al de Wellington, en mayo de 1811. ‖ **de Ropel.** Mun. y villa de España, prov. de Zamora, p. j. de Benavente; 1.091 h. ‖ **de Rubielos.** Mun. y villa de España, prov. y p. j. de Teruel; 159 h. *(fuentanos).* ‖ **de Valdepero.** Mun. y villa de España, prov. de Palencia; 437 h. ‖ **Mit.** Hijas del Océano y de Tetis, veneradas en la antigüedad.

Fuentesaúco. Geog. Mun. y villa de España, prov. y p. j. de Zamora; 2.280 h. *(saucanos).* Iglesia de Santa María, construida en el s. XVI, de estilo renacentista-herreriano, que ha sido declarada monumento histórico-artístico nacional. ‖ **de Fuentidueña.** Mun. de España, prov. de Segovia, p. j. de Cuéllar; 897 h. Cereales. ‖ Lugar cap. del mismo; 555 h.

Fuentesecas. Geog. Mun. y lugar de España, prov. de Zamora, p. j. de Toro; 243 habitantes.

Fuentesoto. Geog. Mun. de España, prov. de Segovia, p. j. de Cuéllar; 445 h. ‖ Lugar cap. del mismo; 341 h.

Fuentespalda. Geog. Mun. y villa de España, prov. de Teruel, p. j. de Alcañiz; 512 h. Minas de hierro.

Fuentespina. Geog. Mun. y villa de España, prov. de Burgos, p. j. de Aranda de Duero; 613 h.

Fuentespreadas. Geog. Mun. y villa de España, prov. y p. j. de Zamora; 595 h.

Fuentestrún. Geog. Mun. y lugar de España, prov. de Soria; 168 h.

fuentezuela. f. dim. de **fuente.**

Fuentidueña Geog. Mun. y villa de España, prov. de Segovia, p. j. de Cuéllar; 370 h. En la Edad Media fue pobl. importante. Restos del recinto amurallado y del castillo medieval (s. XIII y XVI). Restos románicos de la iglesia de San Martín. Notable iglesia de San Miguel. ‖ **de Tajo.** Mun. y villa de España, prov. de Madrid, p. j. de Aranjuez; 1.462 h. *(fuentidueñeros).*

fuer. m. apóc. de **fuero.** ‖ **a fuer de.** m. adv. A ley de, en razón de, en virtud de, a manera de.

fuera. fr., *hors, dehors;* it., *fuori;* i., *out, out of;* a., *aussen.* (De *fueras.*) adv. l. y t. A o en la parte exterior de cualquier espacio o término real o imaginario. Pueden anteponérsele las prep. *de, por* y *hacia.* ‖ **de combate.** (Españolización de la fr. *knock out,* que sign. arrojar a golpes y se expresa con las siglas *k. o.*). **Dep.** En boxeo, derribar un contendiente a otro por la eficacia de sus golpes, dando lugar a que el árbitro cuente al caído ocho segundos hasta que se reintegra a la lucha, o diez, en cuyo caso queda descalificado. De *knock out* se han formado el adj. *noqueado* y el verbo *noquear,* de poco uso por lo desagradable de ambos anglicismos. También hay un *fuera de combate técnico,* que declara el árbitro ante la inferioridad manifiesta de uno de los contrincantes. ‖ **de juego.** (En i., *offside.*) Situación del jugador de un equipo, que no puede actuar porque cometería falta. Se da en varios deportes. En fútbol, que es el caso más conocido, se produce cuando entre el jugador y la meta opuesta hay menos de dos jugadores del equipo contario; y no existe si el balón ha sido jugado inmediatamente antes por un contrincante. ‖ Situación de la pelota que ha salido del terreno de juego. ‖ **de fuera.** m. adv. **defuera.** ‖ **¡fuera!** interj. **¡afuera!** Ú. t. repetida. En los teatros y otros sitios suele emplearse para denotar desaprobación. Ú. alguna vez como substantivo. ‖ Seguida de un nombre de prenda de vestir, intima a su dueño que se despoje de ella. ‖ **fuera de.** m. adv. conjuntivo; precediendo a substantivos, significa excepto, salvo. ‖ Precediendo a verbos, significa además de, aparte de.

fueraborda. m. **motor fuera borda.**

fuerarropa (hacer). (De *fuera* y *ropa.*) Frase de mando usada en las galeras para que se desnudase la chusma.

fueras. (Del lat. *foras,* fuera.) adv. m. ant. **fuera.** ‖ **fueras ende.** m. adv. ant. **fuera de.**

fuerista. com. Persona muy inteligente e instruida en los fueros de las provincias privilegiadas. ‖ Persona defensora acérrima de los fueros. ‖ adj. Perteneciente o relativo a los fueros.

fuero. fr., *loi, statut;* it., *statuto, diritto;* i., *statute, law;* a., *Gesetz, Statut.* (Del lat. *forum,* tribunal.) m. Ley o código dados para un municipio durante la Edad Media. ‖ Jurisdicción, poder. ‖ Nombre de algunas compilaciones de leyes. ‖ Cada uno de los privilegios y exenciones que se conceden a una provincia, ciudad o persona. Ú. m. en pl. ‖ ant. Lugar o sitio en que se hace justicia. ‖ fig. Privilegio, prerrogativa o derecho moral que se reconocen a ciertas actividades, principios, virtudes, etc., por su propia naturaleza. Ú. m. en pl. ‖ fig. y fam. Arrogancia, presunción. Ú. m. en pl. ‖ **Der.** Competencia a la que legalmente las partes están sometidas y por derecho les corresponde. ‖ **activo.** Aquel de que gozan unas personas para llevar sus causas a ciertos tribunales por privilegio del cuerpo de que son individuos. ‖ **de atracción.** Dícese cuando por el rango del tribunal, la calidad del justiciable o la índole del asunto, ha de conocer aquél de cuestiones diferentes, aunque conexas, respecto de las que estrictamente le competen. ‖ **de la conciencia.** Libertad de la conciencia para aprobar las buenas obras y reprobar las malas. Ú. m. en pl. ‖ **exterior,** o **externo.** Tribunal que aplica las leyes. ‖ **interior,** o **interno. fuero de la conciencia.** ‖ **mixto.** El que participa del eclesiástico y del secular. ‖ **a fuero,** o **al fuero.** m. adv. Según la ley, estilo o costumbre. ‖ **de fuero.** m. adv. De ley, o según la obligación que induce la ley.

Fuero Juzgo. Lit. Uno de los primeros monumentos de la lengua castellana, en el cual ésta se muestra ya completamente formada. Es la traducción del *Fórum Júdicum,* código de las leyes visigóticas, vertido al castellano bajo el reinado de Alfonso *el Sabio.*

fuerte–fuerza

fuerte. fr., *fort*; it., *forte*; i., *strong*; a., *Stark, kräftig.* = fr., *fort., forteresse;* it., *fortezza;* i., *fortified place;* a., *Festung.* (Del lat. *fortis.*) adj. Que tiene fuerzas y resistencia: *cordel, pared* **fuerte**. ‖ Robusto, corpulento y que tiene grandes fuerzas. ‖ Animoso, varonil. ‖ Duro, que no se deja fácilmente labrar; como el diamante, el acero, etc. ‖ Hablando del terreno, áspero, fragoso. ‖ Dícese del lugar resguardado con obras de defensa que lo hacen capaz de resistir los ataques del enemigo. ‖ Entre plateros, monederos y lapidarios, dícese de lo que excede en el peso o ley; y así, se llama fuerte la moneda que tiene algo más del peso que le corresponde, y de un diamante se dice que tiene tres gramos fuertes cuando pesa algo más, pero no llega a tres y medio. ‖ Aplícase a la moneda de plata, para distinguirla de la de vellón del mismo nombre. Así, el real fuerte valía dos y medio reales de vellón, y el peso fuerte ocho reales también fuertes, que equi-

Casa-palacio y fuerte de los condestables de Castilla. Burgos

valían a veinte de vellón. En las Antillas españolas y en el archipiélago filipino la fuerte ha sido siempre la moneda legal. ‖ Dícese de la forma gramatical que tiene el acento en el tema. ‖ fig. Terrible, grave, excesivo. ‖ fig. Temoso, de mala condición y de genio duro. ‖ fig. Muy vigoroso y activo. ‖ fig. Grande, eficaz y que tiene para persuadir. ‖ fig. Versado en una ciencia o arte. ‖ En Chile, fétido, hediondo. ‖ En Río de la Plata, dícese del mate cebado con hierba de gusto intenso, con sabor vigoroso y entonado. Aplícase también a las hierbas muy rendidoras. ‖ m. Recinto fortificado. ‖ fig. Aquello a que una persona tiene más afición o en que más sobresale. Ú. comúnmente con el verbo ser. ‖ En Álava, cierto juego de muchachos, en el que se pegan con la pelota unos a otros. ‖ En música, mayor intensidad del sonido en el pasaje o nota que señala el signo representado con una *f.* ‖ adv. m. Con fuerza. ‖ Suculentamente y con exceso en la bebida. Ú con los verbos *almorzar, comer, merendar* y *cenar*. ‖ ant. Con mucho cuidado y desvelo.

Fuerte. Geog. Río de Méjico, en el est. de Sinaloa. Tiene su origen en el est. de Chihuahua, concurriendo en su formación varios ríos; entra en el est. de Sinaloa y después de 450 km. de curso des. en el golfo de California. ‖ **(El).** Mun. de Méjico, est. de Sinaloa; 61.558 h. ‖ C. cap. del mismo; 7.179 h. Cereales, maíz, frijoles y garbanzos, frutas, caña de azúcar y ganadería. ‖ **Argentino.** Local. de Argentina, prov. de Buenos Aires, part. de Tornquist; 301 h. ‖ **Escusa. Fuertescusa.** ‖ **Olimpo.** C. de Paraguay, cap. del depart. de Alto Paraguay; 6.000 h. Centro comercial. Tenerías. ‖ **Quemado.** Local. de Argentina, prov. de Catamarca, depart. de Santa María; 672 h. ‖ **del Rey.** Mun. y villa de España, prov. y p. j. de Jaén; 1.387 h.

Fuertecito (El). Geog. Local. de Argentina, prov. de Córdoba, depart. de San Justo; 587 h.

fuertemente. adv. m. Con fuerza. ‖ fig. Con vehemencia.

Fuertes (Gloria). Biog. Poetisa española, n. en Madrid en 1918. Su poesía se distingue por el tono personal y subjetivo marcadamente oral, que refleja en sentimientos hondos y colectivos la constatación de la vida y la muerte, del amor y del dolor, cuyos conceptos y realidades resultan universales, no exentos a veces de humorismo. Obras: *Isla ignorada* y *Canciones para niños* (1950), *Aconsejo beber hilo* (1954), *Pirulí*, versos para párvulos (1955), *Todo asusta* (1958), *Cómo atar los bigotes del tigre* (1969), *Antología poética 1950-1969* (1970), *Sola en la sala* (1973), etc.

Fuertescusa. Geog. Mun. y lugar de España, prov. y p. j. de Cuenca; 221 h.

Fuerteventura. Geog. Isla de España, en el arch. de Canarias, prov. de Las Palmas, la mayor después de Tenerife, sit. al S. de la de Lanzarote, de la que está separada por el canal de la Bocayna; 1.722 km.² y 6.098 h. Los dos extremos son bastante elevados y dejan en medio una vasta depresión. En el N. se encuentran las montañas Atalaya (520 m.), Muda (683) y Toja. La parte central consiste en una llanura baja y rojiza que se eleva al S., formando las montañas del Cardón (683 m.) y las Orejas de Asro (842). Las comunicaciones son muy deficientes y el vehículo más común es el

Fuerteventura. Cultivo en terrazas

dromedario. El clima es sano y agradable. El suelo produce cereales, legumbres y hortalizas, sobre todo tomates. Forma el p. j. de Puerto del Rosario, que es su cap. Ha recibido esta isla los nombres de *Lagartaria, Planaria* y *Pintuaria*. Béthencourt, el conquistador de Canarias, estuvo en ella en 1517 y la denominó *Fortuite*.

fuertezuelo. m. dim. de **fuerte.**

fuerza. fr., *force, pouvoir;* it., *forza;* i., *strength, might;* a., *Kraft.* (Del lat. *fortia.*) f. Vigor, robustez y capacidad para mover una cosa que tenga peso o haga resistencia; como para levantar una piedra, tirar una barra, etc. ‖ Virtud y eficacia natural que las cosas tienen en sí. ‖ Acto de obligar a uno a que dé asenso a una cosa, o a que la haga. ‖ Violencia que se hace a una mujer para gozarla. ‖ Grueso o parte principal mayor y más fuerte de un todo. ‖ Estado más vigoroso de una cosa. ‖ **eficacia.** ‖ Plaza murada y guarnecida de gente para defensa. ‖ Fortificaciones de esta plaza. ‖ Lista de bocací, holandilla u otra cosa fuerte que echan los sastres al canto de las ropas entre la tela principal y el forro. También se llama así a otras fajas o listas que se cosen para reforzar algún tejido. ‖ **Der.** Agravio que el juez eclesiástico hace a la parte en conocer su causa, o en el modo de conocer de ella, o en no otorgarle la apelación. ‖ **Esgr.** Tercio primero de la espada hacia la guarnición. ‖ **Fís.** Causa que modifica el estado de reposo o de movimiento de un cuerpo. Es igual al producto de la masa del cuerpo sobre el que se aplica y de la aceleración que adquiere. En el sistema cegesimal, la unidad es la dina, que es la fuerza necesaria para comunicar a un cuerpo de 1 gr. de masa la aceleración de 1 cm. por segundo cuadrado. En el sistema práctico es el kilogramo, y en el sistema técnico, el neutonio. ‖ Resistencia que se opone al movimiento. ‖ **Impr. cuerpo,** grosor en puntos que tienen los tipos. ‖ pl. **Mil.** Gentes de guerra y demás aprestos militares. ‖ **aceleratriz.** *Mec.* La que aumenta la velocidad de un movimiento. ‖ **animal.** *Léx.* La del ser viviente cuando se emplea como motriz. ‖ **armada.** *Mil.* El ejército o una parte de él. ‖ **ascensional.** *Fís.* Empuje hacia arriba que experimenta un cuerpo inmerso en un fluido, cuando su peso es inferior al del fluido desalojado por su volumen; como en el globo aerostático. ‖ **bruta.** *Léx.* La material, en oposición a la que el derecho o la razón. ‖ **centrífuga.** *Mec.* La que tiende a alejar a un cuerpo del centro alrededor del cual gira. ‖ **centrípeta.** La que tiende a acercar un cuerpo al centro en derredor del cual se mueve. ‖ **coercitiva.** *Elec.* Intensidad de campo que hay que aplicar a un circuito magnético constituido por material ferromagnético, previamente sometido a una acción magnetizante, para anular el magnetismo remanente que pueda poseer. ‖ **constante.** *Mec.* La que actúa permanentemente o durante cierto tiempo y provoca movimiento. ‖ **contraelectromotriz.** *Elec.* Tensión de autoinducción que se origina en un circuito por el paso de una corriente alterna que, junto con la caída de tensión, debida a la resistencia de dicho circuito, se opone a la fuerza electromotriz aplicada, limitando la corriente a cierto valor. ‖ **electromotriz.** Tensión producida por un generador de energía eléctrica para ser utilizada en un circuito consumidor. ‖ **de empuje.** *Astronáut.* Relación existente entre el peso de un vehículo espacial y la potencia de sus motores, que condicionan sus posibilidades de arranque y marcha. ‖ **de inercia.** *Mec.* Resistencia que oponen los cuerpos a obedecer a la acción de las fuerzas. ‖ **instantánea.** La que actúa un solo instante y produce movimiento uniforme. ‖ **irresistible.** *Der.* La que anulando la voluntad del compelido a ejecutar un delito, es circunstancia eximente. ‖ **liberatoria.** *Num.* La que legalmente se concede al papel moneda para que pueda pagarse con éste las deudas y obligaciones, cuya cuantía está referida a la moneda acuñada. ‖ **de ligamen.** *Fís.* La interior de un sistema que se opone a algunos desplazamientos del mismo. ‖ **magnética.** Intensidad del campo magnético terrestre que actúa sobre la aguja náutica; para su estudio se divide en dos componentes: vertical y horizontal. ‖ **magnetomotriz.** Causa productora de los campos magnéticos creados por las corrientes eléctricas. Se mide en gilbertios o amperiovueltas. ‖ **mayor.** *Der.* La que por no poderse prever o resistir, exime del cumplimiento de alguna obligación. En sentido estricto, la que procede de la voluntad lícita o ilícita de un tercero. ‖ **naval.** *Mar.* Agrupación de buques de guerra. ‖ **pública.** *Léx.* Agentes de la autoridad encargados de mantener el orden. ‖ **retardatriz**. *Mec*. La que disminuye la velocidad de un movimiento. ‖ **de sangre**. *Lex*. **fuerza animal**. ‖ Plenitud de sangre. ‖ **sutil**. *Mar*. Conjunto de buques de guerra de pequeño porte. ‖ **vital**. *Biol*. Según los antiguos biólogos, fuerza peculiar y propia de los seres vivos, distinta de las fisicoquímicas e incluso, para algunos, opuesta a ellas (v. **vitalismo**). ‖ **viva**. *Mec*. Energía acumulada por un cuerpo en movimiento, y cuyo valor es la mitad del producto de su masa por el cuadrado de su velocidad. ‖ **fuerzas anfibias**. *Mil*. Las de tierra y aire agrupadas y preparadas para intervenir conjuntamente en operaciones que suponen transporte por mar, bombardeo de costa, cobertura aérea, desembarco en una playa o costa baja y conquista y conservación de los objetivos fijados por el mando. ‖ **de choque**. Unidades militares que por su espíritu, su mejor instrucción o el armamento de que disponen suelen emplearse con preferencia en la ofensiva. ‖ **nucleares**. *Fís*. Las que se supone operan en los núcleos atómicos. ‖ **vivas**. *Econ*. Se dice de las clases y los grupos impulsores de la actividad y la prosperidad, señaladamente del orden económico, en una población, una comarca o una nación. ‖ Personas o clases representativas de una ciudad, región, país, etc., por su autoridad o por su influencia social. ‖ **a fuerza de**. m. adv. que seguido de un substantivo o de un verbo indica el modo de obrar empleando con intensidad o abundancia el objeto designado por el substantivo, o reiterando mucho la acción expresada por el verbo. ‖ **a fuerza de brazos**. loc. fig. y fam. A fuerza de mérito o de trabajo. ‖ **a fuerza de manos**. loc. fig. y fam. Con fortaleza y constancia. ‖ **a la fuerza**. m. adv. **por fuerza**. ‖ **a viva fuerza**. m. adv. Violentamente, con todo el vigor posible. ‖ **de fuerza**. m. adv. ant. Forzosa, necesariamente; por fuerza. ‖ **de por fuerza**. m. adv. fam. **por fuerza**. ‖ **en fuerza de**. m. adv. A causa de, en virtud de. ‖ **fuerza a fuerza**. m. adv. **de poder a poder**. ‖ **por fuerza**. m. adv. Violentamente; contra la propia voluntad. ‖ Necesaria, indudablemente. ‖ **ser fuerza**. loc. Ser necesario o forzoso.

fuesa. (Del lat. *fŏssa*.) f. ant. **huesa**.

Fuess (Rudolf). *Biog*. Mecánico alemán, n. en Moringen (1838-1917). Se especializó en la construcción de materiales instrumentales y

Rudolf Fuess

fue director de la empresa Grenier y Geissler, que se dedicaba a la fabricación de instrumentos meteorológicos.

fuetazo. (De *fuete*.) m. *Amér*. galic. por **latigazo**.

fuete. (Del fr. *fouet*.) m. *Amér*. galic. por **látigo**.

Fueva (La). *Geog*. Mun. de España, prov. de Huesca, p. j. de Boltaña; 1.101 h. Corr. 211 a la cap., el lugar de Tierrantona.

fufar. intr. Dar bufidos el gato.

fufo. m. **fu**, bufido del gato.

fufú. m. *Col., Cuba y Puerto Rico*. Comida hecha de plátano, ñame o calabaza. ‖ *P. Rico*. Hechizo, mal de ojo.

fuga. fr., *fuite, fougue*; it., *fuga, foga*; i., *flight*; a., *Flucht, Fuge*. (Del lat. *fuga*.) f. Huida apresurada. ‖ La mayor fuerza o intensión de una acción, ejercicio, etc. ‖ Salida de gas o líquido por un orificio o abertura producidos accidentalmente. ‖ **Elec**. Escape de corriente, de pequeña intensidad, por pérdida de aislamiento en el circuito; puede dar lugar a la destrucción de éste a causa del calentamiento producido. ‖ **Mús**. Composición que gira sobre un tema y la imitación, repetidos con cierto artificio por diferentes tonos. El nombre de esta rama de la música debió aplicársele porque una de las partes o voces inicia sola su camino, como si huyese de las otras, que luego van persiguiéndola. Cuando la fuga tiene dos motivos se llama *doble fuga*; si tres, *triple fuga*, y así sucesivamente. En estos casos, la composición no empieza en una sola voz, sino que los motivos aparecen juntos, aunque no todos ellos surjan a un mismo tiempo exactamente. Bach elevó la fuga a un punto que aún no ha sido superado. ‖ **de cerebros**. *Lex*. Fenómeno cultural muy propio de nuestro tiempo, consistente en la emigración de personas de gran inteligencia y preparación científica para establecerse en otro país, donde encuentran mayores facilidades en sus investigaciones y mejor remuneración. ‖ **de consonantes**. Escrito en que las consonantes se substituyen por puntos. Es una especie de acertijo. ‖ **de vocales**. Cuando las que se substituyen por puntos son las vocales.

Fuga. *Geog*. Isla de Filipinas, perteneciente al grupo de Babuyanes, en la prov. de Cagayán y al N. de Luzón; 54 km.² de superficie.

fugacidad. (Del lat. *fugacĭtas, -ātis*.) f. Calidad de fugaz. ‖ **Quím**. Valor que permite calcular la energía libre de un cuerpo químico real.

fugada. f. Movimiento violento y repentino del aire.

fugado, da. p. p. de **fugar** o **fugarse**. ‖ adj. *Mús*. Pasaje o composición que participa de las características de la fuga.

fugar. (Del lat. *fugāre*.) tr. ant. Poner en fuga o huida. ‖ prnl. Escaparse, huir.

fugaz. fr. e it., *fugace*; i., *fugacious*; a., *flüchtig*. (Del lat. *fugax, -ācis*.) adj. Que con velocidad huye y desaparece. ‖ fig. De muy corta duración. ‖ **Bot**. Se dice del órgano caedizo, que se desprende muy pronto sin marchitarse, como los pétalos de las jaras y sépalos de las amapolas.

fugazmente. adv. m. de manera fugaz.

Fugger. *Geneal*. Apellido de una familia de banqueros alemanes. Fue el fundador Hans Fugger, modesto tejedor de Graben, que se estableció en Augsburgo, por el año 1370. Descendientes de él fueron dos ramas: los Fugger von Reh y los Fugger von Gilgen, de cuyo seno surgió Jakob Fugger, el más genial de su tiempo (1473) en asuntos mercantiles y bancarios. Inició éste en gran escala el contacto económico con Hamburgo y las ciudades anseáticas, en el comercio de especiería y banca; adelantó cantidades respetables al emperador Maximiliano de Austria, al papa Julio II y a la Curia Pontificia, creando un banco en Roma, y al rey de España Carlos I y V emperador de Alemania, decidiendo con su ayuda pecuniaria, en gran parte, los destinos de Europa. En España fueron conocidos por los Fúcar, castellanización de su apellido.

fugible. (Del lat. *fugibĭlis*.) adj. ant. Que se debe huir.

fúgido, da. (Del lat. *fugĭtus*, p. p. de *fugĕre*, huir.) adj. ant. Que huye o desaparece. Suele usarse aún en poesía.

Plato de vidrio veneciano, con el escudo de los Fugger. Museo Lázaro Galdiano. Madrid

fugir. (Del lat. *fugĕre*.) intr. ant. **huir**.

fugitivo, va. fr., *fugitif*; it., *fuggitivo*; i., *fugitive*; a., *fliehend, flüchtig*. (Del lat. *fugitīvus*.) adj. Que anda huyendo y escondiéndose. Ú. t. c. s. ‖ Que pasa muy aprisa y como huyendo. ‖ fig. Caduco, parecedero; que tiene corta duración y desaparece con facilidad.

-fugo. (Del lat. *fugāre*, poner en fuga.) suf. que sign. huida, apartamiento: *febrífugo*.

fuguillas. m. fam. Hombre de vivo genio, rápido en obrar e impaciente en el obrar de los demás.

Führer. (Voz alemana que sign. *conductor*.) Fue introducida en la terminología política por Adolf Hitler, para designar a los jefes de las organizaciones nacionalsocialistas. Por antonomasia se le dio ese nombre a él mismo.

fuida. (De *fuir*.) f. ant. **huida**.

fuidizo, za. (De *fuida*.) adj. ant. Huidizo, fugitivo.

fuimiento. (De *fuir*.) m. ant. Salida o desamparo.

fuina. (Del aragonés *fuina*, y éste del lat. *fagīna*, de *fagus*, haya.) f. **garduña**.

fuir. (De *fugir*.) intr. ant. **huir**.

fuisca. (Del gall. y port. *faisca*, y éste del germ. *falaviska*, chispa.) f. ant. Chispa de fuego.

Fujairah. *Geog*. Est. de Unión de Emiratos Árabes, sit. al E. de la península de Arabia y a orillas del golfo de Omán, uno de los que constituían el antiguo protectorado británico de Costa de los Piratas; 1.200 km.² y 9.700 h. Perlas y pescado. ‖ C. cap. del mismo; 800 h.

fuji. *Geog*. Nombre que se da en Japón a toda montaña de forma cónica (v. **Fujiyama**).

Fujita (Leonard). *Biog*. **Foujita (Leonard)**.

Fujiwara. *Biog*. y *Geneal*. Noble y antiquísima familia japonesa, cuyo origen se remonta al s. VII de nuestra era. Uno de los primeros individuos que se mencionan es *Kamatari* (614-669), partidario acérrimo del príncipe Karu no Oji, al que ayudó a derribar del trono a los Soga, asentándole en él.

Fujiyama. (V. *fuji*; *yama* significa *monte*.) *Geog*. Montaña de Japón, prefect. de Shizuoka, en la isla de Honshu; 3.778 m. de alt. Es un volcán extinguido, punto de peregrinación para los creyentes budistas y de curiosidad para el turismo. Sin embargo, hasta 1868 no le estaba permitido a ninguna mujer ascender al Fujiyama.

Fukien o **Fokien**. *Geog*. Provincia de la R. P. China, en la región Oriental, frente a la isla de Formosa; 123.000 km.² y 20.000.000 h. Cap., Fu-chou. Se halla atravesada por una serie de cordilleras bajas, de SE. a NE., con alturas de 2.000 a 3.000 m. El té es el primer producto; arroz, maíz, verduras, frutas, tabaco, algodón y azúcar; minas de oro, plata, hierro, mercurio y estaño; tejidos de seda y algodón, lienzos, etcétera. Construcción de buques.

Fukuda (Takeo). **Biog.** Político japonés, n. en 1905. Hábil economista, cursó estudios en la Universidad de Tokio, donde se doctoró en Derecho. Ha sido ministro de Agricultura y Bosques, Asuntos Exteriores (1971-72), Finanzas (1965-66, 1968-71 y 1973-74). En diciembre de 1976 fue elegido presidente del Partido Liberal Demócrata y primer ministro, cargo que obstentó hasta 1978.

Fukui. Geog. Prefect. de Japón, en la isla de Honshu; 4.188 km.^{2} y 744.280 h. || C. cap. de la misma; 200.509 h. Manufacturas textil y papelera y comercio importante.

Fukuoka. Geog. Prefect. de Japón, en la isla de Kiu-shiu; 4.922 km.^{2} y 4.027.416 h. || C. cap. de la misma; 853.270 h. Principal industria es la de la seda. Castillo.

Fukushima. Geog. Prefect. de Japón, en la isla de Honshu; 13.781 km.^{2} y 1.946.077 h. || C. cap. de la misma; 227.451 h. Comercio de seda en crudo y de simiente de gusanos de seda.

ful. adj. *Germ.* Falso, fallido.
fula. adj. **Etnog. fulbé.**
fulán. m. ant. **fulano.**
fulani. adj. **Etnog. fulbé.**
fulano, na. fr., *un tel;* it., *un tale;* i., *such a one;* a., *ein gewisser.* (Del ár. *fulān,* un tal.) m. y f. Voz con que se suple el nombre de una persona, cuando se ignora o de propósito no se quiere expresar. || Persona indeterminada o imaginaria. || Con referencia a una persona determinada, úsase como despectivo. || **amante.** || f. Ramera o mujer de vida airada.

fular. (Del fr. *foulard,* de *fouler,* y éste del lat. *fullāre,* abatanar.) m. Tela fina de seda.

fulastre. adj. fam. Chapucero, hecho farfulladamente.

fulbé. adj. **Etnog.** Dícese de un pueblo negro africano cuyos componentes pertenecen antropológicamente a la raza etiópida con bastante mezcla sudanesa y árabe. También se les denomina *fellata, fula, fulani* y *peul.* Apl. a pers., ú. t. c. s. || Perteneciente o relativo a este pueblo.

James Williams Fulbright

Fulbright (James Williams). **Biog.** Político estadounidense, n. en Summer en 1905. Senador desde 1945, y presidente del Comité de Asuntos Exteriores del Senado desde 1959 y, como tal, voz consultiva del presidente de EE. UU.

fulcir. (Del lat. *fulcīre,* apoyar.) tr. ant. Sostener, sustentar.

fulcra. (Del m. or. que el siguiente.) f. **Anat.** Plaquita ósea con extremos ahorquillados, que en muchos peces ganoideos cubre, con otras empizarradas, el borde anterior de las aletas, haciéndolas muy resistentes; p. e., en el *lepidósteus* de ríos y lagos estadounidenses.

fulcro. (Del lat. *fulcrum.*) m. **Mec.** Punto de apoyo de la palanca.

Fulda Geog. C. de la R. F. A., est. de Hesse, a orillas del río de su nombre; 44.400 habitantes. Industrias varias. Célebre abadía benedictina, fundada en el año 744 por San Bonifa-

Fulda. Catedral

cio, que se convirtió en el Montecassino alemán. Capilla carolingia de San Miguel y diversos monumentos barrocos: catedral, palacio Adolphseck, etc. La guerra de los Treinta Años diseminó su famosa biblioteca, que no se volvió a recuperar.

fulero, ra. (De *ful.*) adj. fam. Chapucero, inaceptable, poco útil. || *Ar., León y Nav.* Dícese de la persona falsa, embustera o simplemente charlatana y sin seso.

Fulgencio (San). **Biog.** Obispo de Ruspe, n. en Cartago y m. en Ruspe (468-533). Se le ha llamado *el Agustín* de su siglo porque imitó a este doctor en su *Tratado de la Trinidad* y en sus tres *Libros sobre la fe católica.* Su fiesta, el 1 de enero.

fulgente. fr., *éclatant, resplendissant;* it., *fulgente, fulgido;* i., *refulgent, brilliant;* a., *glänzend, strahlend.* (Del lat. *fulgens, -entis.*) adj. Brillante, resplandeciente.

fúlgido, da. (Del lat. *fulgĭdus.*) adj. Brillante, resplandeciente.

fulgir. (Del lat. *fulgēre,* brillar.) intr. Resplandecer.

fulgor. (Del lat. *fulgor, -ōris.*) m. Resplandor y billantez con luz propia. || **Astron. fulguración.** || **Miner.** brillo.

fulgora. (Del lat. científico *fúlgora;* del lat. *Fulgŏra,* diosa romana que dominaba sobre los relámpagos.) **Entom.** Gén. de insectos hemípteros de la familia de los fulgóridos (v.).

fulgórido, da. (De *fulgora* e *-ido.*) adj. **Entom.** Dícese de los insectos hemípteros, suborden de los homópteros auquenorrincos, de hasta 40 mm. de long., de formas extrañas y coloraciones vistosas. Su nombre alude a que algunas especies son luminiscentes. Los chinos utilizan la cera de estos insectos como nosotros la de las abejas. Son ejemplo las *fulgoras.* || m. pl. Familia de estos hemípteros.

fulgoroso, sa. (De *fulgor.*) adj. **fulguroso,** resplandeciente.

fulguración. (De *fulgor.*) f. Acción y efecto de fulgurar. || **Astron.** Fenómeno relacionado con la actividad solar, que se produce en la cromosfera, y consiste en una nubosidad de brillo intensísimo y vida muy corta: una hora dura todo el fenómeno, y algunos segundos el máximo de luminosidad. || **Cir.** Método terapéutico, mediante el cual se destruye un tejido por chispas eléctricas de alta frecuencia y alta tensión. || **Med.** Accidente causado por el rayo.

fulgurante. (Del lat. *fulgŭrans, -antis.*) p. a. de **fulgurar.** Que fulgura. || **Pat.** Dícese del dolor agudo y breve, de tipo punzante.

fulgurar. fr., *luire, briller, fulguriser;* it., *folgorare;* i., *to fulgurate, to flash;* a., *ausstrahlen, funkeln.* (Del lat. *fulgurāre,* de *fulgur,* relámpago.) intr. Brillar, resplandecer, despedir rayos de luz.

fulgurecer. intr. Fulgurar, resplandecer.

fulgúreo, a. (Del lat. *fulgurĕus.*) adj. Resplandeciente, fulgurante.

fulgurita. (Del lat. *fulgur,* rayo, e *-ita.*) f. **Geol.** Roca fundida y vitrificada por la acción de un rayo; es generalmente tubular y se halla en las altas cumbres y en los desiertos pedregosos.

fulguroso, sa. adj. Que fulgura o despide fulgor.

fúlica. (Voz del lat. científico; del lat. *fulĭca,* gaviota.) **Zool.** Gén. de aves gruiformes de la familia de las rálidas (v.).

fulidor. m. *Germ.* Ladrón que tiene muchachos para que le abran de noche las puertas o casas.

fuliginosidad. f. Calidad de fuliginoso.

fuliginoso (Del lat. *fuligĭnōsus,* de *fulīgo, -ĭnis,* hollín.) adj. Denegrido, obscurecido, tiznado.

fuligo. (Del lat. *fulīgo, -ĭnis,* hollín.) Gén. de mixofitas de la familia de los mixogastráceos (v.). || m. Hollín, humo. || Sarro, suciedad de la lengua.

Fuliola. Geog. Mun. de España; prov. de Lérida, p. j. de Balaguer; 1.267 h. || Lugar cap. del mismo; 1.047 h.

fulmar. (Del ant. escand. *full,* sucio, y *mar,* gaviota.) m. **Zool.** Ave del orden de las procelariformes, familia de las proceláridas, marina, de 45 cm. de largo y 1 m. de envergadura, color azul gris en el dorso y blanquecino en el vientre, remeras negras, pico amarillo y grueso, y patas azuladas.

fulmicotón. m. **Quím.** Algodón pólvora.

fulminación. (Del lat. *fulminatio, -ōnis.*) f. Acción de fulminar.

fulminador, ra. (Del lat. *fulmiātor, -ōris.*) adj. Que fulmina. Ú. t. c. s.

fulminante. (Del lat. *fulmĭnans, -antis.*) p. a. de **fulminar.** Que fulmina. || adj. Aplícase a las enfermedades muy graves, repentinas y por lo común mortales. || Dícese de las substancias que explosionan por percusión con relativa facilidad y que sirven normalmente para disparar armas de fuego. Ú. t. c. s. m. || Súbito, muy rápido y de efecto inmediato.

fulminar. fr., *fulminer;* it., *fulminare;* i., *to fulminate;* a., *blitzen, schmettern.* (Del lat. *fulmināre.*) tr. Lanzar rayos eléctricos, como los de las nubes o artificiales. || Dar muerte los rayos eléctricos; matar con ellos. || Herir o dañar el rayo terrenos o edificios, montes, torres, etc. || Matar o herir a uno proyectiles o armas; matar o herir con ellos. || Fundir a fuego o por electricidad los metales. || Herir o dañar a personas o cosas la luz excesiva. || Causar muerte repentina una enfermedad. || Desahogar uno su ira hiriendo a otro con palabras fuertes o por escrito. || Dejar rendida o muy impresionada a una persona con una mirada de ira o de amor, o con una voz airada. || Acusar a uno, en proceso formal o sin él, y condenarlo.

fulminato. fr. e i., *fulminate;* it., *fulminato;* a., *knallsaures Salz.* (De *fulmínico* y *-ato.*) f. **Quím.** Cada una de las sales formada por el ácido fulmínico con las bases de plata, mercurio, cinc y cadmio, todas explosivas. || Por ext., cualquier substancia explosiva. ‖ **de mercurio.** Es la sal más importante del ácido fulmínico, de fórmula $C_2O_2N_2Hg$. Se obtiene nitrando el mercurio con ácido nítrico y tratando después la mezcla con alcohol etílico. ‖ **de plata.** Sal del ácido fulmínico, en forma de agujas blancas y de fórmula $CNOAg$. Se obtiene por nitración de la plata y tratamiento posterior con alcohol etílico.

fulminatriz. (Del lat. *fulminātrix, -īcis*.) adj. Que fulmina.

fulmíneo, a. (Del lat. *fulminĕus*.) adj. Que participa de las propiedades del rayo.

fulmínico, ca. (Del lat. *fulmen*, rayo.) adj. **Quím.** V. **ácido fulmínico.**

fulminoso, sa. Que participa de las propiedades del rayo.

Fulton (Robert). Biog. Ingeniero estadounidense, n. en Little Britain y m. en Nueva York (1765-1815). Realizó en París grandes trabajos para aplicar la máquina de vapor a la marina. También inventó un torpedo y un submarino. ‖ **Geog.** Pobl. de Argentina, prov. de Buenos Aires, part. de Tandil; 385 h.

fulla. (Del dialec. *fulla*, hoja.) f. *Ar.* Mentira, falsedad. ‖ *Vizc.* Barquillo de pasta de harina.

Fulleda. Geog. Mun. y lugar de España, prov. y p. j. de Lérida; 131 h.

Fuller (Samuel). Biog. Director de cine estadounidense, n. en Worcester en 1911. Películas: *The baron of Arizona, Balas vengadoras, Manos peligrosas, El diablo de las aguas turbias, La casa de bambú, Invasión en Birmania, Una luz en el hampa* y *Corredor sin retorno.*

fulleresco, ca. adj. Perteneciente a los fulleros o propio de ellos.

fullería. fr., *tricherie, fourberie, ruse;* it., *bareria;* i., *cheating at play;* a., *Betrügerei, Spielbetrug.* (De *fullero.*) f. Trampa y engaño que se comete en el juego. ‖ fig. Astucia, cautela y arte con que se pretende engañar.

fullero, ra. fr., *tricheur, trompeur;* it., *baro;* i., *cheater, sharper;* a., *Betrüger, Mogler.* adj. Que hace fullerías. Ú. t. c. s. ‖ fam. Precipitado, chapucero, farfulla.

fullona. (De *folla.*) f. fam. Pendencia, riña y cuestión entre dos o más personas, con muchas voces y ruido.

fumable. adj. Que se puede fumar.

fumada. f. Porción de humo que se toma de una vez fumando un cigarro.

fumadero. fr., *fumoir;* it., *fumatoio;* i., *smoking-room;* a., *Rauchzimmer.* m. Local destinado a los fumadores.

fumador, ra. fr., *fumeur;* it., *fumatore;* i., *smoker;* a., *Raucher.* adj. Que tiene costumbre de fumar. Ú. t. c. s.

fumagina. (Del fr. *fumagine;* del lat. científico *fumago,* gén. tipo de hongos, del lat. *fumus,* humo.) f. Bot. Costra negruzca que forman los micelios de diversos hongos sobre las ramas y las hojas.

fumana. (Del lat. *fumus*, humo, por el aspecto de la planta.) Bot. Gén. de plantas cistáceas, que se diferencia de los demás gén. de la familia por presentar estériles los estambres periféricos.

fumante. (Del lat. *fumans, -antis*.) p. a. de **fumar.** Que fuma, o que humea.

fumar. fr., *fumer;* it., *fumare;* i., *to smoke;* a., *rauchen.* (Del lat. *fumāre*, humear, arrojar humo.) intr. Echar o despedir humo. ‖ Aspirar y despedir el humo del tabaco que se hace arder en cigarros, en pipa o en otra forma. Se suele fumar también opio, anís y otras substancias. Ú. t. c. tr. ‖ prnl. fig. y fam. Gastar, consumir indebidamente una cosa. ‖ fig. y fam. Dejar de acudir a una obligación.

fumarada. (De *fumar.*) f. Porción de humo que sale de una vez. ‖ Porción de tabaco que cabe en la pipa.

Primer viaje de Fulton a través del canal de la Mancha, por Robert P. Bonmington. Museo Lázaro Galdiano. Madrid

fumarato. (De *fumárico* y *-ato.*) m. Quím. Sal resultante de la combinación del ácido fumárico con una base o con un radical alcohólico.

fumarel. (De origen incierto.) m. Zool. Ave del orden de las caradriformes, familia de las láridas, de 24 cm. de long., color gris pizarra, pico negro y patas pardo rojizas; vive en ríos de poca corriente y en pantanos y charcas, y efectúa vuelos rasantes sobre la superf. del agua para coger insectos *(chlidonias níger).*

fumaria. fr., *fumeterre;* it., *fumaria;* i., *common fumitory;* a., *Erdrauch, Alprauch.* (Voz del lat. científico; del lat. *fumus,* humo.) Bot. Gén. de plantas de la familia de las papaveráceas (v.). ‖ **amarilla.** Planta de la familia de las papaveráceas *(corýdalis lútea).*

fumariáceo, a. (De *fumaria,* un gén. tipo de plantas.) adj. Bot. Dícese de las plantas del orden de las readales, caracterizadas por sus flores cigomorfas con el plano de simetría transversal. ‖ f. pl. Familia de estas plantas.

fumárico, ca. (Del lat. *fumus*, humo, e *-ico.*) adj. Quím. V. **ácido fumárico.**

fumarola. (Del it. *fumaruola,* y éste del lat. *fumariŏlum,* sahumerio.) f. Geol. Fenómeno consistente en la emisión de gases y vapores calientes por las grietas del suelo en las regiones volcánicas. Su temperatura supera los 500° C. y exhalan hidrógeno, nitrógeno, anhídridos carbónico y sulfuroso, ácidos clorhídrico y sulfhídrico, y otros gases.

fumear. (Del lat. *fumigāre.*) intr. ant. **humear.**

fumero. (Del lat. *fumārium.*) m. ant. **humero.**

fumífero, ra. fr., *fumant;* it., *fumifero;* i., *fumiferous, smoking;* a., *rauchspendend.* (Del lat. *fumifer, -ĕri;* de *fumus,* humo, y *ferre,* llevar.) adj. poét. Que echa o despide humo.

fumigación. (Del lat. *fumigatio, -ōnis.*) f. Acción de fumigar. ‖ El uso de vapores, humos o gases contra las plagas es sumamente común en agricultura y muy antiguo. Modernamente se ha utilizado el aeroplano y más recientemente el helicóptero, cuando tal operación se efectúa en gran escala.

fumigador, ra. m. y f. Persona que fumiga. ‖ Aparato para fumigar.

fumigante. p. a. de **fumigar.** ‖ Que fumiga.

fumigar. fr., *fumiger;* it., *suffumigare;* i., *to fumigate;* a., *ausräuchern.* (Del lat. *fumigāre;* de *fumus,* humo, y *agĕre,* hacer.) tr. Desinfectar por medio de humo, gas o vapores adecuados. ‖ Combatir por estos medios, o valiéndose de polvos en suspensión, las plagas de insectos y otros organismos nocivos.

fumigatorio, ria. fr., *fumigatoire;* it., *suffumigatorio;* i., *fumigatory;* a., *Räucherzimmer.* adj. Perteneciente o relativo a la fumigación. ‖ m. Perfumador en que se queman perfumes.

fumígeno. (Del lat. *fumus,* humo, y *-geno.*) m. Quím. Compuesto químico o mezcla de varios compuestos que, en contacto con la humedad de la atmósfera, se hidroliza y origina una intensa niebla, propiedad que se aprovecha para fines militares.

fumista. fr., *fumiste;* it., *stufaiuolo;* i., *chimney-builder;* a., *Ofensetzer.* (De *fumo.*) m. El que hace o arregla cocinas, chimeneas o estufas. ‖ El que vende estos aparatos.

fumista. (Del fr. *fumiste,* bromista, fanfarrón.) m. Burlón, bromista.

fumistería. f. Tienda o taller de cocinas o estufas.

fumívoro, ra. (Del lat. *fumus,* humo, y *-voro.*) adj. Aplícase a los hornos y chimeneas de disposiciones especiales para completar la combustión de modo que no resulte salida de humo.

fumo. (Del lat. *fumus.*) m. ant. **humo.** ‖ ant. Casa habitada.

fumorola. (Del it. *fumaruola.*) f. **fumarola.**

fumosidad. (De *fumoso.*) f. Materia del humo.

fumoso, sa. fr., *fumeux;* it., *fumoso;* i., *fumous, smoky;* a., *rauchig, räucherig.* (Del lat. *fumōsus.*) adj. Que abunda en humo, o lo despide en gran cantidad.

Funafuti. Geog. Isla coralina de Tuvalu. ‖ Pobl. cap. de Tuvalu y de la isla de su nombre; 826 h.

funámbulo, la. (Del lat. *funambŭlus;* de *funis,* cuerda, y *ambulāre,* andar.) m. y f. Volatinero que hace ejercicios en la cuerda o el alambre.

función. fr., *fonction, emploi;* it., *funzione;* i., *function;* a., *Funktion.* = fr., *fonction, soirée;* it., *spettacolo;* i., *spectacle;* a., *Vorstellung.* (Del lat. *functĭo, -ōnis.*) f. Capacidad de acción o acción de un ser apropiada a su condición natural (para lo que existe) o al destino dado por el hombre (para lo que se usa). ‖ Capacidad de acción o acción propia de los seres vivos y de sus órganos, y de las máquinas o instrumentos. ‖ Capacidad de acción o acción propia de los cargos y oficios. ‖ Acto solemne religioso, especialmente el celebrado en la iglesia. ‖ Representación de una obra teatral o cinematográfica; p. ext., la obra teatral representada. ‖ Espectáculo de circo. ‖ Fiesta de toros. ‖ Acto solemne con que se celebra o conmemora un hecho de importancia histórica. ‖ Fiesta mayor de un pueblo o festejo particular de ella. ‖ En algunas partes, funeral. ‖ En algunas partes, convite obligado de los mozos. ‖ Escándalo o alboroto que se produce en una reunión. ‖ **Biol.** y **Fisiol.** Los fisiólogos tienden hoy a denominar función al ejercicio de un aparato o sistema completo, dejando el nombre de *acto* para el cada uno de los órganos que integran aquél. Las funciones de los seres viven se reúnen en tres grupos: de *nutrición,* de *relación* y de *reproducción.* ‖ **Mat.** Relación entre dos magnitudes, de modo que a cada valor de una de ellas corresponde determinado valor de la otra. ‖ **Mil.** Acción de guerra. ‖ **Quím.** Grupo típico de la química orgánica, que da carácter al resto de la molécula y, aunque varíe

funcional–fundición

la longitud de la cadena carbonosa y con ella el peso molecular del compuesto, tiene las mismas propiedades comunes para todos ellos. || **algebraica.** *Mat.* Aquella en que sólo hay operaciones algebraicas: adición, substracción, producto, división, potenciación y radicación. || **clorofílica.** *Biol.* y *Bot.* fotosíntesis. || **derivada.** *Mat.* La que tiene como valor en cada punto lo que vale en él la derivada de la primera. || **entera.** La que siendo algebraica y racional, no tiene en sus términos ningún factor como divisor. || **de estado.** *Fís.* La que permite el estudio de las condiciones de equilibrio de un sistema termodinámico. || **explícita.** *Mat.* Aquella en que la variable dependiente se encuentra despejada. || **exponencial.** Aquella en que la variable independiente figura como exponente. || **fraccionaria.** La que tiene uno o más términos fraccionarios. || **de gala.** *Léx.* Acto público, fiesta, etc., más solemne que de ordinario. || **impar.** *Mat.* La que no varía de valor, pero sí de signo, al substituirse x por $-x$. || **implícita.** Aquella en que la variable dependiente no está despejada. || **inversa.** Aquella en que se han invertido las variables. || **irracional.** La que contiene algún término bajo signo radical. || **lineal.** La que tiene la variable independiente elevada solamente a la primera potencia. Está representada siempre por una línea recta. || **logarítmica.** La inversa de la exponencial. || **par.** La que no modifica su valor ni su signo, al substituir x por $-x$. || **potencial.** Aquella cuya variable independiente es la base de una potencia: $y = x^3$. || **química.** *Quím.* Propiedades que pertenecen a una serie de cuerpos que tienen un grupo o elemento común. || **racional.** *Mat.* La que no tiene ningún término bajo signo radical. || **simétrica.** La que no cambia al permutar una variable por otra. || **funciones del lenguaje.** *Ling.* Fines que se atribuyen a los enunciados lingüísticos. Las teorías más conocidas al respecto son la de K. Bühler y la R. Jakobson. El primero distingue tres funciones: apelativa (*Appell* o *Auslösun*), llamada también imperativa, conminativa o de llamada, que trata de atraer la atención del interlocutor; expresiva o de expresión (*Ausdruck* o *Kundgabe*), que manifiesta los sentimientos del hablante; y de representación (*Darstellung*), llamada también representantiva, cognitiva o denotativa, centrada en el mensaje, es la que cuenta algo. Para R. Jakobson existen seis. Las tres primeras, conativa, emotiva y referencial, equivalen más o menos a las de Bühler. Y a estas añade la fática o de contacto, la poética, sobre el mensaje en cuanto tal, y la metalingüística, en la que el lenguaje habla de sí mismo. || **de relalación.** *Fisiol.* **relación (funciones de). de reproducción. reproducción (funciones de).** || **trascendentes.** *Mat.* Las que no son algebraicas, como las trigonométricas, logarítmicas, exponenciales, irracionales, etc. || **trigonométricas.** *Trig.* Las que relacionan los lados de un triángulo rectángulo cuando es constante la hipotenusa y variables los catetos y los ángulos. || **en función** o **en funciones.** En el ejercicio propio de su cargo. || En substitución del que ejerce en propiedad el cargo.

funcional. adj. Perteneciente o relativo a las funciones. || Perteneciente o relativo a las funciones biológicas o psíquicas. || En medicina, se dice de los síntomas y trastornos en los cuales la alteración morbosa de los órganos no va acompañada de lesiones sensibles y es, por lo tanto, susceptible de separación rápida y total. || Dícese de la arquitectura o de las construcciones que prescinden de lo accesorio y cuya estética responde íntimamente a la función que desempeña cada elemento. || Dícese también de los muebles y utensilios cuya disposición busca la mayor eficacia en las funciones que les son propias y posponen o elimina lo ornamental. || Práctico, eficaz, utilitario. || **Fís.** Se dice de un diagrama que muestra las relaciones causales entre los distintos órganos de un mecanismo, o una curva de dependencia entre una serie de acontecimientos que están en correlación.

funcionalismo. (De *funcional*.) m. Conjunto de las funciones de un organismo o de una parte de él. || Fuerza, actividad, principio que rige dichas funciones.

funcionamiento. fr., *fonctionnement*; it., *funzionamento*; i., *functioning*; a., *Tätigkeit*, *Betrieb*. m. Acción y efecto de funcionar.

funcionar. fr., *fonctioner*; it., *funzionare*; i., *to work*, *to operate*, *to functionate*; a., *arbeiten*, *im Gange sein*. intr. Ejecutar una persona, máquina, etc., las funciones que le son propias.

funcionario, ria. fr., *fonctionnaire*; it., *funzionario*; i., *functionary*; a., *Beamter*. (De *funcionar*.) m. y f. Persona que desempeña un empleo público. || *Arg.* Empleado de cierta categoría o importancia.

funcionarismo. (De *funcionario*.) m. Burocracia.

Funchal. Geog. Dist. de Portugal, que comprende el arch. de Madera; 796 km^2 y 253.220 habitantes. || C. cap. del mismo, en la costa SE. de la isla de Madera; 33.750 h. Exporta fruta y vino. Refinerías de azúcar y manufacturas de tabaco. Sede episcopal. Clima templado. Es estación invernal.

funche. m. *Cuba*, *Méj.* y *P. Rico*. Especie de gachas de harina de maíz. Suele añadírsele cangrejos o jaibas.

Fund. Denominación abreviada de *International Monetary Fund* (Fondo Monetario Internacional). V. **Organización de las Naciones Unidas.**

funda. fr., *fourreau*, *étui*, *enveloppe*; it., *fodera*, *federa*; i., *covering*, *sheath*; a., *Futteral*, *Überzug*. (Del lat. *funda*, bolsa.) f. Cubierta o bolsa de paño, cuero, lienzo u otra tela con que se envuelve una cosa para conservarla y resguardarla.

fundación. fr., *fondation*, *création*; it., *fondazione*; i., *fondation*, *establishment*; a., *Gründung*, *Stiftung*. (Del lat. *fundatio*, *-ōnis*.) f. Acción y efecto de fundar. || Principio, erección, establecimiento y origen de una cosa. || Documento en que constan las cláusulas de una institución de mayorazgo, obra pía, etc. || **Arquit.** Construcción del basamento de una obra, hormigón o pilotes sobre el que se apoya una construcción o máquina. || **Der.** Persona jurídica dedicada a la beneficencia, ciencia, enseñanza, o piedad que continúa y cumple la voluntad de quien la erige.

Fundación. Geog. Mun. de Colombia, depart. de Magdalena; 26.859 h. || Pobl. cap. del mismo; 17.497 h. || **(La).** Pobl. de Venezuela, est. de Táchira, dist. de Uribante, cap. del mun. de Cárdenas; 648 h.

fundacional. adj. Perteneciente o relativo a la fundación.

fundadamente. adv. m. Con fundamento.

fundador, ra. fr., *fondateur*; it., *fondatore*; i., *founder*; a., *Gründer*, *Stifter*. (Del lat. *fundātor*.) adj. Que funda. Ú. t. c. s.

fundago. (Del ár. *fondac*.) m. ant. Almacén donde se guardaban algunos géneros.

fundamental. fr., *fondamental*; it., *fondamentale*; i., *fundamental*; a., *gründlich*, *grundlegend*. adj. Que sirve de fundamento o es lo principal en una cosa. || **Geom.** Aplícase a la línea que, dividida en un número grande de partes iguales, sirve de fundamento para dividir las demás líneas que se describen en la pantómetra. || **Mús.** Es la sucesión de sonidos que sirven de base a un sistema musical. En nuestro sistema, la serie de sonidos *do, re, mi, fa, sol, la, si* componen la escala fundamental.

fundamentalmente. adv. m. Con arreglo a los principios y fundamentos de una cosa. || Principalmente.

fundamentar. fr., *fonder*, *assurer*; it., *fondamentare*; i., *to establish*, *to assure*, a., *begründen*. tr. Echar los fundamentos o cimientos a un edificio. || fig. Establecer, asegurar y hacer firme una cosa.

fundamento. fr., *fondament*; it., *fondamento*; i., *foundation*, *ground-work*; a., *Grund*, *Fundament*. (Del lat. *fundamentum*.) m. Principio y cimiento en que estriba y sobre que se funda un edificio u otra cosa. || Hablándose de personas, seriedad, formalidad. || Razón principal o motivo con que se pretende afianzar y asegurar una cosa. || Fondo o trama de los tejidos. || fig. Raíz, principio y origen en que estriba y tiene su mayor fuerza una cosa no material.

fundamentón. m. **Fís.** Se llama así al protón, neutrón e hiperón lambda; los otros hadrones estarían compuestos de fundamentones.

fundar. fr., *fonder*, *bâtir*, *ériger*; it., *fondare*, *istituire*; i., *to found*, *to institute*; a., *gründen*, *stiften*. (Del lat. *fundāre*.) tr. Edificar materialmente una ciudad, colegio, hospital, etc. || Estribar, apoyar, armar alguna cosa material sobre otra. Ú. t. c. prnl. || Erigir, instituir un mayorazgo, universidad u obra pía, dándoles rentas y estatutos para que subsistan y se conserven. || Establecer, crear. || fig. Apoyar con motivo y razones eficaces o con discursos una cosa. Ú. t. c. prnl.

fundente. (Del lat. *fundens*, *-entis*.) adj. Que facilita la fundición. || m. **Med.** Medicamento que aplicado a ciertos tumores facilita su resolución. || Substancia a la que se considera capaz de hacer desaparecer un infarto o un tumor. || **Quím.** Substancia que se mezcla con otra para facilitar la fusión de ésta. Hay fundentes terrosos, alcalinos, ácidos y metálicos.

fundería. (De *fundir*.) f. desus. Fábrica en que se funden metales.

fundible. adj. Capaz de fundirse.

fundibulario. (Del lat. *fundibularĭus*.) m. Soldado romano que peleaba con honda.

fundíbulo. (Del lat. *fundibŭlum*.) m. ant. **Mil.** Máquina de madera que servía para disparar piedras de gran peso.

fundición. fr., *fonte*, *fonderie*; it., *fonderia*; i., *foundry*; a., *Giesserei*, *Hütte*. f. Acción y efecto de fundir o fundirse. || Fábrica en que se funden

Taller de fundición, en una factoría siderúrgica de Luisiana (EE. UU.)

metales. || **hierro colado.** || **Artill.** Lugar o establecimiento donde se funden cañones, balas, granadas, bombas y otros objetos análogos. || **B. Art.** La operación de fundido o fundición de una estatua tiene por objeto obtener una prueba en metal de un modelo de escultura. La capacidad interior del molde destinado al fundido se llama *núcleo*. El núcleo se llena de yeso y de ladrillo machacado que sostiene las ceras y debe resistir a la temperatura del metal en fusión. ||

Impr. Surtido o conjunto de todos los moldes o letras de una clase para imprimir. ‖ **Establecimiento** donde se fabrica el material de imprenta. ‖ **Met.** Arte de fundir los metales. Es aquella parte de la tecnología mecánica que trata de los procedimientos utilizables para la obtención de piezas y objetos metálicos, fundiendo los metales y dejándolos solidificar dentro de moldes o espacios huecos de formas adecuadas.

fundido, da. p. p. de **fundir.** ‖ m. **fundición.** ‖ **Cin.** Resultante de aumentar o disminuir la luz que debe captar el objetivo para hacer desaparecer o aparecer la escena. ‖ **Esc.** Operación que tiene por objeto obtener una prueba en metal de un modelo de escultura. ‖ **encadenado.** *Cin.* Cuando las dos operaciones se complementan, haciendo que sobre la imagen que se desvanece aparezca lentamente otra. ‖ **en negro.** Cuando una escena se corta bruscamente para dar paso a otra.

fundidor. m. El que tiene por oficio fundir.
fundillos. (De *fondillos*.) m. pl. *Chile.* Calzón.
fundir. fr., *fondre;* it., *fondere;* i., *to meld, to found;* a., *schmelzen, giessen.* (Del lat. *fundĕre.*) tr. Derretir y liquidar los metales, los minerales u otros cuerpos sólidos. Ú. t. c. intr. y prnl. ‖ Dar forma en moldes al metal en fusión. ‖ ant. **hundir.** Usáb. t. c. prnl. ‖ Reducir a una sola dos o más cosas diferentes. Ú. t. c. prnl. ‖ prnl. fig. Unirse intereses, ideas o partidos que antes estaban en pugna. ‖ fig. y fam. *Amér.* Arruinarse, hundirse. Ú. t. c. tr. ‖ **Informática.** Reunir en un solo fichero la información contenida en otros.

fundo, da. (Del lat. *fundus*, fondo.) adj. ant. **profundo.** ‖ m. *Chile.* Entidad de población de pocos habitantes. ‖ *Der.* Heredad o finca rústica.

fundus. (Voz latina que sign. *fondo.*) m. **Anat.** y **Zool.** Parte inferior del estómago, que se inicia en el cardias, donde desemboca el esófago, y se continúa, ensanchándose, con el antro pilórico.

fúnebre. fr., *funèbre, lugubre;* it., *funebre;* i., *mournful;* a., *traurig, leichen.* (Del lat. *funĕbris.*) adj. Relativo a los difuntos. ‖ fig. Muy triste, luctuoso, funesto.

fúnebremente. adv. m. De un modo fúnebre.

funebridad. (De *fúnebre.*) f. ant. Conjunto de circunstancias que hacen triste o melancólica una cosa.

funeral. fr., *funéraire;* it., *funerale;* i., *funeral, funereal;* a., *leichen.* = fr., *funérailles, obsèques;* it., *esequie;* i., *funeral, obsequies;* a., *Leichenfeier, Leichenbegängnis.* (Del lat. *funerālis.*) adj. Perteneciente a entierro o exequias. ‖ m. Pompa y solemnidad con que se hace un entierro o unas exequias. ‖ **exequias.** Ú. t. en pl. ‖ **de córpore insepulto.** *Litur.* El que se celebra estando presente el cadáver del difunto, en vez del simple túmulo que en los funerales ordinarios lo representa.

funerala (a la). (De *funeral.*) m. adv. que expresa la manera de llevar las armas los militares en señal de duelo, con las bocas o las puntas hacia abajo.

funeralias. (Del lat. *funeralia*, pl. n. de *funerālis.*) f. pl. ant. **funerales.**

funeraria. f. Empresa que se encarga de proveer las cajas, coches fúnebres y demás objetos pertenecientes a los entierros. ‖ pl. ant. **funerales.**

funerario, ria. (Del lat. *funerarĭus.*) adj. Perteneciente a entierro o exequias.

funéreo, a. (Del lat. *funerĕus.*) adj. poét. Perteneciente a los difuntos.

funés, sa. adj. Natural de Funes, España, o perteneciente a esta villa. Ú. t. c. s.

Funes (Gregorio). Biog. Sacerdote, escritor y político argentino, conocido por *el deán Funes*, n. en Córdoba y m. en Buenos Aires (1749-1829). Rector de la Universidad de Córdoba en 1808, fue diputado en la Junta Grande de Buenos Aires (1810), donde compartió con Mariano Moreno la dirección de *La Gaceta.* Adquirió reputación como orador sagrado e historiador. Obras: *Ensayo de la historia civil de Paraguay, Buenos Aires y el Tucumán* (1816-17). ‖ **Geog.** Pobl. de Argentina, prov. de Santa Fe, depart. de Rosario; 4.484 h. ‖ Mun. de Colombia, depart. de Mariño; 6.431 h. ‖ Pobl. cap. del mismo; 1.769 h. ‖ Mun. y villa de España, prov. de Navarra, p. j. de Tafalla; 1.828 h. (*funeses*).

Funes (Navarra). Vista parcial

Funès (Louis de). Biog. Actor cinematográfico francés, n. en Courbevoie en 1914. Se ha consagrado al género cómico. Principales películas: *El gendarme de Saint-Tropez, Fantomas.*

funestamente. adv. m. De un modo funesto.

funestar. (Del lat. *funestāre.*) tr. Mancillar, deslustrar, profanar.

funesto, ta. fr., *funeste;* it., *funesto;* i., *unhappy, unlucky;* a., *verderblich.* (Del lat. *funestus.*) adj. Aciago; que es origen de pesares. ‖ Triste y desgraciado.

funestoso, sa. adj. ant. **funesto.**

fungia. (Voz del lat. científico; del lat. *fungus*, hongo.) **Zool.** Gén. de celentéreos antozoos del orden de los zoantarios, cuyas especies tienen el polípero parecido al sombrerillo de un hongo.

fungible. (Del lat. *fungĕre.*) adj. Que se consume con el uso.

fungicida. (Del lat. *fungus*, hongo, y *-cida.*) adj. **Quím.** Dícese de las substancias que atacan o destruyen los hongos parásitos de las plantas cultivadas. Ú. t. c. s.

fúngido, da. (Del lat. científico *fungia*, gén. tipo de madréporas, e *-ido*; aquél del lat. *fungus*, hongo.) adj. **Zool.** Dícese de los celentéreos antozoos del orden de las madréporas, aislados o coloniales, cuya estructura tabicada recuerda el sombrerillo de las setas. El gén. tipo es *fungia*, del grupo de los no coloniales. ‖ m. pl. Familia de estos celentéreos.

fungir. intr. Desempeñar un empleo o cargo. ‖ *Cuba, Méj.* y *P. Rico.* Dárselas, echárselas de algo.

fungistático. (Del lat. *fungus*, hongo, y *-stático*.) adj. Dícese de las substancias que impiden o inhiben la actividad vital de los hongos. Ú. t. c. s.

fungo, ga. adj. *León.* **gangoso.**
fungología. (Del lat. *fungus*, hongo, y *-logía.*) f. **Bot. micrología.**

fungosidad. (De *fungoso.*) f. *Cir.* Carnosidad fofa que dificulta la cicatrización de las heridas.

fungoso, sa. (Del lat. *fungōsus*, de *fungus*, hongo.) adj. Esponjoso, fofo, ahuecado y lleno de poros.

funguicida. m. **fungicida.**

funicular. fr., *funiculaire;* it., *funicolare;* i., *funicular;* a., *Seilbahn.* (Del lat. *funicŭlus*, cuerda.) adj. **Ing.** Aplícase al artefacto en el cual la tracción se hace por medio de una cuerda o cable. Ú. t. c. s. Puede ser terrestre o aéreo. En el primer caso se trata de un plano inclinado, dotado de carriles, por el que sube un vehículo, contrapesado con otro que desciende. El funicular aéreo consta de un cable que sostiene el vehículo, otro que lo hace avanzar y varios que sirven para una mayor estabilidad o para frenar. El cable tractor está arrollado en un gran cilindro que, al girar, arrastra el vehículo haciéndolo avanzar. El funicular aéreo se suele llamar también y con más frecuencia *teleférico* (v.).

funiculitis. (Del lat. *funicŭlus*, cuerda, e *-itis.*) f. **Pat.** Inflamación del cordón espermático.

funículo. (Del lat. *funicŭlus*, cuerda.) m. **Arquit.** Adorno propio de la arquitectura románica, consistente en un toro o baquetón retorcido a manera de cable o maroma. ‖ **Bot.** Rabillo por el que el óvulo y después la semilla están unidos a la placenta del ovario, y después fruto. Se suele llamar también *cordón umbilical* o *cordón placentario*. ‖ Conjunto de vasos nutritivos que unen la semilla al pericarpio después de haber atravesado la placenta.

Funk (Walter). Biog. Político alemán, n. en Trakehnen y m. en Düsseldorf (1890-1960). Fue presidente del Banco Nacional, ministro de Economía del III Reich y colaborador en el régimen nazi. En el Tribunal de Crímenes de Guerra interaliado, de Nuremberg, fue condenado a prisión perpetua. En 1957 fue puesto en libertad.

Funza. Geog. Mun. de Colombia, depart. de Cundinamarca; 18.087 h. ‖ Pobl. cap. del mismo; 4.532 h. Ganadería. Agricultura. ‖ o **Bogotá.** Río de Colombia, depart. de Cundinamarca; n. en el páramo de Guachaneque, recibe las aguas de los ríos San Francisco, Arzobispo y Fucha, forma el salto llamado de Tequendama (139 m. de alt.), y después de un curso de 255 km. des. por la derecha en el Magdalena.

fuñador. (De *fuñar.*) m. *Germ.* Propenso a pendencias.

fuñar. intr. *Germ.* Revolver pendencias.

fuñicar. intr. Hacer una labor con torpeza y ñoñería.

fuñingue. adj. *Cuba y Chile.* Dícese de la persona débil, tímida o enclenque.

fuñique. adj. Dícese de la persona inhábil y embarazada en sus acciones. Ú. t. c. s. ‖ Meticuloso, chinche.

fuño, ña. adj. m. *And.* Mal gesto, ceño. ‖ *Nav.* huraño.

fuoco. m. **Mús.** Voz italiana que sign. *fuego, fogosidad*, y que unida a otra indicativa de un determinado movimiento, sirve para caracterizar la ejecución musical.

Fúquene. Geog. Laguna de Colombia, depart. de Cundinamarca, a 2.430 m. de alt. Mide 15 km. de larga de N. a S. Abundan los patos y la pesca. ‖ Mun. de Colombia, depart. de Cundinamarca, cerca de la laguna de su nombre; 4.205 h. ‖ Pobl. cap. del mismo; 276 h. Cría de ganado.

fuquieráceo, a. (Del lat. científico *fouquiera*, gén. tipo; de P. L. *Fouquier*, médico francés, y *-áceo.*) adj. **Bot.** Dícese de los arbustos espinosos del orden de las tubifloras, con hojas caedizas, flores pentámeras y frutos globosos, con semillas oleaginosas. Comprende un solo gén. (*fouquiera*), con pocas especies, todas de Méjico. ‖ f. pl. Familia de estas plantas.

furacar. (Del lat. **foracare.*) tr. ant. Horadar, hacer agujeros.

furánico, ca. (De *furano*.) adj. **Quím.** Dícese del furano y de sus derivados.

furano. m. **Quím.** furfurano.

furanósico, ca. adj. **Quím.** Perteneciente o relativo al furano y a sus compuestos derivados.

furare. m. **Zool.** *Chile.* tordo.

furcia. f. **prostituta,** ramera.

furción. (Del b. lat. *offertio, -ōnis.*) f. ant. **infurción.** ǁ Prostituta.

fúrcula. (Del lat. *furcŭla*, horquilla, dim. de *furca*, horca.) f. **Zool.** Hueso en V de las aves, formado al fusionarse las dos clavículas por sus extremos centrales; desciende por delante del tronco hasta la altura del esternón.

furente. (Del lat. *furens, -entis.*) adj. poét. Arrebatado y poseído de furor.

Furetière (Antoine). Biog. Lexicógrafo y literato francés, n. y m. en París (1619-1688). Amigo y comensal de Boileau, Molière y La Fontaine, con quienes colaboró en la parodia de *Capellán despeinado.* Sus obras *El viaje de Mercurio* e *Historia de las últimas perturbaciones habidas en el reino de la elocuencia* le abrieron las puertas de la Academia Francesa.

furfuráceo, a. (Del lat. *furfur, -ŭris*, salvado, y *-áceo*.) adj. Parecido al salvado.

furfural. m. **Quím. furfurol.**

furfurano. (De *furfurol*.) m. **Quím.** Hidrocarburo líquido de la serie heterocíclica pentagonal, con un átomo de oxígeno en el núcleo y de fórmula C_4H_4O. Abreviadamente suele decirse *furano.*

furfurílico, ca. (De *furfurol*.) adj. **Quím.** Referente al furfurol o sus derivados.

furfurol. (Del lat. *furfur, -ŭris*, salvado, y *-ol*.) m. **Quím.** Aldehído heterocíclico derivado del furano, de fórmula $C_5H_4O_2$; se denomina también *furfural.*

furgón. fr., *fourgon*; it., *furgone*; i., *baggage-cart*; a., *Munitionswagen.* (Del fr. *fourgon*.) m. Carro largo y fuerte de cuatro ruedas y cubierto, que sirve en el ejército para transportar equipajes, municiones o víveres, y en los ferrocarriles para el transporte de equipajes y mercancías. ǁ Carruaje cerrado de cuatro ruedas, con pescante cubierto, usado para transporte en las poblaciones. ǁ Tipo de carrocería de automóvil, caracterizado por poseer cuatro puertas laterales y de seis a nueve plazas; además, tiene la particularidad de poder disponer en la parte trasera de un espacio, a veces ampliable mediante el abatimiento o retirada de los asientos posteriores y accesible desde fuera por medio de una quinta puerta, utilizable para transportar maletas, bultos, etc. Se denomina también *modelo familiar* y *ranchera.* Antes, y si llevaba paneles de madera en los costados, se llamaba *rubia.*

furgoneta. (Del fr. *fourgonette*.) f. Vehículo automóvil cerrado, más pequeño que el camión, destinado generalmente al reparto de mercancías; también se denomina furgoneta una especie de microbús, dotado de nueve plazas y cuatro puertas.

furia. fr., *furie, colère*; it., *furia*; i., *fury, rage*; a., *Furie, Wutausbruch.* (Del lat. *furia*.) f. Ira exaltada. ǁ Acceso de demencia. ǁ fig. Persona muy irritada y colérica. ǁ fig. Actividad y violenta agitación de las cosas insensibles. ǁ fig. Prisa, velocidad y vehemencia con que se ejecuta alguna cosa. ǁ fig. Momento de mayor intensidad de una moda o costumbre. ǁ **Zool. furipterido.** ǁ **a toda furia.** m. adv. Con la mayor eficacia o diligencia.

Furias. Mit. Nombre que abarca las Euménides y Erinias, divinidades infernales del remordimiento y de la reparación moral, ejecutoras de las órdenes de los grandes dioses para el castigo de los culpables en esta vida y su tortura en la otra.

furibundo, da. fr.,*furibond*; it.,*furibondo*; i., *frantic, raging*; a., *wütend, rasend.* (Del lat. *furi-*

La Furia, por Miguel Ángel. Galería de los Uffizi. Florencia

bundus.) adj. Airado, colérico, muy propenso a enfurecerse. ǁ Que denota furor. ǁ Extremado, entusiasta o partidario.

furiente. adj. Poseído de furia.

furierismo. m. **Sociol.** Sistema utópico de organización social inventado por Fourier, el cual, tomando por base la atracción ejercida entre los hombres por las pasiones, aspira a reunirlos en falansterios, donde cada cual se entregue a sus propias inclinaciones, resultando de la combinación de todas ellas una especie de sociedad armónica que excluye la propiedad y la familia y tolera y aun recomienda la poligamia.

furierista. adj. Partidario del furierismo. Apl. a pers., ú. t. c. s. ǁ Perteneciente o relativo a este sistema.

Furini (Francesco). Biog. Pintor italiano, n. y m. en Florencia (1600-1646). En sus principios sólo se dedicó al desnudo; pero como se consagrara a la Iglesia, a cuyo fin repartió su fortuna entre los pobres, desde entonces pintó cuadros religiosos, siendo su mejor obra *Lot embriagado por sus hijas.*

Furio Camilo (Lucio). Biog. Dictador romano del s. IV a. C., llamado *Escriboniano.* Después de otras victorias, conquistó Antium y llevó a Roma las proas de bronce de todas las naves que apresó. Murió al ir a combatir a los samnitas. ǁ **Camilo (Marco).** General romano, llamado también, como el anterior, *Escriboniano*, m. en 365 a. C. Tribuno militar en 401 y dictador en 395, se apoderó de la ciudad de Veyes. Se desterró voluntariamente, hasta que en 390, cuando Breno se apoderó de Roma, el Senado le llamó nuevamente como el único que podía salvar a su patria, y Escriboniano derrotó al jefe galo.

furiosamente. adv. m. Con furia.

furioso, sa. fr., *furieux*, it.,*furioso*; i.,*furious*; a., *wütend.* (Del lat. *furiōsus*.) adj. Poseído de furia. ǁ Loco, que debe ser atado o sujeto para que no haga daño. ǁ fig. Violento, terrible. ǁ fig. Muy grande y excesivo.

furiptérido, da. (Del lat. científico *furipterus*, gén. tipo de mamíferos, e *-ido*.) adj. **Zool.** Dícese de los microquirópteros, de tamaño pequeño, alas grandes, hocico obtuso y orejas enroscadas en cucurucho. ǁ m. pl. Familia de estos quirópteros.

furlón. m. Un tipo de coche antiguo.

furnárido, da. (Del lat. científico *furnarius*, gén. tipo de aves, e *-ido*; aquél del lat. *furnarius*, hornero.) adj. **Zool.** Dícese de los pájaros del suborden de los tiranoideos, de pequeño tamaño y alas cortas. Son los llamados vulgarmente *horneros.* ǁ m. pl. Familia de estos pájaros.

Furnas. Geog. Central hidroeléctrica de Brasil, est. de Minas Gerais, en el río Grande, con una presa de 550 m. de long. y 120 m. de alt., que da lugar a un embalse de 14.000 millones de m^3, considerado el más importante de Sudamérica.

furnia. (Del gall. o port. *furna*, del lat. *furnus*.) f. *And.* Bodega bajo tierra. ǁ *Cuba.* Sima que penetra en dirección vertical y por lo común en terreno peñascoso.

furo, ra. (Del lat. *furo*, hurón.) adj. Dícese de la persona huraña. ǁ *Al., Ar.* y *Nav.* Furioso, fiero. ǁ *Ar.* Aplícase al animal fiero sin domar.

furo. (De *furar*, y éste del lat. *forāre*, horadar.) m. En los ingenios de azúcar, orificio que en su parte inferior tienen las hormas cónicas de barro cocido, para salida del agua y melaza al purgar y lavarse los panes de azúcar.

furo (hacer). (Del lat. *fur, furis*, ladrón.) fr. *Ar.* Ocultar mañosamente una cosa.

furor. fr., *fureur, emportement*; it., *furore*; i., *furor*; a., *Wut, Zorn, Grimm.* (Del lat. *furor*.) m. Cólera, ira exaltada. ǁ En la demencia o en delirios pasajeros, agitación violenta con los signos exteriores de la cólera. ǁ Momento de mayor intensidad de una moda o costumbres. ǁ fig. Arrebatamiento, entusiasmo del poeta cuando compone. ǁ fig. **furia**, agitación violenta. ǁ fig. Frenesí, locura, afición extraordinaria. ǁ **uterino.***Pat.* Deseo violento e insaciable en la mujer de entregarse a la cópula. ǁ **hacer furor.** loc. Ponerse o estar muy de moda.

Furor. Mit. Dios de la ira, semejante a Marte; se representaba rodeado de perros rabiosos y enarbolando sus armas.

furriel. (De *furrier*.) m. **Mil.** Cabo que tiene a su cargo la distribución del pan, comida y pienso de cada compañía, escuadrón o batería, así como el nombramiento del personal destinado al servicio de la tropa correspondiente. ǁ En las caballerizas reales, oficial que cuidaba de las cobranzas y paga de la gente que servía en ellas, y también de las provisiones de paja y cebada.

furriela. f. **furriera.**

furrier. (Del fr. *fourrier*, y éste del germ. *fodr*, pasto.) m. En las caballerizas reales, oficial que cuidaba de las cobranzas.

furriera. (Del fr. *fourrière*, de *fourrier*, furriel.) f. Oficio de la casa real, a cuyo cargo estaban las llaves, muebles y enseres de palacio y la limpieza de ellos y de las habitaciones.

furris. (De la onomat. *furr*.) adj. fam. *Al., Ar., Méj., Nav.* y *Venez.* Malo, despreciable, mal hecho.

furruco. m. *Venez.* Especie de zambomba.

furrusca. f. *Col.* Gresca, pelotera, chamusquina.

furtadamente. adv. m. ant. **hurtadamente.**

furtador. (De *furtar*.) m. ant. Que hurta o roba.

furtar. (De *furto*.) tr. ant. **hurtar.** ǁ prnl. ant. Escaparse, huir.

Fürth. Geog. C. de la R. F. A., est. de Baviera; 100.300 h. Fábricas de vidrio. Industrias química, textil y metalúrgica. Iglesia del s. XIV. Fundada en el 793.

furtiblemente. adv. m. ant. Ocultamente.

furtivamente. adv. m. Ocultamente.

furtivo, va. fr., *furtif*; it., *furtivo*; i., *furtive*; a., *heimlich, verstohlen.* (Del lat. *furtīvus*.) adj. Que se hace a escondidas y como a hurto. ǁ Dícese del que caza, pesca o hace leña en finca ajena, a hurto de su dueño.

furto. (Del lat. *furtum*.) m. ant. **hurto.** ǁ **a furto.** m. ant. **a hurto.**

Furtwängler (Adolf). Biog. Arqueólogo alemán, n. en Friburgo de Brisgovia y m. en Atenas (1853-1909). Hizo excavaciones en el templo de Atenas, en Egina, y hasta 1903 dirigió las obras para el descubrimiento del antiguo Orcómenes. || **(Wilhelm).** Director de orquesta y compositor alemán, n. en Berlín y m. en Ebersteinburgo (1886-1954). Se distinguió especialmente al frente de la Gewandhaus de Leipzig y de la Filarmónica de Berlín. Como compositor se le deben, entre otras obras, dos *sinfonías*, un *tedéum* para coro mixto, solo, orquesta y órgano, un *concierto* para piano, etc. Escribió también *Charlas sobre música*.

furuminga. f. *Chile*. Embrollo, confusión, laberinto.

furúnculo. (Del lat. *furuncŭlus*.) m. **Pat.** divieso. || Es una tumefacción dolorosa y circunscrita de la piel, producida por la inflamación del corión y tejido subcutáneo, que incluye una porción de tejido esfacelado o *clavo*. Lo origina la penetración de bacterias, especialmente el estafilococo, en los folículos pilosos y glándulas sebáceas. La reunión de varios furúnculos constituye el *ántrax*, inflamación circunscrita que termina por esfacelo y supuración de algunas aberturas, y que se encuentra principalmente en los diabéticos.

furunculosis. (De *furúnculo* y *-osis*.) f. **Pat.** Estado morboso caracterizado por la aparición simultánea o por brotes sucesivos de furúnculos.

fusa. (Del it. *fusa*.) f. **Mús.** Nota de música, cuyo valor es la mitad de la semicorchea.

fusado, da. (De *fuso*.) adj. **Bl.** Dícese del escudo o pieza cargada de husos.

Fusado

Fusagasugá. Geog. Mun. de Colombia, depart. de Cundinamarca; 40.042 h. || Pobl. cap. del mismo; 25.456 h.

fusario. (Del lat. científico *fusárium*, del lat. *fusus*, huso.) **Bot.** Gén. de hongos de la familia de los tuberculariáceos (v.).

fusayola. (Del it. *fusaiola*.) f. **Arqueol.** Pieza circular, generalmente de barro, aunque también las hay de piedra, con un orificio central, y en ocasiones decoradas con signos y dibujos lineales esquemáticos. Eran utilizadas para el tejido a mano, por lo que también son conocidas con el nombre de *pesas de telar*.

fusca. (De *fuisca*.) f. *Extr.* y *Sal.* Maleza, hojarasca.

fuscar. (Del lat. *fuscāre*.) tr. ant. Privar de luz y claridad.

fusco, ca. (Del lat. *fuscus*.) adj. Obscuro, que tira a negro. || m. *Sal.* Tripa gorda que se rellena de manteca o tocino.

fusel oil. (expr. inglesa.) m. **Quím.** Alcohol amílico que se obtiene de la rectificación del alcohol, particularmente del que se extrae de la patata.

fuselado, da. (Del fr. *fuselé*.) adj. **Bl.** **fusado.**

fuselaje. (Del fr. *fuselage*, de *fuseau*, y éste del lat. *fusellus*, dim. de *fusus*, huso.) m. **Aviac.** Cuerpo central, fusiforme, de aviones y planeadores, al que van acopladas las alas, y cuyo interior constituye generalmente la parte habitable del aparato.

Fushun. Geog. C. de la R. P. China, prov. de Liaoning, en la región Nordoriental; 1.019.000 h. Carbones bituminosos y destilación de la hulla. Minas y producción de aluminio y cinc.

fusibilidad. fr., *fusibilité*; it., *fusibilità*; i., *fusibility*; a., *Schmelzbarkeit*. f. Calidad de fusible. || **Fís.** Propiedad que tiene una substancia, en virtud de la cual puede derretirse o hacerse fluida si se calienta a temperatura adecuada y cuenta, además, con la presión conveniente.

fusible. fr. e i., *fusible*; it., *fusibile*; a., *Schmelzbar*. (Del lat. *fusibĭlis*.) adj. Que puede fundirse. || m. **Fís.** Hilo o chapa metálica que se coloca en algunas partes de las instalaciones eléctricas para que al pasar, por accidente u otras causas, una corriente demasiado intensa se funda, quedando así interrumpido el paso de dicha corriente. Se usa para este fin mucho el plomo, por lo que, a veces, a los fusibles se les denomina *plomos*. || Se dice, en física nuclear, de los materiales (elementos) capaces de producir el fenómeno de la *fusión* (v.).

fusiforme. (Del lat. *fusus*, huso, y *-forme*.) adj. De figura de huso.

fusil. fr., *fusil*; it., *fucile*; i., *gun, fusil, musket*; a., *Flinte, Gewehr*. (Del it. *fucile*, y éste del lat. **focĭlis*, de *focus*, fuego.) m. **Mil.** Arma de fuego portátil, destinada al uso de los soldados de infantería. Consta de un cañón de hierro o de acero, de 8 a 10 dm. de long. ordinariamente, de un mecanismo con que se dispara, y de la caja a que éste y aquél van unidos. Se distinguen varios gén. de fusiles hoy conocidos, o por los nombres de sus inventores, como Minié, Mauser, etc., o por alguna circunstancia notable de su construcción o mecanismo. || **ametrallador.** Cuando a un fusil ordinario se le adaptan los mecanismos necesarios para extraer la vaina después del disparo, expulsarla, cargar de nuevo y disparar, se convierte en *automático*, y no se diferencia esencialmente de una ametralladora. || **de arpón.** *Pesca*. **fusil subacuático.** || **automático.** *Arm*. El que se recarga y se dispara por sí solo con auxilio de la fuerza originada por el disparo previo. || **Cetme.** (abr. de *Centro de Estudios Técnicos de Materiales Especiales*.) *Mil*. Fusil español de asalto, de gran precisión y alcance eficaz de tiro. Pesa 4,3 kg., mide 1,05 m. y puede disparar en ráfagas y tiro a tiro con munición de 7,62 mm. de calibre. || **de chispa.** *Arm*. El de llave con pie de gato provisto de un pedernal que, chocando contra el rastrillo acerado, incendia el cebo. || **microfónico.** *Fís*. Aparato de minúsculas proporciones, fabricado en EE. UU., que recoge y amplía los sonidos que se producen en una dirección determinada, hasta una distancia de 200 m., para transmitirlos a un aparato receptor que, a su vez, los pasa a una cinta magnetofónica, donde quedan registrados. || **de pistón.** *Arm*. El que se ceba colocando sobre su chimenea una cápsula cilíndrica de cobre que contiene pólvora fulminante, la cual se inflama al golpe de un martillo que reemplaza al pie de gato. || **de repetición.** El que utiliza un cargador con varios cartuchos que se disparan sucesivamente. || **subacuático, submarino** o **de arpón.** *Pesca*. El utilizado en la pesca o caza subacuática.

fúsil. (Del lat. *fusĭlis*.) adj. Que puede fundirse.

fusilamiento. fr., *fusillade*; it., *fucilazione*; i., *firing*; a., *Erschiessen*. m. Acción y efecto de fusilar.

fusilar. fr., *fusiller*; it., *fucilare*; i., *to shoot*; a., *erschiessen, füsilieren*. (De *fusil*.) tr. En milicia, ejecutar a una persona con una descarga de

El 3 de mayo de 1808 en Madrid: los fusilamientos en la montaña del Príncipe Pío, por Goya. Museo del Prado. Madrid

fusilería. || fig. y fam. Plagiar, copiar trozos o ideas de un original sin citar el nombre del autor.

fusilazo. m. Disparo hecho con fusil. || Ruido originado por el mismo. || Herida o estrago producido. || **fucilazo.**

fusilería. f. Conjunto de fusiles. || Conjunto de soldados fusileros. || Fuego de fusiles.

fusilero, ra. fr. e i., *fusilier*; it., *fuciliere*; a., *Füsilier, Musketier*. (De *fusil*.) adj. Perteneciente o relativo al fusil. || V. **marcha real fusilera.** || m. **Mil.** Soldado de infantería armado con fusil y bayoneta. || **de montaña.** Soldado de tropa ligera.

fusión. fr., *fusion*; it., *fusione*; i., *fusion, liquation, melting*; a., *Guss*. (Del lat. *fusĭo, -ōnis*.) f. Efecto de fundir o fundirse. || fig. Unión de intereses, ideas o partidos que antes estaban en pugna. || **Fís.** Tránsito del estado sólido al estado líquido por la acción del calor, fenómeno opuesto al de la solidificación: La temperatura a que se efectúa este fenómeno se denomina *punto de fusión* y es característico de cada elemento y compuesto químico, propiedad que se aprovecha en química orgánica para la caracterización

fusionar–fútbol

de substancias. Durante la fusión, la temperatura permanece invariable, pues el calor que se comunica al sistema se emplea en producir el cambio de estado y se denomina *calor de fusión,* que para el hielo, p. e., son 80 calorías-gramo, es decir, se necesitan 80 calorías para fundir un gramo de hielo. En general, los cuerpos, al fundirse, aumentan de volumen y pierden, por tanto, densidad; por eso los sólidos quedan en el fondo. Cuanto mayor sea la presión exterior, mayor será también la cantidad de calor que el cuerpo ha de absorber para fundirse, y como consecuencia, la temperatura de fusión ascenderá. También se da el caso de que un cuerpo sólido, calentado en determinadas condiciones, pase directamente, sin fundirse, al estado gaseoso (v. **sublimación**). ‖ **de empresas.** *Econ.* La concentración puede ser horizontal o vertical, según se reúnan bajo una misma dirección establecimientos industriales del mismo estadio de la producción, o se complementen de tal manera que el producto final de uno sea materia prima para el otro. Se efectúa, en diversos grados de intensidad, por medio de los carteles, *konzers, pools, trusts* y uniones personales. ‖ **nuclear.** *Fís.* Reacción nuclear, producida por la unión de dos núcleos ligeros, que da lugar a un núcleo más pesado, con gran desprendimiento de energía. La fusión de los núcleos de hidrógeno en el Sol es el origen de la energía solar. El ejemplo más típico de fusión, y el único llevado hasta ahora a la práctica, es la síntesis del helio partiendo del hidrógeno o, mejor, de sus isótopos deuterio y tritio. Esta reacción, es la que se produce en la *bomba de hidrógeno* (v.).

fusionar. tr. fig. Producir una fusión, unión de ideas y partidos. Ú. t. c. prnl.

fusionista. adj. Partidario de la fusión de ideas, intereses y partidos. Ú. t. c. s. ‖ **(partido).** *Hist.* El formado en España en 1880, por los partidos constitucional, centralista y otras fracciones de la oposición liberal dinástica. Sus miembros se denominaron simplemente liberales.

fusique. m. Pomo de cuello largo en cuya extremidad hay unos agujeritos por donde sorbe la nariz el tabaco en polvo. Lo usaban, por lo común, los gallegos y asturianos. ‖ fam. **Indum.** Prenda de vestir que viene estrecha.

fuslera. f. ant. **fruslera.**

fuslina. (De un deriv. del lat. *fusĭlis,* de *fusus,* fundido.) f. Sitio destinado a la fundición de minerales.

fuso. (Del lat. *fusus.*) m. ant. **huso.** ‖ **Bl.** losange.

fusor. (Del lat. *fusor, -ōris,* fundidor.) m. Vaso o instrumento que sirve para fundir.

fusta. (Del b. lat. *fusta,* y éste del lat. *fustis,* palo.) f. Varas, ramas y leña delgada, como la que se corta o roza de los árboles. ‖ Cierto tejido de lana. ‖ Vara flexible o látigo largo y delgado que por el extremo superior tiene pendiente una trencilla de correa de que se usa para castigar los caballos. Se hacen de diversas maneras, y suelen tener una empuñadura, para afianzarlas, en la parte más gruesa. ‖ Buque ligero de remos y con uno o dos palos, que se empleaba con frecuencia como explorador. ‖ En Río de la Plata, látigo más largo y delgado que los rebenques, llevando en su extremo inferior una pequeña lonja. Es generalmente usada para las cabalgaduras muy briosas o caballos de carrera. Las de mayor precio llevan cabeza de plata y manija con cadena del mismo metal. ‖ pl. *Mancha.* Cantidad que pagan a los propietarios los dueños de los ganados por que éstos aprovechen la rastrojera.

fustado, da. (Del fr. *fusté,* del ant. *fust,* y éste del lat. *fustis,* palo.) adj. **Bl.** Aplícase al árbol cuyo tronco es de diferente color que las hojas, o a la lanza o pica cuya asta es de diferente color que el hierro.

fustal. (Del ár. *Fustāt,* nombre de una ciudad árabe, anterior y vecina a la de El Cairo, y hoy englobada en ésta.) m. **fustán.**

fustán. (De *fustal.*) m. Tela gruesa de algodón, con pelo por una de sus caras. ‖ ant. *Amér.* Enaguas o refajo de algodón.

fustancado, da. (De *fustanque.*) adj. *Germ.* Dícese de la persona apaleada.

fustanella. (Voz italiana.) f. **Indum.** Especie de faldilla que llevan muchos albaneses y griegos.

fustanero. m. El que fabrica fustanes.

fustanque. (De *fusta.*) m. *Germ.* Trozo de madera mucho más largo que grueso, generalmente cilíndrico y manuable.

fustaño. m. **fustán.**

fuste. fr., *bois;* it., *fusto;* i., *wood;* a., *Holz.* = fr., *nerf, coeur;* it., *base;* i., *switch;* a., *Mark.* = *Arquit.* fr., *fût;* it., *fusto;* i., *perch, fust, shaft;* a., *Schaft.* (Del lat. *fustis,* palo.) m. **madera,** parte sólida de los árboles debajo de la corteza. ‖ **vara.** ‖ Vara o palo en que está fijado el hierro de la lanza. ‖ Armazón de la silla de montar. ‖ poét. Silla del caballo. ‖ fig. Fundamento de una cosa no material; como de un discurso, oración, escrito, etc. ‖ fig. Nervio, substancia o entidad. ‖ **Arquit.** Parte de la columna que media entre el capitel y la basa. ‖ **Bot.** Vástago, conjunto de tallos y hojas. Parte del tronco de un árbol comprendida entre el raigal y la inserción de las primeras ramas gruesas. ‖ **cuarentén.** *Léx. Ar.* **cuarentén.**

fustero, ra. (Del lat. *fustuarĭus.*) adj. Perteneciente al fuste. ‖ m. **tornero,** que hace obras de torno; que fabrica tornos. ‖ desus. **carpintero,** el que por oficio trabaja y labra madera, ordinariamente común.

fustete. (Del ár. *fustaq,* y éste del gr. *pistákion.*) m. **Bot.** Arbusto de la familia de las terebintáceas, de 1 a 3 m. de alto, con hojas sencillas, ovales, redondeadas, pecioladas.

fustigación. f. Acción y efecto de fustigar.

fustigador, ra. adj. Que fustiga. Ú. t. c. s.

fustigante. p. a. de **fustigar.** Que fustiga.

fustigar. fr., *fustiger;* it., *fustigare;* i., *to whip, to fustigate;* a., *auspeitschen, stäupen.* (Del lat. *fustigāre;* de *fustis,* palo, y *agěre,* mover, menear.) tr. **azotar,** dar azotes. ‖ fig. Vituperar, censurar con dureza.

Fustiñana. *Geog.* Mun. de España, prov. de Navarra; p. j. de Tudela; 2.347 h. ‖ Villa cap. del mismo; 2.341 h. (*fustiñanenses*).

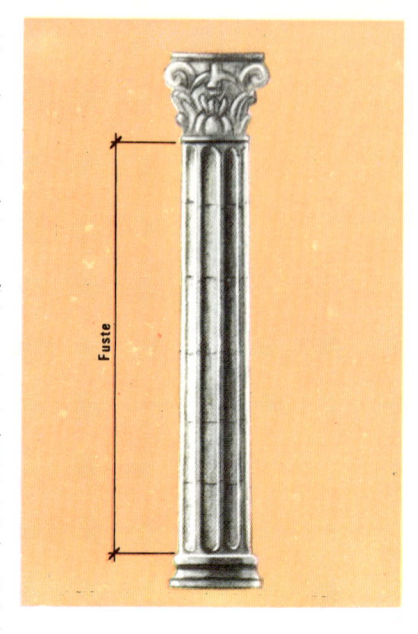

Fuste

fusto. (De *fuste.*) m. *Huesca.* Pieza de madera de hilo, de 5 a 6 m. de long., con una escuadría de 25 a 38 cm. de tabla por 24 a 29 de canto.

fustrar. tr. barb. por **frustrar.**

fustumbre. (De *fuste.*) f. ant. Conjunto de varas o palos.

fusulínido, da. (Del lat. científico *fusulina* e *-ido;* aquél del lat. *fusus,* huso.) adj. **Paleont.** y **Zool.** Dícese de los protozoos foraminíferos, que vivieron al final de la era paleozoica y cuyos caparazones, hoy acumulados, forman grandes masas calizas. ‖ m. pl. Familia de estos foraminíferos.

Futalenfú. *Geog.* Depart. de Argentina, prov. de Chubut; 9.435 km.^{2} y 20.158 h. Cap., Esquel. ‖ Comuna de Chile, prov. de Chiloé, depart. de Palena; 2.398 h. ‖ Pobl. cap. de la misma; 999 h.

fútbol o **futbol.** (Del i. *football;* y éste de *foot,* pie, y *ball,* pelota.) m. **Dep.** Juego practicado al aire libre con un balón de cubierta de cuero que tiene una vejiga de goma hinchada con aire a presión.

Equipo del Real Madrid C. F., campeón de la liga 1978-79

Campeonatos del Mundo

Años	Lugares	Campeones	Subcampeones	Resultados finales
1930	Uruguay	Uruguay	Argentina	4 - 2
1934	Italia	Italia	Checoslovaquia	2 - 1
1938	Francia	Italia	Hungría	4 - 2
1950	Brasil	Uruguay	Brasil	2 - 1
1954	Suiza	Alemania (R. F.)	Hungría	3 - 2
1958	Suecia	Brasil	Suecia	5 - 2
1962	Chile	Brasil	Checoslovaquia	3 - 1
1966	Inglaterra	Inglaterra	Alemania (R. F.)	4 - 2
1970	Méjico	Brasil	Italia	4 - 1
1974	Alemania (R. F.)	Alemania (R. F.)	Holanda	2 - 1
1978	Argentina	Argentina	Holanda	3 - 1

Copa del Mundo de Naciones. Después de la *depuración* olímpica, a partir de 1928, ese campeonato universal *amateur* perdió mucho de su interés. Y la F. I. F. A. creó la Copa del Mundo. El mantenedor de la idea fue el dirigente francés Jules Rimet, cuyo nombre lleva la copa que se disputa.

Copa de Europa de Campeones de Liga. Fue ideada y hecha realidad por el diario deportivo parisiense *L'Équipe*, con el fin de que se la disputasen los equipos campeones de Liga de cada país. Desde su inauguración en 1956 hasta 1960, es decir, en sus cinco primeras ediciones, fue vencedor el Real Madrid.

Copa de Europa de Campeones de Liga

Años	Lugares	Campeones	Subcampeones	Resultados finales
1956	París	Real Madrid	Reims (Francia)	4 - 3
1957	Madrid	Real Madrid	Florentina (Italia)	2 - 0
1958	Bruselas	Real Madrid	Milán	3 - 2
1959	Stuttgart	Real Madrid	Reims	2 - 0
1960	Glasgow	Real Madrid	Eintracht (Francfort)	7 - 3
1961	Berna	Benfica (Lisboa)	Barcelona F. C.	3 - 2
1962	Amsterdam	Benfica	Real Madrid	5 - 3
1963	Londres	Milán	Benfica	2 - 1
1964	Viena	Internazionale (Milán)	Real Madrid	3 - 1
1965	Milán	Internazionale	Benfica	1 - 0
1966	Bruselas	Real Madrid	Partizán (Belgrado)	2 - 1
1967	Lisboa	Celtic de Glasgow	Internazionale	2 - 1
1968	Londres	Manchester United	Benfica	4 - 1
1969	Madrid	Milán	Ajax (Holanda)	4 - 1
1970	Milán	Feyenoord (Holanda)	Celtic de Glasgow	2 - 1
1971	Londres	Ajax	Panathinaikos (Grecia)	2 - 0
1972	Rotterdam	Ajax	Internazionale	2 - 0
1973	Belgrado	Ajax	Juventus (Turín)	1 - 0
1974	Bruselas	Bayern de Munich	Atlético de Madrid	4 - 0
1975	París	Bayern de Munich	Leeds United	2 - 0
1976	Glasgow	Bayern de Munich	Saint-Étienne	1 - 0
1977	Roma	Liverpool	Borussia M.	3 - 1
1978	Londres	Liverpool	Brujas	1 - 0
1979	Munich	Nottingham Forest	Malmoe	1 - 0
1980	Madrid	Nottingham Forest	Hamburgo	1 - 0

Copa Intercontinental de Clubes. Se disputa entre los ganadores de la Copa de Europa y la de Libertadores de América, y se han proclamado campeones los siguientes equipos: Real Madrid (1960), Peñarol (1961), Santos (1962 y 1963), Internazionale (1964 y 1965), Peñarol (1966), Rácing de Buenos Aires (1967), Estudiantes del Plata (1968), Milán (1969), Feyenoord (1970), Nacional de Montevideo (1971), Ajax (1972), Atlético de Madrid (1974) y Boca Juniors (1978).

Juego y tácticas. (Las dimensiones y pesos están traducidos de las reglas inglesas.) Se juega sobre un terreno rectangular, horizontal y nivelado, entre 118,87 y 91,44 m. de long. y 91,44 y 45,72 m. de anchura. Dicho campo está dividido por la mitad por una línea que une los dos laterales, llamadas líneas de toque. En medio de esa línea divisoria está el centro del campo, desde donde se traza una circunferencia que sirve para que los contrarios del bando sacador del balón, que se coloca en el centro, no se acerquen a menos de los 9,14 m. que tiene por radio, hasta que el balón sea jugado, previo pitido del árbitro, que es el que hace de juez supremo en el campo, asistido por dos jueces secundarios (de línea). Contienen dos equipos de 11 jugadores por bando. Sólo el portero de cada bando puede utilizar las manos, pero dentro del área de *penalty*. El balón, de cuero y goma, es redondo. La pelota que traspase el marco de la portería constituye un gol o tanto. Y gana el bando que en los noventa minutos que dura el partido haya conseguido introducir más goles válidos. Al cabo de cuarenta y cinco minutos termina el primer tiempo, y se reanuda el juego después de quince minutos de descanso, cambiando de terreno los equipos. Para hacer correcto el juego existen castigos técnicos contra los infractores, siendo el llamado *penalty* el supremo, pues constituye generalmente un gol hecho. En un principio (ya en el siglo pasado), el sistema de juego empleado era el de tres líneas, con dos defensas, tres medios volantes y cinco delanteros; después las tácticas han ido variando con el tiempo. Así, en 1925, los ingleses jugaban con tres defensas, y, a su vez, los dos medios que quedaban eran apoyados por dos delanteros, que se atrasaban cuando era necesario. De esta forma se creó el famoso sistema WM —puesto en practica especialmente por el entrenador Chapman—, denominado así porque el desdoblamiento de los jugadores sobre el terreno dibujaba estas dos letras. Más tarde se han ido implantando otros sistemas, en función sobre todo de obtener un buen resultado en el marcador, aunque no siempre acompañado de gran brillantez en el juego, como el *catenaccio* italiano (1960) y la creación del llamado *hombre libre* o *defensa escoba*, acumulando un hombre más en las tareas defensivas, táctica que emplean actualmente la mayoría de los equipos. Pero lo que determina sobre todo la evolución del fútbol moderno es la preparación física, técnica e incluso psicológica a que son sometidos los jugadores. Es relativa-

Pelé

mente corriente que, aparte del entrenador, un equipo obtenga los servicios de un grupo de preparadores y técnicos que se dediquen a poner en las más perfectas condiciones físicas a sus jugadores.

futbolín. (Nombre comercial registrado.) m. Cierto juego en que figurillas accionadas mecánicamente remedan un partido de fútbol.

futbolista. com. Jugador de fútbol.

futbolístico, ca. adj. Perteneciente o relativo al fútbol.

futesa. (Del fr. *foutaise*, deriv. de *foutre*, y éste del lat. *futuěre*, tener trato carnal.) f. Fruslería, nadería.

fútil. fr. e it., *futile*; i., *futile, trifling, worthless*; a., *leer, wertlos, nichtssagend*. (Del lat. *futilis*.) adj. De poco aprecio e importancia.

futilidad. fr., *futilité*; it., *futilità*; i., *futility*; a., *Klenigkeit*. (Del lat. *futilĭtas, -ātis*.) f. Poca o ninguna importancia de una cosa, por lo regular de discursos y argumentos.

futraque. (De *futre*.) m. despect. Lechuguino, mozo acicalado, títere. || fam. desus. Levita, casaca.

futre. (Del fr. *foutre*, y éste del lat. *futuěre*, tener coito.) m. *And.* y *Amér.* m. Lechuguino, o simplemente persona vestida con atildamiento.

Futrono. Geog. Comuna de Chile, prov. y depart. de Valdivia; 7.202 h. || Pobl. cap. de la misma; 1.680 h.

Futuna. Geog. Isla del océano Pacífico, en el grupo de Horn (v.).

futura. (Del lat. *futūra*, t. f. de *-rus*, futuro.) f. Derecho a la sucesión de un empleo o beneficio antes de estar vacante. || fam. Novia que tiene con su novio compromiso formal.

futurario, ria. adj. Dícese de aquello que pertenece a futura sucesión.

futurible. (Del lat. *futuribĭlis*.) adj. Que puede ocurrir o suceder. || **Teol.** Suceso que nunca sobrevendrá, pero ocurrirá si se cumpliera la condición de la que se le hace depender. Ú. t. c. s.

futurición. f. Condición de estar orientado o proyectado hacia el futuro, como la vida humana.

futuridad. f. Condición o calidad de futuro.

futurismo. fr., *futurisme;* it., *futurismo;* i., *futuricism;* a., *Futurismus.* (De *futuro* e *-ismo.*) m. Actitud espiritual, cultural, política, etc., orientada hacia el futuro. ‖ **B. Art., Filos., Lit.** y **Mús.** Nombre que se dio a un movimiento artístico que surgió en París en 1909, iniciado por el poeta y dramaturgo italiano F. T. Marinetti, en un manifiesto que causó profunda estupefacción ante sus radicalismos y sus negaciones. Esta posición demoledora tuvo sus precedentes en la

Futurismo. *Constitución en espiral,* por Umberto Boccioni. Galería Comercial de Arte Moderno. Milán

postura adoptada por otro italiano, Alfredo Oriani, que murió en 1907. El futurismo no sólo aspiraba a la renovación estética, sino que pretendió la reforma intelectual y social de la humanidad, y hasta influir en lo antropológico mediante la reproducción prevista, condicionada y sublimada. Donde tuvo mayor influencia fue en pintura, a la que llevó la *poesía del gesto,*

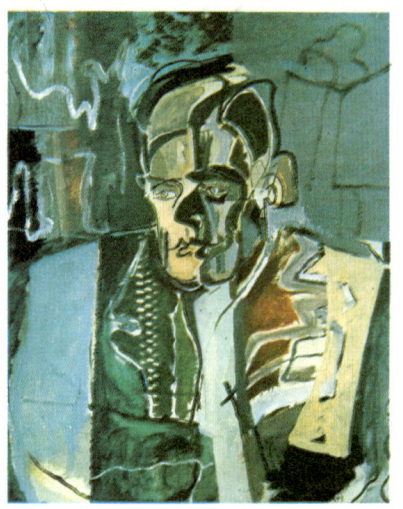

Retrato futurista de *Thomas Stearns Eliot,* por Patrick Heron. Galería Nacional. Londres

con lo cual el ademán pintado, por ejemplo, dejaba de ser una cosa momentánea fija y se convertía en *condición dinámica.* La fogosidad y el verbo cálido de Marinetti consiguieron cautivar a muchos y formar una especie de corriente tumultuosa, con su órgano de opinión, el periódico *Acerba.* Los principios de este *ismo* están delineados en la obra *El futurismo,* de Marinetti.

futurista. adj. Perteneciente o relativo al futurismo. ‖ Partidario del futurismo. Ú. t. c. s.

futuro, ra. fr., *futur;* it., *futuro;* i., *future;* a., *zukünftig.* = fr., *fiancé;* it., *fidanzato, promesso, sposo;* i., *betrothed;* a., *Verlobter.* (Del lat. *futūrus.*) adj. Que está por venir. Ú. t. c. s. ‖ m. fam. Novio que tiene con su novia compromiso formal. ‖ **contingente.** *Filos.* Lo que puede suceder o no. ‖ **imperfecto.** *Gram.* El que manifiesta de un modo absoluto que la cosa existirá, que la acción se ejecutará o el suceso acaecerá. ‖ **necesario.** *Filos.* El que se funda en una causa de esta condición, y por eso forzosamente acaecerá. ‖ **perfecto.** *Gram.* El que denota acción futura con respecto al momento en que se habla, pero pasada con respecto a otra ocasión posterior. Denota asimismo acción que, según conjetura o probabilidad, deberá haberse verificado ya en el tiempo venidero o pasado.

futurología. (De *futuro* y *-logía.*) f. Conjunto de los estudios que se proponen predecir científicamente el futuro del hombre.

futurólogo, ga. m. y f. Persona que profesa o cultiva la futurología.

fututo. m. *Pan.* **fotuto,** instrumento de viento, pito de caña o bocina hecha con un caracol.

Fux o **Fuchs (Johann Joseph). Biog.** Compositor alemán, n. en Hirtenfield y m. en Viena (1660-1741). Es autor de varias óperas, entre las que figuran: *Ofender por amor, La clemencia de Augusto, La corona de Adriana y Elisa.* También escribió un tratado: *Gradus ad Parnassum sive manuductio ad compositionem musicae regularem* (1725).

Fuxá y Leal (Manuel). Biog. Escultor español, n. y m. en Barcelona (1850-1927). Esculpió algunas obras de género y varias estatuas y bustos. Entre ellas figura un *San Francisco.*

fuyente. (Del lat. *fugĭens, -entis.*) p. a. ant. de **fuir.** Que huye.

Fuyii. Geog. C. de la R. P. China, prov. de Kirin; 446.202 h. Hasta 1914 se llamó *Petuna* o *Hsincheng.*

fylke. (Voz noruega.) **Geog.** Nombre de una división administrativa de Noruega que equivale a *condado.*

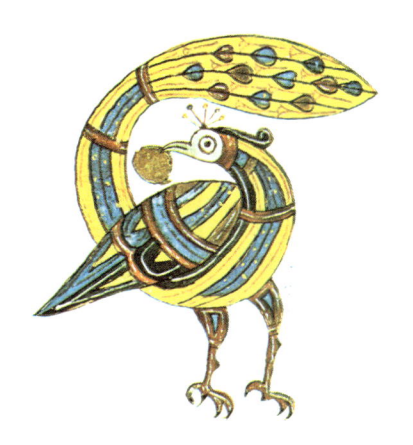

g. f. Octava letra del abecedario español y sexta de sus consonantes. Su nombre es **ge**. Seguida inmediatamente de *e* o *i*, su articulación es velar fricativa sorda, como la de la *j*; p. e., *genio, giro, colegio*. En cualquiera otro caso tiene articulación velar sonora, oclusiva en posición inicial absoluta o precedida de nasal (*gala, gloria, angustia*), y fricativa por lo general en las demás posiciones (*paga, iglesia, agrado, algo, dogma, ignorar*). Cuando este sonido velar sonoro precede a una *e* o *i*, se transcribe interponiendo una *u* que no se pronuncia; p. e., *guedeja, guisa*. En los casos en que la *u* se pronuncia en alguna de estas combinaciones, debe llevar diéresis, como en *Sigüenza, argüir*. || **Fís.** abr. de *aceleración de la gravedad*, de valor 9,81 m. por segundo. || **Impr.** Cada uno de los tipos móviles con que se imprime esta letra. || Punzón grabado en hueco con que los fundidores producen este tipo. || **Metrol.** abr. de *gramo*.

ga. adj. **Etnog.** Dícese de un pueblo negro africano de cultura guineana y lengua kwa, que habita en la zona costera de Costa de Marfil. Apl. a pers., ú. t. c. s. || Perteneciente o relativo a este pueblo.

Ga. Quím. Símbolo del *galio*.

gabacha. f. *Zam.* Especie de dengue de paño que usan las aldeanas.

gabachada. f. Acción propia de gabacho.

gabacho, cha. (Del provenz. *gavach*, que habla mal.) adj. Dícese de los naturales de algunos pueblos de las faldas de los Pirineos. Ú. t. c. s. || Perteneciente a estos pueblos. || Aplícase al palomo o paloma de casta grande y calzado de plumas. || fam. despect. **francés.** Apl. a pers., ú. t. c. s. || Natural de Montán, o perteneciente a esta villa. Ú. t. c. s. || m. fam. Lenguaje español plagado de galicismos.

Gabaldón. Geog. Mun. y villa de España, prov. de Cuenca, p. j. de Motilla del Palancar; 273 h.

gabán. (Del ár. *qabā'*, túnica de hombre con mangas.) m. **Indum.** Capote con mangas, y a veces con capilla, y por lo regular hecho de paño fuerte. || **abrigo,** sobretodo.

gabana. adj. **Zoot.** Dícese de una raza porcina de la prov. de Murcia.

Gabaón. Geog. hist. Ciudad bíblica, citada en el libro de Josué, fundada hacia el año 1200 a. C. y que tuvo su época de máximo esplendor en el s. VI a. C. Fue sometida por Josué. Natural de Gabaón fue el profeta Ananías. Una expedición de arqueólogos estadounidenses descubrió en el año 1957 su exacto emplazamiento, a 13 km. al N. de Jerusalén, cerca de la localidad de El Shib.

gabaonita. adj. Natural de Gabaón, o perteneciente a esta antigua ciudad de la tribu de Benjamín, en Palestina. Ú. t. c. s.

gabarda. (Del lat. *crabrus, por crabro, -ōnis,* tábano.) f. **Bot.** *Ar.* Rosal silvestre. || Fruto de este arbusto.

Gabarda. Geog. Mun. de España, prov. de Valencia, p. j. de Játiva; 1.281 h. || Lugar cap. del mismo; 1.114 h.

gabardina. fr., *gabardine;* it., *gabardina;* i., *gabardine;* a., *Regenmantel.* (En ant. fr., *galvardine.*) f. Ropón con mangas ajustadas, usado por los labradores en algunas comarcas. || Sobretodo de tela impermeable. || Tela de tejido diagonal, de que se hacen esos sobretodos y otras prendas de vestir. || **Tauром.** Designación humorística de la arpillera.

gabarra. fr., *gabare;* it., *gabarra;* i., *lighter;* a., *Gabarre.* (En it. y provenz., *gabarra.*) f. Embarcación mayor que la lancha, con árbol y mastelero y generalmente con cubierta. Suele ir remolcada, y cuando no, se maneja con vela y remo, y se usa en las costas para transportes. || Barco pequeño y chato destinado a la carga y descarga en los puertos.

gabarra. (De *gabarro.*) f. fig. y fam. *And.* Molestia, cosa pesada y enojosa.

gabarrera. f. **Bot.** Rosal con estípulas superiores ensanchadas, flores aisladas o en corimbo de pocas unidades, folíolos redondeados, garzos por el envés y caedizos, que se cría en las montañas del NE. de España (*rosa arvensis*).

gabarrero. m. Conductor de una gabarra. || Cargador o descargador de ella. || El que saca leña del monte y la transporta para venderla.

gabarro. (Del lat. *crabrus, por crabro, -ōnis,* tábano.) m. Nódulo de composición distinta de la masa de la piedra en que se encuentra encerrado. || Defecto que tienen las telas o tejidos en la urdimbre o trama que según su clase les corresponde. || Pepita de las gallinas. || Pasta fundida de pez, resina y piedra machacada, que se aplica en caliente para llenar las faltas de los sillares. || fig. Obligación o carga con que se recibe una cosa, o incomodidad que resulta de tenerla. || fig. Error en las cuentas, por malicia o

Gabarras en el puerto fluvial de Lieja

gabarro–Gabón

equivocación. || *Sal.* Abejón, tábano. || fig. *Sal.* Zángano, holgazán. || **Veter.** Enfermedad de las caballerías en la parte lateral y superior del casco, la cual consiste en un tumor inflamatorio, ordinariamente con supuración y abertura fistulosa.

gabarro. m. **Bot.** Planta de la familia de las resedáceas, de tallo erguido, hueco y sencillo, hojas lanceoladas con un diente pequeño en cada lado de la base y flores amarillo-pálidas (*reseda luteola*). De ella se obtiene una materia colorante amarilla, usada en tintorería.

gabarrón. m. aumentativo de **gabarra**, embarcación. || **Mar.** Casco de un buque viejo que suele emplearse como aljibe.

gabarse. (Del provenz. *gabar* o del ant. fr. *gaber*, jactarse, y éste del germ. *gabb*, burla.) prnl. ant. **alabarse.**

gabasa. f. **bagasa.**

gábata. (Del lat. *gabāta*.) f. Escudilla u hortera en que se echaba la comida que se repartía a cada soldado o galeote.

gabato, ta. (De *gamo*.) m. y f. *And.* Cría menor de un año de los ciervos y las liebres.

gabazo. m. **bagazo.**

gabejo. (De *gabicŭlum*, del célt. *gab*, brazado, como *gavilla*.) m. Haz pequeño de paja o de leña.

gabela. fr., *gabelle*; it., *gabella*; i., *gabel*; a., *Steuer*. (Del ár. *qabāla*, impuesto, también origen de *alcabala*.) f. Tributo, impuesto o contribución que se paga al Estado. Algunos quieren que sea determinado tributo que se llamaba así; pero en el sentir común es voz genérica. || ant. Lugar público adonde todos podían concurrir para ver los espectáculos que se celebraban en él. || fig. Carga, servidumbre, gravamen. || *Col.* Ventaja, partido.

gabella emigrationis. loc. lat. empleada en Italia, que significa *censo o impuesto de emigración*. Durante la Edad Media lo pagaban los siervos al señor feudal o a la ciudad, cuando emigraban con autorización. Luego adquirió cierta universalidad.

Gabes. Geog. Golfo de África septentrional, en la costa de Tunicia, al S. del puerto de Sfax. || Gob. de Tunicia; 28.950 km.² y 224.000 h. Cultivo de tabaco. || C. cap. del mismo, en el seno del golfo de su nombre; 32.330 h. Puerto y aeródromo.

Gabet de la Conca. Geog. Mun. de España, prov. de Lérida, p. j. de Tremp; 571 h. Corr. 100 a la cap., el lugar de Gabet. Nuestra Señora del Bon Repós.

Gabias (Las). Geog. Mun. de España, prov. y p. j. de Granada, 4.671 h. Corr. 4.093 a la cap., la villa de Gabia la Grande (*gabiareños*).

gabijón. (De *gabejo*.) m. *Ál.* y *Pal.* Haz de paja de centeno después de separado el grano.

gábilos. (De *gálibo*.) m. pl. *And.* Arrestos, alientos para acometer una empresa.

Gabin (Jean). Biog. Moncorgé (Jean Alexis Gabin).

gabina. f. *And.* fam. **sombrero de copa.**

gabinete. fr. e i., *cabinet*; it., *gabinetto*; a., *Kabinett*. (Del it. *gabinetto*, del lat. *cavěa*, jaula.) m. Habitación más reducida que la sala, donde se recibe a las personas de confianza. || Aposento que servía de tocador a las mujeres. || Conjunto de muebles para un gabinete. || Local en que se exhibe una colección de objetos curiosos o destinados al estudio de una ciencia o arte. || Habitación provista de los aparatos necesarios, donde el dentista u otro facultativo examina y trata a sus pacientes. || **ministerio,** gobierno del Estado y cuerpo de ministros que lo componen. || *Col.* Mirador, balcón cubierto. || **de gabinete.** loc. que se aplica al que escribe o trata de una materia, conociéndola sólo por teoría, sin tener en ella práctica.

Gabinio (Aulo). Biog. Político romano, m. en Salona (h. 100-47 a. C.). Hizo promulgar, siendo tribuno de la plebe, el año 77 a. C., la que se llamó *lex Gabinia* (ley de Gabinio), que concedía a Pompeyo el mando supremo en la Guerra de los piratas.

Gabirol (Salomón ben Yehuda Abu Ayub ibn). Biog. Filósofo y poeta judío español, más conocido por *Avicebrón* o *Ibn Gabirol*, n. en Málaga, de familia cordobesa, y m. en Valencia (h. 1020-1059 ó 1070). Como poeta fue el primero que introdujo con regularidad en el hebreo los

Salomón ben Gabirol, por Hreed Armstrong (1970). Jardines de Alcazabilla. Málaga

metros árabes. Como filósofo es conocido sobre todo por su tratado *La fuente de la vida*, escrito en árabe y traducido al latín, que ejerció gran influencia en la Edad Media. Su doctrina fue un esfuerzo por armonizar la ortodoxia judaica con el neoplatonismo, aunque el fondo de su pensamiento es neoplatónico.

gabis. m. *Germ.* **rancho.**

gabita. f. *Ast.* Yunta de encuarte.

Gable (Clark). Biog. Actor cinematográfico estadounidense, n. en Cádiz, Ohio, y m. en Nueva York (1901-1960). Entre las numerosas películas en que ha trabajado, figuran: *Lo que el viento se llevó* y *Vidas rebeldes*.

gablete. (Del fr. *gablet*, y éste del a. *Giebel*, cúspide.) m. **Arquit.** Remate formado por dos líneas rectas y ápice agudo, que se ponía en los edificios de estilo ojival.

Gablete. Puerta de los Libreros de la catedral de Ruán

gabon. m. **Mar.** Alojamiento en las bodegas de las antiguas galeotas. || Antiguamente, pañol de pólvora.

Gabón. Geog. Río de África que dio nombre a la antigua colonia y actual Estado. || (*République Gabonaise.*) Estado de África ecuatorial.

Situación y límites. Está sit. en el golfo de Guinea. Limita al N. con Guinea Ecuatorial y Camerún; al E. y S., con la República Popular del Congo, y al O., con el océano Atlántico.

Superficie y población. Superf., 267.667 km.²; pobl. absoluta, 951.000 h. (1.905.000 calculados en 1979); pobl. relativa, 3,5 h. por km.²

Fisiografía. Pertenece a la cuenca fluvial del Ogooué y otros ríos costeros menores como el Nyanga. En el interior pueden distinguirse tres regiones, de O. a E.: la llanura costera, la zona montañosa (montes de Cristal) y las terrazas orientales, terminación de las congoleñas. Su punto culminante es el monte Iboundji (1.581 m. de alt.).

Clima. Es ecuatorial, con una temperatura media anual que oscila entre 24 y 28° C. Las precipitaciones acuosas son, en el litoral, de 2.000 mm. anuales.

Economía. Debido a su posición geográfica (el ecuador pasa casi por la mitad del país), la flora es netamente ecuatorial. De ahí la importancia de sus productos forestales: maderas preciosas y de construcción (especialmente okumé), caucho y nuez de palma, así como la explotación de bosques. Los cultivos principales son: mandioca (179.000 ton., en 1975), batata (3.000), cacao (5.000 toneladas), maíz (2.000), cacahuete (2.000), banana (10.000) y café (600). La cabaña ganadera consiste en ganado bovino (5.000 cabezas), ovino (58.000), caprino (62.000), de cerda (5.000) y aves de corral (289.000). En cuanto a la pesca, fueron desembarcadas, en 1975, 6.056 ton. Por lo que respecta a la minería, hay yacimientos de petróleo en Tsengué, Cabo López, Batanga, Anguille y Gamba (10.202.000 ton., en 1974); minerales de hierro en Mekambo y Tchibanga; gas natural (46.000.000 m.³, en el año 1974), cinc, plata, oro; manganeso en Moanda (1.091.000 ton., en 1974). De uranio se obtuvieron (1974) 436 ton., y 227 kg. de oro. Las comunicaciones van pro-

Máscara religiosa

gresivamente mejorando. Hay 6.848 km. de carreteras. Los puertos principales son Libreville, Port-Gentil y Owendo, y los mejores aeropuertos están en Libreville, Port-Gentil, Moanda y Lambaréné.

Etnografía. La población, muy diseminada, está constituida por negros fetichistas. Los gaboneses constituyen una multitud de pueblos, cada uno de los cuales tiene al frente un jefe que recibe el pomposo nombre de rey, aunque su autoridad se ejerce solamente sobre un pequeño número de villorrios. Las dos tribus más importantes de Gabón son los ponqués o gaboneses propiamente dichos y los bakala. Los fans o pauinos llegaron al país en época reciente.

Religión. La mayoría son paganos, pero hay también muchos musulmanes. Para los católicos (388.760) existe el arzobispado de Libreville y las diócesis sufragáneas de Franceville, Mouila y Oyem.

Gobierno. Al obtener la independencia adoptó un sistema republicano de gobierno, de tipo presidencialista. El poder ejecutivo corresponde al presidente, elegido por sufragio universal para un período de siete años. La Asamblea Nacional, constituida por 70 miembros elegidos, cada siete años ejerce el poder legislativo dentro de los límites establecidos por la Constitución de 17 de febrero de 1961. Una importante enmienda a la Constitución que fue aprobada por la Asamblea el 15 de febrero de 1967, ha sido el establecimiento del cargo de vicepresidente de la República, que habrá de suceder al presidente en caso de muerte o impedimento.

División territorial. A efectos administrativos, el territorio está dividido en nueve regiones, como se detalla en el cuadro que a continuación se inserta:

Regiones	Superficie Km.²	Población Habitantes	Capitales y su población
Alto Ogooué	36.547	127.000	Franceville (5.848 h.).
Estuaire	20.740	195.000	Libreville (71.375).
Medio Ogooué	18.535	52.000	Lambaréné (10.385).
N'Gounié	37.750	130.000	Mouila (9.034).
Nyanga	21.285	67.000	Tchibanga (8.815).
Ogooué Ivindo	46.075	60.000	Makokou.
Ogooué Lolo	25.380	52.000	Koula-Moutou (3.000).
Ogooué Marítimo	22.890	120.000	Port-Gentil (30.883).
Woleu-N'Tem	38.465	148.000	Oyem (7.385).
Totales	267.667	951.000	

gabonés–gacheta

Capital. La cap. de la nación es Libreville (71.375 h.).

Historia. Francia se estableció en Gabón en el año 1839; después extendió sus territorios y fundó la c. de Libreville. Como consecuencia de las exploraciones, Gabón, que hasta entonces dependía de otros establecimientos africanos franceses, se convirtió en una parte importante del occidente de África. Posteriormente fue unido al Congo francés y desde 1910 hasta 1958 fue uno de los cuatro territorios que formaron el África ecuatorial francesa. El 28 de septiembre de 1958 optó por su constitución en república autónoma en el seno de la Comunidad francesa. Obtuvo la plena independencia el 17 de agosto de 1960 e ingresó en la O. N. U. el 20 de septiembre del mismo año. Pertenece al grupo de Monrovia, e ingresó en la Unión Africana y Malgache y en la Organización Africana y Malgache de Cooperación Económica. Un golpe de Estado dirigido por militares derrocó al presidente Léon Mba (18 de febrero de 1964), que fue repuesto al día siguiente gracias a la intervención de las tropas francesas. El 27 de noviembre de 1967 falleció en París el presidente Mba, y se hizo cargo de la suprema magistratura el vicepresidente Albert Bongo, quien inició una política de concentración de poder, hasta el punto de asumir nueve carteras ministeriales en 1976. El presidente gabonés, líder conciliador y presidente de la O. U. A., visitó España en noviembre de 1977, interesándose por la postura española ante la crisis saharaui y firmando importantes acuerdos económicos.

gabonés, sa. adj. Natural de Gabón, o perteneciente a este país. Ú. t. c. s.

Gabor (Dennis). Biog. Físico inglés, de origen húngaro, n. en Budapest (1900-1979). Cursó estudios en su c. natal y en Berlín. Profesor contratado y más tarde titular de Física Electrónica Aplicada en el Colegio Imperial de Ciencias y Tecnología de Londres. En 1971 recibió el premio Nobel de Física, por su descubrimiento y desarrollo del método holográfico, procedimiento para lograr imágenes tridimensionales.

Gaborone. Geog. Dist. de Botswana; 18.000 habitantes. ǁ C. cap. de Botswana y del dist. de su nombre; 14.467 h. Explotación forestal. Aeropuerto.

gabote. m. Ar. Volante que se tira con vaqueta.

Gaboto. Forma españolizada del apellido italiano *Cabot* o *Caboto* (v.). ǁ Geog. Local. de Argentina, prov. de Santa Fe, depart. de San Jerónimo; 1.683 h. Puerto sobre el río Coronda.

Gabriel (José). Biog. **López Buisan (José Gabriel).** ǁ **y Galán (José María).** Poeta español, n. en Frades de la Sierra, Salamanca, y m. en Guijo de Granadilla, Cáceres (1870-1905). Sus poesías están reunidas en varios volúmenes bajo los títulos de *Castellanas, Extremeñas, Campesinas* y *Nuevas Castellanas*. Gabriel y Galán fue un poeta epicolírico, que sintió y cantó los campos de Castilla, Extremadura y Salamanca. ǁ **Zamora.** Geog. Mun. de Méjico, est. de Michoacán de Ocampo; 11.295 h. ǁ Pueblo cap. del mismo; 3.515 h. ǁ *(San).* Teol. Uno de los arcángeles que mencionan el Antiguo y el Nuevo Testamento; fue el que anunció a la Virgen María la concepción del Salvador. Su fiesta, el 29 de septiembre.

gabrieles. m. pl. fam. Garbanzos del cocido.

Gabrieli (Andrea). Biog. Compositor italiano, n. y m. en Venecia (1510-1586). Se le considera como el fundador de la brillante y magnífica escuela veneciana. ǁ **(Giovanni).** Compositor italiano, n. y m. en Venecia (1557-1612). Fue uno de los primeros en dar un carácter independiente a la orquesta, que en algunas de sus obras no se limitaba a servir de acompañamiento a la voz.

Gabrini (Nicola). Biog. Tribuno romano, más conocido por *Cola di Rienzi*, n. y m. en Roma

José María Gabriel y Galán. Biblioteca Nacional. Madrid

(1313-1354). Hombre docto y orador elocuente, concibió la idea de librar a la c. de la tiranía de los nobles, y haciéndose otorgar el título de tribuno, proclamó una nueva Constitución y una forma de gobierno que llamó *el buen Estado*. Su tiranía le hizo odioso, y el pueblo, amotinado, le dio muerte en el Capitolio.

gabro. (Del it. *gabbro*, y éste del lat. *glaber*, pelado, rapado.) m. Geol. Roca eruptiva básica, cuyos componentes leucocratos son plagioclasas, y los melanocratos piroxenos, anfíboles y peridoto; es de color gris verdoso, densidad superior a 3, plutónica, de formación lenta y profunda y textura granuda.

gabroide. (De *gabro* y *-oide*.) adj. Geol. Que tiene las características de los gabros.

Gabrovo. Geog. Dist. de Bulgaria; 2.056 km.^{2} y 192.033 h. ǁ C. cap. del mismo, a orillas del Yantra, afl. del Danubio; 145.820 h. Paños, loza, pasamanería. Está cerca de la carretera que conduce al desfiladero de Schipka.

gabuzo. m. *León* y *Zam.* Vara seca de brezo que, colgada verticalmente y encendida por el extremo inferior, sirve para el alumbrado doméstico.

gacel. (Del ár. *gazāl*.) m. Zool. Macho de la gacela.

Gacelas de la especie *g. granti*

gacela. fr. e i., *gazelle;* it., *gazzella;* a., *Gazelle*. (Del ár. *gazāla*.) f. Zool. Nombre de mamíferos rumiantes de la familia de los bóvidos, subfamilia de los antilopinos, y gén. *gazella*, con más de 60 especies, del centro y SO. de Asia y N. y E. de África; de cuernos anillados, encorvados hacia atrás, pero la punta hacia adelante a modo de lira; glándulas suboculares, cola corta o mediana en pincel, pies con falsas pezuñas y sin glándulas.

gacería. f. Ling. V. **Cantalejo.**

gaceta. fr. e i., *gazette;* it., *gazzetta;* a., *Gazette*. (Del it. *gazzetta*, una moneda y luego un periódico; de *gazza*, urraca, y éste del lat. *gaia*, urraca.) f. Papel periódico en que se dan noticias políticas, literarias, etc. Hoy únicamente suele aplicarse esta denominación a periódicos que no tratan de política, sino de algún ramo especial de literatura, de administración, etc. ǁ En España, nombre que tuvo durante muchos años el diario oficial del gobierno. ǁ fam. **correveidile.**

gaceta. (Del fr. *caissette, cassette,* dim. de *caisse*, del lat. *capsa*, caja.) f. Caja refractaria que sirve para colocar dentro del horno los baldosines que han de cocerse.

gacetable. adj. Decíase del proyecto propio para convertirse en disposición gubernativa y publicarse como tal en la Gaceta oficial.

gacetera. f. Mujer que vende gacetas.

gacetero. m. El que escribe para las gacetas o las vende.

gacetilla. (dim. de *gaceta*.) f. Parte de un periódico destinada a la inserción de noticias cortas. ǁ Cada una de estas mismas noticias. ǁ fig. y fam. Persona que, por hábito e inclinación, lleva y trae noticias de una parte a otra.

gacetillero. m. Redactor de gacetillas.

gacetín. m. *Méj.* Cajetín de imprenta en que se acomodan letras para imprimir, grabar o dorar a mano.

gacetista. m. Persona aficionada a leer gacetas. ǁ Persona que habla frecuentemente de novedades.

gacilla. (De *gaza*.) f. *C. Rica.* Broche, imperdible.

Gacrux. (contr. de *gamma* y *crux*.) Astrón. Nombre de la estrella gamma de la Cruz del Sur, de magnitud 1,7. Nombre científico: γ-*Crucis.*

gacha. (Del lat. *coacta*, pl. n. de *coactus*, p. p. de *cogĕre*, cuajar.) f. Cualquiera masa muy blanda que tiene mucho de líquida. ǁ En Colombia y Venezuela, cuenco, escudilla de loza o barro. ǁ pl. Comida compuesta de harina cocida con agua y sal, la cual se puede aderezar con leche, miel u otro aliño. ǁ fig. y fam. Lodo, barro. ǁ *And.* Halagos, caricias, mimos.

Gachalá. Geog. Mun. de Colombia, depart. de Cundinamarca; 8.637 h. ǁ Pobl. cap. del mismo; 1.364 h.

Gachancipá. Geog. Mun. de Colombia, depart. de Cundinamarca; 2.648 h. ǁ Pobl. cap. del mismo; 747 h.

Gachantivá. Geog. Mun. de Colombia, depart. de Boyacá; 3.430 h. ǁ Pobl. cap. del mismo; 222 h.

gachapanda. *Col.* y *Méj.* **a la gachapanda.** m. adv. A hurtadillas, disimuladamente. ǁ **a la guachapanda.**

gachapazo. m. Costalada, caída violenta. ǁ Taurom. Caída violenta del picador, en la que no queda extendido sino como agachado.

gachapero. m. *And.* **lodazal.**

gachapo. m. *Ast.* y *León*. Caja donde el segador guarda la piedra de afilar la guadaña.

gachasmigas. f. pl. *Mur.* Especie de migas hechas con harina en vez de pan desmenuzado.

gaché. (Voz gitana.) m. Nombre con que los gitanos designan a los andaluces. ǁ *And.* **gachó.** ǁ Germ. ¡hombre!, usado como interj., y *hombre*, con sentido despectivo.

gachero, ra. adj. Natural de Pedroche, o perteneciente a esta villa. Ú. t. c. s.

gacheta. f. dim. de **gacha.** ǁ **engrudo.**

gacheta. (Del fr. *gâchette*.) f. Cerrajería. Palanquita que, oprimida por un resorte, sujeta en su posición el pestillo de algunas cerraduras, encajándose en él por medio de dientes y muescas. ‖ Cada uno de los dientes de esta clase que hay en la cola del pestillo.

Gachetá. Geog. Mun. de Colombia, depart. de Cundinamarca; 13.212 h. ‖ Pobl. cap. del mismo; 2.379 h.

gachí. (f. gitano de *gachó*.) f. *And.* Entre el pueblo bajo, mujer, muchacha.

gachipá, gachipanes o **gachipay.** m. Bot. **chontaruro.**

gachipaes. m. Bot. **gasipaes,** nombre colombiano de la palmera *guilielma speciosa*.

gacho, cha. (Del lat. *coactus*, p. p. de *cogĕre,* impeler.) adj. Encorvado, inclinado hacia la tierra. ‖ Dícese del toro o vaca que tiene uno de los cuernos, o ambos, inclinados hacia abajo. ‖ Dícese del caballo o yegua muy enfrenados que tienen el hocico muy metido al pecho, a distinción de los despapados, que levantan mucho la cabeza. ‖ Dícese del cuerno retorcido hacia abajo. ‖ *Extr.* **zurdo.** ‖ *Méj.* Bajo, en general. ‖ **Taurom. cornigacho.** ‖ **a gachas.** m. adv. fam. **a gatas.**

gachó. m. *And.* En ambientes populares, hombre en general, y en especial el amante de una mujer.

gachón, na. (De *gacha*, mimo.) adj. fam. Que tiene gracia, atractivo y dulzura. ‖ fam. *And.* Dícese del niño que se cría con mucho mimo.

gachonada. (De *gachón*.) f. fam. Gracia, donaire, atractivo. ‖ fam. Acto de gachonería.

gachonería. (De *gachón*.) f. fam. Gracia, donaire, atractivo. ‖ *And.* fam. Mimo, halago.

gachuela. f. dim. de **gacha.**

gachumbo. m. *Amér.* Cubierta leñosa y dura de varios frutos, de los cuales hacen vasijas, tazas y otros utensilios.

gachupín, na. m. y f. *Méj.* **cachupín.**

gachupo, pa. m. y f. *Méj.* **gachupín.**

gachuzo, pa. m. y f. desp. **gachupín.**

Gad. Biog. Uno de los 12 hijos de Jacob, que dio nombre a una de las 12 tribus de Israel.

Gadadhar Chatterji. Biog. Reformador religioso indio, más conocido por *Paramahamsa Ramakrishna,* n. en Karmapukar y m. cerca de Calcuta (1834-1886). Su teoría sobre la verdad de todas y cada una de las religiones constituye una vigorosa defensa del hinduismo. Creía fervorosamente en la diosa Kali como la principal manifestación de Dios, cuya relación en el mundo se apoyaba en el sistema Vedanta.

gadaño. (Voz gallega.) m. Pesca. Instrumento empleado en la ría de Betanzos para la pesca de las almejas; consiste en un mango de madera muy largo, terminado en unos flejes de hierro en forma de cuchara, que al arrastrar por el fondo enganchan las almejas.

Gadda (Carlo Emilio). Biog. Escritor e ingeniero italiano, n. en Milán y m. en Roma (1893-1973). Consumado humorista, fue uno de los mejores narradores italianos contemporáneos. Obras principales: *L'incendio di Via Keplero, Novelle dal ducato in fiamme* y *La cognizione del dolore.*

Gaddafi (Muammar el-). Biog. Político libio, n. en Misurata en 1938. En 1966 fundó en el R. U. el movimiento de los Oficiales Unionistas Libres, de carácter nacionalista árabe. Fue uno de los dirigentes del golpe de Estado que derribó al rey Idrissi el-Senussi en septiembre de 1969. Asumió el poder como jefe del Gobierno (16 de diciembre de 1969), conservando el cargo de presidente del Consejo Revolucionario. En marzo de 1979 cesó de su cargo al frente del Congreso del Pueblo.

Gaddi (Taddeo). Biog. Pintor italiano, n. y m. en Florencia (h. 1300-1366). El mejor discípulo de Giotto, fue su ayudante en el transcurso de veinticuatro años. Obras principales: un cuadro de altar, que se conserva en el museo de Berlín; otro, en la sacristía de la iglesia de San Pedro en Megognano, cerca de Poggibonsi; un tríp-

La Virgen en el trono, por Taddeo Gaddi. Galería de los Uffizi. Florencia

tico sobre fondo dorado, en el museo de Berna; y, en el Louvre, *La degollación de San Juan, El calvario* y *Martirio de un santo.*

Gadé (Analía). Biog. **Gorostiza (María Ester).**

Gadea (Jura de Santa). Hist. V. **Díaz de Vivar (Rodrigo).**

gadejón. m. *Sal.* Cada uno de los haces de leña que forman la carga de una caballería.

Gades (Antonio). Biog. **Esteve Ródenas (Antonio).** ‖ Geog. hist. Nombre antiguo de Cádiz (España).

gádido, da. (De *gado* e *-ido*.) adj. Zool. Dícese de los peces teleóstomos, del orden de los gadiformes o anacantinos, cuyos caracteres son los de los componentes de este orden, por ser prácticamente la mayoría de los que lo constituyen. ‖ m. pl. Familia de estos peces.

gadiforme. (De *gado* y *-forme*.) adj. Zool. Dícese de los peces teleóstomos, de aletas sin radios espinosos (por lo que se les llama también *anacantinos*), tamaño variable, pero frecuentemente de cuerpo largo, con aletas pelvianas en posición torácica o yugular, aberturas branquiales grandes, escamas pequeñas, lisas y blandas, piel viscosa, cabeza y boca anchá, a veces con una barbilla debajo de ésta; el vejiga natatoria sin comunicación con el intestino. ‖ m. pl. Orden de estos peces teleóstomos, con dos familias, la de los *gádidos* y la de los *macrúridos.*

Gadir. Geog. hist. Nombre antiguo de la ciudad de Cádiz.

gaditano, na. (Del lat. *gaditānus,* de *Gades,* Cádiz.) adj. Natural de Cádiz, o perteneciente a esta c. o a su provincia. Ú. t. c. s.

gado. (Del lat. *gadus,* abadejo.) Zool. Gén. de peces del orden de los gadiformes, familia de los gádidos (v.). Comprende diversas especies, las más importantes de las cuales son: el *abadejo,* el *bacalao,* el *merlan,* el *eglefino,* etc.

gadolinio. (De *gadolinita*.) m. Quím. Elemento metálico, trivalente; peso atómico, 156,9; símbolo, Gd, y núm. 64 de la serie atómica. Lo identificó Marignac en 1880.

gadolinita. (De J. *Gadolin,* químico finlandés, e *-ita*.) f. Miner. Ciclosilicato de berilio, hierro e itrio, afín al berilio, pero mucho más raro.

gadópsido, da. (Del lat. *gadus,* bacalao, *-ops-* e *-ido*.) adj. Zool. Dícese de los peces teleóstomos, orden de los gadiformes, parecidos a los gádidos, de cuerpo alargado, con una sola aleta dorsal, que viven en los ríos de Australia meridional y cuya especie típica es el *gadopsis marmoratus*.

Gádor. Geog. Cordillera de España, en el sistema penibético; 2.089 m. de alt. ‖ Mun. de España, prov. y p. j. de Almería; 3.140 h. ‖ Villa cap. del mismo; 2.433 h. (*gadorenses*).

Gaede (Wolfgang). Biog. Físico alemán, n. en Lehe-Wesermünde y m. en Munich (1878-1945). Inventó la bomba especial de vacío que lleva su nombre. (V. **bomba de Gaede** y **vacío.**)

gaélico, ca. fr., *gaelique;* it., *gaelico;* i., *gaelic;* a., *gälisch.* adj. Aplícase a los dialectos de la lengua céltica que se hablan en ciertas comarcas de Irlanda y Escocia (R. U.). Ú. t. c. s. ‖ m. Ling. Lengua del grupo celta, de la gran familia lingüística indoeuropea, hablado en Irlanda (650.000) y en Escocia (150.000). Existen documentos escritos en gaélico desde el s. V d. C., siendo una de las más ricas lenguas medievales a partir del s. XI; la escritura usa unas veces el alfabeto latino y otras el erse.

gaetano, na. adj. Natural de Gaeta, o perteneciente a esta c. de Italia. Ú. t. c. s.

gafa. (Del germ. *gafa,* gancho.) f. Instrumento para armar la ballesta, que atrae con fuerza hasta montarla en la nuez. ‖ **grapa,** pieza de metal para sujetar dos cosas. ‖ En términos de mar, especie de tenaza para suspender objetos pesados. ‖ pl. Los dos ganchos que, sujetos con cuerdas a otra más larga, sirven para subir y bajar los materiales en las construcciones. ‖ Tablilla pendiente de dos hierros corvos en la parte superior, que se cuelga en la barandilla de la mesa de trucos para afianzar la mano izquierda y poder jugar la bola que está entronerada. ‖ Enganches con que se afianzan los anteojos detrás de las orejas. ‖ Anteojos con este género de armadura. ‖ **gafas Roentgen.** *Cir.* Las que emplean algunos cirujanos para obtener una imagen exacta de los lugares invisibles en que operan.

gafancia. f. Cualidad de gafe.

gafar. (De *gafa*.) tr. Arrebatar una cosa con las uñas o con un instrumento corvo. ‖ Lañar, componer con gafas o grapas los objetos rotos, principalmente los de cerámica.

gafar. (De *gafe*.) tr. Traer mala suerte, aojar, provocar desdichas, acarrear mal fario. Es creencia supersticiosa.

gafarrón. m. *Ar.* y *Mur.* **pardillo,** ave.

gafe. (Del m. or. que *gafo*.) m. fam. Aguafiestas, de mala sombra.

gafedad. (De *gafo*.) f. Contracción permanente de los dedos, que impide su movimiento. ‖ Pat. Lepra en que se mantienen fuertemente encorvados los dedos de las manos, a modo de las garras de las aves de rapiña, y también, a veces, los de los pies.

gafete. (dim. de *gafa*.) m. Broche metálico de macho y hembra para abrochar.

gafetí. (Del ár. *gāfitī*, perteneciente al *gāfit*, eupatoria.) m. Bot. **eupatorio.**

gafez. f. ant. **gafedad.**

Gafky (Georg Theodor August). Biog. Bacteriólogo alemán, n. y m. en Hannover (1850-1918). Fue discípulo de Robert Koch. Obtuvo cultivos puros del bacilo de Eberth.

gafo, fa. (Del m. or. que *gafa*.) adj. Que tiene encorvado y sin movimiento los dedos de manos o pies. Ú. t. c. s. ‖ Que padece la lepra llamada gafedad. Ú. t. c. s. ‖ *Col., C. Rica* y *P. Rico.* Despeado. Dícese de la caballería que, por haber andado mucho sin herraduras por te-

gafoso–gaje

rreno duro, tiene la planta del casco irritada y no puede caminar sin dolor. ‖ m. pl. **Hist.** Se llamó así a individuos de ciertas poblaciones del N. de España, O. de Francia y País de Gales, de origen histórico muy discutido, y a los que se creyó contaminados de lepra. Fueron objeto de la repulsa general y llevaban a la espalda una pata de ánade en paño rojo:

gafoso, sa. adj. ant. **gafo.**

Gafsa. Geog. Gob. de Tunicia; 18.530 km.² y 365.000 h. ‖ C. cap. del mismo; 32.408 h. Se han hallado restos prehistóricos de gran valor para el conocimiento de la cultura del paleolítico.

gag. (Voz inglesa.) m. **Cin.** Recurso cómico eminentemente cinematográfico, cuya gracia no suele desprenderse de la frase, sino de la imagen y que generalmente no tiene nada que ver con el argumento, por lo que un mismo *gag* puede ser acoplado a diferentes películas.

Gagarin (Yuri Alekseievich). Biog. Astronauta soviético, n. en Gzhatsk (llamada ahora, en su honor, Gagarin), cerca de Smolensko, y m. cerca de Moscú (1934-1968). Se graduó en la Escuela Técnica de Saratov (1955). En 1957 in-

Yuri A. Gagarin visitando la Feria Comercial Soviética (1961). Londres

gresó en la Academia de las Fuerzas Aéreas de Orenburgo (Urales) y el 12 de abril de 1961 fue lanzado en la nave espacial *Vostok I*. Fue el primer astronauta del mundo. Falleció en accidente.

gagate. m. ant. **gagates.**

gagates. (Del gr. *gagátes*.) m. ant. **azabache.**

gagea. (De *Gage*, botánico inglés.) **Bot.** Gén. de plantas de la familia de las liliáceas (v.).

Gagil-Tomil. Geog. Isla del océano Pacífico, en el arch. de Yap (v.).

Gagnoa. Geog. Depart. de Costa de Marfil; 6.873 km.² y 176.000 h. ‖ C. cap. del mismo; 14.379 h.

gago, ga. adj. **tartamudo.**

gaguear. intr. *Sal.* **susurrar,** empezarse a divulgar. ‖ *Can., Chile, Perú, P. Rico y Venez.* **tartamudear.**

gaguera. f. *Can., Chile, Perú y P. Rico.* **tartamudez.**

Gahan. Geog. Local. de Argentina, prov. de Buenos Aires, part. de Salto; 943 h.

gahnita. (De H. G. *Gahn*, naturalista sueco, e *-ita*.) f. **Miner.** Óxido de aluminio y de cinc, de fórmula ZnAl₂O₄, también llamado *espinela de cinc*; cristaliza en octaedros regulares de color verde y brillo vítreo; dureza de 7,5 a 8.

Gahwar ben Muhammad. Biog. Rey moro de Córdoba, m. en 1043. Sucedió a Hixem III en 1031.

Gaibiel. Geog. Mun. y villa de España, prov. de Castellón, p. j. de Segorbe; 430 h. (*gaibielanos*).

gaibola. (Del lat. *caveŏla*, jaula.) f. *Mur.* Jaula del hurón.

gaicano. m. **Zool. rémora,** pez marino acantopterigio.

Gaiferos. Lit. Entre los viejos romances del ciclo carolingio, descuellan por su belleza salvaje los de Gaiferos, héroe que la poesía épica transformó en uno de los *doce pares* que encontraron la muerte en Roncesvalles.

Gaimán. Geog. Depart. de Argentina, prov. de Chubut; 6.945 h. ‖ Local. cap. del mismo; 1.702 h.

Gainer (Laura). Biog. Actriz de cine estadounidense, más conocida por *Janet Gaynor*, n. en Filadelfia en 1906. Fue popularísima en la época del cine mudo y en los inicios del sonoro. Por su interpretación en *El séptimo cielo* le fue concedido el Oscar de 1928.

Gainsborough (Thomas). Biog. Pintor inglés, n. en Sudbury y m. en Londres (1727-1788). Discípulo de Gravelot y de Hayman. Por la gracia de sus dibujos y trasfondos recuerda a Wateau; también se pone de manifiesto en su obra la influencia de Van Dyck. Se especializó en el paisaje y, sobre todo, en el retrato. Pintó a la aristocracia inglesa, al rey Jorge III y a la reina. Sus obras más importantes son: *Familia real, Paisaje nativo, La familia del pescador*, etc.

Retrato de niña, por Gainsborough. Museo Lázaro Galdiano. Madrid

Gaínza (Gabino). Biog. Militar español, n. en Vizcaya y m. en Méjico (h. 1750-1822). Subinspector general del ejército de Guatemala en 1820, poco después el general Urrutia, presidente de la Audiencia, gobernador y capitán general, delegó sus cargos en él. En 1821 se unió a los separatistas guatemaltecos, que le nombraron jefe del nuevo Estado. Anexionada Guatemala por Méjico, siguió gobernando en nombre de éste como gobernador general, cargo del que fue destituido en 1822. ‖ **Paz (Alberto).** Periodista argentino, n. y m. en Buenos Aires (1899-1977). Director del diario *La Prensa*, de Buenos Aires, se significó por su defensa de la libertad de prensa y la oposición al régimen peronista. ‖ **Geog.** Mun. y villa de España, prov. de Guipúzcoa, p. j. de Tolosa; 213 h.

gaiola. (Voz portuguesa que sign. *jaula, toril;* del m. or. que *gayola*.) f. **Taurom.** Chiquero o toril.

gaita. fr., *cornemuse;* it., *piva;* i., *bagpipe;* a., *Sackpfeife*. (Del árabe *gaita*.) f. Flauta de cerca de media vara, al modo de chirimía, que, acompañada del tamboril, se usa mucho en los regocijos de los lugares. ‖ **gaita gallega.** ‖ fig. y fam. **pescuezo,** parte del cuerpo desde la nuca hasta el tronco. ‖ fig. y fam. Cosa difícil, ardua o engorrosa. Ú. generalmente con el verbo *ser*. ‖ fig. y fam. Cosa desagradable y molesta. ‖ ant. **ayuda,** enema, lavativa. ‖ **gallega.** *Folk. y Mús.* Instrumento músico de viento formado por un cuero de cabrito a manera de odre, denominado fuelle, al cual van unidos tres tubos de boj: uno delgado, llamado soplete, con una válvula en su base, por el cual se sopla para hendir de aire el fuelle; otro corto, el puntero, especie de dulzaina, provisto de agujeros donde pulsan los dedos del tañedor, y el tercero más grueso y largo, llamado roncón, que produce un sonido continuado y forma el bajo del instrumento. ‖ **zamorana.** Instrumento músico, de figura de una caja más larga que ancha, que contiene diferentes cuerdas, a las que hiere una rueda que está dentro, al ser movida por una cigüeña de hierro; tiene a un lado varias teclas que, pulsándolas con la mano izquierda, forman la diferencia de los tañidos. ‖ **ándese la gaita por el lugar.** expr. fig. y fam. que se emplea para dar a entender la indiferencia con que uno mira aquello que por ningún concepto le importa o interesa.

gaitán. m. **Zool. tántalo americano.**

Gaitán (Jorge Eliecer). Biog. Jurista y político colombiano, n. y m. en Bogotá (1903-1948). Miembro del partido liberal, presidió ambas ramas legislativas y fue alcalde de su ciudad natal. Notable orador y de gran prestigio popular, fue candidato a la presidencia de la República. Su asesinato en plena vía pública dio origen a una situación violenta que se tradujo en desmanes de toda suerte y en el comienzo de una guerra civil.

gaiteo. (De *gaita*.) m. **Taurom.** Acción de aprovechar el toro la flexibilidad de su cuello para embestir más peligrosamente.

gaitería. (De *gaitero*.) f. Vestido o adorno, o modo de vestir y adornarse, de varios colores fuertes, alegres y contrapuestos.

gaitero, ra. (De *gaita*.) adj. fam. Dícese de la persona ridículamente alegre, y que usa de chistes poco correspondientes a su edad o estado. Ú. t. c. s. ‖ fam. Aplícase a los vestidos o adornos de colores demasiado llamativos y unidos con extravagancia. ‖ m. El que tiene por oficio tocar la gaita.

Gaitskell (Hugh Todd Naylor). Biog. Político y economista inglés, n. y m. en Londres (1906-1963). Fue profesor de Economía en la Universidad de Londres (1928-39); desempeñó el cargo de secretario en los Ministerios de Guerra económica (1940-42), Trabajo (1942-1945) y Combustible y energía (1946-1947), y de ministro en este último (1950) y Hacienda (1950-51); y al renunciar Attlee a la jefatura del partido laborista fue elegido para sucederle (1955).

Gajanejos. Geog. Mun. y villa de España, prov. y p. j. de Guadalajara; 293 h.

Gajates. Geog. Mun. de España, prov. y p. j. de Salamanca; 486 h. ‖ Lugar cap. del mismo; 356 h.

Gajdusek (Carleton). Biog. Científico estadounidense, n. en Yonkers en 1923. Desde 1957 se ha dedicado a la investigación de los virus lentos que actúan como agentes transmisibles. Descubrió la *enfermedad de la risa* (v.), y juntamente con el investigador Clarence Gibbs, demostró que esta enfermedad no es hereditaria. En 1976 fue galardonado con el premio Nobel de Medicina, compartido con su compatriota Baruch Samuel Blumberg, por el reconocimiento de los virus lentos.

gaje. fr., *émolument;* it., *lucro;* i., *wages, reward;* a., *Löhnung, Gage*. (Del fr. *gage*, prenda, y éste del germ. *wadyan*, apostar, en a. moderno, *Wetten.*) m. Emolumento, obvención que corresponde a un destino o empleo. Ú. m. en pl. ‖ ant. Prenda o señal de aceptar o estar aceptado el desafío entre dos. ‖ pl. ant. Sueldo o estipendio que pagaba el príncipe a los de su casa o a los soldados. ‖ **gajes del oficio, empleo,** etc., loc. irón. Molestias o perjuicios que se experimentan con motivo del empleo u ocupación.

gajero. adj. ant. Que goza gajes o lleva salario.

gajilete. m. Bot. *P. Rico.* **gajo.**

gajo. (Del lat. *gallĕus*, de *galla*, agalla, gállara.) m. Rama de árbol, sobre todo cuando está desprendida del tronco. ‖ Cada uno de los grupos de uvas en que se divide el racimo. ‖ Racimo apiñado de cualquiera fruta. ‖ Cada una de las partes en que está naturalmente dividido el interior de algunos frutos; como la naranja, el limón, la granada, etc. ‖ Cada uno de los vástagos o puntas de las horcas, bieldos y otros instrumentos de labranza. ‖ Ramal de montes que deriva de una cordillera principal. ‖ ant. Ramo que sale de algunas cosas, y como que nace, depende y tiene relación con ellas. ‖ *Arg.* **esqueje.** ‖ *Hond.* Mechón de pelo. ‖ **Bot.** y **Zool.** Lóbulo, cada una de las partes, a manera de ondas, que sobresalen en un borde, como en algunas hojas o en la cola de ciertos peces.

gajorro. (De *gajo.*) m. *And.* Gañote, garguero. ‖ Fruta de sartén hecha de harina, huevos y miel, de consistencia semejante al barquillo.

gajoso, sa. adj. Que tiene gajos o se compone de ellos.

gajuero. (Del lat. *gallĕus*, de *galla*, excrecencia.) m. *And.* Gañote, garguero.

gal. (De *Galileo.*) m. **Fís.** Nombre de la unidad de aceleración en el sistema cegesimal (c. g. s.). Es la aceleración constante de un móvil cuya velocidad aumenta en 1 cm. por segundo.

-gala-; -gala. Infijo o suf. V. **galact-.**

gala. fr., *gala, parure;* it e i., *gala;* a., *Gala.* (Del ant. fr. *gale,* y éste del germ. *wale,* riqueza, ostentación.) f. Vestido sobresaliente y lúcido. ‖ Fiesta en la que se exige vestido especial de esta clase. ‖ Gracia, garbo y bizarría en hacer o decir algo. ‖ Lo más esmerado, exquisito y selecto de una cosa. ‖ En Antillas y Méjico, obsequio que se hace dando una moneda de corto valor a una persona por haber sobresalido en alguna habilidad o como propina. ‖ pl. Trajes, joyas y demás artículos de lujo que se poseen y ostentan. ‖ Regalos que se hacen a los que van a contraer matrimonio. ‖ **Bot.** *Sal.* Flores de las plantas herbáceas. ‖ **de avión.** Planta de la familia de las iridáceas, cuyas lacinias inferiores del perigonio tienen una mancha lineal lanceolada, blanca y el borde purpúreo (*gladiolus illyricus*). ‖ **de burro.** Planta de la familia de las compuestas, de ramas y tallos aterciopelados, hojas lampiñas, y cabezuelas hemisféricas, con lígulas blancas (*anacyclus clavatus*). ‖ **de Francia. balsamina,** planta geraniácea. ‖ **a la gala de** uno. m. adv. ant. **a su salud.** ‖ **de gala.** loc. adj. Dícese del uniforme o traje de mayor lujo, en contraposición al que se usa para diario. ‖ Dícese de las ceremonias, fiestas o espectáculos en que se exige vestido especial de esta clase. ‖ loc. adv. Con indumentaria de especial lujo o vistosidad. ‖ **de media gala.** loc. adj. Dícese del uniforme o traje que por ciertas prendas o adornos se diferencia del de gala y del de diario.

Gala Placidia. Biog. Hija de Teodosio *el Grande,* n. a fines del s. IV y m. en 450. Prisionera de Alarico (410), fue conducida a las Galias y allí casó con Ataúlfo en 414. Viuda al año siguiente, pasó a Roma, donde contrajo matrimonio (417) con Constancio, quien la asoció al poder. Gobernó después, hasta su muerte, en compañía de su hijo Valentiniano. ‖ **(Antonio).** Dramaturgo y poeta español, n. en Córdoba en 1936. Cultiva el ensayo, la poesía y el género narrativo. Es autor de *Enemigo íntimo,* accésit del premio Adonais (1959), y de las comedias dramáticas *Los verdes campos del Edén,* premio Calderón de la Barca (1963), *El sol en el hormiguero, Los buenos días perdidos,* premio Calderón de la Barca en 1972, *Anillos para una dama* (1973), *Las cítaras colgadas de los árboles* (1974), y *Petra Regalada* (1980).

Galaad. Geog. hist. Antigua región de Palestina, al E. del Jordán. En uno de sus bosques murió trágicamente Absalón. ‖ **Lit.** Personaje de las obras referentes al santo Grial. Hijo de Lancelot, era el único digno de acercarse a la santa Copa.

galaadita. adj. Natural de Galaad, o perteneciente a esta antigua región de Palestina. Ú. t. c. s.

galabardera. (De *gabarda.*) f. **Bot.** Escaramujo, rosal silvestre. ‖ Fruto de este arbusto.

Galacia. Geog. hist. Antigua comarca del Asia Menor, que ocuparon los galos en 278 a. C. y fue declarada prov. romana en el año 25 a. C. Su cap. era Ancira.

galact-, galacta-, galacto-; -gala-; -gala, galactia, -galia. (Del gr. *gála, -aktos.*) pref., infijo o suf. que sign. leche.

galactacrasia. (De *galacta-* y *-crasia.*) f. **Quím.** Anormal composición de la leche, alterada por la presencia o falta de ciertos componentes.

galactagogo. (De *galact-* y *-agogo.*) m. **Terap.** Remedio que aumenta la producción de la leche, como el extracto de la placenta, y muchos alimentos, como la cerveza y los cereales (excepto el arroz).

galactasa. (De *galact-* y *-asa.*) f. **Biol.** y **Bioq.** Enzima de la leche, que disuelve la caseína y produce el enranciamiento de los quesos.

-galactia. suf. V. **galact-.**

galáctico, ca. adj. **Astron.** Perteneciente o relativo a la Galaxia o Vía Láctea, y, p. ext., a cualquier otra galaxia. ‖ Dícese, en especial, de las coordenadas astronómicas referidas a nuestra galaxia (v. **coordenadas**).

galactina. (De *gálact-* e *-ina.*) f. **Fisiol.** prolactina.

galactita. (Del lat. *galactītes,* y éste del gr. *galaktítes,* lácteo.) f. Arcilla jabonosa que se deshace en el agua, poniéndola de color de leche. ‖ **Miner.** Variedad de natrolita o mesotipa, tectosilicato del grupo de las zeolitas. Se llama también *galactites* o *galatites.*

galactites. (Del m. or. que el anterior.) f. **Bot.** Gén. de plantas de la familia de las compuestas, subfamilia de las tubulifloras, parecidas a los cardos y con flores purpurinas y a veces blancas. ‖ f. **Miner. galactita.**

galacto-. pref. V. **galact-.**

galactocele. (De *galacto-* y *-cele.*) f. **Pat.** Formación de aspecto tumoral en las mamas de las lactantes, por retención y acumulación de la leche.

galactófago, ga. (De *galacto-* y *fago.*) adj. **Fisiol.** y **Zool.** Dícese del animal que en su primera edad se alimenta de leche; es sin. de *lactante.*

galactóforo. (De *galacto-* y *-foro.*) adj. **Anat.** y **Fisiol. lactífero.**

galactógeno, na. (De *galacto-* y *-geno.*) adj. **Terap. galactagogo.**

galactoideo, a. (De *galact-* y *-oideo.*) adj. De aspecto parecido al de la leche.

galactómetro. (De *galacto-* y *-metro.*) m. Instrumento, hoy en desuso, que servía para conocer la densidad de la leche.

galactopexia. (De *galacto-* y *-pexia.*) f. **Fisiol.** Función del hígado para almacenar los azúcares, reteniendo o fijando la galactosa.

galactopira. (De *galacto-* y *-pira.*) f. **Pat.** Fiebre debida a la retención de leche en la mujer.

galactopostema. (De *galacto-* y *postema.*) f. **Pat.** Absceso de una mama, que coincide con la época de la lactancia.

galactoproteinoterapia. (De *galacto-, proteína* y *terapia.*) f. **Terap.** Aplicación terapéutica de la leche, utilizando sus elementos albuminoideos. ‖ sin. de **terapia láctea.**

galactorrea. (De *galacto-* y *-rrea.*) f. **Pat.** Secreción profusa de leche en las mamilas.

galactosa. (De *galact-* y *-osa.*) f. **Quím.** Azúcar que se prepara mediante hidrólisis de la lactosa.

galactosuria. (De *galactosa* y *-uria.*) f. **Pat.** Presencia de galactosa en la orina.

galactoterapia. (De *galacto-* y *terapia.*) f. **Terap.** Aplicación terapéutica de la leche, sus derivados y fermentos, como el queso, kéfir y yogur.

galacho. m. *Ar.* Barranquera que excavan las aguas al correr por las pendientes del terreno.

galafate. (Del m. or. que *gerifalte.*) m. Ladrón sagaz que roba con arte, disimulo o engaño. ‖ desus. **corchete,** ministro inferior de justicia. ‖ desus. **ganapán.** ‖ **Zool.** *Cuba.* Pez plectognato, semejante al pez cochino, propio de la isla de Cuba.

gálago. (Del lat. científico *gálagus,* de *gálago,* voz senegalesa de significado incierto.) **Zool.** Gén. de prosimios lorisiformes, de la familia de los lorísidos (v.).

galaico, ca. (Del lat. *galaĭcus.*) adj. Perteneciente o relativo a Galicia.

galalita. fr., *galalithe;* it., *galalita;* i., *galalith;* a., *Galalith.* (De *gala-* y *-lita.*) f. **Quím.**

galambao–Galati

Producto compuesto por condensación de la caseína con el formaldehído, blanco, muy duro, que se emplea para la fabricación de teclas de piano, fichas de dominó, etc.

galambao. m. Zool. *Méj.* y *Tabasco.* **tántalo americano.**

galambote. epic. Zool. *Cuba.* Nombre de la lisa cuando tierna.

galamero, ra. (Del m. or. que *gulusmero.*) adj. p. us. Aficionado a golosinas.

galamperna. f. Bot. *Al.* Seta de la familia de las agaricáceas, con el sombrerillo aletado de color pardo y carne blanca, de buen olor y sabor (*lepiota procera*).

galán. fr., *galant*; it., *galante*; i., *polite, courteous*; a., *galant, höflich.* adj. apóc. de galano. || m. Hombre de buen semblante, bien proporcionado de miembros, airoso en el manejo de su persona. || El que galantea a una mujer. || El que en el teatro hace alguno de los principales papeles serios, con exclusión del de barba. || P. ext., se aplica también al actor de este tipo en el cine. || *R. Plata.* Caballo de formas armoniosas y graciosos movimientos. || **de día.** *Bot.* Planta de la familia de las solanáceas, de hojas oblongas agudas, flores blancas tubulosas, de olor suave, y frutos en baya de color morado (*céstrum diúrnum*). || **de noche.** Planta solanácea, hedionda, con hojas acorazonadas y flores verdosas, que huelen de noche (*céstrum noctúrnum*). || *Cuba.* Planta de la familia de las solanáceas, cultivada en jardinería (*brunfelsia nítida*). || *C. Rica.* Cacto con flores grandes blancas y olorosas que se abren por la noche.

Galán Rodríguez (Fermín). Militar español, n. en San Fernando y m. en Huesca (1899-1930). Activo republicano, tomó parte en la conspiración de la noche de San Juan de 1926, por lo que sufrió prisión militar. En 1930 se alzó en armas contra la Monarquía, en Jaca, siendo reducido, sometido a consejo de guerra, condenado y ejecutado junto con el capitán García Hernández. Autor de los libros: *Nueva creación* y *La barbarie organizada.* || Geog. Mun. de Colombia, depart. de Santander; 4.255 h. || Pobl. cap. del mismo; 936 h.

galana. f. Bot. Planta de la familia de las escrofulariáceas, perenne, de 1 m. de alt., con vistosas flores de color escarlata y muy difundida como ornamental en jardinería (*chelone barbata*).

galanamente. adv. m. Con gala. || fig. Con elegancia y gracia.

galancete. m. dim. de galán. || Teatro. Actor que representa papeles de galán joven.

galaneta. f. ant. *Méj.* Galanura, adorno. || Alarde de habilidad y destreza.

galanga. (Del ár. *jalanŷ*, planta de las Indias Orientales.) f. Nombre de varias plantas del gén. *alpinia*, de la familia de las cingiberáceas, con tallo hojoso, flores en inflorescencia terminales y fruto esférico indehiscente. La galanga mayor es la *a. galanga* y la menor, cultivada en China, es la *a. officinárum.* || Rizoma de estas plantas, usado antiguamente en medicina como aromático aperitivo. || Bacín plano con borde entrante y mango hueco para usar en la cama.

galanía. (De *galán.*) f. **galanura.**

galano, na. (De *gala.*) adj. Bien adornado. || Dispuesto con buen gusto y intención de agradar. || Que viste bien, con aseo, compostura y primor. || fig. Dicho de las producciones del ingenio, elegante y gallardo. || *C. Rica* y *Zam.* Dicho de las plantas, lozano, hermoso. || *Cuba.* Aplícase a la res de pelo de varios colores. || f. Bot. *Sal.* Margarita, flor de esta planta.

galante. (Del fr. *galant*, y éste de *galer*, del germ. *wale*, riqueza, ostentación.) adj. Atento, cortesano, obsequioso, en especial con las damas. || Aplícase a la mujer que gusta de galanteos y a la de costumbres licenciosas.

galanteador. adj. Que galantea. Ú. t. c. s.

galantear. fr., *courtiser, faire la cour*; it., *corteggiare*; i., *to court*; a., *hofieren.* (De *galante.*) tr. Requebrar a una mujer. || Procurar captarse el amor de una mujer, especialmente para seducirla. || fig. Solicitar asiduamente alguna cosa o la voluntad de una persona. || ant. **engalanar.**

galantemente. adv. m. Con galantería.

galanteo. m. Acción de galantear.

galantería. fr., *galanterie*; it., *galantería*; i., *gallantry*; a., *Höflichkeit.* (De *galante.*) f. Acción o expresión obsequiosa, cortesana o de urbanidad. || Gracia y elegancia que se advierte en la forma o figura de algunas cosas. || Liberalidad, bizarría, generosidad.

galantía. (corrup. de *garantía.*) f. *Chile.* Ventaja o utilidad, precio estimable, en negocios y contratos, fuera del salario.

galantina. (Del fr. *galantine.*) f. Coc. Pavo, gallina u otra carne rellena que se come fiambre.

galantos. (Del lat. científico *galanthus*; y éste del gr. *gála*, *-aktos*, leche, y *ánthos*, *-ou*, flor.) Bot. Gén. de plantas de la familia de las amarilidáceas (v.).

galanura. (De *galano.*) f. Adorno vistoso o gallardía que resulta de la gala. || Gracia, gentileza, donosura. || fig. Elegancia y gallardía en el modo de expresar los conceptos.

Galapa. Geog. Mun. de Colombia, depart. del Atlántico; 9.203 h. || Pobl. cap. del mismo; 8.082 h.

galapagar. m. Sitio donde abundan los galápagos.

Galapagar. Geog. Mun. de España, prov. de Madrid, p. j. de San Lorenzo del Escorial; 4.067 h. || Villa cap. del mismo; 3.519 h.

Galapagar. Iglesia parroquial

galápago. fr., *tortue*; it., *testuggine*; i., *tortoise*; a., *Schildkröte.* (Del ár. *qalabbaq* o *qalabaq*, tortuga.) m. Reptil quelonio (v. Zool. en este mismo artículo). || Polea chata por un lado para poderla fijar cómodamente en un madero. || Aparato que sirve para sujetar fuertemente una pieza que se trabaja, como el barrón acodillado con que se fijan en los bancos las piezas, o la prensa en que los arcabuceros metían el cañón para asegurarlo y poderlo barrenar. || Lingote corto de plomo, estaño o cobre. || *Hond., Méj.* y *Venez.* Silla de montar para señora. || *Sal.* Trozo de vaqueta que se cose a las botas que usan los ganaderos para evitar que entre el agua. || Agr. Dental del arado. || Albañ. Cimbra pequeña. || Reparo y revestido que se hace en los lugares subterráneos de terreno poco macizo para contener el empuje de las tierras. || Tortada de yeso que se echa en los ángulos salientes de un tejado. || Cer. Molde en que se hace la teja. || Cir. Tira de lienzo, cuadrilonga, hendida por los dos extremos, sin llegar al medio, formando por lo común cuatro ramales. || Equit. Silla de montar, ligera y sin ningún resalto; a la inglesa. || Mar. Trozo de madera asegurado en uno y otro lado de la cruz de una verga, para sujetar la trinca del cuaderal de la paloma. || Mil. Defensa que formaban los soldados uniendo sus escudos. || Máquina antigua de guerra para aproximarse la tropa a los muros guarecida de ella, y era una especie de barracón de madera transportable y cubierto por el techo con pieles. || **testudo**, cubierta hecha con escudos. || Veter. Enfermedad propia del asno y del caballo, que se desarrolla en el rodete del casco y parte de la corona, caracterizada por una secreción anormal de la materia córnea de la tapa. || Zool. Nombre que se da a los reptiles quelonios, suborden de los criptodiros y subfamilia de los emidinos, parecidos a las tortugas terrestres, pero con espaldar deprimido, dedos unidos por membranas y uñas agudas. Son acuáticos y viven en terrenos pantanosos. || *Ecuad.* Especie de galápago terrícola sin membranas interdigitales.

Galápagos. Geog. Mun. y villa de España, prov. y p. j. de Guadalajara; 220 h. || **Colón.**

galapaguera. f. Estanque pequeño en que se conservan vivos los galápagos.

galapatillo. m. Entom. *Ar.* Insecto del orden de los hemípteros heterópteros, que ataca a la espiga del trigo cuando está sin sazonar, deformando los granos y comunicándoles un olor de chinche que los torna inútiles (*aelia acuminata* y *a. rostrata*).

galapazuero, ra. adj. Natural de Villagonzalo, o perteneciente a esta villa de Badajoz. Ú. t. c. s.

galapería. f. ant. *Hond.* Taller donde se hacían sillas de montar.

galapero. m. Bot. *Extr.* Guadapero, peral silvestre.

galapo. m. Pieza de madera, de figura esférica, con unas canales donde se ponen los hilos o cordeles que se han de torcer en uno para formar otros mayores o maromas.

Galar. Geog. Mun. de España, prov. de Navarra, p. j. de Pamplona; 4.004 h. Corr. 184 a la cap., el lugar de Salinas de Pamplona.

Galarde. Geog. Mun. y lugar de España, prov. y p. j. de Burgos; 29 h.

galardón. (De *gualardón.*) m. Premio o recompensa de los méritos o servicios.

galardonador, ra. adj. Que galardona.

galardonar. (De *galardón.*) tr. Premiar o remunerar los servicios o méritos de uno.

galardoneador, ra. adj. ant. **galardonador.**

Galaroza. Geog. Mun. de España, prov. de Huelva, p. j. de Aracena; 2.186 h. || Villa cap. del mismo; 1.960 h.

gálata. (Del lat. *galáta*, y éste del gr. *gálates.*) adj. Natural de Galacia, o perteneciente a este país de Asia Menor. Ú. t. c. s. || Natural de la región correspondiente al actual dist. rumano de Galati, o perteneciente a dicha región. Ú. t. c. s. || V. **galo.**

galatea. f. Zool. Crustáceo malacostráceo, decápodo, de coloración rosada, reptante y propio del litoral.

Galatea. Mit. Ninfa marina, hija de Nereo y de Doris, amante de Acis y amada por Polifemo.

Galati. Geog. Dist. de Rumania; 4.425 km.^{2} y 534.637 h. || C. cap. del mismo; 183.954 h. Pesquerías. Industria alimenticia. Puerto. Centro comercial de primer orden. Anteriormente se conocía también, así como su dist., por *Galatz.*

galatina. (Del ant. fr. *galatine*.) f. ant. **gelatina.**

galatites. f. **Miner. galactita.**

galato. (De [ácido] *gálico* y *-ato*.) m. **Quím.** Nombre dado a las sales del ácido gálico.

Galatz. Geog. **Galati.**

Galaup, conde de La Pérouse (Jean-François de). Biog. Navegante francés, n. en Le Gua, cerca de Albi, y m. probablemente en la isla de Vanikoro (1741-h. 1788). Encargado en 1785 de continuar los descubrimientos de Cook y Bougainville, salió de Brest con dos fragatas, y después de afortunadas exploraciones y descubrimientos visitó la isla Norfolk, desde donde por última vez dio noticias suyas.

galavardo. m. ant. Hombre alto, desgarbado y dejado; inútil para el trabajo.

galaxia. fr., *galaxie*; it., *galassia*; i., *galaxy*; a., *Galaxis*. (Del lat. *galaxias*, y éste del gr. *galaxías*, lácteo, sobrentendido: *kýklos*, círculo.) f. **Astron.** Nombre que se da, en general, a las formaciones de estrellas, gas y polvo análogas a la *Vía Láctea* (v.), también conocidas por *nebulosas espirales* y *universos islas*. Su diámetro varía entre los 1.500 y los 300.000 años luz y contienen un número de estrellas del orden de 10^{11}. La masa de las galaxias varía entre 10^9 y $3 \cdot 10^{11}$ veces la del Sol, unos $2 \cdot 10^{30}$ kg., por término medio. Su luminosidad viene a ser $5 \cdot 10^9$ mayor que la solar; y algunas, como Andrómeda, son similares a nuestra Vía Láctea, mientras que otras son hasta 100.000 veces menos luminosas. El número de galaxias debe de ser de unos 100 millones, distribuidas regularmente por todo el universo a razón de una por cada cubo de $2 \cdot 10^7$ años luz de arista, pero con tendencia a formar cúmulos locales de 1 a 3 decenas de galaxias; las aisladas son raras. Las únicas distinguibles a simple vista son las dos Nubes de Magallanes, verdaderos satélites de la Vía Láctea, y la de Andrómeda, ésta a 750.000 años luz de nosotros. En cuanto a la más lejana hasta hoy fotografiada, que fue identificada en 1961 mediante el telescopio del observatorio de Monte Palomar, parece estar a 6.000 millones de años luz. Según el catálogo de referencia, se designan por una letra y un número; así, p. e., Andrómeda es la M 31 del de Messier (1784) y la N. G. C. 224 del *New General Catalogue*. || **Miner. galactita.**

Galaxia. Astron. y Mit. **Vía Láctea.**

galayo. (Del lat. *gladius*.) m. Prominencia aguda de roca pelada que se eleva en un monte.

Galayos (Los). Geog. Paraje montañoso de España, en el sistema Central y sierra de Gredos, prov. de Ávila, cercano a Guisando; unos 1.700 m. de alt.

Galba. Biog. Emperador romano, n. en el año 4 a. C. Se le proclamó emperador en el 68 de nuestra era; pero su crueldad y su avaricia le concitaron el odio del pueblo y fue asesinado en unión de Pisón, su hijo adoptivo, a los ocho meses de su reinado. Su nombre completo era Servio Sulpicio Galba. || **Sulpicio Galba (Servio).**

galbana. (Del ár. *gabāna*, tristeza, descontento, desánimo.) f. fam. Pereza, desidia o poca gana de hacer una cosa.

galbana. (Del ár. *ŷalbāna*, guisante pequeño.) f. ant. Guisante pequeño, Ú. en Salamanca.

galbanado, da. adj. De color del gálbano.

galbanero, ra. (De *galbana*.) adj. fam. **galbanoso.**

gálbano. fr. e i., *galbanum*; it., *galbano*; a., *Gummiharz*. (Del lat. *galbănum*.) m. **Bot.** Gomorresina de color gris amarillento, más o menos sólida y de olor aromático, que se saca de varias especies de plantas del gén. *férula*, de la familia de las umbelíferas, espontáneas en Siria, Persia y Turquestán. Se ha usado en medicina y entraba en la composición del perfume quemado por los judíos ante el altar de oro.

galbanoso, sa. (De *galbana*.) adj. fam. Desidioso, perezoso.

Galbarros. Geog. Mun. de España, prov. de Burgos, p. j. de Briviesca; 50 h. || Villa cap. del mismo; 20 h.

Galbárruli. Geog. Mun. de España, prov. de Logroño, p. j. de Haro; 79 h. || Lugar cap. del mismo; 50 h.

Galbraith (John Kenneth). Biog. Economista, escritor y diplomático estadounidense, n. en Iona Station (Ontario, Canadá) en 1908. Perteneció al grupo de asesores del presidente Kennedy y fue embajador en la India (1961-1963). Obras: *El capitalismo americano*, *La sociedad opulenta*, *El nuevo estado industrial*, etc.

gálbula. (Voz del lat. científico; del lat. *galbŭla*, oropéndola; del m. or. que el siguiente.) Zool. Gén. que da nombre a la familia de las galbúlidas.

gálbula. (Del lat. *galbŭlus*, de *galbus*, de color verde claro.) f. **Bot.** Fruto en forma de cono corto, de base redondeada, a veces carnoso, que producen el ciprés y algunas plantas análogas.

galbúlido, da. (De *gálbula*, gén. tipo de aves, e *-ido*.) adj. **Zool.** Dícese de las aves del orden de las piciformes, comúnmente llamadas jacamares, que se distinguen de las demás del orden por su pico largo y adelgazado hacia la punta y por su plumaje verde áureo, azul metálico y bronceado. Son exclusivas de los bosques de la parte oriental de los Andes. || s. pl. Familia de estas aves.

Jacamar (ave galbúlida)

Galcaio. Geog. C. de Somalia, cap. de la región de Mudugh; 9.477 h.

galce. m. *Ar.* Gárgol, ranura en el canto de una tabla para machiembrarla con otra. || Marco o aro.

Galdácano. Geog. Mun. de España, prov. de Vizcaya, p. j. de Bilbao; 18.770 h. Corr. 11.522 a la cap., la anteiglesia de La Cruz (*galdacaneses*).

Galdames (Concejo de). Geog. Mun. de España, prov. de Vizcaya, p. j. de Valmaseda; 1.204 h. Corr. 374 a la cap., el lugar de San Pedro de Galdames. Riegan el térm. los ríos Mercadillo y Galdames. Mineral de hierro.

Gáldar. Geog. Mun. de España, isla de Gran Canaria, prov. de Las Palmas, p. j. de Guía de Gran Canaria; 16.995 h. || C. cap. del mismo; 7.765 h. Fue corte de los reyes de la isla y se conservan vestigios de sus viviendas. Existen restos de un poblado con sepulturas colectivas, entre las que sobresale el llamado túmulo de *la Guancha*, con un gran torreón central. Los objetos encontrados son de época neolítica y están relacionados con lo africano. Puerto.

galdido, da. (En valenciano, *galdir*, *engaldir*, *gulusmear*, *tragar*.) adj. **gandido.**

galdón. m. Zool. **alcaudón.**

galdosianismo. m. **Lit.** Dícese de lo que hace referencia a las cualidades peculiares, de orden espiritual, del escritor Pérez Galdós.

galdosiano, na. adj. **Lit.** Propio y característico de Pérez Galdós como escritor, o que tiene semejanza con las dotes o calidades por que se distinguen sus obras.

galdrope. (Del i. *wheel rope*.) m. **Mar.** Cabo empleado para dar movimiento a la rueda del timón.

galdrufa. (De *baldrufa*.) f. *Ar.* Trompa, peonza.

galdudo, da. adj. ant. **galdido.**

galea. (Del gr. bizantino *gaela*.) f. **Germ.** Carreta, especialmente la de ruedas de madera y sin llantas de hierro.

gálea. (Del lat. *galĕa*.) f. **Mil.** Casco con carrilleras que usaban los soldados romanos. || **neurasténica.** Pat. Cefalea característica de los neurasténicos que da al enfermo la sensación de un yelmo que le oprimiese la cabeza.

Galea Barjola (Juan). Biog. Pintor español, más conocido por *Juan Barjola*, n. en Torre de Miguel Sesmero, Badajoz, en 1919. Cultiva la pintura figurativa, aunque con cierta tendencia a la abstracción. Hay obras suyas en el Museo de Arte Contemporáneo de Madrid, y en el de Bellas Artes, de Bilbao.

galeana. adj. Vit. *Sal.* Dícese de una especie de uva blanca, de grano grueso y redondo. Ú. m. c. s.

Galeana (Hermenegildo). Biog. Patriota de la Independencia de Méjico, n. en Tecpan, Guerrero, y m. cerca de Coyuca, Guerrero, en la costa (1762-1814). Fue uno de los jefes más destacados de la insurgencia en el período 1811-14. Entre las batallas más destacadas en las que participó figuran la de la toma de Oaxaca, el sitio y toma de Acapulco y otras muchas. || Geog. Mun. de Méjico, est. de Chihuahua; 1.838 h. || Pueblo cap. del mismo; 710 h. || Mun. de Méjico, est. de Nuevo León; 40.069 h. || C. cap. del mismo; 3.429 h.

galeato. (Del lat. *galeātus*, p. p. de *galeāre*, cubrir o defender con un casco o celada.) m. **Lit.** Aplícase al prólogo o proemio de una obra, en que se la defiende de los reparos y objeciones que se le han puesto o se le pueden poner.

galeaza. (aum. de *galea*.) f. **Mar.** Embarcación, la mayor de las que se usaban de remos y velas. Llevaba tres mástiles: el artimón, el maestro y el trinquete; siendo así que las galeras ordinarias carecían de artimón.

galega. (Del gr. *gála*, leche, y *aix*, *aigós*, cabra.) **Bot.** Gén. de papilionáceas, hierbas erguidas, lampiñas, vivaces, con hojas imparipinnadas de muchos folíolos enteros, estípulas semiaflechadas, flores azules o blancas en racimos terminales y axilares, brácteas estrechas y en general persistentes, quilla encorvada, pero no enrollada, legumbre cilíndrica aguzada y bivalva. || f. La especie más común se llama vulgarmente *ruda cabruna*.

galeido, da. (De *gáleo* e *-ido*.) adj. **Zool. carcarínido.**

galembo. m. **Zool.** *Col.* y *Venez.* Aura, gallinazo, zopilote.

galeme. m. Min. Vaso pequeño u horno de afinación para metales ricos.

galemis. Zool. Gén. de mamíferos del orden de los insectívoros, familia de los tálpidos (v.). La especie típica es la *almizclera*.

galena. fr., *galène*; it., *galena*; i., *lead glance*; a., *Bleiglanz*. (Del lat. *galēna*, y éste del gr. *galēnē*.) f. Miner. Sulfuro de plomo de fórmula PbS, regular, con exfoliación cúbica muy marcada, frágil, color gris de plomo, densidad 8, opaco y de brillo metálico. Se le llama alcohol de alfareros, por que éstos la emplean para

Galeón flamenco (maqueta). Museo Naval. Madrid

Pieza de galena cristalizada, con dolomía y cuarzo, procedente de La Carolina (Jaén); y galena procedente de Somorrostro (Vizcaya). Museo del Instituto Geológico y Minero de España. Madrid

vidriar los objetos de barro. Se utilizó un tiempo como detector de las ondas de radio. Abunda en España, especialmente en Linares y La Carolina, Jaén.

Galende. Geog. Mun. de España, prov. de Zamora, p. j. de Puebla de Sanabria; 1.869 h. || Lugar cap. del mismo; 167 h.

galénico, ca. adj. Perteneciente a Galeno, al que sigue su doctrina y a la doctrina misma. Se dice especialmente de ciertas preparaciones farmacéuticas, ya conocidas por Galeno, como, p. e., las tinturas alcohólicas.

galenismo. m. Doctrina de Galeno, el más famoso médico de la antigüedad después de Hipócrates. Achacaba los procesos de enfermedad o de salud a la acción de los cuatro humores: bilis, pituita, linfa y sangre.

galenista. adj. Partidario del galenismo. Ú. t. c. s.

galeno, na. (Del gr. *galenós*, apacible, tranquilo.) adj. Mar. Dícese del viento o brisa que sopla suave y apaciblemente.

galeno. (Por alusión al célebre médico griego del s. II, Claudio *Galeno*.) m. fam. Médico, persona autorizada para ejercer la medicina.

Galeno (Claudio). Biog. Médico y filósofo griego, n. en Pérgamo (131-h. 210). Fue después de Hipócrates el primer médico de la antigüedad. Compuso numerosas obras sobre medicina y filosofía e inventó la cuarta figura del silogismo.

gáleo. (Del lat. científico *gáleus*, y éste del gr. *galeós*, tiburón.) Zool. Gén. de peces selacios, familia de los esciliorrínidos (v.).

galeocerdo. (De *gáleo* y *cerdo*.) Zool. Gén. de peces selacios, familia de los carcarínidos, al que pertenece el *tiburón tigre*.

galeón. (aum. de *galea*.) m. Bajel grande de vela, parecido a la galera y con tres o cuatro palos en los que orientaban, generalmente, velas de cruz; los había de guerra y mercantes. Fueron utilizados en los últimos tiempos de la Edad Media. || Cada una de las naves de gran porte que, saliendo periódicamente de Cádiz, tocaban en puertos determinados del Nuevo Mundo, como las que iban a Cartagena de Indias y de allí a Portobelo. || Embarcación grande para la pesca de la sardina, que ha ido desapareciendo. || Arte de arrastre de forma rectangular, de unos 120 m. de largo por 14 m. de ancho y un 5 m. en su medianía y unos 4 m. por sus extremos; tiene mucho seno en su parte central y se emplea para la pesca de las agujas. || Pesca de la *tarrafa* (v.) en Isla Cristina, Huelva (España). || And. fig. Cámara grande o nave que sirve para panera o almacén de diferentes frutos.

galeoncete. m. dim. ant. de **galeón.**

galeopitécido, da. (Del lat. científico *galeopithecus*, gén. tipo, e *-ido*; aquél del gr. *galeós*, comadreja, y *píthecos*, mono.) adj. Zool. Dícese de los mamíferos euterios, próximos a los insectívoros, de los que se distinguen por tener los miembros reunidos por una membrana o patagio a lo largo de los costados. Pertenecen a un único gén., el *galeopithecus*, y reciben el nombre vulgar de *caguanes* (v.). || m. pl. Orden de estos mamíferos, también llamados *dermópteros*.

galeopsis. (Voz del lat. científico; del gr. *gale*, comadreja, y *-opsis*.) Bot. Gén. de plantas de la familia de las labiadas (v.).

galeorrino. (Del lat. científico *galeorhinus*, del gr. *galeós*, tiburón, y *-rhinus, -rrino*.) Zool. Gén. de peces selacios de la familia de los carcarínidos (v.).

galeota. (De *galea*.) f. Mar. Galera menor, que constaba de 16 ó 20 remos por banda y sólo un hombre en cada uno. Llevaba dos palos y algunos cañones pequeños.

galeote. fr., *galérien*; it., *galeotto*; i., *galley-slave*; a., *Galeerensklave*. (De *galea*.) m. El que remaba forzado en las galeras. || Hist. En Sicilia, adivinos o intérpretes de los sueños, y que se decían descendientes de Gáleos, hijo de Apolo.

Galeota holandesa del s. XVII, acuarela de R. Monleón. Museo Naval. Madrid

galeoto. (Del it. *Galeotto*, y éste del fr. ant. *Galehaut*, nombre de un caballero de la Tabla Redonda que medió en los amores de Lanzarote y la reina Ginebra; Dante llamó *Galeotto* al libro que los contaba porque indujo a amarse a Paolo y Francesca.) m. Alcahuete, medianero en amores lascivos.

Galeotti Torres (Rodolfo). Biog. Escultor guatemalteco, n. en Quezaltenango en 1912. Realizó estudios en Italia, y en su patria se encargó de la decoración escultórica en estilo maya del Palacio de la Unión, en la ciudad de San Marcos, y de la del Palacio Nacional de la cap. guatemalteca, en estilo Renacimiento español. Es autor de los monumentos al *general Barrios* y a la *Revolución*.

galera. fr., *galère;* it., *galera;* i., *galley;* a., *Galeere.* (De *galea.*) f. Carro para transportar personas, grande, con cuatro ruedas, al que se pone ordinariamente una cubierta o toldo de lienzo fuerte. ∥ En Río de la Plata se denomina así a un tipo de vehículo antiguo que se empleaba para el transporte de pasajeros, de mayor tamaño y capacidad que las diligencias; tenía cuatro ruedas, ventanillas laterales y pescante. En el país las galeras fueron usadas como mensajerías, sin que estuviese excluido por completo el transporte de pequeñas cargas. Diez era el número común de pasajeros que solían llevar, siendo tiradas por seis, ocho o diez caballos, a los que solían agregárseles cuartas cuando lo requería un mal paso. La galera era conducida por un mayoral y uno o dos postillones, según cual fuese el número de caballos dispuestos al partir. El mayoral era el jefe del vehículo y quien tenía bajo su custodia la conducción y entrega de la correspondencia. ∥ Fila de camas adicional en los hospitales. ∥ fam. En Argentina, Chile y Uruguay, sombrero de copa redondeada y alas abarquilladas. ∥ En Honduras y Méjico, cobertizo, tinglado. ∥ Separación que se hace al escribir los términos de una división, trazando una línea vertical entre el dividendo, que se pone a la izquierda, y el divisor, que va en el mismo renglón a la derecha, y luego otra raya horizontal debajo de este último, para escribir allí el cociente. ∥ En términos de carpintería, garlopa grande. ∥ En lenguaje tipográfico, tabla guarnecida por tres de sus lados de unos listones con rebajo, en que entra otra tablita delgada que se llama volandera: sirve para poner las líneas de letras que va componiendo el oficial cajista, formando con ellas la galerada. ∥ En términos de minería, fila de hornos de reverbero en que se colocan varias retortas que se calientan con el mismo fuego. ∥ Crustáceo malacostráceo marino de orden de los podoftalmos, suborden de los estomatópodos, de cuerpo deprimido, caparazón corto y abdomen largo; cinco pares de maxilípedos, los del segundo prehensores, como los de la *mantis religiosa,* por lo que se llama también *cangrejo mantis.* ∥ pl. Pena de servir remando en las galeras reales, que se imponía a ciertos delincuentes. ∥ **acelerada.** *Léx.* La de transporte especialmente rápida. ∥ **bastarda.** *Mar.* La más fuerte que la ordinaria. ∥ **gruesa.** La de mayor porte. ∥ **portuguesa.** *Zool.* **fisalia,** un sifonóforo. ∥ **sutil.** *Mar.* La más pequeña.
galera. *Bot.* Gén. de hongos de la familia de los agaricáceos (v.).
Galera. *Geog.* Mun. de España, prov. de Granada, p. j. de Baza; 3.562 h. ∥ Villa cap. del mismo; 2.232 h. *(galerinos).* Es la ant. *Tútugi.* ∥ **(La).** Mun. y villa de España, prov. de Tarragona, p. j. de Tortosa; 1.029 h.
galerada. f. Carga que cabe en una galera de ruedas. ∥ *Impr.* Trozo de composición que se pone en una galera o en un galerín. ∥ Prueba de la composición o de algún trozo, que se saca para corregirla.
Galeras. *Geog.* Mun. de Colombia, depart. de Sucre; 10.389 h. ∥ Pobl. cap. del mismo; 4.649 h.
galerero. m. El que gobierna las mulas de la galera o es dueño de ella.
galeria. (Del lat. científico *galleria.*) *Entom.* Gén. de insectos lepidópteros, microlepidópteros, de la familia de los pirálidos (v.).
galería. fr., *galérie;* it., *galleria;* i., *gallery;* a., *Galerie, Stollen.* (En b. lat., *galeria,* tal vez del m. or. que *galera.*) f. Pieza larga y espaciosa, adornada de muchas ventanas, o sostenida por columnas o pilares, que sirve para pasearse o colocar en ella cuadros, adornos y otras preciosidades. ∥ Corredor descubierto o con vidrieras, que da luz a las piezas interiores en las casas particulares. ∥ Colección de pinturas. ∥ Colección o serie de escritos ligados entre sí por alguna analogía. ∥ Estudio de un fotógrafo profesional. ∥ Camino subterráneo que se hace en las minas para disfrute, ventilación, comunicación y desagüe. ∥ El que se hace en otras obras subterráneas. ∥ Paraíso del teatro. ∥ Público que concurre al paraíso de los teatros. ∥ Bastidor que se coloca en la parte superior de una puerta o balcón para colgar en él las cortinas. ∥ Ornato calado o de columnitas que se pone en la parte superior de un mueble. ∥ *Mar.* Espacio de popa a proa en medio de la cubierta. ∥ Cada uno de los balcones de la popa del navío. ∥ **Mil.** Camino estrecho y subterráneo construido en una fortificación para facilitar el ataque o la defensa. ∥ Camino defendido lateralmente por maderos clavados al suelo y techado con tablas cubiertas de materias poco combustibles; constrúyense en terreno expuesto a los tiros de una plaza, para poder acercarse a su muralla. ∥ **de alimentación.** *Com.* Serie de establecimientos comerciales, principalmente de productos alimenticios, agrupados en la planta baja de un local. ∥ **cubierta.** *Arqueol.* Construcción debida al hombre primitivo, la cual consiste en una especie de corredor formado por grandes piedras y con techo también de piedra.
galerín. m. dim. de **galera.** ∥ *Impr.* Tabla de madera, o plancha de metal, larga y estrecha, con un listón en su parte inferior y costado derecho, que forma ángulo recto, donde los cajistas, colocándolo en la caja diagonalmente, depositan las líneas de composición según las van haciendo, hasta que se llena y forman una galerada.
Galerio. *Biog.* Emperador romano. General, merced a sus hechos guerreros, fue adoptado por Diocleciano, que le dio a su hija en matrimonio y le nombró césar en unión de Constancio Cloro, en 292. En 305 logró que abdicaran Diocleciano y Maximiano, llegando a augusto en unión de Constancio Cloro.
galerita. f. *Zool.* cogujada.
galerna. (En fr., *galerne.*) f. *Mar.* Ráfaga súbita y borrascosa que en la costa septentrional de España suele soplar entre el O. y el NO.
galerno. m. *Mar.* **galerna.**
galero. (Del lat. *galĕrus.*) m. *Sant.* Especie de sombrero chambergo.
galerón. m. *Amér. m.* Romance vulgar que se canta en una especie de recitado. ∥ *C. Rica y Salv.* Cobertizo, tinglado. ∥ *Venez.* Aire popular al son del cual se baila y se cantan cuartetas y seguidillas.
galeruca. f. *Entom.* Insecto coleóptero polífago, de la familia de los crisomélidos, de 5 a 7 mm. de long., color amarillo-verdoso claro, con unas fajas laterales negras en los élitros; la larva es pardo-verdosa con puntos negros.
galés, sa. adj. Natural de Gales, o perteneciente a este país del R. U. Ú. t. c. s. ∥ m. *Ling.* Idioma galés, uno de los célticos.

Galería de Rafael. Palacios Apostólicos. Vaticano

Gales (príncipe de). Bl. y Geneal. Título inglés no heredable, que tradicionalmente, y por concesión real, recae sobre el presunto heredero del trono de Inglaterra. El primer príncipe de Gales fue Eduardo II, n. en Carnarvon en 1284 y proclamado en 1301. En 1958, la reina Isabel nombró príncipe de Gales a su hijo Carlos. (En i., *Wales*.) o **País de Gales.** (En i., *Wales*.) Geog. País del SO. del R. U. Es una ancha península que ocupa una superf. de 20.763 km.², con una pobl. de 2.765.000 h. Cap., Cardiff. Es eminentemente montañoso, y sus cuantiosos minerales, extensos y valiosos, con carbón, hierro, cobre, cinc y oro, pero predominando el carbón.

galfarro. m. ant. Ministro inferior de justicia. || fig. Hombre ocioso, perdido, mal entendido. || Zool. *León*. Gavilán, ave.

galga. f. Piedra grande que desprendida de lo alto de una cuesta, baja rodando y dando saltos. || Piedra que gira alrededor del árbol de alfarje en los molinos de aceite. || **piedra voladora.** || Entom. *Hond*. Hormiga amarilla que anda velozmente.

galga. (En fr., *gale*, del gaél. *gall*, erupción.) f. Pat. Erupción cutánea, parecida a la sarna, que sale frecuentemente en el pescuezo a las personas desaseadas.

galga. (Del lat. *caliga*.) f. Cada una de las cintas cosidas al calzado de las mujeres para sujetarlo a la canilla de la pierna.

galga. (Del flam. *galg*., viga.) f. Palo grueso y largo atado por los extremos fuertemente a la caja del carro, que sirve de freno, al oprimir el cubo de una de las ruedas. || Féretro o andas en que se lleva a enterrar a los pobres. || Mar. El orinque o el anclote con que se engalga o refuerza en malos tiempos el ancla fondeada. Por ext., se da este nombre a la ayuda que se da al ancla empotrada en tierra, haciendo firme en su cruz un calabrote que se amarra a un noray, para evitar que el esfuerzo del buque pueda arrancarla. || pl. Min. Dos maderos inclinados que por la parte superior se apoyan en el hastial de una excavación y sirven para sostener el uso de un torno de mano.

galgana. f. Bot. **galgarria.**

galgarria. f. Bot. Planta herbácea, de la familia de las papilionáceas, de 40 a 80 cm. de alt. con tallo anguloso, hojas estipuladas, compuestas de dos foliolos y terminadas en zarcillo y flores rojas y solitarias.

galgo, ga. fr., *lévrier*; it., *leviere*; i., *greyhound*; a., *windhund*. (Del lat. *galĭcus* [*canis*], [perro] gálico].) adj. Dícese de ciertos perros de caza (v. Zool. en este mismo artículo). || Col. y Sal. Goloso, laminero. || Zool. Dícese de una raza de perros de caza de la que existen varias castas. Ú. t. c. s. Se les llama también *lebreles*. || **común.** Casta de galgos muy rápidos, de hasta 75 cm. de alzada y unos 30 kg. de peso; cabeza pequeña, ojos grandes, hocico puntiagudo, orejas delgadas y colgantes, cuerpo muy esbelto y arqueado, con el pecho ancho y alto y el tronco fino posteriormente; el cuello, la cola y las patas, largos, el pelaje variado. Es un perro de caza para la que utiliza más la vista por el olfato, y de carreras en canódromo y menos inteligente que la mayoría de las razas de perros. || **escocés.** Galgo más robusto y alto que el anterior y de pelo más largo; se dedicaba antaño a la caza, en jauría, del venado. || **ruso.** Galgo de hasta 80 cm. de alt., de rasgos extremadamente finos y elegantes, ojos oblongos, y pelo corto y liso en la cabeza, y largo, sedoso y ondulado en el cuerpo, color blanco o crema o gris muy pálido; excelente cazador y apto para hacer frente a los lobos. Su nombre ruso es *borzoi*. || **¡échale un galgo!** expr. fig. y fam. con que se denota la dificultad de alcanzar a una persona, o la de comprender u obtener una cosa. || **el que nos vendió el galgo.** expr. fig. y fam. con que se explica lo muy conocida que es una persona por algún chasco que ha dado. || **la galga de Lucas.** expr. fig. y fam. con que se da a entender que alguno falta en la ocasión forzosa. || **no le alcanzarán galgos.** expr. fig. y fam. con que se pondera la distancia de algún parentesco. || **váyase a espulgar un galgo.** expr. fig. y fam. de que se usa para despedir a uno con desprecio.

galguear. tr. *León*. Mondar, limpiar las regueras.

galgueño, ña. adj. Relativo o parecido al galgo. || Taurom. Dícese de toro zancudo y de poca barriga.

galguería. f. fam. *And*. Golosina, chuchería.

galguero. m. Cuerda con que se templa la galga del carro y que se ata a una anilla.

galguero. m. El que cuida los galgos.

galguesco, ca. adj. Relativo o parecido al galgo.

gálgulo. (Del lat. *galbŭlus*, dim. de *galbus*, verde claro o rojo amarillento.) m. Zool. Rabilargo, pájaro.

Galí (Francisco). Biog. Marino español, n. en Sevilla y m. en Méjico (1539-1591). Por encargo del virrey Moya de Méjico exploró Nueva California, descubriendo la actual bahía de San Francisco. Autor de una relación de sus viajes que figura en el *Derrotero de las Indias* de Linschoten, publicado en Holanda y traducido a varias lenguas. || **Fabra (Francisco de Asís).** Pintor y profesor español, n. y m. en Barcelona (1880-1965). Fue director de la Escuela Superior de Bellos Oficios; creó y dirigió la Escuela Técnica de Oficios Artísticos. Entre sus discípulos se cuentan el pintor Joan Miró y el ceramista José Llorens Artigas. Obras: el ábside de la catedral de Lérida, la cúpula del Palacio Nacional de Montjuich, en Barcelona; los frescos de los cuatro evangelistas, en la iglesia de Pedralbes de los padres benedictinos, etc.

-galia. suf. V. **galact-**.

Galia. Geog. hist. Los antiguos comprendían en esta denominación común dos regiones; la Galia cisalpina (Italia septentrional), que fue ocupada largo tiempo por tribus galas, y la Galia transalpina, vasta comarca comprendida entre los Alpes, los Pirineos, el océano y el Rin. La habitaban gran número de pueblos rivales, que fueron sometidos por César de 58 a 50 a. C., y que Augusto dividió en las cuatro prov.: Narbonesa, Aquitania, Lionesa y Bélgica.

galiana. f. Cañada de ganado.

Galiana (Exuperancio). Biog. Boxeador español, más conocido por *Fred Galiana*, n. en Quintanar de la Orden, Toledo, en 1931. En 1955 consiguió el título de campeón de Europa de los pesos pluma, que abandonó, voluntariamente, en 1956. En 1963 volvió al ring, del que se retiró en 1966.

Galiani (Ferdinando). Biog. Economista italiano, n. en Chieti y m. en Nápoles (1728-1787). Escribió contra los fisiócratas su obra *Dialogues sur le commerce des blés*, donde expone que las cuestiones económicas deben estudiarse analíticamente y según circunstancias de lugar y tiempo.

galianos. (De *galiana*.) m. pl. Comida que hacen los pastores con torta cocida a las brasas y guisada después con aceite y caldo.

galibar. (De *gálibo*.) tr. Mar. Trazar con los gálibos el contorno de las piezas de los buques.

gálibo. (De *cálibo*.) m. Figura ideal cuyo perímetro marca las dimensiones de la sección transversal autorizadas a los vehículos con su carga que hayan de pasar por túneles, arcos, etc. || Arco de hierro en forma de U invertida, que sirve en las estaciones de los ferrocarriles para comprobar si los vagones con su carga máxima pueden circular por los túneles y bajo los pasos superiores. || fig. elegancia. || fig. **Arquit.** Buen aspecto de una columna por la acertada proporción de sus dimensiones. || Mar. Plantilla con arreglo a la cual se hacen las cuadernas y otras piezas de los barcos. || La figura que se da al contorno de las ligazones de un buque, y aun de una forma misma después de construido.

galicado, da. (De *gálico*.) adj. Ling. Dícese del estilo, frase o palabra en que se advierte la influencia de la lengua francesa.

galicanismo. m. Hist. y Rel. Sistema doctrinal iniciado en Francia que postula la disminución del poder del papa en favor del episcopado y de los grados inferiores de la jerarquía eclesiástica (galicanismo eclesiástico) y a la subordinación de la Iglesia al Estado (galicanismo político).

galicano, na. (Del lat. *gallicānus*.) adj. Perteneciente a las Galias. Hoy se usa principalmente hablando de la Iglesia de Francia y de su especial liturgia y disciplina. || Dícese del estilo y frase de influencia francesa.

Un galgo en acecho, por Paul de Vos. Museo del Prado. Madrid

La materia y el ideal, por Francisco de Asís Galí Fabra. Colección particular

Galicia. Geog. Región de España, sit. al NO. Limita al N. con el océano Atlántico y el mar Cantábrico, al E. con Asturias y León, al S. con Portugal y al O. con el océano Atlántico. Tiene una superf. de 29.240,1 km.², una pobl. de 2.583.674 h. y la relativa de 88,3 por km.² Se halla dividida en las prov. de La Coruña, Lugo, Orense y Pontevedra. En marzo de 1978, el Gobierno de la nación aprobó un real decreto-ley regulador del régimen preautonómico de Galicia.

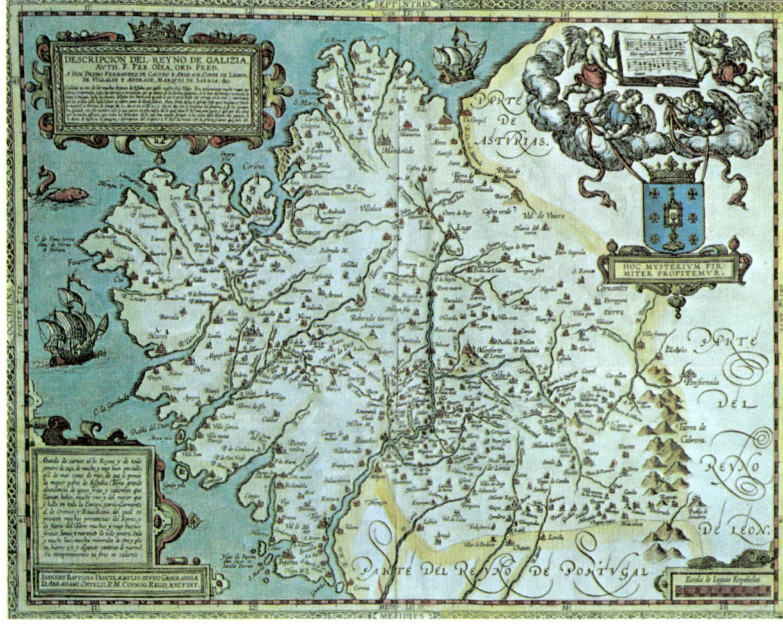

Mapa antiguo de Galicia, por J. B. Vrints

galiciano, na. (De *Galicia*.) adj. Perteneciente o relativo a Galicia.
galicinio. (Del lat. *gallicinĭum*; de *gallus*, gallo, y *canĕre*, cantar, por ser la hora en que cantan con frecuencia los gallos.) m. ant. Parte de la noche próxima al amanecer.
galicismo. (Del lat. *gallĭcus*, francés.) m. Ling. Idiotismo propio de la lengua francesa. ǁ Vocablo o giro de esta lengua empleado en otra. ǁ Empleo de vocablos o giros franceses en distinto idioma.
galicista. m. Persona que incurre frecuentemente en galicismos, hablando o escribiendo. Ú. t. c. adj.
gálico, ca. (Del lat. *gallĭcus*.) adj. Perteneciente a las Galias.
gálico, ca. (Del fr. *gallique*; de *galle*, del lat. *galla*, agalla, excrecencia vegetal.) adj. Quím. V. **ácido gálico.**
galícola. (Del lat. *galla*, agalla, y *-cola*.) adj. Zool. Dícese de los insectos que provocan la formación de las agallas o cecidias en las plantas.
galicoso, sa. adj. Que padece de gálico. Ú. t. c. s.
galicursi. adj. fam. Dícese del lenguaje en que por afectación de elegancia se abusa de los galicismos. ǁ fam. Dícese de la persona que emplea este lenguaje. Ú. t. c. s.
galidictino, na. (Del lat. científico *galidictis*, nombre de un gén. tipo de mamíferos; del gr. *gale*, comadreja, e *iktis*, garduña.) adj. Zool. Dícese de los mamíferos carnívoros, familia de los vivérridos, esbeltos, ágiles, con miembros cortos, cola larga y peluda y que tienen al lado del ano una glándula que segrega un líquido con olor a algalia. ǁ m. pl. Subfamilia de estos animales.

galidino, na. (Del lat. científico *galidia*, nombre de un gén. tipo de mamíferos, del gr. *galideús*, comadreja joven.) adj. Zool. **galidictino.**
Galieno (Publio Licinio). Biog. Emperador romano (235-268). Hijo y sucesor de Valeriano, gobernó el Imperio del año 253 al 268 y fue sucedido a su vez por el emperador Claudio II *el Gótico*.
galilea. (Del b. lat. *galilaea*, y éste del m. or. que *galería*.) f. Pórtico o atrio de las iglesias, con especialidad la parte ocupada con tumbas de próceres o reyes. ǁ Pieza cubierta, fuera del templo, sin retablo ni altar, ni apariencia ninguna de capilla, que servía de cementerio. ǁ Nombre con que se designan los pórticos laterales de las iglesias, que sirven a necesidades sociales, o a exigencias climáticas, como las reuniones dominicales de gremios, cofradías, o del concejo abierto.
galilea. (De las palabras de Jesucristo *«et ecce praecedit vos in Galilaeam»*, según el Evangelio de San Mateo, cap. XXVIII, 7.) f. Cron. y Litur. En la Iglesia griega, tiempo que media desde la Pascua de Resurrección hasta la Ascensión.
Galilea. Geog. Mun. y lugar de España, prov. de Logroño, p. j. de Calahorra; 375 h. ǁ Geog. hist. Prov. septentrional de Palestina, célebre, sobre todo, por su constante mención en los Evangelios. En conjunto, Galilea es un sistema de montañas que puede considerarse como prolongación de Líbano, dividiéndose, no obstante, en Alta y Baja Galilea. Su clima es sano, y agradable la temperatura en el litoral. En la época de Jesucristo formaba una de las tres grandes divisiones de Palestina al O. del Jordán, y comprendía el terr. de las tribus de Aser, Neftalí, Zabulón e Isacar. Las riberas del mar de Galilea (v. **Tiberíades**) están habitadas. En la actualidad pertenece a Israel y comprende los dist. de Haifa y Septentrional.
galileano, na. (De *Galileo*.) adj. Astron. Dícese de los cuatro satélites mayores de Júpiter (Europa, Io, Ganimedes y Calixto), descubiertos por Galileo Galilei en Padua, el 7 de enero de 1610.
Galilei (Galileo). Biog. Astrónomo, físico y matemático italiano, n. en Pisa y m. en Arcetri,

Galileo Galilei, medalla por Gayrard (1818). Museo Lázaro Galdiano. Madrid

Florencia (1564-1642). Descubrió el isocronismo de las oscilaciones pendulares, observando las de la famosa lámpara de la catedral, e inventó un termómetro y una balanza hidrostática. Desarrolló su teoría sobre la caída de los graves, que fue acogida hostilmente por el rígido escolasticismo imperante. En 1609 supo de un anteojo fabricado en Holanda, y ello le movió a construir uno semejante (v. **anteojo de Galileo**). Con el nuevo instrumento observó el relieve de la superf. lunar y midió algunas de sus montañas, vio la Vía Láctea descompuesta en enjambres de estrellas, vio las manchas solares y, en la noche memorable del 7 de enero de 1610, descubrió los cuatro satélites mayores de Júpiter; el 25 de julio vio el anillo de Saturno, que interpretó como si el planeta fuese triple, y en septiembre descubrió que Venus presentaba fases como la Luna. El mismo año publicó el *Sidereus Nuntius*. Estudió la flotación de los cuerpos, estableció el concepto de «gravedad en especie» (peso específico) y continuó sus observaciones de las manchas solares, con lo que pudo determinar el período de rotación del Sol. Este descubrimiento, tan antiaristotélico, junto con los de las fases de Venus y los satélites de Júpiter, tan decisivos en favor del heliocentrismo copernicano, concitaron contra él a los escolásticos que en 1615 lo denunciaron por hereje a la Inquisición. En 1616, en Roma, se le hizo prometer que renunciaría a enseñar sus doctrinas. En 1632 publicó *Dialogo sopra i due massimi sistemi del mondo, tolemaico e copernicano*. La obra fue secuestrada y su autor procesado y condenado en 1633 a abjurar de sus «ideas erróneas». Enfermo, sordo y casi ciego, el anciano investigador descubrió el movimiento de libración de la Luna (1637) y consiguió que se le publicasen sus *Discorsi e dimostrazioni matematiche intorno a due nuove scienze attenenti alla meccanica* (Leiden, 1638).
galileo, a. (Del lat. *galilaeus*.) adj. Natural de Galilea, o perteneciente a este país de Tierra Santa. Ú. t. c. s. ǁ m. Nombre que por oprobio han dado algunos a Jesucristo y a los cristianos.
Galileo. Biog. V. **Galilei (Galileo).**
galillo. (De *gallillo*.) m. Campanilla del velo del paladar. ǁ fam. Gaznate, gañote. ǁ Anat. **úvula.**
galima. (Del ár. *ganīma*, rapiña.) f. ant. Hurto frecuente y pequeño.
galimar. (De *galima*.) tr. ant. Arrebatar o robar.
galimatías. (Del fr. *galimatias*, invención jocosa del s. XVI; de *galli*, gallo, y el gr. *mátheia*, enseñanza.) m. fam. Lenguaje obscuro por la impropiedad de la frase o por la confusión de las ideas.

galináceo–galopar

galináceo, a. adj. Zool. **gallináceo.** Ú. t. c. s. f.
Galíndez de Carvajal (Lorenzo). Biog. Jurista e historiador español, n. y m. en Plasencia (1472-1525). Escribió unas *Glosas a las Partidas* y unos *Anales del reinado de los Reyes Católicos*. Fue catedrático en Salamanca y presidente del Consejo de los Reyes Católicos.
galindo, da. adj. ant. Torcido, engarabitado.
Galindo (Beatriz). Biog. Dama española, más conocida por el sobrenombre de *la Latina*, n. en Salamanca y m. en Madrid (1475-1535). Fue camarera y consejera de Isabel *la Católica*.

Beatriz Galindo. Museo Lázaro Galdiano. Madrid

Se le atribuyen unos *Comentarios a Aristóteles* y *Poesías latinas*. || **(Blas).** Músico mejicano, n. en San Gabriel, Jalisco, en 1910. Se ha inspirado en el folklore de su país y ha compuesto: *Sexteto de alientos y canciones; Concerto*, para piano y orquesta; *Sones de mariachi y Arroyos.* || **(Sergio).** Escritor mejicano, n. en Jalapa en 1926. Cultiva con preferencia la novela, y entre ellas figuran: *La justicia de enero, Polvos de arroz y El bordo.* || **y Perauy.** Geog. Mun. de España, prov. y p. j. de Salamanca; 299 h. || Lugar cap. del mismo; 183 h.
Galinduste. Geog. Mun. de España, prov. y p. j. de Salamanca; 927 h. || Lugar cap. del mismo; 899 h.
galio. (Del lat. *galion*, [en latín científico, *gálium*], y éste del gr. *gálion*, de *gála*, leche.) Bot. Gén. de rubiáceas, hierbas con tallos erguidos, de 30 a 60 cm., delgados, nudosos y ramosos, estipulas foliáceas, que simulan hojas; flores amarillas en panojas terminales muy apretadas, y fruto en drupa con dos semillas de figura de riñón (*gálium vérum*). Algunas de las especies más comunes en Europa se llaman vulgarmente *cuajaleche* y alguna otra, *amor de hortelano*.
galio. (De *Galia*, por haberse descubierto en Francia.) m. Quím. Elemento metálico; símbolo químico, Ga; peso atómico, 69,72; peso específico, 5,89, y núm. 31 de la serie atómica. Fue descubierto en 1875 por Lecoq de Boisbaudran mediante el espectroscopio. Su existencia había sido prevista por Mendeleiev en 1869, quien le había dado el nombre de ekaaluminio.
galiparla. (De *galo* y *parlar*.) f. Ling. Lenguaje de los que emplean voces y giros afrancesados, hablando o escribiendo en castellano.
galiparlante. adj. **galiparlista.**

galiparlista. (De *galiparla*.) m. El que emplea la galiparla.
galipote. (Del fr. *galipot*.) m. Mar. Especie de brea o alquitrán que se usa para calafatear.
Galisancho. Geog. Mun. de España, prov. y p. j. de Salamanca; 763 h. || Lugar cap. del mismo; 178 h.
Galissard de Marignac (Jean Charles). Biog. Químico suizo, más conocido por *Marignac*, n. y m. en Ginebra (1817-1894). Se le debe el descubrimiento de la verdadera naturaleza del ozono. Hizo, además, importantes estudios químicos sobre los pesos atómicos del cloro, de la potasa, de la plata, etc.
Galisteo. Geog. Local. de Argentina, prov. de Santa Fe, depart. de Castellanos; 304 h. || Mun. de España, prov. de Cáceres, p. j. de Plasencia; 3.346 h. || Villa cap. del mismo; 1.421 h.
Galitzia. Geog. hist. Región de Europa central, que hasta 1944 perteneció a Polonia y después fue repartida entre Polonia y Ucrania (U. R. S. S.).
galizabra. (De *galea* y *zabra*.) f. Mar. Embarcación de vela latina, que era común en los mares de Levante, de porte de cien toneladas, poco más o menos.
Galizin, Galitzin o **Galitzyn, príncipe de Galizin (Boris Borisovich).** Biog. Sismólogo y físico ruso, n. en San Petersburgo y m. en Nueva Peterhov (1862-1916). Fue presidente de la Asociación Internacional de Sismología, y director del Observatorio Sismológico de San Petersburgo. Ideó el sismógrafo de registro magnetofotográfico; fundó la magnífica red sismológica soviética, que cuenta con estaciones en las principales ciudades de la U. R. S. S., y escribió numerosas *Memorias* y su magistral *Tratado*.
galo, la. (Del lat. *gallus*.) adj. Natural de la Galia, o perteneciente a dicho país. Ú. t. c. s. || m. Ling. Antigua lengua céltica de las Galias.
galo. m. Mit. Nombre que se dio a los sacerdotes de Cibeles, cuyo origen radica en Galo, su fundador.

Galo (Cayo Sulpicio). Biog. Cónsul y astrónomo romano, n. en 166 a. C. Fue el primero que anunció un eclipse. || **(Constancio).** Hijo de Julio Constancio, sobrino de Constantino *el Grande* y hermano, por parte paterna, de Juliano *el Apóstata* (325-354). Nombrado césar por Constancio II y encargado del gobierno de Oriente, cometió allí desafueros y crueldades, fue destituido, condenado a muerte y decapitado. || Mit. Sacerdote de Cibeles que se hizo eunuco. Los demás sacerdotes de la diosa siguieron su ejemplo y se les dio el nombre de galo (v.).
galocha. (En fr., *galoche*.) f. Calzado de madera o de hierro, que se usa en algunas

prov. para andar por la nieve, el agua y el lodo. || Amér. Zapato de goma usado preferentemente para protegerse de la humedad y de la lluvia.
galocha. f. ant. Birrete de dos puntas que cubre las orejas.
galochero. m. El que hace o vende galochas.
galocho, cha. adj. Dícese del que es de mala vida. || fam. Dejado, desmalazado.
Galois (Evariste). Biog. Matemático francés, n. en Bourg-la-Reine y m. en París (1811-1832). Su genial obra *Sur la résolution générale des équations* le fue devuelta por incomprensible. La víspera de su muerte en un duelo perfiló su obra *Lettre à Auguste Chevalier*, donde resume sus teorías algebraicas.
galón. fr., *galon;* it., *nastro;* i., *lace;* a., *Borte, Tresse, Litze*. (De *gala*.) m. Tejido fuerte y estrecho, a manera de cinta, que sirve para guarnecer vestidos u otras cosas. || Mar. Listón de madera que guarnece exteriormente el costado de la embarcación por la parte superior, y a la lumbre del agua. || Mil. Distintivo que llevan en el brazo o en la bocamanga diferentes clases del ejército o de cualquier otra fuerza organizada militarmente, hasta el coronel inclusive.
galón. (Del i. *gallon*.) m. Metrol. Medida inglesa de capacidad, para los líquidos, usada en el comercio. Equivale a 4,5459 litros. || Medida estadounidense de las mismas características. Equivale a 3,7853 litros.
galoneador, ra. m. y f. Persona que galonea o ribetea.
galoneadura. (De *galonear*.) f. Labor o adorno hecho con galones.
galonear. tr. Guarnecer o adornar con galones los vestidos u otras cosas.
galonista. (De *galón*, distintivo.) m. fam. Alumno distinguido de un colegio o academia militar, a quien por premio se concede el uso de las insignias de cabo o sargento, representativas de cierta autoridad sobre sus compañeros.

Galo muerto, copia parcial del grupo que representaba la victoria de Atalo I sobre los galos (239 a. C.). Museo Arqueológico Nacional. Nápoles

galop. (Del fr. *galop*, y éste del m. or. que *galopar*.) m. Danza. Danza húngara, usada también en otros pueblos, muy viva y muy en boga en el pasado siglo. || Mús. Música de este baile.
galopa. f. galop.
galopada. f. Carrera a galope.
galopante. p. a. de **galopar.** Que galopa. || adj. fig. Aplícase a la tisis de carácter fulminante.
galopar. fr., *galoper;* it., *galoppare;* i., *to gallope;* a., *galoppieren*. (Del germ. *wala hlaupan*, saltar bien.) intr. Ir el caballo a galope. || Cabalgar una persona en caballo que va a galope.

galope. fr., *galop;* it., *galoppo;* i., *gallop;* a., *Galopp.* (De *galopar.*) m. **Equit.** y **Zool.** Medio de locomoción rápida de los cuadrúpedos. En los roedores, carnívoros y otros mamíferos, consiste en dar saltos, frecuentemente repetidos, en que las patas posteriores se adelantan entre las anteriores, permaneciendo las cuatro levantadas un tiempo relativamente largo. En los équidos, aire más rápido que el trote, en que una pata de atrás, la diagonalmente opuesta de delante y la otra de atrás tocan el suelo en este orden, pero casi sincrónicamente, e impulsan al animal, cuyas cuatro extremidades están solo un tiempo brevísimo separadas del suelo. || **Mar.** Distancia contada desde la última encapilladura de un palo a su perilla. (V. **estay de galope.**) || **sostenido**, o **medio galope.** *Equit.* Marcha del caballo a galope, pero acompasadamente y sin gran celeridad; no es aire natural, sino de escuela. || **a**, o **de, galope.** m. adv. fig. Con prisa y aceleración.
galopeada. f. **galopada.**
galopeado, da. p. p. de **galopear.** || adj. fam. Hecho de prisa, y por lo mismo, mal. || m. fam. Castigo dado a uno con bofetadas o puñadas. || **Coc.** *And.* Plato compuesto de harina, pimentón, ajo frito, aceite y vinagre.
galopear. (De *galope.*) intr. **galopar.**
galopeo. (De *galopear.*) m. ant. **galope.**
galopillo. (dim. de *galopo.*) m. Criado que sirve en la cocina para los oficios más humildes de ella.
galopín. (De *galopo.*) m. Cualquier muchacho mal vestido, sucio y desharrapado, por abandono. || Pícaro, bribón, sin crianza ni vergüenza. || fig. y fam. Hombre taimado, de talento y de mundo. || **Mar. paje de escoba.** || **de cocina.** *Coc.* **galopillo.**
galopinada. f. Acción de galopín, pícaro. || Acción de galopín, hombre de mundo.
galopo. (De *galopar.*) m. **galopín**, pícaro.
galota. (Del fr. *calotte,* birrete, y éste del lat. *calautīca.*) f. ant. Birrete de dos puntas que cubre las orejas.
galpito. m. Pollo débil, enfermizo y de pocas medras.
galpón. m. Departamento que se destinaba a los esclavos en las haciendas de América. || *Amér.* m. y *Nic.* Cobertizo grande con paredes o sin ellas.
Galpón (El). *Geog.* Local. de Argentina, prov. de Salta, depart. de Metán; 2.390 habitantes.
Galsworthy (John). **Biog.** Novelista y dramaturgo inglés, n. en Coombe y m. en Hampstead (1867-1933). Describió la vida inglesa moderna en sus novelas sobre la familia Forsyte (de 1901 a 1930), que incluyen *El propietario, El mono blanco, La cuchara de plata* y *El canto del cisne* (1928). Escribió, además, dramas interesantes, como *Lucha y Justicia* (1910), y recibió el premio Nobel de Literatura en 1932.
Galton (sir **Francis**). **Biog.** Naturalista y meteorólogo inglés, n. en Birmingham y m. en Haslemere (1822-1911). Su obra *Meteorográphica* fue el primer intento de previsión del tiempo. Se ocupó de fisiología, antropología y psicología, y de su labor antropométrica partió la idea de las huellas dactilares como medio de identificación. Se interesó por la herencia, particularmente la humana, que estudió estadísticamente, y puede ser considerado como uno de los fundadores de la eugenesia. Entre sus obras se citan: *El genio hereditario: sus leyes y consecuencias, Familias notables* e *Impresiones papilares.*
galúa. f. **Zool.** *Mur.* Pez teleóstomo perciforme, familia de los mugílidos, con numerosas manchas doradas en las agallas (*múgil sáliens*). Es comestible y propio del Mediterráneo.

galubia. f. **Mar.** Embarcación menor de poca manga.
galucha. f. *Col., C. Rica, Cuba, P. Rico* y *Venez.* **galope.**
galuchar. intr. *Col., C. Rica, Cuba, P. Rico* y *Venez.* **galopar.**
galusa. f. **Bot.** *Méj.* **dalia** (*dhalia coccinea*).
Galván. n. p. **no lo entenderá Galván.** expr. fig. y fam. con que se denota que una cosa es muy intrincada, obscura o imperceptible.
Galván (Manuel de Jesús). **Biog.** Escritor y político dominicano, n. en Santo Domingo y m. en San Juan de Puerto Rico (1834-1911). Fue presidente del Congreso y varias veces ministro de Relaciones Exteriores. Su *Enriquillo* (1879-1882) es una de las mejores novelas de América.
Galvani (Luigi). **Biog.** Médico, anatomista y fisiólogo italiano, n. y m. en Bolonia (1737-1798). Observó que al tocar una pata desollada de rana con un objeto metálico, a la vez que hacía saltar una chispa en una máquina electrostática, la pata se contraía, y de ahí ini-

Luigi Galvani, grabado antiguo

ció una serie de experiencias sobre electricidad animal, que expuso en su libro *De viribus electricitatis in motu musculari.* De su apellido se han derivado varios términos: galvanismo, galvanizar, etc.
galvánico, ca. adj. **Fís.** Que se refiere a L. Galvani, al galvanismo o a la galvanización.
galvanismo. (De L. *Galvani.*) m. **Fís.** Electricidad desarrollada por el contacto de dos metales diferentes, generalmente el cobre y el cinc, con un líquido interpuesto. || Parte de la física que estudia el galvanismo. || **Fisiol.** Propiedad de excitar, por medio de corrientes eléctricas, movimientos en los nervios y músculos de animales vivos o muertos.
galvanización. (De L. *Galvani.*) f. Acción y efecto de galvanizar. || **Terap.** Tratamiento con la corriente galvánica, que es la llamada continua. Se usa en terapia para varios fines: calmar un dolor (se pone el ánodo sobre el punto dolorido), la cefalea (los dos electrodos sobre las sienes); para reactivar la musculatura paralizada (p. ej., facial), cuando ya no reacciona a la corriente farádica.
galvanizar. fr., *galvaniser;* it., *galvanizzare;* i., *to galvanize;* a., *galvanisieren.* tr. Aplicar el galvanismo a un animal vivo o muerto. || Aplicar una capa de metal sobre otro, empleando al efecto el galvanismo. || Dar un baño de cinc fundido a un alambre, plancha de hierro, etc., para que no se oxide. || fig. Animar, dar vida momentánea a una corporación o sociedad que está en decadencia.
galvano. m. Reproducción, por lo común artística, hecha por galvanoplastia.
galvano-. pref. que sign. galvanismo.

galvanocromía. (De *galvano-* y *-cromía.*) f. **Met.** Proceso galvánico para colorear metales.
galvanometría. (De *galvano-* y *-metría.*) f. **Fís.** Procedimiento para medir la intensidad de una corriente galvánica.
galvanómetro. fr., *galvanomètre;* it., *galvanometro;* i., *galvanometer;* a., *Galvanometer.* (De *galvano-* y *-metro.*) m. **Elec.** Aparato destinado a medir la intensidad y determinar el sentido de una corriente eléctrica. Según el elemento medidor, los galvanómetros pueden ser de aguja o de carrete. Los primeros están forma-

Galvanómetro

dos por una aguja imantada, suspendida de un hilo de torsión, que puede girar dentro de un circuito magnético, constituido por unas piezas polares sobre las que van arrolladas unas bobinas por las que pasa la corriente que se ha de medir. En los de carrete, el circuito magnético es permanente y la corriente pasa por un carrete móvil suspendido también por un hilo de torsión. V. **galvanómetro de aguja.** || **de Arsonval.** Aquel cuya bobina de corriente está suspendida en el campo de un imán permanente. || **balístico.** El destinado a medir una cantidad de electricidad por el impulso que ésta da a un equipo móvil. || **de carrete.** V. **galvanómetro.** || **de cuadro móvil.** **galvanómetro de carrete.** || **diferencial.** El de aguja, sometido al campo creado por dos bobinas recorridas por corrientes contrarias. || **de espejo.** Aquel cuya aguja o carrete posee un pequeñísimo espejo sobre el cual incide un rayo de luz. || **de imán móvil.** **galvanómetro de aguja.** || **de vibración.** El que no tiene amortiguación y al recibir una corriente variable, su aguja se mueve al ritmo de ésta.
galvanoplastia. (De *galvano-* y *-plastia.*) f. **Quím.** Arte de recubrir cualquier cuerpo sólido con una capa metálica, para protegerlo o embellecerlo, y de hacer moldes para vaciados (estatuillas, monedas, discos gramofónicos, etc.), o para la estampación estereotípica. Se debe a las investigaciones de Jacoby (1838).
galvanoplástica. f. **Quím. galvanoplastia.**
galvanoplástico, ca. adj. Perteneciente a la galvanoplastia.
galvanoscopio. (De *galvano-* y *-scopio.*) m. **Elec.** Aguja imantada, dispuesta dentro de una bobina de hilo aislado, que conduce la corriente cuyo sentido quiere determinarse. Se utiliza para conocer la polaridad de los generadores. (V. **detector.**)
galvanostegia. (De *galvano-* y el gr. *stégo,* recubrir.) f. **Quím.** Técnica que permite revestir un cuerpo metálico, con fines de protección o decorativos, mediante una capa sutil y adherente de otro metal, por medio de la electrólisis.
galvanotaxia. (De *galvano-* y *taxia.*) f. **Biol.** Taxia provocada por la corriente eléctrica.
galvanotecnia. (De *galvano-* y *-tecnia.*) f. Denominación genérica de las operaciones de galvanoplastia, galvanización, etc.

galvanoterapia. (De *galvano-* y *terapia*.) f. Terap. Tratamiento de ciertos procesos musculares y nerviosos con corrientes galvánicas.

galvanotipia. (De *galvano-* y *-tipia*.) Impr. Preparación por medios galvánicos de clisés de imprimir.

galvanotropismo. m. Biol. electrotropismo.

Galvarino. Geog. Comuna de Chile, prov. de Cautín, depart. de Lautaro; 9.445 h. ǁ Pobl. cap. de la misma; 1.907 h.

Galvarra. Geog. Lana.

Galve de Sorbe. Geog. Mun. y villa de España, prov. de Guadalajara, p. j. de Sigüenza; 246 h.

Galve de Sorbe. Castillo

Gálvez, conde de Gálvez (Bernardo de). Biog. General español, n. en Macharavialla, Málaga, y m. en Méjico (1746-1786). Combatió en Portugal, Argelia y Méjico. Fue nombrado gobernador de Luisiana en 1776 y participó en la guerra de Independencia americana. Capitán general de Cuba, sucedió en el virreinato de Méjico a su padre, Matías Gálvez, en 1785, conquistando gran popularidad. ǁ **(José).** Político español, n. en Vélez-Málaga (1720-1786). Perteneció al Consejo de Indias; fue visitador general de Méjico, y a su regreso, en 1775, se le concedió el título de marqués de la Sonora y el cargo de ministro universal de las Indias. ǁ **(Manuel).** Escritor argentino, n. en Paraná, Entre Ríos, y m. en Buenos Aires (1882-1962). Publicó un libro poético, *Sendero de humildad* (1909), que fue muy discutido. Cultivó diversos géneros: novela, ensayo, biografía y teatro, pero sobresalió en el primero. En su novelística pasó del naturalismo de comienzos de siglo a una posición netamente católica, pero en todas sus obras supo reflejar la realidad argentina. De su producción sobresalen: *El solar de la raza* (1913), *La maestra normal* (1914), *El mal metafísico* (1917), *Nacha Regules* (1919), *Luna de miel y otras narraciones* (1920), *Historia de arrabal* (1922), *La Pampa y su pasión* (1926), *Miércoles Santo* y *Hombres en soledad* (1930), *El gaucho de «Los Cerrillos»* (1931), *El general Quiroga* (1932, primer premio nacional de Literatura); una trilogía de la guerra de Paraguay; varias biografías, *España y algunos españoles* y *Vida de Sarmiento, el hombre de autoridad* (1945), *La muerte en las calles* (1949), *Han tocado a degüello* y *Tiempo de odio y angustia* (1951), *Así cayó don Juan Manuel* (1954) y *El novelista y las novelas* (1959). ǁ **(Mariano).** Político guatemalteco, n. en Guatemala (1794-1855). Colaboró en la redacción de la Constitución de 1823 y presidió el primer Congreso Federal (1825). Elegido Jefe del estado de Guatemala (1831), fue reelecto (1836), pero tuvo que resignar el mando (1838) al rebelarse el general Carrera. ǁ **y Alfonso (José María).** Jurisconsulto y político cubano, n. en Matanzas y m. en La Habana (1834-1906). Fue procesado por simpatizar con el movimiento separatista de 1868, y después de la paz de Zanjón constituyó el Partido Liberal Autonomista. ǁ **Barrenechea (José).** Político y poeta peruano, n. en Tarma, Junín, y m. en Lima (1885-1957). En su carrera política fue ministro de Justicia e Instrucción Pública y de Relaciones Exteriores (1931), senador, vicepresidente de la República y presidente del Senado. Escribió: *Bajo la luna* (1911) y *Jardín cerrado* (1912), poesías; *Una Lima que se va* (1921), *Chismografía nacional* (1928), las series de *Nuestra pequeña historia* (1927-30) y *Estampas limeñas* (1935), a la manera de Ricardo Palma. ǁ **Durón (Juan Manuel).** Jurista y político hondureño, n. en Tegucigalpa (1887-1955). Magistrado de la Corte Suprema, desempeñó varios ministerios y la presidencia de la República de 1949 a 1954. ǁ **y Gallardo (Matías de).** Virrey de Méjico de 23 de abril de 1783 a 20 de octubre de 1784, fecha en que entregó el gobierno a la Real Audiencia. Falleció el día 3 de noviembre siguiente. ǁ Geog. Local. de Argentina, prov. de Santa Fe, depart. de San Jerónimo; 12.195 h. ǁ Mun. y villa de España, prov. y p. j. de Toledo; 3.198 h. (*galveños*).

Galway. Geog. (En irl., *An Ghaillimh*.) Cond. de Irlanda, prov. de Connacht; 5.937 km.^{2} y 148.220 h. ǁ C. cap. del mismo; 26.896 habitantes. Sit. en la bahía de su nombre, está defendida, a modo de rompeolas, por el grupo de las islas de Aran. Puerto. Industria química. Iglesia de San Nicolás, del s. XIV.

Galwey (Enrique). Biog. Pintor español, n. y m. en Barcelona (1864-1931). Fue uno de los más notables paisajistas modernos y reprodujo con gran acierto los lugares más pintorescos de Cataluña y Mallorca.

Gall (Franz Joseph). Biog. Fisiólogo alemán, n. en Tiefenbronn y m. en París (1758-1828). Fue el fundador de la frenología (v.), estableció su clínica en Viena hasta 1802, en que se le prohibió enseñar sus doctrinas en Austria, y marchó a Berlín y luego a París, donde dio cursos públicos. Escribió varias obras, algunas en colaboración con Spurzheim, el más destacado de sus discípulos.

galla. (Del lat. *galla*, excrecencia.) f. Agalla del roble. ǁ Agalla del pez. ǁ Remolino que a veces forma el pelo del caballo en los lados del pecho, detrás del codo y junto a la cinchera.

galla. f. *Germ.* Moneda de cinco pesetas.

galla. adj. Etnog. Dícese de un pueblo de lengua y cultura camítica y raza etiópica que hasta el s. XVI habitó en el sudeste de Uebi, en la península de Somalia, momento en que emigraron a Abisinia. Apl. a pers., ú. t. c. s. ǁ Perteneciente o relativo a dicho pueblo. ǁ Ling. Lengua del grupo cuchita de la familia lingüística camito-semita, hablada por el pueblo de este nombre.

gallada. f. *Chile.* Bravata, baladronada. ǁ Reunión o conjunto de gallos. ǁ Reunión de gente mala. ǁ **Taurom.** Palabra antigua equivalente a *galleo*.

gallado, da. adj. *Cuba.* Dícese de la caballería que tiene el cuerpo manchado de blanco y dorado. ǁ Por ext., persona con manchas blancas del *güito*.

galladura. (De *gallar*.) f. Avic. Pinta como de sangre, menor que una lenteja, que se halla en la yema del huevo puesto por la gallina cubierta por el gallo, y sin la cual el huevo es infecundo.

gallar. (De *gallo*.) tr. **gallear**, cubrir el gallo a las gallinas. ǁ *Sal.* En las aves en general, cubrir el macho a la hembra.

gállara. (Del lat. *gallŭla*.) f. Agalla del roble. ǁ Agalla del pez.

gallarda. (De *gallardo*.) f. Especie de danza de la escuela española, así llamada por ser muy airosa. ǁ Tañido de esta danza. ǁ **Impr.** Carácter de letra menor que el breviario y mayor que la glosilla.

gallardamente. adv. m. Con gallardía.

gallardear. (De *gallardo*.) intr. Ostentar bizarría y desembarazo en hacer algunas cosas. Ú. t. c. prnl.

gallardete. (Del fr. *gaillardet*.) m. Mar. Tira o faja volante que va disminuyendo hasta rematar en punta, y se pone en lo alto de los mástiles de la embarcación, o de otra parte, como insignia, o para adorno, aviso o señal. Es distintivo de todo buque de guerra, cuando lleva los colores nacionales. Ú. también como adorno en edificios, calles, etc. ǁ **azul.** Gallardete de este color que iza un buque mercante cuando logra una marca de velocidad notable.

gallardetón. m. Mar. Gallardete rematado en dos puntas, más corto y ancho que el ordinario.

gallardía. (De *gallardo*.) f. Bizarría, desenfado y buen aire, especialmente en el manejo del cuerpo. ǁ Esfuerzo y arresto en ejecutar las acciones y acometer las empresas.

gallardo, da. (Del provenz. *galhart*.) adj. Desembarazado, airoso y galán. ǁ Bizarro, valiente. ǁ fig. Grande o excelente en cosas correspondientes al ánimo.

Gallardo y Blanco (Bartolomé José). Biog. Escritor y bibliógrafo español, n. en Campanario y m. en Alcoy (1776-1852). Dirigió *El Criticón* y tuvo polémicas con todos los literatos de su época. Escribió: *Historia crítica del ingenio español*, *Las letras de cambio o los mer-*

Bartolomé José Gallardo, por José Udias González (1827). Colección particular

cachifles literarios, *Diccionario crítico burlesco del que se titula «Diccionario razonado manual...»*, obra que le acarreó un proceso y el encierro en un castillo. Obra póstuma es *Ensayo de una biblioteca española de libros raros y curiosos*.

Gallardos (Los). Geog. Mun. de España, prov. de Almería, p. j. de Vera; 1.460 h. ǁ Villa cap. del mismo; 845 h. Aguas mineromedicinales.

gallareta. (De *gallo*.) f. Zool. Nombre de dos especies de aves del orden de las gruiformes, familia de las rállidas, congéneres de las fochas o fojas. Ambas habitan en aguas continentales de la región intertropical de América: la **azul** (*fulica lencóptera*), de plumaje de ese color, con reflejos purpúreos o verdosos, remeras y timoneras negras, algunas plumas blan-

cas debajo de la cola, pico acarminado con la punta verde, y la callosidad frontal de color azul claro; vive en ríos y lagunas; entra en los sembrados, causando mucho daño; domesticable. La otra especie es la *gallareta de pico blanco* (*f. americana*), de plumaje negro apizarrado. || *Val.* **focha** o **foja**.
Gallareta (La). Geog. Local. de Argentina, prov. de Santa Fe, depart. de Vera; 2.261 h.
gallarín. (De *gallo*, en el juego del monte.) m. ant. Cuenta que se hace doblando siempre el número en progresión geométrica.
gállaro. (De *gállara*.) m. **Bot.** Agalla del roble.
gallarofa. f. **Bot.** *Ar.* Hoja de la mazorca de maíz.
gallarón. (De *gallo*.) m. **Zool. sisón**, ave zancuda.
Gallarta-Abanto. Geog. V. **Abanto y Ciérvana.**
gallaruza. (desp. del lat. *galēra*, birrete, montera.) f. Vestido de gente montañesa, con capucha para defender la cabeza del frío y de las aguas.
Galle (Johann Gottfried). Biog. Astrónomo alemán, n. en Pabsthaus y m. en Potsdam (1812-1910). En 1839 descubrió tres nuevos cometas, y el 23 de septiembre de 1846 el planeta Neptuno, cuya existencia y posición le había sido revelada por los cálculos de Leverrier y Adams. || Geog. Dist. de Sri Lanka, prov. Meridional; 1.689 km.² y 718.000 h. || C. de Sri Lanka, cap. de la prov. Meridional y del dist. de su nombre; 72.000 h. Refinerías de aceite.
gallear. tr. Cubrir el gallo a las gallinas. || intr. Presumir de hombría. || fig. y fam. Alzar la voz con amenazas y gritería. || Querer sobresalir entre otros con presunción y jactancia. || fig. y fam. Sobresalir entre otros. || En términos de tauromaquia, hacer galleos. || prnl. ant. fig. y fam. Enfurecerse con uno, diciéndole injurias.
gallear. (Del lat. *galla*, excrecencia.) intr. **Met.** Formarse desigualdades en la superficie de algunos metales cuando después de fundidos se enfrían rápidamente y, resquebrajándose, dejan salir la masa interior.
Gallega (La). Geog. Mun. y villa de España, prov. de Burgos, p. j. de Salas de los Infantes; 139 h.
gallegada. f. Multitud de gallegos. || Palabra o acción propia de los gallegos. || **Folk.** y **Mús.** Cierto baile de los gallegos. || Tañido correspondiente a este baile.
gallego, ga. (Del lat. *gallaīcus*.) adj. Natural de Galicia, o perteneciente a esta región de España. Ú. t. c. s. || *Arg.*, *Bol.* y *P. Rico.* Español que se traslada a aquellas regiones. Ú. t. c. s. || *Cast.* Dícese del viento cauro o noroeste, porque viene de la parte de Galicia. Ú. t. c. s. || m. **Ling.** Lengua de los gallegos. || **Zool.** *C. Rica.* Especie de lagartija que vive en las orillas de los ríos y nada con mucha rapidez. || *Cuba.* Gaviota, congénere de la común, pero de otra especie (*larus atricilla*).
Gallego (Fernando). Biog. Pintor español, n. y m. en Salamanca (h. 1440-h. 1507). Perteneció a la escuela hispano-flamenca. Terminó el retablo dedicado a San Ildefonso, en la catedral de Zamora. También es obra suya el retablo de la capilla de San Antonio, en la catedral nueva de Salamanca, y muchos otros diseminados por tierras leonesas y N. de Extremadura, en los que intervinieron sus discípulos. || **(Juan Nicasio).** Eclesiástico y poeta español, n. en Zamora y m. en Madrid (1777-1853). Fue secretario perpetuo de la Academia Española. La gloria de este autor tuvo origen en la inspirada composición consagrada al Dos de Mayo. Son también dignas de mención la dedicada a la *Defensa de Buenos Ai-*

Juan Nicasio Gallego

res contra los ingleses (1807), *Influencia del entusiasmo público en las artes,* y después, aunque de menos mérito, *A la muerte de Isabel de Braganza* y *Elegía a la reina Isabel.*
Gállego. Geog. Río de España, en Aragón; n. en Sallón, prov. de Huesca, y des. en el Ebro después de 149 km. de curso. Sus principales tributarios son: el Escarra, Gravilla, Aurín, Izarbe y Asabón por la derecha, y Aguas Limpias, Gabín, Orós, Guarga y Sotón por la izquierda.
Gallegos (José Rafael de). Biog. Político costarricense (1784-1850). Vicepresidente de la República en 1825, ocupó la presidencia de 1833 a 1835. Asumió nuevamente la presidencia en 1845, pero fue derrocado por un movimiento militar. || **(Rómulo).** Escritor, pedagogo y político venezolano, n. y m. en Caracas (1884-1969). Vivió exiliado voluntariamente en España (1931-1936), para eludir la senaduría que le ofreciera Juan V. Gómez. Regresó a la muerte de éste, siendo ministro de Instrucción Pública (1936) y diputado nacional (1937-1940). Coadyuvó a la fundación del partido Acción Democrática (1941) y en 1948 ocupó la presidencia de la República, cargo que desempeñó pocos meses, pues fue derrocado por el movimiento de Delgado Chalbaud. Vivió exiliado en Cuba y Méjico y retornó en 1958. Su novela *Doña Bárbara* (1929) es la obra más significativa de su producción. En 1958 obtuvo el Premio Nacional de Literatura. Obras: *Reinaldo Solar* (1920), *La trepadora* (1925), *Canaima, Cantaclaro* (1934), *Pobre negro* (1937), *Sobre la misma tierra* (1944) y *La brizna de paja al viento* (1952), novelas. || Geog. Río de Argentina, en la prov. de Santa Cruz; n. en terr. chileno; sus afl. son: por la margen izquierda, el Cóndor, y por la derecha, el Rubens, el Rubio y el Gallegos Chico. || **Río Gallegos.** || Mun. y lugar de España, prov. de Segovia, p. j. de Sepúlveda; 210 h. || **de Altamiros.** Mun. de España, prov. y p. j. de Ávila; 436 h. || Lugar cap. del mismo; 196 h. Santuario de Nuestra Señora de Riondo. || **de Argañán.** Mun. de España, prov. de Salamanca, p. j. de Ciudad Rodrigo; 711 h. || Lugar cap. del mismo; 665 h. || **de Hornija.** Mun. y lugar de España, prov. y p. j. de Valladolid; 203 h. || **del Pan.** Mun. y lugar de España, prov. de Zamora, p. j. de Toro; 280 h. || **del Río.** Mun. de España, prov. y p. j. de Zamora; 1.412 h. || Lugar cap. del mismo; 254 h. || **de Sobrinos.** Mun. de España, prov. de Ávila, p. j. de Piedrahíta; 284 h. || Lugar cap. del mismo; 166 h. || **de Solmirón.** Mun. y villa de España, prov. de Salamanca, p. j. de Béjar; 561 h. (*gallegueros*).
Galleguillos de Campos. Geog. Mun. de España, prov. de León, p. j. de Sahagún; 672 habitantes. || Villa cap. del mismo; 338 h. Produce principalmente cereales, vino y aceite. Cría de ganado.
galleguismo. m. **Ling.** Locución, giro o modo de hablar peculiar y propio de los gallegos.
Gallejones. Geog. V. **Valle de Zamanzas.**
galleo. (De *gallear*, de gallo.) m. **Taurom.** Quiebro que, ayudado con la capa, hace el torero ante el toro.
galleo. (De *gallear*, formarse desigualdades.) m. **Met.** Desigualdad que se forma en la superf. de algunos metales cuando después de fundidos se enfrían rápidamente y, resquebrajándose, dejan salir la masa interior.
gallera. f. Gallinero en que se crían los gallos de pelea. || Edificio construido expresamente para las riñas de gallos. || Jaula donde se transportan los gallos de pelea.
gallería. f. *Cuba.* El sitio donde se crían los gallos de pelea y también donde se celebran las riñas de gallos.
gallero. adj. *Amér.* Aficionado a las riñas de gallos. Ú. t. c. s. || m. Individuo que se dedica a la cría de gallos de pelea.
galleta. fr. e i., *biscuit;* it., *galletta;* a., *Zwieback.* (Del fr. *galet, galette,* del ant. *gal,* y éste del célt. *gallos,* piedra.) f. Pan sin levadura para los barcos. || Pasta compuesta de harina, azúcar y a veces huevo, manteca o confituras diversas, que, dividida en trozos pequeños y moldeados o modelados en forma varia, se cuecen al horno. Puede conservarse mucho tiempo sin que se altere. || fam. Cachete, bofetada. || *Arg.* y *Chile.* Pan bazo que se amasa para los trabajadores del campo. || **Mar.** Disco de bordes redondeados en que se rematan los palos y las astas de banderas. || El escudo de la gorra del marino. || Perilla de un palo. || **Mil.** Adorno con que, hacia 1840, se substituyó el pompón en el chacó y morrión militares. Consistía en un disco que llevaba en la parte anterior el número del regimiento. || **Min.** Carbón mineral lavado y clasificado, cuyos trozos han de tener un tamaño reglamentario comprendido entre 25 y 45 mm. || **colgar la galleta.** loc. fig. y fam. Pedir el retiro o la separación de la Armada.
galleta. (Del lat. *gallēta,* vasija.) f. Vasija pequeña con un caño torcido para verter el licor que contiene. || *Arg.* Vasija hecha de calabaza, chata, redonda y sin asa que se usa para tomar mate.
gallete. (Del lat. *galla,* excrecencia.) m. Úvula, garganta.
galletera. f. **Mar.** Envase donde se guardan las galletas en los botes salvavidas.
galletería. f. Tienda en que se venden galletas.
galletero. m. Vasija en que se conservan y sirven las galletas. || El que trabaja en la fabricación de galletas.
Galli Mainini (Carlos Tulio). Biog. Médico argentino, n. en Buenos Aires (1914-1961). Su fama es debida a las investigaciones que realizó acerca de las pruebas del embarazo, trabajando con las reacciones de los batracios con la orina de la mujer embarazada. En la actualidad se utiliza comúnmente la llamada popularmente *prueba de la rana,* técnicamente *reacción de Galli Mainini.*
Gallieni (Joseph). Biog. General francés, n. en Saint-Béat y m. en Versalles (1849-1916). Desde 1896 hasta 1905 fue gobernador de Madagascar, que organizó como colonia francesa. Durante la P. G. M. fue gobernador militar de París y sus planes contribuyeron a decidir la victoria del Marne (septiembre de 1914).
Gallifa. Geog. Mun. y lugar de España, prov. de Barcelona, p. j. de Tarrasa; 55 habitantes.

galliforme. (De *gallo* y *-forme.*) adj. **Zool.** Dícese de las aves de cuerpo generalmente rechoncho y pesado, alas cortas y redondeadas, poco aptas para el vuelo sostenido, salvo excepciones; patas igualmente cortas, con plumas, que pueden cubrir también los tarsos, y apropiadas para correr y escarbar; dedos en número de cuatro, rara vez cinco, el posterior implantado algo más alto que los demás, por encima del cual existe un *espolón*, particularmente desarrollado en los machos, y pico fuerte, algo encorvado y con la mandíbula superior abovedada, y arqueada hacia abajo en la punta. Son las gallinas, faisanes, pavos, perdices, etc. Ú. t. c. s. ‖ m. pl. Orden de estas aves, también llamado de las *alectoriformes*. Comprende las familias de las *tetraónidas, fasiánidas, crácidas, megapódidas, numídidas, meleagrídidas* y *opistocómidas*.

gallillo. (Del lat. **gallellus*, dim. de *galla*.) m. galillo.

gallina. fr., *poule;* it., *gallina;* i., *hen;* a., *Henne, Huhn.* (Del lat. *gallīna.*) f. Hembra del gallo, del cual se distingue exteriormente por tener menor tamaño, cresta pequeña o rudimentaria, cola sin cobijas prolongadas y tarsos sin espolones. El enorme número de razas actualmente existentes, cada vez mayor, se explica por la adaptabilidad de la especie, por los distintos ambientes en que vive, y por la acción del hombre, que ha seleccionado y separado caracteres a fin de obtener una mayor producción o calidad de huevos o de carne. Las mejores razas de puesta son las mediterráneas, sobre todo la *Leghorn*, de origen italiano y ponedora por excelencia; la francesa *Flèche;* y, de las españolas, la *castellana*, negra o blanca, y la de *Menorca;* los ingleses tienen las de *Orpington* y *Dorking*, ésta roja con reflejos dorados. La más destacada de las razas estadounidenses es la *Plymouth Rock*. De las razas asiáticas, aparte de las ornamentales (v. **gallo**) están la *Brahma*, la *Cochinchina*, etc. ‖ com. fig. y fam. Persona cobarde, pusilánime y tímida. ‖ *Arg.* **chocha.** ‖ *Arg.* y *Chile.* **chotacabras.** ‖ **de agua.** *Zool.* Ave del orden de las gruiformes, familia de las rálidas, llamada también *gallineta* o *polla de agua*, de unos 35 cm., robusta como una gallina, con una placa córnea roja entre los ojos hasta lo alto de la cabeza y que constituye el nacimiento del pico. También se llama así a la *focha* o *foja* y a la *polluela* o *pozarna*. ‖ **armada.** *Coc.* Guisado que se hace asando bien una gallina, enlardándola después con tocino, poniendo yemas de huevo y polvoreándola con harina y sal. ‖ **ciega.** *Léx.* Juego de muchachos, en que vendan los ojos a uno de ellos hasta que coge a otro, o lo conoce cuando le toca, y entonces éste es el vendado. ‖ *Zool.* **chotacabras.** ‖ En Argentina y Chile, ave solitaria y nocturna. Se alimenta de insectos que caza al vuelo durante la noche. ‖ **en corral ajeno.** *Léx.* fig. y fam. Persona que se halla o ha de hallarse avergonzada y confusa entre gente desconocida. ‖ **fría.** Gallina muerta, particularmente la que se paga en foro a los señores en Galicia. ‖ **guinea.** *Zool.* **gallina de Guinea.** ‖ **de Guinea.** Ave del orden de las galliformes, familia de las numídidas, poco mayor que la gallina común, cabeza pelada, cresta ósea, carún-

Gallina de Guinea

culas rojizas en las mejillas y plumaje negro azulado, con manchas blancas, pequeñas y redondas, ordenadas y simétricamente distribuidas por todo el cuerpo; cola corta y puntiaguda, lo mismo en el macho que en la hembra, y tarsos sin espolones. Originaria del país de su nombre, se ha domesticado en Europa y su carne es muy estimada. Se llama también *pintada común (númida meleagris)*. ‖ **de mar.** **trigla**, pez teleósteo. ‖ **negra de agua. focha** o **foja**, ave gruiforme. ‖ **de río. focha** o **foja**. ‖ **sorda. chocha.** ‖ **cuando meen las gallinas.** expr. fig. y fam. con que se denota la imposibilidad de hacer o conseguir una cosa, o que no debe hacerse por ser impertinente.

gallináceo, a. (De *gallina* y *-áceo*.) adj. *Zool.* **galliforme.** ‖ f. pl. Antigua familia de estas aves, hoy considerada como un orden, el de las *galliformes*.

gallinago. (Voz del lat. científico; del lat. *gallīna*, gallina.) *Zool.* Gén. de aves caradriformes, sin. de *capela*, al que pertenece la *agachadiza*.

gallinaza. fr., *fiente de poule;* it., *pollina;* i., *hendung;* a., *Hühnermist.* (Del lat. *gallinacĕa*, t. f. de *gallinacĕus*.) f. Excremento o estiércol de las gallinas. ‖ *Zool.* **gallinazo** o **zopilote.**

gallinazo. (Del lat. *gallinacĕus*.) m. *Zool. Amér. c.* y *m.* Ave del orden de las falconiformes, familia de las catártidas, más conocida como *zopilote (córagyps atratus)*. No debe confundirse con el *aura*, de la misma familia, pero del gén. *cathartes;* ni con el *rey de los gallinazos* o *de los zopilotes*, que es otra catártida del gén. *sarcorámphus*.

gallinejas. f. pl. Tripas de gallina y otras aves, fritas con sebo más bien que con aceite, que se vendían y venden en los barrios extremos de Madrid. ‖ Por ext., fritanga hecha con tripas de otros animales (cordero, cabrito, etcétera).

gallinería. (De *gallinero*.) f. Lugar o puesto donde se venden gallinas. ‖ Conjunto de gallinas. ‖ ant. Lugar donde duermen las aves de corral. ‖ fig. Cobardía y pusilanimidad.

gallinero, ra. fr., *cage à poules;* it., *gallinaio;* i., *hen-house;* a., *Hühnerhof.* (Del lat. *gallinarĭus* y *gallinarĭum*.) adj. En cetrería, aplícase a las aves de rapiña cebadas en las gallinas. ‖ m. y f. Persona que trata en gallinas. ‖ m. Lugar o cobertizo donde las aves de corral se crían y recogen a dormir. ‖ Conjunto de gallinas que se crían en una granja o casa. ‖ Cesto o cesta donde van encerradas las gallinas que se llevan a vender. ‖ fig. desus. Cazuela del teatro. ‖ fig. Paraíso del teatro. ‖ fig. Lugar donde hay mucha gritería y no se entienden unos con otros.

Gallinero. *Geog.* Cumbre de España, en los Pirineos; 2.719 m. de alt. ‖ **de Cameros.** Mun. y villa de España, prov. y p. j. de Logroño; 29 h.

gallineta. (dim. de *gallina*.) f. *Zool.* **fúlica**, **focha** o **foja**. ‖ **chocha.** ‖ *Arg., Col., Chile* y *Venez.* **gallina de Guinea.** ‖ Pez de la familia de los escorpénidos, parecido al mero, con la cabeza poco espinosa *(sebastes dactylópterus)*. ‖ **de agua. gallina** o **polla de agua.**

gallinita. f. dim. de *gallina*. ‖ *Entom.* **mariquita**, insecto coleóptero.

gallinitas. m. pl. *Bot. Méj.* **galamperna.**

gallino. (De *gallina*.) m. *Zool. And.* y *Mur.* Gallo al que le faltan las cobijas de la cola.

gallinoso, sa. (De *gallina*.) adj. ant. Pusilánime, tímido, cobarde.

gallínula. (Voz del lat. científico, dim. del lat. *gallīna*, gallina.) *Zool.* Gén. de aves caradriformes, familia de las rálidas (v.).

gallipato. (De *gallo* y *pato*.) m. *Zool.* Anfibio anuro de la familia de los salamándridos. Es un *tritón*, muy superior en tamaño a sus congéneres, hasta de 30 cm. de long.; de piel verrugosa, olivácea, con manchas negras en el dorso y amarillenta o blanquecina en el vientre y borde inferior de la cola anaranjado; a veces los extremos de las costillas perforan la piel.

gallipava. (De *gallipavo*.) f. *Zool.* Gallina de una variedad mayor que las comunes. Abunda en Andalucía y Murcia.

gallipavo. (De *gallo* y *pavo*.) m. **pavo**, ave gallinácea. ‖ fig. y fam. **gallo**, nota falsa.

Gallipienzo. *Geog.* Mun. y villa de España, prov. de Navarra, p. j. de Aoiz; 212 h.

Gallípoli. *Geog.* Península de Turquía europea que antiguamente se llamaba Querseneso de Tracia. Separa el estrecho de los Dardanelos, al E., del golfo de Saros, al O., extendiéndose en una distancia de cerca de 90 km. Su anchura varía entre 6,5 y 21 km. ‖ **(estrecho de).** Antiguo nombre del estrecho de los Dardanelos (v.). ‖ **(campaña de).** *Hist.* Fue la que emprendieron los aliados en la P. G. M., con objeto de apoyar la presión que ejercía el ejército ruso en el Cáucaso. Duró desde el 19 de febrero de 1915 hasta el 9 de enero de 1916. Habiendo sufrido grandes pérdidas en el ataque naval a los puertos turcos que guarnecían los Dardanelos (19 de febrero a 18 de marzo), se intentó abrir el estrecho, tomando a Gallípoli y con Constantinopla como último objetivo. El ejército de ataque se portó con verdadero heroísmo; pero, a pesar de los refuerzos recibidos en la segunda semana de octubre, los contingentes aliados habían descendido a 50.000 hombres. En noviembre siguiente el Gobierno británico decidió evacuar la península, lo cual se hizo el 8 y 9 de enero de 1916 sin baja alguna.

gallipuente. (De *gallón*, tepe, y *puente*.) m. *Ar.* Especie de puente sin barandas, que se hace en las acequias para comunicación de los campos; suele ser de cañas, cubierto de césped.

gallístico, ca. adj. Perteneciente o relativo a los gallos, y especialmente a las peleas de los mismos.

gallito. (dim. de *gallo*). m. fig. Hombre presuntuoso o jactancioso. Ú. t. c. adj. ‖ *Col.* Flechilla de juguete para clavarla en un blanco. ‖ **Entom. caballito del diablo**, insecto. ‖ **Pesca.** Pedazo de corcho, de forma especial, usado para amarrar en él los aparejos de pesca compuestos de sedal, plomo y anzuelos. ‖ *Zool. Arg.* Pájaro del suborden de los tiranoideos, familia de los tiránidos, con las dos plumas laterales de la cola mucho más largas que las restantes; de color gris verdoso, el vientre y flancos rojos, salmón y negro en las alas; y con un copete en la cabeza (*alecturus tricolor*). || *Cuba*. **aguapeazó** o **jacana**, ave caradriforme. || **africano.** *Zool.* Ave caradriforme, familia de las jacánidas, de aspecto y costumbres parecidas a las de la jacana; se llama también *parra* (*actophilornis africanus*). || **del rey. budión.** || **de las rocas.** Pájaro del suborden de los tiranoideos, familia de los cotíngidos, del tamaño de una paloma; cola ancha y pico alto y fuerte. Se llama también *gallo de roca*.

Gallito o **Joselito.** Biog. Gómez Ortega (José).

gallo. fr., *coq*; it., *gallo*; i., *cock*; a., *Hahn*. (Del lat. *gallus*.) m. Ave del orden de las galliformes (v. **Zool.** en este mismo art.). || Pez teleóstomo (v. **Zool.** en este mismo art.). || Pez escómbrido (v. **Zool.** en este mismo art.). || En el juego del monte, las dos segundas cartas que se echan por el banquero y se colocan por debajo del albur. || **molinete**, juguete; solían pintar en él un gallo porque los muchachos lo llevaban cuando iban a correr gallos. || Hombre fuerte, valiente. Ú. t. c. adj. || Hombre que trata de imponerse a los demás por su agresividad o jactancia. || fig. y fam. Nota falsa que inadvertidamente emite el que canta, perora o habla. || fig. y fam. El que en una casa, pueblo o comunidad todo lo manda o lo quiere mandar y disponer a su voluntad. || fig. y fam. Esputo, gargajo. || *Alm.* Corcho que flota en el agua para indicar el lugar en que se ha fondeado la red. || *Col.* **rehilete**, volante. || *Méj.* Serenata, algarada de estudiantes. || *Perú.* Botella de forma especial que se usa para recoger la orina del varón encamado. || **Arquit. parhilera.** || *Bot. Ál.* **estoque**, planta. || *Zool.* Ave del orden de las galliformes, familia de las fasiánidas, de aspecto arrogante, cabeza adornada de una cresta roja, carnosa y ordinariamente erguida; pico corto, grueso y arqueado; carúnculas rojas y pendientes a uno y otro lado de la cara; plumaje abundante, lustroso y a menudo con visos irisados; cola de 14 penas cortas y levantadas, sobre las que se alzan y prolongan en hoz las cobijas, y tarsos fuertes, escamosos, armados de espolones largos y agudos. Hay muchas razas domésticas derivadas del gallo Bankiva (*gallus gallus*), que algunos consideran como otra especie, el *g. domésticus*. Unas se destinan a la producción de carne (v. **gallina**), otras se adiestran para pelear, y las hay ornamentales, como la de Yokohama, de vistosísimas plumas, o la famosa japonesa *fénix*, que ha de vivir sobre una percha porque su cola es 6 ó 7 veces más larga que el cuerpo. Hay cuatro especies salvajes actuales: el gallo Bankiva, el de *Lafayette* (*g. lafayetti*) de Sri Lanka, el de *Sonnerat* (*g. sonneratti*) y el de Java (*g. varius*). || Pez teleóstomo del orden de los pleuronectiformes, familia de los pleuronéctidos, parecido al lenguado, aunque de menos calidad como comestible (*pleuronectes megástoma*). || **pez de San Pedro.** || **Bankiva.** *Zool.* Agriotipo o tronco originario salvaje de los gallos domésticos, que vive en los bosques de la India. Tiene plumaje amarillo dorado en la cabeza y cuello, rojo púrpura en las alas y dorso y negro en la cola (*gallus gallus*). || **de bosque. urogallo.** || **lira**, o **aveilra.** Ave galliforme de la familia de las tetraónidas, de 53 cm. de long. || **de monte. grajo.** || **de pagoda.** Ave cuculiforme asiática de la familia de las cucúlidas (*centropus mónachus*). || **de pradera.** *Amér. sep.* Ave galliforme de la familia de las tetraónidas (*tympanuchus cupido*). || **de roca.** *Col., Perú* y *Venez.* **gallito de las rocas.** || **de salvia.** *Amér. sep.* Ave galliforme de la familia de las tetraónidas, del tamaño de un pavo pequeño, que vive en los lugares en que abunda la salvia. || **silvestre. urogallo.** || **al primer gallo.** expr. adv. ant. A medianoche. || **como el gallo de Morón, cacareando y sin plumas.** expr. fig. y fam. que se aplica a los que conservan algún orgullo, aunque en la pendencia o negocio en que se metieron queden vencidos. || **correr gallos.** loc. con que se designa un entretenimiento de carnaval, que consiste en enterrar un gallo, dejándole fuera el pescuezo y cabeza, y uno de los que juegan, con los ojos vendados, parte a buscarle con una espada en la mano, consistiendo el lance en herirle o cortarle la cabeza con ella. Otros corren al gallo continuamente, hasta que le alcanzan y le cansan hiriéndole del mismo modo. || **engreído como gallo de cortijo.** expr. fig. y fam. que se aplica al que presume que vale más que otros, y por eso desdeña su compañía. || **en menos que canta un gallo.** expr. fig. y fam. En muy poco tiempo; en un instante. || **otro gallo me, te, le, nos, os, les, cantara.** expr. fig. y fam. Mejor sería; mi, tu, su, nuestra, vuestra suerte.

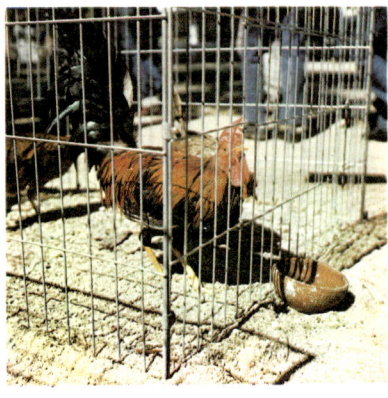

Gallo. Biog. Gómez García (Fernando) y Gómez Ortega (Rafael). || Geog. Isla de Colombia, depart. de Nariño, sit. en la rada de Tumaco; 4 km.² de ext. y prácticamente deshabitada. Desde ella inició F. Pizarro en 1524 la conquista de Perú.

Gallocanta. Geog. Laguna estepária de España, en la prov. de Zaragoza. || Mun. y lugar de España, prov. de Zaragoza, p. j. de Daroca; 331 h.

gallocresta. (De *gallo* y *cresta*.) f. *Bot.* Planta medicinal de la familia de las labiadas, especie de salvia, con las hojas obtusas, festoneadas y de figura algo semejante a la cresta del gallo, el tallo anguloso y como de 50 cm. de alt., y la flor encarnada (*salvia hormínum*.) || Planta herbácea de la familia de las escrofulariáceas, con tallo derecho, sencillo o ramoso; hojas lanceoladas, acorazonadas en la base, aserradas por el margen, y flores amarillentas en espiga (*trixago ápula*).

gallofa. (Del gr. *kélyphos*, monda.) f. Comida que se daba a los pobres que venían de Francia a Santiago de Compostela, pidiendo limosna. || Verdura u hortaliza que sirve para ensalada, menestra y otros usos. || Cuento de poca substancia; chisme. || Calendario del rezo y oficio divino para todo un año. || *Sant.* y *Viz.* Panecillo alargado esponjoso.

gallofar. intr. **gallofear.**

gallofear. (De *gallofo*.) intr. Pedir limosna, viviendo vago y ociosamente, sin aplicarse a trabajo ni ejercicio alguno.

gallofero, ra. (De *gallofa*.) adj. Pobretón, holgazán y vagabundo, que se da a la briba y anda pidiendo limosna. Ú. t. c. s.

gallofo, fa. adj. **gallofero.** Ú. t. c. s.

gallon. (Voz inglesa.) *Metrol.* galón.

gallón. (Del lat. *gallĕus*, gajo.) m. **tepe.** || *Ar.* Pared o cerca hecha de barro mezclado con granzones y palitroques.

gallón. (Del lat. *galla*, agalla.) m. *Arquit.* Cierta labor, que adorna los boceles de algunos órdenes de arquitectura. Cada gallón consta de la cuarta parte de un huevo, puesta entre dos hojas que, siguiendo su misma forma, vienen adelgazándose a juntarse debajo. || Cada uno de los segmentos cóncavos de ciertas bóvedas, rematados en redondo por su extremidad más ancha. || *Mar.* Última cuaderna de proa. || *Orfeb.* Adorno que a modo del citado se acostumbra a poner en los cabos de los cubiertos de plata.

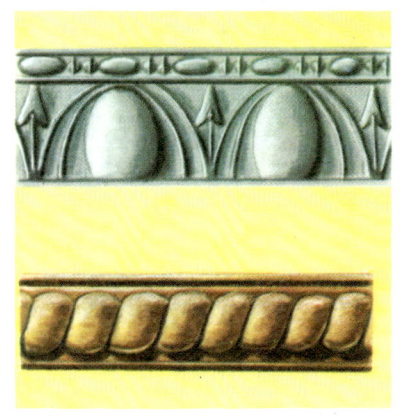

gallonada. (De *gallón*, gajo.) f. Tapia fabricada de gallones o tepes.

gallonado, da. adj. *Arquit.* Que tiene gallones.

gallote, ta. (De *gallo*.) adj. *Cád., C. Rica* y *Méj.* Desenvuelto, resuelto, de rompe y rasga. Ú. t. c. s.

Galloway. Geog. Región montañosa del R. U., en el SO. de Escocia, que comprende los cond. de Wigtown y Kircudbright. Es célebre por una raza de ganado bovino, que lleva el nombre de la región.

gallú. m. *Taurom.* Manera de acachetar al toro echado por detrás de modo semejante a la ballestilla.

galludo. m. *Zool.* mielga.

Gallués. Geog. Mun. de España, prov. de Navarra, p. j. de Aoiz; 160 h. || Villa cap. del mismo; 20 h.

gallundero, ra. adj. ant. V. **red gallundera.**

Gallup (George). Biog. Estadista estadounidense, n. en Jefferson, Iowa, en 1901. En 1935 creó el Instituto Americano de la Opinión Pública, conocido vulgarmente por Instituto Gallup, que explora la opinión pública en general, o en grupos determinados, por medio de encuestas, y en relación con problemas de actualidad. Aumentó su prestigio en 1936, al pronosticar el triunfo de Roosevelt en las elecciones presidenciales, y aunque tuvo un serio fracaso al vaticinar el triunfo de Dewey sobre Truman en las elecciones de 1948, después de rectificar sus procedimientos de investigación, acertó al predecir el de Eisenhower (1952).

Gallur. Geog. Mun. y villa de España, prov. y p. j. de Zaragoza; 4.059 h. (*galluranos*).

gama. f. Hembra del gamo, del cual se distingue a primera vista por la falta de cuernos. || *Sant.* Cuerno del animal.

gama. (Del gr. *gámma*, nombre de la tercera letra del alfabeto griego, con la cual daba principio la serie de los sonidos musicales). f.

Gama de un grabado policromo

fig. Escala, gradación; aplícase a los colores. ‖ **Mús.** Escala musical. ‖ Tabla o escala con que se enseña la entonación de las notas de la música.
Gama (Vasco da). Biog. Navegante portugués, n. en Sines y m. en Cochim (1469-1524). Fue el primero en doblar el cabo de Buena Esperanza (1497), abriendo así el camino de las Indias por Oriente. En 1502, al mando de otra escuadra, sometió parte de la costa oriental de África. ‖ **Geog.** Mun. de Colombia, depart. de Cundinamarca; 5.447 h. ‖ Pobl. cap. del mismo; 422 h.
gamada. (Del nombre de la letra griega *gamma.*) adj. V. **cruz gamada.**
Gamal Abd-el Nasser. Biog. Nasser (Gamal Abdel).
Gamaliel. Biog. Judío, doctor de la Ley y discípulo secreto de Jesucristo. Dio sepultura al cuerpo de San Esteban, que había sido discípulo suyo, y en el s. V, según se cuenta, se apareció a un presbítero de Jerusalén indicándole el lugar de la tumba.
gamalotal. m. *Amér. c.* Sitio cubierto de gamalote.
gamalote. m. **Bot.** *Amér. c.* Gramínea de largo tallo, hasta de 2 m., que crece en lugares bajos y húmedos de toda la América intertropical y que abunda en las orillas de los ríos (*páspalum paniculátum*). ‖ *C. Rica.* Planta forrajera, también llamada trompillo (*olyra latifolia*). ‖ *Méj.* En los est. de Campeche, Chiapas y Tabasco, gramínea semejante a la citada en primer lugar (*pánicum falcíferum*).
gámaro. (Del lat. científico *gámmarus*, nombre del gén.; de la misma voz lat., que, a su vez, procede del gr. *kámmaros*, camarón.) **Zool.** Gén. de crustáceos malacostráceos afípodos, al que pertenecen especies marinas o dulceacuícolas muy parecidas a las *pulgas de mar*, entre las que a veces se incluyen. La especie más común es el *g. púlex.*
gamarra. (Del vasc. *gamarra.*) f. Correa de poco más de 1 m. de long. que, partiendo de la cincha, pasa por entre los brazos del caballo, se asegura en el pretal de la silla y llega a la muserola, donde se afianza. Se ha usado para afirmar la cabeza del caballo e impedir que éste despape o picotee. ‖ **(media).** *Lex.* Correa del caballo que va desde la muserola al pretal.
Gamarra (Agustín). Biog. Militar y político peruano, n. en Cuzco y m. en Ingavi (1785-1841). Combatió en Ayacucho y mandó el ejército que invadió Bolivia y depuso a Sucre. Derrocó a La Mar (1829) y firmó la paz con Colombia. Electo presidente de la República (1829-33), desconoció a Orbegozo, designado por el Congreso para sucederle. Derrocó a Santa Cruz y volvió a adueñarse del poder, en el que se mantuvo hasta su muerte. ‖ **Geog.** Mun. de Colombia, depart de Cesar; 9.876 h. ‖ Pobl. cap. del mismo; 2.562 h. ‖ Dist. de Perú, depart. de Apurímac, prov. de Grau; 4.912 h. Cap., Palpacachi.

gamarza. f. **Bot. alharma,** planta.
gamásido, da. (Del lat. científico *gamasus,* gén. tipo de arácnidos, e *-ido.*) adj. **Zool.** Dícese de los ácaros con los tegumentos más o menos coriáceos, reforzados en la cara ventral por gruesas placas quitinosas; quelíceros en forma de pinza didáctila; carecen de ojos; unos son libres y otros parásitos de los vertebrados, generalmente de las aves. Ú. t. c. s. ‖ m. pl. Familia de estos arácnidos.
Gamazo (Germán). Biog. Político y abogado español, n. en Boecillo y m. en Madrid (1833-1901). Afiliado al partido liberal, fue diputado en casi todas las legislaturas, y desempeñó las carteras de Fomento, Ultramar y Hacienda. Disintió de sus correligionarios por los avances democráticos de su programa y se pasó a los conservadores en 1898.
gamba. (Del lat. *gamba.*) f. **Anat.** Parte del animal entre el pie y la rodilla o comprendiendo el muslo.
gamba. (De *gámbaro.*) f. **Zool.** Crustáceo malacostráceo, orden de los decápodos, suborden de los nactantes, familia de los peneidos, parecido al langostino por su cuerpo alargado y comprimido, su abdomen o pleon muy desarrollado y su potente órgano nadador caudal, formado por los urópodos y el telson, pero más pequeño.
gambado, da. (De *gamba*, parte del animal.) adj. *Ant.* Patizambo, que tiene las piernas torcidas.
gambaj. m. **gambax.**
gámbalo. m. Cierto tejido de lienzo que se usaba antiguamente.
gambalúa. (De *gamba.*) m. fam. **galavardo.**
gambaré. m. **Pesca.** Arte de arrastre, usado en Cartagena, Murcia, para la pesca del camarón.
gámbaro. (Del lat. *gambărus,* o *cammărus,* camarón.) m. **Zool. camarón.**
gambarón. m. **Pesca.** Vivero para guardar camarones, que luego se utilizan como cebo para los palangres.
gambarse. (De *gamba,* parte del animal.) prnl. *Cuba* y *P. Rico.* Encorvársele las piernas a uno.
Gambartes (Leónidas). Biog. Pintor argentino, n. y m. en Rosario (1909-1963). Pasó por una etapa posimpresionista y otra surrealista hasta culminar en una tendencia a planificar las formas y suprimir el clima real. Logró los premios Palanza (1960) y Werthein y Acquarone (1961). Su cuadro *Formas mágicas* figura en el salón permanente de la Fundación Rockefeller de Nueva York.
gambax. (Del germ. *wamba,* panza, como el ant. fr. *gambais.*) m. **Arm.** Jubón acolchado que se ponía debajo de la coraza para amortiguar los golpes.

Gamber

gamber. (Voz valenciana.) m. **Pesca.** Arte en forma de cesta, empleado en las costas de Valencia, para la pesca de la gamba y del camarón.

gambera. (De *gamba.*) f. **Pesca.** Arte de arrastre, empleado para la captura de la gamba; consiste en una red en forma de embudo, de unos 3 m. de long., que en su boca tiene un listón lastrado de madera, de 1 m. de long. ‖ Arte, usado en Levante y Baleares, para la pesca de la gamba y el camarón; consiste en una especie de salabre de 1 m. de largo, afirmado a un aro de 80 cm. de diámetro, que, una vez cebado, se fondea. Para halar este arte se cobra de un cabo hecho firme por medio de bolinas al aro soporte.
gambero. m. **Pesca.** Arte, empleado en Baleares, muy parecido al gamber (v.).
gamberrada. f. Acción propia del gamberro, que comete actos de incivilidad.
gamberrear. intr. Proceder a la manera de los gamberros.
gamberreo. m. Acción de gamberrear.
gamberrismo. (De *gamberro.*) m. **Sociol.** Conducta propia de un gamberro. El gamberrismo es un fenómeno social, del que no se libran ni las naciones más adelantadas y que se presenta más acusadamente en las posguerras, a consecuencia de la crisis de los valores morales.
gamberro, rra. fr., *blouson-noir;* it., *libertino, dissoluto;* i., *teddy-boy;* a., *strassendirne.* (De *gamba,* del lat. *gamba.*) adj. Libertino, disoluto. Ú. t. c. s. ‖ Que comete actos de grosería o incivilidad. Ú. t. c. s. ‖ Se dice del individuo grosero e incivil que, sin otra norma que su capricho y en busca de una originalidad que no es capaz de alcanzar por otro camino, molesta a las personas, especialmente a las mujeres, arma escándalos y tremolinas y causa daños en las cosas. Los gamberros suelen actuar en pandilla, que admira, adula y obedece al más violento del grupo, y no es raro que terminen incurriendo en una delincuencia vulgar. Ú. t. c. s. ‖ f. *And.* Mujer pública.
gambesina. f. **gambesón.**
gambesón. (aum. de *gambax.*) m. **Arm.** Saco acolchado que llegaba hasta media pierna y se ponía debajo de la armadura.
gambeta. (De *gamba,* parte del animal.) f. **Danza.** Movimiento especial que se hace con las piernas jugándolas y cruzándolas con aire. ‖ **corveta.** ‖ En el fútbol, **regate,** movimiento del jugador para evitar que le arrebate el balón el contrario.
gambeteador, ra. adj. Dícese del caballo o yegua que gambetea. Ú. t. c. s.
gambetear. intr. Hacer gambetas. ‖ Hacer corvetas el caballo.
gambeteo. m. Reparo del caballo haciendo esguinces; acción de gambetear.
gambetero, ra. adj. *Cuba* y *Tabasco.* Dícese de la persona o del animal que gambetea. ‖ fig. y fam. *Cuba.* Dícese de la persona que hace movimientos afectados para llamar la atención.
gambeto. (Del it. *gambetto,* y éste del célt. *gamba, camba,* corva.) m. **Indum.** Capote que llegaba hasta la media pierna y que, usado antiguamente en Cataluña, se adoptó para algunas tropas ligeras. ‖ **cambuj,** capillo de lienzo.
Gambetta (Léon). Biog. Orador y político francés, de familia oriunda de Génova, n. en Cahors y m. en Ville-d'Avray (1838-1882). Fue sucesivamente ministro del Interior, presidente de la Cámara de Diputados y jefe del Gobierno de su país.
Gambia. Geog. Río de África occidental; n. en Guinea, cerca de la c. de Labé y des. en el Atlántico por Bathurst. Curso, 1.600 km. ‖ (*Republic of Gambia.*) Estado republicano de África occidental, miembro de la Commonwealth, antes constituido por un protectorado y una colonia británicos. Forma un enclavado que, desde el Atlántico, penetra hacia el inte-

rior, a una y otra orilla del río Gambia, vía natural de penetración.

Superficie y población. Superficie, 11.570 km.²; población absoluta, 375.000 h. (573.000 calculados en 1979); pobl. relativa, 32,4 h. por km.²

Geografía económica. La superf. cultivada es de 360.000 hect. (31,8 % del territorio); los prados y pastos permanentes ocupan 260.000 hect. (23) y la superf. forestal 65.000 hect. (5,8). Produce en gran cantidad cacahuetes (140.000 ton. en 1975). Otros productos de menos importancia son: arroz, bananas, mandioca, nuez de palma, pieles y cera. La ganadería es modesta y la pesca insignificante. Tiene 2.990 km. de carreteras.

Gobierno. Desde 1965, en que fue proclamada su independencia, fue una monarquía constitucional bajo la soberanía de la reina Isabel II hasta 1970, en que por referéndum nacional decidió convertirse en república, eligiendo presidente a Kairaba Jawara.

División territorial. A continuación se inserta el cuadro de la división administrativa:

Conferencia en Londres, acerca de la Independencia de Gambia (22 de julio de 1964). David K. Jawara, primer ministro, hace uso de la palabra

Divisiones	Superficie km.²	Población Habitantes	Capitales y su población
Bathurst	16	37.000	Bathurst (37.000 h.).
Lower River	1.650	39.000	Mansa Konko.
MacCarthy	3.108	77.000	Georgetown (1.592).
North Bank	2.830	74.000	Kerewan (1.647).
Occidental	1.930	80.000	Brikama (4.195).
Upper River	2.036	68.000	Basse (1.639).
Totales	11.570	375.000	

Capital. La cap. es Bathurst (37.000 h.).

Historia. Fue descubierta por los navegantes portugueses. En el s. XVII, comerciantes ingleses se establecieron en la desembocadura del Gambia. En 1866 entró a formar parte de los establecimientos ingleses de África occidental, y en 1888 se transformó en colonia de la Corona. El día 3 de octubre de 1963 obtuvo la autonomía, y el 18 de febrero de 1965, la independencia. Con Senegal firmó, en 1967, un tratado de estrecha cooperación, en algunos aspectos clara asociación, con la creación de una comisión ministerial permanente, interestatal. En abril de 1970 se constituyó en república, siendo elegido presidente Kairaba Jawara, quien fue confirmado en 1972 y 1977.

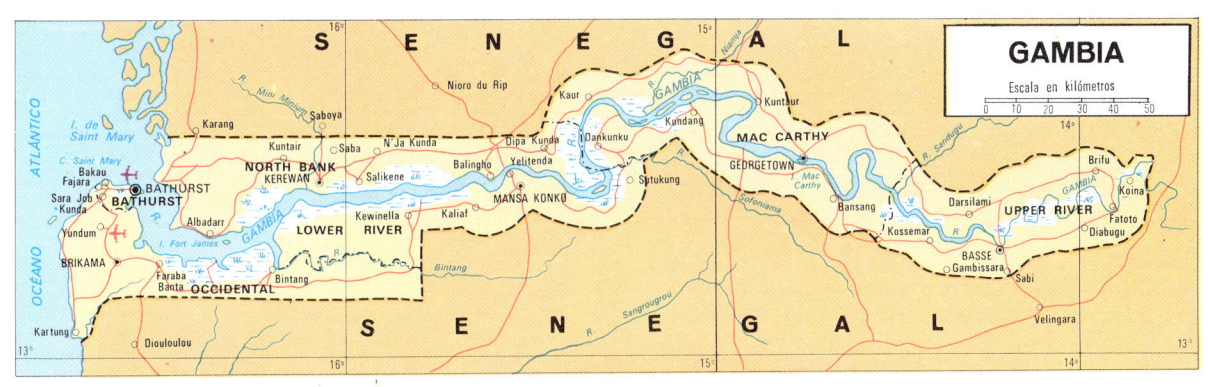

Artesanos de la madera, en Brikama, junto al río Gambia

gambiano, na. adj. Natural de Gambia, o perteneciente a este país. Ú. t. c. s.

Gambier. Geog. Grupo de islas de Polinesia Francesa que forma parte de la circunscripción de Tuamotu y Gambier (v.).

gambina. m. Pesca. Nasa de forma elipsoidal, usada en Puerto de la Selva, Rosas y Cadaqués, Cataluña, para la captura de toda clase de peces.

Gámbita. Geog. Mun. de Colombia, depart. de Santander; 4.883 h. ‖ Pobl. cap. del mismo; 467 h.

gambito. (Del it. *gambetto*, zancadilla, y éste dim. de *gamba*, pierna.) m. En el juego de ajedrez, lance que consiste en sacrificar, al principio de la partida, algún peón o pieza, o ambos, para lograr una posición favorable.

gamboa. f. Bot. Variedad de membrillo injerto, más blanco, jugoso y suave que los comunes.

Gamboa (Federico). Biog. Novelista y dramaturgo mejicano, n. y m. en Méjico (1864-1939). Obras principales: *Suprema ley, Metamorfosis, Santa, Reconquista*, novelas; *La venganza de la gleba* y *Entre hermanos* (1928), dramas. Representó a Méjico en Buenos Aires, donde tuvo tertulia literaria famosa, y en Guatemala; después fue ministro de Relaciones Exteriores (1914). || **(Francisco Javier).** Célebre jurisconsulto y escritor mejicano, n. en Guadalajara, Jalisco **(1717-1794). De sus** obras, han gozado de dilatada fama sus *Comentarios a las Ordenanzas de Minas* (Madrid, 1759). || **(José Joaquín).** Autor dramático mejicano, n. en Méjico **(1878-1931).** Se inició en el teatro con *Soledad, La carne* y *La muerte*. Después de un largo período de vida diplomática, volvió a producir nuevas obras que enriquecieron el teatro mejicano.

gambocho. m. *Ál.* Juego de la tala o toña.
gambota. (De *gamba*.) f. **Mar.** Cada uno de los maderos curvos calados a espiga por su pie en el yugo principal, que forman la bovedilla y son como esas tantas columnas de la fachada o espejo de popa.
gambox. m. **cambuj.**
gambucero. m. Persona encargada de la gambuza.
gambuj. m. **cambuj.**
gambujo. m. **cambuj.**
gambusia. (Voz cubana que sign. *insignificante*.) f. **Zool.** Pez teleóstomo del orden de los ciprinodóntidos, familia de los pecílidos, muy pequeño. Es voracísimo de las larvas de los

Gambusia

anofeles, por lo que se emplea para libertar las zonas palúdicas de este mosquito. En España se introdujo hace años, importado de EE. UU.
gambusina. f. **Bot.** *Mur.* Variedad de pera.
gambusino, na. m. y f. *Méj.* Minero práctico que se ocupa en buscar yacimientos minerales. Aplícase especialmente a los que van en busca de oro a los placeres. || Por ext., aventurero, buscador de fortuna. || **Zool.** *Cuba.* Pez conocido por *guajacón*.
gambux. m. **cambuj.**
gambuza. (Del it. *gambusa*.) f. **Mar.** Despensa o depósito de víveres en un barco mercante.
gaméchogo. m. **Zool.** Simio africano de la familia de los cercopitécidos, muy parecido a la mona, pero de cara azul obscura y patillas grises. Vive muy bien en domesticidad *(cercopithecus cephus).*
gamela. f. **Mar.** Embarcación a remo, de fondo plano, empleada para la pesca menor, en las costas del N. y NO. de España.
gameleiro. (Del port. *gamelheiro*, de *gamelha*, gamella.) m. **Bot.** Árbol de Brasil, que exuda un jugo lechoso muy abundante que se usa como vermífugo, y cuya madera, blanca y mate, se emplea para hacer utensilios domésticos, especialmente gamellas.

Gamelin (Maurice-Gustave). Biog. General francés, n. y m. en París (1872-1958). Jefe del Estado Mayor del ejército francés **(1931-1935)**; inspector general del ejército (1935-37); vicepresidente de la Comisión de Defensa Nacional (1935-40), y comandante supremo de las fuerzas aliadas en Francia (septiembre de 1939 a mayo de 1940). Derrotada Francia, estuvo prisionero en Alemania hasta el fin de la guerra.
gamelotillo. m. **Bot.** *Venez.* Gramínea forrajera, uno de los mejores forrajes naturales que crecen en praderas y sabanas. Muy extendido en América del Sur. En Brasil le dicen membrea, y en Santo Domingo, *rocío de miel (páspalum plicátum).*
gamella. (Del céltico *gamba, camba*, corva.) f. Arco que se forma en cada extremo del yugo que se pone a los bueyes, mulas, etc.
gamella. (De *camella*.) f. Artesa que sirve para dar de comer y beber a los animales, para fregar, lavar y otros usos. || **Mar.** Ant. Conjunto de plato y gaveta.
gamella. f. **camelote,** tejido. || ant. Hembra del gamello.
gamellada. f. Lo que cabe en una gamella.
gamelleja. f. dim. de **gamella.**
gamello. m. ant. **camello,** animal artiodáctilo de dos gibas.
gamellón. m. aum. de **gamella.** || Pila donde se pisan las uvas.
gameta. (Del gr. *gameté*, esposa, o *gamétes*, esposo.) m. **Biol.** Voz que tiende a utilizarse en vez de *gameto*. Algunos escriben *gámeta*.
gametangio. (De *gamet-* y *-angio*.) m. **Biol.** Aparato productor de gametos: son los anteridios y los oogonios o arquegonios, en los vegetales, y los testículos y los ovarios en los animales. Es frecuente aplicar el término a las plantas y dar el nombre de *gónadas* a los aparatos reproductores de los animales.
gameto. fr., *gamète*; it. e i., *gamete*; a., *Gamet*. (Del gr. *gameté*, esposa, o *gamétes*, marido.) m. **Biol.** Cada una de las dos células diferen-

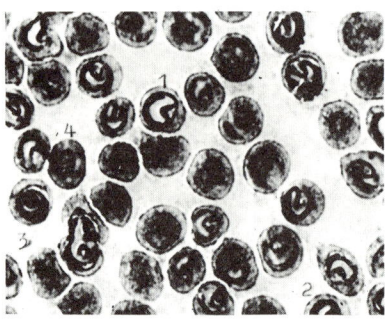

Gametos. Fotografía obtenida por A. Weber, investigador del cáncer

ciadas, que se fusionan en la reproducción sexual para originar un cigoto o huevo, tanto en las plantas como en los animales. Si los gametos son morfológicamente semejantes se llaman isogametos, y si marcadamente diferenciados, que es lo general, heterogametos; en este caso, hay un *macrogameto* femenino, grande, poco activo y con abundante citoplasma cargado de substancias nutritivas, y un *microgameto* masculino, pequeño, casi sin citoplasma, y con orgánulos de propulsión en medio líquido, que le dotan de gran movilidad. El primero se denomina *óvulo*, y el segundo, *espermatozoide*, aunque los botánicos lo llaman también *anterozoide*. || **Bot. oosfera.**
gameto-; -gameto. (Del m. or. que el anterior.) pref. o suf. V. **gamo-.**
gametoblasto. (De *gameto-* y *-blasto*.) m. **Biol. gonia,** célula que da lugar a un gameto.

gametocida. (De *gameto-* y *-cida*.) adj. **Biol.** Medio o producto capaz de destruir los gametos. Ú. t. c. s.
gametocito. (De *gameto-* y *-cito*.) m. **Biol.** Célula intermedia en el proceso de la *gametogénesis* (v.).
gemetófito. (De *gameto-* y *-fito*.) m. **Bot.** Generación que produce los gametos, en las plantas que presentan alternancia de generaciones.
gametogénesis. (De *gameto-* y *-génesis*.) f. **Biol.** Proceso de formación de los gametos, a partir de las células germinales o *gonias*, que se encuentran en las gónadas de los animales. Consta de tres fases. En la primera, *de proliferación*, las gonias se dividen activamente y originan un gran número de ellas. En la segunda, *de crecimiento*, aumentan de tamaño y se convierten en los *citos de primer orden*, espermatocitos en los machos y oocitos en las hembras, éstos mucho mayores que aquéllos. La fase tercera, *de maduración*, consta de dos divisiones, la primera de las cuales origina los *citos de segundo orden*, dos espermatocitos en los machos, y un oocito y un glóbulo polar en las hembras, y la segunda da lugar, respectivamente, a cuatro espermátidas y a un óvulo y tres glóbulos polares. Las dos divisiones de maduración no son mitosis típicas, sino que en una de ellas se reduce a la mitad el número de cromosomas de las células que se dividen, proceso que se conoce con el nombre de *meiosis*. Se ve, pues, que la finalidad de la gametogénesis es que los gametos sean *haploides*, es decir, que tengan n cromosomas en vez de los $2n$ que tienen las células somáticas del individuo que los ha originado. De este modo, al producirse la fecundación, la unión de los heminúcleos de los gametos restaura el número $2n$ en la célula huevo, que se convierte así en *diploide*. La gametogénesis se llama *espermatogénesis* en los machos, y *oogénesis* en las hembras (v.).
gametogonia. (De *gameto-* y *-gonia*.) f. **Bot.** Reproducción sexual por medio de gametos.
Gámeza. Geog. Mun. de Colombia, depart. de Boyacá; 6.112 h. || Pobl. cap. del mismo; 1.108 h.
gamezno. Zool. m. Gamo pequeño y nuevo.
-gamia. suf. V. **gamo-.**
gamillón. m. **gamellón.**
Gámir Casares (Luis). Biog. Político, abogado y economista español, n. en Alicante en 1942. Diplomado en Desarrollo Económico por la Universidad de Oxford, es técnico comercial del Estado y catedrático de Política Económica. Ha sido secretario general técnico del Ministerio de Agricultura y vicepresidente primero del F. O. R. P. A. y presidente del Banco Hipotecario. Diputado de U. C. D. por Alicante, en mayo de 1980, fue nombrado ministro de Comercio.
gamitadera. f. **balitadera.**
gamitar. intr. Dar gamitidos.
gamitido. m. Balido del gamo o voz que lo imita.
Gámiz-Fica. Geog. Mun. de España, prov. de Vizcaya, p. j. de Guernica y Luno; 1.038 h. Corr. 479 a la cap., la anteiglesia de Ergoyen.
gamma. (Del gr. γάμμα.) f. Tercera letra del alfabeto griego (γ), que corresponde a la que en el nuestro se llama *ge*. || **Fís.** Unidad para medir el contraste en los negativos fotográficos. Se expresa por la inclinación de la curva de ennegrecimiento, que relaciona en escala logarítmica la transparencia de la emulsión con la energía luminosa recibida por unidad de superficie. || **Metrol. microgramo.**
gammagrafía. (Del gr. *gámma*, por alusión a los rayos *gamma*, y *-grafía*.) f. **Fís.** Utilización de isótopos radiactivos para inspección y control de materiales y construcciones. || **Radiología.** Radiografía por medio de los rayos

Gamos en el bosque, por G. Courbet. Museo del Louvre. París

gamma. La gammagrafía se ha hecho posible por el cobalto 60, que ahorra las engorrosas instalaciones eléctricas de radiografía.

gammatrón. (De [rayos] *gamma* y *-trón*.) m. **Radiología.** Aparato moderno de rayos X, para radioterapia profunda.

gammexano. (Del fr. *gammexane*.) **Quím.** hexaclorociclohexano.

gamo. fr., *daim;* it., *daino;* i., *buck of the follow-deer;* a., *Damhirsch.* (Del lat. *dama.*) m. Mamífero rumiante de la familia de los cérvidos, de unos 90 cm. de alt. hasta la cruz, pelaje rojizo obscuro salpicado de multitud de manchas pequeñas y de color blanco, que es también el de las nalgas y parte inferior de la cola; cabeza erguida y con cuernos grandes con candil basilar y otro hacia la mitad, la porción terminal ensanchada en pala con borde posterior rasgado en varias puntas. Es originario del mediodía de Europa y Asia Menor. Se le llama también *paleto* por la forma de sus cuernos *(dama dama).* || **Pesca.** cloque.

gamo-, gameto-, gamet-; -gameto, -gamia, -gamo. (Del gr. *gaméo*, casarse, *gameté*, esposa, o *gamétes*, esposo.) pref. o suf. que sign. unión sexual.

gamofobia. (De *gamo-* y *-fobia*.) f. **Pat.** Repulsión a la unión sexual.

gamogénesis. (De *gamo-* y *-génesis*.) f. **Biol.** gametogonia.

gamón. (Del celtolat. *camba* o *gamba*, pierna, tallo.) m. **Bot.** Nombre vulgar de las liliáceas del género *asphódelus*. || **amarillo.** Planta liliácea de tallo hojoso hasta el ápice, con flores amarillas y propia del S. de Europa *(a. lictea).* || **blanco.** Planta herbácea propia de las montañas del centro de España, usada contra las enfermedades de la piel *(a. albus).* || **común.** gamonito.

gamonal. m. Tierra en que se crían muchos gamones. || *Amér. c.* y m. Cacique de pueblo.

Gamonal. Geog. Sierra de España, en el sistema galaicoastúrico; 715 m. de alt. || **de Riopico.** Ex mun. de España, agregado al de Burgos. Combate entre españoles y franceses (10 de noviembre de 1808), en el que los primeros, en número muy inferior a las tropas de Napoleón, lucharon heroicamente y tuvieron 2.000 bajas.

gamonalismo. m. *Amér. c.* y m. **caciquismo.**

Gamond (Zoe de). Biog. Escritora belga, más conocida por *madame Gatti*, apellido de su esposo, n. y m. en Bruselas (1812-1854). Se dedicó a reformar la educación de la mujer y dirigió en Bruselas, según su sistema, dos escuelas gratuitas. Son sus obras principales: *De la educación social de la mujer en el siglo XIX* y *Deberes de la mujer.*

Gamones. Geog. Mun. y lugar de España, prov. y p. j. de Zamora; 233 h.

gamonita. f. **Bot.** Especie de gamón con escapo fistuloso y aun las hojas casi huecas *(asphódelus fistulosus).*

gamonital. m. ant. **gamonal.**

gamonito. (dim. de *gamón.*) m. **Bot.** Gamón común o ramoso, y también el retoño que echan algunos árboles y plantas alrededor, que siempre se queda pequeño y bajo *(asphódelus microcarpus).*

gamonoso, sa. adj. Abundante en gamones.

gamopétalo, la. (De *gamo-* y *pétalo*.) adj. **Bot.** metaclamídeo.

gamosépalo, la. (De *gamo-* y *sépalo*.) adj. **Bot.** Dícese de los cálices cuyos sépalos están soldados entre sí y de las flores que tienen esta clase de cálices, como el clavel.

gamostémono, na. (De *gamo-* y *-stémono*.) adj. **Bot.** Dícese del androceo que tiene los estambres soldados entre sí, en uno o varios haces. (V. **monadelfo, diadelfo** y **poliadelfo.**)

gamotépalo, la. (De *gamo-* y *tépalo*.) adj. **Bot.** Dícese de la flor con los tépalos soldados en una sola pieza.

Gamow (George). Biog. Físico estadounidense, de origen ruso, n. en Odesa en 1904. En 1934 marchó a EE. UU., donde se nacionalizó. Además de su labor en física atómica, ha investigado en astronomía, especialmente en astrofísica. Es, por otra parte, un escritor amenísimo y de gran originalidad, y obtuvo, en 1956, el premio Kalinga. Obras principales: *Uno, dos, tres..., infinito* (1947) y *La creación del Universo* (1952).

Gamu-Gofa. Geog. Prov. de Etiopía, limítrofe con Kenya; 39.500 km.^{2} y 841.000 h. Cap., Arba Minch. Agricultura.

gamucería. f. **A. y Of.** Método de curtir por el que se transforma la piel en cuero, empapándola repetidamente en aceite y exponiéndola luego a la acción oxidante del aire.

gamuno, na. adj. Aplícase a la piel del gamo.

gamusino. m. Animal imaginario cuyo nombre se usa para dar bromas a los cazadores novatos.

gamuza. fr., *chamois;* it., *camoscio;* i., *antelope;* a., *Gemse, Sämischleder.* (Del lat. *camox, -ōcis.*) f. Mamífero rumiante, familia de los bóvidos, subfamilia de los rupicaprinos, del tamaño de una cabra doméstica, con cuernos de sección circular en ambos sexos, sin quilla ni nudosidades, muy próximos entre sí y bruscamente encorvados hacia atrás en forma de gancho; y cavidad estrecha y honda por arriba de las pezuñas. Es propio de los Alpes *(rupicapra rupicapra).* || Piel de la gamuza, que después de adobada queda muy flexible, de aspecto aterciopelado y de color amarillo pálido. Se llama también así la piel de otros animales cuando queda con cualidades semejantes a éstas. || **Tauroм.** Dícese de la guarnición de la empuñadura del estoque.

gamuzado, da. adj. De color de gamuza, amarillo pálido.

gamuzón. m. aum. de **gamuza.**

Gan Gan. Geog. Local. de Argentina, prov. de Chubut, depart. de Telsen; 281 h.

gana. fr., *envie;* it., *voglia;* i., *desire;* a., *Wunsch, Lust.* f. Deseo, apetito, propensión natural, voluntad de una cosa; como de comer, dormir, etc. || **de buena gana.** m. adv. Con gusto o voluntad. || **de gana.** m. adv. Con fuerza o ahínco. || **de buena gana.** || **de su gana.** m. adv. desus. Voluntariamente; por sí mismo, espontáneamente. || **de mala gana.** m. adv. Con repugnancia y fastidio.

Gana. Geog. Ghana.

ganable. adj. Que puede ganarse.

ganada. (De *ganar.*) f. ant. Acción y efecto de ganar. Ú. en Argentina.

ganadear. tr. Trasladar el ganado de una parte a otra.

ganadeo. m. Acción y efecto de ganadear.

ganadería. (De *ganadero.*) f. Copia de ganado. || Raza especial de ganado, que suele llevar el nombre del ganadero. || Crianza, granjería o tráfico de ganados. || Conjunto de reses vacunas bravas, de todas edades y sexos, cuya crianza y conservación es común. Las más famosas razas bovinas de carne son Hereford, Angus (de piel negra) y Shorthorn (de piel roja). Las dos últimas son razas de cuer-

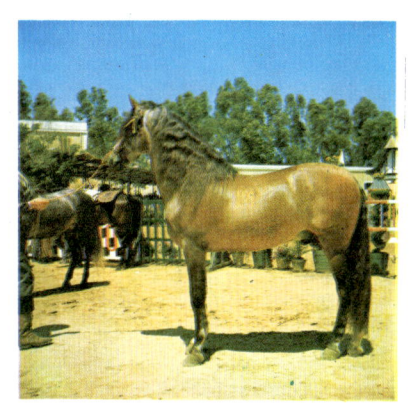

Ganadería. Caballo de raza andaluza

nos cortos, anchas, poca estatura, largas, cortas de patas y pequeñas de osamenta y resisten bien el frío y el calor. Estos animales son enviados desde Escocia a EE. UU. y Canadá, previa una cuidada selección en la granja especial que el Departamento de Agricultura y Ganadería de Escocia posee en Netherton, Glasgow. Es famosa la feria de ganado celebrada anualmente en Perth (Escocia).

ganaderil. adj. Relativo a la ganadería.

ganadero, ra. adj. Aplícase a ciertos animales que acompañan al ganado. || m. y f. Dueño de ganados, que trata en ellos y hace granjería. || El que cuida del ganado. || **de mayor hierro,** o **señal. Zoot.** En Extremadura y

ganado, da. fr., *bétail;* it., *bestiame;* i., *gattle;* a., *Vieh.* (De *ganar.*) p. p. de **ganar.** || adj. Dícese del que gana. || m. Conjunto de bestias mansas que se apacientan y andan juntas. || Conjunto de abejas que hay en la colmena. || fig. y fam. Conjunto de personas. || **bravo.** *Zoot.* El no domado o domesticado. Dícese especialmente de las ganaderías de toros para la lidia. || **de cerda.** Los cerdos. || **de pata,** o **de pezuña, hendida.** Los bueyes, vacas, carneros, ovejas, cabras y cerdos. || **en vena.** El no castrado. || **mayor.** El que se compone de cabezas o reses mayores; como bueyes, mulas, yeguas, etc. || **menor.** El que se compone de reses o cabezas menores; como ovejas, cabras, etc. || **menudo.** Las crías del ganado. || **moreno.** El de cerda.

ganador, ra. adj. Que gana. Ú. t. c. s. || *Híp.* El caballo a quien el juez de llegada declara haber pasado primero la meta.

ganancia. fr., *gain, lucre;* it., *guadagno;* i., *gain;* a., *Gewinn.* f. Acción y efecto de ganar. || Utilidad que resulta del trato, del comercio o de otra acción. || *Chile, Guat.* y *Méj.* Adehala, propina, añadidura. || **Econ.** Provecho que cada individuo obtiene como resultado de la utilización de su propiedad, de su talento o aptitudes, o de su trabajo. Toma diferentes nombres según la forma en que se produce; así, la que obtiene el propietario de la utilización de sus bienes muebles o inmuebles se llama renta, arrendamiento o alquiler; la producida por la explotación de capitales se llama especialmente interés, y la de la utilización del trabajo, talento o aptitudes se denomina salario, sueldo, emolumentos, honorarios, retribución, estipendio o comisión. || **ganancias y pérdidas.** *Com.* Cuenta en que anotan los tenedores de libros el aumento o disminución que va sufriendo el haber del comerciante en las operaciones mercantiles. En el debe de la contabilidad se anotan las pérdidas, y en el haber, las ganancias del comerciante. || **a las ganancias.** *And.* loc. aplicada a las aparcerías sobre ganado, en que, previa compra y tasación de éste, se reparte después del aumento del valor en venta. || **no le arriendo la ganancia.** expr. de que se suele usar para dar a entender que uno está en peligro, o expuesto a un trabajo o castigo a que ha dado ocasión.

gananciado, da. adj. *Méj.* Que se vende con ganancia.

ganancial. adj. Propio de la ganancia o perteneciente a ella.

gananciero, ra. (De *ganancia.*) adj. ant. Granjero; que se ocupa en granjerías.

ganancioso, sa. adj. Que ocasiona ganancias. || Que sale con ella de un trato, comercio u otra cosa. Ú. t. c. s.

ganapán. (De *ganar* y *pan.*) m. Hombre que gana la vida llevando y transportando cargas, o lo que le mandan, de un punto a otro. || fig. y fam. Hombre rudo y tosco.

ganapierde. (De *ganar* y *perder.*) amb. Manera especial de jugar a las damas, en que gana el que logra perder todas las piezas. || Aplícase a otros juegos en que se conviene que pierda el ganador.

ganar. fr., *gagner;* it., *guadagnare;* i., *to gain;* a., *gewinnen.* (Del germ. *waidanjan,* segar.) tr. Adquirir caudal o aumentarlo con cualquier género de comercio, industria o trabajo. || Dicho de juegos, batallas, oposiciones, pleitos, etc., obtener lo que en ellos se disputa. || Conquistar o tomar una plaza, ciudad, territorio o fuerte. || Llegar al sitio o lugar que se pretende. || Captar la voluntad de una persona. Ú. t. c. prnl. || Lograr o adquirir una cosa; como la honra, el favor, la inclinación, la gracia. Ú. t. c. prnl. || fig. Aventajar, exceder a uno en algo. || En imprenta, reducir los blancos que separan las palabras con objeto de ahorrar espacio. || En marina, avanzar, acercándose a un objeto o a un rumbo determinados. || En Río de la Plata, refugiarse, esconderse, meterse uno donde no se le ve, o donde puede guarecerse. Úsase con un complemento circunstancial de lugar. || intr. Mejorar, medrar, prosperar. || **línea.** *Impr.* Estrechar los espacios de las que le preceden, si es corta y de pocas letras, de modo que éstas sean absorbidas. || **a la,** o **al, gana gana.** m. adv. con que, por oposición al ganapierde, se significa el modo más usual de jugar a las damas, procurando ganar las piezas del contrario. || **a la,** o **al, ganapierde.** m. adv. con que se significa un modo de jugar a las damas, dando a comer todas las piezas al contrario.

Gance (Abel). *Biog.* Director de cine francés, n. en París en 1899. De gran inquietud innovadora y recia personalidad, es creador del aparato optico *pictographe.* Autor de un li-

Abel Gance

bro de poemas titulados *Prismas.* Su obra principal es la película *Napoleón* (1925-27). Otras películas: *La folie du docteur, Paradis perdu, J'accuse, La fin du monde, Vénus aveugle, Austerlitz, Cirano y D'Artagnan,* etc.

Gancedo. *Geog.* Local. de Argentina, prov. de Chaco, part. de Doce de Octubre; 757 h.

gancha. f. *Alb.* y *León.* Rama de árbol.

gancheada. f. Acción de ganchear.

ganchear. intr. *Amér.* Echar el gancho o bichero de embarcaciones a la orilla, para remontar las corrientes impetuosas. || Asir algo con el gancho. || fig. y fam. *Arg.* Mirar de soslayo o de reojo.

ganchero. (De *gancho.*) m. *Cuen.* El que guía las maderas por el río, sirviéndose de un bichero.

ganchete. (De *gancho.*) m. *Pesca.* Instrumento que se emplea, en aguas de Valencia, para la pesca del erizo de mar; consiste en una barra de hierro terminada en dos garfios en forma de horquilla. || **(a medio).** m. adv. fam. A medias, a medio hacer. || **de ganchete.** loc. adv. fam. Del brazo, de bracero. || **de medio ganchete.** m. adv. Desaliñadamente, mal, sin la perfección debida. || Dícese de la postura del que se sienta inseguramente, sin ocupar todo el asiento.

ganchillo. m. **aguja de gancho.** || Labor o acción de trabajar con aguja de gancho. || *And.* **gancho,** horquilla para el pelo.

gancho. fr., *crochet;* it., *gancio;* i., *hook;* a., *Haken.* (Del gr. *gampsós,* curvo, retorcido.) m. Instrumento de metal, madera, etc., corvo y por lo común puntiagudo en uno o ambos extremos, que sirve para prender, agarrar o colgar una cosa. || Pedazo que queda en el árbol cuando se rompe una rama. || Palo o bastón corvo por la parte superior. || **cayado de pas-** **tor.** || **sacadilla.** || fig. Compinche del que vende o rifa públicamente una cosa, o que se mezcla con el público para animar con su ejemplo a los compradores. || fig. y fam. El que con maña o arte solicita a otro para algún fin. || fig. y fam. **rufián.** || fig. y fam. Rasgo caprichoso e irregular hecho con la pluma. || fig. y fam. Atractivo, especialmente hablando de las mujeres. || *Ar.* y *Nav.* Azadilla de escardar. || *Col., C. Rica, Hond., Méj.* y *Perú.* Horquilla para sujetar el pelo. || **almocafre.** || *Ecuad.* Silla de montar para señora. || *Zam.* Horcón de cinco dientes. || **disparador.** *Léx.* El que mediante un dispositivo puede desengancharse rápidamente y a voluntad. || **de gancho.** loc. adv. De ganchete, del brazo.

ganchoso, sa. adj. Que tiene gancho o se asemeja a él.

ganchudo, da. adj. Que tiene forma de gancho. || *Anat.* Dícese del cuarto hueso carpal de la hilera distal (inmediata al metacarpo), formado por soldadura con el quinto. || **Miner.** Dícese de la fractura de un mineral, que presenta una superficie irregular con dientes.

ganchuelo. m. dim. de **gancho.**

Gand. *Geog.* **Gante.**

ganda goral. m. *Zool.* **saiyar.**

Gandaki. *Geog.* Zona de Nepal; 12.142 km.^{2} y 1.200.000 h. Cap., Pokhara.

gándara. (En port., *gândara.*) f. Tierra baja, inculta y llena de maleza.

Gándara. *Geog.* Local. de Argentina, prov. de Buenos Aires, part. de Chascomús; 782 h. || V. **Boimorto.** || V. **Narón.**

gandaya. f. Tuna, vida holgazana.

gandaya. f. Redecilla del pelo.

Gandesa. *Geog.* Mun. y c. de España, prov. de Tarragona, p. j. de su nombre; 2.807 h. (*gandesanos*). Iglesia de la Asunción con fachada románica. Santuario de la Font-Calda, con un caudaloso manantial. En 1971 se hallaron restos de un poblado y de una necrópolis ibéricos, que datan de, s. 1 a. C.

Gandhi (Indira). *Biog.* Estadista india, hija de Jawaharlal Nehru, n. en Allahabad en 1917. Casó con Feroze Gandhi, de quien se separó poco después. En 1959 fue elegida presidenta del partido del Congreso. A la

Indira Gandhi

muerte de su padre, encabezó el Ministerio de Información en el Gabinete Shastri. Elegida primera ministra en 1966, fue reelegida en 1967. Se mantuvo al frente del Gobierno en 1971. Apartada del cargo en 1977, con el triunfo del partido Janata, volvió a ocupar la jefatura del Gobierno en enero de 1980, tras la victoria electoral de su partido. || **(Mohandas Karamchand).** Jefe del nacionalismo en la India, más conocido por *el Mahatma Gandhi,* n. en Portandar, Bombay, y m. en Nueva Delhi (1869-1948). Estudió en África del Sur, y más tarde Leyes en Londres. Abogado en Bombay, en 1893 organizó en África del Sur una campaña de oposición, por medio de la resistencia pasiva, contra la legislación antiasiática, y terminó con la ley de satisfacción a los indios *(Indian's Relief Act).* Publicó en 1925 sus memorias: *Experiencias de verdad o autobiografía.* En septiembre de 1931 llegó al R. U. para tomar parte en la Conferencia de la Mesa Redonda, volviendo a ser encarcelado en los comienzos de 1932. Entre 1908 y 1945 fue condenado a prisión 17 veces y se entregó a 15 ayunos. Pero su lucha tenaz logró la independencia de la India, el sueño de su vida, en 1947, y pocos meses después, el 30 de enero de 1948, fue asesinado. Empleó como armas políticas el ayuno y la desobediencia civil, pero no la violencia.

Gandhinagar. Geog. C. de la India, cap. del est. de Gujarat; 24.049 h. Sit. al N. de la antigua cap. Ahmadabad, a la que está unida por ferrocarril, se empezó a construir en 1966 y posee bellos edificios y jardines.

Gandía (duque de). Geneal. Título creado en 1483 para Pedro Luis de Borja, hijo de Rodrigo Borja, papa con el nombre de Alejandro VI. De esta casa, a la que perteneció San Francisco de Borja, pasó sucesivamente a las de Pimentel (condes-duques de Benavente), de Téllez-Girón (duques de Osuna), etc. || **Geog.** Mun. de España, prov. de Valencia, p. j. de su nombre; 36.342 h. En 1965 se le incorporaron los municipios de Beniopa y Benipeixcar. || C. cap. del mismo y del p. j.; 30.702 h. *(gandienses).* Colegiata gótica con un valioso tesoro. Puerto. Célebre huerta. Activo comercio. Entre los edificios, además de la colegiata, merecen mencionarse el palacio de los duques de Gandía y el Palacio Municipal. Hermoso paseo. Es probablemente de origen griego. Fue cuna de San Francisco de Borja.

gandición. f. glotonería.

gandido, da. p. p. de gandir. || adj. desus. Hambriento, necesitado. || *Col., C. Rica, Cuba, Méj.* y *Venez.* Comilón, hambrón. || *Zam.* Cansado, fatigado.

gandinga. f. Mineral menudo y lavado. || *Cuba* y *P. Rico.* Chanfaina con salsa espesa. || *Mál.* Pasa de inferior calidad. || *Sev.* Despojos de reses.

gandir. (En valenciano, *engaldir.*) tr. ant. Masticar el alimento y tragarlo.

Gando. Geog. Aeropuerto de Las Palmas, al S. de la isla de Gran Canaria. Es uno de los aeropuertos civiles más importantes del mundo.

gandujado. (De *gandujar.*) m. Guarnición que formaba una especie de fuelles o arrugas.

gandujar. tr. Encoger, fruncir, plegar.

gandujo. m. Col. Garambaina, adorno de mal gusto.

gandul, la. (Del ár. *gandūr,* fatuo, ganapán.) adj. fam. Tunante, vagabundo, holgazán. Ú. t. c. s. || m. Individuo de cierta milicia antigua de los moros de África y Granada. || *Méj.* Individuo de ciertos pueblos de indios salvajes.

gandul. m. Bot. *Col., C. Rica, Cuba* y *P. Rico.* guandú.

gandulear. (De *gandul.*) intr. Hacer vida de gandul.

gandulería. f. Calidad de gandul.

gandumbas. adj. fam. Haragán, dejado, apático. Ú. t. c. s.

ganeta. f. **Zool.** jineta, mamífero.

Ganev (Dimiter). Biog. Político búlgaro, n. en Gradets y m. en Sofía (1898-1964). Miembro del Comité Central del Partido Comunista (1929) y del Politburó del Partido (1942). En 1958 fue elegido presidente del Presídium de la Asamblea Nacional, cargo equivalente al de presidente de la nación, en el que fue reelegido en 1962.

Ganeza. Mit. Uno de los más importantes dioses de la leyenda brahmánica. Es el dios de la sabiduría, del destino y el matrimonio. Es hijo de Siva y Parvati. Según la tradición popular nació con cabeza de elefante. Los hindúes le atribuyen la invención de la astronomía y las matemáticas. Es el inspirador de todo gran pensamiento y de las grandes invenciones. Es un dios superior colocado inmediatamente después de la Trimurti (Brahma, Visnú y Siva).

ganforro, rra. adj. fam. Bribón, picarón o persona de mal vivir. Ú. t. c. s.

ganga. (Voz imitativa del canto de esta ave.) f. **Zool.** Nombre de varias aves del orden de las columbiformes, familia de las pteróclidas, de forma y tamaño semejantes a los de la ortega, pero con timoneras medias muy largas y puntiagudas, vientre blanco, pechuga con banda rojiza, limitada por fajas negras; la hembra tiene garganta blanca.

ganga. fr. e i., *gangue;* it., *ganga;* a., *Gangart, Ganggestein.* (Del a. *Gang,* filón.) f. Materia que acompaña a los minerales y que se separa de ellos como inútil. || fig. Cosa apreciable que se adquiere a poca costa o con poco trabajo. Ú. mucho en sentido irónico para designar cosa despreciable, molesta. || **Agr.** *Alm.* Arado tirado por una sola caballería.

Ganga. Mit. Diosa de la castidad entre los hindúes. Es la personificación del río Ganges.

Ganganelli (Giovanni Vicenzo). Biog. **Clemente XIV,** papa.

gangarilla. f. Teatro. Compañía antigua de cómicos o representantes, compuesta de tres o cuatro hombres y un muchacho que hacía de dama.

Ganges. Geog. Río de la India, que n. en el Himalaya y des. en la bahía de Bengala. Su curso total asciende a 2.700 km. y su cuenca ocupa una superf. aproximada de 1.730.000 km.² Para la navegación y el riego es muy importante el canal de Ganges, construido en 1848, con una long. de 500 km. Es el río sagrado de los indios.

Ganghofer (Ludwig Albert). Biog. Novelista alemán, n. en Kaufbeuren y m. en Tegernsee (1855-1920). Famoso por sus obras costumbristas, como *El cazador de Fall, La vida de un optimista* y *Los pecados de los padres.*

gangliectomía. (De *ganglio* y *ectomía.*) f. **Cir.** Extirpación quirúrgica de un ganglio o de un grupo o cadena ganglionar.

Delta del Ganges. Peregrinos en un barco

ganglio. fr. e i., *ganglion;* it., *ganglio;* a., *Ganglion.* (Del lat. *ganglĭon,* y éste del gr. *gágglion.*) m. **Anat.** Nudo o abultamiento que se encuentra en los nervios y en los vasos linfáticos. || **cerebroide.** Cada una de las dos masas simétricas de tejido nervioso, que forma el cerebro de muchos invertebrados, y que están muy desarrollados en los insectos y cefalópodos. || **espinal.** Cada uno de los ganglios nerviosos que se encuentran en sendos abultamientos de las raíces posteriores de los nervios raquídeos. || **infraesofágico.** Cada uno de los ganglios escalonados a lo largo de los cordones nerviosos ventrales en los invertebrados. || **linfático.** En los vertebrados, cada una de las nudosidades de tejido linfoide localizadas a lo largo del sistema linfático. Se denomina también *linfoglándula.* || **nervioso.** Nudo o abultamiento intercalado en el trayecto de los nervios y formado principalmente por la acumulación de células nerviosas, que sirve como centro receptor y transmisor de los impulsos. || **simpático.** Cada uno de los numerosos ganglios nerviosos situados a ambos lados de la columna vertebral, unidos por fibras nerviosas en dos cordones paralelos a aquélla. (V. **sistema nervioso simpático.**) || **supraesofágico.** Ganglio cerebroide, de tejido nervioso en los invertebrados, situado encima del tubo digestivo.

gangliocito. (De *ganglio* y *-cito.*) m. **Anat.** Célula ganglionar.

gangliocitoma. (De *gangliocito* y *-oma.*) f. **Pat.** Tumoración formada por gangliocitos.

ganglioma. (De *ganglio* y *-oma.*) f. **Pat.** Tumor de un ganglio, especialmente linfático.

ganglión. (Del m. or. que *ganglio.*) m. **Pat.** Tumor pequeño que se forma en los tendones y en las aponeurosis y principalmente en los pies y en las manos. El tratamiento suele ser quirúrgico.

ganglionar. adj. **Anat.** Perteneciente o relativo a los ganglios; compuesto de ellos.

gangliopléjico, ca. (De *ganglio* y *-pléjico.*) adj. **Terap.** Dícese del medicamento o substancia que interfiere el impulso nervioso a nivel de los ganglios del simpático.

gangocho. m. *Amér. c., Chile, Ecuad.* y *Méj.* guangoche.

gangosa. f. **Pat.** Enfermedad caracterizada por ulceración destructiva del velo del paladar que se comunica al paladar óseo, laringe, fosas nasales y cara, y de cuyos efectos resulta en todos los casos desfiguración. Se le da también el nombre de *rinofaringitis mutilante* y *oro.*

gangosidad. f. Calidad de gangoso.

gangoso, sa. adj. Que habla gangueando. Ú. t. c. s. || Dícese de este modo de hablar.

gangrena. fr., *gangrène;* it., *cancrena;* i., *gangrene;* a., *Brand.* (Del lat. *gangraena,* y éste del gr. *gággraina,* de *gráo,* comer, roer.) f. **Bot.** Enfermedad de los árboles, debida a los hongos ficomicetos del gén. *phytóphthora,* que corroen los tejidos. || **Pat.** Desorganización y privación de la vida en cualquier tejido de un cuerpo animal producida por falta de riego sanguíneo, por mortificación traumática o por complicación infecciosa de las heridas. || **simétrica.** V. Raynaud.

gangrenarse. prnl. Padecer gangrena una parte del cuerpo o del árbol.

gangrénico, ca. adj. ant. Afectado de gangrena.

gangrenoso, sa. adj. Afectado de gangrena: *llaga* **gangrenosa.**

gángster. (Del i. *gangster;* de *gang,* banda, cuadrilla, y *-ster,* suf. que denota profesión.) m. Nombre con que fueron designados los bandidos de Chicago y, p. ext., los de otras ciudades, tristemente famosos por sus fechorías en torno al comercio clandestino de bebidas alcohólicas durante la vigencia (1919-

gangsterismo–Gaona

1933) de la ley Volsteal, más conocida por la ley seca. El gangsterismo, alcanzó su apogeo entre 1920 y 1930.

gangsterismo. m. Existencia continuada en una nación, comarca, ciudad, etc., de gángsters. || Organización y. conjunto de los gángsters.

Gangtok. Geog. C. de la India, cap. del est. de Sikkim; 15.000 h. Comercia con trigo, arroz, naranjas y cerámica. Bello palacio real. Notable monasterio budista de Rumtek, en sus cercanías.

ganguear. (De la onomat. *gang.*) intr. Hablar con resonancia nasal producida por cualquier defecto en los conductos de la nariz.

gangueo. m. Acción y efecto de ganguear.

ganguero, ra. adj. Amigo de procurarse gangas, de buscar ventajas.

gánguil. (Del antiguo provenz. *ganquil*, red.) m. **Mar.** Barco de pesca, con dos proas y una vela latina. || Arte de arrastre de malla muy estrecha. || Barco destinado a recibir, conducir y verter en alta mar el fango, arena, piedra, etc., que extrae la draga.

Ganimedes. Astron. Satélite de Júpiter, el cuarto por su distancia al planeta, que es de 1.070.000 km., y uno de los cuatro descubiertos por Galileo el 7 de enero de 1610; su revolución en torno a Júpiter dura 7 días, 3 horas, 43 minutos, y su diámetro es de 5.150 km. || **Mit.** Príncipe troyano, dotado de una rara belleza, hijo de Tros y la ninfa Callirroe. Arrebatado por el águila de Zeus y transportado al Olimpo para substituir a Hebe en el cargo de copero de los dioses, vino a ser el favorito de Zeus.

Ganivet (Ángel). Biog. Escritor español, n. en Granada y m. en Riga (1865-1898). Se suicidó arrojándose al río Dvina. Precursor de la llamada generación del 98. Fue, con Unamuno,

Monumento a Ganivet, en los jardines de la Alhambra. Granada

el primero que en España cultivó el *ensayo.* En su breve vida dejó obras muy notables, entre otras: *Granda la bella, Cartas finlandesas, Los trabajos del infatigable creador Pío Cid, La conquista del reino de Maya* e *Idearium español.*

gano. (De *ganar.*) m. ant. Ganancia, utilidad. || *Chile.* Salario, jornal.

ganoideo, a. adj. **Zool.** Dícese de los peces de la clase de los teleóstomos, la mayoría de ellos con la piel cubierta de placas rómbicas con capa externa de ganoína, branquias libres con opérculo, vejiga aérea o natatoria con conducto neumático. Sus principales representantes son el esturión y el pez espátula. Ú. t. c. s. || m. pl. Subclase de estos peces, que hoy tiende a denominarse de los *condrósteos.*

ganoína. f. **Biol.** y **Zool.** Substancia parecida al esmalte, que se halla en las escamas de numerosos peces teleóstomos, especialmente de los ganoideos o condrósteos.

Ganongga. Geog. Isla del océano Pacífico, en el grupo de Nueva Georgia (v.).

ganosamente. adv. v. m. us. Con gana.

ganoso, sa. adj. Deseoso y que tiene gana de una cosa. || *Méj.* Dícese del caballo ágil, brioso y ligero.

gansada. f. fig. Hecho o dicho propio de ganso, persona rústica o patosa.

gansarón. (De *ganso.*) m. fig. Hombre alto, flaco y desvaído. || **Zool.** ansarón.

gansear. intr. fam. Hacer o decir gansadas.

Ganser (síndrome de). Psiquiat. Contestaciones falsas, absurdas o negativas, sufriendo además alucinaciones y amnesia, que dan ciertos alienados, histéricos, dementes y también, aunque raras veces, los epilépticos. Se denomina así en honor del psquiatra alemán Siegbert Ganser.

ganso, sa. fr., *oie;* it., *oca;* i., *goose;* a., *Gans.* (Del a. *Gans.*) m. y f. Nombre de varias aves del orden de las anseriformes, familia de las anátidas, con pico no más largo que la cabeza y más alto que ancho en la base, y con uña córnea, cuello tan largo como el tronco, patas plumosas hasta cerca del tarso, dedo posterior sin apéndice. Viven en los países septentrionales y se desplazan en invierno a los templados, formando grandes bandadas en dos filas divergentes. || fig. Persona tarda, perezosa, descuidada. Ú. t. c. adj. || fig. Persona rústica, malcriada, torpe, incapaz. Ú. t. c. adj. || fig. Persona patosa, que presume de chistosa y aguda, sin serlo. || m. **Hist.** Entre los antiguos, ayo o pedagogo de los niños. || **bravo.** **Zool.** El que se cría libremente, sin domesticar.

ganta. f. **Metrol.** *Filip.* Medida de capacidad para áridos, vigesimaquinta parte del *caván*, igual a dos cuartillos y medio. Su equivalencia métrica, tres litros. || Medida de capacidad para líquidos, decimasexta parte de la tinaja, igual a una azumbre y dos cuartillos. Su equivalencia métrica, tres litros.

ganta. f. **Zool.** cigüeña común.

gante. (De *Gante,* c. de Bélgica, de donde procede esta tela.) m. Especie de lienzo crudo.

Gante, duque de Lancaster (Juan de). Biog. Cuarto hijo de Eduardo III de Inglaterra, n. en Gante y m. en Londres (1340-1399). Casó con doña Constanza, hija de Pedro *el Cruel* de Castilla, y, muerto éste, tomó el título de rey de Castilla y León, aunque no ocupó jamás este trono. || (En flam., *Gent;* en fr., *Gand.*) **Geog.** C. de Bélgica, cap. de la prov. de Flandes Oriental, sit. en la confl. del Escalda y el Lys; 149.265 h. Refinerías de petróleo y azúcar, industria textil (lino, yute y cáñamo), fábricas de goma y material eléctrico. La Casa Consistorial se considera como uno de los modelos de la arquitectura gótica en Bélgica. Catedral; iglesia de San Nicolás, del s. X, e iglesia de San Miguel, del XV. Universidad con biblioteca de más de 400.000 volúmenes. Museos y jardines botánico y zoológico. Es la patria de Carlos V. Obispado.

gantés, sa. adj. Dícese del natural de Gante, o perteneciente a esta c. de Bélgica. Ú. t. c. s.

ganzúa. fr., *rossignol;* it., *grimaldello;* i., *picklock;* a., *Dietrich.* (De *gancho.*) f. Alambre fuerte y doblado por una punta, a modo de garfio, con que a falta de llave pueden correrse los pestillos de las cerraduras. || fig. y fam. Ladrón que roba con maña o saca lo que está muy encerrado y escondido. || fig. y fam. Persona que tiene arte o maña para sonsacar a otra su secreto. || *Germ.* El que ejecuta la pena de muerte.

ganzuar. tr. p. us. Abrir con ganzúa. || fig. Sonsacar, sacar con maña.

ganzuero. m. *Méj.* Ladrón que abre cerraduras y puertas con ganzúa.

gañafón. m. **Taurom.** Se llama así al derrote brusco y violento del toro.

gañán. (Del ár. *gannām*, pastor, el que cuida del *ganam* o ganado.) m. Mozo de labranza. || fig. Hombre fuerte y rudo.

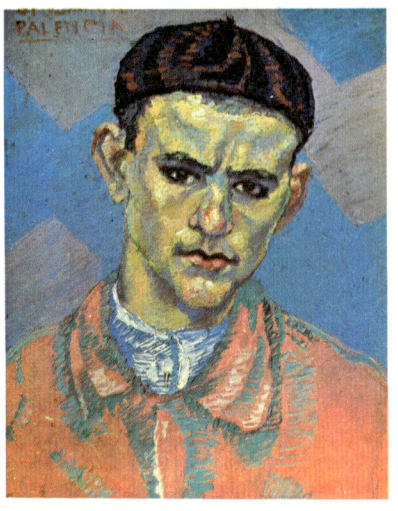

Gañán, por Benjamín Palencia. Colección privada. Madrid

gañanía. f. Conjunto de gañanes. || Casa en que se recogen. || *Sal.* alquería.

gañido. (Del lat. *gannītus.*) m. Aullido del perro cuando lo maltratan. || Quejido de otros animales.

gañil. (Del lat. *galla*, excrecencia.) m. Garguero, gaznate. || Agallas de los peces.

gañín. m. *Ast.* y *Sant.* Hombre suave en sus formas, pero falso y de mala intención en el fondo.

gañir. (Del lat. *gannīre.*) intr. Aullar el perro con gritos agudos y repetidos cuando lo maltratan. || Quejarse algunos animales con voz semejante al gañido del perro. || Graznar las aves. || fig. y fam. Resollar o respirar con ruido las personas. Ú. especialmente en frases negativas.

gañivete. m. ant. Una especie de cuchillo pequeño.

gañón. (Del lat. *canna guttŭris,* tubo de la garganta.) m. **gañote.**

gañote. (Del lat. *canna guttŭris,* tubo de la garganta.) m. fam. Garguero o gaznate. || *And.* y *Extr.* Género de fruta de sartén, que se hace de masa muy delicada, con la figura y forma del gañote. || **de gañote.** m. adv. fam. **de gorra.**

gañotudo, da. adj. *C. Rica.* Fanfarrón, altanero, bravucón.

gao. m. *Germ.* **piojo,** insecto.

Gao. Geog. Región de Malí; 808.870 km.² y 606.260 h. || C. cap. de la misma; 13.699 h. Exportación de pieles y lana.

gaollo. m. **Bot.** *Pal.* Especie de brezo.

gaón. m. **Mar.** Remo parecido al canalete, que se usa en algunas embarcaciones pequeñas de los mares de la India.

Gaona (Juan Bautista). Biog. Político paraguayo (1846-1932). Ocupó la presidencia de la República en el año 1904 representando al partido liberal, pero en dificultades con el Congreso fue desalojado del poder por éste (9 de diciembre de 1905). || **y Jiménez (Rodol-**

fo). Torero mejicano, n. en León de las Aldamas y m. en Ciudad de Méjico (1888-1975). Asistió a la escuela de tauromaquia que el torero español *Ojitos* tenía en Méjico. Tomó la alternativa en Madrid, en 1908, y adquirió gran popularidad por su estilo elegante y artístico. ‖ **Geog.** Local. de Argentina, prov. de Salta, depart. de Anta; 1.100 h.

gaonera. (De Rodolfo *Gaona*, inventor de la suerte.) f. **Taurom.** Lance de capa en que se cita al toro de frente, con la capa por detrás del cuerpo, y se consuma hurtando el bulto.

Gaos y González Pola (José). Biog. Filósofo español, n. en Ablaña, Oviedo, y m. en Méjico (1902-1969). Residió en Méjico desde 1939, donde trabajó principalmente la historia de las ideas utilizando conceptos existencialistas, aunque negó ser catalogado como tal. Obras: *La crítica del psicologismo en Husserl* (1931), su tesis doctoral; *Dos ideas de Filosofía y La filosofía de Maimónides* (1940), y *De la Filosofía* (1962). ‖ **y González Pola (Vicente).** Poeta español, hermano de José, n. en Valencia en 1919. Premio Adonais de Poesía 1943 por *Arcángel de mi noche;* ha publicado además: *La poética de Campoamor* (1959), *Temas y problemas de Literatura española* (1960).

Gaoual. Geog. Región de Guinea; 11.503 km.² y 82.000 h. ‖ C. cap. de la misma; 6.500 habitantes.

Gap. Geog. C. de Francia, cap. del depart. de Altos Alpes, a orillas del Luye; 23.994 h. Fábricas de harina y licores.

Gapony o **Gapón (Gheorghi Apollonovich). Biog.** Pope ruso, n. en Poltava y m. en Ozerki (1859-1906). Se distinguió por sus ideas avanzadas y gozaba de gran predicamento entre los mujiks. Tomó parte en distintas manifestaciones de carácter politicorreligioso. No obstante, su honradez se ha puesto en tela de juicio y no se han aclarado aún los motivos de su trágica muerte.

gáraba. f. **Bot.** *Sal.* Árgoma, y especialmente la parte más gruesa y leñosa de la misma.

Garaballa. Geog. Mun. y lugar de España, prov. y p. j. de Cuenca; 354 h.

garabaño. (Tal vez alteración de *garabato*.) m. *Col.* Rasgo mal hecho con la pluma.

garabatá. f. ant. Planta textil semejante a la pita.

garabatada. f. Acción de echar el garabato para asir una cosa y sacarla de donde está metida.

garabatear. intr. Echar los garabatos para agarrar o asir una cosa y sacarla de donde está metida. ‖ Hacer garabatos con la pluma. Ú. t. c. tr. ‖ **garrapatear.** Ú. t. c. tr. ‖ fig. y fam. Andar por rodeos o no ir derecho en lo que se dice o hace.

garabateo. m. Acción y efecto de garabatear.

garabatillo. m. **Bot.** *Méj.* Nombre de varios bejucos muy espinosos, de la familia de las misoáceas, uno de ellos llamado también *uña de gato* (*momosa dystachia, m. monancistra*).

garabato. (De *garfa*.) m. Instrumento de hierro cuya punta está vuelta en semicírculo. Sirve para tener colgadas algunas cosas, o para asirlas o agarrarlas. ‖ **almocafre.** ‖ Soguilla pequeña con una estaca corta en cada extremo, para asir con ella la maña o hacecillo de lino crudo y tenerlo firme a los golpes de mazo con que le quitan la gárgola o simiente. ‖ desus. Bozal para perros. ‖ **garrapato,** rasgo irregular hecho con la pluma. ‖ Arado en que el timón se substituye por dos piezas de madera unidas a la cama y que permiten que haga el tiro una sola caballería. ‖ Garfios de hierro que sujetos al extremo de una cuerda sirven para sacar objetos caídos en un pozo. ‖ Palo de madera dura que forma gancho en un extremo. ‖ **palabrota.** ‖ En lenguaje marino, instrumento, usado en Asturias y África, para la pesca en aguas claras, de centollos y langostas; consiste en un palo de unos nueve metros de largo terminado en unos ganchos, que se lleva a remolque de una embarcación. ‖ En Puerto Rico, horca, instrumento de labranza. ‖ fig. y fam. Aire, garbo y gentileza que tienen algunas mujeres, y les sirve de atractivo aunque no sean hermosas. ‖ pl. Escritura mal trazada. ‖ fig. Acciones descompasadas con dedos y manos.

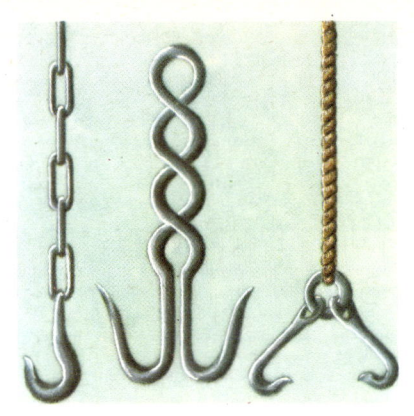

Garabatos

Garabato. Geog. Pobl. de Argentina, prov. de Santa Fe, depart. de General Obligado; 525 h.

garabatoso, sa. adj. Dícese de la escritura llena de garabatos. ‖ p. us. Que tiene garbo o garabato.

garabero. (De *garabo*.) m. *Germ.* Ladrón que hurta con garabo.

garabeta. f. **Pesca.** Instrumento empleado para la pesca del pulpo; consiste en un palo largo terminado en unos anzuelos que se ceban con cangrejos o con desperdicios.

garabitana. f. **Pesca.** Nasa de juncos, de forma ovalada, que se emplea en San Feliu de Guixols (Cataluña) para la pesca de ermitaños y tiene de 60 a 80 cm. de largo por 40 de ancho.

garabito, ta. adj. En Andalucía, dícese del perro y del caballo que no son de casta. ‖ m. Asiento en alto y casilla de madera que usan las vendedoras de frutas y otras cosas en la plaza. ‖ Gancho, garabato.

garabo. m. *Germ.* Especie de gancho para tener colgado o agarrar algo.

Garachico. Geog. Mun. de España, en la isla de Tenerife, prov. de Santa Cruz de Tenerife, p. j. de Icod; 4.487 h. ‖ Villa cap. del mismo; 1.868 h. (*garachiqueros*). Puerto.

Garafía. Geog. Mun. de España, en la isla de La Palma, prov. de Santa Cruz de Tenerife, p. j. de Los Llanos; 3.228 h. ‖ Villa cap. del mismo, también llamada *Santo Domingo;* 672 h. (*garafianos*).

Garagoa. Geog. Mun. de Colombia, depart. de Boyacá; 13.216 h. Producción agrícola. Minas de esmeraldas. ‖ Pobl. cap. del mismo; 5.755 h.

Garaicoechea Urriza (Carlos). Biog. Político español, n. en Pamplona en 1938. Licenciado en Derecho y Ciencias Económicas por la Universidad de Deusto, ocupó durante diez años la presidencia de la Cámara de Comercio de Navarra. Miembro del Parlamento Foral Navarro y presidente del Partido Nacionalista Vasco, sucedió a Ramón Rubial en la presidencia del Consejo General Vasco, el 9 de junio de 1979.

garaje. (Del fr. *garage*.) m. Local destinado a guardar automóviles.

garama. (Del ar. *gárama*, impuesto.) f. En Marruecos, garrama que pagaban las tribus. ‖ Indemnización colectiva que paga una tribu por los robos cometidos en su territorio. ‖ Regalos que se hacen a una familia en la fiesta con que se celebra un fausto acontecimiento de la misma.

garamanta. (De *garamante*.) adj. **Etnog.** Dícese del individuo de un pueblo antiguo de la Libia interior, que habitó esta región en época prerromana, y que, según Heródoto, formó un poderoso reino que se extendía desde Angila hasta Tassili a través de Fezzan. Ú. t. c. s. y m. en pl.

garamante. (Del lat. *garamantis*.) adj. **Etnog. garamanta.** Apl. a pers., ú. t. c. s.

garamasta. f. **Bot.** Especie de tanaceto con hojas muy pequeñas (*tanacétum microphýllum*).

garambaina. f. Adorno de mal gusto y superfluo en los vestidos u otras cosas. ‖ pl. fam. Visajes o ademanes afectados o ridículos. ‖ fam. Rasgos o letras mal formados y que no se pueden leer. ‖ fam. Cosas y dichos inútiles; tonterías, pamplinas.

garambullo. m. **Bot. agavanzo.**

garandar. intr. *Germ.* Andar tunando de una parte a otra.

garandumba. f. **Mar.** *Amér.* m. Embarcación grande a manera de balsa, para conducir carga siguiendo la corriente de los ríos.

garante. (Del ant. alto a. *wërento*.) adj. Que da garantía. Ú. t. c. s. com.

Garachico. Arrecifes de lava, en las cercanías del castillo

garantía–garbillo

garantía. fr., *garantie;* it., *garanzia;* i., *guarantee;* a., *Bürgschaft.* (De *garante.*) f.Acción y efecto de afianzar lo estipulado. ‖ Fianza, prenda. ‖ Cosa que asegura y protege contra algún riesgo o necesidad. ‖ **garantías constitucionales.** *Polit.* Derechos que la Constitución de un Estado reconoce a todos los ciudadanos.
garantir. (De *garante.*) tr. Dar garantía. ‖ galic. por preservar, librar, defender.
garantizador, ra. adj. Que garantiza.
garantizar. fr., *garantir;* it., *garantire;* i., *to guarantee;* a., *verbürgen.* (De *garante.*) tr. Dar garantía.
garañón. (De *guarán.*) m. Asno grande destinado para cubrir las yeguas y las burras. ‖ Camello padre. ‖ desus. Caballo semental. Ú. hoy en *Amér. c., Chile y Méj.* ‖ *Can.* Macho cabrío destinado a padre.
garañuela. f. **grañuela.**
garapacho. m. Caparazón de las tortugas y cangrejos. ‖ Especie de hortera de madera o corcho, de forma semejante a la concha superior de la tortuga.
garapada. f. *Mur.* Almorzada, ambuesta.
garapanda. f. *Pal.* Arte de pesca a modo de retel.
garapiello. m. *Pesca. Gal.* Instrumento para mariscar que se conocer también con el nombre de rastrillo.
garapiña. f. Estado del líquido que se solidifica formando grumos. ‖ Galón adornado en uno de sus bordes con ondas de realce. ‖ Tejido especial en galones y encajes, dicho así por su semejanza con la garapiña, galón adornado. ‖ *Cuba y Méj.* Bebida muy refrigerante hecha de la corteza de la piña y agua con azúcar. ‖ *Méj.* **ratería.**
garapiñar. tr. Poner un líquido en estado de garapiña. ‖ Bañar golosinas en el almíbar que forma grumos. ‖ *Méj.* Robar, tomarse una cosa de poco valor.
garapiñera. f. Vasija que sirve para garapiñar o congelar los líquidos metiéndola ordinariamente en un cubo de corcho, más alto y ancho que ella, y rodeándola allí de nieve y hielo, con sal.
garapita. (Del lat. *gallŭla,* agalla.) f. Red espesa y pequeña para coger pececillos.
garapito. m. *Entom.* Insecto hemíptero heteróptero, familia de los notonéctidos, con alas cortas e inclinadas a un lado y negro en el dorso, boca puntiaguda, y las patas del último par mucho más largas que las de los otros dos. Vive sobre las aguas estancadas, en las cuales nada, generalmente de espaldas. Es también llamado *chinche de agua (notonecta glauca).*
garapullo. m. Flechilla que se tira sobre un blanco. ‖ **Taurom. banderilla.**
garata. f. Pelea, riña.
garatero, ra. adj. *P. Rico.* Peleador, valentón. Ú. t. c. s.
garatura. (Del it. *grattatura,* de *grattare,* raspar.) f. Instrumento cortante y corvo con dos manijas, que usan los pelambreros para separar la lana de las pieles, rayéndolas.
garatusa. f. Lance del juego del chilindrón o pechigonga, que consiste en descartarse de sus nueve cartas el que es mano, dejando a los demás con las suyas. ‖ fam. Halago y caricia para ganar la voluntad de una persona. ‖ **Esgr.** Treta compuesta de nueve movimientos, y partición de dos o tres ángulos, que hacen por ambas partes, por fuera y por dentro, arrojando la espada a los lados, y de allí volviendo a subirla para herir de estocada en el rostro o pecho.
Garaudy (Roger). *Biog.* Político y filósofo francés, n. en Marsella en 1913. Estudió filosofía y militó en la Acción Católica, hasta que se afilió al Partido Comunista (1933). Ha sido diputado (1945-51 y 1956-58) y senador (1959-62). Su defensa de los valores cristianos, la oposición a todo dogmatismo y su condena de la intervención soviética en Checoslovaquia le valieron ser considerado un heterodoxo dentro del Partido y más tarde ser expulsado de él. Entre otras obras ha escrito: *Théorie matérialiste de la conscience* (1953), *Dieu est mort* (1961), *Perspectivas del hombre* (1963), *Del anatema al diálogo* (1965), *Marxismo del siglo XX* (1966), *Peut-on être communiste aujourd'hui?* (1968) y *La alternativa* (1972).
garauna. f. *Bot. Brasil.* Árbol gigantesco, de madera muy estimada, que se llama también *baraúna* o *brauna (melanóxylon brauna).*
garay. m. *Mar.* Embarcación filipina, especie de chalana, de costados levantados y rectos y de proa algo más estrecha que el resto de la embarcación. Sirvió en un principio para conducir ganado; pero destinada después a la piratería va desapareciendo.
Garay (Blasco de) *Biog.* Mecánico español, n. a fines del s. XV y m. en 1552. Le dio fama su invento de un nuevo sistema de propulsión aplicado a la navegación, que substituía con ventaja a los anteriores. No se sabe con seguridad en qué consistía el ingenio ideado por Garay, pero se cree que estaba formado por dos ruedas laterales, accionadas desde el interior del barco mediante aplicación de la fuerza humana, en forma más práctica que con los remos. ‖ **(Francisco de).** Militar y explorador español, m. en Méjico en 1523. Fue alguacil mayor de Santo Domingo y gobernador de Jamaica. Intentó sin éxito explorar la costa del golfo de Méjico. Pretendió establecerse en la desembocadura del Pánuco, pero Cortés se le adelantó fundando San Esteban del Puerto, la actual Pánuco y Garay hubo de rendirse y marchar a Méjico. ‖ **(Juan de).** Conquistador y explorador español, n. en Orduña, Vizcaya, y m. en Asunción (1527-1583). Luchó a las órdenes de Chaves, con el que fundó la c. de Santa Cruz de la Sierra (1561). Ortiz de Zárate le confirió el nombramiento de justicia mayor

Juan de Garay

de Nueva Vizcaya, territorio entre el río Paraná y el Atlántico. Juan Torres de Vera y Aragón le nombró teniente gobernador, justicia mayor y capitán general del Río de la Plata. En 1580 desembarcó con sus tropas donde estuvo la primitiva c. de Buenos Aires, y la fundó nuevamente. ‖ **(Martín de).** Político español, n. en La Almunia de Doña Godina y m. en Zaragoza (1760-1823). Luchó en Zaragoza contra los franceses durante los dos sitios; fue una notabilidad en asuntos hacendísticos, y se le confió en 1816 la cartera de Hacienda; introdujo radicales reformas que le obligaron a dimitir, siendo, además, desterrado. ‖ *Geog.* Depart. de Argentina, prov. de Santa Fe; 14.582 h. Cap. Helvecia. ‖ Mun. de España, prov. de Vizcaya, p. j. de Marquina; 279 h. Corr. 124 a la cap., la anteiglesia de San Miguel Garay. Aguas hidrosulfurosas (frías), recomendadas en las enfermedades de la piel y escrofulismo. ‖ **-Sertucha.** V. **Gatica.**

Garayoa. *Geog.* Mun. y lugar de España, prov. de Navarra, p. j. de Aoiz; 198 h.
garba. (Del germ. *garba.*) f. *Ar. y Mur.* Gavilla de mieses. ‖ *Nav.* Hierba para pienso del ganado.
garbancero, ra. adj. Referente al garbanzo. Aplícase especialmente al terreno o al tiempo en que se dan bien los garbanzos. ‖ m. y f. Persona que trata en garbanzos. ‖ Persona que vende torrados.
garbanza. f. Garbanzo mayor, más blanco y de mejor calidad que el corriente.
garbanzal. m. *Agr.* Tierra sembrada de garbanzos.
garbanzo. fr., *pois chiche;* it., *cece,* i., *chick pea;* a., *Kichererbse.* (En gr., *erebinthos.*) m. *Bot.* Hierba anual de la familia de las papilionáceas, tribu de las vicieas, de 20 a 50 cm. de alt., pubescente y glandulosa, con hojas compuestas imparipinadas con 6 u 8 pares de folíolos oblongos y aserrados, estípulas agudas e incisodentadas, flores blancovioladas, axilares, aisladas, con pedúnculo mucho más corto que las hojas; cáliz con divisiones casi iguales y casi tan largas como la corola, tubo de estambres oblicuamente truncado, vaina muy inflada, pelosa, con una o dos semillas amarillentas, gibosas y con pico *(cicer arietinum).* ‖ Semilla de esta planta, legumbre de mucho uso que se come ordinariamente en la olla, en potaje y, a veces, solamente tostada con sal. ‖ **de agua.** *Metrol.* Medida antigua de agua, equivalente a la cantidad de líquido que sale por un caño del diámetro de un garbanzo regular. ‖ **mulato.** *Bot.* Garbanzo más pequeño y menos blanco que la garbanza de Castilla. ‖ **negro.** fig. *Léx.* Persona que entre las de su clase no goza de consideración por sus condiciones morales o de carácter. ‖ **garbanzos del cura.** *Bot.* Cardo estrellado, de la familia de las compuestas, subfamilia de las tubulifloras *(centáurea calcitrapa).* ‖ **ese garbanzo no se ha cocido en su olla.** expr. fig. y fam. **ese bollo no se ha cocido en** su **horno.** ‖ **garbanzos de a libra.** expr. fig. Cosa rara o extraordinaria.
garbanzón. (De *agavanzo.*) m. *Bot. Al.* Agracejo o limoncillo.
garbanzuelo. m. dim. de **garbanzo.** ‖ **Veter. esparaván,** tumor.
garbar. tr. *Ar.* Formar las garbas o recogerlas.
Garbayuela. *Geog.* Mun. y villa de España, prov. de Badajoz, p. j. de Herrera del Duque; 1.072 h.
garbear. intr. Afectar garbo o bizarría en lo que se hace o se dice.
garbear. tr. *Ar.* Formar las garbas o recogerlas.
garbear. tr. Robar. ‖ intr. Trampear.
garbeo. m. Paseo, acción de pasearse.
garbera. (Del germ. *garba,* gavilla.) f. *And., Ar. y Mur.* Montón de garbas.
garbero. m. *And.* Pañuelo, generalmente de los llamados de yerbas, que doblado de cierto modo se ciñe a la cabeza anudándolo sobre la nuca y de modo que los picos cuelguen. ‖ Pañoleta de colorines que arrollada se ciñe al cuerpo sobre la chupa o el marsellés pasándolo bajo los brazos y anudándolo sobre el pecho.
garbías. m. pl. *Coc.* Guisado compuesto de borrajas, bledos, queso fresco, especias finas, flor de harina, manteca de cerdo sin sal y yema de huevos duros, todo cocido y después hecho tortilla y frito.
garbillador, ra. adj. Dícese de la persona que garbilla. Ú. t. c. s.
garbillar. (De *garbillo.*) tr. Ahechar grano. ‖ **Min.** Limpiar minerales con el garbillo.
garbillo. (Del lat. *cribellum,* cribo.) m. Especie de zaranda de esparto con que se garbilla el grano. ‖ *And. y Mur.* Esparto largo y

escogido. ‖ Ahechaduras que resultan en las fábricas de harina y que, molidas, sirven de alimento al ganado. ‖ **Min.** Especie de criba con aro de esparto y fondo de lona o tela metálica con que se apartan de los minerales la tierra y las gangas. ‖ Mineral menudo y limpiado con el garbillo.

garbín. m. **garvín.** ‖ **Pesca.** *Ast.* Instrumento para la pesca de la jibia; consiste en una barra de hierro, en cuyo extremo se fijan ocho anzuelos grandes, que se une, a su vez, a una percha de madera de 10 ó 12 m. de long.

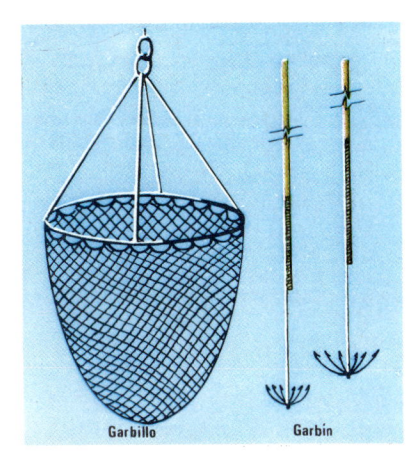

garbino. (Del ár. *garbī*, occidental.) m. **Meteor.** Viento del sudoeste.

garbitana. f. *Pesca. Cat.* **gambina.**

garbo. fr., *désinvolture;* it., *garbo;* i., *ease, gracefulness;* a., *Anmut.* (Del it. *garbo.*) m. Gallardía, gentileza, buen aire y disposición de cuerpo. ‖ fig. Cierta gracia y perfección que se da a las cosas. ‖ fig. Bizarría, desinterés y generosidad.

garbo. m. *Mar. Ant.* **gálibo.**

Garbo (Greta). *Biog.* Gustafsson (Greta Lovisa).

gárboli. m. desus. *Cuba.* Juego del escondite.

garbón. (De *garba.*) m. *Val.* Haz pequeño de leña menuda que se usa para los hornos.

garbón. (En fr., *garbon;* en provenz., *garroun.*) m. *Zool.* Macho de la perdiz.

Garborg (Arne). *Biog.* Novelista noruego, n. en Time y m. en Asker (1851-1924). Obras principales: *Mentes ligeras, Paz* y *El padre perdido* (1899).

garbosamente. adv. m. Con garbo.

garboso, sa. (De *garbo.*) adj. Airoso, gallardo, bizarro y bien dispuesto. ‖ fig. Magnánimo, dadivoso.

garbudo, da. adj. **garboso.**

gárbula. (Del lat. *valvŭlus*, vaina, hollejo.) f. *Sal.* Vaina seca de los garbanzos, que se aprovecha para la lumbre.

garbullo. (Del it. *garbuglio.*) m. Inquietud y confusión de muchas personas revueltas unas con otras. Dícese especialmente de los muchachos cuando andan a la rebatiña.

garcero. (De *garza.*) adj. *Cetr.* V. **halcón garcero.**

Garcés (Tomás). *Biog.* Poeta español en lengua catalana, n. en Barcelona en 1901. Licenciado en Filosofía y Letras y Derecho. En su obra poética perdura, en cierto modo, la línea de Maragall; se caracteriza por un gran dominio del idioma y por la malicia intelectual de sus escritos. Obras suyas son: *Vint cançons* (1922), *L'ombra del lledoner* (1924), *El Sommi* (1927), *Paradis* (1931), *El senyal* (1935) y *El caçador* (1946).

garceta. (De *garza.*) f. Nombre de varias especies de garza (v. **Zool.** en este mismo art.). ‖ Pelo de la sien, que cae a la mejilla y allí se corta o se forma en trenzas. ‖ *Córd.* Trozo de cuerda unido al final de la coyunda. ‖ **Mont.** Cada una de las puntas inferiores de las astas del venado. ‖ **Zool.** Nombre de varias especies de garzas, aves ciconiformes de la familia de las ardeidas, también llamadas *garzas blancas*. La *garceta común* mide 60 cm. de alt. y 110 de envergadura; tiene el pico negro, de unos 10 cm., patas negras y dedos amarillos; ojos de este color o azulgrisáceos; y dos largas plumas que penden de la nuca en la época del celo y muchas que cuelgan del cuello. Es propia de Europa, África y S. y centro de Asia, y frecuenta las orillas de ríos y lagos, donde se alimenta de animalillos *(egretta garzetta).*

garcía. m. fam. *And., Ast.* y *Rioja.* Zorro, raposo.

García I. *Biog.* Rey de León, m. en 914. Obtuvo la corona mediante una sublevación contra su padre Alfonso III. Ocupó el trono desde 910 hasta su muerte. Combatió a los árabes, llevando a sus tropas victoriosas hasta tierras de Ávila, y hasta Beja. ‖ **Íñiguez.** Probable rey de Navarra, hijo de Íñigo Arista, que hacia 860 era ya dueño de Pamplona. Reinó entre 861 y 882 a 884. ‖ **I,** o **García Sánchez.** Rey de Navarra (925-970). Sucedió a Sancho Garcés I y su minoría fue regida por Jimeno Garcés, tío suyo, y por la reina Tota, su madre, quien contribuyó con sus tropas a la derrota de los musulmanes en Simancas y Alhandega (939); intervino después en las luchas civiles de León, apoyando a su nieto Sancho, luego Sancho I *el Craso*, contra su hermano Ordoño III. ‖ **II.** Rey de Navarra, llamado *el Trémulo*, m. en 1000. Ocupó el trono del año 994 al 1000, como sucesor de Sancho II; combatió a los moros, ayudando a los reyes de León y a los condes de Castilla. ‖ **III.** Rey de Navarra, m. en Atapuerca en 1054. Hijo y sucesor de Sancho III *el Mayor*, de Navarra. García comenzó a reinar (1035) sobre un territorio que llegaba por el O. a las actuales prov. de Santander y Burgos. Tomó a los moros la plaza de Calahorra (1045) y guerreó con Fernando I, y rey de Castilla y León, quien le venció en Atapuerca (1054). ‖ **IV,** o **García Ramírez IV.** Rey de Navarra, m. en 1150. Llamado *el Restaurador* porque fue el primer soberano después de los sesenta años de incorporación al reino aragonés (1134-1150). Fue proclamado a la muerte de Alfonso *el Batallador*, y pasó su vida en luchas, acuerdos e intrigas para defender su reino frente a las ambiciones de castellanos y aragoneses. ‖ o **Garci Fernández.** Conde de Castilla, hijo y sucesor de Fernán González, n. en Burgos y m. en Córdoba (938-995). Pasó a ser soberano en 970. Almanzor le arrebató Clunia, Osma, Gormaz y San Esteban de Gormaz, y, herido en una batalla a orillas del Duero, fue hecho prisionero y murió a los cinco días. ‖ **Sánchez.** Último conde privado de Castilla (1009-1029). Demostró su valor combatiendo a los moros y fue asesinado en León por los hermanos Velas, familia enemiga de Castilla, cuando el joven conde iba a casarse con la hermana de Bermudo III. ‖ Caudillo navarro, m. en 857. Reemplazó a su padre Sancho Sanchón en 853 y casó con la hija de Muza, Oria. ‖ **(Alejo).** Explorador portugués, n. a fines del s. XV y m. h. 1526. Fue compañero de Juan Díaz de Solís en el descubrimiento del río de la Plata. Los indios de la región le hablaron pronto de un imperio del Rey Blanco, de un lago donde dormía el Sol y de una sierra de la que brotaba plata. Alejo García, entusiasmado por estos relatos, se hizo acompañar por un negro, dos españoles y unos cientos de indios, y emprendió a pie la travesía de todo Brasil y de todo el Chaco hasta las primeras estribaciones de los Andes. Regresaba con un gran tesoro, pero al pasar por el río Paraguay fue asaltado por unos indios, muerto y robado. ‖ **(Basilio Antonio).** Militar español, n. en Logroño y m. en Tolón (1791-1844). Procedente del ejército, tomó parte en toda la campaña de la guerra de los Siete Años por la causa carlista; sin querer aceptar el Convenio de Vergara, prefirió la emigración, en donde murió pobremente. ‖ **(Carlos Palestico).** Político filipino, n. en Talibon, Bohol, y m. en Quezón (1896-1971). Gobernador de la prov. de Bohol (1932-42) y vicepresidente de la República (1941). Organizó el movimiento de resistencia durante la S. G. M. y representó a su país en la Conferencia de San Francisco (1945). Fue ministro de Asuntos Exteriores (1954-57) y presidente de la República (1957-61). ‖ **(Juan). Escalante y Prieto (Amós).** ‖ **(Lizardo).** Político ecuatoriano, n. en Guayaquil (1842-1937). Con el general Alfaro fue ministro de Hacienda. En 1905 se le eligió presidente de la República, siendo derrocado en 1906 por una revolución militar. ‖ **(Lorenza Pilar).** Cantante española, más conocida por *Pilar Lorengar*, n. en Zaragoza. En 1951 hizo su presentación con *El canastillo de fresas*, que le valió la concesión del premio Ofelia Nieto para intérpretes líricos. En 1955 alcanzó un gran éxito en Londres con *La Traviata*, y en 1957 obtuvo el premio Enriqueta Cohen por sus actuaciones en los festivales de Glyndebourne. ‖ **(Manuel del Popolo Vicente).** Famoso tenor, compositor, cantante de ópera y guitarrista español, n. en Sevilla y m. en París (1775-1832). Rossini escribió para él la parte de tenor de sus óperas *El barbero de Sevilla* y *Otelo.* ‖ **(Manuel Vicente).** Profesor de canto y hombre de ciencia español, más conocido por *Manuel García*, hijo del anterior, n. en Madrid y m. en Londres (1805-1906). Se le debe la invención del laringoscopio. Dio a conocer su invento a la Real Sociedad de Medicina de Londres en una memoria titulada *Observaciones fisiológicas acerca de la voz humana.* Actuó también muchos años como cantante y formó parte de la compañía de ópera que llevó su padre a Nueva York. Abrió una academia de canto en París y desempeñó la cátedra del Conservatorio desde 1831 hasta 1850. ‖ **(María Asunción).** Concertista de guitarra, bailarina y cancionista española, más conocida por *Asunción Granados*, m. en Buenos Aires en 1967. Fue quizá más conocida en el extranjero que en España. Actuó en América, Japón, China, India, Egipto, etc. ‖ **-Alas y Ureña (Leopoldo).** Escritor y crítico literario español, más conocido por *Leopoldo Alas* y por el seudónimo de *Clarín*, n. en Zamora y m. en Oviedo (1852-1901). Su obra de más envergadura fue una novela, *La Regenta* (1885), fundamental en cuanto representa la adquisición por la novela española del arte del detalle. Escribió también cuentos excelentes, como

Carlos Palestico García

Leopoldo García-Alas y Ureña, dibujo por P. Vicente. Colección particular. Madrid

¡Adiós, cordera!, la *Conversión de Chiripa, El Señor y lo demás son cuentos,* etc. Pasan de 30 los volúmenes por él publicados, además de algunos millares de artículos. Como crítico, su mérito destacadísimo se entronca con el arte de Larra. Ejerció gran influjo sobre la llamada *generación del 98.* Fue profesor de Economía política en las Universidades de Salamanca y Zaragoza, y de Derecho romano y natural en la de Oviedo. || **Alix (Antonio).** Político español, n. en Murcia y m. en Madrid (1852-1911). Fue diputado, subsecretario de Gracia y Justicia, ministro de la Gobernación y de Hacienda y gobernador del Banco de España. || **Añoveros (Jaime).** Político y economista español, n. en Teruel en 1932. Catedrático de Derecho Financiero por la Universidad de Sevilla y abogado en ejercicio, es autor del anteproyecto para el Código Tributario de la República de Perú. En abril de 1979 ocupó el cargo de ministro de Hacienda. || **Asensio (Enrique).** Director de orquesta español, n. en Valencia en 1937. Estudió bajo la dirección de Sergiu Celibidache. Director de la Orquesta Sinfónica de la Radio-Televisión Española (1966), dirección que comparte con Odón Alonso. En enero de 1967 ganó el concurso Dimitri Mitropoulos (v.). || **Bacca (Juan David).** Filósofo español, n. en Pamplona en 1901. Discípulo de Ortega y Gasset. Ha sido profesor en Barcelona, Quito y Méjico, y actualmente en Caracas. Su investigación se dirige principalmente hacia la historia de la filosofía, metafísica y lenguaje. Obras: *Metafísica natural, estabilizada y problemática* (1963) e *Introducción literaria a la filosofía* (1964). En mayo de 1978 fue galardonado con el premio nacional de Literatura de Venezuela, por el conjunto y la personalidad de su labor filosófica. || **Balboa (Pedro José). Sarmiento (Martín).** || **de la Barga y Gómez de la Serna (Andrés).** Escritor español, más conocido por el seudónimo de *Corpus Barga,* n. en Madrid y m. en Lima (1887-1975). Colaboró en el diario madrileño *El Sol,* en la *Revista de Occidente* y en *La Nación* de Buenos Aires. Exiliado en 1939, se afincó en Lima. Obras: *La vida rota* (2 volúmenes, 1908-10), *Pasión y muerte, Apocalipsis* (1930), *La baraja de los desatinos* (1968); *Los pasos contados,* que comprende *Mi familia, El mundo de mi infancia* (1963), *Puerilidades burguesas* (1965), *Las delicias* (1967) y *Los galgos verdugos* (1973). || **Barzanallana (Manuel).** Político español, n. y m. en Madrid (1817-1892). Pertenecía al partido moderado, bajo cuya filiación fue diputado, senador y ministro de Hacienda; jefe de la oposición a los Gobiernos de Amadeo y de la República, y, después de la Restauración, presidente del Senado y de la Academia de Ciencias Morales y Políticas. || **y Bellido (Antonio).** Historiador español, n. en Villanueva de los Infantes y m. en Madrid (1903-1972). Catedrático de Arqueología en la Universidad de Madrid, perteneció al Consejo Superior de Investigaciones Científicas, cuyo Instituto de Arqueología fundó y dirigió. Autor de numerosos trabajos sobre historia antigua y arqueología de España: *España y los españoles hace dos mil años, según la geografía de Strabón* (1945), *La escultura de España y Portugal, La península Ibérica en los comienzos de su historia* (1953), *Arte romano, Colonia Aelia Augusta Itálica* (1960). || **-Berlanga Martí (Luis).** Director y guionista de cine español, n. en Valencia en 1921. Entre sus filmes se cuentan: *Esa pareja feliz* (1951), en colaboración con Bardem; *Bienvenido, Mr. Marshall* (1952), *Novio a la vista* (1953), *Calabuch* (1956), premiada en Venecia; *Los jueves, milagro* (1957), *El verdugo* (1964), *La escopeta nacional* (1978). En 1962 obtuvo la medalla de oro del Círculo de Bellas Artes por su labor como director, y en diciembre de 1977 fue nombrado presidente de la Filmoteca Nacional. || **Y Blanco (Manuel).** Filólogo y profesor español, n. y m. en Salamanca (1902-1966). Fue catedrático de Literatura española en la Universidad de La Laguna, y desde 1924 desempeñó la de Gramática histórica de la lengua española, en la de Salamanca. Creador de la revista *Cuadernos de la cátedra Miguel de Unamuno,* ha publicado: *En torno a Unamuno.* || **Calderón (Francisco).** Político y jurisconsulto peruano, padre de Francisco y Ventura, n. en Arequipa (1834-1905). Presidió el Congreso Constituyente y fue luego ministro de Hacienda (1868). Ocupada Lima por las fuerzas chilenas, fue investido del mando supremo y un Congreso reunido en Chorrillos le autorizó a suscribir un tratado de paz, rechazado por los chilenos, quienes le encarcelaron y le confinaron en ese país. De retorno en 1886 fue senador, presidiendo el Senado. || **Calderón (Francisco).** Pensador y escritor peruano, hermano de Ventura, n. y m. en Lima (1883-1953). Obras principales: *El Perú contemporáneo* (1908), *La creación de un continente* (1914), y *Hombres e ideas de nuestro tiempo* (1907). || **Calderón (Ventura).** Literato peruano, n. en París (1887-1959). Fue delegado de su país ante la Sociedad de las Naciones. Entre sus obras figuran: *Del Romanticismo al Modernismo* (1910), *La literatura peruana* (1914), *Rubén Darío* (1918), *Semblanzas de América* (1920), *El nuevo idioma castellano* (1924) y *Vale un Perú* (1939). || **Calvo (Agustín).** Pensador, lingüístico y escritor español, n. en Zamora en 1926. Catedrático de lenguas clásicas en las universidades de Sevilla y Madrid, en 1965 fue separado de la docencia por motivos políticos. En 1976 fue restablecido en la cátedra con todos sus derechos. Ha escrito *Sermón de ser y no ser* (1972), *Lalia. Ensayos de estudio lingüístico de la sociedad* (1973) *Cartas de negocios de José Requejo* (1974), *El ritmo del lenguaje* (1975), *De los números* (1976) y *¿Qué es el Estado?* (1977). **de Castro (Lope).** Político español del s. XVI. Fue gobernador de Perú y presidente de la Audiencia de Lima; capitán general de Perú en 1564 y fundador de la Real Casa de Moneda de Lima. || **de la Cuesta (Gregorio).** General español, n. en La Lastra y m. en Palma de Mallorca (1741-1811). Tomó parte en las campañas de Portugal, Gibraltar, Santo Domingo, Jamaica, Perú, en la del Rosellón y de la Independencia. Fue vicepresidente del Congreso, capitán general de Mallorca y Castilla la Vieja, capitán general del Ejército y benemérito de la Patria. || **Cuesta (Manuel).** Torero sevillano, conocido por *el Espartero,* n. en Sevilla y m. en Madrid (1866-1894). Tomó la alternativa en Sevilla en 1885. Por su arrojo sufrió varias cogidas, y murió víctima de una de ellas. || **de Diego (Vicente).** Profesor y latinista español, n. en Vinuesa y m. en Madrid (1878-1978). Académico de número y bibliotecario perpetuo de la Real Academia Española. Ha publicado numerosos trabajos y obras didácticas. Obras principales: *Gramática histórica latina, Versos para mí, Dialectología, Lingüística general, Diccionario Etimológico español e hispánico,* etc. **Fernández (Sinesio).** Político y escritor español, más conocido por *Diego Abad de Santillán,* n. en Burgos en 1898. Residió largo tiempo en Argentina. Vuelto a España, impulsó al grupo anarquista *Nervio* y fue delegado de la F. A. I. Al término de la guerra civil marchó de nuevo a Argentina, donde estableció su residencia. Dirigió la revista *Timón.* Es autor de *La F. O. R. A. Ideología y trayectoria del movimiento revolucionario en la Argentina* (1933), *La revolución y la guerra de España* (1938), *Por qué perdimos la guerra* (1940) y *Contribución a la historia del movimiento obrero español* (1962-65). Es el compilador de la *Gran Enciclopedia Argentina* (1956-63). || **de Galdeano y Yanguar (Zoel).** Matemático español, n. en Pamplona (1846-1924). Obras principales: *Estudios críticos sobre la generación de los conocimientos matemáticos, Las geometrías no euclidianas y el concepto del hiperespacio, El concepto del imaginarismo en la ciencia matemática.* || **Godoy (Héctor).** Político y jurisconsulto dominicano, n. en Moca y m. en Santo Domingo (1921-1970). De tendencia moderada, en 1965 fue nombrado presidente provisional de la República, cargo que ocupó hasta julio de 1966. Desempeñó funciones diplomáticas durante el régimen de Trujillo y fue ministro de Relaciones Exteriores durante la administración de Juan Bosch. || **Gómez (Emilio).** Arabista español, n. en Madrid en 1905. En 1931 recibió el premio Fastenrath. Ministro plenipotenciario en Afganistán y embajador en Bagdad (1958-60), Beirut (1960-63) y Ankara (1963-69). Se ha dedicado principalmente al estudio de poetas arabigoespañoles y ha publicado: *Poetas arábigo-andaluces, Cinco poetas musulmanes,* la crítica y glosa de *El collar de la paloma,* de Ibn Hazm de Córdoba (1952), *Las jarchas romances de la serie árabe en su marco.* ||

El arresto, por Rafael García Gómez (1971). Museo de Arte Moderno. Madrid

Gómez (Rafael). Pintor español, más conocido por el seudónimo de *Rafael Canogar Canogar,* n. en Toledo en 1934. Ha sido discípulo de Vázquez Díaz. Obras suyas se encuentran, entre otros museos, en el de Arte Contemporáneo, de Madrid; Barcelona; Galería Cívica de Arte Moderno, de Turín y Bolonia; Bellas Artes de Caracas; Haag Gemeentemuseum, de La Haya, y Arte Abstracto, de Cuenca. ‖ **y González (Vicente).** Militar y político cubano (1833-1886). Intervino en la Guerra Larga (1868-1878) y asumió la presidencia de la República en Armas (diciembre de 1877 a febrero de 1878). Se opuso al Pacto de Zanjón y siguió luchando un tiempo hasta que depuso las armas y marchó desterrado a Venezuela, donde murió. ‖ **Gutiérrez (Antonio).** Poeta y autor dramático español, n. en Chiclana, Cádiz, y m. en Madrid (1813-1884). Lo que le dio fama fueron sus dramas, y sobre todo, *El trovador*, estrenado merced a la influencia de Espronceda, en 1836. En esta obra, sin amoldarse a los patrones de la tragedia y comedia clásicas, se aprovechó de los mejores elementos de ambas y creó un drama romántico modelo. En otros dramas, como *El rey monje, Simón Bocanegra*, que renovó los laureles de *El trovador, Venganza catalana*, acaso su obra más popular, y *Juan Lorenzo* (1865), hay fragmentos de un gran valor teatral, sin que dejen de ser meritorios en su conjunto. ‖ **Hortelano (Juan).** Novelista español, n. en Madrid en 1928. Es uno de los más caracterizados representantes de la denominada novela objetiva o concreta. Ha publicado, entre otras obras: *Nuevas amistades*, premio Biblioteca Breve (1959), *Tormenta de verano*, premio Formentor (1962), *Gente de Madrid* (1967). ‖ **de la Huerta (Vicente).** Literato y erudito español, n. en Zafra y m. en Madrid (1734-1787). La representación de su tragedia *Raquel* en 1778 constituyó un acontecimiento teatral por su verda-

Vicente García de la Huerta, grabado antiguo

dero mérito. Escribió también otras obras dramáticas, libros y algunas poesías, una de las cuales, *Égloga de los pescadores*, le dio celebridad. ‖ **Icazbalceta (Joaquín).** Historiador y bibliógrafo mejicano, n. y m. en Méjico (1825-1894). Entre sus obras se destacan la biografía de *Fray Juan de Zumárraga* (1881) y la irreprochable *Bibliografía mejicana del siglo XV* (1886). A él se le deben los principales estudios sobre la cultura colonial en Méjico. Sobresalía por la erudición y el rigor del método. ‖ **Íñiguez (Calixto).** General cubano, n. en Holguín y m. en Washington (1839-1898). Tomó parte activa desde su juventud en todas las guerras promovidas en Cuba en pro de su Independencia. Él, Maceo y Máximo Gómez fueron los caudillos militares de la Independencia cubana. Tomó parte en la Guerra de Yara o de los Diez Años (1868), en la Guerra Chiquita (1879) y en la de la Independencia (1895). Desempeñó un gran papel en la toma de El Caney y de Santiago de Cuba. ‖ **López (Ángel).** Escritor español, n. en Rota en 1935. Fundó las revistas poéticas *Capitel* y *Loreley*. Obras: *Emilia es la canción* (1963), *Tierra de nadie* (1968) y *Volver a Uleila* (1970). En 1969 obtuvo el premio Adonais con la obra *A flor de piel; Retrato respirable en un desván; Elegía en Astaroth; Auto de fe*, y *Mester Andalusí* (1979). ‖ **López (Ricardo).** Dibujante español contemporáneo. Firma con el seudónimo de *K-Hito*, y ha publicado: *Yo, García*, obra autobiográfica de humor. En 1955 publicó *Anda que te anda*. ‖ **Lorca (Federico).** Poeta español, n. en Fuente Vaqueros y m. en Víznar (1898-1936). Estudió Filosofía y Letras y Derecho. Murió fusilado al comienzo de la guerra civil. Su obra poética pertenece a la generación del 27 (v.) y comprende *Libro de poemas*, obra de adolescencia, *Can-*

Federico García Lorca, por Gregorio Prieto. Colección del pintor. Madrid

ciones, más lograda y madura, *Poema del cante jondo, Romancero gitano*, que junto con las anteriores formaría la poesía de línea más popular. De una tendencia más universal y difícil son *Poeta en Nueva York, Llanto por la muerte de Ignacio Sánchez Mejías, Sis poemas galegos* y *Diván de Tamarit*, en los que aparece la preocupación social y el lenguaje surrealista. Su producción dramática comienza con *El maleficio de la mariposa*. Sigue con farsas, *La zapatera prodigiosa*, comedias, *Doña Rosita la soltera*, tragedias, *Mariana Pineda, Bodas de sangre, Yerma* y *La casa de Bernarda Alba*, y dos obras de vanguardia, *Así que pasen cinco años* y *El público*. ‖ **de Malibrán (María Felicidad).** Cantante, conocida por *la Malibrán*, n. en París y m. en Manchester (1808-1836). Era hija del tenor español Manuel del Pópolo Vicente García y hermana de Paulina García Viardot y de Manuel Vicente García. Recorrió triunfalmente los principales teatros de Europa y se la considera la cantante más notable del siglo XIX. ‖ **Márquez (Gabriel).** Escritor y periodista colombiano, n. en Aracataca en 1928. Cultiva, además de la novela, el cuento, ambos con singular maestría. Obras: *Los funerales de la Mamá Grande, El coronel no tiene quien le escriba* (1962), *Cien años de soledad* (1967), por la que recibió el premio Rómulo Gallegos en 1972; *Relato de un náufrago* (1970) y *La increíble y triste historia de la cándida Eréndira y de su abuela desalmada* (1972). ‖ **Martí (Victoriano).** Escritor español, n. en Puebla del Caramiñal y m. en Santiago de Compostela (1881-1966). Fue académico de honor de la Real Academia Gallega (1960) y, en 1965, miembro correspondiente de la Real Academia Española de la Lengua. Colaboró en revistas y escribió notables obras, entre ellas: *La voz de los mitos, Máximas, caracteres y reflexiones; La sonrisa de un espíritu, Del vivir heroico, Verdades sentimentales, Lugares de devoción y belleza, Una punta de Europa, El sentimiento de lo eterno y La voluntad y el destino*. ‖ **Menocal (Mario).** Político cubano, más conocido por *Mario Menocal*, n. en Jagüey Grande (1866-1941). Estudió en EE. UU., y al estallar la guerra contra España sirvió a las órdenes de Máximo Gómez, distinguiéndose en esta campaña, en la que ascendió a general. En 1912 fue elegido presidente de la República (el tercero), y su período se caracterizó por una política constructiva; fue reelegido en 1916. ‖ **Mercadal (José).** Escritor español, n. en Zaragoza y m. en Madrid (1883-1975). Obtuvo el premio nacional de Literatura en 1935. Obras principales: *Del jardín de las doloras* (1906), *Los cachorros del león* y *Del llano a las cumbres* (1926), *Entre Tajo y Miño* (1927), *Goya, pintor del pueblo, Historia del Romanticismo en España, Palafox*, biografía, *Estudiantes, sopistas y pícaros* (1954) y *Azorín* (1967). ‖ **Morato (Joaquín).** Aviador español, n. en Ceuta y m. en el aeródromo de Griñón, Madrid (1904-1939). Ingresado en la Academia de Infantería, pasó después al cuerpo de Aviación. Durante la guerra civil (1936-39) mandó una escuadrilla, que llegó a ser la más famosa por sus proezas, y que valieron a su jefe dos cruces laureadas de San Fernando. Murió en accidente de aviación. ‖ **Moreno (Gabriel).** Político y escritor ecuatoriano, n. en Guayaquil y m. en Quito (1821-1875). Castigó con crueldad, trabajó sin descanso, multiplicó las escuelas, abrió caminos, contrató sabios profesores europeos, persiguió la falta de honradez. Fue el suyo un despotismo ilustrado dirigido por una fe inconmovible. Murió asesinado en pleno ejercicio de la presidencia de la República. ‖ **Morente (Manuel).** Filósofo español, n. en Arjonilla, Jaén, y m. en Madrid (1888-1942). Desempeñó la cátedra de Ética en la Universidad de Madrid. En 1941 se ordenó de sacerdote. Pronunció numerosas conferencias, principalmente en América y fue miembro de la Academia de Ciencias Morales y Políticas. Entre sus obras notables figuran: *La filosofía de Kant, Una introducción a la filosofía, La filosofía de Bergson, Fundamentos de Filosofía*, en colaboración con J. Zaragüeta; *Idea de la Hispanidad* y *Ejercicios espirituales*, obra póstuma (1961). ‖ **Morillo (Roberto).** Compositor y musicólogo argentino, n. en Buenos Aires en 1911. Autor de un libro sobre *Mussorgski* y de cerca de un centenar de artículos. Sus composiciones le han reportado varios premios: *Berseker*, movimiento sinfónico; *Usher*, serie sinfónica; *Juvenilia*, música para la película homónima. ‖ **Nieto (José).** Poeta español, n. en Oviedo en 1914. Fundó y dirigió la revista poética *Garcilaso* (1942-45) y es director de la revista *Poesía Española*. Obras: *Tregua* y *La red* (1955), la última, premio Fastenrath 1956; *Geografía es amor*, premio nacional de Literatura (1957); *La hora undécima* (1963), *Teo y el autocar de las ocho quince*, por la que ganó el VII Concurso de Cuentos «Hucha de Oro» (1972) y *Súplica por la paz del mundo y otros «collages»* (1974), por la que se le concedió el premio Boscán. ‖ **Oliver (Juan).** Político español, n. en Reus en 1902. Militó desde muy joven en las filas anarquistas y contribuyó a la formación de la F. A. I. Dentro de la C. N. T. fue partidario de no colaborar en el juego democrático republicano, cuya postura cambió ante la situación bélica de 1936, en cuyo año fue designado ministro de Justicia. Se le deben dos leyes importantes: una por la que se creaban las ciudades penitenciarias para presos comunes; otra por la que se fundaban los

Diego García de Paredes, grabado antiguo

campos de trabajo para presos políticos. En 1939 se exilió y fijó su residencia en Méjico. || **de Paredes (Diego).** Famoso capitán español, n. en Trujillo y m. en Bolonia (1466-1530). Luchó en las guerras de Granada, de Italia y contra los turcos, distinguiéndose en el sitio de Cefalonia. Sirvió en el ejército del papa Alejandro VI contra los Ursinos, tomándoles la plaza de Ostia. Era admirador del *Gran Capitán*, a cuyas órdenes luchó, dando pruebas de un valor temerario, realizando en todas partes hazañas que parecen fabulosas y aclamándole la fama como uno de los más valientes capitanes de su época. Estaba dotado de fuerzas hercúleas. || **Pavón (Francisco).** Escritor español, n. en Tomelloso en 1919. Entre sus obras se cuentan: *Cerca de Oviedo, Cuentos republicanos* (1961), *Teatro social de España, Los liberales* (1965), *La guerra de los dos mil años* (1967), *El reinado de Witiza* (1968), por la que obtuvo el premio de la Crítica, *Las hermanas coloradas*, premio Nadal 1969, *Nuevas historias de Plinio* (1970). || **Paz Catalá (Concepción).** Actriz española, más conocida por *Concha Catalá*, n. en Bilbao y m. en Madrid (1881-1968). Trabajó principalmente en Madrid y en Barcelona y un tiempo formó compañía con Manuel González, Carmen Carbonell y Antonio Vico. || **de Polavieja y del Castillo (Camilo).** General y político español, marqués de Polavieja, n. y m. en Madrid (1838-1914). Tomó parte en las campañas de África, Cuba, segunda civil y en Filipinas. Fue capitán general de Andalucía, gobernador y capitán general de Cuba y de Filipinas, ministro de la Guerra, jefe de Estado Mayor Central, presidente del Consejo Supremo de Guerra y Marina y capitán general del Ejército. || **Ponce (Juan).** Escritor mejicano, n. en Mérida, Yucatán, en 1932. Sus obras principales son: *El canto de los grillos, La feria distante y Doce y una, trece*, obras dramáticas; *Reunión de familia y La noche*, relatos; y *Figura de paja*, novela. || **Prada (Carlos).** Escritor, poeta y educador colombiano, n. en Málaga, Santander, en 1898. Ha enseñado en universidades estadounidenses desde 1921 y su labor escrita es amplia y variada. Obras: *La personalidad histórica de Colombia* (1926), *Antología de líricos colombianos* (1936-37), *Estudios hispanoamericanos* (1945), *Ecos y Sombras* (1953), *Poetas modernistas hispanoamericanos*, antología (1956), *En espera y otros poemas y Poesía de España y América* (1958). || **Prieto, marqués de Alhucemas (Manuel).** Político español, n. en Astorga y m. en San Sebastián (1859-1938). Hijo político de Montero Ríos y afiliado al partido liberal, fue diputado, director general de lo Contencioso, ministro de la Gobernación, Gracia y Justicia, Fomento, Estado, senador vitalicio y presidente del Consejo de Ministros, de cuyo cargo fue separado en 1923 por el Directorio militar. Al formarse en febrero de 1931 el Gobierno de concentración monárquica bajo la presidencia del almirante Aznar, el último de la monarquía, se le confió la cartera de

Manuel García Prieto, por R. Guerrero. Ministerio de Justicia. Madrid

Gracia y Justicia. || **de Quevedo (José Heriberto).** Literato venezolano, n. en Coro y m. en París (1819-1871). Colaboró con Zorrilla en los poemas *María, Ira de Dios y Un cuento de amores*, y compuso tres poemas filosóficos: *Delirium, La segunda vida y El proscrito*. También escribió la novela *El amor de una niña* y varias obras dramáticas. || **Ramos (José).** Pintor español, n. y m. en Sevilla (1852-1912). Se le debe un número importante de cuadros, de los cuales los más notables son *El rosario de la aurora y Pelando la pava*. Reprodujo en sus lienzos las escenas andaluzas con marcada fidelidad. || **Rodríguez (Arturo).** Actor cinematográfico mejicano, más conocido por *Arturo de Córdova*, n. en Mérida, Yucatán, y m. en Méjico (1908-1973). Películas: *Cielito lindo, La herida luminosa, La ciudad de los niños, Miércoles de ceniza y El hombre que logró ser invisible*. || **Rovira (Custodio).** Patriota colombiano (1780-1816). Gobernador de la prov. del Socorro, integró el Triunvirato en 1814, al cual fue reelecto un año después. Ocupó la presidencia de la República en 1816 y murió fusilado por Morillo y su cadáver colgado en la horca en Bogotá. || **Sanchiz (Federico).** Literato español, n. en Valencia y m. en Madrid (1886-1964). Fue miembro de la Real Academia Española. Entre sus obras descuellan: *Historia romántica, El barrio Latino* (1914), *La Sulamita* (1918), *Adiós, Madrid y El viaje a España* (1919). En 1958 publicó *Ya vuelve el español donde solía*, diario del viaje del barco *Ciudad de Toledo*, exposición flotante, del que fue cronista oficial, y en 1963, *América, españolear*. || **Sancho, marqués de Aguilar de Campoo (Ventura).** Político español, n. en Méjico y m. en Madrid (1837-1914). Militó en la Unión liberal y después en el partido conservador; fue diputado, senador, alcalde de Madrid, director general de Obras Públicas y ministro de Estado en 1900. || **Sarmiento (Félix Rubén).** Poeta nicaragüense, más conocido por *Rubén Darío*, seudoapellido éste usado también por su padre Manuel García, n. en Metapa, depart. de Metagalpa o Nueva Segovia, y m. en León, Nicaragua (1867-1916). Se distingue por la riqueza de su estilo, la variedad de su versificación, la luminosidad de sus imágenes en la juventud y la profundidad dolorosa de sus reflexiones en la madurez. Obras principales: *Azul*, verso y prosa (1888); *Prosas profanas*, versos (1896); *Cantos de vida y esperanza*, su mejor libro (1905); *Poema del otoño* (1908). || **Serrano (Rafael).** Escritor y periodista español, n. en Pamplona en 1917. Entre sus obras más conocidas figuran las novelas *Eugenio o la proclamación de la primavera* (1938) y *La fiel infantería*, premio nacional de Literatura Francisco Franco (1943). || **Solalinde (Antonio).** Escritor y filólogo español, n. en Zamora y m. en Madison, Wisconsin, EE. UU. (1892-1937). Perteneció al Centro de Estudios Históricos, fue profesor de Filología y Literatura en el departamento de Lenguas romances de la Universidad de Wisconsin. Bajo la dirección de su maestro, Ramón Menéndez Pidal, realizó investigaciones acerca de la literatura medieval española. Fue redactor de la *Revista de Filología Española*. || **Tapia (Antonio).** Otorrinolaringólogo español, n. en Ayllón, Segovia, y m. en Madrid (1875-1950). Fue catedrático en la Facultad de Medicina de Madrid. Descubrió el síndrome que lleva su nombre, y la extirpación de la laringe se denomina operación de Gluck-Tapia. || **Torreño (Nuño).** Cartógrafo español del s. XVI, n. en Sevilla. Piloto mayor, con el título de *maestro de hacer cartas de navegar*, en la Casa de Contratación, Sevilla, nombrado por Carlos V. Trazó notabilísimas cartas geográficas del Nuevo Mundo, y se le atribuye un mapa de 1522, en el que aparece la invención del sistema de proyecciones equidistantes, conocido vulgarmente con el nombre de *proyección de Mercátor*, del cosmógrafo holandés que la utilizó después (1569). || **de Valdeavellano y Arcimis (Luis).** Catedrático e historiador español, n. en Madrid en 1904. Es autor de importantes obras y entre ellas de una documentada *Historia de España;* también ha publicado *Historia de las instituciones españolas hasta el final de la Edad Media* (1968) y *Orígenes de la burguesía en la España medieval* (1969). En mayo de 1960 ingresó en la Real Academia de la Historia. || **Valiño y Marcén (Rafael).** General español, n. en Toledo y m. en Madrid (1898-1972). Sirvió en África. Durante la guerra civil alcanzó el Mediterráneo con sus tropas y separó el frente de Levante del de Cataluña; fue jefe del Estado Mayor del Ejército (1942-1950), alto comisario de España en Marruecos (1951-56), director de la Escuela Superior del Ejército (1956-62) y capitán general de la primera región militar (1962-64). || **de Viardot (Micaela Paulina).** Cantante de ópera, hija del tenor español Manuel del Popolo Vicente García y hermana de María García Malibrán y de Manuel Vicente García, n. y m. en París (1821-1910). Discípula de su padre, gozó de gran fama y recorrió los principales países de Europa. Contrajo matrimonio con su empresario, el escritor francés Louis Viardot (1841), y poco después de 1859 se retiró de la escena y se consagró a la enseñanza del canto. || **Villada (Zacarías).** Historiador español, n. en Palencia y m. en Vicálvaro, Madrid (1879-1936). Formado en Alemania y Austria, se dedicó con preferencia a los asuntos de diplomática e historia medieval española. Publicó: *Metodología y crítica histórica, Paleografía española, Vida de Jesucristo y de la Iglesia apostólica* y su obra maestra *Historia eclesiástica de España*. || **Geog.** Mun. y villa de España, prov. de Tarragona, p. j. de Reus; 742 h. *(garcienses)*. || Mun. de Méjico, est. de Nuevo León; 6.477 h. Cap. Villa de García. || Mun. de Venezuela, est. de Nueva Esparta, dist. de Mariño; 6.119 h. Cap., El Valle del Espíritu Santo. || **de la Cadena.** Mun. de Méjico, est. de Zacatecas; 4.964 h. Pueblo cap. del mismo; 2.382 h. || **de Hevia.** Mun. de Venezuela, est. de Táchira, dist. de

Jáuregui; 18.827 h. Cap., La Fría. ‖ **del Río.** Local. de Argentina, prov. de Buenos Aires, part. de Tornquist; 182 h.

Garciasol (Ramón de). Biog. Alonso Calvo (Miguel).

Garcíaz. Geog. Mun. y villa de España, prov. de Cáceres, p. j. de Trujillo; 1.626 h. (*garcieños*).

Garcibuey. Geog. Mun. y lugar de España, prov. de Salamanca, p. j. de Béjar; 576 h.

Garcíez. Geog. Mun. y villa de España, prov. y p. j. de Jaén; 810 h.

Garcihernández. Geog. Mun. de España, prov. y p. j. de Salamanca; 863 h. ‖ Lugar cap. del mismo; 645 h.

garcilote. m. Zool. *Cuba.* Nombre de dos aves ciconiformes de la familia de las ardeidas, mayores que la garza común, la azul (*árdea herodias*) y la americana (*a. occidentalis*). ‖ **garceta blanca americana** (*egretta egretta*).

garcilla. (dim. de *garza.*) f. **Zool.** Ave ciconiforme de la familia de las ardeidas, muy parecida a las garzas, de unos 50 cm. de long., con cuerpo rechoncho, cuello grueso, plumaje leonado claro, alas blancas, moño largo y colgante y patas verdosas. Vive generalmente solitaria, en marismas, lagunas y ciénagas (*ardéola ralloides*).

Garcillán. Geog. Mun. y villa de España, prov. y p. j. de Segovia; 507 h.

Garcinarro. Geog. V. **Puebla de Don Francisco.**

Garciotún. Geog. Mun. y villa de España, prov. de Toledo, p. j. de Torrijos; 234 h.

Garcirrey. Geog. Mun. de España, prov. y p. j. de Salamanca; 242 h. ‖ Lugar cap. del mismo; 58 h.

Garcitas (Las). Geog. Local. de Argentina, prov. de Chaco, part. de Sargento Cabral; 1.592 h.

Gard. Geog. Río de Francia, de 113 km. de curso, afl. del Ródano por su orilla derecha. Sobre él se tiende el magnífico acueducto romano que lleva su nombre. ‖ Depart. de Francia, que debe su nombre al río que lo riega; 5.848 km.² y 493.000 h. Cap., Nîmes.

garda. (De *gardar.*) f. **Germ.** Trueque o cambio de una alhaja por otra.

garda. f. **Germ.** Madero largo y grueso de la construcción.

Garda. Geog. Lago del N. de Italia, entre las provincias de Brescia y de Verona. Ocupa 300 km.². El Mincio n. en este lago y el Sarca des. en él.

gardacho. (Como *fardacho,* del ár. *hardûn,* lagarto.) m. **Zool.** *Ál.* y *Nav.* Lagarto, reptil.

Gardafui. Geog. **Guardafui.**

gardama. (Del vasc. *gardamu* o *cardamu,* carcoma.) f. **Entom.** *Ál.* y *Nav.* Carcoma de la madera.

gardar. tr. ant. **guardar.** ‖ *Germ.* Trocar o cambiar una alhaja por otra.

Garde. Geog. Mun. y villa de España, prov. de Navarra, p. j. de Aoiz; 219 h.

Gardel (Carlos). Biog. Cantante y actor cinematográfico argentino, de origen francés, cuyo verdadero nombre era *Charles Gardes,* n. en Toulouse y m. en accidente de aviación, en Medellín, Colombia (1890-1935). Desde muy joven sintió vocación de cantante y actuó en los cafés de los barrios periféricos de Buenos Aires. En 1915 formó pareja con José Razzano. Separado de Razzano, emprendió giras artísticas por América y Europa, alcanzando fama universal en la interpretación del tango. También cantó sones folklóricos argentinos (zambas, chacareras, etc.). En el cine actuó en varias películas, cuyo atractivo principal eran los tangos que cantaba: *Flor de durazno, Luces de Buenos Aires, Melodía de Arrabal, El tango en Broadway, El día que me quieras, Cuesta abajo, Tango Bar,* etc.

gardenia. fr., *gardénie;* it. e i., *gardenia;* a., *Gardenie.* (Voz del lat. científico; de *A. Garden,* médico inglés a quien fue dedicada esta planta.) Bot. Género de rubiáceas, arbustos, algún árbol; flores a veces muy grandes, blancas, amarillas o violetas, y fruto jugoso. ‖ f. Flor de la planta *g. florida.*

Gardes (Charles). Biog. **Gardel (Carlos).**

Gardey. Geog. Local. de Argentina, prov. de Buenos Aires, part de Tandil; 694 habitantes.

Gardez. Geog. C. de Afganistán, cap. de la prov. de Paktia; 37.000 h.

Gardinas. Geog. **Grodno.**

Gard. Acueducto romano

Gardiner (Stephen). Biog. Político inglés, n. en Bury Saint Edmunds, Suffolk, y m. en Londres (h. 1482-1555). Secretario del cardenal Wolsey, fue nombrado, a la caída de éste, secretario de Estado. Aunque fiel en parte a Enrique VIII, no abandonó el dogma católico. Fue obispo de Winchester.

gardingo. (Del godo *warjan,* guardar.) m. Individuo de uno de los órdenes del oficio palatino entre los visigodos, inferior a los duques y los condes.

Gardner (Ava). Biog. Actriz de cine estadounidense, n. en Smithfield en 1922. Ha filmado, entre otras, las películas: *Pandora y el holandés errante, Las nieves del Kilimanjaro, La condesa descalza, Mogambo, La hora final, 55 días en Pekín* (1963) y *La noche de la iguana,* por la que obtuvo el premio a la mejor actriz en el Festival de San Sebastián (1964).

gardo. m. *Germ.* Mozo, joven.

gardón. m. **Zool.** Pez teleóstomo dulceacuícola del orden de los cipriniformes, familia de los cipriníidos, congénere de la bermejuela y del cacho; es de color gris azulado en el dorso y plateado en el vientre; y de unos 30 cm., como máximo (*leuciscus rútilus*). Vive en Europa y Asia occidental.

gardubera. f. **Bot.** *Ál.* **cerraja,** planta.

garduja. f. **Min.** En las minas de Almadén, piedra que, por no tener ley de azogue, se arroja como inútil.

garduña. (Quizá del ár. *qarqadûn* o *qarqardawn,* nombre de una rata.) f. **Zool.** Mamífero carnívoro de la familia de los mustélidos, subfamilia de los mustelinos, de unos 44 o más cm. de longitud. Es nocturna y muy perjudicial, porque destruye las crías de muchos animales útiles (*martes foína*).

garduño, ña. (De *garduña.*) m. y f. fam. Ratero o ratera que hurta con maña y disimulo. ‖ m. **Zool. garduña.**

gareado. m. **Bot.** *P. Rico.* Planta poligonácea de la misma clase que la uva Caleta de Cuba. Llámase también *cucúbano* (*coccólobis laurifolia*).

Garellano. Geog. **Garigliano.**

garepa. f. *Can.* **viruta.**

gareta. f. *And.* y *P. Rico.* Zalagarda, alboroto, pendencia.

garete (ir, o **irse, al).** fr. **Mar.** Dícese de la embarcación que, sin gobierno, va llevada del viento o de la corriente. ‖ **a la deriva,** sin dirección o propósito fijo.

garfa. (Del antiguo alto a. *harfan,* agarrar.) f. Cada una de las uñas de las manos en los animales que las tienen corvas. ‖ Derecho que se exigía antiguamente por la justicia para poner guardias en las eras. ‖ **Mec.** Pieza que agarra, para sostenerlo colgado, el cable conductor de la corriente para los tranvías y ferrocarriles eléctricos.

garfada. (De *garfa.*) f. Acción de procurar coger o agarrar con las uñas, especialmente los animales que las tienen corvas, y por ext., cualquier animal, y aun las personas.

garfear. (De *garfa.*) intr. Echar los garfios para asir con ellos una cosa.

garfiada. (De *garfio.*) f. **garfada.**

Garfield (James Abram). Biog. Presidente estadounidense, n. en Orange y m. en Elberon (1831-1881). Jornalero, carpintero y timonel en su juventud, murió de dos tiros de revólver que le disparó un solicitante despechado.

garfiña. (De *garfiñar.*) f. *Germ.* Acción y efecto de garfiñar.

garfiñar. (De *garfa.*) tr. *Germ.* **hurtar,** robar sin intimidación ni fuerza.

garfio. fr., *grappin;* it., *graffio;* i., *draghook;* a., *Haken.* (De *garfa.*) m. Instrumento de hierro, curvo y puntiagudo, que sirve para aferrar algún objeto. ‖ **Pesca.** Instrumento, empleado en el Cantábrico, para la pesca de las almejas; consiste en una percha de madera, en cuyo extremo se encuentran tres garfios con una red metálica, con los que se escarba el fondo.

gargajeada. (De *gargajear.*) f. Acción y efecto de gargajear.

gargajear. intr. Arrojar gargajos por la boca.

gargajeo. m. Acción y efecto de gargajear.

gargajiento, ta. adj. Que gargajea con frecuencia. Ú. t. c. s.

gargajo. fr., *crachat, graillon;* it., *escreato, sputacchio;* i., *phlegm;* a., *Schleim.* (De la raíz onomatopéyica *garg-*.) m. Flema casi coagulada que se expele por la garganta.

gargajoso, sa. adj. Que gargajea con frecuencia. Ú. t. c. s.

gargal. (De *garla,* agalla, en port. dialectal, y éste del lat. *gallŭla,* dim. de *galla.*) m. **Bot. Chile.** Agalla del roble.

gargalizar. (Del lat. *gargaridiāre* o *gargarizāre.*) intr. ant. Dar voces confusas.

gargallo. m. *Sal.* Ranura, encaje.

Gargallo y Catalán (Pablo). Biog. Escultor español, n. en Maella y m. en Reus (1881-1934). Fue discípulo de Jacinto Arnau. En 1904, marchó a París. A su regreso fue profesor de Escultura en la Escuela de Bellos Ofi-

Arlequín, por Pablo Gargallo (1931). Museo de Arte Moderno. París

cios de Barcelona. Su obra tuvo al cubismo como punto de partida, intentando constantemente resolver difíciles problemas, en desacuerdo con las normas tradicionales. Entre sus obras principales figuran: *El profeta* y *El violinista.* || **Geog.** Mun. y villa de España, prov. y p. j. de Teruel; 169 h.

gargamello. (De la onomat. *garg* y el lat. *gurga,* garganta.) m. Garguero, gañote.

gargamillón. m. *Germ.* Cuerpo de las personas.

garganchón. m. Garguero, tráquea.

Garganchón. Geog. Mun. y villa de España, prov. y p. j. de Burgos; 85 h.

Gargano o **Monte Gargano. Geog.** Promontorio montañoso de Italia, prov. de Fuggia, en Apulia. Forma parte del llamado espolón de Italia y tiene 90 km. de long. por 45 de ancho. Fue mucho tiempo guarida de los piratas sarracenos. Minas de bauxita.

garganta. fr., *gorge, gesier;* it., *gola, collo;* i., *gullet, throat;* a., *Kehle, Schlucht.* (Como el it. *gargatta,* de la onomat. *garg.*) f. Parte anterior del cuello. || Voz del cantante. || fig. Parte superior del pie, por donde está unido con la pierna. || fig. Cualquier estrechura de montes, ríos u otros parajes. (V. **Geol.** en este mismo art.) || fig. **cuello,** parte más estrecha y delgada de una cosa. || fig. Ángulo que forma la cama del arado con el dental y la reja. || *And.* Cama del arado. || **Anat.** Espacio interno entre el velo del paladar y el nacimiento de la laringe y del esófago. Es sinónimo de *faringe* y de *fauces.* || **Arquit.** Parte más delgada y estrecha de las columnas, balaustres y otras piezas semejantes.

|| **Bot.** Angostamiento en la abertura del cáliz gamosépalo o corola gamopétala. || **Fort.** Abertura menor de la cañonera que se abre en las fortificaciones para el uso de la artillería. || **Geol.** Valle de paredes escarpadas excavado en profundidad por la erosión fluvial. || **del pie.** *Anat.* Unión del pie con la pierna. || **de polea.** *Léx.* Ranura cóncava, abierta en el contorno de la polea, por donde pasa la cuerda.

Garganta (La). Geog. Mun. y lugar de España, prov. de Cáceres, p. j. de Plasencia; 877 h. || **de los Montes.** Mun. de España, prov. de Madrid, p. j. de Colmenar Viejo; 396 h. || **Lugar cap. del mismo;** 325 h. || **la Olla.** Mun. y villa de España, prov. de Cáceres, p. j. de Plasencia; 1.832 h. *(gargateños).* || **del Villar.** Mun. y lugar de España, prov. de Ávila, p. j. de Piedrahita; 174 h.

gargantada. f. Porción de cualquier líquido que se arroja de una vez violentamente por la garganta.

gargantear. intr. Cantar haciendo quiebros con la garganta. || tr. *Germ.* Confesar en el tormento. || **Mar.** Ligar la gaza de un cuadernal o motón, para unirla bien al cuerpo del mismo.

garganteo. m. Acción de gargantear o hacer quiebros con la garganta.

gargantera. f. *R. Plata.* Correa de cuero crudo o suela, que ciñe la garganta del caballo, especialmente usada en los deportes hípicos, polo y pato.

gargantería. (De *gargantero.*) f. ant. Calidad de gargantero.

gargantero, ra. (De *garganta.*) adj. ant. Que come mucho y con ansia.

gargantez. f. ant. Gargantería, glotonería.

garganteza. (De *garganta.*) f. ant. Gargantería, glotonería.

gargantil. (De *garganta.*) m. Escotadura que tiene la bacía del barbero para ajustarla al cuello del que se afeita.

gargantilla. f. Adorno femenil que rodea el cuello. || Cada una de las cuentas que se pueden ensartar para formar un collar. || **Bot.** Hierba vivaz de la familia de las compuestas, del mismo género que el girasol y la pataca, originaria del N. de América y cultivada como ornamental *(helianthus multiflorus).*

Gargantilla. Geog. Mun. y lugar de España, prov. de Cáceres, p. j. de Plasencia; 734 habitantes *(gargantillanos).* || **del Lozoya.** Mun. de España, prov. de Madrid, p. j. de Colmenar Viejo; 263 h. || Lugar cap. del mismo; 155 h.

gargantillano, na. adj. Natural de Gargantilla (Cáceres), o perteneciente a este lugar. Ú. t. c. s.

gargantillo. adj. **Taurom.** Dícese del toro de cuello obscuro con una mancha blanca o clara en forma de collarín.

gargantón, na. adj. ant. Que come mucho y con ansia. Usáb. t. c. s. || m. aum. de **garganta.** || *Méj.* Cabestro que se rodea al cuello del caballo.

gárgara. (De la onomat. *garg.*) f. Acción de mantener un líquido en la garganta, con la boca hacia arriba, sin tragarlo y arrojando el aliento, lo cual produce un ruido semejante al del agua en ebullición. Ú. m. en pl. || f. pl. *Col., Chile* y *Méj.* Gargarismo, líquido para hacer gárgaras.

gargarear. intr. *And.* y *Amér.* Hacer gárgaras.

gargarismo. fr., *gargarisme;* it., *gargarismo;* i., *gargarism, gargle;* a., *Gurgeln.* (Del lat. *gargarisma,* y éste del gr. *gargarismós.*) m. Acción de gargarizar. || Licor que sirve para hacer gárgaras.

gargarizar. (Del lat. *gargarizāre,* y éste del gr. *gargarízo.*) intr. Hacer gárgaras.

gárgaro. m. *Cuba* y *Venez.* Juego del escondite.

gargavero. m. **garguero.** || **Mús.** Instrumento músico de viento, compuesto de dos flautas dulces con una sola embocadura.

gárgol. (Del ár. *gargal,* huevo huero.) adj. Hablando de los huevos, **huero.**

gárgol. (De *gárgola,* caño.) m. Ranura en que se hace encajar el canto de una pieza; como el tablero de una puerta en los larqueros y peinazos, las tiestas de una pipa en las duelas, o la lengüeta de una tabla de suelo en la contigua.

gárgola. fr., *gargouille;* it., *mascherone;* i., *gargoyle;* a., *Regentraufe.* (Del b. lat. *gargula.*) f. **Arquit.** y **A. dec.** Caño o canal, por lo común vistosamente adornado, por donde se vierte el agua de los tejados o de las fuentes.

Gárgola procedente de un templo de Himera (480 a. C.). Museo Nacional. Palermo

gárgola. (Del lat. *valvŭlus,* hollejo y vaina.) f. **Bot. baga.** || *Ál.* Vaina de legumbre, que contiene uno o dos granos.

gargozada. (De *gorgozada.*) f. ant. Porción de líquido que se echa de una vez de la garganta.

Gargüera. Geog. Mun. y lugar de España, prov. de Cáceres p. j. de Plasencia; 441 h.

garguero. (Del m. or. que *gargajo.*) m. Parte superior de la tráquea. || Toda la caña del pulmón.

gargüero. m. **garguero.**

Garian. Geog. C. de Libia, cap. de la prov. de Gebel Garbi; 2.181 h.

gariba. f. **Zool.** Reptil ofidio de la familia de los vipéridos, de 65 a 80 cm. de largo, y color gris rojizo en el dorso, con manchas blanquecinas *(echis carinatus).* Es propio de las regiones áridas de África y Asia.

Garibaldi (Giuseppe). Biog. Caudillo y patriota italiano, n. en Niza y m. en Caprera (1807-1882). Comprometido en la conspiración de Mazzini, se trasladó a América del Sur siendo simple marinero; allí se dio a conocer como caudillo, y al frente de su famosa *Legión italiana* auxilió a Montevideo contra Rosas. Después volvió a Italia, y en 1848 reclutó un cuerpo de voluntarios y combatió con fortuna a los austriacos. Más tarde tomó la isla de Sicilia y ocupó la ciudad de Nápoles, en donde se proclamó dictador en nombre de Víctor Manuel. Garibaldi pasó los últimos años de su vida en la isla de Caprera y escribió *Memorie.* || **Geog.** Local. de Argentina, prov. de Santa Fe, depart. de Castellanos; 616 h.

garibaldina. f. Especie de blusa de color rojo, como la que usaban el general italiano Garibaldi y sus voluntarios, que estuvo de moda entre las señoras.

garibaldino, na. adj. Polít. Partidario de Garibaldi, o concerniente a este caudillo de la unidad italiana. Ú. t. c. s.

Garidells. Geog. Mun. y lugar de España, prov. de Tarragona, p. j. de Valls; 137 h.

garifalte. m. ant. gerifalte, ave rapaz.

garifo, fa. adj. jarifo.

Garigliano o **Garellano.** Geog. Río de Italia, de 158 km. de curso, que des. en el golfo de Gaeta. Victoria de Gonzalo de Córdoba sobre los franceses en 1503.

garigola. (Del lat. *caveŏla*, jaula.) f. *Mur.* Caja en que el cazador lleva metido el hurón.

Garin. Biog. **Mijailovski (Nikolai Gheorghievich).**

Garín. Geog. Local. de Argentina, prov. de Buenos Aires, part. de Escobar; 6.341 habitantes.

Garinoain. Geog. Mun. y lugar de España, prov. de Navarra, p. j. de Tafalla; 351 h.

gario. m. *Alb.* Triple garfio para sacar de los pozos latas, cubos, etc. || *León, Pal., Seg.* y *Vall.* **bielda** para coger la paja. || *Sant.* Instrumento agrícola, especie de rastro de madera, para recoger el abono.

gariofilea. (De *gariofilo*.) f. Bot. Especie de clavel silvestre.

gariofilo. (Del lat. *garyophyllon*, y éste del gr. *karyóphyllon*.) m. ant. Clavo de especia.

gáripo. m. Zool. Arácnido del orden de los seudoescorpiones, de hasta 7,5 mm., que vive en las rendijas de las rocas costeras azotadas por el oleaje (*gárypus littoralis*).

Garissa. Geog. C. de Kenya, cap. de la prov. Nordoriental; 205 h.

garita. fr., *guérite*; it., *garetta*; i., *sentrybox*; a., *Schilderhaus*. (Del fr. *garite*, o *guérite*, de *se garer*, refugiarse.) f. Torrecilla de fábrica o de madera fuerte, con ventanillas largas y estrechas, que se coloca en los puntos salientes de las fortificaciones para abrigo y defensa de los centinelas. || Casilla pequeña de madera que se destina para abrigo y comodidad de centine-

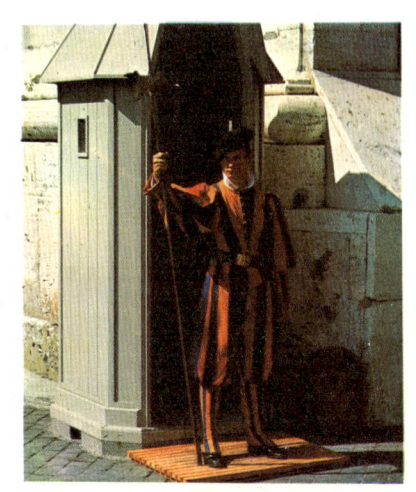

Garita de la guardia suiza, en Ciudad del Vaticano

las, vigilantes, guardafrenos, etc. || Cuarto pequeño que suelen tener los porteros en el portal para poder ver quien entra y sale. || Excusado, retrete con un solo asiento, y donde hay muchos, cada división separada con el suyo. || *Méj.* Puerta, entrada de la ciudad. || Oficina en las afueras de la ciudad, donde se cobra el derecho de entrada de las mercancías.

Garita. Geog. V. **Somozas.**

garitero. m. El que tiene por su cuenta un garito. || El que con frecuencia va a jugar a los garitos. || *Germ.* Encubridor de ladrones.

garito. (De *garita*.) m. Paraje o casa donde concurren a jugar los tahúres o fulleros. || Ganancia que se saca de la casa del juego. || *Germ.* Casa o edificio para habitar.

garitón. (De *garito*.) m. *Germ.* Cuarto o pieza de una casa.

Garizim o **Gerizim.** (En ár., *Yebel el-Tor*.) Geog. Monte de Jordania, sit. cerca y al S. de la ciudad de Nabulus; 881 m. de alt. La celebridad de este monte se debe a que se encontraba en él un templo, destruido el año 128 a. C., donde los samaritanos acudían a celebrar sus cultos. Este templo estaba situado en la parte más alta, donde según éstos tuvo lugar el sacrificio de Isaac y el sueño de Jacob.

garla. (De *garlar*.) f. fam. Habla, plática o conversación.

garlador, ra. adj. fam. Que garla. Ú. t. c. s.

Garland (Judy). Biog. **Gumm (Frances).**

garlante. p. a. fam. de **garlar.** Que garla.

garlar. (Del lat. *garrulāre*, charlar.) intr. fam. Hablar mucho, sin intermisión y poco discretamente.

garlear. (De *garla*.) intr. *Germ.* Quedar victorioso.

garlera. (De *garlar*.) f. *Germ.* Especie de carro.

garlero, ra. adj. fam. *Col.* Que garla mucho.

garlido. (De *garlar*.) m. p. us. Voz o sonido agudo.

garlito. (Del dialec. *garla*, garganta, y éste del lat. *gallŭla*, agalla.) m. Especie de nasa, a modo de buitrón, que tiene en lo más estrecho una red dispuesta de tal forma que, entrando el pez por la malla, no puede salir. || fig. y fam. Celada, lazo o asechanza que se arma a uno para molestarle y hacerle daño.

Garlitos. Geog. Mun. y villa de España, prov. de Badajoz, p. j. de Herrera del Duque; 1.164 h. Minas de plomo argentífero.

garlo. (De *garlar*.) m. *Germ.* **garla.**

garlo. (Del lat. *gallŭla*, excrecencia.) m. *Sal.* Especie de nasa o buitrón.

garlocha. f. **garrocha.**

garlochí. (De *garlar*.) m. *Germ.* Corazón del hombre.

garlón. (De *garlar*.) m. *Germ.* Que garla mucho.

garlopa. (Del neerl. *voorloop*.) f. Carp. Cepillo largo y con puño, que sirve para igualar las superficies de la madera ya acepillada, especialmente en las junturas de las tablas.

garma. f. *Ast.* y *Sant.* Vertiente muy agria donde es fácil despeñarse.

garmejón. (Del dialec. *garmar*, y éste del lat. *carminăre*, cardar.) m. *Sal.* Trípode sobre el cual se espada el lino.

Garmo. Geog. **Kommunizma.**

garnacha. (De *guarnecer*.) f. Vestidura talar con mangas y un sobrecuello grande, que cae desde los hombros a las espaldas. Úsanlo los togados. || Persona que viste la garnacha. || Compañía de cómicos o representantes que andaba por los pueblos, y se componía de cinco o seis hombres, una mujer, que hacía de primera dama, y un muchacho que hacía de segunda. || *León.* Melena, cabello que cuelga sobre los hombros. || fam. Golpe en el pescuezo. || *Coc. Méj.* Carne adobada con chile y envuelta en una tortilla pequeña y abarquillada.

garnacha. (Como el fr. *grenache*, y el it. *vernaccia*, del lat. *hibernacěa*, de *hibernus*, invierno.) f. Especie de uva roja que tira a morada, los racimos no grandes, los granos bastantes separados, muy delicada, de muy buen gusto y muy dulce, de la cual hacen un vino especial. || Este mismo vino. || Género de bebida a modo de carraspada.

garnato. m. ant. **granate.**

gárneo. m. Zool. **trigla.**

Garnerin (Jean Baptiste y **André Jacques).** Biog. Aeronautas franceses, hermanos, n. y m. en París (1766-1849 y 1769-1823, respectivamente). Adquirieron celebridad con sus ascensiones aerostáticas e inventaron un paracaídas y un aparato flotador para sostenerse en el agua.

Garnett (David). Biog. Novelista inglés, n. en Brighton en 1892. Se distingue por la fantasía. Obras principales: *La dama convertida en zorro, Un hombre en el Jardín Zoológico, La vuelta del marinero* y *Sin amor.* || **(Tay).** Director de cine estadounidense, n. en Los Angeles en 1898. Principales películas: *Viaje de ida* (1934) y *Mares de China* (1936).

Garnica y Echevarría (Pablo). Biog. Financiero y político español, n. y m. en Madrid (1876-1959). Abogado del Estado (1897) y diputado a Cortes (1901), se dedicó a la política y desempeñó los cargos de secretario del Congreso, director general de lo Contencioso y ministro de Abastecimientos (1918) y de Justicia (1919).

garniel. m. Bolsa de cuero, especie de burjaca, pendiente del cinto y con varias divisiones. También se da ese nombre al cinturón que lleva pendiente esa bolsa. || *Ecuad.* y *Méj.* Maletín o estuche de cuero.

Garnier (Charles). Biog. Arquitecto francés, n. y m. en París (1825-1898). Autor de la Opera de París, del Casino de Montecarlo y del Observatorio de Niza. || **(Robert).** Poeta dramático francés, n. en La Ferté-Bernard y m. en Le Mans (h. 1545-1590). Además de numerosas poesías, muchas de ellas premiadas en Juegos Florales, compuso ocho obras teatrales que se representaron con éxito, entre ellas *Marco Antonio, Bradamante* y *La destrucción de Troya.*

garnierita. (De *J. Garnier*, geólogo francés.) f. Miner. Variedad niquelífera del filosilicato llamado serpentina, de color verde manzana; procede de la alteración de las peridotitas que contienen níquel, y es mena de este metal.

garnucho. m. *Méj.* Papirote, golpe dado con los dedos.

garo. (Del lat. *garum*, y éste del gr. *gáros*.) m. Condimento muy estimado por los romanos, que se hacía poniendo a macerar en salmuera y con diversos líquidos los intestinos, hígado y otros desperdicios de ciertos pescados; como el escombro, el escaro y el salmonete. || Pez, hoy desconocido, con que decían los antiguos que se hizo primeramente este condimento.

garó. (Del fr. *gare*, refugio.) m. *Germ.* Ciudad, villa o lugar.

Garo. Arqueol. Local. de Perú, próximo a Tantamayo, prov. de Huamalíes (Huánuco), en el Alto Marañón, donde se han encontrado notables restos de la civilización *jarovilca.*

Garofalo. Biog. **Tisi** o **Tisio (Benvenuto).**

garojo. (Del lat. *carylĭum*, de *caryon*, nuez.) m. *Sant.* Raspa de la panoja del maíz.

Garona. (En fr., *Garonne*.) n. p. *Germ.* V. **Juan de Garona.** || Geog. Río de Francia, de 650 km. de curso, que n. en el valle de Arán (España) y des. en el Atlántico. Son sus principales afluentes el Ariège, el Tarn, engrosado con el Aveyron, el Lot y el Dordoña, engrosado por el Isle, por la orilla derecha, y el Save, el Gers y el Baire, por la izquierda. Riega los depart. de Alto Garona, Tarn y Garona, Lot y Garona, Gironda y Charenta inferior y pasa por Saint-Gaudens, Muret, Toulouse, Agen, Marinaude, La Réole, Burdeos y Blaye. || **(Alto).** (En fr., *Haute Garonne*.) Depart. de Francia, en la región de Mediodía Pirineos. Debe el nombre a su situación en la cuenca del Garona. Está formado por parte de la antigua Gascuña y el Lauraguais, pequeño

garoso, sa. adj. *Col.* y *Venez.* Hambriento, comilón.

garotera. (Del cat. *garota,* erizo de mar.) f. **Pesca.** Instrumento, usado en Cataluña, para la pesca de erizos; consiste en una caña larga uno de cuyos extremos se ha cortado longitudinalmente en tres trozos, que se abren poniendo en su medianía un corcho.

Garoua. Geog. C. de Camerún, prov. de Camerún Oriental, cap. de la región Norte y del depart. de Bénoué; 28.000 h. Nudo comercial de comunicaciones.

garpa. (De *grapa.*) f. **carpa,** gajo de uvas.

garra. fr., *griffe; ongle;* it., *artiglio;* i., *clawn;* a., *Klaue.* (Del célt. *garra,* pierna.) f. Mano o pie del animal, cuando están armados de uñas corvas, fuertes y agudas; como el león y el águila. (V. **Zool.** en este art.). || fig. Mano del hombre. || En Aragón y Navarra, **pierna,** parte entre el pie y la rodilla o comprendiendo también el muslo. || En Argentina, Colombia, Costa Rica y Chile, pedazo de cuero endurecido y arrugado. || En Argentina y Méjico, extremidad del cuero por donde se afianza en las estacas al estirarlo. || En Colombia, saco de cuero. || En términos de zoología, uña muy encorvada, comprimida lateralmente y puntiaguda que, por debajo de la punta, tiene su planta propia bastante desarrollada. || Por ext., mano o pie del animal vertebrado cuyos dedos están provistos de garras. Se llama también *zarpa.* || En lenguaje de mar, cada uno de los ganchos del arpeo. || pl. *Amér.* Desgarrones, harapos. || **cinco y la garra.** expr. fam. con que se da a entender que ciertas cosas que se tienen es sólo a costa de tomarlas o haberlas hurtado, aludiendo a los cinco dedos de la mano, con que se toman.

garrabera. (Del lat. **crabrus,* por *crabro, -ōnis,* tábano.) f. **Bot.** *Ar.* Variedad de zarzamora.

Garraf. Geog. Costas que se extienden desde la playa de Sitges hasta la de Castelldefels (Barcelona, España), en una ext. de 8 km. Constituyen una serie de acantilados de aspectos muy pintoresco. || Comarca de España, al S. de la prov. de Barcelona; es una zona montañosa formada por numerosas y pequeñas sierras que por el S. llegan hasta el mar, originando una costa alta, árida, rocosa y pintoresca, en contraste con las regiones vecinas.

garrafa. fr., *carafe;* it., *caraffa;* i., *decanter, carafe;* a., *Karaffe.* (Del ár. *garrāf,* cántaro.) f. Vasija esférica, que remata en un cuello largo y angosto. Las hay de vidrio, de cobre y de estaño, y sirven para enfriar las bebidas o licores, rodeándolas de hielo. || Vasija cilíndrica de metal provista de una tapa con asa, que, dentro de una corchera, sirve para hacer helados. || *Arg.* Bombona metálica y de cierre hermético para contener gases y líquidos muy volátiles. || **corchera.** *Léx.* La que se usa siempre dentro de una corchera proporcionada a sus dimensiones, y constituye con ella un solo aparato.

garrafal. (De *garrofal.*) adj. Dícese de ciertas especies de guindas y cerezas, mayores y menos tiernas que las comunes, y de los árboles que las producen. || fig. Dícese de algunas faltas graves de la expresión y de algunas acciones.

Garrafe de Torío. Geog. Mun. de España, prov. y p. j. de León; 1.783 h. *(garrafenses).* || Lugar cap. del mismo; 257 h.

garrafina. (De *garrafiñar.*) f. Juego de dominó, con limitación de pérdidas, en el que intervienen cuatro jugadores, uno de los cuales ha de quedar como único ganador.

garrafiñar. (De *garfiñar.*) tr. fam. Quitar una cosa agarrándola.

garrafón. m. aum. de **garrafa.** || Damajuana o castaña.

Garralda. Geog. Mun. y lugar de España, prov. de Navarra, p. j. de Aoiz; 301 h.

garrama. (Del ár. *garāma,* impuesto.) f. Cierta contribución que pagan los mahometanos a sus príncipes. || fam. Robo, pillaje, hurto o estafa. || *Sal.* Derrama, contribución.

garramar. (De *garrama,* robo.) tr. fam. Hurtar y agarrar con astucia y engaño cuanto se encuentra.

garramincho. m. *Ál.* Retel grande, cuadrado, para la pesca de cangrejos de río.

garrampa. (Del germ. *kramp,* calambre.) f. *Ar.* **calambre.**

garrancha. (aum. de *garra.*) f. fam. Especie de espada. || ant. Gancho, garfio. || Ú. en *Ar.* y *Col.* **Bot. espata.**

garranchada. f. Herida o rasgón con un garrancho.

garranchazo. m. Herida o rasgón que se hace con un garrancho o con un gancho.

garrancho. (desp. de *garra.*) m. Parte dura, aguda y saliente del tronco o rama de una planta. || Parte dura y saliente del tronco o rama de un árbol.

garranchón. (De *garra.*) m. *Méj.* Desgarradura, rasgón.

garranchuelo. (De *garrancho.*) m. **Bot.** Planta anual de la familia de las gramíneas, abundante en toda España, que se cultiva por su valor alimenticio *(pánicum sanguinalis* o *digitaria sanguinalis).*

garrapata. fr., *tique;* it., *zecca;* i., *tick;* a., *Zecke.* (Del m. or. que *garrabera.*) f. Arácnido ácaro. (V. **Zool.** en este mismo art.). || fig. En Chile, persona pequeña de cuerpo y de mala catadura. || **Bot.** En Méjico, nombre de la estiracácea *symplocos citrea.* || fam. **Mil.** En los regimientos de caballería, caballo inútil. || Tropa que cuida y conduce las garrapatas, caballos inútiles. || **Zool.** Nombre vulgar de los arácnidos ácaros de la familia de los ixódidos, con trompa chupadora, cuyas hembras son ectoparásitas de los mamíferos, a los que chupan la sangre hasta adquirir una forma globosa, elipsoidal y un tamaño muy superior al primitivo, después de lo cual suelen desprenderse y caer. Con frecuencia transmiten gérmenes patógenos. La garrapata prefiere los climas cálidos y húmedos, p. e., en Méjico, país en donde viven la mayoría de las especies de este arácnido; su área de expansión está situada en las costas y tierras bajas.

garrapatear. intr. Hacer garrapatos. Ú. t. c. tr. || **garabatear.**

garrapatero. m. **Zool.** *Col., Ecuad.* y *Venez.* Ave cuculiforme de la familia de las cucúlidas, parecida al ani, de pico corvo, pecho blanco y alas negras, que se alimenta de garrapatas que quita al ganado *(crotóphaga májor).*

garrapaticida. (De *garrapata* y *-cida.*) adj. Substancia que tiene propiedad de matar las garrapatas.

garrapatillo. m. **Zool. galapatillo.**

garrapato. fr., *griffonnage;* it., *scarabocchio;* i., *pot-hooks;* a., *Gekritzel.* (Del m. or. que *garrapata.*) m. Cadillo que se tira a la ropa. || Rasgo caprichoso e irregular hecho con la pluma. || pl. Letras o rasgos mal trazados con la pluma.

garrapatón. (De *gazapatón,* infl. por *garrapato.*) m. Disparate de la expresión.

garrapatoso, sa. adj. Aplícase a la escritura llena de garrapatos.

garrapinos. (De *agarrar* y *pino.*) m. **Zool.** V. **alionín** y **azabache.**

garrapiña. f. **garapiña.**

garrapiñado, da. adj. Dícese de las almendras confitadas.

garrapiñar. (De *garrafiñar, garfiñar,* infl. por *rapiña.*) tr. **garrafiñar.**

garrapiñar. tr. **garapiñar.**

garrapiñera. f. **garapiñera.**

garrapo. (De la onomat. *gorr.*) m. *Sal.* Cerdo que no ha cumplido un año.

garrar. (De *garra.*) intr. **Mar.** Cejar o ir hacia atrás un buque arrastrando el ancla, por no haber ésta hecho presa, o por haberse desprendido, o por no sujetarla bastante el fondo.

garrasí. m. **Indum.** *Venez.* Calzón usado por los llaneros, abierto a los costados y abotonado hasta la corva, donde remata en dos puntas.

garraspera. f. **carraspera.**

Garray. Geog. Mun. de España, prov. y p. j. de Soria; 425 h. Excavaciones de la inmortal Numancia, declaradas monumento na-

Garray. Ruinas celtíberas de la ciudad de Numancia

cional. Puente árabe de 200 m. sobre el río Tera. ‖ Lugar cap. del mismo; 261 h.

Garré. Geog. Local. de Argentina, prov. de Buenos Aires, part. de Guaminí; 763 h.

garrear. intr. Mar. garrar.

garreo. m. Mar. Acción y efecto de garrear.

Garreta y Arboix (Julio). Biog. Compositor español, n. y m. en San Felíu de Guixols (1875-1925). Sin haber asistido nunca a ninguna escuela ni Conservatorio, se hizo músico él solo. La producción de Garreta es muy numerosa, pero en las sardanas es donde especialmente culmina, si bien toda su obra es la de un verdadero artista.

garria. f. Sal. Prado extenso sin árboles. ‖ Oveja que se queda rezagada.

garria. (Del lat. científico garrya; de N. Garry, estadounidense del s. XIX, de la Hudson's Bay Company.) Bot. Gén. de plantas de la familia de las garriáceas (v.).

garriáceo, a. (De garria y -áceo.) adj. Bot. Dícese de las plantas del orden de las garriales, filo de las terebintales, generalmente arbustos, de hojas persistentes y opuestas y flores en amentos. Comprenden solamente el género garria. ‖ f. pl. Familia de estas plantas.

garrial. adj. Bot. Dícese de plantas dicotiledóneas arquiclamídeas, de flores unisexuales, las masculinas con cuatro estambres, y las femeninas, desnudas, con dos o tres carpelos. ‖ f. pl. Orden de estas plantas. Comprenden únicamente la familia de las garriáceas.

Garrick (David). Biog. Actor inglés, de origen francés, n. en Hereford y m. en Londres (1717-1779). Conquistó grandes triunfos en el teatro y fue amigo de los hombres ilustres de su tiempo, especialmente de Diderot.

garridamente. adv. m. ant. Lindamente, gallardamente.

garrideza. (De garrido.) f. ant. Gallardía o gentileza de cuerpo. ‖ fig. Galanura, elegancia.

garrido, da. adj. Dícese de la persona gallarda o robusta, y en especial de la mujer lozana y bien parecida.

Garrido (Julio). Biog. Cristalógrafo español, n. en Madrid en 1911. Se especializó en análisis röntgenográfico de los cristales. Ha sido directivo de la Recherche Scientifique y profesor de Cristalografía en la Soborna. En 1969 pasó de la U.N.E.S.C.O. a la Universidad autónoma de Madrid, como catedrático. Obras principales: *Los rayos X y la estructura fina de los cristales* y *Leçon sur la structure atomique des cristaux*. ‖ **y Tortosa (Fernando).** Propagandista español del socialismo, n. en Cartagena y m. en Córdoba (1821-1883). Fundó algunos periódicos, de vida efímera, en defensa de sus ideales, y por ello y por su temperamento revolucionario sufrió repetidas persecuciones. Durante la República fue intendente general de Filipinas. Era incansable en su propaganda, y persona de buena fe y convicciones honradas.

garridura. f. ant. Acción y efecto de garrir.

garriga. (Voz catalana.) f. Bot. Formación vegetal constituida típicamente sobre suelo calizo por especies leñosas, xerofíticas. Es frecuente en la región mediterránea, donde se encuentran como etapa de degradación de las clímax destruidas.

Garriga (La). Geog. Mun. de España, prov. de Barcelona, p. j. de Granollers; 6.558 h. ‖ Lugar cap. del mismo; 6.410 h. (*garriguenses*).

Garrigas (Las). Geog. V. **Lérida. Regiones naturales.**

Garrigás. Geog. Mun. de España, prov. de Gerona, p. j. de Figueras; 524 h. ‖ Lugar cap. del mismo; 239 h.

Fernando Garrido y Tortosa. Biblioteca Nacional. Madrid

Garrigolas. Geog. Mun. de España, prov. y p. j. de Gerona; 202 h. ‖ Lugar cap. del mismo; 25 h.

Garriguella. Geog. Mun. y lugar de España, prov. de Gerona, p. j. de Figueras; 633 h. (*garriguellenses*). Santuario de Nuestra Señora del Camp, de tiempos de Carlomagno.

Garrigues y Díaz-Cañabate (Antonio). Biog. Abogado y diplomático español, n. en Madrid en 1904. Fue embajador de España en EE. UU. (1962-64) y, asimismo, ante la Santa Sede (1964-72). Fue ministro de Justicia durante el primer Gobierno del rey don Juan Carlos I (1975-76). ‖ **Walker (Joaquín).** Político español, n. y m. en Madrid (1933-1980). Ejerció la abogacía (1955-62). A partir de esta fecha comenzó su carrera en el campo de las finanzas. En 1974 comenzó a dedicarse plenamente a la política. Presidente de la Federación de Partidos Demócratas y Liberales, resultó elegido diputado (Unión de Centro Democrático) por Madrid en junio de 1977. Al mes siguiente fue nombrado ministro de Obras Públicas y Urbanismo, cargo en el que cesó en abril de 1979 para pasar a ocupar la cartera de ministro adjunto al presidente hasta mayo de 1980.

garrir. (Del lat. garrīre.) intr. ant. charlar. ‖ Gritar el loro.

garro. (De garra.) m. Germ. Mano del cuerpo humano.

Garro (José de). Biog. Militar español, n. en Mondragón y m. en San Sebastián (1623-1702). Hizo la campaña de Portugal y la de Cataluña; fue en América gobernador de Tucumán y de Buenos Aires. Reconquistó la colonia del Sacramento del poder de los portugueses; fue gobernador de Chile en 1682 y, al regresar a España, gobernador de Gibraltar y capitán general de Guipúzcoa.

garroba. (Del ár. *jarrūba*.) f. algarroba, fruto.

garrobal. adj. ant. garrafal. ‖ m. Sitio poblado de algarrobos.

garrobilla. (De garrobo.) f. Astillas o pedazos de algarrobos, que se usan, con otros ingredientes, para curtir los cueros y darles un color como leonado. ‖ Bot. **dividivi.**

garrobillo. m. Bot. **dividivi.**

garrobo. m. ant. **algarrobo.**

garrobo. m. Zool. *C. Rica, Hond.* y *Nic.* Saurio de fuerte piel escamosa, que abunda en las tierras cálidas de las costas y vive en las cercanías de las casas.

Garrobo (El). Geog. Mun. de España, prov. y p. j. de Sevilla; 809 h. ‖ Villa cap. del mismo; 770 h.

garrocha. (De garra.) f. Vara que en la extremidad tiene un hierro pequeño con un arponcillo para que agarre y no se desprenda. ‖ **Taurom.** Vara larga para picar toros, que tiene 4 m. de largo, 5 cm. de grueso y una punta de acero de tres filos, llamada puya, sujeta en el extremo por donde se presenta a la fiera.

garrochada. f. Taurom. garrochazo.

garrochar. tr. Taurom. Herir a los toros con arpones o garrochas.

garrochazo. m. Taurom. Herida y golpe dado con la garrocha; puyazo.

garrochear. (De garrocha.) tr. Taurom. Herir con la garrocha.

garrochero. m. Taurom. picador.

garrochista. m. El que garrocha. ‖ Hist. Voluntario de caballería andaluza durante la guerra de la Independencia (1808-14). ‖ **Taurom.** El practicante de las faenas taurinas de campo que se ejecutan con la garrocha.

garrocho. m. Bot. *Amér. c., Ant.* y *Méj.* Árbol de la familia de las malváceas, llamado también molinillo, a causa de sus ramas verticiladas, por lo cual se hacen objetos de ese nombre con sus tallos.

garrochón. (aum. de garrocha). m. Rejón de la lidia de toros.

garrofa. f. algarroba, fruto.

garrofal. (De garrofa.) adj. garrafal. ‖ m. **garrobal,** sitio poblado de algarrobos.

garrofero. m. Bot. *Mur.* **algarrobo.**

garrofín. m. Bot. *Bal.* y *Mur.* Semilla del algarrobo.

garrón. (De garra.) m. Espolón de ave. ‖ Extremo de la pata del conejo, de la res y otros animales, por donde se cuelgan después de muertos. ‖ Cualquiera de los ganchos que quedan de las ramas laterales de otra principal que se corta de un árbol. ‖ *Ar., Mur.* y *P. Rico.* **calcañar;** y así, del que lleva las medias caídas, se dice que las lleva *al garrón.*

garronear. tr. Herir en los garrones; cortar los garrones o golpearlos.

garronuda. f. Bot. Especie de palmera, notable por la forma de sus raíces, que se levantan del suelo a la altura de tres metros, separadas unas de otras, para volver a juntarse y sostener en trípodes un tronco liso y empinado.

garronudo, da. adj. De garrones muy desarrollados.

garrota. f. **garrote.** ‖ **cayado.**

garrotal. (De garrote.) m. Plantío de olivar, hecho con estacas o garrotes de olivos grandes.

garrotazo. m. Golpe dado con el garrote.

garrote. fr., *bâton;* it., *randello;* i., *cudgel;* a., *Knittel.* (Del fr. *garrot.*) m. Palo grueso y fuerte que puede manejarse a modo de bastón. ‖ Plantón, especialmente el del olivo. ‖ Compresión fuerte que se hace de las ligaduras retorciendo la cuerda con un palo. ‖ Ligadura fuerte que se da en los brazos o muslos oprimiendo su carne, y que se ha empleado algunas veces como tormento. ‖ Instrumento para ejecutar a los condenados a muerte, que consiste en un aro de hierro con que se sujeta, contra un pie derecho, la garganta del sentenciado, oprimiéndola en seguida por medio de un tornillo de paso muy largo hasta conseguir la estrangulación. ‖ Defecto de un dibujo, que consiste en la falta de la continuidad debida a una línea. ‖ Pandeo de una pared, en la superficie de una piedra labrada, en la alineación de los caños de una conducción de agua, etc. ‖ *Ast.* Mayal para desgranar las espigas. ‖ *Méj.* **galga,** palo que sirve de freno al carro. ‖ *Pal.* y *Sant.* Cesto que se hace de tiras de palo de avellano. ‖ *Sant.* Unidad de medida para leñas, que equivale a media carga. ‖ **Mar.** Palanca con que se da vuelta a la trinca de un cabo. ‖ **vil.** Léx. Instrumento para ejecutar a los condenados a muerte.

garrotear. (De *garrote*.) tr. ant. Dar golpes con garrote. ǁ *Amér.* **apalear,** dar de palos. ǁ *Ast.* Desgranar las espigas golpeando con el garrote o mayal.

garrotera. f. *Mur.* Cada uno de los balaustres que forman los adrales del carro.

garrotero. m. *Chile.* **apaleador.** ǁ *Méj.* En los ferrocarriles, el guardafrenos.

garrotero. m. *Pesca.* **garotera.**

garrotilla. f. *Bot.* Correguela menor.

garrotillo. (dim. de *garrote*.) m. *Rioja.* Palo corvo que se usa para dar el nudo al vencejo sin lastimarse los dedos cuando se atan los haces de mies. ǁ *Bot.* Correguela menor. ǁ desus. *Pat.* Difteria en la laringe, y a veces en la tráquea y otros puntos del aparato respiratorio.

garrotín. m. *Danza.* Baile que gozó de mucha popularidad a fines del s. XIX. Es de origen gitano, compás de 2 por 4, de movimiento vivo y ritmo insistente.

Garrotxa (La). (En cast., *El Risco, La Peña*.) Geog. Comarca de España, en Cataluña, al N. de la prov. de Gerona, fronteriza con Francia. Es una zona montañosa, formada por la cuenca alta del río Fluviá.

Garrovilla (La). Geog. Mun. y villa de España, prov. de Badajoz, p. j. de Mérida; 2.689 h.

Garrovillas. Geog. Mun. y villa de España, prov. y p. j. de Cáceres; 3.606 h. (*garrovillanos*). Formó en otro tiempo parte del ducado de Alba de Liste.

garrubia. f. *Bot.* **algarroba,** semilla. ǁ Judía de careta de la familia de las papilionáceas (*dólichos melanophthalmus*).

garrucha. fr., *poulie*; it., *carrucola*; i., *pulley*; a., *Flaschenzung*. (De *carrucha*.) f. **polea.** ǁ Instrumento que consiste en una rueda metálica y giratoria, acanalada en su circunferencia para dar paso a una soga o una cadena, en uno de cuyos extremos obra la potencia. ǁ *Ar.* y *Vall.* Pasador del cuello de la camisa. ǁ **combinada.** *Mec.* La que forma parte de un sistema de garruchas; como los cuadernales y aparejos. ǁ **fija.** La que no muda de sitio y sirve de guía a la cuerda, en uno de cuyos extremos actúa la potencia y en el otro la resistencia. Su ley de equilibrio es P = R. No ahorra fuerzas. ǁ **movible.** La que cambia de sitio bajando y subiendo, y entonces un extremo de la soga está asegurado a un punto fijo.., y la resistencia se sujeta a la armadura de la polea. Ley de equilibrio P = R/2. Ahorra la mitad de la fuerza. ǁ **simple.** La que funciona sola e independiente.

Garrucha. Geog. Mun. y villa de España, prov. de Almería, p. j. de Vera; 2.929 h. (*garrucheros*). Producción y exportación de mármoles y minerales. Puerto. Espléndida playa.

garrucho. (De *garrucha*.) m. *Mar.* Anillo de hierro o de madera, que sirve para envergar las velas de cuchillo y para otros usos.

Garruchos. Geog. Local. de Argentina, prov. de Corrientes, depart. de Santo Tomé; 289 h.

garruchuela. f. dim. de **garrucha.**

garrudo, da. adj. Que tiene mucha garra. ǁ *Méj.* Vigoroso, muy fuerte, o de grandes fuerzas en las manos.

garrulador, ra. adj. **gárrulo.**

garrulaxo. (Del lat. científico *gárrulax*, nombre del gén.; del lat. *garrulus*, locuaz.) Zool. Gén. de pájaros de la familia de los timálidos (v.).

garrulería. f. Charla de persona gárrula.

garrulidad. (Del lat. *garrulitas, -ātis.*) f. Calidad de gárrulo.

gárrulo, la. (Del lat. *garrulus*, locuaz.) adj. Aplícase al ave que canta, gorjea o chirria mucho. ǁ fig. Dícese de la persona muy habladora o charlatana. ǁ fig. Dícese de cosas que hacen ruido continuado, como el viento, un arroyo, etc.

gárrulo. (Del m. or. que el anterior.) Zool. Gén. de pájaros de la familia de los córvidos (v.).

garsina. f. *Germ.* Hurto, robo sin intimidación ni fuerza.

garsinar. (De *garsina*.) tr. *Germ.* Hurtar, robar sin intimidación ni fuerza.

garson. m. *R. Plata.* Pequeño lazo o aro de soga que se cuelga de la parte media e inferior de los yugos para que por él pasen las cuartas de las carretas, de modo que éstas no se arrastren cuando no están en tensión.

Garter. (Voz i. que sign. *liga*.) Hist. V. **Jarretera.**

garú. (En fr., *garous*.) m. *Bot. Col.* galic. médico por **torvisco.**

garúa. (Del lat. *caligo, -inis*, obscuridad.) f. *Amér.* y *Mur.* **llovizna.** ǁ *Mar.* Neblina muy húmeda, que deja caer gotitas muy finas, pero que no llegan a correr por el suelo como las de la lluvia.

garuada o **garugada.** f. Acción de garuar o garugar.

garuar. (De *garúa*.) intr. *Amér.* **lloviznar.**

garugada. f. **garuada.**

garujo. (Del lat. *carylĭum*, de *caryon*, nuez.) m. **hormigón,** argamasa.

garujo. (Del lat. *carylĭum*, de *caryon*, nuez.) f. **granuja,** uva desgranada y granillos de la misma. ǁ fig. y fam. Conjunto desordenado de gente. ǁ *Ast.* Cascajo, conjunto de nueces, avellanas y castañas.

garulla. f. fig. y fam. Conjunto desordenado de gente. ǁ *Sal.* Manada de garullos.

garullo. m. *And., Áv.* y *Tol.* Pavo destinado a servir de padre. ǁ *And., Extr.* y *Sant.* Variedad de pera silvestre. ǁ *Sal.* **pavipollo.**

Garupá. Geog. Local. de Argentina, prov. de Misiones, depart. de Capital; 1.596 h.

garvier. m. Especie de escarcela pequeña usada antiguamente.

garvín. m. Cofia hecha de red, que usaron las mujeres como adorno.

Garvín. Geog. Mun. y lugar de España, prov. de Cáceres, p. j. de Navalmoral de la Mata; 207 h.

garvino, na. adj. Natural de Peraleda de la Mata, o perteneciente a esta villa. Ú. t. c. s.

garza. fr., *héron*; it., *airone*; i., *heron*, *Reiher*. (De *garz*, onomat. de su voz.) f. Nombre de varias aves ciconiformes de la familia de las ardeidas, con pico robusto y puntiagudo, cresta o moño, a veces de pocas plumas, las escapulares largas, plumaje nunca del todo blanco, cola de 12 timoneras. Vive cerca del agua, es tímida y desconfiada y pesca con gran destreza. Habita en Europa central y oriental (*árdea cinérea*). ǁ fig. *Chile.* Persona de cuello largo. ǁ **de noche.** Zool. **martinete.**

Garza. Geog. Local. de Argentina, prov. de Santiago del Estero, cap. del depart. de Sarmiento; 632 h. ǁ **García.** Mun. de Méjico, est. de Nuevo León; 45.983 h. ǁ Villa cap. del mismo; 20.934 h.

Garzas (Las). Geog. Local. de Argentina, prov. de Santa Fe, depart. de General Obligado; 675 h.

garzo, za. (metát. de *zarco*.) adj. De color azulado. Aplícase más comúnmente a los ojos de este color, y aun a las personas que los tienen así. ǁ *Bot.* **Agárico,** hongo.

garzón. (Del fr. *garçon*.) m. Joven, mancebo, mozo. ǁ Niño, hijo varón. ǁ En el cuerpo de guardias de Corps, ayudante por quien el capitán comunicaba las órdenes. ǁ ant. El que solicita, enamora o corteja. ǁ ant. Joven que lleva vida disoluta con las mujeres. ǁ desus. Sodomita, tratando de costumbres moras. ǁ Zool. *Venez.* Ave ciconiforme de la familia de las ardeidas, también llamada garza real, aunque es de distinta especie que la europea; de cabeza sin pluma, pico muy largo, collar rojo, alas negras, vientre blanco y con una especie de bolsa, en la mandíbula inferior, donde deposita el agua (*árdea trícolor*).

Garzón. Geog. Mun. de Colombia, depart. de Huila; 28.642 h. ǁ Pobl. cap. del mismo; 13.783 h.

garzonear. (De *garzón*, hijo.) tr. ant. Solicitar, enamorar o cortejar. ǁ ant. Llevar el joven vida disoluta con las mujeres.

garzonería. f. ant. **garzonía.**

garzonía. (De *garzón*, que solicita o enamora.) f. ant. Acción de solicitar, enamorar o cortejar. ǁ ant. Vida disoluta del joven. ǁ *Alb.* Acción de acariciarse los animales en celo. ǁ *And.* Celo de los animales salvajes.

garzota. (De *garza*.) f. Ave ciconiforme de la familia de las ardeidas, también llamada garza verde; mide unos 30 cm. de largo, con el pico grande y de color negro; tiene en la nuca tres plumas de más de 10 cm. de largo e inclinadas hacia la cola; el lomo verde negruzco, el vientre ceniciento, los pies amarillentos y las uñas negras. Habita en los países templados; se alimenta de peces y anfibios. La hembra carece de las tres plumas que tiene el macho en la nuca (*butorides viréscens*). ǁ Plumaje o penacho que se usa para adorno de los sombreros, morriones o turbantes, y en los jaeces de los caballos.

garzul. adj. *Bot. And.* V. **trigo garzul.**

gas. fr., *gaz*; it. e i., *gas*; a., *Gas.* (Palabra inventada, en su acepción actual de física, por J. B. van Helmont, según la griega *cháos*, caos, abertura, libertad.) m. *Guat., Hond.* y *Méj.* **petróleo.** ǁ *Fís.* Estado de la materia, en el que ésta llena por completo el recinto que la contiene, sea grande o pequeño, pues los cuerpos en este estado carecen de forma y volumen propios. En el estado gaseoso, pues, las moléculas se mueven libremente en el recinto que las contiene, rebotando contra sus paredes o chocando entre sí continuamente. Los dos gases más corrientes en la naturaleza son el oxígeno y el nitrógeno. Los gases son fácilmente solubles en algunos líquidos, y la cantidad disuelta es proporcional a la presión; actúan como malos conductores del calor y la electricidad, aunque esto es sólo una regla general de la que hay varias excepciones, entre otras, el hidrógeno; y generalmente son transparentes y de coloración débil. El que un cuerpo sea

Garza real, ilustración del *Libro del viaje de Malaspina*. Museo Naval. Madrid

gas o no, depende de la temperatura y presión a que está sometido, pues todos los gases, al aumentar la presión o disminuir la temperatura o actuando ambos factores suficientemente, se pueden licuar. Los gases perfectos se dilatan, a presión constante, y aumentan su volumen 1/273 veces por cada grado centi-

Policías con máscaras antigás, en Irlanda del Norte

grado que asciende su temperatura. A volumen constante, aumentan su presión 1/273 veces por cada grado centígrado. ‖ Mezcla de carburante y de aire que alimenta el motor de un vehículo automóvil. ‖ pl. Por antonomasia, los gases intestinales. ‖ **de agua.** *Quím.* El compuesto de óxido de carbono e hidrógeno, producido mediante la acción del agua sobre el carbón a alta temperatura. ‖ **de alumbrado.** Mezcla de carburos de hidrógeno con otros gases, que se obtiene por destilación, en recipientes cerrados, del carbón de hulla y se emplea para el alumbrado, la calefacción y para obtener fuerza motriz. ‖ **asfixiante.** Gas tóxico que, respirado, produce asfixia. ‖ El que se usa como arma de guerra para producir la muerte por asfixia. Ú. m. en pl. ‖ **atmosférico.** *Geol.* Cada uno de los que entran en la composición del aire. ‖ **butano.** *Quím.* butano. ‖ **de ciudad.** *Indus.* Nombre dado al gas de hulla o de alumbrados. ‖ **electrónico.** *Astron.* Materia formada por los electrones procedentes del desmoronamiento de las estructuras atómicas en el interior de las estrellas, debido a la elevadísima temperatura allí reinante. ‖ **de Fermi, gas electrónico.** ‖ **grisú.** *Quím.* grisú. ‖ **de guerra.** *Mil.* Substancia gaseosa utilizada como arma en un conflicto bélico. Los gases se usaron por primera vez con este carácter durante la P. G. M., por los alemanes y en el ataque a Ypres (abril de 1915). ‖ **hilarante.** *Quím.* Óxido nitroso que tiene propiedades anestésicas. Provoca la hilaridad, de donde le viene su nombre. ‖ **de hulla.** El obtenido por combustión de las hullas bituminosas. Puede serlo a alta temperatura, con 4.500 a 5.000 calorías por m.^{3}, o a baja, con 6.700 calorías por m.^{3} ‖ **inerte, gas noble.** ‖ **interestelar.** *Astron.* **materia interestelar.** ‖ **mineral.** *Geol.* **gas natural.** ‖ **mostaza.** *Quím.* **iperita.** ‖ **natural.** El compuesto de hidrocarburos ligeros, que se encuentra en las emanaciones volcánicas y, con frecuencia, asociado a los yacimientos petrolíferos. ‖ **neurotóxico.** *Quím.* y *Mil.* El que actúa inhibiendo la acción de la colinesterasa y provoca una parálisis neuromuscular, con depresión de los centros respiratorio y circulatorio y alteraciones secundarias, derivadas de la falta de oxígeno en los tejidos. (v. **gas de guerra**). ‖ **noble.** *Quím.* Cada uno de los que forman el grupo de los gases nobles (v.). ‖ **-oil.** **gasóleo.** ‖ **oxhídrico.** Mezcla de 2 volúmenes de hidrógeno y 1 de oxígeno o 5 de aire atmosférico. Encendido por una chispa, determina una combinación, con formación de agua y acompañada de una fuerte detonación. ‖ **oxhídrido.** Mezcla de gas formada por un volumen de oxígeno y dos de hidrógeno, que se utiliza en sopletes para soldar, fundir platino y cuarzo, y obtener luz Drummond. ‖ **de los pantanos.** V. **metano.** ‖ **perfecto.** *Fís.* Se llama así en física teórica, a un gas ideal, en el cual se considera a las moléculas como puntos geométricos y, por tanto, sin volumen, prescindiéndose también de sus masas y de las atracciones que ejercen entre sí. ‖ **permanente.** Se llamó así hasta fines del siglo pasado al oxígeno, nitrógeno, hidrógeno, etc., que no pudieron ser licuados hasta aquella época, a pesar de las enormes presiones empleadas. ‖ **pobre.** *Quím.* Monóxido de carbono producido por combustión incompleta del carbón o substancias orgánicas. ‖ **raro. gas noble.** ‖ **real.** *Fís.* El que no es considerado ya como gas perfecto. ‖ **rompemáscaras.** *Quím.* **adamsita.** ‖ **tóxico.** El que actúa sobre el organismo humano produciendo la muerte o trastornos más o menos graves (v. **gas asfixiante** y **gas de guerra**). ‖ **gases nobles.** Grupo formado por el neón, el criptón, el helio, el xenón y el radón, gases que se creyó, hasta 1962 (fecha del descubrimiento de los primeros compuestos del xenón), que no formaban combinaciones químicas, independencia que, por analogía con la singularidad y propiedades del oro y el platino, les valió su apelativo. ‖ **a todo gas.** m. adv. A toda velocidad.

gasa. fr., *gaze*; it., *garza, velo;* i., *gauze*; a., *Gaze*. (De Gaza, c. de Palestina, donde tal vez tuvo origen esta tela.) f. Tela de seda o hilo muy clara y sutil. ‖ Tira de gasa o paño negro que se rodea al sombrero en señal de luto. ‖ Banda de tejido muy ralo que se esteriliza, e impregnada de substancias medicamentosas se usa en cirugía.

gasajado, da. p. p. de **gasajar.** ‖ m. ant. **agasajo.** ‖ ant. Gusto, placer o contento.

gasajar. (Del germ. *gasalho*, compañero.) tr. ant. Alegrar, divertir. Usáb. t. c. prnl.

gasajo. (De *gasajar*.) m. ant. **agasajo.**

gasajoso, sa. (De *gasajar*.) adj. ant. Alegre, regocijado, gustoso. ‖ ant. **agasajador.**

Gasca (Pedro de la). *Biog.* Prelado y hombre de Estado español, n. en Barco de Ávila y m. en Valladolid (1485-1567). Carlos V le nombró presidente de la Audiencia de Perú en circunstancias muy críticas, pues Gonzalo Pizarro, se había sublevado con la aspiración de erigirse en rey. La Gasca supo proceder hábilmente y con energía; sofocó la rebelión, y Gonzalo, vencido y abandonado por sus partidarios, fue hecho prisionero y ajusticiado. Su gobierno, que duró tres años, fue considerado por todos como benéfico y justiciero, por lo que se llamó el *Padre restaurador y pacificador*. Fue obispo de Sigüenza y de Palencia.

gascón, na. adj. Natural de Gascuña, o perteneciente a esta ant. prov. de Francia. Ú. t. c. s. ‖ Natural de Gascueña (Cuenca), o perteneciente a esta villa. Ú. t. c. s. ‖ m. *Ling.* Dialecto y conjunto de dialectos románicos más o menos coincidentes de la lengua de oc que se hablan en algunas regiones entre Burdeos y Toulouse.

Gascón y Marín (José). Abogado y político español, n. en Zaragoza y m. en Madrid (1875-1962). Fue diputado, consejero de Estado y asesor jurídico del Consejo de Trabajo. En febrero de 1931 fue nombrado ministro de Instrucción Pública y abandonó el cargo el 14 de abril, al implantarse la República. Obras principales: *La extradición ante el Derecho Internacional, Los sindicatos y la libertad de contratación, Tratado de Derecho administrativo*, etc.

gasconés, sa. adj. **gascón.** Apl. a pers., ú. t. c. s.

Gascones. *Geog.* Mun. de España, prov. de Madrid, p. j. de Colmenar Viejo; 89 h. ‖ Lugar cap. del mismo; 85 h.

Gascoyne Cecil, marqués de Salisbury (Robert). *Biog.* Político inglés, n. y m. en Hatfield (1830-1903). En 1853 entró en el Parlamento como diputado. Colaboró en *The Saturday Review* y *The Quarterly Review*. En 1878 fue nombrado ministro de Negocios Extranjeros. En 1881, al morir Disraeli, Salisbury le sucedió en la jefatura del partido conservador, y en junio de 1885 fue llamado a la presidencia del Consejo, que ocupó por breve tiempo, y a la que accedió de nuevo en 1886, conservando el poder hasta 1892. Después de militar tres años en la oposición, fue por tercera vez presidente del Consejo en 1895 con un Gabinete en el que figuraban José Chamberlain y otros liberales unionistas. Salisbury fue a la vez presidente y ministro de Negocios Extranjeros, cartera que abandonó en 1900. Siguió al frente del Gobierno durante la guerra angloboer de 1899-1902 y se retiró de la política en julio de ese año. ‖ **Cecil, marqués de Salisbury (James).** Político inglés (1861-1947). Subsecretario de Negocios Extranjeros (1900-03), desde 1903 hasta 1905 fue lord del Sello Privado, y en 1905 ministro de Comercio. Desde enero de 1922 hasta 1924 fue presidente del Consejo, y jefe del partido conservador en la Cámara de los Lores hasta 1929.

Gascueña. *Geog.* Mun. y villa de España, prov. y p. j. de Cuenca; 443 h. (*gascones*). ‖ **de Bornova.** Mun. y lugar de España, prov. de Guadalajara, p. j. de Sigüenza; 97 h.

Gascuña. *Geog.* Golfo formado por el Atlántico entre España y Francia. ‖ **Geog. hist.** Antigua prov. de Francia, cuyo terr. ha formado luego los depart. de los Altos Pirineos, Gers, Landas y parte de los Bajos Pirineos, Alto Garona, Lot y Garona, y Tarn y Garona. Fue gobernada por duques independientes durante largo tiempo, y en 1453 fue definitivamente conquistada por Carlos VII y anexionada casi totalmente a la Corona, excepto una pequeña parte que lo fue bajo Enrique IV.

gaseamiento. m. Acción de gasear o gasearse.

gasear. tr. Hacer que un líquido, generalmente agua, absorba cierta cantidad de gas. ‖ Someter a la acción de los gases. Dícese especialmente de la muerte aplicada en los campos de concentración alemanes durante la S. G. M., mediante la inyección de gases tóxicos en cámaras especiales. Ú. t. c. prnl. (v. **genocidio**).

gaseiforme. (De *gas* y *forma*, latinizados.) adj. Que se halla en estado de gas.

gasendismo. m. Doctrina atómica del P. Gassendi o Gasendo, afamado filósofo francés del s. XVII.

gasendista. adj. Partidario del gasendismo. Ú. t. c. s.

gaseoducto. m. **gasoducto.**

gaseosa. f. Bebida refrescante, efervescente y sin alcohol.

gaseoso, sa. fr., *gazeux*; it., *gassoso*; i., *gaseous*; a., *gashältig*. adj. Que se halla en estado de gas. ‖ Aplícase al líquido de que se desprenden gases.

gasfiter. (Del i. *gas-fitter*; de *gas*, gas, y *fitter*, ajustador, instalador.) m. *Chile*. Instalador o aparejador de gas. ‖ Plomero de la calefacción o calefaccionista.

gasificación. f. Acción de pasar un líquido al estado de gas. ‖ Por ext., dícese también de la conversión de una substancia sólida o líquida en un gas de estructura química distinta: la conversión de los combustibles sólidos en monóxido de carbono gaseoso, en un gasógeno.

gasificar. tr. **Quím.** Determinar la gasificación de los cuerpos químicamente tratados.

gasifista. com. *Chile.* Lamparero, lampista.

gasipaes. m. **Bot.** *Brasil.* Nombre con que se conoce vulgarmente la palmera del chontaruro.

gasista. m. El que tiene por oficio la colocación y arreglo de los aparatos necesarios para el alumbrado por medio del gas y demás usos de éste. ‖ El obrero empleado en los servicios del alumbrado por gas.

Gaskell (Elizabeth Cleghorn Stevenson). Biog. Escritora inglesa, n. en Chelsea y m. en Holyburn (1810-1865). Gozó de fama como novelista. Entre sus obras se destacan: *Mary Barton, Cranford, Lizzie Leigh* y una biografía de *Charlotte Brontë*.

gasoducto. (De *gas* y *-ducto*, con la *o* infl. por *oleoducto*.) m. Tubería de grueso calibre y gran longitud para conducir a distancia gas combustible, procedente por lo general de emanaciones naturales.

gasógeno. (De *gas* y *-geno*.) m. **Fís.** Aparato destinado para obtener gases, y especialmente ácido carbónico. ‖ Aparato destinado a transformar, por combustión incompleta, los combustibles sólidos en monóxido de carbono, gaseoso, que proporciona energía en los motores a explosión o Diesel, transformándose con el oxígeno del aire en bióxido de carbono.

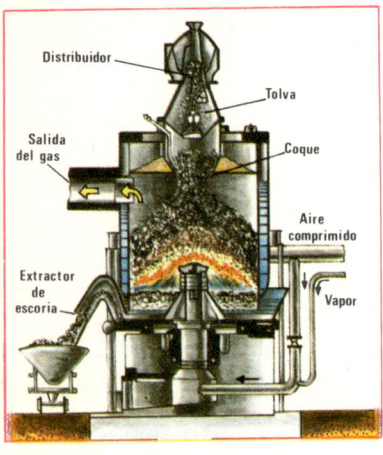

Gasógeno industrial

Consta de una cámara de combustión, de una entrada de aire de abertura variable, para evitar que se forme bióxido de carbono incombustible; de un depósito para evacuar las cenizas y de depuradores donde el gas pierde especialmente las partículas sólidas en suspensión, las cuales estropearían el motor o impedirían su regular funcionamiento. ‖ **Quím.** Mezcla de bencina y alcohol, que se usa para el alumbrado y para quitar manchas.

gasoil. m. **gasóleo.**

gasoleno. (De *gas, óleo* y *-eno*.) m. **gasolina.**

gasóleo. fr. e i., *gas oil* o *gas-oil*; it., *gasolio*; a., *Gasöl*. (De *gas* y *óleo*, según el i. *gas oil*.) m. **Quím.** Fracción destilada del petróleo crudo, que se purifica especialmente para eliminar el azufre. Sus límites de destilación, variables según los tipos, suelen estar comprendidos entre los 200 y los 450 grados centígrados. Se usa normalmente en los motores Diesel y como combustible en hogares abiertos.

gasolina. fr., *gazoline*; it., *benzina*; i., *gasoline*; a., *Gasolin*. (De *gas, óleo* y *-ina*.) f. **Quím.** Mezcla de hidrocarburos, líquida, incolora, muy volátil, fácilmente inflamable, producto del primer período de la destilación del petróleo. ‖ **sintética.** Los alemanes inventaron un producto para obtener gasolina mediante la utilización del oxígeno gaseoso. EE. UU. lo ha adoptado como uno de los inventos más importantes. También han ensayado, con éxito, los americanos una gasolina inflamable. Durante la S. G. M. hubo gran actividad en los laboratorios al objeto de obtener gasolina sintética, y para ello utilizaron el carbón, caña de azúcar, el maíz, la madera, las algas marinas, etc. ‖ **sólida.** El inventor francés Pathus-Labour la denomina *carburolithe*, y es parecida al azúcar en grano e ininflamable; puede manejarse como la goma, y con su uso podrá prescindirse de depósitos y surtidores, y evita la pérdida por evaporación.

gasolinera. f. Lancha automóvil con motor de gasolina. ‖ Depósito de gasolina para la venta al público. ‖ Establecimiento donde se vende.

gasolinería. f. **Aut.** *Méj.* **gasolinera.**

gasometría. (De *gas* y *-metría*.) f. **Fís.** Determinación de la cantidad de gas existente en una mezcla.

gasómetro. fr., *gazomètre*; it., *gasometro*; i., *gasometer*; a., *Gasmesser*. (De *gas* y *-metro*.) m. **Fís.** Instrumento para medir el gas. ‖ Dispositivo que en las fábricas de gas del alumbrado se emplea para que el fluido salga con uniformidad por efecto de una sostenida y constante presión. ‖ Lugar o edificio donde están situados estos aparatos.

gasón. (Del fr. *gazon*.) m. Cascote de yeso. ‖ En algunas partes, terrón muy grande que queda sin desgranar por el arado. ‖ *Ar.* **césped.**

Gaspar y Rivaud (Enrique). Biog. Dramaturgo español, n. en Madrid y m. en Oloron (1842-1902). Escribió obras realistas y satíricas de fina observación psicológica, entre ellas *La levita, Huelga de hijos, El estómago* y *Las personas decentes*. ‖ **Hernández. Geog.** Mun. de la República Dominicana, prov. de Espaillat; 28.624 habitantes. ‖ Villa cap. del mismo; 2.222 h.

Gasperi (Alcide De). Biog. Político italiano, n. en Trento y m. en Valsugana (1881-1954). En el año 1945 fue designado para formar el Gobierno de coalición y se hizo cargo de la presidencia y del Ministerio de Asuntos Exteriores. Organizó el partido de la Democracia Cristiana, que obtuvo un rotundo triunfo electoral, y como jefe del mencionado partido, siguió en la jefatura del Gobierno. En 1953 cayó el séptimo Gobierno por él presidido, cuando se le consideraba ya como un hombre gastado.

Gassendi (Pierre). Biog. Matemático, astrónomo y filósofo francés, n. en Champtercier y m. en París (1592-1655). En 1625 fue nombrado prior de la catedral de Digne y en 1645 profesor de matemáticas y astronomía en el Collège Royal de París. En filosofía combatió el escolasticismo y el cartesianismo, y se inclinó por el epicureísmo atomista, que estudió en su obra *Syntagma Philosóphiae Epicuréae*. No aceptó el sistema de Copérnico «por obediencia» a las Escrituras, y adoptó el de Tycho Brahe.

Gasser (Herbert S.). Biog. Fisiólogo estadounidense, n. en Platteville, Wisconsin, y m. en Nueva York (1888-1963). Investigó en campos diversos, pero destacó en el de la electrofisiología; en colaboración con Joseph Erlanguer escribió *Signos eléctricos de la actividad nerviosa*, y juntos recibieron el premio Nobel de Fisiología y Medicina en 1944. Estudió el ganglio del tercer nervio craneal (ganglio de Gasser), del cual parten las tres ramas del nervio, llamado por eso trigémino. ‖ **(Johann Lorenz).** Anatomista austriaco, n. en Viena (1723-1765). Llevó a cabo importantes trabajos anatómicos, siendo el descubridor del ganglio que lleva su nombre (v., más arriba, la biografía de H. S. Gasser).

Gasset y Artime (Eduardo). Biog. Político y periodista español, n. en Pontevedra y m. en Madrid (1832-1884). Fue diputado y ministro de Ultramar en 1874. Brillante periodista, fundó (1867) y dirigió *El imparcial*. ‖ **y Chinchilla (Rafael).** Político español, n. y m. en Madrid (1866-1927). Director de *El Imparcial*, a la muerte de su padre, fue diputado y ministro de Fomento y Obras Públicas varias veces, siendo defensor de la política hidráulica.

Gassion (Edith). Biog. Cantante francesa, más conocida por el seudónimo de *Edith Piaf*, n. y m. en París (1915-1963). Fue la más pura expresión del París callejero y popular, y entre sus canciones se destacan: *Padam-padam, Mon légionnaire, Un monsieur m'a suivie dans la rue, Mea culpa* y *Je m'en fous*.

Gassman (Vittorio). Biog. Actor italiano de cine y teatro, n. en Génova en 1922. Películas principales: *Arroz amargo, Rufufú, Kean*, en la que intervino como actor y director, y *Perfume de mujer*, premio de interpretación masculina en el Festival de Cannes de 1975.

Gassol y Rovira (Buenaventura). Biog. Político y escritor español, que utiliza siempre como nombre de pila *Ventura*, n. en La Selva del Campo en 1893. Perteneció al Partido del Estado Catalán y colaboró íntimamente con Macià. Al advenimiento de la República, fue consejero de Instrucción Pública en el Gobierno de la Generalidad bajo la presidencia de Macià. En 1934 tomó parte en la revolución de octubre y fue encarcelado hasta 1936. Obras principales: poesía: *Ámfora* (1917), *La nau* (1920), *La cançó del vell Cabrés*, poema dramático (1921), *Les tombes flamejants* (1923), *La Dolorosa*, poema dramático (1928), *Mirra* (1931), *Poemes* y *La mort de l'ós*, poema dramático (1935), *Miratges* (1950) y *El preu de la sang*, novela (1923).

gastable. adj. Que se puede gastar.

gastadero. m. fam. Sitio o acción en que se gasta una cosa.

gastado, da. p. p. de **gastar.** ‖ adj. Debilitado, disminuido, borrado con el uso. ‖ Dícese de la persona decaída de su vigor físico o de su prestigio moral.

gastador, ra. adj. Que gasta mucho dinero. Ú. t. c. s. ‖ ant. fig. Que destruye o vicia. ‖ m. En los presidios, el que va condenado a los trabajos públicos. ‖ **Mil.** Soldado que se aplica a los trabajos de abrir trincheras y otros semejantes. ‖ Cada uno de los soldados que hay en cada batallón destinados principalmente a franquear el paso en las marchas, para lo cual llevan palas, hachas y picos.

gastamiento. m. Acción y efecto de gastarse o consumirse una cosa. ‖ ant. **gasto.**

gastar. fr., *dépenser*; it., *spendere*; i., *to waste*; a., *ausgeben, brauchen*. (Del lat. *vastāre*, infl. por el germ. *wōstjan*, gastar.) tr. Expender o emplear el dinero en una cosa. ‖ Destruir, consumir, acabar. Ú. t. c. prnl. ‖ Destruir, asolar un territorio. ‖ Digerir los alimentos. ‖ Deteriorar una cosa. ‖ Tener habitualmente. ‖ Usar, poseer, llevar. ‖ **gastarlas.** expr. fam. Proceder, portarse.

Gastein. Geog. Badgastein.

gastero-. pref. V. **gastr-.**

gasteromicete, ta o **gasteromiceto, ta.** adj. **Bot.** gastromicetal.

gasterópodo, da. fr., *gastéropode*; it., *gasteropodo*; i., *gastropod*; a., *gastropod*. adj. **Zool.** Dícese de los moluscos de concha univalva y generalmente helicoidal, a veces no arrollada o ausente, manto indiviso, cabeza diferenciada con tentáculos y ojos, boca con rádula, pie ancho y plano para sujetarse o reptar, masa visceral arrollada en sentido dextrorso, con branquias en la cavidad paleal o con ésta transformada en pulmón, ovíparos, unisexuales o hermafroditas, con larva trocósfera o ve-

GASTERÓPODOS

liger. Ú. t. c. m. ‖ m. pl. Clase de estos moluscos, con las subclases de los prosobranquios, opistobranquios y pulmonados.

gasterosteido, da. (De *gasteróstea* e *-ido*.) adj. **Zool.** Dícese de los peces teleóstomos del orden de las gasterosteiformes. Ú. t. c. m. ‖ m. pl. Familia de estos peces, única del orden.

gasterosteiforme. (De *gasteróstea* y *-forme*.) adj. **Zool.** Dícese de los peces teleóstomos, generalmente dulceacuícolas, con espinas duras y robustas delante de la aleta dorsal y, a veces, con placas óseas laterales que forman una coraza. Ú. t. c. m. ‖ m. pl. Orden de estos peces teleóstomos.

gasteróstea. (Del lat. científico *gasterosteus*; del gr. *gastér*, estómago, y *ostéon*, hueso.) **Zool.** Gén. de peces del orden de los gasterosteiformes, familia de los gasterosteidos (v.).

gasto. fr., *dépense*; it., *spesa*; i., *expense*; a., *Ausgabe*, *Unkosten*. m. Acción de gastar. ‖ Lo que se ha gastado o se gasta. ‖ **Fís.** Cantidad de fluido (agua, gas, electricidad, etc.) suministrado en la unidad de tiempo. Es igual al producto de la velocidad por la sección del conducto. ‖ **gastos de escritorio.** *Léx.* Lo que se gasta en las oficinas y despachos particulares en papel, tinta, etc. ‖ **públicos.** *Econ.* Los que, aprobados en los presupuestos generales del Estado, sirven para atender las necesidades nacionales previstas. ‖ Los de otras entidades oficiales, como Diputaciones y Ayuntamientos. ‖ **de representación.** *Léx.* Asignación suplementaria aneja a ciertos cargos del Estado para su más decoroso desempeño, o haberes que perciben algunos funcionarios de elevada categoría a quienes no señalan sueldo las leyes. ‖ **de residencia.** Lo que se abona sobre el sueldo a un funcionario público por tener que residir en localidades determinadas.

Gastona. Geog. Local. de Argentina, prov. de Tucumán, depart. de Chicligasta; 1.506 h.

Gastor (El). Geog. Mun. de España, prov. de Cádiz, p. j. de Arcos de la Frontera; 2.829 h. (*gastoreños*). ‖ Villa cap. del mismo; 2.092 habitantes.

gastornítido, da. (Del lat. científico *gastornis*, gén. tipo de aves fósiles, e *-ido*.) adj. **Paleont.** y **Zool.** Dícese de las aves del orden de las diatrimiformes, de enorme tamaño, no voladoras, pero muy veloces en la carrera. Sólo se conocen escasos restos esqueléticos del eoceno de Europa, pertenecientes al gén. *gastornis*. ‖ f. pl. Familia de estas aves.

gastoso, sa. adj. Que gasta mucho.

gastr-, gastri-, gastro-, gastero-; -gastr-; -gástreo, -gastria, -gástrico, -gastrio, -gastro. (Del gr. *gastér*, *gastrós*.) pref. infijo o suf. que sign. estómago, o, también, vientre.

gastralgia. (De *gastr-* y *algia*.) f. **Pat.** Dolor de estómago.

gastrálgico, ca. adj. Perteneciente o relativo a la gastralgia.

Gastre. Geog. Depart. de Argentina, prov. de Chubut; 16.335 km.² y 2.448 h. ‖ Local. cap. del mismo; 67 h.

gastrectasia. (De *gastr-* y el gr. *éktasis*, dilatación.) f. **Pat.** Dilatación del estómago, que trae consigo disminución de la motilidad, estancamiento y fermentación de los alimentos.

gastrectomía. (De *gastr-* y *ectomía*.) f. **Cir.** Escisión o resección estomacal que puede ser atípica (rómbica) o típica (anular).

-gástreo. suf. V. **gastr-**.

gastri-; -gastria. pref. o suf. V. **gastr-**.

gastricismo. m. **Pat.** Denominación genérica de diversos estados morbosos agudos del estómago.

-gástrico. suf. V. **gastr-**.

gástrico, ca. fr., *gastrique*; it., *gastrico*; i., *gastric*; a., *gastrisch*. (Del lat. *gastrĭcus*, y éste del gr. *gastér*, *gastrós*, estómago.) adj. **Anat., Fisiol.** y **Zool.** Dícese de lo relativo al estómago, en especial del jugo segregado por las glándulas pépsicas, y de estas mismas glándulas (v. **jugo gástrico**).

gastrícola. (De *gastri-* y *-cola*, del lat. *colĕre*, habitar.) adj. **Biol.** y **Zool.** Dícese de los parásitos y comensales que habitan en el estómago de los vertebrados.

gastrina. (De *gastr-* e *-ina*.) f. **Fisiol.** Hormona segregada por la pared estomacal, al contacto del alimento, y que estimula la secreción del jugo gástrico por las glándulas pépsicas.

-gastrio. suf. V. **gastr-**.

gastritis. fr. e it., *gastrite*; i., *gastritis*; a., *Gastritis*. (De *gastr-* e *-itis*.) f. **Pat.** Inflamación del estómago. Reviste dos formas: aguda y crónica; es una afección común causada casi siempre por la ingestión de alimentos no sanos y difícilmente digeribles. Los síntomas son dolores, sensación de distensión estomacal, náuseas, vómitos, eructos gaseosos y dolor de cabeza. La gastritis crónica es producida por el uso persistente de alimentos inadecuados y de difícil digestión. El tratamiento consiste en una cuidadosa dieta y emplear el tiempo necesario en las comidas. ‖ **atrófica.** Gastritis crónica con atrofia de las glándulas de la membrana mucosa. ‖ **catarral.** Inflamación de la membrana mucosa gástrica, seguida de hipertrofia, con secreción mucosa excesiva y consiguiente alteración del jugo gástrico. ‖ **intersticial.** Gastritis en la que predominan las lesiones inflamatorias en el tejido conjuntivo de la mucosa. ‖ **parenquimatosa.** Es en la que sobresalen las lesiones degenerativas o hiperplásticas de los epitelios. ‖ **seudomembranosa.** Forma en la que se producen falsas membranas parecidas a placas.

gastro-; -gastro. pref. o suf. V. **gastr-**.

gastrocele. (De *gástrula* y *-cele*, cavidad.) m. **Fisiol. arquenterón** o intestino primitivo de la gástrula.

gastrocele. (De *gastro-* y *-cele*, hernia.) m. **Pat.** Hernia gástrica.

gastrocnemio. (De *gastro-* y el gr. *knéme*, pierna: *músculo ventrudo, abultado*.) m. **Anat.** Músculo gemelo de la pantorrilla.

gastrocolitis. (De *gastro-* y *colitis*.) f. **Pat.** Inflamación simultánea del estómago y del intestino grueso.

gastrodinia. (De *gastr-* y *-odinia*.) f. **Pat.** **gastralgia**.

gastroduodenal. adj. **Anat.** Relativo o perteneciente al estómago y al duodeno.

gastroduodenostomía. (De *gastro-*, *duodeno* y *-stomía*.) f. **Cir.** Comunicación artificial entre el estómago y el duodeno, cuando el píloro está obstruido.

gastroentérico, ca. (De *gastro-* y *entérico*.) adj. **Med.** Relativo al estómago y al intestino.

gastroenteritis. (De *gastro-* y *enteritis*.) f. **Pat.** Inflamación simultánea de la membrana

gastroenterocolitis–Gasulla

mucosa del intestino y el estómago; a menudo se presenta con vómito y diarrea.

gastroenterocolitis. (De *gastro-* y *enterocolitis*.) f. **Pat.** Inflamación simultánea del estómago y del intestino, inclusive el colon.

gastroenterología. (De *gastro-* y *enterología*.) f. **Med.** Rama de la medicina que estudia el aparato digestivo en la parte integrada por el estómago y el intestino delgado.

gastroenteropatía. (De *gastro-* y *enteropatía*.) f. **Pat.** Término general utilizado para nombrar las enfermedades del estómago e intestinos.

gastroenteroptosis. (De *gastro-* y *enteroptosis*.) f. **Pat.** Desplazamiento o descenso del estómago e intestinos.

gastrófilo. (Del lat. científico *gastrophilus*; de *gastro-* y *-philus*, *-filo*, amante.) **Entom.** Gén. de dípteros ciclorrafos, de la familia de los éstridos, cuyas larvas son parásitas en el intestino de los équidos. Las especies más importantes son el *g. nasalis* y el *g. hemorroidalis*.

gastrohepático. (De *gastro-* y *hepático*.) adj. **Fisiol.** Relativo al estómago y al hígado.

gastrohipercinesis. (De *gastro-*, *-hiper-* y *-cinesis*.) f. **Pat.** Aumento patológico de la movilidad del estómago.

gastrohipocinesis. (De *gastro-*, *-hipo-* y *-cinesis*.) f. **Pat.** Movilidad del estómago disminuida.

gastrointestinal. (De *gastro-* e *intestinal*.) adj. **Med.** Referente o relativo al estómago y a los intestinos.

gastrolito. (De *gastro-* y *-lito*.) m. **Zool.** Piedrecita que tragan muchas aves y algunos reptiles (y que retienen aquellas en la molleja), para ayudar a la trituración del alimento. Debido al roce suelen estar más o menos redondeadas.

gastrología. (De *gastro-* y *-logía*.) f. **Med.** Rama de la medicina que estudia el estómago y su funcionamiento.

gastrólogo, ga. m. y f. **Med.** Persona especializada en gastrología.

gastrolusis. (De *gastro-* y el gr. *loúo*, lavar.) f. **Terap.** Lavado del estómago mediante la sonda gástrica.

gastromalacia. (De *gastro-* y *-malacia*.) f. **Pat.** Reblandecimiento de la pared del estómago, por autodigestión; es un fenómeno postmortal que se encuentra en las autopsias.

gastromeridio. (De *gastro-* y el gr. *meridion*, partecita.) m. **Zool.** gastrozoide.

gastromicetal. (De *gastro-* y *-micetal*.) adj. **Bot.** Dícese de los hongos basidiomicetos, con basidios no tabicados, el himenio unido a éstos

Pedos de lobo (hongos gastromicetales)

en una masa carnosa o *gleba*, y protegido por una envoltura o *peridio* (a veces doble). Se hallan con frecuencia en el humus y en las maderas podridas de los bosques y praderas; los hay comestibles y venenosos, y se agrupan en varias familias, con especies tan conocidas como los llamados *pedos de lobo*, del gén. *bovista* (o *lycoperdon*). || m. pl. Orden de estos hongos, que algunos botánicos consideran como una clase con el nombre de *gastromicetos* o *gasteromicetos*.

gastromixorrea. (De *gastro-*, *-mixo-* y *-rrea*.) f. **Pat.** Exagerada secreción de moco de la mucosa gástrica.

gastronomía. fr., *gastronomie*; it., *gastronomia*; i., *gastronomy*; a., *Gastronomie*. (Del gr. *gastronomía*; de *gastér*, *gastrós*, estómago, y *némo*, gobernar, arreglar.) f. Arte de preparar una buena comida. || Afición a comer esta misma comida.

gastronómico, ca. adj. Perteneciente o relativo a la gastronomía.

gastrónomo, ma. m. y f. Persona inteligente en el arte de la gastronomía. || Persona aficionada a gozar de una buena comida.

gastropatía. fr., *gastropathie*; it., *gastropatia*; i., *gastropaty*; a., *Gastropathie*. (De *gastro-* y *-patia*.) f. **Pat.** Término general utilizado para designar las enfermedades del estómago.

gastropexia. (De *gastro-* y *-pexia*.) f. **Cir.** Fijación de la pared anterior del estómago a la pared abdominal anterior para corregir la ptosis del órgano.

gastroplejía. (De *gastro-* y *-plejía*.) f. **Pat.** Parálisis de la musculatura del estómago.

gastrópodo, da. adj. **Zool.** gasterópodo.

gastroptosis. (De *gastro-* y *ptosis*.) f. **Pat.** Descenso total del estómago en bloque del cardias al píloro y que generalmente depende de causas abdominales.

gastrorragia. (De *gastro-* y *-rragia*.) f. **Pat.** Hemorragia del estómago.

gastrorrea. (De *gastro-* y *-rrea*.) f. **Pat.** Abundante secreción de la mucosa del estómago de un líquido que tiene poco poder digestivo.

gastroscopia. (De *gastro-* y *scopia*.) f. **Med.** Método de exploración del estómago por visión directa.

gastroscopio. (De *gastro-* y *scopio*.) m. **Med.** Instrumento para practicar la gastroscopia.

gastrostomía. (De *gastro-* y *-stomía*.) f. **Terap.** Abertura cruenta del estómago, cuyos bordes se unen mediante sutura con la pared abdominal, constituyendo la llamada fístula gástrica.

gastróstomo. (De *gastro-* y *-stomo*.) m. **Zool.** Pez teleóstomo anguiliforme, de cuerpo delgadísimo y cabeza ocupada casi totalmente por una enorme boca.

gastrosucorrea. (De *gastro-* y *sucorrea*.) f. **Pat.** Estado patológico en el que se producen, ininterrumpidamente, grandes cantidades de jugo gástrico.

gastrotecnia. (De *gastro-* y *-tecnia*.) f. Ciencia aplicada que estudia las transformaciones de orden físico, químico y biológico que experimentan los alimentos a consecuencia de las manipulaciones culinarias.

gastrotomía. (De *gastro-* y *-tomía*.) f. **Cir.** Incisión del estómago.

gastrótrico, ca. (De *gastro-* y *-trico*.) adj. **Zool.** Dícese de los invertebrados pseudocemados, del filo de los asquelmintos o troquelmintos, próximos a los rotíferos, de 0,5 cm. de long., delgados, de superficie ventral plana y provistos de dos filas de cilios para la locomoción. El ejemplo típico es el *chaetonotus máximus*. || m. pl. Clase de estos invertebrados.

gastrovascular. fr., *gastro-vasculaire*; it., *gastrovascolare*; i. y a., *gastrovascular*. (De *gastro-* y *vascular*.) adj. **Zool.** Dícese de la cavidad interna del cuerpo de los celentéreos.

gastroxinsis. (De *gastro-* y el gr. *oxýno*, aguijonear.) f. **Pat.** Afección nerviosa del estómago, que dura más o menos tres días.

gastroyeyunostomía. (De *gastro-*, *yeyuno* y *-stomia*.) f. **Cir.** Operación que establece, quirúrgicamente, una comunicación entre el estómago y la segunda porción del intestino delgado o yeyuno.

gastrozoide o **gastrozoito.** (De *gastro-* y *-zoide*.) m. **Zool.** Cada uno de los individuos que, en una colonia polimorfa de pólipos hidrozoarios, está adoptado y encargado exclusivamente de la nutrición de aquélla.

gástrula. fr., it. e i., *gastrula*; a., *Gastrula*. (Voz del lat. científico; del gr. *gastér*, *gastrós*, estómago, y el suf. lat. dim. *-ula*.) f. **Zool.** Fase del desarrollo embrionario de los metazoos, que sucede a la de blástula, y que se produce en general por invaginación de ésta, con formación de un saco de pared doble. Las dos

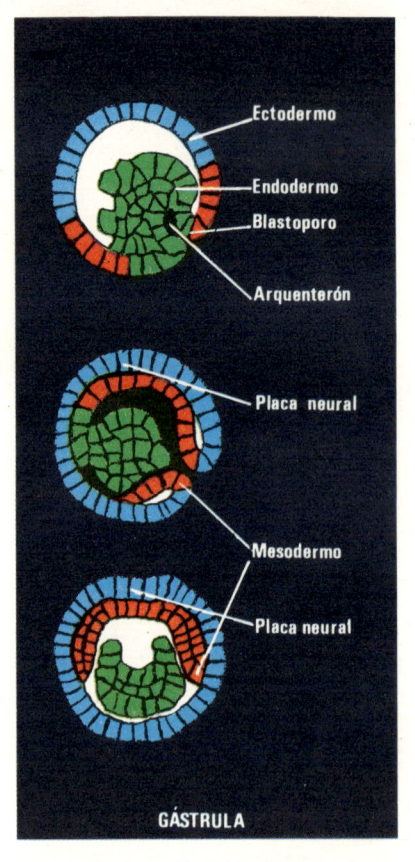

GÁSTRULA

capas parietales o blastodérmicas son el *ectodermo*, la externa y el *endodermo*, la interna. A partir del ectodermo se forman los tegumentos, el sistema nervioso y los órganos sensoriales; el endodermo origina el tubo digestivo, excepto sus extremos, y las glándulas derivadas. El blastoporo gastrular se convierte en la boca de los celomados llamados *próstomos*, anélidos, moluscos, artrópodos, etc., mientras que pasa a ser el ano en los *deuteróstomos*, equinodermos y cordados (v. **embriología**).

gastrulación. (De *gástrula*.) f. **Zool.** Proceso de formación de la gástrula.

Gasulla. **Prehist.** Barranco de España, prov. de Castellón de la Plana, mun. de Ares del Maestre, donde G. Epresati encontró, en 1934, un conjunto de covachos con pinturas de estilo levantino. Merecen destacarse la Cueva Remigia, formada por cinco cavidades en las que aparecen pintadas más de 200 figuras humanas; también hay ciervos, cabras monteses, etc., en número que sobrepasa el centenar; otra cueva interesante es la de Les Dougues. La cronología de estos conjuntos puede fijarse antes de la terminación del neolítico.

gata. fr., *chatte;* it., *gatta;* i., *female cat;* a., *Katzenweibchen.* f. Hembra del gato. ‖ fig. Nubecilla o vapor que se pega a los montes y sube por ellos como gateando. ‖ fig. y fam. Mujer nacida en Madrid. ‖ *Chile* y *Perú.* **cigüeña,** mambrio. ‖ **Bot. gatuña,** planta. ‖ **Mar.** Barra endentada que, con un piñón y un cigüeñal, sirve para abrir las compuertas de los diques. ‖ **Mil.** Cobertizo a manera de manta, para cubrir a los soldados que se acercaban al muro para minarlo. ‖ **Zool.** *Al.* Oruga grande, erizada de pelos largos, con dos apéndices en el último anillo. ‖ *Chile.* **gato,** máquina para levantar pesos a poca altura. ‖ *Cuba.* Pez escualo, de la familia de los esciliorrínidos, congénere de la pintarroja, también llamado *alitán* y *gato de mar,* de 1,50 m., color gris pardusco, con zonas rojizas y manchas negras y blancas *(scyliorhinus stellaris).* ‖ **de Juan Ramos,** o **de Mari-Ramos.** *Léx.* fig. y fam. Persona que disimuladamente y con melindre pretende una cosa, dando a entender que no la quiere. ‖ **parida.** fig. y fam. Persona flaca y extenuada. ‖ **rabiosa.** *Bot.* Nombre vulgar de la sardonia.
Gata. Geog. Cabo de España, prov. de Almería. Es uno de los principales de España. ‖ Mun. de España, prov. de Cáceres, p. j. de Coria; 2.915 h. *(gateños).* ‖ Villa cap. del mismo; 1.921 h. ‖ **de Gorgos.** Mun. y lugar de España, prov. de Alicante, p. j. de Denia; 4.903 h. Fabricación de muebles de junco. *(gateros).*
gatada. f. Acción propia del gato. ‖ Regate o parada repentina que suele hacer la liebre en la carrera cuando la siguen los perros, con lo que logra que éstos pasen de largo y ella vuelve hacia atrás, sacándoles gran ventaja. ‖ fig. y fam. Acción vituperable en que median astucia, engaño y simulación.
gatallón, na. (desp. de *gato.*) adj. fam. Pillastrón, maulón. Ú. t. c. s.
gatamuso, sa. (De *gato* y la voz *muso,* mozo, con que se llama a este animal.) adj. *Vall.* Hipócrita, solapado. Ú. t. c. s.
gatas (a). m. adv. con que se significa el modo de ponerse o andar una persona con pies y manos en el suelo, como los gatos y demás cuadrúpedos.

gatasgatas. m. Bot. *Filip.* Planta de la familia de las euforbiáceas, con flores dispuestas en ciatos *(euphorbia maculata).*
gatatumba. f. fam. Simulación de obsequio, de reverencia, dolor u otra cosa semejante.
gatazo. m. aum. de **gato.** ‖ fam. Engaño que se hace a uno para sacarle dinero u otra cosa de valor.

Cabo de Gata. Vista aérea

gateado, da. adj. Semejante en algún aspecto al del gato. ‖ Con vetas semejantes a las de los gatos de algalia. ‖ *Arg.* Dícese del caballo o de la yegua de pelo rubio con una línea negruzca en el filo del lomo y otras iguales y de través en brazos y piernas. ‖ *R. Plata.* Dícese del animal yeguarizo de color bayo obscuro y cebrado y cabos negros. ‖ m. Madera americana muy compacta y variamente veteada, que emplean los ebanistas en muebles de lujo. ‖ **gateamiento.**
gateador. (De *gatear.*) m. **Zool. agateador.**
gateamiento. m. Acción de gatear.
gatear. intr. Trepar como los gatos, y especialmente subir por un tronco o astil valiéndose de los brazos y las piernas. ‖ fam. Andar a gatas. ‖ tr. fam. Arañar el gato. ‖ fam. Hurtar, robar sin intimidación ni fuerza.
Gatell y Folch (Joaquín). Biog. Viajero y explorador español, n. en Altafulla, Tarragona, y m. en Cádiz (1826-1879). En 1861 recorrió todo Marruecos y fue oficial del ejército del sultán, con el nombre de *Kaid Ismail.* Atravesó las comarcas de Num, Sus y Tekna. En 1868, viajó por Argel y Túnez.
gatera. fr., *chatière;* it., *gattaiuola;* i., *a cat's hole;* a., *Katzenloch.* f. Agujero que se hace en pared, tejado o puerta para que puedan entrar y salir los gatos, o con otros fines. ‖ **Mar.** Agujero circular, revestido de hierro y abierto en las cubiertas de los buques, por el cual sale la cadena de la caja donde está estibada. ‖ com. **gatillo,** ratero.
gatera. (Del quechua *ccatu,* mercado.) f. *Bol., Ecuad.* y *Perú.* Revendedora, y más especialmente verdulera.
gatería. f. fam. Junta o concurrencia de muchos gatos. ‖ fig. y fam. Reunión de mozos y muchachos mal criados. ‖ fig. y fam. Simulación, con especie de humildad y halago, con que se pretende lograr una cosa.
gatero, ra. adj. Habitado o frecuentado de gatos. ‖ Natural de Gata de Gorgos, o perteneciente a este lugar. Ú. t. c. s. ‖ m. y f. Vendedor de gatos. ‖ El que es aficionado a tener o criar gatos.
Gates. Geog. Ghates.
gatesco, ca. adj. fam. Perteneciente o relativo al gato.
Gatica. Geog. Mun. de España, prov. de Vizcaya, p. j. de Guernica y Luno; 1.049 h. Corr. 391 a la cap., la anteiglesia de Garay-Sertucha. Histórico castillo de Butrón.
gatillazo. m. Golpe que da el gatillo en las escopetas y otras armas de fuego, especialmente cuando no sale el tiro.
gatillo. fr., *chien;* it., *cane;* i., *trigger;* a., *Hahn am Gewehr.* (De *gato*). m. Percutor, aguja que hiere el cebo en las armas de fuego. ‖ Parte de la llave de un arma en que se apoya el dedo para disparar. Suele estar protegido por el guardamonte. ‖ Instrumento de hierro, a modo de tenazas o alicates, con que se sacan las muelas y dientes. ‖ Parte superior del pescuezo de algunos animales cuadrúpedos, que se extiende desde cerca de la cruz hasta cerca de la nuca. ‖ Pedazo de carne que se tuerce en la parte superior del pescuezo de algunos animales cuadrúpedos, cayendo hacia uno de los lados de él. ‖ fig. y fam. Muchacho ratero. ‖ Pieza de hierro o madera con que se une y traba lo que se quiere asegurar. ‖ *Chile.* Crines largas que se dejan a las caballerías en la cruz y de las cuales se asen los jinetes para montar. ‖ *Pal.* Flor de la acacia.

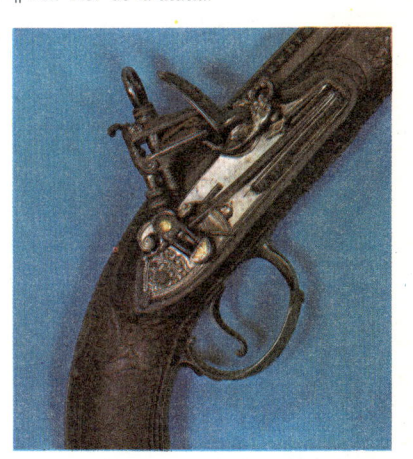

Gatillo de pistola antigua

gato. fr., *chat;* it., *gatto;* i., *cat;* a., *Katze.* (Del lat. *cattus.*) m. Mamífero carnívoro (v. **Zool.** en este mismo art.). ‖ Bolso o talego en que se guarda el dinero. ‖ Dinero que se guarda en él. ‖ Instrumento de hierro que sirve para agarrar fuertemente la madera y traerla donde se pretende. Se usa para echar aros a las cubas y en el oficio de portaventanero. ‖ Trampa para coger ratones. ‖ fig. y fam. Ladrón, ratero que hurta con astucia y engaño. ‖ fig. y fam. Hombre sagaz, astuto. ‖ fig. y fam. Nombre nacido en Madrid. ‖ fig. y fam. En las escuelas militares, decano de los alumnos. ‖ *Arg.* Baile popular para parejas, muy en boga, cuyos graciosos movimientos y zapateos permiten gran lucimiento y brillo personal. ‖ Música que acompaña a ese baile. ‖ *Hond.* Molledo del brazo. ‖ *Méj.* Sirviente, término despectivo para señalar a un empleado de baja categoría. ‖ *Seg.* Cada una de las abrazaderas de hierro que en los armones del carro sirven

gato–gauchesco

para introducir en ellas los palos que sujetan la carga. || *Germ.* Botín, tesoro. || **Artill.** Instrumento que consta de seis o más garfios de acero y servía para reconocer y examinar el alma de los cañones y demás piezas de artillería. || **Carp.** Instrumento de hierro o madera

Gato de carpintería

compuesto de dos planchas con un tornillo que permite aproximar una a otra de modo que quede fuertemente sujeta la pieza que se coge entre ambas. || **Mec.** Máquina compuesta de un engranaje de piñón y cremallera, con un trinquete de seguridad, que sirve para levantar grandes pesos a poca altura. También

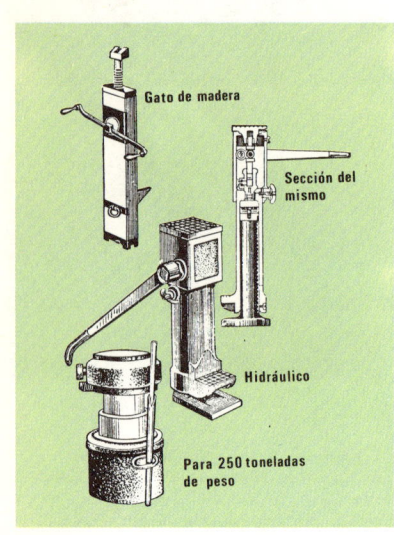

Gato de madera
Sección del mismo
Hidráulico
Para 250 toneladas de peso

se hace con una tuerca y un husillo. || **Zool.** Mamífero carnívoro fisípedo de la familia de los félidos, subfamilia de los felinos, de tamaño pequeño, uñas retráctiles, sin pincel de pelos en las orejas y capaz de maullar. Se suelen llamar también gatos a otros félidos, pequeños como el serval, el gato dorado, el manul, el gato pajero, el de la Pampa, el eyrá, el ocelote, etc. (V.). || **africano.** *Zool.* Especie salvaje del gén. *felis*, propia de toda África, exceptuada la zona ecuatorial. || **de água.** *Léx.* Especie de ratonera que se pone sobre un lebrillo de agua, donde caen los ratones. || **de algalia.** *Zool.* civeta. || **de Angora.** Raza muy bella y estimada del gato doméstico, de pelo largo, originaria, según se cree de Angora. || **cerval** o **clavo. lince, lobo cerval.** || **doméstico.** Es la especie más conocida y sobre su origen no están de acuerdo los especialistas; presenta numerosas variedades de las más diversas coloraciones. Aunque domesticado largo tiempo ha, el gato conserva sus instintos salvajes y una tendencia a escaparse y convertirse en silvestre. Es útil en las casas porque persigue a los ratones. El gato vive de nueve a diez años. Las gatas están preñadas cincuenta y cinco días y paren ordinariamente cuatro, cinco o seis gatitos a los que dan de mamar durante tres o cuatro semanas; las crías nacen con los ojos cerrados y alcanzan el tamaño normal a los quince o dieciséis meses. Tiene la lengua áspera y un notable sentido de orientación, y ve en la obscuridad, no total, gracias al enorme agrandamiento de su pupila. Es paciente en la espera de la caza y sufre pocas enfermedades, las más importantes de las cuales son virósicas, en especial la gazapera, semejante al moquillo del perro *(felis catus)*. || **de mar. alitán** o **gata,** escualo congénere de la pintarroja o lija; también, a veces, se llama así a la *quimera,* pez elasmobranquio holocéfalo. || **montés.** Especie europea de gato salvaje, mayor que el doméstico, de pelaje gris de humo con bandas parduscas transversales, cola gruesa por su pelo y de long. igual a la mitad de la del cuerpo y cabeza juntos. Vive en los montes del N. de España y en el centro de Europa *(f. sylvestris)*. || **caucel.** || **mbaracayá. moro.** *Amér. m.* **yaguarundi.** || **de nueve colas.** *Léx.* Disciplina usada con carácter legal en el régimen penitenciario inglés hasta 1946, en que fue suprimida por el Gobierno laborista. Consistía en un puño de abedul con nueve tiras de piel de hipopótamo. Cada gato no podía ser utilizado sino para un solo castigo. || **onza.** *Zool.* **ocelote.** || **de la Pampa.** En Argentina, félido parecido al gato, con numerosas manchas pequeñas de color negro *(onci-felis geoffroyi)*. || **persa.** Raza de color uniforme, blanco, gris azulado, etc., del gato doméstico. || **romano.** Gato doméstico de piel con listas transversales pardas y negras. || **siamés.** Raza muy estimada del gato doméstico, de pelo corto y color canela, con tonalidades más obscuras o negras en la cola, cabeza y miembros. || **tigre.** Mamífero marsupial de la familia de los dasiúridos, de unos 70 cm. de largo, color castaño con manchas blancas, buen trepador, de régimen carnívoro, y propio de Australia y Tasmania *(dasyurus maculatus)*. || **margay.** || **zorzal.** En Cuba, especie de zorzal de color gris azulado intenso, más claro por debajo; cabeza y cola negruzcos, pies y pico azulados. El canto de esta ave es una especie de maullido monótono, al que debe su nombre vulgar. || **ata el gato.** fig. y fam. Persona rica, avarienta y mísera. || **cuatro gatos.** expr. desp. para indicar poca gente y sin importancia.

gato. (Del quechua *ccatu*.) m. *Perú.* Mercado al aire libre.

Gato. (En i., *Cat Island*.) **Geog.** Isla del océano Atlántico, en el arch. de las Bahamas; 388 km.² y 2.657 h. Según todas las probabilidades parece ser la primera tierra que descubrió y pisó Colón en América, y a la que dio el nombre de San Salvador.

Gatón de Campos. Geog. Mun. y villa de España, prov. de Valladolid, p. j. de Medina de Rioseco; 149 h.

gatopardo. (Del it. *gattopardo*.) m. **Zool. serval.** || **guepardo.** || **onza.**

gatos. m. pl. **Bot.** Uno de los muchos nombres vulgares de la boca de dragón.

Gátova. Geog. Mun. y lugar de España, prov. de Castellón, p. j. de Segorbe; 829 h. *(gatovanos).* Lugar veraniego.

G. A. T. T. Econ. Siglas de la loc. i. *General Agreement on Tariffs and Trade* (Acuerdo General sobre Aranceles y Comercio). V. **Organización de las Naciones Unidas.**

Gatti. Biog. Gamond (Zoe de).

Gattinara, marqués de Gattinara (Mercurino Arborio di). Biog. Político, prelado y jurisconsulto italiano, n. en Gattinara y m. en Innsbruck (1465-1530). En 1518 se hizo cargo de la cancillería imperial, permaneciendo al servicio de Carlos I hasta su muerte. Como canciller asistió a las Cortes de Zaragoza, Barcelona, Santiago y La Coruña, en las que tuvo gran intervención para conseguir de los procuradores la ayuda económica necesaria solicitada por el futuro emperador. En su política exterior era antifrancés y partidario de la monarquía universal bajo la autoridad del emperador.

Gatto (Alfonso). Biog. Poeta italiano, n. en Salerno en 1909. Hombre de vida agitada y de innumerables oficios, ha simultaneado el cultivo de la poesía con el periodismo y la crítica de arte. Es extremadamente lírico, hermético, dotado de sensualidad e inquietud metafísica. Obras: *Isola, Morto ai paesi*.

gatuna. f. **Bot. gatuña,** planta.

gatunero. (De *gatuno*.) m. *And.* El que vende carne de contrabando.

gatuno, na. adj. Perteneciente o relativo al gato.

gatuña. (De *gato*, con alusión a las espinas de la planta, y *uña*.) f. **Bot.** Arbusto de la familia de las papilionáceas, con pelos en el tallo y una de las variedades con olor desagradable y rizoma rastrero.

gatuñar. tr. *Ast.* Arañar, rasguñar.

gatuperio. (De *gato,* formada esta voz a semejanza de *vituperio, improperio, dicterio,* etc.) m. Mezcla de diversas substancias incoherentes de que resulta un todo desabrido o dañoso. || fig. y fam. Embrollo, enjuague, intriga.

Gaucín. Geog. Mun. y villa de España, prov. de Málaga, p. j. de Ronda; 2.832 h. *(gaucineños)*. Ruinas de un castillo morisco. Importantes canteras de mármol azul.

gauchada. f. *Arg., Chile y Perú.* Acción propia de un gaucho. || *Arg.* fig. Servicio o favor ocasional prestado con buena voluntad. || *R. Plata.* Acción propia de un gaucho, y en especial, acción ejecutada con astucia, audacia y habilidad, o bien con generosidad.

gauchaje. m. *Arg., Chile y Urug.* Conjunto o reunión de gauchos.

Gaucher (Ernest). Biog. Médico francés, n. en Champlemy y m. en París (1854-1918). Ideó varios métodos curativos y descubrió la enfermedad que lleva su nombre, que consiste en un epitelioma primitivo del bazo con hipertrofia lenta, dolores vivos y hemorragia aunque sin leucemia.

gauchesco, ca. adj. Relativo al gaucho; que tiene maneras o semejanzas de gaucho.

Gátova. Aspecto parcial

gauchito. (dim. de *gaucho*.) m. *R. Plata*. Por ext., dícese de todo aquello que ofrece un aspecto agradable, minucioso en sus detalles, pequeño y simpático. También suele aplicarse al joven que demuestra o tiene las condiciones propias del gaucho.

gaucho, cha. m. y f. *Arg.* y *Urug.* Nombre con que se designa a la persona que, en los s. XVIII y XIX, habitaba en las llanuras rioplatenses de Argentina, en Uruguay y en Río Grande do Sul (Brasil). El gaucho era buen jinete y diestro en los trabajos ganaderos del campo. Sobre el origen de esta palabra existen numerosas etimologías, sin que hasta ahora, al parecer, sea posible decidirse por ninguna de ellas.

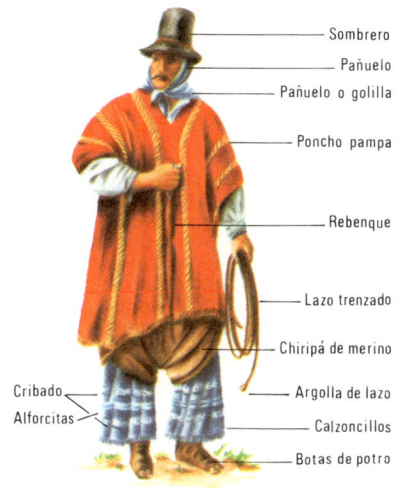

Indumentaria del gaucho (Sombrero, Pañuelo, Pañuelo o golilla, Poncho pampa, Rebenque, Lazo trenzado, Chiripá de merino, Argolla de lazo, Calzoncillos, Botas de potro, Cribado, Alforcitas)

Para cabalgar mejor, desechó el calzón corto español y usó el amplio chiripá de bayeta o merino. Calzó botas de potro, grandes espuelas de plata o hierro, tirador de ancho cuero en la cintura y rastra de plata. Cubría el busto con una chaqueta, distinta de la andaluza, adornada con vistosos bordados. Indistintamente para sus faenas, como utensilio y para su defensa personal, usó cuchillo, daga, facón; cuando en casi todas las guerras le cupo actuar, lo hizo con las armas nombradas, la lanza, las boleadoras, el lazo y la incontenible pujanza de su caballo. || adj. Relativo o perteneciente a esos gauchos: *un apero* **gaucho.** || *Arg.* Grosero, zafio. || Leal y generoso. || Dícese de ciertos perros del campo que hacen vida vagabunda. || *Arg.* y *Chile.* Ducho en tretas, taimado, astuto. || *Arg., Chile* y *Urug.* Buen jinete, o poseedor de otras habilidades propias del gaucho.

gaudeamus. (Del lat. *gaudeāmus*, [alegrémonos], 1.ª pers. de pl. del pres. de subj. de *gaudēre*, alegrarse, regocijarse. Tomado de una canción latina de los estudiantes alemanes que comienza *Gaudeamus igitur, iúvenes dum sumus* [Alegrémonos, pues, mientras somos jóvenes], y que ha llegado a ser el himno universitario en todo el mundo.) m. fam. Fiesta, regocijo, comida y bebida abundante.

gauderio, ria. m. y f. Nombre despreciativo, equivalente a *bandido*, que daban los españoles al gaucho uruguayo.

Gaudí y Cornet (Antonio). Biog. Arquitecto español, n. en Reus y m. en Barcelona (1852-1926). Encargado de continuar las obras del templo expiatorio de la Sagrada Familia, en Barcelona, cerró la cripta con acertadas modificaciones del plan primitivo, y, abandonándolo completamente al empezar la construcción del templo, proyectó un edificio de originalísima factura y decoración, con trace-

Casa de los Botines, por Gaudí. León

ría de piedra, y remota afinidad con el arte gótico por la ligereza de las masas, pero con la fantasía del más extremado barroquismo, característica esta que singulariza al genial arquitecto. Esta obra, inacabada, es el mejor exponente de la producción del gran arquitecto; no obstante, dejó numerosas obras en distintos lugares de España, como el Palacio episcopal de Astorga; la casa de los Botines, de León; y las casas Milá y Batlló, y el Parque Güell, en Barcelona.

gaudio. (Del lat. *gaudĭum*.) m. ant. Gozo, alegría.

gaudón. (Del lat. *cauda*, cola.) m. Zool. *Al.* **alcaudón**, pájaro.

Gauguin (Eugène-Henri-Paul). Biog. Pintor francés, n. en París y m. en Atuona, islas Marquesas (1848-1903). Tras sufrir la influencia de Pissarro, con Seguin, Chamaillard y Bernard fundó la Escuela Simbolista de Pont-Aven. Convivió en la Provenza con Van Gogh y en 1890 partió para Tahiti, donde pasó casi el resto de su vida. Allí su técnica sufrió una transformación radical, consiguiendo el dibujo simple y el color vivo dispuesto en planos masivos. Sus obras más importantes fueron: *Mujeres tahitianas en la playa, Mujer con abanico, ¿Qué somos? ¿De dónde venimos? ¿A dónde vamos?, El descanso, El Inventario, El Reposo, Buenos días, señor Gauguin,* etc. Escribió: *Noa-Noa,* autobiografía.

gauleiter. (Del a. *gau*, distrito, y *leiter*, guía.) m. **Hist.** Jefe de *gau* o distrito formado por la Alemania nazi a base de territorios enclavados en naciones extranjeras, alegando la existencia en ellos de población alemana. Esta organización, de carácter racista, tenía su sede en Berlín.

gaulteria. (Del lat. científico *gaultheria*; de J. F. *Gaultier,* botánico canadiense del s. XVIII.) **Bot.** Género de plantas de la familia de las ericáceas (v.).

Gaulle (Charles-André de). Biog. Militar y político francés, n. en Lila y m. en Colombey-les-Deux-Églises (1890-1970). Se educó en la escuela de Saint-Cyr; durante la P. G. M., cayó prisionero y pasó dos años en Alemania (1916-18). Fue secretario general del Consejo de Defensa Nacional (1937-40). En 1940, se trasladó a Londres, donde fundó el movimiento pro Francia libre. De Gaulle no reconoció nunca la derrota, sino solamente la pérdida de una batalla. Fue declarado desertor, separado de la carrera y después condenado a muerte por el Gobierno colaboracionista de Vichy. Liberada Francia (1944), De Gaulle se hizo cargo de la presidencia del Gobierno provisional de la República (10 de septiembre); pero presentó la dimisión el 21 de noviembre de 1945. Entonces organizó el partido llamado *Rassemblement du peuple français,* que pasó a la oposición hasta que, en 1953, fue disuelto por su jefe. El 1 de junio de 1958 formó un gobierno cuya misión sería solucionar el problema de Argelia y reformar la Constitución. A continuación visitó diversos territorios de África (de Madagascar a Dakar) y se entrevistó con Mac Millan, Forster Dulles y Adenauer. El 21 de diciembre fue elegido, en referéndum, presidente de la V República Francesa. Decidido a conceder la autodeterminación a Argelia, pese a la oposición de la ultraderecha, en 1960 se procedió a un referéndum del pueblo argelino, que se colocó de parte del general. En diciembre de 1965 fue reelegido en la presidencia para un período de 7 años, pero el 27 de abril de 1969, con motivo de la reforma del Senado y proyecto de regionalización se hizo un referéndum en el que hubo mayoría de votos en contra, por lo cual dimitió como presidente de la República.

Gaumont (Léon). Biog. Industrial y productor de cine francés, n. en París y m. en Sainte-Maxime (1864-1946). Inició el cine sonoro mediante sincronización de la fotografía y el fonógrafo (1902) y el cine en color. Realizó películas muy populares como *Fantomas* y *Judex.*

Gaurisankar. Geog. Montaña de Asia, en la cordillera del Himalaya, frontera del Tíbet y de Nepal; 7.143 m. Se le confundió hasta hace unos años con el monte Everest.

gauro. (Del gr. *gauros,* triunfante.) m. **Zool.** Mamífero rumiante, de la familia de los bóvidos, que vive en los bosques de la India; los machos alcanzan hasta 1,90 m. de alt., con cuernos de 50 a 90 cm., y pelaje espeso y negruzco (*bibos gaurus* o *bos gaurus*).

gausio. (De *gauss.*) m. **Fís.** Unidad electromagnética cegesimal de inducción o densidad de flujo magnético. Equivale a un maxwell por cm.^{2} y a una diezmilésima del wéber por m.^{2} o tesla.

gauss. (De K. F. *Gauss.*) m. **Fís.** Nombre del gausio en la nomenclatura internacional.

Gauss (Karl Friedrich). Biog. Matemático, físico y astrónomo alemán, n. en Brunswick y m. en Gotinga (1777-1855). Demostró que la ecuación de grado enésimo tiene n raíces y estudió la teoría de números, las geometrías no euclídeas y desarrolló el cálculo de probabilidades. Como físico inventó, en colaboración con Weber, un *telégrafo eléctrico;* el *heliótropo,* y el *magnetómetro.* Dio nombre a la unidad cegesimal electromagnética de inducción o gausio, a la curva o campana de la distribución estadística más utilizada; a la función correspondiente a esta curva, $f(x) = ce^{-x^2}$ y a un sistema de unidades electromagnéticas. Como astrónomo, desarrolló un método para determinar órbitas astrales, en su trabajo *Theoria motus córporum coeléstium* (1809), y el método matemático de los *mínimos cuadrados,* para disminuir los errores de las observaciones astronómicas, en su *Theoria combinationis observatiónum.*

Gautama. Biog. Buda.

Gautéguiz de Arteaga. Geog. Mun. de España, prov. de Vizcaya, p. j. de Guernica y Luno; 977 h. Corr. 684 a la cap., la anteiglesia de Celayetas. Piedra caliza y mármol rojo. Antes se llamó simplemente *Arteaga.*

Gautier (Théophile). Biog. Poeta y literato francés, n. en Tarbes y m. en Neuilly-sur-Seine (1811-1872). Apóstol entusiasta del romanticismo, ocupó un lugar importante en el movimiento literario de su época. Fue a la vez poeta, novelista, autor dramático, arqueólogo, crítico literario, crítico de arte y un estilista maravilloso que dio nueva vida al idioma francés. Se citan entre sus novelas: *Mademoiselle de Maupin, La novela de la momia* y *El capitán Fracasa;* todas sus obras han sido traducidas a los diversos idiomas europeos.

gauzonense. adj. Natural de Gozón, Oviedo, o perteneciente a este mun. Ú. t. c. s.

Gavá. Geog. Mun. de España, prov. y p. j. de Barcelona; 24.213 h. ‖ Lugar cap. del mismo; 22.150 h. *(gavaneses).* Espárragos y verduras en los arenales ganados al mar.

gavanés, sa. adj. Natural de Gavá, o perteneciente a este lugar. Ú. t. c. s.

gavanza. f. **Bot.** Flor del gavanzo.

gavanzo. (De *agavanzo.*) m. **Bot.** Rosal silvestre. ‖ Fruto de este arbusto.

Gavarni (Paul). Biog. **Chevalier** (Sulpice)

gavera. (De *gavia,* primer art.) f. *And., Col., Méj.* y *Venez.* Gradilla o galápago, molde para fabricar tejas o ladrillos. ‖ *Col.* Aparato de madera con varios compartimientos, donde se enfría y espesa la miel de caña obtenida en los trapiches. ‖ *Perú.* **tapial.**

gaveta. (Del it. *gavetta,* y éste del lat. *gabăta,* plato.) f. Cajón corredizo que hay en los escritorios y papeleras, y sirve para guardar lo que se quiere tener a la mano. ‖ Mueble que tiene uno o varios de estos cajones. ‖ *Mur.* Anillo de hierro, o lazo de cuerda, que en las paredes de las barracas donde se crían los gusanos de seda, hay para asegurar los zarzos. ‖ **Mar.** Tina pequeña, ovalada, usualmente de madera, provista de asa, donde se sirve la comida a los ranchos a bordo. ‖ Balde pequeño, en general de madera, de forma troncónica con asa, para servir el vino a la marinería y tropa.

gavia. (Del lat. *cavĕa,* hoyo y jaula.) f. desus. Jaula, y especialmente la de madera en que se encerraba al loco o furioso. ‖ Zanja que se abre en la tierra para desagüe o linde de propiedades. ‖ *Sal.* y *Zam.* Hoyo o zanja que se hace en la tierra para plantar los árboles o las cepas. ‖ *Germ.* Casco de la armadura. ‖ **Mar.** Vela que se coloca en el mastelero mayor de las naves, la cual da nombre a éste, a su verga, etc. ‖ Por ext., cada una de las velas correspondientes en los otros dos masteleros. ‖ Cofa de las galeras.

gavia. (Del lat. *gavĭa.*) f. **Zool. gaviota.**

gavia. (De *gavilla.*) f. **Min.** Cuadrilla de operarios que se emplea en el trecheo.

gavial. (Del lat. *gaviālis.*) m. **Zool.** Reptil del orden de los emidosaurios, propio de los ríos de la India, parecido al cocodrilo, de unos 8 m. de largo, con el hocico muy prolongado y puntiagudo y las membranas de los pies dentadas.

gaviálido, da. (Del lat. científico *gavialis,* gén. tipo de reptiles, e *-ido* [v. *gavial*].) adj. **Zool.** Dícese de los reptiles del orden de los cocodrilianos, de hocico muy largo y claramente destacado del resto de la cabeza, con los dos dientes anteriores de la mandíbula inferior que encajan en escotaduras de los intermaxilares; el cuarto, en otra del maxilar superior; y placas cérvicales continuas con las dorsales. La única especie es el *gavial del Ganges* o *gavial* (v.). ‖ m. pl. Familia de estos reptiles.

gaviar. intr. *Cuba.* Brotar la espiga del maíz.

gaviero. (De *gavia,* vela que se coloca en el mastelero mayor de una nave.) m. **Mar.** Marinero a cuyo cuidado está la gavia y el registrar cuanto se pueda alcanzar a ver desde ella.

gavieta. (Del m. or. que el anterior.) f. **Mar.** Gavia, a modo de garita, que se pone sobre la mesana o el bauprés.

gaviete. (Tal vez de *gavia;* en provenz., *gaviteau;* en it., *gavitello.*) m. **Mar.** Madero corvo, robusto y con una roldana en la cabeza, que se coloca en la popa de la lancha para levar con ella una ancla, halando del cable o del orinque encapillalado previamente sobre dicha roldana.

gaviforme. (De *gavia* o *gaviota* y *-forme.*) adj. **Zool.** Dícese de las aves marinas, muy voladoras, del orden de las caradriformes, entre las que se encuentran las gaviotas, los estercorarios o págalos y los charranes o golondrinas de mar. ‖ Grupo de estas aves, que algunos consideran como un orden independiente del de las caradriformes.

gavilán. fr., *épervier;* it., *sparviere;* i., *sparrow-hawk;* a., *Sperber.* (Del gót. **gabila, -ānis.*) m. Ave rapaz (v. **Zool.** en este mismo art.). ‖ Rasguillo que se hace al final de algunas letras. ‖ Cualquiera de los dos lados del pico de la pluma de escribir. ‖ Cada uno de los dos hierros que salen de la guarnición de la espada, forman la cruz y sirven para defender la mano y la cabeza de los golpes del contrario. ‖ Hierro cortante que tiene en la punta de abajo la aguijada, con el que el gañán limpia el arado y lo desbroza. ‖ *Amér. c., And., Cuba, Chile, Méj.* y *P. Rico.* Uñero, borde de la uña, especialmente la del dedo gordo del pie, que se clava en la carne. ‖ **Bot. vilano,** flor del cardo. ‖ **Mar.** Gancho, utilizado antiguamente, para aferrar las embarcaciones. ‖ **Zool.** Ave rapaz del orden de las falconiformes, familia de las accipítridas, con las alas en reposo hasta la mitad de la cola, tarso más largo que el dedo medio, de unos 30 cm. de largo desde el pico a la extremidad de la cola, con plumaje gris azulado en la parte superior del cuerpo, blanco con fajas onduladas de color pardo rojizo en el cuello, pecho y vientre, y cola parda con cinco rayas negras. Vive en Europa durante el verano, y emigra al Mediterráneo y África del N. en invierno. Otro gavilán, congénere del anterior, es el *azor* (v.). ‖ **cernícalo, halcón.** ‖ **americano. naucler,** ave falconiforme. ‖ **arañiego.** El que se caza o coge con la red llamada arañuelo. ‖ **hidalgo como el gavilán.** expr. proverb. Dícese de la persona desagradecida a sus bienhechores.

gavilana. f. **Bot.** *C. Rica.* Planta herbácea de la familia de las compuestas, con tallos derechos que llegan a una alt. de más de 2 m.; hojas divididas en lóbulos angostos y alargados; flores en corimbo, pequeñas y de color amarillo dorado. Se usa en medicina como tónico y febrífugo *(neurolaena lobata).*

gavilancillo. (dim. de *gavilán.*) m. Pico o punta corva que tiene la hoja de la alcachofa.

Gavilanes. Típico balcón

Gavilanes. Geog. Mun. y lugar de España, prov. de Ávila, p. j. de Arenas de San Pedro; 1.164 h.

gavilla. fr., *gerbe;* it., *covone;* i., *shaf of corn;* a., *Garbe.* (Del célt. *gabhail.*) f. Conjunto de sarmientos, cañas, mieses, ramas, hierba, etc., mayor que el manojo y menor que el haz. ‖ fig. Junta de muchas personas y comúnmente de baja suerte.

gavillada. (De *gavilla.*) f. Germ. Lo que el ladrón junta con sus robos.

gavillador. (De *gavillar,* verbo tr.) m. *And.* Obrero del cortijo encargado de hacer las gavillas de la siega. ‖ *Germ.* Ladrón que reúne a los que le han de acompañar en el robo.

gavillar. m. Terreno que está cubierto de gavillas de la siega.

gavillar. (De *gavilla.*) tr. Hacer las gavillas de la siega. ‖ *Germ.* **juntar.**

gavillero. m. Lugar, sitio o paraje en que se juntan y amontonan las gavillas en la siega. ‖ Línea de gavillas de mies que dejan los segadores tendidas en el terreno segado. ‖ *Chile.* Jornalero que con el bieldo echa las gavillas al carro.

gavina. (De *gavia.*) f. **Zool. gaviota.**

gavinote. m. **Zool.** Pollo de la gavina.

gavión. (De *gavia,* primer art.) m. Armadura de alambre, de forma de caja, que se rellena de piedra o canto rodado, en el mismo sitio de su emplazamiento, y que cosidos y atirantados unos con otros forman muros para regular el curso de los ríos; se emplea también en obras marítimas. ‖ fig. y fam. Sombrero grande de copa y ala. ‖ **Mil.** Cestón de mimbre lleno de tierra, que sirve para defender de los tiros del enemigo a los que abren la trinchera.

gavión. m. **Zool.** Ave caradriforme de la familia de las láridas, de 70 cm. de long., con las patas de color rosado, muy parecidas en su morfología y costumbres a las restantes gaviotas; vive en las costas del N. de Europa y cría en acantilados e islas *(larus marinus).*

gavión. (Del lat. *gavĭa.*) m. ant. **Zool. avión.**

gaviota. fr., *mouette;* it., *gabbiano;* i., *gull, seagull;* a., *Möwe.* (De *gavia.*) f. **Zool.** Nombre vulgar de las aves del orden de las caradriformes, familia de las láridas, del gén. *larus* y de otros próximos, que se caracterizan por su pico robusto, afilado y ganchudo, tarsos tan largos como el dedo medio con la uña, dedo posterior bien desarrollado, alas largas y cola cuadrada. Es ave marina, pero en invierno penetra muy adentro, a lo largo de los ríos; vuela mucho; muy voraz, se alimenta principalmente de los peces que coge *(larus rudibundus).*

Gaviria. Geog. Mun. de España, prov. de Guipúzcoa, p. j. de Azpeitia; 645 h. ‖ Villa cap. del mismo, 509 h.

gavitel. (Del it. *gavitello.*) m. **Mar. boyarín.**

Gävle. Geog. C. de Suecia, cap. del cond. de Gävleborg; 84.537 h. Está sit. en la desembocadura del río de su nombre, es muy industrial y comercial.

Gävleborg. Geog. Cond. de Suecia; 19.722 km.^{2} y 293.312 h. Cap., Gävle. Minas de hierro.

gavota. fr., *gavotte;* it., *gavotta;* i., *gavot;* a., *Gavotte.* (Del fr. *gavotte,* f. de *gavot,* habitante o natural de *Gap,* en Francia, de donde procede este baile.) f. Especie de baile entre dos personas, que ya no está en uso. Tenía la particularidad, como *danza grave,* de que los bailarines levantaban los pies del suelo. ‖ **Mús.** Una de las danzas de la suite clásica, derivada de la danza del mismo nombre. Era de movimiento rápido y compás binario.

Gavras (Constantin). Biog. Director y guionista de cine francés, de origen griego, más conocido por el seudónimo de *Costa-Gavras,* n. en Loutra-Iraias en 1933. Ha dirigido: *Los raíles del crimen* (1964), *Sobra un hombre* (1966), *Z* (1968), *La confesión* (1969), *Estado de sitio* (1973) y *Section spéciale,* que le valió en el Festival de Cannes de 1975 el premio a la mejor dirección, compartido con *Les ordres*, de M. Brault.

gay saber o **gay trovar.** Lit. gaya ciencia.
Gay (John). Biog. Poeta inglés, n. en Barnstaple y m. en Londres (1685-1732). Escribió comedias, tragedias y poesías que hoy se consideran como clásicas; pero es conocido sobre todo por sus fábulas (*Fables*, 1726) y por sus églogas pastoriles. Admirador de Pope, le de-

John Gay, grabado de H. A. Willis, según dibujo de sir Godfrey Kneller

dicó su obra *Rural sports*. Otras obras: *Trivia, The shepherd's week* y *Beggar's opera*. Esta última es una parodia de las óperas italianas de la época. ǀǀ **y Forner (Vicente).** Publicista y catedrático español, n. en Valencia y m. en Madrid (1876-1949). Fue catedrático de Economía Política y Hacienda Pública en diversas universidades españolas. Profesó asimismo en distintas ciudades de Sudamérica. Se especializó en temas de economía americana. Autor de: *Constitución y vida del pueblo español, Nueva doctrina política, El soldado español en América*, etc. ǀǀ **-Lussac (Louis Joseph).** Físico y químico francés, n. en Saint-Léonard-de-Noblat, Alto Vienne, y m. en París (1778-1850). Fue profesor de la Sorbona y se le deben, entre otros importantes descubrimientos, el del boro, el del cianógeno y el del ácido prúsico. En 1816 construyó el barómetro de sifón que lleva su nombre, y poco después su alcoholímetro. Estableció las siguientes leyes: *a)* El volumen de un gas aumenta proporcionalmente con la temperatura; *b)* El coeficiente de dilatación, α, de los gases perfectos a presión constante es igual a $1/273$; y *c)* Ley de las combinaciones gaseosas, la cual dice así: Cuando reaccionan gases entre sí, lo hacen en volúmenes que presentan una relación muy sencilla, tanto entre sí, como respecto al producto gaseoso de la reacción. De las dos primeras leyes y de la de Boyle-Mariotte, se dedujo la ley general de los gases perfectos. Realizó diversas y peligrosas ascensiones en globo a fin de analizar el aire a diferentes alturas, y en una de ellas llegó a 7.000 m. Publicó varias obras científicas.

gaya. (De *gayo*.) f. Lista de diverso color que el fondo. ǀǀ Insignia de victoria que se daba a los vencedores. ǀǀ *Germ.* **mujer pública.** ǀǀ **Zool.** Picaza, marica, urraca.

Gaya Nuño (Juan Antonio). Biog. Escritor y crítico de arte español, n. en Tardelcuende, Soria, y m. en Madrid (1913-1976). Era miembro del Instituto de Coimbra y de *The Hispanic Society of America*, de Nueva York. Obras publicadas: *Arquitectura y escultura romá-* *nicas, Picasso, Dalí, El Santero de San Saturio* (1953), prosa de creación; *Historia y Guía de los Museos de España* (1955), *Escultura española contemporánea y Claudio Coello* (1957), *La Pintura española fuera de España* (1958), *La Arquitectura española en sus monumentos desaparecidos* (1961); en la colección *Ars Hispániae: Arte del siglo XIX* (1966); en la colección *Summa Artis: Arte europeo de los siglos XIX y XX* (1967), en colaboración con J. Pijoán; *La pintura española del siglo XX, Velázquez* (1970), *Juan Gris* e *Historia del arte universal* (1974) y *Picasso* (1975). ǀǀ Geog. C. de la India, est. de Bihar, a orillas del Falgon, afl. del Ganges; 179.884 h. Sederías.

Gayá. Geog. Mun. de España, prov. de Barcelona, p. j. de Manresa; 241 h. ǀǀ Lugar cap. del mismo; 142 h.

gayadura. (De *gayar*.) f. Guarnición y adorno del vestido u otra cosa, hechos con listas de otro color.

gayal. (Voz bengalí.) m. Zool. Mamífero rumiante de la familia de los bóvidos, propio del SE. asiático, parecido al gaur, aunque de frente más desarrollada y cuernos relativamente cortos, anchos en la base, y con un acusado relieve de la línea dorsal del tronco. Se captura para aprovechar su leche y su carne, y se cruza con otros bóvidos domésticos (*bibos frontalis* o *bos frontalis*).

gayán. m. *Perú*. Persona de maneras torpes. ǀǀ adj. Ordinario.

Gayanes. Geog. Mun. y lugar de España, prov. de Alicante, p. j. de Alcoy; 442 habitantes.

Gayangos (Pascual). Biog. Orientalista español, n. en Sevilla y m. en Londres (1809-1897). Residió mucho tiempo en Londres, y su obra principal, que publicó en español y en inglés, es la *Historia de las dinastías mahometanas en España*. Publicó otros muchos y eruditos trabajos. Reunió una rica biblioteca, que pasó casi íntegra a la Nacional, de Madrid.

gayano. m. Zool. Pez teleóstomo perciforme, de la familia de los lábridos, que presenta gran dimorfismo sexual (*labrus mixtus*).

gayar. (De *gaya*.) tr. Adornar una cosa con diversas listas de otro color.

Gayarre (Sebastián Julián). Biog. Tenor español, que usó su segundo nombre, por el que es universalmente conocido, n. en Roncal, Navarra, y m. en Madrid (1843-1890). Después de estudiar con Eslava, marchó a Italia para proseguir sus estudios (1869). Actuó en

Monumento a Gayarre, en el Roncal, por Fructuoso Orduña

los mejores teatros de Europa. Su repertorio abarcaba todos los géneros y se le ha considerado en todas partes como el primer tenor del mundo. La última ópera que cantó fue *El pescador de perlas*.

gayata. f. *Ar.* cayada.
gayera. f. Bot. *Ast.* Variedad de cereza de gran tamaño.
gaylussita. (De L. J. *Gay-Lussac* e *-ita*.) Miner. antofilita.
Gaynor (Janet). Biog. **Gainer (Laura).**
gayo. (Del lat. *gaius*, arrendajo.) m. ant. Grajo, ave semejante al cuervo. Ú. en Álava, Aragón y Navarra.
gayo, ya. (Del provenz. *gai*, alegre, y éste del lat. *gaudĭum*, gozo.) adj. Alegre, vistoso.
Gayo. Biog. Jurisconsulto romano del s. II d. C. Uno de los cinco autorizados por la *Ley de citas*. Su obra más importante, *Institutiones*, no se conoció en su integridad hasta el s. XIX. Sin embargo, se tenían noticias suyas por los extractos contenidos en las compilaciones de Justiniano.
gayola. (Del lat. *caveŏla*, dim. de *cavĕa*, jaula.) f. **jaula.** ǀǀ fig. y fam. Cárcel de presos. ǀǀ *And.* Especie de choza sobre palos o árboles, para los guardas de viñas.
gayomba. (Del célt. *aiuga*.) f. Bot. Arbusto de la familia de las papilionáceas, de dos a tres m. de alt., con tallo fuerte y erguido, ramas estriadas, verdes y con aspecto de junco cuando jóvenes; hojas escasas, sencillas, casi sentadas y oblongas.
gayón. (De *gaya*, ramera.) m. *Germ.* rufián.
gayuba. (Del célt. *aiuga*.) f. Bot. Uva de oso, mata tendida, de la familia de las ericáceas, con hojas coriáceas, persistentes, aovadoespatuladas, planas, enteras; flores pentámeras, inclinadas, rosadas, y fruto rojo, de 1 cm. de diámetro, liso y con cinco huesos (*arctostaphyllos uva-ursi*). Se cría en las montañas europeas. ǀǀ Fruto de esta planta.
gayumba. f. Baile de América, adoptado en España en el s. XVI.
gayumbo. m. Bot. gayomba. ǀǀ Taurom. El toro que se lidia enmaronado.
gaza. (En fr., *ganse*; en provenz., *ganso*.) f. Mar. Lazo que se forma en el extremo de un cabo doblándolo y uniéndolo con costura o ligada, y sirve para enganchar o ceñir una cosa o suspenderla de alguna parte. Ú. en Cuba Méjico y P. Rico en el lenguaje común.
gaza. f. *Germ.* Hambre, gazuza.
gaza. (Del it. *gazza*.) f. Zool. Marica, urraca, picaza.
Gaza. Geog. Dist. de Mozambique; 82.534 km.^{2} y 753.347 h. Cap., João Belo. ǀǀ **(Franja de).** Estrecha zona costera del Próximo Oriente, lindante con el Mediterráneo, que desde la frontera egipcia se extiende hacia el NE., hasta más allá de la c. de Gaza; constituye un terr. autónomo administrado por Egipto; 378 km.^{2} y 350.000 h. Perteneció a Palestina, fue ocupada por los egipcios (1948) y en virtud del armisticio concluido entre Israel y Egipto, en 24 de enero de 1949, las fuerzas de este último continuaron ocupando la zona. Tropas de la O. N. U. han vigilado sus fronteras; desde la *guerra de los seis días* (v. **Egipto, Israel** y **Próximo Oriente**), en la que fue invadida por Israel, permanece en poder de esta nación. (V. Geog. hist. en este mismo art.) ǀǀ Geog. hist. C. de Palestina, a 5 km. del Mediterráneo. En esta ciudad llevó a cabo Sansón sus hazañas y en su templo halló la muerte con 3.000 filisteos. Durante la P. G. M., tanto esta ciudad como sus alrededores fueron teatro de sangrientos combates entre ingleses y turcos. (V. Geog. en este mismo art.)
gazafatón. (Del grecolat. *cacemphaton*, dicho malsonante, yerro de lenguaje.) m. fam. **gazapatón.**

Gazankulu. Geog. Terr. autónomo bantú de la República Sudafricana; 6.673 km.^{2} y 267.814 h. Cap., Giyani.

gazapa. (De *gazapo*.) f. fam. Mentira, embuste.

gazapatón. (Del grecolat. *cacemphaton*, dicho malsonante.) m. fam. Disparate o yerro en el hablar. || Expresión malsonante en que se incurre por inadvertencia o por mala pronunciación.

gazapear. (De *gazapo*, conejo.) intr. **Taurom.** Se dice del toro que embiste andando sin cesar e inciertamente.

gazapeo. m. **Taurom.** Acción y efecto de gazapear.

gazapera. fr., *terrier*; it., *conigliera*; i., *rabbit-hole*, *rabbit-warren*; a., *Kaninchenbau*. (De *gazapo*.) f. Madriguera que hacen los conejos para guarecerse y criar a sus hijos. || fig. y fam. Junta de algunas gentes que se unen en parajes escondidos para fines poco decentes. || fig. y fam. Riña o pendencia entre varias personas.

gazapina. (De *gazapo*.) f. fam. Junta de truhanes y gente ordinaria. || fam. Pendencia, alboroto. || fig. Conjunto de gazapos o yerros.

gazapo. fr., *lapereau*; it., *conigliotto*; i., *a young rabbit*; a., *junges Kaninchen*. (Como el port. *caçapo*, de *cazar*.) m. Conejo nuevo. || fig. y fam. Hombre disimulado y astuto.

gazapo. (deriv. regr. de *gazapatón*.) m. fig. y fam. Mentira, embuste. || fig. y fam. Yerro que por inadvertencia deja escapar el que escribe o el que habla.

gazapo. m. Zool. Ast. Cierta ave de rapiña.

gazapón. (De *gazapo*, hombre astuto.) adj. En tauromaquia, se dice del toro que gazapea. Ú. t. c. s. || m. **garito.**

gazgaz. (De la onomat. *gaz*.) m. ant. desus. Burla que se hace de quien se dejó engañar.

Gaziantep. Geog. Prov. de Turquía asiática, región de Anatolia Sudoriental, cerca de la frontera siria; 7.642 km.^{2} y 604.756 h. || C. cap. de la misma; 225.881 h. Posee varios centros culturales. Esta c. y su prov. se denominaron *Aintab* o *Gaziayintab*.

Gaziel. Biog. **Calvet** (Agustín).

gazmiar. tr. **gulusmear.** || prnl. fam. Quejarse, resentirse.

gazmol. m. Granillo que sale a las aves de rapiña en la lengua y en el paladar.

gazmoñada. f. **gazmoñería.**

gazmoñería. (De *gazmoño*.) f. Afectación de modestia, devoción o escrúpulos.

gazmoñero, ra. adj. **gazmoño.** Ú. t. c. s.

gazmoño, ña. fr., *tartufe*, *bigot*; it., *ipocrita*; i., *bigoted*; a., *bigot*, *scheinheilig*. (Del vasc. *gazmuña*.) adj. Que afecta devoción, escrúpulos y virtudes que no tiene. Ú. t. c. s.

gaznápiro, ra. adj. Palurdo, simplón, torpe, que se queda embobado con cualquier cosa. Ú. t. c. s.

gaznar. intr. **graznar.**

gaznatada. f. Golpe violento que se da con la mano en el gaznate. || *Hond., Méj., Nic., P. Rico* y *Venez.* **bofetada.**

gaznatazo. m. Golpe que se da en el gaznate. || *Ar., Áv.* y *Sal.* **bofetada.**

gaznate. (Cruce de *gañote* y *gaznar*.) m. **garguero.** || Fruta de sartén en figura de gaznate. || *Méj.* Dulce hecho de piña o coco.

gaznatón. m. Golpe en el gaznate. || Gaznate, fruta de sartén. || *Nic.* Gaznatada, bofetada.

gaznido. (De *gaznar*.) m. ant. **graznido.**

gazofia. f. **bazofia.**

gazofilacio. (Del lat. *gazophylacĭum*, y éste del gr. *gazophylákion*; de *gáza*, tesoro, y *phýlax*, guarda.) m. Lugar donde se recogían las limosnas, rentas y riquezas del templo de Jerusalén.

Gazólaz. Geog. **Cizur.**

gazpachero. m. *And.* En los cortijos, el trabajador encargado de hacer la comida a los gañanes.

gazpacho. m. *Hond.* Heces, residuos, escamochos. || **Coc.** Género de sopa fría que se hace regularmente con pedacitos de pan y con aceite, vinagre, sal, ajo, cebolla y otros aditamentos. || Especie de migas que las gentes del campo hacen de la torta cocida en el rescoldo o entre las brasas.

gazpachuelo. m. Diminutivo de gazpacho. || **Coc.** *And.* Sopa caliente con huevos, batida la yema y cuajada la clara, y que se aderza con vinagre o limón.

gazuza. (Del vasc. *gose-utsa*, el hambre pura.) f. fam. **hambre.**

gazuzo, za. adj. *Chile.* **hambriento.**

Gb. Fís. abr. de *gilbertio*.

Gbarnga o **Gbanga.** Geog. Pobl. de Liberia, cap. del condad. de Bong. Arroz y copra.

Gd. Quím. Símbolo del *gadolinio*.

Gdańsk. (En a., *Danzig*.) Geog. Vaivodato de Polonia; 7.400 km.^{2} y unos 1.220.500 h. || C. capital del mismo; 406.900 h. Patria de Schopenhauer. Esta ciudad fue una de las causas inmediatas de la S. G. M. Al finalizar ésta, cayó en poder de los rusos, que la incor-

Gdańsk. Plaza del mercado

poraron a Polonia. Sus milenarios monumentos, tales como el Ayuntamiento, la catedral de Santa María, la famosa *Krank-Tor* o Puerta de la Grúa, fueron muy dañados durante la S. G. M., pero han sido ya reconstruidos. Industria naval.

Gdynia. Geog. C. de Polonia, vaivodato de Gdańsk, a orillas del Báltico; 209.400 h. Importante puerto comercial e industrial. Industria naval.

ge. f. Nombre de la letra *g*.

ge. (Del lat. *illi illum gelo*, se lo.) pron. ant. **se.**

ge. adj. **Etnog.** Dícese de un pueblo indio del centro de Brasil, especialmente de la Amazonia. Apl. a pers., ú. t. c. s. || Perteneciente o relativo a este pueblo. || m. **Ling.** Lengua hablada por estos indios.

ge-, gea-, geo-; -gea, -geico, -geo. (Del gr. *ge, ges*.) pref. o suf. que sign. tierra.

Ge. Quím. Símbolo del *germanio*.

gea. (Del gr. *ge*, tierra.) f. Conjunto del reino inorgánico de un país o región. || Obra que lo describe.

gea-; -gea. pref. o suf. V. **ge-.**

Gea de Albarracín. Geog. Mun. y villa de España, prov. y p. j. de Teruel; 689 h. (*geanos*).

Gea. Mit. Diosa en la antigua Grecia simbolizaba la tierra. Según la Cosmogonía de Hesíodo, Gea era uno de los tres elementos que componen el universo. Equivalía a la *Tellus* romana.

Gebala. Geog. **Estella.**

gebel. m. Geog. **yebel.**

Gebel Achdar. Geog. Prov. de Libia; 17.000 km.^{2} y 121.000 h. Cap., El Beida. || **Garbi.** Prov. de Libia; 150.300 km.^{2} y 241.000 habitantes. Cap., Garian.

geca. f. *León.* Cachada en el juego del peón.

gecárcino. (Del lat. científico *gecárcinus*, y éste del gr. *ge*, tierra, y *karkinos*, cangrejo.) Zool. Gén. de crustáceos decápodos braquiuros al que pertenecen los cangrejos terrestres de las Antillas.

geco. (Del lat. científico *gekko*, gén. tipo, y éste, a su vez, de la onomat. *gecgec*, ruido que emiten estos reptiles.) m. **Zool.** Nombre de varios reptiles saurios, de la familia de los gecónidos, de cuerpo chato, lengua corta y gruesa y cinco dedos en cada pata con aparato adhesivo. || **abigarrado.** Geco americano, de unos 7 cm. de long. y otros tantos de cola, con párpados móviles, uñas en los dedos, y sin discos adhesivos en ellos; su color es amarillo claro con franjas y manchas pardorrojizas (*coleónyx variegatus*). || **de cola plana.** Es del tamaño de una lagartija y homocrómico con la corteza de los árboles, lo que le ayuda para capturar insectos casi sin esforzarse. (*uróplates fimbriatus*). || **común.** Geco de Grecia, que vive también en nuestra península y en Baleares. (*hemidáctylus tuberculatus*). || **salpicado.** Geco de unos 30 cm. de long., de dorso gris pizarroso con manchas rojizas y lleno de tuberculitos, el vientre claro y la cola anillada (*gekko verticillatus*). || **volante.** Es de unos 20 cm., y posee un repliegue lateral que utiliza como paracaídas; es propio del SE. asiático (*ptychozóon homalocéphalum*).

gecónido, da. (De *geco*, gén. tipo, e *-ido*.) adj. **Zool.** Dícese de los reptiles saurios, de cuerpo deprimido, con escamas tuberculadas, dedos terminados en discos adhesivos y lengua carnosa, entre los que figuran las salamanquesas y los gecos. Ú. t. c. s. || m. pl. Familia de estos saurios.

Ged (William). Biog. Inventor escocés, n..y m. en Edimburgo (1690-1749). Inventó la estereotipia, que fue aplicada por todos los tipógrafos del mundo.

Gedda. Geog. **Yeddah.**

Gedeón. Biog. Juez de Israel, de la familia de Abiezer, perteneciente a la tribu de Manasés. Por mandato divino derribó el altar de Baal. Reunió un ejército de 32.000 hombres, pero con sólo 300 derrotó a los madianitas.

gedeonada. f. fam. Gracia un tanto simple; perogrullada.

gedrita. (De *Gèdre*, pobl. francesa, e *-ita*.) f. Miner. Antofilita, un inosilicato, cuando contiene aluminio.

gee. (De *General Electric Equipment*, nombre de una sociedad estadounidense.) m. **Mar.** Sistema de radionavegación hiperbólica ideado por los ingleses en la S. G. M., y muy parecido al loran.

Geffrard (Nicholas Fabre). Biog. Militar y político haitiano, n. en Anse-à-Veau y m. en Kingston (1806-1879). Participó en el movimiento liberal que derrocó a Boyer (1843) y dirigió el ejército que invadió Santo Domingo. Encabezó el movimiento que derribó al emperador Faustino I (1858). Proclamado presidente, gobernó hasta 1867.

gefíreo, a. (Del gr. *géphyra*, terraplén, calzada.) adj. **Zool.** Dícese de los animales invertebrados, antes incluidos en los gusanos o en los vermídeos. El ejemplo más típico es la *bonellia*. ‖ m. pl. Filo de estos invertebrados.

Gegenbaur (Karl). Biog. Anatomista alemán, n. en Wurzburgo y m. en Heidelberg (1826-1903). Le dieron reputación sus descubrimientos en anatomía comparada y en embriología, dio nombre al osteoblasto y escribió varias obras médicas, entre ellas: *Lehrbuch der Anatomie des Menschen*.

Geheeb (Paul). Biog. Pedagogo alemán, n. en Geisa y m. en Goldern, Suiza (1870-1961). En 1902 se unió a Hermann Liszt en Haubinda (Turingia), donde dirigió una institución de enseñanza que, en 1904, trasladó a Wickersdorff como comunidad escolar libre. En 1910 fundó la *Odenwaldschule*, que hubo de abandonar al advenimiento del régimen nazi, trasladándose a Suiza, donde prosiguió su labor educadora con la fundación de *L'École d'Humanité* (1934), que agrupa a estudiantes de todas las razas y creencias y tiene como base de su sistema educativo la responsabilidad individual y de grupo.

gehena. (Del lat. *gehenna*, que dicen venir del hebr. *gē-Ḥinnōm*, valle de *Ḥinnōm* [Josué, XV, 8].) m. Infierno de los condenados. ‖ **Geog. hist.** Valle sit. al SE. de Jerusalén, donde los judíos idólatras ofrecían sus hijos en sacrificio a Moloc, quemando después los cadáveres. Cuando se suspendió esta bárbara práctica, se destinó este lugar a crematorio de las inmundicias de la ciudad.

Geibel (Emanuel). Biog. Poeta alemán, n. y m. en Lübeck (1815-1884). Escribió varios dramas, como *El rey Rodrigo, Sofonisba*, la comedia *Maestra Andrea* y algunos libros, entre ellos *Cantos populares y romances españoles*.

-geico. suf. V. **ge-**.

Geiger (Hans). Biog. Físico alemán, n. en Neustadt y m. en Potsdam (1882-1945). Descubrió, juntamente con Nuttal, la ley que lleva el nombre de ambos, según la cual en una misma familia radiactiva, el recorrido de las partículas α está en relación con la vida media del elemento o isótopo; y cuanto más larga es la vida, más breve el recorrido. Estudió la difracción de las partículas *alfa*, en colaboración con Müller, construyó el contador (v.) que lleva su nombre, y demostró que el número atómico coincide con el número de cargas elementales del núcleo.

Geijer (Erik Gustaf). Biog. Historiador sueco, n. en Ransäter y m. en Estocolmo (1783-1847). Estudió principalmente la historia del siglo XVIII de su país y se distinguió también como poeta. Entre sus principales obras históricas se cuentan: *Svea rikes hävder* y *Svenska folkets historia*.

Geikie (sir Archibald). Biog. Geólogo inglés, n. en Edimburgo y m. cerca de Haslemere (1835-1924). Profesor en la Universidad de Edimburgo y director del Servicio Geológico de Gran Bretaña. Entre sus obras se citan: *Los fundadores de la Geología, Texto de Geología, Antiguos volcanes de la Gran Bretaña, El trabajo de una larga vida*, autobiografía, y *El paisaje en la Historia*.

geikielita. (De sir A. *Geikie* e *-ita*.) f. **Miner.** Óxido de titanio y magnesio, variedad de la ilmenita, en la que magnesio substituye al hierro, MgTiO₃.

geisa. f. **geisha**.

Geisel (Ernesto). Biog. Militar y político brasileño, n. en Bento Gonçalves en 1908. De ascendencia alemana, ingresó en la Academia Militar de Realengo. Fue jefe de la Casa Militar con el presidente Castelo Branco (1964) y magistrado del Tribunal Supremo Militar. Presidente de la República (1974-79).

géiser. (Del islandés *geysir*.) m. **Geol.** Fuente termal intermitente en forma de surtidor. Los géiseres arrojan agua y vapor a gran altura. Difieren de las solfataras por tránsitos insensibles; la cantidad de agua es mucho mayor y la del sulfhídrico mucho menor; el agua contiene frecuentemente en disolución silicatos alcalinos, que por la acción de los ácidos dan origen a un precipitado de sílice hidratada, variedad de ópalo a la que se ha dado el nombre de *geiserita*, que forman una caldera alrededor del géiser. Los más numerosos y espectaculares géiseres se encuentran en Yellowstone (EE. UU.), Nueva Zelanda y, sobre todo, en Islandia, en cuya parte S., en un circuito de 3 km., hay cerca de 100.

geiserita. f. **Miner.** Sílice gelatinosa, residuo sólido de las aguas de los géiseres.

geisha. f. En el Japón, muchacha de dieciocho a veinte años que en los restaurantes obsequia a los concurrentes sirviéndoles los platos que hay en la mesa, escanciando el vino y cantando o bailando. Su objeto principal es entretener a los parroquianos. Exige un especial y largo aprendizaje, sobre todo para adquirir el hábito de la buena conversación, y es una de las máximas aspiraciones de la muchacha nipona.

geisolomatáceo, a. (Del lat. científico *geissoloma*, nombre del gén. tipo, y *-áceo*; aquél del gr. *geisson*, cornisa, y *loma*, *-atos*, franja, orla.) adj. **Bot.** Dícese de las plantas del orden de las mirtales, filo de las rosales-mirtales, de hojas sin estípulas y con el androceo diplostémono. ‖ f. pl. Familia de estas plantas, que comprende una sola especie, *geissolama marginátum*, propia del África austral.

Geissler (Heinrich). Biog. Físico alemán, n. en Igelshieb y m. en Bonn (1814-1879). Le dio celebridad el descubrimiento de los tubos (v.) que llevan su nombre.

gejionense. adj. **gijonés**. Apl. a pers., ú. t. c. s.

Gejuelo del Barro. Geog. Mun. de España, prov. y p. j. de Salamanca; 103 h. ‖ Lugar cap. del mismo; 76 h.

gel. fr., it. e i., *gel;* a., *Gel*. (De *gelatina*.) m. **Quím.** Cuerpo o asociación de cuerpos que se transforma un coloide al perder la fase dispersante por evaporación, y que puede revertir a coloide absorbiendo dicha fase dispersante. Constituyen un tipo especial de geles las *gelatinas* o *jaleas*. ‖ **Miner.** Substancia que se forma por solidificación de un coloide mineral; la más común es el *ópalo*. ‖ **de sílice.** *Quím.* Sílice gelificada, de gran poder de absorción, que se emplea industrialmente para la purificación y decoloración de substancias líquidas, como aceites, baños electrolíticos, etc., así como para la absorción de humedad.

gelada. (Voz etíope.) m. **Zool.** Mono de la familia de los cercopitécidos, muy próximo a los mandriles, papiones y macacos, que vive en las montañas de Etiopía, hasta los 4.000 m. de alt., formando bandas numerosas. Es de gran tamaño, 1 m. de tronco y 80 cm. de cola; cabeza enorme con hocico fuerte y truncado y miembros largos. (*theropithecus gelada*).

gelanto. m. Barniz a base de gelatina, glicerina, goma tragacanto, timol, etc., que sirve como vehículo en algunas preparaciones usadas en dermatología.

gelásimo. (Del lat. científico *gelásimus*, y éste del gr., *gelásimos*, risible, ridículo.) Zool. Gén. de crustáceos decápodos braquiuros, de pinzas robustas y muy sabrosas.

Gelasio I *(San).* **Biog.** Papa, n. en Roma de ascendencia africana. Sucesor de Félix III, ocupó el solio pontificio de 492 a 496. Presidió en Roma, en 494, el Concilio en que fue redactado el famoso Decreto que lleva su nombre. Su fiesta el 21 de noviembre. ‖ **II.** Papa (Giovanni Caetani), n. en Gaeta y m. en Cluny en 1119. Ocupó el solio pontificio de 1118 a 1119.

gelatina. fr., *gélatine;* it., *gelatina;* i., *gelatine;* a., *Gelatine, Gallerte*. (Del lat. *gelatus*, helado, congelado.) f. **Bact., Biol. y Bioq.** Substancia sólida, transparente o translúcida, incolora, inodora e insípida que se forma al hervir en agua órganos animales cuyos tejidos contienen escleroproteidos del grupo de la colágena, es decir, condrina, osteína, etc., substancias éstas que se disuelven en agua caliente, pero que se separan al enfriarse por no ser solubles en agua fría. La gelatina ordinaria suele recibir el nombre de *cola*. Se obtiene ésta mediante los desperdicios de las fábricas de curtidos, como las pieles de las ovejas, cabezas, pies, etc. Se limpian estas materias y se cuecen con agua o se someten a la acción del vapor de ésta, obteniéndose de este modo una solución concentrada de cola que se clarifica y deja enfriar para que se solidifique; luego se corta en hojas, que se dejan secar sobre redes de bramante o de alambre. Se obtiene también cola de los huesos, que deben tratarse primero con ácido clorhídrico para separar las materias minerales que los huesos contienen. En el comercio se da el nombre de gelatina a la cola de superior calidad. Las gelatinas alimenticias, de consistencia trémula, contienen una enorme proporción de agua, de modo que su valor alimenticio es escaso, a pesar de que muchas personas creen lo contrario. ‖ **explosiva.** *Quím.* Materia explosiva consistente en una masa gelatinosa, que se obtiene por disolución de un 7 % de nitrocelulosa en nitroglicerina. ‖ **seca.** La destinada a la alimentación. ‖ **de Warton.** *Anat.* Tejido de consistencia gelatinosa, que envuelve los elementos vasculares del cordón umbilical.

Gel. Piezas de ópalo

gelatinización. f. Acción y efecto de gelatinizarse.

gelatinizarse. prnl. Convertirse una substancia en gelatina.

gelatinoso, sa. fr., *gélatineux;* it., *gelatinoso;* i., *gelatinous;* a., *gallertartig.* adj. Abundante en gelatina o parecido a ella, especialmente por la consistencia.

Gelderland. Geog. Güeldres.

Geldo. Geog. Mun. y lugar de España, prov. de Castellón, p. j. de Segorbe; 743 h.

geldre. (De *Güeldres.*) m. Bot. **mundillo,** planta. || Flor de esta planta.

Gelée (Claude). Biog. Gellée (Claude).

geléquido, da. adj. Entom. Dícese de los lepidópteros heteróceros, de tamaño muy pequeño, cuyas larvas excavan galerías en los granos, tubérculos, ramas, etc., y causan daños a estas plantas. || m. pl. Familia de estos lepidópteros.

gelesa. f. V. **agar-agar.**

gelfe. (De *golof,* tribu negra.) m. Etnog. Negro de una tribu que habita en el Senegal.

Gelida. Geog. Mun. de España, prov. de Barcelona, p. j. de San Feliu de Llobregat; 3.468 h. (*gelidenses*). || Lugar cap. del mismo; 2.763 h. Centro veraniego.

gelidiáceo, a. (De *gelidio* y *-áceo.*) adj. Bot. Dícese de las algas del orden de las gelidiales que comprenden el gén. *gelidium.* || f. pl. Familia de estas algas.

gelidial. adj. Bot. Dícese de las algas rodofíceas, pertenecientes a la clase de las florídeas, filamentosas, muy ramificadas y con el eje central recubierto por ramitas soldadas; son diplobiontes. || f. pl. Orden de estas algas que comprende las familias de las *gelidiáceas* y *wrangeliáceas.*

gelidio. (Del lat. científico *gelidium;* del lat. *gelĭdus,* frío.) Bot. Gén. de algas marinas, de la familia de las gelidiáceas (v.).

gélido, da. (Del lat. *gelĭdus.*) adj. poét. Helado y muy frío.

gelificación. (De *gelificar.*) f. Quím. Transformación de las soluciones coloidales al pasar de sol a gel, en que se observa un proceso de formación de copos más o menos finos.

gelificar. (De *gel* y el lat. *facĕre,* hacer.) tr. Quím. Producir la coagulación de un coloide de forma que, al descargarse eléctricamente, pierda el equilibrio por el que se mantenía en suspensión y se aglomere en el fondo del recipiente donde aquélla se ha producido. Esta descarga eléctrica puede originarse por la simple adición de una sal.

gelignita. f. Quím. Explosivo enérgico formado por 65 % de dinamita-gelatina o gelatina explosiva mezclada con 25 % de nitrato potásico, 10 % de serrín de maderas y algo de carbonato sódico.

Gelimer. Biog. Último rey vándalo. En 533, un ejército romano, a las órdenes de Belisario, desembarcó en África y presentó batalla a los vándalos a 10 millas de Cartago, derrotando a Gelimer y entrando en esta ciudad. Entonces el rey reclutó un nuevo ejército e hizo frente a Belisario, pero fue nuevamente derrotado.

gelivación. (Del fr. *gelivation;* del lat. *gelu,* hielo.) f. Geol. Fragmentación de los materiales rocosos al helarse el agua contenida en fisuras y poros y aumentar su volumen.

Gelmírez (Diego). Biog. Prelado español (h. 1068-h. 1139). Fue célebre por sus contiendas con doña Urraca de Castilla. Atrajo hacia el sepulcro del Apóstol Santiago la atención del mundo cristiano y contribuyó a acelerar la guerra de la Reconquista. Se interesó mucho por la navegación y fue el primer organizador del poder naval de España en el océano.

gelo. (Del lat. *gelu,* hielo.) m. ant. **hielo.**

geloplejía. (Del gr. *gélos,* risa, y *-plejía.*) f. Pat. Vértigo que se produce al reír, pudiendo llegarse hasta perder el conocimiento y caer al suelo. El efecto pasa rápidamente. Fue descrita por H. Oppenheim.

gelosa. (De *gelatina* y *-osa.*) f. Bact., Biol. y Quím. Substancia coloidal obtenida del agar y del alga *gelidium córneum,* muy utilizada para la preparación de medios de cultivo bacteriano en los laboratorios.

Gelsa. Geog. Mun. y villa de España, prov. y p. j. de Zaragoza; 1.595 h. (*gelsanos*).

gelsemina. f. Quím. Alcaloide de fórmula $C_{22}H_{26}O_3N$, que se encuentra en el jazmín silvestre.

gelsemio. (Del lat. científico *gelsémium,* del m. or. que *jazmín.*) Bot. Gén. de plantas de la familia de las loganiáceas (v.).

Gelves. Geog. Mun. y villa de España, prov. y p. j. de Sevilla; 3.303 h. (*gelveños*). || **Gerba.**

Gell-Mann (Murray). Biog. Físico estadounidense, n. en Nueva York en 1929. Ha ejercido la enseñanza en varias universidades de su país y extranjeras. En 1969 le fue otorgado el premio Nobel de Física.

Gellée, Gelée o **Gillée (Claude).** Biog. Pintor francés, más conocido por *Le Lorrain* o *Claudio de Lorena,* n. en Chamagne y m. en Roma (1600-1682). Fue el más grande paisajista de su época y no tuvo rival en los efectos de luz. Hay obras suyas en el Prado, el Louvre y la Galería Nacional de Londres.

Gellert (Christian Fürchtegott). Biog. Literato alemán, n. en Hainichen y m. en Leipzig (1715-1769). Obras más importantes: *Fabeln und Erzählungen,* fábulas y cuentos, y *Geistlichen Oden und Lieder,* odas y cantos espirituales.

gema. fr., *gemme;* it., *gemma;* i., *gem;* a., *Gemme, Edelstein.* (Del lat. *gemma.*) f. En joyería y mineralogía, nombre genérico de las piedras preciosas, y más principalmente de las denominadas orientales. || Parte de un madero escuadrado donde, por escasez de dimensiones, ha sido preciso dejar la corteza. || **Arqueol.** Nombre que reciben las piedras finas talladas de la antigüedad. || Bot. Yema o botón en los vegetales. || Quím. V. **sal gema.** || **de Kenya.** Miner. **rutilo.**

El vado, por Claude Gellée. Museo del Prado. Madrid

Gema. Geog. Mun. y villa de España, prov. y p. j. de Zamora; 526 h.

gemación. (Del lat. *gemmatĭo, -ōnis.*) f. Bot. Desarrollo de la gema, yema o botón para la producción de una rama, hoja o flor. || Bot. y Zool. Modo de reproducción asexual, propio de muchas plantas y de muchos animales invertebrados, que se caracteriza por separarse del organismo una pequeña porción del mismo, llamada yema, la cual se desarrolla hasta formar un individuo semejante al progenitor. || **celular.** Biol. Forma de división, generalmente mitótica, en la que el citoplasma se divide en dos partes de tamaño muy desigual.

Gemara. Lit. y Rel. Título que los compiladores del Talmud dieron a la segunda parte del mismo. Lo componen una serie de comentarios a la primera parte, llamada Misnah o Michna.

gemebundo, da. adj. Que gime profundamente. Ú. m. en poesía.

gemela. (De *diamela.*) f. Bot. Uno de los nombres vulgares del jazmín de Arabia y que en Cuba llaman de Francia. Posee hojas persistentes, compuestas de siete hojuelas acorazonadas, a menudo soldadas por la base las tres superiores, y flores blancas por dentro, encarnadas por fuera, dobles y muy olorosas. Generalmente se injerta sobre el jazmín común para adelantar su desarrollo y multiplicar la especie.

gemelar. adj. Perteneciente o relativo a hijos o hermanos gemelos.

gemelípara. adj. Dícese de la mujer que da a luz gemelos.

gemelo, la. pl. fr., *jumeaux, jumelles;* it., *gemelli;* i., *twin;* a., *Zwillinge.* (Del lat. *gemellus.*) adj. Dícese de cada uno de dos o más hermanos nacidos de un parto. Ú. t. c. s. || Aplícase ordinariamente a los elementos iguales de diversos órdenes que, apareados, cooperan a un mismo fin. || m. pl. **anteojos,** instrumento óptico para ver a distancia. || Juego de dos botones iguales o de algunos otros objetos de esta clase. || **Carp.** Los dos maderos gruesos que se empalman a otro para darle más resistencia y cuerpo. || Zool. El concepto de gemelos se extiende científicamente a todos los mamíferos vivíparos, aunque sea normal en ellos el parto múltiple. En la especie humana son relativamente frecuentes los partos de dos, tres y hasta cuatro gemelos y excepcionales los de cinco o de seis; pero todavía es más difícil la supervivencia de todos ellos, según aumenta su número. || **gemelos bivitelinos. gemelos heterólogos.** || **de campo.** *Ópt.* Doble anteojo de alcance apropiado para observar objetos a gran distancia. || **diovulares.** *Zool.* **gemelos heterólogos.** || **dicigóticos. gemelos heterólogos.** || **falsos. gemelos heterólogos.** || **heterocigóticos. gemelos heterólogos.** || **heterólogos.** Los que se originan cuando madura contemporáneamente en cada ovario un folículo (lo que habitualmente no ocurre), o maduran simultáneamente dos folículos en un ovario, o un folículo que contiene dos óvulos. Se dice también gemelos bivitelinos, diovulares, dicigóticos, falsos y heterocigóticos. || **homólogos.** Los que se originan cuando un huevo se divide *completamente* en dos (monocigóticos o uniovulares). Se dice también gemelos monocigóticos, uniovulares, univitelinos y verdaderos. || **monocigóticos. gemelos homólogos.** || **de teatro.** *Ópt.* Doble anteojo de poco alcance usado en las salas de espectáculos públicos. || **uniovulares.** *Zool.* **gemelos homólogos.** || **univitelinos. gemelos homólogos.** || **verdaderos. gemelos homólogos.**

Gemelos. fr., *Gémeaux;* it., *Gemini, Gemelli;* i., *Gemini;* a., *Zwillinge.* (De m. origen que el anterior.) m. **Astron.** Tercer signo del Zodiaco, en que el Sol entra el 21 de mayo y sale el 21 ó 22 de junio. Actualmente, y debido a la precesión de los equinoccios, el signo no coincide con la constelación del mismo nombre, sino con la del Toro. || Constelación zodiacal situada entre las del Tauro, Cáncer y Can Menor. Sus estrellas más brillantes son Pólux y Cástor, de 1.ª magnitud, otra de 2.ª, cinco de 3.ª, etc. Su nombre científico es *Gémini.* || Nombre que algunos han dado a la constelación austral del *Telescopio* (v.).

gemido. m. Acción y efecto de gemir.

gemidor, ra. adj. Que gime. || fig. Que hace cierto sonido parecido al gemido del hombre.

Gémier (Firmin). Biog. Tonnerre (Firmin).

geminación. (Del lat. *geminatio, -ōnis.*) f. Acción y efecto de geminar. || **Ret.** Figura que consiste en repetir inmediatamente una o más palabras: *huye, huye de estos inconvenientes.*

geminado, da. p. p. de geminar. || adj. **Biol.** Se dice de los órganos que están reunidos por pares.

geminar. (Del lat. *gemināre.*) tr. ant. Duplicar, repetir.

Gémini. (Del lat. *gemĭni,* hermanos gemelos.) **Astron.** Nombre científico de la constelación zodiacal de los *Gemelos.* || **(Proyecto).** Astronáut. Proyecto Géminis.

gemínida. adj. **Astronomía.** Dícese de las estrellas fugaces cuyo centro radiante está en la constelación de los Gemelos.

géminis. (Del m. or. que *Gémini.*) m. **Farm.** Emplasto compuesto de albayalde y cera, disuelto con aceite rosado y agua común.

gémino, na. (Del lat. *gemĭnus.*) adj. ant. Duplicado, repetido.

gemíparo, ra. adj. Aplícase a los animales o plantas reproducidos por medio de yemas.

gemiquear. intr. *And.* y *Chile.* Gemir repetidamente.

gemiqueo. m. *And.* y *Chile.* Acción de gemiquear.

gemir. fr., *gémir;* it., *gemere;* i., *to groan;* a., *seufzen, ächzen.* (Del lat. *gemĕre.*) intr. Expresar naturalmente, con sonido y voz lastimera, la pena y dolor que aflige el corazón. || fig. Aullar algunos animales, o sonar algunas cosas inanimadas, con semejanza al gemido del hombre.

Gemmi. Geog. Montaña de Suiza, en los Alpes berneses, entre los est. de Berna y Valais, al NO. de Loueche-les-Bains; 2.330 m.

gemología. (De *gema* y *-logía.*) f. **Joy.** y **Miner.** Ciencia que trata de las gemas o piedras preciosas.

gemológico, ca. adj. Perteneciente o relativo a la gemología.

gemólogo, ga. m. y f. Persona que profesa la gemología o está versada en ella.

gemonias. (Del lat. *gemonĭas,* acus. de *-niae, -ārum.*) f. pl. Derrumbadero del monte Aventino o del Capitolino en Roma, por el cual se arrojaban desnudos los cadáveres de los criminales ejecutados en la prisión. || Castigo en extremo infamante.

gemoso, sa. adj. Aplícase a la viga o madero que tiene algo de corteza.

gémula. (Del lat. *gemmŭla,* dim. de *gemma,* yema.) f. **Biol.** Yema interna de hasta 1 mm. de diámetro, que produce algunas esponjas dulceacuícolas, y que consta de varias células encerradas en una gruesa cápsula común.

Gemuño. Geog. Mun. y lugar de España, prov. y p. j. de Ávila; 399 h.

gen-, gene-, genea-, genes-, genet-, gono-; -gen-, -gene-, -geno-; -gena, -gene, -géneo, -genes, -genesia, -genia, -génica, -génico, -geno, -genosis, -gonia, -gonía -gonio, -gono. (Del gr. *gígnomai,* nacer; *genos,* origen; *gennáo,* engendrar, etc.) pref., infijo o suf. que sign. origen, génesis, nacimiento, etc.

gen o **gene.** fr., *gène;* it., e i., *gene;* a., *Gen.* (De la raíz del lat. *genus,* género, linaje.) m. **Biol.** Unidad genética elemental. El nombre se debe al genetista estadounidense T. H. Morgan, quien dedujo que cada cromosoma está formado por unas entidades materiales determinantes de los caracteres hereditarios y dispuestas linealmente en él. Químicamente, el gen es una porción de la hélice del ácido desoxirribonucleico, formada por millares de eslabones-nucleótidos, cuya función consiste en dirigir la síntesis de una proteína estructural o enzimática ordenando adecuadamente los aminoácidos necesarios. (V. **ácido desoxirribonucleico** y **ribonucleico, código genético, cromosoma, herencia** e **información genética.**)

-gena. suf. V. **gen-.**

Genalguacil. Geog. Mun. de España, prov. de Málaga, p. j. de Marbella; 1.053 h. || Villa cap. del mismo; 829 h.

Genaro Codina. Geog. Mun. de Méjico, est. de Zacatecas; 6.719 h. || Pueblo cap. del mismo; 1.722 h. Tanto el mun. como su cap. se denominaron antes *José de la Isla.*

Génave. Geog. Mun. de España, prov. de Jaén, p. j. de Villacarrillo; 1.095 h. || Villa cap. del mismo; 1.024 h. (genaveros).

genciana. fr., *gentiane;* it., *genziana;* i., *gentian;* a., *Enzian.* (Del lat. *gentiāna.*) **Bot.** Gén. de plantas de la familia de las gencianáceas (v.). || f. **Terap.** La raíz de la genciana, estomacal, amarga y tónica, se administra en cocimiento, jarabe, polvo, tintura, etc., en el catarro gastrointestinal y la dispepsia. || **blanca.** *Bot.* Turbit falso, de la familia de las umbelíferas, cuyos frutos se usan como de *comino rústico* (*laserpitium latifolium*).

gencianáceo, a. (De *genciana.*) adj. **Bot.** Dícese de las plantas del orden y filo de las contortas, hierbas anuales o vivaces, rara vez arbustos, por lo común lampiñas, generalmente de hojas opuestas, enteras, no estipuladas, con inflorescencias cimosas y fruto en cápsula septicida bivalva o alguna vez indehiscente. || f. pl. Familia de estas plantas, que comprende cerca de 900 especies en 70 géneros cosmopolitas, entre los cuales se encuentra el gén. *genciana.*

gencianeo, a. adj. **Bot. gencianáceo.**

Gencianas rosas

Genciana andrewsii Genciana crinita

gendarme. (Del fr. *gendarme,* de *gent d'arme,* hombre de armas.) m. Militar destinado en Francia y otros países a mantener el orden y la seguridad pública. || *Méj.* **policía.**

gendarmería. f. Cuerpo de tropa de los gendarmes. || Cuartel o puesto de gendarmes.

gene. m. **Biol. gen.**

gene-; -gene-; -gene. pref., infijo o suf. V. **gen-.**

genea-. pref. V. **gen-.**

geneagénesis. (De *genea-* y *-génesis.*) f. **Biol.** Reproducción de los seres vivos por medio de fragmentos u órganos completos de ellos mismos.

geneagenético, ca. adj. Perteneciente o relativo a la geneagénesis.

genealogía. fr., *généalogie;* it., *genealogia;* i., *genealogy;* a., *Genealogie.* (Del lat. *genealogĭa,* y éste del gr. *genealogía;* de *geneá,* generación, y *lógos,* tratado.) f. Serie de progenitores y ascendientes de cada persona. || Escrito que lo contiene. || Documento en que se hace constar la ascendencia de un animal de raza.

genealógico, ca. (Del gr. *genealogikós.*) adj. Perteneciente a la genealogía.

genealogista. fr., *généalogiste;* it., *genealogista;* i., *genealogist;* a., *Genealog.* m. El que hace profesión o estudio de saber genealogías y linajes, y de escribir sobre ellos.

genearca. (Del lat. *genearcha,* y éste del gr. *geneá,* generación, y *arché,* principio, origen.) m. ant. Cabeza o principal de un linaje.

geneático, ca. (Del gr. *geneá,* nacimiento.) adj. Que pretende averiguar por el nacimiento de los hombres. Ú. t. c. s.

-géneo. suf. V. **gen-.**

Gener (Pompeyo). Biog. Escritor español, n. y m. en Barcelona (1848-1920). Tuvo relación con el modernismo y, ya en su vejez, colaboró en el semanario *Joventut.* Fue un escritor de brillantez innegable que se cuenta entre las figuras más representativas de su tiempo en Barcelona. Figuran entre sus obras más destacadas: *La mort et le diable, Literaturas malsanas, El caso Clarín, Amigos y maestros, Senyors de paper* y una *Historia de la Literatura.*

generable. (Del lat. *generabĭlis.*) adj. Que se puede producir por generación.

generación. fr., *génération;* it., *generazione;* i., *generation;* a., *Zeugung.* (Del lat. *generatio, -ōnis.*) f. Acción y efecto de engendrar. ‖ Casta, género o especie. ‖ Sucesión de descendientes en línea recta. ‖ Conjunto de todos los vivientes coetáneos. ‖ Conjunto de personas que, por haber nacido en fechas próximas y recibido educación e influjos culturales y sociales semejantes, se comportan de manera afín o comparable en algunos sentidos. ‖ **Biol.** Conjunto de los individuos de una familia resultantes de los de la generación anterior y causantes de los de la siguiente. ‖ sin. de *reproducción*, en los organismos vivientes. ‖ **alternante.** *Biol.* **alternancia.** ‖ **espontánea. abiogénesis.**

Generación del 98. *Lit.* Conjunto de escritores españoles que desarrolla su actividad literaria a finales del s. XIX y principios del XX. En ellos se dan las características exigidas por J. Petersen para poder hablar de generación literaria, a saber. 1.ª Coincidencia o proximidad en la fecha de nacimiento; 2.ª Homogeneidad en la formación, que en este caso es el autodidactismo, aunque algunos de ellos o la mayoría hubieran pasado por la universidad; 3.ª Trato humano entre los componentes, realizado en tertulias y en revistas literarias; 4.ª Acontecimiento o experiencia generacional, concretada en una honda preocupación por España, debido a la guerra con EE. UU. y la consecuente pérdida de las últimas colonias (1898); 5.ª Caudillaje ideológico: Nietzsche; 6.ª Lenguaje generacional, que los distingue claramente de otros movimientos; y 7.ª Anquilosamiento o parálisis de la generación anterior, en este caso del realismo. El primero en usar el término fue *Azorín*. Entre sus componentes se citan a A. Ganivet, como precursor, *Azorín*, P. Baroja, M. de Unamuno, R. de Maeztu, A. Machado y R. del Valle Inclán, este último llamado por P. Salinas hijo pródigo del 98 y considerado

Generación del 98. *Unamuno*, por Gutiérrez Solana (1933). Colección Víctor de la Serna. Madrid

por algunos críticos más bien como modernista. Otra de sus notas más importantes es la preocupación por Castilla y su paisaje. ‖ **del 27.** Grupo de escritores españoles, especialmente poetas, que se inician literariamente o alcanzan su apogeo en torno a 1927, año en que se conmemora el tercer centenario de la muerte de Góngora, figura que recuperan dichos poetas y de quien tomarán el uso abundante de metáforas, característica esencial de su poesía. Como maestros de la generación se señalan a Ortega y Gasset y J. R. Jiménez, que aportarán al grupo la deshumanización del arte y la poesía pura, respectivamente, carente de anécdota. En una etapa posterior la poesía se hace más humana e impura, llamada neorromántica por D. Alonso, y termina haciéndose comprometida, social y política, sobre todo a raíz de la guerra civil. Entre otros nombres se les ha llamado poetas profesores, porque varios de los componentes ejercieron la docencia en España o en el extranjero. Sus miembros son P. Salinas, J. Guillén, D. Alonso, F. García Lorca, V. Aleixandre, G. Diego, R. Alberti, E. Prados, L. Cernuda, J. J. Domenchina y M. Altolaguirre.

generacional. adj. Perteneciente o relativo a una generación de coetáneos.

generador, ra. (Del lat. *generātor, -ōris.*) adj. Que engendra. Ú. t. c. s. ‖ m. *Fís.* Parte de las máquinas en que se produce la fuerza o energía, como la caldera en las máquinas de vapor y en electricidad una pila, una dinamo o un alternador. ‖ Máquina, motor o aparato que transforma la energía de una forma a otra para su fácil utilización. ‖ *Geom.* Dícese de la línea o de la figura que por su movimiento engendra, respectivamente, una figura o un sólido geométrico. En esta acepción, el adjetivo femenino es *generatriz*. ‖ **de corriente alterna.** *Elec.* V. **alternador.** ‖ **de corriente continua.** V. **dinamo.** ‖ **electronuclear.** *Fís.* Dispositivo del tipo *Snap* (v.), accionado por una barra de plutonio 238, de 2,27 kg. de peso y 12,70 cm. de diámetro, que, acondicionado en un satélite artificial, es capaz de producir 2,7 vatios de electricidad durante los cinco años de vida de éste. ‖ **panorámico.** *Electrón.* Generador de señales utilizado para observar simultáneamente, en la pantalla de un tubo de rayos catódicos, las respuestas a diferentes frecuencias de un amplificador o una red.

general. fr., *général;* it., *generale;* i., *general, common;* a., *allgemein =* fr., *général;* it., *generale;* i., *general officer;* a., *General, Feldherr.* (Del lat. *generālis.*) adj. Común y esencial a todos los individuos que constituyen un todo, o a muchos objetos, aunque sean de naturaleza diferente. ‖ Común, frecuente, usual. ‖ Que posee vasta instrucción. ‖ m. Jefe militar perteneciente a las jerarquías superiores del ejército, de la aviación o de algunos cuerpos de la armada. Estas jerarquías son, de superior a inferior, capitán general, teniente general, general de división y general de brigada. ‖ Prelado superior de una orden religiosa. ‖ En las universidades, seminarios, etc., aula o pieza donde se enseñaban las ciencias. ‖ *Ar.* **aduana,** oficina de registro de mercancías en las fronteras. ‖ **de la artillería.** *Mil.* Jefe a cuyo cuidado estaba lo perteneciente a ella. ‖ **de brigada.** Empleo o categoría inferior en el generalato. Le corresponde, en general, el mando de una brigada o unidad similar. Corresponde al antiguo empleo de brigadier. Tiene por divisas un bastón y una espada cruzados en sus puntos medios, y una estrella de cuatro puntas colocada en el punto de cruce, bordadas en las bocamangas de la guerrera o capote y en la parte frontal de la prenda de cabeza. ‖ **de la caballería.** El que mandaba en toda ella como jefe superior, teniendo a sus órdenes otros generales. ‖ **de división.** Empleo o categoría comprendido entre teniente general y general de brigada. Le corresponde, en principio, el mando de una división o unidad similar. Tiene por divisas un bastón y una espada cruzados en sus puntos medios, y dos estrellas de cuatro puntas, colocadas en cada uno de sus ángulos laterales. ‖ **mariscal de campo.** ‖ **de la frontera.** El que mandaba como superior en toda ella. ‖ **de las galeras.** El que como jefe superior mandaba en ellas. ‖ **en jefe.** El que tiene el mando superior de un ejército. ‖ **generales de la ley.** *Der.* Preguntas que ésta preceptúa para todos los testigos; como edad, estado, profesión u oficio, amistad o parentesco con las partes, interés en el asunto, etc. ‖ **en general,** o **por lo general.** m. adv. En común, generalmente. ‖ Sin especificar ni individualizar cosa alguna.

General Acha. *Geog.* Local. de Argentina, prov. de La Pampa, cap. del depart. de Utracán; 6.270 h. ‖ **Almada.** Local. de Argentina, prov. de Entre Ríos, depart. de Gualeguaychú; 338 h. ‖ **Albarado.** Local. de Argentina, prov. y depart. de Salta; 159 h. ‖ **Albarado.** Part. de Argentina, prov. de Buenos Aires; 1.680 km.² y 21.903 h. Cap., Miramar. ‖ **Alvear.** Part. de Argentina, prov. de Buenos Aires; 3.432 km.² y 7.979 h. ‖ Local. cap. del mismo; 4.875 h. ‖ **Alvear.** Depart. de Argentina, prov. de Corrientes; 1.954 km.² y 7.212 h. Cap., Alvear. ‖ **Alvear.** Local. de Argentina, prov. de Corrientes, depart. de su nombre; 4.252 h. ‖ **Alvear.** Depart. de Argentina, prov. de Mendoza; 14.448 km.² y 39.206 h. ‖ Local. cap. del mismo; 17.277 h. ‖ **Alvear.** Local. de Argentina, prov. de Misiones, depart. de Oberá; 1.144 h. ‖ **Aquino.** Mun. de Paraguay, depart. de San Pedro; 18.611 h. ‖ Pobl. cap. del mismo; 1.304 h. ‖ **Arenales.** Part. de Argentina, prov. de Buenos Aires; 1.522 km.² y 14.946 h. ‖ Local. cap. del mismo; 2.855 h. La baña el río Salado y el lago navegable Mar Chiquita. ‖ **Arias.** Local. de Argentina, prov. de Buenos Aires, part. de Coronel de Marina Leonardo N. Rosales; 618 h. ‖ **Artigas.** Mun. de Paraguay, depart. de Itapúa; 13.036 h. ‖ Pobl. cap. del mismo; 3.547 h. Antiguamente se llamó *Bobi*. ‖ **Baldissera.** Local. de Argentina, prov. de Córdoba, depart. de Marcos Juárez; 1.341 h. ‖ **Ballivián.** Local. de Argentina, prov. de Salta, depart. de General José de San Martín; 795 h. ‖ **Belgrano.** Part. de Argentina, prov. de Buenos Aires; 1.870 km.² y 11.314 h. ‖ Local. cap. del mismo; 90.213 h. ‖ **Belgrano.** Depart. de Argentina, prov. de Córdoba. V. **Tercero Arriba.** ‖ **Belgrano.** Part. de Argentina, prov. de Chaco; 1.218 km.² y 10.640 h. Cap., Corzuela. ‖ **Belgrano.** Depart. de Argentina, prov. de La Rioja; 2.556 km.² y 5.022 h. Cap., Olta. ‖ **Bravo.** Mun. de Méjico, est. de Nuevo León; 6.438 h. ‖ Villa cap. del mismo; 2.894 h. ‖ **Cabrera.** Local. de Argentina, prov. de Córdoba, depart. de Juárez Celman; 6.189 h.; Producción agrícola. ‖ **Campos.** Local. de Argentina prov. de Entre Ríos, depart. de Concordia; 1.475 h. ‖ **Canuto A. Neri.** Mun. de Méjico, est. de Guerrero; 9.507 h. Cap., Acapetlahuaya. ‖ **Capdevila.** Local. de Argentina, prov. de Chaco, part. de 12 de Octubre; 510 h. ‖ **Carrera.** Nombre chileno de un lago de América del Sur, dividido entre Argentina (parte E.) y Chile (parte O.). Los argentinos le dan el nombre de Buenos Aires. ‖ **Carrera.** Depart. de Chile, prov. de Aysén; Cap., Chile Chico; 5.013 h. ‖ **Cepeda.** Mun. de Méjico, est. de Coahuila de Zaragoza; 13.202 h. ‖ Villa cap. del mismo; 3.486 h. ‖ **Conesa.** Local. de Argentina, prov. de Buenos Aires, cap. del part. de Tordillo; 519 h. ‖ **Conesa.** Local. de Argentina, prov. de Río Negro, cap. del depart. de Conesa; 3.117 h. ‖ **Conesa. Conesa.** ‖ **Daniel Cerri.** Local. de Argentina, prov. de Buenos Aires, part. de Bahía Blanca; 3.748 h. ‖ **Deheza.** Local. de Argentina, prov. de Córdoba, depart. de Juárez Celman; 3.568 h. ‖ **Delgado.** Mun. de Paraguay, depart. de Itapúa; 6.811 h. ‖ Pobl. cap. del mismo; 631 h. ‖ **Dónovan.** Part. de Argentina, prov. de Chaco; 1.487 km.², y 9.770 h. Cap., La Escondida. ‖ **E. Godoy.** Local. de Argentina, prov. de Río Negro, depart. de General Roca; 1.591 h. ‖ **Enrique Estrada.** Mun. de Méjico, est. de Zacatecas; 4.236 h. ‖ Pueblo cap. del mismo; 2.039 h. ‖ **Escobedo.** Mun. de Méjico, est. de Nuevo León; 10.515 h. ‖ Villa cap. del mismo; 1.957 h. ‖ **Eugenio A. Garay.**

Mun. de Paraguay, depart. de Guaira; 6.686 h. || Pobl. cap. del mismo; 356 h. || C. de Paraguay, cap. del depart. de Nueva Asunción. || **Felipe Ángeles.** Mun. de Méjico, est. de Puebla; 8.083 h. Cap., San Pablo de las Tunas. || **Fernández Oro.** Local. de Argentina, prov. de Río Negro, depart. de General Roca; 2.079 h. || **Fotheringham.** Local. de Argentina, prov. de Córdoba, depart. de Tercero Arriba; 280 h. || **Francisco Murguía.** Mun. de Méjico, est. de Zacatecas, 20.290 h. Cap., Nieves. || **Galarza.** Local. de Argentina, prov. de Entre Ríos, depart. de Gualeguay; 2.704 h. || **Güemes.** Part. de Argentina, prov. de Chaco; 25.487 km.² y 25.297 h. Cap., Juan José Castelli. || **Guido.** Part. de Argentina, prov. de Buenos Aires; 2.340 km.² y 3.596 h. || Local. cap. del mismo; 1.073 h. || **Gutiérrez.** Local. de Argentina, prov. de Mendoza, depart. de Maipú; 10.126 h. Viñedos. || **Heliodoro Castillo.** Mun. de Méjico, est. de Guerrero, 27.356 h. Cap., Tlacotepec. || **Las Heras.** Part. de Argentina, prov. de Buenos Aires; 760 km.² y 7.480 h. || Local. cap. del mismo; 4.972 h. || **Higinio Morínigo.** Mun. de Paraguay, depart. de Caazapá; 6.470 h. || Pobl. cap. del mismo; 1.234 h. || **Hornos.** Local. de Argentina, prov. de Buenos Aires, part. de General Las Heras; 4.020 h. || **Joaquín Amaro.** Mun. de Méjico, est. de Zacatecas; 4.934 h. || Pueblo cap. del mismo; 695 h. || **José E. Díaz.** Dist. de Paraguay, depart. de Ñeembucú; 4.071 h. || Pobl. cap. del mismo; 557 h. || **José de San Martín.** Local. de Argentina, prov. de Chaco, cap. del part. de Libertador General San Martín; 9.588 h. || **José de San Martín.** Depart. de Argentina, prov. de Salta; 16.257 km.² y 67.203 h. Cap., Tartagal. || **Lagos.** Comuna de Chile, prov. de Tarapacá, depart. de Arica; 833 h. Cap., Coronel Alcérreca. || **Lamadrid.** Part. de Argentina, prov. de Buenos Aires; 4.800 km.² y 10.514 h. || Local cap. del mismo; 5.523 h. || **Lamadrid.** Depart. de Argentina, prov. de La Rioja; 7.636 km.² y 1.137 h. Cap., Villa Castelli. || **Lavalle.** Part. de Argentina, prov. de Buenos Aires; 2.875 km.² y 14.639 h. || Local. cap., del mismo; 1.103 h. || **Lavalle.** Depart. de Argentina, prov. de La Rioja; 9.184 km.² y 7.565 h. Cap., Villa Unión. || **Levalle.** Local. de Argentina, prov. de Córdoba, depart. de Presidente Roque Sáenz Peña; 3.915 h. || **López.** Depart. de Argentina, prov. de Santa Fe; 11.558 km.² y 136.071 habitantes. Cap., Venado Tuerto. || **Lorenzo Vintter.** Local. de Argentina, prov. de Río Negro, depart. de Adolfo Alsina; 290 h. || **Madariaga.** Part. de Argentina, prov. de Buenos Aires; 3.312 km.² y 20.567 h. || Local. cap. del mismo; 10.280 h. || **Manuel Belgrano.** Depart. de Argentina, prov. de Misiones; 7.455 h. Cap., Bernardo de Irigoyen. || **Manuel J. Campos.** Local. de Argentina, prov. de La Pampa, depart. de Guatraché; 962 h. || **Martín Miguel de Güemes.** Depart. de Argentina, prov. de Salta; 23.058 h. || Local. cap. del mismo; 11.159 h. || **Mosconi.** Local. de Argentina, prov. de Salta, depart. de General San Martín; 5.717 h. || **Obligado.** Depart. de Argentina, prov. de Santa Fe; 102.476 h. Cap., Reconquista. || **O'Brien.** Local. de Argentina, prov. de Buenos Aires, part. de Bragado; 1.771 h. || **Ocampo.** Depart. de Argentina, prov. de La Rioja, 5.387 h. Cap., El Milagro. || **Pánfilo Natera.** Mun. de Méjico, est. de Zacatecas; 13.417 h. || Pueblo cap. del mismo; 2.325 h. || **Paz.** Part. de Argentina, prov. de Buenos Aires; 1.240 km.² y 8.444 h. || Local. cap. del mismo; 4.237 h. || **Paz.** Depart. de Argentina, prov. de Corrientes; 14.025 h. Cap., Caá Catí. || Local. de Argentina. V. **Caá Catí.** || **Pedernera.** Depart. de Argentina, prov. de San Luis; 15.057 km.² y 54.452 h. Cap., Mercedes. || **Pedro Antonio Santos.** C. de Méjico, est. de San Luis Potosí, cap. del mun. de Ciudad Santos; 2.120 h. || **Pico.** Local. de Argentina, prov. de La Pampa, cap. del depart. de Maracó; 21.897 h. || **Pinedo.** Local. de Argentina, prov. de Chaco, cap. del part. de 12 de Octubre; 4.600 h. || **Pinto.** Part. de Argentina, prov. de Buenos Aires; 4.370 km.² y 17.117 h. || Local. cap. del mismo; 3.566 h. || **Pirán.** Local. de Argentina, prov. de Buenos Aires, part. de Mar Chiquita; 2.073 h. || **Pizarro.** Local. de Argentina, prov. de Salta, depart. de Anta; 673 h. || **Pueyrredón.** Part. de Argentina, prov. de Buenos Aires; 1.460 km.² y 317.444 h. Cap., Mar del Plata. || **Racedo.** Local. de Argentina, prov. de Entre Ríos, depart. de Diamante; 490 h. || **Ramírez.** Local. de Argentina, prov. de Entre Ríos, depart. de Diamante; 4.439 h. || **Rivas.** Mun. de Venezuela, est. de Trujillo, dist. de Boconó; 2.769 h. Cap., Las Mesitas. || **Roca.** Depart. de Argentina, prov. de Córdoba, 27.633 h. Cap., Villa Huidobro. || **Roca.** Local. de Argentina, prov. de Córdoba, depart. de Marcos Juárez, 2.015 h. || **Roca.** Depart. de Argentina, prov. de Río Negro; 143.798 h. || Local. cap. del mismo; 29.320 h. || **Rodríguez.** Part. de Argentina, prov. de Buenos Aires; 23.596 h. || Local. cap. del mismo; 19.946 h. || **Rojo.** Local. de Argentina, prov. de Buenos Aires, part. de San Nicolás; 2.229 h. || **Rondeau.** Local. de Argentina, prov. de Buenos Aires, part. de Puán; 362 h. || **San Martín.** Part. y local. de Argentina, prov. de Buenos Aires; 56 km.² y 360.573 h. Uno de los que forman el Gran Buenos Aires. || **San Martín.** Depart. de Argentina, prov. de Córdoba, 5.006 km.² y 83.780 h. Cap., Villa María. || **San Martín.** Local. de Argentina, prov. de La Pampa, depart. de Hucal; 1.883 h. || **San Martín.** Depart. de Argentina, prov. de La Rioja; 5.034 km.² y 4.173 h. Cap., Ulapes. || **Sánchez Cerro.** Prov. de Perú, depart. de Moquegua; 19.226 h. Cap., Omate. || **Sarmiento.** Part. y local. de Argentina, prov. de Buenos Aires; 196 km.² y 315.457 h. Uno de los que forman el Gran Buenos Aires. || **Sarmiento.** Depart. de Argentina, prov. de La Rioja, 10.334 km.² y 2.464 h. Cap., Vinchina. || **Sarmiento.** Local. de Argentina, prov. de Buenos Aires, part. de su nombre 167.160 h. || **Simón Bolívar.** Mun. de Méjico, est. de Durango; 8.944 h. || Congregación cap. del mismo; 938 h. || **Soler.** Local. de Argentina, prov. de Córdoba, depart. de Río Cuarto; 245 h. || **Taboada.** Depart. de Argentina, prov. de Santiago del Estero; 6.040 km.² y 23.051 h. Cap., Añatuya. || **Terán.** Mun. de Méjico, est. de Nuevo León; 17.765 h. || Villa cap. del mismo; 5.354 h. || **Treviño.** Mun. de Méjico, est. de Nuevo León; 2.170 h. || Villa cap. del mismo; 1.675 h. || **Trías.** Mun. de Méjico, est. de Chihuahua; 6.595 h. || Pueblo cap. del mismo; 589 h. || **Urdaneta.** Mun. de Venezuela, est. de Zulia, dist. de Baralt; 6.455 h. Cap., San Timotes. || **Urquiza.** Local. de Argentina, prov. de Misiones, depart. de San Ignacio; 1.154 h. || **Vedia.** Local. de Argentina, prov. de Chaco, part. de Bermejo; 851 h. Producción agrícola. || **Viamonte.** Part. de Argentina, prov. de Buenos Aires; 2.150 km.² y 16.229 h. || Local. cap. del mismo; 8.896 h. || **Villegas.** Part. de Argentina, prov. de Buenos Aires; 7.265 km.² y 24.702 h. || Local. cap. del mismo; 8.884 h. || **Wintter.** Nombre argentino de un lago de América del Sur, dividido entre Argentina (parte E.) y Chile (parte O.). Los chilenos le dan el nombre de Palena. || **Zaragoza.** Mun. de Méjico, est. de Nuevo León; 6.278 h. Cap., Zaragoza. || **Zuazua.** Mun. de Méjico, est. de Nuevo León; 2.687 h. || Villa cap. del mismo; 2.203 habitantes.

generala. f. Mujer del general. || *Arg.* Juego de dados. || Imagen de la Virgen a la que el Gobierno da el título de *generala*. || **Mil.** Toque de tambor, corneta o clarín para que las fuerzas de una guarnición o campo se pongan sobre las armas.

generalato. m. Oficio o ministerio del general de las Órdenes religiosas. || Tiempo que dura este oficio o ministerio. || **Mil.** Empleo o grado de general. || Conjunto de los generales de uno o varios ejércitos.

generalero. (De *general,* aduana.) m. En Aragón, **aduanero,** empleado en una aduanas.

generalidad. fr., *généralité;* it., *generalità;* i., *generality;* a., *Allgemeinheit.* (Del lat. *generalĭtas, -ātis.*) f. Mayoría, muchedumbre o casi totalidad de los individuos u objetos que componen una clase o todo sin determinación a persona o cosa particular. || Vaguedad o falta de precisión en lo que se dice o escribe. || Lo que de esa manera se dice o escribe. || *Ar.* **comunidad** de un lugar. || Derechos que se adeudan en las aduanas.

Generalidad. (En cat., *Generalitat.*) **Hist.** Nombre que se dio en lo antiguo a las Cortes catalanas, y posteriormente, al organismo que velaba por el cumplimiento de sus acuerdos. || **Polít.** Gobierno regional autónomo de Cataluña, durante la segunda República, que ha sido restablecido provisionalmente en 1977.

Generalife. Arquit. Nombre que se da a un antiguo palacio de los reyes nazaríes, en la ciudad de Granada, España (V. **Granada.**)

Vista general del Generalife

generalísimo. (superl. de *general*.) m. **Mil.** Jefe que manda el estado militar en paz y en guerra, con autoridad sobre todos los generales del ejército.

Generalísimo (El). Geog. V. **Echévarri.** ‖ **(el).** Hist. Título o apelativo que se dio a Francisco Franco Bahamonde (v.).

Generalitat. (Voz catalana.) Hist. **Generalidad.**

generalizable. adj. Que puede generalizarse.

generalización. f. Acción y efecto de generalizar.

generalizador, ra. adj. Que generaliza.

generalizar. fr., *généraliser*; it., *generalizzare*; i., *to generalize*; a., *verallgemeinern*. (De *general*.) tr. Hacer pública o común una cosa. Ú. t. c. prnl. ‖ Considerar y tratar en común cualquier punto o cuestión, sin contraerla a caso determinado. ‖ Abstraer lo que es común y esencial a muchas cosas, para formar un concepto general que las comprenda todas.

generalmente. adv. m. Con generalidad.

generante. (Del lat. *generans*, *-antis*.) p. a. de **generar.** desus. Que genera.

generar. (Del lat. *generāre*.) tr. Procrear. ‖ Producir, causar algunas cosas.

generativo, va. (Del lat. *generātum*, supino de *generāre*, engendrar.) adj. Dícese de lo que tiene virtud de engendrar.

generatriz. (Del lat. *generātrix*, *-īcis*.) adj. **Elec.** Dícese de la máquina que convierte la energía mecánica en eléctrica. Ú. t. c. s. ‖ **Geom.** Dícese de la configuración capaz de dar lugar a otra de orden superior cuando se mueve, como el punto, que engendra una línea, la línea, que origina una superficie, etc. Ú. t. c. s.

genéricamente. adv. m. De un modo genérico.

genérico, ca. fr., *générique*; it., *generico*; i., *generic*; a., *geschlechts*. (De *género*.) adj. Común a muchas especies. ‖ Perteneciente al género.

género. fr., *genre*; it., *genero*; i., *genus, kind*; a., *Geschlecht, Art*. (Del lat. *genus, genĕris*.) m. Conjunto de seres que tienen uno o varios caracteres comunes. ‖ Modo o manera de hacer una cosa. ‖ **clase** a que pertenecen personas o cosas. ‖ En el comercio, cualquier mercancía. ‖ Cualquier clase de tela. ‖ **Biol.** Conjunto de especies que presentan determinados caracteres comunes debidos a una relación genética. ‖ **Gram.** Clase a la que pertenece un nombre substantivo o un pronombre por el hecho de concertar con él una forma y, generalmente, sólo una, de la flexión del adjetivo y del pronombre. En las lenguas indoeuropeas estas formas son tres en determinados adjetivos y pronombres: masculina, femenina y neutra. ‖ Cada una de estas formas. ‖ Forma por la que se distinguen algunas veces los nombres substantivos según pertenecen a una u otra de las tres clases. ‖ **B. Art.** y **Lit.** Variedades que se distinguen en las creaciones respectivas según el fin a que obedecen, la índole del asunto, el modo de tratarlo, etc., así como en atención a caracteres especiales configurados por la tradición literaria o artística. ‖ **Lóg.** Cualidad o conjunto de cualidades comunes a varias especies (v.). Dentro de un mismo género, las especies se distinguen por las diferencias específicas (v.). ‖ **ambiguo.** *Gram.* V. **nombre ambiguo.** ‖ **común.** V. **nombre común.** ‖ **chico.** *Lit.* Clase de obras teatrales modernas de menor importancia, que comprende sainetes, comedias y zarzuelas de uno o dos actos. ‖ **epiceno.** *Gram.* V. **nombre epiceno.** ‖ **femenino.** El de los nombres substantivos que significan personas y algunas veces animales del sexo femenino. También el de otros nombres de seres inanimados. ‖ **masculino.** El de los nombres que significan personas y algunas veces animales del sexo masculino y también el de otros nombres de seres inanimados. ‖ **neutro.** En las lenguas indoeuropeas, el de los substantivos no clasificados como masculinos ni femeninos y el de los pronombres que los representan o que designan conjuntos sin noción de persona. En español no existen substantivos neutros, ni hay formas neutras especiales en la flexión del adjetivo; sólo el artículo, el pronombre personal de tercera persona, los demostrativos y algunos otros pronombres tienen, únicamente en singular, formas neutras diferenciadas. ‖ **de género.** loc. adj. Entre escultores y pintores, dícese de las obras que representan escenas de costumbres o de la vida común, y de los artistas que las ejecutan.

generosamente. adv. m. Con generosidad.

generosía. (De *generoso*.) f. ant. Nobleza heredada de los mayores.

generosidad. fr., *générosité*; it., *generosità*; i., *generosity*; a., *Hochherzigkeit*. (Del lat. *generositas, -ātis*.) f. Nobleza heredada de los mayores. ‖ Inclinación o propensión del ánimo a anteponer el decoro a la utilidad y al interés. ‖ Largueza, liberalidad. ‖ Valor y esfuerzo en las empresas arduas.

generoso, sa. (Del lat. *generōsus*.) adj. Noble y de ilustre prosapia. ‖ Que obra con magnanimidad y nobleza de ánimo. Ú. t. c. s. ‖ Liberal, dadivoso y franco. ‖ Excelente en su especie.

genes-; -genes. pref. o suf. V. **gen-.**

Genesaret. Geog. **Tiberíades.**

-genesia. suf. V. **gen-.**

genesiaco, ca o **genesíaco, ca.** adj. Perteneciente o relativo a la génesis.

genésico, ca. adj. Perteneciente o relativo a la generación.

génesis. fr., *genèse*; it., *genesi*; i., *genesis*; a., *Genesis, Schopfung*. (Del lat. *genĕsis*, y éste del gr. *génesis*, engendramiento, producción.) f. Origen o principio de una cosa. ‖ Serie encadenada de hechos y de causas que conducen a un resultado.

Génesis. Lit. y **Rel.** Nombre o título del primer libro de la Biblia o la Sagrada Escritura, que lo es, asimismo, del Pentateuco o Ley de Moisés. Narra la historia de la creación del mundo y el hombre, y el origen de los patriarcas del pueblo de Israel.

genesta. (Del lat. *genesta*.) f. ant. **hiniesta.**

genet-. pref. V. **gen-.**

Genêt (Jean). Biog. Escritor francés, n. en París en 1910. Su obra, de indudable valor literario, es bastante discutida; de ella se destacan: *Journal d'un voleur, Notre-Dame des Fleurs, Le condamné à mort, Pompes funèbres* y *Las criadas*, obras teatrales, estrenada esta última en Madrid en 1962; *Querelle de Prest, Miracle de la rose* y *Haute surveillance*.

genética. fr., *génétique*; it., *genetica*; i., *genetics*; a., *Genetik, Erblehre*. (Del gr. *génesis*, engendramiento, producción.) f. **Biol.** Ciencia de la herencia biológica, cuyos fines son: descubrir los factores que representan los caracteres hereditarios, averiguar cómo se transmiten esos factores de padres a hijos y determinar el influjo que ejercen sobre el desarrollo del organismo. Weissmann fue el primero que enfocó correctamente el problema de la herencia, estableciendo la existencia de un grupo de células reproductoras, el *germen*, donde se concentran todas las características de la especie, únicas células que, sobreviviendo a la muerte del cuerpo, o *soma*, transmiten esas características a los descendientes. Pero la gran revolución en la genética se debió a las investigaciones que Gregor Mendel realizó a mediados del pasado siglo. Llevó a cabo una metódica serie de cruzamientos con sucesivas generaciones de guisantes que sólo se diferenciaban en uno o unos pocos rasgos, y el análisis de los resultados obtenidos le llevó a formular sus famosas leyes, base del *mendelismo* y de todos nuestros conocimientos genéticos. Ya en nuestro siglo, el inglés Bateson repitió y confirmó las experiencias de Mendel, bautizando la nueva ciencia con el nombre de *genética*, el francés Cuenot amplió con cruzamientos entre animales. El citólogo estadounidense Sutton, en 1902, e independientemente Boveri y De Vries, captaron el esencial paralelismo existente entre la distribución de los símbolos mendelianos en las sucesivas generaciones y la distribución de los cromosomas en las correspondientes divisiones celulares. A partir de 1906, los progresos fueron rápidos: el estadounidense T. H. Morgan inició sus experimentos de hibridación con la mosca *drosófila*. Se conocieron luego los cromosomas sexuales, con lo que se desentrañó el mecanismo hereditario del sexo y de los caracteres a él ligados, labor en la que destacó el alemán R. Goldschmidt, y se aclaró el fenómeno de la herencia cuantitativa o intermedia. En 1934, al

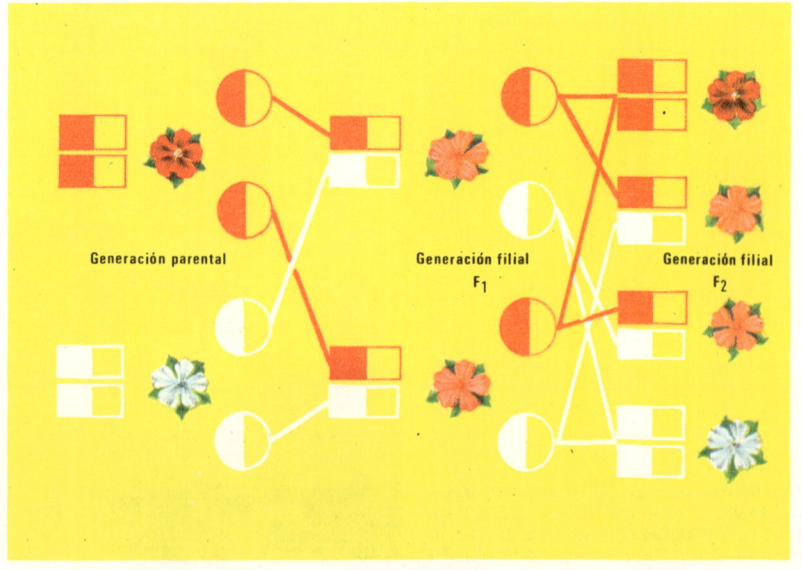

Genética botánica. Esquema de la transmisión de caracteres hereditarios

descubrir el estadounidense Painter los cromosomas gigantes en las glándulas salivales de drosófila, se pudo obtener una confirmación microscópica «directa» de las hipótesis hechas sobre su estructura. Ya en 1930 se comprobó que el *principio transformador* era el ADN, ácido desoxirribonucleico. Experimentos tendentes a modificar los caracteres de una especie, los han llevado a cabo los franceses Benoit y Leroy. Por otra parte, es bien conocido el efecto de los rayos X y gamma sobre la aparición de mutaciones: el australiano Clarke ha obtenido moscas con dos cabezas, un solo ojo, un ala, etc., irradiando las gónadas de sus progenitores. El mayor progreso lo ha constituido, sin embargo, el desciframiento del «código genético», por un grupo de investigadores estadounidenses de la Universidad de Cambridge, presididos por el doctor Francis H. C. Crick, así como el modo de realizarse la «información genética» que permite sintetizar enzimáticamente las proteínas específicas de cada estirpe mediante la intervención del ADN y del ARN, substancias cuyas síntesis, realizadas respectivamente por Kornberg y Ochoa (premios Nobel de 1959), han abierto nuevas perspectivas al conocimiento de la herencia. Entre los genetistas españoles, además de Ochoa, nacionalizado norteamericano, destacan los profesores Zulueta, Nonídez, Galán y otros. (V. **código genético, cromosona, herencia, información genética y mendelismo.**) La importancia de los últimos y de las extraordinarias perspectivas de la genética, que hacen pensar en la posibilidad de intervenir a voluntad en el código genético, ha hecho surgir la nueva denominación de *ingeniería genética*, que empieza a utilizarse. ‖ **humana.** **Biol.** La que estudia la transmisión de caracteres hereditarios en la especie humana. ‖ **de poblaciones.** **Biol.** y *Estad.* La que estudia la presencia y distribución de caracteres hereditarios en el seno de las poblaciones.

geneticista. adj. **Med.** genetista. Ú. t. c. s. ‖ Partidario de la esterilización humana a consecuencia de la aceptación de las doctrinas malthusianas.

genético, ca. adj. **Biol.** Relativo a la genética y a la génesis u origen de las cosas.

genetista. (De *genética*.) com. Persona que cultiva o domina los estudios de genética.

genetliaca o **genetlíaca.** (Del lat. *genethlĭăca*, t. f. de *-cus*, genetliaco.) f. Práctica vana y supersticiosa de pronosticar a uno su buena o mala fortuna por el día en que nace.

genetliaco, ca o **genetlíaco, ca.** (Del lat. *genethlĭăcus*, y éste del gr. *genethliakós*, de *genéthle*, nacimiento.) adj. Perteneciente a la genetliaca, o que la ejercita. ‖ Dícese del poema o composición sobre el nacimiento de una persona. ‖ m. El que practica la genetliaca.

genetlítico, ca. adj. ant. **genetliaco.**

Genève. Geog. Ginebra.

Genevilla. Geog. Mun. y villa de España, prov. de Navarra, p. j. de Estella; 169 habitantes.

Genevoix (Maurice Charles). Biog. Escritor francés, n. en 1890 en Decize, Nièvre. Miembro de la Academia Francesa, escribió una serie de novelas realistas sobre la P. G. M., al estilo de Barbusse, donde se narra la tragedia del hombre vulgar arrojado al horror de la guerra. Obtuvo en 1925 el premio Goncourt por su novela *Raboliot*. Otras obras: *Ceux de 14, La dernière bande, L'aventure est en nous,* etc.

Genezaret. Geog. Tiberíades.

Genga (Girolamo). Biog. Pintor y arquitecto italiano, n. y m. en Urbino (1476-1551). Fue precursor de Tiziano y de Correggio. Sus cuadros se conservan en las iglesias de Roma, Florencia y Mantua; el más notable es *Disputa de los cuatro Padres de la Iglesia*.

gengibre. m. Bot. jengibre.

Gengis Kan o **Gengis-Khan.** Biog. Temujin.

gengiskánida. adj. Hist. Dícese de los príncipes mongoles descendientes de Gengis Kan.

-genia. suf. V. **gen-**.

genial. fr., *génial;* it., *geniale;* i., *genial;* a., *eigentümlich, genial*. (Del lat. *geniālis*.) adj. Propio del genio o inclinación de uno. ‖ Placentero; que causa deleite o alegría. ‖ Sobresaliente, extremado, que revela genio creador. ‖ **ingenioso.** ‖ Se dice de la persona o de la obra de índole artística, que sobrepasa por su valor intelectual la medida de la normalidad. ‖ m. vulg. *Ar., Sal.* y *Sant.* Genio, índole, carácter.

genialidad. (Del lat. *geniālĭtas, -ātis*.) f. Capacidad creadora excepcional, que se considera de una jerarquía intelectual superior al talento. ‖ Singularidad propia del carácter de una persona. Por lo general se usa en sentido despectivo.

genialmente. adv. m. De manera genial.

geniano, na. (Del gr. *genus*, maxilar.) adj. Perteneciente o relativo a la mejilla.

geniazo. m. aum. de genio. ‖ fam. Genio fuerte.

-génica. suf. V. **gen-**.

génico, ca. (De *gen*.) adj. **Biol.** Dícese de los caracteres de los organismos que residen en los genes.

-genico. suf. V. **gen-**.

geniculado, da. (Del lat. *genicŭlātus*, nudoso.) adj. Bot. Dícese de los órganos vegetales que se doblan formando un codo.

genidio. (De *gen* e *-idio*.) m. **Biol. gen.**

Genil. Geog. Río de España, en las prov. de Granada, Córdoba, Málaga y Sevilla; n. en Sierra Nevada y des. en el Guadalquivir después de 337 km. de curso. Su tributario principal es el Darro.

genilla. (Del lat. *genae*, ojos.) f. ant. Pupila o niña del ojo.

-genina. (De *-gen-*, origen, e *-ina*.) Quím. suf. que indica dependencia, derivación o subordinación.

genio. fr., *génie, naturel;* it., *genio;* i., *genius, temper, nature;* a., *Genius, Geist*. (Del lat. *genĭus*.) m. Índole o inclinación según la cual dirige uno comúnmente sus acciones. ‖ Disposición para una cosa; como ciencia, arte, etc. ‖ Grande ingenio, fuerza intelectual extraordinaria o facultad capaz de crear o inventar cosas nuevas y admirables. «Consiste esencialmente en la perfección y energía del conocimiento intuitivo» (Schopenhauer). ‖ fig. Sujeto dotado de esta facultad. ‖ **carácter**, energía. ‖ Disposición habitual u ocasional del ánimo, en la cual éste se manifiesta apacible o alegre, o, por el contrario, áspero y desabrido. ‖ En la gentilidad, cada una de ciertas deidades creadoras, tutelares o enemigas. ‖ En las artes, ángeles o figuras que se colocan al lado de una divinidad, o para representar una alegoría. ‖ Índole o condición peculiar de algunas cosas. ‖

Martirio de San Sebastián, por Genga. Galería de los Uffizi. Florencia

Mit. En la mitología romana, dios de la fecundidad, y en sentido especial, divinidad tutelar. Suponíase que todo ser humano, desde la cuna hasta la tumba, iba acompañado de su genio, quien le protegía y le aconsejaba. || **Rel.** En los Vedas de la India los genios son benévolos, pero en los cuentos de *Las mil y una noches* y en otros cuentos orientales, son a menudo poderes infernales, o bien monstruos, a las órdenes de los que poseen facultad sobre sus servicios. || **epidémico.** *Pat.* Características de virulencia, capacidad de difusión, contagiosidad, etc., que caracterizan el modo de aparición de una epidemia en un brote de ésta.

geniospasmo. (Del gr. *géneion*, mentón, y *espasmo.*) m. **Pat.** Movimientos espasmódicos localizados exclusivamente en el mentón.

geniotic. m. **Pat.** sin. de **geniospasmo.**

genipa. (Voz tupí.) **Bot.** Gén. de la familia de las rubiáceas (v.).

genista. (Voz del lat. científico; del celta *gen*, zarzal pequeño.) **Bot.** Gén. de plantas de la familia de las papilionáceas (v.).

genisteo, a. adj. **Bot.** Dícese de plantas de la familia de las papilionáceas, con estambres monadelfos y hojas apicales sencillas, o plantas afilas. || f. pl. Tribu de estas plantas, que comprende numerosos géneros cuyas especies forman frecuentemente matorrales en las montañas españolas.

genital. (Del lat. *genitālis*.) adj. **Anat.** y **Zool.** Dícese del conjunto de órganos que constituyen el aparato reproductor de los animales. Se aplica más especialmente a los vertebrados y, sobre todo, a los mamíferos. || m. pl. Órganos reproductores externos en el hombre y en los mamíferos; pene y escroto en los machos, clítoris y vagina en las hembras.

genitivo, va. fr., *génitif*; it., *genitivo*; i., *genitive case*; a., *Genitiv.* (Del lat. *genitīvus*.) adj. Que puede engendrar v producir una cosa. || m. **Gram.** Uno de los casos de la declinación. Denota relación de propiedad, posesión o pertenencia, y en castellano lleva siempre antepuesta la preposición *de*, cuyo oficio es en este caso, por consiguiente, muy diverso del que hace en el ablativo.

genitocrural. (De *genital* y *crural.*) adj. Que se refiere a los órganos genitales y al muslo. || m. Nervio que posee una rama genital, para el escroto en el hombre y los labios mayores en la mujer, y otra crural que inerva la piel de la cara interna y superior del muslo.

genitor. fr., *géniteur*; it., *genitore*; i., *genitor*; a., *Erzeuger.* (Del lat. *genĭtor, -ōris.*) El que engendra.

genitorio, ria. adj. ant. Que sirve para la generación.

genitourinario, ria. (De *genital* y *urinario.*) adj. **Anat.** y **Zool.** Dícese del aparato mixto formado, en los vertebrados, por los órganos reproductores y urinarios. Se llama también *urogenital.*

genitura. (Del lat. *genitūra.*) f. ant. Acción y efecto de engendrar. || ant. Semen o materia de la generación.

genízaro, ra. adj. **jenízaro.**

-geno-; -geno. Infijo o suf. V. **gen-.**

geno. (Del lat. *genus.*) m. ant. **linaje.**

genocentro. (De *geno-* y *centro.*) m. **Biol.** Centro de origen de las plantas cultivadas, desde donde han ido esparciéndose, principalmente por la intervención del hombre.

genocidio. (De *geno-* y *-cidio.* Palabra formada a semejanza de parricidio, homicidio, etc.). m. **Der.** Término empleado en el proceso de Nuremberg, subsiguiente a la S. G. M. (1946), para designar el exterminio o eliminación sistemática de un grupo social por motivo de raza, de religión o de política. Durante la S. G. M. fueron exterminados fríamente, o murieron en campos de concentración, principalmente por la acción de la Alemania nazi, seis millones de judíos de Europa central, Rumania y Yugoslavia. La persecución alcanzó también a los gitanos, que ya antes de la contienda habían desaparecido de Rusia.

genojo. (Del lat. *genucŭlum*, dim. de *genu*, rodilla.) m. ant. Rodilla de la pierna.

genol. (Del cat. y provenz. *genoll*, y éste del lat. *genucŭlum*, rodilla.) m. **Mar.** Cada una de las piezas que se amadrinan de costado a las varengas para la formación de las cuadernas de un buque.

genolí. m. desus. Pasta de color amarillo que se usaba en pintura.

genollo. m. ant. **genojo.**

genoma. (De *gen* y *cromosoma.*) m. **Biol.** Conjunto de genes que constituye el patrimonio hereditario característico de un ser.

-genosis. suf. V. **gen-.**

genotípico, ca. adj. Perteneciente o relativo al genotipo.

genotipo. (De *geno-* y *-tipo.*) m. **Biol.** Conjunto de factores hereditarios contenidos en los cromosomas de un individuo, que, de acuerdo con el medio, determinan las características que éste desarrollará a lo largo de su vida.

Génova. Geog. Mun. de Colombia, depart. de Quindío; 11.705 h. || Pobl. cap. del mismo; 5.747 h. || Mun. de Guatemala, depart. de Quezaltenango; 16.699 h. || Pobl. cap. del mismo; 1.384 h. || Prov. de Italia, en Liguria; 1.831 km.^{2} y 1.087.973 h. || C. cap. de la misma y de la región de Liguria; 816.872 h. Puerto en el golfo de su nombre, en el Mediterráneo, el más importante de Italia. Astilleros. Industria textil, siderúrgica, aeronáutica, naval y química. Fábricas de cemento, jabón, porcelanas, guantes y conservas. Activo comercio. Magníficos templos, entre los que destaca la catedral, construida en los s. XII al XVI. Notable cementerio. Fundada por los ligures, en la Edad Media fue cap. de una República que disputó a Venecia la preponderancia comercial.

genovés, sa. fr., *gênois*; it., *genovese*; i., *genoese*; a., *Genueser.* adj. Natural de Génova. Ú. t. c. s. || Perteneciente a esta ciudad de Italia. || Perteneciente a este lugar. Ú. t. c. s. || m. Por ext., banquero en los siglos XVI y XVII.

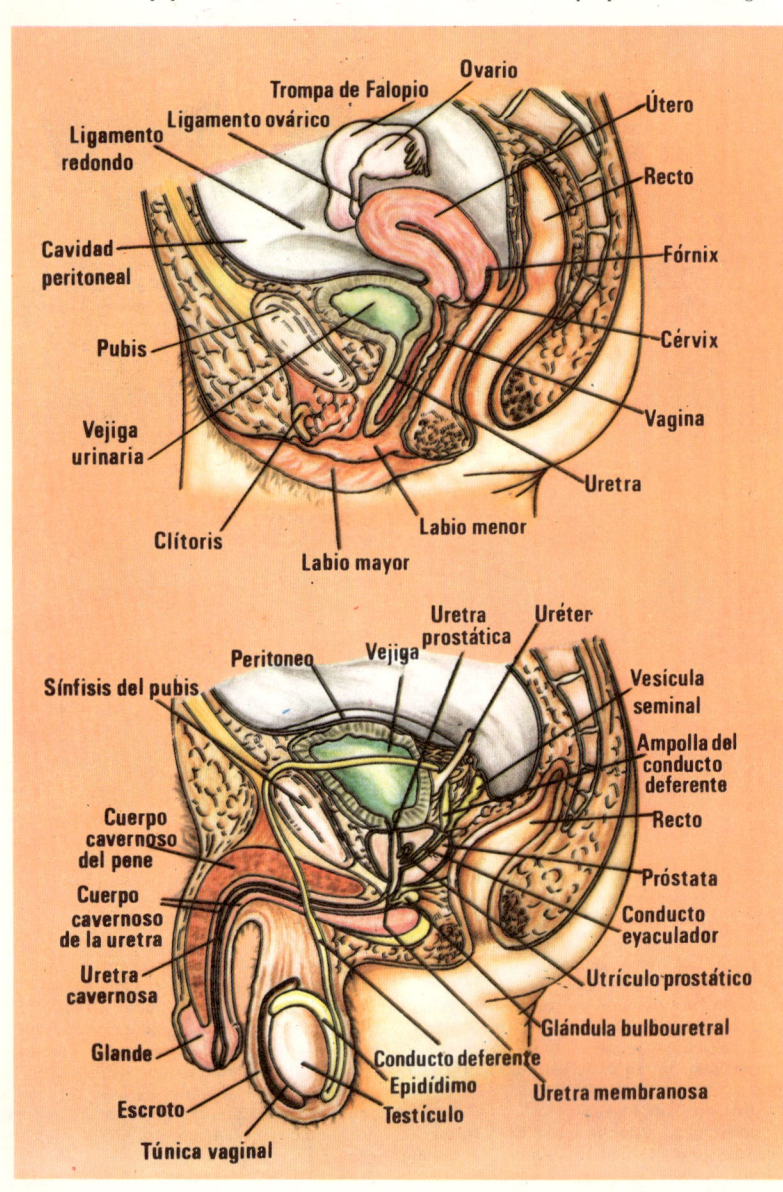

Aparato genital humano

Genovés (Juan). Biog. Pintor español, n. en Valencia en 1930. Sus lienzos muestran predilección por los temas sociales, de multitudes, etc., inclinándose, en cierto modo, al *pop art*. Hay cuadros suyos en los museos de arte moderno de Río de Janeiro y de arte abstracto de Cuenca (España). Dos de sus obras más representativas son *El zoo* y *Toledo*. || **(el). Castello (Giovanni Battista).** || Geog. Mun. de España, prov. de Valencia, p. j. de Játiva; 1.823 h. || Lugar cap. del mismo; 1.800 h. (*genoveses*).

genovisco, ca. adj. ant. **genovés**. Apl. a pers., usáb. t. c. s.

genro. (Del lat. *gener, -ĕri.*) m. ant. **yerno.**

gens. (Voz lat. que sign. *gente, pueblo*.) f. Hist. Agrupación social que constituyó la base del Estado en los primeros tiempos de Grecia y Roma. Los miembros de cada gens se consideraban descendientes de un antecesor común. La gens estaba formada, en primer lugar, por los descendientes de un mismo tronco natural y por sus familias correspondientes, y en segundo lugar por los esclavos y servidores, tanto domésticos como rurales. El jefe, que era a su vez su juez, su magistrado y su comandante militar y que en un principio formaba parte del senado, tenía una autoridad omnímoda que sólo concluía a su muerte. Ostentaban todos los pertenecientes a cada gens un patronímico común, el segundo de los tres *nombres* de los romanos entre el prenombre y el cognombre (v.). Tenían, además, un culto propio y peculiar a un dios especial, al que se tributaban fiestas y sacrificios en épocas determinadas. || En pl., **gentes**, que es su forma pl. latina.

Genserico o **Gainserico.** Biog. Rey de los vándalos (427-477). Al principio compartió el poder con su hermano Gonderico, pero al morir éste (427) le sucedió como soberano único en la parte de España donde reinaba aquél, o sea en la Bética y en la Cartaginense, con sus respectivas capitales Sevilla y Cartagena. Genserico fue un guerrero indómito y una de las más destacadas personalidades de la época de las invasiones germanas; construyó una poderosa escuadra con la que, dueño del Mediterráneo occidental y atraído por las riquezas del norte de África, que abastecía a Roma de trigo, pasó aquel continente con todo su pueblo, calculado en unas ochenta mil personas (429), y se apoderó de la zona litoral hasta Cartago, que convirtió en su capital, y desde donde hizo frecuentes incursiones a Sicilia e Italia; llegó hasta Roma, que saqueó a su placer, triunfando de cuantas fuerzas enviaron en contra suya, en lo que influyó indudablemente, como factor psicológico, el terror que inspiraban sus feroces guerreros, que iban dejando a su paso la ruina, el incendio y la muerte.

Gensfleisch de Sulgeloch (Johannes). Biog. Impresor alemán, considerado el inventor de la imprenta y conocido por *Johannes Gutenberg*, n. y m. en Maguncia (h. 1397-1468). Hijo de noble familia, tuvo que emigrar a Estrasburgo, debido a las luchas políticas que entre burgueses y patricios se desarrollaban en su ciudad natal, y hubo de cambiar su apellido paterno por el de *Gutenberg* (con el que ha pasado a la historia) para que su estancia en el exilio no fuera percibida. En esta ciudad trabajó como grabador e hizo los primeros ensayos de su arte empleando caracteres movibles de madera. Después se asoció en Maguncia (h. 1450) con Johann Fust, quien viendo en el proyecto un buen negocio puso a su disposición los medios necesarios para realizarlo; durante este período se imprimió la *Biblia* latina a doble columna, llamada *de cuarenta y dos líneas* (*Biblia de Gutenberg*). A par-

Johannes Gensfleisch de Sulgeloch (Gutenberg)

tir de 1457 pudo imprimir varias obras, la más importante el *Diccionario y Gramática latina*, llamado *Catholicon*, que vio la luz el año 1460.

gent. (Del fr. *gent*, noble, y éste del lat. *genĭtus*, nacido.) adv. m. ant. **gentilmente.**

Gent. Geog. **Gante.**

gentalla. f. ant. **gentualla.**

gentamicina. f. Med. Nuevo antibiótico procedente de la fermentación de la *micromonóspora purpúrea*, de la misma familia botánica que la estreptomicina; se encuentra en el légamo de los lagos, en el barro y en algunos depósitos de agua. Fue aislada por el estadounidense Weinstein y sus colaboradores (1960). Es un antibacteriano muy activo y eficaz en las afecciones del aparato respiratorio, del digestivo, cualquiera que sea el germen causal, y localmente resulta muy efectivo en el tratamiento de eccemas con infección, piodermitis y quemaduras graves.

gente. fr., *gens, monde*; it., *gente*; i., *people, folk*; a., *Volk*. (Del lat. *gens, -gentis*.) f. Pluralidad de personas. Usado en pl. es galicismo. || **nación.** || Tropa de soldados. || Nombre colectivo que se da a cada una de las clases que pueden distinguirse en la sociedad, según el aspecto desde el cual se la considere. || fam. Familia o parentela. || fam. Conjunto de personas que viven reunidas o trabajan a las órdenes de uno. || *Col.*, *Chile* y *P. Rico*. Gente decente, bien portada. || *Germ*. Las orejas. || pl. **gentiles.** Hoy sólo tiene uso en la expresión **el Apóstol de las gentes** (sobrenombre de San Pablo). || pl. irreg. de **gens** (v.). || Mar. Conjunto de los soldados y marineros de un buque. || **gente de armas.** Mil. Conjunto de hombres de armas, cada uno de los cuales llevaba un archero. || **de barrio.** Léx. La ociosa y holgazana. || **bien.** galic. por personas distinguidas, de clase elevada, bien portadas. || **de bien.** La de buena intención y proceder. || **del bronce.** fig. y fam. Gente alegre y resuelta. || **de capa negra.** fig. y fam. Gente ciudadana y decente. || **de capa parda.** fig. y fam. Gente rústica; como los labradores o aldeanos. || **de carda,** o **de la carda.** Cardadores o pelaires que comúnmente vivían a lo pícaro y solían parar en valentones y rufianes. || **de coleta.** fam. La que se dedica al toreo. || **de la cuchilla.** fig. y fam. Los carniceros. || **de escalera abajo.** fig. y fam. La de clase inferior en cualquier línea. || **forzada. gente del rey.** || **de gallaruza.** fig. y fam. **gente de capa parda.** || **de la garra.** fig. y fam. Gente acostumbrada a hurtar. || **gorda.** fam. Gente de buena posi-

ción. || **joven.** Estad. Individuos que, por su edad, son los más próximos a la edad adulta. || **de mar.** Mar. Matriculados y marineros. || **de medio pelo.** Léx. La de clase media no muy acomodada. || **menuda.** fam. Los niños. || fig. y fam. La plebe. || **non sancta.** fam. La de mal vivir. || **de paz.** expr. con que se contesta al alto que echa el centinela, o al que pregunta ¡quién!, cuando uno llama. || **de pelea.** Mil. Soldados de fila, a distinción de los cuarteleros y vivanderos. || **de pelo,** o **de pelusa.** Léx. fig. y fam. La rica y acomodada. || **perdida.** La vagabunda, haragana, desalmada, o de mal vivir. || **de plaza.** fig. y fam. En las poblaciones cortas, la que es rica y acomodada, y que suele gastar el tiempo en conversaciones en las plazas y sitios públicos. || **de pluma.** fig. y fam. La que tiene por ejercicio escribir. Ordinariamente se toma por los escribanos. || **del polvillo.** fig. y fam. Personas que se emplean en obras de albañilería y en el acopio de los materiales para ellas. || **del rey.** Galeotes y presidiarios. || **de seguida.** La que anda en cuadrilla, haciendo robos u otros daños, como bandoleros. || **de Su Majestad. gente del rey.** || **de toda broza.** fig. y fam. La que vive con libertad, sin tener oficio ni empleo conocido. || **de trato.** La que está dedicada a la negociación o comercio. || **de traza.** La que observa la debida circunspección en obras y palabras. || **de la vida airada.** Los que se precian de guapos y valientes, o los que viven libre o licenciosamente. || **de gente en gente.** m. adv. De generación en generación. || **ser como la gente.** loc. *Arg.*, *Chile* y *Urug.* Ser como se debe, ser recto y de comportamiento irreprochable. || **ser gente.** loc. *Arg.*, *Cuba*, *Chile* y *Nic.* **ser como la gente.**

gentecilla. f. dim. de **gente.** || desp. Gente ruin y despreciable.

gentianosa. (De *gentiana* [*lútea*], nombre científico de la genciana mayor, y *-osa*.) f. Quím. Trisacárido de fórmula $C_{18}H_{32}O_{16}$, compuesto de fructosa y glucosa, que se hidroliza parcialmente por los ácidos diluidos en gentiobiosa y fructosa. Se encuentra en la raíz de la *gentiana lútea*, de donde se obtiene.

gentil. fr., *païen*; it., *gentile*; i., *heathen, pagan*; a., *heidnisch.* = fr., *gentil, gracieux*; it., *gentile*; i., *genteel, graceful*; a., *nett.* (Del lat. *gentīlis*.) adj. Idólatra o pagano. Ú. t. c. s. || Brioso, galán, gracioso. || **notable.** || ant. Perteneciente o relativo a las gentes o naciones. || ant. **noble,** que posee título nobiliario.

Gentile (Giovanni). Biog. Filósofo italiano, n. en Castelvetrano y m. en Florencia (1875-1944). Profesor de Historia de la Filosofía en las Universidades de Palermo, Pisa y Roma y profesor de Filosofía en Roma, fue presidente de la Academia Italiana y una de las figuras culturales más relevantes del fascismo. De sus obras se citan, entre otras: *La reforma de la dialéctica hegeliana, Teoría general del espíritu como acto puro e Historia de la Filosofía italiana*.

Gentileschi. Biog. Lomi (Orazio). || **(Artemisa).** Pintora italiana, n. en Roma y m. en Nápoles (1597-1651). Se distinguió en la pintura de historia y ejecutó gran número de retratos de nobles de su época. Entre sus obras destacan: *Nacimiento de San Juan, Judit con la cabeza de Holofernes y David con la cabeza de Goliat*.

gentileza. fr., *gentillesse, élégance*; it., *gentilezza, disinvoltura*; i., *gracefulness, easiness*; a., *Höflichkeit, Artigkeit*. (De *gentil*, galán.) f. Gallardía, buen aire y disposición del cuerpo; garbo y bizarría. || Desembarazo y garbo en la ejecución de alguna cosa. || Ostentación, bizarría y gala. || Urbanidad, cortesía.

gentilhombre. fr., *gentilhomme*; it., *gentiluomo*; i., *gentleman*; a., *Edelmann*. (Del *gentil* y *hombre*.) m. Buen mozo. Palabra con que se apostrofaba a alguno para captarse su voluntad. ‖ Persona que se despachaba al rey con un pliego de importancia, para darle noticia de algún buen suceso; como la toma de una plaza o el arribo de una flota. ‖ El que servía en las casas de los grandes o en otras para acompañar al señor o señora. ‖ **de boca.** Hist. Criado de la casa del rey, en clase de caballeros, que seguía en grado al mayordomo de semana: su destino propio era servir a la mesa del rey, por lo que se le dio el nombre; posteriormente sólo acompañaban al rey cuando salía a la capilla en público o a otra fiesta de iglesia, y cuando iba a alguna función a caballo. ‖ **de cámara.** Persona de distinción que acompañaba al rey en ella y cuando salía. Estas funciones eran privativas de los gentileshombres de cámara con ejercicio, porque había también gentileshombres de entrada, llamados así por tenerla en la sala de Grandes, y por haberlos también honorarios, que sólo gozaban la insignia de la llave. ‖ **de la casa.** El que acompañaba al rey después de los gentileshombres de boca. ‖ **de lo interior. gentilhombre de boca.** ‖ **de manga.** Criado cuyo empleo honorífico se establecía en la casa real para servir al príncipe y a cada uno de los infantes mientras estaban en la menor edad; su encargo era asistir continuamente al cuidado de la persona real a quien estaba asignado, darle el brazo cuando lo necesitaba, etc. ‖ **de placer.** Léx. fam. **bufón,** truhán que hace reír.

gentilicio, cia. (Del lat. *gentilitĭus*.) adj. Perteneciente a las gentes o naciones. ‖ Perteneciente al linaje o familia.

gentílico, ca. adj. Perteneciente a los gentiles.

gentilidad. fr., *gentilité*; it., *gentilità*; i., *gentility*; a., *Heidentum*. (Del lat. *gentilĭtas, -ātis*.) f. Falsa religión que profesan los gentiles o idólatras. ‖ Conjunto y agregado de todos los gentiles (v. **religión**).

gentilismo. (De *gentil*.) m. **gentilidad.**

gentilizar. intr. Practicar o seguir los ritos de los gentiles. ‖ tr. Dar carácter gentílico a alguna cosa.

gentilmente. adv. m. Con gentileza. ‖ A manera de los gentiles.

gentío. fr., *foule*; it., *folla*; i., *crowd*; a., *Pöbel, Menge*. (De *gente*.) m. Concurrencia o afluencia de número considerable de personas en un lugar.

gentiobiosa. (De *gentianosa* y *-bi-*.) f. Quím. Disacárido cuya fórmula es $C_{12}H_{22}O_{11}$, que se desdobla en glucosa por la acción de los enzimas. Se obtiene en la hidrólisis parcial de la gentianosa.

gentístico, ca. (Del lat. *gentiana*, genciana.) adj. Quím. V. **ácido gentístico.**

gentleman. (Voz i. que sign. *caballero*.) m. Híp. Jinete no profesional. Se pronunc. a *yóquey*.

gentlemen's agreement. (expr. i. que sign. *convenio entre caballeros*.) Convenio celebrado entre dos personas, basado exclusivamente en la confianza mutua.

gento, ta. (Del lat. *genĭtus*, p. p. de *gignĕre*, engendrar.) adj. ant. Gentil, bello, gallardo.

gentú. (Del port. *gentio*, gentil, pagano.) m. Zool. Ave del orden de los impennes, familia de las esfenícidas (*pygóscelis papua*). Es un pájaro bobo de tamaño menor que los de los demás géneros. Se denomina también juanito.

gentualla. f. desp. Gente de lo más despreciable de la plebe.

gentuza. f. desp. **gentualla.**

genuflexión. fr., *génuflexion*; it., *genuflessione*; i., *genuflection*; a., *Kniebeugung*. (Del lat. *genuflexĭo, -ōnis*; de genuflectere, doblar la rodilla, arrodillarse.) f. Acción y efecto de doblar la rodilla, bajándola hacia el suelo, ordinariamente en señal de reverencia.

genuino, na. fr., *génuine*; it., *genuino*; i., *genuine*; a., *rein, echt*. (Del lat. *genuīnus*.) adj. Puro, propio, natural, legítimo.

genulí. m. **genolí.** ‖ Miner. oropimente, mineral.

genupectoral. (Del lat. *genu*, rodilla, y *pectoral*.) adj. Posición de rodillas en la que se inclina hacia adelante el torso, apoyando la cabeza en el mismo plano horizontal que las rodillas. Se emplea en ciertas exploraciones médicas.

geo-; -geo. pref. o suf. V. **ge-.**

geoanticlinal. (De *geo-* y *anticlinal*.) m. Geol. Pliegue que se forma en un geosinclinal por efecto de las fuerzas tangenciales, antes de que emerja totalmente y constituya una cadena montañosa.

geobotánica. (De *geo-* y *botánica*.) f. Bot. Ciencia que trata de las relaciones entre las plantas y el medio geográfico, y muy especialmente de las características de las comunidades vegetales. Para ello establece dos conceptos básicos, el de *flora*, o conjunto de especies que ocupan una región bien delimitada y bien caracterizada ecológicamente, y el de *vegetación*, o conjunto de biotipos vegetales de la misma región, que dan al paisaje su fisonomía. La comunidad vegetal se denomina *asociación* cuando se atiende a su aspecto sistemático o florístico, y *formación* cuando se refiere al *biotipo*. (V. **formación** y **tipo ecológico**.).

geocárpico, ca. (De *geo-* y *-cárpico*¡.) adj. Bot. Dícese de las plantas que, para evitar la dispersión de las semillas, entierran los frutos antes de que hayan alcanzado su madurez; como, p. e., el cacahuete.

geocecilia. (De *geo-* y *cecilia*, gén. tipo de anfibios.) f. Zool. Anfibio del orden de los gimnofionos o ápodos, muy parecido a las cecilias, pero con los ojos bastante visibles (*geotrypetes seraphini*). Es exclusivamente africano.

geocéntrico, ca. (De *geo-* y *céntrico*.) adj. Astron. Dícese de la latitud y longitud de un planeta visto desde la Tierra. ‖ Dícese del sistema de Tolomeo y de los demás que suponían ser la Tierra el centro del Universo. Su interés es hoy puramente histórico. ‖ Geol. Perteneciente o relativo al centro de la Tierra.

geocoronio. (De *geo-* y *coronio*.) m. Geol. y Quím. Gas supuesto por Wegener en 1911, a semejanza del hipotético *coronio* solar, que sería el causante de las auroras boreales y al que pertenecería la raya verde que se ve en su espectro.

geoda. (Del lat. *geōdes*, y éste del gr. *geódes*, térreo; de *ge*, tierra, y *eidos*, espectro.) f. Geol. Hueco de una roca o mineral tapizado por incrustaciones amorfas o cristalizadas y que con frecuencia se halla dentro de una masa concrecionada.

geodesia. fr., *géodésie*; it., *geodesia*; i., *geodaesia*; a., *Geodäsie, Erdteilungskunst*. (Del gr. *geodaisía*; de *ge*, tierra, y *daío*, dividir.) f. Ciencia matemática que tiene por objeto determinar la figura y dimensiones de todo el globo terrestre, o de una gran parte de él, y construir los mapas correspondientes. La geodesia se inició, en realidad, con los pitagóricos, que sostenían la esfericidad de la Tierra, y, sobre todo, con la primera y muy notable determinación del radio terrestre, hecha por Eratóstenes de Alejandría (276-195 a. C.). (V. **Tierra, Eratóstenes, geoide** y **triangulación**.).

geodésico, ca. adj. Perteneciente o relativo a la geodesia.

geodesta. m. Profesor de geodesia. ‖ El que se ejercita habitualmente en ella.

geodinámica. fr., *géodynamique*; it., *geodinamica*; i., *geodynamics*; a., *Geodynamik*. (De *geo-* y *-dinámica*.) f. Geol. Parte de la geología que estudia la acción de las fuerzas naturales sobre la faz de la tierra y los fenómenos que en ella

Geodinámica. Abertura en la Montaña de Fuego. Lanzarote (Canarias)

producen. La geodinámica es *externa* o *interna*, según que las fuerzas consideradas sean de origen exterior, como el viento, la lluvia, los ríos, etc., o interior, como los volcanes, sismos, movimientos orogénicos y epirogénicos, etc.

geofagia. (De *geo-* y *-fagia*.) f. En patología, costumbre de ingerir tierra, arena, arcilla, etc. ‖ Etnol. Porciones de algún pueblo muy atrasado son geófagas. ‖ Zool. Hábito que poseen algunos animales (p. e., la lombriz de tierra) de ingerir tierra con objeto de aprovechar las substancias alimenticias contenidas en ella.

geófago, ga. (De *geo-* y *-fago*.) adj. Que come tierra. Ú. t. c. s.

Geoffroy Saint-Hilaire (Étienne). Biog. Naturalista francés, n. en Etampes y m. en París (1772-1844). Formó parte del grupo de científicos que acompañó a Napoleón en la expedición a Egipto. Discípulo de Lamarck, fue uno de los primeros evolucionistas, y es célebre la controversia que, en 1830, sostuvo con el naturalista Cuvier. Escribió: *Histoire na-*

turelle des mammifères (con Cuvier), *Philosophie anatomique, Sur le principe de l'unité de composition organique,* etc.

geofílido, da. (De *geófilo* e *-ido.*) adj. **Zool.** Dícese de los miriápodos de la subclase de los quilópodos, de cuerpo muy delgado y largo y con numerosos pares de patas. Son a los que verdaderamente les corresponde el nombre vulgar de ciempiés o milpiés. El género tipo es el geófilo. || m. pl. Familia de estos miriápodos.

geófilo. (Del lat. científico *geóphilus,* del gr. *ge,* tierra, y *philéo,* amar.) **Zool.** Gén. de miriápodos, de la subclase de los quilópodos, familia de los geofílidos (v.).

geofísica. (De *geo-* y *física.*) f. Parte de la geología que estudia la Tierra desde un punto de vista físico; se divide en *fisiografía* y *geodinámica.* Algunos científicos consideran como otra rama la *geodesia.*

geofísico, ca. adj. Referente a la geofísica. || Se dice del especialista en geofísica. Ú. t. c. s.

geofito, ta. (De *geo-* y *-fito.*) adj. **Bot.** Dícese de la planta que tiene brotes vegetativos dentro del suelo. También se dice *criptofito.*

geófono. (De *geo-* y *-fono.*) m. Aparato detector de las ondas sonoras propagadas a través de la tierra. Fue ideado por el comandante francés Gauny, para utilizarlo en la búsqueda de las personas sepultadas con vida por los terremotos, y se utiliza también para descubrir trabajos subterráneos en la guerra de minas.

geogenia. (De *geo-* y *-genia.*) f. Parte de la geología, que trata del origen y formación de la Tierra.

geogénico, ca. adj. Perteneciente o relativo a la geogenia.

geognosia. (De *geo-* y *-gnosia.*) f. Parte de la geología, que estudia la estructura y composición de las rocas y minerales que forman la Tierra. Es un concepto hoy en desuso.

geognosta. (De *geo-* y *-gnosta.*) m. El que profesa la geognosia o en ella tiene especiales conocimientos.

geognóstico, ca. adj. Perteneciente o relativo a la geognosia.

geogonía. (De *geo-* y *-gonía.*) f. **geogenia.**

geogónico, ca. adj. Perteneciente o relativo a la geogonía.

geografía. fr., *géographie;* it., *geografia;* i., *geography;* a., *Geographie, Erdbeschreibung.* (Del lat. *geographĭa,* y éste del gr. *geographía,* de *geográphos,* geógrafo.) f. Ciencia que trata de la descripción de la Tierra. A partir de esta primera aproximación, los geógrafos han intentado precisar el objeto de la geografía con la finalidad de definirla con mayor precisión.

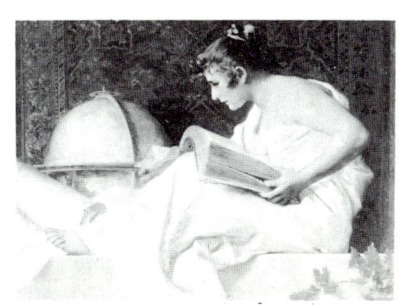

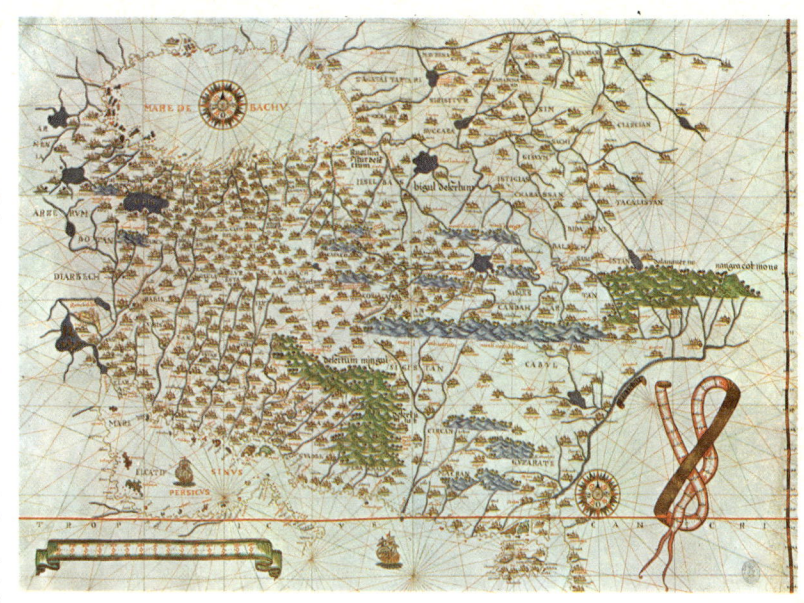

Mapa portulano de Joan Martínez (1587). Biblioteca Nacional. Madrid

La Geografía, pintura mural por Barabino. Ayuntamiento. Génova

Durante muchos años se dijo que la geografía era una ciencia natural sintética, que trataba de describir y explicar todos los fenómenos físicos y bióticos que ocurrían en la superficie de la Tierra, y de modo más concreto en una región determinada (Escuela francesa de Vidal de la Blache). Otros autores, principalmente alemanes (Passarge), entendían la geografía como ciencia de los paisajes, al comprender que un paisaje es la expresión sintética del conjunto de todos los agentes físicos y bióticos (principalmente antrópicos) que lo crean y modifican continuamente. Con el desarrollo de la ecología, los paisajes se entienden, actualmente, como un equilibrio dinámico resultante de los incesantes intercambios de energía y materia en un sistema determinado (Duvigneaud). Apoyándose en los estudios de *economía espacial,* que utilizan básicamente el análisis factorial, se habla de la *geografía cuantitativa,* que intenta elaborar una teoría general del espacio, comparando los modelos inducidos a partir del proceso de los datos disponibles, con los modelos teóricos deducidos de las ciencias matemáticas (Christaller, Haggett). Durante los últimos años se está imponiendo asimismo la *geografía aplicada,* entendida como ciencia de la ordenación del espacio, teniendo en cuenta todos los factores (físicos, biológicos y humanos) que lo componen y que deben integrarse armoniosamente para asegurar su equilibrio. La *geografía aplicada* está íntimamente relacionada con la planificación económica, a la que da una visión más global del espacio. La geografía moderna puede, pues, definirse como la ciencia que trata de analizar y explicar las leyes generales del espacio, tanto desde el punto de vista teórico como en sus distribuciones y localizaciones sobre la superficie de la Tierra, previendo su evolución y proponiendo aquellas acciones que aseguren un mejor equilibrio de las ordenaciones espaciales. La geografía como ciencia

Mapamundi (1626). Colección particular. Madrid

geográficamente–geología

Navegación nocturna bajo el cielo estrellado, miniatura del *Libro de las maravillas. Viajes de Marco Polo*

se divide en: 1) *geografía astronómica,* que comprende la *cosmografía,* descripción del universo o astronomía descriptiva, y la *geodesia,* que determina las dimensiones de la Tierra y sus principales coordenadas. 2) *geografía física* o *fisiografía,* que estudia los fenómenos de orden inanimado que ocurren en la superficie de la Tierra, de la que forman parte la *climatología,* la *geomorfología,* la *oceanografía* y la *hidrografía continental,* 3) *geografía biológica* o *biogeografía,* que se ocupa del mundo orgánico existente en la superficie terrestre, en la llamada *biosfera,* y se subdivide en *fitogeografía* y *zoogeografía,* según que el objeto de su estudio sean los vegetales o los animales, añadiéndose una tercera rama, la *geografía biocinética,* especialmente orientada hacia el estudio de las comunidades vivientes. 4) *geografía humana* o *antropogeografía,* cuyas principales especialidades son la *agraria,* la *urbana,* la *histórica,* la *política* y la *económica.* En cada uno de estos cuatro grandes apartados existen otras muchas ramas especializadas en función de objetivos muy precisos, como pueden ser la *vulcanología,* la *geohidrología* (ciencia de las aguas subterráneas), la *fitocinética* (dinamismo del paisaje vegetal), la *geografía industrial,* etc. Entre las técnicas utilizadas por la geografía destaca la *cartografía,* que se ocupa de la elaboración de mapas. ‖ **astronómica. cosmografía.** ‖ **botánica. fitogeografía.** ‖ **física. fisiografía.** ‖ **histórica.** Estudia la distribución de los Estados y pueblos en la Tierra a través de las distintas épocas. ‖ **lingüística.** Rama de la lingüística, que estudia la expansión geográfica de ciertos fenómenos idiomáticos. ‖ **política.** Parte de la geografía que trata de la distribución y organización de la Tierra en cuanto es morada del hombre. ‖ **zoológica. zoogeografía.**

geográficamente. adv. m. Según las reglas de la geografía.

geográfico, ca. (Del lat. *geographĭcus,* y éste del gr. *geographikós.*) adj. Perteneciente o relativo a la geografía.

geógrafo, fa. fr., *géographe;* it., *geografo;* i., *geographer;* a., *Geograph.* (Del lat. *geogrăphus,* y éste del gr. *geográphos;* de *ge,* tierra, y *grápho,* describir.) m. y f. Persona que profesa la geografía o tiene en ella especiales conocimientos.

geoide. (De *ge-* y *-oide.*) m. Geog. Forma teórica de la Tierra determinada geodésicamente. Las muchas mediciones que se han efectuado de ella han hecho ver que ésta no es en realidad un elipsoide, sino que posee una forma propia, el *geoide,* cuya superficie es siempre normal a la dirección real de la plomada, coincide con el nivel del mar, y es preciso calcularla en los continentes. Comparada dicha superficie con la del elipsoide geométrico, está por debajo de ella en los océanos y por encima en las tierras emergidas.

geología. fr., *géologie;* it., *geologia;* i., *geology;* a., *Geologie, Erdkunde.* (De *geo-* y *-logía.*) f. Ciencia que estudia la composición, la estructura y la historia de la Tierra. La geología comprende un conjunto de extensas ramas, que tienen un gran valor práctico para la construcción, la agricultura, la minería, etc. Una de las ramas geológicas más importantes es la *mineralogía,* que estudia los minerales, su composición química, estructura y aplicaciones. Parte relevante de la mineralogía es la *cristalografía,* que se ocupa de los cristales en sus aspectos geométrico, físico, químico y estructural. El estudio de las rocas, es decir, de los conjuntos minerales en grandes masas, es la *petrografía* o *litología.* La *geología fisiográfica* se ocupa de la configuración y constitución externa e interna de nuestro planeta, incluyendo también la consideración de la Tierra como astro: forma y movimientos, masa, densidad, dimensiones, gravedad, magnetismo, etc. Son objeto de estudio para la geología fisiográfica el interior de la Tierra o endosfera, la corteza terrestre o litosfera, las aguas continentales (de superficie o subterráneas) y las marinas, cuyo conjunto constituye la hidrosfera, y la envoltura gaseosa del planeta o atmósfera, en sus diferentes capas. La *geodinámica* estudia los fenómenos que han modificado, y modifican actualmente, la superficie de nuestro planeta. La *dinámica externa* estudia la acción de los agentes geológicos externos: el viento, las aguas marinas, los

Amonite gigante del jurásico

ríos y glaciares, las aguas subterráneas, y los seres vivos, tales como los que han dado origen a la hulla, a los arrecifes coralinos, etc. La *dinámica interna* se ocupa del origen y formación de las cordilleras, así como de su evolución y desgaste *(orogenia),* de la estructura de la corteza terrestre *(geotectónica),* de los sismos *(sismología)* y de los volcanes *(vulcanología).* La *geología histórica* es la rama de la geología que

Lavas en Las Cañadas, junto al Teide. Tenerife

tiene por finalidad conocer las fases por las que ha atravesado nuestro planeta y las modificaciones que durante ellas ha sufrido la corteza terrestre hasta el momento actual. En el transcurso de unos miles de millones de años la Tierra ha experimentado extensos y profundos cambios, y testigos de ellos son los estratos o capas de rocas que se han ido depositando de un modo sucesivo: la *estratigrafía* se ocupa precisamente de investigar estos estratos, así como los cambios que experimentan; la *paleontología* es la ciencia geológica que busca el conocimiento de las plantas y de los animales extinguidos basándose en los restos de ellos que poseemos como fósiles. Ambas ciencias, la de los estratos y la de los fósiles, nos han permitido obtener una visión satisfactoria, aunque aún muy incompleta, del pasado de la Tierra. Ramas de la geología histórica son, a su vez, la *paleogeografía*, que estudia la distribución de continentes y océanos en las épocas pasadas, y la *paleoclimatología*, que entiende de los cambios climáticos acaecidos antiguamente en los diversos lugares del planeta. Hoy los conocimientos geológicos se especializan también en ramas particulares de aplicación práctica, como, por ejemplo, la geología minera, del carbón, del petróleo, del uranio, la hidrológica, agrícola, etc. Para el conocimiento del globo terrestre se parte de algunos principios: El *principio de las causas actuales:* todas las modificaciones sufridas por la superficie terrestre en el correr de los tiempos se han debido a las mismas causas que operan actualmente (terremotos, erupciones volcánicas, vientos, cursos fluviales, aguas salvajes, etc.). El *principio de la superposición:* los estratos más modernos yacen sobre los más antiguos, a menos que tal disposición se haya perturbado. El *principio de la horizontalidad primitiva:* los estratos no curvados ni plegados por las fuerzas orogénicas permanecen paralelos a la superficie ideal del geoide terrestre. Un método de investigación geológica lo constituyen las perforaciones para extraer muestras de rocas y minerales. Si bien la profundidad alcanzada es insignificante frente al radio terrestre, se han podido obtener datos sobre la temperatura interna del globo. Ante la imposibilidad de observar directa y profundamente la estructura interna de nuestro planeta, los geólogos parten de la teoría de que la parte sólida de la Tierra está formada por: la *litosfera*, o corteza terrestre, en la que se pueden distinguir el *sial*, capa superficial constituida por sílices y aluminio, que forma los bloques continentales, y el *sima*, subcapa formada por sílices y magnesio, que constituye el cimiento de dichos bloques y del fondo oceánico; por debajo de la litosfera se encuentra el *manto*, y, finalmente, ocupando el centro de la Tierra, un núcleo de gran densidad, constituido por níquel y hierro *(nife)*. De todas estas capas, la que verdaderamente interesa a la geología es la litosfera, constituida por las rocas, que son el objeto de estudio de la *petrografía*. Entre los problemas concretos más importantes que la geología tiene planteados figuran, aparte del de la *constitución interna* de la Tierra, el de la *génesis de los continentes* y *océanos*, el de la *formación de los geosinclinales*, el de la *isostasia*, el del *origen de los movimientos sísmicos*, el de los *volcanes*, etc., explicados solamente mediante hipótesis. El avance más espectacular logrado en los últimos tiempos es la determinación de la edad de los materiales y terrenos, y, por tanto, de los seres vivos fósiles hallados en ellos, mediante el estudio de las substancias radiactivas de los residuos que contienen.

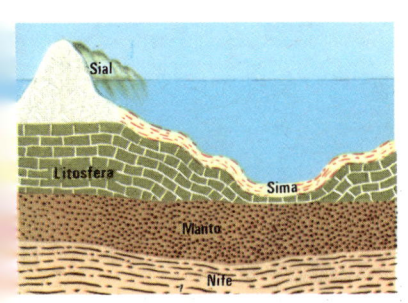

Vista exterior del volcán de Santa Margarita. Olot (Gerona)

Entrada al Parque Nacional de Ordesa (Huesca). Al fondo, los circos de Salarons, Cotatuero y Soaso

Corteza terrestre (sección)

Mallos de Riglos, formación de conglomerados eocénicos, frente a la sierra de Loarre (Huesca)

geológico, ca. adj. Perteneciente o relativo a la geología.

geólogo, ga. fr. *géologiste;* it., *geologo;* i., *geologist;* a., *Geolog.* m. y f. Persona que profesa la geología o tiene en ella especiales conocimientos.

geomancia o **geomancía.** (Del lat. *geomantia,* y éste del gr. *geomanteía;* de *ge,* tierra, y *manteía,* adivinación.) f. Especie de magia y adivinación supersticiosa que se hace valiéndose de los cuerpos terrestres, o con líneas, círculos o puntos hechos en la tierra.

geomántico, ca. adj. Perteneciente a la geomancia. || m. El que la profesa.

geomedicina. (De *geo-* y *medicina.*) f. Parte de las ciencias naturales que estudia el medio geográfico en relación con la higiene, para resolver los problemas sanitarios.

geomético. m. ant. **geomántico.**

geómetra. fr., *géomètre;* it., *geometra;* i., *geometer, geometrician;* a., *Geometer, Mathematiker.* (Del lat. *geometra,* y éste del gr. *geométres;* de *ge,* tierra, y *metréo,* medir.) m. El que profesa la geometría o en ella tiene especiales conocimientos.

geometral. adj. **geométrico.**

geometría. fr., *géométrie;* it., *geometria;* i., *geometry;* a., *Geometrie.* (Del lat. *geometria,* y éste del gr. *geometría,* de *geométres,* geómetra.) f. Parte de la matemática que trata de las propiedades de las figuras en el plano y en el espacio. En principio se refirió al espacio físico de tres dimensiones, que se nos revela por la presencia de los objetos; pero posteriormente se amplió, por abstracción, a espacios de cualquier número de dimensiones. La característica común a todos los tipos de geometría es que parten de unos conceptos primitivos (*punto, recta* y *plano*), cuyas propiedades y las relaciones que los unen están fijadas por el conjunto de *axiomas* propios de cada geometría particular. Los axiomas de cualquiera de estos conjuntos deben cumplir las siguientes condiciones: 1.ª Han de estar libres de contradicción, tanto entre sí como respecto a los teoremas que se deduzcan por combinaciones de los otros axiomas de la geometría. 2.ª Ningún axioma podrá deducirse de un conjunto cualquiera de los otros, pertenecientes a la misma geometría. 3.ª El número de conceptos primitivos y de axiomas ha de ser el menor posible. 4.ª Los axiomas han de ser simples, es decir, no podrán deducirse de otros conceptos más sencillos; deben expresar las propiedades más elementales del espacio, objeto de su estudio. De estas condiciones, solamente es esencial la primera desde el punto de vista lógico; las otras son de tipo psicológico. Dentro de cada sistema de axiomas son éstas las proposiciones iniciales, no demostrables, pero todo axioma puede ser demostrado si se adopta convenientemente otro sistema de axiomas. Las palabras «axioma» y «teorema» tienen, por tanto, un valor relativo. Por ejemplo, el quinto postulado de Euclides sobre las paralelas afirma que por un punto fuera de una recta pasa una paralela a la recta y sólo una. Es posible demostrarlo basándose en que la suma de los tres ángulos de un triángulo valen dos rectos, pero esta demostración no tiene valor, pues precisamente se demuestra que los tres ángulos de un triángulo valen dos rectos basándose en el postulado de Euclides. Es necesario, o bien tomar como axioma el postulado de Euclides y deducir de él como teorema que los tres ángulos de un triángulo valen dos rectos, o bien aceptar como axioma que la suma de los tres ángulos de un triángulo vale dos rectos y deducir de ahí como teorema el postulado de Euclides. Un conjunto de axiomas geométricos es, pues, el mínimo necesario de suposiciones acerca de las propiedades del punto, la recta y el plano,

para que sea posible deducir lógicamente de ellas las propiedades que nuestra intuición concede al espacio.

Historia. Nació esta ciencia a requerimiento de las necesidades de la vida práctica, en la medida y limitación de tierras. De ahí el nombre de *geometría* que tomó en un principio. Las primeras propiedades acerca de las figuras fueron establecidas en las primitivas culturas por métodos puramente experimentales. Según documentos caldeos del tercer milenio a. C., para medir las tierras se dividían las superficies en rectángulos, triángulos y trapecios; para los cuadriláteros se suponía que la superficie era igual al producto de las semisumas de los lados opuestos. Esta regla fue usada también por los egipcios, e incluso en Roma. (Sobre la evaluación de la superficie del círculo, v. el art. **pi.**) El papiro del egipcio Ahmes (2200 a. C.) explica ya la manera de construir un triángulo rectángulo, basándose en que pertenece a este tipo aquel cuyos lados están entre sí como 3, 4 y 5 unidades de medida. Los chinos de la misma época tenían aproximadamente los mismos conocimientos. La geometría, en el sentido moderno de esta palabra, nació en Grecia, aunque se ignora

Pitágoras (el gran geómetra), busto antiguo. Museo Capitolino

hasta qué punto las geometrías griegas pudieron ser influidas por los ensayos experimentales de los otros pueblos del Mediterráneo. De todas maneras, los griegos introdujeron el método geométrico actual, demostración de propiedades generales, prescindiendo de la experiencia de su comprobación. Esta erección de la geometría racional o deductiva se debe sobre todo a Tales de Mileto, Pitágoras y Eudoxio. Alrededor del s. VI a. C., la geometría griega era ya una ciencia. La geometría griega experimentó en Alejandría un nuevo florecimiento, con Euclides, Apolonio y, sobre todo, Arquímedes, uno de los más grandes hombres de ciencia anteriores al Renacimiento. Euclides recopiló y resumió el desarrollo de la geometría en el mundo antiguo. Véase el cuadro sinóptico de la evolución de la geometría en la Edad Antigua.

Los árabes conservaron y transmitieron a Occidente la ciencia griega y oriental, pero su aportación fundamental al desarrollo de la geometría fue indirecta y consistió en la creación del álgebra, que pasaría a ser, gracias a la aportación de Descartes, uno de los medios

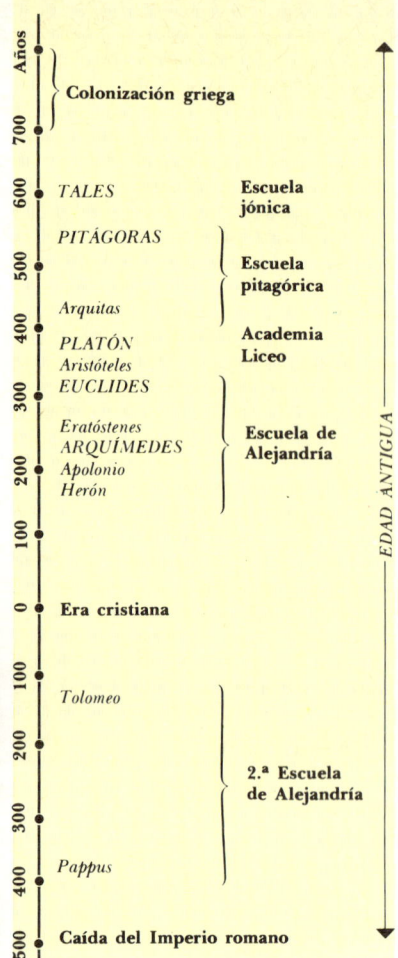

Años		EDAD ANTIGUA
700	Colonización griega	
600	TALES	Escuela jónica
500	PITÁGORAS	Escuela pitagórica
400	Arquitas PLATÓN Aristóteles	Academia Liceo
300	EUCLIDES	
200	Eratóstenes ARQUÍMEDES Apolonio Herón	Escuela de Alejandría
100		
0	Era cristiana	
100		
200	Tolomeo	
300		2.ª Escuela de Alejandría
400	Pappus	
500	Caída del Imperio romano	

más importantes para el desarrollo de diversas ramas de la geometría. En los s. XV y XVI se iniciaron en Occidente los estudios geométricos, en un sentido moderno, con Regiomontano, Guldin, Cavalieri, Kepler, Galileo, Pascal, Ceva, etc., y Descartes y Fernat crearon la geometría analítica. En el s. XVIII, Leonhard Euler, en su famosa memoria sobre los puentes de Könisberg, estableció los fundamentos de la topología, y, a principios del XIX, Gauss, Schweikart, los Bolyai (padre e hijo) y Lobachevski reanudaron el estudio del postulado V de Euclides, que no había dejado de interesar a los matemáticos desde la época griega. Poncelet, Steiner y Staudt fundaron la geometría proyectiva. || **algorítmica.** Aplicación del álgebra a la geometría para resolver, por medio del cálculo, ciertos problemas de la extensión. || **analítica.** Rama de la geometría fundada por Descartes, y considerada como el principio de la matemática moderna. Consiste en la plicación del álgebra al análisis geométrico mediante el establecimiento de ciertos convenios, fundamentalmente la creación de un *sistema de coordenadas* que permite individualizar cada punto del espacio por un conjunto de números (dos para la geometría analítica plana y tres para la del espacio). Con estos convenios es posible representar las rectas, curvas y superficies por ecuaciones y aplicar a su estudio el análisis algebraico con la consiguiente substitución de la «idea feliz», general a la geometría clásica, por la automatización de las operaciones algebraicas. Aunque los sistemas de coordenadas y algunas relaciones entre las ecuaciones algebraicas y los elementos geométricos habían sido ya establecidas desde el tiempo de Apolonio, con excelentes resultados, corresponde a Descartes el honor de haber dado a esas relaciones un carácter definitivo y desarrollado un método que fue luego enriquecido por el *cálculo infinitesimal* de Newton y Leibnitz, estableciéndose así una fecunda interdependencia que libró por un lado al álgebra de su carácter abstracto y formalista y permitió, por otro, un impresionante avance en la geometría que poco había progresado desde la época griega. El método de la geometría analítica, no sólo es aplicable a la geometría métrica, sino que da excelentes resultados en otras ramas, como, por ejemplo, en la proyectiva. || **descriptiva.** Rama de la geometría que trata de la representación de las figuras de tres dimensiones sobre un plano, y de la solución, mediante construcciones en dicho plano, de los problemas que se plantean en el espacio. La geometría descriptiva fue fundada por Monge, y sus antecedentes más inmediatos se encuentran en los trabajos sobre la perspectiva de diversos arquitectos y pintores del Renacimiento. || **diferencial.** Rama de la geometría analítica cuyo método consiste en la utilización del cálculo diferencial. || **esférica.** Parte de la geometría métrica que estudia las propiedades de las figuras contenidas en la superficie esférica, especialmente las propiedades de los triángulos esféricos (v.). || **del espacio.** Parte de la geometría que considera las figuras cuyos puntos no están todos en un mismo plano. || **métrica: geometrías euclidiana y no euclidiana.** La primera, cronológicamente, y también la más familiar a todo el mundo es la *geometría métrica,* cuya finalidad es estudiar las *propiedades que se conservan en las transformaciones rígidas.* El concepto matemático de transformación rígida se obtiene mediante una abstracción del concepto intuitivo de movimiento de una figura en el espacio. La experiencia cotidiana indica que en tal movimiento se conservan las distancias y los ángulos. La elección de un sistema de axiomas para la geometría métrica es arbitraria dentro de los límites impuestos por las leyes de la lógica. Así, existe una geometría métrica euclidiana obtenida a partir de los axiomas propuestos por Euclides (s. III a. C.), en sus famosos *Elementos,* que es la comúnmente enseñada en las escuelas y que más amplios resultados prácticos ha dado. Entre los axiomas de Euclides se encuentra el famoso *postulado V,* el cual, a lo largo de la historia de la geometría, se ha intentado demostrar sin éxito, a partir de los restantes. Gauss (1777-1855), Bolyai (1802-1860) y Lobachevski (1793-1856) probaron que es posible construir una geometría lógicamente correcta substituyendo el postulado de Euclides por otro que implique su negación. La generalización de estas ideas ha llevado a la creación de geometrías mediante sistemas de axiomas, obtenidos, no por substitución de alguno de los de Euclides, sino mediante la creación de otros sistemas de postulados completamente nuevos. David Hilbert (1862-1943) fue el primero que reconstruyó la geometría métrica euclidiana sobre una base de conceptos puramente lógicos (Escuela formalista). De una forma paralela al método de Hilbert se pueden construir las geometrías de Gauss y Lobachevski. Entre ese conjunto de geometrías lógicamente posibles, el físico desea saber cuál es la que corresponde al espacio en el que ocurren los fenómenos; no es ésta una cuestión que interese al matemático, sino al físico, pues para el primero todas ellas son igualmente válidas, por ser lógicamente correctas. Debe hacerse notar, sin embargo, que para los fines prácticos, incluso para la técnica,

la geometría de Euclides es tan válida hoy como hace dos mil años. || **plana.** Parte de la geometría que considera las figuras cuyos puntos están todos en un plano. || **proyectiva.** Parte de la geometría que estudia las propiedades que se conservan en una proyección. Es decir, si desde un punto exterior trazamos rectas que unan este punto a una recta, curva, plano o superficie y cortamos estas rectas con un plano, la geometría proyectiva estudia las propiedades de los puntos de corte. Esta geometría no se interesa por las distancias o ángulos entre puntos, rectas y planos, sino por las posiciones relativas de estos elementos en el espacio.

geométricamente. adv. m. Conforme al método y reglas de la geometría.

geométrico, ca. (Del lat. *geometrĭcus*, y éste del gr. *geometrikós*.) adj. Perteneciente a la geometría. || fig. Muy exacto.

geométrido, da. (De *geómetra,* el que mide la Tierra, e *-ido.*) adj. **Entom.** Dícese de los insectos lepidópteros heteróceros, cuyas orugas poseen sólo dos pares de falsas patas en los segmentos sexto y décimo del abdomen. || m. pl. Familia de estos lepidópteros.

geómido, da. (De *geomys,* gén. tipo de mamíferos, e *-ido.*) adj. **Zool.** Dícese de los mamíferos roedores simplicidentados, del tamaño de una rata, cola larga y táctil, patas cortas, orejas y ojos diminutos, incisivos tan grandes que se ven aun con la boca cerrada, y abazones en la boca para guardar la comida. || m. pl. Familia de estos roedores.

geomorfía. (De *geo-* y *-morfía.*) f. Parte de la geodesia que trata especialmente de la configuración general de la Tierra (v. **geodesia**).

geomorfogenia. (De *geo-, -morfo-* y *-genia.*) f. Ciencia que estudia las reacciones atmosféricas e hidrosféricas sobre la litosfera e investiga el origen de los fenómenos antiguos a la luz de los actuales y viceversa.

geomorfología. (De *geo-, -morfo-* y *-logía.*) f. **Geol.** Parte de la geología, y especialmente de la fisiografía, que estudia la configuración externa de nuestro globo. También se denomina *geografía física.*

geónimo. (De *ge-* y *-ónimo.*) m. Nombre propio de lugar, topónimo.

geonomía. (De *geo-* y *-nomia.*) f. Ciencia que estudia las propiedades de la tierra vegetal.

geonómico, ca. adj. Perteneciente o relativo a la geonomía.

geonucleónica. (De *geo-* y *nucleónica.*) f. **Fís. nucl.** y **Geol.** Ciencia que estudia las aplicaciones de la física nuclear a la geología.

geopolítica. (De *geo-* y *política.*) f. Ciencia que, combinando la geografía política, la historia y la geografía descriptiva, estudia la causalidad espacial de los fenómenos políticos sin tener en cuenta las posibles causas psicológicas, sociológicas, etc.

geoponía. (Del gr. *geoponía,* de *geopónos;* de *ge,* tierra, y *pónos,* trabajo.) f. **agricultura.**

geopónica. f. **geoponía.**

geopónico, ca. (Del gr. *geoponikós.*) adj. Perteneciente o relativo a la geoponía.

geopsicología. (De *geo-* y *psicología.*) f. Rama de la psicología, que trata de la influencia ejercida por el medio geográfico sobre la psiquis de las personas.

geoquímica. fr., *geochimie;* it., *geochimica;* i., *geochemistry;* a., *Geochemie.* (De *geo-* y *química.*) f. **Geol.** Ciencia que trata de la composición química de la Tierra. La abundancia del oxígeno y del silicio y de los seis metales que figuran a continuación hace que la sílice, SiO_2, y sobre todo los silicatos de aluminio, hierro, calcio, sodio, potasio y magnesio, sean los minerales predominantes en las rocas corticales.

georama. (De *ge-* y *-orama.*) m. Globo geográfico, grande y hueco, sobre cuya superficie interior está trazada la figura de la Tierra, de suerte que el espectador que se coloca en el centro de dicho globo abraza de una ojeada el conjunto de los mares, continentes, etc.

George (Henry). *Biog.* Sociólogo y economista estadounidense, n. en Filadelfia y m. en Nueva York (1839-1897). Fue tipógrafo y periodista. En su principal obra, *Progreso y miseria* (1879), demuestra que los productores de todas las categorías trabajan en beneficio del propietario del suelo, rural o urbano, cuya *plus valía* aumenta sin cesar y da lugar a la especulación y al empobrecimiento de las masas. Propone como solución que la renta de la tierra pase al Estado en forma de impuesto, con lo que se evitan tales injusticias. || **(Stefan).** Poeta alemán, n. en Büdesheim y m. en Locarno (1868-1934). Está en la línea de la reacción esteticista frente al naturalismo y fue gran amigo de Hofmannsthal (con el que fundó en 1892 la revista *Blätter für die Kunst*). Acusa su estilo muy diversas influencias (Baudelaire, Mallarmé, Nietzsche, etc.), manteniendo, sin embargo, una personalidad extraordinaria. Obras principales: *Pilgerfahrten, Der Krieg* (1917), *Das neue Reich* (1929). || **Town.** *Geog.* C. de Malaysia. **Pinang.**

Georgetown. *Geog.* Pobl. cap. de la isla de Ascensión, dependencia de Santa Elena, colonia del R. U. Centro naval inglés. || C. cap. de la isla de Gran Caimán y de la colonia del R. U. de las Caimanes; 3.975 h. Estación meteorológica. || Pobl. de Gambia, cap. del distrito y división de MacCarthy; 1.592 h. Aceite vegetal y arroz. || C. cap. de Guyana, sit. en la desembocadura del Demerara; 168.000 h. Exporta bauxita, arroz, caña de azúcar y frutas tropicales. Refinería de azúcar. Universidad. Puerto y aeropuerto. || C. de Malaysia. **Pinang.**

Georgia. *Geog.* Est. de EE. UU.; limita al N. con los estados de Tennessee y Carolina del Norte, al E. con el de Carolina del Sur y el océano Atlántico, al S. con el est. de Florida y al O. con el de Alabama; 152.488 km.^{2} y 4.589.575 h. Cap., Atlanta. || República de la U. R. S. S., sit. en la Transcaucasia; limita al N. con la cordillera del Cáucaso, al E. con la república de Azerbaiyán, al S. con la de Armenia y al O. con el mar Negro; 69.700 km.^{2} y 4.686.358 h. Comprende las repúblicas autó-

Costumbres de Georgia (Rusia), litografía del s. XIX. Biblioteca Nacional. París

georgiano–Gerhardt

nomas de Abjasia y Adzharia y la prov. autónoma de Osetia Meridional. Cap., Tbilisi o Tiflis. Petróleo.

georgiano, na. adj. Natural de Georgia. Ú. t. c. s. ǁ Perteneciente a este país de Asia. ǁ **Ling.** Lengua de la familia lingüística caucásica, hablada actualmente por 1.500.000 de personas que habitan en la república de Georgia (U. R. S. S.). Apl. a pers., ú. t. c. s. ǁ Perteneciente a este pueblo o lengua.

Georgias del Sur. Geog. Islas del Atlántico Sur, pertenecientes a Argentina; 4.144 km.^{2} y 1.300 h. Cap., Grytviken.

geórgica. (Del lat. *georgĭca*, y éste del gr. *georgikós*, rural; de *georgós*, agricultor; de *ge*, tierra, y *ergon*, obra.) f. Obra que tiene relación con la agricultura. Ú. m. en pl., y hablando de las literarias. Por antonom. se entiende las de Virgilio que llevan este nombre.

georgismo. (De H. *George* e *-ismo*.) m. **Sociol.** Doctrina sociológica concebida por Henry George, y que teniendo por base el socialismo agrario, trataría de ampliar los alcances de la colectivización mediante un impuesto absorbente de la renta.

Geórgium Sidus. (expr. del lat. científico que sign. *el planeta de Jorge.*) **Astron.** Nombre dado por Herschel, en honor de Jorge III de Inglaterra, al planeta solar que descubrió y que siguió llamándose así hasta 1850, en que pasó a denominarse Urano.

geosfera. (De *geo-* y *-sfera*.) f. Cada una de las capas o zonas concéntricas que constituyen nuestro globo (v. **Tierra**).

geosinclinal. (De *geo-* y *sinclinal*.) m. **Geol.** Región de sedimentación y de hundimiento secular de la corteza terrestre. Es una cuenca alargada, con profundidad máxima en una línea central, eje de la depresión.

geostática. (De *geo-* y *-stática*.) f. Ciencia que estudia la estructura mecánica y elástica de la Tierra.

geotactismo. (De *geo-* y *tactismo*.) m. **Biol.** Desplazamiento de un individuo vivo por efecto del estímulo graviatatorio. Es positivo o negativo según que el ser se acerque o se aleje del centro de la Tierra. Se denomina también *geotaxia* o *geotaxis*.

geotaxia o **geotaxis.** (De *geo-* y *-taxia* o *-taxis*.) f. m. **Biol. geotactismo.**

geotectónico, ca. (De *geo-* y *tectónico*.) adj. **Geol.** Perteneciente o relativo a la forma, disposición y estructura de las rocas y terrenos que constituyen la corteza terrestre. ǁ f. Parte de la geología que se ocupa de dichas disposición y estructura, incluidos sus trastornos o dislocaciones, tales como los pliegues, fallas, etcétera.

geotermia. (De *geo-* y *-termia*.) f. **Geol.** Ciencia que estudia la distribución y variaciones de la temperatura en el interior de la Tierra (v. **grado geotérmico**).

geotérmico, ca. adj. **Geol.** Perteneciente o relativo a la geotermia.

geótico, ca. (Del gr. *ge*, tierra.) adj. ant. Perteneciente a la tierra o que se ejecuta con ella.

geotropismo. (De *geo-* y *tropismo*.) m. **Bot.** Dependencia del crecimiento o de la posición de una parte de la planta con respecto a la fuerza de la gravedad. La parte que se dirige hacia arriba lo tiene *negativo*, y la que se dirige hacia abajo, *positivo*; la que se sitúa horizontal lo tiene *transversal* o *diageotropismo*.

geótropo, pa. adj. Perteneciente o relativo al geotropismo.

geotrupe. (Del lat. científico *geotrupes*; del gr. *ge*, tierra, y *trypáo*, perforar.) **Entom.** Gén. de coleópteros polífagos de la familia de los geotrúpidos (v.).

geotrúpido, da. (De *geotrupe* e *-ido*.) adj. **Entom.** Dícese de los insectos coleópteros polífagos, muy próximos a los escarabeidos, de régimen coprófago y cuyo gén. representativo es el *geotrupe*. Ú. t. c. s. m. ǁ m. pl. Familia de estos insectos.

geoxeno. (De *geo-* y *-xeno*.) m. **Miner.** Compuesto de hierro y níquel, de origen meteórico.

gépido, da. (Del lat. *gepĭdae*, los gépidos.) adj. **Hist.** Dícese de cada uno de los individuos de una antigua nación germánica que se juntó a los hunos en tiempos de Atila, y, vencida después por los ostrogodos, acabó por fundirse con ellos. Ú. t. c. s.

ger-. pref. V. **gero-**.

Ger. Geog. Pico de los Pirineos, en los Bajos Pirineos, cerca de Eaux-Bonnes; 2.642 m. de alt. ǁ Mun. de España, prov. de Gerona, p. j. de Puigcerdá; 312 h. ǁ Lugar cap. del mismo; 260 h.

-gera. suf. V. **-gero**.

Gera. Geog. Dist. de la R. D. A., en Turingia; 4.004 km.^{2} y 739.650 h. ǁ C. cap. del mismo; 111.044 h. Fabricación de maquinaria y de instrumentos de música. Tintorerías y aprestos. Fue cap. del ant. principado de Reuss hasta el año 1918.

gerade. f. **Der.** En el derecho antiguo alemán, conjunto de objetos destinados al uso personal de la mujer y a sus quehaceres domésticos.

geraniáceo, a. (De *geranio* y *-áceo*.) adj. **Bot.** Dícese de las plantas del orden de las gruinales, filo de las geraniales, herbáceas, raramente arbustos; hojas lobuladas o divididas; flores pentámeras; y fruto esquizocárpico, con 5 carpelos concrescentes y prolongados en una arista a veces larguísima, que en la madurez se separan. Ú. t. c. s. ǁ f. pl. Familia de estas plantas, que comprende más de 800 especies en una docena de géneros cosmopolitas, de los cuales son los más importantes *geránium*, *eródium* y *pelargónium*.

geranial. (De *geranio*, gén. tipo.) adj. **Bot.** Dícese de las plantas dicotiledóneas, de la subclase de las arquiclamídeas, con flores hermafroditas, pentámeras y casi siempre radiadas y con el cáliz y la corola bien diferenciados. El fruto está constituido por carpelos separados en número de 2 a 5. Ú. t. c. s. f. ǁ f. pl. Orden o filo de estas plantas.

geranial. (De *geranio* y *-al*.) m. **Quím.** citral.

geranio. fr., *géranium*; it., *geranio*; i., *geranium*, *crane's bill*; a., *Geranium*, *Storchschnabel*. (Del lat. *geranĭon*, y éste del gr. *geránion*.) **Bot.** Gén. de plantas de la familia de las geraniáceas, generalmente herbáceas, de hojas opuestas y alguna vez esparcidas, con nerviación palmeada y flores pentámeras, de pétalos caedizos. Comprende más de 300 especies cosmopolitas. ǁ m. Vulgarmente se llama también así a las plantas de la misma familia y gén. *pelargónium*, cultivadas en jardinería. ǁ **de hierro.** Hierba sardinera (*pelargónium zonale*). ǁ **de malva.** Pelargonio de hojas parecidas a las de la malva, pero más suaves, olor de manzana y flores blancas. Se cultiva por lo delicado de su aroma. ǁ **de rosa.** *Pelargónium capitátum*, con hojas acorazonadas, lobuladas, tomento suave, olor de rosa, umbelas acabezueladas y pétalos rosados. ǁ **de sardina.** *Ál.*, *Córd.* y *Nav.* **geranio de hierro.**

geraniol. (De *geranio* y *-ol*.) m. **Quím.** Alcohol superior no saturado, con dos dobles enlaces y de fórmula $C_{10}H_{18}O$. Se encuentra en las esencias de geranio, rosas, citronela y en la especie *cymbopogon citratus*, llamada en inglés *lemon grass*. Tiene importancia en la industria de perfumes.

Gérard, barón de Gérard (François). Biog. Pintor francés, n. en Roma y m. en París (1770-1837). Fue discípulo de David y pintó

Madame Récamier, por François Gérard. Museo Carnavalet. París

un famoso retrato de Napoleón. Otras obras: *José reconocido por sus hermanos*, *Belisario* y *La entrada de Enrique IV en París*.

-gerasia. suf. V. **gero-**.

Gerba, Djerba o **Yerba. Geog.** Isla de Tunicia, en el mar Mediterráneo, separada de su costa SE. por un estrecho y angosto canal; 510 km.^{2} y 60.000 h. Cap., Houmt Souk. Exporta frutas y elabora objetos de cerámica. Es la antigua Gelves de los españoles, célebre por los desastres que sufrió la expedición española al mando de Pedro Navarro por los moros (1510) y la de la flota del duque de Medinaceli por la escuadra turca (1560).

gerbero, ra. adj. Natural de Villahoz, o perteneciente a esta villa. Ú. t. c. s.

gerbo. m. **Zool.** jerbo.

Gerena. Geog. Mun. y villa de España, prov. y p. j. de Sevilla; 4.510 h. (*gerenenses*). Aguas mineromedicinales. Canteras de granito, sal y piedra negra.

gerencia. fr., *gérance*; it., *amministrazione*; i., *manageroffice*; a., *Geschäftsführgun*. f. Cargo de gerente. ǁ Gestión que le incumbe. ǁ Oficina del gerente. ǁ Tiempo que una persona dura en este cargo.

gerente. fr., *gérant*; it., *gerente*; i., *manager*, a., *Geschäftsführer*. (Del lat. *gerens*, *-entis*, p. a. de *gerĕre*, dirigir.) m. **Com.** El que dirige los negocios y lleva la firma en una sociedad o empresa mercantil, con arreglo a su constitución.

Gérgal. Geog. Mun. de España, prov. y p. j. de Almería; 2.128 h. ǁ Villa cap. del mismo; 1.336 h. (*gergaleños*). Minas de hierro. Castillo de la época árabe.

Gergovia. Geog. hist. Ant. c. de Francia en el depart. actual del Puy-de-Dôme, o ant. país de los Arvernes. En ella Vercingétorix resistió a Julio César el año 52 a. C.

Gerhard (Robert). Biog. Músico inglés, de origen hispano-suizo, n. en Valls, Tarragona y m. en Cambridge (1896-1970). Fue alumno de Granados, Pedrell y Schönberg. Influida por este último es su obra *Quinteto para viento*. En Inglaterra ha sido considerado como el mejor músico español después de Falla.

Gerhardt (Charles Frédéric). Biog. Químico francés, de origen alemán, n. y m. en

Estrasburgo (1816-1856). Autor de importantes obras, entre ellas un *Tratado de Química orgánica.* Sus métodos han ejercido gran influencia en la química moderna.

-geria. V. **gero-**.

Geria. Geog. Mun. de España, prov. y p. j. de Valladolid; 432 h. ‖ Villa cap. del mismo; 374 h.

geriatra. (De *ger-* y *-iatra.*) com. Persona especializada en geriatría. Ú. t. c. s.

geriatría. (De *ger-* y *-iatría.*) f. **Pat.** Rama de la medicina, que estudia las enfermedades peculiares de los ancianos, como la artritis, o alteración degenerativa de las articulaciones, la arteriosclerosis, o proceso de degeneración arterial, etc.

geriátrico, ca. adj. Perteneciente o relativo a la geriatría.

Gericault (Théodore). Biog. Pintor y escultor francés, n. en Ruán y m. en París (1791-1824). De sus esculturas, la más notable es *Caballo conducido por un hombre,* esculpida en la pared de su estudio, y de sus pinturas, *La balsa de la Medusa.*

Tumba de T. Gericault, en el cementerio del Père Lachaisse. París

gerifalco. m. ant. **gerifalte.**
gerifalte. (Del a. *geierfalk;* de *geier,* buitre, y *falke,* halcón.) m. Ave rapaz (v. **Zool.** en este mismo art.). ‖ fig. Persona que descuella en cualquier línea. ‖ *Germ.* El que roba o hurta. ‖ **Artill.** Pieza antigua de artillería, especie de culebrina de muy poco calibre. ‖ **Zool.** Ave del orden de las falconiformes, familia de las falcónidas. Es un halcón con plumaje pardo con rayas claras en las penas de las alas y cola, y blanquecino con listas cenicientas en el vientre. Fue muy estimado como ave de cetrería, y vive ordinariamente en el N. de Europa *(falco rusticolus).* ‖ **como un gerifalte.** m. adv. Muy bien, de lo lindo, de una manera superior.

Gerindote. Geog. Mun. y villa de España, prov. de Toledo, p. j. de Torrijos; 1.620 h.

gerindoteño, ña. adj. Natural de Gerindote, o perteneciente a esta villa. Ú. t. c. s.
Gerizim. Geog. Garizim.
Gerlach (Walther). Biog. Físico alemán, n. en Biebrich en 1889. Profesor en las Universidades de Tubinga y Munich. Entre sus obras se citan: *Fundamentos de la teoría de los quanta* y *Materia, electricidad, energía.* ‖ **Geog.** Nombre con el que, hasta 1949, fue designado el pico *Stalinov Stít* (v.).

Gerli. Geog. Pobl. de Argentina, prov. de Buenos Aires, part. de Lanús; 20.000 h.

Germade. Geog. Mun. de España, prov. de Lugo, p. j. de Villalba; 4.209 h. Corr. 90 a la cap., el lugar de Pedreiro. Minas de hierro.

germán. adj. apóc. de **germano.**
germana. (De *germano.*) f. *Germ.* Mujer pública.

Germana de Foix. Biog. Reina de Aragón, segunda esposa de Fernando V *el Católico,* m. en Liria (1488-1538). Casó en 1506; a la muerte de Fernando, contrajo segundas nupcias con Juan de Brandeburgo, virrey de Valencia, y a la muerte de éste, terceras con Fernando de Aragón, duque de Calabria.

germandrina. (Del ant. fr. *germandree,* y éste del grecolat. *chamandrya,* del gr. *chamaí,* en tierra, y *drys,* árbol.) f. **Bot.** camedrio.

germanesco, ca. adj. Perteneciente o relativo a la germanía.

germanía. fr., *argot;* it., *gergo;* i., *jargon;* a., *Zigeunersprache.* (Del lat. *germānus,* hermano.) f. Por definición académica, jerga o manera de hablar de gitanos y gente maleante, usada por ellos solos y compuesta de voces del idioma español con significación distinta de la genuina y verdadera y de otros muchos vocablos de orígenes muy diversos. Esta definición general, un tanto vaga, no establece diferencias que en realidad existen entre el *caló, zincalé* o *romanó* de los gitanos españoles, que todavía acusa vestigios de la forma dialectal primitiva, mejor conservada por los gitanos del oriente europeo, en la que se observa una clara procedencia indostánica, y la *germanía,* propia de gente rufianesca, que no puede invocar tan antiguo abolengo, aunque sus orígenes tienen su raigambre en la picaresca española y el *argot* de la gente maleante actual. También se da el nombre de *argot* al conjunto de voces, generalmente muy restringido, usado en muchas especialidades. ‖ fam. *Alb., And.* y *Cuen.* Tropel de muchachos. ‖ *Germ.* Clase de rufianes. ‖ **amancebamiento.** ‖ **Hist.** En el antiguo reino de Valencia, hermandad o gremio. Ú. m. en pl. con motivo de la lucha que sostuvieron en tiempo de Carlos I las germanías de Valencia y Mallorca contra los nobles y sus privilegios (1518-23). Un cardador, Juan Lorenzo, enseñoreó de Valencia (1521); Vicente Peris se defendió en Alcira, y un impostor, llamado *el Encubierto,* que decía ser nieto de los Reyes Católicos, fue el dueño de Játiva. Las germanías valencianas fueron vencidas por los nobles, asistidos por las tropas reales. La germanía de Mallorca fue motivada por la mala administración, y a los menestrales se unieron los campesinos; la lucha adquirió pronto el mismo carácter que la valenciana, contra los nobles y los ricos. Tomada a los sublevados la ciudad de Palma por las tropas reales (1523), terminó la revuelta.

Germania. Geog. Local. de Argentina, prov. de Buenos Aires, part. de General Pinto; 1.247 h. ‖ Geog. hist. Los romanos fueron los primeros que dieron este nombre a Alemania. Ya hacia el año 2000 a. C. los germanos aparecen constituidos en un grupo étnico bien caracterizado en el S. de Escandinavia, Jutlandia e islas adyacentes y en el N. de Alemania, desde la des. del Weser hasta la del Oder. Entre los s. XIV y XII a. C. modificaron algo estos límites, avanzando hacia el Báltico y conquistando Prusia, que estaba en poder de los ilirios, y después fueron obligados a abandonar otros territorios que poseían. En el s. II a. C. comienzan los choques entre germanos y romanos, que acaban con el sometimiento relativo de los primeros. El episodio más saliente después de la caída del Imperio romano es la invasión de Italia y de la Galia por los germanos, formándose como consecuencia el poderoso Imperio francogermano de Carlomagno y algunos reinos independientes. (V. **Alemania.**).

Medalla de Domiciano, conmemorativa de la conquista de Germania

germánico, ca. (Del lat. *germanĭcus.*) adj. Perteneciente o relativo a la Germania o a los germanos. ‖ Aplícase al que venció a los germanos y al hijo o descendiente del vencedor. Ú. t. c. s. ‖ Dícese de algunas cosas pertenecientes a Alemania. ‖ **Ling.** Dícese de un grupo de lenguas de la gran familia lingüística indoeuropea habladas por los pueblos establecidos en época romana en las llanuras de la Europa septentrional entre el Vístula, el Rin y los Alpes. Comprende tres grupos de lenguas:

oriental, septentrional y occidental. El primero, u óstico, está representado por el gótico —visigodos y ostrogodos— el burgundio y la lengua de los vándalos. El segundo fue hablado en Escandinavia, y es la lengua germánica de la que se conservan los más antiguos documentos, escritos en alfabeto rúnico. Este grupo se escindió entre los s. VIII y XI en cuatro dialectos principales: sueco, danés, noruego e islandés. El tercer grupo está representado por el alemán y el inglés. El alemán se divide en alto y bajo alemán; de este último se derivan el holandés y el flamenco. Ú. t. c. s. m. || Perteneciente o relativo a este grupo lingüístico.

Germánico (Claudio Tiberio). Biog. Hijo del emperador Claudio y de su tercera esposa Mesalina, más conocido por el sobrenombre de *Británico* (41-55). Fue el último representante de la *gens Claudia* y debería haber sucedido a su padre, pero, casado Claudio con Agripina, Nerón, hijo de ésta, fue objeto de las consideraciones propias de un príncipe, mientras Británico vivía casi ignorado. Muerto Claudio, Nerón llegó al solio imperial, y vio en Británico un peligro, y al poco tiempo le hizo envenenar en un banquete.

germanidad. (Del lat. *germanĭtas, -ātis*.) f. ant. **hermandad.**

germanina. (Del lat. *Germania*, Alemania, e *-ina*.) f. **Terap.** Substancia muy activa y eficaz en el tratamiento de la *tripanosomiasis* o *enfermedad del sueño*, descubierta por el alemán Wilhelm Röhl. Está elaborado a base de sal sódica de un sulfoácido de la urea.

germanio. (Del lat. *Germania*, Alemania, donde fue descubierto por el alemán C. Winkler en 1886.) m. **Quím.** Elemento químico; símbolo, Ge; peso atómico, 72,60, y núm. 32 de la serie atómica. Por su posición en el sistema periódico, se trata de un metal con propiedades intermedias entre éstos y los metaloides, propiedad que, actualmente, lo hace muy importante como semiconductor en la fabricación de transistores y rectificadores, en la industria electrónica.

germanismo. (Del lat. *Germania*, Alemania, e *-ismo*.) m. **Ling.** Idiotismo propio de la lengua alemana. || Vocablo o giro de esta lengua empleado en otra. || Empleo de vocablos o giros alemanes en distinto idioma.

germanista. m. y f. Persona versada en la lengua y cultura alemanas.

germanización. f. Acción y efecto de germanizar.

germanizar. tr. Hacer tomar el carácter germánico, o inclinación a las cosas germánicas. Ú. t. c. prnl.

germano, na. fr., *germain*; it., *germano*, i., *german*; a., *germanisch*, *Germane*. (Del ant. a. *ger*, lanza, y *man*, hombre.) adj. Natural u oriundo de la Germania, del terr. que se extiende desde el Rin hasta el Vístula, y desde gran parte del Danubio hasta el mar Báltico. Ú. t. c. s. || Dícese de un pueblo de la familia indogermánica que hablaba las lenguas llamadas germánicas y que perdura en los actuales suecos, daneses, noruegos, holandeses, alemanes e ingleses, aunque mezclados con otros elementos étnicos. Apl. a pers., ú. t. c. s. || Perteneciente o relativo a este pueblo.

germano, na. (Del lat. *germānus*.) adj. ant. Propio, legítimo, natural. || m. Hermano carnal. || **Germ.** Hombre rufián.

germanófilo, la. (De *germano* y *-filo*, amigo.) adj. Que simpatiza con Alemania o con los alemanes. Ú. t. c. s.

germanófobo, ba. (De *germano* y *-fobo*.) adj. Contrario a los alemanes. Ú. t. c. s.

germen. fr. e it., *germe*; i., *germ*, *spring*; a., *Keim*, *Ursprung*. (Del lat. *germen*.) m. **Bact.** Cualquier microorganismo que, por multipli-

Jefe germano, grabado antiguo

cación, origina una colonia en las materias orgánicas naturales, en los medios de cultivo preparados o en los organismos vivos, produciéndoles, si son patógenos, enfermedades. || **Biol.** Espora, cigoto o cualquier célula o porción de un organismo, una yema, p. e., que da lugar a un individuo nuevo de la misma especie.

Germer (Lester Halbert). Biog. Físico estadounidense, n. en Chicago en 1896. En 1931 le fue concedida la medalla «Elliot Cresson». Miembro de la Academia de Ciencias y de la Sociedad de Física de su país, descubrió en 1927, juntamente con C. J. Davisson, la difracción de los electrones a través del cristal. Son importantes sus investigaciones sobre termodinámica.

Germi (Pietro). Biog. Director de cine italiano, n. en Génova y m. en Roma (1914-1974). Películas: *El testigo* (1947), *Juventud perdida* y *En nombre de la ley* (1949), *La ciudad se defiende* (1953), *El ferroviario*, *El hombre de paja*, *Un maldito embrollo*, en que actuó como actor y director, *Divorcio a la italiana*, *Muchas cuerdas para un violín*, *Seducida y abandonada*, *Signore e signori*, *Serafino*, *Vidas opuestas* y *El divorcio es cosa de tres*.

germicida. (De *germen* y *-cida*.) adj. **Terap.** Dícese de los agentes químicos o físicos capaces de neutralizar o destruir los gérmenes patógenos. Ú. t. c. s.

germinabilidad. (De *germinación*.) f. **Bot.** Facultad de las semillas para germinar. Es constante para cada especie y se expresa en tanto por ciento; así p. e., el pino piñonero tiene una germinabilidad media del 75 %; el abeto, del 50; el abedul, del 30, etc.

germinación. (Del lat. *germinatĭo, -ōnis*.) f. Acción de germinar. || **Bot.** Desarrollo de una semilla, espora, gametospora o propágulo para dar una nueva planta.

germinador, ra. (Del lat. *germinātor*.) adj. Que hace germinar. || m. Aparato que sirve para determinar la germinabilidad o facultad germinativa de las semillas. El más sencillo de ellos consiste en dos placas de cristal, entre las cuales se coloca serrín humedecido; en una pequeña cámara que se practica en el serrín, se ponen las semillas; la observación del proceso germinativo se realiza fácilmente a través de las láminas de cristal transparente.

germinal. (Del lat. *germinālis*.) adj. Perteneciente al germen. || **Biol.** Dícese de toda célula, tejido, orgánulo, etc., capaz de comportarse como un germen, esto es, de desarrollarse y producir un nuevo individuo. || m. **Hist.** Séptimo mes del calendario republicano francés en 1795, de carácter puramente social, cuyos días primero y últimos coincidían, respectivamente, con el 21 de marzo y el 19 de abril.

germinante. p. a. de **germinar.** Que germina.

germinar. fr., *germer*; it., *germinare*; i., *to germinate*; a., *keimen*, *ausschlagen*. (Del lat. *germināre*.) intr. Brotar y comenzar a crecer las plantas. || Comenzar a desarrollarse las semillas de los vegetales. || fig. Brotar, crecer, desarrollarse cosas morales o abstractas.

germinativo, va. adj. Que puede germinar o causar germinación.

Gernikako Arbola. (pronúnc. *guernicaco arbola*.) m. **Folk.** V. **Guernica** y **Luno.**

gerno. (De *genro*.) m. ant. **yerno.**

gero-, ger-, geron-, geronto-; -gerasia, -geria. (Del gr. *géron, -ontos*, viejo, o de *geras*, vejez.) pref. o suf. que sign. anciano, ancianidad, etc.

-gero, -gera. (Del lat. *gerĕre*, llevar.) suf. que sign. portador.

gerocomía. (De *gero-* y *-comía*.) f. **Med. gerontocomía.**

gerocomio. (De *gero-* y *-comio*.) m. **Terap.** Asilo para ancianos.

geroderma. (De *gero-* y *-derma*.) m. **Pat.** Piel de viejo. Se llama así la piel, también en personas jóvenes, cuando está arrugada y seca.

Gérome (Jean-Léon). Biog. Pintor y escultor francés, n. en Vesoul y m. en París (1824-1904). Discípulo de Delaroche, sobresalió en la representación de escenas de la antigüedad

Sarah Bernhardt, por J.-L. Gérome.
Museo del Luxemburgo. París

y de los pueblos orientales. Obras principales: *Anacreonte*, *Póllice verso*, *Cleopatra y César* y *La puerta de la mezquita*. Como escultor fue premiado por su grupo *Anacreonte, Baco y el Amor*.

geron-. pref. V. **gero-.**

Gerona. Geog. Prov. del NE. de España, una de las cuatro que forman la región catalana.

Situación y límites. Está sit. entre los 41° 40′ y 42° 30′ del lat. N. y los 2° y 3° 25′ de long. E. de Greenwich. Limita al N. con Fran-

El Oñar, en Gerona; al fondo, la torre de San Félix

cia, al E. con el mar Mediterráneo, al S. con dicho mar y la prov. de Barcelona, y al O. con ésta y la de Lérida.

Costas. La costa gerundense, llamada gráficamente Costa Brava, es una de las secciones más bellas y pintorescas del litoral español. El trozo más accidentado corresponde a la península del cabo de Creus.

Extensión y población. La superf. es de 5.886,29 km.², su pobl. absoluta se cifra en 414.397 h. y la densidad media, en 70 h. por km.²

Orografía. Al N. de la prov., y en dirección O.-E., se levantan los denominados Pirineos orientales, formando el verdadero Pirineo catalán, que alcanza alturas superiores a 2.000 m. (Puigmal, 2.909 m.; Canigó, 2.785 m., ya en territorio francés), por cuyas cimas descienden poco a poco en las formaciones montañosas de Costabona (2.464 m.), Falgueras (1.550) y Alberes (1.257). Orográficamente interesante es la región volcánica de Olot, comprendida entre los Pirineos, al N.; el Montseny (1.699 m.). al S.; la cadena costera catalana, al E. (montes Gavarras), y las sierras de las Guillerías, a Poniente.

Hidrografía. Los ríos más importantes de la prov. son: el Murga y el Fluviá, que des. en el golfo de Rosas; el Ter, que pasa por la cap. de la prov., recibiendo cerca de ella a su afl. el Oñar; el Tordera, que, nacido en el macizo del Montseny, desemboca entre Blanes y Malgrat. El lago de Bañolas, junto a la población del mismo nombre, es relativamente extenso.

Clima. Benigno en la costa mediterránea y frío en la zona montañosa de los Pirineos y sus dependencias.

Regiones naturales. En la prov. de Gerona se distinguen las siguientes comarcas naturales: la *Cerdaña*, en la parte nordoccidental, país completamente catalán, bañado por el curso superior del Segre; posee amplias arboledas y abundante ganado; el centro más importante es Puigcerdá. El *Ampurdán*, sit. entre los Pirineos y la cadena litoral, catalana; posee mucho arbolado, abundante ganado y cultivos mediterráneos; el centro del Alto Ampurdán es Figueras; el del Bajo Ampurdán es La Bisbal. La comarca de la *Selva*, en la zona S. de la prov., es una región de bosques, en los que predomina el alcornoque, base de la industria corchotaponera; su centro más importante es Santa Coloma de Farnés. La comarca de *Olot;* la vegetación es frondosa y lozana, con grandes bosques de hayas, robles y encinas; cultivos de frutales y hortalizas, y ganaderías; el centro de la comarca es la ciudad de Olot. La *costa* es la zona de clima más suave de la prov., y en ella crecen el naranjo, la higuera, el pino marítimo, el eucalipto y, en el interior, el alcornoque; el gran centro de esta comarca es Palafrugell. Otras comarcas importantes de esta prov. son: la *Garrotxa*, el *Gironés*, las *Guillerías*, que también pertenece a Barcelona, y el *Ripollés* (v.).

Agricultura y silvicultura. Produce cereales, frutas y hortalizas. La extensión de sus bosques, que cubren las montañas del país, es notable; las especies forestales más típicas son la encina y el alcornoque, aunque se dan también el haya y el roble.

Zootecnia. La abundancia de pastos permite el desenvolvimiento del ganado vacuno en las zonas montañosas y el lanar en las de pastos secos. La cría del cerdo es objeto de grandes cuidados.

Minería. La riqueza del subsuelo es importante, mereciendo citarse como más notable las minas de carbón de San Juan de las Abadesas.

Industria y comercio. La más importante de las industrias gerundenses es la corchotaponera. Otras actividades industriales son la fabricación de papel, harinas, licores, mosaicos, cementos, curtidos, etc. El comercio interior de la prov. es muy activo.

Comunicaciones. El borde oriental de la prov. está recorrido por la línea férrea de Barcelona a Port-Bou; la zona nordoccidental es atravesada por el ferrocarril Barcelona-Puigcerdá, del cual, en Ripoll, parte un ramal a San Juan de las Abadesas. Otras dos vías enlazan con la primeramente indicada: la de Gerona a San Felíu de Guixols y la de Flassa a Palamós por La Bisbal y Palafrugell. En abril de 1967 fue inaugurado el aeropuerto, que lleva el nombre de *Gerona-Costa Brava*. En cuanto a carreteras hay que destacar la autopista Barcelona-Gerona-La Junquera.

División territorial. Está dividida en seis partidos judiciales: La Bisbal, Figueras, Gerona, Olot, Puigcerdá y Santa Coloma de Farnés.

Idioma. En toda la prov. se habla el catalán como lengua materna.

Historia. Poblada desde los tiempos más remotos, tiene ciudades de larga historia que se remonta a los primeros colonizadores mediterráneos: Ampurias y Rosas fueron colonias helénicas. Durante la dominación romana formó parte de la Tarraconense. Los sarrace-

Iglesia de San Nicolás

nos la ocuparon a principios del s. VIII. Perteneció a la Marca Hispánica y más tarde a la gran monarquía catalanoaragonesa. En la guerra de Sucesión figuró al lado del archiduque de Austria. Durante las guerras napoleónicas la prov. se cubrió de gloria con distintos hechos de armas. ‖ Mun. de España, prov. de su nombre; 64.276 h. ‖ C. cap. de la prov. y mun. de su nombre; 37.095 h. Está sit. en la confluencia del Oñar con el Ter. Posee Escuelas Universitarias de Profesorado E. G. B., e Ingeniería Técnica Agrícola, Colegio Universitario de Ciencias y Filosofía y Letras. Tiene también Conservatorio de Música. Sus principales monumentos son la catedral, bello tem-

geronto- —**gestante**

plo gótico del s. XIV; las iglesias de San Félix, San Pedro de Galligans, San Martín y San Nicolás. Entre los edificios civiles figuran el Gobierno civil y la Diputación, la Casa Ayuntamiento; el Palacio de Justicia, del s. XVI; el Instituto, el Teatro Principal. Es digno de citarse el Museo Provincial. En la época romana llevó el nombre de *Gerunda*. Se inmortalizó en 1808 durante la guerra de la Independencia contra los franceses, con el sitio que le pusieron éstos, en el que se hizo famoso el general Álvarez de Castro.

geronto-. pref. V. **gero-**.

gerontocracia. (De *geronto-* y *-cracia*.) f. Forma de gobierno en el cual predominan los ancianos.

gerontofilia. (De *geronto-* y *-filia*.) f. **Pat.** Apetencia anormal de carácter sexual hacia las personas de edad.

gerontología. (De *geronto-* y *-logía*.) f. **Fisiol.** y **Med.** Ciencia de la vejez. Se han destacado por sus experiencias los famosos gerontólogos Korenchevski y A. A. Bogomoletz.

gerontólogo. m. El versado en gerontología.

gerontoterapia. (De *geronto-* y *terapia*.) f. **Med.** Parte de la terapéutica que trata de los medios para prolongar la vida y asegurar la eficacia del individuo en la vejez.

gérrido, da. (Del lat. científico *gerris*, gén. tipo de insectos, e *-ido*.) adj. **Entom.** Dícese de los insectos hemípteros heterópteros, que resbalan sobre la superficie de las aguas dulces o saladas gracias a sus largas y finísimas patas. || m. pl. Familia de estos hemípteros.

gerrosáurido, da. (De *gerrosaurio* e *-ido*.) adj. **Zool.** Dícese de los reptiles saurios, intermedios entre los lacértidos y los escíncidos, cuyo carácter diferencial es la presencia de placas óseas en la cabeza y parte del cuerpo; viven en África. || m. pl. Familia de estos reptiles.

gerrosaurio. (Del lat. científico *gerrhosaurus*, y éste del gr. *gérron*, hecho de mimbre, y *sauros*, lagarto.) **Zool.** Gén. de reptiles saurios, familia de los gerrosáuridos.

Gers. Geog. Depart. de Francia, en la región de Mediodía Pirineos; 6.254 km.² y 178.000 h. Cap., Auch. Debe su nombre al río que lo riega. Está formado por parte de la antigua Gascuña.

gersdorfita. (De los *Gersdorff*, familia austriaca del s. XIX poseedora de la mina donde fue encontrada por vez primera, e *-ita*.) f. **Miner.** Sulfoarseniuro de níquel, de fórmula NiAsS, cúbico, de estructura similar a la cobaltina y a la pirita, aunque mucho más raro. Se encuentra en Ontario, Canadá.

Gershwin (George). Biog. Compositor y pianista estadounidense, n. en Brooklyn, Nueva York, y m. en Hollywood (1898-1937). Se hizo popular con *The man in love*, no obstante su primera composición importante fue *Rapsodia en blue* (1929), a la que siguieron el *Concierto en fa* (1926), para piano y orquesta, y la ópera *Porgy and Bess* (1935). Merecen citarse, también, la fantasía *Un americano en París* (1928), *Segunda rapsodia* y *Obertura cubana*. Entre las películas musicalizadas por él, destacan: *Ritmo loco*, *Los Barkley en Broadway* y *Señorita en desgracia*.

Gerson (Jean Charlier de). Biog. Teólogo francés, n. en Gerson, cerca de Reims, y m. en Lyón (1363-1429). Entre sus obras se destacan principalmente: *Sententia de modo se habendi témpore schismatis* y *De párvulis ad Christum trahendis*. Es uno de los autores a los que con más insistencia se ha atribuido *La imitación de cristo* o *Kempis*.

Gerstäcker (Friedrich). Biog. Viajero y novelista alemán, n. en Hamburgo y m. en Brunswick (1816-1872). Sus obras son relaciones de viajes y novelas basadas en los recuerdos de sus interesantes aventuras. Destacan: *Die Regulatoren in Arkansas; Amerikanische Wald- und Strombilder*, y la novela *Unter dem Äquator* (1861).

Gerstenberg (Heinrich Wilhelm von). Biog. Crítico y poeta alemán, n. en Tondern y m. en Altona (1737-1823). Se dio a conocer con su libro *Bagatelas*, que Lessing alabó mucho en sus *Cartas sobre la literatura*. Otras obras: *Ariadna auf Naxos* (1767), *Ugolino* (1768), tragedia, y *Minona*, melodrama. Fue el teorizador del movimiento literario *Sturm und Drang*.

Gerunda. (Voz latina.) **Geog. hist.** C. de España, la actual Gerona.

gerundense. (Del lat. *gerundensis*, de *Gerunda*, Gerona.) adj. Natural de Gerona, o perteneciente a esta c. o a su prov. Ú. t. c. s.

gerundiada. (De *Gerundio*.) f. fam. Expresión gerundiana.

gerundiano, na. (De *Gerundio*.) adj. fam. Aplícase al estilo hinchado y ridículo.

gerundio. fr., *gérondif;* it., *gerundio;* i., *gerund;* a., *Gerundium*. (Del lat. *gerundĭum*.) m. **Gram.** Forma verbal invariable del modo infinitivo, cuya terminación regular es *ando* en los verbos de la primera conjugación, e *iendo* en los de la segunda y tercera. Denota la idea del verbo en abstracto y, por lo común, como ejecutándose de presente; pero puede referirse a cualquier tiempo así como a cualquier género y número, según el sentido de la frase de que forme parte. Tiene más generalmente carácter adverbial por cuanto modifica la significación del verbo, expresando modo, condición, motivo o circunstancia. Empléase a veces como ablativo absoluto. (V. **gerundivo**.)

gerundio. (Por alusión a fray *Gerundio* de Campazas, creación del padre Isla.) m. desus. fig. y fam. Persona que habla o escribe en estilo hinchado, afectando inoportunamente erudición e ingenio. Dícese más especialmente de los predicadores y de los escritores de materias religiosas o eclesiásticas.

gerundivo. (Del lat. *gerundīvus*.) m. **Gram.** Forma verbal lat. consistente en un p. p. de fut. pasivo en *-ndus*, que desempeña la función de adjetivo atributivo: *virtus colenda* (virtud que debe ser cultivada), o como predicativo: *virtus colenda est* (la virtud debe ser cultivada).

gerusía. (Del gr. *gerousía*, senado, de *géron*, -*ontos*, anciano.) f. **Hist.** Nombre dado en Esparta a la asamblea formada por 28 miembros ancianos elegidos entre los más linajudos; su autoridad era superior a la del rey y a la del pueblo. La elección se realizaba por aclamación, haciéndoles cruzar la asamblea popular y siendo elegidos los más aplaudidos según el jurado encerrado en una casa próxima.

ges. m. pl. **Etnog.** V. **ge**.

Gesaleico. Biog. Rey visigodo, que ocupó el trono de 507 a 511 en que murió. Era hijo natural de Alarico II y fue proclamado, en detrimento del mejor derecho de su hermano Amalarico, hijo legítimo. Teodorico, rey ostrogodo de Italia, intervino en defensa de su nieto Amalarico; sus tropas vencieron y dieron muerte al usurpador, y él ejerció la regencia hasta su muerte, con beneficiosos resultados, pues en esa época se contuvo la expansión de los francos, iniciada en los reinados de Alarico II y Gesaleico y proseguida en el de Amalarico.

Gesner (Konrad von). Biog. Médico, naturalista y zoólogo suizo, n. y m. en Zurich (1516-1565). Escribió *Bibliotheca universalis* (1545), *Historia animálium* (1551-87), y *Catálogus plantárum*. En su honor, se dio el nombre de gesneriáceas a una familia de plantas.

Gesaleico, grabado de M. Bra, según un dibujo de R. Ximeno

gesneriáceo, a. (Del lat. científico *gesneria*, gén. tipo, y *-áceo;* aquél de K. von *Gesner*.) adj. **Bot.** Se dice de las plantas exóticas del orden de las tubifloras, filo de las contortales, herbáceas, raramente leñosas; de hojas generalmente opuestas, enteras; inflorescencias cimosas o flores solitarias, casi siempre grandes y vistosas; y fruto en cápsula. || f. pl. Familia de estas plantas.

gesolreút. (De la letra *g* y de las notas musicales *sol*, *re*, *ut*.) m. **Mús.** En la música antigua, indicación del tono que principia en el quinto grado de la escala diatónica de *do* y se desarrolla según los preceptos, del canto llano y del canto figurado.

Gessler. Geog. Pobl. de Argentina, prov. de Santa Fe, depart. de San Jerónimo; 1.038 habitantes.

Gessner (Salomon). Biog. Poeta y escritor suizo, n. y m. en Zurich (1730-1788). Entre sus obras principales figuran los poemas, escritos en alemán, *La noche*, *Dafnis*, *Idilios* (1756-72) y *La muerte de Abel* (1758).

gesta. (Del lat. *gesta*, hechos señalados, hazañas.) f. Conjunto de hechos memorables de algún personaje. || **Lit.** Conjunto de tradiciones y relatos épicos cantados en poemas en verso, en que se ensalzaban las glorias nacionales. Aparecieron primeramente en Francia, en la época de Carlomagno. Ú. t. en la expr. *cantares de gesta*. (V. **cantar**, **romance de gesta**).

gestación. fr. e i., *gestation;* it., *gestazione;* a., *Schwangerschaft*. (Del lat. *gestatĭo*, *-ōnis*, de *gerĕre*, llevar.) f. Acción y efecto de gestar o gestarse. || En la antigua Roma, ejercicio higiénico de hacerse pasear en litera. || **Fisiol.** y **Zool.** Embarazo, preñez. || Tiempo que dura la preñez o desarrollo embrionario de los mamíferos. Se relaciona con el tamaño de los individuos, pero no con su longevidad; p. e. la de la rata dura 21 días; la del perro, 63; la del hombre, 9 meses; la del elefante, 22 meses, etcétera. En los marsupiales, la ausencia de placenta impide la nutrición del embrión y esto le obliga a nacer a los pocos días de la fecundación (v. **embrión**).

gestadura. (De *gesto*, rostro.) f. ant. Cara o rostro.

gestágeno. (De *gestación* y *-geno*.) m. **Med.** Substancia que favorece la gestación; p. e., la progesterona.

Gestalgar. Geog. Mun. y villa de España, prov. de Valencia, p. j. de Liria; 911 h. (*gestalginos*).

Gestalt. f. **Filos.** Voz alemana que sign. estructura, forma. (V. **filosofía de la forma**.)

gestaltismo. m. **Filos.** estructuralismo.

gestaltista. adj. **Filos.** estructuralista.

gestante. p. a. de **gestar**. Que gesta. Ú. m. c. s. f.

Gestapo. (abr. de *Geheime Staatspolizei,* policía secreta del Estado.) **Hist.** Nombre de la policía política nazi, fundada en 1933 por Goering.

gestar. (Del lat. *gestāre,* llevar.) tr. Llevar y sustentar la madre en sus entrañas el fruto vivo de la concepción hasta el momento del parto. ‖ prnl. fig. Prepararse, desarrollarse o crecer sentimientos, ideas o tendencias individuales o colectivas.

gestatorio, ria. (Del lat. *gestatorĭus.*) adj. Que ha de llevarse a brazos.

gestear. intr. Hacer gestos.

gestero, ra. adj. Que tiene el hábito o vicio de hacer gestos.

gesticulación. (Del lat. *gesticulatĭo, -ōnis.*) f. Acción y efecto de gesticular.

gesticulante. p. a. de **gesticular.** Que gesticula.

gesticular. (Del lat. *gesticŭlus,* dim. de *gestus,* gesto.) adj. Perteneciente al gesto.

gesticular. fr., *gesticuler;* it., *gesticolare;* i., *to gesticulate;* a., *gestikulieren, Gebärden machen.* (Del lat. *gesticulāri.*) intr. Hacer gestos.

gesticuloso, sa. adj. Que gesticula.

Gestido (Óscar Daniel). Biog. Militar y político uruguayo, de origen español, n. y m. en Montevideo (1901-1967). Tras varios empleos de importancia en su país, como jefe del Estado Mayor General (1955), fue elegido presidente de la República en 1966 y tomó posesión del cargo el 1 de marzo de 1967.

gestión. fr., *demarche, gestion;* it., *sollecitazione;* i., *step;* a., *Schritt.* (Del lat. *gestĭo, -ōnis.*) f. Acción y efecto de gestionar. ‖ Acción y efecto de administrar. ‖ **de negocios.** *Der.* Cuasi contrato que se origina por el cuidado de intereses ajenos sin mandato de su dueño.

gestionar. (De *gestión.*) tr. Hacer diligencias conducentes al logro de un negocio o de un deseo cualquiera.

gesto. fr., *grimace, mine;* it., *gesto, smorfia;* i., *face, grimace;* a., *Gebärde;* pl., *Gesicht.* (Del lat. *gestus.*) m. Movimiento del rostro o de las manos con que se expresan los diversos afectos del ánimo. ‖ Movimiento exagerado del rostro por hábito o enfermedad. ‖ Contorsión burlesca del rostro. ‖ Semblante, cara, rostro. ‖ ant. fig. Aspecto o apariencia que tienen algunas cosas inanimadas. ‖ Acto o hecho. ‖ Rasgo notable de carácter o de conducta.

gestor, ra. (Del lat. *gestor, -ōris,* procurador.) adj. Que gestiona. Ú. t. c. s. ‖ **Com.** Miembro de una sociedad mercantil que participa en la administración de ésta. ‖ **administrativo.** *Der.* Persona que profesionalmente, con título oficial, y licenciada en derecho, se encarga de la tramitación de asuntos administrativos ajenos, tales como certificaciones ministeriales, documentos, expedientes, etc. ‖ **de negocios.** El que sin tener mandato para ello, cuida bienes, negocios o intereses ajenos, en pro de aquel a quien pertenecen.

gestoría. f. Oficina del gestor.

Gestosa. Geog. Sierra de España, en el sistema galaicoastúrico; 1.340 m. de alt.

gestosis. (Del lat. *gestāre,* llevar consigo, y *-osis.*) F. **Pat.** Término utilizado para designar los estados tóxicos del embarazo. Es término similar a toxicosis o toxemias gravídicas.

gestudo, da. adj. fam. Que acostumbra poner mal gesto. Ú. t. c. s.

geta. (Del lat. *geta.*) adj. **Etnog.** Dícese de un pueblo escita que habitaba, durante la dominación romana, al E. de la Dacia (actual Bulgaria). Apl. a pers., ú. t. c.s. ‖ Perteneciente o relativo a este pueblo.

Getafe. Geog. Mun. de España, prov. y p. j. de Madrid; 69.424 h. ‖ Villa cap. del mismo; 68.680 h. (*getafenses*). Iglesia de Santa María Magdalena, planeada por Herrera. Colegio de Escolapios, fundado en 1737. Aeródromo militar. En el próximo *Cerro de los Ángeles,* centro geográfico del país, el rey Alfonso XIII consagró España al Sagrado Corazón de Jesús, el 30 de mayo de 1919, e inauguró el monumento conmemorativo de este acto.

gético, ca. (Del lat. *getĭcus.*) adj. Perteneciente o relativo a los getas.

Getsemaní. (Del hebr. *gat,* prensa, y *semén,* aceite.) **Hist.** y **Rel.** Olivar de las afueras de Jerusalén donde Jesús solía retirarse a orar con sus discípulos. En él tuvo su agonía y allí le prendieron los judíos.

Gettysburg. Geog. C. de EE. UU., en el de Pensilvania, cap. del cond. de Adams; 7.275 h. Seminario teológico luterano, fundado en 1826, y Colegio de Pensilvania, también luterano, creado en 1832. Durante la guerra civil se libró aquí una importante batalla, ganada por los federales a las órdenes de Meade sobre los confederados mandados por R. E., Lee.

getulo, la. (Del lat. *getūlus.*) adj. Natural de Getulia, país de África antigua, al sur de la Numidia, o perteneciente a este país. Ú. t. c. s.

GeV. (Siglas de *giga,* gigante, *electrón* y *voltio.*) **Fís.** Unidad de energía, equivalente a mil millones de electronvoltios.

g. g. Med. Siglas de *globulina gamma* (v.).

gh. Filol. Grafía utilizada en algunas lenguas europeas, bien como propia, o para la transcripción de algún fonema exótico, p. e., de lenguas orientales. En general, equivale aproximadamente al sonido de nuestra g suave (ga, gue, gui, go, gu); p. e., éste es el sonido de esta grafía utilizada en italiano ante *e* o *i* (Ghiberti, Ghirlandaio). Como transcripción en castellano de sonidos orientales, la Real Academia Española parece permitir la supresión de la h en vocablos ya aclimatados en nuestra lengua, al aceptar, p. e., la voz *afgano.*

Getafe. Monumento al Sagrado Corazón, en el Cerro de los Ángeles

Batalla de Gettysburg, pintura de la época

Ghana

Ghana. (*Republic of Ghana.*) **Geog.** Estado de África occidental, miembro de la Commonwealth británica.

GENERALIDADES

Situación y límites. Est. sit. en el golfo de Guinea, entre los 4° 40′ y 10° 40′ de latitud N. y los 3° 21′ y 1° 10′ de longitud E. Limita al N. con Volta; al E., con Togo; al S., con el océano Atlántico, y al O., con Costa de Marfil.

Superficie y población. Superf., 238.538 km.²; pobl. absoluta, 8.545.561 h. (10.810.000 calculados en 1979); pobl. relativa; 35,8 h. por km.²

Presa en el río Volta

GEOGRAFÍA FÍSICA

La costa presenta un aspecto vario. Entre el cabo de Saint Paul y el de Three Points está constituida por rocas desnudas y arrecifes, mientras al O. y al E. de dichos cabos abundan las playas y lagunas. De la costa parte la cadena de los montes Akuapen, que se dirige al NO. y va a enlazarse, al otro lado del río Volta, con las montañas de Dahomey. Al O. del mismo río, la cadena se une también con los montes Okuahu, que forman una meseta de 660 m. de alt. Más al O., la meseta de los Achantis está flanqueada al S. por cimas poco elevadas, entre las cuales destacan los montes Adansi. Los ríos más caudalosos son el Tano, el Pra y el Volta. El clima es tropical y se caracteriza por dos estaciones lluviosas y dos secas, correspondiendo las lluvias a la primavera (grandes lluvias) y al otoño (menores en intensidad).

GEOGRAFÍA ECONÓMICA

Agricultura y silvicultura. La superf. cultivada abarca 2.835.000 hect. (11,9 % de la superf. territorial). Se cultiva sorgo (81.000 ton. en 1977), maíz (395.000), arroz (60.000), cacahuete (60.000 ton.), batatas, una especie de nogal, de cuyo fruto se obtiene un producto parecido a la mantequilla, mandioca (1.800.000 ton.), café, y sobre todo, cacao, del que Ghana es el mayor productor del mundo (320.000 ton.). Es importante el cultivo del limonero (32.000 h.). La superf. forestal ocupa 2.447.000 hect. (10,3 % de la superf. territorial) y la principal especie es la caoba.

Zootecnia y pesca. La ganadería está compuesta de ganado ovino (1.200.000 cabezas), cabrío (2.000.000), bovino (1.100.000), de cerda (400.000) y asnal (25.000). En la zona costera, la pesca (sardinas, atún, etc.) contribuye en buena medida a la alimentación de la población (237.697 ton. en 1976).

Minería. El subsuelo es rico en yacimientos minerales. Se extrae manganeso (199.300 ton. en 1975) en Nsuta; bauxita (325.000) en Awaso; oro (16.295 kilogramos), y diamantes (2.328.000 quilates) en Akwatia.

Industria. La potencia eléctrica instalada, en 1975, era de 995.000 kw., y la producción de energía, fue de 4.050 millones de kwh., de los cuales 4.000 procedieron de fuente hidroeléctrica. Posee además fábricas de cemento y aluminio. Cerveza (500.000 hl.).

Comercio. Las cifras del comercio exterior, expresadas en miles de nuevos cedis, durante el período 1972-75, fueron: Importaciones, 392.840; 523.290; 948.680; y 925.800. Exportaciones, 513.980; 660.070; 747.170; 874.000. Los principales productos exportados, en 1974, fueron cacao, oro, diamantes, maderas y manganeso.

Moneda. La unidad monetaria desde julio de 1965 es el cedi nuevo, dividido en 100 pesewas, y que equivale a 0,870897 g. de oro fino.

Comunicaciones y transportes. El puerto principal es el de Takoradi; posee otro en Tema, a 27 km. al E. de Acra. Ferrocarriles: 1.300 km. Carreteras: 35.015 km. Vehículos de motor: 99.400 en 1975, de los que 55.500 eran turismos. Aeropuertos: Takoradi, Tamale, Kumasi y Acra; este último de categoría internacional.

GEOGRAFÍA POLÍTICA

Etnografía. Negros sudaneses en absoluta mayoría. Hay 27.000 no africanos.

Idioma. La lengua oficial es el inglés, no obstante, están en uso dialectos sudaneses y el kwa.

Religión. Mahometanos y paganos; 700.000 protestantes y 1.074.742 católicos; estos últimos dependen del arzobispado de Cape Coast, que tiene como sufragáneas las diócesis de Acra, Tamale, Wa, Keta, Kumasi, Navrongo, Sekondi-Takoradi y Sunyani.

Gobierno. Ghana nació como Estado independiente el 6 de marzo de 1957, y el 1 de julio de 1960 se constituyó en república. La Constitución del 22 de agosto de 1969, instaurada por el régimen militar que derrocó a Nkrumah en 1966, fue suspendida por el nuevo régimen que ascendió al poder tras el golpe de Estado del 13 de enero de 1972, pues todos los poderes residen en un Consejo de Redención Nacional.

División territorial. Administrativamente, el país está dividido en nueve regiones, como indica el cuadro que figura a continuación.

Capital y poblaciones importantes. La cap. es Acra (848.825 h.). Otras poblaciones importantes, además de las mencionadas en el cuadro siguiente, son: Takoradi (40.937 h.),

Regiones	Superficie — Km.²	Población — Habitantes	Capitales y su población
Acra	—	848.825	Acra (848.825 h.).
Ashanti	24.390	1.477.397	Kumasi (342.986).
Brong-Ahafo	39.557	762.673	Sunyani (61.772).
Central	9.881	892.593	Cape Coast (71.594).
Occidental	23.921	768.312	Sekondi (161.071).
Oriental	22.515	1.262.882	Koforidua (69.804).
Septentrional	70.383	728.572	Tamale (98.818).
Superior	27.319	857.295	Bolgatanga (93.182).
Volta	20.572	947.012	Ho (46.348).
Totales	238.538	8.545.561	

Mina de diamantes, en Akwatia

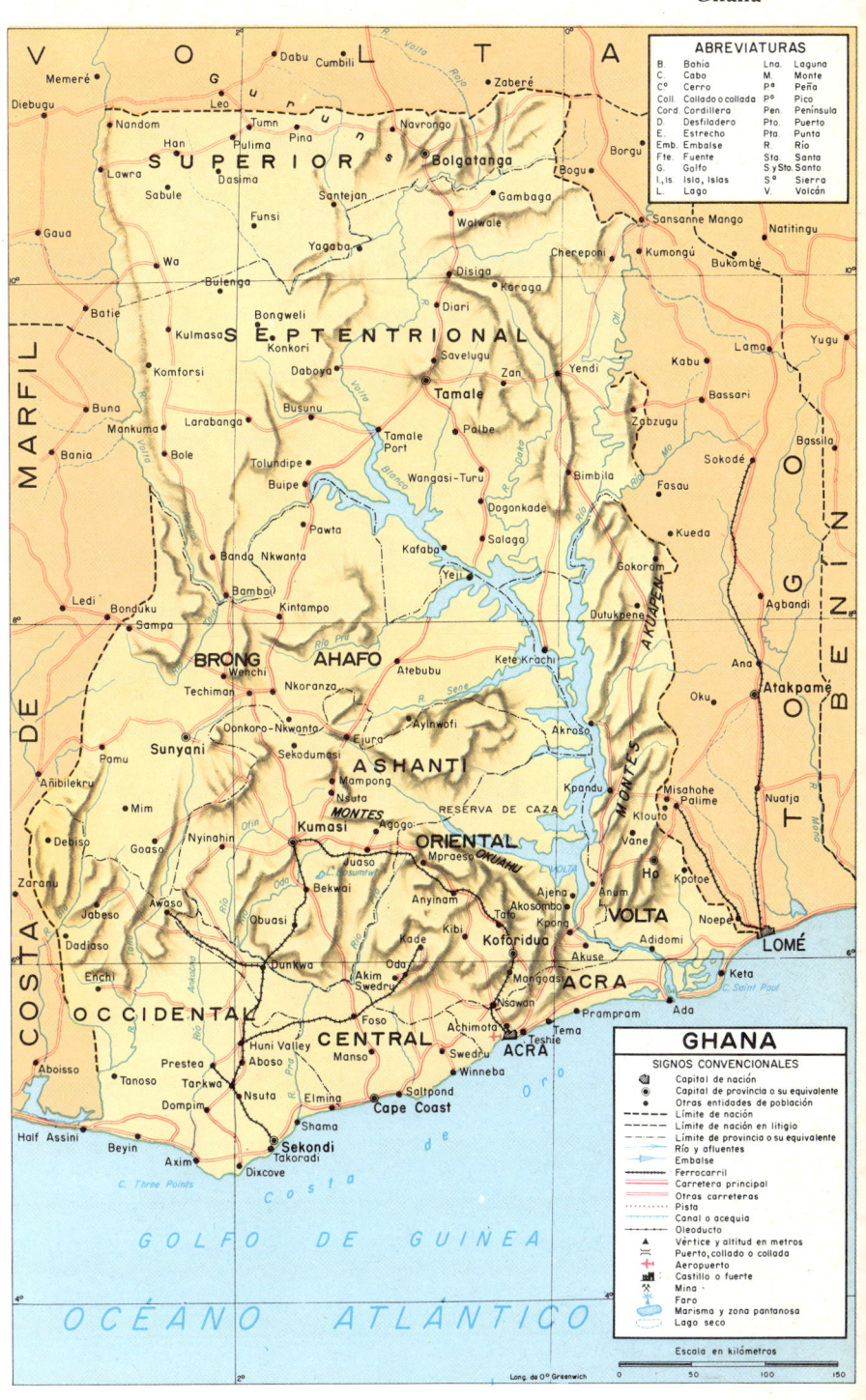

Winneba (25.376), Obuasi (22.818), Nsawam (20.240) Teshie (19.823).

Historia. Ghana fue uno de los más interesantes y antiguos reinos del África occidental, fundado hacia el año 300 por tribus africanas de raza blanca —libioberéberes, seguramente—, las cuales reinaron hasta el s. XI, en que el territorio cayó en poder de tribus de raza negra, los soninké. En 1076 lo conquistaron los almorávides. Los soninké se apoderaron de nuevo del pequeño Estado en el s. XIII y reinaron en él hasta que los malinké, del vecino reino de Malí, los redujeron a la categoría de Estado tributario. En 1470 llegaron a sus costas los portugueses y, en 1595, los holandeses, que desalojaron a aquéllos; pero franceses, daneses e ingleses les disputaron su posesión. Francia abandonó el país en el s. XVIII. Dinamarca cedió su parte a Inglaterra (1851) y Holanda se la vendió en 1871. Dueña Inglaterra de Costa de Oro, la constituyó en colonia (1894), estableció su protectorado sobre el interior (1897) y, por último, se anexionó todo el territorio como colonia (1901). Ya en curso el proceso de independencia, la Asamblea de las Naciones Unidas (diciembre de 1956) aprobó el término de la administración británica en el fideicomiso de Togo y su unión a Costa de Oro para constituir el Estado de Ghana, lo que tuvo lugar el 6 de marzo de 1957, y su primer Gobierno estuvo presidido por el doctor Kwame Nkrumah. Ghana y Guinea acordaron constituirse en el núcleo de unión de África occidental (23 de noviembre de 1958). El 1 de julio de 1960 fue proclamada la república, pero sin separarse de la Commonwealth, y Nkrumah se convirtió en su presidente. El presidente asistió a la Conferencia de Addis Abeba y suscribió la Carta de África, por la cual se creó la Organización de la Unidad Africana (25 de mayo de 1963). El 10 de junio de 1965, Nkrumah fue reelegido presidente de la República por la Asamblea Nacional. Poco después el coronel Kotoka, al frente del Ejército y la policía, dio un golpe de Estado, aprovechando el momento en que el presidente Nkrumah se encontraba realizando un viaje a la R. P. China (24 de febrero de 1966), y se hizo cargo del poder el Consejo Nacional de Liberación, que designó presidente al general Joseph Ankrah. Siguiendo el plan de democratización, el general Ankrah entregó el poder al brigadier A. A. Afrifa en abril de 1969.

Escultor en un taller de Kumasi

Residencia del jefe del Gobierno

ghanés–gibá

En agosto de este mismo año se celebraron elecciones para restituir el gobierno a manos civiles. Triunfó en ellas el doctor Kofi A. Busia, militante en la oposición a Nkrumah, que fue nombrado primer ministro el 3 de septiembre. El 28 de agosto de 1970 fue nombrado presidente de la República, por un período de cuatro años, Edward Akufo Addo. El 1 de enero de 1972, un nuevo golpe de Estado, dirigido por el coronel Ignatius Kutu Acheampong, derrocó al régimen constituido, el cual no había sabido solucionar las crisis económicas del país. En julio de 1978 dimitió Acheampong y tomó el cargo de presidente de la nación el general Fred W. K. Akuffo. El 4 de junio de 1979, el teniente de vuelo Jerry Rawlings, al frente de un grupo de militares jóvenes, derrocó a Akuffo y tomó el poder del país. El 16 del mismo mes, el ex presidente Acheampong fue juzgado y ejecutado, acusado de corrupción. Dos días después se celebraron elecciones presidenciales, venciendo el candidato del Partido Nacional del Pueblo, Hilla Limann, quien ocupó el cargo el 24 de noviembre del mismo año.

JEFES DE ESTADO

1960-1966	Kwame Nkrumah.
1966-1969	Joseph Arthur Ankrah.
1969-1970	Akwasi Amankwa Afrifa.
1970-1972	Edward Akufo Addo.
1972-1978	Ignatius Kutu Acheampong.
1978-1979	Fred W. K. Akuffo.
1979	Jerry Rawlings.
1979	Hilla Limann.

ghanés, sa. adj. Natural de Ghana, o perteneciente a esta nación. Ú. t. c. s.
Ghanzi. Geog. Dist. de Botswana; 104.747 km.² y 12.000 h. || C. cap. del mismo; 900 h.
Gharbiya. Geog. Gob. de Egipto; 1.994 km.² y 2.080.000 h. Cap., Tanta. Está sit. en el delta del Nilo. Algodón, arroz y cereales.

Moisés en el Sinaí, detalle de la puerta del Paraíso, por L. Ghiberti. Baptisterio de Florencia

Ghardagah. Geog. C. de Egipto, cap. del gob. de Mar Rojo; 4.087 h.
Ghates. Geog. Cadena de montañas de Asia (Deccan, India), llamadas occidentales las próximas al mar de Omán, y orientales las del golfo de Bengala.
Ghazni. Geog. Prov. de Afganistán; 31.329 km.² y 1.205.492 h. || C. cap. de la misma; 41.000 h.
Gheorghiu-Dej (Gheorghe). Biog. Político rumano, n. en Birlad y m. en Bucarest (1901-1965). Ingresó en el partido comunista en 1930 y, en 1933, dirigió el frente contra el fascismo, siendo condenado el mismo año a doce años de prisión. Durante su reclusión organizó el movimiento de resistencia contra los alemanes. Desde 1955 fue secretario general del partido comunista y desde 1961 hasta su fallecimiento, presidente de Rumania.
ghetto. m. **gueto.**
Ghiberti (Lorenzo). Biog. Escultor italiano, n. y m. en Florencia (1378-1445). Premiado en el concurso para la segunda puerta del baptisterio de Florencia, representó pasajes del Nuevo Testamento, los cuatro evangelistas y cuatro doctores de la Iglesia, con marcado carácter gótico. Esculpió también la tercera puerta, con temas del Antiguo Testamento.
ghímel. Filol. Nombre de la tercera letra del abecedario hebreo. Equivale a la *gamma* del alfabeto griego.
Ghiraldo (Alberto). Biog. Poeta y literato argentino, n. en Buenos Aires y m. en Santiago de Chile (1875-1946). Vivió varios años en España incorporado a los escritores de la llamada generación del 98, donde dirigió la publicación de las obras completas de su gran amigo Rubén Darío. Se le debe: *Música prohibida* (1904), *Carne doliente* (1906), *La columna de fuego, Alma gaucha* (1907), *Triunfos nuevos* (1910), *Resurrección y Sangre y oro*. De estilo castizo y vibrante, concisión y nervio, es Ghiraldo uno de los escritores modernos más interesantes.

Ghirlandaio o **Ghirlandajo (Domenico).** Biog. **Bigordi (Domenico di Tommaso).**
Ghor. Geog. Prov. de Afganistán; 41.040 km.² y 315.000 h. Cap., Chakhcharan.
gía. f. Bot. *Cuba.* Nombre de varias especies pertenecientes al gén. *casearia*, de la familia de las samidáceas.
Gia Dinh. Geog. Prov. de Vietnam del Sur, en la región de Vietnam Meridional; 1.445 km.² y 1.345.000 h.
Giacometti (Alberto). Biog. Escultor y pintor suizo, n. en Stampa y m. en Coira (1901-1966). Se cuenta entre las grandes figuras del suprarrealismo. Entre sus mejores obras se citan: *El dedo tendido, La mujer que camina* y *Manos estrechando el vacío*.
Giacquinto (Corrado). Biog. Pintor italiano, n. en Molfeta y m. en Nápoles (1703-1765). Llamado por Felipe V, residió en Madrid de 1753 a 1762; gozó también de gran estima y favor en la corte de Fernando VI. Su especialidad fue la decoración al fresco.
Giachetti (Fosco). Biog. Actor de cine italiano, n. en Liorna y m. en Roma (1904-1974). Películas principales: *Sin novedad en el Alcázar* (1940), *Un tiro en reserva* (1942) y *Carne de horca* (1953).
Giaever (Ivar). Biog. Científico noruego, n. en Bergen en 1929. Doctorado en Física en 1964, trabaja actualmente para la General Electric en Schenectady, Nueva York. En 1973 compartió el premio Nobel de Física con el japonés Leo Esaki, por sus trabajos sobre semiconductores y superconductores, y el inglés Brian Josephson.
Giamberti (Antonio). Biog. Arquitecto italiano, más conocido por *Antonio da Sangallo el Viejo*, hermano de Giuliano y tío de A. Cordiani, n. y m. en Florencia (1455-1535). Fue especialista en arquitectura militar. || **(Giuliano).** Arquitecto italiano, más conocido por *Giuliano da Sangallo*, y hermano de Antonio, n. y m. en Florencia (1445-1516). Fue el más puro y acabado representante renacentista florentino. Trabajó en San Pedro (Roma) y ejecutó la *Iglesia de Nuestra Señora de las Cárceles* (Prato).
Giambologna. Biog. **Boulogne (Jean).**
Gianneo (Luis). Biog. Compositor y director de orquesta argentino, n. y m. en Buenos Aires (1897-1968). Compuso: *Turay-Turay, El tarco en flor, Concierto aimará*, cuartetos para cuerdas y sonatas para varios instrumentos.
Giap (Vo Nguyen). Biog. Político y militar vietnamita, n. en An Xa en 1912. Ingresó en el partido comunista en 1937, terminó la licenciatura de Derecho (1938) y, al producirse la invasión japonesa, se convirtió en guerrillero en el Tonkín (1940). Con Ho Chi Minh fue ministro del Interior y del Ejército, y se distinguió como organizador de éste (1945-1946). Titular del ministerio de Defensa del gobierno de Hanoi y comandante en jefe de las fuerzas de la República Popular, fue el artífice de la victoria contra los franceses en Dien Bien Fu (1954), así como el de la obtenida contra Vietnam del Sur en Saigón (1975), que puso fin a la prolongada guerra de Indochina.
Giauque (William Francis). Biog. Químico canadiense, n. en Niagara Falls en 1895. Descubrió los dos isótopos pesados del oxígeno (1929), hecho que dio lugar tres años más tarde al descubrimiento del hidrógeno pesado por Urey. Sus estudios sobre el proceder de la materia a temperaturas muy próximas al cero absoluto le valieron el premio Nobel de Química en 1949.
giba. (Del lat. *gibbus*, joroba.) f. Joroba, corcova. || fig. y fam. Molestia, incomodidad. || *Germ.* Bulto, hinchazón. || **alforja.**
gibá. m. Bot. *Cuba.* Nombre de varias plantas de la familia de las eritroxiláceas.

gibado–gigante

gibado, da. (De *giba*.) adj. Jorobado, corcovado.
gibaldera. f. **Bot.** *Can.* Nombre del rusco indígena.
gibao. m. **Danza.** V. **pie de gibao.**
gibar. (De *giba*.) tr. **corcovar.** || fig. y fam. Fastidiar, vejar, molestar.
Gibara. Geog. Mun. y villa de Cuba, prov. de Oriente, p. j. de su nombre; 39.942 habitantes.
Gibbon (Edward). Biog. Literato e historiador inglés, n. en Putney y m. en Londres (1737-1794). Publicó *Historia de la decadencia del Imperio romano* (1776-88), *Ensayo sobre el estudio de la Literatura* (1761), *Memorias literarias de la Gran Bretaña*, etc. Sus obras son valiosas por la abundancia de datos, el equilibrio expositivo y la elegancia expresiva.
Gibbs (Josiah Willard). Biog. Físico y matemático estadounidense, n. y m. en New Haven, Connecticut (1839-1903). Profesor de la Universidad de Yale. Su obra principal es: *Sobre el equilibrio de los sistemas heterogéneos* (1876-78), en la cual sienta los fundamentos de la *regla de las fases*, que lleva su nombre.
gibelino, na. (Del i. *ghibellino*, de la c. de *Waiblingen*.) adj. **Hist.** Partidario de los emperadores de Alemania, en la Edad Media, contra los güelfos, defensores de los papas. Ú. t. c. s. || Perteneciente o relativo a los gibelinos.
giberélico, ca. (Del lat. científico *gibberella fujikuroi*, nombre de un hongo, e *-ico*.) adj. **Quím.** V. **ácido giberélico.**
gibón. (Del i. *gibbon*.) m. **Zool.** Nombre de varios primates antropoides de la familia de los póngidos, subfamilia de los hilobatinos. La mayoría pertenecen al gén. *hylóbates*, y las especies principales son: *el gibón de manos blancas*, de pelo castaño obscuro o negro, con barba,

Gibón

pies y manos blancos (*h. lar*); el *huloc*, de pelo castaño unas veces y amarillento otras (*h. hoolok*); el *guau-guau* o *gibón ceniciento* (*h. leuciscus*), etcétera. También se llama gibones a los *simangos*.
gibosidad. f. Cualquiera protuberancia en forma de giba.
giboso, sa. (Del lat. *gibbōsus*.) adj. Que tiene giba o corcova. Ú. t. c. s.

Gibraleón. Geog. Mun. de España, prov. y p. j. de Huelva; 8.602 h. || Villa cap. del mismo; 8.329 h. (v. **panturrano**).
Gibraltar. (Del ár. *Gebel al-Tarik*, la montaña de Tarik, el conquistador de la región.) **Geog.** Estrecho que pone en comunicación el Mediterráneo con el Atlántico y separa España de África. Tiene una anchura mínima de unos 15 km. y una profundidad media de cerca de 300 m. || Península y terr. español en la costa S. de España, en poder del R. U. También se dice *Peñón de Gibraltar* o simplemente *el Peñón*, o *la Roca*; 6 km.^{2} y 27.965 h. sin contar la guarnición militar. Políticamente constituye

Escudo de Gibraltar, territorio español en poder del R. U.

una colonia autónoma del R. U. La unidad monetaria es la libra esterlina. La población es, en gran proporción, de lengua española y religión católica. La nueva Constitución de 1969 concede autonomía a la Colonia en lo que respecta a los asuntos internos.
Historia. La Roca fue ocupada el 4 de agosto de 1704 por una flota angloholandesa que apoyaba al archiduque Carlos de Austria, pretendiente al trono, en la guerra de Sucesión de España. Por el artículo 10 del Tratado de Utrecht (1713), que puso fin a la guerra de Sucesión, España reconoció a Inglaterra «la plena y entera *propiedad* de la ciudad y castillo de Gibraltar, juntamente con su puerto, defensa y fortalezas que le pertenecen»; pero a continuación añade que dicha propiedad «se cede a la Gran Bretaña *sin jurisdicción alguna territorial*». Esta aparente contradicción no lo es si se considera que el distingo entre jurisdicción y derecho de propiedad figura en las obras del gran jurisconsulto holandés del s. XVII Hugo Grocio, tenido en aquellos tiempos por máxima autoridad en derecho inter-

El Peñón, visto desde La Línea

nacional. Por tanto, lo que España cedió a Inglaterra no fue la soberanía, sino el derecho al uso militar. Tras varias resoluciones al respecto, el 5 de diciembre de 1974 la O. N. U. volvió, una vez más, a insistir en la recomendación de que las dos partes entablasen un sincero diálogo sobre la descolonización del Peñón. El rey don Juan Carlos I, en su primer mensaje ante las Cortes (22 de noviembre de 1975), reivindicó Gibraltar y lo recordó como objetivo irrenunciable para la restauración de la integridad territorial. || Mun. de Venezuela, est. de Zulia, dist. de Sucre; 7.096 h. || Pobl. cap. del mismo; 653 h. || **(Campo de).** V. **Campo de Gibraltar.**
gibraltareño, ña. adj. Natural de Gibraltar, o perteneciente a esta ciudad. Ú. t. c. s.
Gidda. Geog. Yeddah.
Gide (André). Biog. Novelista y ensayista francés, n. y m. en París (1869-1951). Ejerció una influencia en la literatura europea igual aproximadamente en duración, pero superior en intensidad, a la ejercida por Valéry. Partidario de una libertad absoluta frente a la moral, sin reconocer más freno que el sentimiento de la belleza, llegó al panegírico del «acto gratuito» y la homosexualidad, aberración que confesó públicamente. En *Los alimentos terrestres* (1897) refleja ya su orientación como seguidor de Nietzsche y Oscar Wilde. Son también obras representativas *El inmoralista*, su primera novela, seguida de *La puerta estrecha* (1909), *Los sótanos del Vaticano* (1913), *Sinfonía pastoral* (1919), *Los monederos falsos* (1926) y *La escuela de las mujeres* (1929). Tiene gran interés autobiográfico su *Diario*. Fue galardonado con el premio Nobel de Literatura en 1947.
Giellerup (Karl). Biog. Gjellerup (Karl).
giennense. adj. **jiennense.**
Gierek (Edward). Biog. Político e ingeniero de minas polaco, n. en Porabka en 1913. Organizador, durante la S. G. M., de los grupos de la Resistencia polaca en Bélgica, estableció después el Partido de Trabajadores Polacos y la Unión de Patriotas Polacos, también en Bélgica. En 1970 substituyó a Gomulka en el cargo de secretario general del Partido Obrero Unificado Polaco, mandato que le fue confirmado en diciembre de 1971 en el VI Congreso del Partido y posteriormente en el VII, en diciembre de 1975.
Gifu. Geog. Prefect. de Japón, en la isla de Honshu; 10.596 km.^{2} y 1.758.954 h. || C. cap. de la misma, a orillas del río Nagara; 385.727 habitantes. Industria textil y fábrica de papel.
giga-. (Del lat. *gigas, -antis*.) Elemento compositivo inicial que con el significado de mil millones (10^9) se emplea para formar nombres de múltiplos de determinadas unidades: **giga**gramo. Su símbolo es G.
giga. (Del medio alto a. *gige*; en a. mod., *geige*, violín.) f. **Danza** y **Mús.** Baile antiguo que se ejecutaba en compás de seis por ocho con aire acelerado. || Música correspondiente a este baile. || ant. Instrumento músico de cuerda.
giganta. (De *gigante*.) f. Mujer que excede de estatura a la generalidad de las demás. || **Bot. girasol,** planta.
gigantactis. (Voz del lat. científico; del lat. *gigas, -antis, gigante*, y *tango, -is, ěre, tetĭgi, tactum*, tocar.) **Zool.** Gén. de peces teleóstomos del orden de los lofiformes y de la familia de los lófidos.
gigante. fr., *géant;* it., *gigante;* i., *giant;* a., *Gigant, Riese*. (Del lat. *gigas, -antis*.) adj. **gigantesco.** || m. El que excede mucho en estatura a la generalidad de los demás. (V. **Gigantes.**) || **gigantón,** figura grotesca. || fig. El que excede o sobresale en ánimo, fuerzas u otra cualquiera virtud o vicio. || pl. *Germ.* Los dedos

mayores de la mano. ∥ **gigante en tierra de enanos.** fig. y fam. Hombre de pequeña estatura.

Gigante (El). Geog. Local. de Argentina, prov. de San Luis, depart. de Belgrano; 100 h. ∥ Mun. de Colombia, depart. de Huila, prov. de Garzón; 14.976 h. Producción agrícola. ∥ Pobl. cap. del mismo; 4.880 h.

gigantea. (Del lat. *gigantēa*, t. f. de *-ēus*, giganteo.) f. Bot. girasol, planta.

giganteo, a. (Del lat. *gigantēus*.) adj. p. us. **gigantesco.**

Gigantes. Mit. Hombres de estatura extraordinaria, hijos de la Tierra y del Tártaro, que hicieron la guerra a los dioses y trataron de escalar el Olimpo. Los dioses los vencieron con el auxilio de Hércules.

gigantesco, ca. fr., *gigantesque*; it., *gigantesco*; i., *gigantic*, *gigantean*; a., *gigantisch*, *riesig*. adj. Perteneciente o relativo a los gigantes. ∥ fig. Excesivo o muy sobresaliente en su línea.

gigantez. (De *gigante*.) f. Tamaño que excede mucho de lo regular.

gigánticamente. adv. m. ant. Al modo o manera de los gigantes.

gigántico, ca. adj. ant. **giganteo.**

gigantilla. f. dim. de **giganta.** ∥ Figura con cabeza y miembros desproporcionados a su cuerpo. ∥ Figura femenina de cabezudo, enano de gran cabeza. ∥ Por semejanza se llama así a la mujer muy gruesa y baja. ∥ pl. Juego infantil en que un niño está a horcajadas sobre los hombros de otro.

gigantillo. m. dim. de **gigante.** ∥ Figura de enano de gran cabeza.

gigantino, na. adj. ant. **giganteo.**

gigantismo. m. Biol. Enfermedad del desarrollo caracterizada por un crecimiento excesivo con relación a la talla media de los individuos de la misma edad, especie y raza.

Gigantones en una fiesta popular. Pueblo Español. Barcelona

gigantón, na. m. y f. aum. de **gigante.** ∥ Cada una de las figuras gigantescas que suelen llevarse en algunas procesiones. ∥ m. Bot. Planta compuesta, del gén. *dahlia*, de flores moradas.

gigantostráceo, a. (De *gigante*, *-ostr-* y *-áceo*.) adj. Paleont. y Zool. Dícese de los artrópodos acuáticos de la clase de los merostomas, abundantes en los períodos silúrico y devónico. Los gén. más representativos son el *pterygotus* y el *aurýpterus*. ∥ m. pl. Subclase de estos artrópodos.

gigartina. (Voz del lat. científico; del gr. *gigarton*, granuja de la uva.) Bot. Gén. de algas de la familia de las gigartináceas (v.).

gigartináceo, a. (De *gigartina* y *-áceo*.) adj. Bot. Dícese de las algas del orden de las gigartinales, con talos macizos, de consistencia carnosa o cartilaginosa, y estructura en surtidor. ∥ f. pl. Familia de estas plantas, que comprende entre otros los géneros *chondrus* y *gigartina*.

gigartinal. (De *gigartina*.) adj. Bot. Dícese de algas rodofíceas, de la clase de las florídeas, que tienen solamente un protalo y son diplobiónticas. ∥ m. pl. Orden de estas algas, que comprende varias familias, de las cuales la de las *gigartináceas* es la más importante.

Gigena-Alcira. Geog. Local. de Argentina, prov. de Córdoba, depart. de Río Cuarto; 3.852 h.

Gigli (Beniamino). Biog. Tenor italiano, n. en Recanati, cerca del puerto de Ancona, y m. en Roma (1890-1957). Inició su carrera artística con *La Gioconda*, en 1914, y luego pasó a la Scala de Milán con *Mefistófeles*. Fue uno de los más importantes cantantes de su época. ∥ **(Girolamo). Nenci (Girolamo).**

gigolo. (Voz francesa; pronúnc. *yigoló*.) m. Hombre joven, amante de una mujer de mucha más edad que él y a quien ella mantiene económicamente.

gigote. (Del fr. *gigot*, pierna de carnero preparada para comerla.) m. Coc. Guisado de carne picada rehogada en manteca. ∥ Por ext., cualquier otra comida picada en pedazos menudos.

Gijante. Geog. Mun. de Colombia, depart. de Huila; 16.347 h. ∥ Pobl. cap. del mismo; 4.594 h.

Gijón. Geog. Mun. de España, prov. de Oviedo, p. j. de su nombre; 187.612 h. ∥ Villa cap. del mismo y del p. j.; 159.806 h. Colegiata de San Juan Bautista e iglesia de San Pedro, del s. XV. Bello palacio del s. XVIII, de estilo Renacimiento. Magnífica Universidad laboral. Es una población industrial de primer orden: fábricas de cerámica, de conservas, de hierro esmaltado, cristalería, ladrillos refractarios, establecimientos metalúrgicos, etc. Su puerto exterior, llamado popularmente El Musel y oficialmente de Gijón-Musel, ha pasado a denominarse, por decreto ministerial de 26 de diciembre de 1968, puerto de Gijón. El conjunto formado por la Colegiata y el Palacio de Revillagigedo ha sido declarado monumento histórico-artístico.

gijonense. adj. **gijonés.**

gijonés, sa. adj. Natural de Gijón, o perteneciente a esta villa. Ú. t. c. s.

Gikongoro. Geog. Prefectura de Ruanda; 2.192 km.² y 329.000 h. Cap., Nyanza.

gil. m. Individuo de cierto bando de la montaña de Santander, especialmente de la comarca de Trasmiera, en el s. XV, adversario del de los negretes.

gil. adj. fam. Arg. Tonto.

Gil (Juan). Biog. Fraile trinitario español, n. en Arévalo, Ávila, en 1535 y m. en la misma ciudad. En 1576 fue nombrado redentor general de cautivos y, en 1580, rescató a Cervantes de su prisión en Argel. ∥ **(Martín).** Metereólogo argentino, n. en Córdoba y m. en Buenos Aires (1868-1955). Fue ministro de Obras Públicas y diputado en varias ocasiones. ∥ **(Salomé). Milla y Vidaurre (José).** ∥ **Álvarez (Rafael).** Director de cine español, n. en Madrid en 1913. Películas: *Reina Santa* (1947), *Sor intrépida* (1952), *La guerra de Dios*, premios Laurel de Plata del Festival de Berlín (1953); *La Casa de la Troya* (1959), *La reina del Chantecler*, *Chantaje a un torero* y *Samba* (1964), *Es mi hombre* y *Camino del Rocío* (1966), *La mujer de otro* (1967), *Verde doncella*, *El marino de los puños de oro* y *Sangre en el ruedo* (1968), *Novios de la muerte*, *Olvida los tambores*, etc. ∥ **y Carrasco (Enrique).** Poeta romántico, novelista y periodista español, n. en Villafranca del Bierzo y m. en Berlín (1815-1846). Sus trabajos de crítica, especialmente teatral, filosofía, costumbres, viajes, etcétera, fueron numerosos. Como novelista publicó *El señor de Bembibre*, acaso la mejor novela histórica escrita en castellano. ∥ **de Castro (José).** Pintor peruano, n. y m. en Lima (probablemente 1788-1835). Fue grande su popularidad, llegándosele a llamar el *Goya americano*. Aunque como artista fue algo amanerado y a veces deforme y desproporcionado, como copista era notable. ∥ **Fortoul (José).** Historiador, jurista y político venezolano, n. en Tocuyo y m. en Caracas (1860-1943). Se encargó accidentalmente del Poder Ejecutivo durante el régimen de Gómez. Entre sus obras de diversa índole, sobresalen: *Pasiones* (novela), *El hombre y la Historia* (ensayo filosófico conforme a las teorías de Taine), *Filosofía constitucional* y *Filosofía penal*. (ensayos jurídicos) e *Historia constitucional de Venezuela* (síntesis crítica, 1907), esta última, su trabajo de más aliento. ∥ **Gilbert (Enrique).** Escritor ecuatoriano, n. en Guayaquil (1912-1973). Entre sus obras principales figuran: *El negro Santander* (cuentos) y las novelas de contenido social *Yunga*, *El pan ajeno* y *El pan nuestro*. ∥ **de Hontañón (Juan).** Arquitecto español, n. antes de 1480 y m. probablemente en Salamanca en 1531. Fue encargado de erigir los dos últimos edificios de estilo gótico en España, la catedral nueva de Salamanca y la de Segovia, empresas en que le sucedió su hijo Rodrigo. Dirigió o intervino en otras muchas obras. ∥ **de Hontañón (Rodrigo).** Arquitecto español, hijo de Juan, n. en Rasines, Burgos, y m. en Segovia (h. 1500-1577). Rehízo la fachada de la Universidad de Alcalá, de composición característicamente española y de estilo renacentista; sucedió a su padre en la dirección de las catedrales nueva de Salamanca y de Segovia, donde supo resistir a las influencias artísticas de la época y concluirlas dentro del estilo gótico. ∥ **Polo (Gaspar).** Poeta español, n. en Valencia y m. en Barcelona (h. 1529-1591). La obra que mayor fama le ha dado es *Diana enamorada*, la única entre las numerosas continuaciones de la famosa de Jorge de Montemayor, digna del modelo, no tanto por la fábula, mediocre, como por su magnífico estilo y por las numerosas poesías en toda clase de metros, a las que añadió otras formas, inspiradas en versos provenzales y franceses. ∥ **-Robles y Quiñones (José María).** Jurisconsulto, escritor y político español, n. en Salamanca y m. en Madrid (1898-1980). Doctor en Derecho, ganó por oposición, en 1922, la cátedra de Derecho Político de la Universidad de La Laguna, que abandonó para dedicarse a la política. Fue jefe de los partidos Acción Popular y C. E. D. A. y subdirector de *El Debate*. Durante el gobierno de Lerroux desempeñó la cartera de Guerra. Ha trabajado habitualmente en su bufete de Madrid. En 1968 ganó la cátedra de Derecho Político en la facultad de Derecho de la Universidad de Oviedo, que ha desempeñado hasta su jubilación. Constituida la Federación Popular Democrática, fue elegido presidente de la misma, dimitiendo en marzo de 1977 al considerarse un obstáculo en el camino hacia la unidad con otros grupos democratacristianos. Como tratadista jurídico, sus escritos revelan gran conocimiento de los problemas del Estado. Obras principales: *El Estado jurídico*, *La constitución de Checoslovaquia*, *Cartas del pueblo español* (1966), *No fue posible la paz* (1968), *Discursos parlamentarios* (1971) y *La monarquía por la que yo luché* (1976). ∥ **-Vernet Vila (José María).** Urólogo español, n. en Barcelona en 1922. En 1967 obtuvo el título de profesor en Medicina y Urología por la Universidad de California. En su labor científica destaca la creación, en 1964, de la primera Unidad de Trasplante Renal de España. ∥ Geog. Local. de Argentina, prov. de Buenos Aires, part. de Coronel Dorrego; 419 h.

Gilan. Geog. Prov. de Irán; 15.000 km.² y 1.459.000 h. Cap., Resht.

Gilardi (Gilardo). Biog. Músico argentino, n. en San Fernando, Buenos Aires, y m. en Buenos Aires (1889-1963). Luego de una tendencia cosmopolita, asimiló los elementos vernáculos, tendencia que culminó en su drama lírico *La leyenda del Urutaú* (1934), y en su humorada sinfónica *El gaucho con botas nuevas* (1940). A estas obras cabe añadir: *Ollantay* (1939), inspirada en la tragedia homónima de Ricardo Rojas; la *Primera serie argentina* con sus populares números: Preludio, Firmeza, Noviando y Chacarera; *Tres danzas argentinas*, para trío; el *Segundo cuarteto*, sobre escalas pentafónicas (premio de la Comisión Nacional de Cultura, 1942), y *Serie argentina*, para guitarra. En música religiosa: *Misa de Gloria, In honórem Sánctae Cecíliae y Stábat Máter* (1952), para soprano, contralto, coro mixto y orquesta.

gilbert. (De W. *Gilbert.*) m. **Fís.** Nombre del gilbertio en la nomenclatura internacional.

Gilbert (John). Biog. Pringle (Jack). ‖ **(William).** Físico inglés, n. en Colchester y m. en Londres (1544-1603). Estudió los fenómenos magnéticos del hierro y del imán, así como la electricidad de frotamiento. Dio nombre a la

William Gilbert, grabado antiguo

unidad cegesimal electromagnética de fuerza magnetomotriz. Fue médico de cámara de la reina Isabel y del rey Jacobo I. ‖ (sir **William Schwenk**). Autor dramático inglés, n. en Londres y m. en Harrow Weald (1836-1911). Escribió obras populares, comedias, dramas, obras de magia, etc. Son las principales: *Pigmalión y Galatea, El palacio de la verdad, Los enamorados, La princesa Ida* y, con música de Sullivan, *El Mikado, Paciencia y Los piratas de Penzance* (1879). ‖ **Montes (María Dolores).** Bailarina y aventurera inglesa, más conocida por *Lola Montes*, n. en Limerick, Irlanda, y m. en Nueva York (h. 1818-1861). También se ha dicho que nació en Sevilla, hija de una criolla y de un capitán escocés, y que su progenitor la llevó a Inglaterra a los 14 años. Estuvo casada tres veces; como bailarina triunfó en París y en Alemania, Polonia y Rusia. En 1847 pasó a Munich, donde gozó del favor del rey Luis I de Baviera, quien la nombró baronesa de Rosenthal y condesa de Landsfeld, y a causa de sus intrigas políticas, acabó siendo expulsada poco antes de la abdicación del soberano (1848). ‖ **Geog. Kiribati.** ‖ Local. de Argentina, prov. de Entre Ríos, depart. de Gualeguaychú; 668 h.

gilbertio. (De *gilbert*.) m. **Fís.** Unidad de la fuerza magnetomotriz en el sistema c.g.s. Equivale a $\dfrac{10}{4\pi}$ amperivueltas, y se indica por la abreviación Gb.

Gilberto de Sempringham *(San)*. **Biog.** Religioso, inglés, n. y m. en Sempringham (h. 1083-1189). Fundador de la Orden de los gilbertinos, estableció conventos de religiosos y de monjas. Su fiesta, el 4 de febrero.

Gilbuena. Geog. Mun. y lugar de España, prov. de Ávila, p. j. de Piedrahíta; 405 h.

Gilda (La). Geog. Local. de Argentina, prov. de Córdoba, depart. de Río Cuarto; 444 habitantes.

Gildas *(San)*. **Biog.** Historiador y cenobita inglés, n. en las orillas del Clyde y m. en Houat (h. el fin del s. V-h. 570). Su obra *De excidio et conquestu Británniae*, es una de las pocas fuentes existentes para estudiar dicho país en el s. VI. Su fiesta, el 29 de enero.

Gilena. Geog. Mun. y villa de España, prov. de Sevilla, p. j. de Osuna; 3.412 h.

Gilet. Geog. Mun. de España, prov. de Valencia, p. j. de Sagunto; 1.025 h. ‖ Lugar cap. del mismo; 1.003 h.

Gilgamés. Lit. y **Mit.** Héroe de una epopeya que lleva su nombre y que ha llegado hasta nosotros en un poema babilónico escrito en caracteres cuneiformes en unas tablillas descubiertas en las excavaciones arqueológicas de Nínive en 1847 y 1873. En él se relatan las aventuras de Gilgamés en busca del secreto de la vida. Tras encontrar la planta que daba la inmortalidad, la pierde y se convence que la inmortalidad es sólo propia de los dioses.

Gilgarcía. Geog. Mun. y lugar de España, prov. de Ávila, p. j. de Piedrahíta; 203 h.

gilí. Del ár. *ŷāhil*, con imela, *ŷīhil*, bobo, aturdido, ignorante.) adj. fam. Tonto, lelo.

Gili Gaya (Samuel). Biog. Filólogo y pedagogo español, n. en Lérida y m. en Madrid (1892-1976). Colaboró con Menéndez Pidal en el Centro de Estudios Históricos y enriqueció la *Revista de Filología* con trabajos sobre el lenguaje. Realizó ediciones críticas de autores clásicos: Mateo Alemán, Vicente Espinel, Francisco Moncada, etc., y publicó, entre otras obras: *Curso superior de sintaxis española, Tesoro lexicográfico (1492-1627), Diccionario de sinóni-*

Samuel Gili Gaya

mos, Elementos de fonética general y Estudios de lenguaje infantil. Su último trabajo fue preparar una nueva Gramática para la Real Academia, en la que había ingresado en 1961. ‖ **Roig (Gustavo).** Bibliófilo español, n. en Lérida y m. en Barcelona (1869-1945). Fundador y propietario de la Editorial Gustavo Gili, de Barcelona; puso su entusiasmo y su competencia al servicio del libro.

gilito. adj. Decíase del fraile descalzo de San Francisco, perteneciente al convento de San Gil, que existió en Madrid cerca del real Alcázar, hasta la época de Bonaparte. Ú. t. c. s.

Gilson (Étienne). Biog. Filósofo e historiador de la filosofía francesa, n. y m. en París (1884-1978). Ha sido profesor de Filosofía me-

dieval en las Universidades de Lille y Estrasburgo, en la Sorbona, en el Colegio de Francia, y en las Universidades de Harvard y Toronto. Miembro de la Academia Francesa, pertenece al movimiento del neotomismo, integrado en la neoescolástica, y se ha distinguido por sus trabajos acerca de las influencias del pensamiento medieval en la filosofía moderna. Obras principales: *El tomismo. Introducción a la filosofía de Santo Tomás de Aquino* (1920), *La filosofía en la Edad Media, El espíritu de la filosofía medieval, El filósofo y la teología, Elementos de filosofía cristiana, La unidad de la experiencia filosófica* y *De Aristóteles a Darwin* (1976).

gilvo, va. (Del lat. *gilvus.*) adj. Aplícase al color melado o entre blanco y rojo.

Gill (Juan Bautista). Biog. Político paraguayo, m. en Asunción en 1877. Ministro de Hacienda de Rivarola, hubo de exiliarse, acusado de malversación de fondos. En 1874 fue electo presidente de la República y, en tal carácter, firmó la paz con Argentina (1876) y obtuvo la desocupación del país por las fuerzas de la Triple Alianza. Murió asesinado en Asunción a raíz de una conjuración.

Gillée (Claude). Biog. Gellée (Claude).

Gillette (King Camp). Biog. Industrial estadounidense, n. en Fond du Lac y m. en Los Ángeles (1855-1932). Inventó la máquina de afeitar que lleva su nombre. Su popularidad fue tanta que su apellido se emplea muchas veces como sinónimo de máquina u hoja de afeitar. Escribió: *Human Drift* (1894), *Gillette's industrial solution* (1900) y *The people's corporation* (1924).

Galliéron (Jules). Biog. Lingüista suizo, n. en Neuveville y m. en Cergnaux-sur-Glérésse (1854-1926). Profesor de la Escuela de Altos Estudios de París. Autor de *Le patois du Vionnaz* (1880) y *Atlas inguistique de la France* (1902-09), en colaboración con E. Edmont.

Gimbernat y Arbós (Antonio de). Biog. Cirujano y anatomista español, n. en Cambrils y m. en Madrid (1734-1816). Descubrió el ligamento que lleva su nombre, de gran importancia para la operación de la hernia crural.

Giménez-Arnau y Gran (José Antonio). Biog. Escritor y diplomático español, n. en Laredo en 1912. Ha sido embajador en Nicaragua, Guatemala, Brasil, Portugal e Italia. También ha sido delegado permanente de España ante los organismos internacionales de la O. N. U. en Ginebra (1964-76). En 1976 fue nombrado director de la Escuela Diplomática. Entre sus obras destacan: *De pantalón largo*, por la que obtuvo el premio nacional de Literatura Miguel de Cervantes (1952); *El canto del gallo* (1954), y *Murió hace quince años*, drama que obtuvo el premio Lope de Vega (1953). ‖ **Caballero (Ernesto).** Escritor, político y diplomático español, n. en Madrid en 1900. Entre sus cargos diplomáticos destaca su embajada en Paraguay (1958-69). Obras principales: *Genio de España, Revelación del Paraguay, Junto a la tumba de Larra, Rizal, La mujer americana* y *Cabra, la cordobesa (Balcón poético de España)*, por la que obtuvo el premio Juan Valera (1973). ‖ **Guinea (Luis).** Cirujano español, n. y m. en Madrid (1890-1972). Especializado en cirugía taurómaca, fue durante un largo período director del Sanatorio de Toreros. ‖ **Pastor (Arturo).** Escritor y profesor universitario argentino, n. en San Nicolás de los Arroyos y m. en Buenos Aires (1872-1949). Publicó numerosas obras literarias y de historia de la literatura argentina y americana: *Estela lírica, Los poetas de la revolución* y *Veladas de cuentos.*

Gimeno y Cabañas, conde de Gimeno (Amalio). Biog. Médico y político español, n. en Cartagena y m. en Madrid (1852-1936). Fue diputado, senador, tres veces ministro de Instrucción Pública, dos de Marina, una de Estado, cuando estaba en su apogeo la P. G. M.; una de Gobernación y una de Fomento, así como presidente interino del Consejo. Enseñó Anatomía Patológica en las universidades de Santiago, Valladolid, Valencia y Madrid. Fue miembro de las Reales Academias de Medicina y Española. Entre sus obras destacan: *Tratado de patología general* y *La inoculación preventiva contra el cólera morbo asiático*, en colaboración con los doctores Ferrán y Paulí.

Gimialcón. Geog. Mun. y lugar de España, prov. de Ávila, p. j. de Arévalo; 244 h.
Gimileo. Geog. Mun. y villa de España, prov. de Logroño, p. j. de Haro; 96 h.
gimn-. pref. V. **gimno-**.
gimnamebino, na. (De *gimn-* y *amébido*.) adj. Zool. Dícese de los protozoos rizópodos, orden de los amébidos, que no poseen cápsula de secreción y tienen el cuerpo desnudo, en oposición a los amebinos capsulados, testáceos o tecamebinos. || m. pl. Suborden de estos protozoos.
gimnasia. fr., *gymnastique*; it., *ginnastica*; i., *gimnastics*; a., *Gymnastik, Turnen*. (Del lat. *gymnasia*, y éste del gr. *gymnasía*, de *gymnázo*, ejercitar.) f. Arte de desarrollar, fortalecer y dar flexibilidad al cuerpo por medio de ciertos ejercicios. || Estos ejercicios mismos tomados en conjunto. || fig. Práctica o ejercicio que adiestra en cualquiera actividad o función. || Hist. Los griegos vieron ya en la gimnasia sus grandes valores educativos, sanitarios y estéticos, y la practicaron con verdadera pasión en sus gimnasios. Los romanos adoptaron la gimnasia griega, y especialmente los ejercicios espectaculares, que fueron perdiendo en belleza plástica y se convirtieron en rudas y crueles competencias. Teodosio abolió los juegos olímpicos (394), y la preocupación gimnástica, incompatible con la idea ascética del cristianismo según era entendido entonces, desapareció durante el largo período de la Edad Media para resurgir con el movimiento educativo del Renacimiento. Fue incluida en los I Juegos olímpicos modernos, celebrados en Atenas (1896). En cuanto a los países que más han destacado en esta competición, se deben citar Alemania, Italia, Japón, Rumania y la U. R. S. S. España ha tenido en los últimos años un egregio gimnasta, el malo-

Gimnasia deportiva. Ejercicio en la barra fija

grado J. Blume (v.), que llegó a ser campeón de Europa.
gimnasio. (Del lat. *gymnasium*, y éste del gr. *gymnásion*.) m. Lugar destinado a ejercicios gimnásticos. || Lugar destinado a la enseñanza pública.
gimnasta. (Del gr. *gymnastés*.) m. Persona que practica ejercicios gimnásticos.
gimnástica. (Del lat. *gymnastica*, t. f. de *-cus*, gimnástico.) f. **gimnasia**.
gimnástico, ca. (Del lat. *gymnasticus*, y éste del gr. *gymnastikós*.) adj. Perteneciente o relativo a la gimnasia.
gímnico, ca. (Del lat. *gymnicus*, y éste del gr. *gymnikós*.) adj. Perteneciente a la lucha de los atletas, y a los bailes en que se imitaban estas luchas.
gimno-, gimn-. (Del gr. *gymnós*.) pref. que sign. desnudo.
gimnoblástido, da. (De *gimno-*, *-blast-* e *-ido*.) adj. Zool. Dícese de los celentéreos hidrozoarios, orden de los hidrozoos, generalmente marinos. Sus medusas se denominan antomedusas. Géneros típicos: *bougainvíllea, podocoryne, eudéndrium*, etc. || m. pl. Suborden de estos celentéreos.
gimnocarpal. (De *gimno-* y *carpal*, fruto.) adj. Bot. Dícese de los líquenes de la subclase de los ascolíquenes, cuyos aparatos esporíferos están más o menos abiertos. || m. pl. Orden de estos vegetales.
gimnocerato, ta. (De *gimno-* y *-cerato*.) adj. Entom. Dícese de los insectos hemípteros, he-

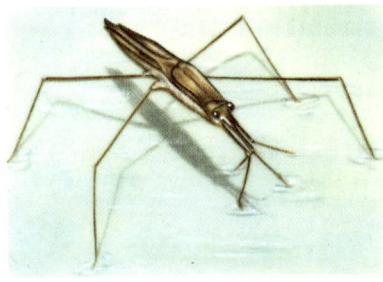

Zapatero (insecto gimnocerato)

terópteros, con antenas aparentes, libres y, generalmente, largas; algunos son ápteros, pero, en general, tienen alas; se alimentan de vegetales, excepto algunas especies que están adaptadas a chupar sangre. Son ejemplos típicos las hidrómetras, las chinches de campo y cama, los zapateros, etc. || m. pl. Sección de estos insectos, que abarca numerosas familias.
gimnofiono, na. (De *gimn-* y el gr. *ophíoneos*, semejante a una serpiente.) adj. Zool. Dícese de anfibios vermiformes, carentes de patas, con cola rudimentaria o sin ella; de cabeza muy pequeña; ojos apenas desarrollados y ocultos por la piel, y cuerpo recubierto de pequeñas escamas dérmicas no visibles. || Orden de estos anfibios, también llamados *ápodos*, y que sólo consta de una familia, la de los *cecilidos*.
gimnosofista. (Del lat. *gymnosophistae*, y éste del gr. *gymnosophistés*; de *gymnós*, desnudo, y *sophistés*, sabio.) m. Nombre con que griegos y romanos designaban a los brahmanes o algunas de sus sectas.
gimnospermo, ma. fr., *gymnosperme*; it., *gimnospermo*; i., *gymnospermous*; a., *nacktsamig*. (De *gimno-* y *-spermo*.) adj. Bot. Dícese de las plantas fanerógamas o espermófitas, que se distinguen por sus carpelos no cerrados en ovario (por lo menos antes de la madurez) y por la carencia de estigma. Los microsporangios o sacos polínicos están en el envés del estambre y en algún caso el polen produce

espermatozoos. Comprenden varias clases, de las que la más numerosa en formas actuales es la de las *coníferas*. || f. pl. Subtipo de estas plantas.
gimnótido, da. (De *gimnoto* e *-ido*.) adj. Zool. Dícese de los peces teleóstomos del orden de los ciprinifomes, de aspecto de anguila a causa de su cuerpo alargado y por la ausencia de aletas pelvianas. Merecen citarse la *anguila eléctrica* o *gimnoto* y el *carapo*. || m. pl. Familia de estos peces, que algunos denominan de los *electrofóridos*.
gimnoto. (Del lat. científico *gymnotus*, gén. tipo; éste del gr. *gymnós*, desnudo, y *nótos*, dorso.) m. Zool. Pez teleóstomo, ciprinifome, de los gimnótidos o electrofóridos, que vive en los ríos de América tropical. Es anguiliforme, de unos 80 a 140 cm. de long., y puede producir descargas eléctricas que paralizan a animales bastante grandes. Se llama también *electróforo* o *anguila eléctrica* (*electrophorus eléctricus*). También se da este nombre al *carapo*.
Gimondi (**Felice**). Biog. Ciclista italiano, n. en Sedrina, Bérgamo, en 1942. Ha sido ganador de las vueltas ciclistas a Francia (1965), Italia (1967) y España (1968), y campeón del Mundo de fondo en carretera para profesionales (1973).
gimoteador, ra. adj. Que gimotea.
gimotear. intr. fam. o desp. de gemir, dicho del gemir ridículamente, sin bastante causa, etc.
gimoteo. m. fam. Acción y efecto de gimotear.
Gimpera Flaquer (**Teresa**). Biog. Actriz de cine española, n. en Igualada. Entre sus filmes más destacados figuran: *Una historia de amor* (1966), *El solitario pasa al ataque, Tuset Street, Las crueles, La cena* y *Diez negritos* (1975).
gin-. pref. V. **gine-**.
ginandra. (De *gin-* y *-andra*.) adj. Bot. Dícese de la planta o de la flor con los estambres soldados al pistilo; ejemplo: las orquídeas.
Ginastera (**Alberto**). Biog. Compositor argentino, de origen español, n. en Buenos Aires en 1916. Desde 1951 vienen figurando sus obras en festivales internacionales; ha intervenido en los de Oslo, Estocolmo, Pittsburgh, Salzburgo y Caracas. Fue profesor del Conservatorio Nacional de Música y Arte Escénico, y es miembro de número de la Academia Nacional de Bellas Artes. El *Salmo CL* fue su tesis de grado (1938); además ha compuesto, entre otras obras, *Panambí*, estrenada como *suite* para orquesta (1937) y luego como *ballet*, que fue fundamento de su fama y que comenzó a escribir en 1934; *Ollantay*, poema sinfónico, inspirado en el drama escrito por Ricardo Rojas; las óperas *Don Rodrigo*, con libreto de A. Casona (1964), *Bomarzo*, inspirada en la novela de Manuel Mujica Laínez (1967), y *Beatrix Cenci* (1971), y últimamente *Serenata sobre poemas de amor de Pablo Neruda* (1974), *Concierto para violoncelo, Concierto para piano, Túrbae ad Passiónem Gregoriánam* y *Glosses sobre temes de Pau Casals*.
gindama. f. **jindama**.
gine-, gin-, gino-, gineco-; -gino, -ginia. (Del gr. *gyné, gynaikós*, mujer.) pref. o suf. que sign. hembra, femenino, etc.; e. de suf.: *misógino, misoginia*.
ginea. (Del gr. *geneá*.) f. ant. **genealogía**.
ginebra. f. Instrumento grosero con que se acompaña rudamente un canto popular, y se compone de una serie de palos, tablas o huesos que, ensartados por ambas puntas y en disminución gradual, producen cierto ruido cuando se rascan con otro palo. || Cierto juego de naipes. || fig. Confusión, desorden, desarreglo. || fig. Ruido confuso de voces humanas sin que ninguna pueda percibirse con claridad y distinción.

ginebra. (Del fr. *genièvre*, y éste del lat. *junipĕrus*, enebro.) f. **Quím.** Bebida alcohólica, que se obtiene mediante el alcohol procedente de cereales, destilado con bayas de enebro y otras materias aromáticas.

Ginebra (Roberto de). Biog. Antipapa, n. en Ginebra y m. en Aviñón (1342-1394). Tomó el nombre de Clemente VII. Su elección, reconocida y apoyada por Carlos V de Francia, originó el gran Cisma de Occidente. ‖ **Geog.** Mun. de Colombia, depart. de Valle del Cauca; 12.315 h. ‖ Pobl. cap. del mismo; 4.097 habitantes. ‖ (En fr., *Genève.*) Est. de Suiza; 282 km.² y 336.900 h. ‖ C. cap. del mismo, a orillas del lago Lemán; 318.500 h. Relojería e instrumentos de precisión. Esta ciudad, que en 1815 ingresó en la Confederación Helvética, fue la sede de la Sociedad de las Naciones, y lo es de diversos organismos especializados de la O. N. U. y de la Organización de la Cruz Roja. Diversas conferencias internacionales se han reunido en esta ciudad (v. **política internacional**). ‖ **(lago de). Lemán.**

ginebrada. f. Torta pequeña, hecha con masa de hojaldre y con los bordes levantados formando picos, que se rellena con un batido de la misma masa con leche cuajada.

ginebrés, sa. adj. **ginebrino.** Apl. a pers., ú. t. c. s.

ginebrino, na. adj. Natural de Ginebra, o perteneciente a esta ciudad de Suiza. Ú. t. c. s.

Ginebrosa (La). Geog. Mun. y villa de España, prov. de Teruel, p. j. de Alcañiz; 449 h. (*ginebrosos*).

gineceo. (Del lat. *gynaecēum*, y éste del gr. *gynaikeios*, de *gyné*, mujer.) m. Departamento retirado que en el piso superior de sus casas destinaban los griegos para habitación de sus mujeres. ‖ **Bot.** El pistilo o pistilos de una flor.

gineco-. pref. V. **gine-.**

ginecocracia. (Del gr. *gynaikokratía;* de *gynaikokratéomai*, estar gobernado por mujeres; de *gyné*, mujer, y *kratéo*, dominar.) f. Gobierno de las mujeres.

ginecología. fr., *gynécologie;* it., *ginecologia;* i., *gynecology;* a., *Franenkunde.* (De *gineco-* y *-logía.*) f. **Med.** Rama de la medicina que estudia la anatomía, la fisiología y la patología peculiares de la mujer y particularmente lo relativo a su aparato genital.

ginecológico, ca. adj. Perteneciente o relativo a la ginecología.

ginecólogo, ga. m. y f. Persona que profesa la ginecología.

Giner de los Ríos (Francisco). Biog. Filósofo y pedagogo español, n. en Ronda y m. en Madrid (1839-1915). En Madrid siguió las enseñanzas de Julián Sanz del Río. Catedrático de Filosofía del Derecho en 1866, abandonó la cátedra al año siguiente por solidaridad con Sanz del Río y Fernando de Castro. En 1876 fundó la Institución Libre de Enseñanza, que junto con el krausismo representó en España el núcleo de una renovación filosófica y, sobre todo, pedagógica. Basado en sus principios, nació en 1918 el Instituto Escuela de segunda enseñanza. Ambas instituciones fueron suprimidas al concluir la guerra civil (1939). El centro de su filosofía es la personalidad, aplicada no sólo al ser racional, sino al individuo como síntesis de las manifestaciones del pensamiento puro y de las emociones. De la personalidad deriva todo principio educativo y toda norma jurídica. En 1928 terminó la edición de sus *Obras completas.*

Gines. Geog. Mun. y villa de España, prov. y p. j. de Sevilla; 2.865 h. (*ginenses*).

ginesta. (Del lat. *genista.*) f. Hiniesta, retama.

Ginestar. Geog. Mun. y villa de España, prov. de Tarragona, p. j. de Tortosa; 1.098 h.

gineta. f. **Zool.** jineta.
Gineta (La). Geog. Mun. de España, prov. y p. j. de Albacete; 2.395 h. ‖ Villa cap. del mismo; 2.357 h. (*ginetenses*).

gingido. (Del lat. *gingidion*, y éste del gr. *gingidion.*) m. **biznaga**, planta y pie de la flor que se utiliza como mondadientes.

gingival. (Del lat. *gingīva*, encía.) adj. Relativo o perteneciente a las encías.

-ginia. suf. V. **gine-.**

ginkgo. Bot. Gén. de planta gimnospermas, pertenecientes a la clase de las ginkgoinas, con una sola especie, *ginkgo biloba*, originaria de China, pero muy difundida como ornamental por toda Europa desde principio del s. XVIII. Es un árbol dioico, de 30 a 40 m. de alt.; hojas planas, caedizas, largamente pecioladas y de típica forma de abanico.

Árbol del género ginkgo

gino-; -gino. pref. o suf. V. **gine-.**
ginovés, sa. ant. **genovés.** Apl. a pers., usáb. t. c. s.

ginseng. (Del chino *chinn-sèngh.*) m. **Bot.** Planta de la familia de las araliáceas, originaria de Corea y Manchuria, que alcanza de 35 a 40 cm. de alt. La raíz del ginseng silvestre es muy estimada en China por sus cualidades tónicas y afrodisíacas.

Ginzo de Lima. Geog. Mun. de España, prov. y p. j. de Orense; 10.640 h. ‖ Villa cap. del mismo y del p. j.; 3.286 h. (*limicos*).

Giobertí (Vincenzo). Biog. Filósofo y político italiano, n. en Turín y m. en París (1801-1852). Estudió con los religiosos del Oratorio en Turín, en cuya Universidad se doctoró en teología (1823) y se ordenó de sacerdote (1825). Vuelto a Italia después de quince años de exilio, tomó parte activa en política, desempeñó varios ministerios y la presidencia del Gobierno. En filosofía se opuso al idealismo que defendía no sólo el primado gnoseológico del conocimiento, sino también el primado metafísico y él defendió la primacía de lo ontológico. Entre sus obras destaca *Del rinovamento civile d'Italia* (1851).

giobertita. (De G. A. *Giobert*, químico italiano, e *-ita.*) f. **Miner.** Carbonato de magnesio, también llamado *magnesita.* Cristaliza en el sistema romboédrico y es de color blanco.

Giolitti (Giovanni). Biog. Hombre de Estado italiano, n. en Mondovi y m. en Cavour (1842-1928). Hizo sus estudios en la Universidad de Turín, y, en 1889, fue ministro de Hacienda. Fue varias veces presidente de Consejo de ministros.

Ginebra (Suiza). Vista aérea del Ródano

Giomail ben Zeyan. Biog. Zayan ben Mardanix.

Giordano (Luca). Biog. Pintor italiano, conocido en España con el nombre de *Lucas Jordán*, n. y m. en Nápoles (1632-1705). Fue discípulo de Ribera. Trabajó en El Escorial, en el Palacio del Buen Retiro y en varios templos de Madrid, donde dejó gran número de obras. Enorme producción de este pintor superficial y fecundo que, en España, contribuyó a la desnacionalización de la pintura, y en su país, a la decadencia del arte, no obstante sus positivas cualidades.

El cántico de la profetisa María, por Luca Giordano. Museo del Prado. Madrid

Giorgione. Biog. Castelfranco (Giorgio da).

Giotto. Biog. Bondone (Angelo di).

gipétido, da. (Del lat. científico *gypáetus*, gén. tipo de aves, e *-ido*; aquél del gr. *gyps*, buitre, y *aetós*, águila.) adj. Zool. Dícese de las aves falconiformes con pico robusto, largo y comprimido y cabeza y cuello plumosos. La única especie es el *quebrantahuesos*. ‖ f. pl. Antigua familia de estas aves, hoy incluida en la de las *accipitridas*.

giquilite. m. Bot. *Méj.* Nombre que, al igual que *huiquilitl* y *xihuiquilitl*, designa a la papilionácea *indigófera tinctoria*, también llamada *añil de Guatemala*.

gira. (De *girar*.) f. Viaje o excursión de una o varias personas por distintos lugares, con vuelta al punto de partida. ‖ Serie de actuaciones sucesivas de una compañía teatral o de un artista en diferentes localidades. ‖ **a la gira.** m. adv. *Mar.* Dícese del buque fondeado con una o dos anclas o amarrado a una boya, de manera que gire presentando siempre la proa al impulso del viento o de la corriente.

girada. (De *girar*.) f. ant. Acción y efecto de danzar. ‖ **Danza.** Movimiento en la danza española, que consiste en dar una vuelta sobre la punta de un pie llevando el otro al aire.

girador. m. Com. El que expide una letra de cambio.

giraffa. (Voz del lat. científico; del m. or. que *jirafa*.) Zool. Gén. de mamíferos rumiantes, único de la familia de los giráfidos, al cual pertenece la jirafa (v.).

giráfido, da. (De *giraffa* e *-ido*.) adj. Zool. jiráfido.

Giral Pereira (José). Biog. Político y químico español, n. en Santiago de Cuba y m. en Méjico (1879-1962). Doctorado en Farmacia y Ciencias, fue catedrático de Química orgánica de Salamanca (1905), de Bioquímica en Madrid y director de la Escuela de Bioquímica (1920). Fundó con Manuel Azaña, con quien le unía una gran amistad, Acción Republicana, que luego se llamó Izquierda Republicana. En 1936 substituyó a Casares Quiroga en la presidencia del Gobierno. Al derrumbarse la República, marchó exiliado a París y más tarde a Méjico, donde pretendió dedicarse exclusivamente a sus actividades científicas en el Instituto Politécnico y en la Universidad Nacional. Martínez Barrio le nombró primer ministro del Gobierno en el exilio, cargo del que dimitió en 1947. Escribió *Análisis orgánico funcional*, *Tratado de química orgánica* (1926), *Ración alimenticia higiénica y social* y *Fermentos* (1941).

giralda. fr., *girouette;* it., *ventaruola, girella;* i., *weathercock;* a., *Wetterfahne, Windfanne*. (De *girar*.) f. Veleta de torre; cuando tiene figura humana o de animal.

giraldete. m. Roquete sin mangas.

giraldilla. f. dim. de **giralda.** ‖ Baile popular de Asturias y provincias inmediatas, que se ejecuta en compás binario.

Giraldo. Geog. Mun. de Colombia, depart. de Antioquia; 3.538 h. ‖ Pobl. cap. del mismo; 548 h.

giramiento. (De *girar*.) m. ant. Acción y efecto de danzar.

girándula. (Del it. *girandola*, dim. de *giranda*, de *girare*, y éste del lat. *gyrāre*, girar.) f. Rueda llena de cohetes que gira despidiéndolos. ‖ Artificio que se pone en las fuentes para arrojar el agua con agradable variedad.

girante. p. a. de **girar.** Que gira. ‖ m. ant. **novilunio,** conjunción de la Luna con el Sol.

girar. fr., *tourner;* it., *girare;* i., *to turn round;* a., *herumdrehen*. (Del lat. *gyrāre*.) intr. Moverse alrededor o circularmente. ‖ fig. Desarrollarse una conversación, negocio, trato, etc., en torno a un tema o interés dado. ‖ Desviarse o torcer la dirección inicial. ‖ **Com.** Expedir libranzas, talones u otras órdenes de pago. Ú. t. c. tr. ‖ Hacer las operaciones mercantiles de una casa o empresa. ‖ **Mec.** Moverse un cuerpo circularmente alrededor de una línea recta que le sirve de eje.

Girardet. Geog. Local. de Argentina, prov. de Santiago del Estero, depart. de Moreno; 542 h.

Girardon (François). Biog. Escultor francés, n. en Troyes y m. en París (1628-1715). Entre sus mejores esculturas figuran *El rapto de Proserpina* y *La tumba del cardenal Richelieu*.

Girardot (Annie). Biog. Actriz francesa de cine y teatro, n. en París en 1931. Filmes principales: *El desierto de Pigalle, Rocco y sus hermanos, Tres habitaciones en Manhattan* (premio de interpretación en el Festival de Venecia, 1965), *Vivir para vivir* (premio de interpretación en el festival de Mar de Plata, 1968), *Morir de amor* y *La vida privada de una doctora*. ‖ **(Atanasio).** Militar colombiano, n. en Medellín (1791-1813). Unido desde 1810 a la causa de la Independencia, siguió a Bolívar en sus campañas. ‖ Geog. Mun. de Colombia, depart. de Cundinamarca; 61.829 h. ‖ Pobl. cap. del mismo; 59.165 h. ‖ Dist. de Venezuela, est. de Aragua; 261.600 h. Cap., Maracay. ‖ Dist. de Venezuela, est. de Cojedes; 5.483 h. Cap., El Baúl.

Girardota. Geog. Mun. de Colombia, depart. de Antioquia; 16.837 h. Producción agrícola. Minas de oro. ‖ Pobl. cap. del mismo; 8.278 h.

girasol. fr., *tournesol;* it., *girasole;* i., *sunflower;* a., *Sonnenblume*. (De girar y sol, por la propiedad que tiene la flor de irse volviendo hacia donde el Sol camina.) m. fig. Persona que procura granjearse el favor de un príncipe o poderoso. ‖ m. **Bot.** Planta anual oriunda de Perú, de la familia de las compuestas, con tallo herbáceo, derecho, de unos 3 cm. de grueso y cerca de 2 m. de alt.; hojas alternas pecioladas y acorazonadas; inflorescencia en grandes cabezuelas terminales, que se doblan en la madurez, amarillas, de 20 a 30 cm. de diámetro, con los frutos, en aquenio, de color grisáceo o negruzco, casi elipsoidales, de unos 3 cm. de largo, comestibles y de los que puede extraerse un aceite bueno para condimento, en proporción superior al 40 %. Se cultiva, tanto por adorno como planta, como por su utilidad industrial (*helianthus ánnuus*). ‖ **Miner.** ópalo girasol.

Flor de girasol

giratorio, ria. adj. Que gira o se mueve alrededor. ‖ f. Mueble con estantes y divisiones que gira alrededor de un eje y se usa en los despachos para colocar libros y papeles.

Giraud (Henri-Honoré). Biog. General francés, n. en París y m. en Dijón (1879-1949). Hizo la mayor parte de su carrera en África y a él se entregó Abd el-Krim, cuando la campaña hispano-francesa contra éste. En la S. G. M. prestó grandes servicios a las fuerzas aliadas en la liberación de Túnez y de Córcega como jefe de las fuerzas francesas libres.

Giraudoux (Jean). Biog. Dramaturgo y novelista francés, n. en Bellac y m. en París (1882-1944). Maestro de un fino humorismo, sus obras principales son: *La escuela de los diferentes,* narraciones (1911), y *Simón el patético* (1918), novela, y entre las obras de teatro, *Sigfrido* (1928), *Electra* (1937), *Ondina* (1939), *Anfitrión 38* (1929), *Intermezzo* (1933), *No habrá guerra en Troya* (1935) y *La loca de Chaillot* (1945).

Giresun. Geog. Prov. de Turquía asiática, región de Costas del Mar Negro; 6.934 km.² y 447.266 h. Cultivo de tabaco. ‖ C. cap. de la misma, a orillas del mar Negro; 30.692 h. Depósito de cobre en su proximidad. Puerto.

girifalte. m. **gerifalte.**

girínido, da. (De *girino* e *-ido.*) adj. **Entom.** Dícese de los insectos coleópteros, suborden de los adéfagos, de vida acuática, y cuyo ejemplo más representativo es el *girino.* ‖ m. pl. Familia de estos insectos.

girino. (Del lat. *gyrīnus,* renacuajo.) **Entom.** Gén. de insectos de la familia de los girínidos, cuya especie más común es el girino. ‖ m. Insecto coleóptero de unos 7 mm. de largo, con cuerpo ovalado, de color bronceado brillante; dos pares de ojos; las patas del primer par

Escribano de agua
GIRINO

largas y filiformes, y las de los otros dos pares cortas, comprimidas y anchas, a propósito para la natación; y élitros que no tapan por completo el abdomen (*gyrinus urinátor*). Es común en los remansos y estanques y nada de continuo sobre el agua, sin sumergirse, describiendo rápidas curvas, como la pluma al escribir, de donde procede el nombre de *escribano del agua,* que también se le da. Asimismo lleva la denominación de *araña de agua.* ‖ desus. **renacuajo,** larva de la rana.

giro, ra. adj. ant. Hermoso, galán. ‖ *Amér., And.* y *Mur.* Aplícase al gallo que tiene las plumas del cuello y de las alas amarillas. ‖ *Arg.* y *Chile.* Aplícase también al gallo matizado de blanco y negro.

giro. fr., *tour;* it., *giro, giramento;* i., *gyre;* a., *Kreislauf, Wendung.* = fr., *traité, mandat, effet;* it., *cambiale;* i., *draft;* a., *Tratte.* (Del lat. *gyrus,* y éste del gr. *gyros.*) m. Movimiento circular. ‖ Acción y efecto de girar. ‖ Dirección que se da a una conversación, a un negocio y sus diferentes fases. ‖ Tratándose del lenguaje o estilo, estructura especial de la frase, o manera de estar ordenadas las palabras para expresar un concepto. ‖ Amenaza, bravata o fanfarronada. ‖ **chirlo.** ‖ **Com.** Movimiento o traslación de caudales por medio de letras, libranzas, etc. ‖ Conjunto de operaciones o negocios de una casa, compañía o empresa. ‖ **mutuo.** *Com.* Giro oficial entre los diversos puntos donde el gobierno lo tenía autorizado. ‖ **postal.** El que sirven las oficinas de correos y que ha substituido al giro mutuo. ‖ **telegráfico.** El que se hace por mediación de las oficinas de telégrafos.

Giró (Juan Francisco). Biog. Político uruguayo, n. y m. en Montevideo (1791-1860). Combatió a los invasores del Reino Unido de Portugal y Brasil. En 1852 fue designado por el partido blanco presidente de la República.

girocho, cha. adj. **jirocho.**

girodáctilo. (Del lat. científico *gyrodáctylus,* del gr. *gyrós,* redondeado, y *dáktylos,* dedo.) **Zool.** Gén. de gusanos platelmintos de la clase de los trematodos.

Girodías. Geog. Localidad de Argentina, prov. de Buenos Aires, part. de Trenque Lauquen; 312 h.

giroflé. (Del fr. *girofle,* y éste del lat. *garyophyllon,* del gr. *karyóphyllon.*) m. **Bot. clavero.**

girola. (Del fr. *girolle,* y éste del lat. *gyrāre,* girar.) f. **Arquit.** Nave que rodea el ábside en la arquitectura románica y gótica. ‖ Por ext., la misma nave en catedrales e iglesias de cualquier otro estilo.

girómetro. (De *giro* y *-metro.*) m. **Mec.** Aparato para medir la velocidad de rotación de una máquina.

Girón (Francisco Javier). Biog. Militar español, duque de Ahumada, n. en Pamplona y m. en Madrid (1803-1872). Había combatido en la guerra civil y fue el fundador del cuerpo de la Guardia Civil (1844), senador y ministro de Guerra. ‖ **Díaz (Francisco).** Torero venezolano, más conocido por *Curro Girón,* n. en Maracay en 1938. Vistió el traje de luces en su ciudad natal (1954), tomando la alternativa de manos de su hermano César en Barcelona (1956). Por su voluntad y valor se ha consagrado como primera figura. ‖ **de Velasco (José Antonio).** Político español, n. en Herrera de Pisuerga, Palencia, en 1911. Inició sus actividades políticas en el grupo de Onésimo Redondo, fusionado luego en las J. O. N. S. Ha sido ministro de Trabajo (1941-57). Patrocinó la creación de las universidades laborales. ‖ **Geog.** Mun. de Colombia, depart. de Santander; 21.321 h. ‖ Pobl. cap. del mismo, 10.676 habitantes. ‖ Cantón de Ecuador, prov. de Azuay; 30.075 h. ‖ Pobl. cap. del mismo; 10.020 h.

Gironde o **Gironda. Geog.** Nombre que toma el río Garona en Francia, después de su reunión con el Dordogne o Dordoña. ‖ Depart. de Francia; debe su nombre al río que lo baña, formado principalmente por la antigua prov. de Guyena; 10.000 km.² y 1.037.000 h. Cap., Burdeos. Los vinos que en él se producen son muy renombrados.

girondino, na. adj. Dícese del individuo de un partido político que se formó en Francia en tiempo de la Revolución, y de este mismo partido, llamado así por haberse distinguido principalmente en él los diputados de la Gironda. Apl. a pers., ú. m. c. s.

Girondo (Oliverio). Biog. Poeta argentino, n. y m. en Buenos Aires (1891-1967). Adepto de las nuevas formas poéticas, fue uno de los fundadores de la revista literaria *Martín Fierro.* Entre sus obras figuran: *Veinte poemas para ser leídos en el tranvía* (1922), *Calcomanías* (1925) y *Persuasión de los días* (1942). ‖ **Geog.** Local. de Argentina, prov. de Buenos Aires, part. de Pehuajó; 497 h.

Gironella (José María). Biog. Escritor español, n. en Darníus, Gerona, en 1917. Entre sus obras figuran: *Un hombre,* novela, que obtuvo el premio Nadal (1946); *Los cipreses creen en Dios* (1953), primera parte de una trilogía de novelas sobre la guerra civil (1936-39), completada con *Un millón de muertos* (1961) y *Ha estallado la paz* (1966); *Condenados a vivir,* novela por la que obtuvo el premio Planeta (1971), y *El Mediterráneo es un hombre disfrazado de mar,* relato de viajes (1974), y *Carta a mi padre muerto,* especie de narración autobiográfica (1978). ‖ **Geog.** Mun. de España, prov. de Barcelona, p. j. de Berga; 5.703 h. ‖ Villa cap. del mismo; 3.875 h. (*gironelleses*).

gironés, sa. adj. ant. Natural de Gerona, o perteneciente a esta c. o prov. Ú. t. c. s.

Gironés (el). Geog. Comarca de España, prov. de Gerona, sit. en ambas riberas del río Ter. Es una zona de suelo quebrado, aunque sin grandes alturas, en la que predomina la agricultura. La industria aprovecha la corriente del río Ter.

giroscópico, ca. adj. V. **aguja, brújula giroscópica.**

giroscopio. (De *girar* y *-scopio.*) m. **Fís.** Aparato ideado por Foucault en 1852, que consiste en un disco circular que gira sobre un

Giroscopio

eje libre y demuestra la rotación del globo terrestre. ‖ Aparato para apreciar los movimientos circulares del viento. ‖ **giróstato.**

giróscopo. m. **Fís. giroscopio.**

girospasmo. (De *girar* y *-spasmo.*) m. **Pat.** sin. del *tic de Salaam;* consiste en una serie de movimientos de la cabeza, seguidos de pérdida de la conciencia y retención de la orina.

giróstato. (Del gr. *gyros,* giro, y *-stato.*) m. **Fís.** Aparato constituido principalmente por un volante pesado, que gira rápidamente y tiende a conservar el plano de rotación, reaccionando contra cualquier fuerza que lo aparte de dicho plano. Son ejemplos de giróstatos, el trompo o peón, el giroscopio y los cuerpos celestes.

giróvago, ga. (Del lat. *gyrovăgus.*) adj. **vagabundo.** ‖ Dícese del monje que, por no sujetarse a la vida regular de los anacoretas y cenobitas, vagaba de uno en otro monasterio. Ú. t. c. s.

Girri (Alberto). Biog. Poeta argentino, n. en Buenos Aires en 1916. Su poesía, rigurosamente lírica, refleja la de ciertos poetas ingleses, como Eliot y T. de Quincey, a quienes ha traducido al castellano. Obras: *Coronación de la espera, El tiempo que destruye, Escándalo y soledades, Examen de nuestra causa* (primer premio municipal de 1956), *La penitencia y el mérito* y *Elegías italianas* (segundo premio nacional de Poesía, 1961-63).

gis. (Del lat. *gypsum,* yeso.) m. **clarión.** ‖ *Col.* **pizarrín.**

Gisbert Pérez (Antonio). Biog. Pintor español, n. en Alcoy y m. en París (1834-1901). Su cuadro *Ejecución de los comuneros de Castilla,* pintado en 1860, le dio gran celebridad. Entre sus otras obras destacan *Fusilamiento de Torrijos y sus compañeros* y *Amadeo de Saboya ante el cadáver del general Prim.*

Gisborne. Geog. C. de Nueva Zelanda, en la isla del Norte, cap. del área estadística de East Coast; 30.161 h.

Giscard d'Estaing (Valéry). Biog. Político y economista francés, n. en Coblenza, Alemania, en 1926. Ha sido inspector de Hacienda (1954), diputado (1956-59, 1962 y 1967-69), secretario de Estado en el Ministerio de Hacienda (1959-62), ministro de Hacienda (1962), de Hacienda y Asuntos Económicos (1962-66), y Economía y Hacienda (1969-74). Fue elegido presidente de la República Francesa en mayo de 1974.

Valéry Giscard d'Estaing

Gisclareny. Geog. Mun. y lugar de España, prov. de Barcelona, p. j. de Berga; 50 h.
Gisenyi. Geog. Prefect. de Ruanda; 2.395 km.² y 385.000 h. ‖ C. cap. de la misma; 3.956 habitantes.
giste. (Del a. *gischt*, espuma.) m. Espuma de la cerveza.
gitanada. f. Acción propia de gitanos. ‖ fig. Adulación, chiste, caricias y engaños con que suele conseguirse lo que se desea.
gitanamente. adv. m. fig. Con gitanería.
gitanear. intr. fig. Halagar con gitanería, para conseguir lo que se desea.
gitanería. f. Caricia y halago hechos con zalamería y gracia, al modo de las gitanas. ‖ Reunión o conjunto de gitanos. ‖ Dicho o hecho propio y peculiar de los gitanos.
gitanesco, ca. adj. Propio de los gitanos.
gitanismo. m. Costumbres y maneras que caracterizan a los gitanos. ‖ **gitanería**, conjunto de gitanos. ‖ Vocablo o giro propio de la lengua que hablan los gitanos.
gitano, na. fr., *bohémien;* it., *zingaro;* i., *gipsy;* a., *zigeuner.* (De *egiptano*.) adj. Dícese de cierta raza de gentes errantes y sin domicilio fijo, que se creyó ser descendientes de los egipcios y parecen proceder del norte de la India. Apl. a pers., ú. t. c. s. ‖ Propio de los gitanos, o parecido a ellos. ‖ Natural de Egipto. ‖ fig. Que tiene gracia y arte para ganarse las voluntades de otros. Suele usarse en buen y en mal sentido, aunque por lo común se aplica con elogio, y en especial hablando de las mujeres. Ú. t. c. s.
Gitarama. Geog. Prefect. de Ruanda; 2.241 km.² y 487.000 h. ‖ C. cap. de la misma.
Gitega o **Kitega. Geog.** Prov. de Burundi; 3.436 km.² y 590.000 h. ‖ C. cap. de la misma; 5.000 h. Café, algodón y tabaco. Aeropuerto. Antes fue capital de la nación.
Giuliano (Salvatore). Biog. Bandido italiano, n. en Montelepre, Sicilia, y m. en Castelvetrano (1922-1950). Levantó la bandera separatista de Sicilia y tuvo en jaque a todo un ejército de *carabinieri* desplegado contra él por el Gobierno italiano, hasta que, diezmada su banda y traicionado por su lugarteniente, fue abatido en el mismo campo de sus correrías.
Giusti (Giuseppe). Biog. Poeta satírico italiano, n. en Monsummano y m. en Florencia (1809-1850). Sus obras, que circularon manuscritas, llamaron la atención por la libertad del lenguaje. ‖ **(Roberto Fernando).** Escritor, crítico y profesor universitario argentino, n. en Luca, Italia, y m. en Buenos Aires (1887-1978). Fundador y director, con Alberto Bianchi, de la revista *Nosotros*. Se ha destacado también en política.
Giyani. Geog. C. de la República Sudafricana, cap. del territorio autónomo bantú de Gazankulu.
Giza o **Gizeh. Geog.** Gob. de Egipto; 1.078 km.² y 1.934.000 h. Cap., El-Giza. En sus inmediaciones radican las famosas pirámides de los faraones Khufu, Khafra y Menkaura, y la gran Esfinge, a más de numerosas mastabas de la antigua nobleza faraónica.

Giza. Esfinge y pirámide de Khafra

Gizeh. Geog. Giza.
Gjellerup (Karl). Biog. Escritor danés, n. en Roholte y m. en Klotzsche (1857-1919). Escribió muchas de sus obras en lengua alemana. Las más notables son: *Hennar*, drama; *El discípulo de los germánicos*, *Minna* y *El peregrino Kamanita*, novelas, y *Mi libro de amor*, poemas. En 1917 le fue otorgado el premio Nobel de Literatura, que compartió con Henrik Pontoppidan.
Gjirokastër. (En italiano, *Argirocastro*.) **Geog.** Dist. de Albania, en la región de Valona; 1.137 km.² y 51.200 h. ‖ C. cap. del mismo; 15.590 h.
glabro, bra. (Del lat. *glaber, -bri*.) adj. Calvo, lampiño.
glaciación. f. **Geol.** Proceso de formación y avance de un glaciar.
glacial. fr., *glacial;* it., *glaciale;* i., *frozen;* a., *eisig.* (Del lat. *glaciālis*.) adj. Helado, muy frío. ‖ Que hace helar o helarse. ‖ fig. Frío, desafecto, desabrido. ‖ **Geog.** Aplícase a las tierras y mares que están en las zonas glaciales. ‖ **Geol.** Dícese de la época *pleistocena*, del período cuaternario.
glacialmente. adv. m. fig. Con frialdad o de modo glacial.
glaciar. fr. e i., *glacier;* it., *ghiacciaio;* a., *Gletscher.* (Del fr. *glacier*, y éste del lat. **glaciarius*, de *glacies*, hielo.) m. **Geol.** Masa de hielo acumulada en las zonas altas de las cordilleras por encima del límite de las nieves perpetuas y cuya parte inferior se desliza muy lentamente, como si fuese un río de hielo.
glaciarismo. m. **Geol.** Estudio científico de los glaciares.
glacis. (Del fr. *glacis*, de *glacer*, helar [de ahí, resbalar], del lat. *glacies*, hielo.) m. **Fort.** Declive desde el camino cubierto hacia la campaña.
gladiador. fr., *gladiateur;* it., *gladiatore;* i., *gladiator;* a., *Gladiator.* (Del lat. *gladiātor, -oris*, de *gladius*, espada.) m. El que en los juegos públicos de los romanos batallaba con otro o con una bestia feroz, hasta quitarle la vida o perderla.
gladiator. m. **gladiador.**
gladiatorio, ria. (Del lat. *gladiatorĭus*.) adj. Perteneciente a los gladiadores.
gladio. (Del lat. *gladĭus*, espada.) m. **Bot.** Espadaña de agua.
gladíolo o **gladiolo.** (Del lat. *gladĭŏlus*.) m. **Bot. estoque,** nombre de plantas de la familia de las iridáceas, con tubérculos bulbiformes, flores zigomorfas, terminales, en cimas racemiformes, generalmente unilaterales, y hojas largas y agudas. Comprende 300 especies casi todas de África; entre las eurásicas, la especie más conocida es el *gladíolus segetum*, de flores rojas, conocido antes por los nombres vulgares de *espadilla* y *estoque*, suplantados por el más popular de gladíolo. ‖ **espadaña.**
Gladstone (William Ewart). Biog. Político inglés, n. en Liverpool y m. en Hawarden (1809-1898). Jefe del partido liberal, fue varias veces jefe del Gobierno.
Glamorgan Central. Geog. Cond. del R. U., en Gales; 1.019 km.² y 540.100 h. Cap., Cardiff. ‖ **Meridional.** Cond. del R. U., en Gales; 416 km.² y 391.600 h. Cap., Cardiff. ‖ **Occidental.** Cond. del R. U., en Gales; 815 km.² y 371.700 h. Cap., Swansea. Carbón e industrias siderúrgicas.
glande. (Del lat. *glans, glandis*, bellota.) m. **Anat. bálano,** cabeza del miembro viril. ‖ f. ant. **Bot.** Bellota de la encina del roble y otros árboles análogos.
glandífero, ra. (Del lat. *glandĭfer;* de *glans, glandis*, bellota, y *-fer*, -fero.) adj. **Poét.** y **Bot.** Que lleva o da bellotas.
glandígero, ra. (Del lat. *glans, glandis*, bellota, y *-gero*.) adj. **glandífero.**
glandina. (Del lat. *glans, glandis*, bellota.) f. **Paleont.** y **Zool.** Gén. de moluscos de la clase de los gasterópodos, subclase de los pulmonados, del que existen unas 140 especies.
glándula. fr., *glande;* it., *glandula;* i., *gland;* a., *Drüse.* (Del lat. *glandŭla*, diminutivo de *glans*, bellota.) f. **Anat., Biol.** y **Fisiol.** Órgano formado por un tejido epitelial de células cú-

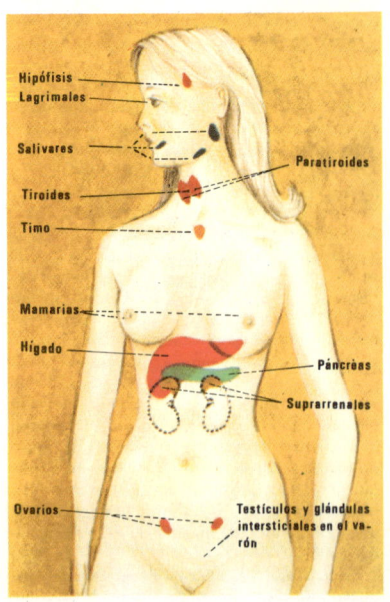

Glándulas

bicas y, excepcionalmente, por una sola célula encargada de extraer determinadas substancias de la sangre para transformarlas y verter los productos así elaborados (*secreciones*), bien al exterior o al tubo digestivo, si se trata de glándulas *abiertas* o *exocrinas*, bien, de nuevo, a la sangre, cuando son glándulas *cerradas* o *endocrinas*. ‖ **Bot.** Célula o conjunto de células que acumulan una secreción, y muy especialmente la *glándula epidérmica* y el *recipiente secretorio*. ‖ **abierta, exocrina** o **de secreción externa**. *Anat., Biol.* y *Fisiol.* La formada por una invaginación del epitelio, que rara vez es sencilla, sino que aumenta la superf. secretora por ramificación y constituye una glándula *compuesta*, en que miles de tubos glandulosos desembocan en un *conducto excretor común*. Estas glándulas envían el producto de su actividad hacia la superf. del cuerpo o a una cavidad del mismo, empleando para ello conductos excretores; así vierten al tubo digestivo las glándulas llamadas digestivas, y, al exterior, entre otras, la próstata las sudoríparas, sebáceas, lacrimales, mucosas, mamarias, etc. ‖ **cerrada, endocrina** o **de secreción interna**. La que carece de conducto y envía el producto de su actividad química, por ósmosis, directamente hacia la sangre, y, por medio de ésta, hacia otros órganos, donde provoca efectos muy importantes para la vida del ser humano. Tales órganos están en estricta interdependencia entre sí y su producto se llama hormona. Las glándulas mejor conocidas hasta ahora son el páncreas, el tiroides, la hipófisis, las gónadas, las glándulas suprarrenales y las paratiroides; es dudoso sin embargo, el carácter glandular del timo y de la epífisis. ‖ **endocrina. glándula cerrada.** ‖ **exocrina. glándula abierta.** ‖ **intestinal** o **de Lieberkühn**. Cada una de las digestivas existentes en la pared del intestino delgado, que segregan el jugo destinado a completar la digestión intestinal o quilificación. Aunque fueron descritas por H. N. Lieberkühn, las descubrió Malpighi. ‖ **lacrimal.** Cada una de las dos, abiertas, una en cada ojo, encargadas de segregar las lágrimas para mantener húmeda la conjuntiva. ‖ **mamaria.** Cada una de las abiertas que, en las hembras de los mamíferos, se activan al final de la gestación, por influjo de la hormona llamada prolactina, de la hipófisis, y segregan leche para nutrir a los hijos en su primera edad. ‖ **paratiroides.** V. *paratiroides*. ‖ **pineal. epífisis.** ‖ **pituitaria. hipófisis.** ‖ **salival.** Cada una de las glándulas abiertas que, en número de tres pares, segregan un fermento, la ptialina, que transforma los carbohidratos de composición compleja en glucosa, y vierten la saliva en la boca. ‖ **sebácea.** Cada una de las abiertas arracimadas, situadas junto a los folículos pilosos, que producen gotas de grasa, para lubricar el pelo y la superf. del cuerpo. ‖ **de secreción externa. glándula abierta.** ‖ **de secreción interna. glándula cerrada.** ‖ **sexual. gónada.** ‖ **sudorípara.** Dícese de cada una de las glándulas tubulosas, de gran longitud, cuya parte profunda se apelotona en la dermis, y la más superficial desemboca en la epidermis por sus orificios llamados poros de la piel. Su misión es segregar el sudor (v.). ‖ **suprarrenal.** Cada una de las glándulas endocrinas situadas en contacto con el riñón de los batracios, reptiles, aves y mamíferos y, en el hombre, encima de la extremidad superior de esta víscera, cuya zona interna o medular produce continuamente la adrenalina, mientras que su corteza segrega un complejo de hormonas, los corticoides o corticosteroides, de los que la cortisona es el más conocido y sin los cuales sería imposible la vida, en cuanto regularizan la presión arterial y su disminución origina la enfermedad de Addison. Se llaman también *cápsulas suprarrenales* y su extirpación produce hipoglucemia.

glandular. adj. *Anat., Biol.* y *Fisiol.* Propio de las glándulas.

glanduloso, sa. fr., *glanduleux;* it., *glanduloso;* i., *glandulous;* a., *drüsig.* (Del lat. *glandulōsus.*) adj. **Biol.** Que tiene glándulas o está compuesto de ellas.

glareólido, da. (Del lat. científico *glareóla,* gén. tipo de aves, e *-ido;* aquél dim. del lat. *glarĕa,* cascajo.) adj. **Zool.** Dícese de las aves del orden de las caradriformes, de patas altas y delgadas, pico curvo, excelentes corredoras y buenas voladoras; p. e., la canastera y los corredores. ‖ f. pl. Familia de estas aves.

Canastera (ave glareólida)

Glarus. **Geog.** Est. de Suiza; 684 km.² y 38.300 h. Tabaco. Tejidos de algodón. ‖ Ciudad cap. del mismo, a orillas del Linth; 6.181 h.

glasé. (Del fr. *glacé,* de *glacer,* dar un barniz parecido a una capa helada, y éste del lat. *glacies,* hielo.) m. Tafetán de mucho brillo.

glaseado, da. p. p. de **glasear.** ‖ adj. Que imita o se parece al glasé. ‖ **Artes gráficas.** Se dice del papel, cartón, etc., al que se le pega, por una o por ambas caras, y a fin de darle vistosidad, una película de celofán, acetato, polivinilo, etc. Puede hacerse brillante o mate.

glasear. fr., *glacer, lustrer;* it., *pulire;* i., *to glaze;* a., *glasieren.* (De *glasé.*) tr. Dar brillo a la superficie de algunas cosas, como el papel, a algunos manjares, etc.

Glaser (Donald Arthur). **Biog.** Físico estadounidense, n. en Cleveland, Ohío, en 1926. Profesor de Berkeley (California), ha sido galardonado con el premio Nobel de Física (1960), por el descubrimiento de la *cámara de burbujas,* que permite fotografiar el recorrido de las partículas atómicas y su comportamiento al tomar contacto con otras partículas.

Glasgow. **Geog.** C. del R. U., en Escocia, cap. de la región de Strathclyde, cond. de Lanark; 896.958 h. Centro carbonífero. Es la pobl. industrial más importante de Escocia. Importantes astilleros. Su catedral comenzó a construirse en el s. XIII, existiendo también otra católica que data de principios del XIX.

Glashow (Sheldon Lee). **Biog.** Físico estadounidense, n. en Nueva York en 1932. Profesor en el laboratorio Lyman, de la Universidad de Harvard, desde 1967, fue galardonado con el premio Nobel de Física 1979, compartido con su compatriota Steven Weinberg y el paquistaní Abdus Salam, por sus investigaciones en torno a las partículas elementales.

glasofanado, da. adj. **Artes gráficas. glaseado.**

glasto. (Del lat. *glastum.*) m. **Bot.** Planta bienal de la familia de las crucíferas, con tallo herbáceo, ramoso, de 60 a 80 cm. de alt., hojas grandes, garzas, lanceoladas, con orejetas en la base; flores pequeñas, amarillas, en racimos que forman un gran ramillete, y fruto en vainilla elíptica, negra y casi plana, con una semilla comprimida, tres veces más larga que ancha *(isatis tinctoria).* De las hojas de esta planta, antes muy cultivada, se obtenía un color análogo al del añil. Se llama también *hierba pastel.*

Glastonbury. Geog. C. del R. U., en Inglaterra, cond. de Somersethire, a orillas del Brue; 6.571 h. Ruinas de una abadía del s. VI, cuyo último abad fue ahorcado por Enrique VIII. Cuna del cristianismo y la monarquía, tumba del rey Arturo y relicario de la fe inglesa.

Glauber (Johann Rudolf). Biog. Químico alemán, n. en Karlstadt y m. en Amsterdam (1604-1668). Alcanzó celebridad por el descubrimiento del sulfato de sosa, o *sal de Glauber,* como él la llamó.

-glauc-. Infijo. V. **glauco-.**

gláucido, da. (Del lat. *glaucus,* gén. tipo de moluscos, e *-ido;* aquél, voz lat. que sign. *verdemar* [color].) adj. **Zool.** Dícese de los moluscos gasterópodos, subclase de los opistobranquios, que presentan las branquias dispuestas en abanicos a los lados del cuerpo. ‖ m. pl. Familia de estos moluscos.

glaucio. (Del lat. *glaucĕum.*) **Bot.** Gén. de papaveráceas, en que se incluyen la amapola marina *(gláucium lúteum)* y la hierba lagartera *(g. corniculátum),* con flores amarillas o anaranjadas y fruto en cápsula siliciforme; la primera vive en los arenales de la costa y aun del interior.

glauco-; -glauc-. (Del gr. *glaukós.*) pref. o infijo que sign. azul, verdemar, verde claro, etc.

glauco, ca. (Del lat. *glaucus,* y éste del gr. *glaukós,* de color verdemar.) adj. Verde claro. ‖ m. **Zool.** Molusco gasterópodo marino, de la familia de los gláucidos, de color azul con reflejos nacarados, sin concha, de 5 a 6 cm. de largo, con cuerpo fusiforme, cuatro tentáculos cortos y tres pares de branquias en forma de aletas, con las que respira y nada *(glaucus atlánticus).*

glaucoma. fr., *glaucome;* it. e i., *glaucoma;* a., *Glaukom.* (Del lat. *glaucōma,* y éste del gr. *glaukōma,* de *glaukós,* verdemar, con el suf. *-oma, -oma*.) m. **Pat.** Enfermedad del ojo, así denominada por el color verdoso que toma la pupila, caracterizada por el aumento de la presión intraocular, dureza del globo del ojo, atrofia de la papila óptica y ceguera.

glayo. (De *gayo*.) m. **Zool.** *Ast.* arrendajo.

Glazunov (Aleksandr Konstantinovich). Biog. Compositor ruso, n. en San Petersburgo y m. en París (1865-1936). Su música difiere bastante de la de sus compatriotas Moussorgski, Borodin y demás del grupo de *los Cinco,* a los que siguió en un principio, para apartarse después de la escuela nacionalista. Obras principales: *Stenka Razin,* poema sinfónico (1885); *El Kremlin,* cuadro sinfónico; *Raimunda, Las estaciones* (1901) y *Astucia de amor,* ballets.

gleba. (Del lat. *gleba.*) f. Terrón que se levanta con el arado. ‖ Tierra, especialmente cultivada. ‖ *Ar.* Terreno cubierto de césped.

Gleiwitz. Geog. Gliwice.

Glenn (John Herschel). Biog. Astronauta estadounidense, n. en Cambridge, Ohío, en 1921. Teniente coronel de Infantería de Marina, fue seleccionado, en abril de 1959, por la N. A. S. A. como uno de los siete astronautas que serían entrenados para vuelos espaciales con arreglo al *Proyecto Mercury* (v.), y, en 20 de febrero de 1962, fue lanzado al espacio desde Cabo Cañaveral, a bordo de la nave *Friendship VII,* con la que dio tres vueltas a la Tierra. Fue el primer estadounidense que realizó un vuelo alrededor de la Tierra.

Glenrothes. Geog. C. del R. U., en Escocia, cap. de la región de Fife; 55.000 h. Centro residencial minero. Aeropuerto.

Glenville–globo

Glenville (Peter). Biog. Director de cine, inglés, n. en Hampstead en 1913. Principales películas: *El prisionero, Verano y humo, Escándalo en las aulas, Becket, Hotel Paradiso* y *Los farsantes.*

glera. (Del aragonés *glera,* y éste del lat. *glarĕa,* cantorral.) f. **cascajar,** terreno con mucho cascajo, guijo o fragmentos de piedra, que se depositan en las márgenes e islotes de los ríos durante sus avenidas.

Glew. Geog. Pobl. de Argentina, prov. de Buenos Aires, part. de Almirante Brown; 1.260 h. Ganadería.

glic-, glico-, glicer-, gluc-, gluco-, glucos-; -gluc-. (Del gr. *glykýs* o *glykerós.*) pref. o infijo que sign. dulce: *floro*glucina.

glicer-. pref. V. **glic-.**

glicérido. (De *glicer-* e *-ido.*) m. **Quím.** Nombre genérico de los ésteres que forma la glicerina al substituir uno, dos o tres de sus hidrógenos oxhidrílicos por otros tantos radicales de un ácido graso. Los glicéridos aparecen mezclados en las grasas vegetales y animales.

glicerina. fr., *glycérine;* it., *glicerina;* i., *glycerine;* a., *Glyzerin.* (De *glicer-* y *-ina.*) f. Quím. Alcohol trivalente de fórmula $C_3H_8O_3$, que constituye el componente principal de las grasas y aceites naturales. Modernamente se logra su obtención por vía sintética a partir de los gases del petróleo procedentes del *cracking.* La glicerina es un producto de gran consumo industrial, sobre todo para la fabricación de explosivos, ya que es el producto base para la obtención de la nitroglicerina. Además de esta importante aplicación en la fabricación de la dinamita, se utiliza en la de materias plásticas, cosméticos, pomadas, etc.

glicina. (Del lat. científico *glýcine,* del gr. *glykýs,* dulce.) Bot. Gén. de plantas de la familia de las papilionáceas, sinónimo de *wistaria.* La especie más importante es la soja, cultivada por su riqueza oleaginosa y originaria de Asia oriental (*g. soja*). También son comunes las glicinas *wistaria chinensis,* de flores violetas, originaria de China, y la *w. frutéscens,* de flores azules, de América meridional.

glicirriza. (Del lat. científico *glycyrrhiza,* y éste del gr. *glykýs,* dulce, y *rhiza,* raíz.) Bot. Gén. de plantas de la familia de las papilionáceas, subfamilia de las papilionoideas, al cual pertenece el regaliz o palo dulce (*g. glabra*).

glico-. pref. V. **glic-.**

glicocola. (De *glico-* y *-cola,* pegamento.) f. Quím. **ácido aminoacético.**

gliconio. (Del lat. *glyconĭus,* de *Glycon,* nombre del inventor de este metro.) adj. Poét. V. **verso gliconio.** Ú. t. c. s.

-glífico. suf. V. **glipt-.**

-glifo. suf. V. **glipt-.**

Glinka (Mijaíl Ivanovich). Biog. Compositor ruso, n. en Novospasskoi, Smolensko, y m. en Berlín (1804-1857). Interesado en las canciones populares de su país, escribió las primeras óperas nacionales rusas, que obtuvieron gran éxito y merecieron las alabanzas de Liszt y Berlioz. Sus principales composiciones son: *La vida por el zar* (1836), *Russlan y Ludmilla,* óperas (1842), *Jota aragonesa* y *Una noche en Madrid* (1851), fruto del material recogido durante su estancia en España, *Kamarinskaya* (1848), *Vals-Fantasía,* varias oberturas, música de cámara, piezas para piano, canciones, etc.

glipt-, glipto-; -glifo, -glífico, -glíptica. (Del gr. *glýpho,* esculpir.) pref. o suf. que sign. escultura, esculpido; e. de suf.: *tri*glifo, *jero*glífico, *ana*glíptica.

-glíptica. suf. V. **glipt-.**

glíptica. fr., *glyptique;* it., *glíptica;* i., *glyptics;* a., *Steinschneidekunst, Glyptik.* (Del gr. *glýpho,* esculpir.) f. Arte de grabar en piedras duras.

Glíptica. Taza Farnesio, camafeo en sardónice, uno de los mayores conocidos. Museo Nacional. Nápoles

glipto-. pref. V. **glipt-.**

gliptodonte. (De *glipt-* y *-odonte.*) Paleont. y Zool. *Amér. m.* Gén. de mamíferos desdentados del orden de los xenartros, parecidos a los actuales armadillos, que vivieron durante el final del período terciario y la época pleistocena.

gliptoteca. fr., *glyptothèque;* it., *museo;* i., *glyptotheca;* a., *Glyptothek.* (De *glipto-* y *-teca.*) f. Museo de obras de escultura y particularmente de piedras finas grabadas.

glírido, da. (De *glis-* e *-ido.*) adj. Zool. Dícese de los roedores simplicidentados llamados vulgarmente *lirones.* || m. pl. Familia de estos roedores.

glironia. f. Zool. *Bol.* y *Perú.* Marsupial poliprotodonto, de la familia de los didélfidos, muy parecidos a los filandros, pero menor, de color grisáceo y con la cola muy peluda (*glironia venusta*).

glis. (Del lat. *glis, gliris,* lirón.) Zool. Gén. de mamíferos roedores al que pertenecen los lirones típicos.

Gliwice. (En a., *Gleiwitz.*) Geog. C. de Polonia, vaivodato de Katowice, en Silesia; 178.900 h. Situada a orillas del Klodnitz, afluente del Oder, posee importante industria metalúrgica.

global. adj. Tomado en conjunto.

globicéfalo. (Del lat. científico *globicéphalus,* y éste del lat. *globus,* pelota, y el gr. *kephalé,* cabeza.) Zool. Gén. de cetáceos odontocetos, al que pertenecen los calderones (v.).

globigerina. (Voz del lat. científico; del lat. *globus,* pelota, y *gerĕre,* llevar.) Zool. Gén. de animales protozoarios, clase de los rizópodos, orden de los foraminíferos, cuyos caparazones calizos, después de muerto el animal, se acumulan en el fondo del mar.

globo. fr. e i., *globe;* it., *globo;* a., *Kugel, Weltkugel.* (Del lat. *globus.*) m. **esfera,** sólido de superficie curva cuyos puntos equidistan del centro. || **Tierra,** planeta que habitamos. || **globo aerostático.** || Receptáculo de materia flexible que, lleno de un gas menos pesado que el aire ambiente, se eleva en la atmósfera. || Especie de fanal de cristal con que se cubre una luz para que no moleste a la vista o simplemente por adorno. || **aerostático.** Aerostación. Bolsa de tafetán u otra tela de poco peso llena de un gas de menor densidad que el aire atmosférico, cuya fuerza ascensional equilibra y supera el peso del globo y el de la barquilla y la carga. Fue inventado por los hermanos Montgolfier, quienes utilizaron aire caliente para hincharlo (1782). Charles fue el primero en emplear el hidrógeno, gas que todavía se usa. Asciende en virtud del principio de Arquímedes, hasta una altura en que el peso del aparato y el de la barquilla es igual al del aire que desaloja. Puede ascender aún más arrojando lastre (generalmente arena, contenida en sacos), y desciende perdiendo gas, mediante válvulas destinadas a este efecto. Es imposible dirigirlo en una dirección determinada, y se mueve a merced del viento. Por eso se suele denominar también *globo libre.* Con fines deportivos o científicos se siguen utilizando. Las marcas con globo libre están establecidas así: *Duración de viaje:* 137 horas y 6 minutos. *Distancia:* 5.120 km. por Ben Abruzzo, Maxie Anderson y Larry Newman, estadounidenses, del 11 al 17 de agosto de 1978. *Altura:* M. Ross y V. Prather, estadounidenses, 34.668 m., 4 de mayo de 1961. || **cautivo.** El que está sujeto a tierra con un cable y sirve de observatorio, o para formar barreras contra las incursiones de aviones enemigos. || **celeste.** Astron. Esfera en cuya superficie se figuran las constelaciones principales con situación semejante a la que ocupan en el espacio. || **centrado.** Bl. mundo centrado. || **dirigible.** Aerostación. Aparato que, lleno de un gas más ligero que el aire, flota libremente en éste, y que, debido a su forma, hélices y timones, puede seguir en el espacio una dirección prefijada. El dirigible más práctico y casi el único

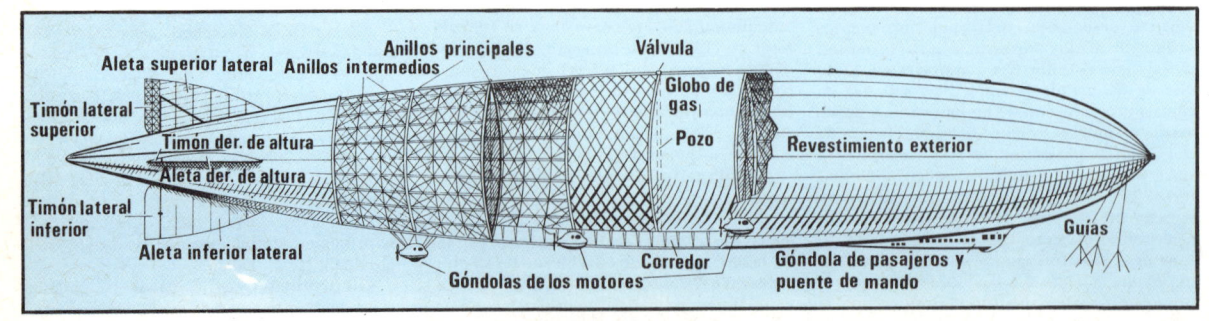

Esquema de un globo dirigible

usado en la actualidad es el de tipo no rígido. Uno de los últimos modelos de dirigible *zepelín*, de tipo rígido o con armadura metálica interior, fue el *L.Z.-129 Hindenburg*, cuyas características eran las siguientes: longitud, 248 metros; diámetro máximo, 41 m.; volumen, 190.000 m.^{3}; motores, 4.400 c.v. repartidos en cuatro unidades Diesel; velocidad máxima, 195 kmh.; carga, 50 pasajeros. ‖ **sonda.** Globo pequeño no tripulado, que lleva aparatos registradores y se eleva generalmente a gran altura; algunos han llegado hasta los 30 km. Se utiliza para estudios meteorológicos. ‖ **terráqueo** o **terrestre.** *Geog.* **Tierra.** ‖ Esfera en cuya superficie se figura la disposición respectiva que las tierras y mares tienen en nuestro planeta. ‖ **en globo.** m. adv. En conjunto, alzadamente, sin detallar.

globoso, sa. (Del lat. *globōsus*.) adj. De figura de globo.

globular. fr., *globulaire;* it., *globulare;* i., *globular;* a., *kugelrund.* adj. De figura de glóbulo. ‖ Compuesto de glóbulos.

globularia. (Voz del lat. científico; del lat. *globŭlus,* dim. de *globus,* pelota, por sus inflorescencias). **Bot.** Gén. de plantas de la familia de las globulariáceas. ‖ f. Nombre vulgar de cualquier especie de este género.

globulariáceo, a. (De *globularia* y *-áceo.*) adj. **Bot.** Dícese de las plantas del orden de las tubifloras, filo de las contortales, herbáceas o arbustivas, con flores cigomorfas dispuestas en cabezuelas terminales. ‖ f. pl. Familia de estas plantas.

globulina. (De *globo,* aludiendo a su propiedad de coagular, e *-ina.*) **Bioq.** y **Fisiol.** Nombre común a una clase de proteínas. Se encuentran en los músculos *(miosina)* y suelen ir asociadas a las albúminas en la leche *(lactoglobulina),* en el huevo *(ovoglobulina)* y en el suero sanguíneo *(seroglobulina),* donde tienen la misión de producir protrombina, que es el quinto factor en la coagulación de la sangre.

glóbulo. fr. e i., *globule;* it., *globulo;* a., *Kügelchen.* (Del lat. *globŭlus.*) m. dim. de **globo.** ‖ Pequeño cuerpo esférico. ‖ **blanco.** *Fisiol.* **leucocito.** ‖ **rojo. hematíe** o **eritrocito.**

globuloso, sa. adj. Compuesto de glóbulos.

glomérido, da. (De *glómeris* e *-ido.*) adj. **Zool.** Dícese de los miriápodos diplópodos, capaces de arrollarse en bola, como las cochinillas de humedad, y cuyo gén. representativo es el *glómeris.* Ú. t. c. s. m. ‖ m. pl. Familia de estos animales.

glómeris. Zool. Gén. de miriápodos, de la subclase de los diplópodos, muy parecido a las cochinillas de humedad, y que, para defenderse, se enrollan, como ellas, formando una bola.

glomérulo. (Voz del lat. científico; dim. del lat. *glomus, -ĕris,* ovillo.) m. **Anat.** y **Zool.** Pequeña masa constituida por apelotonamiento de vasos.

Glommen. Geog. Río de Noruega, el más caudaloso del país. Después de 580 km. de curso, des. en el Skagerrak.

gloria. fr., *gloire;* it., *gloria;* i., *glory;* a., *Ruhm.* (Del lat. *gloria.*) f. Vista y posesión de Dios en el cielo. Es uno de los cuatro novísimos. ‖ **cielo,** lugar de los bienaventurados. ‖ Reputación, fama y honor que resulta a cualquiera por sus buenas acciones y grandes calidades. ‖ Gusto y placer vehemente. ‖ Lo que ennoblece o ilustra en gran manera una cosa. ‖ Majestad, esplendor, magnificencia. ‖ Tejido de seda muy delgado y transparente, de que se hacían mantos para las mujeres, más claros que los de humo. ‖ Género de pastel abarquillado, hecho de masa de hojaldre, en que en lugar de carne se echan yemas de huevo batidas, manjar blanco, azúcar y otras cosas. ‖ En algunas partes de Castilla la Vieja y León, hornillo dispuesto para calentarse y cocer las ollas. En Tierra de Campos es un estrado hecho sobre un hueco abovedado, en cuyo interior se quema paja u otro combustible para calentar la habitación y para dar mayor calor a las personas que sobre él se colocan. ‖ En los teatros, cada una de las veces que

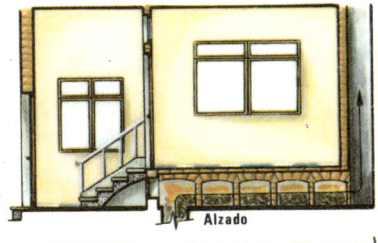

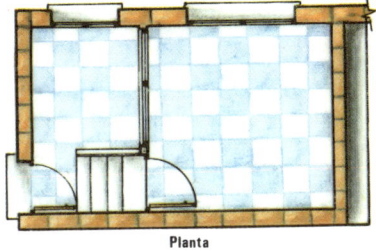

Estructura de una gloria

se alza el telón, al final de los actos, para que los actores y autores reciban el aplauso del público. ‖ En pintura, rompimiento de cielo, en que se representan ángeles, resplandores, etcétera. ‖ m. **Litur.** Cántico o rezo de la misa, que comienza con las palabras *gloria a Dios en el cielo.* ‖ **Patri.** (expr. lat., *gloria al Padre*). m. Versículo latino que se dice después del padrenuestro y avemaría y al fin de los salmos e himnos de la Iglesia. ‖ **gloria victis!** expr. lat. que sign. ¡gloria a los vencidos! Antítesis del *vae victis!* (¡ay de los vencidos!).

Gloria (La). Geog. Local. de Argentina, prov. de La Pampa, depart. de Catriló; 343 h. ‖ **(La).** Mun. de Colombia, depart. de Cesar; 7.273 h. ‖ Pobl. cap. del mismo; 1.360 h.

gloriado, da. p. p. de **gloriarse.** ‖ m. *Amér. c.* y m. Especie de ponche hecho con aguardiente.

Glorialdo Fernández. Geog. Chaján.

gloriapatri. m. **gloria Patri.**

gloriar. (Del lat. *gloriāri.*) tr. **glorificar.** ‖ prnl. Preciarse demasiado o alabarse de una cosa. ‖ Complacerse, alegrarse mucho.

glorieta. fr., *gloriette;* it., *frascato;* i., *summer-house;* a., *Gartenlaube.* (Del fr. *gloriette,* y éste del lat. *gloria,* gloria.) f. Cenador de un jardín. ‖ Plazoleta, por lo común en un jardín, donde suele haber un cenador. ‖ Plaza donde desembocan por lo común varias calles o alamedas.

glorificable. adj. Digno de ser glorificado.

glorificación. fr. e i., *glorification;* it., *glorificazione;* a., *Verherrlichung.* (Del lat. *glorificatio, -ōnis.*) f. Alabanza que se da a una cosa digna de honor, estimación o aprecio. ‖ Acción y efecto de glorificar o glorificarse.

glorificador, ra. (Del lat. *glorificātor, -ōris.*) adj. Que glorifica. Ú. t. c. s. ‖ Que da la gloria o la vida eterna.

glorificante. p. a. de **glorificar.** Que glorifica.

glorificar. fr., *glorifier;* it., *glorificare;* i., *to glorify;* a., *verherrlichen.* (Del lat. *glorificāre;* de *gloria,* gloria, y *-ficare, -ficar.*) tr. Hacer glorioso al que no lo era. ‖ Reconocer y ensalzar al que es glorioso dándole alabanzas. ‖ prnl. **gloriarse.**

gloriosamente. adv. m. Con gloria.

glorioso, sa. fr., *glorieux;* it., *glorioso;* i., *glorious;* a., *glorreich, rühmlich.* (Del lat. *gloriōsus.*) adj. Digno de honor y alabanza. ‖ Perteneciente a la gloria o bienaventuranza. ‖ Que goza de Dios en la gloria, y especialmente cuando ha sobresalido en virtudes o merecimientos. ‖ Que se alaba demasiado y habla de sí casi con jactancia.

glos-, gloso-, glot-, gloto-; -glos-, -glot-; -gloso, -gloto, -glosa, -glosia, -glotis. (Del gr. *glossa,* o *glotta.*) pref., infijo o suf. que sign. lengua; e. de infijo: balano**glósi**do, pro**glótide**; de suf.: hipo**gloso,** polí**gloto,** iso**glosa,** epi**glotis.**

-glosa. suf. V. **glos-.**

glosa. fr., *glose;* it., *glosa;* i., *gloss, gloze;* a., *Auslegung, Randbemerkung, Glose.* (Del lat. *glossa,* lenguaje obscuro, y éste del gr. *glossa,* lengua.) f. Explicación o comento de un texto obscuro o difícil de entender. ‖ Nota que se pone en un instrumento o libro de cuenta y razón para advertir la obligación a que está afecta o hipotecada alguna cosa; como una casa, un juro. ‖ Nota o reparo que se pone en las cuentas o una o varias partidas de ellas. ‖ **Der.** Aclaración o interpretación de la ley, realizada por los juristas de la Edad Media. ‖ **Mús.** Variación que diestramente ejecuta el músico sobre unas mismas notas, pero sin sujetarse rigurosamente a ellas. ‖ **Poét.** Composición poética al fin de la cual o al de cada una de sus estrofas se hacen entrar rimando y formando sentido uno o más versos anticipadamente propuestos.

glosador, ra. adj. Que glosa. Ú. t. c. s.

glosar. fr., *gloser;* it., *glosare, chiosare;* i., *to gloss, to gloze;* a., *auslegen, erklären.* tr. Hacer, poner o escribir glosas. ‖ fig. Interpretar o tomar en mala parte y con intención siniestra una palabra, proposición o acto.

glosario. fr., *glossaire;* it., *glossario;* i., *glossary;* a., *Glossar, Glossarium.* (Del lat. *glossarium.*) m. Catálogo de palabras obscuras o desusadas, con definición o explicación de cada una de ellas. ‖ Catálogo de palabras de otro orden, definidas o comentadas.

glose. m. Acción de glosar o poner notas en un instrumento o libro de cuenta y razón.

glosema. f. **Ling.** La más pequeña unidad lingüística capaz de servir a una significación (unidad significativa).

glosemática. f. Según Hjelmslev, estudio de las unidades lingüísticas definidas según su función en la estructura de la lengua.

-glosia. suf. V. **glos-.**

glosilla. f. dim. de **glosa.** ‖ **Impr.** Carácter de letra menor que la de breviario.

glosina. (Del lat. científico *glossina,* del gr. *glossa,* lengua.) **Entom.** Gén. de dípteros ciclorrafos, de la familia de los múscidos y tribu de

Glosina palpalis

los muscinos. La más peligrosa para el hombre es la *glossina palpalis* (*mosca tsé-tsé* [v.]) que, al transmitir por su picadura el *trypanosoma gambiense*, produce la enfermedad del sueño.

gloso-; -gloso. pref. o suf. V. **glos-**.

glosofaríngeo, a. (De *gloso-* y *faringe*.) adj. **Anat.** Dícese del nervio y músculo relacionados con la faringe y la lengua.

glosolalia. (De *gloso-* y *-lalia*.) f. Facilidad para expresarse en lenguaje figurado o en otros idiomas.

glosopeda. fr., *glossopéda*; it., *glossopeda*; i., *glossopaeda*; a., *Maul-und Klauenseuche*. (De *gloso-* y *-peda*.) f. **Pat.** y **Veter.** Enfermedad epizoótica de los ganados, que se manifiesta por fiebre y por el desarrollo de vesículas o flictenas pequeñas en la boca y entre las pezuñas. Se llama también *afta epizoótica* y *fiebre aftosa*.

Glossop. Geog. C. del R. U., en Inglaterra, cond. de Derbyshire; 24.147 h. Industria y fabricación de aprestos y estampados de papel.

glot-; -glot-. pref. o infijo. V. **glos-**.

glótico. adj. **Anat.** Perteneciente o relativo a la glotis.

-glotis. suf. V. **glos-**.

glotis. fr., *glotte*; it., *glottide*; i., *glottis*; a., *Stimmritze*. (Del gr. *glottís*.) f. **Zool.** Orificio o abertura superior de la laringe, de contorno triangular, debido a la posición de las cuerdas vocales.

gloto-; -gloto. pref. o suf. V. **glos-**.

glotocronología. (De *gloto-* y *cronología*.) f. **Ling.** Técnica propuesta por M. Swadesh y R. B. Lees para determinar en qué época dos lenguas se separaron de la originaria común.

glotología. (De *gloto-* y *-logía*.) f. Término que usaron los lingüistas italianos para designar la lingüística (v.).

glotón, na. fr., *glouton*; it., *ghiottone*; i., *gluton*, *gormandizer*; a., *vielfrass*. (Del lat. *gluto*, *-ōnis*.) adj. Que come con exceso y con ansia. Ú. t. c. s. ∥ m. **Zool.** Mamífero carnívoro, de la familia de los mustélidos y del tamaño de un zorro grande. Vive en las regiones boreales de ambos hemisferios. La especie más famosa es el *glotón ártico* de Europa (*gulo gulo*), ya muy escasa; y más abundantes son las de Canadá y Siberia (*g. luscus* y *g. hýloens*), todas ellas buscadas por sus pieles.

glotonamente. adv. m. Con glotonería.

glotonear. (De *glotón*.) intr. Comer glotonamente.

glotonería. fr., *gloutonnerie*; it., *ghiottoneria*; i., *gluttony*; a., *Gefrässigkeit*. f. Acción de comer con exceso y con ansia. ∥ Calidad de glotón.

glotonía. (De *glotón*.) f. ant. **glotonería**.

Gloucester (duque de). Biog. Hijo de Jorge V, hermano de Eduardo VIII y de Jorge VI y tío carnal de Isabel II de Inglaterra, m. en Barnwell Manor (1900-1974). ∥ **(Thomas Woodstock).** Hermano de Eduardo III y uno de los tutores de su sobrino Ricardo II, n. en Woodstock y m. en Calais (1355-1397). ∥ **Geog.** Cond. del R. U., en Inglaterra; 2.638 km.² y 487.600 h. ∥ C. cap. del mismo; 91.600 h.

gloxínea. (De B. P. *Gloxin*, botánico alemán.) **Bot.** Gén. de gesneriáceas, hierbas cundidoras, con hojas opuestas y flores de color violeta y de tubo corto, acampanado. Las plantas de estufa conocidas con aquel nombre se incluyen hoy en el gén. *siningia*.

Glubb (sir John Bagot). Biog. General inglés, más conocido por *Glubb Pachá*, n. en Preston en 1897. Tomó parte en la P. G. M., fue organizador y jefe de la Legión Árabe de Jordania, cargo del que fue relevado por el rey Hussein, por presión de los nacionalistas árabes (1956). Ha escrito, entre otras obras: *Story of the Arab Legion, Britain and the Arabs* y *Haroon Al Rasheed and the Great Abbasids*.

gluc-; -gluc-. pref. o infijo. V. **glic-**.

glucemia. (De *gluc-* y *-emia*.) f. **Fisiol.** y **Pat.** Presencia de glucosa en la sangre, y más especialmente cuando excede de lo normal.

glucina. (De *gluc-* e *-ina*.) f. **Quím.** Óxido de glucinio que entra en la composición del berilo y de la esmeralda, y que combinado con los ácidos forma sales de sabor dulce.

glucinio. (De *glucina*.) m. p. us. **berilio**.

Gluck (Christoph Willibald). Biog. Compositor alemán, n. en Erasbach y m. en Viena (1714-1787). Siguió la tradición de la ópera italiana y renovó la ópera del barroco al otorgar un papel importante a la declamación, procurando realzar musicalmente los estados psicológicos y las situaciones en la escena. Aunque cultivó varios géneros, es sobre todo famoso por sus óperas, entre las que destacan: *Orfeo y Eurídice, Alcestes, Ifigenia en Áulide, Paris y Helena, Armida* e *Ifigenia en Táuride*.

gluco-. pref. V. **glic-**.

glucógeno. (De *gluco-* y *-geno*.) m. **Bioq.** y **Fisiol.** Polisacárido muy parecido al almidón, que se halla, sobre todo, en el hígado de los vertebrados como reserva hidrocarbonada, y que mediante las enzimas hidrolíticas se convierte en maltosa, primero, y en glucosa después (función glucémica). También se acumula en los músculos, donde se hidroliza pasando a glucosa, que, por ulterior combustión, suministrará la energía necesaria para el trabajo muscular. Por otra parte, los azúcares ingeridos revierten a glucógeno, que vuelve a almacenarse en el hígado con la ayuda de la insulina, que impide que la glucosa circule en gran cantidad en la sangre y conduzca a la glucosuria. Se dice también *glicógeno*.

glucómetro. (De *gluco-* y *-metro*.) m. **Fís.** Aparato para apreciar la cantidad de azúcar que tiene un líquido.

glucos-. pref. V. **glic-**.

glucosa. fr., *glycose*; it., *glucosio*; i., *glucose*, *glycose*; a., *Traubenzucker, Glykose*. (De *gluc-* y *-osa*.) f. **Quím.** El más frecuente e importante de los monosacáridos, que pertenece al grupo de las hexosas y tiene por fórmula $C_6H_{12}O_6$. Se encuentra libre en la miel, en las frutas dulces, especialmente en las uvas, y en raíces, semillas y tubérculos de casi todas las plantas. Forma numerosos glucósidos, disacáridos (lactosa, sacarosa, maltosa) y polisacáridos (almidón, celulosa, glucógeno); es, por tanto, el más extendido e importante de todos los azúcares y, en el organismo humano, tiene un importante papel en el metabolismo. Industrialmente se obtiene por hidrólisis de materias feculentas, ricas en almidón (patata, maíz, etc.). Se conoce también con los nombres de *dextrosa* y *azúcar de uva*. Por la influencia de la levadura se convierte en alcohol etílico y anhídrido carbónico, reacción característica de la fabricación del vino (V. **fermentación alcohólica**.)

glucósido. (De *glucos-* e *-ido*.) m. **Quím.** Substancia orgánica compleja obtenida de ciertos vegetales, y uno de cuyos componentes es la glucosa. Muchos de los glucósidos son venenos enérgicos, y, en dosis pequeñísimas, se usan como medicamentos, como la digitalina, obtenida de la digital, y la salicina, obtenida del sauce.

glucosuria. (De *glucos-* y *-uria*.) f. **Pat.** Estado patológico del organismo, que se manifiesta por la presencia de glucosa en la orina.

gluglú. m. Voz onomatopéyica con que se representa el ruido del agua al sumirse o dejar escapar aire.

gluma. (Del lat. *gluma*.) f. **Bot.** Cubierta floral de las plantas gramíneas, que se compone de dos valvas a manera de escamas, insertas debajo del ovario.

glumélula. (Del lat. científico *glumëllula*, dim. de *glumella*, *glumela*.) f. **Bot.** Escamita interna de la flor de gramínea.

glumifloro, ra. (De *gluma* y *flor*.) adj. **Bot.** Dícese de las plantas monocotiledóneas, de flores hermafroditas rara vez unisexuales, perianto completamente nulo o muy reducido y androceo con tres estambres, por lo general; ovario súpero, unilocular; y fruto seco e indehiscente. Ú. t. c. s. f. ∥ f. pl. Orden de estas plantas, que comprende una sola familia, la de las gramíneas.

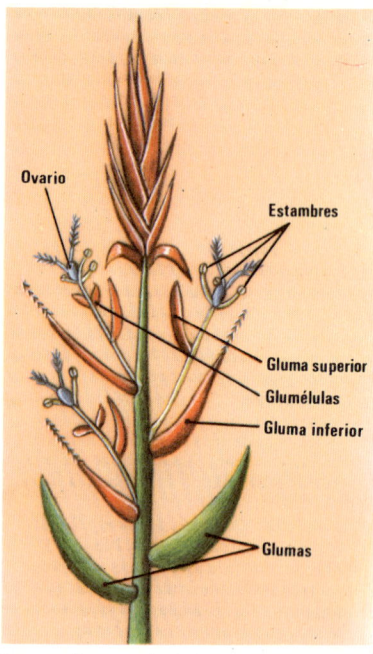

Esquema de una espícula de gramínea o glumiflora

glutamina. fr. e i., *glutamine*; it., *glutamina*; a., *Glutamin*. (De *gluten* y *amina*.) f. **Biol.** y **Bioq.** Aminoácido esencial correspondiente a la monoamida del ácido glutámico. Se encuentra en el jugo de la remolacha y forma parte de todos los embriones de semillas, por lo que se supone que interviene en la germinación de los vegetales. En el metabolismo de las substancias nitrogenadas se origina del ácido glutámico.

gluten. fr. e i., *gluten*; it., *glutine*; a., *Kleber, Gluten, Glutin*. (Del lat. *gluten*, cola.) m. Cualquier substancia pegajosa que puede servir para unir una cosa a otra. ∥ **Bot.** Substancia albuminoidea, de color amarillento, que se encuentra en las semillas de las gramíneas, junto con el almidón, y constituye una reserva nutritiva que el embrión utiliza durante su desarrollo.

glúteo, a. (Del gr. *gloutós*, nalga.) adj. **Anat.** Perteneciente a la nalga.

glutinosidad. f. Calidad de glutinoso.

glutinoso, sa. fr., *glutoneux, gluant*; it., *glutinoso, glutinativo*; i., *glutinous, mucous*; a., *klebrig*. (Del lat. *glutinōsus*.) adj. Pegajoso y que tiene virtud para pegar y trabar una cosa con otra; como el engrudo, la liga, etc.

G. M. T. (Siglas del i. *Greenwich Mean Time*: Tiempo medio de Greenwich [en abreviatura, T. M. G.].) **Astron.** V. **tiempo universal**.

-gnacia. suf. V. **-gnat-**.

gnafalio. (Del lat. científico *gnaphálium*; del gr. *gnaphálion*, lanoso.) **Bot.** Gén. de plantas de la familia de las compuestas, al que pertenece una de las especies de *edelweiss*.

-gnat-; -gnato, -gnatia, -gnacia. (Del gr. *gnáthos*.) Infijo o suf. que sign. mandíbula; e. de infijo: *cistig**nati**do*; de suf.: *orto**gnato***, *braqui**gnatia***.

-gnatia. suf. V. **-gnat-**.
-gnato. suf. V. **-gnat-**.
gnatóstomo, ma. (De *gnato-* y *-stomo*.) adj. **Zool.** Dícese de los animales cordados provistos de mandíbulas, de todos los craneados tetrápodos y de los peces de las clases de los ostracodermos, placodermos, elasmobranquios, coanictios y teleóstomos. Son opuestos a los craneados sin mandíbulas, o *agnatos*, como, p. e., los ciclóstomos. || m. pl. Subfilo de estos cordados.
gneis. (Del a. *gneiss*, del ant. *kneiss*, hojoso.) m. **Petr.** Nombre común a un amplio grupo de rocas metamórficas, de composición semejante a la del granito, pero con foliación manifiesta y textura granoblástica.

Pieza de gneis plegado. Museo de la Universidad. Roma

Gneisenau (August von). **Biog.** Militar prusiano, n. en Schildau y m. en Posen (1760-1831). Entró al servicio del rey de Prusia en 1786, tomó parte activa en las guerras napoleónicas y decidió la batalla de Waterloo.
gnéisico, ca. adj. Perteneciente o relativo al gneis.
Gnesen. **Geog.** Gniezno.
gnetáceo, a. (Del lat. científico, *gnetum*, gén. tipo, y *-áceo*.) adj. **Bot.** Dícese de las plantas gimnospermas del orden de las gnetales, árboles o arbustos, frecuentemente lianas, con hojas planas elípticas, opuestas y con nerviación pinnado-reticulada. Comprenden un único gén., *gnetum*, propio de regiones lluviosas y térmicas intertropicales. Ú. t. c. s. f. || f. pl. Familia de estas plantas.
gnetal. (Del lat. científico *gnetum*.) adj. **Bot.** Dícese de plantas pertenecientes a las gimnospermas, intermedias entre éstas y las angiospermas, por poseer verdaderos vasos en el leño secundario, hojas opuestas y nerviación reticulada. Ú. t. c. s. m. || m. pl. Orden de estas plantas, que comprende 3 familias: *efedráceas*, *gnetáceas* y *welwisquiáceas*.
Gnido. **Geog. hist.** Cnido.
Gniezno o **Gnesen.** **Geog.** C. de Polonia, vaivodato de Poznan; 53.800 h. Una de las más antiguas ciudades del país, en ella se coronaban sus reyes.
Gnocchi (Carlo). **Biog.** Sacerdote italiano, n. en San Colombano al Lambro y m. en Milán (1901-1956). Después de la S. G. M. se consagró a recoger en su fundación *Pro Juventute* a los niños víctimas de la contienda.
gnom-, gnos-, gnoseo-, gnost-; -gnosto-; -gnomía, -gnomonía, -gnosia, -gnosis, -gnórisis, -gnóstico, -gnosta. (Del gr. *gignósko*, conocer, *gnómon*, conocedor, *gnosis* o *gnóstes*, que conoce.) pref., infijo o suf. sign. sentencia, conocimiento, etc.; e. de suf.: *farmacognosia, psicognosis, anagnórisis, agnóstico, geognosta, quirognomía, quirognomonía*.

-gnomía. suf. V. **gnom-**.
gnómico, ca. (Del lat. *gnomĭcus*, y éste del gr. *gnōmikós*, de *gnōmē*, sentencia.) adj. **Poét.** Dícese de los poetas que escriben o componen sentencias y reglas de moral en pocos versos, y de las poesías de este género. Apl. a pers., ú. t. c. s.
gnomo. fr. e i., *gnome;* it., *gnomo;* a., *Gnom, Erdgeist*. (Del gr. *gnōmon*, de *gignósko*, conocer.) m. **Mit.** Ser fantástico, reputado por los cabalistas como espíritu o genio de la Tierra, y que después se ha imaginado en figura de enano que guardaba o trabajaba los veneros de las minas.
gnomon. (Del lat. *gnōmon*, y éste del gr. *gnómon*, de *gignósko*, conocer.) m. Antiguo instrumento de astronomía, compuesto de un estilo vertical y de un piano o círculo horizontal con el cual se determinaban el acimut y altura del Sol, observando la dirección y longitud de la sombra proyectada por el estilo sobre el expresado círculo. || Indicador de las horas en los relojes solares más comunes, con frecuencia de la figura de un estilo. || **Cant.** escuadra, instrumento de medida, de metal o madera, de figura de triángulo rectángulo o de dos reglas en ángulo recto. || **movible.** A. y *Of.* **falsa escuadra.**
-gnomonía. suf. V. **gnom-**.
gnomónica. (Del lat. *gnomonĭca*, y éste del gr. *gnomoniké*, t. f. de *-kós*, gnomónico.) f. Ciencia que trata y enseña el modo de hacer los relojes solares.
gnomónico, ca. (Del lat. *gnomonĭcus*, y éste del gr. *gnomonikós*.) adj. Perteneciente a la gnomónica.
-gnórisis. suf. V. **gnom-**.
gnos-. pref. V. **gnom-**.
gnoseo-. pref. V. **gnom-**.
gnoseología. (De *gnoseo-* y *-logía*.) f. **Filos.** Teoría del conocimiento. A veces, sin. de *epistemología*.
gnoseológico, ca. adj. Perteneciente o relativo a la gnoseología, epistemológico.
-gnosia. suf. V. **gnom-**.
-gnosis. suf. V. **gnom-**.
gnosis. (Del gr. *gnosis*, conocimiento.) f. El conocimiento absoluto e intuitivo, especialmente de la divinidad, que pretendían alcanzar los gnósticos. A veces se designa con esta palabra el gnosticismo.
gnost-. pref. V. **gnom-**.
-gnosta. suf. V. **gnom-**.
gnosticismo. fr., *gnosticisme, gnose;* it., *gnosticismo;* i., *gnosticism;* a., *Gnosis*. (De *gnóstico* e *-ismo*.) m. **Rel.** Doctrina filosófica y religiosa de los primeros siglos de la Iglesia, mezcla de la cristiana con creencias judaicas y orientales, que se dividió en varias sectas que pretendían tener un conocimiento intuitivo y misterioso de las cosas divinas.
-gnóstico. suf. V. **gnom-**.
gnóstico, ca. (Del lat. *gnostĭcus*, y éste del gr. *gnostikós*, de conocer.) adj. Perteneciente o relativo al gnosticismo. || Que profesa el gnosticismo. Ú. t. c. s.
-gnosto-. Infijo. V. **gnom-**.
gnu. m. **Zool.** ñu.
go-kart. m. **Aut.** y **Dep.** kart.
Go-Mizuno Tenno. **Biog.** Emperador de Japón, que reinó de 1612 a 1629. En 1624 dictó un edicto expulsando del Imperio a los extranjeros y prohibiendo a los japoneses el comercio exterior. || **-Nara Tenno.** Emperador de Japón, que reinó de 1527 a 1557. En 1542, los portugueses, mandados por Gómez Pinto, desembarcaron en Tanegasima; al año siguiente fue a Portugal una embajada japonesa, y, en 1549, comenzó San Francisco Javier a evangelizar Japón. || **Cong.** **Geog.** Prov. de Vietnam del Sur, región de Vietnam Meridional; 570 km.^{2} y 198.000 h.

Mujer de Goa (s. XVIII), por Grasset Saint-Sauveur

Goa. **Geog.** Mun. de Filipinas, isla de Luzón, prov. de Camarines Sur; 9.000 h. Abacá y maderas. || **, Damán y Diu.** Terr. de la India; 3.813 km.^{2} y 857.180 h. Cap., Panjim. Fue creado en marzo de 1962 con las antiguas posesiones portuguesas de Goa, Damão y Diu. Su principal riqueza es la minera (hierro y manganeso). Perteneció a Portugal desde 1510 hasta diciembre de 1961, en que, invadido por las tropas de la India, fue anexionado a ésta. || **, Damão y Diu.** **Geog. hist.** Antigua posesión portuguesa en la Costa de Malabar. Su cap. se denominaba Goa, o Nueva Goa (v.). || o **Nueva Goa.** Antigua cap. del terr. portugués de Goa, Damão y Diu. Es en la actualidad la cap. del terr. indio de Goa, Damán y Diu (v.), con el nombre de Panjim. En la iglesia del Buen Jesús se venera el sepulcro de San Francisco Javier, para quien Goa fue el primer teatro de sus prodigiosos trabajos.
Goaigoaza. **Geog.** Mun. de Venezuela, est. de Carabobo, dist. de Puerto Cabello; 3.462 h. || Pobl. cap. del mismo; 1.585 h.
Goajira. **Geog.** Guajira.
goajiro. adj. **Etnog.** guajiro.
goal average. (expr. i. que sign. *promedio de tantos*.) m. **Dep.** En varios deportes, particularmente en el fútbol, cuenta que sirve, en algunos casos, para el desempate de los equipos, y cuyo resultado se obtiene dividiendo el número de tantos o goles conseguidos por el número de los encajados, o bien, en otros casos, hallando la diferencia entre tantos o goles marcados y encajados.
goao. m. **Bot.** *Cuba*. Nombre de las anacardiáceas *camocladia dentata, c. propinqua* y *c. cilicifolia*. El llamado *de costa* es la especie *rhus metópium*.
Goascorán. **Geog.** Mun. de Honduras, depart. de Valle; 11.201 h. || Pobl. cap. del mismo; 1.016 h.
Goba. **Geog.** C. de Etiopía, cap. de la prov. de Bale; 10.000 h.
Gobat (Karl Albert). **Biog.** Jurista suizo, n. en Tramelan y m. en Berna (1843-1914). Fue miembro del Consejo Federal y presidente de la Cuarta Conferencia de la Unión Interparlamentaria. Su obra más importante es *La República de Berna y Francia en las guerras de religión*. Compartió con Elie Ducommun el premio Nobel de la Paz (1902).
Göbbels (Josef P.) **Biog.** Goebbels (Joseph Paul).
Gobbo. **Biog.** Solario (Christoforo da).

gobelino–gobierno

gobelino. m. Tapicero de la fábrica que estableció Luis XIV en la de tejidos fundada por Jean Gobelin. ∥ Tapiz hecho por los gobelinos o a imitación suya (v. **Gobelinos**).

Gobelinos. B. Art. Nombre de una célebre fábrica francesa de tapices establecida en Saint-Marcel, suburbio de París. Debe su nombre a haberse instalado originariamente en un local vendido al rey Enrique IV, hacia 1603, por los Gobelin, familia de tintoreros, allí establecidos desde el s. XV.

El fuego (cartón para un tapiz de Gobelinos), por Louis Latour

gobén. (Del cat. *govern*, gobierno.) m. *Mur.* Palo que sujeta los adrales en la trasera del carro.

gobernable. adj. Susceptible de ser gobernado.

gobernación. fr., *gouvernement*; it., *governo*; i., *government*; a., *Regierung*. (Del lat. *gubernatĭo, -ōnis*.) f. **gobierno**, acción y efecto de gobernar o gobernarse. ∥ Ejercicio del gobierno. ∥ **Ministerio de la Gobernación**, llamado del Interior en otros países.

gobernáculo. (Del lat. *gubernacŭlum*.) m. ant. Mar. **gobernalle**.

gobernador, ra. fr., *gouverneur*; it., *governator*; i., *governor*; a., *Statthalter*. (Del lat. *gubernātor, -ōris*.) adj. Que gobierna. Ú. t. c. s. ∥ m. Jefe superior de una provincia, ciudad o territorio, que, según el género de jurisdicción que ejerce, toma el nombre de **gobernador civil, militar** o **eclesiástico**. ∥ Representante del Gobierno en algún establecimiento público.

Gobernador. Geog. Mun. de España, prov. de Granada, p. j. de Guadix; 403 h. Lugar cap. del mismo; 346 h. ∥ **Andonaegui.** Local. de Argentina, prov. de Buenos Aires, part. de Exaltación de la Cruz; 209 h. ∥ **Arias.** Local. de Argentina, prov. de Buenos Aires, part. de Carlos Casares; 283 h. ∥ **Ayala.** Local. de Argentina, prov. de La Pampa, depart. de Puelén; 248 h. ∥ **Candioti.** Local. de Argentina, prov. de Santa Fe, depart. de La Capital; 767 h. ∥ **Castro.** Local. de Argentina, prov. de Buenos Aires, part. de San Pedro; 1.111 h. ∥ **Costa.** Local. de Argentina, prov. de Chubut, depart. de Tehuelches; 1.354 h. Ganadería. ∥ **Crespo.** Pobl. de Argentina, prov. de Santa Fe, depart. de San Justo; 2.527 h. ∥ **Garmendia.** Local. de Argentina, prov. de Tucumán, depart. de Burruyacú; 740 h. ∥ **General López.** Local. de Argentina, prov. de Misiones, depart. de Leandro N. Alem; 1.080 h. ∥ **Gordillo.** Depart. de Argentina, prov. de La Rioja; 6.474 km.² y 7.240 h. Cap., Chamical. ∥ **Gregores.** Local. de Argentina, prov. de Santa Cruz, depart. de Río Chico; 1.139 h. ∥ **Ingeniero Valentín Virasoro.** Local. de Argentina, prov. de Corrientes, depart. de Santo Tomé; 1.993 h. ∥ **J. E. Martínez.** Local. de Argentina, prov. de Corrientes, depart. de Lavalle; 1.434 habitantes. Producción agrícola: naranjas, tabaco, algodón. ∥ **Mansilla.** Local. de Argentina, prov. de Entre Ríos, depart. de Talá; 1.050 h. ∥ **Obligado.** Local. de Argentina, prov. de Buenos Aires, part. de Brandsen; 137 h. ∥ **Piedrabuena.** Local. de Argentina, prov. de Tucumán, depart. de Burruyacú; 363 h.; 350 m. s. n. m. ∥ **Racedo. Cerrito.** ∥ **Udaondo.** Local. de Argentina, prov. de Buenos Aires, part. de Cañuelas; 567 h. ∥ **Ugarte.** Local. de Argentina, prov. de Buenos Aires, part. de 25 de mayo; 1.182 h. ∥ **Vicente Dupuy.** Depart. de Argentina, prov. de San Luis; 19.632 km.² y 8.939 h. Cap., Buena Esperanza. ∥ **Virasoro.** Local. de Argentina, prov. de Corrientes, depart. de Santo Tomé; 4.302 h.

gobernadora. f. Mujer del gobernador. ∥ La que gobierna por sí un reino o nación. ∥ Bot. *Méj*. Nombre de la cigofilácea *zygophyllum fabago*.

gobernadorcillo. (De *gobernador*.) m. Hist. *Filip*. Durante el régimen español, juez pedáneo con jurisdicción correccional, de policía y civil en asuntos de menor cuantía.

gobernalle. (Del cat. *governall*, y éste del lat. *gubernacŭlum*, gobernalle.) m. Mar. Timón de la nave.

gobernallo. (Del lat. *gubernacŭlum*.) m. ant. Mar. Timón de la nave.

gobernamiento. (De *gobernar*.) m. ant. **gobierno**.

gobernanta. (De *gobernar*.) f. Mujer que en los grandes hoteles tiene a su cargo el servicio de un piso en lo tocante a limpieza de habitaciones, conservación del mobiliario, alfombras y demás enseres.

gobernante. p. a. de **gobernar**. Que gobierna. Ú. m. c. s. ∥ m. fam. El que se mete a gobernar una cosa.

gobernanza. f. ant. Acción y efecto de gobernar o gobernarse.

gobernar. fr., *gouverner*; it., *governare*; i., *to govern*; a., *Regieren*. (Del lat. *gubernāre*.) tr. Mandar con autoridad o regir una cosa. Ú. t. c. intr. ∥ Guiar y dirigir. Ú. t. c. prnl. ∥ ant. Sustentar o alimentar. ∥ vulg. Componer, arreglar. ∥ intr. Obedecer el buque al timón.

gobernativo, va. adj. Perteneciente al gobierno.

gobernoso, sa. (De *gobernar*.) adj. fam. Que gusta de tener en buen orden la casa, la hacienda o los negocios. ∥ fam. Que tiene aptitud para ello.

Gobi. Geog. Desierto de Asia, que se extiende por el centro y sur de Mongolia, oeste de Manchuria y norte de China. ∥ **Altai.** Prov. de Mongolia; 142.000 km.² y 47.400 h. Cap., Altai. ∥ **Este.** Prov. de Mongolia; 111.000 km.² y 30.900 h. Cap., Saynn Sanda. ∥ **Medio.** Prov. de Mongolia; 78.000 km.² y 30.700 h. Cap., Mandal Gobi. ∥ **Sur.** Prov. de Mongolia; 165.000 km.² y 26.400 h. Cap., Dalan Dzadagad.

góbido, da. (De *gobio* e *-ido*.) adj. Zool. Dícese de los peces teleósteos del orden de los perciformes, caracterizados por tener las aletas pelvianas en posición torácica o subyugular. Merecen citarse el cabezudo, el gobio de río, el pelúcido, el saltarín del fango, etc. Ú. t. c. s. m. ∥ m. pl. Familia de estos peces.

gobierna. f. Veleta para indicar la dirección del viento.

gobierno. fr., *gouvernement*; it., *governo*; i., *government*; a., *Regierung*. m. Acción y efecto de gobernar o gobernarse. ∥ Orden de regir y gobernar una nación, provincia, plaza, etc. ∥ Conjunto de los ministros superiores de un Estado. ∥ Empleo, ministerio y dignidad de gobernador. ∥ Distrito o territorio en que tiene jurisdicción el gobernador. ∥ Edificio en que tiene su despacho y oficinas. ∥ Tiempo que dura el mando o autoridad del gobernador. ∥ **gobernalle**. ∥ Docilidad de la nave al timón. ∥ ant. Alimento y sustento. ∥ *And*. Manta hecha de retazos de tela retorcidos y entretejidos con hilo fuerte. ∥ *Germ*. Freno de las caballerías. ∥ **absoluto**. *Polit*. Aquel en que todos los poderes se hallan reunidos en sólo una persona o cuerpo, sin limitación. Aplícase más comúnmente al caso en que se hallan reunidos en el monarca. ∥ **aristocrático**. V. **aristocracia**. ∥ **parlamentario**. Aquel en que los ministros necesitan la confianza de las Cámaras, o al menos de la elegida por voto más popular y directo. ∥ **representativo**. Aquel en que, bajo diversas formas, concurre la na-

Gobernalle

ción, por medio de sus representantes, a la formación de las leyes. || **teocrático.** V. **teocracia.** || **totalitario.** Régimen autoritario, en que el individuo está subordinado al Estado, bajo un sistema de economía dirigida.

gobiesócido, da. (Del lat. científico *gobiesox*, gén. tipo, e *-ido;* aquél del lat. *gobius,* gobio, y *esox, -ōcis,* cierto pescado del Rin.) adj. **Zool.** Dícese de los peces teleóstomos del orden de los gobiesociformes, únicos de él, y cuyo ejemplo más conocido es el *pegarrocas* o *lepadogastro.* Ú. t. c. s. m. || m. pl. Familia de estos peces.

gobiesociforme. (De *gobiesócido* y *-forme.*) adj. **Zool.** Dícese de los peces teleóstomos marinos, malos nadadores, que se fijan a las rocas litorales por medio de dos ventosas torácicas. Sólo comprenden una familia, la de los *gobiesócidos.* Ú. t. c. s. m. || m. pl. Orden de estos peces teleóstomos.

gobigobi. f. **Zool.** Pájaro de la familia de los paradiseidos. Es un ave del paraíso *(cinnurus regius),* propia de las islas del E. y SE. asiático.

Gobineau, conde de Gobineau (Joseph Arthur). Biog. Orientalista francés, n. en Ville-d'Avray y m. en Turín (1816-1882). Fue embajador en Persia, Grecia y EE. UU. y escribió sobre la historia, la religión y la escritura de los pueblos antiguos. Es autor de una teoría etnológica, precursora del racismo moderno. Su obra principal fue *Essai sur l'inégalité de races humaines* (1853-55).

gobio. fr., *gobie, goujon;* it., *gobio;* i., *gudgeon;* a., *Gründling.* (Del lat. *gobĭus.*) m. **Zool.** Nombre de peces teleóstomos, perciformes, de la familia de los góbidos, y gén. *gobio.* La especie más común es el *gobio negro* o *cabezudo,* de unos 15 cm., lomo gris obscuro con manchas negras y vientre blanco *(gobius niger).* Es comestible y su carne se vuelve roja al cocerla. || **de río.** Gobio de hasta 8 cm. de long., color gris amarillento o verdoso, y que habita preferentemente en las aguas dulces. Semejante a los gobios marinos, se llama también *zarbo (gobius fluviátilis* o *g. panizzai).*

Gobio de río

goce. fr., *jouissance;* it., *godimento;* i., *enjoument;* a., *Genuss.* (Del lat. *gaudĭum.*) m. Acción y efecto de gozar o disfrutar una cosa.

gocete. (Del fr. *gousset.*) m. **Arm.** Sobaquera de malla sujeta a la cuerda de armar, para proteger las axilas. || **de lanza.** Rodete de cuero o hierro que se clavaba en la manija de la lanza.

Gocia. Geog. Gotlandia. || **Hist.** Gobierno que, bajo el mandato de un marqués, constituyó Ludovico Pío, con la Marca Hispánica (Cataluña) y la Septimania, a principios del s. IX.

gociano, na. adj. Natural de Gocia, hoy Gotaland o Gothland, en español Gotlandia, o perteneciente a esta región de Suecia. Ú. t. c. s. (V. **Gotlandia.**)

gochapeza. f. **León.** Juego de muchachos que consiste en meter en un círculo una bola impelida a palos.

gocho, cha. (Voz con que se llama al cerdo.) m. y f. fam. Cerdo, cochino, puerco.

Godall. Geog. Mun. y lugar de España, prov. de Tarragona, p. j. de Tortosa; 940 h.

Godard (Jean-Luc). Biog. Director de cine francés, n. en París en 1930. Su primer filme de largo metraje fue *Al final de la escapada,* por el que obtuvo el Oso de oro en el Festival de Berlín (1960). Otras películas: *El soldadito* (1960), *Une femme est une femme* (1961), *Vivre sa vie* (1962), *Los carabineros* (1962-63), *Le mépris* (1963), *Banda aparte* y *Une femme mariée* (1964), *Lemmy contra Alphaville,* premiada con el Oso de oro del Festival de Berlín, y *Pierrot el loco* (1965), *Masculin-féminin* (1966), *Week-end* (1967), *Vento dell'Est* (1969) y *Todo va bien* (1972), en colaboración con Jean Pierre Gorin.

Godavari. Geog. Río de Asia, en la India, el más caudaloso de aquel país después del Ganges.

Goddard (Paulette). Biog. Levy (Pauline).

Goded Llopis (Manuel). Biog. General español, n. en San Juan de Puerto Rico y m. en Barcelona (1882-1936). Hizo la mayor parte de su carrera militar en África y fue alto comisario de España en Marruecos.

Godeken. Geog. Pobl. de Argentina, prov. de Santa Fe, depart. de Caseros; 1.139 h.

Godella. Geog. Mun. y lugar de España, prov. y p. j. de Valencia; 5.702 h. Naranjas y otras producciones agrícolas.

Godella. Monumento al tenor Lamberto Alonso

Godelleta. Geog. Mun. y lugar de España, prov. de Valencia, p. j. de Requena; 1.708 h.

godeño, ña. (De *godo,* noble.) adj. **Germ.** Rico o principal.

godeo. (Del lat. *gaudĭum.*) m. Placer, gusto, contento.

godería. (Del m. or. que *godible.*) f. **Germ.** Convite o comida de gorra.

Godescalco, o **Gotescalco, de Arbais. Biog.** Monje francés, m. probablemente en Hautvilliers (h. 805-h. 868). Sus doctrinas, en varios puntos sospechosas de heterodoxia, fueron condenadas en el sínodo de Maguncia (848), presidido por Rabano Mauro.

godesco, ca. adj. Alegre, placentero. Apl. a pers., ú. t. c. s.

godible. (De *godir.*) adj. Alegre, placentero.

godir. (Del lat. *gaudēre.*) tr. ant. **gozar.**

godizo, za. adj. **Germ.** Rico o principal.

godo, da. fr. e i., *goth;* it., *godo;* a., *Gote.* (Del lat. *gothus,* y éste del gót. *guthans.*) adj. Dícese del individuo de este antiguo pueblo. Ú. t. c. s. || Perteneciente o relativo a este pueblo. || Dícese del rico y poderoso, originario de familias ibéricas, que, confundidos con los godos invasores, formó parte de la nobleza al constituirse la nación española. Ú. t. c. s. || fig. *Can.* Español peninsular. || *Arg., Col.* y *Chile.* Desp. Nombre con que se designaba a los españoles durante la guerra de la Independen-

cia. || **Germ. gótico,** noble, ilustre. || **Etnog.** e **Hist.** Dícese de un pueblo teutónico perteneciente al grupo de los germanos orientales y a la rama escandinava, que en el primer siglo de la era cristiana poblaba, según parece, las orillas meridionales del Báltico y el interior, entre los ríos Oder y Vístula. Por sucesivas emigraciones parciales, que debieron tener lugar mediado el s. II, se fue desplazando hacia el SE. hasta lo que hoy es Rusia meridional, dominio antes de los sármatas, donde estaba ya asentado en el s. III, fecha en que entró en el círculo de la cultura mediterránea. Las fuentes históricas distinguen, hacia la mitad del s. III, dos núcleos godos: el de los visigodos, denominados generalmente godos occidentales, y el de los ostrogodos, o godos orientales, con lo cual se establece la diferencia nacida de la posición inicial relativa de cada núcleo, a uno y otro lado del río Dniéper. Los prefijos *visi* y *ostro* no aluden a esa posición, pues *wesu* significa bueno, y *austra,* resplandeciente, brillante. Desde sus nuevas tierras saquearon las costas occidentales del mar Negro, hasta el sur del Danubio, y se corrieron por Valaquia y Moldavia. Desde entonces empezaron a ser un motivo de preocupación para el Imperio romano. El sucesor de Decio, Treboniano Galo, nombrado emperador por los soldados, pactó con los godos, y aunque después fue Kniva derrotado por Emiliano, que tenía el mando de Mesia inferior, sobre el Danubio (253), los godos continuaron sus expediciones guerreras. Entre 370 y 375, un nuevo pueblo bárbaro, los hunos, procedente de Asia y de raza amarilla, atacó y venció a los ostrogodos. Los fugitivos huyeron hacia el O. y contagiaron su

Página del códice Albeldense, con imágenes de tres reyes godos. Monasterio de El Escorial

pánico a los visigodos, que se presentaron en masa en la frontera del Imperio solicitando su admisión en él, lo que obtuvieron (376). Si hasta entonces los godos habían venido efectuando una lenta infiltración, salpicada de campañas en busca de botín, a partir de esta fecha comenzó la invasión violenta y en masa. Bajo el mando de Alarico, los visigodos invadieron la Europa occidental (400); en 410 saquearon Roma, y en 411, a las órdenes de Ataulfo, sucesor de aquél, se corrieron a la Galia meridional y fundaron el reino de Tolosa, que a comienzos del s. VI fue combatido

Godofredo–Goethe

por los francos, por lo que los visigodos trasladaron su capital a sus dominios de España, donde perduraron hasta la invasión sarracena (711). Los ostrogodos invadieron Italia al mando de Teodorico y vencieron al caudillo Odoacro, que había depuesto al último de los emperadores romanos.

Godofredo de Bouillon. Biog. Uno de los principales caudillos de la primera Cruzada, n. en Baisy y m. en Jerusalén (1061-1100). Por ser el caballero más popular del ejército por su bravura y humildad, le fue ofrecido el título de rey, pero él no quiso aceptarlo y usó tan sólo el de defensor del Santo Sepulcro. De hecho, fue el primer rey de Jerusalén.

Godoi (Juan Silvano). Biog. Jurisconsulto y escritor paraguayo, n. en Asunción (1852-1926). Organizó y dirigió el Museo, la Biblioteca y el Archivo del Paraguay. Escribió unas *Monografías históricas* y *Últimas operaciones de guerra*, en las que estudió episodios de la lucha de 1865-70 y una notable biografía del barón de Río Branco.

Godojos. Geog. Mun. y villa de España, prov. de Zaragoza, p. j. de Calatayud; 192 h.

Gödöllö. Geog. Mun. de Hungría, cond. de Pest; 11.000 h. Santuario de Besnyö.

Godoy (Juan). Biog. Escritor chileno, n. en Chillán en 1911. Entre sus obras figuran: *Angurrientos*, novela (1940), *La cifra solitaria*, novela (1945), *El gato de la maestranza y otros cuentos* (1949) y *Sangre de murciélago*, novela (1959). ‖ **Alcayaga (Lucila).** Poetisa y educadora chilena, conocida por el seudónimo de *Gabriela Mistral*, n. en Vicuña, Elqui, y m. en Hempstead, Nueva York (1889-1957). Sus primeros versos aparecen en el libro titulado *Desolación* (1922). Otro gran libro de poemas es *Tala* (1938), rico de ímpetu racial y profundo amor a las tierras y los hombres de su patria. Concorde con su pensamiento fue su actividad

Manuel Godoy y Álvarez de Faria, por Goya. Academia de Bellas Artes de San Fernando. Madrid

pedagógica, desde su obscuro comienzo como maestra rural a la brillante labor desplegada en Santiago de Chile, EE. UU. y Méjico, donde, junto a Vasconcelos, reorganizó la enseñanza pública del país. Desempeñó cargos consulares, representando a Chile en Madrid, Lisboa, Petrópolis (Brasil), Los Ángeles y Rapallo (Italia). En 1945 fue galardonada con el premio Nobel. Su prosa, aunque no haga olvidar nunca sus poemas, tiene momentos de brillantez insuperable; así en la magnífica *Oración de la maestra*. Entre sus poesías más celebradas, podemos citar *Al oído del Cristo*, *Himno al árbol*, *La espera inútil* y todas las deliciosas *Rondas para niños*. En 1966 se han publicado *Poemas de Chile*. ‖ **y Álvarez de Faria (Manuel).** Político español, n. en Castuera y m. en París (1767-1851). El despego del rey Carlos IV por los asuntos del gobierno, la intervención que tuvo la reina María Luisa en ellos y la protección que ésta le dispensó explica la omnímoda influencia de que llegó a disfrutar Godoy. Aunque dotado de talento y buen juicio, no supo hacer frente a las enormes dificultades que en el orden internacional plantearon la Revolución francesa, primero, y luego las ambiciones de Napoleón. Tras la guerra con la Francia revolucionaria perdió España la mitad de la isla de Santo Domingo y obtuvo Godoy el título de *Príncipe de la Paz*. Fue juguete de los manejos de Napoleón, quien le lanzó a la guerra con Portugal para apartar a ésta de la alianza inglesa (Guerra de las Naranjas). La breve contienda terminó con la paz de Amiens, que devolvió Menorca a España, a cambio de Trinidad (1802). La alianza con Napoleón llevó a la escuadra española, unida a la francesa, a las derrotas del cabo de Finisterre y de Trafalgar (1805); siguió, no obstante, la sumisión a Napoleón, quien supo manejar las ambiciones y los odios del valido y del príncipe de Asturias, luego Fernando VII, para lograr la adhesión de España al bloqueo continental contra Inglaterra y después la firma del pacto alevoso de Fontainebleau (1807), por el que, a pretexto del reparto de Portugal, entraron en España las tropas francesas. La familia real se puso en viaje hacia el Sur en la idea de embarcarse para América, y en Aranjuez estalló un motín; la multitud buscó a Godoy y, luego de herirle, le arrastró, aunque sin darle muerte (19 de marzo de 1808). ‖ **Geog.** Local. de Argentina, prov. de Santa Fe, depart. de Constitución; 1.199 h. ‖ **Cruz.** Depart. de Argentina, prov. de Mendoza; 75 km.^{2} y 112.481 h. ‖ Local. cap. del mismo; 80.024 h. Refinería de petróleo. Central hidroeléctrica en sus cercanías.

Godthaab. Geog. C. cap. de Groenlandia, en el fiordo de su nombre; 8.594 habitantes. Puerto.

Godunov (Boris). Biog. Boris Godunov.
Godwin Austen. Geog. K2.

Goebbels (Joseph Paul). Biog. Político alemán, n. en Rheydt y m. en Berlín (1897-1945). Nombrado ministro de Propaganda por Hitler, desplegó una gran actividad para lograr adeptos al nazismo. Se suicidó, junto con su esposa y sus seis hijos, al día siguiente de ser nombrado sucesor por Hitler.

Goeminne Thomson (Augusto). Biog. Escritor y diplomático chileno, más conocido por el seudónimo de *Augusto d'Halmar*, n. en Valparaíso y m. en Santiago (1882-1950). Obtuvo el premio nacional de Literatura (1941). Obras: *Juana Lucero*, novela (1902), *Al caer la tarde*, drama; *La lámpara en el molino*, novela (1914), *Gatita*, relato exótico, *Cuatro evangelios en uno*, poemas; *La sombra del humo en el espejo* y *Pasión y muerte del cura Deusto*, novela (1924), *La mancha de Don Quijote* (1934), *Capitanes sin barco*, novela (1934), *Cara y cruz* y *Carlos V en Yuste* (1945).

Goeppert-Mayer (Maria). Biog. Física estadounidense, de origen alemán, n. en Katowice y m. en San Diego (1906-1972). Profesora de Física de la Universidad de California, fue galardonada con el premio Nobel de Física (1963), por sus descubrimientos relacionados con la estructura del núcleo atómico. Compartió el galardón con Hans D. Jensen y Eugen P. Wigner. Autora de: *Statistical mechanics*, en colaboración con su marido, el profesor Joseph E. Mayer (1940), y *Elementary theory of nuclear shell structure*, con Hans D. Jensen.

Goering (Hermann). Biog. Militar y político alemán, n. en Rosenheim y m. en Nuremberg (1893-1946). Jefe de las SA. y ministro de Aviación, a la que supo dar una organización magnífica, dirigió la economía alemana con miras a la guerra. Los éxitos de la Luftwaffe durante los años 1939-42 acrecentaron su prestigio; pero su enorme influencia en el partido y el gobierno fue menguando a medida que la aviación empezó a dar muestras de debilidad frente a la anglosajona. Terminada la S. G. M., fue juzgado como criminal de guerra por el Tribunal de Nuremberg, que le condenó a muerte; mas, horas antes de la señalada para la ejecución, se envenenó.

Goes (Hugo van der). Biog. Pintor holandés, n. probablemente en Gante y m. en Rotes Kloster, cerca de Bruselas (h. 1435-1482). Fue pintor de tonos claros, que supo unir la profundidad a la vivacidad. Maestro colorista, influyó notablemente en la pintura florentina. Sus obras principales son: *La adoración de los pastores*, *Laurent Froimont*, *Santa Margarita y donantes*, *Muerte de la Virgen* y *La Adoración de los Reyes*.

Goethe (Johann Wolfgang von). Biog. Poeta, dramaturgo y polígrafo alemán, n. en Francfort del Mein y m. en Weimar (1749-1832). Promotor del movimiento llamado *Sturm und Drang* (v.), su drama *Götz von Berlichingen* (1771), con evidente huella shakesperiana, cantó al héroe defensor de los oprimidos y le hizo famoso en breve tiempo. Mayor fama le dio la novela *Werther*, retrato de un imposible erótico (1774). Comenzó en 1794 su gran amistad con Schiller, continuada hasta la muerte de éste en 1805, de amplia y benéfica repercusión para las dos figuras, con fruto evidente en los *Xenien*, epigramas escritos en colaboración. Puede hablarse de una época clásica de Weimar, a la que pertenecen *Ifigenia*, drama sicológico terminado en 1786, y *Hermann y Dorotea*, poema idílico (1798). Había publicado ya en 1795 *Años de aprendizaje de Wilhelm Meister*, ambiciosa novela posteriormente continuada. Hay, por último, una tercera época en su producción (sus últimos veinticinco años) que, al decir de muchos, incluye lo más perfecto y profundo de su obra; de ella destaca, desde luego, *Fausto*, símbolo del afán

Johann Wolfgang von Goethe, por Karl Stieler

Campamento de zingaros, por Van Gogh. Museo de Jeu de Paume. París

europeo por el conocimiento y el poder; se acostumbra a incluirla en esta última época por no haberse completado la primera parte hasta 1808, ni escribirse la segunda sino en el período comprendido entre 1824 y 1831. Su protagonista parece haber sido un personaje de la vida real, probablemente Johann Fausten, n. en Helmstadt hacia 1480 y m. en Staufen en 1539 ó 1540, y que, desde 1506, se dedicó a la magia. Ya en 1587 el impresor Spies editó una vida del doctor Fausto, según la cual éste era un estudiante de teología, especialidad que abandonó para dedicarse a la medicina y a la magia. Conjuró al diablo y cerró con él trato por veinticuatro años, durante los cuales llevó una vida aventurera llena de orgías, acompañado por Mefistófeles, un criado facilitado por el diablo. Finalizado el plazo, el diablo lo ahogó en sus manos. Otros literatos, como Marlowe, trataron el tema; pero sólo Goethe le dio grandeza y armonía de conjunto. Margarita, joven amada, pero seducida después, por Fausto, adquiere un gran halo poético, interviniendo en el cielo para conseguir su salvación.

goethita o **goetita**. (De J. W. *Goethe,* escritor a., al que está dedicada, e *-ita.*) f. **Miner.** Óxido hidratado de hierro. Es el mineral más abundante entre los que integran la mezcla usualmente llamada *limonita,* y mena del hierro y se halla en Quebec y Labrador (Canadá), en Lorena (Francia) y en Vizcaya y Teruel (España).

Goetz (Walter Wilhelm). Biog. Historiador alemán, n. en Leipzig y m. en Aldenhodlzen, Alta Baviera (1867-1958). Ejerció el profesorado en las Universidades de Tubinga, Estrasburgo y Leipzig. Fue director de importantes publicaciones como *Propyläen-Weltgeschichte* (traducida al castellano como *Historia Universal* y editada por Espasa-Calpe).

gofio. (Voz guanche.) m. *Arg., Bol., Can., Cuba, Ecuad.* y *P. Rico.* Harina gruesa de maíz, trigo o cebada tostada. ‖ *Cuba* y *P. Rico.* Plato de comida que se hace con harina muy fina de maíz tostado y azúcar. ‖ *Nic.* y *Venez.* Especie de alfajor hecho con harina de maíz o de cazabe y papelón.

gofo, fa. (Como el fr. *goffe* y el it. *goffo,* de la onomat. *gof.*) adj. Necio, ignorante y grosero. ‖ **Pint.** Dícese de la figura enana y de baja estatura.

Goga (Octavian). Biog. Poeta y político rumano, n. en Rasinari y m. en Ciucea (1881-1938). Formó parte del ministerio de Averescu y más tarde (1937) figuró al frente de un Gobierno de extrema derecha. Publicó: *Poezii* (1905), *Así llama la tierra* (1909), *A la sombra de los muros* (1913), *Cantos sin patria* (1916), etc.

Gogh (Vincent van). Biog. Pintor holandés, n. en Groot Zundert y m. en Auvers-sur-Oise (1853-1890). Atacado por una enfermedad mental en 1888, en 1890, tras varias tentativas frustradas de suicidio, se quitó la vida. Apasionado en el colorido y fuertemente personal en el dibujo, concluyó con el impresionismo, dando un poderoso impulso al expresionismo. La intensidad y originalidad de su pintura lo han situado como uno de los genios plásticos del s. XIX. Figuran entre las más importantes de sus obras: *La arlesiana, Comedores de patatas, El padre Tanguy, Alrededores de Auvers, Retrato del doctor Gachet* y varios autorretratos de intenso vigor. En junio de 1973 inauguró en Amsterdam la reina de Holanda un nuevo Museo Nacional dedicado a él, que incluye 230 pinturas, 500 dibujos y 700 cartas.

-gogía. suf. V. **-agogia.**

gogó (a). (Del fr. *à gogo.*) galic. por **a voluntad, a discreción:** *beber güisqui* **a gogó.**

Gogol (Nicolai Vasilievich). Biog. Novelista ruso, de origen ucranio, n. en Sorochintzi y m. en Moscú (1809-1852). En 1835, año especialmente fecundo para su inspiración, publicó, entre otras obras, la novela histórica *Taras Bulba,* glorificación de la vida cosaca, y *El gabán,* relato tragicómico de la vida de un pobre empleado, obra de la que, según Dostoievski, nace la verdadera novela de su país. Hizo también muy afortunadas incursiones en el teatro. En 1836 se representó su comedia *El inspector,* deliciosa sátira de la burocracia rusa, que despertó la indignación de los círculos conservadores. En 1842 apareció su gran obra *Las almas muertas,* testimonio de la corrupción de la Rusia zarista.

Goiânia. Geog. C. de Brasil, cap. del est. de Goiás y del mun. de su nombre; 389.784 habitantes.

Goiás. Geog. Est. de Brasil, región de Centro-Oeste; 642.092 km.^{2} y 2.941.107 h. Cap., Goiânia. Minerales de oro y hierro, diamantes, cristal de roca, piedras preciosas, etc.

Goicoechea y Errasti (Vicente). Biog. Compositor y sacerdote español, n. en Ibarra, Aramayona, y m. en Valladolid (1854-1916). Fundó el *Orfeón Vasco-Navarro,* formado por estudiantes de Medicina y Derecho. Entre sus obras destaca la *Missa in honórem Inmaculátae Conceptionis.* ‖ **Omar (Alejandro).** Ingeniero militar español, n. en Elorrio en 1895, inventor del llamado tren articulado *talgo,* que empezó a funcionar en España en 1949. Este tren se caracteriza por estar constituido por elementos cortos, de centro de gravedad bajo, ruedas independientes y líneas aerodinámicas. ‖ **Geog.** Cantón de Costa Rica, prov. de San José; 61.607 h. Cap., Guadalupe.

Goitia (Francisco). Biog. Pintor mejicano, n. en Patillos, Zacatecas, y m. en Méjico (1882-1960). Su pintura está inspirada en temas del arte mejicano prehispánico. Obras: *El indio triste, La huerta del convento de Guadalupe, Paisaje de Patillos* y *Tata Jesucristo,* premio de la Bienal de Méjico (1958).

Goizueta. Geog. Mun. de España, prov. de Navarra, p. j. de Pamplona; 1.387 h. ‖ Villa cap. del mismo; 787 h.

goja. (Del lat. *caudĕa,* cesta de junco.) f. ant. Cuévano o cesta en que se recogen las espigas.

Gójar. Geog. Mun. y lugar de España, prov. y p. j. de Granada; 1.508 h. *(gojareños).*

gol. (Del i. *goal.*) m. **Dep.** Término con que se designan los puntos que se ganan en el juego del fútbol y en otros semejantes, consistentes en un tanto cada vez que entra el balón en la portería. ‖ **average. goal average.**

gola. fr., *gosier, goulet;* it., *gola;* i., *threat, gullet;* a., *Kehle.* (Del lat. *gula,* garganta.) f. Garganta de una persona y región situada junto al velo del paladar. ‖ Pieza de la armadura antigua, que se ponía sobre el peto para cubrir y defender la garganta. ‖ Insignia de los oficiales militares en determinados actos del servicio, y que consiste en una media luna convexa de metal, pendiente del cuello. ‖ Adorno del cuello hecho de lienzo plegado y alechugado. ‖ Adorno del cuello hecho de tul y encajes. ‖

Arquit. Moldura cuyo perfil tiene la figura de una *s*; esto es, una concavidad en la parte superior, y una convexidad en la inferior. || **Fort.** Entrada desde la plaza al baluarte, o distancia de los ángulos de los flancos. || Línea recta, imaginaria cuando no tiene parapeto, que une los extremos de dos flancos en una obra defensiva. || **Geog.** Canal por donde entran los buques en ciertos puertos o rías. || **inversa**, o **reversa.** *Arquit.* La que tiene la convexidad en la parte superior y la concavidad en la inferior.

Golada. Geog. Mun. de España, prov. de Pontevedra, p. j. de Lalín; 4.990 h. || Aldea cap. del mismo; 445 h.

Golán (alturas de El). Geog. Región del SO. de Siria, junto a la frontera israelí, que desde la guerra de los Seis Días (1967) permanece ocupada por Israel. Al hablar de esta región suele decirse también El Golán.

golandrina. f. **Bot.** *Filip.* Nombre de la *euphorbia maculata*, que los mejicanos llaman *celidonia*.

Golconda. Geog. hist. Antigua c. de Asia, en la India (Deccan), arruinada por Aureng Zeb. En *Los tesoros de Golconda*, a los que se alude en literatura, se refieren al incalculable número de piedras preciosas que en esta ciudad habían reunido los sultanes del Deccan.

Goldbogen (Avrom Hirsch). Biog. Productor estadounidense, más conocido por el seudónimo de *Mike Todd* (1907-1958). Fue el creador del procedimiento llamado *Todd-Ao*, de proyección cinematográfica; la producción de *La vuelta al mundo en ochenta días* (1956), primera película hecha por dicho procedimiento, le granjeó merecida fama.

golde. (Del lat. *culter*, *-tri*, cuchillo.) m. **Agr. Nav.** Instrumento de labranza, especie de arado.

Goldenberg (Emmanuel). Biog. Actor de cine estadounidense, de origen rumano, más conocido por el seudónimo de *Edward G. Robinson*, n. en Bucarest y m. en Los Ángeles (1893-1973). Desempeñó papeles variadísimos en más de 100 filmes, aunque se hizo célebre como gánster. Películas principales: *Hampa dorada, Pasto de tiburones, Pasaporte a la fama, Perdición, La mujer del cuadro, Perversidad, Cayo Largo, Odio entre hermanos*, por la que fue premiado en Cannes (1949), *Millonario de ilusiones, Dos semanas en otra ciudad, Huida hacia el Sur, Cuatro gangsters de Chicago, Raquel y sus bribones* y *Diamantes a gogó*. La Academia Cinematográfica de Holliwood le concedió un Oscar especial a título póstumo.

Goldfish (Samuel). Biog. Insdustrial y productor de cine estadounidense, de origen polaco, más conocido por el seudónimo de *Samuel Goldwyn*, n. en Varsovia y m. en Hollywood (1884-1974). Es mundialmente conocido a través de la razón social Metro-Goldwyn-Mayer. Películas: *El forastero* (1940), *La loba* (1941), *Un hombre fenómeno* (1945), *Los mejores años de nuestra vida* (1946), etc. En 1971, el presidente Nixon le entregó la medalla de la Libertad, la más alta condecoración civil estadounidense.

Goldney. Geog. Local. de Argentina, prov. de Buenos Aires, part. de Mercedes; 683 h.

Goldoni (Carlo). Biog. Escritor italiano, n. en Venecia y m. en París (1707-1793). Su producción teatral, escrita la mayor parte de ella en dialecto veneciano, tuvo gran importancia en su época por la descripción de tipos y ambientes. Luchó contra la decadente *commedia dell'arte*, a la que intentó substituir por la *commedia di carattere*. Entre sus comedias principales pueden citarse *La posadera* y *El café*.

goldre. (Del lat. *corytus, gorytus*, y éste del gr. *gorytós*.) m. Carcaj o aljaba en que se llevan las saetas.

Goldsack (Hugo). Biog. Escritor chileno contemporáneo. Ha publicado varios ensayos, y *En torno a cierto fuego*, poesías (1949), *Pedro Prado, un clásico de América*, en colaboración, y *Encuentro con Bolivia*.

Goldsmith (Oliver). Biog. Poeta, novelista e historiador inglés, n. en Kilkenny West y m. en Londres (1730-1774). Obras principales: *Historia de Roma, Historia de Inglaterra*, las comedias *Un hombre de buen carácter, Se rebaja para conquistadora*, y la novela *El vicario de Wakefield* (1766), su obra maestra.

Goldwyn (Samuel). Biog. Goldfish (Samuel).

goleada. f. **Dep.** Acción y efecto de golear.
goleador. m. **Dep.** El que golea.
golear. tr. **Dep.** En el juego del fútbol, hacer gol un jugador o un equipo, especialmente con reiteración.

goles. m. pl. **Bl. gules.**

goleta. fr., *goélette*; it., *goletta*; i., *schooner*; a., *Sehoner*. (Del fr. *goélette*, de *goéland*, golondrina de mar, y éste del bretón *goelann*.) f. **Mar.** Velero de dos o tres palos aparejados con velas cangrejas, foques y escandalosas, de casco muy afinado, lo que le permite un buen andar.

Goleta. (La). Geog. C. de Tunicia, gob. y a 9 km. al OSO. de Túnez, en el canal de su nombre; 31.830 h. Central térmica. Fue conquistada por Carlos V (1535), que asistió personalmente a aquella campaña.

golf. m. **Dep.** Juego de origen escocés que consiste en meter una pelota pequeña en determinados hoyos golpeándola con una especie de palos que tienen un ensanchamiento doblado en ángulo en su parte inferior. En el terreno se practican 18 agujeros de 10,5 cm. de diámetro por 10 de profundidad, caprichosamente separados, en cada uno de los cuales el jugador procura hacer entrar su pelota sucesivamente y dando menor número de golpes que su adversario. El partido lo gana el que ha obtenido mayor número de hoyos, y cada uno de los hoyos, el que ha dado menor número de golpes a la pelota. El club más antiguo del que existen noticias ciertas fue el de Blackheath (1608). En España, y en los tiempos modernos, surgieron como principales los de Puerta de Hierro, en Madrid (primero de España, fundado en 1895); Pedralbes y San Cugat, en Barcelona; y la Magdalena, en Santander. Los españoles Manuel Piñero y Severiano Ballesteros ganaron la Copa del Mundo en 1976 y 1977.

golfán. (Del port. *golfão*, nenúfar, charca.) m. **Bot.** nenúfar.

golfante. m. Golfo, sirvergüenza.
golfear. intr. Vivir a la manera de un golfo.

Campo de golf. Sotogrande (Cádiz)

golfería. f. Conjunto de golfos, pilluelos. || Acción propia de un golfo.

golfín. (De *delfín*, infl. por *golfo*, del lat. *colpus*.) m. **Zool.** delfín, cetáceo.

golfín. (Aplicación figurada de *golfín*, delfín.) m. Ladrón que generalmente iba con otros en cuadrilla.

Golfito. Geog. Cantón de Costa Rica, prov. de Puntarenas; 42.510 h. || Dist. y pobl. cap. del mismo; 13.611 h. Puerto exportador de bananas.

golfo, fa. (De *golfín*, ladrón, por derivación regresiva.) m. y f. Pilluelo, vagabundo. || f. Mujer de vida airada.

golfo. fr., *golfe*; it., *golfo*; i., *gulf*; a., *Meerbusen*. (Del lat. *colpus*, y éste del gr. *kólpos*, seno.) m. Gran porción de mar que se interna en la tierra entre dos cabos. || Toda la extensión del mar. || Aquella gran extensión del mar que dista mucho de tierra por todas partes, y en la cual no se encuentran islas. || Cierto juego de envite.

golfo. (Del lat. *gomphus*, pernio.) m. *Ar. Mur.* Pernio o gozne de puertas y ventanas.

Golfo (corriente del). Geog. Corriente marina del Atlántico Norte, de elevada temperatura y gran salinidad, conocida también por su nombre en inglés, *Gulf Stream*. Se forma al O. del canal de Florida; recibe las aguas calientes y saladas procedentes de la corriente nordecuatorial, llegadas siguiendo el borde occidental de las Bahamas; se dirige hacia el N., bordea la costa de EE. UU., hasta el cabo Hatteras, donde tropieza con una corriente fría procedente del N., derivada de la del Labrador, cambia al NE. y se dirige hacia Europa; casi en el centro del Atlántico, se divide en dos ramas, la septentrional, que, costeando Irlanda y Escocia, llega a Noruega y al cabo N., donde se divide en dos brazos, y la rama meridional, que se encamina a las Azores y forma la corriente de Canarias, la cual se une a la nordoccidental para volver al punto de partida, dejando en el centro el mar llamado de los Sargazos.

Golgi (Camillo). Biog. Biólogo y médico italiano, n. en Corteno y m. en Pavía (1844-1923). Entre sus estudios más notables hay que mencionar el de la anatomía del sistema nervioso, el del *plasmodio del paludismo*, el método de la coloración de los nervios con nitrato de plata, y el llamado *aparato de Golgi*, sistema endocelular de cavidades. En 1906, junto con Ramón y Cajal, obtuvo el premio Nobel de Medicina.

goliardesco, ca. adj. Perteneciente o relativo al goliardo. Dícese especialmente de las poesías latinas compuestas por los goliardos sobre temas amorosos, báquicos y satíricos.

goliardo, da. adj. Dado a la gula y a la vida desordenada; seguidor del vicio y el demonio personificado en el gigante bíblico Goliat. || m. En la Edad Media, clérigo o estudiante vagabundo que llevaba vida irregular.

Goliat. Biog. Gigante del país de Geth, que figuraba en las huestes de los filisteos en tiempo de Saúl. Después de retar a singular combate, por espacio de cuarenta días, mañana y tarde, al ejército israelita, fue vencido por David, quien le cortó la cabeza.

golilla. fr., *golille*; it., *facciola*; i., *collar*; a., *Halskragen*. f. dim. de *cola*. || Adorno que se hace de cartón forrado de tafetán u otra tela negra, que circunda el cuello, y sobre el cual se pone una valona de gasa u otra tela blanca engomada o almidonada; lo usaban antiguamente los ministros togados y demás curiales. || Anillo o rodete que cada una de las piezas de un cuerpo de bomba tiene en su extremo con objeto de asegurarlas por medio de tornillos y tuercas. || En las gallináceas, plumas que desde la cresta cubren el cuello hasta la línea más horizontal del cuerpo. ‖ En albañilería, trozo de tubo corto que sirve para empalmar unos con otros los caños de barro. ‖ En Argentina y Uruguay, pañuelo que se usa alrededor del cuello y cuyas puntas se enlazan adelante o a un costado. ‖ En Bolivia, chalina que usa el gaucho. ‖ En Cuba, Méjico y Puerto Rico, arco de plumas que rodea el cuello del gallo y algunas otras aves y que erizan cuando se irritan. ‖ En Chile, anillo de hierro en el eje del carro que se pone entre un clavo de sujeción y la rueda. ‖ m. fam. Ministro togado que usaba la golilla. También se dio este nombre a los paisanos, en contraposición a los militares.

golillero, ra. m. y f. Persona que tenía por oficio hacer y aderezar golillas, adorno del cuello.

golimbro, bra. adj. *Bad.* Aficionado a comer golosinas.

golimbrón, na. adj. *And.* y *Sant.* Aficionado a comer golosinas.

golisma. adj. *Mur.* **goloso.**

golmajear. (De *golmajo*.) intr. *Rioja.* Comer golosinas.

golmajería. (De *golmajo*.) f. *Rioja.* Manjar de golosina.

golmajo, ja. (De *gola*.) adj. *Rioja.* Aficionado a comer golosinas.

Golmayo. Geog. Mun. de España, prov. y p. j. de Soria; 857 h. ‖ Lugar cap. del mismo; 165 h.

Golmés. Geog. Mun. y lugar de España, prov. y p. j. de Lérida; 1.251 h. (*golmesenses*).

golofa. m. **Entom.** *Amér. m.* Insecto coleóptero polífago, de la familia de los escarabeidos. (*golofa portieri*).

golondrera. (De *golondrino*, soldado.) f. *Germ.* Compañía de soldados.

golondrina. fr., *hirondelle*; it., *rondinella*; i., *swallow*; a., *Schwalbe*. (Del lat. *hirundo, -īnis*.) f. Pájaro diurno de la familia de los hirundínidos (v. **Zool.** en este mismo art.). ‖ En Barcelona y otros puertos, barca pequeña de motor para viajeros. ‖ ant. Hueco de la mano del caballo. ‖ *Chile.* Carro que se utiliza para las mudanzas. ‖ **Bot.** *C. Rica* y *Hond.* Hierba rastrera, de la familia de las euforbiáceas; la leche que segrega se utiliza para curar orzuelos. ‖ **Zool.** Nombre común a varias especies de pájaros diurnos de la familia de los hirundínidos, gregarios, de pico corto y deprimido, comprimido por delante, alas largas y tarsos cortos; se distinguen de los vencejos o aviones y salanganas por no tener más que nueve remeras primarias, dedos largos y delgados y cola más o menos ahorquillada, con doce timoneras, y por carecer de plumas en las patas. Miden unos 15 cm. de la cabeza a la extremidad de la cola y su plumaje es negro azulado por encima y blanco por debajo. En Europa aparecen con la primavera y emigran hacia el Sur a fines del verano. La *golondrina común* no vive nunca en las ciudades, sino en aldeas, cortijos, etcétera, y no hace su nido en las fachadas de las casas, sino dentro de ellas, entre las vigas de cuadras y desvanes y, a veces, en las chimeneas; el nido es de barro y paja, abierto por arriba (*hirundo rústica*). La *golondrina doméstica* suele construir su nido en los aleros resguardados de los tejados, galerías, corredores y otros lugares de la habitación humana, con barro que transporta en su pico, y en el que deja como acceso un pequeño orificio en la parte alta; interiormente ponen hierbas, musgo y plumas (*h. úrbica*). ‖ *Cád.* Pez teleóstomo, perciforme, familia de los tríglidos, llamado en otros sitios *cuco*, *perlón*, *bejel*, etc. (v. **trigla**). ‖ **de mar.** Nombre común a las aves caradriformes de la familia de las láridas, pertenecientes al gén. *sterna*. Se parecen a las gaviotas pero son más pequeñas y gráciles; tienen el pico recto y puntiagudo, las alas muy largas y la cola ahorquillada. Se alimentan de pececillos y moluscos. También se denominan *charranes*.

Golondrina. Geog. Local. de Argentina, prov. de Santa Fe, depart. de General Obligado; 966 h.

golondrinera. (De *golondrina*.) f. **Bot. celidonia mayor.**

golondrino. m. Pollo de la golondrina. ‖ **golondrina,** pez. ‖ fig. El que anda de una parte a otra, mudando estaciones como la golondrina. ‖ fig. Soldado desertor. ‖ *Germ.* Soldado sin graduación. ‖ **Pat.** Infarto glandular en el sobaco, que comúnmente termina por supuración.

golondro. (De *gola*.) m. Deseo y antojo de una cosa.

golorito. (dim. del lat. *color, -ōris*, color.) m. **Zool.** *Rioja.* **jilguero.**

golosa. f. *Col.* **infernáculo.**

Golosalvo. Geog. Mun. y lugar de España, prov. y p. j. de Albacete; 191 h.

golosamente. adv. m. Con golosina.

golosear. (De *goloso*.) intr. **golosinear.**

golosía. f. ant. Gula, glotonería.

golosina. fr., *friandise*; it., *golosità*; i., *daintiness*; a., *Leckerei*. (De *goloso*.) f. Manjar delicado, generalmente dulce, que sirve más para el gusto que para el sustento. ‖ Deseo o apetito de una cosa. ‖ fig. Cosa más agradable que útil.

golosinar. intr. **golosinear.**

golosinear. intr. Andar comiendo o buscando golosinas.

golosmear. (De *goloso*.) intr. **gulusmear.**

goloso, sa. fr., *gourmet*; it., *goloso*; i., *likerish*; a., *Feinschmecker*. (Del lat. *gulōsus*.) adj. Aficionado a comer golosinas. Ú. t. c. s. ‖ Deseoso o dominado por el apetito de alguna cosa. ‖ **apetitoso.**

golpazo. m. aum. de **golpe.** ‖ Golpe violento o ruidoso.

golpe. fr., *coup*; it., *colpo*; i., *blow*; a., *Schlag*. (Del ant. *golpar*, y éste del lat. *colapāre.) m. Acción de golpear o tener un encuentro repentino y violento dos cuerpos. ‖ Efecto del mismo encuentro. ‖ Multitud, copia o abundancia de una cosa. ‖ Infortunio o desgracia que acomete de pronto. ‖ Latido del corazón. ‖ Pestillo de golpe y puerta provista de este pestillo. ‖ Entre jardineros, número de pies, sean uno, dos o más, que se plantan en un hoyo. ‖ Hoyo en que se pone la semilla o la planta. ‖ En el juego de trucos y de billar, lance en que se hacen algunas rayas; como billa, carambola, etc. ‖ En los torneos y juegos de a caballo, medida del valor de los lances entre los que pelean. ‖ Trozo de tela que cubre el bolsillo. ‖ Adorno de pasamanería sobrepuesto en una pieza de vestir. ‖ fig. Admiración, sorpresa. ‖ fig. En las obras de ingenio, parte que tiene más gracia u oportunidad. ‖ fig. Ocurrencia graciosa y oportuna en el curso de la conversación. ‖ fig. Postura al juego con la cual se acierta. Por ext., se dice de cada uno de los intentos que aventura una persona. ‖ *Méj.* Especie de almadana. ‖ **Mar.** Pitada fuerte y muy breve. ‖ **en bola.** *Léx.* El que se da a una bola con otra, dirigiendo por el aire la que lleva el impulso, y sin que ruede ni toque en el suelo. ‖ **de Estado.** *Polít.* Medida grave y violenta que toma uno de los poderes del estado, usurpando las atribuciones de otro. ‖ **de fortuna.** *Léx.* Suceso extraordinario, próspero o adverso, que sobreviene de repente. ‖ **de gracia.** El que se da para rematar al que está gravemente herido. Se le da este nombre en significación más o menos sincera de que, siendo más breve, sea menos dolorosa la muerte. ‖ fig. Vejamen, agravio o injuria con que se consuma el descrédito, la desgracia o la ruina de una persona. ‖ **de mano.** *Mil.* Acción bélica por sorpresa. ‖ fig. *Léx.* Acometida o ataque por sorpresa. ‖ **de mar.** *Mar.* Ola fuerte que quiebra en las embarcaciones, islas, peñascos y costas del mar. ‖ **de pecho.** *Léx.* Signo de dolor y de contrición, que consiste en darse con la mano o puño en el pecho, en señal de pesar por los pecados o faltas cometidos. ‖ **de tos.** Acceso de tos. ‖ **en vago.** El que se yerra. ‖ fig. Designio frustrado. ‖ **de vista. ojo,** aptitud especial para apreciar ciertas cosas. ‖ Percepción o apreciación rápida de alguna cosa. ‖ **a golpe.** m. adv. En agricultura, aplícase a la manera de sembrar por hoyos. ‖ **a golpes.** m. adv. A porrazos. ‖ fig. Con intermitencias. Dícese de una cosa, o de un adorno, por ejemplo, que se pone en unos puntos sí y en otros no. ‖ **a golpe seguro.** m. adv. A tiro hecho; sobre seguro. ‖ **de golpe.** m. adv. fig. Prontamente, con brevedad. ‖ **de golpe y porrazo, o zumbido.** m. adv. fig. y fam. Precipitadamente, sin reflexión ni meditación. ‖ Inesperadamente, de pronto. ‖ **de un golpe.** m. adv. fig. De una sola vez o en una sola acción.

golpeadero. m. Parte donde se golpea mucho. ‖ Sitio en que choca el agua cuando se despeña o cae desde alto. ‖ Ruido que resulta cuando se dan muchos golpes continuados.

golpeado, da. p. p. de **golpear.** ‖ m. *Germ.* Cualquier puerta de entrada de una casa.

golpeador, ra. adj. Que golpea. Ú. t. c. s.

golpeadura. f. Acción y efecto de golpear.
golpear. fr., *battre, frapper;* it., *colpeggiare, colpire;* i., *to beat, to strike;* a., *schlagen.* tr. Dar repetidos golpes. Ú. t. c. intr. || *Germ.* Menudear en una misma cosa.
Golpejas. *Geog.* Mun. y lugar de España, prov. y p. j. de Salamanca; 400 h.
golpeo. (De *golpear.*) m. Acción y efecto de golpear.
Golpes. *Geog.* Local. de Argentina, prov. de Catamarca, depart. de Pomán; 440 h.

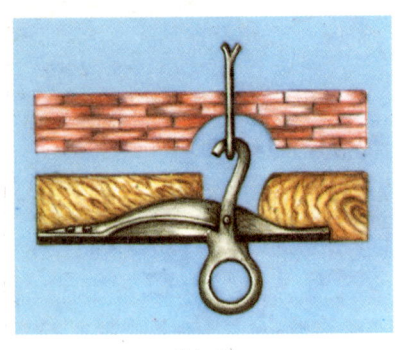

Golpete

golpete. (dim. de *golpe.*) m. Palanca de metal con un diente, fija en la pared, que sirve para mantener abierta una hoja de puerta o ventana.
golpetear. tr. Golpear viva y continuamente. Ú. t. c. intr.
golpeteo. m. Acción y efecto de golpetear.
golpetillo. m. *And.* Muelle de las navajas que suena al abrirlas.
golquíper. (Del i. *goal,* meta, y *keeper,* ocupante.) m. **Dep.** *Amér.* **arquero,** portero de fútbol.
Goltz o **Goltzius (Hendrik).** *Biog.* Pintor y grabador holandés, n. en Mühlbracht y m. en Haarlem (1558-1617). Grabó seis asuntos de la *Vida de Jesús,* que son verdaderas obras maestras, especialmente *La circuncisión* y la *Adoración de los Reyes Magos.* Se considera como el mejor de sus grabados *El niño y el perro.*
goluba. (Del gót. *glova.*) f. *Rioja.* Guante tosco para arrancar los cardos de los sembrados.
Gollán (Josué). *Biog.* Químico argentino, n. en Santa Fe en 1891. Profesor y rector de la Universidad de Litoral. Obras principales: *Tratado de metalurgia, El suelo, su conocimiento y corrección, Química general,* etc.
gollería. (De *gula.*) f. Manjar exquisito y delicado. || fig. y fam. Delicadeza, superfluidad, demasía.
gollero. m. *Germ.* El que hurta en los grandes concursos y aprietos de gente.
golletazo. (De *gollete.*) m. Golpe que se da en el gollete de una botella, cuando no se puede abrir, para romperla y poder sacar el contenido. || fig. Término violento e irregular que se pone a un negocio difícil. || **Taurom.** Estocada en la tabla del cuello del toro, que penetra en el pecho y atraviesa los pulmones.
gollete. (Del lat. *gula,* infl. por *cuello.*) m. Parte superior de la garganta, por donde se une a la cabeza. || Cuello estrecho que tienen algunas vasijas; como garrafas, botellas, etc. || Cuello que traen los donados en sus hábitos.
golletear. tr. *Col.* Asir a uno del gollete.
gollizno. m. **gollizo.**
gollizo. (Del lat. *gula,* infl. por *cuello.*) m. Garganta, desfiladero o estrechura de un paraje.
gollería. (Del lat. *gula,* infl. por *cuello.*) f. **gollería.**

goma. fr., *gomme, colle;* it., *gomma;* i., *gum;* a., *Gummi.* (Del lat. *gumma* o *gummi.*) f. Substancia viscosa e incristalizable que naturalmente, o mediante incisiones, fluye de diversos vegetales y después de seca es soluble en agua e insoluble en el alcohol y el éter. Disuelta en agua, sirve para pegar o adherir cosas. || Tira o banda de goma elástica a modo de cinta. || **goma elástica. caucho.** || *Arg.* **llanta de goma.** || **Pat.** Tumor esférico o globuloso que se desarrolla en los huesos o en el espesor de ciertos órganos, como el cerebro, el hígado, etcétera, y es de ordinario de origen sifilítico. || **adragante.** *Bot.* **tragacanto,** substancia glutinosa que destila esta planta. || **arábiga.** *Indus.* La que producen ciertas acacias muy abundantes en Arabia: es amarillenta, de fractura vítrea casi transparente, muy usada en medicina como pectoral y en multitud de aplicaciones en la industria. || **de borrar.** La elástica preparada especialmente para borrar en el papel, el lápiz o la tinta. || **ceresina.** *Bot.* La que se saca del cerezo, almendro y ciruelo. || **elástica. caucho.** || **laca. laca,** substancia exudada de varios árboles de la India. || **quino.** *Farm.* **quino,** zumo astringente de ciertas plantas.
Gomá y Tomás (Isidro). *Biog.* Prelado español, n. en La Riba, Tarragona, y m. en Toledo (1869-1940). Arzobispo de Toledo y Primado de España (1933) y cardenal (1935), fue autor de numerosas obras teológicas, apologéticas, didácticas, etc., y destaca su edición de *Los Santos Evangelios.* Entre sus documentos pastorales destacan: *Carta colectiva de los obispos españoles a los de todo el mundo* (1937) y *Lecciones de la guerra y deberes de la paz* (1939).
gomar. (De *goma.*) tr. ant. Untar de goma para lustrar o para pegar algo.
Gómara. *Geog.* Mun. de España, prov. y p. j. de Soria; 927 h. || Villa cap. del mismo; 604 h.
gomarra. f. *Germ.* **gallina,** hembra del gallo.
gomarrero. (De *gomarra.*) m. *Germ.* Ladrón de gallinas y pollos.
gomarrón. (De *gomarra.*) m. *Germ.* Pollo de la gallina.
Gombau Guerra (Gerardo). *Biog.* Compositor español, n. en Salamanca y m. en Madrid (1906-1971). Fue creador y director de la Orquesta Sinfónica de Salamanca (1942) y catedrático de Acompañamiento al Piano del Conservatorio de Madrid (1945). Discípulo de Conrado del Campo, parte de una época nacionalista, pasando por una evolución muy personal hasta alcanzar un estilo muy avanzado. Obras principales: Orquesta: *Don Quijote velando las armas* (1945) y *Sonata para orquesta de cámara* (1952). Voz y grupo instrumental: *Siete claves de Aragón* (1955) y *Música para voces e instrumentos* (1961). Además, canciones para voz y piano, obras para varios instrumentos, música de cámara (*Texturas y estructuras* [1963]), ballet (como *Ballet charro*), experiencias concretas y electrónicas, etc.
Gombreny. *Geog.* Mun. de España, prov. de Gerona, p. j. de Puigcerdá; 328 h. || Lugar cap. del mismo; 240 h.
Gomecello. *Geog.* Mun. y lugar de España, prov. y p. j. de Salamanca; 911 habitantes.
gomecillo. m. fam. **lazarillo.**
gomel. adj. *Etnog.* **gomer.**
Gomel. *Geog.* Prov. de la U. R. S. S., en Bielorrusia, sit. en el valle del Dniéper; 40.400 km.^{2} y 1.533.304 h. || C. cap. de la misma; 272.253 h.
gómena. f. ant. Maroma del ancla.
Gomensoro (Tomás). *Biog.* Político uruguayo, n. en Dolores y m. en Montevideo (1810-1900). Como presidente del Senado se hizo cargo de la presidencia de la República en 1872, en plena guerra civil.
gomer. (Del ár. *gumāra.*) adj. **Etnog.** Dícese del individuo de la tribu berberisca de Gomara, una de las más antiguas del África septentrional, establecido desde tiempo remoto en la costa, al oriente del estrecho de Gibraltar. Ú. m. c. s. y en pl. || Perteneciente a esta tribu.
Gomera. *Geog.* Isla de España, en el arch. de las Canarias, prov. de Santa Cruz de Tenerife, sit. al O. de la isla de Tenerife y al SE. de la de Palma; 378 km.^{2} y 19.339 h. La isla es de constitución volcánica, y el clima uno de los más deliciosos del arch. Extensos bosques.

Gomera. Paisaje

Numerosos manantiales de agua potable. La isla fue conquistada por Bethencourt en 1404-05. También se dice La Gomera. || **(La).** Mun. de Guatemala, depart. de Escuintla; 27.378 h. || Pobl. cap. del mismo; 2.861 h.
gomero, ra. adj. Perteneciente o relativo a la goma. || *Arg.* El que explota la industria de la goma. || m. *And.* Tirador con gomas usado por los muchachos para disparar piedrecitas.
gomero, ra. adj. Natural de la isla de Gomera, o perteneciente a esta isla canaria. Ú. t. c. s.
Gomesende. *Geog.* Mun. de España, prov. y p. j. de Orense; 2.071 h. (*gomesendanos*). Corr. 120 a la cap., el lugar de Sobrado.
Gómez (Alejandro Florentino). *Biog.* Maestro, abogado y político argentino, n. en Rosario (Santa Fe) en 1908. La Convención del partido Unión Cívica Radical, reunida en Tucumán, le designó candidato a la vicepresidencia de la República. || **(Crescencio).** Político hondureño, n. en Tegucigalpa (1833-1921). Desempeñó varios ministerios y en 1876 asumió la presidencia provisional de la República. || **(Efe). Gómez Escobar (Francisco).** || **(Eusebio).** Jurisconsulto argentino, n. en Rosario (Santa Fe) y m. en Buenos Aires (1883-1954). Profesor de Derecho penal en la Universidad de Buenos Aires, redactó, en colaboración con el doctor Jorge Eduardo Coll, un proyecto de Código penal (1937). || **(Indalecio).** Político y profesor universitario argentino, n. en Salta (1851-1920). Fue diputado nacional y uno de los fundadores de la Facultad de Filosofía y Letras de Buenos Aires. || **(José Miguel).** General y político cubano, n. en Sancti-Spiritus y m. en Nueva York (1858-1921). Al estallar la guerra de 1895, desplegó gran actividad. En 1908 fue elegido presidente de la República y durante su mandato dio gran impulso a la enseñanza. || **(Juan Carlos).** Político y escritor uruguayo, n. en Montevideo y m. en Buenos Aires (1820-1884). Trasladado a Buenos Aires, dirigió *La Tribuna* y *El Nacional.* || **(Juan Vicente).** Militar y político venezolano, n. en

San Antonio de Táchira y m. en Maracay (1854-1935). Gobernador del Distrito Federal, en 1902 fue designado vicepresidente de la República. Proclamado presidente provisional (1908-10), luego lo fue constitucional (1910-1915, 1922-29 y 1931-35). Negoció hábilmente la riqueza petrolera y logró eliminar la deuda exterior. || **(Laureano Eleuterio)**. Ingeniero, escritor y estadista colombiano, n. y m. en Bogotá (1889-1965). Su vida pública culminó al ocupar la presidencia de la República (1950-1953). Derrocado su gobierno por el golpe de Estado de Rojas Pinilla, firmó un pacto de convivencia política con Lleras Camargo. Escribió: *Comentarios a un régimen*, *El Cuadrilátero*

Laureano Eleuterio Gómez

(*Mussolini, Hitler, Stalin, Gandhi*), *Interrogantes sobre el porvenir de Colombia* y *El carácter del general Ospina*. || **(Máximo)**. Libertador de Cuba, n. en Baní (Santo Domingo) y m. en La Habana (1836-1905). Se estableció en Cuba en 1865 y tomó parte en la guerra de Independencia de 1868 a 1878, en la que se distinguió como uno de los jefes más hábiles. Residía en su país natal en 1895 cuando Martí le convenció para que se pusiera al frente de la nueva insurrección cubana. Gómez fue el generalísimo de la nueva guerra de Independencia hasta su terminación en 1898. Hombre de vida austera, no ocupó ningún cargo en Cuba independiente. Su muerte fue una apoteosis sin semejanza en la historia de Cuba. || **(Miguel Ángel)**. Poeta argentino, n. en General Pico, La Pampa, y m. en Buenos Aires (1911-1959). Premio Municipalidad de Buenos Aires 1943, por su libro *Tierra melancólica*. || **Agudelo (Pedro Nel)**. Pintor y arquitecto colombiano, n. en Anorí, Antioquia, en 1899. Participó en el planeamiento de la Ciudad Universitaria de Bogotá y proyectó la Escuela de Minas de Medellín. Ha pintado numerosos frescos y murales, entre ellos el titulado *Matriarcado*. || **Aparicio (Pedro)**. Periodista español, n. en Madrid en 1903. Especializado en el comentario internacional, ha dirigido *La Hoja del Lunes*, de Madrid (1944-73). Premio Nacional de Periodismo, sobresale entre sus numerosas obras una *Historia del periodismo español*. || **y Arias (Miguel Mariano)**. Político cubano, hijo de José Miguel Gómez, n. en Sancti-Spíritus y m. en La Habana (1890-1950). Fue elegido presidente de la República en mayo de 1936, pero en diciembre del mismo año fue destituido por el Congreso, por presión de Batista, jefe del Ejército. || **de Avellaneda (Gertrudis)**. Poetisa cubana, n. en Puerto Príncipe y m. en Madrid (1814-1873). Entre sus mejores poesías se cuentan *Amor y orgullo*, *Los Reales Sitios*, *A Él* y *A la Cruz*. Tuvo grandes éxitos también en el teatro con sus magníficos dramas *Alfonso Munio*, *Saúl* (1849) y *Baltasar* (1858). Escribió también novelas, como *Sab* y *Guatimotzín*, y leyendas, como *La*

Gertrudis Gómez de Avellaneda, por A. Gómez. Museo Municipal. Madrid

Bella Toda. || **de Baquero (Eduardo)**. Cronista y crítico literario español, n. y m. en Madrid (1866-1929). Con el seudónimo de *Andrenio* colaboró en los principales periódicos de España. || **Calleja (Luis)**. Matador de toros español, más conocido por el sobrenombre de *el Estudiante*, n. en Alcalá de Henares en 1911. Recibió la alternativa de manos de Marcial Lalanda (1932), en Valencia, y el mismo año, apadrinado por *Cagancho*, la confirmó en Madrid. Fueron características su gran valentía y su arte con la muleta y el capote. || **Carrillo (Enrique)**. **Gómez Tible (Enrique)**. || **Carrillo (Manuel)**. Pianista y compositor argentino, n. en Santiago del Estero en 1883. Ha compuesto numerosas obras folklóricas y de sabor local, entre ellas: *Rapsodia santiagueña*, *Romanza gaucha* y *La negrita*. || **Cornet (Ramón)**. Pintor argentino, n. en Santiago del Estero y m. en Buenos Aires (1898-1964). En sus telas se inspiró principalmente en los tipos del norte argentino. Fue galardonado con medalla de plata en la Exposición Internacional de París (1937). Entre sus obras figuran: *La Urpila* y *Muchacho santiagueño*. || **Farías (Valentín)**. Político mejicano, n. en Guadalajara y m. en Méjico (1781-1858). Fue varias veces diputado en el Congreso Federal. Elegido dos veces vicepresidente, asumió la presidencia provisional en 1833 y 1846. || **García (Fernando)**. Matador de toros español, conocido por el sobrenombre de *el Gallo*, n. en Sevilla y m. en Gelves, Sevilla (1849-1897). Inventó el *cambio de rodillas*. Enseñó a sus hijos Rafael y Fernando Gómez Ortega no poco de la maña y saber que les hicieron célebres. || **y Hermosilla (José Mamerto)**. Helenista español, n. y m. en Madrid (1771-1837). Su traducción en verso de la *Ilíada* continúa siendo muy apreciada. || **Jaime (Alfredo)**. Poeta y dramaturgo colombiano, n. en Tunja y m. en Villeta, Cundinamarca (1878-1946). Fue coronado en 1909 y entre su producción figuran: *Cantos de gloria*, *Aves viajeras*, *Rimas del Trópico*, *Rosario lírico* y *El enigma de la selva*. || **Jaramillo (Ignacio)**. Pintor colombiano, n. en Medellín en 1910. Realizó los murales del teatro Colón y del Capitolio de Bogotá. Entre sus cuadros figuran: *Bañistas del trópico* y *Violencia en la selva*, y entre sus murales: *La liberación de los esclavos*, *Los comuneros* y *La represión de los obreros*. || **Jordana y Souza, conde de Jordana (Francisco)**. Teniente general español, m. en San Sebastián (1876-1944). Fue vicepresidente y ministro de Asuntos Exteriores del Gobierno Nacional. Escribió *Estu-*

dios de Arte militar y *La tramoya de nuestra actuación en Marruecos*. || **Mesa (Luis)**. Escritor y crítico cinematográfico español, n. en Madrid en 1902. Ha colaborado en las más importantes publicaciones del género y publicado, entre otras obras, *Los filmes de dibujos animados*, *Veinticinco años de cine español*, *Gary Cooper, el actor y el hombre*, y *El teatro y la novela en el cine español*. || **Molleda (María Dolores)**. Escritora española, n. en 1923. Ha ocupado las cátedras de Historia Contemporánea Universal y de España en las Universidades de Santiago de Compostela (1967) y de Salamanca (1970). Sobresale, entre sus obras, una serie de estudios sobre el s. XVIII español, y principalmente sobre Fernando VI. En 1967 fue galardonada con el premio nacional de Literatura Menéndez Pelayo por su obra *Los reformadores de la España contemporánea*. || **-Moreno y Martínez (Manuel)**. Arqueólogo y crítico de arte español, n. en Granada y m. en Madrid (1870-1970). Fue catedrático de Arqueología árabe en la Universidad de Madrid. Miembro de las Reales Academias de la Historia (1917), Bellas Artes de San Fernando (1930), de la que fue nombrado académico benemérito en 1969, y de la Española (1941). Era doctor honoris causa por la Universidad de Oxford. Obras principales: *Iglesias mozárabes* (1917), *Arte español de los siglos IX al X* (1919), *Arte románico en España* (1934), *Las águilas del Renacimiento español* (1941), *Arte califal hispano-árabe*, *Adán y la prehistoria* (1958), *La gran época de la escultura española* (1964), la edición crítica de la obra de Hurtado de Mendoza *De la guerra de Granada*, *Catálogo monumental de Salamanca* (1967) y *Retazos. Ideas sobre historia, cultura y arte* (1970). || **de Mora (Juan)**. Arquitecto español, n. en Madrid y m. en 1648. Formado por su tío Francisco en la escuela herreriana, imprimió las características de este estilo en las obras que dirigió como arquitecto de Su Majestad.

Fachada principal de la Clerecía, en Salamanca, por Juan Gómez de Mora

Las más notables son el *convento de la Encarnación* y *la plaza Mayor*, de Madrid. || **Ortega (José)**. Matador de toros español, conocido por *Joselito* y *Gallito*, n. en Gelves (Sevilla) y m. trágicamente en Talavera de la Reina (1895-1920). Tomó la alternativa en la plaza de Sevilla de manos de su hermano Rafael *el Gallo* en 1912. Junto con su hermano Rafael y con Ignacio Sánchez Mejías dio a la afición taurina tardes imperecederas. Fue cogido y muerto por un toro llamado *Bailaor*. || **Ortega (Rafael)**. Matador de toros español, más conocido por *el Gallo*, n. en Madrid y m. en Sevilla (1882-1960). Gran maestro, ejecutó todas las suertes con un sello personalísimo, pero la falta de una línea armónica en su actuación le impidió ser la figura principal del toreo de su época. || **Palacio (Martín).** Novelista mejicano, n. en Durango en 1893. Ha escrito poesías y novelas de ambiente local. Obras principales: *La vida humilde, La loca imaginación, En el mejor de los mundos posibles, La venda, la balanza y la espada, Viaje maduro* y *A flor de vida* (versos). || **Pamo y del Fresno (María Lourdes).** Actriz española, más conocida por *Maruchi Fresno*, n. en Madrid en 1916. Es licenciada en Ciencias Químicas. Entre las películas en que intervino destacan *Altar Mayor* (1944), *Reina Santa* (1947), *Catalina de Inglaterra* (1951) y *La laguna negra* (1952). || **Pedraza (Manuel).** General mejicano, n. en Querétaro (1789-1851). Tomó parte activa en la política de su país y fue elegido presidente de la República en 1828, cargo que desempeñó de 24 de diciembre de 1832 a 31 de marzo de 1833. || **Restrepo (Antonio).** Poeta, crítico literario y político colombiano, n. y m. en Bogotá (1869-1947). Fue secretario de la Legación de su tierra en Madrid, ministro de Instrucción Pública y Asuntos Exteriores, catedrático de Derecho y Literatura en la Universidad de Bogotá y académico correspondiente de la Real Academia Española. Entre sus composiciones poéticas más celebradas se citan: *Amor supremo, Mi madre y tú, Viaje a Grecia* y *Adiós*. Sus discursos y obras en prosa son innumerables. || **de Sandoval y Rojas, duque de Uceda (Cristóbal).** Político español, m. en Alcalá de Henares en 1624. Era hijo del duque de Lerma, que le inició en los asuntos del gobierno y a quien sucedió en el favor del rey; pero su privanza fue corta y aun no completa, pues Guzmán le iba minando poco a poco el terreno. Su gobierno fue pésimo, y desde el punto de vista personal, no gozó ningún momento de tranquilidad. Con la muerte de Felipe III (1621) se produjo el consiguiente cambio de política y pasó el poder a manos del nuevo valido, el conde-duque de Olivares, una de cuyas primeras providencias fue la destitución y destierro a Uceda de su antecesor. Al poco tiempo, se le formó proceso y fue condenado al pago de una fuerte multa y a la pena del destierro. No obstante, se le indultó más tarde y recayó en él un nombramiento de virrey de Cataluña; pero, renovado el proceso, se le envió preso a Alcalá de Henares. || **de Sandoval y Rojas, marqués de Denia** y **primer duque de Lerma (Francisco).** Político español, m. en Valladolid (1552-1623). Fue paje de los hijos de Felipe II y caballerizo mayor del príncipe heredero, quien, al ser proclamado rey con el nombre de Felipe III, abandonó en él las riendas del poder a causa de su indolencia y de la confianza que Sandoval había sabido inspirarle. Era el de Lerma de escasas luces y cultura, ambicioso en extremo y carente de escrúpulos, y a su vez estaba sometido a otros favoritos, el más famoso de los cuales fue Rodrigo Calderón. A la pureza y minuciosidad del tiempo de Felipe II sucedió el más espantoso desorden; vendió el valido los cargos públicos al mejor postor, y el cohecho y los abusos se generalizaron. El traslado de la corte de Madrid a Valladolid y nuevamente a Madrid no obedeció sino a motivos de índole económica, beneficiosos para el privado y para el rey, pues se tradujeron en donaciones voluntarias. Lerma fue el principal responsable de la desacertada política seguida en el interior y en el exterior (v. **Felipe III**), que tanto contribuyó a la decadencia de España. La reina Margarita de Austria luchó contra la influencia del privado, pero murió sin ver los frutos de su esfuerzo (1611); mas, desde entonces, declinó su estrella, hasta ser derribado como consecuencia de una conjura tramada en palacio, en la que intervinieron su propio hijo, el duque de Uceda, que le sucedió en la confianza regia; el padre Aliaga, confesor del rey, y Gaspar de Guzmán, conde-duque de Olivares. Barruntando su fin, el de Lerma había conseguido que el papa Paulo V le nombrara cardenal, y hasta inició un cambio de conducta con la exigencia de responsabilidades a algunos altos funcionarios de Hacienda; pero su suerte estaba decidida y el propio rey le despidió con la fórmula benévola de un permiso para retirarse a Valladolid o a Lerma (1618). A la muerte del rey (1621), el conde-duque de Olivares, nuevo privado, procedió contra él, le desterró a Tordesillas y le formó proceso, como consecuencia del cual fue condenado a pagar una fuerte multa. Su disgusto por estos hechos fue tan hondo, que falleció a los pocos días. || **Santos (Marino).** Escritor y periodista español, n. en Oviedo en 1930. Discípulo de Gregorio Marañón y gran conocedor de su maestro. Obras principales: *La Reina Victoria Eugenia, de cerca* (1964), *Doce hombres de letras* (1969), *Vida de Gregorio Marañón* (1971), por la que obtuvo el premio nacional de Literatura Menéndez Pelayo, y *Pintores asturianos*. || **de la Serna Puig (Ramón).** Escritor español, n. en Madrid y m. en Buenos Aires (1888-1963). Fue creador de un género, bautizado por el autor con el nombre de *greguerías*. La greguería (v.) es, como ha escrito Federico Carlos Sainz de Robles, «lo contrario del trascendentalismo de la máxima». Escribió miles y miles de greguerías. Fundó (1914) la tertulia literaria del Café Pombo, de Madrid. Profesional del humor y la originalidad, perteneció a la Academia Francesa del Humor. En 1962, el Parlamento argentino le concedió una pensión vitalicia, y la Fundación March, el premio literario Madrid. Se le ha concedido a título póstumo la medalla de oro de Madrid (1963). Obras principales: *El circo, Automoribundia, memorias* (1948), *Cartas a las golondrinas* (1950), *Caprichos, Goya, La mujer de ámbar*, novela, *Los muertos y las muertas, Don Ramón María del Valle-Inclán, Quevedo, Lope viviente, Caprichos* (1956), *Greguerías. Selección 1910-1960, Piso bajo*, novela (1961); *Cartas a mí mismo, El hombre perdido* (1962), *Nostalgias de Madrid* (1956), *El torero Caracho*, novela (1926), *El novelista* (su más auténtica novela), *Diario póstumo* y *Dalí*, texto inédito, ilustrado por el pintor (Espasa-Calpe, 1977). || **de la Serna Scardovi (Gaspar).** Escritor español, primo de Ramón, n. en Barcelona y m. en Madrid (1918-1974). Autor, entre otras obras de: *Después del desenlace* (1945), *Libro de Madrid* (1949) y *Cuaderno de Soria, Toledo, Cartas a mi hijo Ramón, obra y vida*, que le valió el premio nacional de Ensayo Menéndez Pelayo. A título póstumo se le ha concedido el premio Extremadura, de ensayo, por esta última obra. || **Tible (Enrique).** Literato guatemalteco, más conocido por el seudónimo de *Enrique Gómez Carrillo*, n. en Guatemala y m. en París (1873-1927). Por su exquisito estilo, en el que consiguió fundir los infinitos matices del idioma francés en la rotundidad del español, es un ejemplo especial de nuestra literatura. Además de innumerables crónicas periodísticas, publicó numerosos libros, entre los que figuran: *Jerusalén, Del amor, del dolor y del vicio* (1898), *El evangelio del amor, Bohemia sentimental* (1899), *La Grecia eterna* (1906), *El Japón Heroico y galante* (1912), *Cuentos escogidos, Maravillas, De Marsella a Tokio, La sonrisa de la esfinge* (1913), *En las trincheras, La gesta de la Legión y el encanto de Buenos Aires* (1914), *En el corazón de la tragedia* (1916). || **Ugarte (José Mamerto).** Escritor y poeta mejicano, conocido también por el seudónimo de *el abate Benigno*, n. en Ciudad Guzmán (1874-1943). Se dedicó al género festivo y dirigió *El Universal* de Méjico. Obras principales: *El pan nuestro de cada día, Cuentos de mi rosario* y *Predicando en el desierto*. || **Ulla (Mariano).** Cirujano español, n. en Santiago de Compostela y m. en Madrid (1877-1945). Perteneció al Cuerpo de Sanidad Militar, en el que llegó a general de división. Alcanzó gran nombradía como cirujano. Fue miembro de la Academia de Medicina. || Geog. Local. de Argentina, prov. de Buenos Aires, part. de Brandsen; 357 h. || Dist. de Venezuela, est. de Nueva Esparta; 13.188 h. Cap., Santa Ana. || **(Los).** Local. de Argentina, prov. de Tucumán, depart. de Leales; 523 h. || **Farías.** Mun. de Méjico, est. de Chihuahua; 9.305 h. || Pueblo cap. del mismo; 3.030 h. || **Farías.** Pueblo de Méjico, est. de Jalisco, cap. del mun. de San Sebastián ex 9.º Cantón; 3.465 h. || **Farías.** Mun. de Méjico, est. de Tamaulipas; 9.970 h. || Villa cap. del mismo; 951 habitantes. || **Palacio.** Mun. de Méjico, est. de Durango; 132.631 h. || C. cap. del mismo; 79.650 h. || **Plata.** Mun. de Colombia, depart. de Antioquia; 9.346 h. || Pobl. cap. del mismo; 4.531 h. Cría de ganado. || **de la Vega.** Local. de Argentina, prov. de Buenos Aires, part. de Brandsen; 131 h.

Gomezanda (Antonio). Biog. Compositor de música y pianista mejicano, n. en Lagos, Jalisco, en 1894. Se ha inspirado en el pasado autóctono de su país y ha compuesto: *Xiutzizquilo* (ballet), *Poemas aztecas* y *Fantasía mejicana*.

Gomeznarro. Geog. Mun. y lugar de España, prov. de Valladolid, p. j. de Medina del Campo; 291 h.

Gomezserracín. Geog. Mun. y lugar de España, prov. de Segovia, p. j. de Cuéllar; 731 habitantes.

gomia. (Del lat. *gumĭa*, comedor, tragón.) f. **tarasca.** Llámase así en algunas provincias, y también sirve esta voz para amedrentar a los niños. || fig. y fam. Persona que come demasiado y engulle con presteza y voracidad cuanto le dan. || fig. y fam. Lo que consume, gasta y aniquila.

gomina. (De *goma*.) f. Fijador del cabello.

gomioso, sa. adj. *Mur.* fig. y fam. Voraz, ambicioso.

gomista. com. persona que trafica en objetos de goma.

Gomorra. Hist. Una de las ciudades malditas de que habla la Biblia, junto con Sodoma y otras, en el valle de Pentápolis, sobre las cuales llovió fuego del cielo.

gomorresina. f. Jugo lechoso que fluye naturalmente, o por incisión, de varias plantas, y se solidifica en contacto con el aire; se compone generalmente de una resina mezclada con una materia gomosa y un aceite volátil.

Ramón Gómez de la Serna. Ateneo de Madrid

gomosería. f. Calidad de gomoso o pisaverde.

gomosidad. f. Calidad de gomoso.

gomoso, sa. (Del lat. *gummōsus*.) adj. Que tiene goma o se parece a ella. || Que padece gomas. Ú. t. c. s. || m. Pisaverde, lechuguino, currutaco.

Gomulka (Wladyslaw). Biog. Político polaco, n. en Krosno en 1905. Fue organizador de las brigadas internacionales en la guerra civil española (1936), y de la resistencia polaca contra Alemania, durante la S. G. M. (1942-1944); secretario general del Comité Central del Partido Comunista (1943-48), vicepresidente del Consejo de Ministros (1945) y primer ministro del Gobierno provisional (1947), y acusado de desviacionismo nacionalista (1948), se vio alejado, en varias etapas, de los cargos que desempeñaba y, en 1951, se le inculpó de querer implantar un régimen semejante al de Tito en Yugoslavia. No obstante, en 1956 fue liberado y rehabilitado sin proceso. De nuevo secretario general del Partido (1956-70), en 1971 se retiró de la política.

gon-. (Del gr. *góny*.) pref. que sign. rodilla.

gon-, gonio-; -gon-, -gonio-; -gonal, -gónico, -gonio, -gono. (Del gr. *gonía*.) pref., infijo o suf. que sign. ángulo; e. de infijo radio*gonio*metría; e. de suf. dia*gonal*, iso*gónico*, oxi*gonio*, polí*gono*.

gónada. fr. e it., *gonade*; i., *gonad*; a., *Gonade*. (Del gr. *goné*, procreación, simiente, y el suf. derivativo *-as, -ados*.) f. **Biol.** y **Fisiol.** Glándula cerrada del aparato reproductor de los animales, encargada de la formación de los gametos. Las gónadas masculinas son los *testículos* y las femeninas los *ovarios*. En la mayoría de los animales, en todos los superiores, hay dos clases de individuos, los *machos*, que tienen testículos, y las *hembras*, dotadas de ovarios. En testículos y ovarios, además de las células productoras de gametos, existen glándulas de tejido intersticial (*glándulas intersticiales* en el hombre y *cuerpos amarillos* en la mujer), que segregan respectivamente las hormonas llamadas *andrógenos* y *estrógenos*, de las que dependen los caracteres sexuales secundarios, que diferencian al hombre de la mujer (desarrollo del sistema piloso en el primero, predominio de las formas redondeadas en la mujer, etc.). Tanto la gametogénesis como la elaboración de las hormonas sexuales son estimuladas por las gonadotropinas segregadas por la hipófisis.

gonadal. adj. Perteneciente o relativo a las gónadas.

gonadotropina. (De *gónada*, *-trop-* e *ina*.) f. **Bioq.** y **Fisiol.** Hormona segregada por el lóbulo anterior de la hipófisis, que interviene en el desarrollo y funcionamiento de las glándulas sexuales, masculinas y femeninas. También es segregada por la placenta.

Gonaïves. Geog. Dist. de Haití, depart. de Artibonite; 186.736 h. Arroz y algodón. || C. de Haití, cap. del depart. de Artibonite y del dist. de su nombre; 29.261 h. Puerto de mar. En esta ciudad se proclamó la independencia de Haití en 1804.

-gonal. suf. V. **gon-**.

Gonâve (La). Geog. Isla de Haití, en el golfo de su nombre, al ONO. de Puerto Príncipe; 26.894 h. Produce bananas.

Gonçalves (Nuno). Biog. Pintor portugués del s. XV. Estuvo al servicio de Alfonso V, y su mejor obra es el *Políptico de San Vicente*, en el museo de Arte Antiguo, de Lisboa, pintura que permaneció mucho tiempo ignorada a causa de una desgraciada restauración. Restaurada de nuevo por Freire, se vino en conocimiento del gran mérito de aquella obra, una de las más notables de la época. || **(Vasco). Santos Gonçalves (Vasco dos). Baldaia (Alfonso).** Navegante portugués del s. XV. En 1434 exploró la costa occidental africana y llegó hasta más allá del cabo Bojador. Descubrió la bahía de Angra dos Rivos y regresó a Portugal en 1436. || **Cerejeira (Manuel).** Cardenal portugués, n. en Lousado, Braga, y m. en Lisboa (1888-1977). Nombrado patriarca de Lisboa en 1929, fue creado cardenal por Pío XI en ese mismo año. En 1971 le fue aceptada su renuncia, por lo avanzado de su edad, a la sede lisboeta. || **Dias (António).** Poeta y escritor brasileño, n. en Caxias, Maranhão (1823-1864). Uno de los mayores poetas líricos de su país, que cultivó también la poesía épica y los estudios etnográficos e históricos, además de publicar un diccionario del idioma tupí. Obras: *Primeiros Cantos* (1846), *Segundos Cantos* (1848), *Ultimos Cantos* (1851), *Os Timbiras* (poema épico, 1857), *Sextilhas de Frei Antão y Leonor de Mendoça*.

gonce. (Del lat. *gomphus*.) m. Gozne o pernio. || Articulación de los huesos.

goncear. (De *gonce*.) tr. Mover una articulación.

Goncourt (Edmond y Jules). Biog. Huot de Goncourt **(Edmond y Jules).** || **(premio). Lit.** Instituido en 1903, por la Academia del mismo nombre, tiene la misión de descubrir y consagrar nuevos valores literarios, premiando la juventud del escritor, la originalidad del talento y las tentativas nuevas y audaces del pensamiento y de la forma.

Goncharov (Ivan Alexandrovich). Biog. Novelista ruso, n. en Simbirsk y m. en San Petersburgo (1812-1891). Destacan entre sus obras las tres únicas novelas que escribió: *Una historia trivial* (1847), *El precipicio* (1869) y, sobre todo, *Oblomov* (1858), magnífico retrato del hombre indeciso y soñoliento que tanto abundó en la vida rusa del s. XIX.

gond. adj. **Etnog.** Dícese de una tribu de lengua dravida, cultura vedda y raza melanohindú que habita en la India, en el est. de Madhya Pradesh. También recibe el nombre de *koi*. Apl. a pers., ú. t. c. s. || Perteneciente o relativo a esta tribu.

Gondar. Geog. C. de Etiopía, cap. de la prov. de Begemder, sit. al N. del lago Tana; 30.734 h. Se conservan restos de las moradas de los primitivos emperadores.

Gondi, cardenal de Retz **(Jean-François Paul de).** Prelado francés, n. en Montmirail y m. en París (1613-1679). Obispo de París, tomó parte muy activa en las luchas políticas de su época y fue uno de los organizadores de la *Fronda*. A la muerte de Mazarino obtuvo el capelo cardenalicio.

góndola. fr., *gondole*; it. e i., *gondola*; a., *Gondel*. (Del it. *gondola*.) f. Embarcación pequeña de recreo, sin palos ni cubierta, por lo común con una carroza en el centro, que se usa principalmente en Venecia. || Cierto carruaje en que pueden viajar juntas muchas personas.

gondolero. m. El que tiene por oficio dirigir la góndola o remar en ella.

Gondomar (conde de). **Biog.** Sarmiento de Acuña **(Diego).** || **Geog.** Mun. de España, prov. de Pontevedra, p. j. de Vigo; 8.679 h. || Villa cap. del mismo; 595 h. (*gundemarinos*).

Gondra (Manuel). Biog. Escritor y político paraguayo (1872-1927). Desempeñó la presidencia de la República de 1910 a 1911 y de 1920 a 1921. Entre sus obras figuran: *Hombre y letras de América, Consideraciones históricas sobre la revolución de la Independencia y El doctor Francia*. || **Geog.** Local. de Argentina, prov. de Buenos Aires, part. de General Villegas; 246 habitantes.

Gondwana. (De *gond*.) **Geog.** Región de la India, al N. de Godavari, est. de Madhya Pradesh. (V. **Provincias Centrales y Berar.**) || **Geol. Gondwanalandia.**

Gondwanalandia o **continente de Gondwana.** (De *Gondwana*, región de la India, y el i. *land*, tierra, país.) **Geol.** Nombre dado por los geólogos a un continente austral, paleozoico, que se supone estaba formado por las tierras que hoy son América del Sur, África con Madagascar, Australia, Antártida y la India, y separado de las tierras septentrionales por el mar de Tetys.

gonela. (Del it. *gonnella*, dim. de *gonna*, saya, y éste del lat. *gunna*.) f. **Indum.** Túnica de piel o de seda, generalmente sin mangas, usada por hombres y mujeres y que a veces vestía el caballero sobre la armadura. Se usó mucho antiguamente por las damas aragonesas.

gonete. (Del it. *gonna*, saya.) m. **Indum.** Vestido de mujer, a modo de zagalejo, usado antiguamente.

gonfalón. (Del it. *gonfalone*, y éste del germ. *gundfano*, estandarte.) m. **confalón.**

gonfalonero. m. **confaloniero.**

gonfalonier. m. **confaloniero.**

gonfaloniero. m. **confaloniero.**

gong. (Del i. *gong*, y éste del malayo *gong*.) m. Una campana grande de barco. || **batintín.**

gongo. (De *gong*.) m. Una campana grande de barco.

Gongola. Geog. Estado de Nigeria; 2.605.263 h. Cap., Yola. Aceite de palma.

Góngora y Argote (Luis de). Biog. Poeta español, n. y m. en Córdoba (1561-1627). Fueron sus padres Francisco de Argote, letrado, y Leonor de Góngora. Él prefirió anteponer el apellido de su madre. Ordenado de sacerdote, llegó a ocupar el cargo de capellán de honor de Felipe III. Góngora, rival de Lope de Vega, escribió para el teatro (*Las firmezas de Isabela* y *El doctor Carlino*), pero sus producciones carecen de importancia; en cambio, como poeta lírico, es una de las gloriosas figuras del Siglo de Oro. En su carrera literaria hay dos períodos, caracterizado el primero, que perdura hasta su instalación en Madrid, a principios del s. XVII, por seguir la huella de Herrera, poniendo en juego su gran talento, una maravillosa facilidad y una fina sátira; pero esa misma sátira, su elevada formación cultural y la complacencia en las sutilezas del decir y el preciosismo, le llevaron a su segunda manera. Convertido así en poeta innovador, es el más genuino representante del *culteranismo* (v.), aunque ya tuviera precedentes en la literatura española esa tendencia que de él también recibió el nombre de *gongorismo*. Son obras de la primera época sus letrillas y romances, de inspiración nacional, donde hay que buscar las creaciones más felices del autor, y de la segunda, *Soledades y Polifemo*. Escribió, además, *Sonetos heroicos, Sonetos*

Góndola en el gran canal de Venecia

Luis de Góngora y Argote, por Velázquez. Museo Lázaro Galdiano. Madrid

amorosos, Canciones, Octavas, Tercetos y *Décimas,* que por sus características generales vienen a ocupar una posición intermedia entre sus dos maneras.

gongorino, na. adj. **Lit.** Propio de la poesía de Luis de Góngora y Argote, o relacionado directamente con ella. || Partidario o imitador de dicha poesía. Ú. t. c. s.

gongorismo. m. Manera literaria que inició a principios del s. XVII la poesía de don Luis de Góngora y Argote.

gongorista. adj. Persona que estudia la vida, la obra o el influjo de Luis de Góngora y Argote. Ú. t. c. s.

gongorizar. intr. Escribir o hablar en estilo gongorino.

-gonia o **-gónia.** suf. V. **gen-**.

gonia. (Del gr. *goné*, generación.) f. **Biol.** Célula de origen epitelial, de la que se derivan los gametos mediante la gametogénesis.

-gónico. suf. V. **gen-**.
-gónico. suf. V. **gen-**, ángulo.
-gonio. suf. V. **gen-**.
gonio-; -gonio-; -gonio. pref., infijo o suf. V. **gon-**, ángulo.

gonio. (Del gr. *gónos*, generación.) **Biol.** Gén. de flagelados fitomonadinos, o fitomonadales, que forman diminutas colonias dulceacuícolas de 4 a 6 individuos situados en un plano y constituyen una de las primeras fases en la diferenciación colonial de los fitomonadinos (*gonius sp.*).

goniómetro. (De *gonio-*, ángulo, y *-metro*.) m. **Aviac. radiogoniómetro.** || **Miner.** Aparato destinado a medir los diedros que forman las caras de los cristales. El más sencillo es el *goniómetro de aplicación*, que consta de dos alidadas adaptables a las caras y que marcan el ángulo de éstas sobre un semicírculo graduado. Los *goniómetros de reflexión*, más complicados y precisos, se fundan en hacer que un rayo luminoso se refleje sucesivamente en las dos caras del diedro que quiere medirse, e incida en un mismo punto, para lo cual es preciso girar el cristal un ángulo complementario de dicho diedro, ángulo que se mide en un limbo graduado. || **Topog.** Aparato que sirve para medir y trazar ángulos. Unos son de ángulo fijo, como la escuadra de agrimensor, útil sólo para los de 45, 90 y 180°, y otros, de ángulo variable, como el sextante.

-gono. suf. V. **gon-**, ángulo.
gono-; -gono. pref. o suf. V. **gen-**.

gonococia. f. **Pat.** Enfermedad producida por la infección del gonococo de Neisser. Generalmente se localiza en la uretra, dando lugar a la blenorragia; más raramente, determinada inflamación de las articulaciones o del endocardio, o estados septicémicos.

gonocócico, ca. adj. **Pat.** Perteneciente o relativo al gonococo o a la gonococia.

gonococo. (De *gono-* y *-coco*.) m. **Bact.** Microorganismo en forma de elementos ovoides, que se reúnen en parejas y más raramente en grupos de cuatro o más unidades. Se encuentra en el interior de las células del pus blenorrágico o del de otras lesiones gonocócicas. Fue descubierto por Neisser en 1879.

gonorrea. fr., *gonorrhée;* it., *gonorrea;* i., *gonorrhoea;* a., *Gonorrhöe*. (Del lat. *gonorrhoea,* y éste del gr. *gonórroia;* de *gónos,* esperma, y *rhéo,* fluir.) f. **Pat.** Blenorragia. Flujo mucoso o purulento de la uretra. || Infección gonocócica que generalmente se produce por contagio.

gonostomátido, da. (Del lat. científico *gonóstoma,* gén. tipo, e *-ido;* aquel del gr. *gonía,* ángulo, y *stóma, -atos,* boca.) adj. **Zool.** Dícese de los peces teleóstomos, del orden de los clupeiformes, abisales, pequeños, de cabeza grande, con la abertura bucal muy prolongada por los lados, y dotados de numerosos órganos fosforescentes en el vientre, flancos y pedúnculo caudal. || m. pl. Familia de estos peces, cuyos gén. más importantes son: *cyclothone, gonóstoma* y *maurolicus.*

Gonthier de Biran (Marie-François-Pierre). **Biog.** Filósofo y político francés, conocido por *Maine de Biran,* n. en Bergerac y m. en París (1766-1824). Perteneció al Consejo de los Quinientos, y al regreso de los Borbones fue diputado y consejero de Estado. Partiendo de la doctrina de la sensación transformada de Condillac, Maine se separó poco a poco de la escuela ideológica, para llegar a una filosofía personal.

Gonxha Bojaxhiu (Agnes). **Biog.** Religiosa yugoslava, más conocida por la *Madre Teresa,* n. en Skopje en 1910. Fundó la congregación de las Misioneras de la Caridad, con la misión de ayudar a los pobres. Fue galardonada con el premio Nobel de la Paz 1979, por su obra en favor de los enfermos y de los pobres de los arrabales de Calcuta.

Gonzaga (San Luis). **Biog.** Luis Gonzaga (San). || **(Luis I).** Fundador de la familia de Gonzaga (1267-1360). Proclamado duque de Mantua en 1328, adquirió la ciudad de Reggio y confió su gobierno a sus tres hijos. || **Geog.** Mun. y c. de Italia, prov. de Mantua, en Lombardía; unos 10.000 h.

González (Bartolomé). **Biog.** Pintor español, n. en Valladolid y m. en Madrid (1564-1627). Felipe III le empleó en varias obras de Burgos, El Escorial y El Pardo. Además de retratos de la familia real, dejó: *Santiago el Mayor* y *Santiago el Menor, San Felipe crucificado* y *Descanso de la Virgen.* || **(Felipe).** Político español, n. en Sevilla en 1942. Terminados los estudios de Derecho en su ciudad natal (1966), se especializó en temas laborales. Tras pasar por las Juventudes Socialistas (1962-65), ingresó en el P.S.O.E. (Partido Socialista Obrero Español), y formó parte del Comité Provincial de Sevilla y del Comité Nacional (1965-70). En agosto de 1970 figuró en la Comisión Ejecutiva del Partido, y en octubre de 1974 fue elegido primer secretario del mismo. En el XXVII Congreso del Partido, celebrado en Madrid en diciembre de 1976, fue confirmado en el cargo. En noviembre de 1978 fue elegido vicepresidente de la Internacional Socialista, y en mayo de 1979, tras el XXVIII Congreso, dimitió de su cargo de primer secretario, siendo reelegido en el Congreso extraordinario de septiembre del mismo año. El 21 de mayo de 1980, durante un debate parlamentario del Pleno del Congreso, presentó como líder del P.S.O.E., una moción de censura contra el Gobierno, pero fue rechazada en votación pública (30 de mayo), si bien el partido del Gobierno contó solamente con el voto de sus parlamentarios. || **(Fernán).** Conde semihistórico y semilegendario de Castilla, cuya personalidad real ha sido obscurecida por la poesía y la leyenda (h. 923-970). Fue un personaje eminente por su valor y habilidad política, y abrigó, indiscutiblemente, el deseo de engrandecer e independizar a Castilla de la sumisión a los reyes leoneses. Creó en 950 el gran condado de Castilla, no independiente de León, como se ha dicho, sino bastante poderoso para aflojar los lazos de sumisión, como lo prueba el hecho de convertirse en hereditario, mientras que, con anterioridad a esa fecha, León quitaba y ponía a los condes de Castilla a su arbitrio. || **(Fernando).** Escritor colombiano, m. en Envigado, Medellín (1894-1964). Desempeñó funciones diplomáticas y fue expulsado de Italia a raíz de su libro *El hermafrodita dormido,* severa crítica del gobierno fascista. Su renombre se debe sobre todo a *Mi Simón Bolívar,* hondo análisis psicoanalítico de la personalidad del Libertador. || **(Florentino).** Político y constitucionalista colombiano, n. en Cincelada y m. en Buenos Aires (1805-1875). Fue profesor universitario. Sus trabajos más destacados son: *Elementos de ciencia administrativa, Lecciones de Derecho constitucional* y diversos estudios sobre cuestiones de límites. || **(Joaquín V.).** Político y escritor argentino, n. en Nonogasta y m. en Buenos Aires (1863-1923). Fundó la Universidad de La Plata, de la que fue presidente y profesor desde 1905 hasta 1918. Fue también senador en 1907 y 1916, y representó a su patria en el Tribunal Arbitral de La Haya. Era correspondiente de la Academia Española. Obras principales: *La Universidad nacional, Hombres e ideas, Educación y gobierno, Mis montañas, Ideales y caracteres, Introducción al estudio del Código de Minería, Tradición nacional* y *Cuentos.* || **(Juan Francisco).** Pintor chileno, n. en Santiago (1853-1933). Notable colorista, cultivó el retrato, el paisaje y temas florales. Se estima en más de 4.000 las pinturas realizadas por él. || **(Juan Natalicio).** Escritor, poeta y político paraguayo, n. en Villarrica y m. en Méjico (1897-1966). Fue presidente de la República (1948), cargo del que fue desposeído a raíz de un golpe de Estado (enero de 1949). Obras: *Solano López y otros ensayos, Proceso y formación de la cultura paraguaya, El paraguayo y la lucha por su expresión* y *Vida, pasión y muerte de Güyra Vera.* || **(Juan Vicente).** Escritor venezolano, n. y m. en Caracas (1811-1866). Ejerció la enseñanza y el periodismo, pero su renombre lo debe a su magistral biografía de *José Félix Ribas,* prócer de la independencia nacional. || **(Julio).** Pintor y escultor español, n. en Barcelona y m. en Acueil, Francia (1876-1942). Fue uno de los primeros escultores que utilizaron el hierro como material para sus obras. Existen creaciones suyas en el Museo Municipal de Amsterdam y en el Nacional de Arte de París. || **(Manuel).** Militar y político mejicano, n. en Matamoros y m. en Chapingo (1833-1893). Fue presidente de la República (1880-1884). || **(Melitón). Parellada (Pablo).** || **(Pedro Ángel).** Pintor venezolano, n. en Margarita en

Felipe González y Adolfo Suárez, tras una entrevista en el Palacio de la Moncloa

1901. Ha sido premiado en varios salones de Arte Venezolano. Cuadros suyos figuran en el Museo de Bellas Artes de Caracas y grabados en la Biblioteca del Congreso de Washington. ‖ **(Rafael Ramón).** Pintor venezolano, n. en Araure en 1894. Ha exhibido cuadros en Bogotá, Nueva York y Santiago de Chile. En 1946 ganó el Primer Premio en el Salón de Arte Venezolano. ‖ **(Simón).** Escultor chileno, n. en Santiago (1856-1919). Realizó estudios en París, exponiendo desde 1890, donde obtuvo medalla de oro en la Exposición Universal con su relieve *Spes Única*. ‖ **(Valentín).** Militar español, llamado *el Campesino*, n. en 1909. Afiliado al partido comunista, destacó en la guerra civil por su valor y atrevimiento. Al terminar la guerra marchó a Orán y de allí a la U. R. S. S., donde ingresó en la Academia Militar. Después pasó a Francia, desde donde organizó una incursión hacia España que tuvo escaso éxito (1963). Escribió *Vida y muerte en la U. R. S. S., 1939-1949* (1950). ‖ **Álvarez (Ángel).** Profesor español, n. en Magaz de Cepeda en 1916. Fue catedrático de Metafísica en las Universidades de Murcia y Cuyo (Argentina), y desde 1954 desempeña dicha cátedra en la de Madrid. Pertenece a la Real Academia de Ciencias Morales y Políticas desde 1957. Ha publicado entre otras obras: *El tema de Dios en la filosofía existencial* (1945), *Introducción a la metafísica* (1951), *Filosofía de la educación* (1952) e *Introducción a la filosofía* (1953). ‖ **y Álvarez Ossorio (Aníbal).** Arquitecto español, n. y m. en Sevilla (1876-1929). Dirigió las obras de la Exposición Iberoamericana de Sevilla, planeó algunos de sus edificios y creó un estilo peculiar, denominado *sevillano*. ‖ **Anaya (Salvador).** Literato español, n. y m. en Málaga (1879-1955). Ingresó en la Real Academia Española en 1947. Publicó su primer libro, *Cantos sin ecos*, poesías, en 1898; pero su especialidad es la novela, género en el que destacan *La sangre de Abel* (1915) y, sobre todo, *Nido de cigüeñas* (1927). ‖ **de Ávila (Alonso y Gil).** Militares españoles, hermanos y conquistadores en América. Alonso de Ávila fue capitán de Cortés. Gil González de Benavides, o de Ávila, fue capitán en Honduras enviado por Pedro Arias de Ávila; allá fundó un pueblo con el nombre de San Gil de Buenaventura. ‖ **Balcarce (Antonio).** Militar argentino, n. y m. en Buenos Aires (1774-1819). Perteneció al ejército español y tomó parte en la guerra de la Independencia española contra las huestes francesas. De regreso en América, se unió a los que trabajaban por la libertad de su patria. Conseguida la independencia, fue elevado al supremo gobierno en 1816. ‖ **Bravo (Antonio).** Compositor y folklorista boliviano, n. en La Paz (1885-1962). Autor de numerosas canciones indígenas y música coral e instrumental. ‖ **Bravo (Luis).** Político y periodista español, n. en Cádiz y m. en Biarritz (1811-1871). Se dio a conocer como mordaz y violento escritor en *El Guirigay*; anduvo mezclado en todos los movimientos revolucionarios, hasta fijar definitivamente su orientación política en el partido moderado. Fue presidente del Consejo de Ministros en 1843, ministro de la Gobernación con Narváez y otra vez presidente del Consejo en 1868. ‖ **Calderón (Juan Antonio).** Jurista e historiador argentino, n. en Gualeguay, Entre Ríos, y m. en Buenos Aires (1883-1964). Notable exegeta de los derechos constitucional y público, sobre esos temas escribió, entre otras obras: *La función constitucional de los ministros* (1911), *Introducción al derecho público provincial* (1913), *La personalidad histórica y constitucional de las provincias* (1927), *El general Urquiza y la Organización Nacional* (1940), *Instrucción Cívica* (1948), de la cual se hicieron siete ediciones, y *Opiniones e iniciativas sobre la reforma de la Constitución de 1853* (1957). ‖ **del Castillo y López (Emilio).** Escritor español, n. y m. en Madrid (1883-1940). Escribió sainetes, así como también operetas y revistas, las más de las veces en colaboración con otros escritores. Sus obras más conocidas son: *La calesera, Las Leandras, La picarona, Las tocas, El dominó rojo, Las mimosas*, etc. ‖ **de Clavijo (Ruy).** Viajero español del s. XV, n. y m. en Madrid (¿1412?). En 1403 salió de Sevilla para Oriente, formando parte de una embajada enviada por Enrique III de Castilla, y visitó Constantinopla, Trebisonda, Teherán y Samarcanda, donde fue recibido por Tamerlán, que le colmó de presentes. Publicó la relación de su viaje con el título de *Historia del Gran Tamerlán*. ‖ **y Díaz Tuñón (Ceferino).** Filósofo y prelado español, n. en San Nicolás de Villoria y m. en Madrid (1831-1894). Gran defensor de la filosofía tomista y crítico de Descartes, al que acusó de haber iniciado la catástrofe filosófica y, en consecuencia, la social. Se dedicó a la enseñanza y fue arzobispo de Toledo y de Sevilla, cardenal y miembro de la Academia de la Lengua. Escribió *Historia de la Filosofía* (1878-79) y *Filosofía elemental* (1868), declarada de texto en casi todos los centros docentes de España. ‖ **Duarte (Plácido).** Clínico y cirujano español, n. en Carcelán en 1897. Su campo de acción ha sido la cirugía general en su amplio sentido doctrinal y técnico. Fue médico de la Real Casa (1922) y profesor de Cirugía torácica en la Escuela Nacional de Tisiología (1946). ‖ **Flores (Alfredo).** Político costarricense, n. en Heredia (1877-1962). Elegido presidente de la República para el período 1914-18, en 1917 fue derribado por un golpe de Estado. ‖ **-Gallarza Iragorri (Eduardo).** Teniente general español, n. en Logroño en 1898. Procedente de la Academia de Infantería, obtuvo el título de piloto aviador en 1920. En 1926, en unión del capitán Lóriga y tripulando sendos aeroplanos, efectuó el vuelo Madrid-Manila. En 1929, intentó junto con Franco, Madariaga y Ruiz de Alda, el vuelo Madrid-Nueva York, pero una tormenta les obligó a amarar cerca de las Azores. Ha sido ministro del Aire (1945-57). ‖ **García (Eloy).** Soldado español, más conocido por *Eloy Gonzalo García* y por el apodo de *el Héroe de Cascorro*, n. en Madrid y m. en Cascorro, Cuba (1876-1897). Habiéndose refugiado los insurrectos cubanos en una casa de dicho lugar, se defendieron tenazmente sin que pudiesen ser desalojados. Entonces, Eloy, desafiando el nutrido fuego que desde la casa se hacía, se dirigió a ella y la prendió fuego con una lata de petróleo que llevaba, obligando así a salir a sus ocupantes. En Madrid

Luis González Bravo. Ateneo de Madrid

se le ha erigido una estatua, obra de Marinas. ‖ **García (Mariano Eusebio).** Actor de cine y cantante español, más conocido por *Luis Mariano*, n. en Irún y m. en París (1914-1970). Instalado en Francia desde muy joven, desarrollo toda su carrera artística en esa nación. Entre sus filmes más conocidos figuran: *El sueño de Andalucía, Violetas imperiales* y *Aventuras del barbero de Sevilla*. ‖ **Garza (Roque).** Militar y político mejicano, n. en Saltillo y m. en Méjico (1885-1962). Intervino en las luchas sobrevenidas a la caída de Porfirio Díaz. Ejerció por breve tiempo la presidencia de la República. ‖ **de la Gonzalera (Gonzalo).** Marroquín **(José Manuel).** ‖ **Guerrero (Francisco).** Poeta, ensayista y diplomático mejicano, n. en Ciudad Guzmán, Jalisco (1894-1963). Obra principal: *Ad altare Dei*. ‖ **Guinán (Francisco).** Político y escritor venezolano, n. en Valencia (1841-1932). Fue presidente del estado de Carabobo y varias veces ministro y presidente del Senado. Escribió: *Historia contemporánea de Venezuela* e *Historia del gobierno del doctor J. P. Rojas Paul*. ‖ **Lanuza (Eduardo).** Escritor argentino, de origen español, n. en Santander en 1900. Ha sido uno de los iniciadores del ultraísmo en su país. Obras principales: *Aquelarre*, cuentos (1928); *Treinta y tantos poemas* (1932), *Ni siquiera el diluvio*, tríptico dramático (1939), *Puñado de cantares* (1940), *Retablo de Navidad y de la Pasión* (1954) y *Suma y sigue*, que obtuvo en 1961 el primer premio nacional de Poesía, correspondiente al trienio 1958-60. ‖ **López (Luis Arturo).** Abogado y político guatemalteco, n. en Zapaca en 1910. Ocupó la presidencia de la República el 27 de julio de 1957 al morir asesinado Castillo Armas, y cesó el 24 de octubre, al hacerse cargo del poder una Junta militar. ‖ **Lucas (Luis Miguel).** Torero español, más conocido por Luis Miguel *Dominguín*, apodo heredado de su padre, n. en Madrid en 1925. A la muerte de *Manolete*, su figura se hizo popular. Toreó con éxito en América y en 1953 anunció su retirada de los ruedos; sin embargo, en el año 1958 volvió a torear. Su toreo madrileño, ágil, lucido, y su magnífica técnica lo convirtieron en primera figura de la tauromaquia. ‖ **Madrid (Rafael).** Matador de toros español, más conocido por el seudónimo de *Machaquito*, n. y m. en Córdoba (1880-1955). Fue torero pundonoroso, muy variado en su suerte y estoqueador seguro y atrayente. Se retiró del toreo en 1913. ‖ **Marín (José).** Recitador español, n. y m. en Cártama, Málaga (1889-1956). Fue el de mayor prestigio en la especialidad de su época. Obtuvo la medalla de oro del Trabajo y el gran collar de Isabel la Católica. ‖ **Martí (Manuel).** Crítico de arte y dibujante español, n. y m. en Valencia (1877-1972). Popularizó, como caricaturista, el seudónimo *Folchi*. Fue director del Museo Provincial de Bellas Artes de Valencia. Donó al Estado en 1947 la magnífica colección de cerámica valenciana reunida por su esposa y por él. Publicó: *Cerámica vidriada valenciana, Cerámica de Paterna* y *Breve historia de la cerámica en el reino de Valencia*. ‖ **Martín (Marcelo).** Prelado español, n. en Villanubla en 1918. Obispo de Astorga (1961), en 1966 fue nombrado arzobispo coadjutor de Barcelona, y al año siguiente, arzobispo residencial. En diciembre de 1971 pasó a ocupar la archidiócesis de Toledo con el título de primado de España, y en marzo de 1973 fue nombrado cardenal. Tomó posesión del título de la iglesia de San Agustín de Roma, el 10 del mismo mes. En 1972 fue elegido miembro de número de la Real Academia de Ciencias Morales y Políticas. Ha publicado, ente otras obras: *Creo en la Iglesia. Renovación y fidelidad* (1973). ‖ **Martínez (Enrique).** Poeta mejicano, n. en Guadalajara y m. en Méjico (1871-1952).

Une en su poesía el sentimiento delicado y la meditación filosófica. Libros principales: *Los senderos ocultos* (1911), *La muerte del cisne* (1915), *El libro de la fuerza, de la bondad y del ensueño* (1917), *Parábolas* (1918), *La palabra del viento* (1921), *El romero alucinado* (1925), *Poemas truncos* (1935), *Ausencia y canto* (1937) y *El diluvio de fuego* (1938). Representó a su país en España (1924-28). ‖ **de Mendoza (Pedro).** Político, militar, cardenal y escritor español, n. y m. en Guadalajara (1428-1495). Era hijo de Íñigo López de Mendoza. Fue obispo de Cuenca, arzobispo de Sevilla y cardenal primado. Consejero de Enrique IV, tomó partido después por los Reyes Católicos, y se distinguió por sus arrestos guerreros en el sitio de Zamora, en la batalla de Toro y en la guerra de Granada. ‖ **Menéndez-Reigada (Albino).** Prelado español, n. en Corias de Pravia, Oviedo, y m. en Córdoba (1881-1958). Perteneció a la Orden de Predicadores. En 1924 fue designado obispo de Tenerife, de donde pasó en 1946 a Córdoba, en cuya diócesis realizó una importante obra social, concretamente por lo que se refiere a la construcción de viviendas para gente humilde. ‖ **Navero (Emiliano).** Político paraguayo, n. en Caraguatay y m. en Asunción (1861-1938). Asumió el poder al ser derrocado el presidente Ferreyra (1908). Nuevamente asumió provisionalmente la presidencia de 1931 a 1932, al ser sometido a juicio político el presidente Guggiari. ‖ **Obregón (Luis).** Historiador mejicano, n. en Guanajuato (1865-1938). Estudió principalmente la vida cotidiana de épocas pasadas; así en *México viejo* (1891-95), *La vida en México en 1810* (1911) y *Las calles de México* (1922-27). ‖ **Ortega (Jesús).** General mejicano, n. en Teúl y m. en Saltillo (1822-1881). En 1863 se distinguió extraordinariamente en la heroica defensa de Puebla, sitiada por las tropas francesas aliadas de Maximiliano. ‖ **Palencia (Ángel).** Arabista historiador y crítico de literatura español, n. en Horcajo de Santiago y m. en accidente de automóvil cerca de Olivares de Júcar. (1889-1949). Fue catedrático de Literatura arabigoespañola en la Universidad de Madrid y miembro de las Academias Española y de la Historia. Entre sus obras figuran: *Los mozárabes de Toledo en los siglos XII y XIII*, *El arzobispo don Raimundo y la escuela de traductores de Toledo* y, en colaboración con Juan Hurtado, una excelente *Historia de la Literatura española*. ‖ **Pecotche (Carlos Bernardo).** Filósofo y escritor argentino, más conocido por el seudónimo de *Raumsol*, n. en Buenos Aires (1901-1963). Creó la Logosofía y fundó la Escuela de Logosofía (1930), actualmente Fundación Logosófica. Obras: *Axiomas y principios de Logosofía*, *Cartas iniciáticas*, *Tratado elemental de enseñanza*, *Perlas bíblicas*, *Nueva concepción política*, *Biagnosis*, *Intermedio logosófico*, *Exégesis logosófica*, etc. ‖ **Peña (Carlos).** Novelista y crítico mejicano, n. en Lagos de Moreno, Jalisco, y m. en Méjico (1885-1955). Novelas principales: *La chiquilla* (1906), *La musa bohemia* (1909) y *La fuga de la quimera* (1919). Ha publicado una excelente *Historia de la Literatura mexicana* (1928). ‖ **Pérez (José Victoriano).** Pintor español, más conocido por el seudónimo de *Juan Gris*, n. en Madrid y m. en Boulogne-sur-Seine, Francia (1887-1927). Perteneció a la llamada *Escuela de París*, y se le consideró, al lado de Picasso, Braque y Miró, como uno de los maestros del *cubismo*. Obras principales: *Retrato de Picasso* (1912), *El desayuno* (1915), *La botella y el frutero* (1917), *El Pierrot* (1919), y *El Pierrot con la guitarra* (1922). ‖ **Prada (Manuel).** Escritor peruano, n. y m. en Lima (1844-1918). En su poesía, de acentos dramáticos, experimentó con formas antiguas de modo magistral. Entre sus obras figuran: *Páginas libres* (1894) y *Horas de lucha* (1908), en prosa, *Minúsculas* (1900), *Exóticas* (1911) y *Baladas peruanas* (1935), en verso. ‖ **Rivadavia (Bernardino).** Primer presidente de la República Argentina, más conocido por *Bernardino Rivadavia*, n. en Buenos Aires y m. en Cádiz (1780-1845). Hombre de gran talento e iniciativa, llevó a Argentina a un alto grado de esplendor. Fue enviado extraordinario en el R. U., viajó por Francia y España, donde conoció a las más altas personalidades de aquel tiempo. El Congreso Nacional Constituyente lo nombró, el 8 de febrero de 1826, primer presidente constitucional de Argentina. Entonces dio un gran impulso a la educación común y a muchas obras públicas; organizó las finanzas y ensayó un sistema de reparto de la tierra por enfiteusis. Renunció al poder en 1827 y se dirigió a España. Murió en Cádiz, en la casa número 3 de la calle de Cánovas del Castillo, que un filántropo español, José Rogert Balet, donó a Argentina, que la ha dedicado a Consulado, Museo y Biblioteca Hispanoamericana. ‖ **Rodríguez (Cesáreo).** Productor de cine español, n. en Esparteado, Vigo, y m. en Madrid (1905-1968). En 1940 produjo su primera película, *Polizón a bordo*, a la que siguieron un total de 146, contándose las más destacadas: *La Señora de Fátima* y *Calle Mayor*. ‖ **-Ruano (César).** Periodista y escritor español, n. y m. en Madrid (1903-1965). Cultivó todos los géneros, especialmente la novela. Fue galardonado con los premios Mariano de Cavia (1931), Francisco Franco (1949 y 1954) y Café Gijón (1951). En 1960 le fue concedida la pensión March de Literatura. Entre sus obras destacan: *Ángel en llamas* (1941) y *Vía áurea* (1944), poesías; y *Circe* (1935) y *La alegría de andar* (1943), novelas. ‖ **Ruiz (José María).** Teólogo y escriturista español, n. en Sevilla en 1916. Doctor en Teología por la Universidad Gregoriana y licenciado en Sagrada Escritura por el Instituto Bíblico adscrito a dicha Universidad, ha enseñado Lengua Griega en Sevilla y Sagrada Escritura en Málaga. Se ha distinguido principalmente en el diálogo entre cristianos y marxistas y participó activamente en el Concilio Vaticano II, concretamente en la redacción de los documentos *Gaudium et spes* y *Declaración sobre libertad religiosa*. Es una autoridad en temas paulinos. Obras principales: *San Pablo al día*, *El Cristianismo no es un Humanismo*, *Creer es comprometerse*. ‖ **Ruiz (Nicolás).** Escritor, crítico y periodista español, n. en Mataró y m. en Madrid (1897-1967). En 1923 ingresó en *El Debate*, de Madrid, y desde 1939 fue editorialista del periódico *Ya*, de la capital de España. Obras principales: *Cuentas del pasado glorioso*, *Antología de piezas cortas de teatro*, *Enciclopedia del periodismo*, *Axel de Fersen*. *El romántico amor de María Antonieta* y *El teatro teológico español*. ‖ **Santín (Ignacio María).** Militar y político dominicano, m. en Santo Domingo (1840-1915). Ocupó la presidencia de la República en 1874 y, por breves períodos, en 1876 y 1878. ‖ **Seara (Luis).** Político español, n. en La Mezquita (Orense). Desde 1963 hasta 1969 fue director en funciones y secretario general del Instituto de Opinión Pública. Diputado por la provincia de Pontevedra, en abril de 1979 fue nombrado ministro de Investigación y Universidades. ‖ **Suárez (Federico).** Arqueólogo y sacerdote ecuatoriano, n. y m. en Quito (1844-1917). Fue arzobispo de Quito. Escribió: *Estudio histórico de los cañaris*, *Los aborígenes del Imbabura y del Carchi* (1888) y *Hermosura de la Naturaleza y sentimiento estético de ella*. Su obra capital es la *Historia general de la República del Ecuador* (1890-1903). ‖ **Tuñón (Raúl).** Poeta y escritor argentino, n. y m. en Buenos Aires (1905-1974). En sus libros ha tratado aspectos de la vida bohemia porteña. Ha escrito: *El violín del diablo* (1926), *Miércoles de Ceniza*, *Todos bailan* y *La calle con un agujero en la media*. También publicó obras de teatro. ‖ **Valcárcel (José Manuel).** Arquitecto español contemporáneo. Experto de la O. E. A., ha dirigido el plan piloto de la ciudad de Quito. Arquitecto de la Dirección General de Bellas Artes y conservador de Toledo y del Patrimonio Artístico Nacional, bajo su dirección fueron llevadas a cabo las obras que finalizaron en la reapertura del Teatro Real de Madrid. ‖ **Valencia (Ramón).** Militar y político colombiano, n. en Pamplona, Santander (1851-1928). Al renunciar Reyes (1909), fue designado presidente de la República por el Congreso. ‖ **Videla (Gabriel).** Político chileno, n. en La Serena en 1898. Ha sido presidente de la República (1946-52). En 1948 hizo acto de presencia en el Antártico para ratificar las reivindicaciones chilenas sobre parte de aquellos territorios. ‖ **Víquez (Cleto).** Escritor y político costarricense, n. en Barba (1858-1937). Fue presidente de la República en 1906-10 y en 1928-1932. Escribió entre otras obras: *Temblores, terremotos e inundaciones volcánicas en Costa Rica*. ‖

Pedro González de Mendoza. Biblioteca Colombina. Sevilla

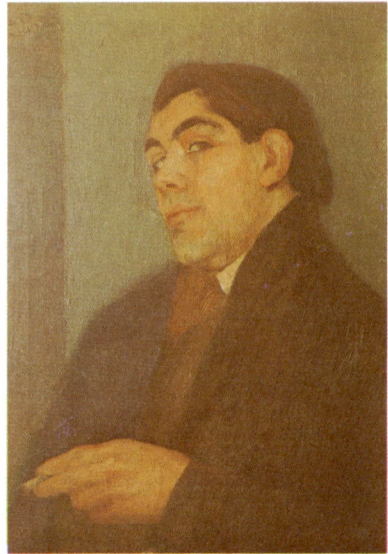

José Victoriano González Pérez, por Vázquez Díaz

Geog. Mun. de Colombia, depart. de Cesar; 5.723 h. ‖ Pobl. cap. del mismo; 598 h. ‖ Mun. de Méjico, est. de Tamaulipas; 24.451 h. ‖ Villa cap. del mismo; 6.440 h. ‖ **Calderón.** Local. de Argentina, prov. de Entre Ríos, depart. de Gualeguay; 268 h. ‖ **Chaves.** Part. de Argentina, prov. de Buenos Aires; 3.790 km.² y 13.163 h. ‖ Local. cap. del mismo; 8.276 h. ‖ **Moreno.** Local. de Argentina, prov. de Buenos Aires, part. de Rivadavia; 1.023 h. ‖ **Risos.** Local. de Argentina, prov. de Buenos Aires, part. de Navarro; 130 h.

Gonzalo. Biog. Infante español, hijo de Sancho III de Navarra, m. en 1083. Recibió de su padre los condados de Sobrarbe y Ribagorza, que a su muerte pasaron a la corona de Aragón. ‖ **García (Eloy).** González García (Eloy).

Gonzanamá. Geog. Cantón de Ecuador, prov. de Loja; 24.920 h. ‖ Pobl. cap. del mismo; 3.377 h.

Goñi. Geog. Mun. de España, prov. de Navarra, p. j. de Estella; 295 h. Corr. 22 a la cap., el lugar de Aizpún.

Goodman (Benjamin David). Biog. Clarinetista y director de orquesta estadounidense, más conocido por *Benny Goodman,* n. en Chicago en 1909. Su mayor mérito es haber contribuido eficazmente a popularizar el yaz. Ha escrito *Kingdom of swing,* en colaboración con I. Kolodin.

Goodyear (Charles). Biog. Comerciante e industrial estadounidense, n. en New Haven y m. en Nueva York (1800-1860). Famoso por sus experiencias sobre el caucho, en las que, carente de conocimientos químicos, procedió por mero empirismo, lo que le llevó dos veces a la quiebra. Así descubrió la ebonita (1840) y, finalmente, la vulcanización del caucho, procedimiento en que, mediante el azufre, se hace insensible aquél a las variaciones de temperatura.

Goole. Geog. C. del R. U., en Inglaterra, cond. de Yorkshire, Riding Occidental, a orillas del Ouse; 18.066 h. Puerto fluvial, uno de los más importantes del R. U.

Gopegui. Geog. V. **Cigoitia.**

gopuram o **gopura.** (Voz sánscr.; de *go,* buey, vaca, y *pura,* ciudad, mansión.) m. **Arquit.** En el estilo dravidiano del arte de la India, que se desarrolló en el Decán y en el S. de la península indostánica, torre en forma de pirámide que coronaba la puerta de estrella a los templos.

Gor. Geog. Mun. de España, prov. de Granada, p. j. de Guadix; 3.038 h. ‖ Villa cap. del mismo; 1.092 h. (*goreños*).

goracera. f. **Pesca.** Palangre que se cala verticalmente, usado en Ceuta para la pesca de goraces; consiste en un hilo madre del que salen hasta 500 anzuelos.

Gorage. Geog. Mun. y lugar de España, prov. de Granada, p. j. de Guadix; 882 h.

Gorakhpur. Geog. C. de la India, est. de Uttar Pradesh, a orillas del Rapli; 230.701 h. Hermosa mezquita. Grandes plantaciones de algodonero. Arroz.

goral. (En sánscr., *gaura.*) m. **Zool.** Mamífero rumiante, de la familia de los bóvidos; recuerda a la vez a las cabras y a los antílopes, y vive en los lugares más abruptos del Himalaya (*naemorhedus góral*).

Gorbea. Geog. Comuna de Chile, prov. de Cautén, depart. de Pitrufquén; 14.410 h. ‖ Población cap. de la misma; 4.231 h. ‖ Macizo de España, en el sistema Vascocantábrico y en la prov. de Vizcaya; 1.537 m. de alt.

gorbetear. intr. *Méj.* Picotear el caballo.

gorbión. m. **gurbión,** tela.

gorbiza. f. **Bot.** *Ast.* **brezo,** arbusto.

gorciense. adj. Natural de Gorza, o perteneciente a esta población de Lorena. Ú. t. c. s.

Gorchs y Esteve (Ceferino). Biog. Impresor y tipógrafo español, n. y m. en Barcelona (1846-1920). Inventó y grabó los tipos de letra bastarda española, que aplicó a la imprenta por vez primera. ‖ **Geog.** Local. de Argentina, prov. de Buenos Aires, part. de General Belgrano; 915 h.

gordal. (De *gordo.*) adj. Que excede en gordura a las cosas de su especie.

Gordaliza del Pino. Geog. Mun. y villa de España, prov. de León, p. j. de Sahagún; 547 habitantes.

gordana. (De *gordo.*) f. Unto de res.

gordeza. (De *gordo.*) f. ant. **grosura.**

gordezuelo, la. adj. dim. de **gordo.**

gordiáceo, a. (De *gordio-* y *-áceo.*) adj. **Zool.** Dícese de los gusanos nematelmintos, de la clase de los nematomorfos, filiformes, larguísimos, con fuerte cutícula muy quitinizada, y el interior del cuerpo casi totalmente ocupado por las glándulas sexuales. Los adultos viven en los arroyos y charcos de montaña, formando espesas madejas de 30 a 50 individuos. El gén. *gordio* es dulceacuícola, mientras que el *nectonema* es marino. ‖ m. pl. Familia de estos gusanos.

gordiano. (De *Gordio,* rey de Frigia.) adj. fig. V. **nudo gordiano.**

Gordiano I *el Africano* o *el Viejo.* **Biog.** Emperador romano, cuyo nombre completo es *Marco Antonio Gordiano,* n. en Roma (157-238). Fue proclamado emperador a la edad de ochenta años. ‖ **II** *el Joven.* Emperador romano, cuyo nombre completo es *Marco Antonio Gordiano,* m. en Cartago (192-238). Fue asociado al Imperio por su padre Gordiano el Viejo. ‖ **III** *el Piadoso.* Emperador romano, hijo del anterior, cuyo nombre completo es *Marco Antonio Gordiano,* n. en Roma y m. en Cerca Circesio (224-244). Murió asesinado en Mesopotamia por Filipo *el Árabe.*

gordiflón, na. (De *gordinflón.*) adj. fam. **gordinflón.**

gordillo, lla. adj. dim. de **gordo.**

gordinflón, na. (De *gordo* e *inflar.*) adj. fam. Dícese de la persona demasiado gruesa y que tiene muchas carnes, aunque flojas.

gordio. (Del lat. científico *gordius.*) **Zool.** Gén. tipo de los nematelmintos de la familia de los gordiáceos. Debe su nombre a presentarse frecuentemente apelotonado, lo que recuerda al famoso nudo gordiano de Alejandro.

Gordio. Biog. Rey legendario de Frigia, que de simple labriego llegó a ser rey. Fue padre del rey Midas. Su celebridad se debe principalmente a la conocida leyenda de la que fue héroe Alejandro Magno (v. **nudo gordiano**).

gordo, da. fr., *gras;* it., *grasso;* i., *fat, fleshy;* a., *dick, fett.* (Del lat. *gurdus.*) adj. Que tiene muchas carnes. ‖ Muy abultado y corpulento. ‖ Pingüe, craso y mantecoso. ‖ Que excede del grosor corriente en su clase. ‖ ant. Torpe, tonto, poco avisado. ‖ m. Sebo o manteca de la carne del animal. ‖ f. *Mej.* Tortilla de maíz más gruesa que la común. ‖ **estar gorda** una mujer. loc. fam. En Chile, estar embarazada.

Gordo (El). Geog. Mun. y villa de España, prov. de Cáceres, p. j. de Navalmoral de la Mata; 517 h. (*gordeños*).

gordolobo. (Del lat. *cauda lupi,* cola de lobo.) m. **Bot.** Hierba bienal de la familia de las escrofulariáceas, de hasta 120 cm. de alt., con tomento denso, blanco amarillento, como las hojas, las radicales lanceoladas, estrechadas en su base, enteras o ligeramente festonadas, las caulinares decurrentes hasta la inmediata inferior, enteras, racimo casi espiga, sencillo o con algunos menores en su base, corola amarilla, pequeña, enrodada, cóncava, con los lóbulos algo desiguales y cápsula aovada con mu-

Gordolobo

chas semillas. Las hojas se han usado como mecha de candil y toda la planta, machacada, para aturdir a los peces y pescarlos fácilmente. Se llama también verbasco (*verbáscum thapsus*). ‖ El de Méjico es la compuesta *graphálium indicum.*

Gordon (Charles George). Biog. Militar inglés, n. en Woolwich y m. en Kartum (1833-1885). Sublevadas las tribus de Sudán por el insurrecto Mahdi, fue enviado para dominarlas. Encerrado en Kartum por los rebeldes, murió asesinado dos días antes de llegar la expedición de socorro de lord Wolseley, después de una heroica defensa de diez meses. ‖ **(George).** Poeta inglés, más conocido por *Lord Byron,* n. en Londres y m. en Missolonghi (1788-1824). De 1809 a 1811 recorrió Portugal, España y Asia Menor, publicando luego, como fruto de estos viajes, *Peregrinación de Childe Harold* (1812-18). Tras una larga temporada de aventuras amorosas, especialmente con María Chawort, contrajo matrimonio (1815) con Ana Isabel Milbanke, que antes de terminar el año le dio una hija, Ada, y que pronto hubo de sufrir una serie de infidelidades de su esposo, el cual fue expulsado del R. U., sobre todo por sus relaciones con su hermanastra Augusta Leigh. Byron, entonces, anduvo errante por el continente; pasó una larga temporada con Shelley en Suiza, y terminó su *Childe Harold.* Además de esta obra hay que citar el poema humorístico *Don Juan* (1818-23) y las narraciones en verso *El corsario* (1813), *Lara* (1814), *El sitio de Corintio* (1815) y *Mazeppa* (1819). La influencia de Byron sobre la literatura europea fue considerable, pues delineó el tipo de héroe romántico, del que fue ejemplo vivo.

Gordón Ordás (Félix). Biog. Político español, n. en León y m. en Méjico (1885-1973). Fue presidente del Gobierno republicano en el exilio (1951-60).

Gordoncillo. Geog. Mun. y villa de España, prov. y p. j. de León; 1.118 h.

gordor. m. ant. Tejido adiposo del hombre o del animal. ‖ ant. Abundancia de carnes, grosor o corpulencia del hombre o del animal. Ú. en Andalucía.

gordura. fr., *embonpoint;* it., *grassezza;* i., *crease;* a., *Fett, Korpulenz.* (De *gordo.*) f. Grasa, tejido adiposo que normalmente existe en proporciones muy variables entre los órganos y se deposita alrededor de vísceras importantes. ‖ Abundancia de carnes y grasas en las personas y animales.

Gore. Geog. C. de Etiopía, cap. de la prov. de Ilubabor; 7.000 h. Café.

Gorenko (Anna Andreievna). Biog. Poetisa soviética, más conocida por el seudónimo de *Anna Akhamatova*, n. en Kiev y m. en Moscú (1888-1966). Su obra, profundamente lírica, de un misticismo pagano y panteísta, está recogida en los libros: *Tschjotki (Rosario), Anno Dómini, Podoroshnik,* etc.

gorga. (Del lat. *gurga*, garganta.) f. Alimento o comida para las aves de cetrería. || *Ar.* Remolino que forman las aguas de los ríos en algunos lugares, excavando en olla las arenas del fondo.

Gorga. Geog. Mun. y villa de España, prov. de Alicante, p. j. de Alcoy; 354 h.

Gorgias de Leontini. Biog. Filósofo y retórico griego, n. en Leontini y m. en Larissa (h. 487-h. 380 a. C.). Es con Protágoras el más célebre filósofo de la escuela sofística griega, y se le considera un escéptico radical por sus teorías sobre el ser. Platón dio el nombre de *Gorgias* a un diálogo en el que se burla de los sofistas y de los retóricos de su época.

Gorgófora. Mit. Sobrenombre de la diosa Atenea, debido a que en su escudo llevaba grabada la cabeza de Medusa, una de las Gorgonas.

gorgojarse. (De *gorgojo*.) prnl. Criar gorgojo las semillas.

gorgojo. fr., *charançon;* it., *gorgoglione;* i., *weevil, grub;* a., *Rüsselkäfer.* (Del lat. *gurgulium*, de *gurgulio, -onis*.) m. Nombre común a numerosos insectos coleópteros, polífagos, de la familia de los curculiónidos, con cabeza alargada en pico y la boca en su extremo; viven a expensas de vegetales, principalmente sus larvas, dentro de los granos de cereales y legumbres, por lo que son muy dañosos. Hay muchas especies diferentes (*calandra granaria, laria pisórum*, etc.), cada una peculiar de una semilla. || fig. y fam. Persona muy chica.

gorgojoso, sa. adj. Corroído del gorgojo.
gorgomillera. (Del lat. *gurga*, garganta.) f. ant. Garganta, garguero.

gorgón. (Del m. or. que el fr. *corégone.*) m. ant. Cría del salmón.

gorgón. m. *Col.* Hormigón, mezcla usada en albañilería.

Gorgona. Mit. En la mitología griega, llamábanse Gorgonas a tres monstruos femeninos, denominados Steno, Euríala y Medusa, que vivían en Libia. En su cabeza tenían serpientes en vez de cabellos, y poseían la facultad de convertir en piedras a los que las miraban. Medusa, la única que era mortal, fue privada de la vida por Perseo.

La Gorgona y los héroes, por Aristide Sartorio. Galería Nacional de Arte Moderno. Roma

gorgonáceo, a. (De *gorgonia*, gén. tipo, y *-áceo.*) adj. Zool. Dícese de los celentéreos de la clase de los antozoos, subclase de los alcionarios, también llamados corales córneos. Son ejemplos típicos el *coral rojo* y la *gorgonia* o *abanico de mar.* || m. pl. Orden de estos celentéreos.

gorgóneo, a. (Del lat. *gorgoněus*, y éste del gr. *gorgóneios*.) adj. Perteneciente a las Gorgonas, epíteto que se aplicaba a las Furias.

gorgonia. (Voz del lat. científico; de la misma voz lat. que sign. coral, de *Gorgon*, Gorgona.) Zool. Gén. de celentéreos antozoos, de la subclase de los alcionarios u octocoralarios (v.).

gorgonzola. (Voz italiana.) m. Queso parecido al de Roquefort.

gorgor. (Voz onomatopéyica.) m. **gorgoteo.**
Gorgor. Geog. Dist. de Perú, depart. de Lima, prov. de Cajatambo; 2.707 h. || Pueblo cap. del mismo; 640 h.

górgora. f. *Rioja.* Paja que queda después de desgranar las legumbres secas. || **Bot.** *Filip.* Nombre de la nepentácea *nepenthes alata.*

gorgorán. (Del i. *grogeram;* en fr., *gourgouran.*) m. Tela de seda con cordoncillo, sin otra labor por lo común, aunque también lo había listado y realzado.

gorgorear. intr. *And.* y *Chile.* **gorgoritear.**
gorgoreta. f. *Filip.* **alcarraza.**
gorgorito. f. Burbuja pequeña. || fam. Gorgorito de la voz. Ú. m. en pl.

gorgoritear. (De *gorgorito.*) intr. fam. Hacer quiebros con la voz en la garganta, especialmente en el canto.

gorgorito. fr. e i., *roulade;* it., *gorgheggio;* a., *Triller, Koloratur.* (Del m. or. que *gorgor.*) m. fam. Quiebro que se hace con la voz en la garganta, especialmente al cantar. Ú. m. en pl. || *Sal.* Burbuja pequeña.

górgoro. m. *Sal.* Trago o sorbo. || *Méj.* Burbuja, gorgorita, pompa.

gorgorotada. (De *gorgor.*) f. Cantidad o porción de cualquier licor, que se bebe de un golpe.

gorgosaurio. (Del lat. científico *gorgosaurus;* del lat. *Gorgo, -ōnis*, Gorgona, y el gr. *sauros*, lagarto.) **Paleont.** y Zool. Género de dinosaurios saurisquios.

gorgotear. (De *gorgor.*) intr. Producir ruido un líquido o un gas al moverse en el interior de alguna cavidad. || Borbotear o borbotar.

gorgoteo. m. Acción y efecto de gorgotear.
gorgotero. m. Buhonero que anda vendiendo cosas menudas.
gorgozada. (Del lat. *gurgustium.*) f. desus. Gargantada o espadañada.
gorguera. (Del lat. *gurga.*) f. Adorno del cuello hecho de lienzo plegado y alechugado. || Gorjal de la armadura antigua. || **Bot.** Verticilo de bráteas de una flor.

gorguerán. m. ant. **gorgorán.**
gorguz. (Del berb. *gergīt*, lanza.) m. Especie de dardo, venablo o lanza corta. || Vara larga que lleva en uno de sus extremos un hierro de dos ramas, una recta y otra curva, y que sirve para coger las piñas de los pinos. || *Méj.* puga, punta de la garrocha.

Gori. Geog. C. de la U. R. S. S., en Georgia; 48.000 h. C. natal de Stalin.

gorigori. m. fam. Voz con que vulgarmente se alude al canto lúgubre de los entierros.

gorila. fr., *gorile;* it. e i., *gorilla;* a., *Gorilla.* (Del lat. *gorilla*, y éste del gr. *gorílla*, nombre dado en el periplo de Hannón a unas mujeres de una isla del occidente de África, que tal vez fueran monos.) m. Zool. Mamífero del orden de los primates, suborden de los antropoides, familia de los póngidos, al igual que los gibones, el orangután y el chimpancé. Es el más corpulento de todos ellos, con orejas pequeñas, narices muy anchas y labio superior corto; brazos robustos, que apenas pasan de las rodillas; piernas cortas; manos y pies pequeños; pulgar muy reducido y los tres dedos medios del pie unidos por membranas; el último molar inferior con tres tubérculos externos y dos internos; es de color negro, aunque algunos ejemplares presentan un matiz ligeramente rojizo en la cabeza y espalda. Con la edad, el pelo se aclara, por lo que algunos gorilas viejos lo tienen totalmente gris; también existen

Gorila blanco *(Copito de nieve)*, ejemplar único en el mundo. Parque Zoológico. Barcelona

ejemplares albinos. El macho alcanza, a veces, 1,80 m. de alt., si bien no suele pasar de 1,65 metros, y la hembra rara vez excede de 1,50 m. Un macho adulto pesa de 200 a 250 kg. Contra lo que suele creerse, no anda erguido, sino inclinado, apoyándose en tierra con los nudillos de las manos. Habita en las selvas del centro y del O. de África y suele formar grupos familiares que viven en el suelo, aunque las hembras y los pequeños se recogen y pernoctan también en los árboles. Soporta bien la cautividad, y algunos individuos han vivido hasta 50 años en los zoos (*gorilla gorilla*).

Gorizia. Geog. Prov. de Italia, región de Friul-Venecia Julia, sit. en la frontera con Yugoslavia; 466 km.² y 142.412 habitantes. Hasta la P. G. M. perteneció a Austria-Hungría. || C. cap. de la misma, en la frontera yugoslava, a orillas del Isonzo; 42.778 h. Industria textil y fábrica de maquinaria. Pintoresca situación.

Gorj. Geog. Dist. de Rumania; 5.641 km.² y 320.722 h. Cap., Tirgu Jiu.

gorja. (Del fr. *gorge*, y éste del lat. *gurga*, garganta.) f. **garganta.** || Moldura de curva compuesta, cuya sección es por arriba cóncava y luego convexa.

gorjal. (De *gorja.*) m. Parte de la vestidura del sacerdote, que circunda y rodea el cuello. || Pieza de la armadura antigua, que se ajustaba al cuello para su defensa. || *And.* En algunas razas lanares, repliegue cutáneo en la terminación del cuello, si se prolonga hasta los pechos.

gorjeador, ra. adj. Que gorjea.
gorjeamiento. (De *gorjear.*) m. ant. **gorjeo.**
gorjeante. p. a. de **gorjear.** Que gorjea.
gorjear. (De *gorja.*) intr. Hacer quiebros con la voz en la garganta. Se dice de la voz humana y de los pájaros. || ant. Hacer burla. Ú. en América. || prnl. Empezar a hablar el niño y formar la voz en la garganta.

gorjeo. fr., *gazouillement, gazouillis;* it., *gorgheggio;* a., *Triller.* (De *gorjear.*) m. Quiebro de la voz en la garganta. || Articulaciones imperfectas en la voz de los niños.

gorjería. f. ant. Gorjeo de los niños.
Gorki (Maxim). Biog. **Pechkov (Alexei Maximovich).** || Geog. Prov. de la U. R. S. S., en la R. F. S. S. R., 74.800 km.² y 3.683.484 h. || C. cap. de la misma, en la orilla derecha del Volga; 1.170.133 h. Puerto fluvial. Central hidroeléctrica. Antigua feria anual. Importantes

industrias metalúrgicas. Fabricación de automóviles y aviones. Universidad. Es una de las poblaciones más grandes de la U. R. S. S. Antes se llamó *Nijnii-Novgorod*, y se le dio el nombre actual por ser la patria de M. Gorki.

gorlita. f. *Mur*. Lazada que se forma en la hebra al retorcerse el hilo.

Görlitz. Geog. C. de la R. D. A., dist. de Dresde, en Sajonia, en la orilla izquierda del Neise; 86.790 h. Fábricas de material ferroviario. Rodeada de extensos y magníficos bosques. Numerosos monumentos y rica industria.

Górliz. Geog. Mun. de España, prov. de Vizcaya, p. j. de Bilbao; 2.324 h. Corr. 903 a la cap., la anteiglesia de Elexalde.

Górliz. Paisaje de la ría

Gorlovca. Geog. C. de la U. R. S. S., en Ucrania, sit. en el valle del Don; 335.064 h. Importantes minas de carbón. Industria química.

gormador. m. El que gorma o vomita.

gormar. (Del lat. *vomēre*.) tr. Arrojar lo contenido en el estómago.

Gormaz. Geog. Mun. y villa de España, prov. de Soria, p. j. de El Burgo de Osma; 78 h. Puente romano sobre el Duero. Ruinas de un castillo árabe.

Gorno Altai. Geog. Prov. autónoma de la U. R. S. S., en la R. F. S. S. R., terr. de Altai; 92.600 km.² y 168.261 h. Cap., Gorno Altaisk. Hasta 1936 se denominó *Oirat*. Desde entonces hasta 1948, *Oirot*. || **Altaisk.** C. cap. de la anterior, cerca del río Katum; 34.413 h. Centro agrícola. || **Badajshán.** Provincia autónoma de la U. R. S. S., en Tajikistán; 63.700 km.² y 97.796 h. Cap., Jorog.

Gorosábel (Pablo de). Biog. Historiador español, n. en Tolosa y m. en San Sebastián (1803-1868). Fue siempre un investigador lleno de curiosidad y cariño por cuanto se relacionaba con su tierra natal. Obras principales: *Bosquejo de las antigüedades, gobierno, administración y otras cosas notables de la villa de Tolosa* (1853), *Diccionario histórico geográfico de los pueblos de Guipúzcoa* y *Noticia de las cosas memorables de Guipúzcoa*.

Gorostiaga. Geog. Local. de Argentina, prov. de Buenos Aires, part. de Chivilcoy; 772 habitantes.

Gorostiza (José). Poeta y diplomático mejicano, n. en Villahermosa y m. en Ciudad de Méjico (1901-1973). Publicó *Canciones para cantar en las barcas* (1925), *Muerte sin fin* (1939) y *Poesía* (1964). || **(Manuel Eduardo).** Autor dramático y diplomático mejicano, n. en Veracruz y m. en Tacubaya (1789-1851). Fue coronel del ejército español, pero se retiró del servicio en 1814, para dedicarse a las letras. Entre sus obras teatrales que obtuvieron mayor éxito figuran: *Contigo, pan y cebolla* (1833), *Indulgencia para todos* (1818), *Las costumbres de antaño* (1819), *Don Dieguito* (1820), *El jugador* y *El amigo íntimo*. || **(María Ester).** Actriz de teatro y cine española, de origen argentino, más conocida por el seudónimo de *Analía Gadé*, n. en Córdoba, Argentina, en 1931. Películas principales: *Una muchachita de Valladolid*, *Viaje de novios*, *La vida por delante*, *La vida alrededor*, *La fiel infantería*, *La vil seducción*, *Coqueluche*, *La duda*, *Mi profesora particular* y *La revolución matrimonial*.

gorra. fr., *casquette, bonnet*; it., *berretto*; i., *cap*., a., *Mütze*. f. Prenda que sirve para cubrir la cabeza, y se hace de tela, piel o punto, sin copa ni alas y con visera o sin ella. || Gorro de los niños. || Prenda de varias formas para abrigo de la cabeza. || Gorra de pelo de los granaderos. || m. fig. Que vive o come a costa ajena. || **de plato.** *Léx*. La de visera que tiene una parte cilíndrica de poca altura y sobre ella otra más ancha y plana. || **de gorra.** m. adv. fam. A costa ajena. Ú. con los verbos *andar, comer, vivir*, etc. || **duro de gorra.** loc. fig. y fam. Dícese del que aguarda que otro le haga primero la cortesía.

gorrada. (De *gorra*.) f. Cortesía hecha con la gorra.

gorrear. intr. fam. Comer, vivir de gorra.

gorrería. (De *gorrero*.) f. Taller donde se hacen gorras o gorros. || Tienda donde se venden.

gorrero, ra. m. y f. Persona que tiene por oficio hacer o vender gorras o gorros. || m. Que vive o come a costa ajena.

Görres (Johann Joseph von). Biog. Escritor alemán, n. en Coblenza y m. en Munich (1776-1848). Durante el período napoleónico llevó a cabo vibrantes campañas en pro de las libertades alemanas, pero después abandonó las luchas políticas y se dedicó a escribir obras religiosas. Ejerció gran influencia entre sus compatriotas. La Sociedad Görres, para el fomento de la ciencia, que se creó en 1876, centenario de su nacimiento, colabora en España con el C. S. I. C. Escribió, entre otras obras, las siguientes: *Aphorismen über die Junst* (1802), *Glauben und Wissen* (1805), *Die deutschen Volksbücher* (1807), *Mythengeschichte der asiatischen Welt* (1810), *Deutschland und die Revolution* (1819) y *Die christliche Mystik* (1836-42).

gorreta. f. dim. de **gorra.**

gorretada. (De *gorreta*.) f. Cortesía hecha con la gorra.

gorrete. m. dim. de **gorro.**

gorri. (Del vasc. *gorri*, rojo.) m. *Bot*. *Ál*. y *Viz*. Fresa silvestre.

gorriato. m. *Zool*. *And*., *Áv*., *Các*. y *Sal*. **gorrión.**

gorrilla. f. dim. de **gorra.** || *Sal*. Sombrero de fieltro que usan los aldeanos; tiene la copa

Gorrilla

baja en forma de cono truncado y el ala ancha, acanalada al borde y guarnecida con cinta de terciopelo.

gorrín. (De la onomat. *gorr*.) m. Cerdo, puerco, gorrino.

gorrinera. (De *gorrino*.) f. Pocilga, cochiquera.

gorrinería. f. Porquería, suciedad, inmundicia. || Acción sucia o indecente.

gorrino, na. (De la onomat. *gorr*.) m. y f. Cerdo pequeño que aún no llega a cuatro meses. || Cerdo, puerco, cochino. || fig. Persona desaseada o de mal comportamiento en su trato social. Ú. t. c. adj.

gorrión. fr., *moineau*; it., *passero*; i., *sparrow*; a., *Sperling*. m. *Zool*. Nombre común a varias especies de pájaros de la familia de los plocéidos, de pequeño tamaño, con pico cónico, corto y robusto, algo convexo; alas anchas y cortas, cola mediana y cuadrada, y plumaje pardo, sin matices verdes. Son gregarios y se alimentan de granos, insectos, frutos, hierbas, etc. El *gorrión común*, quizá la más conocida de las aves, pues ha seguido al hombre civilizado a través del mundo entero, mide unos 15 cm. de la cabeza a la extremidad de la cola, y el macho tiene un manchón negro en la garganta; es muy atrevido, pues expulsa de jardines y paseos a todos los pájaros más pequeños. Es sedentario en los países de clima templado (*pásser domésticus*).

gorriona. f. *Zool*. Hembra del gorrión.

gorrionera. (De *gorrión*.) f. fig. y fam. Lugar donde se recoge y oculta gente viciosa y mal entretenida.

gorrista. (De *gorra, gorrón*.) adj. Que vive o come a costa ajena. Ú. t. c. s.

gorro. fr., *toque*; it., *berretto*; i., *cap*; a., *Mütze*. (De *gorra*.) m. *Indum*. Pieza redonda, de tela o de punto, para cubrir y abrigar la cabeza. || Prenda que se pone a los niños en la infancia para cubrirles la cabeza y que se les asegura con cintas debajo de la barba. || **catalán.** Gorro de lana que se usa en Cataluña, en forma de manga cerrada por un extremo. || **frigio.** Gorro semejante al que usaban los frigios, y que se tomó como emblema de la libertad por los revolucionarios franceses de 1793 y luego por los republicanos españoles, y los de otros países; por eso la imagen simbólica de la libertad aparece tocada con un gorro de esta clase. || **poner el gorro** a uno. fr. fig. Acariciarse en su presencia una pareja amorosa. || *Col., Chile* y *Méj*. Lo mismo que lo anterior, pero siendo el marido el que presencia las demostraciones de cariño de su mujer a otro hombre.

gorrón. m. Guijarro pelado y redondo. || Chicharrón de las pellas del cerdo. || *Méc*. Espiga en que termina el extremo inferior de un árbol vertical u otra pieza análoga, para servirle de apoyo y facilitar su rotación. Esta castiza voz ha caído en desuso, desalojada por la de *pivote*. || *Zool*. Larva de la mariposa de la seda que deja el capullo a medio hacer, a causa de una enfermedad de cuyas resultas se arruga y empequeñece.

gorrón, na. (De *gorra*.) adj. Que tiene por hábito comer, vivir, regalarse o divertirse a costa ajena. Ú. t. c. s. || m. Hombre perdido y enviciado que trata con las gorronas y mujeres de mal vivir.

gorrona. adj. V. **pasa gorrona.** || f. **ramera.**

gorronal. (De *gorrón*, guijarro.) m. Lugar de gorrones o guijarros.

gorronear. intr. Comer o vivir a costa ajena.

gorronería. f. Cualidad o acción de gorrón, de gorra.

gorruendo, da. (De *gorrón*, de *gorra*.) adj. ant. Harto o satisfecho de comer.

Gortina. Geog. hist. C. antigua de Creta. En una construcción circular junto al Leteo se descubrieron unas inscripciones (1884) que se hacen remontar al s. V a. C. Contienen un conjunto de leyes de gran interés para la historia de las instituciones griegas.

gorullo. (De *borullo*.) m. Pella de lana, masa, engrudo, etc.

gorullón. m. *Germ.* Alcaide de la cárcel.
Gorza. (En fr., *Gorce.*) **Geog.** Pobl. de Francia, depart. de Mosela; 1.203 h. *(gorcienses).*
Gorzów. (En a., *Landsberg* o *Landsberg-an-der-Warthe.*) **Geog.** Vaivodato de Polonia; 8.500 km.² y 428.700 h. Cap., Gorzów Wielkopolski. Importante industria química. || **Wielkopolski.** C. de Polonia, cap. del vaivodato de Gorzów; 83.300 h. Fábricas de máquinas y calderas. Fundiciones, paños, curtidos y papel. Iglesia del s. X.
gosipino, na. (Del lat. *gossypinus,* algodonero.) adj. Dícese de lo que tiene algodón o se parece a él.
gosipio. (Del lat. científico *gossypium;* del lat. *gossypion,* árbol que produce algodón.) **Bot.** Gén. de plantas de la familia de las malváceas, con grandes flores axilares solitarias, cuyos carpelos contienen numerosas semillas, cubiertas de gruesa borra que constituye el algodón (*g. herbáceum, g. hirsutum,* etc.).
Goslar. **Geog.** C. de la R. F. A., est. de Baja Sajonia; 41.700 h. Fue residencia de los emperadores alemanes en la Edad Media. Importantes yacimientos metalíferos y producción en gran cantidad de ácido sulfúrico.
Gósol. **Geog.** Mun. de España, prov. de Lérida, p. j. de Seo de Urgel; 284 h. || Villa cap. del mismo; 272 h.
gospel. (Voz inglesa, apóc. de *gospel songs,* canciones de Evangelio.) m. **Mús.** espiritual.
Gosport. **Geog.** C. del R. U., en Inglaterra, cond. de Hampshire, en la entrada O. del abra de Portsmouth; 196.973 h. Puerto fortificado y depósito de la Armada inglesa.
Gossaert (**Jan**). **Biog.** Pintor flamenco, llamado también *Jan Mabuse,* nacido en Maubeuge y muerto en Amberes (1478-1533).

La Virgen con el Niño, por Gossaert. Museo Lázaro Galdiano. Madrid

Obras: *La Magdalena y los ángeles, María Tudor, La Virgen en su trono de gloria* (Palermo), retrato del emperador *Carlos V, La Virgen con el Niño,* etc.
Gosvinda. **Biog.** Reina visigoda en España, mujer de Atanagildo, que casó en segundas nupcias con Leovigildo y era partidaria furibunda del arrianismo. Cuando Recaredo I abjuró la religión arriana, tramó una conspiración contra él, que fue descubierta, por lo que Gosvinda se suicidó, o murió en un arrebato de ira. Créese que tomó parte activa en el asesinato de su hijastro San Hermenegildo.
gota. fr., *goutte;* it., *goccia, gotta;* i., *drop;* a., *Tropfen.* (Del lat. *gutta.*) f. Partecilla de agua u otro licor. || En arquitectura, cada uno de los pequeños troncos de pirámide o de cono que, como adorno, se colocan debajo de los triglifos del cornisamento dórico. || Enfermedad consistente en la formación de concreciones de ácido úrico en las articulaciones. Se llama también, según su localización, artritis úrica, urartritis, podagra, quiragra y gonagra. || pl. Pequeña cantidad de ron o coñac que se mezcla con el café una vez servido éste en la taza. || **artética.** *Pat.* La que se padece en los artejos. || **caduca,** o **coral. epilepsia.** || **militar. blenorragia crónica.** || **de sangre.** *Bot.* nombre vulgar de la ranunculácea *adonis autumnalis,* y también, en Álava, de la centaura menor. || **serena.** *Pat.* amaurosis. || **cuatro gotas.** loc. que indica una lluvia muy ligera. || **gota a gota.** m. adv. Por gotas y con intermisión de una a otra. La técnica de gota a gota es empleada en medicina para la perfusión endovenosa, principalmente, de sueros y otros líquidos y medicamentos. || **una y otra gota apagan la sed.** expr. fig. que explica que la repetición de los actos facilita el fin a que se dirigen.
Göta. **Geog.** Vasto sistema de canales del SO. de Suecia, que une el mar Báltico con el mar del Norte.
Gotarrendura. **Geog.** Mun. y lugar de España, prov. y p. j. de Ávila; 362 h.
goteado, da. p. p. de **gotear.** || adj. Manchado con gotas.
gotear. fr., *dégoutter;* it., *gocciolare;* i., *to drip;* a., *tröpfeln.* intr. Caer un líquido gota a gota. || Comenzar a llover a gotas espaciadas. || fig. Dar o recibir una cosa a pausas o con intermisión.
Göteborg. **Geog.** C. de Suecia, cap. del cond. de Göteborg y Bohus, sit. a orillas del Kattegat, en la des. del río Göta; 441.522 h. Diversas industrias. Exportación de hierro, alquitrán y maderas de construcción por su excelente puerto. Grandes talleres mecánicos y de construcciones navales. Tiene un notable puente giratorio sobre el Göta. || **y Bohus.** Cond. meridional de Suecia; 5.144 km.² y 719.700 h. Cap., Göteborg.
goteo. m. Acción y efecto de gotear.
gotera. fr., *gouttière;* it., *gocciolatura;* i., *gutter;* a., *Traufe.* f. Continuación de gotas de agua que caen en el interior de un edificio u otro espacio techado. || Hendedura o paraje del techo por donde caen. || Sitio en que cae el agua de los tejados. || Señal que deja. || **griseta,** enfermedad de los árboles. || Cenefa o caída de la tela que cuelga alrededor del dosel, o del cielo de una cama, sirviendo de adorno. || fig. Indisposición o achaque propios de la vejez. Ú. m. en pl. || pl. *Amér.* Afueras, contornos, alrededores. || *Sant.* Alrededores de una casa. || **es una gotera.** expr. fig. y fam. con que se significa la continuación frecuente y sucesiva de cosas molestas.
gotero. m. *Col., Ecuad., Méj., Nic.* y *P. Rico.* **cuentagotas.**
goterón. (De *gotera.*) m. Gota muy grande de agua llovediza. || **Arquit.** Canal que se hace en la cara interior de la corona de la cornisa, con el fin de que el agua de lluvia no corra por el sofito.
Gotescalco. **Biog.** **Godescalco.**
Goth. (**Bertrand de**). **Biog.** **Clemente V.**
Gotha. **Geog.** C. de la R. D. A., dist. de Erfurt, a orillas del canal Leina; 57.038 h. El edificio más notable es el castillo Friedenstein. Construcción de maquinaria y fundición de hierro; talleres ferroviarios. Instituto Geográfico Justus Perthes, actualmente H. Haack, especializada en cartografía, y que también publicaba el *Almanaque Gotha.*
gótico, ca. fr., *gothique;* it., *gotico;* i., *gothic;* a., *gotisch.* (Del lat. *gothicus.*) adj. Perteneciente a los godos. || Aplícase a lo escrito o impreso en letra gótica. || fig. Noble, ilustre. || **B. Art.** Dícese del arte que en la Europa occidental se desarrolló por evolución del románico, a partir del s. XII, y perduró hasta el XVI. Se le dio ese nombre por considerarlo, en sus comienzos, frente al románico, como un arte bárbaro. Se le llama también *estilo ojival* porque utilizó la ojiva como elemento arquitectónico. Nació en la comarca francesa denominada Isla de Francia y de allí se extendió hasta Escandinavia, Alemania, Italia, España y Gran Bretaña. La arquitectura gótica se caracteriza por la concentración de los empujes de las bóvedas en determinados puntos del edificio y su alejamiento mediante los arbotantes. Aligerados así los muros de su misión de sostén, pudieron disminuir su espesor y ganar en altura, así como aumentarse el tamaño de los ventanales. Los elementos característicos de este estilo son el arco ojival o apuntado, que permite apoyos muy finos, y la bóveda de crucería, reforzada

Catedral de Lincoln

por sus nervios, que reparten el peso dirigiéndole a donde se desee. Surgieron, sobre todo en el s. XIII, maravillosas catedrales: En Francia, las de Amiens, Chartres, Ruán, Reims, Bourges y París; en España, las de León, Burgos y Toledo; en Alemania, la de Colonia; en Italia, la de Milán, y en Inglaterra, las de Canterbury y Lincoln. También se construyeron con sujeción a este estilo en la Europa occidental magníficos edificios civiles. En la evolución de la arquitectura gótica se distinguen tres períodos, denominados *gótico primitivo,* de notable sencillez; *gótico radiante,* llamado así por hallarse divididos sus ventanales por columnitas, y *gótico flamígero,* porque los calados de sus huecos y adornos semejan retorcidas llamas. Todavía hay quien distingue una etapa final, de ornamentación muy recargada, por lo que se llama *gótico florido,* con el arco conopial como elemento representativo. || m. **Impr.** Tipo de letra, empleado en la mayor parte de los incunables, copiado de los códices, que aún se sigue empleando en las imprentas para determinados trabajos. En Alemania, hasta hace pocos años se componía con ellos la mayor parte de los libros y periódicos. Ú. t. c. adj. || **Ling.** Lengua germánica que hablaron los godos.
Gotinga. (En a., *Göttingen.*) **Geog.** C. de la R. F. A., est. de Baja Sajonia; 111.300 h. Universidad con biblioteca muy importante y Museo de Historia Natural. Basílica gótica. Fábricas de paños y géneros de lana, productos químicos y gran comercio de librería.

Gotlandia. Geog. Isla de Suecia, en el mar Báltico, a 70 km. de la costa. || Cond. de Suecia, que comprende las islas de Gotlandia, Faro y Gotsk Sando; 3.173 km.² y 53.892 h. Es el único cond. de Suecia que forma por sí mismo un mun. Cap., Visby.

gotón, na. (Del lat. *gothŏnes*, godos.) adj. **godo.** Apl. a pers., ú. m. c. s. y en pl.

Gotor. Geog. Mun. y villa de España, prov. de Zaragoza, p. j. de Calatayud; 444 h.

gotoso, sa. fr., *goutteux*; it., *gottoso*; i., *podagrous*; a., *Gichtiker*. adj. Que padece gota. Ú. t. c. s. || Cetr. Dícese del ave de rapiña que tiene torpes los pies por enfermedad.

Göttingen. Geog. **Gotinga.**

Gottsched (Johann Christoph). Biog. Polígrafo alemán, n. en Judithenkirch y m. en Leipzig (1700-1766). Una de sus obras principales es un *Índice* de las obras teatrales representadas en Alemania entre 1640 y 1760.

Gottwald (Klement). Biog. Político checoslovaco, n. en Dedice, Moravia, y m. en Praga (1896-1953). En 1946 ocupó la presidencia del Partido Comunista checo. En 1948 dio un golpe de Estado, dimitiendo Benes.

Gottwaldov. Geog. C. de Checoslovaquia, prov. de Moravia Meridional; 65.310 h. Fábricas de automóviles, goma y calzado. Hasta 1948 se llamó *Zlin*.

gouache. (Voz francesa.) m. Pint. **aguazo.**

Gouda. Geog. C. de los P. B., prov. de Holanda Meridional, 20 km. al ENE. de Rotterdam; 47.920 h. Cerámica. Fábricas de queso y jabón. Destilerías.

Goudge. Geog. Local. de Argentina, prov. de Mendoza, depart. de San Rafael; 1.852 h.

Gough o **Diego Álvarez.** Geog. Isla del Atlántico Sur, en el arch. de Tristan da Cunha, dependencia de Santa Elena, colonia del R. U.; 93 km.² Deshabitada. Depósitos de guano.

Gouin. Geog. Local. de Argentina, prov. de Buenos Aires, part. de Carmen de Areco; 531 h.

Goujaud (Aimé). Biog. Médico, naturalista y explorador francés, más conocido por *Bonpland*, n. en La Rochela y m. en Santa Ana (1773-1858). Acompañó a Humboldt en sus exploraciones, clasificó y describió 6.000 especies botánicas, en su mayoría desconocidas, y escribió varias obras.

Goujon (Jean). Biog. Escultor y arquitecto francés, muerto probablemente en Bolonia (1515-1567). Trabajó en las obras de decoración del Louvre y de los castillos de Écouen y Anet.

Goulart (João Belchior). Biog. Abogado y político brasileño, n. en São Borja y m. en Mercedes, Argentina (1918-1976). Vicepresidente de la República por Kubitschek (1956), reelegido en 1960 con Janio Quadros, a la renuncia de éste (25 de agosto de 1961), pasó a ocupar su puesto. En abril de 1964 fue derrocado por un golpe de Estado y se refugió en Uruguay.

Gounod (Charles). Biog. Compositor francés, n. y m. en París (1818-1893). Entre sus obras más importantes se cuentan las óperas *Fausto* (1859) y *Romeo y Julieta* (1867). Destacó, además, por sus composiciones religiosas, entre las que se cuentan la *Misa a Santa Cecilia*, el salmo *Super flúmina*, su célebre *Ave maría*, etc.

gourde. m. Num. Unidad monetaria de Haití, que equivale a 0,177734 g. de oro fino.

gourmet. (Voz francesa.) m. **gastrónomo.**

Gouvion-Saint-Cyr, marqués de Gouvion-Saint-Cyr (Laurent). Biog. General francés, n. en Toul y m. en Hyères (1764-1830). Fue embajador en Madrid y ministro de la Guerra. Escribió *Mémoires sur les campagnes des armées du Rhin et de Rhin-et-Moselle* (1829) y *Mémoire pour servir à l'histoire militaire sous le Directoire, le Consulat et l'Empire* (1831).

gova. f. Al. Cueva, gruta, caverna.

Gowland. Geog. Local. de Argentina, prov. de Buenos Aires, part. de Mercedes; 944 h.

Goya. Biog. **Mañanós Jauffret (Aurora).** || **y Lucientes (Francisco de).** Pintor español, n. en Fuendetodos y m. en Burdeos (1746-1828). Ingresó con otros pintores en la Real Fábrica de Tapices, que Mengs, pintor de cámara, aspiraba a transformar (1775). Desde entonces hasta 1791 pintó numerosos cartones o modelos para tapices, con asuntos de género, entonces en boga, pero con un sentido tan acusado de superación, que de uno a otro puede seguirse el perfeccionamiento de su arte. Cuando Carlos III dio la orden de reunir todos los cuadros dispersos en los sitios reales, para decorar el nuevo Palacio Real de Madrid (1778), dispuso Goya de un conjunto admirable de obras maestras en que inspirarse, y el genio que en él latía, liberándolo del mal gusto de la época, le hizo destacar, entre tanto bueno, a dos artistas excepcionales: Rembrandt y Velázquez, que, con la naturaleza, fueron sus maestros, según propia declaración. En 1779 fue presentado a la familia real, y en la reina María Luisa y en las duquesas de Alba y Osuna halló Goya la mejor protección y se convirtió en uno de los más destacados personajes; fueron éstos los tiempos felices del gran pintor, truncados en 1792 por una enfermedad que le dejó sordo, e influyó poderosamente en la transformación de su carácter. De esta época datan *Los Caprichos*, conjunto de grabados llenos de punzante humorismo, y la decoración de la ermita de San Antonio de la Florida, en Madrid (1798). Fue testigo presencial de la epopeya del pueblo madrileño, el 2 de mayo de 1808, principio de la guerra de la Independencia, y la gran tragedia le inspiró otra nueva serie de grabados: *Los desastres de la guerra*, de un realismo crudísimo, y algunos de sus mejores cuadros. Mal avenido con la corte de Fernando VII, marchó a Francia a pretexto de una cura de aguas y fijó su residencia en Burdeos. En el arte pictórico de Goya se dibujan claramente dos épocas, separadas por su enfermedad y la guerra. En la primera, menos personal, sigue la tradición del momento, el arte rococó decadente; la segunda acusa un arte más depurado y perfecto, que reanuda la truncada evolución pictórica española y la hace avanzar en un sentido expresionista, situándose como figura señera inicial del arte pictórico contemporáneo. Es, pues, Goya una de las más grandes figuras de la pintura española y universal. Entre las mejores obras de Goya pueden citarse el retrato de la *Familia de Carlos IV*, *La gallina ciega*, *El Dos de Mayo de 1808 en Madrid: la lucha con los mamelucos*; *Fusilamientos del tres de mayo*; *La última comunión de San José de Calasanz*; *La maja vestida*, posterior a *La maja desnuda*. Como grabador, además de las series precitadas, produjo *Los Disparates*, *Los Proverbios* y *La Tauromaquia*. En 1967 se inició en la capilla de San Joaquín, de la basílica del Pilar de Zaragoza, la restauración de unos frescos, cubiertos por una masa de polvo, que, según se cree, fueron pintados hacia 1774 y se consideran como una de las obras más geniales de Goya. Las pinturas se encuentran en la cúpula de la capilla y representan a la *Regina Mártirum* rodeada de mártires, muchos de los cuales no han podido ser identificados; otros, como San Esteban, San Lorenzo y San Vicente, están perfectamente conseguidos y en ellos se vislumbra el colorido genial de las últimas obras del artista. || Geog. Depart. de Argentina, prov. de Corrientes; 4.678 km.² y 68.020 h. || Local. cap. del mismo; 39.367 h.

Goyam. Geog. Prov. de Etiopía; 61.600 km.² y 1.576.000 h. Cap., Debrá Markós.

Goyanarte (Juan). Biog. Escritor argentino, de origen español, n. en Mondragón y m. en Goyena, Buenos Aires (1901-1968). Se inició en las letras con un cuento, *El abuelo*, al

¡Qué sacrificio!, aguafuerte de Goya, de la serie *Los Disparates*

La maja desnuda. Museo del Prado. Madrid

que siguieron luego otros y muchos ensayos hasta cultivar la novelística, donde sobresalió. Sus obras reflejan su rica experiencia humana, fruto de sus viajes por numerosos países, llenas de agudas observaciones como acontece con *La semilla que trae el viento* y *La semilla en la tierra*, de carácter autobiográfico. Entre sus novelas destacan: *Lago Argentino*, pintura de la Patagonia (1946), *Campo de hierros* (1951), *Lunes de carnaval* (1953), *Fin de semana* (1955), *Tres mujeres* (1956), y *Farsa* (1961).

Goyanes Capdevila (José). Biog. Cirujano español, n. en Monforte y m. en Santa Cruz de Tenerife (1876-1964). Miembro de la Academia de Medicina, ideó nuevas prácticas operatorias, como la ofrioplástica y arterioplastia venosa, y fue autor del método de anestesia regional que lleva su nombre.

Goyena (Pedro). Biog. Literato, jurisconsulto y orador argentino, n. y m. en Buenos Aires (1843-1892). Fue diputado y senador por la prov. de Buenos Aires. En 1882 fundó, con José Manuel de Estrada, el piródico católico *La Unión*. ‖ **Geog.** Local. de Argentina, prov. de Buenos Aires, part. de Saavedra; 1.100 h.

Goyeneche y Barreda (José Manuel de). Biog. General español, n. en Arequipa, Perú, y m. en Madrid (1775-1846). En América reconquistó la mayor parte de los territorios que se habían declarado independientes en el Plata, y derrotó a los patriotas en Guaqui. En premio de ello se le confirió el título de conde de este nombre.

goyesco, ca. adj. Propio y característico de Goya, o que tiene semejanza con el estilo de las obras de este pintor.

Goyllarisquizga. Geog. Dist. y pueblo de Perú, depart. de Pasco, prov. de Daniel Carrión; 4.250 h. Minas de carbón.

Goyoaga (Francisco). Biog. Jinete español, n. en Madrid en 1920. Fue campeón de España en 1949, 1950 y 1951, y del mundo en 1953. Se retiró en 1966.

Goytisolo Gay (José Agustín). Biog. Poeta español, n. en Barcelona en 1928. Autor de *El retorno, Salmos al viento* y *Taller de arquitectura*. ‖ **Gay (Juan).** Escritor español, nacido en Barcelona en 1931. En su ciudad natal estudió el bachillerato y la carrera de Derecho. Su novelística pertenece plenamente al realismo social y está dotada de una penetrante agilidad. Obras principales: *Juegos de manos* (1954), *Duelo en el Paraíso* (1955); *El circo* (1957), *Fiestas* (1958) y *La resaca* (1958), que forman la trilogía *El mañana efímero*; *Problemas de la novela* (1959), ensayos; *Campos de Níjar* (1960), libro de viajes; *Señas de identidad* (1966); *El furgón de cola* (1968), ensayos; *Reivindicación del conde don Julián* (1970), *Juan sin Tierra* (1975) y *Makbara* (1980), novelas.

gozamiento. m. ant. Acción y efecto de gozar de una cosa.

gozante. p. a. de **gozar.** Que goza.

gozar. fr., *jouir*; it., *godere*; i., *to enjoy*; a., *geniessen*. (De *gozo*.) tr. Tener y poseer alguna cosa; como dignidad, mayorazgo o renta. Ú. t. c. intr. con la prep. *de*. ‖ Tener gusto, complacencia y alegría de una cosa. Ú. t. c. prnl. ‖ Conocer carnalmente a una mujer. ‖ intr. Sentir placer, experimentar suaves y gratas emociones. ‖ Con la prep. *de*, tener alguna condición buena, física o moral. ‖ **gozarla.** loc. Pasarlo bien, disfrutar con una persona o cosa. ‖ **gozar y gozar.** expr. En Derecho, denota el contrato entre dos o más personas, por el cual se permutan las posesiones y alhajas solamente en cuanto al usufructo; como una viña por un olivar.

gozne. fr., *gond*; it., *cardine*; i., *hinge*; a., *Angel*. (De *gonce*.) m. **Cerrajería.** Herraje articulado con que se fijan las hojas de las puertas y ventanas al quicial para que al abrirlas o cerrarlas giren sobre aquél. Compónese de dos anillos enlazados, o bien de dos planchitas de metal, una de las cuales lleva una espiga que gira dentro de un tejuelo que hay en la otra pieza; también se aplican los goznes a las tapas de cajas, baúles y otros objetos que necesitan tener un movimiento giratorio. ‖ Bisagra metálica o pernio.

gozo. fr., *réjouissance*; it., *gaudio*; i., *delight*; a., *Vergnügen*. (Del lat. *gaudium*.) m. Movimiento del ánimo que se complace en la posesión o esperanza de bienes o cosas halagüeñas y apetecibles. ‖ Alegría del ánimo. ‖ fig. Llamarada que levanta la leña menuda y seca cuando se quema. ‖ pl. Composición poética en loor de la Virgen o de los santos, que se divide en coplas, después de cada una de las cuales se repite un mismo estribillo.

Gozo. Geog. Isla noroccidental de Malta, que con la de Comino forma la región de Gozo y Comino; 67,1 km.² ‖ **y Comino.** Región de Malta que comprende las islas de Gozo y de Comino; 69,9 km.² y 25.000 h. Se conservan importantes monumentos megalíticos y fenicios.

Santuario de Ta-Pinu, en la isla de Gozo

Gozón. Geog. Mun. de España, prov. de Oviedo, p. j. de Avilés; 12.714 h. (*gauzonenses*). Corr. 3.169 a la cap., la villa de Luanco. ‖ **de Ucieza.** Mun. y lugar de España, prov. de Palencia, p. j. de Carrión de los Condes; 125 h.

gozosamente. adv. m. Con gozo.

gozoso, sa. adj. Que siente gozo. ‖ Que se celebra con gozo.

gozque. (De la voz *gozc* de llamar al perro.) adj. **Zool.** V. **perro gozque.** U. m. c. s.

gozquejo. m. dim. de **gozque.**

gozquillas. f. pl. ant. Cosquillas del cuerpo.

gozquillo, lla. m. y f. dim. de **gozque.**

gozquilloso, sa. adj. ant. Que tiene gozquillas.

Gozzi (Carlo). Biog. Poeta dramático italiano, n. y m. en Venecia (1720-1806). Su principal producción consiste en una serie de obras teatrales basadas en cuentos de hadas, que se hicieron muy populares. Entre ellas: *L'amore delle tre melarance* (1761) y *Il corvo* (1761).

Gozzoli (Benozzo). Biog. Lese di Sandro (Benozzo de).

G. P. U. (De las iniciales de las palabras rusas *Gosudarstvennoe Politicheskoe Upravlenie*: Dirección política del Estado.) **Polít.** Policía política rusa, también denominada O. G. P. U., fundada en 1922 para substituir a la checa. Fue suprimida en 1934, pasando sus atribuciones al Comisariado Nacional de Asuntos Interiores (N. K. V. D.).

Graaf (Reinier de). Biog. Anatomista, fisiólogo y médico holandés, n. en Schoonhoven y m. en Delft (1641-1673). Realizó los primeros estudios acerca del jugo pancreático y descubrió en el ovario las vesículas que llevan el nombre de *folículos de Graaf*.

Graaff (Robert Jemison van de). Biog. Físico atómico estadounidense, n. en Tuscaloosa y m. en Boston (1901-1967). En 1929 inventó el generador de banda, que lleva su nombre.

Graal. Hist. y **Rel. Grial.**

grabación. f. Acción y efecto de grabar, registrar un sonido en disco, cinta, etc.

grabado. fr., *gravure*; it., *incisione*; i., *engraving*; a., *Bild, Stich*. (De *grabar*.) m. Arte de grabar. ‖ Procedimiento para grabar. ‖ Estampa que se produce por medio de la impresión de láminas grabadas al efecto. ‖ **A. y Of.** y **B. Art.** Por su finalidad, hay que distinguir dos modalidades substanciales de lo que se entiende por grabado: el que se hace arañando o raspando, con un instrumento inciso, sobre hueso, asta, piedra u otro material perdurable, a fin de decorar objetos, etc., y el efectuado ya en hueco, ya en relieve, sobre madera, piedra o metal, mediante procedimiento *manual, químico* o *fotomecánico*, con objeto de obtener copias o reproducciones, en papel, de lo grabado. El grabado *manual* se obtiene valiéndose únicamente de instrumentos manejados por la mano, como el grabado en madera; en el segundo, el artista utiliza buril, punzón o lapicero, pero la obra se complementa por medios químicos que fijan el dibujo en la plancha. En el tercer caso el grabado se efectúa por procedimientos automáticos, mediante la fotografía que reproduce el original (v. **fotograbado**), la acción fotoquímica que lo traslada a la plancha y la química que lo fija en ella. En los tres procedimientos el grabado puede obtenerse *en hueco* o *en relieve*.

PRINCIPALES MODALIDADES DEL GRABADO

A) *Grabado manual*

En hueco:
 Grabado en talla dulce.

En hueco o en relieve:
 Grabado en madera o xilografía.

B) *Grabado químico*

En hueco:
 Aguafuerte.
 Aguatinta.
 Grabado en dulce.

En relieve:
 Litografía.

C) *Grabado fotomecánico*

En hueco:
Huecograbado
Offset
 { Línea o de trazos.
  Directo o sombreado.
  Bicolor.
  Tricolor o tricromía.
  Cuatricolor o cuatricromía. }

En relieve:
Fotograbado
Offset seco
 { Línea o de trazos.
  Directo o sombreado.
  Bicolor.
  Tricolor o tricromía.
  Cuatricolor o cuatricromía. }

‖ **al agua fuerte. A. y Of.** Procedimiento en que se emplea la acción del ácido nítrico sobre una lámina; se cubre ésta con una capa de barniz, en la cual con una aguja se abre el dibujo hasta dejar descubierta la superficie metálica, y después que el ácido ha mordido lo bastante, se quita el barniz con un disolvente. ‖ **al agua tinta.** El que se hace cubriendo la lámina con polvos de resina que, calentando luego aquélla, se adhieren a la superficie formando granitos o puntos; éstos quedan después grabados mediante la acción del agua fuerte. ∥ **al barniz blando.** Grabado al agua fuerte, que sólo tiene por objeto señalar ligeramente en la lámina los trazos que se han de abrir con el buril, para lo cual se saca un calco del dibujo con lápices a propósito en papel delgado y se estampa sobre la superficie del barniz en posición invertida. ∥ **de estampas,** o **en dulce.** El que se hace en planchas de acero o cobre, en tablas de madera o sobre otra materia que fácilmente reciba la huella del buril con sólo el impulso de la mano del artista. ∥ **en fondo,** o **en hueco.** El que se ejecuta en troqueles de metal, madera o en piedras finas para acuñar medallas, formar sellos, etc. ∥ **al humo.** El que se hace en una lámina previamente graneada, rascando, aplanando o puliendo los espacios que han de quedar con más o menos tinta o limpios de ella cuando se haga la estampación. ∥ **a media tinta. grabado al agua tinta.** ∥ **en negro. grabado al humo.** ∥ **punteado. grabado a puntos.** ∥ **a puntos.** El que resulta de dibujar los objetos con puntos hechos a buril o con una ruedecilla muy agudamente dentada.

grabador, ra. fr., *graveur;* it., *intagliatore;* i., *engraver;* a., *Bildstecher, Graveur.* (De *grabar.*) adj. Que graba. ∥ Perteneciente o relativo al arte de grabado. ∥ m. y f. Persona que profesa este arte. ∥ **magnetófono.**

grabadura. f. Acción y efecto de grabar.

grabar. fr., *graver;* it., *intagliare;* i., *to engrave;* a., *stechen, gravieren.* (Del neerl. *graven;* en gr., *grápho.*) tr. Señalar con incisión o abrir y labrar en hueco o en relieve sobre una superficie de piedra, metal, madera, etc., un letrero, figura o representación de cualquier objeto. ∥ Registrar los sonidos por medio de un disco, cinta magnetofónica u otro procedimiento, de manera que se puedan reproducir. ∥ fig. Fijar profundamente en el ánimo un concepto, un sentimiento o un recuerdo. Ú. t. c. prnl.

grabazón. f. Adorno sobrepuesto formado de piezas grabadas.

Grabbe (Christian Dietrich). Biog. Poeta y dramaturgo alemán, n. y m. en Detmold (1801-1836). Señaló el paso del romanticismo al realismo en el teatro alemán. Entre sus obras destaca *Don Juan und Faust.*

gracejada. f. *Amér.* c y *Méj.* Payasada, bufonada, generalmente de mal gusto.

gracejar. intr. Hablar o escribir con gracejo. ∥ Decir chistes.

gracejo. (De *gracia.*) m. Gracia, chiste y donaire festivo en hablar o escribir. ∥ *Guat.* Payaso, bufón.

gracia. fr., *grâce, gentillesse;* it., *grazia;* i., *grace;* a., *Grazie, Anmut.* (Del lat. *gratĭa.*) f. Don gratuito de Dios que eleva sobrenaturalmente a la criatura racional en orden a la bienaventuranza eterna. ∥ Don natural que hace agradable a la persona que lo tiene. ∥ Cierto donaire y atractivo independiente de la hermosura de las facciones, que se advierte en la fisonomía de algunas personas. ∥ Beneficio, don y favor que se hace sin merecimiento particular; concesión gratuita. ∥ Afabilidad y buen modo en el trato con las personas. ∥ Garbo, donaire y despejo en la ejecución de una cosa. ∥ Benevolencia y amistad de uno. ∥ Chiste, dicho agudo, discreto y de donaire. ∥ Perdón o indulto de pena que concede el jefe del Estado o el poder público competente. ∥ Nombre de cada uno. ∥ En algunas partes, acompañamiento que va después del entierro a la casa del difunto y responso que se dice en ella. ∥ **actual.** *Teol.* Auxilio sobrenatural transeúnte dado por Dios a la criatura racional en orden a la bienaventuranza eterna. ∥ **cooperante.** La que ayuda a la voluntad cuando ésta quiere el bien y lo practica. ∥ **de Dios.** fig. *Léx.* Los do-

nes naturales beneficiosos para la vida, especialmente el aire y el sol. ∥ Entre gente rústica, el pan; y así suelen decir por modo de juramento y aseveración: *por esta* **gracia de Dios,** tomando el pan y besándolo. ∥ **habitual.** *Teol.* Calidad estable sobrenatural infundida por Dios en el espíritu y por la que el ser racional se santifica y hace hijo de Dios y heredero de su gloria. ∥ **de niño.** fam. *Léx.* Dicho o hecho que parece ser superior a la comprensión propia de su edad. ∥ **operante.** *Teol.* La que antecediendo al albedrío, o sana el alma o la mueve y excita a querer y obrar el bien. ∥ **original.** La que infundió Dios a nuestros primeros padres en el estado de la inocencia. ∥ **santificante. gracia habitual.** ∥ **gracias al sacar.** *Der.* Ciertas dispensas que se conceden por el Ministerio de Justicia para actos de jurisdicción voluntaria, como la emancipación o habilitación de un menor; el cambio del nombre de una persona, etc., gravadas con pago de ciertos derechos. ∥ **de gracia.** m. adv. Gratuitamente, sin premio ni interés alguno. ∥ **en gracia.** m. adv. En consideración a una persona o servicio. ∥ **¡gracias!** expr. elíptica con que significamos nuestro agradecimiento por cualquier beneficio, favor o atención que se nos dispensa. ∥ **gracias a.** m. adv. Por intervención de, por causa de, una persona o cosa. ∥ **¡gracias a Dios!** excl. de alabanza a Dios, o para manifestar alegría por una cosa que se esperaba con ansia y ha sucedido. ∥ **¡qué gracia!** expr. con que irónicamente se rechaza la pretensión de alguno, o se nota de despropósito. ∥ **su gracia.** Tratamiento que se da en Inglaterra a los duques y a los obispos. ∥ **¡vaya en gracia!** expr. de aquiescencia que muchas veces se usa en sentido irónico. ∥ **y gracias.** expr. fam. con que se da a entender a uno que debe contentarse con lo que ha conseguido.

Gracia. Biog. Princesa de Mónaco, nacida en Filadelfia en 1928. De origen estadounidense, ha sido actriz de cine, donde se la conocía por su nombre en inglés *Grace Patrice Kelly* y más por *Grace Kelly.* Abandonó el cine en 1956 al contraer matrimonio con el prín-

Gracia de Mónaco (derecha) con la bailarina inglesa Margaret Hookham

cipe Raniero III de Mónaco. Entre los filmes que más fama la dieron figuran *Solo ante el peligro, Mogambo* y *La angustia de vivir,* por el que fue galardonada con el Óscar en 1954. ∥ **Vidal de Santo Silas (María Antonia).** Actriz de cine estadounidense, de origen español, más conocida por el seudónimo de *María Móntez,* n. en Barahona, República Dominicana, y m. en París (1919-1951). Entre sus películas principales figuraron *Las mil y una noches, El ladrón de Bagdad, Alí Babá y los cuarenta ladrones, La reina de Cobra* y *La salvaje blanca.* ∥ **y Justicia.** *Der.* Antigua denominación del Ministerio de Justicia en España.

graciable. adj. Inclinado a hacer gracias, y afable en el trato. ∥ Que se puede otorgar graciosamente, sin sujeción a precepto.

graciado, da. (De *gracia.*) adj. ant. Franco, liberal o gracioso.

Gracián y Morales (Baltasar). Biog. Literato español n. en Belmonte de Calatayud y

Baltasar Gracián

m. en Tarazona (1601-1658). En 1619 ingresó en la Compañía de Jesús y en 1627 fue ordenado de sacerdote. De agudo espíritu y habilidad para escribir, ha sido considerado por su conceptismo y las características de su estilo como continuador de Quevedo, a quien muchas veces recuerda. *El Arte de Ingenio* (1642), de la que más tarde hizo una nueva versión con el título de *Agudeza y arte de ingenio* (1648), responde a una idea de crítica y es su obra más representativa; pero la más conocida es la novela simbólica *El Criticón,* en que el alma ruda y sencilla de un salvaje va opinando de los refinamientos de la civilización.

Graciano. Biog. Canonista italiano del s. XII. Monje en el monasterio boloñés de San Félix y San Nabor, publicó una colección de cánones conocida como *Decreto de Graciano.* ∥ **(Flavio).** Emperador romano, n. en Sirmio, Panonia, y m. en Lyón (359-383). Hijo de Valentiniano I le sucedió, juntamente con su hermano Valentiniano II. Fue gran enemigo del paganismo.

Graciarena. Geog. Local. de Argentina, prov. de Buenos Aires, part. de Pellegrino; 157 h.

Gracias. Geog. Mun. de Honduras, depart. de Lempira; 9.538 h. ∥ C. cap. del depart. de Lempira y del mun. de su nombre; 2.484 h. Es una de las más antiguas ciudades de Honduras, y en sus primeros tiempos llegó a ser rica y próspera, debido a la explotación de minas de oro y plata. ∥ **a Dios.** Departamento de Honduras; 16.630 km.^{2} y 17.801 h. Cap., Brus Laguna. ∥ Mit. Divinidades grecorromanas que, según Hesíodo, eran *Aglaya* (la resplandeciente), *Eufrosina* (la gozosa) y *Talía* (la floreciente).

grácil. (Del lat. *gracĭlis.*) adj. Sutil, delgado o menudo.

gracilidad. f. Calidad de grácil.

graciola. (De *gladiolo,* infl. por *gracia.*) Bot. Gén. de escrofulariáceas antirrinoideas (v.).

Graciosa. Geog. Isla de España, arch. de las Canarias, prov. de Las Palmas, al N. de la de Lanzarote; 27,6 km.^{2} ∥ Isla de Portugal, arch. y prov. de las Azores, dist. de Angra do Heroismo; 61 km.^{2} y 9.517 h.

graciosamente. adv. m. Con gracia. ∥ Sin premio ni recompensa alguna.

graciosidad. (Del lat. *gratiosĭtas, -ātis.*) f. Hermosura, perfección o excelencia de una cosa, que da gusto y deleita a los que la ven u oyen.

gracioso, sa. (Del lat. *gratiōsus.*) adj. Aplícase a la persona o cosa cuyo aspecto tiene cierto atractivo que deleita a los que la miran.

|| Chistoso, agudo, lleno de donaire y gracia. || Que se da de balde o de gracia. || Dictado de los reyes del R. U. || En el teatro de Lope de Vega y sus seguidores, personaje típico, generalmente un criado, que se caracteriza por su ingenio y socarronería. || m. y f. Actor dramático que ejecuta siempre el papel de carácter festivo y chistoso.

gracir. (De *gracia*.) tr. ant. **agradecer**.
Gracos (Los). Biog. Nombre con que se designa generalmente a los hermanos Tiberio y Cayo Sempronio, hijos de Tiberio Sempronio Graco y de Cornelia, hija de Escipión *el Africano*.

-grad o **-grado.** suf. que aparece en nombres de ciudades rusas y de otros pueblos eslavos, y que sign. ciudad. Así, *Petrogrado*, c. de Pedro; *Stalingrado*, c. de Stalin, etc.

grada. fr., *marche*; it., *gradino*; i., *stair*; a., *Stufe, Treppenstufe.* (De *grado*.) f. **peldaño**. || Asiento a manera de escalón corrido. || Conjunto de estos asientos en los teatros y otros lugares públicos. || Tarima que se suele poner al pie de los altares. || En lenguaje marino, plano inclinado hecho de cantería, a orillas del mar o de un río, sobre el cual se construyen o carenan los barcos. || En América, atrio, espacio ante un edificio. || pl. Conjunto de escalones que suelen tener los edificios grandes, majestuosos, delante de su pórtico o fachada. || **grada a grada.** m. adv. ant. **de grado en grado.**

grada. (Del lat. *crates*, enrejado o verja.) f. Reja o locutorio de los monasterios de monjas. || Agr. Instrumento de madera o de hierro, de figura casi cuadrada, a manera de unas parrillas grandes, con el cual se allana la tierra después de arada, para sembrarla. || **de cota.** La que tiene ramas que dejan lisa la tierra. || **de dientes.** La que en vez de ramas tiene unas púas de palo o de hierro. || **de discos.** La que en vez de púas, dientes o flejes desmenuza la tierra con discos de acero giratorios.

gradación. fr. e i., *gradation*; it., *gradazione*; a., *Stufengang.* (Del lat. *gradatio, -ōnis*.) f. Serie de cosas ordenadas gradualmente. || ant. **graduación.** || Mús. Período armónico que va subiendo de grado en grado para expresar más un afecto. || Ret. Figura que consiste en juntar en el discurso palabras o frases que, con respecto a su significación, vayan como ascendiendo o descendiendo por grados, de modo que cada una de ellas exprese algo más o menos que la anterior.

gradado, da. (Del lat. *gradātus*.) adj. Que tiene gradas.

gradar. tr. Agr. Allanar con la grada la tierra después de arada.

gradecer. (Del lat. *gratus*, grato.) tr. ant. **agradecer.**

gradecilla. f. dim. de **grada**. || Arquit. Anillo, ánulo o astrágalo de la columna.

Gradefes. Geog. Mun. de España, prov. y p. j. de León; 2.677 h., cap. del mismo; 463 h.

gradeo. m. Agr. Acción y efecto de gradar.
gradería. f. Conjunto o serie de gradas, como las de los altares y las de los anfiteatros o cátedras.

graderío. m. **gradería** de una plaza de toros, estadio u otra instalación para espectáculos públicos de multitudes.

gradiente. (De *grado*, peldaño.) f. *Chile, Ecuad. y Nic.* Pendiente, declive, subida, repecho. || m. Fís. Relación de la diferencia de presión barométrica entre dos puntos.

gradilla. (dim. de *grada*, peldaño.) f. Escalerilla portátil.

gradilla. (De *grada*, reja.) f. Marco para fabricar ladrillos. || ant. Parrilla para asar o tostar.

gradíolo o **gradiolo.** m. Bot. **gladíolo.**

-grado. (Del lat. *gradus*.) suf. que sign. marcha, paso, etc.: *plantí*grado.

-grado. suf. V. **grad-**.
grado. fr., *degré*; it., *grado*; i., *degree*; a., *Grad.* (Del lat. *gradus*.) m. **peldaño**. || Cada una de las generaciones que marcan el parentesco entre las personas. En la línea transversal, civilmente se cuentan las generaciones de ambas ramas, y canónicamente, tan sólo las de la rama más larga. (V. **parentesco.**) || Derecho que se concedía a los militares para que se les contara la antigüedad de un empleo superior antes de obtenerlo, usando entretanto las divisas correspondientes a este empleo. Durante el s. XIX y principios del XX se concedía también sin antigüedad y sólo como honor. || fig. Cada uno de los diversos estados, valores o calidades que, en relación de menor a mayor, puede tener una cosa. || Jerarquía o jerarquía personal. || Álg. Número de orden que expresa el de factores de la misma especie que entran en un término o en una parte de él. || En una ecuación o en un polinomio reducidos a forma racional y entera, el del término en que la variable tiene exponente mayor. || Der. Cada una de las diferentes instancias que puede tener un pleito. || Fís. Unidad de medida en la escala de varios instrumentos destinados a apreciar la cantidad o intensidad de una energía o un estado físico, como la densidad (densímetro), el calor (termómetro), etc. || Geom. Cada una de las partes iguales en que se considera dividida la circunferencia. Se emplean para ello dos divisiones: la sexagesimal y la centesimal. Con arreglo a la primera se divide la circunferencia en 360 partes (múltiplo de sesenta), y, si se toma como base la segunda, en 400 (múltiplo de ciento). || Gram. Manera de significar la intensidad relativa de los calificativos. Son tres: grado positivo, comparativo y superlativo. || Mús. Cada una de las notas de la escala musical. || Pedag. En las escuelas de enseñanza primaria, cada una de las secciones en que sus alumnos se agrupan según sus conocimientos. || pl. Rel. Órdenes menores que daban después de la tonsura, y eran como escalones para subir a las demás. || **absoluto.** Fís. Grado igual a Celsius en extensión; pero el cero de la escala es el cero absoluto, o sea $-273,16°$ C. Es equivalente al grado Kelvin. || **académico.** Pedag. Cada una de las etapas sucesivas y ascendentes en el curso de los estudios generales. En España son tres: bachiller, licenciado y doctor. || **centígrado** o **Celsius.** Fís. El que resulta de dividir en 100 partes iguales la columna termométrica, entre los puntos de fusión del hielo, que corresponde a 0°, y del agua en ebullición, que corresponde a 100° a una presión de 760 mm. de mercurio (v. **escala de temperaturas**). || **de una curva.** Mat. Grado de la ecuación que la representa. || **DIN.** Metrol. Unidad sensitométrica que mide la sensibilidad de las emulsiones fotográficas. || V. **norma.** || **Fahrenheit.** Fís. Utilizado en los países anglosajones y nórdicos, es el que resulta de dividir en 180 partes iguales la columna termométrica, entre los puntos de fusión del hielo, que corresponde a 32° F., y de ebullición del agua a una presión de 760 mm. de mercurio, que corresponde a 212° F. (v. **escala de temperaturas**). || **Gay Lusac.** Unidad volumétrica que sirve para determinar el porcentaje de alcohol contenido en una mezcla. || **geográfico.** Geog. La trescientas sesentava parte de la longitud media del meridiano terrestre, equivalente a 111,121 km. || **Kelvin.** Fís. **grado absoluto.** || **de un monomio.** Álg. Suma de los exponentes de sus

Graderío del estadio Santiago Bernabéu. Madrid

Grado académico. Holman Hunt, doctor honoris causa de la Universidad de Oxford

letras. ‖ **de parentesco.** Relaciones de filiación de unas personas con otras (v. **parentesco**) ‖ **Réaumur.** El que resulta de dividir la columna termométrica en 80 partes iguales, entre los puntos de fusión del hielo, correspondiente a los 0°, y el de ebullición del agua, correspondiente a los 80° (v. **escala de temperaturas**). ‖ **S. A. E.** Unidad estadounidense de viscosidad. V. **S. A. E.** ‖ **sexagesimal.** El que resulta de dividir la circunferencia en 360 partes iguales. Equivale a 0,0027 de circunferencia y a 17,778 milésimas artilleras. ‖ **sísmico.** *Geol.* Número que expresa la intensidad de un sismo en una escala determinada. ‖ **de temperatura.** *Fís.* Unidad adoptada convencionalmente para medir la temperatura. Actualmente están en uso el grado centígrado o de Celsius y el grado Fahrenheit. ‖ **de grado en grado.** m. adv. Por partes, sucesivamente. ‖ **en grado superlativo.** m. adv. fig. En sumo grado; con exceso.

grado. (Del lat. *gratus*, grato.) m. Voluntad, gusto. Ú. sólo en las siguientes locuciones: **a mal de mi, de tu, de su, de nuestro, de vuestro grado.** expr. mal **de mi, de tu, de su, de nuestro, de vuestro grado.** ‖ **de buen grado,** o **de grado.** m. adv. Voluntaria y gustosamente. ‖ **de mal grado.** m. adv. Sin voluntad, con repugnancia y a disgusto. ‖ **de su grado.** m. adv. **de grado.** ‖ **¡grado a Dios!** excl. ant. **¡gracias a Dios!** ‖ **mal de mi, de tu, de su, de nuestro, de vuestro grado;** o **mal mi, tu, su, nuestro, vuestro grado.** m. adv. A pesar mío, tuyo, suyo, nuestro, vuestro; aunque no quiera, o no quieras, o no quieran, o no queramos, o no queráis. ‖ **ni grado ni gracias.** expr. con que se explica que una cosa se hace sin elección y que no merece gracias. ‖ **sin grado.** m. adv. ant. **de mal grado.**

Grado. *Geog.* Mun. de España, prov. de Oviedo, p. j. de su nombre; 13.990 h. ‖ Villa

Grado. Vista de los Rodiles

cap. del mismo; 4.410 h. *(gradenses).* ‖ **(El).** Mun. de España, prov. de Huesca, p. j. de Barbastro; 686 h. ‖ Villa cap. del mismo; 445 h. *(gradenses).* ‖ **del Pico.** Mun. y lugar de España, prov. de Segovia, p. j. de Sepúlveda; 94 h.

gradoso, sa. (De *grado*, voluntad, gusto.) adj. ant. Gustoso, agradable.

graduable. adj. Que puede graduarse.

graduación. fr. e i., *graduation;* it., *graduazione;* a., *Gradeinteilung, Gradierung.* f. Acción y efecto de graduar o de graduarse. ‖ Cantidad proporcional de alcohol que contienen las bebidas espirituosas. ‖ *Mil.* Categoría de un militar en su carrera.

graduado, da. p. p. de **graduar.** ‖ adj. *Mil.* En las carreras militares se aplicaba al que tenía grado superior a su empleo.

graduador. fr., *graduateur;* it., *graduatore;* i., *graduator;* a., *Gradmesser.* m. Instrumento que sirve para graduar la cantidad o calidad de una cosa.

gradual. (Del lat. *gradus*, grado.) adj. Que está por grados o va de grado en grado. ‖ m. *Litur.* Parte de la misa, que se reza entre la epístola y el evangelio.

gradualmente. adv. m. **de grado en grado.**

graduando, da. (De *graduar.*) m. y f. Persona que recibe o está próxima a recibir un grado por la universidad.

graduar. fr., *graduer;* it., *graduare;* i., *to graduate;* a., *in Grade abteilen, abstufen.* (Del lat. *gradus*, grado.) tr. Dar a una cosa el grado o calidad que le corresponde. ‖ Apreciar en una cosa el grado o calidad que tiene. ‖ Señalar en una cosa los grados en que se divide. ‖ Dividir y ordenar una cosa en una serie de grados o estados correlativos. ‖ En las universidades, dar el grado y título de bachiller, licenciado o doctor en una facultad. Ú. t. c. prnl. ‖ *Mil.* En las carreras militares, conceder grado o grados.

Graells (Mariano de la Paz). *Biog.* **Paz Graells (Mariano de la).**

graellsia. (Voz del lat. científico; de M. de la Paz *Graells.*) *Entom.* Gén. de lepidópteros al que pertenece una especie exclusivamente española, la *isabelina* (v.).

Graena. *Geog.* **Cortes y Graena.**

graf-, grafo-, grapto-; -graf-; -grafía o **-grafia, -grafe, -gráfico, -grafo.** (Del gr. *grápho*, escribir.) pref. infijo o suf. que sign. escritura, o escritor; e. de suf.: mono**grafía,** epí**grafe,** esfe**rográfico,** polí**grafo.**

-grafe. suf. V. **graf-.**
-grafia o **-grafía.** suf. V. **graf-.**

grafía. (Del m. or. que el anterior.) f. Modo de escribir o representar los sonidos, y, en especial, empleo de tal letra o tal signo gráfico para representar un sonido dado. ‖ Por ext., modo convencional de representar cada sonido de una lengua extraña, ya combinando los signos de dos consonantes, ya representándolo mediante un nuevo signo. Así, los ingleses emplean la combinación *sh* para representar el sonido de *ch* francesa; los franceses utilizan la *tch* para el sonido ruso equivalente a la *ch* española, y la *kh* para el semejante a nuestra *j*, tan peculiar del árabe; etc. En España no se ha planteado siquiera este problema, por lo que, según la procedencia, se usan sin discriminación grafías francesas, inglesas y alemanas, a veces existiendo en español un sonido similar al de la lengua de origen; como, por ejemplo, en las voces Tchaikowsky y khedive, en vez de Chaikovski y jedive.

gráficamente. adv. m. De un modo gráfico.

-gráfico. suf. V. **gran-.**

gráfico, ca. fr., *graphique;* it., *grafico;* i., *graphic, graphical;* a., *graphisch.* (Del lat. *graphĭcus*, y éste del gr. *graphikós.*) adj. Perteneciente o relativo a la escritura. ‖ Aplícase a las descripciones, operaciones y demostraciones que se representan por medio de figuras o signos. Ú. t. c. s. ‖ fig. Aplícase al modo de hablar que expone las cosas con la misma claridad que si estuvieran dibujadas. ‖ m. y f. Representación de datos numéricos de cualquier clase por medio de una o varias líneas que hacen visible la relación o gradación que guardan entre sí.

grafila o **gráfila.** (Del gr. *grápho*, escribir, dibujar.) f. *Num.* Orlita, generalmente de puntos o de línea, que tienen las monedas en su anverso o reverso.

grafio. fr. e i., *graphium;* it., *graffietto;* a., *Schreibgriffel.* (Del lat. *graphium*, y éste del gr. *grapheion* punzón.) m. Instrumento con que se dibujan y hacen las labores en las pinturas estofadas o esgrafiadas. ‖ ant. Punzón para abrir ojetes y para cosas semejantes.

grafioles. (Del lat. *graphiŏlum,* dim. de *graphium*, punzón.) m. pl. Especie de melindres que se hacen en figura de *s*, de masa de bizcocho y manteca de vacas.

grafismo. (De *grafía* e *-ismo.*) m. Cada una de las particularidades de la letra de una persona, o el conjunto de todas ellas. ‖ Expresividad gráfica en lo que se dice o en cómo se dice.

grafito. fr. e i., *graphite;* it., *grafite;* a., *Graphit.* (Del gr. *graphís, -idos*, lápiz.) m. Mineral de textura compacta, color negro agrisado, lustre metálico, graso al tacto y compuesto casi exclusivamente de carbono. Se usa para hacer lapiceros, crisoles refractarios y para otras aplicaciones industriales. Se encuentra en Siberia, Finlandia, Bohemia y Sri Lanka; en España existe en Marbella (Málaga). Se llama también *plombagina* y *plumbagina.* ‖ *Hist.* y *Prehist.* Escrito o dibujo trazado a mano por los antiguos en los monumentos. ‖ Letrero o dibujo grabado a punzón por los antiguos en paredes u otras superficies resistentes, de carácter popular y ocasional, sin trascendencia.

grafo-; -grafo. pref. o suf. V. **graf-.**

grafología. fr., *graphologie;* it., *graphology;* i., *graphologie;* a., *Graphologie.* (De *grafo-* y *-logia.*) f. Arte que pretende averiguar, por las particularidades de la letra, algunas cualidades psicológicas del que la escribe.

grafológico, ca. adj. Perteneciente o relativo a la grafología.

grafólogo, ga. m. y f. Persona que practica la grafología.

grafomanía. (De *grafo-* y *-manía.*) f. Manía de escribir o componer libros, artículos, etc.

grafómano, na. adj. Que tiene grafomanía.

grafómetro. (De *grafo-* y *-metro.*) m. *Topog.* Semicírculo graduado, con dos alidadas o anteojos, uno fijo y otro móvil, que sirve para medir cualquier ángulo en las operaciones topográficas.

gragea. fr., *dragée;* it., *treggea;* i., *sugar-plum;* a., *Zuckermandel.* (De *dragea.*) f. Confites muy menudos de varios colores. ‖ *Farm.* Pequeña porción de materia medicamentosa en forma generalmente redondeada, y recubierta de una capa de substancia agradable al paladar.

Graham (Billy). *Biog.* **Graham (William Franklin).** ‖ **marqués de Montrose (James).** General realista escocés, n. en Montrose y m. en Edimburgo (1612-1650). Dominó por algún tiempo toda Escocia. ‖ **(Thomas).** Bioquímico y fisicoquímico escocés, n. en Glasgow y m. en Londres (1805-1869). Formuló la ley que lleva su nombre, según la cual, las velocidades relativas de difusión de los gases son inversamente proporcionales a las raíces cuadradas de sus densidades relativas, en iguales condiciones. ‖ **(William Franklin).** Predicador evangelista estadounidense, más conocido por *Billy Graham*, n. en Charlotte, Carolina del Norte, en 1918. Dotado de grandes dotes de orador y poder persuasivo, ha conseguido en sus viajes por todo el mundo reunir grandes masas en sus sermones. ‖ *Geog.* V. **Tierra de Graham.**

Grahamstown. *Geog.* C. de la República Sudafricana, prov. de Cabo de Buena Esperanza; 41.086 h. Museo importante de Zoología y Botánica.

grain. *Metrol.* (Voz inglesa que sign. *grano.*) m. *Metrol.* Medida de peso, equivalente a 0,0648 g., que se usa para metales, piedras preciosas y drogas medicinales. Se utiliza en los países anglosajones.

graja. (Del lat. *gracŭla.*) f. *Zool.* Hembra del grajo. ‖ Nombre vulgar de algunos pájaros de la familia de los córvidos, en especial de la *graja negra,* ave de unos 45 cm. y de plumaje negro intenso, muy beneficiosa en nuestro país, donde inverna, por alimentarse de insec-

Graja–gramatófono

tos perjudiciales; el verano lo pasa en el N. de Europa y sus migraciones las hace en grandes bandadas (*corvus frugílegus*). || Hembra del grajo. || **no entiendo de graja pelada.** expr. fig. y fam. con que uno da a entender que no gusta de hacer o creer algo en que recela engaño.

Graja de Campalbo. Geog. Mun. y villa de España, prov. y p. j. de Cuenca; 233 h. || **de Iniesta.** Mun. y villa de España, prov. de Cuenca, p. j. de Motilla del Palancar; 449 h. || **Prehist.** Cueva neolítica de España, prov. de Jaén, cerca de Jimena, donde aparecieron gran cantidad de pinturas rupestres de estilo esquemático, representando cacerías de animales o ceremonias religiosas.

Grajal de Campos. Geog. Mun. y villa de España, prov. de León, p. j. de Sahagún; 596 habitantes.

grajear. intr. Cantar o chillar los grajos o los cuervos. || Formar sonidos guturales el niño que no sabe aún hablar.

Grajera. Geog. Mun. y villa de España, prov. de Segovia, p. j. de Sepúlveda; 103 h.

Grajera. Iglesia románica

grajero, ra. adj. Dícese del lugar donde se recogen y anidan los grajos.

grajilla. (dim. de *graja*.) f. **Zool.** Pájaro de la familia de los córvidos, el más pequeño de todos ellos, de 33 cm. de long. (*corvus*, o *coloéus monédula*).

grajo. fr. *geai*; it., *gracchia*; i., *jay*; a., *Häher*. (Del lat. *gracŭlus*.) m. Pájaro de la familia de los córvidos, llamado también *arrendajo* (v.). A veces se confunde con la *chova* o *graja*, otro córvido. || fig. o. us. Charlatán, cascante. || *Col., Cuba, Ecuad., Perú* y *P. Rico.* Olor desagradable que se desprende del sudor, y especialmente de los negros desaseados. || **Bot.** *Cuba.* Planta de la familia de las mirtáceas, de olor fétido y numerosas flores blancas axilares (*eugenia axilaris*). || **bronceado.** Zool. **totí.** || **negro. zanate azul.**

grajuelo. m. dim. de **grajo.**

grajuno, na. adj. Relativo al grajo o que se le asemeja.

gralina. (Del lat. científico *grallina*, gén. tipo; del lat. *grallae*, los zancos.) f. **Zool.** Pájaro de la familia de los granílidos, de plumaje negro y blanco. Vive en Australia, y se llama también *piní* y *alondra-urraca* (*grallina cyanoleuca*.)

gralínido, da. (De *gralina* e *-ido*.) adj. **Zool.** Dícese de pájaros muy próximos a los córvidos, de cola y alas amplias y tarsos altos. Son australianos y la especie típica es la *gralina*. || m. pl. Familia de estos pájaros.

gralla. f. **Zool. carraca,** ave coraciforme.

gram-, gramo-; -grama. (Del gr. *grámma*, *-atos*, escrito.) pref. o suf. que sign. escritura; e. de suf.: *aero***grama.**

gram-negativo, va. adj. **Bact.** Se dice del microbio o bacteria que no se tiñe con la coloración de Gram. || **-positivo, va.** Se dice del microbio o bacteria que se tiñe con la coloración de Gram.

Gram (Hans Christian Joachim). Biog. Médico y bacteriólogo danés n. y m. en Copenhague (1853-1938). Inventó el método de coloración para distinguir unas bacterias de otras, que lleva su nombre.

-grama. suf. V. **gram-.**

grama. fr., *chienden*; it., *gramigna*; i., *couchgrass*; a., *Quecke, Hundszahngras*. (Del lat. *gramen*.) f. **Bot.** Planta de la familia de las gramíneas, vivaz, con rizoma largo y cundidor, tallos de hasta 40 cm., ramosos en su base, espiguillas comprimidas, en dos hileras, generalmente en cuatro espigas lineales, filiformes y divergentes, que forman panoja digitada. El rizoma es diurético y aperitivo (*cýnodon dáctylon*). || **del Norte.** Planta gramínea vivaz, con tallos de hasta un metro, hojas muy ásperas, transparentes, espigas delgadas, comprimidas, de espiguillas dísticas, ovales, cuneiformes, con glumas muy cortas (*agropýrum répens*). || **de olor,** o **de prados.** Planta de la familia de las gramíneas, que tiene cañitas de 30 cm. de largo, desnudas en la mitad superior y con dos o tres hojas más cortas que las vainas en la inferior, y flores en panoja aovada, cilíndrica, amarilla y brillante. Es muy oleosa y se cultiva en los prados artificiales (*anthoxánthum odorátum*).

gramal. m. Terreno que está cubierto de grama.

gramalote. m. **Bot.** *Col., Ecuad.* y *Perú.* Hierba forrajera de la familia de las gramíneas.

Gramalote. Geog. Mun. de Colombia, depart. de Norte de Santander; 8.370 h. || Pobl. cap. del mismo; 2.880 h.

gramalla. (En fr., *gramalle*.) f. Vestidura larga hasta los pies, a manera de bata, de que se usó mucho en lo antiguo. || Cota de malla.

gramallera. (Del m. or. que *caramilleras*.) f. *Gal.* y *León.* **llar,** cadena.

gramar. (Del lat. *carminăre*, cardar.) tr. *Ast.* y *Gal.* Dar segunda mano al pan después de amasado.

gramática. fr., *grammaire*; it., *grammatica*; i., *grammar*; a., *Grammatik*. (Del lat. *grammatĭca*, y éste del gr. *grammatiké*, t. f. de *-kós*, gramático.) f. Arte de hablar y escribir correctamente una lengua. || Ciencia que estudia los elementos de una lengua y sus combinaciones. || Estudio de la lengua latina. || **académica.** *Gram.* gramática normativa. || **comparada.** La que estudia las relaciones genéticas que pueden establecerse entre dos o más lenguas. Se ayuda de la gramática histórica. || **descriptiva.** Estudio sincrónico de una lengua, sin considerar los problemas diacrónicos. || **especulativa.** Modalidad de la gramática que desarrolló la filología escolástica; trataba de explicar los fenómenos lingüísticos por principios constantes y universales. || **estructural.** Estudio sincrónico o diacrónico de una lengua, regido por el principio de que todos sus elementos mantienen entre sí relaciones sistemáticas. || **formal.** Estudios gramaticales que toman como principio sólo las formas lingüísticas para investigar una lengua. || **general.** Aquella que trata de establecer los principios comunes a todas las lenguas. || **generativa.** La que trata de formular una serie de reglas, capaces de generar o producir todas las oraciones posibles y aceptables de un idioma. || **histórica.** La que estudia las evoluciones que una lengua ha experimentado a lo largo del tiempo. || **lógica.** Estudios gramaticales que tienen como punto de partida un criterio lógico. || **normativa.** Aquella que define los usos correctos de una lengua, me-

diante preceptos. Se aplica principalmente a la redactada por la Real Academia Española. || **parda.** *Léx.* fam. Habilidad para conducirse en la vida y para salir a salvo o con ventaja de situaciones comprometidas. Suele tomarse en mala parte. || **psicológica.** *Gram.* Estudios gramaticales con base psicologista. Fueron iniciados por Wundt. || **sintagmática.** La que se dedica principalmente al estudio de los elementos que forman el habla y su función. || **tradicional.** Cuerpo de doctrina gramatical constituido por las ideas que, sobre el lenguaje y su estudio, aportaron los filósofos griegos, y que se desarrolló en siglos posteriores, prácticamente hasta la aparición de la gramática estructural, en la primera mitad del s. XX. || **transformacional.** La que, siendo generativa, establece que de un esquema oracional se pasa a otro u otros, por la aplicación de determinadas reglas. || **transformativa.** gramática transformacional.

Gramatica (Emma). Biog. Actriz italiana, n. en Borgo San Donnino, Parma, y m. en Ostia (1876-1965). Puso su arte, lleno de naturaleza y precisión, al servicio de los mejores autores contemporáneos, y destacó en interpretaciones de Shaw. También intervino en algunas películas, como, por ejemplo, en *El secreto de la Hermana Ángela* (1956) y en *La monaca di Monza* (1962); muy especialmente, hay que destacar la interpretación que, del papel de abuela del protagonista, hizo en *Milagro en Milán* (1956), de V. de Sica. || **(Irma).** Actriz italiana, hermana de Emma,

Emma Gramatica

n. en Fiume y m. en Florencia (1873-1962). Trabajó con su hermana e independientemente. Su arte se inclinó más hacia el realismo que el de su hermana.

gramatical. fr. e i., *grammatical*; it., *grammaticale*; a., *grammatisch*. (Del lat. *grammaticălis*.) adj. Perteneciente a la gramática. || Que se ajusta a las reglas de la gramática.

gramaticalidad. f. **Ling.** Calidad de una secuencia oracional que permite reconocerla como ajustada a las reglas de la gramática.

gramaticalización. f. **Ling.** Transformación de un morfema léxico en gramatical.

gramaticalmente. adv. m. Conforme a las reglas de la gramática.

gramático, ca. fr., *grammairien*; it., *grammatico*; i., *grammarian*; a., *grammatiker*. (Del lat. *grammatĭcus*, y éste del gr. *gramatikós*, de *grámma*, letra.) f. **gramatical.** || m. El entendido en gramática o que escribe de ella.

gramatiquear. tr. fam. desp. Tratar de materias gramaticales.

gramatiquería. f. fam. desp. Cosa que pertenece a la gramática.

gramatóforo. (Del lat. científico *grammatóphoros*; del gr. *grammé*, línea, y *phoréo*, llevar.) **Zool.** Gén. de reptiles saurios, próximos a los iguánidos.

gramil. fr., *trusquin;* it., *truschino;* i., *surfacegauge;* a., *Parallelreisser.* (Del gr. *grammé,* línea.) m. **A.** y **Of.** Instrumento compuesto de una tablita atravesada perpendicularmente por un listón móvil, que se afianza en su cajera por medio de una cuña, y va provisto, cerca de uno de sus extremos, de una punta de acero. Corriendo el listón hasta la distancia conveniente y pasando la tablita por el canto de un objeto, la punta señalará una paralela al borde.

gramilla. (De *gramar.*) f. Tabla vertical de cerca de un metro de altura, con pie, donde se colocan los manojos de lino o cáñamo para agramarlos.

gramilla. f. dim. de **grama.** ‖ **Bot.** *Arg.* Planta gramínea que se utiliza para pasto. ‖ *R. Plata.* Césped, hierba menuda y tupida que cubre el suelo.

Gramilla. Geog. Local. de Argentina, prov. de Santiago del Estero, depart. de Jiménez; 888 h.

gramináceo, a. adj. **Bot. gramíneo.**

gramíneo, a. (Del lat. *gramineus.*) adj. **Bot.** Dícese de las plantas monocotiledóneas del orden de las glumifloras y filo de las lilifloras, la mayoría hierbas, algunas, como el bambú, de consistencia leñosa, y gran parte con caña nudosa, hojas alternas envainadoras con lígula, flores pequeñas, en panoja o espiga de espiguillas, que tienen glumas y cada flor con glumilla externa y otra interna bisaquillada, en general tres estambres, dos, tres o un estigma, fruto cariópside con albumen abundante, rara vez aquenio o baya. Se incluyen en ella los cereales, muchas hierbas de prado, cañas, esparto, bambú. etc. ‖ f. pl. Familia de estas plantas, que comprende 6.000 especies repartidas en las subfamilias de las *pooideas* y *panicoideas*, con 450 géneros, difundidos por toda la superficie de la Tierra.

Gramme (Zénobe). Biog. Electricista belga, n. en Jehay-Bodegnée y m. en Bois Colombes (1826-1901). En 1869 construyó el anillo que lleva su nombre, base de la construcción clásica de las dinamos.

gramnegativo, va. adj. **Bact. gramnegativo.**

gramo-. pref. V. **gram-.**

gramo. fr., *gramme;* it., *grammo;* i., *gram;* a., *Gramm.* (Del gr. *grámma,* escrúpulo.) m. **Fís.** Unidad métrica de masa (y peso), igual a la milésima parte de un kilogramo y aproximadamente igual a la masa (o peso) de un centímetro cúbico de agua a la temperatura de su máxima densidad (4º C.). Es la unidad ponderal del sistema métrico y vale 20 granos y 3 centésimos de los pesos de Castilla. ‖ Pesa de un gramo. ‖ Cantidad de alguna materia cuyo peso es un gramo.

gramofónico, ca. adj. Perteneciente o relativo al gramófono.

gramófono. fr. e i., *gramophone;* it., *gramofono;* a., *Grammophon.* (De gramo- y -fono.) m. Instrumento que reproduce las vibraciones de la voz humana o de otro cualquier sonido, inscritas previamente sobre un disco giratorio. Es nombre comercial registrado. (V. **gramola** y **tocadiscos.**).

gramola. f. Cualquier aparato reproductor de discos fonográficos sin bocina exterior. ‖ **radiogramola.** ‖ Nombre industrial de ciertos tocadiscos instalados por lo general en establecimientos públicos y que, depositando en ellos una moneda, hacen oír determinados discos.

Gran Canaria. Playa de las Canteras

gramoso, sa. adj. Perteneciente a la grama. ‖ Que cría esta hierba.

grampa. f. **grapa.**

Grampian. Geog. Región del R. U., en Escocia; 8.702 km.² y 448.000 h. Cap., Aberdeen. Importante ganadería. Turismo.

grampositivo, va. adj. **Bact. grampositivo.**

Gramsci (Antonio). Biog. Filósofo y político italiano, n. en Ales, Cagliari, y m. en Roma (1891-1937). Interesado en los aspectos prácticos del marxismo, su *filosofía de la praxis* intenta coordinar política y filosofía. Fue uno de los fundadores del partido comunista italiano, en el que ostentó el cargo de secretario general (1924). Diputado en la XXVII legislatura, fue detenido en 1926 y condenado a veinte años de cárcel, pero falleció once años después a causa de las malas condiciones de la prisión. Entre sus escritos destaca *Cuadernos de la cárcel,* obra que comprende varios volúmenes: *Il materialismo storico e la filosofia di Benedetto Croce* (1947), *Gli intellettuali e l'organizzazione della cultura* (1949), *Il Risorgimento* (1949), *Note sul Macchiavelli, sulla política e sullo Stato moderno* (1949), *Letteratura e vita nazionale* (1950) y *Passato e presente* (1951).

Gramsh. Geog. Dist. de Albania, en la región de Elbasan-Berat; 695 km.² y 27.100 h. ‖ C. cap. del mismo; 1.945 h.

gran. adj. apóc. de **grande.** Sólo se usa en singular, antepuesto al substantivo. ‖ Principal o primero en una clase.

Gran. Geog. Esztergon. ‖ **Bahama.** (En i., *Grand Bahama.*) Isla del océano Atlántico, en el arch. de las Bahamas; 1.373 km.² y 25.859 h. Maderas finas y pesca. Fábrica de cemento y refinería de petróleo en Freeport, pobl. y puerto al SO. de la isla. ‖ **Bretaña.** Isla del R. U., que comprende Inglaterra, Escocia y Gales. (V. **Reino Unido.**) ‖ **Caimán.** (En i., *Grand Cayman.*) Isla del mar de las Antillas, la mayor del grupo de las Caimanes; 220 km.² y 7.025 h. Cap., Georgetown. Maderas finas y pesca de tortugas en sus costas. ‖ **Canaria.** Isla de España, en el arch. de Canarias, prov. de Las Palmas; 1.530,77 km.² y 400.837 h. Entre las cumbres del Nublo y Los Pechos (1.951 m.) se extiende la Caldera de Tirajana, grandioso cráter de más de 30 km. de circunferencia. La constitución geológica de la isla es volcánica. Es una de las más privilegiadas por su clima y en ella no se observan grandes diferencias de temperatura, ni temperaturas extremadas. Produce cereales, vino, tomates, plátanos, tabaco, etc. Prospera la pesca. Industrialmente hay que destacar la red de presas de la isla, para el beneficio hidráulico de la misma (en 1975 fueron inauguradas las de Tirajana y Ariñez); también existen varias plantas potabilizadoras del agua del mar. Es creciente la importancia del turismo. En el aspecto histórico, hay que señalar que la conquista de la isla terminó en abril de 1483, siendo Pedro de Vera quien acabó con la última resistencia guanche. V. **Palmas (Las).** ‖ **Cañón del Colorado.** V. **Colorado.** ‖ **Colombia.** Estado constituido por Bolívar en el congreso de Angostura (1819), con los territorios que hoy pertenecen a Colombia, Venezuela y Ecuador. La Gran Colombia fue disuelta en 1830. ‖ **Chaco. Territorio Nacional del Gran Chaco.** ‖ **Guardia.** Local. de Argentina, prov. y depart. de Formosa; 1.450 h. ‖ **Lago del Oso.** Lago de Canadá, terr. del Noroeste; 40.000 km.² ‖ **Morelos.** Mun. de Méjico, est. de Chihuahua; 7.253 h. ‖ Pueblo cap. del mismo; 1.442 h. ‖ **Roque.** Isla de Venezuela, perteneciente al arch. de Los Roques; 1,7 km.² y 348 h. ‖ **Turca.** (En i., *Grand Turk.*) Isla del océano Atlántico, en el grupo de las Turcas y Caicos. ‖ Pobl. cap. de esta isla y de la colonia británica de Turcas y Caicos; 2.346 h. ‖ **Valle de Hundimiento.** (En i., *Great Rift Valley.*) **Geog.** y **Geol.** Fosa tectónica de 5.000 km. de long. que se extiende desde Siria a Tanzania, siguiendo una serie de valles terrestres y depresiones marinas. (V. **rift valley.**) ‖ **Sol. Ocean. Gran Sole.** ‖ **Sole.** Zona de bajos fondos del océano Atlántico, situada al S. de Irlanda y al O. del cabo de Land's End (R. U.); abunda en bancos de pescado, por lo que es muy frecuentado por las flotas pesqueras. Al SE. se encuentra el *Pequeño Sole.* (V.). Es más corriente llamarlo *Gran Sol.*

Gramínea ornamental

grana–Granada

grana. (De *granar*.) f. Acción y efecto de granar. ‖ Semilla menuda de varios vegetales. ‖ Tiempo en que se cuaja el grano de trigo, lino, cáñamo, etc. ‖ *Rioja*. Frutos de los árboles de monte, como bellotas, hayucos, etc.

grana. (Del lat. *granum*.) f. Excrecencia o agallita que el quermes forma en la coscoja, y que exprimida produce color rojo. ‖ Color rojo obtenido de este modo. ‖ Paño fino usado para trajes de fiesta. **Entom. cochinilla.** ‖ **quermes.** ‖ **del Paraíso.** *Bot.* **cardamomo.** ‖ **de sangre de toro**, o **morada.** Aquella cuyo color tira a morado, por lo cual es muy inferior a la otra.

granada. fr., *grenade*; it., *granata*; i., *pomegranate*; a., *Granatapfel.* (Del lat. *granātum*, sobrentendiéndose *malum*; es decir: fruta granada, con muchos granos.) f. **Artill.** Globo o bola de bronce o hierro, casi del tamaño de una granada natural, llena de pólvora, con una espoleta atacada con un mixto inflamable. Las llevaban los granaderos para arrojarlas encendidas a los enemigos. ‖ Proyectil hueco de metal, que contiene un explosivo y se dispara con obús u otra pieza de artillería. ‖ **Bot.** Fruto del granado, de figura globosa, con diámetro de unos 10 cm., y coronado por un tubo corto y con dientecitos, que son los sépalos del cáliz; corteza de color amarillento rojizo, delgada y correosa, que cubre multitud de granos encarnados, jugosos, dulces unas veces, agridulces otras, y cada uno con una pepita blanquecina, dura y algo amarga. Es comestible apreciado, refrescante, y se emplea en medicina contra las enfermedades de la garganta. ‖ **albar.** *Bot. Mur.* Fruto del granado, que tiene los granos casi blancos y muy dulces. ‖ **cajín.** *Mur.* La que tiene los granos de color carmesí, con un sabor agridulce muy gustoso, y es muy estimada. ‖ **de mano** *Artill.* Granada, proyectil hueco que se arroja con la mano. Hoy se usa en la guerra cargada con diferentes explosivos o gases tóxicos. ‖ **real.** La que se dispara con mortero, por ser poco menos que la bomba. ‖ **zafarí.** *Bot.* Fruto de una especie de granado, que tiene cuadrados los granos.

Granada (fray Luis de). Biog. Literato y orador sagrado benedictino, cuyo nombre en el siglo fue *Luis Sarria*, n. en Granada y m. en Lisboa (1504-1588). Fue provincial de su Orden, aunque renunció al arzobispado de Braga y consagró su vida a la religión y a la literatura. Aunque escribió sermones y biografías, y llevó a cabo traducciones notables, debió su gran popularidad a obras de tipo místico y espiritual. Entre ellas destacan: *Libro de la oración y meditación* (1554), *Memorial de la vida cristiana* (1565), *Guía de pecadores* (1574) e *Introducción al símbolo de la fe* (1583); en esta obra, tomando al hombre en el estado de naturaleza, le va conduciendo hasta vislumbrar las mayores excelencias de la religión católica. Esta obra es fundamental porque reúne una síntesis de los conocimientos de la época, una apología del catolicismo y un examen de la religión a la luz de la razón y de la fe. El gran mérito del ilustre dominico no está, sin embargo, en el contenido de sus obras, que tienen poco de original, sino en su labor de sistematizador y vulgarizador, en su magnífica claridad de exposición, en la ausencia total de pedantería y en su lenguaje, modelo de castellano por su pureza, y lleno de imágenes felices. La rotundidad ciceroniana de sus párrafos le hizo también un modelo de oratoria. ‖ **(Nicolás).** Militar uruguayo (1795-1874). Cadete del Real Colegio de San Fernando (España), intervino en la defensa de Montevideo contra las fuerzas inglesas (1807). ‖ **(Pedro de).** Yahya Almayar. ‖ (En i., *Grenada*.) Geog. Isla de las Pequeñas Antillas, grupo de Barlovento, que forma parte del est. independiente del mismo nombre; 311 km.² y 90.000 h. Cacao, bananas, limones y nuez de coco. ‖ Est. independiente de América, en el mar de las Antillas, formado por la isla de Granada y el grupo meridional del arch. de Granadinas; 344 km.² y 94.500 h. (101.600 calculados en 1979). Cap., Saint George's. Las principales fuentes de ingreso son: el turismo, la pesca (1.700 ton. en 1971) y la agricultura: bananas (22.000 ton. en 1972), cacao (2.500), limones (2.000) y nuez de coco (470). Es una monarquía constitucional cuya cabeza es la soberana del R. U., representada por un gobernador general. Un primer ministro ostenta la jefatura del Gobierno. Descubiertas por Colón, estas islas pertenecieron a Francia desde 1674 hasta 1763, año en que pasaron al R. U. Recuperadas por Francia en 1779, pasaron definitivamente al R. U., por el Tratado de Versalles, en 1783. En 1967 alcanzaron la categoría de Estado Asociado del R. U., y el 7 de febrero de 1974 tomaron su total independencia, en el ámbito de la Commonwealth. ‖ Mun. de Colombia, depart. de Antioquia; 15.279 h. Minas de oro. ‖ Pobl. cap. del mismo; 4.130 h. ‖ Mun. de Colombia, depart. de Meta; 20.785 h. ‖ Pobl. cap. del mismo; 8.814 h. ‖ Prov. de España, perteneciente a la región de Andalucía.

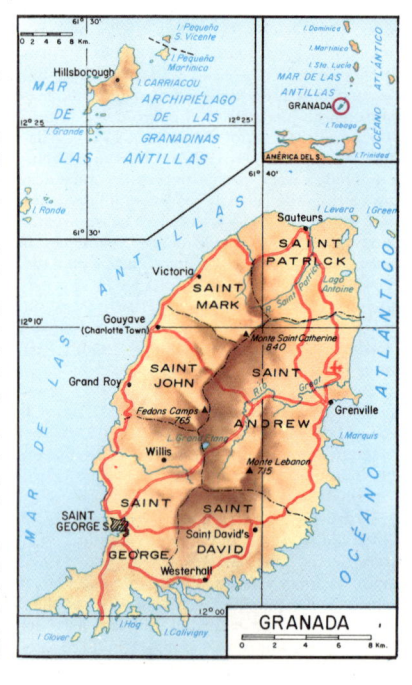

Situación y límites. Limita al N. con la prov. de Jaén, Albacete y Murcia; al E. con la de Almería, al S. con el mar Mediterráneo y la prov. de Málaga, y al O. con esta última y la de Córdoba.

Costas. La costa es alta y escarpada. Sus accidentes más notables son, de O. a E.: la punta del Cerro Redondo y la de Mona, entre las que se forma el entrante de la Herradura, los cabos Sacratif y Melonar, terminaciones de la sierra de Lújar, y Punta Negra.

Extensión y población. Superficie, 12.531 km.²; población absoluta, 733.375 h. *(granadinos)*; población relativa, 58,5 h. por km.²

Orografía. El relieve de la prov. está dominado por el ingente macizo de Sierra Nevada, sit. al S., que alcanza la región de las nieves persistentes, y tiene sus cumbres principales en los picos de Mulhacén y Veleta (3.478 y 3.392 m.), las mayores altitudes de la Península. Las faldas septentrionales de Sierra Nevada se apoyan en los llanos del Marquesado y la meseta de Guadix (900 m.); al E. de ella están las sierras de Gádor y de Baza. En la región occidental, limitada por Sierra Nevada, las sierras de Elvira y Parapanda al N., y la de Alhama al S., y a lo largo del Genil se dispone la vega de Granada en una longitud de 45 km. La comarca del SSE., comprendida entre Sierra Nevada al N. y Sierra Contraviesa al S., recibe el nombre de la Alpujarra o las Alpujarras, y es famosa por la rebelión de los moriscos en tiempo de Felipe II.

Hidrografía. La red fluvial más importante es la que tiene por cauce principal al río Genil, que al llegar a Granada recibe el tributo del Darro, y luego el Monachil y el Dílar, que bajan de Sierra Nevada; más abajo aumenta más su caudal con las aguas del Alhama, al que se junta el Cazín, y el Cutillas, Moro y Velilla. La Alpujarra vierte sus aguas en el Mediterráneo por medio del Guadalfeo y el Ugíjar.

Climatología. El clima granadino ofrece muchas variedades a causa de las irregularidades de su relieve. Desde las cumbres hasta la costa mediterránea se dan, en disposición vertical, todos los climas: desde el alpino hasta el subtropical.

Regiones naturales. Variadas y de muy acusado carácter son las comarcas naturales de esta prov. La *Costa*, formada por tierras de aluvión, tiene vegas feraces con cultivos tropi-

Paisaje de Sierra Nevada. En primer término, el Veleta

cales y mediterráneos; la *Vega*, que se extiende a lo largo del Genil, ofrece un paisaje encantador con sus espesas arboledas y sus variados cultivos, entre los que se destacan los frutales; la *Alpujarra* (v.) occidental, con sierras cubiertas de árboles y buenos pastos y vegas; *Sierra Nevada* (v.), en cuya parte baja no falta vegetación (olivares y castaños frondosos), ascendiendo los cultivos (centeno, cebada, patatas) hasta más de 2.000 m., mientras las regiones altas son extremadamente áridas, y, a partir de 2.800 m., la vegetación es ya exclusivamente alpina; la *Hoya de Guadix*, de suelo árido dedicado a cereales, y la *Hoya de Baza*, de carácter estepario y medianas producciones por la escasez de lluvias.

Agricultura y montes. La producción agrícola consiste en vinos, frutas, hortalizas, legumbres de todas clases y caña de azúcar.

Ganadería. Existen buenos pastos en la Alpujarra, con regular cría de ganado lanar y de cerda, y en la vega granadina se da también el vacuno.

Minería. Hay en explotación minas de hierro (zona del Marquesado), plomo (sierra de Lújar, y Quéntar), cinabrio (SE. de la prov.) y otros, así como importantes canteras en explotación en Atarfe, Güéjar-Sierra (variedad de serpentina) y Huétor-Santillán. No deben dejar de mencionarse los numerosos manantiales de aguas minero-medicinales (Alhama de Granada, Lanjarón, etc.).

Instalaciones industriales, entre Atarfe y Pinos Puente

Industria y comercio. La industria más importante consiste en la fabricación de tejidos, cerámica, alfombras y muebles artísticos, además de la elaboración del azúcar de caña. En los últimos años se ha procurado prestar más atención al sector industrial de la prov. El día 1 de enero de 1970 entró en vigor la concesión del Polo de Desarrollo Industrial, en el polígono de Juncaril; esto, unido al complejo *Mercagranada*, al perfeccionamiento, ya en marcha y con resultados, de la industria e instalaciones deportivas y turísticas en Sierra Nevada, a la ordenación rural de las comarcas de los Montes y de Guadix, creará nuevos puestos de trabajo e incrementará el progreso de la provincia.

Comunicaciones. Sus vías férreas enlazan con la red andaluza por medio de la línea de Granada a Bobadilla, que empalma en este punto con la de Córdoba a Málaga. Tiene 296 kilómetros de líneas férreas, 597,6 de carreteras nacionales, 528 de carreteras provinciales y 523 de locales. La mejora, en la red viaria de carreteras, de los tramos Bailén-Motril, Granada-Las Pedrizas (ya inaugurado en su casi totalidad) y Málaga-Almería por la costa, junto con la apertura al tráfico aéreo normal del aeropuerto de Granada, en junio de 1972,

han de constituir un capítulo importante de realizaciones con vistas a la prosperidad de la provincia.

División territorial. Está dividida en seis partidos judiciales: Baza, Granada, Guadix, Loja, Motril y Órjiva. En lo *administrativo* pertenece a la región de Andalucía; en lo *eclesiástico*, al arzobispado de su nombre y al obispado de Guadix-Baza, sufragáneo del anterior; en lo *judicial*, tiene Audiencias territorial y provincial; en lo *militar*, es cabeza de la novena región, y en lo *académico* al distrito universitario de su nombre. En otro plano, se ha potenciado la educación en una de las zonas más atrasadas de la prov., la Alpujarra. Concentrados en Órjiva y en Ugíjar existen, aparte de centros de E. G. B., varios colegios menores, dos institutos de enseñanza media, una escuela-hogar, etc.

Capital y poblaciones importantes. Es cap. de la prov. la ciudad de su nombre. Otras pobl. importantes son: Albolote (4.849 h.), Alhama de Granada (6.148), Almuñécar (7.812), Armilla (5.473), Atarfe (7.086), Baza (14.290), Caniles (5.099), Cuéllar de Baza (4.509), Dúrcal (4.519), Gabia la Grande (4.093), Guadix (15.311), Huéscar (6.384), Huétor-Tájar (3.831), Íllora (4.588), Iznalloz (4.814), Lanjarón (4.398), Loja (11.549), Montefrío (4.276), Motril (25.427), Padul (6.377), Pinos Puente (7.634), Salobreña (5.961), Santa Fe (8.990), Zubia (5.222) y otras.

Historia. Desde la más remota antigüedad el S. de España, y en él la prov. de Granada, estuvo muy poblado y atrajo a los primeros colonizadores mediterráneos (fenicios, griegos y cartagineses). Con la invasión árabe comienza la celebridad que como población y como cultura ha tenido Granada. Al fraccionarse el Califato cordobés en los reinos de taifas constituyó un reino musulmán, que se mantuvo hasta el final de la Reconquista. Los Reyes Católicos sitiaron su cap. en 1490 y la

Guadix. Vista parcial

tomaron al rey Boabdil el 2 de enero de 1492, derrumbando con ello el último reino árabe de España y dando fin al secular proceso de la Reconquista cristiana que comenzó en las montañas de Asturias. Favorecidos por la topografía del terreno, los naturales de la Alpujarra no reconocieron de buen grado la autoridad de los califas cordobeses ni de los reyes

granadinos después. Terminada la Reconquista, costó mucho trabajo someterlos y se sublevaron varias veces, hasta que en el reinado de Felipe II fueron expulsados los moriscos de este país, que fue repoblado con cristianos viejos, entre los que figuraron muchos gallegos. Entre los días 19 a 26 de abril de 1956 se registraron en esta prov. varios movimientos sísmicos de no mucha intensidad, pero que causaron bastantes daños materiales en la cap. y en los pueblos de Albolote y Atarfe. || Mun. de España, prov. y p. j. de su nombre; 190.429 h. || C. cap. del mismo, de la prov. y del p. j., sit. en la falda de Sierra Nevada; 185.799 h. *(granadinos)*. El río Darro divide Granada en dos partes: a la derecha se halla el barrio del Albaicín, que presenta aún muchos edificios y el trazado de las calles del tiempo de los árabes, y la mayor parte de la pobl. moderna; al otro lado están la Alhambra y el Generalife. Heredera de la antigua Ilíberis, que se hallaba a poca distancia, aumentó su población con los moros que huían de las armas cristianas, hasta contar, a fines del

La Alhambra, con la sierra al fondo

s. XV, unas 70.000 casas y cerca de 400.000 h. Entre sus edificios monumentales figura en primer término la magnífica Alhambra (v.), palacio de los reyes moros, en la que rivaliza la grandeza del pensamiento con el gusto de la ejecución. Son además dignos de citarse la catedral, el palacio del Generalife, residencia de verano de los reyes granadinos, la Audiencia,

granadal–grancolombiano

el palacio de Carlos V, la capilla real, construida por iniciativa de los Reyes Católicos y donde están éstos enterrados, así como sus hijas doña Juana y don Felipe; las iglesias de San Juan de los Reyes, San Bartolomé, San Cristóbal, San Ildefonso y San Jerónimo, todas del siglo XVI, y el palacio episcopal. Es residencia del gobernador civil y sede de arzobispado, de las Audiencias territorial y provincial y del gobernador militar. Posee Universidad con las Facultades de Biológicas, Físicas, Geológicas, Matemáticas, Químicas, Derecho, Farmacia, Filología, Filosofía y Ciencias de la Educación, Geografía e Historia y Medicina. Escuelas Universitarias de Estudios Empresariales, Profesorado de E. G. B. y Arquitectura Técnica. Tiene, también, Escuela de Artes y Oficios y Conservatorio de Música. Su industria tradicional consiste en la fabricación de pólvora, azúcar, aprestos, instrumentos de música, loza, mosaicos, tejidos de algodón, cáñamo, yute, pita, hilo y seda, artículos de cinc, y especialmente de muebles, y objetos artísticos en hierro y cobre repujados, alfombras moriscas y cerámica. ‖ Depart. de Nicaragua; 1.400 km.² y 65.706 h. ‖ Mun. de Nicaragua, departamento de su nombre; 40.104 h. ‖ C. de Nicaragua, cap. del depart. y mun. de su nombre; 40.092 h. Comercio activo con EE. UU., R. U., Francia y R. F. A. Puerto en el Gran Lago. ‖ Dist. de Perú, depart. de Amazonas, prov. de Chachapoyas; 652 h. ‖ Pueblo cap. del mismo; 221 h. ‖ **(La).** Mun. y lugar de España, prov. de Barcelona, p. j. de Villafranca del Penedés; 1.232 h. ‖ **de Río Tinto (La).** Mun. y villa de España, prov. de Huelva, p. j. de Aracena; 346 h. Minas de manganeso.

granadal. m. Agr. Tierra plantada de granados.

Granadella. Geog. Mun. y villa de España, prov. y p. j. de Lérida; 1.089 h. (*granadellenses*).

granadera. f. Bolsa de vaqueta que llevaban los granaderos para guardar las granadas de mano.

granadero. (De *granada*.) m. Soldado de infantería armado con granadas de mano. ‖ Soldado de elevada estatura perteneciente a una compañía que formaba a la cabeza del regimiento. ‖ fig. y fam. Persona muy alta.

Granadero Baigorria. Geog. Pobl. de Argentina, prov. de Santa Fe, depart. de Rosario; 5.818 h. Antes se llamó *Paganini*. ‖ **Gatica.** Local. de Argentina, prov. de Santiago del Estero, depart. de Moreno; 491 h.

granadés, sa. adj. ant. **granadino**, natural de Granada. Apl. a pers., úsáb t. c. s.

granadí. (Del ár. *garnāṭī*, perteneciente o relativo a Granada.) adj. ant. **granadino**, natural de Granada. Apl. a pers., úsáb. t. c. s.

granadilla. (De *granada*, porque sus granos tienen el sabor de los de este fruto.) f. **Bot.** Flor de las varias plantas cultivadas de la familia de las plasifloráceas originarias de América meridional. En Perú se da este nombre principalmente a *passiflora tiliaefolia*, la de mono a *p. maliformis*, y la de China la llaman en Méjico *pasionaria azul*. ‖ Fruto de estas plantas.

Granadilla de Abona. Geog. Mun. de España, prov. de Santa Cruz de Tenerife, en la isla de Tenerife, p. j. de su nombre; 10.118 habitantes. ‖ Villa cap. del mismo y del p. j.; 2.473 h. (*granadillenses*).

granadillo. (De *granada*, por el color de la madera.) m. **Bot.** Árbol de la familia de las papilionáceas, llamado también ébano de Santo Domingo o rojo, de 6 a 8 m. de altura, copa mediana, tronco y ramas tortuosas, con espinas solitarias, rectas y muy agudas; hojas ovaladas, obtusas y coriáceas; flores blanquecinas en hacecillos, fruto en legumbre vellosa, y madera dura, compacta, de grano fino y color rojo y amarillo, muy apreciada en ebanistería (*brya ebenus*).

granadina. (De *Granada*.) f. Tejido calado, que se hace con seda retorcida. ‖ **Folk.** Variedad del cante andaluz, especialmente de Granada. Hay también la *media granadina*.

Granadinas. (En inglés, *Grenadines*.) **Geog.** Arch. del mar de las Antillas, de unas 600 pequeñas islas, sit. entre las de San Vicente y Granada; 77 km.² y 13.000 h. Administrativamente, la parte septentrional, con Bequia (18 km.²) como su principal isla, pertenece a San Vicente y Granadinas, y la parte meridional, con Carriacou (33 km.²), a Granada.

granadino, na. adj. Perteneciente al granado o a la granada. ‖ m. Flor del granado. ‖ f. Refresco hecho con zumo de granada.

granadino, na. adj. Natural de Granada, o perteneciente a aquella ciudad y a su prov. Ú. t. c. s.

granado. p. p. de **granar**. ‖ adj. fig. Notable y señalado, principal, ilustre y escogido. ‖ fig. Maduro, experto. ‖ **por granado.** m. adv. ant. **por mayor.**

granado. (De *granada*.) m. **Bot.** Árbol de la familia de las punicáceas, de 5 a 6 metros de altura, con tronco liso y tortuoso, ramas delgadas, hojas opuestas, oblongas, enteras y lustrosas, flores casi sentadas, rojas y con los pétalos algo doblados, y cuyo fruto es la granada.

Granado (El). Geog. Mun. de España prov. de Huelva, p. j. de Ayamonte; 973 h. ‖ Villa cap. del mismo; 730 h. (*granadinos*).

Granados (Asunción). Biog. García (María Asunción). ‖ **y Campiña (Enrique).** Pianista y compositor español, n. en Lérida y m. en el hundimiento del vapor inglés *Sussex*, torpedeado en el canal de la Mancha durante la P. G. M. (1867-1916). A sus grandes condiciones de pianista unió las no menos notables de compositor de sana inspiración popular, que le sitúan, con Albéniz y Falla, en primer lugar entre los músicos españoles contemporáneos. Lo mejor de su producción está en sus piezas de concierto para piano: *Goyescas*, suite de siete cuadros descriptivos que sirvieron después de base para su ópera de igual título, *Danzas españolas*, de las que se han popularizado más las que llevan por título *Andaluza y Oriental*, *Capricho español*, *Tonadillas y Canciones*. ‖ **Geog.** Mun. de Guatemala, depart. de Baja Verapaz; 8.278 h. ‖ Pobl. cap. del mismo; 464 h. Arroz, tabaco, café, etc. ‖ Mun. de Méjico, est. de Sonora, 1.387 h. ‖ Pueblo cap. del mismo; 1.369 h.

granalla. (desp. de *grano*.) f. Granos o porciones menudas a que se reducen los metales para facilitar su fundición.

granar. fr., *grener, grainer*; it., *granire, granare*; i., *to corn, to seed*; a., *ins Korn schiessen.* intr. Formarse y crecer el grano de los frutos en algunas plantas, como las espigas, los racimos, etc. ‖ Germ. **enriquecerse.**

granate. fr., *grenat*; it., *granato*; i., *garnet*; a., *Granatstein*. (Del lat. *granātum*, granada, con alusión al color de sus granos.) m. Color rojo obscuro. ‖ **Miner.** Piedra fina compuesta de silicato doble de alúmina y de hierro u otros

Roca con cristales de granate, procedente de Quebec (Canadá)

óxidos metálicos. Su color varía desde el de los granos de granada al rojo, negro, verde, amarillo, violáceo y anaranjado. ‖ **almandino.** El de color rojo brillante o violeta, muy usado en joyería. También llaman así a una variedad violeta del rubí espinela. ‖ **de Bohemia.** El almandino de color vinoso. ‖ **noble, oriental o sirio,** granate almandino.

granatín. (Del m. or. que *granadí*.) m. Cierto género de tejido antiguo.

Granátula de Calatrava. Geog. Mun. y villa de España, prov. y p. j. de Ciudad Real; 2.087 h. (*granatuleños*).

granazón. fr., *grainaison*; it., *granitura*; i., *seeding*; a., *Körnerbildung*. f. Acción y efecto de granar.

grancé. (Del fr. *garance*, color encarnado, y éste del m. or. que *granza*.) adj. Dícese del color rojo que resulta de teñir los paños con la raíz de la rubia o granza.

grancero. m. Sitio en donde se recogen y guardan las granzas de trigo, cebada u otros granos y semillas.

grancilla. f. **Miner.** Carbón mineral lavado y clasificado, cuyos trozos han de tener un tamaño reglamentario comprendido entre 12 y 15 milímetros.

granco. m. Zool. Crustáceo malacostráceo decápodo. La especie europea es el *granco marmóreo* (*grapsus marmoratus*); el *g. cruentatus* vive en las Antillas, y el *g. strigosus* en Chile.

grancolombiano, na. adj. Perteneciente o relativo a la Gran Colombia.

Enrique Granados. Colección privada. Madrid

·**grand.** adj. ant. **grande.**

Grand-Anse. *Geog.* Dist. de Haití, depart. de Sud; 240.857 h. Cap., Jérémie. ‖ **Bahama. Gran Bahama.** ‖ **Bassa.** Cond. de Liberia; 13.144 km.² y 198.000 h. Cap., Buchanan. Arroz. ‖ **Bourg.** C. cap. de la isla de María Galante; 6.529 h. ‖ **Cayman. Gran Caimán.** ‖ **Gedeh.** Cond. de Liberia; 17.029 km.² y 88.300 h. Cap., Tchien. ‖ **-Port.** Dist. de Mauricio; 260 km.² y 84.640 h. ‖ **Turk. Gran Turca.**

granda. f. **gándara.**

grandánime. adj. ant. Que tiene grandeza de ánimo.

Grandas de Salime. *Geog.* Mun. de España, prov. de Oviedo, p. j. de Luarca; 2.335 habitantes. Corr. 594 a la cap., la villa de Grandas *(grandaleses).*

grande. fr., *grand;* it., *grande;* i., *great;* a., *gross.* (Del lat. *grandis.*) adj. Que excede a lo común y regular. ‖ ant. Abundante, numeroso. ‖ m. Prócer, magnate, persona de muy elevada jerarquía o nobleza. ‖ **de España.** *Hist.* Persona que tenía la preeminencia de poder cubrirse delante del rey si era caballero, o de tomar asiento delante de la reina si era señora, y gozaba de los demás privilegios anexos a esta dignidad. Hubo grandes de primera, de segunda y de tercera clase, que se distinguían en el modo y tiempo de cubrirse cuando hacían la ceremonia de presentarse la primera vez al rey. ‖ **en grande.** m. adv. Por mayor, en conjunto: *considerar una cosa* en **grande.** ‖ fig. Con fausto o gozando mucho predicamento. Ú. con los verbos *estar, vivir,* etc.

Grande (Félix). *Biog.* Poeta y novelista español, n. en Mérida en 1937. En 1963 obtuvo el premio Adonais por su obra *Las piedras* y en

Félix Grande

1978 el Nacional de Literatura, apartado de poesía, por *Las Rubáiyatas de Horacio Martín.* ‖ **Cobián (Francisco).** Investigador español, n. en Colunga en 1909. Destaca por sus estudios sobre el metabolismo del corazón, la diabetes experimental y la desnutrición. ‖ *Geog.* **Mamoré.** ‖ **-Anse.** Pobl. cap. de la isla Deseada, dependencia de Guadalupe. ‖ **de Matagalpa.** Río de Nicaragua, uno de los más caudalosos y largos del país. ‖ **del Norte. Bravo,** o **Bravo del Norte.** ‖ **Rivière du Nord.** Dist. de Haití, depart. de Nord; 100.431 h. Produce café, azafrán, lino, manzanilla, etc. Minerales de antimonio. ‖ Villa cap. del mismo; 5.285 h. ‖ **de Santiago. Lerma,** río de Méjico.

grandecía. f. ant. **grandeza.**

grandemente. adv. m. Mucho o muy bien. ‖ Extremadamente.

grander. (Del lat. *grandēre.*) tr. ant. Hacer más grande.

Grandes. *Geog.* Mun. de España, prov. de Salamanca, p. j. de Vitigudino; 57 h. ‖ Lugar cap. del mismo; 43 h. ‖ **Lagos.** Nombre que se da al grupo de los cinco grandes lagos de agua dulce de América del Norte. Son: *Superior, Michigán, Hurón, Erie* y *Ontario.* También son llamados *Lagos Canadienses.* ‖ **y San Martín.** Mun. de España, prov. de Ávila, p. j. de Piedrahíta; 147 h. ‖ Lugar cap. del mismo; 92 h.

grandevo, va. (Del lat. *grandaevus;* de *grandis,* crecido, y *aevum,* edad.) adj. poét. Dícese de la persona de mucha edad.

grandez. f. ant. **grandeza.**

grandeza. fr., *grandeur, grandesse;* it., *grandezza;* i., *greatness, grandeship;* a., *Grösse, Hoheit.* (De *grande.*) f. Tamaño excesivo de una cosa respecto de otra del mismo género. ‖ Majestad y poder. ‖ Dignidad de grande de España. ‖ Conjunto o concurrencia de los grandes de España. ‖ Extensión, tamaño, magnitud.

Grandeza (La). *Geog.* Mun. de Méjico, est. de Chiapas; 3.775 h. ‖ Pueblo cap. del mismo; 996 h.

grandezuelo, la. adj. diminutivo de **grande.**

Grandi (Dino). *Biog.* Político y diplomático italiano, n. en Mordano en 1895. Actuó como capitán en la P. G. M.; tomó parte en la marcha fascista sobre Roma; fue embajador en el R. U. (1932-1939) y delegado permanente de Italia en la Sociedad de las Naciones. Se pronunció contra la política de Mussolini (1943).

grandifacer. (Del lat. *grandis,* grande, y *facĕre,* hacer.) tr. ant. Engrandecer o hacer grande.

grandifecho, cha. p. p. irreg. ant. de **grandifacer.**

grandificencia. (De *grandifacer.*) f. ant. **grandeza.**

grandilocuencia. (De *grandilocuente.*) f. Elocuencia muy abundante y elevada. ‖ Estilo sublime.

grandilocuente. (De *grandis,* grande, y *loquens, -entis,* que habla.) adj. Que habla o escribe con grandilocuencia.

grandílocuo, cua. (Del lat. *grandilŏquus.*) adj. **grandilocuente.**

grandillón, na. adj. fam. aum. de **grande.** ‖ fam. Que excede del tamaño regular con desproporción.

grandiosamente. adv. m. Con grandiosidad.

grandiosidad. fr., *grandiose, grandiosité;* it., *grandiosità;* i., *grandiosity;* a., *Grossartigkeit.* (De *grandioso.*) f. Admirable grandeza, magnificencia.

grandioso, sa. fr., *grandiose;* it., *grandioso;* i., *grandiose, magnificent;* a., *grossartig, grandios.* (De *grande.*) adj. Sobresaliente, magnífico.

grandisonar. intr. poét. Resonar o tronar con fuerza.

grandísono, na. (Del lat. *grandisŏnus.*) adj. Que resuena con fuerza. ‖ poét. Altamente sonoro.

Grândola. *Geog.* Pobl. de Portugal, dist. de Setúbal, prov. de Estremadura; 11.654 h.

grandón, na. adj. aum. de **grande.**

grandullón.

grandor. (De *grande.*) m. Tamaño de las cosas.

grandote, ta. adj. fam. aum. de **grande.**

grandullón, na. adj. fam. Dícese especialmente de los muchachos muy crecidos para su edad. Ú. t. c. s.

grandura. f. ant. Tamaño de las cosas.

graneado, da. p. p. de **granear.** ‖ adj. Reducido a grano. ‖ Salpicado de pintas.

graneador. (De *granear.*) m. Criba de piel que se usa en las fábricas de pólvora para refinar el grano por segunda vez. ‖ Lugar destinado a este efecto en las fábricas de pólvora. ‖ Instrumento de acero, achaflanado, y que remata en una línea curva llena de puntas menudas, de que usan los grabadores para granear las planchas que han de grabar al humo.

granear. tr. Esparcir el grano o semilla en un terreno. ‖ Convertir en grano la masa preparada de que se compone la pólvora, pasándola por el graneador. ‖ Llenar la superficie de una plancha de puntos muy espesos con el graneador, para grabar al humo. ‖ Sacarle grano a la superficie lisa de una piedra litográfica para poder dibujar en ella con lápiz litográfico.

granel (a). (Del cat. *granell,* y éste del lat. *granellum,* de *granum,* grano.) m. adv. Hablando de cosas menudas, como trigo, centeno, etc., sin orden, número ni medida. Tratando de géneros, sin envase, sin empaquetar. ‖ fig. De montón, en abundancia.

Granera. *Geog.* Mun. y lugar de España, prov. de Barcelona, p. j. de Manresa; 92 habitantes.

granero. fr., *grenier;* it., *granaio;* i., *granary;* a., *Kornkammer.* (Del lat. *granarium.*) m. Sitio en donde se recoge y custodia el grano. ‖ fig. Territorio muy abundante en grano y que provee de él a otros países.

Granero y Valls (Manuel). *Biog.* Matador de toros español, n. en Valencia y m. en Madrid (1902-1922). Cursó estudios de música, especializándose en violín. Su afición por los toros le impulsó a los ruedos, tomando la alternativa en Sevilla en 1920, de manos de Rafael *el Gallo.* Confirmó su alternativa en Madrid en 1921, apadrinado por *Chicuelo.* La finura y estilo del nuevo fenómeno venía a ocupar el vacío dejado por *Joselito,* pero una mortal cogida de un toro, llamado *Pocapena,* truncó su brillante carrera el 7 de mayo de 1922 en Madrid. Su característico natural con la derecha fue bautizado por Gregorio Corrochano con el nombre de *pase de la firma.*

Graneros. *Geog.* Depart. de Argentina, prov. de Tucumán; 2.595 km.² y 17.562 h. Caña de azúcar, viñedos, etc. ‖ Local. cap. del mismo; 1.127 h. ‖ Comuna de Chile, prov. de O'Higgins, depart. de Rancagua; 13.442 h. ‖ Pobl. cap. de la misma; 8.909 h.

granévano. m. *Bot.* Planta de la familia de las papilionáceas, afín a las que producen tragacanto *(astrágalus clússii).*

granguardia. (De *gran* y *guardia.*) f. *Mil.* Tropa de caballería apostada a mucha distancia de un ejército acampado, para guardar las avenidas y dar avisos.

graniada. f. *R. Plata.* Soga de cuero crudo que ha sido sobada y maceteada con cuidado hasta conseguir un graneado uniforme.

Gránico. *Geog. hist.* Río de Asia Menor, en cuyas cercanías obtuvo Alejandro Magno, rey de Macedonia, su primera victoria en mayo o junio del año 334 a. C.

granido, da. (De *grano.*) adj. *Germ.* Rico, adinerado. ‖ m. Paga de contado.

granífugo, ga. (De *granizo* y *-fugo.*) adj. Dícese de cualquier medio o dispositivo que se emplea en el campo para esparcir las nubes tormentosas y evitar las granizadas.

granilla. f. Granillo que por el revés tiene el paño. ‖ *Can.* Grana o semilla de la uva, del tomate, del higo chumbo y de algunos otros frutos.

granillero, ra. (De *granillo,* dim. de *grano.*) adj. *And.* y *Mancha.* Dícese de los cerdos que en el tiempo de la montanera se alimentan de la bellota que encuentran en el suelo.

granillo. m. dim. de **grano.** ‖ Tumorcillo que nace encima de la rabadilla a los canarios y jilgueros. ‖ fig. Utilidad y provecho de una cosa usada y frecuentada. ‖ **de oveja.** *Bot.* Nombre vulgar de la leguminosa *scorpiurus muriscata.*

granilloso, sa. adj. Que tiene granillos.

Granit (Ragnar). *Biog.* Científico sueco, n. en Helsinki en 1900. En 1967 compartió el premio Nobel de Medicina con los estadounidenses Haldan K. Hartline y George Wald,

granítico, ca. adj. Perteneciente al granito o semejante a esta roca.

granito. m. dim. de **grano.** || Geol. Roca antigua, ígnea, ácida y granuda, compuesta de feldespato ortosa, cuarzo y mica, y que puede llevar minerales accesorios como granates, topacios, etc. Lo hay de varios colores, según la proporción de sus componentes, y constituye un excelente material de construcción y pavimentación. Es una de las rocas más difundidas por el globo: en España se encuentra en Galicia, Pirineos, sierras de Guadarrama y Gredos, Cataluña, etc. En América existe a lo largo de los Andes y en el macizo de Brasil. Se llama también *piedra berroqueña* y *granitita*. || **Seric. Mur.** Huevecillo del gusano de seda. || **con su granito de sal.** m. adv. fig. **con su grano de sal.**

granívoro, ra. (Del lat. *granum, -i,* grano, y *-voro*.) adj. Aplícase a los animales que se alimentan de granos.

granizada. f. Copia de granizo que cae de una vez. || fig. Multitud de cosas que caen o se manifiestan continuada y abundantemente. || *And., Arg.* y *Chile.* Bebida helada.

granizado. m. Refresco que se hace con hielo machacado al que se agrega alguna esencia o jugo de fruta.

granizal. m. *Col.* y *Chile.* Granizada, abundancia de granizo.

granizar. fr., *grêler;* it., *grandinare;* i., *to hail;* a., *hageln*. intr. Caer granizo. || fig. Arrojar o despedir una cosa con ímpetu, menudeando y haciendo que caiga espeso lo que se arroja. Ú. t. c. tr.

granizo. fr., *grêle;* it., *grandine;* i., *hail;* a., *Hagel*. (Del lat. *grandiniĕus,* de *grando, -inis*.) m. Agua congelada que desciende con violencia de las nubes, en granos más o menos duros y gruesos, pero no en copos como la nieve. Es un meteoro de carácter tempestuoso, acompañado, casi siempre, de fenómenos eléctricos. || Especie de nube de materia gruesa que se forma en los ojos entre las túnicas úvea y córnea. || fig. Copia de granizo. || Multitud de cosas que caen o se manifiestan continua y abundantemente. || *Germ.* Muchedumbre de una cosa.

granja. fr., *ferme;* it., *masseria;* i., *farmhouse;* a., *Meierei.* (Del fr. *grange,* y éste del lat. **granĭca,* de *granum,* grano.) f. Hacienda de campo, a manera de grande huerta, dentro de la cual suele haber una casería donde se recogen la gente de labor y el ganado.

Granja (Juan de la). Biog. Escritor y político mejicano, de origen español, n. en Valmaseda y m. en Méjico (hacia 1785-1856). Fundó en Nueva York, *El Correo de Ambos Mundos,* primer periódico publicado en español en EE. UU. Implantó en Méjico el telégrafo eléctrico. || **(La).** Geog. Local. de Argentina, prov. de Córdoba, depart. de Colón; 1.261 h. || **(La).** Comuna de Chile, prov. de Santiago, depart. de Presidente Aguirre Cerda; 163.882 h. || **(La).** Mun. y lugar de España, prov. de Cáceres, p. j. de Plasencia; 584 h. || **(La). San Ildefonso** o **La Granja.** || **de la Costera (La).** Mun. y lugar de España, prov. de Valencia, p. j. de Játiva; 493 h. || **de Escarpe.** Mun. y lugar de España, prov. y p. j. de Lérida; 1.372 h. || **de Moreruela.** Mun. de España, prov. de Zamora, p. j. de Villalpando; 618 h. || Lugar cap. del mismo; 581 h. || **de Rocamora.** Mun. de España, prov. de Alicante, p. j. de Orihuela; 1.533 h. || Lugar cap. del mismo; 1.561 h. || **de Torrehermosa.** Mun. de España, prov. de Badajoz, p. j. de Llerena; 4.113 h. || Villa cap. del mismo; 4.093 h.

granjeable. adj. Que se puede granjear.

granjeador, ra. adj. *Méj.* Que sabe atraerse las voluntades.

granjear. (De *granja*.) tr. Adquirir caudal, obtener ganancias traficando con ganados u otros objetos de comercio. || Adquirir, conseguir, obtener, en general. || Captar, atraer, conseguir, voluntades, etc. Ú. m. c. prnl. || ant. Cultivar con esmero las tierras y heredades, cuidando de la conservación y aumento del ganado. || *Chile.* Estafar, hurtar. || **Mar.** Ganar, con relación a la distancia o al barlovento.

granjeo. m. Acción y efecto de granjear.

granjería. (De *granjero*.) f. Beneficio de las haciendas de campo y venta de sus frutos, o cría de ganados y trato con ellos, etc. || fig. Ganancia y utilidad que se obtiene traficando y negociando.

granjero, ra. fr., *fermier;* it., *fattore;* i., *farmer;* a., *Pächter.* m. y f. Persona que cuida de una granja. || Persona que se emplea en granjerías.

Granjuela (La). Geog. Mun. y villa de España, prov. de Córdoba, p. j. de Peñarroya-Pueblonuevo; 792 h.

grano. fr., *grain;* it., *grano;* i., *grain, seed;* a., *Korn.* (Del lat. *granum*.) m. Semilla y fruto de las mieses; como del trigo, cebada, etc. || Semillas pequeñas de varias plantas. || Cada una de las semillas o frutos que con otros iguales forma un agregado. || Porción o parte menuda de otras cosas. || Cada una de las partecillas, como de arena, que se perciben en la masa de algunos cuerpos. || Cada una de las partículas en que se divide el tabaco cuando se pica al cuadrado. || Especie de tumorcillo que nace en alguna parte del cuerpo y a veces cría materia. || En las armas de fuego, pieza que se echaba en la parte del fogón cuando se había gastado y agrandado con el uso, y en ella se volvía a abrir el fogón. || En las piedras preciosas, cuarta parte de un quilate. || Cuarta parte del quilate, que se emplea para designar la cantidad de fino de una liga de oro. || Flor de una piel. || Cada una de las pequeñas protuberancias que agrupadas cubren la flor de ciertas pieles curtidas; como el cordobán, la vaqueta, la zapa, y algunas antes de curtir, como la de lija. || *Germ.* Ducado, moneda. || **Farm.** y **Metrol.** Peso de un grano regular de cebada. El grano no era igual en todos los países: en España era la vigésima cuarta parte del escrúpulo, y equivalía a 0,05 g. En EE. UU. y R. U. aún se emplea mucho esta unidad de peso y equivale a 65 miligramos. || **Metrol.** Dozava parte del tomín, equivalente a 48 miligramos. || **de arena.** fig. *Léx.* Auxilio pequeño con que se contribuye para una obra o fin determinado. || **turco.** *Bot.* Trigo sarraceno, alforfón. || **del Paraíso.** *Bot.* Semillas del amomo. || **¡ahí es un grano de anís!** expr. fig. y fam. de que se usa irónicamente para denotar la gravedad o importancia de una cosa. || **con su grano de sal.** m. adv. fig. que advierte la prudencia, madurez y reflexión con que deben tratarse y gobernarse los puntos arduos y delicados.

granollerense. adj. Natural de Granollers, o perteneciente a esta ciudad. Ú. t. c. s.

Granollers. Geog. Mun. y c. de España, prov. de Barcelona, p. j. de su nombre; 30.066 habitantes *(granollerenses)*. La cap. del mun. lo es también del p. j. Importante centro agrícola e industrial.

Estela de la Cabeza Chavaca, en granito rojo. Museo Arqueológico. El Cairo

Granollers. Vista aérea

granoso, sa. (Del lat. *granōsus.*) adj. Dícese de lo que en su superficie forma granos con alguna regularidad; como sucede en la piel de zapa o lija y en la corteza de algunas frutas.

granoto. (De *grano.*) m. *Germ.* Conjunto de granos de cebada.

grant. adj. ant. **grande.**

Grant (Cary). *Biog.* Actor de teatro y cine estadounidense, de origen inglés, llamado antes *Archibald Alexander Leach*, n. en Bristol en 1909. Filmes importantes en los que ha intervenido: *La pícara puritana* (1937), *La fiera de mi niña* (1938), *Gunga Din, Sólo los ángeles tienen alas* y *Tú y yo* (1939 y 1957), *Sospecha* (1941), *Arsénico, por compasión* (1944), *El solterón y la menor* (1947), *Con la muerte en los talones* (1959), *Charada* (1963) y *Apartamento para tres* (1966). ǁ **(Ulysses Simpson).** General estadounidense, n. en Point Pleasant y m. en Mount McGregor (1822-1885). Tomó parte en la guerra de Secesión, en el bando nordista, en el que llegó a ostentar el mando supremo del ejército, al que condujo victorioso hasta la rendición del general sudista Lee (1865).

Granucillo. *Geog.* Mun. de España, prov. de Zamora, p. j. de Benavente; 538 h. ǁ Lugar cap. del mismo; 309 h.

granuja. (De un deriv. del lat. *granum*, grano.) f. Uva desgranada y separada de los racimos. ǁ Granillo interior de la uva y de otras frutas, que es su simiente. ǁ fam. Conjunto de pillos o pícaros. ǁ m. fam. Muchacho vagabundo, pilluelo. ǁ fig. Bribón, pícaro.

granujada. f. Acción propia de un granuja.

granujado, da. (De *granujo.*) adj. Que tiene modales de granuja.

granujería. f. Conjunto de granujas, pilluelos, pícaros. ǁ Acción propia de un granuja.

granujiento, ta. (De *granujo.*) adj. Que tiene muchos granos, especialmente tratándose de personas y animales.

granujo. m. Grano o tumor pequeño que sale en cualquier parte del cuerpo.

granujoso, sa. (De *granujo.*) adj. Dícese de lo que tiene granos.

granulación. fr. e i., *granulation*; it., *granulazione*; a., *Körner.* f. Acción y efecto de granular o granularse.

granulado, da. p. p. de **granular.** ǁ adj. Dícese de las substancias cuya masa forma gránulos, granos pequeños.

granular. (De *gránulo.*) adj. Aplícase a la erupción de granos y a las cosas en cuyo cuerpo o superficie se forman granos. ǁ Dícese de las substancias cuya masa forma granos o porciones menudas.

granular. (De *gránulo.*) tr. En química, reducir a granillos una masa pastosa o derretida. ǁ prnl. *Pat.* Cubrirse de granos pequeños alguna parte del cuerpo.

gránulo. fr., *granule*; it., *granulo*; i., *globule*; a., *Körnchen.* (Del lat. *granŭlum.*) m. dim. de **grano.** ǁ *Farm.* Bolita de azúcar o goma arábiga con muy corta dosis de algún medicamento.

granuloso, sa. (De *gránulo.*) adj. Dícese de las substancias cuya masa forma gránulos, granos pequeños.

Granvela (cardenal). *Biog.* Perrenot de Granvela (Antonio).

granza. (En fr., *garance*, y éste del germ. *wratja*, rubia.) f. *Bot.* **rubia**, planta tintórea de la familia de las rubiáceas (*rubia tinctórum*).

granza. (Del lat. *grandĭa*, pl. n. de *grandis*, grande, grueso.) f. Carbón mineral lavado y clasificado, cuyos trozos han de tener un tamaño reglamentario comprendido entre 15 y 25 mm. ǁ pl. Residuos de paja larga y gruesa, espiga, grano sin descascarillar, etc., que quedan del trigo, cebada y otras semillas cuando se avientan y acriban. ǁ Desechos que salen del yeso cuando se cierne. ǁ Superfluidades de cualquier metal.

granzón. (De *granzas*, residuos de paja.) m. En minería, cada uno de los pedazos gruesos de mineral que no pasan por la criba. ǁ En Venezuela, arena gruesa. ǁ pl. Nudos de la paja que quedan cuando se criba, y que ordinariamente deja el ganado en los pesebres, por ser lo más duro de ella.

granzoso, sa. adj. que tiene muchas granzas.

Grañanella. *Geog.* Mun. de España, prov. de Lérida, p. j. de Cervera, 209 h. ǁ Lugar cap. del mismo; 52 h. Aguas mineromedicinales.

Grañén. *Geog.* Mun. de España, prov. y p. j. de Huesca; 3.369 h. ǁ Villa cap. del mismo; 1.543 h. (*grañenenses*).

Grañena. *Geog.* Mun. de España, prov. de Lérida, p. j. de Cervera; 279 h. La cap., única pobl. del mun., es la villa de Grañena de Cervera. ǁ **de las Garrigas.** Mun. y lugar de España, prov. y p. j. de Lérida; 297 h.

grañón. (Del lat. *granĕa.*) m. Especie de sémola hecha de trigo cocido en grano. ǁ El mismo grano de trigo cocido.

Grañón. *Geog.* Mun. y villa de España, prov. de Logroño, p. j. de Haro; 737 h.

grañuela. (Del lat. *gremĭa*, brazado.) f. Brazado de mies que el segador mantiene o deposita en tierra.

grao. (Del cat. *grau*, y éste del lat. *gradus*, escalón.) m. Playa que sirve de desembarcadero.

Grao. *Geog.* Nombre propio de varios pueblos del litoral valenciano, como El Grao de Valencia, de Castellón, de Burriana, etc., que vienen a ser los barrios marítimos de estas localidades.

grapa. (Del germ. *krappa*, gancho.) f. Pieza de hierro u otro metal, cuyos dos extremos, doblados y aguzados, se clavan para unir o sujetar dos tablas u otras cosas. ǁ Pieza metálica pequeña que se usa para coser y sujetar papeles. ǁ Escobajo o gajo de uva. ǁ *R. Plata.* Bebida alcohólica que se obtiene del maíz o cualquier otro grano por destilación. ǁ *Veter.* Llaga o úlcera transversal que se forma a las caballerías en la parte anterior del corvejón y posterior de la rodilla. ǁ Cada una de las excrecencias, a modo de verrugas ulceradas, que se forman a las caballerías en el menudillo y en la cuartilla.

grapadora. f. Utensilio que sirve para grapar papeles, telas, etc.

Grapadoras

grapar. tr. Sujetar con una grapa de hierro u otro metal.

grapto-. pref. V. **graf-.**

graptolito. (De *grapto-* y *-lito*, piedra.) adj. *Paleont.* Dícese de los animales marinos que vivían en colonias, generalmente pelágicas, parecidas a las de los sifonóforos. Ú. t. c. s. ǁ m. pl. Clase de estos animales fósiles.

grasa. fr., *graisse*; it., *grascia*; i., *grease*; a., *Fett.* (Del lat. *crassa*, t. f. de *-sus*, grueso.) f. Manteca, unto o sebo de un animal. ǁ Goma del enebro. ǁ Mugre o suciedad que sale de la ropa o está pegada en ella por el continuado ludir de la carne. ǁ Grasilla, polvo de sandáraca. ǁ Lubricante graso. ǁ En química, nombre genérico de substancias orgánicas, muy difundidas en ciertos tejidos de plantas y animales, que están formadas por la combinación de ácidos grasos con la glicerina. Tienen diferente consistencia: unas son líquidas, otras semisólidas y otras sólidas. Las primeras se llaman *aceites*; las segundas, *mantecas*, y las terceras, *sebos.* Todas las grasas naturales son combinaciones de la glicerina con los ácidos grasos palmítico, esteárico y oleico, de donde resultan los nombres de las grasas correspondientes: palmitina, estearina, oleína. En las grasas, que en estado puro carecen de olor, color y sabor, pero que se ponen rancias por la acción de bacterias y el oxígeno del aire, se encuentran, además, otros ácidos, saturados o no saturados. Cociendo las grasas con álcalis, los ácidos grasos se combinan con la base y dejan libre la glicerina, lo que constituye la fabricación del jabón o saponificación. Las grasas sirven como alimento, para el alumbrado, la calefacción, la lubricación, en la industria química, etc. Se da el nombre de grasas minerales a ciertos tipos de hidrocarburos pesados, que si bien por su estructura química difieren de las grasas animales o vegetales, en muchos casos, particularmente en la lubricación, las substituyen con ventaja. ǁ pl. *Min.* Escorias que produce la limpia de un baño metálico antes de hacer la colada.

grasera. f. Vasija donde se echa la grasa. ǁ Utensilio de cocina para recibir la grasa de las piezas que se asan.

grasería. (De *grasa.*) f. Taller donde se hacen las velas de sebo.

grasero. m. *Min.* Sitio donde se echan las grasas de un metal.

graseza. f. Calidad de graso. ǁ ant. **grosura.**

grasiento, ta. fr., *graisseaux*; it., *sugnoso*; i., *fatty*; a., *fettig.* adj. Untado y lleno de grasa.

grasilla. f. dim. de **grasa.** ǁ Polvo de sandáraca, de color blanco un tanto amarillento, que se emplea para que la tinta no cale o se corra en el papel cuando se escribe sobre raspado. ǁ *Chile.* Enfermedad parasitaria de algunas plantas, especialmente de la sandía. ǁ *Bot.* **tiraña.**

graso, sa. fr., *gras*; it., *grasso*; i., *fat*; a., *fett.* (Del lat. *crassus*, grueso.) adj. Pingüe, mantecoso y que tiene gordura. ǁ Que tiene naturaleza de grasa. ǁ V. **ácido graso.** ǁ **adiposo**, dicho de un tejido animal. ǁ m. **graseza.**

grasones. (Del m. or. que *granza*, del lat. *grandīa.*) m. pl. Potaje de harina, o trigo machacado, y sal en grano, al que después de cocido se le agrega leche de almendras o de cabras, grañones, azúcar y canela.

grasor. (De *graso.*) f. ant. Substancia crasa o untuosa.

grasoso, sa. adj. Que está impregnado de grasa. ǁ *Bol.* y *Perú.* **graso.**

graspo. m. *Bot.* Especie de brezo.

Grass (Günter). *Biog.* Escritor alemán, n. en Danzing en 1927. Después de estudiar pintura y escultura en Düsseldorf, vivió en París (1956-60), alternando el trabajo de escultor con el de escritor, y posteriormente se trasladó a Berlín. Novelas: *El tambor de hojalata* (1959), *El gato y el ratón* (1961), *Años de perro* (1963), *Anestesia local* (1969) y *Diario de un caracol.* Teatro: *Inundación* (1956), *Tío tío* (1957), *Die bösen Köche (Los malos cocineros*, 1957), *Noch zehn Minuten bis Buffalo (Faltan diez minutos para Buffalo*, 1958), *Los plebeyos ensayan la rebelión*

(1965) y *Antes* (1968). Poemas: *Gleisdreieck* (*La vía triangular*, 1960).

Grasse. Geog. C. de Francia, depart. de Alpes Marítimos; 24.398 h. Importante industria de perfumes.

Grassmann (Hermann Günther). Biog. Matemático alemán, n. y m. en Stetin (1809-1877). En sus obras *Die Wissenschaft der extensiven Grössen oder die Ausdehnungslehre* (*La ciencia de las magnitudes exteriores o teoría de la extensión*), publicada en 1844, y *Die Ausdehnungslehre* (*Teoría de la extensión*), 1862, esta última refundición de la primera, estableció las bases del cálculo con vectores y tensores.

grasura. (De *graso*.) f. Substancia crasa o untuosa.

grata. (De *gratar*.) f. Escobilla de metal que sirve para limpiar, raspar o bruñir, como la que usan los plateros para limpiar las piezas sobredoradas, o aquella con que se deshollina el cañón de las armas de fuego portátiles.

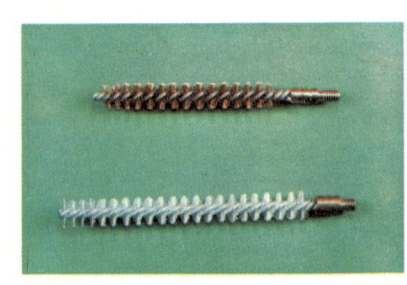

Gratas de hilo metálico y material plástico

Gratallops. Geog. Mun. y lugar de España, prov. de Tarragona, p. j. de Reus; 296 h.

gratamente. adv. m. De manera grata, con agrado.

gratar. (Del provenz. *gratar*, y éste del germ. *kratton*, rascar.) tr. Limpiar o bruñir con la grata.

gratificación. fr., *gratification, pourboire*; it., *gratificazione*; i., *reward*; a., *Vergütung, Trinkgeld*. (Del lat. *gratificatio, -ōnis*.) f. Galardón y recompensa pecuniaria de un servicio eventual. ‖ Remuneración fija que se concede por el desempeño de un servicio o cargo, la cual es compatible con un sueldo del Estado.

gratificador, ra. (Del lat. *gratificātor, -ōris*.) adj. Que gratifica. Ú. t. c. s.

gratificar. (Del lat. *gratificāre*; de *gratitus*, grato, y *facĕre*, hacer.) tr. Recompensar o galardonar con una gratificación. ‖ Dar gusto, complacer.

grátil o **gratil.** m. Mar. Extremidad u orilla de la vela, por donde se une o sujeta al palo, verga o nervio correspondiente. ‖ Parte central de la verga, de tojino a tojino, en la cual se afirma un cabo, cadena o canilla de hierro, para envergar la vela.

gratín. (Del fr. *gratin*.) m. Coc. Salsa espesa con que se cubren algunas viandas y que se tuesta al horno antes de servirla.

gratinador, ra. adj. Que gratina. ‖ m. Aparato para gratinar.

gratinar. (Del fr. *gratiner* [v. *gratín*].) tr. Coc. y Repost. Tostar rápida y uniformemente.

gratis. (Del lat. *gratis*.) adv. m. De gracia o de balde.

gratisdato, ta. (Del lat. *gratis*, sin motivo, y *datus*, dato.) adj. Que se da de gracia, sin trabajo o especial mérito de parte del que recibe.

gratitud. fr. e i., *gratitude*; it., *gratitudine*; a., *Dankbarkeit*. (Del lat. *gratitūdo*.) f. Sentimiento por el cual nos consideramos obligados a estimar el beneficio o favor que se nos ha hecho o ha querido hacer, y a corresponder a él de alguna manera.

grato, ta. fr., *agréable*; it., *grato*; i., *agreeable*; a., *angenehm*. (Del lat. *grātus*.) adj. Gustoso, agradable. ‖ Gratuito, gracioso.

gratonada. f. Especie de guisado de pollos.

Gratry (Auguste-Alphonse). Biog. Sacerdote y filósofo francés, n. en Lille y m. en Montreux (1805-1872). Restauró la congregación del Oratorio. Negó la infalibilidad del papa, de lo que luego se retractó. Su filosofía es una reacción contra el hegelianismo y viene a ser un anticipo de la fenomenología. Obras: *De la connaissance de Dieu, De l'âme, Les Sources, Jesús-Crist, La morale et la loi de l'histoire, Lettres sur la religion*, etc.

Grattan (Henry). Biog. Político irlandés, n. en Dublín y m. en Londres (1746-1820). Campeón de la libertad de su país, la defendió calurosamente en el Parlamento; pero, al no querer acudir a la violencia, perdió su popularidad.

Grattiis o **Grattis** (Jacobo de). Biog. Trenci (Jacobo de).

gratuidad. f. Calidad de gratuito.

gratuitamente. adv. m. De gracia, sin interés. ‖ Sin fundamento.

gratuito, ta. fr., *gratuit*; it., *gratuito*; i., *gratuitous*; a., *unentgeltlich*. (Del lat. *gratuītus*.) adj. De balde o de gracia. ‖ Arbitrario, sin fundamento.

gratulación. (Del lat. *gratulatĭo, -ōnis*.) f. Acción y efecto de gratular o gratularse.

gratular. (Del lat. *gratulāri*.) tr. Dar el parabién a uno. ‖ prnl. Alegrarse, complacerse.

gratulatorio, ria. fr., *congratulatoire*; it., *gratulatorio*; i., *gratulatory*; a., *beglückwünschend*. (Del lat. *gratulatŏrius*.) adj. Dícese del discurso, carta, etc., en que se da el parabién a alguno por un suceso.

Gratz. Geog. **Graz.**

Grau (Miguel). Biog. Marino peruano, n. en Piura y m. en el combate naval de Angamos (1834-1879). Al mando del cañonero *Huáscar* hizo valerosamente la guerra contra Chile. ‖ **Delgado** (Jacinto). Autor dramático español, n. en Barcelona y m. en Buenos Aires (1877-1958). Entre sus obras, estrenadas con aplauso, figuran: *Don Juan de Carillana, Las bodas de Camacho y El hijo pródigo*. ‖ **San Martín** (Ramón). Médico y político cubano, n. en Pinar del Río y m. en La Habana (1887-1969). Profesor de Fisiología en la Universidad de La Habana, fue presidente de la República desde septiembre de 1933 a enero de 1934, en que dimitió, y de nuevo presidente de 1944 a 1948. ‖ Geog. Prov. de Perú, depart. de Apurímac; 28.310 h. Cap., Chuquibambilla.

grauero, ra. adj. Natural de El Grao, o perteneciente a este puerto de Valencia. Ú. t. c. s.

Grauert (Julio C.). Biog. Político, periodista y legislador uruguayo (1903-1933). Miembro importante del partido de Batlle, fundó dentro de él la agrupación *Avanzar*, de tendencia socialista.

Graus. Geog. Mun. de España, prov. de Huesca, p. j. de Barbastro; 3.412 h. ‖ Villa cap. del mismo; 2.437 h. (*gradenses*). Importante fabricación de alpargatas.

grava. fr., *cailloutis*; it., *ghiaia*; i., *gravel*; a., *Schotter*. (Del célt. *grava*, arena gruesa.) f. Conjunto de guijas o piedras peladas. ‖ Piedra machacada con que se cubre y allana el piso de los caminos. ‖ Mezcla de guijas, arena y a veces arcilla que se encuentra en yacimientos. ‖ Geol. Roca detrítica constituida por materiales fragmentarios de otras rocas, de tamaño comprendido entre el de los perdigones y las nueces.

Grávalos. Geog. Mun. y villa de España, prov. de Logroño, p. j. de Calahorra; 518 h. (*gravaleños*).

gravamen. fr., *charge, corvée*; it., *gravame*; i., *charge, rent*; a., *Last, Belastung, Grundzins*. (Del lat. *gravāmen*.) m. Carga, obligación que pesa sobre alguno, de ejecutar o consentir una cosa. ‖ Carga impuesta sobre un inmueble o sobre un caudal.

gravante. p. a. ant. de **gravar**. Que grava.

gravar. (Del lat. *gravāre*.) tr. Cargar, pesar sobre una persona o cosa. ‖ Imponer un gravamen.

gravativo, va. adj. Dícese de lo que grava.

grave. fr., *grave, lourd*; it., *grave, ponderato*; i., *heavy, ponderous*; a., *schwer, ernst*. (Del lat. *gravis*.) adj. Dícese de lo que pesa. Ú. t. c. s. m. ‖ Grande, de mucha entidad o importancia. ‖ Aplícase al que está enfermo de cuidado. ‖ Circunspecto, serio; que causa respeto y veneración. ‖ Dícese del estilo que se distingue por su circunspección, decoro y nobleza. ‖ Arduo, difícil. ‖ Molesto, enfadoso. ‖ **Acústica.** Dícese

Graus. Santuario de la Virgen de la Peña

del sonido bajo, esto es, de aquel cuya frecuencia de vibraciones es pequeña, por oposición al sonido agudo. || **Pros.** Aplícase a la palabra cuyo acento prosódico carga en su penúltima sílaba.

gravear. (De *grave*, pesado.) intr. Gravitar o descansar un cuerpo sobre otro.

gravedad. fr., *gravité*; it., *gravità*; i., *gravity*; a., *Schwere*. (Del lat. *gravĭtas, -ātis*.) f. Compostura y circunspección. || Enormidad, exceso. || fig. Grandeza, importancia. || **Astron.** Su valor es diferente en la superficie de los distintos astros, ya que según la ley de Newton es directamente proporcional a la masa del astro e inversamente al cuadrado del radio del mismo. || **Fís.** Manifestación terrestre de la atracción o gravitación universal, o sea tendencia de los cuerpos a dirigirse al centro de la Tierra, cuando cesa la causa que lo impide. Aunque se hable mucho de la «fuerza de la gravedad» para indicar la fuerza determinante del peso de los cuerpos, la gravedad, en física, es estrictamente la aceleración debida al campo gravitatorio terrestre y el peso es el producto de la masa por esta aceleración.

gravedoso, sa. (De *gravedad*.) adj. Circunspecto y serio con afectación.

gravedumbre. (Del lat. *gravitūdo, -ĭnis*.) f. ant. Aspereza, dificultad.

Gravelines. Geog. Pobl. de Francia, depart. de Nord; 7.731 h. Victoria de los españoles sobre los franceses en 1558.

Batalla de Gravelines, fresco en la Sala de las Batallas. Monasterio de El Escorial.

gravemente. adv. m. Con gravedad. || De manera grave.

Gravenhage o **'s-Gravenhage.** Geog. Nombre holandés de La Haya.

gravera. f. Yacimiento de grava, mezcla de guijas y arena.

Graves (Robert). Biog. **Ranke-Graves (Robert).**

gravescer. (Del lat. *gravescĕre*.) tr. ant. agravar.

Gravesend. Geog. C. del R. U., en Inglaterra, cond. de Kent, en la orilla derecha del Támesis; 54.044 h. Puerto importante. Industrias marinas.

Gravera

gravetiense. (De *La Gravette*, local. de Dordoña, Francia.) adj. **Prehist.** Calificación con que designan los autores ingleses el período perigordiense.

graveza. f. ant. Gravedad de la Tierra. || ant. Gravamen, carga. || ant. Dificultad o inconveniente.

gravidez. (De *grávido*.) f. Embarazo de la mujer.

grávido, da. (Del lat. *gravidus*.) adj. poét. Cargado lleno, abundante. || Dícese especialmente de la mujer encinta.

Gravier, conde de Vergennes (Charles). Biog. Político y diplomático francés, n. en Dijon y m. en Versalles (1717-1787). Fue ministro de Negocios Extranjeros. Intervino en el Tratado de Versalles (1783).

gravilla. (dim. de *grava*.) f. Geol. Grava fina.

gravimetría. (Del lat. *gravis*, pesado, y *metria*.) f. Estudio de la gravitación terrestre y medición de sus variaciones en los diversos lugares. || Quím. Análisis cuantitativo de una substancia por medio de pesadas.

gravímetro. (Del lat. *gravis*, pesado, y *-metro*.) m. Fís. Instrumento para determinar el peso específico de los líquidos y a veces de los sólidos.

Gravina (Federico Carlos). Biog. Marino español, n. en Palermo, Sicilia, y m. en Cádiz (1756-1806). Pasó su vida combatiendo en los mares de Europa, África y América. En el combate del cabo San Vicente (1805) demostró una vez más su pericia y valor, y se puso de manifiesto la falta de iniciativa del almirante francés Villeneuve, que llevó la escuadra aliada a Cádiz y dio lugar a que los ingleses la bloquearan. De allí salió para trabar combate, por resolución del almirante francés, y contra el parecer de Gravina y de los marinos españoles, que creían desfavorable el momento. Una desgraciada maniobra ordenada por Villeneuve, al comienzo del combate de Trafalgar, perjudicó la causa de los aliados; Gravina recibió en el combate la herida de la que falleció.

gravitación. fr. e. i., *gravitation*; it., *gravitazione*; a., *Schwerkraft, Gravitation*. f. Acción y efecto de gravitar. || **Fís.** Acción atractiva mutua que se ejerce a distancia entre las masas de los cuerpos, especialmente los celestes. La manifestación más sencilla de la gravitación o atracción universal es la gravedad o aceleración del campo gravitatorio terrestre, que determina el peso de los cuerpos en la Tierra. Isaac Newton demostró matemáticamente que el curso de los planetas alrededor del Sol se explicaba admitiendo la atracción mutua entre los astros, que generalizó a toda clase de masas, las cuales se atraen según la célebre ley de la gravitación universal, con una fuerza directamente proporcional a estas masas e inversamente proporcional al cuadrado de las distancias que las separa. En nuestro siglo, la teoría de la relatividad de Einstein ha originado una verdadera revolución en la mecánica y la física y ha alterado algo esta concepción teórica aunque, en la mayor parte de los casos, los valores deducidos de la mecánica newtoniana, sean lo suficientemente aproximados para ser aplicables en la práctica.

gravitar. (Del lat. *gravitas, -ātis*, peso.) intr. Moverse un cuerpo por la atracción gravitatoria de otro cuerpo. || Descansar o hacer fuerza un cuerpo sobre otro. || fig. **cargar**, ser una carga una persona o cosa.

gravitatorio, ria. adj. Perteneciente o relativo a la gravitación.

gravoso, sa. fr., *onereux*; it., *gravoso*; i., *onerous, burdensome*; a., *beschwerlich*. (De *grave*, pesado.) adj. Molesto, pesado y a veces intolerable. || Que ocasiona gasto o menoscabo.

Gray (Thomas). Biog. Poeta inglés, n. en Londres y m. en Cambridge (1716-1771). Entre sus bellas obras sobresale *Elegía sobre un cementerio de aldea*.

Graz. Geog. C. de Austria, cap. del est. de Estiria; 248.500 h. Industria mecánica y textil. Fábricas de material ferroviario, calzados, bicicletas y cerveza.

Grazalema. Geog. Mun. de España, prov. de Cádiz, p. j. de Arcos de la Frontera; 2.555 habitantes. || Villa cap. del mismo; 1.504 h. *(grazalemeños).*

Graziani (Rodolfo). Biog. Mariscal italiano, n. en Filettino, Frosinone, y m. en Roma (1882-1955). Sucedió a Badoglio como virrey de Etiopía (1936). En la S. G. M. no reconoció el armisticio pedido por Víctor Manuel III y Badoglio, por lo que continuó en lucha contra los anglosajones. En 1950 compareció ante un consejo de guerra y fue condenado a diecinueve años de prisión, siendo después amnistiado.

graznador, ra. adj. Que grazna.

graznar. fr., *croasser*; it., *gracchiare*; i., *to croak, to caw*; a., *krächzen*. (Del lat. **gracināre*, de la voz del grajo.) intr. Dar graznidos. || **Germ.** Descubrir un secreto.

graznido. (De *graznar*.) m. Voz de algunas aves, como el cuervo, el grajo, el ganso, etc. || fig. Canto desigual y como gritando, que disuena mucho al oído y que en cierto modo imita la voz del ganso.

Great Rift Valley. Geog. y Geol. Gran Valle de Hundimiento.

Greater London Council. Geog. Londres.

Gravina, busto de la época. Museo Naval. Madrid

greba. (Del ant. fr. *grève*.) f. **Arm.** Pieza de la armadura antigua, que cubría la pierna desde la rodilla hasta la garganta del pie.

grebón. m. ant. **greba.**

greca. fr., *grecque*; it., *greca*; i., *meander*; a., *Mäander*. (De *greco*.) f. Adorno que consiste en una faja más o menos ancha en que se repite la misma combinación de elementos decorativos, y especialmente la compuesta por líneas que forman ángulos rectos. ‖ *Méj.* Cafetera de filtro.

grecano, na. (De *greco*.) adj. ant. **griego,** perteneciente a Grecia.

Grecia (Sofía de). Biog. Sofía de Grecia, reina de España. ‖ (Del lat. *Graecia*; en gr., *Hellás*.) **Geog.** Estado republicano del SE. de Europa.

GENERALIDADES

Situación y límites. Limita al N. con Albania, Yugoslavia y Bulgaria; al E. con Turquía y el mar Egeo, al S. con el Mediterráneo oriental y al O. con el mar Jónico y Albania.

Superficie y población. El terr. de soberanía griega comprende la parte meridional de la península de los Balcanes y las islas del mar Egeo. La superf. es de 131.944 km.²; la pobl. absoluta, de 8.754.140 h. (9.329.250 calculados en 1979), y la pobl. relativa, 63,3 h. por km.²

GEOGRAFÍA FÍSICA

Geología y relieve. La Grecia continental es un país eminentemente montañoso y sus islas están unidas a ella por relaciones orográficas manifiestas. Una descripción sistemática de su relieve supone considerarlo en estos tres sectores o sistemas de montañas: 1.º El *macizo arcaico macedónico*, al N., del que pertenecen a Grecia las faldas meridionales del Ródope, la península de Calcidia (Monte Athos, 2.033 m.), que se prolonga en las cumbres emergidas de Tasso y Samotracia, y el monte Olimpo (2.914 m.), que es la eminencia más excelsa de Grecia y asociada a su mitología. 2.º La *Egeida*, al E., otro macizo arcaico, de cuyas formas primitivas sólo queda unida al continente la región de Ática, y cuyos fragmentos forman los arch. de las Cícladas y las Espóradas. 3.º El *plegamiento alpino*, al O., que contiene el monte Pindo (2.574 m.). Hay llanuras como las de Tesalia, Lamia, Cefiso y Tebas, dominadas por el Parnaso (2.457 m.), y las de Ática, cercadas por el Pentélico y el Himete (1.027 m.). Se enlaza con este plegamiento el sistema montañoso de Creta, cuyo punto culminante es el monte Ida, con 2.456 metros de altura.

Costas e islas. El mar Egeo, sembrado de islas, es por excelencia el mar heleno. El perfil de las costas continentales griegas es clara expresión de fenómenos de hundimiento acaecidos en un país extraordinariamente accidentado en su relieve. Los accidentes costeros más notables, de E. a O., son: el golfo de Kavala, frente al cual se encuentra la isla de Thasos; la península de Calcídica, entre los golfos de Orfani y Salónica, que forma los promontorios de Monte Athos, Longos o Sithonia y Casandra; el golfo de Volo, y en su misma lat. el arch. de las Espóradas, el cabo de Doro y el golfo de Petalia, prolongado por el canal de Euripo; el golfo de Egina, con la isla del mismo nombre; el golfo de Argólida, la península de Vatica, continuada por la isla de Kithira; el golfo de Laconia, el cabo de Matapán, extremo meridional del continente; el golfo de Mesenia, el cabo de Gallo con la isla Skiza, el golfo de Arcadia, el de Patras —continuado por la penetrante entalladura de Corinto, que corta transversalmente la Grecia continental—, que cierran las islas Zante, Cefalonia e Ítaca; el golfo de Arta y la isla de Corfú. Con esta ligera enumeración no hemos agotado la de las islas griegas, de las cuales el mayor número están sit. en el mar Egeo, que cierran por el S. las de Creta, Escarpanto y Rodas.

Hidrografía. Los ríos propios del país son torrentes sujetos al régimen fluvial característico del Mediterráneo. El Maritza, el Struma y el Vardar vierten sus aguas en el Egeo septentrional. Ríos de típicas características mediterráneas son el Eurotas o Iris y el Pamisos, que dan sus aguas al Mediterráneo; el Aspropótamos y el Kalamas, que des. en el mar Jónico.

Climatología. Salvo en las altas cimas, el clima es mediterráneo. El O. es más húmedo y moderado (Corfú, 9,5° en enero y 25,7° en julio); el E., más extremadamente seco (Atenas, 10,6° en enero y 28,1° en julio). Desde el otoño a la primavera el clima es suave, pero los veranos son calurosos y completamente secos.

GEOGRAFÍA BIOLÓGICA

Flora y fauna. La flora dominante es la de las llanuras, compuesta principalmente de formas mediterráneas. Por lo que se refiere a la fauna, Grecia pertenece a la subregión mediterránea del territorio paleártico. En las regiones montañosas del N. y centro hay bastantes animales monteses, habitando el oso en el Epiró y el Pindo. Además del ciervo y el corzo, es característica la presencia del jabalí; en Creta vive el gato montés, y en las islas del Egeo se hallan cabras monteses en grandes rebaños. Posee Grecia especies propias de aves, y las emigrantes establecen en esta región sus cuarteles de invierno. Las aves características de la fauna veraniega son el pelícano, el estornino y la cigüeña.

GEOGRAFÍA ECONÓMICA

Agricultura y silvicultura. La superf. cultivada del país es de 3.905.000 hect. (29,6 % del terr.); prados y pastos permanentes que ocupan 5.250.000 (39,8 %), y los bosques con 2.615.000 (19,8 %). Los cultivos típicos del país son de marcada naturaleza mediterránea; los principales son: vid 207.000 hectáreas,

Paisaje montañoso. En un risco, el monasterio de Los Meteoros

Cuevas de la playa de Matala (Creta)

GRECIA

Grecia

1.480.000 ton. de uva [153.000 de pasas] y 4.700.000 hectolitros de vino en 1975), olivo (1.280.000 ton. de aceitunas y 200.000 de aceite), tabaco, del que es uno de los primeros países europeos productores (97.935 hectáreas y 117.026 ton.), trigo (910.000 y 2.078.000), cebada (415.000 y 924.000), maíz (136.000 y 537.000), avena (71.000 y 106.000), centeno (4.000 y 6.000), arroz (19.000 y 100.000), patatas (56.000 y 801.000), tomates (41.000 hectáreas y 1.826.000 ton.), cebollas (10.000 y 135.000), judías (38.000 y 44.000). Menor importancia tienen los higos (130.000 ton.) y los agrios (556.000 ton. de naranjas y mandarinas y 193.000 de limones). La remolacha azucarera (44.000 hect. y 2.500.000 ton.), el cacahuete (4.000 y 10.000) y el girasol (1.000 y 1.000); también son dignos de mención, así como los cultivos algodoneros (135.000 hect., 115.392 ton. de fibra y 225.000 de semilla). Como todos los países mediterráneos, Grecia es pobre en bosques. Es típico el pino de Alepo, muy útil para la obtención de la resina (20.594 ton. en 1974). En 1975 se obtuvieron 263.600 m.³ de madera.

Zootecnia y pesca. El patrimonio zootécnico estaba representado, en 1975, por las siguientes cifras:

Ganado ovino	8.400.000	cabezas
» cabrío	4.500.000	»
» bovino	1.206.000	»
» porcino	858.000	»
» asnal	325.000	»
» caballar	160.000	»
» mular	162.000	»
Animales de corral	31.336.000	»

La pesca fue de 70.700 ton. La pesca de la esponja mantiene su antigua importancia (60 embarcaciones, 350 pescadores y 46.000 kg. de producto en 1975).

Minería. Aunque de limitada importancia, son variados los recursos del subsuelo. Citemos el lignito (22.236.000 ton., en 1976), el hierro (949.440 ton. de contenido metálico) y la bauxita (2.460.000 ton.). También se obtienen manganeso, plomo, plata, etc. Muy apreciados en todo el mundo son la piedra esmeril de la isla de Naso y los mármoles del Pentélico. Sal marina, 114.000 ton., en 1973.

Industria. Tienen relieve las manufacturas textiles, entre las que destacan la del algodón (79.800 ton. de hilados en 1976); más modesta es la de la lana (14.400). En cuanto a las fibras artificiales, se obtuvieron 5.880 ton. de fibra de rayón en 1975; de fibras sintéticas, 5.200 en 1974. Son muy importantes también las industrias del cemento (8.760.000 ton. en 1976), tabacalera (20.737 millones de cigarrillos en 1974), papel, abonos artificiales, cuero, jabones y cerveza (1.170.000 hl.). Otros capítulos son el ácido sulfúrico (912.000 ton., en 1976), el aluminio (133.200), el acero (612.000, en 1974) y el plomo (14.300 en 1974). Por lo que respecta a las industrias alimenticias, citemos la fabricación de azúcar (306.000 ton. en 1975). Por último, hay que mencionar la refinación de petróleo (12.900.000 ton. en 1974), y la obtención de electricidad; la potencia instalada, en 1974, era de 3.969.000 kw. (de los que 1.289.000 fueron de origen hidroeléctrico) y la producción, en ese mismo año, fue de 14.196 millones de kwh.

Comercio. En el período 1972-75, el valor del comercio exterior, en millones de dracmas, fue el siguiente: Importaciones: 70.374; 102.747; 131.555; 172.012. Exportaciones: 26.126; 42.812; 60.891; 74.174.

Moneda. La unidad monetaria es la dracma, equivalente a 0,0296224 gramos de oro fino. Se divide en 100 leptas.

Comunicaciones y transportes. El principal puerto es El Pireo, junto a Atenas. La marina mercante (quinta en el mundo en tonelaje bruto) contaba, en 1975, con 2.743 buques y 22.527.156 ton. de registro bruto. Ferrocarriles: 2.476 km., en 1975. Carreteras: 508.568 km. Vehículos de motor: 36.482 en 1974, incluyendo 346.233 turismos. Aviación civil: 32.300.000 km. volados y 3.084.000.000 de pasajeros-km., en 1974.

Atenas. Vista panorámica

Fabricación de alfombras, en Atenas

GEOGRAFÍA POLÍTICA

Etnografía. La población es griega en un 94,9 %. Hay un 1,4 % de turcos y, en menor cuantía, otros grupos, como albaneses, macedonios, sefarditas, etc.

Idioma. La lengua oficial es el griego moderno; también se habla turco, albanés, armenio, etc.

Religión. Hay una inmensa mayoría de greco-ortodoxos (8.118.000). También musulmanes (108.000), católicos (35.000), hebreos (6.500), etc. Los católicos pertenecen a las sedes arzobispales de Atenas; Rodas; Corfú, Zante y Cefalonia; y Naxos, Andros, Tinos y Micone; y a las episcopales de Candía, Quíos, Santorino, Sira y Milo, además de al vicariato apostólico de Salónica. También existe un exarcado apostólico para los católicos de rito bizantino, y un ordinario para los armenios.

Gobierno. República parlamentaria presidencial. La nueva Constitución entró en vigor el 11 de junio de 1975. Ha sido restablecida por el actual Gobierno.

División territorial. Administrativamente está dividida en nueve regiones, subdivididas, a su vez, en 53 nomos o prov., de los que el de Athos (v.) goza de un gobierno especial:

Regiones y nomos	Superficie Km.²	Población Habitantes	Capitales y su población
Creta			
Canea (La)	2.376	119.595	La Canea (40.452 h.).
Candía	2.641	209.652	Candía (77.783).
Lasithi	1.818	66.105	San Nicolás (5.170).
Retimo	1.496	60.856	Retimo (15.367).
Totales	8.331	456.208	
Epiro			
Arta	1.612	78.039	Arta (20.333).
Janina	4.990	134.356	Janina (39.814).
Préveza	1.086	56.616	Préveza (12.816).
Thesprotia	1.515	40.547	Egumenitsa (4.395).
Totales	9.203	309.558	

Regiones y nomos	Superficie Km.²	Población Habitantes	Capitales y su población
Grecia Central y Eubea			
Acarnania y Etolia	5.447	228.719	Misolonghi (12.368 h.).
Ática (1)	2.879	2.303.000	Atenas (2.540.000).
Beocia	3.211	114.288	Livadia (16.029).
Eubea	3.908	165.822	Calcis (36.381).
Euritania	2.045	29.456	Karpenision (4.643).
Fócida	2.121	41.530	Anfisa (6.580).
Ftiótida	4.368	154.955	Lamia (38.495).
Pireo (El) (1)	929	495.000	El Pireo (187.458).
Totales	24.908	3.532.770	
Islas del Egeo			
Cícladas	2.572	86.084	Hermópolis (13.460).
Dodecaneso	2.663	120.258	Rodas (32.019).
Lesbos	2.154	114.504	Mitilene (24.157).
Quíos	904	53.942	Quíos (24.074).
Samos	778	41.687	Samos (5.472).
Totales	9.071	416.475	
Islas Jónicas			
Cefalonia	935	36.657	Argostolia (7.521).
Corfú	641	92.261	Corfú (29.374).
Léucada	325	24.559	Leukas (7.118).
Zante	406	30.156	Zante (9.281).
Totales	2.307	183.633	
Macedonia			
Athos	336	1.713	Karyaí (429).
Calcídica	2.945	73.851	Polygyros (4.402).
Drama	3.468	91.015	Drama (30.592).
Florina	1.863	52.213	Florina (11.180).
Grevena	2.338	35.385	Grevena (8.387).
Imathia	1.699	118.000	Verria (30.430).
Kastoría	1.685	45.628	Kastoría (15.990).
Kavala	2.109	121.491	Kavala (46.679).
Kilkis	2.597	84.539	Kilkis (12.425).
Kozani	3.562	135.619	Kozani (23.884).
Pella	2.506	126.201	Edessa (16.521).
Piería	1.548	91.380	Katerini (29.151).
Salónica	3.560	703.350	Salónica (339.496).
Seres	3.987	202.771	Seres (41.124).
Totales	34.203	1.883.156	
Peloponeso			
Acaya	3.209	236.774	Patras (111.238).
Arcadia	4.419	112.068	Trípolis (20.327).
Argólida	2.214	89.044	Nauplia (9.278).
Corinto	2.289	112.404	Corinto (20.819).
Élide	2.681	164.860	Pirgo (20.380).
Laconia	3.636	95.800	Esparta (11.981).
Mesenia	2.991	172.850	Calamata (39.346).
Totales	21.439	983.800	
Tesalia			
Karditza	2.576	133.756	Karditza (25.523).
Larisa	5.354	232.157	Larisa (72.762).
Magnesia	2.636	161.510	Volo (51.340).
Tríccala	3.338	131.820	Tríccala (38.150).
Totales	13.904	659.243	
Tracia			
Ebros	4.242	141.002	Alexandrúpolis (25.124).
Rhodope	2.543	107.618	Komotini (32.123).
Xanthi	1.793	80.677	Xanthi (22.884).
Totales	8.578	329.297	
Totales generales	131.944	8.754.140	

(1) Parte de los habitantes del nomo de Ática (2.101.000) y de El Pireo (439.000) forman la Gran Atenas.

Grecia

Capital y poblaciones importantes. La cap. es Atenas (2.540.000 h.). Otras poblaciones importantes, además de las mencionadas en el cuadro precedente, son: Agrinión (32.415 h.), Argos (19.903) y Náousa (17.770).

Cultura. En la actualidad los centros de enseñanza son los siguientes: Escuelas primarias, 9.705, con 926.628 alumnos; hay además, 3.275 jardines de infancia, con un total de 105.042 inscritos; escuelas secundarias o *gimnasios*, 1.105, con 521.141 alumnos; existen también 1.112 escuelas técnicas o de enseñanzas especiales, con 117.006 alumnos; y 4 universidades (Atenas, Tesalónica, Janina y Patras), con 84.600 alumnos.

Historia. El país, surcado por abundantes cordilleras, en cuyos valles se asentaron las primitivas tribus, no favoreció la comunicación terrestre, por lo que, sobre todo desde la época protohistórica, los habitantes de la *Hélade* o *helenos* (el nombre de *Grecia* no se generalizó hasta la dominación romana) hicieron del mar su medio de comunicación por excelencia. La Hélade fue extendiendo su zona de influencia a Egipto y a Macedonia, primero, y después, en distintas etapas colonizadoras, a las márgenes del mar Egeo, Asia Menor, Sicilia e Italia meridional, España, N. de África. etcétera.

Grecia prehelénica. (2000 a. C.). Hélade fue invadida en el neolítico por pueblos procedentes del mar, llamados en conjunto prehelenos o *pelasgos*. Pronto su rudimentaria civilización se benefició de la influencia de la cultura cretense, pueblo de raza mediterránea, que desde la isla de Creta (v.) dominaba en el mar Egeo.

Grecia micénica (2000 a. C. - s. XII a. C.). En el momento de mayor apogeo de la civilización cretense, la Hélade fue invadida por los primeros habitantes de raza helena o *aqueos*, que, originarios tal vez de la rama indoeuropea de Europa central, se establecieron particularmente en Argólida, y, abandonando la vida nómada, se hicieron constructores y organizadores. Las excavaciones de Micenas y Tirinto, y otras, mostraron una cultura que, aunque influida por la *minoica* de Creta, atestiguó su originalidad; aquella influencia se muestra, p. e., en arquitectura, en el palacio de planta desarrollada en torno al *megarón* (tan distinto sin embargo al *Laberinto* cretense), en los muros ciclópeos y en las tumbas de falsa cúpula

Restos de la antigua Troya

(como el llamado *tesoro de Atreo,* en Micenas). Las invasiones de los *jonios* y *elios*, procedentes de las riberas del Danubio, iniciaron el período más brillante de la civilización micénica. Como excelentes marineros que eran, organizaron largas expediciones como la de los Argonautas, cincuenta *héroes* aqueos, embarcados en la nave *Argos,* rumbo a la Cólquida para la con-

Grecia

quista del Vellocino de oro. La guerra y conquista de la Troya VII de los arqueólogos, contada en la homérica *Ilíada,* fue el último episodio de la expansión micénica.

Edad media helénica (s. XII - s. VIII a. C.) La invasión de los *dorios* trajo consigo la fragmentación urbana de Grecia en minúsculas ciudades-estado o *polis,* constituidas por la aglomeración urbana y su territorio circundante.

La expansión helénica (s. VIII - s. V a. C.). Por las vicisitudes de la invasión, primero, y por el solo afán colonizador después, los dorios, jonios y eolios se lanzaron en esta época a prolongadas expediciones marítimas, fundando numerosas colonias, que se podrían dividir en: *meridionales:* Chipre, y en el N. de África, *Naucratis* y *Cirene; orientales:* la llamada Eólide, en Asia Menor, con sus ciudades principales *Mitilene, Cumas* y *Esmirna;* al S., Jonia, con las ciudades de *Mileto, Éfeso* y *Focea,* y, por fin, Dóride, menos helenizada, con *Halicarnaso* y *Gnido.* Algunas de estas colonias se lanzaron a nuevas colonizaciones hacia occidente; así, *Alalia* (Córcega), *Masalia* (Marsella), y *Alea* (en el S. de Italia), fueron fundaciones de Focea, cuyos marinos llegaron a atravesar el estrecho de Gibraltar; mientras a su vez, los focenses masaliotas fundaron hacia el s. VI a. C. la ciudad de *Emporion* (Ampurias) y, por último, los ampurianos, *Hemeroscopion* (cerca de Denia) y *Mainake* (cerca de Málaga); y *occidentales* (Magna Grecia). La más antigua colonia griega en Italia se remonta al s. VIII a. C. y fue *Cumas;* poco después surgieron los establecimientos de *Siracusa, Mégara, Agrigento,* etc. En el orden político esta época vio la desaparición de las monarquías, salvo en las regiones fronterizas de Epiro y Macedonia, relevadas por las aristocracias, casi siempre *tiranías*, e interrumpidas por efímeros períodos democráticos. El régimen colonialista griego no tuvo nunca el sentido moderno de la expresión, pues las ciudades eran completamente independientes respecto a la metrópoli, aunque tenían en común el alfabeto, los mitos, la religión y los juegos culturales panhelénicos: Olímpicos Ístmicos, etc. Los conflictos greco-persas, conocidos como *guerras médicas*, se desarrollaron, esquemáticamente, así:

A) *Primera guerra médica* (499-490 a. C.). Todas las ciudades griegas de Asia Menor estaban en poder del Imperio, que les obligaba al pago de un fuerte tributo. La sublevación de Mileto (499) produjo la reacción de los persas que, el 494, destruyeron la ciudad, deportando su población a Mesopotamia. Animados por este triunfo, los persas continuaron sus conquistas, llegando a desembarcar en Ática; pero un ejército griego al mando de Milcíades *el Joven* les derrotó en la llanura de Maratón (490).

B) *Segunda guerra médica* (490-479 a. C.). Murió Darío I (485) sin ver satisfecha su ansia de venganza. Su hijo Jerjes movilizó el mayor ejército hasta entonces conocido, dirigiéndose a Atenas. Temístocles construyó trirremes, pero a duras penas logró unir a las ciudades griegas. Por fin, quedó constituida la *simaquia*, bajo la dirección de Esparta, cuyo rey Leónidas con trescientos espartanos detuvo durante dos días el avance persa en el *Desfiladero de las Termópilas,* en Tesalia (481). El ejército de Jerjes llegó a Ática, y entró en Atenas. Los habitantes, siguiendo el consejo de Temístocles, se habían refugiado en las naves; y en la ensenada de Salamina se trabó el combate entre ambas escuadras (480), perdiendo los persas 300 navíos. Jerjes, que presenciaba el desastre, ordenó la retirada, dejando parte de su ejército en Tesalia al mando de Mardonio. Los griegos tomaron ahora la iniciativa, obteniendo en Platea y Micala dos decisivas victorias, terrestre y naval, respectivamente (479), que decidieron el fin de la guerra.

C) *Tercera guerra médica* (479-465 a. C.). La reconstrucción de las murallas de Atenas y la prisión y muerte de Pausanias, el rey espartano vencedor de Platea, por prestar oídos al oro persa, tuvo como consecuencia la dirección ateniense de la guerra. La *Confederación de Delos,* creada por Arístides, llevó la lucha a Asia Menor. A su muerte, tomó el mando Cimón, venciendo a los persas en la desembocadura del río Eurimedonte (465). Calias negoció la paz (448).

Hegemonía de Atenas (448-431 a. C.). La paz supuso la reconstrucción y el engrandecimiento de la ciudad, lo que suscitó el recelo de Esparta que, aliada a Corinto y Tebas, le declaró la guerra, concluida con un tratado que garantizaba la paz durante treinta años. Así comienza la *época* o *siglo de Pericles,* que contribuyó eficazmente al legado cultural griego.

Luchas por la hegemonía (431-359 a. C.). La frágil paz se quebró por la disputa que Corcira mantenía con Corinto, su metrópoli, en la que ambas ciudades fueron apoyadas, respectivamente, por Atenas y Esparta. Las llamadas *guerras del Peloponeso* (431-404), que dividieron a Grecia, tuvieron diversas alternativas, pues si bien en tierra el espartano superaba al ateniense, los barcos de Atenas devastaban la costa lacedemonia. Por fin, Esparta, siguiendo los consejos persas, aprestó una flota, mandada por Lisandro, que venció a la ateniense en la desembocadura del río *Egospótamos* (405), consumándose la ruina de Atenas. La dominación espartana, concretada, sobre todo, en el llamado gobierno de los Treinta Tiranos, formado por arcontes, la mayoría espartanos, se hizo pronto odiosa y motivó el entendimiento de Atenas y Tebas, que derivó al engrandecimiento de la última tras la victoriosa batalla de Leuctra (371); Atenas, celosa del poderío de su aliada, se unió a los decadentes espartanos, pero fueron completamente derrotados en Mantinea por los tebanos Pelópidas y Epaminondas.

Hegemonía de Macedonia (359-336 a. C.). Mientras que las contiendas civiles dividían a las ciudades griegas, esta región estaba destinada a conseguir por primera vez la unidad de Grecia. Filipo II potenció el ejército, al que dotó de extraordinaria eficacia, modernizando la falange tebana. Pronto intervino en Grecia, so pretexto de una guerra sagrada contra los focidios, que habían devastado el santuario de Delfos. A pesar de las advertencias de Demóstenes, Atenas, deseosa de la paz, escuchó las proposiciones de Esquines y Filócrates, firmando la paz de Filócrates (346), que mantuvo el *statu quo,* y demorando las construcciones militares. Filipo, tras conquistar Tracia, marchó hacia el S. La tardía Liga con Beocia fue derrotada en Queronea (338). La subsiguiente formación de la Liga de Corinto (337), dirigida por Filipo, para la lucha contra Persia, se deshizo tras el asesinato del rey (336).

Grecia bajo Alejandro Magno (336-323 a. C.). Pese a la renovación del pacto de Corinto, Alejandro tuvo que vencer sublevaciones en Esparta y Tebas. El 334 comenzó su campaña persa, dejando Grecia y Macedonia bajo el gobierno de Antípatro. Alejandro no volvió a Grecia; sin embargo, se mantuvo fiel a su helenismo, transmitido por sus sucesores a los territorios conquistados.

La Hélade desde la muerte de Alejandro Magno hasta la conquista romana (323-145 a. C.). La

Castillo Eurialo, en Siracusa, construcción de la época griega

Agora de Atenas. Vista general

dominación macedónica se mantuvo, al menos nominalmente, a pesar de las revueltas (guerra lamíaca, 323-22), hasta el final de la guerra Cremónide (261). Un posterior intento unitario (Ligas aquea y etolia) se malogró por las luchas intestinas, y Grecia acabó convirtiéndose en parte de la prov. romana de Macedonia.

Civilización de la Grecia clásica. La cultura de la Grecia clásica alumbró a la antigüedad y estableció en muchos aspectos las bases para la civilización europea occidental. Su serenidad en la apreciación de las cosas y su armónico sentimiento estético han fecundado siempre a quienes se han acercado a ella.

Religión. Mitología. La Gran Diosa Madre es la representación cretense de la Naturaleza. Y será en la célebre montaña de Creta, el monte Ida, donde nacerá Zeus, el padre de los dioses. Es, pues, creto-micénico (la civilización de Micenas está muy influida por Creta [v., en este mismo art., la Historia de Grecia prehelénica y micénica]) el origen de Deméter, la Tierra Madre (v. **taurobolio**), a quien Homero hace esposa de Zeus. A medida que avanzan los siglos se van estructurando y unificando las distintas creencias de los distintos pueblos griegos. Desde Homero y Hesíodo los dioses tienen forma y hasta costumbres humanas. Hay en la mitología griega (que es la historia de sus dioses, héroes y creencias) tres como grupos, en que se enmarcan los grandes dioses, o divinidades de los cielos y de los infiernos, los dioses menores y héroes o semidioses. Y, como dominándolo todo, el Hado o Destino, al que hasta los dioses deben acatar. Del caos primitivo surgieron varios elementos: la tierra, el sol, el tiempo, la luz, etc. El Tiempo *(Cronos)*, que había asesinado a su padre el Cielo *(Urano)*, resolvió devorar a sus hijos para

Templo de Zeus Olímpico. Atenas

evitar que le sucediesen. Pero, engañado por su esposa la Tierra *(Gea)*, no supo que un hijo *(Zeus)* escapaba de su voracidad. Zeus, que pasó su infancia en el monte Ida, en Creta, tuvo que luchar contra los Titanes, que intentaban escalar el Olimpo, y venciéndoles, se instaló definitivamente en dicho monte de Tesalia. Otros dioses celestes eran *Hera*, hermana y esposa de Zeus, y sus hijos: *Hermes*, mensajero de los dioses y dios del comercio, *Artemisa*, diosa de la Luna y de la caza, y *Apolo*, dios del Sol, de la luz y de la música, que estaba acompañado por las nueve Musas —diosas de las Letras, las Artes y las Ciencias—, cuya mansión preferida era el monte Parnaso. Dios del mundo subterráneo era *Hades*, nombre también del lugar donde moraba y al que se conocía, asimismo, con el sobrenombre de *Plutón;* reinaba sobre los muertos. Entre los dioses menores se pueden enumerar los siguientes: *Poseidón*, soberano de las profundidades marinas; *Anfitrite, Tetis*, los *tritones* y las *nereidas*. Las divinidades terrestres, *Deméter, Diónisos, Pan*, los *silenos*, los *sátiros* y las *ninfas*.

Y como deidades rectoras de actividades humanas, *Ares*, dios de la guerra; *Afrodita*, diosa de la belleza y del amor, acompañada por las tres *Gracias*, y *Atenea*, diosa de la inteligencia. Entre los héroes o semidioses se contaban éstos: *Heracles*, de carácter nacional o general, cuyas hazañas ya se narraban en tiempos de Homero y Hesíodo; héroes locales como *Perseo, Belerofonte, Jasón, Teseo* (de Atenas), *Edipo*, los *atridas*, que eran descendientes de Atreo, y entre cuyos representantes más ilustres estaban *Agamenón* y *Menelao*, reyes, respectivamente, de Micenas y Lacedemonia, *Aquiles, Odiseo* o *Ulises* y *Eneas*. El culto a dioses y héroes revestía diversas formas. La más general tenía lugar en los templos, considerados como vivienda del dios. Pero también a través de actos míticos y profanos, como los *Misterios de Eleusis*, donde se crece que hasta se enseñaban doctrinas monoteístas en pugna con la religión oficial; el oráculo o presagio, sobre todo del templo de Apolo, en Delfos, donde la tradición imponía consultar al dios sobre el porvenir de acontecimientos importantes, siempre por intermedio de la *pitia* o *pitonisa;* y los juegos, deportivos o religiosos.

Arte. a) *Época prehelena.* Influida por la cretense, la arquitectura micénica presenta, sin embargo, caracteres singulares, como son el colosalismo de sus construcciones ciclópeas y la estructura rectangular de sus palacios en torno a la sala principal o *megarón*. Como ejemplos característicos se pueden aducir la Puerta de los Leones, de Micenas (s. XIII a C.), y la tumba llamada Tesoro de Atreo, en la misma ciudad.

b) *Época griega.* Para su estudio se pueden considerar, cronológicamente, tres períodos: arcaico, clásico y helenístico. En el arcaico (s. VIII - s. VI a. C.) las obras son aún imperfectas; en el clásico (s. V y IV a. C.) es cuando el arte griego alcanza su plenitud y es modelo perfecto y fecundo para la posteridad; por fin, en el tercer período (s. III y II a. C.) se pierde la armonía y el equilibrio para caer en la exageración e incluso en lo vulgar.

Arquitectura. Los griegos hacen templos para los dioses. No palacios, pues no hay excesiva desigualdad de clases. Tampoco tumbas monumentales, ya que al cuerpo del difunto le conceden poca importancia, supuestas también las creencias en la transmigración, etc. Construyen edificios de recreo. Su arquitectura es adintelada, por eso hay columnas y entablamentos. Hay tres estilos: el dórico, jónico y corintio, aunque éste no aparece hasta el s. V, cada uno con caracteres específicos en columnas y capiteles (v. estas voces). El templo consta de una sala rectangular, donde está la imagen del dios, que es la *cella* o *naos*, delante de ésta un pórtico o *pronaos* y detrás de la *cella* una cámara u *opistodomo*. Principales edificios de este período son el templo de Zeus, en Olimpia, de estilo dórico, en el que se guardaba la famosa estatua de Zeus en oro y marfil *(criselefantina)* hecha por Fidias, y el templo llamado Tesoro de los Sifnos, en Delfos, de estilo jónico arcaico (h. 530 a. C.). Del período clásico son importantes sobre todo las construcciones en la acrópolis ateniense: el *Partenón*, dedicado a Atenea y decorado por Fidias, es de orden dórico. Los *propileos*, edificio con planta en forma de U; su pórtico externo es dórico y jónico el interno. El Erecteión, obra maestra del jónico, con las cariátides. Y al pie de la acrópolis, el teatro de Diónisos. Los teatros eran semicirculares, sentándose los espectadores en las gradas escalonadas. En la *escena*, entre la cual y el público estaba la *orchestra*, se situaban los actores. En el período helenístico se cae en la grandiosidad excesiva y en el efectismo. Es famoso el altar de Zeus, en Pérgamo,

Detalle de la parte posterior del frontón del Partenón

con pórtico de estilo jónico. La *linterna de Lisícrates*, en Atenas, de orden corintio. Y el mausoleo de Halicarnaso, con la parte principal porticada en orden jónico. El Faro de Alejandría nos es conocido en detalle solamente por referencias árabes; tenía forma de torre oriental y era de gran altura.

Escultura. Es seguramente lo más característico del arte griego, fundado totalmente en la exaltación de los valores humanos. Las esculturas del primer período empiezan siendo muy toscas, se llaman *xoanas*, y apenas si consisten en algo más que palos o troncos de madera en que se ha tallado con deficiencia una cabeza. Posteriormente aparecen los *kuroi* y *korai*, que son estatuas de un atleta y de una muchacha, con gran sencillez aún y un cierto hieratismo. En la época clásica conviene distinguir las obras del siglo V de las posteriores, menos equilibradas. Los artistas principales son tres: Mirón, Fidias y Policleto. La obra maestra de Mirón es el *Discóbolo* (atleta lanzando el disco). Contemporáneo suyo (n. hacia 500) es Fidias, que ha llegado, por su perfección en la forma, a ser sinónimo del genio en la escultura universal. No se ha conservado estatuas suyas tan importantes como la de Zeus *criselefantina* (en oro y marfil); conservamos parte de su obra en la decoración del Partenón, como son varias figuras de los frontones, de las metopas y del friso interior, llamado de las *Panateneas*, por la representación de una procesión de muchachas que van a ofrecer un peplo a Atenea. Es insuperable la naturalidad y a la vez el gran realismo con que Fidias presenta las figuras, agrupándolas con destreza y mostrando su anatomía, sin que para ello tenga que usar el desnudo, por medio de la técnica llamada *de paños mojados*, en que la tela de los vestidos parece estar mojada, adhiriéndose al cuerpo. Más joven es Policleto (452-412), para quien la armonía del cuerpo en la escultura es algo preciso y matemático (la proporción o *canon*), y así su estatua el *Doríforo*, joven que lleva una lanza y en actitud de andar, se ha llamado *el canon de Policleto*. En el s. IV brillan Praxíteles, Scopas y Lisipo. El primero es escultor de las figuras de Venus y Apolo, p. e., el *Apolo Sauróctono* y la *Venus de Cnido* (aparece por vez primera el desnudo femenino), y su técnica es de una blandura que raya en lo femenino, aun en estatuas de efebos. Scopas se caracteriza por el patetismo. Lisipo hace más esbelto el canon de Policleto: el *Apoxiómeno*, atleta limpiándose la arena con el strígil o raspador. El período helenístico es época de expansión de Grecia en Oriente y también de influencias recíprocas. Hay en los temas un realismo y un descenso de nivel que contrastan con el idealismo anterior. *El Niño de la espina* es un muchacho sentado quitán-

Grecia

dose una espina de un pie. En el s. II surgen las escuelas de Pérgamo y Rodas. Pertenecientes a la primera son los relieves del altar de Zeus, que representan la lucha de los gigantes contra los dioses (Gigantomaquia), y a la segunda el grupo de Laoconte y sus hijos atacados por las serpientes sagradas. Este grupo fue descubierto en el s. XVI e influyó en el Renacimiento y en concreto en Miguel Ángel. Características de una escuela que surgió en Alejandría son una serie de esculturillas (*tanagras*, de Tanagra, la c. de Beocia donde fueron encontradas), que representan personajes en los quehaceres de la vida ordinaria.

Pintura. Según los tres períodos ya descritos se utilizan motivos geométricos y de animales, en los s. V y IV hay figuras negras sobre fondo rojo, y a la inversa después del período clásico. Hay en esta materia escasas noticias. Lo que se nos ha conservado de la pintura griega se refiere a la pintura en vasos, aunque por otras noticias sepamos que este arte alcanzara en Grecia gran esplendor. Nombres de pintores famosos son Polignoto, Zeuxis y Parrasio (s. V). En el s. IV, Apeles, retratista de Alejandro.

Cerámica. Por su importancia merece capítulo aparte. Su significado deriva del nombre del barrio de Atenas que fue célebre en la fabricación de vasos decorados (s. VIII a. C.). Al principio estos vasos no tuvieron decoración pictórica. Viene después un período en que se sobrepone la superioridad de la civilización egea, para desarrollarse, por fin, después de las invasiones de los dorios produciéndose las obras maestras en estilo de decoración geométrica, en variadas formas, aunque las preferidas son las jarras sin pie. El siglo de Pericles, V a. C., es el que verá, como en las otras artes, el apogeo de la cerámica, con empleo de todas las técnicas posibles: figuras negras, rojas, blancas, fondos de la arcilla natural, con engalbas blancas y negras. Y en los temas una predilección por los asuntos de la vida ateniense, con ocasión propicia para representar las figuras humanas en sus actuaciones más variadas.

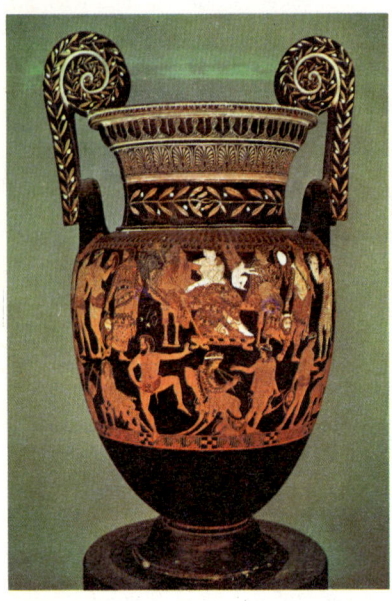

Ánfora del s. V a. C. Museo Nacional. Nápoles

Literatura. La lengua griega, procedente del indoeuropeo, fue muy apta, por su dulzura, para todos los géneros literarios, conservando además gran unidad, a pesar de sus muchos dialectos, aunque en este aspecto sólo destacaron el eolio, jonio y dorio. Sus orígenes, en Jonia, son obscuros, aunque parece claro que los poemas homéricos, primeros monumentos de la literatura griega (s. IX-VIII a. C.), responden a una tradición literaria antigua. La poesía didáctica con Hesíodo (800 a. C.), y todavía más los distintos géneros de la lírica, alcanzaron gran auge en estos primeros tiempos. La poesía elegíaca se desarrolló con Tirteo y Teognis, la satírica con Arquíloco, en cuya pluma brilló el yambo, la amatoria con la poetisa Safo (a quien se atribuye el uso, por vez primera, de la llamada *estrofa sáfica*), etc. Sobresalen, así mismo, como líricos. Anacreonte, que cantó los placeres de la mesa y del amor, y cuya fama ha sido eclipsada por la de las poesías *anacreónticas* (compuestas, en el s. II, a imitación de él, aunque sin su buen gusto y moderación), y Alceo, cantor de la patria, la guerra y la lucha política, aunque también tocó los temas del amor y del vino. Género importante, en el que sobresalieron Simónides de Ceos, Alcmán, Estesícoro, Teognis y, en la época clásica, Píndaro, fue el coral (poesías para ser cantadas por un coro), en el que admiramos epinicios u odas triunfales, trenos, ditirambos, epitalamios, peanes e himnos. En la edad clásica (s. V-IV a. C.) la poesía lírica alcanza su cumbre en Píndaro (n. h. 522 y m. en 443 a. C.) cuyas poesías más conocidas son sus odas, en las que canta las excelencias de los Juegos Olímpicos. Pero sobre todo adquiere importancia el teatro con tres poetas trágicos de máxima importancia: Esquilo, Sófocles y Eurípides. La comedia sobresale con el poeta Aristófanes. También la prosa tiene su momento de esplendor con los historiadores Herodoto, Tucídides y Jenofonte y los oradores Isócrates, de estilo preciosista, Esquines (*De la Embajada*), y Demóstenes (*Filípicas*). En el período helenístico, cambiadas las circunstancias políticas varían las condiciones para la producción literaria. Atenas ha perdido su preponderancia. Sin embargo, florecen las escuelas filosóficas y la comedia, representada por Menandro, así como el poeta bucólico Teócrito. Alejandría pasa a ser un foco cultural importante y también otras ciudades griegas extendidas por el Mediterráneo. Figuras preponderantes ahora son Euclides, Arquímedes, en física, y Eratóstenes en geografía y matemáticas.

Filosofía. Al principio (s. VII a. C.), el término *filosofía* designaba una aspiración al saber, al conocimiento científico profundo de los porqués del universo, cosa que no aparece aún en Homero y Hesíodo. Fueron creadas cuatro Escuelas o grupos de sabios con diferentes opiniones acerca del particular. Los jonios buscan en la Naturaleza el principio u origen de las cosas. Así Tales de Mileto, Anaximandro, Anaxímenes, Anaxágoras y Heráclito. El pitagorismo (s. VI a. C.), guiado por la armonía del universo, busca aquel principio en referencias numéricas; Pitágoras n. h. 582 y m. h. 507 a. C. Representantes de la escuela de Elea son Zenón y Parménides, para quienes el fondo de las cosas es la unidad inmóvil. Por último, Demócrito con los *atomistas* cree ser el eterno movimiento de los átomos la causa de todo. Las profundas reformas sociales de Atenas en el s. VI a. C. parecen contribuir a que la filosofía fije más la atención en el hombre. La sofística se interesa por la vida práctica, pero con discusiones muchas veces falaces e inútiles que eran desenmascaradas por Sócrates. Éste es el primer gran filósofo griego (469-399 a. C.), que quiere crear una auténtica ética, renunciando también a las investigaciones sobre la esencia del universo. Su pensamiento acerca del alma humana está hermosamente reflejado en el diálogo *Fedón*, escrito por su discípulo Platón, que nos ha transmitido también en la *Apología* el discurso que Sócrates pronunció para defenderse de las acusaciones de que se le denunció, blanco de la envidia, «por no creer en los dioses en que la ciudad cree... y ... al corromper a los jóvenes». El verdadero heredero de la doctrina socrática es Platón, cuya doctrina tiene por quicio la teoría de las Ideas. Platón enseñaba en la *Academia*. Aristóteles de Estagira (384-322) es el más independiente de los discípulos de Platón. Su filosofía realista se contrapone en cierto modo a la idealista de Platón. Otras escuelas subsiguientes fueron las de Epicuro, Zenón de Citio Arcesilao y Carnéades.

Organización política y social. Los griegos, aunque con frecuencia estuvieron desunidos, eran capaces de aunar sus esfuerzos ante un peligro común, como lo hicieron ante los persas, o para la asistencia a los juegos, que incluían la posible tregua si había guerras. Sobre todas las ciudades-estados de Grecia sobresalieron Tebas, Esparta y Atenas. Como elementos unificadores había varios además de lo que, concretamente en unos días, significaba la celebración de los juegos, especialmente los olímpicos. El hecho de una como *conciencia helénica* que llevaban los griegos aunque estuviesen dispersos en las ciudades mediterráneas más distantes, considerándose de una raza superior e imponiendo su cultura a los demás. Sobre todo contribuyó a esta cohesión la unidad religiosa. Especialmente preocupó al pueblo griego la consulta de los oráculos, como el de Delfos. Ya se ha subrayado también el carácter religioso de los juegos nacionales olímpicos, dedicados a Zeus, y durante los cuales además de los certámenes se llevaba a cabo una celebración religiosa. Por último hay que mencionar, como elemento de conglomeración, el idioma, que básicamente era uno, a pesar de las tendencias dialectales, y que incluso se aprecia claramente en el griego contemporáneo.

Grecia bajo la dominación romana (145 a. C.-395 d. C.). La influencia cultural que la Hélade ejerció sobre Roma la exoneró de muchas cargas que pesaban sobre otras provincias. La fundación de Constantinopla supuso su declive. El arte de Roma está totalmente influido por el arte griego, así como, especialmente, su mitología y literatura. A medida que avanzaba Roma en sus conquistas el latín se iba generalizando y convirtiéndose en lengua de la cultura; pero el griego se sigue utilizando con profusión, y en él escriben Plutarco, Epicteto, Marco Aurelio, Estrabón y Galeno, el célebre médico. Se consideraba el mejor complemento a la educación de un joven en sus estudios que completara éstos en Grecia. La filosofía tiene sus mejores representantes en los ya citados Epicteto y Marco Aurelio (estoicos), los Epicúreos, y los Neoplatónicos, entre los que destacan Plotino, su discípulo Porfirio, y Proclo. El año 529 un edicto del emperador Justiniano clausuró todas las Escuelas paganas.

Grecia bajo el Imperio bizantino (395-1456). Durante esta época la Hélade sufrió diversas invasiones: visigodos, ostrogodos, hunos, ávaros, eslavos y árabes, que modificaron por completo la población. A partir de la caída de Roma (476), Grecia adquirió un papel preponderante, sobre todo con Justiniano, que publicó sus decretos en griego, lengua que más tarde adoptó Heraclio para la administración y el ejército, tomando él mismo el título de *basiléus* o *rey* (630). En 1054, Grecia se adhirió al cisma religioso, sometiéndose, como todo el Oriente europeo, a la obediencia del patriarca de Constantinopla.

Grecia bajo el dominio turco (1456-1830). La ocupación militar fue lenta y costosa y nunca pacífica (levantamientos en Morea, Grecia central). La Grecia turca se agrupaba en valiatos, a cuyo frente estaba un bajá, que con sus abusos, sobre todo a partir del debilitamiento del poder del sultán (s. XVIII), fue uno de los inspiradores, junto a las tentativas de las grandes potencias para deshacer el Imperio otomano, de la formación de un sentimiento nacional griego. La prematura declaración de independencia hecha por el Congreso de Epidauro, bajo la iniciativa de Alejandro Ypsilantis, auténtico héroe nacional, no tuvo más consecuencia que despertar un entusiasmo por su causa en la opinión pública europea. La derrota y ocupación de Misolonghi y de la Acrópolis de Atenas (1827), por parte de los egipcios del bajá Muhammad Alí, a instancia del sultán, terminó con el intento. La intervención de Francia, Rusia e Inglaterra obligó a Turquía a firmar el tratado de Andrinópolis (septiembre de 1829). Por fin, en el convenio de Londres (3 de febrero de 1830) las tres potencias vencedoras proclamaron la independencia griega.

Grecia, reino independiente (1830). El asesinato del dictador Capo d'Istria (1831) introdujo en el trono a Otón de Baviera, que trajo a muchos alemanes a la administración y al ejército, por lo que se atrajo la animadversión de sus súbditos. Gran Bretaña hizo que la Asamblea nacional votase a un cuñado del príncipe de Gales, que tomó el nombre de Jorge I. La autocracia del rey venía favoreciendo los movimientos liberales, que cristalizaron con el nombramiento del mariscal Venizelos para la jefatura del Gobierno (1910), el cual en seguida (1911) hizo votar una constitución que aseguraba las principales libertades. En 1913 fue nombrado rey Constantino I, que por su inclinación hacia los Imperios centrales, abdicó en su hijo segundo, Alejandro (1917), quien llamando a Venizelos, ordenó la entrada de su país en la P. G. M., de parte de los aliados. Las reivindicaciones griegas quedaron insatisfechas, y Grecia fue conducida a una nueva guerra contra la República de Turquía. La muerte de Alejandro, la vuelta de Constantino y la impopularidad de la guerra obligaron a Venizelos a partir al destierro. Las dificultades económicas subsiguientes hicieron abdicar a Jorge II, sucesor de Constantino.

La República. Proclamada el 25 de marzo de 1924, volvió a traer a Venizelos, que, desde 1928, gobernó como un verdadero dictador. Sin embargo, el cambio de su política antiimperialista de antaño por otra conciliadora (amistad con Turquía, indiferencia ante el nacionalismo chipriota), le obligó a dimitir.

Restauración monárquica. En noviembre de 1935 regresó Jorge II, llamado en virtud de un plebiscito. Con él se inició la dictadura militar del general Metaxas, que duró hasta 1941. Ocupado el país por los italianos (octubre de 1940) y por los alemanes (abril de 1941), durante la S. G. M., las organizaciones de resistencia, de tendencia izquierdista, continuaron la lucha contra las tropas inglesas de ocupación, negándose a admitir una restauración monárquica. En las elecciones de 1946, con la abstención de las izquierdas, resultó vencedor el partido popular o monárquico, que llamó de nuevo a Jorge II. Pero la extrema izquierda se organizó en guerrillas, y la guerra civil sacudió el N. de Grecia hasta octubre de 1949, en que los gubernamentales, al mando del general Papagos, con el apoyo material inglés y estadounidense ocuparon el principal foco rebelde. Por otra parte, desde 1947, fue rey Pablo I. Los gobiernos de Papagos, Karamanlis y Pipinelis procuraron la distensión con sus vecinos y la colaboración con Occidente a través de la O. T. A. N., recibiendo abundante ayuda de EE. UU. Las derechas, acusadas de limitar las libertades y de mantener un millar de presos procedentes de la guerra civil, perdieron las elecciones de noviembre de 1963, en favor del partido del Centro, fundado por un hijo de Venizelos. Los dos gabinetes de Papandreu, dirigente centrista, gozaron de gran popularidad por su liberalismo, acrecentada, si cabe, por la presencia en el trono desde 1964 del joven rey Constantino II, casado con Ana María de Dinamarca. Posteriormente, tras la dimisión de Papandreu y el fracaso de una serie de levantamientos en todo el país en favor de éste, Stefanopoulos reorganizó el Gobierno (11 de mayo de 1966) y dimitió el 21 de diciembre. El nuevo primer ministro Paraskevopoulos, tras formar Gobierno, dimitió (30 de marzo de 1967), substituyéndole Canellopoulos, quien disolvió el Parlamento y anunció elecciones para el mes de mayo. Un golpe de Estado (21 de abril) condujo a la creación de un Gobierno militar. El 20 de mayo nació el príncipe heredero en el palacio de Tatoe, a 25 km. de Atenas. En una entrevista con Johnson, presidente de EE. UU., el rey Constantino confirmó la pronta vuelta de Grecia a un sistema democrático de gobierno. En efecto, Constantino dio un contragolpe, en un intento de derrocar al Gobierno y restablecer la normalidad constitucional (14 de diciembre). Al rey se unió el 90 % del Ejército y todas las unidades aéreas y navales, pero el levantamiento fue aplastado al ponerse el Gobierno en contacto con el Ejército y no responder la oficialidad intermedia, que redujo sin dificultad a los generales colocados al lado del rey. Nombrado regente el general Zoitakis, el rey Constantino y toda la familia real huyeron a Roma. El coronel Georgios Papadopoulos fue nombrado primer ministro. Constantino y la Junta militar no llegaron a un pleno acuerdo en sus condiciones, y el monarca pagó con el exilio el fracasado intento de corregir la situación creada por el golpe de Estado de abril de 1967. El 1 de junio de 1973, Papadopoulos proclamó la abolición de la monarquía e instauró la república presidencial parlamentaria, considerándose él como primer presidente. El 29 de julio, en el referéndum convocado por Papadopoulos, los electores griegos aprobaron por abrumadora mayoría los cambios constitucionales establecidos por el Gobierno. Sin embargo, los líderes de la oposición democrática denunciaron los resultados de las votaciones como un producto del fraude y la violencia. Ante las graves y sangrientas manifestaciones estudiantiles a las que se sumaron fuerzas obreras en Atenas y Salónica, el Gobierno decretó la ley marcial el 17 de noviembre de 1973. Pocos días después (madrugada del 25) oficiales de grado medio del Ejército invitaron a Papadopoulos a que dimitiera voluntariamente; habiéndose negado, se decidió la medida de fuerza sometiéndole a detención domiciliaria y nombrando nuevo jefe de Estado al general Fedon Gizikis, volviendo el país a la normalidad. Una de las primeras medidas del nuevo Gobierno fue la detención de colaboradores de Papadopoulos y situar en la reserva a algunos altos jefes militares encargados de la aplicación de las últimas medidas adoptadas por el Gobierno anterior. El 15 de julio de 1974, oficiales del Ejército griego dirigieron un golpe de Estado en Chipre (v.). El 23 de julio el Gobierno de los militares decidió entregar el poder a los políticos civiles; invitó a C. Karamanlis, exiliado en París desde 1963, a formar Gobierno. El nuevo Gabinete restableció la Constitución de 1952 (1 de agosto) como carta fundamental, aunque provisional, del país. Karamanlis anunció que el pueblo decidiría, mediante referéndum, el futuro de la monarquía. Asimismo, el Gobierno griego decidió (14 de agosto) retirar de la O. T. A. N. a las fuerzas armadas helenas, aunque Grecia seguiría siendo miembro de dicha organización. El 8 de diciembre triunfó, en el referéndum realizado al efecto, la república sobre la monarquía. El 17 de diciembre el Parlamento eligió como nuevo presidente provisional de la república de Grecia a Michael Stassinopoulos. La tarea del Parlamento se concretó en la redacción y puesta a punto de la nueva Constitución, que fue aprobada el 7 de junio de 1975 y entró en vigor el 11 del mismo mes. Fue elegido, el 19 de este mes, presidente de la República el profesor Konstantinos Tsatsos. El Consejo de ministros de Asuntos Exteriores de la C. E. E. respondió favorablemente (9 de febrero de 1976) a la petición de adhesión presentada por Grecia a la Comunidad en junio del año anterior. El 20 de noviembre de 1977, Karamanlis venció en las elecciones legislativas y mantuvo su mayoría absoluta en la Cámara de Diputados. El 4 de abril de 1979, los negociadores griegos y comunitarios firmaban un acuerdo, en Luxemburgo, que conducirá a la entrada de Grecia en el Mercado Común Europeo en enero de 1981, como fecha máxima. En las elecciones generales celebradas en mayo de 1980 para elegir presidente, salió elegido el hasta entonces primer ministro, Constantino Karamanlis, líder del partido de la Nueva Democracia.

Los reyes Jorge y Olga, en sus bodas de plata. Grabado de la época

C. Karamanlis, presidente de la República

Grecia–Gregorio

Grecia. Geog. Cantón de Costa Rica, prov. de Alajuela; 31.806 h. ‖ Dist. y pobl. cap. del mismo; 9.984 h. ‖ **Central y Eubea.** Región de Grecia, que comprende los nomos de Acarnania y Etolia, Ática, Beocia, Eubea, Euritania, Fócida, Ftiótida y El Pireo; 24.908 km.² y 3.532.770 h. ‖ **(Magna). Hist.** Denominación que se dio en la antigüedad a la porción meridional de Italia, a causa de las numerosas colonias fundadas en ella por los griegos.

greciano, na. adj. Perteneciente a Grecia.
grecisco, ca. adj. Natural de Grecia, o perteneciente a esta nación. Ú. t. c. s.
grecismo. (Del lat. *graecus*, griego.) m. Voz o modo de hablar de origen griego.
grecizante. p. a. de *grecizar*. Que greciza.
grecizar. (Del lat. *graecissāre*.) tr. Dar forma griega a voces de otro idioma. ‖ intr. Usar afectadamente en otro idioma voces y locuciones griegas.
greco, ca. (Del lat. *graecus*.) adj. Perteneciente a Grecia. Apl. a pers., ú. t. c. s.
Greco. Biog. Theotokópoulos **(Doménikos).**
grecolatino, na. fr., *gréco-latin;* it., *grecolatino;* i., *greek-latin;* a., *griechisch-lateinisch.* adj. Perteneciente o relativo a griegos y latinos, y en especial se dice de lo escrito en griego y en latín o que de cualquier otro modo se refiere a entrambos idiomas.
grecorromano, na. fr., *gréco-romain;* it., *greco-romano;* i., *greek-roman;* a., *griechisch-römisch.* adj. Perteneciente a griegos y romanos, o compuesto de elementos propios de uno y otro pueblo.
Grechko (Andrei Antonovich). Biog. Mariscal soviético, n. en Golodaievks y m. en Moscú (1903-1976). Fue comandante supremo de las fuerzas soviéticas de ocupación en Alemania (1953-57) y comandante supremo de las fuerzas del Pacto de Varsovia.
greda. fr., *craie;* it., *creta;* i., *clay;* a., *Kreide.* (Del lat. *creta*.) f. **Geol.** Arcilla arenosa, por lo común de color blanco azulado, que se usa principalmente para desengrasar los paños y quitar las manchas.
gredal. adj. Aplícase a la tierra que tiene greda. ‖ m. Terreno abundante en greda.
Gredilla de Sedano. Geog. Mun. de España, prov. y p. j. de Burgos; 144 h. ‖ Lugar cap. del mismo; 52 h. ‖ **la Polera.** Mun. de España, prov. y p. j. de Burgos; 137 h. ‖ Lugar cap. del mismo; 45 h.

Paisaje de Gredos

Gredos. Geog. Sierra de España, perteneciente al sistema Central, que se extiende por las prov. de Ávila y Cáceres. La Plaza del Moro Almanzor (2.661 m.) es su punto culminante y también del sistema Central. Son muy visitadas por los montañeros las altas cumbres y Los Galayos, así como el circo glaciar de las Cinco Lagunas.
gredoso, sa. adj. Perteneciente a la greda o que tiene sus cualidades.
Greene (Graham). Biog. Escritor inglés, n. en Berkamsted, Hertfordshire, en 1904. Está considerado como uno de los mejores novelistas británicos actuales. Ha escrito novelas, cuentos, relatos de viajes y ensayos. Obras principales: *Historia de una cobardía* (1929), *Orient Express* (1932), *Brighton, parque de atracciones* (1938), *El poder y la gloria* (1940), *El revés de la trama* (1948), *El tercer hombre* (1950), *El fin de la aventura* (1951) y *El factor humano* (1979), novelas: *El cuarto de estar* (1953), *El cobertizo del jardín* (1958) y *Tallando una estatua* (1964), obras de teatro. En 1971 publicó su autobiografía *(A sort of life).*
Greenville. Geog. C. de Liberia, cap. del cond. de Sinoe; 4.000 h.
Greenwich. Geog. Mun. del R. U., en Inglaterra, uno de los que constituyen el Gran Londres; 216.441 h. El famoso Observatorio astronómico, fundado por Carlos II en 1676, por el que pasa el meridiano adoptado como primero en todo el mundo, ha sido trasladado a Herstmonceaux, cond. de Sussex Oriental, porque la proximidad de la luz y el humo de las factorías de Londres dificultaban las observaciones.
grefier. (Del fr. *greffier*, y éste del lat. *graphium*, puntero.) m. Oficio honorífico de la casa real, según la etiqueta de la de Borgoña, auxiliar y complementario del contralor. En el bureo actuaba como secretario. ‖ Oficial que asistía a las ceremonias de toma del collar del toisón de oro. Lo nombraba el ministro de Estado entre los individuos de la carrera diplomática, y generalmente entre los secretarios de embajada.
gregal. fr., *vent grec;* it., *grecale;* i., *north-east wind;* a., *Nordostwind.* (Del lat. *graegalis*, de *graecus*, griego.) m. Viento que viene de entre levante y tramontana, según la división que de la rosa náutica se usa en el Mediterráneo.
gregal. (Del lat. *gregālis*, de *grex, gregis*, rebaño.) adj. Que anda junto y acompañado con otros de su especie. Aplícase regularmente a los ganados que pastan y andan en rebaño.
gregarina. (Voz del lat. científico; del lat. *gregarius*, gregario, de *grex, gregis*, rebaño, e *-ina*.) **Zool.** Gén. de protozoos esporozoarios del orden de los gregarínidos (v.).
gregarínido, da. (De *gregarina* e *-ido*.) adj. **Zool.** Dícese de los protozoos de la clase de los esporozoarios, subclase de los telosporidios, parásitos, especialmente de las células del epitelio intestinal de los mamíferos. ‖ m. pl. Orden de estos protozoos.
gregario, ria. (Del lat. *gregarĭus*, de *grex, gregis*, rebaño.) adj. Dícese del que está en compañía de otros sin distinción; como el soldado raso. ‖ fig. Dícese del que sigue servilmente las ideas o iniciativas ajenas.
gregarismo. m. Calidad de gregario, que sirve servilmente a otros.
grege. (Del lat. *grex, gregis*, rebaño.) f. ant. grey.
Grégoire (Henri). Biog. Constitucional francés, n. en Vého y m. en París (1750-1831). Era párroco de Embermesnil cuando estalló la Revolución, cuyos principios adoptó. Fue posteriormente obispo de Reims y sus feligreses le enviaron a la Convención, donde pidió la abolición de la monarquía, pero se opuso a la ejecución del rey.
gregoriano, na. adj. Dícese del canto religioso reformado por el papa Gregorio I. ‖ Dícese del año, calendario, cómputo y era que reformó Gregorio XIII.
gregorillo. (De *gorguerillo*, dim. de *gorguera*.) m. Prenda de lienzo con que las mujeres se cubrían cuello, pechos y espaldas.
Gregorio I *Magno* **(San). Biog.** Papa, n. y m. en Roma (540-604). Ocupó el solio pontificio de 590 a 604. Logró la conversión de Gran Bretaña y de los galos arrianos y estableció el *canto llano*, llamado, en su honor, *gregoriano.*

San Gregorio Magno, por Goya. Museo Romántico. Madrid

Se le conmemora el 3 de septiembre. ‖ **II** (San). Papa, n. y m. en Roma, ocupó el solio pontificio de 715 a 731. Su fiesta, el 13 de febrero. ‖ **III** (San). Papa, de origen sirio, que ocupó el solio pontificio de 731 a 741. Se celebra su fiesta el 28 de noviembre. ‖ **IV.** Papa, que ocupó el solio pontificio de 827 a 844. Durante su pontificado se puso fin a la herejía iconoclasta de Bizancio (843). ‖ **V.** Papa (Brunone, duque de Corintia). Ocupó el solio pontificio de 996 a 999. ‖ **VI.** Antipapa elegido por la facción de Crescencio en 1012, durante el pontificado de Benedicto VIII. ‖ **VI.** Papa (Giovanni Graciano), m. en Cologna. Ocupó el solio pontificio de 1045 a 1046. Como en el Concilio de Sutri (1046) se le probase que había gastado grandes cantidades para triunfar en su elección, se vio obligado a abdicar y fue desterrado a Cologna. ‖ **VII** (San). Papa (Hildebrando), n. probablemente en Toscana y m. en Salerno (h. 1020-1085). Ocupó el solio pontificio de 1073 a 1085. Prohibió la entrada en las iglesias a los sacerdotes infieles a la ley del celibato, y que los obispos recibieran la investidura de su cargo de manos de príncipes laicos. En lucha con Enrique IV, y sitiado en su castillo de Sant'Angelo, fue liberado por los normandos de Roberto Guiscardo, pero tuvo que seguir a su salvador a Salerno, donde murió. Su fiesta, el 25 de mayo. ‖ **VIII.** Papa (Alberto di Morra), m. en Pisa. Ocupó el solio pontificio de 21 de octubre a 17 de diciembre de 1187. ‖ **IX.** Papa (Ugolino de Segni). Ocupó el solio pontificio de 1227 a 1241. Durante su pontificado comenzó la rivalidad entre los güelfos y los gibelinos. Organizó la Inquisición (1231) y encargó la redacción de las decretales conocidas por *Decretales de Gregorio IX* (1234). ‖ **X** (Beato). Papa (Teobaldo Visconti), m. en Arezzo en 1276. Ocupó el solio pontificio de 1271 a 1276. Convocó el Concilio de Lyón (1274) para tratar de la unión con la Iglesia oriental, y reglamentó la forma de elección de los papas. ‖ **XI.** Papa (Pierre Royer de Beaufort), m. en Roma. Ocupó el solio pontificio de 1370 a 1378. Reconcilió la ciudad de Florencia con la Iglesia, por mediación de Santa Catalina de Siena. Dejó Aviñón y restableció en Roma el asiento papal (1377). ‖ **XII.** Papa (Angelo Corrario o Correr), n. en Venecia y m. en Recanati (h. 1327-1417). Ocupó el solio pontificio de 1406 a 1415. ‖ **XIII.** Papa (Ugo Boncompagni), n. en Bolonia y m. en Roma (1502-1585). Ocupó el solio pontificio de 1572 a 1585. Su nombre ha quedado unido a la reforma del calendario efectuada en 1582 (el nuevo calendario es llamado *gregoriano*) y a la pontificia *Universidad Gregoriana* de Roma. ‖ **XIV.** Papa (Niccolò Sfrondari), n. en Milán y m. en Roma (1535-1591). Ocupó el solio pontificio de 1590 a 1591. ‖ **XV.** Papa (Alessandro

El papa Gregorio XIV

Ludovisi), n. en Bolonia y m. en Roma (1554-1623). Ocupó el solio pontificio de 1621 a 1623. ‖ **XVI.** Papa (Mauro o Bartolomeo Alberto Cappellari), n. en Belluno y m. en Roma (1765-1846). Ocupó el solio pontificio de 1831 a 1846. ‖ **, marqués de Esquilache (Leopoldo de).** Político siciliano y ministro español, m. en Venecia en 1785. Fue ministro de Hacienda en Nápoles con Carlos VII. Cuando este rey se trasladó a España para ocupar el trono con el nombre de Carlos III, Esquilache le acompañó (1759) y continuó ejerciendo el mismo cargo, al que sumó la secretaría de Guerra poco después. Fue el inspirador de beneficiosas reformas, como el embellecimiento de Madrid. El pueblo, que le odiaba por ser extranjero, por sus medidas, muchas veces contrarias a los usos y costumbres españoles, y por la vida de ostentación que llevaba su esposa, le atribuyó la estrechez de unos años de malas cosechas (1760-1765). Tomando como pretexto la orden de prohibición de la capa larga y del sombrero redondo y de ancha ala, se amotinaron los madrileños el Domingo de Ramos, 23 de marzo de 1766 y se mantuvieron en esa actitud hasta el 26, y el rey prescindió de su ministro, que el día de Jueves Santo marchó con su familia para Nápoles. El *motín de Esquilache* tuvo varias causas, como lo prueba el que, al poco, se implantó el uso de la capa corta y del sombrero de tres picos, a lo que se llamó *moda de Esquilache*. ‖ **Magno** (San). **Gregorio I Magno** (San). ‖ **de Nacianzo** o **Nacianceno**, *el Teólogo* (San). Doctor y padre de la Iglesia de Oriente n. en Azianzo y m. en Nacianzo (h. 330-389 ó 390). El emperador Teodosio, en 380, le obligó a aceptar el título de patriarca, pero Gregorio después abdicó y se retiró a Nacianzo. La Iglesia le honra el 2 de enero. ‖ **de Nisa** o **Niseno** (San). Obispo y padre de la Iglesia de Oriente, n. en Cesarea de Capadocia (h. 335-h. 395). Fue obispo de Nisa, en Capadocia. Se le conmemora el 9 de marzo. ‖ **y Rocasolano (Antonio de).** Bioquímico y biólogo español, n. y m. en Zaragoza (1873-1947). Fue autoridad internacional en el campo de los coloides. ‖ **de Tours** (San). Obispo francés, n. en Auvernia y m. en Tours (538-594). Por sus escritos, en su mayor parte históricos, es llamado *padre de la Historia de Francia*. Su fiesta, el 17 de noviembre. ‖ **Villafañe.** Geog. Local. de Argentina, prov. de Buenos Aires, part. de Chacabuco; 142 h.

Gregory (Isabella Augusta). Biog. Escritora y poetisa irlandesa, n. en Roxburgh y m. en Coole Park (1852-1932). Reconstruyó leyendas célticas de la Edad Media en *Cuchuláin* (1902) y en *Dioses y hombres de pelea* (1906).

greguería. (De *griego*, perteneciente a Grecia.) f. Vocerío o gritería confusa de la gente. ‖ **Lit.** Agudeza, imagen en prosa que presenta una visión personal y sorprendente de algún aspecto de la realidad y que ha sido lanzada y así denominada caprichosamente hacia 1912 por el escritor Ramón Gómez de la Serna.

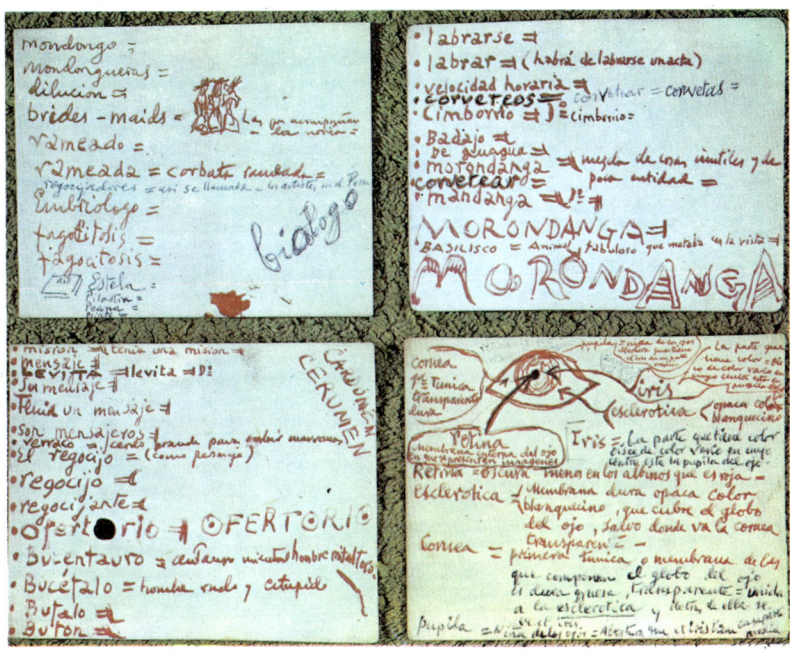

Apunte para las Greguerías, autógrafo de Ramón Gómez de la Serna

greguescos o **gregüescos.** (De *griego*, perteneciente a Grecia.) m. pl. Calzones muy anchos que se usaron en los s. XVI y XVII.

greguisco, ca. (De *griego*, perteneciente a Grecia.) adj. griego, perteneciente a Grecia.

greguizar. intr. grecizar.

Greiff (León de). Biog. Poeta colombiano, n. en Medellín (1895-1976). Se distingue por el rigor formal de la construcción del verso y el uso de un lenguaje brillante y culto. Entre sus obras se citan: *Tergiversaciones* (1925), *Narraciones alrededor de nada* (1936), *Farsa de los pingüinos peripatéticos* (1942) y *Fárrago* (1955). ‖ **Bravo (Luis de).** Matemático colombiano, n. en Barranquilla y m. en Medellín (1908-1967). Fue miembro de la Academia Colombiana de Ciencia. Obras: *Curso de Geometría Analítica*, *Análisis trigonométrico*, *Inversión de matrices*, *Las constantes elásticas en la teoría de la estructura*, etc.

grelo. (Del lat. *gallellus*, dim. de *galla*, excrecencia.) m. *Gal.* y *León.* Nabizas y sumidades tiernas y comestibles de los tallos del nabo.

gremial. adj. Perteneciente a gremio, oficio o profesión. ‖ m. Individuo de un gremio. ‖ Paño cuadrado de que usan los obispos, poniéndolos sobre las rodillas para algunas ceremonias cuando celebran de pontifical. ‖ Paño rectangular, igual en forma, dimensiones y adorno a un frontal de altar, que pendiente de sus manos llevan los tres clérigos del terno de la misa conventual de las iglesias catedrales y de otras que tienen ese privilegio en la procesión claustral y en algunas otras.

gremialismo. (De *gremial* e *-ismo*.) m. **Sociol.** Tendencia a formar gremios, o al predominio de los gremios. ‖ Doctrina que propugna esta tendencia.

gremialista. adj. Partidario del gremialismo. Ú. t. c. s. ‖ com. *Arg., Chile* y *Venez.* Persona perteneciente a un gremio.

gremio. fr., *corps, confrérie;* it., *confraternità;* i., *guild, corporation;* a., *Stand.* (Del lat. *gremĭum.*) m. Unión de los fieles con sus legítimos pastores, y especialmente con el Pontífice Romano. ‖ En las Universidades, el cuerpo de doctores y catedráticos. ‖ **Sociol.** Corporación formada por los maestros, oficiales y aprendices de una misma profesión u oficio, regida por ordenanzas o estatutos especiales. ‖ Conjunto de personas que tienen un mismo ejercicio, profesión o estado social.

Grenada. Geog. Granada, isla y Estado.
Grenadines. Geog. Granadinas.
grenchudo, da. adj. Que tiene crenchas o greñas. Aplícase principalmente a los animales.

Grenet y Sánchez (Eliseo). Biog. Compositor cubano, n. y m. en La Habana (1893-1950). En 1927 se popularizó el tango-conga *Ay mamá Inés;* pero sus dos obras principales fueron *Niña Rita* y *La Virgen Morena*, sobre la patrona de Cuba, la Virgen de la Caridad del Cobre. Fue el creador de una modalidad de conga.

greno. (metát. de *negro.*) m. *Germ.* Persona de raza negra. ‖ Esclavo que está bajo el dominio de otro.

Grenoble. Geog. C. de Francia, cap. del depart. de Isère, a orillas del río de este nombre y del Drac; 161.616 h. Universidad, museo y biblioteca. Importante centro de turismo. Ruinas romanas. Tenerías y fabricación de guantes.

Grenón (Pedro). Biog. Sacerdote e historiador argentino, n. en Esperanza (1878-1941). Fue autor de un valioso *Diccionario documentado de términos argentinos*.

greña. (Del lat. *crinis.*) f. Cabellera revuelta y mal compuesta. Ú. m. en pl. ‖ Lo que está enredado y entretejido con otra cosa, sin poderse desenlazar fácilmente. ∥ *And.* Primer follaje que produce el sarmiento después de plantado. ∥ El mismo plantío de viñas en el segundo año. ∥ *And.* y *Méj.* Porción de mies que se pone en la era para formar la parva y trillarla. ∥ **en greña.** loc. adj. *Méj.* En rama, sin purificar o sin beneficiar.

greñudo, da. adj. Que tiene greñas. ∥ m. Caballo recelador para las paradas.

greñuela. (dim. de *greña*.) f. Bot. *And.* Sarmientos que forman viña al año de plantados.

gres. (Del fr. *grès*, arenisca.) m. Pasta compuesta ordinariamente de arcilla figulina y arena cuarzosa, con que en alfarería se fabrican diversos objetos que, después de cocidos a temperaturas muy elevadas, son resistentes, impermeables y refractarios.

gresca. (Del cat. *greesca*, de *greguesca*.) f. Bulla, algazara. ∥ Riña, pendencia.

Gresham (sir **Thomas**). **Biog.** Financiero inglés, n. y m. en Londres (1519-1579). Uno de los fundadores de la Bolsa de Londres, es autor de la ley que lleva su nombre, y puede formularse en estos términos: «En todos los países en que están en circulación dos monedas de curso legal, la moneda mala quita siempre el puesto a la buena.»

Greslebin (**Héctor**). **Biog.** Arquitecto y arqueólogo argentino, n. en Buenos Aires en 1893. Ha publicado una monografía sobre la alfarería de la región diaguita, en colaboración con Eric Boman: *Fisiografía y noticia preliminar sobre arqueología de la región de Sayape*, así como otros muchos estudios sobre los mismos temas.

gresor, ra. (Del lat. *gradior, gradi, gressus sum*, caminar.) adj. **Zool.** Dícese de ciertas aves, antes incluidas en el extenso grupo de las zancudas como las cigüeñas, garzas, ibis, etc. ∥ f. pl. Antiguo orden de estas aves, que, junto con el de las odontoglosas (flamencos), forma hoy el de las *ciconiformes.*

greuge. (Del cat. y provenz. *greuge*, de *greujar*, agraviar, del lat. **greviāre*, de *grevis* o *gravis*, pesado, infl. por *levis*, leve.) m. ant. Queja del agravio hecho a las leyes o fueros, que se daba ordinariamente en las Cortes de Aragón.

Joven de espaldas, por Greuze. Museo del Prado. Madrid

Greuze (**Jean-Baptiste**). **Biog.** Pintor francés, n. en Tournus y m. en París (1725-1805). Son notables sus obras: *Ciego burlado, La niña que llora su pájaro muerto* y *El noviazgo de aldea*.

Grevena. Geog. Nomo de Grecia, región de Macedonia; 2.338 km.² y 35.385 h. ∥ Ciudad cap. del mismo; 8.387 h.

Grevenmacher. Geog. Cantón de Luxemburgo; 211,4 km.² y 15.279 h.

grevillo. m. **Bot.** *C. Rica.* Árbol grande de la familia de las proteáceas, de hojas anchas y largas, flores rojas o amarillas y semillas oblongas (*grevillea robusta*).

grévol. m. **Zool.** Ave galliforme de la familia de las tetraónidas (*tetrastes* o *tetraonastes bonasia*). Vive en el centro y norte de Europa, en arbolados espesos.

grey. fr., *troupeau, bétail;* it., *gregge;* i., *flock;* a., *Herde*. (Del lat. *grex, gregis*, rebaño.) f. Rebaño de ganado menor. ∥ Por ext., ganado mayor. ∥ fig. Congregación de los fieles cristianos, bajo sus legítimos pastores. ∥ fig. Conjunto de individuos que tienen algún carácter común, como los de una misma raza, región o nación.

Grey, vizconde de Grey (**Edward**). **Biog.** Político y diplomático inglés, n. y m. en Falloden (1862-1933). En 1905 fue nombrado ministro de Relaciones Exteriores, cargo que ocupó sin interrupción hasta 1916. ∥ (**Juana**). **Juana Grey.** ∥ (**Zane**). Escritor estadounidense, n. en Zanesville y m. en Altadena (1875-1939). Describió particularmente la vida del Lejano Oeste. Entre sus obras se citan: *El último de los llaneros, El jinete misterioso* y *Hasta el último hombre*.

greyhound. (Del anglosajón *grīghund*, afín al antiguo escand. *greyhundr;* de *grey*, perra, y *hundr*, perro.) adj. **Zool.** Dícese de una raza canina de Inglaterra, de aspecto galgueño, especializada en la caza de la liebre.

Grez (**Vicente**). **Biog.** Escritor y periodista chileno, n. y m. en Santiago (1847-1909). Obras principales: *Las mujeres de la independencia* (1878), *La vida santiaguina* (1879), *Ráfagas* (poesías, 1882), y las novelas *Emilia Reynals* (1883), *Marianita* (1885) y *El ideal de una esposa* (1887).

grial o **graal.** fr., *graal;* it., *griale;* i., *holy graal;* a., *Gral, Graal.* (Del ant. fr. *gréal*, y éste del lat. **cratālis*, de *crater*, copa.) m. Vaso o plato místico, que en los libros de caballería se supone haber servido para la institución del sacramento eucarístico.

grida. (De *gridar*.) f. ant. Gritería, grita. Se tomaba frecuentemente por la señal que se hacía para que los soldados tomasen las armas.

gridador. (De *gridar*.) m. **Germ.** Gritador o pregonero.

gridar. (Del lat. *quiritāre*, gritar.) tr. ant. Levantar mucho la voz, gritar.

grido. (De *gridar*.) m. ant. grito.

Grieg (**Edvard Hagerup**). **Biog.** Compositor noruego, n. y m. en Bergen (1843-1907). Se unió al movimiento en pro de una música

Edvard Grieg

nacional, aunque en posteriores obras buscó una expresión más universal. Entre sus obras destacan especialmente: *Peer Gynt*, música escénica (1875), escrita a petición de Ibsen; *Con-*

cierto para piano y orquesta, en *la* menor (1879); *Danzas noruegas*, para orquesta (1881); *Holberg*, suite para orquesta de cuerda (1884), y numerosas *Canciones*.

griego, ga. fr., *grec;* it., *greco;* i., *greek;* a., *griechisch*. (Del lat. *graecus*.) adj. Natural de Grecia, o perteneciente a esta nación. Ú. t. c. s. ∥ m. fig. y fam. Lenguaje ininteligible, incomprensible. Ú. principalmente en la fr.: hablar *en griego*. ∥ fam. Tahúr, fullero. ∥ **Ling.** Lengua del grupo helénico de la familia lingüística indoeuropea. Los varios dialectos del griego antiguo se fundieron a partir del s. IV a. C. en la lengua helenística, denominada *koiné*, basada en el dialecto ático (v.). De la *koiné* se deriva el griego moderno, cuyos primeros monumentos están constituidos por los libros del Nuevo Testamento. En el griego actual existe bastante diferencia entre la lengua escrita, que tiende hacia un purismo que busca su modelo en el griego clásico, y la lengua hablada (v. **alfabeto griego**). ∥ (**arte**). **Arqueol.** V. **Grecia.** *Civilización.*

griego. (De *agrio*, como el fr. *griotte*, por *aigrotte*, de *aigre*.) adj. V. **guindo griego**.

Griegos. Geog. Mun. y lugar de España, prov. y p. j. de Teruel; 180 h.

griesco. (De *gresca*.) m. ant. Encuentro, combate, pelea.

griesgo. (De *griesco*.) m. ant. Encuentro, combate o pelea.

grieta. fr., *fente, crevasse;* it., *crepatura;* i., *chink;* a., *Spalt*. (De *grietarse*.) f. Quiebra o abertura longitudinal que se hace naturalmente en la tierra o en cualquier cuerpo sólido. ∥ **Pat.** Hendedura poco profunda que se forma en la piel de diversas partes del cuerpo o en las membranas mucosas próximas a ella.

grietado, da. adj. Que tiene grietas, aberturas o rayas.

grietarse. fr., *se fendre;* it., *fendersi;* i., *to split;* a., *zerspalten*. (Del lat. *crepitāre*, crepitar.) prnl. Abrirse un cuerpo, formándose en él grietas.

grietearse. prnl. grietarse.

grietoso, sa. adj. Lleno de grietas.

grifa. (De *grifo*, intoxicado con marihuana.) f. **Quím.** hachís.

grifado, da. p. p. de **grifarse.** ∥ adj. **grifo.**

grifalto. (De *girifalte*.) m. Especie de culebrina de muy pequeño calibre, que se usaba antiguamente.

grifarse. prnl. Empinarse, enarmonarse, ponerse en pie.

Griffith (**Arthur**). **Biog.** Estadista irlandés, n. y m. en Dublín (1872-1922). Partidario entusiasta de la autonomía de Irlanda en todos sus aspectos, logró arreglar (1921), tras muchas dificultades, con Lloyd George la cuestión irlandesa. ∥ (**David Llewelyn Walrk**). Director cinematográfico estadounidense, n. en La Grange y m. en Hollywood (1875-1948). Su primera película fue *El nacimiento de una nación* (1915), considerada como la mejor producción del cine mudo.

grifo, fa. fr., *griffon;* it., *grifo;* i., *griffin;* a., *Greif.* = fr., *robinet;* it., *rubinetto;* i., *tap, cock;* a., *Hahn*. (Del lat. *gryphus*, y éste del gr. *grypós*, encorvado, retorcido.) adj. Dícese de los cabellos crespos o enmarañados. ∥ En las Antillas, dícese de la persona cuyo pelo ensortijado indica mezcla de raza blanca con negra. Ú. t. c. s. ∥ En Mejico, dícese de la persona intoxicada con marihuana, y a veces del borracho. Ú. t. c. s. ∥ En Colombia, entonado, presuntuoso. ∥ m. Animal fabuloso, de medio cuerpo arriba águila, y de medio abajo león. ∥ Llave, generalmente de bronce, colocada en la boca de las cañerías y en calderas y en otros depósitos de líquidos.

grifo, fa. adj. V. **letra grifa.** Ú. t. c. s. m.

grifón. m. Llave de cañería o depositos de líquidos.

grifón. (Del fr. *griffon*, del m. or. que *grifo*, animal fabuloso.) adj. **Zoot.** Dícese de unos perros de raza belga, de color marrón o manchados de blanco y rojo y de tamaño pequeño. Ú. t. c. s.

grigallo. (De *gran* y *gallo*.) m. **Zool.** urogallo.

Grignard (Victor). Biog. Químico francés, n. en Cherburgo y m. en Lyón (1871-1935). Compartió, en 1912, con P. Sabatier el premio Nobel de Química, por su descubrimiento de la llamada reacción de Grignard, que en los últimos años ha contribuido grandemente al desarrollo de la química orgánica.

grija. f. ant. Guija, guijarro, pequeño canto rodado.

Grijalba (Juan de). Biog. Militar y conquistador español, n. en Cuéllar y m. en Olancho o en Villahermosa en 1527. Descubrió la isla de Cozumel y el río que lleva su nombre.

Juan de Grijalba, pintura en cobre por A. Solís. Museo de América. Madrid

Supo numerosos datos que facilitaron la conquista de Méjico. ‖ **Geog.** Mun. y villa de España, prov. y p. j. de Burgos, 208 h.

Grijota. Geog. Mun. y villa de España, prov. y p. j. de Palencia; 1.034 h. (*grijotanos*).

grílido, da. (Del lat. científico *gryllus*, gén. tipo de insectos, e *-ido*; aquél de la misma voz lat. que sign. *grillo*.) adj. **Entom.** Dícese de los insectos ortópteros saltadores, con tarsos de tres artejos, los machos con aparato estridulador en los élitros y las hembras con un largo oviscapto cilíndrico. Aparte de los grillos típicos hay algunas especies mirmecófilas que viven en asociación con las hormigas. ‖ m. pl. Familia de estos insectos.

grilotálpido, da. (Del lat. científico *gryllotalpa*, gén. tipo, e *-ido*; aquel del lat. *gryllus*, grillo, y *talpa*, topo.) adj. **Entom.** Dícese de los insectos ortópteros, próximos a los grillos, adaptados a la vida subterránea cavadora. La especie más común es el *grillo topo*, también llamado *cortón*, *grillo cebollero* y *alacrán cebollero*. ‖ m. pl. Familia de estos insectos.

grilla. f. Hembra del grillo, la cual no tiene la facultad de producir el sonido que produce el macho con los élitros. ‖ **ésa es grilla.** expr. fam. con que uno da a entender que no cree una especie que oye.

grillado, da. p. p. de **grillar** y **grillarse.** ‖ adj. ant. Que tiene grillos.

grillar. (Del lat. *grillāre*.) intr. ant. Cantar los grillos.

grillarse. (De *grillo*, tallo.) prnl. Entallecer el trigo, las cebollas, ajos y cosas semejantes.

grillera. f. Agujero o cuevecilla en que se recogen los grillos en el campo. ‖ Jaula de alambre o mimbres en que se los encierra. ‖ fig. y fam. Lugar donde nadie se entiende.

grillero. m. El que cuidaba de echar y quitar los grillos a los presos en la cárcel.

grilleta. (Del fr. *grillete*, y éste de *grille*, del lat. *cratīcula*, rejilla.) f. Rejilla de la celada.

grillete. fr., *fers* (pl.), *patte*; it., *ceppo*; i., *shackles*, *fetters*, *irons*; a., *Fusseisen*. (dim. de *grillos*.) m. Arco de hierro, aproximadamente semicircular, con dos agujeros, uno en cada extremo, por los cuales se pasa un perno que se afirma con una chaveta, y sirve para asegurar una cadena, p. e., a un punto de una embarcación; servía para el mismo menester con respecto a la garganta del pie de un presidiario. ‖ **Mar.** Cada uno de los trozos de cadena de unos 25 m. que engrilletados unos con otros forman la del ancla de un buque.

grillo. fr., *cri-cri*, *grillon*; it., *grillo*; i., *cricket*; a., *Grille*. (Del lat. *gryllus*.) m. **Entom.** Nombre común a varias especies de insectos ortópteros de la familia de los grílidos; los machos cantan por frotamiento de los élitros. Son en general omnívoros y viven en lugares secos. Las especies más conocidas son el *grillo de campo* (*acheta campestris* o *gryllus campestris*), el *doméstico* (*a.* o *g. domésticus*), el *grilodes* (*grillodes escalerai*), abundante en España, etc. ‖ **cebollero.** Insecto ortóptero de la familia de los grilotálpidos, caracterizado por su adaptación a la vida hipogea y cavadora (*gryllotalpa gryllotalpa*). Se conoce también con los nombres de *alacrán cebollero*, *cortón*, *grillo real* o *grillo topo*. ‖ **real. grillo cebollero.** ‖ **topo. grillo cebollero.**

Grillo de campo

grillo. (Del lat. **gallellus*, de *galla*, excrecencia.) m. **Bot.** Tallo que arrojan las semillas, ya cuando empiezan a nacer en la tierra donde se siembran, o ya en la cámara si se humedecen.

grillos. (Del fr. *grille*, y éste del lat. *cratīcula*, rejilla.) m. pl. Conjunto de dos grilletes con un perno común, que se colocaban en los pies de los presos para impedirles andar. ‖ fig. Cualquiera cosa que embaraza y detiene el movimiento.

grillotalpa. (Del lat. científico *gryllotalpa*.) **Entom.** Gén. tipo de insectos (v. **grilotálpido**).

Grillparzer (Franz). Biog. Poeta dramático austriaco, n. y m. en Viena (1791-1872). Entre sus obras principales deben citarse: *Blanca de Castilla, La abuela, Safo, Medea* y *Vida y muerte del rey Ottokar*.

grima. fr., *effroi*; it., *spavento*; i., *fright*; a., *Grausen*. (Del germ. **grim*, enojado.) f. Desazón, disgusto, horror que causa una cosa. ‖ *Chile.* Porción pequeña, lágrima, brizna, miaja.

Grimaldi (Jerónimo). Biog. Político y diplomático español, de origen italiano, n. y m. en Génova (1720-1786). Desempeñó diferentes cargos durante los reinados de Felipe V y Fernando VI; en el de Carlos III negoció en París el llamado *Pacto de Familia;* nombrado ministro de Estado, desagradó al pueblo español, viéndose obligado a dimitir después de la expedición a Argel (1777), y fue nombrado embajador en Roma. ‖ **Geneal.** Familia patricia italiana, originaria de Génova. Su primer antecesor conocido fue Otto Canella, cónsul de Génova en 1133. Los Grimaldi, afectos al partido güelfo, jugaron importante papel en la historia de Italia y de Francia y desde que Francesco Gimaldi se apoderó de la fortaleza de Mónaco (1297), su nombre aparece vinculado a este señorío, hoy principado.

grimillón. m. *Chile.* Multitud, muchedumbre.

Grimm, barón de Grimm (Friedrich Melchior). Biog. Literato y crítico alemán, n. en Ratisbona y m. en Gotha (1723-1807). Escribió gran número de cartas a diversos personajes de su tiempo, que son un manantial inagotable de anécdotas y de juicios sobre los hombres y las obras de la época. ‖ **(Jakob Ludwig Karl).** Filólogo y literato alemán, n. en Hanau y m. en Berlín (1785-1863). Fundador de la filología germánica. Su obra principal es su *Gramática alemana*, para cuyo estudio introdujo el método histórico. También publicó una *Historia de la lengua alemana*, la *Mitología alemana* y otros libros importantes. En colaboración con su hermano Wilhelm Karl escribió *Cuentos populares*. En 1882 descubrió la ley fonética que lleva su nombre, según la cual en la época prehistórica del germánico las consonantes sonoras aspiradas perdieron su aspiración, las sonoras no aspiradas se ensordecieron y las sordas se fricatizaron. Esta ley fue completada por K. Verner. ‖ **(Wilhelm Karl).** Filólogo y literato alemán, n. en Hanau y m. en Berlín (1786-1859). Debió singularmente su reputación literaria a los *Cuentos populares*, escritos en colaboración con su hermano Jakob.

Grimmelshausen (Hans Jakob Christoph von). Biog. Escritor alemán, n. en Gelnhausen y m. en Renchen (1621-1676). Fue el más importante escritor alemán del s. XVII. En su obra fundamental, el famoso *Simplicissimus*, supo combinar magistralmente poesía y verdad. Aun cuando exteriormente sigue la tendencia de la novela picaresca española, en el fondo prevalece la sensibilidad poética.

Grimoaldo I. Biog. Duque de Benevento, m. en 667. Sucedió a su hermano Rodoaldo en 647. Llamado por el rey de los lombardos, Godoberto, para que le auxiliase en su lucha con su hermano Perctarit, asesinó al rey y usurpó la corona de Lombardía.

grimoso, sa. adj. Que da grima, horroroso.

grímpola. (Del provenz. *guimpola*, y éste del germ. *wimpel*, bandera.) f. **Mar.** Gallardete muy corto que se usa generalmente como cataviento. ‖ **Mil.** Una de las insignias militares que se usaban en lo antiguo, y que acostumbraban los caballeros poner en sus sepulturas y llevar al campo de batalla cuando hacían armas con otros. La figura de su paño era triangular.

Grimsby. Geog. C. del R. U., en Inglaterra, cond. de Humberside; 95.685 h. Puerto pesquero importante.

grinalde. f. **Mit.** Proyectil de guerra, a modo de granada, que se usó antiguamente.

Grindel (Eugène). Biog. Poeta francés más conocido por el seudónimo de *Paul Éluard*, n. en Saint-Denis y m. en Charenton-le Pont (1895-1952). Fue una de las principales figuras del surrealismo francés. Obras principales:

Le devoir et l'inquiétude (1917), *Capitale de la douleur* (1926), *L'amour, la poésie* (1929), *La vie immédiate* (1932), *Poésie et vérité* (1942), *Au rendez-vous allemand* (1944) y *Le phénix* (1951).

gringacho, cha. m. y f. *Arg. desp.* familiar de **gringo**.

gringaje. m. desp. *Arg.* y *Urug.* Conjunto o grupo de gringos.

gringo, ga. (De *griego,* perteneciente a Grecia.) adj. fam. Extranjero, especialmente de habla inglesa, y en general todo el que habla una lengua que no sea la española. Ú. t. c. s. ǁ Dícese también de la lengua extranjera. Ú. t. c. s. m. ǁ m. fam. Lenguaje ininteligible.

gringuele. m. *Cuba.* **Bot.** Planta tiliácea, de tallo fibroso, color violáceo, hojas grandes, aserradas, con dos barbillas en la base. Es comestible *(córchorus olitorius).*

griñolera. f. **Bot.** Arbusto de la familia de las rosáceas, de 1 a 1,5 m. de alt., con hojas pequeñas y enteras, flores rosadas en corimbo y frutos globulares con dos o tres semillas. *Ar.* Nombre del guillomo del gén. *cotoneáster.*

griñón. (Del ant. fr. *grénon,* y éste del célt. *grennos* o *grend,* pelo.) m. Toca que se ponen en la cabeza las beatas y las monjas, y les rodea el rostro.

griñón. (De *briñón.*) m. **Bot.** Variedad de melocotón pequeño y sabroso, de piel lisa y muy colorada.

Griñón. Geog. Mun. y villa de España, prov. de Madrid, p. j. de Navalcarnero; 1.942 habitantes. Estación de enlace para telecomunicación a través del satélite estadounidense *Pájaro del Alba.*

gripal. adj. **Pat.** Perteneciente o relativo a la gripe.

griparse. (Del fr. *gripper.*) prnl. **Aut.** galic. por **agarrotarse**.

gripe. fr., *grippe;* it. e i., *influenza;* a., *Grippe.* (Del fr. *grippe,* y éste del ruso *jrip,* ronquera.) f. **Pat.** y **Terap.** Enfermedad epidémica aguda, acompañada de fiebre y con manifestaciones variadas, especialmente catarrales. En realidad, existen tres virus distintos: A, que produce la gripe más frecuente y peligrosa; B, más benigna que la anterior, y C, poco frecuente y leve. La cuestión se complica porque la inmunología para estos tres tipos de virus es diferente, e incluso un mismo virus, como el A, ha cambiado seis o siete veces desde 1937. Estas dificultades son la causa de que, mientras otras enfermedades se baten en retirada, incluso la tuberculosis, la gripe sigue mostrando su implacable virulencia.

gripo. (Del it. *grippo,* y éste del gr. *gripos,* un barco de pesca.) m. **Arqueol.** Especie de bajel antiguo para transportar géneros.

griposo, sa. adj. Que sufre de gripe. Ú. t. c. s.

gripoterio. (Del lat. científico *grypothérium;* del gr. *grypós,* encorvado, y *therion,* fiera.) m. **Paleont.** y **Zool.** Mamífero desdentado del orden de los xenartros, muy próximo a los megaterios y milodontes, cuyos restos se hallaron, en una caverna de Patagonia, maravillosamente conservados, incluso con trozos de carne y piel. Junto a ellos se encontraron artefactos humanos.

gris. fr., *gris;* it., *grigio;* i., *gray;* a., *grau.* (Del germ. *gris.*) adj. Dícese del color que resulta de la mezcla de blanco y negro o azul. Ú. t. c. s. ǁ Borroso, sin perfiles definidos, poco destacado. ǁ fig. Triste, lánguido, apagado. ǁ m. fam. Frío, o viento frío. ǁ fig. **petigrís**. Es nombre sólo usado en peletería.

Gris (Juan). Biog. González Pérez (José Victoriano).

grisa. ant. f. Piel de una especie de ardilla de Siberia.

grisáceo, a. adj. De color que tira a gris.

Grisaleña. Antigua casona blasonada e iglesia parroquial

Grisaleña. Geog. Mun. y villa de España, prov. de Burgos, p. j. de Briviesca; 135 h.

grisalla. f. **Pint.** Imitación de bajorrelieves por el empleo del blanco, negro y diferentes grises obtenidos por la mezcla.

grisear. (De *gris.*) intr. Ir tomando color gris una cosa.

Grisel. Geog. Mun. y lugar de España, prov. de Zaragoza, p. j. de Tarazona; 109 h.

Grisén. Geog. Mun. y lugar de España, prov. y p. j. de Zaragoza; 590 h. ǁ Lugar cap. del mismo; 645 h.

gríseo, a. adj. De color gris.

griseta. (De *gris.*) f. Cierto género de tela de seda con flores u otro dibujo de labor menuda. ǁ Enfermedad de los árboles, ocasionada por filtración de agua en lo interior del tronco, y la cual se manifiesta con la aparición de manchas blancas, rojas o negras.

grisgrís. (Del ár. *ḥirz-ḥirz,* repetición de un nombre que sign. *amuleto.*) m. Especie de nómina supersticiosa de los moriscos.

grisma. (De *brizna.*) f. *Chile, Guat.* y *Hond.* Gota, pizca, miaja, lágrima.

grisón, na. (Del lat. *grisónes.*) adj. Natural de Grisones (Suiza), o perteneciente a este estado. Ú. t. c. s. ǁ m. Lengua neolatina, llamada también *romanche,* hablada en la mayor parte de este est., y que desde 1939 constituye el cuarto idioma oficial de Suiza.

grisón. (De *gris.*) m. **Zool.** *Amér.* Mamífero carnívoro, de la familia de los mustélidos, parecido al turón. Es de color pardo negro en el vientre y gris claro en el dorso *(trison vittatus).*

Grisones. (En a., *Graubünden;* en it., *Grigioni.*) **Geog.** Est. oriental de Suiza; 7.109 km.² y 167.000 h. Cap., Coira. Atraviesan su suelo los Alpes Réticos y el río Inn, que forma el Valle Engadina. Tiene numerosos lagos. Producción agrícola y ganadera. En la época romana formó parte de la *Raetia prima.*

grisú. (Voz del dialecto valón.) m. Gas inflamable, compuesto principalmente de metano, que se desprende en las minas de hulla y hace explosión al contacto con alguna materia inflamada; para evitar estos accidentes se emplea la lámpara de seguridad o de Davy.

grita. (De *gritar.*) f. Confusión de voces altas y desentonadas. ǁ Algazara o vocería en demostración de desagrado o vituperio. ǁ **Cetr.** Voz que el cazador da al azor cuando sale la perdiz. ǁ **foral.** *Der.* Manera de emplazamiento que se usaba en los procesos en Aragón.

Grita (La). Geog. Mun. de Venezuela, est. de Táchira, dist. de Jáuregui; 23.371 h. ǁ Pobl. cap. del dist. de Jáuregui y del mun. de su nombre; 9.954 h.

gritadera. f. ant. Que grita. Ú. en Venezuela.

gritador, ra. adj. Que grita. Ú. t. c. s. ǁ **Zool.** Dícese de los pájaros que forman el suborden de las clamadoras.

gritar. fr., *crier;* it., *gridare;* i., *to cry,* a., *schreien.* (Del lat. *quiritare,* hablar a grandes voces.) intr. Levantar la voz más de lo acostumbrado. ǁ Manifestar el público desaprobación y desagrado con demostraciones ruidosas. Ú. t. c. tr.

gritería. fr., *cris* (pl.), *criallerie;* it., *gridio;* i., *cry;* a., *Geschrei.* (De *gritar.*) f. Confusión de voces altas y desentonadas.

griterío. m. Confusión de voces altas y desentonadas.

grito. fr., *cri;* it., *grido;* i., *cry;* a., *Schrei.* (De *gritar.*) m. Voz sumamente esforzada y levantada. ǁ Expresión proferida con esta voz. ǁ Manifestación vehemente de un sentimiento general. ǁ Chirrido de los hielos de los mares glaciales al ir a quebrarse por estar sometidos a presiones. ǁ *Germ.* metát. de **trigo**. ǁ **a grito herido,** o **pelado.** m. adv. **a voz en grito**.

gritón, na. adj. fam. Que grita mucho.

Grivas (Georgios). Biog. General griego, de origen británico-chipriota, n. en Tríkomo, cerca de Famagusta (1898-1974). En 1951 organizó en Chipre el movimiento E. O. K. A., cooperando a la independencia de la isla. De 1967 a 1971 permaneció en Atenas y en esta

Georgios Grivas

última fecha volvió a Chipre dispuesto a conseguir que la unión, *enosis,* de Chipre y Grecia fuera un hecho. A su muerte el pueblo chipriota y su presidente reconocieron cuanto Grivas hizo para conseguir la independencia de la isla.

grizzly. (Voz inglesa.) m. **Zool.** *Amér. sep.* oso gris.

gro. (Del fr. *gros,* y éste del lat. *grossus,* grueso.) m. Tela de seda sin brillo y de más cuerpo que el tafetán.

groar. (De la onomat. *gro.*) intr. Cantar la rana.

Grocio o **Grotius (Hugo). Biog. Groot (Hogues de).** ǁ **Prado. Geog.** Dist. de Perú, depart. de Ica, prov. de Chincha; 6.881 h. Cap., San Pedro.

Grodno o **Gardinas. Geog.** Prov. de la U. R. S. S., en Bielorrusia; 25.200 km.² y 1.120.395 h. ǁ C. cap. de la misma, a orillas del Niemen; 132.471 h.

groenlandés, sa. adj. Natural de Groenlandia, o perteneciente a esta región de América septentrional. Ú. t. c. s.

Groenlandia. (En danés, *Groenland,* que sign. *tierra verde.*) **Geog.** Isla de América del Norte, en la zona ártica, perteneciente a Dinamarca, que por sus dimensiones es la mayor del mundo.

Situación, límites, superficie y población. Está comprendida entre los 59° 45′ y los 83° 30′ de lat. N. y los 12° y 74° de long.

Sol de medianoche

Trineo de perros para el transporte en invierno

O. de Greenwich. Tiene 2.175.600 km.² de superf., comprendidos 44.800 de las islas costeras; pobl. absoluta, 47.935 h.; pobl. relativa, 0,022 h. por km.². La pobl. está constituida en su mayor parte por esquimales. Hay unos 2.800 europeos.

Geografía física. La isla forma una meseta de 3.000 m. de alt. media. El 85 % de la superf. está cubierto de hielo, que en algunos puntos tiene un espesor de 1.200 m. El clima es ártico: la temperatura media de febrero es de 7° en la costa atlántica; en la ártica, la media del mismo mes alcanza la cifra de −37,5°. En su territorio se encuentra uno de los polos del frío; Nansen, en el mes de septiembre, a una altura de 2.500 m., halló temperaturas de −45°.

Geografía biológica. La vegetación, matorral y de monte bajo, es bastante densa en la costa del SO. La fauna peculiar del país está representada por renos, zorros, liebres árticas, lobos, osos blancos y focas.

Geografía económica. El 85 % del país está cubierto por los hielos. La agricultura es inexistente. La poca hierba que crece en el estío sirve para alimento del ganado en invierno. En 1973 había 21.000 cabezas de ganado ovino y 800 renos. En 1975 se obtuvieron 16.000 kg. de lana. La pesca es, con la caza, la principal fuente de ingresos. En 1975 se pescaron 47.431 ton. de merluza. El subsuelo de Groenlandia contiene un mineral usado en la electrometalurgia del aluminio: la criolita extraída cerca de Ivigtut (61.500 ton. en 1972), y totalmente exportada. También se extrae grafito, carbón, plomo y cinc. Por lo que respecta a la industria, en Narssaq hay en funcionamiento una fábrica para la preparación de merluza congelada. Otras industrias de conserva en Christianshaab y en Jakobshavn. En Camp Century, base estadounidense, se ha instalado un reactor nuclear.

Geografía política. Los idiomas de uso son: el danés y el inglés; no obstante, los esquimales hablan el suyo propio. En cuanto a lo religioso, el 88 % de la población es evangélica luterana. En virtud de la nueva Constitución de Dinamarca (5 de junio de 1953), ha pasado a formar parte integrante del reino con los mismos derechos y la misma autonomía administrativa que los demás condados y tiene dos representantes en el Folketing o Asamblea legislativa danesa. La capital es Godthaab (8.594 habitantes). Groenlandia fue descubierta hacia el 900 de nuestra era por el normando Gumbjörn. Erico *el Rojo* la colonizó en 985. En 1261 pasó a poder de Noruega. En los s. XIV y XV desaparecieron estas colonias, sin que se haya podido explicar satisfactoriamente la razón de su decadencia. En 1721 los daneses se establecieron nuevamente en la costa. Los derechos de Dinamarca fueron reconocidos a principios del s. XIX. Según un acuerdo entre los gobiernos de EE. UU. de América y de Dinamarca, el 9 de abril de 1941, la primera potencia obtuvo el derecho de establecer bases aéreas y militares, comprometiéndose a defender la soberanía de Dinamarca. El 17 de enero de 1979 se decidió en referéndum, que a partir del 1 de mayo de ese mismo año, Groenlandia aceptaba una fórmula de autogobierno, que sólo les ligaría a Dinamarca, en el futuro, en los grandes temas económicos, defensivos y de política exterior.

groera. f. **Mar.** Agujero hecho en un tablón o plancha, para dar paso a un cabo, a un pinzote, etc.

grofa. (Del lat. *scrofa*, puerca.) f. *Germ.* Prostituta, mujer pública.

Grofé (Ferdinand Rudolf von). **Biog.** Compositor estadounidense, de ascendencia austrohúngara, más conocido por *Ferde Grofé*, n. en Nueva York y m. en Santa Mónica (1892-1972). Entre sus obras más conocidas está la *Suite del Gran Cañón*.

groggy. (Voz inglesa; pronúnc. *grogui*.) adj. **Dep.** En boxeo, semiinconsciente, tambaleante.

grojo. m. **Bot.** *Logr.* Variedad de enebro.

gromo. (Del lat. *grumus*, montoncillo.) m. Yema de los árboles. ‖ *Ast.* Rama de árgoma.

Gromyko con la reina Fabiola de Bélgica

Gromyko (Andrei Andreievich). **Biog.** Diplomático soviético, n. en Starye Gromyki, cerca de Minks, en 1909. Se doctoró en el Instituto de Economía, de Moscú (1936) y entró en el servicio diplomático en 1939; ha sido embajador en EE. UU. (1943-46), viceprimer ministro de Asuntos Exteriores y jefe de la delegación soviética en la O. N. U. (1946-52), embajador en el R. U. (1952-53), de nuevo viceprimer ministro de Asuntos Exteriores (1953-57), miembro del Comité central del partido comunista (1956) y es ministro de Asuntos Exteriores desde 1957. Desde 1973 es miembro del Politburó.

Gronchi (Giovanni). **Biog.** Político italiano, n. en Pontedera y m. en Roma (1887-1978). Fue uno de los fundadores del partido popular italiano. Durante la S. G. M. tomó parte en la Resistencia y con De Gasperi representó a los democristianos en el Comité de Liberación Nacional (1942). Fue presidente de la República (1955-62).

gróndola. f. ant. **góndola.**

Groninga. (En holandés, *Groningen*.) **Geog.** Prov. de los P. B.; 2.287 km.² y 526.555 habitantes. Región agrícola y ganadera. ‖ C. cap. de la misma; 206.115 h. Refinería de azúcar, manufacturas de tabaco y fabricación de productos químicos. Universidad.

Groot (Hogues de). **Biog.** Historiador, poeta latino, jurisconsulto y teólogo holandés, conocido por su nombre latinizado *Hugo Grocio* o *Grotius*, n. en Delft y m. en Rostock (1583-1645). Fue historiador de los Estados Generales y abogado fiscal en la corte de Holanda. Como jurisconsulto, renovó la antigua noción del Derecho Natural, dándole un carácter autónomo respecto a la Teología. Es autor del primer tratado sistemático y completo de Derecho Internacional Público: *De jure belli ac pacis* (1625), si bien para ello se sirvió de las geniales anticipaciones del español Francisco de Vitoria. ‖ (**José Manuel**). Historiador colombiano, descendiente de una familia holandesa, n. y m. en Bogotá (1800-1878). Su obra más importante es la *Historia eclesiástica y civil de la Nueva Granada*, acabado cuadro que abarca desde la conquista hasta la muerte de Bolívar.

Gropius (Walter Adolf). **Biog.** Arquitecto estadounidense, de origen alemán, n. en Berlín y m. en Cambridge, Boston (1883-1969). Se considera, junto a F. Wright y Le Corbusier, uno de los reformadores de la arquitectura contemporánea en el sentido llamado funcional. Director de la Escuela de Artes Industriales del Gran Ducado de Sajonia y de la Superior de Artes Plásticas del mismo ducado, las fusionó en su famosa *Bauhaus* (casa de construcción; voz que formó invirtiendo *Hausbau*, construcción de una casa), situada en

gropos–grúa

Weimar (1919-1925), Dessau (hasta 1932) y Berlín (hasta 1933), y que fue clausurada por Hitler. Obras principales: sede de las Bauhaus, en Dessau; Barrio Hansa, en Berlín (1957); embajada de EE. UU. en Atenas (1961); Universidad de Bagdad (1967), además de multitud de casas populares, planes de urbanismo etc.

gropos. m. pl. Cendales o algodones del tintero.

gros. (Del cat. *gros*, y éste del lat. *grossus*, grueso.) m. **Num.** Moneda antigua de Navarra, que valía 2 sueldos. ‖ Moneda de cobre de varios estados alemanes, que valía aproximadamente 5 centavos o 10 céntimos de peseta.

gros (en). (De *groso*.) m. adv. ant. **en grueso.**

grosa. f. ant. Renta de una prebenda.

grosca. f. **Zool.** Reptil ofidio de la familia de los vipéridos, del gén. *vipera* y sumamente venenoso.

grosedad. f. ant. Substancia crasa o mantecosa. ‖ ant. Grueso o espesor de una cosa. ‖ ant. Abundancia o fecundidad. ‖ ant. **grosería.**

grosella. fr., *groselle*; it., *ribes*; i., *currant*; a., *Johannisbeere*. (Del a., *krausselbeere*, uva espina.) f. **Bot.** Fruto del grosellero; la roja es una baya globosa, jugosa y de sabor agridulce muy grato. Su jugo es medicinal, y suele usarse en bebidas y en jaleas.

grosellero. m. **Bot.** Arbusto de la familia de las saxifragáceas, género *ribes*, que tiene tronco ramoso de 1 a 2 m. de alt., hojas alternas, pecioladas y divididas en 5 lóbulos con festoncillos en el margen; flores de color amarillo verdoso y en racimitos, y por fruto la grosella. ‖ **americano.** Es la cactácea *pereskia aculeata*. ‖ **de Cuba.** Es la euforbiácea *cicca racemosa*. ‖ **espinoso, zarzamora** o **azigüembres.** Tiene las hojas casi redondas con lóbulos festoneados y uno a tres aguijones en su base; sépalos revueltos, rojizos, y pétalos blanquecinos más cortos y baya de hasta unos 2 cm., verde amarillenta, con líneas meridianas claras y erizada (*ribes grossularia*). ‖ **rojo.** Es un espinas, de hojas acorazonadas, flores amarillo-verdosas y con pintas pardas por fuera, baya roja, lampiña, alguna variedad muy pálida. Es comestible (r. *rúbrum*). ‖ **silvestre. uva espina.**

grosello. m. **Bot.** *Cuba.* **grosellero.**

groseramente. adv. m. Con grosería.

grosería. fr., *impolitesse, inconvenance*; it., *rozzezza*; i., *impoliteness*; a., *Grobheit*. (De *grosero*.) f. Descortesía, falta grande de atención y respeto. ‖ Tosquedad, falta de finura y primor en el trabajo de manos. ‖ Rusticidad, ignorancia.

grosero, ra. fr., *grossier*; it., *grossolano*; i., *coarse*; a., *grob, roh*. = fr., *impoli*; it., *rozzo, incivile*; i., *impolite*; a., *unhöflich*. (De *grueso*.) adj. Basto, grueso, ordinario y sin arte. ‖ Descortés, que no observa decoro ni urbanidad. Ú. t. c. s.

grosez. (Del lat. *grossities*, según *crasities*.) f. desus. Substancia crasa o mantecosa.

groseza. (De *grosez*.) f. ant. Grosor o grueso de un cuerpo. ‖ desus. **grosería.** ‖ ant. Espesura de los humores y licores.

grosezuelo, la. adj. dim. de **grueso.**

grosicie. (Del lat. *grossities*, de *grossus*, grueso, según *crassities*.) f. Substancia crasa o mantecosa.

grosidad. (Del lat. *grossitas, -atis*.) f. Substancia crasa o mantecosa.

grosiento, ta. (De *grueso*.) adj. ant. Untado o lleno de grasa.

grosimano, na. adj. **Zool.** Se dice de los animales cuadrúpedos que tienen las extremidades torácicas proporcionalmente muy desarrolladas o muy gruesas.

grosísimo, ma. adj. superlativo de **grueso.**

Grosnyi. Geog. C. de la U. R. S. S., en la R. F. S. S. R., cap. de la república autónoma de los Chechenes-Inguches; 341.259 h. Petróleo, oleoducto, gasoducto y refinerías.

groso. (De *grueso*.) adj. V. **tabaco groso.**

Grosolé Daza (Hilarión). Biog. General y político boliviano, más conocido por *Hilarión Daza*, n. en Sucre y m. en Uguní (1840-1894). Sublevado contra el presidente Melgarejo (1870), posteriormente, al morir el presidente Morales, asumió interinamente el poder, hasta la designación de Frías como interino; ya general, se hizo dueño del poder en una sublevación contra Frías, a la sazón presidente efectivo (1876), pero fracasó en la guerra con Chile y fue depuesto del mando por sus propias tropas y destituido como presidente (1879).

grosor. m. Grueso de un cuerpo. ‖ ant. Substancia crasa o mantecosa.

Grosseto. Geog. Prov. de Italia, en Toscana, a orillas del mar Tirreno; 4.496 km.² y 216.325 h. ‖ C. cap. de la misma; 62.590 h.

Grossglockner. Geog. Pico culminante de Austria y del macizo Tauern, sit. entre los estados de Carintia, Tirol y Salzburgo; 3.798 m. de alt.

Grossi da Viadana (Ludovico). Biog. Compositor italiano, más conocido por *Ludovico Viadana*, n. en Viadana y m. en Gualtieri (1564-1645). Fue el primero en aplicar el bajo continuo a las composiciones religiosas.

Alfonso Grosso Ramos

Grosso Ramos (Alfonso). Biog. Escritor español, n. en Sevilla en 1928. Obras principales: *Por el río abajo* (con A. López Salinas), *Germinal y otros relatos*, *Guarnición de silla*, por la cual le concedieron el premio de la Crítica, *Testa de copo* y *Florido mayo*, premio Alfaguara en 1972.

grosularia. (Del lat. mod. *grossularia, -ae*, grosellero.) f. **Miner.** Neosilicato del grupo de los granates, translúcido y de color blanco si está puro, y amarillento, rosa o verdoso si no lo está.

grosulariáceo, a. (Del lat. mod. *grossularia*, grosellero, y *-áceo*.) adj. **Bot.** Decíase de plantas del gén. *ribes*, hoy incluidas en las saxifragáceas.

grosura. (De *grueso*.) f. Substancia crasa o mantecosa, o jugo untuoso y espeso. ‖ Extremidades y asadura de los animales.

Grosz (George). Biog. Pintor y dibujante estadounidense, de origen alemán, n. y m. en Berlín (1893-1959). Fue dado a conocer por el crítico Theodor Däubler y, en 1918, figuró entre los fundadores del dadaísmo en Berlín. Figuran entre sus obras un grupo de acuarelas y dibujos denominados *Ecce Homo*, entre los que destacan *Crimen sexual en la calle Acker*, *El tratante de blancas* y *Belleza, voy a alabarte*.

grotescamente. adv. m. De manera grotesca.

grotesco, ca. fr., *grotesque*; it., *grottesco*; i., *odd*; a., *grotesk*. (Del it. *grottesco*, de *grotta*, gruta.) adj. Ridículo y extravagante por la figura o por cualquiera otra calidad. ‖ Irregular, grosero y de mal gusto. ‖ **grutesco.**

Grotius o **Grocio (Hugo). Biog. Croot (Hogues de).**

Grouès (Henri). Biog. Sacerdote francés, más conocido por el seudónimo de *el abate Pierre*, n. en Lyón en 1912. Era vicario de la catedral de Grenoble, cuando, en 1942, ingresó en la resistencia antialemana con dicho seudónimo; terminada la S. G. M., fue elegido diputado de las dos Asambleas constituyentes y de la primera Asamblea Nacional; en 1947 inició una gran labor de caridad con las *Comunidades de Emaús*, constituidas con desheredados de la fortuna, con los que ejerció el oficio de trapero, para convertirlos en granjeros y en constructores de viviendas en favor de ellos mismos y de otras gentes sin hogar. En 1955 publicó su obra: *Los traperos de Emaús*, que ha servido de base para una película. Ha merecido varias distinciones por su comportamiento durante la guerra y es caballero de la Legión de Honor.

Groussac (Pablo). Biog. Escritor e historiador argentino, de origen francés, n. en Toulose y m. en Buenos Aires (1848-1929). Fue director de la Biblioteca Nacional. Escribió interesantes estudios de crítica literaria, española y francesa. Obras: *Fruto vedado* y *El número 9090* (novelas), *Del Plata al Niágara*, *La divisa punzó* (drama), *El viaje intelectual;* pero su obra principal es la histórica, que se inició con un *Ensayo histórico sobre el Tucumán* y culminó con sagaces y precisos estudios sobre Santiago Liniers, la primera fundación de Buenos Aires y la expedición de Pedro de Mendoza.

Grove (El). Geog. Mun. de España, prov. de Pontevedra, p. j. de Cambados; 8.537 h. ‖ Villa cap. del mismo; 5.976 h. (*groveros*). Abundancia de mariscos.

Groza (Petru). Biog. Político rumano, n. en Deva, Transilvania, y m. en Bucarest (1884-1958). Formó parte del Gran Consejo de Transilvania, que determinó la vuelta de dicha provincia a Rumania (1918-19). Fue presidente del Consejo de Ministros (1945) y en 1952, cuando Rumania se convirtió en República democrática popular, se le eligió presidente del Presídium de la Asamblea Nacional, cargo que desempeñó hasta su muerte.

grúa. fr., *grue*; it., *gru*; i., *crane*; a., *Krahn*. (Del lat. *grus, grŭis*.) f. Máquina compuesta de un aguilón montado sobre un eje vertical giratorio, y con una o varias poleas, que sirven

Grúa para contenedores

para levantar pesos y llevarlos de un punto a otro, dentro del círculo que el brazo describe o del movimiento que puede tener la grúa. ‖ Máquina militar antigua que se usaba en el ataque de las plazas. ‖ ant. **grulla**, ave zancuda. ‖ **de aguilón.** *Mec.* La que tiene dos cuerpos, uno vertical y otro horizontal o inclinado, del que cuelga la carga. Se llama también grúa de pluma o de torre.

gruador. (De *grúa*, grulla.) m. ant. **agorero.**

Gruber (Franz). Biog. Maestro austriaco, organista y director del coro de Hallein, Salzburgo (1787-1863). Fue autor de la música de la canción navideña titulada Noche de paz, famosa en el mundo entero, cuya letra fue escrita por Josef Mohr, párroco de Hallein. Fue compuesta y cantada, por vez primera la Navidad de 1818, en dicha localidad.

gruero, ra. (De *grúa*, grulla.) adj. ant. Dícese de las aves de rapiña que sirven para cazar grullas.

gruesa. fr., *grosse;* it., *grossa;* i., *gross;* a., *Gros.* (De *grueso.*) f. Número de 12 docenas. Se usa comúnmente para contar cosas menudas, como botones, agujas, etc. ‖ En los cabildos y capítulos eclesiásticos, renta principal de cualquier prebenda, en que no se incluyen las distribuciones.

gruesamente. adv. m. En tamaño grueso o abultado. ‖ fig. Ligeramente, por encima. ‖ fig. Toscamente.

grueso, sa. fr., *gros, étoffé;* it., *grosso;* i., *bulky, gross;* a., *dick, gross.* = fr., *épaisseur;* it., *grasso;* i., *thickness;* a., *Dicke, Stärke.* (Del lat. *grossus.*) adj. Corpulento y abultado. ‖ Que excede de lo regular. ‖ ant. Fuerte, duro y pesado. ‖ fig. Aplícase al entendimiento o talento obscuro, confuso y poco agudo. ‖ m. Corpulencia o cuerpo de una cosa. ‖ Parte principal, mayor y más fuerte, de un todo. ‖ Trazo ancho o muy entintado de una letra. Dícese en contraposición a perfil. ‖ Espesor de una cosa. ‖ Geom. Una de las tres dimensiones de los sólidos, ordinariamente la menor. ‖ **a la gruesa.** m. adv. V. **contrato, préstamo a la gruesa.** ‖ **en grueso.** m. adv. Por junto, por mayor, en cantidades grandes. ‖ **por grueso.** m. adv. ant. **en grueso.**

gruido, da. (De *grus* e *-ido.*) adj. Zool. Dícese de las aves del orden de las gruiformes, cuyas características son las de las grullas típicas, del gén. *grus* y de otros muy próximos. ‖ f. pl. Familia de estas aves, también llamadas *baliarícidas.*

gruiforme. (De *grus* y *-forme.*) adj. Zool. Dícese de las aves de cuello largo y patas largas, éstas con dedos anteriores libres o con bordes membranosos y el pulgar generalmente rudimentario o nulo, y pico largo, con las aberturas nasales situadas hacia la mitad de su longitud. Las alas, a excepción de las grullas, son breves, redondeadas y poco aptas para sostener mucho tiempo el peso del animal. Familias más importantes: *gruidas* o grullas típicas; las *rállidas*, calamones, polla de agua, focha; las *otídidas* o avutardas, las *turnícidas*, torillo; las *cariámidas*, sariá, etc. ‖ f. pl. Orden de estas aves, también llamado de las *alectoríedas* por tener rasgos comunes con las galliformes.

gruinal. (Del lat. *grus, gruis,* grulla.) adj. Bot. Dícese de las plantas dicotiledóneas, herbáceas, de flores pentámeras y hojas por lo regular sencillas y más o menos divididas. ‖ m. pl. Orden de estas plantas que comprende familias tan importantes como las *geraniáceas, lináceas, oxalidáceas,* etc.

gruir. (Del lat. *gruěre.*) intr. Gritar las grullas.

gruja. (De *garujo.*) f. Hormigón de piedras menudas, arena y cemento.

grujidor. (Del fr. *grugeoir,* de *gruger,* grujir.) m. **A. y Of.** Barreta de hierro cuadrada, con una muesca en cada extremidad, de la cual usan los vidrieros para grujir.

grujir. fr., *gruger;* it., *tosare;* i., *to cut off;* a., *obschneiden, einschränken.* (Del fr. *gruger,* y éste del neerl. *gruizen,* aplastar.) tr. **A. y Of.** Igualar con el grujidor los bordes de los vidrios después de cortados éstos con el diamante.

Grulla coronada o real

grulla. fr., *grue;* it., *grù;* i., *crane;* a., *Kranich.* (Del lat. *gruilla,* dim. de *grus, gruis.*) f. Nombre común a varias aves del orden de las gruiformes, familia de las gruidas o balearícidas, de gran tamaño, con cuello y patas muy largos y pico recto y agudo. La especie más conocida en España es la *grulla común* o *cenicienta,* casi de 1,50 m. de alt., plumaje gris ceniza, con los lados de la cabeza blancos, y garganta y nuca negras. Es de costumbres migratorias: pasa el verano en Europa y el invierno en el N. de África y frecuenta las tierras pantanosas en busca de insectos, gusanos y moluscos, que constituyen su principal alimento (*grus grus* o *megalornis grus*). A otro gén. pertenece la *grulla real,* que debe su nombre al copete de plumas doradas que ornamenta su cabeza y vive en el N. de África (*baleárica pavonina*). ‖ Antigua máquina militar para atacar las plazas. ‖ pl. *Germ.* Polainas.

Grulla. Astron. Constelación austral sit. al S. de la del Pez Austral. Su nombre científico es *Grus.*

grullada. (De *grullo.*) f. Conjunto de personas de baja condición. ‖ Verdad tan clara que no merce indicarse. ‖ fig. y fam. Junta de alguaciles o corchetes que solían acompañar a los alcaldes cuando iban de ronda.

grullero, ra. (De *grulla.*) adj. Dícese de las aves de rapiña que sirven para cazar grullas.

grullo. (De *grulla.*) adj. En Méjico, se aplica al caballo de color ceniciento. ‖ m. fam. *And.* Paleto, cateto, palurdo. ‖ *Arg.* caballo semental grande. ‖ *Méj.* y *Venez.* **peso duro.** ‖ *Germ.* Oficial inferior de justicia

Grullo (El). Geog. Mun. de Méjico est. de Jalisco; 12.348 h. ‖ C. cap. del mismo; 10.538 h.

Grullos. Geog. V. **Candamo.**

grumada. f. *Jaén.* Ramillas y despojos que quedan en el sitio donde se han derribado árboles.

Grümbein. Geog. Local. de Argentina, prov. de Buenos Aires, part. de Bahía Blanca; 1.002 h.

grumete. (Del i. *groom,* criado, joven.) m. Muchacho que aprende el oficio de marinero ayudando a la tripulación en sus faenas. ‖ *Germ.* Ladrón que usa la escala para robar.

grumo. fr. *grumeau;* it., *grumo;* i., *grume;* a., *Klumpen.* (Del lat. *grumus.*) m. Parte de un líquido que se coagula. ‖ Conjunto de cosas apiñadas y apretadas entre sí. ‖ Yema o cogollo en los árboles. ‖ Extremidad del alón del ave.

grumoso, sa. adj. Lleno de grumos.

Grünewald (Matthias). Biog. Nithardt (Mathis).

gruñente. (De *gruñir.*) m. *Germ.* Cerdo, puerco, cochino.

gruñido. (Del lat. *grunnītus.*) m. Voz del cerdo. ‖ Voz ronca del perro u otros animales cuando amenazan. ‖ fig. Sonidos inarticulados, roncos, que emite una persona como señal generalmente del mal humor.

gruñidor, ra. adj. Que gruñe. ‖ m. *Germ.* Ladrón que hurta cerdos. ‖ **Zool.** Pez teleóstomo del orden de los perciformes, de carne muy sabrosa. Vive en las costas de África oriental (*pomádasis incisus*).

gruñimiento. m. Acción y efecto de gruñir.

gruñir. fr., *grogner;* it., *grugnire;* i., *to grunt;* a., *grunzen, murren.* (Del lat. *grunnīre.*) intr. Dar gruñidos. ‖ fig. Mostrar disgusto y repugnancia en la ejecución de una cosa, murmurando entre dientes. ‖ Chirriar, rechinar una cosa.

gruñón, na. adj. fam. Que gruñe con frecuencia.

grupa. (Del germ. *kruppa.*) f. Ancas de una caballería. ‖ *R. Plata.* Nombre de la parte superior y delantera del recado, formada generalmente por las boleadoras, el maneador y

Grulla común (ave gruiforme)

Muchacha a la grupa del caballo, ataviada con traje típico. Feria de Sevilla

muchas veces alguna prenda personal. Con ello también consigue el jinete cierta seguridad en sus marchas o inconvenientes de su cabalgadura.

grupada. (En cat., *gropada* y *glopada*, de *glop*, sorbo, gorgorotada.) f. Golpe de aire o agua impetuoso y violento.

grupera. (De *grupa*.) f. Almohadilla que se pone detrás del borrén trasero en las sillas de montar, sobre los lomos de la caballería, para colocar encima la maleta u otros efectos que ha de llevar a la grupa. || Correa que sujeta en la cola de la caballería la silla.

grupo. fr., *groupe;* it., *gruppo;* i., *group;* a., *Gruppe*. (Del antiguo alto a. *kropf*.) m. Pluralidad de seres o cosas que forman un conjunto material o mentalmente considerado. || **Esc.** y **Pint.** Conjunto de figuras esculpidas o pintadas. || **Indus. grupo industrial.** || **Mat.** Conjunto de elementos entre los que existe una operación tal que, el resultado de efectuar dicha operación con dos elementos cualesquiera del grupo es otro elemento del grupo. Cuando la operación es la adición, el grupo se califica de aditivo y si es la multiplicación, multiplicativo. En el grupo aditivo se deben cumplir las leyes asociativa y commutativa de la adición, o sea:

$$a + (b + c) = (a + b) + c$$
$$a + b = b + a$$

y existe un elemento nulo, tal que $(a + o = a)$ el resultado de la operación con otro elemento es este mismo. En el grupo multiplicativo existen las leyes asociativa, commutativa y distributiva:

$$a \cdot (b \cdot c) = (a \cdot b) \cdot c$$
$$a \cdot b = b \cdot a$$
$$a (b + c) = ab + ac.$$

|| **Mil.** Unidad compuesta de varios escuadrones o baterías y mandada normalmente por un comandante. || **Quím.** Cada una de las columnas del sistema periódico que contiene elementos de propiedades semejantes. || **atómico.** Asociación de dos o más átomos que funcionan dentro de la molécula como si fuesen átomos simples, conservan su unión en las reacciones y dan un carácter químico determinado a los cuerpos de que forman parte. || **electrógeno.** *Mec.* y *Elec.* Acoplamiento de un motor de explosión y un generador de electricidad, de que se usa en algunos establecimientos, talleres, etc., para suplir la falta de corriente de las centrales. || **étnico.** *Estad.* **etnia.** || **industrial.** *Indus.* Se llama así a un conjunto de empresas, pertenecientes a la misma o distinta rama de actividad y unidas entre sí de una forma cualquiera de alianza, que, por encima de la competencia, permite de este modo un aumento de producción. Se dice también, simplemente, grupo. || **de presión.** *Sociol.* Conjunto de personas que, en beneficio de sus propios intereses, influye en una organización, esfera o actividad social. || **sanguíneo.** *Fisiol.* Cada uno de los cuatro tipos en que se diversifica la sangre del hombre. Esta clasificación en tipos se ha hecho según la disposición que tiene la sangre para tolerar o no la transfusión de otras sangres que pertenezcan a los otros tipos. Si esta compatibilidad no existe, el suero o la sangre de un individuo disuelve los glóbulos del otro o aglutina sus hematíes. Estos grupos sanguíneos se designan con los números romanos *I, II, III* y *IV*, siendo este último inocuo para los demás. El conocimiento del tipo de sangre es importante para los efectos de una transfusión, ya que de existir incompatibilidad no debe realizarse. Al mezclar sueros sanguíneos con glóbulos rojos de animales de distinta especie se produce lo que se llama *reacción heteroaglutinación*, que es el fraccionamiento y aglutinación inmediata de los hematíes, fenómeno que también se produce entre animales o individuos de una misma especie, en cuyo caso recibe el nombre de *isoaglutinación* sanguínea o *isohemoaglutinación*, la que actúa de diferente modo en distintos grupos de individuos, debido a que la propiedad aglutinante de los sueros y la aglutinabilidad de los glóbulos rojos no son idénticas en todos los individuos, lo que quedó demostrado al inyectar sangre de un animal a otros de su misma especie, en los que en unos casos se produjo la aglutinación y en otros jamás se produjo. Esto llevó a la conclusión de que dentro de cada especie existen individuos que tienen propiedades sanguíneas que les son particulares y específicas en el fenómeno de la aglutinación, con lo cual se llegó al reconocimiento de la existencia de *grupos sanguíneos específicos* dentro de cada especie animal. Los trabajos que definieron las características de tres distintos grupos sanguíneos (I, II, III) fueron hechos por Landsteiner (1900) y luego ratificados por muchos otros autores. En investigaciones distintas Moss y Jansky demostraron la existencia de un cuarto grupo, con lo cual quedó probada la validez de los cuatro grupos sanguíneos del hombre, cuyos símbolos son los siguientes:

O	A	B	AB
αβ	β	α	o

En estos símbolos, A y B son los aglutinógenos; α y β, las aglutininas. Los términos O y o indican la ausencia de aglutinógenos o aglutininas, de acuerdo con su posición. Cuando se pone en contacto la sangre de dos individuos de grupos incompatibles, la isoaglutinación es debida a la actuación de la aglutinina contenida en el suero sobre los aglutinógenos que poseen los hematíes. Teniendo en cuenta que la aglutinina α es la que actúa sobre el aglutinógeno A, y la β sobre el aglutinógeno B, podemos caracterizar los grupos sanguíneos del modo siguiente:

O αβ { Individuos con glóbulos no aglutinables, pero con suero que aglutina a todos los demás grupos.

A β { Individuos con glóbulos aglutinables por sueros de los grupos O y B, y con suero que aglutina los grupos B y AB.

B α { Individuos con glóbulos aglutinables por sueros de los grupos O y A, y con suero que aglutina los grupos A y AB.

AB o { Individuos con glóbulos aglutinables por sueros de todos los demás grupos, pero cuyo suero carece de propiedades aglutinantes.

El grupo O es donador universal, pues sus hematíes no son aglutinados por la sangre de los otros grupos; por otra parte, sólo es receptor de la sangre de su mismo grupo. El grupo AB puede dar a los de su propia clase, y es receptor universal, pues las aglutininas de los demás no se fijan prácticamente en sus hematíes. El grupo A puede recibir sangre de su homólogo y del O. El B, del que le corresponde y del donador universal O. Estas propiedades deben ser bien conocidas porque explican los posibles efectos fatales de la transfusión sanguínea. Las comprobaciones más importantes sobre el modo como se heredan estas propiedades serológicas se deben a Dungern y Hirszfeld, quienes fueron los primeros en demostrar la ley fundamental a que obedecen; los caracteres A y B jamás se manifiestan en los descendientes si no están presentes en uno o ambos de los genitores; cuando el padre, la madre o ambos genitores poseen uno de esos caracteres, éste se hallará generalmente en algunos de los hijos, y por excepción en todos. Dichos autores sostienen que la transmisión hereditaria de esos caracteres está regida por las leyes de Mendel, resultados que fueron

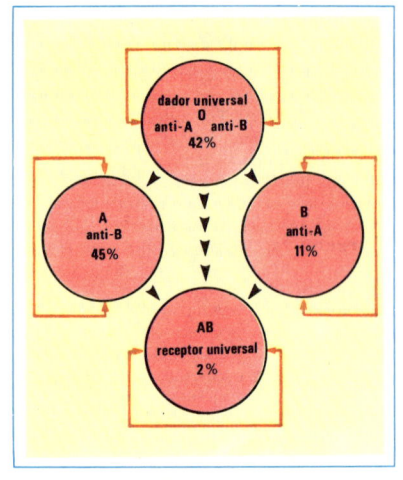

Grupos sanguíneos

apoyados posteriormente por una cantidad imponente de investigaciones estadísticas. La transmisión hereditaria de los caracteres paternos ha sido estudiada por Wiener, cuyas conclusiones se resumen en el cuadro siguiente:

Grupo sanguíneo de los progenitores	Grupo sanguíneo que pueden presentar los hijos	Grupo sanguíneo que no pueden presentar los hijos
O × O	O	A, B, AB
O × A	O, A	B, AB
O × B	O, B	A, AB
A × A	O, A	B, AB
A × B	O, A, B, AB	—
B × B	O, B	A, AB
O × AB	A, B	O, AB
A × AB	A, B, AB	O
B × AB	A, B, AB	O
AB × AB	A, B, AB	O

Además de los cuatro grupos clásicos se han descubierto otros, como los denominados M y N, de Landsteiner y Levine (1929), los P y G, de Landsteiner y Schiff (1932) y, recientemente, los Px, Qx y Sx. Aparte de los grupos principales, existen otros factores de valor subordinado, como son el Le (Lewis), Lu (Lutheran), K (Kell), Fy (Duffy), Jk (Kidd) y otros que no revisten la importancia fundamental de los anteriores, pero que pueden tenerla en un caso determinado, tanto en lo que se refiere a problemas de transfusión como, de modo más acusado aún, en genética. Últimamente han prestado atención los investigadores ingleses al factor Xg. Mención especial merece el *factor Rh* (v.). Dentro de los grupos clásicos se han identificado ciertos subgrupos, principalmente en la clasificación A, que se designan como A1, A2 y A3, de los que poseen mayor importancia práctica los dos primeros. También en el grupo AB ha podido distinguirse el A1B, A2B y A3B. Así, pues, pueden contarse hoy entre grupos y subgrupos los siguientes: O, A1, A2, A3, B, A1B, A2B y A3B. La combinación de todos los factores ya citados sería capaz de proporcionar un cuadro extensísimo de variaciones posibles, y así puede comprenderse teóricamente la posible existencia de más de medio millón de variedades sanguíneas, de las cuales existen ya identificadas por los estudios serológicos unas 30.000. Resulta muy interesante saber que los individuos de ciertos grupos presentan una tendencia determinada a adquirir con mayor frecuencia que otros ciertas enfermedades, sean éstas digestivas, metabólicas o sanguíneas. Un equipo de especialistas del Instituto de Ginecología de Hamburgo descubrió recientemente un suero que inmuniza contra la incompatibilidad de la sangre. Esta incompatibilidad, que era hasta hace poco de consecuencias mortales en gran número de casos, se da principalmente en las madres gestantes que poseen factor Rh negativo. Aparte de las aplicaciones clínicas, inmunológicas y medicolegales de los grupos sanguíneos, cuyo fundamento se halla en las breves nociones que acabamos de reseñar, la *isohemoaglutinación* está llamada a cooperar en la indagación del origen y la clasificación de las razas humanas.

Grupo de los Cinco. Econ. V. Fondo Monetario Internacional. || **de los Diez.** V. Fondo Monetario Internacional. || **Andino.** Polít. V. Tratado Subregional Andino.

grus. (Voz lat. que sign. *grulla*.) Zool. Gén. de aves gruiformes al que pertenecen las grullas típicas, y que ha substituido al *megalornis*.

Grus. Astron. Grulla.

gruta. fr., *grotte*; it., *grotta*; i., *grot*; a., *Grotte*. (Del lat. *crupta*, y éste del gr. *krypté*.) f. Geol. sin. de **cueva** o **caverna**. Son famosas la *Gruta del Perro*, cerca del lago Agnano (v.), en Italia; la basáltica de *Fingal*, en las Hébridas, Escocia; la volcánica de *los Verdes*, en la isla de Lanzarote, y todas las citadas en las voces *caverna* y *cueva*.

grutesco, ca. (De *gruta*.) adj. Relativo o perteneciente a la gruta, cavidad subterránea artificial. || **Arquit.** y **Pint.** Dícese del adorno caprichoso de bichos, sabandijas, quimeras y

Grutescos. Detalle del techo del claustro. Monasterio de las Huelgas (Burgos)

follajes, llamado así por ser a imitación de los que se encontraron en las grutas o ruinas de palacios de la antigua Roma. Ú. t. c. s. m.

Grutly. Geog. Local. de Argentina, prov. de Santa Fe, depart. de Las Colonias; 1.349 h.

gruyer. m. **gruyère**.

gruyère. m. Queso suizo, fabricado originalmente en el dist. de La Gruyère, est. de Friburgo, caracterizado por ser de pasta fina y grasa, muy voluminoso, con ojos cada 2 ó 3 cm., y de sabor dulce y picante a la vez.

Queso gruyère

Gruyères. Geog. C. de Suiza, dist. de La Gruyère, est. de Friburgo; 1.300 h. Renombrados quesos.

Grytviken. Geog. Pobl. cap. de las islas Georgias del Sur; 1.500 h.

gua. (Del fr. *boîte*.) m. Hoyito que hacen los muchachos en el suelo para jugar tirando en él bolitas o canicas. || Nombre de este juego.

gua. m. Bot. *Chile*. Nombre del maíz.

¡gua! interj. *Bol., Col., Perú* y *Venez*. Se usa para expresar temor, admiración o reproche.

guaba. f. Bot. *Amér. c.* y *Ecuad*. Fruto del guabo.

guaba o **guabá.** m. Zool. *Ant*. Nombre que se da a las migales o tarántulas del gén. *avicularia*, también conocidas por *arañas peludas* o *arañas monas*.

guabairo. m. Zool. *Cuba*. Ave del orden de las caprimulgiformes, congénere del chotacabras, de unos 30 cm. de long. y plumaje rojo obscuro veteado de negro, que vive en los bosques y se alimenta de insectos (*caprimulgus cubanensis*).

guabán. m. Bot. *Cuba*. Árbol silvestre, de la familia de las meliáceas, cuya madera se utiliza para mangos de herramientas.

guabica. f. Bot. *Cuba*. Planta de la familia de las anonáceas con hojas ovaladas, obtusas, esparcidas, lustrosas, de color verde pálido; flores solitarias de seis pétalos, tres de ellos largos y castaños, con los otros casi triangulares: fruto de vaina; y madera dura y fina (*xylopia obtusifolia*). Se llama también *guabico*.

guabico. m. Bot. *Cuba*. **guabica**.

guabina o **guavina.** f. *Ant., Col.* y *Venez*. En zoología, pez teleóstomo, del orden de los perciformes, familia de los góbidos, de carne suave y gustosa, cuerpo mucilaginoso, algo cilíndrico y cabeza obtusa. Hay muchas especies y variedades (*philipinus dormitatus, electris guavina, e. gyrinus*). || *Col*. Aire musical popular de la montaña. || fig. *Cuba*. Camaleón, persona que, interesadamente y con frecuencia, cambia de parecer o de filiación política.

guabiniquimar o **guabiniquinar.** (Castellanización de una voz indígena americana.) m. Zool. *Cuba*. **quemí**.

guabirá. (Voz guaraní.) m. Bot. *Arg., Par.* y *Urug*. Árbol grande de la familia de las mirtáceas de tronco liso y blanco; hojas aovadas con una espina en el ápice; y fruto amarillo del tamaño de una guinda (*myrtus mucronata*).

guabirola. f. Bot. Planta de la familia de las mirtáceas, originaria de Brasil (*eugenia myrobálana*).

guabiyú. (Voz guaraní). m. Bot. *Arg.* y *Par*. Árbol de la familia de las mirtáceas y gén. *eugenia*, de propiedades medicinales; hojas carnosas, verdinegras; fruto comestible, dulce, negro, del tamaño de una guinda.

guabo. m. Bot. *C. Rica* y *Ecuad*. Nombre de la mimosáceainga bonplandiana; el de Quito es *i. insignis*, y el de Costa Rica es *quassia amara*, de la familia de las simarubáceas.

Guabo. Geog. Parr. rural de Ecuador, prov. de El Oro, cantón de Machala; 6.300 h.

guabul. m. *Hond*. Bebida que se hace de plátano maduro, cocido y deshecho en agua.

guaca. (Del quechua *waca*, dios de la casa.) f. En América central y gran parte de la del sur, sepulcro antiguo indio en general. || *Amér.* m. Tesoro escondido o enterrado. || *C. Rica* y *Cuba*. Hoyo donde se depositan frutas verdes para que maduren. || *Bol., C. Rica, Cuba* y *Méj*. Hucha o alcancía. || *Pan*. Vasija generalmente de barro cocido, donde aparecen depositadas las joyas y objetos artísticos, en las sepulturas indígenas.

Guaca. Geog. Mun. de Colombia, depart. de Santander; 8.931 h. || Pobl. cap. del mismo; 1.485 h.

guacacoa. (Voz taina.) f. Bot. Árbol de la familia de las melastomatáceas, de cuyo líber se hacen riendas, cuerdas, etc.; es originario de Cuba (*lasiandenia cubensis*).

guacal. (Del azt. *huacalli*.) m. *Amér. c.* Árbol de la familia de las bignoniáceas, que produce unos frutos redondos de pericarpio leñoso, los cuales, partidos por la mitad y extraída la pulpa, se utilizan como vasija. || La vasija así formada. || *Ant., Can., Col., Méj.* y *Venez*. Especie de cesta o jaula formada de varillas de madera, que se utiliza para el transporte de loza, cristal, frutas, etc.

guacalote. (Del azt. *cuahuitl*, árbol, y *colotl*, alacrán, por alusión a las espinas.) m. Bot. *Cuba*. Planta trepadora de la familia de las papilionáceas, de tallos gruesos, con fuertes espinas; y que tiene por fruto una vaina con dos semillas duras, amarillas, del tamaño de una aceituna (*caesalpina crista, c. bóndux* o *bonducella*).

guacamaya. (Del m. or. que *guacamayo*.) f. Bot. *Amér. c.* y *m.* Planta amarantácea, congénere del *moco de pavo* (*amarantus tricolor*). || *Cuba*. Arbusto ornamental de la familia de las papilionáceas (*poinciana pulchérrima*). || ant. Zool. *Amér. c., Col., Cuba, Hond.* y *Méj*. **guacamayo**. || **franca.** Bot. **sonting**.

Guacamayas. Geog. Mun. de Colombia, depart. de Boyacá; 3.900 h. || Pobl. cap. del mismo; 617 h.

guacamayo. (Del haitiano *huacamayo*.) m. Bot. *C. Rica*. Espermatófita papaverácea llamada también *tabaquillo* (*bocconia arbórea*). || Zool. *Amér*. Nombre común a varias aves tro-

Grupo de guacamayos

Guacamayo–guacho

picales de la familia de las psitácidas El guacamayo típico, también llamado antiguamente *guacamaya*, tiene el tamaño de la gallina, es de pico muy grande, blanco por encima y negro por debajo, las sienes blancas, el cuerpo rojo sanguíneo, el pecho variado de azul y verde, las plumas grandes, exteriores de las alas muy azules, los encuentros amarillos, y la cola muy larga y roja, con las plumas de los lados azules *(ara militaris)*.

Guacamayo (El). Geog. Mun. de Colombia depart. de Santander; 6.791 h. ‖ Pobl. cap. del mismo; 311 h.

guacamol o **guacamole.** (Del azt. *ahuacamulli*.) m. *Amér. c., Cuba* y *Méj*. Ensalada de aguacate.

guacamote. (Del azt. *cuahuitl*, árbol, y *camotti*, camote.) m. Bot. *Méj*. **mandioca.** Líquido fermentado de la pulpa de jagua *(genipa)*.

Guacanagarí. Biog. Cacique dominicano, m. en 1499. Aliado de Colón, al regresar a España éste, estalló una sublevación que el cacique no pudo ni quiso evitar, pereciendo la pequeña guarnición que Colón había dejado, compuesta de Diego de Arana y 40 hombres.

Guacara. Geog. Dist. de Venezuela, est. de Carabobo; 76.279 h. ‖ Mun. de Venezuela, est. de Carabobo, dist. del mismo nombre; 40.371 habitantes. ‖ Pobl. cap. del dist. y del mun. de su nombre; 38.793 h.

Guacarí. Geog. Mun. de Colombia, depart. de Valle del Cauca; 18.818 h. Minas de oro. ‖ Pobl. cap. del mismo; 8.771 h.

guacer. intr. ant. Guarecer o curarse.

guacia. f. Acacia, árbol. ‖ Goma de este árbol.

guácima. (Del haitiano *wazuma*.) f. Bot. *Ant., Col*, y *C. Rica*. Árbol silvestre, que en poco tiempo crece hasta 8 m. de altura y cerca de uno de grueso; córteza obscura, jabonosa; tronco muy ramoso; madera estoposa, que se emplea para hormas, yugos, duelas, etc., hojas alternas, ásperas, dentadas; flores en racimo, pequeñas, de color blanco amarillento, y fruto ovoide, leñoso, erizado, rojo cuando maduro, dulce, que sirve de alimento, así como las hojas, al ganado de cerda y al vacuno. ‖ **amarilla** o **baria.** *Cuba*. La tiliácea *luhea platycéphala*. ‖ **de baria.** *Cuba*. La anonácea *xylopia cubensis*. ‖ **molenillo.** *C. Rica*. La tiliácea *luhea endopogon*; el fruto seco y vaciado sirve de molinillo con un palito para la chocolatera.

guacimilla de costa. f. Bot. *Cuba*. Nombre de la bixácea *prockia crucis*.

guácimo. m. *Col., Hond., Nic.* y *Venez*. **guácima.**

Guácimo. Geog. Cantón de Costa Rica, prov. de Limón; 11.572 h. ‖ Dist. y pobl. cap. del mismo; 4.755 h.

guaco, ca. (Voz americana.) adj. *Méj*. Mellizo. Ú. t. c. s. ‖ m. Bot. Nombre aplicado a diversas especies de plantas, a las que también se da el de *chicura*. El de Colombia y Guatemala es la compuesta *mikania guaco*. En Colombia llaman también así a la *aristoloquia anguicida*; el de tierra caliente es en Méjico la *aristoloquia fragrantíssima*. A veces se dice también *guaca*. ‖ Zool. Ave del orden de las galliformes, familia de las crácidas, de tamaño intermedio entre los del gallo y el pavo, de plumaje negruzco en las partes superiores y blanco en el vientre y la extremidad de las penas; pico negro, fuerte, corto y rodeado en la base de piel amarillenta; un penacho eréctil de plumas muy negras en lo alto de la cabeza; alas cortas y cóncavas, cola larga, tarsos lisos y pies con cuatro dedos casi iguales *(crax globicera)*. Abunda en América desde Méjico a Paraguay, no es difícil de domesticar y su carne se aprecia más que la del faisán. Se llama también *hoco* o *huaco*. ‖ *Amér. c*. Ave falconiforme de la familia de las falcónidas, con el cuerpo

Guaco

negro por encima, y por debajo sólo hasta la mitad del pecho, el vientre blanco hasta abajo de la cola; de cuerpo parecido al del gavilán, es ave de tardo vuelo y el mismo animal conocido comúnmente por vaquero o pájaro vaquero, o comecacao *(ibycter americanus)*. ‖ *Col*. Ave falconiforme muy próxima a la anterior pero de distinto gén. *(herpetotheres cachínnans)*.

‖ **de Chipo.** Bot. Es la compuesta *spilanthes ciliata*.

guaco, ca. adj. *Ecuad*. Dícese de la persona que tiene labio leporino. Ú. t. c. s.

guaco. m. *Amér. m*. Objeto de cerámica u otra materia que se encuentra en las guacas o sepulcros de los indios.

guacomaya. f. Bot. *Col*. Planta de la familia de las fitolacáceas *(rivina octandra)*.

Guacotecti. Geog. Mun. de El Salvador, depart. de Cabañas; 3.279 h. ‖ Pobl. cap. del mismo; 337 h.

guacha. R. Plata. Tipo de rebenque tosco, grueso y corto.

guachaco. m. Entom. *Venez*. **bibijagua.**

guachaje. (De *guacho*.) m. *Chile*. Hato de terneros separados de sus madres. ‖ fig. y fam. Conjunto de hijos ilegítimos.

Guachalla (Fernando). Biog. Político boliviano, n. y m. en La Paz (1852-1909). Fue elegido presidente de la República para el período de 1908-12, pero murió antes de tomar posesión.

guachapazo. (De *agua*, y la onomatopeya *chap*.) m. Costalada, caída violenta.

guachapear. (De *agua*, y la onomat. *chap*.) tr. fam. Golpear y agitar con los pies el agua detenida. Ú. t. c. intr. ‖ fig. y fam. Hacer una cosa de prisa y chapuceramente. ‖ intr. Sonar una chapa de hierro por estar mal clavada.

guachapear. (Del arauc. *huychapén*.) tr. *Chile*. Hurtar, robar, arrebatar.

guachapele. m. Bot. *Ecuad*. Nombre de una especie de acacia.

guachapelí. (Voz americana.) m. Bot. *Ecuad*. y *Venez*. Arbol de la familia de las mimosáceas, parecido a la acacia; su madera es fuerte, sólida y de color obscuro, muy apreciada en los astilleros.

guachar. tr. **huachar.**

guáchara. f. *Cuba* y *P. Rico*. Mentira, embuste. ‖ Zool. *Sal*. **sapo.**

Guachara. Geog. Mun. de Venezuela, est. de Apure, dist. de Achaguas; 2.154 h. ‖ Pobl. cap. del mismo; 462 h.

guacharaca. (Voz cumanagota.) f. Zool. *Col*. y *Venez*. **chachalaca,** galliforme de la familia de las crácidas *(órtalis policéphala* u *ó. vetula)*.

guacharaco. m. Bot. *Col*. Planta de la familia de las buseráceas *(icica macrophylla)*.

guácharo, ra. (De *guacho*.) adj. Dícese de la persona enfermiza, y por lo común de la hidrópica o abotagada. ‖ ant. Aplicábase al que estaba continuamente llorando y lamentándose. ‖*Ecuad*. **huérfano.** Ú. t. c. s. ‖ m. Cría de un animal. ‖ m. Zool. Pájaro de la América del Sur (Venezuela, Colombia, Ecuador, Perú, Trinidad y Guyana), de color castaño rojizo, con manchas blancas orladas de negro, ojos grandes y pico fuerte, largo y ganchudo. Tiene unos 55 centímetros de largo y algo más de un metro de envergadura. Es nocturno, de día se oculta en las cavernas y se orienta en la obscuridad de la noche *(steatornis caripensis)*. ‖ *Sal*. **sapo.**

Guácharo

guacharrada. f. p. us. Caída de golpe de alguna cosa en el agua o en el lodo.

guacharrazo. (De *agua*, y la onomat. *charr*.) m. Caída violenta de una persona.

guacharro. m. Cría de un animal.

guache. (Del quechua *huaccha*, pobre.) m. *Col*. y *Venez*. Hombre de la hez, villano, bajo, canalla.

Guachetá. Geog. Mun. de Colombia, depart. de Cundinamarca; 7.867 h. ‖ Pobl. cap. del mismo; 1.389 h.

guachi. (Del mapuche *huachi*.) m. *Chile*. Trampa para cazar aves.

guachimán. (Del i. *watchman*.) m. *Chile, Guinea Ecuatorial, Méj., Nic., Pan.* y *Perú*. Rondín, vigilante, guardián. ‖ *Nic*. Sirviente.

guachinango, ga. (Voz azteca.) adj. En Cuba, lagotero; dícese del que por medio de la zalamería o de la adulación o satisfaciendo los deseos o caprichos de otros, trata de atraerse su simpatía. ‖ En Cuba, Méjico y Puerto Rico, astuto, zalamero. ‖ En los estados de la costa oriental de Méjico, apodo de todo habitante del interior del país. ‖ En Puerto Rico, burlón. ‖ m. Zool. *Cuba* y *Méj*. Pez semejante al pagro.

Guachinango. Geog. Mun. de Méjico, est. de Jalisco; 5.777 h. ‖ Pueblo cap. del mismo; 1.786 h.

guachinear. intr. fig. *Cuba*. Nadar entre dos aguas.

guachinin. m. Zool. *Brasil*. **aguarapopé.**

Guachipas. Geog. Depart. de Argentina, prov. de Salta; 2.785 km.^{2} y 2.544 h. ‖ Local. cap. del mismo; 433 h.

guachipelín. m. Bot. *C. Rica*. **guachapelí.**

guachiro, ra. adj. *Sor*. Dícese del terreno encharcado.

guacho. m. **huacho.**

guacho, cha. (De la onomat. *guach* del lloro, gemela de *guay*.) adj. En Andalucía, empapado, calado. ‖ En Argentina, Colombia, Chile y Ecuador, dícese de la cría que ha perdido la madre. ‖ En Argentina y Chile, p. ext. huérfano, desmadrado, expósito. ‖ En Chile y Ecuador, dícese de la cría que ha perdido la madre. ‖ En Argentina y Chile, p. ext. huérfano, desmadrado, expósito. ‖ En chiquillo.

Guachochi. Geog. Mun. de Méjico, est. de Chihuahua; 16.192 h. ‖ Pueblo cap. del mismo; 2.763 h.

Guachucal. Geog. Mun. de Colombia, depart. de Nariño; 10.434 h. ‖ Pobl. cap. del mismo; 2.178 h.

guad-, guadi-. (Del ár. *wad* o *wadi*.) pref. español que sign. río, vaguada o rambla, y que entra en la formación de muchos nombres geográficos; p. e., Guadarrama, Guadalhorce. Formas variantes son o pueden ser: **gued-, guedi-; ouad-, ouadi-, oued-, ouedi-** (fr.); **uad-, uadi-, ued-, uedi-** (it.); y **wad-, wadi-, wady-, wed-, wedi-, wedy-**.

Guad (El). Geog. C. y oasis de Argelia, vilaya de Oasis, cap. de la región de Suf; 86.100 habitantes. Es el principal oasis de la región. Importante mercado.

guada. f. Bot. *Chile*. Planta de la familia de las cucurbitáceas (*cucúrbita siceraria*).

guadafiones. (Del ár. *waẓāfa*, trabas del caballo.) m. pl. Maniotas y trabas.

Guadahortuna. Geog. Mun. y villa de España, prov. y p. j. de Granada; 2.737 h.

Guadaira. Geog. Río de España, prov. de Sevilla; n. en el peñón de Algámitas y des. en el Guadalquivir después de 89 km. de curso.

Guadajira. Geog. Río de España, prov. de Badajoz; n. en Sierra de Zafra y des. en el Guadiana después de 82 km. de curso.

Guadajoz. Geog. Río de España, prov. de Córdoba; n. en las sierras de Priego y Lucena y des. en el Guadalquivir después de 114 km. de curso.

guadal. (Por *aguadal*, de *aguada*.) m. Geog. *Arg*. Extensión de tierra arenosa que, cuando llueve, si no hay declive, se convierte en un barrizal.

Guadal. Geog. Comuna de Chile, prov. de Aysén, depart. de General Carrera; 1.145 h. Cap., Puerto Guadal.

guadalagüen. m. Bot. *Chile*. Planta de las enoteráceas (*oenothera acaulis*).

Guadalajara. Geog. Prov. del centro de España, perteneciente a Castilla la Nueva, que limita al N. con las prov. de Segovia, Soria y Zaragoza; al E. con la de Teruel, al S. con la de Cuenca y al O. con la de Madrid. Superficie, 12.190,38 km.²; pobl. absoluta, 147.732 h., y relativa, 12,1 h. por km.² Su suelo es accidentado; por la parte septentrional y oriental se encuentra como encerrado por una serie de montañas, que en el arranque de la Carpetovetónica, y aun más allá, redobla para formar el arco constituido por las sierras de Molina, Menera, Orihuela y Albarracín. Alturas mayores: pico de Ocejón (2.063 m.), Tetas de Viana, el Torreplazo, la meseta de Campisábalos, etc. El sistema fluvial está formado por el Tajo y sus afl. Recibe por la izquierda al Guadiela, procedente de la serranía de Cuenca. El N. de la prov. está regado por el Tajuña y el Henares, que vierten sus aguas en el Tajo más allá de su límite con la de Madrid. La comarca principal es la *Alcarria*, con vegetación de matorral y plantas aromáticas, que dan lugar a la fácil explotación de la tradicional y famosa industria apícola. También hay cereales, vinos, aceites, legumbres, garbanzos, lentejas, lino y frutas. El ganado predominante es el lanar (más de 500.000 cabezas); le siguen en importancia el caprino (60.000) y el porcino (50.000). Por lo que se refiere al aspecto fabril, aparte de las industrias tradicionales, entre las que conviene citar en primer lugar la montada en torno a la miel de la Alcarria, y que dispone, como base, de más de 20.000 colmenas, la provincia, en concreto en torno a su cap., se ha visto modernizada por la creación de varios *polígonos industriales de descongestión* (es decir, de alivio o desahogo de Madrid, dada su proximidad), que, con sus nuevas factorías de diversas materias, han supuesto un incremento de riqueza y puestos de trabajo. Existe también uno de los complejos hidroeléctricos más importantes de Europa, consistente en el trío de pantanos de Bolarque (actualmente, punto de partida del trasvase Tajo-Segura), Entrepeñas y Buendía, cuyo emplazamiento («Ruta de los pantanos») está dando lugar, en la actualidad, a importantes instalaciones turísticas. Se ha restaurado el castillo-alcazaba de Sigüenza, que ha sido convertido en parador nacional. En lo referente a la producción de electricidad, está en marcha, en Almonacid de Zorita, la central nuclear José Cabrera, de 160 Mw, primera de este tipo que se instaló en España, y que entró en funcionamiento en 1968; en 1975 produjo 1.000 millones de kwh. Por lo que respecta a modernas industrias de la alimentación, se puede citar como ejemplo que en las inmediaciones de la carretera general de Madrid a Barcelona existe un secadero de bacalao capaz de producir 6.000.000 de kilos anuales. Guadalajara se divide en tres partidos judiciales: Guadalajara, Molina y Sigüenza. La ciudad de Guadalajara, que da nombre a esta prov., es de origen ibérico. Los romanos la llamaron *Arriaca*, voz celtibérica que sign. lugar de piedra, y los árabes *Wad al-Hachara* (río de piedras), del que se deriva el nombre actual. Guadalajara fue incorporada al reino de Castilla por Alfonso VI. De tiempos de la Reconquista datan muchos de los 106 castillos de la prov., de los que sólo una tercera parte sobrevive, más o menos ruinosamente. El señorío de Guadalajara perteneció a la familia de los duques del Infantado, mientras en el E. de la prov. estaba el señorío de Molina. ‖ Mun. de España, prov. y p. j. de su nombre; 31.957 h. ‖ C. cap. del mismo, de la prov. y del p. j., sit. entre la Campiña y la Alcarria; 30.924 h. (*guadalajareños, guadalfajareños, arriacenses y caracenses*). Es población antigua, reconquistada por Álvar Fáñez de Minaya, primo del Cid, poco antes de la toma de Toledo. No tiene el carácter de otras viejas ciudades castellanas, aunque cuente con edificios de tanto mérito como el palacio de los duques del Infantado (obra de Juan Guas, s. XV). Entre los edificios religiosos destaca la iglesia de Santa María de la Fuente, que ostenta la dignidad de concatedral, de estilo mudéjar y que data del s. XIII. ‖ Mun. de Méjico, est. de Jalisco; 1.199.391 h. ‖ C. cap. del est. de Jalisco y del mun. de su nombre; 1.193.601. Recibió su nombre como homenaje al conquistador Nuño de Guzmán, originario de la población española de igual nombre. Es una de las más hermosas ciudades de Méjico. Catedral del s. XVI, de estilo gótico-renacentista. Merecen mención el Sagrario y el templo de Santa Mónica. Industria.

guadalajarense. adj. **tapatío.**
guadalajareño, ña. adj. Natural de Guadalajara (España), o perteneciente a esta ciudad o a su prov. Ú. t. c. s.

Guadalaviar. Geog. **Turia.** ‖ Mun. y lugar de España, prov. y p. j. de Teruel; 350 h.

Guadalcanal. Geog. Mun. de España, prov. de Sevilla, p. j. de Calzada de la Sierra; 4.372 h. Minas de plata, cobre, carbón, hierro y barita. ‖ Villa cap. del mismo; 4.014 h. (*guadalcanalenses*). ‖ o **Guadalcanar.** Isla del océano

Santuario de la Virgen de la Hoz, en Molina de Aragón

Palacio de los duques del Infantado

Guadalcázar–Guadalupe

Pacífico perteneciente al estado de Salomón; 6.475 km.² y 46.619 h. Plantaciones de cocoteros. Cap. Honiara. Fue descubierta en 1568 por los españoles Pedro Ortega y Hernán Gallego. En la S. G. M., batalla cuyo término fue la evacuación por los japoneses (1943).

Guadalcázar. Geog. Mun. de España, prov. de Córdoba, p. j. de Posadas; 1.972 h. ‖ Villa cap. del mismo; 1.297 h. ‖ Mun. de Méjico, est. de San Luis Potosí; 25.786 h. ‖ C. cap. del mismo; 1.408 h.

Guadalentín o **Sangonera.** Geog. Río de España, prov. de Murcia; n. al N. de la sierra de María y des. en el Segura después de 120 km. de curso.

Guadalest. Geog. Mun. y villa de España, prov. de Alicante, p. j. de Villajoyosa; 218 habitantes.

Guadalete. Geog. Río de España, prov. de Cádiz; n. en el peñón de Algámitas y des. en el Atlántico después de 171 km. de curso, en el Puerto de Santa María. Es célebre por la batalla de su nombre, también llamada de la Janda; al parecer tuvo lugar en los campos de Jerez, al N. de este río, que don Rodrigo quería impedir cruzar a los invasores mahometanos en 711 y que determinó la invasión árabe en España.

Guadalevín. Geog. Río de España, prov. de Málaga; n. cerca de Ronda, pasa por esta población y des. en el Guadiaro.

Guadalfeo. Geog. Río de España, prov. de Granada; n. en el pico de Mulhacén y des. en el Mediterráneo después de 73 km. de curso.

Guadalhorce. Geog. Río de España, prov. de Málaga; n. en el puerto de los Alazores y des. en el Mediterráneo después de 116 km. de curso.

Guadalimar. Geog. Río de España, en las prov. de Albacete y Jaén; n. en el cerro de la Almenara y des. en el Guadalquivir después de 195 km. de curso.

Guadalix de la Sierra. Geog. Mun. y villa de España, prov. de Madrid, p. j. de Colmenar Viejo; 1.425 h. (*guadaliceños*).

guadalmecí. m. ant. **guadamecí.**

Guadalmedina. Geog. Río de España, prov. de Málaga; n. en Colmenar y des. en el Mediterráneo después de 51 km. de curso.

Guadalmellato. Geog. Río de España, prov. de Córdoba; n. en Puerto Rubio y des. en el Guadalquivir después de 110 km. de curso.

Guadalmez. Geog. Mun. y aldea de España, prov. de Ciudad Real, p. j. de Puertollano; 1.570 h.

Guadalope. Geog. Río de España, en las prov. de Teruel y Zaragoza; n. al N. de la sierra de Gúdar y des. en el Ebro después de 182 km. de curso.

Guadalquivir. (Del ár. *Uad el-Kebir,* que sign. *Río Grande.*) Geog. Río de España, en Andalucía; n. en la sierra de Cazorla y des. en el Atlántico, por Sanlúcar de Barrameda, después de 657 km. de curso. Es navegable desde Sevilla hasta Sanlúcar de Barrameda. En la antigüedad llevó el nombre fenicio de *Betsi,* o *Perci,* luego el de *Tarteso* y después el de *Betis,* que dio origen a la denominación de *Bética,* con que fue conocida Andalucía.

guadalupano, na. adj. *Méj.* Dícese de cuanto tiene relación con Nuestra Señora de Guadalupe, como *devoción, peregrinación* o *plegaria guadalupana.*

Guadalupe. Geog. Mun. de Colombia, depart. de Antioquia; 5.860 h. ‖ Pobl. cap. del mismo; 1.315 h. ‖ Mun. de Colombia, depart. de Huila; 8.940 h. ‖ Pobl. cap. del mismo; 2.883 h. ‖ Mun. de Colombia, depart. de Santander; 6.866 h. ‖ Pobl. cap. del mismo; 1.697 habitantes. ‖ Pobl. de Costa Rica, prov. de San José, dist. y cap. del cantón de Goicoechea; 27.016 h. ‖ Pobl. de Cuba, prov. de Camagüey, p. j. de Morón; 7.000 h. Producción de tabaco. Minas de plata. ‖ Mun. de El Salvador, depart. de San Vicente; 4.510 h. Café, tabaco, arroz, etc. ‖ Pobl. cap. del mismo; 2.028 h. ‖ Mun. y villa de España, prov. de Cáceres, p. j. de Trujillo; 3.069 h. (*guadalupenses*). Célebre monasterio de estilo gótico-mudéjar, con grandes valores históricos y artísticos. En su sacristía se conserva la mayor colección de obras de Zurbarán. En 1958 la Santa Sede concedió al templo el título de basílica. El Colegio de Infantes o de Gramática, del s. XVI, ha sido habilitado para parador de turismo. ‖ (En fr., *Guadeloupe.*) Isla de las pequeñas Antillas, Grupo de Barlovento, que forma parte del depart. de ultramar de Francia del mismo nombre. Caña de azúcar y bananas. Refinerías de azúcar y destilación de ron. Fue descubierta y bautizada con su nombre actual por Colón, el 4 de noviembre de 1493. ‖ Depart. de ultramar de Francia, constituido por las islas que se mencionan en el cuadro siguiente:

Islas	Superficie Km.²	Población Habitantes	Capitales y su población
Deseada	20	1.559	Grande-Anse.
Guadalupe	1.438	284.617	Basse-Terre (15.690 h.).
María Galante	158	15.867	Grand-Bourg (6.529).
Petite Terre (2 islotes)	1,7	—	—
San Bartolomé	21	2.351	Gustavia (1.400).
San Martín (parte francesa)	52	5.061	Le Marigot (3.366).
Santas (Las)	13	3.269	Terre-de-Haut (1.039).
Tintamarre (islote)	1,3	—	—
Total	1.705,0	312.724	

Guadalupe. Vista parcial

La cap. es Basse-Terre, en la isla de Guadalupe, y la ciudad y puerto principal, Ponte-à-Pitre (28.000 h.), en la misma isla. Los cultivos principales son la caña de azúcar (25.000 hect. y 88.000 ton. de azúcar, en 1975), de la que se obtuvieron, en 1971, 114.871 hl. de ron, y el banano (9.000 hect. y 162.000 ton., en 1975). Secundarios: mandioca (1.000 y 3.000), café (240 ton.), cacao y naranjas (12.000). Los bosques ocupan una extensión de 62.000 hect. En la ganadería predominan el bovino, cabrío y de cerda. El comercio se realiza, principalmente con la metrópoli, y, de 1972 a 1975, fue el siguiente, en millones de francos: Importaciones: 747,3; 895,6; 1.104,2; y 1.315. Exportaciones: 201,1; 284,7; 277,7; y 352,6. ‖ Mun. de Méjico, est. de Chihuahua; 9.593 h. ‖ Pueblo cap. del mismo; 3.333 h. ‖ Mun. de Méjico, est. de Nuevo León; 159.930 h. ‖ Villa cap. del mismo; 51.899 h. ‖ Mun. de Méjico, est. de Puebla; 5.497 h. ‖ Pueblo cap. del mismo; 2.137 h. ‖ V. **Villa de Guadalupe.** Mun. de Méjico. ‖ Mun. de Méjico, est. de Zacatecas; 32.118 h. ‖ Villa cap. del mismo; 13.246 h. ‖ Pueblo de Perú, depart. y prov. de Yca, cap. del dist. de Salas; 2.896 h. ‖ Dist. de Perú, depart. de La Libertad, prov. de Pascamayo; 12.767 h. ‖ C. cap. del mismo; 6.882 h. ‖ **-Bravos. Guadalupe.** ‖ y **Calvo.** Mun. de Méjico est. de Chihuahua; 29.053 h. ‖ Villa cap. del mismo; 785 h. ‖ **Etla.** Mun. de Méjico, est. de Oaxaca; 1.203 h. ‖ Pueblo cap. del mismo; 948 h. ‖ **Hidalgo. Villa de Guadalupe Hidalgo.** ‖ **de Ramírez.** Mun. de Méjico, est. de Oaxaca; 1.468 h. ‖ Pueblo cap. del mismo; 1.070 h. ‖ **Victoria.** Mun. de Méjico, est. de Durango; 27.836 h. ‖ C. Cap. del mismo; 7.931 h. ‖ **Victoria.** Mun. de Méjico, est. de Puebla; 8.332 h. ‖ Pueblo cap. del mismo; 3.946 h. ‖ **(Nuestra Señora de). Rel.** Imagen de la Virgen María, hallada en la segunda mitad del siglo XIII, según consta en documentos, por el vaquero Gil Cordero a orillas del río Guadalupe, en uno de los estribos de la sierra de Villuercas, prov. de Cáceres (España). El monarca Alfonso XI mandó levantar, en 1338, el grandioso templo gótico-mudéjar. Guadalupe pasó en 1389 a la Orden de los Jerónimos, que lo tuvo hasta la exclaustración de 1835. En 1908 se hizo cargo del monasterio la Orden franciscana. Como santuario mariano, Guadalupe fue visitado por una incontable galería de personajes: reyes de España y Portugal, como los Reyes Católicos,

Imagen de Nuestra Señora de Guadalupe, patrona de Extremadura y titular de la basílica y monasterio cacereños

que estuvieron 20 veces, y donde la reina quiso se conservase su testamento original. El 12 de octubre de 1928 fue coronada canónicamente y como Reina de la Hispanidad. En 1957, Extremadura fue consagrada oficialmente a la Virgen de Guadalupe. En 1978 asistieron los Reyes a los solemenes actos del cincuentenario de la coronación. ‖ **(Nuestra Señora de).** Imagen de la Virgen María, que se venera en la Villa de Guadalupe Hidalgo, en Méjico. La imagen, obra pictórica, data del s. XVI, y tomó parte de la primitiva advocación de la Virgen radicada en Extremadura. Según una bella tradición, la Virgen se apareció al indio Juan Diego el 9 de diciembre de 1531 en el cerro Tepeyac cuando se dirigía a Méjico para oír misa. Le ordenó visitar al arzobispo fray Juan de Zumárraga, para que levantase un templo en aquel sitio. Y como el prelado le pidiera una prueba del milagro, la Virgen le mandó presentarle unas rosas cogidas en el árido cerro; pero al extender Juan Diego su ayate ante fray Zumárraga, en lugar de flores apareció estampada la imagen de la Virgen Inmaculada. En 1709 se construyó la actual gran basílica, que la piedad del pueblo mejicano ha convertido en el templo más visitado del mundo mariano. La Virgen de Guadalupe fue coronada canónicamente en 1895, y declarada Patrona de toda América Hispana, en 1910. En 1966 el papa Pablo VI destinó a este santuario la Rosa de Oro.

guadamací o **guadamacil.** m. **guadamecí.**
guadamacilería. (De *guadamacilero*.) f. Oficio de fabricar guadamaciles. ‖ Taller en que se fabricaban. ‖ Tienda en que se vendían. ‖ **B. Art.** Industria que floreció en s. XVI y rivalizó con la tapicería. Consistía en la preparación de pieles curtidas, cocidas en grandes piezas, a las que se les daba un fondo de plata, se doraban y pintaban, y servían de decorado para muebles y paredes.
guadamacilero. m. Fabricante de guadamaciles.
guadamecí. (Del ár. *gadāmasī*, perteneciente a Gadames, ciudad y oasis en el Sáhara, a unos 500 km. de Trípoli.) m. Cuero adobado y adornado con dibujos de pintura o relieve.
guadamecil. m. **guadamecí.**
guadameco. m. Cierto adorno que usaban las mujeres.
Guadamur. Geog. Mun. y villa de España, prov. y p. j. de Toledo; 1.535 h. (v. **Guarrazar**). ‖ Villa cap. del mismo; 1.642 h. (*guadamureños*). Interesante castillo del s. XV.
guadaña. fr., *faux;* it., *falce;* i., *sicke;* a., *Sense.* (De *guadaño*.) f. Instrumento que sirve para segar a ras de tierra, formado por una cuchilla puntiaguda, menos corva y más ancha que la de la hoz, enastada en un mango largo que forma ángulo con el plano de la hoja; este mango lleva dos manijas, una en el extremo y otra en el segundo tercio del mismo.
guadañador, ra. adj. Que guadaña. ‖ f. Máquina para guadañar.
guadañar. fr., *faucillier;* it., *falciare;* i., *to mow down;* a., *mähen.* (Del germ. *waidanyan*.) tr. Segar el heno o hierba con la guadaña.
guadañeador. m. ant. El que siega con guadaña, especialmente el heno.
guadañero. m. El que siega la hierba con guadaña.
guadañeta. f. Sant. Instrumento para pescar calamares, que está formado por una tablita con unos garfios de alambre.
guadañil. m. El que siega con guadaña, y más particularmente el que siega el heno.
guadañino. m. Sal. **guadañero.**
guadaño. m. *Cád., Cuba.* y *Méj.* Bote pequeño con carroza usado en los puertos. Poco usado en Méjico.

guadapero. (Del flam. *wald-peer*.) m. Bot. Peral silvestre.
guadapero. (De *guardar* y *apero*.) m. Mozo que lleva la comida a los segadores.
guadarnés. fr., *sellerie;* it., *selleria;* i., *saddle-room;* a., *Sattelkammer.* (De *guardar* y *arnés*.) m. Lugar o sitio donde se guardan las sillas y guarniciones de los caballos y mulas, y todo lo demás perteneciente a la caballeriza. ‖ Sujeto que cuida de las guarniciones, sillas y demás aderezos de la caballeriza. ‖ Antiguo oficio honorífico de palacio, que tenía a su cargo el cuidado de las armas. ‖ Lugar en que se guardan armas.
Guadarrama. Geog. Sierra del centro de España, que forma parte de la cordillera Carpetovetónica y tiene alturas tan considerables como el Pico de Peñalara (2.405 m.) y Siete Picos (2.203 m.). Separa las prov. de Segovia y Madrid. Centro de alpinismo y veraneo. Sanatorios y preventorios. ‖ Puerto en la sierra de su nombre, 55 km. al NE. de Madrid, también conocido con la denominación de *Alto del León*, por el de piedra que corona el paso, por el *Alto de los Leones de Castilla*, a partir de la guerra civil (1.511 m.). ‖ Mun. de España, prov. de Madrid, p. j. de San Lorenzo de El Escorial; 4.312 h. ‖ Villa capital del mismo 4.207 habitantes. Sanatorios antituberculosos. ‖ Mun. de Venezuela, est. de Barinas, dist. de Arismendi; 1.641 habitantes. ‖ Población cap. del mismo; 334 h.
guadarrameño, ña. adj. Natural de Guadarrama (Madrid), o perteneciente a esta villa. Ú. t. c. s.
Guadasequies. Geog. Mun. y lugar de España, prov. de Valencia, p. j. de Játiva; 360 h.
Guadasuar. Geog. Mun. y villa de España, prov. de Valencia, p. j. de Alberique 5.118 h. (*guadasuareños*).
guadi-. pref. V. **guad-.**
Guadiana. Geog. Río de la península ibérica, acerca de cuyo origen se ha discutido mucho, pues mientras unos lo creen formado por la unión de los ríos Záncara y Cigüela, otros creen que su nacimiento tiene lugar en las famosas lagunas de Ruidera, que desparece, infiltrado en la tierra, en el Herradero de Guerrero, y que reaparece luego en el lugar denominado Ojos del Guadiana. Sirve de frontera de Portugal con España y des. junto a Ayamonte (Huelva) en el Atlántico, después de un curso de 578 km. Sus principales afls. son el Záncara o Cigüela, Azuer, Javalón, Zújar, Matachel, Ardila y Chanza. ‖ **Menor.** Río de España, en las prov. de Granada y Jaén. Se forma en la primera, por la unión de los ríos Baza o Barbata y Guadix, y des. en el Guadalquivir después de 182 km. de curso.
guadianés, sa. adj. Perteneciente o relativo al río Guadiana. Dícese principalmente de los ganados criados en sus riberas.
Guadiaro. Geog. Río de España, en las prov. de Málaga y Cádiz; n. en la sierra de Tolox y des. en el Mediterráneo después de 183 km. de curso.
Guadiato. Geog. Río de España, prov. de Córdoba; n. en Fuenteovejuna y des. en el Guadalquivir después de 145 km. de curso.
Guadiel. Geog. Río de España, prov. de Jaén; n. en las Navas de Tolosa y des. en el Guadalquivir después de 66 km. de curso.
Guadiela. Geog. Río de España, prov. de Cuenca; n. en la Muela de la Pinilla y des. en el Tajo después de 28 km. de curso.
guadijeño, ña. adj. Natural de Guadix, o perteneciente a esta ciudad. Ú. t. c. s. ‖ m. Cuchillo de 1 jeme de largo y 4 dedos de ancho, con punta y corte por un lado. Tiene en el mango una horquilla de hierro para afianzarlo al dedo pulgar.

Guadilla de Villamar. Geog. Mun. y lugar de España, prov. y p. j. de Burgos; 331 h.
Guadix. Geog. Mun. de España, prov. de Granada, p. j. de su nombre; 19.840 h. ‖ C. cap. del mismo y del p. j.; 15.311 h. (*guadijeños*). Sede del obispado de su nombre, a la que se llama a veces de Guadix-Baza, ya que anti-

Guadix. Vista de la catedral

guamente poseyó Baza un obispado, que se unió al de Guadix, sufragánea del arzobispado de Granada.
guado. (Del it. *guado*, glasto, y éste del longobardo *waid*.) m. ant. Color amarillo como el de la gualda.
guadra. f. Germ. Espada, arma.
guadramaña. desus. f. Embuste o ficción, treta.
Guadramiro. Geog. Mun. y lugar de España, prov. de Salamanca, p. j. de Vitigudino; 406 h.
guadrapear. tr. Colocar varios objetos de manera que alternativamente vaya el uno en posición contraria a la del otro.
guadua. f. Bot. tacuara.
guadual. m. Sitio poblado de guaduas.
Guaduas. Geog. Mun. de Colombia, depart. de Cundinamarca; 17.226 h. ‖ Pobl. cap. del mismo; 4.478 h.
guáduba. f. Bot. guadua.
guagua. (Voz onomatopéyica.) f. Cosa baladí. ‖ *Can., Cuba* y *P. Rico.* Nombre vulgar de los ómnibus y camiones que prestan servicios urbanos. ‖ **Entom.** *Arg.* y *Cuba.* Nombre de varios insectos hemípteros, también llamados *cochinillas;* son muy pequeños, de color blanco o gris y forman unas costras en el tronco de los naranjos, limoneros, anonas, etc., a los que destruyen. ‖ *Col.* **Zool. conejo.** ‖ *Venz.* **paca,** un roedor. ‖ **de guagua.** m. adv. fam. **de balde.**
guagua. (Del quechua *wawa*, niño de teta.) f. *Arg., Bol., Chile, Ecuad.* y *Perú.* Rorro, niño de teta. En Ecuador es com. ‖ *Ecuad.* Pan que se cuece para las fiestas del 2 de noviembre, Corpus Cristi y Jueves Santo. Tienen la forma de muñequitos y algunos son adornados muy delicadamente.
guaguací. m. Bot. *Cuba.* **guaguasí.**
guagualón, na. m. y f. *Chile.* niño zangolotino.
guaguasí. m. Bot. *Cuba.* Árbol silvestre, de la familia de las bixáceas, de 8 m. de alt., madera quebradiza, hojas ovaladas, lustrosas por encima; flores blanquecinas; fruto oblongo, rugoso (*laetia apetala*). Fluye del tronco, por incisión, una oleorresina aromática que se emplea como purgante y diurético.
guagüero, ra. adj. *Mur.* Gorrón, que le gusta vivir de guagua. Ú. t. c. s.
guahibo. adj. Etnog. Dícese de un pueblo de indios venezolanos cuya lengua constituye un grupo lingüístico independiente; habita un

territorio muy extenso en la cuenca del río Orinoco. Apl. a pers., ú. t. c. s. ‖ Perteneciente o relativo a este pueblo.

Guaibacoa. Geog. Mun. de Venezuela, est. de Falcón, dist. de Colina; 658 h. ‖ Pobl. cap. del mismo; 237 h.

Guaicaipuro. Biog. Cacique venezolano del s. XVI, jefe de los indios teques en el territorio de Caracas. ‖ Geog. Dist. de Venezuela, est. de Miranda; 105.705 h. Cap., Los Teques.

guaicán. (Del arahuaco antillano *waican*.) m. Ant. Rémora, pez.

guaicurú. adj. **guaycurú.** ‖ m. Bot. *Arg., Chile* y *Urug*. Planta de unos 50 cm. de alt., de tallo áspero, estriado, cuadrangular; ramitas alternas; hojas vellosas alternas, largas, agudas y nerviosas; flores moradas en racimo; raíz fusiforme leñosa *(statra brasiliensis)*. Tiene propiedades medicinales.

guaichi. m. Zool. Mamífero marsupial parecido a las zarigüeyas, de las que se distingue por dos grandes manchas blancas sobre los ojos *(metachirusopóssum)*. Vive desde Méjico a Brasil.

guaidil. m. Bot. *Can*. Planta de la familia de las convolvuláceas *(convólvulus floridus)*.

Guaillabamba. Geog. Río de Ecuador, prov. de Pichincha y Esmeraldas, en cuyo valle, y a 23 km. al SE. de Quito, se ha localizado el establecimiento humano más antiguo de Sudamérica.

Guaimaca. Geog. Mun. de Honduras, depart. de Francisco Morazán; 4.942 h. ‖ Pobl. cap. del mismo; 1.719 h.

Guainía. Geog. Comisaría oriental de Colombia, que limita al E. con Venezuela y al S. con Brasil; 78.065 km.² y 5.140 h. Cap., Puerto Inírida.

guaino, na. adj. *Chile*. Joven, mozo.

guaiño. (Voz quechua.) m. *Bol*. Triste o yaraví.

guaipe. (Voz tomada del i. *wipe*, limpiar.) m. *Chile*. Filástica, estopa.

guaira. (Del quechua *guaira*, viento.) f. Hornillo de barro en que los indios de Perú funden los minerales de plata, tanto mejor cuanto mayor es el viento que hace. ‖ *Amér. c.* Especie de flauta de varios tubos que usan los indios. ‖ **Mar.** Vela triangular que se enverga al palo solamente, o a éste y a un mastelerillo guindado en él.

Guaira (La). Geog. Parr. y c. de Venezuela, Dist. Federal, cap. del depart. de Vargas; 20.344 h. Es el puerto más importante de la República. En 1821 fue reconocida en ella la independencia de Venezuela.

Guairá. Geog. Depart. de Paraguay; 3.022 km.² y 129.870 h. Cap., Villarrica.

guairabo. m. Zool. *Chile*. Ave nocturna del orden de las ciconiformes, de plumaje blanco y cabeza y dorso negros *(nycticorax obscurus)*.

guairaje. m. Bot. *Cuba*. Nombre de la mirtácea *eugenia barnensis*.

guairao. m. Zool. *Chile*. **guairabo.**

guairavo. m. Zool. *Chile*. **guairabo.**

guairo. (De *La Guaira*, de Venezuela.) m. **Mar.** Embarcación pequeña y con dos guairas, que se usa en América para el tráfico de las bahías y costas.

guaita. (Del germ. *wahta*, guardia.) f. **Mil.** Soldado que estaba en acecho durante la noche.

guaitar. (Del germ. *wahten*, vigilar.) intr. ant. **Mil.** Acechar, vigilar.

Guaitarilla. Geog. Mun. de Colombia, depart. de Nariño; 12.890 h. ‖ Pobl. cap. del mismo; 2.635 h.

guaja. com. fam. Pillo, tunante, granuja.

guajaca. m. Bot. *Cuba*. Planta silvestre, de la familia de las bromeliáceas, que se enreda y cuelga de ciertos árboles semejando cabellos gruesos, el tallo es filiforme; las hojas muy alargadas; y la flor de tres pétalos *(tillandsia usneoides)*. Convenientemente preparados, los tallos finos de esta planta se usan para rellenar colchones.

guajacón. m. Zool. *Cuba y Jamaica*. Pez teleóstomo dulceacuícola de color gris verdoso y azul con irisaciones *(gambusia punctata)*.

guajada. f. *Méj*. Tontería, bobería.

guajal. m. *Méj*. Plantío de guajes.

guajana. (Voz indígena.) f. *P. Rico*. Espiga florida de la caña de azúcar.

guájar. amb. **guájara.**

guájara. (Del ár. *wayara*, lugar donde pasan fieras, cubil, tajo excavado por las aguas de un río.) f. Fragosidad, lo más áspero de una sierra.

Guájares (Los). Geog. Mun. de España, prov. de Granada, p. j. de Motril; 1.966 h. Corr. 1.001 a la cap., la villa de Guájar-Faragüit.

guaje. (Del azteca *uaxin*.) m. Niño, muchacho, jovenzuelo. ‖ En Honduras y Méjico, persona inútil; bobo, tonto. Ú. t. c. adj. ‖ fig. *Amér. c.* Trasto, persona o cosa inútil. ‖ Bot. *Hond. y Méj*. Calabaza de ancha base, que sirve para llevar vino. ‖ *Méj*. Especie de acacia.

guajerú. (Voz tupí.) m. **Bot.** *hicaco*.

guájete por guájete. (Del ár. *wāḥid*, uno.) expr. adv. fam. Tanto por tanto; una cosa por otra.

guajilote. m. Bot. *Méj*. Planta de la familia de las bignoniáceas *(crescentia spathulata)*.

guajiote. m. Bot. *Méj*. Nombre de la anacardiácea *rhus perniciosa*.

guajira. (De *guajiro*.) f. Cierto canto popular, usual entre los campesinos de la isla de Cuba, importado a España e incorporado al cante flamenco.

Guajira. Geog. Mun. de Venezuela, est. de Zulia, dist. de Páez; 17.388 h. Cap., Paraguaipoa. ‖ **(La).** Depart. de Colombia; 20.180 km.² y 180.520 h. Cap., Riohacha.

Guajirico. Geog. Mun. de Honduras, depart. de La Paz; 5.586 h. ‖ Pobl. cap. del mismo; 143 h.

guajiro, ra. (Del yucateco *guajiro*, señor.) adj. Dícese del indio de Colombia y Venezuela perteneciente a una tribu de la familia lingüística arahuaca. ‖ m. y f. Campesino de la isla de Cuba, y p. ext., persona rústica.

guajiro, ra. adj. Natural de La Guajira, o perteneciente a este depart. de Colombia. Ú. t. c. s.

guajolote. (Del nahua *wešolotl*.) m. Zool. *Méj*. Nombre del ave galliforme a la que los españoles dieron el nombre de *pavo*, por ser el pavo real el ave del Viejo Mundo que más les recordaba la recién conocida *(meleagris gallipavo)*.

Gual (Pedro). Biog. Político venezolano, n. en Caracas y m. en Guayaquil (1784-1862). En 1837 desempeñó misiones diplomáticas en Londres y Madrid; fue presidente de la República de Venezuela en 1859. ‖ **y Queralt (Adrián).** Autor teatral en lengua catalana, director escénico y pintor español, n. y m. en Barcelona (1872-1943). Fundó el llamado *Teatre Íntim* (1898), y la *Escola Catalana d'Art Dramàtic* (1920), origen del actual Instituto del Teatro. Es importante su drama *Misterio de dolor* (1899).

guala. f. Zool. *Chile*. Ave gruiforme, con pico verdoso, plumaje rojo obscuro y blanco por el pecho, y muy parecida a las fochas, de las que es congénere *(fúlica chilensis)*. ‖ *Col. y Venez*. Ave de la especie del aura.

¡guala! (Del ár. *wa-llāh*, ¡por Dios!) interj. Por Dios, por cierto. Úsase puesta en boca de mahometanos, para afirmar, negar o encarecer.

Gualaca. Geog. Dist. de Panamá, prov. de Chiriquí; 6.482 h. ‖ Pobl. cap. del mismo; 1.380 h.

gualacate. m. Zool. Mamífero dasipódido; es un armadillo de los llamados quirquinchos, propio del S. de Brasil, Paraguay y Uruguay *(euphractus sexcintus)*. Se le llama también *quirquincho de seis bandas*.

Gualaceo. Geog. Cantón de Ecuador, prov. de Azuay; 28.827 h. ‖ Pobl. cap. del mismo; 8.209 h. Minas de oro y plata.

Gualaco. Geog. Mun. de Honduras, depart. de Olancho; 7.032 h. ‖ Pobl. cap. del mismo; 641 h.

Gualala. Geog. Mun. de Honduras, depart. de Santa Bárbara; 2.517 h. ‖ Pobl. cap. del mismo; 627 h.

Gualán. Geog. Mun. de Guatemala, depart. de Zacapa; 23.419 h. ‖ Pobl. cap. del mismo; 5.220 h.

gualanday. m. Bot. *Col*. Árbol corpulento de la familia de las bignoniáceas, con flores de color purpúreo.

Gualaquiza. Geog. Cantón de Ecuador, prov. de Morona Santiago; 4.623 h. ‖ Pobl. cap. del mismo; 1.442 h.

gualardón. (Del germ. *widarlôn*, recompensa.) m. ant. **galardón.**

gualardonar. tr. ant. **galardonar.**

gualatina. (Del b. lat. *galatina*, y éste del gr. *galaktíne*, manjar preparado con leche.) f. **Coc.** Guiso que se compone de manzanas, leche de almendras desleídas con caldo de la olla, especias finas remojadas en agua rosada, y harina de arroz.

Gualba. Geog. Municipio de España, provincia de Barcelona, p. j. de Arenys de Mar; 759 h. Corr. 369 a la cap., el lugar de Gualba de Dalt.

Gualcince. Geog. Mun. de Honduras, depart. de Lempira; 6.578 h. ‖ Pobl. cap. del mismo; 142 h.

Gualchos. Geog. Mun. de España, prov. de Granada, p. j. de Motril; 2.771 h. *(gualcheros)*. Corr. 2.025 a la cap., el lugar de Castell de Ferro.

gualda. fr., *gaude*; it., *guado*; i., *weld, dyer's-weed*; a., *Wau*. (Del germ. **walda*; en i., *weld*.) f. Hierba bienal de la especie *reseda lutéola*, con hojas lanceoladas y flores de un amarillo pálido, con cuatro sépalos y a lo más tres pétalos. Aunque abunda bastante como

La Guaira. Iglesia colonial

planta silvestre, se cultiva para teñir de amarillo dorado con su cocimiento.

Gualda. Geog. Mun. y villa de España, prov. y p. j. de Guadalajara; 102 h.

gualdado, da. adj. Teñido con el color de gualda.

gualdera. (Del lat. *collaterālis*.) f. Cada uno de los tablones o planchas laterales que son parte principal de algunas armazones, y sobre las cuales se aseguran otras que las completan, como sucede con las cureñas, escaleras, cajas, carros, etc.

gualdilla. f. Bot. Planta de la familia de las resedáceas, de hojas lanceoladas, las radicales en roseta apretada (*astrocarpus sesamoides*).

gualdo, da. adj. De color de gualda o amarillo.

Gualdo Tadino. Geog. Pobl. de Italia, prov. de Perusa, en Umbría; 13.259 h. Cerámica.

gualdrapa. fr., *housse, pendeloque*; it., *gualdrappa*; i., *horse-cloth*; a., *Schabracke*. (Del lat. *vastrapes*.) f. Cobertura larga, de seda o lana, que cubre y adorna las ancas de la mula o caballo. ‖ fig. y fam. Calandrajo desaliñado y sucio que cuelga de la ropa.

Alfonso el Sabio, jinete sobre caballo con gualdrapa. Miniatura del tumbo A de la catedral de Santiago de Compostela

gualdrapazo. (De *gualdrapear*.) m. Mar. Golpe que dan las velas de un buque contra los árboles y jarcias en tiempos calmosos y de alguna marejada.

gualdrapear. tr. Poner de vuelta encontrada una cosa sobre otra, como los alfileres cuando se ponen punta con cabeza.

gualdrapear. (De *gualdrapa*.) intr. Dar gualdrapazos.

gualdrapeo. m. Acción de gualdrapear.

gualdrapero. (De *gualdrapa*.) m. Que anda vestido de andrajos.

Gualeguay. Geog. Depart. de Argentina, prov. de Entre Ríos; 6.400 km.² y 37.952 h. Producción agrícola y maderera. ‖ Local. cap. del mismo; 20.401 h. Puerto fluvial.

Gualeguaychú. Geog. Río de Argentina, prov. de Entre Ríos; en el depart. de Colón y después de 130 km. de curso des. en el río Uruguay. ‖ Depart. de Argentina, prov. de Entre Ríos; 12.340 km.² y 80.880 h. Cuenta con numerosas colonias agrícolas y bosques. ‖ Local. cap. del mismo; 40.661 h.

gualeta. f. *Chile.* Aleta, orejera.

gualicho. (Del parupa *hualicho*.) m. Diablo o genio del mal, muy temido por los indios pampas, charrúas, tehuelches, ranqueles y otras tribus de las pampas argentinas y la Patagonia.

gualilla. m. Zool. *Amér.* m. Mamífero roedor simplicidentado, de la familia de los cávidos, especie de paca de los bosques andinos del Ecuador (*stictomys taczanowski*).

gualiqueme. m. Bot. *Hond.* **bucaré**, árbol leguminoso que tiene **propiedades narcóticas**.

Gualjaina. Geog. Local. de Argentina, prov. de Chubut, depart. de Cushamen; 389 h.

Gualmatán. Geog. Mun. de Colombia, depart. de Nariño; 4.196 h. ‖ Pobl. cap. del mismo; 1.181 h.

Gualococti. Geog. Mun. de El Salvador, depart. de Morazán; 2.793 h. ‖ Pobl. cap. del mismo; 692 h.

gualputa. f. Bot. *Chile.* Planta parecida al trébol.

Gualta. Geog. Mun. y lugar de España, prov. de Gerona, p. j. de La Bisbal; 394 h.

gualtata. f. Bot. *Perú.* Planta de la familia de las poligonáceas, llamada también *lengua de vaca* (*rúmex crispus*).

gualtro. m. Bot. *Chile.* Planta de la familia de las compuestas (*báccharis cóncava*).

gualve. (Del mapuche *walwe*, maizal.) m. *Chile.* Terreno pantanoso.

guallipén. adj. *Chile.* Patituerto, estevado.

Guam. Geog. Isla de Oceanía, en el arch. de las Marianas; 549 km.² y 84.996 h. Posee estatuto de territorio no incorporado de EE. UU. Cap., Agaña (2.119 h.). Población más importante, Sinajana (3.068 h.); puerto comercial, Piti (798). Produce arroz, copra, maíz, batatas, café, cacao, azúcar y maderas valiosas. Perteneció a España hasta 1898, en que, por el Tratado de París, pasó a EE. UU.

guama. f. Bot. *Col.* y *Venez.* Fruto del guamo. Encierra semillas ovales, cubiertas de una substancia comestible muy dulce, blanca, que parece copos de algodón. ‖ *Col.* El mismo árbol.

guamá. (Voz afrocubana.) m. Bot. Árbol mimosáceo que se cría en Cuba y Puerto Rico. Es maderable y de su corteza se hacen cuerdas.

Guama. Geog. Mun. de Venezuela, est. de Yaracuy, dist. de Sucre; 8.198 h. ‖ Pobl. cap. del dist. de Sucre y del mun. de su nombre; 5.447 h.

Guamacaro. Geog. Mun. de Cuba, prov. de Matanzas; 10.000 h. Su terr. es muy fértil y produce café, caña de azúcar, tabaco, etc.

guamachí. m. Bot. guamúchil.

Guamal. Geog. Mun. de Colombia, depart. de Magdalena; 20.022 h. ‖ Pobl. cap. del mismo; 4.986 h. ‖ Mun. de Colombia, depart. de Meta; 7.280 h. ‖ Pobl. cap. del mismo; 2.854 h.

Guamán Poma de Ayala (Felipe). Biog. Cronista peruano (h. 1526-h. 1631). Su obra principal es *Nueva crónica y buen gobierno de este reino*.

Guamaní. Geog. Grupo de cerros de Ecuador, prov. de Pichincha, sit. al N. de Antisana. Su punto más alto es el Filo de los Corrales, de 4.447 m. de alt. En él se encuentra una hermosa obsidiana, con que los indios fabricaban muchos utensilios.

guamazo. m. *C. Rica* y *Méj.* Guantada, manotazo.

Guames. Geog. Río de América del Sur, en los territorios limítrofes de Colombia y Ecuador.

guamica. f. Zool. *Cuba.* Ave columbiforme de la familia de las colúmbidas, que vive en toda América del Norte.

guamil. m. *Hond.* Terreno montañoso donde se repite una siembra. ‖ Bot. *Hond.* Planta que brota en las tierras roturadas sin sembrar.

Guaminí. Geog. Part. de Argentina, prov. de Buenos Aires; 4.840 km.² y 11.981 h. ‖ Local. cap. del mismo; 2.544 h.

guamo. m. Bot. Árbol americano de la familia de las mimosáceas, de 8 a 10 m. de alt., con tronco delgado y liso, hojas alternas compuestas de hojuelas elípticas, y flores blanquecinas en espigas axilares, con vello sedoso. Su fruto es la guama, y se planta para dar sombra al café.

Guamo. Geog. Mun. de Colombia, depart. de Tolima; 25.496 h. ‖ Pobl. cap. del mismo; 11.120 h. Refinería de petróleo. Depósitos de carbón, en sus cercanías. ‖ **(El).** Mun. de Colombia, depart. de Bolívar; 6.980 h. ‖ Pobl. cap. del mismo; 3.516 h.

Guamote. Geog. Cantón de Ecuador, prov. de Chimborazo; 20.020 h. ‖ Pobl. cap. del mismo; 10.955 h.

guampa. (Voz quechua.) f. *Arg., Par.* y *Urug.* Asta o cuerno del animal vacuno.

guámparo. m. *Chile.* Vaso de cuerno.

guampo. (Voz araucana.) m. *Chile.* desus. Embarcación pequeña hecha de un tronco de árbol.

guampudo, da. (De *guampa*.) adj. *R. Plata.* Dícese del animal vacuno con grandes cuernos o guampas.

guamúchil. (Del azt. *cuauh-mochitl*.) m. Bot. *Méj.* Árbol corpulento de la familia de las mimosáceas.

Guamúchil. Geog. C. de Méjico, est. de Sinaloa, cap. del mun. de Salvador Alvarado; 17.151 h.

guamufate. m. Bot. En el Orinoco, nombre de la mirtácea *myrcia longifolia*.

Guamutas. Geog. Mun. y pobl. de Cuba, prov. de Matanzas, p. j. de Cárdenas; 3.000 h.

guan. m. Zool. *Guat.* Ave galliforme de la familia de las crácidas.

guanabá. m. Zool. *Cuba.* Ave del orden de las ciconiformes, familia de las ardeidas y muy próxima a la conocida en todo el mundo como *martinete*. Se alimenta principalmente de mariscos (*nyctanassa violácea*).

Guanabacoa. Geog. Mun. de Cuba, prov. de La Habana, p. j. de su nombre; 64.947 h. ‖ C. cap. del mismo y del p. j.; 36.408 h. Fábrica de tabacos y otras industrias.

guanábana. f. Bot. *Amér.* Fruta del guanábano, una de las más delicadas de América.

guanabanada. f. *Amér.* **champola**, bebida refrescante.

guanábano. (Del taíno *wanaban*.) m. Bot. *Ant.* Árbol de la familia de las anonáceas, de 6 a 8 m. de alt., con copa hermosa, tronco recto de corteza lisa y color gris obscuro; hojas lanceoladas, lustrosas, de color verde intenso por encima y blanquecinas por el envés; flores grandes de color blancoamarillento, y fruto de hasta 2 kg., acorazonado, de corteza verdosa, con púas débiles, pulpa blanca de sabor muy grato, refrigerante, azucarada, y semillas negras (*annona muricata*). ‖ **cimarrón.** Es la especie *annona palustris*.

Guanabara. Geog. Bahía de Brasil; en ella está situada la c. de Río de Janeiro. En marzo de 1974 se inauguró el puente Costa e Silva, sobre la bahía, entre las c. de Río de Janeiro y

Guanabara. Vista panorámica

Niterói. Tiene 14 km. de longitud total (9 sobre el agua) y entre los de su clase, el mayor ojo central del mundo (300 metros horizontales por 60 de vertical); está formado por vigas cuadradas de acero. ‖ Est. de Brasil; 1.356 km.² y 4.252.009 h. Cap., Río de Janeiro.

guanabima. f. *Bot. Cuba.* Fruto del corojo.
Guanacache. Geog. Local. de Argentina, prov. de San Juan, depart. de Sarmiento; 240 h.
guanacaste. (Voz azteca.) m. *Bot. Amér. c.* Árbol gigantesco de la familia de las leguminosas, de hojas menudas que se cierran durante la noche, y por fruto unas vainas aplastadas y enroscadas *(enterolóbium cyclocárpum).*
Guanacaste. Geog. Prov. de Costa Rica; 10.400 km.² y 178.691 h. Cap., Liberia.
guanacasteco, ca. adj. Natural de Guanacaste, o perteneciente a esta prov. Ú. t. c. s.
Guanaceví. Geog. Mun. de Méjico, est. de Durango; 12.063 h. ‖ Mineral cap. del mismo; 1.206 h.; 2.230 m. s. n. m.
guanaco. (Del quechua *wanacu*.) m. *Zool.* Mamífero rumiante de la familia de los camélidos, congénere de la llama, de unos 110 cm. de alt. hasta la cruz, y poco más de largo desde

Guanaco

el pecho hasta el extremo de la grupa. Está cubierto de abundante pelo largo y lustroso, de color generalmente pardo obscuro, pero a veces gris, rojo amarillento y hasta blanco *(lama guanicoe).* Ahuyenta sus enemigos lanzándoles salivazos de hierba medio digerida. Es animal salvaje que habita en los Andes meridionales. En Tierra del Fuego se le llama *amura.* ‖ fig. *Amér. c. y Arg.* Páparo, payo. ‖ fig. *Amér. c. y* m. Tonto, simple.
Guanaco. Geog. Local. de Argentina, prov. de Buenos Aires, part. de Pehuajó; 738 habitantes. ‖ **Muerto.** Local. de Argentina, prov. de Córdoba, depart. de Cruz del Eje; 301 h.
Guanagazapa. Geog. Mun. de Guatemala, depart. de Escuintla; 7.297 h. ‖ Pobl. cap. del mismo; 1.128 h.
Guanaguana. Geog. Mun. de Venezuela, est. de Monagas, dist. de Piar; 3.812 h. ‖ Pobl. cap. del mismo; 1.174 h.
Guanahaní. Geog. San Salvador.
Guanahue. Geog. Lago de Chile, prov. de Valdivia, sit. en la vertiente O. de los Andes.
guanaja. f. *Méj.* Fiesta que se hacía en el s. XVIII con representaciones escénicas. También el lugar en que se representaba.
Guanaja. Geog. Isla y mun. de Honduras, depart. de Islas de la Bahía; 1.978 h. ‖ Pobl. cap. del mismo; 1.215 h. ‖ **(La).** Ensenada de la costa N. de Cuba, correspondiente a la prov. de Camagüey, sit. entre la Punta de Pilatos al E. y la Brava al O.

Guanajay. Geog. Mun. de Cuba, prov. de Pinar del Río, p. j. de su nombre; 18.000 h. Producción de tabaco. ‖ Villa cap. del mismo y del p. j.; 11.000 h.
guanajo, ja. (Del arahuaco *wanasu*.) adj. En Méjico, bobo, tonto. ‖ m. *Ant.* **guajolote,** pavo. ‖ *Can.* Persona holgazana.
guanajuatense. adj. Natural de Guanajuato, o perteneciente a esta ciudad o estado. Ú. t. c. s.
Guanajuato. (Del tarasco *cuanax huato,* que sign. *lugar montuoso de ranas.*) **Geog.** Est. central de Méjico; 30.589 km.² y 2.270.370 h. Su principal cultivo es el maíz, al grado de denominarse *granero de la República* a la región llamada del Bajío, en que dicho producto se cultiva. ‖ Mun. de Méjico, est. de su nombre; 65.324 h. ‖ C. cap. del est. y mun. de su nombre; 36.809 h. Centro minero de primera importancia, productor de metales preciosos principalmente. Centro industrial. Universidad.
guanana. f. *Zool. Cuba.* Ave palmípeda parecida al ganso, aunque algo menor, cuando joven tiene el plumaje ceniciento, y después blanco con las remeras negras *(chen caerulescens).*
Guanape. Geog. Mun. de Venezuela, est. de Anzoátegui, dist. de Bruzual; 5.317 h. ‖ Pobl. cap. del mismo; 1.430 h.
guanaquear. intr. *Chile.* Cazar guanacos.
Guanare. Geog. Dist. de Venezuela, est. de Portuguesa; 63.420 h. ‖ Mun. de Venezuela, est. de Portuguesa, dist. del mismo nombre; 49.898 h. ‖ C. cap. del est. de Portuguesa y del dist. y mun. de su nombre; 34.148 h.
guanareño, ña. adj. Natural de Guanare, ciudad del est. venezolano de Portuguesa, o perteneciente a dicha ciudad. Ú. t. c. s.
Guanarito. Geog. Dist. de Venezuela, est. de Portuguesa; 11.011 h. ‖ Mun. de Venezuela, est. de Portuguesa, dist. del mismo nombre; 8.722 h. ‖ Pobl. cap. del dist. y mun. de su nombre; 3.150 h.
guanay. (De *guano*.) m. *Zool.* cuervo marino.
Guancha (La). Geog. Mun. de España, prov. de Santa Cruz de Tenerife, en la isla de Tenerife, p. j. de Icod; 4.249 h. ‖ Lugar cap. del mismo; 2.900 h.
guanche. adj. Dícese del individuo de la raza que poblaba las islas Canarias al tiempo de su conquista. Ú. t. c. s. y m. en pl. En f. ú. a veces la forma **guancha.** ‖ **Hist.** Fue el elemento preponderante de la mezclada pobla-

Anfora guanche, procedente de Agüimes.
Museo de Las Palmas

ción de las islas Canarias, en la época de la conquista por los españoles (1404-96). Se presentaba más puro en la isla de Tenerife y algunos lo han identificado con la raza cuaternaria de Cro-Magnon. Los guanches eran altos, corpulentos, de ojos azules y pelo rubio y con ellos convivían individuos de tipo oriental, semitas, de complexión más fina. Su lengua parece que estaba relacionada con los dialectos berberiscos. Conocían la cerámica, hecha a mano, sin torno, y tostaban y molían el grano para obtener el gofio, que todavía se sigue utilizando. En Lanzarote, Fuerteventura y Gran Canaria había reyezuelos; pero en el resto, predominaba la tribu y hasta el clan. El régimen era matriarcal. Como armas tenían escudos, lanzas y espadas de madera, con las puntas endurecidas al fuego, pues desconocían los metales; también se servían de piedras como armas arrojadizas. La cristianización de los guanches fue rápida y también rápido y brillante el progreso alcanzado, gracias a la eficaz colaboración del elemento indígena. Los españoles, siguiendo su proceder tradicional, no pusieron obstáculo alguno a la mezcla de razas.
Guandacol. Geog. Local. de Argentina, prov. de La Rioja, depart. de General Lavalle; 1.073 h.
guando. (Del quechua *wantu*.) m. *Col., Ecuad. y Perú.* Especie de andas o de parihuela.
guandú. m. *Bot. Col., C. Rica., Hond., Pan., P. Rico y Venez.* Arbusto de la familia de las papilionáceas, de unos 2 m. de alt., siempre verde; ramas vellosas; hojas lanceoladas, verdes por encima, pálidas por el envés, que sirve de alimento al ganado; flores amarillas; por fruto unas vainas vellosas que encierran una gran legumbre muy sabrosa después de guisada *(cajanus indicus).*
Guane. Geog. Mun. de Cuba, provincia de Pinar del Río, p. j. de su nombre; 31.000 habitantes. ‖ Pobl. capital del mismo y del p. j.; 3.000 habitantes.
guanera. f. Sitio o paraje donde se encuentra el guano, estiércol.
guanero, ra. adj. Relativo o perteneciente al guano, estiércol.
Guangaje. Geog. Mun. de Ecuador, prov. de León; 5.500 h. Cría de ganado lanar y vacuno.
guango, ga. adj. *Méj.* Ancho, holgado. ‖ m. *Sal.* Cobertizo largo y estrecho con la techumbre a dos aguas.
guangoche. m. *Amér. c. y Méj.* Tela basta, especie de arpillera para embalajes, cubiertas, etc.
guangocho, cha. adj. En Méjico, ancho, holgado. ‖ m. *Hond.* **guangoche.** ‖ Saco hecho del guangoche.
Guánica. Geog. Mun. de Puerto Rico, dist. de Mayagüez; 14.889 h. ‖ Pueblo cap. del mismo; 8.979 h.
guanílico, ca. (De *guanina* e *-ílico*.) adj. *Biol.* y *Bioq.* V. **ácido guanílico.**
guanín. (Voz haitiana.) m. *Ant. y Col.* Entre los colonizadores de América, oro de baja ley elaborado por los indios. ‖ Joya fabricada por los indios con ese metal.
guanina. f. *Bot. Cuba.* Planta herbácea de la familia de las papilionáceas, subfamilia de las cesalpinoideas, de 1 m. de alt., toda cubierta de vello sedoso, con las hojas, que se pliegan por la noche, compuesta de cuatro pares de hojuelas y una glándula en medio de cada par; flores amarillas de cinco pétalos, y legumbre cuadrangular articulada transversalmente, que contiene muchas semillas pardas de forma acorazonada, que tostadas se emplean a modo de café, para los dolores espasmódicos *(cassia tora).*

Guanipa. Geog. Mun. de Venezuela, est. de Anzoátegui, dist. de Simón Rodríguez; 22.724 h. Cap., San José de Guanipa.

guaniquí. m. Bot. *Cuba.* Planta fitolacácea, llamada en Colombia *guacomaya;* crece en la sierra, es de hojas alternas, apuntadas; flores sin corola, anteras prolongadas; los tallos, por su flexibilidad, se usan principalmente para hacer cestos (*rivina octandra*).

guano. (Del quechua *wanu*, estiércol.) m. Materia excrementicia de aves marinas que se encuentra acumulada en gran cantidad en las costas y en varias islas del Perú y del norte de Chile y que se utiliza como abono. || *Arg., Chile, Méj.* y *Perú.* Estiércol de cualquier animal, utilizable como abono. || Abono mineral fabricado a imitación del guano.

guano. m. *Cuba.* Nombre genérico de palmeras de varias especies, entre ellas la palmera miraguano. || Penca de la palma cana. || *P. Rico.* Materia algodonosa de la baya del árbol o palma del guano, que se utiliza para rellenar almohadas y colchones.

Guano. Geog. Cantón de Ecuador, prov. de Chimborazo; 35.413 h. || Pobl. cap. del mismo; 12.981 h.

guanquí. m. Bot. *Chile.* Planta de la familia de las dioscoreáceas, parecida al ñame.

guansaguate. m. Bot. *Méj.* Nombre de la convolvulácea *ipomoea arboréscens.*

guanta. f. *Ecuad.* **paca**, mamífero roedor. || *Germ.* Casa de mujeres públicas.

Guanta. Geog. Mun. de Venezuela, est. de Anzoátegui, dist. de Sotillo; 10.537 h. Pobl. cap. del mismo; 9.017 h.

guantada. (De *guante*, en acep. fig. de *mano*.) f. Golpe que se da con la mano abierta.

Guantánamo. Geog. Bahía de Cuba, prov. de Oriente, en el mar de las Antillas, con el que comunica por el estrecho de Boquerón. A ambos lados del estrecho se halla instalada una base permanente de EE. UU., como consecuencia del acuerdo concertado en 1903. De esta base depende la isla de Navassa. || Mun. de Cuba, prov. de Oriente, p. j. de su nombre; 165.150 h. Café, azúcar, chocolate y licores. Población eminentemente industrial. || C. cap. del mismo y del p. j.; 129.005 h.

guantazo. m. Golpe que se da con la mano abierta.

guante. fr., *gant;* it., *guanto;* i., *glove;* a., *Handschuh.* (Del germ. *want.*) m. Prenda para cubrir la mano, que se hace, por lo común, de piel, tela o tejido de punto y suele tener una funda para cada dedo. || Cubierta para proteger la mano, hecha de caucho o de cuero, como la que usan los cirujanos y los boxeadores. || pl. Agasajo o gratificación, especialmente la que se suele dar sobre el precio de una cosa que se vende o traspasa. || **salvo el guante.** expr. fam. de que se usaba para excusarse de no haberse quitado el guante al dar la mano a uno.

guantear. tr. *And.* y *Amér.* Dar guantadas, abofetear.

guantelete. (Del fr. *gantelet*, dim. de *gant*, guante.) m. Arm. Pieza de la armadura con que se guarnecía la mano.

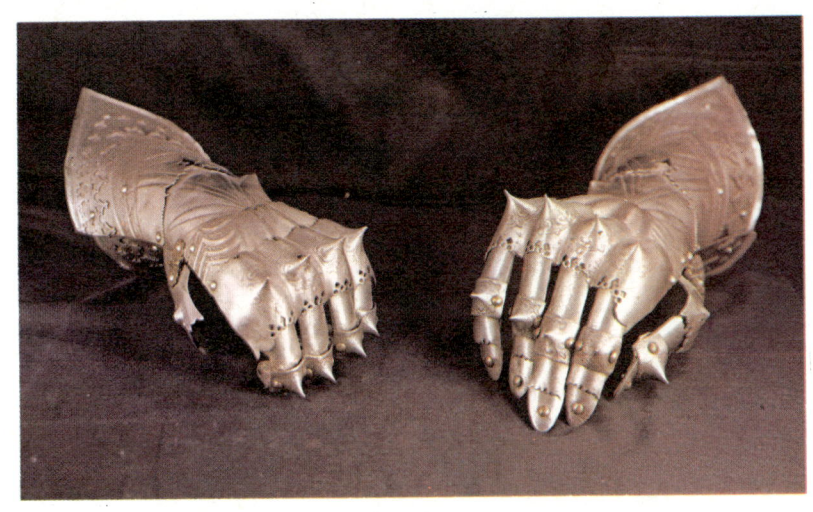

Guanteletes

guantera. f. V. **guantero**.

guantería. fr., *ganterie;* it., *guanteria;* i., *glove-making;* a., *Handschuhmacherei, Handschuhladen.* f. Taller donde se hacen guantes. || Tienda donde se venden. || Arte y oficio de guantero.

guantero, ra. m. y f. Persona que hace o vende guantes. || Caja del salpicadero de los vehículos automóviles en la que se guardan guantes y otros objetos.

guantón. m. *Amér.* Guantada, guantazo.

Guanujo. Geog. Mun. de Ecuador, prov. de Bolívar; 6.000 h. Producción agrícola. Minas de oro.

guañanga. f. *Chile.* Pena, añoranza, nostalgia.

guañil. m. Bot. *Chile.* Arbusto de la familia de las compuestas, con hojas lanceoladas, flores en panoja.

guañín. m. *Ant.* y *Col.* **guanín**.

guañir. (Del lat. *gannĩre*.) intr. *Extr.* Gruñir los cochinillos pequeños o lechales.

guao. m. Bot. *Cuba, Ecuad.* y *Méj.* Arbusto de la familia de las anacardiáceas, con hojas compuestas, lisas por encima y tomentosas por el envés; flores pequeñas, rojas; la semilla alimenta al ganado de cerda y la madera se usa para hacer carbón.

guapaco. m. Zool. *Col.* **guácharo**.

guapamente. adv. m. fam. Con guapeza. || Muy bien. || Sin excusas, sin empacho.

Guapay. Geog. **Mamoré**.

guapear. (De *guapo.*) intr. fam. Ostentar ánimo y bizarría en los peligros. || fam. Hacer alarde de gusto exquisito en los vestidos y cabos. || *Chile.* Fanfarronear, echar bravatas. || *Méj.* y *R. Plata.* Fanfarronear.

guapería. f. Acción propia de guapo o valentón.

guapetón, na. adj. fam. aum. de **guapo**.

guapeza. (De *guapo.*) f. fam. Bizarría, ánimo y resolución en los peligros. || fam. Ostentación en los vestidos. || Acción propia del guapetón o bravo.

Guapí. Geog. Mun. de Colombia, depart. de Cauca; 15.276 h. Minas de oro. || Pobl. cap. del mismo; 5.005 h.

Guápiles. Geog. Pobl. de Costa Rica, prov. de Limón, dist. y cap. del cantón de Pococí; 7.297 h.

guapo, pa. fr., *brave, vaillant;* it., *coraggioso, bravo;* i., *stout, valiant;* a., *mutig, tapfer.* = fr., *beau;* it., *bello;* i., *pretty, beautiful;* a., *schön.* (Del ant. fr. *wape*, valón *wape,* y éstos del lat. *vappa,* vino estropeado, hombre vil, vagabundo.) adj. fam. Animoso, bizarro y resuelto; que desprecia los peligros y los acomete. Ú. t. c. s. || fam. Ostentoso, galán y lucido en el modo de vestir y presentarse. || fam. Bien parecido. || m. Hombre pendenciero y perdonavidas. || En estilo picaresco, galán que festeja a una mujer. || pl. *Áv.* y *Sal.* Adornos, cosas ostentosas e inútiles.

Guapo (El). Geog. Mun. de Venezuela, est. de Miranda, dist. de Páez; 3.970 h. || Pobl. cap. del mismo; 1.231 h.

Guapotá. Geog. Mun. de Colombia, depart. de Santander; 2.494 h. || Pobl. cap. del mismo; 474 h.

guapote, ta. (aum. de *guapo.*) adj. fam. Bonachón, de buen genio. || fam. De buen parecer.

guapura. f. fam. Cualidad de guapo.

Guaqui. Geog. Pobl. de Bolivia, depart. de La Paz, a orillas del golfo de Taraco, en el lago Titicaca; 11.299 h.

guara. f. *Chile.* Perifollo, garambaina. || Bot. *Cuba.* Árbol muy parecido al castaño. || Zool. *Hond.* **guacamayo**.

guará. (Voz guaraní.) m. Zool. *Amér.* m. **aguaraguazú**.

guarabo. m. Zool. *Chile.* **guairabo**.

guaraca. (Del quechua *waraca.*) f. *Col., Chile, Ecuad.* y *Perú.* Honda, zurriago.

Guaracabulla. Geog. Mun. y pobl. de Cuba, prov. de Las Villas; 5.000 h.

guaracaro. m. Bot. *Venez.* Planta de la familia de las papilionáceas, sin zarcillos. Elévase rodeando o abrazando en espiral los cuerpos extraños que alcanza, o retuerce sus tallos unos sobre otros. || Semilla de esta planta, que se cosecha como el fríjol y es comestible.

guaracha. f. *Cuba* y *P. Rico.* Baile semejante al zapateado. || *Méj.* Canción popular.

guarache. m. *Méj.* Especie de sandalia tosca de cuero.

guaracho. m. *Hond.* Sombrero estropeado.

guaragua. f. *Amér.* Contoneo y rodeo. || *Hond.* **mentira**. || *Perú.* Movimientos graciosos con que se adornan los bailes populares. || Cualquier adorno de mal gusto.

guaraguao. (Voz caribe.) m. Ave rapaz diurna, parecida al borní. || *P. Rico.* Nombre de varias plantas.

Guarambaré. Geog. Dist. de Paraguay, depart. Central; 6.781 h. || Pobl. cap. del mismo; 3.663 h.

guáramo. m. *Venez.* Valor, pujanza o bajeza.

guarán. (Del germ. *wranyo,* caballo padre.) m. *Ar.* Burro garañón. || ant. **verraco**.

guaraná. (Voz americana.) f. y m. or. que *guaraní.* || *Amér. c., Bol.* y *Par.* **paulinia**. || Farm. Pasta preparada con semillas de paulinia, cacao y tapioca, que se emplea como medicamento. || **de puerco.** Bot. En Cuba, arbusto silvestre de la familia de las sapindáceas, cuyas semillas producen a los cerdos el envenenamiento llamado *zahumaya* (*cupania glabra*).

Guaranda. Geog. Cantón de Ecuador, prov. de Bolívar; 62.168 h. Café, cacao, caucho, cereales, yuca y patatas. || C. de Ecuador, cap. de la prov. de Bolívar y del cantón de su nombre; 13.358 h.

guarandol–guardacostas

guarandol. m. *Méj.* Tela de hilo muy fino.
guarango, ga. (Del quechua *warancu*.) adj. *Arg., Chile* y *Urug.* Incivil, mal educado, descarado. || m. *Bot.* Árbol de la familia de las mimosáceas, especie de aromo silvestre *(acacia tortuosa).* || *Venez.* **dividivi.**
guaraní. (Del guar. *abá guaraní*, hombre [de] guerra; de *guariní*, guerra, guerrear.) adj. *Etnog.* Dícese de un pueblo indígena que, dividido en muchas parcialidades, se extendía a lo largo de la costa atlántica sudamericana, desde el N. de Brasil hasta el Río de la Plata. Han vivido unidos a los indios tupís. Unos y otros realizaron extensas migraciones, remontando el río Amazonas, cruzando el mar de las Antillas hasta la Florida y atravesando el Chaco hasta las estribaciones de los Andes. Apl. a pers., ú. t. c. s. || Perteneciente o relativo a este pueblo. || m. *Ling.* Lengua guaraní. Este idioma es uno de los más estudiados de América desde el tiempo de la conquista, y cuenta con innumerables tratados, gramáticas y estudios etimológicos. || **Num.** Unidad monetaria paraguaya. Se indica abreviadamente con la letra G. En enero de 1975 equivalía a 0,0079 $.
Guaraní. *Geog.* Depart. de Argentina, prov. de Misiones; 2.776 km.² y 14.402 h. Cap., Monteagudo. || Local. de Argentina, prov. de Misiones, depart. de Oberá; 1.533 habitantes.
guaranítico, ca. adj. guaraní.
guarapero. m. *Bot.* Peral del monte.
guarapeta. f. *Méj.* **borrachera.**
guarapo. (Voz quechua.) m. *Amér.* Jugo de la caña dulce exprimida, que por vaporización produce el azúcar. || Bebida fermentada hecha con este jugo.
guarapón. m. *Arg., Chile* y *Perú.* Sombrero de ala ancha que se usa en el campo para defenderse del sol.
Guaraque. *Geog.* Mun. de Venezuela, est. de Mérida, dist. de Rivas Dávila; 7.463 h. || Prov. cap. del mismo; 577 h.
Guararé. *Geog.* Dist. de Panamá, prov. de Los Santos; 7.903 h. || Pobl. cap. del mismo; 1.143 h.
Guaraúnos. *Geog.* Mun. de Venezuela, est. de Sucre, dist. de Benítez; 2.436 h. || Pobl. cap. del mismo; 1.038 h.
Guarco (El). *Geog.* Cantón de Costa Rica, prov. de Cartago; 14.030 h. Cap., Tejar.
guarda. fr. *garde;* it., *custodia;* i., *guard;* a., *Garde, Wächter.* (Del ant. alto a. *warta*.) com. Persona que tiene a su cargo y cuidado la conservación de una cosa. || f. Acción de guardar, conservar o defender. || **tutela.** || Observancia y cumplimiento de un mandato, ley o estatuto. || Monja que acompaña a los hombres que entran en el convento, para que se observe la debida compostura. || Carta baja que en algunos juegos de naipes sirve para reservar la de mejor calidad. || Cada una de las dos varillas grandes del abanico, que sirve como de defensa a las otras. Ú. m. en pl. || En términos de encuadernación, hoja de papel especial de este nombre *(papel de guardas)* y en blanco, o expresamente litografiada, que se pone pegada en el reverso de las tapas en los libros encuadernados. Ú. m. en pl. || En las cerraduras, el rodete o hierro que impide pasar la llave para correr el pestillo, y en las llaves, la rodaplancha o hueco que hay en el paletón por donde pasa el rodete. Ú. m. en pl. || Guarnición de la espada. || ant. **escasez.** || ant. Sitio donde se guardaba cualquier cosa. || *And.* Vaina de la podadera. || **jurado.** *Adm.* Aquel a quien nombra la autoridad a propuesta de particulares, corporaciones o empresas cuyos intereses vigila; sus declaraciones, por haber prestado juramento previo al ejercicio de la función, suelen hacer fe, salvo prueba en contrario. || **mayor.** El que manda y gobierna a los guardas inferiores. || Señora de honor en palacio, a cuyo cargo estaba, en la corte de España, la guarda y cuidado de toda la servidumbre femenina. || **mayor del cuerpo real.** Oficio de alta dignidad en los antiguos palacios de los reyes de España. || **mayor del rey.** desus. Cierto empleo honorífico en palacio. || **de vista.** *Léx.* Persona que no pierde nunca de vista al que guarda. || **¡guarda abajo!** expr. marinera con la que se avisa que cae algún objeto.

Guarda. *Astron.* Nombre vulgar de cada una de las dos estrellas posteriores del cuadrilátero de la Osa Mayor: *Dubhé* o α-*Ursae Majoris*, y *Mérak* o β-*Ursae Majoris*. || *Geog.* Dist. de Portugal, prov. de Beira Alta; 5.496 km.² y 212.191 h. || C. cap. del mismo y de la prov. de Beira Alta, sit. entre los ríos Mondego, Coa y Zézere; 14.592 h.
guardabanderas. m. *Mar.* Marinero a cuyo cuidado se confían los efectos llamados de bitácora, tales como agujas, banderas, escandallos, etc.
guardabaos. m. *Mar.* Pieza de madera que se coloca en las imadas de las gradas para mantener los baos fijos en una dirección determinada.
guardabarrera. com. Persona que en las líneas de los ferrocarriles custodia un paso a nivel y cuida de que las barreras, palenques o cadenas estén cerrados o abiertos conforme a reglamento.
guardabarros. m. Cada una de las chapas de figura adecuada que van sobre las ruedas de los vehículos y sirven para evitar las salpicaduras.
guardable. adj. Que se puede guardar.
guardabosques. m. Sujeto destinado para guardar los bosques.
guardabrazo. m. Pieza de la armadura antigua, para cubrir y defender el brazo.
guardabrisa. m. Fanal de cristal abierto por arriba y por debajo, dentro del cual se colocan las velas para que no se corran o apaguen con el aire.
guardabrisas. m. Parabrisas del automóvil.
guardacabo. m. *Mar.* Anillo metálico acanalado en su parte exterior, a la cual se ajusta el cabo, que queda así protegido por la interior.
guardacabras. com. Cabrero o cabrera.
guardacalada. (De *guarda*, por *buarda*, y *calada*.) f. Abertura que se hacía en los tejados para formar en ellos una ventana o vertedero que sobresaliese del alero, a fin de que se pudiese verter a la calle.
guardacantón. m. Poste de piedra para resguardar de los carruajes las esquinas de los edificios. || Cada uno de los postes de piedra que se colocan a los lados de los paseos y caminos para que no salgan de ellos los carruajes. || Pieza de hierro de la galera, que corre desde el balancín al pezón de las ruedas delanteras, para resguardarlas y afianzar el tiro.
guardacartuchos. m. *Mar.* Caja cilíndrica de cuero o suela, con su tapa, que sirve para conducir los cartuchos desde el pañol a la pieza.
guardacoimas. m. *Germ.* Criado del padre de mancebía.
guardacostas. fr. *garde-côtes;* it., *guardacoste;* i., *coast-guard;* a., *Küstenwachtschiff.* m. *Mar.* Barco de poco porte, especialmente destinado a la persecución del contrabando. || Buque, generalmente acorazado, para la defensa del litoral.

Guarda. La catedral

Guardabrisas

guardacuños. m. Empleado encargado en la casa de moneda de guardar los cuños y demás instrumentos que sirven para las labores de la moneda, y de cortar toda la que se halla imperfecta y defectuosa.

guardadamas. m. Empleo de la casa real, cuyo principal ministerio era ir a caballo al estribo del coche de las damas para que nadie llegase a hablarles, y después se limitó al cargo de despejar la sala del cuarto de la reina en las funciones públicas.

guardado, da. p. p. de **guardar.** ‖ adj. reservado, cauteloso, comedido.

guardador, ra. fr., *observateur exacte;* it., *osservatore;* i., *keeper;* a., *Bewahrer.* adj. Que guarda o tiene cuidado de sus cosas. Ú. t. c. s. ‖ Que observa con puntualidad y exactitud una ley, precepto, estatuto o ceremonia. Ú. t. c. s. ‖ Miserable, mezquino y apocado. Ú. t. c. s. ‖ m. En la milicia antigua, aquel cuyo oficio era guardar y conservar las cosas que se ganaban a los enemigos. ‖ Tutor o curador.

guardaespaldas. m. El que acompaña asiduamente a otro con la misión de proteger su persona.

guardafangos. m. Chapa de la rueda del vehículo para la salpicadura del fango.

guardafrenos. fr., *garde-frein;* it., *guardafreni;* i., *brakesman;* a., *Bremsenwärter.* m. Empleado que tiene a su cargo en los ferrocarriles el manejo de los frenos.

guardafuego. m. *Mar.* Andamio de tablas que se cuelga por el exterior del costado de un buque, para impedir que las llamas suban más arriba de donde conviene cuando se da fuego a los fondos.

Guardafuí o **Guardafui.** (En somalí, *Ras Asir,* y en ár., *Jard Hafun.*) *Geog.* Cabo el más oriental de África, en la costa de Somalia, a la entrada del golfo de Adén.

guardaguas. m. *Mar.* Listón que se clava en los costados del buque sobre cada porta, para que no entre el agua que escurren las tablas superiores.

guardaagujas. m. Empleado que en los cambios de vía de los ferrocarriles tiene a su cargo el manejo de las agujas, para que cada tren marche por la vía que le corresponde.

guardahúmo. (De *guardar* y *humo.*) m. *Mar.* Vela que se coloca por la cara de proa en la chimenea del fogón, para que el humo no vaya a popa cuando el buque está aproado al viento.

guardainfante. (De *guardar* e *infante,* por ser prenda con que podían ocultar su estado las mujeres embarazadas.) m. Especie de tontillo redondo, muy hueco, hecho de alambres con cintas, que se ponían antiguamente las mujeres en la cintura, y sobre él la basquiña. ‖ Conjunto de los trozos de madera en forma de duelas que se suelen colocar sobre el cilindro de un cabrestante para aumentar su diámetro y conseguir que recoja más cuerda a cada vuelta que dé.

guardaízas. m. *Germ.* **guardacoimas.**

guardajoyas. m. Persona a cuyo cuidado estaba la guarda y custodia de las joyas de los reyes. ‖ Lugar donde se guardaban las joyas de los reyes.

guardalado. m. Pretil o antepecho.

guardalmacén. com. Persona que tiene a su cargo la custodia de un almacén.

guardalobo. m. *Bot.* Mata perenne de la familia de las santaláceas, de hasta 1 m. de alt., con ramas erguidas, estriadas; hojas trasovadolineales, agudas o mucronadas, esparcidas, sentadas, lampiñas y enteras; flores verdosas o amarillentas, dioicas, las masculinas en racimo y las femeninas aisladas o en corto número; fruta drupa roja, globulosa, casi seca, rodeada de hojitas (*osyris alba*). Se la llama a veces retama blanca y retama loca.

guardamalleta. (De *guardar* y *malleta,* dim. de *malla.*) f. Pieza de adorno que pende sobre el cortinaje por la parte superior y que permanece fija.

guardamancebo. m. *Mar.* Cabo que en la escala real se pasa por los ojos de los candeleros y sirve de pasamanos. ‖ Cualquier cabo usado, con carácter provisional, como barandal en algún lugar de un buque.

guardamangel. m. Cámara que en los grandes palacios estaba destinada a despensa.

guardamangier. (Del fr. *gardemanger,* de *garder,* del germ. *wardon,* guardar, y de *manger* o *mangier,* del lat. *manducāre,* comer.) m. Despensa de los grandes palacios. ‖ Oficial palatino que, según la etiqueta de la casa de Borgoña, estuvo encargado de recibir y distribuir las viandas y provisiones y llevar cuenta de la nómina de las raciones.

guardamano. m. Guarnición de la espada.

Guardamar del Segura. Iglesia parroquial de San Jaime Apóstol

Guardamar. *Geog.* Mun. y lugar de España, prov. de Valencia, p. j. de Gandía; 109 h. ‖ **del Segura.** Mun. y villa de España, prov. de Alicante, p. j. de Elche; 4.715 h. (*guardamarencos*).

guardamateriales. m. En las casas de moneda, sujeto a cuyo cargo está la compra de materiales para fundiciones.

guardameta. m. *Dep.* Portero en un equipo de fútbol. ‖ *Amér.* m. **arquero.**

guardamiento. m. ant. Acción de guardar.

guardamigo. m. **pie de amigo,** instrumento que se aplicaba a los reos.

guardamonte. m. En las armas de fuego, pieza de metal en semicírculo, clavada en la caja sobre el disparador, para su reparo y defensa cuando el arma está montada. ‖ Capote de monte. ‖ *Arg.* y *Bol.* Piezas de cuero que cuelgan de la parte delantera de la montura y sirven para defender las piernas del jinete de la maleza del monte. ‖ *Méj.* Pedazo de piel que se pone sobre las ancas del caballo para evitar la mancha del sudor.

Guardamonte. *Geog.* Local. de Argentina, prov. de Entre Ríos, depart. de Tala; 323 h.

guardamuebles. m. Local destinado a guardar muebles. ‖ Empleado de palacio que cuidaba de los muebles.

guardamujer. f. Criada de la reina, que seguía en clase a la señora de honor y era superior a la dueña, cuyo cargo era acompañar en el coche a las damas.

guardapapo. m. Pieza de la armadura antigua, que defendía el cuello y la barba.

guardapelo. m. Joya en forma de caja plana en que se guarda pelo, retrato, etc.

guardapesca. m. *Mar.* Buque de pequeño porte destinado a vigilar el cumplimiento de los reglamentos de pesca marítima.

guardapiés. m. **brial,** vestido de las mujeres que bajaba hasta los pies.

guardapolvo. m. Resguardo de lienzo, tablas u otra materia, que se pone encima de una cosa para preservarla del polvo. ‖ En el léxico de encuadernación, igual que *cubretapas* y *sobrecubierta.* ‖ Sobretodo de tela ligera para preservar el traje de polvo y manchas. ‖ Tejadillo voladizo construido sobre un balcón o ventana, para desviar las aguas llovedizas. ‖ Pieza de vaqueta o becerrillo, que está unida al botín de montar y cae sobre el empeine del pie. ‖ Caja o tapa interior que suele haber en los relojes de bolsillo, para mayor resguardo de la máquina. ‖ pl. En los coches, hierros que van desde la vara de guardia o balancín grande hasta el eje. ‖ Piezas que, a manera de alero corrido, enmarcan el retablo por arriba y por los lados.

guardapuerta. f. Cortina que se pone delante de una puerta.

guardapuertas. m. *Sal.* **consumero.**

guardapuntas. m. Contera que sirve para preservar la punta del lápiz.

guardar. fr., *garder;* it., *guardare;* i., *to keep, to guard;* a., *bewahren, beschützen.* (De *guarda.*) tr. Cuidar y custodiar algo; como dinero, joyas, vestidos, etc. ‖ Tener cuidado de una cosa y vigilancia sobre ella. ‖ Observar y cumplir lo que cada uno debe por obligación. ‖ Conservar o retener una cosa. ‖ No gastar; ser tacaño o miserable. ‖ Preservar una cosa del daño que le puede sobrevenir. ‖ ant. Aguardar, esperar. ‖ ant. Impedir, evitar. ‖ ant. Atender o mirar a lo que otro hace. ‖ ant. Acatar, respetar, tener miramiento. ‖ fig. Tener, observar. ‖ prnl. Recelarse y precaverse de un riesgo. ‖ Poner cuidado en dejar de ejecutar una cosa que no es conveniente. ‖ ¡**guarda!** interj. de temor o recelo de una cosa. ‖ Voz con que se advierte y avisa a uno que se aparte del peligro que le amenaza.

guardarraya. f. *Ant.* Linde de una heredad. ‖ *Cuba.* Calle o pasadizo que en el interior de una finca separa los cuadros de cañaverales o cafetales.

guardarrío. m. *Zool.* **martín pescador.**

Guardainfante. *Inés de Zúñiga,* por Juan Carreño de Miranda. Museo Lázaro Galdiano. Madrid

guardarropa. fr., *garde-robe*; it., *guardaroba*; i., *ward-robe*; a., *Garderobe*. f. En palacio, casas nobles y establecimientos públicos, oficina o almacén destinados a custodiar la ropa y otros enseres. || Local destinado a guardar prendas a los asistentes de cualquier espectáculo, fiesta o reunión de gentes. Ú. m. c. m. || com. Persona destinada a cuidar de la oficina o almacén donde se guardan ropas. || En el teatro, persona encargada de suministrar o custodiar los vestidos y efectos llamados de guardarropía. || m. Armario donde se guarda la ropa. || Bot. abrótano hembra.

guardarropía. (De *guardarropa*.) f. Teatro. Conjunto de trajes que sólo sirven, por regla general, para vestir a los coristas y comparsas; y también los efectos de cierta clase necesarios en las representaciones escénicas, como muebles, tapices, etc., y aquellos otros de que precise servirse un actor y que no formen parte de su indumentaria. || Lugar o habitación en que se custodian estos trajes o efectos. || **de guardarropía.** loc. adj. que se aplica a las cosas que aparentan ostentosamente lo que no son en realidad.

guardarruedas. m. Poste de piedra que se pone en la esquina de un edificio o a los lados de las carreteras. || Pieza de hierro, por lo común en forma de *S*, que se pone a los lados del umbral en las puertas cocheras, para que los quicios no sean rozados por las ruedas de los vehículos.

guardasilla. f. Moldura ancha de madera, que se clava en la pared para evitar que ésta sea rozada y estropeada con los respaldos de las sillas.

guardasol. m. p. us. **quitasol.**

guardatimón. m. Mar. Cada uno de los cañones que solían ponerse en las portas de la popa, que están en una y otra banda del timón.

Guardatinajas. Geog. Mun. de Venezuela, est. de Guárico, dist. de Miranda; 3.145 habitantes. || Pobl. cap. del mismo; 1.206 h.

guardavalla. m. Dep. *Amér.* **portero,** guardameta, arquero.

guardavela. m. Mar. Cabo que trinca las velas de gavia a los calceses de los palos para acabar de aferrarlas.

guardavía. fr., *garde-voie*; it., *guardavia*; i., *way-guard*; a., *Bahnwärter*. m. Empleado que tiene a su cargo la vigilancia constante de un trozo de vía férrea.

Guardería infantil, en Polonia

guardería. f. Ocupación y trabajo del guarda. || Coste del guarda o guardas de una finca rústica. || **guardería infantil.** || **infantil.** *Léx.* Lugar o servicio donde se cuida y atiende a los niños de corta edad.

guardés, sa. (De *guarda*, el femenino en *esa*, y de éste el anómalo masculino *guardés*.) m. y f. Persona encargada de guardar o custodiar una cosa. || f. Mujer del guarda. || com. **guardabarrera.**

guardia. fr., *garde*; it., *guardia*, i., *guard, watch*; a., *Wache, Garde.* (Del gót. *wardja*.) f. Conjunto de soldados o gente armada que asegura o defiende una persona o puesto. || Defensa, custodia, honra, asistencia, amparo, protección. || Servicio especial que con cualquiera de estos objetos, o varios de ellos a la par, se encomienda a una o más personas. || Cuerpo de tropa, como la guardia de Corps, la Republicana, la de Alabarderos, etc. || **Esgr.** Manera de estar en defensa. || **Mil.** Grupo de soldados que hacen la guardia de un paraje. || m. Individuo de uno de estos cuerpos. || **de asalto.** Individuo de un cuerpo creado en España, en la II República, para reprimir todo movimiento subversivo o de desorden público. || **civil.** En España, la dedicada a perseguir a los malhechores y a mantener la seguridad de los caminos y el orden en las poblaciones. Fue creada por el duque de Ahumada a la terminación de la primera guerra carlista. Substituyó al cuerpo de *Salvaguardias reales*, creado en 1833, y su origen se remonta a la antigua *Santa Hermandad*. || Individuo de este cuerpo. || **de Corps.** Cuerpo semejante al francés del mismo nombre, creado en España por Felipe V en 1706. || **de la corte.** ant. **guardia de honor.** || **de honor.** La que se pone en España a las personas a quienes corresponde por su dignidad o empleo. || **de**

Guardia de Corps. Servicio Histórico Militar. Madrid

lancilla. Hist. En España, la de a caballo, que sólo servía en las entradas de reina y en los entierros de personas reales. Llevaba una lancilla larga y delgada, con una banderilla de tafetán junto al hierro. || **marina.** *Mil.* Cadete de la Escuela Naval Militar en sus dos últimos años. || *Arg.* y *Par.* Oficial que, al terminar sus estudios en la Escuela Naval, recibe el grado y empleo inferior de la carrera. || **marina de gracia.** El que obtenía honoríficamente carta orden de este empleo. || **municipal.** La que, dependiente de los ayuntamientos, y a las órdenes del alcalde, se dedica a mantener el orden y los reglamentos en lo tocante a la policía urbana. || Individuo de este cuerpo. || **de la persona del rey.** Hist. Cuerpo de soldados nobles, que en España estaban destinados para guardar inmediatamente la persona del rey. || **pretoriana.** La instituida por Julio César para su custodia. || **urbana. guar-**

dia municipal. || **de guardia.** m. adv. que con los verbos *entrar, estar, tocar, salir* y otros semejantes, se refiere al cumplimiento de este servicio. || **en guardia.** m. adv. En actitud de defensa. Ú. comúnmente con los verbos *estar* y *ponerse*. || fig. Prevenido o sobre aviso. Ú. con los verbos *estar* y *ponerse*.

Guardia (Ernesto de la). Biog. Musicólogo argentino, n. en París y m. en Buenos Aires (1885-1958). Son notables sus estudios sobre Wagner, las sonatas de Beethoven y su biografía de Mozart, lo mismo que su libro didáctico sobre historia de la música. || **(Fiorello La).** Abogado y político estadounidense, de ascendencia italiana, n. y m. en Nueva York (1882-1947). Fue alcalde de Nueva York (1933-45), donde gozó de gran popularidad y fue el paladín de la construcción del aeropuerto que lleva su apellido. || **(Ricardo Adolfo de la).** Periodista y político panameño, n. en la c. de Panamá en 1899. Depuesto Arnulfo Arias, asumió la presidencia hasta 1943, año en que la Asamblea prorrogó su mandato por dos años. || **Gutiérrez (Tomás).** Militar y político costarricense, n. en Bagaces (1832-1882). Electo presidente por la Asamblea para el período 1870-76, ejerció la presidencia por segunda vez en 1878. || **Navarro (Ernesto de la).** Político y periodista panameño, n. en la c. de Panamá en 1904. Intervino en política y desempeñó la presidencia de la República en el período 1956-60. || **(La).** Geog. Local. de Argentina, prov. de Catamarca, depart. de La Paz; 414 h. || **(La).** Local. de Argentina, prov. de Santa Fe, depart. de la Capital; 1.529 h. || **(La).** Mun. de España, prov. de Pontevedra, p. j. de Tuy; 8.501 h. || Villa cap. del mismo; 4.967 h. En sus inmediaciones existe el monte de Santa Tecla, donde se han hallado restos de una pobl. prehistórica de la Edad del Hierro. || **(La).** Mun. y villa de España, prov. de Toledo, p. j. de Ocaña; 2.962 h. (*guardiolos*). || **(La).** Pobl. de Venezuela, est. de Nueva Esparta, dist. de Díaz, cap. del mun. de Zabala; 2.624 h. || **Escolta.** Local. de Argentina, prov. de Santiago del Estero, depart. de Belgrano; 698 h. || **de Jaén (La).** Mun. y villa de España, prov. y p. j. de Jaén; 2.005 habitantes (*guardeños*). || **Mitre.** Local. de Argentina, prov. de Río Negro, depart. de Adolfo Alsina; 746 h. || **Vieja.** Local. de Argentina, prov. de Córdoba, depart. de Roque Sáenz Peña; 276 h.

guardián, na. fr., *gardien*; it., *guardiano*; i., *guardian*; a., *Wächter.* (Del gót. *wardjan*, ac. de *wardja*.) m. y f. Persona que guarda una cosa y cuida de ella. || m. En la Orden de San Francisco, prelado ordinario de uno de sus conventos. || Especie de oficial de mar o contramaestre subalterno, especialmente encargado de las embarcaciones menores y de los cables o amarras. || Mar. Cable de mejor calidad que los ordinarios, y con el cual se aseguran los barcos pequeños cuando se recela temporal.

guardianía. f. Prelacía o empleo de guardián en la Orden de San Francisco. || Tiempo que dura. || Territ. que tiene señalado cada convento de frailes franciscanos para pedir limosna en los pueblos comprendidos en él.

guardilla. f. **buhardilla.**

guardilla. (De *guardar*.) f. Entre costureras, cierta labor para adornar y asegurar la costura. || Cada una de las dos púas gruesas del peine que sirven de resguardo de las delgadas. Ú. m. en pl.

guardillón. m. Desván corrido y sin divisiones que queda entre el techo del último piso de un edificio y la armadura del tejado. ‖ Guardilla pequeña y no habitable.

guardín. (De *guarda*.) m. **Mar.** Cabo con que se suspenden las portas de la artillería. ‖ Cada uno de los dos cabos o cadenas que van sujetos a la caña del timon y por medio de los cuales se maneja.

Guardini (Romano). Biog. Filósofo y teólogo alemán, de origen italiano, n. en Verona y m. en Munich (1885-1968). Profesor en Bonn, Berlín, Tubinga y Munich, revalorizó la liturgia católica y estudió la persona de Cristo. Entre sus obras destacan: *El espíritu de la liturgia, Jesucristo, El Señor, La Madre del Señor y Religión y revelación* (1961). Fue galardonado con el premio Erasmo 1961-62 por sus estudios sobre la civilización europea.

Guardiola (Santos). Biog. Militar y político hondureño, n. en Tegucigalpa (1812-1862). Elegido presidente de la República (1856-60), logró de Inglaterra la restitución de las islas de la Bahía. Reelecto en 1860, m. a manos de integrantes de su guardia de honor. ‖ **Geog.** V. **Fontrubí.** ‖ Mun. de España, prov. de Barcelona, p. j. de Manresa; 588 h. ‖ Lugar cap. del mismo; 289 h. ‖ **de Berga.** Mun. de España, prov. de Barcelona, p. j. de Berga; 1.848 h. ‖ Lugar cap. del mismo; 1.628 h.

Guardo. Geog. Mun. de España, prov. de Palencia, p. j. de Cervera de Pisuerga; 9.012 h. ‖ Villa cap. del mismo; 8.594 h. (*guardeños*). Minas de antracita. Fábrica electroquímica de Unión Explosivos Riotinto.

guardón, na. adj. Dícese de la persona amiga de guardar para sí. Ú. t. c. s. ‖ Miserable, tacaño. Ú. t. c. s.

guardoso, sa. (De *guardar*.) adj. Dícese del que tiene cuidado de no enajenar ni expender sus cosas, ni desperdiciarlas. ‖ Miserable, mezquino y escaso.

guarecer. fr., *protéger;* it., *preservare;* i., *to assist;* a., *schützen.* (De *guarir*.) tr. Acoger a uno; ponerle a cubierto de persecuciones o de ataques; preservarle de algún mal. ‖ Guardar, conservar y asegurar una cosa. ‖ Curar, medicinar. ‖ ant. Socorrer, amparar, ayudar. ‖ intr. En Salamanca, pastar el ganado. ‖ ant. Recobrar el enfermo la salud. ‖ prnl. Refugiarse, acogerse y resguardarse en alguna parte para librarse de riesgo, daño o peligro.

guarecimiento. (De *guarecer*.) m. ant. Guardia, cumplimiento, observancia.

guarén. m. **Zool.** *Chile.* Nombre de varios roedores simplicidentados de la familia de los cricétidos, que viven en América del Sur y parte de América Central, donde se les llama también *ratones de agua*.

Guarenas. Geog. Mun. de Venezuela, est. de Miranda, dist. de Plaza; 37.133 h. ‖ Pobl. de Venezuela, cap. del dist. de Plaza y del mun. de su nombre; 33.374 h.

guarenticio, cia. adj. ant. **guarentigio.**

guarentigio, gia. (Del antiguo alto a. *werento*, garante.) adj. **Der.** Aplicábase al contrato escritura o cláusula de ella en que se daba poder a las justicias para que la hiciesen cumplir y ejecutasen al obligado como por sentencia pasada en autoridad de cosa juzgada.

Guareña. Geog. Mun. de España, prov. de Badajoz, p. j. de Don Benito; 8.242 h. ‖ Villa cap. del mismo; 7.706 h. (*guareñenses*).

Guareschi (Giovanni). Biog. Escritor y periodista italiano, n. en Fontanelle di Roccabianca, Parma, y m. en Cervia (1908-1968). Tras la S. G. M. publicó en la revista *Candido* las historietas del cura don Camilo enfrentado a Peppone, el alcalde comunista. Más tarde unió estos relatos en varias novelas con los títulos de *Don Camilo, un mundo pequeño* (1948), *La vuelta de don Camilo* (1953), etc., con los que hizo famoso en el mundo entero este personaje.

guaria. f. **Bot.** *C. Rica.* Orquídea de la familia de las orquidáceas, que adorna los tejados y tapias; las más abundantes tienen la flor de color violado rojizo, pero hay también otra variedad de flor blanca *(cattleya skinnérii)*.

Guarias costarricenses

guariao. m. **Zool.** *Cuba.* Ave gruiforme de la familia de las arámidas, grande, de plumaje obscuro con manchas blancas; pies negros, así como la extremidad del pico; anda en parejas por las ciénagas y a orillas de las lagunas; vuela con las patas colgantes; se alimenta de gusanos y moluscos. Su carne es blanca y gustosa. Es una variedad del *pájaro de las lamentaciones (áramus scolopáceus),* que algunos consideran como otra especie *(a. giganteus).*

guariba. m. **Zool.** *Venez.* Nombre de varios monos platirrinos de la familia de los cébidos. El más conocido es el también llamado *coto, cotomono y aullador rojo (alouatta seniculus).*

guaricamo. m. **Bot.** Nombre vulgar, en las orillas del Orinoco, de las flacurtiáceas *patrisia dentata* y *p. affinis.*

Guárico. Geog. Estado central de Venezuela, que limita al S. con el río Orinoco; 64.986 km.² y 318.905 h. (*guariqueños*). Cap., San Juan de los Morros. Lo riegan en general numerosos tributarios del Orinoco, el más importante de los cuales es el Guárico. Ganado vacuno y caballar. Maíz, arroz, frijoles, plátanos, café, tabaco, yuca, ricino, etc. Yacimientos de azufre, hierro, oro, etc. ‖ Mun. de Venezuela, est. de Lara, dist. de Morán; 14.099 h. Café. Maderas preciosas. Yacimientos de cobre y plata. ‖ Pobl. cap. del mismo; 3.259 habitantes.

guaricha. f. *Col., Ecuad. y Venez.* Mujerzuela, ramera. ‖ *Ecuad.* Manceba de un soldado que le sigue de guarnición en guarnición.

guarida. (De *guarir*.) f. Cueva o espesura donde se recogen y guarecen los animales. ‖ Amparo o refugio para librarse de un daño o peligro. ‖ fig. Paraje o parajes donde se concurre con frecuencia o en que regularmente se halla alguno. Tómase, por lo común, en mala parte. ‖ ant. Remedio, refugio.

guaridero, ra. (De *guarir*.) adj. ant. Curable o que se puede curar.

guarimán. (Voz caribe.) m. **Bot.** *Amér.* Árbol de la familia de las magnoliáceas, con tronco ramoso de 6 a 8 m. de alt., copa abierta, hojas persistentes, lanceoladas y coriáceas, flores blancas, pedunculadas, en corimbos terminales, y fruto en baya con muchas semillas de albumen carnoso. La corteza de las ramas es cenicienta por fuera, rojiza en lo interior, de olor y sabor aromáticos parecidos a los de la canela, aunque más acres, y, como ésta, se usa para condimentos y medicinas. ‖ Fruto de este árbol.

guarimiento. (De *guarir*.) m. ant. **curación.** ‖ ant. Amparo, refugio, acogida.

guarín. (De la onomat. *guar, guarr* de llamar al cerdo.) m. Lechoncillo, el último nacido en una lechigada.

Guariquén. Geog. Pobl. de Venezuela, est. de Sucre, dist. de Benítez, cap. del mun. de Unión; 619 h.

guariqueño, ña. adj. Natural del est. venezolado de Guárico, o perteneciente a dicho est. Ú. t. c. s.

guarir. (Del germ. *warjan*, proteger.) tr. ant. Recobrar el enfermo la salud. ‖ intr. Subsistir o mantenerse. ‖ ant. Restituir a uno la salud. ‖ prnl. ant. Guarecerse, refugiarse.

guarisapo. m. *Chile.* Renacuajo, larva de la rana.

guarismo, ma. (Del ár. *jwārizmī,* sobrenombre, por haber nacido en *Jwārizm,* tierras de Persia, del matemático Muhammad ibn Mūsà, inventor de los logaritmos; véase *algoritmo.*) adj. ant. Perteneciente o relativo a los números. ‖ m. Cada uno de los signos o cifras arábigas que expresan una cantidad compuesta de dos o más cifras.

Guarita. Geog. Mun. de Honduras, depart. de Lempira; 5.575 h. ‖ Pobl. cap. del mismo; 566 h.

guaritoto. m. **Bot.** *Venez.* Arbusto euforbiáceo que crece en lugares cálidos y sombríos *(cnidoscolus quinquelobus).* El cocimiento de la raíz se emplea como hemostático.

Guarizama. Geog. Mun. de Honduras, depart. de Olancho; 3.155 h. ‖ Pobl. cap. del mismo; 879 h.

guarne. (De *guarnir*.) m. **Mar.** Cada una de las vueltas de un cabo alrededor de la pieza en que ha de funcionar.

Guarne. Geog. Mun. de Colombia, depart. de Antioquia; 16.205 h. ‖ Pobl. cap. del mismo; 4.571 h.

guarnecedor, ra. adj. Que guarnece. Ú. t. c. s.

guarnecer. (De *guarnir*.) tr. Poner guarnición a alguna cosa; como traje, joya, espada, caballería o plaza fuerte. ‖ Colgar, vestir, adornar. ‖ Dotar, proveer, equipar. ‖ ant. Corroborar, autorizar, dar autoridad a una per-

Guarida de indios mejicanos, ilustración de un manuscrito de la Biblioteca Nacional. Madrid

guarnecido–Guasave

sona. || **Albañ.** Revocar o revestir las paredes de un edificio. || **Cetr.** Poner lonja o cascabel al ave de rapiña. || **Mil.** Estar de guarnición. || ant. Sostener o cubrir un género de tropa con otro, o una obra de fortificación con otra.

guarnecido, da. p. p. de **guarnecer.** || m. **Albañ.** Revoque o entablado con que se revisten por dentro o por fuera las paredes de un edificio.

Guarner Pérez (Luis). Biog. Escritor español, n. en Valencia en 1902. Ha publicado, en castellano y en valenciano, más de 100 obras, entre las que merecen destacarse, en poesía: *Breviario sentimental* (1921), *Llama de amor viva* (1923), *Libro de horas líricas* (1925), *Cançons de terra i de mar* (1936), *Realidad inefable* (1942), *Primavera tardía* y *Canciones al vuelo del aire* (1945), *Recança de tardor* (1949) y *La soledad inquieta* (1950); en prosa, el estudio *Valencia, tierra y alma de un país* (1974).

Luis Guarner Pérez

Guarneri o **Guarnerius. Geneal.** Familia italiana de constructores de violines que rivalizó con los Amati y los Stradivarius, y, como éstos, de Cremona. El más conocido de todos ellos fue Giuseppe Antonio (1683-1745).

guarnés. m. ant. **guadarnés,** lugar donde se guardan las guarniciones de la caballeriza.

guarnición. fr., *garniture;* it., *buarnimento;* i., *flounce, garniture;* a., *Garnitur.* = fr., *garnison;* it., *guarnizione;* i., *garrison;* a., *Besatzung.* (De *guarnir.*) f. Adorno que se pone en los vestidos, ropas, colgaduras y otras cosas semejantes, para hermosearlas y enriquecerlas. || Engaste de oro, plata u otro metal, en que se sientan y aseguran las piedras preciosas. || Defensa que se pone en las espadas y armas de esta clase junto al puño. || Tropa que guarnece una plaza, castillo o buque de guerra. || Aditamento, generalmente de hortalizas, legumbres, etc., que se sirve con un plato de carne o pescado. || En la terminología de imprenta, los blancos que se ponen entre el molde y la rama al hacer la imposición. || En las prensas, la tela de que van forrados el tímpano y el rodillo impresor. || En términos de mecánica, cierre estanco, estopada, empaquetadura. || pl. Conjunto de correajes y demás efectos que se ponen a las caballerías para que tiren de los carruajes o para montarlas o cargarlas. || **al aire.** *Léx.* La de adorno que está sentada sólo por un canto, y queda por el otro hueca y suelta. || **de castañeta.** La que se forma de una tela dócil, plegándola y sentándola en ondas alternadas, de suerte que en cada una de ellas forma un hueco que imita algo la forma de las castañuelas.

guarnicionar. tr. Porner guarnición en una plaza fuerte.

guarnicionería. (De *guarnicionero.*) f. Taller en que se hacen guarniciones para caballerías. || Tienda donde se venden.

Guarnición de una espada toledana del s. XVI. Museo Lázaro Galdiano. Madrid

guarnicionero. fr., *sellier, harnacheur;* it., *sellaio;* i., *harness-maker;* a., *Sattler.* m. El que hace o vende guarniciones para caballerías.

guarniel. m. Garniel, bolsa de cuero pendiente del cinto y con varias divisiones.

guarnimiento. (De *guarnir.*) m. desus. Adorno, aderezo, vestidura. || **Mar.** Conjunto de varias piezas, cabos o efectos con que se guarne o sujeta un aparejo, una vela o un cabo.

guarnir. (Del ant. alto a. *warnon.*) tr. **guarnecer.** || **Mar.** Colocar convenientemente los cuadernales de un aparejo en una faena.

guaro. (En fr., *gouarouba.*) m. **Zool.** Ave psitaciforme, parecida al papagayo o yaco y al *loro de Carolina,* pero más pequeña que ambos y muy locuaz (*psíttacus ácamil*).

guaro. m. *Amér. c.* Aguardiente de caña.

Guaro. Geog. Mun. y villa de España, prov. y p. j. de Málaga; 2.153 h. (*guardeños*).

guarolo, la. adj. *Amér.* **locuaz.**

guaroso, sa. adj. *Chile.* Que tiene guaras o usa de ellas; adornado con exceso. Apl. a cosas y a personas.

guarrada. f. **guarrería.**

Cruz pectoral. Tesoro de Guarrazar. Museo Arqueológico Nacional. Madrid

Guarrate. Geog. Mun. y lugar de España, prov. y p. j. de Zamora; 545 h.

Guarrazar. (Voz que en ár. sign. *valle del plomo,* por existir en este lugar plombagina.) **Geog. hist.** Local. de España, en el térm. de Guadamur, donde fue encontrado un magnífico tesoro visigodo. (V. **España. Bellas artes.**)

guarrazo. m. *And.* y *Sal.* Porrazo que se da al caer.

guarrear. (De *guarro,* cerdo.) intr. Gruñir el jabalí o aullar el lobo; p. ext., gritar otros animales. || Berrear, llorar estruendosamente un niño.

guarrería. f. Porquería, suciedad. || fig. Acción sucia.

guarrero. m. **porquerizo.**

guarrido. (De *guarro,* cerdo.) m. Gruñido del jabalí, aullido del zorro, y p. ext., grito de otros animales. || Llanto estruendoso de un niño.

guarrilla. (Como *buarillo* y *buaro,* de *búho.*) f. *Al.* Especie de águila pequeña.

guarrito marino. m. **Zool. centrina.**

guarro, rra. (De la voz con que se llama al cerdo.) m. y f. Puerco, cerdo, cochino. Ú. t. c. adj.

guarro, rra. (Como *buaro* y *bucharro,* de *búho.*) m. y f. **Zool.** *Ecuad.* Especie de águila pequeña.

Guarromán. Geog. Mun. de España, prov. de Jaén, p. j. de La Carolina; 3.060 h. || Villa capital del mismo; 2.625 h. (*guarromanenses*).

guarrús. m. *Col.* Bebida que se prepara con maíz o arroz y azúcar.

¡guarte! interj. ¡Guárdate! ¡Guarda!

guaruma. f. **Bot.** *Cuba.* Árbol de la familia de las moráceas (*cecropia peltata*).

guarumo. m. **Bot.** *Amér. c., Col., Ecuad., Méj.* y *Venez.* Árbol de la familia de las moráceas y especies *cecropia mexicana, c. obtusa* y *c. polyphlebia.* Sus hojas producen efectos tónicos sobre el corazón.

guarura. f. **Zool.** *Venez.* Caracol hasta de un pie de largo, que usado como bocina produce un sonido que se oye a gran distancia.

guas. (Del fr. *gouache.*) m. **Pint. aguazo.**

Guas (Juan). Biog. Escultor y arquitecto español, cuyo apellido originario era *Was,* m. en Toledo en 1495. Trabajó como escultor, lo mismo que su padre Pedro, en la puerta de los leones de la catedral de Toledo. Hacia 1475 debió trazar el plano de la iglesia de San Juan de los Reyes, de la misma ciudad. En su original estilo se entremezclan el gótico decadente y el mudéjar.

guasa. fr., *gouaillerie;* it., *freddura;* i., *jest;* a., *Scherz.* (Voz *caribe.*) f. fam. Falta de gracia y viveza; sosería, pesadez; conjunto de cualidades que hacen desagradable o empalagosa a una persona. || fam. Chanza, burla. || **Zool.** *Cuba.* Pez ancho, de color verde amarillento con manchas obscuras; la carne se come en fresco y se conserva acecinada.

guasábalo. m. **Zool.** *Ant.* Anfibio anuro de la familia de los hílidos (*phyllóbates ricórdii*).

guasábara. f. desus. *Col.* y *P. Rico.* Motín.

guasamaco, ca. (De *guaso.*) adj. *Chile.* Guaso, rústico, tosco, grosero.

guasanga. (Voz caribe.) f. *Amér. c., Col., Cuba* y *Méj.* Bulla, algazara, barahúnda.

guasanguero, ra. adj. *Cuba.* Divertido, bullicioso. Ú. t. c. s.

Guasapampa. Geog. Local. de Argentina, prov. de Córdoba, depart. de Minas; 374 h.

guasasa. (Voz caribe.) f. **Zool.** *Cuba.* Mosquita que vive en enjambres en lugares húmedos y sombríos.

Guasave. Geog. Mun. de Méjico, est. de Sinaloa; 149.663 h. || C. cap. del mismo; 26.080 h.

Puerta de los leones de la catedral de Toledo, en la que trabajó Juan Guas

Guasayán. Geog. Depart. de Argentina, provincia de Santiago del Estero; 2.588 km.² y 6.409 h. Capital, San Pedro.

guasca. (Del quechua *wasca*.) f. *Amér. m.* y *Ant.* Ramal de cuero, cuerda o soga, que sirve de rienda o de látigo y para otros usos.

Guasca. Geog. Mun. de Colombia, depart. de Cundinamarca; 7.293 h. || Pobl. cap. del mismo; 1.493 h.

Guascaona. Geog. Lugar de Colombia, depart. de Nariño, prov. de Barbacoas, sit. en una llanura entre los ríos Patía y Tapaje; recibe las aguas de las selvas vecinas y da origen al río de su nombre, que desemboca en el océano Pacífico.

guascazo. m. Azote dado con guasca o cosa semejante, como látigo o vara flexible.

Guasch (Joaquín). Biog. Arqueólogo y publicista español, n. y m. en Barcelona (1848-1923). Se le debe la conservación de los mayores fragmentos arquitectónicos y escultóricos de la antigua ciudadela de Barcelona. || **y Miró (Juan María).** Poeta español, n. y m. en Barcelona (1878-1961). Dentro de la poesía catalana nadie ha cantado como él, excepto acaso Maragall, el encanto de las altas sierras, su misterio y su grandiosidad. Entre otras obras: *Branca Florida, Pirenenques* y *El camí de la font.*

Guasdualito. Geog. Mun. de Venezuela, estado de Apure, dist. de Páez; 13.861 h. || Pobl. de Venezuela, cap. del dist. de Páez y del mun. de su nombre; 7.793 h.

guasearse. (De *guasa*.) prnl. Usar de guasas o chanzas.

guasería. f. *Arg.* y *Chile.* Acción grosera, torpe, chabacana o baja.

Guasimal. Geog. Pobl. de Venezuela, est. de Apure, dist. de Achaguas, cap. del mun. de Queseras del Medio; 303 h.

Guasipati. Geog. Mun. de Venezuela, est. de Bolívar, dist. de Roscio; 7.439 h. || Pobl. cap. del dist. de Roscio y del mun. de su nombre; 4.807 h.

guaso, sa. (Voz caribe.) m. y f. Rústico, campesino de Chile. || adj. fig. *Arg., Chile* y *Ecuad.* Tosco, grosero, incivil.

guasón, na. adj. fam. Que tiene guasa. Ú. t. c. s. || fam. Burlón, chancero. Ú. t. c. s.

Guasp. (Gabriel). Biog. Célebre tipógrafo español del s. XVI. Fundó en Palma de Mallorca, en 1579, una imprenta, que perduró hasta 1950, año en que fue convertida en museo. || **Delgado (Jaime).** Jurisconsulto español, n. en Vigo en 1913. Catedrático de Derecho procesal de la Universidad de Madrid y letrado del Consejo de Estado. En 1964 fue elegido miembro de la Academia de Jurisprudencia y Legislación. Autor, entre otras obras, de: *Comentarios a la ley de Enjuiciamiento Civil* y *Derecho procesal civil.*

Guastalla. Geog. Mun. y c. de Italia, provincia de Reggio Emilia, en Emilia-Romagna, a orillas del Po; 14.134 h. Victoria del mariscal De Coigny sobre los imperiales en 1734.

guastante. p. a. de **guastar**. ant. Que guasta.

guastar. (Del lat. *vastāre*, infl. por el germ. *wōstjan*.) tr. ant. Destruir, extinguir, consumir.

Guastavino (Carlos). Biog. Compositor argentino, n. en Santa Fe en 1914. Entre sus obras figuran: *Sinfonía argentina*, numerosas canciones tipo *lied*, música para piano y el ballet *Sonatina*. || **Gallent (Guillermo).** Bibliotecario y escritor español, n. en Valencia y m. en Benidorm (1904-1977). Fue director de la Biblioteca Nacional (1967-74). Entre otras obras, publicó: *Los bombardeos de Argel en 1783 y 1784 y su repercusión literaria* (1950), *De ambos lados del Estrecho* (1955), *Sobre la elección por la virtud de Tirso de Molina* (1965) y *Risa y sonrisa en el siglo del vapor* (1972).

guasteco, ca. adj. Etnog. y Ling. huaxteco.

guasto. (De *guastar*.) m. ant. Acción y efecto de guastar.

Guasto (marqués del). Biog. Ávalos, marqués del Vasto (Alfonso de).

guata. (Del ár. *waḍḍʾa*, poner entretela o forro en el vestido.) f. Manta de algodón en rama. || *Méj.* Algodón en rama, prensado, para rellenos, hombreras, etc.

guata. (Del mapuche *huata*.) f. fam. *Chile.* Barriga, vientre, panza.

Guata. Geog. Mun. de Honduras, depart. de Olancho; 3.769 h. || Pobl. cap. del mismo; 229 h.

guataca. f. *Cuba.* Azada corta que se usa para limpiar de hierba las tierras. || m. y f. fig. Persona que adula servilmente.

guatacare. m. Bot. *Venez.* Árbol de la familia de las borragináceas, de madera resistente y flexible (*ehretia exsucca*).

Guatajaya. Geog. Minas de plata en Chile, prov. de Tarapacá, sit. a 16 km. SE. de la ciudad de Iquique. Fueron descubiertas en 1556 y hacia 1750 adquirieron su mayor auge, llegando a reunir una población de 7.000 h. Después han decaído.

Guatajiagua. Geog. Mun. de El Salvador, depart. de Morazán; 9.380 h. || Pobl. cap. del mismo; 3.368 h.

Guatapé. Geog. Mun. de Colombia, depart. de Antioquia; 4.981 h. || Pobl. cap. del mismo; 2.563 h.

guataquear. tr. *Cuba.* Limpiar o desbrozar el terreno con la guataca. || fig. Adular sistemática e interesadamente.

guataquería. (De *guataca*.) f. *Cuba.* Lisonja, adulación.

Guataquí. Geog. Mun. de Colombia, depart. de Cundinamarca; 2.419 h. || Pobl. cap. del mismo; 1.135 h.

Guatavita. Geog. Mun. de Colombia, depart. de Cundinamarca; 3.527 h. || Pobl. cap. del mismo; 932 h.

guate. m. Bot. *C. Rica, Hond.* y *Nic.* Planta del maíz que sólo sirve para comida de los animales. || *Venez.* Cierta planta lorantácea.

guatemala. f. Bot. *C. Rica.* Planta de la familia de las iridáceas, llamada así por presentar los colores de la bandera de Guatemala (*tigridia pavonia*).

Guatemala

Guatemala. Geog. República de América central.

GENERALIDADES

Etimología. El nombre de Guatemala proviene del vocablo azteca *Quanhtemallan*, y según distintas versiones sign.: *Tierra de árboles, Tierra del águila* o *Montaña que vomita agua*, aludiendo al volcán que destruyó la Ciudad Antigua (La Antigua).

Situación y límites. Guatemala se encuentra en el extremo N. de América central, entre los dos océanos y limita al N. y al O. con Méjico, al E. con el mar de las Antillas, el golfo de Honduras (Atlántico) y la República homónima, y al S. con el océano Pacífico y la República de El Salvador.

Límites con Belice. En 1783, victoriosa España en su guerra contra Inglaterra, otorgó al R. U. un territorio para el confinamiento de piratas y contrabandistas, pero en simple usufructo y a condición terminante de que tal área se mantendría bajo la indiscutible soberanía española; era toda la región comprendida entre los ríos Viejo o Belice, Nuevo y Hondo, unos 4.800 km.², más 1.880 km.² de una ampliación posterior. Al producirse la independencia de Centroamérica, el Gobierno de la Gran Bretaña planteó la cuestión de Belice. El Gobierno de Centroamérica, mientras subsistió, y el de Guatemala después de roto el pacto federal, se negaron a reconocer la posesión, a consecuencia de lo cual el Gobierno de Londres no reconoció a Guatemala sino hasta 1849, sin llegarse a convenio alguno sobre Belice. En 1859, Guatemala, por un tratado, se vio obligada a conceder unos 15.600 km.² adicionales a los del usufructo angloespañol de 1786. A cambio de la cesión convino el Gobierno de Londres en construir una carretera desde la cap. de la República hasta la costa atlántica, vía indispensable para el desarrollo material del país. La controversia por el territorio de Belice arranca de la construcción de esta carretera, pues el Gobierno guatemalteco entiende que al no cumplirse una parte de lo convenido en el tratado de 1859, queda caducada la cesión. La Constitución guatemalteca de 1965 indica: «Se declara que Belice es parte del Territorio de Guatemala.»

Superficie. La superf. de la República es de 108.889 km.², de los cuales corresponden 25.000 a las aguas interiores. El Gobierno guatemalteco reclama, además, la posesión de Belice u Honduras británica, a la que asigna una extensión de 22.965 km.²

Población. Es de 5.211.929 h. (pobl. absoluta; 6.825.000 calculados en 1979); 47,8 h. por km.² es la pobl. relativa. La cap. es Guatemala (717.322 h.), llamada también Guatemala la Nueva o Nueva Guatemala.

GEOGRAFÍA FÍSICA

Geología. Las formaciones arcaicas abarcan en Guatemala una gran extensión y siguen una dirección de O. a E., comenzando en el depart. de Huehuetenango para terminar en el de Izabal, atravesando los de Quiché, Baja Verapaz y Zacapa, con sus pisos más antiguos integrados por gneis y una gran variedad de pizarras micáceas. Las formaciones mesozoicas ocupan una gran extensión, especialmente en la mitad septentrional del país; las de caliza, en Jalapa y Chimaltenango, y en la región de Petén una faja de terreno cretáceo. El terreno terciario abarca también una extensión notable, sobre todo en Petén. En las zonas meridionales hay formaciones eruptivas, que faltan por completo en las septentrionales, siendo el granito, que abunda en los depart. del mediodía, el integrante más característico.

Relieve. *Cordillera principal.* La cordillera que recorre toda América de N. a S., llamándose Montañas Roqueñas o Rocosas en (EE. UU. y Sierra Madre en Méjico, conserva, al entrar en Guatemala, este último nombre, si bien empieza también a ser conocida con el de los Andes y recibe, además, según los lugares, denominaciones especiales. La cordillera principal penetra en el depart. de Chimaltenango por Tecpán, donde es conocida por Cumbres de Tecpán. Alcanza más de 3.000 m. al N. de Tacaná, y más adelante 3.500 m., para volver a los 3.000 m. en Totonicapán. En las cumbres de Tecpán llega a más de 3.500 m. y desciende a 1.760 en Chimaltenango. Sube de nuevo en Sacatepéquez a más de 2.000 y en los alrededores de la c. de Guatemala no tiene más de 1.500.

Cordilleras secundarias. Independientes de los Andes y de toda otra cordillera, se levantan en el depart. de Huehuetenango los montes Cuchumatanes, enorme grupo de 3.500 m. de alt., y al O. de los mismos, y separada de ellos por varias cuencas fluviales, se encuentra, al N. de Cobán, la Sierra de Chamá, que se dirige al E. por el depart. de Alta Verapaz, entra en el de Izabal con el título de Sierra de Santa Cruz, pasa al N. del lago de Izabal, y desviándose al NE. llega hasta el puerto de Livingston (bahía de Amatique) después de un trayecto de 190 km. Aparte de esta cordillera, hay un ramal que n. por las cercanías de Cahabón, en la Alta Verapaz, entra por el extremo SE. del depart. de Petén y luego en Belice, donde es conocido por montes Cockscomb y termina después de recorrer 200 km. Semejantes a las enumeradas, se encuentran en Petén varias serrezuelas.

Vulcanología y sismología. Guatemala es uno de los países más volcánicos del mundo. Sus volcanes no se encuentran en la cordillera principal, sino en las extremidades de los ramales meridionales. Pueden enumerarse, entre otros, los dos volcanes extinguidos del depart. de San Marcos: el de Tacaná, de 4.064 m. de alt., y el de Tajumulco, de 4.210 m., el pico más alto de América Central. Varios volcanes activos son: el grupo de Quezaltenango, compuesto de tres masas, de las cuales la más notable es la llamada Cerro Quemado o volcán de Quezaltenango, de una alt. de 3.179 m. El volcán de Santa María, que termina el grupo al S., tiene una alt. de 3.768 m. A este grupo pertenece el volcán de Zunil, de 3.533 m. Avanzando hacia el SE., se encuentra en las orillas del lago Atitlán el volcán de San Pedro, de 3.024 m., y el de Atitlán, cuyo tercer cono activo se calcula que tiene una alt. de 3.525 m. El grupo siguiente se halla en las cercanías de La Antigua Guatemala; al SO. de esta ciudad está extinguido el volcán de Acatenango, que mide 3.960 m. de alt. Este grupo termina en la extremidad S. con el volcán de Fuego, de una alt. de 3.835 m. La abundancia de volcanes en el terr. guatemalteco ha producido con harta frecuencia terribles terremotos, entre los que ahora sólo citaremos el de 1773, que aniquiló la c. llamada La Antigua y motivó el traslado de la cap. a la actual c. de Guatemala, y el de 1976, que produjo grandes daños materiales y miles de víctimas.

Costas e islas. La long. total del litoral guatemalteco es de 378 km., de los cuales corresponden a la costa del Pacífico 242 y a la atlántica 136. La isla de Ambergris y las de Turneffe están en el golfo de Honduras,

Panorama desde el volcán de Agua

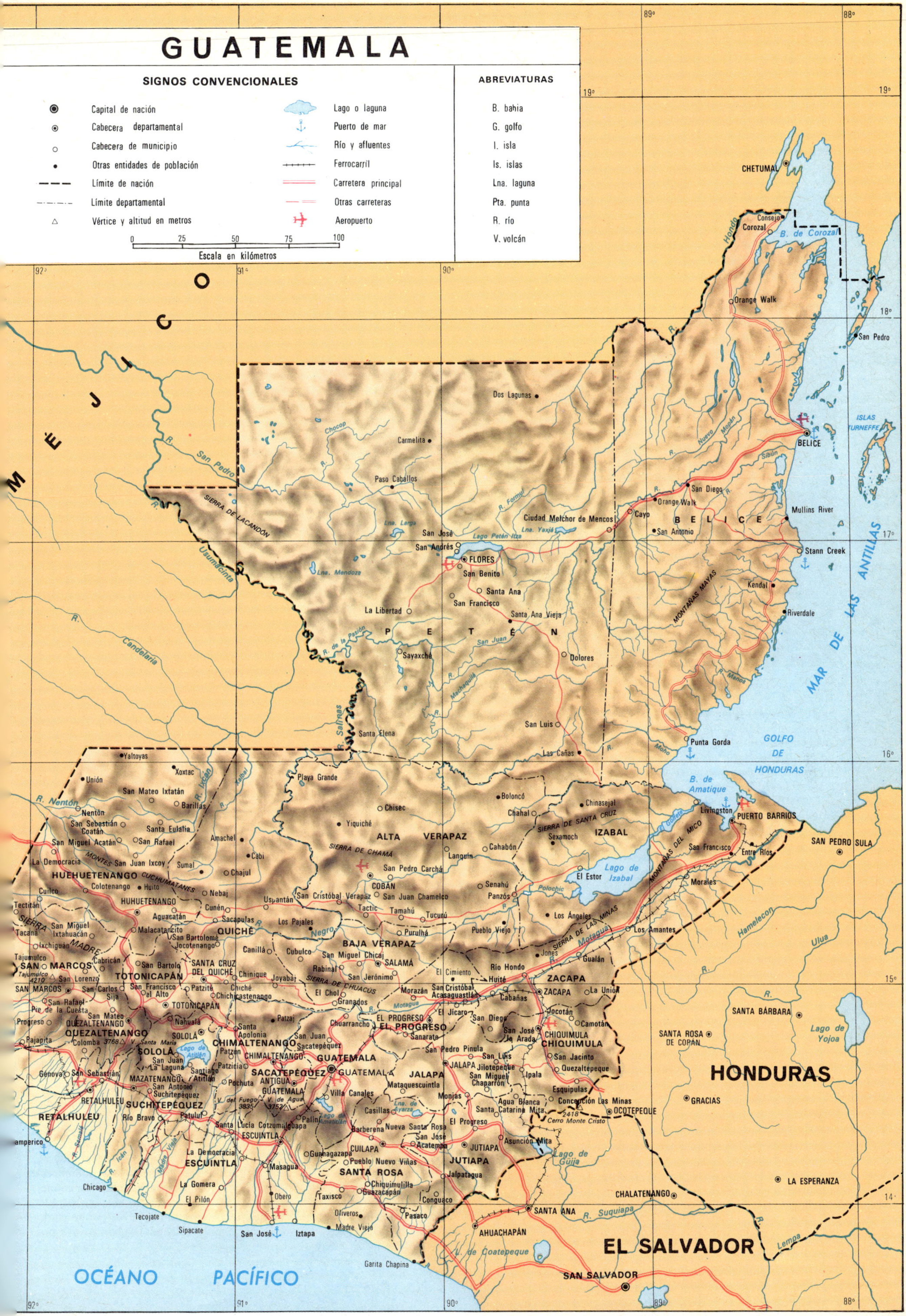

Guatemala

como asimismo numerosísimos cayos sin ninguna importancia económica.

Hidrografía. El territorio de la República se divide hidrográficamente en dos vertientes, determinadas por la cordillera principal que atraviesa el país, y cuyas aguas van a parar, respectivamente, al Atlántico y al Pacífico. La vertiente septentrional, o sea la que envía sus aguas al Atlántico por el mar de las Antillas y el golfo de Méjico, con mucha mayor extensión que la otra, permite la formación de ríos de curso más largo, navegables en su cuenca inferior para embarcaciones de considerable calado. Entre las corrientes más importantes del país figura el Motagua (547 km.), que se origina cerca y al O. de Santa Cruz del Quiché, y se llama río Grande en la primera mitad de su curso; es un desagüe del bello lago Atitlán y durante su curso dibuja un arco de círculo de curva suave y de O. a E., con la convexidad al N.; pasa entre las sierras de las Minas y del Merendón y recibe el nombre de Motagua desde Gualán, donde empieza a ser navegable, hasta su desembocadura en el golfo de Honduras; cruza gran parte de la República, y a él afluyen, entre otros, el Shinsin, el Naranjo, el Iguana y el Zacapa. El Michatoya tiene su origen en las alturas de Mixco, del depart. de Guatemala, llamándose entonces río Villalobos; forma el lago de Amatitlán, del cual sale con dicho nombre de Michatoya, y cruza los depart. de Amatitlán y Escuintla, entre los volcanes del Agua y Pacaya. No lejos del pueblo de Olopa, en el depart. de Chiquimula, tiene su origen el río Lempa, que penetra en terr. hondureño y luego en el de El Salvador, siendo la corriente más importante de esta República. A él van a parar varios riachuelos nacidos en la Guatemala oriental. Son famosos por su belleza los lagos de Guatemala, especialmente el Amatitlán y el Atitlán, el primero de ellos no lejos de la cap. de la República. En la vertiente septentrional del terr. se encuentran el Izabal, de 58 km. de largo, que, según se ha indicado, comunica con el Atlántico mediante el río Dulce y el llamado Golfete; el de Petén Itzá, de 44 km. de largo, nombre que recuerda el de una conocida tribu india, y que está situado en el depart. de Petén; y los más reducidos de Jashá, Macanché, Petexbatum y otros, también en Petén.

Climatología. Situada en la zona tropical, Guatemala se divide, en virtud de sus diferencias de altura, en tres regiones climáticas perfectamente definidas: la tierra baja, o sea desde el nivel del mar a 600 m. sobre el mismo, llamada *tierra caliente,* cubierta de exuberante vegetación tropical; la *tierra templada,* consistente en hermosas mesetas entre 600 y 1.800 m. de alt., región donde el clima es delicioso y se cultivan la caña de azúcar y el café, maíz, arroz y árboles frutales; y, en fin, la *tierra fría,* con sus altiplanicies que llegan hasta cerca de 3.000 m., y que es la región del trigo y las manzanas. Las ciudades principales y la mayor parte de la población ocupan las altiplanicies. Desde la ancha faja costera, de clima caluroso y húmedo, se asciende a estas mesetas por pintorescas gargantas y se llega a los valles centrales. Con la altitud se alcanza un clima frío y sumamente saludable, tan bueno como el de las regiones montañosas de Europa. Propiamente hablando, en el clima de Guatemala sólo se distinguen dos estaciones: la de las lluvias, durante los meses de mayo a octubre, copiosas al final de este período, que es el que constituye el invierno, y la seca o verano, que comprende los seis meses restantes, cayendo en ellas algunas lluvias ligeras después del solsticio de invierno.

Regiones naturales. Guatemala cuenta con cinco regiones geográficas netamente definidas, a saber: la de Petén, la Guatemala propiamente dicha, la zona del altiplano o los Altos, la de la serie de volcanes y la costera del Pacífico. La primera, la más extensa y que abarca la tercera parte del país, es esencialmente llana. Zona poco conocida y escasamente poblada, no obstante la fertilidad de algunos de sus distritos y de lo bien regada, el clima realmente tropical y la densidad de sus bosques hacen sumamente dificultoso el arraigo de población. Sólo en su parte central, a causa del clima menos húmedo, la vegetación cede lugar a la sabana. Esta región, levemente ondulada, de inexplotada riqueza petrolera y cuyas únicas fuentes económicas las constituyen la explotación ganadera en algunas zonas y la extracción de algunas especies forestales y del chicle, es en realidad una prolongación de la península de Yucatán. En la espesura de sus bosques, al N. del paralelo 17, quedan vestigios imponentes de la mayor cultura de la América prehispánica, la de los mayas. La zona de Guatemala central y del altiplano o los Altos, de clima templado, salvo en las alturas, que lo es de carácter frígido, son con mucho las más pobladas del país. La última, más característica, se halla como puesta a horcajadas entre las dos vertientes que llevan, respectivamente, al Atlántico y al Pacífico. Su parte NO. es la más montañosa y sus ríos integran las cuencas del Chiapas y del Usumacinta. Aquí se alzan los Altos de Cuchumatanes, magnífico anfiteatro montañoso, con cimas superiores a los 3.800 m. Sus zonas más pobladas son las occidentales y las meridionales, y en ellas se practican la mayoría de los cultivos, desde Santa Cruz del Quiché y Quezaltenango hasta Jalapa. La región meridional, con una serie escalonada de volcanes, muchos de ellos aún en actividad, es una zona adecuada para el cultivo del café. Su clima es tropical y se alza como una muralla frente al Pacífico. La zona costera del Pacífico, limitada hacia el NE. por la muralla de la serie volcánica, es zona de tierras calientes, adecuadas para los cultivos del cacao y la caña de azúcar.

GEOGRAFÍA BIOLÓGICA

Flora. Es sumamente variada y con especies semejantes a las de Méjico y el resto de América central. Sólo en maderas se conocen alrededor de 300, desde las duras como el ébano a las livianas como el pinabete, siendo las más comunes: caoba, yema de huevo, guachipilín, palo rosa, hormigo, cajeto y conacaste; entre las tintóreas: campeche, brasil, mora, guiscoyol y jocote, ambos de maderas jaspeadas; entre las resinosas: copalchi, hule, chico zapote y pino; entre las gomas medicinales: conacaste, bálsamo, liquidámbar y estoraque. Se conocen no menos de 60 plantas medicinales, y la cantidad de textiles, sobre todo en agaves, es muy grande. El arrayán, cocotero y corozo figuran entre las oleaginosas. Los cereales, especialmente el maíz, y plantas cuyos productos se exportan, como el cafeto, la caña de azúcar, el cacao y plátano, son de gran valor en la economía guatemalteca. En la zona templada crecen el aguacate, laurel, la ceiba, el árbol volador y frutales como almendro, palma real, naranjo, durazno, manzano y peral; en la tropical, plátanos, piñas de América, mangos, zapotes, mameyes, anonas, papayas, melones y sandías. Las flores son las comunes de los países tropicales de América, y gozan de gran estimación en el extranjero las orquídeas de las selvas de Petén y Alta Verapaz.

Fauna. Entre los mamíferos figuran: jaguar, puma, tigrillos, coyote, gato de monte, pizote, mapache, mico león, zorrillo, perico ligero, tapir, coche de monte, jabalí o jagüilla, mico, zaraguate, unas 40 especies de quirópteros o murciélagos, dos especies de musarañas, venado güitzisil, ardillas, taltusas, puerco espín, cotusa, tepescuinte, armadillo, oso colmenero, vaca marina y tacuasín. Se conocen 410 especies de aves, siendo notables por su canto el sensontle, pito real y guarda barranca, y por

Lago Atitlán

Quetzal (Macho / Hembra)

lo vistoso de su plumaje: chipi, calandria, cardenal, chorcha, chilote, oropéndola, urraca, zanate y raxón. En el orden de las gallináceas figuran: paujil, pava chachá y pavo de Petén, 19 especies de garzas, 17 de palomas y más de 50 entre gallinetas, gallaretas y becasinas. El alcatraz, que habita en ambos litorales, el ave horcada, pato ajuja y gran variedad de patos entre las palmípedas, y muchas especies de gavilanes, halcones, zapilote, viuda y rey zope entre los buitres, y las rapaces nocturnas, como los tecolotes y las lechuzas, figuran entre las aves más conocidas del país. Pero la más significativa de todas, que figura en el escudo de Guatemala, es el quetzal, ave solitaria de bello plumaje. Numerosas son las especies de ofidios: mazcuate, boa, varios *elaphis* y heterodones, bejuquillo, coral, de cascabel, cantiles, tamagases y naguyaca de Petén, la más temible de todas las serpientes. Entre los peces hay clasificadas más de 300 especies, siendo las más conocidas: tepemechín, mojarra, bobo, juilín, sunte y bagre. Se conocen 6 especies de moluscos: jutes, ostras, almejas, cangrejos, camarones y camaroncillos. El número de insectos característicos de Guatemala se calcula en 60.000, figurando entre ellos: escarabajos, mariposas de gran tamaño, grana o cochinilla, escolopendras, abejas que carecen de aguijón y 5 especies productoras de miel; entre los arácnidos, está la enorme araña de caballo. En ambos litorales abundan las esponjas, erizos, estrellas de mar y corales.

GEOGRAFÍA ECONÓMICA

Agricultura. El 64 % de la pobl. hábil del país se dedica a las actividades agrícolas. De 8.388.900 hect. de tierras del país, hay dedicadas 1.484.000 a cultivos de diversa índole, 1.015.000 de prados y pastizales y 5.400.000 de bosques. Los principales productos agrícolas, desde el punto de vista de la exportación, son el café, el banano y el algodón. De café, en sus tipos arábigo y Borbón, hay unas 15.000 plantaciones, con 140 millones de cafetos, que cubren una superf. de 280.000 hect. El 80 % de las cosechas provienen de 1.500 grandes plantaciones, que emplean a más de 400.000 trabajadores. La producción, en 1975, fue de 165.000 ton. El banano está localizado, en su mayor parte (80 %), en Escuintla; el resto, en Izabal. En un total de 62.000 hect. se recogieron 520.000 ton. El producto que ocupa el segundo lugar en orden a la exportación es el algodón, del que, en 83.000 hect., se obtuvieron 105.000 ton. de fibra y 175.474 de semilla. El arroz se cultiva en la zona de Jutiapa y Santa Rosa (22.000 hect. y 41.000 ton.). Caña de azúcar (63.000 hect. y 386.000 ton. de azúcar); trigo, cultivado en Quezaltenango y San Marcos (39.000 y 45.000); fríjol, cultivado principalmente en Jutiapa y Santa Rosa (108.000 y 87.000); maíz, el cereal más extendido (895.000 y 984.000), que se cultiva especialmente en las zonas de Alta Verapaz, Huehuetenango, Quezaltenango y San Marcos; patatas (30.000 ton.), cacao (800), tabaco (7.050) y agrios (53.000), son otros cultivos.

Silvicultura. El área forestal guatemalteca contiene, en un 80 %, árboles de maderas duras y tintóreas. Petén es la zona boscosa por excelencia. De los bosques se obtiene, además, vainilla, zarzaparrilla y otras especies de cortezas y hierbas vegetales: alcanfor, cinchona y tanino. El depart. de Petén es también muy rico en maderas preciosas, y en él se explota el caucho silvestre y el chicle (del que Guatemala es el mayor productor mundial después de Méjico). Guatemala es uno de los mayores productores de aceites senciales, como la citronela y el limón *grass*. En la cuenca del Motagua, en la región del golfo Dulce y del río del mismo nombre y en la de Petén cuenta Guatemala con una ingente riqueza forestal, donde la selva ofrece variedad de cedros, con los milenarios caobos y el codiciado chicozapote.

Transportando ganado en Aguascalientes

Zootecnia. Las altiplanicies situadas en la región occidental, con pastos naturales abundantes, constituyen la zona ganadera por excelencia del país. El patrimonio ganadero, en 1975, estaba compuesto por las especies y cantidades que se detallan a continuación:

Ganado		cabezas
bovino		2.030.000
porcino		880.000
ovino		560.000
caballar		125.000
caprino		76.000
mular		40.000
asnal		3.000

Prospera una incipiente industria apícola, con una producción de más de 700 ton. anuales de miel.

Pesca. Las actividades pesqueras se hacen en escala limitada, habiéndose capturado, entre peces y moluscos, 5.000 ton. en 1975.

Minería. La principal zona minera está cerca de Cobán, donde son explotados el plomo y el cinc (100 y 800 ton., respectivamente, en 1974). El primero se extrae también cerca de San Miguel Acatán (Huehuetenango). La producción minera se completa con la extracción de cadmio, plata (93 ton. en 1970), antimonio (800 en 1971), mineral de cromo, tungsteno, hierro y sal (10.000 ton.). Los yacimientos petrolíferos descubiertos en 1974 podrían cubrir el 20 % de las necesidades del país.

Tejiendo un tapiz

Industria. El valor bruto de la producción industrial fue, en 1975, de 611 millones de quetzales. Durante 1973 se produjeron 316.000 ton. de cemento. Existen refinerías de petróleo en Escuintla y Puerto Barrios. La industria de artesanía típica fabrica apreciados tejidos y alfombras, muebles rústicos y objetos de cerámica. Se produjeron 3.016 millones de cigarrillos y 421.000 hl. de cerveza. En los últimos años han comenzado a funcionar fábricas para la producción de fertilizantes e insecticidas, vidrios, pinturas y sacos de *kenaf*, y otras nuevas para la industrialización del azúcar, de la leche y de la carne han venido a sumarse a las ya existentes. La industria turística, con el atractivo que representan los centros mayas del lago Petén-Itzá y Tikal, se ha ido incrementando paulatinamente. La potencia eléctrica instalada en 1974 era de 246.000 kw., y la producción alcanzó 1.050.000.000 de kwh.

Comunicaciones y transportes. *Carreteras.* La red vial, en 1975, medía 13.450 km. La Carretera Panamericana, de 830 km., atraviesa el país desde Méjico a El Salvador. En 1974 entró en servicio la autopista Guatemala-Escuintla, con un recorrido de 54 km., siendo considerada como una de las carreteras más modernas de Centroamérica. En 1975 había en el país 76.100 turismos y 40.100 camiones y autobuses.

Ferrocarriles. Las vías férreas totalizan una cifra de 1.280 km.

Telecomunicaciones. El Gobierno explota los servicios de telégrafos y teléfonos. El número de aparatos telefónicos era, en 1973, de 53.000. Hay 84 estaciones radiofónicas y 260.000 radiorreceptores (1974), 2 emisoras de televisión y 105.000 televisores.

Transporte aéreo. La Compañía Guatemalteca de Aviación (Aviateca), fundada en 1940 con el nombre de Aerovías de Guatemala y

Guatemala

estratificada desde 1945, une el aeropuerto internacional La Aurora, en la cap., con 20 ciudades de la República, y hace también vuelos internacionales. Hay asimismo más de 9 compañías extranjeras que tienen vuelos por Guatemala.

Transporte marítimo. Principales puertos: Livingston, Puerto Barrios y Santo Tomás de Castilla, en el Atlántico; y San José, Champerico y Ocós, en el Pacífico.

Transporte fluvial. El sistema fluvial de Guatemala es ampliamente utilizado para transportar los productos del interior al litoral: el río Usumacinta, para llevar la madera hasta el golfo de Méjico; el Motagua, para conducir el café, las bananas y otros productos a Livingston y Puerto Barrios, y el canal Chiquimulilla es el medio de transporte fluvial más importante de la costa del Pacífico. Una vía fluvial importante es la que, por el río Polochic, el lago Izabal y el río Dulce, lleva al puerto de Livingston.

Comercio. En el cuadro siguiente se refleja el valor de las exportaciones e importaciones durante el quinquenio 1971-75, en millones de quetzales.

Años	Exportaciones	Importaciones
1971	290	303,3
1972	338,3	324
1973	444,7	431
1974	586	700,5
1975	623,5	732,7

EE. UU., El Salvador, R. F. A., Japón, Italia y R. U., por orden de importancia, fueron las naciones que absorbieron las exportaciones de Guatemala y las que abastecieron sus necesidades. Los principales productos que ofrece y su valor en miles de quetzales, en 1974, fueron:

Café	175.200
Algodón	68.300
Azúcar	49.600
Banano	31.500
Carne	21.500

Hacienda. Los ingresos y gastos del Estado totalizaron, en 1975, las cifras respectivas (en miles de quetzales) de 329.700 y 363.600.

Moneda. Es el quetzal, dividido en 100 centavos y equivalente al dólar estadounidense.

GEOGRAFÍA POLÍTICA

Etnografía. El fondo de la población de Guatemala se compone de descendientes de las diversas naciones indígenas que vivían en el país antes de la llegada de los españoles: aztecas, toltecas y mayas; pero en Guatemala la fusión de razas ha sido menos completa que en los demás países de América central. Los negros, importados, forman también un elemento constitutivo de la población, y de la mezcla de las tres razas ha surgido una porción de tipos, cada uno de los cuales lleva su nombre especial. Se calcula en un 60 % la proporción de indios puros, siendo la mayor parte del resto ladinos, es decir, resultado de cruces de la raza blanca con la indígena (mestizos, 25 %). La población blanca se calcula en un 15 % del total. El folklore indígena es variado y aún no debidamente conocido. Para sus fiestas, de contenido religioso, adornan las calles de las ciudades y pueblos con alfombras y arcos de flores, y para su música, de ritmo monótono, lento y melancólico, recurren al *tun* y a la chirimía, es decir, la flauta y el tambor. El indio guatemalteco ha seguido fiel a sus ancestrales organizaciones agrícolas y sociales que proceden de la extraordinaria cultura de los mayas-quichés; también ha conservado su fidelidad a las prácticas de carácter religioso de sus antepasados. El 66,4 % de la población es rural y vive en las zonas de clima templado (1.000 a 2.600 m. de alt.). El índice de crecimiento es alto, 3,02 % anual.

Idioma. La lengua oficial es la española. Entre los indios puros se hablan dialectos autóctonos, en número de más de veinte.

Religión. La Constitución ampara la libertad de cultos. El catolicismo es la religión predominante. Guatemala forma una prov. eclesiástica, cuyo metropolitano reside en Guatemala, con ocho diócesis sufragáneas: Huehuetenango, Jalapa, Quezaltenango, San Marcos, Santa Cruz del Quiché, Sololá, Verapaz y Zacapa; hay también dos prelaturas nullius, en Santo Cristo de Esquipulas y Escuintla, y dos administraciones apostólicas, en Petén e Izabal.

Gobierno. El 2 de febrero de 1956 fue promulgada una nueva Constitución que reemplazó a la de 1945, pero a su vez fue substituida por otra que entró en vigor el 6 de mayo de 1966; en ella se declaraba inequívocamente que Belice se considera como parte integrante de Guatemala. Guatemala es una República unitaria, democrática y representativa, y el poder se divide para su ejercicio en legislativo, ejecutivo y judicial, independientes en sus funciones. El poder legislativo reside en el Congreso de la República, integrado por 55 miembros, elegidos por un período de cuatro años mediante sufragio directo por todos los ciudadanos que hayan cumplido dieciocho años, y renovable por mitad cada dos años. El poder ejecutivo es desempeñado por el presidente de la República, elegido por sufragio popular para un mandato de cuatro años. El poder judicial es ejercido por la Corte Suprema de Justicia, la Corte de Apelaciones, los jueces de primera instancia, jueces menores y otros tribunales.

Bandera y escudo. La enseña nacional lleva en franjas verticales de igual ancho los colores azul, blanco y azul, semejantes a los adoptados para sí por la confederación que se llamó *Provincias Unidas del Centro de América* y de la que Guatemala formaba parte. En el campo blanco va inscrito el escudo de armas de la nación.

Antigua Guatemala (Sacatepéquez). Iglesia de la Merced

Guatemala la Nueva. Palacio presidencial

Banco Nacional de Guatemala

Guatemala

División territorial. A continuación se inserta el cuadro de la división territorial:

Departamentos	Superficie Km.²	Población Habitantes	Capitales y su población
Centro			
Chimaltenango	1.979	193.557	Chimaltenango (13.147 h.).
Guatemala	2.126	1.127.845	Guatemala (717.322).
Progreso (El)	1.922	73.176	El Progreso (4.010).
Sacatepéquez	465	99.710	Antigua Guatemala (17.692).
Norte			
Alta Verapaz	8.686	276.370	Cobán (11.880).
Baja Verapaz	3.124	106.909	Salamá (5.592).
Izabal	9.038	170.864	Puerto Barrios (19.692).
Petén	35.854	64.503	Flores (1.551).
Quiché	8.378	300.641	Santa Cruz del Quiché (7.689).
Occidente			
Huehuetenango	7.400	368.807	Huehuetenango (11.774).
Quezaltenango	1.951	311.613	Quezaltenango (45.977).
Retalhuleu	1.856	133.993	Ratalhuleu (20.222).
San Marcos	3.791	388.100	San Marcos (5.810).
Sololá	1.061	126.884	Sololá (3.838).
Suchitepéquez	2.510	212.017	Mazatenango (24.156).
Totonicapán	1.061	166.622	Totonicapán (8.727).
Oriente			
Chiquimula	2.376	158.146	Chiquimula (16.181).
Jalapa	2.063	118.103	Jalapa (13.819).
Jutiapa	3.219	231.005	Jutiapa (10.086).
Zacapa	2.690	106.726	Zacapa (12.703).
Sur			
Escuintla	4.384	300.140	Escuintla (37.180).
Santa Rosa	2.955	176.198	Cuilapa (4.320).
Totales	108.889	5.211.929	

Cultura. El índice de analfabetismo es aún alto, pese a que en los últimos años ha descendido. En 1974, el desarrollo educativo alcanzó las cifras que se reflejan en el cuadro siguiente:

Enseñanza	Maestros	Alumnos
Preprimaria	775	27.620
Primaria	17.171	618.544
Media	7.073	104.492
Totales	25.019	750.656

Por lo que respecta a la enseñanza superior, hay 5 universidades (la Francisco Marroquín fue fundada en 1971), con 33.000 alumnos.

Literatura. Figuras de relieve nacional sólo surgen bien avanzado el s. XVII. Hasta entonces las letras fueron cultivadas por sacerdotes, quienes eran fiel reflejo de la cultura española de entonces. Los más notables fueron fray Francisco Vásquez (1647-1714), cronista; fray Francisco Ximénez (1666-1729), filólogo e historiador, y Rafael Landívar (1731-1793), el mayor de todos por su saber y notable poeta latino. Hasta promediar el s. XIX, tres nombres sobresalen: Antonio José de Irisarri (1786-1868), polemista y novelista; José Batres Montúfar (1809-1844), poeta lírico y satírico, y José Milla y Vidaurre (1822-1882), escritor costumbrista e historiador. En el campo de la poesía se distinguieron: los hermanos Juan (1813-1866) y Manuel Diéguez (1821-1861), Carmen P. de Silva, Fernando Cruz (1845-1901), Domingo Estrada (1855-1901), Alberto Mencos (1863-1922), Félix Calderón Ávila (1891-1924), Flavio Herrera (1895-1967), César Brañas (n. en 1898), Luis Cardoza y Aragón (n. en 1904), Raúl Leiva (n. en 1916), Antonio Morales Nadler (n. en 1917) y Otto Raúl González (n. en 1921). En el terreno de la novela figuran: Enrique Martínez Sobral (1875-1950), **Rafael Arévalo Martínez** (1884-1975), Carlos Wild Ospina (1891-1956) y Miguel Ángel Asturias (1899-1974), galardonado con el premio Nobel de Literatura de 1968. En diversos géneros han sobresalido: Antonio Batres Jáuregui (1847-1927), Agustín Mencos Franco (1862-1902), Máximo Soto Hall (1871-1944), Enrique Gómez Carrillo (1873-1927), José Antonio Villacorta Calderón (1879-1964), Ramón A. Salazar (1852-1914), José Rodríguez Cerna (1885-1952), Federico Hernández de León (n. en 1883), Virgilio Rodríguez Beteta (n. en 1885), Adrián Recinos (1886-1962), Jorge García Granados (1900-1961), Pedro Pérez Valenzuela (n. en 1895), David Vela (n. en 1901), Juan José Arévalo (n. en 1904), Carlos Martínez Durán (n. en 1906) y Mario Monteforte Toledo (n. en 1911).

Música. El rico pasado maya-quiché ha inspirado a los músicos guatemaltecos, aun al austriaco Franz Ippisch (n. en 1883). Entre los músicos distinguidos figuran: Jesús Castillo (1877-1946), Luis Felipe Arias (1880-1908), Alberto Mendoza (n. en 1889), Ricardo Castillo (1894-1967), Raúl Paniagua (n. en 1898), Salvador Ley (n. en 1907), Enrique Solares (n. en 1910), y Miguel Espinosa (1858-1951).

Pintura. Los más destacados de la época colonial, que pintaron motivos religiosos, fueron: Antonio de Montúfar (1672-1665), el mejicano Cristóbal de Villalpando (1638-1714) y José de Valladares, el más notable del s. XVIII. Entre los pintores contemporáneos, el más importante es Carlos Mérida (n. en 1893). Otros pintores: Humberto Garavito (n. en 1897), Carlos Valenti (1884-1911), Alberto Aguilar Chacón (1887-1954), Alfredo Gálvez Suárez (1899-1946), Valentín Abascal (n. en 1910), José Luis Álvarez (n. en 1917), Jaime Arimany (n. en 1909), José Antonio Oliveros (n. en 1908), Carlos Ruano (n. en 1917), Dagoberto Vásquez (n. en 1922) y Rodolfo Abularach (n. en 1933).

Escultura. La escultura colonial, al igual que la pintura, tuvo magníficos exponentes, distinguiéndose entre ellos el notable tallista Alonso de la Paz (1605-1676) y su discípulo Mateo de Zúñiga. De los escultores contemporáneos sobresalen: Rafael Yela Günther (1888-1942), Rodolfo Galeotti Torres (n. en 1912), Roberto González Goyri (n. en 1924) y Mario Alvarado (n. en 1921).

Historia. Pedro de Alvarado, teniente de Cortés, inició la conquista de esta región en 1523, a la que sometió tras sangrienta lucha. Posteriormente se creó la Capitanía General de Guatemala, que abarcaba de Chiapas a Costa Rica. El presbítero José Matías Delgado se levantó en armas en San Salvador el 11 de noviembre de 1811, pero este movimiento, así como otros posteriores, fue sofocado. El nuevo presidente de la Audiencia hizo jurar la nueva Constitución de España y se mostró complaciente con los patriotas de ideas revolucionarias. Muchos fueron puestos en libertad y pudieron reanudar sus conspiraciones. Así pudo realizarse una gran reunión en el palacio de los capitanes generales de Guatemala, convocada por el último gobernante español, Gabino Gaínza, y firmarse el acta de independencia el 15 de septiembre de 1821. En enero de 1822, los ayuntamientos votaron la anexión al imperio de Iturbide. Al renunciar éste en 1823, Guatemala volvió a ser un Estado independiente como integrante de la República de las Provincias Unidas del Centro de América, con capital en Guatemala. El 24 de junio de 1823, un congreso reunido en Guatemala emitió un decreto que se considera como la verdadera acta de independencia de América central. Ésta quedó integrada por cinco Estados. Manuel José Arce fue el primer presidente, y como jefe de Guatemala se eligió a José Francisco Barrundia. La República Federal duró hasta 1838. Empeñado en mantener la unión de las Repúblicas centroamericanas, Morazán, jefe de Honduras, venció a las fuerzas guatemaltecas rebeldes y entró en Guatemala el 12 de abril de 1829. El 18 de mayo de 1838, el Congreso federal de El Salvador autorizó a los Estados centroamericanos a organizarse independientemente. El 17 de abril de 1839, el presidente Rivera Paz declaró a Guatemala separada del pacto federal e independiente. Al mismo tiempo, Carrera sometió a

Monumento a José Batres, en Guatemala

Guatemala

Colonización de Guatemala. Museo de América. Madrid

los políticos del Estado del Alto, que pretendían separarse de Guatemala. En cambio, no tomó ninguna medida contra el presidente de Méjico, que hizo ocupar militarmente la prov. de Soconusco y anexionarla a su país. El 11 de diciembre de 1844, fue elegido presidente el general Carrera, quien declaró fundada, el 21 de marzo de 1847, la República independiente de Guatemala. En 1859, Guatemala firmó un tratado con Gran Bretaña, en el cual cedía, mediando ciertas condiciones, el territorio llamado de Belice. (V. el epígrafe *Límites* en este mismo artículo.) En 1871, el general Miguel García Granados y el general Justo Rufino Barrios invadieron Guatemala desde Méjico. El presidente Cerna les hizo frente en varios sangrientos combates, pero terminó por ser vencido, y así el general García Granados ocupó la presidencia provisional de la República. En marzo de 1873, las elecciones presidenciales favorecieron al general Justo Rufino Barrios. Este presidente, de ideas liberales, hizo un gran bien a su país y lo dotó de una nueva Carta Fundamental. En 1880 fue elegido para un nuevo período presidencial. Barrios hizo grandes esfuerzos para que las Repúblicas centroamericanas se unieran nuevamente; pero se opusieron Nicaragua, Costa Rica, EE. UU. y Méjico. Se llegó a la guerra, y Barrios murió en una batalla campal al invadir a El Salvador, que en el último momento se había negado a formar parte de la Unión. Su sucesor, Alejandro M. Sinibaldi, dio la presidencia al general Manuel Lisandro Barillas. En 1885, éste fue reelegido. La oposición de las Cámaras le obligó a convertirse en dictador. En 1892, Barillas no quiso ser reelegido, y después de haber gobernado bien, en muchos aspectos, dejó la presidencia al general José María Reina Barrios. Éste gobernó excelentemente en sus primeros años. En 1897 se proclamó dictador; pero al año siguiente fue muerto en la calle de un balazo. Su sucesor, el licenciado Manuel Estrada Cabrera, fomentó la enseñanza y las comunicaciones, pero fue implacable con sus enemigos. Sediento de poder, logró hacerse reelegir en 1911 y 1917; pero una revolución le derrocó en 1920. Después de un período de revueltas, en febrero de 1931 ocupó la presidencia el general Jorge Ubico. La Asamblea Nacional nombró en julio de 1944 al general Federico Ponce presidente provisional de la nación, mas el 19 de octubre se produjo un movimiento revolucionario que obligó a renunciar a Ponce, quien fue substituido por un triunvirato formado por el mayor Francisco Javier Arana, el capitán Jacobo Arbenz y Jorge Toriello. En diciembre de 1944 resultó elegido presidente de la República, por gran mayoría de votos, el doctor Juan José Arévalo. Para el período presidencial de 1951-57, y como sucesor de Arévalo, fue elegido Jacobo Arbenz Guzmán, que personificaba el nacionalismo y el agrarismo. Arbenz fue derrocado en 1954 por Castillo Armas; en la noche del 26 de julio de 1957, éste fue asesinado por un soldado de la guardia, quien, una vez realizado el hecho, se suicidó. El Congreso de la República promulgó un decreto, llamando al desempeño de la presidencia al primer designado, licenciado Luis Arturo González López. Éste, el 24 de octubre, fue derribado del poder por una Junta militar, integrada por tres coroneles, quienes se apresuraron a anular las elecciones celebradas el 20 de dicho mes, que habían sido acompañadas de disturbios. En la noche del día 27, el Congreso, por gestiones del general Ydígoras Fuentes, uno de los candidatos a la presidencia, designó al coronel Guillermo Flores Avendaño para encabezar provisionalmente el

Guatemala. Monumento a los Generales

Gobierno y garantizar la celebración de elecciones correctas. Éstas, efectuadas el 19 de enero de 1958, fueron reñidas, y el Congreso, al pronunciarse conforme a la Constitución, lo hizo en favor de Ydígoras Fuentes (12 de febrero). La política de austeridad implantada por Ydígoras tropezó con viva resistencia. El 26 de abril de 1962, Ydígoras, para concluir con los actos de sabotaje y los desórdenes, estableció un Gabinete militar interino y separó a todos los ministros civiles, excepto al de Relaciones Exteriores, pero los actos de violencia siguieron produciéndose durante todo el año. El 31 de marzo de 1963, Ydígoras fue derrocado por un golpe de Estado preparado por el Ejército. Una Junta mixta de militares y civiles, presidida por el coronel Enrique Peralta Azurdia, se hizo cargo del poder, disolvió el Congreso y puso fuera de la ley al comunismo. La Constitución de 1956 fue reemplazada provisionalmente por una «Ley fundamental de Gobierno» y el poder público ejercido interinamente por el Ejército (10 de mayo, 1962). El 7 de julio se instaló la Asamblea Nacional Constituyente para redactar la actual Constitución, que entró en vigor el 6 de mayo de 1966, legalizar los actos del Gobierno y fijar la fecha para las elecciones presidenciales. Las relaciones diplomáticas con el R. U. quedaron rotas, al conceder este país la autonomía a Belice, territorio reivindicado por Guatemala (24 de julio). En febrero de 1965, a consecuencia de las actividades guerrilleras, se proclamó el estado de sitio en la región de Izabal. Como candidato a la presidencia, por la oposición, el partido revolucionario lanzó la candidatura de Mario Méndez Montenegro, quien, a raíz de su misteriosa muerte, fue reemplazado por su hermano Julio César. Tras las elecciones del 6 de marzo de 1966, éste asumió la presidencia el 1 de julio. Para mejorar la situación social, el Gobierno dispuso dar a los trabajadores para su administración, como cooperativas, las grandes plantaciones de café expropiadas a sus dueños alemanes durante la S. G. M. y eje-

Julio César Méndez Montenegro, en la ceremonia de investidura de altos oficiales del Ejército

cutar un plan cuatrienal para la construcción de 30.000 viviendas. Al mismo tiempo logró mejorar sus relaciones con la Banca internacional, al reconocer la deuda de 450.000 libras esterlinas contraída en 1824, y que Guatemala se negó a reconocer luego, a causa de su disputa con el R. U. en torno a Belice; no renuncia, empero, a su reivindicación de esta región, pues la considera parte integrante de Guatemala. Los embajadores John Gordon Mein, estadounidense (agosto de 1968), y conde Karl von Spreti, alemán (abril de 1970), perdieron la vida, víctimas del ambiente político revolucionario de Guatemala. El 1 de marzo de 1970 hubo elecciones presidenciales, y recayó el mandato en Carlos Arana Osorio, quien tomó posesión el 1 de julio del mismo año. En las elecciones presidenciales de marzo de 1974, salió elegido como nuevo presidente el candidato de la Coalición nacionalista, general Kjell Eugenio Laugerud García, para un mandato de cuatro años, contados a partir del primero de julio. El 4 de febrero de 1976, Guatemala se vio asolada por un violento terremoto que ocasionó más de 20.000 muertos y 62.000 heridos y dejó sin hogar a 1.050.000 personas, por lo que el presidente inició un plan inmediato de reconstrucción del país. El apoyo abierto de Panamá a la independencia de Belice dio lugar a la ruptura de relaciones diplomáticas entre Guatemala y Panamá el 20 de mayo de 1977. En marzo de 1978 fue elegido presidente el general Romeo Lucas García. Amnistía Internacional denunció la situación de los derechos humanos en Guatemala, tanto en el ámbito de la delincuencia común como en los terrenos político y sindical (27 de noviembre de 1979).

GOBERNANTES DE GUATEMALA

República Federal de las Provincias Unidas del Centro de América.

1823	Junta provisional: Pedro Molina, Antonio Rivera Cabezas y Juan Vicente Villacorta.
1823-1825	Junta provisional: Manuel José Arce, José Cecilio del Valle y Tomás O'Horan.
1825-1828	Manuel José Arce.
1828	Mariano Beltranena.
1829	Francisco Morazán.
1829-1830	José Francisco Barrundia.
1830-1838	Francisco Morazán.

República de Guatemala

1825-1827	Juan Barrundia.
1827	Cirilo Flores.
1827-1829	Mariano Aycinena.
1829	Juan Barrundia.
1829	Francisco Morazán.
1830	Pedro Molina.
1830	Antonio Rivera Cabezas.
1831-1838	Mariano Gálvez.
1838	José Valenzuela.
1839	Carlos Salazar.
1839-1844	Mariano Rivera Paz.
1844-1848	Rafael Carrera.
1849	Juan Antonio Martínez.
1849	Bernardo Escobar.
1850	Mariano Paredes.
1851-1865	Rafael Carrera.
1865	Pedro Aycinena.
1865-1871	Vicente Cerna.
1871-1873	Miguel García Granados.
1873-1885	Justo Rufino Barrios.
1886	Alejandro M. Sinibaldi.
1886-1892	Manuel Lisandro Barillas.
1892-1898	José María Reina Barrios.
1898-1920	Manuel Estrada Cabrera.
1920-1921	Carlos Herrera.
1921-1926	José María Orellana.
1927-1930	Lázaro Chacón.
1930-1931	Manuel Orellana.
1931-1944	Jorge Ubico.
1944	Junta de Gobierno.
1944	Federico Ponce.
1944-1945	Junta: Arbenz, Arana y Toriello.
1945-1950	Juan José Arévalo.
1950-1954	Jacobo Arbenz Guzmán.
1954-1957	Carlos Castillo Armas.
1957	Luis Arturo González López.
1957	Junta militar de Gobierno.
1957-1958	Guillermo Flores Avendaño.
1958-1963	Miguel Ydígoras Fuentes.
1963-1966	Alfredo Enrique Peralta Azurdia.
1966-1970	Julio César Méndez Montenegro.
1970-1974	Carlos Arana Osorio.
1974-1978	Kjell Eugenio Laugerud García.
1978-	Romeo Lucas García.

Guatemala. Depart. de Guatemala; 2.126 km.² y 1.127.845 h. ‖ C. cap. de Guatemala y del depart. del mismo nombre; 717.322 h. La c. constituye un municipio. Está sit. en el valle de la Ermita, y se llama también Guatemala la Nueva o Nueva Guatemala. Posee, además de la catedral, de estilo renacentista, suntuosos edificios civiles, como el palacio presidencial, el Congreso, la Casa de la Moneda, etc. La ciudad de *Santiago de los Caballeros (Goathemala)* fue fundada por Pedro de Alvarado, con el nombre de Guatemala, el 25 de julio de 1524.

Guatemala. Terminal del aeropuerto

guatemalense. adj. **guatemalteco.** Ú. t. c. s.
guatemalteco, ca. adj. Natural de Guatemala, o perteneciente a esta república de América. Ú. t. c. s.
guatemaltequismo. m. Locución, giro o modo de hablar propio y peculiar de los guatemaltecos.
guateque. (Voz caribe.) m. Baile bullicioso, jolgorio. ‖ Fiesta casera, generalmente de gente joven, en que se merienda y se baila.
Guateque. Geog. Mun. de Colombia, depart. de Boyacá; 9.787 h. ‖ Pobl. cap. del mismo 6.032 h. Minas de oro, plata, cobre y esmeraldas.
guatero. (De *guata*, barriga.) m. *Chile.* Bolsa de caucho, que llena de agua fría o caliente y con fines terapéuticos, se pone sobre la frente, el vientre o los pies.
Guática. Geog. Mun. de Colombia, depart. de Risaralda; 12.883 h. ‖ Pobl. cap. del mismo; 2.464 h.
Guatimozín. Biog. Cuauhtémoc. ‖ Geog. Local. de Argentina, prov. de Córdoba, depart. de Marcos Juárez; 2.389 h.
guatiní. m. **Zool.** *Cuba.* Ave de la especie del tocororo.
Guatire. Geog. Mun. de Venezuela, est. de Miranda, dist. de Zamora; 21.914 h. ‖ Pobl. cap. del dist. de Zamora y del mun. de su nombre; 18.604 h. Minas de oro, plata, cobre, caolín y carbón.
guatón, na. adj. *Chile.* Barrigudo, de vientre abultado. Ú. t. c. s.
Guatraché. Geog. Depart. de Argentina, prov. de La Pampa; 3.525 km.² y 8.158 h. ‖ Local cap. del mismo; 2.093 h.
guatusa. f. **Zool.** *C. Rica, Ecuad.* y *Hond.* Roedor parecido a la paca; su carne es muy gustosa *(dasyprocta variegata).* Se llama también *agutí abigarrado.*

Guatuso. Geog. Cantón de Costa Rica, provincia de Alajuela; 4.713 h. Cap., San Rafael.
guau. Onomatopeya con que se representa la voz del perro.
guau. m. **Bot.** *Méj.* Zumaque venenoso de la familia de las anacardiáceas *(rhus radicans).*
guaucho. m. **Bot.** *Chile.* Arbusto de hoja menuda y gruesa; arde aun cuando esté verde, por ser resinoso.
guau-guau. (Voz malaya.) m. **Zool.** Primate de la familia de los póngidos, el gibón más característico de Java *(hylóbates leusciscus).* V. **gibón.**
guauro. m. **Bot.** *Cuba.* Planta silvestre asclepiadácea.
guavaloca. f. *R. Plata.* **chamal.**
Guavatá. Geog. Mun. de Colombia, depart. de Santander; 6.325 h. ‖ Pobl. cap. del mismo; 614 h.
guavina. f. **Zool.** *Ant., Col.* y *Venez.* **guabina.**
¡guay! (De la voz natural de lamentarse.) interj. poét. **¡ay!**
guaya. (De *guayar.*) f. Lloro o lamentación por una desgracia o contratiempo.
guayaba. (Voz araucana.) f. *Ant., Col., Nic.* y *Salv.* Fruto del guayabo, que es de figura aovada, del tamaño de una pera mediana, de varios colores, y más o menos dulce, con la carne llena de unos granillos o semillas pequeñas. ‖ Conserva y jalea que se hace con esta fruta. ‖ fig. y fam. *Ant., Col.* y *Salv.* Mentira, embuste.
guayabal. m. **Agr.** Terreno poblado de guayabos.
Guayabal. Geog. Mun. de Venezuela, est. de Guárico, dist. de Miranda; 7.017 h. ‖ Pobl. cap. del mismo; 1.403 h. ‖ **de Síquima.** Mun. de Colombia, depart. de Cundinamarca; 4.272 h. Maíz, plátanos, caña de azúcar, café, etc. ‖ Pobl. cap. del mismo; 532 h.
guayabera. f. Chaquetilla o camisa de hombre, suelta y de tela ligera, cuyas faldas se suelen llevar por encima del pantalón.
guayabilla. f. **Bot.** *Cuba.* La del pinar es la mirtácea *psidium guayabilla.*
guayabillo. (dim. de *guayabo.*) m. **Bot.** Nombre de la mirtácea *eugenia guayavillo.* ‖ **arrayán moruno.** ‖ **agrio o de sabana.** *Col.* Es la mirtácea *myrcia coccolobaefolia.*
guayabita. f. **Bot.** En las orillas del Orinoco llaman así a la combretácea *combrétum*

frangulaefólium. ‖ **de monte.** Es la mirtácea *eugenia punicaefolia.*

guayabo. (Voz caribe.) m. **Bot.** Árbol de la familia de las mirtáceas, de hasta 16 a 20 m. de alt.; tronco lampiño, torcido y ramoso; hojas elípticas; flores blancas, olorosas, y cuyo fruto es la guayaba (*psidium pomiferum*). Es propio de la región intertropical del continente americano. La fruta, la guayaba, puede comerse cruda, pero su mayor aplicación está en la elaboración del dulce conocido por *guayaba.*

guayabo. m. fam. Muchacha joven y agraciada.

Guayabones. Geog. Pobl. de Venezuela, est. de Mérida, dist. de Andrés Bello, cap. del mun. de Eloy Paredes; 1.010 h.

guayaca. (Voz quechua.) f. *Arg., Bol.* y *Chile.* Chuspa o tabaquera, bolsita de cuero o paño utilizada para guardar el dinero o los avíos de fumar. ‖ fig. Objeto al que supersticiosamente se le atribuye virtud sobrenatural contra un daño.

guayacán. (Del taíno *waiacan.*) m. **Bot. guayaco.** ‖ **falso. cañaguate** o **tabebuya.**

guayacancillo. m. **Bot.** *Cuba.* Arbolillo de la familia de las mirtáceas, de madera dura (*guájacum verticale*).

guayaco. fr. *gaïac;* it., *guaiaco;* i., *guaiacum;* a., *Guajakbaum.* (Del m. or. que *guayacán.*) **Bot.** Gén. de plantas de la familia de las cigofiláceas, propio de Méjico, América central, Venezuela y Colombia, y que también se da en el centro de Asia. Sus especies son arbóreas, costeras, de hojas compuestas y flores azules dis-

Plánta del género guayaco

puestas en cimas. Su madera, densa y de color amarillo y verde, es muy apreciada en ebanistería. La especie más típica es el *guayacán,* cuyo leño se usa en medicina como estimulador de las glándulas sudoríparas y de los riñones (con los nombres de *lignum guájaci* y *lignum vítae*), y lo mismo su resina (*guájacum officinale*). Otra especie es el *cañahuate* o *palo santo,* también de gran interés en ebanistería (*g. sánctum*). ‖ m. Madera de estos árboles.

guayacol. m. Principio medicinal del guayaco.

guayadero. (De *guayar.*) m. ant. Lugar destinado o dispuesto para el lloro o sentimiento, especialmente en los duelos.

guayado, da. p. p. de guayar. ‖ adj. Dícese de los cantares que tienen por estribillo ¡guay! o ¡ay amor!

Guayalejo. Geog. Tamesí.

Guayama. Geog. Dist. de Puerto Rico; 342.811 h. ‖ Mun. del anterior; 36.249 h. ‖ C. cap. del dist. y mun. de su nombre; 23.038 h.

Guayana. Geog. Extensa región del N. de América meridional, que primero designó la región montañosa que forma hoy el est. venezolano de Bolívar y luego se extendió a un territorio mucho mayor, desde las bocas del Orinoco hasta las del Amazonas y del Atlántico hasta el río Negro. La región guayanesa ha quedado dividida políticamente en cinco partes desiguales, dos de ellas, las más extensas, comprendidas en los territorios venezolano y brasileño, una colonia europea (Guayana Francesa) y dos Estados independientes, Surinam y Guyana, adherido éste a la Commonwealth.

Guayana Francesa. Geog. Depart. francés de ultramar.

Situación y límites. En la parte occidental está separada de Surinam por el río Maroni y dos de sus afluentes, el Aua y el Itany; al E. limita con Brasil por el Oyapok; al S., por los montes Tumuc-Humac, también con Brasil, y al N. con el Atlántico.

Superficie y población. Tiene una superf. de 91.000 km.², de los cuales 12.500 corresponden a la Guayana propiamente dicha y 78.500 al terr. interno de Inini, que en enero de 1947 se unió administrativamente a la Guayana Francesa. Pobl. absoluta, 56.000 h.; pobl. relativa; 0,6 h. por km.² La cap. es Cayena (24.518 h.).

Geografía física. Los rasgos morfológicos son análogos a los de Guyana y Surinam. A medida que se acerca a la costa, el terreno desciende y se allana, encontrándose pequeñas colinas formadas por esquistos, gres o gneis, cuya altura varía de 100 a 200 m. El único macizo montañoso de alguna importancia es el de los Tumuc-Humac, cuyo núcleo principal lo forman dos sierras paralelas separadas por un intervalo de 50 km., que se reúnen al E. en un contrafuerte único. En su prolongación, los Tumuc-Humac se desvanecen en pequeñas ramificaciones dirigidas al NE., E. y SE. Los puntos culminantes son la montaña Magnética (218 m.) y el monte Leblond, bloque de granito de 406 m. La costa presenta algunas rocas y picachos que a veces se prolongan dentro del mar formando islotes. Está bordeada de islas rocosas, llamadas de la Salvación (islas del Diablo, Real y San José), Padre y Madre, Remire y las dos del Condestable. Por lo que respecta a la hidrografía, el Maroni, con una cuenca de 50.000 km.², comprende además el Tapanahci, que corre casi paralelamente a él, el Aua, y el Inini, que desagua por su margen derecha. El Oyapok tiene de afl. al Camopi. En lo tocante a la climatología, hay que señalar que el clima tropical es atemperado por los vientos alisios, de modo que en la zona costera la temperatura es moderada, con una media anual de 27°. La estación seca dura de julio a octubre, y la lluviosa, el resto del año, con una breve temporada seca en marzo. Las lluvias caen en los períodos de calma, en los cambios de estación, antes que comiencen a soplar regularmente los alisios del NE. y SO. La precipitación anual es de 3.500 mm. en Cayena y mucho mayor en el interior. La humedad, aún en la estación seca, es muy grande. Hay dos zonas naturales definidas: una costera, baja y pantanosa, conocida como Tierras Bajas, cuya anchura varía de 15 a 50 km., y una meseta granítica llamada Tierras Altas, desgastada por la erosión en gradas. La primera es una sabana seca e inundable cubierta de una vegetación herbácea que, al finalizar la estación lluviosa, alcanza alturas de 3 y 4 m. Las Tierras Altas están cubiertas de una densa selva y son escasamente conocidas.

Geografía económica. La agricultura es escasa. Sólo 2.000 hect. están cultivadas y producen: caña de azúcar, café, maíz, cacao y, en menor cantidad, bananas (2.000 ton. en 1975), mandioca (4.000), batatas (1.000) y tabaco. Los bosques (8.001.000 hect.) están poco explotados (53.000 m.³ de troncos en 1975) y propor-

Obtención de madera

cionan varias esencias útiles. Una variedad de laurácea se presta a la extracción del aceite de linálœ, que en otras épocas gozó de preferencia sobre el mejicano y el brasileño. La ganadería representa muy poco en la economía del territorio, y en 1973 la cabaña era la siguiente: 3.200 cabezas de ganado de cerda, 1.430 de bovino, 400 de ovino y 60.000 aves de corral. En la región de Kaw se han encontrado importantes yacimientos de bauxita, como también de manganeso, níquel, cobre y molibdeno. Se extrae oro (42 kg. en 1973). Su comercio exterior es de poca monta, y en 1975 se cifró en 307,2 millones de francos franceses para la importación y 10,6 para la exportación. Se exportan generalmente: camarones (44 % de las exportaciones), madera aserrada (14 % en 1975), ron (1.696 hl.), pieles, colapiscis y goma de balata. Por lo que respecta a las comunicaciones, hay cerca de 500 km. de carreteras. Los vehículos de motor eran 11.700 en 1974. El puerto principal es el de Cayena, en la cap. del depart., y el aeropuerto internacional, el de Rochambeau.

Geografía política. Hay escasos habitantes blancos y residen en la zona costera, y los chinos e hindúes en el interior. Los blancos, en su mayor parte, se han cruzado con negros o indios, y muchos de ellos son antiguos presidiarios que cumplieron sus condenas. En el alto curso del Maroni viven negros descendientes de los huidos de las plantaciones en el siglo pasado. El idioma oficial de este país es el francés. También, se habla una lengua criollo-francesa. Los habitantes, en su mayoría son católicos, que dependen del obispado de Cayena; hay 3.200 paganos. En lo administrativo, constituye un depart. francés de ultramar, representado en la Asamblea Nacional y en el Senado por un diputado en cada organismo. Fue colonia penitenciaria de Francia (con el celebérrimo penal de la isla del Diablo) desde 1854 hasta 1944. Tiene un gobernador, asistido por un Consejo general de 16 miembros elegidos. En 1969 se dividió el terr. en dos circunscripciones: Cayena y Saint-Laurent-du-Maroni, con cap. homónimas. La segunda ciudad del país es la ya citada Saint-Laurent-du-Maroni (2.095 h.).

Historia. Vespucio, guiando una expedición nominalmente mandada por Alonso de Ojeda, tocó la costa en 1499. En 1624, los franceses iniciaron la colonización. Cuatro años más tarde, Poncet de Bretigny, representante de la Compañía comercial francesa del Cabo Norte, reinició la colonización. En 1652, otro francés, Rouylle, reanudó el esfuerzo de Bretigny, pero las disputas de los colonos los hicieron perecer pronto a manos de los indios. En 1674, los holandeses, celosos de los progresos de La Barre, asaltaron la población y la ocuparon con 400 colonos, pero fue recuperada por el mariscal D'Estrées. El ministro Choiseul envió a Cayena a 15.000 colonos franceses. A los seis meses las fiebres habían matado 10.000. Empezó entonces a estudiarse la colonización para evitar los desastres. Los pantanos fueron desecados y las plantaciones se extendieron. Luis XVI seguía con interés los progresos de la Guayana, hasta que la Re-

Choiseul, mármol por J.-A. Houdon. Colección particular

volución francesa la convirtió en lugar de destierro, donde la muerte era segura. Cuando Napoleón obligó a la familia real portuguesa a emigrar a Brasil, el rey Juan VI, en represalia, conquistó la Guayana Francesa. El gobernador, con unos 1.000 hombres de armas entre blancos y negros, se rindió a los portugueses el 12 de enero de 1809. En el Congreso de Viena se convino que Portugal devolvería a Francia la Guayana, lo que se llevó a cabo en 1817. En enero de 1947, la colonia quedó convertida en un depart. de ultramar, decisión que ratificó el referéndum habido el 28 de septiembre de 1958. Existe desde 1968 en Kourou una importante estación de investigación y lanzamientos espaciales. || **Holandesa.** Surinam. || **Inglesa.** Guyana.

guayanés, sa. adj. Natural de Guayana, o perteneciente a este territorio sudamericano. Ú. t. c. s.

Guayanilla. Geog. Mun. de Puerto Rico, dist. de Mayagüez; 18.144 h. || Pobl. cap. del mismo; 5.189 h. Puerto importante.

Guayape. Geog. Mun. de Honduras, depart. de Olancho; 4.794 h. || Pobl. cap. del mismo; 497 h.

guayaquil. adj. Perteneciente a Guayaquil, puerto principal de la República de Ecuador. || m. Cacao de Guayaquil.

Guayaquil. Geog. Golfo de Ecuador, el mayor que presenta el litoral sudamericano en el Pacífico. La mayor parte de las costas del golfo pertenecen a Ecuador, y desde la des. del río Tumbez hasta los 3° 37' de lat. S., a Perú. || Cantón de Ecuador, prov. de Guayas; 567.895 h. || C. de Ecuador, cap. de la prov. de Guayas y del cantón de su nombre; 1.116.280 h. Escuela Nacional de Aviación de El Recreo. En ella tuvo lugar el 26 de julio de 1822 la célebre entrevista de los generales José de San Martín, argentino, y Simón Bolívar, venezolano, en la que se discutieron los problemas acerca de la terminación de la guerra contra los españoles.

guayaquileño, ña. adj. Natural de Guayaquil, o perteneciente a esta ciudad de la República de Ecuador. Ú. t. c. s.

guayar. (De ¡guay!) intr. ant. Llorar, lamentarse.

¡guayas! interj. ant. ¡guay!

Guayas. Geog. Río de Ecuador, con caracteres de estuario, formado por la unión de los ríos Daule y Babahoyo. Viene a ser la continuación septentrional del golfo de Guayaquil. || Prov. suroccidental de Ecuador, sit. en la desembocadura del río de su nombre; 19.841 km.² y 2.038.703 h. Cap., Guayaquil. Producción de cacao, caña de azúcar, caucho, achicote, arroz, café, etc.

Guayasamín (Oswaldo). Biog. Pintor ecuatoriano, de ascendencia india, n. en Quito en 1919. Ha obtenido el primer premio Mariano Aguilera (1942) y el gran premio de Pintura en la III Bienal Hispanoamericana (Barcelona, 1955). Sus cuadros constituyen una exaltación del pueblo indio.

Guayatá. Geog. Mun. de Colombia, depart. de Boyacá; 8.240 h. || Pobl. cap. del mismo; 1.123 h.

guayate. m. Can. Rorro, niño pequeño.

guayca. f. Bot. Bejuco del Orinoco, combretácea de la especie *poivrea alternifolia*.

guaycurú o **guaicurú.** adj. Etnog. Dícese de una gran nación de indios americanos, perteneciente a un grupo lingüístico y cultural formado por diversas parcialidades o tribus (abipones, tobas, machicuís, moscovies, caduveos, payaguás), que en la época de la conquista española habitaba a orillas de los ríos Paraguay, Paraná y sus afluentes, y en el Chaco, y que actualmente subsiste en la zona del río Pilcomayo. Apl. a pers., ú. t. c. s. || Perteneciente o relativo a estos indios o a su lengua. || m. Ling. Lengua de este grupo de indios.

guayín. m. Méj. Carruaje ligero de cuatro ruedas, generalmente de cuatro asientos, de muy poco uso en la actualidad.

Guaymallén. Geog. Depart. de Argentina, prov. de Mendoza; 164 km.² y 138.479 h. || Local. cap. del mismo; 112.081 h.

Guaymango. Geog. Mun. de El Salvador, depart. de Ahuachapán; 11.015 h. || Pobl. cap. del mismo; 957 h.

Guaymas. Geog. Mun. de Méjico, est. de Sonora; 86.808 h. Cap., Heroica Guaymas.

Guaymate. Geog. Mun. de la República Dominicana, prov. de La Romana; 14.326 h. || Pobl. cap. del mismo; 1.279 h.

guaymense. adj. guaymeño.

guaymeño. adj. Natural de Heroica Guaymas, o perteneciente a esta ciudad de Méjico. Ú. t. c. s.

Guaynabo. Geog. Mun. de Puerto Rico, dist. de Bayamón; 67.042 h. || Pobl. cap. del mismo; 55.310 h.

guayo. (Voz araucana.) m. Bot. Col. Nombre de la acacia peregrina. || *Chile.* Árbol de la familia de las rosáceas, de madera dura y colorada (*kageneckia oblonga*).

guayo. m. Ant. Rallador. || *Cuba.* Peso duro de plata. || *P. Rico.* Borrachera.

Guayos. Geog. Pobl. de Cuba, prov. de Las Villas; 8.800 h. Tabaco y caña de azúcar. || **(Los).** Mun. de Venezuela, est. de Carabobo, dist. de Valencia; 10.251 h. Cap., Valencia.

Guayubín. Geog. Mun. de la República Dominicana, prov. de Monte Cristi; 27.744 h. || Pobl. cap. del mismo; 1.369 h.

guayuco. m. Col. y Venez. Especie de taparrabo o pampanilla.

guayule. (Del azt. *cuahuitl*, árbol, y *uli*, caucho.) m. Bot. Planta cauchífera de la familia de las compuestas; que se cría espontáneamente en casi todo el est. de Coahuila y partes limítrofes de Durango, Chihuahua, Zacatecas y San Luis Potosí, en Méjico.

guayusa. f. Bot. *Ecuad.* Planta cuya infusión reemplaza al té, y se parece al mate de Paraguay.

Guaza de Campos. Geog. Mun. y villa de España, prov. y p. j. de Palencia; 224 h.

Guazacapán. Geog. Mun. de Guatemala, depart. de Santa Rosa; 8.297 h. || Pobl. cap. del mismo; 2.394 h.

guazapa. f. *Guat.* y *Hond.* Perinola, pequeña peonza que se hace girar con los dedos.

Guazapa. Geog. Mun. de El Salvador, depart. de San Salvador; 10.100 h. || Pobl. cap. del mismo; 2.932 h.

Guazapares. Geog. Mun. de Méjico, est. de Chihuahua; 7.512 h. Cap., Témoris. || Pobl. de Méjico, est. de Chihuahua, mun. de Guazapares; 553 h.

Guazú-cuá. Geog. Dist. de Paraguay, depart. de Ñeembucú; 2.953 h. || Pobl. cap. del mismo; 142 h.

guazubirá. m. Zool. *Arg.* Mamífero rumiante de la familia de los cérvidos, de color canela, no más de 60 cm. de alzada y unos 12 de cuernos, que vive en manadas en Argentina, Colombia, Venezuela y Guayana, y tiene carrera tan rápida que se le llama *ciervo fantasma* (*mazama simplicicornis*).

guazumillo. m. Bot. *Cuba.* Nombre de la borraginácea *ehretia virgata*.

gubán. m. Mar. Bote grande usado en Filipinas, hecho con tablas sobrepuestas en forma de tingladillo, sujetas a las cuadernas con bejuco y calafateadas con resina y filamentos de la drupa del coco. No tiene pieza alguna clavada; carece de timón; lleva fijas las bancadas; se gobierna con espadilla, y los bogadores

Guayaquil. Aeropuerto

usan remos o zaguales, según el espacio de que puedan disponer. Navega con suma rapidez; su poco calado le permite flotar por los esteros de menos agua, sobre los bajos arrecifes, y es fácil de poner en tierra.

gubarte, jubarte, yubarta o **yubarte.** m. Zool. Mamífero ballenoptérido, caracterizado por sus enormes aletas pectorales; de unos 15 m. de long., como máximo, y parecido al rorcual, aunque es más rechoncho (*megáptera nudosa*). En Bermeo lo llaman *bramuna*, y en Ribadeo, *xibarte*.

Gubbio. Geog. Mun. y c. de Italia, prov. de Perusa, en Umbría; 35.840 h. Catedral del s. XII y otros edificios notables. Loza.

Guben. Geog. Antigua c. alemana, sit. a una y otra orilla del río Neisse, que sirve de frontera. La parte oriental, con el nombre de Guben, pertenece a Polonia y tiene unos 10.000 h.; la occidental forma parte de la R. D. A. y en 1961 cambió el mismo nombre por el de Wilhelm Pieck Stadt (v.).

gubernación. f. ant. **gobernación.**

gubernamental. adj. Perteneciente al gobierno del Estado. || Respetuoso o benigno para con el gobierno o favorecedor del principio de autoridad. || Partidario del gobierno en caso de discordia o guerra civil.

gubernar. tr. ant. **gobernar.**

gubernativamente. adv. m. Por procedimiento gubernativo.

gubernativo, va. adj. Perteneciente al gobierno.

gubia. fr., *gouge, gougette*; it., *sgorbia*; i., *gouge*; a., *Hohleisen*. (Del lat. *gubia*, formón.) f. Formón de mediacaña, delgado, de que usan los carpinteros y otros artífices para labrar superficies curvas. || Aguja en figura de mediacaña, que servía para reconocer los fogones de los cañones de artillería.

gubileta. (De *gubilete*.) f. ant. Caja o vaso grande en que se metían los gubiletes.

gubilete. (Del fr. *gobelet*, del lat. *cupa*, cuba.) m. ant. **cubilete.**

Gúdar. Geog. Sierra de España, prov. de Teruel. || Mun. y lugar de España, prov. y p. j. de Teruel; 145 h. Minas de hierro.

Gudea. Biog. Rey sumerio de Lagasch. (V. **Caldea.**)

Guderian (Heinz). Biog. Militar alemán, de origen polaco, n. en Kulm, Chelmno, y m. en Füssen, Baviera (1888-1954). Por encargo de Hitler (1933), organizó las fuerzas motorizadas, de las que fue nombrado teniente general (1938). Sus grandes dotes militares se pusieron de relieve en las campañas de Polonia (1939), Sedán (1940) y la U. R. S. S. (1941). Escribió: *Así no es posible seguir, ¿Podemos defender a Europa?* (1951), *Memorias de un soldado y Perspectivas bélicas* (1952).

Gudiña (La). Geog. Mun. de España, prov. de Orense, p. j. de Verín; 2.108 h. || Villa cap. del mismo; 730 h. (*gudiñeses*).

Gudrun. Lit. Epopeya alemana, que se atribuye a un autor bávaro del s. XIII. Tiene bastante semejanza con los *Nibelungos*.

Guéckédou. Geog. Región de Guinea; 4.157 km.² y 131.000 h. || C. cap. de la misma; 12.500 h.

Guecho. Vista aérea

Guecho. Geog. Mun. de España, prov. de Vizcaya, p. j. de Bilbao; 39.153 h. Corr. 17.373 a la cap., el barrio de Algorta. Fábrica de tractores agrícolas.

güed-. pref. V. **guad-.**

guedeja. fr., *crinière*; it., *chioma*; i., *mane*; a., *Mähne*. (De *vedeja*.) f. Cabellera larga. || Melena del león.

guedejado, da. adj. En forma de guedejas o melenas.

guedejón, na. adj. Que tiene muchas guedejas. || m. aum. de **guedeja.**

guedejoso, sa. adj. Que tiene muchas guedejas.

guedejudo, da. adj. Que tiene muchas guedejas.

güedi-. pref. V. **guad-.**

güegüecho. m. Amer. c. Papera, bocio.

güegüenche. (Del azt. *huehuetzin*, viejecito.) adj. Méj. Dícese del indio viejo que dirige las danzas en las romerías y fiestas de los pueblos.

Güéjar-Sierra. Geog. Mun. de España, prov. y p. j. de Granada; 3.480 h. || Lugar cap. del mismo; 2.360 h. (*güejareños*).

Guelatao de Juárez. Geog. Mun. y villa de Méjico, est. de Oaxaca; 566 h.

guelde. m. Zool. Can. **pejerrey.** || **chanquete.**

güelde. m. Bot. Mundillos, bolas de nieve o sauquillo.

gueldera. f. Pesca. Can. Arte constituido por una bolsa de red unida a un aro metálico, del que salen unas bolinas que se afirman a un cabo amarrado en el extremo de una percha.

gueldo. (En fr., *gueldre*.) m. Cebo que emplean los pescadores, hecho con camarones y otros crustáceos pequeños.

güeldrés, sa. adj. Natural de Güeldres, o perteneciente a esta provincia de los P. B. Ú. t. c. s.

Güeldres. (En hol., *Gelderland*.) Geog. Prov. de los P. B., sit. al N. del río Waal; 5.013 km.² y 1.558.334 h. Cap., Arnhem.

güelfo, fa. fr., *guelfe*; it., *guelfo*; i., *guelph*; a., *welfe*. (Del n. p. a. *Welf*.) adj. Partido de los papas en la Edad Media, contra los gibelinos, defensores de los emperadores de Alemania. Ú. t. c. s. || Perteneciente o relativo a los güelfos. || Hist. Originariamente se llamaron güelfos los partidarios de la casa de los Welf, duques de Sajonia y de Baviera, cuya personalidad más destacada fue el emperador Otón IV, único güelfo que reinó en Alemania y ocupó el trono imperial. Más tarde, los términos gibelino y güelfo se emplearon en Italia significando partidario de los emperadores alemanes y defensor de la independencia de las ciudades italianas y de los papas, respectivamente. En Sicilia, los partidarios de la Casa de Aragón se llamaron gibelinos, y güelfos los parciales de Anjou. Más tarde, ambas denominaciones continuaron empleándose, pero perdieron el significado que habían tenido anteriormente.

Güelfo o **Welfo I.** Biog. Señor alemán del s. VIII, dueño de extensos dominios en Suabia y en las inmediaciones del lago Constanza. Una de sus hijas, Judit, se casó con el emperador Luis *el Piadoso*. || **II.** Bisnieto del anterior, que vivió a principios del s. XI. || **III.** Hijo del precedente, m. en 1055. En premio a sus servicios, el emperador Enrique III le nombró duque de Carintia. || **IV.** Primer duque de Baviera, sobrino de Güelfo III, m. en 1101. Para incautarse de los bienes de su tío se trasladó a Alemania, donde fundó la segunda casa de los güelfos, de la que han salido los duques de Brunswick y los reyes de Hannóver y de Inglaterra. || **V.** Duque de Baviera, hijo del anterior, m. en 1119 sin descendencia; le sucedió su hermano Enrique VII *el Negro*. || **VI.** Duque de Baviera, hijo de Enrique VII *el Negro* (1115-1191). Como su hijo Güelfo VII muriese antes que él, legó todos sus bienes a su sobrino, el emperador Federico *Barbarroja*.

guelte. (Del a. *geld*, dinero.) m. Moneda corriente y bienes.

gueltre. (Del a. *gelder*, dineros.) m. **guelte.**

Güell y Bacigalupi, conde de Güell (Eusebio). Biog. Financiero español, n. y m. en Barcelona (1847-1918). Protector de las artes, contribuyó al fomento industrial; construyó el pintoresco Parque Güell, de Barcelona.

güello. (Del lat. *oculus*.) m. Ar. y Ast. **ojo.** Ú. m. en pl.

Güemes (Martín). Biog. General argentino, n. en Salta (1785-1821). Tomó parte desde el principio en la guerra contra España. || **y Horcasitas, conde de Revillagigedo (Juan Francisco).** Militar y político español, n. en Reinosa (1682-1768). Fue capitán general de La Habana y virrey de Méjico. || **Pacheco, conde de Revillagigedo (Juan Vicente).** Político español, n. en La Habana y m. en Méjico (1740-1799). Fue virrey de Méjico de 16 de octubre de 1789 hasta la fecha de su muerte.

Güemez. Geog. Mun. de Méjico, est. de Tamaulipas; 12.628 h. || Villa cap. del mismo; 1.164 h.

güemul. (Voz araucana.) m. Zool. Mamífero rumiante de la familia de los cérvidos, propio de los Andes y Patagonia y parecido al corzo, al que los españoles dieron el nombre de *hipocamelo*, pues, por no haber visto sino hembras, sin cuernos, creyeron que se trataba de un animal intermedio entre el caballo y el camello *(hippocamelus bisulcus)*. Desde 1883 figura en el escudo de armas de Chile. Dícese también *huemul*. || **del norte. taruca.**

güeña. (De *boheña*, de *bofe*.) f. *Ar*. Embutido compuesto de las vísceras del cerdo, excepto el hígado, y algunas carnes gordas de desperdicio de los demás embutidos, picado todo y adobado con ajos, pimentón, pimienta, clavo, sal, orégano y otras especias.

Güeñes (Concejo de). Geog. Mun. de España, prov. de Vizcaya, p. j. de Valmaseda; 6.416 h. || Lugar cap. del mismo; 1.022 h. *(güeñeses)*.

guepardo u **onza.** (Del fr. *guépard*.) m. Zool. Mamífero carnívoro de la familia de los félidos, subfamilia de los acinomicinos, parecido al leopardo, pero más esbelto. Se conocen dos especies: el *africano* o *fahd (acinónyx jubatus)* y el *asiático* o *chita (a. venáticus)*.

Güepza. Geog. Mun. de Colombia, depart. de Santander; 3.184 h. || Pobl. cap. del mismo; 1.466 h.

Güer Aike. Geog. Depart. de Argentina, prov. de Santa Cruz; 33.841 km.² y 37.624 h. Cap., Río Gallegos.

Guéra. Geog. Prefectura de Chad; 58.950 km.² y 181.000 h. Cap., Mongo.

Guéranger (Prosper Louis Pascal). Biog. Benedictino francés, n. en Sablé-sur-Sarthe y m. en Solesmes (1805-1875). Abad de Solesmes, trabajó con mucho entusiasmo por la restauración del canto gregoriano.

Guercino. Biog. **Barbieri (Giovanni Francesco).**

guercho, cha. (Del borgoñón *dwërh*, atravesado.) adj. ant. Que tuerce la vista. Ú. t. c. s. Ú. en Aragón.

guereza. m. Zool. Mono catarrino de la familia de los cercopitécidos *(cólobus polýkomos)*.

Guericke (Otto von). Biog. Físico, astrónomo, político y humanista alemán, n. en Magdeburgo y m. en Hamburgo (1602-1686). Realizó el famoso experimento de *los hemisferios de Magdeburgo* (v.).

güérmeces. (Del germ. *worm*, pus.) m. pl. Enfermedad que padecen las aves de rapiña en la cabeza, boca, tragadero y oídos, y son unos granos pequeños que se hacen llagas.

Guernesey. Geog. **Guernsey.**

Guernica. Geog. Local. de Argentina, prov. de Buenos Aires, part. de San Vicente; 7.423 h. || **y Luno.** Mun. de España, prov. de Vizcaya, p. j. de su nombre; 14.678 h. En su térm. se encuentran las famosas cuevas paleolíticas de Santimamiñe, con pinturas rupestres. || Villa cap. del mismo y del p. j.; 14.678 h. *(guerniqueses)*. Es célebre por las famosas juntas que en ella se realizaban ya en la Edad Media a la sombra de un roble, símbolo hoy de las antiguas libertades vascas y que fue cantado por Iparraguirre (v.).

Guernikako Arbola. m. Folk. V. **Iparraguirre Belardi (José María).**

Guernsey o **Guernesey.** Geog. Isla del R. U., en el arch. del Canal; 63 km.² (incluidos algunos pequeños islotes) y 51.351 h. Cap., Saint Peter Port. Famoso ganado vacuno de leche. Se habla principalmente el dialecto normando.

güero, ra. adj. **huero.**

Guerra González (Alfonso). Político español, n. en Sevilla en 1940. Licenciado en Filosofía y Letras e Ingeniero Técnico Industrial trabajó en la Escuela de Peritos de Sevilla como profesor de Dibujo. Comenzó su actividad política en el P.S.O.E. junto con Felipe González y Luis Yáñez, colaborando con éstos y otros militantes en la organización de las Juventudes Socialistas de Sevilla a principios de los años sesenta. Fue Secretario General de la Federación Andaluza y miembro del Comité Nacional hasta 1970 en que entró a formar parte de la Comisión Ejecutiva de su partido. Elegido Secretario de Organización, fue diputado en las legislaturas de 1977, 1979 y 1982. Tras el triunfo electoral del P.S.O.E. en estas últimas, fue nombrado vicepresidente del Gobierno.

guerra. fr., *guerre*; it., *guerra*; i., *war*; a., *Krieg*. (Del germ. *wërra*, querella.) f. Desavenencia y rompimiento de paz entre dos o más potencias. | Pugna, disidencia entre dos o más personas. || Toda especie de lucha y combate, aunque sea en sentido moral. || Cierto juego de billar. || fig. Oposición de una cosa con otra. || **Der.** Lucha armada y generalizada entre dos o más naciones, o entre dos bandos o facciones contrapuestos de una misna nación (guerra civil), a la que se acude como medio para resolver las diferencias que entre ellas existen. || **Hist.** Los orígenes de la guerra son imposibles de precisar. En los tiempos prehistóricos, los choques tuvieron lugar entre comunidades sociales reducidas (familias, hordas). Con la utilización de los metales surgió la *espada* y las luchas tuvieron lugar entre grupos más numerosos. Sin embargo, es preciso llegar a los tiempos históricos y a los pueblos con estructura estatal para que se pueda hablar de guerras en sentido estricto. Así, en la Edad Antigua, Egipto usó ya el *carro de guerra;* Asiria supo sacar gran partido de la caballería; Grecia sostuvo tres guerras memorables: las *guerras médicas*, contra los persas o medos (490-448 a. C.), intento de invasión de Europa por gentes asiáticas; la *guerra del Peloponeso* (431-404 a. C.), entre Esparta y Atenas, por la hegemonía interior; y las *campañas de Alejandro el Magno* en Asia y en Egipto (334-323 a. C.). Roma (753 a. C. a 455 d. C.) sostuvo numerosas guerras de conquista y civiles, entre las que sobresalieron las *guerras púnicas* (264-146 a. C.), que destruyeron el poder de Cartago. Los romanos debieron sus triunfos a la organización de su ejército, y a que dieron importancia a los arqueros y a la caballería. La Edad Media fue relativamente tranquila. La caballería pasó a ocupar un lugar preponderante, y los caballeros usaron como armas ofensivas la lanza, la espada o el *mandoble*, especie de espada de gran tamaño que se empuñaba con ambas manos, y la *maza*, y como defensivas, la *cota de malla*, el capacete, el escudo y, al final de la época, la pesada *armadura de acero*. La infantería, más livianamente armada, dispuso después de las cruzadas de una nueva arma, la *ballesta*, muy generalizada ya en el s. XII. Al final, y ya casi en el tránsito con la Edad Moderna, comenzó a usarse la *pólvora*, y en la primera mitad del s. XIV aparecieron los primeros *cañones* rudimentarios, en la segunda la *bombarda*, y mediado el s. XV el *mortero*. No existieron ejércitos propiamente dichos; pero a requerimiento de los soberanos, estaban obligados los señores feudales a acudir con sus mesnadas. Las guerras se caracterizaron por su lentitud y discontinuidad. Entre las contiendas más importantes procede citar: las *guerras de expansión del Islam* (s. VII); las *invasiones normandas* (s. VIII-XI); la *guerra de la Reconquista española* (718-1492), para liberarse del dominio musulmán; las *de Carlomagno* (768-814), para restaurar el Imperio romano de Occidente; las *del Sacro Imperio Romano Germánico*, iniciadas en 962, y en las que debe mencionarse la *guerra de las Investiduras* (1073-1122); las *cruzadas* (s. XI-XIII), encaminadas a rescatar los Santos Lugares del poder de los turcos; las *grandes invasiones mongolas* (1162-1227), acaudilladas por Gengis Kan, y *tártara* (1370-1405), que dirigió Tamerlán; la *guerra de los Cien Años* (1340-1453), entre Francia e Inglaterra, y por último, la *de destrucción del Imperio romano de Oriente o bizantino por los turcos* (1453), que marca el fin de la Edad Media. La Edad Moderna se caracterizó por la aparición del Estado centralizado, en forma de monarquía absoluta, y su secuela fue la lucha por la hegemonía europea. Como instrumentos de aquella política surgió el ejército regular, a las órdenes del soberano, con cuadros profesionales, sostenido por toda la nación y constituido en su mayor parte por mercenarios. Las armas de fuego se perfeccionaron: a principios del s. XVI apareció el *revólver* de varios cañones giratorios, y a principios del s. XVII, el de un solo cañón y tambor giratorio; también en el s. XVI adquirió gran desarrollo la *bombarda* y surgió el *arcabuz*, generalizado ya en la primera mitad del siglo; mediado éste, comenzaron a usarse el *mosquete* y la *pistola*, y en el s. XVIII apareció el fusil. En cuanto a las operaciones militares, se caracterizaron por su mayor continuidad y rapidez. Las principales contiendas de esta época fueron éstas: las *guerras de expansión colonial* (Portugal, España, Francia, Inglaterra y Holanda) en América y en Asia; las *guerras por la hegemonía europea* entre España (Carlos V y Felipe II) y Francia (Francisco I, etcétera.),

Guericke realiza su célebre experimento en Magdeburgo, grabado de la época

Entrada de Santa Juana de Arco en Chinon (guerra de los Cien Años), tapiz del s. XV. Museo Histórico. Orleans

concatenadas con las *guerras de religión*, que se desenvolvieron en Europa central y occidental a consecuencia de la reforma protestante (s. XVI y XVII); la *guerra de los Treinta Años* (1618-48), de origen religioso también, aunque prosiguió como conflicto entre las casas reinantes de Austria y de Borbón por la supremacía de Europa, que, con la paz de Westfalia, pasó de los Austrias a los Borbones y de España a Francia; las *guerras de expansión* sostenidas por Luis XIV de Francia, paladín del absolutismo, que, con los reveses que le causaron la *Liga de Augsburgo* (1689-97) y la *guerra de Sucesión de España* (1700-13), y por los tratados de Utrecht (1713) y Rastadt (1714), hicieron perder a Francia su predominio, y la *guerra de la Independencia estadounidense* (1776-1783). A fines del s. XVIII, la Revolución francesa señala el comienzo de la Edad Contemporánea. Con ésta (s. XIX y XX) se renovó el arte de la guerra, tanto en cuanto a material como en lo relativo a táctica y estrategia. El cañón tomó un auge extraordinario, también la infantería, que complementando el fusil con la bayoneta, volvió por sus fueros. El revólver se convirtió en automático; en la guerra de Secesión estadounidense (1861-65) surgió la *ametralladora*; en el primer cuarto del s. XX nació la *pistola automática*, que desplazó al revólver; durante la P. G. M. surgieron el *tanque* o *carro de combate*, el *dirigible Zeppelin* como arma de bombardeo, el *avión* en misiones de reconocimiento, caza y bombardeo, el *submarino*, los *gases de guerra* y el *mortero de aire comprimido* para lanzar proyectiles. La S. G. M. dio origen a un extraordinario auge de la aviación militar y de los carros de combate y surgieron como elementos de aplicación bélica o armas nuevas el *radar*, los *proyectiles-cohetes*, de retropropulsión, ya ligeros, lanzados por un dispositivo portátil como la *bazuca*, arma anticarro, ya pesados como las famosas *bombas volantes V-1* y *V-2* alemanas. Mención especial merece la *bomba atómica*, que puso fin a la contienda, superada después tanto con la *bomba de hidrógeno* como con las de *cobalto* y de *estroncio*, de mayor acción letal por sus radiaciones. La *cohetería*, en progreso constante después de la S. G. M., ha dado origen a proyectiles-cohetes autoimpulsados y radiodirigidos de corto, medio y largo alcance o intercontinentales, con los cuales puede dispararse desde submarinos incluso sumergidos. Quedan todavía otras armas inéditas, como el *ataque con bacterias* o *guerra biológica*, la *bomba de neutrones*, que mata sin destruir, o la posibilidad todavía remota de utilizar como arma fenómenos físicos o meteorológicos controlados o valerse de satélites artificiales para ataques locales a la Tierra, etc. Entre las contiendas que han tenido lugar en

Escena del asalto a la montaña de L'Arbre Isolé, durante la guerra ruso-japonesa (1904)

esta Edad figuran: las *guerras napoleónicas* (1796-1815), que tuvieron en jaque a toda Europa y, naturalmente, a España (*guerra de la Independencia*, 1808-14), y terminaron con la derrota de Napoleón en Waterloo; las *guerras de independencia de las colonias hispano-portuguesas de América*, para sacudir el yugo de las metrópolis; la *guerra de Crimea* (1854-56); la *guerra de Secesión* estadounidense (1861-65); la *guerra franco-alemana* (1870), que terminó con la derrota francesa en Sedán. Las *guerras balcánicas*, que se desarrollaron a fines del siglo pasado y comienzos del actual, tuvieron por finalidad liberarse del dominio turco los grupos étnicos que le estaban sometidos, asistidos principalmente por Rusia e indirectamente por Francia e Inglaterra, y fueron éstas: la *serbio-turca* (1876), la *ruso-turca* (1877-1878), que consiguió para los búlgaros una cierta autonomía; la *serbio-búlgara* (1885), la *greco-turca* (1897), que obligó a Grecia a renunciar a Greta, y sobre todo, la *de 1912-13*, en la que Serbia, Bulgaria, Montenegro y Grecia declararon la guerra a Turquía aprovechando el conflicto de ésta con Italia, y terminó con la victoria sobre los turcos, que devolvieron Creta y otros territorios; el reparto del botín motivó una nueva lucha entre Bulgaria y sus anteriores aliados, en que aquélla fue vencida (1913). La *ruso-japonesa* (1904-05), motivada por haberse interferido Japón en los intereses expansionistas rusos en Asia oriental, que terminó con la victoria de Japón; y por último, han tenido lugar la P. G. M. (1914-1918), la *greco-turca* (1921-22), la *chino-japone-*

Batalla de Vélez-Málaga (guerra de Sucesión, 1704), grabado holandés

sa (1937-39), motivada por las pretensiones expansionistas de Japón, e integrada luego en la S. G. M. (1939-45); la de *Corea* (1950-53); la de *Vietnam*, cuya última fase, motivada por la intervención de EE. UU., comenzó en 1965 y terminó en 1975; las *árabe-israelíes* de 1967 y 1973, y la *chino-vietnamita* de 1979. (De las dos guerras mundiales se trata en el artículo siguiente más extensamente.) Para la intervención de la marina en la guerra, v. **marina** y **submarino**. || **abierta**. *Léx*. Enemistad, hostilidad declarada. || **de agresión**. *Mil*. La que emprende un país al atacar a otro sin motivo justificado. El concepto opuesto es el de guerra defensiva. || **atómica**. Aquella en que sean empleadas sistemáticamente armas atómicas (v. **átomo, bomba atómica** y **energía atómica**). || **bacilar**. Caso particular de la guerra bacteriológica (v.), utilizando bacilos. || **bacteriológica**. Caso particular de la guerra biológica, utilizando bacterias. || **biológica**. Procedimiento de lucha consistente en utilizar contra el enemigo organismos vivos capaces de producir enfermedades, como, p. e., gérmenes, bacterias o toxinas. || **blanca. guerra fría**. || **de bolas**. *Léx*. Juego de billar en el cual entran tantas bolas cuantos sean los jugadores, y consiste en procurar hacer billas. || **civil**. *Mil*. La que tienen entre sí los habitantes de un mismo pueblo o nación. || **clásica**. La que se hacía o hace con armas más o menos tradicionales, es decir, con anterioridad a las armas nucleares o con exclusión de las mismas. Ahora se llama también *guerra convencional*. || **convencional**. expr. neológica por *guerra clásica*. || **defensiva**. Lucha contra una agresión exterior. || **fría**. *Léx*. Expresión creada por el periodista estadounidense Walter Lippman, para designar el estado de tensión que ha caracterizado las relaciones internacionales después de la S. G. M., como consecuencia del antagonismo surgido entre EE. UU. y la U. R. S. S. a la terminación de aquel conflicto. Actualmente se aplica este nombre a la situación de hostilidad entre dos naciones o grupos de naciones, en que, sin llegar al empleo declarado de las armas, cada bando intenta minar el régimen político o la fuerza del adversario por medio de propaganda, presión económica, espionaje, organizaciones secretas, etc. || **galana**. fig. *Mil*. La que es poco sangrienta y empeñada, y se hace con algunas partidas de tropa, sin empeñar todo el ejército. || *Mar*. La que se hace con el cañón sin llegar al abordaje. || **a muerte**. *Mil*. Aquella en que no se da cuartel. || fig. *Léx*. Lucha, ataque sin intermisión. || **de nervios**. La que se realiza por medio de la radiotelefonía, los periódicos o cualquier otro de los elementos de difusión de la propaganda moderna, y que —mediante la propagación de noticias alarmantes, como puede ser el anuncio de un peligro inminente— tiene por objeto crear en una población determinada un estado de nerviosidad del que pretende beneficiarse el que la provoca. || **de ondas**. Dícese de las interferencias deliberadas en las emisiones radiadas y de las contrainterferencias. Aspira a suprimir o neutralizar la propaganda enemiga. En la postguerra ha contribuido a la denominada *guerra fría* o *guerra blanca*. || **de palos**. Juego de billar en que se colocan en medio de la mesa cinco palitos numerados, con los cuales se efectúan los lances. || **de posiciones** o **de trincheras**. *Mil*. La que se desarrolla desde frentes móviles o fijos en los que se hace uso de trincheras u obras de tierra para proteger a los soldados del fuego contrario. || **preventiva**. La que se emprende para hacer abortar los preparativos bélicos de una nación dispuesta a agredir. || **psicológica**. Campaña intensa de propaganda dirigida a minar la voluntad de luchar y de resistir de un pueblo. || **santa**. La que se hace por motivos religiosos y, especialmente, la que hacen los musulmanes a los que no lo son. || **sin cuartel. guerra a muerte**. || **total**. Dícese de la que utiliza todos los medios destructores posibles sobre todo el territorio y los principales intereses del enemigo. || **en buena guerra**. m. adv. fig. Luchando con lealtad. || **¡guerra!** Voz o grito que se usaba antiguamente para excitarse al combate.

Guerra Bejarano (Rafael). *Biog*. Torero español, conocido por *Guerrita*, n. y m. en Córdoba (1862-1941). Se retiró en 1899. || **Junqueiro** (Abílio). Poeta y político portugués, n. en Freixo de Espada à Cinta y m. en Lisboa (1850-1923). Fue varias veces diputado de la monarquía, pero ingresó después en el partido republicano. Entre sus obras destacan *La muerte de Don Juan* y *La vejez del Padre Eterno*. || **de los Cien Años**. *Hist*. Se conoce con este nombre a la que sostuvieron Inglaterra y Francia desde 1340 hasta 1453, y en la cual los ingleses, si bien consiguieron señalados triunfos, fueron al fin vencidos y expulsados del territorio francés (excepto de Calais, que conservaron hasta 1538), gracias al patriotismo que reavivó entre los suyos la intervención y muerte de Santa Juana de Arco. || **mundial**. Dícese de aquella guerra que, por el número de potencias beligerantes, así como por la diversidad de los frentes de lucha y por su extensión, que puede abarcar el mundo entero, debe considerarse como general; así han sido denominadas las ocurridas durante los años 1914-18 y 1939-45, a las que se ha dado en llamar *primera* y *segunda guerra mundial* (P. G. M. y S. G. M.), respectivamente.

Primera guerra mundial (1914-1918)

Una contienda como la P. G. M. no podía producirse repentinamente; por el contrario, su gestación fue larga. Durante el s. XIX la supremacía del R. U. en Europa fue indiscutible y su significación en el resto del mundo muy grande. Fue además la primera nación en industrializarse y sus productos manufacturados llegaban a todas partes. Otras naciones siguieron también el camino de la industrialización: Francia, Alemania, EE. UU., Italia, Rusia, etc. Como la industria exigía materias primas en cantidad creciente, así como nuevos mercados donde colocar sus productos, comenzó la carrera para llegar los primeros a territorios nuevos, basándose en el derecho del primer ocupante. Francia e Inglaterra se extendieron a placer por África, Asia y Oceanía, Rusia por el continente asiático hacia el E., e Italia, muy posteriormente, por África. En cuanto a Alemania, aunque llegó demasiado tarde, todavía logró bastante, sobre todo por presión política. El R. U., dueño de la ruta del Mediterráneo y de la India gracias a sus posesiones de Gibraltar, Malta, Chipre, Suez y Aden, cuidó celosamente esta vía y su imperio colonial. Rusia, que ha tenido siempre puestos los ojos en la posesión de Constantinopla y de los estrechos del Bósforo y los Dardanelos, alentó en los Balcanes la emancipación de los eslavos del sur de la férula de Turquía. Alemania, hostil a toda expansión eslava, opuso su *pangermanismo* al *paneslavismo* de los rusos y para ello se alió con Austria-Hungría en 1879. Por razones de equilibrio se concluyeron alianzas a fines de siglo entre los estados de Europa: la Triple Alianza (Alemania, Austria-Hungría e Italia) y la Triple Entente (Francia, Rusia y el R. U.). Si además de estos antecedentes se tienen en cuenta las reivindicaciones territoriales de unos países respecto a otros (Francia respecto a Alsacia y Lorena, en poder de Alemania; Italia en relación con Trieste y Trento, que poseía Austria, etc.), los sentimientos de grupos étnicos que aspiraban a la independencia (checos, eslovacos, húngaros, croatas y bosnios, respecto a Austria; polacos, respecto a Rusia, Alemania y Austria, etc.), se comprenderá que las posibilidades de paz no eran demasiado grandes. El 28 de junio de 1914 fueron mortalmente heridos en Sarajevo, capital de Bosnia, territorio eslavo sometido a Austria-Hungría, por un estudiante bosnio llamado Gavrilo Princip, el archiduque Francisco Fernando, heredero del trono de Austria-Hungría, y su esposa. Aunque la complicidad de Serbia en el hecho no pudo probarse, Austria envió un ultimátum a aquel país pidiendo determinadas satisfacciones y dando 24 horas de plazo para la respuesta (23 de julio). Serbia, aconsejada por Rusia, contestó el 25 aceptando todas las demandas menos dos, que atentaban a su autoridad como Estado soberano; pero Austria no se dio por satisfecha, el 28 le declaró la guerra y el 29 bombardeó Belgrado, su capital. Rusia movilizó sus tropas en favor de Serbia la noche del

Maniobras germanas. Colección particular. París

El emperador Francisco José I de Austria, abrumado por el atentado contra su familia en Sarajevo. Portada de *Le Petit Journal* (1914)

30 al 31 de julio, y siguiendo el juego de los tratados, Alemania declaró la guerra a Rusia (1 de agosto) y a Francia y Bélgica (día 3). Bélgica y el R. U. a Alemania (día 4), Austria a Rusia (día 5) y Francia y el R. U. a Austria (día 11). El día 23, Japón declaró también la guerra a Alemania y Austria, con el exclusivo propósito de apoderarse de las posesiones alemanas en Asia (Marianas, Palaos, Kian-Chou), mientras Italia, a pesar de su compromiso con Alemania y Austria, permaneció neutral. Los dos bandos de naciones combatientes en 1914 se agruparon así: de una parte, Alemania y Austria y luego Turquía, y de otra, Bélgica, Francia, el R. U., Japón, Montenegro, Serbia y Rusia. Alemania, directora de las operaciones militares en su bando, con el general Moltke como jefe supremo, confió a los austro-húngaros la contención de rusos y serbios, mientras ella se enfrentaba con Francia. La marcha fue rápida y la caída de París pareció inminente, pero en el Marne se libró la gran batalla en que Joffre (13 de septiembre) obligó a retirarse a los alemanes. El avance alemán fue contenido en Ypres por el mariscal Foch, quien coordinó a belgas, ingleses y franceses y se produjo una estabilización del frente, que duraría alrededor de cuatro años. Austria por su parte, hubo de abandonar el territorio serbio, después de ser reconquistada Belgrado (13 de diciembre). En 1915 entraron en lucha nuevos países, principalmente Italia (20 de mayo), aunque sólo contra Austria-Hungría. Siguió fuerte en sus posiciones Francia. Las fuerzas alemanas de Hindenburg forzaron a los rusos a evacuar Prusia Oriental y Polonia, y si este ataque se detuvo en septiembre para responder a ofensivas francesas en otros frentes, la entrada de Bulgaria en la guerra al lado de los imperios centrales (5 de octubre) fue aprovechada por los germanos para apoderarse de Serbia, en el mismo mes. En otros frentes, los ingleses ocuparon el territorio que Alemania poseía en el SO. de África, desembarcaron, para atacar a Turquía, en el golfo Pérsico y llevaron a cabo campañas en Mesopotamia. El año 1916 estuvo simbolizado por un nombre, Verdún, en el frente francés, donde los aliados, a las órdenes del general Petain, vencieron a los alemanes en varias batallas, que se desarrollaron de febrero a diciembre y fueron especialmente decisivas en la gran contienda. Asociada al problema de Verdún tuvo lugar la batalla del Somme. Los austriacos sufrieron un revés en Italia en las batallas libradas junto al Isonzo.

En el este, los rusos atacaron con éxito a los austriacos en Ternopol (4 de junio), lo cual fue causa de que Rumania entrase en la guerra a favor de los aliados (28 de agosto), al mismo tiempo que Italia declaraba la guerra a Alemania. En Mesopotamia, los turcos derrotaron a los ingleses (Bagdad), y en los Balcanes, Alemania conquistó Rumania; pero estas victorias no compensaron el rudo golpe que habían recibido en Verdún. Los austro-alemanes confiaron entonces el mando único a Hindenburg (6 de septiembre). En el mar, aun dada la indecisa batalla de Jutlandia, el predominio marítimo aliado fue un hecho; sin embargo, la lucha iba a ser titánica. Ya en 1915, el bloqueo naval a que los aliados habían sometido a Alemania había decidido a ésta, aunque muy tímidamente, a empezar a usar el arma submarina; en mayo de 1916 se decidió por los aliados el estrechamiento de ese bloqueo, lo que obligó a Alemania a intensificar la guerra submarina. Esto decidió a EE. UU. a romper sus relaciones con Alemania, y el 2 de abril el Congreso apoyó la declaración de guerra a las potencias centrales, intervención que había de ser decisiva para la terminación de la guerra. En 1918, año final de la guerra, el tratado de Brest-Litowsk (3 de marzo) consagró definitivamente la retirada rusa del conflicto, y Rumania firmó también con Alemania un tratado de rendición (7 de mayo). Estos acontecimientos dieron aliento a los alemanes, París volvió a estar amenazado; pero contenidos en la segunda batalla del Marne (julio), el mariscal Foch, jefe único de los aliados desde el 14 de abril, reforzado por tropas inglesas y americanas, les obligó a retroceder. El Imperio austro-húngaro se derrumbó interiormente. Austria firmó con Italia el armisticio de Padua (3 de noviembre); Bulgaria capituló el 29 de septiembre ante Franchet d'Esperey, quien también conquistó Serbia y Rumania (octubre); el 30 de octubre capituló Turquía, y el 8 de noviembre, Alemania solicitó el armisticio, que entraría en vigor el 11 y que culminó en el Tratado de Versalles (28 de junio de 1919), del que fue la figura más destacada el primer ministro francés Clemenceau. En el orden político, los tres grandes imperios europeos (Alemania, Austria-Hungría y Rusia) desaparecieron como tales, y se formaron diversas naciones. De la desmembración de Austria-Hungría nacieron Austria, Checoslovaquia y Hungría; Bosnia-Herzegovina fue anexionada a Yugoslavia, Transilvania a Rumania, la parte NE. del país a Polonia y el Trentino a Italia. De la disgregación rusa surgieron Estonia, Finlandia, Letonia y Lituania; Besarabia fue anexionada a Rumania, y parte de las tierras occidentales a Polonia. Alemania perdió la Polonia alemana, Alsacia y Lorena, reintegradas a Francia, así como otros pequeños territorios; Polonia se reconstituyó con tierras tomadas a Alemania, Austria y la U. R. S. S. Desaparecidas Alemania y Austria-Hungría como grandes potencias y desentendida la U. R. S. S. transitoriamente de los problemas europeos, el R. U., Francia e Italia, aunque muy quebrantadas, asumieron el papel de naciones rectoras de Europa, mientras EE. UU. pasó a ser la primera potencia mundial. Ni siquiera los vencedores quedaron satisfechos con los tratados de paz, y las estipulaciones impuestas a los vencidos constituyeron un semillero de disgustos y de futuros conflictos. Como consecuencia de uno de los Catorce puntos del presidente de EE. UU. Wilson y del Tratado de Versalles se constituyó la Sociedad de Naciones.

Segunda guerra mundial (1939-1945)

La ineficacia de la Sociedad de Naciones, constituida en 1920, quedó bien pronto patente; ya en los primeros momentos, el Senado de EE. UU. rechazó el pacto de la Sociedad formulando al efecto varias reservas. Tampoco la ausencia de ciertos países importantes como la U. R. S. S. (hasta 1934) aumentaba el bienestar, disminuido asimismo por la retirada de países no menos importantes como Alemania (1933), Italia (1937) y Japón (1938). Las crisis económicas hicieron sentir su peso; en Alemania, en 1933, había 5 millones de parados. Y lo peor fue que la solución se buscó en Hitler ese mismo año, que habría de conducir a Alemania según el más furioso imperialismo belicista. Añádese a esto la formación, en 1937, del eje Roma-Berlín, alianza por la

Escena de la batalla de Craonne, en abril de 1917

Bombardeo alemán sobre Varsovia (1 de septiembre de 1939)

que, entre otras cláusulas, Hitler reconoció el imperio italiano en África. Si a todo esto se suman, como colofón nada despreciable, las aspiraciones de Japón y EE. UU. al dominio en el Pacífico, se tendrá en conjunto que las naciones poderosas del mundo se hallaban en una tesitura violenta. Alemania, previa firma con la U. R. S. S. de un pacto de amistad y no agresión (23 de agosto de 1939), invade Polonia (1 de septiembre) debido a sus ambiciones sobre Danzig y su pasillo, la Pomerania. En poco tiempo es conquistada Polonia, gracias a la *Blitzkrieg* (guerra relámpago). La intervención de las tropas rusas (17 de septiembre) precipitó aún más la invasión. El día 27 capitula Varsovia, y el 29 se firma un acuerdo entre los dos ocupantes para el reparto de territorios. El 19 de octubre se firma un pacto militar de ayuda mutua anglofrancoturca. En el E. destaca la heroica resistencia de Finlandia, que fue invadida por la U. R. S. S. el 30 de noviembre. En Extremo Oriente, Japón continúa con China la guerra que inició en julio de 1937. El 9 de abril de 1940 el Reich ocupa totalmente Dinamarca en veinticuatro horas y ataca a Noruega, donde se entabla una dura lucha aeronaval, con numerosos desembarcos de tropas aliadas; pero la lucha se decide, al poco tiempo, a favor de los nazis, que instalan en Oslo el gobierno de Quisling. El 10 de mayo se produce la invasión alemana de Bélgica, Holanda y Luxemburgo, dirigida por el general Guderian. El mismo día se encarga de la jefatura del Gobierno inglés Winston Churchill por dimisión de Chamberlain. El 13 es forzada la frontera francesa, en Sedán, en la parte más débil de la línea Maginot; el día 15 capitula Holanda y el 28 se produce la rendición de Bélgica. La batalla de Francia también se efectúa a ritmo rápido, después del reembarque aliado en Dunkerque (3 de junio), y París es ocupado el día 14. El 22 se ultimaron las negociaciones del armisticio entre Alemania y Francia, con el que gran parte de Francia, toda la costa atlántica y el canal de la Mancha quedaban en poder de Alemania. Mientras, se formaba un gobierno en Vichy bajo el mando del mariscal Petain, y De Gaulle, por otra parte, después de huir a Inglaterra y constituirse en jefe de la resistencia francesa, al lado de los ingleses dirigía desde la radio de Londres el movimiento La France Libre. Dueños los nacionalsocialistas de toda la costa atlántica cercana a Inglaterra, comenzaron, para preparar la invasión, los ataques aéreos a través del canal. Éstos se iniciaron en julio, aunque hasta el 7 de septiembre no tiene lugar el primer bombardeo a gran escala de Londres. No se logró, ni mucho menos, el éxito esperado, debido a las enérgicas contraofensivas inglesas. Pasada la estación propicia sin el resultado esperado, Hitler aplazó la invasión hasta la siguiente primavera. El Eje consolidó su poder, pues Ribbentrop, Ciano y Kuruso (por parte de Alemania, Italia y Japón, respectivamente) firmaron el 27 de septiembre el Pacto Tripartito de amistad y ayuda mutua. En cambio, Alemania no logró el paso de sus tropas por España, que hubiese significado la toma de Gibraltar y un paso decisivo en el dominio del Mediterráneo, donde Italia quedaba, gracias a la defección de Francia, libre para enfrentarse con el R. U., secundando a la vez la acción del Reich en los Balcanes; y así, mientras éste ocupaba Rumania (7 de octubre), Italia atacó a Grecia (día 28), aunque chocó con la resistencia de Papagos. El R. U. ocupó Creta (4 de noviembre) y demostró además su predominio marítimo sobre Italia en el ataque que realizó a la base naval de Tarento (noche del 11 al 12); EE. UU. entró en la guerra el 8 de diciembre del año siguiente (1941), pero desde los comienzos de la lucha su apoyo a las democracias con armamento y toda clase de abastecimientos fue notorio. A principios de 1941, la acción alemana va orientada por el plan secreto del futuro ataque a la U. R. S. S. Antes desea Hitler haber terminado con los asuntos pendientes en los Balcanes. En marzo invadió a Bulgaria; a finales de mes, un golpe de Estado antinazi en Yugoslavia desbarató los proyectos del Führer, empeorando el asunto a causa del pacto

Italianos avanzando sobre Grecia (mayo de 1941)

de no agresión que Yugoslavia firmó con la U. R. S. S. y que fue calificado por Alemania de provocación rusa. Alemania e Italia declararon la guerra a Yugoslavia (6 de abril) y la primera lo hizo también, el mismo día, a Grecia; Kleist entró en Belgrado el 13 y el 27 fue conquistada Atenas, tras duras campañas contra tropas griegas e inglesas. El éxito germano en Grecia se coronó con la conquista de Creta (31 de mayo) y la expulsión de los ingleses de la isla. EE. UU. intensificó su ayuda al R. U. con una ley de Préstamo y Arriendo (*lend and lease*), 2 de marzo, de material bélico, ayuda que habría de culminar en la firma de la Carta del Atlántico (agosto), en la que también se concretaron las bases para la futura paz. Quizá el extraño viaje de Hess, en avión particular al R. U., donde quedó prisionero, obedeció a un intento de obtener una paz por separado, antes de la invasión de la U. R. S. S. Ésta comenzó en la madrugada del 22 de junio sin previa declaración de guerra. El frente iba de N. a S. y se atacó a la vez por todos los flancos. Los nazis, al final del año, contaron con enormes territorios; países bálticos, Rusia Blanca, Ucrania y la península de Crimea, excepto Sebastopol, con ciudades tan importantes como Kiev, Odessa, Jarkov y Yalta, llegando a 25 km. de Moscú (5 de diciembre). A los pocos días, sin embargo, gracias a la defensa de Khukov, la capital estaba salvada. El R. U. derrotaba el 28, junto al cabo Matapán, a una flota italiana, sin pérdidas inglesas. Siguieron otros triunfos contra Italia en Eritrea y Addis Abeba; casi toda Etiopía (7 de abril) quedó ocupada. A fines de noviembre, con el dominio total de este país quedó rota la resistencia italiana en África oriental. También en el Próximo Oriente se extendió el dominio inglés a Irak (mayo), Siria y Líbano. En el Extremo Oriente, Japón activó su intervención en Indochina, ocupando Cochinchina a finales de julio. Pero el hecho verdaderamente decisivo de este año, y casi de la guerra, es la declaración de guerra de EE. UU. a Japón (8 de diciembre), como consecuencia del ataque nipón por sorpresa a la flota estadounidense fondeada en Pearl Harbor, Hawai. Pocas horas después de la entrada de EE. UU. en la contienda, declaró la guerra a Japón el R. U., seguido poco después de otras muchas naciones de América. El día 11 declararon la guerra a EE. UU. las potencias del Eje. Al principio de 1942, las ofensivas japonesas son realizadas a ritmo muy veloz. Simultáneamente con el ataque a Pearl Harbor, hacen lo mismo en Shanghai y realizan incursiones sobre Singapur, Davao (en la isla filipina de Mindanao) y Guam. El ataque contra Hong-Kong es proseguido. Tailandia es obligada a capitular, y firma con Japón un pacto de alianza, comprometiéndose ambas partes a no concertar una paz por separado con una tercera potencia. Sin hallar obstáculos de importancia logran desembarcar en dos puntos de la isla de Luzón, Filipinas, y se apoderan de Guam. Hacen lo mismo en la costa N. de Borneo y ocupan el principado de Sarawak. En Filipinas, Mac Arthur, a cargo de la defensa de las islas, se ve forzado a acortar sus líneas y a fortificarse en la provincia de Pampanga; Manila no tarda en ser ocupada. El 8 de febrero establecen una cabeza de puente en la costa occidental de la isla de Singapur, donde desembarcan. El día 15 la fortaleza y la base naval son toma-

Infantería australiana entrando en una refinería de petróleo de Borneo, incendiada por los japoneses en su retirada

das por los japoneses. El fracaso de Yamamoto en Midway, frente a las fuerzas aeronavales de Nimitz (6 de junio), impidió a Japón el acercamiento a Hawai, desde donde con facilidad habría bombardeado las costas de California. El 8 de mayo, la armada japonesa había sufrido ya una derrota en el mar de Coral, y esta de Midway vino a agravarla. Ambas señalan el límite máximo de expansión guerrera a que llegaron los japoneses. El 7 de agosto comienzan las operaciones estadounidenses contra la isla de Guadalcanal, y se traba una larga lucha que se prolonga varios meses (7 de febrero de 1943) con resultado favorable para EE. UU. En el terreno político se multiplicaban los vínculos aliados para la unificación de esfuerzos. Sin embargo, el mando interaliado no tenía la misma coordinación en Oriente que en Europa. Además había cierta molestia en las relaciones interaliadas, debido al pacto de no agresión, acerca de sus fronteras, entre Japón y la U. R. S. S., pacto que concluyó el 15 de mayo. En el N. de África no fueron demasiado bien las cosas para el Eje. En El Alamein, la ofensiva de Rommel, cuyos éxitos en Libia le habían valido el bastón de mariscal, quedó estancada en julio; a fines de octubre se inició la contraofensiva inglesa al mando de Montgomery, que terminaría con la derrota italoalemana. El 7 de noviembre, los aliados arribaban al litoral de Marruecos y Argelia en una armada de 850 navíos (la mayor

El mariscal Montgomery

hasta entonces vista en el mundo), bajo el mando del general Dwight Eisenhower. Las discrepancias de Hitler y los vidriosos planes de Vichy dificultaron la acción alemana. Mientras Giraud organiza las fuerzas desidentes de Vichy para colaborar con los aliados, el día 11, Darlan ordena, con la secreta anuencia de Petain, que todas las guarniciones del N. de África observen la más estricta neutralidad hacia los aliados. El Führer, en respuesta, ocupó la zona francesa libre, violando así el armisticio de 1940. La flota francesa de Tolón es hundida (27 de noviembre) por su tripulación para evitar que caiga en manos de Alemania. Los acontecimientos en el E. quedaron estacionados al principio de 1942 como consecuencia de la batalla de Moscú. En mayo consiguió Alemania, en una ofensiva en Crimea, acercarse a Sebastopol, que cayó el 2 de julio. Continuó el avance hacia el Cáucaso, en afanosa búsqueda de los pozos petroliferos, a la vez que el general Von Paulus alcanzaba (20 de agosto) los alrededores de Stalingrado, a pesar de las operaciones defensivas de Timoshenko. Casi al mismo tiempo caía Rostov, puerta del Cáucaso, y el puerto de Novorossisk; el avance proseguía hacia formar una gran bolsa cuyo vértice no estaba lejos del monte Elbrus. Pero el hecho importante de este frente, que cambió el rumbo de la guerra en Europa, fue la batalla de Stalingrado, que se prolongó desde los primeros días de septiembre hasta entrado el año siguiente, terminando con el total fracaso de las tropas del Reich. En 1943 se fue bosquejando ya la victoria aliada. Después del triunfo que obtuvo Montgomery en Trípoli (23 de enero), las victorias aliadas en Gafsa (17 de marzo), Sfax (10 de abril), Susa (12 de abril), Mateur (3 de mayo), Túnez y Bizerta (7 de mayo) culminarían en la rendición total del Eje en el N. de África (12 de mayo), ocupando el mando supremo de los ejércitos aliados el general Eisenhower. Hitler, ante tanto fracaso, intentó al menos mantener aliados a sus países satélites, con cuyos jefes Boris de Bulgaria (marzo), Antonescu (enero y abril) y Mussolini (abril), celebró sendas conferencias. El frente de Italia se concretó el 11 de junio, fecha en que comenzó la invasión aliada. Antes de dos meses Sicilia entera fue conquistada. Ello contribuyó sin duda a la caída de Mussolini (25 de julio), que pocas horas después era detenido; el rey Víctor Manuel encargó la formación de gobierno a Badoglio. Éste firmó (3 de septiembre) la rendición de Italia; pero el Duce fue liberado (día 12) por los nazis y, después de proclamar en el N. de Italia la República Fascista Italiana o República de Saló, continuó la lucha contra los aliados. Las fuerzas aliadas tomaron Nápoles el 1 de octubre, y en el mismo mes conquistaron también las regiones de Campania y Apulia. Fueron sobre todo importantes las conversaciones de Teherán (28 de noviembre - 3 de diciembre) entre Churchill, Roosevelt y Stalin. En ellas se trataron, entre otros temas, los planes de guerra en Extremo Oriente, ayuda a China y apertura inmediata del segundo frente en Europa mediante la invasión aliada de sus costas occidentales. Durante la segunda mitad del año se intensificaron los ataques aéreos a las ciudades más importantes de Alemania (Hamburgo, Francfort, Düsseldorf) y a la zona industrial del Ruhr. Precisamente un hecho destacado en este período lo constituye el ataque y destrucción de las presas del Edder y del Möhne, en la noche del 16 al 17 de mayo, que produjo la inundación de una extensa zona del Ruhr y de Westfalia. También sufrió Alemania enormes pérdidas en su poderío naval por causa de los ataques aéreos a sus bases de submarinos, como en Saint-Nazaire (Francia). En Extremo Oriente, el desastre japonés comenzará en Guadalcanal, pues aunque la contraofensiva estadounidense-australiana no sería demasiado rápida, las fuerzas niponas fueron perdiendo conquistas, a pesar de su inicial superioridad naval, gracias al predominio aéreo de EE. UU. y a lo avezada que estaba la infantería australiana en la lucha en la jungla. En sucesivas campañas se consiguió la liberación de las islas Aleutianas (agosto), Gilbert, Salomón y Nueva Guinea. En el penúltimo año de guerra (1944), los acontecimientos se precipitaron en contra del Eje. Sobre todo en Europa, las victorias rusas de Leningrado y Ucrania constituyeron fuertes impulsos para la causa aliada en el frente del E.; en agosto cayó Varsovia, prosiguiendo con tesón el empuje bolchevique. La reconquista de los países bálticos y de los balcánicos son triunfos que se apunta la U. R. S. S. En el frente meridional ocurre la ocupación inglesa de Grecia, finalizada casi a fines de año. En Italia, el ejército de EE. UU. atraviesa la línea Gustavo. La toma de Roma (5 de junio) y Florencia no logra, sin embargo, impulsar a los aliados lo suficiente como para desbordar la línea Gótica en su totalidad. Pero las principales batallas de este año son las que derivaron del gran desembarco aliado en Normandía (6 de junio).

Tropas británicas adentrándose en Normandía

El mando supremo lo ostentaba Eisenhower, y el general Montgomery dirigió el grupo de tropas que inició el ataque. La resistencia alemana en este sector, que mandaba Rommel, era encarnizada; sin embargo, tras la toma de la península de Cotentin vino la de Bretaña y el avance implacable hacia París, que fue liberado el 25 de agosto. El rápido avance hacia el N. seguía paralelamente a los triunfos aliados en Normandía. A fin de año no quedaban a los nazis en Francia sino algunos territorios aislados. En manos de los aliados estaban también casi toda Bélgica y Holanda meridional, y se luchaba encarnizadamente en la línea Sigfrido. En el frente del Pacífico se habían reconquistado parcial o totalmente, en abril, Nueva Guinea, el archipiélago de Salomón, las Marshall y varias de las Carolinas (Truk, Ponapé, etc.). Hacia finales de septiembre se conquistan las Palaos. Entre los días 24 y 25, una flota japonesa en las proximidades de Mindoro, una segunda en Leyte y una tercera al S. de Formosa, son derrotadas y puestas en fuga por las fuerzas navales estadounidenses. En noviembre comienza la serie de ataques aéreos, por superfortalezas, a Tokio y las principales ciudades industriales niponas, como Nagoya y Omura, grandes centros productores de aviones. En Birmania, las fuerzas de Stillvell se unen con las de Chiang Kai-shek (mayo). Sin embargo, los japoneses obtienen victorias en territorio chino (diciembre). La Conferencia de Yalta, entre Churchill, Roosevelt y Stalin (7-12 de febrero de 1945), puntualizó la rendición incondicional del Reich y la ocupación por las grandes potencias, y exhortó a Alemania, en su beneficio, a no retardar por más tiempo la deposición de las armas. El 12 de abril impresionó profundamente al mundo entero el repentino fallecimiento del presidente Roosevelt; lo sustituyó el vicepresidente Harry S. Truman. El día 25 se inauguró la Conferencia de San Francisco, con la asistencia de 46 naciones. En ella se redactó la Carta de las Naciones Unidas, base de la constitución de la O. N. U. En Europa se libró la lucha final por la conquista de Alemania. Esta gran ofensiva comenzó el 22 de febrero: cuatro poderosos ejércitos aliados penetran, el 26 de febrero, a través de las defensas de la línea Sigfrido. En su avance hacia Berlín, el 11 de abril, tres ejércitos estadounidenses con un total de un millón de hombres ocupan Coburgo, Erfurt y Magdeburgo. El día 19, los dos bastiones de las últimas defensas nazis, en el centro de Alemania, Leipzig y Halle, caen en poder de las fuerzas estadounidenses. La campaña en el N. de Alemania puede darse como prácticamente terminada con la rendición de Hamburgo, En el NO. del continente la guerra termina oficialmente a las ocho de la mañana del 5 de mayo. En Italia, la caída de Bolonia (21 de abril) desmoralizó a los alemanes, cuya retirada hacia el valle del Po realizaron desordenadamente. Los acontecimientos se precipitan aún más al estallar, la noche del 26, una gran revuelta patriótica por todo el N. de Italia, iniciada por el Comité de Liberación, que pronto se adueñó de grandes ciudades como Milán, Turín y Génova. Mussolini trató de refugiarse en Suiza, pero fue hecho prisionero, cerca de la frontera, el 27 de abril por patriotas italianos, juntamente con su compañera Clara Petacci y unos cuantos personajes más; todos ellos fueron asesinados dos días después. El 1 de mayo, el general alemán Vietinghoff Schell firmó la rendición. En el frente oriental, el 12 de febrero, Koniev, al mando de los ejércitos rusos juntamente con Zhukov, inició la ofensiva en la región de Sandomierz. La ofensiva rusa prosigue con acelerado ritmo y el 19 de enero se anuncia la caída de Cracovia y Lodz en manos de los ejércitos de Koniev y de Zhukov, respectivamente. El día 29, con la posesión de Memel por los rusos, toda Lituania es liberada. Budapest, después de seis semanas de sitio, es ocupada totalmente el 13 de febrero, y Viena capituló el 12 del mes siguiente. El día 25, Berlín queda cercada por completo al unirse las vanguardias de los ejércitos de Zhukov y Koniev al NO. de Potsdam, y luego de dos semanas de sitio, cae ante el empuje de las fuerzas rusas el 2 de mayo; con esto, el derrumbamiento militar nazi es completo, anunciándose al mismo tiempo la muerte de Hitler y de Goebbels en la capital alemana. La rendición sin condiciones se

Stumpf, Keitel y Friedeburg escuchan las condiciones de rendición dictadas por las Naciones Unidas

firmó en Reims el 7 de mayo, ratificándose por el mariscal Keitel en Berlín al día siguiente. La Conferencia de Potsdam (17 de julio - 2 de agosto), en que se reunieron los llamados tres grandes, Truman, Churchill y Stalin, buscó solución a los problemas derivados de la S. G. M. En el curso de la conferencia, Attlee, nuevo jefe del Gobierno inglés, reemplazó a Churchill. Se creó un Consejo formado por ministros de Asuntos Exteriores de los cinco grandes (R. U., EE. UU., U. R. S. S., Francia y China), encargado de tramitar los tratados de paz con cada país vencido. En el frente del Pacífico tuvo lugar la terminación de la conquista de Filipinas como punto inmediato de lanzamiento sobre Japón. El 5 de julio pudo anunciar Mac Arthur que el archipiélago, salvo lugares insignificantes en poder de las guerrillas, había sido reconquistado. Poco antes de esta fecha se había emprendido el asalto a la isla de Borneo. De abril a junio tuvo lugar la toma de Okinawa, desde Ivo-Jima, isla ésta que fue el primer territorio nipón ocupado por EE. UU. En el continente asiático los aliados conquistan Birmania (el 3 de mayo, entrada en Rangún); en el último momento, la U. R. S. S. declaró la guerra a Japón, y su acción contra éste en Manchuria contribuyó de modo eficaz a la aceleración de la victoria. Finalmente, aunque los aliados no previeron próxima la terminación de la contienda, las catástrofes ocasionadas en Hiroshima y Nagasaki (6 y 9 de agosto, respectivamente) por la explosión de dos bombas atómicas, decidieron

El general Yoshira Umeza firma la rendición japonesa ante Mac Arthur (izquierda) y su jefe de Estado Mayor Sutherland (2 de septiembre de 1945)

que Japón ofreciese la rendición sin condiciones. La capitulación se firmó el 2 de septiembre a bordo del *Missouri*, acorazado estadounidense fondeado en la bahía de Tokio. ‖ **del Opio.** La desarrollada entre Inglaterra y China (1838-1842). En virtud del tratado de Nanking, los ingleses consiguieron que China aceptase la venta en su territorio de opio procedente de las colonias inglesas. ‖ **de los Treinta Años.** Con este nombre se conoce la contienda que, comenzada en Alemania, se extendió después a otras naciones europeas (1618-48). Al ser coronado rey de Bohemia el archiduque Fernando (1617), la minoría católica se creció y los protestantes efectuaron la demostración que se conoce con el nombre de *defenestración de Praga*, porque arrojaron por la ventana de la Sala de Juntas a dos de los regentes (23 de mayo de 1618). Constituyeron un gobierno provisional, y cuando su soberano sucedió como emperador de Alemania a Matías, con el nombre de Fernando II, nombraron rey al elector palatino Federico, que era protestante, y la aceptación de éste fue el comienzo de la guerra. Fernando II, apoyado por los católicos y hasta por algunos protestantes, derrotó a los checos cerca de Praga y realizó una terrible represión. En 1621, los católicos derrotaron a Federico, lo que ocasionó la intervención de Jacobo I de Inglaterra, cuñado de aquél; Dinamarca acudió también en auxilio de los protestantes y fue derrotada. Al mismo tiempo, Wallenstein organizaba un ejército que, junto con el mandado por Tilly, constituía el principal apoyo de Fernando. En 1630, el rey de Suecia Gustavo Adolfo se declaró partidario de los protestantes y obtuvo algunos triunfos sobre las armas imperiales (1632). No tardó en intervenir también Francia, que envió un ejército de 12.000 hombres para unirse a los protestantes, mientras promovía disturbios en España y Portugal, que ayudaban a la causa de Fernando, ahora representada por su hijo Fernando III. Los franceses obtuvieron triunfos tan definitivos, ayudados por los suecos, que el emperador se vio obligado a pedir la paz, firmándose ésta en Westfalia (1648).

Guerrazzi (Francesco Domenico). Biog. Político, abogado y literato italiano, n. en Liorna y m. en Cinquantina (1804-1873). Publicó: *La batalla de Benevento, El sitio de Florencia*, escrita en la cárcel, y *Beatriz Cenci*. V. **Cenci (Beatriz).**

guerreador, ra. adj. Que guerrea o que es inclinado a la guerra. Ú. t. c. s.

guerreante. p. a. de **guerrear.** Que guerrea.

guerrear. fr., *guerroyer*; it., *guerreggiare*; i., *to war*; a., *kämpfen*. intr. Hacer guerra. Ú. t. c. tr. ‖ fig. Resistir, rebatir o contradecir.

guerrera. f. Chaqueta ajustada y abrochada desde el cuello, que forma parte de ciertos uniformes del ejército.

guerreramente. adv. m. A modo o en forma de guerra.

guerrerense. adj. Natural del est. mejicano de Guerrero o de poblaciones mejicanas del mismo nombre, o perteneciente a dicho est. o poblaciones. Ú. t. c. s.

guerrería. (De *guerrero*.) f. ant. Arte de la guerra.

guerrero, ra. fr., *guerrier*; it., *guerriero*; i., *warrior*; a., *Krieger*. adj. Perteneciente o relativo a la guerra. ‖ Que guerrea. Apl. a pers., ú. t. c. s. ‖ Que tiene genio marcial y es inclinado a la guerra. ‖ fig. y fam. Travieso, que incomoda y molesta a los demás. ‖ m. **soldado,** el que sirve a la milicia. ‖ **Zool.** *Mur.* Herrerillo u ollera, pájaro.

Guerrero (Francisco). Biog. Compositor español, n. y m. en Sevilla (1527-1599). Fue eminente compositor de música religiosa, en el estilo polifónico. ‖ **(José Gustavo).** Jurisconsulto y diplomático salvadoreño, n. en San Salvador y m. en La Habana (1876-1958). Fue magistrado del Tribunal Permanente de Justicia Internacional de La Haya y de la Corte Internacional de Justicia, instituciones que también presidió. ‖ **(León María).** Botánico filipino, n. en Ermita (1853-1922). Fue profesor de la Universidad de Santo Tomás de Manila y ministro de Agricultura. Con sus trabajos ha contribuido a divulgar la flora del archipiélago. ‖ **(Manuel S.).** Médico y literato filipino, n. y m. en Ermita (1877-1919). Escribió magníficos cuentos, leyendas y tradiciones de su patria. Entre ellos: *El árbol de oro* y *Antamok*. De sus obras profesionales destacan: *Tratamiento del beriberi infantil* y *La mortalidad infantil en Manila*. ‖ **(María).** Actriz española, n. y m. en Madrid (1868-1928). Contribuyó extraordinariamente al esplendor del teatro español. Aunque su repertorio abarcaba todos los géneros, se distinguió más en la tragedia. Estrenó cerca de 150 obras. A su iniciativa se debe la construcción del Teatro Cervantes, de la c. de Buenos Aires. ‖ **(Vicente).** General mejicano, n. en Tixtla y m. en Oaxaca (1783-1831). Luchó por la independencia de su patria, y conseguida ésta, ocupó la presidencia de la República en 1829. ‖ **(Xavier).** Pintor mejicano, n. en San Pedro de las Colonias en 1896. Colaboró con Diego Rivera en los murales del anfiteatro Bolívar y con Roberto Montenegro en el antiguo colegio de San Pedro y San Pablo. Entre sus obras deben mencionarse: murales en una escuela de Chillán (Chile) y en el hipódromo de Santiago de Chile, y también en Ciudad de Méjico, Cuernavaca y Guadalajara. ‖ **Galván (Jesús).** Pintor mejicano, n. en Tonalá en 1912. Ha ejecutado numerosos murales en edificios públicos y, como litógrafo, una colección de dibujos con el título de *Los paladines de la Libertad*. ‖ **Gutiérrez (Lorenzo).** Político y diplomático nicaragüense, n. en Granada en 1900. Vicepresidente de Nicaragua durante la presidencia de René Schick, le sucedió a su muerte en agosto de 1966, hasta mayo de 1967. ‖ **y Torres (Jacinto).** Compositor español, n. en Ajofrín y m. en Madrid (1895-1951). Con su primera obra, *La alsaciana*, obtuvo gran éxito y se colocó entre los más populares compositores de zarzuelas, entre las que destacan: *La montería, Los gavilanes, El huésped del Sevillano, La rosa del azafrán, La sombra del Pilar* y *El canastillo de fresas*, obra póstuma. **Geog.** Est. meridional de Méjico, en la costa del Pacífico; 63.794 km.² y 1.597.360 h. Cap., Chilpancingo de los Bravo. ‖ Mun. de Méjico, est. de Coahuila de Zaragoza; 2.650 h. ‖ Villa cap. del mismo; 945 habitantes. ‖ Mun. de Méjico, est. de Chihuahua; 35.877 h. ‖ C. cap. del mismo; 3.110 h. Hasta enero de 1969, la capital se denominó *Ciudad Guerrero*. ‖ Mun. de Méjico, est. de Tamaulipas; 4.249 h. Cap., Nueva Ciudad Guerrero.

Guerrico. Geog. Local. de Argentina, prov. de Buenos Aires, part. de Pergamino; 990 h.

Guerrier (Philippe). Biog. General haitiano de raza negra, n. en Santo Domingo y m. en Jamaica (1773-1845). Sucedió en la presidencia de la República a Charles Rivière Hérard en 1844, falleciendo tras una corta administración.

guerrilla. (dim. de *guerra*.) f. **escaramuza,** pelea de poca importancia. ‖ Partida de tropa ligera, que hace las descubiertas y rompe las primeras escaramuzas. ‖ Partida de paisanos, por lo común no muy numerosa, que al mando de un jefe particular y con poca o ninguna dependencia de los del ejército, acosa y molesta al enemigo. ‖ Pedrea entre dos grupos de muchachos. ‖ Antiguo juego de naipes. ‖

Francisco Guerrero, grabado por Pacheco. Museo Lázaro Galdiano. Madrid

guerrillear–guía

en guerrilla. loc. En grupos poco numerosos. || Aisladamente, separados unos de otros.

guerrillear. intr. Pelear en guerrillas.

guerrillerismo. m. Mil. Modo de hacer la guerra en guerrillas, que ofrece ciertas ventajas en los países montañosos y de malas comunicaciones. En España es tradicional y fue especialmente fecundo durante la guerra de la Independencia. En la S. G. M. tuvo un gran cometido el guerrillerismo en algunos de los países invadidos por Alemania, como los llamados maquis y partisanos.

guerrillero. m. Paisano que sirve en una guerrilla, o es jefe de ella.

Guerrita. Biog. Guerra Bejarano (Rafael).

Güesa. Geog. Mun. de España, prov. de Navarra, p. j. de Aoiz; 138 h. || Villa cap. del mismo; 64 h.

Guesálaz. Geog. Mun. de España, prov. de Navarra, p. j. de Estella; 779 h. Corr. 86 a la cap., en el lugar de Muez.

Guesalíbar Santa Águeda. Geog. Barrio de España, prov. de Guipúzcoa, mun. de Mondragón; 1.992 h. Importante balneario de aguas sulfuradocálcicas (14 a 16°), recomendadas en las enfermedades de la piel y de la nutrición. En este balneario fue asesinado Antonio Cánovas del Castillo. Hasta 1970 se denominó *Santa Águeda.*

Guesclin (Bertrand du). Biog. Aventurero francés, n. en Motte-Broon y m. en Randon (1314-1380). Condestable de Francia más tarde, que después de arrojar a los ingleses de su país, pasó a España con sus *compañías* en auxilio de Enrique de Trastámara y contribuyó poderosamente al triunfo de éste sobre su hermano Pedro I.

gueto. (Del it. *ghetto*, abr. de *borghetto*, ciudad pequeña, dim. de *borgo*.) m. Barrio en que vivían o eran obligados a vivir los judíos en algunas ciudades de Italia y de otros países. También se le llama judería. || Por ext., barrio de una c. habitado por miembros de una minoría racial, religiosa o cultural, sometidos, por lo general, a presiones sociales, económicas o legales.

gueux. (Voz francesa que sign. *mendigo*.) m. Hist. Individuo sublevado contra el dominio español en Flandes.

Guevara (fray Antonio de). Biog. Escritor y prelado español, n. en Treceño y m. en Valladolid (1480-1545). Perteneció a la Orden franciscana. Fue predicador y cronista de Carlos I, y obispo de Guadix y de Mondoñedo. Entre sus obras más famosas figuran: *Libro llamado reloj de príncipes* y *Menosprecio de Corte y alabanza de aldea.* || **(Ernesto). Guevara de la Serna (Ernesto).** || **(Miguel de).** Poeta mejicano, agustino (1585-1646). Autor de hermosos sonetos, muchos le atribuyen la paternidad del famoso *No me mueve, mi Dios, para quererte...*, que se halló manuscrito, con otras poesías suyas, en un cuaderno de su propiedad. || **Arce (Walter).** Político boliviano, nacido en Cochabamba en 1912. Estudió Derecho en la Universidad de San Andrés, donde posteriormente fue profesor. Ha sido embajador de Bolivia ante la O.E.A. y las Naciones Unidas, y presidente de la República (agosto-noviembre de 1979). || **de la Serna (Ernesto).** Político cubano, de origen argentino, más conocido por *Che Guevara* o *Ernesto Che Guevara*, n. en Rosario y m. en Valle Grande (1928-1967). Siendo estudiante de Medicina en Buenos Aires, se manifestó varias veces contra la política de Perón. En 1952 abandonó los estudios y tomó parte en las revueltas de Bolivia, Guatemala (1954) y Perú, destacándose siempre en los grupos extremistas. En Méjico conoció a los hermanos Castro, con los que trabó gran amistad y a los que acompañó en la invasión y la campaña de Sierra Maestra. Fidel le nombró su lugarteniente. Después del triunfo de la revolución fidelista ocupó importantes cargos, como di-

Ernesto Guevara de la Serna

rector del Instituto Nacional de Reforma Agraria (1959), ministro de Economía, director del Banco Nacional de Cuba (1960) y ministro de Industria (1961-65). Posteriormente se incorporó a las guerrillas en los países donde había luchas revolucionarias. Tras ser cogido prisionero en un combate contra las fuerzas gubernamentales bolivianas en la región de Valle Grande, fue muerto después. Escribió, entre otras obras: *Guerra de guerrillas* (1960), *Recuerdos de la guerra revolucionaria* (1963), *El socialismo y el hombre en Cuba* (1965) y *Diario de campaña* (1967), publicado después de su muerte. || **Geog.** Mun. de Venezuela, est. de Nueva Esparta, dist. de Gómez; 2.852 h. Cap., Tacarigua. || **y Lira.** Mun. de Venezuela, est. de Anzoátegui, dist. de Anaco; 30.513 h. Cap., Anaco.

Guevea de Humboldt. Geog. Mun. de Méjico, est. de Oaxaca; 2.422 h. || Pueblo cap. del mismo; 1.048 h.

Güevéjar. Geog. Mun. y lugar de España, prov. y p. j. de Granada; 940 h.

güevillgüevill. m. Bot. Chile. Nombre de la solanácea *vestia lycioides.*

guevun. m. Bot. Planta de la familia de las celastráceas, cuyo fruto es la avellana de Chile (*guevuina avellana*).

guezalé. (Quizá del mismo origen que *quetzal*.) m. Zool. Ave piciforme de la familia de los ranfástidos, especie de tucán propio de Colombia. Su nombre científico es *ramphastos cuvieri.*

Guggenheim. Geneal. Familia de capitalistas estadounidenses que estableció importantes fundaciones filantrópicas.

Guggiari (José Patricio). Biog. Jurisconsulto, político y periodista paraguayo, n. en Asunción y m. en Buenos Aires (1884-1957). Tras ocupar diversos cargos, culminó su actuación pública con el desempeño de la presidencia de la República en los años 1928-31 y en 1932.

Guglielmi o **Giuglielmi (Rodolfo). Biog.** Actor italiano de cine, más conocido por *Rodolfo Valentino*, n. en Castellaneta y m. en Nueva York (1895-1926). Famoso en los papeles de galán, figuran entre sus películas: *Los cuatro jinetes del Apocalipsis* (1920), *Sangre y arena, Monsieur Beaucaire, El Águila Negra* y *El hijo de Caíd.*

guguca. m. Zool. Ave cuculiforme, arborícola, que vive en las selvas de África oriental (*crinifer zonurus*).

guía. fr., *guide*; it., *guida*; i., *guide, leader*; a., *Führer.* (De *guiar*.) com. Persona que encamina, conduce y enseña a otra el camino. || El

Guetaria. Vista parcial del puerto

Guetaria. Geog. Mun. de España, prov. de Guipúzcoa, p. j. de Azpeitia; 2.633 h. El islote de San Antón, de 112 m. s. n. m., sit. muy próximo a tierra, constituye un conjunto denominado familiarmente *Ratón de Guetaria*, por asemejarse su forma a este roedor. || Villa cap. del mismo; 2.138 h. Pequeño puerto, abundante pesca. En el puente que da entrada a la cap. se levanta una estatua de Juan Sebastián de Elcano, natural de esta villa.

que en los juegos y ejercicios de a caballo conduce una cuadrilla. ‖ fig. Persona que enseña y dirige a otra para hacer o lograr lo que se propone. ‖ m. Persona autorizada para enseñar a los forasteros las cosas notables de una ciudad, o para acompañar a los visitantes de un museo y darles alguna información sobre los objetos expuestos. ‖ Sargento o cabo que, según las varias evoluciones, se coloca en la posición conveniente para la mejor alineación de la tropa. ‖ Manillar de la bicicleta. ‖ En Colombia, gamarra del arnés del caballo. ‖ f. Lo que en sentido figurado dirige o encamina. ‖ Poste o pilar grande de cantería que se coloca de trecho en trecho, a los lados de un camino de montaña, para señalar su dirección, especialmente durante las nevadas. ‖ Tratado en que se dan preceptos para encaminar o dirigir en cosas, ya espirituales o abstractas, ya puramente mecánicas. ‖ Lista impresa de datos o noticias referentes a determinada materia. ‖ Despacho que lleva consigo el que transporta algunos géneros, para que no se los detengan ni descaminen. ‖ Mecha delgada con pólvora y cubierta con papel, que sirve para dar fuego a los barrenos, y en los fuegos de artificio para guiarlo a la parte que se quiere. ‖ Sarmiento o vara que se deja en las cepas y en los árboles para dirigirlos. También se llama así el tallo principal de las coníferas y otros árboles. ‖ Palanca que sale oblicuamente de lo alto del eje de una noria para enganchar en ella la caballería, o del de un molino de viento para orientarlo. ‖ Pieza o cuerda que en las máquinas y otros aparatos sirve para obligar a otra pieza a que siga en su movimiento camino determinado. ‖ Caballería que, sola o apareada con otra, va delante de todas en un tiro fuera del tronco. ‖ Cada uno de los extremos del bigote cuando están retorcidos. ‖ Especie de fullería en los naipes. ‖ Cada una de las dos varillas grandes del abanico. ‖ En Vizcaya, pieza de madera de hilo, de roble, de 12 a 14 pies de long., y con una escuadría de siete pulgadas de tabla por seis de canto. ‖ En lenguaje marino, cualquier cabo o aparejo que sirve para mantener un objeto en la situación que debe ocupar. ‖ En minería, vetilla a que algunas veces se reducen los filones y que sirve para buscar la prolongación del criadero. ‖ En música, voz que va delante en la fuga y a la cual siguen las demás. ‖ pl. Riendas para gobernar los caballos de guías. ‖ **de forasteros.** *Lex.* Libro oficial que se publicaba anualmente en España y contenía, con otras noticias, los nombres de las personas que a la sazón desempeñaban los cargos o dignidades más importantes del Estado. Se le llamó después *Guía oficial de España.* ‖ **a guías.** m. adv. Gobernando un solo cochero con éstas un tiro de cuatro o más caballerías. ‖ **de guías.** loc. adj. Dícese de las caballerías que, en un tiro compuesto de varias, van delante de las demás. ‖ **en guía,** o **en la guía.** m. adv. ant. Guiando, dirigiendo.

Guía de Gran Canaria. Geog. V. **Santa María de Guía de Gran Canaria.** ‖ **de Isora.** Mun. de España, isla de Tenerife, prov. de Santa Cruz de Tenerife, p. j. de Granadilla de Abona; 9.678 h. ‖ Lugar cap. del mismo; 3.583 h.

guiabara. f. Bot. *Cuba.* Árbol que da la uva de playa.

guiabo. m. Bot. Quimbombo o guingombo.

guiadera. (De *guiar.*) f. Guía de las norias y otros artificios semejantes. ‖ Cada uno de los maderos o barrotes paralelos que sirven para dirigir el movimiento rectilíneo de un objeto; como la viga de un molino de aceite, la jaula de un pozo de mina, etc.

guiado, da. p. p. de **guiar.** ‖ adj. Que se lleva con guía o póliza.

guiador, ra. adj. Que guía. Ú. t. c. s.

guiaje. (De *guiar.*) m. ant. Seguro, resguardo o salvoconducto.

Guiamets. Geog. Mun. y lugar de España, prov. de Tarragona, p. j. de Reus; 339 h.

guiamiento. m. ant. Acción y efecto de guiar. ‖ ant. Seguro, resguardo o salvoconducto.

guiar. fr., *guider;* it., *guidare;* i., *to guide;* a., *führen, leiten.* (De *guidar.*) tr. Ir delante mostrando el camino. ‖ Hacer que una pieza de la máquina u otro aparato siga en su movimiento determinado camino. ‖ Dirigir el crecimiento de las plantas haciéndoles guías. ‖ Conducir un carruaje. ‖ fig. Dirigir a uno en algún negocio. ‖ prnl. Dejarse uno dirigir o llevar por otro, o por indicios, señales, etc.

guibelurdín. (Del vasc. *gibel-urdim;* de *gibel,* hígado, y *urdim,* azul.) m. Bot. Vasc. Seta rusulácea (*rússula viréscens*). Es muy estimada.

Güicán. Geog. Mun. de Colombia, depart. de Boyacá, 6.588 h. ‖ Pobl. cap. del mismo; 1.154 h.

Guicciardini (Francesco). Biog. Historiador y político italiano, n. en Florencia y m. en Arcetri (1483-1540). Fue embajador de Florencia en España y gobernador del Papa en Módena. Su obra más importante es *Historia de Italia.*

güichol. (De *huichol,* nombre de una tribu de indios.) m. *Méj.* Sombrero de palma.

guidar. (Del germ. *witan.*) tr. ant. **guiar.**

guido, da. (Del a. *gut,* bueno.) adj. *Germ.* Bueno en su género.

Guido de Lusignan. Biog. Rey de Jerusalén y de Chipre, fundador de la dinastía Lusignan de Ultramar, m. en 1194. Vencido en Tiberiades por el emperador Saladino, cedió su corona a Ricardo, rey de Inglaterra, y se retiró a la isla de Chipre, donde murió. ‖ **(Alfredo).** Pintor argentino, n. en Rosario y m. en Buenos Aires (1892-1967). Obtuvo el primer premio en el Salón Nacional de Buenos Aires en 1924, el gran premio de Honor en la Exposición de Sevilla, medalla de oro en la de París (1937) y gran premio Adquisición en el XXXIV Salón Nacional de Buenos Aires, inaugurado el 21 de septiembre de 1944. Entre sus mejores cuadros se mencionan *Maternidad* y *Remordimiento.* Fue director de la Escuela Superior de Bellas Artes de su país. ‖ **(Ángel).** Ingeniero, arquitecto y profesor universitario argentino, n. y m. en Rosario (1896-1960). Fue profesor de Historia del Urbanismo e Historia de la Arquitectura en la Facultad de Ingenieros de Rosario. Entre sus libros se destacan: *Fusión hispanoindígena en la arquitectura colonial, La arquitectura hispanoamericana a través de Wölfflin* y *Orientación espiritual de la arquitectura en América.* ‖ **(Beatriz).** Escritora argentina, n. en Rosario en 1925. Ha escrito: *Regreso a los hilos* (1947), *Estar en el mundo* (1950), *La caída,* novela; *La casa del ángel* (1954) y *Fin de fiesta* (1958). ‖ **(José María).** Político argentino, n. y m. en Buenos Aires (1911-1975). Al ser depuesto el presidente Frondizi, asumió la presidencia de la República, cargo que desempeñó hasta ser substituido por Arturo Illía. ‖ **y Spano (Carlos).** Poeta argentino, n. y m. en Buenos Aires (1827-1918). Está considerado como el más clásico de los vates americanos. Tradujo o arregló del griego la oda de Safo a Nemis y poesías de Filodemo y Antípatro de Tesalia. Entre sus otras obras más importantes: *En los guindos, Las horas* y *Corina.* ‖ **Spano.** Geog. Local. de Argentina, prov. de Buenos Aires, part. de Rojas; 269 h.

Guiena. Geog. Guyenne o Guyena.

guienés, sa. adj. Natural de Guiena, o perteneciente a esta antigua prov. de Francia. Ú. t. c. s.

guifa. (Del ár. *ŷifa,* cadáver, carne mortecina.) f. *And.* Despojos del matadero.

Guiglo. Geog. Depart. de Costa de Marfil; 14.232 km.² y 106.000 h. ‖ C. cap. del mismo; 4.472 h.

guignol. m. **guiñol.**

guigó. m. Zool. Mono platirrino de la familia de los cébidos (*callicebus melánochir*).

Güigüe. Geog. Mun. de Venezuela, est. de Carabobo, dist. de Carlos Arvelo; 21.859 h. ‖ Pobl. de Venezuela, cap. del dist. de Carlos Arvelo y del mun. de su nombre; 18.067 h.

guiguí. m. Zool. Filip. Mamífero roedor simplicidentado, de la familia de los esciúridos, especie de ardilla voladora, de color pardo, con las extremidades algo rojizas y la cola casi negra; es variedad del petauro del SE. asiático (*petaurista petaurista*). Tiene entre las dos patas de un mismo lado una membrana que le sirve de paracaídas; vive en los árboles y su carne es comestible.

guija. fr., *caillou;* it., *ghiaia;* i., *pebble;* a., *Kieselstein.* (Del lat. *capsa,* caja.) f. Piedra pelada y chica que se encuentra en las orillas y cauces de los ríos y arroyos. ‖ Tito, almorta.

guijarral. m. Terreno abundante en guijarros.

guijarrazo. m. Golpe dado con guijarro.

guijarreño, ña. adj. Abundante en guijarros o perteneciente a ellos. ‖ fig. Aplícase a la persona de complexión dura y fuerte.

guijarro. (De *guija.*) m. Pequeño canto rodado. ‖ **ya escampa, y llovían guijarros.** expr. fig. y fam. que se usa cuando uno persiste pesadamente en porfiar sobre alguna cosa. ‖ fig. y fam. También se dice cuando sobre un daño recibido sobrevienen otros mayores, o cuando una situación empeora, en vez de mejorar.

guijarroso, sa. adj. Dícese del terreno en donde hay muchos guijarros.

guijeño, ña. (De *guija.*) adj. Perteneciente o relativo a la guija o que tiene su naturaleza. ‖ fig. Duro, empedernido.

guijo. (De *guija.*) m. Conjunto de guijas. Se usa para consolidar y rellenar los caminos. ‖ ant. Pequeño canto rodado. ‖ Extremo de un eje vertical.

guijo. (Voz tagala.) m. Bot. Filip. Nombre de la dipterocarpácea *mocanera guiso.*

Guijo. Geog. Mun. y villa de España, prov. de Córdoba, p. j. de Pozoblanco; 776 h. (*guijeños*). ‖ **de Ávila.** Mun. y villa de España, prov. de Salamanca, p. j. de Béjar; 201 h. ‖ **de Coria.** Mun. y lugar de España, prov. de Cáceres,

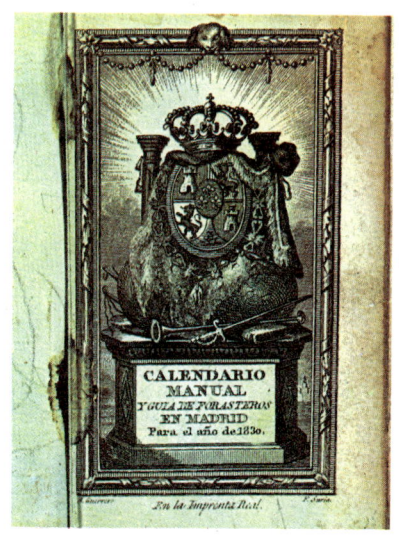

Portada de una guía de forasteros

guijón–Guillermo

p. j. de Coria; 732 h. ‖ **de Galisteo.** Mun. de España, prov. de Cáceres, p. j. de Coria; 1.033 h. ‖ Lugar cap. del mismo; 772 h. ‖ **de Granadilla.** Mun. de España, prov. de Cáceres, p. j. de Plasencia; 1.247 h. ‖ Lugar cap. del mismo; 1.053 h. ‖ **de Santa Bárbara.** Mun. y villa de España, prov. de Cáceres, p. j. de Navalmoral de la Mata; 774 h.

guijón. m. *Pat.* **neguijón,** enfermedad de los dientes.

guijoso, sa. adj. Aplícase al terreno que abunda en guijo. ‖ **guijeño,** perteneciente a la guija, duro.

Guijuelo. *Geog.* Mun. y villa de España, prov. y p. j. de Salamanca; 3.492 h. *(guijuelanos).* Ganadería porcina y chacinería.

güila. (De *huila.*) f. *Chile.* **andrajo.** ‖ *C. Rica.* Trompo pequeño.

guilalo. m. *Mar.* Embarcación filipina de cabotaje, de poco calado, popa y proa afiladas, que usa batangas y velas comúnmente de estera.

Guilarte (Eusebio). *Biog.* Militar y político boliviano, n. en La Paz y m. en Cobija (1799-1849). En 1847, como presidente del Consejo de Estado, se hizo cargo del poder por renuncia de Ballivián.

Guildford. *Geog.* C. del R. U., en Inglaterra, cond. de Surrey; 56.887 h. Industria del automóvil. Universidad.

guileña. f. **aguileña,** planta.

guilindujes. m. pl. *Ar.* Perendengues, perifollos. ‖ *Hond.* Arreos con adornos colgantes.

Guilmant (Alexandre). *Biog.* Organista y compositor francés, n. en Boulogne-sur-Mer y m. en Meudon (1837-1911). Fue organista de la iglesia de la Trinidad, de París, y profesor del Conservatorio de la misma ciudad.

guilmo. m. *Bot. Chile.* Nombre de la gramínea *bromus cathárticus.*

güilo, la. (Del azt. *huila;* de *huitana,* andar a rastras.) adj. *Méj.* Tullido. Ú. t. c. s.

güilón. adj. *Hond.* **cobarde.**

Guils de Cerdaña. *Geog.* Mun. de España, prov. de Gerona, p. j. de Puigcerdá; 240 h. ‖ Lugar cap. del mismo; 116 h.

guilla. (Del ár. *gilla,* cosecha.) f. Cosecha copiosa, abundancia. ‖ **de guilla.** loc. De buena granazón. ‖ A satisfacción, en abundancia.

guillabe. m. *Bot.* Fruto del quisco o quisca. Es redondo, más pequeño que la tuna y comestible.

guilladura. f. Acción y efecto de guillarse o chiflarse.

guillame. fr., *guillaume;* it., *sponderuola;* i., *side-rebate-plane;* a., *Simshobel.* (Del fr. *guillaume,* y éste del n. p. *Guillaume,* Guillermo.) m. **A. y Of.** Cepillo estrecho de que usan los carpinteros y ensambladores para hacer los rebajos y otras cosas que no se pueden acepillar con la garlopa ni otros cepillos.

guillarse. prnl. fam. Irse o huirse. ‖ fam. Chiflarse, perder la cabeza.

guillatún. m. *Chile.* Ceremonia solemne que ejecutan los araucanos para pedir a la divinidad lluvia o bonanza.

Gillaume (Charles-Édouard). *Biog.* Físico suizo, n. en Fleurier y m. en Sèvres (1861-1938). Efectuó importantes estudios acerca del termómetro de mercurio, codificando su examen y su empleo. Fue el descubridor del *invar,* el *elinvar* y la *platinita.* En 1920 se le concedió el premio Nobel de Física por sus estudios acerca de las aleaciones del níquel caracterizadas por su débil coeficiente de dilatación.

Guillemin (Roger). *Biog.* Investigador estadounidense, de origen francés, n. en Dijon en 1924. Profesor de Fisiología en la Universidad de Baylor, EE. UU. (1953-59), y director de Endocrinología experimental en el Colegio de Francia (1960-63), en 1970 marcha al Instituto Salk de California. Premio Nobel de Medicina en 1977, compartido con el polaco Andrew Schally y la estadounidense Rosalyn Yalow.

Guillén (Alberto). *Biog.* Poeta peruano, n. en Arequipa y m. en Lima (1897-1935). Fue defensor de los derechos del indio en *El libro de la democracia criolla.* Entre su producción poética figuran las obras *Prometeo* (1918), *Deucalión* (1921), *Laureles* (1925), *Epigramas* (1929), *Leyenda patria* (1933) y *Cancionero* (1934). ‖ **(Jorge). Guillén Álvarez (Jorge).** ‖ **Álvarez (Jorge).** Poeta español, n. en Valladolid en 1893. Fue catedrático de Literatura española en las Universidades de Murcia (1925) y Sevilla (1932). Ha explicado Lengua española en el Wellesley College (Massachusetts, EE. UU.) hasta su jubilación. Perteneciente al grupo denominado *generación del 27,* representa una tendencia profunda y metafísica dentro de sus coetáneos. Su primera obra poética consta de tres series, *Cántico, Clamor* y *Homenaje,* reunidas bajo el título general de *Aire nuestro.* La segunda se compone de tres partes: *Maremágnum* (1957), *Que van a dar a la mar* (1960) y *A la altura de las circunstancias* (1963). La tercera se publicó en 1967. Su escena lírica *El huerto de Melibea,* editada en Madrid en 1954, fue representada en Barcelona al año siguiente. Su último libro de poesías se titula *Y otros poemas* (1973). En 1977 fue galardonado con el premio Feltrinelli y, en 1978, designado doctor honoris causa por la Universidad de Granada. ‖ **Batista y Urrá (Nicolás).** Poeta cubano, n. en Camagüey en 1902. Ha alcanzado fama con sus poesías sobre los negros de las Antillas. Obras principales: *Balada azul* (1919), *Cerebro y corazón* (1922), *Motivos de son* (1930), *Sóngoro Cosongo* (1931), *West Indies*

Nicolás Guillén Batista y Urrá

Ltd. (1934), *Cantos para soldados y sones para turistas* (1936), *España poema en cuatro angustias y una esperanza* (1937), *La paloma de vuelo popular. Elegías* (1958), donde se incluye «Elegía a Jesús Menéndez», considerada por algunos su obra maestra; *Tengo* (1964), *El gran zoo* (1967), *La rueda dentada* y *El diario que a diario.* ‖ **del Brocar (Arnaldo).** Impresor de los s. XV y XVI. Francés de nacimiento, aunque algunos investigadores lo consideran español, introdujo la imprenta en Pamplona en 1489, donde publicó *La Política,* de Aristóteles. Cisneros le confió la impresión de la famosa *Biblia políglota complutense,* por cuya realización fue distinguido con el título de «tipógrafo regio». ‖ **García (Rafael).** Poeta español, n. en Granada en 1933. Obras principales: *Antes de la esperanza* (1956), *Río de Dios* (1957), *Pronuncio amor* (1960), *Elegía* (1961), *Cancionero-guía para andar por el aire de Granada* (1962), *El gesto* (1964), *Hombre en paz* (1966), *Tercer gesto* (1967), *Los vientos* (1969) y *Límites* (1971). Obtuvo el premio de Poesía Leopoldo Panero en 1966. ‖ **Tato (Julio F.).** Almirante español, n. en Alicante y m. en Madrid (1897-1972). Secretario permanente de la Academia de la Historia, en 1963 ingresó en la Real Academia de la Lengua, y en 1968 fue nombrado director del Museo de Marina. Publicó: *Carabela Santa María, Monumenta Chartographica Indiana, La parla marinera de Cristóbal Colón,* etc.

Guillena. *Geog.* Mun. de España, prov. y p. j. de Sevilla; 6.632 h. ‖ Villa cap. del mismo; 4.946 h. *(guilleneros).*

Coronación de la reina Guillermina, grabado de la época

Guillermina. *Biog.* Reina de los P. B., n. en La Haya y m. en el palacio de Apeldoorn (1880-1962). El 6 de septiembre de 1948 abdicó en su hija, la princesa Juliana. La reina Guillermina se conquistó el cariño de su pueblo por la vida austera, laboriosa y patriótica con que dio siempre ejemplo. Supo enfrentarse con las grandes potencias para defender las causas justas. En 1959 publicó sus memorias con el título de *Solitaria, pero no sola.*

Guillermo. fr., *Guillaume;* it., *Guglielmo;* i., *William;* a., *Wilhelm.* **I (Federico Luis).** *Biog.* Emperador de Alemania y rey de Prusia, n. y m. en Berlín (1797-1888). Era hijo segundo del rey de Prusia Federico III. Fue proclamado emperador de Alemania en el palacio de Versalles en 1871. ‖ **II (Federico Víctor Alberto).** Emperador de Alemania, hijo de Federico Guillermo, n. en el castillo de Potsdam y m. en Doorn (1859-1941). Durante su

Guillermo II. Biblioteca de Artes Decorativas. París

imperio, Alemania consiguió elevarse a la categoría de primera potencia, siendo temida y respetada por todos. Debido a la guerra europea (1914-18), y a instancias de las naciones aliadas, abdicó el 18 de noviembre de 1918, pasando a los P. B., donde murió. ‖ *el León*. Rey de Escocia, m. en Esterling (1143-1214). Sucesor de su hermano Malcolm IV en 1165. Fue aliado de Ricardo *Corazón de León* y facilitó a éste una considerable suma para que pagase su rescate al duque de Austria. ‖ **I** *el Conquistador*. Rey de Inglaterra, n. en Falaise y m. en Ruán (1027-1087). Era hijo natural del duque de Normandía, Roberto I *el Diablo*, y sucesor de su padre en 1035. Apoyado por el papa Alejandro II, invadió Inglaterra en 1066, derrotando a Haroldo II en Hastings. Una vez rendido Londres se hizo coronar rey en la abadía de Westminster. ‖ **II** *el Rojo*. Rey de Inglaterra, m. en New Forest (h. 1056-1100). Hijo segundo de Guillermo I *el Conquistador*. Venció y mató a Malcolm, rey de Escocia, y compró Normandía a su hermano Roberto. ‖ **III.** Rey de Inglaterra, n. en La Haya y m. en Kensington (1650-1702). Estatúder de los P. B., luchó victoriosamente contra Luis XIV de Francia, hizo un desembarco en Inglaterra, destronó a su suegro y se hizo proclamar rey en Londres en 1688. ‖ **IV.** Rey de Inglaterra, tercer hijo de Jorge III, n. en Londres y m. en Windsor (1765-1837). Le sucedió su sobrina Victoria, hija del duque de Kent. ‖ **I.** Rey de los P. B., n. en La Haya y m. en Berlín (1772-1843). Proclamado estatúder después de la batalla de Leipzig, recibió en 1815 del Congreso de Viena la corona de los P. B., que unía a Bélgica y los P. B. Bélgica se sublevó y recobró su independencia en 1830. ‖ **II (Federico Jorge Luis).** Rey de los P. B., n. en La Haya y m. en Tilburg (1792-1849). Era hijo de Guillermo I. ‖ **III (Alejandro Pablo Federico).** Rey de los P. B., n. en Bruselas y m. en el castillo de Loo (1817-1890). Hijo del anterior. Le sucedió Guillermina, hija de su segundo matrimonio. ‖ **I** *el Malo*. Rey de Sicilia (1120-1166). Luchó contra los griegos, alentados por el papa Adriano IV, y les infligió una gran derrota naval. ‖ **II** *el Bueno*. Rey de Sicilia (1154-1189). Hijo y sucesor del anterior. Legó su reino a Constancia, hija de Rogerio II y esposa del emperador Enrique VI. ‖ **III.** Rey de Sicilia, m. en Germania en 1195. Sucedió en 1194 a su padre Tancredo, bajo la regencia de su madre, Sibila de Mendaria. ‖ **I de Nassau.** Príncipe de Orange, llamado *el Taciturno*, n. en el castillo de Dillenburg y m. en Delft (1533-1584). Se educó en la corte de Carlos V y gozó de la confianza de Felipe II; pero como después se hubiese vuelto contra los españoles, tratando de expulsarlos de los P. B., Felipe II puso precio a su cabeza y murió asesinado de un pistoletazo por Baltasar Gérard. ‖ **II de Nassau.** Príncipe de Orange, n. y m. en La Haya (1626-1650). Sucedió a su padre, Federico Enrique, en 1647, y vio reconocida por Europa la independencia de las Provincias Unidas en 1648. ‖ **III de Nassau, príncipe de Orange.** Guillermo III, rey de Inglaterra. ‖ **I** *el Piadoso*. Duque de Aquitania, m. en 918. Se señaló su gobierno por la fundación de establecimientos religiosos, entre otros, la abadía de Cluny. ‖ **II** *el Joven*. Duque de Aquitania, sobrino y sucesor del precedente. Murió en 926, después de un reinado de ocho años. ‖ **III** *Cabeza de Estopa*. Duque de Aquitania en 951, n. en Poitiers y m. en la misma c. en 963. Defendió victoriosamente Poitiers contra Hugo *el Grande* y Lotario, y abdicó en 963. ‖ **IV** *el del Brazo Feroz*. Duque de Aquitania, hijo del precedente, m. en Saint-Maixent (935-995). Vencido por Hugo Capeto en una batalla, se retiró a un monasterio, donde murió.

‖ **V** *el Grande*. Duque de Aquitania, hijo del anterior, m. en Maillezais (960-1030). Se distinguió por la protección que dispensó a las letras y a las artes. ‖ **VI** *el Gordo*. Duque de Aquitania, m. en 1038. Prisionero de Godofredo Martel en una batalla, hubo de cederle como rescate los condados de Burdeos y de Saintes. ‖ **VII** *el Atrevido*. Duque de Aquitania (1025-1058). Hermano del anterior. Sucedió a su otro hermano Eudes en 1040. ‖ **VIII.** Duque de Aquitania, hermano de los dos precedentes, m. en el castillo de Chizé (1027-1086). Luchó contra los sarracenos de España en 1063, infligiéndoles varias derrotas. ‖ **IX.** Duque de Aquitania, hijo del anterior (1071-1127). Condujo un ejército a la cruzada y socorrió a Alfonso de Aragón en su lucha contra los moros. ‖ **X.** Último duque de Aquitania, hijo del anterior, n. en Toulouse y m. en Santiago de Compostela (1099-1137). Se apoderó del Aunis y murió dejando por heredera a su hija Leonor de Guyena. ‖ **I.** Elector de Hesse, hijo de Federico II, landgrave de Hesse-Cassel (1743-1821). Rehusó formar parte de la Confederación del Rin, pero Napoleón invadió sus estados en 1806 y los agregó al reino de Westfalia. Fue repuesto en 1813. ‖ **II.** Elector de Hesse, hijo del anterior (1777-1847). Sucedió a su padre en 1821. En 1830 dio una Constitución a sus súbditos, y al año siguiente nombró regente a su hijo Federico Guillermo y se separó de la política activa. ‖ **I** *Larga Espada*. Duque de Normandía, m. en Picardía en 943. Hijo de Rollón, a quien sucedió en 927. Hizo la guerra a Arnoldo, conde de Flandes, quien le atrajo a una conferencia y le hizo asesinar. ‖ **II.** Duque de Normandía (v. **Guillermo I,** rey de Inglaterra). ‖ **III** *el Rojo*. Duque de Normandía (v. **Guillermo II,** rey de Inglaterra). ‖ **Adelino.** Duque de Normandía (1102-1120). Hijo de Enrique I de Inglaterra. Pereció en un naufragio. ‖ **Clitón.** Duque titular de Normandía, m. en Aalst (1101-1128). Despojado del ducado de Normandía por su tío Enrique I, rey de Inglaterra, hizo varias tentativas para recuperarlo. En 1126 recibió del rey de Francia el condado de Flandes y murió combatiendo contra Thierry de Alsacia. ‖ Conde de los P. B., con el nombre de Guillermo II, y después emperador de Alemania (1227-1256). A la edad de siete años sucedió en el condado de los P. B. a su padre, Florencio IV, y en 1250, a la muerte de Federico II, fue proclamado emperador y rey de los romanos. Murió en el curso de una campaña contra los frisones. ‖ *El Insensato* o *el Rabioso*. Conde de los P. B., con el nombre de Guillermo V, m. en Lequesnoy (1330-1389). Su madre, que se casó con el emperador de Alemania Luis de Baviera, le cedió el condado de los P. B. con ciertas condiciones, que Guillermo no cumplió. Trastornada su razón, el conde terminó sus días encerrado en un castillo. ‖ **de Vercelli** (*San*). Fundador de la Congregación de Ermitaños de Monte-Virgen, n. en Vercelli y m. en Goleto, cerca de Nusco (h. 1085-1142). Basado en la regla de San Benito, acentuó, sin embargo, la pobreza evangélica de la misma. Su fiesta, el 25 de junio.

güillín. m. **Zool.** huillín, especie de nutria.
guillomo. m. **Bot.** Arbusto de la familia de las rosáceas, de hojas elípticas, dentadas, algo coriáceas; flores blancas en racimo, y fruto del tamaño de un guisante, comestible (gén. *amelánchier* y *cotoneáster*). Crece en los peñascales de las montañas.
guillote. (De *guilla*.) m. Cosechero o usufructuario. ‖ adj. Holgazán y desaplicado. ‖ Bisoño y no impuesto en las fullerías de los tahúres.
Guillotin (**Joseph Ignace**). **Biog.** Médico francés, n. en Saintes y m. en París (1738-1814). Propuso a la Asamblea legislativa que para disminuir el sufrimiento de los reos en se les decapitara por medio de una máquina, en vez de usar hacha o mandoble.
guillotina. fr. e i., *guillotine;* it., *ghigliottina;* a., *Fallbeil, Guillotine*. (Del fr. *guillotine*, y éste de J. I. *Guillotin*, médico francés.) f. Máquina usada en Francia y otros países para decapitar a los reos de muerte. ‖ fig. y fam. Procedimiento autorizado por los reglamentos de varias Cámaras legislativas para contener la obstrucción, fijando plazo en que ha de terminar la discusión para proceder a la votación de un

Guillotin presenta su invento a la Convención, por J. C. Herterich

proyecto de ley. ‖ **Impr.** Máquina para cortar papel, compuesta de una cuchilla horizontal, guiada entre bastidores de hierro. ‖ **de guillotina.** loc. adj. Dícese de las vidrieras y persianas que se abren y cierran resbalando a lo largo de las ranuras del cerco, en vez de girar sobre bisagras.
guillotinar. tr. Quitar la vida con la guillotina. ‖ **R. Plata.** Cortar el papel con la guillotina.
Güimar. **Geog.** Mun. de España, en la isla de Tenerife, prov. y p. j. de Santa Cruz de Tenerife; 12.131 h. ‖ C. cap. del mismo; 8.737 habitantes (*güimareños*).
Guimarães (**Luís**). **Biog.** Poeta, diplomático y escritor brasileño, n. en Río de Janeiro y m. en Petrópolis (1876-1940). Como poeta militó entre los neoparnasianos. Escribió: *Idílios chineses, Pedras preciosas, Livro da minha alma, Brasil, terra da promissão, Santa Teresinha, Fra Angélico,* etc. ‖ **Rosa** (**João**). Escritor brasileño, n. en Cordisburgo y m. en Río de Janeiro (1908-1967). Mediante una sintaxis original, con abundancia de palabras dialectales y una desfiguración adrede del portugués culto, unido esto a una honda experiencia humana, escribió obras sumamente originales en un estilo expresivo y vigoroso, entre las que destaca *Grande sertão: Veredas*. ‖ **Geog.** Mun. de Portugal, dist. y dióc. de Braga, en la prov. de Minho; 120.755 h. Industria textil (algodón y lino) y bordados. Cuchillería. ‖ C. cap. del mismo; 10.646 h.
güimba. f. **Bot.** Cuba. Árbol de la especie del guabico.
guimbalete. (Del ant. fr. *guimbelet*, y éste del neerl. *wimbel*.) m. **Mec.** Palanca con que se da juego al émbolo de la bomba aspirante.
guimbarda. (En fr., *guimbarde*, y éste del provenz. *guimbardo*, de *guimba*, salto.) f. **A. y Of.** Cepillo de carpintero, de cuchilla estrecha, perpendicular a la cara y muy saliente, que sirve para labrar el fondo de las cajas y ranuras.
Guimerá (**Ángel**). **Biog.** Poeta y dramaturgo español en lengua catalana, n. en Santa Cruz de Tenerife y m. en Barcelona (1849-1924). En el resurgimiento de las letras catalanas, su obra dramática ocupa un puesto

Angel Guimerá, por Ramón Casas. Museo de Arte Moderno. Barcelona

equivalente al asumido por la poesía de Verdaguer. Como poeta, fue proclamado *Mestre en Gai Saber* en 1877. Fueron muy celebradas sus obras teatrales *Maria Rosa* (1894), *La festa del blat* (1896), *Mar i cel* (1897), *La Santa Espina* (1907) y *Jesús que torna* (1918). Ninguna de sus obras tuvo, sin embargo, la universal resonancia de *Tierra baja* (1897), tragedia de noble arquitectura y no fingido temblor poético, traducida a casi todos los idiomas y que sirvió de argumento a la ópera alemana *Tiefland*, del maestro D'Albert. || **Geog.** Mun. y villa de España, prov. de Lérida, p. j. de Cervera; 660 h.

güin. m. *Cuba.* Pendón o vástago que echan algunas cañas, y es de consistencia fofa, muy ligero; se usa para la armadura de las cometas y para hacer jaulas.

guinchado, da. p. p. de **guinchar.** || adj. *Germ.* Perseguido, acosado.

guinchar. (De *guincho.*) tr. Picar o herir con la punta de un palo.

guinchas. f. pl. *Perú.* Cintas utilizadas en el hipódromo para lanzar las carreras de caballos.

guincho. m. Pincho de palo. || *Logr.* Gancho terminado en punta. || *Zool. Cuba.* Ave de rapiña de la familia de las falcónidas; plumaje pardo obscuro y blanco; se alimenta de peces.

guinchón. m. Desgarrón producido por un guincho. || Desgarrón producido de otro modo.

guinda. fr., *guigne;* it., *amarasca, marasca;* i., *heartcherry;* a., *Weichselkirsche.* (Como el ant. fr. *guisne* y el bearnés *guinle,* del gr. *byssinós,* rojo.) f. **Bot.** Fruto del guindo.

guinda. (De *guindar.*) f. *Sal.* Maroma de que se valen los ribereños del Duero para pasar de una orilla a otra en los parajes en que va el río encajonado entre riscos. || **Mar.** Altura total de la arboladura de un buque.

guindada. f. *Chile.* Bebida hecha con guindas.

guindado, da. p. p. de **guindar.** || adj. Compuesto con guindas, fruto del guindo.

guindal. m. **guindo.**

guindalera. f. Sitio plantado de guindos.

guindaleta. (De *guindar.*) f. Cuerda de cáñamo o cuero, del grueso de un dedo, que sirve para diferentes usos. || Pie derecho donde los plateros tienen colgado el peso. || *Alb.* y *And.* Caballería menor que va la primera en una reata. || *Sal.* Cuerda con que se ata por los cuernos a los toros.

guindaleza. (Del fr. *guinderesse,* y éste del neerl. *windreep.*) f. **Mar.** Cabo de 12 a 25 cm. de mena, de tres o cuatro cordones colchados de derecha a izquierda y de ciento o más brazas de largo, que se usa para diferentes faenas a bordo y en tierra.

guindamina. (De *guindar* y *amainar.*) f. **Mar.** Saludo que hacen los buques arriando e izando, una o más veces, su bandera.

guindar. (Del ant. alto a. *windan,* izar, torcer.) tr. Subir una cosa que ha de colocarse en alto. Ú. t. c. prnl. || fam. Lograr una cosa en concurrencia de otros. || fam. Colgar a uno en la horca. Ú. t. c. prnl. || *Germ.* Aquejar o maltratar. || intr. *León.* Resbalar, escurrirse. || prnl. Descolgarse de alguna parte por medio de cuerda, soga u otro artificio.

guindaste. (De *guindar.*) m. **Mar.** Armazón de tres maderos en forma de horca, con cajeras y roldanas para el paso y juego de algunos cabos. || Cada uno de los dos maderos colocados verticalmente al pie de los palos y a cada banda, para amarrar los escotines de las gavias. || Armazón de hierro, madera o metal, en forma de horca, para colgar alguna cosa.

guindilla. fr., *piment d'Inde;* it., *pepe indiano;* i., *cayenne-pepper;* a., *spanische Pfeffer.* (dim. de *guinda.*) f. desp. y fam. **guardia municipal.** || desp. y fam. **agente de policía.** || **Bot.** Fruto del guindillo de Indias, especie de pimiento y especialmente el picante, que se usa como condimento y estimulante del apetito. En América central y Méjico, se llama *chile,* y en América meridional y Antillas, *ají.*

guindillo de Indias. m. **Bot.** Planta de la familia de las solanáceas, especie de pimiento, que se cultiva en los jardines. Es una mata de unos 50 cm. de alt., ramosa, con hojas lanceoladas, flores blancas, axilares, pequeñas y muy abundantes, y fruto redondo encarnado, del tamaño de una guinda y muy picante (*cápsicum ánnuum*).

guindo. fr., *guignier;* it., *amarasco;* i., *heartcherry tree;* a., *Weichselbaum.* (De *guinda,* fruto.) m. **Bot.** Árbol de la familia de las rosáceas, del mismo gén. que el cerezo, del que se distingue por tener las hojas más pequeñas. Su fruto es rojo obscuro, con carne muy jugosa y colorida, agridulce y hueso muy romo (*prunus caproniana*). Del fruto se obtiene, por destilación, el licor llamado kirsch, así como entra también en la composición del marrasquino. || **griego.** El que produce las guindas garrafales.

guindola. (De *guindar.*) f. **Mar.** Pequeño andamio volante compuesto de tres tablas que, unidas y colgadas por sus extremos, abrazan un palo, y se emplea para rascarlo, pintarlo o hacer en él cualquier otro trabajo semejante. || Aparato salvavidas provisto de un largo cordel cuyo chicote está sujeto a bordo y que va colgado por fuera en la popa del buque de modo que permite lanzarlo prontamente al agua. Por lo común lleva una luz, que se enciende automáticamente al lanzar el aparato, para que pueda así ser visto de noche por la persona a quien se intenta salvar. || Barquilla de la corredera.

guiné. f. **Bot. yone.**

guinea. (De *Guinea,* región de África, por ser estas monedas hechas con el oro traído de allí.) f. Antigua moneda inglesa, que estuvo en vigor desde 1663 hasta 1813. En 1717 fue fijada su equivalencia en 21 chelines. Popularmente se ha seguido manteniendo, ficticiamente, su uso teórico, con equivalencia de 112 peniques. || *Mur.* **zambra,** alboroto.

Guinea. Geog. Nombre dado en el s. XV, y usado por marinos y geógrafos, a la costa occidental de África comprendida entre los 12° y 19' de lat. N. y los 16° de lat. S. || Golfo del océano Atlántico, que baña la costa O. de África, desde cabo Palmas, extremo SE. de Liberia, hasta cabo López, a 1° de lat. S. Forma las dos grandes bahías de Benín y Biafra. || (*République de Guinée*). Estado republicano de África occidental, hasta 1968 *Guinea Francesa.*

Generalidades. Limita al Norte con Guinea-Bissau, Senegal y Mali; al Este, con esta última y Costa de Marfil; al Sur, con Liberia y Sierra Leona, y al Oeste, con el océano Atlántico. Tiene una superf. de 245.857 km.²; una pobl. absoluta de 3.547.000 h. (4.890.000 calculados en 1979), y una pobl. relativa de 14,4 h. por km.². La cap. es Konakry (197.267 h.).

Geografía física. En general, el suelo es montuoso. El macizo montañoso Fouta-Djalon abarca gran parte del territorio. Los ríos de la parte oriental des. en el Níger y al Senegal van a parar los de la parte occidental, desaguando algunos directamente en el Atlántico. El clima es de tipo ecuatorial con dos estaciones, la de las lluvias y la seca.

Geografía económica. Entre los cultivos destinados al consumo interno figuran: mandioca, batata y yam, y entre los destinados en gran parte a la exportación: sésamo, mijo, arroz (400.000 ton. en 1975), cacahuete, algodón, nuez de palma, bananas (95.000 ton.), naranja y café (5.400 ton.). De los bosques se extraen maderas preciosas en cantidades siempre crecientes. La cría de ganado se practica principalmente en la región montañosa del Fouta-Djalon: 1.489.000 cabezas de ganado bovino, 374.000 de caprino, 401.000 de ovino y 33.000 de cerda en 1975. Existen ricos yacimientos de mineral de hierro (1.040.000 toneladas en 1970). También abunda la bauxita (el país posee los terceros yacimientos del mundo), extrayéndose en Boké, Debelé —junto a Kindia—, Dabola y Tougue; se obtuvieron 6.600.000 ton. en 1974. Se extraen diamantes (80.000 quilates en 1974). La energía hidroeléctrica viene proporcionada por

Guindas en almíbar

dos grandes centrales (17.000 kw. de potencia instalada); una en el río Samou y otra en el Konkure, cerca del Kaletá, dotada de un lago artificial de 11.000 km.² y construida para el laboreo de la bauxita de Kindia y Dabola (el mayor complejo industrial para la fabricación de aluminio en África). La producción de energía eléctrica, en 1974, fue de 500 millones de kwh. De las demás industrias destaca la de fabricación de cigarrillos y de fósforos. Hay 28.400 km. de carreteras (1971), pero sólo 1.000 están asfaltados. En 1972 había 10.200 turismos y 10.800 vehículos comerciales. Los aeropuertos principales están en Konakry, Kankan, Labé y N'Zérékoré. El principal puerto es Konakry. Por lo que toca al comercio, en 1971 se importó por un valor de 1.976 millones de silys y se exportó por 1.235 millones. La nueva unidad monetaria, que en octubre de 1972 reemplazó al franco guineano, es el sily, dividido en 100 cauris; equivale a 0,036 g. de oro fino.

Geografía política. En lo referente a los grupos étnicos, hay que notar que son muy abundantes. La lengua oficial es el francés, y de uso normal el sudanés. Respecto a lo religioso, predominan los musulmanes; los católicos son 42.376. Por lo que toca al gobierno, y de acuerdo con la Constitución promulgada en noviembre de 1958 y reformada en octubre de 1963, el país es una república presidencialista. El poder legislativo reside en la Asamblea Nacional, de 150 miembros elegidos por sufragio universal para un período de cinco años; el poder ejecutivo corresponde al presidente de la República, elegido para un período de siete años, también por sufragio universal. A continuación se inserta el cuadro de la división administrativa:

Regiones	Superficie Km.²	Población Habitantes	Capitales y su población
Beyla	17.452	131.000	Beyla (8.000 h.).
Boffa	6.003	81.000	Boffa (4.000).
Boké	11.053	131.000	Boké (9.500).
Dabola	6.000	57.000	Dabola (6.500).
Dalaba	5.750	121.000	Dalaba (12.500).
Dinguiraye	7.297	76.000	Dinguiraye (5.000).
Dubréka	5.676	92.000	Dubréka (14.000).
Faranah	12.397	97.000	Faranah (8.500).
Forécariah	4.265	94.000	Forécariah (7.500).
Fria	—	29.000	Fria (12.000).
Gaoual	11.503	82.000	Gaoual (6.500).
Guéckédou	4.157	131.000	Guéckédou (12.500).
Kankan	27.488	191.000	Kankan (30.500).
Kérouané	—	51.000	Kérouané (2.500).
Kindia	8.828	136.000	Kindia (40.500).
Kissidougou	8.872	151.000	Kissidougou (9.000).
Konakry	308	200.000	Konakry (197.267).
Koundara	—	58.000	Koundara (5.500).
Kouroussa	16.405	94.000	Kouroussa (6.500).
Labé	7.729	301.000	Labé (25.500).
Macenta	8.710	131.000	Macenta (6.500).
Mali	8.800	141.000	Mali (5.500).
Mamou	6.159	136.000	Mamou (14.500).
N'Zérékoré	10.183	226.000	N'Zérékoré (22.500).
Pita	4.000	155.000	Pita (12.000).
Siguiri	23.377	183.000	Siguiri (13.500).
Télimélé	8.055	137.000	Télimélé (8.000).
Tougué	6.200	76.000	Tougué (4.500).
Youkounkoun	5.500	58.000	Youkounkoun (2.500).
Totales	245.857	3.547.000	

Historia. Sus costas fueron conocidas desde muy antiguo por los portugueses. Los comerciantes franceses llegaron a este país en el siglo XVII, y en 1685 la Compañía de Guinea obtuvo de Luis XIV privilegios exclusivos. Después de haber formado parte del África

Guinea

Muchacha guineana

occidental francesa con el nombre de Guinea francesa, en el referéndum organizado por Francia en todo el terr. de la Unión francesa (28 de septiembre de 1958), votó por la independencia plena, se constituyó en república independiente el 2 de octubre del mismo año y dejó de pertenecer a la nueva Comunidad francesa. El artífice de ese resultado fue el presidente de la República, Séku Touré. El 1 de marzo de 1960, Guinea estableció su propia unidad monetaria, el franco de Guinea, en substitución del ant. franco de las colonias

Séku Touré firmando, con el representante alemán, el acuerdo por el que Guinea establecía relaciones diplomáticas con la R. D. A.

francesas de África; aquél fue substituido, a su vez, en 1972 por el sily. En enero de 1968 Séku Touré fue reelegido presidente. En 1970, el país sufrió una invasión por parte de mercenarios portugueses y guineos exiliados, que pretendían derrocar el régimen de Séku Touré. La invasión fue aplastada. Aunque Portugal negó su responsabilidad en tales hechos, fue condenada por el Consejo de Seguridad de la O. N. U. En diciembre de 1974 el presidente Séku Touré fue reelegido por segunda vez para la presidencia de la nación. En diciembre de 1978, el Gobierno volvió a restablecer las relaciones a todos los niveles con Francia.

Guinea-Bissau. Geog. Est. republicano, en África occidental, ant. colonia portuguesa, integrado por una parte continental, más el arch. adyacente de Bisagos, la isla de Bolama y otras. Limita al N. con Senegal, al E. y al S. con Guinea, y al O. con el océano Atlántico. Superf., 36.125 km.^{2}; pobl. absoluta, 487.488 h. (1.000.000 calculados en 1979); pobl. relativa, 13,4 h. por km.^{2} La nueva cap. es Madina do Boé, aunque sigue conservando su importancia comercial y aun administrativa la ant. cap.,

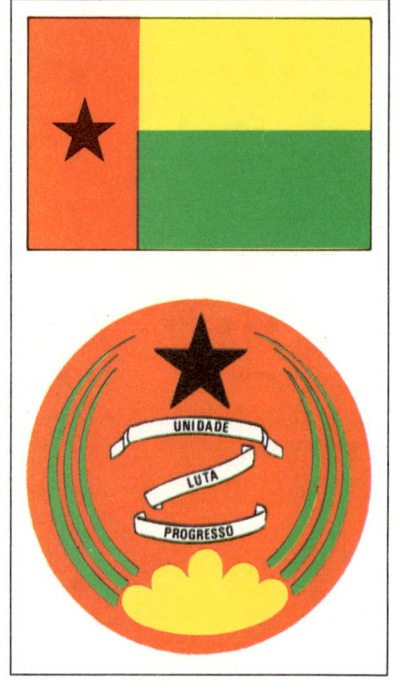

Bissau (71.169 h.). El suelo no presenta elevaciones notables. En cambio, el sistema hidrográfico constituye una red fluvial que pone en comunicación los principales centros del terr. Los ríos más importantes son: El Cacheu, el Mamsoa, el Geba, el Corubal y el Cacine. En cuanto a recursos económicos, se cultivan principalmente: cacahuete (27.000 ton. en 1975) y arroz (32.000). La ganadería se

cifró en 1975, en 171.000 cabezas de ganado de cerda, 181.000 de cabrío, 256.000 de bovino, 69.000 de ovino y 3.000 de asnal. Las importaciones se elevaron, en el año 1973, a 1.076.528.000 pesos, y las exportaciones a 78.957.000. La potencia eléctrica instalada en 1974 era de 8.000 kw., y la producción en el mismo año fue de 20.000.000 de kwh. Carreteras: 3.570 km. en 1972. Hay 3.268 turismos y 1.098 autobuses y camiones. En el campo de la cultura hay que destacar que en el período 1972-73 había 509 escuelas primarias y 7 secundarias, a las cuales asistían 48.007 y 4.133 alumnos, respectivamente, y que estaban atendidas por 1.148 y 176 profesores. El país está dividido en 10 concejos y 3 circunscripciones. El idioma oficial es el portugués. Se habla también una lengua *crioulo* guineana.

Manifestación anticolonial

Hay 42.562 católicos; el 60 % de la pobl. es animista y hay un 30 % de musulmanes. Por lo que respecta a la moneda, después de la independencia se siguió usando el escudo hasta febrero de 1976, en que fue substituido por el peso.

Historia. Los portugueses adquirieron en 1610 la isla de Bolama, y afirmaron sus pretensiones frente a Inglaterra en 1870. En 1886 se acordó con Francia la delimitación de fronteras. En 1959 comenzó la acción anticolonial, animada principalmente por el Partido Africano de la Independencia de Guinea y Cabo Verde (P. A. I. G. C.), que dirigía Amílcar Cabral. En enero de 1973 era asesinado en Konakry el líder y fundador del P. A. I. G. C. El 26 de septiembre, la Asamblea Nacional Popular, elegida anteriormente por el movimiento nacionalista africano, proclamó la República Independiente de Guinea-Bissau desde uno de los lugares del territorio liberado, estableciendo una Constitución y un Consejo de Estado de 15 miembros, cuya presidencia ejercería Luís Cabral, medio hermano del dirigente asesinado. La O. N. U. aprobada en Asamblea General, a primeros de noviembre, un proyecto de resolución sobre la declaración de dicha independencia, con 93 votos a favor, 7 en contra y 30 abstenciones, y pedía al Gobierno portugués que retirase sus fuerzas armadas. Sin embargo, la oposición por parte de Portugal a aceptar los requisitos de las Naciones Unidas, hizo pensar que no sería fácil por entonces que llegara a realizarse la ansiada independencia. El cambio de Régimen político de la metrópoli aceleró los trámites del reconocimiento de la independencia, cuya proclamación tuvo lugar oficialmente el 10 de septiembre de 1974. Antes de esta fecha más de 100 países habían reconocido a Guinea-Bissau como nación independiente.

Guinea Ecuatorial. Geog. Est. republicano de África occidental, cuya parte continental limita al N. con Camerún, al E. y S. con Gabón y al O. con el océano Atlántico. La parte insular está constituida por la isla de Bioko, la más importante, situada al NO. de Guinea continental, en la zona más profunda del golfo de Biafra; las de Corisco, Elobey Grande y Elobey Chico, sit. entre los cabos de San Juan y de Esterias, muy próximas al litoral, y la isla de Pigalu, la más alejada del continente, sit. a los 1° 19' de lat. S. La superficie total de Guinea Ecuatorial es de 28.051,46 km.², con una población absoluta de 245.989 h. (355.000 calculados en 1979); la pobl. relativa es de 8,7 h. por km.². La cap. es Malabo (37.237 h.). El relieve de Guinea continental está accidentado por las cadenas de las Siete Montañas. La alt. máx. es de 1.200 m. en el Monte Mitra. La isla de Bioko se eleva hasta 3.007 m., en el Pico Santa Isabel. El número de ríos de escasa importancia es considerable, siendo dignos de citarse el Campo, el Benito y el Muni. Por lo que respecta a lo económico, los cultivos son insignificantes en la parte continental. Las islas son fértiles y en ellas se dan el cacao, el café, la palma de coco y el banano. El cacao es la producción típica y predominante en la isla de Bioko. Se obtuvieron 14.000 toneladas en 1975. Otros cultivos son café (7.200 toneladas), batata (29.000), mandioca (47.000), banana (12.000) y palma de aceite, gén. *eléis* (2.100 ton. de nueces y 4.200 de aceite). La selva cubre el 81,6 % del suelo. Se dan estimadas maderas (p. e., ébano, okume); en 1975 se obtuvieron 934.000 ton. de madera. En cuanto a la ganadería, había, en 1975, 69.000 cabezas de ganado ovino, 8.000 de caprino, 4.000 de bovino y 8.000 de ganado de cerda. La energía eléctrica instalada en 1967 era de 5.057 kw. y se produjeron 12.806.480 kwh. Cuenta con una red de carreteras de 3.209 km. Exporta cacao, café y maderas. La unidad monetaria era la peseta guineana, equivalente a la española. Según la Constitución de julio de 1973, la peseta se convirtió en el *ekuele*, que entró en vigor en septiembre de 1975. En cuanto al sistema de gobierno, es una república de tipo presidencialista. No obstante, a raíz del golpe de Estado de agosto de 1979, se ha hecho cargo de la nación una Junta militar presidida por el teniente coronel Nguema. Las tribus principales son: los fang, kombes, bugebas, bubis, etc.; entre ellos, los más numerosos son los fang, que ocupan la mayor parte de la zona continental. El español es el idioma oficial. En el aspecto religioso, la pobl. es, en su mayoría, católica. Depende de los obispados de Bata y Malabo. En la página siguiente se inserta el cuadro de la división administrativa.

Indígenas baleles

Ganadería en Bioko

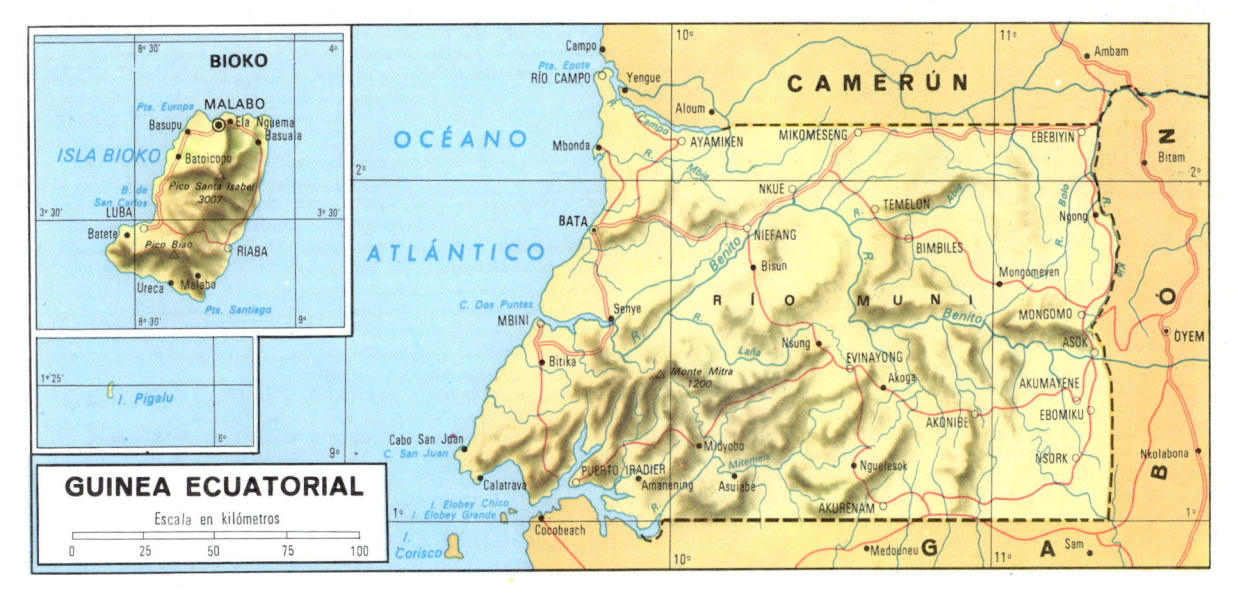

Provincias	Superficie Km.²	Población Habitantes	Capitales y su población
Bioko			Malabo (37.237 h.).
Pagalu (isla)	17,00	1.415	
Bioko (isla)	2.017,00	61.197	
Totales parciales	2.034,00	62.612	
Río Muni			Bata (27.024).
Corisco (isla)	15,00	513	
Elobey Chico (isla)	0,19	10	
Elobey Grande (isla)	2,27	86	
Zona Continental	26.000,00	182.768	
Totales parciales	26.017,46	183.377	
Totales generales	28.051,46	245.989	

Historia. La isla de Fernando Poo, en la actualidad Bioko, fue descubierta por el navegante portugués Fernando Poo en el año 1472, el cual le dio el nombre de Formosa, y que pronto cambió por el de su descubridor. Los derechos de España se originaron tres siglos después en virtud del tratado de El Pardo (1778), confirmación del acuerdo preliminar de San Ildefonso del año anterior. Estos títulos dieron a España la posesión de las islas de Fernando Poo y Annobón y el derecho a comerciar libremente en el litoral costero, desde el cabo Formoso, en la des. del Níger, hasta el cabo López, al sur del río Gabón. Más tarde, tras un litigio sobre los derechos que asistían a España, el pleito se falló contra ella, que acababa de perder su imperio de Ultramar, y de los millares de km. invocados por el tratado de París (1900), sólo quedaran adscritos al Estado español 26.000 km.² de los 200.000 que antes le correspondían de la Guinea continental, y los 2.000 km.² de las islas. El 15 de diciembre de 1963, el Gobierno español sometió a referéndum entre la pobl. de estas dos prov. un proyecto de ley de Bases sobre autonomía, que fue aprobado por abrumadora mayoría. En noviembre de 1965, la IV Comisión de la Asamblea de la O. N. U. aprobó un proyecto de resolución en el que se pedía a España que fijase lo antes posible la fecha para la independencia de Guinea. En diciembre del año siguiente, en Consejo de Ministros, el Gobierno español acordó preparar la Conferencia Constitucional. El 12 de octubre de 1968 proclamó su independencia el nuevo Estado, que adoptó el nombre de Guinea Ecuatorial. Ésta fue admitida en la O. N. U. como miembro 126 de la Organización. Durante la noche del 4 al 5 de marzo de 1969, grupos armados intentaron asaltar la residencia del presidente Macías; al parecer, estaban mandados por Bonifacio Ondo y Anastasio Ndongo, quienes quedaron heridos y hechos prisioneros; poco después se comunicó su muerte en la cárcel de Bata. El malestar creado aceleró la salida de la población blanca. En julio de 1972 fue elegido presidente vitalicio del país Francisco Macías Nguema. En julio de 1973 se adoptó una nueva Constitución, aprobada por referéndum popular el 19 del mismo mes. En agosto de 1979, mediante un golpe de Estado dirigido por el teniente coronel Teodoro Obiang Nguema, fue derrocado el presidente Macías y se formó una Junta militar presidida por el mencionado Nguema, que se hizo cargo del gobierno de la nación. Macías fue juzgado, condenado a muerte y ejecutado el 29 de septiembre de 1979. Con destino a la reconstrucción y relanzamiento económico del país, Guinea Ecuatorial firmó con España dos importantes acuerdos: uno de cooperación (31 de octubre) y otro financiero con diversos protocolos de asistencia técnica (5 de diciembre). Mediante el segundo se concedieron créditos por valor de 23 millones de dólares a la antigua provincia española. Guinea Ecuatorial dispensó una emotiva acogida a los reyes de España, el 13 de diciembre, con motivo de su visita oficial. Juan Carlos I manifestó la disposición española de permanecer al lado del pueblo guineano en la esperanzadora etapa que acababa de iniciar.

Arte guineano del s. XV. Máscara de marfil. Museo Británico. Londres

GOBERNANTES DE GUINEA ECUATORIAL

1968-79 Francisco Macías Nguema.
1979 Teodoro Obiang Nguema.

guineano, na. adj. guineo. || **Etnog.** Dícese de una subraza de la llamada melanoafricana, que comprende las poblaciones negras que habitan la costa del golfo de Guinea desde el país de este nombre hasta la frontera de Camerún. Los pueblos guineanos formaron en el pasado reinos poderosos: reino de Benín, Dahomey, Ghana, Yoruba, etc.; actualmente prevalece la sociedad patriarcal local en la que tienen gran influencia las sociedades secretas, las cuales controlan prácticamente la vida tribal. Apl. a pers., ú. t. c. s. || Perteneciente o relativo a esta subraza.
guineo, a. adj. Natural de Guinea. Ú. t. c. s. || Perteneciente a esta región de África. || m. Cierto baile de movimientos violentos y gestos ridículos, propio de los negros. || Tañido o son de este baile, que se toca en la guitarra.
Güines. Geog. Mun. y c. de Cuba, prov. de La Habana, p. j. de su nombre; 45.000 h.
guinga. (De *Guingamp*, c. de Bretaña, de donde se importó esta tela.) f. Especie de tela de algodón, aunque a imitación de ella; también las había de hilo y de seda.
Guingueta (La). Geog. Mun. de España, prov. de Lérida, p. j. de Tremp; 404 h. Se formó en 1971 por la fusión de los mun. de Escaló, Jou y Unarre. || Lucar cap. del mismo; 53 h.
guinilla. f. ant. Niña del ojo.
guinja. (De *jinja*.) f. **Bot.** azufaifa.
guinjo. (De *jinjo*.) m. **Bot.** azufaifo.
guínjol. (De *jinjol*.) m. **Bot.** guinja.
guinjolero. (De *jinjolero*.) m. **Bot.** guinjo.
Guinness (sir Alec). **Biog.** Actor de cine y teatro inglés, n. en Londres en 1914. Películas principales: *El detective, El quinteto de la muerte, El puente sobre el río Kwai* (Oscar 1957), *El cisne, Un genio anda suelto, El prisionero, Nuestro hombre de La Habana, Donde el círculo termina, Motín en el Defiant, Ocho sentencias de muerte, La caída del Imperio romano, Lawrence de Arabia, Doctor Zhivago, Incidente en Vichy, Cromwell, Muchas gracias, Mr. Scrooge y Hitler. Los diez últimos días.* En 1962 fue nombrado doctor honoris causa de la Universidad de Boston (EE. UU.).
Güinope. Geog. Mun. de Honduras, depart. de El Paraíso; 4.371 h. || Pobl. cap. del mismo; 1.678 h.
Guinovart Bertrán (José). **Biog.** Pintor español, n. en Barcelona en 1927. Partió de un expresionismo muy personal, con cierto acento superrealista, y últimamente se ha dejado influir por la tendencia abstracta. Su pintura, como ha dicho uno de sus mejores críticos, es el reflejo de la vida. Trabaja en lienzo, cartón, tabla, uralita, etc. También ha decorado numerosos ballets.
guiñada. (De *guiñar*.) f. Acción de guiñar el ojo. || **Mar.** Desvío de la proa del buque hacia un lado u otro del rumbo a que se navega, producido por mal gobierno de la embarcación, descuido del timonel, gran marejada u otra causa.
guiñador, ra. adj. Que guiña los ojos.
guiñadura. (De *guiñar*.) f. Acción de guiñar.
guiñapiento, ta. adj. Lleno de guiñapos o andrajos.
guiñapo. (Del fr. *guenipe*, y éste del neerl. *knippe*, recorte de tela.) m. Andrajo o trapo roto, viejo o deslucido. || fig. Persona que anda con vestido roto y andrajoso. || fig. Persona envilecida, degradada.
guiñapo. (Voz quechua.) m. *Chile.* Maíz germinado que sirve para hacer chicha.
guiñaposo, sa. adj. Lleno de guiñapos o andrajos.
guiñar. fr., *cligner;* it., *ammiccare, far l'occhiolino;* i., *to wink;* a., *blinzeln, zwinkern.* (Del fr. *guigner*, y éste del germ. *winkjan.*) tr. Cerrar un ojo momentáneamente quedando el otro abierto. Hácese a veces con disimulo por vía de señal o advertencia. || En lenguaje marino, dar guiñadas el buque por el mal gobierno, marejada u otra causa, o darlas al intento por medio del timón. || rec. Darse de ojo; hacerse guiños o señas con los ojos. || prnl. *Germ.* Irse, huir, guillarse.
guiñarol. (De *guiñar*.) m. *Germ.* Aquel a quien hacen señas con los ojos.
Guiñazú. Geog. Pobl. de Argentina, prov. y depart. de Córdoba; 4.500 h.
guiño. (De *guiñar*.) m. Acción de guiñar el ojo.
guiñol. (Del fr. *Guignol*, nombre de un personaje que existió en Lyón, y que pasó a ser representado en el guiñol.) m. Representa-

ción teatral por medio de títeres movidos con los dedos. Tuvo su origen en Lyón.

guiñón. m. *Germ.* Seña que se hace con un ojo.

guiñote. m. Juego de naipes, variante del tute.

guión. fr., *guidon;* it., *guidone;* i., *cross;* a., *standart.* = fr., *trait d'union;* it., *trattino;* i., *hyphen;* a., *bindestrich.* (De *guía.*) adj. V. **perro guión.** U. t. c. s. || m. Cruz que va delante del prelado o de la comunidad como insignia propia. || Estandarte del rey o de cualquier otro jefe de hueste. || Pendón pequeño o bandera arrollada que se lleva delante de algunas procesiones. || El alférez del rey o el paje de guión. || Escrito en que breve y ordenadamente se han apuntado algunas especies o cosas con objeto de que sirva de guía para determinado fin. || Argumento de una obra cinematográfica, expuesto con todos los pormenores necesarios para su cabal realización. || El que en las danzas guía la cuadrilla. || fig. El que va delante, enseña y amaestra a alguno. || **Gram.** Signo ortográfico (-) que se pone al fin del renglón que termina con parte de una palabra cuya otra parte, por no caber en él, se ha de escribir en el siguiente. Ú. t. para unir las dos partes de alguna palabra compuesta, como *aovado-lanceolada.* Úsase de guiones más largos para separar las oraciones incidentales que no se ligan con ninguno de los miembros del período; para indicar en los diálogos cuándo habla cada interlocutor, evitando así la repetición de advertencias, y para suplir al principio de línea, en índices y otros escritos semejantes, el vocablo con que empieza otra línea anterior. || **Mar.** Parte más delgada del remo, desde la empuñadura hasta el punto en que se afirma en el tolete. || **Mús.** Nota o señal que se pone al fin de la escala cuando no se puede seguir y ha de volver a empezar; y denota el punto de la escala, línea o espacio en que se prosigue la solfa. || **Zool.** Ave delantera de las bandadas que van de paso. También se dice *guión de bando* o *rey de bando*, sobre todo aplicado a las perdices. || **de codornices.** *Zool.* **rey de codornices.**

guionaje. (De *guión.*) m. Oficio del guía o conductor.

guionista. m. Autor del guión de una película cinematográfica.

guipar. tr. vulg. Ver, percibir, descubrir.

güipil. m. *Guat.* y *Méj.* **huipil.**

guipuzcoano, na. adj. ant. **guipuzcoano.** Apl. a pers., usáb. t. c. s.

guipuz. adj. ant. **guipuzcoano.** Apl. a pers., usáb. t. c. s.

Guipúzcoa. Geog. Prov. del N. de España, que con Álava y Vizcaya forma las llamadas Provincias Vascongadas y con las antedichas y Navarra la llamada Región Vasconavarra. El litoral guipuzcoano, como todo el cantábrico, es escarpado, con pequeños senos y rías en los que se forman puertos naturales. Sus accidentes más notables son el cabo de Higuer, en su extremo oriental; la ría de Pasajes, con el puerto del mismo nombre, junto a la des. del río Oyarzun; la bahía de la Concha, con el pequeño puerto de San Sebastián. Por su ext. (1.997 km.²) es la prov. más pequeña de España. Su pobl. absoluta se cifra en 631.003 h. y la relativa arroja una cifra de 315,9 h. por km.². Su relieve forma parte de la denominada *depresión vasca*, conjunto montañoso del país vasco-navarro que une, con apariencia de continuidad, los macizos pirenaicos con la cordillera cantábrica, y constituye una unidad orográfica con personalidad propia. Los puntos más elevados de la prov. son: el monte Aitzgorri (1.544 m.), que es la cumbre más alta de la prov.; la sierra de Aralar (1.471), con el puerto de Idiazábal (658); la de Arlabán, con su puerto (521), y el monte Araz (1.506), junto al puerto de Idiazábal, en los límites meridionales del terr. Su sistema fluvial está formado por ríos no importantes por su magnitud, pero de buen rendimiento, que desaguan en el Cantábrico. Son los más interesantes: el Bidasoa, que, desde su salida de la región navarra del Baztán, marca la frontera con Francia; el Oyarzun, que des. por Pasajes; el Urumea, que se vierte por San Sebastián; el Oria, el Deva, que es el de mayor recorrido de la prov., en la que forma el magnífico valle de su nombre. El clima es marítimo, sin grandes oscilaciones, pero muy lluvioso, con precipitaciones sólo un poco inferiores a las máximas de la Península. El suelo guipuzcoano, cortado en todas direcciones por montañas, resulta de difícil cultivo, y, sin embargo, son muy pequeñas las porciones de terreno que quedan improductivas. Por el contrario, se aprovecha casi integramente con espesos bosques de robles, hayas y fresnos. En los valles y laderas se cultivan el maíz, legumbres y hortalizas y frutales, especialmente el manzano. Abundan también el castaño y el nogal. En las jugosas praderas naturales se cría excelente ganado vacuno. Y como en todos los países bañados por el Cantábrico, la pesca representa un importantísimo medio de vida. El puerto de Pasajes ocupa, en la pesca de gran altura, el primer lugar entre los españoles. Se explotan en esta prov., si bien en modestas proporciones, salvo alguna excepción, diversos minerales. Para los tratamientos terapéuticos son muy importantes los manantiales de Cestona, Alzola e Insalus; otros que existían en Gaviria, Ataun, Escoriaza y Mondragón están casi totalmente abandonados. La actividad económica de la prov. se apoya principalmente en la industria, cuya importancia se ordena en los sectores metalúrgico, papelero, químico y textil. También tienen cierta importancia las factorías de productos alimenticios. El comercio interior está muy desarrollado. El exterior cuenta como centro principal con el puerto de Pasajes. En cuanto a las comunicaciones, la terminación del tramo de la autopista Bilbao-Behobia correspondiente a la provincia ha supuesto un paso de gigante en las comunicaciones provinciales y turísticas. Por lo que respecta a la división administrativa, comprende los partidos judiciales de Azpeitia, San Sebastián, Tolosa y Vergara, con 81 mun. Es cap. de esta prov. la c. de San Sebastián (159.557 h.), de construcción reciente, alegre, suntuosa y seguramente la mejor urbanizada de España, con un gran tono de distinción y elegancia. Otras localidades importantes son: Azcoitia, Azpeitia, con el próximo lugar de Loyola, cuna de San Ignacio, e industrias textil y del mueble; Beasain, Deva, Éibar, c. industrial de predominio metalúrgico (armas y bicicletas); Elgóibar, con factorías de máquinas-herramientas; Fuenterrabía, frente a la población francesa de Hendaya; Hernani, que destaca industrialmente en los sectores metalúrgico, químico y papelero; Irún, c. fronteriza de importantísimo comercio; Mondragón, con mucha y variada industria metalúrgica (p. e., cerrajería, electrodomésticos); Motrico, puerto pesquero; Oñate que fue cabeza de condado y sede, en el s. XVIII, de universidad, y en cuyo término se encuentra el santuario de Aránzazu (v.); Pasajes, activo puerto pesquero y comercial; Rentería, cuya pobl. ha crecido en 10 años cerca del 90 % merced a su fuerte

Playa de la Concha

Muchachas ataviadas con traje típico

expansión industrial que ha superado los tradicionales sectores papelero y alimenticio; Vergara; Zarauz, centro veraniego; y Tolosa, que fue cap. de Guipúzcoa, con importante industria papelera, y que posee escuela de formación profesional. En los aspectos etnográficos y aislado en el pueblo vasco, por su situación geográfica es la prov. donde lo éuscaro se ha conservado con más pureza. Es Guipúzcoa la prov. de Euskalerría que cuenta con el núcleo mayor de vascohablantes. Cuenta la prov., además de con cerca de 2.000 escuelas de E. G. B. (ánt. *primarias*), en las que se incluyen las *ikastolas* (v.), con unos 20 institutos laborales, escuelas de formación profesional y de maestría industrial, una escuela universitaria de comercio, 3 de formación del profesorado de E. G. B., una escuela técnica superior de ingeniería industrial y varias escuelas universitarias comerciales de la Iglesia. En lo histórico hay que señalar que la unión de Guipúzcoa a Castilla no se verificó hasta el reinado de Alfonso VIII, mediante reconocimiento de sus naturales y de los fueros y privilegios que disfrutaban. Estos privilegios fueron abolidos, en el siglo pasado, al término de las guerras civiles, aunque manteniendo en vigor su derecho privado local.

guipuzcoano, na. adj. Natural de Guipúzcoa, o perteneciente a esta prov. Ú. t. c. s. || m. **Ling.** Uno de los ocho principales dialectos del vascuence.

güira. m. **Zool.** *Amér.* m. Ave cuculiforme, que recuerda algo a las urracas por su aspecto (*guira guira*).

güira. (Del mapuche *huirun*, desollar.) f. En Chile, tira de corteza flexible, sacada a lo largo del tronco, que, convenientemente preparada, se usa como cordel para amarrar, liar fardos, etc. || Cualquier soga hecha de fibra o de cortezas vegetales, trenzada o torcida.

güira. (Voz americana.) f. **Bot.** Árbol de la familia de las bignoniáceas, de 4 a 5 m. de alt., con tronco torcido, flores amarillas y copa clara. Se cultiva por su fruto, sumamente útil, pues con él se hacen en el campo, tazas, jarros y toda clase de vasijas. Su madera es elástica y blanquecina (*crescentia cujete*). || Fruto de este árbol. || **cimarrona.** Árbol de 8 a 10 m. de alt., de corteza áspera y hojas rugosas en forma de espátula, parecida a las del laurel, y fruto esférico (*crescentia acuminata*). Los antiguos mejicanos o aztecas distinguían dos variedades de jícaro: el *xicalcuahuitl* y el *cauhtecomatl*, y sus frutos respectivos, por jícaro y tecomates, como hoy todavía se llaman en Tabasco: jícaras, las esféricas, y güiras, las alargadas.

Ricardo Güiraldes

Güiraldes (Ricardo). Biog. Escritor argentino, n. en Buenos Aires y m. en París (1886-1927). Autor de originales poemas, debe principalmente su fama a la novela *Don Segundo Sombra*, basada en la vida de Segundo Ramírez Sombra, en la que describe la vida esforzada y de sacrificios de los reseros de la campaña bonaerense y a la cual le fue concedido póstumamente el primer premio nacional de Literatura. Otras obras: *Cuentos de muerte y de sangre* (1915), prosa y verso; *Xaimaca* (1919), crónica de viaje; *Rosaura y Raucho* (1917), novelas; *Poemas solitarios* y *Poemas místicos*.

güirau. m. **Zool.** Pájaro ictérido que vive en el oeste de América del Norte (*molóthrus áter*).

Guirguillano. Geog. Mun. de España, prov. de Navarra, p. j. de Estella; 132 h. Corr. 59 a la cap., el lugar de Echarren de Guirguillano.

guiri. (contr. del vasc. *Guiristino*, Cristino.) m. Nombre con que, durante las guerras civiles del s. XIX, designaban los carlistas a los partidarios de la reina Cristina, y después a todos los liberales, y en especial a los soldados del gobierno. || *vulg.* Individuo de la Guardia Civil. || **Bot.** *Ál.* tojo.

Güiria. Geog. Mun. de Venezuela, est. de Sucre, dist. de Valdez; 17.863 h. || Pobl. cap. del dist. de Valdez y del mun. de su nombre; 13.905 h.

guirigay. fr., *baragouin*; it., *gergo*; i., *gibberish*; a., *Kauderwelsch*. (Voz imitativa.) m. fam. Lenguaje obscuro y de dificultosa inteligencia. || Gritería y confusión que resulta cuando hablan varios a la vez o cantan desordenadamente.

guirindola. f. Chorrera de la camisola.

güirís. m. *Hond.* Persona que trabaja en las minas.

güirito. m. **Bot.** Planta solanácea parecida a la berengena (*solánum mammósum*).

guirlache. (Del Fr. *grillage*, de *grille*, parrilla, y éste del lat. *craticŭla*, rejilla.) m. Pasta comestible de almendras tostadas y caramelo.

guirlanda. (Del fr. *guirlande*, y éste del germ. *wieren*.) f. desus. **guirnalda**.

guirnalda. fr., *guirlande*; it., *chirlanda*; i., *garland*; a., *Blumengehänge*. (De *guirlanda*.) f. Corona abierta, tejida de flores, hierbas o ramas, con que se ciñe la cabeza; úsase más como simple adorno, y se llama también así la tira tejida de flores y ramas que no forma círculo. || **Bot.** Planta rosácea también llamada *mosqueta amarilla* (*kerria japónica*); asimismo se da el mismo nombre a las perpetuas amarantinas del género *gomphrena*. || **Hist.** Corona usada en los festivales antiguos, ya para adornar la imagen del dios, o para la víctima inmolada en su sacrificio. || **Léx.** Cierto tejido de lana basta que se usó antiguamente. || **Mil.** Especie de rosca embreada y dispuesta en forma de guirnalda, que se arrojaba encendida desde las plazas sitiadas para descubrir de noche a los enemigos.

guirnaldeta. f. dim. de **guirnalda**.

güiro. m. *Ant.* Nombre genérico de varios bejucos. || Instrumento músico que se hace con el fruto del güiro. || **Bot.** *Bol., Perú* y *R. Plata*. Tallo del maíz verde. || *Méj.* Nombre de la bignoniácea *crescentia alata*.

guiropa. f. Guisado de carne con patatas, u otro semejante. || *And.* Rancho, comida.

guisa. (Del germ. *wisa*.) f. Modo, manera o semejanza de una cosa. || ant. Voluntad, gusto, antojo. || ant. Clase o calidad. || **a guisa.** m. adv. A modo, de tal suerte, en tal manera. || **a la guisa.** m. adv. ant. **a la brida.** || **de guisa.** m. adv. ant. Con condición, de manera. || **de,** o **en, tal guisa.** m. adv. **a guisa.**

Guisa. Geneal. Rama de la familia ducal de Lorena, cuyos miembros desempeñaron un papel importante en la historia de Francia. Fueron los principales: *Claudio I de Lorena.* Conde y después duque de Guisa y conde de Aumale, n. en Condé y m. en Joinville (1496-1550). Era hijo de Renato II, duque de Lorena. || *Francisco de Lorena.* Segundo duque de Guisa, hijo primogénito de Claudio I, n. en Bary y m. en Saint-Mesmin (1519-1563). Una herida que recibió en la frente le valió el sobrenombre de *el Acuchillado*. || *Enrique I de Lorena.* Duque de Guisa, m. en Blois (1550-1588). Hijo primogénito del duque Francisco de Lorena, *el Acuchillado*. Heredero de la popularidad y del valor de su padre, obtuvo señaladas victorias sobre los enemigos de Francia, pero como el rey Enrique III viese en él un rival peligroso, le tendió un lazo y le hizo asesinar en el palacio real. || Después de los dos últimos duques de Guisa, el título pasó a la casa de Condé y, en el s. XIX, a la de Orleans. || **Geog.** Pobl. de Cuba, prov. de Oriente, en el mun. de Bayamo; 8.000 h. || (En fr., *Guise*.) Pobl. de Francia, depart. de Aisne, a orillas del Oise; 6.447 h. Metalurgia.

guisadamente. adv. m. ant. Cumplidamente, regladamente.

guisado, da. p. p. de **guisar**. || adj. ant. Útil o conveniente. || ant. Aplicábase a la persona bien parecida o dispuesta. || ant. Dispuesto, preparado, prevenido de lo necesario para una cosa. || ant. Justo, conveniente, razonable. Usáb. t. c. s. || m. Guiso preparado con salsa, después de rehogado el manjar y mezclado por lo general con cebolla y harina. || Guiso de pedazos de carne, con salsa y generalmente con patatas. || *Bol.* y *Perú.* Dulce de duraznos y manzanas enteras, con jugo. || ant. *Germ.* Casa de mujeres públicas. Usáb. sólo como neutro.

guisador, ra. adj. Que guisa la comida. Ú. t. c. s.

guisamiento. (De *guisar*.) m. ant. Aderezo, disposición o compostura de una cosa.

guisandero, ra. m. y f. Persona que guisa la comida.

Guisando. Vista panorámica

Guisando. Arqueol. V. **Toros de Guisando.** || **Geog.** Mun. y villa de España, prov. de Ávila, p. j. de Arenas de San Pedro; 988 h. (*guisanderos*).

guisantal. m. Tierra sembrada de guisantes.

guisante. fr., *pois*; it., *pisello*; i., *pea*; a., *Erbse*. m. **Agr.** y **Bot.** Hierba anual de la familia de las papilionáceas y género *pisum*; hojas con estípulas muy grandes, foliáceas, 2 ó 3 pares de folíolos ovales y zarcillos, pecíolo no alado, legumbre algo inflada y semillas lisas, flores aisladas o por pares, grandes, azuladas, con alas manchadas (*pisum sativum*). || Semilla de esta planta. || **de color.** *Bot.* Variedad de almorta que se cultiva en los jardines porque, además de tener flores tricolores y de excelente perfume, es muy trepadora *(láthyrus odoratus).* || **dulce.** Nombre dominicano de *prosopis faeculífera.*

guisar. fr., *cuisiner;* it., *condire;* i., *to cook;* a., *kochen.* (De *guisa.*) tr. Preparar los manjares sometiéndolos a la acción del fuego. || Preparar los alimentos haciéndolos cocer, después de rehogarlos, en una salsa compuesta de grasa, agua o caldo, cebolla y otros condimentos. || fig. Ordenar, componer una cosa. || ant. Adobar, escabechar o preparar las carnes o pescados para su conservación. || p. us. Cuidar, disponer, preparar. Ú. t. c. prnl.

guisaso. m. *Bot.* **guizazo.**

Guise. *Geog.* **Guisa,** pobl. de Francia.

guiso. (De *guisar.*) m. Manjar guisado.

guisona. f. *Zool. Mallorca.* **acantias.**

Guisona. *Geog.* Mun. y villa de España, prov. de Lérida, p. j. de Cervera; 2.085 h. *(guisonenses).*

guisopillo. m. **hisopillo.**

guisopo. m. desp. **hisopo.**

guisote. (desp. de *guiso.*) m. Guisado ordinario y grosero, hecho con poco cuidado.

güisqui. (Del i. *whisky.*) m. Licor alcohólico que se obtiene del grano de algunas plantas, destilando un compuesto amiláceo en estado de fermentación.

güisquil. m. *Guat.* **huisquil.**

güisquilar. m. *Guat.* **huisquilar.**

guita. (Del lat. *vitta,* cinta.) f. Cuerda delgada de cáñamo.

guita. (De *dita.*) f. fam. Dinero contante y caudal.

guitar. tr. Coser o labrar con guita, cinta.

guitarra. fr., *guitare;* it., *chitarra;* i., *guitar;* a., *Gitarre.* (Del ár. *qitára,* y éste del gr. *kithára,* cítara.) f. Instrumento músico de cuerda, que se compone de una caja de madera a modo de óvalo estrechado por el medio, con un agujero circular en el centro de la tapa y un mástil con trastes. Seis clavijas colocadas en el extremo de este mástil sirven para templar otras tantas cuerdas aseguradas en un puente fijo en la parte inferior de la tapa, que se pulsan con los dedos de la mano derecha, mientras las pisan los de la izquierda donde conviene al tono. Es un instrumento típicamente español y se deriva, a través de la vihuela, de la guitarra arabigoan-

Guitarra española

daluza. Entre los más eminentes guitarristas españoles deben ser citados Fernando Sors, Francisco Tárrega, Josefina Robledo, Andrés Segovia, Narciso Yepes, Miguel Llobet, Emilio Pujol, Regino Sainz de la Maza, etc. || Instrumento para quebrantar y moler el yeso hasta reducirlo a polvo: se compone de una tabla gruesa, de unos 40 cm. en cuadro, y un mango ajustado en el centro casi perpendicularmente. || *Venez.* Traje de fiesta. || **eléctrica.** *Mús.* La que, para graduar a voluntad la sonoridad, tiene en su interior un amplificador conectado con un altavoz exterior y con la línea eléctrica.

guitarrazo. m. Golpe dado con la guitarra.

guitarreo. m. Toque de guitarra repetido o cansado.

guitarrería. (De *guitarrero.*) f. Taller donde se fabrican guitarras, bandurrias, bandolines y laúdes. || Tienda donde se venden.

guitarrero, ra. m. y f. Persona que hace o vende guitarras. || Persona que toca la guitarra.

guitarresco, ca. adj. fam. Perteneciente o relativo a la guitarra.

guitarrillo. m. Instrumento músico de cuatro cuerdas y de la forma de una guitarra muy pequeña. || Guitarra pequeña de voces agudas. La usan principalmente en los pueblos de Aragón. || *Bot.* Jacinto de penacho, de la familia de las liliáceas *(muscari comósum).*

guitarrista. fr., *guitariste;* it., *chitarrista;* i., *guitarplayer;* a., *Gitarrespieler.* com. Persona que toca por oficio la guitarra. || Persona diestra en el arte de tocar la guitarra.

guitarro. (De *guitarra.*) m. Guitarra pequeña.

guitarrón. m. aum. de **guitarra.** || fig. y fam. Hombre sagaz y picarón.

guite. (De *guitar.*) m. ant. **guita,** cinta.

guitero, ra. m. y f. Persona que hace o vende guita, cinta.

guit-guit. m. *Zool. Amér.* m. Pájaro de la familia de los cerébidos, también llamado *reineta azul (coereba cyaneus).*

Guitiriz. *Geog.* Mun. de España, prov. de Lugo, p. j. de Villalba; 8.961 h. || Villa cap. del mismo; 1.255 h.

guito, ta. (Del vasc. *gait,* malo.) adj. *Ar.* Aplícase al macho, mula u otro animal de carga, falso.

güito. m. fam. **sombrero.** || Hueso de fruta, especialmente el de albaricoque, con que juegan los muchachos. || Juego que se hace con estos huesos.

guitón. (Del fr. *jeton,* ficha, y éste de *jeter,* del lat. *iactāre,* echar.) m. Especie de moneda que servía para tantear.

guitón, na. (Del ant. fr. *guiton,* paje, y éste del germ. *with,* niño.) adj. Pícaro pordiosero que con capa de necesidad anda vagando de lugar en lugar, sin querer trabajar ni sujetarse a cosa alguna. Ú. t. c. s.

guitonear. fr., *gueuser;* it., *pitoccare;* i., *to beg;* a., *herumirren.* (De *guitón.*) intr. Andarse a la briba sin aplicación a ningún trabajo.

guitonería. f. Acción y efecto de guitonear.

Guitry (Alexandre). *Biog.* Actor, autor dramático y director de teatro y cine francés, de origen ruso, más conocido por *Sacha Guitry,* n. en San Petersburgo y m. en París (1885-1957). Su producción literaria comprende casi 150 comedias y operetas, entre las que destaca *El sereno* (1911). Llevó al celuloide muchas de sus obras literarias, en casi todas actuó de protagonista; pueden citarse los filmes *Si Versalles pudiera hablar* y *Napoleón* (1954), en la que personificó a Talleyrand.

Guitton (Jean). *Biog.* Escritor, filósofo e historiador francés, n. en Saint-Étienne en 1901. Profesor de Filosofía de la Universidad de París (1955-68) y miembro de la Academia Francesa (1961), ha publicado diversos ensayos sobre letras, filosofía y su historia, y estudios muy importantes sobre la religión católica. Obras principales: *Hacia la unidad en el amor, Historia y destino, La Virgen María, La superstición superada* y *Journal de ma vie.* Ha obtenido, entre otras distinciones, el gran premio de literatura de la Academia Francesa y el premio Osiris del Instituto de Francia.

Guixés. *Geog.* Mun. de España, prov. de Lérida, p. j. de Seo de Urgel; 238 h. || Parr. cap. del mismo; 28 h.

Guizaburuaga. *Geog.* Mun. de España, prov. de Vizcaya, p. j. de Guernica y Luno; 167 h. Corr. 76 a la cap., la anteiglesia de Egüen Lariz Guizaburuaga.

guizacillo. m. *Bot.* Planta de la familia de las gramíneas propia de las regiones cálidas, con las cañas postradas en la base, acodadas, ramosas, y los ramos derechos, lampiños, de 40 cm. de alt., las vainas de las hojas, flojas y estrechas, largas, muy agudas y ásperas en el borde, flores en espiga densa, terminal, casi sentadas en una raspa flexuosa *(cenchrus echinatus).*

güizache. (Del azt. *huitzilli,* espina, e *ixachi,* abundante.) m. *Bot. Méj.* Árbol de la familia de las leguminosas, muy espinoso, la semilla de cuyas vainas se emplea para hacer tinta.

Guizado (José Ramón). *Biog.* Político panameño, n. en Panamá en 1900. Siendo vicepresidente de la República, asumió el poder ejecutivo en enero de 1955 tras el asesinato del presidente Remón.

guizazo. m. *Bot. Cuba.* Nombre que se aplica a varias plantas de frutos espinosos que se adhieren a los animales. Los guizazos propiamente dichos pertenecen a la familia de las gramíneas y al gén. *cenchrus.*

guizgar. tr. Azuzar o enguizgar.

guiznar. intr. desus. Hacer guiños.

Guizot, viñeta popular del s. XIX

Guizot (François). *Biog.* Historiador y estadista francés, n. en Nîmes y m. en Val-Richer (1787-1874). Entre sus obras destacan *Historia de la civilización en Francia* e *Historia de la civilización en Europa.*

guizque. m. Palo con un gancho en una extremidad para alcanzar algo que está en alto. || Palo con regatón en un extremo y en el otro una horquilla de hierro que sirve para descansar las andas en las procesiones. || *Alb., Mur. y Ter.* Aguijón de una culebra o de un insecto. || *Sor.* Lengua de la víbora.

guizquero. m. *And.* El que lleva las andas en las procesiones.

guja. (De *buja.*) f. Archa enastada, o lanza con hierro en forma de cuchilla ancha y de unos 30 cm. de largo, que usaron los archeros.

Gujarat, Gujerat o **Guzerat**. *Geog.* Región en que se habla el idioma llamado *gujerati*. || Est. noroccidental de la India; 195.984 km.² y 26.687.186 h. Cap., Gandhinagar.

Gujranwala. *Geog.* C. de Pakistán, prov. de Punjab; 366.000 h. Comercio e industria importantes. Su distrito produce algodón, trigo, mijo, arroz y caña de azúcar.

Gujrat. *Geog.* C. de Pakistán, prov. de Punjab; 46.971 h. Industria metalúrgica.

gula. fr., *gourmandise*; it., *gola*; i., *gluttony*; a., *Gefrässigkeit*. (Del lat. *gula*.) f. Exceso en la comida o bebida, y apetito desordenado de comer y beber. || desus. *And*. Local donde se da de comer viandas ordinarias. || Local donde se vende vino. || ant. *Anat*. Faringe, esófago.

Gulbenkian (Calouste Sarkis). *Biog.* Hombre de negocios armenio, llamado el *Rey del petróleo*, n. en Scutari (Estambul) y m. en Lisboa (1869-1955). Dejó numerosas obras de arte, que donó al Gobierno portugués. Creador de la *Fundación Gulbenkian*, a la que legó la mayor parte de su fortuna.

Calouste Sarkis Gulbenkian

gulden. m. *Num*. florín.

gules. (Del fr. *gueules*, de *gueule*, y éste del lat. *gula*, garganta.) m. pl. **Bl**. Color rojo heráldico que en pintura se expresa por el rojo vivo y en el grabado por líneas verticales muy espesas.

Gulf Stream. *Geog.* Golfo (corriente del).

Gulistán. *Geog.* C. de la U. R. S. S., en Uzbekistán, capital de la prov. de Syr-Daria; 30.879 h.

gulo. (Voz lat. que sign. *tragón*.) *Zool*. Género de mamíferos carnívoros al que pertenece el glotón.

gulosamente. adv. m. ant. Con gula.

gulosidad. (De *guloso*.) f. Apetito desordenado de comer y beber.

guloso, sa. (Del lat. *gulōsus*, comedor, tragón.) adj. Que tiene gula o se entrega a ella. Ú. t. c. s.

Gulu. *Geog.* C. de Uganda, en la región Septentrional, cap. del dist. de Acholi Occidental; 18.170 h.

gulusmear. (De *goloso*.) intr. **golosinear**, andar oliendo lo que se guisa.

gulusmero, ra. adj. Que gulusmea.

gullería. f. **gollería**, manjar exquisito.

gulloría. f. **calandria**, pájaro. || **gollería**, manjar exquisito.

Gullstrand (Allvar). *Biog.* Oftalmólogo sueco, n. en Landskrona y m. en Estocolmo (1862-1930). Se le concedió en 1911 el premio Nobel de Medicina, por su estudio de las dolencias oculares por defecto dióptrico.

gumamela. f. *Bot*. *Filip*. Planta malvácea.

gumanila. f. *Bot*. *Filip*. Nombre de la malvácea *hibiscus rosa-sinensis*.

gúmena. (Del gr. *hegouméne*, la que lleva o remolca, de *ágo*, llevar.) f. **Mar**. Maroma gruesa que sirve en las embarcaciones para atar las áncoras y para otros usos.

gumeneta. f. dim. de **gúmena**.

gumía. (Del ár. *kummiyya*, faca, cuchillo de punta curva, tal vez así llamado porque se llevaba en el *kumm* o manga.) f. Arma blanca, como daga un poco encorvada, que usan los moros.

Gumiel (Pedro). *Biog.* Arquitecto español del s. XV, n. en Alcalá de Henares. Trazó y comenzó las obras de la iglesia Magistral y el Colegio Mayor de San Ildefonso de dicha c. Trabajó también en la catedral de Toledo. || **de Hizán**. *Geog.* Mun. y villa de España, prov. de Burgos, p. j. de Aranda de Duero; 1.063 h. (*gumellanos*). || **de Mercado**. Mun. de España, prov. de Burgos, p. j. de Aranda de Duero; 985 h. || Villa cap. del mismo; 811 h. (*gumellanos*).

Gumm (Frances). *Biog.* Actriz de cine estadounidense, más conocida por el seudónimo de *Judy Garland*, n. en Grand Rapids y m. en Londres (1922-1969). Películas: *El mago de Oz* (1939), *Mi chica y yo*, *Andrey Harvey se enamora* (1946), *Ha nacido una estrella* (1954), *Vencedores o vencidos*, etc.

Gumma. *Geog.* Prefectura de Japón, en la isla de Honshu; 6.356 km.² y 1.658.909 h. Cap. Maebashi.

Gümüshane. *Geog.* Prov. de Turquía asiática, región de Anatolia Oriental; 10.227 km.² y 282.466 h. || C. cap. de la misma; 13.008 h.

Gundemaro. *Biog.* Rey visigodo español. Ocupó el trono de 601 a 612. Fue proclamado y ungido en Toledo.

Gunderico. *Biog.* Rey de los vándalos. Invadió España en 409 y venció a los suevos (419). Perseguido por tropas romanas, fue vencido junto a Braga, pero se retiró hacia el S., invadiendo la Bética. Vencidos los romanos a su vez (421), quedaron los vándalos dueños de Andalucía, que les debe el nombre (Vandalusía), y de Cartagena. Fue sucedido por su hermano menor, Gensenrico y Gaiserico.

Gundisalvo (Domingo). *Biog.* Hombre de ciencia y teólogo español del s. XII. Tradujo al latín muchas obras científicas y filosóficas de los árabes.

gunelo. m. *Zool*. Pez teleóstomo perciforme, común en las costas atlánticas de Europa y de color verdoso con manchas negras orladas de blanco (*centronotus gunnellus*).

gunneráceo, a. (Del lat. científico *gúnnera*, nombre de un gén. de plantas, y *-aceo*; aquél de J. E. *Gunnerus*, naturalista noruego.) adj. **Bot**. Dícese de hierbas perennes angiospermas dicotiledóneas, con hojas de grandes pecíolos, inflorescencias en forma de panoja y fruto en drupa; como el pangue. Ú. t. c. s. f. || f. pl. Familia de estas plantas.

Günther. *Geog.* Local. de Argentina, prov. de Buenos Aires, part. de General Pinto; 317 habitantes.

Guntín. *Geog.* Mun. de España, prov. y p. j. de Lugo; 4.914 h. Corr. 59 a la cap., la aldea de Carretera.

gupi. (De R. J. Lechmere *Guppy*.) m. *Zool*. Pez teleóstomo dulceacuícola que vive al norte de América meridional (*lebistes reticulatus*).

gura. f. *Germ*. La justicia.

gura. f. *Zool*. Paloma de hermoso color azul y con moño, que vive en bandadas en los bosques de Filipinas (*goura victóriae*).

Gurabo. *Geog.* Mun. de Puerto Rico, dist. de Humacao; 18.289 h. || Pobl. cap. del mismo 6.290 h.

gurami. m. *Zool*. Nombre común a varias especies de peces teleóstomos propios de las islas del SE. asiático.

gurapas. (Del ár. *gurāb*, galera, navío.) f. pl. *Germ*. Castigo de galeras.

Gurb. *Geog.* Mun. y casa consistorial de España, prov. de Barcelona, p. j. de Vich; 1.630 h. (*gurbenses*).

gurbia. (Del lat. *gulbĭa*, voz de origen céltico.) f. ant. **gubia**. Ú. en América. || *Méj*. Listo, inteligente, astuto, sagaz, socarrón.

gurbio, bia. (De *gurbia*.) adj. Dícese de los instrumentos de metal que tienen alguna curvatura.

gurbión. (De *gurbio*.) m. Tela de seda de torcidillo o cordoncillo. || Cierta especie de torzal grueso usado por los bordadores en las guarniciones y bordados.

gurbión. (Del gr. *euphórbion*.) m. Goma del euforbio.

gurbionado, da. adj. Que se hace con gurbión o torzal.

gurbiote. m. *Bot*. *Nav*. Arbusto ericáceo, semejante al madroño.

Gurdin (Natacha Nicholas). *Biog.* Actriz de cine estadounidense, más conocida por el seudónimo de *Natalie Wood*, n. en San Francisco en 1938. Se destacó como actriz excelente desde su más tierna infancia. Filmes principales: *De ilusión también se vive* (1950), *West Side Story* (1961), con el que ascendió a la categoría de primer figura, *Esplendor en la yerba*, *Rebelde sin causa*, *Amores con un extraño*, *La carrera del siglo*, *La rebelde* y *La reina del vodevil*.

gurdo, da. (Del lat. *gurdus*.) adj. Necio, simple, insensato.

gurí, sa. m. y f. *Arg*. y *Urug*. Muchachito indio o mestizo. || Niño, muchacho.

Guridi y Alcocer (Miguel). *Biog.* Religioso mejicano, n. en San Felipe Ixtlacuixtla (1763-1828). Diputado a las Cortes de España, tras el triunfo de la revolución de la independencia figuró en la Junta Provisional Gubernativa, y después en el Congreso. || **Bidaola (Jesús)**. Compositor español, n. en Vitoria y m. en Madrid (1886-1961). En Bruselas perfeccionó sus estudios organísticos con Jongen, y en 1908 se trasladó a Colonia para recibir de Weitzel lecciones de instrumentación. Dueño de los recursos de la técnica, buscó inspiración en los temas nacionales, siguiendo la huella del maestro Pedrell y acusando, igualmente, la influencia de Albéniz en la práctica. Fue galardonado con el premio nacional de Música (1950). Director del Real Conservatorio de Música de Madrid desde 1956 hasta 1960, fue también catedrático de órgano en él. Sus *Canciones populares vascas* están armonizadas con extraordinaria ciencia y habilidad. Otras obras: las óperas *Mirentxu* y *Amaya*, y la zarzuela *El caserío*; *Una aventura de Don Quijote* y *Égloga*, poemas sinfónicos; *Misa*, en honor de San Ignacio, y *Homenaje a Walt Disney*, fantasía para piano y orquesta (1956). Era académico de la de Bellas Artes de San Fernando.

Guriezo. *Geog.* Mun. de España, prov. de Santander, p. j. de Laredo; 1.716 h. (*guriezanos*). Corr. 210 a la cap., el lugar de El Puente.

guril. m. *Zool*. Ave psitaciforme, de colores vivos, que se llama también lorito de vientre azul y habita en los bosques de Australia, Tasmania, Molucas, etc. (*trichoglossus moluccanus*).

Gurion (David ben). *Biog.* Político israelí, de origen polaco, n. en Plonsk y m. en Tel Aviv (1886-1973). Proclamado el Estado de Israel, fue primer ministro y ministro de Defensa (1949-53 y 1955); en enero de 1961 dimitió de la presidencia del Gobierno, pero formó nuevo gobierno en octubre del mismo año hasta junio de 1963. Desde mayo de 1970 vivió apartado de la política.

guripa. (De *guro*.) m. fam. En la guerra civil española (1936-1939), soldado raso.

David ben Gurion

gurkha. adj. *Etnog.* Dícese de un pueblo de raza tibeto-mongola, que habita en Nepal. Apl. a pers., ú. t. c. s. || Perteneciente o relativo a este pueblo.

guro. (De *gura*, la justicia.) m. *Germ.* Oficial inferior de justicia.

gurón. (De *guro*.) m. *Germ.* Alcaide de la cárcel.

Gurrea de Gállego. *Geog.* Mun. de España, prov. y p. j. de Huesca; 2.285 h. || Villa cap. del mismo; 1.240 h. (*gurretanos*).

gurriato. (desp. de *gorrión*.) m. *Zool.* Pollo del gorrión. || *León, Sal.* y *Zam.* Cerdo pequeño.

gurripato. m. *And.* **gurriato**, pollo del gorrión. || fig. Persona pazguata.

Gurruchaga (Francisco de). *Biog.* Marino argentino, n. y m. en Salta (1766-1846). Al invadir a España los franceses se puso del lado de la causa hispana; pero ganado por las prédicas de Miranda, huyó a Buenos Aires y allí se adhirió al movimiento de Independencia, siendo el organizador de las dos primeras escuadras argentinas.

gurrufero. m. fam. Rocín feo y de malas mañas.

gurrumina. (De *engurruminar*.) f. fam. Condescendencia y contemplación excesiva a la mujer propia. || *Cuba, Extr., Guat., Méj.* y *R. Plata.* Pequeñez, fruslería, cosa baladí. || *Ecuad., Guat,* y *Méj.* Cansera, molestia.

gurrumino, na. (De *engurruminar*.) adj. fam. Ruin, desmedrado, mezquino. || En Bolivia y Perú, cobarde, pusilánime. || m. fam. El que tiene gurrumina. || m. y f. *Méj., R. Plata* y *Sal.* Chiquillo, niño, muchacho.

gurruñar. (De *engurruñar*.) tr. Arrugar, encoger.

gurruño. (De *gurruñar*.) m. Cosa arrugada o encogida.

Gursel (Cemal). *Biog.* General turco, n. en Erzurum y m. en Ankara (1895-1966). En mayo de 1960 dirigió el golpe de Estado que derribó al Gobierno de Menderes, y fue nombrado provisionalmente jefe del Estado, primer ministro y ministro de Defensa nacional. En octubre de 1961 fue elegido presidente de la República.

Gurugú. *Geog.* Monte de Marruecos, próximo a Melilla, que fue teatro de cruentas luchas en 1909.

gurullada. (De *gurullo*.) f. fam. Cuadrilla de gente baladí. || *Germ.* Tropa de corchetes y alguaciles.

gurullo. m. Pella de la lana, masa, engrudo, etc. || *And.* Pasta de harina, agua y aceite que se desmenuza formando unas bolitas o granos.

gurumelo. (Del lat. *cucumellus*, de *cucŭmis, -ĕris*, cohombro.) m. *And.* Seta comestible de color pardo que nace en los jarales.

gurupa. f. **grupa**.

gurupera. f. **grupera**.

Guryev. *Geog.* Prov. de la U. R. S. S., en Kazajstán; 278.600 km.² y 499.577 h. || C. cap. de la misma; 114.277 h. Altos hornos. Fábricas de acero.

gusana. (De *gusano*.) f. *Zool.* Nombre que se aplica, en general, a los anélidos poliquetos marinos de la familia de los nereidos y del gén. *nereis*.

gusanear. (De *gusano*.) intr. **hormiguear**.

gusanera. (De *gusano*.) f. Llaga o parte en donde se crían gusanos. || Zanja que se abre cerca de los gallineros y se llena de capas alternadas de paja triturada, excrementos de caballería y tierra vegetal, todo lo cual se riega con sangre de matadero y heces de vino o sidra, para que al fermentar y corromperse faciliten la producción de gusanos y larvas que sirvan de alimento a las gallinas. || fig. y fam. Pasión que más reina en el ánimo. || *And.* y *Ar.* Herida en la cabeza.

gusanería. f. Copia o muchedumbre de gusanos.

gusaniento, ta. fr., *véreux;* it., *vermicoloso;* i., *worm-eaten;* a., *wurmig, wurmstichig.* adj. Que tiene gusanos.

gusanillo. m. dim. de **gusano**. || Cierto género de labor menuda que se hace en los tejidos de lienzo y otras telas. || Hilo de oro, plata, seda, etc., ensortijado para formar con él ciertas labores. || fam. Sensación viva de apetito. || *And.* Especie de pestiño.

gusano. fr., *ver;* it., *verme;* i., *worm;* a., *Wurm.* (Del lat. **cossānus*, de *cossus* o *cossis*, la carcoma.) m. Nombre vulgar de numerosos animales muy diversos, aun cuando todos son invertebrados, de simetría bilateral y cuerpo blando, alargado, contráctil y sin apéndices articulados. Pueden ser cilindricos, filiformes, anillados o planos, en este caso, con aspecto de hoja o de cinta. Los de los grupos superiores poseen un celoma con septos trasversales, tubo digestivo completo, aparato excretor formado por nefridios y un aparato respiratorio branquial. Los hay libres y parásitos, unisexuales y hermafroditas, acuáticos y terrestres, e hipógeos, etc. Dada la heterogeneidad de estos animales, que antes se incluían en un solo tipo, los zoólogos los han repartido en varios filos, sin que exista acuerdo en cuanto al número y amplitud de los mismos. Los tres más destacados son los de los *platelmintos, nematelmintos* y *anélidos*, y de importancia secundaria, los de los *nemertes* y *asquelmintos*. Por otra parte, en el lenguaje vulgar, se da el nombre de gusanos a animales que nada tienen que ver con ellos, como, p. e., larvas de muchos insectos, e incluso algunas formas adultas vermiformes. || fig. Hombre humilde y abatido. || m. pl. Antiguo tipo de estos invertebrados. || **lombriz**. || **oruga**. || **de la conciencia.** fig. *Léx.* Remordimiento nacido del mal obrar. || **de luz.** *Entom.* Hembra de la *luciérnaga*, un coleóptero. || **de revoltón. convólvulo**, oruga muy dañina. || **de San Antón.** *Zool.* **gusano blanco**, y también **cochinilla**, un crustáceo. || **de sangre roja. anélido**. || **de la seda**, o **de seda.** *Entom.* Larva de la mariposa de la seda (v.).

gusanoso, sa. adj. Que tiene gusano.

gusarapiento, ta. adj. Que tiene gusarapos o está lleno de ellos. || fig. Muy inmundo y corrompido.

gusarapo, pa. (desp. de *gusano*.) m. y f. Cualquiera de los diferentes animalejos de forma de gusanos, que se crían en los líquidos.

Gusendos de los Oteros. *Geog.* Mun. de España, prov. y p. j. de León; 480 h. || Villa cap. del mismo; 295 h.

gustable. (Del lat. *gustabĭlis*.) adj. Perteneciente o relativo al gusto. || ant. Sabroso, gustoso. Ú. en Chile y León.

gustación. (Del lat. *gustatĭo, -ōnis*.) f. Acción y efecto de gustar; probadura.

gustadura. f. Acción de gustar.

Gustafsson (Greta Lovisa). *Biog.* Actriz de cine estadounidense, de origen sueco, más conocida por el seudónimo de *Greta Garbo*, n. en Estocolmo en 1905. Después de triunfar en su país con la película *Gösta Berlings Saga* (1923), se trasladó a EE. UU. (1925), donde filmó, entre otras, las siguiente películas: *El demonio y la carne, La reina Cristina de Suecia, Ana Karenina* (1935), *Margarita Gautier* (1936), *Maria Walewska* (1937), *Ninotchka* (1938) y *La mujer de las dos caras* (1940), que fue su última creación.

gustar. fr., *goûter;* it., *gustare;* i., *to taste;* a., *kosten, schmecken.* (Del lat. *gustāre*.) tr. Sentir y percibir en el paladar el sabor de las cosas. || Probar o experimentar de otro modo otras cosas. || intr. Agradar una cosa; parecer bien. || Desear, querer y tener complacencia en una cosa.

gustativo, va. adj. Perteneciente al sentido del gusto.

Gustavo I. *Biog.* Rey de Suecia, n. en Lindholm y m. en Estocolmo (1496-1560). Fundador de la dinastía de los Wasa. Hizo declarar la corona hereditaria en su familia y ab-

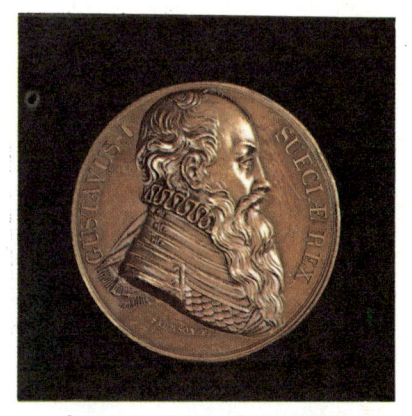

Gustavo I, medalla por Salmson (1826). Museo Lázaro Galdiano. Madrid

dicó tres meses antes de morir, habiendo convertido a Suecia en un Estado moderno. || **II Adolfo.** Rey de Suecia, n. en Estocolmo y m. en Lützen (1594-1632). Convirtió su ejército en uno de los primeros de Europa. || **III.** Rey de Suecia, n. y m. en Estocolmo (1746-1792). Guerreó contra Rusia, obtuvo ventajas por tierra y por mar y firmó la paz de Verelae en 1790. || **IV Adolfo.** Rey de Suecia, n. en Estocolmo y m. en Sankt-Gallen (1778-1837). Detestado a causa de su política interna, se vio obligado a abdicar, viviendo en Alemania con el nombre de conde de Gottorp. || **V.** Rey de Suecia, n. y m. en el castillo de Drottningholm (1858-1950). Logró para su país la neutralidad en las dos guerras mundiales. || **VI Adolfo.** Rey de Suecia, n. en Estocolmo y m. en Helsingborg (1882-1973). Fue versado en humanidades y arqueología. Le sucedió en el trono su nieto Carlos Gustavo. || **A. Madero.** *Geog.* Delegación de Méjico, perteneciente al Distrito Federal; 1.186.107 h. Cap., Villa de Guadalupe Hidalgo. || **Díaz Ordaz.** Mun. de Méjico, est. de Tamaulipas; 18.261 h. || C. cap. del mismo; 10.154 h.

gustazo. m. aum. de **gusto.** || fam. Gusto grande que uno tiene o se promete de chasquear o hacer daño a otro.

gustillo. (dim. de *gusto*.) m. Dejo o saborcillo que percibe el paladar en algunas cosas, cuando el sabor principal no apaga del todo otro más vivo y penetrante que hay en ellas.

gusto. fr., *goût;* it. *gusto;* i., *taste;* a., *Geschmack.* (Del lat. *gustus.*) m. Sabor que tienen las cosas en sí mismas, o que produce la mezcla de ellas por el arte. || Placer o deleite que se experimenta con algún motivo, o se recibe de cualquier cosa. || Propia voluntad, determinación o arbitrio. || Facultad de sentir o apreciar lo bello o lo feo. Sin calificativo se toma siempre en buena parte. || Cualidad, forma o manera que hace bella o fea una cosa. Sin calificativo se toma siempre en buena parte. || Manera de sentirse o ejecutarse la obra artística o literaria en país o tiempo determinado. || Manera de apreciar las cosas cada persona; sentimiento de apreciación propio de cada cual. || Capricho, antojo, diversión. || **Fisiol.** Uno de los sentidos corporales con que se percibe y distingue el sabor de las cosas. En los vertebrados, los órganos de este sentido se hallan principalmente en la lengua, y en muchos invertebrados, como crustáceos, insectos y moluscos, consiste en células tegumentarias, a veces provistas de pelos sensitivos. || **a gusto.** m. adv. Según conviene, agrada o es necesario. || **al gusto.** loc. adv. que, referida a algunos manjares, indica que éstos se condimentarán según la preferencia de quien ha de consumirlos.

gustosamente. adv. m. Con gusto.

gustoso, sa. fr., *volontiers, aisé;* it., *gustoso;* i., *pleasing;* a., *vergnügt.* adj. Dícese de lo que tiene buen sabor al paladar. || Que siente gusto o hace con gusto una cosa. || Agradable, divertido, entretenido; que causa gusto o placer.

gutagamba. f. **Bot.** Árbol de la India, de la familia de las gutíferas, con tronco recto de 8 a 10 m. de alt.; copa espaciosa; hojas pecioladas, enteras y coriáceas; flores masculinas y femeninas separadas, con corola de color rojo amarillento; fruto en baya semejante a una naranja y con cuatro semillas duras, oblongas y algo aplastadas. De este árbol fluye una gomorresina sólida, amarilla, de sabor algo acre, que se emplea en farmacia y en pintura y entra en la composición de algunos barnices (*garcinia hebradendron*). || Esta gomorresina.

gutapercha. (Del i. *gutta-percha*, y éste del malayo *guetah*, goma, y *perca*, el árbol que la produce.) f. Tela barnizada con la goma o jugo de la planta *isonandra gutta.* || **Bot.** y **Quím.** Jugo lechoso de la sapotácea *paláquium* o *isonandra gutta*, coagulado y sometido a varios procedimientos de purificación. Es traslúcido e insoluble en el agua. Se obtiene haciendo incisiones en el tronco del árbol. Esta goma, blanqueada y calentada en agua, se pone bastante blanda, adhesiva y capaz de estirarse en láminas y tomar cualquier forma, que conserva tenazmente después de seca. Tiene gran aplicación en la industria para fabricar telas impermeables y, sobre todo, para envolver los conductores de los cables eléctricos, pues es el mejor aislador que se conoce.

Gutenberg (Johannes). **Biog.** Gensfleisch de Sulgeloch (Johannes).

gutiámbar. (Del lat. *gutta*, gota, y *ámbar*.) f. Cierta goma de color amarillo, que sirve para iluminaciones y miniaturas.

Gutierre de Cetina. Biog. Cetina (Gutierre de). || **Muñoz.** Geog. Mun. y lugar de España, prov. de Ávila, p. j. de Arévalo; 295 habitantes.

Gutiérrez (Alberto). **Biog.** Político, diplomático y bibliógrafo boliviano, n. en Sucre y m. en La Paz (1863-1928). Fue ministro de Relaciones Exteriores, diputado y senador. Entre sus obras figuran: *La guerra de 1879* (1912), *El melgarejismo antes y después de Melgarejo* (1916) y *La guerra de 1879: nuevos esclarecimientos* (1920). || **(Avelino).** Médico y cirujano español, n. en San Pedro de Soba y m. en Buenos Aires (1864-1945). Fue director del Hospital Español de Buenos Aires. A su iniciativa se debió la cátedra de investigaciones científicas en España que lleva el nombre de Ramón y Cajal. La Sociedad Argentina de Cirujanos le otorgó el título honorífico de *Cirujano Maestro.* || **(Benito).** Gutiérrez Fernández (Benito). || **(Eduardo).** Escritor argentino, n. y m. en Buenos Aires (1851-1889). Se caracterizó por sus novelas, en las que pintó las costumbres del gaucho de las pampas argentinas; entre ellas se destacan *Juan Cuello* y *Juan Moreira.* || **(Eulalio).** Militar y político mejicano, n. en Coahuila y m. en 1940. Luchó contra Porfirio Díaz siguiendo a Florencio Madero. Proclamado presidente de la República en la Convención de Aguascalientes (noviembre de 1914) ejerció el poder poco tiempo, debido a la oposición de Francisco Villa y Emiliano Zapata. || **(Francisco).** Escultor español, n. en San Vicente de Arévalo y m. en Madrid (1727-1782). Fue escultor de cámara de Carlos III. Entre sus obras más conocidas se encuentran las esculturas del mausoleo de Fernando VI y Bárbara de Braganza, en la iglesia de las Salesas, de Madrid, y la estatua de la diosa Cibeles, y su carro, en la célebre fuente madrileña. Como escultor en madera, la estatua de San Antonio, en la iglesia de San Antonio de los Alemanes, también en la cap. de España. || **(Juan María).** Escritor y político argentino, n. y m. en Buenos Aires (1809-1878). Fue rector de la Universidad de Buenos Aires (1861-73). Sobresalió en la crítica histórica. Obras principales: *Apuntes biográficos de escritores, oradores y hombres de estado de la República Argentina* (1860), *Estudios biográficos y críticos sobre algunos poetas sudamericanos* (1865) y *Origen y desarrollo de la enseñanza superior en Buenos Aires* (1868). || **(Ricardo).** Médico y poeta argentino, n. en Arrecife y m. en Buenos Aires (1836-1896). Publicó exquisitas poesías que forman *El libro de lágrimas* y *El libro de cantos;* los poemas *Cristián, Fibra salvaje* y *Lázaro.* Fundó el Hospital de Niños de Buenos Aires. || **(Santos).** Militar y político colombiano, n. en Cocuy, Boyacá, y m. en Bogotá (1820-1872). Desempeñó la presidencia de la República (1868-70), caracterizándose por su gestión progresista y su popularidad. || **(Tomás).** Militar y político peruano, n. en Majes y m. en Lima en 1872. Con un golpe de Estado derribó al presidente Balta, proclamándose dictador. Asesinado Balta, el pueblo limeño, indignado, lo desalojó del poder tras sólo cien horas de gobierno. Él y sus dos hermanos fueron colgados de una torre de la catedral y sus cadáveres quemados después por las turbas. || **Caba (Emilio).** Actor de cine español, hermano de Julia, n. en Valladolid en 1942. Películas principales: *Nueve cartas a Berta, ¿Qué hacemos con los hijos?, Los chicos del Preu* y *Una rosa en el desayuno.* || **Caba (Irene).** Actriz española contemporánea de teatro y cine, hija de Irene Caba Alba y hermana de Julia. Trabaja en el teatro desde 1944 y en él ha cosechado grandes triunfos. Ha interpretado también algunas películas. || **Caba (Julia).** Actriz española de teatro y cine, n. en Madrid. Películas: *A las cinco de la tarde* y *091, Policía al habla* (1960), *Usted puede ser un asesino* y *Diferente* (1961), *Accidente 703, La gran familia* (1962), *Nunca pasa nada* y *La frontera de Dios* (1963), *La familia y... uno más* (1965), *Las viudas, Un millón en la basura, Los guardiamarinas, Fortunata y Jacinta* y *Un hombre como todos los demás.* || **de la Concha e Irigoyen (José).** General y político español, marqués de La Habana, n. en Córdoba de Tucumán y m. en Madrid (1809-1895). Fue capitán general de Cuba y presidente del Senado y del Consejo Supremo de Guerra. Le confió Isabel II la defensa del trono en 1868, nom-

Avelino Gutiérrez, por Ángel Espinosa

Irene y Emilio Gutiérrez Caba

Julia Gutiérrez Caba

brándole presidente del Consejo de Ministros, en lo que demostró escaso celo. ‖ **de la Concha e Irigoyen (Manuel).** General español, n. en Córdoba de Tucumán y m. en Montemuro, Abárzuza (1806-1874). Mandó el ejército que pasó a Portugal para defender los derechos de María de la Gloria, por lo que se le otorgó el título de marqués del Duero. Fue capitán general de Cataluña y combatió a los carlistas, y jefe del Ejército del Norte el mismo año de su muerte en batalla. ‖ **de la Concha y Mazos de Güemes (Juan Antonio).** Marino español, padre de José y Manuel, n. en Esles, Santa María de Cayón, y m. en la pampa del monte de los Papagayos, Argentina (1760-1810). En 1806 y 1807 contribuyó con su heroísmo a rechazar las invasiones inglesas que sufrió Buenos Aires; pero después, al querer oponerse, con Liniers y otros, a la revolución argentina contra España, fue capturado y fusilado en seguida. ‖ **Cossio (Francisco).** Pintor español, más conocido por *Pancho Cossio*, n. en Pinar del Río, Cuba, y m. en Alicante (1898-1970). Fue influido por el cubismo, que condicionó su manera de componer. Se caracteriza por el vigoroso de sus creaciones, entre las que sobresalen sus maravillosas naturalezas muertas y sus no menos notables retratos. Es también autor de la pintura mural de la Iglesia de los carmelitas (Madrid), y en 1954 obtuvo primera medalla en la Exposición nacional de Bellas Artes. ‖ **Fernández (Benito).** Jurista español, n. en Burgos (1826-1885). Catedrático de Derecho Civil de la Universidad de Madrid, fue fiscal del Tribunal de Cuentas. ‖ **González (Gregorio).** Poeta colombiano, n. en La Ceja del Tambo y m. en Medellín (1826-1872). Es considerado el iniciador del período romántico en Colombia. Su obra principal es *Memorias sobre el cultivo del maíz en Antioquia* (1866), poema dedicado al cultivo de dicho producto. ‖ **Mellado (Manuel).** Militar español, n. en Madrid en 1912. Ha desempeñado servicios en el Centro Superior de Estudios de la Defensa Nacional y en el Alto Estado Mayor. En junio de 1976 fue designado jefe del Estado Mayor Central, y en septiembre del mismo año, nombrado vicepresidente primero del Gobierno para Asuntos de la Defensa y ministro sin cartera. Fusionados los Ministerios militares en la vicepresidencia de la Defensa, fue confirmado en el mismo cargo en julio de 1977. ‖ **Nájera (Manuel).** Poeta y escritor mejicano, más conocido por el seudónimo de *Duque Job*, n. y m. en Méjico (1860-1895). Uno de los jefes del *modernismo*, que renovó las formas de la poesía y de la prosa castellana. Su composición más celebrada es *Serenata a Schubert*. ‖ **de Piñeres (Vicente).** Poeta y escritor colombiano, n. en Cartagena de Indias y m. en Santa Fe de Bogotá (1805-1876). Fue el primer poeta colombiano que compuso un canto digno de la emancipación americana. Alcanzó el grado de general. Su obra más conocida es el *Canto de Ayacucho*. ‖ **Ríos (Enrique).** Catedrático español, n. en Madrid en 1916. Decano de la Facultad de Ciencias de la Universidad de Madrid, cesó en dicho cargo al ser nombrado rector magnífico del mismo centro en 1964, cargo que ocupó hasta el año 1967. Ha sido también presidente del Consejo Nacional de Educación, y del C. S. I. C., ostentando actualmente la dirección del Instituto «Elhúyar» de Química Inorgánica, del C. S. I. C. Es catedrático de Química Inorgánica de la Universidad Complutense y académico de la Real de Farmacia. Ha publicado más de un centenar de trabajos, entre los que destacan: *José María Albareda. Una época de la cultura española* (1970), *La ciencia en la vida del hombre* (1974) y *Química inorgánica* (1978). Está en posesión de la Gran Cruz de Alfonso X; es doctor honoris causa por la Universidad de Granada. ‖ **de los Ríos (Pedro).** Marino español, conde de Fernán Núñez, n. en Madrid y m. en Cádiz (1677-1734). En 1702, mandando las fuerzas de mar y tierra, rechazó el ataque que contra Cádiz intentaron 30 navíos ingleses y 20 holandeses, por lo que el rey le concedió la grandeza de España para sí y sus descendientes. ‖ **Solana (José).** Pintor español, n. y m. en Madrid (1886-1945). Su obra está impregnada de trasuntos de los barrios bajos, y aspectos desgarrados y sórdidos de la capital y la aldea; en ellos se muestra siempre un halo de gran vitalidad pictórica. Entregado por completo a su vocación, en lo atrabiliario podría parangonarse a un Van Gogh. Entre sus numerosas obras merecen ser destacadas: *El entierro de la sardina*, *La visita del obispo*, *Procesión en Cuenca*, *Reunión en Pombo*, *La reunión de la botica* y *Garrote vil*. También fue escritor. En Quevedo (Santillana del Mar), donde residió muchos años, ha sido inaugurado un museo dedicado a él. ‖ **Soto (Luis).** Arquitecto español, n. y m. en Madrid (1900-1977). Entre sus obras figuran: el Ministerio del Aire, el Palacio de Juan March, en Palma de Mallorca y el Club de golf de Puerta de Hierro en Madrid. En 1956 fue elegido miembro de la Academia de Bellas Artes de San Fernando. ‖ **Geog.** Lago de Argentina, prov. de Río Negro. Es meta del turismo por su belleza singular. ‖ Mun. de Colombia, depart. de Cundinamarca; 4.643 h. ‖ Pobl. cap. del mismo; 993 h. ‖ **Zamora.** Mun. de Méjico, est. de Veracruz-Llave; 21.546 h. ‖ Villa cap. del mismo; 9.099 h.

gutiferal. (Del lat. *gutta*, gota, y *-feral*.) adj. **Bot.** Dícese de las plantas dicotiledóneas, de la subclase de las arquiclamídeas, con flores muy vistosas, hermafroditas y con el cáliz y la corola bien diferenciados, estambres numerosos y fruto muy variable. Se distribuyen en las familias de las *teáceas*, *gutíferas*, *dipterocarpáceas*, *dilleniáceas*, *marcgraviáceas* y *ocnáceas*. ‖ f. pl. Orden de estas plantas.

gutifero, ra. (Del lat. *gutta*, gota, y *-fero*.) adj. **Bot.** Aplícase a hierbas vivaces, arbustos y árboles angiospermos dicotiledóneos, en su mayoría originarios de la zona tórrida, con hojas opuestas, enteras casi siempre y pecioladas; flores terminales o axilares, en panoja o racimo; fruto en cápsula o en baya, con semillas sin albumen, a veces con arilo. Por incisiones, y aun naturalmente, estas plantas segregan jugos resinosos; como la gutapercha, el calambuco y el corazoncillo. Hay cerca de 50 gén., de los que destacan los *androsaémum* e *hypéricum*. Ú. t. c. s. f. ‖ f. pl. Familia de estas plantas, llamada también hipericáceas.

gutiforme. (Del lat. *gutta*, gota, y *-forme*.) adj. De forma de gota.

gutipenne. (Del lat. *gutta*, gota, y *penna*, *-ae*, ala.) adj. **Zool.** Dícese de las aves que tienen las alas moteadas de un color pálido, y especialmente de blanco sobre fondo más obscuro.

gutitú. (Voz americana.) m. **Bot.** *Chile.* Especie de arbolillo cuya madera se emplea en tintorería para teñir de negro.

gutural. fr. e i., *guttural*; it., *gutturale*; a., *zur Kehle gehörig.* (Del lat. *gutturalis*, de *guttur*, garganta.) adj. Perteneciente o relativo a la garganta. ‖ En gramática, dícese de las consonantes que se articulan contra el velo del paladar, como la *g*, la *j* y la *k*, llamadas más propiamente velares. Ú. t. c. s. f. ‖ **Fon.** Aplícase al sonido articulado que se produce al tocar o rozar el dorso de la lengua con la parte posterior del velo del paladar, o bien se llaman guturales en sentido amplio sonidos articulados en la úvula o contrayendo la faringe. ‖ Letra que representa este sonido. Ú. t. c. s. f.

guturalmente. adv. m. Con sonido o pronunciación gutural.

Guyana

Guyana. Geog. República de América del Sur, en el ámbito de la Commonwealth.

Generalidades. Está situada en la parte N. de América del Sur. Limita al N. con el océano Atlántico, al E. con Surinam, al S. y SE. con Brasil y al O. con este país y Venezuela. La superf. total del país es de 214.970 km.², con una pobl. absoluta de 714.000 h. (863.500 calculados en 1979) y una pobl. relativa de 3,3 h. por km.². La cap. es Georgetown (168.000 h.).

Geografía física. En las partes O. y S. del país hay una amplia zona montañosa, acompañada de sabanas. En la primera, sirviendo de hito fronterizo con Venezuela y Brasil, está el Monte Roraima (2.772 m.), la cima más alta de Guyana. El litoral forma una amplia curva, sin ningún accidente geográfico notable, salvo la profunda boca del Esequibo y los restos de dunas arenosas y arrecifes que emergen de las aguas. Guyana es un país bien dotado en cuanto a cursos de agua, pero, salvo el Esequibo, ninguno forma grandes cuencas y con pocos tributarios van a verter sus aguas en el océano. Muchos de ellos son caudalosos, de pendiente suave, pero como discurren sobre rocas cristalinas presentan numerosos rabiones y saltos, lo que torna peligrosa su navegación. Los ríos Irong y Tacutu en parte de su curso sirven de límites con Brasil y el corto Amacuro, que des. frente al Orinoco, con Venezuela. La temperatura es notablemente uniforme, calurosa y húmeda. Por lo que respecta a las regiones naturales, y como el resto de Guayana, el país está compuesto de tres zonas. La primera es angosta faja costera, cuyo ancho varía de 16 a 65 km. y donde está concentrada la casi totalidad de la población. La segunda zona, la intermedia, de unos 160 km. de ancho, de tierra alta ligeramente ondulada, con profusión de colinas, está cubierta en su casi totalidad de una densa selva. Es zona rica también en minerales. Por último, la tercera zona, con varias cadenas montañosas y extensas sabanas y aún poco conocida. Esta zona abarca el S. y el O. de Guyana.

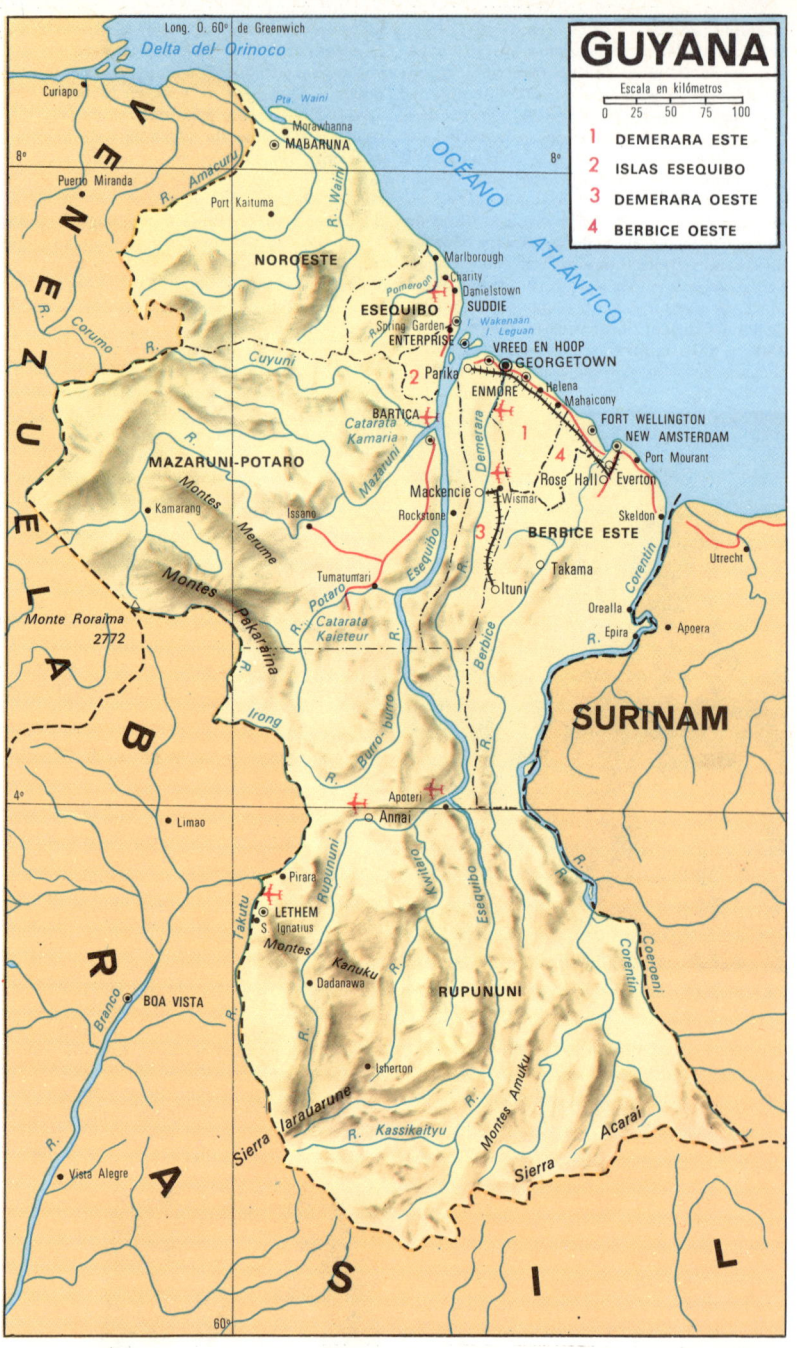

Geografía biológica. La flora es la correspondiente a la región guayanense. En el litoral, el mangle negro (*avicennia marina*), con raíces que se extienden profusamente, sirve de parapeto para los cultivos. En esta región, como también en las sabanas húmedas, existen diseminados oasis de palmas cocoteras, truli y manicole o assai y mezquinas hierbas de las variedades *andropogon* y *pennisetum*. En cambio, la selva que cubre casi en su totalidad el país es espléndida en ejemplares y entre los más notables figuran: el wallaba (*eperua falcata*), la mora gigante (*mora excelsa*), el «greenheart» (*ocotea rodioei*) y el *manilkara bidentata*, que produce la balata. Los árboles gomeros y de madera para ebanistería son numerosos y los densos bosques se hallan cubiertos por lianas parásitas, epifitas, hongos u orquídeas. Como en toda comarca tropical, los frutales son variados y en Guyana prosperan en la faja costera, donde también se cultivan intensamente el maíz, la mandioca y el ají. La fauna es también muy variada y en las selvas y zonas pantanosas abundan la capibara, el armadillo, el perezoso, el tigre haka o yaguarundi, el jaguar, el ocelote y el tapir, éste en vías de extinción. Además abundan los monos y venados, como asimismo el oso hormiguero. Las aves son numerosas y muchas de espléndidos colores como el tinamou, el gallo de la roca (*rupicola rupicola*), el marudi, el pájaro campana y varias especies de guacamayos y profusión de colibríes en los bosques y en los ríos el ibis escarlata y el martín pescador. En la región de la costa, ciertos buitres son de utilidad porque devoran residuos de toda clase y en todas partes se encuentra el kiskadí o gorrión de la Guayana, una pequeña variedad de halcón (*heliornis*), el ánade americano, el avefría, la garza y la agachadiza. El caimán es una plaga en los estuarios y las serpientes son numerosas y variadas, en general venenosas y de gran tamaño, como la boa de agua o anaconda. Numerosos son también los lagartos, como la iguana de los ríos. El tiburón y la raya merodean no lejos de la costa y en los ríos abundan la piraña (*serrasalmus*) y el lukunani (*cichla*). Los insectos son abundantísimos y constituyen una verdadera plaga: mosquitos, mosca de los arenales, termitas, langostas y hormigas.

Geografía económica. La zona apta para la agricultura es muy limitada (4 a 5 % de la superf. del país) y comprende la angosta pero fértil faja costera. Quedan aún grandes extensiones de tierras sin mejorar en esta zona. La agricultura proporciona el 60 % aproximadamente de las exportaciones. Los principales cultivos son: el arroz (260.000 ton. en 1975), la caña de azúcar (311.000 ton. de azúcar), la palma de coco (36.000 ton. de frutos y 4.000 de copra), los cítricos (10.000 ton. de naranjas y 1.000 de limones), el café (600 ton.) y la banana (5.000). Los bosques económicamente aprovechables hasta ahora abarcan una superficie de 35.700 km.² Resulta sumamente dificultoso su total aprovechamiento a causa de su inaccesibilidad y el clima ingrato. Las maderas objeto de exportación son las preciosas y resinosas, despachadas en troncos o aserradas. En 1975 se obtuvieron 266.000 m.³ de madera. Importante producto forestal es la balata (215 ton. en 1970). El patrimonio ganadero fue estimado, en 1975, del siguiente modo:

Ganado bovino .... 275.000 cabezas
   » porcino .... 120.000 »
   » ovino .... 106.000 »
   » caprino .... 60.000 »
   » equino .... 4.000 »

La riqueza ictiológica es grande, pero sólo se explota para la exportación de camarones, langosta de mar y tortugas. El total de pescado capturado, en 1975, fue de 20.123 ton. Respecto a la minería, los depósitos de bauxita son objeto de un amplio aprovechamiento (3.048.000 ton. en 1974), pero deben sufrir la competencia, en el hemisferio, del producto similar de Jamaica y Surinam. La producción de manganeso en los últimos años ha disminuido (38.400 ton.). Los placeres auríferos comenzaron a ser objeto de explotación en 1884 y su aprovechamiento fue seguido por el de los diamantes en 1887. Del primero se extrajeron 381 kg., y de los segundos, 29.000 quilates en 1974. La industria se limita a la fabricación de azúcar y a los derivados de la caña, ron y melaza, producción de alúmina, elaboración de aceite de lima, copra, margarina, cerveza (83.000 hl. en 1973), cigarrillos, maderas aserradas y curtido de pieles. Aprovechando la riqueza en plantas medicinales, una industria farmacéutica está en sus comienzos, como igualmente las del jabón, productos alimenticios y muebles. La energía eléctrica alcanzó 387 millones de kwh. producidos en 1974. Por lo que toca al comercio exterior, las cifras, expresadas en millones de dólares de Guyana (G $), en el período 1972-75 fueron las siguientes:

Años	Importaciones	Exportaciones
1972	297,9	300,4
1973	372,5	293,1
1974	567,	602,5
1975	810,6	848,2

La unidad monetaria es el dólar guyanés, que equivale a 0,444335 g. de oro fino. En lo referente a transportes y comunicaciones, la red de carreteras alcanzaba, en el año 1972, los 2.711 km., de los que 665 estaban asfaltados. El número de vehículos de motor era, en 1971, de 28.000, de los que 19.060 eran turismos. Las vías férreas suman (1972) 127 km. La marina mercante contaba, en 1973, con 50 buques y un peso bruto de 15.035 ton. Por lo que respecta al transporte aéreo, hay un aeropuerto internacional en Timehri, cerca de Georgetown. En 1976 había 18.584 teléfonos.

Geografía política. La composición racial de la población es heterogénea. En 1970 se estimó que el 51 % de la población era de ascendencia hindú; el 30,7, de descendencia africana; 11,4, mestizos; 4,4, amerindios; 1,3, portugueses; 0,6, chinos y 0,6, europeos y de varias procedencias. Los nacimientos fueron el 35,7‰ de la población, y las defunciones, el 6,4. El idioma oficial es el inglés. Háblanse idiomas orientales en la colectividad hindú. En su mayoría la población es protestante. Los católicos dependen de la diócesis de Georgetown, creada en marzo de 1956, y son 105.000. Hay 115.000 practicantes del hinduísmo y 29.000 musulmanes. Guyana es, desde 1970, una república cooperativa, miembro de la Comunidad Británica de Naciones. Se compone de un presidente y un Gabinete de 25 ministros. Proclamó la nueva república el hasta entonces gobernador general Edward Luckhoo, el 23 de febrero de 1970, convirtiéndose en el primer presidente de la misma. A continuación se inserta el cuadro de la división administrativa:

Distritos	Superficie Km.²	Población Habitantes	Capitales y su población
Berbice Este		147.000	New Amsterdam (23.000 h.).
Berbice Oeste		37.000	Fort Wellington.
Demerara Este		343.000	Enmore.
Demerara Oeste		87.000	Vreed en Hoop.
Esequibo		57.000	Suddie.
Esequibo (Islas)			Enterprise.
Mazaruni-Potaro		13.000	Bartica.
Noroeste		16.000	Mabaruna.
Rupununi		14.000	Lethem.
Totales	214.970	714.000	

Respecto a la educación, en septiembre de 1976 había 437 escuelas primarias con 147.063 alumnos; 57 secundarias con 79.709 alumnos; y varios centros más de formación especializada. El 1 de octubre de 1963 se inauguró la Universidad de Guyana con tres facultades; en la actualidad cuenta con facultades de Artes, Ciencias Naturales, Ciencias Sociales, Tecnología, Pedagogía y Agricultura. En 1975 había 1.752 alumnos.

Historia. En 1499 los españoles exploraron sus costas. En los dos siglos siguientes, las leyendas sobre Eldorado, con sus yacimientos de oro, estimularon las exploraciones de holandeses, franceses y posteriormente ingleses. Los holandeses se establecieron en Demerara desde 1581, y los ingleses, venidos en pos de Raleigh (1595), intentaron fundar una colonia en 1604 y después en 1667, pero fueron desalojados por los holandeses, quienes quedaron dueños del terr. atravesado por los ríos Berbice, Demerara y Esequibo. En 1796, una flota inglesa procedente de Barbados, se apoderó del terr. bañado por los tres ríos ya mencionados y en 1814 quedó formalmente incorporado a la Corona británica. Con Venezuela hubo una disputa fronteriza que aún perdura, zanjada por arbitraje en 1899, pero que no satisfizo a Venezuela. En 1928 le fue concedida a la colonia autonomía limitada. Apenas independiente (26 de mayo de 1966), Guyana hubo de encarar problemas de fronteras con Venezuela, que reclamaba 140.000 km.² al O. del Esequibo, y con Surinam, por zonas del río Corentin. Con Surinam las cosas llegaron al extremo de tener que movilizar Guyana sus fuerzas militares (16 de diciembre de 1967). El 23 de febrero de 1970, Guyana se proclamó república, convirtiéndose en primer presidente su gobernador general Edward Luckhoo. En las elecciones de 23 de marzo del mismo año fue elegido presidente Arthur Chung, que ha sido reelegido en 1976. El cargo de primer ministro ha sido ejercido, desde la independencia, por Forbes Burnham. En enero de 1977, Guyana rompió sus relaciones diplomáticas con Chile. En noviembre de 1978, tras asesinar a cuatro miembros de una misión californiana, llegada para investigar sus actividades, 912 miembros pertenecientes a la secta estadounidense *El Templo del Pueblo*, se suicidaron en su asentamiento, establecido en una zona de la selva de Guyana.

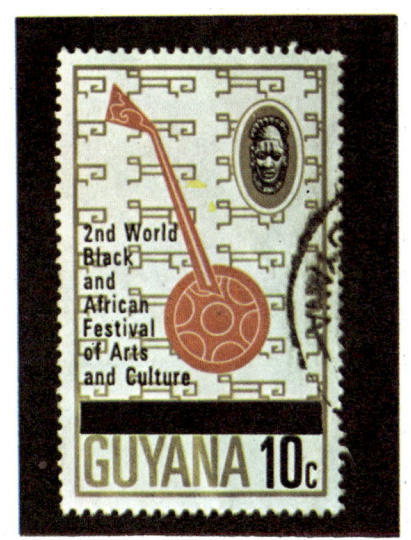

Forbes Burnham firma en Londres, con el secretario de Colonias del R. U., los documentos de independencia

Sello conmemorativo del II Festival Mundial de Arte y Cultura

Guyenne o **Guyena. Geog. hist.** Una de las prov. de la ant. Francia; cap., Burdeos. Formó luego los depart. de Lot, Gironda, Lot y Garona, Aveyron y Dordoña, y parte de los de Landas y Tarn y Garona. Fue anexionada definitivamente a la Corona a la muerte de Carlos, hermano de Luis XI, en 1472.

guzco, ca. adj. *Mej.* Que come con glotonería.

guzla. f. **Mús.** Instrumento de música de una sola cuerda de crin, a modo de rabel, con el cual los ilirios acompañan sus cantos.

guzmán. (Del godo *gods*, bueno, y *manna*, hombre.) m. Noble que servía en la Armada real y en el ejército de España con plaza de soldado, pero con distinción.

Guzmán el Bueno. Biog. Pérez de Guzmán, conde de Niebla (Alonso). ‖ **(Augusto).** Escritor e historiador boliviano, n. en Cochabamba en 1903. Entre sus obras principales figuran *Prisionero de guerra* (novela de la guerra del Chaco, 1937) y *El disfrazado* (narración breve). ‖ **(Diego Felipe de).** Mesía Felípez de Guzmán, marqués de Leganés **(Diego).** ‖ **, conde-duque de Olivares (Gaspar de).** Político español, n. en Roma y m. en Toro (1587-1645). Fue nombrado gentilhombre de cámara para su hijo por Felipe III y supo captarse completamente la confianza del príncipe, por lo que al subir al trono Felipe IV fue su ministro y valido omnipotente, persiguiendo a los servidores de su padre. Desencadenó las guerras con Holanda, siendo el resultado la independencia de las Provincias Unidas, y las desastrosas guerras de Cataluña y Portugal, con la separación de esta última. Atrajo sobre sí el odio de todo el pueblo español hasta que la influencia de la reina decidió la caída del valido. ‖ **(Joaquín Eufrasio).** Militar y político salvadoreño del s. XIX. Siendo vicepresidente de la República (1844), desconoció al presidente Malespín y se posesionó del poder. Venció a Malespín en la guerra civil que sobrevino (1845). En 1859 reemplazó al presidente Miguel Santín del Castillo. ‖ **(Juan José).** Político salvadoreño, m. en 1847. Fue presidente de la República de 1842 a 1843, en que renunció. ‖ **(Martín Luis).** Escritor mejicano, n. en Chihuahua y m. en Méjico (1887-1977). Escribió obras que giran en torno a hechos y hombres de la revolución de 1910. Las más importantes son: *El águila y la serpiente* (1928), *Memorias de la revolución mejicana de 1914 a 1915*, traducida a varios idiomas, *Mina el Mozo, héroe de Navarra* (1932) y *Memorias de Pancho Villa* (1938-1939). ‖ **Blanco (Antonio).** Político y militar venezolano, n. en Caracas y m. en París (1829-1899). Derribado Falcón, estando en Europa, retornó a su patria y luchó contra Monagas, al que venció (1870). Proclamado presidente (1872-77), dejó el poder al general Linares Alcántara y marchó a Europa en misión diplomática. Retornó para derribar al general Cedeño, conservador, y ocupó nuevamente la presidencia en 1879-84 y 1886-87. ‖ **Fernández (Antonio).** Político dominicano, n. en 1911. Miembro del Partido Revolucionario Dominicano, fue declarado presidente de la nación en agosto de 1978. ‖ **y Rojas (Cecilio).** Pintor y grabador boliviano, n. en Potosí (1900-1950). Estudió en la Academia de San Fernando, Madrid, y en su país reorganizó la Escuela de Bellas Artes y dedicó todos sus esfuerzos al renacimiento de la escuela pictórica de la época colonial y a cultivar los temas indígenas. Fundador del Museo de Arte de la Casa Real de Moneda, en Potosí, fue correspondiente de la Academia de San Fernando, de Madrid. ‖ **y Zúñiga, marqués de Ayamonte (Francisco Antonio de).** Prócer español, m. en Segovia (1606-1648). Pretendió sublevar a la región andaluza para convertirla en estado independiente, con el duque de Medinasidonia como rey. Descubierta la conspiración, sufrió la muerte en el patíbulo. ‖ **Geog.** Mun. y villa de España, prov. de Burgos, p. j. de Aranda de Duero; 290 h. ‖ **Guillermo.** Mun. de Venezuela, est. de Falcón, dist. de Miranda; 4.141 h. Cap., La Negrita.

Guzmango. Geog. Dist. de Perú, depart. de Cajamarca, prov. de Contumazá; 3.296 h. ‖ Pueblo cap. del mismo; 156 h.

guzpatarero. (De *guzpátaro*.) m. **Germ.** Ladrón que horada las paredes.

guzpátaro. m. *Germ.* agujero.

guzpatarra. f. Cierto juego de muchachos usado antiguamente.

Gwalior. Geog. C. de la India, est. de Madhya Pradesh; 379.145 h. Importante centro industrial y comercial. El ant. terr. de Gwalior fue una monarquía cuyo maharajá gozó de gran poder en los siglos XVIII y XIX.

Gwelo. Geog. C. de Rhodesia, cap. de la prov. de Midlands; 54.000 h. Industria siderúrgica. En sus cercanías existen minas de amianto.

Gwent. Geog. Región del R. U., en Escocia; 1.376 km.² y 440.100 h. Cap., Cwmbran. Minas de carbón. Industria del aluminio.

Gwynedd. Geog. Región del R. U., en Escocia; 3.868 km.² y 224.200 h. Cap., Caernarvon. Ganadería. Industria del aluminio. Importante turismo.

gymkhana. (Del indostaní *ged-khana*, patio para tenis.) f. **Dep.** Prueba deportiva de habilidad en que los automóviles, motocicletas, bicicletas, etc., participantes deben vencer diferentes obstáculos puestos en el recorrido.

Györ. Aspecto urbano típico

Györ. Geog. C. de Hungría, cap. del cond. de Györ-Sopron; 175 km.² y 106.500 h. Constituye por sí sola un dist. urbano. Industria mecánica y fabricación de material ferroviario. Destilerías de alcohol y refinerías de aceite. ‖ **-Sopron.** Cond. de Hungría; 3.837 km.² y 300.300 h. Cap., Györ.

Gyp. Biog. Riqueti de Mirabeau, condesa de Martel de Janville **(Sibylle Gabrielle Marie-Antoinette de).**

Gysenyi. Geog. Prefect. de Ruanda; 2.488 km.² y 344.534 h. ‖ C. cap. de la misma; 3.956 habitantes.

h. f. Novena letra del abecedario español, y séptima de sus consonantes. Su nombre es **hache**, y hoy no tiene sonido. Antiguamente se aspiraba en algunas palabras, y aún suele aspirarse en la dicción popular de Andalucía, Extremadura, Canarias, Antillas y otras zonas españolas y americanas. Fuera de estas regiones se aspira también en muy pocas voces, como *holgorio*, y otras que el Diccionario indica. || **Fís.** Símbolo del *cuanto de acción* o *constante de Planck*.

H. Elec. abr. del *henrio*. || **Mús.** En Alemania, nombre de la nota *si*. || **Quím.** Símbolo del *hidrógeno*.

H. Quím. Hidrógeno ionizado de reacción ácida, en que éste ha perdido un electrón y se ha convertido en protón. Juntamente con el ión oxhidrilo (OH⁻), constituye el elemento fundamental de las llamadas reacciones ácido-base.

H₂. Quím. Símbolo del *deuterio*.

¡ha! interj. ¡ah!

ha. abr. de *hectárea*.

Haag (Den). Geog. Haya (La).

Haakon I o **Hakon Adalsteinsfostre**, *el Bueno*. **Biog.** Rey de Noruega, m. en Fitje (920-961). Disputó la corona a su hermano y murió en una batalla sostenida con sus sobrinos. || **II Sigurdarson.** Rey de Noruega, m. en Sekk (1147-1162). Murió en lucha con un pretendiente a la corona. || **III Sverrisson.** Rey de Noruega, que se cree murió envenenado por su suegra en 1204. || **IV Haakonsson.** Rey de Noruega, n. cerca de Skarpsborg y m. en Kirkwall (1204-1263). Fomentó el bienestar y la riqueza del país, sosteniendo relaciones amistosas con los principales estados europeos. Alfonso de Castilla le pidió para su hijo Felipe la mano de la princesa Cristina. || **V Magnusson.** Rey de Noruega (1270-1319). Concluyó la guerra con Dinamarca y preparó la unión con Suecia, casando con su hija Ingeborge con el duque Erico. || **VI.** Rey de Noruega, bisnieto del anterior (1340-1380). Casó con Margarita, hija de Valdemaro III de Dinamarca. || **VII.** Rey de Noruega, n. en Charlottenlund y m. en Oslo (1872-1957). Era hijo de Federico VIII de Dinamarca y casó en 1896 con la princesa Maud, hija de Eduardo VII de Inglaterra. Invadido su país por Alemania en 1940, se trasladó con su Gobierno a Inglaterra hasta 1945, año en que regresó a Noruega. Fue muy popular y querido por su pueblo.

Haarlem (Cornelisz van). Biog. Cornelisz (Cornelis). || **Geog.** C. de los P. B., cap. de la prov. de Holanda Septentrional; 239.142 h. Museo Frans Hals. Tejidos de algodón y estampados. Es el principal centro de cultivo de tulipanes y de producción del aceite extraído de ellos, llamado de Haarlem, que se usa contra los cálculos del hígado y de los riñones.

Haase. Geog. Local. de Argentina, prov. de Santiago del Estero, depart. de Moreno; 234 h. Región ganadera.

haba. fr., *fève*; it., *fava*; i., *bean*; a., *Puffbohne*. (Del lat. *faba*.) f. Hierba anual, de la familia de las papilionáceas, con tallo grueso y erguido, de hasta 120 cm. de alt., hojas terminadas en punta aleznada y con uno a tres pares de folíolos grandes, oblongos y algo carnosos; estípulas dentadas y manchadas; racimos

Habas

de dos a cinco flores grandes, blancas, con las alas manchadas de negro; legumbre hinchada, sentada, con pico corto, larga, carnosa, en la madurez seca y negruzca; semillas aisladas por masas de tejido celular, grandes, comprimidas y aovadas. Las semillas son comestibles, y aun todo el fruto cuando está verde (*vicia faba* o *faba vulgaris*). || Fruto y semilla de esta planta. || Cada una de las bolitas blancas y negras con que se hacen las votaciones secretas en algunas congregaciones, para lo cual primeramente se usaron habas, o de diversos colores, o peladas y cubiertas. || **gabarro**, nódulo. || **roncha**, bultillo. || Cabeza del miembro viril. || fig. Figurilla de porcelana escondida en una rosca o bizcocho, generalmente de Pascuas, la cual se toma por buen agüero para la persona a quien toca el trozo que la contiene. || *Ast.* Habichuela, judía. || *Germ.* Uña de los dedos. || Simiente de ciertos frutos; como el café, el cacao, etc. || **Min.** Trozo de mineral más o menos redondeado y envuelto por la ganga, que suele presentarse en los filones. || **Veter.** Tumor que se forma a las caballerías en el paladar, inmediatamente detrás de los dientes incisivos. || **del Calabar.** *Bot.* Planta trepadora de la familia de las papilionáceas. || **de Egipto. colocasia.** || **de Filipinas.** Es la leguminosa *mucuna mitis.* || **de indio.** *Méj.* Nombre de la euforbiácea *hura crépitans*, llamada también allí *haba de San Ignacio*. || **de las Indias. guisante de olor.** || **loca.** Nombre de la leguminosa *vicia narbonensis*. || **marina.** *Zool.* ombligo de Venus, concha. || **panosa.** *Bot.* Variedad del haba común, pastosa, y que se emplea por lo regular para alimento de las caballerías. || Fruto de esta planta. || **pichurín.** (o cotiledón) de la laurácea *nectandra puchury májor*. || **pinoli.** Semejante a la pichurín. || **de San Ignacio.** Liana de la familia de las loganiáceas, espontánea en Filipinas, cuyas semillas, muy tóxicas, ricas en estricnina, son utilizadas en medicina y veterinaria en las atonías digestivas, cólera, diarrea, etc. (*strychnos ignátii*). || Simiente de esta planta. || **haba de indio.** || **tonca.** Semilla de la sarapia. Mide de 3 a 4 cm. de largo por uno de ancho; es deprimida y obtusa, con cubierta delgada, rugosa, negra, lustrosa, cotiledones pardoamarillentos, grasos, aromáticos, de sabor acre y amargo y de olor agradable por contener cumarina. || **habas verdes.** fig. *Folk.* Canto y baile popular de Castilla la Vieja. || **son habas contadas.** expr. fig. con que se denota ser una cosa cierta y clara. || Dícese de cosas que son número fijo y por lo general escaso.

Haba (La). Geog. Mun. y villa de España, prov. de Badajoz, p. j. de Villanueva de la Serena; 2.538 h. (*jabeños*).

Habacuc. Biog. Uno de los profetas menores. Escribió un libro de la Biblia (v.).

habachiqui. (Del vasc. *baba txiki*, haba pequeña.) f. *Bot. Al.* y *Nav.* Haba pequeña, más gustosa y alimenticia que la común.

habado, da. adj. Dícese del animal que tiene la enfermedad del haba. || Aplícase al que tiene en la piel manchas en figura de habas. || Dícese del ave, especialmente de la gallina, cuyas plumas de varios colores se entremezclan, formando pintas.

Habana. Geog. Dist. y pueblo de Perú, depart. de San Martín, prov. de Moyobamba; 418 h. || **(La).** Prov. occidental de Cuba; 8.221

habanera–hábilmente

km.² y 2.331.657 h. ‖ C. cap. de Cuba y de la prov. de su nombre; 1.751.216 h. Tiene notables edificios, como el nuevo Palacio Presidencial, el Centro Gallego y la iglesia de los Jesuitas en la calzada de la Reina. Sus mejores parques son el Central, el Campo de Marte, Gonzalo de Quesada y el de la India. Tiene varios astilleros, y el puerto es uno de los más concurridos de América. Fue fundada en 1515 por el gobernador español Diego de Velázquez. Su

La Habana. Barrio residencial

denominación completa es San Cristóbal de La Habana. En 1592 la otorgó Felipe II el título de ciudad. Los ingleses la tomaron en 1762, pero al año siguiente la reconquistaron los españoles. El 15 de febrero de 1898 voló en su puerto el crucero estadounidense *Maine*, dando origen a la declaración de guerra de EE. UU. a España.

habanera. f. *Folk.* Danza propia de La Habana, que se ha generalizado. ‖ Música de esta danza.

habanero, ra. fr., *havannais;* it., *avanese;* i., *havannese;* a., *havannier.* adj. Natural de La Habana, o perteneciente a esta c. Ú. t. c. s. ‖ Dícese del que vuelve rico de América. Ú. t. c. s.

habano, na. adj. Perteneciente a La Habana, y p. ext., a la isla de Cuba. Se aplica especialmente al tabaco. ‖ Dícese del color de tabaco claro. ‖ m. Cigarro puro elaborado en la isla de Cuba con hoja de la planta de aquel país. ‖ *Col.* banano.

habar. fr., *champ de fèves;* it., *favule;* i., *bean-field;* a., *Bohnenfeld.* m. *Agr.* Terreno sembrado de habas.

habascón. m. *Bot.* Especie de raíz semejante a la pastinaca, que sirve de comestible en casi todos los pueblos de América.

habato, ta. adj. *Cuba.* Aplícase a la persona tosca, grosera, rústica.

hábeas corpus. (De la fr. lat. *habeas corpus* [de N.] *ad subiiciendum,* etc., con que comienza el auto de comparecencia.) m. Derecho de todo ciudadano, detenido o preso, a comparecer inmediata y públicamente ante un juez o tribunal para que, oyéndole, resuelva si su arresto fue o no legal, y si debe alzarse o mantenerse. Es frase usada en el R. U., y hoy admitida en nuestro idioma.

habedero, ra. adj. ant. Que se ha de haber o percibir.

haber. fr., *avoir, actif;* it., *avere;* i., *income, asets, credit;* a., *Haben, Guthaben, Aktiva.* (Del inf. *haber.*) m. Hacienda, caudal, conjunto de bienes y derechos pertenecientes a una persona natural o jurídica. Ú. m. en pl. ‖ Cantidad que se devenga periódicamente en retribución de servicios personales. ‖ fig. Cualidades positivas o méritos que se consideran en una persona o cosa, en oposición a las malas cualidades o desventajas. ‖ *Com.* Una de las dos partes en que se dividen las cuentas corrientes. En las columnas que están debajo de este epígrafe se comprenden todas las sumas que se acreditan o descargan al individuo a quien se abre la cuenta. Las partidas que se anotan en el haber forman el débito del que abre la cuenta y el crédito de aquel a quien se lleva. ‖ **monedado.** *Num.* Moneda, dinero en especie.

haber. fr., *avoir, tenir;* it., *avere;* i., *to have, to possess;* a., *haben, besitzen.* (Del lat. *habēre.*) tr. Poseer, tener una cosa. ‖ Apoderarse uno de alguna persona o cosa; llegar a tenerla en su poder. ‖ Verbo auxiliar que sirve para conjugar otros verbos en los tiempos compuestos. ‖ impers. Acaecer, ocurrir, sobrevenir. ‖ Verificarse, efectuarse. ‖ En América y Cataluña es barbarismo muy común hacerlo personal en esta acepción: **hubieron** *festejos.* ‖ En frases de sentido afirmativo, ser necesario o conveniente aquello que expresa el verbo o cláusula a que va unido por medio de la conjunción *que.* ‖ En frases de sentido negativo, ser inútil, inconveniente o imposible aquello que expresa el verbo o cláusula a que va unido con la conjunción *que* o sin ella. ‖ Estar realmente en alguna parte: **haber** *veinte personas en una reunión.* ‖ Hallarse o existir real o figuradamente. ‖ Denotando transcurso de tiempo, **hacer: ha** *cinco días; poco tiempo* **ha; habrá** *diez años.* ‖ prnl. Portarse, proceder bien o mal. ‖ **haber de.** En esta forma es auxiliar de otro verbo, llevándolo al presente de infinitivo, y se presta a diversos conceptos: **he de** *salir temprano;* **habré de** *conformarme;* **has de** *tener entendido.* ‖ **allá se las haya,** o **se las hayan,** o **se lo haya,** o **se lo hayan,** o **te las hayas,** o **te lo hayas.** loc. fam. que se usan para denotar que uno no quiere participación en alguna cosa o que se separa del dictamen de otro por tener mal efecto. ‖ **bien haya.** expr. que se usa en frases exclamativas, como bendición. ‖ **no haber de qué.** expr. que equivale a no haber razón o motivo para alguna cosa. ‖ **¡no haya más!** Exclamación que se profiere metiendo paz entre los que riñen.

háber. (Del hebr. *habber,* sabio.) m. Sabio o doctor entre los judíos. Título algo inferior al de rabí o rabino.

Fritz Haber

Haber (Fritz). Biog. Químico alemán, n. en Breslau y m. en Bâle (1868-1934). En 1918 obtuvo el premio Nobel de Química por la síntesis del amoniaco, estudiada sobre bases completamente teóricas, y que consiste en la unión directa del hidrógeno con el nitrógeno, usando el hierro como catalizador a grandes presiones.

haberado, da. adj. ant. Dícese del hacendado que tiene haberes o riquezas. ‖ ant. Que tiene valor o riqueza.

haberío. (De *haber,* caudal.) m. Bestia de carga o de labor. ‖ Ganado o conjunto de los animales domésticos. ‖ ant. Hacienda, caudal, conjunto de bienes.

haberoso, sa. (De *haber.*) adj. ant. Rico, acaudalado.

Habib ben Alí Burguiba. Biog. Burguiba (Habibi ben Alí).

habichuela. fr., *haricot;* it., *fagiuolo;* i., *kidney-bean;* a., *Bohne.* (dim. de *haba.*) f. *Bot.* Alubia, judía o fríjol. ‖ **de Egipto.** Es la leguminosa *láblab vulgaris.*

habidero, ra. adj. ant. Que se puede tener o haber.

habiente. p. a. de *haber.* Que tiene. Ú. unas veces antepuesto y otras pospuesto al nombre que es su complemento.

hábil. (Del lat. *habĭlis.*) adj. Capaz, inteligente y dispuesto para el manejo de cualquier ejercicio, oficio o ministerio. ‖ *Der.* Apto para una cosa.

habilidad. fr., *adresse, habilité;* it., *abilità;* i., *cleverness, ability;* a., *Gewandtheit, Geschicklichkeit.* (Del lat. *habilĭtas, -ātis.*) f. Capacidad, inteligencia y disposición para una cosa. ‖ Gracia y destreza en ejecutar una cosa que sirve de adorno al sujeto, como bailar, montar a caballo, etc. ‖ Cada una de las cosas que una persona ejecuta con gracia y destreza. ‖ **tramoya,** enredo dispuesto con ingenio.

habilidoso, sa. adj. Que tiene habilidades.

habilitación. fr. e i., *habilitation;* it., *abilitazione;* a., *Befähigung.* f. Acción y efecto de habilitar o habilitarse. ‖ Cargo o empleo de habilitado. ‖ Despacho u oficina donde el habilitado ejerce su cargo. ‖ **de bandera.** *Mar.* Concesión que se otorga por los tratados a buques extranjeros, para que hagan el comercio en las aguas y puertos nacionales.

habilitado, da. p. p. de **habilitar.** ‖ m. En la milicia, oficial a cuyo cargo está el agenciar y recaudar en la tesorería los intereses del regimiento o cuerpo que le nombra. Este cargo se ha hecho extensivo a otras muchas dependencias no militares. ‖ Empleado o persona que, por encargo de otras, gestiona y efectúa el pago de haberes, pensiones, etc. ‖ *Der.* Auxiliar especial de los secretarios judiciales, que puede substituir al titular en la función aun sin vacante ni interinidad.

habilitador, ra. adj. Que habilita a otro. Ú. t. c. s.

habilitar. fr., *habiliter;* it., *abilitare;* i., *to enable;* a., *befähigen, beteiligen.* (Del lat. *habilitāre.*) tr. Hacer a una persona o cosa hábil, apta o capaz para aquello que antes no lo era. ‖ Dar a uno el capital necesario para que pueda negociar por sí. ‖ En lo concursos a prebendas o curatos, declarar al que ha cumplido bien en la oposición por hábil y acreedor en otra, sin necesidad de los ejercicios que tiene ya hechos. ‖ Proveer a uno de lo que menester para un viaje y otras cosas semejantes. Ú. t. c. prnl. ‖ *Der.* Subsanar en las personas faltas de capacidad civil o de representación, y en las cosas, deficiencias de aptitud o de permisión legal. ‖ **para el empleo superior.** Conceder el ascenso sin antigüedad ni sueldo al jefe u oficial que se hallaba en condiciones de ejercer el empleo inmediato superior al suyo. Se usó durante la guerra civil española (1936-39). También se aplicó a los civiles designados para cubrir funciones militares.

hábilmente. adv. m. Con habilidad.

habiloso, sa. adj. *Chile.* Que tiene habilidades.

habilla. (dim. de *haba.*) f. **Bot.** *Costa Rica.* Es la cucurbitácea *fevillea cordifolia* y también la papilionácea *entada scánderis.* || *Cuba y Hond.* **jabillo,** árbol euforbiáceo.

habillado, da. (Del fr. *habiller*, vestir, y éste del lat. **habiliāre*, de *habĭlis*, hábil.) adj. ant. Vestido, adornado.

habillamiento. (Del m. or. que el anterior.) m. ant. Vestidura, arreo o adorno en el traje.

habitabilidad. f. Cualidad de habitable, en general. || Cualidad de habitable que, con arreglo a determinadas normas legales, tiene un local o una vivienda.

habitable. (Del lat. *habitabĭlis.*) adj. Que puede habitarse.

habitación. fr., *appartement, logis;* it., *abitazione;* i., *abode;* a., *Wohnraum.* (Del lat. *habitatĭo, -ōnis.*) f. Acción y efecto de habitar. || Cualquiera de los aposentos de la casa o morada. || Edificio o parte de él que se destina para habitarse. || **Biol.** hábitat. || **Der.** Servidumbre personal cuyo poseedor tiene facultad de ocupar en casa ajena las piezas necesarias para sí y para su familia, sin poder arrendar ni traspasar por ningún título este derecho.

habitáculo. (Del lat. *habitacŭlum.*) m. **habitación,** edificio para ser habitado. || Sitio o localidad de condiciones apropiadas para que viva una especie animal o vegetal.

habitador, ra. (Del lat. *habitātor, -ōris.*) adj. Que vive o reside en un lugar o casa. Ú. t. c. s.

habitamiento. (De *habitar.*) m. ant. Acción y efecto de habitar.

habitante. fr., *habitant;* it., *abitante;* i., *dweller;* a., *Einwohner.* p. a. de **habitar.** Que habita. || Cada una de las personas que constituyen la población de un barrio, ciudad, provincia o nación.

habitanza. (De *habitar.*) f. ant. Acción y efecto de habitar.

habitar. fr., *habiter, vivre, demeurer;* it., *abitare, dimorare;* i., *to dwell;* a., *bewohnen.* (Del lat. *habitāre.*) tr. Vivir, morar en un lugar. Ú. t. c. intr.

hábitat. (Voz lat.; 3.ª pers. de sing. del pres. de indic. de *habitāre,* vivir en.) m. **Biol.** Región donde, por us condiciones ecológicas, vive una especie vegetal o animal. || Conjunto local de condiciones geofísicas en que se desarrolla la vida de una especie o de una comunidad animal o vegetal. || **Demografía.** Por ext., conjunto de condiciones que hacen posible el asentamiento de personas y viviendas en una localidad. || El mismo conjunto de viviendas habitadas, calles, etc.

hábito. fr., *habit;* it., *abito, vestito;* i., *garment;* a., *Kleid, Gewohnheit.* (Del lat. *habĭtus,* de *habēre,* tener.) m. Vestido o traje de que cada uno usa según su estado, ministerio o nación, y especialmente que traen los religiosos y religiosas. || Modo especial de proceder o conducirse adquirido por repetición de actos iguales o semejantes, u originado por tendencias instintivas. || Facilidad que se adquiere por larga y constante práctica en un mismo ejercicio. || Insignia con que se distinguen las órdenes militares. || fig. Cada una de estas órdenes. || pl. Vestido talar que traen los eclesiásticos y que usaban los estudiantes, compuesto ordinariamente de sotana y manteo. || **de penitencia.** *Der.* El que imponía o mandaba traer por algún tiempo quien tenía potestad para ello: se llevaba por un delito o pecado público. || **Indum.** Vestido usado por mortificación del cuerpo, o como señal de humildad o devoción.

Habitación de Carlos IV, en el monasterio de El Escorial

habituación. f. Acción y efecto de habituar o habituarse.

habitual. (Del lat. *habituālis.*) adj. Que se hace, padece o posee con continuación o por hábito.

habitualmente. adv. m. De manera habitual.

habituar. fr., *s'accoutumer;* it., *abituarsi;* i., *to accustom;* a., *sich gewöhnen.* (Del lat. *habituāre.*) tr. Acostumbrar o hacer que uno se acostumbre a una cosa. Ú. m. c. prnl.

habitud. (Del lat. *habitūdo.*) f. Relación o respecto que tiene una cosa a otra. || ant. Hábito, costumbre.

habitudinal. (Del lat. *habitūdo, -ĭnis,* costumbre.) adj. ant. Que se hace o se tiene ordinariamente.

habitué. (Voz francesa.) m. *Amér.* Persona que frecuenta habitualmente un lugar.

habiz. (Del ár. *aḥbās* [con imela *aḥbīs*], pl. de *ḥubs,* bienes de manos muertas, vinculados para obras pías.) m. Donación de inmuebles hecha bajo ciertas condiciones a las mezquitas o a otras instituciones religiosas de los musulmanes.

habla. fr., *parole;* it., *linguaggio;* i., *speech, language;* a., *Sprache.* (Del lat. *fabŭla.*) f. Facultad de hablar. || Acción de hablar. || Razonamiento, oración, arenga. || **Ling.** Realización del sistema lingüístico llamado lengua. || Sistema lingüístico de una comarca, localidad o colectividad, con rasgos propios dentro de otro sistema más extenso. || Acto individual del ejercicio del lenguaje, producido al elegir determinados signos, entre los que ofrece la lengua, mediante su realización oral o escrita. || **al habla.** m. adv. A distancia propia para entenderse con la voz. Ú. con los verbos *estar, ponerse* y *pasar.* || En trato, en comunicación acerca de algún asunto. Ú. especialmente seguido de la preposición *con.*

hablado, da. p. p. de **hablar.** || adj. Con los adv. **bien** o **mal,** comedido o descomedido en el hablar. || **bien hablado.** Que habla con propiedad, y sabe usar el lenguaje que conviene a su propósito o intento.

hablador, ra. fr., *parleur, bavard, causeur;* it., *chiacchierone;* i., *talker;* a., *schwätzer.* adj. Que habla mucho, con impertinencia y molestia del que le oye. Ú. t. c. s. || Que por imprudencia o malicia cuenta todo lo que ve y oye. Ú. t. c. s.

habladorzuelo, la. adj. dim. de **hablador.** Ú. t. c. s.

habladuría. fr., *commérage;* it., *chiacchiera;* i., *pabbling;* a., *Geschwätz.* (De *hablador.*) f. Dicho o expresión inoportuna e impertinente, que desagrada o injuria. || **hablilla.** fam. **chisme,** murmuración. Ú. m. en pl.

hablanchín, na. adj. fam. Que habla lo que no debía. Ú. t. c. s.

hablante. p. a. de **hablar.** Que habla. Ú. t. c. s. m.

hablantín, na. adj. fam. Que habla lo que no debía. Ú. t. c. s.

hablar. fr., *parler;* it., *parlare;* i., *to speak;* a., *sprechen, reden.* (Del lat. *fabulāri.*) intr. Articular, proferir palabras para darse a entender. || Proferir palabras ciertas aves a quienes puede enseñarse a remedar las articulaciones de la voz humana. || Comunicarse las personas por medio de palabras. || Pronunciar un discurso u oración. || Tratar, convenir, concertar. Ú. t. c. prnl. || Expresarse de uno u otro modo. || Con los adv. *bien* o *mal,* además de la acepción de expresarse de uno u otro modo, tiene la de manifestar, en lo que se dice, cortesía o benevolencia, o al contrario, la de emitir opiniones favorables o adversas acerca de personas o cosas. || Con la prep. *de,* razonar, o tratar de una cosa platicando. || Tratar de algo por escrito. || Dirigir la palabra a una persona. || fig. Tener relaciones amorosas una persona con otra. || Murmurar o criticar. || Rogar, interceder por uno. || fig. Explicarse o darse a entender por medio distinto del de la palabra. || fig. Dar a entender algo de cualquier modo que sea. || fig. Dícese para encarecer el modo de sonar un instrumento con gran arte y expresión. || tr. Emplear uno u otro idioma para darse a entender. || Decir algunas cosas especialmente buenas o malas. || prnl. Comunicarse, tratarse de palabra una persona con otra. || Con negación, no tratarse una persona con otra, por haberse enemistado con ella, o tenerla en menos. || **es hablar por demás.** expr. con que se denota que es inútil lo que uno dice, por no hacer fuerza ni impresión a la persona a quien habla. || **hablara yo para mañana.** expr. fam. con que se reconviene a uno después que ha explicado una circunstancia que antes omitió y era necesaria. || **ni hablar ni parlar,** o **ni habla ni parla.** loc. fam. con que se denota el sumo silencio de uno. || **no se hable más de,** o **en, ello.** expr. con que se corta una conversación, o se compone y da por concluido un negocio o disgusto.

hablichi. adj. *Méj.* vulg. por **hablador, chismoso.**

hablilla. (dim. de *habla*.) f. Rumor, cuento, mentira que corre en el vulgo.

hablista. fr., *bon causeur, puriste*; it., *purista*; i., *elegant speaker*; a., *Geschickter, Redner*. (De *habla*.) com. Persona que se distingue por la pureza, propiedad y elegancia del lenguaje.

hablistán. (De *hablista*.) adj. fam. Que habla lo que no debía. Úsase también como substantivo.

habón. m. **haba roncha**, bultillo en forma de haba. ‖ **Bot.** Variedad de haba, también llamada *haba caballar, moruna, caballuna, cochinera, menor* y *habilla*. Constituye un excelente forraje (*vicia faba*, subespecie *equina*).

Habsburgo. (De *Habsburg* o *Habichtsburg*, que sign. *Castillo de los halcones*.) **Biog.** y **Geneal.** Dinastía descendiente de Gontrán *el Rico*, que gobernó Austria-Hungría hasta 1918. En España es más usual denominarla *Casa de Austria*. El primer gran Habsburgo fue Rodolfo, elegido rey de Alemania en el año 1273, quien, después de arrebatar Austria y Estiria al rey de Bohemia y entregar estos territorios a sus hijos, dio comienzo a la prolongada vinculación de la familia con Austria. Maximiliano I, hijo de Federico, casó con María, hija de Carlos *el Temerario*, y su hijo Felipe con Juana, heredera de Castilla y Aragón. Así, Carlos I de España y V de Alemania, el más grande de los Habsburgos, heredó un vasto imperio. Fernando, hermano de Carlos, que le sucedió como emperador, obtuvo por matrimonio los reinos de Hungría y Bohemia para los Habsburgo, esta vez con carácter permanente, hasta 1918. Desde entonces los Habsburgo se dividieron en dos ramas principales: la de Austria y la de España. Al morir el rey de España Carlos II (1700), se extinguió la rama española, pasando el trono de España a los Borbón, y con la muerte de Carlos VI se extinguió la línea masculina de los Habsburgo de Austria (1740). Los Habsburgo actualmente existentes descienden de María Teresa, hija de Carlos VI y del esposo de ésta, Francisco de Lorena, que añadió Toscana a las posesiones de la familia. El último emperador austriaco de la estirpe de los Habsburgo fue Carlos, casado con la emperatriz Zita, de la Casa Borbón-Parma, que subió al trono en 1916. ‖ **-Lorena y Borbón-Parma (Otto de).** Archiduque austriaco, n. en Wartholz, Reichenau, en 1912. Es primogénito del emperador Carlos y de la emperatriz Zita. Con el fin de poder regresar a su país, renunció a todos sus derechos a la Corona (1961). Licenciado en Ciencias Políticas por Lovaina, destaca como conferenciante y escritor, colaborando frecuentemente en la prensa. Preocupado por los problemas contemporáneos y en particular de Europa, es fundador y presidente de honor del C. E. D. I. (Centro Europeo de Documentación e Información). Entre sus obras merecen destacarse: *Europa y África, vínculos permanentes* (1963) y *Nuestro mundo en marcha* (1970). En 1967 fue elegido académico de la Real de Ciencias Morales y Políticas de Madrid.

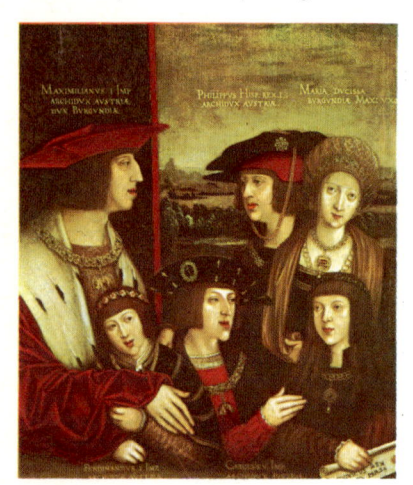

habús. (Del ár. *ḥubūs*, bienes de manos muertas, afectados a obras pías; v. *habiz*.) m. En Marruecos, **habiz**.

haca. (Del fr. ant. *haque*, y éste del i. *hack*, forma apocopada de *hackney*, hacanea.) f. **jaca.**
‖ **¡qué haca!**, o **¡qué haca morena!** expr. fam. que se usa en modo disyuntivo con otra cosa que se desprecia.

hacán. (Del hebr. *hakam*.) m. Sabio o doctor entre los judíos.

hacanea. (Del fr. *haquenée*, y éste del i. *hackney*.) f. **jaca de dos cuerpos.**

Hacarí. Geog. Mun. de Colombia, depart. de Norte de Santander; 8.613 h. ‖ Pobl. cap. del mismo; 804 h.

hacecillo. m. dim. de **haz.** ‖ **Bot.** Porción de flores unidas en cabezuelas cuyos pedúnculos están erguidos y casi paralelos y son de igual altura.

hacedero, ra. fr., *faisable*; it., *fattibile*; i., *feasible*; a., *tunlich*. adj. Que puede hacerse o es fácil de hacer. ‖ m. ant. Que hace alguna cosa.

hacedor, ra. fr., *créateur, faiseur*; it., *fattore*; i., *maker*; a., *schöpfer*. adj. Que hace, causa o ejecuta alguna cosa. Ú. t. c. s. Aplícase únicamente a Dios, ya con algún calificativo, como *el Supremo* **Hacedor**; ya sin ninguno, como *el* **Hacedor.** ‖ m. Persona que tiene a su cuidado la administración de una hacienda, bien sea de campo, ganado u otras granjerías.

hacendado, da. fr., *propiétaire*; it., *proprietario*; i., *owner*; a., *gutsbesitzer*. p. p. de **hacendar.** ‖ adj. Que tiene hacienda en bienes raíces, y comúnmente se dice sólo del que tiene muchos de estos bienes. Ú. t. c. s. ‖ *Arg.* Dícese del estanciero que se dedica a la cría de ganado. ‖ *Cuba.* Que es dueño de un ingenio de azúcar. Ú. t. c. s.

hacendar. tr. Dar o conferir el dominio de haciendas o bienes raíces, como lo hacían los reyes con los conquistadores de alguna provincia. ‖ prnl. Comprar hacienda una persona para arraigarse en alguna parte.

hacendeja. f. dim. de **hacienda.**

hacendera. (De *hacienda*.) f. Trabajo a que debe acudir todo el vecindario, por ser de utilidad común.

hacendería. (De *hacendera*.) f. ant. Obra o trabajo corporal.

hacendero, ra. adj. Dícese del que procura con aplicación los adelantamientos de su casa y hacienda. ‖ m. En las minas de Almadén, operario que trabaja a jornal por cuenta del Estado.

hacendilla, ta. f. dim. de **hacienda.**

hacendista. m. **Polít.** Hombre versado en la administración o en la doctrina de la hacienda pública.

hacendístico, ca. adj. Perteneciente o relativo a la hacienda pública.

hacendoso, sa. fr., *laborieux*; it., *laborioso*; i., *diligent*; a., *Arbeitsam*. (De *hacienda*.) adj. Solícito y diligente en las faenas domésticas.

hacenduela. f. fam. dim. de **hacienda.**

hacer. fr., *faire, agir*; it., *fare, agire*; i., *to make, to do*; a., *machen, tun*. (Del lat. *facĕre*.) tr. Producir una cosa; darle el primer ser. ‖ Fabricar, formar una cosa dándole la figura, norma y traza que debe tener. ‖ Ejecutar, poner por obra una acción o trabajo. Ú. a veces sin determinar la acción, y entonces puede ser también reflexivo. ‖ fig. Dar el ser intelectual; formar algo con la imaginación o concebirlo en ella. ‖ Caber, contener. ‖ Causar, ocasionar. ‖ Ejercitar los miembros, músculos, etc. para fomentar su desarrollo o agilidad. ‖ Disponer, componer, aderezar. ‖ Componer, mejorar, perfeccionar. ‖ Juntar, convocar. ‖ Habituar, acostumbrar. Ú. t. c. prnl. ‖ Enseñar o industriar las aves de caza. ‖ Cortar con arte. Ú. t. c. prnl. ‖ Entre jugadores, asegurar lo que paran y juegan cuando tienen poco o ningún dinero delante. ‖ Junto con algunos nombres, significa la acción de los verbos que se forman de la misma raíz que dichos nombres; y así, **hacer** *estimación*, es *estimar*; **hacer** *burla*, *burlarse*. ‖ Reducir una cosa a lo que significan los nombres a que va unido. ‖ Usar o emplear lo que los nombres significan. ‖ Con nombre o pronombre personal en acusativo, creer o suponer, en locuciones como éstas; *yo* **hacía** *a Juan, o yo le* **hacía**, *de Madrid, en Francia, contigo, estudiando, menos simple; no le* **hago** *tan necio.* ‖ Con la prep. *con* o *de*, proveer, suministrar, facilitar. Ú. m. c. prnl. ‖ Junto con los artículos *el, la, lo* y algunos nombres, denota ejercer actualmente lo que los nombres significan, y más comúnmente representarlo; como en las frases **hacer** *el rey, el gracioso, el bobo.* Dícese también **hacer** *el papel de rey, de gracioso, de bobo*; y también con la prep. *de* sólo: **hacer** *de Antígona.* ‖ Tratándose de comedias u otros espectáculos, representarlos. ‖ Componer un número o cantidad. ‖ Obligar a que se ejecute la acción de un infinitivo o de una oración subordinada. ‖ Expeler del cuerpo las aguas mayores y menores. Ú. m. c. intr., y especialmente en las frases: **hacer** *del cuerpo, de vientre.* ‖ intr. Importar, convenir. ‖ Corresponder, concordar, venir bien una cosa con otra. ‖ Con algunos nombres de oficios y la prep. *de*, ejercerlos interina o eventualmente. ‖ Junto con la prep. *por* y los infinitivos de algunos verbos, poner cuidado y diligencia para la ejecución de lo que los verbos significan. ‖ También en este sentido suele juntarse con la prep. *para*. ‖ Usado como neutro o con el pronombre *se*, y seguido en el primer caso de la partícula *de* y artículo, y en el segundo de artículo o solamente de voz expresiva de alguna cualidad, fingirse uno lo que no es. ‖ En el mismo género de construcción, blasonar de lo que significan las palabras a que este verbo va unido. ‖ Aparentar, dar a entender lo contrario de lo cierto o verdadero. Ú., por lo común, seguido del adv. *como*. ‖ Toma el significado de un verbo anterior, haciendo las veces de éste. ‖ En marina, proveerse de efectos de consumo. ‖ prnl. Crecer, aumentarse, adelantarse para llegar al estado de perfección que cada cosa ha de tener. ‖ Volverse, transformarse. ‖ Hallarse, existir, situarse. ‖ impers. Experimentarse o sobrevenir una cosa o accidente, que se refiere al buen o mal tiempo: **hace** *calor, frío, buen día*. Dícese también, en general: **hace** *bueno, mañana* **hará** *malo*. ‖ Haber transcurrido cierto tiempo. ‖ **¿hacemos algo?** expr. fam. con que se incita a otro a que entre en algún negocio que tiene con él, o a venir a la conclusión de un contrato. ‖ **no es de hacer, o de hacerse,** una cosa. expr. con que se significa que no es lícita o conveniente la que se va a ejecutar, ni correspondiente al que la va a hacer. ‖ **no hay que hacer,** o **eso no tiene que hacer.** expr. con que se da a entender que no tiene dificultad lo que se propone, y se conviene enteramente en ello. ‖ **no me hagas hablar.** expr. de que se usa para contener a uno amenazándole con que se dirá cosa que le pese. ‖ **no me hagas tanto que.** expr. con que se amenaza al que persiste en hacer una cosa que molesta. ‖ **¿qué hacemos,** o **qué haremos, con eso?** expr. con que se significa la poca importancia y utilidad, para el fin que se pretende, de lo que actualmente se discurre o propone. ‖ **¿qué haces?** expr. **mira lo que haces.** ‖ **¿qué hemos de hacer?**, o **¿qué le hemos de hacer?**, o **¿que se le ha de hacer?** expr. de que se usa para conformarse uno con lo que sucede, dando a entender que no está en su mano el evitarlo.

hacera. (Del lat. *faciaria*, de *facies*, cara.) f. **acera.**

hacerir. (Del lat. *faciem ferire*, herir la faz.) tr. ant. **zaherir.**

hacezuelo. m. dim. de **haz**, porción atada.

hacia. fr., *vers*; it., *verso*; i., *towards*; a., *gegen*, *nach*, *zu*. (Del lat. *facie ad*, cara a.) prep. que determina la dirección del movimiento con respecto al punto de su término. Ú. t. metafóricamente. ‖ Alrededor de, cerca de. ‖ **hacia donde.** m. adv. que denota el lugar al cual se dirige una cosa, o por donde se ve u oye.

hacienda. fr., *domaine*; it., *tenuta*, *beni*; i., *landed property*; a., *Vermögen*. = Hacienda Pública. fr., *finances*; it., *azienda*; i., *treasury*, *exchequer*; a., *Finanzen*. (Del lat. *facienda*, lo que ha de hacerse.) f. Finca agrícola. ‖ Cúmulo de bienes y riquezas que uno tiene. ‖ Por ant., el patrimonio económico del Estado. ‖ Labor, faena casera. Ú. m. en pl. ‖ ant. Obra, acción o suceso. ‖ ant. Asunto, negocio que se trata entre algunas personas. ‖ Ministerio de Hacienda. ‖ *Arg.* Conjunto de ganados que hay en una estancia o granja. ‖ *Arg., Pal.* y *Sal.* **ganado**, conjunto de bestias mansas. ‖ **(real).** *Der.* **hacienda pública.** ‖ **de beneficio.** *Min. Méj.* Oficina donde se benefician los minerales de plata. ‖ **pública.** *Der.* Conjunto sistemático de haberes, bienes, rentas, impuestos, etc., correspondientes al Estado para satisfacer las necesidades de la nación.

haciente. (Del lat. *faciens, -entis*.) p. a. ant. de **hacer.** Que hace. Usáb. t. c. s., como en el siguiente ref.: **hacientes y consencientes merecen igual pena.**

hacimiento. m. ant. Acción y efecto de hacer. ‖ **de gracias.** ant. *Léx.* **acción de gracias.** ‖ **de rentas.** *Der.* Arrendamiento de ellas hecho a pregón.

hacina. (Del lat. **fascina*, por *fascina*.) f. Conjunto de haces colocados apretada y ordenadamente unos sobre otros. ‖ fig. Montón o rimero.

hacinación. f. **hacinamiento.**

hacinador, ra. m. y f. Persona que hacina.

hacinamiento. m. Acción y efecto de hacinar o hacinarse.

hacinar. fr., *entasser*; it., *accovonare*; i., *to heap up*; a., *aufhäufen*, *anhäufen*. tr. Poner los haces unos sobre otros formando hacina. ‖ fig. Amontonar, acumular, juntar sin orden. Ú. t. c. prnl.

Hacinar. *La era*, por Goya. Museo Lázaro Galdiano. Madrid

Hacinas. *Geog.* Mun. y villa de España, prov. de Burgos, p. j. de Salas de los Infantes; 319 h.

hacino, na. (Del ár. *ḥazīn*, triste.) adj. ant. Avaro, mezquino, miserable. ‖ ant. Triste, afligido.

Hackman (Gene). *Biog.* Actor de cine estadounidense, n. en San Bernardino, California, en 1931. Películas principales: *Bonnie y Clyde*, *Contra el imperio de la droga*, por la que obtuvo el Oscar 1971 al mejor actor, *El espantapájaros* y *La aventura del Poseidón*.

hach. (Voz ár.; en turco, *hachi*.) adj. Voz que, a modo de título honorífico, unen a su nombre los mahometanos que han cumplido el precepto de ir en peregrinación a los santos lugares del islamismo (La Meca y Medina), cuando menos una vez en su vida, si no son pobres de solemnidad o están enfermos. Se encuentra escrito también con las grafías *hadj*, *hadji*, *haj*, *hasch* o *agi*.

hacha. fr., *torche*, *flambeau*; it., *fiaccola*; i., *torch*; a., *Fackel*. (Del lat. **fascula*, cruce de *facula*, antorcha, y *fascis*, haz.) f. Vela de cera, grande y gruesa, de figura por lo común de prisma cuadrangular y con cuatro pabilos. ‖ Mecha que se hace de esparto y alquitrán para que resista al viento sin apagarse. ‖ Haz de paja liado o atado como fajina; se usa alguna vez para cubiertas de chozas y otras construcciones de campo. ‖ **de viento.** *Léx.* **hacha**, mecha de esparto y alquitrán.

hacha. fr., *hache*; it., *ascia*; i., *axe*; a., *Axt*. (Del germ. **hapja*.) f. Herramienta cortante, compuesta de una pala acerada, con filo curvo, ojo para enastarla, y a veces con peto. ‖ Baile antiguo español. ‖ *Dep.* Actividad de los *aitzcolaris* o leñadores vascos, que consiste en cortar troncos de árboles con hacha. ‖ **de abordaje.** *Mar.* Hacha pequeña con corte por un lado y por el otro un pico curvo muy agudo, el cual se clavaba en el costado del buque enemigo y servía de agarrador al tomarlo al abordaje. ‖ **de armas.** *Mil.* Arma de que se usaba antiguamente en la guerra, de la misma hechura que el hacha de cortar leña, para desarmar al enemigo, rompiéndole las armas que le defendían el cuerpo. ‖ **de plata.** *Zool.* Pez teleóstomo del orden de los cipriniformes, familia de los caracínidos, que vive en el Amazonas (*gasteropelecus levis*).

Hacha de armas, procedente de Castro Villadonga (Lugo)

hachar. tr. o labrar con hacha.

hachazo. m. Golpe dado con el hacha. ‖ *Col.* Reparada del caballo, espanto súbito y violento. ‖ *Taurom.* Golpe que el toro da lateralmente con un cuerno, produciendo contusión y no herida.

hache. f. Nombre de la letra *h*. ‖ **llámele, o llámele usted, hache.** expr. fig. y fam. Lo mismo es una cosa que otra.

hachear. tr. Desbastar y labrar un madero con el hacha de cortar. ‖ intr. Dar golpes con el hacha de cortar.

hachemita. *Hist.* **hachimí.**

hachero. m. Candelero o blandón que sirve para poner el hacha, vela. ‖ ant. Torre para registrar el campo o el mar. ‖ desus. Vigía que hacía señales desde un hacho.

hachero. (De *hacha*, herramienta cortante.) m. El que trabaja con el hacha en cortar y labrar maderas. ‖ **Mil. gastador,** soldado que franquea el paso.

hacheta. f. dim. de **hacha.**

Hachette (Louis-Christophe). *Biog.* Librero y editor francés, n. en Rethel y m. en el castillo de Plessis-Piquet (1800-1864). Editó preferentemente obras clásicas y de divulgación para la juventud.

hachi. adj. **hach.**

hachich. m. **hachís.**

hachichinoa. f. *Bot. Méj.* Nombre de la borraginácea *tournefortia suffruticosa*.

hachimí. adj. *Hist.* Dícese de la dinastía real que fue establecida por Hussein ben-Alí en el Heyaz. La denominación procede de Hashim, descendiente de Mahoma, que se encargó de la defensa de La Meca en 1201. Aunque perdido para la familia el Heyaz, los hijos de Hussein, Abd Alá y Faisal, establecieron sendos reinos *hachimíes* en Jordania e Irak.

hachís. (Del ár. *ḥašīš*, hierba seca.) m. **Bot.** y **Quím.** Preparación de olor fuerte y característico a base de la sumidad florida del cáñamo índico (*cannabis indica*), sobre todo de los pies femeninos, recolectada antes de la madurez de los cañamones. Procede en su mayor parte de la India y de Indonesia, donde se prepara, no ya de la propia planta desecada, sino de su resina, en forma de bolas; también se cultiva en Grecia y en Siria. El uso del hachís constituye un vicio muy extendido en Egipto y en Tunicia, y es para los pueblos musulmanes lo que el opio para los chinos. En América del Norte, América del Sur y España, recibe el nombre de *mariguana* o *marihuana*. En Méjico se llama también *rosamaría*. La intoxicación producida por el cáñamo índico crea hábito y produce una degeneración de la sensibilidad y de las reacciones emotivas. Recibe también los nombres de *haschich*, *haxís*, *grifa*, *quif* y *hachich*.

hacho. (De *hacha*, vela.) m. Manojo de paja o esparto encendido para alumbrar. ‖ Leño resinoso, o bañado de materias resinosas, de que se usaba para el mismo fin. ‖ *Germ.* El que roba o hurta. ‖ *Geog.* Sitio elevado cerca de la costa, desde donde se descubre bien el mar y en el cual se solían hacerse señales con fuego.

hacho. m. Hacha pequeña de cortar.

Hacho o **El Hacho.** *Geog.* Monte de España, en Ceuta, en el que está enclavada la fortaleza del mismo nombre; 194 m. de alt. Según algunos era una de las columnas de Hércules.

hachón. m. **hacha**, vela gruesa, de esparto y alquitrán. ‖ Especie de brasero alto, fijo sobre un pie derecho, en que se encienden algunas materias que levantan llama, y se usa en demostración de alguna festividad o regocijo público.

hachote. (aum. de *hacha*, vela.) m. **Mar.** Vela corta y gruesa usada a bordo en los faroles de combate y de señales.

hachote. m. aum. de **hacha** de cortar.

hachuela. f. dim. de **hacha** de cortar. ‖ *Chile.* Destral, y también, alcotana. ‖ **de abordaje.** *Mar.* **hacha de abordaje.**

hada. fr., *fée*; it., *fata*; i., *fairy*; a., *Fee*. (Del lat. *fata*, f. vulg. de *fatum*, hado.) f. Ser fantástico que se representaba bajo la forma de mujer y al cual se atribuía poder mágico y el don de adivinar lo futuro. ‖ ant. Cada una de las tres parcas. ‖ ant. **hado.**

hadada. f. ant. **hada.**

hadado, da. p. p. de **hadar.** ‖ adj. Propio del hado o relativo a él. ‖ Prodigioso, mágico, encantado.

hadador, ra. adj. ant. Que hada. Usáb. t. c. s.

hadar. (Del lat. *fatāre*, pronosticar, de *fatum*, hado.) tr. Determinar el hado una cosa. || Anunciar, pronosticar lo que está dispuesto por los hados. || **encantar**, ejercer un poder preternatural sobre personas y cosas.

hadario, ria. (De *hada*.) adj. ant. **desdichado.**

Hades. Mit. Morada subterránea de las almas de los muertos, según los antiguos griegos. || Dios griego que presidía la morada de los muertos. Correspondía al Plutón de los romanos. (V. **Plutón**.)

Eneas conducido al Hades, miniatura medieval. Biblioteca del Vaticano

hadesia. Entom. Gén. de insectos coleópteros polífagos de la familia de los sílfidos.

hadj. adj. **hach.**

hadji. adj. **hach.**

hado. fr., *destin, etoile*; it., *fato*; i., *fate*; a., *Schicksal*. (Del lat. *fatum*.) m. Divinidad o fuerza desconocida que, según los gentiles, obraba irresistiblemente sobre las demás divinidades y sobre los hombres y los sucesos. || Encadenamiento fatal de los sucesos. || Circunstancia de ser éstos favorables o adversos. || Lo que, conforme a lo dispuesto por Dios desde la eternidad, nos sucede con el discurso del tiempo mediante las causas naturales ordenadas y dirigidas por la Providencia. || En opinión de los filósofos paganos, serie y orden de causas tan encadenadas unas con otras, que necesariamente producen su efecto.

Hadramaut, Hadhramant o Hadramut. (*Tierra donde quema el sol.*) Geog. Región de la República Popular Democrática del Yemen, en la costa del golfo de Aden. Hasta el 30 de noviembre de 1967 estuvo comprendida en el Protectorado de Arabia Meridional.

Hadria. Geog. **Adria.**

Hadrianópolis. Geog. hist. **Adrianópolis.**

hadromio. m. Zool. Mamífero roedor simplicidentado de la familia de los múridos, que vive en la India y Birmania (*hadromys humei*).

hadrón. (Del gr. *hadrós*, fuerte, y *-ón*, de *electrón*.) m. Fís. nucl. Partícula subnuclear. Se conoce con la denominación genérica de hadrones a un grupo de partículas subnucleares, más pesadas que los leptones, que comprende los *mesones* y los *bariones*. Los hadrones intervienen en todas las interacciones de las *partículas subnucleares* (v.). || **ligero. mesón.**

hadrosaurio. (Del gr. *hadrós*, robusto, y *-saurio*.) m. Paleont. y Zool. Reptil dinosaurio del orden de los ornitisquios, que vivió en el cretácico superior.

hadruba. (Del ár. *hadūbba*, joroba.) f. ant. **joroba.**

hadrubado, da. (De *hadruba*.) adj. **jorobado.**

¡hae! interj. ant. **¡ah!**

Haeckel (Ernst Heinrich). Biog. Biólogo alemán, n. en Potsdam y m. en Jena (1834-1919). Fue decidido partidario del darwinismo. Expuso en forma de árbol genealógico la filogenia de los animales, mantuvo un decidido *monismo*, o unicidad de origen, como base de sus ideas evolutivas y defendió el mecanicismo frente a los vitalistas. Se le debe la llamada *ley biogenética fundamental* (1868) (que concierne de modo particular a los estados embrionarios), como principio básico de la evolución y que se enuncia así: La *ontogenia*, o desarrollo individual de un organismo, es una expresión abreviada de la *filogenia*, o evolución de la estirpe a que dicho organismo pertenece (v. **evolucionismo**). Sus obras principales: *Los enigmas del Universo, Ensayo de psicología celular, Las pruebas del transformismo, Historia de la evolución humana*, etc.

haedo. (Del lat. *fagētum*.) m. Ast. y Sant. **hayal.**

Haeju. Geog. C. de la R. D. P. de Corea, cap. de la prov. de Hwanghae Meridional; 115.000 h. Fábricas de cemento.

Haendel (George Frederick). Biog. Compositor inglés, de origen alemán (su nombre se ve a veces escrito *Georg Friedrich Händel*), n. en Halle y m. en Londres (1685-1759). En el año 1710 fijó su residencia en Londres y en 1726 adoptó la nacionalidad inglesa. Desde 1714 fue compositor de la Corte y director de la Royal Academy of Music. El estreno en Dublín de su oratorio *El Mesías*, le abrió definitivamente las puertas de la gloria y la fortuna. Sus oratorios no son puramente religiosos, sino que los compuso para la representación escénica, pero la prohibición por parte de la Iglesia no le permitió llevarlo a cabo. Fue maestro en el tratamiento de los coros, a los que imprimió un dramatismo realista, todavía no igualado, así como un gran aliento poético y constructivo en la melodía, tan noble como elegante y majestuoso. La lista de sus composiciones resulta extensísima; mencionaremos la ópera *Julio César* y los oratorios *El Mesías*, ya citado, y *Judas Macabeo*. Compuso piezas de cámara, sonatas, conciertos, cantatas, etc.

George Frederick Haendel

Haes (Carlos de). Biog. Pintor belga, n. en Bruselas y m. en Madrid (1829-1898). Discípulo de José Quinaux, se estableció en España y pintó numerosos paisajes con sentido realista, género en el que sobresalió.

Los Picos de Europa, por C. de Haes. Museo de Arte Español del Siglo XIX. Madrid

haf-, hafe-, hafo-, hapto-, hapt-; -afia, -apsia. (Del gr. *haphé*, tacto, o *hápto*, tocar, unir.) pref. o suf. que sign. tacto.

hafe-. pref. V. **haf-.**

Hafitz Abru (Nureddin). Biog. Historiador persa, m. en 1430. Escribió una *Historia Universal* que comprende desde la creación del mundo hasta 1425.

hafiz. (Del ár. *ḥafīz*, guardián.) m. Guarda, veedor, conservador.

Hafiz. Biog. **Xems-ed-din-Muhammad.**

hafnio. (De *Hafnia*, nombre antiguo de Copenhague.) m. Quím. Elemento del grupo del titanio, de símbolo Hf y número atómico 72. Fue identificado por medio del espectro de rayos X por D. Coster y G. von Hevesy, en los minerales y preparados del circonio. Se encuentra en la *cirtolita, alvita, malaconita*, etc., pues como elemento puro no existe libre. Cristaliza en el sistema hexagonal, y sus propiedades son muy parecidas a las del circonio. Se emplea aleado con el tungsteno, tántalo y otros metales raros.

hafo-. pref. V. **haf-.**

Haganah. (Voz hebrea que sign. *defensa*.) Hist. Sociedad secreta judía fundada en Palestina para defender a los colonos sionistas de las agresiones de los árabes, en los últimos tiempos del mandato inglés sobre dicha región (1929-1948). Contribuyó muy eficazmente a la creación del Estado de Israel.

Hagen. Geog. C. de la R. F. A., est. de Rin-Septentrional-Westfalia, junto al Volme; 200.900 h. Museo Osthaus. Importante industria. Canteras de alabastro y piedra caliza. En 1929 se anexionó la c. de Haspe. || Lit. Figura prominente del *Canto de los Nibelungos*. Mató a Sigfrido, a traición, en una partida de caza.

Hagia Tríada. Geog. hist. Antiguo emplazamiento de Creta (v.), no lejos de la célebre Faistos. En las ruinas de un palacete o villa han sido descubiertos, aparte de varios frescos de gran valor, innumerables tabletas con escritura *lineal A*. || **Sofía.** Hist. Nombre griego de la célebre iglesia de Santa Sofía de Constantinopla, actualmente mezquita.

hagio-; -agio. (Del gr. *hágios.*) pref. o suf. que sign. santo.

hagiografía. fr., *hagiographie*; it., *agiografia*; i., *hagiography*; a., *Hagiographie*. (De *hagiógrafo*.) f. **Rel.** Historia de la vida de los santos.

hagiográfico, ca. adj. Perteneciente a la hagiografía.

hagiógrafo. (Del lat. *hagiogrăphus*, y éste del gr. *hágios*, santo, y -*grắpho*, escribir.) m. **Rel.** Autor de cualquiera de los libros de la Sagrada Escritura. || En la Biblia hebrea, autor de cualquiera de los libros comprendidos en la tercera parte de ella: *Thorah* (Ley), *Nebilim* (Profetas) y *Kethubin* (Hagiógrafos). || Escritor de vidas de santos.

hahnio. (De Otto *Hahn.*) m. **Quím.** Elemento químico, que hace el número 105 en la tabla periódica, obtenido artificialmente en 1970 por científicos de la Universidad de Berkeley, EE. UU., al bombardear con partículas de nitrógeno una pequeña masa de californio 249. Su duración fue de un segundo y seis décimas, y su peso atómico es el mismo del vanadio, niobio y tántalo. Al parecer, especialistas rusos también han descubierto el elemento número 105 (al que denominan *nielsbohrio*), bombardeando americio con partículas de neón. Ambas noticias están pendientes de comprobación y ratificación oficial.

Hai-Fong. Geog. Haifong.

Haiderabad. Geog. Hyderabad.

Haifa. Vista parcial de la ciudad y el puerto

Hágion Óros. (En gr., *Monte Santo.*) **Geog.** Athos.

hagonoy. m. **Bot.** *Filip.* Nombre de la compuesta *spilanthes acmella.*

haguimit. m. **Bot.** Planta de la familia de las moráceas, subfamilia de las artocarpoideas, originaria de Filipinas (*ficus glomerata*).

Hahn (Otto). Biog. Radiólogo alemán, n. en Francfort del Mein y m. en Gotinga (1879-1968). En sus trabajos sobre la radiactividad descubrió varias substancias radiactivas, entre ellas el mesotorio y el protactinio. Se le llama *abuelo de la bomba atómica*, por haber sido el primero que logró la fisión del uranio, bombardeando su núcleo con neutrones (1938), por lo que se le concedió *secretamente* el premio Nobel de Química (1944). En 1966 compartió el premio Enrico Fermi con su compatriota Fritz Strassmann y la austriaca Lise Meitner. || **(Reynaldo).** Compositor francés de origen venezolano, n. en Caracas y m. en París (1874-1947). Escribió óperas, la más notable de las cuales fue *El mercader de Venecia* (1934), que alcanzó gran éxito en París, y canciones. Son muy conocidas las que hizo sobre poesías de Verlaine.

Hahnemann (Christian Friedrich Samuel). Biog. Médico alemán, n. en Meissen y m. en París (1755-1843). Fundador del sistema homeopático. Fue el primero en ver la posibilidad del empleo del virus de una enfermedad como remedio de la misma. Esto condujo mucho más tarde a la vacunoterapia, la inoculación y la sueroterapia.

Haifa o **Jaifa. Geog.** Dist. de Israel; 854 km.^{2} y 480.800 h. || C. cap. del mismo; 218.700 h. Es el principal puerto del país. Central térmica, refinerías de petróleo y terminal de oleoducto. Universidad.

Haifong, Hai-Fong o **Haiphong. Geog.** C. de Vietnam, en la costa septentrional del golfo de Tonquín; 812.000 h. Importante centro industrial, su puerto es el más activo del país. Astilleros.

Haig, conde de Haig (sir **Douglas**). **Biog.** Militar inglés, n. en Edimburgo y m. en Londres (1861-1928). Intervino en la reconquista de Sudán y en la guerra de los bóers. En la India ostentó diversos altos cargos.

Haile Selassie I. Biog. Emperador de Etiopía, n. en Lij Tafari, Harrar, y m. en Addis Abeba (1892-1975). Muy joven, fue nombrado gobernador de Sidamo, con el título de *ras*. Sostuvo en el trono a la emperatriz Zeodita, hija de Menelik II, y en septiembre de 1916 fue proclamado heredero de la corona. A la muerte de Zeodita, subió al trono como *negus*, o rey (1928), y en el 1930 tomó el título de *Negus Neguesti*, rey de reyes, o emperador, y el nombre de Haile Selassie I. Otros títulos que tenía eran los de León de Judá, Potencia de la Trinidad, Heredero del trono de Salomón y de la reina de Saba, etc. En septiembre de 1974 fue derrocado por las fuerzas armadas del país, que le mantuvieron recluido hasta su muerte.

Hainaut. Geog. Henao.

Haiphong. Geog. Haifong.

Haití. Geog. República de América, una de las dos en que se divide la isla de Santo Domingo o Haití (Antillas), cuya parte occidental ocupa. Colón le dio, al descubrirla, el nombre de La Española, y a la primera capital que fundó en ella la denominó Santo Domingo, que predominó para toda la isla durante la época hispánica.

Generalidades

Situación y límites. Está sit. entre los paralelos 18° y 20° de lat. N. y los meridianos 71° 30' y 74° 25' de long. O. de Greenwich. Limita al N. con el océano Atlántico, al E. con la República Dominicana, al S. con el mar de las Antillas y al O. con el golfo de la Gonâve o Gonaïves. Los límites con la República Dominicana han sido objeto de una regulación definitiva.

Superficie y población. La superf. de la República de Haití es de 27.750 km.^{2}. La pobl. absoluta es de 4.314.628 h. (4.900.000 calculados en 1979). La relativa, de 155,4 h. por km.^{2}; este país es uno de los más densamente poblados de América. La cap. es Port-au-Prince (493.932 h.).

Geografía Física

Geología. Los terrenos de Haití son de formación volcánica y producto de diversas convulsiones geológicas con las características propias de los períodos secundario y terciario. El acontecimiento tectónico más decisivo que formó la actual superficie mediante plegamientos y fallas, se operó a fines del mioceno y el plioceno, con la consiguiente formación y modificación de las cadenas montañosas y de los valles de Artibonite y el Cul-de-Sac-Enriquillo.

Relieve. Haití justifica su nombre (*tierra montañosa*, en el idioma de los nativos), pues las cuatro quintas partes del país están cubiertas de montañas. La sierra de La Selle se eleva a 2.680 m. Las montañas de Haití, como todas las de la isla, están cubiertas de una vegetación exuberante o de frondosos bosques que encierran grandes riquezas minerales. Protegen los

Haití

llanos contra los frecuentes ciclones de las regiones intertropicales. Las llanuras que se extienden entre tales montañas o cerca de las costas son: la del Norte (Plaine du Nord), de unos 2.000 km.², regada por numerosas corrientes de agua y donde se encuentran magníficas plantaciones, sobre todo de café y de caña de azúcar; la de Gonaïves, de 300 km.², que produce en abundancia algodón y arroz; la del Artibonite, una de las más ricas de la isla (800 km²), atravesada por el gran río navegable que le da el nombre y por otros de menos importancia, gran productora de arroz, café y algodón y en la que, además, se explotan bosques de campeche y caoba; y la llanura de Cul-de-Sac, cercana a Port-au-Prince, de unos 32 km. de largo por 15 de anchura media. Junto a la llanura de Cul-de-Sac se extiende la de Arcahaie, llamada el granero de Port-au-Prince, con una superficie de 300 km.² Se encuentran numerosas llanuras más, entre las que merecen citarse la de Léogâne (400 km.²), la de Cayes (350 km.²), igualmente cubiertas de ricas plantaciones de café y de caña de azúcar, la de Jacmel, en una región cafetera y la de Grande Anse, con plantaciones de cacao y caucho.

Costas e islas. Compuesta de dos penínsulas que avanzan de E. a O. y de una ancha banda litoral que las une, la República de Haití despliega en torno del golfo de la Gonâve o de Gonaïves y en los mares del Atlántico y de las Antillas, un litoral de 1.200 km., de los que 225 corresponden a la costa septentrional, 600 a la del golfo y 375 a la meridional; pero contando las menores sinuosidades la línea costera llega a 1.400 km. En la costa N., y frente a Port-de-Paix, se encuentra la isla de la Tortuga, que viene a ser el punto más septentrional del territorio de la República, famosa por haber sido cuartel general de los filibusteros del mar Caribe, que se establecieron allí en 1603. El canal de Saint Marc separa de la isla principal la isla montañosa de la Gonâve, de 57 km. de largo por 15 de ancho y cubierta de frondosos bosques muy fácilmente explotables; la bahía de Port-au-Prince (Puerto Príncipe) está resguardada por dicha isla de la Gonâve y dominada por el Pico del Prince (1.522 m.). En la costa S. está la Punta de Gravios (P. à Gravois), extremidad meridional del territorio.

Hidrografía. De las montañas de Haití, como de las dominicanas, descienden en todas direcciones multitud de arroyos que se transforman rápidamente en torrentes, y que en tiempo de las crecidas devastan sus riberas y dejan en las partes bajas grandes lagos que se convierten con frecuencia en permanentes a consecuencia de las lluvias posteriores. De los 44 ríos que tiene Haití, el único caudaloso es el Artibonite (280 km.), que pasa entre dos cordilleras de E. a O. y tiene, por consiguiente, un verdadero valle propio. Se forma en territorio dominicano y empieza a adquirir una anchura notable al entrar en tierras haitianas, para convertirse en navegable cuando se aproxima a su des. no lejos de Grande Saline; sus periódicas crecidas han hecho que se le compare, salvadas las proporciones, con el Nilo. Después del lago Saumâtre, llamado también Étang Saumâtre, que tiene 28 km. de largo por 12 de anchura máxima, y que en su mayor parte corresponde a Haití y el resto a la República Dominicana, la más importante laguna es la de Miragoane (12 km. de largo por 4 de ancho y 28 de circuito), sit. en la península meridional, cerca de la costa N., a 13 m. s. n. m. Además, hay una serie de pequeños lagos que ocupan cráteres de volcanes extinguidos, y se encuentran sobre todo en la península del S.

Climatología. A pesar de su situación en la zona tórrida, cerca de la entrada del golfo de Méjico, no es Haití un país en extremo caluroso. Las numerosas y altas montañas, los bosques que lo cubren, la abundancia de fuentes y de corrientes de agua, la riqueza de una vegetación conservada por las lluvias que caen durante las tres cuartas partes del año, en dos períodos, son causas que contribuyen a suavizar la temperatura. Los huracanes soplan con gran violencia y son a veces destructivos, pero

Corrientes de agua y vegetación

menos frecuentes que en las islas de Barlovento.

Regiones naturales. La topografía de Haití es una prolongación de la de su vecina República Dominicana, si bien ella es más diversificada por las características que presenta la Sierra del Cibao al internarse en el país. Como las cadenas montañosas se extienden de E. a O., al pie de ellas o interpuestas hay llanuras de diversa anchura, algunas fertilísimas por hallarse surcadas de ríos, pero otras tan áridas como improductivas. La casi totalidad de la población vive en estos valles, pues las costas del litoral son de clima tórrido y húmedo, como acontece con la estrecha llanura septentrional de 5 a 20 km. de ancho.

GEOGRAFÍA BIOLÓGICA

Flora. Es singularmente rica y presenta grandes analogías con las demás islas antillanas. En las montañas crecen bosques de árboles de esencia y otros que suministran maderas para la construcción y la ebanistería, como la caoba, el pino, el roble haitiano, el palo de campeche, el guayaco, el palo-águila, el palorosa, el laurel, el acuma, el palo de hierro, el marmóreo, el ébano, la acacia y el nogal. Los frutales son numerosos y además de los ya nombrados figuran: la anona, el caimito, el naranjo, el guayabo, el papayo, el cerezo, el zapotillo, el mombín, el palmito, la higuera de Indias, el granado, el almendro, el mango, el cocotero, el tamarindo, el aguacate, el albaricoque, el árbol del pan y la pampelmusa. Entre las plantas alimenticias, muchas de ellas de gran valor económico, figuran: la yuca, el ñame, la caña de azúcar, el maíz, el plátano, el café, el cacao, la patata y el arroz. La vegetación mesofítica prospera junto a los cursos de agua y en las laderas montañosas y comprende: las palmeras reales, el flamígero, la calabaza, el *lignum vitae*, el palo Brasil y el azafrán. Entre las plantas oleaginosas se encuentran: el sésamo, el ricino o palmacristi, el olivo de las Antillas y el cacahuete, y entre los textiles: el pingüino y el agave o pita. El número de las medicinales es muy grande, contándose entre ellas: el ruibarbo, la manzanilla, la belladona, la zarzaparrilla, la genciana, la cañafístula, la salvia, el heliotropo, la vulneraria y el sen. En las llanuras áridas abundan los bosquecillos formados por la bayahonda (*prosophis juliflora*), los cactos y la acacia (*acacia lútea*); el bambú y las begonias se encuentran en pendientes húmedas de los bosques.

Fauna. No son numerosas en Haití las especies animales mayores y contadas las peligrosas: el jabalí de las Antillas, el caimán y el cerdo marrón. Por el contrario, muy grande es la variedad de insectos como también la de aves. Los ofidios son poco numerosos, limitándose a culebras no venenosas. No obstante, entre los reptiles hay una gran variedad de lagartos. Entre las aves acuáticas hay ánades salvajes, gansos y pelícanos, y entre las ribereñas, la agachadiza, el flamenco y la egret, especie de garza. Otras aves típicas: las pintadas, los pichones, las gallinas de agua, las chochas, las becazas, las zumayas, los somorgujos, las lechuzas blancas, los picapostes, los faisanes, los alciones, las fragatas, los papagayos, los colibríes, los pájaros moscas, las cornejas y los mirlos. Entre las aves de caza abundan las cercetas, las palomas torcazes, las gallinas de Guinea y las tórtolas. En los mares cercanos se encuentran marsuinos, tiburones y vacas marinas en alta mar y, cerca de las costa, mujoles, anguilas, arenques, sardinas, cangrejos, ostras, langostinos, langostas de mar y camarones.

GEOGRAFÍA ECONÓMICA

Agricultura. Como ya se ha indicado, la superf. agrícolamente utilizable en Haití la forman siete valles de una ext. de 80.000 a 100.000 hect. cada uno, y quince valles más pequeños de una superf. mínima de 500 hect. La economía haitiana tiene una base casi exclusivamente agrícola. Más del 80 % del territorio produce lo bastante para abastecer al 90 % de la población. La causa de la pobreza rural se debe al crecimiento demográfico explosivo. Hay siete plantaciones cuya superf. oscila entre 8.000 y 10.000 hect., y otras quince de tamaño algo menor, que en su mayor parte pertenecen a empresas extranjeras. Sólo una tercera parte del país es realmente arable a causa de la naturaleza montuosa, la erosión del suelo y la extensión relativamente grande de las zonas áridas. Para obviar esto se han hecho trabajos de irrigación; en agosto de 1955 se terminó la primera unidad del proyecto del valle de Artibonite, con el que se ganaron 196.520 hect., y ya en ese año pudieron dedicarse al cultivo del arroz 1.214 hect.

Avenida de palmeras, en Port-au-Prince

Café. Es el más importante de los productos agrícolas de la República y la economía descansa principalmente sobre él. Es conocido en el mercado como *côffea arábica* (café arábigo), de tipo suave y aromático siendo el de mejor calidad el de Saint Marc. La cosecha cafetera de 1975 alcanzó 32.100 ton.

Algodón. Hasta 1938, este producto ocupó el segundo lugar como artículo exportable, pero los estragos causados por el gorgojo han dificultado grandemente su cultivo y su producción ha sido siempre de poco volumen; en 1975 se lograron 941 ton. de fibra; en cuanto a semilla, se obtuvieron 1.800 ton.

Bananas. Este cultivo fue introducido en el país en 1515. Se obtuvieron, en 1975, 52.000 toneladas.

Henequén. El aumento progresivo de su cultivo lo convirtió ya, en 1943, en el segundo producto de exportación. El henequén, pita o sisal ha dado origen a pequeñas industrias locales. Su producción fue, en 1975, de 19.000 toneladas.

Azúcar. Se obtuvieron, en 1975, 73.000 ton. de azúcar. Como subproducto de gran interés se produce ron. Se cultiva también cacao (3.500 ton. en 1975), agrios (24.000 ton. de naranjas y otras tantas de limones), tabaco (2.600), maíz (250.000), batata (91.000), mandioca (147.000) y arroz (110.000).

Caña de azúcar

Silvicultura. Las selvas y bosques ocupan el 25,2 % de la superf. total del país. De ellos se obtiene madera de caoba, cedro y pino, y campeche como tintóreo. Los aceites esenciales más importantes son los de vetiver, *amarylis*, limón y cierta cantidad del de neroli.

Zootecnia. La cabaña haitiana, en 1975, estaba constituida así:

Ganado	porcino	1.735.000	cabezas
»	cabrío	1.356.000	»
»	bovino	742.000	»
»	equino	379.000	»
»	asnal	240.000	»
»	mular	83.000	»
»	ovino	79.000	»

Minería. Escasa es la actividad minera en Haití. Se explotan, con cierto rendimiento, yacimientos de cobre (7.000 ton. en 1972) y bauxita (793.000 ton. en 1974), producto este último que juega un papel relevante en las exportaciones.

Industria. La actividad industrial es muy escasa y está relegada en casi su totalidad a la elaboración de productos agrícolas. Port-au-Prince tiene algunas fábricas textiles y una de cemento, cuya producción, en 1974, fue de

Haití

138.000 ton. Funcionan varios ingenios azucareros, que obtienen de los subproductos ron de excelente calidad. Por lo que respecta al turismo, que constituye la segunda fuente externa de ingresos del país, existen atracciones, tanto naturales como de tipo folklórico, que lo promueven. En cuanto a la electricidad, en 1974 se produjeron 145 millones de kwh.

Comercio. El intercambio comercial, durante el período 1971-75, en millones de gourdes, fue el siguiente:

Años	Exportaciones	Importaciones
1971	228	290,3
1972	205	291
1973	261,4	369,7
1974	359,2	545,5
1975	393,3	606,8

Hacienda. *Presupuesto.* Los ingresos estatales en el año 1975 se elevaron a 311.700.000 gourdes. Los gastos totalizaron la misma cifra.

Renta nacional. El producto nacional bruto, a precios del mercado, alcanzó en el año fiscal 1974 la cifra de 3.663 millones de gourdes.

Moneda. La unidad monetaria es el gourde, equivalente a 0,177734 g. de oro fino.

Comunicaciones y transportes. *Carreteras.* La extensión de la red vial es de 4.000 kilómetros, de los cuales 550 están asfaltados. En 1973 había 11.700 turismos y 1.300 vehículos comerciales. *Ferrocarriles.* No existen vías férreas en uso, a excepción de las utilizadas para el transporte de la caña de azúcar. *Telecomunicaciones.* En 1973 había 9.000 teléfonos y 13.000 televisores. *Transporte aéreo.* La nación cuenta con el aeropuerto internacional François Duvalier, en Port-au-Prince. *Transporte marítimo.* La casi totalidad del comercio exterior se realiza por el puerto de Port-au-Prince, al que sigue en importancia el de Cap Haïtien.

GEOGRAFÍA POLÍTICA

Etnografía. La población, en su casi totalidad, es de origen africano y se estima que, en un 90 %, está formada por negros puros y el resto por mulatos de ascendencia francesa. La población mulata predomina en las actividades sociales y económicas, habita preferentemente en las zonas urbanas, y de sus filas proceden los dirigentes políticos de la nación.

Idioma. El francés es el idioma oficial. Haití es la única nación soberana de habla francesa de toda América. Existen dos idiomas y dos tendencias culturales distintas. La clase alta habla francés y sigue la cultura francesa; la clase baja habla el *créole*, criollo formado de francés arcaico, de la época colonial, español, indio y elementos africanos.

Religión. Hay libertad de cultos. Eclesiásticamente, el país está dividido en una archidiócesis (Port-au-Prince) y 6 diócesis (Cap Haïtien, Hinche, Jérémie, Cayes, Gonaïves y Port-de-Paix). Aunque la religión oficial es la católica, en el pueblo está muy difundido el culto vudú (v.).

Gobierno. La Constitución vigente data de 1957 y ha sido revisada en 1964 y 1971. El presidente, designado con carácter vitalicio, tiene derecho a nombrar sucesor. Le asiste un consejo de once secretarios de Estado. El poder legislativo lo ejerce la Asamblea Nacional, que consta de 58 diputados, elegidos por sufragio universal para un período de 6 años, y que pueden ser reelegidos. La Constitución vigente estableció los colores del pabellón nacional.

División territorial. A continuación se inserta el cuadro de la división administrativa:

Departamentos	Superficie Km.²	Población Habitantes	Capitales y su población
Artibonite	6.800	755.760	Gonaïves (29.261 h.).
Nord	4.100	699.886	Cap Haïtien (46.217).
Nord-Ouest	2.750	216.504	Port-de-Paix (13.913).
Ouest	7.900	1.669.691	Port-au-Prince (493.932).
Sud	6.200	972.787	Cayes (22.065).
Totales	27.750	4.314.628	

Port-au-Prince. Palacio Legislativo

Cultura. El sistema pedagógico es muy semejante al francés. Las escuelas rurales tienen por finalidad la preparación agrícola de los alumnos. La enseñanza primaria se extiende de los 6 a los 12 años. En el curso 1973-74 había 565 escuelas primarias rurales y 802 urbanas, con un alumnado de 173.767 y 162.744 niños, respectivamente. La enseñanza secundaria contaba, en ese mismo período, con 150 escuelas y 51.174 alumnos. Hay también centros para la educación especializada o técnica, divididos en tres categorías: preprofesionales, profesionales para obreros especialistas, y profesionales para técnicos. Además, hay 10 escuelas comerciales. El total de alumnos de estas escuelas fue, en 1970-71, de 13.000. La Universidad de Haití, en Port-au-Prince, cuenta con las facultades de Medicina, Farmacia, Ciencias, Derecho, Ciencias Económicas, Veterinaria, Etnología y Letras. En 1974 había 211 profesores y 2.100 alumnos. En cuanto a una visión retrospectiva de la cultura haitiana hay que decir que la nación cuenta con historiadores de talento como Jacques Nicolas Léger (n. en 1859), Louis Dantes Bellegarde (1877) y François Stanislas Ranier Dalencour (1880). Poeta lleno de inspiración fue Oswald Durand (1840-1906). Dos nombres han descollado hacia finales del s. XIX y comienzos del actual en las letras haitianas: Fernand Hibbert, en prosa, y Etzer Vilaire, en poesía; del primero son notables sus novelas *Séna* y *Thazard*, por la pintura psicológica que hace de la gente acomodada de su país. Un intenso despertar del sentimiento nacional halló su cabal expresión en la poesía en Massillon Coicu (1867-1908). La ocupación estadounidense dio lugar a la formación de una literatura nativista, cuya expresión fue *Le choc*, novela de León Laleau (n. en 1892), poeta también de *Musique nègre*. Otras figuras distinguidas fueron Émile Roumier y Jacques Roumain. La raza negra cobró mayor relieve en lo qua va de siglo en libros como la novela *Viejo*, de Maurice Casseur (n. en 1909); *Le drape de la terre*, de Jean Baptiste Cinéas; *Gouverneurs de la rosée*, de Jacques Roumain (1907-1944), y *Canapé Vert*, de Philippe Thoby-Marcelin (n. en 1904); las dos últimas obras citadas describen la vida campesina. Entre los poetas cabe mencionar a Louis Morpeau (1895-1926), Jean Brièrre (n. en 1903). Clément Benoit (nacido en 1904), Roussan Camille (1915-1961), y Alexandre Antoine (n. en 1917); entre los prosistas, a Carl Brouard (n. en 1902), Marcel Dauphin (n. en 1910) y Pierre Chauvet (n. en 1915). Pero donde el genio artístico haitiano se ha manifestado más ampliamente ha sido en el campo de la música. Justin Élie (1883-1931), compositor de gran originalidad, se inspiró en la música popular y en los cantos del *vudú;* Alain Clérie ha compuesto bella música basándose en el folklore de su país, y Ludovic Lamothe (1882-1952) fue uno de los compositores más notables. A estos nombres pueden añadirse los de Occide Jeanty (1860-1936), Théramène Manés, Nicolas Geffrard, Joseph Duclos, Georges Borno, Léonice Williams y Paul Nicolas. Entre los pintores merecen ser mencionados: Edouard Goldman, Baron Colbert Lochard (1804-1874), Pétion Savain y Vergniaud Pierre-Noël. Después de la S. G. M. la pintura haitiana adquirió un carácter autodidacta y naturalista, merced, sobre todo, a la escuela de pintores «primitivistas», agrupados, sobre todo, en el Centro de Arte de Port-au-Prince, fundado en 1945 por el estadounidense De Witt Peters. Los más notables representantes de este grupo son: Philomé Obin (n. en 1892), Héctor Hippolyte (1840-1948), Wilson Bigaud, Castera Brazile, Prefet Dufaut. Jagme Guilliod, Louis Edmond Laforesterie (1837-1894), Normil Ulysse Charles (1870-1930) y André Lafontant.

Historia. Los verdaderos orígenes de la República Haitiana se remontan a principios del s. XVII. En guerra Francia con España, los gobernantes franceses procuraban fomentar las expediciones de filibusteros o piratas y bucaneros o cazadores de jabalíes contra las colonias y el comercio españoles. Desde 1625 hasta 1776, fecha en que un tratado definitivo determinó la línea de separación entre las posesiones españolas y las francesas de la isla, se registraron infinidad de luchas. La colonia alcanzó una gran prosperidad gracias al cultivo del café, introducido en 1728, del algodón y de la caña de azúcar, a las industrias agrícolas y al comercio. Desde 1790 hasta el 1 de enero de 1804, en que el general Dessalines proclama la independencia de la isla con el nombre de Haití, se suceden una larga serie de revueltas en las que se destaca Toussaint Louverture, que tienen por origen los acontecimientos de la Revolución francesa. Vencido éste, fue tomado prisionero y remitido a Francia, donde murió. Dessalines y Pétion continuaron la lucha hasta vencer a los franceses y

Dessalines, emperador de Haití

el primero fue nombrado gobernador vitalicio y el 2 de septiembre de 1804 proclamado emperador, cambio que fue consagrado por una Constitución que Dessalines sancionó el 20 de mayo de 1805. Tras varias veces de alternancia monarquía-república, gobernando despóticamente en el N. Christophe, sucesor de Dessalines, y en el sur Pétion como presidente republicano cuyo mandato fue notable, Boyer, sucesor de Pétion, asumió el gobierno de todo Haití cuando Christophe se suicidó en 1820. Casi la constante de todos estos años fue la anarquía y el desorden. El presidente Zamor, nombrado el 8 de febrero de 1914, fue derrocado el 20 de octubre por el general Davilmar Théodore, elegido a su vez el 7 de noviembre y arrojado también del poder el 22 de febrero de 1915 por el general Vilbrun Guillaume Sam, quien tomó posesión de la presidencia el 4 de marzo. Encarceló durante su corto gobierno a 200 adversarios políticos suyos y, al abandonar el poder, ordenó su exterminio en las prisiones donde estaban detenidos. Los parientes y amigos de las víctimas se levantaron contra el tirano, quien hubo de refugiarse y ocultarse en la legación de Francia; pero allí fueron a sacarle para arrastrarlo por las calles y darle horrible muerte delante del ministro de Francia, impotente para protegerle. Pocas horas después llegaba a Port-au-Prince la flota estadounidense, cuya presencia había reclamado el representante de EE. UU., previendo los peligros de la situación. El crucero francés *Descartes* recaló también en aquella rada, desembarcando un destacamento para guardia de la legación. La anarquía en el país era completa y el Gobierno de Washington se decidió por una acción militar, ocupó las aduanas y desarmó a los habitantes en mayo de 1915. Convocado el Parlamento, bajo la custodia de marinos estadounidenses, eligió el 12 de agosto de 1915 al presidente del Senado, Sudre Dartiguenave, para la presidencia de la República, y este Gobierno fue reconocido por todas las naciones. Se firmó un convenio entre EE. UU. y Haití para el arreglo de la situación económica, financiera y comercial de la República. El espíritu del tratado aprobado por las Cámaras haitianas en noviembre de 1915 era de absoluto respeto a la independencia y soberanía de la República. Según ese tratado, el presidente de Haití, por recomendación del presidente de EE. UU., debería nombrar consejeros estadounidenses para reorganizar la hacienda y administración de Haití durante una década. En diciembre de 1929 estalló una insurrección de carácter agrario, que fue reprimida por los marinos estadounidenses, muriendo cinco de los amotinados y quedando heridos 20 más. Se aceptó una transacción, consistente en que Borno dimitiese, como lo hizo, y el Consejo de Estado eligiese un presidente neutral que dirigiese unas elecciones presidenciales legales. Nombrado al efecto el rico comerciante Eugène Roy, hombre generalmente respetado y ajeno a la política, se celebraron en octubre (1930) pacíficamente las elecciones y resultó elegido presidente para un período de seis años, Stenio Vincent, jefe del partido nacionalista y, por consiguiente, opuesto a la intervención de EE. UU. Por un nuevo tratado con esta nación, a partir del 1 de enero de 1934, los consejeros estadounidenses fueron reemplazados por un representante de esta nación encargado de fiscalizar las aduanas de Haití para garantizar el pago de los empréstitos efectuados. Le sucedió Élie Lescot. Al iniciar sus labores el presidente Lescot, de acuerdo con el Gobierno estadounidense, aceptó la renuncia de ese representante estadounidense y puso la fiscalización de las aduanas en manos del Banco Nacional de Haití. Las tropas estadounidenses se retiraron el 15 de agosto de 1934. Tras unos años de relativa tranquilidad, en las elecciones generales del 22 de septiembre de 1957 resultó elegido el doctor François Duvalier, quien asumió el mando el 22 de octubre. El Congreso confirió a Duvalier, a petición suya, poderes extraordinarios para proclamar el estado de sitio (2 de mayo de 1958), que luego le fueron prolongados hasta fin del año, debido a los disturbios provocados por un grupo de niembros de la oposición desembarcados el 28 de julio, los cuales realizaron un ataque contra los cuarteles de la guardia nacional, tentativa aplastada al día siguiente por el propio Duvalier. Otra invasión de enemigos del régimen, secundada por cubanos castristas, tuvo lugar en Tiburón (13 de agosto de 1959); los invasores ganaron la zona montañosa y se sostuvieron en ella cerca de un mes hasta ser totalmente aniquilados. A consecuencia de este hecho, Cuba y Haití rompieron las relaciones diplomáticas (29 de agosto). El 22 de noviembre de 1960, Duvalier declaró la ley marcial, cerró la Universidad de Port-au-Prince y, dos días después, expulsó del país al arzobispo, luego de arrestarlo, acusándole de fomentar los desórdenes estudiantiles. El 4 de abril de 1961 disolvió el Senado y la Cámara de Diputados, por la sistemática oposición que venían haciendo a su política. Duvalier, cuyo mandato cesaba el 15 de mayo de 1963, estableció un Congreso unicameral de 58 miembros, y después de las elecciones realizadas el 30 de abril, asumió el mando presidencial por un nuevo período de seis años (23 de mayo). En septiembre de 1962, para conjurar la peor crisis de su historia, el Congreso otorgó a Duvalier amplias facultades por el término de seis meses para controlar la economía y le autorizó a emitir «certificados de liberación económica» de adquisición obligatoria y amortizables en cinco años. En vista de que Duvalier persistía en su propósito de permanecer en la presidencia, la oposición, tanto interna como externa, extremó sus medidas para impedirlo. Un serio conflicto estalló con la República Dominicana, al invadir las fuerzas de Haití la sede de la Embajada en Port-au-Prince, en busca de refugiados políticos (26 de abril de 1963). Ambas naciones despacharon tropas a la frontera y estuvieron a punto de ir a la guerra, pero la intervención de la O. E. A., que destacó una comisión investigadora, conjuró este peligro. Una fuerza expedicionaria de 500 opositores desembarcó en varios lugares de la costa NO. del país para iniciar una guerra de guerrillas, pero fueron vencidos a los pocos días de haber desembarcado, en la noche del 4 al 5 de agosto. Aplastada toda oposición Duvalier logró que la Cámara legislativa aprobara por unanimidad una resolución suspendiendo las garantías consti-

Duvalier pronunciando un discurso

tucionales, creando un solo partido (el de Unidad Nacional) y otorgándole facultades extraordinarias. El 25 de mayo de 1964 fue sancionada la actual Constitución, y su artículo 195 otorgó a Duvalier la categoría de presidente vitalicio; la reforma fue sometida a referéndum y aprobada por 2.800.000 votos contra 2.234 (14 de junio). Duvalier asumió el poder el 22 del mismo mes y declaró que su política exterior se basaría en los principios de no intervención y que sería implacable con sus enemigos. El mismo día se proclamó la nueva Constitución y se enarboló el nuevo pabellón haitiano; negro y azul. El presidente volvió a disentir del alto clero al solicitarle la libertad de los presos políticos como gesto de conciliación. Duvalier desoyó esta solicitud y expulsó a muchos sacerdotes. En julio, una fuerza invasora invadió el país, pero fracasó en su propósito de deponer al presidente. Siguióse a esto un régimen de represión por parte de los *Tonton Macoute*, policía privada de Duvalier, a la que se acusó del terrorismo desatado. En 1965, la Asamblea renovó la concesión de amplios poderes a Duvalier hasta la siguiente reunión del cuerpo legislativo, medida ésta que, anualmente, fue repitiéndose. Las relaciones con el Vaticano, rotas desde 1962, y con la República Dominicana, interrumpidas desde 1963, fueron restablecidas. Ante un intento de invasión, llevado a cabo por exiliados descontentos con el régimen de Duvalier (mayo de 1968), el Gobierno ordenó la movilización general y pidió la convocatoria del Consejo de Seguridad. En abril de 1970, tres guardacostas haitianos atacaron el palacio presidencial. El intento, una vez más, resultó fallido y las unidades buscaron refugio en la base naval estadounidense de Guantánamo (Cuba). El 21 de abril de 1971 moría François Duvalier, después de haber ejercido el poder absoluto durante casi quince años; al día siguiente, Jean Claude Duvalier, hijo del difunto, tomó posesión como presidente vitalicio del país, anunciando que estaba dispuesto a seguir enérgicamente los principios de la revo-

Jean Claude Duvalier

lución de su padre. El 23 de enero de 1973 fueron secuestrados el embajador y el cónsul de EE. UU. en este país, y puestos en libertad al día siguiente, después de garantizar el Gobierno de Haití la huida a Méjico de los cinco secuestradores y de doce presos políticos, más una recompensa de 70.000 dólares.

GOBERNANTES DE HAITÍ

1801-1802	Toussaint Louverture.
1804-1806	Jean Jacques Dessalines.
1806-1820	Henri Christophe (en el Norte).
1807-1818	Alexandre Pétion (en el Sur).
1818-1843	Jean Pierre Boyer.
1843-1844	Charles Rivière Hérard.
1844-1845	Philippe Guerrier.
1845-1846	Jean Louis Pierrot.
1846-1847	Jean Baptiste Riché.
1847-1859	Faustin Soulouque.
1859-1867	Nicolas Fabre Geffrard.
1867-1870	Sylvain Salnave.
1870-1874	Nissage Saget.
1874-1876	Michel Domingue.
1876-1879	Boisrond Canal.
1879-1888	Louis Étienne Félicité Salomon.
1888	Boisrond Canal.
1888-1889	François Légitime.
1889-1896	Florvil Hyppolite.
1896-1902	Agustin Simon-Sam.
1902-1908	Alexis Pierre Nord.
1908-1911	Antoine G. Simon.
1911-1912	Cincinnatus Leconte.
1912-1913	Tancrède Auguste.
1913-1914	Michel Oreste.
1914	Oreste Zamor.
1914-1915	Davilmar Théodore.
1915	Vilbrun Guillaume Sam.
1915-1922	Philippe Sudre Dartiguenave.
1922-1930	Joseph Louis Borno.
1930	Eugène Roy.
1930-1941	Stenio Vincent.
1941-1946	Élie Lescot.
1946-1950	Dumarsais Estimé.
1950	Junta militar.
1950-1956	Paul Magloire.
1956-1957	Joseph Nemours Pierre-Louis.
1957	Frank Sylvain.
1957	Pierre Eustache Daniel Fignole.
1957	Junta presidida por Antoine Kebreau.
1957-1971	François Duvalier.
1971	Jean Claude Duvalier.

haitiano, na. fr., *haitien;* it., *haitiano;* i., *haytian;* a., *bewohner von Haiti.* adj. Natural de Haití, o perteneciente a este país de América. Ú. t. c. s. ‖ m. Idioma que hablaban los naturales de aquel país.
haj. adj. **hach.**
Hajdú-Bihar. Geog. Cond. de Hungría; 5.766 km.² y 359.000 h. Cap., Debrecen.
Hajjah. Geog. Prov. de Yemen; 17.000 km.² y 573.000 h. ‖ C. cap. de la misma; 8.000 habitantes.
Hakkari. Geog. Prov. de Turquía asiática, región de Anatolia Oriental; 9.521 km.² y 102.927 h. Cap. Çolemerik.
Hakluyt (Richard). Biog. Geógrafo e historiador inglés, n. en Londres (h. 1552-1616). Mientras era capellán de la embajada inglesa en París escribió su gran obra: *The principal navigations, voyages ... and discoveries of the english nation made by sea or over land to the remote and farthest distant quarters of the Earth... whit the compass of these 1.500 years.*
hal-, hali-, halo-; -hal-; -halino, -al, -alio. (Del gr. *hals, halós* [v. halo-].) pref., infijo o suf. que sign. sal o mar; e. de suf.: esteno**halino**; de infijo: poli**halita**.
¡hala! (Del ár. *halà*, interj. para excitar a los caballos.) Voz que se emplea para influir aliento o meter prisa. ‖ Sirve igualmente para llamar.
halacabuyas. (De *halar* y *cabuya*.) m. **Mar.** Marinero principiante que no sirve para otra cosa que para halar los cabos.
halacuerda. m. desp. **Mar.** Marinero que sólo entiende de aparejos y labores mecánicas.
halacuerdas. (De *halar* y *cuerda*.) m. **halacabuyas.**
Halachó. Geog. Mun. de Méjico, est. de Yucatán; 8.236 h. ‖ Pueblo cap. del mismo; 4.804 h.
halagador, ra. adj. Que halaga.
halagar. fr., *flatter;* it., *lusingare, carezzare;* i., *to caress;* a., *schmeicheln.* (De *falagar*.) tr. Dar a uno muestras de afecto o rendimiento con palabras o acciones que puedan serle gratas. ‖ Dar motivo de satisfacción o envanecimiento. ‖ Adular o decir a uno interesadamente cosas que le agraden. ‖ fig. Agradar, deleitar.
halago. m. Acción y efecto de halagar. ‖ fig. Cosa que halaga.
halagüeñamente. adv. m. Con halago.
halagüeño, ña. fr., *flatteur;* it., *lusinghiero;* i., *caressing;* a., *schmeichelnd.* (De *halago*.) adj. Que halaga. ‖ Que lisonjea o adula. ‖ Que atrae con dulzura y suavidad.
halaguero, ra. (De *halagar*.) adj. desus. Que halaga a uno. ‖ Que adula a uno. ‖ Que agrada o atrae.
halar. fr., *haler;* it., *alare;* i., *to hauld;* a., *aufholen.* (Del fr. *haler,* y éste del germ. **halón,* tirar de algo, atraer.) tr. **And., Cuba y Nic.** Tirar hacia sí de una cosa. ‖ **Mar.** Tirar de un cabo, de una lona o de un remo.
hálara. (Del ár. *halhala,* tela sutil.) f. Telilla interior del huevo de las aves. ‖ **en hálara.** m. adv. que expresa el modo de estar el huevo sin cáscara con sólo el hálara.
Halberstadt. Geog. C. de la R. D. A., dist. de Magdeburgo, a orillas del Holzemme; 46.774 h. Conserva su estructura antigua. El edificio más digno de citarse es la catedral, que contiene una verdadera riqueza de reliquias y objetos de arte. Fábricas de guantes, cueros, objetos de caucho, papel, maquinaria, etcétera.
halcón. fr., *faucon;* it., *falcone;* i., *falcon;* a., *Falke.* (Del lat. *falco, -ōnis.*) m. **Cetr.** y **Zool.** Ave rapaz del orden de las falconiformes, familia de las falcónidas, llamada también *halcón real* o *peregrino,* de unos 50 cm. de long. y 90 de envergadura, cabeza pequeña, alas largas y puntiagudas, cola estrecha, alargada y gra-

Halcón peregrino o neblí

dual, tarsos implumes, pico muy ganchudo y con un diente o punta muy saliente; garras curvas y robustas y tarso verdeamarillento. Su plumaje varía con la edad: cuando joven, es de color pardo con manchas rojizas en la parte superior, y blanquecino rayado de gris por el vientre; al envejecer se vuelve plomizo con manchas negras en la espalda, se obscurece y señalan más las rayas de la parte inferior, y se aclara el color del cuello y de la cola. La hembra es un tercio mayor que el macho. Es de vuelo potente, y tan rápido que, a veces, se estrella contra los árboles o rocas al no poder cambiar de dirección. Ataca audazmente a las aves y a los pequeños mamíferos, y se domestica con facilidad para ser utilizado en cetrería y, actualmente también, en los aeródromos para alejar otras aves que pueden causar accidentes en los aeroplanos en vuelo. Unos cuantos vuelos cortos de los halcones por día, con una duración de un par de horas, entre el amanecer y el crepúsculo, son suficientes para alejar a los importunos (*falco peregrinus*). También se da el nombre general de halcones a los congéneres del peregrino, de las que las más conocidas son el *alcotán,* el *alfaneque,* el *borní,* el *cernícalo,* el *esmerejón* y el *gerifalte.* ‖ **abejero.** Falcónida no congénere de los verdaderos halcones, más parecidos a los aguiluchos (*pernis apivorus*). ‖ **alcaravanero.** El acostumbrado a perseguir a los alcaravanes. ‖ **borní.** Cetr. **borní.** ‖ **campestre.** *Zool.* El domesticado que se criaba en el campo, suelto en compañía de las gallinas y otras aves domésticas. ‖ **coronado. arpella.** ‖ **garcero.** El que caza y mata garzas. ‖ **gentil. neblí.** ‖ **grullero.** El que está hecho a la caza de grullas. ‖ **lanero.** Cetr. **alfaneque,** ave. ‖ **letrado.** *Zool.* Variedad del halcón común, que se distinguía en tener mayor número de manchas negras. ‖ **marino.** Ave de rapiña más fácil de amansarse que las otras; es de unos tres decímetros de largo, de color cenicientamente blanco, y tiene el pico grande, corvo y fuerte, así como las uñas. ‖ **montano.** El criado en los montes, que por no haber sido enseñado desde joven, era siempre zahareño. ‖ **niego.** El cogido en el nido o recién sacado de él. ‖ **palumbario. azor,** ave rapaz. ‖ **ramero.** El pequeño, que salta de rama en rama. ‖ **redero.** El que se cogió con red y fuera del nido yendo de paso. ‖ **roqués.** Variedad del halcón común, de color enteramente negro. ‖ **soro.** El cogido antes de haber mudado por primera vez la pluma. ‖ **zorzaleño.** Variedad de neblí con pintas amarillentas en el plumaje.
halconado, da. adj. Que en alguna cosa se asemeja al halcón.
halconcillo. m. **Zool.** Nombre común de varias especies de pájaros de la familia de los lánidos, muy próximos a los alcaudones. Hay

dos especies, que viven en Australia, el *halconcillo del norte (falcúnculus white)* y el *oriental* (f. *leucogáster*).

halconcito. (dim. de *halcón*.) m. **Zool.** *Méj.* Ave del orden de las falconiformes, familia de las falcónidas, de cabeza plomiza, manchada de rojo en el occipucio, que se alimenta de reptiles pequeños e insectos *(cerchneis sparverina)*.

halconear. (De *halcón*.) intr. fig. Dar muestra la mujer desenvuelta, con su traje, sus miradas y movimientos provocativos, de andar a caza de hombres.

halconera. fr., *fauconnerie*; it., *falconeria*; i., *mew*; a., *Falknerei*. f. **Cetr.** Lugar donde se guardan y tienen los halcones.

halconería. (De *halconero*.) f. **Cetr.** Caza que se hace con halcones.

halconero, ra. adj. Dícese de la mujer que halconea y de sus acciones y gestos provocativos. || m. **Cetr.** El que cuidaba de los halcones de la cetrería o volatería. || **mayor.** El jefe de los halconeros, a cuyo mando y dirección estaba todo lo tocante a la caza de volatería. Este empleo fue antiguamente en España una de las mayores dignidades de la casa real.

halda. (Del germ. *falda*.) f. **falda.** || Arpillera grande con que se envuelven y empacan algunos géneros; como el algodón y la paja. || Lo que cabe en el halda. || Parte del cuerpo donde se forma ese enfaldo. || *Ar., Sal.* y *Viz.* Regazo o enfaldo de la saya. || **de haldas o de mangas.** m. adv. fig. y fam. De un modo o de otro; por bien o por mal; quiera o no quiera; lícita o ilícitamente. || **poner haldas en cinta.** fr. fam. Remangarse uno la falda o la túnica para poder correr. || expr. fig. y fam. Prepararse para hacer alguna cosa.

haldada. f. Lo que cabe en el halda.

Haldane (vizconde de). Biog. Burdon, vizconde de Haldane (Richard). || **(John). Burdon Sanderson Haldane (John).**

haldear. (De *halda*.) intr. Andar de prisa las personas que llevan faldas.

haldero, ra. adj. desus. **faldero.**

haldeta. f. dim. de **halda.** || En el cuerpo de un traje, pieza o cada una de las piezas que cuelgan desde la cintura hasta un poco más abajo.

haldinegro, gra. adj. **faldinegro.**

haldraposo, sa. adj. ant. **andrajoso.**

haldudo, da. adj. **faldudo.**

¡hale! interj. que se usa para animar o meter prisa, **¡hala!**

Hale. Geog. Local. de Argentina, prov. de Buenos Aires, part. de Bolívar; 819 h.

haleche. (Del lat. *halex, -ēcis*.) m. **Zool. boquerón,** pez.

Haleví (Jehuda, Yehuda o Judá). Biog. Yehuda Haleví.

Halffter Escriche (Ernesto). Biog. Compositor y crítico musical español, n. en Madrid en 1905. Entre sus obras figuran: *Crepúsculos, Dos bocetos sinfónicos,* el poema para canto y pequeña orquesta *Otoño enfermo,* el ballet *Sonatina* y *Sinfonietta,* que consagró a su autor en plena juventud. Esta última, su producción más notable, es popular en todo el mundo y fue estrenada en Buenos Aires en 1928. En 1945 se estrenó en Madrid otra obra suya, *Dulcinea*. En 1954 comenzó los trabajos de selección y armonización de los manuscritos del poema sinfónico *La Atlántida,* de Manuel de Falla, que fueron concluidos en 1960. La obra fue estrenada en Barcelona el 24 de noviembre de 1961. Entre sus últimas obras se pueden citar: *Dominus Pastor meus,* salmos XXII y CXVI (1967), *Los gozos de Nuestra Señora* (1970) y *Concierto para guitarra y orquesta* (1971). En 1972 fue elegido académico de Bellas Artes.

hali-. pref. V. **hal-.**

halibut. (Del antiguo i. *hali,* santo, y *butte,* lenguado.) m. **Bioq.** y **Farm.** Preparado a base de aceite de hígado de halibut, rico en vitaminas A y D, que se utiliza para combatir el raquitismo y, en pomada, las lesiones cutáneas. || **Zool.** Pez teleóstomo pleuronectiforme. Es comestible, y de su hígado se obtiene el preparado conocido como *halibut*. Este pez se denomina también *hipogloso (hippoglossus hippoglossus)*.

Halicarnaso. Geog. hist. Antigua c. de Asia Menor (Caria), en la cual hizo construir Artemisa el magnífico monumento, llamado el Mausoleo, en honor de su esposo Mausolo. Este monumento fue considerado como una de las siete maravillas del mundo antiguo.

halícola. (De *hali-* y *-cola,* de habitar.) adj. **Bot.** Se dice de las plantas que habitan en medios salinos.

halieto. (Del lat. científico *haliaeëtus,* y éste del lat. *haliaeëtus,* águila pescadora; del gr. *haliaietos;* de *háls,* mar, y *aietós,* águila.) **Zool.** Gén. de aves falconiformes, familia de las accipítridas, cuyas especies son próximas a las del gén. *águila.* Las más conocidas son el *águila de cabeza blanca* (v.) y el *pigargo común* (v.). || m. **águila pescadora.**

halifa. m. ant. **califa.**

halifado. m. ant. **califato.**

Halifax. Geog. C. de Canadá, cap. de la prov. de Nueva Escocia; 86.792 h. (222.637 h. en su área metropolitana). Universidad y arzobispado. Hermoso puerto. Mucha pesca. || C. del R. U., en Inglaterra, cond. de Yorkshire, Riding Occidental; 98.000 h. Importante industria. Iglesia del s. XV.

haligote. m. **Zool.** *Sant.* Nombre del besugo de la especie *pagellus acarne.*

-halino. suf. V. **hal-.**

haliotis. (Voz del lat. científico; del gr. *hálios,* perteneciente al mar, y *ous, otós,* oído.) **Zool.** Gén. de moluscos gasterópodos al que pertenecen las *orejas de mar.*

hálito. fr., *haleine*; it., *àlito, fiato*; i., *breath*; a., *Atem, Hauch*. (Del lat. *halĭtus*.) m. Aliento que sale por la boca del animal. || Vapor que se desprende de una cosa. || poét. Soplo suave y apacible del aire.

Halmar (Augusto D'). Biog. Goeminne Thomson (Augusto).

Halmstad. Geog. C. de Suecia, cap. del cond. de Halland; 46.912 h. Industrias textiles, elaboración de lana y fábricas de celulosa. Metalúrgicas.

halo-. pref. V. **hal-.** || **Quím.** pref. que indica que la molécula del compuesto químico posee uno o más átomos de halógeno; *halogenuros de alcohílo,* sales **halo**ideas, etc.

halo. (Del lat. *halos,* y éste del gr. *hálos*.) m. Meteoro luminoso consistente en un cerco de colores pálidos que suele aparecer alrededor de los discos del Sol y de la Luna. || fig. Brillo que da la fama o el prestigio. || Círculo de luz difusa en torno a un cuerpo luminoso. ||

Halo. *San Francisco predicando a los pájaros.* Iglesia del Santo. Asís (Italia)

Icon. aureola, resplandor luminoso que se pone en la cabeza de los santos en las pinturas y reproducciones de imágenes.

halófilo, la. (De *halo-* y *-filo,* amigo.) adj. **Bot.** Dícese de las plantas que viven en los terrenos donde abundan las sales.

halógeno, na. (De *halo-* y *-geno*.) adj. **Quím.** Aplícase a los metaloides que forman sales haloideas. Ú. t. c. s. || Dícese de cada uno de los elementos del grupo séptimo de la clasificación periódica. Estos elementos son: flúor, cloro, bromo, yodo y ástato. Ú. t. c. s.

haloideo, a. (De *hal-* y *-oideo*.) adj. **Quím.** Aplícase a las sales formadas por la combinación de un metal con un metaloide sin ningún otro elemento.

halón. m. **halo.**

haloque. (De *faluca*.) m. Embarcación pequeña usada antiguamente.

haloragáceo, a. (Del lat. científico *halorhagis,* nombre de un gén. de plantas, y *-áceo*; aquél del gr. *háls, halós,* sal, y *rháx, rhagós,* grano de uva.) adj. **Bot.** Dícese de plantas del orden de las mirtales, suborden de las mirtíneas, de porte muy variado. || f. pl. Familia de estas plantas.

halotecnia. (De *halo-* y *-tecnia*.) f. **Quím.** Tratado sobre la extracción de las sales industriales.

haloza. f. Calzado de madera.

Hals (Frans). Biog. Pintor holandés, n. en Amberes o en Malinas y m. en Haarlem (h. 1580-1666). Bajo la influencia de Rembrandt, trabajó con tonos profundos, disolviendo la corporeidad en trenzados de color más amplios, con los cuales indicó genialmente lo único que pudiera tener una importancia esencial para la obra. Fue el pintor más importante de la escuela flamenca después de Rembrandt. Entre sus obras deben ser citadas: *Banquete de los oficiales de la Compañía de San Jorge* (1616), *La Gitanilla* (1628), *Los administradores del Hospital de Santa Isabel* (1641) y *Los administradores y las regentes del Asilo de Ancianos de Haarlem,* 2 cuadros (1664).

Hälsinborg. Geog. C. de Suecia, cond. de Malmöhus; 101.176 h. Industria electrometalúrgica. Fabricación de caucho y calzado de goma.

haltera. (Del gr. *halteres,* pesos de plomo colocados en los extremos de una barra metálica.) f. **Dep.** Aparato constituido por una barra metálica en cuyos extremos están fijos, o se adosan, bolas o discos de metal. Se puede utilizar para ejercicios gimnásticos y, sobre todo, para la práctica de la halterofilia (v.).

halterio. m. *Zool.* balancín.

halterofilia. (De *haltera* y *-filia*.) f. *Dep.* Deporte olímpico de levantamiento de peso. Aunque en el levantamiento de halteras ha habido diversas modalidades (en la Olimpiada de Munich participó por última vez la modalidad de *fuerza*), en la actualidad las oficialmente existentes son 2, denominadas *arrancada* y *dos tiempos*. Intervienen también en las competiciones las distintas categorías según el peso de los participantes (pesos mosca, gallo, pluma, ligero, medio, pesado ligero, pesado medio, pesado y superpesado). A la cabeza de la halterofilia mundial figuran la U. R. S. S., Bulgaria y Hungría. En la categoría de los superpesados ostenta el récord mundial el búlgaro K. Plachkov con un total de 442,5 kg. (1976). En la misma categoría, el soviético Vasily Aleseiev se constituyó en campeón olímpico en Munich y Montreal, recuperando además, en la Olimpiada de Montreal, su perdido récord mundial en la modalidad de dos tiempos, al levantar 255 kg.

háltica. (Voz del lat. científico; del gr. *haltikós*, que ayuda a saltar.) **Entom.** Gén. de insectos coleópteros, familia de los crisomélidos. En Europa hay más de veinte especies, y entre ellas figuran la de la col (*h. olerácea*), que puede producir daños considerables a esta hortaliza, y la *h. ampelóphaga*, que ataca a las vides.

hall. (Voz i.; pronúnc. *jol.*) m. vestíbulo.

Hall Caine. Caine (Thomas Henry Hall).

hallada. f. Acción y efecto de hallar.

hallado, da. p. p. de **hallar.** ‖ adj. Con los adv. *tan, bien* o *mal,* familiarizado o avenido.

hallador, ra. adj. Que halla. Ú. t. c. s. ‖ *Mar.* Que recoge en el mar y salva despojos de naves o de sus cargamentos. Ú. t. c. s. ‖ ant. **inventor.** Usáb. t. c. s.

hallamiento. (De *hallar.*) m. ant. Acción y efecto de hallar.

Halland. Geog. Cond. de Suecia, a orillas del Kattegat; 4.930 km.² y 201.698 h. Cap., Halmstad. Industrias textiles, elaboración de lana y fábricas de celulosa.

hallante. p. a. de **hallar.** Que halla.

hallar. fr., *trouver;* it., *trovare;* i., *to find;* a., *finden.* (Del lat. *afflāre,* soplar.) tr. Dar con una persona o cosa que se busca. ‖ Dar con una persona o cosa sin buscarla. ‖ Descubrir con ingenio algo hasta entonces desconocido. ‖ Ver, observar, notar. ‖ Descubrir la verdad de algo. ‖ Dar con una tierra o país de que antes no había noticia. ‖ Conocer, entender en fuerza de una reflexión. ‖ prnl. Estar presente. ‖ Estar en cierto estado.

hallazgo. fr., *trouvaille;* it., *trovata;* i., *thing found trove;* a., *Entdeckung, Fund.* (Del lat. *afflaticum,* de *afflāre,* soplar.) m. Acción y efecto de hallar. ‖ Cosa hallada. ‖ Lo que se da a uno por haber hallado una cosa y restituirla a su dueño o por dar noticia de ella. ‖ **Der.** Encuentro casual de cosa mueble ajena, que no sea tesoro oculto.

Halle (Morris). Biog. Lingüista estadounidense, de origen soviético, n. en Liépaia, Letonia, en 1923. Fundador de la teoría fonológica generativa y promotor, junto con N. Chomsky, de la gramática generativa. Obras: *Análisis preliminar del lenguaje* (1952), en colaboración con R. Jakobson y C. Fant; *La acentuación de la palabra en ruso* (1973) y *Prolegómenos a una teoría de la formación de la palabra* (1973). **Geog.** Dist. de la R. D. A.; 8.771 km.² y 1.921.371 h. Cap., Halle del Saale. C. de la R. D. A., cap. del dist. de Halle, a orillas del Saale; 254.452 habitantes. Industria editorial. Universidad.

Halley. Astron. El más famoso de los cometas, descubierto por el astrónomo inglés Edmund Halley en 1682, y fotografiado en

Cometa Halley

1909. Existen noticias históricas de la aparición de este cometa desde el año 466 a. C. Su órbita es muy excéntrica, pues en su perihelio se acerca al Sol más que la Tierra (0,587 U. A.) y en su afelio se aleja más que Neptuno (35,303 U. A.); su período es de 76,029 años. El 19 de mayo de 1910 ha sido la última vez que ha cruzado la órbita terrestre.

¡hallo! interj. inglesa (pronúnc. *haló.*), que se usa a veces para responder por teléfono; equivale a ¡hola!, ¡diga!, ¡eh!, etc.

Hallstatt. Geog. Pobl. de Austria, est. de Austria Superior; 1.500 h. En 1846, en la parte alta de la población se halló una interesante necrópolis con más de 1.000 sepulturas y gran riqueza de objetos prehistóricos, por lo que al período primero de la Edad del Hierro lleva el nombre de esta población, que originariamente estaba constituida por palafitos.

hallulla. (Como *jallullo,* del lat. *foliŏla,* hojuela.) f. Pan que se cuece en rescoldo o en ladrillos o piedras muy calientes. ‖ *Chile.* Pan hecho de masa más fina y de forma más delgada que el común.

hallullo. m. **hallulla.**

Hama. Geog. Dist. de Siria; 8.844 km.² y 514.573 h. ‖ C. cap. del mismo; 137.584 h.

hamaca. fr., *hamac;* it., *amaca;* i., *hammock;* a., *Hängematte.* (Voz haitiana.) f. Red gruesa y clara, por lo común de pita, la cual, asegurada por las extremidades en dos árboles, estacas o escarpias, queda pendiente en el aire, y sirve de cama o columpio, o bien como vehículo, conduciéndola dos hombres. Se hace también de lona y de otros tejidos y es muy usada en los países tropicales. ‖ Asiento plegable cuya armadura es de madera o metal; un tejido de lona o de otra fibra fuerte, sirve de asiento y respaldo. ‖ *Arg.* y *Urug.* Mecedora.

hamacar. tr. *Arg., Guat.* y *Urug.* **hamaquear,** mecer en hamaca. Ú. t. c. prnl.

Hamadán. Geog. Gobierno de Irán; 20.000 km.² y 937.000 h. ‖ C. cap. del mismo; 155.848 h. Central hidroeléctrica. Alfombras y tapices. (V. **Ecbatana.**)

hamadría, hamadríada o **hamadríade.** (Del m. or. que el siguiente.) f. *Mit.* dríade. ‖ m. *Zool.* Mono cercopitécido (catarrino) de la familia de los cinocéfalos, de 0,5 m. de alt., más 0,75 m. de cola, color pálido, el macho con una gran melena ceniciento, la cara de color de carne y callosidades isquiáticas de color rojo intenso. Vive formando grandes grupos en las faldas de las montañas de Arabia y Abisinia. Se domestica con facilidad. Era uno de los animales venerados en el antiguo Egipto y estaba consagrado al dios Thot. Se le llama también *papión sagrado (papio hamadryas).*

hamadríade. (Del lat. *hamadryās, -ădis,* éste del gr. *hamadryás;* de *háma,* con, o *drys,* encina.) f. *Mit.* Ninfa de los bosques o dríade.

hámago. m. Substancia correosa y amarilla de sabor amargo, que labran las abejas y se halla en algunas celdillas de los panales. ‖ fig. Fastidio o náusea.

hamamelidáceo, a. (De *hamamelis,* gén. tipo, y *-áceo.*) adj. *Bot.* Dícese de arbustos y árboles de Asia, América Septentrional y África Meridional, con pelos estrellados, hojas esparcidas y estípulas caedizas; flores generalmente hermafroditas, alguna vez apétalas, en inflorescencias muy diversas; fruto en cápsula; como el ocozol. Ú. t. c. s. f. ‖ f. pl. *Bot.* Familia de estas plantas.

hamamelis. (Voz del lat. científico; del gr. *hamámelis,* especie de níspero.) *Bot.* Gén. de plantas de la familia de las hamamelidáceas, que comprende 6 especies propias de América del N., de las cuales la *h. virginica* tiene interés como medicinal.

hamaquear. (De *hamaca.*) tr. *Amér.* Mecer en hamaca. Ú. t. c. prnl. ‖ *Cuba.* fig. Marear a uno, traerle como un zarandillo.

hamaquero. m. El que hace hamacas. ‖ Cada uno de los que conducen en la hamaca al que va dentro de ella. ‖ Gancho que se introduce en la pared para que sostenga la hamaca que ha de colgarse.

Hamar. Geog. C. de Noruega, cap. del cond. de Hedmark, a orillas del lago Mjosa; 15.968 h.

Hambantota. Geog. Dist. de Sri Lanka, prov. Meridional; 2.624 km.² y 311.000 h.

hambre. fr., *faim, famine;* it., *fame;* i., *hunger;* a., *Hunger, Not.* (Del lat. **famen, -ĭnis,* por *fames.*) f. Gana y necesidad de comer. ‖ Escasez de frutos, particularmente de trigo. ‖ fig. Apetito o deseo ardiente de una cosa. ‖ **calagurritana.** *Hist.* La que padecieron los habitantes de Calagurris (hoy Calahorra) sitiados por los romanos. ‖ *Léx.* fig. y fam. Hambre muy violenta. ‖ **canina.** *Pat.* Enfermedad que consiste en tener uno tanta gana de comer, que con nada se ve satisfecho. ‖ fig. *Léx.* Gana de comer extraordinaria y excesiva. ‖ fig. Deseo vehementísimo. ‖ **estudiantina.** fig. Buen apetito y gana de comer a cualquier hora. ‖ **hambre de tres semanas.** loc. fig. que se usa cuando uno, por puro melindre, muestra repugnancia a ciertos manjares, o no quiere comer a sus horas, por estar ya satisfecho. ‖ **hambre y valentía.** expr. con que se nota al arrogante y vano que quiere disimular su pobreza. ‖ **más listo que el hambre.** loc. con que se pondera la agudeza, ingenio y expedición de una persona.

hambrear. tr. Causar a uno o hacerle padecer hambre, impidiéndole la provisión de víveres. ‖ intr. Padecer hambre. ‖ Mostrar alguna necesidad, excitando la compasión y mendigando remedio para ella.

hambriento, ta. fr., *affamé;* it., *affamato;* i., *famished;* a., *hungrig, ausgehungert.* (Del lat. **famulentus.*) adj. Que tiene mucha hambre o necesidad de comer. Ú. t. c. s. ‖ fig. Que tiene deseo de otra cosa.

hambrina. f. *And.* Hambre grande o extrema.

hambrío, a. (De *hambre.*) adj. Que tiene hambre de comida. Ú. en Salamanca.

hambrón, na. (De *hambre.*) adj. fam. Muy hambriento; que continuamente anda manifestando afán y agonía por comer. Ú. t. c. s.

hambruna. f. *Amér. m.* Hambre grande.

Hamburgo. Geog. Estado de la R. F. A., constituido por la c. del mismo nombre; 753 km.² y 1.793.800 h. Su centro de gravedad es el puerto, uno de los primeros del mundo antes de la S. G. M. y el quinto de Europa en la

Hamburgo. El puerto

actualidad. Construcciones navales, astilleros, en los que se construyen toda clase de barcos; fundiciones de hierro, talleres de construcciones de clavos, tornillos, maquinaria, calderería, etc. Fábrica de objetos de caucho, talleres de elaboración de marfil, de metales preciosos y de tabaco. Talleres de construcción de aparatos de música, de óptica y aparatos de precisión. En enero de 1975 se inauguró un túnel bajo el Elba, empezado en 1968. El mayor túnel subacuático de Europa (2.653 m.), es el 4.º del mundo, tras los de Kammon (Japón), Santa Fe (Argentina) y Brooklyn-Battery (EE. UU.).

hamburgués, sa. adj. Natural de Hamburgo, o perteneciente a esta c. de la R. F. A. Ú. t. c. s.

hamburguesa. f. **Coc.** Especie de filete de forma de torta, hecho de carne picada con ajo, perejil, huevo, etc., y cocinado, normalmente, a la plancha. || Especie de sandwich de este filete.

Hämeen. (En sueco, *Tavastehus.*) **Geog.** Prov. de Finlandia; 20.661 km.² y 638.842 habitantes. Cap., Hämeenlinnä. Ganadería y bosques.

Hämeenlinnä. Geog. C. de Finlandia, cap. de la prov. de Hämeen; 37.721 h. Industria textil y fábrica de calzado.

Hameln. Geog. C. de la R. F. A., est. de Baja Sajonia, sit. en la confl. del Hameln y el Weser; 49.500 h. Fábricas de papel, cueros, alfombras, productos químicos y tabaco.

hamez. f. Especie de cortadura que se les hace en las plumas a las aves de rapiña por no cuidarlas bien en punto a alimentos.

Hamgyong Meridional. Geog. Prov. de la R. D. P. de Corea, al S. del río Jalu; 17.500 km.² y 1.399.500 h. Cap., Hamhung. Minas de oro, carbón, hierro y tungsteno. Pesquerías. || **Septentrional.** Prov. de la R. D. P. de Corea, a orillas del mar del Japón; 16.000 km.² y 1.072.900 h. Cap., Chongjin. Minas de hierro, oro y carbón. Industrias pesqueras.

Hamhung. Geog. C. de la R. D. P. de Corea, cap. de la prov. de Hamgyong Meridional, a orillas del río Tongsongchon; 125.000 habitantes. Minas de carbón en sus cercanías.

Hamilton (Alexander). Biog. Político estadounidense, n. en Charlestown y m. en Nueva York (1757-1804). Tomó parte en la guerra de la Independencia y fue secretario y amigo íntimo de Washington. Colaboró en la redacción de la Constitución. Fue el primer ministro de Hacienda del nuevo Estado. || **Geog.**
C. cap. de la isla de Bermuda y del arch. de las Bermudas, colonia del R. U.; 4.100 h. Base naval y magnífica estación de invierno. || C. de Canadá, prov. de Ontario; 298.121 h. (498.523 habitantes en su área metropolitana). Industria textil. Fábricas de automóviles y maquinaria agrícola. || C. de Nueva Zelanda, en la isla del Norte, cap. del área estadística de South Auckland-Bay of Plenty; 80.812 h.

Hamlet. Hist. Príncipe de Dinamarca, cuya existencia se hace remontar a mediados del s. II d. C. Tomándolo por protagonista, se han escrito leyendas, tragedias y una ópera.

Hamm. Geog. C. de la R. F. A., est. de Rin Septentrional-Westfalia, sit. en la confl. del Aase y el Lippe; 84. 300 h. Balneario. Fabricación de alambre, fundición y construcción de maquinaria, útiles de labranza, muebles de hierro, etc.

Hammarskjöld (Dag Hjalmar Agnes Carl). Biog. Político sueco, n. en Jönköping y m. en N'dola (1905-1961). Tras haber desempeñado varios cargos en su país, en 1953 fue elegido secretario general de la O. N. U. y reelegido en 1957. Su labor y actividad en pro de la paz mundial fueron notorias. El 18 de septiembre de 1961 pereció en un accidente de aviación, cuando se trasladaba de Kinshasa a N'dola (Zambia) para tratar con M. Tshombe del problema de Katanga. Ese mismo año se le concedió el premio Nobel de la Paz, a título póstumo.

Hammurabi. Biog. Rey de Babilonia (1947-1905 a. C.). En su reinado se promulgó el código más antiguo del mundo, grabado en un bloque de diorita de 2,5 m. de alt. y descubierto en 1901 en Susa por una expedición preparada por los esposos franceses Dieulafoy y realizada bajo la dirección de Morgan, D. Scheil y otros.

hamo. (Del lat. *hamus.*) m. Anzuelo de pescar. || *Cuba.* Red en forma de manga o colador, que remata en punta y cuya boca es un aro grande, que se emplea para pescar. || Nasa para guardar la pesca.

hampa. fr., *gueuserie;* it., *bassi fondi;* i., *bully;* a., *Gesindel.* f. Se dice del conjunto de bajos fondos sociales formado por mujeres perdidas, vagabundos, rufianes, pervertidos, ladrones, etc. Usaron y usan un lenguaje particular, llamado *jerigonza* o *germanía.* || Vida de las gentes holgazanas y maleantes. || Gente que lleva esta vida.

hampesco, ca. adj. Perteneciente al hampa.

hampo, pa. adj. Perteneciente al hampa. || m. Vida de pícaros y maleantes. || Conjunto de pícaros y maleantes.

hampón. (De *hampa.*) adj. Valentón, bravo. || Maleante, haragán. Ú. t. c. s.

Hampshire. Geog. Cond. del R. U., en Inglaterra; 3.772 km.² y 1.449.700 h. Cap., Winchester.

Hampton (Lionel Leo). Biog. Director de orquesta estadounidense, n. en Birmingham, Alabama, en 1914. Compartió con Louis Armstrong la supremacía del yaz e introdujo el vibráfono como instrumento en este tipo de orquestas. || **Geog.** Pobl. del R. U., en Inglaterra, cond. de Middlesex, a orillas del Támesis. Palacio de Hampton Court, con una célebre Galería de pinturas. Forma parte del Gran Londres.

hamster. (Voz alemana.) m. **Zool.** criceto.

Hamsun (Knut o **Canuto). Biog.** Pedersen **(Knut** o **Canuto).**

hamudí. (Del ár. *ḥammūdī,* perteneciente o relativo a *Hammūd,* n. p. de persona.) adj. Dícese de los descendientes de Alí ben Hamud que a la caída del califato de Córdoba fundaron reinos de taifas en Málaga y Algeciras durante la primera mitad del s. XI. Ú. t. c. s. En esta palabra se aspira la h.

hanchimal. m. **Bot.** *Méj.* Nombre de la litrácea *himia syphilítica.*

Hanchow. Geog. Kuan-han.

handball. (Voz i.; de *hand,* mano, y *ball,* balón.) m. **Dep.** Denominación usada en los países de habla inglesa, ya para designar un juego en que se emplea pelota pequeña, la cual se lanza a mano contra la pared como en la pelota vasca, ya al balonmano (v.).

Händel (Georg Friedrich). Biog. Haendel **(George Frederick).**

handicap. (Voz i.; de *hand,* mano, y *cap,* gorra; pronúnc. *jándicap.*) m. En términos deportivos, prueba, carrera o concurso en que, atribuyendo a unos participantes una ventaja en tiempo, distancia, peso, etc., y restándosela a otros, se igualan las posibilidades de vencer de los menos dotados. Es voz usada especialmente en las carreras de caballos. || fig. Obstáculo, dificultad.

Handy (William Christopher). Biog. Compositor estadounidense, n. en Florence, Alabama, y m. en Nueva York (1873-1958). Fue uno de los creadores del yaz y se le considera como el *padre de los blues.* Ha publicado: *Father of the Blues* (1941), autobiografía.

Código de Hammurabi. Museo del Louvre. París

hanega. f. **fanega.**

hanegada. f. **fanegada.**

Hanga-Roa. Geog. Pobl. de Chile, prov. de Valparaíso, cap. de la isla, depart. y comuna de Pascua; 920 h.

hangar. (Del fr. *hangar*, y éste del neerl. *ham gaerd*, corral de casa.) m. **Aviac.** Cobertizo grande, generalmente abierto, para guarecer aparatos de aviación o dirigibles.

Hangay Meridional. Geog. Prov. de Mongolia, sit. en la estribación NE. de los montes del mismo nombre; 63.000 km.² y 66.800 h. Cap., Arbay-Here. Agricultura y pastoreo. || **Septentrional.** Prov. de Mongolia; 55.000 km.² y 72.300 h. Cap., Tsetserlik.

Hangchou. Geog. C. de la R. P. China, en la región Oriental, cap. de la prov. de Chekiang; 1.000.000 h. Famosa por sus tés, es llamada también la Florencia china, por la abundancia de sus templos y monumentos. Fue capital del Imperio.

hannio. m. **Quím. hahnio.**

Hannón. Biog. General y navegante cartaginés del s. V a. C., que fundó colonias en la costa occidental de Marruecos y llegó hasta un punto indeterminado del litoral de Sierra Leona. La descripción de su viaje está consignada en el llamado *Periplo de Hannón*.

Hannóver. Geog. C. de la R. F. A., cap. del est. de Baja Sajonia; 523.900 h. Son interesantes el *Berggarten*, famoso Jardín Botánico, y el palacio y los jardines barrocos de

Hannóver. Palacio

Herrenhausen, antigua residencia real. Construcción de maquinaria, fabricación de pianos de manubrio, objetos de laca, libros de contabilidad e industria automovilística. || **Geog. hist.** Reino hasta 1866; después prov. alemana de Prusia; hoy forma parte del estado de Baja Sajonia, de la R. F. A.

hannoveriano, na. fr., *hanovrien;* it., *hannoverese;* i., *hannoverian;* a., *hannoveraner.* adj. Natural de Hannóver, o perteneciente a estos antiguos reino y provincia alemanes. Ú. t. c. s.

Hanoi. Geog. C. cap. de la República Socialista de Vietnam; 1.443.500 h. Antigua ciudadela, su fundación data de 767 d. C. y se debe a los chinos. Fue centro literario del imperio anamita, cap. de Indochina (1887-1954) y de Vietnam del Norte (1954-76).

Hanover. Geog. Parr. de Jamaica; 450 km.² y 59.000 h. Cap., Lucea.

Hansa. (Del ant. alto a. *Hansa*, compañía.) Hist. Antigua Confederación de varias ciudades de Alemania para seguridad y fomento de su comercio; eran, particularmente, Hamburgo, Brema y Lübeck.

hanseático, ca. (De *Hansa.*) adj. Perteneciente a la Hansa, liga de las ciudades alemanas.

Hansen (Gerhard Armauer). Biog. Médico y botánico noruego, n. y m. en Bergen (1841-1912). Se le debe el descubrimiento del bacilo de la lepra (1881). Además de gran número de Memorias de carácter científico, escribió la obra *La lepra: estudio, clínica y patología.*

hanumán. (Del sánscr. *hanumant*, que tiene grandes maxilares.) m. **Zool.** Primate catarrino de la familia de los cercopitécidos, subfamilia de los colobinos o pitecinos. Es uno de los monos llamados *langures* (v.), que vive en la India, donde se le considera descendiente de los que ayudaron a Rama (*pithecus entellus* o *présbytis entellus*) y es muy respetado por creerle una encarnación de Visnú.

hanzo. m. ant. Contento, alegría, placer.

hao. Voz ant. que se usaba para llamar a uno que estuviese distante. || m. ant. Renombre, fama.

hápale. (Voz del lat. científico; del gr. *hapalós*, blando, delicado.) **Zool.** Gén. de monos al que pertenecen los verdaderos titís (v.).

hapálido, da. (De *hápale* e *-ido.*) adj. **Zool.** Se dice de los monos platirrinos a los que pertenecen los verdaderos titís. || m. pl. Familia de estos monos, subdividida en las subfamilias de los *calimicominos*, poco importante, y *hapalinos* (titís, leoncitos, etc.), de gran interés. Se dice también *calitrícidos*.

hapalino, na. (De *hápale.*) adj. **Zool.** Dícese de los monos platirrinos, de la familia de los *hapálidos*, con pelaje suave y sedoso, uñas comprimidas y largas, excepto la del primer dedo de los pies, que es plana; el pulgar de las extremidades anteriores no es oponible; la cola no es prensil. Ú. t. c. s. m. Entre ellos se encuentran los verdaderos *titís*, del género *hápale*, los *micos* (*mico*), los *tamarinos* (*mýstax*) y los *leoncitos* (*leontocebus*). || m. pl. Subfamilia de estos monos.

hápax. (Del adv. gr. *hápax*, una sola vez, en las frases *hápax legómenon* o *hápax eireména*, dicho una vez, dichos una vez.) m. Tecnicismo empleado en lexicografía o en trabajos de crítica textual para indicar que hay un solo testimonio de una voz en una lengua.

hapaxanto. (Del gr. *hápax*, una vez, y *anthéo*, florecer.) adj. **Bot.** Aplícase a la planta que sólo florece y fructifica una vez en la vida.

hapl-. pref. V. **haplo-.**

haplo-, hapl-. (Del gr. *haplóos.*) pref. que sign. sencillo.

haplocario. (De *haplo-* y *-cario.*) m. **Biol.** Núcleo celular que contiene la mitad del número de cromosomas característico de su especie.

haplocarpo. (De *haplo-* y *-carpo.*) m. **Bot.** Fruto simple procedente de un gineceo apocárpico o sincárpico, pero de una sola flor.

haplocaulescente. (De *haplo-* y *caulescente.*) adj. **Bot.** Aplícase al vegetal cuyo eje primario no tiene ramificaciones. || También se dice de la planta cuyo eje primario remata en una flor.

haploclamídeo, a. (De *haplo-* y *clamídeo.*) adj. **Bot.** Dícese de las flores cuyo perianto solamente posee una envoltura floral. Por ext., dícese de las plantas a que dichas flores pertenecen. Se dice también de *monoclamídeo*.

haplodiploide. (De *haplo-* y *diploide.*) adj. **Biol.** Se dice de las especies, razas o variedades en que los individuos del sexo masculino son haploides por proceder de óvulos no fecundados, desarrollados partenogenéticamente, mientras que las hembras se originan de huevos fecundados diploides; tal es el caso de las abejas.

haplodonto, ta. (De *hapl-* y *-odonto.*) adj. **Anat.** y **Zool.** Dícese de los molares de los mamíferos cuya forma es de cono simple; como, p. e., los de los delfines y cachalotes.

haplofase. (De *haplo-* y *fase.*) f. **Biol.** En los organismos de generación alternante, como, p. e., los helechos, el protalo, gametofito u organismo haplonte, que alterna con el esporofito u organismo diplonte.

haploide. (De *hapl-* y *-oide.*) adj. **Biol.** Se dice del número de cromosomas del núcleo celular reducido a la mitad del diploide o normal.

haplología. (De *haplo-* y *-logía.*) f. Eliminación de una sílaba por ser semejante a otra sílaba contigua de la misma palabra, como *cejunto* por *cejijunto*, *impudicicia* por *impudicicia*, *autobús* por *automóvil ómnibus*.

haplonte. (De *hapl-* y *-onte.*) adj. **Biol.** Dícese de los organismos cuyas células somáticas son haploides, como plantas briofitas y pteridofitas (musgos, protalos de los helechos, etc.). Ú. t. c. s.

haplosporidio, dia. (Del lat. científico *haplosporidium*, gén. tipo de protozoos; del gr. *haplós*, sencillo, *sporá*, semilla, y *eidos*, forma.) adj. **Zool.** Dícese de los protozoos esporozoarios, muy semejantes a los sarcosporidios. El gén. tipo es el *haplosporidium*, parásito de los anélidos. Ú. t. c. s. m. || m. pl. Orden de estos esporozoarios.

haplostémono. (De *haplo-* y *-stémono.*) adj. **Bot.** Dícese del androceo de las flores, plantas, etcétera, cuyos estambres están situados en un solo verticilo.

happening. (Voz i., que sign. *suceso*; pronúnc. *jápenin*.) m. **teatro de participación.**

hapt-. pref. V. **haf-.**

hapto-. pref. V. **haf-.**

haptotropismo. (Del gr. *hápto*, tocar, coger, y *tropismo*.) m. **Bot.** Tropismo de algunos órganos vegetales, determinado por un contacto unilateral.

Haquira. Geog. Dist. de Perú, depart. de Apurimac, prov. de Cotabambas; 8.069 h. || Pueblo cap. del mismo; 727 h.

haragán, na. fr., *vaurien, fainéant*; it., *fannullone*; i., *idle, lazy*; a., *Faulenzer*. (Tal vez del ár. *fargān*, ocioso, desocupado.) adj. Que excusa y rehúye el trabajo y pasa la vida en el ocio. Ú. m. c. s.

haraganamente. adv. m. Con haraganería.

haraganear. fr., *fainéanter*; it., *poltroneggiare*; i., *to lazy*; a., *faulenzen*. (De *haragán*.) intr. Pasar la vida en el ocio; no ocuparse en ningún género de trabajo.

haraganería. (De *haragán*.) f. Ociosidad, falta de aplicación al trabajo.

haraganía. (De *haragán*.) f. desus. **haraganería.**

haraganoso, sa. adj. p. us. **haragán.**

harakiri. (Voz japonesa.) m. **haraquiri.**

harambel. (Del ár. *al-ḥanbal*, poyal, tapiz.) m. **arambel.**

harapamaman. m. Bot. Perú. Planta de la familia de las solanáceas (*nicandra physaloides*).

harapiento, ta. adj. Lleno de harapos.

harapo. (Del lat. *faluppa*, tela mala, infl. por *drappus*, paño, trapo.) m. **andrajo.** || Enol. Líquido ya sin fuerza, o aguardiente de poquísimos grados, que sale por la piquera del alambique cuando va a terminar la destilación del vino.

haraposo, sa. fr., *déguenillé*; it., *cencioso*; i., *ragged*; a., *zerlumpt.* adj. Andrajoso, roto, lleno de harapos.

haraquiri. (Del japonés *hara-kiri*, cortar el vientre.) m. Forma de suicidio ritual en Japón, ya en desuso, consistente en abrirse el vientre por medio de una incisión en forma de cruz.

haras. (Voz francesa.) m. Arg. Establecimiento donde se crían por selección caballos de carreras.

haraute. (Del antiguo alto a. *heriwalto*, heraldo.) m. ant. **rey de armas.**

haravico. m. Perú. **aravico.**

harbar. (Del lat. *fervĕre*.) intr. **acezar.** || Hacer alguna cosa de prisa y atropelladamente. Ú. t. c. tr.

Harbin. Geog. C. de la R. P. China, en la región Nordoriental, cap. de la prov. de Heilungkiang; 2.000.000 de h. Sit. en la orilla derecha del Sungari; posee un buen puerto fluvial. Fabricación de tejidos de algodón. Industria mecánica. Importante nudo ferroviario. Aeropuerto. Antes se llamó *Pinkiang.*

harbullar. tr. **farfullar.**

harbullista. adj. p. us. **farfullador.** Ú. t. c. s.

harca. (Del ár. *ḥaraka*, movimiento de tropas.) f. En Marruecos, expedición militar de tropas indígenas de organización irregular. || Partida de rebeldes marroquíes. En esta palabra se aspira la h.

harda. f. **arda,** ardilla.

harda. (De *farda*.) f. And. Costal, saco.

Harden (sir **Arthur**). Biog. Químico inglés, n. en Manchester y m. en Bourne End, Buckinghamshire (1865-1940). Fue profesor de bioquímica en la Universidad de Londres. Compartió con Hans von Euber-Chelpin el premio Nobel de Química (1929).

Hardenberg, príncipe de Hardenberg (**Karl August**). Biog. Político prusiano, n. en Essenroda y m. en Génova (1750-1822). Después de haber desempeñado importantes cargos diplomáticos fue nombrado en 1804 ministro de Negocios Extranjeros y en 1810 canciller. || **, barón de Hardenberg** (**Friedrich**). Poeta, novelista y pensador alemán, conocido por *Novalis*, n. en Oberwiederstedt y m. en Weissenfels (1772-1801). Es una de las más importantes figuras del romanticismo alemán. Por su afán hacia lo maravilloso y su profundo monólogo interior, ha llegado su influencia hasta los surrealistas modernos. Entre sus obras sobresalen *Himnos a la noche* (poemas), *La Cristiandad o Europa* (apología del cristianismo), *Fragmentos* (aforismos) y *Enrique de Ofterdingen* (novela inacabada).

Friedrich Hardenberg

hardido, da. adj. **ardido.**

Harding (**Warren Gamaliel**). Biog. Político estadounidense, n. en Corsica y m. en San Francisco de California (1865-1923). En 1914 fue elegido individuo del Senado de Washington, y el 2 de noviembre de 1920, presidente de la República.

hardware. (Voz i., pronúnc. *hár-uer*.) m. Informática. Conjunto de piezas o dispositivos mecánicos, magnéticos y electrónicos de un computador. Se opone a *software.*

Hardy (**Oliver**). Biog. **Norvelle Harwell** (**Oliver**). || (**Thomas**). Poeta, novelista y dramaturgo inglés, n. en Upper Bockhampton y m. en Max Gate, Dorchester (1840-1928). Deben citarse sus novelas *Teresa de Urbervilles* (1891) y *Judas el obscuro* (1895). Como poeta destacó en *Después* y *Sátiras de circunstancias.*

Thomas Hardy

harem. m. **harén.**

harén. fr., it. e i., *harem*; a., *Harem.* (Del ár. *ḥarīm*, lugar vedado, gineceo.) m. Departamento de las casas de los musulmanes en que viven las mujeres. || Conjunto de todas las mujeres que viven bajo la dependencia de un jefe de familia entre los musulmanes.

harense. adj. Natural de Haro, o perteneciente a esta ciudad. Ú. t. c. s.

Hargeisa. Geog. C. de Somalia, cap. de la región Nordoccidental y del dist. de su nombre; 40.255 h. Aeródromo.

Harghita. Geog. Dist. de Rumania; 6.610 km.² y 299.253 h. Cap., Miercurea Ciuc.

Haría. Geog. Mun. de España, en la isla de Lanzarote, prov. de Las Palmas, p. j. de Arrecife; 2.968 h. || Lugar cap. del mismo; 1.193 h. (*harianos*).

harija. (Del lat. **faricŭla*, de *far*, harina y salvado.) f. Polvillo que el aire levanta del grano cuando se muele, y de la harina cuando se cierne.

harina. fr., *farine*; it., *farina*; i., *flour*; a., *Mehl.* (Del lat. *farīna*.) f. Polvo que resulta de la molienda del trigo o de otras semillas. || Este mismo polvo despojado del salvado o la cascarilla. || Polvo procedente de algunos tubérculos y legumbres. || fig. Polvo menudo a que se reducen algunas materias sólidas, como los metales, los residuos de carne, pescado, etc. || **abalada.** *Léx.* La que cae fuera de la artesa cuando se cierne con descuido. || **fósil.** Geol. **trípoli.** || **lacteada.** Coc. Polvo compuesto de leche concentrada en el vacío, pan tostado pulverizado y azúcar, y que constituye un alimento muy útil en la primera infancia.

harinado. m. Harina disuelta en agua.

harinear. intr. And. y Venez. Llover con gotas muy menudas.

harinero, ra. (Del lat. *farinarĭus*.) adj. Perteneciente a la harina. || m. El que trata y comercia en harina. || Arcón o sitio donde se guarda la harina.

Häring (**Bernhard**). Biog. Religioso redentorista alemán, n. en Bötingen en 1912. Destaca como eminente teólogo moralista. Su obra principal es *La Ley de Cristo* (1962).

Bernhard Häring

harinilla. f. dim. de **harina.** || *Chile.* Soma, cabezuela.

harino. m. Bot. **camarón.**

harinoso, sa. (Del lat. *farinōsus*.) adj. Que tiene mucha harina. || De la naturaleza de la harina o parecido a ella.

hariscarse. prnl. **ariscarse.**

Harlem. Geog. Dist. urbano de la c. de Nueva York, entre las calles 135 y 125; alrededor de 400.000 h., de raza negra casi en su totalidad.

Harley, conde de Oxford (**Robert**). Biog. Político inglés, n. y m. en Londres (1661-1724). Gozó de gran influencia en el reinado de Ana Estuardo y fue el principal artífice del Tratado de Utrecht (v.).

Harlow (**Jean**). Biog. **Carpenter** (**Jean Harleam**).

harma. (Del gr. *hármala.*) f. Especie de ruda, alharma.

Harmensen. Biog. **Arminio** (**Jacobus**).

Harmodio. Biog. Asesino, junto con Aristogitón, del tirano de Grecia Hiparco. A ambos, conocidos con el nombre de Tiranicidas, se erigió un grupo escultórico en el Ágora de Atenas, obra del escultor Antenor.

harmonía. f. **armonía.**

Harmonía. Mit. Hija de Marte y de Venus, que llevó a Grecia los primeros rudimentos del arte de la música. Fue transformada en serpiente.

harmónica. f. Mús. **armónica.**

harmónicamente. adv. m. **armónicamente.**

harmónico, ca. adj. **armónico.**

harmonio. m. Mús. **armonio.**

harmoniosamente. adv. m. **armoniosamente.**

harmonioso, sa. adj. **armonioso.**
harmonista. com. ant. **armonista.**
harmonizable. adj. **armonizable.**
harmonización. f. **Mús. armonización.**
harmonizar. tr. **armonizar.**

Harnack (Adolfo von). Biog. Teólogo alemán, n. en Dorpat y m. en Heidelberg (1851-1930). Profesor de las Universidades de Leipzig, Giessen y Berlín. Se distinguió en la crítica histórica de los más antiguos períodos del cristianismo. Fue durante muchos años presidente del Congreso Evangélico.

harnal. (Del lat. *farināle*.) m. Cajón de harina, especialmente el cajón grande del molino.

harneadura. f. *Chile.* Acción y efecto de harnear.

harnear. tr. *Chile.* Cribar, pasar por el harnero.

harnerero. m. El que hace o vende harneros.

harnero. (Del lat. [*cribrum*] *farinarĭum*, [criba] harinera.) m. Especie de criba. || **alpistero.** *Léx.* El que sirve para limpiar el alpiste.

harneruelo. m. dim. de **harnero.** || *Arquit.* Paño horizontal que forma el centro de la mayor parte de los techos de madera labrada o alfarjes.

Haro, marqués del Carpio (Luis de). Biog. **Méndez de Haro (Luis).** || *Geneal.* Antiguo linaje español que dio baronía a los señores de Vizcaya. Fueron cabeza de bando, competidores de los Lara, sobre todo en los reinados de Alfonso X *el Sabio* y de su hijo Sancho IV *el Bravo*, de Castilla, a quien ayudaron en la rebelión que sostuvo contra su padre, abandonándole después. Varios miembros de este linaje merecieron mención de la Historia. (V. **López de Haro.**) || *Geog.* Mun. de España, prov. de Logroño, p. j. de su nombre; 8.460 h. || C. cap. del mismo y del p. j.; 8.393 habitantes (*harenses*). Está sit. en la confl. del Tirón con el Ebro, que riegan su campiña, a lo que debe

Haro. Plaza de la Paz

su fertilidad, y en la región denominada Rioja Alta, famosa por sus vinos. Mercado de la comarca. La existencia de la población consta ya en el s. X. Perteneció al señorío de Vizcaya.

Haroldo I. Biog. Rey de Inglaterra, m. en Oxford en 1040. Hijo de Canuto *el Grande*, al que sucedió en 1036. || **II.** Rey de Inglaterra, hijo del conde Godwin, m. en Hastings (1022-1066). Se hizo proclamar rey en 1066 a la muerte de Eduardo *el Confesor*. Murió luchando contra Guillermo *el Conquistador*, duque de Normandía, terminando en él la dinas-

tía danesa. || **I Harfagré.** Rey de Noruega, m. cerca de Haugesund (850-933). Venció a la escuadra de los señores del SE., con lo que dio un golpe de muerte al feudalismo de su país. Abdicó en el año 930. || **II Grafeld.** Rey de Noruega, muerto en Hals (930-965). Sostuvo varias luchas con algunos rivales, después de haber vencido a Sigur. Fue asesinado por un hijo de éste. || **III Sigurdason.** Rey de Noruega, muerto en Stanford (1015-1066). Fue el fundador de Cristianía, hoy Oslo. || **IV Gille.** Rey de Noruega, n. en Irlanda (h. 1103-1136). Debió el trono a la usurpación, pero reinó liberalmente.

harón, na. fr., *paresseux, lourd;* it., *lento;* i., *idle;* a., *Träge.* (Del ár. *ḥārūn* o *ḥarūn*, reacio.) adj. Lerdo, perezoso, holgazán. || Que se resiste a trabajar.

haronear. (De *harón*.) intr. Emperezarse; andar lerdo, flojo o tardo.

haronía. (De *harón*.) f. Pereza, flojedad, poltronería.

harpa. (Como *arpa* y *farpa*, del germ. *harpa*, rastrillo.) f. **arpa.**

harpado, da. adj. **arpado,** de arpar.

harpado, da. adj. **arpado,** de arpa.

Hárpago. Biog. General medo del s. VI a. C. Según la leyenda, Astiages le ordenó matar al joven Ciro porque tenía el presentimiento de que le expulsaría del trono; mas Hárpago se apiadó de él e incluso le educó como a su propio hijo, ayudándole más tarde a destronar a Astiages.

Harper. Geog. C. y puerto de Liberia, cap. del cond. de Maryland, a orillas del Atlántico; 10.000 h. Pesquería. Aeródromo.

harpía. (Como *arpía*, del lat. *harpyĭa*, y éste del gr. *hárpyia.*) f. **arpía.**

Harpignies (Henri). Biog. Pintor francés, n. en Valenciennes y m. en Saint-Privé (1819-1916). Fue notable paisajista y acuarelista. Obras: *Roma desde el Palatino, El salto del lobo, Sol poniente a orillas del Ain,* etc.

harpillera. fr., *serpillière;* it., *invoglia;* i., *packing-cloth;* a., *Packtuch.* (Del m. or. que *herpil;* en fr., *serpillière.*) f. **arpillera.**

harqueño. adj. Perteneciente o relativo a la harca. Apl. a pers., ú. t. c. s. En esta voz se aspira la *h.*

harrado. m. Arquit. El rincón o ángulo entrante que forma la bóveda esquilfada. || Triángulo que deja en un cuadrado el círculo inscrito en él, enjuta.

harrapo. m. **arrapo.**

Harrar o **Harar.** Geog. Prov. de Etiopía; 259.700 km.² y 3.342.000 h. Intensa producción de café. || C. cap. de la misma; 50.000 h. Minas de oro en sus cercanías. Está rodeada de jardines y es mercado muy importante.

¡harre! interj. y m. **¡arre!**

harrear. (De *¡harre!*) tr. **arrear,** estimular.

harria. f. Recua, arria.

harriería. (De *arriero*.) f. **arriería.**

harriero. (De *harre*.) m. **arriero.** || Zool. *Cuba.* Ave del orden de las cuculiformes, familia de las cucúlidas, de larga cola, plumaje rojizo y alas de color gris verdoso con reflejos metálicos (*saurothera longirostris*). Se llama también *arriero* y *cuco de los lagartos.*

harriota. f. Zool. Pez elasmobranquio holocéfalo; es parecido a las quimeras, pero de cuerpo más alargado y comprimido. Los primeros ejemplares capturados lo fueron a 1.000 m. de profundidad (*harriotta raleighana*).

Harris (Zellig S.). Biog. Lingüista estadounidense, n. en Balta, Ucrania, en 1909. Autor de *Methods in Structural Linguistics* (1951), donde expone su teoría distribucionalista, *String Analysis of Sentence Structure* (1962) y *Discours Analysis Reprints* (1963), que sientan las bases de la gramática transformacional, y *Papers in Structural and Transformational Linguistics* (1970).

Harrisburg. Geog. C. de EE. UU., cap. del de Pensilvania, a orillas del río Susquehanna; 68.061 h. Minas de hierro y de carbón en sus cercanías.

Harrison (Benjamin). Biog. Político estadounidense, n. en North Bend y m. en Indianápolis (1833-1901). Fue elegido en 1888 presidente de la República, pero al presentarse de nuevo en 1892 no logró suficientes votos. || **(Rex Carey).** Actor de cine y teatro y productor de cine inglés, n. en Derry House, Cheshire, en 1908. Películas principales: *Callejón sin salida* (1939), *Ana y el rey de Siam* (1947), por cuya interpretación consiguió el Oscar de 1964, *Siete esposas para un marido* (1954), *Mi bella dama, El Rolls-Royce amarillo* y *El tormento y el éxtasis.* || **(William Henry).** Político estadounidense, n. en Berkeley y m. en Washington (1773-1841). Presidente de la República (1841), murió al mes de hallarse en el ejercicio de su cargo, substituyéndole el vicepresidente Tyler.

William H. Harrison

harropea. f. ant. **herropea.**
harruquero. m. *And.* **arriero.**

hartada. f. Acción y efecto de hartar o hartarse. || Cantidad de algo que basta para hartarse.

hartar. fr., *rassasier;* it., *satollare;* i., *to glut;* a., *sättigen.* (De *harto.*) tr. Saciar, incluso con exceso, el apetito de comer o beber. Ú. t. c. prnl. || fig. Satisfacer el gusto o deseo de una cosa. || fig. Fastidiar, cansar. Ú. t. c. prnl. || fig. Junto con algunos nombres y la prep. *de*, dar, causar, etc., copia o muchedumbre de lo que significan los nombres con que se junta.

hartazga. f. ant. **hartazgo.**

hartazgo. fr., *rassasiement, ventrée;* it., *satolla;* i., *feeding, glutting;* a., *Sättigung.* (De *hartar.*) m. Repleción incómoda que resulta de comer, o de comer y beber, con exceso.

hartazón. m. **hartazgo.**

Harte (Bret). Biog. **Brett (Francis).**

hartío, a. adj. ant. Harto o saciado.

Hartley (Charles Augustus). Biog. Ingeniero hidráulico inglés, n. en Heworth (1825-1913). Entre los trabajos que le dieron reputación universal figuran la rectificación de las bocas del Misisipí (1875) y el engrandecimiento de los puertos de Trieste y Odessa. || **(David).** Médico y filósofo inglés, n. en Armley y m. en Bath (1705-1757). En su obra *Observaciones sobre el hombre* formuló las hipótesis de las vibraciones nerviosas y de la asociación de las ideas. || **(Vivien Mary). Leigh (Vivien).** || **(Walter Noel).** Químico inglés, n. en Lichfield (1846-1913). Profesor de la Universidad de Dublín. Fue el primero que estudió la relación entre el espectro de absorción y la constitución química de los compuestos. || **Geog.** Población de Rhodesia, prov. de Mashonaland; 8.630 h. Minas de oro en sus cercanías.

Hartline (Haldan Keffer). Biog. Científico estadounidense, n. en Bloomsburg en 1903. En 1967 compartió el premio Nobel de Medicina con su compatriota George Wald y el sueco Ragnar Granit, por sus descubrimientos relativos a los procesos visuales químico y fisiológico en el ojo.

Hartmann (Nicolai). Biog. Filósofo alemán, n. en Riga y m. en Gotinga (1882-1950). Se formó en la escuela neokantiana de Marburgo, pero pronto, bajo el influjo de la fenomenología de Husserl y de las ideas de Scheler, se inclinó hacia un realismo crítico, el cual le llevó a fundar una nueva ontología (v. **valor**). Sus obras fundamentales son: *Metafísica del conocimiento* (1921), *Ética* (1925), *El problema del ser espiritual* (1933), *Para la fundamentación de la ontología* (1935), *Posibilidad y realidad* (1938) y *La estructura del mundo real* (1940).

harto, ta. fr., *rassasié;* it., *sazio, satollo;* i., *satiated;* a., *satt.* (Del lat. *fartus*, saciado, henchido.) p. p. irreg. de **hartar**. Ú. t. c. s. || adj. Bastante o sobrado. || adv. c. Bastante o sobrado.

hartón. (De *hartar*.) adj. V. **cambur hartón.** || m. *Germ.* **pan.**

hartura. (De *harto*.) f. Repleción de alimento. || Abundancia, copia. || fig. Logro cabal y cumplido de un deseo o apetito.

Hartzenbusch (Juan Eugenio). Biog. Literato español, n. en Madrid (1806-1880). Hijo de un ebanista alemán establecido en España, pasó por grandes vicisitudes en el camino de la literatura, hasta conseguir el triunfo con el drama *Los amantes de Teruel*, su mejor obra (1837); estrenó después: *Doña Mencia o La boda en la Inquisición, Alfonso el Casto, Juan de las Viñas, La jura de Santa Gadea* y *La madre de Pelayo*. Fue director de la Escuela Normal y de la Biblioteca Nacional y supo utilizar los medios de que disponía para ampliar su erudición, que, como miembro de la Real Academia Española, puso al servicio de esta corporación en las ediciones de 1852 y 1869 del Diccionario oficial.

Harún al-Raschid ibn Mahdi. Biog. Califa abasida de Bagdad, n. en Rai, Irán, y m. cerca de Tus (763-809). Venció a Irene, emperatriz de Bizancio, y a su sucesor Nicéforo I, obligándoles a pagar tributo. Estos hechos y la embajada que envió a Carlomagno para entregarle las llaves del Santo Sepulcro, extendieron su fama por todos los confines. Convertido en figura legendaria, aparece como personaje principal en muchos cuentos de *Las mil y una noches.*

Harvard (John). Biog. Erudito inglés, n. en Londres y m. en Charlestown (1607-1638). Principal fundador de la Universidad de su nombre en EE. UU., a la que legó parte de su fortuna. || **(Universidad de). Hist.** Fundada en 1636, es la principal y más antigua de EE. UU. Está situada en Cambridge, junto a Boston. De la Universidad de Cambridge (R. U.) nació la de Harvard, como de París brotó Oxford, y como de Harvard salió Yale, *las dos fortalezas intelectuales* de EE. UU. Harvard copió de Cambridge sus cursos de Filosofía, Teología y Clásicos y su organización colegial, con los tutores o *fellows*, que tan importante papel desempeñaron en las universidades inglesas.

Harvey (William). Biog. Fisiólogo inglés, n. en Folkestone y m. en Londres (1578-1657). Descubrió el mecanismo completo de la circulación de la sangre, sobre la que también trabajaron Miguel Servet y Cesalpino.

Haryana. Geog. Estado de la India, creado el 1 de noviembre de 1966 como consecuencia de la división de Punjab. Comprende las tierras cercanas a Nueva Delhi; 44.222 km.^{2} y 9.971.165 h. Cap., Chandigarh, que lo es a su vez del est. de Punjab.

Harz. Geog. Macizo montañoso de la R. F. A., en la frontera de la Alta y Baja Sajonia. Su punto culminante es Brocken, de 1.142 m. de altitud. Es rico en plomo, cinc y cobre.

Hasa (Al-). Geog. Emirato de Arabia Saudí, sit. en la costa del golfo Pérsico; 50 km.^{2} y 180.000 h. Cap., Al-Hufuf.

Hasakeh. Geog. Dist. de Siria; 23.371 km.^{2} y 469.454 h. || C. cap. del mismo; 19.523 h.

Hasán I. Biog. Sultán de Marruecos (1831-1894). Sucedió a su padre el año 1873 y gozó de gran popularidad. Durante su reinado surgieron diferencias con los españoles, a las que puso término un tratado firmado con el general Martínez Campos. || **II.** Rey de Marruecos, hijo de Muhammad XV o V, n. en Rabat en 1929. Al proclamarse la independencia de Marruecos fue el más entusiasta y eficaz colaborador de su padre. En 1957 se le nombró príncipe heredero y comandante jefe de las fuerzas militares; en 1960, vicepresidente ministro, y en 1961, a la muerte de Muhammad, subió al trono marroquí. Su política exterior se ha mostrado panarabista. En el interior pretende una democracia social que, sin desatender el sentido religioso del pueblo, facilite el desarrollo del país. Esta postura no ha sido siempre bien comprendida por algunos sectores de población, nacionalistas y religiosos a ultranza. Con un intervalo de trece meses sufrió dos atentados: uno, el 10 de julio de 1971, en el palacio real, fue llevado a efecto por cadetes del ejército apoyados por Libia; otro, el 16 de agosto de 1972, al ser atacado por los cazas de escolta el avión en que viajaba. En los atentados, que fracasaron, estaban implicados altos cargos gubernamentales. En la actualidad su política exterior hacia España está marcada por sus reivindicaciones acerca de los territorios españoles en África (v. **España** y **Marruecos**).

hasaní. (Del ár. *hasanī*, perteneciente o relativo a *Hasan*, n. p. de persona.) adj. Dícese sobre todo de la moneda que acuñó el sultán de Marruecos, Hasán I, y en general de la moneda marroquí.

hasanía. m. *Ling.* Dialecto árabe hablado en el Sáhara occidental.

hasch. adj. **hach.**

haschich. m. *Quím.* **hachís.**

Hasenkamp. Geog. Local. de Argentina, prov. de Entre Ríos, depart. de Paraná; 1.950 habitantes.

hasiclipac. m. *Méj.* Salsa de semillas de calabazas tostadas con tomate.

Haskovo. Geog. Distrito de Bulgaria; 4.063 km.^{2} y 289.829 h. || C. cap. del mismo; 68.793 h. Industrias textiles y fabricación de caucho.

Hassel (Odd). Biog. Científico noruego, n. en Oslo en 1897. En 1969 compartió el premio Nobel de Química con el inglés Derek H. R. Barton, por sus estudios en el desarrollo y aplicación del concepto de estructura en química.

Hasselt. Geog. C. de Bélgica, cap. de la prov. de Limburgo; 39.673 h. Elaboración de tabacos.

Hassi Messaoud. Geog. Lugar del Sáhara argelino, depart. de Oasis, a 80 km. al SE. de Ouargla, donde se descubrió, en junio de 1956, un yacimiento petrolífero de grandes posibilidades. Para su transporte se construyó en 1959 un oleoducto hasta Bujía. || **R'Mel.** Lugar del Sáhara argelino, depart. de Oasis,

Hassi Messaoud. Pozos petrolíferos

cerca de Gardaia, donde se descubrió, en noviembre de 1956, la mayor bolsa de gas natural del mundo; estación intermedia en el gasoducto que une Hassi Messaoud con los centros costeros.

hasta. fr., *jusqu'à;* it., *sino, persino;* i., *until to;* a., *bis, sogar.* (De *fasta*.) prep. que sirve para expresar el término de lugares, acciones y cantidades continuas o discretas. || Se usa como conjunción copulativa, y entonces sirve para exagerar o ponderar una cosa, y equivale a **también** o **aun.** || *Méj.* Mal usada en fr. como **hasta** *mañana llega*, por *mañana llega*. || **hasta después, hasta luego.** expr. que se emplean como saludo para despedirse de persona a quien se espera volver a ver pronto o en el mismo día. || **hasta no más.** m. adv. que se usa para significar grande exceso o demasía de alguna cosa.

hastial. (Del lat. **fastigiāle*, de *fastigium*.) m. Parte superior triangular de la fachada de un edificio en la cual descansan las dos vertientes del tejado o cubierta, y p. ext., toda la fachada. || En las iglesias, cada una de las tres fachadas correspondientes a los pies y laterales del crucero. || Cara lateral de una excavación. || fig. Hombrón rústico y grosero. Suele aspirarse la *h.* || pl. *Ál.* Porches o soportales para uso y comodidad del público.

hastiar. (Del lat. *fastidiāre*.) tr. Causar hastío, repugnancia o disgusto. Ú. t. c. prnl.

Hastings (Warren). Biog. Político inglés, n. en Churchill y m. en Daylesford (1732-1818). Como gobernador general de Bengala (1774-1785) afirmó la posición de la Compañía de las Indias Orientales frente a los príncipes de la India y a los franceses. En 1787 fue acusado de extorsión e irregularidades en el desempeño de su cargo. Fue declarado inocente en el año 1795. || **Geog.** C. del R. U., en Inglaterra, condado de Sussex Oriental; 72.410 h. Célebre batalla (1066) entre el duque Guillermo de Normandía y Haroldo, último rey de la dinastía danesa en Inglaterra, que decidió la posesión de ésta en favor de los normandos.

hastío. fr., *dégoût, enui;* it., *fastidio, tedio;* i., *disrelish;* a., *Ekel.* (Del lat. *fastidĭum*.) m. Repugnancia a la comida. || fig. Disgusto, tedio.

hastiosamente. adv. m. Con hastío.

hastioso, sa. (Del lat. *fastidiōsus*.) adj. **fastidioso.**

hataca. f. Cierto cucharón o cuchara grande de palo. || Palo cilíndrico que servía para extender la masa.

hatada. (De *hato*.) f. *Extr.* **hatería,** ropa y ajuar del pastor.

hatajador. m. *Méj.* El que guía la recua.

hatajar. tr. Dividir el ganado en hatajos, o separar del hato una o más porciones. Ú. t. c. prnl.

hatajo. m. Pequeño grupo de ganado, especialmente el separado del rebaño. || Grupo de personas o cosas. || *Cuba.* Conjunto de doce a veinticinco yeguas, potras o potrancas con un solo semental.

Hatay. Geog. Prov. de Turquía asiática, región de Costas del Mediterráneo; 5.403 km.² y 596.201 h. Cap., Antioquía. Yacimientos de hierro. Es el antiguo sanjacado de Alejandreta que tomó este nombre al obtener autonomía dentro del mandato de Siria, en virtud del tratado de junio de 1938 entre Francia y Turquía. Fue cedido a Turquía por un tratado de asistencia mutua, celebrado entre este país y Francia un año más tarde (23 de junio de 1939).

hatear. (De *hato*.) tr. Recoger uno cuando está de viaje la ropa y pequeño ajuar que tiene para el uso preciso y ordinario. || Dar la hatería a los pastores.

hatería. (Del lat. científico *hatteria*.) Zool. Gén. de reptiles rincocéfalos, sinónimo de *sphénodon,* y al que pertenece el *tuatara.*

hatería. (De *hatero*.) f. Provisión de víveres con que para algunos días se abastece a los pastores, jornaleros y mineros. || Ropa, ajuar y repuesto de víveres que llevan los pastores cuando andan con el ganado, y también los jornaleros y mineros.

hatero, ra. (De *hato*.) adj. Aplícase a las caballerías mayores y menores que sirven para llevar la ropa y el ajuar de los pastores. || m. El que está destinado para llevar la provisión de víveres a los pastores. || m. y f. *Cuba.* Persona que posee un hato, hacienda con ganado.

Hathaway (Henry). Biog. Director de cine estadounidense, n. en Sacramento, California, en 1898. Entre sus filmes principales hay que citar: *Tres lanceros bengalíes* (1935), *La conquista del Oeste,* en colaboración con John Ford y George Marshall; *Rommel, el zorro del desierto, El fabuloso mundo del circo, Los cuatro hijos de Katie Elder* y *El póker de la muerte.*

Hathor o **Hator.** (En egipcio, *Het-Horu,* habitación de Horus o Primavera.) Mit. Divinidad femenina egipcia, madre del Sol y diosa de las artes, cuyo símbolo era la vaca. Se representaba en figura de este animal, con el disco solar entre los cuernos. Con el tiempo se identificó con Isis, por lo que, a la imagen femenina de ésta, se añadieron los cuernos y el disco solar.

hathórico. adj. Referente a Hathor. || **Arqueol.** Nombre con que se denominan los capiteles encontrados en los edificios del Antiguo Egipto en los cuales se encuentra representado el dios Hator.

hatijo. m. Cubierta de esparto o de otra materia semejante, para tapar la boca de las colmenas o de otro vaso.

hatillo. m. dim. de **hato.**

Hatillo. Geog. Mun. de Puerto Rico, dist. de Aguadilla; 21.913 h. || Población cap. del mismo; 2.760 h. Azúcar, café, tabaco, etc. || **(El).** Pobl. de Venezuela, est. de Anzoátegui, dist. de Peñalver, cap. del mun. de Sucre; 569 habitantes. || **(El).** Mun. de Venezuela, est. de Miranda, dist. de Sucre; 11.231 h. || Pobl. cap. del mismo; 10.156 h.

hato. fr., *troupeau;* it., *branco;* i., *herd of cattle;* a., *Viehherde.* (De *fato*.) m. Ropa y pequeño ajuar que uno tiene para el uso preciso y ordinario. || Porción de ganado mayor o menor; como bueyes, vacas, ovejas, carneros, etc. || Sitio que fuera de las poblaciones eligen los pastores para comer y dormir durante su estada allí con el ganado. || Provisiones y ajuar de trabajo de pastores, jornaleros y mineros. || En Colombia, Cuba y Venezuela, hacienda de campo destinada a la cría de toda clase de ganado, y principalmente del mayor. || fig. Junta o compañía de gente malvada o despreciable. || fig. **atajo,** copia, abundancia. || fam. Junta o corrillo. || ant. Redil o aprisco.

Hato. Geog. Mun. de Colombia, depart. de Santander; 2.054 h. || Pobl. cap. del mismo; 393 h. || **Corozal.** Mun. de Colombia, depart. de Boyacá; 5.647 h. || Pobl. cap. del mismo; 615 h. || **Mayor.** Mun. de la República Dominicana, prov. de El Seibo; 40.514 h. || Pobl. cap. del mismo; 9.985 h.

Hator. Mit. **Hathor.**

Hatshepsut. Biog. Reina de Egipto, m. en 1483 a. C. Hija de Tutmés I y esposa de Tutmés II, su hermanastro, ejerció la regencia en nombre de su sobrino Tutmés III, desde el fallecimiento de su marido (1505 a. C.) hasta su propia muerte.

Hattusas. Geog. Hist. Antigua cap. del imperio hitita, sit. en Turquía, cerca de la actual local. de Bogazkoi (v.).

Hattusil III. Biog. Rey de los hititas, m. en 1250 a. C. El borrador del tratado de paz entre el faraón egipcio Ramsés II y Hattusil, que ha llegado hasta nosotros, es el documento diplomático más antiguo del mundo y se redactó entre 1280 y 1269 a. de C.

Hau Nghia. Geog. Prov. de Vietnam del Sur, en la región de Vietnam Meridional; 1.285 km.² y 235.000 h.

Haumonia. Geog. Local. de Argentina, prov. de Chaco, part. de Tapenagá; 426 h.

Hauptmann (Gerhart). Biog. Dramaturgo alemán, n. en Obersalzbrunn y m. en Agnetendorf (1862-1946). En 1892 escribió un drama rural, *Los tejedores,* cuya tendencia social motivó incidentes. Otras obras importantes: *Artes del amanecer* (1889), *La asunción de Hannele* (1893), *La campana sumergida* (1896), *El carretero Henschel* (1898) y *Emanuel Quint, el loco en Cristo* (1910). En 1912 obtuvo el premio Nobel de Literatura.

hausa. adj. Etnog. Dícese de un pueblo negroafricano de raza y cultura sudanesa, que habita en el norte de Nigeria, macizo del Adamaua y Sudán central. En la cultura hausa se encuentran muchos rasgos propios de la cultura camita, cuyo origen parece ser debido a que el primer estado hausa fue creado por gentes de raza blanca (beréberes) de cultura camita; más tarde, emigrantes sudaneses crearon el actual complejo cultural. Las violentas tensiones mantenidas por los hausas con el otro pueblo importante de Nigeria, el ibo, han sido causa de cruentas guerras civiles, como la de Biafra. (V. **Nigeria. Historia**). Apl. a pers., ú. t. c. s. || Perteneciente o relativo a este pueblo. || m. **Ling.** Lengua tónica de este mismo pueblo.

Hausschein (Johann). Biog. Reformador religioso alemán, más conocido por *Ecolampadio* (1482-1531). Se le considera el mejor teólogo de los protestantes suizos.

Haussmann, barón de Haussmann (Georges-Eugène). Biog. Urbanista francés, n. y m. en París (1809-1891). Fue alcalde de Burdeos, diputado por la Gironda y prefecto del departamento de Sena. Alentado por Napoleón III, transformó por completo París, aunque empeñó la hacienda municipal, por lo que fue destituido y se le hizo objeto de violentas y graves censuras.

haustorio. (Del lat. científico *haustórium,* del lat. *haurîre, hausi, haustum,* sacar o coger agua.) m. **Bot.** Aparato chupador de las plantas epífitas, que penetra en los tejidos de la planta hospedante y poniéndose en contacto con sus haces conductores absorbe los jugos que transportan y los utilizan en provecho propio. || En las semillas, órgano absorbente que conduce al embrión y al endosperma las substancias de reserva contenidas en la nucela.

Hausa de Nigeria

La diosa Hathor, nodriza de los faraones. Escultura egipcia antigua. Museo de El Cairo

Georges-Eugène Haussmann

Haut M'Bomou. Geog. Prefect. del Imperio Centroafricano; 55.530 km.² y 53.564 h. Cap., Obo.

haute. (Del fr. *haute*, alta.) m. Bl. Escudo de armas adornado de cota, donde se pintan las armas de distintos linajes, las unas enteramente descubiertas y las otras la mitad sólo, como que lo que falta lo encubre la parte ya pintada.

Haute-Kotto. Geog. Prefectura del Imperio Centroafricano; 86.650 km.² y 44.392 h. Cap., Bria. ‖ **Sangha.** Prefect. del Imperio Centroafricano; 44.350 km.² y 235.306 h. Cap., Berbérati.

Hauteclocque (Philippe F. Marie de). Biog. Leclerc de Hauteclocque (Philippe F. Marie).

Hauts-Bassins. Geog. Departamento de la República de Volta; 64.138 km.² y 945.754 h. Capital, Bobo-Dioulasso. ‖ **-de-Seine.** Depart. de Francia, en la Región de París; 175 km.² y 1.510.000 h. Cap., Nanterre.

Haüy (René Just). Biog. Sacerdote, físico y mineralogista francés, n. en Saint Just y m. en París (1743-1822). En 1784 publicó su *Ensayo sobre una teoría de la estructura de los cristales*, y en 1801 su *Tratado de Mineralogía*. Enunció la ley de la racionalidad de los parámetros. Puede considerársele como el fundador de la cristalografía.

havar. (Del berb. *Hawāra*, n. p. de una tribu.) adj. Dícese del individuo de la tribu berberisca de Havara, una de las más antiguas del África Septentrional. Ú. m. c. s. y en pl. ‖ Perteneciente a esta tribu.

havara. adj. havar. Ú. m. c. s.

havelda. f. Zool. Ave anseriforme, de la familia de las anátidas. Vive en la región ártica desde donde emigra al S. durante el invierno (*clángula hyemalis*).

havo. (Del lat. *favus*, panal.) m. En algunas partes, favo o panal.

Havre (El). Geog. C. de Francia, depart. de Sena Marítimo, junto al canal de la Mancha, en la orilla derecha del Sena; 199.509 habitantes. Es uno de los mejores puertos del Atlántico.

Hawai. (En i., *Hawaii*.) Geog. Estado de EE. UU.; 16.705 km.² y 769.913 h. Cap., Honolulú. Es un archipiélago, denominado también Sandwich, situado en el océano Pacífico, y que forma parte de Polinesia (Oceanía). El 12 de marzo de 1959 se convirtió en el quincuagésimo est. de la Unión. Honolulú es un puerto modernísimo; pero más vasto y moderno es el puerto de Pearl Harbor, base naval de la marina. Hay 12 aeropuertos comerciales. Las islas fueron descubiertas por los españoles en 1527.

hawaiano, na. adj. Natural de las islas Hawai. ‖ Relativo a dichas islas. ‖ Geol. Dícese de las erupciones volcánicas análogas a las que presentan los volcanes de las islas Hawai.

Hawke's Bay. Geog. Área estadística de Nueva Zelanda, en la isla del Norte; 11.033 km.² y 133.250 h. Cap., Napier. Industria agrícola y cría de ganado.

Hawkins (John). Biog. Aventurero inglés, n. en Plymouth (1532-1595). Tomó parte importante en la batalla contra la *Armada Invencible*, y murió en aguas de Puerto Rico.

Hawks (Howard Winchester). Biog. Director de cine estadounidense, n. en Goshen en 1896 y m. en Palm Springs en 1977. Filmes principales: *El camino de la gloria* (1926), *La adorable revoltosa*, *Sólo los ángeles tienen alas*, *Sargento York*, *Río Rojo*, *Los caballeros las prefieren rubias*, *Río Bravo*, *Hatari* y *Río Lobo* (1970). Se le concedió un Oscar especial (1974) por su contribución al arte cinematográfico.

Haworth (sir Walter Norman). Biog. Bioquímico inglés, n. en Chorley y m. en Birmingham (1883-1950). Profesor de química en la Universidad de Birmingham, investigó sobre los hidratos de carbono y determinó la estructura de muchos de ellos (glucosa, lactosa, maltosa, sacarosa, almidón, glucógeno y celulosa), así como la composición de la vitamina C o ácido ascórbico. En 1937 compartió el premio Nobel de Química con P. Karrer.

Hawthorne (Nathaniel). Biog. Novelista estadounidense, n. en Salem y m. en Plymouth (1804-1864). Entre sus obras, depuradas y severas, se distinguen: *La letra escarlata* (1850) y *La casa de los siete pináculos* (1851).

haya. fr., *hêtre*; it., *faggio*; i., *beechtree*; a., *Buche*. (Del lat. *fagĕa*, f. del adj. *fagĕus*, de haya.) f. Bot. Árbol de la familia de las fagáceas y gén. *fagus*; el de Europa tiene hasta 30

Haya común

metros de alto, es de tronco liso con corteza gris y muy ramoso, de copa densa y algo piramidal, hojas caedizas alternas, cortamente pecioladas, anchas, aovadas; flores unisexuales, las masculinas en aumentos globulosos y colgantes; las femeninas, dos o tres en involucro con brácteas en la madurez. Su fruto, trígono, es el hayuco o fabuco. Se multiplica fácilmente por semillas y se siembra en surcos por primavera, requiriendo terrenos frescos y ligeros y aun pedregosos, siendo su exposición preferente la del Norte. ‖ Madera de este árbol.

haya. (Del lat. *habĕam*, pres. de subj. de *habĕre*, tener.) f. Donativo que en las escuelas de baile español hacían antiguamente los discípulos a sus maestros por las pascuas y otras festividades del año, bailando primero uno de ellos el alta, después de lo cual ponía en un sombrero el dinero que le parecía, y sacaba en seguida a bailar a otro discípulo, que practicaba lo mismo, y así sucesivamente todos los demás.

Haya González (Carlos de). Biog. Aviador militar español, n. en Bilbao y m. en Teruel (1902-1938). Efectuó el vuelo Sevilla-Báta, en 1931, con un *Breguet XIX*, tipo *Gran Raid*, haciendo en veintisiete horas un vuelo de travesía del Sáhara de 4.800 km., con una velocidad de 175 kmh. ‖ **de la Torre (Víctor Raúl).** Político peruano, n. en Trujillo y m. en Lima (1895-1979). Fue fundador y jefe del A. P. R. A. (v.). En las elecciones presidenciales de 10 de junio de 1962 resultó elegido por una ligera mayoría, pero el Ejército impidió que se hiciera cargo del poder. Candidato nuevamente en las elecciones de 9 de junio de 1963, fue vencido por Fernando Belaúnde. Ha publicado: *Por la emancipación de América latina* (1927), *Ideario y acción aprista* (1930), *El antiimperialismo y el A. P. R. A.* (1935) y *Ex combatientes y desocupados* (1936). ‖ **(La).** (En holandés, *'s-Gravenhage* o *Den Haag*.) Geog. C. de los P. B., cap. de la prov. de Holanda Meridional; 701.849 h. Residencia del gobierno y de la corte, es la ciudad más hermosa de los P. B. y está cortada en todas direcciones por canales y avenidas de tilos. Fundiciones de hierro, fábricas de ebanistería, carruajes, hornos y cañones. En el s. XIII era simplemente un castillo de caza de los condes de Holanda y hasta la época napoleónica no gozó de la categoría de ciudad. Es sede del Tribunal Internacional de Justicia.

hayaca. f. Repost. *Venez.* Pastel de harina de maíz relleno con pescado o carne en pedazos pequeños, tocino, pasas, aceitunas, almendras, alcaparras y otros ingredientes, que, envuelto en hojas de plátano, se hace, especialmente, como manjar y regalo de Navidad.

La Haya. Palacio de Binnenhof

hayal. fr., *foutelaie, hêtraie*; it., *faggeto*; i., *wood of beech-trees*; a., *Buchenwald*. m. Sitio poblado de hayas.

Haydn (Franz Joseph). Biog. Compositor austriaco, n. Rohrau y m. en Viena (1732-1809). En 1785 ganó el concurso convocado por el cabildo de la catedral de Cádiz, en España, con *Las siete palabras*. En 1791 visitó Londres, donde obtuvo lisonjeros éxitos artísticos y económicos, recibiendo el título de doctor en Música de la Universidad de Oxford. Por espacio de diez años tuvo una gran amistad con Mozart, que se vio fecundamente reflejada en las obras de ambos durante aquel período. Fue maestro de Beethoven. En 1797, y con motivo del cumpleaños del emperador austriaco, compuso el himno imperial de Austria, cuya melodía se sigue utilizando actualmente, también, en calidad de himno nacional alemán. Estimulado por los oratorios de Haendel, se dio a la composición coral creando sus dos maravillosas piezas: *La Creación* y *Las Estaciones*. Escribió, además de las obras mencionadas, más de 100 sinfonías y otras muchas composiciones.

hayedo. (De *haedo*, infl. por *haya*.) m. **hayal.**

Hayek (Friedrich August von). Biog. Economista inglés, de origen austriaco, n. en Viena en 1899. Ha sido profesor de la Universidad de Viena, de donde pasó a la de Londres y más tarde a las de Chicago, Friburgo y Salzburgo. En 1974 fue galardonado con el premio Nobel de Economía, que compartió con el sueco G. Myrdal.

hayeno, na. adj. ant. Perteneciente al haya, árbol.

Hayes (Carlton). Biog. Historiador estadounidense, n. en Nueva York y m. en Sidney, Nueva York (1882-1964). Representó como diplomático a su país en España durante la S. G. M. y publicó las obras: *Misión de guerra en España* y *Los Estados Unidos y España* (1951). Anteriormente había escrito: *Historia política y social de la Europa moderna*, en colaboración con Parker T. Moon; *Historia y naturaleza de las relaciones internacionales, Evolución histórica del nacionalismo moderno* y *Una generación de materialismo (1870-1900)*. || **(Rutherford Birchard).** Político estadounidense, n. en Delaware y m. en Fremont (1822-1893). Presidente de la nación (1877-81), trabajó mucho por mejorar la situación financiera del país y siguió una política de conciliación con los Estados del Sur.

hayo. m. **coca.** || Mezcla de hojas de coca y sales calizas o de sosa y aun ceniza, que mascan los indios de Colombia. || **de Santa Marta.** Bot. Coca de Perú.

hayornal. m. *Ál*. Sitio poblado de hayornos.

hayorno. m. *Ál*. Haya de 1 a 10 ó 12 m. de altura.

hayucal. (De *hayuco*.) m. *León*. Sitio poblado de hayas.

hayuco. (Del latín *fagum*, infl. por *haya*.) m. Fruto del haya, de forma de pirámide triangular. Suele darse como pasto al ganado de cerda.

Hayward (Susan). Biog. Marrener (Edith).

Hayworth (Rita). Biog. Cansino (Margarita Carmen).

haz. fr., *faisceau, gerbe*; it., *fascio*; i., *fascine*; a., *Bündel*. (Del latín *fascis*.) m. Porción atada de mieses, lino, hierbas, leña u otras cosas semejantes. || Conjunto de rayos luminosos de un mismo origen. || **Bot.** En las plantas vasculares, conjunto apretado de elementos conductores alargados (vasos, fibras, tubos cribosos, etcétera), acompañados o no de otros elementos. || **Fís.** Flujo unidireccional de una radiación de partículas o de una radiación electromagnética. || **Geom.** Conjunto de rectas que pasan por un punto llamado vértice del haz, o de planos que concurren en una misma recta. || pl. **Hist.** Fasces de cónsul romano.

haz. (Del lat. *acĭes*, fila, con la *h* de *haz*, porción de mieses.) m. Tropa ordenada o formada en trozos o divisiones. || Tropa formada en filas.

haz. (Del lat. *facĭes*, cara.) f. Cara o rostro. || fig. Cara del paño o de cualquiera tela y de otras cosas, y especialmente la opuesta al envés. || ant. fig. Fachada de un edificio. || **Bot.** Cara de encima en el limbo de la hoja. || **de la tierra.** fig. *Léx*. Superficie de ella. || **a dos haces.** m. adv. Con segunda intención. || **a sobre haz.** m. adv. Por lo que aparece en lo exterior; según lo que se presenta por de fuera y por encima. || **en haz**, o **en la haz.** m. adv. ant. A vista, en presencia.

haza. (Del lat. *fascĭa*, faja.) f. Porción de tierra labrantía o de sembradura. || ant. fig. Montón o rimero.

Haza. Geog. Mun. y villa de España, prov. de Burgos, p. j. de Aranda de Duero; 73 h.

Haza. Restos de la torre-fortaleza

hazaleja. (De *fazaleja*.) f. Lienzo para secarse la cara.

hazana. (De *hacer*.) f. fam. Faena casera habitual y propia de la mujer.

hazaña. fr., *exploit, prousse*; it., *prodezza*; i., *writ, exploit, prowess*; a., *Tat, Grosstat*. (De *hacer*.) f. Acción o hecho, y especialmente hecho ilustre, señalado y heroico.

hazañar. (De *hazaña*.) intr. ant. Hacer hazañerías.

hazañería. (De *hazañero*.) f. Cualquiera demostración o expresión con que uno afectadamente da a entender que teme, escrupuliza o se admira, no teniendo motivo para ello.

hazañero, ra. (De *hazaña*.) adj. Que hace hazañerías. || Perteneciente a la hazañería.

hazañista. adj. *Chile*, **hazañero.**

hazañosamente. adv. m. Valerosamente, con heroicidad.

hazañoso, sa. (De *fazañoso*.) adj. Aplícase al que ejecuta hazañas. || Dícese de los hechos heroicos.

Hazard (Paul). Biog. Catedrático y literato francés, n. en Noordpeene y m. en París (1878-1944). Fue profesor de Literatura comparada en la Universidad de Lyón, en el Instituto de Francia y en la Sorbona. Su obra *La crisis de la conciencia europea* (1935), estudio historicofilosófico, consagró su nombre, elevándole a la Academia Francesa en 1940.

Hazas de Cesto. Geog. Mun. de España, prov. de Santander, p. j. de Santoña; 1.593 h. Corr. 751 a la cap., el lugar de Beranga.

Hazlitt (William). Biog. Literato inglés, n. en Maidstone y m. en Londres (1778-1830). Su obra más importante es una *Vida de Napoleón*, pero se distinguió también como crítico.

hazmerreír. fr., *bouffon, jouet*; it., *zimbello*; i., *laughing-stock*; a., *Possenreisser*. (De *hacer*, el pron. *me* y *reír*.) m. fam. Persona que por su figura ridícula y porte extravagante sirve de juguete y diversión a los demás.

hazuela. f. dim. de **haza.**

H. D. Biog. Doolittle (Hilda).

he. (Del ár. *hā*, he aquí.) adv. dem. que junto con los adverbios *aquí* y *allí*, o con los pronombres *me, te, la, le, lo, las, los*, sirve para señalar o mostrar una persona o cosa. || interj. Voz con que se llama a uno.

he. f. Filol. Quinta letra del alfabeto hebreo.

he (a la). loc. ant. **a la fe.**

He. Quím. Símbolo del *helio*.

Lafcadio Hearn

Hearn (Lafcadio). Biog. Escritor japonés, más conocido por *Yakuno Koizumi*, nombre que adoptó al pasar a Japón, n. en Leucada y m. en Tokio (1850-1904). Fue profesor de inglés en la Universidad de Tokio (1896-1903). Escribió con gran agudeza de ingenio sobre costumbres del pueblo japonés, cuya nacionalidad adoptó.

Heath (Edward Richard George). Biog. Político inglés, n. en Broadstairs en 1916. Por su labor en pro de la integración europea le fue concedido el premio Carlomagno (1963). Líder del partido conservador desde 1965, fue elegido en junio de 1970 primer ministro, cargo que desempeñó hasta marzo de 1974, fecha en que presentó la dimisión tras intentar formar un Gobierno de coalición con representantes de los tres partidos principales. En febrero de 1975 fue desbancado en la jefatura del partido conservador por Margaret Hilda Thatcher.

Heathrow. Geog. Nombre del mayor de los aeropuertos de Londres.

Heaviside (Oliver). Biog. Físico inglés, n. en Londres y m. en Torquay (1850-1925). Estudió la variación de la conductibilidad eléctrica de la atmósfera. (V. **capa E de la ionosfera** o de **Kennelly-Heaviside.**)

heb-, hebe-, hebo-; -ebia, -ebo. (Del gr. *hebe*.) pref. o suf. que sign. juventud, pubertad; o, también, vello de la pubertad, pubis; e. de suf.: *efebía, efebo.*

hebdómada. (Del lat. *hebdŏmăda*, y éste del gr. *hebdomás*, septenario.) f. **Cron. semana.** Espacio de siete años.

hebdomadariamente. adv. m. **semanalmente.**

hebdomadario, ria. (De *hebdómada*.) adj. **semanal.** || m. **semanario.** || m. y f. **Litur.** En los cabildos eclesiásticos y comunidades regulares, semanero, o persona que se destina cada semana para oficiar en el coro o en el altar.

hebe-. pref. V. **heb-.**

Hebe, por Antonio Canova. Pinacoteca de Forli

Hebe. (Del gr. *hébe*, juventud.) **Mit.** Diosa de la juventud, hija de Júpiter y de Juno.

hebén. adj. Dícese del veduño y vides que lo producen. ‖ fig. Aplícase a la persona o cosa que es de poca substancia o fútil.

hebetar. (Del lat. *hebetāre*.) tr. p. us. Enervar, debilitar, embotar.

hebijón. (Cruce de *hebillón* y de *agujón*.) m. Clavo o púa de la hebilla.

hebilla. fr., *boucle*; it., *fibbia*; i., *buckle*; a., *Schnalle*. (Del lat. **fibella*, por *fibŭla*.) f. Pieza de metal o de otra materia y de diversas formas, generalmente con uno o varios clavillos articulados en una varilla que la atraviesa de parte a parte; esos clavillos sujetan la correa, cinta, etc., que pasa por dicha pieza.

hebillaje. m. Conjunto de hebillas que entran en un aderezo, vestido o adorno.

hebillar. tr. ant. Poner hebillas o sujetar con hebillas.

hebillero, ra. m. y f. Persona que hace o vende hebillas.

hebilleta. f. dim. de **hebilla**.

hebillón. m. aum. de **hebilla**.

hebilluela. f. dim. de **hebilla**.

hebo-. pref. V. **heb-**.

hebra. fr., *fibre, fil, brin*; it., *fibra, gugliata*; i., *fibre, thread*; a., *Faden, Faser*. (Del lat. *fibra*.) f. Porción de hilo, estambre, seda u otra materia semejante hilada, que para coser algo suele meterse por el ojo de una aguja. ‖ En algunas partes, estigma de la flor del azafrán. ‖ Fibra de la carne. ‖ Filamento de las materias textiles. ‖ Cada partícula del tabaco picado en filamentos. ‖ En la madera, aquella parte que tiene consistencia y flexibilidad para ser labrada o torcida sin saltar ni quebrarse. ‖ Hilo que forman las materias viscosas que tienen cierto grado de concentración. ‖ Vena o filón. ‖ fig. Hilo del discurso. ‖ pl. poét. Los cabellos. Ú. t. en sing. ‖ **de una hebra.** m. adv. fig. *Chile*, de un aliento.

hebraico, ca. (Del lat. *hebraïcus*.) adj. **hebreo.** ‖ m. ant. **hebreo.**

hebraísmo. (Del lat. *hebraïsmus*.) m. Profesión de la ley antigua o de Moisés. ‖ Giro o modo de hablar propio y privativo de la lengua hebrea. ‖ Empleo de tales giros o construcciones en otro idioma.

hebraísta. m. El que cultiva la lengua y literatura hebreas.

hebraizante. p. a. de **hebraizar**. Que usa hebraísmos. ‖ **hebraísta**. ‖ Que abraza o practica la ley judaica.

hebraizar. intr. Usar hebraísmos, palabras o giros propios de la lengua hebrea.

hebreo, a. fr., *hébreu*; it., *ebreo*; i., *hebrew*; a., *jude, hebräer*. (Del lat. *hebraeus*, y éste del hebr. *'ibrî*.) adj. Aplícase al pueblo semítico que conquistó y habitó la Palestina, y que también se llama israelita y judío. Apl. a pers., ú. t. c. s. ‖ Perteneciente o relativo a este pueblo. ‖ Dícese, como israelita y judío, del que profesa la ley de Moisés. Ú. t. c. s. ‖ Perteneciente a los que la profesan. ‖ m. fig. y fam. **mercader**, el que comercia. ‖ **Hist. judío**. ‖ **Ling.** Idioma de los hebreos, perteneciente a la rama media, semítica o canaanita de los idiomas semitas; está íntimamente relacionado con el árabe, el arameo y el babilonio. La escritura se componía al principio de veintidós consonantes. Las vocales, o mejor dicho, un sistema de puntos y rayas en las consonantes, que servían para indicar la vocal correspondiente, fueron introducidas por los masoretas, en el s. VI d. C. El hebreo es el lenguaje original de la mayor parte del Antiguo Testamento, siendo muy raros los ejemplos de literatura hebrea antigua que existen fuera del sagrado texto. La religión hebrea, establecida por Moisés (quien la recibió de Dios), está contenida principalmente en el Pentateuco y su maravilloso desarrollo se debió a los profetas y caudillos que aparecieron luego. El movimiento sionista que se inició en el s. XIX, y que ha sido coronado en el presente siglo por la creación del Estado de Israel, ha resucitado el hebreo clásico, que dejó de hablarse en el s. II d. C., nombrándolo lengua oficial del Estado y siendo obligatoria su enseñanza en las escuelas. Su adaptación del hebreo clásico a las necesidades actuales de la vida moderna ha determinado la creación de nuevas palabras y modalidades de expresión en el hebreo moderno.

Hebreo (León). Abrabanel (Judá).

Hebreos (Prov. autónoma de los). Geog. Prov. autónoma de la U. R. S. S., en la R. F. S. S. R., terr. de Jabarovsk; 36.000 km.² y 172.449 h. Capital, Birobijan.

hebrero. m. **herbero**, esófago o tragadero del animal rumiante.

hebrero. (Del lat. *februarĭus*.) m. ant. **febrero**.

Hébridas. Geog. Grupo de 521 islas e islotes del R. U., en la costa NO. de Escocia, que forman dos grandes archipiélagos separados por el estrecho de Minch: Hébridas exteriores, que constituye la región de Islas Occidentales, y Hébridas interiores, que forma parte de la de Highland. De ellas, unas 120 están habitadas, siendo las principales: Lewis, Harris, Uist Septentrional, Uist Meridional, Skye y Mull. Cultivos de cereales. Importante ganadería y pesca.

Hebrón. Geog. Dist. de Jordania; 1.074 km.² y 149.000 h. ‖ C. cap. del mismo; 42.578 habitantes.

Hebrón. Tumba de Abraham

hebroso, sa. (De *hebra*.) adj. Que tiene muchas hebras.

hebrudo, da. (De *hebra*.) adj. *And., C. Rica* y *León*. Que tiene muchas hebras.

Hécate. Mit. Diosa de Grecia y Roma. Patrocinaba la magia, la adivinación y la hechicería. Se la representaba en forma de mujer de triple cuerpo, o bien tricéfala.

hecatom-. Forma que toma el pref. **hecaton-** ante *b* o *p*.

hecatombe. fr., *hécatombe*; it., *ecatombe*; i., *hecatomb*; a., *Hekatombe*. (Del lat. *hecatombe*, y éste del gr. *hekatómbē*; de *hekatón*, ciento, y *bous*, buey.) f. Sacrificio de 100 bueyes u otras víctimas, que hacían los antiguos paganos a sus dioses. ‖ Cualquier sacrificio solemne en que es crecido el número de víctimas, aunque no lleguen a ciento o excedan de este número. ‖ fig. Mortandad de personas.

hecaton- o **hecatom-, hecto-, hect-.** (Del gr. *hekatón*, o de su contr. irreg.) pref. que significa ciento.

Hecelchakan. Geog. Mun. de Méjico, est. de Campeche; 10.672 h. ‖ C. cap. del mismo; 4.279 h.

heciento, ta. (De *hez*.) adj. ant. Que tiene heces.

hect-. pref. V. **hecaton-**.

hect. abr. de *hectárea*.

hectara. f. *Méj*. barb. por **hectárea**.

hectárea. fr. e i., *hectare*; it., *ettara*; a., *Hektar*. (De *hect-* y *área*.) f. **Metrol.** Medida de superficie, que tiene 100 áreas y equivale a 894 estadales cuadrados con 469 milésimas aproximadamente, o sea algo más de fanega y media de Castilla. Se abrevia en *hect*. o *ha*.

héctico, ca. (Del lat. *hectĭcus*, y éste del gr. *hektikós*, habitual.) adj. **hético**.

hectiquez. (De *héctico*.) f. **Pat.** Estado morboso crónico, caracterizado por consunción y fiebre héctica.

hecto-. pref. V. **hecaton-**.

hectocótilo. (De *hecto-* y el gr. *kotýle*, cavidad.) m. **Zool.** Brazo de los cefalópodos machos, modificado para servir de órgano de reproducción.

hectógrafo. (De *hecto-* y *-grafo*.) m. Aparato que sirve para sacar muchas copias de un escrito o dibujo.

hectogramo. fr. e i., *hectogramme*; it., *ettogramma*; a., *Hektogramm*. (De *hecto-* y *gramo*.) m. **Metrol.** Medida de peso, que tiene 100 gramos. Se abrevia en *hg*.

hectolitro. fr. e i., *hectolitre*; it., *ettolitro*; a., *Hektoliter*. (De *hecto-* y *litro*.) m. **Metrol.** Medida de capacidad, que tiene 100 litros. Equivale, en medida de Castilla, para áridos, a una fanega, 9 celemines y 2,5 cuartillos, y en líquidos, a 6 cántaras y 6 cuartillos. Se abrevia en *hl*.

hectómetro. fr., *hectomètre*; it., *ettometro*; i., *hectometer*; a., *Hektometer*. (De *hecto-* y *metro*.) m. **Metrol.** Medida de longitud, que tiene 100 metros. Se abrevia en *hm*.

Héctor Tejada. Geog. Dist. de Perú, depart. de Cuzco, prov. de Espinar, cap. del dist. de Pallpata; 601 h. ‖ **Mit.** Hijo de Príamo, rey de Troya, y de Hécuba y esposo de Andrómaca. Fue muerto por Aquiles en el asedio de Troya.

hectóreo, a. (Del lat. *hectorěus*.) adj. **poét.** Perteneciente a Héctor, personaje homérico, o semejante a él.

Hécuba. Mit. Segunda esposa de Príamo, rey de Troya, y madre de Héctor, París, Casandra y Troilo.

hecha. (Del lat. *facta*.) f. ant. Hecho o acción. ‖ ant. Anotación del lugar y tiempo de una cosa. ‖ *Ar.* Tributo o censo que se paga por el riego de las tierras. ‖ **de aquella hecha.** m. adv. ant. Desde entonces, desde aquel tiempo o desde aquella vez. ‖ **de esta hecha.**

hechiceresco–Hegel

m. adv. Desde ahora, desde este tiempo o desde esta vez o fecha.

hechiceresco, ca. adj. Perteneciente a la hechicería.

hechicería. fr., *sorcellerie;* it., *sortilegio;* i., *sorcery;* a., *Zauberei, Hexerei.* (De *hechicero*.) f. Arte supersticioso de hechizar. || Hechizo de que se valen los hechiceros para el logro de sus fines. || Acto supersticioso de hechizar.

hechicero, ra. fr., *sorcier;* it., *fattucchiere;* i., *sorcerer;* a., *Zauberer, Hexenmeister.* (De *hechizo*.) adj. Que practica el vano y supersticioso arte de hechizar. Ú. t. c. s. || fig. Que por su hermosura, gracias o buenas prendas atrae y cautiva la voluntad y cariño de las gentes.

Hechiceros de Nueva Zelanda

hechizar. fr., *ensorceler, charmer;* it., *ammaliare, affatturare;* i., *to bewitch;* a., *bezaubern, behexen.* (De *hechizo*.) tr. Según la credulidad del vulgo, privar uno a otro de la salud o de la vida, trastornarle el juicio, o causarle algún otro daño mediante ciertas confecciones o prácticas supersticiosas. || fig. Despertar una persona o cosa admiración, afecto o deseo.

hechizo, za. fr., *sortilège, charme;* it., *fascino, maleficio;* i., *spell, charm;* a., *Zauber, Hexer.* (Del lat. *factitius*.) adj. Artificioso o fingido. || De quita y pon, portátil, postizo, sobrepuesto y agregado. || Hecho o que se hace según ley y arte. || Maleficio con que se daña a alguien. || ant. Contrahecho, falseado o imitado. || ant. Bien adaptado o apropiado. || m. Cualquiera práctica supersticiosa que usan los hechiceros para intentar el logro de sus fines. || Cosa u objeto que se emplean en tales prácticas. || fig. Persona o cosa que arrebata, suspende y embelesa nuestras potencias y sentidos.

hecho, cha. fr., *fait;* it., *fatto;* i., *fact, feat, event;* a., *tat, tatsache.* (Del lat. *factus*.) p. p. irreg. de **hacer.** || adj. Perfecto, maduro. || Con algunos nombres, semejante a las cosas significadas por tales nombres. || Aplicado a nombres de cantidad con el adv. *bien*, denota que la cantidad es algo más de lo que se expresa. || Aplicado a nombres de animales, con los adv. *bien* o *mal*, significa la proporción o desproporción de sus miembros entre sí, y la buena o mala formación de cada uno de ellos. || En lenguaje tauromáco, se dice de la suerte practicada con tan fácil técnica que puede prevenirse por el público sus modos y resultado antes de consumarse. || Úsase en su terminación masculina como respuesta afirmativa para conceder o aceptar lo que se pide o propone. || m. Acción u obra. || Cosa que sucede. || Asunto o materia de que se trata. || *Chile.* Mal usado en fr. como: *éste es un hecho aparte, vengamos al hecho, por esto es otra cosa, vamos al caso.* || **Der.** Caso sobre que se litiga o da motivo a la causa. || **de armas.** *Mil.* Hazaña o acción señalada en la guerra. || **consumado.** *Léx.* Acción que se ha llevado a cabo adelantándose a cualquier evento que pudiera dificultarla o impedirla. || **jurídico.** *Der.* El que tiene consecuencias jurídicas. || **probado.** El que como tal se declara en las sentencias por los tribunales de instancia, y es base para las apreciaciones jurídicas en casación, especialmente en el criminal. || **a hecho.** m. adv. Seguidamente, sin interrupción hasta concluir. || Por junto, sin distinción ni diferencia. || **de hecho.** m. adv. **efectivamente.** || De veras, con eficacia y buena voluntad. || ant. Sirve para denotar que en una causa se procede arbitrariamente por vía de fuerza y contra lo prescrito en el derecho. || loc. adj. y adv. Aplícase a lo que se hace sin ajustarse a una norma o a una prescripción legal previa. || **de hecho y de derecho.** loc. que además de existir o proceder, existe o procede legítimamente. || **en hecho de verdad.** m. adv. Real y verdaderamente. || **esto es hecho.** expr. con que se da a entender haberse ya verificado enteramente o consumado una cosa. || **hecho y derecho.** loc. con que se explica que una persona es cabal, o que se ha ejecutado una cosa cumplidamente. || Real y verdadero.

hechor, ra. (Del lat. *factor, -ōris*, factor.) m. y f. ant. El que es causa de alguna cosa. || *And., Chile y Ecuad.* **malhechor.** || m. *Arg., Col. y Venez.* Asno destinado para cubrir.

Hechos de los Apóstoles. Rel. Quinto libro del Nuevo Testamento, escrito por San Lucas, que contiene la historia de la fundación de la Iglesia y de su propagación por los apóstoles. Cuando se cita en escritos se suele hacer con las siglas Act. (del lat. *Acta*, Hechos).

hechura. fr., *façon;* it., *fattura;* i., *shape;* a., *Gestalt.* (Del lat. *factūra*.) f. Acción y efecto de hacer. || Cualquiera cosa respecto del que la ha hecho o formado. Con especialidad se da este nombre a las criaturas respecto de Dios, por ser todas obra suya. || Composición, fábrica, organización del cuerpo. || Forma exterior o figura que se da a las cosas. || Dinero que se paga al maestro u oficial por hacer una obra. Suele usarse en plural. || Imagen o figura de bulto hecha de madera, barro, pasta u otra materia. || fig. Una persona respecto de otra a quien debe su empleo, dignidad y fortuna. || **no se pierde más que la hechura.** expr. jocosa que se usa cuando se quiebra una cosa que es de poquísimo o ningún valor y no puede componerse, para significar que se perdió cuanto había que perder.

hechusgo. m. *Hond.* Hechura o forma exterior de una cosa.

hedegar. m. **Bot.** Cardo lechero o mariano.

hedentina. (De *hedentino*.) f. Olor malo y penetrante. || Sitio donde lo hay.

hedentino, na. (De *hediente*.) adj. ant. **hediondo.**

hedentinoso, sa. (De *hedentino*.) adj. ant. Que despide hedor.

heder. fr., *puer;* it., *puzzare;* i., *to stink;* a., *stinken.* (Del lat. *foetēre*.) intr. Arrojar de sí un olor muy malo y penetrante. || fig. Enfadar, cansar, ser intolerable.

hediente. (Del lat. *foetens, -entis*.) p. a. ant. de **heder.** Que hiede.

hediento, ta. (De *hediente*.) adj. Que despide hedor.

Hedilla Larrey (Manuel). Biog. Político español, n. en Ambrosero, Bárcena de Cicero, y m. en Madrid (1902-1970). Preparó y organizó el Alzamiento en numerosas provincias. Jefe de hecho de la Falange desde el encarcelamiento de José Antonio Primo de Rivera, fue jefe nacional de derecho a su muerte, y como tal, impulsó su desarrollo y coordinó las fuerzas falangistas, encuadradas en banderas o en el Ejército. Al promulgarse el decreto de Unificación (v. **Falange Española Tradiciona-**

Manuel Hedilla Larrey

lista y de las J.O.N.S.), fue nombrado secretario de la nueva organización, cargo que rechazó. Desde entonces estuvo ya siempre, por lo general, alejado de la política.

hedionda. f. **Bot.** Mata rubiácea de olor desagradable cuando se la frota, que vive en la parte meridional de España, Italia, etc. *(putoria calábrica).* También se llama así al *estramonio*.

hediondamente. adv. m. Con hedor.

hediondez. f. Cosa hedionda. || Mal olor.

hediondilla. f. **Bot.** Meaperros *(chenopodium vulvaria)*.

hediondo, da. fr., *puant;* it., *puzzolente;* i., *stinking;* a., *stinkig.* (Del lat. *foetibundus*, de *foetēre, heder.*) adj. Que arroja de sí hedor. || fig. Molesto, enfadoso e insufrible. || fig. Sucio y repugnante, torpe y obsceno. || m. **Bot.** Arbusto de la familia de las papilionáceas, de hasta tres metros de alt., con hojas trifolioladas, racimos de pocas flores amarillas, con manchas pardas en el estandarte, legumbre de diez centímetros o más y semillas violadas *(anagyris foetida)*. Recibe además los nombres de altramuz *hediondo* o *del diablo*. || *Can.* Planta de la familia de las quenopodiáceas *(bosia yervamora)*.

Hedjaz. Geog. Heyaz.

Hedmark. Geog. Cond. de Noruega; 27.344 km.² y 180.175 h. Cap., Hamar.

hedo, da. (Del lat. *foedus*.) adj. ant. Feo, que carece de belleza.

hedónico, ca. adj. Relativo o perteneciente al hedonismo o al hedonista. || Que procura el placer o que se relaciona con el placer.

hedonismo. (Del gr. *hedoné*, el placer.) m. **Filos.** Doctrina que proclama como fin supremo de la vida la consecución del placer.

hedonista. adj. Perteneciente o relativo al hedonismo. || Partidario del hedonismo. Ú. t. c. s. || Que procura el placer.

hedonístico, ca. adj. Perteneciente o relativo al hedonismo o al hedonista. || Que procura el placer o se relaciona con el placer.

hedor. fr., *puanteur;* it., *puzzo, fetore;* i., *stink;* a., *Gestank.* (Del lat. *foetor, -ōris*.) m. Olor desagradable, que generalmente proviene de substancias orgánicas en descomposición.

hedro-; -edria, -edro, -edra, -édrico. (Del gr. *hedra*, asiento.) pref. o suf. que sign. asiento, cara, plano, etc.; e. de suf.: *hemiedria, poliedro, cátedra, poliédrico.*

Hedyaz. Geog. Heyaz.

Hefaistos. Mit. Hefesto.

Hefesto. Mit. Divinidad griega que los romanos identificaron con su Vulcano, nombre por el que es más conocida.

Hegel (Georg Wilhelm Friedrich). Biog. Filósofo alemán, n. en Stuttgart y m. en Berlín (1770-1831). Luego de ser preceptor particular en Berna y Francfort, se doctoró en la Universidad de Jena (1801). En 1818 aceptó la cátedra de Filosofía en la Universidad de Berlín, donde logró su magisterio un éxito extraordinario, hasta convertirse en el portavoz de la filosofía *oficial* del Estado prusiano. En su sistema filosófico, llamado *idealismo absoluto*, culmina la peripecia de la filosofía alemana que tuvo por principales cultivadores a Kant, Fichte y Schelling. Identificado el ser y el pensamiento, lo real y lo racional, unifica todas estas nociones en un principio universal y único: la Idea. La realidad se constituye por el despliegue de la Idea en el espacio y el tiempo. Para él, discrepando en esto de Fichte y Schelling, la Idea es inmanente a la realidad,

Hegel en su habitación de estudiante

no trascendente: «Todo lo racional es real y todo lo real es racional» *(panlogismo).* Prescindiendo del principio de contradicción, aplica al devenir de la Idea el llamado *método dialéctico:* toda afirmación *(tesis)* suscita necesariamente su propia negación *(antítesis),* contradicción superada en una unidad superior *(síntesis),* conciliación de los contrarios. Es autor de *Fenomenología del Espíritu* (1803), *La ciencia de la Lógica* (1812-16), *Enciclopedia de las ciencias filosóficas* (1817) y *Fundamento de la filosofía del Derecho* (1821). Fueron editadas luego de su muerte sus lecciones sobre *Historia de la Filosofía, Estética, Filosofía de la Religión* y *Filosofía de la Historia universal.* En 1968 apareció el primer volumen de una edición crítica de sus obras, dirigida por H. Buchner y O. Pöggeler.

hegelianismo. m. **Filos.** Sistema filosófico, fundado en la primera mitad del siglo XIX por el alemán Hegel, según el cual, lo Absoluto, que él llama Idea, se manifiesta evolutivamente bajo las formas de naturaleza y de espíritu. En esta voz se aspira la h, y tiene la g sonido suave.

hegeliano, na. adj. Que profesa el hegelianismo. Ú. t. c. s. ‖ Perteneciente a él. En esta voz se aspira la h, y tiene la g sonido suave.

hegemon-; -egesis, -egeta, -egia. (Del gr. *hegéomai,* conducir, o de *hégesis,* conducción.) pref. o suf. que sign. guía; e. de suf.: *exegesis, exegeta, estrategia.*

hegemonía. fr., *hégémonie;* it., *egemonia;* i., *hegemony;* a., *Hegemonie, Oberherrschaft.* (Del gr. *hegemonía,* de *hegemón,* guía.) f. Supremacía que un Estado ejerce sobre otros; como Macedonia sobre la antigua Grecia.

hegemónico, ca. adj. Perteneciente o relativo a la hegemonía.

hégira. (Del ár. *hiŷra,* emigración.) f. Era de los mahometanos, que se cuenta desde la puesta del Sol del jueves 15 de julio de 622, día de la huida de Mahoma de La Meca a Medina, y que se compone de años lunares de 354 días, intercalando 11 de 355 en cada período de 30. El año 1979 de la era cristiana se corresponde con los años 1399 y 1400 de la hégira.

hegrilla. f. *Méj.* barb. por **higuerilla.**
heguemonía. f. **hegemonía.**
Heidegger (Martin). Biog. Filósofo alemán, n. y m. en Messkirch (1889-1976). Enseñó Filosofía en Marburgo, Friburgo de Brisgovia (como sucesor de Husserl en esta última ciudad) y Heidelberg. Fue nombrado rector de la Universidad de Friburgo de Brisgovia en 1933. Ha dado en su obra un desarrollo nuevo a la fenomenología de Husserl. Gira su meditación en torno al problema del Ser, estudiando esta cuestión en el horizonte de la existencia humana encerrada en la temporalidad; es significativo el título de su más conocida obra: *Sein und Zeit (Ser y Tiempo),* publicada en 1927. Es incluido entre los más importantes filósofos existencialistas por su atención a la vida humana concreta. La vida del hombre adquiere un perfil definitivo gracias a su fin; la existencia *es ser-para-la-muerte,* muerte que constituye la riqueza más personal de cada uno: «nadie puede quitar su morir a otro.» Otras obras suyas son: *Kant y el problema de la Metafísica* (1929), *¿Qué es la Metafísica?* (1929), etcétera.

Heidelberg. Geog. C. de la R. F. A., est. de Baden-Wurtemberg, a orillas del Neckar; 121.000 h. Célebre Universidad, inaugurada en 1386 por el príncipe elector Ruperto I, con el consentimiento de Urbano VI. Tiene espléndida Biblioteca, con más de 2.000.000 de volúmenes. Se ha denominado *hombre de Heidelberg* (v.) al que corresponde la mandíbula encontrada en Mauer.

Heidenstam (Karl Gustaf Verner von). Biog. Escritor sueco, n. en Olshammar y m. en Övralid (1859-1940). Entre sus obras destacan *Peregrinación y años de andanzas,* poesías (1888), y la novela *Hans Alienus* (1892), donde expone la alegría del vivir como ideal, en sentido griego clásico. Obtuvo el premio Nobel de Literatura (1916).

Heifetz (Jascha). Biog. Violinista estadounidense, de origen ruso, n. en Vilna en 1901. Estudió en su ciudad natal y en San Petersburgo, donde fue discípulo de Leopold Auer; hizo su presentación en público a los cinco años, obtuvo grandes éxitos y, al estallar la revolución rusa, se trasladó a EE. UU. (1917), donde se estableció.

Heilbronn. Geog. C. de la R. F. A., est. de Baden-Wurtemberg, junto al Neckar; 87.200 habitantes. Algunos barrios tienen interesante carácter medieval. Industrias metalúrgica y automovilística. Puerto fluvial.

Heiligenstadt. Geog. hist. Antigua local. de Austria, hoy barrio de Viena, en la que residió L. van Beethoven; en ella escribió el llamado *testamento de Heiligenstadt.*

Heilungkiang. Geog. Provincia de la R. P. China, región Nordoriental; 705.300 km.² y 25.000.000 de habitantes. Capital, Harbin.

Heine (Heinrich). Biog. Poeta alemán, hijo de padres judíos, n. en Düsseldorf y m. en París (1797-1856). En 1830 se estableció en París, donde vivió de sus trabajos literarios. Entre sus exquisitas composiciones poéticas, que han sido traducidas a casi todas las lenguas, merecen citarse las *Poesías,* el *Intermezzo, Romancero* y *Pinturas de viaje.* Son también notables sus escritos en prosa, rebosantes de ingenio y llenos de agudas observaciones. Escribió dos tragedias: *Almanzor* y *Ratcliff.* Mascagni puso música a la segunda.

Heinemann (Gustav). Biog. Político alemán, n. en Schwelm y m. en Essen (1899-1976). Fue profesor de Derecho en la Universidad de Colonia (1933-39), y presidente de la R. F. A. (1969-74).

Heidelberg. Vista parcial

Heinkel (Ernst). Biog. Piloto y constructor de aviones alemán, n. en Grünbach, Wurttemberg, y m. en Stuttgart (1888-1958). Construyó los aviones de transporte de su nombre, que durante la S. G. M. se convirtieron en bombarderos, y el primer turborreactor (1939). La sociedad Heinkel se fusionó, en 1956, con la Messerchmitt.

Heisenberg (Werner). Biog. Físico alemán, n. en Wurzburgo y m. en Munich (1901-1976). Fue profesor de Física en las Universidades de Leipzig (1928), Berlín y Gotinga y director del Instituto Max Planck de Física de esta ciudad, de donde pasó a Argentina. Obtuvo en 1932 el premio Nobel de Física, por la creación del cuanto mecánico, cuya aplicación condujo, entre otras cosas, al descubrimiento de las formas alotrópicas del hidrógeno y contribuyó al avance de la mecánica ondulatoria. Lleva su nombre el *principio de indeterminación* o *de incertitud,* según el cual, en el conocimiento de dos magnitudes coordenadas, en física, existe siempre una inexactitud derivada de una ley intrínseca, que hace que cuando más exactamente se conozca la una, menos se pueda precisar el valor de la otra. Así sucede en una partícula, con su posición y su velocidad. El margen de este error viene precisamente dado por h, la constante de Planck. En 1958 dio a conocer su teoría unitaria de los campos y una ecuación capaz de abarcar todas las leyes de la física, que se expresa del modo siguiente:

$$\overset{\delta}{\gamma_v \, \delta \times v} \Psi \pm l^2 \, \gamma_\mu \gamma_\varsigma \, \Psi(\Psi^* \, \gamma_\mu \gamma_\varsigma \, \Psi) = 0$$

Publicó, entre otras obras: *Principios físicos de la teoría de los cuantos* (1930), *La Física nuclear y Relaciones sobre la radicación cósmica* (1943), *Das Naturbild der heutigen Physik* (1955), *Physics and philosophy* (1958) y *Diálogos sobre la física atómica* (1972).

Hejaz. Geog. **Heyaz.**
héjira. f. **hégira.**
hejote. m. *Méj.* barb. por **ejote**, vaina de fríjol o judía verde.
helable. adj. Que se puede helar.
helada. fr., *gelée, frimas;* it., *gelata;* i., *frost;* a., *Reif, Frost.* (Del lat. *gelāta*, t. f. de *-tus*, helado.) f. Congelación de los líquidos, producida por la frialdad del tiempo. || **blanca.** *Léx.* **escarcha.**
Hélade. (Del griego *Hellás, Helládos*, nombre que dieron a su país los helenos.) **Geog. hist.** Nombre que dan los griegos a su país y que tomaron de una comarca de Tesalia meridional cercana a Ftiótida.
heladería. (De *heladero*.) f. Establecimiento donde se hacen y venden helados.
heladero, ra. adj. Abundante en heladas. || m. y f. Lugar donde hace mucho frío. || Persona que fabrica o vende helados. || f. Nevera, armario con refrigeración.
heladizo, za. (De *helado*.) adj. Que se hiela fácilmente.
helado, da. p. p. de **helar.** || adj. Muy frío. || fig. Suspenso, atónito, pasmado. || fig. Esquivo, desdeñoso. || m. Bebida o manjar helado. || Refresco o sorbete de zumos de frutas, huevos, etc., en cierto grado de congelación. || *And.* **azúcar rosado.**
helador, ra. adj. Que hiela.
heladora. f. Máquina para hacer helados.
heladura. (De *helar*.) f. Atronadura producida por el frío. || **doble albura.**
helaje. m. *Col.* Frío intenso.
helamiento. m. Acción y efecto de helar o helarse.
helante. p. a. antiguo de **helar.** Que hiela.
helar. fr., *geler, glacer;* it., *agghiacciare;* i., *to ice to freeze;* a., *fröstein, frieren.* (Del latín *gelāre*.) tr. Congelar, cuajar, solidificar la acción del frío un líquido. Ú. m. c. intr. y c. prnl. || fig. Poner o dejar a uno suspenso y pasmado; sobrecogerle. || fig. Hacer a uno caer de ánimo; desalentarlo, acobardarlo. || prnl. Ponerse una persona o cosa sumamente fría o yerta. || Coagularse o consolidarse una cosa que se había liquidado, por faltarle el calor necesario para mantenerse en el estado de líquida; como la grasa, el plomo, etc. Ú. algunas veces como transitivo. || Hablando de árboles, arbustos, plantas o frutas, secarse a causa de la congelación de su savia y jugos, producida por el frío.
helarcto. (Del lat. científico *helarctos*; gr. *hélios*, sol, y *árktos*, oso, por su costumbre de revolcarse al sol.) Zool. Gén. de mamíferos carnívoros, al que pertenece el oso malayo.
helear. (De *hiel*.) tr. Poner una cosa amarga como hiel.
heléboro. m. Bot. **eléboro.**
helechal. m. Sitio poblado de helechos.
helecho. fr., *fougère;* it., *felce;* i., *fern;* a., *Farnkaut.* (Del lat. **filictum*, de *filix, -ĭcis.*) m. Bot. Planta criptógama, de la clase de las filicíneas, con frondas pecioladas, de dos a cinco decímetros de largo, lanceoladas y divididas en segmentos oblongos, alternos y unidos entre sí por la base; cápsulas seminales en dos líneas paralelas al nervio medio de los segmentos y rizoma carnoso. || Cualquiera de las plantas de la clase de las filicíneas. || **hembra.** Especie de filicínea que se caracteriza por tener frondas de 7 a 13 decímetros de longitud, con pecíolo largo, grueso y en parte subterráneo, que cortado al través representa aproximadamente el águila de dos cabezas empleada en la heráldica; cada fronda se divide en dos o tres partes, y éstas en segmentos lanceolados, vellosos por el envés y con las cápsulas seminales situadas junto al margen. El rizoma se ha usado en medicina como antihelmíntico. || **macho.** Especie de filicínea que se caracteriza por tener frondas de seis a ocho decímetros de longitud, oblongas, de pecíolo cubierto con escamas rojizas y divididas en segmentos largos de borde aserrado. El rizoma es de sabor algo amargo, olor desagradable, y se emplea en medicina como vermífugo.

Helechos en Gran Canaria

Helechos (Los). Geog. Local. de Argentina, prov. de Misiones, depart. de Oberá; 1.284 h.
Helechosa. Geog. Mun. de España, prov. de Badajoz, p. j. de Herrera del Duque; 1.109 habitantes. || Villa cap. del mismo; 844 h.
helena. (Del lat. *helĕna*, y éste del gr. *helénē*.) f. Meteor. **fuego de Santelmo,** cuando se presenta con una sola llama.
Helena. Geog. C. de EE. UU., cap. del est. de Montana; 22.730 h. Industrias de fundición y maquinaria. En ella radica la Universidad wesleyana de Montana. Varias bibliotecas. || Mit. Hija de Júpiter y de Latona, hermana de los Dioscuros, Cástor y Pólux, esposa de Menelao, rey de Esparta, a quien la robó Paris, príncipe troyano, originándose por eso la guerra de Troya. Su hermosura era proverbial.
helénico, ca. (Del lat. *hellenĭcus*, y éste del gr. *hellenikós*.) adj. **griego,** perteneciente a Grecia. || Perteneciente a la Hélade o a los antiguos helenos.
helenio. (Del lat. *helenĭon*, y éste del gr. *helénion*.) m. Bot. Hierba vivaz de la familia de las compuestas, llamada vulgarmente énula campana, ala o hierba del moro, con tallo velludo de 80 a 120 cm. de alt., hojas radicales de 20 a 60 cm., pecioladas, oblongas y perfoliadas, jugosas, desigualmente dentadas y muy vellosas por el envés las superiores; flores amarillas en cabezuelas terminales, de hasta 6 centímetros, solitarias, de corola prolongada por un lado a manera de lengüeta; fruto capsular casi cilíndrico, y rizoma muy grueso, amargo y aromático, usado en medicina como vermífugo y tónico y, en otro tiempo, como uno de los ingredientes que componían la triaca *(inula helénium).*
helenismo. (Del lat. *hellenismus*, y éste del gr. *hellenismós*.) m. Giro o modo de hablar propio y privativo de la lengua griega. || Empleo de tales giros o construcciones en otro idioma. || Período de la cultura griega, ulterior

Oratorio de Agrigento, ejemplo de arquitectura helenística (s. I a. C.)

al reinado de Alejandro Magno. || Influencia religiosa, científica, literaria, artística y política, ejercitada en Grecia, islas del Egeo, Sicilia y diversas zonas del litoral mediterráneo dio principio a la gran civilización de la Hélade o Grecia antigua. || Natural de Grecia. Ú. t. c. adj.
helenista. (Del griego *hellenistés*.) m. Nombre que daban los antiguos a los judíos que hablaban la lengua y observaban los usos de los griegos, y a los griegos que abrazaban el judaísmo. || Persona versada en la lengua y literatura griegas.
helenístico, ca. adj. Perteneciente o relativo al helenismo o a los helenistas. || **Filol.** Dícese del dialecto griego alejandrino y particularmente del de los Setenta, y que es el dialecto macedónico mezclado con el griego de Fenicia y el de Egipto.
helenizante. p. a. de **helenizar.** Que heleniza. Ú. t. c. s. m.
helenizar. (De *heleno*.) tr. p. us. Introducir las costumbres, cultura y arte griegos en otra nación. Dícese especialmente de la antigua Roma y de su literatura y arte. || prnl. Adoptar las costumbres, literatura y arte griegos.
heleno, na. (Del gr. *héllen, hellenos.*) adj. Perteneciente o relativo a Grecia. || m. y f. Individuo perteneciente a cualquiera de los pueblos (aqueos, dorios, jonios y eolios) cuya instalación en Grecia, islas del Egeo, Sicilia y diversas zonas del litoral mediterráneo dio principio a la gran civilización de la Hélade o Grecia antigua. || Natural de Grecia. Ú. t. c. adj.
helera. (De *hiel*.) f. Granillo de la rabadilla de algunos pájaros.
helero. (De *hielo*.) m. Geol. Masa de hielo acumulada en las zonas altas de las cordilleras por debajo del límite de las nieves perpetuas, y que se derrite en veranos muy calurosos. || Por extensión, toda la mancha de nieve.
helespontiaco, ca. o **helespontíaco, ca.** (Del lat. *hellespontiăcus*.) adj. ant. Perteneciente o relativo al Helesponto.
helespóntico, ca. (Del lat. *hellespontiăcus*.) adj. Perteneciente o relativo al Helesponto.
Helesponto. (Del gr. *Hélles póntos*, mar de Hele.) **Geog. hist.** Nombre que se daba en la antigüedad al estrecho de los Dardanelos.
helgado, da. (Del lat. *filicātus*, de *filix, -ĭcis*, helecho, por la semejanza con los dientes o cortaduras de las hojas de esta plan-

ta.) adj. **Anat.** Que tiene los dientes ralos y desiguales.

helgadura. (De *helgado.*) f. **Anat.** Hueco o espacio que hay entre diente y diente. ‖ Desigualdad de éstos.

heli-, helio-; -helio, -elio. (Del gr. *hélios.*) pref. o suf. que sign. sol; e. de suf. *afelio.*

heliaco, ca. o **helíaco, ca.** (Del lat. *heliăcus,* y éste del gr. *heliakós,* solar, de *hélios,* sol.) adj. **Astron.** Dícese del orto u ocaso de los astros, que salen o se ponen, cuando más, una hora antes o después que el Sol.

heliantemo. (Del lat. científico *heliánthemum;* del gr. *hélios,* sol, y *ánthos,* flor.) **Bot.** Género de plantas cistáceas.

helianto. (Del lat. científico *helianthus;* del gr. *hélios,* sol, y *ánthos,* flor.) m. **Bot.** Género de hierbas de la familia de las compuestas. Comprende unas 60 especies americanas, entre ellas el girasol, el tupinambo y la gargantilla.

heliasta. (Del gr. *heliastés,* y éste de *Heliaía,* nombre de la plaza de Atenas donde se reunían estos jueces.) m. **Hist.** Cada uno de los magistrados que integraban una especie de Comisión Legislativa, creada por Solón, para introducir, si era necesario, reformas en las leyes.

helic-. pref. V. **helico-.**

hélice. fr., *hélice;* it., *elica;* i., *helix;* a., *Schraube.* (Del lat. *helix, ĭcis,* y éste del gr. *hélix, -ikos,* espiral.) m. ant. Voluta o figura en espiral de los capiteles. ‖ f. **Anat.** Parte más externa y periférica del pabellón de la oreja del hombre; comienza en el orificio externo del conducto auditivo y contornea a aquélla, hasta el lóbulo. ‖ **Geom.** Curva engendrada por un punto animado a la vez de un movimiento de traslación y de otro de rotación alrededor de un eje paralelo a la dirección de traslación y ambos uniformes. ‖ Línea espiral. ‖ **Mec.** Conjunto de aletas helicoidales que giran alrededor de un eje, y, al hacerlo, empujan al fluido ambiente y producen en él una fuerza de reacción que se utiliza principalmente para la propulsión de las embarcaciones dirigibles y aeroplanos.

Hélices

Hélice. Astron. Osa Mayor. Se le dio este nombre porque se le ve girar alrededor del polo.

helici-. pref. V. **helico-.**

helico-, helic-, helici-. (Del gr. *hélix, -ikos.*) pref. que sign. espiral, hélice, etc.

hélico, ca. (Del gr. *helikós,* torcido.) adj. ant. **Geom.** De figura espiral.

helicoidal. (De *helicoide.*) adj. En figura de hélice.

helicoide. (De *helic-* y *-oide.*) m. **Geom.** Superficie alabeada engendrada por una recta que se mueve apoyándose en una hélice y en el eje del cilindro que la contiene, con el cual forma constantemente un mismo ángulo.

helicón. (Del lat. *Helicon, -ōnis,* y éste del gr. *Helikón;* liter., [monte] Espiral.) m. fig. Lugar de donde viene o adonde se va a buscar la inspiración poética. Dícese así por alusión a un monte de Beocia, consagrado a las musas. ‖ **Mús.** Instrumento músico de metal y de grandes dimensiones, cuyo tubo, de forma circular, permite colocarlo alrededor del cuerpo y apoyarlo sobre el hombro de quien lo toca.

helicona. adj. f. Perteneciente al helicón o a sus musas.

Heliconia. Geog. Mun. de Colombia, depart. de Antioquia; 7.670 h. ‖ Pobl. cap. del mismo; 4.767 h. Minas de carbón de piedra.

helicónides. (Del lat. *Heliconĭdes,* y éste del gr. *Helikonídes.*) f. pl. Las musas, así dichas porque moraban, según la fábula, en el monte Helicón.

heliconio, nia. (Del lat. *heliconĭus,* y éste del gr. *helikónios.*) adj. Perteneciente al monte Helicón o a las helicónides.

helicóptero. fr., *hélicoptère;* it., *elicottero;* i., *helicopter;* a., *Helikopter, Hubschrauber.* (De *helico-* y *-ptero.*) m. **Aviac.** Aeronave más pesada que el aire, que, a diferencia del avión, se mantiene merced a una hélice de eje aproximadamente vertical movida por un motor. Gracias a ello posee la propiedad de poder elevarse y descender verticalmente. Aunque la idea de esta máquina es antigua (el avance más concreto es de L. da Vinci), son los prototipos del autogiro de Juan de la Cierva los precedentes más importantes del moderno helicóptero. El mayor perfeccionamiento conseguido en su capacidad de carga y el empleo de turbinas de gas, o dispositivos de termopropulsión, han hecho posible la construcción de modelos de gran tamaño y capacidad de carga. Uno de los inconvenientes del helicóptero es su reducida velocidad de vuelo, que no sobrepasa el orden de los 200 kmh. Por esto se prevé que, en un futuro no muy lejano, serán substituidos por los convertibles, aparatos de despegue vertical en curso de desarrollo. (V. **convertiplano.**)

helio-; -helio. pref. o suf. V. **heli-.**

helio. (Del gr. *hélios,* sol.) m. **Quím.** Elemento químico; símbolo, He; peso atómico, 4,002, y número atómico, 2. Es el más ligero de todos los cuerpos después del hidrógeno. Pertenece al grupo de los llamados gases nobles. Se encuentra en el aire en una proporción de 1 a 200.000 partes en volumen. En algunos yacimientos aparece mezclado con el gas natural. El helio fue descubierto mediante el espectroscopio en la cromosfera solar por Lockyer (1868). Más tarde, Ramsay demostró que la emanación del radio se compone de parte de helio. Se obtiene el helio del gas natural haciendo arder los hidrocarburos; queda un residuo de anhídrido carbónico y helio que se separan por licuefacción, pués el primero se convierte en líquido a una temperatura relativamente alta. Debido a su poco peso, y por no ser inflamable, se le usó en los dirigibles, en lugar del hidrógeno. Substituye en todo, o en parte, al nitrógeno del aire, para que respiren los asmáticos y otros enfermos pulmonares, y los buzos, pues por ser menos soluble en la sangre que el nitrógeno, el paso de una presión a otra menor no ofrece tanto peligro.

Helicópteros sobre la cubierta del *Dédalo.* Marina de guerra española

heliocéntrico, ca. (De *helio-* y *céntrico.*) adj. **Astron.** Aplícase a los lugares y medidas astronómicas que han sido referidos al centro del Sol. ‖ Dícese del sistema astronómico de Copérnico y Galileo, que coloca al Sol en el centro de nuestro sistema planetario y hace de la Tierra un planeta que tiene dos movimientos, uno de rotación alrededor de su eje y otro de traslación alrededor del Sol. El sistema opuesto, de la astronomía antigua, se llama *geocéntrico,* pues colocaba a la Tierra en el centro del Universo.

heliófilo, la. (De *helio-* y *-filo,* amigo.) adj. **Bot.** Se dice de las plantas que requieren la luz solar para su desarrollo. Ú. t. c. s.

heliofísica. (De *helio-* y *física.*) f. **Astron.** Ciencia que investiga la constitución física del Sol.

heliofísico, ca. adj. **Astron.** Relativo o perteneciente a la heliofísica.

heliófito, ta. (De *helio-* y *-fito.*) adj. **Bot.** heliófilo.

heliófobo, ba. (De *helio-* y *-fobo.*) adj. **Bot.** Se dice de las plantas que rehúyen la luz del sol.

heliogábalo. (Por alusión al emperador romano de este nombre, que fue voraz.) m. fig. Hombre dominado por la gula.

Heliogábalo. Biog. Emperador romano, n. en Antioquía y m. en Roma (204-223). Hijo natural de Caracalla, fue proclamado en 217. Antiguo sacerdote del Sol en su país natal, pretendió instaurar dicho culto en Roma, para lo cual hizo transportar la piedra del dios solar desde Emesa y construyó un suntuoso templo sobre el monte Palatino. Se entregó a toda clase de excesos y locuras y fue asesinado por los pretorianos sublevados.

Heliogábalo. Museo Capitolino. Roma

heliograbado. fr., *héliogravure*; it., *heliogravatura*; i., *heliogravure*; a., *Heliogravüre*. (De helio- y grabado.) m. **A. y Of.** Procedimiento ya en desuso para obtener, en planchas convenientemente preparadas, y mediante la acción de la luz solar, grabados en hueco. (V. **huecograbado.**) || Estampa obtenida por este procedimiento.

heliografía. (De helio- y -grafía.) f. Sistema de transmisión de señales por medio del heliógrafo.

heliográfico, ca. adj. Perteneciente o relativo al heliógrafo o a la heliografía.

heliógrafo. fr., *héliographe*; it., *eliografo*; i., *heliograph*; a., *Heliograph*. (De helio- y -grafo.) m. **Fís.** Instrumento destinado a hacer señales telegráficas por medio de la reflexión de un rayo de sol en un espejo plano que se puede mover de diversas maneras y producir destellos más cortos o más largos, agrupados o separados, a voluntad del operador, para denotar convencionalmente letras o palabras.

heliograma. (De helio- y -grama.) m. Despacho telegráfico transmitido por medio del heliógrafo.

heliómetro. fr., *héliomètre*; it., *eliometro*; i., *heliometer*; a., *Sonnenmsser*. (De helio- y -metro.) m. **Astron.** Instrumento astronómico, inventado por Bougner, análogo al ecuatorial, del que se diferencia por la forma de su objetivo. Sirve para la medición de distancias angulares entre dos astros, o de su diámetro aparente, especialmente el del Sol.

helión. (Del gr. *hélios*, sol.) m. **partícula alfa.**

Heliópolis. (Del gr. *Heliópolis*; de *hélios*, sol, y *pólis*, ciudad.) **Geog. hist.** Ciudad egipcia sit. al NE. de El Cairo. Actualmente sólo se conservan un obelisco erigido en tiempo del faraón Senusret I, así como restos de algunas tumbas, pero sus grandes monumentos fueron destruidos en época helenística, y sus bloques vueltos a utilizar para las construcciones árabes. || **Baalbeck.**

helióporα. (Del lat. científico *heliópora*; del gr. *hélios*, sol, y *póros*, paso o vía.) **Zool.** Gén. de celentéreos antozoos alcionarios.

heliornítido, da. (De *heliornis*, gén. tipo de aves, e -ido; aquél del gr. *hélios*, sol, y *órnis*, -*ithos*, pájaro.) adj. **Zool.** Dícese de las aves del orden de las gruiformes muy próximas a las rálidas. La especie típica es el *picaparo*. || f. pl. Familia de estas aves.

Helios. (Del gr. *Hélios*.) **Mit.** Nombre griego del Sol.

helioscopio. fr., *hélioscope*; it., *elioscopio*; i., *helioscope*; a., *Helioskop*. (De helio- y -scopio.) m. **Astron.** Clase de ocular o aparato adaptable a los anteojos y telescopios para observar el Sol sin que su resplandor ofenda la vista.

heliosis. (Del gr. *heliosis*.) f. **Pat. insolación.**

helióstato. fr., *héliostat*; it., *eliostato*; i., *heliostate*; a., *Heliostat*. (De helio- y -stato.) m. **Astron.** Instrumento geodésico que sirve para reflejar los rayos solares en una dirección fija a pesar del movimiento diurno aparente del Sol. También se usa de noche con luces artificiales muy intensas.

heliotaxia. (De helio- y taxia.) f. **Bot.** Taxia originada por la luz del Sol. Se emplea usualmente como sinónimo de fototaxia.

heliotaxis. (De helio- y taxis.) f. **Bot. heliotaxia.**

heliotelegrafía. (De helio- y telegrafía.) f. Telegrafía por medio del heliógrafo.

helioterapia. (De helio- y terapia.) f. **Terap.** Método curativo que consiste en exponer a la acción de los rayos solares (baños de sol) todo el cuerpo del enfermo o parte de él.

heliotropio. (Del lat. *heliotropium*, y éste del gr. *heliotrópion*.) m. **Bot.** Gén. de plantas de la familia de las borragináceas, herbáceas, rara vez subfruticosas, de flores pequeñas y corola acopada con la garganta casi libre, que comprende cerca de 250 especies, de zonas cálidas y templadas, entre las cuales está la hierba verruguera (*heliotrópium europaeum*), y el *heliotropo*.

heliotropismo. (De helio- y tropismo.) m. **Bot.** Movimiento de los organismos vegetales determinado por el Sol.

heliotropo. fr., *héliotrope*; it., *eliotropio*; i., *heliotrope*; a., *Heliotrop*. (Del gr. *heliótropos*; de *helios*, sol, y *trépo*, volver, porque las flores de la planta miran siempre hacia el Sol.) m. **Astron.** Helióstato en que por medio de tornillos, manejados a mano, se hace seguir al espejo el curso aparente del Sol. || **Bot.** Arbusto de la familia de las borragináceas, de tallo tortuoso; hojas con pecíolo corto, aovadolanceoladas, rugosas, con nerviación reticulada, ásperas; flores pequeñas en cimas escorpioideas geminadas, corola azulada en forma de copa, garganta desnuda, barbada y cinco dientecillos en los entrantes del limbo, olor de vainilla, estambres incluidos. Se cultiva en los jardines (*heliotrópium peruvianum*). || **Miner.** Calcedonia de color verde obscuro con manchas rojas de cornalina. Es el jaspe sanguineo de los lapidarios.

heliozoario, ria. (De helio- y -zoario.) adj. **Zool.** Dícese de los protozoos rizópodos caracterizados por seudópodos largos y muy finos, no ramificados y rígidos. || m. pl. Orden de estos animales.

helipuerto. (De helicóptero y puerto.) m. **Aviac.** Lugar destinado a la partida y aterrizaje de helicópteros.

hélix. (Voz del lat. científico; del lat. *helix*, -*icis*, y éste del gr. *hélix*, -*ikos*, hélice.) **Zool.** Gén. de gasterópodos, al que pertenece el caracol terrestre.

Helmand. Geog. Río de Afganistán, de 1.100 km. de curso; des. en el lago Hamún. || Prov. de Afganistán; 59.888 km.^{2} y 309.000 h. Capital, Laskargah.

Helmántica. Geog. hist. Salamanca.

Helmholtz (Hermann Ludwig Ferdinand von). Biog. Físico, meteorólogo y fisiólogo alemán, n. en Potsdam y m. en Charlottenburgo (1821-1894). Profesor de las Universidades de Königsberg, Bonn, Heidelberg y Berlín, introdujo de forma definitiva en la física la *ley de la conservación de la energía*; inventó el oftalmoscopio y el oftalmómetro; explicó la acomodación visual y la ceguera cromática y revalorizó la teoría de los colores fundamentales de Young; aclaró también el funcionamiento del oído interno.

Hermann Ludwig F. von Helmholtz

helmint-, helminti-, helminto-; -elminto. (Del gr. *helmins*, -*inthos*.) pref. o suf. que sign. gusano; e. de suf.: asqu**elminto**.

helminti-. pref. V. **helmint-.**

helmintiasis. (De helmint- e -iasis.) f. **Pat.** Nombre de las enfermedades causadas por la presencia de helmintos parásitos en el tubo digestivo u otra parte del cuerpo.

helmíntico, ca. adj. Relativo a los helmintos. || Dícese del medicamento empleado contra los helmintos intestinales.

helminto-. pref. V. **helmint-.**

helminto. fr., *helmintho*; it., *elminto*; i., *helminthes*; a., *Eingeweidewurm*. (Del gr. *helmins*, -*inthos*, gusano.) m. **Parasitología, Pat. y Zool.** Gusano parásito de una víscera.

helmintología. (De helminto- y -logía.) f. **Zool.** Parte de la zoología, que trata de la descripción y estudio de los gusanos.

helmintológico, ca. adj. Perteneciente o relativo a la helmintología.

Helmont (Jan Baptist van). Biog. Médico, fisiólogo, químico, físico y filósofo belga, n. en Bruselas y m. en las cercanías de Vilboorde (1577-1644). Estudió en Lovaina; estableció el concepto de gas y utilizó esta voz en su actual sentido. Descubrió la existencia del jugo gástrico.

helobial. (Del gr. *hélos*, pantano, y *bíos*, vida.) adj. **Bot.** Dícese de las plantas monocotiledóneas, herbáceas, con hojas estipuladas, flores hermafroditas o unisexuales, típicamente actinomorfas y heteroclamídeas, y uniformemente caracterizadas por sus adaptaciones a la vida acuática. || f. pl. Orden de estas plantas, que comprende las familias de las *alismatáceas*, *butomáceas*, *potamogetonáceas*, *aponogetáceas*, *nayadáceas* e *hidrocaritáceas*.

heloderma. (Voz del lat. científico; del gr. *helos*, clavo, y *derma*, -*atos*, piel.) **Zool.** Gén. de saurios de la familia de los helodermátidos (v.).

helodermátido, da. (De *heloderma* e *-ido.*) adj. **Zool.** Dícese de reptiles saurios, que se caracterizan por tener en los dientes dos canales, uno en la parte anterior y otro en la posterior, y una serie de glándulas labiales, que segregan una substancia venenosa; tienen las extremidades cortas pero muy fuertes y la piel dura, cubierta de gránulos en la parte superior y escamas en la inferior. Habitan en lugares secos y pedregosos de América del Norte. Sólo hay un género, el *heloderma*, con dos especies, denominadas vulgarmente *gila* o *monstruo gila* y *gila horrible* o *escorpión criollo.* || m. pl. Familia de estos reptiles saurios.

helopiteco, ca. (Del gr. *helein*, inf. aoristo de *hairéo*, coger, y *-piteco.*) adj. **Zool.** Dícese de los simios que se agarran o sujetan con la cola.

heloplancton. (Del gr. *hélos*, pantano, y *plancton.*) m. **Bot.** Plancton de las masas de agua poco profundas y ricas en compuestos de nitrógeno y fósforo, constituido esencialmente por clorofíceas y cianofíceas.

helor. (De *hielo.*) m. *Mur.* Frío intenso y penetrante.

Helsingfors. Geog. Helsinki.

Helsingör, Helsinger, Elsenor o **Elsinore.** Geog. C. marítima y comercial de Dinamarca, condado de Frederiksborg, en la isla de Seeland; 52.842 h. Indutria naval.

Helsingör. Castillo de Kronborg

Helsinki. (En sueco, *Helsingfors.*) **Geog.** Ciudad capital de Finlandia y de la provincia de Uusimaa, a orillas del Báltico; 514.652 h. Fue fundada en 1550 por Gustavo Vasa. Universidad con Jardín Zoológico y Botánico. Refinería de azúcar. Fabricación de cerveza, alfombras y calzado.

Helvecia. (Del lat. *Helvetīa*, del pueblo de los helvecios.) **Geog.** País de la Europa antigua, cuyo territorio corresponde a la actual Suiza, a la que se da también este nombre. || Local. de Argentina, prov. de Santa Fe, cap. del depart. de Garay; 2.948 h.

helvecio, cia. (Del lat. *helvetĭus.*) adj. Natural de la Helvecia, hoy Suiza, o perteneciente a este país de Europa antigua. Ú. t. c. s. || m. **Quím.** Nombre ya suprimido del ástato.

helveláceo, a. (Del lat. científico *helvella*, gén. tipo de hongos, y *-áceo*; aquél de la misma voz lat., que sign. *col pequeña.*) adj. **Bot.** Dícese de los hongos ascomicetes, subclase de los discomicetes, orden de los helvelales, con el sombrerillo frecuentemente cónico. Entre ellos están las *colmenillas* o *cagarrias*, del gén. *morchella*, muy voluminosos y que viven en terrenos húmicos, la *oreja de gato* (*helvella crispa*), etc. || m. pl. Familia de estos hongos.

helvelal. (Del lat. científico *helvella* [v. *helveláceo*].) **Bot.** Dícese de los hongos ascomicetes, de la subclase de los discomicetes, con el aparato esporífero carnoso y dividido en un *estipite* o *pie* (estéril) y un *píleo* o *sombrerillo* (fértil). Se reparten en varias familias, la más importante de las cuales es la de los *helveláceos.* || m. pl. Orden de estos hongos.

Helvetia. Geog. Helvecia.

Helvética (República). Hist. Denominación que dieron los franceses a Suiza, al establecer allí una República (1798). Fue disuelta en 1803 por el Acta de Mediación de Napoleón.

helvético, ca. adj. **helvecio.** Apl. a pers., ú. t. c. s.

Helvétius (Claude-Adrien). Biog. Filósofo francés, n. en París y m. en Versalles (1715-1771). Autor de la obra de tendencias materialistas *Del espíritu*, que fue quemada en público por decreto del Parlamento de París. Escribió otros libros, como *Del hombre* y *La felicidad.*

Hellás. Geog. e **Hist. Hélade.**

hellbender. (Voz inglesa.) m. **Zool. salamandra de los Apalaches.**

Hellín. Geog. Mun. de España, prov. de Albacete, p. j. de su nombre; 22.152 h. || C. cap. del mismo y del p. j.; 15.934 h. Importante industria de esparto y alfarería. Minas de azufre y carbón. Notable iglesia parroquial, consagrada a Nuestra Señora de la Asunción.

hem-. pref. V. **hemi-.**

hem-. pref. V. **hema-.**

hem o **hemo.** (Del gr. *haima*, sangre.) m. **Bioq.** y **Fisiol.** Grupo prostético que unido a una globina (proteína) constituye la hemoglobina de los vertebrados.

hema-, hem-, hemat-, hemati-, hemato-, hemo-; -hemia, -aima, -emia, -émico. (Del gr. *haima, -atos.*) pref. o suf. que significa sangre; e. de suf.: hidro**hemia**, leuc**emia**, gluc**émico**.

hemacrimo, ma. (De *hema-* y el gr. *krymós*, frío.) adj. **Zool.** Dícese del animal cuya temperatura es aproximadamente igual a la del medio que lo rodea.

hemal. (Del gr. *haima*, sangre.) adj. **Zool.** Dícese del arco que, en la cola de muchos peces, forman las apófisis inferiores de cada vértebra.

hemat-. pref. V. **hema-.**

hematemesis. (De *hemat-* y el gr. *émesis*, vómito.) f. **Pat.** Vómito de sangre.

hematermo, ma. (De *hema-* y *-termo.*) adj. **Biol.** y **Zool. homotermo.**

hemati-. pref. V. **hema-.**

hematíe. fr., *hématie*; it., *emazia*; i., *erytrocytes*; a., *rotes Blutkörperchen.* (Del gr. *haima, haimatos*, sangre.) m. **Anat.** y **Zool.** Célula de la sangre, llamada también *eritrocito* o *glóbulo rojo*. En los mamíferos es una célula anucleada, muerta, discoidal y bicóncava, y en general de unas 7 micras de diámetro; su número es de 4,5 a 5 millones por milímetro cúbico, y menos de 3,5 millones es signo de anemia. Su principal misión es la de transportar el oxígeno desde el aparato respiratorio a todas las células del cuerpo, lo que realiza gracias al pigmento llamado hemoglobina, que es también el causante del color rojo de la sangre, aunque los glóbulos aislados son amarillentos. Los hematíes se forman en la medula roja de los huesos a expensas de ciertas células vivas llamadas *eritroblastos*. En los vertebrados no mamíferos los hematíes son células vivas nucleadas de forma y tamaño variable.

hematites. fr., *hématite*; it., *ematita*; i., *hematite*, *blood-stone*; a., *Hämatit, Blutstein.* (Del lat. *haematītes*, y éste del gr. *haimatítes.*) f. **Miner.** Sesquióxido de hierro que se presenta en cristales tabulares, en láminas o en masas reniformes o terrosas. Es de color gris de acero en las formas bien cristalizadas, y rojo en las terrosas (ocre rojo). Se denomina también *oligisto* y *hematites roja*, para distinguirla de la hematites parda. Es una excelente mena del hierro, que abunda mucho en Vizcaya (Somorrostro), en EE. UU., la U. R. S. S., Francia, R. U., Suecia y Alemania. || **parda. goethita; limonita.** || **roja. hematites** u **oligisto.**

hemato-. pref. V. **hema-.**

hematófago, ga. (De *hemato-* y *-fago.*) adj. **Zool.** Dícese de los animales que se alimentan de sangre, como muchos insectos picadores-chupadores, algunos de los cuales actúan como vectores de microbios patógenos: moscas, mosquitos, pulgas, chinches, piojos, etc. Las sanguijuelas, los quirópteros llamados vampiros y algunos otros animales son también hematófagos.

hematólisis o **hematolisia.** (De *hemato-* y *-lisis* o *-lisia.*) f. **Fisiol.** Destrucción de los elementos de la sangre. La de los glóbulos rojos, o *eritrólisis*, se realiza, sobre todo, en el hígado, con utilización de las substancias resultantes: el hierro para formar otros hematíes, y la colesterina y la bilirrubina como integrantes de la bilis. La destrucción de glóbulos blancos, o *leucólisis*, no se verifica en órganos especializados.

hematología. (De *hemato-* y *-logía.*) f. **Med.** Tratado o estudio de la sangre.

hematológico, ca. adj. **Med.** Perteneciente o relativo a la hematología.

hematólogo, ga. adj. **Med.** Médico especializado en el estudio de la sangre y sus enfermedades. Ú. t. c. s.

hematoma. (De *hemat-* y *-oma.*) m. **Pat.** Tumor producido por una contusión, en cualquier parte del cuerpo, por acumulación de sangre extravasada; cuando se produce en la cabeza se llama vulgarmente *chichón*.

hematopódido, da. (Del latín científico *haemátopus*, gén. tipo de aves, e *-ido*; aquél del gr. *haima*, sangre, y *poús, podós*, pata.) adj. **Zool.** Dícese de las aves del orden de las caradriformes, cuyos miembros reciben el nombre vulgar de *ostreros* (v.). || f. pl. Familia de estas aves.

hematopota. Entom. Gén. de insectos dípteros braquíceros, al que pertenece el tábano de los prados.

hematosis. (De *hemat-* y *-osis.*) f. **Fisiol.** Conversión de la sangre venosa en arterial.

hematoxilina. (De *hemato-*, *-sil-* e *-ina.*) f. **Quím.** Substancia colorante del *palo de Campeche*, muy utilizada en histología.

hematozoario, ria. (De *hemato-* y *-zoario.*) adj. **Biol.** y **Zool.** Dícese de los animales que viven parásitos en la sangre de otros. Ú. t. c. s. m.

hematuria. (De *hemat-* y *-uria.*) f. **Pat.** Fenómeno morboso que consiste en orinar sangre.

hembra. fr., *femelle*; it., *femmina*; i., *female*; a., *Weibchen.* (Del lat. *femĭna.*) f. En los animales unisexuales, el del sexo femenino, es decir, el que posee ovarios. || **mujer.** || En los animales hermafroditas, si los aparatos sexuales maduran en épocas diferentes, el individuo que se convierte en hembra funcional cuando dicha madurez afecta a los ovarios. || En las plantas fanerógamas dioicas, como las palmeras, es hembra el pie que posee carpelos y da, por tanto, frutos. En algunas pteridofitas, lo es el gametofito con arquegonios. || fig. Hablando de corchetes, broches, tornillos, rejas, llaves y otras cosas semejantes, pieza que tiene un hueco o agujero por donde otra se introduce o encaja. || El mismo hueco y agujero. || fig. Cuerpo con una oquedad para dar forma a una materia blanda. || fig. Cola de caballo poco doblada. || adj. fig. Delgado, fino, flojo, lacio.

hembraje. m. *Amér. m.* Conjunto de las hembras de un ganado. || *Arg. y Urug.* Con matiz despectivo, conjunto o grupo de mujeres.

hembrear. intr. Mostrar el macho inclinación a las hembras. || Engendrar sólo hembras o más hembras que machos.

hembrilla. f. dim. de **hembra.** || En algunos artefactos, piececita pequeña en que otra se introduce o asegura. || Anilla metálica en la que corre una espiga de metal. || *And.* Anilla del yugo en que entra el timón, ya metálica, ya formada por correas o cuerdas. || *Ar. y Rioja.* Variedad de trigo candeal cuyo grano es pequeño. || *Ecuad.* Mal usado por *embrión* o *germen.*

hembrita. f. **Bot.** *Hond.* Plátano más pequeño y suave que el macho.

hembruca. f. *Chile.* Hembra del jilguero.

hembruno, na. adj. ant. Perteneciente a la hembra.

hemélitro. (De *hem-* y *élitro.*) m. **Entom.** Cada una de las alas del primer par de los insectos hemípteros heterópteros, que está cutinizada sólo en la base.

hemencia. (De *femencia.*) f. ant. Vehemencia, eficacia, actividad.

hemenciar. (De *femenciar.*) tr. ant. Procurar, solicitar con vehemencia, ahínco y eficacia una cosa.

hemencioso, sa. (De *hemencia.*) adj. ant. Vehemente, activo, eficaz.

hemer-. pref. V. **hemera-.**

hemera-, hemer-, hemero-; -eménides, -ímero. (Del gr. *heméra,* día.) pref. o suf. que sign. día, de un día, etc.; e. de suf.: *ef*eméri*des, ef*ímero.

hemeralopía. (De *hemer-* y *-alopía,* tomado de *nictalopía.*) f. **Pat.** Enfermedad consistente en la reducción acusada de la visión, cuando disminuye la intensidad luminosa y, especialmente, al anochecer. Recibe también los nombres de *ambliopía crepuscular* y *ceguera nocturna.*

hemero-. pref. V. **hemera-.**

hemeróbido, da. (Del lat. científico *hemerobius,* gén. tipo de insectos, e *-ido;* aquél del gr. *heméra,* día, y *bíos,* vida.) adj. **Entom.** Dícese de los insectos neurópteros, planipennes, con patas ambulatorias, antenas largas y alas grandes y muy reticuladas, cubiertas de fina pilosidad en algunas especies. || m. pl. Familia de estos insectos.

Hemeroscopion. (Del gr. *Hemeroskópion;* de *heméra,* día, y *skopéo,* observar.) **Geog. hist.** Colonia griega de la península ibérica, que se supone ocupó el emplazamiento de la actual Denia.

hemeroteca. (De *hemero-* y *-teca.*) f. Biblioteca en que principalmente se guardan y sirven al público diarios y otras publicaciones periódicas.

hemi-, hem-. (Del gr. *hemí-.*) pref. que sign. mitad.

-hemia. suf. V. **hema-.**

hemiascomicete. (De *hemi-* y *ascomicete.*) adj. **Bot.** ascomicete.

hemiciclo. fr., *hémicycle;* it., *emiciclo;* i., *hemicycle;* a., *Halbkreis.* (Del lat. *hemicyclus,* y éste del gr. *hemikýklion;* de *hemi-* y *kýklos,* círculo.) m. La mitad de un círculo. || Espacio central del salón de sesiones del Congreso de los Diputados. || Conjunto de varias cosas dispuestas en semicírculo; como graderías, cadenas de montañas, etc.

hemicordado, da. (De *hemi-* y *cordado.*) adj. **Zool.** Dícese de los animales con simetría bilateral, no segmentados; cuerpo dividido en tres regiones, con una trompa delante de la boca; tubo digestivo recto o en forma de U; sistema circulatorio abierto, con un vaso dorsal y otro ventral; quizá con nefridios, y sistema nervioso epidérmico y difuso. Durante mucho tiempo se les consideró como anélidos, pero la existencia en la trompa de un divertículo faríngeo formado por una masa de células vacuoladas y parecida al notocordio de los cordados, hizo que se les incluyera en este filo. Recientes estudios han sembrado algunas dudas sobre tal interpretación, y se ha pensado que quizá estén más próximos a los equinodermos. Hay dos clases de hemicordados, los *enteropneustos* y los *pterobranquios,* con muy pocas especies. || m. pl. Subfilo de estos animales.

hemicránea. (Del lat. *hemicrania,* y éste del gr. *hemikranía;* de *hemi-* y *kraníon,* cráneo.) f. **Pat.** Dolor de una parte o lado de la cabeza.

hemicriptófito, ta. (De *hemi-* y *criptófito.*) adj. **Bot.** Dícese de las plantas cuyos órganos perennes tienen las yemas en la misma superficie del suelo, generalmente protegidas por escamas, vainas, etc.

hemidáctilo. (Del lat. científico *hemidáctylus,* y éste del gr. *hemi-,* hemi-, y *dáktylos,* dedo.) **Zool.** Género de reptiles saurios al que pertenece el geco común (v.).

hemiedro. (De *hemi-* y *-edro.*) m. **Miner.** Cristal que posee la mitad de las caras de la forma cristalina de la cual deriva. Así, el tetraedro es hemiedro del octaedro.

hemielitro. m. **Entom. hemélitro.**

hemigalino, na. (Del lat. científico *hemigalus,* gén. tipo; del gr. *hemi-,* hemi, y *galée,* comadreja.) adj. **Zool.** Dícese de los mamíferos carnívoros, de la familia de los vivérridos, de formas esbeltas, cola muy larga, nariz grande, plantas de los pies peludas y glándulas anales bien desarrolladas. Son propios de Insulindia. || m. pl. Subfamilia de estos mamíferos carnívoros.

hemimetábolo. (De *hemi-* y *metábolo.*) adj. **Entom.** Dícese de los insectos de la subclase de los pterigógenos, con metamorfosis sencilla, también llamados *exopterigógenos* o *exopterigotos,* porque las alas se desarrollan gradualmente a lo largo de las mudas que sufre el animal. Algunos zoólogos llaman hemimetábolos sólo a los *exopterigotos,* que viven en dos ambientes, y *paurometábolos* a los que viven en uno; pero la mayoría no hacen esa distinción. || m. pl. Superorden de estos insectos, que incluye los órdenes de los odonatos, efemerópteros, plecópteros, malófagos, psocópteros, embiópteros, isópteros, ortópteros, dermápteros, dictiópteros, tisanópteros, hemípteros y anopluros.

hemimorfia. (De *hemi-* y *-morfia.*) f. **Miner.** Modo teórico de derivación de formas cristalinas, que consiste en la supresión de la mitad del cristal a ambos lados de un plano de simetría. Es un caso particular de la hemiedria; así, la pirámide hexagonal es un hemimorfo de la bipirámide hexagonal.

hemimórfico, ca. adj. **Miner.** Relativo a la hemimorfia.

hemimorfita. (De *hemimórfico* e *-ita.*) f. **Miner.** Silicato hidratado de cinc. Su nombre, debido a presentarse en cristales hemimórficos, es preferible al de *calamina,* ya que éste se emplea también para el carbonato de cinc.

hemina. (Del lat. *hemina,* y éste del gr. *hemína.*) f. **Metrol.** Medida antigua para líquidos, equivalente a medio sextario. || Cierta medida que se usó antiguamente en la cobranza de tributos. || *León.* Medida de capacidad para frutos, equivalente a algo más de 18 l. || Medida agraria usada en la misma provincia para la tierra de secano, que tiene 110 pies de lado, y equivale a 939 centiáreas y 41 decímetros cuadrados. || Medida para las tierras de regadío en la citada provincia, que tiene 90 pies de lado y equivale a 628 centiáreas y 88 decímetros cuadrados.

Hemingway (Ernest). **Biog.** Novelista estadounidense, n. en Oak Park (Illinois) y m. en Ketchum, Idaho (1898-1961). Fue corresponsal de guerra en España durante la guerra civil (1937-38), en China (1941) y en la S. G. M. (1944-1945). Son características de su estilo el vivaz realismo de sus descripciones

Ernest Hemingway

(ciertos fragmentos de sus novelas valen por excelentes reportajes) y el indiferentismo moral tan típico en los escritores de su país y su generación, algo corregido en su última época por un difuso sentimiento de solidaridad humana. Sus precisas imágenes y la variedad de ambientes descritos le hacen alcanzar gran éxito en novelas como: *Tres historias y diez poemas* (1923), *En nuestro tiempo* (1924), *También sale el sol* (1926), *Hombres sin mujeres, Fiesta brava* (1927), *Asesinos* (llevada a la pantalla con el nombre de *Forajidos*), *Adiós a las armas* (1929), *Muerte en la tarde* (1932), sobre las corridas de toros, de las que era gran entusiasta; *Las verdes colinas de África* (1935), *Tener y no tener* (1937), sobre el contrabando de alcoholes; *La quinta columna* y *Los primeros cuarenta y nueve cuentos* (1938), *Por quién doblan las campanas* (1940), sobre la guerra de España, y *A través del río y entre árboles* (1950), muy censurada por la crítica. Fue galardonado con el premio Pulitzer por su novela *El viejo y el mar* (1953), y en 1954 le fue concedido el premio Nobel de Literatura. Su última obra, *El verano sangriento* (1960), es una novela que tiene por motivo la rivalidad entre dos toreros. Después de su muerte apareció *París era una fiesta* (1963), recuerdos de su juventud.

hemión. (Del gr. *hemi-,* hemi-, y *ónos,* asno.) m. **Zool.** Mamífero ungulado perisodáctilo, de la familia de los équidos, de aspecto intermedio entre el de un caballo y un asno. Vive en

Puerta de la Hemeroteca Nacional. Madrid

Mongolia, Turquestán y Siberia meridional (*equus hemionis*).

hemiparásito, ta. (De *hemi-* y *parásito*.) adj. **Bot.** Dícese de las plantas que teniendo clorofila y capacidad, por tanto, para la vida autótrofa, parasitan, sin embargo, a otras autótrofas.

hemiplejía o **hemiplejia.** fr., *hémiplégie*; it., *emiplegia*; i., *hemiplegia*; a., *Hemiplegie*. (De *hemi-* y *-plejía* o *plejia*.) f. **Pat.** Parálisis de todo un lado del cuerpo.

hemipléjico, ca. adj. Perteneciente a la hemiplejía o propio de ella. || Que la padece. Ú. t. c. s.

hemipnéustico, ca. (De *hemi-* y el gr. *pneustikós*, relativo a la respiración.) adj. **Entom.** Dícese del sistema respiratorio traqueal de algunos insectos en que los estigmas de ciertos metámeros están cerrados y son poco o nada aparentes.

hemipódido, da. (De *hemi-* y *podido*.) adj. **Zool.** turnícido.

hemíptero, ra. fr., *hémiptère*; it., *emittero*; i., *hemipter*; a., *halbflüger*. (De *hemi-* y *-ptero*.) adj. **Entom.** Dícese de los insectos pterigógenos, de forma, tamaño y costumbres muy variadas; con un aparato bucal perforador y chupador constituido por un pico articulado; dos pares de alas, de las que las anteriores están endurecidas en la base o son totalmente membranosas como las posteriores; y a veces, ápteros. Tienen metamorfosis sencilla (hemimetábolos), y muchos de ellos son ectoparásitos del hombre y de los animales, a los que pueden transmitir algunas enfermedades. Son los más importantes destructores de cultivos, pues no sólo atacan a muchas plantas que el hombre aprovecha, sino que algunos de ellos se multiplican extraordinariamente por medio de partenogénesis repetidas, como, p. e., los pulgones y la filoxera, si bien son muy numerosas las causas de destrucción que los hacen perecer en cantidades enormes. Algunos insectos antes considerados como hemípteros se han separado para formar órdenes independientes, como sucede con los *psocópteros*, los *malófagos* y los *anopluros* o *sifunculados*. || m. pl. Orden de estos insectos, dividido en dos subórdenes: *homópteros* y *heterópteros*.

hemirránfido, da. (Del lat. científico *hemirhamphus*, gén. tipo de peces, e *-ido*; aquél del gr. *hemi-*, hemi-, y *rhámphos*, pico ganchudo de las aves de rapiña.) adj. **Zool.** Dícese de los peces teleóstomos, del orden de los escombresociformes, de cuerpo muy largo y fino, con la mandíbula superior corta y la inferior muy larga. Son características de los mares cálidos y templados y el más conocido es el *saltón*. || m. pl. Familia de estos peces.

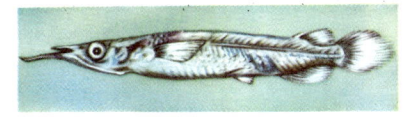

Pez hemirránfido

hemisférico, ca. fr., *hémisphérique*; it., *emisferico*; i., *hemispherical*; a., *hemisphärisch*. adj. Perteneciente o relativo al hemisferio. || Que tiene forma de hemisferio.

hemisferio. fr., *hémisphère*; it., *emisfero*; i., *hemisphere*; a., *Hemisphäre, Halbkugel*. (Del lat. *hemisphaerĭum*, y éste del gr. *hemisphaírion*; de *hemi-* y *sphaira*, esfera.) m. **Geom.** Cada una de las dos mitades de una esfera dividida por un plano que pase por su centro. || **austral.** *Astron.* El que, limitado por el ecuador, comprende el polo antártico o austral. || **boreal.** El que, limitado por el ecuador, comprende el polo ártico o boreal. || **occidental.** El de la esfera celeste o terrestre opuesto al oriental, por donde el Sol y los demás astros se ocultan y trasponen aparentemente. || **oriental.** El de la esfera celeste o terrestre que queda a oriente de un meridiano determinado, y en el cual nacen o salen aparentemente el Sol y los demás astros. || **hemisferios de Magdeburgo.** *Fís.* Semiesferas metálicas huecas, que juntas y hecho el vacío en su interior, resultan muy difíciles de separar. Sirvieron para uno de los primeros experimentos demostrativos de la existencia de la presión atmosférica.

hemisfero. m. ant. hemisferio.

hemistiquio. fr., *hémistiche*; it., *emistichio*; i., *hemistich*; a., *Hemistichon, Halbvers*. (Del lat. *hemistichĭum*, y éste del gr. *hemistíchion*; de *hemi-*, hemi-, y *stíchos*, linea.) m. **Poét.** Mitad o parte de un verso. Dícese especialmente de cada una de las dos partes de un verso separadas o determinadas por una cesura.

hemítrago. (Del lat. científico *hemitragus*; del gr. *hemi-*, hemi-, y *trágos*, macho cabrío.) **Zool.** Gén. de rumiantes bóvidos, al que pertenecen la cabra del Tíbet y el tar.

hemo-. pref. V. **hema-**.

hemocele. (De *hemo-* y *-cele*, cavidad.) m. **Zool.** Conjunto de huecos que constituyen el celoma de la mayoría de los moluscos y artrópodos, por los cuales retorna la sangre al corazón una vez irrigados los distintos órganos.

hemocianina. (De *hemo-*, *-cian-* e *-ina*.) f. **Zool.** Substancia equivalente en el aspecto fisiológico a la hemoglobina; es incolora, sin embargo toma color azulado cuando se oxida, y está disuelta en la sangre de algunos crustáceos, arácnidos y moluscos.

hemofilia. fr., *hémophilie*; it., *emofilia*; i., *haemophilia*; a., *Bluterkrankheit*. (De *hemo-* y *-filia*, inclinación, tendencia [del organismo a sangrar].) f. **Pat.** Hemopatía hereditaria, caracterizada por la dificultad de coagulación de la sangre, lo que motiva que las hemorragias provocadas o espontáneas sean copiosas y hasta incoercibles.

hemofílico, ca. (De *hemofilia*.) adj. Perteneciente o relativo a la hemofilia. || Que la padece. Ú. t. c. s.

hemoglobina. fr., *hémoglobine*; it., *emoglobina*; i., *haemoglobine*; a., *Blutfarbstoff, Hümoglobin*. (De *hemo-*, glóbulo, hematíe, e *-ina*.) f. **Bioq.** y **Fisiol.** Cromoproteido contenido en los hematíes de los vertebrados y en el plasma de algunos invertebrados. Es cristalina, amarilla (roja en grandes cantidades) y está formada por la unión de una proteína, la globina, con el ion ferroso del hemo, una profirina. Dicho ion puede enlazarse también al oxígeno, con lo que la hemoglobina pasa a oxihemoglobina, combinación que es muy fácil de romper. La sangre venosa, de color rojo obscuro, casi violeta, contiene hemoglobina en los hematíes, en tanto que la arterial, rojo vivo y claro, lleva oxihemoglobina. La hemoglobina es, pues, el vehículo que transporta el oxígeno desde el aparato respiratorio hasta las células de los órganos. El anhídrido carbónico, producto de la oxidación de las substancias orgánicas, no entra apenas en combinación con la hemoglobina, sino que queda disuelto en el plasma sanguíneo. Sin embargo, el monóxido de carbono es un veneno por combinarse con la he-

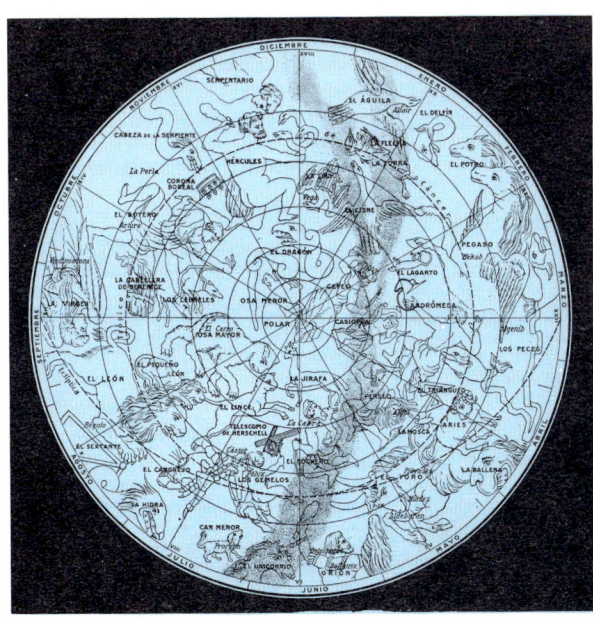

Plano de las constelaciones del hemisferio austral

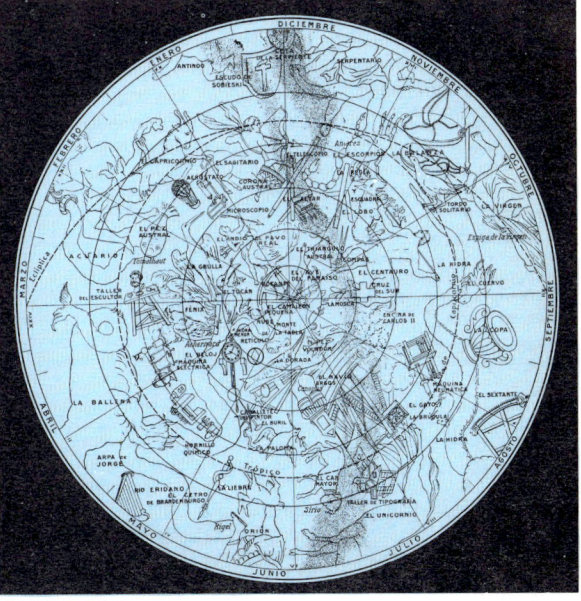

Plano de las constelaciones del hemisferio boreal

hemoglobinemia–hendido

moglobina, formando el compuesto carboxihemoglobina, que impide la incorporación del oxígeno, y es de un color rosado más vivo aún que el de la sangre arterial. Este veneno se desprende en la combustión incompleta del carbón, cuando las estufas son defectuosas, y está contenido también en el gas del alumbrado.

hemoglobinemia. (De *hemoglobina* y *-emia*.) f. **Pat.** Fenómeno en el cual el suero de la sangre, que normalmente tiene un color amarillo, se tiñe de rojo por la presencia de hemoglobina que proviene de glóbulos rojos destruidos por el mismo suero y precisamente por substancias llamadas hemolisinas, lo que se llama *autohemólisis*. A veces es fenómeno común en varios individuos de la misma familia, pudiendo conducir a la ictericia hereditaria y a la hematuria.

hemogregarínido, da. (De *hemo-* y *gregarínido*.) adj. **Zool.** Dícese de los protozoos esporozoarios, parecidos a los hemosporidios, pero desprovistos de pigmentos, que viven parásitos de los glóbulos sanguíneos de los vertebrados poiquilotermos, principalmente de los reptiles y peces, y son transmitidos de los individuos enfermos a los sanos por las sanguijuelas y otros invertebrados hematófagos. || m. pl. Orden de estos protozoos.

hemolisina. (De *hemo-* y *lisina*.) f. **Bioq.** Substancia que se produce en el organismo, capaz de destruir los glóbulos rojos de la sangre.

hemólisis. (De *hemo-* y *-lisis*, disolución.) f. Desintegración o disolución de los corpúsculos sanguíneos, especialmente de los hematíes, con liberación consiguiente de la hemoglobina por la acción de lisinas específicas o hemolisinas de bacterias, de sueros hipotónicos, etc.

hemopatía. (De *hemo-* y *-patía*.) f. **Pat.** Enfermedad de la sangre.

hemoptísico, ca. adj. **Pat.** Dícese del enfermo atacado de hemoptisis.

hemoptisis. fr., *hémoptysie*; it., *emottisi*; i., *haemoptysis*; a., *Blutspucken*. (Del lat. *haemoptysis*, y éste del gr. *haimóptysis*; de *haima*, sangre, y *ptýo*, expectorar.) f. **Pat.** Pérdida de sangre por vía bucal, que puede provenir de las fauces, o por ruptura de un vaso sanguíneo, en la tuberculosis pulmonar.

hemorragia. fr., *hémorrhagie*; it., *emorragia*; i., *haemorrhagy*; a., *Blutung*. (Del lat. *haemorrhagia*, y éste del gr. *haimorragia*; de *haima*, sangre, y *rhégnymi*, brotar.) f. **Pat.** Flujo de un vaso sanguíneo, que puede ser arterial o venoso. Las causas son: lesiones por armas o por golpes; por corrosión, como en la tuberculosis; los tumores malignos y la acción de úlceras (péptica, tifoidea, *ulcus cluris*); por enfermedad de la pared del vaso, como en la arteriosclerosis y en la endoarteritis luética; o porque la pared es más sutil, como en el aneurisma y en las almorranas. A veces, la hemorragia representa un proceso fisiológico, como en la menstruación y en el parto, siendo sólo patológicas por su abundancia o persistencia.

hemorroida. f. **Pat. hemorroide.**

hemorroidal. (De *hemorroide*.) adj. **Pat.** Perteneciente a las almorranas.

hemorróide. fr., *hémorrhóide*; it., *emorroidi*; i., *haemorrhoid*; a., *Hämorrhoide*. (Del lat. *haemorrhöis, -ĭdis*, y éste del gr. *haimorroís*; de *haima*, sangre, y *rhéo*, fluir.) f. **Pat. almorrana.**

hemorroisa. (Del lat. *haemorrhoissa*, y éste del gr. *haimórrhoos*, hemorroo.) f. Mujer que padece flujo de sangre.

hemorroo. (Del gr. *haimórrhoos*.) m. **ceraste.**

hemosporidio, dia. (De *hemo-* y *-sporidio*.) adj. **Zool.** Dícese de los protozoos de la clase de los esporozoarios, que viven en los hematíes de los vertebrados homotermos, donde se reproducen asexualmente; son transmitidos de un animal a otro por intermedio de insectos, en cuyo interior tiene lugar la fecundación y la esporulación. Los más importantes son los del gén. *plasmodio*, productores del paludismo. || m. pl. Orden de estos protozoos, también llamados *gimnosporidios*.

hemostasis. (De *hemo-* y *-stasis*.) f. **Terap.** Cohibición de una hemorragia, o del flujo sanguíneo, por cualquier medio, sea físico (compresión, ligadura, etc.), o quimicofisiológico, para producir la coagulación de la sangre.

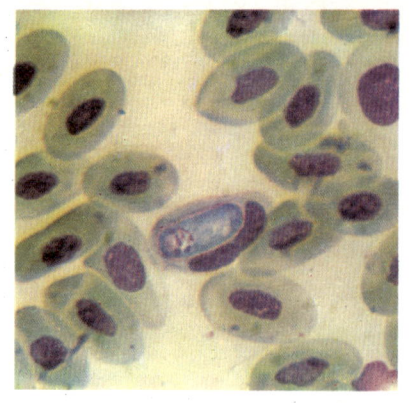

Hemosporidios en sangre de lagartija

hemostático, ca. adj. **Farm.** Dícese del medicamento que se emplea para contener la hemorragia. Ú. t. c. s. m. || Lo que se refiere a la hemostasis.

henal. (De *heno*.) m. Lugar donde se guarda el heno.

Henao. (En flam., *Henegouwen*; en fr., *Hainaut*.) **Geog.** Prov. suroccidental de Bélgica; 3.790 km.² y 1.317.453 h. Cap., Mons. Yacimientos de hulla y fabricación de hilados, loza, cristal, cerveza y azúcar de remolacha. Cultívanse tabaco, lúpulo y cereales.

henar. m. Sitio poblado de heno.

Henarejos. Geog. Mun. de España, prov. y p. j. de Cuenca; 675 h. || Lugar cap. del mismo; 668 h. Manantiales de aguas ferruginosas. Minas de carbón, hierro, oro y plata.

Henares. Geog. Río de España, en las prov. de Guadalajara y Madrid; nace en sierra Ministra y des. en el Jarama después de 72 kilómetros de curso.

henasco. (De *heno*.) m. *Sal.* Hierba seca que queda en los prados o entre las matas, en el verano.

henazo. (De *heno*.) m. *Sal.* Montón de paja o de heno al descubierto.

Hench (Philip Showalter). Biog. Fisiólogo y reumatólogo estadounidense, n. en Pittsburg y m. en Kingston, Jamaica (1896-1965). En 1950 compartió con E. C. Kendall y Reichstein el premio Nobel de Medicina por sus investigaciones sobre la estructura y función de la hormona adrenocorticotropa de la pituitaria y las de la cortisona, elaborada en la corteza de las cápsulas suprarrenales. Se le conoce, sobre todo, por la aplicación de esta última a la cura del reumatismo.

Henche. Geog. Mun. y villa de España, prov. y p. j. de Guadalajara; 67 h.

henchidor, ra. adj. Que hinche. Ú. t. c. s.

henchidura. f. Acción y efecto de henchir o henchirse.

henchimiento. f. **henchidura.** || **A. y Of.** En los molinos de papel, suelo de las pilas sobre el cual baten los mazos. || **Mar.** Cualquier pieza de madera con que se rellenan huecos existentes en otra pieza principal.

henchir. (Del lat. *implēre*.) tr. Ocupar con alguna cosa un espacio vacío. || fig. Ocupar uno dignamente un lugar o empleo. || fig. Colmar a uno de favores o de daños y ofensas. || prnl. Hartarse de comida.

Hendaya. (En fr., *Hendaye*.) **Geog.** Mun. de Francia, depart. de Bajos Pirineos, en la orilla derecha del Bidasoa; 7.936 h. Fabricación de licores y anisados. Aduanas muy importantes.

Hendaye. Geog. Hendaya.

Hendaya. El casino

hendedor, ra. adj. Que hiende.

hendedura. (De *hender*.) f. Acción y efecto de hender.

hender. fr., *fendre*; it., *fendere*; i., *to chink, to split*; a., *spalten*. (Del lat. *findĕre*.) tr. Abrir o rajar un cuerpo sólido sin dividirlo del todo. Ú. t. c. prnl. || fig. Atravesar o cortar un fluido; como una flecha el aire o un buque el agua. || fig. Abrirse paso rompiendo por entre una muchedumbre de gente o de otra cosa.

Henderson (Arthur). Biog. Político inglés, n. en Glasgow y m. en Londres (1863-1935). Uno de los jefes del partido laborista, fue ministro de Instrucción Pública en 1915 y de Negocios Extranjeros de 1929 a 1931. En 1934 se le concedió el premio Nobel de la Paz. || **Geog.** Localidad de Argentina, prov. de Buenos Aires, cap. del partido de Hipólito Yrigoyen; 5.882 h.

hendible. adj. Que se puede hender.

hendido, da. adj. **Bot.** Se dice del limbo en que las escotaduras no llegan hasta el nervio o nervios primarios, pero sí hasta la mitad de la distancia desde el punto más saliente.

hendidor, ra. adj. Chile. **hendedor.**
hendidura. fr., *fente*; it., *fessura*; i., *split*; a., *Spalte, Ritze*. (De *hendido*, p. p. de *hender*.) f. Acción y efecto de hendir o hendirse.
hendiente. (De *hender*.) m. ant. Golpe que con la espada u otra arma cortante se tiraba de alto a bajo.
hendija. (Del lat. *findicŭla*, de *findĕre*, hender.) f. Hendidura, generalmente pequeña.
hendimiento. m. Acción y efecto de hender o henderse.
hendir. tr. **hender.**
hendrija. (De *hendija*, con infl. de *hender*.) f. ant. **hendija.**
henequén. (Voz de probable origen maya.) m. **Bot.** *Amér.* Planta amarilidácea, especie de pita.
hénide. (De *heno*.) f. poét. Ninfa de los prados.
henificar. (Del lat. *fenum*, heno, y *ficāre*, hacer.) tr. **Agr.** Segar plantas forrajeras y secarlas al sol, para conservarlas como heno.
henil. (Del lat. *fenīle*.) m. **Agr.** Lugar donde se guarda el heno.
henné. m. **Bot.** *Cuba.* Planta cultivada de la familia de las litráceas, también conocida como *reseda*, llamada en Manila *cinamomo*, y en Oriente *alcana verdadera* y *alheña*; se cría en todo el Oriente y hoy también en las Antillas (*lawsonia alba*). No hay que confundirla con la *alheña* europea, que es planta oleácea, ni con la *alcana* o *ancusa*, de la familia de las borragináceas.
heno. fr., *foin*; it., *fieno*; i., *hay*; a., *Heu*. (Del lat. *foenum*.) m. Hierba segada, seca, para alimento del ganado. || **Bot.** Se da más en particular este nombre a las gramíneas *aira caryophyllea* y *a. flexuosa*. || **blanco.** *Bot.* Planta perenne de la familia de las gramíneas, con tallo de 50 a 80 cm., hojas planas cubiertas de vello suave, flores en panojas ramosas, que se cultiva en prados artificiales (*holcus lanatus*). || **de Méjico.** Es la bromeliácea *tillandsia usneoides*.
Henoch. Biog. Enoch.
henojil. (De *hinojo*, rodilla.) m. Liga para asegurar las medias por debajo de la rodilla.
henojo. m. **Bot.** *Méj.* barb. por **hinojo**, planta.
henrio. (De *henry*.) m. Unidad de inductancia propia y de inductancia mutua en el sistema basado en el m., el kg., el segundo y el amperio. Equivale a la inductancia de un circuito cerrado en el que una variación uniforme de un amperio por segundo en la intensidad eléctrica produce una fuerza electromotriz inducida de un voltio. Se usan sus submúltiplos el milihenrio (mH), igual a la milésima parte del henrio, y el microhenrio (μH), igual a la millonésima parte.
Henríquez (Camilo). Biog. Escritor y patriota chileno, n. en Valdivia y m. en Santiago de Chile (1769-1825). Sacerdote en sus comienzos, proclamó desde el púlpito el derecho de Chile a la independencia. Restaurado el poder español, pasó a Argentina y colgó los hábitos, estudió medicina y escribió dramas. Lograda la independencia, tomó parte en la redacción de la Constitución. || **y Alfau (Enrique).** Poeta y político dominicano (1859-1940). Obras: *Miserere, Patria* y *¡El pobre capitán!*, cuento. || **de Almansa (Martín). Enríquez de Almansa (Martín).** || **y Carvajal (Federico).** Escritor y periodista dominicano, n. en Santo Domingo (1848-1952). Tomó parte en las campañas pro independencia de Cuba y fue presidente de la Suprema Corte de Justicia. Obras: *La hija del hebreo* (1883), *El monólogo de Enriquillo* (1924), *Todo por Cuba* (1925), *Nacionalismo* (1925) y *Romances históricos* (1937). || **y Carvajal (Francisco).** Hombre público, médico y escritor dominicano (1859-1935). Presidente de la República Dominicana en 1916. || **Ureña (Pedro).** Filólogo y literato dominicano, nacido en Santo Domingo de Guzmán y muerto en La Plata (1884-1946). Ejerció el profesorado en EE. UU. y pasó en 1924 a la República Argentina. Escribió: *Seis ensayos en busca de nuestra expresión* (1928), *La utopía de América* (1925), *Mi España* (1922), *Comienzo del español en América* (1932), *La cultura y las letras coloniales en Santo Domingo* (1936), *La versificación irregular en la poesía castellana, España en la cultura moderna, Lope de Vega, Los matemáticos españoles, Cultura española en la Edad Media, Horas de estudio, Las corrientes literarias en la América Hispana*, etc.
henry. (De J. *Henry*, físico estadounidense.) m. **Fís.** Nombre del henrio en la nomenclatura internacional.
Henry (Joseph). Biog. Físico estadounidense, n. en Albany y m. en Washington (1797-1878). Profesor de matemáticas en la Academia de Albany. Se dedicó especialmente al estudio del electromagnetismo, dio nombre a la unidad del coeficiente de autoinducción, el henrio. Creó la Institución Smithsoniana, que había proyectado James Smithson, y de la cual fue el primer secretario. || **(O.). Porter (William Sydney).** || **(William).** Físico y químico inglés, n. en Manchester y m. en Pendlebury (1775-1836). Formuló la ley que lleva su nombre, que se enunció así: La cantidad de un gas disuelto por una cantidad dada de líquido es proporcional a la presión. También se expresa en esta forma: El volumen de un gas disuelto por un volumen dado de líquido es independiente de la presión, siempre que el gas no se combine con el líquido, como en el caso del amoniaco y el agua. || **Bell. Geog.** Local. de Argentina, prov. de Buenos Aires, part. de Chivilcoy; 498 h.
Hentey. Geog. Prov. de Mongolia; 82.000 km.² y 40.100 h. Cap., Undur Khan.
heñir. (Del lat. *fingĕre*.) tr. Sobar la masa con los puños, especialmente la del pan.
hepar-. pref. V. **hepat-.**

hepat-, hepato-, hepar-; -hepat-; -hepatía. (Del gr. *hepar, hépatos*.) pref., infijo o suf. que sign. hígado; e. de infijo: *perihepatitis*.
-hepatía. suf. V. **hepat-.**
hepática. fr., *hépatique*; it., *epatica*; i., *liverwort*; a., *Steinleberkraut*. (Del lat. *hepatĭca*, t. f. de *-cus*, hepático.) f. **Bot.** Planta vivaz de la familia de las ranunculáceas, de hasta 10 cm. de alt., con tomento blanco, como de telaraña, en las hojas; flores de 1 a 2 cm., azules, alguna vez blancas o rosadas; involucro de tres brácteas aproximadas a la flor y de seis a nueve sépalos (*anémone hepática*). || **blanca.** La saxifragácea *parnassia palustris*. || **dorada.** La *saxifraga dorada*. || **estrellada.** La rubiácea *aspérula odorata*. || **de las fuentes.** Planta de la clase de las hepáticas, familia de las marcanciáceas, dioica, con tallo foliáceo extendido sobre las superficies húmedas, en cuyo envés hay filamentos rizoides y dos series de hojitas. Es de sabor acre y olor fuerte; se llama también *empeine*, porque se usó para curar esta dolencia y las afecciones del hígado (*marchantia polymorpha*). || **terrestre.** También llamada *musgo canino*, es el nombre vulgar del liquen *peltígera canina*.
hepático, ca. (Del lat. *hepatĭcus*, y éste del gr. *hepatikós*, de *hepar*, hígado.) adj. Que padece del hígado. Ú. t. c. s. || Perteneciente a esta víscera. || **Bot.** Dícese de las plantas briofitas o muscíneas, distintas de los musgos por su generación sexuada, por lo común con el tallete de forma dorsiventral, hojas siempre sin nervios; el esporogonio permanece incluido en las paredes del arquegonio o la atraviesa en el ápice, y por eso no hay cofia o caliptra. || f. pl. Clase de estas plantas que abarca los órdenes de las *anthocerotales, jungermaniales* y *marcanciales*.
hepatitis. fr., *hépatite*; it., *epatite*; i., *hepatitis*; a., *Leberentzündung*. (De *hepat-* e *-itis*.) f. **Pat.** Inflamación del hígado.
hepatización. f. **Pat.** Alteración patológica de un tejido que le da consistencia semejante a la del hígado; como en el pulmón afecto de neumonía.
hepato-. pref. V. **hepat-.**
hepatopáncreas. (De *hepato-* y *páncreas*.) m. **Zool.** Gruesa glándula, aneja al aparato digestivo de los artrópodos, que segrega un jugo digestivo complejo, y que hace las funciones del hígado y del páncreas de los vertebrados.
Hepburn (Audrey). Biog. Actriz de cine y teatro estadounidense, n. en Bruselas en 1929. Obtuvo el Oscar de Hollywood a la mejor actriz (1953) por su interpretación en *Vacaciones en Roma*. Películas: *Oro en barras, Sabrina, Amor al atardecer, Guerra y paz, Ariane, Historia de una monja, Mansiones verdes, Los que no perdonan, Una cara con ángel, Desayuno con diamantes, Charada, Encuentro en París, Mi bella dama, Cómo robar un millón y...*, *Dos en la carretera, Sola en la oscuridad* y *Robin and Marian*. || **, conde de Bothwell (James).** Magnate escocés, m. en Adelersborg (1536-1578). Se casó con María Estuardo, reina de Escocia, a la que antes había perseguido sañudamente. || **(Katharine).**

hepiálido–herbario

Actriz cinematográfica estadounidense, nacida en Hartford, Connecticut, en 1909. En 1934 obtuvo el máximo honor de la Academia de Hollywood por la película *Morning Glory*, y en la Bienal de Venecia del mismo año. Con el mismo premio fue galardonada en 1967 por su interpretación en *Adivina quién viene esta noche*, y con *Un león en invierno* obtiene por tercera vez el Oscar (1968), compartido con Barbra Streisand. Por sus dos últimas películas, la Academia Británica de Cine le otorga el premio como la mejor actriz de 1968. Ha trabajado también en las películas *Mujercitas, María Estuardo, Mar de hierba, Pasión inmortal, La costilla de Adán, La reina de África, Locuras de verano, Faldas de acero, El farsante* y *La loca de Chaillot*.

Katharine Hepburn

hepiálido, da. (Del lat. científico *hepíalus*, gén. tipo de insectos, e *-ido;* aquél del gr. *hepíolos,* polilla que acude a la luz.) adj. **Entom.** Dícese de los lepidópteros heteróceros, mariposas de mediano o gran tamaño, con antenas muy cortas y piezas bucales rudimentarias. ‖ m. pl. Familia de estos lepidópteros.
hept-, hepta-. (Del gr. *heptá.*) pref. que sign. siete.
hepta-. pref. V. **hept-.**
heptacordo. fr., *heptacord;* it., *settaccordo;* i., *heptachord;* a., *Septimenakord, Siebenpsalter.* (Del lat. *heptachordus,* y éste del gr. *heptáchordos;* de *heptá,* siete, y *chordé,* cuerda.) m. **Mús.** Gama o escala usual compuesta de las siete notas *do, re, mi, fa, sol, la, si.* ‖ Intervalo de séptima en la escala musical.
heptaedro. fr., *heptaèdre;* it., *ettaedro;* i., *heptahedron;* a., *Siebenflächner.* (De *hepta-* y *-edro.*) m. **Geom.** Sólido limitado por siete caras.
heptagonal. adj. **Geom.** De figura de heptágono o semejante a él.
heptágono, na. fr., *heptagone;* it., *ettagono;* i., *heptagon;* a., *Siebeneck.* (Del lat. *heptagŏnus,* y éste del gr. *heptágonos;* de *heptá,* siete, y *gonía,* ángulo.) m. **Geom.** Aplícase al. polígono de siete lados. Ú. t. c. s.
heptámetro. (De *hepta-* y *-metro.*) adj. **Poét.** Dícese del verso que consta de siete pies. Ú. t. c. s.
heptano. (De *hept-* y *-ano.*) m. **Quím.** Hidrocarburo saturado de la serie acíclica cuya cadena carbonada está compuesta por siete átomos de carbono, y tiene por tanto la fórmula C_7H_{16}. Se conocen nueve isómeros de este hidrocarburo; el más importante es el llamado *normal,* es decir, aquel cuya estructura lineal no posee ramificaciones. Se encuentra en el petróleo, de donde se obtiene por destilación fraccionada en columnas apropiadas.
heptanoico, ca. (De *heptano* y *-oico.*) adj. **Quím.** V. **ácido heptanoico.**
heptarquía. fr., *heptarchie;* it., *ettarchia;* i., *heptarchy;* a., *Heptarchie.* (De *hept-* y *-arquía.*) f. **Polít.** Gobierno simultáneo o alternativo de siete personas. ‖ País dividido en siete reinos.

heptasilábico, ca. adj. Perteneciente o relativo al heptasílabo.
heptasílabo, ba. fr., *heptasyllabe;* it., *ettasillabo;* i., *heptasyllabous;* a., *Siebensilbig.* (De *hepta-* y *sílaba.*) adj. **Gram.** Que tiene siete sílabas. Ú. t. c. s. ‖ m. **Poét.** Verso de siete sílabas.
her. (Del lat. *facĕre.*) tr. ant. *Sal.* **hacer.**
Hera. Mit. Diosa griega, esposa de Zeus. En la tradición romana es llamada Juno (v.).
Heraclea. Geog. hist. Antigua ciudad de Asia Menor, en Bitinia, actualmente Erekli. ‖ Ciudad próxima a la costa de Lucania, en donde Pirro, rey del Epiro, aliado a los tarentinos, derrotó en 280 a. C. al ejército romano, debido al auxilio de los elefantes con que estaba equipado su ejército, animales desconocidos de los romanos.
Heracles. Mit. Semidiós griego; fue característica su extraordinaria fuerza. En la tradición romana se le denominó Hércules (v.).
heraclida. (Del lat. *heraclidae, -arum,* y éste del gr. *herakleídes;* de *Herakles,* Hércules.) adj. **Mit.** Descendiente de Heracles o Hércules.
Heraclio I. Biog. Emperador de Oriente, n. en Capadocia y m. en Constantinopla (575-641). Venció a Cosroes, rey de los persas, y conquistó Asia Menor hasta el Tigris. ‖ **I.** Rey de Georgia (1648-1710). Educado en Rusia por su tío Alejandro II, merced a la protección de Solimán, señor feudal de Georgia, pudo recuperar el trono de que su abuelo había sido despojado. ‖ **II.** Rey de Georgia, nieto del anterior (1718-1798). Los persas invadieron sus Estados, pero los rechazó con el auxilio que le prestó la emperatriz Catalina de Rusia, que, además, renunció a toda pretensión sobre Georgia.
Heráclito. Biog. Filósofo griego, n. en Éfeso h. 500 a. C. Su vida y su obra (de la que

Heráclito, detalle de *La escuela de Atenas*, por Rafael. Museo Vaticano

sólo nos han llegado fragmentos) aparecen envueltas en relatos legendarios. Expuso los principios de su doctrina en una obra titulada *De la naturaleza.* Opuesto a la concepción de Parménides, afirmaba el cambio como única realidad; así en sus célebres aforismos: «Nada es, todo fluye»; «Nunca bañas dos veces tus pies en el mismo río». Visionario genial, su concepción del devenir ha llegado, a través de Hegel, hasta nuestros días. Su idea del eterno retorno ha ejercido también evidente influencia sobre Nietzsche.
heráldica. (De *heráldico.*) f. Arte del blasón (v.).
heráldico, ca. (De *heraldo.*) adj. **Bl.** Perteneciente al blasón o al que se dedica a esta ciencia. Apl. a pers., ú. t. c. s.

heraldista. fr., *armoriste, blasoneur;* it., *araldista;* i., *armorist;* a., *Wappenkundiger.* com. **Bl.** Persona versada en la heráldica o ciencia del blasón.
heraldo. (Del antiguo alto a. *heriwalto;* de *her,* ejército, y *walten,* cuidar.) m. Rey de armas.
Herard (Charles). Biog. Presidente de la República de Haití, n. en Port Salut (1787-1850). Por medio de una insurrección militar arrojó del poder a Boyer y ocupó su lugar, pero fue a su vez depuesto a los cuatro meses de estar en el ejercicio del cargo.
Heras (Juan Gregorio de Las). Biog. General argentino, n. en Buenos Aires (1780-1866). Tomó parte en la defensa de Buenos Aires contra los ingleses, y hasta 1822 hizo la campaña contra los realistas en Chile y Perú; fue nombrado en 1824 gobernador y capitán general de Buenos Aires, y en 1825 jefe del Poder ejecutivo nacional; dejó el mando en 1826 y se trasladó a Chile, donde permaneció hasta su muerte. ‖ **Geog.** Mun. y villa de España, prov. y p. j. de Guadalajara; 190 h. ‖ Mun. de Venezuela, est. de Zulia, dist. de Sucre; 4.408 h. Cap., San Antonio de Heras. ‖ **(Las).** Depart. de Argentina, prov. de Mendoza; 10.935 km.² y 84.489 h. ‖ Local. cap. del mismo; 67.789 h. ‖ **(Las).** Local. de Argentina, prov. de Santa Cruz, depart. de Deseado; 2.151 h.
Herat o **Harat. Geog.** Prov. noroccidental de Afganistán; 41.561 km.² y 669.000 h. ‖ C. cap. de la misma; 68.000 h.
Hérault. Geog. Depart. de Francia, región de Languedoc, que debe su nombre al río que lo riega; 6.113 km.² y 620.000 h. Cap., Montpellier.
heraute. m. ant. **rey de armas.**
herbáceo, a. fr., *herbacé;* it., *erbaceo;* i., *herbaceous;* a., *krautartig, grasartig.* (Del lat. *herbacĕus.*) adj. **Bot.** Se dice de la parte vegetal, verde, blanda, más gruesa que membranosa y más tierna que coriácea. ‖ Planta en que las fibras y vasos no se lignifican.
herbada. f. **Bot. jabonera de la Mancha.**
herbadgo. (Del lat. *herbatĭcus.*) m. ant. **herbaje,** derecho que se cobra al ganado forastero por el aprovechamiento de los pastos.
herbajar. (De *herbaje.*) tr. Apacentar el ganado en prado o dehesa. ‖ intr. Pacer o pastar el ganado. Ú. t. c. r.
herbaje. fr., *herbage, prairie;* it., *erbaio;* i., *pasture;* a., *Kräuterwerk, Weideplatz.* (Del lat. *herbatĭcus.*) m. **Bot.** Conjunto de hierbas que se crían en los prados y dehesas. ‖ Tela de lana, parda, gruesa, áspera e impermeable, usada principalmente por la gente de mar. ‖ **Der.** Derecho que cobran los pueblos por el pasto de los ganados forasteros en sus términos concejiles y por el arrendamiento de los pastos y dehesas. ‖ **Hist.** Tributo que en la corona de Aragón se pagaba a los reyes al principio de su reinado, por razón y a proporción de los ganados mayores y menores que cada uno poseía.
herbajear. tr. e intr. **herbajar.**
herbajero. m. **Der.** El que toma en arrendamiento el herbaje de los prados o dehesas. ‖ El que da en arrendamiento el herbaje de sus dehesas o prados.
herbal. (Del lat. *herba,* hierba.) adj. *Sal.* Cereal, dicho de plantas o frutos farináceos. Ú. t. c. s.
herbar. tr. Aderezar, adobar con hierbas las pieles o cueros. ‖ ant. Inficionar algo con veneno. ‖ ant. Envenenar a uno.
herbario, ria. (Del lat. *herbarĭus.*) adj. Perteneciente o relativo a las hierbas y plantas. ‖ m. Persona que profesa la botánica. ‖ **Bot.** Colección de hierbas y plantas secas, colocadas según arte entre cristales, o en libros o pape-

les. ‖ **Zool.** Panza del estómago de los rumiantes, primera de las cuatro cavidades en que aquél se divide. ‖ **seco.** *Bot.* **herbario,** colección de plantas secas.

Herbart (Johann Friedrich). *Biog.* Filósofo alemán, n. en Oldemburgo y m. en Gotinga (1776-1841). Autor de un sistema original de filosofía que él llamó el *método de las relaciones,* opuesto al de Kant y, en general, a todos los métodos psicológicos, se distinguió mucho más que como filósofo como pedagogo. Sus obras pedagógicas fundamentales son: *Pedagogía general* y *Bosquejo sobre educación.* La psicología de Herbart aspira a ser una ciencia exacta en la explicación de los fenómenos anímicos.

herbaza. (Del lat. *herbacĕa.*) f. aum. de **hierba.**

herbazal. (De *herbaza.*) m. Sitio poblado de hierbas.

herbecer. (Del lat. *herbescĕre.*) intr. Empezar a nacer la hierba.

herbecica, ta. f. dim. ant. de **hierba.**

herbera. f. ant. Esófago de los rumiantes.

herbero. (Del lat. *herbarĭus.*) m. Esófago o tragadero del animal rumiante. ‖ ant. **Mil.** Soldado que se encargaba de buscar el pasto de las caballerías.

Herbés. *Geog.* Mun. y lugar de España, prov. de Castellón, p. j. de Vinaroz; 231 h.

herbicida. (Del lat. *herba,* hierba, y *-cida.*) adj. *Agr.* Dícese de la substancia química que destruye las malas hierbas. Ú. t. c. s.

herbívoro, ra. fr., *herbivore;* it., *erbivoro;* i., *herbivorous;* a., *Pflanzenfressend.* (Del lat. *herba,* hierba, y *-voro.*) adj. **Biol.** Aplícase a todo animal que se alimenta de vegetales, y más especialmente al que pace hierbas. Ú. t. c. s. m.

herbolar. (Del lat. *herbŭla,* dim. de *herba,* hierba, en la acep. de veneno.) tr. **Bot.** Inficionar algo con veneno. ‖ Envenenar a uno.

herbolaria. (De *herbolario.*) f. ant. Botánica aplicada a la medicina.

herbolario, ria. fr., *herboriste;* it., *erbolaio, erborista;* i., *herbman, herborist;* a., *Kräuterhändler.* (Del lat. *herbŭla,* dim. de *herba,* hierba.) adj. ant. **herbario.** ‖ fig. y fam. Botarate, alocado, sin seso. Ú. t. c. s. ‖ m. **Bot.** El que sin principios científicos se dedica a recoger hierbas y plantas medicinales para venderlas. ‖ El que tiene tienda en que las vende. ‖ Tienda donde se venden hierbas medicinales.

herbolecer. (Del m. or. que el anterior.) intr. ant. Empezar a nacer la hierba.

herbolizar. (Del m. or. que *herbolario.*) intr. ant. **Bot.** Recoger o buscar, para estudiarlas, hierbas y plantas.

herboristería. f. Tienda donde se venden plantas medicinales.

herborización. f. **Bot.** Acción y efecto de herborizar.

herborizador, ra. adj. **Bot.** Que herboriza. Ú. t. c. s.

herborizar. (De *herbolizar.*) intr. **Bot.** Recoger o buscar, para estudiarlas, hierbas y plantas.

herboso, sa. (Del lat. *herbōsus.*) adj. Poblado de hierba.

Herce. *Geog.* Mun. y villa de España, prov. de Logroño, p. j. de Calahorra; 526 h.

herciano, na. (De *hertziano.*) adj. Perteneciente o relativo a las ondas hercianas.

herciniano, na. (De *Harz,* macizo montañoso centroeuropeo.) adj. **Geol.** Dícese del plegamiento que se produjo durante el período carbonífero y que dio lugar a una extensa serie de cordilleras, cuyos restos son hoy todavía sistemas importantes: las Mesetas francesa y española, el Harz alemán, los Vosgos y la Selva Negra, en Europa; el Tíbet, los montes Altai y los de Turquestán, en Asia; los Apalaches, en Norteamérica, etc. También se ha denominado *armoricano* a este plegamiento, tercero de los que afectaron a gran parte del globo.

hercio. (De *hertz.*) m. **Fís.** Unidad de frecuencia. Es la frecuencia de un movimiento vibratorio que ejecuta una vibración cada segundo. Sus múltiplos son el kilohercio y el megahercio, que equivalen respectivamente a mil y a un millón de hercios. En la nomenclatura internacional se escribe *hertz,* a la alemana, y abreviadamente se escribe *Hz.*

hercógamo, ma. (Del gr. *hérkos,* defensa, y *-gamo.*) adj. **Bot.** Dícese de las flores y plantas dotadas de dispositivos especiales que impiden la autofecundación.

herculáneo, a. (Del lat. *herculanĕus.*) adj. ant. **hercúleo.**

herculano, na. (Del lat. *herculānus.*) adj. ant. Perteneciente o relativo a Hércules.

Herculano de Carvalho e Araújo (Alexandre). Historiador, novelista, poeta y polígrafo portugués, n. en Lisboa y m. en Vale de Lobos, Santarém (1810-1877). Es una de las personalidades literarias más atrayentes del s. XIX en Portugal. Su *História de Portugal* (1846-53) es un libro que, a más de instructivo, está redactado con belleza formal impecable. ‖ **Geog. hist.** C. romana, que juntamente con Pompeya fue sepultada por la erupción del Vesubio el 24 de agosto del año 79, durante el reinado del emperador Tito, y que actualmente y gracias a las excavaciones que se están realizando, ha dado datos de gran interés histórico y arqueológico.

hercúleo, a. fr., *herculéen;* it., *erculeo;* i., *herculean;* a., *Herkulisch.* (Del lat. *herculĕus.*) adj. Perteneciente o relativo a Hércules o que en algo se asemeja a él o a sus cualidades.

hércules. (Por alusión a *Hércules,* semidiós, hijo de Júpiter y Alcmena.) m. fig. Hombre de mucha fuerza. ‖ **Entom.** Insecto coleóptero polífago, escarabeido, propio de América del Sur *(dynastes hércules).* ‖ ant. **Pat. epilepsia.**

Hércules. (Nombre de un héroe mitológico.) **Astron.** Constelación boreal sit. entre las de la Lira, el Ofiuco, el Dragón y el Boyero. ‖ **I. Biog.** Duque de Ferrara y de Módena, n. y m. en Ferrara (1433-1505). Sostuvo luchas con los venecianos y fomentó el bienestar de su país. ‖ **II.** Duque de Ferrara y de Módena, n. y m. en Ferrara (1508-1559). Al principio fue partidario de Carlos V, pero luego ingresó en la Liga contra España, siendo nombrado generalísimo del ejército del Papa. ‖ **III.** Duque de Ferrara y de Módena (1727-1803). Fue despojado de sus estados por el tratado de Campoformio. ‖ **Mit.** El *Heracles* griego era hijo de Júpiter y de Alcmena, n. en Tirinto, en Beocia, en el s. XIV a. C. En poco tiempo adquirió corpulencia y fuerzas extraordinarias y se hizo célebre por innumerables hazañas maravillosas, entre las que destacan los doce trabajos que para purificarse le encomendó Euristeo, rey del Peloponeso. Igualmente cuenta la fábula que Hércules separó Europa de África, que estaban unidas por lo que hoy es estrecho de Gibraltar, y comunicó el Mediterráneo con el Atlántico, en memoria de cuyo hecho se colocaron sendas columnas en dos montes sit. uno al N. del estrecho y otro al S., que se han llamado sucesivamente Calpe, Yebel Tarik y Gibraltar, y Abyla o Yebel Muza. Luego de muerto, fue admitido en el Olimpo, donde se casó con Hebe, diosa de la juventud.

herculino, na. adj. ant. Perteneciente o relativo a Hércules.

Herder (Johann Gottfried). *Biog.* Filólogo y escritor alemán, n. en Mohrungen y m. en Weimar (1744-1803). Autor de muchas obras de filosofía y literatura y de una epopeya titulada *El Cid.*

Herculano. Habitación de la casa del mosaico de Neptuno y Anfitrite

heredable. adj. Que puede heredarse.

heredad. fr., *bien-fonds, proprieté;* it., *tenuta;* i., *landed property;* a., *Erbgut.* (Del lat. *haereditas, -atis.*) f. ant. **herencia.** ‖ **Agr.** Porción de terreno cultivado perteneciente a un mismo dueño. ‖ **Der.** Hacienda de campo, bienes raíces o posesiones.

heredado, da. p. p. de **heredar.** ‖ adj. Hacendado en bienes reales. Ú. t. c. s. ‖ Que ha heredado.

heredaje. (De *heredar.*) m. ant. **herencia.**

heredamiento. (De *heredar.*) m. Hacienda de campo. ‖ ant. **herencia.** ‖ **Der.** Capitulación o pacto, comúnmente con ocasión de matrimonio, en que, según el régimen de algunas regiones, se promete la herencia o parte de ella, o se dispone, por pacto entre vivos, la sucesión.

heredanza. (De *heredar*.) f. ant. Hacienda de campo.

heredar. fr., *hériter;* it., *ereditare;* i., *to inherit;* a., *Erben*. (Del lat. *haereditāre*.) tr. Sacar los seres vivos los caracteres anatómicos y fisiológicos que tienen sus progenitores. || fig. Instituir uno a otro por su heredero. || ant. Adquirir la propiedad o dominio de un terreno. || **Der.** Suceder por disposición testamentaria o legal en los bienes y acciones que tenía uno al tiempo de su muerte. || **¿heredástelo, o ganástelo?** expr. proverb. que da a entender la facilidad con que se malgastan los caudales que no ha costado trabajo adquirir.

heredero, ra. fr., *héritier;* it., *erede;* i., *heir;* a., *Erbe*. (Del lat. *haereditarius*.) adj. Dícese de la persona a quien pertenece una herencia por disposición testamentaria o legal. Ú. t. c. s. || Dueño de una heredad o heredades. || fig. Que saca o tiene las inclinaciones o propiedades de sus padres. || **forzoso.** *Der.* El que tiene por ministerio de la ley una parte de herencia, que el testador no le puede quitar ni cercenar sin causa legítima de desheredación.

Heredia (José María). Biog. Poeta cubano, n. en Santiago de Cuba y m. en Toluca (1803-1839). Los sucesos de las guerras de independencia de América, y su propia intervención en proyectos de hacer independiente

José María Heredia

a Cuba, le obligaron a vivir errante. Sus composiciones más famosas son: *Niágara* (1823), *En el Teocali de Cholula* (1820), *Himno del desterrado* (1825), *Epístola a Emilia, En una tempestad, A Bolívar* e *Himno al Sol.* || **(José María de).** Poeta francés, de origen cubano, n. en La Fortuna y m. en el castillo de Bourdonné (1842-1905). Escribió *Los Trofeos* (1892), colección de sonetos, y un poema breve: *Los conquistadores de oro.* Se le considera el más refinado de los poetas parnasianos. || **(Juan Fernández de). Fernández de Heredia (Juan).** || **(Pedro de).** Militar español, n. en Madrid y m. cerca de Cádiz en 1574. Pasó a América y fue gobernador de Santo Domingo y de Nueva Andalucía y fundó las ciudades de Cartagena, Mompós, Maritue y otras. || **Geog.** Prov. central de Costa Rica; 2.900 km.² y 133.844 h. Sus principales productos son: café, caña de azúcar, tabaco y legumbres. || C. cap. de la misma y del cantón Central; 22.700 h. Industria agropecuaria. Activo comercio.

herediano, na. adj. Natural de Heredia, provincia, cantón y ciudad de Costa Rica, o perteneciente a alguna de estas entidades. Ú. t. c. s.

heredípeta. (Del lat. *haeredipĕta;* de *haeres*, heredero, y *petĕre*, pedir, rogar.) com. Persona que con astucias procura proporcionarse herencias o legados.

hereditable. (Del lat. *haereditāre*, heredar.) adj. ant. Que puede heredarse.

hereditario, ria. (Del lat. *haereditarius.*) adj. Perteneciente a la herencia o que se adquiere por ella. || fig. **Biol.** Dícese de los caracteres morfológicos, fisiológicos o psicológicos, representados en los genes, y que, por ello, se transmiten de padres a hijos. Se oponen a ellos los caracteres, «adquiridos» durante la vida individual, que no son transmisibles, como, p. e., el desarrollo muscular por el ejercicio, la amputación de un miembro, etc.

hereford. Zoot. Raza bovina originaria del cond. de Herefordshire, que se caracteriza por ser muy voluminosa, de piel roja, con cabeza y extremidades blancas; de perfil convexo, cuernos levantados y dirigidos hacia atrás.

Vaca de raza hereford

Hereford. Geog. Local. de Argentina, prov. de Buenos Aires, part. de Carlos Tejedor; 374 h. || C. del R. U., en Inglaterra, cond. de Hereford y Worcester, a orillas del Wye; 47.140 h. Catedral construida de 1079 a 1530, que comprende varios estilos. Gran mercado de ganado. || **y Worcester.** Cond. del R. U., en Inglaterra; 3.927 km.² y 585.600 h. Cap., Worcester. Su principal recurso económico es la ganadería. Minas de sal, arcilla y carbón. Industria agropecuaria.

hereja. f. ant. Mujer hereje.

hereje. fr., *hérétique;* it., *eretico;* i., *heretic;* a., *Ketzer*. (Del lat. *eretge*, y éste del lat. *haereticus*.) com. Cristiano que en materia de fe se opone con pertinacia a lo que cree y propone la Iglesia católica. || fig. Desvergonzado, descarado, procaz.

herejía. fr., *hérésie;* it., *eresia;* i., *heresy;* a., *Ketzerei*. (De *hereje*.) f. En términos teológicos, error en materia de fe, sostenido con pertinacia. || fig. Sentencia errónea contra los principios ciertos de una ciencia o arte. || fig. Palabra gravemente injuriosa contra uno. || fig. Daño grave que se infiere a personas o animales.

herejote, ta. m. y f. aum. **de heraje.**

heren. f. Bot. yeros.

herencia. fr., *héritage;* it., *eredità;* i., *inheritance;* a., *Erbschaft*. (Del lat. *herens, -entis*, heredero.) f. Derecho de heredar. || Conjunto de bienes, derechos y obligaciones que, al morir una persona, son transmisibles a sus herederos o a sus legatarios. || **Biol.** Conjunto de caracteres anatómicos y fisiológicos que los seres vivos heredan de sus progenitores. (V. **mendelismo, genética** y **ácido desoxirribonucleico.**) || **yacente.** *Der.* Aquella en que no ha entrado aún el heredero.

Herencia. Geog. Mun. y villa de España, prov. de Ciudad Real, p. j. de Alcázar de San Juan; 8.212 habitantes *(herencianos)*. Quesos manchegos.

Herencias (Las). Geog. Mun. de España, prov. de Toledo, p. j. de Talavera de la Reina; 1.360 h. || Lugar cap. del mismo; 940 h. *(herencianos).*

Heres. Geog. Dist. de Venezuela, est. de Bolívar; 130.455 h. Cap., Ciudad Bolívar.

heresiarca. fr., *hérésiarque;* it., *eresiarca;* i., *heresiarch;* a., *Sektierer*. (Del lat. *haeresiarcha*, y éste del gr. *hairesiárches;* de *hairesis*, herejía, y *árcho*, ser el primero, mandar.) m. Rel. Autor de una herejía. || Jefe de una secta de herejes.

heretical. adj. Perteneciente a la herejía o al hereje.

hereticar. (De *herético*.) intr. ant. Sostener con pertinacia una herejía.

herético, ca. fr., *hérétique;* it., *eretico;* i., *heretical;* a., *häretisch, ketzerisch*. (Del lat. *haereticus*, y éste del gr. *hairetikós*, de *hairéo*, tomar, robar.) adj. Rel. Perteneciente a la herejía o al hereje.

herga. f. *Méj.* jerga, tela.

Herguijuela. Geog. Mun. y villa de España, prov. de Cáceres, p. j. de Trujillo; 695 habitantes. || **(La).** Mun. y lugar de España, prov. de Ávila, p. j. de Piedrahíta; 233 h. || **del Campo.** Mun. de España, prov. y p. j. de Salamanca; 311 h. || Lugar cap. del mismo; 157 h. || **de Ciudad Rodrigo.** Mun. de España, prov. de Salamanca, p. j. de Sequeros; 315 h. || Lugar cap. del mismo; 180 h. || **de la Sierra.** Mun. de España, prov. de Salamanca, p. j. de Béjar; 590 h. || Villa cap. del mismo; 490 h.

heria. f. ant. feria. || *Germ.* Conjunto de bribones. || Vida de bribones.

Heriat (Philippe). Biog. Payelle (Raymond).

Heriberto I. Biog. Rey de los lombardos, m. en 661. Desterró de sus Estados el arrianismo y estableció el catolicismo. || **II.** Rey de los lombardos, m. en 712. Fue destronado por Ausprando y m. ahogado en un río. || **II.** Conde de Bermandois, m. en 942. Se distinguió, sobre todo, por su victoria sobre Carlos *el Simple,* al que tomó prisionero y tuvo encerrado hasta su muerte en el castillo de Péronne.

herida. fr., *blessure;* it., *ferita;* i., *wound;* a., *Wunde*. (De *herir*.) f. Rotura que se hace en las carnes con un instrumento, o por efecto de un fuerte choque con un cuerpo duro. || Golpe de las armas blancas al tiempo de herir con ellas. || fig. Ofensa, agravio. || fig. Lo que aflige y atormenta al ánimo. || **Cetr.** Paraje donde se abate la caza de volatería, perseguida por un ave de rapiña. || **contusa.** *Léx.* La causada por contusión. || **penetrante.** *Cir.* La que llega a lo interior de alguna de las cavidades del cuerpo. || **punzante.** *Léx.* La producida por un instrumento o arma, agudos y delgados.

herido, da. p. p. de **herir.** || adj. Con el adv. *mal,* gravemente herido. Ú. t. c. s. || ant. **sangriento,** que causa efusión de sangre. || m. *Chile.* Mal usado por zanja para los cimientos.

heridor, ra. adj. Que hiere.

heril. (Del lat. *herīlis;* de *herus,* amo.) adj. Perteneciente o relativo al amo. || m. *Gran.* Alferecía o eclampsia.

herimiento. m. desus. Acción y efecto de herir. || desus. Concurso de vocales que forman una sílaba o sinalefa.

herir. fr., *blesser;* it., *ferire;* i., *to wound;* a., *verwunden*. (Del lat. *ferīre*.) tr. Romper o abrir las carnes de una persona o de un animal con un arma u otro instrumento. || Dañar a una persona o a un animal produciéndole una contusión. || Romper un cuerpo vegetal. || Dar contra una cosa, chocar con ella. || En relación con ciertas armas arrojadizas y proyectiles que cruzan el aire, henderlo con un rehilamiento o zumbido trémulo. || Tocar instrumentos de cuerda o pulsar teclas o algunos instrumentos metálicos. || Cargar más la voz o el acento sobre una nota o sílaba; hacer sonar una o varias notas; articular uno o varios fonemas. ‖ Apoyarse uno o varios fonemas sobre otro, formando sílaba con él. ‖ Alumbrar a uno o a una cosa, alcanzarle la luz, especialmente la del sol. ‖ Atacar a alguno una enfermedad. ‖ Alcanzar o impresionar a uno de los sentidos, especialmente al del oído. ‖ Causar impresión en el ánimo o en alguna facultad anímica, como la fantasía, la atención, etc. ‖ Mover o excitar el ánimo alguna pasión o sentimiento, frecuentemente doloroso; afligir, atormentar el ánimo. ‖ Ofender o agraviar, especialmente con palabras o escritos. ‖ Tocar el punto esencial de una cuestión. ‖ intr. ant. Con la prep. *de*, y hablando de pie o mano, contraer temblor.

Herisau. Geog. C. de Suiza, cap. del est. de Rhodes Exterior; 14.597 h.

Héristal. Geog. Herstal.

Herlitzka. Geog. Local. de Argentina, prov. de Corrientes, depart. de San Luis del Palmar; 527 h. Ganadería. Explotación de bosques.

herma. (Del lat. *herma* y *hermes*, y éste del gr. *Hermes*, Mercurio.) m. Esc. Busto sin brazos colocado sobre un estípite.

Herma de Antístenes. Museo del Vaticano

hermafrodismo. (Del fr. *hermaphrodisme*.) m. Biol. hermafroditismo.

hermafrodita. (De *hermafrodito*.) adj. Que tiene los dos sexos. ‖ Dícese del individuo de la especie humana cuyas anomalías anatómicas dan la apariencia de la reunión de los dos sexos. Ú. t. c. s. ‖ **Biol.** Dícese del organismo que, normal o anormalmente, posee órganos reproductores femeninos y masculinos. Se denomina también *monoico* o *sinoico*, y es el resultado de no producir durante el período embrionario el proceso que convierte un embrión indiferenciado en macho o en hembra. (V. **hermafroditismo.**) ‖ Bot. Aplícase a los vegetales cuyas flores reúnen en sí ambos sexos; esto es, los estambres y el pistilo, y también a estas flores. ‖ **Zool.** Dícese de ciertos animales invertebrados que tienen entrambos sexos.

hermafroditismo. fr., *hermaphrodisme*; it., *ermafrodismo*; i., *hermaphrodism*; a., *Doppelgeschlechtigkeit*. (De *hermafrodita* e *-ismo*.) m. Biol. Calidad de hermafrodita.

hermafrodito. (Del lat. *hermaphrodītus*, y éste del gr. *Hermaphródītos*, Hermafrodito; de *Hermes*, Mercurio, y *Aphrodíte*, Venus.) m. hermafrodita.

hermana. (De *hermano*.) f. Germ. Camisa, prenda de vestido interior. ‖ pl. Germ. Las tijeras. ‖ Germ. Las orejas. ‖ **hermana de la cari-** **dad.** Rel. Religiosa de alguna de las congregaciones o institutos fundados en la Regla de San Vicente de Paúl. ‖ **hija de la Caridad.** ‖ fig. Léx. Persona ingenua y buena. Ú. m. en dim.: *fulano es una* **hermanita de la caridad.**

hermanable. adj. Perteneciente al hermano o que puede hermanarse.

hermanablemente. adv. m. Fraternalmente, uniformemente, en consonancia.

hermanado, da. p. p. de hermanar. ‖ adj. fig. Igual y uniforme en todo a una cosa.

hermanal. (De *hermano*.) adj. Propio de hermanos.

hermanamiento. f. Acción y efecto de hermanar o hermanarse.

hermanar. fr., *joindre, fraterniser*; it., *affratellare*; i., *to join*; a., *verbrüdern*. tr. Unir, juntar, uniformar. Ú. t. c. prnl. ‖ Hacer a uno hermano de otro en sentido místico o espiritual. Ú. t. c. prnl.

Hermanas (Las). Geog. Local. de Argentina, prov. de Buenos Aires, part. de Laprida; 256 h.

hermanastro, tra. fr., *demi-frère*; it., *fratellastro*; i., *half-brother*; a., *Halbbruder*. (desp. de *hermano*). m. y f. Hijo de uno de los dos consortes con respecto al hijo del otro.

hermanazgo. (De *hermano*.) m. **hermandad.**

hermandad. fr., *fraternité*; it., *fratellanza*; i., *fraternity*; a., *Brüderschaft*. (Del lat. *germanĭtas, -ātis*.) f. Relación de parentesco que hay entre hermanos. ‖ fig. Amistad íntima; unión de voluntades. ‖ fig. Correspondencia que guardan varias cosas entre sí. ‖ fig. **cofradía,** congregación de devotos. Fueron iniciadas en España con las de Sevilla de Semana Santa, allá por el año 1568. ‖ fig. Privilegio que a una o varias personas concede una comunidad religiosa para hacerlas por este medio participantes de ciertas gracias y privilegios. ‖ ant. fig. Liga, alianza o confederación entre varias personas. ‖ ant. fig. Gente aliada y confederada. ‖ ant. fig. **sociedad,** agrupación de personas para determinado fin.

Hermandad de Campoo de Suso. Geog. Mun. de España, prov. de Santander; p. j. de Reinosa; 2.477 h. Corr. 123 a la cap., el lugar de Espinilla. ‖ **(Santa).** Hist. Santa Hermandad.

hermandarse. (De *hermandad*.) prnl. ant. Juntar, unir, uniformar. ‖ Hacer a uno hermano de otro en sentido místico o espiritual. ‖ ant. Hacerse hermano de una comunidad religiosa.

hermandino. m. Hist. Individuo de la hermandad popular que en el s. XII defendió la causa de doña Urraca contra el obispo Gelmírez, y a fines del s. XV y comienzos del XVI se alzó en Galicia contra la dominación señorial.

hermanear. intr. Dar el tratamiento de hermano; usar de este nombre hablando o tratando con uno.

hermanecer. intr. Nacerle a uno un hermano.

hermanía. f. ant. germanía.

hermanita. f. dim. de **hermana.** ‖ **de los pobres.** Rel. Religiosa perteneciente a la Congregación de Hermanitas de los Pobres.

hermanito. m. dim. de **hermano.** ‖ **de Jesús.** Rel. Religioso perteneciente al Instituto de los Hermanitos de Jesús (v.).

hermano, na. fr., *frère, soeur*; it., *fratello, sorella*; i., *brother, sister*; a., *Bruder, Schwester*. (Del lat. *germānus*.) m. y f. Persona que con respecto a otra tiene los mismos padres, o solamente el mismo padre o la misma madre. ‖ Tratamiento que mutuamente se dan los cuñados. ‖ Lego o donado de una comunidad regular. ‖ fig. Persona que con respecto de otra tiene el mismo padre que ella en sentido moral; como un religioso respecto de otros de su misma orden, o un cristiano respecto de los demás fieles de Jesucristo. ‖ fig. Persona admitida por una comunidad religiosa a participar de ciertas gracias y privilegios. ‖ fig. Individuo de una hermandad o cofradía. ‖ fig. **hermano de la Doctrina Cristiana.** ‖ fig. Una cosa respecto de otra a que es semejante. ‖ **(medio).** Léx. Una persona con respecto a otra que no tiene los mismos padres, sino solamente el mismo padre o la misma madre. ‖ **bastardo.** El habido fuera de matrimonio, respecto del legítimo. ‖ **carnal.** El que lo es de padre y madre. ‖ **coadjutor.** En los regulares de la Compañía de Jesús, coadjutor temporal. ‖ **consanguíneo. hermano de padre.** ‖ **de la Doctrina Cristiana.** Rel. hermano de las Escuelas Cristianas. ‖ **de las Escuelas Cristianas.** Religioso perteneciente al Instituto de los Hermanos de las Escuelas Cristianas (v.). ‖ **de leche.** Léx. Hijo de una nodriza respecto del ajeno que ésta crió, y viceversa. ‖ **de madre.** Persona que respecto de otra tiene la misma madre, pero no el mismo padre. ‖ **mayor.** Nombre que se da en algunas codradías o asociaciones pías al presidente o presidenta. ‖ **de padre.** Persona que respecto de otra tiene el mismo padre, pero no la misma madre. ‖ **del trabajo. ganapán,** hombre que gana la vida llevando cargas o cosas a otro lugar. ‖ **uterino. hermano de madre.** ‖ **hermanos separados.** Rel. Nombre que se da a los protestantes y cristianos ortodoxos que en un tiempo estuvieron unidos a los católicos romanos, respecto de éstos. ‖ **siameses.** Biol. y Terap. Nombre con que se designó a dos hermanos gemelos unidos por una membrana a la altura del pecho. Llamábanse *Chang y Eng*; n. en Siam en 1811 y m. en Nueva York en 1874, con un intervalo de dos horas el uno del otro. Se hallaban casados con dos inglesas que les dieron numerosos hijos. ‖ Se da este nombre, p. ext., a todos los mellizos que nacen unidos.

hermanuco. (De *hermano*.) m. desp. **donado,** el que pertenece a una orden religiosa en calidad de sirviente pero sin profesar.

Hérmedes de Cerrato. Geog. Mun. y villa de España, prov. y p. j. de Palencia; 301 h.

Hermenegildo (San). Biog. Mártir y príncipe de los visigodos. Abrazó el catolicismo, por lo que se enemistó con su padre Leovigildo, quien, ciego de ira, al ver que eran infructuosas cuantas tentativas hizo para disuadirle sus ideas, lo mandó decapitar el 13 de abril de 586, en cuyo día se celebra su fiesta. ‖ **Galeana.** Geog. Mun. de Méjico, est. de Puebla; 4.652 h. Cap., Bienvenido. ‖ **(Orden de San).** Hist. Fundada por Fernando VII el 21 de noviembre de 1814 para recompensar la constancia en el servicio peculiar de las armas.

hermeneuta. com. Persona que profesa la hermenéutica.

hermenéutica. (Del gr. *hermeneutiké*, t. f. de *-kós*, hermenéutico.) f. Arte de interpretar textos para fijar su verdadero sentido, y especialmente el de interpretar los textos sagrados.

hermenéutico, ca. (Del gr. *hermeneutikós*, de *hermeneúo*, interpretar, explicar.) adj. Perteneciente o relativo a la hermenéutica.

Hermes. Mit. En Grecia fue inicialmente símbolo de la fecundidad. De este primitivo símbolo se formó el dios de igual nombre que figuraba en el Olimpo y era el mensajero divino. En la mitología romana se le llamó Mercurio (v.).

herméticamente. adv. m. De manera hermética.

hermeticidad. f. Calidad de hermético, cerrado, impenetrable.

hermético, ca. fr., *hermétique*; it., *ermetico*; i., *hermetical*; a., *hermetisch*. adj. Aplícase a las especulaciones, escritos y partidarios que en distintas épocas han seguido ciertos libros de alquimia atribuidos a Hermes, filósofo egipcio que se supone vivió en el s. XX a. C. ‖ Dícese de lo que cierra una abertura de modo que no permita pasar el aire ni otra materia gaseosa. ‖ fig. Impenetrable, cerrado, aun tratándose de cosas inmateriales.

hermetismo. (De *Hermes*, filósofo egipcio.) m. Calidad de **hermético**, impenetrable, cerrado.

Hermigua. Geog. Mun. de España, prov. de Santa Cruz de Tenerife, en la isla de la Gomera, p. j. de San Sebastián de la Gomera; 3.211 h. ‖ Lugar cap. del mismo; 674 h.

Hermilio Valdizán. Geog. Dist. de Perú, depart. de Huánuco, prov. de Leoncio Prado; 1.828 h. ‖ Pueblo cap. del mismo; 433 h.

Hermione o **Ermioni.** Geog. Pobl. de Grecia, nomo de Argólida, en el Peloponeso, a orillas del mar Egeo; 2.868 h. Puerto. Pirita de hierro. Ruinas del templo de Poseidón. ‖ **Mit.** Hija de Menelao y Helena, que casó con Pirro, y, asesinado éste, contrajo segundas nupcias con Orestes.

Hermisende. Geog. Mun. de España, prov. de Zamora, p. j. de Puebla de Sanabria; 848 h. ‖ Lugar cap. del mismo; 313 h.

Charles Hermite, medalla por J. C. Chaplain (1892). Museo Lázaro Galdiano. Madrid

Hermite (Charles). Biog. Matemático francés, n. en Dieuze y m. en París (1822-1901). Profesor de la Escuela Politécnica de París, de la Facultad de Ciencias y de la Escuela Normal Superior de la misma ciudad, demostró que el número *e*, base de los logaritmos neperianos, no es raíz de ninguna ecuación algebraica, de coeficientes racionales, cualquiera que sea su grado. Partiendo de esto, pudo demostrar Lindemann la imposibilidad de la cuadratura del círculo con regla y compás.

hermodátil. (Del gr. *hermodáktylos*; de *Hermes*, Mercurio, y *dáktylos*, dedo.) m. **quitameriendas**. Ú. m. en pl.

Hermópolis. Geog. C. de Grecia, región de Islas del Egeo, cap. del nomo de Cícladas; 13.460 h.

hermosa del día. Bot. Nombre vulgar de la liliácea *funkia subcordata*.

hermosamente. adv. m. Con hermosura. ‖ fig. Con propiedad y perfección.

hermoseador, ra. adj. Que hermosea. Ú. t. c. s.

hermoseamiento. m. Acción y efecto de hermosear.

hermosear. fr., *embellir*; it., *abbellire*; i., *to embellish*; a., *verschönern*. (De *hermoso*.) tr. Hacer o poner hermosa a una persona o cosa. Ú. t. c. prnl. ‖ intr. desus. Ostentar hermosura.

hermoseo. m. p. us. Acción y efecto de hermosear o hermosearse.

hermosilla. f. Bot. Planta campanulácea, que se cultiva en los jardines (*tradúlium caerúleum*).

Hermosilla. Geog. Mun. y villa de España, prov. de Burgos, p. j. de Briviesca; 96 h.

hermosillense. adj. Natural de Hermosillo, cap. del est. mejicano de Sonora, o perteneciente a dicha capital. Ú. t. c. s.

Hermosillo. Geog. Mun. de Méjico, est. de Sonora; 208.164 h. ‖ C. cap. del est. de Sonora y del mun. de su nombre; 176.596 h. (*hermosillenses*). Activo comercio. Producción agrícola y minera. Tiene diversas industrias y es sede episcopal.

hermoso, sa. fr., *beau, belle*; it., *bello, bella*; i., *beautiful, fine*; a., *schön*. (Del lat. *formōsus*.) adj. Dotado de hermosura. ‖ Grandioso, excelente y perfecto en su línea. ‖ Despejado, apacible y sereno. ‖ fam. Dicho de una criatura, significa también robusto, saludable.

Hermoso Campo. Geog. Local. de Argentina, prov. de Chaco, part. de 12 de Octubre; 1.277 h.

hermosura. fr., *beauté*; it., *bellezza*; i., *beauty*; a., *Schönheit*. (De *hermoso*.) f. Belleza de las cosas que pueden ser percibidas por el oído o por la vista. ‖ Por ext., lo agradable de una cosa que recrea por su amenidad u otra causa. ‖ Proporción noble y perfecta de las partes con el todo, y del todo con las partes; conjunto de cualidades que hacen a una cosa excelente en su línea. ‖ Mujer hermosa. ‖ *Venez*. Hinchazón que se produce en las bestias debajo de las quijadas, debida a la ingestión de pastos o aguas en descomposición. ‖ **¡qué hermosura de rebusca**, o **de rebusco!** expr. con que se nota al que con poco trabajo quiere conseguir mucho fruto.

Hernán (Josita). Biog. **Hernández Meléndez** (Josefina). ‖ **-Pérez.** Geog. Mun. y villa de España, prov. de Cáceres, p. j. de Coria; 541 h.

Hernandarias. Biog. **Suárez de Toledo y Sanabria** (Hernando). ‖ Geog. Local. de Argentina, prov. de Entre Ríos, depart. de Paraná; 2.735 h. ‖ Mun. de Paraguay, depart. de Alto Paraná; 34.385 h. ‖ C. cap. del mismo; 2.881 h.

Hernández (Daniel). Biog. Pintor peruano, n. en Hurpay, Huancavelica (1856-1932). Fundó y dirigió la Academia de Bellas Artes de Lima (1918). Autor de telas históricas y bellos desnudos que tituló *Perezosas*. Destacan sus obras: *La recompensa* y *Pierrot*. ‖ (Gregorio). **Fernández** (Gregorio). ‖ (José). Poeta lírico argentino, n. en el caserío de Perdriel y m. en Belgrano (1834-1886). Autodidacto, su infancia y juventud transcurrieron en un ambiente rural, y, ya hombre, su intervención en las luchas civiles le dio el pleno conocimiento de la pampa y sus pobladores, que se trasluce en su magistral poema *Martín Fierro*, obra cumbre de la literatura gauchesca. Poema a la vez lírico y épico, compuesto en sextetos, sus páginas conmueven por la intensidad de sentimiento, gracia criolla y profundidad de concepto. La primera edición apareció en 1872. ‖ (Mateo). Escultor animalista español, n. en Béjar y m. en Meudon (1885-1949). Residió mucho tiempo en Francia. Se le considera como uno de los maestros de la escuela de París. Una de sus últimas obras fue *La osa y el oscno*. Sintió predilección por las materias duras, especialmente la diorita. Al morir dejó sus obras al Estado español. ‖ (Miguel). **Hernández Gilabert** (Miguel). ‖ (Pero). Conquistador español, n. en Ronda h. 1512. Escribió con Cabeza de Vaca *Naufragios y comentarios de Álvar Núñez Cabeza de Vaca* y otras extensas relaciones de gran valor histórico, pues estos documentos contienen, en forma muy detallada, la historia de la conquista del Río de la Plata y del Paraguay. ‖ (Remée de). **Meléndez Galán** (Remée). ‖ **de Alba** (Gregorio). Arqueólogo y etnólogo colombiano, n. en Bogotá en 1904. Especializó sus estudios en la Universidad de París y entre sus obras figuran: *Etnología Guajira* (1935), *Guía Arqueológica de San Agustín* (1943) y *Etnología de los Andes del Sur de Colombia* (1945). ‖ **de Alba** (Guillermo). Historiador y arqueólogo colombiano, n. en Bogotá en 1906. Obras: *La misión de Bolívar en Londres en 1810* (1930), *Recuerdos de la reconquista española* (1935), *Teatro del arte colonial* (1938), *Estampas santafereñas* (1938), *Guía de Bogotá, arte y tradición* (1946) y *El proceso de Nariño a la luz de documentos inéditos* (1958). ‖ **Catá** (Alfonso). Literato cubano, n. en Aldeávila de la Ribera y m. en Río de Janeiro (1885-1940). Publicó: *Cuentos pastorales*; las novelas: *Fuegos fatuos*, *Los frutos ácidos* y *La juventud de Aurelio Zaldívar*, y dio al teatro: *Cabecita loca*, *El bandido* y *En familia*. Murió en accidente de aviación. ‖ **de Córdoba** (Francisco). Militar y explorador español, m. en Nuevo León, Nicaragua (1475-1526). Acompañó a Pedrarias a Panamá, de donde pasó a tomar posesión de Nicaragua; allí se declaró gobernador independiente, y derrotado por Pedrarias, éste lo mandó degollar. ‖ **Gil** (Antonio). Jurista español, n. en Puebla de Alcocer en 1915. Cursó la carrera de Derecho en la Universidad de Salamanca, doctorándose con premio extraordinario en la de Madrid. Catedrático de Derecho Civil de la Universidad Complutense de Madrid, presidente de la Comisión general de Codificación del Ministerio de Justicia, miembro (1960) y presidente (1975) de la Real Academia de Jurisprudencia y Legislación, presidente de la Comisión de Justicia del Plan de Desarrollo Económico y Social (1973), en junio de 1977 fue nombrado por el rey senador y presidente de las Cortes y del Consejo del Reino, cargo en que cesó en diciembre de 1978. En sus obras intenta renovar la Ciencia jurídica y abrirla a las corrientes del pensamiento de la época. ‖ **Gilabert** (Miguel Domingo). Poeta español, n. en Orihuela y m. en Alicante (1910-1942). Fue un autodidacta, componiendo sus primeros versos a los 16 años. En 1930 publica *Pastoril*, su primer poema, siguiendo *Perito en lunas* (1933). En 1934 conoce a Josefina Manresa, que será el amor de su vida, y marcha por segunda vez a Madrid, pero ya con un empleo estable, como colaborador de José María de Cossío en su obra *Los toros*. En esta segunda estancia conoce y traba amistad con Neruda, Alber-

Miguel Hernández Gilabert

ti, Cernuda, Aleixandre y otros. A la muerte de su amigo Ramón Sijé (1935) se manifiesta ya claramente su abandono del catolicismo. Abrazó la causa de la República, colaboró en las Misiones Pedagógicas y tomó, posteriormente, parte activa en el frente. *El rayo que no cesa* (1936) condensa su inspiración amorosa del momento. Durante la guerra es nombrado comisario de Cultura y como tal participa en el II Congreso Internacional de Intelectuales en Defensa de la Cultura (1937) y en el mismo año viaja a la U. R. S. S. para asistir al V Festival de Teatro Soviético. Terminada la guerra civil, es encarcelado, falleciendo de tuberculosis, tras su estancia en varias prisiones, en la de Alicante. En su poesía se notan rasgos campesinos, junto con influencias garcilasistas y gongorinas. Además de las obras citadas escribió, entre otras: *El labrador de más aire* (1937), drama; *Viento del pueblo* (1937), *Teatro en la guerra* (1937), prosa; *Dentro de luz* (1958), prosa; *Cancionero y romancero de ausencias* (1958) y *Los hijos de la piedra* (1959), drama revolucionario sobre los acontecimientos de Asturias en 1934. || **Girón (Francisco).** Capitán aventurero español, n. en Cáceres y m. en Lima (1510-1554). Acompañó a Francisco Pizarro en la conquista de Perú y a Cortés en la de Méjico, para establecerse por fin en tierras peruanas. Seis años después de la muerte de Gonzalo Pizarro, siguió sus huellas, rebelándose contra la Corona de España, levantamiento conocido en la historia con el nombre de *sublevación de Girón*, provocada por el asunto del trabajo de los indios; pero no tuvo éxito y, aprehendido, fue decapitado por traidor a la Corona y alborotador de aquellos reinos. || **Martínez (Maximiliano).** General y político salvadoreño, n. en San Salvador y m. en Jamastran (1882-1966). Ocupó la presidencia de la República de El Salvador desde 1935 hasta 1944, fecha en que fue derrocado. || **-Meléndez y Ballester (Josefina).** Actriz de teatro y cine española, más conocida por *Josita Hernán*, n. en Mahón en 1919. Después de interpretar con éxito diversas obras teatrales, nacionales y extranjeras, pasó al cine, obteniendo el primer premio de Interpretación del Sindicato Nacional del Espectáculo, por su actuación en *La tonta del bote*. Otras películas: *La niña está loca* y *La chica del gato* (1943); *Mi enemigo y yo* (1944), *Ángela es así* (1945), *Un hombre de negocios* (1946), *Viaje de novios* (1947), etcétera. Actualmente es profesora de español en el Conservatorio de París. || **de Oviedo y Valdés (Gonzalo).** Militar, político e historiador español, n. en Madrid y m. en Valladolid (1478-1557). Peleó en Italia y Flandes, pasando en 1514 a América, donde en 1520 ejerció el cargo de gobernador del Darién. Volvió a España para acusar a Pedrarias y se le nombró gobernador de Cartagena. Escribió importantes obras, entre ellas: *De la natural Historia de las Indias* (1526) e *Historia general y natural de las Indias e islas y tierra firme del mar Océano* (1535-1537), reeditada completa por la Academia de la Historia en 1851. || **Tomás (Jesús).** Político español, n. en Murcia y m. en Méjico (1907-1971). Afiliado al partido comunista, fue miembro del Comité Central de las Juventudes Comunistas (1927) y del Partido (1930). Fue ministro de Instrucción Pública y Bellas Artes (1936-38) con Largo Caballero y Negrín. Fue director de *Mundo Obrero* y escribió *Negro y rojo* (1946) y *Yo fui ministro de Stalin* (1953). || Geog. Local. de Argentina, prov. de Entre Ríos, depart. de Nogoyá; 1.035 h.

Hernando. Geog. Local. de Argentina, prov. de Córdoba, depart. de Tercero Arriba; 7.370 h. || Pobl. de Cuba, prov. de Las Villas, en el mun. de Placetas; 2.708 h.

Hernani. Geog. Mun. de España, prov. de Guipúzcoa, p. j. de San Sebastián; 23.338 h. || Villa cap. del mismo; 13.942 h. (*hernanienses*). Minas de carbón, fábricas de papel, almidón, etcétera.

Hernansancho. Geog. Mun. y lugar de España, prov. de Ávila, p. j. de Arévalo; 310 habitantes.

Herne. Geog. C. de la R. F. A., est. de Rin Septentrional-Westfalia; 104.000 h. Castillo-palacio Strünkede. Estatua ecuestre del emperador Guillermo I. Fabricación de maquinaria, productos químicos, cable, ferretería y minas de carbón.

hernia. fr., *hernie;* it., *ernia;* i., *hernia, rupture;* a., *Bruch*. (Del lat. *hernĭa*.) f. Pat. Tumor blando, elástico, sin mudanza de color en la piel, producido por la dislocación y salida total o parcial de una víscera u otra parte blanda, fuera de la cavidad en que se halla ordinariamente encerrada.

herniado, da. adj. Dícese del que padece hernia.

Hernialde. Geog. Mun. y villa de España, provincia de Guipúzcoa, p. j. de Tolosa; 327 habitantes.

Hernialde. Iglesia parroquial

herniaria. (Voz del lat. científico; del lat. *hernĭa*, ruptura.) Bot. Gén. de espermatófitas dicotiledóneas del orden de las centrospermas, familia de las cariofiláceas. La especie más común es *milgranos* o *milengrana*, que crece en los pedregales y arenales y, según creencia popular, cura los cálculos urinarios (*h. glabra*).

herniario, ria. adj. Perteneciente o relativo a la hernia.

hérnico, ca. (Del lat. *hernĭcus*.) adj. Dícese del individuo de un antiguo pueblo del Lacio sometido por los romanos en 486 a. C. Ú. t. c. s. || Perteneciente a este pueblo.

hernioso, sa. (Del lat. *herniōsus*.) adj. Que padece hernia. Ú. t. c. s.

Hero. Mit. Sacerdotisa griega de Afrodita en Sestos, de quien se enamoró Leandro. Éste, para ver a su amada, atravesaba todas las noches el Helesponto a nado, guiándose por una antorcha que Hero encendía en la torre. Una noche, el viento apagó la antorcha y Leandro se ahogó; Hero, al ver el cadáver, que la tempestad había llevado a Sestos, flotando en la orilla, se arrojó desde lo alto de la torre y quedó muerta.

Herodes *el Grande*. Biog. Rey de Judea, nombrado por el Senado romano el año 40 a. C., n. en Ascalón y m. en Jerusalén (73-4 a. C.). De espíritu receloso y cruel, mandó matar a su mujer Mariana, a tres de sus hijos y a numerosos personajes que excitaban sus sospechas. A este rey se debió la degollación de los Inocentes. || **Antipas.** Hijo de Herodes *el Grande* (20 a. C.-30 d. C.). A la muerte de su padre, fue nombrado por Augusto tetrarca de Galilea. Envidioso de su sobrino Agripa, nombrado rey de los judíos por Calígula, trató de suplantarle; pero el emperador, indignado, le desterró a Lyón (Francia) y después a España, en donde murió. A instancias de su cuñada Herodías, con la que se había casado, mandó degollar a San Juan Bautista. || **Filipo I.** Hijo de Herodes *el Grande*, que vivió en el s. I de la era cristiana. Fue el primer marido de Herodías, la que con su asentimiento se divorció de él para casarse con su hermano Herodes Antipas, unión que la ley judía juzgaba incestuosa.

herodiano, na. (Del lat. *herodiānus*.) adj. Perteneciente o relativo a Herodes.

Herodías. Biog. Hija de Aristóbulo y nieta de Herodes *el Grande*, notable por su belleza (7 a. C.-39 d. C.). Se casó primero con Herodes Filipo, su tío, y después con Herodes Antipas, tetrarca de Galilea, hermano de Filipo. Como San Juan Bautista censurase esta unión, Herodías, de acuerdo con su hija Salomé, hizo que su esposo mandara degollarle.

Herodoto o **Heródoto.** Biog. Historiador griego, llamado *el Padre de la Historia*, n. en Halicarnaso de Caria y m. en Atenas (484-425 a. C.). Su obra inmortal, la *Historia*, consta de nueve libros. Comprende los acontecimientos habidos desde los tiempos fabulosos hasta el año 409 a. C.

héroe. fr., *héros;* it., *eroe;* i., *hero;* a., *Heros, Held*. (Del lat. *heros, -ōis*, y éste del gr. *hérōs*.) m. Entre los antiguos paganos, el que creían nacido de un dios o una diosa y de una persona humana, por lo cual se reputaban más que hombre y menos que dios; como Hércules, Aquiles, Eneas, etc. || Varón ilustre y famoso por sus hazañas y virtudes. || El que lleva a cabo una acción heroica. || Personaje principal de todo poema en que se representa una acción, y del épico especialmente. || Cualquiera de los personajes de carácter elevado en la epopeya.

Heroica Alvarado. Geog. C. de Méjico, est. de Veracruz-Llave, cap. del mun. de Alvarado; 15.792 h. || **Caborca.** C. de Méjico, est. de Sonora, cap. del mun. de Caborca; 20.771 habitantes. || **Cárdenas.** C. de Méjico, est. de Tabasco, cap. del mun. de Cárdenas; 15.643 h. || **Córdoba.** C. de Méjico, est. de Veracruz-Llave, cap. del mun. de Córdoba; 78.495 h. || **Guaimas.** C. de Méjico, est. de Sonora, cap. del mun. de Guaimas; 57.492 h. Antes se llamó *Guaymas*. Es uno de los puertos más importantes del litoral del Pacífico en el golfo de California. Producción agrícola, actividad comercial importante y pesca. || **Huamantla. Huamantla.** || **Matamoros.** C. de Méjico, est. de Tamaulipas, cap. del mun. de Matamoros; 137.749 h. || **Nogales.** C. de Méjico, est. de Sonora, cap. del mun. de Nogales; 52.108 h. Hasta julio de 1961 se denominó *Nogales*. || **Puebla de Zaragoza.** C. de Méjico, cap. del est. y mun. de Puebla; 401.603 h. (*angelopolitanos*). Originariamente se llamó Puebla de los Ángeles, y fue conocida también por Angelópolis; después cambió esta denominación por la de *Puebla de Zaragoza*, en honor del general Ignacio Zaragoza, que la defendió de los franceses en 1862, y en mayo de 1966 pasó a llamarse Heroica Puebla de Zaragoza. Es uno de los centros de arquitectura colonial más importantes de Méjico, entre sus edificios descuellan el Palacio del Gobierno, la catedral, el templo de Santo Domingo, de Santa Mónica, Museo de arte religioso, etc. Heroica Puebla es un importante centro de turismo. || **Tlapacoyan.** C. de Méjico, est. de Veracruz-Llave, cap. del mun. de Tlapacoyan; 13.172 h. || **Veracruz.** C. de Méjico, est. de Veracruz-Llave, cap. del mun. de Veracruz; 214.072 h. El más hermoso e importante puerto de Méjico sobre el golfo homónimo, defendido por el histórico castillo de San Juan de Ulúa. Bello parque y alrededores pintorescos. Notable iglesia de San Francisco, Palacio Municipal y Casa de Correos. Se fundó cerca de la primitiva Veracruz, cuyos cimientos puso Hernán Cortés el año 1519. Antes se llamó sólo *Veracruz*, pero debido a la defensa que hizo frente a las escuadras francesa y estadounidense (1838 y 1914), se le añadió el calificativo de *Heroica*. || **Zitácuaro.** C. de Méjico, est. de Michoacán de Ocampo, cap. del mun. de Zitácuaro; 36.911 h.

heroicamente. adv. m. Con heroicidad.

heroicidad. fr., *heroicité;* it., *eroicità;* i., *heroical action;* a., *Heldenmut.* f. Calidad de heroico. || Acción heroica.

heroico, ca. fr., *héroïque;* it., *eroico;* i., *heroic;* a., *heldenmütig.* (Del lat. *heroïcus,* y éste del gr. *heroikós.*) adj. Aplícase a las personas famosas por sus hazañas o virtudes, y, por extensión, dícese también de las acciones. || Perteneciente a ellas. || Aplícase también a la poesía o composición poética en que con brío y elevación se narran o cantan gloriosas hazañas o hechos grandes y memorables. || **a la heroica.** m. adv. Al uso de los tiempos heroicos.

heroida. (Del lat. *herōis, -ĭdis,* heroína, y éste del gr. *herōís.*) f. **Poét.** Composición poética en que el autor hace hablar o figurar a algún héroe o personaje célebre.

heroína. fr., *héroïne;* it., *eroina;* i., *heroine;* a., *Heldin.* (Del lat. *heroïna,* y éste del gr. *heroíne.*) f. Mujer ilustre y famosa por sus grandes hechos. || La que lleva a cabo un hecho heroico. || Protagonista del drama o de cualquier otro poema análogo; como la novela.

heroína. (Del fr. *héroïne.*) f. **Quím.** Éter diacético de la morfina. Llámase así por su efecto enérgico. Polvo cristalino, amargo, blanco y de efecto sedante. Se emplea en inyecciones hipodérmicas para combatir la tos de irritación y la disnea. En la escala de la intensidad, se puede colocar en el cuarto puesto, de menor a mayor: codeína, dionina, papaverina, heroína, morfina. Usada como estupefaciente, es muy peligrosa.

Heroínas Toledo. Geog. Dist. de Perú, depart. de Junín, prov. de Concepción; 1.161 habitantes. Cap., San Antonio de Ocopa.

heroísmo. fr., *héroïsme;* it., *eroismo;* i., *heroism;* a., *Heldenmut.* m. Esfuerzo eminente de la voluntad y de la abnegación, que lleva al hombre a realizar hechos extraordinarios en servicio de Dios, del prójimo o de la patria. || Conjunto de cualidades y acciones que colocan a uno en la clase de héroe. || **heroicidad.**

heroísta. (De *héroe.*) adj. ant. Aplicábase a los poetas épicos. Usáb. t. c. s.

Herón. Biog. Matemático griego de la escuela de Alejandría, que vivió de 284 a 221 a. C. Es autor de numerosos trabajos de geometría y de física, que han llegado muy mutilados hasta nosotros. Entre otros descubrimientos notables, enuncia la fórmula del área de un triángulo en función de sus tres lados.

Heros (Martín de los). Biog. Político y militar español, n. en Manzaneda de la Sierra y m. en Madrid (1783-1859). Tomó parte en el levantamiento de Cabezas de San Juan, y después de ser abolida la Constitución, en 1823, tuvo que emigrar. De regreso en España, fue ministro de la Gobernación.

herpe o **herpes.** fr., *herpès;* it., *erpete;* i., *herpes;* a., *Bläschen, Flechte.* (Del lat. *herpes,* y éste del gr. *hérpes.*) amb. **Pat.** Erupción cutánea, en la mayoría de los casos de carácter agudo, constituida por un grupo de vejiguillas, rodeadas de aréola roja, acompañada de comezón o escozor, que dejan rezumar, cuando se rompen, un humor que, al secarse, forma costras o escamas. Ú. m. en pl. || **zoster.** **Pat.** y *Terap.* **zona.**

herpestes. (Voz del lat. científico; del gr. *herpestés,* rampante.) **Zool.** Gén. de carnívoros vivérridos de la subfamilia de los herpestinos, al que pertenecen las mangostas típicas.

herpestino, na. (De *herpestes.*) adj. **Zool.** Dícese de los mamíferos carnívoros de la familia de los vivérridos, de cuerpo alargado, patas cortas, cola no muy larga, orejas pequeñas y redondeadas y glándulas anales encerradas en bolsas. Son de tamaño mediano o pequeño, viven entre las malezas y se alimentan de pequeños mamíferos y reptiles. Los ejemplos más conocidos son las mangostas y los meloncillos. || m. pl. Subfamilia de estos carnívoros, también llamada de los *icneumones.*

herpete. (Del lat. *herpes, -ētis.*) m. ant. **herpe.**

herpético, ca. (Del lat. *herpesticus,* y éste del gr. *herpestikós.*) adj. **Pat.** Perteneciente al herpe. || Que padece esta enfermedad. Ú. t. c. s.

herpetismo. m. **Pat.** Predisposición constitucional para el padecimiento de erupciones cutáneas o herpes.

herpetología. (Del gr. *herpetón,* reptil, y *-logía.*) f. **Pat.** Tratado sobre el herpe o dartros. || **Zool.** Tratado de los reptiles.

herpetólogo, ga. adj. Dícese de la persona entendida en herpetología. Ú. t. c. s.

herpil. (De *los* [*s*]*erpiles,* del lat. *sirpus,* junco.) m. Saco de red de tomiza, con mallas anchas, destinado a transportar paja, melones, etc.

herrada. (Del lat. *ferrāta,* t. f. de *-tus,* herrado.) adj. V. **aguja herrada.** || f. Cubo de madera, con grandes aros de hierro o de latón, y más ancho por la base que por la boca. || **una herrada no es caldera.** expr. fam. con que, jugando del vocablo, suele uno excusarse cuando ha incurrido en una equivocación o ligero error.

herradero. (De *herrar.*) m. **Veter.** Acción de marcar o señalar con el hierro los ganados. || Sitio destinado para hacer esta operación. || Estación o temporada en que se efectúa.

herrado. (Del lat. *ferrātus,* de hierro.) m. ant. **herrada.**

herrado, da. p. p. de **herrar.** || m. Operación de herrar.

Herradón (El). Geog. Mun. de España, prov. y p. j. de Ávila; 729 h. || Villa cap. del mismo; 369 h.

herrador. fr., *maréchal-ferrant;* it., *maniscalco;* i., *farrier;* a., *Hufschmied.* (De *ferrador.*) m. **Veter.** El que por oficio hierra las caballerías.

herradora. f. fam. Mujer del herrador.

herradura. fr., *fer-à-cheval;* it., *ferro;* i., *horse-shoe;* a., *Hufeisen.* (De *herrar.*) f. **Veter.** Hierro aproximadamente semicircular que se clava a las caballerías en los cascos para que no se les maltraten con el piso. || Resguardo, hecho de esparto o cáñamo, que se pone a las caballerías en pies o manos cuando se deshierran, para que no se les maltraten los cascos. || **Zool.** Murciélago que tiene los orificios nasales rodeados por una membrana en forma de herradura. Vive de preferencia en las cuevas naturales y sitios semejantes, de donde sale al anochecer en busca de los insectos de que se alimenta. Hay varias especies. || **de buey.** *Veter.* **callo,** chapa a modo de herradura. || **de la muerte.** *Léx.* fig. y fam. Ojeras lívidas que se dibujan sobre el rostro del moribundo y son indicios de su próximo fin. Ú. m. en pl. || **hechiza.** *Veter.* La grande y de clavo embutido destinada para el ganado caballar.

Herradura. Geog. Local. de Argentina, prov. de Formosa, cap. del depart. de Laishí; 1.679 h.

herraj. m. **erraj.**

herraje. (De *hierro.*) m. Conjunto de piezas de hierro o acero con que se guarnece un artefacto; como puerta, coche, cofre, etc. || Conjunto de herraduras y clavos con que éstas se aseguran. || *Sant.* Dicho del ganado vacuno, dentadura.

Puerta con herraje. Iglesia románica de Calatañazor (Soria)

herraje. m. Cisco de hueso de aceituna.

Herraméllurí. Geog. Mun. de España, prov. de Logroño, p. j. de Haro; 339 h. || Villa cap. del mismo; 323 h. En sus afueras fue descubierto, en 1967, un cementerio paleocristiano de gran interés arqueológico.

herramental. adj. Dícese de la bolsa u otra cualquier cosa en que se guardan y llevan las herramientas. Ú. t. c. s. m. || m. Conjunto de herramientas de un oficio o profesión.

herramienta. fr., *outil;* it., *utensile;* i., *tool;* a., *Werkzeug.* (Del lat. *ferramenta,* pl. n. de *ferramentum.*) f. Instrumento, por lo común, de hierro o acero con que trabajan los artesanos en las obras de sus oficios. || Conjunto de estos instrumentos. || ant. **herraje,** conjunto de piezas. || fam. Arma blanca, puñal, navaja, faca. || fig. y fam. Cuernos de algunos animales, como el toro y el ciervo. || fig. y fam. Los dientes de la boca de una persona o un animal.

Herrán (Pedro de Alcántara). Biog. General colombiano, n. y m. en Bogotá (1800-1872). Hizo las campañas de la Independencia y se distinguió luego como jefe de las fuerzas leales en las guerras civiles. Electo presidente de la República (1841-45), realizó un buen gobierno. || **(Saturnino).** Pintor mejicano, nacido en Aguascalientes (1887-1918). Ha sido un precursor del arte pictórico autóctono en obras como *Xochimilco, La criolla del mantón* y *Nuestros dioses.* || **Geog.** Municipio de Colombia, depart. de Norte de Santander; 4.895 h. Pobl. cap. del mismo; 926 h.

Martín de los Heros. Ateneo de Madrid

herranza. f. *Col.* Acción de herrar.
herrar. fr., *ferrer;* it., *ferrare;* i., *to shoe horses;* a., *Pferde beschlagen.* (Del lat. *ferrāre.*) tr. Guarnecer de hierro un artefacto. ǁ ant. Poner a uno prisiones de hierro. ǁ Ajustar y clavar las herraduras a las caballerías, o los callos a los bueyes. ǁ Marcar con un hierro candente los ganados, artefactos, etc. ǁ Marcar de igual modo a esclavos y delincuentes. Se hacía para señalar su condición social y también como castigo de estos últimos.
herre que herre. loc. fam. **erre que erre.**
herrén. (Del lat. *farrāgo, -ĭnis.*) m. Forraje de avena, cebada, trigo, centeno y otras semillas que se da al ganado. ǁ f. *Agr.* **herrenal.**
herrenal. m. *Agr.* Terreno en que se siembra el herrén.
herrenar. tr. *Sal.* Alimentar el ganado con herrén.
herreñal. (Del dialect. *herreña,* y éste del la*t. farrāgo, -ĭnis,* alcacel.) m. *Agr.* **herrenal.**
herrera. adj. V. **cuchar herrera.** ǁ f. fam. Mujer del herrero.
Herrera (Carlos). Político guatemalteco (1856-1930). Acaudilló el movimiento que derrocó al presidente Estrada Cabrera (1920) y asumió el poder por mandato de la Asamblea Nacional. En 1921 fue desalojado de la presidencia por el general Orellana. ǁ **(Carlos María).** Pintor uruguayo, n. y m. en Montevideo (1875-1914). Discípulo de Sorolla, se distinguió en retratos y asuntos históricos. Obras: *Artigas sobre la meseta, El grito de Asencio y Artigas frente a Montevideo.* ǁ **(Diego de).** Prelado español, n. en Recas y m. en 1576. En 1561 marchó a Nueva España, y en 1565 a Filipinas. Fundó la villa de Cebú, y con Legazpi, en 1571, la ciudad de Manila. ǁ **(Dionisio).** Político centroamericano, n. en Nicaragua y m. en El Salvador (1783-1850). Constituidas las Provincias Unidas del Centro de América, asumió la jefatura del Estado en Honduras (1824), de la que fue desalojado a raíz de una revolución. Por órdenes de Morazán, marchó a Nicaragua para ocupar asimismo la jefatura del Estado (1829), cargo al que renunció luego de dominar una revolución de los conservadores (1833). ǁ **(Ernesto).** Literato uruguayo, conocido también por el seudónimo de *Ginesillo de Pasamonte,* n. en El Durazno y m. en Montevideo (1886-1917). Escribió poesías, crónicas y narraciones, y en Madrid, donde vivió dos años, publicó: *El pan amargo* y *El caballo del comisario.* Dio al teatro los dramas realistas *Su Majestad el Hambre, El estanque* y *El león ciego.* ǁ **(Fernando de).** Poeta y literato español, n. y m. en Sevilla (1536-1599). Fue beneficiado de una iglesia parroquial de aquella ciudad y, aunque de hábito eclesiástico, no se consagró como sacerdote; con los ingresos de su beneficio vivió modestamente y sin aspiraciones, entregado en absoluto a sus aficiones literarias. Genuino representante de la escuela lírica andaluza, caracterizada por la audacia y riqueza de las metáforas, lo pomposo del estilo y el rebuscamiento de la forma expresiva, se destacó como poeta de altos vuelos y espíritu innovador. Constituyen una parte importante de sus obras las poesías amorosas, inspiradas en Petrarca y Ausias March, y constituidas principalmente por sonetos (1582); pero su gloria está fundamentada en sus canciones, y entre ellas las siguientes: *Himno a la victoria de Lepanto* (1590), *A la muerte del rey Don Sebastián de Portugal, San Fernando* y *A don Juan de Austria.* ǁ **(Francisco).** Pintor español, llamado *el Viejo,* n. en Sevilla y m. en Madrid (1576-1656). Sobresalió en la pintura religiosa, y por el vigor de su estilo, enérgico colorido y originalidad se le llamó *el Miguel Ángel de Sevilla.* ǁ **(Francisco).** Pintor español, hijo del anterior y llamado *el Mozo,* n. en Sevilla y m. en Madrid (1622-1685). Se distinguió también en la pintura religiosa. Se mencionan entre sus obras: *Triunfo de San Francisco* y *El sueño de San José.* ǁ **(Gabriel Alonso de).** Filósofo, matemático y agrónomo español, n. en Talavera de la Reina (h. 1470-h. 1539). Profesor de la Universidad de Salamanca, y más tarde capellán del cardenal Cisneros, se dedicó al estudio de los autores griegos y latinos que escribieron sobre agricultura. Fruto de estos estudios fue su *Obra de agricultura compilada de diversos autores* (Alcalá, 1513), reimpresa numerosas veces. Figura en el Catálogo de Autoridades de la Lengua, publicado por la Academia Española, y hoy da nombre al Patronato de Ciencias Agrícolas y Biología Vegetal del Consejo Superior de Investigaciones Científicas. ǁ **(José Joaquín).** General y político mejicano, n. en Jalapa y m. en Méjico (1792-1854). Fue nombrado el 6 de diciembre de 1843 presidente interino de la República y durante su gobierno tuvo efecto la unión de Tejas a EE. UU. En 1845 fue confirmada su elección, y fue arrojado del poder a fines del mismo año por la revolución que promovió el general Paredes Arrillaga. Elegido Herrera presidente de la República en 3 de junio de 1848, gobernó con honradez y acierto hasta el 15 de enero de 1851. ǁ **(Juan de).** Arquitecto español, n. en Mobellán, cerca de Roiz (Valdáliga), y m. en Madrid (1530-1597). Después de haber sido en su juventud militar, fue nombrado arquitecto mayor de Felipe II, y por encargo de éste dirigió la terminación de El Escorial, como sucesor de Juan Bautista Castello *el Bergamasco.* Aunque siguió la planta trazada por Juan Bautista de Toledo, dejó sentir acusadamente su personalidad, en la que sobresalían más sus cualidades de geómetra que las de artista. Dejó inconclusa la catedral de Valladolid, que hubiera sido su producción mejor y más característica. Al poner el rey a su cuidado todas las obras reales en Aranjuez, Toledo, Madrid, etc., ejerció una verdadera dictadura artística, que cortó los vuelos del plateresco español e imprimió un sello de austeridad a las construcciones, representativo del carácter y del ambiente de la época de Felipe II. ǁ **(Tomás).** General y estadista colombiano, n. en Panamá y m. en Bogotá (1802-1854). Por haberse declarado enemigo de la dictadura, fue encarcelado en 1827, y aunque se le condenó a muerte, le fue conmutada la pena por el destierro. En 1830 regresó a su país, y en 1853 se le nombró para ejercer el poder ejecutivo. ǁ **Campins.** Político venezolano, n. en Acrigua en 1925. Licenciado en Derecho por la Universidad Central de Caracas, ha ejercido como profesor de Historia y Geografía, así como de periodista de gran actividad. A la caída de la dictadura de Pérez Jiménez, el 23 de enero de 1958, Herrera Campins regresa del exilio a su país para integrarse de lleno en la política. En marzo de 1979 es elegido presidente de la nación por un período de cinco años. ǁ **de Jaspedós (Hugo). Hervás y Cobo de la Torre (Gerardo).** ǁ **y Obes (Julio).** Político uruguayo, n. y m. en Montevideo (1842-1912). Ocupó la presidencia de la República de su país de 1890 a 1894. ǁ **Oria (Ángel).** Prelado, periodista y propagandista católico español, n. en Santander y m. en Madrid (1886-1968). Fue abogado del Estado y primer presidente de la Asociación Católica Nacional de Propagandistas (1908-36), organización fundada por el padre Ángel Ayala, así como fundador y primer director (1911) del periódico madrileño *El Debate.* Sintiendo la vocación sacerdo-

Angel Herrera Oria. Jardines de la catedral. Málaga

Monasterio de El Escorial (lado de poniente), por Juan de Herrera

tal, inició los estudios eclesiásticos (1936) en la Universidad de Friburgo de Brisgovia, ordenándose de sacerdote en 1940. Consagrado obispo de Málaga en 1947, regentó esta diócesis hasta 1966, año en que el Papa aceptó la dimisión que, por razones de salud, le había presentado. En 1965 había sido elevado al cardenalato por Pablo VI. Son numerosas las organizaciones y realizaciones que llevó a cabo en su vida, todas de tipo social y católico. Entre sus escritos destacan *La palabra de Cristo, Obras selectas de Ángel Herrera* y numerosos comentarios a las principales encíclicas de Juan XXIII y Pablo VI. || **y Reissig (Julio).** Poeta uruguayo, n. y m. en Montevideo (1875-1910). Perteneció al movimiento modernista, pero llevó sus tendencias hasta muy cerca de lo que después se ha llamado literatura de vanguardia. Sus *Obras completas* se publicaron en 1913. Sus mejores versos se hallan en la serie *Los éxtasis de la montaña* y *Los peregrinos de piedra*. || **y Tordesillas (Antonio de).** Humanista español, n. en Cuéllar y m. en Madrid (1559-1625). Cronista de Indias y de Castilla, escribió *Décadas o Historia general de hecho de los castellanos en las islas y tierra firme del mar Océano* (1601). || **Geog.** Local. de Argentina, prov. de Entre Ríos, depart. de Uruguay; 762 h. || Local. de Argentina, prov. de Santiago del Estero, depart. de Avellaneda; 1.685 h. || Mun. y villa de España, prov. de Sevilla, p. j. de Osuna; 4.941 h. (*herrereños*). Cereales y aceites. Fabricación de aguardientes. || Prov. central de Panamá; 2.427 km.² y 72.549 h. Cap., Chitré. || **(La).** Mun. de España, prov. y p. j. de Albacete; 570 h. || Villa cap. del mismo; 475 h. || **de Alcántara.** Mun. de España, prov. de Cáceres, p. j. de Valencia de Alcántara; 828 h. || Villa cap. del mismo; 691 h. || **del Duque.** Mun. de España, prov. de Badajoz, p. j. de su nombre; 4.265 h. || Villa cap. del mismo y del p. j.; 3.853 h. (*herrereños*). || **de los Navarros.** Mun. y villa de España, prov. de Zaragoza, p. j. de Daroca; 1.089 h. (*herrerinos*). || **de Pisuerga.** Mun. de España, prov. de Palencia, p. j. de Carrión de los Condes; 3.190 h. || C. cap. del mismo; 2.693 h. || **de Soria.** Mun. y lugar de España, prov. de Soria, p. j. de Burgo de Osma; 128 h. || **de Valdecañas.** Mun. y villa de España, prov. y p. j. de Palencia; 286 h. || **Vegas.** Local. de Argentina, prov. de Buenos Aires, part. de Hipólito Yrigoyen; 4.620 h.

Herreras (Los). Geog. Mun. de Méjico, est. de Nuevo León; 4.141 h. || Villa cap. del mismo; 2.509 h.

herrería. fr., *ferrerie, forge*; it., *fucina, ferriera*; i., *iron-works*; a., *Eisenhammer, Eisenhütte*. (De *ferrería*.) f. Oficio de herrero. || Taller en que se funde o forja y se labra el hierro en grueso. || Taller de herrero. || Tienda de herrero. || fig. Ruido acompañado de confusión y desorden; como el que se hace cuando algunos riñen o se acuchillan.

Herrería. Geog. Mun. y lugar de España, prov. de Guadalajara, p. j. de Molina; 113 h.

herreriano, na. adj. Relativo o referente a Herrera. Dícese, casi exclusivamente, aludiendo a la poesía de Fernando de Herrera y al estilo arquitectónico de Juan de Herrera.

Herrerías. Geog. Mun. de España, prov. de Santander, p. j. de San Vicente de la Barquera; 1.227 h. Corr. 373 a la cap., el lugar de Bielba.

herrerillo. (dim. de *herrero*, por el chirrido metálico del canto.) m. **Zool.** Pájaro de la familia de los páridos, congénere del carbonero, pero más pequeño (unos 7 cm. de long., más 5 de cola), con una mancha azul rodeada de blanco en la cabeza y el plumaje del cuerpo azul, negro, amarillo y blanco. Vive en los bosques europeos y del O. de Asia y, aunque esencialmente insectívoro, se alimenta asimismo de frutos. Se le llama también *herrerillo común (parus caerúleus).*

herrero. fr., *forgeron*; it., *fabbro*; i., *smith*; a., *Schmied*. (Del lat. *ferrarius*.) m. El que tiene por oficio labrar el hierro. || **Chile.** Mal usado por **herrador.** || **Zool.** *Brasil*. Pájaro del suborden de los tiranoideos, familia de los cotíngidos, cuyos machos son de plumaje blanco y denso, excepto en la garganta y mejillas, que son implumes y de color verde cobrizo; ojos plateados y pico negro y grueso. Las hembras son verdosas y rayadas. Es frugívoro, vive en la selva, en grupos sobre los árboles, y lanza gritos parecidos a martillazos sobre el yunque *(prócnius nudicollis).* || **de grueso.** *Léx.* El que trabaja exclusivamente en obras gruesas; como balcones, arados, calces de coche, etc.

herrero. m. *Germ.* apóc. de **herreruelo,** capa.

herrerón. m. desp. Herrero que no sabe bien su oficio.

Herreros. Geog. Mun. y lugar de España, prov. y p. j. de Soria; 203 h. || **de Suso.** Mun. y villa de España, prov. de Ávila, p. j. de Piedrahíta; 549 h.

Herreruela. Geog. Mun. y lugar de España, prov. de Cáceres, p. j. de Valencia de Alcántara; 967 h. || **de Castillería.** Mun. y lugar de España, prov. de Palencia, p. j. de Cervera de Pisuerga; 59 h. || **de Oropesa.** Mun. y lugar de España, prov. de Toledo, p. j. de Talavera de la Reina; 891 h.

herreruelo. m. dim. de **herrero.** || **Mil.** Soldado de la antigua caballería alemana, cuyas armas defensivas, a saber: peto, espaldar y celada, que le cubría el rostro, eran de color negro; las ofensivas eran venablos, martillos de agudas puntas y dos arcabuces pequeños colgados del arzón de la silla. || **Zool.** Pájaro de la familia de los páridos, de 12 cm. de largo desde la punta del pico hasta la extremidad de la cola, y 17 cm. de envergadura; el plumaje del macho es negro en el dorso, cabeza y cola, y blanco en la frente, pecho y abdomen y parte de las alas; la hembra es de color plomizo por el lomo y blanquecino por el vientre. Se le llama también *carbonero garrapinos (parus áter).*

herreruelo. (Del a. *feier hülle*, manto de gala.) m. Capa corta con cuello y sin capilla.

herrete. m. dim. de **hierro.** || Cabo de alambre, hojalata u otro metal, que se pone a las agujetas, cordones, cintas, etc., para que puedan entrar fácilmente por los ojetes. Los hay también de adorno, labrados artísticamente, y se usan en los cabos de los cordones militares, de los de librea y de algunos lazos que llevan las damas.

herretear. tr. Echar o poner herretes a las agujetas, cordones, cintas, etc. || ant. Marcar o señalar con un instrumento de hierro.

herrezuelo. m. Pieza pequeña de hierro.

herrial. adj. **Bot.** Dícese de la vid que produce la uva herrial y del viñedo de esta especie.

herrín. (Del lat. *ferrīgo, -ĭnis*, por *ferrūgo, -ĭnis*.) m. Orín del hierro o herrumbre.

Herrín de Campos. Geog. Mun. y villa de España, prov. de Valladolid, p. j. de Medina de Rioseco; 444 h.

Herriot (Édouard). Biog. Político y escritor francés, n. en Troyes y m. en Saint-Genis-Laval (1872-1957). Fue presidente del Consejo de Ministros (1924-25 y 1932) y presidente de la Cámara de Diputados (1926-27 y 1936-42); durante la S. G. M. fue arrestado por el Gobierno de Vichy y reducido a prisión en Alemania (1944-45). Después fue presidente de la Asamblea Nacional (1947-54), de la que se le designó presidente de honor al renunciar al cargo y a la política por motivos de salud; presidente del Comité de la Unión Europea (1948), y rehusó la presentación de su candidatura para la presidencia de la República (1953). Ostentó la presidencia del partido radical, a la que renunció en 1951. Perteneció a la Academia Francesa. Obras: *Madame Récamier y sus amigos* (1904), *En la selva normanda* (1925), *La vida de Beethoven* (1929) y *Lyón ya no existe* (1939-40).

herrojo. (Del lat. *verucŭlum*, infl. por *ferrum*, hierro.) m. ant. **cerrojo.**

herrón. (De *hierro*.) m. Tejo de hierro con un agujero en medio, que, en el juego antiguo llamado también herrón, se tiraba desde cierta distancia, con objeto de meterlo en un clavo hincado en la tierra. || Arandela para evitar el roce entre dos piezas. || Barra grande de hierro, que suele usarse para plantar álamos, vides, etc. || *Col.* Hierro o púa del trompo o peón.

Édouard Herriot

Patio de herrería, por Lucas Villamil. Colección particular. Madrid

herronada. f. Golpe dado con herrón, barra de hierro. || fig. Golpe violento que dan algunas aves con el pico.

herropea. (Del lat. *ferrum*, hierro, y *pes, pedis*, pie.) f. ant. Traba de los presos en las galeras o grillete. || Traba o trabón que se pone a las caballerías.

herropeado, da. (De *herropea*.) adj. ant. Que tiene los pies sujetos con prisiones de hierro.

herrugento, ta. (Del lat. *ferrūgo, -ĭnis*, herrumbre.) adj. ant. Que tiene herrumbre.

herrugiento, ta. (De *herrugento*.) adj. ant. Que tiene herrumbre.

herrumbe. m. *Chile*. barb. por **herrumbre**.

Herrumblar (El). Geog. Mun. y villa de España, prov. de Cuenca, p. j. de Motilla del Palancar; 975 h.

herrumbrar. (Del lat. *ferrumināre*.) tr. Producir herrumbre.

herrumbre. fr., *rouille*; it., *ruggine*; i., *rust*; a., *Rost*. (Del lat. *ferrūmen*.) f. Óxido del hierro. || Gusto o sabor que algunas cosas toman del hierro; como las aguas, etc. || **Bot.** Roya, pequeño hongo de los vegetales.

herrumbroso, sa. adj. Que cría herrumbre o está tomado de ella. || De color amarillo rojizo.

herrusca. (De *hierro*.) f. ant. Arma vieja, por lo común, espada o sable.

Herschel (Friedrich Wilhelm). Biog. Astrónomo inglés, de origen alemán, n. en Hannóver y m. en Slough (1738-1822). Construyó en 1774 un telescopio de 18 cm. de abertura, con el cual descubrió a Urano, el 13 de marzo de 1781, el primero de los planetas mayores no conocido por los antiguos, lo que le valió ser nombrado astrónomo real y miembro de la Real Sociedad. Simultaneó sus observaciones astronómicas con la construcción de telescopios, cada vez mayores, muchos de los cuales vendió; y finalmente, en 1789, construyó uno, muy famoso, de 12 m. de long. Con él descubrió los satélites Mimas y Encelado, de Saturno, la rotación de éste y los satélites Titania y Oberón, de Urano; estudió la superficie de Marte, desarrolló su teoría gravitatoria de las estrellas dobles y, entre otras cosas más, descubrió el movimiento conjunto del sistema solar hacia el punto *ápex*, que él situó en la constelación de Hércules, si bien está realmente en la de Lira. Inició el conocimiento de las galaxias y confeccionó un catálogo de nebulosas.

Hershey (Alfred Day). Biog. Biólogo e investigador estadounidense, nacido en Owosso, Michigán, en 1908. En 1969 compartió el premio Nobel de Medicina con Max Delbrück y Salvador E. Luria, por sus descubrimientos relativos al mecanismo de reproducción y de la estructura genética de los virus.

Hersilia. Geog. Local. de Argentina, prov. de Santa Fe, depart. de San Cristóbal; 2.561 h.

Herstal. (En fr. *Héristal*.) Geog. Mun. de Bélgica, prov. de Lieja, a orillas del Mosa; 29.700 h. Fábricas de armas y motocicletas. En él residió a menudo Carlomagno y es históricamente notable por haber sido su castillo propiedad de Pipino de Herstal o Héristal.

Herstmonceux. Geog. Aldea del R. U., en Inglaterra, cond. de Sussex; 1.922 h. En ella radica el castillo del mismo nombre que, desde 1958, sirve de sede al famoso Observatorio de Greenwich, cuyo meridiano fue adoptado como referencia del mundo en la Conferencia de Washington (1884).

Hertford. Geog. Cond. del R. U., en Inglaterra; 1.634 km.² y 938.100 h. || C. cap. del mismo; 20.362 h. Industria papelera. Ganadería.

Hertogenbosch ('s). Geog. 's Hertogenbosch.

hertz. (De H. R. *Hertz*.) m. **Fís.** hercio.

Hertz (Gustav). Biog. Físico alemán, n. en Hamburgo y m. en Berlín (1887-1975). Profesor en las Universidades de Berlín y de Halle, compartió con James Frank el premio Nobel de Física (1925), por el descubrimiento de las leyes que rigen el impacto de un electrón sobre un átomo. En el año 1945 marchó a la U. R. S. S., donde trabajó en un centro de investigación nuclear e ideó un método de separación de isótopos por difusión gaseosa. En 1954 regresó a la R. D. A., donde dirigió el Instituto de Física de la Universidad de Leipzig y presidió el Consejo científico para la utilización pacífica de la energía atómica. || **(Heinrich Rudolph).** Físico alemán, n. en Hamburgo y m. en Bonn (1857-1894). Fue Profesor de la Universidad de Bonn. Se le debe el descubrimiento del efecto fotoeléctrico; inventó el oscilador de chispa, que, adoptando diversos dispositivos, se convierte en el oscilador y resonador que llevan su nombre, con los cuales demostró el carácter ondulatorio de las oscilaciones eléctricas y estudió experimentalmente sus propiedades, por lo que es considerado el precursor de la telegrafía y telefonía sin hilos, y, además, demostró con ello la teoría electromagnética de Maxwell. Aunque las ondas hertzianas dieron lugar a establecer el concepto de *éter*, abandonado hoy por los físicos, aquéllas, por el contrario, continúan siendo uno de los principales temas de estudio y aplicación de la física moderna; realizó también estudios sobre mecánica y elasticidad, y dio nombre a la unidad de frecuencia, el *hertz*, equivalente a un ciclo por segundo.

hertziano, na. adj. Fís. herciano.

Hertzog Garaizábal (José Enrique). Biog. Médico militar boliviano, n. en La Paz en 1897. Inició su carrera política en 1931 como diputado del partido de Unión Republicanosocialista; fue elegido presidente de la República en 1947; dimitió por razones de salud, en 1949. Fue embajador en España (1949-58).

Hertzsprung (Ejnar). Biog. Astrónomo danés, n. cerca de Copenhague y m. en Roskilde (1873-1967). Fue profesor de la Universidad de Leyden y sus investigaciones sobre los espectros estelares permitieron a H. N. Russell elaborar, con su colaboración, el diagrama de la evolución estelar que lleva sus nombres.

herukas. m. pl. **Rel.** Dioses sanguinarios de una de las sectas búdicas de Nepal y de Tíbet, a quienes los indígenas rinden una adoración muy ferviente para tenerlos propicios.

hérulo, la. (Del lat. *herŭli*.) adj. Etnog. e Hist. Dícese del individuo de una nación perteneciente a la gran confederación de los suevos, que habitó en las costas de la actual Pomerania y fue una de las que tomaron parte en la invasión del Imperio romano durante el siglo V. Ú. t. c. s. m. y en pl.

Hervás y Cobo de la Torre (Gerardo). Biog. Poeta satírico y sacerdote español, que usó los seudónimos de *Jorge Pitillas* y *Hugo Herrera de Jaspedós*, m. en Madrid en 1742. Inspirado en Boileau, cultivó la sátira con verbo acerado y mayor gracejo y donaire que el modelo francés. Su producción más famosa es la *Sátira contra los malos escritores de este siglo*. || **y Panduro (Lorenzo).** Polígrafo español y religioso de la Compañía de Jesús, n. en Horcajo de Santiago, Cuenca, y m. en Roma (1735-1809). Fue el creador de la moderna filología comparada, con su obra *Ca-*

Lorenzo Hervás y Panduro. Real Academia de la Historia. Madrid

tálogo de las lenguas de las naciones conocidas..., publicada en Madrid (1800-1805), donde juntó noticias y ejemplos de más de 300 lenguas y compuso por sí mismo las gramáticas de más de 40 idiomas. Fue también el primero en observar las analogías entre las lenguas del Pacífico y las americanas. Escribió otras muchas obras, como *Historia de la vida del hombre*, primer ensayo que se hizo en el mundo de una antropología científica, y *Escuela española de sordomudos o arte de enseñarles a escribir y hablar el idioma español*. || **Geog.** Mun. y villa de España, prov. de Cáceres, p. j. de Plasencia; 3.809 h. (*hervesenses*). Estación veraniega. Barrio judío, declarado conjunto histórico artístico en 1969.

hervencia. (Del lat. *fervens, -entis*, p. a. de *fervēre*, hervir.) f. Género de suplicio usado antiguamente, el cual consistía en cocer en calderas a los grandes criminales o sus miembros mutilados, que luego se colgaban de escarpias junto a los caminos o sobre las puertas de las ciudades.

herventar. (Del lat. *fervens, -entis*, hirviente.) tr. Meter una cosa en agua u otro líquido, y tenerla dentro hasta que dé un hervor.

Herveo. Geog. Mesa de la cordillera Central de Colombia, depart. de Tolima; 5.590 m. de alt. || Mun. de Colombia, depart. de Tolima; 10.315 h. || Pobl. cap. del mismo; 2.126 habitantes.

herver. (Del lat. *fervēre*.) intr. ant. y hoy vulg. **hervir**.

Hervías. Geog. Mun. y villa de España, prov. de Logroño, p. j. de Haro; 479 h.

hervidero. fr., *bouillonnement, fourmilière*; it., *bollimento, sgorgo*; i., *ebullition, boiling*; a., *Brausen, Aufwallen*. m. Movimiento y ruido que hacen los líquidos cuando hierven. || fig. Manantial donde surge el agua con desprendi-

Herstmonceux. Castillo (s. XV)

hervido–Hess

miento abundante de burbujas gaseosas, que hacen ruido y agitan el líquido. || fig. Ruido que hacen los humores estancados en el pecho por la agitación del aire al tiempo de respirar. || fig. Muchedumbre o copia de personas o de animales.

hervido, da. p. p. de **hervir**. || m. *Amér.* m. Cocido u olla. || *Cat.* y *Val.* Guiso de judías verdes cocidas con patatas, sazonado con aceite y vinagre.

hervidor. m. Utensilio de cocina para hervir líquidos. || En los termosifones y otros aparatos análogos, caja de palastro cerrada, por cuyo interior pasa el agua, y que recibe directamente la acción del fuego.

herviente. p. a. de **hervir. hirviente.**

hervimiento. (De *hervir*.) m. ant. Acción y efecto de hervir.

hervir. fr., *bouillir, bouillonner*; it., *bollire, gorgogliare*; i., *to boil*; a., *sieden, brausen, wallen*. (Del lat. *fervēre*.) intr. Moverse agitada o violentamente un líquido por una gran elevación de temperatura o por la fermentación. Ú. t. c. tr. || fig. Hablando del mar, ponerse sumamente agitado, haciendo mucho ruido y espuma. || fig. Con la prep. *en* y ciertos nombres, abundar en las cosas significadas por ellos. || fig. Hablando de afectos y pasiones, indica su viveza, intensión y vehemencia. || tr. Tener un manjar en agua hirviendo hasta que pueda comerse.

hervite. V. **cochite hervite.**

hervor. fr., *bouillon, ebullition*; it., *bollore*; i., *heat*; a., *Sud, Aufwallen*. (Del lat. *fervor, -ōris*.) m. Acción y efecto de hervir. || fig. Fogosidad, inquietud y viveza de la juventud. || ant. fig. **fervor,** celo por una cosa. || ant. fig. Ardor, animosidad. || ant. fig. Ahínco, vehemencia, eficacia. || **de la sangre.** *Pat.* Nombre de ciertas erupciones cutáneas pasajeras y benignas.

hervorizarse. (De *hervor*.) prnl. ant. Llenarse uno de fervor o celo ardiente.

hervoroso, sa. (De *hervor*.) adj. Fogoso, impetuoso, ardoroso. || Que hierve o parece que hierve.

Gerhard Herzberg (derecha) con el secretario de la Academia de Ciencias sueca

Herzberg (Gerhard). *Biog.* Químico canadiense, de origen alemán, n. en Hamburgo en 1904. Estudió en Gotinga, Bristol y Dublín. En 1971 le fue concedido el premio Nobel de Química, por su contribución al conocimiento de la composición molecular. Ha publicado más de 200 obras sobre espectroscopia, entre ellas, *Espectros moleculares y estructuras moleculares*.

Herzegovina. *Geog.* País montañoso de Yugoslavia, sit. al NO. de los Balcanes; 16.500 km.^{2} (v. **Bosnia-Herzegovina**).

Herzen, Hertsen o **Hertzen (Aleksander Ivanovich).** *Biog.* Escritor ruso, n. en Moscú y m. en París (1812-1870). Se dedicó a estudios filosóficos, publicando, con el seudónimo de *Iskander*, escritos muy originales. Montó en Londres una imprenta en la que se imprimía la revista *Kolokol* (*La Campana*). Publicó además: *El desarrollo de las ideas revolucionarias en Rusia* (1851), *Prisión y destierro* y *Estado social de Rusia* (1854).

Herzl (Theodor). *Biog.* Periodista y escritor político austriaco, de origen judío, n. en Budapest y m. en Edlach (1860-1904). Fue el jefe del movimiento sionista que él mismo creó. Escribió *Der Judenstaat* (*El Estado judío*), donde reclamó para los israelitas un hogar en Palestina, *El país antiguo y nuevo* y *Palais Bourbon*.

Herzliyya. *Geog.* C. de Israel, dist. y 12 km. al NE. de Tel Aviv; 41.200 h.

Herzog (Émile). *Biog.* **Maurois (André).** || **(Maurice).** Alpinista francés, n. en Lyón en 1919. Dirigió la expedición que el 3 de junio de 1950 conquistó el Annapurna.

Hesíodo. *Biog.* Poeta griego del s. VIII a. C., el más antiguo después de Homero, según Herodoto, n. en Ascra, Beocia, y m., problablemente, en Naupacta. Hesíodo alternó el cultivo de la poesía con el gobierno de su hacienda. Existen dudas acerca del número de sus obras, pero la mayoría de los críticos e historiadores están de acuerdo en considerar como indiscutiblemente suyas: 1.º, *Los trabajos y los días*, poema didáctico-moral sobre la agricultura y la navegación, que contiene, además, consejos morales y un calendario de los días felices y desgraciados; 2.º, la *Teogonía*, exposición de las concepciones primitivas de los griegos y las genealogías de los dioses; 3.º, un pequeño poema descriptivo sobre *El escudo de Hércules*.

hesitación. (Del lat. *haesitatio, -ōnis*.) f. **duda.**

hesitar. (Del lat. *haesitāre*.) intr. p. us. Dudar, vacilar.

Hesperia. *Geog. hist.* Uno de los nombres que se dieron a la península ibérica o a una parte de la misma, con anterioridad al latino o latinizado de Hispania. También se dio este nombre a la península itálica.

hespérico, ca. (De *Hesperia*.) adj. Dícese de cada una de las dos penínsulas, España e Italia. || Perteneciente a estas penínsulas.

hespéride. (Del lat. *hesperĭdes*, y éste del gr. *hesperídes*.) adj. Perteneciente a las Hespérides.

Hespérides. (Del m. or. que el anterior.) *Geog. hist.* Nombre de unas tierras del Atlántico, las más occidentales del mundo, según los griegos, que se cree eran las Canarias o el arch. de Cabo Verde. || *Mit.* Hijas de Atlas y Héspero, a las que Hera encargó la guardia y custodia de las manzanas de oro que le habían sido regaladas por Gea.

hesperidio. (Del lat. científico *hesperidium*, y éste del lat. *Hesperĭdes*, las Hespérides.) *Bot.* Baya de las aurancioideas, carnosa, de corteza gruesa y dividida en gajos por telillas membranosas, como la naranja y el limón.

hespérido, da. adj. poét. **hespéride.** || **poét. occidental.** Dícese así del nombre del planeta Héspero. || *Entom.* Se dice de los lepidópteros ropalóceros, cuyas antenas aumentan progresivamente de anchura de la base a la punta; su vuelo es menos sostenido que el de los otros ropalóceros y mediante recorridos rectos sucesivos; son propios de Nueva Zelanda, y la especie típica es *hésperus malva*. || m. pl. Familia de estos lepidópteros.

hesperio, ria. (Del lat. *hesperĭus*.) adj. Natural de una u otra Hesperia (España e Italia), o perteneciente a ellas. Ú. t. c. s.

héspero, ra. adj. **hesperio.**

Héspero. (Del lat. *Hesperus*, y éste del gr. *Hesperos*.) m. *Astron.* Nombre que daban los griegos al planeta Venus, por verse frecuentemente al ponerse el Sol.

hesperornis. (Voz del lat. científico; del gr. *hésperos*, ocaso, y *órnis, -ithos*, ave.) *Zool.* Gén. de aves odontognatas de la familia de las hesperornítidas (v.).

hesperornítido, da. (De *hesperornis* e *-ido*.) adj. *Zool.* Dícese de las aves del orden de las hesperornitiformes, que vivieron en el cretácico y cuyo tipo es el *hesperornis*. || f. pl. Familia de estas aves fósiles.

hesperornitiforme. (De *hesperornis* y *forme*.) adj. *Paleont.* y *Zool.* Dícese de las aves odontognatas, marinas, del período cretácico y todas ellas de la familia de las hesperornítidas. || f. pl. Orden de estas aves fósiles.

hespirse. (Del m. or. que *hispir*.) prnl. *Sant.* Engreírse, envanecerse.

Hess (Moses). *Biog.* Socialista alemán, n. en Bonn y m. en París (1812-1875). Fundador del socialismo ético, por lo que se le llamó el *rabí comunista*, y precursor del sionismo. || **(Victor Francis).** Físico estadounidense, de origen austriaco, n. en Waldstein, Austria, y m. en Mount Vernon, Nueva York (1883-1964). En 1936 compartió el premio Nobel de Física con C. D. Anderson, por su descubrimiento de la radiación cósmica. Descubrió la *ley de la termoquímica*, según la cual, la cantidad de calor emitido durante la formación del compuesto es la misma, tanto si se verifica la reacción directamente como por varias etapas intermedias. || **(Walter Richard Rudolf).** Político alemán, nacido en Alejandría (Egipto) en 1894. Tomó parte como aviador en la P. G. M.; colaboró con Hitler en el golpe de Estado de 1923; en 1925 fue nombrado secretario privado de Hitler; en 1932, presidente de la Comisión Política Central del partido. En 1941 se dirigió a Inglaterra en avión para entablar negociaciones de paz, pero no habiéndose aceptado semejante proposición, fue internado en Baergavenny, y finalizada la guerra, en 1946, obligado a comparecer ante el Tribunal interaliado de Nuremberg como criminal de guerra. Se le condenó a prisión perpetua, que cumple en la cárcel de Spandau. ||

Hércules en el jardín de las Hespérides, pintura romana. Catacumba de la Vía Latina. Roma

(Walter Rudolf). Neurólogo y profesor suizo, n. en Frauenfeld en 1881. Director del Instituto Fisiológico de la Universidad de Zurich, compartió en 1949 con el portugués Egas Moniz el premio Nobel de Medicina, por sus investigaciones sobre el sistema nervioso central.

Hesse (Hermann). Biog. Poeta y novelista alemán, n. en Calw y m. en Montagnola, Suiza (1877-1962). Fue el último representante del romanticismo alemán, y en todas sus obras se vislumbra un fondo místico. Merecen especial mención: *Pedro Camenzind, Bajo las ruedas, Demian, El lobo estepario, Siddharta, Gertrudis,* etc. Obtuvo el premio Nobel de Literatura en el año 1946. ‖ (Voz del ant. a.; en a., *Hessen*.) **Geog.** Est. central de la R. F. A.; 21.111 km.^{2} y 5.381.700 h. Cap., Wiesbaden. ‖ **Geog. hist.** Antiguo principado de Alemania, que al morir el landgrave Felipe *el Magnánimo* (s. XVI) lo repartió entre sus cuatros hijos, y al fallecer dos de ellos, quedó dividido en *Hesse-Cassel* y *Hesse-Darmstadt* hasta 1622, año en que *Hesse-Homburg* se separó del segundo. ‖ **Cassel.** Antiguo principado de Alemania, anexionado a Prusia en 1866, y dos años más tarde, incorporado a la prov. de Hesse-Nassau. ‖ **-Darmstadt.** Antiguo principado de Alemania, que en 1806 fue erigido en gran ducado de la Confederación del Rin, y actualmente está integrado en el est. de Hesse. ‖ **-Homburg.** Antiguo estado de Alemania, separado de Hesse-Darmstadt en 1622 e incorporado a Prusia en 1866. Anteriormente a esta fecha, estuvo de nuevo anexionado a Hesse-Darmstadt (1806-15). ‖ **-Nassau.** Antigua prov. de Alemania, creada en 1868 por la fusión de Hesse-Cassel y de Hesse-Homburg; actualmente está integrada en los estados de Hesse y Renania-Palatinado.

Hessen. Geog. Hesse.

hestérico, ca. adj. *Méj.* barb. por **histérico.**

Hestia. Mit. Vesta.

Heston (Charlton). Biog. Actor de cine estadounidense, n. en Evanston, Illinois, en 1923. Obtuvo el Oscar de la Academia de Artes y Ciencias de Hollywood por su interpretación en *Ben Hur.* Otras películas: *Los diez mandamientos, El Cid, El tormento y el éxtasis, El señor de la guerra, Marco Antonio y Cleopatra,* también dirigida por él; *Aeropuerto 1975* y *Terremoto.*

hetaira. (Del gr. *hetaíra*.) f. **hetera.**

hetar. tr. *Germ.* **llamar.**

heteo, a. (Del lat. *hethaeus*.) adj. **Hist.** Dícese del individuo de un pueblo antiguo, resto del pueblo hitita (v.), que habitó en la tierra de Canaán y formó parte de la tribu de Judá. Ú. m. c. s. m. y en pl. ‖ Perteneciente o relativo a este pueblo.

heter-. pref. V. **hetero-.**

hetera. (De *hetaira*.) f. En la antigua Grecia, dama cortesana de elevada condición. ‖ Prostituta, mujer pública.

hetero-, heter-. (Del gr. *héteros*, otro, distinto.) pref. que sign. diversidad. ‖ En química orgánica se utiliza para indicar aquellos compuestos cíclicos que poseen uno o más átomos distintos del carbono.

heterocapsal. (De *hetero-* y el lat. *capsa*, caja.) adj. **Bot.** Dícese de plantas heterocontas, que viven en agregados mucilaginosos. ‖ m. pl. Orden de estas plantas.

heterocélido, da. adj. **Zool. heterocelo.**

heterocelo, la. (De *hetero-* y *-celo*, cavidad.) adj. **Zool.** Dícese de las esponjas calcáreas, en las cuales los coanocitos sólo revisten los tubos radiales o las celdillas vibrátiles de la pared del cuerpo, que está muy engrosada y plegada; algunas especies viven solitarias, pero otras forman colonias arborescentes. Son ejemplos los gén. *sycon* y *leucon*. ‖ m. pl. Orden de estos espongiarios.

heterocerco, ca. (De *hetero-* y *-cerco*.) adj. **Zool.** Dícese de la aleta caudal de los peces cuando consta de dos partes desiguales, una superior, más larga, y otra inferior, más corta; aquélla contiene la columna vertebral en ángulo obtuso hacia arriba.

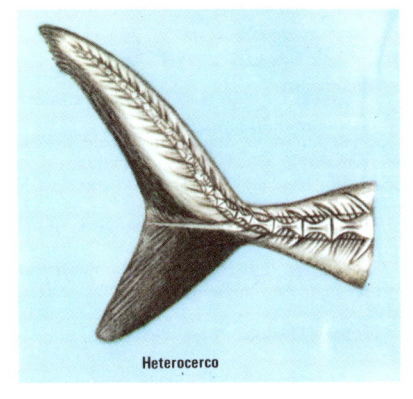

Heterocerco

heterócero, ra. (De *hetero-* y *-cero*.) adj. **Entom.** Dícese de los insectos lepidópteros cuyas mariposas poseen antenas muy variadas (filiformes, prismáticas, pectinadas, plumosas, etc.), pero no terminadas en maza, que durante el reposo no colocan las alas verticalmente, sino horizontales o en forma de tejado y ocultas las posteriores por las anteriores. La mayoría son especies nocturnas o crepusculares. ‖ m. pl. Suborden de estos insectos.

heterocíclico, ca. (De *hetero-* y *-ciclico*.) adj. **Quím.** Dícese de las substancias orgánicas, de constitución cíclica, que poseen uno o más átomos de otro elemento distinto del carbono.

heterocigosis. f. **Biol.** Condición de un ser heterocigoto.

heterocigoto, ta. (De *hetero-* y *cigoto*.) adj. **Genética.** Dícese del cigoto resultante de la unión de un gameto masculino y otro femenino, antitéticos respecto a un carácter. Ú. t. c. s. ‖ m. Por ext., individuo que se desarrolla a partir de dicho huevo.

heterocisto. (De *hetero-* y *-cisto*.) m. **Bot.** En algunas cianofíceas, célula especial, engrosada y sin pigmento asimilador.

heteroclamídeo, a. (De *hetero-* y *clamídeo*.) adj. **Bot.** Dícese de la flor que tiene el cáliz y la corola de distinto color y consistencia.

heteróclito, ta. (Del lat. *heteroclĭtus*, y éste del gr. *heteróklitos*; de *héteros*, otro, y *klíno*, declinar.) adj. fig. Irregular, extraño y fuera de orden. ‖ **Gram.** Aplícase rigurosamente al nombre que no se declina según la regla común, y en general, a toda locución que se aparta de las reglas gramaticales de la analogía.

heteroconto, ta. (De *hetero-* y el gr. *kontós*, remo.) adj. **Bot.** Dícese de las algas con cloroplastos amarillentos, muy ricos en xantofila y carotina y con poca clorofila. Se reproducen por división directa o mediante zoosporas y aplanosporas; las zoosporas constituyen uno de los principales caracteres en que se apoya el grupo de las heterocontas; poseen dos flagelos de longitud desigual y su forma es alargada o redondeada, aunque puede cambiar de aspecto por emisión de seudópodos. Las heterocontas, también llamadas xantofíceas, forman una serie evolutiva, que partiendo de organismos flagelados, llega a algas de relativa complejidad. ‖ f. pl. Subclase de estas algas.

heterocromía. (De *hetero-* y *-cromía*.) f. **Antrop.** Fenómeno consistente en la diferente coloración de los ojos de una misma persona.

heterocromosoma. (De *hetero-* y *cromosoma*.) m. **Biol.** Cromosoma sexual, diferente de los demás cromosomas (v.).

heterodino. (De *heter-* y *-odino*.) m. **Elec.** Receptor que produce una corriente de frecuencia ligeramente diferente de la de las ondas recibidas, con objeto de obtener por batimiento una corriente de frecuencia inferior, llamada frecuencia intermedia, por estar entre las frecuencias altas de radiofrecuencias y las bajas de audiofrecuencia, que es la que se utiliza para detectar y amplificar más fácilmente las señales.

heterodojia. f. *Chile.* **heterodoxia.**

heterodojo, ja. adj. *Chile.* **heterodoxo.**

heterodóntido, da. (Del lat. científico *heterodontus*, gén. tipo, e *-ido*; aquél del m. or. que el siguiente.) adj. **Zool.** Dícese de los peces plagióstomos selacios, de tamaño pequeño y cabeza corta y grande, con dientes de diversas formas, a lo que alude su nombre. Estos tiburones son propios del Índico y del Pacífico, y su especie más conocida es el *cabeza de toro* o *tiburón de Puerto Jackson* (*heterodontus japónicus*). ‖ m. pl. Familia de estos peces.

heterodonto. (De *heter-* y *-odonto*.) adj. **Zool.** Dícese de los mamíferos cuyos dientes están diferenciados en incisivos, caninos y molares.

heterodoxia. (Del gr. *heterodoxía*, de *heteródoxos*, heterodoxo.) f. Disconformidad con el dogma católico. ‖ Por ext., disconformidad con la doctrina fundamental de cualquier secta o sistema.

heterodoxo, xa. fr., *hétérodoxe*; it., *eterodosso*; i., *heterodox*; a., *andersgläubig*. (Del gr. *heteródoxos*; de *heteros*, otro, y *dóxa*, opinión.) adj. Hereje o que sustenta una doctrina no conforme con el dogma católico. Dícese de personas o cosas Ú. t. c. s. ‖ Por ext., no conforme con la doctrina fundamental de una secta o sistema. Ú. t. c. s.

heterogamia. (De *hetero-* y *-gamia*.) f. **Biol.** Fecundación de dos gametos morfológica o funcionalmente distintos.

heterogeneidad. f. Calidad de heterogéneo. ‖ Mezcla de partes de diversa naturaleza en un todo.

heterogéneo, a. fr., *hétérogène*; it., *eterogeneo*; i., *heterogenous*; a., *verschieden*. (Del lat. *heterogenĕus*, y éste del gr. *heterogenés*; de *héteros*, otro, y *génos*, género.) adj. Compuesto de partes de diversa naturaleza.

heterogénesis. f. **Biol. heterogonia.**

heterogonia. (De *hetero-* y *-gonia*, generación.) f. **Biol.** Alternancia de dos o más generaciones sexuadas de distinto modo de reproducción. El caso más típico es el de la partenogénesis cíclica o estacional de los rotíferos, pulgones, filoxera, etc.

heteromancia o **heteromancía.** (De *hetero-* y *-mancia* o *-mancía;* por alusión al vuelo de las aves a uno u otro lado.) f. Adivinación supersticiosa por el vuelo de las aves.

heterómero, ra. (De *hetero-* y *-mero*.) adj. **Entom.** Dícese de los insectos coleópteros polífagos, con antenas sencillas, rara vez en maza o aserradas, tarsos anteriores con cinco artejos y los de los pares intermedio y último con cuatro. ‖ m. pl. Superfamilia de estos insectos.

heterómido, da. (Del lat. cient. *heteromys*, gén. tipo de mamíferos, e *-ido;* aquél del gr. *héteros*, otro, y *mys*, ratón.) adj. **Zool.** Dícese de los mamíferos roedores simplicidentados, con abazones para almacenar la comida; de tamaño pequeño, tarsos anteriores mucho más largas que las anteriores, por lo que pueden dar grandes saltos. Son principalmente de América del Norte, y la especie más conocida es la *rata canguro.* ‖ m. pl. Familia de estos animales.

heterónomo, ma. (De *hetero-* y *-nomo*.) adj. **Filos.** Dícese del que está sometido a un poder extraño que le impide el libre desarrollo de su naturaleza.

heterópodo, da. (De *hetero-* y *-podo*.) adj. **Zool.** Dícese de los moluscos gasterópodos prosobranquios, adaptados a la vida pelágica, con el pie comprimido, que funciona como una aleta vertical. Son especies notables la *carinaria mediterránea* y la *atlanta peroni*, entre otras. ‖ m. pl. Orden de estos moluscos.

heterópsido, da. (De *heter*, *-ops-* e *-ido*.) adj. **Miner.** Dícese de las substancias metálicas que carecen del brillo propio del metal.

heteróptero, ra. (De *hetero-* y *-ptero*.) adj. **Entom.** Dícese de los insectos hemípteros con cuatro alas, de las que las dos posteriores son membranosas y las anteriores coriáceas en su base (hemélitros); suelen segregar líquidos de olor desagradable. Algunos son parásitos y ápteros, como la chinche de cama. ‖ m. pl. Suborden de estos hemípteros.

heteroscio, cia. (Del gr. *heteróskios;* de *héteros*, otro, y *skiá*, sombra.) adj. **Geog.** Dícese del habitante de las zonas templadas, el cual a la hora del mediodía hace sombra siempre hacia el polo geográfico de su hemisferio. Ú. t. c. s. y m. en pl.

heterosexual. (De *hetero-* y *sexual*.) adj. **Biol.** Que goza de heterosexualidad.

heterosexualidad. (De *hetero-* y *sexualidad*.) m. **Biol.** Atracción hacia el sexo opuesto.

heterosifonal. (De *hetero-* y *sifonal*.) adj. **Bot.** Dícese de las algas heterocontas, terrestres y de vida aérea, caracterizadas por su talo unicelular multinucleado. ‖ f. pl. Orden de estas algas.

heteróspora. (De *hetero-* y *espora*.) f. **Bot.** V. **heterospóreo.**

heterospóreo, a. (De *hetero-* y *espora*.) adj. **Bot.** Dícese de las plantas cuya fase de esporofito produce esporas de dos clases.

heterotrical. (De *hetero-* y *-trical*, cabello.) adj. **Bot.** Dícese de las algas heterocontas, filiformes, con células uninucleadas, de color verde o amarillo, y todas de agua dulce. ‖ f. pl. Orden de estas algas.

heterotrico, ca. (De *hetero-* y *-trico*, cabello.) adj. **Zool.** Dícese de los protozoos ciliados, provistos de dos clases de cilios; unos cortos y largos, que forman por lo general un revestimiento continuo sobre el cuerpo, y otros más largos, alrededor de la boca, aglutinados y como formando membranitas. ‖ m. pl. Orden de estos infusorios o ciliados.

heterotrofia. (De *hetero-* y *-trofia*.) f. **Biol.** Modo de alimentación de los seres vivos, que siendo incapaces de sintetizar substancias orgánicas a partir de elementos inorgánicos, necesitan tener aquéllas a su alcance para poder vivir. Presentan heterotrofia todos los animales y los vegetales que carecen de clorofila o pigmentos análogos, tales como los hongos y la mayoría de las bacterias.

heterotrófico, ca. adj. Dícese de las propiedades y procesos de los organismos heterótrofos considerados como tales.

heterótrofo, fa. (De *hetero-* y *-trofo*.) adj. **Biol.** Dícese de los seres vivos que presentan el fenómeno de la heterotrofia.

hético, ca. (De *héctico*.) adj. **Pat.** tísico. Ú. t. c. s. ‖ Perteneciente a este enfermo. ‖ fig. Que está muy flaco y casi en los huesos. Ú. t. c. s.

hetiquez. f. **Pat.** hectiquez.

hetmán. m. **Mil.** atamán.

hetría. f. ant. Enredo, mezcla, confusión.

Heureaux (Ulises). Biog. Político dominicano, m. en Moca (1845-1899). Fue presidente de la República de 1882 a 1884 y de 1887 a 1899, y murió a manos de sus enemigos después de varios años de gobierno dictatorial.

Ulises Heureaux

heurística. (f. de *heurístico*.) f. Arte de inventar. ‖ **Hist.** Busca o investigación de documentos o fuentes históricas.

heurístico, ca. (Del gr. *eurísko*, hallar, inventar.) adj. Perteneciente o relativo a la heurística.

Heuss (Theodor). Biog. Político, periodista y profesor alemán, n. en Brackenheim y m. en Stuttgart (1884-1963). Diputado demócrata, se opuso al nazismo y acabada la S. G. M., creó el Partido Liberal. Intervino en la redacción de la Constitución de Bonn, y el 11 de septiembre de 1949 fue elegido primer presidente de la República Federal Alemana, y reelegido en 1954, cargo en el que cesó en septiembre de 1959. Escribió, entre otras, *El camino de Hitler* (1932), quemada públicamente por los nazis.

hévea. Bot. Gén. de plantas pertenecientes a la familia de las euforbiáceas y clase de las dicotiledóneas, que produce un látex del que se obtiene la mayor parte del caucho consumido en el mundo. Dentro del género destaca la *hévea brasiliensis*, árbol indígena en los bosques de las comarcas montañosas de Brasil y países limítrofes, que, llevado a las Indias holandesas por el botánico Henry Wickham en 1876, se ha extendido por toda Indonesia, Asia sudoriental y Sri Lanka. Por incisión en el tronco, se obtiene el látex.

Heves. Geog. Cond. de Hungría; 3.638 km.² y 339.200 h. Cap., Eger.

Hevesy (Joseph Georg von). Biog. Químico sueco, de origen húngaro, n. en Budapest en 1885. Profesor en las Universidades de Budapest, Friburgo, Copenhague y Estocolmo. Descubrió el hafnio y en 1943 le fue concedido el premio Nobel de Química, por sus trabajos sobre el uso de los isótopos en el estudio de los procesos químicos.

Hevia (Carlos). Biog. Ingeniero y político cubano, n. en La Habana y m. en Miami (1900-1964). Desempeñó interinamente la presidencia en 1934, durante dos días, luego de la renuncia de Grau San Martín.

Hevros. Geog. Ebros.

Hewel (Johannes). Biog. Astrónomo alemán, más conocido por *Evelius* o *Hevelio*, n. y m. en Danzig (1611-1687). Dedicado a la astronomía, fue el fundador de la selenografía topográfica; estudió la libración lunar; fue el primero en observar las fases de Mercurio; descubrió cuatro cometas y formó el primer catálogo de nebulosas.

Hewish (Anthony). Biog. Astrónomo inglés, n. en Fowey, Cornualles, en 1924. Profesor de radioastronomía en Cambridge, descubrió el púlsar en 1967, por el que se le concedió el premio Nobel de Física en 1974, compartiéndolo con M. Ryle.

hex-, hexa-. (Del gr. *héx* o *héxa*.) pref. que sign. seis.

hexaclorobenceno. (De *hexa-* y *clorobenceno*.) m. **Quím.** Derivado halogenado en que todos los átomos de hidrógeno del benceno han sido reemplazados por átomos de cloro, de fórmula C_6Cl_6.

hexaclorociclohexano. m. **Quím.** Derivado halogenado de la serie alicíclica, de fórmula $C_6H_6Cl_6$, que se utiliza como insecticida. Se le conoce también con los nombres de *gammexano*, *lindano* y *666*.

hexacoralario. (De *hexa-* y *coralario*.) adj. **Zool.** Dícese de los celentéreos de la clase de los antozoos (o antozoarios), con tentáculos y tabiques en número de seis o múltiplo de seis. Son pólipos cilíndricos cuya cara basal se adhiere al fondo marino y cuya boca es una hendidura situada en la cara superior. En su desarrollo se forman continuamente nuevas series concéntricas de tentáculos, cada vez más externos y numerosos (6, 12, 24, etc.), y se forman también nuevos tabiques entre los anteriores, muchos de los cuales no llegan al estomodeo. Unos viven aislados, como las *anémonas de mar* o *actinias*, y otros, como las *madréporas*, forman colonias. ‖ m. pl. Subclase de estos celentéreos.

Hexacoralario. Barrera madrepórica, en el mar Rojo

hexacordo. (Del lat. *hexachordos*, y éste del gr. *hexáchordos;* de *héxa-*, hexa-, y *chordé*, cuerda.) m. **Mús.** Escala para canto llano compuesta de las seis primeras notas usuales, e inventada en el s. XI por Guido Aretino. ‖ Intervalo de sexta en la escala musical. ‖ **mayor.** Intervalo que consta de cuatro tonos y un semitono. ‖ **menor.** Intervalo que consta de tres tonos y dos semitonos.

hexactinélido, da. (Del lat. cient. *hexactinella*, gén. tipo, e *-ido;* aquél del gr. *héx*, hex-, *-actin-*, -actin-, y el suf. dim. f. lat. *-ella*.) adj. **Zool.** Dícese de los espongiarios con espículas silíceas de seis radios o aisladas, unidas formando un armazón que, a veces, parece hecho con hilo de vidrio. La forma más frecuente del cuerpo es la de cilindro o embudo, aunque los hay laminares, fungiformes, etc. Frecuentemente, el cuerpo se adelgaza en un tallo que lo une al fondo; viven exclusivamente en el mar, entre 1 y 5 km. de profundidad. || m. pl. Clase de estas esponjas.

hexaedro. fr., *hexaèdre;* it., *esaedro;* i., *hexahedron;* a., *Sechsflächig.* (Del gr. *hexáedros;* de *héx,* seis, y *hédra,* cara.) m. **Geom.** Sólido de seis caras. || **regular. cubo,** sólido regular.

hexagonal. fr. e i., *hexagonal;* it., *esagonale;* a., *sechseckig.* adj. **Geom.** De figura de hexágono o semejante a él.

hexágono, na. fr. e i., *hexagone;* it., *esagono;* a., *Sechseck.* (Del lat. *hexagōnus,* y éste del gr. *hexágonos;* de *héx,* seis, y *gonía,* ángulo.) adj. **Geom.** Aplícase al polígono de seis ángulos y seis lados. Ú. m. c. s. m.

hexametilendiamina. f. **Quím.** Diamina que contiene seis átomos de carbono, de fórmula C₆H₁₆N₂. Es de gran importancia industrial, ya que es el punto de partida para la obtención del nailon.

hexametilenotetramina. (De *hexa-, metileno* y *tetramina.*) m. **Quím. urotropina.**

hexámetro. (Del lat. *hexamētrus,* y éste del gr. *hexámetros;* de *héx,* seis, y *métron,* medida.) adj. **Poét.** V. **verso hexámetro.** Ú. t. c. s.

hexángulo, la. (De *hex-* y *ángulo.*) adj. **Geom.** Polígono de seis ángulos y seis lados.

hexano. (De *hex-* y *-ano.*) m. **Quím.** Hidrocarburo parafínico con seis átomos de carbono en su molécula.

hexánquido, da. (De *hex-,* el gr. *ágcho,* estrechar, e *-ido.*) adj. **Zool.** Dícese de los peces elasmobranquios selacios, que se distinguen de los restantes tiburones por tener una sola aleta dorsal, seis o siete aberturas branquiales a cada lado, en vez de cinco, como la mayoría de ellos, y por sus poderosos dientes. Alcanzan 3 ó 4 m. de long. y son muy voraces. || m. pl. Familia de estos peces.

hexápeda. (Del gr. *hexápedos;* de *héx,* seis, y *pous,* pie.) f. **Metrol. toesa.**

hexápodo, da. (Del gr. *hexápous, -odos;* de *héx,* seis, y *pous, podós,* pie.) adj. **Entom.** Dícese del animal que tiene tres pares de patas. Ú. t. c. s. m. || m. pl. Clase de estos artrópodos, más corrientemente llamados insectos.

Insecto de palo (hexápodo de la familia de las libélulas)

hexaquisoctaedro. (Del gr. *hexachis,* seis veces, y *octaedro.*) m. **Crist.** Forma cristalina holoédrica del sistema regular, limitada por 48 caras, que son triángulos escalenos.

hexaquistetraedro. (Del gr. *hexachis,* seis veces, y *tetraedro.*) m. **Crist.** Forma cristalina hemiédrica del sistema regular, limitada por 24 caras, que son triángulos escalenos.

hexasílabo, ba. (Del lat. *hexasyllăbus,* y éste del gr. *hexasýllabos;* de *héx,* seis, y *syllabé,* sílaba.) adj. **Poét.** De seis sílabas. Ú. t. c. s.

hexastilo. (Del gr. *hexástylos,* de seis columnas; de *hexa,* hexa-, y *stylos,* columna.) adj. **Arquit.** Templo o pórtico que presenta seis columnas en su frente.

hexilo. m. **Quím.** Radical saturado correspondiente al hidrocarburo hexano.

hexógeno. m. **Quím. ciclonita.**

hexosa. (De *hex-* y *-osa.*) f. **Quím.** Aldosa formada por seis átomos de carbono en su molécula.

Heyaz. Geog. Reino de Arabia Saudí, en la costa del mar Rojo; 400.000 a 500.000 km.² y 2.000.000 de h. Cap., La Meca. Fue creado en 1919.

Heyerdahl (Thor). Biog. Etnólogo noruego, n. en Larvik en 1914. Realizó numerosos viajes, entre ellos, la travesía del Pacífico (1947), a bordo de una balsa, la *Kon-Tiki,* y la travesía del Atlántico (1970), en una embarcación de papiro, *Ra II.* Ha publicado, entre otras obras: *La expedición de la Kon-Tiki, Aku-Aku; El secreto de la isla de Pascua* y *Las expediciones «Ra».*

Heymans (Cornelius). Biog. Fisiólogo belga, n. en Gante y m. en Knokke (1892-1968). Premio Nobel de Medicina en 1938, por el descubrimiento de la importancia de los mecanismos del seno de la carótida y de la aorta en la regulación de la respiración.

Heyrovsky (Jaroslav). Biog. Químico checoslovaco, n. y m. en Praga (1890-1967). En 1959 obtuvo el premio Nobel de Química por su creación del *método polarográfico,* para el análisis químico por medio de la electrólisis. Inventó el polarógrafo (1925).

Heyse (Paul von). Biog. Poeta y literato alemán, n. en Berlín y m. en Munich (1830-1914). Doctor en lenguas románicas, sobresalió como poeta lírico, autor dramático y novelista. En 1910 obtuvo el premio Nobel de Literatura. Entre sus obras son dignas de mención: *Hijos del mundo* y *Victoria del amor.*

hez. fr., *lie, marc;* it., *feccia;* i., *lee;* a., *Hefe.* (Del lat. *faex, faecis.*) f. Parte de desperdicio en las preparaciones líquidas, que, por ser generalmente térrea y más pesada, se deposita en el fondo de las cubas o vasijas. Ú. m. en pl. || fig. Lo más vil y despreciable de cualquiera clase. || **heces fecales.** *Fisiol.* Excrementos o residuos de la digestión, esto es, substancias no digeridas, que los animales arrojan por el ano.

Hf. Quím. Símbolo del *hafnio.*

Hg. Metrol. abr. de *hectogramo.* También se usa *hg.* || **Quím.** Símbolo del *mercurio,* en lat. *hydrargyrum.*

Hhohho. Geog. Dist. de Ngwane; 3.569 km.² y 95.759 h. Cap., Piggs Peak.

hi. com. **hijo.** Sólo tiene uso en la voz compuesta *hidalgo* y sus derivados, y en frases como éstas: **hi** *de puta;* **hi** *de perro.*

hí. (Del lat. *hic.*) adv. l. ant. En tal lugar.

Híadas. Astron. **Híades.**

Híades. fr. e i., *Hyades;* it., *Pleiadi;* a., *Hyaden.* (Del lat. *hyădes,* y éste del gr. *hyádes,* de *hýo,* llover.) Astron. Asterismo en forma de V situado en la cabeza de la constelación del Toro.

hial-. pref. V. **hialo-.**

hialino, na. (Del lat. *hyalīnus,* y éste del gr. *hyálinos,* de *hýalos,* vidrio.) adj. **Fís.** Diáfano como el vidrio o parecido a él.

hialo-, hial-. (Del gr. *hýalos,* vidrio.) pref. que sign. cristal, transparente, etc.

hialografía. (De *hialo-* y *grafía.*) f. **A. y Of.** Arte de dibujar en vidrio.

hialoideo, a. (De *hial-* y *-oideo.*) adj. Que se parece al vidrio, o que tiene sus propiedades.

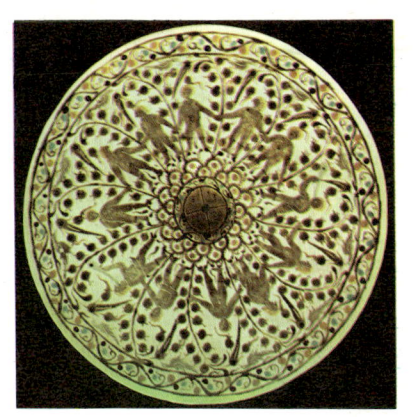

Hialografía. *Plato de la sardana,* vidrio del s. XIV. Museo del Vidrio. Barcelona

hialonema. (Del lat. científico *hyalonema;* del gr. *hýalos,* vidrio, y *nema,* hilo.) **Zool.** Gén. de espongiarios, de la clase de los hexactinélidos (v.).

hialotecnia. (De *hialo-* y *-tecnia.*) f. **A. y Of.** Arte de fabricar y trabajar el vidrio.

Hialotecnia. Objetos de cristal de Castilla. Museo del Pueblo Español. Madrid

hiante. (Del lat. *hians, hiantis.*) adj. **Poét.** V. **verso hiante.**

hianto. Zool. Gén. de celentéreos antozoos, subclase de los hexacorolarios (v.).

hiato. fr. e i., *hiatus;* it., *iato;* a., *Hiatus.* (Del lat. *hiātus.*) m. Encuentro de dos vocales que se pronuncian en sílabas distintas. || Cacofonía que resulta del encuentro de vocales. || p. us. Abertura, grieta.

hibernación. (Del lat. *hibernatio, -ōnis.*) f. **Biol.** Estado de sopor con profunda disminución de las funciones vegetativas en que caen.

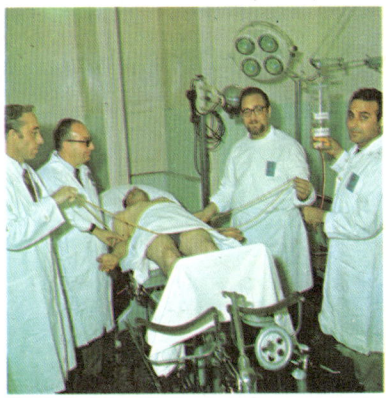

Hibernación artificial

hibernal–Hidalgo

durante el invierno, algunos organismos animales. ‖ *Med.* Estado semejante que se produce en las personas artificialmente por medio de drogas apropiadas con fines anestésicos o curativos.

hibernal. (Del lat. *hibernālis.*) adj. **invernal.**

hibernar. (Del lat. *hibernāre.*) intr. Ser tiempo de invierno. ‖ Pasar el invierno.

hibernés, sa. adj. Natural de Hibernia, hoy Irlanda, o perteneciente a esta isla de Europa antigua. Ú. t. c. s.

Hibernia. *Geog. hist.* Nombre antiguo de Irlanda.

hibérnico, ca. adj. **hibernés,** perteneciente a Hibernia.

hibernizo, za. (De *hibierno.*) adj. Perteneciente al hibierno.

hibiernal. adj. ant. Perteneciente al hibierno.

hibierno. (Del lat. *hibiernum.*) m. **invierno.**

hibila. f. *Bot. Perú.* Planta de la familia de las poligaláceas (*monnina polystachya*).

hibisco. (Del lat. científico *hibiscus,* de la misma voz lat., que sign. *malvavisco.*) *Bot.* Gén. de plantas de la familia de las malváceas (v.).

hibleo, a. (Del lat. *hyblaeus.*) adj. Perteneciente a Hibla, monte y c. de Sicilia antigua.

hibridación. f. *Biol.* Producción de seres híbridos. ‖ Fecundación natural o artificial entre individuos que tienen distintos factores hereditarios.

hibridismo. m. *Biol.* Calidad de híbrido.

híbrido, da. fr. y a., *hybride;* it., *ibrido;* i., *hybrid.* (Del lat. *hybrĭda,* y éste del gr. *hýbris,* injuria.) adj. fig. Dícese de todo lo que es producto de elementos de distinta naturaleza. ‖ *Biol.* Aplícase al animal o al vegetal producido por cruzamiento sexual de individuos de diferente especie.

hibuero. (Del arahuaco de las Antillas *huita, güira.*) m. *Bot.* Planta de la familia de las bignoniáceas, especie de güira, con fruto semejante a una calabaza (*crescentia cujete*).

hicaco. (Voz haitiana.) m. *Bot.* Arbusto de la familia de las crisobalanáceas, de 3 a 4 m. de alt., con hojas coriáceas y casi redondas, obtusas; flores pequeñas, blancas; fruto del tamaño de una ciruela claudia (*chrysobálanus icaco*). Es espontáneo en las Antillas y está propagado por toda América tropical.

hicadura. f. *Cuba.* Conjunto de hicos que sostienen la hamaca.

Hicetas de Siracusa. *Biog.* Filósofo pitagórico del s. IV a. C., en Siracusa. Según Diógenes Laercio, fue el primero que demostró la rotación de la Tierra.

Hicken (Cristóbal María). *Biog.* Naturalista argentino, n. en Buenos Aires y m. en Mar del Plata (1875-1933). Trabajó sobre la flora de su país. Con sus colecciones, legadas al Gobierno, se ha constituido el Instituto de investigaciones Darwinion. Entre sus obras figuran: *Holmberg y las doctrinas evolucionistas* (1915), *Los estudios botánicos* (1872-1922) y el volumen VIII de la *Evolución de las ciencias en la República Argentina* (1923). ‖ **(Ricardo).** Dramaturgo argentino. n. en Buenos Aires y m. en Ituzaingó, Buenos Aires, (1896-1940). Estrenó numerosas obras en los teatros de Buenos Aires, como *La mujer de mi hijo, El pariente político, El tío soltero, Entre polleras, El profesor Müller, Kolosal mujer* y *La virgencita de madera.*

Hickman. *Geog.* Local. de Argentina, prov. de Salta, depart. de General José de San Martín; 397 h.

Hicks (sir **John Richard**). *Biog.* Economista inglés, n. en Warwick en 1904. Ha sido profesor de su especialidad en las Universidades de Manchester y Oxford. Obtuvo en 1972

Sir John Richard Hicks, en Barcelona

el premio Nobel de Economía, compartido con el estadounidense Kenneth J. Arrow.

hickso, sa. adj. *Etnog.* e *Hist.* Dícese de pueblos nómadas asiáticos y de raza semítica que, empujados por una migración de arios, se extendieron por Siria y Palestina; al final de la 14.ª dinastía, se apoderaron del Egipto inferior y del valle medio del Nilo durante un siglo, y establecieron su capital en Averis. Apl. a pers., ú. t. c. s. ‖ Perteneciente o relativo a estos pueblos.

hico. m. *Cuba.* Cada uno de los cordeles que sostienen la hamaca en el aire.

hicotea. (Voz americana.) f. *Zool.* Nombre de varias especies de quelonios norteamericanos de la familia de los testudínidos. Son dulceacuícolas, y miden unos 25 cm.

hicso, sa. adj. *Etnog.* e *Hist.* **hickso.**

hid-, hidato-, hidr-, hidro-; -hidro-, -hidr-; -idra, -hidro, -hídrico. (Del gr. *hýdor, hýdatos.*) pref., infijo o suf. que significa agua. ‖ **Quím.** V. **hidro-.**

hidalgamente. adv. m. Con generosidad, con nobleza de ánimo.

hidalgo, ga. fr., *gentilhomme;* it., *gentiluomo;* i., *nobleman;* a., *Edelmann.* (De *fidalgo.*) m. y f. Persona que por su sangre es de una clase noble y distinguida. Llámase también hidalgo de sangre. ‖ adj. Perteneciente a un hidalgo. ‖ fig. Dícese de la persona de ánimo generoso y noble, y de lo perteneciente a ella. ‖ **de bragueta.** *Léx.* Padre que por haber tenido siete hijos varones consecutivos en legítimo matrimonio, adquiría el derecho de hidalguía. ‖ **de cuatro costados.** Aquel cuyos abuelos paternos y maternos son hidalgos. ‖ **de devengar quinientos sueldos.** El que por los antiguos fueros de Castilla tenía derecho a cobrar 500 sueldos en satisfacción de las injurias que se le hacían. ‖ **de ejecutoria.** El que ha litigado su hidalguía y probado ser hidalgo de sangre. Denomínase así a diferencia del hidalgo de privilegio. ‖ **de gotera.** El que únicamente en un pueblo gozaba de los privilegios de su hidalguía, de tal manera, que los perdía en mudando su domicilio. ‖ **de privilegio.** El que lo es por compra o merced real. ‖ **de solar conocido.** El que tiene casa solariega o desciende de una familia que la ha tenido o la tiene.

Hidalgo (Alberto). *Biog.* Poeta y escritor peruano (1897-1967). De fuerte temperamento. Ha publicado: *Las voces de colores* (1918), *Los sapos y otras personas* (1927), *Geografía del Cielo* (1928), *Actitud de los años* (1933), *Dimensión del hombre* (1938), *El Universo está cerca* (1945) y *Carta al Perú* (1953). ‖ **(Bartolomé).** Poeta uruguayo, n. en Soriano (1788-1823). El más antiguo de los poetas gauchescos importantes. Ejerció influencia en la poesía popular rioplatense con sus *Cielitos,* que se cantaban en las campañas de independencia del Río de la Plata, y sus tres *Diálogos de Chano y Contreras.* ‖ **(José Luis).** Poeta y pintor español, n. en Torre, Santander, y m. en Madrid (1919-1947). Autor de: *Raíz* (1943), *Los animales* (1944) y *Los muertos* (1947). ‖ **(José Manuel).**

Político y literato mejicano, n. a principios del s. XIX y m. en París en 1896. Formó parte de la Comisión de los que ofrecieron la corona a Maximiliano de Habsburgo en Miramar. ‖ **de Caviedes (Hipólito).** Pintor español, n. en Madrid en 1901. Uno de los positivos valores de la pintura moderna. Residió en Cuba de 1936 a 1960, donde realizó innumerables obras. En 1935 le fue otorgado el premio del Instituto Carnegie, de Pittsburgh, por su cuadro *Elvira y Tiberio.* Sus producciones son tan numerosas como selectas, y entre ellas figuran retratos notables de celebradas personalidades españolas. ‖ **de Cisneros (Baltasar).** Marino español, n. en Cartagena (1770-1829). Tomó parte en numerosos hechos de armas: batalla del cabo San Vicente, Trafalgar, etc., y fue

Baltasar Hidalgo de Cisneros. Museo Naval. Madrid

virrey del Río de la Plata. ‖ **de Cisneros (Francisco).** Marino de guerra español, n. en Orio y m. en Cartagena en 1794. Desempeñó diversos mandos, y al frente de una división de jabeques auxilió a Melilla, asediada por los moros; tomó parte en varias acciones contra los ingleses, mandando el navío *San Julián.* ‖ **de Cisneros (Ignacio).** Aviador español, n. en Vitoria y m. en Bucarest (1894-1966). Se exilió tras el levantamiento antimonárquico de Cuatro Vientos (1930). Volvió a España al triunfar la República y mandó la aviación republicana durante la guerra civil (1936-39) y perteneció al Comité Central del Partido Comunista. Escribió sus *Memorias* (1961). ‖ **y Costilla (Miguel).** Sacerdote y patriota mejicano, n. en Coralejo y m. en Chihuahua (1753-1811). En la noche del 15 al 16 de septiembre de 1810 dio el grito de rebelión contra España y proclamó en Dolores, hoy Dolores Hidalgo, la independencia de Nueva España. Llegó a reunir un ejército de más de 60.000 hombres y derrotó en numerosas ocasiones a las tropas realistas. Tras la decisiva batalla del monte de las Cruces, y cuando ya estaba abierto el camino hacia la capital, Hidalgo decidió retirarse, retirada que marcó el declive de los insurgentes, siendo derrotados por el general Čalleja. Emprendió camino hacia Tejas, para reorganizar sus fuerzas, pero por la traición de Elizondo, fue capturado en Acatita de Baján. Conducido a Chihuahua, fue condenado a muerte y fusilado (30 de julio 1811). ‖ *Geog.* Est. central de Méjico; 20.897 km.² y 1.193.845 h. (*hidalguenses*). Cap., Pachuca de Soto. Su orografía es muy accidentada. Minería y producción agrícola. Las regiones agrícolas del estado son las de Huejutla, Metztitlán, Jacala y Zimapán. Enorme riqueza minera, sobre todo en Real del Monte, El Chico y Capula. Producción agrícola, principalmente de ajonjolí, algodón, arroz, arvejón, cacahuete, café, camote, caña de azúcar, cebada, chile verde, frijoles. Tiene fábricas de hilados y tejidos, cemento, etc. ‖ Mun. de Méjico, est. de Coahuila de Zaragoza; 619 h. ‖ Villa cap. del mismo; 344 h. ‖ Mun. de Méjico, est. de Durango; 6.438 h. Cap., Villa Hidalgo. ‖ Mun. de Méjico, est. de Michoacán de Ocampo; 59.845 h. Cap., Ciudad Hidalgo. ‖ Mun. de Méjico, est. de Oaxaca; 2.958 h. ‖ Pueblo cap. del mismo; 1.288 h. ‖ Mun. de Méjico, est. de Tamaulipas, 24.006 h. ‖ Villa cap. del mismo; 2.450 h. ‖ **del Parral.** Mun. de Méjico, est. de Chihuahua; 61.817 h. ‖ C. cap. del mismo; 57.619 h. Minas de plata. ‖ **Yalalag.** Mun. y villa de Méjico, est. de Oaxaca; 2.848 h.

Hidalgos (Los). Geog. Dist. municipal de la República Dominicana, prov. de Puerto Plata; 16.459 h. ‖ Villa cap. del mismo; 1.655 h.

hidalgote, ta. m. y f. aum. de **hidalgo.**

Hidalgotitlán. Geog. Mun. de Méjico, est. de Veracruz-Llave; 10.582 h. ‖ Pueblo cap. del mismo; 2.379 h.

hidalguejo, ja o **hidalgüelo, la** o **hidalguete, ta.** m. y f. dim. de **hidalgo.**

hidalguense. adj. Natural del est. de Hidalgo (Méjico) o de diversas poblaciones mejicanas que llevan el mismo nombre, o perteneciente a dicho est. y poblaciones. Ú. t. c. s.

hidalguez. f. **hidalguía.**

hidalguía. f. Calidad de hidalgo, o su estado y condición civil. ‖ fig. Generosidad y nobleza de ánimo.

hidátide. (Del gr. *hydatís, -ídos.*) f. Larva de una tenia intestinal del perro y de otros animales que en las vísceras humanas adquiere gran tamaño. ‖ Vesícula que la contiene. ‖ **Pat.** Quiste hidatídico.

hidatídico, ca. adj. Perteneciente a la hidátide.

hidato-. pref. V. **hid-.**

Hidayat (Muhammad). Biog. Político iraní, más conocido por *Mossadegh,* n. y m. en Teherán (1881-1967). Desterrado por motivos políticos cuando era aún muy joven, estudió leyes en París y en Neuchatel (Suiza) y se licenció en 1909. Regresó a su país y desempeñó la subsecretaría de Hacienda durante la P. G. M. Destacó por su hostilidad a los soberanos. Primer ministro en abril de 1951, fue el paladín de la nacionalización del petróleo y del embargo de la Anglo Iranian, empresa inglesa, política que llevó a su país al borde de la ruina por la falta de ingresos por tal concepto. Consolidada su posición en las elecciones de enero de 1952, se acentuó su enemistad respecto al sah, hasta el punto de que el soberano abandonó el país (marzo de 1953). Quedó Mossadegh dueño de la situación y nombró un Consejo de regencia civil; pero fuerzas militares a las órdenes del general Zahedi derrocaron y detuvieron al primer ministro (19 de agosto) e hicieron posible la vuelta del sah. En diciembre del mismo año, Mossadegh fue condenado por un tribunal a tres años de confinamiento.

hidiondo, da. adj. desus. **hediondo.**

hidnáceo, a. (Del lat. científico *hýdnum,* gén. tipo de plantas, y *-áceo;* aquél del gr. *hýdnon,* hongo comestible.) adj. **Bot.** Dícese de los hongos basidiomicetos himenomicetales, con aparato esporífero de formas muy diversas y basidiocarpos carnosos, coriáceos o membranosos; algunos son comestibles. ‖ f. pl. Familia de estos hongos.

hidnoráceo, a. (Del lat. cient. *hydnora,* gén. tipo de plantas, y *-áceo;* aquél del gr. *hýdnon,* probablemente trufa.) adj. **Bot.** Dícese de las plantas del orden de las aristoloquiales, de flores hermafroditas y actinomorfas, homoclamídeas, ovario unilocular con placentación parietal y gran número de óvulos. Habitan en África y América del Sur. ‖ f. pl. Familia de estas plantas.

hidr-; -hidr-. pref. o infijo. V. **hid-.**

hidra. fr., *hydre;* it., *idra;* i., *hydra;* a., *Hydra.* (Del lat. *hydra,* y éste del gr. *hýdra,* serpiente acuática.) **Zool.** Gén. de celentéreos hidrozoos hidroideos, que sólo presentan forma de pólipo; de 0,5 a 1 cm. de long., cuerpo alargado y en forma de saco, que se fija por una especie de ventosa a las plantas dulceacuícolas, y cuya boca, en el extremo opuesto, está rodeada de largos tentáculos con los que atrapan los diminutos seres de que se alimentan. Aunque producen huevos, su modo de reproducción más frecuente es la gemación. La especie más común es *h. víridis.* ‖ f. Culebra acuática, venenosa, que suele hallarse cerca de las costas, tanto en el mar Pacífico como en el de las Indias; es de color negro por encima y blanco amarillento por debajo; de unos 50 cm. de largo; cubierta de escamas pequeñas y con la cola muy comprimida por ambos lados y propia para la natación.

Hidra. Astron. Constelación austral muy alargada, comprendida entre las del León y la Virgen, por el N., y las del Centauro, la Máquina Neumática, la Vela y la Popa, por el S. Su nombre científico es *Hydra.* ‖ **Macho.** Constelación muy próxima al Polo S., situada entre las de la Mesa, Tucán y Erídano. Tiene tres estrellas de tercera magnitud y su nombre científico es *Hydrus.* ‖ **Mit.** Monstruo del lago de Lerna, junto al golfo de Argos. Tenía siete cabezas que renacían a medida que se cortaban, por lo que Hércules, para darle muerte, se las segó de un golpe, con la ayuda de Iolas.

Heracles y la Hidra de Lerna, pintura de un ánfora ética. Museo de Villa Giulia. Roma

hidrácida o **hidracida.** (De *hidracina* e *-ida,* del lat. *-idus.*) f. **Quím.** Cuerpo resultante de la combinación de un ácido orgánico con una amina, empleado en el tratamiento de la tuberculosis.

hidrácido. m. **Quím.** Ácido que se compone de hidrógeno y un metaloide.

hidracina. (De *hidr-, -ac-* e *-ina.*) f. **Quím.** Base orgánica débil formada por dos grupos amino unidos entre sí, de fórmula N_2H_4. Se obtiene por oxidación del amoniaco con cloro o hipoclorito sódico, en presencia de una substancia gomosa. Tiene carácter reductor y se emplea en química orgánica como reactivo del grupo carbonilo (aldehídos y cetonas); también se emplea en numerosas síntesis y como combustible para cohetes.

hidrácnido, da. (Del lat. científico *hydrachna,* gén. tipo, e *-ido;* aquél del gr. *hýdor,* agua, y *aráchne,* araña.) adj. **Zool.** Dícese de los ácaros de agua dulce, provistos de dos o cuatro ojos; quelíceros en forma de uña o estilete y patas natatorias muy largas y provistas de pelos; viven en las charcas y son muy visibles por su vivo color rojo. ‖ m. pl. Familia de estos ácaros.

hidractinia. (Del lat. científico *hydractinia;* del gr. *hýdra,* serpiente acuática, y *actinia.*) **Zool.** Gén. de celentéreos hidrozoos. La especie tipo es *h. echinata.*

hidrante. (Del i. *hydrant,* y éste del gr. *hýdor,* agua.) m. Aparato de toma de agua múltiple, conectado en conducción especial a la red de distribución, que, en puntos estratégicos de una gran ciudad, se destina exclusivamente al servicio contra incendios.

hidrante o **hidranto.** (De *hidr-* y *-ante.*) m. Zool. **hidromeridio.**

hidrargiro. m. **Quím. hidrargiro.**

hidrargirismo. (De *hidrargiro.*) m. **Pat.** Envenenamiento crónico con mercurio, casi siempre profesional, en mineros y obreros que trabajan con este metal.

hidrargiro. (Del lat. *hydrargȳrus,* y éste del gr. *hydrárgyros;* de *hýdor,* agua, y *árgyros,* plata.) m. **Quím. mercurio.**

hidrario, ria. adj. Zool. **hidroideo.**

hidrartrosis. (De *hidr-, -artr-* y *-osis.*) f. **Pat.** Acumulación de líquido seroso en el interior de una articulación, que normalmente contiene sólo una escasa cantidad de líquido sinovial.

hidratable. adj. **Quím.** Que puede hidratarse.

hidratación. f. Acción y efecto de hidratar.

hidratar. fr., *hydrater;* it., *idratare;* i., *to hydrate;* a., *in Hidrat verwandeln.* (Del gr. *hýdor, hýdatos,* agua.) tr. **Quím.** Combinar un cuerpo con el agua. Ú. t. c. prnl.

hidrato. fr. e i., *hydrate;* it., *idrato;* a., *Hydrat.* (De *hidratar.*) m. **Quím.** Combinación de un cuerpo con el agua. ‖ **de carbono.** Estos hidratos constituyen un grupo de substancias orgánicas compuestas por carbono, hidrógeno y oxígeno, en las que estos dos últimos elementos guardan entre sí la misma proporción que en el agua; por lo tanto, el número de átomos de hidrógeno contenido en la molécula es doble que el de oxígeno. Los azúcares responden también a esta fórmula general $C_n(H_2O)_m$, por cuya razón muchos autores los consideran como hidratos de carbono. Se dividen en *pentosanas, hexosanas* y *pentosahexosanas,* según que den por hidrólisis, pentosas, hexosas o ambas a la vez. También a los hidratos de carbono se les denomina polisacáridos. Como ejemplos, además de los azúcares, están la dextrina, la celulosa, el almidón, etc. ‖ **de cloral.** Substancia aromática que recuerda por su olor al melón, de fórmula $Cl_3C \cdot CH(OH)_2$. Se obtiene por tratamiento del cloral con una mezcla de agua y benceno. Tiene propiedades hipnóticas, por lo que se le utiliza como tal en medicina, y además como analgésico y antiespasmódico.

hidráulica. fr., *hydraulique;* it., *idraulica;* i., *hydraulics;* a., *Hidraulik.* (Del lat. *hydraulica,* y éste del gr. *hydraulikḗ,* t. f. de *-kós,* hidráulico.) f. **Fís.** Parte de la mecánica que estudia el equilibrio y el movimiento de los líquidos. ‖ Arte de conducir, contener, elevar y aprovechar las aguas corrientes.

hidráulico–hidrocarburo

Hidráulica. Presa del pantano de Alarcón (Cuenca)

hidráulico, ca. (Del lat. *hydraulĭcus*, y éste del gr. *hydraulikós*, de *hydraulís*, órgano hidráulico; de *hýdor*, agua, y *auléo*, tocar la flauta.) adj. **Fís.** Perteneciente a la hidráulica. ‖ Que se mueve por medio del agua. ‖ Dícese de las cales y cementos que se endurecen en contacto con el agua, y también de las obras donde se emplean dichos materiales. ‖ m. El que sabe o profesa la hidráulica.

hidria. fr., *cruche à eau;* it., *idria;* i., *pitcher for water;* a., *Wasserkrug.* (Del lat. *hydrĭa*, y éste del gr. *hydría*, cántaro.) f. Vasija grande, a modo de cántaro o tinaja, que usaron los antiguos para contener agua.

-hídrico. suf. V. **hid-**.

hídrico, ca. adj. **Med.** Dícese de la dieta alimenticia en que sólo se permite tomar agua.

hidro-. pref. V. **hid-**. ‖ **Quím.** pref. que sign. que la molécula del compuesto contiene uno o más átomos de hidrógeno. En algún caso puede significar también un grado mayor en el contenido de hidrógeno, debido a que lo ha tomado en una reacción redox; p. e., la quinona que pasa a **hidro**quinona. Por último puede significar un proceso químico en que interviene el hidrógeno del agua, como ocurre, p. e., en los procesos llamados **hidro**líticos.

-hidro; -hidro-. suf. o infijo. V. **hid-**.

hidroa. m. **Pat.** Dermatosis caracterizada por una erupción vesiculosa y necrosante.

hidroala. (De *hidro-* y *ala*.) m. **Mar.** hidroplano.

hidroavión. (De *hidro-* y *avión*.) m. **Aviac.** Avión que lleva en lugar de ruedas de aterrizaje uno o varios flotadores para posarse sobre el agua. No ofrece más variantes respecto al aeroplano que las que resultan de amarar y despegar del agua. Se utiliza generalmente en las regiones donde abundan los lagos y corrientes de agua.

hidrobase. (De *hidro-* y *base*.) f. **Aviac.** hidropuerto.

hidrobátido, da. (Del lat. cient. *hydróbates*, gén. tipo de aves, e *-ido;* aquél del gr. *hýdor*, agua, y *bates*, el que anda, de *baíno*, marchar.) adj. **Zool.** Dícese de las aves del orden de las procelariformes, próximas a las proceláridas, pero de menor tamaño, patas más largas, membranas interdigitales muy desarrolladas y orificios nasales cerca de la base del pico, al extremo de un tubo doble. Viven en los mares australes y nidifican entre las rocas costeras. Se les conoce vulgarmente por *paíños*. ‖ f. pl. Familia de estas aves.

hidrobiología. (De *hidro-* y *biología*.) f. **Biol.** Ciencia que estudia la vida de los animales que pueblan las aguas corrientes y las remansadas en la superficie terrestre.

hidrocarburo. fr., *hydrocarbure;* it., *idrocarburo;* i., *hydrocarburet;* a., *Kohlenwasserstoff.* m. **Quím.** Carburo de hidrógeno. Se denomina así a un grupo muy numeroso de compuestos de la química orgánica cuya molécula está constituida únicamente por carbono e hidrógeno. A este tipo de compuestos pertenecen la totalidad de los petróleos existentes en la naturaleza. Se encuentran en estado sólido, líquido y gaseoso. Intervienen en la composi-

Pozo de petróleo, en el lago Maracaibo (Venezuela)

ción de numerosos tipos de materias plásticas, como el polietileno o politeno, el polipropileno y otros menos importantes. ‖ **acetilénico.** Hidrocarburo no saturado, que se caracteriza por tener en su molécula dos o más átomos de carbono unidos entre sí por un enlace triple. Tiene por fórmula general $C_nH_{2n} - 2$. El representante más importante de esta serie es el *acetileno*. ‖ **alicíclico.** Hidrocarburo saturado que, aunque tiene forma cíclica, posee iguales propiedades que los hidrocarburos alifáticos. A este grupo pertenecen el ciclopropano, ciclobutano, ciclopentano y ciclohexano. ‖ **alifático.** Hidrocarburo saturado o no, de cadena abierta, es decir, sin estructura cíclica. Constituye el grupo más numeroso de todos los hidrocarburos. ‖ **aromático.** Hidrocarburo no saturado, de forma cíclica y cuyas características son distintas a los hidrocarburos alifáticos. La mayoría de ellos tienen olor aromático, de donde deriva su nombre. El tipo más representativo de esta serie es el benceno. ‖ **bencénico. hidrocarburo aromático.** ‖ **cíclico.** Hidrocarburo cuya estructura es cíclica; puede ser saturado o no. ‖ **etilénico.** Hidrocarburo no saturado, que se caracteriza por tener en su molécula dos o más átomos de carbono unidos entre sí por un enlace doble. Tiene por fórmula general C_nH_{2n}. El representante más importante de esta serie es el *etileno*. ‖ **parafínico.** Hidrocarburo saturado alicíclico o de cadena abierta. Todos ellos se encuentran en el petróleo, de donde se obtienen. A este grupo pertenecen el metano, propano y butano, los más representativos. Tienen por fórmula general $C_nH_{2n} + 2$. ‖ **saturado.** Hidrocarburo cuyos átomos de carbono están unidos por enlaces simples, es decir, que tienen todas sus valencias combinadas. El grupo más representativo es el de las *parafinas*. ‖ **no saturado.** Hidrocarburo que posee en su mo-

Hidroavión *Plus-Ultra;* en él, R. Franco y sus compañeros, en 1926, efectuaron el viaje España-Argentina

lécula uno o varios átomos de carbono unidos entre sí por enlaces dobles o triples, no estando, por lo tanto, satisfechas todas sus valencias.

hidrocariáceo, a. (Del gr. *hydrokáryon*, nuez de agua, y *-áceo*; aquél de *hýdor*, agua, y *káryon*, nuez.) adj. **Bot.** Dícese de plantas del orden de las mirtales, suborden de las mirtíneas, de flores actinomorfas, heteroclamídeas, hermafroditas y tetrámeras, y fruto drupáceo monospermo. Son acuáticas flotantes, con hojas en roseta, y su único gén. es el *trapa*. || f. pl. Familia de estas plantas.

hidrocaritáceo, a. (Del lat. científico *hydrócharis*, gén. tipo, y *-áceo*; aquél del gr. *hýdor*, agua, y *cháris, -itos*, ornamento.) adj. **Bot.** Dícese de las plantas monocotiledóneas, del orden y filo de las helobiales (fluviales), acuáticas sumergidas, aunque con frecuencia las hojas asomen fuera del agua; las flores son trímeras, aisladas o en grupos umbeliformes al principio, incluidos en espata. Comprenden cerca de 100 especies en 15 géneros. || f. pl. Familia de estas plantas.

hidrocart. (De *hidro-* y *cart.*) m. **Dep.** Vehículo deportivo acuático, construido en fibra de vidrio y de gran estabilidad debido a su fondo plano.

hidrocaule. (De *hidro-* y *-caule*.) m. **Zool.** Tallo erguido que surge de la hidrorriza de una colonia de hidrozoos, y del cual salen numerosas ramificaciones con pólipos.

hidrocefalia. (De *hidrocéfalo*.) f. **Pat.** Aumento de líquido cefalorraquídeo en el encéfalo. Se llama exterior cuando se encuentra debajo de la duramadre, e interior, cuando aparece en los ventrículos cerebrales, especialmente laterales, que pueden estar enormemente dilatados.

hidrocéfalo, la. (Del gr. *hydrokéfalos*; de *hýdor*, agua, y *kefalé*, cabeza.) adj. **Pat.** Que padece hidrocefalia. || m. ant. **hidrocefalia.**

hidrocele. (Del lat. *hydrocēle*, y éste del gr. *hydrokēle*; de *hýdor*, agua, y *kéle*, tumor.) f. **Pat.** Hidropesía de la túnica serosa del testículo.

hidrocelia. (De *hidro-* y *-celia*.) f. **Pat.** Hidropesía abdominal.

hidrocelulosa. (De *hidro-* y *celulosa*.) f. **Quím.** Celulosa parcialmente degradada por la acción de los ácidos débiles.

hidroclorato. (De *hidro-* y *clorato*.) m. **Quím.** clorhidrato.

hidroclórico, ca. (De *hidro-* y *clórico*.) adj. **Quím.** clorhídrico.

hidrocoralario, ria. adj. **Zool.** hidrocoralino.

hidrocoralino, na. (De *hidro-* y *coral*.) adj. **Zool.** Dícese de los celentéreos hidrozoos de los mares tropicales, que forman colonias fijas en las que los hidrantes aparecen sobre esqueletos calizos como los corales o madréporas, con los cuales viven asociados en los arrecifes de coral y a cuya formación contribuyen. Poseen poderosos órganos urticantes, que pueden penetrar en la piel humana, lo que les ha valido el nombre de *coral picante*. || m. pl. Orden de estos celentéreos.

hidrocortisona. (De *hidro-* y *cortisona*.) f. **Farm.** y **Fisiol.** Hormona de naturaleza esteroide, que se obtiene de las glándulas suprarrenales y por vía sintética. Interviene en el metabolismo de los glúcidos; posee una notable acción antiinflamatoria y se emplea en medicina contra el reumatismo.

hidrocución. f. neol. **Pat.** Muerte por inmersión violenta en agua fría, que produce un síncope por alteraciones vasomotoras, acompañado de asfixia y un estado de muerte aparente, al que sigue la muerte efectiva.

hidrodeslizador. (De *hidro-* y *deslizar*.) m. **Mar.** Embarcación de fondo plano y muy poco calado (20 cm. en reposo) que, provista de una hélice aérea, avanza a gran velocidad sobre la superficie del agua. En algunos tipos, la popa está sumergida y la hélice empleada, en vez de aérea, es marina de tipo corriente.

hidrodinámica. (De *hidro-* y *dinámica*.) f. **Fís.** Parte de la hidráulica que estudia el movimiento de los líquidos y las fuerzas que ejercen éstos sobre las conducciones por las que circulan y sobre los cuerpos introducidos en ellos.

hidrodinámico, ca. adj. **Fís.** Perteneciente o relativo a la hidrodinámica.

Hidroelectricidad. Alternadores de la central de Alcántara (Cáceres)

hidroelectricidad. (De *hidro-* y *electricidad*.) f. **Fís.** Energía eléctrica obtenida por fuerza hidráulica.

hidroeléctrico, ca. (De *hidro-* y *eléctrico*.) adj. **Fís.** Perteneciente o relativo a la energía eléctrica obtenida por fuerza hidráulica.

hidrófana. (De *hidro-* y *-fana*.) f. **Miner.** Ópalo que adquiere transparencia dentro del agua.

hidrófido, da. (Del lat. científico *hydrophis*, gén. tipo de serpientes, e *-ido*; aquél del gr. *hýdor*, agua, y *óphis*, serpiente.) adj. **Zool.** Dícese de los reptiles ofidios adaptados a vivir en el mar, con cabeza alargada, tronco comprimido y aquillado, y tanto más grueso cuanto más cerca de la cola, que es estrecha y alta como un remo. Todos son venenosos, ictiófagos y propios de los archipiélagos del E. y SE. de Asia. Vulgarmente se les llama *serpientes marinas*. || m. pl. Familia de estos ofidios.

hidrofilacio. (De *hidro-* y el gr. *phylásso*, guardar.) m. **Geol.** Concavidad subterránea y llena de agua de que muchas veces se alimentan los manantiales.

hidrofílido, da. (Del lat. científico *hydróphilus*, gén. tipo de insectos, e *-ido;* aquél del gr. *hýdor*, agua, y *phíleo*, ser aficionado a.) adj. **Entom.** Dícese de los insectos coleópteros polífagos, acuáticos, con antenas cortas y mazudas. Son a veces de gran tamaño, de colores obscuros y tarsos de cinco artejos. || m. pl. Familia de estos insectos.

hidrófilo, la. fr. *hydrophile;* it. *idrofilo;* i. *hydrophilous;* a. *wasserliebend*. (De *hidro-* y *-filo*, aficionado a.) adj. **Biol.** y **Bioq.** Dícese de las substancias orgánicas que se disuelven en el agua por existir afinidad entre ésta y ciertos grupos de las moléculas de aquéllas, que reciben, por tal razón, el nombre de grupos hidrófilos. || **Bot.** Dícese de la planta cuya polinización se realiza por medio del agua; p. e., *zostera* y *vallisneria*. || m. **Entom.** Coleóptero acuático de la familia de los hidrofílidos, de cuerpo convexo y oval y de color negro de aceituna, con los palpos maxilares filiformes, más largos que las antenas, y el esternón prolongado en aguda espina. Llega a tener 50 mm. de long.; la hembra deposita los huevos en una cápsula que se fija en los tallos de las plantas acuáticas; las larvas se alimentan de moluscos, y los adultos de vegetales (*hydróphilus píceus*).

Nenúfares (plantas hidrófitas)

hidrófito, ta. (De *hidro-* y *-fito*, planta.) adj. **Bot.** Dícese de toda planta acuática que tiene flotantes o sumergidos los órganos de asimilación.

hidrofobia. fr. *hydrophobie;* it. *idrofobia;* i. *hydrophobia;* a. *Wasserscheu*. (Del lat. *hydrophobĭa*, y éste del gr. *hydrophobía*, de *hydrophóbos*, hidrófobo; de *hýdor*, agua, y *phobéo*, temer.) f. **Pat.** Horror al agua que suelen tener los que han sido mordidos por animales rabiosos. || **rabia**, enfermedad.

hidrófobo, ba. (Del lat. *hydrophŏbus*, y éste del gr. *hydrophóbos;* de *hýdor*, agua, y *phóbos*, terror.) adj. Que padece hidrofobia. Ú. t. c. s. || Dícese del coloide que presenta poca afinidad con el agua. || m. ant. **Pat. hidrofobia.**

hidrófono. (De *hidro-* y *-fono*.) m. **Fís.** Aparato para establecer, mediante el sonido, la presencia, dirección y velocidad de embarcaciones. Consiste en un transductor electroacústico que convierte en oscilaciones eléctricas las vibraciones sonoras transmitidas por un líquido.

hidroftalmía. (De *hidro-* y *oftalmía*.) f. **Pat.** Hidropesía del ojo o glaucoma infantil.

hidrófugo, ga. (De *hidro-* y *-fugo*.) adj. Dícese de las substancias que evitan la humedad o las filtraciones. Ú. t. c. s.

hidrogenión. (De *hidrógeno* e *ion*.) m. **Quím. protón.** || Ion de hidrógeno.

hidrógeno. fr. *hydrogène;* it. *idrogeno;* i. *hydrogen;* a. *Wasserstoff*. (De *hidro-* y *-geno*.) m. **Quím.** Elemento químico; símbolo, H; peso atómico, 1,008, y núm. atómico, 1; monovalente, incoloro, inodoro, insípido; arde en el aire; combinado con el oxígeno forma agua; termoquímicamente, la reacción más potente que se conoce. Se liquida a −252,6° C. y se solidifica a − 259,1° C. Se obtiene en el laboratorio por la acción del ácido sulfúrico o clorhídrico sobre el cinc. En la industria se obtiene: 1.º, del gas natural o del gas del alumbrado; 2.º, por electrólisis del agua; 3.º, por la acción del agua sobre el carbón a alta temperatura, que produce óxido de carbono e hidrógeno; 4.º, por la acción de la sosa o la potasa sobre el aluminio, y 5.º, por el tratamiento del agua sobre ciertos hidrocarburos metálicos. Es el elemento más ligero de todos los que se conocen (0,000089 g./cm.³). Fue descubierto por Cavendish en 1766. No se en-

hidrogeología–hidrometeoro

cuentra libre en la naturaleza y sí combinado con el oxígeno formando agua, y con el carbono, lo que da lugar a los hidrocarburos en los manantiales de petróleo y, además, forma parte de la mayoría de las substancias orgánicas; por todo ello, se puede considerar como uno de los elementos más difundido de la naturaleza. En la industria, se emplea principalmente como reductor en numerosos procesos metalúrgicos, y en numerosas síntesis. Con el oxígeno encuentra aplicación en soldadura y cortes de metales. || **arsenical. arsenamina.** || **atómico.** Variedad de hidrógeno cuya molécula consta de un solo átomo, a diferencia del hidrógeno ordinario, cuya molécula tiene dos. Se caracteriza por varias reacciones específicas. || **pesado. deuterio.**

hidrogeología. (De *hidro-* y *geología.*) f. **Geol.** Ciencia que estudia las aguas subterráneas. Este término fue empleado por primera vez por el naturalista francés Lamarck en 1802. Mead, en 1919, dio mayor difusión a la hidrogeología con su clásico libro sobre dicha materia, y la definió como el estudio del agua subterránea, considerada como un elemento geológico, para conocimiento de su origen y de la evolución de las aguas superficiales y de los drenajes. Meinzer expresaba que dicha ciencia se ocupaba del estudio del diclo hidrológico completo del agua, desde el momento de la caída de la lluvia a la tierra, hasta que desemboca al mar o vuelve a la atmósfera. Según datos del Geological Survey estadounidense, el agua está distribuida en el mundo aproximadamente en la siguiente proporción:

Aguas superficiales:	Porcentaje
Lagos de agua dulce	0,009
Lagos salados y mares interiores	0,008
Almacenamiento temporal en ríos y canales	0,0001
Aguas subterráneas:	
Aguas vadosas (incluida la humedad del suelo)	0,005
Agua subterránea almacenada hasta 1 km. de profundidad (algunas son saladas)	0,33
Agua subterránea más profunda (muy salada e impotable)	0,29
Otras aguas:	
Casquetes polares y glaciares	2,15
Atmósfera	0,001
Océanos	97,2

Por el presente cuadro se aprecia que el agua subterránea constituye la mayor parte del agua potable de más fácil aprovechamiento. La historia de la hidrogeología en la utilización de las aguas subterráneas es muy variada, desde los pozos de agua que se mencionan en el Génesis, pasando por los grandes y profundos pozos del Extremo Oriente (en la antigüedad se llegó hasta 1.500 m. en China), hasta las captaciones de agua en civilizaciones posteriores. Los métodos de perforación en la prospección de aguas subterráneas se han perfeccionado en los últimos cien años, gracias a las perforaciones para obtener el petróleo y el gas; y sobre todo con las bombas sumergidas para la elevación del agua. Los fundadores de la moderna hidrogeología fueron los franceses Perrault y Mariotte, por el año 1955, que midieron las alturas de las precipitaciones, y Halley (1965), que estudió la evaporación en el mar Mediterráneo en relación con el agua que aportaban los ríos. La primera ley matemática la estableció Henri Darcy (1845), ingeniero francés, en relación con el flujo del agua subterránea. Posteriormente, Meinzer organizó la ciencia hidrogeológica. El ciclo hidrogeológico fue misterioso y confuso a lo largo de la historia. Hoy en día se asocia la variación de las precipitaciones con las aguas superficiales y subterráneas, como oscilaciones de un sistema complejo (ciclo hidrogeológico). El agua se precipita en gran parte sobre la tierra y vuelve a la atmósfera en forma de vapor, debido a la acción de la energía solar. Los manantiales se clasifican por el volumen o caudal suministrado, desde superior a 2,83 m.^{3}/seg. hasta menores de 7,9 ml./seg., expresándose los análisis en *ppm* (partes por millón) y mg./litro. En cuanto a la calidad de las aguas, éstas se clasifican según los sólidos disueltos que tengan, desde agua dulce hasta 1.000 ppm., o saladas y salmuera con más de 100.000 ppm., dependiendo, según sus aplicaciones a fines agrícolas, industriales o domésticos. La exploración de las aguas subterráneas para captaciones locales se realiza por conocedores del lugar o por zahoríes; ahora bien, los métodos científicos de exploración suelen ser económicamente más ventajosos en regiones en que los acuíferos son difíciles de localizar. Los métodos magnéticos, los métodos sísmicos y las exploraciones con registros acústicos son diferentes procedimientos para la exploración y localización de caudales de aguas subterráneas.

hidrognosia. (De *hidro-* y *-gnosia.*) f. **Geol.** hidrología.

hidrogogía. (De *hidro-* y *-gogía.*) f. Arte de canalizar aguas.

hidrografía. fr., *hydrographie;* it., *idrografia;* i., *hydrography;* a., *Hidrographie, Gewässerbeschreibung.* (De *hidrógrafo.*) f. **Geog.** Parte de la geografía física que trata de la descripción de mares, lagos y corrientes de agua.

hidrográfico, ca. adj. Perteneciente o relativo a la hidrografía.

hidrógrafo. fr., *hydrographe;* it., *idrografo;* i., *hydrographer;* a., *Hidrograph.* (De *hidro-* y *-grafo.*) m. El que ejerce o profesa la hidrografía.

hidroideo, a. (De *hidr-* y *-oideo.*) adj. **Zool.** Dícese de los celentéreos de la clase de los hidrozoos, pequeños pólipos de agua dulce con cuerpo tubuloso y una corona de largos tentáculos extensibles alrededor de la boca; se multiplican por gemación y por generación sexual. No forman medusas y viven sobre las plantas sumergidas. El representante típico es la *hidra de agua dulce.* || m. pl. Orden de estos celentéreos hidrozoos, también llamados *hidrarios.*

hidrol. (De *hidr-* y *-ol.*) m. **Quím.** Monómero o molécula simple del agua (H$_2$O).

hidrolápato. m. **Bot.** Planta de la familia de las poligonáceas; el hidrolápato mayor es la romaza o *rúmex hydrolápatum,* y el menor, la *r. crispus* o *lengua de vaca.*

hidrolasa. (De *hidrol* y *-asa.*) f. **Quím.** Enzima que produce hidrólisis.

hidrólisis. (De *hidro-* y *-lisis,* disolución.) f. **Bioq.** y **Fisiol.** Los procesos digestivos, así como los metabólicos desasimilativos, son, en una parte considerable, desdoblamientos hidrolíticos que catalizan las hidrolasas segregadas por el organismo. || **Quím.** Desdoblamiento de ciertos compuestos orgánicos o inorgánicos motivado por el agua, al reaccionar con el hidrógeno de ésta. Este desdoblamiento se realiza también por la acción de los ácidos o por ciertas enzimas.

hidrolita. (De *hidro-* y *-lita,* disolución.) f. **Quím.** Hidruro de calcio, de fórmula CaH$_2$.

hidrolizable. adj. **Quím.** Susceptible de ser hidrolizado.

hidrolizar. tr. **Quím.** Realizar la hidrólisis.

hidrología. fr., *hydrologie;* it., *idrologia;* i., *hidrology;* a., *Hydrologie, Wasserlhere.* (De *hidro-* y *-logia,* tratado.) f. **Geol.** Parte de la geología que trata de las aguas, tanto continentales como marinas.

hidrológico, ca. adj. Perteneciente o relativo a la hidrología.

hidrólogo, ga. m. y f. Persona que profesa la hidrología o tiene en ella especial conocimiento. || Técnico en aguas de riego.

hidroma. (De *hidro-* y *-oma.*) m. **Pat.** Tumor o quiste seroso.

hidromancia o **hidromancía.** fr., *hydromancie;* it., *idromancia;* i., *hydromancy;* a., *Wasserdeuterei.* (Del lat. *hydromantía,* y éste del gr. *hýdor,* agua, y *manteía,* predicción.) f. Arte supersticiosa de adivinar por las señales y observaciones del agua.

hidromántico, ca. adj. Perteneciente a la hidromancia. || m. Persona que la profesa.

hidromedusa. (De *hidro-* y *medusa.*) f. **Zool.** Medusa perteneciente a la clase de los hidrozoarios.

hidromel o **hidromiel.** (Del lat. *hydroméli,* y éste del gr. *hydrómeli;* de *hýdor,* agua, y *méli,* miel.) m. **aguamiel,** agua mezclada con miel.

hidromeridio. (De *hidro-* y *-meridio.*) m. **Zool.** En los celentéreos hidrozoarios, cada uno de los individuos integrantes de una colonia.

hidrometeoro. (De *hidro-* y *meteoro.*) m. **Fís.** y **Meteor.** Meteoro producido por el agua en estado líquido, sólido y de vapor.

Hidromedusas, litografía antigua

hidrómetra. (Del lat. científico *hydrómetra*; del gr. *hýdor*, agua, y *métron*, medida.) **Entom.** Gén. de hemípteros heterópteros de la familia de los hidrométridos, al que pertenece el *zapatero (h. stagnórum)*.

hidrómetra. m. **Fís.** El que sabe y profesa la hidrometría.

hidrometría. (De *hidrómetro*.) f. **Fís.** Parte de la hidrodinámica que trata del modo de medir el caudal, la velocidad o la fuerza de los líquidos en movimiento.

hidrométrico, ca. adj. Perteneciente o relativo a la hidrometría.

hidrométrido, da. (De *hidrómetra*, gén. tipo de insectos, e *-ido*.) adj. **Entom.** Dícese de los insectos hemípteros, heterópteros, gimnocerados, con la cabeza tan larga como el tórax, cuerpo fino y patas largas y delgadas; son acuáticos y viven sobre la superficie de las aguas, deslizándose por ella sin romper la tensión superficial. Los más conocidos con los *zapateros* o *hidrómetras*. || m. pl. Familia de estos insectos hemípteros.

hidrómetro. fr., *hydromètre*; it., *idrometro*; i., *hydrometer*; a., *Hydrometer, Wassermesser*. (De *hidro-* y *-metro*.) m. **Fís.** Instrumento que sirve para medir el caudal, la velocidad o la fuerza de un líquido en movimiento. || Contador de agua. || Aparato destinado a medir la altura alcanzada por un líquido en un depósito.

hidromiel. m. **hidromel.**

hidronimia. (De *hidrónimo*.) f. Parte de la toponimia que estudia el origen y significación de los nombres de los ríos, arroyos, lagos, etc.

hidronímico, ca. adj. Perteneciente o relativo a la hidronimia.

hidrónimo. (De *hidro-* y el gr. *ónoma*, nombre.) m. Nombre de río, arroyo, lago, etc.

hidronio. (De *hidr-* y *-onio*.) m. **Quím.** Ion de hidrógeno hidratado, de fórmula H_3O.

hidrópata. m. **Med.** El que profesa la hidropatía.

hidropatía. fr., *hydropathie*; it., *idropatia*; i., *hydropathy*; a., *Hydropathie, Wasserheilkunde*. (De *hidro-* y *-patía*.) f. **Med.** Tratado de las enfermedades que se curan por medio del agua.

hidropático, ca. adj. Perteneciente o relativo a la hidropatía.

hidropesía. fr., *hydropisie*; it., *idropisia*; i., *dropsy, hydropsy*; a., *Wassersucht*. (Del lat. *hydrópisis*, y éste del gr. *hýdrops*; de *hýdor*, agua, y *óps*, aspecto.) f. **Pat.** Derrame o acumulación anormal del humor seroso en cualquiera cavidad del cuerpo animal, o su infiltración en el tejido celular.

hidropicarse. prnl. *Hond.* Estar hidrópico.

hidrópico, ca. (Del lat. *hydrópicus*, y éste del gr. *hydropikós*.) adj. Que padece hidropesía, especialmente de vientre. Ú. t. c. s. || fig. **insaciable.** || fig. Sediento con exceso.

hidroplano. (De *hidro-* y *plano*.) m. **Aviac. hidroavión.** || **Mar.** Embarcación provista de aletas inclinadas que al marchar, por efecto de la reacción que el agua ejerce contra ellas, sostienen gran parte del peso del aparato, el cual alcanza de ordinario una velocidad muy superior a la de los otros buques. También se llama *aliscafo*, *hidroala* e *hidrofoil*.

hidroponia. (De *hidro-* y el gr. *pónos*, trabajo.) f. **quimicultura.**

hidropónico, ca. (De *hidro-* y el gr. *pónos*, trabajo.) adj. **Agr.** y **Quím.** V. **cultivo hidropónico.**

hidropteridal. (De *hidro-* y *pteridofita*.) adj. **Bot.** Dícese de plantas pteridofitas, filicinas, leptosporangiadas, caracterizadas y diferenciadas de las demás de este grupo por tener su esporofito sumergido o flotante, adaptado a la vida acuática; los esporangios se diferencian en *macrosporangios*, con una sola macrospora, y *microsporangios*, con numerosas microsporas, y los segundos están reunidos en soros en el envés de las hojas. || m. pl. Orden de estas plantas.

hidropteridíneo, a. adj. **Bot. hidropteríneo.**

hidropteríneo, a. (De *hidro-* y el gr. *pterón*, ala.) adj. **Bot.** Dícese de plantas criptógamas, pteridofitas, acuáticas, a veces flotantes, con tallo horizontal, de cuya cara superior nacen las hojas y de la inferior las raíces o, en algunas de las especies flotantes, unas hojas absorbentes. || f. pl. Clase de estas plantas.

hidropuerto. (De *hidro-* y *puerto*.) m. **Aviac.** Superf. de agua, sobre la cual descienden o de donde se elevan los hidroaviones. Está provisto de muelles y dependencias destinadas al servicio de mercancías y pasajeros.

hidroquérido, da. (Del lat. científico *hydrochoerus*, gén. tipo de mamíferos, e *-ido*; aquél del gr. *hýdor*, agua, y *choiros*, cerdo.) adj. **Zool.** Dícese de los roedores simplicidentados sudamericanos, de gran tamaño, y cuyo único representante es el *carpincho* o *capibara*. || m. pl. Familia de estos mamíferos.

Capibara (roedor hidroquérido)

hidroquinona. (Del i. *hydroquinone*; de *hydro-*, hidro-, y *quinone*, quinona.) f. **Quím.** Dioxibenzol, de fórmula $C_6H_6O_2$, descubierto por Caventou y Pelletier en la destilación del ácido quínico. Sintéticamente se obtiene por reducción de la quinona. Se utiliza mucho como revelador fotográfico, y en medicina tiene empleo limitado como antiséptico.

hidrorriza. (De *hidro-* y *-rriza*.) f. **Zool.** Conjunto de ramificaciones horizontales de una colonia de hidrozoos, que sirve para fijarla al fondo.

hidroscopia. fr., *hydroscopie*; it., *idroscopia*; i., *hydroscopy*; a., *Quellenfinden*. (De *hidro-* y *-scopia*.) f. **Hidrog.** Arte de averiguar la existencia y condiciones de las aguas ocultas, examinando previamente la naturaleza y configuración del terreno.

hidroscopio. m. **Fís.** Aparato para descubrir la presencia de agua.

hidróscopo. m. Reloj de agua de la antigüedad.

hidrosfera. (De *hidro-* y *-sfera*.) f. **Geog.** Conjunto de las partes líquidas del globo terráqueo.

hidrosilicato. m. **Miner.** Silicato hidratado.

hidrosol. (De *hidro-* y *sol*, abr. de *solución*.) f. **Fís.** y **Quím.** Coloide en que el agua es el medio de dispersión.

hidrosoluble. (De *hidro-* y *soluble*.) adj. **Biol.** y **Bioq.** Dícese de las materias solubles en agua.

hidrosoma. (De *hidro-* y *-soma*.) f. **Zool.** Colonia de un hidrozoario.

hidrostática. fr., *hydrostatique*; it., *idrostatica*; i., *hydrostatics*; a., *Hydrostatik*. (De *hidro-* y *estática*.) f. **Mec.** Parte de la hidráulica que estudia el equilibrio de los fluidos. El principio de Pascal establece que todo aumento de presión en un punto de una masa líquida en equilibrio se transmite en seguida, sin disminución ninguna, a cada uno de los demás puntos del líquido. El teorema fundamental de la hidrostática determina que la diferencia de presión entre dos puntos de un líquido en equilibrio es igual al peso de una columna de base unidad y altura igual a la distancia vertical entre ambos puntos. El principio de Arquímedes establece que todo cuerpo sumergido en un fluido experimenta una pérdida aparente de peso igual al del fluido que desaloja, y que representa el empuje vertical ascendente recibido de dicho fluido.

hidrostáticamente. adv. m. Con arreglo a la hidrostática.

hidrostático, ca. adj. Perteneciente o relativo a la hidrostática.

hidrosulfito. (De *hidro-* y *sulfito*.) m. **Quím. hiposulfito.**

hidrotasia o **hidrotaxis.** (De *hidro-* y *-taxia* o *-taxis*.) f. **Biol.** Desplazamiento de un organismo vivo, generalmente microscópico, provocado por el agua.

hidroteca. (De *hidro-* y *-teca*.) f. **Zool.** Cáliz rígido, prolongación del perisarco de una colonia de pólipos hidrozoos, que protege a un pólipo, y donde éste puede retraerse.

hidrotecnia. (De *hidro-* y *-tecnia*.) f. Arte de construir máquinas y aparatos hidráulicos.

hidroterapia. fr., *hydrothérapie*; it., *idrorapia*; i., *hidrotherapy*; a., *Hydrotherapeutik, Wasserheilkunde*. (De *hidro-* y *terapia*.) f. **Terap.** Método curativo por medio del agua, a variable temperatura y en todas sus formas.

hidroterápico, ca. fr., *hydrothérapique*; it., *idroterapico*; i., *hydrotherapic*; a., *hydrotherapeutisch*. adj. Perteneciente o relativo a la hidroterapia.

hidrotermal. (De *hidro-* y *termo-*.) adj. **Geol.** Dícese de las aguas que surgen del subsuelo a temperatura superior a la del ambiente, y también de los minerales formados por sedimentación de las substancias disueltas en ellas. || Dícese de los procesos en que interviene el agua a temperatura superior a la normal.

hidrotimetría. (De *hidro-*, el gr. *timé*, valor, y *métron*, medida.) f. **Quím.** Determinación del grado de dureza del agua, o lo que es lo mismo, de los miligramos de carbonato de calcio y magnesio que contiene por litro.

hidrotimétrico, ca. adj. **Quím.** Perteneciente o relativo a la hidrotimetría.

hidrotórax–hiénido

hidrotórax. (De *hidro-* y *tórax*.) m. **Pat.** Derrame seroso en la cavidad pleural.

hidróxido. fr., *hydroxide;* it., *idrossido;* i., *hydroxyde;* a., *Hydroxyd*. (De *hidr-* y *óxido*.) m. **Quím.** Base formada por el radical monovalente hidroxilo y un metal, o l emento electropositivo. ‖ **cálcico.** Base de fórmula Ca(OH)₂, denominada comúnmente *cal apagada*. ‖ **férrico.** Base formada por el hierro trivalente, de fórmula Fe(OH)₃, que se obtiene al tratar una sal férrica soluble con amoniaco o hidróxido alcalinos. ‖ **potásico.** Este hidróxido, de fórmula KOH, y el sódico son los más importantes. Se llama también *potasa cáustica*. Hoy se obtiene exclusivamente por electrólisis del cloruro potásico fundido. Tiene las mismas aplicaciones y propiedades que el sódico. ‖ **sódico.** Es el hidróxido más importante y de mayor utilización. Tiene por fórmula NaOH y se obtiene por electrólisis del cloruro sódico fundido; de esta forma el sodio que se obtiene en el cátodo reacciona con el agua y se transforma en hidróxido sódico. La importancia industrial del hidróxido sódico es extraordinaria y su consumo en la industria le ponen a la cabeza entre los productos de más consumo, a la misma alt. que el amoniaco y los ácidos sulfúrico, nítrico y clorhídrico. Se denomina comúnmente *sosa cáustica* y, a veces, *sosa*.

hidroxilamina. (De *hidroxilo* y *amina*.) f. **Quím.** Compuesto nitrogenado, de fórmula NH₃O, que se obtiene por reducción del nitrito sódico con bisulfito sódico. Por sus propiedades reductoras, las sales de hidroxilamina son empleadas como reveladores fotográficos, y en medicina, como antisépticos de la piel. También se emplea en química analítica para identificar, aislar y separar compuestos carbonílicos.

hidroxilo. (De *hidr-, -ox-* e *-ilo*.) m. **Quím.** Radical monovalente hipotético, compuesto de un átomo de hidrógeno y otro de oxígeno (−OH), de carácter electronegativo en el agua, en las bases y en los alcoholes. Se llama también *oxhidrilo*.

hidrozoario, ria. adj. **Zool.** hidrozoo.

hidrozoo, a. (De *hidro-* y *-zoo*.) adj. **Zool.** Dícese de los celentéreos nidarios de cavidad gastrovascular sencilla y en comunicación directa con el exterior, sin faringe ectodérmica. La mayoría viven en colonias integradas por individuos llamados *hidromeridios* o *hidrantes*, unidos entre sí por tubos especiales que relacionan sus cavidades gastrovasculares. Sus paredes carnosas reciben el nombre de *cenosarco*, el cual está recubierto a su vez por una cutícula transparente o *perisarco*. Sus colonias son polimorfas, es decir, que sus hidroméridos están diferenciados en relación con el trabajo que realizan dentro de la colonia. Su reproducción es alternante: los gonozoides dan pequeñas medusas libres y éstas originan sexualmente larvas nadadoras, que al fijarse, producen el pólipo inicial de una nueva colonia. ‖ m. pl. Clase de estos celentéreos.

hiebre. f. ant. fiebre.

hiedra. fr., *lierre;* it., *edera;* i., *ivy;* a., *Epheu*. (Del lat. *hedĕra*.) f. **Bot.** Arbusto trepador, siempre verde, obscuro, de la familia de las araliáceas, con ramas estériles, que se fijan por medio de garfios, y otras libres, fértiles; las primeras con hojas tri o quinquelobuladas, triangulares, y las segundas con hojas aovadoelípticas, acuminadas; racimos de umbelas con flores amarillentas; fruto drupáceo, negruzco, con cinco huesos. No es parásito, pero ahoga con su espesura al árbol a que se agarra (*hedĕra hélix*). Además a la trepadora europea, reciben este nombre la llamada *campana* o *campanilla*, que es la correhuela; en algunos puntos de América, la *marcgravia dubia;* la llamada *morada* en Méjico (*cobaea scándens*, de la

Hiedra

familia de las polemoniáceas); la *terrestre* europea (v.); la de Cuba (malvácea del gén. *sida*); las de Méjico (umbelífera del gén. *hydrocótyle* y convolvulácea *pharbitis violácea*), y la de Perú (compuesta del gén. *mikania*). ‖ **arbórea. hiedra.** ‖ **terrestre.** Planta vivaz de la familia de las labiadas, con tallos duros, de 30 a 40 cm., hojas pecioladas en forma de corazón, festoneadas y verdinegras; flores axilares en grupillos separados, de corola azul, y fruto en varias semillas menudas (*glechoma hederácea*). Se ha empleado en medicina como expectorante.

hiel. fr., *fiel;* it., *fiele;* i., *gall, bile;* a., *Galle*. (Del lat. *fel, fellis*.) f. bilis. ‖ fig. Amargura, aspereza o desabrimiento. ‖ pl. fig. Trabajos, adversidades, disgustos. ‖ **de la tierra.** Bot. centaura menor.

hielmo. m. Bot. *Chile*. Planta de la familia de las cornáceas (*decostea scándens*).

hielo. fr., *glace;* it., *gelo;* i., *frost, ice;* a., *Eis*. (Del lat. *gelu*.) m. Acción de helar o helarse. ‖ fig. Frialdad en los afectos. ‖ fig. Pasmo, suspensión de ánimo. ‖ **Fís.** Agua convertida en cuerpo sólido y cristalino por un descenso suficiente de temperatura. El agua en estado puro se congela a 0° C. ó 32° F., a la presión atmosférica ordinaria. En la solidificación desprende 80 calorías por gramo de agua, y en la fusión las absorbe. La presión favorece la fusión y retrasa la solidificación de tal forma, que a 13 atmósferas el agua se solidifica a 20° C. bajo cero. El agua presenta la particularidad de que se dilata al descender la temperatura a menos de 4° C., de donde resulta que el hielo es más ligero que el agua y flota sobre ella. Este hecho tiene un valor fundamental en la supervivencia de la fauna acuática cuando la capa superficial de mares, lagos, etc., se congela, ya que así la masa de líquido debajo del hielo queda aislada del exterior y se evita que se siga congelando. Las impurezas mezcladas con el agua causan una baja del punto de congelación. En 1775 se obtuvo hielo artificial por vez primera evaporando agua mediante una máquina neumática. A partir de 1900, la fabricación de hielo se generalizó hasta llegar al *hielo seco* (v.). ‖ **carbónico. hielo seco.** ‖ **seco.** Anhídrido carbónico sólido, que se forma del gas del mismo nombre, por polimerización de su molécula. Origina temperaturas de −30° C. y, si se mezcla con éter y acetona, puede llegar a −79° C. No se licúa por la acción del calor, con lo cual no moja, y al volatilizarse, ejerce una intensa acción germicida. Por su enorme frialdad produce verdaderas quemaduras en el organismo, y si se volatiliza demasiado rápidamente en recinto cerrado, ocasiona una explosión. Se emplea en dermatología contra el lupus eritematoso y otras enfermedades. Se llama también *nieve carbónica* o *hielo carbónico*.

hieltro. m. ant. fieltro.

hiemación. (Del lat. *hiems*, invierno.) f. Invernada; floración en invierno.

hiemal. (Del lat. *hiemālis*, invernal.) adj. **invernal.**

hiena. fr., *hyène;* it., *iena;* i., *hyen, hyena;* a., *Hyäne*. (Del lat. *hyaena*, y éste del gr. *hýaina*.) f. **Zool.** Mamífero carnívoro de la familia de los hiénidos, del tamaño de un lobo, al que se parece algo en la forma de la cabeza, si bien su cuerpo es más rechoncho y con el cuarto trasero más bajo y débil que el delantero, por lo que la línea dorsal está inclinada de delante a atrás. Una espesa crin cubre su cuello, y su pelaje es pardo manchado o rayado. Este nombre vulgar abarca varias especies de dos géneros, *hyaena* y *crocuta;* al primero pertenecen la *hiena rayada (h. hyaena)*, con varias razas africanas y asiáticas, y la *hiena parda (h. brúnnea)*, de color más obscuro, con crin muy larga y negra, y exclusivamente africana. Al segundo pertenece la *hiena manchada (crocuta crocuta)*, con numerosas variedades o razas locales, más fornida que las anteriores, con crin y orejas más cortas, y pelaje pálido manchado de obscuro; habita desde el S. del Sáhara hasta el extremo meridional de África y falta, como las anteriores, en las regiones de selva espesa.

Hiena rayada

Todas son de costumbres nocturnas, y se alimentan fundamental, pero no exclusivamente, de carroña. ‖ **de las cavernas.** Paleont. y Zool. Gigantesca hiena que vivió en toda Europa durante la época pleistocena *(hyaena spelaea)*.

hienda. (Del lat. **fimĭta*, de *fimus*.) f. Fiemo, fimo, estiércol.

hienda. (De *hender*.) f. Extr. y León. Raja o hendidura.

Hiendelaencina. Geog. Mun. y lugar de España, prov. de Guadalajara, p. j. de Sigüenza; 240 h.

hiénido, da. (De *hyaena*, gén. tipo de mamíferos, e *-ido;* aquél, voz lat. que sign. hiena.) adj. **Zool.** Dícese de los carnívoros fisípedos, de caracteres intermedios entre los de los félidos y cánidos, con hocico mediano y deprimido; digitígrados, con uñas no retráctiles; cola corta; cuerpo en declive, desde los hombros, y pelos largos en el dorso a modo de melena. Tienen entre el ano y la cola una especie de bolsa que segrega un líquido espeso y nauseabundo. Son animales nocturnos, principalmente, y se alimentan de carroña. Viven en África y S. de Asia, y entre ellos están las hienas, distribuidas en dos gén.: *hyaena* y *crocuta*. ‖ m. pl. Familia de estos carnívoros.

hienodóntido, da. (Del lat. científico *hyaénodon*, gén. tipo de mamíferos fósiles, e *-ido;* aquél del lat. *hyaena,* hiena, y el gr. *odoús, -óntos,* diente.) adj. **Paleont.** y **Zool.** Dícese de los carnívoros fósiles que vivieron en Europa, África y América durante las épocas eocena y oligocena, caracterizados porque sus muelas carniceras eran el segundo molar superior y el tercero inferior. El gén. tipo es *hyaénodon.* ‖ m. pl. Familia de estos mamíferos fósiles.

hier. (Del lat. *heri.*) adv. t. **And.** ayer.

hiera-. pref. V. **hiero-.**

hiera. (Del lat. *hedĕra.*) f. **Bot. Ál.** hiedra.

hiera. (Del lat. *diaría.*) f. desus. Jornal, obrada.

Hieracónpolis. Geog. hist. Local. de Egipto, probable residencia de los faraones del Alto Egipto.

Hierápolis. (Del gr. *Hierápolis;* de *hierós,* sagrado, y *pólis,* ciudad.) **Geog. Membij.** ‖ **Geog. hist.** C. de Frigia, sit. en las proximidades de la actual Aydin. Fue fundada por Eumenes II, rey de Pérgamo, en conmemoración de la victoria sobre Antíoco III en 190 a. C.

hierarquía. (Del gr. *hierarchía.*) f. ant. **jerarquía.**

hierático, ca. fr., *hiératique;* it., *ieratico;* i., *hieratical;* a., *Hieratisch.* (Del lat. *hieratĭcus,* y éste del gr. *hieratikós,* de *hierós,* sagrado.) adj. Perteneciente o relativo a las cosas sagradas o a los sacerdotes. Es término de la antigüedad gentílica. ‖ Aplícase a cierta escritura de los antiguos egipcios, que era una abreviación de la jeroglífica. ‖ Aplícase a cierta clase de papel que se traía de Egipto. ‖ Dícese de la escultura y la pintura religiosas que reproducen formas tradicionales. ‖ fig. Dícese también del estilo o ademán que tiene o afecta solemnidad extrema, aunque sea en cosas no sagradas.

hieratismo. (De *hierático* e *-ismo.*) m. Calidad hierática de la escultura y la pintura religiosa. ‖ Calidad hierática de los estilos y formas que afectan solemnidad extrema.

Atropando la hierba. Pola de Somiedo (Oviedo)

hierba. fr., *herbe;* it., *erba;* i., *herb, grass;* a., *Kraut, Gras.* (Del lat. *herba.*) f. Planta con tallos delgados y tiernos; es anual, si toda la planta muere en el año; bienal, si la parte subterránea subsiste hasta el segundo año, en que florece y fructifica; vivaz o perenne, si esto se repite muchos años. Acompañada esta palabra de un distintivo particular, sirve para formar más de doscientos nombres vulgares de un sinnúmero de especies en los diferentes países. ‖ Conjunto de muchas hierbas que nacen en un terreno. ‖ Mancha de las esmeraldas. ‖ Veneno hecho con hierbas venenosas. Ú. m. en pl. ‖ pl. Entre los religiosos, menestras que les dan a comer y ensalada cocida para colación. ‖ Pastos que hay en las dehesas para los ganados. ‖ Hablando de los animales que se crían en los pastos, **años.** ‖ **del ala. Bot.** helenio. ‖ **de almizcle. adoxa.** ‖ **artética.** Pinillo, planta herbácea. ‖ **de bálsamo.** ombligo de Venus, planta herbácea. ‖ **ballestera.** hierba de ballestero. ‖ **de ballestero. eléboro.** ‖ *Toxicol.* Veneno hecho con un cocimiento de eléboro. ‖ **becerra. Bot.** boca de dragón. ‖ **belida.** botón de oro. ‖ **buena.** hierbabuena. ‖ **callera.** Planta de la familia de las crasuláceas, cuyas hojas, opuestas, ovaladas y redondeadas en la base, emplea el vulgo para cicatrizar heridas y ablandar callos *(sédum telephium).* ‖ **cana.** Planta herbácea de la familia de las compuestas, con tallo ramoso, surcado, hueco, rojizo y de 30 a 40 cm. de alt.; hojas blandas, gruesas, jugosas, perfoliadas y partidas en lóbulos dentados; flores amarillas, tubulares, y fruto seco y con semillas coronadas de vilanos blancos, largos y espesos que semejan pelos canos, de donde le vino el nombre. Es común en las orillas de los caminos y se considera como emoliente *(senecio vulgaris).* ‖ **carmín.** Planta herbácea americana, aclimatada en España, de la familia de las fitolacáceas, con raíz carnosa y fusiforme; tallo erguido, ramoso y asurcado; hojas alternas, aovadas, lanceoladas y onduladas por el margen; flores en espiga y sin corola, y fruto en baya *(phytolacca decandra).* Toda la planta es encarnada, tiene algún empleo en medicina, y de las semillas se extrae una laca roja. ‖ **centella. calta, anemone.** ‖ **de las coyunturas. belcho.** ‖ **de cuajo.** Flor y pelusa del cardo de comer, con la cual se cuaja la leche. ‖ También se aplica al gén. *gálium.* ‖ **de las cucharas. coclearia.** ‖ **doncella.** Planta herbácea, vivaz, de la familia de las apocináceas, con tallos de 60 a 80 cm., los estériles reclinados y casi erguidos los floríferos; hojas pedunculares, lisas, coriáceas, en forma de corazón, algo vellosas en el margen; flores grandes, de corola azul; fruto capsular y semillas membranosas *(vinca májor).* Se usa en medicina como astringente. ‖ **estoque. gladiolo.** ‖ **estrella. estrellamar,** hierba plantagínea. ‖ **fina.** Planta de la familia de las gramíneas, con cañas delgadas, derechas, de unos 25 cm. de alt.; hojas estrechas, lineares y agudas, flores rojizas dispuestas en panojas terminales muy delgadas y bien abiertas *(agrostis capillaris).* ‖ **giganta. acanto,** planta. ‖ **de las golondrinas. celidonia.** ‖ **de Guinea.** Planta de la familia de las gramíneas, que crece hasta cerca de 1 m. de alt., con hojas ensiformes, radicales, abrazadoras y en macolla; tallo central, y flores hermafroditas, en espiguilla, que forman panoja, con semillas abundantes *(pánicum jumentórum).* Es planta muy apreciada para pastos del ganado, especialmente caballar, y se propaga con facilidad en las regiones tropicales. ‖ **hormiguera. pazote.** ‖ **impía.** Planta anual de la familia de las compuestas, con tallos delgados, erguidos, dicótomos, tomentosos, blanquecinos, vestidos de hojas filiformes, y cabezuelas axilares y terminales. ‖ **jabonera. jabonera,** planta cariofilácea. ‖ **de los lazarosos,** o **de los pordioseros. clemátide.** ‖ **de limón.** *Cuba.* **esquenanto.** ‖ **lombriguera.** Planta de la familia de las compuestas, con tallos herbáceos de 60 a 80 cm., hojas grandes partidas en lacinias lanceoladas y aserradas, flores de cabezuelas amarillas en corimbos terminales, y fruto seco con semillas menudas. Es la compuesta *tanacétum vulgare* y también *senecio jacobaea;* la llamada hembra es *santolina chamaecyparissus,* y la macho es el abrótano. Es bastante común en España, tiene olor fuerte, sabor muy amargo, y se ha empleado como estomacal y vermífuga. ‖ **luisa.** ‖ **de maná.** Planta de la familia de las gramíneas, con el tallo caído, de medio metro a uno de largo, hojas planas y flores en panoja prolongada, casi unilateral, compuesta de espiguillas con pedúnculos largos, paralelos al eje *(glyceria flúitans).* Sirve de forraje y se emplea en lugar del esparto. ‖ **mate.** hierba del Paraguay. ‖ **melera.** lengua de buey, planta. ‖ **meona.** milenrama. ‖ **mora.** Planta herbácea, anual, de la familia de las solanáceas, con tallos de 30 a 40 cm. de alt., ramosos y velludos; hojas lanceoladas, nerviosas, con dientes en el margen; flores axilares, en corimbos poco poblados de corola pubescente blanca, y fruto en baya esférica negra y venenosa de un cm. de diámetro. También se conoce por *solano negro.* Se ha empleado en medicina como calmante. ‖ *Filip.* **espicanardo,** planta gramínea. ‖ **del Paraguay.** Planta de la familia de las aquifoliáceas, especie de acebo con hojas lampiñas, pecioladas, oblongas y aserradas por el margen; flores axilares, blancas, de pedúnculo largo, en ramilletes apretados y fruto en drupa roja, con cuatro huesecillos de almendra venenosa. Se llama también *hierba mate, mate* y *té de los jesuitas* o *del Paraguay.* Abunda en la América meridional. ‖ Hojas de este arbolito, que, secas y empaquetadas, son uno de los principales ramos del comercio de Paraguay *(ílex paraguayensis).* ‖ **pastel. glasto.** ‖ **pejiguera. duraznillo.** ‖ **piojenta,** o **piojera. estafisagria.** ‖ **de pipí. yone.** ‖ **pulguera. zaragatona.** ‖ **de punta. espiguilla,** planta gramínea. ‖ **puntera. siempreviva mayor.** ‖ **romana.** hierba de Santa María. ‖ **sagrada. verbena,** planta. ‖ **de San Juan. corazoncillo.** ‖ **santa.** hierbabuena. ‖ **de Santa María.** Planta herbácea de la familia de las compuestas con tallos de 30 a 40 cm., ramosos y estriados; hojas grandes, elípticas, pecioladas, fragantes y festoneadas por el margen, flores en cabecillas amarillentas muy duraderas *(tanacétum balsámina* y también *pyréthrum parthénium).* Se cultiva mucho en los jardines por su buen olor, y se usa algo en medicina como estomacal y vulneraria. ‖ **de Santa María del Brasil. pazote.** ‖ **de Santo Domingo.** *Salv.* **canutillo.** ‖ **sarracena.** hierba de Santa María. ‖ **de las siete sangrías. asperilla.** ‖ **del Sudán.** (En i., *Sudan grass.*) Planta forrajera anual, también llamada *sorgo sudan.* ‖ **tora. orobanca.** ‖ **de Túnez. servato.** ‖ **del vidrio. doca.** ‖ **hierbas del señor San Juan.** Todas aquellas que se venden el día de San Juan Bautista, que son muy olorosas o medicinales; como mastranzo, trébol, etc. ‖ **viejas.** *Agr.* ant. Campos no roturados. ‖ **en hierba.** m. adv. con que se denota, hablando de los panes y otras semillas, que están aún verdes y tiernos. ‖ **otras hierbas.** expr. jocosa que se añade después de enumerar enfáticamente los nombres, dictados o prendas de una persona, como para dar a entender que aún le corresponden otros.

hierbabuena. (De *hierba* y *buena.*) f. Planta herbácea, vivaz, de la familia de las labiadas y

Hierbabuena

hierbajo–hígado

gén. *mentha*, con tallos erguidos, poco ramosos, de 40 a 50 cm.; hojas vellosas, elípticas, agudas, nerviosas y aserradas; flores rojizas en grupos axilares y fruto seco con cuatro semillas. Puede ser de la especie *sativa* o *viridis*, o la rizada o morisca, de la especie *aquática*, cuya variedad, *citrata* o *glabrata*, es el sándalo de jardín. Se cultiva mucho en las huertas, es de olor agradable y se emplea en condimentos. || Nombre que se da a otras plantas labiadas parecidas a la anterior; como el mastranzo, sándalo y poleo.

hierbajo. m. desp. de **hierba**.
hierbal. m. *Chile.* Sitio de mucha hierba.
hierbatero. m. **yerbatero**.
hierbezuela. f. dim. de **hierba**.
hiero-, hiera-, fero-. (Del gr. *hierós*.) pref. que sign. sagrado.
hiero. (Del lat. *erum*, por *ervum*.) m. **Bot. yero**.
hieródula. (Del gr. *hieródoulos*; de *hierós*, sagrado, y *doulos*, esclavo.) f. **Mit.** Esclava dedicada al servicio de una divinidad, en la ant. Grecia.
hierofanta. (Del lat. *hierophanta*.) m. **hierofante**.
hierofante. (Del lat. *hierophantes*, y éste del gr. *hierophántes*; de *hierós* y *phaíno*, mostrar, enseñar.) m. Sacerdote del templo de Ceres Eleusina y de otros varios de Grecia, que dirigía la ceremonias de la iniciación en los misterios sagrados. || Por ext., maestro de nociones recónditas.
hieroglífico, ca. (Del lat. *hieroglyphĭcus*, y éste del gr. *hieroglyphikós*, de *hieroglyphos*, de *hierós*, sagrado, y *glýpho*, grabar.) adj. **jeroglífico**. Ú. t. c. s.
Hierón I. Biog. Tirano de Siracusa, Sicilia, que sucedió a su hermano Gelón en 478 a. C. Protegió las letras y su corte fue frecuentada por los poetas y escritores contemporáneos suyos, entre los que figuraban Esquilo, Píndaro, Epicarmo, Simónides, etc. || **II.** Tirano de Siracusa, hijo de Hierocles (275-216 a. C.). Subió al trono en 260. Construyó máquinas de guerra de todas clases y buques de gran tamaño bajo la dirección de Arquímedes, que vivía en Siracusa.
Hierónimo. Biog. Rey de Siracusa, sucesor de su abuelo Hierón II (230-214 a. C.). Cometió tales excesos y crueldades, que a los trece meses de reinado, el pueblo se sublevó y le dio muerte, lo mismo que a todos los individuos de la familia real.
hieroscopia. (Del gr. *hieroskopia*, de *hieroskópos*; del pl. *hierá*, víctimas, y *skopéo*, examinar.) f. Arte supersticiosa de adivinar por las entrañas de los animales.
hierosolimitano, na. (Del lat. *hierosolymitānus*, de *Hierosolȳma*, Jerusalén.) adj. **jerosolimitano**.
hierra. (De *herrar*.) f. *Amér.* Acción de marcar con el hierro el ganado. || Temporada en que se marca el ganado. || Fiesta que se celebra con tal motivo.
hierre. (De *herrar*.) m. *And.* **herradero**.
hierrezuelo. m. dim. de **hierro**.
hierro. fr., *fer*; it., *ferro*; i., *iron*; a., *Eisen*. (Del lat. *ferrum*.) m. Metal dúctil, maleable y muy tenaz, de color gris azulado, que puede recibir gran pulimento y es el más empleado en la industria y en las artes. Su símbolo es Fe; peso atómico, 55,19; peso específico, 7,86 g./cm.^{3}; número atómico, 26; coeficiente de dilatación, 0,00001149; dureza, 4,5 según la escala de Mohs. Funde a 1.528° C. Se imana fácilmente, por poco tiempo en estado puro y permanentemente cuando contiene carbono (acero). Por encima de 768° C. ya no es magnetizable en ninguna forma. Es inoxidable en el aire seco, pero se óxida rápidamente en el húmedo. Se combina con el oxígeno, formando dos óxidos distintos según su valencia; con el carbono, con el azufre, etc. El hierro, pese a ser el cuarto elemento por su abundancia en la corteza terrestre, un 5 %, apenas se encuentra en ella en estado nativo, aunque sí en los meteoritos, ya solo, *kamacita*, ya aleado con el níquel, *tenita*. El primero forma masas o inclusiones en algunos basaltos de Groenlandia, y el ferroníquel se halla como gránulos en varios

Pieza de pirita magnética

placeres americanos. En cambio, de los estudios hechos sobre el interior de la Tierra, parece deducirse que el núcleo de ésta es esencialmente una aleación de hierro y níquel. Los minerales ferríferos más frecuentes son el sulfuro, *pirita*; los óxidos, *oligisto* o *hematites* y *magnetina*, y el carbonato, *siderita*. || Marca que con hierro candente se pone a los ganados. En otro tiempo se ponía también a los delincuentes y esclavos. || Instrumento o pieza de hierro con que se realiza o realizaba la operación de marcar (ganados, esclavos, etc.). || Señal, e instrumento para hacerla, que se pone en algunas cosas como garantía o contraste. || En la lanza, saeta y otros instrumentos semejantes, pieza de hierro o de acero que se pone en el extremo para herir. || fig. Arma, instrumento o pieza de hierro o acero; como la pica, la reja del arado, etc. || pl. Prisiones de hierro; como cadenas, grillos, etc. || **albo.** *Indus.* El candente. || **alfa** o α. Fase alotrópica del hierro a alta temperatura. || **arquero. hierro cellar.** || **cabilla.** El forjado en barras redondas más gruesas que las del hierro varilla. || **carretil.** El forjado en barras de 10 cm. de ancho y 2 de grueso, destinado generalmente a llantas de carros. || **cellar.** El forjado en barras de unos 5 cm. de ancho y uno de grueso, que sirve para cellos de pipa, y con el cual comúnmente se hacían las celadas de las ballestas. || **colado.** *Met.* El que sale fundido de los altos hornos: tiene mayor cantidad de carbono que el acero, es más quebradizo, de grano más grueso en su fractura y más fusible, y, según la cantidad de carbono que contiene, se distinguen diferentes variedades, como el blanco, el gris, el atruchado, etc. || **cuadradillo,** o **cuadrado.** *Indus.* Barra de hierro cuya sección transversal es un cuadrado de 2 a 3 cm. de lado. || **cuchillero. hierro cellar.** || **de doble T.** El forjado en barras en forma de dos de aquellas letras, opuestas por la base. || **dulce.** El libre de impurezas, que se trabaja con facilidad. || **electrolítico.** *Quím.* El que se produce por electrólisis a partir de una sal de hierro y empleando un cátodo rotatorio; es de gran pureza y posee una mayor fragilidad que el obtenido por el método siderúrgico. || **espático.** *Met.* **siderosa.** || **fundido. hierro colado.** || **de llantas.** *Indus.* **hierro carretil.** || **medio tocho. hierro tochuelo.** || **meteorítico.** *Miner.* Hierro procedente de la destrucción de un meteorito que cae a la Tierra. || **palanquilla.** *Indus.* El forjado en barras de sección cuadrada, de 4 cm. de lado, y que tiene una proporción de azufre superior al 0,2 %. || **pirofórico.** Hierro finísimamente dividido que se inflama espontáneamente en contacto con el aire. || **planchuela. hierro arquero.** || **puro.** Una de las clases de hierro de pureza más elevada (99,84 %). || **tocho.** El forjado en barras de sección cuadrada de 7 cm. de lado. || **tochuelo.** El forjado en barras de sección cuadrada de 5 a 6 cm. de lado. || **varilla.** El forjado en barras redondas de poco diámetro. || **a hierro y fuego,** o **a hierro y sangre.** ms. advs. **a sangre y fuego**.

Hierro (José). Biog. Poeta español, n. en Santander en 1922. Ha sido galardonado con el premio Adonais por su obra *Alegría* (1947), y obtenido asimismo los premios nacional de Poesía (1953), de la Crítica (1958 y 1965) y March (1959). Otras obras: *Tierra sin nosotros* (1946), *Con las piedras, con el viento* (1950), *Quinta de 42* (1953), *Estatuas yacentes* (1954), *Cuanto sé de mí* (1957) y *Libro de las alucinaciones* (1964); en 1962 publicó *Poesías completas (1944-1962)*. En 1974 se ha editado una nueva

José Hierro

compilación de su obra poética, con el título de su penúltimo libro: *Cuanto sé de mí.* || **Geog.** Isla de España, la más occidental del arch. de las Canarias, prov. de Santa Cruz de Tenerife, sit. al S. de Palma y al OSO. de Gomera; 278 km.^{2} y 7.957 h. Es la menor de las siete pobladas que forman el arch. Toda la isla está surcada por altas y ásperas montañas, en cuyas laderas se abren hondos barrancos, con pendientes más abruptas hacia el O., E. y S. que hacia el N. Su mayor alt. es de 1.520 m. El terreno es volcánico. La pobl. principal es Valverde, que, con Frontera, son sus dos únicos municipios.

hif-. pref. V. **hip-**, debajo de.
hif-. pref. V. **hip-**, caballo.
hifa. (Del gr. *hyphé*, tejido, tela de araña.) f. **Bot.** Célula cilíndrica, muy larga, hialina y de membrana muy delgada, entrelazada con otras semejantes en el cuerpo de los hongos y líquenes.
hifomicetal. (De hifomicete.) adj. **Bot.** Se dice de hongos imperfectos. || m. pl. Orden de estos hongos.
hifomicete. (Del gr. *hyphé* [v. **hifa**] y -*micete*.) m. **Bot.** Hongo parasitario, propio de las zonas tropicales.
hig-, higio-. (Del gr. *hygiés*, sano, o de *hygieia*, salud.) pref. que sign. salud, sanidad.
higa. (De higo.) f. Dije de azabache o coral, en figura de puño, que ponen a los niños con la idea supersticiosa de librarlos del mal de ojo. || Acción que se ejecuta con la mano, cerrado el puño, mostrando el dedo pulgar por entre el dedo índice y el cordial, con el que se señalaba a las personas infames o se hacía desprecio de ellas. También se usaba contra el aojo. || fig. Burla o desprecio.
higadilla. f. **higadillo.** || *Hond.* Riñonada o guisado de riñones.
higadillo. (dim. de hígado.) m. Hígado de animales pequeños, en especial de las aves.
hígado. fr., *foie*; it., *fegato*; i., *liver*; a., *Leber*. (Del lat. *ficātum*, de *ficus*, higo, moldeado sobre el gr. *sykotós*, sazonado con higos.) m. Glándula

aneja del aparato digestivo, la mayor del cuerpo, que en el hombre y demás mamíferos está situada bajo el diafragma, a la derecha; pesa de 1,5 a 2 kg., es de color rojo obscuro y está constituida por numerosos canalículos cuyas células parietales segregan la bilis. Es convexo por arriba; por debajo aparece dividido en cuatro lóbulos. Recibe sangre arterial por la arteria hepática, y venosa por la vena porta, y fluye de él por la vena suprahepática. Aparte de elaborar la bilis, que interviene en la digestión, el hígado recibe y distribuye los productos de ésta, elimina toxinas de la sangre, realiza la hematólisis y regula la concentración de la glucosa en el plasma sanguíneo por medio de las funciones *glucémica*, o hidrólisis del glucógeno en glucosa, y *glucogénica*, o almacenamiento de la glucosa en forma de glucógeno. En los moluscos es amarillo o pardo, compuesto de muchos tubos o de lóbulos, y desemboca en el estómago o detrás de él, en el intestino, donde vierte un líquido que contiene fermentos digestivos análogos a los del jugo pancreático de los vertebrados. En los crustáceos se compone de tubos amarillos o pardos, que desembocan al principio del intestino medio. En los insectos son tubos cortos y ciegos al principio del intestino medio. En todos estos animales, la glándula realiza la función global que en los vertebrados efectúan el hígado y el páncreas, por lo que es más correcto denominar *hepatopáncreas* a dicha glándula. || fig. Ánimo, valentía. Ú. m. en pl. || **de antimonio.** *Farm.* Mezcla de color de hígado, algo transparente y a medio vitrificar, que resulta de la operación en que los boticarios funden en un crisol partes iguales de antimonio y potasa con un poco de sal común. || **de azufre.** Mezcla que se hace en las boticas derritiendo azufre con potasa. || **malos hígados.** fig. *Léx.* Mala voluntad; índole dañina. || **hasta los hígados.** expr. fam. que sirve para denotar la intención y vehemencia de un afecto.
higaja. f. desus. Hígado, víscera. || desus. **higadillo.**
higate. (Del lat. *ficātum*.) m. Coc. Potaje que se usaba antiguamente, y se hacía de higos sofreídos primero con tocino, y después cocidos con caldo de gallina y sazonados con azúcar, canela y otras especias finas.
highlander. (Voz i. que sign. *de tierras altas*.) m. Dícese del habitante o natural de las Highlands.
Highlands. Geog. Nombre que se da a la región montañosa de Escocia, al N. de la depresión de Strathmore (v. **Tierras Altas**).
higiene. fr., *hygiène;* it., *igiene;* i., *hygiene;* a., *Hygiene.* (Del gr. *hygieiné*, t. f. de *hygieinós*, saludable, de *hygiés*, sano.) f. fig. Limpieza, aseo de las viviendas y poblaciones. || **Med.** Rama de las ciencias médicas que tiene por objeto la conservación de la salud, precaviendo enfermedades y desarrollando las energías orgánicas. || **privada.** Aquella de cuya aplicación cuida el individuo. || **pública.** Aquella en cuya aplicación interviene la autoridad, prescribiendo reglas preventivas.

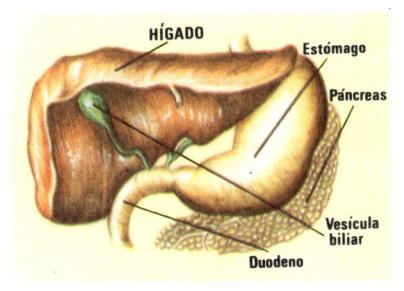

higiénicamente. adv. m. De un modo higiénico.
higiénico, ca. adj. Perteneciente o relativo a la higiene.
higienista. fr., *hygiéniste;* it., *igienista;* i., *hygienist;* a., *hygieniker.* adj. Dícese de la persona dedicada al estudio de la higiene. Ú. t. c. s.
higienizar. tr. Disponer o preparar una cosa conforme a las prescripciones de la higiene.
Higinio (San). **Biog.** Papa, n. en Atenas. Ocupó el solio pontificio de 136 a 140. Su fiesta, el 11 de enero.
higio-. pref. V. **hig-.**
Higland. Geog. Región del R. U., en Escocia; 25.141 km.² y 182.000 h. Cap., Inverness. Ganadería. Importantes centrales hidroeléctricas.
higo. fr., *figue;* it., *fico;* i., *fig;* a., *Feige.* (Del lat. *ficus.*) m. **Bot.** Segundo fruto, o el más tardío, de la higuera; es blando, de gusto dulce, por dentro de color más o menos encarnado o blanco, y lleno de semillas sumamente menudas; exteriormente está cubierto de una pielecita verdosa, negra o morada, según las diversas castas que hay en ellos. || Excrecencia, regularmente venérea, que se forma alrededor del ano, y cuya figura es semejante a la de un higo. Toma también otros nombres, según varía la figura. || fig. Cosa insignificante, de poco o ningún valor. || **boñigar.** *Bot.* Variedad de higo, blanco, bastante grande y chato, o más ancho que alto. || **chumbo, de pala,** o **de tuna.** Fruto del nopal o higuera de Indias. || **doñegal** o **doñigal.** Variedad de higo, de buen tamaño y color. || **de mastuerzo.** *Amér.* Fruto de la *carica cauliflora,* congénere de la papaya. || **melar.** Variedad de higo, pequeño, redondo, blanco y muy dulce y tierno. || **zafarí.** Variedad de higo, muy dulce. || **de higos a brevas.** loc. adv. fig. y fam. **de tarde en tarde.**
higr-. pref. V. **higro-.**
-higra. suf. V. **higro-.**
-hígrico. suf. V. **higro-.**
higro-, higr-; -higra, -hígrico. (Del gr. *hygrós.*) pref. o suf. que sign. húmedo.
higrófilo. (De *higro-* y *-filo,* amigo.) adj. **Biol.** Dícese del ser vivo al que favorece la humedad.
higroma. (De *higr-* y *-oma.*) m. **Pat.** Derrame seroso y, a veces, mucoso en las bolsas mucosas o también en las vainas de los tendones, que, inapropiadamente, se llaman en este caso ganglios. || Distensión de la vaina sinovial de un tendón, generalmente de origen traumático.
higrometría. fr., *hygrométrie;* it., *igrometria;* i., *hygrometry;* a., *Hygrometrie, Feuchtigkeitsmessung.* (De *higrómetro.*) f. **Fís.** Parte de la física relativa al conocimiento de las causas productoras de la humedad atmosférica y de la medida de sus variaciones.
higrométrico, ca. adj. **Fís.** Perteneciente o relativo a la higrometría o al higrómetro. || Dícese del cuerpo cuyas condiciones varían sensiblemente con el cambio de humedad de la atmósfera.
higrómetro. fr., *hygromètre;* it., *igrometro;* i., *hygrometer;* a., *Hygrometer, Feuchtigkeitsmesser.* (De *higro-* y *-metro.*) m. **Fís.** Instrumento que sirve para determinar la humedad del aire atmosférico. El de tipo común, llamado de condensación, consta de un par de termómetros idénticos. Uno de ellos funciona completamente libre, y se llama *termómetro seco;* en cambio, el otro, *termómetro húmedo,* tiene el depósito recubierto de una muselina que se conserva constantemente húmeda por medio de un hilo sumergido en agua. El agua se evapora, y como parte del calor necesario para esta evaporación se toma del termómetro, la temperatura de éste baja. La relación entre las dos sirve para conocer la humedad del aire. || **de absorción. higrómetro de cabello.** || **de absorción química.** El que mide la humedad por el aumento de peso de una substancia higroscópica, al pasar por ella una cantidad determinada de aire. || **de cabello.** El que se basa en la diferencia de long. de un filamento de materia orgánica (cabello) en estado húmedo y en estado seco. || **de condensación. higrómetro.**
higroscopia. (De *higro-* y *-scopia.*) f. **Fís. higrometría.**
higroscopicidad. (De *higroscópico.*) f. **Fís.** Propiedad de algunos cuerpos inorgánicos, y de todos los orgánicos, de absorber y de exhalar la humedad según las circunstancias que los rodean.
higroscópico, ca. (De *higroscopio.*) adj. **Fís.** Que tiene higroscopicidad.
higroscopio. fr. e i., *hygroscope;* it., *igroscopio;* a., *Hygroskop, Feuchtigkeitsmesser.* (De *higro-* y *-scopio.*) m. **Fís. higrómetro.** || Instrumento de diferentes formas, en el cual un pedazo de cuerda de tripa se destuerce por efecto de la humedad y se tuerce por la sequedad, variando de longitud y moviendo una figurilla indicadora del estado higrométrico del aire.
higróscopo. m. **Fís. higroscopio.**
higuana. f. **Zool.** *Cuba.* **iguana.**
higüela o **higuela.** f. **Cineg.** Arma blanca que usa el podenquero para rematar la res apresada por los perros.
higuera. fr., *figuier;* it., *fico, ficaia;* i., *figtree;* a., *Feigenbaum.* (Del lat. *ficaria.*) f. **Bot.** Nombre vulgar de varias plantas de la familia de las moráceas, subfamilia de las artocarpoideas, pertenecientes al gén. *ficus.* Son árboles o arbustos con hojas enteras, dentadas o lobuladas y estípulas que envuelven la yema y

Higuera–hijo

son caducas; las hay con raíces aéreas, que sostienen la copa; otras son trepadoras o viven sobre las ramas de otros árboles; algunas dan caucho y otras segregan goma laca por la picadura de un insecto. Estos árboles son originarios del S. de Europa y la mayor parte de los mismos producen dos cosechas, una temprana y otra tardía, denominándose *brevas* las primeras frutas e *higos* las segundas. ‖ **de Adán. platanero.** ‖ **breval.** Árbol mayor que la higuera y de hojas más grandes y verdosas que da brevas e higos. ‖ **chumba. chumbera.** ‖ **del diablo,** o **del infierno. higuera infernal.** ‖ **de Egipto.** Cabrahígo, higuera silvestre. ‖ **de Indias. nopal.** ‖ **infernal.** Ricino, planta. ‖ **loca, moral** o **silvestre.** Sicómoro, árbol de las moráceas. ‖ **de pala,** o **de tuna. nopal.**

Higuera. Geog. Mun. y villa de España, prov. de Cáceres, p. j. de Navalmoral de la Mata; 267 h. ‖ **(La).** Pobl. de Argentina, prov. de Córdoba, depart. de Cruz del Eje; 719 h. ‖ **(La).** Comuna de Chile, prov. de Coquimbo, depart. de La Serena; 7.115 h. ‖ Pobl. cap. de la misma; 1.125 h. ‖ **(La).** Mun. y lugar de España, prov. y p. j. de Segovia; 93 h. ‖ **de Arjona.** Mun. y villa de España, prov. de Jaén, p. j. de Andújar; 2.096 h. ‖ **de Calatrava.** Mun. y villa de España, prov. de Jaén, p. j. de Martos; 1.019 h. *(higuereños).* ‖ **de las Dueñas.** Mun. y villa de España, prov. de Ávila, p. j. de Arenas de San Pedro; 456 h. ‖ **de Llerena.** Mun. de España, prov. de Badajoz, p. j. de Llerena; 767 h. ‖ Villa cap. del mismo; 676 h. ‖ **la Real.** Mun. de España, prov. de Badajoz, p. j. de Fregenal de la Sierra; 4.065 h. ‖ Villa cap. del mismo; 3.984 h. *(higuereños).* ‖ **de la Serena.** Mun. y villa de España, prov. de Badajoz, p. j. de Castuera; 2.188 h. ‖ **de la Sierra.** Mun. y villa de España, prov. de Huelva, p. j. de Aracena; 1.911 h. ‖ **de Vargas.** Mun. y villa de España, prov. de Badajoz, p. j. de Olivenza; 3.299 h. *(higuereños).*

higueral. m. Sitio poblado de higueras.

Higueras. Geog. Mun. y lugar de España, prov. de Castellón, p. j. de Segorbe; 62 h. ‖ Mun. de Méjico, est. de Nuevo León; 865 h. ‖ Villa cap. del mismo; 810 h. ‖ **(Las).** Local. de Argentina, prov. de Córdoba, depart. de Río Cuarto; 2.200 h.

higuereta. (De *higuera.*) f. **Bot.** Ricino, planta.

higuerilla. f. dim. de **higuera.** ‖ **Bot. higuera infernal.** ‖ *Amér.* m. Se da este nombre a la *dorstenia brasiliensis,* que es una morácea.

higuerillo. m. **Bot.** *Guat.* ricino.

higüero. m. **Bot.** güira.

higuerón. (De *higuera.*) m. **Bot.** Árbol de la familia de las moráceas, con tronco corpulento, copa espesa, hojas grandes y alternas, fruto de mucho jugo, y madera fuerte, correosa, de color blanco amarillento, muy usada en América tropical, donde es espontáneo el árbol, para la construcción de embarcaciones. El de Caracas es *ficus glabrata;* el de Colombia, *f. velutina;* el de Méjico, *f. nymphaiefolia,* y el de Perú, *f. índica.* ‖ *Arg.* **agarrapalo.**

higuerote. m. **Bot. higuerón.**

Higuerote. Geog. Mun. de Venezuela, est. de Miranda, dist. de Brión; 7.722 h. ‖ Pobl. de Venezuela, cap. del dist. de Brión y del mun. de su nombre; 5.008 h.

higueruela. f. dim. de **higuera.** ‖ **Bot.** Planta herbácea de la familia de las papilionáceas, de hojas partidas como las del trébol, y flores azuladas en cabezuelas axilares *(psorálea dentada* y *ps. bituminosa).*

Combate de la Higueruela, fresco de la Sala de las Batallas. Monasterio de El Escorial

Higueruela. Geog. Mun. de España, prov. de Albacete, p. j. de Almansa; 1.650 h. ‖ Villa cap. del mismo; 1.343 h. *(higueruelanos).* ‖ **Hist.** Batalla librada por el rey Juan II y el condestable Álvaro de Luna contra el rey de Granada Muhammad *el Izquierdo,* que fue derrotado el día 1 de julio de 1431, al pie de sierra Elvira, cerca de Granada.

Higueruelas. Geog. Mun. y lugar de España, prov. de Valencia, p. j. de Liria; 640 h.

Higüey. Geog. Mun. de la República Dominicana, prov. de La Altagracia; 71.906 h. Cap., Salvaleón de Higüey.

higuí (al). loc. fam. Entretenimiento propio de carnaval que consiste en poner un higo seco suspendido de un palo y que se hace saltar en el aire mientras los muchachos tratan de cogerle con la boca.

higuillo. (dim. de *higo.*) m. **Bot.** *P. Rico* y *Dom.* **jiguillo.** ‖ **de la India. nuez vómica.**

¡hi, hi, hi! interj. **¡ji, ji, ji!**

Hija de Dios (La). Geog. Mun. y lugar de España, prov. y p. j. de Ávila; 252 h.

hijadalgo. (De *fijadalgo.*) f. **hidalga.**

hijado, da. adj. *Méj.* Aféresis de **ahijado.**

hijar o **ijar.** m. *R. Plata.* Trozo de cuero de potro o vaca, de grandes dimensiones y de forma de cuadrilátero, que se usaba en el recado, colocado entre las dos caronas o sobre ellas.

Híjar. Geog. Mun. y villa de España, prov. de Teruel, p. j. de Alcañiz; 2.473 h. *(hijaranos).* En la época romana se llamó *Arse.*

hijastro, tra. fr., *beau-fils, bellefille;* it., *figliastro, figliastra;* i., *step-son, step-daughter;* a., *Stiefsohn.* (Del lat. *filiaster* y *filiastra,* de *filius,* hijo.) m. y f. Hijo o hija de uno de los cónyuges, respecto del otro que no los procreó.

hijato. (De *hijo.*) m. **Bot.** Retoño o renuevo de planta.

hijear. intr. *Hond.* Ahijar, retoñar.

Hijes. Geog. Mun. y villa de España, prov. de Guadalajara, p. j. de Sigüenza; 129 h.

hijillos. m. *Hond.* Emanación de los cadáveres.

hijo, ja. fr., *fils;* it., *figlio;* i., *son, child;* a., *Sohn.* (Del lat. *filius.*) m. y f. Persona o animal respecto de su padre o de su madre. ‖ fig. Cualquier persona, respecto del reino, provincia o pueblo de que es natural. ‖ fig. Persona que ha tomado el hábito de religioso, con relación al patriarca fundador de su orden y a la casa donde lo tomó. ‖ fig. Cualquier obra o producción del ingenio. ‖ Nombre que se suele dar al yerno y a la nuera, respecto de los suegros. ‖ Expresión de cariño entre las personas que se quieren bien. ‖ m. Lo que procede o sale de otra cosa por procreación; como los retoños o renuevos que echa el árbol por el pie, la caña del trigo, etc. ‖ Substancia ósea, esponjosa y blanca que forma lo interior del asta de los animales. ‖ m. pl. Descendientes. ‖ **del agua.** *Léx.* El que ésta muy hecho al mar o es muy diestro nadador. ‖ **adulterino.** *Der.* El ilegítimo cuyos padres, o uno al menos, estaban casados en el momento de la concepción. ‖ **de algo.** *Léx.* **hidalgo.** ‖ **bastardo.** *Der.* El nacido de unión ilícita. ‖ El de padres que no podían contraer matrimonio al tiempo de la concepción ni al del nacimiento. ‖ El ilegítimo de padre conocido. ‖ **de bendición.** El de legítimo matrimonio. ‖ **de confesión.** *Rel.* Cualquiera persona, con respecto al confesor que tiene elegido por director de su conciencia. ‖ **de la cuna.** *Léx.* El de la inclusa. ‖ **del diablo.** El que es astuto y travieso. ‖ **de Dios.** *Teol.* El Verbo eterno, engendrado por su Padre. ‖ En sentido místico, el justo o el que está en gracia. ‖ **espiritual.** *Rel.* **hijo de confesión.** ‖ **espurio.** *Der.* **hijo bastardo.** ‖ El ilegítimo de padre desconocido. ‖ **de familia.** El que está bajo la autoridad paterna o tutelar, y p. ext., el mayor de edad que no ha tomado estado y sigue morando en la casa de sus progenitores. ‖ **de ganancia. hijo natural.** ‖ **habido en buena guerra.** El habido fuera del matrimonio. ‖ **del Hombre.** *Teol.* expr. que aparece en el Antiguo Testamento y con la que Jesucristo se designa a sí mismo en diversos pasajes evangélicos. ‖ **ilegítimo.** *Der.* El de padre y madre no unidos entre sí por matrimonio. ‖ **incestuoso.** El ilegítimo entre cuyos padres existe algún impedimento matrimonial por parentesco. ‖ **de leche.** *Léx.* Cualquier persona respecto de su nodriza. ‖ **legítimo.** *Der.* El nacido de legítimo matrimonio. ‖ **legitimado.** El natural que se equipara en todo al legítimo por subsiguiente matrimonio de los padres o parcialmente por concesión real. ‖ **de su madre.** *Léx.* expr. que se usa con alguna viveza para llamar a uno bastardo o hijo de puta. ‖ **mancillado.** *Der.* **hijo espurio.** ‖ **natural.** El que es habido de mujer soltera y padre libre, que podían casarse al tiempo de tenerle. Corrientemente se toma por **hijo ilegítimo.** ‖ **de padre,** o **de madre.** *Léx.* **hijo de su padre** o **de su madre.** ‖ **de su padre,** o **de su madre.** expr. fam. con que se denota la semejanza del hijo en las inclinaciones, cualidades o figura del padre o de la madre. ‖ **de papá.** Persona que se sitúa bien en la vida, más a causa de la situación económica o social e influencia de su progenitor, que por méritos propios. ‖ **de la piedra.** Expósito que se cría de limosna, sin saberse quiénes son sus padres. ‖ **de puta.** expr. injuriosa y de desprecio. ‖ **reconocido.** *Der.* El natural al que el padre o la madre, o ambos a la vez, reconocen en forma legal. ‖ **sacrílego.** El procreado con quebrantamiento del voto de castidad o de la ordenación sacerdotal. ‖ **de la tierra.** *Léx.* El que no tiene padres ni parientes conocidos. ‖ **de vecino.** El natural de cualquier pueblo, y el nacido de padres establecidos en él. ‖ **único.** *Der.* Por ficción legal y para la excepción o prórroga del servicio militar, se reputa como tal, aunque tenga otros hermanos, al que es sostén de familia pobre. ‖ **hija de la caridad.** *Rel.* Religiosa de la Compañía de Hijas de la Caridad de San Vicente de Paúl (v.). ‖ **hijos de muchas madres,** o **de tantas madres.** *Léx.* expr. con que se suele manifestar la diversidad de genios y costumbres entre muchos de una misma comunidad.

hijodalgo. (De *hijo de algo*.) m. **hidalgo.**
hijuco, ca. m. y f. dim. desp. de **hijo.**
hijuela. fr., *bande, petit matelas*; it., *striscia*; i., *small mattress put between others*; a., *Streifen, Pflichtteil.* (Del lat. *filiŏla*.) f. dim. de **hija.** ‖ Cosa aneja o subordinada a otra principal. ‖ Tira de tela que se pone en una pieza de vestir para ensancharla. ‖ Colchón estrecho y delgado que se pone en la cama debajo de los otros para levantar el hoyo producido por el peso del cuerpo. ‖ Camino o vereda que atraviesa desde el camino real o principal a los pueblos u otros sitios algo desviados de él. ‖ Expedición postal que lleva las cartas a los pueblos que están fuera de la carretera. ‖ En las carnicerías, póliza que dan los que pesan la carne a los dueños para que por ella se les forme la cuenta de la que venden. ‖ *And.* Hacecito de leña menuda que se dispone así para venderla por menor. ‖ *Chile y Ecuad.* Fundo rústico que se forma de la división de otro mayor. ‖ *Mur.* Cuerda, a modo de las de guitarra, que se hace del intestino del gusano de seda, y usan los pescadores de caña para asegurar el anzuelo. ‖ **Bot.** Simiente que tienen las palmas y palmitos. ‖ **Der.** Documento donde se reseñan los bienes que tocan en una partición a uno de los partícipes en el caudal que dejó el difunto. ‖ Conjunto de los mismos bienes. ‖ **Hidrául.** Cada uno de los canales o regueros pequeños que conducen el agua desde una acequia al campo que se ha de regar y escurren el sobrante a otros canales de evacuación. ‖ **Litur.** Pedazo de lienzo regularmente circular que se pone encima de la hostia para evitar el roce del paño que cubre el cáliz, y que se retira de la patena al comenzar el ofertorio.

hijuelación. f. *Chile.* Acción de hijuelar.
hijuelar. tr. *Chile.* Dividir un fundo en hijuelas. ‖ Dar la legítima a un legitimario en vida del ascendiente.
Hijuelas. Geog. Comuna de Chile, prov. de Valparaíso, depart. de Quillota; 7.131 h. ‖ Pobl. cap. de la misma; 2.812 h.
hijuelero. (De *hijuela,* expedición postal.) m. **peatón,** correo de a pie.
hijuelo. (Del lat. *filiŏlus*.) m. dim. de **hijo.** ‖ **Bot.** Retoño de planta.
hijuepulla. m. *Venez.* Voz chocarrera, muy usada. Parece ser corrupción de la palabra cervantina *hideputa.* ‖ **malnacido.** ‖ Donairoso, coquetón. ‖ **embustero.**
Hikmet (Nazim). Biog. Poeta y autor teatral turco, n. en Salónica y m. en Moscú (1902-1963). Realizó sus estudios en Moscú, y se hizo comunista, por lo que fue encarcelado (1938-50). Entre sus piezas escénicas más celebradas figuran: *Leyenda turca, Leyenda de amor* y *¿Pero existió alguna vez Ivan Ivanovich?*
hikso, sa. adj. *Etnog.* e *Hist.* **hickso.**
hil-. pref. V. **hile-.**
hila. fr., *file, rang*; it., *fila*; i., *row, line*; a., *Reihe.* (Del lat. *fila*, pl. n. de *filum*.) f. Formación en línea. ‖ Tripa delgada. ‖ Hebra que se saca de un trapo de lienzo usado, y sirve, junta con otras, para curar las llagas y heridas. Ú. casi siempre en pl. ‖ **de agua.** *Hidrául.* Cantidad de agua que se toma de una acequia por un boquete de un palmo cuadrado. El sindicato de riegos de Lorca lo ha fijado en 10 litros y 60 centilitros por segundo. ‖ **real de agua.** Volumen doble del anterior. ‖ **hilas raspadas.** *Léx.* Pelusa que se saca de trapos, raspándolos con tijeras o navajas. ‖ **a la hila.** m. adv. Uno tras otro.

hila. f. Acción de hilar. ‖ *Sant.* Tertulia que en las noches de invierno tiene la gente aldeana en alguna cocina grande, al amor de la lumbre, y durante la cual suelen hilar las mujeres.

Las hilanderas, por Velázquez. Museo del Prado. Madrid

hila. (Del lat. científico *hyla*, y éste del gr. *hýle,* madera.) **Zool.** Gén. de anfibios anuros de la familia de los hílidos (v.).
hilacha. fr., *effilure*; it., *filaccia*; i., *filament ravelled out of cloth*; a., *Faser.* f. Pedazo de hila que se desprende de la tela. Ú. t. en sent. fig. ‖ Porción insignificante de alguna cosa. ‖ Resto, residuo, vestigio. ‖ pl. *Méj.* **guiñapos.**
hilachento, ta. (De *hilacha*.) adj. *Chile.* **hilachoso.**
hilacho. m. Pedazo de hilo que se desprende de la tela.
hilachoso, sa. adj. Que tiene muchas hilachas.
hilachudo, da. adj. *Amér.* Que tiene muchas hilachas.
hilada. fr., *rangée, assise*; it., *filare*; i., *row of stones in a building*; a., *Schicht, Gang.* (De *hilo*.) f. **hilera,** formación en línea. ‖ *Chile.* Mal usado por tendel o cuerda que se tiende entre dos renglones. ‖ **Arquit.** Serie horizontal de ladrillos o piedras que se van poniendo en un edificio. ‖ **Mar.** Serie horizontal de tablones, planchas de blindaje u otros objetos puestos a tope, uno a continuación de otro.
hiladillo. fr., *fleuret*; it., *filaticcio*; i., *ferretsilk*; a., *Florettseide, Florettband.* (De *hilado*.) m. Hilo que sale de la maraña de la seda, el cual se hila en la rueca como el lino. ‖ Cinta estrecha de hilo o seda. ‖ *Sal.* **puntilla,** encaje angosto.
hiladizo, za. (De *hilado*.) adj. Que se puede hilar.
hilado, da. fr., *filé*; it., *filato*; i., *spin flax*; a., *Gespinst.* p. p. de **hilar.** ‖ m. Acción y efecto de hilar. ‖ Porción de lino, cáñamo, seda, lana, algodón, etc., reducida a hilo.
hilador, ra. m. y f. Persona que hila. Se usa principalmente en el arte de la seda.
hilandería. fr., *filature*; it., *filatoio*; i., *spinning-mill*; a., *Spinnerei.* (De *hilandero*.) f. **A. y Of.** Arte de hilar. ‖ Fábrica de hilados.
hilandero, ra. (De *hilar*.) m. y f. Persona que tiene por oficio hilar. ‖ m. Paraje donde se hila.
hilanderuelo, la. m. y f. dim. de **hilandero.**
hilanza. f. Acción de hilar. ‖ **hilado,** porción de fibra textil reducida a hilo.

hilar. fr., *filer*; it., *filare*; i., *to spin*; a., *spinnen.* (Del lat. *filāre*.) tr. Reducir a hilo el lino, cáñamo, lana, seda, algodón, etc. ‖ Sacar de sí el gusano de seda la hebra para formar el capullo. Se dice también de otros insectos y de las arañas cuando forman sus capullos y telas. ‖ Por ext., reducir a hilo o alambre metales como el cobre, el hierro, etc. ‖ fig. Discurrir, trazar o inferir unas cosas de otras.
hilaracha. f. Pedazo de hilo que se desprende de la tela.
hilarante. (Del lat. *hilārans, -antis,* p. a. de *hilarāre,* alegrar, regocijar.) adj. Que inspira alegría o mueve a risa.
hilaridad. fr., *hilarité*; it., *ilarità*; i., *hilarity*; a., *Heiterkeit.* (Del lat. *hilarĭtas, -ātis.*) f. Expresión tranquila y plácida del gozo, alegría y satisfacción del ánimo. ‖ Risa y algazara que excita en una reunión lo que se ve o se oye.
Hilario (San). **Biog.** Papa, n. en Cerdeña y m. en 468. Ocupó el solio pontificio de 461 a 468. Anatematizó a Eutiques y a Nestorio y combatió el arrianismo. Su fiesta, el 10 de septiembre. ‖ **Ascasubi. Geog.** Local. de Argentina, prov. de Buenos Aires, part. de Villarino; 1.431 h.
Hilasto. Mit. Sobrenombre de Apolo.
hilatura. (Del lat. *filatūra,* de *filāre,* hilar.) f. Arte de hilar la lana, el algodón y otras materias análogas. ‖ Industria y comercialización del hilado.
hilaza. f. **hilado,** porción de fibra textil reducida a hilo. ‖ Hilo que sale gordo y desigual. ‖ Hilo con que se teje cualquier tela. ‖ ant. Hila para las heridas.

Hilbert (David). Biog. Matemático alemán, n. en Koenigsberg y m. en Gotinga (1862-1943). Sus primeros trabajos se dedicaron a teorías algebraicas, pero su labor más brillante concierne, no obstante, a la geometría, en la que es considerado como el verdadero fundador de la geometría no euclidiana contemporánea sobre la que escribió *Las bases de la Geometría* (1923). En los problemas fundamentales de la física llegó a formular también una teoría independiente de la relatividad. *Métodos de la Física matemática.* Se distinguió siempre por lo atrevido de sus concepciones científicas. ‖ **(Jaroslav).** Dramaturgo checo, n. en Laun y m. en Praga (1871-1936). Fue iniciador y propulsor de la moderna dramaturgia checa. Obras: *La culpa, El puño, Parias, Zavis de Falkenstein, Comedia checa, Patria, Colón, Su felicidad, El nido en la tempestad, El otoño del doctor Marek, La otra orilla,* etc.

Hildebrand (Adolf von). Biog. Escultor alemán, n. en Marburgo y m. en Munich (1847-1921). Sus contactos con H. von Marées, en Roma, donde permaneció 25 años, y con K. Fiedler, en Berlín, le llevaron a una clara concepción intelectual del arte. Ejerció gran influencia en la moderna plástica alemana. Escribió: *El problema de la forma en el arte plástica,* etcétera.

Hildebrando. Biog. Gregorio VII *(San).*

Hildesheim. Geog. C. de la R. F. A., est. de Baja Sajonia; 95.900 h. Centro industrial. En esta ciudad se descubrió un tesoro arqueológico con objetos de distintas épocas y estilos, desde los procedentes de la Grecia arcaica a los de plena época helenística.

hile-, hilo-, hil-; -il-; -ileno, -ílico, -ilo. (Del gr. *hýle,* materia, madera, bosque.) pref., infijo o suf. que sign. materia, selva, etc. En química se utiliza el suf. *-ilo* para la denominación de radicales de los hidrocarburos saturados en general. También se emplea en los nombres de ciertos radicales ácidos. El infijo *-il-* es utilizado para nombrar los radicales de los hidrocarburos saturados de la serie aromática y de los ácidos carboxílicos en general, cuando ellos forman parte de un producto compuesto.

hilemorfismo o **hilomorfismo.** fr., *hylémorphisme;* it., *ilemorfismo;* i., *hylemorphism;* a., *Hylemorphismus.* (De *hile-, -morf-* e *-ismo.*) m. Filos. Sistema metafísico-natural fundado por Aristóteles y seguido por la mayoría de los escolásticos, que considera todo ser corporal como constituido por dos elementos íntimamente compenetrados entre sí. De estos dos principios, el primero, o sea la *materia,* es un principio indeterminado y común a todos los cuerpos; el segundo, o sea la *forma,* determina de forma específica cada cuerpo anorgánico o cada individuo orgánico, sea planta, animal u hombre.

hileña. (De *hilo.*) f. ant. **hilandera.**

hilera. fr., *filière;* it., *filera;* i., *wiredrawer;* a., *Zieheisen, Stickzwirn.* (De *hilo.*) f. Orden o formación en línea de un número de personas o cosas. ‖ Hilo o hilaza fina. ‖ *Ar.* Hueca del huso, por ser donde se afianza la hebra para formarse. ‖ **A. y Of.** Instrumento de que se sirven los plateros y metalúrgicos para reducir a hilo los metales. Es una lámina de acero taladrada con agujeros que van insensiblemente achicándose, para que la barra o cilindro de metal que se hace pasar sucesivamente por cada uno de ellos, desde el mayor al menor, llegue a reducirse a un hilo. ‖ **Arquit. parhilera.** ‖ **Mil.** Formación de soldados uno detrás de otro. ‖ **Zool.** Cada uno de los tuberculitos movibles que, en número de seis, generalmente, cuatro mayores y dos más pequeños, se agrupan en el extremo posterior del abdomen de las arañas. Parecen ser apéndices abdominales rudimentarios y cada uno está constituido por numerosos tubos capilares por los que fluye una materia líquida y viscosa, la *seda,* que al secarse en el aire, forma los hilos de que estos animales se dejan colgar, hacen su tela y aplican a otros usos.

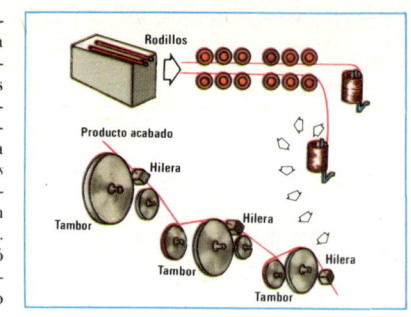

Hilera. Banco de trefilar

hilera. (De *hilar.*) f. ant. **hilandera.**

hilero. (De *hilo.*) m. **Hidrog.** Señal que forma la dirección de las corrientes en las aguas del mar o de los ríos. ‖ Corriente secundaria o derivación de una corriente principal, haga o no señal en la superficie del agua.

hilete. m. dim. de **hilo.**

hili-. pref. V. **fili-.**

hílido, da. (De *hila,* gén. tipo de anfibios, e *-ido.*) adj. Zool. Dícese de los anfibios anuros faneroglosos, muy parecidos a los bufónidos, pero de los que difieren por su vida arborícola. En relación con esta circunstancia tienen el cuerpo esbelto, patas delgadas y largas y dedos provistos de órganos adhesivos, formados por unos discos cartilaginosos que segregan un líquido mucilaginoso, el cual produce la adherencia perfecta entre el disco y las superficies lisas. Son, en general, de colores vistosos y habitan en Australia y América del Sur. El único representante europeo es la *ranita de San Antonio.* ‖ m. pl. Familia de estos anfibios.

hilio. (Del lat. *hilum,* hebra de las habas.) m. Anat. Depresión en la superficie de un órgano que señala el punto de entrada y salida de los vasos o de los conductores secretores.

hilo-. pref. V. **hile-.**

hilo. fr., *fil;* it., *filo;* i., *thread;* a., *Faden.* (Del lat. *filum.*) m. Hebra larga y delgada que se forma retorciendo el lino, el cáñamo u otra materia textil. ‖ Ropa blanca de lino o cáñamo, por contraposición a la de algodón, lana o seda. ‖ Alambre muy delgado que se saca de los metales con la hilera. ‖ Hebra de que forman las arañas, gusanos de seda, etc., sus telas y capullos. ‖ **filo.** ‖ fig. Chorro muy delgado y sutil de un líquido. ‖ fig. Continuación o serie del discurso. Dícese también de otras cosas. ‖ **de acarreto.** *Léx. And.* Cordel delgado de cáñamo. ‖ **bramante.** *Léx.* **bramante,** cordel delgado de cáñamo. ‖ **de cajas.** El fino, llamado así por venir sus madejas en cajas. ‖ **de camello.** El que se hace de pelo de camello, mezclado con lana. ‖ **de cartas.** El de cáñamo, más delgado que el bramante. ‖ **de conejo. alambre de conejo.** ‖ **de empalomar.** Cordel delgado de cáñamo. ‖ **de ensalmar.** ant. Cordel delgado de cáñamo. ‖ **de medianoche,** o **de mediodía.** Momento preciso que divide la mitad de la noche o del día. ‖ **de monjas.** El fino, llamado así porque lo labraban en conventos de monjas. ‖ **de la muerte.** fig. Término de la vida. ‖ **musical.** *Elec.* Sistema de conducción del sonido a través del cable telefónico, que sin perjuicio del uso del teléfono, permite escuchar programas preferentemente musicales, divulgados por emisoras de radio, mediante un aparato receptor instalado en el propio domicilio. ‖ **de oro.** *Bot. Venez.* Es la convolvulácea *cuscuta graveolens.* ‖ **palomar.** ant. *Léx.* Cordel delgado de cáñamo. ‖ **de palomar.** *Ar.* Cordel delgado de cáñamo. ‖ **de perlas.** Cantidad de perlas enhebradas en un hilo. ‖ **de pita.** El que se saca de esta planta. ‖ **primo.** El muy blanco y delicado, con el cual, encerado, se cosen los zapatos delgados y curiosos. ‖ **de salmar. hilo de ensalmar.** ‖ **de uvas.** Colgajo de uvas. ‖ **de velas.** *Mar.* Hilo de cáñamo, más grueso que el regular, con el cual se cosen las velas de las embarcaciones. ‖ **de la vida.** fig. *Léx.* Curso ordinario de ella. ‖ **volatín.** *Mar.* **hilo de velas.** ‖ **de voz.** *Léx.* Voz sumamente débil o apagada. ‖ **a hilo.** m. adv. Sin interrupción. ‖ Según la dirección de una cosa, en línea paralela con ella. ‖ **al hilo.** m. adv. con que se denota que el corte de las cosas que tienen hebras o venas va según la dirección de éstas, y no cortándolas al través. ‖ **al hilo del viento.** m. adv. En volatería, volando el ave en la misma dirección que el viento. ‖ **andar al hilo de la gente.** loc. fig. y fam. **irse al hilo de la gente.** ‖ **hilo a hilo.** m. adv. con que se denota que una cosa líquida corre con lentitud y sin intermisión. ‖ **más tonto que un hilo de uvas.** loc. En Andalucía, dícese de la persona muy necia y simple. ‖ **pender de un hilo.** expr. con que se explica el gran riesgo o amenaza de ruina de una cosa. ‖ Se usa también para significar el temor de un suceso desgraciado.

hilóbates. (Del lat. científico *hylóbates,* del m. or. que el anterior.) Zool. Gén. de primates de la familia de los póngidos (v.).

hilobatino, na. (De *hilóbates.*) adj. Zool. Dícese de los primates de la familia de los póngidos o antropoideos, arborícolas, de brazos muy largos, sin cola y sin abazones y con las callosidades isquiáticas pequeñas. Su talla no pasa de 1 m., pero su envergadura es la de un hombre corriente. Sólo existen dos géneros: el *hylóbates,* al que pertenecen los *gibones* (v.), y el *symphalgus,* al que pertenecen los *siamangs* (v.). Todos forman parte de la fauna oriental. ‖ m. pl. Subfamilia de estos primates.

hilomorfismo. m. Filos. **hilemorfismo.**

hiloquero. (De *hilo-,* bosque, y el gr. *choiros,* cerdo.) m. Zool. Mamífero ungulado artiodáctilo, familia de los suidos; algo parecido al jabalí, aunque de mayor tamaño, y caninos muy desarrollados en los machos. Vive en las selvas de África central, formando pequeños rebaños *(pylochoerus meinertzhageni).*

Hiloquero

hilorio. (De *hilar.*) m. *Ast.* y *León.* **filandón.**

hilozoísmo. (De *hilo-, -zo-* e *-ismo.*) m. Filos. Doctrina filosófica sostenida por algunos presocráticos, según la cual el mundo material está animado como un organismo biológico.

Hilton (James). Biog. Novelista inglés, n. en Leigh, Lancashire, y m. en Long Beach, California (1900-1954). Autor de gran sensibilidad, puso de manifiesto una constante inquietud por los acontecimientos de su época. Escribió: *Horizontes perdidos,* premio Hawthorden (1933); *¡Adiós Mr. Chips!* (1934), etc.

hilván. fr., *faufilure;* it., *imbastitura;* i., *basting;* a., *Heftnaht.* (De *hilo* y *vano.*) m. Costura de puntadas largas con que se une y prepara lo que se ha de coser después de otra manera. ‖ Cada una de esas puntadas. ‖ *Chile.* Hilo que se emplea para hilvanar.

hilvanar. fr., *faufiler;* it., *imbastire;* i., *to baste;* a., *heften.* tr. Apuntar o unir con hilvanes lo que se ha de coser después. ‖ fig. Enlazar o coordinar ideas, frases o palabras el que habla o escribe. ‖ fig. y fam. Trazar, proyectar o preparar una cosa con precipitación.

Hilversum. Geog. Pobl. de los P. B., prov. de Holanda Septentrional; 97.367 h. Centro residencial.

Hill (Archibald Vivian). Biog. Fisiólogo inglés n. en Bristol y m. en Cambridge (1886-1977). Fue profesor de la Universidad de Cambridge. En 1922 se le otorgó el premio Nobel de Medicina, que compartió con O. Meyerhoff, por sus investigaciones acerca de los procesos energéticos en la contracción muscular. ‖ **(George Roy).** Director de cine estadounidense contemporáneo nacido en Minneápolis, Minnesota. Obtuvo el Oscar 1973 con la película *El golpe*. ‖ **(George William).** Astrónomo estadounidense, n. en Nueva York (1838-1914). Estudió los movimientos de la Luna y las perturbaciones mutuas de Júpiter y Saturno. ‖ **(Graham).** Automovilista inglés, n. y m. en Londres (1929-1975). Se proclamó campeón mundial de Fórmula 1 en 1962 y 1968, y en 1966 consiguió el primer puesto en las 500 millas de Indianápolis. ‖ **(Rowland).** Mecánico inglés, n. en Kidderminster y m. en Hampstead (1795-1879). Fue el primero en emplear los sellos de correos que se implantaron en Inglaterra en 1840.

Hilla. Geog. C. de Irak, cap. de la prov. de Babylon; 84.717 h. Está sit. junto al emplazamiento de la ant. Babilonia.

Hillary (Edmund Percival). Biog. Explorador y alpinista neozelandés, n. en 1919. Participó en la expedición británica al Cho Oyu (1952) y, acompañado por Tensign Norkay, ascendió a la cima del Everest, Himalaya, el 29 de mayo de 1953. En 1957-58 formó parte de la expedición de la Commonwealth para la travesía de la Antártida; llegó al Polo Sur el 3 de enero de 1958 y contribuyó al éxito de la empresa, llevada a término por Vivian Fuchs. Es autor de *High adventure* (1955).

Hilleröd. Geog. C. de Dinamarca, cap. del cond. de Frederiksborg; 30.172 h.

Hillery (Patrick John). Biog. Político irlandés, n. en 1923. Tras ocupar varias carteras ministeriales, fue declarado presidente en 1976.

Hilliard (Nicholas). Biog. Pintor miniaturista inglés, n. en Exeter y m. en Londres (1547-1619). Jacobo II le concedió patente para hacer los retratos de la real familia. Merecen citarse los de *Juana Seymour* y *María Estuardo.*

Hillingdon. Geog. Mun. del R. U., en Inglaterra, uno de los que constituyen el Gran Londres; 234.718 h.

Himachal Pradesh. Geog. Est. septentrional de la India; 55.673 km.^{2} y 3.424.332 h. Cap., Simla.

Himalaya. Geog. Sistema orográfico de Asia central, que se extiende de O. a E., desde los confines de Afganistán hasta Birmania, en una long. de 2.250 km. Está limitado al N. por la meseta del Tíbet (China), al E. por el río Brahmaputra (India), al S. por el valle del Ganges (India) y al O. por el río Indo (Pakistán). Es el macizo más imponente del mundo, tiene 5.000 m. de alt. media, y su pico más elevado, el Everest (v.), punto culminante de la Tierra, mide 8.846 m. Otras cumbres importantes son el Kanchenjunga (8.585 m.), el Sihsur (8.472), el Makalu (8.470), el Dhaulaghiri (8.172), etc.

himalayo, ya. adj. **Etnog.** Dícese de un grupo de tribus de la familia mongólica. Viven en la vertiente S. y son afines a los tibetanos. De cultura inferior, son budistas, nómadas y supersticiosos. Ú. t. c. s. ‖ Perteneciente o relativo a estas tribus.

himantandráceo, a. (De *himantandra,* nombre de un gén. de plantas.) adj. **Bot.** Dícese de plantas del orden de las ranales, suborden de las magnolíneas, de hojas esparcidas y flores helicoidales, desnudas y hermafroditas. Son plantas leñosas, matas o arbustos. ‖ f. pl. Familia de estas plantas.

Himeji. Geog. C. de Japón, en la isla de Honshu, prefect. de Hyōgo; 408.353 h. Manufactura de objetos de cuero.

Himeji. Castillo llamado *Shirasagi* (Garza blanca)

himen-, himeno-. (Del gr. *hymén*, membrana.) pref. que significa nupcial, membrana de los órganos reproductores femeninos, etc.

himen. fr. e i., *hymen;* it., *imene;* a., *Jungfernhaut.* (Del lat. *hymen,* y éste del gr. *hymén,* membrana.) m. **Anat.** Repliegue membranoso que reduce el orificio externo de la vagina mientras conserva su integridad.

himeneo. fr., *hyménée;* it., *imeneo;* i., *marriage;* a., *Vermählung, Hochzeit.* (Del lat. *hymenaeus,* y éste del gr. *hymenaios,* de *hymén,* himen.) m. Boda o casamiento. ‖ **Poét.** epitalamio.

himenio. (De *himen.*) m. **Bot.** Capa de ascas o de basidios reproductores, mezclados con parafisos semejantes y que tapiza la superficie externa o interna del aparato esporífero de los hongos basidiomicetos y ascomicetos.

himeno-. pref. V. **himen-.**

himenóforo. (De *himeno-* y *-foro.*) m. **Bot.** Parte del aparato esporífero de los hongos, en la cual se apoya el himenio.

himenomicete. (De *himeno-* y *-micete.*) adj. **Bot.** Cualquiera de los hongos basidiomicetes con aparato reproductor rara vez gelatinoso, pues suele ser carnoso, coriáceo e incluso leñoso, formado por enfieltramiento de hifas repetidamente ramificadas; basidios por lo común densamente colocados unos junto a otros; himenio libre desde el principio o entonces velado, y además puede haber anillo y volva. ‖ m. pl. Subclase de estos hongos, que comprende los órdenes de los *poliporales, agaricales* y *boletales,* en los que se incluyen la mayoría de los hongos o setas comestibles y venenosos.

himenomiceto, ta. adj. **Bot. himenomicete.**

himenóptero, ra. (Del gr. *hymenópteros;* de *hymén,* membrana, y *pterón,* ala.) adj. **Entom.** Dícese de los insectos cuyo aparato bucal es intermedio entre el de los masticadores y el de los chupadores, pues tienen como aquéllos labio y mandíbulas, mientras que las maxilas forman una vaina para el labio inferior, que está provisto de una lengua pelosa. Poseen dos pares de alas membranosas de escasas nerviaciones, unidas en el vuelo por unos ganchos para que funcionen como un solo par. Son de metamorfosis complicada, con larvas eruciformes o ápodas, y pupas generalmente envueltas en capullos. La mayoría de las especies son solitarias, pero algunas forman sociedades, como, p. e., las abejas, avispas y hormigas. Muchos son parásitos en estado larvario. Hay dos subórdenes de himenópteros: los *calastogastros* o *sínfitos,* y los *clistogastros* o *apócritos.* ‖ m. pl. Orden de estos insectos.

Himilcón. Biog. Viajero cartaginés que pasó el estrecho de Gibraltar y exploró las costas occidentales de Europa.

Himmler (Heinrich). Biog. Militar y político alemán, n. en Munich y m. en Lüneburg (1900-1945). Jefe y creador de las tropas de asalto del partido nacionalsocialista Schutz Staffel, las S. S. (1929), y de la Gestapo (1933); al frente de estas fuerzas organizó la persecución policiaco-judicial que cimentó la estabilidad del Tercer Reich. En el curso de la S. G. M., y bajo su inspiración, se organizaron los campos de concentración, en los que se emplearon procedimientos que acusaban una refinada inhumanidad. Fracasado el atentado contra el Führer (20 de julio de 1944), extremó la represión. Intervino en la rendición sin condiciones de Alemania, y trató de huir; pero fue capturado, y se suicidó, a fin de evitar el ser juzgado como criminal de guerra.

himnario. (Del lat. *hymnarium.*) m. Colección de himnos.

himno. fr., *himne;* it., *inno;* i., *hymn;* a., *Hymn.* (Del lat. *hymnus,* y éste del gr. *hýmnos.*) m. **Mús.** y **Poét.** Composición poética en alabanza de Dios, de la Virgen o de los santos. ‖ Entre los gentiles, composición poética en loor de sus falsos dioses o de los héroes. ‖ Poesía cuyo objeto es honrar a un gran hombre, celebrar una victoria u otro suceso memorable, o

himnodia. (Del gr. *hymnodía;* de *hýmnos,* himno, y *ádo,* cantar.) f. **Mús.** Canto usado en la Iglesia para los himnos.

himpar. (De la onomat. *himp,* del sollozo.) intr. Gemir con hipo.

himplar. intr. Emitir la onza o la pantera su voz natural.

hin. fr., *hennissement;* it., *nitrito;* i., *neigh, whinny;* a., *Wichern der Pferde.* Onomat. con que se representa la voz del caballo o de la mula.

hincada. f. *Cuba.* **hincadura.**

hincadura. f. Acción y efecto de hincar o fijar una cosa.

hincapié. m. Acción de hincar o afirmar el pie para sostenerse o para hacer fuerza.

hincar. fr., *ficher, cogner;* it., *ficcare;* i., *to thrust in;* a., *hineinstecken, einkeilen.* (Del lat. **figicāre,* de *figĕre,* fijar.) tr. Introducir o clavar una cosa en otra. || Apoyar una cosa en otra como para clavarla. || En la Rioja, meter en tierra una planta para que arraigue. || intr. ant. Quedar uno en un lugar. || prnl. **hincarse de rodillas.**

hinco. m. Poste, palo o puntal que se hinca en tierra.

hincón. (De *hincar.*) m. Madero o maderos, regularmente de la figura de una horquilla, que se afianzan o hincan en las márgenes de los ríos y en los cuales se asegura la maroma que sirve para conducir una barca. || *Sal.* Hito o mojón para acotar las tierras.

hincha. (De *hinchar.*) f. fam. Odio, encono o enemistad. || com. Partidario entusiasta de un equipo deportivo. || fig. Por ext., partidario de una persona destacada en alguna actividad. || Fanático de un equipo de fútbol.

hinchadamente. adv. Con hinchazón.

hinchado, da. p. p. de **hinchar.** || adj. fig. Vano, presumido. || Dícese del lenguaje, estilo, etc., que abunda en palabras y expresiones redundantes, hiperbólicas y afectadas. || f. Multitud de hinchas, partidarios de equipos deportivos o personalidades destacadas.

hinchamiento. (De *hinchar.*) m. Acción y efecto de hinchar o hincharse.

hinchar. fr., *enfler;* it., *gonfiare;* i., *to inflate;* a., *aufblasen.* (De *henchir,* influido por *inflar.*) tr. Hacer que aumente de volumen algún objeto, llenándolo de aire u otra cosa. Ú. t. c. prnl. || fig. Aumentar el agua de un río, arroyo, etc. Ú. t. c. prnl. || fig. Exagerar, abultar una noticia o un suceso. || prnl. Aumentar de volumen una parte del cuerpo, por herida o golpe o por haber acudido a ella algún humor. || Hacer alguna cosa con exceso, como comer, beber, trabajar, etc. || fig. Envanecerse, engreírse, ensoberbecerse.

hinchazón. f. Efecto de hincharse. || fig. Vanidad, presunción, soberbia o engreimiento. || fig. **Lit.** Vicio o defecto del estilo hinchado.

Hinche. **Geog.** Dist. de Haití, depart. de Artibonite; 133.541 h. || Villa cap. del mismo; 8.462 h.

hinchimiento. m. ant. Acción y efecto de hinchir.

hinchir. tr. ant. **henchir.** Ú. en Salamanca.

Hindemith (Paul). **Biog.** Compositor estadounidense, de origen alemán, n. en Hanau y m. en Francfort del Mein (1885-1963). Fue profesor de la Universidad estadounidense de Yale (1942-53) y de la suiza de Zurich (1953-1957). Se le considera como uno de los más distinguidos maestros de la joven escuela alemana. Compuso varias sonatas, un ciclo de baladas, *La vida de María,* y las óperas *Carillac* (1928), *Matías el Pintor* (1934) y *La armonía del mundo* (1957). En 1963 le fue concedido el premio Balzan de Música.

Hindenburg (Paul von). **Biog.** Beneckendorff und von Hindenburg (Paul von).

hindi. m. **Ling.** Grupo de dialectos de la lengua indoaria, perteneciente a la gran familia lingüística indoeuropea, subdividido en occidental y oriental. El más importante de los dialectos hindi occidentales es el indostaní, y de los orientales, el bengalí.

hindú. (Del persa *hindū.*) adj. Partidario o adepto del hinduismo. Ú. t. c. s. || Perteneciente o relativo al mismo. || Por ext., natural de la India. Ú. t. c. s.

Hindu-Kush. **Geog.** Macizo montañoso de Asia, en el NE. de Afganistán, que por la cordillera de Tirachmir se une con los montes de Karakorum.

Paisaje del Hindu-Kush, al norte de Kabul

hinduismo. m. **Rel.** Nombre dado a la actual religión predominante en la India, evolución del vedismo y brahmanismo antiguo. Dos cosas permanecen sobresalientes en el hinduismo como en el primitivo brahmanismo: la suprema posición del brahmán y la rigurosa observancia de las castas. Las sutras o aforismos de los vedanta pertenecen a unos setecientos años a. C. y pueden considerarse como la obra clásica de la filosofía hindú. Los ocho puranas, que son muy leídos por el pueblo, tratan detenidamente del culto de Siva y Visnú y de los dioses y diosas a ellos subordinados, y constituyen la fuente más importante y la mayor autoridad para el moderno hinduismo. Tres cuartas partes, por los menos, de la pobl. de la moderna India pertenecen a una de las dos grandes sectas: los visnuítas o los sivaítas; la primera se subdivide en dos, a saber: los krisnaítas (los más numerosos, aunque los menos intelectuales) y los ramaítas; tienen por principal avatar o encarnación de Visnú, los primeros a Krishna y los segundos a Rama. Los sivaítas adoran como suprema divinidad a Siva, y se extienden sobre todo por el extremo N. y la parte S. de la India. Disidencias hinduistas fueron el budismo y el jainismo.

hinduista. adj. **Rel.** **hindú,** partidario del hinduismo. Ú. t. c. s. || **hindú,** perteneciente o relativo al hinduismo.

Hinestrosa. **Geog.** Mun. y lugar de España, prov. y p. j. de Burgos; 154 h.

hiniesta. (Del lat. *genesta.*) f. **Bot.** **retama,** de la familia de las papilionáceas.

Hiniesta (La). **Geog.** Mun. y lugar de España, prov. y p. j. de Zamora; 558 h.

hiniestra. (Del lat. *fenestra.*) f. ant. **ventana,** hueco en una pared y hojas con que se cierra.

hinnible. (Del lat. *hinnibĭlis,* de *hinnīre,* relinchar.) adj. p. us. Capaz de relinchar. Dícese del caballo.

hino. m. *Méj.* barb. por **himno.**

hinóbido, da. (Del lat. científico *hynobius,* gén. tipo de anfibios, e *-ido.*) adj. **Zool.** Dícese de los anfibios urodelos, parecidos a nuestras salamandras, pero con caracteres arcaicos en los miembros, que los aproximan a los anfibios primitivos. Pasan casi toda su vida en tierra y sólo van al agua para reproducirse. Viven en Asia, y los ejemplos principales son la *salamandra de Keyserling* y la *de uñas* (v.). || m. pl. Familia de estos anfibios urodelos.

hinojal. m. Sitio poblado de hinojos.

Hinojal. **Geog.** Mun. y lugar de España, prov. y p. j. de Cáceres; 731 h.

Hinojales. **Geog.** Mun. y villa de España, prov. de Huelva, p. j. de Aracena; 658 h.

hinojar. (De *hinojo,* rodilla.) intr. ant. **arrodillar.** Usáb. t. c. prnl.

Hinojar del Rey. **Geog.** Mun. y villa de España, prov. de Burgos, p. j. de Salas de los Infantes; 185 h.

Hinojares. **Geog.** Mun. de España, prov. de Jaén, p. j. de Cazorla; 979 h. || Villa cap. del mismo; 733 h. *(hinojarienses).*

hinojo. fr., *fénouil;* it., *finocchio;* i., *fennel;* a., *Fenchel.* (Del lat. *fenucŭlum.*) m. **Bot.** Hierba vivaz de la familia de las umbelíferas, de olor fuerte, aunque agradable; tallo de hasta 1,5 m., erguido, ramoso, algo estriado, con hojas tres veces pinnadocortadas en lacinias muy numerosas, largas y filiformes; las superiores con vaina grande y limbo muy reducido; umbelas de doce a treinta radios sin involucro ni involucrillos, pétalos amarillos, diaquenio oblongo con costillas poco salientes y obtusas *(foeniculum vulgare).* Toda la planta es aromática, de gusto dulce, y se usa en medicina y como condimento. || **hediondo.** **eneldo.** || **marino.** Hierba de la familia de las umbelíferas, con tallos gruesos, flexuosos, de tres a cuatro decímetros de alt.; hojas carnosas divididas en segmentos lanceolados casi lineales; flores pequeñas de color blanco verdoso, y semillas orbiculares casi planas *(crithmum marítimum y elaeoselĭnum lagáscae).* Es planta aromática de sabor algo salado, abundante entre las rocas.

hinojo. (Del lat. *genucŭlum.*) m. Rodilla, parte de unión del muslo y de la pierna. Ú. m. en pl. || **de hinojos.** m. adv. **de rodillas.** || **hinojos fitos.** expr. ant. Hincadas las rodillas.

¡hinojo! interj. de extrañeza o enfado.

Hinojo. **Geog.** Local. de Argentina, prov. de Buenos Aires, part. de Olavarría; 2.262 h.

Hinojos. **Geog.** Mun. de España, prov. de Huelva, p. j. de Palma del Condado; 3.020 h. || Villa cap. del mismo; 2.908 h. *(hinojeros).*

Hinojosa y Cobacho (José Pelagio). **Biog.** Bandolero español, más conocido por José María *el Tempranillo,* m. en La Alameda (1805-1833). Se hizo famoso por su audacia y caballerosidad en sus correrías por Sierra Morena y gran parte de Andalucía. Condenado a muerte, se le indultó y fue nombrado jefe de una partida creada para la represión del bandolerismo. || **Geog.** Mun. y villa de España, prov. de Guadalajara, p. j. de Molina; 140 h. Importante necrópolis romana descubierta en 1951. || **(La).** Mun. y villa de España, prov. de Cuenca, p. j. de San Clemente; 630 h. || **del Campo.** Mun. y lugar de España, prov. y p. j. de Soria; 116 h. || **de Duero.** Mun. y villa de España, prov. de Salamanca, p. j. de Vitigudino; 1.279 h. *(hinojoseros).* Canteras de piedra berroqueña. || **del Duque.** Mun. de España, prov. de Córdoba, p. j. de Peñarroya-Pueblonuevo; 10.190 h. || Villa cap. del mismo; 9.873 h. *(hinojoseños).* || **de Jarque.** Mun. de España, prov. y p. j. de Teruel; 349 h. || Lugar cap. del mismo; 264 h. || **de San Vicente.** Mun. y villa de España, prov. de Toledo, p. j. de Talavera de la Reina; 740 h. *(jorgos).* || **del Valle.** Mun. y villa de España, prov. de Badajoz, p. j. de Almendralejo; 808 habitantes.

Hinojosas de Calatrava. Geog. Mun. y villa de España, prov. de Ciudad Real, p. j. de Puertollano; 1.756 h.

Hinojosos (Los). Geog. Mun. y villa de España, prov. de Cuenca, p. j. de Tarancón; 1.788 h. *(hinojoseños)*.

hinque. (De *hincar*.) m. Juego que ejecutan los muchachos con sendos palos puntiagudos que, con determinadas condiciones, clavan en la tierra húmeda.

Hinshelwood (Cyril Norman). Biog. Químico inglés, n. en Londres (1897-1967). Profesor de Química de la Universidad de Oxford, realizó importantes estudios acerca de las reacciones químicas eslabonadas, por los cuales compartió con el ruso Nikolai N. Semenov el premio Nobel de Química en 1956.

hinterland. (De a. *hinter*, detrás, y *land*, tierra, país.) m. Palabra alemana con la que se designa el terr. interior, todavía no organizado, de una colonia.

hintero. (Del lat. **finctorium*, por *fictorium*.) m. Mesa que usan los panaderos para heñir o amasar el pan.

hiñir. tr. ant. *Ar.* y *Sal.* **heñir**.

hiogloso, sa. (De *hioides* y *-gloso*.) adj. Anat. Perteneciente o relativo al hueso hioides y a la lengua. || En especial, cada uno de los músculos de la lengua que se insertan en el hioides y sirven para retraerla al interior de la boca.

hioideo, a. adj. Anat. Perteneciente al hueso hioides.

hioides. (Del gr. *hyoeidés*, que tiene la forma de la letra *u*.) adj. Anat. Dícese de una pieza ósea o cartilaginosa de los vertebrados tetrápodos, que constituye el resto del arco hioideo de los peces. En el hombre es un hueso flotante situado sobre la laringe, paralelo al borde superior del cartílago tiroides; en él se insertan los músculos hioglosos de la lengua, y consta en general de una parte media (cuerpo) y apófisis laterales (cuernos menores y mayores). Ú. t. c. s.

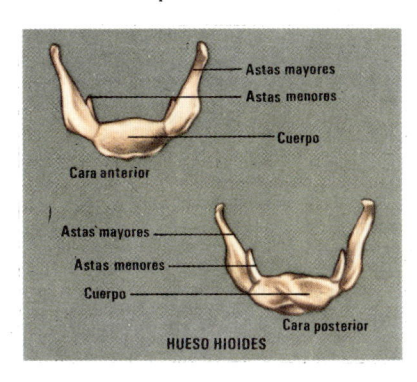

hiosciamina. (De *hiosciamo* e *-ina*.) f. Quím. Alcaloide isómero de la atropina.

hiosciamo. m. Bot. beleño.

hip-, hipo-; -hipo-. (Del gr. *hypó*.) pref. o infijo que sign. debajo de.

hip-, hipo-; -ipo-. (Del gr. *híppos*.) pref. o suf. que sign. caballo.

hipálage. (Del lat. *hypallage*, y éste del gr. *hypallagé*, mutación, cambio.) f. Ret. Figura consistente en referir un complemento a una palabra distinta de aquella a la cual debería referirse lógicamente.

hipar. fr., *hoqueter*; it., *singhiozzare*; i., *to hiccough*; a., *keuchen*, *japsen*, *das Schlucken haben*. intr. Sufrir reiteradamente el hipo. || Resollar los perros cuando van siguiendo la caza. || Fatigarse por el mucho trabajo o angustiarse con exceso. || Llorar con sollozos semejantes al hipo. Pronúnciase aspirando la *h*. || fig. Desear con ansia, codiciar con demasiada pasión una cosa.

Hiparco. Biog. Astrónomo, matemático y geógrafo griego, n. en Nicea (190-125 a. C.). Vivió mucho tiempo en Rodas y fue el primer astrónomo científico. Se le debe la iniciación de la trigonometría y sus aplicaciones astronómicas, la construcción de los primeros astrolabios, el descubrimiento de la precesión de los equinoccios, el desarrollo de la teoría de los epiciclos, iniciada por Apolonio de Pérgamo; la determinación de los elementos del Sol (fijó el año en 365 días, 5 horas y 49 segundos), y una teoría sobre el movimiento de la Luna, cuya distancia a la Tierra estableció con un error de unos 15.000 km. Confeccionó un catálogo con 1.080 estrellas, el primero conocido.

Hipatia. Geog. Pobl. de Argentina, prov. de Santa Fe, depart. de Las Colonias; 536 h.

hiper-; -hiper-. (Del gr. *hypér*.) pref. o infijo que sign. sobre, exceso, superioridad, etc.: hiper*dulía*, hiper*crítico*.

hiperacidez. (De *hiper-* y *acidez*.) f. Pat. Exceso de acidez.

hiperbático, ca. adj. Gram. Que tiene hipérbaton.

hipérbato. m. desus. Gram. hipérbaton.

hipérbaton. fr., *hyperbate*; it., *iperbato*; i., *hyperbaton*; a., *Wortverstellung*. (Del lat. *hyperbăton*, y éste del gr. *hyperbatón*, transpuesto; de *hypér*, sobre, y *baino*, andar.) m. Gram. Figura de construcción que frecuentemente se emplea, aun en el lenguaje más vulgar y sencillo, invirtiendo el orden lógico de los elementos de la oración que en el discurso deben tener las palabras con arreglo a las leyes de la sintaxis llamada regular.

hipérbola. (Del lat. *hyperbŏla*, y éste del gr. *hyperbolé*.) f. Geom. Curva simétrica respecto de dos ejes perpendiculares entre sí, lugar geométrico de los puntos cuya diferencia de distancias a dos puntos fijos, llamados focos, es constante. Está compuesta de dos porciones abiertas, dirigidas en opuesto sentido, que se aproximan indefinidamente a dos asíntotas, y resultan de la intersección de una superf. cónica con un plano que encuentra a todas las generatrices, unas por un lado del vértice y otras en su prolongación por el lado opuesto. Los ejes son uno real (2 *a*) y otro imaginario (2 *b*). La relación entre los ejes y la distancia focal (2 *c*) se establece por la fórmula $c^2 = a^2 + b^2$. La excentricidad, $e = c/a$, es siempre > 1. Considerada como lugar geométrico, la hipérbola comprende todos los puntos del plano cuya diferencia de distancias a dos puntos fijos (*focos*) es constante: $e = 2 a$. La ecuación de la hipérbola es

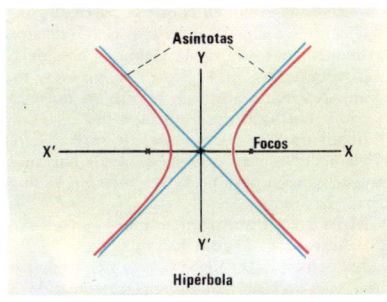

$$\frac{\alpha^2}{a^2} - \frac{y^2}{b^2} = 1.$$

|| **equilátera.** La que tiene iguales los semiejes. || **hipérbolas conjugadas.** Las que tienen las mismas asíntotas y están colocadas dentro de los cuatro ángulos que éstas forman.

hipérbole. fr. e i., *hyperbole*; it., *iperbola*; a., *Hyperbel*, *Übertreibung*. (Del lat. *hyperbŏle*, y éste del gr. *hyperbolé*; de *hypér*, más allá, y *bállo*, arrojar.) f. Ret. Figura que consiste en aumentar o disminuir excesivamente la verdad de aquello de que se habla. Se ha usado también como masculino.

hiperbólicamente. adv. m. Con hipérbole; de manera hiperbólica.

hiperbólico, ca. (Del lat. *hyperbolĭcus*, y éste del gr. *hyperbolikós*.) adj. Perteneciente a la hipérbole. || De figura de hipérbola o parecido a ella. || Perteneciente o relativo a la hipérbole; que la encierra o incluye.

hiperbolizar. fr., *hyperboliser*; it., *iperboleggiare*; i., *to hyperbolize*; a., *in Hyperbeln reden*. intr. Ret. Usar de hipérboles.

hiperboloide. (De *hipérbola* y *-oide*.) m. Geom. Superf. engendrada por una elipse variable que se mueve paralelamente a sí misma de modo que los extremos de sus ejes se apoyen constantemente en las dos ramas de una hipérbola fija, situada en un plano perpendicular al de la elipse. Según que los extremos de un mismo eje de la elipse se apoyen en la misma rama de la hipérbola o en ramas distintas, resulta el hiperboloide de dos hojas o el de una hoja. || Sólido comprendido en un trozo de esta superf. || **de dos cascos,** o **de dos hojas.** El que consta de dos cascos separados con sus convexidades vueltas en opuesto sentido. || **de revolución.** Aquel cuya generatriz es una circunferencia en lugar de una elipse. Puede considerarse también engendrado por una hipérbola que gira alrededor de uno de sus ejes. || **de un casco,** o **de una hoja.** El que consta de una sola pieza que va ensanchándose a manera de bocina en dos opuestos sentidos a partir del centro.

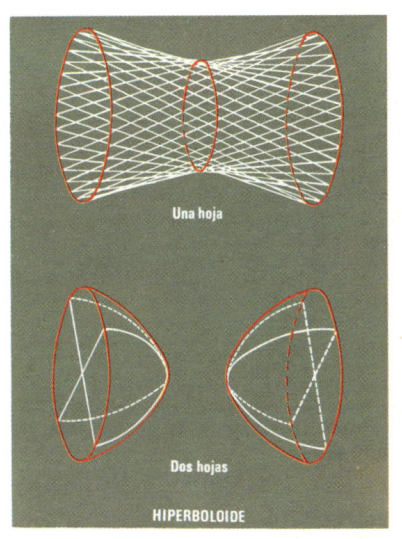

hiperbóreo, a. (Del lat. *hyperborĕus*, y éste del gr. *hyperbóreios*; de *hypér*, más allá, y *Boreás*, Norte.) adj. Geog. Aplícase a las regiones muy septentrionales, y a los pueblos, animales y plantas que viven en ellas.

hipercinesia. (De *hiper-* y *-cinesia*.) f. Pat. Actividad muscular anormalmente exagerada.

hiperclorhidria. (De *hiper-* y *clorhídrico*.) f. Fisiol. Exceso de ácido clorhídrico en el jugo gástrico.

hiperclorhídrico, ca. adj. Perteneciente o relativo a la hiperclorhidria. || Que padece hiperclorhidria.

hiperconducción. (De *hiper-* y *conducción*.) m. Fís. Disminución de la resistencia eléctrica de los metales, cuando se los somete a temperaturas próximas al cero absoluto.

hipercrisis. (De *hiper-* y *crisis*.) f. **Pat.** Crisis violenta.

hipercrítica. f. Crítica exagerada.

hipercrítico. (De *hiper-* y *-crítico*.) adj. Propio de la hipercrítica o del que la practica. || m. Censor inflexible; crítico que nada perdona.

hiperdulía. (De *hiper-* y *-dulía*.) f. **Rel.** culto de hiperdulía.

hiperémesis. (De *hiper-* y el gr. *émesis*, vómito.) f. **Pat.** Repetición de vómitos intensos e incoercibles. || **gravídica.** Hiperémesis del embarazo.

hiperemia. fr., *hyperhémie*; it., *iperemie*; i., *hyperhaemia, polyhaemia*; a., *Hyperämie, Blutüberfüllung*. (De *hiper-* y *-emia*.) f. **Fisiol.** Abundancia extraordinaria de sangre en una parte del cuerpo.

hiperemotividad. (De *hiper-* y *emotividad*.) f. Emotividad exagerada.

hiperespacio. (De *hiper-* y *espacio*.) m. **Econ.** y **Geog.** Exceso de terr. de un Estado que, por falta de elementos o de mano de obra, no puede ponerse en plena producción. || **Geom.** Espacio de más de tres dimensiones.

hiperestesia. (De *hiper-* y *-estesia*.) f. **Fisiol.** Sensibilidad excesiva y dolorosa.

hiperestesiar. tr. Causar hiperestesia. || prnl. Padecerla.

hiperestésico, ca. adj. Perteneciente o relativo a la hiperestesia.

hiperfrecuencia. (De *hiper-* y *frecuencia*.) f. **Fís.** Frecuencia muy elevada de las ondas hertzianas ultracortas, que llega de 1.000 a 30.000 millones de ciclos por segundo.

hiperfunción. (De *hiper-* y *función*.) f. **Fisiol.** Sobreactividad de un órgano. Se aplica especialmente a los órganos glandulares.

hiperglucemia. (De *hiper-* y *glucemia*.) f. **Fisiol.** y **Pat.** Contenido de glucosa en la sangre en proporción superior al nivel normal.

hipergonar. m. **Cin.** y **Ópt.** hypergonar.

hiperhidrosis. (De *hiper-* e *hidrosis*.) f. **Fisiol.** Exceso de la secreción sudoral.

hipericáceo, a. adj. **Bot.** gutífero.

hipericíneo, a. (De *hipérico*.) adj. **Bot.** hipericáceo.

hipérico. (Del lat. científico *hypéricum*, y éste del gr. *hypérikon*, corazoncillo.) **Bot.** Gén. de plantas de la familia de la gutíferas (v.). La especie más común es el *hipericón*, también llamado *corazoncillo*.

hipericoideo, a. (De *hipérico* e *-ideo*.) adj. **Bot.** Dícese de las plantas gutíferas, con hojas opuestas, muy rara vez esparcidas, las inferiores en dos especies, flores hermafroditas, estambres por lo común en cinco paquetes epipétalos, más rara vez de tres a ocho, estilos de cinco a tres libres, alguna vez soldados, y fruto en cápsula. || f. pl. Subfamilia de estas plantas.

Hipérides. **Biog.** Famoso orador ateniense, n. en Atenas y m. en Egina (389-322 a. C.). Fue discípulo de Isócrates y de Platón y perteneció al partido antimacedónico que acaudillaba Demóstenes. Muerto Filipo, fue uno de los cabecillas de la rebelión de atenienses y tebanos contra Alejandro, y sofocada ésta, logró escapar. Se conservan algunos de sus numerosos discursos, de estilo vivo, natural y enérgico.

Hiperión. (Nombre mitológico griego.) **Astron.** Séptimo satélite de Saturno por su distancia a éste, 1.484.000 km.; descubierto por Bond en 1848.

hipermastigino, na. (De *hiper-* y el gr. *mástix, -igos*, látigo.) adj. **Zool.** Dícese de los protozoos flagelados de la subclase de los zooflagelados, provistos de numerosos flagelos, que viven como simbiontes de insectos, especialmente de los termes y cucarachas, a los que son necesarios para digerir la celulosa que ingieren. || m. pl. Orden de estos protozoos flagelados.

hipermetamorfosis. (De *hiper-* y *metamorfosis*.) f. **Zool.** Metamorfosis que consta de dos o más fases larvarias diferentes y con cambios muy marcados en su modo de vida.

Hipermetamorfosis

hipermetría. (Del gr. *hypermetría*, de *hypérmetros*, desmesurado; de *hypér*, más allá, y *métron*, medida.) f. **Ret.** Figura poética nada recomendable y de muy poco uso, que se comete dividiendo una palabra para acabar con su primera parte un verso y empezar otro con la segunda.

hipermétrope. adj. **Pat.** Que padece hipermetropía. Apl. a pers., ú. t. c. s.

hipermetropía. (Del gr. *hypérmetros*, desmesurado, y la term. *-opía*, de *miopía*.) f. **Pat.** Defecto de la visión en el que se perciben confusamente los objetos próximos por formarse la imagen más allá de la retina. || **presbicia.**

hipernúcleo. (De *hiper-* y *núcleo*.) m. **Quím.** Núcleo atómico en el que un nucleón ha sido substituido por un hiperón.

hiperón. (De *hiper-* y *-ón*, de *electrón*.) m. **Fís. nucl.** Nombre que se da a los bariones cuya masa es superior a la del nucleón. Es una partícula subnuclear.

hiperortognato, ta. (De *hiper-* y *ortognato*.) adj. **Antrop.** V. **ángulo facial.**

hiperoxia. (De *hiper-* y *-oxia*.) f. **Med.** Estado que presenta un organismo sometido a un régimen respiratorio con exceso de oxígeno.

hiperparásito, ta. (De *hiper-* y *parásito*.) adj. **Biol.** Dícese del ser vivo parásito de otro, el cual lo es, a su vez, de un tercero.

hiperplasia. (De *hiper-* y *-plasia*.) f. **Pat.** Aumento de volumen de los tejidos, por multiplicación celular anormal, generalmente debida a infección bacteriana.

hiperprognato, ta. (De *hiper-* y *prognato*.) adj. **Antrop.** V. **ángulo facial.**

hiperrealismo. m. **superrealismo.**

hipersensibilidad. (De *hiper-* y *sensibilidad*.) f. **Pat.** Sensibilidad exacerbada.

hipersónico, ca. adj. **Fís.** supersónico.

hiperstena. (De *hiper-* y *stena*, fuerza.) f. **Miner.** Silicato ferroso magnético, de fórmula (Mg, Fe)SiO$_3$, clase de los inosilicatos, que se encuentra formando parte de rocas básicas.

hipersustentación. (De *hiper-* y *sustentación*.) f. **Aviac.** Se dice de los procedimientos y medios ideados para aumentar el intervalo de velocidades posibles de un avión entre su máxima y su mínima, y para disminuir la velocidad de aterrizaje.

hipertensión. (De *hiper-* y *tensión*.) f. **Fisiol.** Aumento de la tensión. Dícese particularmente del aumento de la presión arterial, que se presenta en varias enfermedades.

hipertenso, sa. adj. **Fisiol.** Que padece hipertensión.

hipertermia. (De *hiper-* y *-termia*.) f. **Pat.** Estado agudo o crónico de elevación anormal de la temperatura del cuerpo.

hipertiroidismo. (De *hiper-* y *tiroidismo*.) m. **Pat.** Exaltación funcional de la glándula tiroides. Se produce por el exceso de secreción tiroidea.

hipertonía. (De *hiper-* y *-tonía*.) f. **Pat.** Exaltación del tono, referida generalmente al tono muscular.

hipertónico. (De *hiper-* y *-tónico*.) adj. **Fisiol.** Dícese de la solución cuya concentración en iones es más elevada que la que corresponde al suero sanguíneo, siendo ésta equivalente a la de una solución de cloruro de sodio al 7,5 % en agua destilada. || **Quím.** Dícese de una solución que, comparada con otra, tiene mayor presión osmótica que ella, siendo igual la temperatura de ambas. Lo contrario se llama *hipotónico*.

hipertricosis. (De *hiper-*, *-tric-* y *-osis*.) m. **Pat.** Exceso de pelo y vello en la cara y el resto del cuerpo hasta un extremo monstruoso.

hipertrofia. fr., *hypertrophie*; it., *ipertrofia*; i., *hypertrophy*; a., *Hypertrophic*. (De *hiper-* y *-trofia*.) f. **Fisiol.** Desarrollo excesivo de uno o varios órganos o del organismo total, ya sea en el individuo, como consecuencia de usarlo intensamente, cual sucede con los músculos, ya sea en la especie, como resultado de cambios evolutivos acumulados.

hipertrofiarse. (De *hipertrofia*.) prnl. **Fisiol.** Aumentarse con exceso el volumen de un órgano.

hipertrófico, ca. adj. **Fisiol.** y **Pat.** Perteneciente o relativo a la hipertrofia.

Hipias. **Biog.** Sofista griego contemporáneo de Protágoras y de Sócrates, n. en Elis. Debido a su gran memoria y a la regularidad con que la empleaba, se le juzgó como inventor de la mnemotecnia.

hípica. (Del m. or. que el siguiente.) f. **Dep.** Parte de la equitación que abarca las carreras y saltos de competición.

hípico, ca. fr., *hippique*; it., *ippico*; i., *relating to horses*; a., *pferde*. (Del gr. *hippikós*, de *hippos*, caballo.) adj. **Equit.** Perteneciente o relativo al caballo.

hípido. m. Acción y efecto de hipar, o gimotear. Pronúnciase aspirando la h.

hipn-, hipno-, hipnot-; -hipnia, -ipnosis. (Del gr. *hýpnos*.) pref. o suf. que sign. sueño.

hipnal. (Del lat. *hypnále*, y éste del gr. *hypnelé*, soñoliento; de *hýpnos*, sueño.) m. **Zool.** Áspid al cual se atribuía por los antiguos la propiedad de infundir un sueño mortal con su mordedura.

-hipnia. suf. V. **hipn-.**

hipno-. pref. V. **hipn-.**

hipnona. (De *hipn-* y *-ona*.) f. **Quím.** acetofenona.

hipnosis. (De *hipn-* y *-osis*.) f. Sueño producido por el hipnotismo.

hipnot-. pref. V. **hipn-.**

hipnoterapia. (De *hipno-* y *terapia*.) f. **Terap.** Tratamiento de ciertos estados morbosos por medio del sueño o el hipnotismo.

hipnótico, ca. (Del gr. *hypnotikós*, soñoliento.) adj. Perteneciente o relativo al hipnotismo. Ú. t. c. s. || m. Medicamento que se da para producir el sueño.

hipnotismo. fr., *hypnotisme;* it., *ipnotismo;* i., *hypnotism;* a., *Hypnotismus.* (De *hipnot-* e *-ismo.*) m. **Pat.** y **Psicol.** Aptitud de ciertos sujetos de caer en un sueño, llamado hipnótico, que difiere del normal en que es provocado

Hipnotismo, grabado de 1878

por una voluntad ajena, la del hipnotizador con la cooperación de la persona que ha de ser hipnotizada. En el sueño hipnótico se manifiestan fenómenos espontáneos y provocados, más o menos trascendentes, se anulan casi en absoluto unas facultades y se avivan otras, el sujeto pierde el control de su voluntad, obedece al hipnotizador, contesta, ejecuta órdenes, incluso poshipnóticas, sin saber, después de despertar, que lo que hace es por orden de otro.

hipnotización. f. Acción de hipnotizar.
hipnotizador, ra. adj. Que hipnotiza. Ú. t. c. s.
hipnotizante. p. a. de **hipnotizar.** Que hipnotiza.
hipnotizar. tr. Producir la hipnosis.
hipo-; -hipo-. pref. o infijo. V. **hip-,** debajo de.
hipo-. pref. V. **hip-,** caballo.
hipo. fr., *hoquet;* it., *singhiozzo;* i., *hiccough;* a., *Schlucken.* (Voz imitativa.) m. Movimiento convulsivo del diafragma que produce una respiración interrumpida y violenta y causa algún ruido. || fig. Ansia, deseo eficaz de una cosa. || fig. Encono, enojo y rabia con alguno.
hipoadrenalismo. (De *hipo-,* debajo, y *adrenalismo.*) m. **Pat.** Disminución de la actividad funcional de las cápsulas suprarrenales.
hipobosca. (Del lat. científico *hipobosca;* del gr. *hippos,* caballo, y *bósko,* apacentar.) **Entom.** Género de insectos dípteros ciclorrafos, familia de los hipobóscidos (v.).
hipobóscido, da. (De *hipobosca* e *-ido.*) adj. **Entom.** Dícese de los dípteros ciclorrafos pupíparos, de cabeza hundida en el tórax, cuerpo deprimido, con o sin alas, y uñas fuertes y, a menudo, dentadas. El ejemplo típico es la *mosca borriquera* u *hipobosca,* la *ovina* y la *aviar.* || m. pl. Familia de estos insectos.
hipocalcemia. (De *hipo-,* bajo, y *calcemia.*) f. **Pat.** Disminución de la cantidad normal de calcio contenida en la sangre.

hipocamelo. (Del lat. científico *hippocamelus;* del gr. *hippos,* caballo, y *kámelos,* camello.) **Zool.** Gén. de mamíferos rumiantes de la familia de los cérvidos (v.).
hipocampo. (Del lat. *hippocampus,* y éste del gr. *hippókampos;* de *hippos,* caballo, y *kámpe,* encorvado.) **Zool.** Gén. de peces teleósteos, al que pertenecen los caballitos de mar. || **mayor.** *Anat.* Eminencia en la pared externa del divertículo esfenoidal de cada ventrículo lateral del cerebro. || **menor.** Eminencia en el divertículo occipital de cada ventrículo lateral del cerebro.

Caballito de mar (pez del género hipocampo)

hipocapnia. (De *hypo-* y *-capnia.*) f. **Pat.** Disminución del anhídrido carbónico en la sangre por debajo de lo normal, cuya consecuencia inmediata es una menor excitación del centro respiratorio y, por tanto, la retardación en el respirar que, si se acentúa, puede ocasionar la muerte.
hipocastanáceo, a. (De *hipo-,* bajo, el gr. *kastáneios,* de castaña, y *-áceo.*) adj. **Bot.** Dícese de las plantas dicotiledóneas del orden de las terebintales, filo de las terebintales-rubiales, leñosas, con hojas opuestas, digitadas por cinco a nueve folíolos, flores vistosas en racimos, oblicuamente asimétricas, y fruto en cápsula, a veces erizada. Comprenden 18 especies en los gén. *aésculus,* al cual pertenece el *castaño de Indias,* y *billia.* || f. pl. Familia de estas plantas.
hipocastáneo, a. adj. **Bot. hipocastanáceo.**
hipocausto. (Del lat. *hypocaustum,* y éste del gr. *hypókauston.*) m. Habitación que entre los griegos y los romanos se caldeaba por medio de hornillos y conductos situados debajo de su pavimento.
hipocentauro. (Del lat. *hippocentaurus,* y éste del gr. *hippokéntauros;* de *hippos,* caballo, y *kéntauros,* centauro.) m. **Mit. centauro,** monstruo fingido, mitad hombre y mitad caballo.
hipocentro. (De *hipo-* debajo, y *centro.*) m. **Geol.** Región donde se verifica el choque inicial que origina un sismo.
hipocicloide. (De *hipo-,* bajo, y *cicloide.*) f. **Geom.** Línea curva descrita por un punto de una circunferencia que rueda dentro de otra fija, conservándose tangentes.

hipoclorhidria. (De *hipo-* y *clorhídrico.*) f. **Pat.** Escasez de ácido clorhídrico en el jugo gástrico.
hipoclorhídrico, ca. adj. **Pat.** Perteneciente o relativo a la hipoclorhidria. || Que padece hipoclorhidria.
hipoclorito. (De *hipocloroso* e *-ito.*) m. **Quím.** Sal formada por reacción del ácido hipocloroso con una base. || **de sodio.** Constituye el hipoclorito más importante y de mayor interés industrial. Tiene por fórmula ClONa, y se obtiene, juntamente con el cloruro sódico, haciendo burbujear cloro sobre una disolución fría de sosa cáustica. Se utiliza como antiséptico y decolorante.
hipocloroso, sa. (De *hipo-,* debajo, y *cloroso.*) adj. **Quím.** V. **ácido hipocloroso.**
hipocolia. (De *hipo-* y *-colia.*) f. **Pat.** Disminución de la secreción biliar, que produce una insuficiencia para la normal digestión de las grasas.
hipocondría. fr., *hypocondrie;* it., *ipocondria;* i., *hipochondria;* a., *Hypochondrie.* (Del lat. *hipochondrĭa,* y éste del gr. *hypochóndria,* los hipocondrios.) f. **Pat.** Síndrome común a diversas afecciones mentales con estados de angustia y obsesión, en general de tipo depresivo.
hipocondriaco, ca o **hipocondríaco, ca.** (De *hypochondriakós.*) adj. **Pat.** Perteneciente a la hipocondría. || Que padece de esta enfermedad. Ú. t. c. s.
hipocóndrico, ca. adj. Perteneciente a los hipocondrios o a la hipocondría.
hipocondrio. fr., *hypocondre;* it., *ipocondro;* i., *hypochondrium;* a., *Weiche, Hypochondrium.* (Del gr. *hypochóndrion;* de *hypó,* debajo, y *chóndrion,* cartílago.) m. **Anat.** Cada una de las dos partes laterales de la región epigástrica, situada debajo de las costillas falsas. Ú. m. en pl.
hipocorístico, ca. (Del gr. *hypochoristikós,* acariciador, dim. afectuoso.) adj. **Gram.** Dícese de los nombres que en forma diminutiva, abreviada o infantil se usan como designaciones cariñosas, familiares o eufemísticas.
hipocrás. (De *hipo-* y gr. *krasis,* mezcla; de *keránnymi,* templar el vino con agua.) m. Bebida hecha con vino, azúcar, canela y otros ingredientes.
hipocrateáceo, a. (Del lat. científico *hippocrátea,* gén. tipo, y *-áceo;* aquél del gr. *Hippokrátes,* Hipócrates.) adj. **Bot.** Dícese de las plantas del orden de las sapindales, suborden de las celastríneas, leñosas, a menudo, bejucos de hojas sencillas y flores pequeñas, agrupadas en cimas. || f. pl. Familia de estas plantas.
Hipócrates. (Del gr. *Hippokrátes;* de *hippos,* caballo, y *krátos,* fuerza.) **Biog.** Médico griego, denominado *el Padre de la Medicina,* y también Hipócrates *el Grande,* n. en Cos y m. en Larisa, Tesalia (460-h. 377 a. C.). Su existencia está envuelta en tinieblas y leyendas, que han recogido sus biógrafos, todos muy posteriores a él; lo único cierto que se conoce de Hipócrates es su colección enciclopédica de la antigüedad. Algunos de sus escritos se han perdido y de otros se ha discutido que hayan sido escritos realmente por él. Se cree que son verdaderamente de Hipócrates los siguientes: *De la antigua Medicina, Pronóstico, Aforismos, Aires, aguas y lugares, Articulaciones, fracturas, heridas de la cabeza* e *Instrumentos de reducción.* Estableció para los médicos el juramento profesional. || **de Chío.** Matemático griego que vivió en el s. V a. C. Demostró que el problema de la duplicación del cubo dependía de la intercalación de dos medias proporcionales. También descubrió la cuadratura de la media luna.
hipocrático, ca. (Del lat. *hippocraticus.*) adj. Perteneciente o relativo a Hipócrates, o a sus doctrinas médicas.
hipocrénides. (Del lat. *hippocrenĭdes.*) f. pl. **Mit.** Las musas. Se les dio este nombre

hipocresía–hipotaxis

por el de la fuente Hipocrene, consagrada a ellas.

hipocresía. fr., *hypocrisie;* it., *ipocrisia;* i., *hypocrisy;* a., *Heuchelei.* (Del gr. *hypokrisía.*) f. Fingimiento y apariencia de cualidades o sentimientos contrarios a los que verdaderamente se tienen o experimentan. Dícese comúnmente de la falsa apariencia de virtud o devoción.

hipócrita. fr. e i., *hypocrite;* it., *ipocrita;* a., *Heuchler.* (Del lat. *hypocrĭta,* y éste del gr. *hypokrités.*) adj. Que finge o aparenta lo que no es o lo que no siente. Dícese especialmente del que finge virtud o devoción. Ú. t. c. s.

hipócritamente. adv. m. Con hipocresía.
hipoderma. (Del lat. científico *hyppoderma,* y éste del gr. *hypó,* debajo, y *dérma,* piel.) Entom. Gén. de insectos dípteros ciclorrafos, de la familia de los éstridos (v.).

hipodérmico, ca. (De *hipo-* y *dérmico.*) adj. Anat. Que está debajo de la piel. || Med. Dícese de lo que se inyecta debajo de la piel.

hipodermis. (De *hipo-* y *-dermis.*) f. Anat. Tejido subcutáneo.

hipódromo. fr. e i., *hippodrome;* it., *ippodromo;* a., *Hippodrom, Rennbahn.* (Del lat. *hippodrŏmos,* y éste del gr. *hippódromos;* de *híppos,* caballo, y *drómos,* carrera.) m. Equit. Lugar destinado para carreras de caballos y carros.

hipofisario, ria. (De *hipo-,* debajo, y *fisario.*) adj. Anat. Referente a la hipófisis.

hipófisis. (Del gr. *hypóphysis,* crecimiento por debajo; de *hypó,* debajo, y *phýo,* crecer.) f. Anat. Glándula de secreción interna, situada en la región del hipotálamo, sobre la llamada *silla turca* del hueso esfenoides. Está compuesta de dos lóbulos: uno anterior, glandular, y otro posterior, nervioso. Las hormonas que produce influyen sobre el crecimiento, desarrollo sexual, metabolismo, etc. Se llama también *glándula pituitaria.*

hipofosfito. (De *hipofosforoso* e *-ito.*) m. Quím. Sal formada por la combinación del ácido hipofosforoso con una base.

hipofosforoso. (De *hipo-, fósforo* y *-oso.*) adj. V. **ácido hipofosforoso.**

hipofunción. (De *hipo-* y *función.*) f. Fisiol. Disminución de la función normal de un órgano.

hipogástrico, ca. adj. Anat. Perteneciente al hipogastrio.

hipogastrio. fr., *hypogastre;* it., *ipogastrio;* i., *hypogastrium;* a., *Unterleib.* (Del lat. *hypogastrium,* y éste del gr. *hypogástrion;* de *hipó,* debajo, y *gastér,* vientre, estómago.) m. Anat. Parte inferior del vientre.

hipogénico, ca. (De *hipo-* y *-génico.*) adj. Geol. Dícese de las formaciones originadas bajo la superficie de la Tierra.

hipogeo. fr., *hypogée;* it., *ipogeo;* i., *hypogeum;* a., *Grabhöhle, Gruft.* (Del lat. *hypogaeus* y éste del gr. *hypogaios,* subterráneo; de *hipó,* debajo, y *ge,* tierra.) m. Arqueol. Monumento funerario del antiguo Egipto, generalmente perteneciente al período tebano. Estas tumbas se encuentran talladas en la roca de las montañas. || Arquit. Bóveda subterránea donde los griegos y otras naciones antiguas conservaban los cadáveres sin quemarlos. || Capilla o edificio subterráneo.

hipogino, na. (De *hipo-,* debajo, y *-gino.*) adj. Bot. Dícese de sépalos, pétalos o estambres que se insertan más abajo de la pared del ovario.

hipogloso, sa. (De *hipo-,* debajo, y *-gloso.*) adj. Anat. Que está debajo de la lengua. || Dícese del par de nervios, duodécimo de los cefálicos, que sale de la cara ventral de la medula oblongada y contiene fibras motoras para la musculatura lingual.

hipogloso. (De *hipo-,* caballo, y *-gloso.*) m. Zool. **halibut.**

hipoglucemia. (De *hipo-* y *glucemia.*) f. Fisiol. y Pat. Contenido de glucosa en la sangre inferior al nivel normal, que es aproximadamente, del 1 por mil.

hipogrifo. fr., *hippogriffe;* it., *ippogrifo;* i., *hippogrif;* a., *Hippogryph.* (De *hipo-,* caballo, y *grifo.*) m. Mit. Animal fabuloso, mitad caballo, mitad grifo.

hipohipo. (Del lat. científico *hypohippus;* del gr. *hypó,* debajo, e *híppos,* caballo.) Paleont. y Zool. Gén. más representativo de una estirpe de équidos miocénicos extinguidos.

Hipólito *(San).* Biog. Antipapa, n. en Roma y m. en Porto (h. 170-235). Fue elegido por una parte de la comunidad romana en 217 y se opuso a Urbano I. Se reconcilió después con la Iglesia, y es considerado como uno de los mejores escritores del s. III. Entre otras obras, se mencionan: *Philosophýmena, Sobre Cristo y el anticristo* y *Crónica.* Su fiesta, el 22 de agosto. || **Hyppolite (Florvil).** || **Yrigoyen.** Geog. Part. de Argentina, prov. de Buenos Aires; 1.814 km.² y 8.260 h. Cap., Henderson. || **Yrigoyen.** Local. de Argentina, prov. de Salta, depart. de Orán; 2.786 h. || **Yrigoyen.** Local. de Argentina, prov. de San Luis, depart. de Belgrano; 481 h.

hipología. (De *hipo-* caballo, y *-logía.*) f. Veter. Estudio general del caballo.

hipólogo. (De *hipología.*) m. Veter. Veterinario de caballos.

hipómanes. (Del lat. *hippomănes,* y éste del gr. *hippomanés,* pasión por los caballos.) m. Veter. Humor que se desprende de la vulva de la yegua cuando está en celo.

hipomanía. (De *hipo-,* debajo, y *manía.*) f. Manía de tipo moderado.

hipomoclio o **hipomoclion.** (Del gr. *hypomóchlion;* de *hipó-,* debajo, y *mochilós,* palanca.) m. Fís. fulcro.

hipomóvil. (De *hipo-* caballo y *móvil.*) adj. Dícese de los vehículos de tracción animal.

Hipona o **Hippo Reguis.** Geog. hist. C. de África, en Numidia, que estuvo sit. no lejos de la actual Bona. En ella fue obispo San Agustín. Restos arqueológicos.

hipopotámido, da. (Del lat. científico *hippopotămus,* gén. tipo de mamíferos, e *-ido;* aquél del lat. *hippopotămus,* hipopótamo.) adj. Zool. Dícese de los mamíferos ungulados artiodáctilos, suborden de los queromorfos o suiformes, con hocico redondeado, sin callosidad terminal y con pies tetradáctilos. Suelen vivir en África, al sur del Sáhara, y existen dos géneros: *hippopotamus* y *choeropsis* (v. **hipopótamo**). || m. pl. Familia de estos mamíferos.

hipopótamo. fr., *hippopotame;* it., *ippopotamo;* i., *hippopotamus;* a., *Flusspferd.* (Del lat. *hippopotămus,* y éste del gr. *hippopótamos;* de *híppos,* caballo, y *potamós,* río.) m. Zool. Mamífero ungulado artiodáctilo, de la familia de los hipopotámidos, de color gris obscuro, con cuerpo voluminoso y obeso, patas cortas con cuatro pezuñas que tocan el suelo, piel casi desnuda, arrugada y muy gruesa, tejido adiposo subcutáneo abundante, cabeza ancha, con ojos y orejas pequeños, caninos muy desarrollados, y hocico enorme y cola corta. Mide de 3 a 4 m. de long. y poco más de 1 m. de alt. y su peso alcanza frecuentemente las tres ton. Es propio de África tropical y vive en pequeñas piaras de hasta unos veinte individuos, junto a los ríos. Sale del agua a pastar de noche, y durante el día duerme, sin asomar a flor de agua más que los ojos y las narices (*hippopótamus amphibius*). || **pigmeo.** Hipopotámido propio de los bosques de Liberia, de color negro, 1 m. de alzada y 1,80 de long. (*choeropsis liberiensis*).

hiposidérido, da. (Del lat. científico *hipposiderus,* gén. tipo de mamíferos, e *-ido;* aquél del gr. *híppos,* caballo, y *síderos,* hierro.) adj. Zool. Dícese de los mamíferos quirópteros, microquirópteros, con herradura en el hocico, como los rinolófidos, y cuya especie más común es el *murciélago de herradura tridentada.* || m. pl. Familia de estos mamíferos.

hiposo, sa. adj. Que tiene hipo.

hipospongia. (Del lat. científico *hippospongia;* del gr. *híppos,* caballo, y *spoggiá,* esponja.) Zool. Gén. de espongiarios de la clase de las demospongias (v.).

hipóstasis. (Del lat. *hypostăsis,* y éste del gr. *hypóstasis,* de *hyphistemi,* soportar, subsistir.) f. Teol. Supuesto o persona. Ú. más hablando de las tres personas de la Santísima Trinidad.

hipostáticamente. adv. m. Teol. De un modo hipostático.

hipostático, ca. (Del gr. *hypostatikós.*) adj. Teol. Perteneciente a la hipóstasis. Dícese comúnmente de la unión de la naturaleza humana con el Verbo divino en una sola persona.

hipóstilo, la. (De *hipo-,* bajo, y *-stilo.*) adj. Sostenido por columnas.

hiposulfato. (De *hipo-,* bajo, y *sulfato.*) m. Quím. Sal resultante de la combinación del ácido hiposulfúrico con una base.

hiposulfito. (De *hipo-,* bajo, y *sulfito.*) m. Quím. Sal formada por la reacción del ácido hiposulfuroso con una base. || **de sodio.** Reductor enérgico que se oxida fácilmente en contacto con el agua y que tiene por fórmula $S_2O_4Na_2$. Se emplea para blanquear las fibras textiles y otras materias, y en fotografía como fijador.

hiposulfúrico. (De *hipo-,* bajo, y *sulfúrico.*) adj. Quím. V. **ácido hiposulfúrico.**

hiposulfuroso. (De *hipo-,* bajo, y *sulfuroso.*) adj. Quím. V. **ácido hiposulfuroso.**

hipotálamo. (De *hipo-,* bajo, y *tálamo.*) m. Anat. Región del encéfalo situada en la base cerebral, unida por un tallo nervioso a la hipófisis, y en la que residen centros importantes de la vida vegetativa.

hipotaxis. f. Ling. Procedimiento sintáctico consistente en unir oraciones mediante conjunciones coordinadas o subordinadas.

Hipogeos de Beni-Hassan (Egipto)

Hipopótamo

hipoteca. (Del lat. *hypothēca*, y éste del gr. *hypothéke*, de *hypotíthemi*, poner debajo; de *hypó*, bajo, y *títhemi*, poner.) f. Finca afecta a la seguridad del pago de un crédito. || **Der.** Derecho real que grava bienes inmuebles o buques, sujetándolos a responder del cumplimiento de una obligación o del pago de una deuda. || También el contrato en el que se establece. || **¡buena hipoteca!** irón. Persona o cosa poco digna de confianza.

hipotecable. adj. Que se puede hipotecar.

hipotecar. fr., *hypothéquer*; it., *ipotecare*; i., *to hypothecate, to mortgage*; a., *zum Unterpfand verschreiben*. tr. **Der.** Gravar bienes inmuebles sujetándolos al cumplimiento de alguna obligación.

hipotecariamente. adv. m. *Chile.* Por medio de hipoteca.

hipotecario, ria. adj. **Der.** Perteneciente o relativo a la hipoteca. || Que se asegura con hipoteca.

hipotecnia. (De *hipo-*, caballo, y *-tecnia*.) f. **Zoot.** Estudio crítico de la cría, mejora y explotación del caballo.

hipotensión. (De *hipo-*, bajo, y *tensión*.) f. **Fisiol.** Decrecimiento de la tensión de la sangre en el aparato circulatorio.

hipotenusa. fr., *hypoténuse*; it., *ipotenusa*; i., *hypotenuse*; a., *Hypotenuse*. (Del lat. *hypotenūsa*, y éste del gr. *hypoteínousa*, t. f. del p. a. de *hypoteíno*, tender por debajo.) f. **Geom.** Lado opuesto al ángulo recto en un triángulo rectángulo. Su longitud está relacionada con la de los catetos por el teorema de Pitágoras: $a^2 = b^2 + c^2$.

hipotermia. (De *hipo-*, bajo, y *-termia*.) f. **Pat.** Descenso de la temperatura por debajo de lo normal.

hipótesi. f. **hipótesis.**

hipótesis. fr., *hypothèse*; it., *ipotesi*; i., *hypothesis*; a., *Hypothese*. (Del lat. *hypothĕsis*, y éste del gr. *hypóthesis*.) f. **Filos.** Suposición de una cosa, sea posible o imposible, para sacar de ella una consecuencia. || **de trabajo.** *Léx.* La que se establece provisionalmente como base de una investigación que puede confirmar o negar la validez de aquélla.

hipotéticamente. adv. m. De manera hipotética; por suposición.

hipotético, ca. fr., *hypothétique*; it., *ipotetico*; i., *hypothetic*; a., *hypothetisch*. (Del lat. *hypothetĭcus*, y éste del gr. *hypothetikós*.) adj. **Filos.** Perteneciente a la hipótesis o que se funda en ella.

hipotiposis. fr., *hypotypose*; it., *ipotiposi*; i., *hypotyposis*; a., *Hypotypose*. (Del gr. *hypotýposis*, de *hypotypóo*, modelar; de *hypó*, debajo, y *týpos*, tipo.) f. **Ret.** Descripción viva y eficaz de una persona o cosa por medio del lenguaje.

hipotiroidismo. (De *hipo-*, bajo, y *tiroidismo*.) m. **Pat.** Insuficiente secreción del tiroides.

hipotonía. (De *hipo-*, bajo, y *-tonía*.) f. **Pat.** Disminución del tono, referida generalmente al tono muscular.

hipotónico, ca. (De *hipo-*, bajo, y *-tónico*.) adj. **Quím.** Dícese de una solución que, comparada con otra, tiene menor presión osmótica que ella, siendo igual la temperatura de ambas.

hipotraguino, na. (Del lat. científico *hippótragus*, gén. tipo de mamíferos; del gr. *híppos*, caballo, y *trágos*, macho cabrío.) adj. **Zool.** Dícese de los mamíferos rumiantes de la familia de los bóvidos, propios de África, de tamaño mediano o grande, hocico desnudo, cuernos sólo en los machos o en ambos sexos y, generalmente, encorvados hacia atrás. || m. pl. Subfamilia de estos mamíferos rumiantes.

hipotrico. (De *hipo-*, debajo, y *-trico*, pelo.) adj. **Zool.** Dícese de los protozoos de la clase de los infusorios o ciliados, de cuerpo ovoideo, aplanado en la parte ventral y convexo en la dorsal; ésta carece de cilios, que han sido substituidos por unos finísimos apéndices retráctiles, rígidos e inmóviles. Viven en el agua o sobre el tegumento de otros animales acuáticos. El gén. tipo es *stylonychia*. || m. pl. Orden de estos protozoos.

hipoxia. (De *hipo-*, bajo, y *-oxia*.) f. **Pat.** Estado que presenta un organismo viviente sometido a un régimen respiratorio con déficit de oxígeno.

hipparion. (Voz del lat. científico; del gr. *hippárion*, caballito, dim. de *híppos*, caballo.) **Paleont.** y **Zool.** Gén. de animales fósiles de la familia de los équidos.

hippy. (Voz i.; pl., *hippies*.) adj. **Sociol.** Dícese de un movimiento iniciado alrededor de 1965, en EE. UU., que propugna una actitud de protesta e inconformismo hacia las estructuras sociales vigentes, en general. Apl. a pers., ú. t. c. s. || Perteneciente o relativo a dicho movimiento.

hipsi-. pref. V. **hipso-.**

hipso-, hipsi-. (Del gr. *hýpsos*.) pref. que sign. altura, cima.

hipsometría. (De *hipsómetro*.) f. **altimetría.**

hipsométrico, ca. adj. Perteneciente o relativo a la hipsometría.

hipsómetro. fr., *hypsomètre*; it., *altimetro*; i., *hypsometer*; a., *Höhenmesser*. (De *hipso-* y *-metro*.) m. **Fís.** Aparato destinado a medir indirectamente la presión atmosférica por medio de termómetros muy sensibles, divididos en centésimas de grado, observando la temperatura a que allí empieza a hervir el agua.

hipúrico, ca. (De *hip-*, caballo, y *úrico*.) adj. **Quím.** V. **ácido hipúrico.**

hipurite. **Paleont.** y **Zool.** Gén. de moluscos lamelibranquios del grupo de los rudistas (v.).

hiracodóntido, da. (Del lat. científico *hyrácodon*, gén. tipo de mamíferos fósiles, e *-ido*; aquél del gr. *hýrax, -akos*, roedor.) adj. **Paleont.** y **Zool.** Dícese de los mamíferos ungulados fósiles del orden de los perisodáctilos, muy parecidos a los rinocerontes, tridáctilos como ellos, pero diferentes por la dentición. Vivieron en la época eocena y su gén. más representativo era el *hyrácodon*. || m. pl. Familia de estos mamíferos fósiles.

hiracoideo, a. (Del lat. científico *hýrax*, gén. tipo de mamífero, e *-ideo*; aquél del gr. *hýrax, -akos*, roedor.) adj. **Zool.** Dícese de los mamíferos ungulados cuyas especies tienen aspecto y tamaño de conejos, aunque sus caracteres anatómicos presentan mayor analogía

Kobus (mamífero hipotraguino)

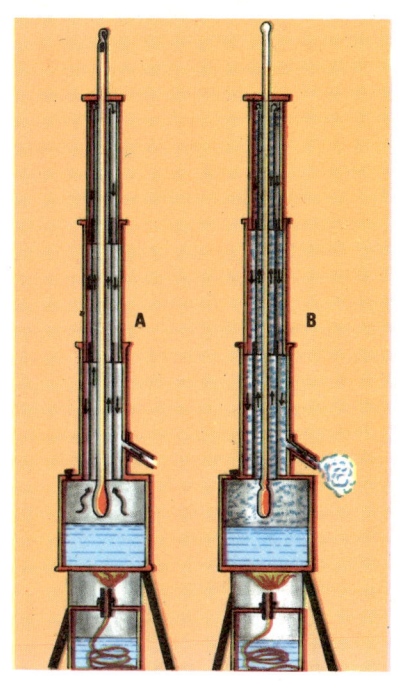

A) Hipsómetro con dos termómetros comparados hasta una décima de grado. B) Hipsómetro de Regnault

con los proboscídeos. Poseen pezuñitas en los dedos, una glándula dorsal y un ciego doble. Constituyen una familia única, la de los *procávidos*, con dos gén.: el *procavia*, al que pertenecen los *damanes*, que son arborícolas, y el *hýrax* o *dendrohýrax*, al que pertenecen las *niebas*, que viven entre las rocas, ambos con varias especies repartidas por toda la región etiópica. || m. pl. Orden de estos mamíferos.

hiracoterio. (Del gr. *hýrax, -akos*, ratón, y *-terio*.) **Paleont.** y **Zool.** **eohipo.**

Hiran. **Geog.** Región de Somalia; 25.647 km.[2] Cap., Belet Uen.

Hircán I. **Biog.** Soberano pontífice de los judíos, que sucedió a su padre Simón Macabeo en 136 a. C. Subyugó a los idumeos y se apoderó de Samaria. Murió en 107. || **II.** Soberano pontífice y rey de los judíos, sucesor de Alejandro Janneo en 79 a. C. Fue despojado del poder por su sobrino Antígono y más tarde, en el año 30, condenado a muerte por Herodes.

Hircania. (Del gr. *Hyrkanía*, y éste del ant. bactriano *vehr-kâna*, país de los lobos.) **Geog. hist.** Ant. comarca de Asia, en Persia, al S. y SE. del mar Caspio, célebre por sus tigres y la rudeza de sus habitantes.

hircano, na. (Del lat. *hyrcānus*.) adj. Natural de Hircania, o perteneciente a esta comarca. Ú. t. c. s.

hirco. (Del lat. *hircus*, macho cabrío.) m. **Zool.** **cabra montés.** || ant. **macho cabrío.**

hircocervo. (Del lat. *hircus*, macho cabrío, y *cervus*, ciervo.) m. Animal quimérico, compuesto de macho cabrío y ciervo. || fig. **quimera,** creación de la fantasía.

hiriente. p. a. de **herir.** Que hiere.

hirma. (De *hirmar*.) f. **orillo.**

hirmar. (Del lat. *firmāre*, asegurar.) tr. Poner firme.

Hiro-Hito (Michi No Miya). **Biog.** Emperador de Japón, n. en Tokio en 1901. Es el soberano 124.º de una ininterrumpida dinastía fundada en el año 660 a. C. Su nombre quiere decir *el Magnánimo, el Exaltado*. En 1921 asumió la regencia de Japón por enfermedad de su padre, Yoshi-Hito; en 1926, a la muerte de éste, comenzó su reinado, y en 1928 fue coronado emperador. En 1936 ganaron las elecciones los financieros, y se impuso en la gobernación del país el partido único, el *Takseiyoksankai*, de estilo netamente totalitario, con los generales y marinos Tojo, Konoye y Matsuoka a la cabeza, que formaron un nuevo *Shogunado*, bajo el cual el emperador Hiro-Hito quedó eclipsado en sus decisiones. En la S. G. M., ajeno a la agresión de Pearl Harbor, como antes lo fue a la guerra contra China, el partido militarista se impuso y llevó a la lucha a Japón el 6 de diciembre de 1941. Desde la S. G. M. ha sabido adoptar la postura de rey constitucional y democrático y renunciar a muchas de sus prerrogativas como soberano de origen divino. Hombre inmensamente rico, en 1947 se desprendió de la mayor parte de sus bienes en favor del Estado japonés. Como biólogo, ha descubierto varias especies.

Hiroshige. Biog. Pintor japonés, n. y m. en Yedo (1797-1858). Fue uno de los primeros artistas japoneses que estudió la perspectiva. Paisajista y costumbrista, llegó a ser la más destacada figura de la estampería de su país, que ejerció tanto influjo sobre la escuela impresionista de Occidente.

Teatro Kabuki, por Hiroshige

Hiroshima. Geog. Prefect. de Japón, en la isla de Honshu; 8.447 km.² y 2.436.135 h. || C. cap. de la misma, en el delta del río Ota; 541.998 h. Industria naval y automovilista. Fabricación de fibra artificial. El día 6 de agosto de 1945, en el curso de la S. G. M., fue lanzada sobre esta ciudad la primera bomba atómica. Se produjeron, en una pobl. de 343.969 h., 78.150 muertos, 13.983 desaparecidos, 9.428 heridos graves, 27.987 con lesiones y 176.987 quedaron afectados en mayor o menor medida. Fallecieron muchos de los heridos y lesionados, hasta alcanzar el número de 140.000 defunciones.

Hirsch (Hermann). Biog. Médico boliviano, de origen alemán, n. en Trier en 1905. Se ha especializado en ginecología y obstetricia. Ha publicado: *Investigaciones histoquímicas sobre el cáncer antes y después de la fisioterapia* y *La influencia de la diatermia sobre la concentración y la fracción de la albúmina del suero humano*.

hirsutismo. (De *hirsuto* e *-ismo*.) m. Fisiol. Brote anormal de vello recio en lugares de la piel generalmente lampiños. Es más frecuente en la mujer.

hirsuto, ta. fr., *hirsute, hérissé*; it., *irsuto*; i., *hirsute*; a., *zottig, borstenhaarig*. (Del lat. *hirsūtus*.) adj. Dícese del pelo disperso y duro, y de lo que está cubierto de pelo de esta clase o de púas o espinas. Ú. más en estilo poético y científico.

hirudíneo, a. (De *hirudo*.) adj. Zool. Dícese de los anélidos sin cerdas ni parápodos, generalmente con dos ventosas terminales en la cara ventral, hermafroditas y con desarrollo directo, unos con trompa y otros con tres mandíbulas dentadas, como la sanguijuela. Exteriormente parecen estar formados por muchos más anillos de los que, en realidad, los integran. Son marinos y, por su régimen, carnívoros o ectoparásitos hematófagos. || m. pl. Clase de estos anélidos.

hirudo. (Voz del latín científico; de la misma voz lat., que sign. *sanguijuela*.) Zool. Gén. de anélidos hirudíneos gnatobdélidos, al que pertenecen las sanguijuelas.

Hiruela (La). Geog. Mun. y villa de España, prov. de Madrid, p. j. de Colmenar Viejo; 80 h.

hirundinaria. (Del lat. *hirundo, -ĭnis*, golondrina.) f. Bot. celidonia.

hirundínido, da. (De *hirundo* e *-ido*.) adj. Zool. Dícese de los pájaros fisirrostros, diurnos, con tarsos cortos y alas largas, la primera o segunda remera la más larga, pico corto y deprimido, por delante comprimido, cola ahorquillada y dedos por lo común largos y delgados. El plumaje es algo duro y de color negro, con reflejos azulados en el dorso y blanco en el vientre. Son capaces de volar durante mucho tiempo y a gran velocidad, atrapando al vuelo los insectos de que se alimentan. Son aves migratorias que habitan en todo el globo, excepto en las regiones polares, y algunas de cuyas especies se acostumbran a vivir cerca del hombre. Los ejemplos más conocidos son las *golondrinas* y los *aviones*. || m. pl. Familia de estos pájaros.

hirundo. (Voz del lat. científico; de la misma voz lat., que sign. *golondrina*.) Zool. Gén. de pájaros de la familia de los hirundínidos (v.).

hirviente. (Del lat. *fervens, -entis*.) p. a. de hervir. Que hierve.

Hisarlik. Geog. Lugar de Turquía asiática, cerca de la entrada de los Dardanelos. Ocupa el emplazamiento de la antigua Troya.

hisca. (Del lat. *visca*, pl. n. de *viscum*.) f. Liga de cazar pájaros.

hiscal. (Del lat. *fiscus*, cesta de mimbre, junco o esparto.) m. Cuerda de esparto de tres ramales.

Hischam ibn Abdalmalik. Biog. Califa de Oriente, de la dinastía de los Omeya (688-773). Engrandeció el imperio árabe.

hisopada. f. Rociada de agua echada con el hisopo.

hisopadura. f. p. us. Rociada de agua con el hisopo.

hisopar. tr. Rociar con el hisopo.

hisopazo. m. Rociada de agua con el hisopo. || Golpe dado con el hisopo.

hisopear. tr. Rociar o echar agua con el hisopo.

hisopillo. (dim. de *hisopo*.) m. Muñequilla de trapo que, empapada en un líquido, sirve para humedecer y refrescar la boca y la garganta de los enfermos. || Bot. Ajedrea, planta sufruticosa de la familia de las labiadas, de hasta 40 cm. de alt., con hojas muy aromáticas, sentadas, lanceoladas, estrechadas en su base, las superiores acuminadas y mucronadas, todas coriáceas, lampiñas, ásperas, glomérulos axilares pedunculados, corola blanca o rosada (*satureja montana*). Se usa para condimentos y en medicina como tónico y estomacal.

hisopo. fr., *hysope*; it., *isopo*; i., *hyssop*; a., Ysop. = fr., *aspersoir*; it., *aspersorio*; i., *hyssop*; a., *Weihwedel*. (Del lat. *hyssŏpus*; éste del gr. *hýssopos*, y éste del hebr. *ezob*.) m. *Chile*. Brocha de afeitar. || Bot. Planta sufruticosa, de la familia de las labiadas, muy olorosa, de hasta 60 cm., con hojas lineales o lineales lanceoladas, obtusas, casi sentadas, uninervias, planas, con otras más pequeñas en la axila, corola azul, rara vez blanca o rosada, con tubo encorvado, y anteras con celdas divergentes (*hyssopus officinalis*). Es planta muy común que ha tenido alguna aplicación en medicina y perfumería. || Litur. Palo corto y redondo, en cuya extremidad se pone un manojito de cerdas o una bola de metal hueca con agujeros, dentro de la cual están metidas las cerdas, y sirve en las iglesias para dar agua bendita o esparcirla al pueblo. El mango suele ser también de plata u otro metal. || Manojo de ramitas que se usa con este mismo fin, como lo autoriza o manda la liturgia en algunas bendiciones solemnes. || **de Méjico.** Bot. Romerillo, la labiada *salvia polystachya*. || **real.** Planta labiada también llamada *saldorija* (*satureja obovata*).

hisopo húmedo. (Del lat. *oesȳpum*, y éste del gr. *oísypos*.) m. Farm. Mugre que tiene la lana de las ovejas y carneros, la cual se recoge cuando se lava la lana, y después de evaporada queda una materia sólida y jugosa como si fuera ungüento.

hispalense. (Del lat. *hispalensis*, de *Hispălis*, Sevilla.) adj. **sevillano.** Apl. a pers., ú. t. c. s.

Hispalense (Juan). Biog. Escritor español del s. XII. Judío converso. Hizo versiones importantes de obras científicas y filosóficas de los árabes en la escuela de traductores de Toledo.

hispalio, lia. adj. p. us. **sevillano.**

Híspalis. Geog. hist. C. ant. de España, en la Bética, que corresponde a la actual Sevilla.

hispalo, la. adj. ant. **sevillano.** apl. a pers., usáb. t. c. s.

hispanense. (Del lat. *hispaniensis*.) adj. ant. **español.** Apl. a pers., usáb. t. c. s.

Hispania. Astron. Pequeño asteroide descubierto por el astrónomo español Comás y Solá. || Geog. hist. Nombre ant. de la península ibérica, que le dieron o lo vulgarizaron los romanos. Al parecer, nació del de Híspalis (Sevilla), importante plaza comercial de los turdetanos.

Hispanic Society of America. Fundación establecida en Nueva York en honor de España por el ilustre hispanófilo Mr. Archer M. Huntington en 1905. Contiene museo, biblioteca, colecciones de periódicos e información de los diferentes aspectos de la actividad cultural de España. Es, a la vez, un centro de investigación.

hispánico, ca. (Del lat. *hispanĭcus*.) adj. Perteneciente o relativo a España. || Perteneciente o relativo a la ant. Hispania o a los pueblos que formaron parte de ella y a los que nacieron de estos pueblos en época posterior. || Hist. Se ha designado modernamente con la denominación de *cultura hispánica* en substitución de cultura ibérica, menos preciso, aunque este elemento fue preponderante, el grado de evolución alcanzado por los hispanos, que, asimilándose las aportaciones de fenicios y

Hisopo, miniatura del *Theátrum sanitatis* (s. XIV). Biblioteca Casanatense. Roma

Mujer portadora de un vaso, escultura hispánica, procedente del Cerro de los Santos (Albacete). Museo Arqueológico. Madrid.

griegos, supieron crear una cultura con caracteres peculiares, que se extendió por el litoral mediterráneo como zona de origen, se adentró por los valles del Ebro y del Guadalquivir, y alcanzó las zonas oriental y meridional de la Meseta. En el tiempo, abarca desde el s. VI al I a. C. Las principales manifestaciones de esta cultura son: los alfabetos ibéricos, de que quedan numerosas inscripciones en estelas funerarias y monedas; la escultura, con magníficos ejemplares, como la *Dama de Elche*, la *Dama de Baza*, la *Bicha de Balazote* (Museo Arqueológico Nacional), de clara influencia oriental; las *estatuas oferentes* del Cerro de los Santos y numerosísimos *exvotos* de bronce; la cerámica pintada; los santuarios, como el del *Cerro de los Santos* y el de *Despeñaperros*, que, con las ciudades descubiertas en las excavaciones (Numancia y Azaila), acreditan no sólo conocimientos avanzados en técnica y arte, sino un alto grado de civilización en lo religioso, social y político. El suelo español guarda todavía muchos secretos de este pasado.

hispanidad. f. Carácter genérico de todos los pueblos de lengua y cultura españolas. ‖ Reconocimiento y exaltación de los valores nacionales españoles. ‖ Conjunto y comunidad de los pueblos hispanos. Considerado el hispanismo como tendencia centrípeta, la hispanidad viene a ser el reconocimiento y exaltación de los valores nacionales, no sólo por su valor intrínseco, sino como energías vitales que se proyectaron al exterior en una obra ingente de fecunda y humana sembradura, que implica la obligación de conservar y mejorar tan gran herencia. Es portavoz de este propósito el *Consejo de la Hispanidad*, creado por ley de 2 de noviembre de 1940, en cuyo preámbulo se asigna a España la misión de eje espiritual del mundo hispánico y al Consejo la tarea de velar por tan espléndido tesoro, patrimonio común de 19 naciones. ‖ ant. **hispanismo.**

Hispaníola. Geog. hist. Nombre precedente de la isla de Santo Domingo. Se lo dio Pedro Mártir de Anghiera en sus *Décadas*, adaptando al latín el nombre *La Española* que puso Colón a la isla.

hispanismo. (De *hispano*.) m. Giro o modo de hablar propio y privativo de la lengua española. ‖ Vocablo o giro de esta lengua empleada en otra. ‖ Empleo de vocablos o giros españoles en distinto idioma. ‖ Afición al estudio de lenguas, literaturas o culturas hispánicas. ‖ **Hist.** y **Lit.** Tendencia de varios países en pro del conocimiento y estudio de la lengua, historia, instituciones, costumbres, etc., de España.

hispanista. (Del lat. *Hispanĭa*, España.) com. Persona que profesa el estudio de lenguas, literaturas o culturas hispánicas, o está versada en ellas.

hispanizar. (De *hispano*.) tr. Conformar una persona o cosa con el carácter y los usos hispanos. Ú. t. c. prnl.

hispano, na. (Del lat. *hispānus*.) adj. Perteneciente o relativo a Hispania. ‖ Perteneciente o relativo a España. Apl. a pers., ú. t. c. s. ‖ Perteneciente o relativo a las naciones de Hispanoamérica.

Hispano (Cornelio). Biog. López (Ismael).
Hispanoamérica. Geog. Nombre genérico con que se designan todos los territorios y naciones de América que fueron descubiertos, explorados e incorporados a la civilización occidental por los pueblos de la península hispánica, es decir, por España y Portugal. Se comprende con este nombre parte de América del Norte (California, Arizona, Nuevo Méjico, Tejas y Florida, hoy de EE. UU. y Méjico) y las Américas central y meridional. Este término, o su equivalente la expresión América hispana, derivados de Hispania, nombre dado por los romanos a la península ibérica, por lo que comprende a España y Portugal, son más exactos y precisos que el de América latina,

Arte hispanoamericano. Catedral de Antigua Guatemala (1680).

por el que se concede a otros países, como Italia y Francia, una acción historicocultural muy superior a la realidad, pues su influjo ha sido limitado en el espacio y muy posterior en el tiempo a la formación de las naciones hispanoamericanas. No hay inconveniente, tampoco, en decir *Iberoamérica*, por cuanto la península ibérica se reparte entre España y Portugal.

hispanoamericanismo. m. Tendencia de algunas naciones, particularmente de España, al acercamiento espiritual con las de América hispana.

hispanoamericano, na. adj. Perteneciente a españoles y americanos o compuesto de elementos propios de ambos países. ‖ Dícese más comúnmente de los países de América en que se habla el español, y de los individuos de habla española nacidos o naturalizados en ellos.

hispanofilia. (De *hispano* y *-filia*.) f. Hispanismo, con la nota de afección o inclinación cordial, afectuosa.

hispanófilo, la. fr., *hispanophile*; it., *ispanofilo*; i., *hispanofilous*; a., *Spanienfreund*. (De *hispano* y *-filo*, amigo.) adj. Dícese del extranjero aficionado a la cultura, historia y costumbres de España. Ú. t. c. s.

hispanófono, na. adj. Que habla el idioma español. Ú. t. c. s.

hispanohablante. adj. Dícese de la persona, comunidad o país que tiene como lengua materna el español. Ú. t. c. s.

hispanoparlante. adj. **hispanohablante.**
híspido, da. (Del lat. *hispĭdus*.) adj. De pelo áspero y duro; hirsuto, erizado.

hispir. (De *híspido*.) tr. Esponjar, ahuecar una cosa, como los colchones de lana cuando se mullen. Ú. t. c. intr. y c. prnl.

hist-. pref. V. **histo-.**
histamina. (De *histidina* y *amina*.) f. **Quím.** Derivado de la histidina, cuya fórmula química es $C_5H_9N_3$. Se le llama también δ-imidazol-etil-amina. Se emplea en medicina como vasodilatador.

histamínico, ca. adj. **Quím.** Referente a la histamina o a sus preparados. Ú. t. c. s.

hister-, histero-; -histero-. (Del gr. *hystéra*, matriz, útero; o *hýsteros*, posterior.) pref. o infijo que sign. matriz, posterior, etc.

histerectomía. (De *hister-* y *ectomía*.) f. **Cir.** Extirpación parcial o total del útero.

histéresis. (Del gr. *hystéresis*, privación.) f. **Fís.** Dependencia con el estado inicial de la relación entre dos fenómenos que tienen lugar asociadamente.

histeria. f. **Pat. histerismo.**
histérico, ca. fr., *hystérique*; it., *isterico*; i., *hysteric*; a., *hysterisch*. (Del lat. *hystericus*, y éste del gr. *hysterikós*, de *hystéra*, la matriz.) adj. **Anat.** Perteneciente al útero. ‖ **Pat.** Perteneciente al histerismo. ‖ m. **histerismo.**

histérido, da. (Del lat. científico *hister*, gén. tipo de insectos, e *-ido*.) adj. **Entom.** Dícese de los insectos coleópteros, suborden de los polífagos, duros, brillantes, de cuerpo comprimido, con élitros que sólo dejan visible la extremidad del abdomen, y antenas en forma de maza; muchos géneros son mirmecófilos y otros termitófilos, y los hay que se alimentan de las larvas de otros insectos. ‖ m. pl. Familia de estos insectos.

histerismo. fr., *hystérie, hystéricisme*; it., *isterismo*; i., *hysterics*; a., *Hysterismus*. (De *histérico* e *-ismo*.) m. **Pat.** Padecimiento nervioso que se observa más frecuentemente en las mujeres, caracterizado principalmente por convulsiones, sofocación y sugestibilidad extrema, que llega a la autosugestión y al hipnotismo. ‖ Estado pasajero de excitación nerviosa producido a consecuencia de una situación anómala.

histero-; -histero-. pref. o infijo. V. **hister-.**
histerografía. (De *histero-* y *-grafía*.) f. **Med.** Radiografía del útero.

histerología. fr., *hystérologie, hystéro-protéron*; it., *isterologia*; i., *hysterology*; a.,

histerotomía–histrícido

Hysteron-Proteron. (Del lat. *hysterologĭa*, y éste del gr. *hysterologia*, de *hysterológos*; de *hýsteros*, posterior, y *légo*, decir.) f. **Ret.** Figura que consiste en invertir o trastornar el orden lógico de las ideas, diciendo antes lo que debería decirse después.

histerotomía. (De *histero-* y *-tomía*.) f. **Cir.** Incisión del útero.

hístico, ca. (Del gr. *histíon*, tejido.) adj. **Anat.** y **Fisiol.** Perteneciente o relativo a un tejido.

histidina. (De *hist-*, *-id-* [del lat. *-idus*] e *-ina*.) f. **Quím.** Derivado del *imidazol*, heteronúcleo, de fórmula química $C_6H_9O_2N_3$. Sus preparados se usan cuando el organismo carece de aminoácidos, en ciertas anemias y en las úlceras gástricas y duodenales.

histio-. pref. V. **histo-**.

histiocito. (De *histio-* y *-cito*.) m. **Biol.** Célula del sistema reticuloendotelial con funciones de defensa fagocitaria local.

histo-, hist-, histio-; -histo. (Del gr. *histós*, o *histíon*.) pref. o suf. que sign. tejido.

histogénesis. (De *histo-* y *-génesis*.) f. **Biol.** Ciencia que estudia el origen y desarrollo de los tejidos de los seres orgánicos.

histología. fr., *histologie*; it., *istologia*; i., *histology*; a., *Histologie, Gewebelehre.* (De *histo-* y *-logía*.) f. **Anat., Bot.** y **Zool.** Parte de las ciencias naturales que trata del estudio de los tejidos de los seres vivos. La histología se originó con el microscopio, gracias a la labor de Leuwenhoek, Bichot, Schwann, Schleiden, autores de la teoría celular, etc. Entre los españoles destaca el neurohistólogo Ramón y Cajal.

Santiago Ramón y Cajal. Ateneo de Madrid

histológico, ca. adj. Perteneciente o relativo a la histología.

histólogo. fr., *histologue, histologiste*; it., *istologo*; i., *histologist*; a., *Histologe.* m. Persona entendida o versada en histología.

histona. (De *hist-* y *-ona*.) f. **Quím.** Proteína que forma un grupo característico, con la propiedad de disolverse en agua dando fuerte reacción alcalina.

historia. fr., *histoire*; it., *storia, istoria*; i., *history*; a., *Geschichte.* (Del lat. *historia*, y éste del gr. *historía.*) f. Narración y exposición verdadera de los acontecimientos pasados y cosas memorables. En este sentido absoluto se toma por la relación de los sucesos públicos y políticos de los pueblos; pero también se da este nombre a la de sucesos, hechos o manifestaciones de la actividad humana de cualquiera otra clase. || Conjunto de los sucesos referidos por los historiadores. || Obra histórica compuesta por un escritor. || Obra histórica en que se refieren los acontecimientos o hechos de un pueblo o de un personaje. || fig. Relación de cualquier género de aventura o suceso, aunque sea de carácter privado y no tenga importancia alguna. || fig. Fábula, cuento o narración inventada. || fig. y fam. Cuento, chisme o enredo. Ú. m. en pl. || **Metodología.** La historia, en sentido estricto, es la historia humana, o sea la historia de los hechos realizados por la humanidad en el transcurso de los siglos, de acuerdo con la intervención de múltiples factores. El agente histórico es el hombre, principalmente en su aspecto social o colectivo; el hecho histórico es el que afecta predominantemente a la comunidad. La ciencia histórica necesita resolver tres problemas: la investigación de los hechos, la reconstrucción del pasado y la exposición. El trabajo del historiador comienza con la búsqueda de los datos o antecedentes, o sea con los conocimientos heurísticos: el testimonio, la tradición, los restos del pasado, la historiografía y cuantos medios de transmisión existen para el conocimiento del pasado. En segundo lugar, procede la crítica. Ésta puede ser externa: investigación circunscrita a la autenticidad de los documentos o fuentes históricas; y crítica interna, cuyo objeto es descifrar el contenido y justipreciar la importancia del documento histórico. La labor constructiva del historiador no termina todavía aquí. Se encuentra solicitado por el afán de llegar a leyes de causalidad, utilizando las de coexistencia y sucesión. La causalidad histórica está condicionada por los siguientes factores, entre otros: la naturaleza física, el trasfondo moral o religioso, la conciencia colectiva de cada comunidad y la realidad económico-social. El tercer aspecto de la metodología histórica lo constituye la exposición. La historia es, en este aspecto, un género literario intermedio entre la oratoria y la didáctica; de la primera tiene la amplificación y la finalidad emotiva; de la segunda, la manera sistemática y la sujeción a la verdad real. Las distintas formas de la historia dependen de los hechos que narra y de la forma peculiar de la narración. La historia se llama *externa* si da preferencia a los acontecimientos de orden político (dinastías, guerras, conquistas, etc.), e *interna* si se fija principalmente en las ideas, costumbres o instituciones que reflejan la cultura de un pueblo o de una época. La historia se llama *biográfica* si es de un solo personaje, *genealógica* si es de una familia, *local* si es de una población; es también *regional, nacional, universal.* Según el lapso que comprenden, las historias se llaman *anales, décadas, crónicas, efemérides;* hay además las *autobiografías* y las *memorias.* La historia universal se ha dividido en edades. No hay acuerdo en lo referente a los límites cronológicos de cada edad, pero sí lo hay en considerar dividida la historia en *antigua* (hasta el s. V d. C.), *media* (hasta 1453) y *moderna* (hasta hoy), aunque para aquella parte de la historia moderna que está más cerca de nosotros se ha reservado el nombre de *contemporánea* (desde la Revolución francesa). || **Pint.** Cuadro o tapiz que representa un asunto histórico o fabuloso. || **clínica.** *Med.* En terapéutica, es la relación detallada y ordenada de todos los datos y conocimientos tanto actuales como anteriores, relativos a un enfermo, que sirve de base para el juicio acabado de la enfermedad actual. || **económica.** *Econ.* Estudio de las vicisitudes de un pueblo, relacionadas con la producción, el cambio y el consumo de la riqueza. || **natural.** *Bot., Geol.* y *Zool.* Estudio de los seres de la naturaleza en sus tres reinos: animal, vegetal y mineral. || **sacra** o **sagrada.** *Rel.* Conjunto de narraciones históricas contenidas en el Viejo y el Nuevo Testamento. || **universal.** *Hist.* La de todos los tiempos y pueblos del mundo. || **¡así se escribe la historia!** loc. con que se moteja al que falsea la verdad de un suceso al referirlo. || **de historia.** loc. adj. Dícese de la persona de quien se cuentan lances y aventuras que, en general, no le honran.

historiable. adj. Que se puede historiar.

historiado, da. p. p. de **historiar.** || adj. fig. y fam. Recargado de adornos o de colores mal combinados. || **Pint.** Aplícase al cuadro o dibujo compuesto de varias figuras convenientemente colocadas respecto del suceso o escena que representan.

historiador, ra. m. y f. Persona que escribe historia.

historial. (Del lat. *historiālis.*) adj. Perteneciente a la historia. || m. Reseña circunstanciada de los antecedentes de un negocio, o de los servicios o la carrera de un funcionario. Si se trata de personas se dice más bien *currículum vitae* (v.). || ant. Persona que escribía historia.

historialmente. adv. m. De un modo historial.

historiar. tr. Componer, contar o escribir historias. || Exponer las vicisitudes por que ha pasado una persona o cosa. || fam. *Amér.* Complicar, confundir, enmarañar. || **Pint.** Pintar o representar un suceso histórico o fabuloso en cuadros, estampas o tapices.

históricamente. adv. m. De un modo histórico.

historicidad. f. Calidad de histórico.

historicismo. m. **Filos.** Tendencia intelectual a reducir la realidad humana a su historicidad o condición histórica.

histórico, ca. (Del lat. *historĭcus*, y éste del gr. *historikós.*) adj. Perteneciente a la historia. || Averiguado, comprobado, cierto, por contraposición a lo fabuloso o legendario. || Digno, por la trascendencia que se le atribuye, de figurar en la historia. || m. ant. Persona que escribía historia.

historieta. f. dim. de **historia.** || Fábula, cuento o relación breve de aventura o suceso de poca importancia. || Narración breve, presentada gráficamente en dibujos o caricaturas, y a veces de matiz cómico.

historiografía. (De *historiógrafo.*) f. Arte de escribir la historia. || Estudio bibliográfico y crítico de los escritos sobre historia y sus fuentes, y de los autores que han tratado de estas materias.

historiográfico, ca. adj. Perteneciente o relativo a la historiografía.

historiógrafo. (Del lat. *historiogrăphus*, y éste del gr. *historiográphos*; de *historía*, historia, y *grápho*, escribir.) m. **historiador.**

historiología. (Del lat. *historiologĭa*, y éste del gr. *historía*, historia, y *lógos*, tratado.) f. Teoría de la historia; en especial la que estudia la estructura, leyes o condiciones de la realidad histórica.

historismo. m. **Filos. historicismo.**

histrícido, da. (Del lat. científico *hýstrix*, gén. tipo de mamíferos, e *-ido;* aquél del lat.

hystrix -ĭcis, del gr. *hýstrix, -ichos,* puerco espín.) adj. **Zool.** Dícese de los mamíferos roedores histricomorfos, provistos de púas, sobre todo en el dorso, y una melena erizable de cerdas muy largas que sigue la línea del cuello y nuca, y labio superior hendido. Los llamados *puercos espines* son del ant. continente, y pertenecen al gén. *hýstrix,* si bien hay otros muy próximos, como los *ateruros* y los *triquis,* que son del SO. asiático. ‖ m. pl. Familia de estos roedores.

histricomorfo. (De *hýstrix* [v. *histrícido*] y *-morfo.*) adj. **Zool.** Dícese de los roedores simplicidentados que tienen de común algunos caracteres esqueléticos, como son la separación de la tibia y la fíbula (peroné), y la robustez del arco cigomático. Se hallan en todo el orbe, salvo en Australia, pero la mayoría son sudamericanos. Entre ellos están el *puerco espín,* el *cobayo,* la *chinchilla,* el *mará,* el *carpincho,* la *paca,* la *vizcacha,* la *jutía,* etc. ‖ m. pl. Suborden de estos roedores.

histrión. fr. e i., *histrion;* it., *istrione;* a., *Possenreisser.* (Del lat. *histrĭo, -ōnis.*) m. El que representaba disfrazado en la comedia o tragedia antigua. ‖ Volatín, jugador de manos u otra cualquiera persona que divertía al público con disfraces. ‖ Actor teatral. ‖ Persona que se expresa con afectación o exageraciones propias de un actor teatral.

histriónico, ca. (Del lat. *histriŏnĭcus.*) adj. Perteneciente al histrión.

histrionisa. (De *histrión.*) f. Mujer que representaba o bailaba en el teatro.

histrionismo. m. Oficio de histrión. ‖ Conjunto de las personas dedicadas a este oficio. ‖ Afectación o exageración expresiva propia del histrión.

hita. (Del lat. *ficta,* t. f. de *-tus,* p. p. de *figĕre,* clavar.) f. Clavo pequeño sin cabeza, que se queda embutido totalmente en la pieza que asegura. ‖ Mojón, hito.

Hita. (**Arcipreste de**). Biog. Ruiz (Juan). ‖ Geog. Mun. de España, prov. y p. j. de Guadalajara; 416 h. En 1965 fue designada conjunto histórico-artístico.

hitación. f. Acción y efecto de hitar.

hitamente. adv. m. Atentamente, fijamente.

hitar. (De *hito.*) tr. Separar las tierras con hitos.

Hitaura. Geog. C. de Nepal, cap. de la zona de Narayani.

Hitchcock (Alfred). Biog. Director de cine estadounidense, de origen inglés, n. en Londres y m. en Los Ángeles (1899-1980). Es famoso sobre todo por haber llevado a la pantalla de modo magistral el llamado *suspense* (v.). Filmes principales: *Náufragos, La sombra de una duda, Rebeca,* primero que realizó en Hollywood, y que mereció el Óscar a la mejor película en 1940, *Sospecha, Recuerda, Treinta y nueve escalones, El proceso Paradine, Yo confieso, La ventana indiscreta, De entre los muertos, El hombre que sabía demasiado, Falso culpable, Con la muerte en los talones, ¿Pero... quién mató a Harry?, Psicosis, Pánico en la escena, Los pájaros, Marnie, la ladrona, Extra-

Alfred Hitchcock

ños en un tren, Topaz y *Frenesí* (1972). Ha escrito: *Prohibido a los nerviosos* y *Cuentos que mi madre nunca me contó.*

hitita. adj. **Etnog.** Dícese de un pueblo antiguo, que se estableció en Anatolia central, donde fue cabeza de un gran imperio, durante la primera mitad del segundo milenio a. C. Ú. t. c. s. ‖ Perteneciente o relativo a este pueblo. ‖ **Hist.** A finales del tercer milenio a. C. la región del río Halys estaba habitada por pueblos que, aunque de origen desconocido, se sabe que no eran indoeuropeos; eran los habitantes del país de Hatti, de donde deriva el nombre de hitita. Formaban una confederación de reinos que se extendían por la mayor parte de Asia Menor, a los que finalmente se impuso Hattusas, que fue la capital del imperio. Históricamente se distingue un Imperio antiguo y un Imperio nuevo. El primero, cronológicamente situado entre 1740 y 1460, constituye el período de expansión del pueblo hitita. El Imperio nuevo (1460-1200) volvió a recobrar su preponderancia con Suppiluliuma (1380-1340), para desaparecer como poder histórico hacia el año 1200. Una parte de la cultura hitita sobrevivió, alimentada por pequeños reinos fragmentados, tributarios de los asirios. La civilización hitita presenta características más humanas que los antiguos imperios semíticos, y tiene puntos de contacto con sus contemporáneas la minoica y la micénica, y la posterior de los griegos. En el sentido artístico, sus mejores obras son los bajorrelieves rupestres, las efigies de divinidades y las representaciones zoomórficas, que decoran las puertas de las ciudades. ‖ m. **Ling.** Lengua hablada por dicho pueblo.

Adolf Hitler

Hitler (Adolf). Biog. Político alemán, de origen austriaco, n. en Braunauam-Inn y m. en Berlín (1889-1945). Cultivó la pintura en su juventud, vocación que estorbó su padre, y fue algún tiempo pintor decorador; tomó parte en la P. G. M., en la que fue herido varias veces y obtuvo la Cruz de Hierro; después de la paz, fundó en Munich el partido nacionalsocialista. En 1923 fue condenado a cinco años de reclusión y puesto en libertad en 1924. En la cárcel escribió la obra titulada *Mein Kampf* (Mi lucha), en la que están contenidas sus principales ideas políticas. Por haber nacido en Austria, no podía Hitler pretender ningún cargo en Alemania, pero en el año 1932 el Gobierno de Braunschweig, uno de los estados alemanes, en virtud de las libertades que le concedía la Constitución de Weimar, dio a Hitler la nacionalidad alemana. A la caída del canciller Schleicher, Hitler, requerido por el presidente Hindenburg, se encargó de la Cancillería el 20 de enero de 1933, y en las elecciones del 5 de marzo de 1933 sus partidarios obtuvieron 340 actas de 639, o sea la mayoría absoluta. Poco tiempo después reunió el Parlamento, del que recabó y obtuvo poderes absolutos por cuatro años. Al morir el presidente Hindenburg (2 de agosto de 1934), Hitler, en su calidad de canciller, firmó un decreto según el cual quedaría a su cargo la Cancillería y las funciones presidenciales, en atención a que el título de presidente, que había sido llevado por una personalidad tan alta como Hindenburg, no debía ser usado ya por nadie, y tomó el título de *Führer,* que significa *Conductor.* Entonces llegó al apogeo su sistema político totalitario y despótico, con la persecución racial, y sus depuraciones en el seno del propio partido. Al mismo tiempo se ponía de manifiesto la tendencia agresiva y expansiva de la política exterior. En octubre de 1933 Alemania se retiró de la Sociedad de las Naciones; el 16 de marzo de 1935 se restableció la potencia militar alemana y se ocupó la región desmilitarizada de Renania; el 30 de enero de 1937, Hitler denunció las cláusulas del Tratado de Versalles, que afirmaban que Alemania era culpable de la P. G. M.; el 12 de marzo de 1938 fue ocupada Austria; el 1 de octubre del mismo año, la región de los sudetes en Checoslovaquia; en marzo de 1939, Bohemia y Moravia, y en ese mismo mes, Memel (Klaipeda). El problema de Dantzig y su pasillo, que separaba la Prusia Oriental del resto de Alemania, dio origen a un nuevo incidente, y fue causa de la invasión de Polonia por Alemania (1 de septiembre de 1939) y de la S. G. M. (v.). A los éxitos iniciales alemanes (1939-42) siguió el período de retroceso, hasta llegar al 30 de abril de 1945, en que el Führer se quitó la vida en unión de su esposa, Eva Braun, en los sótanos de la Cancillería de Berlín, sitiada por los rusos. Hitler canalizó el afán de desquite del pueblo alemán, vencido en la P. G. M., y queriendo engrandecerlo, creando la Gran Alemania, lo hundió en el más espantoso desastre. En 1962 se publicó el segundo tomo de *Mein Kampf,* que no se editó durante su vida.

hitleriano, na. adj. **Polít.** Relativo a Adolf Hitler y a su obra de gobierno. ‖ Partidario de Hitler y de su política. Ú. t. c. s.

hito, ta. (Del lat. *fictus,* fijo.) adj. Unido, inmediato. Sólo tiene uso en la locución **calle,** o **casa, hita.** ‖ Firme, fijo. ‖ ant. fig. Dícese del importuno o pesado en insistir o pedir. ‖ m. Mojón o poste de piedra, por lo común labrada, que sirve para conocer la dirección de los caminos y para señalar los límites de un territorio. ‖ Juego que se ejecuta fijando en la tierra un clavo, y tirando a él con herrones o con tejos. El que más cerca del clavo pone el herrón o tejo, éste gana. ‖ fig. Blanco o punto adonde se dirige la vista o puntería para acertar el tiro. ‖ **a hito.** m. adv. Fijamente, seguidamente o con permanencia en un lugar. ‖ **dar en el hito.** fr. fig. Comprender o acertar el punto de la dificultad.

hito, ta. (Tal vez del m. or. que el anterior; compárese *prieto*.) adj. **negro**. Aplícase al caballo sin mancha ni pelo de otro color.

Hito (El). Geog. Mun. y villa de España, prov. de Cuenca, p. j. de Tarancón; 474 h.

hitón. (Del lat. *fictus*, p. p. de *figĕre*, clavar.) m. **Min.** Clavo grande cuadrado y sin cabeza.

hittita. adj. **Etnog.** e **Hist.** hitita.

Hittorf (Johann Wilhelm). Biog. Físico alemán, n. en Bonn y m. en Münster (1824-1914). Estudió la alotropía del selenio y el fósforo. En 1869 realizó numerosas observaciones sobre rayos catódicos y en 1898 descubrió la potencia electromotriz del cromo.

Hixem I. Biog. Príncipe omeya español, hijo de Abd er-Rahman, n. y m. en Córdoba (757-796). Reinó de 788 a 796. Hizo la guerra a los cristianos, se apoderó de Gerona e invadió la Galia, tomando Narbona y llegando hasta los muros de Carcasona. Concluyó la gran mezquita de Córdoba. ‖ **II.** Califa español de Córdoba, n. y m. en esta ciudad (965-h. 1013). Reinó de 976 a 1013 y confió los asuntos de guerra al célebre Almanzor. ‖ **III.** Califa español de Córdoba, m. en Lérida (975-1036). Ocupó el trono de 1027 a 1031. Depuesto por una revolución, fue encerrado en una fortaleza, de la escapó.

hizono. (De *hidrógeno* y la term. *-zono*, tomada de *ozono*.) m. **Quím.** Estado alotrópico del hidrógeno, de fórmula H₃. Posee mayor energía química que el hidrógeno, en el que se transforma fácilmente.

Hjelmslev (Louis Trolle). Biog. Lingüista danés, n. y m. en Copenhague (1899-1965). Fue profesor de lingüística en la Universidad de Copenhague y publicó: *Principios de gramática general* (1928) y *Principios fundamentales del lenguaje* (1943), en la que definió los principios fundamentales de la glosemática.

hl. abr. de *hectolitro*.

Hlatikulu. Geog. Pobl. de Ngwane, cap. del dist. de Shiselweni; 984 h.

hm. abr. de *hectómetro*.

Hmelnicki. Geog. Jmelnik.

ho. Geog. Voz china que sign. *río*.

Ho. Quím. Símbolo del *holmio*.

Ho Chi Minh. Biog. Nguyen Ai Quoc. ‖ **Geog.** C. de Ghana, cap. de la región de Volta; 46.348 h. ‖ **-Chi-Minh (Ciudad de).** Segundo nombre de Saigón.

Hoang Nham Tu-Duc. Biog. Emperador de Anam (1830-1883). Fue elevado al trono en 1851. El asesinato en sus estados de varios misioneros católicos en el año 1857 motivó una intervención armada de Francia y de España, cuyas fuerzas coligadas se apoderaron de Saigón. Más tarde, tuvo que ceder a Francia la Baja Cochinchina. ‖ (En i., *Hwang*.) **Geog.** Río de China; n. en la vertiente septentrional de los montes Kuen-lun, y después de un curso muy sinuoso de 4.845 km. des. en el mar Amarillo.

hoazín. (Del nahua *uatzin*.) m. **Zool.** Ave galliforme familia de las opistocómidas, propia de América tropical y con caracteres anatómicos muy primitivos, que hacen de ella un verdadero fósil viviente (*opisthócomus cristatus*).

hobacho, cha. (Del ár. *habayyaŷ*, fofo, hinchado.) adj. ant. Decíase del grueso y flojo.

hobachón, na. (aum. de *hobacho*.) adj. Aplícase al que, teniendo muchas carnes, es flojo y para poco trabajo.

hobachonería. (De *hobachón*.) f. Pereza, desidia, holgazanería.

Hobart. Geog. C. de Australia, cap. del est. y de la isla de Tasmania; 153.000 h.

Hobbema (Meindert). Biog. Pintor holandés, n. y m. en Amsterdam (1638-1709). Se le considera como uno de los paisajistas más notables de Holanda.

El molino, por Meindert Hobbema.
Museo del Louvre. París

Hobbes (Thomas). Biog. Tratadista político y filósofo inglés, n. en Malmesbury y m. en Hardwike (1588-1679). Es considerado el teórico más inteligente y representativo del absolutismo moderno. Fue materialista en filosofía; afirmó que toda substancia es corporal y que todos los fenómenos del Universo se reducen a movimientos o cambios de lugar en el espacio. Testigo de cruentas agitaciones en su patria, puso en política la seguridad y el orden por encima de un ideal de libertad que consideraba ilusorio. Afirmó que, *en estado natural, el hombre es un lobo para el hombre (homo hómini lupus)*, lo cual implica una lucha constante entre los individuos; para evitarla, éstos establecen entre sí un pacto, dando con ello nacimiento a la sociedad. Transferido el antiguo derecho del individuo al Poder soberano, éste, como el monstruo llamado Leviathan en el libro de Job (*Leviathan*, 1651, se titula la obra en que expone estas doctrinas), impone su autoridad irresistible sin admitir la oposición del súbdito. Defiende, sin embargo, la igualdad de todos los hombres ante la ley y el sometimiento de la Iglesia a la norma del Estado. Con ello, a pesar del talante conservador de su obra, preludia las modernas ideas democráticas. Son también obras suyas: *De cive* (1642), *De córpore* (1655) y *De hómine* (1656).

hobby. (Voz inglesa.) m. Tema, ocupación de las horas libres; manía, actividad o trabajo que se ejecuta por puro placer.

hoblón. m. *Chile*. galic. por **lúpulo**.

hobo. (Voz caribe.) m. **Bot.** jobo, árbol.

Hobo. Geog. Mun. de Colombia, depart. de Huila; 4.008 h. ‖ Pobl. cap. del mismo; 2.388 h.

Hocabá. Geog. Mun. de Méjico, est. de Yucatán; 4.259 h. ‖ Pueblo cap. del mismo; 3.241 h.

hocan. m. **Zool.** hoco.

hoce. f. ant. **hoz**, instrumento para segar.

hocejo. m. dim. de **hoz.** ‖ Hocino para podar e injertar.

Hoces (Francisco). Biog. Navegante español que en 1526, al pretender pasar por el estrecho de Magallanes, vio desviado su barco y descubrió el cabo de Hornos. ‖ **y Córdoba (Lope de).** Marino español, m. en 1639. Después de realizar varias proezas, pereció en la batalla de las Dunas, peleando durante una hora antes de sucumbir con un brazo arrancado a cercén por una bala de cañón.

hocete. (dim. de *hoz*.) m. *Mur.* **hocino**, instrumento para cortar leña.

hocicada. f. Golpe dado con el hocico o de hocicos.

hocicar. (De *hocico*.) tr. Levantar la tierra con el hocico. ‖ fig. y fam. Besar. ‖ p. us. Hundir un palo en tierra, como hozando. ‖ intr. Dar de hocicos en el suelo, o contra la pared, puerta, etc. ‖ fig. y fam. Tropezar con un obstáculo o dificultad insuperable. ‖ **Mar.** Hundir o calar la proa.

hocico. fr., *museau, mufle*; it., *muso*; i., *muzzle*; a., *Schnauze, Rüssel*. (De *hozar*.) m. Parte más o menos prolongada de la cabeza de algunos animales, en la que se abren la boca y las fosas nasales. A veces forma un callo, como en los cerdos y jabalíes, y recibe el nombre de *jeta*. ‖ V. **pimiento de hocico de buey**. ‖ Boca de hombre cuando tiene los labios muy abultados. ‖ fig. y fam. Cara del hombre. ‖ fig. y fam. Gesto que denota enojo o desagrado. ‖ **de cerdo.** *Zool.* Ofidio de América del Norte, de la familia de los colúbridos, con la parte anterior de la cabeza curvada hacia arriba; mide 1 m., y es inofensivo (*heterodon contórtrix*).

hocicón, na. (De *hocico*.) adj. **hocicudo**.

hocicudo, da. (De *hocico*.) adj. Dícese de la persona que tiene boca saliente. ‖ Dícese del animal de mucho hocico.

hocino. (De *hoz*, instrumento de segar.) m. **Agr.** Instrumento corvo de hierro acerado, con mango, que se usa para cortar la leña. ‖ El que usan los hortelanos para trasplantar.

hocino. (De *hoz*, angostura de un valle.) m. Terreno que dejan las quebradas o angosturas de las faldas de las montañas cerca de los ríos o arroyos. ‖ pl. Huertecillos que se forman en dichos parajes. ‖ **Geog.** Angostura de los ríos cuando se estrechan entre dos montañas.

hociquera. (De *hocico*.) f. *Perú*. Bozal de los animales.

Hockett (Charles F.). Biog. Lingüista estadounidense, n. en Columbus, Ohio, en 1916. Creó las cajas que llevan su nombre para representar gráficamente los constituyentes de la oración. Autor de *Manual de fonología* (1955) y *Curso de lingüística moderna* (1958).

hockey. (Voz inglesa; del fr. ant. *hoquet*, cayado de pastor.) m. **Dep.** Deporte que se juega en un campo de hierba (por esto se llama también *hockey sobre hierba*) de unos 90 m. de largo por 45 de ancho. Los jugadores van provistos de un palo en forma de cayado incompleto (*stick*). El objeto del juego es hacer pasar, con el *stick*, una pelota (de una circunferencia de 23 cm. como máximo) entre las porterías, compuestas de dos postes verticales, situados a 3,66 m. el uno del otro, y unidos por una barra horizontal colocada a 2,14 m. del suelo. El partido se juega entre dos equipos de 11 jugadores cada uno. Puede jugarse asimismo este deporte sobre patines, en pistas de hielo o de cemento. ‖ **sobre hielo.** Variante del anterior, de origen canadiense, que se juega sobre pista de hielo y calzados los jugadores, en número de seis por

Hockey sobre hielo. Encuentro entre EE. UU. y la U. R. S. S.

equipo, con patines de cuchilla. Ahora en vez de bola se emplea un disco de color negro denominado *puck*. || **sobre hierba. hockey.** || **sobre ruedas.** Variante del hockey sobre hierba, que se juega sobre pista de cemento y con patines de ruedas. El número de jugadores es de cinco por equipo.

hoco. (Voz de origen caribe.) m. Bot. **Bol. calabacín.** || Zool. *Méj.* Nombre común a varias aves galliformes, familia de las crácidas, semejantes a los pavos comunes, pero con patas más largas y el dedo posterior grande y bajo. Entre ellas están el *hoco de Méjico* o *guaco* (v.) y sus congéneres, el *hoco de Guayana* (*crax aléctor*) y el *hoco de Heck* (*c. hecki*), que los indígenas domesticaban ya en los tiempos precolombinos. Otros hocos son el *hocán* o *mitú*, que lleva sobre el pico una cimera con un moño de plumas (*mitua toberosa*), y el *paují*, cuya protuberancia cefálica es como un grueso cuerno de color azul celeste (*pauxi pauxi*).

Hoctún. Geog. Mun. de Méjico, est. de Yucatán; 5.188 h. || Pueblo cap. del mismo; 4.613 h.

Hoche (Lazare). Biog. General francés, n. en Versalles y m. en Wetzlar (1768-1797). A pesar de su escasa cultura, fue el que demostró más talento entre todos los generales republicanos, desplegando un tacto de hábil diplomático y de consumado estratega. Ha pasado a la historia como una de las figuras más puras de la Revolución francesa.

Hochhuth (Rolf). Biog. Dramaturgo alemán, n. en Eschwege en 1931. Es autor de *Die Berliner Antigone*, narraciones, y *El Vicario* (1963), drama en el que critica duramente al papa Pío XII por no haber condenado públicamente la persecución de los judíos por Hitler; *Los soldados* (1967), *Krieg und Klassenkrieg*, ensayo, y *Guerrillas* (1970), *Die Hebamme* (1971) y *Lysistrate und die Nato* (1973), comedias.

hochío. m. *And.* Torta de aceite de la que hay distintas variedades, unas dulces y otras con sal y pimentón.

Hodeida. Geog. **Hudaydah (Al-).**

Hodgkin (Alan Lloyd). Biog. Médico y fisiólogo inglés, n. en 1914. Hizo sus estudios en Cambridge, y en 1963 compartió el premio Nobel de Medicina con A. F. Huxley y el australiano J. C. Eccles, por sus descubrimientos relacionados con los mecanismos iónicos de la excitación e inhibición de la membrana de las células nerviosas. || **(Dorothy Crowfoot).** Bioquímica inglesa, n. en El Cairo en 1910. Profesora de Investigación de la Royal Society y de la Universidad de Oxford, obtuvo el premio Nobel de Química en 1964, por haber determinado mediante la técnica de los rayos X, la estructura molecular de varias substancias bioquímicas, entre las que destacan la penicilina y la vitamina B12. En 1969 descubrió la estructura cristalina de la insulina. || **(Thomas).** Médico inglés, n. en Tottenham y m. en Jaffa (1798-1866). Fue el primero en describir la enfermedad que lleva su nombre, sinónimo de seudoleucemia linfática, asociada siempre con la anemia y que, a veces, se transforma en linfosarcoma.

hodierno, na. (Del lat. *hodiernus.*) adj. Perteneciente o relativo al día de hoy o al tiempo presente. || Moderno, actual. || Dícese del pan tierno.

Hodja (Enver). Biog. **Hoxha (Enver).**

Hodler (Ferdinand). Biog. Pintor suizo, n. en Berna y m. en Ginebra (1853-1918). Es una de las figuras más relevante de la moderna pintura suiza. Son notables sus cuadros *La noche*, *El día*, y su gran obra histórica sobre la batalla de *Marignano*, *El retrato de mi hermano* y *El zapatero remendón*.

hodo-, odo-; -odo, -odeo, -odino, -odio. (Del gr. *hodós*, u *hodaios.*) pref. o suf. que sign. camino, o propio del camino; e. de suf.: *di*odo, estom**odeo**, heter**odino**, tax**odio**.

hodología u **odología.** (De *hodo-*, u *odo-*, y *-logía.*) f. Med. Rama de la neurología, que estudia las vías nerviosas.

hodómetro. m. **odómetro.**

Hodza (Milan). Biog. Político eslovaco, n. en Sucany y m. en Clearwater, Florida (1878-1944). Fue profesor de historia eslava en la Universidad de Bratislava. Tomó parte activa en el movimiento pro independencia de Eslovaquia desde principios de este siglo. Fue ministro de Agricultura (1932) y presidente del Gobierno (1935-38), año en que dimitió y se expatrió a Londres y después a EE. UU.

Hoelderlin (Johann Christian Friedrich). Biog. **Hölderlin.**

Hofei. Geog. C. de la R. P. China, en la región Oriental, cap. de la prov. de Anhwei; 360.000 h.

Hofer (Andreas). Biog. Caudillo tirolés, n. en San Leonardo y m. en Mantua (1767-1810). Encabezó una sublevación de tiroleses, consiguiendo derrotar al general francés Lefebvre en 1809. Entregado a los franceses, fue fusilado por éstos. Es considerado como el héroe nacional del Tirol. || **(Karl Christian Ludwig).** Pintor alemán, n. en Karlsruhe y m. en Berlín (1878-1955). Director de la Escuela de Bellas Artes de Berlín (1945), realizó una obra fecunda en la que el influjo de Cézanne y de Hans von Marées se manifiesta en la mayor preocupación de las formas. Se caracterizó por los contrastes cromáticos, en los cuales pretendía manifestar su visión amarga y un tanto negativa de la realidad.

Hoff (Jacobus Henricus van't). Biog. Químico holandés, n. en Rotterdam y m. en Berlín (1852-1911). Su obra *Química del espacio* puso los cimientos de la estereoquímica, que años más tarde había de alcanzar tan alto grado de florecimiento. Obtuvo el premio Nobel de Química (1901) en reconocimiento de sus servicios especiales, relacionados con el descubrimiento de las leyes de la química dinámica y la presión osmótica en las soluciones. Descubrió la ley que lleva su nombre, según la cual, en un sistema en equilibrio, el aumento de temperatura favorece la formación de los productos que se originan con absorción de calor, y dificultan la de los productos formados con desprendimiento de calor. Entre sus obras: *Estudios de dinámica química*, *Leyes del equilibrio químico en el estado de dilución* y *Lecciones de Química Física*.

Höffding (Harald). Biog. Filósofo dinamarqués, n. y m. en Copenhague (1843-1913). Se distinguió como psicólogo y en los últimos años estudió intensamente los problemas de filosofía teorética, publicando interesantes trabajos, entre ellos: *Bosquejo de una psicología fundada en la experiencia* (1881) e *Historia de la filosofía moderna* (1894-95).

Hoffmann (Ernst Theodor Amadeus). Biog. Escritor, músico, pintor y magistrado alemán, n. en Königsberg y m. en Berlín (1776-1822). En su producción estuvo adscrito al romanticismo. Donde más destacó su gran personalidad fue con sus cuentos fantásticos, que han alcanzado fama universal: *Fantasías a la manera de Callot* (1814-15), *El elixir del diablo* (1815-16), *Horas nocturnas* (1817), *Los hermanos Serapión* (1819-21), *Opiniones del gato Murr acerca de la vida* (1820-22), etc. Compuso varias óperas: *Undine*, *Die ungeladenen Gäste*, *Liebe und Eifersucht*, varias sinfonías, sonatas y música de cámara.

Hofmann (August Wilhelm von). Biog. Químico alemán, n. en Giesen y m. en Berlín (1818-1892). Profesor durante treinta años en Berlín, sus trabajos e investigaciones contribuyeron grandemente al progreso de la química industrial.

Hofmannsthal (Hugo von). Biog. Poeta y autor teatral austriaco, n. en Viena y m. en Rodaun (1874-1929). Espíritu escéptico y melancólico, fue el creador de la escuela neorromántica germana. Influido por D'Annunzio y Stephan George, con quienes colaboró en sus *Hojas para el Arte*, tras una crisis espiritual se orientó hacia los clásicos griegos y romanos, con influencias de Nietzsche y de Freud. Con Max Reinhardt fundó los festivales de Salzburgo y escribió para Richard Strauss los libretos de sus más grandes óperas. En la última época se inspiró en el drama barroco y se convirtió en el más lírico representante del simbolismo vienés. Fueron sus obras principales: *La muerte de Tiziano* (1892), *El loco y la muerte* (1893), *Electra* (1903), *Jedermann* (1911), *El caballero de la Rosa* (1911), etc.

Hofstadter (Robert). Biog. Físico estadounidense, n. en Nueva York en 1915. Se graduó en la Universidad de Princeton (1938), y compartió con el alemán Rudolf Moesbauer el premio Nobel de Física 1961, por sus estudios sobre los protones y neutrones existentes en el núcleo atómico.

Hofuf. Geog. **Al-Hufuf.**

hogañazo. adv. t. fam. **hogaño.**

hogaño. fr., *cette année-ci;* it., *questo anno;* i., *this present year;* a., *heuer, dies Jahr.* (Del lat. *hoc anno*, en este año.) adv. t. fam. En este año, en el año presente. || Por ext., en esta época, a diferencia de *antaño*, en época anterior.

hogar. fr., *foyer;* it., *focolare;* i., *home;* a., *Herd, Heim.* (Del lat. *focus*, fuego.) m. Sitio donde se coloca la lumbre en las cocinas, chimeneas, hornos de fundición, etc. || **hoguera.** || fig. Casa o domicilio. || fig. Vida de familia. || **Indus.** Parte de las instalaciones térmicas donde se queman los combustibles. || **abierto.** Hogar donde la combustión se produce en comunicación directa con el aire.

hogareño, ña. adj. Amante del hogar y de la vida en familia. || Dícese también de las cosas pertenecientes al hogar.

hogaril. m. *Mur.* Hogar, fogón.

Hogarth (William). Biog. Pintor y grabador inglés, n. y m. n en Londres (1697-1764). Estudió con un joyero, se hizo grabador y por último se dedicó a la pintura. Criticó la vida y la sociedad del bajo pueblo londinense del rococó con pocos reflejaron las expresiones del rostro humano con más mordaz ironía. Fue el creador de la caricatura inglesa. Ilustró una edición inglesa del *Quijote*. Entre sus obras: *La carrera de una prostituta*, *La carrera de un libertino*, *Un casamiento a la moda*, etc.

hogaza. fr., *miche;* it., *pane casalingo;* i., *quartern-loaf;* a., *Hausmacherbrot.* (Del lat. *focacia*, t. f. de *-cius*, cocido al fuego.) f. Pan grande que pesa más de dos libras. || Pan de harina mal cernida, que contiene algo de salvado.

hoguera. fr., *feu;* it., *rogo;* i., *bonfire;* a., *Scheiterhaufen.* (De *foguera*.) f. Porción de materias combustibles que, encendidas, levantan mucha llama.

Hohenau. *Geog.* Mun. de Paraguay, depart. de Itapúa; 5.008 h. || Pobl. cap. del mismo; 1.121 h.

Hohenlohe. *Geneal.* Familia principesca alemana, cuyo origen corresponde a los señores de Weikersheim (1153) *Godofredo* y *Conrado,* quienes fundaron las líneas Hohenlohe-Hohenlohe y Hohenlohe-Branneck, esta última extinguida en 1390. La primera dio origen a otras muchas, a las que hoy pertenecen los duques de Schilling y los duques y príncipes de Ratibor.

Hohenstaufen. *Geneal.* Linaje noble que dio reyes y emperadores a Alemania de 1138 a 1254. Los derechos al reino de las Dos Sicilias que ostentaban los Hohenstaufen, pasaron a Pedro III de Aragón por su casamiento con doña Constanza, sobrina de Conrado IV.

Hohenzollern Sigmaringen (Leopoldo). *Biog.* Príncipe alemán, hijo primogénito de Carlos Antonio Joaquín, n. en Krauchenwies y m. en Berlín (1835-1905). Su designación para ocupar el trono de España, a pesar de su renuncia personal, motivó la declaración de guerra franco-prusiana de 1870. || *Geneal.* Nombre de una familia que dio reyes a Prusia desde 1701, y emperadores a Alemania desde 1871 hasta 1918. La importancia de los Hohenzollern en Europa comenzó propiamente en 1415 y acabó con el emperador Guillermo II, destronado en 1918. || *Geog. hist.* Antiguo principado alemán, sit. en las inmediaciones del lago Constanza.

Hoima. *Geog.* Pobl. de Uganda, cap. del dist. de Bunyoro. Industria del cemento. Obispado católico.

hoja. fr., *feuille;* it., *foglia;* i., *leaf;* a., *Blatt.* (Del lat. *folia,* pl. n. de *folium.*) f. Lámina delgada de cualquier materia; como metal, madera, papel, etc. || En los libros y cuadernos, cada una de las partes iguales que resultan al doblar el papel para formar el pliego. || Laminilla delgada, a manera de escama, que se levanta en los metales al tiempo de batirlos. || Cuchilla de las armas blancas y herramientas. || Cada una de las capas delgadas en que se suele dividir la masa; como sucede en los hojaldres. || Mitad de cada una de las partes principales de que se compone un vestido. || Cada una de las partes de la armadura antigua, que cubría el cuerpo. || fig. **espada,** arma blanca, larga y recta, con guarnición y empuñadura. || *Agr.* Porción de tierra labrantía o dehesa, que se siembra o pasta un año y se deja descansar otro u otros dos. || *Bot.* Órgano vegetal con crecimiento limitado y posición generalmente lateral respecto de la vertical o de las ramas, dispuesto sólo en los tallos, de ordinario extendido en superficie y de color verde; comprende dos partes: *pecíolo* y *limbo,* y sirve para exhalar en forma de vapor el exceso de agua, para la respiración y para la fijación del carbono contenido en el anhídrido carbónico del aire. || Conjunto de estas hojas. || **pétalo.** || *Carp.* En las puertas, ventanas, biombos, etc., cada una de las partes que se abren y se cierran. || **Filat.** Conjunto de los sellos impresos de una vez por la plancha. || **abrazadora.** *Bot.* La sentada que se prolonga en la base abrazando el tallo. || **acicular.** La linear, puntiaguda y por lo común persistente; como las del pino. || **de afeitar.** *Léx.* Laminilla muy delgada de acero, con filo en dos de sus lados, que colocada en un instrumento especial sirve para afeitar la barba. || **de alacrán. alacrán.** *Bot.* || **amarilla.** *Entom.* Insecto lepidóptero heterócero, de color crema, con las alas moteadas de negro (*ennomos automnaria*). || **aovada.** *Bot.* La de figura redondeada, más ancha por la base que por la punta, que es roma; como las del membrillo. || **aserrada.** Aquella cuyo borde tiene dientes inclinados hacia su punta; como las de la violeta. || **berberisca.** *Med.* Plancha de latón muy delgada y luciente que se empleaba en medicina para cubrir ciertas llagas. || **blastodérmica** o **embrionaria.** *Embriología.* Cada una de las láminas celulares embrionarias que se originan a partir de la fase gástrula. || **compuesta.** *Bot.* La que está dividida en varias hojuelas separadamente articuladas, como las de la acacia blanca. || **dentada.** Aquella cuyos bordes están festoneados de puntas rectas; como la del castaño común. || **digitada.** La compuesta cuyas hojuelas nacen del pecíolo común separándose a manera de los dedos de la mano abierta; como las del cataño de Indias. || **discolora.** Aquella cuyas dos caras son de color diferente. || **embrionaria.** *Embriología.* **hoja blastodérmica.** || **entera.** *Bot.* La que no tiene ningún seno ni escotadura en sus bordes; como las de la adelfa. || **enterísima.** La que tiene su margen sin dientes, desigualdad ni festón alguno; como las de la madreselva. || **envainadora.** La sentada que se prolonga o extiende a lo largo del tallo formándole una envoltura; como las del trigo. || **escotada.** La que tiene en el extremo una escotadura más o menos grande y angulosa; como las de los espantalobos. || **escurrida.** La sentada cuya base corre o se extiende por ambos lados hacia abajo por el tallo; como las del girasol. || **de Flandes.** *Indus.* **hoja de lata.** || **de hermandad.** *Der.* Contribución ordinaria, directa, que, para levantar las cargas provinciales, se paga en Álava con arreglo al cupo señalado a cada municipio por la diputación. || **de lata.** *Indus.* **hojalata.** || **de limón.** *Bot. Ál.* **toronjil.** || **de Milán.** *Indus.* **hoja de lata.** || **nerviosa.** *Bot.* La que tiene nervios que corren de arriba abajo sin dividirse en otros ramillos; como las del llantén. || **de parra.** *B. Art.* La que se emplea para cubrir las desnudeces en escultura y pintura. || fig. *Léx.* Aquello con que se procura encubrir o cohonestar alguna acción vergonzosa o censurable. || **perfoliada.** *Bot.* La que por su base y nacimiento rodea enteramente el tallo, pero sin formar tubo. || **de ruta.** *Transportes.* Documento expedido por los jefes de estación, en el cual consta las mercancías que contienen los bultos que transporta un tren, los nombres de los consignatarios, puntos de destino y otros pormenores. || **sentada.** *Bot.* La que carece de pecíolo. || **de servicios.** *Der.* Documento en que constan los antecedentes personales y actos favorables o desfavorables de un funcionario público en el ejercicio de su profesión. || **suelta.** *Impr.* Impreso que sin ser cartel ni periódico, tiene menos páginas que el folleto. Con arreglo a la Ley de 12 de mayo de 1960, el número de páginas no ha de llegar a cinco. || **de tocino.** *Chacinería.* Mitad de la canal de cerdo partida a lo largo. || **trasovada.** *Bot.* La aovada más ancha por la punta que por la base; como las del espino. || **venosa.** La que tiene vasillos sobresalientes de su superficie que se extienden con sus ramificaciones desde el nervio hasta los bordes; como las del ciclamor. || **de vida.** *Léx.* **currículum vítae.** || **volante.** *Impr.* **papel volante.** || **no se mueve la hoja en el árbol sino a la voluntad del Señor.** loc. con que se denota que comúnmente no se hacen las cosas sin un fin particular.

hojalata. fr., *fer blanc;* it., *latta;* i., *tin-plate;* a., *Weissblech.* (De *hoja de lata.*) f. *Indus.* Lámina de hierro o acero, estañada por las dos caras.

hojalatería. fr., *ferblanterie;* it., *bottega di lattonaio;* i., *tin-shop;* a., *Klempnerwerkstatt.* (De *hojalatero.*) f. **A. y Of.** Taller en que se hacen piezas de hojalata. || Tienda donde se venden.

hojalatero. m. El que tiene por oficio hacer o vender piezas de hojalata.

hojalda. f. *Chile* y *Hond.* barb. por **hojaldre.**

hojalde. (Del lat. *foliatilis* [*panis*], [pan] de hojas, de *folium,* hoja.) m. **hojaldre.**

hojaldra. f. ant. *Amér.* y *Mur.* **hojaldre.**

hojaldrado, da. p. p. de **hojaldrar.** || adj. Semejante al hojaldre. || Hecho de hojaldre. Denominación de ciertos pasteles.

hojaldrar. tr. Dar a la masa forma de hojaldre.

hojaldre. fr., *feuilleté;* it., *cialda;* i., *puff-paste;* a., *Blätterteig.* (Cruce de *hojalde* y de **hojadre,* del lat. *foliatilis,* hojoso.) amb. Masa que de muy sobada con manteca hace, al cocerse en el horno, muchas hojas delgadas superpuestas unas a otras. Ú. m. c. m.

hojaldrero, ra. m. y f. **hojaldrista.**

hojaldrista. com. Persona que hace hojaldres.

Hojancha. *Geog.* Pobl. cantón y dist. de Costa Rica, prov. de Guanacaste; 7.899 h.

hojarasca. fr., *feuillage tombé;* it., *fogliame caduto;* i., *withered leaves;* a., *abgefallenes Laub.* (De *hoja.*) f. Conjunto de las hojas que han caído de los árboles. || Demasiada e inútil frondosidad de algunos árboles o plantas. || fig. Cosa inútil y de poca substancia, especialmente en las palabras y promesas.

hojear. fr., *feuilleter;* it., *sfogliare;* i., *to turn the leaves;* a., *durchblättern.* tr. Mover o pasar ligeramente las hojas de un libro o cuaderno. || Pasar las hojas de un libro, leyendo de prisa algunos pasajes para tomar de él un ligero conocimiento. || intr. Tener hoja un metal. || Moverse las hojas de los árboles.

hojecer. intr. ant. Echar hoja los árboles.
Hojeda (Diego de). Biog. Poeta español, n. en Sevilla y m. en Huánuco de los Caballeros (h. 1570-1615). Profesó en 1591, en el convento que la Orden de Hermanos Predicadores tenía en Lima. Su poema *La Cristiada*, inspirado en modelos italianos, y cuyo tema es la Pasión de Cristo, es una epopeya religiosa, considerada como la mejor de asunto religioso en la literatura del siglo de oro.
hojita. f. dim. de **hoja**. ‖ **bloque.** *Filat.* Particularidad filatélica, consistente en una hojita de mayor tamaño que el sello, impreso en el centro, sin dentar, de coloración y precio distintos al sello del mismo tema.
hojoso, sa. (Del lat. *foliōsus*.) adj. Que tiene muchas hojas.
hojudo, da. adj. **hojoso.**
hojuela. (Del lat. *foliŏla*, pl. n. de *foliŏlum*.) f. dim. de **hoja.** ‖ Fruta de sartén, muy extendida y delgada. ‖ Hollejo o cascarilla que queda de la aceituna molida, y que, separada, la vuelven a moler. ‖ Hoja muy delgada, angosta y larga, de oro, plata u otro metal, que sirve para galones, bordados, etc. ‖ *Cuba.* **hojaldre.** ‖ **Bot.** Folíolo, o sea limbo parcial de una hoja compuesta.
Hokitika. Geog. C. de Nueva Zelanda, en la isla del Sur, cap. del área estadística de Westland; 3.310 h.
Hokkaido. Geog. Isla y prefect. de Japón, conocida también con el nombre de *Yeso*, situada al N. del archipiélago japonés; 78.513 km.² y 5.184.287 h. Cap., Sapporo. Industria minera.
Hokusai (Katsushika). Biog. Dibujante y grabador japonés, n. y m. en Tokio (1760-1849). Cultivó con feliz éxito y singular maestría todos los géneros de la pintura del país. Se calcula que hizo más de 30.000 dibujos e ilustró unos 500 volúmenes.

El Fuji, por Hokusai

hol-, holo-; -ólico. (Del gr. *hólos*.) pref. o suf. que sign. entero, total.
¡hola! (Del ár. *wa-llāh*, ¡por Dios!) interj. que se emplea para denotar extrañeza placentera o desagradable. Ú. t. repetida. ‖ Tiene uso como salutación familiar. ‖ desus. Se utilizaba para llamar a los inferiores.
holán. m. Holanda, lienzo. ‖ *Méj.* **faralá.**
holancina. f. *Cuba.* Tela de algodón ligera y transparente usada para vestidos de mujer.
holanda. (De *Holanda*, de donde procede esta tela.) f. Lienzo muy fino de que se hacen camisas, sábanas y otras cosas. ‖ Aguardiente obtenido por destilación directa de vinos puros y sanos, con una graduación máxima de 65 grados centesimales. Ú. m. en pl.
Holanda. Geog. Denominación impropia de los *Países Bajos.* Geográficamente comprende la región occidental de la nación, y está formada por las prov. de Holanda Meridional y Holanda Septentrional. ‖ **Meridional.** (En hol., *Zuid-Holland*.) Prov. de los P. B.; 2.851 km.² y 3.013.439 h. Cap., La Haya. ‖ **Septentrional** (En hol., *Noord-Holland*.) Prov. de los P. B.; 2.656 km.² y 2.273.594 h. Cap. Haarlem.
holandés, sa. fr., *hollandais*; it., *olandese*; i., *hollandisch, dutch*; a., *holländisch*. adj. Natural de Holanda, o perteneciente a esta región de Europa. Ú. t. c. s. Por ext., aplícase a todos los habitantes de los P. B. ‖ Dícese de la hoja de papel para escribir, de 28 por 22 cm. aproximadamente. Ú. t. c. s. ‖ m. Idioma hablado en Holanda. ‖ **a la holandesa.** m. adv. Al uso de Holanda. ‖ Dícese de la encuadernación económica en que el cartón de la cubierta va forrado de papel o tela, y de piel el lomo.
holandeta. f. Holandilla, lienzo.
holandilla. (dim. de *holanda*.) f. Lienzo teñido y prensado, usado generalmente para forros de vestidos. ‖ **tabaco holandilla.**
holártico, ca. (De *hol*- y *ártico*.) adj. **Zool.** Dícese de la subregión zoogeográfica, perteneciente a la región *artogeica*, que abarca Eurasia (menos India, Indochina, Insulindia y sur de Arabia), el norte de África y América septentrional (menos el centro y sur de Méjico). La mayoría de los naturalistas prefieren establecer dos subregiones: la *neoártica* (v.), constituida por América del Norte, y la *paleoártica* (v.), por el resto.
Holbach (barón de). Biog. Dietrich (Paul Henri).
Holbein (Hans). Biog. Pintor y dibujante alemán llamado *el Viejo*, n. en Augsburgo y m. en Isenheim (1465-1524). De gran expresividad pictórica. Pintó altares y a fin de otorgar mayor grandiosidad a sus obras se esforzó en el detallismo. Compuso maravillosos cuadros de la Virgen, y fue un excelente retratista. Entre su extensa producción debe ser citado: *Altar de San Sebastián*, en Munich, *Basílica de San Pablo*, en Augsburgo, etc. ‖ **(Hans).** Pintor alemán, llamado *el Joven*, hijo de Holbein *el Viejo*, n. en Augsburgo y m. en Londres (1497-1543). Se instaló en Londres y fue pintor de cámara de Enrique VIII. Aun cuando su fama se cimentó en los retratos, no menos importantes fueron los murales. Fue uno de los más grandes maestros de la pintura y el principal representante del Renacimiento alemán. Sus obras más importantes son: *Virgen* (Solothurn), *Virgen del burgomaestre Meyer* (Darmstadt), *Erasmo* (Basilea), *Arzobispo de Canterbury* (París), *Tomás Moro* (Nueva York), *Enrique VIII* (Roma), *Jane Seymour* (Viena), etc.
Holberg, barón de Holberg (Ludvig). Biog. Literato dinamarqués, de origen noruego, n. en Bergen y m. en Copenhague (1684-1754). Cultivó diversos géneros literarios, pero sobresalió en la comedia, ejerciendo gran influencia en la lengua y en la literatura de su país. Con el seudónimo de *Hans de Mikkelsen* escribió: *Peder Paars* (1719), *Cuatro poesías cómicas* y sus *Comedias*, entre las que figuran: *El peltrero, Juan de Francia, El labriego convertido en señor* y *Hombre de Estado*.
holco. (Del lat. *holcus*.) m. **Bot. heno blanco.**
Hölderlin (Johann Christian Friedrich). Biog. Poeta alemán n. en Lauffen y m. en Tubinga (1770-1843). Estudió en el Seminario de Denkendorf y en la Universidad de Tubinga. Conoció personalmente a Hegel, Schelling y Schiller, por el que sintió particular admiración. Buena parte de sus mejores poemas fueron escritos en esa zona de penumbra, conocida por él con frecuencia, entre la locura y la razón. Sus poesías se publicaron con el título de *Lyrische Gedichte*. Otras obras suyas son la novela *Hyperion* (1797-99) y la tragedia *Empédocles*, que dejó inacabada.
holding. (Voz i. que sign. *tenencia, posesión*; pronúnc. *joldin*.) m. **Econ.** Sociedad o grupo financiero que posee la mayor parte del capital de otras empresas, las cuales sin embargo conservan su personalidad jurídica. (V. **cartel** y **truste**.)
holear. intr. Usar repetidamente la interj. ¡hola!
holgachón, na. (De *holgar*.) adj. fam. Acostumbrado a pasarlo bien trabajando poco.
holgadamente. adv. Con holgura.
holgadero. m. Sitio donde regularmente se junta la gente para holgar.
holgado, da. fr., *large*; it., *ampio*; i., *loose*; a., *weit, geräumig*. p. p. de holgar. ‖ adj. Sin ocupación. ‖ Ancho y sobrado para lo que ha de contener. ‖ fig. Dícese del que está desempeñado en la hacienda y le sobra algo después de hecho el gasto de su casa.
holganza. fr., *oisiveté, loisir*; it., *oziosità, quiete*; i., *idleness*; a., *Müssiggang*. (De *holgar*.) f. Descanso, quietud, reposo. ‖ Carencia de trabajo. ‖ Placer, contento, diversión y regocijo.
holgar. fr., *ne rien faire*; it., *oziare*; i., *to rest*; a., *ausruhen*. (Del lat. *follicāre*, soplar, respirar.) intr. Descansar, tomar aliento después de una fatiga. ‖ Estar ocioso, no trabajar. ‖ Alegrarse de una cosa. Ú. t. c. prnl. ‖ Dicho de las cosas inanimadas, estar sin ejercicio o sin uso. ‖ ant. Yacer, estar, parar. ‖ prnl. Divertirse, entretenerse con gusto en una cosa.
holgazán, na. fr., *paresseux*; it., *fannullone*; i., *idler*; a., *Tagedieb*. (De *folgazano*.) adj. Aplícase a la persona vagabunda y ociosa que no quiere trabajar. Ú. t. c. s.
holgazanear. (De *holgazán*.) intr. Estar voluntariamente ocioso.
holgazanería. (De *holgazán*.) f. Ociosidad, haraganería, aversión al trabajo.
holgazar. intr. ant. Estar ocioso.
holgón, na. (De *holgar*.) adj. Amigo de holgar y divertirse. Ú. t. c. s.
holgorio. (De *holgar*.) m. fam. Regocijo, fiesta, diversión bulliciosa. Se aspira la *h*, y vulgarmente se suele convertir en *j*.

Holguera. Geog. Mun. y lugar de España, prov. de Cáceres, p. j. de Coria; 1.215 h. (*holgueranos*).

holgueta. (dim. de *huelga*.) f. fam. Regocijo, diversión entre muchos.

Holguín (Carlos). Biog. Hombre de Estado colombiano, n. en Nóvita y m. en Bogotá (1832-1894). Figuró desde muy joven en las luchas políticas de su país, pasando a España en 1881 como ministro plenipotenciario. Fue ministro de Relaciones Exteriores (1887-88) y presidente de la República (1888-92). ‖ **(Jorge).** Militar y político colombiano, n. en Cali (1848-1928). Brillante periodista, intervino en las luchas civiles y alcanzó el grado de general. Hombre de gran tacto, fue ministro del Tesoro (1885) y de Relaciones Exteriores y de Guerra (1909) y ejerció interinamente el Ejecutivo, dos veces en 1909 y una de 1921 a 1922. Obras: *La bestia negra* y *Relajamiento del sistema monetario*. ‖ **Geog.** C. de Cuba, prov. de Oriente, cap. del p. j. de su nombre; 131.656 h. Minas de manganeso y oro.

holgura. fr., *commodité, aisance*; it., *benessere*; i., *welfare*; a., *Wohlbehagen*. (De *holgar*.) f. Anchura. ‖ Anchura excesiva. ‖ Regocijo, diversión entre muchos. ‖ Huelgo, espacio vacío que queda entre dos piezas que han de encajar una en otra. ‖ Desahogo, bienestar, disfrute de recursos suficientes para vivir sin estrechez.

Holmberg (Eduardo Ladislao). Biog. Naturalista y escritor argentino, de origen alemán, n. en Munich y m. en Buenos Aires (1852-1937). Llevado de una poderosa vocación emprendió numerosos viajes por el país y publicó una descripción fitogeográfica titulada *Flora de la República Argentina*, la primera aparecida en el país. Fue durante largos años director del Jardín Zoológico de Buenos Aires. Cultivó asimismo la literatura, escribiendo relatos fantásticos a lo Hoffmann, humorísticos, y un extenso poema en endecasílabos, titulado *Lin-Calel*. ‖ **Geog.** Local. de Argentina, prov. de Córdoba, depart. de Río Cuarto; 2.225 h.

Holmes (Oliver Wendell). Biog. Escritor estadounidense, n. en Cambridge y m. en Boston (1809-1894). Fue del grupo representativo de Nueva Inglaterra, al que pertenecieron Emerson, Hawthorne, Thoreau y Lowell. Autor de: *El autócrata en la mesa del desayuno* (1858), *El profesor en la mesa del desayuno* (1879) y *El poeta en la mesa del desayuno* (1872).

holmio. (De la última sílaba de *Stock[holm]*, Estocolmo.) m. **Quím.** Elemento químico; símbolo, Ho; peso atómico, 164,9, y número atómico, 67. Es un metal que pertenece al grupo de las tierras raras. No ha sido obtenido en estado libre.

holo-. pref. V. **hol-**.

holobasidiomicete. (De *holo-* y *basidiomicete*.) m. **Bot.** Cualquiera de los hongos basidiomicetes cuyos basidios son indivisos, es decir, no tabicados. Son los más diferenciados y abarcan los *himenomicetes* y *gasteromicetes*. ‖ pl. Sección de estos hongos.

holoblástico, ca. adj. **Biol.** Dícese de los huevos que tienen segmentación total, por estar constituidos exclusivamente por vitelo germinativo.

holocausto. fr., *holocauste*; it., *olocausto*; i., *holocaust*; a., *Brandopfer*. (Del lat. *holocaustum*, y éste del gr. *holókaustos*; de *hólos*, todo, y *kaustós*, quemado.) m. Sacrificio especial usado entre los israelitas, en que se quemaba toda la víctima. ‖ fig. Acto de abnegación que se lleva a cabo por amor. ‖ La víctima sacrificada. ‖ ofrenda.

holocéfalo, la. (De *holo-* y *-céfalo*.) adj. **Zool.** Dícese de los peces elasmobranquios, con cuatro branquias recubiertas exteriormente por una pieza opercular membranosa; piel sin escamas placoideas, y con la mandíbula superior y el hueso hioides articulados directamente con el cráneo, carecen de espiráculos; la primera aleta dorsal está provista de una gran espina anterior, la cola es delgadísima y la cabeza gruesa. Viven en los mares de aguas frías entre los 1.500 y 2.000 m. de profundidad. Sus representantes típicos son las *quimeras*, también llamadas *borricos* o *gatos de mar*. ‖ m. pl. Subclase de estos peces.

holoceno, na. (De *holo-* y *-ceno*, nuevo.) adj. **Geol.** Dícese de la segunda época del período cuaternario o antropozoico, que comenzó al terminar la última glaciación y no se diferencia mucho en el clima ni por su flora y fauna del tiempo actual; entonces se formaron los aluviones de los ríos actuales y las turberas y volcanes de nuestros días.

holocéntrido, da. (Del lat. científico *holocentrus*, gén. tipo de peces, e *-ido*; aquél del gr. *hólos*, entero, y *kéntron*, espina.) adj. **Zool.** Dícese de los peces teleóstomos del orden de los bericiformes, en cuyo cuerpo abundan por doquier las espinas; son de cuerpo ovalado, cabeza grande, así como los ojos, y primera aleta dorsal con radios durísimos. Son propios de las aguas cálidas y viven en las formaciones coralinas. La especie más común es el *holocentro* o *soldado* (*holocentrus spinosíssimus*). ‖ m. pl. Familia de estos peces.

holoedro. (De *holo-* y *-edro*.) m. **Miner.** Cristal que tiene el máximo número posible de caras de una notación dada.

holoenzima. (De *holo-* y *enzima*.) f. **Biol.** y **Bioq.** Nombre que suele darse a la enzima completa, formada por el grupo prostético o *coenzima*, y el proteico o *apoenzima*.

Holofernes. Biog. General de Nabucodonosor, rey de Asiria, jefe de los sitiadores de Betulia, que murió a manos de Judit.

hologastro, tra. (De *holo-* y *-gastro*.) adj. **Zool.** Dícese de los arácnidos con el abdomen aparentemente insegmentado y unido al cefalotórax por un acusado estrechamiento. Son los arácnidos más evolucionados y comprenden los órdenes de los *araneidos* y *ácaros*. ‖ m. pl. Subclase que algunos zoólogos hacen de estos arácnidos.

holografía. (De *holo-* y *-grafía*.) f. Técnica fotográfica descubierta por D. Gabor en 1947 y basada en el empleo de la luz coherente producida por el láser; se utiliza para la obtención de imágenes tridimensionales. En la placa fotográfica se impresionan las interferencias causadas por la luz reflejada de un objeto con la luz directa. Iluminada (después de revelada) la placa fotográfica con la luz del láser, se forma la imagen tridimensional del objeto original.

holográfico, ca. adj. Perteneciente o relativo a la holografía.

hológrafo, fa. (Del lat. *holográphus*, y éste del gr. *holográphos*; de *holo-*, holo-, y *-graphos*, -grafo.) adj. **Der.** ológrafo. Ú. t. c. s.

holograma. (De *holo-* y *-grama*.) m. Placa fotográfica obtenida mediante holografía. ‖ Imagen óptica obtenida mediante ficha técnica.

holometábolo, la. (De *holo-* y *metabolismo*.) adj. **Entom.** Dícese de los insectos de la subclase de los pterigógenos, que presentan metamorfosis complicadas. ‖ m. pl. Superorden de estos insectos.

holómetro. fr., *holomètre*; it., *olometro*; i., *holometer*; a., *Holometer*. (De *holo-* y *-metro*.) m. **Mat.** Instrumento que sirve para tomar la altura de un punto sobre el horizonte.

Holon. Geog. C. de Israel, dist. de Tel Aviv; 98.000 h.

holopnéustico, ca. (De *holo-* y *-pnéustico*.) adj. **Entom.** Dícese del sistema respiratorio traqueal de los insectos, en el que existen diez troncos traqueales, con estigmas abiertos, dos torácicos y ocho abdominales.

holosérico, ca. (Del lat. *holosericus*, y éste del gr. *holoserikós*; de *hólos*, todo, y *serikós*, seda.) adj. ant. Aplicábase a los tejidos o ropas de pura seda y sin mezcla de otra cosa.

holósteo, a. (De *hol-* y *-ósteo*.) adj. **Zool.** Dícese de los peces teleóstomos, con esqueleto totalmente osificado, pero con caracteres más arcaicos que los teleósteos; cuerpo cubierto de placas óseas o de escamas ganoideas romboidales, que forman un exoesqueleto; corazón con cono arterial, intestino con válvula espiral y vejiga natatoria bilobulada y muy vascularizada, por lo que puede actuar como un pulmón. Son verdaderos fósiles vivientes con escasísimas especies actuales. ‖ m. pl. Subclase de estos peces teleóstomos, que comprende tres órdenes: *lepidosteiformes, amiformes* y *polipteriformes*.

holostérico. (De *holo-* y *-stérico*.) adj. **Fís.** V. barómetro holostérico.

holótrico, ca. (De *holo-* y *-trico*, de pelo.) adj. **Zool.** Dícese de los protozoos ciliados con todos los cilios semejantes entre sí y distribuidos uniformemente por todo el cuerpo; poseen tricocistos, y la mayoría son libres y habitan en las aguas dulces, aunque hay algunos marinos y otros parásitos de vertebrados e invertebrados. El ejemplo más conocido es el *paramecio*. ‖ m. pl. Orden de estos protozoos ciliados.

holoturia. fr., *cocombre de mer, holoturie*; it., *olotùria*; i., *sea-cucumber*; a., *Holothurie, Seewalze, Seegurke*. (Del lat. *holothuria*, y éste del gr. *holothoúrion*, cohombro de mar.) **Zool.** Gén. tipo de equinodermos. ‖ f. Equinodermo de la clase de los holoturioideos, orden de los actinópodos, con cuerpo cilíndrico o tubuloso, sin esqueleto calizo (salvo algunos elementos en la túnica); rastrean mediante tres hileras de pies ambulacrales. La boca está rodeada de una corona de tentáculos contráctiles y en el intestino terminal desembocan las branquias, que son ramificadas. Poseen la facultad de arrojar todas las vísceras por la boca, conservando sólo la pared del cuerpo, la cual regenera al poco tiempo todos los aparatos perdidos.

holoturioideo, a. (De *holoturia* [v.], gén. tipo, y *-oideo*.) adj. **Zool.** Dícese de los equinodermos de cuerpo grueso, alargado y subcilíndrico, con tendencia a presentar una simetría bilateral superpuesta a la radiada y sin brazos; exoesqueleto formado por plaquitas o piezas calizas diseminadas en el espesor del tegumento, que es coriáceo; boca en posición anterior y rodeada de tentáculos, y ano posterior. La larva es de tipo auricularia. Se reparten en dos órdenes: los *actinópodos* (*holoturia*) y los *paractinópodos* (*cucumaria, synapta*, etc.). ‖ m. pl. Clase de estos equinodermos.

Holst (Gustav). Biog. Compositor inglés, n. en Cheltenham y m. en Londres (1874-

Larva de la mariposa de la seda (insecto holometábolo)

1934). Fue aficionado al estudio de las filosofías orientales y gran viajero. Compuso: *Rig Veda, Los planetas* (1918), *Himno a Jesús* (1917), *El perfecto loco* (1923) y *Las cuatro estaciones*.

holstein. adj. **Zoot.** Dícese de una raza de caballos, con las características dominantes del pura sangre inglés y del normando. || Dícese de una raza bovina, reputada por su gran producción de leche.

Holstein. Geog. hist. Región histórica alemana, que en la actualidad forma parte del est. de Schleswig-Holstein.

Holywood (John). Biog. Astrónomo inglés, más conocido por el sobrenombre de *Sacrobosco*, latinización del nombre de su ciudad natal, n. en Holywood (hoy Halifax) y m. en París (h. fines del s. XII-1256). Profesor de la Universidad de París y autor de la obra *De sphaera mundi*, en la que expuso las ideas de Ptolomeo y de otros astrónomos de la Antigüedad, hizo notar el error que el calendario juliano contenía y que tres siglos más tarde habría de originar la reforma gregoriana.

Holz (Arno). Biog. Literato alemán, n. en Rastemburg y m. en Berlín (1863-1929). Fue uno de los principales representantes de la escuela realista alemana. Autor de: *Papa Hambet, La familia Selicke*, etc.

Holzmann (Rudolph). Biog. Compositor, director de orquesta y musicógrafo peruano, de origen alemán, n. en Breslau en 1910. Entre sus obras destácanse: *Suite con tres temas, Suite sobre motivos folklóricos peruanos* y *Dulcinea*.

holladero, ra. (De *hollar*.) adj. Dícese de la parte de un camino o paraje por donde ordinariamente se transita.

holladura. f. Acción y efecto de hollar. || Derecho que se pagaba por el piso de los ganados en un terreno.

hollar. fr., *fouler*; it., *calpestare, calcare*; i., *to trample under foot*; a., *treten*. (Del lat. **fullāre*, pisar.) tr. Pisar, dejar huella. || Comprimir algo con los pies. || fig. Abatir, ajar, humillar, despreciar.

holleca. f. **Zool.** herrerillo.

holleja. f. ant. **hollejo.**

hollejo. (Del lat. *follicŭlus*, fuelle pequeño.) m. Pellejo o piel delgada que cubre algunas frutas o legumbres; como la uva, la habichuela, etc.

hollejudo, da. adj. Dícese del fruto que tiene el hollejo duro o áspero.

hollejuela. f. dim. ant. de **holleja.**

hollejuelo. m. dim. de **hollejo.**

Robert W. Holley

Holley (Robert William). Biog. Bioquímico, investigador y catedrático estadounidense, n. en Urbana, Illinois, en 1922. Profesor de bioquímica y biología molecular, en 1968 compartió el premio Nobel de Medicina con sus compatriotas Har Gobind Khorana y Marshall W. Nirenberg, por su interpretación del código genético en función de la síntesis de las proteínas.

hollín. fr., *suie*; it., *fuliggine*; i., *soot*; a., *Russ.* (Del lat. **fullīgo, -ĭnis*.) m. Substancia crasa y negra que el humo deposita en la superficie de los cuerpos a que alcanza. || fam. Alboroto.

hollinar. m. ant. **hollín.**

hollinar. tr. *Chile*. Cubrir de hollín.

hollinento, ta. adj. Que tiene hollín.

Hollywood. Geog. Dist. de la c. de Los Ángeles, EE. UU. Principal centro de producción cinematográfica de aquella nación y del mundo.

hom-. pref. V. **homeo-.**

homalo-; -ómalo. (Del gr. *homalós*.) pref. o suf. que sign. semejante, igual, plano.

homarrache. m. Persona disfrazada grotescamente.

hómarus. (Voz del lat. científico, del fr. *homard*, bogavante.) **Zool.** Gén. de crustáceos malacostráceos al que pertenece el cabracho o bogavante.

homatropina. (De *hom-* y *atropina*.) f. **Quím.** Alcaloide derivado de la atropina, de fórmula $C_{16}H_{21}O_3N$.

hombracho. m. Hombre grueso y fornido.

hombrada. f. Acción propia de un hombre generoso y esforzado.

hombradía. (De **hombrada**.) f. **hombría.** || Esfuerzo, entereza, valor.

Hombrados. Geog. Mun. y lugar de España, prov. de Guadalajara, p. j. de Molina de Aragón; 144 h.

hombre. fr., *homme*; it., *uomo*; i., *man*; a., *Mann, Mensch*. (Del lat. *homo, -ĭnis*.) m. Ser animado racional. Bajo esta acepción se comprende todo el género humano. || Varón, criatura racional del sexo masculino. || El que ha llegado a la edad viril o adulta. || Entre el vulgo, **marido.** || El que en ciertos juegos de naipes dice que entra y juega contra los demás. || Juego de naipes entre varias personas con elección de palo que sea triunfo. Hay varias especies de él. || Junto con algunos substantivos por medio de la prep. *de*, el que posee las calidades o cosas significadas por los substantivos. || **Antrop., Paleont.** y **Zool.** Empléase esta palabra para deisgnar a todo ser humano, cualquiera que sea su sexo, edad o grupo étnico. Zoológicamente, el hombre es un *vertebrado* de la clase de los *mamíferos*, que debe incluirse en el orden de los *primates*. Los rasgos humanos son más próximos a los de los monos que a los de los prosimios, por lo que se le incluye en el suborden de los *antropoideos*, superfamilia de los hominoideos, de los que, aparte de ciertas diferencias físicas, son mucho más profundas las diferencias de orden psíquico, y las morfológicas con ellas relacionadas, pues el hombre posee un cerebro considerablemente más desarrollado que el de los grandes monos; su cráneo es mucho mayor que su cara; tiene un lenguaje articulado; se ha mostrado capaz de un progreso, no sólo biológico, sino también histórico, y ha adquirido una conciencia moral que le permite distinguir el bien del mal. Este conjunto de cualidades mentales, *alma, espíritu* o *razón*, establece evidentemente un abismo entre los grandes monos y el hombre actual, y de aquí que se forme con éste una familia, la de los *homínidos*, con un solo gén., *homo*, una sola especie, *homo sápiens*, y una sola subespecie *h. sápiens sápiens*, a la que pertenecen todas las razas humanas actuales.

Los antepasados. El hombre es una mezcla de caracteres primitivos y de otros muy evolucionados, y ello hace pensar que su separación del tronco general de los primates debió producirse muy precozmente, hacia el oligoceno;

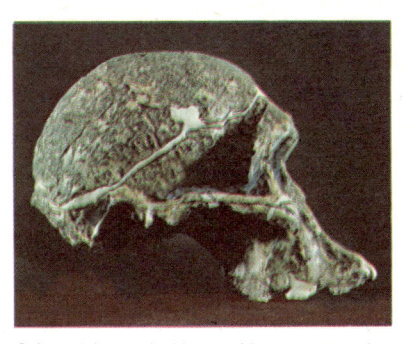

Cráneo del *australopithecus africanus transvaalensis*. Facultad de Biología. Universidad Complutense. Madrid

y no mucho más tarde, en el mioceno inferior, su segregación de la rama que habría de originar los grandes monos actuales; éstos y la estirpe humana han llevado desde entonces una evolución paralela. Los *australopitecinos*, que vivieron en África durante el pleistoceno inferior (hace unos 800.000 años), son considerados como los inmediatos prehomínidos o los primeros homínidos, y representan el comienzo de la civilización paleolítica. El más antiguo hombre del gén. *homo* parece ser el *h. hábilis*, probable contemporáneo de los australopitecinos, al que siguieron los *pitecantropinos* de la especie *homo erectus*, que vivieron hace unos 450.000 años. Habitó Europa por aquel entonces el *hombre de Heidelberg*, y luego los de *Stenheim, Swanscombe, Fontéchevade*, etc., hasta el fin de la tercera glaciación, con la que termina también el paleolítico inferior. Durante la tercera fase interglacial, hace 150.000 años, floreció la civilización paleolítica media, representada por el hombre de *Neandertal*, probablemente el primero de la especie *homo sápiens*, aunque no el antecesor del *hombre moderno* (*h. sápiens sápiens*), que apareció en el transcurso de la última glaciación, hace unos 40.000 años, realizando la civilización paleolítica superior, cuyo representante extinguido más famoso es el *hombre de Cro-Magnon*.

La formación del hombre. La fase arborícola prehominoidea favoreció el desarrollo de la mano prensil, conservando su pentadactilia primitiva, e impulsó hacia el mejoramiento de la visión; haciéndola binocular y cromática, a la vez que la dieta omnívora, a la que convenía una dentición poco especializada, resultó una ventaja en un medio donde abundaban hojas, frutos, gusanos, insectos, etcétera. Cualesquiera fuesen las causas que determinaron en la etapa prehomínida el paso de los árboles al suelo, este paso llevó consigo el logro de una estación bípeda permanente, en la cual las manos prensiles fueron mucho más útiles para capturar y manejar el alimento (los vertebrados no primates suelen utilizar la boca) que para desplazarse. El desarrollo sin precedentes del cerebro, favorecido por la posición erguida de la cabeza, constituyó el avance más característico y fundamental de todos los realizados por el hombre. El uso del fuego, al ablandar los alimentos, permitió una dentición más delicada y la disminución de la cara respecto del cráneo, que, a su vez, había de alojar un cerebro mayor. Por último, la nueva estructura cefálica facilitó el desarrollo del lenguaje articulado, éste ayudó a la comunicación y al gregarismo, y la protección de los padres a los hijos permitió una infancia prolongada, un desarrollo sexual lento y, concomitantemente con él, la posibilidad de un aprendizaje mucho más completo. || **(gentil).** *Léx.* **gentilhombre.** || **(gran,** o **grande).** El ilustre y eminente en una línea. || **(pobre).** El de cortos talentos e instrucción. ‖ El de poca habilidad y sin vigor ni resolución. ‖ **de ambas sillas.** *Equit.* Dícese del que con soltura y buen manejo cabalgaba a la brida y a la jineta. ‖ fig. *Léx.* El que es sabio en varias artes o facultades. ‖ **de armas.** *Mil.* Jinete que iba a la guerra armado de todas piezas. ‖ **de armas tomar.** *Léx.* El que tiene aptitud, resolución o suficiencia para cualquier cosa. ‖ **de barba. hombre de bigotes.** ‖ **de bien.** El honrado que cumple puntualmente sus obligaciones. ‖ **de bigote al ojo.** El que ostentaba cierto aire de arrogancia, llevando el bigote retorcido y con la punta al ojo. ‖ **de bigotes.** fig. y fam. El que tiene entereza y severidad. ‖ **de buena capa.** fig. y fam. El de buen porte. ‖ **de buenas letras.** El versado en letras humanas. ‖ **bueno.** *Der.* El mediador en los actos de conciliación. ‖ *Hist.* El que pertenecía al estado llano. ‖ **de cabeza.** *Léx.* El que tiene talento. ‖ **de cabo.** ant. *Mar.* Cualquiera de los marineros de una embarcación, que se llamaba así para distinguirse de los remeros y forzados en las galeras. ‖ **de calzas atacadas.** fig. *Léx.* El nimiamente observante de los usos y costumbres antiguos. ‖ fig. El demasiadamente rígido en su modo de proceder. ‖ **de la calle.** Expresión usada en nuestros días para designar la opinión, en materia política, económica o social, de las gentes que no tienen intervención directa y constante en la vida pública; pues, aunque responde a criterios individuales, su resultante tiene una clara significación colectiva. ‖ **de campo.** El que con frecuencia anda en el campo ejercitándose en la caza o en las faenas agrícolas. ‖ **de capa y espada.** El seglar que no profesaba de propósito una facultad. ‖ **de capa negra.** ant. fig. Persona ciudadana y decente. ‖ **de ciencia.** El que se dedica a actividades científicas. ‖ **de copete.** fig. El de estimación y autoridad. ‖ **de corazón.** El valiente, generoso y magnánimo. ‖ **de Cro-Magnon,** o **Cromañón.** *Antrop.* **homo sápiens sápiens.** ‖ **chelense.** *Paleont.* y *Zool.* **zinjántropo.** ‖ **de días.** *Léx.* El anciano, el provecto. ‖ **de dinero.** El acaudalado. ‖ **de distinción.** El de ilustre nacimiento, empleo o categoría. ‖ **de dos caras.** El que en presencia dice una cosa y en ausencia otra. ‖ **de edad.** El viejo o próximo a la vejez. ‖ **espiritual.** *Rel.* El dedicado a la virtud y contemplación. ‖ **de estado.** *Polít.* De aptitud reconocida para dirigir acertadamente los negocios políticos de una nación. ‖ Hombre político, cortesano. ‖ **estadista,** persona versada en asuntos del estado. ‖ **de estofa.** *Léx.* El de respeto y consideración. ‖ **exterior.** En contraposición a *hombre interior,* el hombre con relación a lo externo y corporal del mismo, osea todo lo que en él se refiere a la vida vegetativa y animal. ‖ **de Folsom.** *Antrop.* **homo sápiens sápiens.** ‖ **de fondo.** *Léx.* El que tiene gran capacidad e instrucción y talento. ‖ **de fondos. hombre de dinero.** ‖ **de Fontechévade.** *Antrop.* **homo sápiens.** ‖ **de fortuna.** *Léx.* El de cortos principios llega a grandes empleos o riquezas. ‖ **de Grimaldi.** *Antrop.* **homo sápiens sápiens.** ‖ **de guerra.** *Mil.* El que sigue la carrera de las armas o profesión militar. ‖ **de haldas.** *Léx.* El que tiene una profesión sedentaria. ‖ **hecho.** El que ha llegado a la edad adulta. ‖ fig. El instruido o versado en una facultad. ‖ **de hecho.** El que cumple su palabra. ‖ **hecho y derecho.** El que pasa la edad adulta y tiene personalidad. ‖ **de Heidelberg.** *Antrop.* **homo heidelbergensis.** ‖ **de iglesia.** *Léx.* **clérigo.** ‖ **interior.** El hombre con relación al alma y al cultivo de sus facultades intelectuales y morales. ‖ **de Java.** *Antrop.* **pitecántropo** y **homo erectus.** ‖ **de Kanjera. homo sápiens.** ‖ **de letras.** *Léx.* **literato.** ‖ **liso.** El de verdad, ingenuo, sincero, sin dolo ni artificio. ‖ **de lunas.** Hombre lunático. ‖ **lleno.** fig. El que sabe mucho. ‖ **de mala digestión.** fig. y fam. El que tiene mal gesto y dura condición. ‖ **de manera. hombre de distinción.** ‖ **de manga.** Clérigo o religioso. ‖ **de manos. hombre de puños.** ‖ **de mar.** *Mar.* Aquel cuya profesión se ejerce en el mar o se refiere a la marina; como los marineros, calafates, contramaestres, etc. ‖ **mayor.** *Léx.* El anciano, el de edad avanzada. ‖ **menudo.** El miserable, escaso y apocado. ‖ **moderno.** *Antrop.* **homo sápiens sápiens.** ‖ **mono.** Nombre que se dio al primate fósil que los primeros evolucionistas posdarwinianos buscaban con el *eslabón perdido* entre los monos antropomorfos y los hombres, que se creyó haber encontrado cuando Dubois descubrió el pitecántropo, en 1893. Hoy se admite que unos y otros son producto de dos líneas evolutivas paralelas, separadas, ya en la época miocena, de un tronco común. ‖ **de mundo.** *Léx.* El que por su trato con toda clase de gentes y por su experiencia y práctica de negocios merece esta calificación. ‖ **de nada.** El que es pobre y de obscuro nacimiento. ‖ **de Neandertal.** *Antrop.* **homo sápiens neanderthalensis.** ‖ **de negocios.** *Léx.* El que tiene muchos a su cargo. ‖ **de las nieves.** *Antrop.* y *Zool.* Ser cuya existencia han afirmado muchos de los habitantes del Himalaya. La expedición llevada a cabo por Hillary, de septiembre de 1960 a junio de 1961, a través del Himalaya no confirmó la existencia de tales seres. ‖ **nuevo.** *Teol.* El hombre, en cuanto ha sido regenerado por Jesucristo. ‖ **de Olduvai.** *Antrop.* Nombre con el que se conocen dos homínidos fósiles diferentes: un australopitecino, el *zinjántropo* (v.), y un miembro del gén. *homo* (v. **homo hábilis**). ‖ **de orden.** ant. *Rel.* Religioso de una orden. ‖ **de paja.** *Léx.* **cabeza de turco.** ‖ **de palabra.** El que cumple lo que promete. ‖ **de pecho.** fig. y fam. El constante y de gran serenidad. ‖ **de Pekín.** *Antrop.* **homo erectus, pitecantropino** y **sinántropo.** ‖ **de pelea.** *Léx.* Soldado, el que sirve en la milicia. ‖ **de pelo en pecho.** fig. y fam. El fuerte y osado. ‖ **para poco.** El pusilánime, de poco espíritu, de ninguna expedición. ‖ **de presa.** Dícese del sujeto duro de sentimientos que donde interviene hace negocio, sin que sea fácil desplazarlo en la cuestión de intereses. ‖ **de pro,** o **de provecho.** El de bien. ‖ El sabio o útil al público. ‖ **público.** *Polít.* El que interviene públicamente en los negocios políticos. ‖ **de punto.** *Léx.* Persona principal y de distinción. ‖ **de puños.** fig. y fam. El robusto, fuerte y valeroso. ‖ **rana.** *Mar.* Dícese del buzo especialmente equipado para la natación submarina. ‖ **del rey.** *Hist.* En lo antiguo, el que servía en la casa real. ‖ **de Solo.** *Antrop.* **homo sápiens.** ‖ **de Steinheim. homo sápiens.** ‖ **de Swanscombe. homo sápiens.** ‖ **de Ternifín.** *Antrop., Paleont.* y *Zool.* Nombre dado a los restos de un hombre primitivo encontrados por el profesor Harambourg, en 1954, en la local. de Palikao (Argelia), consistentes en tres mandíbulas bien conservadas, con sus dientes y un trozo de cráneo. Vivió en el pleistoceno medio, hace unos 700.000 a 800.000 años. ‖ **de Texpepán.** Hombre del que se descubrió un esqueleto muy completo cerca de Texpepán (Méjico), en 1949. Es de unos 10.000 años de antigüedad y de la especie y variedad actuales (*homo sápiens sápiens*). ‖ **de todas sillas.** fig. *Léx.* **hombre de ambas sillas.** ‖ **de veras.** El que es amigo de la realidad y verdad. ‖ El serio y enemigo de burlas. ‖ **de verdad.** El que siempre la dice y tiene opinión y fama de eso. ‖ **de la vida airada.** El que vive licenciosamente. ‖ El que se precia de guapo y valentón. ‖ **viejo.** *Rel.* El hombre, en cuanto ha heredado por el pecado original los sentimientos y malas inclinaciones que son efecto del mismo pecado. ‖ **de Wadjak.** *Antrop.* **homo sápiens sápiens.** ‖ **¡hombre!** interj. que indica sorpresa o asombro. Ú. también repetida.

hombrear. (De *hombre.*) intr. Querer el joven parecer hombre hecho. ‖ *Méj.* Dícese de la mujer a la que le gustan las ocupaciones u oficios de los hombres.

hombrear. (De *hombro.*) intr. Hacer fuerza con los hombros para sostener o empujar alguna cosa. ‖ fig. Querer igualarse con otro u otros en saber, calidad o prendas. Ú. t. c. prnl.

hombrecillo. m. dim. de **hombre.** ‖ *Bot.* **lúpulo.** ‖ **de agua y lana.** *Léx.* **hombre para poco.**

hombredad. f. ant. **hombría.**

hombrera. fr., *épaulière, épaulette;* it., *spallaccio;* i., *epaule;* a., *Schulterstück.* f. Pieza de la armadura antigua, que cubría y defendía los hombros. ‖ Labor o adorno especial de los vestidos en la parte correspondiente a los hombros. ‖ Cordón, franja o pieza de paño en forma de almohadilla que, sobrepuesta a los hombros en el uniforme militar, sirve de defensa, adorno y sujeción de correas y cordones del vestuario, y a veces como insignia del empleo personal jerárquico. ‖ *Hond.* Hombrillo de la camisa.

hombretón. m. aum. de **hombre.**

hombrezuelo. m. dim. de **hombre.**

hombría. (De *hombre.*) f. Calidad de hombre. ‖ Calidad buena destacada de hombre, especialmente la entereza o el valor. ‖ **de bien.** *Léx.* Probidad, honradez.

hombrillo. m. Lista de lienzo con que se refuerza la camisa por el hombro. ‖ Tejido de seda u otra cosa, que sirve de adorno y se pone encima de los hombros.

hombro. fr., *épaule;* it., *spalla;* i., *shoulder;* a., *Schulter.* (Del lat. *humĕrus.*) m. **Anat.** Parte superior lateral del tronco de los primates antropoideos, de donde nace el brazo; su esqueleto está constituido por la cintura escapular, que consta de dos huesos: la clavícula, delante, y el omoplato, detrás. ‖ **Impr.** Parte de la letra desde el remate del árbol hasta la base del ojo. ‖ **a hombros.** m. adv. con que se denota que se lleva alguna persona o cosa a cuestas, sobre los hombros del que la conduce. Tratándose de personas, suele hacerse en señal de triunfo. ‖ **en hombros.** m. adv. **a hombros.**

hombruno, na. adj. fam. Dícese de la mujer que por alguna cualidad o circunstancia se parece al hombre, y de las cosas en que estriba esta semejanza.

Homburg. *Geog.* **Bad Homburg.**

home. (Del lat. *homo, -ĭnis.*) m. ant. **hombre.** Ú. en Sevilla y Méjico. ‖ **de leyenda.** ant. *Rel.* Clérigo, el que ha recibido las órdenes sagradas.

Home (Alexander Frederick Douglas). *Biog.* **Douglas-Home (Alexander Frederick).**

homecidio. m. *Méj.* barb. por **homicidio.**

homecillo. m. ant. **homicillo.** ‖ ant. Enemistad, odio, aborrecimiento.

homenaje. fr. *hommage;* it., *omaggio;* i., *homage;* a., *Lehnseid, Ehrfurchtsbezeigung.* (Del provenz. *homenatge,* y éste del lat. **hominaticum,* de *homo, -ĭnis,* hombre.) m. Juramento solemne de fidelidad hecho a un rey o señor. Se decía también del hecho a un igual para obligarse al cumplimiento de cualquier pacto. ‖ Acto o serie de actos que se celebran en honor de una persona. ‖ fig. Sumisión, veneración, respeto hacia una persona.

homenajear. tr. Rendir homenaje a una persona o a su memoria.

homeo-, homo-, hom-; -omeo. (Del gr. *hómoios,* u *hómos.*) pref. o suf. que sign. igual, semejante.

homeomería. (De *homeo-* y *-mería.*) f. **Filos.** Según Anaxágoras, cada una de las partículas elementales, cualitativamente diferentes, de que están compuestas todas las cosas.

homeópata. adj. Dícese del médico que profesa la homeopatía. Ú. t. c. s.

homeopatía. fr., *homéopathie;* it., *omeopatia;* i., *homoeopathy;* a., *Homöopathie.* (De *homeo-* y *-patía.*) f. **Terap.** Método terapéutico, fundado por Samuel Hahnemann en 1805, que trata las enfermedades con substancias similares a las que provocan, en el hombre sano, la misma enfermedad.

homeopáticamente. adv. m. En dosis diminutas u homeopáticas.

homeopático, ca. adj. Perteneciente o relativo a la homeopatía. || fig. De tamaño o en cantidad muy diminutos.

homeóstasis, homeostasis u **homeostasia.** (De *homeo-* y *-stasis* o *-stasia.*) f. **Biol.** Tendencia que tiene el organismo a mantener constantes su estado y su composición interna, dentro de ciertos límites. || **Cibernética** y **Fís.** Aptitud de mantener el medio interno dentro de los límites compatibles con la seguridad de sus órganos.

homeostático, ca. adj. Perteneciente o relativo a la homeóstasis.

Homer (Winslow). **Biog.** Pintor estadounidense, n. en Boston y m. en Prout's Neck (1836-1910). Cultivó el óleo y la acuarela, y está considerado como uno de los pintores realistas estadounidenses más importantes del s. XIX.

homérico, ca. fr., *homérique;* it., *omerico;* i., *homeric;* a., *homerisch.* (Del lat. *homericus.*) adj. Propio y característico de Homero como poeta, o que tiene semejanza con cualquiera de las dotes o calidades por que se distinguen sus producciones.

homero. m. **Bot.** aliso.

Homero. (Del gr. *Hómeros.* Varias etimologías se han propuesto acerca de su nombre; *hómeros,* ciego; o bien, *hómeros,* rehén, prenda.) **Biog.** Legendario poeta griego del s. IX a. C., al que se atribuyen la *Ilíada* y la *Odisea.* Ya en la antigüedad, siete ciudades se disputaban el

Homero. Museo Capitolino. Roma

honor de ser su patria. Según la versión más difundida, fue un rapsoda, quizá ciego, que nació probablemente en Esmirna, y, al estilo de aquella época, cantaba sus poemas en fiestas y banquetes. Se debe a Pisístrato la fijación y ordenación definitiva del texto de sus cantos o rapsodias. Planteada en los s. XVII y XVIII la duda sobre su existencia real, se ha registrado en nuestro tiempo una vigorosa reacción afirmadora, no solamente de su figura histórica, sino también de su paternidad respecto a la epopeya helénica. La epopeya de los griegos registra la huella de un poeta extraordinario, de riquísima imaginación y sorprendente dominio del idioma, con recursos de sobra para ordenar en estructuras de impecable belleza materiales poéticos tal vez de procedencias distintas. *Los himnos homéricos* y *La batracomiomaquia,* que también le fueron atribuidos, son posteriores.

homiciano. (De *homicio.*) m. ant. El que mata a otro.

homiciarse. (De *homicio.*) prnl. ant. Enemistarse, perder la buena unión o armonía que se tenía con uno.

homicida. fr., *homicide;* it., *omicida;* i., *murderer;* a., *Mörder.* (Del lat. *homicīda;* de *homo,* hombre, y *caedĕre,* matar.) com. Que ocasiona la muerte de una persona. Ú. t. c. adj.

homicidio. fr. e i., *homicide;* it., *omicidio;* a., *Mord.* (Del lat. *homicidĭum.*) m. Muerte causada a una persona por otra. || Por lo común, la ejecutada ilegítimamente y con violencia. || Cierto tributo que se pagaba en lo antiguo.

homiciero. (De *homiciarse.*) m. ant. El que causa o promueve enemistades y discordias entre otras personas.

homicillo. (Del lat. *homicidĭum.*) m. **Der.** Pena pecuniaria en que incurría el que, llamado por juez competente por haber herido gravemente o muerto a uno, no comparecía y daba lugar a que se sentenciase su causa en rebeldía. || ant. **homicidio.**

homicio. (Del lat. *homicidĭum.*) m. ant. **homicidio.**

homilética. (Del gr. *homiletiké,* t. f. de *homiletikós,* espíritu de sociedad.) f. Parte de la retórica que trata de la elocuencia u oratoria sagrada.

homilía. fr., *homélie;* it., *omelia;* i., *homily;* a., *Homilie.* (Del lat. *homilīa,* y éste del gr. *homilía,* de *hómilos,* reunión.) f. **Rel.** Razonamiento o plática que se hace para explicar al pueblo las materias de religión, especialmente el evangelio de las domínicas. || pl. Lecciones del tercer nocturno de los maitines, sacadas de las homilías de los padres y doctores de la Iglesia.

homiliario. m. Libro que contiene homilías.

hominal. (Del lat. *homo, -ĭnis,* hombre.) adj. **Antrop.** Perteneciente o relativo al hombre.

hominicaco. (Del lat. *homo, -ĭnis,* hombre.) m. fam. Hombre pusilánime y de mala traza.

homínido, da. (Del lat. *homo, -ĭnis,* hombre, e *-ido.*) adj. **Antrop.** Parecido al hombre; que tiene su forma u otras de sus cualidades, o que actúa como él. || **Antrop., Paleont.** y **Zool.** Dícese de los mamíferos primates del suborden de los antropoideos, superfamilia de los hominoideos, entre los que se cuentan el hombre actual y todas las formas fósiles de primates capaces de fabricar utensilios. (V. **hombre** y **homo.**) || m. pl. Familia de estos primates.

hominoideo, a. (Del lat. *homo, -ĭnis,* hombre, y *-oideo.*) adj. **Paleont.** y **Zool.** Dícese de los mamíferos primates antropoideos que se diferencian de los demás del suborden por carecer de cola y de abazones, por un mayor desarrollo del cráneo y de la inteligencia y por adoptar, al menos temporalmente, una posición erguida. Son los supervivientes de una larga secuencia de seres fósiles iniciada en África durante el oligoceno y extendida a Europa y Asia en el mioceno. De las formas allí originadas, unas, como el *pliopiteco* y el *driopiteco,* parecen ser los antecesores de los grandes monos, mientras que otras, como el *procónsul* de África, quizá el *oreopiteco,* de Italia (miocénicos) y el *ramapiteco,* de Asia, y el *kenyapiteco,* de África (del límite mioceno-plioceno) originaron probablemente los verdaderos homínidos, a través de los australopitecinos, del pleistoceno inferior. || m. pl. Superfamilia de estos primates con dos familias actuales; la de los póngidos y la de los homínidos.

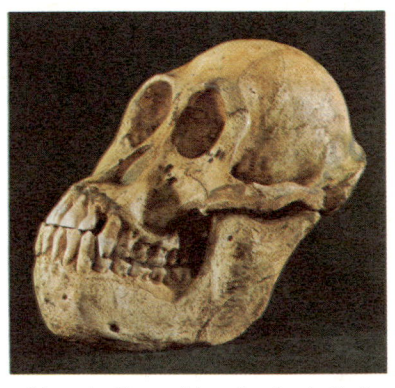

Cráneo de chimpancé (mamífero hominoideo)

homo-. pref. V. **homeo-.**

homo. (Voz del lat. científico; de la misma voz lat., que sign. *hombre.*) **Antrop., Paleont.** y **Zool.** Gén. de primates antropoideos de la superfamilia de los hominoideos, familia de los homínidos, al que pertenecen todos los hombres actuales y extinguidos, y cuyo origen se remonta al pleistoceno inferior. Comprende tres especies, a las que hoy refieren los antropólogos todas las formas presentes y pretéritas: el *homo hábilis,* el *h. erectus* y el *h. sápiens.* || **aurignacensis. homo sápiens sápiens.** || **erectus.** Especie a la que pertenecían los hombres denominados *pitecantropinos,* y cuyos representantes más conocidos fueron el *pitecántropo,* de Java; el *sinántropo,* de Pekín; el *hombre de Heidelberg,* los *de Rhodesia* y *Saldanha,* y otros. || **faber.** Cualquiera de los homínidos y de los australopitecinos, en razón de su capacidad para elaborar utensilios. || **fóssilis.** Cualquiera de los homínidos extinguidos. || **hábilis.** Especie descubierta en 1961 por el doctor Leakey y su esposa, en Olduvai, Tanganyika. Fue probablemente anterior, contemporáneo y posterior al *zinjántropo,* y seguramente fabricaba herramientas y se hacía toscos refugios. || **heidelbergensis. homo erectus** y **pitecantropino.** || **mauritanicus. homo erectus** y **pitecantropino.** || **mousteriensis. homo sápiens neanderthalensis.** || **neanderthalensis. homo sápiens neanderthalensis.** || **pekinensis** o **sinensis. homo erectus** y **pitecantropino.** || **primigenius. homo sápiens neanderthalensis.** || **priscus. hombre de Cro-Magnon.** (V. **homo sápiens sápiens.**) || **rodhesiensis. homo erectus** y **pitecantropino.** || **sápiens.** Especie que abarca las formas del gén. *homo* que han prevalecido desde el paleolítico medio, después de la tercera glaciación. Comprende dos subespecies de particular interés: el *h. sápiens neanderthalensis* y el *h. sápiens sápiens.* || **sápiens neanderthalensis.** El más conocido de todos los hombres extinguidos es el de *Neandertal,* antes denominado *homo neanderthalensis.* Los primeros restos se hallaron en 1848, en el peñón de Gibraltar, pero no se les prestó atención hasta que en 1856 se descubrió un esqueleto en Neandertal, cerca de Düsseldorf, Alemania. El hombre de Neandertal vivió en Europa durante la tercera glaciación; utilizaba venablos con puntas de piedra, enterraba a sus muertos y empleaba el fuego. Era de cuerpo robusto, pesada estructura ósea, arcos orbitales salientes, frente baja, cráneo achatado, sin mentón, y prognato, pero su capacidad craneana alcanzaba ya de 1.200 a 1.600 cm.^{3}. || **sápiens sápiens.** Es el hombre moderno; la más famosa de sus razas extinguidas es la de Cro-Magnon. Vivió en Europa ya al final de la última glaciación, durante el paleolítico medio,

homocarpo–Homs

entre los 40 y los 8 milenios a: C. Era alto, con 1.700 a 1.800 cm.³ de capacidad craneana y sin vestigios neandertaloides. Desarrolló las culturas *perigordiense, auriñaciense, solutrense* y *magdaleniense;* construyó utensilios muy variados, de hueso y asta, y produjo un arte rupestre sin paralelo. Fue cazador, aunque no domesticó animales; se cubrió con vestidos, utilizó el fuego y fundó establecimientos permanentes. Otras razas de la subespecie fueron: la de *Grimaldi,* de la que se hallaron varios esqueletos negroides muy completos cerca de Menton, Francia; la de *Wadjak,* en Java, posiblemente antecesora de los aborígenes australianos, y la de *Aurignac,* Francia, cuyo nombre lleva la cultura *auriñaciense,* y que se extendió por las costas atlánticas de España y sur de Francia. En Norteamérica se han hallado restos del hombre moderno en Fulson (Nuevo Méjico), Midlan (Tejas) y Tepexpán (Méjico), que datan probablemente de hace 30.000 a 12.000 años. En América del Sur, los primeros restos del *h. sápiens sápiens* son algo más recientes, entre 7.500 y 15.000 años a. C. ǁ **sinensis, homo pekinensis.** ǁ **wadjakensis. homo sápiens sápiens.**

homocarpo, pa. (De *homo-* y *-carpo.*) adj. **Bot.** Dícese del involucro de las sinantéreas cuando se parecen todos los frutos que en él se desarrollan.

homocélido, da. adj. **Zool. homocelo.**

homocelo, la. (De *homo-* y *-celo,* hueco, cavidad.) adj. **Zool.** Dícese de los espongiarios calcáreos, con la cavidad atrial tapizada de coanocitos y la pared del cuerpo no plegada y atravesada por simples poros regularmente distribuidos. Son las esponjas más sencillas que existen, y su representante es el gén. *ascon.* ǁ m. pl. Orden de estos espongiarios.

homocerco, ca. (De *homo-* y *-cerco.*) adj. **Zool.** Dícese de la aleta caudal de los peces, si consta de dos mitades aparentemente iguales; en realidad son diferentes, pues el cerco superior contiene el final de la columna vertebral y, por tanto, el lóbulo situado por debajo de ella es mayor que el situado encima. La presentan algunos ganoideos y la mayoría de los teleósteos.

homocigosis. f. **Biol.** Condición de un ser homocigoto.

homocigote. adj. **Biol. homocigoto.**

homocigótico, ca. adj. **Biol. homocigoto.**

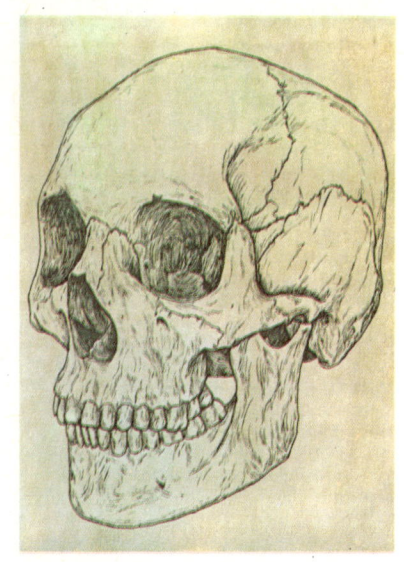

Cráneo de homo sápiens. Facultad de Biología. Universidad Complutense. Madrid

homocigoto, ta. (De *homo-* y *-cigoto.*) adj. **Biol.** Dícese del cigoto resultante de la unión de un gameto masculino y otro femenino idénticos en su constitución cromosómica.

homoclamídeo, a. (De *homo-* y *clamídeo.*) adj. **Biol.** Dícese de la flor diploclamídea cuyo perianito consta de dos verticilos semejantes, es decir, formados de pétalos.

homodonto, ta. (De *hom-* y *-odonto.*) adj. **Zool.** Dícese de los mamíferos que tienen todos sus dientes semejantes.

homofonía. (Del gr. *homophonia.*) f. Calidad de homófono. ǁ **Mús.** Conjunto de voces o sonidos simultáneos que cantan al unísono.

homófono, na. (Del gr. *homóphonos;* de *homós,* parecido, y *phoné,* sonido.) adj. **Gram.** Dícese de las palabras que con distinta significación suenan de igual modo. ǁ **Mús.** Dícese del canto o música en que todas las voces tienen el mismo sonido.

homogéneamente. adv. m. De modo homogéneo.

homogeneidad. fr., *homogénéité;* it., *omogeneità;* i., *homogeneity;* a., *Gleichartigkeit, Homogenität.* f. Calidad de homogéneo.

homogeneización. f. Acción y efecto de homogeneizar. ǁ **Indus.** Procedimiento utilizado para tratar la leche, que consiste en emulsionar la manteca, con lo cual se impide la formación de nata.

homogeneizar. tr. Transformar en homogéneo por medios físicos o químicos, un compuesto o mezcla de elementos diversos.

homogéneo, a. fr., *homogène;* it., *omogene;* i., *homogeneous;* a., *Homogen, gleichartig.* (Del b. lat. *homogeněus,* y éste del gr. *homogenés,* de la misma raza; de *homós,* igual, y *génos,* origen.) adj. Perteneciente a un mismo género; poseedor de iguales caracteres. ǁ Dícese de una substancia o de una mezcla de varias cuando su composición y estructura son uniformes.

homografía. (De *homo-* y *-grafía.*) f. **Geom.** Correspondencia biunívoca, que cumple la condición de que si tres puntos están en línea recta, sus homólogos también lo están.

homógrafo, fa. (De *homo-* y *-grafo.*) adj. **Gram.** Aplícase a las palabras de distinta significación que se escriben de igual manera.

homologable. adj. Que puede homologarse.

homologar. fr., *homologuer;* it., *omologare;* i., *to homologate;* a., *bestätigen.* (De *homólogo.*) tr. **Dep.** Dar validez oficial a una hazaña deportiva. ǁ Registrar y confirmar un organismo autorizado el resultado de una prueba deportiva realizada con arreglo a ciertas normas. ǁ Equiparar, poner en relación de igualdad o semejanza dos cosas. ǁ **Der.** Dar firmeza las partes al fallo de los árbitros o arbitradores, en virtud de consentimiento tácito, por haber dejado pasar el término legal para impugnarlo. ǁ Confirmar el juez ciertos actos y convenios de las partes, para hacerlos más firmes y solemnes. ǁ Contrastar una autoridad oficial el cumplimiento de determinadas especificaciones o características de un objeto o una acción.

homología. f. Calidad de homólogo.

homólogo, ga. fr., *homologue;* it., *omologo;* i., *homologous;* a., *homolog.* (Del lat. *homologus,* y éste del gr. *homólogos* de *homós,* parecido, y *lógos,* razón.) adj. **Biol.** Dícese de los órganos que se corresponden morfológicamente, sin considerar la función; se funda en un origen común, aunque luego se diversifiquen y adopten misión distinta. ǁ **Geom.** Aplícase a los lados de cada una de dos o más figuras semejantes forman los ángulos iguales. ǁ **Lóg.** Dícese de los términos sinónimos o que significan una misma cosa.

homomorfosis. (De *homo-, -morf-* y *-osis.*) f. **Biol.** Reproducción del órgano perdido.

homonimia. (Del lat. *homonymia,* y éste del gr. *homonymia.*) f. Calidad de homónimo.

homónimo, ma. fr., *homonyme;* it., *omonimo;* i., *homonymous;* a., *gleichnamig.* (Del lat. *homonỹmus,* y éste del gr. *homónymos;* de *homós,* semejante, y *ónoma,* nombre.) adj. **Gram.** Dícese de dos o más personas o cosas que llevan un mismo nombre, y de las palabras que siendo iguales por su forma tienen distinta significación. Ú. t. c. s., y tratándose de personas, equivale a *tocayo.*

homoplastia. (De *homo-* y *-plastia.*) f. **Cir.** Implantación de injertos de órganos para restaurar partes enfermas o lesionadas del organismo por otras procedentes de un individuo de la misma especie.

homóptero, ra. (De *homo-* y *-ptero.*) adj. **Entom.** Dícese de los insectos hemípteros, caracterizados por tener dos pares de alas membranosas, aunque son frecuentes las especies ápteras; tarsos de uno a tres artejos y metamorfosis generalmente incompleta. ǁ m. pl. Suborden de estos insectos.

homosexual. adj. **Pat.** Dícese del individuo afecto de homosexualidad. Ú. t. c. s. ǁ Se dice de la relación erótica entre individuos del mismo sexo. ǁ Perteneciente o relativo a la homosexualidad.

homosexualidad. (De *homo-* y *sexualidad.*) f. Inclinación manifiesta u oculta hacia la relación erótica con individuos del mismo sexo. ǁ Práctica de dicha relación.

homosexualismo. (De *homo-* y *sexualismo.*) m. **Pat. homosexualidad.**

homotecia. (De *homo-* y *-tecia.*) f. **Geom.** Homología en que las distancias de los puntos homólogos al centro están en una relación constante llamada razón.

homotermia. (De *homo-* y *-termia.*) f. **Zool.** Condición de homotermo. ǁ **caloricidad.**

homotérmico, ca. adj. **Zool. homotermo.**

homotermo, ma. (De *homo-* y *-termo.*) adj. **Fís.** isotermo. ǁ **Zool.** Dícese de los animales que siempre conservan una temperatura constante y, generalmente, superior a la del medio.

Homs. Geog. Prov. de Libia; 25.200 km.² y 182.000 h. ǁ C. cap. de la misma; 13.864 h. En sus alrededores se encuentran las ruinas de la antigua *Leptis Magna,* puerto fenicio y, más tarde, colonia romana. ǁ Dist. de Siria; 42.226 km.² y 546.292 h. ǁ C. cap. del mismo, cerca del río Orontes; 215.526 h. Ruinas del período romano, durante el que se llamó *Emesa.*

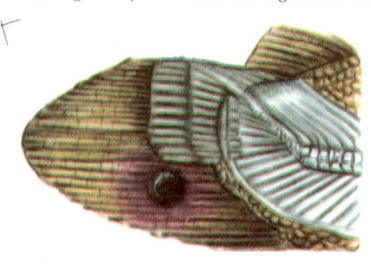

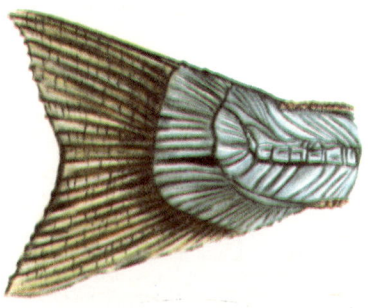

Aletas homocercas

Homs. Ruinas de la antigua Leptis Magna

Homún. Geog. Mun. de Méjico, est. de Yucatán; 4.058 h. ‖ Villa cap. del mismo; 3.023 h.
homúnculo. (Del lat. *homuncŭlus.*) m. dim. desp. de **hombre.**
Honan. Geog. Prov. de la R. P. China, en la región Centromeridional; 166.800 km.² y 50.300.000 h. Cap., Chengchou.
honcejo. (De *hoz*, instrumento.) m. **Agr. hocino.**
honda. fr., *fronde;* it., *frombola;* i., *sling;* a., *Schleuder.* (Del lat. *funda.*) f. Tira de cuero, o trenza de lana, cáñamo, esparto u otra materia semejante, para tirar piedras con violencia, mediante la fuerza centrífuga creada al hacerla girar. Se utilizó antiguamente en la guerra; pero hoy sólo tiene uso entre los pastores y los muchachos. ‖ Braga o cuerda para suspender un objeto en el aire.
Honda. Geog. Mun. de Colombia, depart. de Tolima; 24.155 h. Minas de oro y plata. ‖ Pobl. cap. del mismo; 21.506 h.
hondable. adj. Dícese del sitio del mar donde la nave puede fondear. ‖ ant. Hondo, profundo.
hondada. (De *honda.*) f. Tiro de honda.
hondamente. adv. m. Con hondura o profundidad. ‖ fig. Profundamente, altamente, elevadamente.
hondanada. f. *Chile.* barb. por **hondonada.**
hondar. tr. *Amér.* ahondar.
hondarras. (De *hondo*, fondo.) f. pl. *Rioja.* Poso o heces que quedan en la vasija que ha tenido un licor.
hondazo. m. Tiro de honda.
hondeador. (De *hondear.*) m. *Germ.* Ladrón que tantea por dónde ha de hurtar.
hondear. (De *hondo.*) tr. Reconocer el fondo con la sonda. ‖ Sacar carga de una embarcación. ‖ *Germ.* Mirar y considerar bien las cosas antes de hacerlas.
hondear. intr. Disparar la honda.
Hondecoeter (Melchior de). Biog. Pintor holandés, n. en Utrecht y m. en Amsterdam (1636-1695). Sus obras son casi todas representaciones de animales. La más célebre es *La pluma flotante.*

hondero. m. Soldado que antiguamente usaba de honda en la guerra.
hondijo. m. Honda para tirar piedras.
hondillos. m. pl. Entrepiernas de los calzones.
hondo, da. fr., *profond, bas;* it., *profondo;* i., *deep;* a., *tief.* (Del lat. *fundus.*) adj. Que tiene profundidad. ‖ Aplícase a la parte del terreno que está más baja que todo lo circundante. ‖ fig. Profundo, alto o recóndito. ‖ fig. Tratándose de un sentimiento, intenso, extremado. ‖ m. Parte inferior de una cosa hueca o cóncava.
Hondo. Geog. Honshu. ‖ **Valle.** Dist. municipal de la República Dominicana, prov. de La Estrelleta; 10.309 h. ‖ Villa cap. del mismo; 1.364 h.
hondón. (De *hondo.*) m. Suelo interior de cualquiera cosa hueca. ‖ Lugar profundo que se halla rodeado de terrenos más altos. ‖ Ojo o agujero que tiene la aguja para enhebrarla. ‖ Parte del estribo donde se apoya el pie. ‖ **contra hondón.** loc. ant. Hacia abajo.
Hondón de los Frailes. Geog. Mun. y lugar de España, prov. de Alicante, p. j. de Elda; 556 h. ‖ **de las Nieves.** Mun. de España, prov. de Alicante, p. j. de Elda; 1.653 h. ‖ Villa cap. del mismo; 1.247 h. *(hondonenses).*
hondonada. fr., *enfoncement, terrain bas;* it., *terreno basso;* i., *dale;* a., *Niederung.* (De *hondón.*) f. Espacio de terreno hondo.

El hondero, por Rosellón. Jardines del Huerto del Rey. Palma de Mallorca

hondonal. (De *hondón.*) m. *Sal.* Prado bajo y húmedo. ‖ Lugar de juncos.
hondonero, ra. (De *hondón.*) adj. ant. Dícese del lugar hondo.
hondura. (De *hondo.*) f. Profundidad de una cosa, ya sea en las concavidades de la tierra, ya en las del mar, ríos, pozos, etc.

El pavo blanco, por M. de Hondecoeter. Museo de Kassel

Honduras

Honduras. Geog. República de América central, la segunda en extensión de Centroamérica. Parece derivarse su nombre de *hondura,* dado al golfo de igual denominación, por su mucha profundidad.

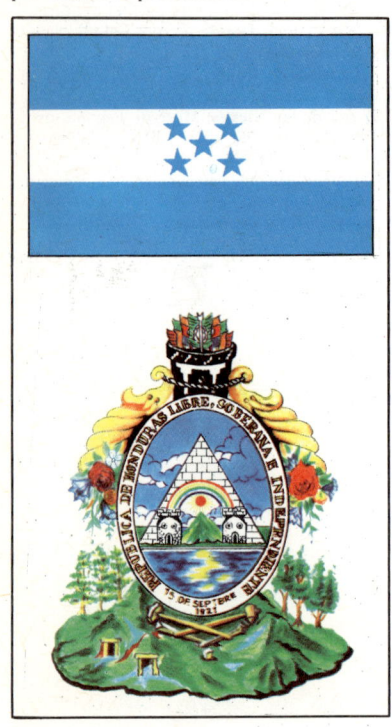

GENERALIDADES

Situación y límites. Se encuentra la República de Honduras en la zona tórrida, entre los dos océanos, situada aproximadamente entre los 13° 10′ y los 16° de lat. N. y los 83° 20′ y 89° 30′ de long. O. de Greenwich. Limita al N. con el mar de las Antillas, al E. con este mismo mar y Nicaragua, al S. con este último Estado y el océano Pacífico, al SO con El Salvador y al O. con esta misma República y la de Guatemala.

Superficie y población. La superf. de la República de Honduras es de 112.088 km.², y la pobl., de 2.781.400 h. (3.400.000 calculados en 1979), con una densidad de 24,8 habitantes por km.².

GEOGRAFÍA FÍSICA

Geología. La acción volcánica ha ejercido un papel primordial en la formación del país, secundariamente, otra parte ha sido plasmada por la acción de las aguas. La primera se ha hecho sentir sobre todo en la región meridional. Algunas regiones del interior y franjas costeras sobre el Pacífico y el Atlántico se componen de terrenos aluviales y diluviales. A medida que se avanza hacia el interior, partiendo desde el golfo de Fonseca, las montañas se van elevando por una sucesión de terrazas profundamente cortadas por raudales que descienden al mar. Al O., entre las montañas de Corquin, el país es sumamente quebrado y los ríos, recogiendo sus aguas en los bajos interiores, rompen la montaña de pórfido y las colinas que las bordean. En general, los terrenos de la República son debidos a los efectos de la erosión de las aguas sobre las capas que cubren el esqueleto ígneo.

Relieve. Honduras, meseta dominada por cordilleras extendidas en todas direcciones, es el país más montañoso de la América central. La cordillera Centroamericana, prolongación de la de los Andes, la atraviesa sinuosamente de NO. a SE. y dirige hacia el N. varios ramales divergentes que, entre sí, contienen extensos valles. La cadena principal es la Sierra Madre o de Pacaya, que se apoya en la del Merendón y se va curvando poco a poco hacia el E., paralelamente al Pacífico, para formar el reborde meridional de la meseta hondureña. Los Montecillos forman el reborde oriental de esta meseta, dominando el valle de Comayagua, que presenta, al lado opuesto, la sierra de Comayagua. La sierra del Merendón se proyecta hacia el golfo de Honduras. Las montañas de Comayagua forman por el S. las de Lapaterique. En el centro del país está la sierra de Sulaco que continúa con los montes de Chile, y comprenden varios ramales al N. y NE. Otras cadenas en esta parte del país son las de Esquías y San Juancito. En los límites con Nicaragua se encuentran la sierra de Dipilto y las estribaciones de las montañas de Colón. Merece citarse también la cadena de Opalaca, que se extiende por los departamentos de Intibucá y Comayagua. Son notables los dos únicos volcanes, situados en la vecindad del Pacífico, en las islas del Tigre y Zacate Grande. Las sierras de Lapaterique y de Yuscarán se alzan no lejos de Tegucigalpa, con su pico más elevado, el monte San Juancito (2.450 m.). La cima mayor de la República es el cerro Salaque (2.800 m.) en la sierra homónima.

Costas e islas. El litoral del mar de las Antillas, de 650 km. de long., se extiende desde la desembocadura del Motagua al cabo Gracias a Dios, y el otro litoral, de sólo 95 km., en torno al golfo de Fonseca. Las principales escotaduras del primero, de E. a O., son: el cabo Falso, la laguna de Caratasca con una angosta comunicación al mar, la punta y desembocadura del Patuca, la laguna de Brus, el cabo Camarón, el cabo del Triunfo y la laguna Quemada y, por último, la bahía de Honduras, cuyas aguas profundas dieron nombre a todo el país. La costa sobre el Pacífico presenta muchas escotaduras, otras tantas bocas de ríos

Vegetación en la costa

que desaguan en el golfo de Fonseca. Cerca del litoral antillano están las islas de Roatán, Guanaja, Utila, Barbareta, Morat y Elena, como también las islitas de Zapotillos y de los Cochinos y otras menores, todas ellas conocidas con la denominación de islas de la Bahía. Las de Zacate Grande, El Tigre, Güengüensi, Exposición, Verde y Garea están en la bahía de Fonseca.

Hidrografía. Respondiendo a la orografía del país, las aguas de Honduras corresponden a dos vertientes principales: Atlántico y Pacífico; los ríos más importantes pertenecen a la vertiente del primero. De O. a E., el Chamelecón, con numerosos y pintorescos rápidos; el Ulúa (257 km.), principal río hondureño y cuya cuenca abarca casi la cuarta parte del territorio; el Aguán o Romano (193 km.), que sigue en importancia al anterior; el río Negro, Tinto o Sico (200 km.); el Patuca (482 km.), formado por la unión de los ríos Jalán, Guayape y Guayambre, y navegable unos 100 km. para embarcaciones de mediano calado, y Coco (725 km.), que sirve en gran parte de frontera entre Honduras y Nicaragua, y en su desembocadura en el cabo Gracias a Dios forma un amplio delta. En la costa N. de Honduras desembocan también otros ríos menos importantes. Los ríos que llevan sus aguas al Pacífico son los siguientes: el Choluteca (241 km.), que pasa por la ciudad de Tegucigalpa; el Nacaome, que recoge las aguas de la vertiente S. de las montañas de Lepaterique; el Goascorán (129 km.), conociéndose con el nombre de San Juan hasta que baja a las llanuras de la costa, forma parte de la frontera entre Honduras y El Salvador. Existe sólo un lago de importancia, el Yojoa, situado en los departamentos de Cortés, Comayagua y Santa Bárbara (285 km.²).

Climatología. La diferencia de altura hace que el clima de Honduras sea sumamente variado, pudiendo clasificarse en tres regiones principales: 1.ª, la de las llanuras y vertientes del Pacífico, zona cálida, donde se producen bananas, caña de azúcar y café; 2.ª, la del litoral del Atlántico, de igual temperatura media, pero más húmeda que la anterior; y 3.ª, las tierras altas, de una elevación superior, en general, a los 600 m. (por término medio, 1.000 m. de alt.), cuyo clima es templado y sano. A lo largo de la costa del Caribe, la estación lluviosa corresponde a los meses de septiembre a enero, y en las cercanías de la capital y litoral del Pacífico, de junio a septiembre. La precipitación anual media es de 2.540 a 3.180 mm. en las zonas costeras, y no muy abundante en las planicies del interior.

Regiones naturales. Dos regiones netamente definidas surgen a uno y otro lado de la depresión central que atraviesa a Honduras de N. a S. Esta depresión, bastante profunda, origina dos regiones: Honduras occidental, muy montuosa, tiene selvas tropicales, salvo en los altiplanos limítrofes a El Salvador, donde hay campos de tabaco y cafetales, en tanto que en el altiplano en torno al Yojoa se adapta muy bien para la ganadería, y Honduras oriental, cubierta de espléndida selva tropical y por bosques de coníferas, salvo las sabanas que se extienden al S. de Tegucigalpa y en las vecindades del Segovia. Las plantaciones de bananas, de cacao y caña de azúcar en el litoral han desalojado a la espesa selva tropical que la dominaba. En partes de las sabanas desoladas hay oasis de vegetación y en otras partes son aptas para la ganadería especialmente en la zona de Juticalpa. Toda la comarca comprendida entre Juticalpa y Comayagua es rica en yacimientos mineros. La depresión central comprende una zona deltaica en la boca del Ulúa, el valle de Comayagua en el centro y el estrecho valle del Goascarán en el S. La mayor densidad demográfica está en los altiplanos de Honduras occidental y en el valle de Goascarán, en la depresión central, y la menos poblada, desde el altiplano de Juticalpa al océano y del Aguán al Segovia.

GEOGRAFÍA BIOLÓGICA

Flora. En la zona templada abundan los bosques de abetos y en las selvas del litoral antillano se encuentran toda suerte de maderas preciosas para la ebanistería, la construcción y el tinte, como la caoba, el palo rosa, el cedro, el pino en sus diversas variedades, la ceiba, la encina, el roble, el almendro, etc.; entre los árboles resinosos: el bálsamo, el jiñi-

HONDURAS
SIGNOS CONVENCIONALES
Capital de nación
Capital de departamento
Otras entidades de población
Límite de nación
Límite departamental
Lago o laguna
Puerto de mar
Río y afluentes
Ferrocarril
Carreteras principales
Aeropuerto
Escala en kilómetros
0 20 40 60 80 100
ABREVIATURAS
C. cabo
G. golfo
I. isla
Is. islas
L. lago
Lna. laguna
Pta. punta
R. río
S., Sto. San, Santo
MAR DE LAS ANTILLAS O CARIBE
OCÉANO PACÍFICO
ISLAS DE LA BAHÍA
Islas del Cisne
G. DE HONDURAS
G. DE FONSECA
GUATEMALA
EL SALVADOR
NICARAGUA
ATLÁNTIDA
COLÓN
GRACIAS A DIOS
OLANCHO
YORO
CORTÉS
SANTA BÁRBARA
COPÁN
OCOTEPEQUE
LEMPIRA
INTIBUCÁ
LA PAZ
COMAYAGUA
FRANCISCO MORAZÁN
EL PARAÍSO
VALLE
CHOLUTECA
TEGUCIGALPA
SAN PEDRO SULA
LA CEIBA
TRUJILLO
JUTICALPA
ROATÁN
SAN SALVADOR
JINOTEGA
ESTELÍ
OCOTAL
SOMOTO
16° 15° 14° 13°
89° 88° 87° 86° 85° 84°

Honduras

cuite y el copal. En gran parte del país se encuentran árboles de goma arábiga; hay bosques de hule en ambos litorales y abundan las plantas medicinales. El número de árboles frutales es grande; naranjo, limón, lima, coco, cacao silvestre, dátil, aguacate, tamarindo, zapote, mamey, papaya, nance y jocote.

Tegucigalpa. Parque

Fauna. Es tan variada y numerosa como la flora, distinguiéndose: el gamo (*cervus mexicanus* y *c. rufus*), el pecarí y el tapir, los monos cornudos, crinos y capuchinos, el armadillo y el ocelote. Bellas aves como la oropéndola y el quetzal, que viven en las montañas del Merendón, el pato peculiar de las islas de la Bahía (*meleagris ocellata*), de espléndido plumaje, varias clases de palomas, el cóndor, vulgarmente conocido con el nombre de *rey de zope*. La variedad de reptiles es grande, algunos venenosos como el temible tamagás. Abundan varias especies de tortugas en los ríos y en el litoral. Los crustáceos de varias especies y tamaños son numerosos, en particular el cangrejo de mangle (*crapsus bruculatus*) y el cangrejo de tierra (*gecárcinus*). Los ríos, lagunas y esteros cuentan con gran variedad de peces y el mar proporciona buenas especies comestibles.

GEOGRAFÍA ECONÓMICA

Agricultura. La economía hondureña es esencialmente agrícola. A esta actividad se dedican 823.000 hectáreas y 420.000 trabajadores (65 % de la población activa del país). A prados y pastos permanentes están dedicadas 3.413.000 hect., y 3.019.000 están cubiertas por selvas y bosques. Alrededor del 35 % del terr. es incultivable e improductivo. Los principales productos del país son: banana, artículo vital para la economía hondureña, cultivado en las llanuras que se extienden de la costa norte hacia el interior del país; coco, cultivado principalmente en las Islas de la Bahía, café, cultivado en los depart. de Santa Bárbara, Lempira, Copán y Choluteca, etc. Productos básicos en la alimentación local son: maíz, arroz, sorgo, mandioca, patata y fríjol. En el cuadro siguiente se detallan la superf. y producción de los principales cultivos de la agricultura hondureña en 1973:

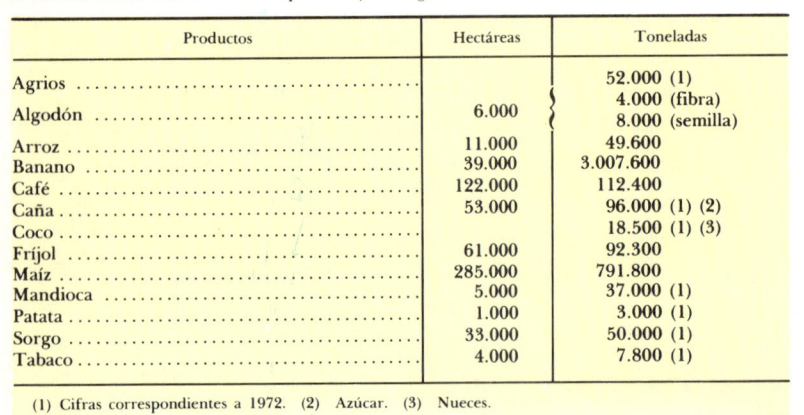

Artesano del país

Minería. Son variados los recursos mineros, obteniéndose principalmente (1974): oro (66 kg.), plata (99 ton.), cinc (21.100 ton.) y plomo (20.300 ton.).

Industria. La potencia fabril no está aún en pleno desarrollo, pero va tomando incremento, sobre todo en el sector de San Pedro Sula. Los principales capítulos se refirieron, en 1973, a la obtención de los siguientes productos: azúcar en bruto (132.100 ton.), cemento (235.535 ton.), cigarrillos (1.772 millones), fósforos (52 millones de cajillas de 40 unidades), cerveza (329.367,4 hl.) y refrescos (414.991 botellas de 171 cm.^{3}).

Electricidad. La potencia instalada en 1974 era de 144.000 kw., con una producción de 460 millones de kwh., de los que 375 millones eran de origen hidráulico.

Comunicaciones y transportes. La red de carreteras tenía, en 1973, una long. de 5.943 km. Los ferrocarriles totalizaban 1.079 km. En cuanto a la marina mercante, 60 buques con 67.923 ton. de registro bruto (1975). Puerto Cortés, Tela, La Ceiba y Amapala son los puertos principales. La aviación civil transportó, en 1972, 152.992 pasajeros de vuelos internacionales y 204.667 de nacionales. Aeropuertos internacionales en Tegucigalpa, La Ceiba y San Pedro Sula.

Comercio. En los años que se detallan el intercambio comercial tuvo el siguiente movimiento, en miles de lempiras:

Productos	Hectáreas	Toneladas
Agrios		52.000 (1)
Algodón	6.000	4.000 (fibra)
		8.000 (semilla)
Arroz	11.000	49.600
Banano	39.000	3.007.600
Café	122.000	112.400
Caña	53.000	96.000 (1) (2)
Coco		18.500 (1) (3)
Fríjol	61.000	92.300
Maíz	285.000	791.800
Mandioca	5.000	37.000 (1)
Patata	1.000	3.000 (1)
Sorgo	33.000	50.000 (1)
Tabaco	4.000	7.800 (1)

(1) Cifras correspondientes a 1972. (2) Azúcar. (3) Nueces.

Años	Importaciones	Exportaciones
1973	524.600	473.500
1974	782.800	516.600
1975	808.700	546.400

Silvicultura. El 26,9 % del total de la superf. del país está cubierto por selvas y bosques. La industria maderera es el segundo renglón más importante de la economía hondureña, incluida la extracción de resinas. La producción de madera fue, en 1975, de 3.868.000 m.^{3}, siendo el cedro, la caoba y el pino, éste último declarado por el Gobierno «árbol nacional», las especies más explotadas.

Zootecnia. El 30 % del terr. del país está dedicado a prados y pastos. La cabaña, en 1975, estaba constituida así:

Ganado vacuno	1.690.000	cabezas
» porcino	510.000	»
» caballar	278.000	»
» mular	117.000	»
» caprino	57.000	»
» asnal	48.000	»
» ovino	10.000	»
Aves de corral	7.600.000	»

En dicho año se obtuvieron 3.262 ton. de pesca.

Aeropuerto de Tegucigalpa

Los principales productos exportados durante 1974 y su valor fueron: bananas, 159 millones de lempiras; café, 96,9; maderas, 88; carne congelada, 34; plomo y cinc, 38, y tabaco, 8. Los principales artículos importados, en 1974, y su valor, fueron: maquinaria y material para transporte, 151,5 millones de lempiras; productos químicos, 79,4; artículos manufacturados varios, 32,6; alimentos, 44,5; aceites minerales y lubricantes, 52,1, y aceites y grasas vegetales y animales, 4,3. Los países con los que realizó las principales transacciones comerciales y su cuantía, en miles de lempiras, en 1973, fueron los que indica el cuadro:

Importaciones		Exportaciones	
EE. UU.	214.486	EE. UU.	288.669
Japón	53.217	R. F. A.	62.531
Venezuela	41.453	República Dominicana	21.153
Guatemala	32.450	Japón	13.904

Hacienda. *Presupuesto.* El balance de los ingresos y gastos durante el trienio 1971-73, en millones de pesos centroamericanos, fue el siguiente:

Años	Gastos	Ingresos	Saldo
1971	112,9	90,5	− 22,4
1972	119,6	96,5	− 23,1
1973	120	110	− 10

Las reservas de divisas ascendían, en 1973, a 73,4 millones de lempiras.

Moneda. La unidad monetaria es el lempira (del nombre de un antiguo jefe indio), dividido en 100 centavos, equivalente a 0,444335 g. de oro fino. Tiene el privilegio de emitir moneda el Banco Central de Honduras, fundado en 1950.

GEOGRAFÍA POLÍTICA

Etnografía. La composición étnica del país es la siguiente: el 91 % de mestizos, el 6 de indios, el 2 de negros y el 1 de blancos. El aumento de población se estima en un 42,7 % anual. La población se concentra en la costa septentrional y en los valles y mesetas del interior, con áreas intermedias escasamente pobladas. La Mosquitia está poco poblada y sólo por tribus indígenas, como ocurre también en ciertas zonas de la altiplanicie central. La costa del Caribe está casi en su totalidad ocupada por negros procedentes de las Antillas, que han permanecido puros. La población blanca es muy reducida por lo limitado de la inmigración. Honduras es un país de población predominante rural; la proporción entre ésta y la urbana es de 73 a 27.

Tegucigalpa. Catedral

Idioma. La lengua oficial es la española. Los aborígenes (mozquitos, zambas, payas y xicaqués) hablan dialectos locales.

Religión. Aproximadamente el 86 % del total de la población pertenecen a la religión católica. Eclesiásticamente, Honduras está dividida en una archidiócesis (Tegucigalpa), tres diócesis (Santa Rosa de Copán, Comayagua y San Pedro Sula) y dos prelaturas nullius (Olancho y Choluteca). El divorcio y el matrimonio civil están reconocidos.

Gobierno. La Constitución actual, parcialmente en suspenso desde el golpe de Estado del 4 de diciembre de 1972, entró en vigor el 6 de junio de 1965, y establece un gobierno de integración nacional con la participación de todos los sectores políticos. El poder legislativo corresponde al Congreso, compuesto por un diputado y un substituto por cada 30.000 h., o fracción de más de 15.000. Desde el golpe de Estado antedicho el Congreso no ejerce sus funciones. El poder ejecutivo lo ejerce el presidente de la República, asistido por 10 ministros y un secretario para planificación económica. El poder judicial reside en la Corte Suprema, las Cortes de Apelación y varios tribunales inferiores.

División territorial. A continuación se inserta el cuadro de la división administrativa:

Tegucigalpa. El Congreso Nacional

Departamentos	Superficie Km.²	Población Habitantes	Capitales y su población
Atlántida	4.251	139.700	La Ceiba (52.946 h.).
Colón	8.875	64.700	Trujillo (4.656).
Comayagua	5.196	143.999	Comayagua (28.656).
Copán	3.203	176.899	Santa Rosa (19.636).
Cortés	3.954	311.599	San Pedro Sula (153.307).
Choluteca	4.211	227.601	Choluteca (48.479).
Francisco Morazán	7.946	483.200	Tegucigalpa (302.483).
Gracias a Dios	16.630	17.801	Brus Laguna (1.247).
Intibucá	3.072	95.301	La Esperanza (2.000).
Islas de la Bahía	261	10.100	Roatán (1.883).
Lempira	4.290	144.899	Gracias (2.484).
Ocotepeque	1.680	63.300	Nueva Ocotepeque (4.608).
Olancho	24.351	151.800	Juticalpa (7.912).
Paraíso (El)	7.218	149.599	Yuscarán (1.854).
Paz (La)	2.331	74.202	La Paz (5.542).
Santa Bárbara	5.115	240.399	Santa Bárbara (6.129).
Valle	1.565	106.800	Nacaome (4.376).
Yoro	7.939	179.501	Yoro (4.129).
Totales	112.088	2.781.400	

Capital. La cap. es la ciudad de Tegucigalpa (302.483 h.).

Cultura. La enseñanza pública es obligatoria y gratuita desde los siete a los doce años.

Enseñanza	Profesores	Alumnos
Preprimaria	—	6.628
Primaria	11.712	420.714
Secundaria y técnica	3.038	56.692
Formación del profesorado	67	1.134
Universitaria	466	8.070

Entre las escuelas técnicas pueden mencionarse las siguientes: Nacional Vocacional, Nacional de Bellas Artes, de Industrias Textiles, Nacional de Comunicaciones Eléctricas, Colegio Nacional de Santa Rosa, La Independencia de Santa Bárbara y La Fraternidad de Juticalpa, e Institutos Preparatorios, en Tegucigalpa y San Pedro Sula. A 28 km. de la capital de la República existe una Escuela Agrícola Panamericana modelo, a la que pueden concurrir los estudiosos de todas las naciones de América a recibir instrucción gratuita y efectuar prácticas agrícolas.

Letras. Los representantes más numerosos pertenecen al campo de la poesía. Figuran entre ellos: Juan Ramón Molina, Luis Andrés Zúñiga, Froilán Turcios, Alfonso Guillén Zelaya, Augusto C. Coello, Joaquín Soto y Claudio Barrera *(Vicente Alemán).* El fundador de la Universidad, José Trinidad Reyes, autor de

Honduras

Tegucigalpa. Casa de la Cultura

Pastorelas, fue igualmente un distinguido poeta. Son importantes escritores: Álvaro Contreras, Ramón Rosa, Adolfo Zúñiga, Paulino Valladares y Marcos Carías Reyes; el filólogo Alberto Membreño; los historiadores Antonio R. Vallejo, Rómulo E. Durón, Eduardo Martínez López, Félix Salgado, el erudito, poeta y bibliógrafo Rafael Heliodoro Valle, Esteban Guardiola, Joaquín Bonilla, Néstor Bermúdez, Arturo Mejía Nieto, Argentina Díaz Lozano, Román Ortega, Julián López Pineda, Julián Guillén Zelaya y Alejandro Castro.

Pintura. En la época colonial se distinguió José Miguel Gómez, y en lo que va del siglo sobresalen Pablo Zelaya Sierra, Zoroastro Montes de Oca, Max Euceda, Carlos Zúñiga Figueroa, Arturo López Rodezno y José Antonio Velázquez.

Música. Son los más notables Francisco Díaz Zelaya, director de la Orquesta Sinfónica Nacional, y Humberto Cano, director de la Escuela Nacional de Música. Autores de composiciones menores: Manuel de Adalid y Ganero, Rafael Coello Ramos e Ignacio Villanueva.

Historia. Las costas de Honduras fueron descubiertas por Colón en agosto de 1502, y en 1522 Andrés Niño descubrió el golfo que denominó de Fonseca. Gil González Dávila fundó la primera ciudad en 1523; al año siguiente, Cristóbal de Olid fundó Triunfo de la Cruz. Trujillo, primitiva sede episcopal, fue fundada en 1525 por Francisco de las Casas; y, más tarde, fundaron, Pedro de Alvarado, San Pedro Sula (1536), y Alonso de Cáceres, Valladolid de Comayagua (1537), primera capital del país. El caudillo indígena Lempira se alzó con 30.000 parciales y luchó contra los españoles, hasta ser vencido y muerto. En 1539, Honduras pasó a formar parte de la Capitanía General de Guatemala y su historia, por lo tanto, coincide con la de ésta. El 1 de enero de 1812 se produjo una revuelta con motivo de la renovación del Cabildo de Tegucigalpa. Los criollos impusieron a sus compatriotas como regidores. La noticia de la Independencia, proclamada en Guatemala el 15 de septiembre de 1821, fue aceptada con júbilo y el país fue oficialmente conocido como provincia de Comayagua de Honduras. Desde 1821 a 1823, Honduras, como parte integrante de Guatemala, estuvo anexionada a Méjico. La Constitución centroamericana de 1823 dividió la República en cinco Estados, cada uno con su correspondiente poder ejecutivo. Dionisio Herrera fue elegido presidente del Estado de Honduras. La guerra, que pronto se declaró, entre Guatemala y El Salvador, se extendió también a Honduras. En 1829, una revolución puso en peligro al jefe del Estado, Diego Vigil. Éste llamó a Morazán y los rebeldes fueron derrotados. En 1830, Morazán fue elegido presidente de las Provincias Unidas de Centroamérica, pero en 1832 estalló otro movimiento armado. Morazán, con fuerzas de Guatemala y Nicaragua, los sometió. El 5 de noviembre de 1838 Honduras se separó de la Federación y se declaró República independiente. En 1840, el Congreso eligió presidente al general Francisco Ferrera. Este gobernante, bueno por muchos conceptos, cometió el error de reconocer, en un tratado firmado con Gran Bretaña, a Tomás Lowry y Robinson como rey de la región llamada Mosquitia. En 1845 ocupó el poder Conrado Chávez, quien ayudó al general Malespín a recuperar la presidencia de El Salvador. Dos años después fue elegido Juan de Lindo, que logró evitar que Inglaterra se apoderara de varios puntos y se alió a los salvadoreños para llevar la guerra a Guatemala. Las campañas militares se suceden con relativa frecuencia y la injerencia de los países vecinos es constante. En 1876 Guatemala y El Salvador pusieron como presidente a Marco Aurelio Soto, gobernante digno, verdadero ejemplo en aquella época caótica. Durante su mandato, en 1 de noviembre de 1880, la Asamblea Nacional,

Monumento al general Bonilla, en Tegucigalpa

reunida en Tegucigalpa, aprobó la primera Constitución; de entonces data también la designación de Tegucigalpa como capital definitiva de la nación. Le sucede Luis Bográn, que se une con Guatemala para reimplantar la Unión Centroamericana; pero, ante la oposición de El Salvador, Nicaragua y Costa Rica, la idea fracasa. Con el apoyo de Nicaragua, ocupó la presidencia Policarpo Bonilla en 1894, año en que se sancionó la segunda Constitución. En 1903 ocupó la presidencia Manuel Bonilla, que disolvió el Consejo y modificó la Carta Fundamental (1906). Una cuestión de límites entre Honduras y Nicaragua terminó con una guerra entre las dos Repúblicas y El Salvador, que ayudaba a la primera. Los nicaragüenses vencieron a los hondureños, y la paz se hizo por mediación de EE. UU. Una revolución del general Rafael López Gutiérrez derrocó a Francisco Bertrand y dio el mando al doctor Francisco Bográn en 1919. Éste presidió las elecciones que devolvieron el poder al general Rafael López Gutiérrez. En 1920 fue aprobada la cuarta Constitución de la República, y en 1921, y por su iniciativa, firmaron las Repúblicas centroamericanas el Pacto de Unión, y se designó como capital de Centroamérica la ciudad de Tegucigalpa; pero en diciembre del mismo año se separó Guatemala. Entretanto, López Gutiérrez quería mantenerse en el poder; pero la guerra civil, que estalló en 1924, se lo impidió. El general y doctor Tiburcio Carías Andino se hizo cargo de la presidencia el 1 de enero de 1933. En 1936 se promulgó una nueva Constitución que alargó el período presidencial de cuatro a seis años. El 23 de diciembre de 1939 el Congreso extendió su mandato hasta el 1 de enero de 1949. Le sucedió el doctor Juan Manuel Gálvez. En las elecciones presidenciales de 1954 ninguno de los tres candidatos que se presentaron logró mayoría absoluta, por lo que correspondió al Congreso decidir cuál de ellos había de ser nombrado presidente de la República. Como no se lograra quórum, el vicepresidente Julio Lozano Díaz, mediante un golpe de Estado, se hizo cargo del poder y se proclamó jefe supremo (6 de diciembre de 1954). El 7 de octubre de 1956 se efectuaron elecciones para nombrar una Asamblea Constituyente y a los titulares del Ejecutivo, pero el 21 del mismo mes un golpe militar incruento tomó el poder y se formó un triunvirato presidido por el general Roque Rodríguez. En mayo de 1957, el litigio de límites con Nicaragua se agudizó y hubo choques sangrientos, pero la intervención de la Organización de Estados Americanos (O. E. A.) logró que ambos países sometieran sus diferencias a la resolución de la Corte Internacional de Justicia. El 10 de junio de 1958 finalizaron en Tegucigalpa las sesiones de la reunión del Comité de Cooperación Económica del Itsmo Centroamericano, de la Organización de Estados Centroamericanos (O. D. E. C. A.), y se suscribió un tratado multilateral de libre comercio centroamericano y un convenio sobre régimen de industrias centroamericanas de integración. A principios de febrero fue rechazada una invasión, preparada por la oposición en Nicaragua, y en mayo otra, procedente de Guatemala; pero en junio, el coronel Armando Velázquez, que capitaneó la primera, se alzó en armas en Tegucigalpa, con ramificaciones en Comayagua y La Paz; al cabo de sangrienta lucha el movimiento fue aplastado. El 18 de octubre de 1960, el Tribunal de la Corte Internacional de La Haya falló en la disputa con Nicaragua, declarando que era válido el laudo arbitral dado por el rey de España Alfonso XIII, que fijó como línea divisoria entre ambos países el curso del río Coco o Segovia. El 30 de mayo de 1961, se inauguró en la capital el Banco Centroamericano de Integración Económica, creado por los países centroameri-

José Ramón Villeda Morales

canos, excepto Costa Rica. El 16 de noviembre del año 1962, en una reunión extraordinaria de la O. D. E. C. A., con la asistencia de los ministros de Economía de los países centroamericanos, se suscribió el protocolo del tratado general de integración económica, y de este modo Costa Rica entró a formar parte del organismo. Se produjo un levantamiento militar, que, según declaración de sus dirigentes, tenía por finalidad evitar la «tolerancia y complicidad con los comunistas en las infiltraciones gubernamentales», el cual derrocó al presidente Villeda Morales, que se refugió en Costa Rica (3 de octubre de 1963), y se hizo cargo del poder el coronel Oswaldo López Arellano. Desde el 5 de junio de 1965 existió un Gobierno de conciliación nacional, como lo prescribía la Constitución vigente desde ese día, en el que figuran cuatro ministros de los partidos opositores. Las relaciones de Honduras con El Salvador, tradicionalmente tirantes, se agudizaron el 9 de junio de 1969, con ocasión de un encuentro de fútbol valedero para el campeonato del mundo. A los seis días, durante el encuentro de vuelta, hubo violentos incidentes en San Salvador que culminaron, a finales de junio, con la ruptura de las relaciones diplomáticas. El 5 de julio se produjo un grave incidente fronterizo, que dio lugar a un combate de veinte minutos de duración en las proximidades de la población de El Poy. Estos encuentros fronterizos culminaron el día 14 del mismo mes en una guerra no declarada, con ataques aéreos de ambos países durante cinco días y la ocupación por los salvadoreños de diez ciudades de Honduras pertenecientes a cuatro depart. El plan de paz propuesto por la O. E. A. y aceptado por ambos países estableció el alto el fuego, pero El Salvador rehusó retirar sus tropas de los territorios ocupados hasta obtener garantías de buen trato para sus súbditos, en número de 300.000, residentes en Honduras. Finalmente, ante las amenazas de la O. E. A. de aplicar una sanción formal, El Salvador comenzó la retirada de su ejército (4 de agosto). El 27 de enero de 1970, los gobiernos de ambas naciones decidieron iniciar negociaciones que resolviesen de modo definitivo los problemas que les enfrentaban y conseguir la paz, pero las conversaciones quedaron interrumpidas el 30 del mismo mes, a causa de nuevos incidentes en la frontera. En marzo de 1971 fue elegido presidente Ramón Ernesto Cruz, candidato del Partido Nacional y de tendencia conservadora, que tomó posesión de su cargo el 6 de junio del mismo año. Las reclamaciones que el Gobierno había hecho reiteradamente ante Washington sobre la soberanía de las islas del Cisne, llegaron a término feliz el 1 de septiembre de 1972, día en que fueron entregadas por EE. UU. a Honduras. Más que por su valor económico, Honduras reclamaba estos islotes por su valor estratégico. A mediados de octubre, España y Honduras, a través de sus representantes de Asuntos Exteriores, firmaron en Madrid un convenio de cooperación económica entre ambos países. Año y medio llevaba como presidente Ramón Ernesto Cruz cuando lo derrocó un golpe de Estado (4 de diciembre de 1972) dirigido por el ex presidente Oswaldo López Arellano. Las huelgas, los disturbios estudiantiles y la situación caótica de su economía habían creado un ambiente de inestabilidad política en el país. En septiembre de 1974 el devastador huracán *Fifi* creó en el país un estado de desastre nacional. Produjo 10.000 muertos y se evaluaron los daños en unos 900 millones de dólares. En abril de 1975, el presidente de la República, general Oswaldo López Arellano, fue depuesto de su cargo por decisión del Consejo Superior de las Fuerzas Armadas, siendo substituido por el coronel Juan Alberto Melgar Castro. El 7 de agosto de 1978 tuvo lugar un incruento golpe de Estado, llevado a cabo por decisión del Consejo Superior de las Fuerzas Armadas, derrocando a Melgar Castro y asumiendo la presidencia de la nación un triunvirato militar, encabezado por el general Policarpo Paz García y los tenientes coroneles Amílcar Zelaya y Domingo Álvarez Cruz.

Torcuato Fernández Miranda (en el centro) al frente de la misión española que asistió a la toma de posesión presidencial (6 de junio de 1971)

GOBERNANTES DE HONDURAS

Jefes de Estado y presidentes de la República

1825-1827	Dionisio Herrera.
1827	Justo Milla.
1827-1829	Francisco Morazán.
1829-1832	Diego Vigil.
1832	José Antonio Márquez.
1832-1833	Francisco Milla.
1833-1834	Joaquín Rivera.
1834-1837	Francisco Ferrera.
1837-1838	Justo José Herrera.
1839	José María Martínez.
1839	Lino Matute.
1839	Juan Francisco Molina.
1839-1840	Juan José Alvarado.
1841-1845	Francisco Ferrera.
1845-1847	Conrado Chávez.
1847-1852	Juan de Lindo Zelaya.
1852-1853	Francisco Gómez.
1853-1855	José Trinidad Cabañas.
1855-1856	Francisco Aguilar.
1856-1862	Santos Guardiola.
1862-1864	Gobierno provisional.
1862	Francisco Montes.
1863	Victoriano Castellanos.
1863	Francisco Montes.
1864-1869	José María Medina.
1869-1870	Francisco Cruz.
1870-1872	José María Medina.
1872-1874	Céleo Arias.
1874-1876	Ponciano Leiva.
1876	José María Medina.
1876-1883	Marco Aurelio Soto.
1883-1891	Luis Bográn.
1891-1893	Ponciano Leiva.
1893-1894	Domingo Vázquez.
1894-1899	Policarpo Bonilla.
1899-1903	Terencio Sierra.
1903-1907	Manuel Bonilla.
1907-1911	Miguel R. Dávila.
1911-1912	Francisco Bertrand.
1912-1913	Manuel Bonilla.
1913-1919	Francisco Bertrand.
1919	Francisco Bográn.
1919-1924	Rafael López Gutiérrez.
1924-1925	Vicente Tosta.
1925-1929	Miguel Paz Barahona.
1929-1933	Vicente Mejía Colindres.
1933-1949	Tiburcio Carías Andino.
1949-1954	Juan Manuel Gálvez.
1954-1956	Julio Lozano Díaz.
1956-1957	Triunvirato militar presidido por Roque Rodríguez.
1957-1963	José Ramón Villeda Morales.
1963	Roberto Ramírez.
1963-1971	Olwaldo López Arellano.
1971-1972	Ramón Ernesto Cruz.
1972-1975	Oswaldo López Arellano.
1975-1978	Juan Alverto Melgar Castro.
1978	Triunvirato militar presidido por Policarpo Paz García.

Honduras Británica. Geog. Belice.

hondureñismo. m. Vocablo, giro o locución propios de los hondureños. ‖ Modo de hablar o de proceder semejante al de los hondureños. ‖ Amor del hondureño a su país.

hondureño, ña. adj. Natural de Honduras, o perteneciente a esta nación. Ú. t. c. s.

Honecker (Erich). Biog. Político alemán, n. en Neunkirchen en 1912. Afiliado al partido comunista en 1929, estuvo apresado por actividades antifascistas de 1935 a 1945; perteneció al Comité Central del Partido desde 1945. En 1971, al dimitir W. Ulbricht, fue elegido primer secretario del partido, y en 1976 substituyó a Willi Stoph en la presidencia del Consejo de Estado.

Erich Honecker

Honegger (Arthur). Biog. Compositor suizo, n. en El Havre y m. en París (1892-1955). Representante de las tendencias modernas, compuso numerosas obras de gran valor, entre ellas la *Pastoral de estío* (1920), *Horacio victorioso* y *Rey David* (1921), *Juana de Arco en la hoguera* (1938) y, sobre todo, el poema sinfónico *Pacific 231* (1923).

honestad. (Del lat. *honestas, -ātis.*) f. ant. **honestidad.**

honestamente. adv. m. Con honestidad o castidad. ‖ Con modestia, decoro o cortesía.

honestar. (Del lat. *honestāre.*) tr. **honrar.** ‖ Dar visos de buena a una acción, justificarla. ‖ prnl. ant. Portarse con moderación y decencia.

honestidad. fr., *honnêteté, pudeur;* it., *onestà;* i., *honesty, composture;* a., *Sittsamkeit, Ehrbarkeit.* (Del lat. *honestĭtas, -ātis.*) f. Compostura, decencia y moderación en la persona, acciones y palabras. ‖ Recato, pudor. ‖ Urbanidad, decoro, modestia. ‖ **(pública).** *Der.* Impedimento canónico dirimente, derivado de matrimonio no válido o de concubinato público y notorio, que se equipara a la afinidad; pero sólo comprende los dos primeros grados de la línea recta.

honesto, ta. fr., *honnête, décent;* it., *onesto;* i., *honest;* a., *ehrbar, sittsam.* (Del lat. *honestus.*) adj. Decente o decoroso. ‖ Recatado, pudoroso. ‖ Razonable, justo. ‖ Probo, recto, honrado.

Honey. *Geog.* Pueblo de Méjico, est. de Puebla, cap. del mun. de Chila Honey; 861 h.

Hong-Kong. (Voz china que sign., *aguas fragantes.*) *Geog.* Colonia británica en la costa SE. de Asia. Está constituida por la isla de Hong-Kong (77 km.²), la península de Kowloon o Kaulun (9 km.²) y los denominados Nuevos Territorios (948 km.²); 1.034 km.² en total y 4.089.000 h. La colonia está administrada por un gobernador, asistido por un Consejo legislativo de 25 miembros y otro ejecutivo de 14. La cap. es Victoria (520.932 h.). Centro comercial y puerto de intenso tráfico. La isla de Hong-Kong fue cedida por China a Inglaterra en 1841; la península de Kowloon (Kaulun) en 1863, y el territorio adyacente con la isla de Lantau en 1898, por noventa y nueve años. Al entrar Japón en la S. G. M., estos territorios y poblaciones fueron atacados por los japoneses, que los ocuparon en diciembre de 1941 hasta 1945.

hongarina. (De *hungarina.*) f. **anguarina.**

hongo. fr., *champignon;* it., *fungo;* i., *mushroom;* a., *Pilz.* (Del lat. *fungus.*) m. Planta del género vegetal así llamado. ‖ Excrecencia fungosa que crece en las úlceras o heridas e impide la cicatrización de las mismas. ‖ Extremo de un tubo de ventilación que remata sobre cubierta con tapa o sombrerete abombado para evitar que penetren los rociones. ‖ pl. *Bot.* Uno de los grupos primordiales de la clasificación botánica referente a plantas talofitas sin clorofila, saprófitas o parásitas, con cuerpo constituido por micelio de hifas con crecimiento terminal casi siempre; multiplicación asexual por esporas o conidios; en algunos acuáticos o de sitios muy húmedos, isogamia de zoosporas u oogamia; en ciertos casos con espermatozoos y oogonios u otras formas de sexualidad más o menos reducida; en muchos, con generación alternante. Se incluyen ciertos parásitos de las patatas y de la vid entre los oomicetes; mohos y pestes de moscas y orugas entre los zigomicetes; muchos parásitos, mohos, trufas, colmenillas y levaduras entre los ascomicetes; tizón y roña, y la mayoría de las especies comestibles, entre los basidiomicetes. ‖ **de Malta.** Hierba parásita de las raíces del taray en Andalucía y Levante, familia de las balanoforáceas (*cynomórium coccíneum*). ‖ **marino. anemone de mar.** ‖ **yesquero.** Hongo de la familia de las poliporáceas, muy común en España al pie de los robles y encinas, que carece de vástago, y se compone sólo de medio sombrerillo; es de color acanelado, correoso, compuesto de laminitas trabadas entre sí, y de él se hace yesca (*fomes fomentarius*).

hongoso, sa. (Del lat. *fungosus.*) adj. Esponjoso o fofo como un hongo.

Honiara. *Geog.* C. cap. de Salomón, en la isla de Guadalcanal; 14.993 h. Industria pesquera. Copra. Puerto y aeropuerto.

Honolulú. (En i., *Honolulu.*) *Geog.* C. de EE. UU., cap. del est. y arch. de Hawai, de la isla de Oahu y del cond. de su nombre; 324.871 h. (531.500 h. con el área metropolitana). Está sit. en la costa meridional de la isla de Oahu. Punto importante del tráfico del arch. Universidad fundada en 1920.

honor. fr., *honneur;* it., *onore;* i., *honour;* a., *Ehre, Würde.* (Del lat. *honor, -ōris.*) m. Cualidad moral que nos lleva al más severo cumplimiento de nuestros deberes respecto del prójimo y de nosotros mismos. ‖ Gloria o buena reputación que sigue a la virtud, al mérito o a las acciones heroicas, la cual trasciende a las familias, personas y acciones mismas del que se la granjea. ‖ Honestidad y recato en las mujeres, y buena opinión que se granjean con estas virtudes. ‖ Obsequio, aplauso o celebridad de una cosa. ‖ Dignidad, cargo o empleo. Ú. m. en pl. ‖ f. ant. Heredad, patrimonio. ‖ ant. Usufructo de las rentas de alguna villa o castillo realengos, concedido por el rey a un caballero. ‖ m. pl. Concesión que se hace en favor de uno para que use el título y preeminencias de un cargo o empleo como si realmente lo tuviera, aunque le falte el ejercicio y no goce gajes algunos. ‖ **con honores de.** loc. fig. con que se da a entender que alguna cosa se aproxima a otra tenida por superior o más importante.

honorabilidad. fr., *honorabilité;* it., *onorabilità;* i., *honourability;* a., *Ehrbarkeit.* f. Cualidad de persona honorable.

honorable. (Del lat. *honorabĭlis.*) adj. Digno de ser honrado o acatado.

honorablemente. adv. m. Con honor, con estimación y lustre.

honoración. (Del lat. *honoratio, -ōnis.*) f. ant. Acción y efecto de honrar.

honorar. (Del lat. *honorāre.*) tr. p. us. Honrar, ensalzar.

honorario, ria. fr., *honoraire;* it., *onorario;* i., *honorary;* a., *ehrenvoll.* (Del lat. *honorarĭus.*) adj. Que sirve para honrar a uno. ‖ Aplícase al que tiene los honores y no la propiedad de una dignidad o empleo. ‖ m. Gaje o sueldo de honor. ‖ Estipendio o sueldo que se da a uno por su trabajo en algún arte liberal. Ú. m. en pl.

Honoria. *Geog.* Dist. de Perú, depart. de Huánuco, prov. de Pachitea; 2.511 h. ‖ Pueblo cap. del mismo; 534 h.

honorificación. f. ant. Acción y efecto de honorificar.

honorificadamente. adv. m. ant. **honoríficamente.**

honoríficamente. adv. m. Con honor. ‖ Con carácter honorario y sin efectividad.

honorificar. (Del lat. *honorificāre.*) tr. ant. Honrar o dar honor.

honorificencia. (Del latín *honorificentĭa.*) f. ant. Honra, decoro, magnificencia.

honorífico, ca. fr., *honorifique;* it., *onorifico;* i., *honourable;* a., *ehrengebend.* (Del lat. *honorifĭcus.*) adj. Que da honor.

Honorio I. *Biog.* Pontífice romano, sucesor de Bonifacio V, n. en Campania y m. en Roma. Ocupó el solio de 625 a 638. Dedicó sus esfuerzos a la conversión de Inglaterra. ‖ **II.** Papa (Lamberto Scannabecchi), n. en Fagnano y m. en Roma, en 1130. Ocupó el solio pontificio de 1124 a 1130. Confirmó a Lotario en la dignidad imperial. ‖ **III.** Papa (Cencio Savelli), n. en Roma y m. en la misma c. en 1227. Ocupó el solio pontificio de 1216 a 1227. Armó a Luis VIII contra los albigenses y coronó al emperador Federico II (1220). ‖ **IV.** Papa (Giacomo Savelli), n. y m. en Roma (1210?-1287). Ocupó el solio pontificio de 1285 a 1287. Defendió las inmunidades eclesiásticas. ‖ **(Flavio).** Emperador romano de Occidente, hijo de Teodosio *el Grande,* n. en Constantinopla y m. en Ravena (384-423). Débil e inepto, no supo rechazar las invasiones de los bárbaros, y Alarico se apoderó de

Hong-Kong. Estación Kowloon, en la bahía

Roma. Perdió Gran Bretaña, Galia y España.

honoris causa. loc. lat. que significa por razón o causa de honor. (V. **doctor honoris causa.**)

honoroso, sa. (Del lat. *honorōsus.*) adj. desus. Honroso, decoroso.

honra. fr., *honneur, bon nom;* it., *onore;* i., *honour, reputation;* a., *Ehre, Ruhm.* (De *honrar.*) f. Estima y respeto de la dignidad propia. ‖ Buena opinión y fama, adquirida por la virtud y el mérito. ‖ Demostración de aprecio que se hace de uno por su virtud y mérito. ‖ Pudor, honestidad y recato de las mujeres. ‖ pl. Oficio solemne que se hace por los difuntos algunos días después del entierro. Hácense también anualmente por las almas de los difuntos. ‖ **del ahorcado.** fig. y fam. *Léx.* **compañía del ahorcado.**

honrable. (Del lat. *honorabĭlis.*) adj. ant. Digno de ser honrado.

honradamente. adv. m. Con honradez. ‖ Con honra.

honradero, ra. adj. p. us. Que honra.

honradez. fr., *probité;* it., *onoratezza;* i., *honesty;* a., *Anständigkeit.* (De *honrado.*) f. Calidad de probo. ‖ Proceder recto, propio del hombre probo.

honrado, da. (Del lat. *honorātus.*) p. p. de **honrar.** ‖ adj. Que procede con honradez. ‖ Ejecutado honrosamente.

honrador, ra. adj. Que honra. Ú. t. c. s.

honradote, ta. adj. aum. de **honrado.**

honramiento. m. Acción y efecto de honrar.

honrar. fr., *honorer;* it., *onorare;* i., *to honour;* a., *ehren, verehren.* (Del lat. *honorāre.*) tr. Respetar a una persona. ‖ Enaltecer o premiar su mérito. ‖ Dar honor o celebridad. ‖ Ú. en fórmulas de cortesía en que se enaltece como honor la asistencia, adhesión, etc., de otra u otras personas. ‖ prnl. Tener uno a honra ser o hacer alguna cosa.

honrilla. fr., *point d'honneur;* it., *falso punto d'onore;* i., *point of honour;* a., *falsche Scham.* f. dim. de **honra.** Tómase frecuentemente por el puntillo o vergüenza con que se hace o deja de hacer una cosa porque no parezca mal; y las más veces se suele decir: *por la negra honrilla.*

honrosamente. adv. m. Con honra.

honroso, sa. fr., *honorable;* it., *onorativo;* i., *decorous;* a., *würdig.* (Del lat. *honorōsus.*) adj. Que da honra y estimación. ‖ Decente, decoroso.

Honrubia. Geog. Mun. y villa de España, prov. de Cuenca, p. j. de San Clemente; 2.010 habitantes (*honrubianos*). ‖ **de la Cuesta.** Mun. y lugar de España, prov. de Segovia, p. j. de Sepúlveda; 217 h.

Honshu. (Voz japonesa que sign. *tierra principal.*) **Geog.** La más grande de las islas de Japón, conocida también con el nombre de Hondo; 230.766 km.^{2} y 82.559.580 h. En ella está sit. Tokio.

Hontalbilla. Geog. Mun. de España, prov. de Segovia, p. j. de Cuéllar; 783 h. ‖ Lugar cap. del mismo; 1.149 h.

hontana. (Del lat. *fontana.*) f. ant. **fuente,** manantial; aparato para que salga el agua, y obra de fábrica para este fin.

hontanal. (De *hontana.*) adj. Aplícase a las fiestas que los gentiles dedicaban a las fuentes. Ú. t. c. s. f. ‖ m. **hontanar.**

hontanar. (De *hontana.*) m. Sitio en que nacen fuentes y manantiales.

Hontanar. Geog. Mun. y lugar de España, prov. y p. j. de Toledo; 302 h. (*hontanariegos*).

hontanarejo. m. dim. de **hontanar.**

Hontanares. Geog. Mun. y villa de España, prov. y p. j. de Guadalajara; 113 h. ‖ **de Eresma.** Mun. de España, prov. y p. j. de Segovia; 215 h. ‖ Lugar cap. del mismo; 191 h.

Hontanas. Geog. Mun. y villa de España, prov. y p. j. de Burgos; 115 h.

Hontanaya. Geog. Mun. y villa de España, prov. de Cuenca, p. j. de Tarancón; 767 h.

Hontangas. Geog. Mun. y villa de España, prov. de Burgos, p. j. de Aranda de Duero; 349 h.

Hontecillas. Geog. Mun. y villa de España, prov. de Cuenca, p. j. de Motilla del Palancar; 229 h.

Hontheim (Johann Nikolaus von). Biog. Historiador y canonista alemán, más conocido por *Justinus Febronius* o *Febronio,* n. en Tréveris y m. en Montquentin, Luxemburgo (1701-1790). Su principal obra es *De statu Ecclesiae et legitima potestate Romani Pontificis* (1763), en la que defendía la superioridad del Concilio universal sobre el Papa, doctrina conocida por el nombre de *febronianismo,* de la que después se retractó.

Hontoba. Geog. Mun. y villa de España, prov. y p. j. de Guadalajara; 222 h.

Hontomín. Geog. Mun. y villa de España, prov. y p. j. de Burgos; 157 h.

Hontoria de la Cantera. Geog. Mun. y villa de España, prov. y p. j. de Burgos; 293 h. ‖ **de Cerrato.** Mun. y villa de España, prov. y p. j. de Palencia; 184 h. ‖ **del Pinar.** Mun. de España, prov. de Burgos, p. j. de Salas de los Infantes; 1.381 h. ‖ Villa cap. del mismo; 1.055 h. ‖ **de Valdearados.** Mun. y villa de España, prov. de Burgos, p. j. de Aranda de Duero; 494 h.

Hooft (Pieter). Biog. Poeta e historiador holandés, n. en Amsterdam y m. en La Haya (1581-1647). Imitó en ambos géneros a los escritores griegos y latinos. Es el creador de la tragedia y la poesía amatoria en Holanda. Entre sus obras históricas, *Nederlandsche Historien* (1642).

Hooke (Robert). Biog. Científico y filósofo inglés, n. en Freshwater, isla de Wight, y m. en Londres (1635-1703). Estudió la gravedad, la traslación de la Tierra alrededor del Sol, la rotación de los planetas y la propagación de la luz. Estableció en elasticidad la ley que lleva su nombre, según la cual la deformación es directamente proporcional al esfuerzo que soporta.

Hookham (Margaret). Biog. Bailarina inglesa, más conocida por *Margot Fonteyn,* n. en Reigate (Surrey) en 1919. Desde 1934, fecha de su aparición en los escenarios, ha interpretado todo tipo de ballets, clásicos y contemporáneos, formando pareja desde 1960 con Rudolf Nureyev. Son famosas sus caracterizaciones de Gisela, en *Giselle,* de Adolphe Adams; de Aurora, en *La bella durmiente del bosque,* y de *Petrushka,* de Stravinski.

Margaret Hookham

Hoover (Herbert Clark). Biog. Político estadounidense, n. en West Branch y m. en Nueva York (1874-1964). Ingeniero de minas, fue Secretario de Comercio con Harding y con Coolidge (1921-28), y ocupó la presidencia de la República (1929-33). Durante su administración, se produjo el colapso económico que le impidió ser reelecto. ‖ **(John Edgar).** Abogado y criminólogo estadounidense, n. y m. en Washington (1895-1972). Desde 1924 hasta su muerte fue director del Federal Bureau of Investigation (F. B. I.). Obras: *Master of deceit* (1958) y *A study of communism* (1962).

hopa. f. Especie de vestidura al modo de túnica o sotana cerrada. ‖ Loba o saco de los ajusticiados. ‖ *Méj.* **hopo.**

hopalanda. fr., *houppelande;* it., *balandrano;* i., *gown;* a., *Schieppe.* (Como el fr. *houppelande,* de origen incierto.) f. Falda grande y pomposa, particularmente la que vestían los estudiantes que iban a las universidades. Ú. m. en pl.

hoparse. (De *hopo.*) prnl. Irse, huir, escapar.

Hope (John). Biog. General inglés, m. en París (1767-1823). Luchó en España contra los franceses, primero a las órdenes de Moore y después a las de Wellington, y fue gravemente herido en el sitio de Bayona. Se distinguió por su valor e inteligencia. ‖ **(Leslie Townes).** Actor cómico estadounidense de radio, cine y televisión, más conocido por *Bob Hope,* n. en Londres en 1904. Dotado de una comicidad monótona y vulgar, formó pareja con Bing Crosby, y a la década de los 40 corresponden sus obras más taquilleras.

Leslie Townes Hope

hopear. (De *hopo.*) intr. Menear la cola los animales, especialmente la zorra cuando la siguen. ‖ fig. Corretear, andar de calle en calle o de casa en casa.

Hopeh. Geog. Prov. de la R. P. China, en la región Septentrional; 192.400 km.^{2} y 43.000.000 de h. Cap., Tientsin.

Hopelchén. (En maya sign. *lugar de los cinco pozos.*) **Geog.** Mun. de Méjico, est. de Campeche; 19.213 h. ‖ Villa cap. del mismo; 3.699 h.

hopeo. m. Acción de hopear.

Hopkins (Frederick Gowland). Biog. Médico bioquímico y fisiólogo inglés, n. en Eastbourne y m. en Cambridge (1861-1947). Fue profesor de bioquímica de la Universidad de Cambridge. Sus primeros trabajos, que le condujeron a los descubrimientos acerca de las vitaminas, dieron comienzo en 1895. Obtuvo el premio Nobel de Medicina de 1929, compartido con Christiaan Eijkman, que recibió especialmente por su labor en el campo de la nutrición.

hoplita. (Del gr. *hoplites,* de *hóplon,* armamento, equipo.) m. **Hist.** Soldado griego de infantería que combatía en líneas cerradas.

hoplo-; -opl-; -oplia, -oplino. (Del gr. *hóplon.*) pref., infijo o suf. que sign. arma.

hoploteca. (De *hoplo-* y *-teca.*) f. **oploteca.**

hopo. (Como el fr. *houppe,* del germ. *hoop,* bola.) m. Copete o mechón de pelo. ‖ Rabo o cola que tiene mucho pelo o lana; como la de la zorra, la oveja, etc. Suele aspirarse la h. || *Germ.* Cabezón o cuello de sayo. || **¡hopo!** interj. **¡largo de aquí! ¡afuera!.**

hoque. (Del ár. *ḥaqq*, retribución, propina.) m. Regalo que se hace a los que intervienen en una venta.

hoquis (de). loc. adv. *Méj.* Gratis, de balde.

hora. fr., *heure*; it., *ora*; i., *hour*; a., *Stunde*. (Del lat. *hora*.) f. Cada una de las 24 partes en que se divide el día solar. Cuéntanse en el orden civil de 12 en 12, desde la medianoche hasta el mediodía, y desde éste hasta la medianoche siguiente. También se cuentan en el uso oficial desde la medianoche sin interrupción hasta la medianoche siguiente, y en astronomía desde las doce del día hasta el mediodía inmediato. || Tiempo oportuno y determinado para una cosa. || Últimos instantes de la vida. Ú. m. con el verbo *llegar*. || Espacio de una hora, que en el día de la Ascensión emplean los fieles en celebrar este misterio. || Momento del día referido a una hora o fracción de hora. || Espacio de tiempo o momento indeterminado. || Distancia de una legua. || En Chile, cualquier enfermedad nerviosa que produce una muerte repentina. || En astronomía, cada una de las 24 partes iguales y equivalentes a 15°, en que para ciertos usos consideran los astrónomos dividida la línea equinoccial. || adv. t. **ahora**. || f. pl. *Rel.* Librito o devocionario en que están el oficio de Nuestra Señora y otras devociones. || Este mismo oficio. || **menguada**. *Lex*. Tiempo fatal o desgraciado en que sucede un daño o no se logra lo que se desea. || **de la modorra**. Tiempo inmediato al amanecer o a la venida del día, porque entonces carga pesadamente el sueño. Se usa frecuentemente entre las centinelas puestas en esta hora. || **oficial**. Para evitar la confusión de que localidades próximas se rigiesen por hora distinta, se convino internacionalmente que tuviesen la misma hora *oficial* las comprendidas en un *huso horario*. A estos efectos, se considera dividida la Tierra en 24 husos de 15°. Para el cálculo de la hora legal, se toma como origen el huso cuyo meridiano medio es el de Greenwich, al que está adscrito el occidente de Europa. Hacia el E., cada huso tiene una hora de adelanto respecto al anterior, y hacia el O., una hora de retraso. || **punta**. *Sociol*. Aquella en que se produce mayor aglomeración en los transportes urbanos, por coincidir con la entrada o salida del trabajo. || En algunas industrias, como los suministros de agua y electricidad, parte del día en que el consumo es mayor. || **santa**. *Rel.* Oración que se hace ordinariamente los jueves, en recuerdo de la oración y agonía de Nuestro Señor Jesucristo en el Huerto. || **sidérea**. *Astron*. **hora solar**. La determinada por el curso *aparente* del Sol alrededor de la Tierra. || **suprema**. *Lex.* La de la muerte. || **temporal**. *Cron.* La que se empleaba para los usos civiles en la antigüedad y en la Edad Media, y era la duodécima parte de cada día o de cada noche naturales, y variable, por tanto, en cada día del año y en cada localidad. || **tonta**. *Lex*. Momento de flaqueza o debilidad en el que se accede a lo que no se haría normalmente. || **cuarenta horas**. *Rel.* Festividad que se celebra estando patente el Santísimo Sacramento, en memoria de las que estuvo Cristo en el sepulcro. || **horas canónicas**. Las diferentes partes del oficio divino que la Iglesia acostumbra rezar en distintas horas del día; como maitines, laudes, vísperas, prima, etc. || **menores**. En el oficio divino, las cuatro intermedias, que son: prima, tercia, sexta y nona. || **muertas**. *Lex*. Las muchas perdidas en una sola ocupación. || **¡a buena hora mangas verdes!** loc. fig. y fam. con que se denota que una cosa no sirve cuando llega fuera de oportunidad. || **a horas escusadas.** m. adv. **a escondidas.** || **a la buena hora.** m. adv. **en hora buena.** || **a la hora.** m. adv. Al punto, inmediatamente, al instante. || ant. Entonces o en aquel tiempo. || **a la hora de ahora,** o **a la hora de ésta.** loc. fam. En esta hora. || **a la hora harada.** loc. fam. A la hora puntual, precisa, perentoria. Se dice para inculpar a los que piden o recuerdan algo cuando ya es muy difícil o imposible de hacerse o remediarse. || **a poco de hora.** loc. ant. En poco tiempo; poco después. || **a todas horas.** m. adv. fam. **cada hora.** || **a última hora.** m. adv. En los últimos momentos. Es locución de que usan los periódicos cuando comunican una noticia recibida al entrar el número en prensa. Dícese también con referencia a las asambleas políticas y otras juntas, para significar lo que se determina o vota en ellas al concluir cada sesión. || **cada hora.** m. adv. Siempre, continuamente. || **de buena hora.** m. adv. **a la hora.** || **de hora en hora.** m. adv. Sin cesar. || **en buen,** o **buena, hora.** m. adv. **en hora buena.** || **en hora buena.** m. adv. Con bien, con felicidad. || Empléase también para denotar aprobación, aquiescencia o conformidad. || **en hora mala,** o **en, mal,** o **mala, hora.** m. adv. que se emplea para denotar disgusto, enfado o desaprobación. || **en poco de hora.** loc. ant. **a poco de hora.** || **¡hora sus!** interj. ant. **¡sus!** || **por hora.** m. adv. En cada hora. || **por horas.** m. adv. por instantes. || **toda hora que.** m. conj. En Aragón, siempre que.

horacar. (De *horaco*.) tr. ant. Horadar, furacar.

horaciano, na. (Del lat. *horatiānus*.) adj. *Ret.* Propio o característico de Horacio como escritor, o que tiene semejanza con cualquiera de las dotes o calidades por que se distinguen sus producciones. Apl. a pers., ú. t. c. s.

Horacio Flaco (Quinto). Biog. Poeta latino, n. en Venusia y m. en Roma (65-8 a. C.). Estudió en Roma y en Atenas, y recorrió Macedonia y Asia como tribuno de Marco Bruto.

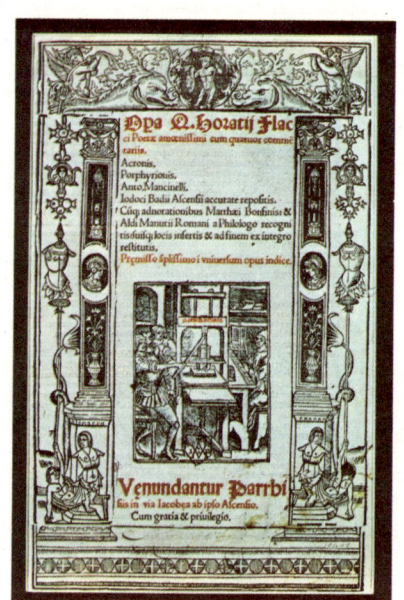

Portada de una edición de obras de Quinto Horacio Flaco, por Josse Bade (París, 1519). Museo Victoria y Alberto. Londres

Vuelto a Roma, se dedicó por completo a la literatura, y fue amigo de Virgilio y de Mecenas. Como poeta cultivó todos los géneros, pero sobresalió en las *Odas*, introduciendo así en la poesía latina las más bellas formas de la poesía lírica griega. Su *Epístola a los Pisones* o *Arte poética* determinó las leyes de nuevos géneros de estilo.

horaco. (Del lat. *forāre*, horadar.) m. ant. agujero.

horada. adj. V. **a la hora horada.**

horadable. adj. Que se puede horadar.

horadación. f. Acción de horadar.

horadado, da. p. p. de **horadar.** || m. Capullo del gusano de seda, que está agujereado por ambas partes.

horadador, ra. adj. Que horada. Ú. t. c. s.

horadante. p. a. de **horadar.** Que horada.

horadar. fr., *forer, percer*; it., *traforare*; i., *to bore*; a., *durchbohren*. (De *horado*.) tr. Agujerear una cosa atravesándola de parte a parte.

horado. (Del lat. *forātus*, perforado.) m. Agujero que atraviesa de parte a parte una cosa. || Por ext., caverna o concavidad subterránea.

horambre. (Del lat. *forāmen*, agujero.) m. ant. Horado, agujero. || En los molinos de aceite, cada uno de los agujeros o taladros que tienen en medio de las guiaderas, por los cuales se mete el ventril para balancear sobre él la viga.

horambrera. (De *horambre*.) f. ant. Horado, horambre, agujero.

horario, ria. fr., *horaire*; it., *orario*; i., *horary*; a., *Stundenzeiger*. (Del lat. *horārius*.) adj. Perteneciente a las horas. || m. Saetilla o mano de reloj que señala las horas, y es siempre algo más corta que el minutero. || **reloj.** || Cuadro indicador de las horas en que deben ejecutarse determinados actos. || **dinámico.** *Econ.* y *Sociol*. **horario flexible.** || **flexible.** Posibilidad para los productores de elegir las horas de entrada y salida al trabajo, según sus necesidades y las de la empresa a la que están vinculados.

Horas. Mit. Divinidades griegas, hijas de Zeus y Temis, que servían a los dioses principales y guardaban las puertas del Olimpo; personificaban las estaciones del año, que en la antigüedad eran tres.

horca. fr., *potence, gibet*; it., *forca, patíbolo*; i., *gibbet*; a., *Galgen*. (Del lat. *furca*.) f. Conjunto de tres palos, dos hincados en la tierra y el tercero encima trabando los dos, en el cual, a manos del verdugo, morían colgados los condenados a esta pena. || Palo con dos puntas y otro que atravesaba, entre los cuales metían antiguamente el pescuezo del condenado y lo paseaban en esta forma por las calles. || Instrumento de forma parecida que ponen al pescuezo a los cerdos y perros para que no entren en las heredades. || Palo que remata en dos o más púas hechas del mismo palo o sobrepuestas de hierro, con el cual los labradores hacinan las mieses, las echan en el carro, levantan la paja y revuelven la parva. || Palo que remata en dos puntas y sirve para sostener las ramas de los árboles, armar los parrales, etc. || **de ajos,** o **de cebollas.** *Lex.* Ristra o soga de los tallos de ajos, o de cebollas, que se hacen en dos ramales que se juntan por un lado. || **pajera.** *Agr.* En Aragón, **aviento.**

horcado, da. adj. En forma de horca.

horcadura. (De *horcado*.) f. Parte superior del tronco de los árboles, donde se divide éste en ramas. || Ángulo que forman dos ramas que salen del mismo punto.

horcaja. f. *Chile.* **horcajadura.**

Horcajada (La). Geog. Mun. de España, prov. de Ávila, p. j. de Piedrahíta; 1.215 h. || Villa cap. del mismo; 1.131 h. || **de la Torre.** Mun. y villa de España, prov. de Cuenca, p. j. de Tarancón; 179 h.

horcajadas (a). (De *horcajo*.) m. adv. Dícese de la postura del que se monta en una caballería o en una persona o cosa, echando cada pierna por su lado.

horcajadillas (a). m. adv. **a horcajadas.**

horcajadura. (De *horcajo*, por la forma.) f. Ángulo que forman los dos muslos o piernas en su nacimiento.

horcajo. (Del lat. *furcacŭlum*, dim. de *furca*, horca.) m. Horca de madera que se pone al pescuezo de las mulas para trabajar. ‖ Horquilla que forma la viga del molino de aceite en el extremo en que se cuelga el peso. ‖ **Geog.** Confluencia de dos ríos o arroyos. ‖ Punto de unión de dos montañas o cerros.

Horcajo Medianero. Geog. Mun. de España, prov. y p. j. de Salamanca; 858 h. ‖ Lugar cap. del mismo; 662 h. ‖ **de Montemayor.** Mun. y lugar de España, prov. de Salamanca, p. j. de Béjar; 355 h. ‖ **de los Montes.** Mun. de España, prov. y p. j. de Ciudad Real; 1.463 h. ‖ Villa cap. del mismo; 1.431 h. ‖ **de la Ribera.** Mun. de España, prov. de Ávila, p. j. de Piedrahíta; 434 h. ‖ Lugar cap. del mismo; 229 h. ‖ **de Santiago.** Mun. y villa de España, prov. de Cuenca, p. j. de Tarancón; 3.844 h. (*horcajeños*). ‖ **de la Sierra.** Mun. de España, prov. de Madrid, p. j. de Colmenar Viejo; 196 h. ‖ Lugar cap. del mismo; 122 h. ‖ **de las Torres.** Mun. y villa de España, prov. de Ávila, p. j. de Arévalo; 1.261 h. (*horcajeños*).

Horcajuelo de la Sierra. Geog. Mun. y lugar de España, prov. de Madrid, p. j. de Colmenar Viejo; 90 h.

horcar. tr. *Chile* y *Méj.* **ahorcar.**

Horcas Caudinas. (En lat., *Fúrcae Caudinae.*) **Hist.** Nombre de dos desfiladeros próximos a la ciudad de *Cáudium*. En ellos sufrieron los romanos una seria derrota en la segunda guerra con los samnitas, que hicieron pasar a los primeros bajo un yugo.

horcate. (De *horca*.) m. Arreo de madera o hierro, en forma de herradura, que se pone a las caballerías encima de la collera, y al cual se sujetan las cuerdas o correas de tiro.

horco. (De *horca*.) m. **horca de ajos,** o **de cebollas.**

horco. (Del lat. *orcus*.) m. Infierno de los condenados. ‖ poét. Infierno, lugar donde, según los paganos, iban las almas.

horcón. m. aum. de **horca.** ‖ Horca grande de los labradores. ‖ *Cuba.* Madero vertical que en las casas rústicas sirve a modo de columna, para sostener vigas o aleros de tejado. ‖ *R. Plata.* Palo más grueso y principal que se entierra para iniciar la construcción de un rancho.

horconada. f. Golpe dado con el horcón. ‖ Porción de heno, paja, etc., que de una vez se coge y arroja con él.

horconadura. f. Conjunto de horcones.

Horconcitos. Geog. Pobl. de Panamá, prov. de Chiriquí, cap. del dist. de San Lorenzo; 1.079 h.

Horcones. Geog. Local de Argentina, prov. de Salta, depart. de Rosario de La Frontera; 267 h.

horchata. fr. e i., *orgeat*; it., *orzata*; a., *Mandelmilch.* (Del lat. *hordeāta*, [hecha] con, o de, cebada; de *hordĕum*, cebada.) f. Bebida que se hace de almendras, de chufas, de pepitas de sandía o melón, calabaza y otras, machacadas y exprimiendo la pulpa con agua y sazonándola con azúcar. También se hace sólo de almendras, de chufas u otras substancias análogas.

horchatería. (De *horchatero*.) f. Casa o sitio donde se hace horchata. ‖ Casa o sitio donde se vende.

horchatero, ra. m. y f. Persona que tiene por oficio hacer o vender horchata.

Horche. Geog. Mun. y villa de España, prov. y p. j. de Guadalajara; 1.296 h. (*horchanos*).

horda. fr. e i., *horde*; it., *orda*; a., *Horde.* (Quizá del ár. *ʼurḍa*, campamento, y éste del turco *ordī* u *ordū*.) f. Reunión de salvajes que forman comunidad y no tienen domicilio.

Horche. Paisaje de los alrededores

Horda de Oro, o **Dorada. Hist.** Reino fundado en la Edad Media por los mongoles. Su primer soberano fue Djudji, hijo de Gengis-Khan.

Hordaland. Geog. Cond. de Noruega; 15.634 km.^{2} y 377.163 h. Cap., Bergen.

hordiate. (Del cat. *ordiat*, y éste del lat. *hordeātus*, [hecho] con, o de, cebada; de *hordĕum*, cebada.) m. Cebada mondada. ‖ Bebida que se hace de cebada, semejante a la tisana.

hordio. (Del lat. *hordĕum*.) m. ant. Cebada, planta. ‖ Conjunto de granos de esta planta. Ú. en Aragón.

Horeb. Geog. Sinaí, monte.

horero. m. *Bol* y *Méj.* Horario de reloj.

horhor. m. **Bot.** *Perú.* Planta de la familia de las tiliáceas, cuyas hojas tiñen de amarillo (*vallea cordifolia*).

Horia (Vintila). Biog. Escritor español, de origen rumano, n. en Segarcea (Dolj) en 1915. Internado por los alemanes en un campo de concentración, emigra a Argentina al acabar la guerra y después a España, donde se nacionaliza en 1972. En sus obras emplea tanto su lengua materna como el francés y el español: *Dios ha nacido en el exilio*, premio Goncourt 1960, *Giovanni Papini*, ensayo (1963), *La séptima carta*, novela (1964), *Una mujer para el Apocalipsis*, novela (1968), *España y otros mundos*, ensayos (1970), etc.

horizontal. fr. e i., *horizontal*; it., *orizzontale*; a., *waagerecht.* adj. Que está en el horizonte o paralelo a él. Aplicado a línea, ú. t. c. s. ‖ En figuras, dibujos, escritos, impresos, etc., dícese de la línea, disposición o dirección que va de derecha a izquierda o viceversa. Ú. t. c. s.

horizontalidad. f. Calidad de horizontal.

horizontalmente. adv. m. De modo horizontal.

horizonte. fr. e i., *horizon*; it., *orizzonte*; a., *Horizont.* (Del lat. *horīzon, -ontis*, y éste del gr. *horizon* [*kýlos*], [círculo] que limita; de *horízo*, definir, limitar [v. *orismo-*].) m. Línea que limita la superficie terrestre a que alcanza la vista del observador, y en la cual parece que se junta el cielo con la tierra. ‖ Espacio circular de la superficie del globo, encerrado en dicha línea. ‖ fig. Conjunto de posibilidades o perspectivas que se ofrecen en un asunto o materia. ‖ **artificial.** *Astron.* Cubeta llena de mercurio, o espejo mantenido horizontalmente, que se usa en algunas operaciones astronómicas. ‖ **de la mar.** *Mar.* La superficie cónica formada por las tangentes a la superficie terrestre, que parten del ojo del observador. ‖ **racional.** *Geog.* Círculo máximo de la esfera celeste, paralelo al horizonte sensible. ‖ **sensible. horizonte,** espacio circular. ‖ *Mar.* **horizonte de la mar.** ‖ **del suelo.** *Geol.* Cada una de las capas o formaciones diferentes, que se suceden en el perfil del suelo, en sentido vertical. ‖ **nuevos horizontes.** expr. fig. Nuevas posibilidades.

horma. fr., *forme*; it., *forma, stampo*; i., *mould*; a., *Form, Leisten.* (Del lat. *forma.*) f. Molde con que se fabrica o forma una cosa. Llámase así principalmente el que usan los zapateros para hacer zapatos, y los sombrereros para formar la copa de los sombreros. Las hay también de piezas articuladas, que sirven para evitar que se deforme el calzado. ‖ Pared de piedra seca. ‖ *Col., Cuba, Perú* y *Venez.* Forma para elaborar los panes de azúcar.

hormar. tr. *Col.* y *Chile.* **ahormar.**

hormaza. (Del lat. *formacĕa*, t. f. de *-cĕus*, hormazo.) f. Pared de piedra seca.

Hormaza. Geog. Mun. y villa de España, prov. y p. j. de Burgos; 159 h.

Hormaza. Iglesia parroquial

Hormazas (Las). Geog. Mun. de España, prov. y p. j. de Burgos; 264 h. Corr. 143 a la cap., el barrio de La Parte.

hormazo. m. Golpe dado con una horma, molde.

hormazo. (Del lat. *formacĕus*, de *forma*, molde.) m. Montón de piedras sueltas. ‖ ant.

hormento–hormona

Tapia o pared de tierra. || *Córd.* y *Gran.* **carmen,** quinta con jardín.

hormento. (Del lat. *fermentum,* fermento.) m. ant. Fermento o levadura.

hormero. m. El que hace o vende hormas.

hormiga. fr., *fourmi;* it., *formica;* i., *ant;* a., *Ameise.* (Del lat. *formīca.*) f. Nombre común a numerosas especies de insectos himenópteros, del suborden de los apócritos o clistogastros, familia de los formícidos, todas ellas sociales y con un claro polimorfismo que origina, al menos, tres castas bien definidas: hembras, machos fértiles y hembras estériles u obreras. En algunas especies, estas últimas son de dos clases: obreras y soldados. Miden de 0,5 a 2,5 cm., y la división del cuerpo en cabeza, tórax y abdomen está muy marcada; el último es pedunculado. Cabeza con mandíbulas fuertes y antenas acodadas. Las hembras de diversas especies poseen un aguijón abdominal con el que inyectan un veneno, ácido fórmico, pero otras muchas carecen de él, y el animal dobla el abdomen para verter el ácido en una mordedura que hacen con las mandíbulas. Los machos y las hembras fértiles o reinas, ambos alados, se aparean en vuelo, depositando después los huevos en el hormiguero, que en poco tiempo se convierten en insectos perfectos. Al final del verano, estos nuevos insectos ponen los huevos de los que salen las larvas que originarán machos y hembras aladas que serán fundadores de una nueva colonia. Viven en sociedad en hormigueros, excavados en la tierra, que forman una intrincada red de galerías y cámaras, aunque algunas especies viven en los troncos de los árboles y otras en grandes nidos colgados de los árboles. Diversas especies de hormigas conviven con otras de distinto género o especie, e incluso con otros insectos, como es el caso de la asociación con los pulgones, a los que Linneo denominó *vácas de leche de las hormigas.* En otros casos el insecto ejerce un verdadero parasitismo sobre la hormiga, que lo nutre incluso a expensas de su prole. Por último, existen numerosas hormigas que preparan en sus hormigueros una cama vegetal de mantillo y sobre ella cultivan hongos que constituyen su casi único alimento. || Enfermedad cutánea que causa comezón. || pl. *Germ.* Dados de jugar. || **blanca.** *Entom.* **comején** o **termes.** || **león.** Insecto neuróptero del suborden de los planipennes, familia de los mirmeleóntidos, de hasta 65 mm. de long.; de color negro con manchas amarillas, antenas cortas y mazudas, cabeza transversal, ojos salientes, tórax pequeño, abdomen largo y casi cilíndrico, alas largas y transparentes y patas cortas. Vive en sociedad, aova en la arena y las larvas se alimentan de hormigas y otros insectos *(myrméleon formicarius).*

hormigaleón. f. *Entom.* hormiga león.

hormigante. (Del lat. *formīcans, -āntis,* picante.) adj. Que causa comezón.

hormigo. (De *hormiga.*) m. Ceniza cernida que se mezclaba con el mineral de azogue en el método de beneficio por jabecas. || Gachas, por lo común de harina de maíz. || En Costa Rica, planta de la familia de las poligonáceas, cuyo leño es hueco y se llena de hormigas *(triplaris tomentosa).*

hormigón. fr., *béton;* it., *calcestruzzo;* i., *concrete;* a., *Beton.* (De *hormigo,* gachas de harina.) m. *Constr.* Mezcla compuesta de piedras menudas y mortero de cemento y arena. || **armado.** Fábrica hecha con hormigón hidráulico sobre una armadura de barras de hierro o acero. || **hidráulico.** Aquel cuya cal es hidráulica. || **ligero. siporex.** || **pretensado.** Variedad del hormigón armado, que consiste en hacerlo fraguar estando sus armaduras sometidas a tracción.

hormigón. (De *hormiga.*) m. *Entom.* hormiga león. || *Col.* Hormiga sexuada. || *Pat.* Enfermedad del ganado vacuno. || Enfermedad de algunas plantas, causada por un insecto que roe las raíces y tallos.

hormigonado. m. *Constr.* Trabajo ejecutado con hormigón.

hormigonar. tr. *Constr.* Ejecutar una obra a base de hormigón.

hormigonera. f. *Constr.* Aparato para la preparación del hormigón.

Hormigonera industrial

Hormigos. Geog. Mun. y villa de España, prov. de Toledo, p. j. de Torrijos; 430 h.

hormigoso, sa. (Del lat. *formicōsus.*) adj. Perteneciente a las hormigas. || Dañado de ellas.

hormigueamiento. m. Acción y efecto de hormiguear.

hormigueante. p. a. de **hormiguear.** Que hormiguea.

hormiguear. (De *hormiga.*) intr. Experimentar alguna parte del cuerpo una sensación más o menos molesta, comparable a la que resultaría si por ella bulleran o corrieran hormigas. || fig. Bullir, ponerse en movimiento. Dícese propiamente de la multitud o concurso de gente o animales. || *Germ.* Hurtar cosas de poco precio.

hormigüela. f. dim. de **hormiga.**

hormigueo. m. Acción y efecto de hormiguear.

hormiguero, ra. fr., *fourmilière;* it., *formicaio;* i., *ant-hill;* a., *Ameisenhaufen.* adj. Perteneciente a la enfermedad llamada hormiga. || m. Lugar donde se crían y se recogen las hormigas. || fig. Lugar en que hay mucha gente puesta en movimiento. | *Chile.* Mal usado por **hormigueo.** ||. *Germ.* Ladrón que hurta cosas de poco precio. || Fullero que juega con dados falsos. || **Agr.** Cada uno de los montoncitos de hierbas inútiles o dañinas cubiertos con tierra, que se hacen en diferentes puntos del barbecho para pegarles fuego y beneficiar la heredad. || **Zool. torcecuello,** ave.

Hormigueros. Geog. Mun. y pobl. de Puerto Rico, dist. de Mayagüez; 10.827 h. || Pueblo cap. del mismo; 6.531 h.

hormiguesco, ca. adj. Perteneciente o relativo a la hormiga.

hormiguilla. f. dim. de **hormiga.** || Cosquilleo, picazón o prurito.

hormiguillar. (De *hormiguillo.*) tr. *Met. Amér.* Revolver el mineral argentífero hecho harina con el magistral y la sal común para preparar el beneficio.

hormiguillo. (De *hormiga.*) m. Línea de gente que se hace para ir pasando de mano en mano los materiales para las obras y otras cosas. || Hormigos, plato de repostería. || **hormiguilla.** || *R. Plata.* **hormiguero.** || **Met.** *Amér.* Movimiento que producen las reacciones entre el mineral y los ingredientes incorporados para el beneficio por amalgamación. || La misma unión o incorporación. || **Pat.** Enfermedad que da a las caballerías en los cascos y que poco a poco se los va gastando y deshaciendo.

hormiguita. f. dim. de **hormiga.**

hormilla. (dim. de *horma.*) f. Pieza circular y pequeña, de madera, hueso u otra materia, que forrada forma un botón.

Hormilla. Geog. Mun. y villa de España, prov. y p. j. de Logroño; 700 h.

Hormilleja. Geog. Mun. y villa de España, prov. y p. j. de Logroño; 320 h.

Hormisdas (San). **Biog.** Papa, n. en Frosinone y m. en Roma. Ocupó el solio pontificio de 514 hasta su muerte en 523. Durante su

San Hormisdas. Basílica de San Pablo. Roma

pontificado terminó el cisma que desde el año 482 separaba Bizancio y Roma. Su fiesta, el 6 de agosto.

hormon-. (Del m. or. que *hormona.*) pref. que sign. excitante, estimulante.

hormón. m. **Biol.** y **Fisiol. hormona.**

hormona. fr. e i., *hormone;* it., *ormone;* a., *Hormon.* (Del gr. *hormon,* p. a. de *hormáo,* excitar, mover.) f. **Biol.** y **Fisiol.** Secreción que las glándulas endocrinas vierten a la sangre y que, transportado por la circulación sanguínea, excita, inhibe o regula la actividad de otros órganos o sistemas de órganos. En los individuos sanos, las hormonas se encuentran en equilibrio, frenándose y estimulándose mutuamente. La estructura química es muy variada y su función es de extraordinaria importancia para el desarrollo, metabolismo, sexualidad, sistema nervioso, etc., del individuo, siendo las más importantes: la *adrenalina, insulina, cortisona, tiroxina, paratormona, gonadotropina, somatotropina, tirotropina, corticotropina*, etc.

hormonal. adj. Biol. Referente a las hormonas.

Horn (conde de). Biog. Montmorency Nivelle, conde de Horn (Philippe de).

hornabeque. (Del a. *Hornwerk*; de *Horn*, cuerno, y *Werk*, obra.) m. Fort. Fortificación exterior que se compone de dos medios baluartes trabados con una cortina. Sirve para el mismo efecto que las tenazas, pero es más fuerte, por defender los flancos mutuamente sus caras y la cortina.

hornablenda. fr. e i., *hornblende*; it., *orneblenda*; a., *Hornblende*. (Del a. *Hornblende*, blenda córnea; de *Horn*, cuerno, y *Blende*, blenda.) f. Miner. Silicato ferromagnésico, con aluminio, sodio y calcio, del orden de los inosilicatos, grupo de los anfíboles, de color verde obscuro o negro; que se presenta en cristales de sección hexagonal o en masas hojosas brillantes en las rocas eruptivas.

hornacero. m. Oficial que asiste y tiene a su cuidado la hornaza.

hornacina. fr., *niche*; it., *nicchia*; i., *niche*; a., *Vertiefung*. (De *horno*.) f. Arquit. Hueco que se suele dejar en el grueso de la pared maestra de las fábricas, para colocar en él una estatua o un jarrón, y a veces, en los muros de los templos para poner un altar.

hornacha. (Del lat. *fornax, -ācis*.) f. ant. hornaza.

hornacho. (Del lat. *fornax -ācis*.) m. Agujero o concavidad que se hace en las montañas o cerros donde se cavan algunos minerales o tierras; como almazarrón, arena, etc.

Hornachos. Geog. Mun. de España, prov. de Badajoz, p. j. de Almendralejo; 4.704 h. || Villa cap. del mismo; 4.499 h.

hornachuela. (dim. de *hornacha*.) f. Especie de covacha o choza.

Hornachuelos. Geog. Mun. de España, prov. de Córdoba, p. j. de Posadas; 6.552 h. || Villa cap. del mismo; 3.446 h. (*hornacholeros*).

hornada. fr., *fournée*; it., *fornata*; i., *batch*; a., *Ofenladung*. f. Cantidad o porción de pan, pasteles u otras cosas que se cuece de una vez en el horno. || fig. y fam. Conjunto de individuos que acaban a un mismo tiempo una carrera, o reciben a la vez el nombramiento para un cargo.

hornaguear. (De *hornagar*, del lat. *fornacāre*, hacer horno o bóveda.) tr. Cavar o minar la tierra para sacar hornaguera. || And. Mover una cosa de un lado para otro a fin de hacerla entrar en un lugar en que cabe a duras penas. || prnl. And. y Chile. Moverse un cuerpo a un lado y otro.

hornagueo. m. Acción de hornaguear u hornaguearse.

hornaguera. (Del lat. *fornacaria*, t. f. de *-rius*, hornaguero.) f. Miner. carbón de piedra.

hornaguero, ra. (Del lat. *fornacarius*, de *fornax*, horno.) adj. Flojo, holgado o espacioso. || Aplícase al terreno en que hay hornaguera.

hornaje. m. Rioja. Precio que se da en los hornos por el trabajo de cocer el pan.

hornaza. (Del lat. *fornacĕa*, t. f. de *-cĕus*, fornazo.) f. aum. desp. de **horno**. || A. y Of. Horno pequeño de que usan los plateros y fundidores de metales. || Pint. Color amarillo claro que se hace en los hornillos de los alfareros para vidriar.

hornazo. (Del lat. *fornacĕus*.) m. Rosca o torta guarnecida de huevos que se cuecen juntamente con ella en el horno. || Agasajo que en los lugares hacen los vecinos al predicador que han tenido en la cuaresma, el día de Pascua, después del sermón de gracias.

hornblenda. f. Miner. hornablenda.

hornear. (De *horno*.) intr. Ejercer el oficio de hornero. || Enhornar.

hornecino, na. (Del lat. *fornicīnus*, de *fornix, -īcis*, bóveda.) adj. Fornecino, bastardo, adulterino.

hornera. (Del lat. *furnaria*.) f. Plaza, o suelo del horno. || Mujer del hornero.

hornería. f. Oficio de hornero.

hornero, ra. fr., *fournier*, it., *fornaio*; i., *baker*; a., *Bäcker*. (Del lat. *furnarius*.) m. y f. Persona que tiene por oficio cocer pan y templar para ello el horno. || m. Operario encargado del servicio de un horno. || Zool. Nombre común a algunos pájaros de la familia de los furnáridos, con alas y cola medianas, pulgar y uñas robustos y largos. Construyen nidos de barro en forma de horno, con entrada lateral y dos compartimentos. El plumaje es poco vistoso. El más frecuente en Argentina, Bolivia, Chile, Uruguay y Paraguay es el llamado hornero rojo, del tamaño del mirlo, de color rojizo. terroso y pecho y garganta blancos (*furnarius rufus*).

hornía. (De *horno*.) f. Sant. Cenicero contiguo al llar o fogón.

hornija. (Del lat. *furnicŭla*, del horno.) f. Leña menuda con que se enciende o alimenta el horno.

hornijero. m. El que acarrea la hornija.

hornilla. (De *hornillo*.) f. Hueco hecho en el macizo de los hogares, con una rejuela horizontal en medio de la altura para sostener la lumbre y dejar caer la ceniza, y un respiradero inferior para dar entrada al aire. Hácese también separada del hogar. || Hueco que se hace en la pared del palomar para que aniden las palomas en él.

hornillo. (dim. de *horno*.) m. Horno manual de barro refractario, o de metal, que se emplea en laboratorios, cocinas y usos industriales para calentar, fundir, cocer o tostar. || Mil. Concavidad que se hace en la mina, donde se mete la pólvora para producir una voladura. || Cajón lleno de pólvora o bombas, que entierran debajo de algunos de los trabajos, al cual se pega fuego cuando el enemigo se ha hecho dueño del sitio en que está enterrado. || **de atanor.** Quím. Aparato usado por los alquimistas, y en el cual el carbón que servía como combustible se cargaba en un tubo o cilindro central, desde donde bajaba al hogar para ir alimentando el fuego. Varias aberturas dispuestas alrededor permitían hacer diversas operaciones al mismo tiempo.

Hornillo (El). Geog. Mun. y villa de España prov. de Ávila, p. j. de Arenas de San Pedro; 597 h.

El Hornillo. Vista panorámica

Hornillos. Geog. Mun. y villa de España, prov. de Valladolid, p. j. de Medina del Campo; 313 h. || **(Los).** Local. de Argentina, prov. de Córdoba, depart. de San Javier; 780 habitantes. || **de Cameros.** Mun. y villa de España, prov. y p. j. de Logroño; 34 h. || **del Camino.** Mun. y villa de España, prov. y p. j. de Burgos; 201 h. || **de Cerrato.** Mun. y villa de España, prov. y p. j. de Palencia; 339 h.

horno. fr., *four*; it., *forno*; i., *oven*; a., *Ofen, Backofen*. (Del lat. *furnus*.) m. Fábrica para caldear, en general abovedada y provista de respiradero o chimenea y una o varias bocas por donde se introduce lo que se trata de someter a la acción del fuego o del calor. || Construcción en la que se desarrolla y utiliza el calor, incluso las que se emplean para producir el vapor y para ciertas operaciones químicas. Su aplicación más general e importante comprende las construcciones destinadas a la extracción de los metales de los minerales o a la refinación y elaboración de metales. || Montón de leña, piedra o ladrillo para la carbonización, calcinación o cochura. || Aparato de forma muy variada, con rejilla o sin ella en la parte inferior y una abertura en lo alto que

Horno–hórreo

hace de boca y respiradero. Sirve para trabajar y transformar con ayuda del calor las substancias minerales. || Boliche para fundir minerales de plomo. || Caja de hierro en los fogones de ciertas cocinas, para asar o calentar viandas. || Sitio o concavidad en que se crían las abejas fuera de las colmenas. || Cada uno de los agujeros de dos o más órdenes, unos sobre otros, en que se meten y afianzan los vasos que se ajustan con yeso y cal en el paredón del colmenar. || Cada uno de estos vasos. || *Ar.* Tahona en que se cuece y vende pan. || *Germ.* Calabozo de presos. || **alto.** *Met.* Horno en forma de cuba, de 20 a 30 m. de alt., con paredes de materiales refractarios, que se emplea en metalurgia para tratar el mineral de hierro. Para ello se echan al horno constantemente, por la parte superior, capas alternativas de carbón y de mineral de hierro. Las reacciones químicas que allí se efectúan son sumamente complejas; pero en lo esencial se reducen a convertir el óxido de hierro en hierro metálico, pasando por las fases de deshidratación, reducción, carburación y fusión, todo ello mediante la combustión del carbón, que toma el oxígeno del óxido de hierro, lo que produce óxido de carbono y anhídrido carbónico. Modernamente ha surgido un nuevo tipo de alto horno más económico, alimentado con petróleo crudo y coque. || **de calcinación.** El que sirve para calcinar minerales. || **de campana.** *Mil.* El de fácil transporte e instalación para cocer el pan en los campamentos militares. || **de carbón.** *Indus.* **carbonera,** pila de leña cubierta de arcilla para hacer carbón. || **castellano.** *Met.* El de cuba baja y prismática que se emplea en la metalurgia del plomo. || **de copela.** El de reverbero de bóveda o plaza movibles en el cual se benefician los minerales de plata. || **de crisol.** El utilizado para fundir metales en crisol. || **de cuba.** El de cavidad de forma de cuba, que sirve para fundir, mediante aire impelido por máquinas, los minerales que se colocan mezclados con el combustible. || **eléctrico.** Aquel en que se aprovecha como calor la energía eléctrica por medio de un arco voltaico. || **de gran tiro.** El de cuba sin máquina sopladora y con gran chimenea. || **de manga.** El de cuba, porque en lo antiguo recibía el aire de la máquina sopladora por una manga de cuero. || **de pava.** El de cuba cuya máquina sopladora es una pava. *Léx.* Horno común en el cual se suele pagar el pan. || **de poya.** *Léx.* Horno común en el cual se suele pagar el pan. || **de reverbero,** o **de tostadillo.** *Indus.* Aquel cuya plaza está cubierta por una bóveda que reverbera o refleja el calor producido en un hogar independiente. Tiene siempre chimenea. || **solar.** El que utiliza el calor de los rayos solares como fuente de energía.

Horno. *Astron.* Pequeña constelación austral, situada junto a la de Erídano. Su nombre científico es *Fórnax.*

Hornos. *Geog.* Barrio de Cuba, prov. de Oriente, mun. de Bayamo; 5.000 h. Café y tabaco. || Cabo de América del Sur que avanza por la parte más meridional de la isla de Hornos, la sit. más al S. del grupo de Heremite, y forma el extremo austral de América. Lo descubrieron, en enero de 1616, Willem Schouten y Jacques Lemaire. || Mun. de España, prov. de Jaén, p. j. de Villacarrillo; 1.520 h. || Villa cap. del mismo; 514 h. || **de Moncalvillo.** Mun. y villa de España, prov. y p. j. de Logroño; 124 h.

horo-. (Del gr. *hóra.*) pref. que sign. hora.

Horológium. *Astron.* Nombre científico de la constelación del Reloj.

horópter. (Del gr. *hóros,* límite, y *optér.,* que mira.) m. **Ópt.** Línea recta trazada por el punto donde concurren los dos ejes ópticos, paralelamente a la que une los centros de los dos ojos del observador.

horoptérico, ca. adj. *Ópt.* Perteneciente o relativo al horópter. || Dícese del plano que, pasando por el horópter, es perpendicular al eje óptico.

horóptero. m. *Ópt.* horópter.

horóscopo. fr. e i., *horoscope;* it., *oroscopo;* a., *Horoskop, Nativität.* (Del lat. *horoscŏpus,* y éste del gr. *horoskópos;* de *hóra,* hora, y *skopéō,* examinar.) m. Predicción del futuro que aguarda a personas, países, etc., realizada por los astrólogos y deducida de la posición relativa de los astros del sistema solar y de los signos del Zodiaco en un momento dado. || Gráfico que representa las doce casas celestes y la posición relativa de los astros del sistema solar y de los signos del Zodiaco, en un momento dado, del cual se sirven los astrólogos para realizar una predicción. || Disposición o colocación de los astros en la figura o división de los signos del zodiaco. || *Astrol.* Ascendente, principio de la casa celeste. || Cualquier adivinación o predicción.

Horowitz (Vladimir). *Biog.* Pianista estadounidense de origen ruso, n. en Kiev en 1904. Dio su primer concierto a los dieciseite años, presentándose en América. Considerado como uno de los grandes pianistas, fue un gran renovador de la técnica de este instrumento.

Horozco (Sebastián de). *Biog.* Escritor español, (1510?-1580). Se conservan pocas obras suyas: *Relaciones,* crónica de sucesos de Toledo, *Cancionero* y *Refranes glosados.* Como autor dramático escribió un entremés y tres piezas de asunto devoto. || **y Covarrubias (Sebastián de). Covarrubias y Horozco (Sebastián de).**

horqueta. f. dim. de **horca.** || Horcón para sostener las ramas de los árboles. || Parte del árbol donde se juntan formando ángulo agudo el tronco y una rama medianamente gruesa. || fig. *Arg.* Parte donde el curso de un río o arroyo forma ángulo agudo, y terreno que este comprende.

Horqueta. *Geog.* Dist. de Paraguay, depart. de Concepción; 33.164 h. || Pobl. cap. del mismo; 4.240 h.

horquetar. tr. *Méj.* Vulgarmente, montar a horcajadas sobre algo.

horquetero. m. *Mur.* El que hace o vende horquetas.

horquilla. fr., *fourche;* it., *forcella;* i., *forked, stick;* a., *Haarnadel.* f. dim. de **horca.** || Horqueta para sostener las ramas de los árboles. || Vara larga, terminada en uno de sus extremos por dos puntas, que sirve para colgar y descolgar las cosas o para afianzarlas y asegurarlas. || Pieza de alambre doblada por en medio, con dos puntas iguales, que emplean las mujeres para sujetar el pelo. También se hacen de plata, pasta, carey y otras substancias. || desus. **clavícula.** || *Pat.* Enfermedad que hiende las puntas del pelo, dividiéndolas en dos, y poco a poco lo va consumiendo.

Horquilla. *Geog.* Local. de Argentina, prov. de Chaco, part. de Tapenagá; 506 h.

horquillado. p. p. de **horquillar.** || m. Acción de horquillar.

horquillador. m. *And.* Obrero que horquilla.

horquillar. tr. *And.* Ahorquillar las varas de las cepas para que los racimos no toquen en el suelo.

Horra (La). *Biog.* Mun. y villa de España, prov. de Burgos, p. j. de Aranda de Duero, 835 h.

horrar. (De *horro.*) tr. ant. **ahorrar.** Ú. en América. || prnl. *Col., Guat.* y *Hond.* Quedarse horro. Dícese de la yegua, vaca, etcétera, cuando se les muere la cría.

Cabo de Hornos

Hórreos en Imo (La Coruña)

horre (en). (De *horrar.*) m. adv. Modo de entregar frutos y otras cosas sueltos, sin envase.

horrendamente. adv. m. De modo horrendo.

horrendo, da. fr., *affreux, effrayant;* it., *orrendo;* i., *dreadful;* a., *schrecklich.* (Del lat. *horrĕndus,* p. de *horrēre.*) adj. Que causa horror.

hórreo. (Del lat. *horrĕum.*) m. Granero o lugar donde se recogen los granos. || *Ast.* Edificio de madera, de base rectangular, sostenido en el aire por cuatro o más columnas o pilares, llamados pegollos, en el cual se guardan y preservan de la humedad y de los ratones granos y otros productos agrícolas.

horrero. (Del lat. *horrearĭus*.) m. El que tiene a su cuidado trojes de trigo y lo distribuye y reparte.

horribilidad. (Del lat. *horribilĭtas, -ātis*.) f. Calidad de horrible.

horribilísimo, ma. adj. sup. de **horrible.**

horrible. (Del lat. *horribĭlis*.) adj. Que causa horror.

horriblemente. adv. m. De un modo horrible.

horridez. f. Calidad de hórrido.

hórrido, da. (Del lat. *horrĭdus*.) adj. Que causa horror.

horrífico, ca. (Del lat. *horrifĭcus*.) adj. Que causa horror.

horripilación. (Del lat. *horripilatĭo, -ōnis*.) f. Acción y efecto de horripilar u horripilarse. ǁ **Fisiol.** Estremecimiento que experimenta el que padece el frío de terciana u otra enfermedad.

horripilante. p. a. de **horripilar.** Que horripila.

horripilar. fr., *horripiler*; it., *far rabbrividire*; i., *to horripilate*; a., *Gruseln machen* (Del lat. *horripilāre*; de *horrēre*, estar erizado, y *pilus*, pelo.) tr. Hacer que se ericen los cabellos. Ú. t. c. prnl. ǁ Causar horror y espanto. Ú. t. c. prnl.

horripilativo, va. (De *horripilar*.) adj. Dícese de lo que causa horripilación.

horrisonante. adj. **horrísono.**

horrísono, na. fr., *effroyable*; it., *orrisonante*; i., *horrisonous*; a., *schaurig tönend*. (Del lat. *horrisŏnus*; de *horrēre*, horrorizar, y *sonus*, sonido.) adj. Dícese de lo que con su sonido causa horror y espanto.

horro, rra. (Del ár. *hurr*, libre, no esclavo.) adj. Dícese del que habiendo sido esclavo, alcanza la libertad. ǁ Libre, exento, desembarazado. ǁ Aplícase a la yegua, burra, oveja, etc., que no queda preñada. ǁ Entre ganaderos, dícese de cualquiera de las cabezas de ganado que se conceden a los mayorales y pastores, mantenidas a costa de los dueños. ǁ fig. Dícese del tabaco y de los cigarrillos de baja calidad y que arden mal.

horror. fr., *horreur*; it., *orrore*; i., *horror*; a., *Schrecken*. (Del lat. *horror, -ōris*.) m. Movimiento del alma causado por una cosa terrible y espantosa, y ordinariamente acompañado de estremecimiento y de temor. ǁ fig. Atrocidad, monstruosidad, enormidad. Ú. m. en pl.

horrorizar. fr., *effrayer*; it., *spaventare*; i., *to terrify*; a., *Schrecken erregen*. tr. Causar horror. ǁ prnl. Tener horror o llenarse de pavor y espanto.

horrorosamente. adv. m. Con horror.

horroroso, sa. adj. Que causa horror. ǁ fam. Muy feo.

horrura. f. Bascosidad y superfluidad que sale de una cosa. ǁ ant. **horror.** ǁ fig. Escoria, cosa vil y despreciable. ǁ **Sal.** Poso, sedimento de un líquido en una vasija. ǁ Légamo que dejan los ríos en las crecidas. ǁ pl. **Min.** Escorias obtenidas en primera fundición que son susceptibles de beneficio.

horse power. (expr. inglesa que sign. *caballo de vapor* o *de fuerza*.) m. **Fís.** Unidad inglesa de potencia mecánica equivalente a 75,9 kgm/s; a 1,0138 c. v. y a 0,746 kw. Abreviadamente, H. P.

Horta (Manuel). Biog. Escritor y periodista mejicano, n. en Méjico en 1897. Aunque estudió pintura, trocó los pinceles por la pluma, y en 1917 publicó *Vitrales de mi capilla*, obra de dulce poesía, misterio y recogimiento. Ha escrito, además, *Estampas de antaño* (1919), *Vida ejemplar de don José de la Borda* (1928), *Miniaturas románticas* y *Ponciano Díaz*. ǁ **Geog.** Dist. de Portugal, en el arch. de las Azores; 780 km.² y 41.259 h. ǁ C. cap. del mismo y de la isla de Faial; 4.625 h. ǁ **de San Juan.** Mun. de España, prov. de Tarragona, p. j. de Tortosa; 1.540 h. ǁ Villa cap. del mismo (*hortenses*).

hortal. (Del lat. *hortuālis*.) m. ant. **huerto.** Ú. en Aragón.

hortaleza. f. ant. **hortaliza.**

hortaliza. fr., *herbes, plantes potaères*; it., *ortaggio*; i., *garden-stuff*; a., *Küchenkraut.* (De *hortal*.) f. **Bot.** Verduras y demás plantas comestibles que se cultivan en las huertas.

hortatorio, ria. (Del lat. *hortatorĭus*.) adj. **exhortatorio.**

hortecillo. m. dim. de **huerto.**

hortelana. f. Mujer del hortelano.

hortelano, na. fr., *potager, ortolan*; it., *ortolano*; i., *gardener horticulturist*; a., *Gärtner, Ortolan.* (De *hortus*, huerto.) adj. Perteneciente a huertas. ǁ m. El que por oficio cuida y cultiva huertas. ǁ **Zool.** Pájaro de la familia de los fringílidos, uno de los conocidos, en general, como *escribanos*; de unos 12 cm. de largo desde el pico a la extremidad de la cola, con plumaje gris verdoso en la cabeza, pecho y espalda, amarillento en la garganta y de color ceniza en las partes inferiores; cola ahorquillada con las plumas laterales blancas, uñas ganchudas y pico bastante largo. Es común en España (*emberiza hortulana*). ǁ **del arroz.** Zool. **agrípeno.**

hortense. (Del lat. *hortensis*.) adj. Perteneciente a las huertas.

hortensia. fr., *hortensia*; it., *ortensia*; i., *hortense*; a., *Hortensie*. (De *Hortensia*, esposa del célebre relojero de París, Lepaute, a quien dedicó esta flor el naturalista Commerson, que la importó de China.) f. **Bot.** Arbusto exótico de la familia de las saxifragáceas, con tallos ramosos de 1 m. de alt., aproximadamente, hojas elípticas, agudas, opuestas, de color verde brillante, y flores hermosas, en corimbos terminales, con corola rosa o azulada, que va poco a poco perdiendo color hasta quedar casi blanca. Es originaria de China y Japón (*hidrangea hortensia*).

Hortensia de Beauharnais. Biog. Reina de Holanda, n. en París y m. en Arenemberg (1783-1838). Era hija de Alejandro de Beauharnais y de Josefina Tascher. Casó con Luis, hermano del emperador, de cuyo matrimonio nació Napoleón III. ǁ **Geog.** Local. de Argentina, prov. de Buenos Aires, part. de Carlos Casares; 612 h.

hortera. (Del b. lat. *fortera*, vasija, y éste del lat. *fortis*, fuerte.) f. Escudilla o cazuela de palo. ǁ *Amer.* Hombre insignificante, sin ninguna personalidad. ǁ *Madrid.* Apodo, ya poco usado, del dependiente de comercio.

hortezuela. f. ant. dim. de **huerta.**

Hortezuela de Océn (La). Geog. Mun. y lugar de España, prov. de Guadalajara, p. j. de Sigüenza; 156 h.

hortezuelo. m. ant. dim. de **huerto.**

Horthy de Nagybanya (Miklós). Biog. Hombre de Estado húngaro, n. en Kenderes, Transilvania, y m. en Estoril, Portugal (1868-1957). Hizo fracasar el movimiento comunista de Bela Kun, entró en Budapest con las fuerzas nacionales en 1919 y al año siguiente fue nombrado regente, hasta 1944. Partidario en un principio de Hilter, quiso pactar después con los aliados y tuvo que dimitir. Encarcelado en Nuremberg, fue absuelto, y residió en Suiza y Portugal.

hortícola. adj. Perteneciente o relativo a la horticultura.

horticultor, ra. (Del lat. *hortus, -i*, huerto, y *-cultor*.) m. y f. Persona dedicada a la horticultura.

horticultura. fr. e i., *horticulture*; it., *orticoltura*; a., *Gartenbau*. (Del lat. *hortus, -i*, huerto, y *-cultura*.) f. **Agr.** Cultivo de los huertos y huertas. ǁ Arte que lo enseña.

Hortigüela. Ruinas de la abadía de San Pedro de Arlanza (s. X)

Hortigüela. Geog. Mun. y lugar de España, prov. de Burgos, p. j. de Salas de los Infantes; 177 h. Ruinas del monasterio de San Pedro de Arlanza.

hortolano. (Del lat. *hortulānus*.) m. **hortelano.**

horuelo. (De *foro*, plaza pública.) m. Ast. Sitio señalado en algunos pueblos, donde se reúnen por la tarde en días festivos los jóvenes de ambos sexos para recrearse.

Horus. Mit. Dios egipcio, hijo de Isis y Osiris, con los que formaba la tríada de Abydos. Simbolizaba el sol naciente. Las imágenes de Horus le representan como un halcón o como un hombre con cabeza de halcón coronada por un disco solar.

hosanna. (Del lat. *hosanna*, y éste del hebr. *hôšî'a-nna*, sálvanos.) m. **Litur.** Exclamación

hosco–hostigar

de júbilo usada en la liturgia católica. ‖ Himno que se canta el Domingo de Ramos.

hosco, ca. (Del lat. *fuscus*, obscuro.) adj. Dícese del color moreno muy obscuro, como suele ser el de los indios y mulatos. ‖ Ceñudo, áspero e intratable. ‖ *R. Plata*. Dícese de los vacunos cuyo pelaje es rojizo obscuro con manchas tostadas en la parte del lomo.

hoscoso, sa. (De *hosco*, áspero.) adj. Erizado y áspero. ‖ Dicho de las reses vacunas, barcino, de pelo bermejo.

hospa. interj. *Sant.* **oxte.**

hospedable. (De *hospedar*.) adj. ant. Digno de ser hospedado. ‖ ant. Dícese de la casa o lugar de buen aposentamiento. ‖ ant. Caritativo, de buena disposición para recibir a peregrinos.

hospedablemente. adv. m. ant. Con hospitalidad para el que llega.

hospedador, ra. (Del lat. *hospitātor, -ōris*.) adj. Que hospeda. Ú. t. c. s.

hospedaje. fr., *logement*; it., *ospitalità*; i., *hostage*; a., *Bewirtung*. (De *hospedar*.) m. Alojamiento y asistencia que se da a una persona. ‖ Cantidad que se paga por estar de huésped. ‖ ant. **hospedería**, casa donde se alojan pasajeros.

hospedamiento. m. Acción y efecto de hospedar a uno.

hospedante. p. a. de **hospedar**. Que hospeda. ‖ adj. **Bot.** y **Zool.** **huésped**, vegetal o animal en que se hospeda un parásito.

hospedar. fr., *loger, héberger*; it., *alloggiare*; i., *to lodge*; a., *bewirten, beherbergen*. (Del lat. *hospitāre*.) tr. Recibir uno en su casa huéspedes; darles alojamiento. Ú. t. c. prnl. ‖ intr. Pasar los colegiales a la hospedería, cumplido el término de su colegiatura.

hospedería. fr., *hôtellerie*; it., *locanda, albergo*; i., *guest-house*; a., *Gastzimmer*. (De *hospedero*.) f. Habitación destinada en las comunidades para recibir a los huéspedes. ‖ Casa que en algunos pueblos tienen las comunidades religiosas para hospedar a los regulares de su orden. ‖ Casa destinada al alojamiento de visitantes o viandantes, establecida por personas particulares, institutos o empresas. ‖ Acción y efecto de hospedar a uno. ‖ ant. Número de huéspedes o tiempo que dura el hospedaje.

hospedero, ra. m. y f. Persona que tiene a su cargo cuidar huéspedes.

hospiciano, na. adj. Dícese de la persona asilada en un hospicio de niños, o que allí se ha criado. Ú. t. c. s.

hospiciante. com. *Col.* y *Mej.* **hospiciano.**

hospicio. fr., *hospice*; it., *ospizio*; i., *hospitium*; a., *Hospiz*. (Del lat. *hospitĭum*.) m. Casa destinada para albergar y recibir peregrinos y pobres. ‖ Acción y efecto de hospedar a uno. ‖ Hospedería de las comunidades religiosas. ‖ Asilo en que se da mantenimiento y educación a niños pobres, expósitos o huérfanos. ‖ *Chile*. Asilo, establecimiento benéfico para menesterosos.

hospital. fr., *hôpital, hôtel-Dieu*; it., *ospedale*; i., *hospital*; a., *Spital, Krankenhaus*. (Del lat. *hospitālis*.) adj. ant. Afable y caritativo con los huéspedes. ‖ ant. **hospedable**, perteneciente al buen hospedaje. ‖ m. Establecimiento en que se curan enfermos, por lo general pobres. ‖ Casa que sirve para recoger pobres y peregrinos por tiempo limitado. ‖ **de la sangre**. fig. *Léx*. Los parientes pobres. ‖ **de primera sangre**, o **de sangre**. *Mil*. Sitio o lugar que, estando en campaña, se destina para hacer la primera cura a los heridos. ‖ **robado**. fig. y fam. *Léx*. Casa que está sin alhajas ni muebles. ‖ **al hospital por hilas**, o **por mantas**. expr. fig. y fam. que reprende la imprudencia de pedir a uno lo que consta que necesita y le falta para sí.

Hospital de Orbigo. Geog. Mun. de España, prov. de León, p. j. de Astorga; 1.314 h. ‖ Villa cap. del mismo; 1.016 h.

hospitalariamente. adv. m. Con hospitalidad.

hospitalario, ria. (De *hospital*.) adj. Aplícase a las religiones que tienen por instituto el hospedaje; como la de Malta, la de San Juan de Dios, etc. ‖ Que socorre y alberga a los extranjeros y necesitados. ‖ Dícese del que acoge con agrado o agasaja a quienes recibe en su casa, y también de la casa misma. ‖ Perteneciente o relativo al hospital para enfermos pobres.

Hospitalarios (Orden de). Hist. y Rel. Orden de los Hermanos Hospitalarios.

hospitalería. (De *hospitalero*.) f. ant. **hospitalidad**.

hospitalero, ra. (De *hospital*.) m. y f. Persona encargada del cuidado de un hospital. ‖ Persona caritativa que hospeda en su casa.

Hospitalet. Geog. Mun. y c. de España, prov. y p. j. de Barcelona, conocida también por *Hospitalet de Llobregat*; 241.978 h. (*hospitalenses*). Activo comercio. Industrias varias (metalúrgica, química, textil, etc.).

hospitalicio, cia. adj. Perteneciente a la hospitalidad.

hospitalidad. fr., *hospitalité*; it., *ospitalità*; i., *hospitality, hospitableness*; a., *Gastfreiheit*. (Del lat. *hospitalĭtas, -ātis*.) f. Virtud que se ejercita con peregrinos, menesterosos y desvalidos, recogiéndolos y prestándoles la debida asistencia en sus necesidades. ‖ Buena acogida y recibimiento que se hace a los extranjeros o visitantes. ‖ Estancia o mansión de los enfermos en el hospital.

hospitalizar. tr. Llevar a uno al hospital para prestarle la asistencia que necesita.

hospitalmente. adv. Con hospitalidad.

hospodar. (Del ruso *gospodarj*, y éste del gr. *despótes*, déspota.) m. Hist. Nombre que se daba a los antiguos príncipes soberanos de Moldavia, de Valaquia y Lituania, y a los reyes de Polonia. Empezó a usarse en el s. XIII.

hostaje. (Del provenz. *ostatge*, y éste de *oste*, del latín *hospes, -ĭtis*, huésped.) m. ant. **rehén**.

hostal. (Del lat. *hospitāle*.) m. **hostería**.

hostalaje. (De *hostal*.) m. ant. Cantidad que se paga por estar de huésped.

hostalero. (Del *hostal*.) m. ant. Dueño de un hostal.

Hostalets (Els). Geog. V. **Balenyá**.

Hostalrich. Geog. Mun. y villa de España, prov. de Gerona, p. j. de Santa Coloma de Farnés; 1.912 h. (*hostalriquenses*).

hoste. (Del lat. *hostis*.) m. ant. Contrario en la guerra. ‖ ant. Ejército o parte de él en guerra.

hoste. (Del it. *oste*, y éste del lat. *hospes, -ĭtis*.) m. ant. El que hospeda.

hostelaje. (Del ant. fr. *hostel*.) m. ant. **mesón**. ‖ ant. Acción y efecto de hospedar.

hostelería. (De *hostelero*.) f. Industria que se ocupa de proporcionar a huéspedes y viajeros alojamiento, comida y otros servicios, mediante pago.

hostelero, ra. fr., *hôtelier*; it., *locandiere*; i., *host*; a., *Gastwirt*. (Del lat. *hospitalarĭus*.) adj. Perteneciente o relativo a la hostelería. ‖ m. y f. Persona que tiene a su cargo una hostelería.

hosterero. m. desus. **hostelero**.

hostería. fr., *auberge*; it., *osteria*; i., *hostry*; a., *Wirtshaus*. (De *hoste*.) f. Casa donde se da de comer y también alojamiento a todo el que lo paga.

![Hospitalet de Llobregat. Polígono Gornal]

Hospitalet de Llobregat. Polígono Gornal

hostia. fr., *hostie*; it., *ostia*; i., *host*; a., *Hostie, Opfer*. (Del lat. *hostĭa*.) f. Lo que se ofrece en sacrificio. ‖ Hoja redonda y delgada de pan ázimo, que se hace para el sacrificio de la misa. ‖ Por ext., oblea hecha para comer, con harina, huevo y azúcar batidos en agua o leche. ‖ **Litur.** En la iglesia romana se hace de pan ázimo y se usa para la comunión de los fieles.

hostiario. fr., *boîte pour les hosties*; it., *scatola d'ostie*; i., *wafer-box*; a., *Hostienschachtel*. m. **Litur.** Caja en que se guardan hostias no consagradas. ‖ Molde en que se hacen.

hostiero, ra. m. y f. Persona que hace hostias. ‖ m. Caja en que se guardan hostias no consagradas.

hostigador, ra. adj. Que hostiga. Ú. t. c. s.

hostigamiento. m. Acción de hostigar.

hostigante. p. a. de **hostigar**. Que hostiga.

hostigar. fr., *harceler*; it., *castigare*; i., *to vex, to harass*; a., *züchtigen*. (Del lat. *fustigāre*.) tr. Azotar, castigar con látigo, vara o cosa semejante. ‖ fig. Perseguir, molestar a uno, ya burlándose de él, ya contradiciéndole, o de otro modo.

hostigo. (De *hostigar*.) m. **latigazo.** Parte de la pared o muralla expuesta al daño de los vientos recios y lluvias. ‖ Golpe de viento o de agua, que hiere y maltrata la pared.

hostigoso, sa. adj. *Chile* y *Guat.* Empalagoso, fastidioso.

hostil. fr. e i., *hostile*; it., *ostile*; a., *feindlich*. (Del lat. *hostīlis*.) adj. Contrario o enemigo.

hostilidad. fr., *hostilité*; it., *ostilità*; i., *hostility*; a., *Feindseligkeit*. (Del lat. *hostilĭtas, -ātis*.) f. Calidad de hostil. ‖ Acción hostil. ‖ Agresión armada de un pueblo, ejército o tropa, que constituye de hecho el estado de guerra.

hostilizante. p. a. de **hostilizar**. Que hostiliza.

hostilizar. fr., *hostiliser*; it., *osteggiare*; i., *to hostilize*; a., *befehden*. (De *hostil*.) tr. Hacer daño a enemigos. ‖ Atacar, agredir, molestar a alquien, aun levemente, pero con insistencia.

hostilmente. adv. m. Con hostilidad.

hostilla. f. ant. V. **ostilla**.

Hostos (Eugenio María de). *Biog.* Filósofo, escritor y maestro puertorriqueño, n. en Puerto Rico y m. en Santo Domingo (1839-1903). Gran pensador, escritor y uno de los modernizadores de la enseñanza en Chile y en Santo Domingo. Trabajó por hacer a Puerto Rico independiente. Entre sus obras: *Moral social* (1888), notabilísima, *Lecciones de Derecho constitucional* y *Meditando*. ‖ *Geog.* Dist. municipal de la República Dominicana, prov. de Duarte; 6.153 h. ‖ Villa cap. del mismo; 1.173 h.

Hostotipaquillo. *Geog.* Mun. de Méjico, est. de Jalisco; 9.886 h. ‖ Pueblo cap. del mismo; 3.054 h.

hotel. fr., *hôtel*; it., *albergo*; i., *hotel*; a., *Hotel*. (Del fr. *hôtel*, y éste del lat. *hospitālis*, de *hospes*, huésped.) m. Establecimiento de hostelería capaz de alojar con comodidad o con lujo a un número, por lo general no escaso, de huéspedes o viajeros. ‖ Casa aislada de las colindantes, del todo o en parte, y habitada por una sola familia. ‖ *Méj.* Hostal, hostería.

hotelería. (De *hotelero*.) f. **hostelería.**

hotelero, ra. adj. Perteneciente o relativo al hotel. ‖ m. y f. Persona que posee o dirige un hotel.

hotentote. fr. e i., *hottentot*; it., *ottentotto*; a., *Hottentotte*. adj. *Etnog.* Dícese de un pueblo que vive en la parte meridional de África, de color relativamente claro y cabellos ensortijados. Las mujeres presentan, con frecuencia *esteatopigia*. Apl. a pers., ú. t. c. s. ‖ Perteneciente o relativo a este pueblo.

hoto. (Del lat. *fautus*, favorecido, protegido.) m. Confianza, esperanza. ‖ **en hoto.** m. adv. **en confianza.**

Houakhong. *Geog.* Prov. de Laos; 12.900 km.² y 133.000 h. Cap., Namtha.

Houaphan. *Geog.* Prov. de Laos; 16.300 km.² y 196.000 h. Cap., Samneua.

Houdon (Jean-Antoine). *Biog.* Escultor francés, n. en Versalles y m. en París (1741-1828). De su estancia en Roma (1764-68) se conserva *San Bruno*. A su vuelta a París realizó numerosos retratos: *Franklin, Rousseau, Moliere, Voltaire*; el bronce *Diana cazadora* (Louvre) y la estatua sedente de *Voltaire*.

Houlagou. *Biog.* Primer rey mongol del Irán (1217-1265). Nieto de Gengis-Khan, en 1258 tomó la ciudad de Bagdad y mató al último califa, Mortasem.

Hounsfield (Godfrey Newbold). *Biog.* Investigador inglés, n. en 1919. Gran autoridad en electrónica, inventó el *scanner*, elemento de investigación que avanzó sensiblemente sobre las tradicionales pantallas de rayos X. Fue galardonado con el premio Nobel de Medicina 1979, compartido con A. MacLeod Cormack, por el descubrimiento de un sistema tridimensional de rayos X.

Hounslow. *Geog.* Mun. del R. U., en Inglaterra, uno de los que constituyen el Gran Londres; 206.182 h.

Houphouët-Boigny (Félix). *Biog.* Político y médico costamarfileño, n. en Yamoussoukro en 1905. Desempeñó cargos políticos y ministeriales en Francia, y desde 1960 es presidente de Costa de Marfil.

Housman (Alfred Edward). *Biog.* Poeta y erudito inglés, n. en Fockbury y m. en Cambridge (1859-1936). Escribió admirables versos: *Un muchacho de Shropshire* (1896), *Últimas poesías* (1922) y *Más poesías* (1936). Publicó además ediciones anotadas de Juvenal (1905), Lucano (1926) y Manilio (1903-31).

Houssay (Bernardo Alberto). *Biog.* Médico y fisiólogo argentino, n. y m. en Buenos Aires (1887-1971). Fue profesor de Fisiología en la Universidad de Buenos Aires. Es autor de *Fisiología humana* (1945). En 1947 compartió el premio Nobel de Medicina con C. F. Cori y G. T. Cori, por su descubrimiento de la función hormonal de la pituitaria. En 1972, la O. E. A. instituyó el premio Bernardo A. Houssay, que se otorgará anualmente a un investigador de ciencias que en un país latinoamericano haya realizado alguna contribución notable para el avance de las mismas.

Houston (Samuel). *Biog.* Militar y político estadounidense, n. en Rockbridge County y m. en Huntsville (1793-1863). Al proclamar Tejas su independencia fue nombrado comandante en jefe. Fue el primer presidente de Tejas (1836-38) e incorporado Tejas a EE. UU., fue senador federal y gobernador de dicho estado. ‖ *Geog.* C. de EE. UU., en el de Tejas, cap. del cond. de Harris; 1.232.802 h. (1.985.031 con su área metropolitana). Gran centro industrial y comercial y uno de los puertos de mayor tráfico de EE. UU. Base de vuelos espaciales de la N. A. S. A. en sus cercanías.

hove. m. *Ál.* Fruto del haya.

hovercraft. (Voz i.; de *hover*, estar suspenso, y *craft*, máquina, aparato.) m. *Aviac.* **aerodeslizador.**

hovero, ra. (Del lat. *fulvus*.) adj. **overo**, de color del melocotón.

hovertrain. (Voz i.; de *hover*, estar suspenso, y *train*, tren.) m. *Ferr.* Tren inspirado en el *hovercraft* (v. **aerotrén**).

Charles Howard

Howard (Charles). *Biog.* Almirante inglés, n. en Effingham y m. en Harling (1536-1624). Como jefe mandó la escuadra que dispersó a la *Armada Invencible* en 1558. En 1596 tomó Cádiz e incendió la escuadra española. ‖ **(Leslie). Stainer (Leslie).**

Howells (William Dean). *Biog.* Novelista, poeta, crítico y periodista estadounidense, n. en Martin's Ferry y m. en Nueva York (1837-1920). Fundador y jefe de la escuela realista de su patria y uno de los primeros escritores de su país. Entre sus obras, además de poesías y teatro, figuran: *Venetian Life* (1866), *A Woman's Reason* (1883), *The Rise of Silas Lapham* (1885), *A Hazard of New Fortunes* (1890), etc.

Howrah. *Geog.* C. de la India, est. de Bengala Occidental, suburbio de Calcuta; 740.660 h. Industria naval y textil.

Hoxha u **Hodja** (Enver). *Biog.* Político albanés, n. en Gjirokastër en 1908. Fue secretario de la legación albanesa en Bruselas y profesor de francés en el Liceo de Tirana. Organizó la resistencia clandestina contra la ocupación italiana; en septiembre de 1941 constituyó con los guerrilleros el partido comunista de Albania. En 1944 organizó el gobierno que representaría al nuevo país independiente. Fue primer ministro y comandante supremo de las fuerzas armadas desde 1944 hasta 1954; ministro de Asuntos Exteriores, de 1946 a 1953; secretario general del Partido del Trabajo de Albania, de 1948 a 1954. Desde 1966 ocupa dicho cargo, con una clara y creciente postura prochina. Tal actitud le llevó a romper las relaciones diplomáticas con la U. R. S. S. en 1961.

hoy. fr., *aujourd'hui*; it., *oggi*; i., *today*; a., *heute*. (Del lat. *hodie*.) adv. t. En este día, en el día presente. ‖ Actualmente, en el tiempo presente. ‖ **de hoy a mañana.** m. adv. para dar a entender que una cosa sucederá presto o está pronta a ejecutarse. ‖ **de hoy en adelante**, o **de hoy más.** m. adv. Desde este día. ‖ **hoy día.** loc. adv. En esta época, en estos días que vivimos. ‖ **hoy en día.** loc. adv. **hoy día.** ‖ **hoy por hoy.** m. adv. En este tiempo, en la estación presente. ‖ **por hoy.** m. adv. **por ahora.**

hoya. fr., *fosse*; it., *fossa, cavità*; i., *hole, pit*; a., *Grube, Grab*. (Del lat. *fovĕa*.) f. Concavidad u hondura grande formada en la tierra. ‖ **sepultura.** ‖ Llano extenso rodeado de montañas. ‖ **almáciga**, semillero. ‖ *Col.* y *Chile.* Cuenca de un río.

Hoya (La). *Geog.* Mun. y lugar de España, prov. de Salamanca, p. j. de Béjar; 84 h. ‖ **de Alcoy.** Véase **Alicante. Comarcas naturales.** ‖ **de Baza.** V. **Granada. Regiones naturales.** ‖ **de Castalla.** V. **Alicante. Comarcas naturales.** ‖ **Gonzalo.** Mun. y villa de España, prov. y p. j. de Albacete; 1.027 h. (*hoyanos*). ‖ **de Guadix.** V. **Granada. Regiones naturales.** ‖ **de Huesca.** V. **Huesca. Regiones naturales.** ‖ **de Málaga.** V. **Málaga. Regiones naturales.**

hoyada. (De *hoyo*.) f. Terreno bajo que no se descubre hasta estar cerca de él.

hoyador. m. *Cuba.* Instrumento que se usa para hacer hoyos.

Hoyales de Roa. *Geog.* Mun. y villa de España, prov. de Burgos, p. j. de Aranda de Duero; 674 h.

hoyanca. (De *hoya*.) f. fam. Fosa común que hay en los cementerios, para enterrar los cadáveres de los que no pagan sepultura particular.

hoyar. intr. *Cuba.* Abrir hoyos con el hoyador para hacer ciertos plantíos, como el del cafeto.

hoyita. f. *Hond.* **hoyuela.**

hoyito. m. dim. de **hoyo.** ‖ **los hoyitos**, o **los tres hoyitos.** *Cuba* y *Chile.* Juego parecido al hoyuelo, del cual se diferencia en ser tres los hoyos pequeños, y se juega haciendo embocar una bolita de un hoyo en otro, y gana el que la mete en los tres.

Hoyle (sir Fred). *Biog.* Astrónomo inglés, nacido en Bingley (Yorkshire) en 1915. Profesor de Astronomía y Filosofía experimental en la Universidad de Cambridge desde 1958.

hoyo–hozar

Creador de la teoría según la cual el universo está en creación continua, y de otra en la que afirma que la masa de un cuerpo cualquiera es función del contenido global de todo el universo. Ha publicado: *The nature of the universe* (1950), *A decade of decision* y *Frontiers of Astronomy*.

hoyo. fr., *trou;* it., *fosso;* i., *hole;* a., *Grube*. (De *hoya*.) m. Concavidad u hondura formada naturalmente en la tierra o hecha de intento. ‖ Concavidad que se hace en algunas superficies; y así se llaman hoyos las señales que dejan las viruelas. ‖ **sepultura,** hoyo para enterrar un cadáver y lugar en que se entierra.

Hoyo Alto de Pinilla. Geog. Laguna glacial situada en el valle del Lozoya. ‖ **Colorado.** Bauta. ‖ **de Manzanares.** Mun. de España, prov. de Madrid, p. j. de Colmenar Viejo; 2.485 h. ‖ Villa cap. del mismo; 1.346 h. ‖ **de Pinares (El).** Mun. y villa de España, prov. y p. j. de Ávila; 2.516 h. *(hoyancos).*

Hoyocasero. Geog. Mun. y lugar de España, prov. y p. j. de Ávila; 737 h.

Hoyón. Geog. Local. de Argentina, prov. de Santiago del Estero, depart. de Atamisqui; 586 h.

Hoyorredondo. Geog. Mun. de España, prov. de Ávila, p. j. de Piedrahíta; 363 h. ‖ Lugar cap. del mismo; 192 h.

Hoyos y Vinent de la Torre, marqués de Vinent (Antonio de). Biog. Escritor español, n. y m. en Madrid (1885-1940). Viajó por toda Europa, militó en la Federación Anarquista Ibérica y colaboró en *El Sindicalista* durante la guerra civil. Su producción novelística, muy abundante, suele dividirse en tres grupos, que son de crítica social, de carácter erótico y de tendencia misticista. Al primer grupo pertenecen *Cuestión de ambiente* (1903), *Mors in vita* (1904), *Frivolidad* (1905), *A flor de piel* (1907), *Los emigrantes* (1909), y *El pasado* (1916), pero esta última participa ya de los caracteres del segundo grupo. A éste pertenece lo mejor de su obra, que se inicia con *Del huerto del pecado* (1909), cuentos, y sigue con las novelas *La vejez de Heliogábalo* (1912), *El horror de morir* (1914),

Hoyocasero. Vista parcial

El monstruo (1915), *El crimen del fauno* y *El oscuro dominio* (1916), *Llamarada,* serie de varias novelas breves; *Novelas aristocráticas* (1917), *La dolorosa pasión, La atroz aventura* (1918), *El hombre que vendió su cuerpo al diablo* y *El retorno* (1919). También es autor de los ensayos *Meditaciones* (1918), *La trayectoria de las revoluciones* (1919), *América: El libro de los orígenes* (1927), y de las prosas líricas, *Las hogueras de Castilla* (1922). ‖ **Geog.** Mun. y villa de España, prov. de Cáceres, p. j. de Coria; 1.352 h. *(hoyanos).* Producción aceitera. Exportación de ganados. ‖ **(Los).** Local. de Argentina, prov. de Córdoba, depart. de Río Seco; 500 h. ‖ **del Collado.** Mun. y lugar de España, prov. de Ávila, p. j. de Piedrahíta; 95 h. ‖ **del Espino.** Mun. y lugar de España, prov. de Ávila, p. j. de Piedrahíta; 471 h. ‖ **de Miguel Muñoz.** Mun. y lugar de España, prov. de Ávila, p. j. de Piedrahíta; 123 h.

hoyoso, sa. adj. Que tiene hoyos.

Hoyt (Elinor Morton). Biog. Wylie (Elinor Morton).

hoyuela. f. dim. de **hoya.** ‖ Hoyo en la parte inferior de la garganta, donde comienza el pecho.

hoyuelo. m. dim. de **hoyo.** ‖ Hoyo en el centro de la barba; y también el que se forma en la mejilla de algunas personas, cerca de la comisura de la boca, cuando se ríen. ‖ Juego de muchachos, que consiste en meter monedas o bolitas en un hoyo pequeño que hacen en tierra, tirándolas desde cierta distancia. ‖ **hoyuela.**

Hoyuelos de la Sierra. Geog. Mun. y lugar de España, prov. de Burgos, p. j. de Salas de los Infantes; 33 h.

hoz. fr., *faucille;* it., *falciuola;* i., *sickle;* a., *Sichel.* (Del lat. *falx, falcis.*) f. **Agr.** Instrumento que sirve para segar mieses y hierbas, compuesto de una hoja acerada, curva, con dientes muy agudos y cortantes por la parte cóncava, afianzada en un mango de madera. ‖ **de hoz y de coz.** m. adv. Sin reparo ni miramiento.

hoz. (Del lat. *faux, faucis.*) f. **Geog.** Angostura de un valle profundo, o la que forma un río que corre por entre dos sierras.

Hoz y Mota (Juan Claudio de la). Biog. Autor dramático español, n. y m. en Madrid (1622-1714). Compuso, entre otras comedias, *El castigo de la miseria, Josef, salvador de Egipto,* y *El montañés Juan Pascual y primer asistente de Sevilla,* de donde sacó el duque de Rivas *Una antigualla de Sevilla,* y José Zorrilla, *El zapatero y el rey.* ‖ **de Anero. Geog.** V. **Ribamontán al Monte.** ‖ **de Barbastro.** Mun. de España, prov. de Huesca, p. j. de Barbastro; 279 h. ‖ Lugar cap. del mismo; 205 h. ‖ **de Jaca.** Mun. y lugar de España, prov. de Huesca, p. j. de Jaca; 105 habitantes. ‖ **de la Vieja (La).** Mun. y lugar de España, prov. de Teruel, p. j. de Calamocha; 405 h.

hozada. f. Golpe dado con la hoz. ‖ Porción de mies o de hierba que se siega o coge de una vez con la hoz.

hozadero. m. Sitio donde van a hozar puercos o jabalíes.

hozador, ra. adj. Que hoza.

hozadura. f. Hoyo o señal que deja el animal por haber hozado.

hozar. fr., *fouiller;* it., *grufolare;* i., *to grub;* a., *wühlen.* (Del lat. *fodiāre,* de *fodĕre,* cavar.)

Puente romano sobre una hoz del río Isábena (Huesca)

Hoz de Jaca. Vista general

tr. Mover y levantar la tierra con el hocico, lo que hacen el puerco y el jabalí. Ú. t. c. intr.
H. P. Siglas de *horse power* (v.).
Hradec Králové. (En a., *Königgrätz*.) Geog. C. de Checoslovaquia, cap. de la prov. de Bohemia Oriental; 68.170 h. Catedral gótica del s. XIV. Biblioteca y sede episcopal.
Hrdlicka (Ales). Biog. Antropólogo estadounidense, de origen checo, n. en Humpolec y m. en Washington (1869-1943). Sostuvo la teoría de que todos los indios de América proceden de un pueblo de la extremidad oriental de Asia. Entre sus memorias y monografías descuellan: *El hombre primitivo en la América del Sur* (1912), *El origen de los indios americanos* (1917) y *Los antiguos americanos* (1925).
Hrothswitha. Biog. Roswitha.
Hrvatska. Geog. Croacia.
Hsincheng. Geog. Fuyü.
Hsinchu. (En japonés, *Shinchiku*.) Geog. Cond. de China N., en Formosa; 1.529 km.² y 595.864 h. ‖ C. de China N., sit. al NO. de Formosa; 125.814 h. Fertilizantes. Centro industrial.
Hsinking. Geog. Changchun.
Hsüan-hua. Geog. C. de la R. P. China, prov. de Hopei; 114.000 h. Fue residencia veraniega de los emperadores durante la dinastía mogola.
hu. (Del lat. *ubi*.) adv. l. ant. **o**, donde.
¡hu! ¡hu! ¡hu! interj. Triple grito con que la chusma de una galera saludaba a las personas principales que entraban en ella.
Hu-Shih. Biog. Filósofo y escritor chino, n. en Shanghai (1891-1962). Estudió en las Universidades estadounidenses de Cornell y Columbia, fue embajador de China N. en EE. UU. y doctor *honoris causa* por treinta y cinco universidades de América. Fue llamado el *sabio de la China moderna*, abogó por una literatura vernácula basada en la palabra hablada y luchó en pro del humanismo y del racionalismo. Importa destacar sus libros: *El desarrollo del método lógico en la antigua China* y *Bosquejo de la filosofía moderna*.
Hua Kuo-feng. Biog. Político chino, n. en Shansi en 1921. Desarrolló su actividad política en la provincia de Hunan, hasta su elección como miembro del Politburó en 1973. En 1975 fue nombrado viceprimer ministro y ministro del Interior. Su carrera se consolida el 7 de abril de 1976 al ser nombrado jefe de Gobierno y primer vicepresidente del Comité Central. Con la muerte de Mao Tse-tung, en septiembre del mismo año, surge como el hombre fuerte y un mes después se confirmó su nombramiento como presidente del Partido Comunista chino, cargo en que fue reelegido en marzo de 1978. ‖ Hin. Geog. C. de Tailandia, región Central; 20.660 h. Importante centro turístico.
Huac-Huas. Geog. Dist. de Perú, depart. de Ayacucho, prov. de Lucanas; 2.622 h. ‖ Pueblo cap. del mismo; 289 h.
huaca. (Voz quechua.) f. guaca.
Huaca. Geog. Mun. de Ecuador, prov. de Carchi; 6.000 h. ‖ **(La).** Dist. de Perú, depart. de Piura, prov. de Paita; 5.460 h. ‖ Villa cap. del mismo; 1.863 h.
Huacachi. Geog. Dist. de Perú, depart. de Ancash, prov. de Huari; 3.731 h. ‖ Pueblo cap. del mismo; 1.078 h.
huacal. m. Bot. guacal.
Huacalera. Geog. Local. de Argentina, prov. de Jujuy, depart. de Tilcara; 1.250 h.
huacalón, na. adj. *Méj.* vulg. por **grueso, obeso.**
huacamote. m. Bot. *Méj.* Nombre de la yuca dulce.
Huacana (La). Geog. Mun. de Méjico, estado de Michoacán de Ocampo; 24.016 h. ‖ Pueblo cap. del mismo; 3.712 h.

Huacaña. Geog. Dist. de Perú, depart. de Ayacucho, prov. de Lucanas; 2.360 h. ‖ Pueblo cap. del mismo; 775 h.
Huacapampa. Geog. Pueblo de Perú, depart. de Cajamarca, prov. de Celendín, cap. del dist. de José Gálvez; 477 h.
Huacar. Geog. Dist. de Perú, depart. de Huánuco, prov. de Ambo; 6.595 h. ‖ Pueblo cap. del mismo; 656 h.
Huacaschuque. Geog. Dist. de Perú, depart. de Ancash, prov. de Pallasca; 650 h. ‖ Pueblo cap. del mismo; 104 h.
huacatay. (Voz quechua.) m. Bot. Especie de hierbabuena americana, que se utiliza como condimento en algunos guisos.
Huacaybamba. Geog. Dist. de Perú, depart. de Huánuco, prov. de Marañón; 6.436 h. ‖ Villa cap. del mismo; 540 h.
Huacchis. Geog. Dist. de Perú, depart. de Ancash, prov. de Huari; 1.730 h. ‖ Pueblo cap. del mismo; 434 h.
huaccho. (Voz quechua.) m. Niño huérfano, abandonado.
Huacllán. Geog. Dist. de Perú, depart. de Ancash, prov. de Aija; 604 h. ‖ Pueblo cap. del mismo; 312 h.
huaco. m. Bot. *Col.* y *Guat.* **guaco.** ‖ Zool. hoco.
Huaco. Geog. Local. de Argentina, prov. de Catamarca, depart. de Andalgalá; 929 h. ‖ Local. de Argentina, provincia de San Juan, depart. de Jáchal; 1.070 h.
Huacrachuco. Geog. Dist. de Perú, depart. de Huánuco, prov. de Marañón; 8.984 h. ‖ Villa de Perú, cap. de la prov. de Marañón y del dist. de su nombre; 757 h.
Huacrapuquio. Geog. Dist. de Perú, depart. de Junín, prov. de Huancayo; 1.851 h. ‖ Pueblo cap. del mismo; 777 h.
Huacullani. Geog. Dist. de Perú, depart. de Puno, prov. de Chucuito; 5.177 h. ‖ Pueblo cap. del mismo; 188 h.
Huachac. Geog. Dist. de Perú, depart. de Junín, prov. de Huancayo; 2.486 h. ‖ Pueblo cap. del mismo; 841 h.
huachache. m. Entom. *Perú.* Mosquito muy molesto, de color blanquecino.
huachafería. f. *Perú.* cursilería.
huachafo, fa. adj. *Perú.* cursi. Ú. t. c. s.
huachafoso, sa. adj. *Perú.* cursi.
huachar. (De *huacho*.) tr. *Ecuad.* Arar, hacer surcos.
Huachinera. Geog. Mun. de Méjico, est. de Sonora; 1.601 h. ‖ Pueblo cap. del mismo; 928 h.
Huachipato. Geog. Local. de Chile, prov. de Concepción, al S. de San Vicente, cerca de Talcahuano. Fábricas de acero.
Huachis. Geog. Dist. de Perú, depart. de Ancash, prov. de Huari; 5.510 h. ‖ Villa cap. del mismo; 896 h.
huacho. (Del quechua *huachu*, camellón.) m. *Ecuad.* Surco, hendedura que se hace con el arado en la tierra.
Huacho. Geog. Dist. de Perú, depart. de Lima, prov. de Chancay; 27.101 h. ‖ C. de Perú, cap. de la prov. de Chancay y del dist. de su nombre; 22.806 h.
Huachocolpa. Geog. Dist. de Perú, depart. y prov. de Huancavelica; 3.119 h. ‖ Pueblo cap. del mismo; 291 h. ‖ Dist. de Perú, depart. de Huancavelica, prov. de Tayacaja; 2.750 h. ‖ Pueblo cap. del mismo; 331 h.
Huachón. Geog. Dist. de Perú, depart. y prov. de Pasco; 2.840 h. ‖ Pueblo cap. del mismo; 937 h.
Huachos. Geog. Dist. de Perú, depart. de Huancavelica, prov. de Castrovirreyna; 2.752 habitantes. ‖ Villa cap. del mismo; 203 h.
huaico. (Voz quechua.) m. *Perú.* Masa enorme de peñas que las lluvias torrenciales desprenden de las alturas de los Andes y que,

al caer en los ríos, ocasionan el desbordamiento de las aguas. ‖ Quebrada y hondonada entre dos cerros.
Huaicho. Geog. Cantón de Bolivia, depart. de La Paz, prov. de Omasuyos; 6.000 h.
huaillar. (Voz quechua.) m. *Perú.* Campo húmedo y pantanoso, donde crece pasto tierno, destinado solamente para el pastoreo.
Huaina Capac. Biog. Penúltimo inca del Tahuantinsuyo, m. en 1525. Sometió en 1475 el reino de Quito, en el que fijó su residencia. Su hijo Atahualpa se adueñó de los dos reinos de Quito y de Cuzco y los retuvo hasta la llegada de Pizarro, que lo mandó matar en 1535. ‖ **Potosí. Geog.** Grupo montañoso de Bolivia, depart. de La Paz; 6.184 m. de alt. máxima.
huaino. (Voz quechua.) m. *Bol.* y *Perú.* Danza y música indígenas de ritmo vivo y alegre, habitual en todas las fiestas aborígenes.
huairo. m. Bot. *Perú.* Árbol indígena, de flores hermosas.
huairona. f. *Perú.* Horno de cal.
huairuro. (Voz quechua.) m. Bot. Especie de frísol de Perú, de color coralino, muy estimado por los indios para collares, aretes y otras prendas de adorno.
Huajicori. Geog. Mun. de Méjico, est. de Nayarit; 7.088 h. ‖ Pueblo cap. del mismo; 895 h.
Huajuapan de León. Geog. Mun. de Méjico, est. de Oaxaca; 21.686 h. ‖ C. cap. del mismo; 13.822 h.
Hualahuises. Geog. Mun. de Méjico, est. de Nuevo León; 5.879 h. ‖ Villa cap. del mismo; 2.941 h.
Hualañé. Geog. Comuna de Chile, prov. de Curicó, depart. de Mataquito; 7.211 h. ‖ Pobl. cap. de la misma; 1.825 h.
Hualcalera. Geog. Local. de Argentina, prov. de Jujuy, depart. de Tilcara; 641 h.
Hualcopo. Biog. Monarca de la dinastía de los duchiceles, m. en 1463. Reinó en Quito treinta y tres años.
Hualfín. Geog. Local. de Argentina, prov. de Catamarca, depart. de Belén; 595 h.
Hualgayoc. Geog. Prov. de Perú, depart. de Cajamarca; 100.540 h. Cap., Bambamarca. ‖ Dist. de Perú, depart. de Cajamarca, prov. de su nombre; 12.026 h. C. cap. del mismo; 1.223 h.
Hualhuas. Geog. Dist. de Perú, depart. de Junín, prov. de Huancayo; 1.556 h. ‖ Pueblo cap. del mismo; 1.388 h.
Hualien. Geog. Cond. de China N., en Formosa; 4.629 km.² y 337.516 h. ‖ C. de China N., en la costa oriental de Formosa; 25.500 h.
Hualmay. Geog. Dist. de Perú, depart. de Lima, prov. de Chancay; 6.846 h. ‖ Pueblo cap. del mismo; 258 h.
Hualqui. Geog. Comuna de Chile, prov. y depart. de Concepción; 3.482 h. ‖ Pobl. cap. de la misma; 4.310 h.
Huallaga. Geog. Río de Perú, afl. del Marañón; n. en el Nudo de Pasco y riega la prov. de su nombre dando origen a un valle muy fértil; 1.126 km. Es navegable hasta Yurinaguas. ‖ Prov. de Perú, depart. de San Martín; 21.873 h. Cap., Saporosa.
Huallanca. Geog. Dist. de Perú, depart. de Ancash, prov. de Huaylas; 2.448 h. ‖ Pueblo cap. del mismo; 491 h. Destruido por el cataclismo que asoló esta zona en 1970. ‖ Dist. de Perú, depart. de Huánuco, prov. de Dos de Mayo; 3.616 h. ‖ C. cap. del mismo; 1.202 h.
Huallay Grande. Geog. Dist. de Perú, depart. de Huancavelica, prov. de Angaraes; 1.727 h. ‖ Pueblo cap. del mismo; 1.511 h.
Huamachuco. Geog. Prov. de Perú, depart. de La Libertad; 64.039 h. ‖ Dist. de Perú, depart. de La Libertad, prov. de su

Huamalí–Huanímaro

nombre; 21.011 h. ‖ C. de Perú, cap. de la prov. y dist. de su nombre; 5.730 h.

Huamalí. Geog. Dist. de Perú, depart. de Junín, prov. de Jauja; 2.099 h. ‖ Pueblo cap. del mismo; 1.122 h.

Huamalíes. Geog. Prov. de Perú, depart. de Huánuco; 42.153 h. Cap., Llata.

Huamanga. Geog. Prov. de Perú, depart. de Ayacucho; 69.779 h. Cap., Ayacucho.

Huamanguilla. Geog. Dist. de Perú, depart. de Ayacucho, prov. de Huanta; 4.822 h. ‖ Villa cap. del mismo; 431 h.

Huamanquiquia. Geog. Dist. de Perú, depart. de Ayacucho, prov. de Víctor Fajardo; 1.667 h. ‖ Villa cap. del mismo; 742 h.

Huamantanga. Geog. Dist. de Perú, depart. de Lima, prov. de Canta; 3.325 h. ‖ Villa cap. del mismo; 1.307 h.

Huamantla. Geog. Mun. de Méjico, est. de Tlaxcala; 26.202 h. ‖ C. cap. del mismo; 15.565 h.

Huamatambo. Geog. Dist. de Perú, depart. de Huancavelica, prov. de Castrovirreyna; 739 h. ‖ Pueblo cap. del mismo; 106 h.

Huambalpa. Geog. Dist. de Perú, depart. de Ayacucho, prov. de Cangallo; 9.465 h. ‖ Pueblo cap. del mismo; 1.179 h.

Huambo. Geog. Dist. de Angola; 30.600 km.^{2} y 837.627 h. Cap., Nova Lisboa. Maíz, café y algodón. ‖ Dist. de Perú, depart. de Arequipa, prov. de Caylloma; 1.240 h. ‖ Pueblo cap. del mismo; 411 h. ‖ Dist. de Perú, depart. de Amazonas, prov. de Rodríguez de Mendoza; 3.251 h. ‖ C. cap. del mismo; 429 habitantes.

Huambos. Geog. Dist. de Perú, depart. de Cajamarca, prov. de Chota; 10.382 h. ‖ Pueblo cap. del mismo; 1.421 h.

Huampará. Geog. Dist. de Perú, depart. de Lima, prov. de Yauyos; 671 h. ‖ Pueblo cap. del mismo; 552 h.

Huamuxtitlán. Geog. Mun. de Méjico, est. de Guerrero; 9.612 h. ‖ C. cap. del mismo; 3.062 h.

huanaba. f. Bot. *Guat.* guanábana.

huanábano. m. Bot. guanábano.

huanaco. (Voz quechua.) m. Zool. guanaco.

huanay. (Voz quechua.) m. *Perú.* Lugar de castigo en la época incaica.

Huanca. Geog. Dist. de Perú, depart. de Arequipa, prov. de Caylloma; 2.752 h. ‖ Pueblo capital del mismo; 1.002 h. ‖ **-Huanca.** Dist. de Perú, depart. de Huancavelica, prov. de Angaraes; 1.353 h. ‖ Pueblo cap. del mismo; 852 h. ‖ **-Sancos.** Villa de Perú, depart. de Ayacucho, prov. de Víctor Fajardo, cap. del dist. de Sancos; 1.736 h.

Huancabamba. Geog. Dist. de Perú, depart. de Pasco, prov. de Oxapampa; 2.535 h. ‖ Pueblo cap. del mismo; 506 h. ‖ Prov. de Perú, depart. de Piura; 71.674 h. ‖ Dist. de Perú, depart. de Piura, prov. de su nombre; 25.755 habitantes. ‖ C. de Perú, prov. de Piura, cap. de la prov. y dist. de su nombre; 3.215 h.

Huancán. Geog. Dist. de Perú, depart. de Junín, prov. de Huancayo; 3.292 h. ‖ Pueblo cap. del mismo; 94 h.

Huancané. Geog. Prov. de Perú, depart. de Puno; 107.170 h. ‖ Dist. de Perú, depart. de Puno, prov. de su nombre; 29.185 h. ‖ Pueblo de Perú, cap. de la prov. y dist. de su nombre; 4.053 h.

Huancaní. Geog. Pueblo de Perú, depart. de Junín, prov. de Jauja, cap. del dist. de Leonor Ordóñez; 1.012 h.

Huáncano. Geog. Dist. de Perú, depart. de Ica, prov. de Nazca; 1.938 h. ‖ Pueblo cap. del mismo; 269 h.

Huancapallac. Geog. Pueblo de Perú, depart. y prov. de Huánuco, cap. del dist. de Quisqui; 164 h.

Huancapi. Geog. Dist. de Perú, depart. de Ayacucho, prov. de Víctor Fajardo; 2.915 h. ‖ Villa de Perú, cap. de la prov. de Víctor Fajardo y del dist. de su nombre; 2.415 h.

Huancapón. Geog. Dist. de Perú, depart. de Lima, prov. de Cajatambo; 2.086 h. ‖ Pueblo cap. del mismo; 971 h.

Huancarama. Geog. Dist. de Perú, depart. de Apurímac, prov. de Andahuaylas; 5.442 h. ‖ Villa cap. del mismo; 743 h.

Huancaray. Geog. Dist. de Perú, depart. de Apurímac, prov. de Andahuaylas; 5.109 h. ‖ Villa cap. del mismo; 356 h.

Huancaraylla. Geog. Dist. de Perú, depart. de Ayacucho, prov. de Víctor Fajardo; 2.836 h. ‖ Pueblo cap. del mismo; 922 h.

Huancarqui. Geog. Dist. de Perú, depart. de Arequipa, prov. de Castilla; 2.455 h. ‖ Pueblo cap. del mismo; 1.239 h.

Huancas. Geog. Dist. de Perú, depart. de Amazonas, prov. de Chachapoyas; 575 h. ‖ Pueblo cap. del mismo; 565 h.

Huancaspata. Geog. Dist. de Perú, depart. de La Libertad, prov. de Pataz; 8.706 h. ‖ Villa cap. del mismo; 551 h.

Huancavelica. Geog. Depart. de Perú; 21.079 km.^{2} y 267.100 h. ‖ Prov. de Perú, depart. de su nombre; 73.927 h. ‖ Dist. de Perú, depart. y prov. de su nombre; 23.695 h. ‖ C. de Perú, cap. del depart., prov. y dist. de su nombre; 15.916 h. Minas de mercurio, cobre y plata.

Huancaya. Geog. Dist. de Perú, depart. de Lima, prov. de Yauyos; 804 h. ‖ Pueblo cap. del mismo; 474 h.

Huancayo. Geog. Prov. de Perú, depart. de Junín; 266.962 h. ‖ Dist. de Perú, depart. de Junín, prov. de su nombre; 122.711 h. ‖ C. de Perú, cap. del depart. de Junín y de la prov. y dist. de su nombre; 115.693 h.

El Huandoy, en la Cordillera Blanca

Huanchay. Geog. Dist. de Perú, depart. de Ancash, prov. de Huaraz; 2.547 h. ‖ Villa cap. del mismo; 697 h.

Huanchilla. Geog. Local. de Argentina, prov. de Córdoba, depart. de Juárez Celman; 722 h.

Huandacareo. (Del tarasco *unandacuareni*, quejarse en juicio, y la final de lugar: *tribunal, lugar de juicios*.) **Geog.** Mun. de Méjico, est. de Michoacán de Ocampo; 10.057 h. ‖ Pueblo cap. del mismo; 5.952 h.

Huando. Geog. Dist. de Perú, depart. y prov. de Huancavelica; 5.469 h. ‖ Pueblo cap. del mismo; 1.227 h.

Huandoval. Geog. Dist. de Perú, depart. de Ancash, prov. de Pallasca; 1.193 h. ‖ Pueblo cap. del mismo; 837 h.

Huandoy. Geog. Monte de Perú, depart. de Ancash; domina la c. de Caras, y tiene 6.428 m. de alt.

Huancayo. Una calle

Huanchaca. Geog. C. de Bolivia, depart. de Potosí; 8.000 h. Yacimientos de plata y cinc.

huanchaco. m. Zool. *Perú.* Pájaro de la familia de los ictéridos, de unos 25 cm. de long., pardo en el dorso y rojo vivo en el pecho y vientre. Vive en grupos, casi siempre en el suelo, y su canto es muy agradable; se le llama también *pichi* y *trupial de los pantanos* (sturnella militaris).

Huanchaco. Geog. Dist. de Perú, depart. de La Libertad, prov. de Trujillo; 1.087 h. ‖ Pueblo cap. del mismo; 1.006 h.

huangana. (Voz quechua.) f. Zool. *Amér.* m. pecarí de collar.

Huangáscar. Geog. Dist. de Perú, depart. de Lima, prov. de Yauyos; 1.308 h. ‖ Pueblo cap. del mismo; 474 h.

huango. m. *Ecuad.* Peinado de las indias, que consiste en una sola trenza fajada estrechamente y que cae por la espalda.

Huanguelén. Geog. Local. de Argentina, prov. de Buenos Aires, part. de Coronel Suárez; 3.924 h.

Huanímaro. (Del tarasco *vanini*, tostar maíz, y la term. *maro* o *aro*, de lugar: *lugar de* *esquites* o *de maíz tostado*.) **Geog.** Mun. de Méjico, est. de Guanajuato; 13.343 h. ‖ Pueblo cap. del mismo; 3.332 h.

Huanipaca. Geog. Dist. de Perú, depart. de Apurímac, prov. de Abancay; 3.507 h. ‖ Pueblo cap. del mismo; 552 h.

Huaniqueo. (Del verbo tarasco *vanini*, tostar maíz, y la term. *eo*, o *queo*, de lugar.) **Geog.** Mun. de Méjico, est. de Michoacán de Ocampo; 12.834 h. ‖ Cap., Huaniqueo de Morales. ‖ **de Morales.** Villa de Méjico, est. de Michoacán de Ocampo, cap. del mun. de Huaniqueo; 3.025 h.

Huanoquite. Geog. Dist. de Perú, depart. de Cuzco, prov. de Paruro; 3.798 h. ‖ Pueblo cap. del mismo; 621 h.

Huanqueros. Geog. Local. de Argentina, prov. de Santa Fe, depart. de San Cristóbal; 1.469 h.

Huanta. Geog. Prov. de Perú, depart. de Ayacucho; 58.353 h. ‖ Dist. de Perú, depart. de Ayacucho, prov. de su nombre; 27.738 h. ‖ C. de Perú, cap. de la prov. y dist. de su nombre; 5.728 h.

Huantán. Geog. Dist. de Perú, depart. de Lima, prov. de Yauyos; 1.231 h. ‖ Pueblo cap. del mismo; 911 h.

Huantar. Geog. Dist. de Perú, depart. de Ancash, prov. de Huari; 4.450 h. ‖ Pueblo cap. del mismo; 1.222 h.

Huanuara. Geog. Dist. de Perú, depart. de Tacna, prov. de Tarata; 943 h. ‖ Pueblo cap. del mismo; 878 h.

Huánuco. Geog. Depart. de Perú; 35.315 km.² y 438.800 h. ‖ Prov. de Perú, depart. de su nombre; 108.647 h. ‖ Dist. de Perú, depart.

Huánuco. Monumento a Leoncio Prado

y prov. de su nombre; 55.083 h. ‖ C. de Perú, cap. del depart., prov. y dist. de su nombre; 41.123 h.

Huanuhuanu. Geog. Dist. de Perú, depart. de Arequipa, prov. de Caravelí; 346 h. Cap., Tócota.

Huanusco. Geog. Mun. de Méjico, est. de Zacatecas; 7.208 h. ‖ Pueblo cap. del mismo; 2.122 h.

Huanza. Geog. Dist. de Perú, depart. de Lima, prov. de Huarochirí; 1.854 h. ‖ Pueblo cap. del mismo; 888 h.

Huañec. Geog. Dist. de Perú, depart. de Lima, prov. de Yauyos; 788 h. ‖ C. cap. del mismo; 767 h.

huapango. m. *Méj.* **fandango.** ‖ Fiesta popular típica de los campesinos de Veracruz-Llave.

huaquear. tr. *Perú.* Excavar en los cementerios prehispánicos para extraer el contenido de las tumbas o huacas.

Huaquechula. (Voz azt. que sign. *lugar de águilas de pluma rica*.) **Geog.** Mun. de Méjico, est. de Puebla; 18.501 h. ‖ Pueblo cap. del mismo; 2.294 h.

huaquero. m. *Perú.* El que, por lucro o afición, huaquea empíricamente.

Huaquirca. Geog. Dist. de Perú, depart. de Apurímac, prov. de Antabamba; 1.976 h. ‖ Pueblo cap. del mismo; 955 h.

Huara. Geog. Comuna de Chile, prov. de Tarapacá, depart. de Pisagua; 1.414 h. ‖ Pobl. cap. del depart. de Pisagua y de la comuna de su nombre; 402 h.

huaraca. f. *Perú.* **honda.**

huarache. m. *Méj.* **cacle.**

huarahua. f. *Guat.* Mentira, broma. ‖ *Perú.* Adorno superfluo y de mal gusto. ‖ *Perú.* Rúbrica complicada y llena de rasgos.

Huaral. Geog. Dist. de Perú, depart. de Lima, prov. de Chancay; 21.716 h. ‖ Pueblo cap. del mismo; 11.481 h.

Huaranchal. Geog. Dist. de Perú, depart. de La Libertad, prov. de Otuzco; 3.317 h. ‖ Pueblo cap. del mismo; 721 h.

huarapón. m. *Perú.* Sombrero de paja, de alas grandes.

Huaraz. Geog. Prov. de Perú, depart. de Ancash; 75.381 h. ‖ Dist. de Perú, depart. de Ancash, prov. de su nombre; 59.367 h. ‖ C. de Perú, cap. del depart. de Ancash y de la prov. y dist. de su nombre; 29.719 h. Minas de plata.

Huari. Geog. Prov. de Perú, depart. de Ancash; 98.416 h. ‖ Dist. de Perú, depart. de Ancash, prov. de su nombre; 9.327 h. ‖ Villa de Perú, cap. de la prov. y dist. de su nombre; 2.467 h.

Huariaca. Geog. Dist. de Perú, depart. y prov. de Pasco; 6.693 h. ‖ C. cap. del mismo; 1.534 h.

Huaribamba. Geog. Dist. de Perú, depart. de Huancavelica, prov. de Tayacaja; 6.305 h. ‖ Pueblo cap. del mismo; 353 h.

Huaricolca. Geog. Dist. de Perú, depart. de Junín, prov. de Tarma; 3.085 h. ‖ Pueblo cap. del mismo; 1.201 h.

Huarin. Geog. Pueblo de Perú, depart. de Huánuco, prov. de Dos de Mayo, cap. del dist. de San Francisco de Asís; 433 h.

Huaripampa. Geog. Pueblo de Perú, depart. de Ancash, prov. de Huaylas, cap. del dist. de Santa Cruz; 215 h. ‖ Dist. de Perú, depart. de Junín, prov. de Jauja; 1.265 h. ‖ Villa cap. del mismo; 1.228 h.

huarizo. m. *Zool. Perú.* Híbrido resultante del cruzamiento de una llama macho con una alpaca hembra.

Huarmaca. Geog. Dist. de Perú, depart. de Piura, prov. de Huancabamba; 22.316 h. ‖ Villa cap. del mismo; 602 h.

Huarmey. Geog. Dist. de Perú, depart. de Ancash, prov. de Casma; 10.393 h. ‖ Villa cap. del mismo; 5.232 h.

huaro. (Del quechua *huaru*.) m. *Perú.* Andarivel para pasar ríos y hondonadas.

Huaro. Geog. Dist. de Perú, depart. de Cuzco, prov. de Quispicanchi; 3.692 h. ‖ Pueblo cap. del mismo; 1.213 h.

Huarocondo. Geog. Dist. de Perú, depart. de Cuzco, prov. de Anta; 6.180 h. ‖ Pueblo cap. del mismo; 2.921 h.

Huarochirí. Geog. Prov. de Perú, depart. de Lima; 53.690 h. Cap., Matucana. ‖ Dist. de Perú, depart. de Lima, prov. de su nombre; 2.573 h. ‖ C. cap. del mismo; 2.125 h.

Huaros. Geog. Dist. de Perú, depart. de Lima, prov. de Canta; 1.946 h. ‖ Pueblo cap. del mismo; 741 h.

huarpe. adj. *Etnog.* Dícese del indio que vivía en parte de las actuales prov. argentinas de Córdoba, Santiago del Estero, San Luis, San Juan y Mendoza. Ú. t. c. s. y m. en pl.

Huarte (Juan). Biog. Filósofo y médico español, n. en San Juan de Pie del Puerto, Baja Navarra, entre 1530 y 1535, y m. lo más tarde en 1592, probablemente en Baeza. En algunas ediciones figura con los nombres de Juan Huarte Navarro o Juan Huarte de San Juan. Escribió una obra titulada *Examen de ingenios para las sciencias* (1575), de la que se hicieron ediciones y traducciones dentro y fuera de España. Huarte conocía la medicina y la filosofía clásicas y supo conciliar su pensamiento, altamente original y atrevido, con sus creencias católicas. Se le considera como un precursor de la orientación fisiológica y experimental de la moderna psicología, así como de la frenología. ‖ **Geog.** Mun. y villa de España, prov. de

Huarte-Araquil. Vista parcial, con la iglesia parroquial de San Juan

Navarra, p. j. de Aoiz; 2.707 h. ‖ **-Araquil.** Mun. de España, prov. de Navarra, p. j. de Pamplona; 816 h. ‖ Villa cap. del mismo; 786 h.

Huasa Pampa Sud. Geog. Local. de Argentina, prov. de Tucumán, depart. de Graneros; 149 h.

Huásabas. Geog. Mun. de Méjico, est. de Sonora; 1.552 h. ‖ Pueblo cap. del mismo; 1.442 h.

Huasahuasi. Geog. Dist. de Perú, depart. de Junín, prov. de Tarma; 7.012 h. ‖ Pueblo cap. del mismo; 1.934 h.

huasca. (Voz quechua.) f. *Amer.* m. **guasca.**

Huasca. Geog. Mun. de Méjico, est. de Hidalgo; 11.401 h. Cap. Huasca de Ocampo. ‖ **de Ocampo.** Pueblo de Méjico, est. de Hidalgo, cap. del mun. de Huasca; 1.233 h.

Huáscar. Biog. Hijo del inca Huaina Capac, n. en Quito y m. en 1532. Heredero legítimo del trono en el Imperio del Tahuantinsuyo, asesinado por orden de Atahualpa, su hermano de padre.

Huascarán. Geog. Cumbre de la cordillera andina, en Perú, depart. de Ancash, de origen volcánico; 6.768 m. el pico N. y 6.655 el del S.

Huasco. Geog. Depart. de Chile, prov. de Atacama; 41.955 h. Cap., Vallenar. Este depart. está constituido totalmente por la comuna de Vallenar. ‖ Comuna de Chile, prov. de Atacama, depart. de Freirina; 5.000 h. ‖ Pobl. cap. de la misma; 3.390 h.

Huasicancha. Geog. Dist. de Perú, depart. de Junín, prov. de Huancayo; 1.834 h. ‖ Pueblo cap. del mismo; 1.436 h.

Huasmín. Geog. Dist. de Perú, depart. de Cajamarca, prov. de Celendín; 9.638 h. ‖ Pueblo cap. del mismo; 414 h.

Huasta. Geog. Dist. de Perú, depart. de Ancash, prov. de Bolognesi; 3.160 h. ‖ Villa cap. del mismo; 853 h.

huasteco, ca. adj. *Etnog.* **huaxteco.**

Huata. Geog. Dist. de Perú, depart. de Ancash, prov. de Huaylas; 1.769 h. ‖ Pueblo cap. del mismo; 433 h. ‖ Dist. de Perú, depart.

y prov. de Puno; 3.698 h. || Pueblo cap. del mismo; 205 h.

Huatabambo. (Voz cahíta, de Sinaloa, Méjico; de *huata*, sauz, y *bampo*, en el agua.) **Geog.** Mun. de Méjico, est. de Sonora; 44.587 h. || C. cap. del mismo; 18.506 h.

Huatlatlauca. (Del azt. *huey*, grande; *atl*, agua; *tlatlauhqui*, rojo, y *can*, lugar; *grande agua roja*.) **Geog.** Mun. de Méjico, est. de Puebla; 7.788 h. || Pueblo cap. del mismo; 1.587 habitantes.

Huatusco. (Del azt. *cuahuitl*, árbol, y *tuchtli*, conejo.) **Geog.** Mun. de Méjico, est. de Veracruz-Llave; 20.352 h. Cap., Huatusco de Chicuéllar. || **de Chicuéllar.** C. de Méjico, est. de Veracruz-Llave, cap. del mun. de Huatusco; 9.501 h. Cerca de esta c., antiguas ruinas toltecas, conocidas con el nombre de *Fortificación de Huatusco*.

Huauchinango. (Voz azt. que sign. *lugar parapetado o fortificado*.) **Geog.** Mun. de Méjico, est. de Puebla; 38.591 h. En su térm. se encuentra un importante complejo hidroeléctrico sobre el Necaxa. || Pueblo capital del mismo; 16.826 h.

Huaura. Geog. Dist. de Perú, depart. de Lima, prov. de Chancay; 9.920 h. || Villa cap. del mismo; 1.442 h.

Huautepec. Geog. Mun. de Méjico, est. de Oaxaca; 3.420 h. || Pueblo cap. del mismo; 2.125 h.

Huautla. Geog. Mun. de Méjico, est. de Hidalgo; 21.432 h. || Pueblo cap. del mismo; 2.544 h. || **de Jiménez.** Mun. de Méjico, est. de Oaxaca; 23.144 h. || C. cap. del mismo; 6.132 habitantes.

huaxteco, ca. adj. **Etnog.** Dícese de un pueblo de la familia lingüística y cultural maya, que habita en la zona costera del golfo de Méjico, desde Veracruz-Llave hasta San Luis Potosí. Apl. a pers.; ú. t. c. s. || Perteneciente o relativo a este pueblo. || m. **Ling.** Idioma hablado por este pueblo.

Huay-Huay. Geog. Dist. de Perú, depart. de Junín, prov. de Yauli; 1.567 h. || Pueblo cap. del mismo; 352 h.

Huaya. Geog. Dist. de Perú, depart. de Ayacucho, prov. de Víctor Fajardo; 4.384 h. Cap., San Pedro de Huaya.

Huayacocotla. (Del azt. *huey*, grande, y *acocotli*, calabazo con que se extrae el aguamiel del maguey.) **Geog.** Mun. de Méjico, est. de Veracruz-Llave; 14.331 h. || Villa cap. del mismo; 1.702 h.

Huayán. Geog. Dist. de Perú, depart. de Ancash, prov. de Aija; 1.378 h. || Pueblo cap. del mismo; 821 h.

Huaylas. Geog. Prov. de Perú, depart. de Ancash; 37.500 h. Cap., Caraz. || Dist. de Perú, depart. de Ancash, prov. de su nombre; 5.820 h. || Pueblo cap. del mismo; 1.258 habitantes.

Huaylillas. Geog. Dist. de Perú, depart. de La Libertad, prov. de Pataz; 1.439 h. || Pueblo cap. del mismo; 251 h.

Huayllabamba. Geog. Dist. de Perú, depart. de Ancash, prov. de Sihuas; 4.278 h. || Pueblo cap. del mismo; 768 h. || Dist. de Perú, depart. de Cuzco, prov. de Urubamba; 3.241 h. || Pueblo cap. del mismo; 1.099 h.

Huayllacayán. Geog. Dist. de Perú, depart. de Ancash, prov. de Bolognesi; 2.789 h. || Villa cap. del mismo; 508 h.

Huayllahuara. Geog. Dist. de Perú, depart. de Perú, prov. de Huancavelica; 1.323 h. || Pueblo cap. del mismo; 596 h.

Huayllán. Geog. Dist. de Perú, depart. de Ancash, prov. de Pomabamba; 2.723 h. || Pueblo cap. del mismo; 182 h.

Huayllapampa. Geog. Dist. de Perú, depart. de Ancash, prov. de Recuay; 1.330 h. || Pueblo cap. del mismo; 496 h.

Huayllati. Geog. Dist. de Perú, depart. de Apurímac, prov. de Grau; 2.262 h. || Pueblo cap. del mismo; 751 h.

Huayllay. Geog. Dist. de Perú, depart. y prov. de Pasco; 9.252 h. || Pueblo cap. del mismo; 699 h.

Huayllo. Geog. Dist. de Perú, depart. de Apurímac, prov. de Aymaraes; 1.346 h. || Pueblo cap. del mismo; 217 h.

Huaynacotas. Geog. Dist. de Perú, depart. de Arequipa, prov. de La Unión; 3.426 h. Cap., Tausisma.

Huayo. Geog. Dist. de Perú, depart. de La Libertad, prov. de Pataz; 2.959 h. || Pueblo cap. del mismo; 97 h.

Huayopampa. Geog. Villa de Perú, depart. de Lima, prov. de Canta, cap. del dist. de Atavillos Bajo; 534 h.

Huayopata. Geog. Dist. de Perú, depart. de Cuzco, prov. de La Convención; 7.104 h. Cap., Ipal.

Huaytará. Geog. Dist. de Perú, depart. de Huancavelica, prov. de Castrovirreyna; 3.994 h. || C. cap. del mismo; 470 h.

Huayucachi. Geog. Dist. de Perú, depart. de Junín, prov. de Huancayo; 3.891 h. || Villa cap. del mismo; 526 h.

Huazalingo. Geog. Mun. de Méjico, est. de Hidalgo; 7.340 h. || Pueblo cap. del mismo; 563 h.

hubara. f. **Zool.** Ave del orden de las gruiformes, familia de las otídidas, muy próximas a las avutardas. Mide 80 cm. de long., está provista de una clámide de plumas blancas y negras que cuelgan de su cuello, con un copete eréctil blanco; el dorso es leonado y el pecho y vientre, blancos. Vive formando pequeños grupos en el N. de África y en el centro y O. de Asia *(chlamydotis undalata)*.

Hubble (Edwin Powell). Biog. Astrónomo estadounidense, n. en Marshfield y m. en San Marino, California (1889-1953). En 1924 demostró que muchas nebulosas aparentes no son sino galaxias exteriores a la nuestra y equivalentes a la misma; las estudió, clasificó y estableció sus distancias. Observó que cuanto más lejanas están de nosotros, parecen alejarse con mayor velocidad, hecho en que se basa la teoría del universo en expansión. Escribió: *El dominio de las nebulosas*.

Hubsugul o **Khubsugul. Geog.** Prov. de Mongolia; 101.000 km.² y 74.800 h. Cap., Muren. Yacimientos de grafito, oro, plata y cobre.

Hucal. Geog. Depart. de Argentina, prov. de La Pampa; 6.047 km.² y 8.177 h. Cap., Bernasconi. || Local. de Argentina, prov. de La Pampa, depart. de su nombre; 341 h.

hucia. (Del lat. *fiducia*, confianza.) f. ant. Fianza, aval, confianza.

Hucknall Torkard. Geog. Pobl. del R. U., en Inglaterra, cond. de Nottinghamshire; 28.800 h. Iglesia gótica de Santa Magdalena, donde se encuentran los restos de lord Byron.

hucumarí. (Del quechua *ucumari*, oso.) m. **Zool.** *Perú.* oso de anteojos.

Huch (Richardis). Biog. Escritora alemana, n. en Brunswick y m. en Schönberg (1867-1947). En su obra, la vida aparece como una lucha vehemente y dura; sin embargo, en ella se revela como una suerte de fe luminosa en la victoria del hombre. Sus obras más importantes son: *Recuerdos de Ludolf Ursleu el Joven*, *Historias de Garibaldi*, *La gran guerra en Alemania*, *El apogeo del romanticismo*, *Expansión y decadencia del romanticismo*, *Miguel Bakunin y la anarquía*, *Despersonalización*, *La época de la escisión de la fe*, etc.

hucha. fr., *tirelire*; it., *salvadanaio, cassapanca*; i., *money-box*; a., *Sparbüchse*. (Del turco *uŷya*, alcancía, a través del árabe.) f. Arca grande que tienen los labradores para guardar sus cosas. || **alcancía.** || fig. Dinero que se ahorra y guarda para tenerlo de reserva.

huchear. (De ¡*hucho*!) intr. Llamar, gritar, dar grita. Ú. t. c. tr. || Lanzar los perros en la cacería, dando voces.

¡hucho! (De la onomat. *uch*.) interj. ¡huchohó!

¡huchohó! (De ¡*hucho*!, y la interj. ¡*oh*! u ¡*ho*!) interj. Voz de que se sirven los cazadores de cetrería para llamar al pájaro y cobrarlo.

Hudaydah (Al-). Geog. Prov. de Yemen; 35.000 km.² y 764.000 h. || C. cap. de la misma; 86.000 h. Puerto. Comercio de perlas, pieles y otros objetos de valor. Principal punto de desembarco de los peregrinos que van a La Meca procedentes de África. Se llaman también *Hodeida*.

Huddersfield. Geog. C. del R. U., en Inglaterra, cond. de Yorkshire, Riding Occidental; 132.270 h. Industria textil y química.

Henry Hudson, por Paul van Somer

Hudson (Henry). Biog. Navegante inglés, m. en Hudson Bay, Canadá (h. 1550-1611). En su primer viaje (1607) descubrió la isla de Juan Mayen, y en el último la bahía a la que dio su nombre, donde tuvo que invernar en 1611. En este mismo año fue abandonado por sus marineros, sin que se haya sabido nada más de él. || **(William Henry).** Novelista y naturalista inglés, de padres estadounidenses, n. en Quilmes, Argentina, y m. en Londres (1841-1922). Residió muchos años en su país de nacimiento y escribió: *Ornitología argentina*, *El naturalista en La Plata*, *Pájaros ingleses*, y las novelas *La tierra purpúrea que Inglaterra perdió*, *Mansiones verdes* y *El ombú*. || **Geog.** Río de EE. UU., en el de Nueva York, vía fluvial la más importante de América, que n. en los montes Adirondack y des. en la bahía de Nueva York; 521 km. de curso. || **(bahía de).** Gran mar interior de Canadá, unida al océano Glacial Ártico por el canal de Fox y al océano Atlántico por el estrecho de Hudson; 1.300.000 km.². Fue descubierta en 1610 por Henry Hudson, de quien tomó el nombre. || **(estrecho de).** Estrecho de Canadá que une la bahía de Hudson con el océano Atlántico, entre la península del Labrador y la isla de Baffin.

Hue. Geog. C. de Vietnam, que constituye por sí sola un mun. autónomo, en la región de Vietnam Central Bajo; 16 km.² y 200.000 h.

huebos. (Del lat. *opus*, necesidad.) m. ant. Necesidad, cosa necesaria.

huebra. (Del lat. *opera*, obra.) f. **yugada.** || Par de mulas y mozo que se alquilan para trabajar un día entero, en algunas regiones. || **barbecho.** || *Germ.* Baraja de naipes.

huebrero. m. Mozo que trabaja en la huebra. || El que la da en alquiler.

hueca. (De *hueco*.) f. **A. y Of.** Muesca espiral que se hace al huso en la punta delgada para que trabe en ella la hebra que se va hilando y no se caiga el huso.

Huecas. Geog. Mun. y villa de España, prov. de Toledo, p. j. de Torrijos; 346 h.

Huécija. Geog. Mun. y villa de España, prov. y p. j. de Almería; 636 h.

hueco, ca. fr., *vide, creux;* it., *vuoto;* i., *hollow, empty;* a., *hohl, lücke.* (Cruce del lat. *vacuus,* o *vocuus,* vacío, y *occāre,* ahuecar.) adj. Cóncavo o vacío. Ú. t. c. s. ‖ fig. Presumido, hinchado, vano. ‖ Dícese de lo que tiene sonido retumbante y profundo. ‖ fig. Dícese del lenguaje, estilo, etc., con que ostentosa y afectadamente se expresan conceptos vanos o triviales. ‖ Mullido y esponjoso. ‖ Dícese de lo que estando vacío abulta mucho por estar extendida y dilatada su superf. ‖ m. Intervalo de tiempo o lugar. ‖ fig. y fam. Empleo o puesto vacante. ‖ **Arquit.** Abertura en un muro, para servir de puerta, ventana, chimenea, etc. ‖ **Fís.** Falta transitoria en un aislante o semiconductor de un electrón en un determinado nivel cuántico. ‖ **supraclavicular.** Anat. Depresión que existe, encima de cada clavícula, a ambos lados del cuello.

huecograbado. (De *hueco* y *grabado.*) m. Impr. Procedimiento para imprimir mediante planchas o cilindros en los que la tinta se deposita en cavidades más o menos profundas de los mismos, en vez de impregnar las partes salientes como en el fotograbado o en la fototipia. Es el procedimiento calcográfico industrializado, que en lugar de usar planchas planas, destinadas a ser estampadas en el tórculo, utiliza el grabado fotográfico en el rodillo de la rotativa, por lo que también recibe el nombre de *rotograbado.* Está muy prodigado en la impresión de revistas a todo color. ‖ Grabado obtenido por este procedimiento.

huecú. m. Geog. Sitio cenagoso y cubierto de hierba en la cordillera del centro y sur de Chile, y en el que se hunden y sumergen sin poder valerse para salir los hombres y animales que en él entran.

Huecu (El). Geog. Local. de Argentina, prov. de Neuquén, cap. del depart. de Norquín; 298 h.

Huechueteol. Mit. Dios del fuego entre los aztecas.

huego. (Del lat. *focus.*) m. ant. **fuego.**

Huehuetán. (Del azt. *huehue,* viejo, y *tlan,* lugar: *lugar antiguo.*) Geog. Mun. de Méjico, est. de Chiapas; 18.013 h. ‖ Pueblo cap. del mismo; 3.092 h.

Huehuetenango. (Del azt. *huehue,* viejo, y *tenanco,* lugar fortificado: *antiguo lugar amurallado.*) Geog. Depart. centromeridional de Guatemala, en la frontera con Méjico; 7.400 km.^{2} y 368.807 h. ‖ Mun. de Guatemala, depart. de su nombre; 29.515 h. ‖ C. cap. del depart. y mun. de su nombre; 11.774 h. Producción agrícola, forestal y minera.

Huehuetla. (En azt. sign. *lugar de atalaies aztecas.*) Geog. Mun. de Méjico, est. de Hidalgo; 15.471 h. ‖ Pueblo cap. del mismo; 1.667 h. ‖ Mun. de Méjico, est. de Puebla; 10.170 h. ‖ Villa cap. del mismo; 1.195 h.

Huehuetlán. (Del azt. *huehue,* viejo, y la terminación *tlan,* final de lugar: *lugar antiguo.*) Geog. Mun. de Méjico, est. de San Luis Potosí; 8.432 h. ‖ C. cap. del mismo; 302 h. ‖ **el Chico.** Mun. de Méjico, est. de Puebla; 6.295 habitantes. ‖ Pueblo cap. del mismo; 3.381 habitantes.

Huehuetoca. Geog. Mun. de Méjico, est. de Méjico, 7.958 h. ‖ Pueblo cap. del mismo; 905 h.

Huejotitán. Geog. Mun. de Méjico, est. de Chihuahua; 2.737 h. ‖ Pueblo cap. del mismo; 672 h.

Huejotzingo. (Del azt. *huexotl,* sauz; *tzintli,* dim., y *co,* en.) Geog. Mun. de Méjico, est. de Puebla; 22.303 h. ‖ C. cap. del mismo; 8.552 habitantes.

Huejúcar. Geog. Mun. de Méjico, est. de Jalisco, 7.812 h. ‖ Villa cap. del mismo; 2.666 h.

Huejuquilla el Alto. Geog. Mun. de Méjico, est. de Jalisco; 7.737 h. ‖ Villa cap. del mismo; 2.250 h.

Huejutla de Reyes. (Del azt. *huexotl,* sauz, y *tla,* abundancia.) Geog. Mun. de Méjico, est. de Hidalgo; 46.306 h. ‖ C. cap. del mismo; 6.854 h.

Huekub. Mit. Deidad maléfica de los araucanos, que la consideraban culpable de las malas cosechas.

Huélaga. Geog. Mun. y lugar de España, prov. de Cáceres, p. j. de Coria; 311 h.

Huélago. Geog. Mun. de España, prov. de Granada, p. j. de Guadix; 911 h. ‖ Villa cap. del mismo; 878 h.

Huélamo. Geog. Mun. y villa de España, prov. y p. j. de Cuenca; 415 h.

huelán. adj. *Chile.* Entre verde y seco. Dícese de la madera y de las plantas.

huele de noche. m. Bot. **galán de noche.**

Huelén. Geog. Local. de Argentina, prov. de La Pampa, depart. de Quemú-Quemú; 164 h.

huélfago. (Del lat. **follicāre,* de *follis,* fuelle.) m. Veter. Enfermedad de los animales, que les hace respirar con dificultad y prisa.

huelga. fr., *grève;* it., *svago, sciopero;* i., *strike;* a., *Streik.* (De *holgar.*) f. Espacio de tiempo en que uno está sin trabajar. ‖ Tiempo que media sin labrarse la tierra. ‖ Recreación que ordinariamente se tiene en el campo o en un sitio ameno. ‖ Sitio que convida a la recreación. ‖ **holgura,** huelgo, espacio vacío. ‖ Econ. y Sociol. Cesación o paro en el trabajo de personas empleadas en el mismo oficio, hecho de común acuerdo con el fin de imponer ciertas condiciones o manifestar una protesta. El ejercicio de la huelga se basa en la acción concertada de un grupo de trabajadores, lo cual presupone la libertad de asociación y sindicación. ‖ **Polít. huelga revolucionaria.** ‖ **de brazos caídos.** Econ. y Sociol. Se denomina así la actitud de los obreros que acuden a los lugares de trabajo, pero se mantienen ociosos. ‖ Por ext., se dice también cuando se trabaja a ritmo lento. ‖ **general.** La que se plantea simultáneamente en todos los oficios de una o varias localidades. Cuando afecta a una sola actividad, se designa con el nombre de ella. ‖ **de** o **del hambre.** Polít. Renuncia voluntaria a tomar alimento que se impone a sí misma una persona, mostrando de este modo su decisión de morirse si no consigue lo que pretende. ‖ **de ocupación.** Polít. y Sociol. Aquella en que los obreros no sólo cesan en su labor, sino que además se niegan a abandonar los lugares de trabajo para impedir el ser substituidos. ‖ **revolucionaria.** Polít. La que responde a propósitos de subversión política, más que a reivindicaciones de carácter económico o social.

Huelgas (Las). Arqueol. e Hist. Nombre del más famoso de los monasterios cistercienses de España, sit. en las afueras y a 1 km. de la c. de Burgos, en la fértil llanura de la orilla izquierda del río Arlanzón. Fueron sus fundadores Alfonso VIII y su esposa doña Leonor. La mayor parte del edificio se construyó entre 1180 y 1230, y lo restante en 1230 y 1279, y en sus estilos corresponde al de transición y al mudéjar. El *Museo de Ricas Telas,* cuyos fondos están fundamentalmente por las encontradas en 1943 en las tumbas reales del propio monasterio, constituyen una magnífica colección de la España medieval, única en el mundo.

huelgo. (De *holgar.*) m. Aliento, respiración, resuello. ‖ Holgura, anchura. ‖ Espacio vacío que queda entre dos piezas que han de encajar una en otra.

Las Huelgas. Arco y torre del monasterio

huelguista. com. Persona que toma parte en una huelga de los trabajadores.

huelguístico, ca. adj. Perteneciente o relativo a la huelga de los trabajadores.

Huelma. Geog. Mun. de España, prov. y p. j. de Jaén; 6.134 h. ‖ Villa cap. del mismo y del p. j.; 5.260 h. *(huelmenses).* Bella iglesia parroquial de tres naves, declarada, en 1971, conjunto histórico-artístico.

Huelva. Geog. Prov. del SO. de España, perteneciente a la región de Andalucía Occidental.

Situación y límites. Está sit. entre los 36° 48′ y 38° 12′ de lat. N. y los 2° 25′ y 3° y 50′ de long. O. del meridiano de Madrid. Limita al N. con la prov. de Badajoz, al E. con las de Sevilla y Cádiz, al S. con el océano Atlántico y al O. con Portugal.

Costas. Su litoral marítimo se extiende, en una long. de 110 km., desde la des. del Guadiana, en el límite con Portugal, hasta la del Guadalquivir. La costa es baja y arenosa y en ella se forman multitud de canales, islitas y lenguas de arena, con barras que dificultan la navegación en la sección final de los ríos. En la parte más oriental, el tramo llamado de «Arenas Gordas» está constituido por arenas movedizas, donde no existen calas ni puertos. En la parte occidental están las islas Cristina y La Higuera y hay algunos puertos abrigados.

Extensión y población. Tiene una superf. de 10.085 km.^{2}; su pobl. absoluta es de 397.683 h., y su densidad media, de 39,4 h. por km.^{2}.

Orografía. Las zonas N. y NO. de la prov. son accidentadas por la sierra de Andévalo (300 a 500 m.) y varios macizos de la cordillera Mariánica. En la parte oriental el país está formado por extensos valles y planicies y el sur de la prov. lo constituyen terrenos de poca alt. que van descendiendo lentamente hasta la costa.

Hidrografía. El curso inferior del Guadalquivir es el límite de Huelva con la prov. de Cádiz, y el del Guadiana su límite con Portugal. Al primero de ellos vierten las aguas del Huelva, Sanlúcar y Carralón; al segundo, las del Múrtiga, Chanza y Malagón. Ajenos a ambas cuencas, y entre ellas, están los ríos Tinto y Odiel, nacidos en la sierra de Aracena, que desembocan en el Atlántico por un doble estero. Entre el Odiel y el Guadiana corre el pequeño río Piedras.

Clima. Es frío en las sierras septentrionales, templado en las llanuras y caluroso en la costa, aunque, en general, sano.

Regiones naturales. Se distinguen cuatro comarcas naturales: la *sierra alta*, al N., región de notable aspereza y clima fresco de montaña, aunque no frío, con abundantes lluvias, bastante arbolado, buenos pastos y, en los valles, algunas tierras de labor; el *país de Andévalo*, más al S., quebrado, estéril y de pobre vegetación, de paisaje triste, pero de rico subsuelo, estorbando a los cultivos los vapores sulfurosos que se desprenden de la calcinación de las piritas cupríferas; la *costa*, en el litoral, que, entre la des. del Guadalquivir y el estero del Tinto, es un inmenso desierto; finalmente, entre el litoral y la zona minera se encuentra la *campiña*, faja estrecha desde los confines de Sevilla hasta la barra del Guadiana, con valles y planicies en las que predominan el viñedo y el olivo, los árboles frutales y los cereales. Otra comarca importante de esta prov. es la llamada *Tierra Llana de Huelva* (v.).

Agricultura y montes. Los productos agrícolas más importantes son los cereales, la vid y el olivo (que dan vinos y aceites de buena calidad) y los frutales (naranjo, limonero e higuera). Las regiones montañosas contienen bosques de encinas, pinos, castaños y alcornoques.

Ganadería y pesca. Los buenos pastos de algunas de las regiones dan ganado vacuno, lanar y cabrío. Merece especial mención la cría del ganado de cerda. La pesca es abundante y se dedican a ella, de modo preferente, las pobl. de Isla Cristina y Ayamonte.

Minería. Fueron riquísimas las minas de cobre de Riotinto y Tharsis, hasta hace poco las mejores del mundo, explotadas desde la antigüedad más remota, vendidas en 1873 a una compañía inglesa y rescatadas por el Gobierno español en 1954. Existen también minerales de manganeso y antimonio.

Industria y comercio. Posee fundición de metales, fábricas de harina, pastas para sopa, aceite, curtidos, etc. Son notables las de conservas de pescado y la de embutidos y salazón de carne de cerdo. Sus principales exportaciones afectan a los minerales de cobre y a las conservas animales.

Comunicaciones. Cruzan la prov. las vías férreas del O. de España y de Sevilla-Huelva, y tienen carácter provincial y minero las de Niebla a Minas de Riotinto y Huelva a Tharsis.

Huelva. Vista aérea parcial y del puerto

La long. de las líneas de Renfe es de 256 km. Por su parte, las carreteras generales tienen una long. de 1.017 km. Su puerto más activo es el de Huelva.

División territorial. Está dividida en seis partidos judiciales: Aracena, Ayamonte, Huelva, Moguer, La Palma del Condado y Valverde del Camino.

Historia. En la antigüedad fue colonizada por los fenicios, que explotaron sus minas de cobre. Durante la ocupación romana formó parte de la prov. Bética. Los árabes se apoderaron del terr. en los primeros tiempos de su invasión (713). A la fragmentación del califato se formaron los reinos de Huelva y de Niebla, que pronto cayeron en poder de Sevilla. En el s. XIII fue reconquistada, en parte, por los cristianos. La prov. de Huelva está indisolublemente unida al hecho del descubrimiento de América: en el convento de La Rábida halló Colón su primer protector en la persona del P. Marchena, y del puerto de Palos de Moguer partió, con sus tres naves, el descubridor el 3 de agosto de 1492. ‖ Mun. y c. de España, cap. de la prov. y del p. j. de su nombre; **96.689 h.** *(onubenses).* Está situado en el centro de la ensenada que forma la des. de los ríos Guadalquivir y Guadiana, en la península que traza la ribera de Anicoba en su curso hacia el río Tinto. Su industria consiste en la fabricación de licores, almidón, conservas, jabón, curtidos, loza y cuerdas de esparto. En 1924 se instaló en ella una factoría para la pesca de la ballena. El comercio es muy activo, especialmente la exportación de cobre de Riotinto y Tharsis. La existencia en la prov. de abundantes yacimientos mineros, especialmente de piritas ferrocobrizas y manganeso, ha impulsado al Gobierno a crear en la cap. un polo de promoción industrial. Posee un magnífico puerto en la ría del Odiel. La fundación de Huelva es atribuida a los fenicios. Antonio Jacobo del Barco dice que fue obra de los tirrenos. Los árabes se apoderaron de ella en 713, llamándola *Welba* y *Gael bah*. En 1238 fue arrebatada a los agarenos por Íñigo de Mendoza. Alfonso XI la cedió en 1338 a Alonso Méndez de Guzmán. Después pasó a la casa de Medina-Sidonia. En el s. XVI adquirió gran importancia marítima. De Huelva fueron oriundos muchos de los marineros que acompañaron a Colón en el descubrimiento de América.

huelveño, ña. adj. Natural de Huelva, o perteneciente a esta provincia o a su ciudad. Ú. t. c. s.

Huelves. Geog. Mun. y villa de España, prov. de Cuenca, p. j. de Tarancón; 202 h.

huella. fr., *empreinte;* it., *impronta;* i., *track;* a., *Spur.* (De *hollar.*) f. Señal que deja el pie del hombre o del animal en la tierra por donde ha pasado. ‖ Acción de hollar. ‖ Plano del escalón o peldaño en que se asienta el pie. ‖ Rastro, seña, vestigio que deja una persona, animal o cosa. ‖ Impresión profunda y duradera. ‖ Indicio, mención, alusión. ‖ *Arg., Chile* y *Urug.* Camino hecho por el paso más o menos frecuente de personas, animales o vehículos. ‖ **Folk.** *Arg.* y *Urug.* Baile popular de pareja suelta y paso suave y cadencioso, que se acompaña con zapateo, zarandeo y castañetas. ‖ **Impr.** Señal que deja una lámina o forma de imprenta en el papel u otra cosa en que se estampa. ‖ **dactilar.** *Léx.* impresión dactilar. ‖ **digital. huella** dactilar. ‖ **a la huella.** m. adv. **a la zaga.**

Refinería de petróleo de Río Gulf Petrolquímica, S. A.

huélliga. (De *holligar, del lat. *fullicāre, de fullāre, pisar.) f. Huella que deja el pie en la tierra.

huello. (De hollar.) m. Sitio o terreno que se pisa. ‖ Hablando de los caballos, acción de pisar. ‖ Superficie o parte inferior del casco del animal, con herradura o sin ella.

huemul. (Voz araucana.) m. **Zool.** güemul.

Huemul. Geog. Isla de Argentina, en el lago de San Carlos de Bariloche.

Huemules (Los). Geog. Depart. de Argentina, prov. de Santa Cruz; 3.253 km.² y 555 h.

Huéneja. Geog. Mun. de España, prov. de Granada, p. j. de Guadix; 2.197 h. ‖ Villa cap. del mismo; 1.638 h.

hueñi. m. *Chile.* Niño hijo de araucanos desde que nace hasta los dieciséis años. ‖ Muchacho empleado en el servicio doméstico. ‖ Sirviente o mozo de color muy moreno. ‖ Término de cariño con que designan a los hombres las mujeres del pueblo.

Huépac. Geog. Mun. de Méjico, est. de Sonora; 1.213 h. ‖ Pueblo cap. del mismo; 786 h.

Huépil. Geog. Pobl. de Chile, prov. de Ñuble, depart. de Yungay, cap. de la comuna de Tucapel; 2.360 h.

huerca. (De *huerco.*) f. *Germ.* La justicia.

Huércal de Almería. Geog. Mun. de España, prov. y p. j. de Almería; 3.145 h. ‖ Lugar cap. del mismo; 2.471 h. *(huercaleños).* ‖ -**Overa,** Mun. de España, prov. de Almería, p. j. de su nombre; 11.607 h. *(huercaleños).* ‖ Villa cap. del mismo y del p. j.; 5.158 h.

Huércal-Overa. Plaza e iglesia

Huércanos. Geog. Mun. y villa de España, prov. y p. j. de Logroño; 1.088 h.

Huerce (La). Geog. Mun. de España, prov. de Guadalajara, p. j. de Sigüenza; 180 h. ‖ Lugar cap. del mismo; 48 h.

huerco. (Del lat. *orcus.*) m. ant. Infierno de los condenados. ‖ Según los paganos, lugar donde iban las almas al morir. ‖ ant. La muerte de los hombres. ‖ ant. El demonio. ‖ fig. El que está siempre llorando, triste y retirado en la obscuridad.

huérfago. m. **huélfago.**

huerfanidad. (De *huérfano.*) m. ant. **orfandad.**

huérfano, na. fr., *orphelin;* it., *orfano;* i., *orphan;* a., *Waise.* (Del lat. *orphănus,* y éste del gr. *horphanós.*) adj. Dícese de la persona de menor edad a quien ha faltado su padre y madre o alguno de los dos. Ú. t. c. s. ‖ poét. Dícese de la persona a quien han faltado los hijos. ‖ fig. Falto de alguna cosa, y especialmente de amparo. ‖ ant. **expósito.** Ú. en Chile, Perú y Río de la Plata.

Huergo (Luis Augusto). Biog. Ingeniero argentino, n. en Buenos Aires (1837-1913). Construyó líneas ferroviarias, el puerto de San Fernando y el primer dique seco del país.

Huérguina. Geog. Mun. y lugar de España, prov. y p. j. de Cuenca; 152 h.

huericarse. prnl. *Chile.* Sentirse, agraviarse.

Huérmeces. Geog. Mun. y lugar de España, prov. y p. j. de Burgos; 133 h. ‖ **del Cerro.** Mun. y villa de España, prov. de Guadalajara, p. j. de Sigüenza; 142 h.

huero, ra. fr., *vide;* it., *vuoto;* i., *empty;* a., *hohl.* (Del griego *oúrion* [*hoón*], estéril [huevo].) adj. V. **huevo huero.** ‖ fig. Vano, vacío y sin substancia.

huerta. fr., *jardin potager;* it., *orto;* i., *kitchen-garden;* a., *Gemüsegarten.* (De *huerto.*) f. **Agr.** Terreno destinado al cultivo de legumbres y árboles frutales. Se distingue del huerto en ser de mayor extensión y en que suele haber menos arbolado y más verduras. ‖ En algunas partes, toda la tierra de regadío.

Huerta (Adolfo de la). Biog. Político mejicano, n. en Hermosilla, Sonora, y m. en Méjico (1881-1955). En 1910 se sumó al movimiento de Francisco Madero, desempeñó diversos cargos públicos y en 1920, al triunfar la revolución que puso término a la presidencia del general Carranza, fue designado presidente provisional de la República (junio-diciembre). Pacificó el país, abrió las puertas a los exiliados y se opuso a la pena de muerte. Desterrado en 1924, regresó a su país en 1936. ‖ **(Victoriano).** Militar mejicano, n. en Colotlán y m. en El Paso (1854-1916). Sirvió con Porfirio Díaz y con Francisco Madero, a quien traicionó, derrocó y permitió fuera asesinado junto con el vicepresidente Pino Suárez. Proclamado presidente de la República por el Congreso (1913), lo disolvió. Triunfante el movimiento constitucional de Carranza, abandonó el poder (1914) y se trasladó a Europa y luego a EE. UU., donde fue internado por las autoridades estadounidenses en la carcel Fort Bliss, en donde murió. ‖ **Geog.** Mun. de España, prov. de Salamanca, p. j. de Peñaranda de Bracamonte; 449 h. ‖ Villa cap. del mismo; 438 h. ‖ **(La).** Mun. de Méjico, est. de Jalisco; 15.950 h. ‖ Pueblo capital del mismo; 4.328 h. ‖ **de Abajo.** Valle de Valdelaguna. ‖ **de Alicante.** V. **Alicante. Comarcas naturales.** ‖ **de Arriba.** Municipio y villa de España, prov. de Burgos, p. j. de Salas de los Infantes; 350 h. ‖ **de Elche.** V. **Alicante. Comarcas naturales.** ‖ **de Gandía.** V. **Valencia Regiones naturales.** ‖ **Grande.** Local. de Argentina, prov. de Córdoba, depart. de Punilla; 3.162 h. ‖ **del Marquesado.** Mun. y lugar de España, prov. y p. j. de Cuenca; 266 h. ‖ **de Murcia.** V. **Murcia. Regiones naturales.** ‖ **de la Obispalía.** Mun. y villa de España, prov. y p. j. de Cuenca; 338 h. ‖ **de Orihuela.** V. **Alicante. Regiones naturales.** ‖ **del Rey.** Mun. y villa de España, provincia de Burgos, p. j. de Salas de los Infantes; 1.209 h. *(lobos).* ‖ **de Valdecarábanos.** Mun. y villa de España, prov. de Toledo, p. j. de Ocaña; 1.981 h. *(huerteños).* ‖ **de Valencia.** Comarca de la prov. de Valencia que se extiende a lo largo de la costa mediterránea desde Puzol, al N., hasta la Albufera, al S., en una superf. de 631 km.². Es una planicie con algunas colinas poco elevadas, y limitada hacia el interior por cerros calizos, y junto al mar por las arenas y marjales de la costa; las inmejorables condiciones del suelo y del clima y las posibilidades de irrigación han hecho de estas tierras cálidas, a través de secular esfuerzo de muchas generaciones, un jardín primoroso, por la abundancia y variedad de sus frutos; es admirable la organización y gobierno de sus riegos, con sus ocho grandes acequias e innumerables derivaciones. El cultivo predominante en la huerta valenciana son los frutales, entre los que sobresale el naranjo, que da origen, en tiempos normales, a un

Huerta de Valdecarábanos. Ermita de Nuestra Señora de los Pastores

próspero comercio de exportación; hortalizas y cereales. La densidad de población de *la huerta* es la mayor de España. ‖ **de Vero.** Mun. y lugar de España, prov. de Huesca, p. j. de Barbastro; 184 h.

Huertahernando. Geog. Mun. y lugar de España, prov. y p. j. de Guadalajara; 136 h.

huertano, na. adj. Dícese del habitante de ciertas comarcas de regadío que se conocen en algunas prov. con el nombre de huertas; como la de Murcia, la de Valencia, etc. Ú. t. c. s.

Huertas (Esteban). Biog. General panameño (1872-1943). Colombiano de origen, en 1903, al estallar la revolución, se unió a los panameños, convirtiéndose en uno de los héroes de la independencia de Panamá y uno de los fundadores de la República. ‖ **Geog.** Dist. de Perú, depart. de Junín, prov. de Jauja; 1.891 h. ‖ Pueblo cap. del mismo; 1.839 h.

huertero, ra. m. y f. ant. Que cultiva la huerta. Ú. en Argentina, Nicaragua, Perú y Salamanca.

huertezuela. f. dim. de **huerta.**

huertezuelo. m. dim. de **huerto.**

huerto. fr., *jardin, verger;* it., *giardino;* i., *orchard;* a., *Baumgarten.* (Del lat. *hŏrtus.*) m. **Agr.** Sitio de corta extensión, generalmente cercado de pared, en que se plantan verduras, legumbres y principalmente árboles frutales. ‖ **rectoral.** *Lex.* La finca rústica que por razón de su cargo disfruta el párroco para su comodidad y recreo y para las necesidades de su casa.

Huerto. Geog. Mun. de España, prov. y p. j. de Huesca; 483 h. ‖ Lugar cap. del mismo; 398 h.

Huertos (Los). Geog. Mun. y lugar de España, prov. y p. j. de Segovia; 214 h.

Huerva. Geog. Río de España, prov. de Teruel y Zaragoza; n. en la sierra de Cucalón y des. en el Ebro; 135 km.

huesa. (Del lat. *fossa,* fosa.) f. Sepultura u hoyo para enterrar en él un cadáver.

Huesa. Geog. Mun. de España, prov. de Jaén, p. j. de Cazorla; 3.283 h. *(osenses).* ‖ Villa cap. del mismo; 2.710 h. ‖ **del Común.** Mun. y villa de España, prov. de Teruel, p. j. de Calamocha; 33 h.

huesarrón. m. aum. de **hueso.**

Huesca (Del lat. *Osca.*) **Geog.** Prov. de la España septentrional, perteneciente a la región aragonesa.

Situación y límites. Está sit. entre los 41° 25' y 42° 55' de lat. N. y los 0° 47' de long. E. y 0° 56' de long. O. de Greenwich. Limita al N. con Francia, al E. con la prov. de Lérida, al S. con la de Zaragoza y al O. con esta última y la de Navarra.

Extensión y población. Tiene una superf. de 15.685,3 km.²; su población absoluta es de 222.238 h. *(oscenses),* y su densidad media, o población relativa, de 14,1 h. por km.², la más baja de toda España.

Río Gállego, bajo el puente Murillo

Valle del Cinca

Orografía. La parte septentrional de la prov. está accidentada por la cordillera pirenaica, en su sección de los Pirineos aragoneses, desde el Pico de Anie hasta la Maladeta. En esta zona se encuentran las mayores alturas de la cordillera (Monte Perdido, de 3.352 m.). Más al S. se alinean, paralelamente al eje principal, las estribaciones de sierra de la Peña, sierra de Guara y sierra de Arbe. Desde éstas hasta la sierra de Alcubierre, último escalón montañoso para llegar al valle del Ebro, se extiende una llanura dilatada constituida por suelos de margas y calizas yesosas.

Hidrografía. La red hidrográfica de la prov. es tributaria del Ebro por su margen izquierda. De O. a E., sus ríos más importantes son: el Aragón, el Gállego y el Cinca, que es tributario del Segre aguas abajo de Fraga.

Clima. El país presenta grandes contrastes. El clima es casi siempre riguroso: la zona montañosa tiene inviernos muy fríos y largos; en la tierra llana el clima es continental, con estaciones extremadas (máxima de 40° C. y mínima de −15° C.).

Regiones naturales. Se distinguen varias comarcas naturales. La región de los *Pirineos Aragoneses*, al N., al pie de los ingentes macizos, con sus valles aislados, sus cimas nevadas, sus heleros y lagunas glaciares y su clima duro, está cubierta de espesos bosques de hayas, pinos, robles y abetos, posee pastos abundantes y una densidad de población muy baja. Más al S. se extienden las comarcas de *Sobrarbe* y *Ribagorza*, de gran importancia histórica en la Reconquista, cuyas montañas, menos robustas y grandiosas que las del Alto Pirineo, son también más pobres de arbolado y sus valles más tristes y pelados. En la planicie que se dilata hasta la sierra de Alcubierre están la *Hoya de Huesca*, que es una vega fertilizada por el Isuela; los *Llanos de Violada*, áridos y dedicados a cereales, actualmente en fase de evolución hacia el regadío mediante el canal de Violada y el del Alto Aragón; las *Riberas del Cinca*, hermosa campiña plantada de árboles frutales, y *la Litera*, con cultivos de secano en el N., y regada en la zona meridional por acequias del canal de Aragón y Cataluña. Al S. de la prov. aparece el árido país de *los Monegros*, compartido con la prov. de Zaragoza, donde el agua escasea hasta tal extremo que a veces falta para los usos domésticos; en sus tierras pedregosas se cultivan cereales y viñedos. Otra comarca importante de esta prov. es el Valle de Ordesa (v.).

Agricultura y montes. El territorio es, en su mayor parte, fuerte y productivo en cereales, vino, aceite, legumbres y frutas de todas clases, en especial peras e higos. En el Alto Pirineo es riquísimo el patrimonio forestal (haya, pino, abeto y roble). En el extremo NE., el pintoresco valle de Ordesa contiene «el parque nacional» de su nombre, de extraordinaria belleza natural.

Ganadería. Se cría mucho ganado vacuno, de cerda, cabrío y mular, con grandes rebaños de ovejas que en la mala estación descienden a las llanuras. En la montaña aparecen, de vez en cuando, el gran oso, el lobo cerval, la cabra montés, el jabalí y el corzo.

Industria y comercio. Tiene fábricas de aguardiente, jabones, loza ordinaria y vidriada, papel, tejidos y molinos de aceite y harineros. La industria maderera transporta los troncos por el Cinca, el Segre y el Ebro. Exporta ganado y frutas.

Comunicaciones. Cruzan la prov. de E. a O., la línea férrea de Barcelona a Bilbao, con un ramal a Barbastro, y de S. a N., la de Valencia a Canfranc, con una long. de 314 km. Las carreteras del Estado forman una red de 2.562 km.

División territorial. Se divide en cinco partidos judiciales: Barbastro, Boltaña, Fraga, Huesca y Jaca.

Historia. En los tiempos primitivos la ocuparon los ilergetes. Durante la dominación romana perteneció sucesivamente a las prov. Citerior, Celtiberia (en los días de Sertorio), cuya cap. fue Huesca, y Tarraconense. Ocupada por los árabes, a la desmembración del califato cordobés formó parte del reino de Zaragoza. En los comienzos de la Reconquista aparecen en el Pirineo los condados de Sobrarbe y Ribagorza. La que más tarde fue poderosa monarquía aragonesa, comenzó en el alto valle del río Aragón, donde los montañeses se hicieron fuertes contra los árabes. Incorporada a Navarra, recobró su vida independiente con motivo del testamento de Sancho *el Mayor* y aumentó por la anexión de Sobrarbe y Ribagorza. Jaca fue primitiva corte de Aragón, siéndolo después Huesca hasta la toma de Zaragoza. El territorio de la prov. formó parte de la monarquía catalanoaragonesa. Por el matrimonio de Fernando e Isabel quedó incorporado a la unidad nacional, y los primeros Borbones consumaron la obra centralizadora. ‖ Mun. de España, prov. y p. j. de su nombre; 33.348 h. ‖ C. cap. de la prov., p. j. y mun. de su nombre; 33.076 h. Está sit. en una vertiente limitada al S. por la sierra de Alcubierre, a orillas del Isuela. Sus monumentos más notables son: la catedral, del s. XIII, con detalles del Renacimiento; la iglesia de las Miguelas, del s. XII; la Magdalena, antes colegiata, de la misma época que la anterior; San Lorenzo, del s. XVII, y Santo Domingo, del s. XVIII. El antiguo Palacio de los Reyes, levantado sobre la muslímica *Zuda*, era una bella construcción, de la cual sólo quedan la sala de doña Petronila y la Campana. Es digna también de citarse la Casa Consistorial, modelo del Renacimiento en Aragón. Junto a la misma se encuentra el Museo provincial. Su industria consiste en la fabricación de chocolates, licores, cordelería, curtido y muebles. Huesca existió ya en la época prefenicia, como población ilergete. Durante la dominación romana constituyó un municipio. Gozó del privilegio de acuñar moneda y se llamó *Urbs Víctrix*. Después cambió este nombre por el de *Osca*, que los árabes transformaron en *Uechca*. En la época sertoriana tuvo una Universidad. Perteneció al reino de Aragón, y en ella se supone ocurrido el suceso conocido con el nombre de *La Campana de Huesca*, trágico episodio de la lucha del poder real contra la nobleza. El 24 de mayo de 1837 entró en Huesca el pretendiente don Carlos, al frente de su ejército. Atacado por el general cristino Iribarren, obtuvo contra éste una victoria.

Huéscar. Geog. Mun. de España, prov. de Granada, y p. j. de Baza; 9.896 h. ‖ C. cap. del mismo; 6.384 h. *(oscenses).*

huesecillo. m. dim. de *hueso.* ‖ Anat. Cada una de las apófisis triangulares del esfenoides. ‖ Se dice especialmente de cada una de las cuatro piececillas, llamadas a causa de su forma martillo, yunque, lenticular y estribo, que constituyen la cadena ósea del oído medio.

huesera. (De *hueso*.) f. *Chile* y *León*. osario.

huesezuelo. m. dim. de **hueso.**

huesillo. m. dim. de **hueso.** ‖ Bot. *Amér. m.* Durazno secado al sol. ‖ *C. Rica.* Es la sapindácea *allophilus psilospermus* y también la *cupania guatemalensis.* ‖ *Cuba.* Árbol de la familia de las flacurtiáceas, de madera amarillo-pardusca, dura y de grano fino (*miroxylum schaefferioides*).

hueso. fr., *os, noyau;* it., *osso, nocciolo;* i., *bone, stone;* a., *Knochen, Bein, Kern.* (Del lat. *ossum.*) m. Cada una de las piezas rígidas y duras, aunque también elásticas, formadas por tejidos óseos y que constituyen casi todo el esqueleto de la inmensa mayoría de los vertebrados. Unos protegen órganos como el cerebro y otros se articulan o ensamblan para formar la armazón del cuerpo y permitir los movimientos. Los huesos largos suelen tener una porción central delgada y hueca, la *diáfisis* o *caña*, y dos extremos engrosados y esponjosos, las *epífisis* o *cabezas*, donde se alojan, respectivamente, el tuétano y la médula roja. Todo hueso está cubierto de una membrana protec-

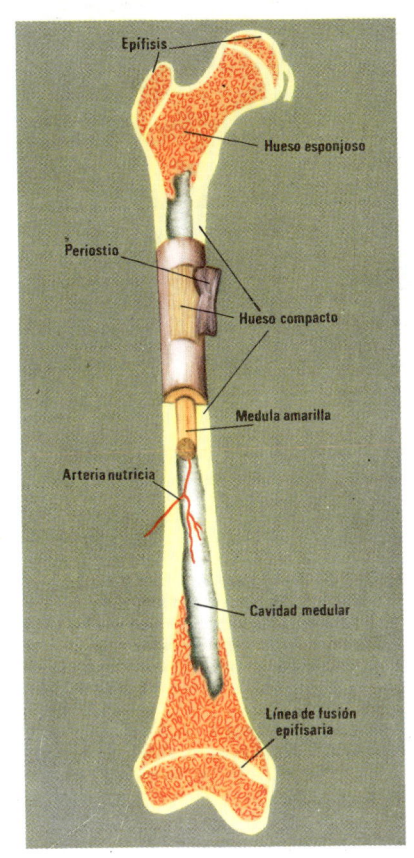

Diagrama de la estructura de un hueso largo

tora y regeneradora llamada *periostio*, de la que depende el crecimiento en espesor. Se componen de una materia proteica, la *osteína*, impregnada de sales minerales, fosfato y carbonato cálcico principalmente. Por lo general, en los embriones de los vertebrados, los huesos se inician como órganos conjuntivos, que pasan luego a cartilaginosos y, finalmente, surgen varios centros desde los que se extiende progresivamente el proceso de osificación. (V. los más corrientes en sus voces respectivas.) || Parte dura y compacta que está en lo interior de algunas frutas, como la guinda, el melocotón, etc., en la cual se contiene la semilla. || Parte de la piedra de cal, que no se ha cocido y que sale cerniéndola. || fig. Lo que causa trabajo o incomodidad. Regularmente se entiende el empleo muy penoso en su ejercicio. || fig. Lo inútil, de poco precio y mala calidad. || fig. Parte ingrata y de menos lucimiento de un trabajo que se reparte entre dos o más personas. || fig. y fam. Persona de carácter desagradable o de trato difícil. || fig. y fam. Profesor que suspende mucho. || pl. fam. **mano,** en locuciones como la siguiente: *toca esos* **huesos.** || **Bot.** *Cuba.* Árbol euforbiáceo, de madera blanca y buena (*drypetes alba* y *d. lateriflora*). || **Taurom.** Por excelencia, las paletillas, en que tropieza el estoque al tratar el espada de introducirlo en ellas. || **cigomático.** *Anat.* Hueso par de la cara, que constituye la parte más prominente de ésta. En el hombre y en los otros primates superiores está situado en la mejilla, entre el maxilar superior, el frontal, el esfenoides y el temporal. Tiene forma de cuadrilátero: su ángulo anterior se articula con el maxilar, y su ángulo posterior se prolonga y articula con la apófisis cigomática del hueso temporal (del escamoso en los demás mamíferos) para formar el arco cigomático o malar. Recibe también el nombre de *hueso malar, hueso yugal* y *pómulo*. En los reptiles y aves, se une al cráneo por el hueso cuadradoyugal, y en los anfibios sólo existe este último entre el maxilar y el cráneo. || **coronal.** *Anat.* El de la frente. || **corto.** Aquel cuyas dimensiones son todas aproximadamente iguales, como una vértebra. || **cuadrado.** Uno de los huesos del carpo, que en el hombre forma parte de la segunda fila. || **cuneiforme.** Cada uno de los huesos de forma prismática, a modo de cuñas, que existen en el tarso de los mamíferos; en el hombre son tres y están colocados en la parte anterior de la segunda fila del tarso. || **dulce. cóccix.** || **grande. hueso cuadrado.** || **iliaco. hueso innominado.** || **incaico,** o **inca.** El que se supone era propio de los antiguos habitantes de Perú. || **innominado.** Hueso coxal o de la cadera, constituido, en los mamíferos, por la soldadura del íleon, isquion y pubis. Se llama también *hueso ilíaco*. || **largo.** Hueso de las extremidades, en el que predomina la longitud. Consta de un cuerpo o *diáfisis*, y de dos extremos o *epífisis*. || **malar, hueso cigomático.** || **navicular. escafoides.** || **orbital.** Cada uno de los que forman la órbita del ojo. || **palomo. cóccix.** || **plano.** Aquel cuya longitud y anchura son mayores que su espesor: como, p. e., los omóplatos y los parietales. || **sacro. sacro.** || **de santo.** *Repost.* Rollito de pasta de almendra relleno de cabello de ángel, dulce de batata, de yema, etc. Es, con el buñuelo de

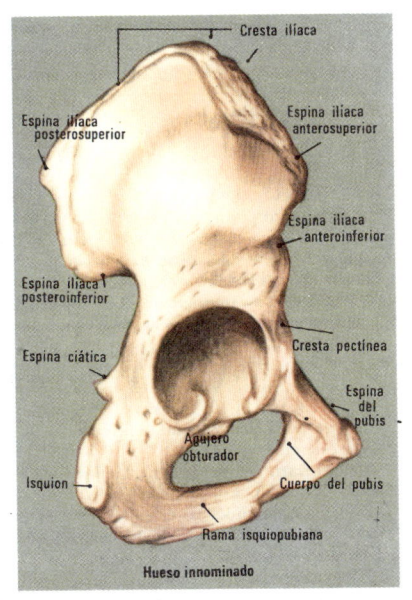

Hueso innominado

viento, obligado en la festividad de Todos los Santos, de donde procede su nombre. || **yugal.** *Anat.* **hueso cigomático.** || **a hueso.** m. adv. Tratándose de la colocación de piedras, baldosas o ladrillos, perfectamente unidos y sin mortero entre sus juntas o lechos. || **róete ese hueso.** expr. fig. y fam. con que se explica que a uno se le encomienda una cosa de mucho trabajo sin utilidad ni provecho.

huesoso, sa. adj. Perteneciente o relativo al hueso.

huésped, da. fr., *hôte*; it., *ospite*; i., *guest*; a., *Wirt, Gast*. (Del lat. *hospes, -ĭtis*.) m. y f. Persona alojada en casa ajena. || Mesonero o amo de posada. || Persona que hospeda en su casa a uno. || m. **Biol.** Organismo vegetal o animal en cuyo cuerpo se aloja un parásito; p. e., el hombre es el *huésped* de la lombriz solitaria. || **de aposento.** *Lex.* Persona a quien se destinaba el uso de una parte de casa en vitud del servicio de aposentamiento de corte.

huéspede. m. fam. **huésped.**

¡huesque! interj. de que usan los carreteros para que las caballerías tuerzan a la izquierda.

hueste. fr., *armée*; it., *oste*; i., *host*; a., *Heer*. (Del lat. *hostis*, enemigo, adversario.) f. Ejército en campaña. Ú. m. en pl. || fig. Conjunto de los secuaces o partidarios de una persona o de una cosa.

huesudo, da. fr., *ossu*; it., *ossuto*; i., *bony*; a., *dickknochig*. adj. Que tiene mucho hueso.

Huet (Paul). Biog. Pintor francés, n. y m. en París (1803-1869). Tuvo por maestros a Gros y a Guérin. Entre sus paisajes, notables por el colorido, se mencionan: *Una borrasca por la tarde* (1831), *Puesta de sol entre nubes de otoño* y su obra maestra titulada *La inundación de Saint-Cloud* (1855).

Huetamo. (Palabra del idioma tarasco, cuyo significado es desconocido.) **Geog.** Mun. de Méjico, est. de Michoacán de Ocampo; 30.434 h. Cap., Huetamo de Núñez. || **de Núñez.** Villa de Méjico, est. de Michoacán de Ocampo, cap. del mun. de Huetamo; 9.333 h.

Huete. Geog. Mun. de España, prov. de Cuenca, p. j. de Tarancón; 3.345 h. || Ciudad capital del mismo; 2.344 h. (*hueteños* y *hoptenses*).

Huetel. Geog. Local de Argentina, prov. de Buenos Aires, part. de 25 de Mayo; 393 h.

hueteño, ña. adj. Natural de Huete, o perteneciente a esta c. Ú. t. c. s.

Hueto Abajo. Geog. V. **Huetos (Los).**

Huétor-Santillán. Geog. Municipio de España, provincia y p. j. de Granada; 1.424 h. || Villa cap. del mismo; 1.244 h. (*hueteños*). || **Tájar.** Mun. de España, prov. de Granada, p. j. de Loja; 6.897 h. || Villa cap. del mismo; 5.831 h. (*hueteños*). || **Vega.** Mun. y lugar de España, prov. y p. j. de Granada; 3.708 h.

Huetos. (Los). Geog. Mun. de España, prov. de Álava, p. j. de Vitoria; 162 h. Corr. 69 a la cap., el lugar de Hueto Abajo.

hueva. fr., *frai*; it., *fregola*; i., *roe*; a., *Fischhei, Fischrogen*. (Del lat. *ova*, huevos, pl. de *ovum*.) f. Masa que forman los huevecillos de ciertos pescados encerrada en una bolsa oval. || *Méj.* **flojera.**

Hueva. Geog. Mun. y villa de España, prov. y p. j. de Guadalajara; 194 h.

huevar. intr. Principiar las aves a tener huevos.

Huévar. Geog. Mun. de España, prov. y p. j. de Sevilla; 1.859 h. || Villa cap. del mismo; 1.802 h.

huevera. f. Mujer que trata en huevos. || Mujer del huevero. || Utensilio de porcelana, loza, metal u otra materia, en forma de copa pequeña, en que se pone, para comerlo, el huevo pasado por agua. || Utensilio de mesa para servir en ella los huevos pasados por agua. || **Anat.** Conducto membranoso que tienen las aves desde el ovario hasta cerca del ano, y en el cual se forma la clara y la cáscara de los huevos.

huevería. f. Tienda donde se venden huevos.

huevero. m. El que trata en huevos. || **huevera,** utensilio de mesa.

huevezuelo. m. dim. de **huevo.**

huévil. m. **Bot.** *Chile.* Planta de la familia de las solanáceas y de unos 90 cm. de alt.,

huevo–Hughes

lampiña y de olor fétido; de su palo y hojas se extrae un tinte amarillo, y la infusión de los mismos se emplea contra la disentería *(vestia lycioides)*. Se llama también *huevvillhuevill* y *porotillos*.

huevo. fr., *oeuf;* it., *uovo;* i., *egg;* a., *Ei*. (Del lat. *ovum*.) m. Pedazo de madera fuerte, como de una cuarta en cuadro, y con hueco en el medio, de que se sirven los zapateros para amoldar en él la suela. || Pieza de madera, mármol, etc., de que usan las mujeres para zurcir calcetines y medias. || Cápsula de cera, de figura ovoide, que llena de agua de olor se tiraba por festejo en las carnestolendas. || vulg. **testículo.** Ú. m. en pl. || **o cigoto. Biol.** Célula completa diploide, que resulta de la fusión de un gameto masculino y de otro femenino y que constituye el punto de partida para la formación de un nuevo ser, en los organismos pluricelulares. En los animales, el huevo se compone esencialmente de una envoltura exterior *(membrana vitelina)*, que encierra un *citoplasma* o *vitelo* y un *núcleo*. Éste resulta de la unión de los heminúcleos gaméticos haploides, que aportan igual número de cromosomas y, por tanto, de material hereditario. La masa vitelina, la casi totalidad del huevo, procede del gameto femenino. Este vitelo consta de dos partes: un vitelo *formativo* o *germinativo*, destinado a originar materia viva en las sucesivas divisiones, y otro *nutritivo*, cargado de substancias para la alimentación del nuevo ser. Según la cantidad de vitelo nutritivo, los huevos, y los óvulos de que proceden, se clasifican en *alecitos*, u *oligolecitos*, microscópicos y sin reservas apenas; *discolecitos* o *telolecitos*, de gran tamaño por la abundancia de vitelo nutritivo, y *centrolecitos*, con la mayor parte del vitelo germinativo en la superficie. Los reptiles y aves ponen huevos telolecitos (los de las aves, y en especial los de gallina, contienen gran cantidad de reservas alimenticias y constituyen para el hombre un elemento de explotación); los insectos, centrolecitos, y la mayoría de los restantes animales, alecitos. Por numerosas divisiones cariocinéticas se produce la segmentación del huevo, que da lugar a los sucesivos estados embrionarios. En los vegetales, el huevo o cigoto se forma en la fase de gametofito o haploide (procedente de una espora), y por germinación origina la fase diploide o de esporofito, que da nuevas esporas. || **Zool.** Cualquiera de los óvulos de ciertos animales, como la mayoría de los peces y batracios, que son fecundados por los espermatozoides del macho después de haber salido del cuerpo de la hembra y que contienen las materias nutritivas necesarias para la formación del embrión. || **en agua.** *Coc. Ar.* **huevo pasado por agua.** || **en cáscara, huevo pasado por agua.** || **de Colón.** *Lit.* Leyenda según la cual, molesto Colón de oír a sus detractores restar méritos a su descubrimiento, les invitó a que hicieran sostenerse un huevo sobre uno de sus polos, lo que sólo él pudo lograr cascándolo ligeramente sobre un plato. Y como le dijesen que así era muy fácil, respondió: «Sí, pero era necesario que a alguien se le ocurriese.» || **huevo de Juanelo.** || **chimbo.** *Bot.* Arbusto silvestre apocináceo, que contiene un jugo lechoso y cáustico, eficaz contra las hemorragias. || *Coc. Hond.* Almíbar que se hace con huevos batidos. || **duro.** El cocido, con la cáscara, en agua hirviendo, hasta llegarse a cuajar enteramente yema y clara. || **encerado.** El pasado por agua que no está duro. || **estrellado.** El que se fríe con manteca o aceite, sin batirlo antes y sin tostarlo por encima. || **de faltriquera.** *Repost.* **yema,** dulce. || **huero.** *Léx.* El que por no estar fecundado por el macho no produce cría, aunque se eche a la hembra clueca. || Por ext., el que por enfriamiento o por otra causa se pierde en la incubación. || **u óvalo irregular.** *Geom.* Curva cerrada, plana, compuesta de cuatro arcos de circunferencia, dos iguales y dos desiguales. || **de Juanelo.** fig. Cosa que tiene, al parecer, mucha dificultad, y es facilísima después de sabido en qué consiste. || **mejido.** *Coc.* **yema mejida.** || **partenogenético.** *Biol.* El óvulo que se desarrolla sin previa unión con el espermatozoide, como los que originan a los zánganos de las colmenas. || **pasado por agua.** *Coc.* El cocido ligeramente, con la cáscara, en agua hirviendo. || **de pulpo.** *Zool.* **liebre de mar,** molusco gasterópodo. || **tibio.** *Coc. Col., Guat., Hond.,* y *Méj.* **huevo pasado por agua.** || **huevos bobos.** *Ar.* Tortilla con pan rallado, aderezada en caldo. || **dobles.** *Repost.* Dulce que se hace con yemas de huevo y azúcar clarificado. || **dobles quemados.** Dulce semejante al anterior, que después de preparado se cuece en el estrelladero. || **hilados.** Composición de huevos y azúcar, que forma la figura de hebras o hilos. || **moles.** *Coc.* Yemas de huevo batidas con azúcar. || **al plato.** Los cuajados en mantequilla o aceite al calor suave y servidos en el mismo recipiente en que se han hecho. || **revueltos.** Los que se fríen en sartén revolviéndolos para que no se unan como en la tortilla. || **a huevo.** m. adv. con que se indicaba lo barato que costaban o se vendían las cosas. || **pisando huevos.** m. adv. fig. y fam. Con tiento, muy despacio. Ú. con verbos de movimiento, como *andar, venir*, etc. || **un huevo; y ése, huero.** expr. que se dice del que no tiene más que un hijo, y éste enfermo.

Hueyapan. Geog. Mun. de Méjico, est. de Puebla; 4.120 h. || Pueblo cap. del mismo; 1.076 h. || **de Ocampo.** Mun. de Méjico, est. de Veracruz-Llave; 24.638 h. || Pueblo cap. del mismo; 2.943 h.

Hueyotlipan. Geog. Mun. de Méjico, est. de Tlaxcala; 6.952 h. || Villa cap. del mismo; 2.353 h.

Hueypoxtla. Geog. Mun. de Méjico, est. de Méjico; 15.153 h. || Villa cap. del mismo; 1.362 h.

Hueytamalco. Geog. Mun. de Méjico, est. de Puebla; 13.911 h. || Pueblo cap. del mismo; 1.563 h.

Hueytlalpan. Geog. Mun. de Méjico, est. de Puebla; 3.000 h. || Pueblo cap. del mismo; 2.360 h.

¡huf! interj. **¡uf!**

Al-Hufuf. Vista parcial

hufanda. f. *Chile,* barb. por **bufanda.**

Hufeland (Christoph Wilhelm). Biog. Médico alemán, n. en Langensalza y m. en Berlín (1762-1836). Fue uno de los grandes prestigios de su época y el representante más ilustre de la medicina ecléctica, cuyas teorías desarrolló en su obra *Makrobiotik* (1796).

Hufnagel (Charles Anthony). Biog. Cirujano estadounidense, n. en Louisville en 1916. Especialista en cirugía cardiovascular, inventó la primera pieza plástica en cirugía cardiaca: la válvula para corregir la insuficiencia aórtica.

Hufuf (Al-). Geog. C. de Arabia Saudí, cap. del emirato de Al-Hasa; 82.600 h.

Hugenberg (Alfred). Biog. Político e industrial alemán, n. en Hannover y m. en Kükenbruch (1865-1935). Fue jefe del partido nacionalista (1928-33), colaboró en la ascensión de Hitler al poder y formó parte de su Gabinete al frente de la economía, pero su intransigencia a los acuerdos económicos del gobierno alemán posterior a la P. G. M., provocaron escisiones en su partido.

Huggins (Charles B.). Biog. Investigador estadounidense, n. en Halifax, Canadá, en 1901. Presidente del Comité Nacional de Investigaciones sobre el Cáncer, de EE. UU., en 1966, compartió el premio Nobel de Medicina con su compatriota Francis Peyton Rous, por sus investigaciones sobre los factores hormonales y la terapéutica del cáncer de próstata. || **(William).** Astrónomo inglés, n. y m. en Londres (1824-1910). Se le deben considerables observaciones sobre las protuberancias solares y provechosos estudios del análisis espectral, en especial el haber descubierto que los espectros de las nebulosas son los típicos de los gases. En 1899 publicó, con su esposa, un *Atlas de espectros estelares representativos*.

Hughes (David Edward). Biog. Ingeniero estadounidense, de origen inglés, n. y m. en Londres (1831-1900). Emigró con sus padres a EE. UU. y, en 1885, inventó el teletipo, aparato telegráfico eléctrico que lleva su nombre. Inventó también el micrófono y la balanza de inducción. || **(Howard Robard).** Financiero estadounidense, n. en Houston y m. en viaje entre Acapulco y Houston (1905-1976). Su imperio económico comenzó al heredar de su padre la Hughes Tool Co., dedicada a la fabricación de maquinaria (1924). Apasionado por la aviación, consiguió varios records mundiales de velocidad, entre ellos el de la vuelta al mundo (1938). Probó fortuna en el cine financiando varias películas; llevado de un constante afán de superación, introdujo constantes mejoras en los aparatos de su época y revolucionó el mundo de las comunicaciones. Llegó a poseer el 75 % de las acciones de la T W A (Trans World Airlines). En 1966 fue el comienzo de su imperio en Las Vegas, con la compra de los hoteles más significativos, casinos, casas de juego, etc. Desde 1954 su existencia estuvo rodeada del más absoluto misterio. || **(Langston).** Poeta y novelista estadounidense, de raza negra, nacido en Joplin y muerto en Nueva York (1902-1967). Merece citarse entre los escritores más humanos y emotivos. Se dio a conocer con la novela *No sin regocijo*. Otras obras: *The weary blues* y *The big sea*. || **Geog.** Localidad de Argentina, prov. de Santa Fe, depart. de General López; 2.052 h.

Hugo Capeto. Biog. Rey de Francia, m. en París (h. 938-996). Fue proclamado rey después de la muerte de Luis V, en 987. Asoció al trono a su hijo Roberto e hizo muchas concesiones al clero para conquistar su apoyo. || **I.** Duque de Borgoña, m. en la abadía benedictina de Cluny (1040-1093). En 1076 se apoderó del ducado y en 1078 abdicó en favor de su hermano Eudes I. || Conde de Arlés, m. en Arlés (h. 911-947). Se hizo proclamar rey de Italia después de la derrota de Rodolfo, en 926. || **, conde de Hugo (Joseph-Léopold).** General francés, padre del poeta Victor, n. en Nancy y m. en París (1773-1828). En 1806 se apoderó en Italia del famoso bandido *Fra Diavolo*; fue a España con José Bonaparte y en 1812 ocupó el cargo de gobernador militar de Madrid. || **(Victor).** Poeta y novelista francés, n. en Besanzon y m. en París (1802-1885). Fue uno de los poetas más geniales de su tiempo; creador del género romántico. A los veintiún años escribió su primera novela, *Han de Islandia*, a la que siguieron los dramas *Cromwell*, *Hernani*, *Marion Delorme*, *Ruy Blas*, etcétera; varios tomos de poesías y sus más celebradas novelas, como *Nuestra Señora de París*, *La Leyenda de los siglos*, *Los miserables* y *El noventa y tres*. Desterrado en Bruselas, publicó dos libros contra Napoleón III, intitulados *Los castigos* y *Napoleón el Pequeño*.

hugonote, ta. (Del fr. *huguenot*, y éste del a. *eidgenossen*, confederado.) adj. Dícese de los que en Francia seguían la secta de Calvino. Ú. t. c. s. y m. en pl.

Hugué (Manolo). Biog. Martínez Hugué (Manuel).

Huguet (Jaime). Biog. Pintor español, n. probablemente en Valls y m. en Barcelona (h. 1418-1492). Residió en Zaragoza algún tiempo, y desde 1448 hasta 1486 trabajó en Barcelona. Es el retablista catalán más interesante del s. XV. Sus composiciones, en las que perdura todavía en parte el primitivismo de la escuela, se caracterizan por la acertada distribución de los personajes y la hondura de su expresionismo. Obras suyas son el retablo de San Antonio Abad y los de Ripoll, Tarrasa y la antigua capilla barcelonesa de Santa Águeda, además de otras tablas sueltas que se conservan en varios museos y colecciones.

Huhehot. Geog. C. de la R. P. China, cap. de la Región Autónoma de Mongolia Interior; 320.000 h. Antigua ciudad sagrada de Mongolia. Antiguamente se la llamó *Kuei-sui*.

Huí. Geog. Mun. de Méjico, est. de Yucatán; 3.807 h. || Pueblo cap. del mismo; 3.143 h.

Huici Lazcano (Serapio). Biog. Ingeniero de Caminos y escritor español, n. en Villava, Navarra, y m. en Madrid (1868-1953). Se debe a su iniciativa la fundación de importantes

La santa cena, por Jaime Huguet. Museo de Arte de Cataluña. Barcelona

empresas industriales que siguen sus orientaciones, y algunas de las cuales, como la Editorial Espasa-Calpe, presidió. Fue también vicepresidente de La Papelera Española. Realizó trabajos de investigación arqueológica, y entre sus obras se destacan: *Marfiles de San Millán de la Cogolla y esculturas de Santo Domingo de Silos*, y *El santuario de San Miguel de Excelsis (Navarra) y su retablo esmaltado*.

Huicungo. Geog. Dist. de Perú, depart. de San Martín, prov. de Mariscal Cáceres; 2.260 h. || Pueblo cap. del mismo; 1.365 h.

¡huich! o **¡huiche!** *Chile*. interj. usada para burlarse de uno, o para provocarle, excitándole la envidia o picándole el amor propio.

Huichapan. (Del azt. *huey*, grande, y *chiapan*, río de la chía.) **Geog.** Mun. de Méjico, est. de Hidalgo; 23.854 h. || C. cap. del mismo; 3.693 h.

huichí o **huichó.** expr. *Chile*. Voz para espantar a algunos animales.

Huichilobos. Mit. Nombre que daban los españoles al dios Huitzilopochtli.

huida. fr., *fuite*; it., *fuga*; i., *flight*; a., *Flucht*. f. Acción de huir. || Ensanche y holgura que se deja en mechinales y otros agujeros, para poder meter y sacar con facilidad maderos. || **Equit.** Acción y efecto de apartarse el caballo, súbita y violentamente, de la dirección en que lo lleva el jinete. || **a Egipto. Rel.** Viaje de Palestina a Egipto que efectuaron San José, la Virgen y el Niño Jesús, obedeciendo las órdenes del Altísimo, para burlar a los verdugos de Herodes.

huidero, ra. adj. Huidizo, fugaz. || m. Lugar adonde se huyen reses o piezas de caza. || **Min.** Trabajador que en las minas de azogue se ocupa en abrir huidas o agujeros en que se introducen y afirman los maderos para entibar la mina.

huidizo, za. adj. Que huye o es inclinado a huir.

huido, da. p. p. de **huir.** || adj. Dícese del que anda receloso o escondiéndose por temor de algo o de alguien.

Huidobro (Vicente). Biog. Poeta y escritor chileno, n. y m. en Santiago de Chile (1893-1948). Uno de los iniciadores del *creacionismo*, de gran originalidad y fuerza. De sus libros, *Mío Cid Campeador* es quizá el más original y vigoroso. Sus últimas publicaciones: *La próxima Altazoe* y *Cagliostro*, son novelas de fuerte impulso imaginativo. En otro género, el del subjetivismo lírico, dejó muchas y bien eslabonadas poesías.

huidor, ra. (Del lat. *fugĭtor, -ōris*.) adj. Que huye. Ú. t. c. s.

¡huifa! interj. de alegría usada en Chile.

huifala. (Voz quechua.) f. **Folk.** *Perú*. Danza indígena de carácter evocativo que es acompañada de gritos coreados.

huihuil. m. *Chile*. Persona andrajosa y harapienta. Ú. siempre con el art. *un*.

huila. adj. En Méjico, **prostituta.** || **tullido.**

Huila. Geog. Departamento meridional de Colombia; 19.900 km.² y 469.834 h. Cap., Neiva.

Huíla. Geog. Dist. de Angola; 188.830 km.² y 644.864 h. Cap., Sá da Bandeira.

huilense. adj. Natural de Huila, o perteneciente a este depart. de Colombia. Ú. t. c. s.

Huiliches. Geog. Depart. de Argentina, prov. de Neuquén; 4.012 km.² y 6.115 h. Cap., Junín de los Andes.

huiliento, ta. adj. *Chile*. Andrajoso, harapiento.

Huiloapan. Geog. Mun. de Méjico, est. de Veracruz-Llave; 2.877 h. Cap., Huiloapan de Cuauhtémoc. || **de Cuauhtémoc.** Villa de Méjico, est. de Veracruz-Llave, cap. del mun. de Huiloapan; 2.174 h.

huilota. (Del azt. *huilotl*.) f. **Zool.** guamica.

huilte. m. **Bot.** *Chile*. Tallo o troncho del cochayuyo, principalmente cuando está creciendo y antes de ramificarse. Es comestible.

Huida a Egipto, por F. García. Museo Lázaro Galdiano. Madrid

huillajhuma. (Voz quechua.) m. *Perú.* Nombre con que se designaba al sacerdote en la época incaica.

Huillapima. *Geog.* Local. de Argentina, prov. de Catamarca, depart. de Capayán; 902 h.

huille. m. *Bot. Chile.* Planta liliácea.

huillín. (Voz araucana.) m. *Zool. Chile.* Especie de nutria de unos 70 cm. de long., más 50 de cola, y de color pardo, que habita en la mitad meridional de Chile (*lutra próvocax*)

Huimanguillo. *Geog.* Mun. de Méjico, est. de Tabasco; 70.808 h. ‖ C. cap. del mismo; 7.075 h.

Huimbayoc. *Geog.* Dist. de Perú, depart. y prov. de San Martín; 1.466 h. ‖ Villa cap. del mismo; 475 h.

huimiento. m. ant. Acción de huir.

Huimilpan. *Geog.* Mun. de Méjico, est. de Querétaro de Arteaga; 14.237 h. ‖ Pueblo cap. del mismo; 1.712 h.

Huinca-Renancó. *Geog.* Mun. y villa de Argentina, prov. de Córdoba, depart. de General Roca; 6.181 h.

huincha. (Voz quechua.) f. *Chile.* Cinta de lana o de algodón. ‖ Cinta para medir distancias·cortas.

huinchada. f. *Chile.* Medida de 10, 20 ó 25 m., según los que tenga la huincha con que se mide.

huinchero. m. *Chile.* Peón o ayudante que maneja la huincha del agrimensor.

huingán. (Voz quechua.) m. *Bot. Chile.* Arbusto de la familia de las anacardiáceas y especie *duvana dependens*, de flores blancas y pequeñas en racimos axilares, y frutos negruzcos, de unos 4 mm. de diámetro.

huinko. (Voz quechua.) m. *Perú.* Corteza dura de ciertas calabazas de la región tropical que es utilizada para recoger agua.

huipil. (Del nahua *huipilli*.) m. *Guat.* y *Méj.* Camisa o túnica descotada, sin mangas y con vistosos bordados de colores, que utilizan las mujeres indias o mestizas.

Huique. *Geog.* Mun. y pobl. de Chile, prov. de Colchagua, depart. de Caupolicán; 3.900 h.

huiquilite. m. *Méj.* añil.

huiquilitl. m. *Bot. Guat.* Nombre indígena del añil.

huir. fr., *fuir*; it., *fuggire*; i., *to fly*; a., *fliehen*. (Del lat. vulg. *fugire*, por *fugĕre*.) intr. Apartarse deprisa, por miedo o por otro motivo, de personas, animales o cosas, para evitar un daño, disgusto o molestia. Ú. t. c. prnl. y raras veces como tr. ‖ Con voces que expresen idea de tiempo, transcurrir o pasar velozmente. ‖ fig. Alejarse velozmente una cosa. ‖ Apartarse de una cosa mala o perjudicial; evitarla. Ú. t. c. tr. ‖ **a huir, que azotan.** expr. fig. y fam. con que se avisa a uno que se aparte de un riesgo, o de la presencia de una persona que le incomoda.

huira. f. *Chile.* Corteza del maqui que, sola o torcida en forma de soga, sirve para atar.

Huiracocha. *Biog.* Emperador inca de Perú, de la primera mitad del s. XIV. El medio siglo que estuvo en el trono no lo pasó guerreando, contándose entre sus hazañas la conquista de Coquimbo, en la costa chilena.

Huiramba. *Geog.* Mun. de Méjico, est. de Michoacán de Ocampo; 3.989 h. ‖ Pueblo cap. del mismo; 1.588 h.

huiro. m. *Bot.* Nombre común a varias algas marinas muy abundantes en las costas de Chile. ‖ *Perú.* Caña del maíz.

huisache. m. *Guat.* Picapleitos o tinterillo. ‖ *Bot. Méj.* Nombre de una acacia.

huisquil. (Del nahua *huitztli*, espina, y *quilitl*, hierba.) m. *Bot. Guat.* Fruto del hisquilar; se usa como verdura en el cocido y su cáscara está llena de espinas blandas y cortas.

huisquilar. m. *Bot. Guat.* Planta trepadora espinosa, de la familia de las cucurbitáceas, cuyo fruto es el huisquil. ‖ Terreno plantado de huisquiles.

Huistán. (Voz azteca que significa *lugar de espinas*.) *Geog.* Mun. de Méjico, est. de Chiapas; 10.323 h. ‖ Pueblo cap. del mismo; 495 h.

huistora. f. *Zool. Hond.* tortuga.

Huitán. *Geog.* Mun. de Guatemala, depart. de Quezaltenango; 3.673 h. ‖ Pobl. cap. del mismo; 915 h.

Huité. *Geog.* Mun. de Guatemala, depart. de Zacapa; 3.939 h. ‖ Pobl. cap. del mismo; 1.447 h.

Huitiupan. *Geog.* Mun. de Méjico, est. de Chiapas; 10.940 h. ‖ Pueblo cap. del mismo; 1.200 h.

huitrín. m. *Chile.* Colgajo de choclos o mazorcas de maíz.

Huitzilac. *Geog.* Mun. de Méjico, est. de Morelos; 6.010 h. ‖ Pueblo cap. del mismo; 2.039 h.

Huitzilán. (Voz azteca que significa *lugar de colibríes*.) *Geog.* Pueblo de Méjico, est. de Puebla, cap. del mun. de Huitzilán de Serdán; 2.573 h. ‖ **de Serdán.** Mun. de Méjico, est. de Puebla; 6.995 h. Cap., Huitzilán.

Huitzilihuitl. (Del azt. *huitzitzilin*, colibrí.) *Biog.* Segundo rey de Méjico, hijo y sucesor de Acamapictli (1383-1409). Bajo su reinado comenzaron a usarse vestidos de algodón, y murió después de un reinado de veinte años.

Sacrificio a Huitzilopochtli, ilustración de un códice Nuttall. Biblioteca Nacional. Florencia

Huitzilopochtli. (Del azt. *huitzitzilin*, colibrí, y *opochtli*, siniestro; se intepreta también como colibrí del sur.) **Mit.** Dios principal de los aztecas del antiguo Méjico. Simbolizaba el sol y la guerra. Los españoles le llamaron Huichilobos. Era representado con un manto de plumas de colibrí. Se celebraban en su honor numerosas fiestas, la más importante era la del solsticio de invierno, momento en el que se sacrificaban víctimas humanas, especialmente prisioneros de guerra. Los sacerdotes abrían el pecho de las víctimas con un cuchillo de obsidiana y les arrancaban el corazón, que era el manjar favorito del dios.

Huitziltepec. *Geog.* Mun. de Méjico, est. de Puebla; 2.532 h. Cap., Santa Clara Huitziltepec.

Huitzuco. (Del azt. *huitzoco*, que sign. *lugar de espinas*.) *Geog.* Mun. de Méjico, est. de Guerrero; 28.498 h. Cap., Huitzuco de los Figueroa. Minas de mercurio. ‖ **de los Figueroa.** Pueblo de Méjico, est. de Guerrero, cap. del mun. de Huitzuco; 9.406 h.

Huixquilucan. (Del azteca *huitz*, espina; *quilitl*, verduras, y *yucan*, nacer.) *Geog.* Mun. de Méjico, est. de Méjico; 33.527 h. Cap., Huixquilucan de Degollado. ‖ **de Degollado.** Villa de Méjico, est. de Méjico, cap. del mun. de Huixquilucan; 3.395 h.

Huixtla. *Geog.* Mun. de Méjico, est. de Chiapas; 26.304 h. ‖ C. cap. del mismo; 15.737 h. Producción importante de plátanos.

Huizinga (Johan). *Biog.* Historiador holandés, n. en Groninga y m. en De Steeg (1872-1945). Fue catedrático en Groninga y Leyden. Revivió escrupulosamente la vida de las pasadas épocas, en las relaciones culturales y la historia del espíritu. Autor de: *Otoño de la Edad Media*, *Hombre y masa en Norteamérica*, *Erasmo*, *Homo Ludens*, etc.

Huizúcar. *Geog.* Mun. de El Salvador, depart. de La Libertad; 7.797 h. ‖ Pobl. cap. del mismo; 1.429 h.

hujier. m. ujier.

Hukui. *Geog.* Fukui.

Hukuntsi. *Geog.* C. de Botswana, cap. del dist. de Kgalagadi; 2.000 h.

Hukuoka. *Geog.* Fukuoka.

Hukushima. *Geog.* Fukushima.

hulado. m. *Hond.* Encerado, lienzo.

hulano, na. m. y f. desus. fulano.

hule. fr., *toile cirée*; it., *tela incerata*; i., *oilcloth*; a., *Wachstuch*. (Del azt. *ulli*.) m. Caucho o goma elástica. ‖ Tela pintada al óleo y barnizada, que por su impermeabilidad tiene muchos usos.

hulear. intr. *Hond.* Extraer hule de las plantas.

hulero. m. *Amer.* Trabajador que recoge el hule o goma elástica.

huloc. (Del i. *hoolock*, y éste, probablemente, de *hulluk*, voz indígena de Assam.) m. *Zool.* Una de las especies de gibones del gén. *hilóbates.*

Hull (Cordell). *Biog.* Abogado y hombre de Estado estadounidense, n. en Overton, Tennessee, y m. en Washington (1871-1955). Fue secretario de Estado (1933-44). Representó a EE. UU. en diversas conferencias panamericanas, fue uno de los principales propulsores de la unidad aliada en la S. G. M. y se le conoce con el sobrenombre de *padre de las Naciones Unidas*. En 1945 se le concedió el premio Nobel de la Paz. ‖, o **Kingston-upon-Hull.** *Geog.* C. del R. U. en Inglaterra, cap. del cond. de Humberside; 185.472 h. Puerto. Construcciones navales. Universidad fundada en 1927.

hulla. fr., *houille*; it., *carbone fossile*; i., *pit-coal*; a., *Steinkohle.* (Del fr. *houille*, y éste del germ. *skolla*.) f. *Geol.* y *Miner.* Carbón de piedra, negro, frágil, hojoso y brillante, con un 65-90 % de carbono, que se conglutina al arder y, calcinado en vasos cerrados, da coque. Es de mayor poder calorífico que el lignito. Se formó a expensas de las grandes masas vegetales que constituyeron los inmensos bos-

Pieza de hulla, procedente de Sama (Oviedo). Museo del Instituto Geológico y Minero de España. Madrid

ques carboníferos, de criptógamas vasculares principalmente, por procesos enzimático-microbianos que han eliminado la mayoría de los elementos químicos que acompañaban al carbono. Los yacimientos más extensos están en EE. UU., R. P. China, Siberia, R. U., Francia, Bélgica y Alemania. En España abunda la hulla en la cuenca asturleonesa. Su importancia industrial como fuente de energía es extraordinaria. Se obtienen además de ella, como productos derivados: colorantes, perfumes, curtientes, caucho, carburantes, resinas sintéticas, especialidades farmacéuticas, explosivos y abonos. || **azul.** fig. *Indus.* Dícese del mar utilizado como fuerza motriz, ya aprovechando las olas, ya la diferencia del nivel originada por las mareas. || **blanca.** fig. Dícese de la utilización de las aguas terrestres para producir energía eléctrica gracias a la presión obtenida con la caída de las mismas. || **grasa.** La que da por destilación gran cantidad de gases y líquidos. || **magra.** La que se utiliza directamente como combustible. || **verde.** fig. Se dice de las mareas capaces de ser transformadas en energía eléctrica.

hullero, ra. adj. Perteneciente o relativo a la hulla.

¡hum! interj. desus. **¡huf!**

huma. f. *Chile.* **humita.**

Humacao. Geog. Dist. de Puerto Rico; 394.038 h. Café, plátanos y azúcar de caña. || Mun. del anterior; 36.023 h. || C. cap. del dist. y mun. de su nombre; 12.411 h.

humada. (Del lat. *fumata*, t. f. de *-tus*, p. p. de *fumāre*, humear.) f. Hoguera de mucho humo, especialmente la que se hace para avisar.

Humada. Geog. Mun. de España, prov. y p. j. de Burgos; 965 h. || Lugar cap. del mismo; 164 h.

Humahuaca. Geog. Quebrada de Argentina, depart. de Humahuaca, en la que se han encontrado restos de una cultura indígena a la que se ha dado el nombre de *quebrada*. Estaba formada por agricultores que construían grandes terraplenes en las faldas de los cerros, roturaban las tierras con palas de madera dura y sembraban principalmente maíz y camotes, o cuidaban ganado. Realizaban en las grutas hermosas pictografías, conocían la metalurgia y fabricaban brazaletes, anillos, adornos de oro, vasos de barro cocido con decoraciones geométricas y aparatos para deformar el cráneo. || Depart. de Argentina, prov. de Jujuy; 3.792 km.² y 14.947 h. || Local. cap. del mismo; 2.918 h.

humaina. f. desus. Tela muy basta.

Humaitá. Geog. Mun. de Paraguay, depart. de Ñeembucú; 2.769 h. || Pobl. cap. del mismo; 942 h. Ruinas históricas.

humanal. adj. **humano.** || ant. fig. Compasivo, caritativo e inclinado a la piedad.

humanamente. adv. m. Con humanidad. || Se usa también para denotar la dificultad o imposibilidad de hacer o creer una cosa.

humanar. tr. Hacer a uno humano, familiar y afable. Ú. m. c. prnl. || prnl. **Rel.** Hacerse hombre. Dícese especialmente del Verbo divino.

Humanes. Geog. Mun. de España, prov. y p. j. de Guadalajara; 1.313 h. || Villa cap. del mismo; 1.141 h. (*humaneros*). || **de Madrid.** Mun. y villa de España, prov. y p. j. de Madrid; 1.183 h.

humanidad. fr., *humanité;* it., *umanità;* i., *humanity;* a., *Menschheit.* = fr., *humanité;* it., *umanità, benignità;* i., *humanity;* a., *Humanität, Menschlichkeit.* (Del latín *humanĭtas, -ātis.*) f. **naturaleza humana.** || Género humano. || Propensión a los halagos de la carne, dejándose fácilmente vencer de ella. || Fragilidad o flaqueza propia del hombre. || Sensibilidad,

compasión de las desgracias de nuestros semejantes. || Benignidad, mansedumbre, afabilidad. || fam. Corpulencia, gordura. || pl. **letras humanas.**

humanismo. (De *humano* e *-ismo.*) m. Cultivo y conocimiento de las letras humanas. || Doctrina de los humanistas del Renacimiento. || **Filos.** El humanismo como concepto filosófico es una posición de los problemas teóricos inversa de las antiguas formas del empirismo y del apriorismo. En vez de valorar el conocimiento en función de la realidad, lo hace por su utilidad o aplicaciones. La verdad y la falsedad dependen del fin a que se tiende; toda vida mental supone fines; pero como estos fines no pueden ser otros que los de nuestro ser, se infiere de esto que todo conocimiento está subordinado, en definitiva, a la naturaleza humana y a sus necesidades fundamentales. || **Lit.** El Renacimiento, al apartarse de las ideas dominantes en la Edad Media tratando de substituirlas por una concepción más humana del mundo, resucitó la afición al estudio de las literaturas clásicas griega y romana, presentando la vida de aquellos pueblos como un tipo ideal de humanidad en sus aspectos literario, político y social. El movimiento empezó en Italia en el s. XIV, y durante el XV y XVI se fue extendiendo por toda Europa, especialmente por Alemania, contribuyendo no poco a allanar el camino a la Reforma, aunque más tarde los protestantes se separaron de los humanistas, emprendiendo cada escuela distinto camino.

humanista. fr., *humaniste;* it., *umanista;* i., *humanist, grammarian;* a., *Humanist.* com. **Lit.** Persona instruida en letras humanas. || Estudiosos de los s. XV y XVI, que hicieron revivir las lenguas clásicas, hasta entonces cultivadas casi exclusivamente en los monasterios.

humanístico, ca. adj. Perteneciente o relativo al humanismo o a las humanidades.

humanitario, ria. (Del lat. *humanĭtas, -ātis*) adj. Que mira o se refiere al bien del género humano. || Benigno, caritativo, benéfico.

humanitarismo. (De *humanitario.*) m. **humanidad,** compasión de las desgracias ajenas.

humanizar. tr. Hacer a uno o algo humano, familiar y afable. || prnl. ablandarse, desenojarse, hacerse benigno.

humano, na. fr., *humain;* it., *umano;* i., *human;* a., *menschlich.* (Del lat. *humānus.*) adj. Perteneciente al hombre o propio de él. || fig. Aplícase a la persona que se compadece de las desgracias de sus semejantes.

humante. p. a. de **humar.** Que huma.

humar. (Del lat. *fumāre*, humear.) tr. p. us. Echar humo.

humarada. (De *humo.*) f. **humareda.**

humarazo. m. **humazo.**

humareda. fr., *fumée;* it., *fumarata;* i., *smoke;* a., *Rauchwolke.* f. Abundancia de humo.

Humay. Geog. Dist. de Perú, depart. de Ica, prov. de Nazca; 4.288 h. || Pueblo cap. del mismo; 424 h.

Humaya. Geog. Mun. de Honduras, depart. de Comayagua; 581 h. || Pobl. cap. del mismo; 267 h.

humaza. f. **humazo.**

humazga. (De *humo,* hogar.) f. Tributo que se pagaba a algunos señores territoriales por cada hogar o chimenea.

humazo. m. Humo denso, espeso y copioso. || Humo de lana o papel encendido que se aplica a las narices o a la boca por remedio, y algunas veces por chasco. || Humo que se hace entrar en el cubil o las madrigueras, para hacer salir a las alimañas. || **Mar.** Mezcla de azufre y guindilla que se utilizaba para matar las ratas e insectos de los buques mediante su combustión.

Humberside. Geog. Cond. del R. U., en Inglaterra; 3.512 km.² y 848.200 h. Cap., Hull. Constituye una de las mejores regiones agrícolas del país, con una gran producción de remolacha azucarera. Industria naval y pesquera.

Humberto I (Manuel Juan María Fernando Eugenio de Saboya). Biog. Rey de Italia, n. en Turín y m. en Monza (1844-1900). Hijo de Víctor Manuel, a quien sucedió a su muerte, en 1878. Trabajó por el engrandecimiento de su país y se alió con Austria y Ale-

Asesinato de Humberto I de Italia, grabado de la época

mania, formando la Triple Alianza. Murió asesinado, sucediéndole su hijo Víctor Manuel III. || **II de Saboya.** Ex rey de Italia, n. en Nápoles en 1904. Hijo de Víctor Manuel III, fue lugarteniente del reino después de la derrota de Italia en la S. G. M., a partir del 5 de junio de 1944, y rey por abdicación de su padre, el 9 de mayo de 1946. A consecuencia del referéndum celebrado el 2 de junio del mismo año, en que el pueblo italiano se pronunció por la república, abandonó el país. || **Primero.** Geog. Local. de Argentina, prov. de Santa Fe, depart. de Castellanos; 3.903 h.

Humboldt, barón de Humboldt (Friedrich Heinrich Alexander). Biog. Geógrafo, naturalista y diplomático alemán, n. y m. en

Friedrich Heinrich Alexander Humboldt. Wellcome Museum of Medical Sciencie. Londres

Berlín (1769-1859). Llegó a tierra americana en 1799, junto con Bonpland, y emprendió la exploración del litoral septentrional de América meridional y el terr. del Orinoco. Luego visitó Colombia, Ecuador, Perú y Chile. En 1803 inició sus exploraciones en terr. mejicano. Estudió la fauna, flora, geología y arqueología de todas estas regiones; investigó las variaciones de la intensidad magnética y descubrió la llamada *corriente de Humboldt* en la costa occidental de Sudamérica. Entre sus obras destacan: *Viajes de las regiones equinocciales del nuevo continente* (1807), *Consideraciones sobre la naturaleza* (1808), *Visión de las cordilleras y monumentos de los pueblos indígenas de América* (1810), y principalmente su monumental *Kosmos*, síntesis de todos los conocimientos de la época en ciencias naturales. || **, barón de Humboldt** (Karl Wilhelm). Crítico y filólogo alemán, n. en Potsdam y m. en Tegel (1767-1835). Se le considera, en unión del español Lorenzo Hervás y Panduro, como el fundador de la filología comparada. Entre sus obras se citan: *Examen de las investigaciones sobre los primeros habitantes de España* y *Carta sobre la lengua china*. || **Geog.** Bahía de la costa occidental de EE. UU., que se abre en el océano Pacífico. || Local. de Argentina, prov. de Santa Fe, depart. de Las Colonias; 1.569 h.

Hume (David). **Biog.** Filósofo e historiador inglés, n. y m. en Edimburgo (1711-1776). Completó, a través de Berkeley, el desarrollo de la doctrina de Locke. En su pensamiento, esta línea llegó al escepticismo total. Reduciendo todo a simples fenómenos subjetivos, sostuvo que no sabemos nada sobre lo que les corresponde en la realidad; con ello abrió camino al criticismo kantiano. Su escepticismo alcanzó al mismo principio de causalidad; la relación de causas y efectos no era para él sino el simple encadenamiento de los fenómenos que nos atestigua la conciencia. Siendo, por otra parte, nuestras percepciones la única realidad cierta, no es preciso siquiera recurrir a un «yo» en que tales percepciones converjan. Nuestro conocimiento, por tanto, se reduce, según su doctrina, a las percepciones y sus relaciones entre sí. Se considera su obra fundamental *Ensayo sobre el entendimiento humano* (1748). Es autor también de una *Historia de Inglaterra* (1754). || **Geog.** Local. de Argentina, prov. de Santa Fe, depart. de Rosario; 500 h.

humeante. p. a. de **humear.** Que humea.
humear. fr., *fumer;* it., *fumare;* i., *to emit smoke;* a., *rauchen.* (De *humo.*) intr. Exhalar, arrojar y echar humo. Ú. t. c. prnl. || Arrojar una cosa vaho o vapor que se parece al humo. || fig. Quedar reliquias de un alboroto, riña o enemistad que hubo en otro tiempo. || fig. Altivecerse, entonarse, presumir. || tr. *Amér.* **fumigar.**
humectación. (Del lat. *humectatĭo, -ōnis.*) f. Acción y efecto de humedecer.
humectante. p. a. de **humectar.** Que humecta. || adj. **Quím.** y **Tecnología.** Dícese de la substancia que actúa como estabilizante de la humedad, o que facilita la penetración del agua en el interior de otras materias.
humectar. (Del lat. *humectāre.*) tr. Producir o dar humedad.
humectativo, va. (De *humectar.*) adj. Que causa y engendra humedad.
humedad. fr., *humidité;* it., *umidità;* i., *humidity;* a., *Feuchtigkeit.* (Del lat. *humidĭtas, -ātis.*) f. Calidad de húmedo. || Agua de que está impregnado un cuerpo o que, vaporizada, se mezcla con el aire. || **absoluta.** *Meteor.* Cantidad de vapor de agua contenida en 1 m.³ de aire. || **relativa.** Cantidad de vapor de agua presente en el aire en relación con la cantidad que existiría en el mismo volumen de aire sa-

turado de vapor de agua a la misma temperatura.
humedal. m. Terreno húmedo.
humedar. (De *húmedo.*) tr. ant. Dar humedad, mojar.
humedecer. (De *húmedo.*) tr. Producir o causar humedad en una cosa, mojarla. Ú. t. c. prnl.
húmedo, da. fr., *humide;* it., *umido;* i., *humid;* a., *feucht.* (Del lat. *humĭdus.*) adj. Ácueo o que participa de la naturaleza del agua. || Ligeramente impregnado de agua o de otro líquido. || **radical.** *Med.* Entre los antiguos, humor linfático, dulce, sutil y balsámico, que se suponía dar a las fibras del cuerpo flexibilidad y elasticidad.
humeón. m. **Bot.** Mata de la familia de las compuestas, especie de siempreviva.
humera. (De *humo.*) f. fam. **embriaguez, borrachera.** Pronúnciase aspirando la h.
humeral. fr., *huméral;* it., *omerale;* i., *humeral;* a., *zur Schulter gehörig, humerale.* (Del lat. *humerāle.*) adj. **Anat.** Perteneciente o relativo al húmero. || m. *Litur.* Paño blanco que se pone sobre los hombros el sacerdote, y en cuyos extremos envuelve ambas manos para coger la custodia o el copón en que va el Santísimo Sacramento y trasladarlos de una parte a otra, o para manifestarlos a la adoración de los fieles.
humero. (Del lat. *fumarĭum.*) m. Cañón de chimenea, por donde sale el humo. || **homero.** || *Chile.* Sínopa de **humitero.** || *Sal.* Habitación en que se ahúma la matanza para que se cure o sazone.
húmero. (Del lat. *humĕrus.*) m. **Anat.** Hueso del brazo, que se articula por la cabeza o epífisis superior con la cavidad glenoidea del omóplato y con el cúbito y el radio por la epífisis inferior.
humidad. f. desus. **humedad.**
húmido, da. adj. poét. **húmedo.**
humiento, ta. (De *humo.*) adj. ant. Ahumado, tiznado. Ú. en Salamanca.
humífero, ra. (Del lat. *humus,* mantillo, y *-fero.*) adj. **Agr.** y **Biol.** Dícese de las tierras ricas en humus.
humificación. (Del lat. *humus,* mantillo, y *facĕre,* hacer.) f. **Quím.** Transformación en humus de las materias orgánicas.
humigar. (Del lat. *fumigāre.*) tr. ant. **fumigar.**
humil o **húmil.** (Del lat. *humĭlis.*) adj. ant. **humilde.**
humildad. fr., *humilité;* it., *umiltà;* i., *humility, lowliness;* a., *Demut.* (Del lat. *humilĭtas, -ātis.*) f. Virtud cristiana que consiste en el conocimiento de nuestra bajeza y miseria y en obrar conforme a él. || Bajeza de nacimiento o de otra cualquier especie. || Sumisión, rendimiento. || **de garabato.** fig. y fam. *Léx.* La falsa y afectada.
humildanza. f. ant. Humildad como virtud cristiana.
humilde. (Del lat. *humĭlis,* con infl. de *humildad.*) adj. Que tiene o ejercita humildad. || fig. Bajo y de poca altura. || fig. Que carece de nobleza.
humildemente. adv. m. Con humildad.
humildosamente. adv. m. ant. **humildemente.**
humildoso, sa. adj. ant. **humilde.**
humiliación. f. ant. **humillación.**
humiliar. tr. ant. **humillar.**
humílimo. adj. superl. ant. de **húmil.**
humilmente o **húmilmente.** adv. m. ant. **humildemente.**
humillación. fr., *humiliation, abaissement;* it., *umiliazione, abbassamento;* i., *humiliation;* a., *Demütigung, Erniedrigung.* (Del lat. *humiliatĭo, -ōnis.*) f. Acción y efecto de humillar o humillarse.

humilladamente. adv. m. ant. **humildemente.**
humilladero. (De *humillar.*) m. Lugar devoto que suele haber a las entradas o salidas de los pueblos y junto a los caminos, con una cruz o imagen.

Humilladero, a la entrada de El Escorial

Humilladero. Geog. Mun. de España, prov. de Málaga, p. j. de Antequera; 2.263 h. || Lugar cap. del mismo; 2.104 h.
humillador, ra. adj. Que humilla. Ú. t. c. s.
humillamiento. (De *humillar.*) m. ant. **humillación.**
humillante. p. a. de **humillar.** Que humilla. || adj. Degradante, depresivo.
humillar. fr., *humilier, déprimer;* it., *umiliare;* i., *to humble;* a., *demütigen.* (Del lat. *humiliāre.*) tr. Postrar, bajar, inclinar una parte del cuerpo, como la cabeza o rodilla, en señal de sumisión y acatamiento. || fig. Abatir el orgullo y altivez de uno. || prnl. Hacer actos de humildad. || ant. Arrodillarse o hacer adoración.
humillo. fr., *vanité, présomption;* it., *boria;* i., *petty;* a., *Stolz, Dünkel.* (dim. de *humo.*) m. fig. Vanidad, presunción y altanería. Ú. m. en pl. || **Veter.** Enfermedad que suele dar a los cochinos pequeños cuando no es de buena calidad la leche de sus madres.
humilloso, sa. adj. ant. **humilde.**
humita. (Voz quechua.) f. *Arg., Chile* y *Perú.* Pasta compuesta de maíz tierno rallado, mezclado con ají y otros condimentos que, dividida en partes y envueltas cada una de éstas en sendas pancas u hojas de mazorca, se cuece en agua y luego se tuesta al rescoldo. || **Coc.** Cierto guisado hecho con maíz tierno.
humitero, ra. m. y f. *Arg., Chile* y *Perú.* Persona que hace y vende humitas, pastas.

Johann Nepomuk Hummel

Hummel (Johann Nepomuk). **Biog.** Pianista y compositor alemán, n. en Presburgo y m. en Weimar (1778-1837). Autor de numerosas obras, entre ellas óperas, sonatas, cantatas, etc. También escribió un *Método teórico y práctico de piano,* exponiendo un sistema racional de digitación.

humo. fr., *fumée, vapeur;* it., *fumo;* i., *smoke;* a., *Rauch.* (Del lat. *fumus.*) m. Producto que en forma gaseosa se desprende de una combustión incompleta, y se compone principalmente de vapor de agua y ácido carbónico que llevan consigo carbón en polvo muy tenue. || Vapor que exhala cualquier cosa que fermenta. || En la guerra, tanto en el mar como en tierra, se utilizan aparatos especiales productores de humo para ocultar al enemigo los movimientos de las propias tropas, o para el enmascaramiento, apareciendo a los aviadores el humo como nubes que impiden bombardear eficazmente los objetivos. El humo, generalmente, no proviene de la combustión de ninguna substancia, sino que se trata de dispersiones coloidales en el aire. Por el contrario, en la marina se procede al enmascaramiento mediante el humo de las calderas, cerrando parcialmente las entradas de aire, con lo cual el humo que sale es negro y espeso, formando nubes bajas que ocultan al enemigo los movimientos de las naves. Generalmente, los destructores se encargan de esta misión, protegiendo así a las embarcaciones mayores. || pl. Hogares o casas. || fig. Vanidad, presunción, altivez. || **a humo de pajas.** m. adv. fig. y fam. En frases negativas dícese para indicar que no se dice o hace algo vanamente, sino con su fin y provecho. || **la del humo.** loc. fam. **la ida del humo.**

Humocaro Alto. Geog. Mun. de Venezuela, est. de Lara, dist. de Morán; 7.012 h. || Pobl. cap. del mismo; 955 h. || **Bajo.** Mun. de Venezuela, est. de Lara, dist. de Morás; 7.550 h. || Pobl. cap. del mismo; 2.838 h.

humor. fr., *humeur;* it., *umore;* i., *humour;* a., *Flüssigkeit.* (Del lat. *humor, -ōris.*) m. **humorismo,** manera de enjuiciar. || fig. Genio, índole, condición, especialmente cuando se da a entender con una demostración exterior. || fig. Jovialidad, agudeza. || fig. Buena disposición en que uno se halla para hacer una cosa. || Anat., Fisiol. y Zool. Cualquiera de los líquidos del cuerpo animal. || Cada uno de los cuatro líquidos: *sangre, flema, bilis negra y bilis amarilla,* que según la doctrina hipocrática, formaban el cuerpo humano. || **(buen).** Léx. Propensión más o menos duradera a mostrarse alegre y complaciente. || **(mal).** Aversión habitual o accidental a todo acto de alegría, y aun de urbanidad y atención. || **ácueo** o **acuoso.** Anat. Líquido que en el globo del ojo de los vertebrados y cefalópodos se halla delante del cristalino. || **negro.** Léx. Humorismo que se ejerce a propósito de cosas que suscitarían, contempladas desde otra perspectiva, piedad, terror, lástima y emociones parecidas. || **pecante.** Med. El que se suponía teóricamente que predominaba en cada enfermedad. || **vítreo.** Anat. Masa de aspecto gelatinoso que en el globo del ojo de los vertebrados y cefalópodos se encuentra detrás del cristalino.

humoracho. m. desp. de **humor.**

humorada. fr., *fantaisie, caprice;* it., *facezia;* i., *graceful, sprightliness;* a., *Spass.* (De humor, jovialidad.) f. Dicho o hecho festivo, caprichoso o extravagante. || Lit. Breve composición poética, de aspecto paremiológico, que encierra una advertencia moral o un pensamiento filosófico, en la forma cómico-sentimental propia del humorismo. Tanto el género como su denominación fueron introducidos por el poeta Ramón de Campoamor (1819-1901).

humorado, da. adj. Que tiene humores. Ú. comúnmente con los adverbios *bien* y *mal.*

humoral. adj. Perteneciente a los humores.

humoralismo. m. Doctrina médica según la cual la alteración orgánica fundamental de la enfermedad consiste en un desorden de los humores.

humoralista. adj. Que sigue la doctrina del humoralismo. Ú. t. c. s. || m. y f. Perteneciente o relativo al humoralismo.

humorismo. fr., *humorisme;* it., *umorismo;* i., *humorism;* a., *Humorismus.* (De humor e -ismo.) m. Manera de enjuiciar, afrontar y comentar las situaciones con cierto distanciamiento ingenioso, burlón y, aunque sea en apariencia, ligero. Linda a veces con la comicidad, la mordacidad y la ironía, sin que se confunda con ellas; y puede manifestarse en todas las formas de comunicación y de expresión. || ant. **humoralismo.**

humorista. (De *humor.*) adj. Dícese del que se expresa o manifiesta con humorismo. || Dícese de quien en sus obras (literarias o plásticas) o en sus actuaciones en espectáculos públicos cultiva el humorismo. Ú. t. c. s. || **humoralista.**

humorísticamente. adv. De manera humorística.

humorístico, ca. adj. Perteneciente o relativo al humorismo de la expresión o del estilo literario.

humorosidad. (De *humoroso.*) f. Abundancia de humores.

humoroso, sa. (Del lat. *humorōsus.*) adj. Que tiene humor.

humosidad. f. **fumosidad.**

humoso, sa. (Del lat. *fumōsus.*) adj. Que echa de sí humo. || Dícese del lugar o sitio que contiene humo o donde el humo se esparce. || fig. Que exhala o despide de sí algún vapor.

humour. (Voz inglesa, que sign. *humor;* pronúnc. *jiumour.*) m. Lit. Forma del ingenio, original y casi exclusiva de los ingleses, que caracteriza a muchas de las obras de éstos. A veces es una alegría seria y flemática, una burla llena de amargura, y otras veces una melancolía que se convierte en irónica sonrisa.

Humperdinck (Engelbert). Biog. Compositor alemán, n. en Siegburg y m. en Neustrelitz (1854-1921). Ayudó a Wagner en la preparación del *Parsifal* en Bayreuth. Fue director de la Meisterschule de Berlín. Humperdinck, con su ópera *Hänsel und Gretel* (1893), escaló rápidamente la cumbre de la gloria.

humus. (Del lat. *humus.*) m. Agr. Mantillo o capa superior del suelo rico en residuos orgánicos.

Hunab-Ku. Mit. Dios creador del universo según la tradición de los mayas centroamericanos de época precolombina.

Hunan. Geog. Prov. de la R. P. China, en la región Centromeridional; 210.600 km.^{2} y 38.000.000 de h. Cap., Changsha.

hunco. m. *Bol.* y *Perú.* Manta indígena tejida y decorada con motivos típicos para el uso de las mujeres. || Poncho de lana sin flecos.

hundible. adj. Que puede hundirse.

hundición. f. ant. Acción y efecto de hundir o hundirse.

hundidor. m. ant. **fundidor.**

hundimiento. fr., *effondrement, écroulement;* it., *sprofondamento, subissamento;* i., *downfall;* a., *Sturz, Versenken.* m. Acción y efecto de hundir o hundirse.

hundir. fr., *enfoncer, écrouler;* it., *affondare, subissare;* i., *to sink;* a., *versenken, zerstören.* (Del lat. *fundĕre.*) tr. Sumir, meter en lo hondo. || ant. **fundir.** || fig. Abrumar, oprimir, abatir. || fig. Confundir a uno, vencerle con razones. || fig. Destruir, consumir, arruinar. || prnl. Arruinarse un edificio, sumergirse una cosa. || fig. Haber disensiones y alborotos o bulla en alguna parte. || fig. y fam. Esconderse y desaparecerse una cosa, de forma que no se sepa dónde está ni se pueda dar con ella.

Hunedoara. Geog. Dist. de Rumania; 7.016 km.^{2} y 509.875 h. Cap., Deva. || C. de Rumania, en el dist. de su nombre; 77.989 habitantes.

Huneeus Gana (Antonio). Biog. Jurisconsulto y político chileno, n. en Santiago (1870-1951). Fue profesor de la Universidad de Chile, ministro de Justicia y de Relaciones Exteriores y presidente de la delegación chilena en la Liga de las Naciones. || **(Roberto).** Literato y político chileno, n. en Santiago (1867-1929). Fue profesor de Derecho constitucional en la Universidad de Chile, capitán del ejército revolucionario, subsecretario de Hacienda y Guerra y fiscal de los Tribunales militares. Es autor de: *La Calumnia* y *La política de abstención y el silencio.*

hungarina. (De *húngaro,* por haber venido de Hungría.) f. ant. Hongarina, anguarina, capote rústico para tiempo de aguas.

húngaro, ra. fr., *hongrois;* it., *ungherese;* i., *hungarian;* a., *Ungar.* adj. Natural de Hungría, o perteneciente a este país de Europa. Ú. t. c. s. || m. Ling. Lengua del grupo fino-ugrio de la familia lingüística urálica hablada en Hungría. Los primeros documentos escritos se remontan al año 1000 y están escritos en caracteres latinos. || **a la húngara.** m. adv. Al uso de Hungría.

Hungnam. Geog. C. de la R. D. P. de Corea, prov. de Hamgyong Meridional; 143.600 habitantes. Puerto en la des. del río Tongsongchon. Industria química y textil.

Hunedoara. Vista del castillo

Hungría

Hungría. Geog. Estado republicano del centro de Europa. Nombre oficial: *Magyarország*.

Generalidades. Está sit. entre los 45° y 48° 30' de lat. N. y los 16° 12' y 22° 30' de long. E. de Greenwich. Limita al N. con Checoslovaquia, al NE. con la U. R. S. S., al E. con Rumania, al S. con Yugoslavia y al O. con Austria. Superf., 93.032 km.²; pobl. absoluta, 10.324.700 h. (10.735.500 calculados en 1979); pobl. relativa, 110,9 h. por km.² Cap., Budapest (2.023.200 h.).

Geografía física. Hungría es una llanura (Pozony, 132 m. s. n. m.) que se ampara en la concavidad del arco de los Cárpatos. Esta llanura está dividida en dos cuencas escalonadas por la selva de Bakony (713 m.) y los montes de Matra (1.009 m.): a un lado, la Alta Hungría, y al otro, la Baja Hungría, región árida de *puszta* o estepa. El país está atravesado por el Danubio y sus afluentes más importantes son el Tisza, río húngaro por excelencia, y el Drava, que hace de frontera con Yugoslavia. Son corrientes lentas y perezosas, de retorcidos meandros y extensas zonas de inundación. El clima húngaro es el típico de las depresiones en la Europa centrocontinental, es decir, extremado. Los veranos son cálidos y los inviernos, rigurosos.

Geografía económica. La superficie dedicada a la agricultura es de 5.128.000 hect. (55,1 % de la superf. total). Los principales cultivos son los cereales, cuya producción en 1976, fue: trigo, 5.138.000 toneladas; centeno, 156.000; cebada, 746.000; avena, 860.000; arroz, 40.000; mijo, 11.000; patata, 1.340.000; etc. Entre los cultivos industriales destacan la viticultura, 780.000 ton. de uva y 4.800.000 hl. de vino; la remolacha, 3.925.000 ton.; el girasol, la soja, etc. La superf. forestal ocupa el 16,6 % del total, con una producción de 5.488.000 m.³ de madera. La cabaña ganadera es de: bovino, 1.904.000 cabezas; porcino, 6.954.000; ovino, 2.039.000; etc. El sector pesquero es de poca importancia; 31.855 ton. El subsuelo húngaro es rico en bauxita, de la que se estrajeron 2.952.000 ton. en 1977. En el sector sudoccidental se extrae petróleo, 2.196.000 ton. Abunda el lignito, 22.524.000 ton., y en los alrededores de Pécs, el carbón fósil, 2.928.000 ton., y el uranio. Cerca de Rudabanya, en el N. está el yacimiento de hierro más importante, 125.856 ton. El sector industrial ha experimentado un notable aumento en las dos últimas décadas, principalmente el sector químico, con un importante complejo para la producción de abonos en Leninváros, y el siderúrgico, enclavado en Dunaújváros Diósgyör y Ozd: 2.292.000 ton. de hierro y ferroaleaciones y 3.722.000 de acero (1977). La producción de aluminio a la que sólo se dedica el 50 % de la bauxita extraída, fue de 71.280 ton.; y el de producción de maquinaria, ubicado en los alrededores de Budapest. La producción de energía eléctrica es de 20.465 millones de kwh. La red de carreteras tiene una longitud de 29.895 km., y la de ferrocarriles, 13.669. Las transacciones comerciales húngaras se llevan a cabo principalmente con los **países del COMECON** y la **R. F. A.** Las importaciones son principalmente materias primas y las exportaciones: maquinaria y vehículos, productos químicos, frutas y vegetales, carne, hierro, etc. El valor de las transacciones internacionales en millones de florines fue el siguiente:

Años	Importación	Exportación
1976	230.056	204.834
1977	267.309	238.590

La unidad monetaria es el florín húngaro, cuyo valor, en septiembre de 1977, era de 40,68 florines por dólar.

Geografía política. El 92,9 % de los habitantes de Hungría son magiares, de raza mongólica; la lengua nacional es el húngaro, que cuenta con gran número de dialectos; en cuanto a la religión, predominan los católicos de rito latino (6.500.000), y los reformistas (2.000.000). La escolaridad es obligatoria de los 6 a los 14 años.

Gobierno. República Popular, basada en la Constitución de 1949. La Asamblea Nacional consta de 338 diputados, que eligen un Presidium de 22 miembros, que ejerce las funciones legislativas en el período comprendido entre las sesiones de la Asamblea. El poder ejecutivo es ejercido por el Consejo de Ministros.

División territorial. A continuación se inserta el cuadro de la división administrativa:

Nombres	Superficie Km.²	Población Habitantes	Capitales y su población
Condados			
Bács-Kiskun	8.362	565.600	Kecskemét (77.000 h.)
Baranya	4.388	273.000	Pécs (152.400).
Békés	5.669	436.200	Békéscsaba (55.000).
Borsod-Abaúj-Zemplén	7.024	593.200	Miskolc (185.000).
Csongrád	4.149	320.500	Szeged (125.800).
Fejér	4.374	394.100	Székesfehérvár (72.000).
Györ-Sopron	3.837	300.300	Györ (106.500).
Hajdú-Bihar	5.766	359.600	Debrecen (166.300).
Heves	3.638	339.200	Eger (45.000).
Komárom	2.249	305.800	Tatabánya (65.00).
Nógrád	2.544	233.500	Salgótarján (37.000).
Pest	6.394	887.800	Budapest (2.023.200).
Somogy	6.082	359.600	Kaposvár (54.000).
Szabolcs-Szatmár	5.936	564.700	Nyíregyháza (71.000).
Szolnok	5.571	434.800	Szolnok (61.000).
Tolna	3.609	253.300	Szekszárd (24.000).
Vas	3.340	277.800	Szombathely (65.000).
Veszprém	5.187	406.100	Veszprém (35.000).
Zala	3.285	260.400	Zalaegerszeg (39.000).
Distritos urbanos			
Budapest (capital)	525	2.023.200	—
Debrecen	446	166.300	—
Györ	175	106.500	—
Miskolc	224	185.000	—
Pécs	145	152.400	—
Szeged	113	125.800	—
Totales	93.032	10.324.700	

Historia. Los magiares llegaron de Asia en el s. IX, atravesando los Cárpatos. Pueblos nómadas, bárbaros y dados al pillaje, fueron rechazados de Alemania en el s. X por los príncipes sajones. Convertidos al cristianismo por los esfuerzos de su rey Esteban, prestaron grandes servicios a los pueblos católicos de Europa, deteniendo en el s. XV la invasión de los turcos. Solimán II los venció en la batalla de Mohacs (1526), y los húngaros fueron sometidos a los príncipes alemanes de la casa de Austria. Desde entonces no cesaron de reclamar el reconocimiento de su nacionalidad, y el resultado fue que Hungría, con Transilvania y Croacia-Eslavonia, tuvo su administración distinta y su Dieta, que se reunía en Budapest. En octubre de 1918 estalló una revolución con objeto de implantar la República en Hungría. El 13 de noviembre, el rey Carlos abdicó la corona, y el 16 de noviembre se proclamó la «República del Pueblo Húngaro», de la que el conde Mihály Karoly fue nombrado presidente provisional. Fueron abolidas las dos Cámaras, y en su lugar se nombró un Consejo nacional provisional. El Gobierno de Karoly duró hasta el 22 de marzo de 1919, fecha en que tomó el poder Bela Kun, que proclamó la dictadura del proletariado. No obstante, pronto se constituyó un Gobierno de oposición, que, con ayuda del ejército rumano, derrocó al Gobierno de Bela Kun (7 de agosto de 1919). En enero y febrero de 1920 hubo elecciones sobre la base del sufragio universal, y como consecuencia de ellas volvió al poder un bloque compuesto de partidos de la derecha. El nuevo Parlamento consideró el período revolucionario de 1918 y 1919 como no existente *de jure* y resolvió que continuase la antigua Constitución monárquica de Hungría, considerándose la nación como una monarquía con el trono vacante, ejerciendo las funciones reales el regente, y decidiéndose que la cuestión dinástica sería resuelta en el futuro. El 4 de junio de 1920 se firmó en París el llamado Tratado del Trianón. De 326.000 km.², Hungría quedaba reducida a 93.073. Al producirse el desmembramiento de Chescoslovaquia, Hungría ocupó una parte de Eslovaquia y la Rusia subcarpática, con un total de 23.986 km.² y alrededor de 1.728.000 h. (marzo de 1939). El 24 de febrero del año 1939, Hungría se unió al Pacto Anticomintern, y el 20 de noviembre de 1940 proclamó su adhesión al grupo formado por Alemania, Italia y Japón. La Conferencia de Viena de 1940 entregó a Hungría alrededor de la mitad del territorio de la Transilvania, que había perdido por el Tratado del Trianón. Declaró la guerra a la U. R. S. S. el 27 de junio de 1941 y a EE. UU. y al R. U. el 13 de diciembre del mismo año. En agosto de 1944, el general Lakatos organizó un nuevo Gobierno, el cual se propuso seguir la lucha con las potencias del Eje. En el ínterin, Transilvania fue invadida por las tropas rusorrumanas, que avanzaban sobre Budapest, a las órdenes de los mariscales Tolbukhin y Malinovsky. En octubre, Szalasi, de filiación nacionalista, se hizo cargo del poder y el regente Horthy fue destituido. En Debrecen se constituyó un Gobierno provisional —que procuró apartar a Hungría de la órbita del Eje (enero de 1945)—, el cual, poco después, declaró la guerra al Reich. Más adelante, Hungría firmó un armisticio con las Naciones Unidas, por el cual se comprometía a ceder la parte septentrional de Transilvania a Rumania y los territorios tomados a Chescoslovaquia y Yugoslavia. Terminada la S. G. M., el 24 de

Budapest. Palacio del Gobierno

huno–huracán

Budapest. Monumento ecuestre al rey Esteban V

enero de 1946 se proclamó la República Húngara, de la que fue nombrado presidente el doctor Zoltán Tildy. En 1947 firmó Hungría, por el Tratado de París, la paz con las Naciones Unidas. Se adhirió al Pacto de Varsovia (14 de enero de 1955) e ingresó en la O. N. U. el 14 de diciembre. El 23 de octubre de 1956 estalló una revolución antistalinista y el recientemente formado Gobierno de coalición de Imre Nagy (1 de noviembre) denunció el Pacto de Varsovia y pidió la protección de la O. N. U. para mantener su neutralidad. Janos Kadar, uno de los ministros de Nagy, formó un contragobierno y solicitó el apoyo de la U. R. S. S. Las tropas soviéticas aplastaron la rebelión. Después del fracaso de la revolución, Hungría quedó aún más ligada que antes al bloque comunista. La comisión de la O. N. U. para la investigación de los sucesos del año 1956 fue disuelta y el pleito se dio por concluso en enero de 1963. El Gobierno húngaro concedió una amplia amnistía, incluso para personas condenadas después del alzamiento de 1956, y anunció que se pondría fin a la política de oposición a la Iglesia católica (21 de marzo). Las elecciones de 1971, que confirmaron en sus puestos a los principales dirigentes, fueron las primeras celebradas bajo una ley de democratización del sistema electoral, ya que se permitió presentar candidatos frente a los oficiales del Frente Popular Patriótico. En los últimos tiempos continúan los intentos húngaros para soltar algunas de las amarras que unen al país con la U. R. S. S., sobre todo en el plano económico, buscando la posibilidad de relaciones directas con el Mercado Común y los países occidentales en general. En febrero de 1974, la decisión de Pablo VI de relevar al cardenal Mindszenty (v.) de las responsabilidades como arzobispo de la archidiócesis de Esztergom y como primado de Hungría, puso fin a un amplio período de tirantez, existente desde 1949. Jenő Fock, presidente del Gobierno desde 1967, fue substituido por György Lázár en 1975. Las relaciones diplomáticas con España, abiertas a nivel consular desde 1969, fueron establecidas plenamente el 9 de febrero de 1977.

huno, na. (Del lat. *hunni*.) adj. **Etnog.** Dícese de un pueblo mongol o turcotártaro, de lengua altaica, famoso por su ferocidad, que a finales de la Edad Antigua y a comienzos de la Edad Media se extendió en sucesivas oleadas por toda Europa y gran parte de Asia. Venció a los alanos, pasó con ellos el Don, trastornó el imperio godo de Hermanrico, y en hordas numerosas ocupó el territorio que se extiende desde el Volga hasta el Danubio. En la primera mitad del s. V, su caudillo fue el poderoso guerrero Atila, que condujo victoriosas sus huestes a través de la Europa central, pero fue derrotado en la batalla de Châlons o de los Campos Cataláunicos, por romanos, francos y visigodos (451). Apl. a pers., ú. t. c. s. || Perteneciente o relativo a este pueblo bárbaro. || fig. **Léx.** Por ext., se dice también de cualquier pueblo feroz o cruel.

hunter. (Voz inglesa.) m. **Dep.** Caballo de caza, ejercitado en vencer obstáculos.

Hunter (Jeffrey). Biog. McKinnies (Henry H.). || **Geog.** Local. de Argentina, prov. de Buenos Aires, part. de Rojas; 416 h.

Huntington (Anna Hyatt). Biog. Escultora estadounidense, esposa de Archer Milton, n. en Cambridge y m. en Redding (1876-1973). Sus obras, especialmente las estatuas ecuestres, se caracterizan por su concepción a la vez imaginativa y realista y por su monumentalidad. Es autora del monumento a *Colón y a los conquistadores y evangelizadores españoles* (Huelva); de las estatuas ecuestres de *Juana de Arco*, del *Cid*, regalada a Sevilla con motivo de la Exposición Iberoamericana (1929); de la de *Francisco Pizarro* (Trujillo); de *Toros de lidia peleándose* (Roswell Museum Art Center); de *Don Quijote y Boabdil*, altorrelieves en The Hispanic Society, y de *El relevo de la antorcha*, en la Ciudad Universitaria (Madrid). || **(Archer Milton).** Escritor e hispanista estadounidense, n. en Nueva York y m. en Bethel, Connecticut (1870-1955). Gran conocedor de la literatura, historia y bibliografía españolas. Fundó en 1904 The Hispanic Society of America (v.), de la que fue presidente y alma.

Hunucmá. Geog. Mun. de Méjico, est. de Yucatán; 10.222 h. || Pueblo cap. del mismo; 8.020 h.

Hunyadi (János). Biog. Héroe nacional de Hungría, n. en Transilvania y m. en Belgrado (1387-1456). Por sus luchas en pro de su país y por sus cualidades de guerrero y gobernante, su memoria perdura entre todos los pueblos eslavos. || **Geneal.** Noble familia húngara que dio varios reyes a su país. Tomó el nombre de Hunyadi del burgo así llamado y que el rey Segismundo dio a János, y recibió más tarde el de Corvino por un cuervo que ostentaba en su escudo de armas.

Huot de Goncourt (Edmond y Jules). Biog. Literatos franceses, más conocidos por los *Hermanos Goncourt*; Edmond, n. en Nancy y m. en Champigny (1822-1896), y Jules, n. y m. en París (1830-1870). Escribieron en colaboración notables obras históricas y críticas, como la *Historia de María Antonieta* y *La mujer en el siglo XVIII*, y las novelas: *La hermosa Filomena, Renata Mauperin, Madame Gervasia, Elisa, Los hermanos Zemganno* y *Germinia Lacerteux*. Al morir Edmond, dejó, en memoria suya y de su hermano, considerable suma para la creación de la Academia Goncourt.

hupa. interj. **upa.**

hupe. (En fr., *hupe*.) f. Descomposición de algunas maderas que se convierten en una substancia blanda y esponjosa que exhala un olor parecido al de los hongos y que después de seca suele emplearse como yesca.

Hupeh. Geog. Prov. de la R. P. China, en la región Centromeridional; 187.500 km.^{2} y 33.700.000 h. Cap., Wu-han.

hura. (Del lat. *forāre*, agujerear.) f. Agujero pequeño; madriguera. || **Pat.** Grano pequeño o carbunclo que sale en la cabeza y que suele ser peligroso.

Huracán en Australia

Budapest. Monumento a la Liberación

huracán. fr., *ouragan;* it., *uragano;* i., *hurricane;* a., *Orkan*. (Voz tomada de los indios antillanos.) m. **Meteor.** Ciclón que origina vientos de velocidad superior a los 120 kmh. El diámetro del vértice suele estar entre los 80 y los 800 km. Se forma en los océanos tropicales, salvo entre los 4° de lat. N. y S., y con excepción del S. del Atlántico y del NO. del Pacífico. También se da el nombre de huracán al impetuoso viento que, a modo de torbellino, gira en grandes círculos. ‖ fig. Viento de fuerza extraordinaria.

huracanado, da. adj. Que tiene la fuerza o los caracteres propios del huracán.

huracanarse. prnl. Arreciar el viento hasta convertirse en huracán.

huraco. (De *hura*.) m. Agujero, buraco.

Hurakan. Mit. Dios del viento entre los quichés del pueblo maya de Guatemala de época precolombina.

hurañamente. adv. m. De modo huraño.

huranía. (De *huraño*.) f. Repugnancia que uno tiene al trato de gentes.

huraño, ña. fr., *sauvage, insociable;* it., *ritroso;* i., *shy, intractable;* a., *misstrauisch, ungesellig*. (Del lat. *foraneus*, forastero.) adj. Que huye y se esconde de las gentes.

hurdano, na. adj. **jurdano**.

Hurdes. Geog. **Jurdes**.

hureque. m. *Col.* **huraco**.

hurera. (De *hura*.) f. Hura, agujero.

hurgador, ra. adj. Que hurga. ‖ m. Hurgón, estoque para herir a uno.

hurgamandera. f. *Germ.* Prostituta, mujer pública.

hurgamiento. m. Acción de hurgar.

hurgandilla. f. *Hond.* Persona que menea o sacude alguna cosa.

hurgar. fr., *remuer;* it., *attizzare;* i., *to stir;* a., *schrēn*. (Del lat. *furicāre*.) tr. Menear o remover una cosa. ‖ Tocar una cosa sin asirla. ‖ fig. Incitar, conmover.

hurgón. (De *hurgar*.) adj. Que hurga. ‖ m. Instrumento de hierro para remover y atizar la lumbre. ‖ fam. Estoque para herir a uno.

hurgonada. f. Acción de hurgonear. ‖ fam. Golpe dado con el hurgón o estoque.

hurgonazo. m. Golpe dado con el hurgón o estoque para herir.

hurgonear. tr. Menear y revolver la lumbre con el hurgón. ‖ fam. Tirar estocadas.

hurgonero. m. Hurgón para atizar la lumbre.

hurguete. (De *hurgar*.) m. *Chile.* **hurón**, escudriñador.

hurguetear. tr. *Arg.* y *Chile.* Hurgar, escudriñar, huronear.

hurguillas. (De *hurgar*.) com. Persona bullidora y apremiante.

hurí. fr. e i., *houri;* it., *divinità;* a., *Huri*. (Del ár. *ḥūrī*, deriv. de *ḥūr*, pl. de *ḥawrā'*, la que tiene unos ojos muy hermosos, calidad con que se describe a la mujer celestial del paraíso islámico.) f. Rel. Cada una de las vírgenes del paraíso, mujeres bellísimas creadas por la fantasía religiosa de los musulmanes, que se prometen en el Alcorán como compañeras de los bienaventurados.

Hurlingham. Geog. Local. de Argentina, prov. de Buenos Aires, part. de Morón; 6.460 h.

hurmiento. (Del lat. *fermentum*.) m. Levadura, fermento.

hurón. fr., *furet;* it., *furetto;* i., *ferret;* a., *Frettchen*. (Del lat. **furo, -ōnis*, de *fur, furis*.) m. Mamífero carnívoro de la familia de los mustélidos, subfamilia de los mustelinos, muy parecido al turón. Es, sin embargo, algo más pequeño, de unos 20 cm. desde la cabeza hasta el arranque de la cola, la cual mide 10 cm.; cuerpo flexible y prolongado, cabeza pequeña, patas cortas, pelaje crema sucio o ante pálido por el lomo, negro o sepia en vientre, patas y cola, y glándulas anales que despiden un olor sumamente desagradable. Originario del N. de África, se encuentra tanto en América como en Europa, donde se emplea para la caza de conejos, a los que persigue con encarnizada tenacidad (*putorius furo*). ‖ fig. y fam. Persona que averigua y descubre lo escondido y secreto. ‖ fig. y fam. Persona huraña. Ú. t. c. adj. ‖ **menor.** *Zool. Arg.* Especie del gén. galictis, familia de los mustélidos, también llamado *atole, quiqui* y *cuja*.

Hurón o **de los Hurones** (lago). Geog. Uno de los cinco lagos de la cuenca del San Lorenzo, sit. entre la prov. de Ontario, Canadá, y el est. de Michigán, EE. UU. Su long. es de 430 km. por 150 de anchura media y 220 m. de profundidad máxima; 59.500 km.².

hurona. f. Zool. Hembra del hurón.

huroncito. (dim. de *hurón*.) m. Zool. Mamífero carnívoro de la familia de los mustélidos, subfamilia de los mustelinos, de unos 30 cm. de long., pelaje pardo rojizo salpicado de gris y blanco y una mancha amarilla sobre la cabeza. Vive en Patagonia, es agresivo y se alimenta de pequeños vertebrados terrestres (*lycodon patagónicus*).

huronear. intr. Cazar con hurón. ‖ fig. y fam. Procurar saber y escudriñar cuanto pasa.

huronera. f. Lugar en que se mete y encierra el hurón. ‖ fig. y fam. Lugar en que uno está oculto o escondido.

huronero. m. El que cuida de los hurones.

Hurones. Geog. Mun. y lugar de España, prov. y p. j. de Burgos; 136 h.

huroniano, na. (De *Hurón*, lago de EE. UU.) adj. Geol. Dícese del movimiento orogénico producido en el globo antes de la era primaria, que dio lugar a la formación de la cadena huroniana, que se extendía desde el lago Hurón (EE. UU.) hasta el N. de Asia por Escandinavia.

¡hurra! (Del i. *hurrah*.) interj. usada para expresar alegría y satisfacción o excitar el entusiasmo.

hurraca. f. desus. **urraca**.

hurraco. m. Adorno que llevaban las mujeres en la cabeza.

hurrita. adj. Etnog. Dícese de un pueblo no semita, que, procedente de Armenia y de la zona montañosa de Zagros, se estableció en la región al N. de Mesopotamia durante el segundo milenio a. C. Apl. a pers., ú. t. c. s. ‖ Perteneciente o relativo a este pueblo. ‖ m. Ling. Idioma de este pueblo.

Hurstmonceaux. Geog. **Herstmonceaux**.

hurtada. (De *hurtar*.) f. ant. hurto. ‖ **a hurtadas.** m. adv. **a hurtadillas**.

hurtadamente. adv. m. ant. **furtivamente**.

hurtadillas (a). (De *hurtada*.) m. adv. Furtivamente; sin que nadie lo note.

hurtadineros. (De *hurtar* y *dinero*.) m. *Ar.* Alcancía de barro.

hurtado, da. p. p. de **hurtar**. ‖ adj. Arquit. V. **arco de punto hurtado**.

Hurtado (Ezequiel). Biog. Militar y político colombiano, n. en Silvia y m. en Popayán (1825-1890). Fue presidente del est. de Cauca, ministro de Guerra y siendo segundo designado ocupó la presidencia de la República en 1884 durante la ausencia de Núñez. ‖ **de Mendoza (Andrés).** Político español, marqués de Cañete, m. en Lima en 1561. Fue virrey de Perú en 1552. ‖ **de Mendoza (Diego).** Literato, militar, gobernante y diplomático español, n. y m. en Madrid (1503-1575). Comenzó sus estudios en Granada y los prosiguió en Salamanca e Italia. Carlos I, percatado de su valer, le confirió diversos cargos diplomáticos en Venecia, cerca del Papa y en el Concilio de Trento, y le nombró gobernador de Toscana y embajador en Roma. Felipe II le designó también como virrey de Aragón, pero más tarde le mantuvo alejado de su confianza y desterrado en Granada. Sus poesías, escritas en su mayor parte durante la juventud, obedecen ya al influjo clásico e italiano (*Adonis, Hipómenes y Atalanta*), o son de una inspiración más nacional, no sólo por sus metros (quintillas, redondillas, etc.), sino por sus asuntos, familiares y hasta apicarados. En sus últimos años de retiro en Granada escribió en prosa la *Guerra de Granada*, donde se narra la sublevación de los moriscos ocurrida entre 1568 y 1571. Durante mucho tiempo se le ha atribuido erróneamente *El lazarillo de Tormes*. ‖ **de Mendoza (García).** General español, n. en Cuenca y m. en Madrid (1535-1609). Como gobernador de Chile, fundó varias ciudades y descubrió el arch. de Chiloé y las costas de Patagonia. Destituido de su cargo, regresó a la Península y, posteriormente, fue nombrado virrey de Perú. ‖ **de Mendoza y Larrea (Antonio).** Poeta y autor dramático español, n. en Castro Urdiales y m. en Madrid (1586-1644). Fue secretario de Felipe IV y autor de la comedia *Querer por sólo querer*, poema caballeresco de unos 6.400 versos. Escribió después otras muchas obras, entre ellas *Quien más miente, más medra*, en colaboración con Quevedo. ‖ **de Toledo (Luis).** Poeta, dramaturgo, librero y editor español, n. en Toledo (h. 1523-h. 1590). Editó las *Cortes de la muerte*, atribuidas a Miguel de Carvajal; hizo una refundición de la *Comedia de Preteo y Tibaldo*, de Perálvarez de Ayllón, y escribió una *Égloga silvana*. ‖ **y Valhondo (Antonio).** Periodista y literato español, n. en Cáceres y m. en Madrid (1825-1878). Entre sus mejores obras se citan: *Madrid dramático, colección de leyendas de los siglos XVI y XVII*; los romances *Un golpe en vago, Las naves a pique* y *Esperanza en Méjico*, y las novelas *Corte y cortijo, El velludo* y *Lo que se ve y lo que no se ve*.

hurtador, ra. adj. Que hurta. Ú. t. c. s.

hurtagua. (De *hurtar* y *agua*.) f. Especie de regadera que tenía los agujeros en el fondo.

Diego Hurtado de Mendoza, por autor anónimo. Museo del Prado. Madrid

Hurón

hurtar. fr., *dérober;* it., *rubbare;* i., *to steal, to rob;* a., *stehlen.* (De *hurto.*) tr. Tomar o retener bienes ajenos contra la voluntad de su dueño, sin intimidación en las personas ni fuerza en las cosas, con ánimo de lucrarse. ‖ No dar el peso o medida cabal los que venden. ‖ fig. Llevarse tierras el mar o los ríos. ‖ fig. Tomar dichos, sentencias y versos ajenos, dándolos por propios. ‖ fig. Desviar, apartar. ‖ prnl. fig. Ocultarse, desviarse.

hurtas (a). (De *hurto.*) m. adv. ant. **a hurtadillas.**

hurtiblemente. adv. m. ant. A escondidas, ocultamente.

hurto. (Del lat. *furtum.*) m. Acción de hurtar. ‖ Cosa hurtada. ‖ **Min.** En las minas de Almadén, camino subterráneo que se hace a uno y otro lado del principal con el fin de facilitar la extracción de metales o de dar comunicación al viento, o para otros fines. ‖ **de uso.** *Léx.* El apoderarse de bienes ajenos, normalmente vehículos, no por el afán de lucro económico, sino simplemente por una distracción o pasatiempo. ‖ **a hurto.** m. adv. **a hurtadillas.**

Hurtumpascual. Geog. Mun. de España, prov. de Ávila, p. j. de Piedrahíta; 311 h. ‖ Lugar cap. del mismo; 104 h.

Hürzeler (Johannes). Biog. Antropólogo suizo contemporáneo, al que se debe el hallazgo de un esqueleto completo del llamado *hombre de Baccinello* o *de Grosseto* (Italia) en 1958.

Hus (Jan). Biog. Heresiarca bohemo, n. en Husinec y m. en Constanza (1369-1415). Era eclesiástico y confesor de la reina de Baviera, pero abrazó las doctrinas del reformador inglés John Wicleff y las propagó con entusiasmo, ne-

Jan Hus, medalla del s. XVI. Museo Lázaro Galdiano. Madrid

gando la autoridad del Papa, atacando los vicios del clero, etc. Declarado hereje, fue quemado vivo en Constanza en el año 1415. Venerado por los checos, porque favorecía sus aspiraciones lingüísticas y culturales.

husada. f. **A. y Of.** Porción de lino, lana o estambre que, ya hilada, cabe en el huso.

Husak (Gustav). Biog. Político checoslovaco, n. en Bratislava en 1913. Ingresó en el partido comunista (1944) y fue primer ministro (1945) y presidente de Eslovaquia. En abril de 1968 fue nombrado vicepresidente del Gobierno y primer secretario del Comité Central del Partido Comunista. En enero de 1971, el Frente Nacional Checoslovaco lo eligió presidente. En mayo de 1975 substituyó a Ludvik Svoboda en la presidencia de la República.

húsar. (Del fr. *housard*, y éste del húngaro *huszár.*) m. **Mil.** Soldado de caballería ligera vestido a la húngara. Los uniformes modernos de tonos neutros han desterrado los uniformes de vivos colores y entre ellos el de los húsares. ‖ pl. **Hist.** Cuerpo de caballería creado y mandado por el general argentino Juan M. de Pueyrredón, de destacada actuación en las invasiones inglesas (1806-09). ‖ Regimientos de caballería ligera creados en Hungría para oponerse a los avances de los turcos en el s. XV.

Húsares. Geog. Local. de Argentina, prov. de Buenos Aires, part. de Carlos Tejedor; 164 h.

Husein. Biog. Hussein.

husera. f. **Bot. bonetero,** arbusto.

husero. m. Cuerna recta que tiene el gamo de un año.

husillero. m. El que en los molinos de aceite trabaja en el husillo.

husillo. (dim. de *huso.*) m. Tornillo de hierro o madera, muy usado para el movimiento de las prensas y otras máquinas. ‖ *Chile.* Canilla provista de hilo y sin lanzadera, que se usa en el telar chileno para tramar.

husillo. m. Conducto por donde se desaguan los lugares inmundos o que pueden padecer inundación.

husillos. m. **Bot.** Achicoria dulce o ajonjera, de la familia de las compuestas *(chondrilla júncea).*

Husillos. Geog. Mun. y villa de España, prov. y p. j. de Palencia; 309 h.

husita. fr. e i., *hussite;* it., *ussita;* a., *Hussit.* adj. Dícese del que sigue las doctrinas religiosas de Jan Hus. Ú. t. c. s.

husma. (De *husmar.*) f. **husmeo.**

husmar. (Del lat. *osmare*, del gr. *hysmasthai*, oler, husmear.) tr. ant. Rastrear con el olfato. ‖ Indagar con arte y disimulo.

husmeador, ra. adj. Que husmea. Ú. t. c. s.

husmear. fr., *flairer;* it., *fintare;* i., *to scent;* a., *riechen, wittern.* (De *husmo.*) tr. Rastrear con el olfato una cosa. ‖ fig. y fam. Andar indagando una cosa con arte y disimulo. ‖ intr. Empezar a oler mal una cosa, especialmente la carne.

husmeo. m. Acción y efecto de husmear con el olfato. ‖ Acción y efecto de husmear indagando.

husmo. (De *husmar.*) m. Olor que despiden de sí las cosas de carne, como tocino, carnero, perdiz, etc., que regularmente suele provenir de que ya empiezan a pasarse.

huso. fr., *fuseau;* it., *fuso;* i., *spindle;* a., *Spindel.* (Del lat. *fusus.*) m. **A. y Of.** Instrumento manual, generalmente de madera, de figura redondeada, más largo que grueso, que va adelgazándose hacia el medio hacia las dos puntas, y sirve para hilar torciendo la hebra y devanando en él lo hilado. ‖ Instrumento que sirve para unir y retorcer dos o más hilos. ‖ Cierto instrumento de hierro, como de medio metro de largo y del grueso de un bellote; tiene en la parte inferior una cabezuela, también de hierro, para que haga contrapeso a la mano, y sirve para devanar la seda. ‖ **Bl.** Losange largo y estrecho. ‖ **Min.** Cilindro de un torno. ‖ **Zool.** Molusco gasterópodo marino, subclase de los prosobranquios, cuya concha, ancha por el centro y delgada por los extremos, alcanza hasta 40 cm. de long.; tiene las espiras muy visibles y se prolonga en un largo sifonostoma *(fusus proboscíferus).* ‖ **acromático.** *Biol.* Figura formada durante la metafase de la cariocinesis por las prolongaciones del áster, que van desde los centriolos hasta los cromosomas. ‖ **esférico.** *Geom.* Parte de la superficie de una esfera, comprendida entre las dos caras de un ángulo diedro que tiene por arista un diámetro de aquélla. ‖ **horario.** *Astron.* y *Geog.* Cada uno de los 24 que resultan al trazar sobre la superficie terretre 24 meridianos equidistantes. La amplitud de cada huso es de 15° y equivale a una hora en el tiempo. La enumeración se hace tomando como punto de partida el meridiano de Greenwich.

Hussein de Jordania

Hussein I. Biog. Rey de Jordania, n. en Amman, en 1935. Ocupó el trono, por abdicación de su padre Talal I, el 11 de agosto de 1952, bajo una regencia de tres miembros, hasta el 2 de mayo de 1953, en que, al cumplir dieciocho años, fue coronado. En 1958 firmó el Pacto de la Federación Árabe con su primo el rey Feisal de Irak, con objeto de oponerse a la R. A. U., lo que dio lugar al asesinato de Feisal y a una revuelta en Jordania, que el joven rey atajó con energía. ‖ **Bajá.** Último rey de Argel, muerto en Esmirna (1773-1838). Fue proclamado en el año 1818 y derrocado por los franceses en 1830. Después de capitular se retiró a Esmirna.

Husseini (Hadj Amin al-). Biog. Personaje árabe, n. en Jerusalén y m. en Beirut (1895-1974). En la P. G. M. luchó en el ejército turco; la declaración Balfour sobre el Hogar Judío de Palestina le convirtió en irreconciliable enemigo de los ingleses. Para atraerle le ofrecieron los ingleses el cargo de Gran Muftí (presidente del Consejo Supremo Islámico) en 1922. Desde este puesto dirigió una nueva campaña de agitación, y en 1926 declaró la guerra santa contra los judíos e ingleses; vencida la sublevación, logró fugarse. Su intervención en los acontecimientos en Palestina, con la guerra entre árabes y judíos (1948), fue de gran significación; destituido de su cargo de Gran Muftí de Jerusalén por el rey Abd ul-Alá, de Transjordania, en enero de 1949, se trasladó a Egipto, desde donde dirigió el partido Fraternidad Musulmana, por él fundado.

Husserl (Edmund). Biog. Filósofo alemán, de raza judía, n. en Prossnitz y m. en Friburgo de Brisgovia (1859-1938). Fue profesor de Filosofía en las Universidades de Gotinga y Friburgo de Brisgovia, y uno de los más importantes promotores de la llamada *fenomenología*, para él consistente en la descripción de los datos inmediatos de la conciencia. Se trata, pues, de determinar las estructuras mismas de la ac-

Gustav Husak

tividad de la conciencia, llamadas *esencias* por él. A diferencia de la concepción platónica, estas esencias no existen en un mundo aparte; son datos de la relación entre la conciencia y las cosas. Entre sus obras más importantes figuran: *Investigaciones Lógicas* (1900), *Ideas para una fenomenología pura* (1913) y *Meditaciones cartesianas* (1931).

Edmund Husserl

Huston (John). Biog. Director de cine irlandés, de origen estadounidense, n. en Nevada, Misuri, en 1906. Obtuvo el Oscar de la Academia de Hollywood en 1948 por *El tesoro de Sierra Madre*. Otras películas: *El halcón maltés, Cayo Largo, La jungla de asfalto, La reina de África, Moulin Rouge, Moby Dick, Los que no perdonan, Sólo Dios lo sabe, Vidas rebeldes, La noche de la iguana, Freud. Pasión secreta..., La Biblia, Casino Royal, La horca puede esperar, El juez de la horca, A walk with love and death*, en la que, además, actúa como actor; *Fat City* y *El hombre de Mackintosh*.

John Huston, en una escena de *A walk with love and death*

huta. (Del fr. *hutte*, y éste del germ. *hütte*.) f. Choza en donde se esconden los monteros para echar los perros a la caza cuando pasa por allí.

Hutcheson (Francis). Biog. Filósofo irlandés, n. en Drumalig y m. en Glasgow (1694-1746). Sus doctrinas son de sentido opuesto al empirismo de Locke. Escribió un *Tratado de las pasiones, Investigación acerca de los conceptos de verdad y belleza* y otras obras.

hutía. (Voz caribe.) f. **Zool.** Mamífero roedor simplicidentado de la familia de los caprónidos, abundante en las Antillas, de unos 40 cm. de largo, figura semejante a la de la rata, y pelaje espeso, suave, leonado, más obscuro por el lomo que por el vientre. Vive en los árboles y su carne es comestible. Se conocen varias especies, de la que la más común es la *hutía* o *jutía conga (cápromys pilórides)*.

Hutt. Geog. C. de Nueva Zelanda, área de Wellington, en la isla del Norte; 122.989 h.

Hutten (Philipp). Biog. Caballero alemán, más conocido en la historia de Venezuela por *Felipe de Utre* o *Ucre*, m. cerca de Cuyo en 1546. Fue capitán general en la conquista del Dorado (1541). ‖ **(Ulrich von).** Escritor alemán, n. en el castillo de Steckelberg, cerca de Fulda, y m. en la isla Ufenau, lago de Zurich (1488-1523). Sus primeros ensayos poéticos, incompletos, son unos poemas exaltando la virtud; pero más tarde, arrebatado por la ira contra la Curia romana, publicó una obra ata-

Ulrich von Hutten, grabado antiguo

cando en su base la soberanía temporal del Papado, a pesar de que su labor notable es haber luchado para organizar a Alemania eclesiástica y políticamente.

Hutton (James). Biog. Geólogo y químico escocés, n. y m. en Edimburgo (1726-1797). Fue autor del principio de las causas actuales, según el cual la historia de la Tierra puede explicarse por los mismos procesos geológicos que actúan hoy. Desarrolló sus opiniones en su *Teoría de la Tierra*.

Huxley (Aldous Leonard). Biog. Novelista y ensayista inglés, n. en Godalming, Surrey, y m. en Los Ángeles, EE. UU. (1894-1963). En su obra brilla, más que la intuición del artista, el juego espectacular de una inteligencia privilegiada y una vastísima cultura. Tiene también frecuentemente a mano, el certero toque de ironía que pone al descubierto las lacras de una civilización en decadencia. Su obra más difundida es la novela *Contrapunto* (1928), pintura de ideas y personajes del s. XX. Han sido también muy celebradas *Los escándalos de Crome, Un mundo feliz, Dos o tres gracias, Su Eminencia gris, Viejo muere el cisne, El genio y la diosa* (1955), *Heaven and hell* y *Adonis and the alphabet* (1956), *Tomorrow and tomorrow* (1957), *Brave new world revisited* (1958), *Collected essays* (1960), *Island* (1962) y *Literature and science* (1963). ‖ **(Andrew Fielding).** Fisiólogo inglés, hermanastro de Aldous y de Julian, n. en Londres en 1917. En 1963 compartió el premio Nobel de Medicina con su compatriota A. Ll. Hodgkin y el australiano J. C. Eccles, por el desarrollo matemático para explicar e incluso predecir los impulsos nerviosos. ‖ (sir **Julian Sorell**). Biólogo inglés, n. y m. en Londres (1887-1975). Fue profesor en las Universidades de Oxford y Londres y director general de la U. N. E. S. C. O. (1946-48) y obtuvo en 1953 el premio Kalinga de dicho organismo. Escribió entre otras muchas, las obras: *El individuo en el reino animal, El curso de la*

Sir Julian Sorell Huxley

vida, La revolución actual y *La evolución y la moral, Ensayos de embriología experimental, El pensamiento vivo de Darwin* y *La Teoría de la evolución*, y colaboró con Wells en la *Ciencia de la Vida* y con Haldane en *Biología animal*. ‖ **(Thomas Henry).** Naturalista inglés, n. en Ealing y m. en Londres (1825-1895). Abuelo de Aldous y de Julian, viajó a Australia como médico de la Armada, y escribió numerosos trabajos de zoología marina; se ocupó de la anatomía de los vertebrados, defendió ardorosamente la teoría evolucionista de Darwin, y en un libro que publicó en 1864 demostró la afinidad anatómica del hombre con los monos antropomorfos.

¡huy! (Del lat. *hui*.) interj. con que se denota dolor físico, melindre o asombro.

Huyamampa. Geog. Local. de Argentina, prov. de Santiago del Estero, depart. de la Banda; 165 h.

huyente. p. a. de **huir.** Que huye.

Huygens (Christian). Biog. Astrónomo, matemático y físico holandés, n. y m. en La Haya (1629-1695). Con un anteojo de su invención determinó la verdadera forma del anillo de Saturno y descubrió su primero y mayor satélite, Titán (1665). Se le debe la aplicación del péndulo a los relojes. En 1659 demostró que Marte gira sobre su eje. En 1666 descubrió la nebulosa de Orión. Fue autor de interesantes investigaciones acerca de la refracción y la polarización de la luz, fuerza centrífuga, forma de la Tierra, fundamentos del cálculo de probabilidades, etc. El principio que lleva su nombre establece que todos los puntos de una superficie de onda pueden ser considerados como centros secundarios de nuevas ondas. ‖ **(Lukas).** Pintor holandés, más conocido por *Lukas van Leiden*, n. y m. en Leiden (1494-1533). Sus obras auténticas no son muy numerosas, pero sus pinturas y grabados son de gran valor artístico, especialmente el cuadro de *La Virgen y el Niño*, existente en el Museo del Emperador Federico, de Berlín.

Huysmans (Georges Charles). Biog. Literato francés, discípulo predilecto de Zola, llamado *Joris Karl Huysmans*, n. y m. en París (1848-1907). Autor de numerosos libros de exaltado naturalismo, como *Aguas abajo* y *Au rebours*. Su obra *Là-bas* es una novela sacrílega; no obstante, volvió a la fe de sus mayores y escribió su famosa trilogía católica: *En route, La cathédrale* y *L'oblat*.

Hyderabad. El Char Minar

Hwalien. Geog. Hualien.
Hwang. Geog. Hoang.
Hwanghae Meridional. Geog. Prov. de la República Democrática Popular de Corea; 7.500 km.² y 1.119.600 h. Cap., Haeju. ‖ **Septentrional.** Prov. de la República Democrática Popular de Corea; 8.400 km.² y 839.700 h. Cap., Sariwon.

Hyades. Astron. **Híades.**

Hyatt (John Wesley). Biog. Inventor estadounidense, n. en Starkey y m. en Short Hills (1837-1920). Se le debe la invención del celuloide.

Hyde (Douglas). Biog. Profesor irlandés, n. en Frenchpark y m. en Dublín (1860-1949). Explicó lenguas modernas en la Universidad de New-Brunswick e irlandés en la Universidad Nacional. Escribió numerosas obras y poesías, fue el primer presidente de la Liga Gaélica (1893) y también el primero de la República de Irlanda (1938-45).

Hyderabad. Geog. C. de la India, cap. del est. de Andhra Pradesh; 1.612.276 h. ‖ C. de Pakistán; 624.000 h. ‖ **Geog. hist.** Antiguo reino musulmán de la India, que en los s. XV y XVI se llamó *Golconda*, y cuyo soberano llevaba el título de nizam. Cuando la India se hizo independiente (1947), el nizam Osmán Alí Khan Bahadur pretendió mantener la independencia del territorio, pero una breve campaña militar (1948) le obligó a aceptar la incorporación.

Hydra. Astron. **Hidra.** ‖ Geog. Isla de Grecia, en el mar Egeo, frente a la península de Argólida; 52 km.² y 30.000 h.

Hydrus. Astron. **Hidra Macho.**

Hyesan. Geog. C. de la República Democrática Popular de Corea, cap. de la prov. de Yanggang.

Hygiea. Astron. Asteroide cuyo diámetro probable se acerca a los 350 km., y está, por tanto, entre los seis mayores.

Hymans (Paul). Biog. Catedrático y político belga, n. en Bruselas y m. en Niza (1865-1941). Fue presidente de la Universidad de Bruselas, jefe del partido liberal, ministro plenipotenciario en Londres, por dos veces ministro de Negocios Extranjeros y el primer presidente de la Asamblea de la Sociedad de Naciones.

Hyōgo. Geog. Prefect. de Japón, en la isla de Honshu; 8.351 km.² y 4.667.928 h. Cap., Kobe.

hypergonar. m. **Cin.** y **Ópt.** Nombre dado por Henri Chrétien (v.) a un objetivo anamorfósico que permite impresionar una perspectiva panorámica sobre la película de ancho normal (35 mm.), deformando las imágenes en sentido vertical, y proyectar éstas sobre una pantalla panorámica, valiéndose de un objetivo inverso, que es acoplado a un proyector corriente.

hyperon. m. **Fís. hiperón.**

Hyppolite (Florvil). Biog. Militar y político haitiano, m. en 1896. En la guerra civil de 1889 venció al presidente Légitime. La Asamblea Constituyente reunida en Gonaïves le proclamó presidente de la República (1889-1896). ‖ **(Jean).** Filósofo francés, n. en Jonzac en 1907. Profesor de la Facultad de Estrasburgo y de la Sorbona y director de la Escuela Normal Superior de París (1955). Obras: *Genèse et structure de la phénoménologie de l'esprit, Logique et existence* y *Études sur Marx et Hegel*.

Hypsilantis o **Hypzilantis. Geneal. Ypsilant.**

hýrax. (Voz del lat. científico; de la misma voz gr., que sign. *ratón*.) **Zool.** Gén. de mamíferos ungulados del orden de los hiracoideos, al que pertenecen las *niebas*.

hz. Fís. abr. de *hertz*.

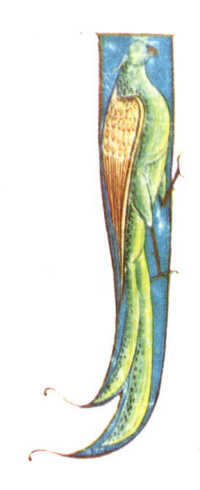

i. f. Décima letra del abecedario español y tercera de sus vocales. Pronúnciase elevando hacia la parte anterior del paladar el predorso de la lengua algo más que para articular la *e*, y estirando también los labios algo más hacia los lados. ‖ *Mat.* Símbolo de la unidad de los números imaginarios; su valor es $\sqrt{-1}$. ‖ **griega.** *Gram.* ye.
I. Letra numeral que tiene el valor de uno en la numeración romana. ‖ Signo de la proposición particular afirmativa.
I. *Elec.* abr. de *intensidad de corriente eléctrica*. ‖ **Ópt.** abr. de *intensidad de iluminación*.
I. *Quím.* Símbolo del *yodo*. Ú. t. c. s.
iacetano, na. adj. *Hist.* jacetano.
Ialomita. *Geog.* Distrito de Rumania; 6.211 km.² y 386.210 h. Capital, Slobozia.
Iama. *Mit.* Yama.
Iaroslao, o **Iaroslav I.** *Biog.* Yaroslav I.
Iaroslavl. *Geog.* Yaroslavl.
Iasi. *Geog.* Dist. de Rumania; 5.469 km.² y 688.369 h. ‖ C. cap. del mismo; 187.966 h. Centro comercial y de comunicaciones.
-iasis. (Del gr. *-iasis*.) suf. que sign. proceso, infección, etc. A veces se ve escrito **-iosis**.
Iassy. *Geog.* Iasi.
I. A. T. A. Siglas de *International Air Transport Association* (Asociación Internacional de Transporte Aéreo), constituida en 1945 para ordenar el tráfico aéreo internacional. Los órganos rectores residen en Canadá. Coordina la red mundial de líneas aéreas, con exclusión de los países soviéticos.
-íatra o **-iatra.** suf. V. **yatro-**.
-iatría. suf. V. **yatro-**.
iatro-. pref. V. **yatro-**.
iatrogénico, ca. adj. yatrogénico.
ib. m. *Méj.* Frijol pequeño.
Ibadan. *Geog.* C. de Nigeria, cap. del est. de Oyo; 758.332 h. Es la pobl. más importante de los yerubas.
Ibagué. *Geog.* Mun. de Colombia, depart. de Tolima; 204.810 h. ‖ C. de Colombia, cap. del depart. de Tolima y del mun. de su nombre; 176.223 h.
ibaguereño, ña. adj. Natural de Ibagué, o perteneciente a esta c. de Colombia.
Ibahernando. *Geog.* Mun. y lugar de España, prov. de Cáceres, p. j. de Trujillo; 1.317 habitantes *(viveños)*.
ibametara. f. *Bot.* acaya.
Ibáñez Benavente (Abelardo). *Biog.* Médico boliviano, n. en La Paz en 1896. Ha sido profesor de Anatomía en la Universidad de Chile. Ha publicado, entre otras obras: *Estado actual de la cirugía vascular* y *Un nuevo método para la técnica de las suturas vasculares*. ‖ **del Campo (Carlos).** Militar y político chileno, n. en Linares y m. en Santiago (1877-1960). Siendo vicepresidente, asumió el Ejecutivo al renunciar Figueroa Larraín. Elegido presidente (mayo de 1927), gobernó dictatorialmente, solucionó el problema de Tacna y Arica, pero una revolución le obligó a dejar el poder (1931). Candidato a la presidencia en 1938, fue elegido presidente de la República (1952-1958). En su segundo mandato hubo de afrontar una aguda crisis económica y tuvo que gobernar con facultades especiales otorgadas por el Congreso. ‖ **Freire (Antonio).** Militar y político español, n. en Vitoria en 1913. A los 16 años ingresó en la Academia General Militar y fue promovido a teniente en 1934. Director de la Guardia Civil, fue ascendido a teniente general y nombrado capitán general de la IV Región Militar en mayo de 1978. Procurador en diversas legislaturas, y ministro del Interior (1979-1980). ‖ **de Ibero e Ibáñez de Ibero, marqués de Mulhacén (Carlos).** General español, n. en Barcelona y m. en Niza (1825-1891). Geodesta y metrólogo, fundó la geodesia moderna; organizó y dirigió durante muchos años el Instituto Geográfico y Estadístico y fue autor principal del mapa general de España a escala 1:50.000. Publicó importantes obras, entre las cuales destacan: *Estudio sobre nivelación geodésica* y *Base central de la triangulación de España*, y sus trabajos geodésicos y metrológicos le dieron fama mundial. ‖ **Martín (José).** Político y catedrático español, n. en Valbona y m. en Madrid (1896-1969). Fue ministro de Educación Nacional (1939-51), presidente del Consejo de Estado (1951-58), presidente del Consejo Superior de Investigaciones Científicas, y embajador en Lisboa (1958-1969). Entre otras obras y trabajos escribió: *Diez años al servicio de la cultura* (1950), *El Consejo Superior de Investigaciones Científicas y su obra* y *La figura y la obra de Baltasar Gracián* (1959). ‖ *Geog.* Local. de Argentina, prov. de Buenos Aires, part. de General Obligado; 585 habitantes.

ibapoy. (Voz guaraní.) m. *Bot.* agarrapalo.
Ibaraki. *Geog.* Prefect. de Japón, al E. de la isla de Honshu; 6.087 km.² y 2.143.551 h. Cap., Mito.
Ibarbourou (Juana de). *Biog.* Fernández (Juana).
Ibargoiti. *Geog.* Mun. de España, prov. de Navarra, p. j. de Aoiz; 210 h. Corr. 69 a la cap., el lugar de Idocín.
Ibarguren (Carlos). *Biog.* Escritor y político argentino, n. en Salta y m. en Buenos Aires (1877-1956). Ministro de Justicia e Instrucción Púbica y uno de los miembros fundadores de la Academia Argentina de Letras (1931). Autor de: *De nuestra tierra* (1917), *Manuelita Rosas* (1924), *Juan Manuel de Rosas, su vida, su tiempo y su drama*, primer premio de la Comisión Nacional de Cultura (1930); *En la penumbra de la historia argentina* (1932), *Estampas de argentinos* (1935), *San Martín íntimo* (1950), *La intervención imperialista en el Río de la Plata* (1951) y *La historia que he vivido* (1955).
Ibarlucea. *Geog.* Local. de Argentina, prov. de Santa Fe, depart. de Rosario; 873 h.
ibaró. m. *Bot. Arg.* Árbol jabonero de la familia de las sapindáceas, cuyo fruto, macerado, se usa para lavar la ropa *(sapindus saponaria)*.
Ibarra (Joaquín). *Biog.* Impresor español, n. en Zaragoza y m. en Madrid (1725-1785). Aprendió a imprimir en el taller de la Real y Pontificia Imprenta de la Universidad de Cervera (Lérida), donde era regente un hermano suyo. Se trasladó a Madrid, donde imprimió obras de gran valor tipográfico: *La conjuración de Catalina*, de Salustio; la *Historia de España*, del padre Mariana; la primera edición que la Real Academia de la Lengua hizo de *Don Quijote de la Mancha*, etc. Fue impresor de Cámara del rey Carlos III, del Supremo Consejo de Indias, de la Real Academia Española y del Ayuntamiento de Madrid. ‖ **(Juan Felipe).** General y político argentino, n. en Matará, Santiago del Estero (1787-1851). Después de ser ayudante de Belgrano, fue nombrado comandante general de la frontera de Santiago del Estero. Gobernó durante muchos años di-

Monumento a José Ibáñez Martín, en la Ciudad Universitaria de Madrid

cha prov. y demostró altas dotes militares, pero también gran crueldad y despotismo. ‖ **(Juan Pedro).** Arquitecto español de s. XVI, discípulo de Juan de Álava, a quien sucedió en la terminación del Colegio de los Irlandeses de Salamanca. Construyó el convento de San Benito de Alcántara, el palacio de Monterrey, en Salamanca, e intervino en las catedrales de Coria y Plasencia. ‖ Geog. **Aramayona.** ‖ Cantón de Ecuador, prov. de Imbadura; 82.722 h. ‖ C. de Ecuador, cap. de la prov. de Imbadura y del cantón de su nombre; 54.116 h. ‖ Mun. y villa de España, prov. de Guipúzcoa, p. j. de Tolosa; 3.100 h.

Palacio de Monterrey (vista parcial), por Juan Pedro Ibarra. Salamanca

Ibarranguelua. Geog. Mun. de España, prov. de Vizcaya, p. j. de Guernica y Luno; 868 h. Corr. 668 a la cap., la anteiglesia de Ibarranguelua o Elejalde.

Ibarreta. Geog. Local. de Argentina, prov. de Formosa, cap. del depart. de Patiño 2.578 h.

Ibarruri Gómez (Dolores). Biog. Política española, más conocida por *la Pasionaria*, n. en Gallarta (Abanto y Ciérvana) en 1895. Hija de una familia de mineros, se dedicó primero a las labores domésticas. En la Casa del Pueblo de Somorrostro se inició en la doctrina marxista y en 1917 participó en la huelga revolucionaria. Perteneció al ala izquierda del P. S. O. E., que luego constituyó el Partido Comunista, y a cuyo primer Congreso asistió (1923). En 1936 fue elegida diputada a Cortes. Exiliada en 1939, en 1942 fue nombrada secretaria general del Partido, cargo que desempeñó hasta el VI Congreso (1960), en que fue substituida por Santiago Carrillo y pasó a ocupar la presidencia del mismo. Regresó del exilio en mayo de 1977 y salió elegida diputada por Oviedo en las elecciones generales de junio del mismo año. La U. R. S. S. le ha otorgado la nacionalidad soviética (1962), el premio Lenin de la Paz (1964) y la Orden de Lenin (1965).

Ibars de Noguera. Geog. Mun. y lugar de España, prov. de Lérida, p. j. de Balaguer; 393 h. ‖ **de Urgel.** Mun. de España, prov. de Lérida, p. j. de Balaguer; 2.038 h. ‖ Villa cap. del mismo; 1.628 h.

Ibb. Geog. Prov. de Yemen; 13.000 km.^{2} y 859.000 h. ‖ C. cap. de la misma; 10.000 h.

Ibdes. Geog. Mun. y villa de España, prov. de Zaragoza, p. j. de Calatayud; 960 h.

Ibeas de Juarros. Geog. Mun. de España, prov. y p. j. de Burgos; 660 h. ‖ Lugar cap. del mismo; 475 h.

Iberia. Geog. Pueblo de Perú, depart. de Loreto, prov. de Requena, cap. del dist. de Tapiche; 526 h. ‖ Hist. Uno de los nombres con que fue conocida por los antiguos la parte oriental de España. La extensión del nombre a toda la Península y la denominación de península ibérica son de uso moderno. También se designó en la antigüedad con este nombre la actual Georgia.

ibérico, ca. (Del lat. *ibericus*.) adj. Natural de Iberia, o perteneciente a esta zona. ‖ **Ling.** Dícese de la lengua hablada por los antiguos iberos, de la cual han llegado hasta nosotros gran número de inscripciones en plomo, bronce, cerámica, piedra y monedas. Después de largos estudios, el alfabeto ibérico es ya legible (exceptuando las inscripciones tartésicas), pero, sin embargo, las voces con él compuestas no pueden ser interpretadas. Ú. t. c. s. m. ‖ **Zoot.** Dícese de diversos tipos de razas animales. *Tipo bovino*, de perfil cóncavo, braquicéfalo, cabeza grande, cuello ancho y corto, con grandes diferencias en la alzada y en el pelaje, que puede ser uniforme o manchado con predominio de los tonos obscuros, y aptitud para el trabajo. Es propio del centro y sur de la península ibérica, islas del Mediterráneo occidental y N. de África. *Tipo porcino*, de perfil subcóncavo, orejas no muy largas, pelaje rojo o negro, miembros finos y tendencia a acumular grasa, que abarca la misma área que la raza bovina. *Tipo felino*, raza de gatos que vive en España y Portugal y se caracteriza por su pelaje corto y brillante y sus mucosas rosadas.

Ibérico (Rodríguez Mariano). Biog. Pensador peruano, n. en Cajamarca en 1892. Doctor en Letras y Filosofía y miembro de la Academia de la Lengua, ha escrito: *Una filosofía estética* (1920), *El nuevo absoluto* (1926), *El sentimiento de la vida cósmica* (1939) y *La aparición* (1950).

Ibéricos (Montes). Geog. Serie de macizos montañosos de España, también llamados *cordillera Ibérica*, situados en la arista NE. y E. de la gran meseta que constituye el núcleo fundamental de la constitución geológica de la Península. Empiezan en Peña Labra y, siguiendo una dirección general NO. SE., van a terminar, según Suess, en el golfo de Valencia, aunque tradicionalmente se vienen considerando como de la misma serie las elevaciones que llegan hasta el cabo de Gata. Desde Peña Labra hasta los Montes de Oca se acusa levemente el relieve; vienen luego los grandes macizos de la sierra de la Demanda, los Picos de Urbión (2.246) y el Moncayo (2.315). Pasado el Moncayo, el río Jalón corta la cadena y al S. de este río se continúa la serie de orografía por dos ramificaciones: la occidental sigue por las parameras de Molina y La Menera, la sierra de Albarracín y los Montes Universales; la rama oriental, por las sierras de Vicor, Algairén, Cucalón, San Just y Gúdar, se enlaza con las de Peña Golosa y Javalambre, en la quebrada comarca denominada Maestrazgo, y sigue al S. por las sierras de Alegua y Martés, que termina junto al Júcar, y desde aquí, por la sierra de los Filabres y La Alhamilla hasta terminar en la de Gata, en el extremo SE. de la península ibérica.

iberio, ria. (Del lat. *iberius*.) adj. Natural de Iberia, o perteneciente a esta zona.

iberismo. m. Carácter de ibero. ‖ Estudio de la antropología, historia, lenguas, arte, etc., de los iberos. ‖ Palabra o rasgo lingüístico propio de la lengua de los antiguos iberos y tomado por otra lengua. ‖ Doctrina que propugna la unión política o el mayor acercamiento de España y Portugal.

ibero, ra o **íbero, ra.** fr., *ibère*; it., *ibero*; i., *iberian*; a., *iberisch*. (Del lat. *iberus*.) adj. Natural de la Iberia europea o de la Iberia asiática, o perteneciente a cualquiera de estos países. Ú. t. c. s. ‖ Dícese en especial del individuo perteneciente a alguno de los pueblos establecidos, antes de las colonizaciones fenicia y griega, desde el Sur de la península ibérica hasta el Mediodía de la Francia actual, y especialmente en el Levante peninsular. No se sabe el lugar de su procedencia, ni la época en que se establecieron en España, aunque algún autor afirma que constituían la raza neolítica de este territorio. La primera cita nos la da Herodoto sobre la visita de Kolaiss de Samos a la península ibérica, aunque es una cita incierta; la primera cita segura es la del llamado Periplo de Avieno, quien da el nombre de iberi a los indígenas de la región del Ebro, y detalla el nombre de algunas tribus. Más tarde los vemos citados en las obras de Estrabón, Eratóstenes, Pomponio Mela, etc. Se conoce hoy con el nombre de iberos o libioibéricos al conjunto de individuos que no sólo constituyen el núcleo racial más importante y básico de la Península, sino que ocupan algunas zonas del N. de África. Esta raza es morena y dolicocéfala. Las tierras en que el elemento ibero predominó pueden ser divididas en cinco zonas: región sudeste de España; región andaluza; región aragonesa y extensiones; región castellana, y Cataluña. Todas estas zonas poseen características propias, principalmente la región andaluza, en donde se de-

Animal, escultura de arte ibero. Museo Arqueológico. Granada

sarrolló la civilización tartésica, que posiblemente debió de pertenecer a un pueblo distinto, como nos lo demuestran su cerámica y sus objetos. También eran iberos los lusitanos que vivían en el occidente de la Península. Los iberos se mezclaron y absorbieron a los celtas en la zona central de la Península, que éstos habían ocupado, lo que dio origen al pueblo llamado celtíbero. Entre los s. VI y I a. C. alcanzaron los pueblos peninsulares, por la acción de iberos y celtas y la influencia fenicia y griega, una alta y original civilización que se denomina cultura hispánica. Ú. t. c. s. y m. en pl.

Ibero. Geog. hist. Nombre del río Ebro. ‖ **Mit.** Supuesto hijo de Túbal y nieto de Jafet, que, según tradiciones fabulosas, vino a poblar España.

Iberoamérica. (De *ibero*, por la península *Ibérica*, y *América*.) Geog. Denominación genérica que comprende las naciones de América que, por haber sido descubiertas y colonizadas por España y Portugal, conservan el idioma y la cultura recibidos de estos países.

iberoamericano, na. adj. Perteneciente o relativo a los pueblos de América que antes formaron parte de los reinos de España y Portugal, que integran la península ibérica, y cuyas lenguas hablan. ‖ Perteneciente o relativo a estos pueblos y a España y Portugal. Apl. a pers., ú. t. c. s.

Ibert (Jacques). Biog. Compositor francés, n. y m. en París (1890-1962). Entre sus obras más notables figuran las siguientes: *Escales*, para orquesta (1922); *Le jardinier de Samos*, en cinco actos (1924); *Angélique*, ópera (1926); *Diane de Poitiers* (1934) y *Le chevalier errant* (1950), ballets.

íbex. m. Zool. íbice.

Ibi. Geog. Mun. y villa de España, prov. de Alicante, p. j. de Alcoy; 13.916 h. *(ibienses)*. Fabricación de juguetes.

Ibias. Geog. Mun. de España, prov. de Oviedo, p. j. de Cangas de Narcea; 4.047 h. Corr. 260 a la cap., la villa de San Antolín.

íbice. (Del lat. *ibex, ibīcis*.) m. Zool. Mamífero rumiante de la familia de los bóvidos, subfamilia de los antilopinos. Es una cabra montés de hasta 85 cm. de alt., de pelo gris rojizo, espeso y largo en invierno, y más corto en verano. Sus cuernos tienen forma de cimitarra, muy rugosos y de hasta 90 cm. en los machos y no más de 25 en las hembras; aquéllos viven en las alturas de los Alpes, formando grupos, mientras que las hembras y los jóvenes se reúnen también, pero a altitudes algo menores *(capra ibex)*. Otros íbices: el *de Nubia (c. nubiana)*, el *del Cáucaso (c. severtzobi)*, etcétera.

ibicenco, ca. adj. Natural de Ibiza, o perteneciente a esta isla, una de las Baleares. Ú. t. c. s.

Íbico. Biog. Poeta lírico griego, que floreció en el s. VI a. C. En Samos escribió, sin duda, sus célebres poesías eróticas, fruto de su pasión viva y ardiente. Murió asesinado por unos bandidos.

Ibicuy. Geog. Local. de Argentina, prov. de Entre Ríos, depart. de Gualeguaychú; 3.073 h.

ibídem. (Del lat. *ibīdem*.) adj. lat. que, en índices, notas o citas de impresos o manuscritos, se usa con su propia significación de allí mismo o en el mismo lugar. Su abreviatura es *ib* o *ibíd.*

Ibieca. Geog. Mun. y lugar de España, prov. y p. j. de Huesca, junto a la sierra de Guara; 167 h.

ibijara. (Voz brasileña.) m. Zool. Reptil saurio, de la familia de los anfisbénidos, denominado también *culebrilla blanca*; mide unos 60 cm. de long., y es de color pardo amarillento en el dorso y blanquecino en el vientre. Vive en América tropical y su régimen es insectívoro *(amphisbaena alba)*.

ibijau. (Voz peruana.) m. Zool. Ave del orden de las caprimulgiformes, familia de las nictíbidas, parecida al chotacabras, pero de cuerpo más robusto y con un plumaje abundantísimo; es de costumbres nocturnas, vuelo silencioso y propia de América tropical *(nyctidromus albicollis)*.

ibis. fr. e i., *ibys;* it., *ibi;* a., *Ibis*. (Del lat. *ibis*, y éste del gr. *ibis*.) Zool. Gén. de aves ciconiformes, de la familia de las cicónidas, al que pertenece el *tántalo africano* (v.). ∥ m. Nombre común a varias aves ciconiformes, de la familia de las tresquiornítidas o plegádidas, antes incluidas en el gén. *ibis*, de las cicónidas. ∥ **blanco.** Ibis de plumaje blanco, de cuello más largo que el cuerpo y vuelo pesado *(guara alba)*. ∥ **moñudo.** Es de color negro con reflejos metálicos y la cabeza y el cuello rojos; posee largas y finas plumas que cuelgan de la nuca y del cuello *(comatibis eremita)*. ∥ **rojo.** Ibis de un bello color escarlata, que, en cautividad, se convierte en un rosa deslucido *(guara rubra* o *g. guara)*. ∥ **tornasolado. morito.** ∥ **sagrado.** Ibis de unos 60 cm. desde la cabeza a la cola; pico largo, encorvado y obtuso; plumaje blanco, menos la cabeza; cuello, cola y punta de las alas negros; garganta y parte de la cabeza desnudos; largas patas con cuatro dedos; vive principalmente de moluscos fluviales, aunque los antiguos egipcios, atendiendo a las épocas de aparición del ave en las orillas del Nilo, creían que se alimentaba de los reptiles que infestaban el país después de las inundaciones periódicas del río, y por ello la veneraban *(threskiornis aethiópicus)*.

Ibiza. Restos de la muralla

Ibiza. Geog. Isla de España, en el arch. balear, prov. de Baleares, sit. al SO. de la de Mallorca; 541,22 km.^{2} y 45.075 h. *(ibicencos)*. Su costa es muy accidentada, presentando al N. rudos acantilados y promontorios. Se supone que sus primeros pobladores fueron los egeos; y se han encontrado antigüedades cartaginesas y romanas. ∥ Mun. y c. de España, prov. de Baleares, en la isla y p. j. de su nombre; 16.943 h. Murallas del s. XVI. Catedral del s. XIII, reconstruida en el s. XVII. Ha sido declarada conjunto histórico-artístico (1969).

ibn. Filol. ben.

Ibn Saud. Biog. Abd ul-Aziz I. ∥ **Sina.** Abu Alí al-Hussein ben abd Alá ibn Sina.

ibo. adj. Etnog. Dícese de un pueblo negro africano de raza guineana, que habita en el interior de Nigeria y parte de Camerún. Su cultura constituye una mezcla de elementos sudaneses y palenégridos. Apl. a pers., ú. t. c. s. ∥ Perteneciente o relativo a este pueblo.

Ibo. Geog. Iwo.

ibón. m. *Ar.* Nombre que se da en los Pirineos aragoneses, España, a los lagos o lagunas de montaña, alimentados principalmente por la fusión de las nieves.

Ibor y Casamayor (Jorge). Biog. Héroe de la guerra de la Independencia española, más conocido por *el tío Jorge*, n. y m. en Zaragoza (1755-1808). Organizó y mandó la compañía de labradores y escopeteros del arrabal de Zaragoza, acompañando a Palafox en muchas acciones y derrochando heroísmo en las que tomó parte, muriendo en una de ellas.

Ibarra. Geog. Mun. y lugar de España, prov. de Lérida, p. j. de Cervera; 228 h.

Ibrahim. Biog. Emperador de Indostán, m. en Paniput en 1526. Sucedió a su padre Iskandur en 1517. La batalla en la que murió puso fin a la dominación de los afganos en Indostán. ∥ **I.** Fundador de la dinastía de los aglabitas, muerto en Kairuan (756-812). Nombrado gobernador de África por el califa Harún, se apoderó de los países que constituyeron después los Estados de Trípoli, Argel y Túnez, y se hizo proclamar soberano en 809. ∥ **(Abdullah).** Político marroquí, n. en 1918. Estudió en Marraquex y en París. Formó parte de la Rama Independiente del Istiqlal. Luchó por la independencia, siendo condenado a pena de prisión. Al proclamarse la independencia del país, ocupó el cargo de ministro de Información y Turismo, de Trabajo y Problemas Sociales y, por último, en 1958, primer ministro y de Asuntos Exteriores.

Ibrillos. Geog. Mun. y villa de España, prov. y p. j. de Burgos; 198 h.

Ibros. Geog. Mun. de España, prov. de Jaén, p. j. de Baeza; 3.909 h. ∥ Villa cap. del mismo; 3.775 h. *(iberienses)*.

Ibsamboul o **Ipsambul.** Geog. Abu Simbel.

Ibsen (Henrik). Biog. Autor dramático noruego, n. en Skien y m. en Cristianía (1828-1906). Fue uno de los más importantes creadores de la moderna literatura dramática. La mayor parte de sus primeros dramas están en verso. Los principales son: *Brand* (1864) y *Peer Gynt* (1865). Desde 1867 escribió solamente en prosa, y, a partir de *Casa de muñecas* (1879), sus dramas produjeron grandes discusiones: *Espectros* (1881), *Un enemigo del pueblo* (1882), *El pato silvestre* (1884), *La casa Rosmer* (1886), *La dama del mar* (1888), *Hedda Gabler* (1891), *Solness el constructor* (1893), *Juan Gabriel Borkman* (1897), etc.

Ica. Geog. Depart. de Perú; 21.250 km.^{2} y 362.700 h. ∥ Prov. de Perú, depart. de su nombre; 110.515 h. ∥ Dist. de Perú, depart. y prov. de su nombre; 87.158 h. ∥ C. de Perú, cap. del depart., prov. y dist. de su nombre; 73.883 h.

icacináceo, a. (De *icacina*, nombre de un gén. de plantas.) adj. Bot. Dícese de las plantas del orden de las sapindales, con flores hermafroditas o unisexuales, a veces gamopétalas, con el gineceo formado por tres carpelos concrescentes en un ovario y un estilo. Son plantas leñosas de los países cálidos. ∥ f. pl. Familia de estas plantas.

icaco. (Voz haitiana.) m. Bot. hicaco.

Icaño. Geog. Local. de Argentina, prov. de Catamarca, depart. de La Paz; 1.114 h. ∥ Local. de Argentina, prov. de Santiago del Estero, depart. de Avellaneda; 1.528 h.

I. C. A. O. Siglas de *International Civil Aviation Organization* (Organización Internacional de la Aviación Civil; en abreviatura, *O. I. A. C.*). V. **Organización de las Naciones Unidas.**

icáreo, a. adj. Astron. Perteneciente a Ícaro.

Icaria. Sociol. Nombre de la utopía socialista de Cabet y de la colonia fundada en Tejas, EE. UU. (1848), por sus adeptos; la colonia se disolvió en 1878.

icariano, na. adj. Polít. Partidario de las doctrinas de Cabet y de su colonia de Icaria.

icario, ria. (Del lat. *icarĭus*.) adj. Astron. Perteneciente a Ícaro.

Ícaro. Astron. Asteroide de 1,5 km. de diámetro, cuya órbita tiene el perihelio dentro de la órbita de Mercurio. Fue descubierto por Baade en 1949. ∥ Mit. Hijo de Dédalo, que juntamente con su padre se escapó volando del laberinto de Creta, mediante unas alas

Ibis

icástico–icoságono

unidas a su cuerpo con cera. Como, en su soberbia, quisiese remontarse hasta el sol desoyendo las advertencias de Dédalo, se derritió la cera y se precipitó al mar, donde murió.

icástico, ca. (Del gr. *eikastikós*, relativo a la representación de los objetos.) adj. Natural, sin disfraz ni adorno.

Icaza (Blanca). Biog. Poetisa y escritora colombiana, n. en Abejorral, Antioquia, en 1896. Obras: *Selva florida* (poesías, 1917), *La antigua canción* (prosa y verso, 1935), *Claridad* (poesías, 1945) y *Preludio de invierno* (versos, 1954). ‖ **(Francisco Asís de).** Poeta y escritor mejicano, n. en Méjico y m. en Madrid (1863-1925). Publicó: *Efímeras* (1892), *Lejanías* (1899), *La canción del camino* (1906) y *Cancionero de la vida honda y de la emoción fugitiva* (1925). ‖ **(Francisco Pablo).** Político ecuatoriano, n. y m. en Guayaquil (1822-1885). En 1858 fue nombrado plenipotenciario para efectuar el canje de la Convención consular con Nueva Granada y en 1876 se le nombró ministro de Hacienda. ‖ **Coronel (Jorge).** Novelista y dramaturgo ecuatoriano, n. y m. en Quito (1906-1978). Tomó para sus obras la temática vernacular; el tema del indio y la suerte de éste le sirvió de inspiración. Obras principales: *Barro en la sierra* (1933), cuentos; *Huasipungo* (1934), *En las calles*, premio nacional de Literatura (1935); *Cholos* (1937), *Media vida deslumbrados* (1942), pintura del remedo que hace el mestizo del blanco, y *Huairapamuscheas* (1948), novelas; *El intruso* (1929), *La comedia sin nombre* (1930), *Por el viejo y ¿Cuál es?* (1931), *Como ellas quieren* y *Sin sentido* (1932) y *Flagelo* (1936), dramas.

ice-boating. (Del i. *ice*, hielo, y *boating*, navegación.) m. **Dep.** Deporte que consiste en navegar sobre las superficies heladas por medio de un bote o chalupa dotada de tres patines de cuchillas y un mástil con dos velas.

iceberg. fr. e it., *iceberg*; i., *ice barrier*; a., *Packeis*. (Del i. *iceberg*, y éste del sajón *eis*, hielo, y *berg*, montaña.) m. **Ocean.** Masa de hielo que, desprendida de un glaciar próximo a la costa o de la ruptura de la barrera de hielo, es transportada por las corrientes marinas hasta su fusión. La alt. de la parte sumergida de un iceberg es de cinco a nueve veces mayor que la que emerge sobre el agua. Constituyen un serio peligro para la navegación, especial-

Iceberg en la Antártida

mente en el Atlántico Norte, y en ocasiones han producido terribles catástrofes, como el abordaje y hundimiento del transatlántico inglés *Titanic*, ocurrido en 1912, y que costó la vida a 1.600 personas.

Icel. Geog. Prov. de Turquía asiática, región de Costas del Mediterráneo; 15.853 km.² y 596.324 h. Cap., Mersin.

iceria. (Del lat. científico *icerya*.) **Entom.** Gén. de insectos hemípteros, homópteros, de la familia de los cóccidos (v.).

icneumón. (Del lat. *ichneumon*, y éste del gr. *ichneúo*, indagar.) m. **Zool.** Nombre que, como el de la mangosta, se aplica en general a los mamíferos carnívoros de la familia de los vivérridos.

icneumónido, da. (Del lat. *ichneumon*, e *-ido*.) adj. **Entom.** Dícese de los insectos himenópteros, del suborden de los apócritos o clistogastros, de 4 a 40 mm. de long., entomófagos, que ponen sus huevos en los huevos y larvas de otros insectos que son víctimas del desarrollo de aquéllos. Sus huéspedes preferidos son los lepidópteros, pero también los coleópteros y dípteros, y algunos parasitan a las arañas. ‖ m. pl. Familia de estos insectos.

icnografía. (Del lat. *ichnographĭa*, y éste del gr. *ichnographĭa*; de *íchnos*, traza, planta, y *grápho*, describir.) f. **Arquit.** Delineación de la planta de un edificio.

icnográfico, ca. adj. **Arquit.** Perteneciente a la icnografía o hecho según ella.

ico, ca. (De la terminación *ico*, *ca*, por la frecuencia con que emplean los dim. así formados.) adj. **C. Rica.** Dicen los costarricenses de sí mismos. Ú. t. c. s.

-ico. **Quím.** suf. utilizado como terminación general de los nombres de ácidos, tanto en química orgánica como en inorgánica.

Icod de los Vinos. Drago

Icod de los Vinos. Geog. Mun. de España, en la isla de Tenerife, prov. de Santa Cruz de Tenerife, p. j. de Icod; 18.883 h. Extraordinarios atractivos turísticos: el Teide, volcán apagado y punto más elevado del terr. español, su famoso *drago milenario*, y la cueva volcánica más grande del mundo, con 6.181 m. de long., llamada Cueva del Viento. ‖ C. cap. del mismo y del p. j. de Icod; 3.432 h, *(icoderos)*.

icohueyo. m. **Bot.** Azucena de monte, de la familia de las orquidáceas *(maxillaria liliácea)*.

icon-, icono-; -eiconía. (Del gr. *eikón*, *-ónos*.) pref. o suf. que sign. imagen.

ICONA. Adm. Instituto para la Conservación de la Naturaleza.

icónico, ca. adj. Perteneciente o relativo al icono. ‖ Dícese del signo que participa de la naturaleza de la cosa significada. Así, la cruz como signo del Cristianismo.

icono. (Del gr. *eikón*.) m. **Pint.** y **Rel.** Representación devota de pincel, o de relieve, usada en las iglesias orientales. En particular, se aplica a las tablas pintadas con técnica bizantina, llamadas en Castilla en el s. XV «tablas de Grecia».

icono-. pref. V. **icon-**.

iconoclasia. (De *icono-* y *-clasia*.) f. Doctrina y actitud de los iconoclastas. ‖ Por ext., tendencia a la destrucción de todas las normas éticas, estéticas, etc., del pasado. Se dice también **iconoclastia**.

iconoclasta. fr., *iconoclaste*; it., *iconoclasta*; i., *iconoclast*; a., *bilderstürmer*. (Del gr. *eikonoklastés*; de *eikón*, imagen, y *kláo*, romper.) adj. Dícese del hereje que niega el culto debido a las sagradas imágenes. Ú. t. c. s. En Oriente se desarrolló la herejía iconoclasta en los s. VII y VIII, llegando algunos emperadores a promulgar edictos prohibiendo el uso de las sagradas imágenes. ‖ Por ext., dícese de quien niega y rechaza la autoridad de maestros, normas y modelos.

iconoclastia. (De *icono-* y *-clastia*.) f. **iconoclasia**.

iconogeno. (De *icono-* y *-geno*.) m. **Fot.** Substancia empleada en fotografía para revelar las imágenes.

iconografía. fr., *iconographie*; it., *iconografia*; i., *iconography*; a., *Ikonographie*, *Bilderkunde*. (Del lat. *iconographĭa*, y éste del gr. *eikonographĭa*; de *eikón*, imagen, y *grápho*, describir.) f. Descripción de imágenes, retratos, cuadros, estatuas o monumentos, y especialmente de los antiguos. ‖ Tratado descriptivo, o colección de imágenes o retratos.

iconográfico, ca. adj. Perteneciente o relativo a la iconografía.

iconolatría. fr., *iconolatrie*; it., *iconolatria*; i., *iconolatry*; a., *Bilderverehrung*, *Ikonolatrie*. (De *icono-* y *-latría*.) f. Adoración o culto idolátrico de las imágenes.

iconología. fr., *iconologie*; it., *iconologia*; i., *iconology*; a., *Bildererklärung*. (Del gr. *eikonología*; de *eikón*, imagen, y *lógos*, doctrina.) f. **Esc.** y **Pint.** Representación de las virtudes, vicios u otras cosas morales o naturales, con la figura o apariencia de personas.

iconológico, ca. adj. Perteneciente o relativo a la iconología.

iconómaco. (Del gr. *eikonomáchos*; de *eikón*, imagen, y *máchomai*, combatir.) adj. **iconoclasta.** Ú. t. c. s.

Icononzo. Geog. Mun. de Colombia, depart. de Tolima; 11.112 h. ‖ Pobl. cap. del mismo; 2.383 h.

iconoscopio. fr. e i., *iconoscope*; it., *iconoscopio*; a., *Ikonoskop*. (De *icono-* y *-scopio*.) m. **Telev.** Aparato para convertir una imagen en corriente eléctrica. El primer modelo de iconoscopio fue patentado por Zworykin, en 1928.

iconostasio. (De *icono-* y *-stasio*.) m. **Litur.** Biombo con puertas, adornado con imágenes pintadas, que en las iglesias griegas está colocado delante del altar y se cierra para ocultar al sacerdote durante la consagración. ‖ Separación semejante, hecha de material de construcción.

icor. fr., *ichor*; it., *icore*; i., *gleet*, *ichor*; a., *Ichor*, *Jauche*. (Del gr. *ichór*.) m. **Cir.** Denominación aplicada por la antigua cirugía a un líquido seroso que exhalan ciertas úlceras malignas, sin hallarse en él los elementos del pus y principalmente sus glóbulos.

icoroso, sa. adj. **Cir.** Que participa de la naturaleza del icor, o relativo a él.

icos-, icosa-, icosi-. (Del gr. *eikosi*.) pref. que sign. veinte.

icosaedro. (Del gr. *eikosáedros*; de *eikosi*, veinte, y *hédra*, cara.) m. **Geom.** Poliedro de 20 caras. ‖ **regular.** Aquel cuyas caras son triángulos equiláteros iguales. Su área en función de la arista es: $20 \times a^2 \sqrt{3/4} = 5a^2 \sqrt{3}$.

icoságono. (De *icosa-* y *-gono*.) m. **Geom.** Polígono de 20 lados.

icosandria. (De *icos-* y *-andria*.) *Bot.* Clase de plantas fanerógamas creadas por Linneo, que presenta los estambres libres en número mayor de veinte, insertos sobre el cáliz, como el peral y la rosa.

icosi-. pref. V. **icos-**.

Icósium. *Geog.* Argel.

icotli. m. *Bot. Méj.* Nombre de la apocinácea llamada en Colombia lengua de gato y árbol de Panamá (*thebetia neriifolia*).

ict-, icti-, ictio-; -ict; -ictio. (Del gr. *ichthýs*.) pref., infijo o suf. que sign. pez.

icter-, ictero-; -íctero. (Del gr. *ikteros*.) pref. o suf. que sign. amarillo.

ictericia. fr., *ictère*; it., *itterizia*; i., *jaundice*; a., *Gelbsucht*. (De *ictérico*.) f. *Pat.* Enfermedad caracterizada por la coloración amarilla de la piel y de las mucosas, muy visible en la conjuntiva de los ojos. Se produce por oclusión de los canales biliares y reflujo de la bilis en la sangre o por destrucción de los glóbulos rojos en el bazo y transformación de la hemoglobina en bilirrubina o pigmentos biliares. Este último caso, que es el más raro, se encuentra en forma familiar y hereditaria y se llama ictericia hemolítica.

ictericiado, da. (De *ictericia*.) adj. **ictérico**, que padece ictericia.

ictérico, ca. (Del lat. *ictericus*, y éste del gr. *ikterikós*, de *ikteros*, amarillez.) adj. **Pat.** Perteneciente a la ictericia. || Que la padece. Ú. t. c. s.

ictérido, da. (Del lat. científico *ícterus*, gén. tipo, e *-ido*; aquél del gr. *ikteros*, oropéndola.) adj. **Zool.** Dícese de los pájaros americanos, grandes, a veces, como gallinas, y con el pico cónico, fuerte y largo. Vulgarmente se conocen como *trupiales*. || m. pl. Familia de estos pájaros.

ictero-. pref. V. **icter-**.

-íctero. suf. V. **icter-**.

icterodes. (Del gr. *ikteródes*; de *ikte-* llez, y *eidos*, forma, semejanza.) adj. *Pat.* V. **tifus icterodes**.

icti-. pref. V. **ict-**.

ictidosaurio, ria. (Del lat. científico *ictidosaurus*, gén. tipo; del gr. *iktis, -idos*, garduña, y *sauros*, lagarto.) adj. **Paleont.** y **Zool.** Dícese de los reptiles sinápsidos fósiles, del orden de los terápsidos. Vivieron en el período pérmico y evolucionaron, adquiriendo una combinación de características superiores que, en el triásico, dieron lugar a los primeros mamíferos. || m. pl. Suborden de estos reptiles fósiles.

ictíneo, a. (De *Ictíneo*, nombre de un submarino inventado por Narciso Monturiol en 1859, y del gr. *ichthýs*.) adj. Semejante a un pez. || m. p. us. **buque submarino**.

Ictíneo. Nombre del buque submarino de Narciso Monturiol (v.).

Ictino. *Biog.* Arquitecto griego, que floreció en el s. V a. C. Fue el constructor del Partenón, en la acrópolis de Atenas.

ictio-; -ictio. pref. o suf. V. **ict-**.

ictiocola. (De *ictio-* y el gr. *kolla*, cola.) f. Cola de pescado, de la vejiga natatoria de varios peces, principalmente esturiones; en el comercio se substituye generalmente con una gelatina purificada.

ictiofagia. fr., *ichthyophagie*; it., *ittiofagia*; i., *ichthyophagy*; a., *Fischessen*. (De *ictio-* y *-fagia*.) f. Costumbre de alimentarse de peces.

ictiófago, ga. (De *ictio-* y *-fago*.) adj. Que se mantiene de peces. Ú. t. c. s.

ictiofis. (Del lat. científico *ichthyophis*; del gr. *ichthýs*, pez, y *óphis*, serpiente.) *Zool.* Género de anfibios ápodos cuya especie más conocida es la llamada *serpiente pez pegajosa*, del sudeste asiático (*c. glutinosa*).

ictiografía. fr., *ichthyographie*; it., *ittiografia*; i., *ichthyography*; a., *Ichthyographie, Fischbeschreibung*. (De *ictio-* y *-grafía*.) f. Parte de la zoología que trata de la descripción de los peces.

ictioide. (De *icti-* y *-oide*.) adj. Que presenta caracteres semejantes a los de los peces.

ictiol. (Del gr. *ichthýs*, pez.) m. **Farm.** Aceite que se obtiene de la destilación de una roca bituminosa y tiene uso en dermatología.

ictiología. fr., *ichthyologie*; it., *ittiologia*; i., *ichthyology*; a., *Fischkunde, Ichthyologie*. (De *ictio-* y *-logía*.) f. Parte de la zoología que trata de los peces.

ictiológico, ca. adj. Perteneciente o relativo a la ictiología.

ictiólogo. m. El que profesa la ictiología.

ictiópsido, da. (De *icti-, -ops-* e *-ido*.) adj. **Zool.** Calificativo aplicado por el biólogo inglés Huxley para designar a los peces y batracios, en oposición a los saurópsidos (aves y reptiles). Carece de valor sistemático.

ictiopterigio, gia. (De *ictio-* y *-pterigio*.) adj. **Paleont.** y **Zool. parápsido.**

ictiornis. (Del lat. científico *ichthyornis*; del gr. *ichthýs*, pez, y *órnis, -ithos*, ave.) **Paleont.** y **Zool.** Gén. de aves de la familia de las ictiornítidas.

ictiornítido, da. (De *ictiornis* e *-ido*.) adj. **Paleont.** y **Zool.** Dícese de las odontognatas ictiornitiformes, cuyas características son las mismas de este orden. Están representadas por dos gén. del período cretácico: el *ictiornis* y el *apatornis*. || f. pl. Familia de estas aves, única del orden.

ictiornitiforme. (De *ictiornis* y *-forme*.) adj. **Paleont.** y **Zool.** Dícese de las aves neornitas, adontognatas, con quilla en el esternón, alas bien desarrolladas, dientes en el pico, cuello largo y tamaño mediano. Vivieron durante el período cretácico. || f. pl. Orden de estas aves fósiles, con una sola familia, la de las ictiornítidas.

ictiosaurio, ria. (De *ictio-* y *-saurio*.) **Paleont.** y **Zool.** Dícese de los reptiles de la subclase de los parápsidos, de 1 a 10 m. de long.; adaptados a la vida marina, cuerpo fusiforme, extremidades pares en forma de aletas, y con 5 a 12 dedos provistos de numerosas falanges y cola ahorquillada; hocico largo y mandíbulas provistas de numerosos dientes y cavidades orbitales muy grandes. Se iniciaron en el triásico y alcanzaron su clímax en el jurásico, para extinguirse al final de cretácico. El gén. más importante es el *ichtyosaurus*. || m. pl. Orden de estos reptiles fósiles.

ictiosauro. (De *ictio-* y *-sauro*.) m. **Paleont.** y **Zool.** Nombre genérico del individuo de cualquier especie del orden de los ictiosaurios.

ictiosis. (De *icti-* y *-osis*.) f. **Pat.** Estado patológico de la piel, que la hace parecer, por su dureza, espesor y el dibujo que se hace más visible, a las escamas de un pez.

ictiostégido, da. (Del lat. científico *ichthyóstega*, gén. tipo, e *-ido*; aquél del gr. *ichthýs*, pez, y *stége*, cubierta.) adj. **Paleont.** y **Zool.** Dícese de los anfibios del orden de los filospóndidos, que vivieron a fines del devónico y que pueden considerarse como los más antiguos anfibios conocidos, derivados de los peces crosopterigios por adaptación a la vida aérea y terrestre. || m. pl. Familia de estos anfibios fósiles.

ictiótomo, ma. (De *ictio-* y *-tomo*.) adj. **Paleont.** y **Zool.** Dícese de los peces fósiles de la clase de los elasmobranquios, de cuerpo estrecho, aleta dorsal larga, aletas pares diferenciadas, cola difiercal, cabeza cubierta de placas óseas y una gran espina dorsal al final de la cabeza. Su gén. tipo es el *pleuracanthus*, que vivió en los períodos carbonífero y pérmico. || m. pl. Subclase de estos peces, también llamados *pleuracántidos*.

ictus. (Del lat. *ictus, -us*, golpe, y en especial el golpe con que se marcaba el ritmo.) m. Acento métrico. || **Med.** Cuadro morboso que se presenta de un modo súbito y violento, como producido por un golpe.

ichal. m. Sitio en que hay muchos ichos.

icho. (Del quechua *ichu*.) m. **Bot.** Planta de la familia de las gramíneas, espontánea en los páramos de la cordillera de los Andes, llamada también *pajón, paja del Potosí* y *ocsa*.

Ichocán. *Geog.* Dist. de Perú, depart. y prov. de Cajamarca; 12.705 h. || Villa cap. del mismo; 874 h.

Ichuña. *Geog.* Dist. de Perú, depart. de Moquegua, prov. de General Sánchez Cerro; 2.183 h. || Pueblo cap. del mismo; 183 h.

Ichupampa. *Geog.* Dist. de Perú, depart. de Arequipa, prov. de Caylloma; 856 h. || Pueblo cap. del mismo; 760 h.

-id-; -ida, -ido. (Del lat. *-idus*.) *Gram.* Infijo o suf.: *ácido, anisidina*.

-id-. Infijo. V. **eido-**.

id. (Voz lat.) m. *Psicol.* **ello**.

-ida. suf. V. **eido-**.

-ida, -ido. suf. V. **-id-, -idus**.

ida. fr., *aller*; it., *andata*; i., *departure*; a., *Gang, Gehen*. (De *ido*.) f. Acción de ir de un lugar a otro. || fig. Ímpetu, prontitud o acción considerada e impensada. || **Esgr.** Acometimiento que hace uno de los competidores al otro después de presentar la espada. || **Mont.** Señal o rastro que con los pies hace la caza en el suelo. || **y venida.** Partido o convenio en el juego de los cientos, con el que se fenece el juego en cada mano sin acabar de contar el ciento, pagando los tantos según las calidades de él. || **en dos idas y venidas.** loc. fig. y fam. Brevemente, con prontitud. || **la ida del cuervo,** o **del humo.** loc. fam. con que al irse alguno se da a entender el deseo de que no vuelva o el juicio que se hace de que no volverá.

Ida. *Mit.* Monte de Creta, en el nomo de Retimo, donde, según la tradición griega, transcurrió la infancia de Zeus; 2.456 m. de alt.

Idacio. *Biog.* Prelado y cronista español, n. en Ginzo de Limia y m. en Chaves (395-470). En 427 presidió la embajada que fue a las Galias para solicitar de Aecio su ayuda contra los suevos. Es conocido principalmente por su *Cronicón*, preciosa fuente para el conocimiento de los primeros años de la invasión visigoda. En el año 464 era obispo de *Aquae Flaviae* (Chaves).

Idaho. *Geog.* Est. occidental de EE. UU.; 216.412 km.^{2} y 713.008 h. Cap., Boise City.

Lago de Coeur S'Alene (Idaho)

idalio, lia. (Del lat. *idalĭus*.) adj. Perteneciente a Idalia, antigua c. de la isla de Chipre, consagrada a Venus. || *Mit.* Perteneciente a esta deidad del gentilismo.

-idas. suf. V. **eido-**.

iddisch. (Del a. *jüdisch*, y éste de *jude*, judío.) m. **Ling.** yidish.

-ide. suf. V. **eido-**.

idea. fr., *idée*; it. e i., *idea*; a., *Idee, Begriff, Vorstellung, Plan*. (Del lat. *idĕa*, y éste del gr. *idéa*, forma, apariencia; de *idein*, ver.) f. Primero y más obvio de los actos del entendimiento, que se limita a la simple noticia de una cosa. ‖ Imagen o representación que del objeto percibido queda en el alma. ‖ Conocimiento puro, racional, debido a las naturales condiciones de nuestro entendimiento. ‖ Plan y disposición que se ordena en la fantasía para la formación de una obra. ‖ Intención de hacer una cosa. ‖ Concepto, opinión o juicio formado de una persona o cosa. ‖ Ingenio para disponer, inventar y trazar una cosa. ‖ fam. Manía o imaginación extravagante. Ú. m. en pl. ‖ pl. Convicciones, creencias, opiniones. ‖ **ideas de Platón.** *Filos.* Ejemplares perpetuos e inmutables de todas las cosas criadas existen, según este filósofo, en el mundo inteligible, y, según San Agustín, en la mente divina. ‖ **universales.** Conceptos formados por abstracción que representan en nuestra mente, reducidas a unidad común, realidades que existen en diversos seres; p. e.: hombre, respecto de Pedro, Juan, Antonio, etc., y así todas las especies y los géneros. (V. **universales.**) ‖ **con idea de.** loc. fam. Con segunda intención en lo que se hace o se dice.

ideación. (De *idear*.) f. Génesis y proceso en la formación de las ideas.

ideal. fr., *idéal*; it., *ideale*; i., *ideal*; a., *ideal, Muster, Vorbild*. (Del lat. *ideālis*.) adj. Perteneciente o relativo a la idea. ‖ Que no es físico, real y verdadero, sino que está en la fantasía. ‖ Excelente, perfecto en su línea. ‖ m. Prototipo, modelo o ejemplar de perfección.

idealidad. f. Calidad de ideal.

idealismo. fr., *idéalisme*; it., *idealismo*; i., *idealism*; a., *Idealismus*. (De *ideal*.) m. Condición de los sistemas filosóficos que consideran la idea como principio del ser y del conocer. Comprende esta denominación, como los tipos generales, el idealismo moderado de Platón, el subjetivo de Kant y el absoluto de Hegel. ‖ Aptitud para elevar sobre la realidad sensible las cosas que se describen o se representan. ‖ Aptitud de la inteligencia para idealizar. ‖ En sentido estricto, es la doctrina filosófica que niega la realidad del mundo exterior y sólo la admite como una expresión de la idea.

idealista. adj. Dícese de la persona que profesa la doctrina del idealismo. Ú. t. c. s. ‖ Aplícase a la que propende a representarse las cosas de una manera ideal. Ú. t. c. s.

idealización. f. Acción y efecto de idealizar.

idealizador, ra. adj. Que idealiza.

idealizar. fr., *idéaliser*; it., *idealizzare*; i., *to idealize*; a., *idealisieren*. (De *ideal*.) tr. Elevar las cosas sobre la realidad sensible por medio de la inteligencia o fantasía.

idealmente. adv. m. En la idea o discurso.

idear. fr., *imaginer*; it., *ideare*; i., *to imagine*; a., *ausdenken, ersinnen, projektieren*. tr. Formar idea de una cosa. ‖ Trazar, inventar.

ideario. m. Repertorio de las principales ideas de un autor, de una escuela o de una colectividad. ‖ Ideología, conjunto de ideas fundamentales que caracterizan una manera de pensar.

ideático, ca. adj. *Amér.* Venático, caprichoso o maniático.

ídem. (Del lat. *idem*, el mismo, lo mismo.) pron. lat. que sign. *el mismo* o *lo mismo*, y se suele usar para repetir las citas de un autor, y en las cuentas y listas para denotar diferentes partidas de una sola especie. ‖ **ídem per ídem.** loc. lat. que significa *ello por ello*, o *lo mismo es lo uno que lo otro*.

idénticamente. adv. m. De manera idéntica, con identidad.

idéntico, ca. fr., *identique*; it., *identico*; i., *identical*; a., *identisch, einerlei, gleichbedeutend*. (De *ídem*.) adj. Dícese de lo que en substancia y accidentes es lo mismo que otra cosa con que se compara. Ú. t. c. s. ‖ Muy parecido.

identidad. fr., *identité*; it., *identità*; i., *identity*; a., *Identität*. (Del lat. *identĭtas, -ātis*, de *idem*, lo mismo.) f. Calidad de idéntico. ‖ **Der.** Hecho de ser una persona o cosa la misma que se supone o busca. ‖ **Filos.** En el concepto estricto filosófico, supone igualdad absoluta en la substancia y accidentes. Y como esta igualdad no puede darse más que en el ser respecto de sí mismo, de ahí que no exista otra identidad más que la de ser consigo mismo, pero de ninguna manera con otros. La semejanza perfecta se dice igualdad, pero no identidad. ‖ **Mat.** Igualdad que se verifica para todo valor de las incógnitas que en ella aparecen. Así: $3x \cdot x^2 = 3x^3$ es una identidad, porque es cierta para todo valor de *x*. También son idénticas todas las igualdades numéricas. Se indica también con el símbolo ≡.

identificable. adj. Que puede ser identificado.

identificación. f. Acción de identificar.

identificar. fr., *identifier*; it., *identificare*; i., *to identify*; a., *identifizieren, gleichmachen*. (De *idéntico*, y el lat. *-ficāre*, de *facĕre*, hacer.) tr. Hacer que dos o más cosas que en realidad son distintas aparezcan a la consideración como una misma. Ú. m. c. prnl. ‖ **Der.** Reconocer si una persona o cosa es la misma que se supone o se busca. ‖ prnl. **Filos.** Dícese de aquellas cosas que la razón aprehende como diferentes, aunque en la realidad sean una misma.

ideo-; -ídeo o **-ideo.** pref. o suf. V. **eido-**.

ideo, a. (Del lat. *idaeus*.) adj. Perteneciente al monte Ida. ‖ Por ext., perteneciente a Troya o Frigia.

ideodinamismo. (De *ideo-* y *dinamismo*.) m. *Psicol.* Estímulo que por las células cerebrales ejerce una idea (estado de conciencia) en las fibras nerviosas que deben realizar esta misma idea o imagen.

ideografía. fr., *idéographie*; it., *ideografia*; i., *ideography*; a., *Ideenbildung*. (De *ideo-* y *-grafía*.) f. Representación de ideas, palabras, morfemas o frases por medio de ideogramas.

ideográfico, ca. (De *ideo-* y *gráfico*.) adj. Perteneciente o relativo a la ideografía o a los ideogramas.

ideografismo. (De *ideo-*, *-graf-* e *-ismo*.) m. Sistema de escritura en el que se emplean únicamente ideogramas.

ideograma. fr., *idéogramme*; it., *ideogramma*; i., *ideogram*; a., *Begriffszeichen*. (De *ideo-* y *-grama*.) m. Imagen convencional o símbolo que significa un ser o una idea, pero no palabras o frases fijas que los representen. ‖ Imagen convencional o símbolo que en la escritura de ciertas lenguas significa una palabra, morfema o frase determinados, sin representar cada una de sus sílabas o fonemas.

ideología. fr., *idéologie*; it., *ideologia*; i., *ideology*; a., *Ideologie, Begriffslehre*. (De *ideo-* y *-logia*.) f. *Filos.* Doctrina filosófica cuyo principal representante fue Antoine-Louis-Claude Destutt de Tracy, centrada en el estudio del origen de las ideas. ‖ Conjunto de ideas fundamentales que caracterizan el pensamiento de una persona, colectividad, época, movimiento cultural, religioso o político, etc.

ideológico, ca. adj. Perteneciente a la ideología.

ideólogo, ga. adj. Iluso, soñador, utópico. ‖ m. y f. Persona que profesa la ideología. ‖ Persona que, entregada a una ideología, desatiende la realidad.

ideoplastia. (De *ideo-* y *-plastia*.) f. **Med.** Pasividad de la actividad cerebral observada durante la hipnosis.

Ideogramas egipcios. Museo Arqueológico. El Cairo

ideoso, sa. adj. *Arg., Bol.* y *Méj.* Ideático, de ideas estrafalarias. Ú. t. c. s.

-ides. suf. V. **eido-**.

-idia. suf. V. **eido-**.

idi-apostu. (Voz vascuence.) m. *Dep.* y *Folk.* **idi-dema.** ‖ **-dema.** Costumbre vasca de medir las fuerzas del ganado bovino, haciéndole arrastrar grandes moles de piedra.

Idiarte Borda (Juan). *Biog.* Político uruguayo, n. en Mercedes y m. en Montevideo (1844-1897). Ocupó la presidencia de la República de su país de 1894 a 1897.

Idiazábal. *Geog.* Pobl. de Argentina, prov. de Córdoba, depart. de Unión; 1.086 h. ‖ Mun. de España, prov. de Guipúzcoa, p. j. de Tolosa; 1.995 h. ‖ Villa cap. del mismo; 1.887 h.

-ídido. suf. variante de **-ido**.

idílico, ca. adj. Perteneciente o relativo al idilio.

idilio. fr., *idylle*; it., *idillio*; i., *idyl*; a., *Idyll*. (Del lat. *idyllĭum*, y éste del gr. *eidýllion*, de *eidos*, forma, imagen.) m. Composición poética que tiene generalmente por caracteres distin-

Idilio, por Mariano Fortuny. Museo del Prado. Madrid

tivos lo tierno y delicado, y por asuntos las cosas del campo y los afectos amorosos de los pastores. ‖ fig. Coloquio amoroso, y p. ext., relaciones entre enamorados.

idio-. (Del gr. *ídios*.) pref. que sign. propio.

-idio. (Del lat. *-idium*, y éste del gr. *-idion;* ambos, suf. de dim.) **Bot.** suf. de dim.: *esporidio.*

-idio. suf. V. **eido-.**

idioblasto. (De *idio-* y *-blasto.*) m. **Biol.** Célula de un tejido, distinta a las demás, por su forma, tamaño o función.

idiocia. (De *idiota.*) f. **Pat.** idiotez.

idiocromático, ca. (De *idio-* y *cromático.*) adj. **Miner.** Dícese de los minerales que presentan un color característico, más o menos constante.

idiocromosoma. (De *idio-* y *cromosoma.*) m. **Genética.** heterocromosoma.

idiolecto. (Formado sobre dialecto, del gr. *ídios,* propio, especial.) m. **Ling.** Conjunto de rasgos que, en el empleo de su idioma, caracterizan a un hablante en un momento dado.

idiología. (De *idio-* y *-logía.*) f. Manera individual y característica de expresarse utilizando la palabra.

idioma. fr., *idiome;* it., *idioma;* i., *idiom;* a., *Idiom, Sprache.* (Del lat. *idiōma,* y éste del gr. *idioma,* de *ídios,* propio, especial.) m. Lengua de un pueblo o nación, o común a varios. ‖ Modo particular de hablar de algunos o en algunas ocasiones.

idiomático, ca. (Del gr. *idiomatikós,* especial.) adj. Propio y peculiar de una lengua determinada.

idiomorfo, fa. (De *idio-* y *-morfo.*) adj. **Miner.** Se dice del mineral que, al principio de su consolidación, dispone de espacio suficiente para cristalizar en su forma propia y característica.

idioplasma. (De *idio-* y *plasma.*) m. **Citol.** Porción activa de protoplasma, contenida en los cromosomas del núcleo, capaz de autoduplicación y de la cual dependen los caracteres peculiares de la célula.

idiosincrasia. (Del gr. *idiosygkrasía;* de *ídios,* propio, especial, y *sýgkrasis,* temperamento.) f. Índole del temperamento y carácter de cada individuo, por la cual se distingue de los demás.

idiosincrásico, ca. adj. Perteneciente o relativo a la idiosincrasia.

idiota. fr. e i., *idiot;* it., *idiota;* a., *idiot, einfältig.* (Del lat. *idiōta,* y éste del gr. *idiótes,* privado, profano.) adj. Que padece de idiotez. Ú. t. c. s. ‖ Ayuno de toda instrucción. ‖ fig. Persona engreída sin fundamento para ello. Ú. t. c. s.

idiotez. (De *idiota.*) f. **Pat.** Trastorno mental caracterizado por la falta congénita, incurable y completa de las facultades intelectuales. Puede ser también adquirida. ‖ Hecho o dicho propio del idiota.

idiotipo. (De *idio-* y *-tipo.*) m. **Biol.** Conjunto de factores genéticos que constituyen el patrimonio hereditario de cada individuo.

idiotismo. (Del lat. *idiotismus,* lenguaje o estilo familiar, y éste del gr. *idiotismós.*) m. Ignorancia, falta de letras e instrucción. ‖ **Gram.** Modo de hablar contra las reglas ordinarias de la gramática, pero propio de una lengua. ‖ **Pat.** Grado extremo de insuficiencia de las facultades mentales.

idiuro. (Del lat. científico *idiurus,* y éste del gr. *ídios,* propio o singular, y *ourá,* cola.) **Zool.** Gén. de roedores simplicidentados, del suborden de los esciuromorfos, familia de los anomalúridos. La especie más característica es el *idiuro orejudo,* de las selvas de Nigeria (*i. macrotis*).

Idlib. Geog. Dist. de Siria; 5.933 km.² y 383.543 h. ‖ C. cap. del mismo; 42.865 h.

ido-; -ido-; -ido. pref., infijo o suf. V. **eido-.**

-ido. suf. V. **-id-,** del lat. *-idus.*

ido, da. p. p. del verbo **ir.** ‖ adj. Dícese de la persona que está falta de juicio.

ido. m. Ling. Lengua artificial derivada del esperanto, propuesta como simplificación de ésta por L. de Beaufront, en 1907.

Idocín. Geog. Ibargoiti.

idocrasa. (De *ido-* y *-crasa.*) f. **Miner.** Silicato muy complejo de calcio, magnesio y aluminio; es un sorosilicato tetragonal, de dureza 7 y color pardo, verde o amarillo y brillo vítreo.

idol-, idolo-. (Del gr. *eidolon.*) pref. que sign. ídolo.

idólatra. fr., *idolâtre;* it., *idolatra;* i., *idolatrous;* a., *götzendiener.* (Del lat. *idolătra,* y éste del gr. *eidololátres;* de *eídolon,* ídolo, y *latreía,* latría.) adj. Que adora ídolos o falsas deidades. Ú. t. c. s. ‖ fig. Que ama excesivamente a una persona o cosa.

idolatrante. p. a. de idolatrar. Que idolatra.

idolatrar. fr., *idolâtrer;* it., *idolatrare;* i., *to idolize, to idolatrize;* a., *abgotterei treiben.* (De *idólatra.*) tr. Adorar ídolos o falsas deidades. ‖ fig. Amar excesivamente a una persona o cosa. Ú. t. c. intr.

idolatría. fr., *idolâtrie;* it., *idolatria;* i., *idolatry;* a., *Götzendienst.* (Del lat. *idolatrĭa,* y éste del gr. *eidololatreía,* de *eidololátres,* idólatra.) f. Adoración que se da a los ídolos y falsas divinidades. ‖ fig. Amor excesivo y vehemente a una persona o cosa.

idolátrico, ca. (Del lat. *idolatrĭcus.*) adj. Perteneciente a la idolatría.

idolejo. m. dim. de **ídolo.**

idolo-. pref. V. **idol-.**

Ídolo africano. Rijksmuseum. Amsterdam

ídolo. fr., *idole;* it., *idolo;* i., *idol;* a., *Götze, Idol.* (Del lat. *idōlum,* y éste del gr. *eídolon.*) m. Figura de una falsa deidad a que se da adoración. ‖ fig. Persona o cosa excesivamente amada.

idología. (De *idolo-* y *-logía.*) f. Ciencia que trata de los ídolos.

idolológico, ca. adj. Referente a los ídolos o a la idolología.

idolopeya. (Del gr. *eidolopoiía,* de *eídolon,* imagen, espectro, y *poiéo,* hacer, representar.) f. **Ret.** Figura que consiste en poner un dicho o discurso en boca de una persona muerta.

idoneidad. (Del lat. *idoneĭtas, -ātis.*) f. Calidad de idóneo.

idóneo, a. fr., *idoine, capable;* it., *idoneo;* i., *idoneous;* a., *tauglich, geschickt.* (Del lat. *idonĕus.*) adj. Que tiene buena disposición o capacidad para una cosa. ‖ *Arg.* Aprendiz de farmacéutico.

idos. m. pl. idus.

-idra. suf. V. **hid-.**

Idrís. Biog. Edrís I. ‖ **I (Muhammad Idrís al-Senusi).** Rey de Libia, n. en Giarabub en 1890. Reconocido como *Gran Senusi* por Italia,

Idrís I

que entonces ocupaba la Cirenaica, tuvo que huir a Egipto con la llegada de Mussolini al poder. Conquistada Cirenaica por los aliados, durante la S. G. M., regresó a su país (1942); el 1 de junio de 1949, asistido por los ingleses, proclamó la independencia de Cirenaica; y en 1950 fue reconocido por primer rey de Libia, cargo en el que se mantuvo hasta su derrocamiento en 1969.

Iduarte (Andrés). Biog. Escritor mejicano, n. en Tabasco en 1907. Dirigió el Instituto de Bellas Artes de Méjico y es profesor de la Universidad de Columbia. Obras: *Himno a la sangre, Pláticas hispanoamericanas, Veinte años con Rómulo Gallegos, La isla sin veneno, Sarmiento, Martí y Rodó* y *Alfonso Reyes, el hombre y su mundo.*

Idúbeda. Geog. hist. Nombre que antiguamente recibió la cordillera Ibérica.

Idumea. Geog. hist. Comarca que comprendía parte de la Arabia Pétrea, al S. de la Judea.

idumeo, a. fr., *iduméen;* it., *idumeo;* i., *idumaean;* a., *idumäer.* (Del lat. *idumaeus.*) adj. Natural de Idumea, o perteneciente a este país del Asia antigua. Ú. t. c. s.

idus. (Del lat. *idus.*) m. pl. En el antiguo cómputo romano y en el eclesiástico, el día 15 de marzo, mayo, julio y octubre, y el 13 de los demás meses.

I. E. M. E. Econ. Siglas de *Instituto Español de Moneda Extranjera* (v.).

Ieper. (Voz flamenca; en fr., *Ypres.*) Geog. C. de Bélgica, prov. de Flandes Occidental; 18.200 h. Centro industrial.

Iesi. Geog. C. de Italia, prov. de Ancona, en las Marcas, cerca del río Esino; 29.587 h. Industria textil, fabricación de papel, fundiciones y refinería de azúcar.

-iesis. suf. Como **-iasis** (v.).

Iesus o **Jesus.** Filol. y Ling. Jesús.

Ievtuchenko (Eugeni). Biog. Evtuchenko (Eugeni).

Ife. Geog. C. del SO. de Nigeria, sit. a unos 86 km. al E. de Ibadan; 157.178 h. Minas de oro.

ifierno. m. *Méj.* barb. por **infierno.**

Ifigenia. Mit. Hija de Clitemnestra y Agamenón, según la leyenda más corriente, aunque algunos la hacen descender de Elena y Teseo. Por haber despertado su padre la cólera de Artemisa, el oráculo ordenó inmolar a Ifigenia; pero cuando iba a efectuarse el sacrificio, la diosa, enternecida, la arrebató, envolviéndola en una nube, y en su lugar fue muerto un oso marino o un ciervo. Inspiró hermosos dramas a Eurípides, Goethe y Schiller.

Ifni. (En ár., *Ba-Amaran.*) **Geog.** Antigua prov. africana de España, que pertenece a Marruecos desde 1969; 1.500 km.² y 49.889 h. Cap., Sidi Ifni. Su suelo es quebrado y su costa rectilínea, alta y escarpada. Su clima es cálido y seco, atenuado por la proximidad del Antiatlas y la contigüidad al mar. En 1476, en tiempo de los Reyes Católicos, el adelantado Diego García de Herrera construyó el fuerte que se llamó Santa Cruz de Mar Pequeña, utilizado por los canarios como base para hacer entradas, a fin de aprisionar cautivos que trabajasen en los cultivos de las islas. Cuando por el tratado de Uad-Ras, que puso término a la guerra entre España y Marruecos (1860), se reconoció a aquélla el derecho de reocupar la pesquería de Santa Cruz de Mar Pequeña, se planteó el problema de determinar su emplazamiento. Una comisión hispanomarroquí, precisó la existencia de las ruinas de una fortaleza española que domina la orilla derecha del río Ifni, nombre debido al santón de la comarca, Sidi Ifni. Esto sirvió para identificar sin gran seguridad a Ifni con Santa Cruz de Mar Pequeña (1877-78). Fue ratificado el derecho en la Conferencia de Algeciras (1906). Por el tratado de 1912 entre Francia y España quedaron fijados los límites de la posesión. Fue conservado por España al cesar en su misión de país protector en Marruecos (1956). En noviembre de 1957, el terr. de Ifni y la zona N. del Sáhara español (hoy Sáhara occidental), fueron atacados por bandas de guerrilleros del llamado Ejército de liberación nacional. El 4 de enero de 1969 fue firmado un acuerdo entre ambos Estados para la devolución de Ifni a Marruecos.

Ifrán. Geog. Local. de Argentina, prov. de Corrientes, depart. de Goya; 622 h.

Ifugao. Geog. Prov. de Filipinas, en la isla de Luzón; 2.518 km.² y 92.487 h. Cap., Lagawe.

Igarzábal. Geog. Local. de Argentina, prov. de Buenos Aires, part. de Patagones; 200 h.

Igea. Geog. Mun. y villa de España, prov. de Logroño, p. j. de Calahorra; 1.264 h.

Iglesario. Geog. V. **Avión.**

iglesia. fr., *église;* it., *chiesa;* i., *church;* a., *Kirche.* (Del lat. *ecclesia,* y éste del gr. *ekklesía,* asamblea congregación.) f. Templo cristiano. ∥ Inmunidad del que se acoge a su sagrado. ∥ Cabildo de las catedrales o colegiales; y así, se divide en metropolitana, sufragánea, exenta y parroquial. ∥ **catedral.** *Der can.* Iglesia principal en que reside el obispo con su cabildo. ∥ **colegial.** La que no siendo silla propia de arzobispo u obispo, se compone de abad y canónigos seculares, y en ella se celebran los oficios religiosos como en las catedrales. ∥ **concatedral.** La que en dignidad es semejante a la catedral, aunque en ella no resida el obispo. ∥ **conventual.** La de un convento. ∥ **en cruz griega.** *Arquit.* La que se compone de dos naves de igual longitud que se cruzan perpendicularmente por su parte media. ∥ **en cruz latina.** La que se compone de dos naves, una más larga que otra, que se cruzan a escuadra. ∥ **de estatuto.** *Hist.* Aquella en que había de hacer pruebas de limpieza de sangre el que solicitaba ser admitido en ella. ∥ **fría.** La que tenía derecho de asilo. ∥ Derecho que conservaba el que era extraído de la iglesia y no restituido a ella, para alegarlo si lo volvían a prender. ∥ **juradera.** La que estaba destinada para recibir en ella los juramentos decisorios. ∥ **mayor.** *Der. can.* La principal de cada pueblo. ∥ **metropolitana.** La que es sede de un arzobispo. ∥ **papal.** Aquella en que el prelado provee todas las prebendas. ∥ **parroquial. parroquia.** ∥ **patriarcal.** La que es sede de un patriarca. ∥ **primada.** La que es sede de un primado. ∥ **iglesia me llamo.** expr. usada por los delincuentes para no decir su nombre, y dar a entender que tenían iglesia o que gozaban de su impunidad. ∥ expr. fig. y fam. de que usa el que está asegurado de las persecuciones y tiros que otros le pueden ocasionar.

Iglesia. (Del m. or. que el anterior.) Congregación de los fieles, regida por el Papa como vicario de Cristo en la tierra. ∥ Conjunto del clero y pueblo de un país en donde el cristianismo tiene adeptos. ∥ Estado eclesiástico, que comprende a todos los ordenados. ∥ Gobierno eclesiástico general del Sumo Pontífice, concilios y prelados. ∥ Diócesis; terr. y lugares de la jurisdicción de los prelados. ∥ Conjunto de sus súbditos. ∥ Dentro del cristianismo, cada una de las diversas comunidades de creyentes con organización eclesiástica. ∥ **Geog.** Cerro de Argentina, prov. de Mendoza, depart. de Las Heras; 6.000 m. de alt. ∥ Depart. de Argentina, prov. de San Juan; 18.299 km.² y 4.971 h. ∥ Local. de Argentina, prov. de San Juan, depart. de su nombre; 575 h. ∥ **Fornelos de Montes.** ∥ **(La). Oroso, Trucíos.** ∥ *Hist.* y *Rel.* La Iglesia fue fundada por el propio Cristo. Su promesa la encontramos en las palabras que siguen a la confesión que San Pedro hizo de su divinidad a las puertas de Cesarea: «Tú eres Pedro (en arameo, *Kefas* = piedra), y sobre esta piedra edificaré mi Iglesia.» La colación de la autoridad suprema, y por consiguiente su fundación efectiva, la hace Cristo después de su resurrección, cuando recibida de San Pedro la triple confesión de amor, le dice: «Apacienta mis corderos, apacienta mis ovejas.» Una vez subido Cristo a los cielos, San Pedro comienza a ejercer inmediatamente su primado de jurisdicción y después de él lo han venido ejerciendo hasta nuestros días los romanos pontífices, vicarios de Cristo y cabezas visibles de su Iglesia, en virtud de una sucesión legítima e ininterrumpida (v. **papa**). Cuatro son las prerrogativas o cualidades de que goza la Iglesia: visibilidad, infalibilidad, perpetuidad e independencia. La autoridad suprema eclesiástica reside, por derecho divino, en el Papa, y de ella participan, también por disposición divina, los obispos.

Juan XXIII

∥ **cismática.** *Rel.* La que no reconoce la autoridad suprema del Papa. En sentido estricto, **iglesia ortodoxa.** ∥ **militante.** Congregación de los fieles que viven en este mundo en la fe católica. ∥ **oriental.** *Hist.* Latamente, la que estaba incluida en el Imperio de Oriente, a distinción de la incluida en el Imperio de Occidente. ∥ Menos extensamente, la que estaba comprendida sólo en el patriarcado de Antioquía, que en el Imperio romano se llamaba diócesis oriental. ∥ *Rel.* La que sigue el rito griego. ∥ **ortodoxa.** Porción de la Iglesia oriental que se separó de la Iglesia católica. El cisma fue promovido por Focio, quien, siendo seglar, se erigió en patriarca de Constantinopla y, excomulgado por el papa Nicolás I (863), reunió un concilio (866-67) que, a su vez, excomulgó al Papa y acordó la ruptura con Roma. Este brote cismático se extinguió poco después; pero, renovado por Sergio (1034), fue consumado por el también patriarca Miguel Cerulario (1054). Las gestiones para volver la Iglesia ortodoxa a la obediencia de Roma han sido inútiles. Comprende tres grupos, distintos, no solamente por sus ritos, sino también por sus dogmas; y son: nestoriano, monofisita y ortodoxo. Estos grupos

Iglesia colegial de Santillana del Mar (Santander)

Jesús da las llaves de la Iglesia a San Pedro, miniatura de un antifonario mozárabe de la catedral de León

profesan cinco ritos principales que corresponden a las circunscripciones eclesiásticas primitivas: alejandrino, antioqueno, bizantino, armenio y sirio-oriental. || **purgante.** Congregación de los fieles que están en el purgatorio. || **del Silencio.** *Léx.* La católica de los países del otro lado del «telón de acero», cuya actividad tropieza con grandes limitaciones. || **triunfante.** *Rel.* Congregación de los fieles que están ya en la gloria.

iglesiario. m. **huerto rectoral.**

Iglesiarrubia. *Geog.* Mun. y pobl. de España, prov. de Burgos, p. j. de Lerma; 149 h.

Iglesias (Francisco). *Biog.* Aviador e ingeniero militar español, n. en El Ferrol del Caudillo y m. en Madrid (1900-1973). En 1928, junto con el capitán Jiménez, efectuó un vuelo de Sevilla a Mesopotamia, tripulando el avión nombrado *Jesús del Gran Poder*, y con el mismo aparato, volaron de Sevilla a Bahía (Brasil). || **(Ignacio).** Dramaturgo y poeta regional español, n. en San Andrés de Palomar y m. en Barcelona (1871-1928). Antes de los veinticinco años escribió sus primeras obras teatrales, en las que demostró su genio dramático. Era aún muy discutido por la crítica cuando dio al teatro *La mare eterna* y *El cor del poble*, que le reconciliaron hasta con sus adversarios más acérrimos. Pero donde triunfó abiertamente fue con su drama social *Els vells*, y luego con *Les garces*. Escribió otras muchas obras, traducidas algunas al castellano y a otros idiomas. || **(José María).** Jurisconsulto y político mejicano, n. en Méjico (1823-1891). Presidente de la Suprema Corte, fue reconocido como presidente por algunos gobernantes tras la caída de Lerdo de Tejada (1876). Al ser derrotado por Porfirio Díaz, se exilió en EE. UU. Obras: *Apuntes para la Historia de la Guerra entre Méjico y los EE. UU.* y *Revistas Históricas sobre la Intervención Francesa*. || **(Miguel).** Militar y político peruano, n. en Cajamarca y m. en Madrid (1822-1901). Diputado, senador y ministro de Guerra. En 1883 convocó un Congreso en Cajamarca, que le invistió de plenos poderes para ejercer el mando y negociar la paz con Chile, lo cual culminó en el tratado de Ancón. || **Ambrosio (Emiliano).** Abogado, político y periodista español, n. en Puenteareas, Pontevedra, y m. en Madrid (1878-1941). Perteneció al partido radical y fue lugarteniente de Alejandro Lerroux. Al proclamarse la segunda República Española, tomó posesión del Gobierno Civil de Barcelona. A pesar de que las Cortes Constituyentes manifestaran por mayoría de votos que consideraban indeseable su presencia en los escaños, en 1932 volvió a ser elegido y fue jefe de la mayoría parlamentaria. Al estallar la guerra civil, adoptó la nacionalidad mejicana. || **y Castro (Rafael).** Militar y político costarricense, n. en San José (1861-1924). Sufrió prisión y destierro en su lucha contra el régimen de Guardia Gutiérrez y en la presidencia de Rodríguez fue ministro de Guerra y Marina. Fue presidente de la República (1894-98 y 1898-1902) y durante su mandato se sometió al arbitraje del presidente Loubet, de Francia, la disputa fronteriza con Colombia. || **Mascarregno (Augusto).** Escritor, periodista e historiador chileno, n. en Antofagasta en 1897. Fue profesor de Historia del Arte y de Ética en la Universidad de Chile y director general de Bibliotecas, Archivos y Museos. Ha escrito: *Maya*, novela; *José Miguel Carrera*, biografía; *En torno a Portales (Comentarios sobre la actuación política de este caudillo)*; *Revolución ideológica de Chile*, ensayos; *Plegarias de la carne*, sonetos; *La palabra desnuda* y *Yo, el hombre*, poemas: *La barrera*, drama; *Jettadura*, novela; *La vida marinera de El Itata*, novela; *El Derecho objetivo frente al Derecho subjetivo*, ensayo de filosofía jurídica, y *Bolívar*, biografía. || **Paz (César).** Dramaturgo argentino, n. en Yeruá, Entre Ríos, y m. en Buenos Aires (1881-1922). Entre sus obras más celebradas figuran: *La conquista* (1912), *La enemiga* (1913), *El complot del silencio* (1917) y *Una deuda de dolor* (1919). || **Posse (Pablo).** Político español, n. en El Ferrol del Caudillo y m. en Madrid (1850-1925). Tipógrafo de oficio, se afilió a los veinte años a la Asociación Internacional de Trabajadores; fundó y presidió el Partido Socialista Obrero Español y la Unión General de Trabajadores; fue el primer socialista que ocupó un escaño en el Congreso de los Diputados (1910), y fundó y dirigió *El Socialista*. Desempeñó, asimismo, importantes cargos en la Internacional. || **Villoud (Héctor).** Compositor de música argentino, n. en San Nicolás en 1913. Ha escrito música sinfónica, ballets, aires y canciones de inspiración popular. Obras: *Amancay* y *El malón* (ballets), *Danzas argentinas para orquesta* y *La leyenda del lago andino* (poema sinfónico). || *Geog.* Mun. y villa de España, prov. y p. j. de Burgos; 332 h. || **Viejas.** Local. de Argentina, prov. de Córdoba, depart. de Cruz del Eje; 654 h.

iglesieta. f. dim. de **iglesia**, templo.

Iglesuela (La). *Geog.* Mun. y villa de España, prov. de Toledo, p. j. de Talavera de la Reina; 654 h. *(herguijeleños).* || **del Cid (La).** Mun. y villa de España, prov. de Teruel, p. j. de Alcañiz; 703 h. *(iglesuelanos).*

igloo. m. **iglú.**

iglú. (Voz esquimal que sign. *casa de nieve*.) m. Habitación esquimal construida enteramente de bloques de hielo. La usan también los alpinistas.

ignaciano, na. adj. Perteneciente a la doctrina de San Ignacio de Loyola o a las instituciones por él fundadas.

Ignacio (Rafael). *Biog.* Compositor dominicano, n. en San Francisco de Macorís en 1897. Miembro fundador de la orquesta sinfónica de Santo Domingo y autor de *Suite folklórica*. || **de Loyola** *(San).* Religioso fundador español, cuyo nombre en el siglo fue Íñigo de Loyola o Íñigo López de Loyola, n. en el castillo de Loyola, Azpeitia, Guipúzcoa, y m. en Roma (1491-1556). Se crió en la casa del contador mayor de los Reyes Católicos, Juan Velázquez de Cuéllar, en Arévalo. Herido durante el sitio de Pamplona (1521), leyó durante su convalecencia varios libros piadosos que le hicieron meditar y arrepentirse. En el monasterio de Montserrat, después de hacer confesión general por escrito, tomó el hábito de penitente; se retiró a Manresa y, en una cueva de los alrededores, hizo edificante vida de austeridad y concibió su famosa obra *Ejercicios Espirituales*, hizo una peregrinación a Roma y Jerusalén, y a su regreso comenzó sus estudios de latín en Barcelona (1524), y luego de Filosofía en Alcalá (1526) y Salamanca. A los treinta y siete años se trasladó a París, donde obtuvo el título de maestro en artes (1534), y empezó a imponerse en la ciencia teológica. Allí conoció a los que habrían de ser sus primeros compañeros en la constitución de la Orden por él fundada, la *Compañía de Jesús* (v.). Ignacio vivió en Roma, donde redactó las *Constituciones* (1550), en que se fija el carácter de la *Compañía* y las normas por que se habría de regir. Fue canonizado en 1622 por Gregorio XV. Su fiesta, el 31 de julio. || **Allende.** *Geog.* Mun. de Méjico, est. de Puebla; 2.258 h. Cap., Atlequizayan. || **Briceño.** Mun. de Venezuela, est. de Barinas, dist. de Pedraza; 2.415 habitantes. Cap., Maporal. || **de la Llave.** Mun. de Méjico, est. de Veracruz-Llave; 14.862 h. || Villa cap. del mismo; 3.962 h. || **Zaragoza.** Mun. de Méjico, est. de Chihuahua; 9.742 h. || Pueblo cap. del mismo; 1.590 h.

ignaro, ra. (Del lat. *ignārus*.) adj. Que no tiene noticia de las cosas.

ignavia. fr., *nonchalance*; it., *ignavia*; i., *idleness, laziness*; a., *Trägheit*. (Del lat. *ignavia*.) f. Pereza, desidia, flojedad de ánimo.

ignavo, va. (Del lat. *ignāvus*.) adj. Indolente, flojo, cobarde.

ígneo, a. fr., *igné*; it., *igneo*; i., *igneous*; a., *feurig*. (Del lat. *ignĕus*, de *ignis*, fuego.) adj. De fuego o que tiene alguna de sus calidades. || De color de fuego. || *Geol.* Dícese de las rocas que proceden directamente de la consolidación causada por el enfriamiento de una magma o masa de minerales fundidos. Se llaman también rocas *eruptivas* o *magmáticas*.

ignición. fr. e i., *ignition*; i., *ignizione*; a., *Glühen*. (Del lat. *ignītus*, encendido.) f. Acción y efecto de estar un cuerpo encendido, si es combustible, o enrojecido por un fuerte calor, si es incombustible.

ignífero, ra. (Del lat. *ignĭfer*; de *ignis*, fuego, y *ferre*, llevar.) adj. poét. Que arroja o contiene fuego.

ignífugo, ga. (Del lat. *ignis*, fuego, y -*fugo*.) adj. Que protege contra el incendio.

ignipotente. (Del lat. *ignipŏtens*, -*entis*; de *ignis*, fuego, y *potens*, poderoso.) adj. poét. Poderoso en el fuego.

ignito, ta. (Del lat. *ignītus*.) adj. Que tiene fuego o está encendido.

ignitrón. (Del lat. *ignis*, fuego, y -*trón*.) m. *Radiotecnia.* Válvula electrónica, que se aplica como rectificadora, con cátodo de mercurio, y atmósfera, constituida por el vapor de dicho metal.

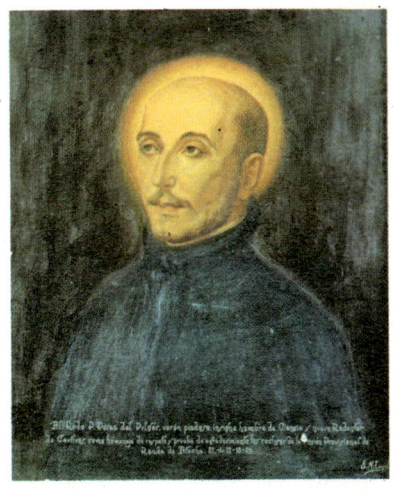

Panteón de Pablo Iglesias Posse

San Ignacio de Loyola, por E. M. Tarjel (1939). Ministerio de Justicia. Madrid

ignívomo, ma. (Del lat. *ignivŏmus;* de *ignis,* fuego, y *vomĕre,* vomitar.) adj. poét. Que vomita fuego.

ignóbil. (Del lat. *ignobĭlis.*) adj. ant. **ignoble.**

ignobilidad. (Del lat. *ignobĭlitas, -ātis.*) f. ant. Calidad de ignoble.

ignoble. adj. ant. **innoble.**

ignografía. f. icnografía.

ignominia. fr., *ignominie;* it., *ignominia;* i., *ignominy;* a., *Schande, Schmach.* (Del lat. *ignominĭa.*) f. Afrenta pública que uno padece con causa o sin ella.

ignominiosamente. adv. m. Con ignominia.

ignominioso, sa. fr., *ignominieux;* it., *ignominioso;* i., *ignominious;* a., *schmachvoll.* (Del lat. *ignominiōsus.*) adj. Que es ocasión o causa de ignominia.

ignoración. (Del lat. *ignoratĭo, -ōnis.*) f. ant. **ignorancia.**

ignorancia. fr., *ignorance;* it., *ignoranza;* i., *ignorance, unlearnedness;* a., *Unwissenheil, Unkunde.* (Del lat. *ignorantĭa.*) f. Falta de ciencia, de letras y noticia, o general o particular. || **de derecho.** *Der.* Desconocimiento de la ley, el cual a nadie excusa, porque rige la necesaria presunción o ficción de que, habiendo sido aquélla promulgada, han de saberla todos. || **de hecho.** La que se tiene de un hecho, y puede ser estimada en las relaciones jurídicas. || **invencible.** *Lex.* La que tiene uno de alguna cosa, por no alcanzar motivo o razón que le haga dudar de ella. || **supina.** La que procede de negligencia en aprender o inquirir lo que puede y debe saberse. || **ignorancia no quita pecado.** expr. con que se explica que la ignorancia de las cosas que se deben saber no exime de culpa.

ignorante. (Del lat. *ignŏrans, -antis.*) p. a. de **ignorar.** Que ignora. || adj. Que no tiene noticia de las cosas. Ú. t. c. s.

ignorantemente. adv. m. Con ignorancia.

ignorantismo. m. Sistema que rechaza la instrucción por estimarla nociva.

ignorar. fr., *ignorer;* it., *ignorare;* i., *not to know;* a., *nicht wissen.* (Del lat. *ignorāre.*) tr. No saber una o muchas cosas, o no tener noticia de ellas.

ignoto, ta. (Del lat. *ignōtus;* de *in,* priv., y *gnōtus,* conocido.) adj. No conocido ni descubierto.

Igor I. *Biog.* Gran duque de Rusia, n. en Novgorod y m. en Iskorost (h. 875-945). Elevado al poder en 913, trató inútilmente de tomar Constantinopla. || **II.** Gran príncipe de Rusia, m. degollado en 1147. Inspiró óperas a Borodin y Strawinsky.

igorrote. adj. *Etnog.* Dícese del individuo de la raza aborigen de la isla de Luzón, Filipinas. Los igorrotes en su mayor parte son salvajes, y ocupan la cordillera, desde la prov. de Pangasinán hasta la misión de Ituy, y no poco espacio de la parte oriental. Ú. t. c. s. y m. en pl.

igreja. (Del lat. *ecclesĭa.*) f. ant. **iglesia.**

Igries. *Geog.* Mun. de España, prov. y p. j. de Huesca; 190 h. || Lugar cap. del mismo; 158 h.

Iguaçú. *Geog.* **Iguazú.**

iguado, da. (Del lat. *aequatus.*) p. p. ant. de **iguar.** || adj. ant. Eguado, igualado.

Iguaín. *Geog.* Dist. de Perú, depart. de Ayacucho, prov. de Huanta; 3.187 h. Cap., Macachacra.

igual. fr., *égal;* it., *uguale;* i., *equal, like;* a., *gleich, gleichartig.* (Del lat. *aequālis.*) adj. De la misma naturaleza, cantidad o calidad de otra cosa. || Liso, que no tiene cuestas ni profundidades. || Muy parecido o semejante. || Proporcionado, en conveniente relación. || Constante, no variable. || Del mismo valor y aprecio. || De la misma clase o condición. Ú. t. c. s. || *Geom.* Dícese de las figuras que al ser superpuestas coinciden en su totalidad. || m. *Mat.* Signo de la igualdad, formado de dos rayas horizontales y paralelas (=). || **al igual.** m. adv. Con igualdad. || **en igual de.** m. adv. En vez de, o en lugar de. || **por igual,** o **por un igual.** m. adv. **igualmente.** || **sin igual.** m. adv. **sin par.**

iguala. f. Acción y efecto de igualar o igualarse. || Composición, ajuste o pacto en los tratos. || Estipendio o cosa que se da en virtud de ajuste. || Convenio entre médico y cliente por el que aquél presta a éste sus servicios mediante una cantidad fija anual en metálico o en especie. || Listón de madera con que los albañiles reconocen la llanura de las tapias o de los suelos. || **a la iguala.** m. adv. **al igual.**

Iguala. (En azt., *yoalli* y *lan,* que sign. *divinidad de la noche.*) *Geog.* Mun. de Méjico, est. de Guerrero; 61.173 h. Cap., Iguala de la Independencia. || **de la Independencia.** C. de Méjico, est. de Guerrero, cap. del mun. de Iguala; 45.355 h. En esta c. proclamó Iturbide el llamado Plan de Iguala (24 de febrero de 1821), por el que se establecía en Méjico un imperio independiente en favor de Fernando VII. Centro comercial y nudo de comunicaciones. || **(La).** Mun. de Honduras, depart. de Lempira; 5.500 h. || Pobl. cap. del mismo; 231 habitantes.

Danza de igorrotes. Manila

igualación. f. Acción y efecto de igualar o igualarse. || fig. Ajuste, convenio o concordia. || desus. *Álg.* Ecuación, igualdad de una o más incógnitas.

Igualada. *Geog.* Mun. y c. de España provincia y p. j. de Barcelona; 27.941 h. *(igualadinos).* Importante y tradicional industria de curtidos e industria textil. Museo de la Piel, inaugurado en 1954. Es población de remota fundación, pues ya existía en la época romana.

igualadino, na. adj. Natural de Igualada, o perteneciente a esta ciudad. Ú. t. c. s.

igualado, da. p. p. de **igualar.** || adj. Aplícase a ciertas aves que ya han arrojado el plumón y tienen igual la pluma. || *Guat.* y *Méj.* Irrespetuoso; dícese de la persona que quiere igualarse con otra de clase social superior.

igualador, ra. adj. Que iguala. Ú. t. c. s.

igualamiento. m. Acción y efecto de igualar o igualarse.

igualante. p. a. ant. de **igualar.** Que iguala.

igualanza. (De *igualar.*) f. ant. **igualdad.** || ant. **iguala.**

Igualapa. *Geog.* Mun. de Méjico, est. de Guerrero; 4.707 h. || Pueblo cap. del mismo; 1.697 h.

igualar. fr., *égaler, égaliser;* it., *uguagliare;* i., *to equalize;* a., *gleichmachen, gleichstellen.* tr. Poner al igual con otra a una persona o cosa. Ú. t. c. prnl. || fig. Juzgar sin diferencia, o estimar a uno y tenerle en la misma opinión o afecto que a otro. || Hablando de la tierra, allanar. || Hacer ajuste o convenirse con pacto sobre una cosa. Ú. t. c. prnl. || intr. Ser una cosa igual a otra. Ú. t. c. prnl.

igualatorio, ria. adj. Que tiende a establecer la igualdad. || m. Asociación de médicos y clientes en que éstos, mediante iguala, reciben la asistencia de aquéllos y, en ocasiones, otros servicios complementarios.

igualdad. fr., *égalité;* it., *egualità, uguaglianza;* i., *equality;* a., *Gleichheit, Gleichartigkeit.* (Del lat. *aequalĭtas, -ātis.*) f. Conformidad de una cosa con otra en naturaleza, forma, calidad o cantidad. || Correspondencia y proporción que resulta de muchas partes que uniformemente componen un todo. || *Mat.* Equivalencia de dos expresiones. El signo empleado es =, que se lee *igual a.* || **ante la ley.** *Der.* Principio que reconoce a todos los ciudadanos capacidad para los mismos derechos. || **de ánimo.** *Lex.* Constancia y serenidad en los sucesos prósperos o adversos.

Igualdad (Felipe). *Biog.* Orleans, duque de Orleans (Louis Philippe Joseph).

Igualeja. *Geog.* Mun. y villa de España, prov. de Málaga, p. j. de Ronda; 1.457 h. *(igualijeños).*

igualeza. (De *igual.*) f. ant. **igualdad.**

igualitario, ria. (De *igualar.*) adj. Que entraña igualdad o tiende a ella.

Ignominia. Escena de Inquisición, por Goya. Real Academia de San Fernando. Madrid

igualitarismo. m. Tendencia política que propugna la desaparición o atenuación de las diferencias sociales.

igualmente. adv. m. Con igualdad. || También, asimismo.

igualón, na. adj. Dícese del pollo de la perdiz cuando ya se acerca en el tamaño a sus padres.

iguana, ihuana, higuana o **iuana.** fr., *iguane*; it. e i., *iguana*; a., *Leguan*. (Del caribe *ihuana* o *iuana*.) f. **Zool.** Nombre común a varios saurios, no congéneres, de la familia de los iguánidos. || *Amér.* **camaleón.** || **común.** Es el prototipo de la familia; de hasta 1,60 m. de longitud, tronco y cola comprimidos; tímpano muy visible; con un saco que cuelga de la garganta, y una cresta alta y lobulada en el dorso, que se prolonga, más baja, en la cola. Es de color verde, con reflejos azulados y amarillentos; arborícola y propia de las selvas del centro y sur de América; y su carne es muy apreciada *(iguana iguana)*. Otra especie muy parecida, pero algo menor, es la *i. delicatíssima.* || **cornuda.** *Ant.* Se diferencia de la común por su coloración negroparduzca y porque los machos tienen sobre el hocico tres escamas cónicas a modo de cuernos *(cyclura cornuta).* || **crestada.** *Amér. c.* Pequeña iguana arbórícola, caracterizada por una alta cresta ósea, a modo de cimera muy estrecha, que tiene sobre la cabeza. Es de color verde con líneas negras. || **marina.** Es propia de las islas Galápagos, de color negruzco, de hasta 1,40 m. de long. y se alimenta de las algas que crecen en los bajos fondos. Muy apreciada por su piel *(amblychynchus cristatus).*

iguánido, da. (De *iguana*, gén. tipo de reptiles, e *-ido.*) adj. **Zool.** Dícese de los reptiles saurios americanos, con cuatro extremidades bien desarrolladas y pentadáctilas, cola variada, cuerpo cubierto de escamas, párpados completos, lengua carnosa y no protráctil y dientes iguales e insertos en los lados de las mandíbulas (pleurodontos). Su tamaño oscila entre los 15 cm. y más de 1 m.; a veces poseen espinas dorsales, cuernos y crestas; su color es muy variable e igualmente sus costumbres y su régimen. || m. pl. Familia de estos reptiles.

iguánodon. (Voz del lat. científico; de *iguana* y el gr. *odoús, odóntos*, diente.) m. **Paleont** y **Zool. iguanodonte.**

iguanodonte. (Del m. or. que el anterior.) m. **Paleont.** y **Zool.** Nombre común a varias especies de dinosaurios ornitisquios, ornitópodos, del género *iguánodon*, que vivieron durante el período cretácico. Eran gigantescos, de hasta 10 m. de largo; se apoyaban en sus fuertes patas traseras y la cola; eran herbívoros y moraban junto a los ríos y lagunas. Sus restos se han encontrado principalmente en Bélgica, pero también en el R. U. y norte de África.

iguar. (Del lat. *aequāre*, igualar.) tr. ant. Eguar, igualar.

iguaria. (Del port. *iguaria*.) f. ant. Manjar delicado y apetitoso.

Iguatú. Geog. Mun. de Brasil, est. de Ceará; 51.570 h. || C. cap. del mismo; 16.540 h.

Iguazú. (En brasileño, *Iguaçú*.) **Geog.** Río de América del Sur; n. en la Sierra del Mar, Brasil, durante los 102 últimos km. hace de frontera con Argentina y des. en el Paraná; 1.300 km. Notable por sus cataratas, de una alt. de 70 m., por las cuales cae un caudal medio de 1.700 m.³ por s. || Depart. de Argentina, prov. de Misiones; 2.690 km.² y 17.093 h. Cap., Puerto Iguazú.

igüedo. (De *iguar*.) m. Animal cabrío de unos dos años.

Igüeña. Geog. Mun. de España, prov. de León, p. j. de Ponferrada; 3.412 h. || Lugar cap. del mismo; 375 h.

Igúiniz Viscaíno (Juan B.). Biog. Escritor mejicano, n. y m. en Guadalajara (1881-1972). Subdirector de la Biblioteca Nacional de Méjico. Autor de: *Bibliografía de novelistas mejicanos, La Imprenta en la Nueva Galicia (1793-1821), El libro y la imprenta*, etc.

Igumenitsa. Geog. Egumenitsa.

Iguzquiza. Geog. Mun. de España, prov. de Navarra, p. j. de Estella; 413 h. || Lugar cap. del mismo; 233 h.

I. H. S. Siglas de la expr. lat. *Iesus Hóminum Salvátor* (Jesús Salvador de los hombres). Se escribe también J. H. S. tomando Jesús en vez de *Iesus.*

Ihuarí. Geog. Dist. de Perú, depart. de Lima, prov. de Chancay; 4.019 h. || Pueblo cap. del mismo; 575 h.

ijada. fr., *flanc*; it., *fianco*; i., *flank*; a., *Seite, Welche.* (Del lat. *ilĭāta*, de *ilĭa*, ijares.) f. Cualquiera de las dos cavidades simétricamente colocadas entre las costillas falsas y los huesos de las caderas. || En los peces, parte anterior e inferior del cuerpo. || Dolor o mal que se padece en aquella parte.

ijadear. tr. Mover mucho y aceleradamente las ijadas, por efecto del cansancio.

ijar. (Del lat. *iliāre*, de *ilĭa*, ijares.) m. Ijada del hombre y de algunos mamíferos. || *R. Plata.* **hijar.**

Ijmuiden. Geog. C. y puerto de los P. B., prov. de Holanda Septentrional; 22.127 h.

Ijssel. Geog. Lago de agua dulce de los P. B., antes golfo de Zuiderzee, separado del mar de Wadden por un dique de cierre construido entre 1927 y 1932, de 30 km. de largo por casi 100 m. de ancho, desde la isla de Wieringen, hasta la costa de la prov. de Frisia. Ocupa una parte del golfo de Zuiderzee y está alimentado por el río del mismo nombre; la otra parte ha sido desecada mediante bombeo y convertida en polders, ganando al mar una superf. de 226.000 hect.

¡ijujú! interj. de júbilo. Ú. t. c. s. m.

ikastola. (En vasc., *oficina* o *lugar de aprendizaje*.) f. **Pedag.** En el País Vasco, escuela o colegio de E. G. B. bilingüe.

ikebana. (Voz japonesa.) m. Arte japonés de arreglar las flores para ornato de interiores, contribuyendo a crear un ambiente familiar agradable, a la vez que sugeridor y de simbolismo trascendente.

Ikeda (Hayato). Biog. Político japonés, n. en Hiroshima y m. en Tokio (1899-1965). Fue ministro de Hacienda (1949-52 y 1956-57), de Industria y Comercio (1952-53 y 1959-60) y presidente del partido liberal-democrático y primer ministro (1960-64).

Ikeja. Geog. C. de Nigeria, cap. del est. de Lagos; 11.332 h. Sede del Instituto Federal de Investigación Industrial. Aeropuerto internacional.

ikurriña. (Voz vasca que sign. *la bandera*.) f. Bandera diseñada, inicialmente como símbolo de Vizcaya, por Sabino y Luis de Arana Goiri. Es de fondo rojo con aspa verde y cruz blanca superpuesta. Ondeó por primera vez en Bilbao en 1894, durante la Dicta-

Iguana común

Vista de las cataratas del Iguazú desde Foz de Iguazú, Paraná (Brasil)

dura pierde su carácter exclusivo vizcaíno, y el Gobierno vasco autónomo la consideró como oficial del País Vasco durante el período republicano. Prohibida durante el Gobierno de Franco, su uso fue autorizado de nuevo en 1977.

-il-. infijo. V. **hile-**.

il. (Voz turca.) m. **Geog.** Nombre vulgar que en la división administrativa de Turquía es similar al de *provincia* Algunos lo denominan también *vilayeto, vilayato* o *valiato*. En pl., *iller*.

Ilabaya. Geog. Dist. de Perú, depart. y prov. de Tacna; 9.795 h. ‖ Pueblo cap. del mismo; 317 h.

ilación. fr., *conséquence;* it., *illazione;* i., *inference,* illation; a., *Folgerung*. (Del lat. *illatĭo, -ōnis*.) f. Acción y efecto de inferir una cosa de otra. ‖ Trabazón razonable y ordenada de las partes de un discurso. ‖ **Lóg.** Enlace o nexo del consiguiente con sus premisas.

Ilagan. Geog. C. de Filipinas, cap. de la prov. de Isabela, isla de Luzón; 48.251 h.

Ilam. Geog. Gobierno de Irán; 18.000 km.² y 167.000 h. ‖ C. cap. del mismo; 8.000 h. ‖ C. de Nepal. cap. de la zona de Mechi.

Ilama. Geog. Mun. de Honduras, depart. de Santa Bárbara; 4.297 h. ‖ Pobl. cap. del mismo; 894 h.

Ilamatlán. (Del azt. *ilamatl,* mujer vieja, y *tlan,* lugar: *lugar de residencia de la diosa Tonatzin.*) **Geog.** Mun. de Méjico, est. de Veracruz-Llave; 12.298 h. ‖ Pueblo cap. del mismo; 1.046 h.

Ilan. Geog. Cond. de China N., en Formosa; 2.138 km.² y 415.612 h.

ilang-ilang. m. **Bot. cananga.**

ilapso. (Del lat. *illapsus,* p. p. de *illābi,* caer sobre, insinuarse.) m. Especie de éxtasis contemplativo durante el cual se suspenden las sensaciones exteriores, quedando el espíritu en un estado de quietud y arrobamiento.

ilativo, va. (Del lat. *illatīvus*.) adj. Que se infiere o puede inferirse. ‖ Perteneciente o relativo a la ilación.

Ilave. Geog. Dist. de Perú, depart. de Puno, prov. de Chucuito; 41.040 h. ‖ C. cap. del mismo; 4.278 h.

Ilche. Geog. Mun. de España, prov. de Huesca, p. j. de Barbastro; 413 h. ‖ Lugar cap. del mismo; 58 h.

Ildefonso (San). **Biog.** Monje español, arzobispo de Toledo, n. en esta c. y m. el año 667. Estudió en Sevilla al lado de San Isidoro, y ocupó la silla de Toledo en 659. Continuó el tratado de *De viris illústribus,* de San Isidoro, y escribió importantes obras, de las que quedan solamente: *De la perpetua virginidad de Santa María, Preparación para el bautismo* y una colección de sermones. Su fiesta, el 23 de enero.

Île-de-France. (sign. *Isla de Francia*.) **Geog. hist.** Antigua comarca de Francia, transformada en prov. en el s. XV, que comprendía los depart. de Aisne, Oise, Sena, Sena y Oise, Sena y Marne y parte del Somme. Cap., París.

ilécebra. (Del lat. *illecĕbra,* de *illicĕre,* engañar.) f. Halago engañoso; cariñosa ficción que atrae y convence.

ilegal. (De *in-* y *legal*.) adj. Que es contra la ley.

ilegalidad. fr., *illégalité;* it., *illegalità;* i., *unlawfulness, illegality;* a., *Gesetzwidrigkeit, Ungessetzichkeit.* f. Falta de legalidad.

ilegalmente. adv. m. Que no tiene legalidad.

ilegible. (De *in-* y *legible*.) adj. Que no puede o no debe leerse.

ilegislable. adj. Que no puede legislar.

ilegítimamente. adv. m. Sin legitimidad.

ilegitimar. (De *ilegítimo*.) tr. Privar a uno de la legitimidad; hacer que se tenga por ilegítimo al que era legítimo o creía serlo.

ilegitimidad. fr., *illégitimité;* it., *illegittimità;* i., *illegitimacy;* a., *Ungesetzmässigkeit.* (De *ilegítimo*.) f. Falta de alguna circunstancia o requisito para ser legítima una cosa.

ilegítimo, ma. fr., *illégitime;* it., *illegittimo;* i., *unlawful, illegitimate;* a., *ungesetzlich.* (Del lat. *illegitĭmus;* de *in,* priv., y *legitĭmus.*) adj. No legítimo.

ileíble. adj. *Chile*. **ilegible.**

ileítis. (De *ileon* e *-itis*.) f. **Pat.** Inflamación del íleon.

-ileno. suf. V. **hile-**.

íleo. fr., *iléus;* it., *ileo;* i., *ileus;* a., *Ileus.* (Del lat. *ilĕus,* y éste del gr. *eileós,* cólico violento, de *eileō,* dar vueltas.) m. **Pat.** Enfermedad aguda, producida por el retorcimiento de las asas intestinales, que origina oclusión intestinal y cólico miserere.

ileocecal. adj. **Anat.** Que pertenece a los intestinos íleon y ciego.

íleon. fr., *iléon, iléum;* it., *ilio;* i., *ileum;* a., *Krummdarm.* (Del gr. *eileón,* p. a. de *eileō,* retorcerse.) m. **Anat.** Tercera y última parte del intestino delgado de los mamíferos, sin distinción bien marcada del yeyuno, y que termina en la válvula ileocecal del ciego.

íleon. m. **Anat. ilion.**

ilercaón, na o **ilercavón, na.** (Del pl. lat. *Ilercaones*.) adj. **Etnog.** Dícese de un pueblo prerromano que habitaba una región de la Hispania Tarraconense correspondiente a parte de las actuales prov. de Tarragona y Castellón. ‖ Apl. a pers., ú. t. c. s. ‖ Perteneciente o relativo a este pueblo.

ilerdense. (Del lat. *ilerdensis*.) adj. Natural de la antigua Ilerda, hoy Lérida, o perteneciente a esta c. de la España Tarraconense. Ú. t. c. s. ‖ **leridano**.

ilergete. (Del pl. lat. *Ilergētes*.) adj. **Etnog.** Dícese de un pueblo hispánico prerromano que habitaba la parte llana de las actuales prov. de Huesca, Zaragoza y Lérida. Apl. a pers., ú. t. c. s. ‖ Perteneciente o relativo a este pueblo.

Iles. Geog. Mun. de Colombia, depart. de Nariño; 5.980 h. ‖ Pobl. cap. del mismo; 1.111 h.

Îles Normandes. Geog. Canal (Islas del).

Ilesha. Geog. C. del SO. de Nigeria; 200.434 h. Minas de oro.

ileso, sa. fr., *sauf;* it., *illeso;* i., *unhurt, harmless;* a., *unverletzt, unbeschädigt.* (Del lat. *illaesus*.) adj. Que no ha recibido lesión o daño.

iletrado, da. (De *in-* y *letrado*.) adj. Falto de cultura.

Ilfov. Geog. Dist. de Rumania; 8.225 km.² y 805.924 h. Cap., Bucarest.

Ili. Geog. Río de Asia central; n. en la R. P. China, pasa a la U. R. S. S. y des. en el lago Baljash; 1.400 km.

iliaco, ca o **ilíaco, ca.** adj. **Anat.** Perteneciente o relativo al íleon. ‖ Dícese del hueso que forma la cintura pélvica o cadera, y que, unido al sacro, constituye la pelvis. Se articula por detrás y por dentro con el sacro; por delante y por dentro, con su congénere del otro lado, y por fuera y abajo, con el fémur. Resulta de la unión de los tres huesos *ilion, isquion* y *pubis,* independientes en los vertebrados no mamíferos, y soldados en éstos.

iliaco, ca o **ilíaco, ca.** (Del lat. *iliăcus,* y éste del gr. *iliakós,* de *Ílion,* Troya.) adj. Perteneciente o relativo a Ilión o Troya.

San Ildefonso, pintura virreinal de la escuela cuzqueña. Iglesia de la Compañía. Cuzco

Ilíada. (Del gr. *Iliás, -ádos*, de Ilión.) **Lit.** Poema épico griego, atribuido a Homero, y compuesto de 24 cantos o libros y 12.000 versos hexámetros. Tiene por asunto la cólera del caudillo griego Aquiles, rey de los mirmidones, que había acudido a la expedición guerrera que los griegos aqueos (o aquivos) emprendieran contra los troyanos, cuyo rey, Príamo, tenía un hijo llamado Paris, el cual había robado a Helena, esposa de Menelao, jefe griego, conduciéndola a Troya. Los elementos constitutivos de la *Ilíada* son: el asedio a Troya, las peripecias y escaramuzas en torno a la c. sitiada por los griegos y las derivaciones de la retirada de Aquiles, hasta que, herido en su dignidad por haber matado los troyanos a su compañero Patroclo, decide volver al combate, y retando a Héctor, hijo de Príamo, le mata y arrastra su cadáver en torno de los muros de Troya. La epopeya termina con la humillación del rey Príamo. La acción del poema empieza en el año X del sitio de Troya y acaba en el mismo sin que Troya sea tomada todavía.

iliberal. (Del lat. *illiberālis*.) adj. No liberal.
Ilíberis. Geog. hist. C. de la España antigua, llamada también *Eliberi, Iliberris* y *Elvira*, una de las más antiguas de la Península. Estuvo emplazada, según unos, en las laderas de Sierra Elvira, extremidad sudoccidental de Sierra Harana, y según otros, en el lugar en que se levantó la Alcazaba Cadima, de la misma Granada. En ella se celebró un famoso Concilio cristiano, que debió de tener lugar entre 303 y 304, o entre 313 y 314, es decir, terminada la persecución de Diocleciano, o después de la publicación del Edicto de Milán (313), que reconoció a los cristianos la libertad religiosa.

Plato del caballo, loza de Ilíberis. Museo Arqueológico Provincial. Granada

iliberitano, na. (Del lat. *illiberritānus*.) adj. Natural de la antigua Ilíberis o Iliberris, o perteneciente a esta c. de la Bética. Ú. t. c. s.
iliberritano, na. adj. **iliberitano.**
ilicáceo, a. adj. **Bot. aquifoliáceo.**
Ílici. (Del lat. *Illĭci*.) **Geog. hist.** Elche.
ilicíneo, a. (Del lat. *ilex, ilĭcis*, encina.) adj. **Bot. aquifoliáceo.**
ilícitamente. adv. m. Contra razón, justicia o derecho.
ilicitano, na. (Del lat. *illicitānus*, de *Illĭci*, Elche.) adj. Natural de la antigua Ílici, hoy Elche, o perteneciente a esta pobl. de la España Tarraconense. Ú. t. c. s.
ilícito, ta. fr., *illicite*; it., *illecito*; i., *illicit*; a., *Unerlaubt, verboten*. (Del lat. *illicĭtus*.) adj. No permitido legal ni moralmente.
ilicitud. f. Calidad de ilícito.
-ílico. suf. V. **hile-**.
iliense. (Del lat. *iliensis*, de Ilión.) adj. **troyano.**

Iligan. Geog. C. de Filipinas, cap. de la prov. de Lanao del Norte, en la isla de Mindanao; 104.493 h.
ilimitable. (Del lat. *illimitābĭlis*.) adj. Que no puede limitarse.
ilimitadamente. adv. m. Sin limitación, de manera ilimitada.
ilimitado, da. fr., *illimité*; it., *illimitato*; i., *unlimited, boundless, limitless*; a., *unbegrenzt*. (Del lat. *illimitātus*.) adj. Que no tiene límites.
ilinio. m. **Quím. prometio.**
ilion o **ílion.** (Del lat. *ilĭum*, ijar.) m. **Anat.** Hueso de la cadera de los vertebrados; en los mamíferos adultos se une al isquion y al pubis para formar la coxa o cadera. Se articula por detrás con el sacro.
Ilión. Geog. hist. Troya. || C. sit. entre la Antigua Troya y la costa, construida por Alejandro Magno.
Ilipla. Geog. hist. Niebla.
ilipulense. (Del lat. *ilipulenses*.) adj. Natural de Ilípula, o perteneciente a esta antigua c. de la Bética. Ú. t. c. s.
ilíquido, da. (De *in-* y *líquido*.) adj. Dícese de la cuenta, deuda, etcétera, que está por liquidar.
Iliria. Geog. hist. Región de Yugoslavia, en la costa del Adriático, al N. de Epiro, que

Apolonia (Iliria). Iglesia antigua

desde el s. IV a. C. fue reino de los autariatos y árdicos, y desde el año 168 de la era cristiana se la conoció con el nombre de *Illyricum*.
ilírico, ca. (Del lat. *illyrĭcus*.) adj. **ilirio.**
ilirio, ria. fr., *illyrien*; it., *illirio*; i., *illyrian*; a., *illyrier*. (Del lat. *illyrius*.) adj. Natural de Iliria, o perteneciente a esta región de Europa. Ú. t. c. s.
ilísido, da. (Del lat. científico *ilysia*, gén. tipo de reptiles, e *-ido*; aquél del gr. *ilýs*, fango.) adj. **Zool. anílido.**
iliterario, ria. adj. No literario.
iliterato, ta. (Del lat. *illiterātus*.) adj. Ignorante y no versado en ciencias ni letras humanas.
Iliturgi o **Illiturgi. Geog. hist.** C. de España que figuró mucho durante la segunda guerra púnica y que, al parecer, estaba situada no lejos de Cástulo, entre las actuales pobl. de Linares y Andújar. Otras opiniones suponen que Illiturgi o Ilorci fue el nombre antiguo de Lorca.
Iliturgis Celtíbera. Geog. Cariñena.
iliturgitano, na. (Del lat. *illiturgitānus*.) adj. Natural de Iliturgi, o perteneciente a esta antigua c. de la Bética. Ú. t. c. s.
ilmenita. (De *Ilmen*, cadena de los Urales, e *-ita*.) f. **Miner.** Óxido natural de hierro y titanio, de fórmula $FeTiO_3$. Es mena del titanio y se utiliza también para preparar pinturas.
-ilo. suf. V. **hile-**.
Ilo. Geog. Dist. de Perú, depart. de Moquegua, prov. de Mariscal Nieto; 10.477 h. || Pueblo cap. del mismo; 9.986 h.

Ilobasco. Geog. Mun. de El Salvador, de part. de Cabañas; 39.247 h. || Pobl. cap. del mismo; 6.736 h.
Ilocos Norte. Geog. Prov. de Filipinas, al N. de la isla de Luzón; 3.399 km.² y 343.427 h. Cap., Laoag. || **Sur.** Prov. de Filipinas, en la isla de Luzón, sit. al S. de la anterior; 2.580 km.² y 385.139 h. Cap., Vigan.
ilógicamente. adv. m. Sin lógica, de una manera ilógica.
ilógico, ca. (De *in-* y *lógico*.) adj. Que carece de lógica, o va contra sus reglas y doctrinas.
Iloilo. Geog. Prov. de Filipinas, una de las tres en que se divide la isla de Panay; 5.324 km.² y 1.167.973 h. || C. cap. de la misma; 209.738 h. Importante comercio marítimo de exportación.
Ilopango. Geog. Lago de El Salvador, sit. casi en el centro de la República, entre los depart. de San Salvador, La Paz y Cuscatlán; 75 km.². || Mun. de El Salvador, depart. de San Salvador; 23.757 h. || Pobl. cap. del mismo; 19.073 h.
Ilorci. Geog. hist. Iliturgi.
Ilorin. Geog. C. de Nigeria, cap. del est. de Kwara; 252.076 h.
ilota. fr., *ilote*; it., *ilota*; i., *helot*; a., *Helot*. (Del lat. *ilotae*, y éste del gr. *eilótes*, natural de la c. de Helos.) com. Nombre con que eran conocidos en Esparta los siervos de la gleba, procedentes de prisioneros de guerra y de la pobl. primitiva sometida, a los que les fue quitada toda libertad. Sus dueños no podían venderlos a los extranjeros ni manumitirlos. || fig. El que se halla o se considera desposeído de los goces y derechos de ciudadano.
ilotismo. m. Condición de ilota.
Ilubabor. Geog. Prov. de Etiopía; 47.400 km.² y 663.000 h. Cap., Gore.
iludir. (Del lat. *illudĕre*.) tr. burlar.
iluminación. fr., *illumination*; it., *illuminazione*; a., *Erleuchtung, Beleuchtung*. (Del lat. *illuminatio, -ōnis*.) f. Acción y efecto de iluminar. || Adorno y disposición de muchas y ordenadas luces. || **B. Art.** Distribución de la luz en un cuadro. || **Fís.** Cantidad de luz recibida por unidad de superficie. || **Pint.** Especie de pintura al temple, que de ordinario se ejecuta en vitela o papel terso. || Denominación genérica del conjunto policromo de los libros miniados medievales.
iluminado, da. p. p. de **iluminar.** || adj. **alumbrado,** hereje. Ú. m. c. s. y en pl. || Dícese del individuo de una secta herética y secreta fundada en 1776 por el bávaro Weishaupt, que con la incondicional y ciega obediencia de los adeptos pretendían establecer como ideal un sistema moral contrario al orden existente en religión, propiedad y familia. Ú. m. c. s. y en pl.
iluminador, ra. (Del lat. *illuminātor, -oris*.) adj. Que ilumina. Ú. t. c. s. || m. y f. Persona que adorna libros, estampas, etc., con colores.
iluminancia. f. **Ópt.** intensidad de iluminación.
iluminante. p. a. de **iluminar.** Que ilumina.
iluminar. fr., *illuminer*; it., *illuminare*; i., *to illumine, to illuminate*; a., *erleuchten, illuminieren*. (Del lat. *illumināre*.) tr. Alumbrar, dar luz o bañar de resplandor. || Adornar con mucho número de luces los templos, casas u otros sitios. || Dar color a las figuras, letras, etc., de una estampa, libro, etc. || Poner por detrás de las estampas tafetán o papel de color, después de cortados los blancos. || fig. Ilustrar el entendimiento con ciencias o estudios. || fig. **alumbrar,** ilustrar, enseñar. || **Teol.** Ilustrar interiormente Dios a la criatura.
iluminaria. f. Luminaria puesta en señal de fiesta y regocijo. Ú. m. en pl.

iluminativo, **va.** adj. Capaz de iluminar.
iluminismo. m. Sistema de los iluminados. ‖ *Filos.* Movimiento filosófico-cultural de principios del s. XVII y todo el XVIII, caracterizado por su optimismo en el poder de la razón.
ilusamente. adv. m. Falsa, engañosamente.
ilusión. fr. e i., *illusion;* it., *illusione;* a., *Täuschung.* (Del lat. *illusĭo, -ōnis;* de *in,* y *ludĕre,* jugar.) f. Concepto, imagen o representación sin verdadera realidad, sugerido por la imaginación o causado por engaño de los sentidos. ‖ Esperanza acariciada sin fundamento racional. ‖ *Psicol.* Fenómeno en el cual ciertos alienados, especialmente en el período delirante, toman una cosa que ven o sienten por otra inexistente. ‖ *Ret.* Ironía viva y picante.
ilusionar. tr. Hacer que uno se forje determinadas ilusiones. ‖ prnl. Forjarse ilusiones.
ilusionismo. (De *ilusión* e *-ismo.*) m. Arte de presentar al público espectáculos o fenómenos entretenidos y asombrosos, en contradicción aparente con las leyes naturales, gracias a la habilidad, especialmente manual, del artista o al uso de dispositivos y aparatos trucados.
ilusionista. f. Artista que produce efectos ilusorios mediante juegos de manos, artificios, trucos, etc.
ilusivo, va. (De *iluso.*) adj. Falso, engañoso, aparente.
iluso, sa. fr., *illusionné;* it., *illuso;* i., *deluded, beguiled;* a., *getäuscht.* (Del lat. *illūsus,* p. p. de *illudĕre,* burlar.) adj. Engañado, seducido, preocupado. Ú. t. c. s. ‖ Propenso a ilusionarse, soñador.
ilusoriamente. adv. m. De manera ilusoria.
ilusorio, ria. (Del lat. *illusorĭus.*) adj. Capaz de engañar. ‖ De ningún valor o efecto, nulo.
ilustración. fr. e i., *illustration;* it., *illustrazione;* a., *Erleuchtung, Illustration.* (Del lat. *illustratĭo, -ōnis.*) f. Acción y efecto de ilustrar o ilustrarse. ‖ Estampa, grabado o dibujo que adorna un libro ilustrado. ‖ Publicación, comúnmente periódica, con láminas y dibujos, además del texto que suele contener. ‖ *Filos.* Movimiento filosófico y literario imperante en el s. XVIII europeo y americano, caracterizado por la extremada confianza del hombre en la capacidad de su razón natural para resolver todos los problemas de la vida humana. En Alemania recibió el nombre de *Aufklärung.* ‖ Época de la cultura europea y americana en que prevaleció ese movimiento intelectual.
ilustrado, da. p. p. de **ilustrar.** ‖ adj. Dícese de la persona de entendimiento e instrucción.
ilustrador, ra. (Del lat. *illustrātor, -ōris.*) adj. Que ilustra. Ú. t. c. s.
ilustrante. p. a. ant. de **ilustrar.** Que ilustra.
ilustrar. fr., *illustrer, éclairer, illuminer;* it., *illustrare, illuminare, instruire;* i., *to illustrate, to clear up;* a., *erleuchten, aufklären, illustrieren.* (Del lat. *illustrāre.*) tr. Dar luz al entendimiento. Ú. t. c. prnl. ‖ Aclarar un punto o materia con palabras, imágenes, o de otro modo. ‖ Adornar un impreso con láminas o grabados alusivos al texto. ‖ fig. Hacer ilustre a una persona o cosa. Ú. t. c. prnl. ‖ fig. Instruir, civilizar. Ú. t. c. prnl. ‖ *Teol.* Alumbrar Dios interiormente a la criatura con luz sobrenatural.
ilustrativo, va. adj. Que ilustra.
ilustre. fr. e it., *illustre;* i., *illustrious;* a., *berühmt, herrlich, rühmlich.* (Del lat. *illustris.*) adj. De distinguida prosapia, casa, origen, etc. ‖ Insigne, célebre. ‖ Título de dignidad. ‖ f. pl. *Germ.* Las botas.

ilustremente. adv. m. De un modo ilustre.
ilustreza. f. ant. Nobleza esclarecida.
ilustrísima. f. Tratamiento que se da a los obispos, en substitución de *Su Señoría* **ilustrísima.**
ilustrísimo, ma. (Del lat. *illustrissimus.*) adj. superl. de **ilustre,** que como tratamiento se da a ciertas personas por razón de su cargo o dignidad. Hasta hace algún tiempo se aplicaba especialmente a los obispos.

Illán de Vacas. Iglesia parroquial de la Asunción

Illán de Vacas. *Geog.* Mun. y lugar de España, prov. de Toledo, p. j. de Talavera de la Reina; 40 h.
Illana. *Geog.* Mun. de España, prov. y p. j. de Guadalajara; 1.109 h. ‖ Villa cap. del mismo; 1.078 h. *(illanitos).*
Illano. *Geog.* Mun. de España, prov. de Oviedo, p. j. de Luarca; 1.533 h. ‖ Villa cap. del mismo; 137 h. *(illaneses).*
Illapa. *Mit.* Nombre dado en el imperio incaico, en Perú, a tres divinidades que simbolizaban el rayo, el trueno y el relámpago, que eran considerados los ministros de la cólera y la venganza del Sol.
Illapel. *Geog.* Depart. de Chile, prov. de Coquimbo; 61.569 h. ‖ Comuna del anterior; 20.756 h. ‖ Pobl. cap. del depart. y comuna de su nombre; 12.246 h.
Illar. *Geog.* Mun. y villa de España, prov. y p. j. de Almería; 680 h.
Illas. *Geog.* Mun. de España, prov. de Oviedo, p. j. de Avilés; 1.839 h. *(illanos).* Corr. 133 a la cap., el lugar de Callejuela.
Illáscar. *Geog.* Monte y volcán de Chile, en los Andes, depart. de Antofagasta; 5.870 m. de alt.
Ille-et-Vilaine. *Geog.* Depart. del O. de Francia, en Bretaña; 6.758 km.² y 679.000 h. Cap., Rennes.
íller. *Geog.* V. **il.**
Illescas. *Geog.* Mun. y villa de España, prov. y p. j. de Toledo; 4.246 h. *(illescanos).* Iglesia parroquial de la Asunción, con torre árabe cuadrada. Santuario de la Caridad, construido por el Greco en 1600.
Illia (Arturo Umberto). *Biog.* Político argentino, n. en Pergamino en 1900. Doctor en Medicina, ha ejercido su profesión durante muchos años en la provincia de Córdoba. Fue presidente de la República (1963-66), sucediéndole Juan Carlos Onganía.
Illimani. *Geog.* Macizo montañoso granítico de Bolivia, que forma parte de la cordillera Real u Oriental de los Andes bolivianos, en el depart. de La Paz; 7.000 m.
Illimo. *Geog.* Dist. de Perú, depart. y prov. de Lambayeque; 5.972 h. ‖ Pueblo cap. del mismo; 2.992 h.
Illiniza. *Geog.* Monte volcánico de Ecuador, prov. de Cotopaxi. Consta de dos cerros distintos; 5.305 y 5.162 m.

Illinois. *Geog.* Est. central de EE. UU., al SO. del lago Michigán; 146.075 km.² y 11.113.976 h. Cap., Springfield. La producción más importante del estado es la agrícola. Su terr. fue explorado por Marquette y Joliet (1673), y por La Salle pocos años después; incluido en la Luisiana francesa, se cedió por Francia a Inglaterra en 1763.
Illiturgi. *Geog. hist.* Iliturgi.
illmu. m. *Bot. Chile.* Nombre de la ililiácea, con bulbo comestible *(conanthera bifolia).*
Íllora. *Geog.* Mun. de España, prov. de Granada, p. j. de Loja; 10.775 h. ‖ Villa cap. del mismo; 4.588 h. *(illoreños).*
Illueca. *Geog.* Mun. y villa de España, prov. de Zaragoza, p. j. de Calatayud; 2.444 h. *(illuecanos).*
im-. pref. V. **in-.**
imada. f. *Mar.* Cada una de las explanadas de madera puestas a uno y otro lado de la cuna y que substituyen a los picaderos para la botadura. Sobre ellas resbalan las anguilas de la cuna que conduce al buque al agua.
imagen. fr. e i., *image;* it., *immagine;* a., *Bild, Bildnis.* (Del lat. *imāgo, -ĭnis.*) f. Figura, representación, semejanza y apariencia de una cosa. ‖ Estatua, efigie o pintura de Jesucristo, de la Santísima Virgen o de un santo. ‖ *Fís.* Reproducción de la figura de un objeto por la combinación de los rayos de luz. ‖ *Ret.* Representación viva y eficaz de una cosa por medio del lenguaje. ‖ **accidental.** *Fisiol.* La que después de haber contemplado un objeto con mucha intensidad, persiste en el ojo, aunque con los colores o las intensidades cambiados. ‖ **consecutiva. imagen accidental.** ‖ **latente.** *Fot.* La recogida en la placa o película sensible. ‖ **real.** *Fís.* La que se produce por el concurso de los rayos de luz, en el foco real de un espejo cóncavo o de una lente convergente. ‖ **residual.** *Fisiol.* **imagen accidental** o **consecutiva.** ‖ **virtual.** *Fís.* La que no puede ser recogida sobre una pantalla y se forma con la prolongación de los rayos reflejados; como la de un objeto en un espejo plano.
imaginería. f. desus. **imaginaría.**
imaginable. (Del lat. *imaginabĭlis.*) adj. Que se puede imaginar.
imaginación. fr., *imagination, phantaisie;* it., *immaginazione;* i., *imagination, fantasy;* a., *Einbildungskrat, Phantasie.* (Del lat. *imaginatĭo, -ōnis.*) f. Facultad del alma que representa las imágenes de las cosas reales o ideales. ‖ Aprensión falsa o juicio y discurso de una cosa que no hay en realidad o no tiene fundamento. ‖ Capacidad creadora de los poetas y artistas. ‖ *Psicopatología.* En los histéricos y psicopáticos, representación psíquica de entes que no existen o de acontecimientos que no han ocurrido. ‖ **ni por imaginación.** loc. adv. y fam. **ni por sueños.**
imaginamiento. (De *imaginar.*) m. ant. Idea o pensamiento de ejecutar una cosa.
imaginante. p. a. ant. de **imaginar.** Que imagina.
imaginar. fr., *imaginer, inventer;* it., *immaginare;* i., *to imagine, to fancy;* a., *sich einbilden, vorstellen.* (Del lat. *imagināri.*) tr. Representar idealmente una cosa; crearla en la imaginación. ‖ Presumir, sospechar. ‖ ant. Adornar con imágenes un sitio.
imaginaria. (De *imaginario.*) f. *Mil.* Guardia que no presta efectivamente el servicio de tal, pero que ha sido nombrada para el caso de haber de salir del cuartel la que está guardándolo. ‖ m. Soldado que por turno vela durante la noche en cada compañía o dormitorio de un cuartel.
imaginariamente. adv. m. Por aprensión, sin realidad.
imaginario, ria. fr., *imaginaire;* it., *immaginario;* i., *imaginary;* a., *eingebildet.* (Del lat.

imaginarĭus.) adj. Que sólo tiene existencia en la imaginación. || Decíase del estatuario o pintor de imágenes.

imaginativa. (Del lat. *imaginatīva vis.*) f. Potencia o facultad de imaginar. || Facultad interior que recoge las especies de los sentidos exteriores.

imaginativo, va. (De *imaginar.*) adj. Perteneciente o relativo a la imaginación. || Que continuamente imagina o piensa.

imaginería. fr., *broderie de fleurs et feuillages;* it., *immaginería;* i., *imagery, fancy embroidery in colours;* a., *Blumenstickerei.* (De *imagen.*) f. Bordado, por lo regular de seda, cuyo dibujo es de aves, flores y figuras, imitando en lo posible la pintura. || Arte de bordar de imaginería. || Talla o pintura de imágenes sagradas. || Conjunto de imágenes literarias usadas por un autor, escuela o época.

imaginero. m. Estatuario o pintor de imágenes.

imágines. f. pl. desus. de **imagen.**

imaginismo. m. Lit. Movimiento poético que floreció en el R. U. y EE. UU. de 1909 a 1917.

imago. f. Entom. Insecto perfecto, que aparece como resultado de la transformación que tiene lugar en la fase de pupa, en los insectos holometábolos.

Imaizumí. Geog. Gifu.

imalá. f. aimará.

imam. (Del ár. *imām,* el que está delante, el que preside, jefe.) m. El que preside la oración canónica musulmana, poniéndose delante de los fieles para que éstos le sigan en sus rezos y movimientos. || El guía, jefe o modelo de una sociedad de musulmanes, generalmente espiritual o religiosa, y a veces mezcla de religiosa y política, que en alguna ocasión fue casi exclusivamente política.

imán. fr., *aimant;* it., *calamita;* i., *magnet;* a., *Magnet.* (Del fr. *aimant,* y éste del lat. *adămas, -antis,* diamante, piedra dura.) m. fig. Gracia que atrae la voluntad. || **Miner.** Mineral de color negruzco, opaco, casi tan duro como el vidrio y cinco veces más pesado que el agua, que presenta polaridad magnética, esto es, que tiene la propiedad de atraer el hierro, el acero y, en grado menor, algunos otros minerales. Es un óxido ferrosoférrico, de fórmula $FeO \cdot Fe_2O_3$, que cristaliza en el sistema cúbico, en octaedros, y, en algunos casos, forma maclas del mismo tipo que la espinela; aunque generalmente se presenta en masas granudas, compactas, de color negro, con brillo metálico en las superficies recientes y mate en las antiguas. || **artificial.** Hierro o acero imanado, ya con imanación permanente o transitoria. El imán artificial transitorio recibe el nombre de *electroimán.*

imán. m. imam.

imanación. f. Elec. Acción y efecto de imanar o imanarse. Se dice también *imantación.*

imanador, ra. adj. Que imana.

imanar. (De *imán,* hierro magnético.) tr. Elec. Comunicar a un cuerpo la propiedad magnética. Ú. t. c. prnl. Se dice también *imantar.*

imantación. f. Elec. imanación.

imantar. tr. Elec. imanar.

imará. f. aimará.

Imataca. Geog. Brazo principal y más meridional del delta del Orinoco, Venezuela.

Imathia o **Hematheia. Geog.** Nomo de Grecia, en Macedonia; 1.699 km.² y 118.000 h. Cap., Verria.

Imatra. Geog. C. de Finlandia, prov. de Kymi; 34.505 h. Industrias metalúrgicas y central hidroeléctrica.

Imbaba. Geog. C. de Egipto; 341.000 h.

Imbabura. Geog. Prov. de Ecuador; 8.956 km.² y 256.584 h. Cap., Ibarra.

imbabureño, ña. adj. Natural de Imbabura, o perteneciente a esta prov. Ú. t. c. s.

imbécil. fr., *imbécile;* it., *imbecille;* i., *imbecile;* a., *blödsinnig, dummkopf.* (Del lat. *imbecillis.*) adj. Alelado, escaso de razón. || p. us. Flaco, débil.

imbecilidad. fr., *imbécillité;* it., *imbecillità;* i., *imbecility;* a., *Schwachsinnigkeit.* (Del lat. *imbecillĭtas, -ātis.*) f. Alelamiento, escasez de razón, perturbación del sentido. || p. us. Flaqueza, debilidad. || **Psicopatología.** Forma mitigada de idiotez.

imbécilmente. adv. m. Con imbecilidad.

imbele. (Del lat. *imbellis.*) adj. Incapaz de guerrear, de defenderse; débil, flaco, sin fuerzas ni resistencia. Ú. m. en poesía.

Imbelloni (José). Biog. Antropólogo y etnólogo argentino, de origen italiano, n. en Lauria, Italia, y m. en Buenos Aires (1885-1967). Catedrático de Antropología y director del Museo Etnográfico de Buenos Aires, ha publicado numerosos estudios de antropología, etnografía y arqueología americanas: *La esfinge indiana* (1926), *Fuéguidos y láguidos* (1936), *Le Livre des Atlantides* (1942), *The Peopling of America* (1943), *El Inkario crítico* (1946), *Folklore argentino* (1959) y *La Segunda Esfinge Indiana* (1959).

imberbe. fr. e it., *imberbe;* i., *beardless;* a., *unbärtig.* (Del lat. *imberbis.*) adj. Dícese del joven que no tiene barba.

Imbert. Geog. Mun. de la República Dominicana, prov. de Puerto Plata; 17.184 h. || Villa cap. del mismo; 4.231 h.

imbiar. tr. desus. enviar.

imbibición. (Del lat. *imbibĕre,* embeber.) f. Acción y efecto de embeber.

imbíbito, ta. adj. *Méj.* barb. por **comprendido, incluido.**

imbira. f. Bot. *Arg.* Árbol de la familia de las anonáceas, de cuya corteza se sacan tiras para atar o ligar *(xilopia sericea).*

imbornal. fr., *dalot;* it., *imbrunali;* i., *scupperhole;* a., *Speigatten.* (Como el cat. *ambrunal* y el asturiano *empruño,* pendiente, del lat. *in prono,* en pendiente.) m. Boca o agujero por donde se vacía el agua de lluvia de los terrados. || **Mar.** Agujero o registro que se abre en los trancaniles para dar salida a las aguas que se depositan en las respectivas cubiertas, y muy especialmente a la que embarca el buque en los golpes de mar. || **por los imbornales.** loc. fig. y fam. *Venez.* por los cerros de Úbeda.

imborrable. (De *in-* y *borrar.*) adj. Que no se puede borrar.

imbricación. f. Arquit. Adorno arquitectónico que imita las escamas del pez.

imbricado, da. (Del lat. *imbricātus,* en figura de teja.) adj. Bot. y Zool. Dícese de las hojas, semillas y escamas que están sobrepuestas unas en otras como ocurre con las pizarras y las tejas de los tejados. || Zool. Aplícase a las conchas de superf. ondulada.

Conchas de superficie imbricada

imbuir. fr., *influencer, imboire;* it., *imbevere;* i., *to imbue, to infuse;* a., *beeinflussen, eintrichtern.* (Del lat. *imbuĕre.*) tr. Infundir, persuadir.

imbunchar. tr. *Chile.* Hechizar, embrujar. || **estafar,** robar con cierta habilidad y misterio.

imbunche. (Del arauc. *ivumche.*) m. Brujo o ser maléfico que, según creencia vulgar de los araucanos, roba los niños de seis meses y se los lleva a sus cuevas para convertirlos en monstruos. || fig. *Chile.* Niño feo, gordo y rechoncho. || fig. Maleficio, hechicería. || fig. Asunto embrollado y de difícil o imposible solución.

imbursación. f. *Ar.* Acción y efecto de imbursar.

imbursar. (Del lat. *in,* en, y *bursa,* bolsa.) tr. *Ar.* Poner en una bolsa cédulas o boletas para sacar una a la suerte.

I. M. C. O. Siglas de *Intergovernmental Maritime Consultative Organization* (Organización Consultiva Marítima Intergubernamental). V. **Organización de las Naciones Unidas.**

imela. (Del ár. *imāla,* inflexión.) f. Fenómeno fonético de algunos dialectos árabes, antiguos y modernos, consistente en que el sonido *a,* generalmente cuando es largo, se pronuncia en determinadas circunstancias como *e* o *i.* Existió en el árabe hablado de la España musulmana.

-ímero. suf. V. **hemera-.**

Templo y pirámide de Sakkara, construidos por Imhotep

Imhotep. Biog. Famoso arquitecto egipcio que vivió entre 2778-2600 a. C. Es considerado como el iniciador de la arquitectura en piedra. Tuvo gran renombre, incluso entre los griegos.

imida. (De *amida.*) f. Quím. Amida secundaria con grupo funcional —NH—. || Cuerpo químico que comprende el grupo NH.

imidazol. m. Quím. Compuesto heterocíclico, con dos átomos de nitrógeno separados por otro de carbono, que forma un anillo pentagonal. Tiene por fórmula $C_3H_4N_2$.

imilla. f. Bol. y Perú. Criada india. || *Méj.* Moza india al servicio de un párroco.

imina. (De *amina,* en alteración arbitraria.) f. Quím. Base derivada de un aldehído o cetona, mediante la substitución del oxígeno por el radical NH.

imitable. (Del lat. *imitabĭlis.*) adj. Que se puede imitar. || Capaz o digno de imitación.

imitación. fr. e i., *imitation;* it., *imitazione;* a., *Nachahmung.* (Del lat. *imitatĭo, -ōnis.*) f. Acción y efecto de imitar.

imitado, da. p. p. de **imitar.** || adj. Hecho a imitación de otra cosa.

imitador, ra. (Del lat. *imitātor, -ōris.*) adj. Que imita. Ú. t. c. s.

imitante. p. a. de **imitar.** Que imita.

imitar. fr., *imiter, contrefaire*; it., *imitare*; i., *to imitate, to counterfeit*; a., *nachahmen, nachbilden*. (Del lat. *imitāre*.) tr. Ejecutar una cosa a ejemplo o semejanza de otra.

imitativo, va. (Del lat. *imitatīvus*.) adj. Perteneciente a la imitación.

imitatorio, ria. (Del lat. *imitatorĭus*.) adj. Perteneciente a la imitación.

Immenstadt. Geog. Pobl. de la R. F. A., est. de Baviera, al pie de los Alpes de Algau; 10.000 h. Pintorescos alrededores. Industrias.

Immermann (Karl). Biog. Poeta y dramaturgo alemán, n. en Magdeburgo y m. en Düsseldorf (1796-1840). Sus principales obras consisten en tragedias, dramas, narraciones, poemas y sainetes, trilogías y novelas, dejando sin terminar una epopeya erótica titulada *Tristán e Isolda*.

Imo. Geog. Est. de Nigeria; 3.672.654 h. Cap., Owerri. Yacimientos de petróleo.

Imola. Geog. C. de Italia, prov. de Bolonia, en Emilia-Romagna; 54.747 h. Varios palacios del Renacimiento.

imoscapo. (Del lat. *imus*, inferior, y *scāpus*, tronco, tallo.) m. **Arquit.** Parte curva con que empieza el fuste de una columna.

Imoz. Geog. Mun. de España, prov. de Navarra, p. j. de Pamplona; 582 h. Corr. 135 a la cap., el lugar de Echalecu.

impacción. (Del lat. *impactĭo, -ōnis*.) f. Choque con penetración como el de la bala en el blanco.

impaciencia. (Del lat. *impatientĭa*.) f. Falta de paciencia.

impacientar. (De *impaciente*.) tr. Hacer que uno pierda la paciencia. ‖ prnl. Perder la paciencia.

impaciente. (Del lat. *impatĭens, -entis*.) adj. Que no tiene paciencia.

impacientemente. adv. m. Con impaciencia.

impacto. (Del lat. *impactus*.) m. Choque de un proyectil en el blanco. ‖ Huella o señal que deja en él. ‖ Impresión que un acontecimiento, discurso, etc., produce en las personas o en la opinión pública.

impagable. adv. Que no se puede pagar.

impagado, da. adj. Que no se ha pagado.

impago. (De *in-* y *pago*.) adj. fam. Arg., Chile y Ecuad. Dícese de la persona a quien no se le ha pagado.

impala. m. Zool. Antílope de la familia de los bóvidos, subfamilia de los antilopinos; de unos 90 cm. de alzada, tronco esbelto, patas muy finas, cuello relativamente largo, y cuernos que, en conjunto, dibujan una silueta como de una lira y miden 50 cm. Su color es amarillento con una línea obscura en el dorso, y blanco en el vientre. Vive entre los matorrales próximos a los ríos del sudeste africano. Se le llama también *pala* o *palla* (*aepýceros melampus*).

impalpable. (De *in-* y *palpable*.) adj. Que no produce sensación al tacto. ‖ fig. Que apenas la produce.

impanación. f. Rel. Doctrina de los luteranos que sostienen que la substancia del pan coexiste con el cuerpo de Cristo en el sacramento de la Eucaristía, después de la consagración.

impar. (Del lat. *impar, -āris*.) adj. Que no tiene par o igual.

imparable. adj. Que no se puede parar o detener.

imparcial. (De *in-* y *parcial*.) adj. Que juzga o procede con imparcialidad. Ú. t. c. s. ‖ Que incluye o denota imparcialidad. ‖ Que no se adhiere a ningún partido o no entra en ninguna parcialidad. Ú. t. c. s.

imparcialidad. fr., *imparcialité*; it., *imparzialità*; i., *imparciality*; a., *Unparteilichkeit*. (De *imparcial*.) f. Falta de designio anticipado o de prevención en favor o en contra de personas o cosas, de que resulta poderse juzgar o proceder con rectitud.

imparcialmente. adv. m. Sin parcialidad, sin prevención por una ni otra parte.

imparidigitado, da. (Del lat. *impar, -āris*, impar, y *digītus*, dedo.) adj. **Zool. perisodáctilo.**

imparipinnado, da. (Del lat. *impar, -āris*, impar, y *pinnatus*, alado o provisto de aletas, de *pinna*, pluma, aleta.) adj. **Bot.** Dícese de la hoja compuesta pinnada, cuyo eje o pecíolo común termina en un folíolo.

Imparipinnado. *Rama de un árbol del paraíso, por M. Americ. Jardín Botánico. Madrid*

imparisílabo, ba. adj. Dícese de los nombres griegos y latinos que en los casos oblicuos del singular tienen mayor número de sílabas que en el nominativo.

impartible. adj. Que no puede partirse.

impartir. (Del lat. *impartīre*.) tr. Repartir, comunicar, dar.

impasibilidad. fr., *impassibilité*; it., *impassibilità*; i., *impassibleness*; a., *Gefühllosigkeit*. (Del lat. *impassibilĭtas, -ātis*.) f. Calidad de impasible. ‖ **Teol.** Una de las cuatro dotes del cuerpo glorioso, consistente en la imposibilidad de padecer.

impasible. fr. e i., *impasible*; it., *impassibile*; a., *gefühllos, unempfindlich*. (Del lat. *impasibilis*.) adj. Incapaz de padecer. ‖ Indiferente, imperturbable.

impasiblemente. adv. m. Con impasibilidad.

impasse. galic. por **callejón sin salida.**

impávidamente. adv. m. Sin temor ni pavor.

impavidez. (De *impávido*.) f. Denuedo, valor y serenidad de ánimo ante los peligros. ‖ f. Amér. Mal usado por frescura, descaro.

impávido, da. fr., *intrépide, serein*; it., *impavido*; i., *dauntless*; a., *unerschrocken*. (Del lat. *impavĭdus*.) adj. Libre de pavor; sereno ante el peligro, impertérrito. ‖ Amér. Mal usado por descarado, fresco, insolente.

impecabilidad. fr., *impeccabilité*; it., *impeccabilità*; i., *impeccability*; a., *Fehlerlosigkeit*. (De *impecable*.) f. Calidad de impecable.

impecable. fr. e i., *impeccable*; it., *impeccabile*; a., *tadellos*. (Del lat. *impeccabĭlis*.) adj. Incapaz de pecar. ‖ fig. Exento de tacha.

impedancia. fr., *impédance*; it., *impedenza*; i., *impedance*; a., *Impedanz*. (Del lat. *impedīre*, impedir.) f. **Elec.** Resistencia total aparente de un circuito (que puede contener resistencias, capacidades y autoinducciones), al paso de una corriente alterna. Su unidad es el ohmio. En un circuito que ofrezca cierta impedancia al paso de la corriente, ésta aparece desfasada en mayor o menor grado, respecto a la tensión aplicada, según sean los valores relativos de la resistencia y la reactancia del mismo. La impedancia de un condensador de capacidad de C faradios es: $Z = \dfrac{-i}{c \cdot 2\pi \cdot f}$, siendo f la frecuencia y midiendo Z en ohmios. ‖ **de entrada de antena.** Electrón. La de un circuito que tenga las mismas características que la antena para una frecuencia determinada.

impedido, da. p. p. de **impedir.** ‖ adj. Que no puede usar de sus miembros ni manejarse para andar. Ú. t. c. s.

impedidor, ra. (Del lat. *impedītor, -ōris*.) adj. Que impide. Ú. t. c. s.

impediencia. f. Elec. **impedancia.**

impediente. p. a. de **impedir.** Que impide. ‖ adj. **impedimento impediente.**

impedimenta. fr., *bagage*; it., *impedimento*; i., *baggage*; a., *Gepäck, Last*. (Del lat. *impedimenta*, pl. n. de *impedimentum*, impedimento.) f. Bagaje que suele llevar la tropa, e impide la celeridad de las marchas y operaciones.

impedimento. fr., *empêchement*; it., *impedimento*; i., *hindrance*; a., *Hindernis*. (Del lat. *impedimentum*.) m. Obstáculo, embarazo, estorbo para una cosa. ‖ **Der. can.** Cualquiera de las circunstancias que hacen ilícito o nulo el matrimonio. ‖ **dirimente.** El que estorba que se contraiga matrimonio entre ciertas personas, y lo anula si se contrae. ‖ **impediente.** El que estorba que se contraiga matrimonio entre ciertas personas, haciéndolo ilícito si se contrae pero no nulo.

impedir. fr., *empêcher*; it., *impedire*; i., *to impede, to hinder*; a., *verhindern*. (Del lat. *impedīre*.) tr. Estorbar, imposibilitar la ejecución de una cosa. ‖ poét. Suspender, embargar.

impeditivo, va. (Del lat. *impedītum*, supino de *impedīre*, impedir.) adj. Dícese de lo que impide, estorba o embaraza.

impelente. p. a. de **impeler.** Que impele.

impeler. fr., *pousser*; it., *impellere*; i., *to impel*; a., *autreiben*. (Del lat. *impellĕre*.) tr. Dar empuje para producir movimiento. ‖ fig. Incitar, estimular.

impelir. tr. Chile. **impeler.**

impender. (Del lat. *impendĕre*.) tr. Gastar, expender, invertir, tratándose de dinero.

impenetrabilidad. (De *impenetrable*.) f. Propiedad de los cuerpos que impide que uno esté en el lugar que ocupa otro.

impenetrable. fr., *impénétrable*; it., *impenetrabile*; i., *impenetrable*; a., *undurchringlich*. (Del lat. *impenetrabĭlis*.) adj. Que no se puede penetrar. ‖ fig. Dícese de las sentencias, opiniones o escritos que no se pueden comprender absolutamente sin mucha dificultad, y también de los secretos, misterios, designios, etc., que no se alcanzan ni se descifran.

impenitencia. (Del lat. *impoenitentĭa*.) f. Rel. Obstinación en el pecado; dureza de corazón para arrepentirse de él. ‖ **final.** Perseverancia en la impenitencia hasta la muerte.

impenitente. fr., *impénitent*; it., *impenitente*; i., *impenitent*; a., *unbussfertig*. (Del lat. *impoenĭtens, -entis*.) adj. Que se obstina en el pecado; que persevera en él sin arrepentimiento. Ú. t. c. s.

impenne. (Del lat. *in*, priv., y *penna*, pluma.) adj. Zool. Dícese de las aves de la subclase de las neornites, no voladoras, con los miembros anteriores transformados en aletas, cuatro dedos dirigidos hacia delante, mem-

impensa–impermeabilizar

Pájaro bobo (ave impenne)

branas interdigitales, plumas cortas, parecidas a escamas y un grueso panículo adiposo. Forman colonias numerosas en las altas latitudes del hemisferio S.; nadan y bucean con gran facilidad, marchan muy erguidas sobre el suelo y se alimentan de peces. Son los pájaros bobos o pájaros niños, que muchos llaman pingüinos por confundirlos con las aves boreales de la familia de las alcídeas. || f. pl. Superorden de estas aves, con un solo orden, el de las *esfeniciformes.*

impensa. (Del lat. *impensa,* gasto.) f. **Der.** Gasto que se hace en la cosa poseída. Ú. m. en pl.

impensable. adj. Que no se puede racionalmente pensar; absurdo.

impensadamente. adv. m. Sin pensar en ello, sin esperarlo, sin advertirlo.

impensado, da. fr., *inopiné;* it., *impensato;* i., *unexpected;* a., *unerwartet.* (De *in-* y *pensado.*) adj. Aplícase a las cosas que suceden sin pensar en ellas o sin esperarlas.

impepinable. adj. fam. Cierto, seguro, que no admite discusión.

imperador, ra. (Del lat. *imperātor, -ōris.*) adj. Que impera o manda. || m. y f. desus. **emperador.**

imperante. p. a. de **imperar.** Que impera. || adj. **Astrol.** Dícese del signo que se suponía dominar en el año, por estar en su casa superior.

imperar. fr., *impérer;* it., *imperare;* i., *to imperate;* a., *herrschen.* (Del lat. *imperāre.*) intr. Ejercer la dignidad imperial. || Mandar, dominar.

imperativamente. adv. m. Con imperio.

imperativo, va. fr., *impératif;* it., *imperativo;* i., *imperative;* a., *imperativ.* (Del lat. *imperatīvus.*) adj. Que impera o manda. Ú. t. c. m. || **categórico.** *Filos.* En la moral kantiana, norma de moralidad que se impone a la voluntad de modo absoluto, sin estar condicionada por ningún fin.

imperatoria romana. (Del lat. *imperatoria,* t. f. de *imperatorius,* imperatorio, y *romana,* t. f. de *romanus,* romano.) f. **Bot.** Hierba vivaz de la familia de las umbelíferas, de hasta 60 cm., con las hojas inferiores ternadas, umbelas casi planas, de hasta 40 radios, fruto casi redondo, de 0,50 cm., con costillas agudas. Vive en las montañas de España y se usó mucho en medicina el cocimiento de las hojas, tallos y raíz (*peucédanum ostrúthium*).

imperatorio, ria. (Del lat. *imperatorius.*) adj. Perteneciente al emperador o a la potestad y majestad imperial. || ant. **imperioso.**

imperceptible. (De *in-* y *perceptible.*) adj. Que no se puede percibir.

imperceptiblemente. adv. m. De un modo imperceptible.

imperdible. fr., *imperdable;* it., *imperdibile;* i., *imperdible;* a., *unverlierbar.* adj. Que no puede perderse. || m. Alfiler que se abrocha quedando su punta dentro de un gancho para que no pueda abrirse fácilmente.

imperdonable. fr., *impardonnable;* it., *imperdonabile;* i., *irremissible;* a., *unverzeihlich.* adj. Que no se debe o puede perdonar.

imperdonablemente. adv. m. De modo imperdonable.

imperecedero, ra. (De *in-* y *perecedero.*) adj. Que no perece. || fig. Aplícase a lo que hiperbólicamente se quiere calificar de inmortal o eterno.

imperfección. fr. e i., *imperfection;* it., *imperfezione;* a., *Unvollkommenheit.* (Del lat. *imperfectĭo, -ōnis.*) f. Falta de perfección. || Falta o defecto ligero en lo moral.

imperfectamente. adv. m. Con imperfección.

imperfectibilidad. f. neol. por **imperfección.**

imperfecto, ta. fr., *imparfait;* it., *imperfetto;* i., *imperfect;* a., *unvollkommen.* (Del lat. *imperfectus.*) adj. No perfecto. || Principiado y no concluido o perfeccionado.

imperfeto, ta. adj. desus. **imperfecto.**

imperforación. (De *in-* y *perforación.*) f. **Pat.** Defecto o vicio orgánico que consiste en tener ocluidos o cerrados órganos o conductos que por su naturaleza deben estar abiertos para ejercer sus funciones.

Imperia. Geog. Prov. de Italia, en Liguria; 1.155 km.² y 225.127 h. || C. cap. de la misma; 40.670 h.

imperial. fr., *impérial;* it., *imperiale;* i., *imperial;* a., *kaiserlich.* (Del lat. *imperiālis.*) adj. Perteneciente al emperador o al imperio. || f. Tejadillo o cobertura de las carrozas. || Lugar con asientos que algunos carruajes tienen encima de la cubierta. || Soldado de los emperadores de Alemania. Ú. m. en pl. || Especie de juego de naipes. || m. *Cuba.* Cigarro puro de buen tamaño y escogida calidad.

Imperial (Francisco). Biog. Poeta español, de origen italiano, n. en Génova (segunda mitad del s. XIV-segunda década del s. XV). Su mayor mérito consistió en dar a conocer en España a Dante y a los poetas italianos; al lado de las escuelas gallega y provenzal de poesía, fundó la itálico-andaluza, que prevaleció a partir de él. || **Geog.** Depart. de Chile, prov. de Cautín; 72.915 h. Cap., Nueva Imperial. || Dist. de Perú, depart. de Lima, prov. de Cañete; 16.446 h. || Pueblo cap. del mismo; 6.345 h. || **Geog. hist.** C. de Chile, fundada por Pedro de Valdivia en 1551 a orillas del río Cautín. En el gran levantamiento araucano fue sitiada y destruida.

imperialismo. fr., *impérialisme;* it., *imperialismo;* i., *imperialism;* a., *imperialismus.* (De *imperial* e *-ismo.*) m. Sistema y doctrina de los imperialistas. || Tendencia expansionista de los países más industrializados a conquistar o dominar otros con fines económicos o políticos.

imperialista. (De *imperial.*) com. Partidario de extender la dominación de un Estado sobre otro u otros por medio de la fuerza. || Partidario del régimen imperial en el Estado.

imperiar. (De *imperio.*) intr. ant. **imperar.**

impericia. fr., *impéritie;* it., *imperizia;* i., *unskilfulness;* a., *Unerfahrenheit.* (Del lat. *imperitĭa.*) f. Falta de pericia.

imperio. fr. e i., *empire;* it., *impero;* a., *kaisertum, kaiserreich, Herrschaft, Gewalt.* (Del lat. *imperĭum.*) m. Acción de imperar o de mandar con autoridad. || Dignidad de emperador. || Espacio de tiempo que dura el gobierno de un emperador. || Tiempo durante el cual hubo emperadores en determinado país. || Estados sujetos a un emperador. || Por ext., potencia de alguna importancia, aunque su jefe no se titule emperador. || Especie de lienzo que venía del imperio de Alemania. || fig. Altanería, orgullo. || **(mero).** *Der.* Potestad que reside en el soberano, y por su disposición en ciertos magistrados, para imponer penas a los delincuentes con conocimiento de causa. || **(mixto).** Facultad que compete a los jueces para decidir las causas civiles y llevar a efecto sus sentencias.

Imperio (estilo). B. Artes. Denominación que se da a las producciones artísticas ejecutadas en Francia desde los últimos años del reinado de Luis XVI, en que se inició, hasta la segunda abdicación de Napoleón, en 1815, y

Traje estilo imperio. *Doña Joaquina Téllez-Girón,* por Agustín Esteve. Museo del Prado. Madrid

así llamado porque la época de su apogeo corresponde al tiempo en que éste ocupó la sede imperial. Fue el último estilo característico de Francia y es el equivalente al neoclásico español. Se inició con el cuadro de David: *El juramento de los Horacios.* || **(Pastora). Biog.** Rojas Monje **(Pastora).** || **británico** (En i., *British Empire.*) **Geog.** Reino Unido. || **Celeste. China.** || **(Bajo). Hist.** Se ha dado esta denominación al Imperio romano de los últimos tiempos, a contar desde la muerte de Constantino (337), y al Imperio bizantino. || **de Occidente.** Roma.

imperiosamente. adv. m. Con imperio o altanería.

imperioso, sa. (Del lat. *imperiōsus.*) adj. Dícese del que manda autoritariamente. || Se aplica a la orden dada de manera autoritaria. || Que conlleva fuerza o exigencia. || Dominante, tiránico.

imperitamente. adv. m. Con impericia.

imperito, ta. (Del lat. *imperītus.*) adj. Que carece de pericia.

impermeabilidad. fr., *imperméabilité;* it., *impermeabilità;* i., *impermeability;* a., *Wasserdichtigkeit, Undurchdringlichkeit.* f. Calidad de impermeable.

impermeabilización. f. Acción y efecto de impermeabilizar.

impermeabilizante. p. a. de **impermeabilizar.** Que impermeabiliza. Ú. t. c. s.

impermeabilizar. tr. Hacer impermeable alguna cosa.

impermeable. fr., *imperméable;* it., *impermeabile;* i., *impermeable;* a., *undurchdringlich.* (Del lat. *impermeabĭlis;* de *in*, priv., y *permeabĭlis*, penetrable, y éste de *per*, a través, y *meare*, ir.) adj. Impenetrable al agua o a otro fluido. ‖ m. Sobretodo hecho con tela impermeable o impermeabilizada.

impermutabilidad. f. Calidad de impermutable.

impermutable. (Del lat. *impermutabĭlis.*) adj. Que no puede permutarse.

imperscrutable. (Del lat. *imperscrutabĭlis.*) adj. **inescrutable.**

impersonal. adj. V. **tratamiento impersonal.** ‖ **en** o **por impersonal.** m. adv. **impersonalmente.**

impersonalidad. f. Calidad de impersonal; falta de personalidad.

impersonalizar. (De *impersonal.*) tr. Gram. Usar como impersonales algunos verbos que en otros casos no tienen esta condición.

impersonalmente. adv. m. Con tratamiento impersonal, o sea: modo de tratar a un sujeto usando el artículo determinado y la tercera persona del verbo. ‖ Gram. Sin determinación de persona. Aplícase a la manera de estar usado un verbo cuando en tercera persona de plural o en la de singular, acompañada o no del pronombre *se*, expresa acción sin agente determinado.

impersuasible. adj. No persuasible.

impertérrito, ta. fr., *intrépide;* it., *imperterrito;* i., *unterrified;* a., *unerschrocken.* (Del lat. *imperterrĭtus.*) adj. Dícese de aquel a quien no se le infunde fácilmente terror, o a quien nada intimida.

impertinencia. fr. e i., *impertinence;* it., *impertinenza;* a., *Ungehörigkeit.* (Del lat. *impertĭnens, -entis*, impertinente.) f. Dicho o hecho fuera de propósito. ‖ Nimia susceptibilidad nacida de un humor desazonado y displicente, como regularmente lo suelen tener los enfermos. ‖ Importunidad molesta y enfadosa. ‖ Curiosidad, prolijidad, nimio cuidado de una cosa.

impertinente. fr. e i., *impertinent;* it., *impertinente;* a., *ungebührlich, zudringlich.* (Del lat. *impertĭnens, -entis.*) adj. Que no viene al caso, o que molesta de palabra o de obra. ‖ Nimiamente susceptible; que se desagrada de todo y pide o hace cosas que son fuera de propósito. Ú. t. c. s. ‖ m. pl. Anteojos con manija que suelen usar las señoras.

Impertinentes. Detalle del retrato de *Francisco Martínez de la Rosa*, por M. de Ojeda y Siles. Palacio de las Cortes. Madrid

impertinentemente. adv. m. Con impertinencia.

impertir. (Del lat. *impertīre.*) tr. **impartir.**

imperturbabilidad. f. Calidad de imperturbable.

imperturbable. fr. e i., *imperturbable;* it., *imperturbabile;* a., *unerschütterlich.* (Del lat. *imperturbabĭlis.*) adj. Que no se perturba.

imperturbablemente. adv. m. De manera imperturbable.

impétigo. fr., *impétigo;* it., *impetiggine;* i., *impetigo;* a., *Impetigo.* (Del lat. *impetīgo, -ĭnis.*) m. Pat. Dermatosis inflamatoria e infecciosa por la aparición de vesículas aisladas o aglomeradas en cuyo interior se encuentra algo de pus.

ímpeto. m. desus. **ímpetu.**

impetra. (De *impetrar.*) f. Facultad, licencia, permiso. ‖ Bula en que se concede un beneficio dudoso, con obligación de aclararlo de su cuenta y riesgo el que lo consigue.

impetración. (Del lat. *impetratĭo, -ōnis.*) f. Acción y efecto de impetrar.

impetrador, ra. (Del lat. *impetrātor, -ōris.*) adj. Que impetra. Ú. t. c. s.

impetrante. p. a. de **impetrar.** Que impetra.

impetrar. fr., *impétrer;* it., *impetrare;* i., *to impetrate;* a., *erbitten.* (Del lat. *impetrāre.*) tr. Conseguir una gracia que se ha solicitado y pedido con ruegos. ‖ Solicitar una gracia con encarecimiento y ahínco.

impetratorio, ria. adj. Que sirve para impetrar.

ímpetu. fr., *élan;* it., *impeto;* i., *impetus, impetuosity;* a., *Heftigkeit, Ungestüm, Schwung.* (Del lat. *impĕtus;* de *in*, hacia, y *petĕre*, acometer.) m. Movimiento acelerado y violento. ‖ La misma fuerza o violencia. ‖ Mec. Producto de la masa por la velocidad de un móvil. En la teoría de la relatividad hay que dividir dicho producto por $\sqrt{1 - v^2/c^2}$, donde v es la velocidad del móvil y c la velocidad de la luz.

impetuosamente. adv. m. Con ímpetu.

impetuosidad. (De *impetuoso.*) f. Violencia, precipitación.

impetuoso, sa. (Del lat. *impetuōsus.*) adj. Violento, precipitado.

Impfondo. Geog. C. de la República Popular del Congo, cap. de la región de Likouala.

Imphal. Geog. C. de la India, cap. del est. de Manipur; 100.605 h.

impiadoso, sa. adj. desus. Falto de piedad. ‖ Falto de religión.

impíamente. adv. Con impiedad, sin religión. ‖ Sin compasión, sin miramiento; con dureza o crueldad.

impiedad. fr., *impiété;* it., *empietà;* i., *impiety;* a., *Gottlosigkeit.* (Del lat. *impĭĕtas, -ātis.*) f. Falta de piedad. ‖ Falta de religión.

impiedoso, sa. (Del lat. *in-* y *pietōsus*, piadoso.) adj. Falto de piedad. ‖ Falto de religión.

impingar. (Del lat. *impinguāre.*) tr. ant. Lardear una cosa.

impío, a. fr., *impie;* it., *empio;* i., *impious;* a., *gottlos.* (Del lat. *impĭus*, con el acento de pío.) adj. Falto de piedad. ‖ Falto de religión.

impíreo, a. adj. desus. **empíreo.**

impla. (Del anglosajón *wimpel*, velo; en b. lat. *impla.*) f. Toca o velo de la cabeza usado antiguamente. ‖ Tela de que se hacen estos velos.

implacable. fr. e i., *implacable;* it., *implacabile;* a., *unversöhnlich.* (Del lat. *implacabĭlis.*) adj. Que no se puede aplacar o templar.

implacablemente. adv. m. Con rigor o enojo implacable.

implantación. f. Acción y efecto de implantar. ‖ Fisiol. Fijación, inserción o injerto de un tejido u órgano en otro.

implantador, ra. adj. Que implanta.

implantar. (De *in-* y *plantar.*) tr. Establecer y poner en ejecución doctrinas nuevas, instituciones, prácticas o costumbres.

implantón. (De *in-* y *plantón.*) m. Sant. Pieza de madera de sierra, de siete a nueve pies de long. y con una escuadría de seis pulgadas de tabla por tres de canto.

implar. (Del lat. *implēre.*) tr. Llenar, inflar.

implaticable. (De *in-* y *platicable.*) adj. Que no admite plática o conversación.

implemento. (Del i. *implement.*) m. Utensilio. Ú. m. en pl.

implemento. m. Ling. Término con que E. Alarcos Llorach designa al tradicional complemento directo.

implicación. (Del lat. *implicatĭo, -ōnis.*) f. Acción y efecto de implicar. ‖ Contradicción, oposición de los términos entre sí.

implicancia. f. Contradicción de los términos entre sí. ‖ *Arg., Chile* y *Urug.* Incompatibilidad legal o moral.

implicante. p. a. de **implicar.** Que implica.

implicar. fr., *impliquer;* it., *implicare;* i., *to implicate;* a., *verwickeln.* (Del lat. *implicāre.*) tr. Envolver, enredar. Ú. t. c. prnl. ‖ fig. Contener, llevar en sí, significar. ‖ intr. Obstar, impedir, envolver contradicción. Ú. m. con adverbios de negación.

implicatorio, ria. (De *implicar.*) adj. Que envuelve o contiene en sí contradicción o implicación.

implícitamente. adv. m. De modo implícito.

implícito, ta. fr., *implicite;* it., *implicito;* i., *implicit, tacitly compressed, inferred;* a., *mit einbegriffen.* (Del lat. *implicĭtus.*) adj. Dícese de lo que se entiende incluido en otra cosa sin expresarlo.

imploración. (Del lat. *imploratĭo, -ōnis.*) f. Acción y efecto de implorar.

implorador, ra. adj. Que implora.

implorante. p. a. de **implorar.** Que implora.

implorar. fr., *implorer;* it., *implorare;* i., *to implore;* a., *anflehen.* (Del lat. *implorāre.*) tr. Pedir con ruegos o lágrimas una cosa.

implosión. (De *explosión*, con cambio de pref.) f. Astrol. Fenómeno cósmico que consiste en la disminución brusca del tamaño de un astro. ‖ Fís. Fenómeno físico, en el cual las partes externas de un conjunto son impelidas violentamente hacia el interior. ‖ Fon. Modo de articulación propio de las consonantes implosivas. ‖ Parte de las articulaciones oclusivas correspondientes al momento en que se forma la oclusión.

implosivo, va. adj. Fon. Dícese de la articulación o sonido oclusivo que por ser final de sílaba, como la p de *apto* o la c de *néctar*, termina sin la abertura súbita de las consonantes explosivas. ‖ Dícese también de cualquier otra consonante situada al final de sílaba. ‖ Dícese de las letras que transcriben estos sonidos. Ú. t. c. s. f.

implume. fr., *déplumé, implumé;* it., *spiumato;* i., *unfeathered;* a., *federlos.* (Del lat. *implūmis.*) adj. Que no tiene plumas.

impluvio. (Del lat. *implŭvium*, de *implŭĕre*, llover en, o sobre.) m. Arqueol. Estanquito situado en medio del atrio de las casas romanas, donde eran recogidas las aguas de lluvia que entraban por el compluvio.

impolítica. (De *in-* y *política.*) f. Falta de cortesía.

impolíticamente. adv. m. De manera impolítica.

impolítico, ca. adj. Falto de política o contrario a ella.

impoluto, ta. (Del lat. *impollūtus.*) adj. Limpio, sin mancha.

imponderabilidad. adj. Calidad de imponderable.

imponderable. (De *in-* y *ponderable.*) adj. Que no puede pesarse. ‖ fig. Que excede a toda ponderación.

imponderablemente. adv. m. De modo imponderable o que excede toda ponderación.

imponedor, ra. (De *imponer.*) adj. **imponente.** Ú. t. c. s.

imponencia. f. *Col., Chile* y *Guat.* Cualidad de imponente, grandeza, majestad.

imponente. p. a. de **imponer.** Que impone. Ú. t. c. s.

imponer. fr., *imposer;* it., *imporre;* i., *to impose;* a., *auferlegen, aufbürden.* (Del lat. *imponĕre.*) tr. Poner carga, obligación u otra cosa. ∥ Imputar, atribuir falsamente a otro una cosa. ∥ Instruir a uno en una cosa; enseñársela o enterarlo de ella. Ú. t. c. prnl. ∥ Infundir respeto, miedo o asombro. Ú. t. c. intr. ∥ Poner dinero a rédito o en depósito. ∥ En imprenta, llenar con cuadros u otras piezas el espacio que separa las planas entre sí, para que, impresas, aparezcan con márgenes proporcionadas. ∥ prnl. Hacer uno valer su autoridad o poderío.

imponible. (De *imponer.*) adj. Que se puede gravar con impuesto o tributo.

impopular. fr., *impopulaire;* it., *impopolare;* i., *unpopular;* a., *unbolkstümlich.* (Del lat. *impopulāris.*) adj. Que no es grato a la multitud.

impopularidad. (De *impopular.*) f. Desafecto, mal concepto en el público.

importable. (Del lat. *importabĭlis.*) adj. ant. Que no se puede sufrir.

importación. fr. e i., *importation;* it., *importazione;* a., *Einfuhr.* (De *importar.*) f. Acción de importar. ∥ Conjunto de cosas importadas. ∥ **Econ.** Parte del comercio exterior que comprende todas las mercancías introducidas en el país desde el extranjero.

importador, ra. adj. Que introduce en un país géneros extranjeros. Ú. t. c. s.

importancia. fr. e i., *importance;* it., *importanza;* a., *Wichtigkeit.* (Del lat. *importans, -antis,* importante.) f. Calidad de lo que importa, de lo que es muy conveniente o interesante, o de mucha entidad o consecuencia. ∥ Representación de una persona por su dignidad o calidades.

importante. p. a. de **importar.** Que importa. ∥ adj. Que es de importancia.

importantemente. adv. m. Con importancia.

importar. fr., *importer;* it., *importare;* i., *to import, to amount;* a., *einführen, importieren.* (Del lat. *importāre.*) intr. Convenir, interesar, hacer al caso, ser de mucha entidad o consecuencia. ∥ tr. Hablando del precio de las cosas, valer o llegar a tal cantidad la cosa comprada o ajustada. ∥ Introducir en un país géneros, artículos, costumbres o juegos extranjeros. ∥ Llevar consigo. ∥ ant. Contener, ocasionar o causar.

importe. fr., *montant, valeur;* it., *importo, somma totale;* i., *amount, value;* a., *Betrag.* (De *importar.*) m. Cuantía de un precio, crédito, deuda o saldo.

importunación. (De *importunar.*) f. Instancia porfiada y molesta.

importunadamente. adv. m. Con importunación; importunamente.

importunamente. adv. m. Con importunidad y porfía. ∥ Fuera de tiempo o de propósito.

importunar. (De *importuno.*) tr. Incomodar o molestar con una pretensión o solicitud.

importunidad. (Del lat. *importunĭtas, -ātis.*) f. Calidad de importuno. ∥ Incomodidad o molestia causada por una solicitud o pretensión.

importuno, na. (Del lat. *importūnus.*) adj. **inoportuno, na.** ∥ Molesto, enfadoso.

imposibilidad. fr., *impossibilité;* it., *impossibilità;* i., *impossibility;* a., *Unmöglichkeit.* (Del lat. *impossibilĭtas, -ātis.*) f. Falta de posibilidad para existir una cosa o para hacerla. ∥ **física.** *Der.* Enfermedad o defecto que estorba o excusa para una función pública. ∥ *Filos.* Absoluta repugnancia que hay para existir o verificarse una cosa en el orden natural. ∥ **metafísica.** La que implica contradicción, como que una cosa sea o no sea a un mismo tiempo. ∥ **moral.** *Rel.* Inverosimilitud de que pueda ser o suceder una cosa, o contradicción evidente entre aquello de que se trata y las leyes de la moral y de la recta conciencia. ∥ **imposible de toda imposibilidad.** expr. fam. con que se pondera la imposibilidad absoluta de una cosa.

imposibilitado, da. p. p. de **imposibilitar.** ∥ adj. **tullido,** privado de movimiento.

imposibilitar. (De *in-* y *posibilitar.*) tr. Quitar la posibilidad de ejecutar o conseguir una cosa.

imposible. fr., *impossible;* it., *impossibile;* i., *impossible, impracticable;* a., *unmöglich.* (Del lat. *impossibĭlis.*) adj. No posible. ∥ Sumamente difícil. Ú. t. c. s. m. ∥ Inaguantable, enfadoso, intratable. Ú. con los verbos *estar* y *ponerse.* ∥ m. *Ret.* Figura que consiste en asegurar que primero que suceda o deje de suceder una cosa, ha ocurrido otra de las que no están en lo posible.

imposiblemente. adv. m. Con imposibilidad.

imposición. fr. e i., *imposition;* it., *imposizione;* a., *Auflegug.* (Del lat. *impositĭo, -ōnis.*) Acción y efecto de imponer o imponerse. ∥ Exigencia desmedida con que se trata de obligar a uno. ∥ Carga, tributo u obligación que se impone. ∥ Impostura, imputación falsa. ∥ **Impr.** Composición de cuadros que separa las planas entre sí, para que, impresas, aparezcan con las márgenes correspondientes. ∥ **de manos.** *Rel.* Ceremonia que usa la Iglesia para transmitir la gracia del Espíritu Santo a los que van a recibir ciertos sacramentos.

impositor, ra. adj. Que impone. Ú. t. c. s. ∥ m. Obrero que impone en la imprenta.

imposta. (Del lat. *impostĭta,* puesta sobre.) f. **Arquit.** Hilada de sillares, algo voladiza, a veces con moldura, sobre la cual va sentado un arco. ∥ Faja que corre horizontalmente en la fachada de los edificios a la altura de los diversos pisos.

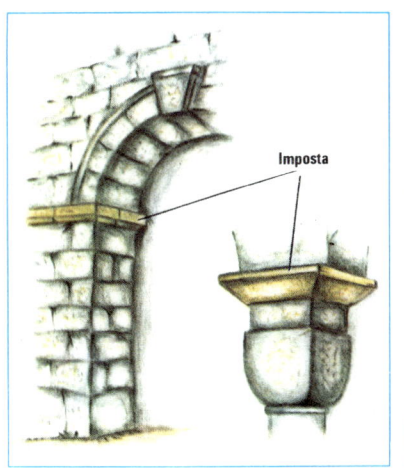

impostación. (Del it. *impostazione,* de *impostare,* apoyar.) f. **Mús.** Acción y efecto de impostar.

impostar. (Del it. *impostare,* apoyar.) tr. **Mús.** Fijar la voz en las cuerdas vocales para emitir el sonido en su plenitud sin vacilación ni temblor.

impostergable. adj. *Amér.* Que no se puede postergar.

impostor, ra. fr., *imposteur;* it., *impostore;* i., *impostor;* a., *Betruger.* (Del lat. *impostor, -ōris.*) adj. Que atribuye falsamente a uno alguna cosa. Ú. t. c. s. ∥ Que finge o engaña con apariencia de verdad. Ú. t. c. s.

impostura. (Del lat. *impostūra.*) f. Imputación falsa y maliciosa. ∥ Fingimiento o engaño con apariencia de verdad.

impotable. adj. Que no es potable.

impotencia. fr., *impuissance;* it., *impotenza;* i., *impotence;* a., *Unvermögen.* (Del lat. *impotentĭa.*) f. Falta de poder para hacer una cosa. ∥ Incapacidad de engendrar o concebir.

impotente. (Del lat. *impŏtens, -entis.*) adj. Que no tiene potencia. ∥ Incapaz de engendrar o concebir. Ú. t. c. s.

impracticabilidad. f. Calidad de impracticable.

impracticable. (De *in-* y *practicable.*) adj. Que no se puede practicar. ∥ Dícese de los caminos y parajes por donde no se puede caminar o por donde no se puede pasar sin mucha incomodidad.

imprecación. fr., *imprécation;* it., *imprecazione;* i., *imprecation;* a., *Fluch, Verwünschung.* (Del lat. *imprecatĭo, -ōnis.*) f. Acción de imprecar. ∥ *Ret.* Figura que consiste en imprecar.

imprecar. (Del lat. *imprecāri;* de *in,* negación, y *preces,* plegaria.) tr. Proferir palabras con que se pida o se manifieste desear vivamente que alguien reciba mal o daño.

imprecatorio, ria. (De *imprecar.*) adj. Que implica o denota imprecación.

imprecisión. f. Falta de precisión.

impreciso, sa. adj. No preciso, vago, indefinido.

impregnable. adj. Dícese de los cuerpos capaces de ser impregnados.

impregnación. f. Acción y efecto de impregnar o impregnarse. ∥ **Biol.** Inclusión en el óvulo de la cabeza del espermatozoide fecundante con su aporte hereditario.

impregnar. fr., *imprégner;* it., *impregnare;* i., *to impregnate;* a., *imprägnieren.* (Del lat. *impraegnāre.*) tr. Introducir entre las moléculas de un cuerpo las de otro en cantidad perceptible sin combinación. Ú. m. c. prnl.

impremeditación. f. Falta de premeditación.

impremeditadamente. adv. m. Sin premeditación.

impremeditado, da. adj. No premeditado. ∥ **irreflexivo.**

imprimir. tr. ant. **imprimir.**

imprenta. fr., *imprimerie;* it., *stampa;* i., *printing-office;* a., *Druckerei.* (De *emprenta.*) f. Arte de imprimir. ∥ Taller o lugar donde se imprime. ∥ **impresión,** forma de letra con que está impresa una obra. ∥ fig. Lo que se publica impreso. ∥ *Sant.* Pieza de madera de sierra, de siete a nueve pies de long., con una escuadría de tres pulgadas de tabla por una de canto. ∥ **Hist.** Sobre los primeros pasos de la imprenta hay mucha historia y mucha leyenda, y es difícil saber lo que corresponde a una y a otra.

Prensa rotativa. Imprimiendo un periódico

Son varios los nombres y los países que se atribuyen y se disputan el privilegio de haber sido sus descubridores, pero todos los indicios parecen desembocar en tres nombres, que citaremos en orden a su importancia en el ha-

imprentar–impresionismo

llazgo: en primer lugar, Johannes Gutenberg, a quien se debe la idea de las letras sueltas, que admiten todas las combinaciones posibles, e inventó también la prensa de madera que, con ligeras variaciones, estuvo en uso hasta casi mediado el s. XIX; le sigue en importancia Peter Schöffer, que fue quien concibió los punzones para hacer las matrices y fundirlas en serie, y, finalmente, Johan Fust, que aportó el capital para llevar a buen término la genial empresa. Los tres eran alemanes; por tanto, nadie disputa ya a este país el privilegio de este importantísimo hallazgo. Hasta el año 1460, en que se publicó el famoso *Catholicon* (Gramática y Diccionario Latino), no tenemos un dato veraz de la fecha del descubrimiento de la imprenta; si bien, con anterioridad a esta fecha, se habían estampado con tipos móviles libros importantes y otros impresos: en 1454, las bulas de indulgencia encargadas por el papa Nicolás V; dos ediciones de la Biblia: la primera, la llamada «de 42 líneas», que se supone impresa en 1455, y la segunda, la «de 36 líneas», que se cree del año 1458; y hay opiniones de que con anterioridad a ellas se imprimió el *Misal de Constanza*.

imprentar. tr. *Chile.* Planchar los cuellos y solapas, o las perneras de los pantalones para darles la debida forma.

imprentario. m. *Chile.* vulg. por impresor o dueño de una imprenta.

impresa. f. desus. **empresa.**

impresario. m. desus. **empresario.**

imprescindible. (De *in-* y *prescindible.*) adj. Dícese de aquello de que no se puede prescindir.

imprescriptibilidad. f. Calidad de imprescriptible.

imprescriptible. (De *in-* y *prescriptible.*) adj. Que no puede prescribir.

impresentable. adj. Que no es digno de presentarse o de ser presentado.

impresión. fr. e i., *impression;* it., *impressione;* a., *Eindruck.* (Del lat. *impressio, -ōnis.*) f. Acción y efecto de imprimir. || Marca o señal que una cosa deja en otra apretándola; como la que deja la huella de los animales, el sello que se estampa en un papel, etc. || Calidad o forma de letra con que está impresa una obra. || Obra impresa. || Efecto o alteración que causa en un cuerpo otro extraño. || fig. Movimiento que las cosas causan en el ánimo. || **Anat.** Depresión en la superficie, p. e., de un hueso por la persistente presión de partes blandas o por la inserción de músculos o tendones. || **Bot., Paleont.** y **Zool.** Fósil consistente en la marca o señas dejadas por un organismo sobre un material blando y posteriormente endurecido. Son muy frecuentes las impresiones de hojas y ramas, de los pies de los animales (huellas) y, a veces, de su silueta entera, como la de los *ictiosaurios,* del *arqueópteris,* etc. || **Impr.** La impresión es el complemento imprescindible de la composición, siendo anterior a ésta en la historia, ya que cuando Gutenberg ideó la separación de las letras —fueran de madera o metal—, la impresión ya se practicaba, pues se habían estampado naipes, imágenes de santos y planchas xilográficas; pero el genial maguntino adaptó la prensa de estrujar las uvas para que estampara los modelos de los textos compuestos con los caracteres recién inventados. La tinta y las balas para distribuirla por el molde serían idénticas a las empleadas en las impresiones citadas, que se supone se estampaban poniendo peso sobre el papel y las planchas. Pero inventados los tipos móviles se precisaba un artilugio que acelerara la impresión, y entonces nació la prensa de madera. Y esta prensa primitiva, con ligeras modificaciones impuestas por la práctica en la época plantiniana, estuvo en uso hasta principios del s. XIX en que el inglés Charles Stanhope (v.) la construyó de hierro, logrando un manejo mucho más sencillo, una mayor producción y una impresión más perfecta. Por otra parte, esta prensa encierra un gran valor histórico porque señala, en el proceso de la impresión, el lazo de unión entre la prensa primitiva y las máquinas de impresión tipográfica. La primera de éstas aparece algunos años después, a finales de 1814, y se debe a la colaboración de los alemanes Friedrich Koenig (v.) y Andreas F. Bauer. La gran novedad de esta máquina era que la impresión no se hacía por presión plana, sino cilíndrica, lo cual representó un avance considerable, dando con ello una idea de la que, andando el tiempo, sería la rotativa. La invención de la rotativa (1872) supuso uno de los momentos cumbres, en cuanto a impresión se refiere, al hacer posible que el papel, enrollado en la bobina, pasara directamente a los cilindros impresores, produciendo así la impresión. Andando el tiempo se descubre el offset y se industrializa la calcografía, dando origen al huecograbado, y para la impresión de ambas técnicas se emplea también la rotativa. Y como quiera que en estas modalidades gráficas se ha impuesto la policromía, cada cuerpo de la rotativa, en vez de repetir la impresión, puede estampar un color distinto, de forma que los impresos —libros, revistas, periódicos—, después de pasar por los diversos cuerpos de estas máquinas salen completamente acabados e impresos a todo color. Los procedimientos de impresión más importantes son: *tipográfico*, que imprime con moldes en relieve; *litográfico*, que se logra sobre superficies planas, del que deriva el *offset*; y *calcográfico*, que se hace en hueco, del que proviene el *huecograbado.* || **Pat.** Efecto producido en el organismo por una causa activa morbífica. || Reacción emotiva provocada por algún hecho o noticia. || **dactilar** o **digital.** *Anat.* La que deja la yema del dedo en un objeto al tocarlo, o la que se obtiene impregnándola previamente en una materia colorante. || **en relieve.** *Impr.* La que se efectúa a través de dos planchas: una, que tiene la impresión en realce, la cual encaja con otra igual, pero en hueco, llamadas *macho* y *hembra*. || **tabelaria.** V. **xilografía.** || **de la primera impresión.** loc. fig. y p. us. Principiante o nuevo en una cosa.

impresionabilidad. f. Calidad de impresionable.

impresionable. adj. Fácil de impresionarse o de recibir una impresión.

impresionante. p. a. de **impresionar.** Que impresiona.

impresionar. fr., *impressioner;* it., *impressionare;* i., *to affect, to influence;* a., *eindruck machen auf.* (De *impresión.*) tr. Fijar por medio de la persuasión o de una manera conmovedora, en el ánimo de otro, una especie, o hacer que la conciba con fuerza y viveza. Ú. t. c. prnl. || Exponer una superficie convenientemente preparada a la acción de las vibraciones acústicas o luminosas de manera que queden fijadas en ella y puedan ser reproducidas por procedimientos fonográficos o fotográficos. || Conmover el ánimo hondamente.

impresionismo. (De *impresión* y *-ismo.*) m. **B. Art.** Movimiento artístico desarrollado principalmente en la pintura, que tuvo su origen en Francia en el último tercio del s. XIX y

Impresionismo. *Joven con flores*, por A. Renoir. Museo Metropolitano. Nueva York

que consiste en reproducir la naturaleza atendiendo más a la impresión que nos produce que a ella misma en realidad. Sus principales representantes fueron: Monet, Manet, Renoir, Degas, Pisarro, Sisley, etc. Cézanne, Gauguin y Van Gogh inician la evolución hacia la pintura del s. XX.

impresionista. adj. Partidario del impresionismo, o que ejecuta sus obras artísticas conforme a él.

impreso, sa. fr., *imprimé;* it., *stampato;* i., *printed matter, print;* a., *Druckschrift.* (Del lat. *impresus.*) p. p. de **imprimir.** || m. Libro, folleto u hoja impresos. || Formulario impreso con espacios en blanco para llenar a mano o a máquina.

impresor. fr., *imprimeur, typographe;* it., *stampatore;* i., *printer;* a., *Drucker.* (De *impreso.*) m. Artífice que imprime. || Dueño de una imprenta. || **Electrón.** Elemento periférico de un equipo de proceso de datos, que en un ordenador, permite la salida de resultados impresos.

impresora. f. Mujer del impresor. || Propietaria de una imprenta.

imprestable. (Del lat. *impraestabĭlis.*) adj. Que no se puede prestar.

imprevisible. adj. Que no se puede prever.

imprevisión. fr., *imprévoyance;* it., *imprevisione;* i., *imprevision. improvidence;* a., *Mangel an Voraussicht.* f. Falta de previsión, inadvertencia, irreflexión.

imprevisor, ra. (De *in-* y *previsor.*) adj. Que no prevé.

imprevisto, ta. adj. No previsto. || m. pl. En lenguaje administrativo, gastos para los cuales no hay crédito habilitado y distinto.

imprimación. f. Acción y efecto de imprimar. || Conjunto de ingredientes con que se imprima.

imprimadera. f. Instrumento de hierro o de madera, en figura de cuchilla o media luna, con el cual se impriman los lienzos, puertas, paredes, etc.

imprimador. m. El que imprima.

imprimar. (Del lat. *in*, en, y *primus*, primero.) tr. Preparar con los ingredientes necesarios las cosas que se han de pintar o teñir. || *Col.* Cubrir la superficie no pavimentada de una carretera con un material asfáltico, con el objeto de evitar el polvo y la erosión.

imprimátur. (3.ª pers. de sing. del pres. de subj. del lat. *imprimĕre*, imprimir.) m. fig. Licencia que da la autoridad eclesiástica para imprimir un escrito.

imprimidor. (De *imprimir.*) m. ant. **impresor.**

imprimir. fr., *imprimer;* it., *imprimere;* i., *to print, to stamp;* a., *drucken.* (Del lat. *imprimĕre.*) tr. Señalar en el papel u otra materia las letras y otros caracteres de las formas, apretándolas en la prensa. || Estampar un sello u otra cosa en papel, tela o masa por medio de presión. || ant. Introducir o hincar con fuerza alguna cosa en otra. || fig. Fijar en el ánimo algún afecto o especie.

improbabilidad. f. Falta de probabilidad.

improbable. (Del lat. *improbabĭlis.*) adj. No probable.

improbablemente. adv. m. Con improbabilidad.

improbar. (Del lat. *improbāre.*) tr. Desaprobar, reprobar una cosa.

improbidad. (Del lat. *improbĭtas, -ātis.*) f. Falta de probidad; perversidad, iniquidad.

ímprobo, ba. fr., *improbe;* it., *improbo;* i., *wicked;* a., *ruchlos.* (Del lat. *improbus.*) adj. Falto de probidad, malo, malvado. || Aplícase al trabajo excesivo y continuado, o que no da el resultado esperado.

improcedencia. (De *in-* y *procedencia.*) f. Falta de oportunidad, de fundamento o de derecho.

improcedente. (De *in-* y *procedente.*) adj. No conforme a derecho. || Inadecuado, extemporáneo.

improductivo, va. (De *in-* y *productivo.*) adj. Dícese de lo que no produce.

improfanable. adj. Que no se puede profanar.

improlongable. adj. Que no se puede prolongar.

impromptu. m. Composición musical que improvisa el ejecutante y, p. ext., la que se compone sin plan preconcebido.

impronta. (Del it. *impronta*, y éste del lat. *imprimĕre*, imprimir.) f. Reproducción de imágenes en hueco o de relieve, en cualquiera materia blanda o dúctil, como papel humedecido, cera, lacre, escayola, etc. || fig. Marca o huella que en el orden moral deja una cosa en otra.

impronunciable. adj. Imposible de pronunciar o de muy difícil pronunciación. || Inefable, lo que no puede explicarse con palabras.

improperar. (Del lat. *improperāre.*) tr. Decir a uno improperios.

improperio. fr., *affront;* it., *improperio;* i., *contemptuous reproach;* a., *Beschimpfung. Schmähung.* (Del lat. *improperĭum.*) m. Injuria grave de palabra, y especialmente aquella que se emplea para echar a uno en cara una cosa. ||

Los improperios de Cristo, por el Bosco. Monasterio de El Escorial. Madrid

pl. Versículos que se cantan en el oficio del Viernes Santo, durante la adoración de la Cruz.

impropiamente. adv. m. Con impropiedad.

impropiar. tr. ant. Usar las palabras con impropiedad.

impropiedad. fr., *impropriété;* it., *improprietà;* i., *impropriety, unfitness;* a., *Unschklichkeit.* (Del lat. *improprĭetas, -ātis.*) f. Falta de propiedad en el uso de las palabras.

impropio, pia. fr., *impropre;* it., *improprio;* i., *improper, unfit;* a., *unzweckmässig, unpassend.* (Del lat. *improprĭus.*) adj. Falto de las cualidades convenientes según las circunstancias. || Ajeno de una persona, cosa o circunstancias, o extraño a ellas.

improporción. f. Falta de proporción.

improporcionado, da. (De *in-* y *proporcionado.*) adj. Que carece de proporción.

impropriamente. adv. m. desus. **impropiamente.**

impropriedad. (Del lat. *improprĭetas, -ātis.*) f. ant. **impropiedad.**

improprio, pria. (Del lat. *improprĭus.*) adj. ant. **impropio.**

improrrogable. adj. Que no se puede prorrogar.

impróspero, ra. (Del lat. *improsper, -ĕri.*) adj. No próspero.

improsulto, ta. adj. fam. *Hond.* Malo, inútil. || *Méj.* Sinvergüenza, atrevido, descarado.

imprevidamente. adv. m. Sin previsión.

improvidencia. (Del lat. *improvidentĭa.*) f. ant. Falta de providencia.

impróvido, da. (Del lat. *improvĭdus.*) adj. Desprevenido, desapercibido, falto de lo necesario.

improvisación. fr. e i., *improvisation;* it., *improvisazione;* a., *Improvisieren, Extemporieren.* f. Acción y efecto de improvisar. || Obra o composición improvisada. || Medra rápida, por lo común inmerecida, en la carrera o en la fortuna de una persona.

improvisadamente. adv. m. Sin prevención ni previsión.

improvisador, ra. adj. Que improvisa. Dícese especialmente del que compone versos de repente. Ú. t. c. s.

improvisamente. adv. m. De repente, sin prevención ni previsión.

improvisar. (De *improviso.*) tr. Hacer una cosa de pronto, sin estudio ni preparación alguna. || Hacer de este modo discursos, poesías, etc.

improviso, sa. (Del lat. *improvīsus.*) adj. Que no se prevé o previene. || **al,** o **de, improviso.** m. adv. Sin prevención ni previsión. || **en un improviso.** m. adv. p. us. En un instante.

improvisto, ta. (De *in-* y *provisto.*) adj. No previsto. || **a la improvista.** m. adv. Sin prevención ni previsión.

imprudencia. fr. e i., *imprudence;* it., *imprudenza;* a., *Unklugheit, Unbesonnenheit.* (Del lat. *imprudentĭa.*) f. Falta de prudencia. || **temeraria.** *Der.* Punible e inexcusable negligencia con olvido de las precauciones que la prudencia vulgar aconseja, la cual conduce a ejecutar hechos que, a mediar malicia en el actor, serían delitos graves o menos graves.

imprudente. (Del lat. *imprudens, -entis.*) adj. Que no tiene prudencia. Ú. t. c. s.

imprudentemente. adv. m. Con imprudencia.

impúber. adj. **impúbero.** Ú. t. c. s.

impúbero, ra. fr., *impubère;* it., *impube;* i., *impuberal;* a., *noch nicht geschlechtsreif.* (Del lat. *impūbes, -ĕris.*) adj. Que no ha llegado aún a la pubertad. Ú. t. c. s.

impudencia. (Del lat. *impudentĭa.*) f. Descaro, desvergüenza.

impudente. (Del lat. *impudens, -entis.*) adj. Desvergonzado, sin pudor.

impúdicamente. adv. m. Deshonestamente, impúdicamente, sin recato. || Con cinismo, descaradamente.

impudicia. f. Descaro, desvergüenza.

impudicicia. (Del lat. *impudicitĭa.*) f. Deshonestidad, falta de recato y de pudor.

impúdico, ca. fr., *impudique;* it., *impudico;* i., *unchaste;* a., *unkeusch, unzüchtig.* (Del lat. *impudĭcus.*) adj. Deshonesto, sin pudor.

impudor. m. Falta de pudor y de honestidad. || Cinismo en defender cosas vituperables.

impuesto, ta. fr., *impôt;* it., *imposta;* i., *duty, tax, impost;* a., *abgabe, steuer.* (Del lat. *impositus.*) p. p. irreg. de **imponer.** || m. Tributo, carga. || **Econ.** y **Hacienda.** Aportación pecuniaria exigida por el Estado y otros organismos competentes, y que los individuos tienen la obligación de satisfacer, para con ella sufragar los gastos de los servicios públicos. || **directo.** El que exige el Estado a cada ciudadano como miembro de una sociedad y poseedor de unos bienes. || **indirecto.** El que se paga al Estado en el momento de adquisición de bienes.

impugnable. adj. Que se puede impugnar. || Que no se puede tomar o conquistar.

impugnación. (Del lat. *impugnatĭo, -ōnis.*) f. Acción y efecto de impugnar.

impugnador, ra. (Del lat. *impugnātor*.) adj. Que impugna. Ú. t. c. s.

impugnante. p. a. de **impugnar.** Que impugna.

impugnar. fr., *impugner*; it., *impugnare*; i., *to attack*; a., *angreifen, anfechten*. (Del lat. *impugnāre*.) tr. Combatir, contradecir, refutar.

impugnativo, va. adj. Dícese de lo que impugna o sirve para impugnar.

impugne. adj. *Guat.* barb. por **impune.**

impulsar. (De *impulso*.) tr. Empujar para producir movimiento. || fig. Estimular, promover una acción.

impulsión. (Del lat. *impulsĭo, -ōnis*.) f. **impulso.**

impulsividad. f. Condición de impulsivo.

impulsivo, va. (Del lat. *impulsīvus*.) adj. Dícese de lo que impele o puede impeler. || Dícese del que, llevado de la impresión del momento, habla o procede sin reflexión ni cautela.

impulso. fr., *impulsion*; it., *impulso*; i., *impulse*; a., *Anstoss, Drang*. (Del lat. *impulsus*.) m. Acción y efecto de impeler. || Instigación, sugestión. || **Fís.** Desviación del valor nominal de magnitud, que dura un tiempo corto. || **Mec.** Producto resultante de la fuerza por el tiempo

Cohete espacial preparado para recibir el impulso de lanzamiento

de su actuación. Es igual a la variación de la cantidad de movimiento o del ímpetu; así, $f \cdot t = mv_1 - mv_0$. || **Teleg.** y **Telef.** Corriente o tensión eléctrica de muy corta duración. || **vital.** (En fr., *élan vital*.) *Filos.* Expresión introducida por Bergson. Este impulso es la causa profunda de los cambios, particularmente de aquellos que se transmiten de un modo regular, que acrecientan la variedad cualitativa y dan origen a nuevas especies.

impulsógeno o **balancín electrónico.** m. **Electrón.** Artificio con el que se consigue que el potencial eléctrico de un borne pase, brusca y alternativamente, de un valor fijo a otro también fijo.

impulsor, ra. fr., *impulseur*; it., *impulsore*; i., *impeller*; a., *anreger*. (Del lat. *impulsor*.) adj. Que impele. Ú. t. c. s.

impune. it., *impuni*; fr., *impune*; i., *unpunished*; a., *unbestraft, straflos*. (Del lat. *impūnis*.) adj. Que queda sin castigo.

impunemente. adv. m. Con impunidad.

impunidad. fr., *impunité*; it., *impunità*; i., *impunity*; a., *Straflosigkeit*. (Del lat. *impūnĭtas, -ātis*.) f. Falta de castigo.

impunido, da. (Del lat. *impunītus*.) adj. ant. Que queda sin castigo.

impuramente. adv. m. Con impureza.

impureza. fr., *impureté*; it., *impurità*; i., *impurity, unchastity*; a., *Unreinheit*. (Del lat. *impuritĭa*.) f. Mezcla de partículas groseras o extrañas a un cuerpo o materia. || Materia que, en una substancia, deteriora alguna o algunas de sus cualidades. Ú. m. en pl. || Falta de pureza o castidad. || **de sangre.** fig. *Léx.* Mancha de una familia por la mezcla de raza que se tiene por mala o impura.

impuridad. (Del lat. *impurĭtas, -ātis*.) f. **impureza.**

impurificación. f. Acción y efecto de impurificar.

impurificar. tr. Hacer impura a una persona o cosa. || Causar impureza. || Desde comienzo del s. XIX, incapacitar para el servicio del Estado a los partidarios notorios o recalcitrantes de una causa política que reputa ilegal el régimen a la sazón imperante.

impuro, ra. fr., *impur*; it., *impuro*; i., *impure, foul*; a., *unrein*. (Del lat. *impūrus*.) adj. No puro.

imputabilidad. f. Calidad de imputable.

imputable. adj. Que se puede imputar.

imputación. fr. e i., *imputation*; it., *imputazione*; a., *Beschuldigung*. (Del latín *imputatĭo, -ōnis*.) f. Acción de imputar. || Cosa imputada.

imputador, ra. (Del lat. *imputātor, -ōris*.) adj. Que imputa. Ú. t. c. s.

imputar. (Del lat. *imputāre*.) tr. Atribuir a otro una culpa, delito o acción. || Señalar la aplicación o inversión de una cantidad, sea al entregarla, sea al tomar razón de ella en cuenta.

imputrescible. adj. Que no se pudre fácilmente.

imputrible. (Del lat. *imputribĭlis*.) desus. Que no puede podrirse.

Imues. *Geog.* Mun. de Colombia, depart. de Nariño; 6.633 h. || Pobl. cap. del mismo; 417 h.

Imuris. *Geog.* Mun. de Méjico, est. de Sonora; 5.958 h. || Pueblo cap. del mismo; 1.958 h.

Imwas. *Geog.* Emaús.

in-. pref. lat., negativo o privativo, que con ese mismo valor usamos en castellano con adjetivos, verbos y substantivos abstractos; como en in*acabable*, in*comunicar*, in*acción*, etc. La *n* final sufre los mismos cambios que la del prefijo siguiente.

in. prep. lat. que tiene uso únicamente en algunas locuciones latinas usadas en nuestro idioma. Ú. t. c. pref., por lo general con el mismo significado que **en** o **en-** (v.). En este uso de pref. se convierte en **im-** delante de *b* o *p*; en **i-**, por *il*, delante de *l*, y en **ir-** delante de *r*.

In. *Quím.* Símbolo del *indio*.

-ina. (Como el fr. *-ine*; del lat. *-inus*, suf. propio de adjetivos.) **Quím.** suf. utilizado como terminación propia de los nombres de aminas e iminas. Se utiliza también en los nombres de ciertos compuestos heterocíclicos con un heteroátomo de nitrógeno y en la mayoría de los nombres de los alcaloides.

inabarcable. adj. Que no puede abarcarse. Ú. m. en sent. fig.

inabordable. adj. Que no se puede abordar.

inacabable. adj. Que no se puede acabar, que no se le ve el fin, o que se retarda éste con exceso.

inaccesibilidad. (Del lat. *inaccessibĭlĭtas, -ātis*.) f. Calidad de inaccesible.

inaccesible. (Del lat. *inaccessibĭlis*.) adj. No accesible.

inaccesiblemente. adv. m. De un modo inaccesible.

inacceso, sa. (Del lat. *inaccessus*.) adj. Que no ha tenido hasta ahora acceso.

inacción. fr., *inaction, inactivité*; it., *inattività*; i., *inaction*; a., *Untätigkeit*. f. Falta de acción, ociosidad, inercia.

inacentuado, da. adj. Átono o sin acento prosódico.

inaceptable. adj. No aceptable.

inactivación. f. Supresión de la actividad de una substancia.

inactividad. f. Falta de actividad o de diligencia.

inactivo, va. fr., *inactif*; it., *inattivo, inoperoso*; i., *inactive*; a., *untätig*. (De *in-* y *activo*.) adj. Sin acción o movimiento; ocioso, inerte.

inadaptabilidad. f. Calidad de inadaptable.

inadaptable. adj. No adaptable.

inadaptación. f. No adaptación.

inadaptado, da. adj. Dícese del que no se adapta o aviene a ciertas condiciones o circunstancias. Apl. a pers., ú. t. c. s.

inadecuación. f. Falta de adecuación.

inadecuado, da. adj. No adecuado.

inadmisible. fr., *inadmissible*; it., *inammissibile*; i., *unadmissible*; a., *unzulässig*. adj. No admisible.

inadoptable. adj. No adoptable.

inadvertencia. f. Falta de advertencia.

inadvertidamente. adv. m. Con inadvertencia.

inadvertido, da. adj. Dícese del que no advierte o repara en las cosas que debiera. || No advertido.

inafectado, da. (Del lat. *inaffectātus*.) adj. No afectado.

inagotable. adj. Que no se puede agotar.

inaguantable. (De *in-* y *aguantable*.) adj. Que no se puede aguantar o sufrir.

inajenable. (De *in-* y *ajenable*.) adj. Que no puede enajenarse.

inalámbrico, ca. adj. Aplícase a todo sistema de comunicación eléctrica sin alambres conductores.

in albis. (Del lat. *in*, en, y *albis*, abl. del pl. de *albus*, blanco.) m. adv. **en blanco,** sin lograr lo que se esperaba, o sin comprender lo que se oye. Ú. m. con los verbos *dejar* y *quedarse*.

inalcanzable. adj. Que no se puede alcanzar.

inalienabilidad. f. Calidad de inalienable.

inalienable. (Del lat. *inalienabĭlis*.) adj. Que no se puede enajenar.

inalterabilidad. f. Calidad de inalterable.

inalterable. (De *in-* y *alterable*.) adj. Que no se puede alterar.

inalterablemente. adv. m. Sin alteración.

inalterado, da. adj. Que no tiene alteración.

inamalgamable. adj. *Chile.* Que no se puede amalgamar.

Inambari. *Geog.* Dist. de Perú, depart. de Madre de Dios, prov. de Tambopata; 596 h. || Pueblo cap. del mismo; 9 h.

inambú. (Voz guaraní.) m. **Zool.** Ave paleognata del orden de las tinamiformes, familia de las tinámidas, de unos 40 cm. de alt., cuerpo robusto, cola y alas poco visibles y apenas aptas para el vuelo, plumaje denso, anaranjado con estrías transversales negras. Vive aislado o formando grupos en la pampa argentina, donde se le llama *pollo de la pampa* y se le caza por la calidad de su carne *(rhynchotus ruféscens)*.

inameno, na. (Del lat. *inamoenus*.) adj. Falto de amenidad.

inamisible. (Del lat. *inamissibĭlis*.) adj. Que no se puede perder.

inamovible. adj. Que no se puede mover.
inamovilidad. (De *in-* y *amovilidad*.) f. Calidad de inamovible.
inanalizable. adj. No analizable.
inane. (Del lat. *inānis*.) adj. Vano, fútil, inútil.
inanición. fr. e i., *inanition;* it., *inanizione;* a., *Entkräftung*. (Del lat. *inanitĭo, -ōnis*.) f. Pat. Notable debilidad por falta de alimento o por otras causas.
inanidad. f. Calidad de inane.
inanimado, da. fr., *inanimé;* it., *inanimato;* i., *inanimate;* a., *leblos, unbelebt*. (Del lat. *inanimātus*.) adj. Que no tiene alma, en la acepción de substancia espiritual y también principio sensitivo de los animales.
in ánima vili. loc. lat. que sign. *en ánima vil*, y que se usa en medicina para denotar que los experimentos o ensayos deben hacerse en animales irracionales antes que en el hombre.
inánime. (Del lat. *inanĭmis*.) adj. p. us. Dícese del que está ya sin vida o sin señal de vida. ‖ p. us. Que no tiene alma espiritual ni principio sensitivo animal.
inano, na. m. y f. *Guat*. barb. por **enano**.
inapagable. (De *in-* y *apagable*.) adj. Que no puede apagarse.
inapeable. adj. Que no se puede apear. ‖ Intransitable. ‖ fig. Que no se puede comprender o conocer. ‖ fig. Aplícase al que tenazmente se aferra en su dictamen u opinión.
inapelable. (De *in-* y *apelable*.) adj. Aplícase a la sentencia o fallo de que no se puede apelar. ‖ fig. Irremediable, inevitable.
inapetencia. fr., *inappétence;* it., *inappetenza;* i., *inappetence;* a., *Appetitlosigkeit*. (De *in-* y *apetencia*.) f. Falta de apetito o de gana de comer.
inapetente. (Del lat. *in-* y *appentens, -entis*, que apetece.) adj. Que no tiene apetencia.
inaplazable. fr., *inajournable;* it., *indifferibile;* i., *unadjournable;* a., *unaufschieblich*. adj. Que no se puede aplazar.
inaplicable. (De *in-* y *aplicable*.) adj. Que no se puede aplicar o acomodar a una cosa, o en una ocasión determinada.
inaplicación. f. Falta de aplicación.
inaplicado, da. adj. No aplicado.
inapreciable. fr., *inappréciable;* it., *inapprezziabile;* i., *invaluable;* a., *unschätzbar*. (De *in-* y *apreciable*.) adj. Que no se puede apreciar, por su mucho valor o mérito, o por su extremada pequeñez u otro motivo.
inaprensible. (Del lat. *inapprehensibĭlis*.) adj. Que no se puede coger.
inaprensivo, va. adj. Que no tiene aprensión.
inapropiable. adj. Que no puede apropiarse.
inaprovechado, da. adj. No aprovechado.
inapto, ta. adj. barb. por **inepto**.
inarmónico, ca. fr., *inharmonieux;* it., *inarmonico;* i., *unharmonic;* a., *unharmonisch*. (De *in-* y *armónico*.) adj. Falto de armonía.
inarrugable. adj. Que no se puede arrugar. ‖ **Indus**. Dícese de los tejidos que, como operación de acabado, han sido sometidos a una impregnación y fijación con una resina sintética, con la cual las arrugas no dejan huella.
inarticulable. adj. Que no se puede articular.
inarticulado, da. fr., *inarticulé;* it., *inarticolato;* i., *inarticulate;* a., *unartikuliert*. (Del lat. *inarticulātus*.) adj. No articulado. ‖ Dícese también de los sonidos de la voz con que no se forman palabras. ‖ **Zool**. Dícese de los filos de los moluscos, celentéreos, nematelmintos, etc., cuyos apéndices no están formados por artejos, ni su cuerpo por segmentos, para diferenciarlos de los anélidos y artrópodos, que po-

seen dichas características y son, por tanto, articulados. ‖ Dícese de los braquiópodos cuyas valvas son casi iguales y no poseen charnela (v. **escardínido**). ‖ m. pl. Clase de estos braquiópodos.
in artículo mortis. expr. lat. **Der**. En el artículo de la muerte.
inartificioso, sa. adj. No artificioso, sin artificio.
inartístico, ca. adj. No artístico, falto de arte.
inasequible. fr., *inobtenable, hors d'atteinte;* it., *inottenibile;* i., *unobtainable;* a., *unerreichbar*. adj. No asequible.
inasible. adj. Que no se pude asir o coger.
inasistencia. f. Falta de asistencia.
inasistente. adj. Que no asiste. Ú. t. c. s.
inastillable. adj. Que no puede reducirse a astillas. Dícese de un vidrio especial cuya rotura no produce fragmentos agudos y cortantes, como sucede en el vidrio ordinario.
inatacable. fr., *inattaquable;* it., *inattacabile;* i., *unattackable;* a., *unangreibar*. (De *in-* y *atacable*.) adj. Que no puede ser atacado.
inatención. f. Falta de atención.
inatento, ta. adj. desatento.
inaudible. adj. Que no se puede oír.
inaudito, ta. fr., *inouï;* it., *inaudito;* i., *unheard;* a., *unerhort*. (Del lat. *inaudītus*.) adj. Nunca oído. ‖ fig. Monstruoso, extremadamente vituperable.
inauguración. fr. e i., *inauguration;* it., *inaugurazione;* a., *Einweihung*. (Del lat. *inauguratĭo, -ōnis*.) f. Acto de inaugurar. ‖ desus. Exaltación de un soberano al trono.
inaugurador, ra. adj. Que inaugura.
inaugural. adj. Perteneciente a la inauguración.
inaugurar. fr., *inaugurer, ouvrir;* it., *inaugurare;* i., *to inaugurate, to open;* a., *einweiben, eröffnen*. (Del lat. *inaugurāre*.) tr. Adivinar supersticiosamente por el vuelo, canto o movimiento de las aves. ‖ Dar principio a una cosa con cierta pompa. ‖ Abrir solemnemente un establecimiento público. ‖ Celebrar el estreno de una obra, edificio o monumento de pública utilidad.
inaveriguable. (De *in-* y *averiguable*.) adj. Que no se puede averiguar.
inaveriguado, da. adj. No averiguado.
inca. m. Rey, príncipe o varón de estirpe regia entre los antiguos peruanos. ‖ **Hist**. *Civilización preincaica*. Se designa con este nombre, en sentido innegablemente colectivo, el con-

Imperio de los incas. Torreón principal y casa real de la fortaleza de Machupicchu, ciudad preincaica

junto de las civilizaciones que florecieron en el que luego fue teatro de la actividad política de los Incas, es decir, en el territorio que se asigna a Perú antiguo. Las civilizaciones florecidas en los distintos sectores del área peruana son, esencialmente: 1.º, la *costa*, en el litoral del Pacífico; 2.º, el altiplano o *sierra*, comprendido por los tres cordones andinos, y 3.º, la floresta o *montaña*, en la pendiente de los Andes hacia el bosque amazónico. A estas civilizaciones de la costa, llamadas *protoides* por su procedencia absoluta en la sucesión peruana, siguió en el altiplano el desarrollo de una forma que los arqueólogos han llamado tiahuanacota y *andina*, cuyo destino fue extenderse en todo el territorio y formar la primera capa panperuana. Pero el juego político debía prontamente permitir a una de estas formas regionales —la del Cuzco— que se expandiera triunfante sobre el resto del territorio, con lo que esta época renueva el aspecto de una cultura panperuana; se trata de la capa llamada «incaica», que, en el final de la vida autónoma de los indígenas, recubrió todo Perú con la civilización casi uniforme encontrada por los conquistadores. Resumiendo, la sucesión de las épocas del Perú antiguo puede enunciarse del siguiente modo:

I. *Costa*: Pescadores primitivos. *Sierra*: Pastores primitivos.
II. *Costa*: Desarrollo de las civilizaciones protocosteras.
III. *Sierra*: Desarrollo de la civilización andina.
IV. *Todo Perú*: Extensión uniforme de la influencia andina.
V. Época de las civilizaciones regionales. *Costa*: Las deuterocosteras. *Sierra*: La civilización del Cuzco.
VI. *Todo Perú*: Extensión uniforme de la influencia del Cuzco.
VII. Conquista.

Todas estas etapas tienen de común: el sistema económico, que corresponde al de agricultores intensivos, provistos de animales de pastoreo (los camélidos peruanos: llama y alpaca); la vivienda distribuida en centros rurales y urbanos de cierta densidad, son verdaderas ciudades; la organización en pequeñas comunidades locales, luego en tribus y grupos de tribus con tendencia a formar organizaciones siempre más amplias; la propiedad reservada a las unidades comunales; el derecho de sucesión preferentemente patrilineal; religiones de tipo mixto, con vestigios de viejas formas totemistas, gran desarrollo de dioses locales y superposición de creencias cosmológicas elevadas, etc. Trabajaron el oro y el cobre, y sus cerámicas se colocan entre las realizaciones más perfectas de la terracota mundial. La organización social de la época preincaica tiene en el *ayllu* su característica más saliente, que en su naturaleza más simple fue un grupo económico y jurídico mantenido en cohesión por los vínculos de la consanguinidad. Las habitaciones del *ayllu* formaban una aldea, y la tierra de cultivo o de pastoreo constituía la propiedad indivisa del conjunto *(marka)*. La propiedad individual regía para la casa y los enseres y muebles, no para la tierra. Además, todos los hombres válidos trabajaban en común, a guisa de servicio personal, una hijuela de terreno de la *marka* destinada a alimentar a los enfermos e inhábiles; un jefe o *huraka* presidía estos trabajos y dirimía las lides. Cuando el viejo *ayllu* se fue transformando, la forma con adhesión consanguínea en la otra con adhesión puramente económica, el *kuraka* fue el primero en gozar de la propiedad particular. Esta construcción fundamental, jurídica, social y agraria, es el

inca

Gran collar de oro. Museo de América. Madrid

punto de partida para entender la organización de los incas. *Civilización incaica.* Cuando los españoles de la conquista tomaron contacto con la costa peruana, encontraron establecida una unidad política cuyo desarrollo territorial era inmenso, a la que se conoció posteriormente con el nombre de Imperio incaico. La máxima anchura de tal unidad política medía 500 km. (de O. a E.), y su long. era de unos 3.000 km. (de N. a S.); este área comprendía tres naciones modernas, que son las repúblicas de Ecuador, Perú y Bolivia, más una amplísima porción de Chile (hasta el río Maule) y la región noroeste de Argentina. El nombre que oficialmente daban los nativos a esta unidad era el de *Tahuantinsuyo*, que significa «los cuatro cantones a la vez» o «el estado de los cuatro cantones»; debe advertirse que con la voz *suyo* se indicaba cada una de las regiones que, partiendo del centro común (representado por la ciudad del Cuzco), se extendía hacia uno de los cuatro puntos cardinales: *Antisuyo* al E., hacia los Andes; *Cuntisuyo* al N.; *Chinchay-suyo* al Poniente, y *Colla-suyo* al S., hacia el país de los Collas. Cada uno de estos «suyos» era una repartición administrativa y económica, y como tal tenía un magistrado principal, *tokoyrikok*, cuyas prerrogativas lo hacían equivalente a un virrey. En un plano más alto se encontraba la autoridad suprema, que residía en el Cuzco, y gobernaba la totalidad del est. con el nombre de *Sapa-Inga*, o «solo Inga». En cuanto a los orígenes de la dinastía del Cuzco, lo resuelve la tradición en forma legendaria: cuatro hermanos, distinguidos con la dignidad y epíteto de *Ayares* (cuyo significado no es conocido), salieron un día lejano de las grutas de *Pakaritampu*, acompañados por sus cuatro hermanas, siendo todos del linaje de los *Intip-churin*, o sea «hijos del Sol». Misión de los Ayares era la de fundar una c. en lugar propicio, en medio de tierras fecundas; su jefe era el mayor de los hermanos, llamado Manco, que traía en la mano el ídolo solar en forma de ave, y un bastón o cetro de oro, que hundía en el suelo durante el viaje, con el fin de probar la bondad de las tierras. Desaparecidos por muerte violenta los demás hermanos, llegó Manco al término de la peregrinación en el valle del río Huatanay y en cuyo *humus* se perdió el cetro; allí fundó la ciudad que luego fue llamada «el Cuzco», y en primer lugar un templo del Sol, *Inti-huasi*, que por sus enormes caudales áureos fue designado posteriormente con el nombre *Cori-kancha*, o santuario de oro. Los primeros colonos fueron los hombres que habían seguido al fundador, y que estaban repartidos en 10 *ayllus*. Comienza con Manco la dinastía del Cuzco, y fue el primero en recibir el apelativo que distingue la dignidad del Sapa-Inca: *Kápaj*, que significa «el glorioso o resplandeciente». A la pregunta: ¿cuántos años antes de la conquista fue fundada la dinastía del Cuzco?, se contesta con suficiente certidumbre, atendiendo a las cifras de los cronistas, que varían muy poco unas de otras;

Momia de mujer con su perro. Museo Arqueológico. Cuzco

en efecto, la duración total de los incas está comprendida entre los 400 años, que dice Garcilaso, y los 473 de las informaciones de Vaca de Castro. En cuanto al número de soberanos, oscila entre 11 y 14, aunque no existe conformidad absoluta entre las varias fuentes; digamos algunas de las listas más acreditadas:

Cieza de León	*Betanzos*	*Garcilaso*	*Montesinos*
1. Manko-Kápaj.	Manko-Kápaj.	Manko-Kápaj.	Inga Roca.
2. Sinchi Roca.	Sinchi Roca.	Sinchi Roca.	Lloki Yupanki.
3. Lloki Yupanki.	Lloki Yupanki.	Lloki Yupanki.	Mayta Kápaj.
4. Mayta Kápaj.	Kápaj Yupanki.	Mayta Kápaj.	Kápaj Yupanki.
5. Kápaj Yupanki.	Mayta Kápaj.	Kápaj Yupanki.	Sinchi Roca.
6. Roca.	Inga Roca.	Roca.	Yahuar Huakak.
7. Yupanki.	Yahuar Huakak.	Yahuar Huakak.	Huiracocha.
8. Huiracocha.	Huiracocha.	Huiracocha.	Tupaj Yupanki.
9. Inca Urco.	Pachakuték.	Pachakuték.	Huayna Kápaj.
10. Yamke Yupanki.	Yamke Yupanki.	Yamke Yupanki.	Huáskar.
11. Tupak Yupanki.	Tupa Yupanke.	Huayna Kápaj.	Atahualpa.
12. Huayna Kápaj.	Huayna Kápaj.	Huáskar.	
13. Huáskar.	Atahualpa.	Atahualpa.	
14. Atahualpa.			

Tuvo su mayor período de esplendor durante el reinado de Huayna Kápaj. Pero pronto se obscureció el cielo político del Estado peruano, y la guerra de sucesión produjo la decadencia y la ruina. Casi toda la casta gubernativa, los sabios y sacerdotes del Cuzco, fueron asesinados por Huáscar durante la contienda. La civilización encontrada por el conquistador en el Tahuantinsuyo de ningún modo debe ser atribuida «totalmente» a la influencia del núcleo incaico ni de la vida civil del Cuzco, o de la llamada «nación Inga», pues las varias comarcas continuaron empleando los idiomas propios, a pesar de que el uso del quechua fue impuesto como lengua oficial del Estado. En cuanto a las creencias religiosas y al culto, cada pueblo conservó sus propias formas y dioses, a pesar de que fue cedido un cierto espacio a los ritos del culto nacional, que consistió en las prácticas de la religión solar; la misma c. de Pachacámac, antiguo centro religioso preincaico, vio levantarse al lado de los viejos templos el flamante santuario del Sol y el convento de las Vírgenes del Sol *(Akllakuna)*. Por su parte, el sacerdocio oficial no sólo no retuvo los cultos de los pueblos conquistados, sino que practicó una serie de atracción de sus símbolos y dioses. Además de las *pakarinas* (rocas o aguas progenitoras), de los animales sagrados, de los espíritus y del culto a los antepasados, los peruanos tuvieron formas superiores en la personificación de los elementos: el mar *(Mamacocha)*, el fuego *(Chucomama)*, la tierra *(Pachamama)*, etc.; de los meteoros: el relámpago *(Illapa*, en sus tres manifestaciones*)* y en los mitos de creación. La administración incaica dio los toques finales a la agricultura

Cerámica de la cultura de Paracas. Museo Antropológico. Lima

Vaso decorado con escenas agrícolas. Museo de América. Madrid

preincaica, llegando hasta crear un sistema de colonización interna. La complicada administración incaica llenó el imperio de construcciones públicas para almacenar víveres destinados al Estado y al ejército, luego medios de comunicación que abreviasen las enormes distancias y un correo para la circulación de noticias y órdenes. La cerámica y el tejido propiamente incaicos no representan, por cierto, un progreso en estas artes, pero la civilización del Cuzco alcanzó una excelencia indiscutible en la arquitectura, particularmente en la construcción de edificios públicos (santuarios, observatorios, templos, palacios, fortalezas, etc.), de los cuales existen aún ejemplares y restos. || **Num.** Antigua moneda de oro de la República de Perú, equivalente a 20 soles.

Inca. Geog. Mun. y c. de España, prov. y p. j. de Baleares, isla de Mallorca; 16.930 h. (*inqueros*). Iglesia de Santa María la Mayor del s. XIII y reconstruida en el XVIII. Importante fabricación de calzado.

incachable. adj. *Hond.* Que no sirve; inútil.

Incahuasi. Geog. Cumbre de los Andes chileno-argentinos; 6.620 m. || Dist. de Perú, depart. de Lambayeque, prov. de Ferreñafe; 6.672 h. || Pueblo cap. del mismo; 100 h.

incaico, ca. adj. Perteneciente o relativo a los incas.

incalcáreo, a. (De *in-* y *calcáreo*.) adj. **Zool.** Dícese de las esponjas que no poseen espículas calizas. || f. pl. Antigua clase de esponjas, hoy dividida en dos: las *triaxónidas* o *hexactinélidas* y las *demospongias*.

incalculable. fr. e i., *incalculable*; it., *incalcolabile*; a., *unberechenbar*. (De *in-* y *calculable*.) adj. Que no puede calcularse.

incaler. (Del lat. *incalēre*; de *in*, en, y *calēre*, caler.) intr. ant. Tocar, importar.

incalificable. fr., *inqualifiable*; it., *inqualificabile*; i., *unqualifiable*; a., *unbestimmbar*. (De *in-* y *calificable*.) adj. Que no se puede calificar. || Muy vituperable.

incalmable. adj. Que no se puede calmar.

incalumniable. adj. Que no puede ser calumniado.

incanato. m. Políf. Período del gobierno de los incas; época del poderío incaico o incásico en Sudamérica.

incandescencia. fr. e i., *incandescence*; it., *incandescenza*; a., *Weissglut*. f. Calidad de incandescente. || **Fís. termoluminiscencia.**

incandescente. (Del lat. *incandescens, -entis*, p. a. de *incandescĕre*, ponerse blanco el metal al fuego vivo.) adj. Dícese del cuerpo, generalmente metal, cuando se enrojece o blanquea por la acción del calor.

incansable. fr., *infatigable*; it., *infaticabile*; i., *indefatigable*; a., *unermüdlich*. adj. Incapaz o muy difícil de cansarse.

incansablemente. adv. m. Con persistencia o tenacidad que no cede al cansancio.

incantable. (De *in-* y *cantable*.) adj. Que no se puede cantar.

incantación. (Del lat. *incantatio, -ōnis*.) f. ant. Acción y efecto de encantar a personas, animales o cosas con un poder preternatural.

incapacidad. fr., *incapacité*; it., *incapacità*; i., *incapacity*; a., *Unfähigkeit*. f. Falta de capacidad para hacer, recibir o aprender una cosa. || fig. Rudeza; falta de entendimiento. || **Der.** Carencia de aptitud legal para ejecutar válidamente determinados actos, o para obtener determinados oficios públicos.

incapacitado, da. p. p. de **incapacitar.** || adj. Dícese, especialmente en el orden civil, de los locos, pródigos, sordomudos, iletrados y reos que sufren pena de interdicción.

incapacitar. (De *incapaz*.) tr. **Der.** Decretar la falta de capacidad civil de personas mayores de edad. || Decretar la carencia, en una persona, de las condiciones legales para un cargo público.

incapaz. fr., *incapable*; it., *incapace*; i., *awkward*; a., *unfähig*. (Del lat. *incăpax*.) adj. Que no tiene capacidad o aptitud para una cosa. || fig. Falto de talento. || **Der.** Que no tiene cumplida personalidad para actos civiles, o que carece de aptitud legal para una cosa determinada.

incarceración. (Del lat. *incarcerāre*, encarcelar.) f. **Pat.** Retención anormal de una parte del organismo en otra.

incardinación. f. Acción y efecto de incardinar.

incardinar. (Del b. lat. *incardināre*, y éste de lat. *in*, en, y *cardo*, -*ĭnis*, el quicio.) tr. Admitir un obispo como súbdito propio a un eclesiástico de otra diócesis. Ú. t. c. prnl.

incasable. adj. Que no puede casarse. || Dícese de la persona que tiene, o de quien se supone que tiene, una gran repugnancia al matrimonio. || Aplícase a la persona que por sus cualidades difícilmente podría hallar cónyuge.

incásico, ca. adj. **incaico.** Ú. t. c. s.

incasto, ta. (Del lat. *incastus*; de *in*, negat., y *castus*, casto.) adj. Deshonesto, que no tiene continencia o castidad.

incausto. m. Adustión, encausto.

incautación. f. Acción y efecto de incautarse.

incautamente. adv. m. Sin cautela, sin previsión.

incautarse. (Del lat. *in*, en, y *captāre*, coger.) prnl. Tomar posesión un tribunal, u otra autoridad competente, de dinero o bienes de otra clase.

incauto, ta. fr., *imprécautionné*; it., *incauto*; i., *incautious*; a., *unvorsichtig*. (Del lat. *incautus*.) adj. Que no tiene cautela.

incendaja. f. Materia combustible a propósito para encender fuego. Ú. m. en pl.

incendiar. (De *incendio*.) tr. Poner fuego a cosa que no está destinada a arder; como edificios, mieses, etc. Ú. t. c. prnl.

incendiario, ria. fr., *incendiaire, brûleur*; it., *incendiario*; i., *incendiary*; a., *brandstifter*. (Del lat. *incendiarĭus*.) adj. Que maliciosamente incendia un edificio, mieses, etc. Ú. t. c. s. || Destinado para incendiar o que puede causar incendio. || fig. Escandaloso, subversivo.

incendio. fr., *incendie*; it., *incendio*; i., *fire*; a., *Brand*. (Del lat. *incendĭum*.) m. Fuego grande que abrasa lo que no está destinado a arder; como edificios, mieses, etc. || fig. Afecto que acalora y agita vehementemente el ánimo; como el amor, la ira, etc.

incensación. f. Acción y efecto de incensar.

incensada. f. Cada uno de los vaivenes del incensario en el acto de incensar. || Adulación, lisonja.

incensar. fr., *encenser*; it., *incensare*; i., *to incense*; a., *beräuchern*. (Del b. lat. *incensāre*, de *incensum*, incienso.) tr. Dirigir con el incensario el humo del incienso hacia una persona o cosa. || fig. **lisonjear.**

incensario. fr., *encensoir*; it., *incensiere*; i., *incensary*; a., *Weihrauchfass*. m. Braserillo con cadenillas y tapa, que sirve para incensar.

incensivo, va. (Del lat. *incensīvus*.) adj. ant. Que enciende o tiene virtud de encender.

incenso. m. ant. Incienso de quemar.

incensor, ra. (Del lat. *incensor, -ōris*.) adj. ant. **incendiario.** Usáb. t. c. s.

incensurable. (De *in-* y *censurable*.) adj. Que no se puede censurar.

incentivo, va. fr., *stimulant*; it., *incentivo*; i., *incentive*; a., *reizmittel*. (Del lat. *incentīvus*.) adj. Que mueve o excita a desear o hacer una cosa. Ú. m. c. s. m.

incentro. (Del lat. *in*, en, y *centrum*, centro.) m. **Geom.** Punto de intersección de las tres bisectrices de un triángulo.

inceptor. (Del lat. *inceptor, -ōris*; de *incipĕre*, comenzar.) m. desus. **comenzador.**

incerteza. (De *in-* y *certeza*.) f. ant. **incertidumbre.**

incertidumbre. fr., *incertitude, hésitation*; it., *incertezza*; i., *uncerainity*; a., *Zweifel*. f. Falta de certidumbre; duda, perplejidad.

incertinidad. f. **incertidumbre.**

incertísimo, ma. adj. superl. de **incierto.**

incertitud. (Del lat. *incertitūdo*.) f. ant. Falta de certeza o certidumbre.

incesable. (Del lat. *incessabĭlis*.) adj. Que no cesa o no puede cesar.

incesablemente. adv. m. De manera incesable.

incesante. (De *in-* y *cesante*.) adj. Que no cesa.

incesantemente. adv. m. Sin cesar.

incestar. (Del lat. *incestāre*.) intr. ant. Cometer incesto.

incesto. fr., *inceste*; it., *incesto*; i., *incest*; a., *Blutschande, Inzest*. (Del lat. *incestus*.) adj. desus. Perteneciente al pecado de incesto. || m. Pecado carnal cometido por parientes dentro de los grados en que está prohibido el matrimonio.

Incendio de Moscú (septiembre de 1812), grabado de la época

incestuosamente. adv. m. De modo incestuoso.
incestuoso, sa. (Del lat. *incestuōsus.*) adj. Que comete incesto. Ú. t. c. s. || Perteneciente a este pecado.
incidencia. fr., *incidence;* it., *incidenza;* i., *incidency;* a., *Zwischenfall.* (Del lat. *incidentĭa.*) f. Lo que sobreviene en el decurso de un asunto o negocio y tiene con él alguna conexión. || **Geom.** Caída de una línea, de un plano o de un cuerpo, o la de un rayo de luz, sobre otro cuerpo, plano, línea o punto. || **por incidencia.** m. adv. Por accidente, por casualidad.
incidental. adj. Dícese de lo que sobreviene en algún asunto por tener alguna relación con él.
incidentalmente. adv. m. **incidentemente.**
incidente. fr. e i., *incident;* it., *incidente;* a., *Zwischenfall, Vorfall.* (Del lat. *incĭdens, -entis.*) adj. Hecho inesperado que sobreviene en el decurso de un asunto o negocio y tiene con éste algún enlace. Ú. m. c. s. || m. **Der.** Cuestión distinta del asunto principal del juicio, pero con él relacionada, que se ventila y decide por separado, a veces sin suspender el curso de aquél, y otras, suspendiéndolo, caso éste en que se denomina *de previo y especial pronunciamiento.*
incidentemente. adv. m. Por accidente, por casualidad.
incidir. (Del lat. *incĭdĕre.*) intr. Caer o incurrir en una falta, error, extremo, etc. || Sobrevenir, ocurrir. || Caer sobre alguien.
incidir. (Del lat. *incīdĕre.*) tr. Cortar, romper, hendir. || Inscribir, grabar. || Separar, apartar. || **Cir.** Hacer una incisión o cortadura.
incienso. fr., *encens;* it., *incenso;* i., *incense;* a., *Weihrauch.* (Del lat. *incensus,* quemado.) m. Gomorresina en forma de lágrimas, de color amarillo blanquecino o rojizo, frágil, con eflorescencia, fractura lustrosa, sabor acre y olor aromático al arder. Proviene de árboles de la familia de las burseráceas, originarios de Arabia, de la India y de África, y se quema como perfume en las ceremonias religiosas. || Mezcla de substancias resinosas que al arder despiden buen olor. || fig. **lisonja,** alabanza. || **hembra.** *Bot.* El que por incisión se le hace destilar al árbol. || **macho.** El que naturalmente destila el árbol, el cual es más puro y mejor que el incienso hembra. || **de playa.** *Cuba.* **alhucema.**
inciente. (Del lat. *insciens, -entis.*) adj. ant. Que no sabe.
inciertamente. adv. m. Con incertidumbre.
incierto, ta. fr., *incertain, douteux;* it., *incerto;* i., *uncertain;* a., *ungewiss, unsicher.* (Del lat. *incertus.*) adj. No cierto o no verdadero. || Inconstante, no seguro, no fijo. || Desconocido, no sabido, ignorado.
incinerable. adj. Que ha de incinerarse. Dícese especialmente de los billetes de banco que se retiran de la circulación para ser quemados.
incineración. f. Acción y efecto de incinerar.
incinerador, ra. adj. Dícese de la instalación o aparato destinado a reducir a cenizas las basuras y otros desechos. Ú. t. c. s.
incinerar. fr., *incinérer;* it., *incinerare;* i., *to incinerate;* a., *einäschern.* (Del lat. *incinerāre;* de *in,* en, y *cinis, -ĕris,* ceniza.) tr. Reducir una cosa a cenizas. Dícese más comúnmente de los cadáveres.
Incio. Geog. Mun. de España, prov. y p. j. de Lugo; 4.512 h. *(incianos).* Corr. 175 a la cap., el lugar de Cruz de Incio.
incipiente. (Del lat. *incipiens, -entis,* p. a. de *incipĕre,* comenzar.) adj. Que empieza.
íncipit. (Del lat. *incĭpit,* tercera pers. de sing. del pres. de indic. de *incipĕre,* empezar.) m. Término con que en las descripciones bibliográficas se designan las primeras palabras de un escrito o de un impreso antiguo.
incircunciso, sa. fr., *incirconcis;* it., *incirconciso;* i., *uncircumcised;* a., *unbeschnitten.* (Del lat. *incircumcīsus.*) adj. No circuncidado.
incircunscrito, ta. adj. *incircumscriptus.*) adj. No comprendido dentro de determinados límites.
incisión. fr. e i., *incision;* it., *incisione;* a., *Einschnitt.* (Del lat. *incisĭo, -ōnis.*) f. Hendidura que se hace en algunos cuerpos con instrumento cortante. || Corte o pausa tras el acento en poesía.
incisivo, va. fr., *incisif;* it., *incisivo;* i., *incisive;* a., *einschneidend.* (Del lat. *incīsum,* supino de *incīdĕre,* cortar.) adj. Apto para abrir o cortar. Ú. t. c. s. || fig. Punzante, mordaz. || m. **Anat.** y **Zool.** Cada uno de los dientes que, en los mamíferos, están situados en la parte central

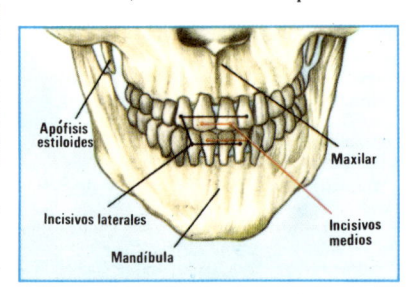

y anterior de la boca. Son cortantes, de raíz única y se cambian en los mamíferos difiodontos.
inciso, sa. fr., *incise;* it., *inciso;* i., *sentence, comma;* a., *Abschnitt.* (Del lat. *incīsus,* p. p. de *incīdĕre,* cortar.) adj. **cortado,** dicho del estilo. || m. **Gram.** Cada uno de los miembros que, en los períodos, encierra un sentido parcial. || Coma, signo ortográfico.
incisorio, ria. (Del lat. *incisorĭus,* de *incīsum,* supino de *incīdĕre,* cortar.) adj. Que corta o puede cortar. Dícese comúnmente de los instrumentos de cirugía.
incisura. f. *Med.* Escotadura, fisura, hendidura.
incitación. fr., *incitation;* it., *incitazione;* i., *incitement;* a., *Anreizung.* (Del lat. *incitatĭo, -ōnis.*) f. Acción y efecto de incitar.
incitador, ra. (Del lat. *incitātor.*) adj. Que incita. Ú. t. c. s.
incitamento. (Del lat. *incitamentum.*) m. Lo que incita.
incitamiento. m. **incitamento.**
incitante. p. a. de **incitar.** Que incita.
incitar. fr., *inciter;* it., *incitāre;* i., *to incite;* a., *anreizen.* (Del lat. *incitāre.*) tr. Mover o estimular a uno para que ejecute una cosa.
incitativa. (De *incitativo.*) f. *Der.* Provisión que despachaba el tribunal superior para que los jueces ordinarios hiciesen justicia y no agraviasen a las partes.
incitativo, va. adj. Que incita o tiene virtud de incitar. Ú. t. c. s. m. || **Der. aguijatorio.**
incivil. (Del lat. *incivīlis.*) adj. Falto de civilidad o cultura.
incivilidad. f. Falta de civilidad o cultura.
incivilizado, da. fr., *incivilisé;* it., *incivilizzato;* i., *uncivilized;* a., *unzivilisiert, ungebildet.* adj. Falto de civilización. || Que está por civilizar.
incivilmente. adv. m. De manera incivil.
Inclán (Luis Gonzaga). Biog. Novelista mejicano, n. en el Rancho de Carrasco y m. en Méjico (1816-1875). Su obra *Astucia* (1865) pinta con viveza la vida popular de su país. || **Geog.** Dist. de Perú, depart. y prov. de Tacna; 869 h. Cap., Sama Grande.
inclasificable. adj. Que no se puede clasificar.
inclaustración. (De *in* y *claustro.*) f. Ingreso en una orden monástica.
inclemencia. fr., *inclémence, intempérie;* it., *inclemenza, rigidità;* i., *inclemency;* a., *Unbarmherzigkeit, Unwetter.* (Del lat. *inclementĭa.*) f. Falta de clemencia. || fig. Rigor de la estación, especialmente en el invierno. || **a la inclemencia.** m. adv. Al descubierto, sin abrigo.
inclemente. (Del lat. *inclēmens, -entis.*) adj. Falto de clemencia.
inclín. (De *inclinar,* hacer pensar.) m. *León* y *Sal.* Inclinación, propensión. || Índole, carácter, temperamento.
inclinable. adj. Que puede ser inclinado.
inclinación. fr. e i., *inclination;* it., *inclinazione;* a., *Neigung.* (Del lat. *inclinatĭo, -ōnis.*) f. Acción y efecto de inclinar o inclinarse. || Reverencia que se hace con la cabeza o el cuerpo. || fig. Afecto, amor, propensión a una cosa. || **Geom.** Dirección que una línea o una superf. tiene con relación a otra línea u otra superf. || **de la aguja imantada** o **magnética.** *Fís.* Ángulo,

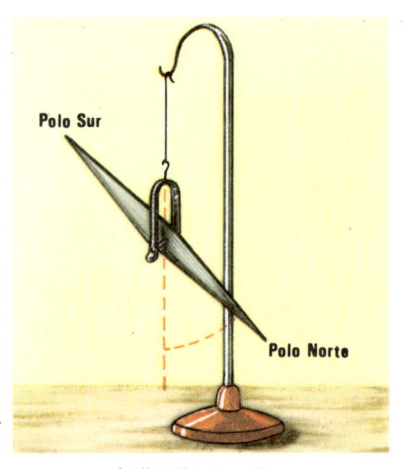

Inclinación magnética

variable según las localidades, que forma el campo magnético terrestre con el plano horizontal.
inclinado, da. p. p. de **inclinar.** || adj. *Mec.* V. **plano inclinado.**
inclinador, ra. adj. Que inclina. Ú. t. c. s.
inclinante. (Del lat. *inclīnans, -antis.*) p. a. de **inclinar.** Que inclina o se inclina.
inclinar. (Del lat. *inclināre.*) tr. Apartar una cosa de su posición perpendicular a otra o al horizonte. Ú. t. c. prnl. || fig. Persuadir a uno a que haga o diga lo que dudaba hacer o decir. || intr. Parecerse o asemejarse un tanto un objeto a otro. Ú. t. c. prnl. || prnl. Propender a hacer, pensar o sentir una cosa.
inclinativo, va. (Del lat. *inclinatīvus.*) adj. Dícese de lo que inclina o puede inclinar.
ínclito, ta. fr., *illustre;* it., *inclito;* i., *illustrious;* a., *berühmt.* (Del lat. *inclўtus.*) adj. Ilustre, esclarecido, afamado.
incluir. fr., *inclure, insérer;* it., *includere;* i., *to enclose;* a., *einschliessen.* (Del lat. *includĕre.*) tr. Poner una cosa dentro de otra o dentro de sus límites. || Contener una cosa a otra, o llevarla implícita. || Comprender un número menor en otro mayor, o una parte en su todo.
inclusa. fr., *asile des enfants trouvés;* it., *brefotrofio;* i., *foundling-hospital;* a., *Findelhaus.* (Del nombre de Nuestra Señora de la *Inclusa,* dado a una imagen de la Virgen que en el s. XVI se trajo de la isla de *l'Écluse,* en los P. B., y que fue colocada en la casa de expósitos de Ma-

drid.) f. Casa en donde se recogen y crían los niños expósitos.

inclusa. (Del lat. *inclūsa*, cerrada.) f. ant. Esclusa de un canal de navegación.

inclusero, ra. adj. fam. Que se cría o se ha criado en la inclusa. Ú. t. c. s.

inclusión. (Del lat. *inclusĭo, -ōnis*; de *includĕre, -si, -sum*, incluir.) f. Acción y efecto de incluir. ‖ Conexión o amistad de una persona con otra.

inclusivamente. adv. m. Con inclusión.

inclusive. (Del lat. escolástico *inclusīve*, y éste del lat. *inclusus*, incluso.) adv. m. **inclusivamente.**

inclusivo, va. (De *incluso*.) adj. Que incluye o tiene virtud y capacidad para incluir una cosa.

incluso, sa. (Del lat. *inclūsus*.) p. p. irreg. de **incluir**. Ú. sólo como adj. ‖ adv. m. Con inclusión de, inclusivamente. ‖ prep. y conj. Hasta, aun.

incluyente. p. a. de **incluir**. Que incluye.

incoación. (Del lat. *inchoatĭo, -ōnis*.) f. Acción de incoar.

incoagulable. adj. Que no se puede coagular.

incoar. fr., *commencer*; it., *incoare*; i., *to commence*; a., *anfangen*. (Del lat. *inchoāre*.) tr. Comenzar una cosa. Dícese comúnmente de un proceso, pleito, expediente o alguna otra actuación oficial.

incoativo, va. (Del lat. *inchoatīvus*.) adj. Que explica o denota el principio de una cosa o de una acción progresiva.

incobrable. (De *in-* y *cobrable*.) adj. Que no se puede cobrar o es de muy dudosa cobranza.

incoercible. (De *in-* y *coercible*.) adj. Que no puede ser coercido.

incogitado, da. (Del lat. *incogitātus*.) adj. desus. Impensado, inesperado.

incógnita. fr., *inconnue*; it., *incògnita*; i., *unknownn quantity*; a., *Unbekannte*. (Del lat. *incognĭta*, t. f. de *-tus*, incógnito.) f. En matemáticas, cantidad desconocida que es preciso determinar en una ecuación o en un problema para resolverlos. ‖ fig. Causa o razón oculta de un hecho que se examina.

incógnito, ta. (Del lat. *incognĭtus*.) adj. No conocido. Ú. t. c. s. m. ‖ **de incógnito**. m. adv. de que se usa para significar que una persona constituida en dignidad quiere tenerse por desconocida, y que no se la trate con las ceremonias y etiqueta que le corresponden.

incognoscible. (Del lat. *incognoscibĭlis*.) adj. Que no se puede conocer.

incoherencia. fr., *incohérence*; it., *incoerenza*; i., *incoherence*; a., *Zusammenhangslosigkeit*. f. Falta de coherencia.

incoherente. (Del lat. *incohaěrens, -entis*.) adj. No coherente.

incoherentemente. adv. m. Con incoherencia.

íncola. (Del lat. *incŏla*; de *in*, en, y *colĕre*, habitar, cultivar.) m. Morador o habitante de un pueblo o lugar.

incoloro, ra. (Del lat. *incŏlor, -ōris*.) adj. Dícese de cualquier cuerpo transparente y sin color.

incólume. fr., *indemne*; it., *incolume*; i., *unharmed*; a., *unversehrt*. (Del lat. *incolŭmis*.) adj. Sano, sin lesión ni menoscabo.

incolumidad. (Del lat. *incolumĭtas, -ātis*.) f. Estado o calidad de incólume.

incombinable. (De *in-* y *combinable*.) adj. Que no puede combinarse.

incomburente. adj. **Quím.** Dícese del gas o substancia que no permite la combustión, como el nitrógeno, el anhídrido carbónico y otros.

incombustibilidad. f. Calidad de incombustible.

incombustible. fr. c i., *incombustible*; it., *incombustibile*; a., *unverbrennbar*. (De *in-* y *combustible*.) adj. Que no se puede quemar. ‖ fig. Desapasionado, incapaz de enamorarse.

incombusto, ta. (De *in-* y *combusto*.) adj. ant. No quemado.

incomerciable. (De *in-* y *comerciable*.) adj. Dícese de aquello con lo cual no se puede comerciar.

incomestible. adj. Que no es comestible.

incomible. (De *in-* y *comible*.) adj. Que no se puede comer. Dícese principalmente de lo que está mal condimentado.

incomodador, ra. adj. Que incomoda; molesto, enfadoso. Ú. t. c. s.

incómodamente. adv. m. Con incomodidad.

incomodar. fr., *déranger, gêner*; it., *incommodare*; i., *to annoy, to vex*; a., *lästig werden*. (Del lat. *incommodāre*.) tr. Causar incomodidad. Ú. t. c. prnl.

incomodidad. fr., *incommodité, gêne*; it., *incommodità*; i., *incommodity*; a., *Unbequemlichkeit*. (Del lat. *incommodĭtas, -ātis*.) f. Falta de comodidad. ‖ **molestia**. ‖ Disgusto, enojo.

incomodo. (De *incomodar*.) m. Falta de comodidad.

incómodo, da. fr., *incommode*; it., *incommodo*; i., *troublesome*; a., *beschwerlich, unbequem*. (Del lat. *incommŏdus*.) adj. Que incomoda. ‖ Que carece de comodidad.

incomparable. (Del lat. *incomparabĭlis*.) adj. Que no tiene comparación.

incomparablemente. adv. m. Sin comparación.

incomparado, da. (Del lat. *incomparātus*.) adj. Que no tiene comparación.

incomparecencia. f. Falta de asistencia a un acto o lugar al que hay obligación de comparecer.

incompartible. adj. Que no se puede compartir.

incompasible. (De *in-* y *compasible*.) adj. Que no tiene compasión.

incompasivo, va. (De *in-* y *compasivo*.) adj. Que no tiene compasión.

incompatibilidad. fr., *incompatibilité*; it., *incompatibilità*; i., *incompatibility*; a., *Unverträglichkeit, Unvereinbarkeit*. (De *in-* y *compatibilidad*.) f. Repugnancia que tiene una cosa para unirse con otra, o de dos o más personas entre sí. ‖ Impedimento o tacha legal para ejercer una función determinada o para ejercer dos o más cargos a la vez.

incompatible. adj. No compatible con otra cosa.

incompensable. adj. No compensable.

incompetencia. f. Falta de competencia o de jurisdicción.

incompetente. (Del lat. *incompĕtens, -entis*.) adj. No competente.

incomplejo, ja. adj. Desunido y sin trabazón ni coherencia.

incompletamente. adv. m. De un modo incompleto.

incompleto, ta. fr., *incomplet, tronqué*; it., *incompleto*; i., *incomplete*; a., *unvollständig*. (Del lat. *incomplētus*; de *in*, negación, y *complēre, -ēvi, -ētum*, llenar.) adj. No completo.

incomplexo, xa. (Del lat. *incomplēxus*.) adj. Desunido y sin trabazón ni adherencia.

incomponible. adj. No componible.

incomportable. adj. No comportable.

incomposibilidad. (De *incomposible*.) f. Imposibilidad o dificultad de componerse una persona o cosa con otra.

incomposible. (De *in-* y *composible*.) adj. **incomponible**.

incomposición. f. Falta de composición o de debida proporción en las partes que componen un todo. ‖ ant. Descompostura o desaseo.

incomprehensibilidad. (Del lat. *incomprehensibĭlĭtas, -ātis*.) f. **incomprensibilidad**.

incomprehensible. (Del lat. *incomprehensibĭlis*.) adj. **incomprensible**.

incomprendido, da. adj. Que no ha sido debidamente comprendido. ‖ Dícese de la persona cuyo mérito no ha sido generalmente apreciado. Ú. t. c. s.

incomprensibilidad. (De *incomprensibilidad*.) f. Calidad de incomprensible.

incomprensible. fr., *incomprehensible*; it., *incomprensibile*; i., *incomprehensible*; a., *unbegreiflich*. (De *incomprehensible*.) adj. Que no se puede comprender.

incomprensiblemente. adv. m. De manera incomprensible.

incomprensión. f. Falta de comprensión.

incomprensivo, va. (De *in-* y *comprensivo*.) adj. Dícese de la persona reacia a comprender el sentimiento o la conducta de los demás; poco dúctil y razonable, intolerante.

incompresibilidad. f. Calidad de incompresible.

incompresible. (De *in-* y *compresible*.) adj. Que no se puede comprimir o reducir a menor volumen.

incompuestamente. (De *in-* y *compuestamente*.) adv. m. ant. Sin aseo, con desaliño. ‖ ant. fig. Sin compostura, desordenadamente.

incompuesto, ta. (Del lat. *incompositus*.) adj. desus. No compuesto. ‖ desus. Deseado, desaliñado.

incomunicabilidad. (De *in-* y *comunicabilidad*.) f. Calidad de incomunicable.

incomunicable. (Del lat. *incomunicabĭlis*.) adj. No comunicable.

incomunicación. fr., *mise au secret, isolement*; it., *incomunicazione*; i., *isolation*; a., *Absonderung, Zurückgezogenheit, Einzelhaft*. f. Acción y efecto de incomunicar o incomunicarse. ‖ **Der.** Aislamiento temporal de procesados o de testigos, que acuerdan los jueces, señaladamente los instructores de un sumario.

incomunicado, da. fr., *incomuniqué*; it., *incomunicato*; i., *incommunicated*; a., *in Einzelhaftgesetzt*. p. p. de **incomunicar**. ‖ adj. Que no tiene comunicación. Dícese de los presos cuando no se les permite tratar con nadie de palabra ni por escrito. Ú. t. c. s.

incomunicar. (De *in-* y *comunicar*.) tr. Privar de comunicación a personas o cosas. ‖ prnl. Aislarse, negarse al trato con otras personas, por temor, melancolía u otra causa.

inconarse. prnl. *Ecuad*. barb. por **enconarse**.

inconcebible. (De *in-* y *concebible*.) adj. Que no puede concebirse o comprenderse.

inconciliable. (De *in-* y *conciliable*.) adj. Que no puede conciliarse.

inconcino, na. (Del lat. *inconcinnus*.) adj. Desordenado, descompuesto, desarreglado.

inconcluso, sa. adj. No acabado, no terminado.

inconcreto, ta. adj. Que no es concreto; vago, impreciso, indefinido.

inconcurrencia. f. *Chile*. Calidad de inconcurrente.

inconcurrente. adj. *Chile*. Aplícase a la razón o motivo que no concurre a la demostración de un hecho, y también a las circunstancias atenuantes o agravantes de un delito que no concurren en un mismo sentido.

inconcusamente. adv. m. Seguramente, sin oposición ni disputa.

inconcuso, sa. (Del lat. *inconcŭssus*.) adj. Firme, sin duda ni contradicción.

incondicionado, da. adj. **Filos.** Dícese de lo que existe por sí mismo, sin depender de ninguna otra cosa.

incondicional. fr., *inconditionnel*; it., *incondizionato*; i., *unconditional*; a., *Unbedingt*. (De *in-* y *condicional*.) adj. Absoluto, sin restricción ni requisito. || m. El adepto a una persona o idea, sin limitación o condición ninguna.

incondicionalmente. adv. m. De manera incondicional.

inconducente. adj. No conducente para un fin.

inconducta. f. *Arg.* barb. traducido del fr. *inconduite*, por mala conducta.

inconexión. (Del lat. *inconexĭo, -ōnis.*) f. Falta de conexión o unión de una cosa con otra.

inconexo, xa. fr., *inconnexe;* it., *sconnesso;* i., *unconnected;* a., *unverknüpft.* (Del lat. *inconnexus.*) adj. Que no tiene conexión con una cosa.

inconfesable. adj. Dícese de lo que, por ser vergonzoso y vil, no puede confesarse.

inconfeso, sa. (Del lat. *inconfessus.*) adj. Aplícase al presunto reo que no confiesa el delito acerca del cual se le pregunta.

inconfidencia. (De *in-* y *confidencia.*) f. **desconfianza.**

inconfidente. adj. No confidente.

inconforme. (De *in-* y *conforme.*) adj. Que mantiene actitud hostil a lo establecido en el orden político, social, moral, estético. Ú. t. c. s. || Disconforme. Ú. t. c. s.

inconformidad. f. Calidad o condición de inconforme.

inconformismo. m. Actitud o tendencia del inconforme.

inconformista. adj. Partidario del inconformismo.

inconfundible. adj. No confundible.

incongruamente. adv. m. Con incongruencia.

incongruencia. fr., *incongruité;* it., *incongruenza;* i., *incongruity;* a., *Missverhältnis.* (Del lat. *incongruentĭa.*) f. Falta de congruencia.

incongruente. (Del lat. *incongrŭens, -entis.*) adj. No congruente.

incongruentemente. adv. m. Con incongruencia.

incongruidad. f. **incongruencia.**

incongruo, grua. (Del lat. *incongrŭus.*) adj. **incongruente.** || Aplícase a la pieza eclesiástica que no llega a la congrua señalada por el sínodo. || Dícese del eclesiástico que no tiene congrua.

inconmensurabilidad. f. Calidad de inconmensurable.

inconmensurable. fr., *incommensurable;* it., *incommensurabile;* i., *incommensurable;* a., *masslos, inkommensurabel.* (Del lat. *incommensurabĭlis.*) adj. No conmensurable.

inconmovible. fr., *inébranlable;* it., *incommovibile;* i., *unshakable;* a., *unerschütterlich.* adj. Que no se puede conmover o alterar; perenne, firme.

inconmutabilidad. (Del lat. *commutabilĭtas, -ātis.*) f. Calidad de inconmutable.

inconmutable. fr. e i., *incommutable;* it., *incommutabile;* a., *unveränderlich.* (Del lat. *incommutabĭlis.*) adj. **inmutable.** || No conmutable.

inconocible. adj. *Ecuad.* y *Hond.* Desconocido por haber sufrido mudanza o cambio en su ser.

inconoso, sa. adj. *Ecuad.* barb. por **enconoso.**

inconquistable. (De *in-* y *conquistable.*) adj. Que no se puede conquistar. || fig. Que no se deja vencer con ruegos ni dádivas.

inconsciencia. fr., *inconscience;* it., *inconscienza;* i., *unconsciousness;* a., *Unbewusstheit.* (Del lat. *inconscientĭa.*) f. Estado en que el individuo no se da cuenta del alcance de sus palabras o acciones; falta de conciencia.

inconsciente. adj. No consciente. Apl. a pers., ú. t. c. s. || m. **Psicol.** Según las teorías del psicoanálisis, los contenidos y energías primordiales que tienen su base sustentadora en los instintos.

inconscientemente. adv. m. De manera inconsciente.

inconsecuencia. fr., *inconséquence;* it., *inconsequenza;* i., *inconsequency;* a., *Folgewidrigkeit.* (Del lat. *inconsequentĭa.*) f. Falta de consecuencia en lo que se dice o hace.

inconsecuente. (Del lat. *inconsĕquens, -entis.*) adj. Que no se sigue o deduce de otra cosa. || Que procede con inconsciencia. Ú. t. c. s.

inconsideración. fr., *inconsidération;* it., *inconsideratezza;* i., *disregard, inconsiderateness;* a., *Unbedachtsamkeit.* (Del lat. *inconsideratĭo, -ōnis.*) f. Falta de consideración y reflexión.

inconsideradamente. adv. m. Sin consideración ni reflexión.

inconsiderado, da. (Del lat. *inconsiderātus.*) adj. No considerado ni reflexionado. || Inadvertido, que no considera ni reflexiona. Ú. t. c. s.

inconsiguiente. adj. No consiguiente.

inconsistencia. fr., *inconsistance;* it., *inconsistenza;* i., *inconsistency;* a., *Unbeständigkeit.* f. Falta de consistencia.

inconsistente. (De *in-* y *consistente.*) adj. Falto de consistencia.

inconsolable. fr. e i., *inconsolable;* it., *inconsolabile;* a., *untröstlich.* (Del lat. *inconsolabĭlis.*) adj. Que no puede ser consolado o consolarse. || fig. Que muy difícilmente se consuela.

inconsolablemente. adv. m. Sin consuelo.

inconstancia. fr., *inconstance;* it., *incostanza;* i., *inconstancy;* a., *Unbeständigkeit.* (Del lat. *inconstantĭa.*) f. Falta de estabilidad y permanencia de una cosa. || Demasiada facilidad y ligereza con que uno muda de opinión, de pensamiento, de amigos, etc.

La Inconstancia, por Giotto. Capilla de los Scrovegni. Padua

inconstante. fr. e i., *inconstant;* it., *incostante;* a., *unbeständig.* (Del lat. *inconstans, -antis.*) adj. No estable ni permanente. || Que muda con demasiada facilidad y ligereza de pensamientos, aficiones, opiniones o conducta.

inconstantemente. adv. m. Con inconstancia.

inconstitucional. (De *in-* y *constitucional.*) adj. No conforme con la Constitución del Estado.

inconstitucionalidad. f. Oposición de una ley, de un decreto o de un acto a los preceptos de la Constitución.

inconstruible. adj. Que no se puede construir.

inconsultamente. adv. m. ant. **inconsideradamente.**

inconsulto, ta. (Del lat. *inconsultus.*) adj. ant. Que se hace sin consideración ni consejo.

inconsútil. fr., *sans coutures;* it., *inconsutile;* i., *having no seam;* a., *ohne Naht.* (Del lat. *inconsutĭlis.*) adj. Sin costura. Ú. comúnmente hablando de la túnica de Jesucristo.

incontable. (De *in-* y *contable.*) adj. Que no puede contarse. || Muy difícil de contar, numerosísimo.

incontaminado, da. (Del lat. *incontamĭnātus.*) adj. No contaminado.

incontenible. adj. Que no puede ser contenido o refrenado.

incontestabilidad. f. Calidad de incontestable.

incontestable. fr. e i., *incontestable;* it., *contestabile;* a., *unbestreitbar.* (De *in* y *contestable.*) adj. Que no se puede impugnar ni dudar con fundamento.

incontinencia. fr. e i., *incontinence;* it., *incontinenza;* a., *unenthaltsamkeit.* (Del lat. *incontinentĭa.*) f. Vicio opuesto a la continencia, especialmente en el refrenamiento de las pasiones de la carne. || **Rel.** Falta contra la castidad en los obligados con voto. || **de orina.** *Pat.* Enfermedad que consiste en no poder retener la orina.

incontinente. (Del lat. *incontĭnens, -entis.*) adj. Desenfrenado en las pasiones de la carne. || Que no se contiene.

incontinente. adv. t. Prontamente, al instante.

incontinentemente. adv. m. Con incontinencia. || adv. t. Prontamente, al instante.

incontinenti. (De la loc. lat. *in continenti,* inmediatamente.) adv. t. Prontamente, al instante, al punto, sin dilación.

incontinuo, nua. (De *in-* y *continuo.*) adj. Interrumpido, no continuo.

incontrar. tr. *Col.* y *Méj.* vulg. por **encontrar.**

incontrastable. (De *in-* y *contrastable.*) adj. Que no se puede vencer o conquistar. || Que no puede impugnarse con argumentos ni razones sólidas. || fig. Que no se deja reducir o convencer.

incontrastablemente. adv. m. De modo incontrastable.

incontratable. (De *in-* y *contratable.*) adj. **intratable.**

incontrito, ta. adj. No contrito.

incontrolable. adj. Que no se puede controlar.

incontrovertible. fr., *irréfutable;* it., *incontrovertibile;* i., *incontrovertible;* a., *unbestreitbar.* (De *in-* y *controvertible.*) adj. Que no admite duda ni disputa.

inconvencible. adj. ant. No vencible. || Que no se deja convencer con razones.

inconvenible. adj. No conveniente o convenible.

inconveniblemente. adv. m. ant. Sin conveniencia.

inconveniencia. fr., *inconvenance;* it., *inconvenienza;* i., *unbecomingness;* a., *Unanständigkeit.* (Del lat. *inconvenientĭa.*) f. Incomodidad, desconveniencia. || Disconformidad e inverosimilitud de una cosa. || **despropósito.**

inconveniente. fr., *inconvenable;* it., *inconveniente;* i., *improper;* a., *unpassend, unschicklich.* = fr., *inconvénient, difficulté;* it., *inconveniente;* i., *hindrance;* a., *Hindernis.* (Del lat. *in-*

convenĭens, -entis.) adj. No conveniente. ‖ m. Impedimento u obstáculo que hay para hacer una cosa. ‖ Daño y perjuicio que resulta de ejecutarla.

inconversable. (De *in-* y *conversable.*) adj. Dícese de la persona intratable por su genio, retiro o aspereza.

inconvertible. (Del lat. *inconvertibĭlis.*) adj. No convertible.

incoordinación. f. *Med.* Falta de la coordinación moral de dos o más funciones o de los movimientos musculares.

incordia. f. *Chile.* barb. por **incordio.**

incordiar. (De *incordio.*) tr. Molestar, agobiar, importunar.

incordio. fr., *bubon;* it., *bubbone;* i., *bubo;* a., *Leistenbeule.* (Del lat. **antecordĭum,* tumor del pecho; de *ante,* ante, y *cor, cordis,* corazón.) m. Buba, tumor. ‖ fig. y fam. Cosa incómoda, agobiante o muy molesta. ‖ *Amér.* Inflamación de los ganglios, sobre todo los que se producen en las axilas y en las ingles. ‖ **Bot.** Planta medicinal que crece en Uruguay.

incorporable. (Del lat. *incorporabĭlis.*) adj. ant. **incorpóreo.**

incorporación. fr. e i., *incorporation;* it., *incorporazione;* a., *Einverleibung.* (Del lat. *incorporatĭo, -ōnis.*) f. Acción y efecto de incorporar o incorporarse.

incorporal. (Del lat. *incorporālis.*) adj. No corporal. ‖ Aplícase a las cosas que no se pueden tocar.

incorporalmente. adv. m. Sin cuerpo.

incorporar. fr., *incorporer;* it., *incorporare;* i., *to embody, to incorporate;* a., *einverleiben.* (Del lat. *incorporāre.*) tr. Agregar, unir dos o más cosas para que hagan un todo y un cuerpo entre sí. ‖ Sentar o reclinar el cuerpo que estaba echado y tendido. Ú. t. c. prnl. ‖ prnl. Agregarse una o más personas a otras para formar un cuerpo.

incorporeidad. f. Calidad de incorpóreo.

incorpóreo, a. (Del lat. *incorporĕus.*) adj. No corpóreo.

incorporo. (De *incorporar.*) m. Acción y efecto de incorporar o incorporarse.

incorrección. fr. *incorrection;* it., *incorrezione;* i., *incorrectnes;* a., *Unhöflichkeit.* (De *in-* y *corrección.*) f. Calidad de incorrecto. ‖ Dicho o hecho incorrecto.

incorrectamente. adv. m. De modo incorrecto; con incorrección.

incorrecto, ta. (Del lat. *incorrectus.*) adj. No correcto.

incorregibilidad. f. Calidad de incorregible.

incorregible. fr. e i., *incorrigible;* it., *incorrigibile;* a., *unverbesserlich.* (Del lat. *incorregibĭlis.*) adj. No corregible. ‖ Dícese del que por su dureza y terquedad no se quiere enmendar ni ceder a los buenos consejos.

incorregiblemente. adv. m. Sin enmienda ni corrección, de modo obstinado e incorregible.

incorrupción. fr. e i., *incorruption;* it., *incorruzione;* a., *Unverderblichkeit.* (Del lat. *incorruptĭo, -ōnis.*) f. Estado de una cosa que no se corrompe. ‖ fig. Pureza de vida y sanidad de costumbres. Dícese particularmente hablando de la justicia y la castidad.

incorruptamente. adv. m. Sin corrupción.

incorruptibilidad. (Del lat. *incorruptibĭlĭtas, -ātis.*) f. Calidad de incorruptible.

incorruptible. (Del lat. *incorruptibĭlis.*) adj. No corruptible. ‖ fig. Que no se puede pervertir. ‖ fig. Muy difícil de pervertirse.

incorrupto, ta. fr., *incorrompu;* it., *incorrotto;* i., *incorrupt;* a., *unverdorben.* (Del lat. *incorruptus.*) adj. Que está sin corromperse. ‖ fig. No dañado ni pervertido. ‖ fig. Aplícase a la mujer que no ha perdido la virginidad.

incrasante. p. a. de **incrasar.** *Pat.* Que incrasa.

incrasar. (Del lat. *incrassāre.*) tr. *Pat.* engrasar.

increado, da. (Del lat. *increātus.*) adj. No creado.

incredibilidad. (Del lat. *incredibĭlĭtas, -ātis.*) f. Imposibilidad o dificultad que hay para que sea creída una cosa.

incrédulamente. adv. m. Con incredulidad.

incredulidad. fr., *incrédulité;* it., *incredulità;* i., *incredulity;* a., *Ungläubigkeit.* (Del lat. *incredulĭtas, -ātis.*) f. Repugnancia o dificultad en creer una cosa. ‖ Falta de fe y de creencia católica.

Incredulidad de Santo Tomás. Colección Marañón. Madrid

incrédulo, la. fr., *incrédule;* it., *incredulo;* i., *incredulous;* a., *ungläubig.* (Del lat. *incredŭlus.*) adj. Que no cree lo que debe, y especialmente que no cree los misterios de la religión. Ú. t. c. s. ‖ Que no se cree con facilidad y de ligero.

increíble. fr., *incroyable;* it., *incredibile;* i., *incredible;* a., *unglaublich.* (Del lat. *incredibĭlis.*) adj. Que no puede creerse. ‖ fig. Muy difícil de creer.

increíblemente. adv. m. De modo increíble.

incrementación. f. *Chile.* neol. por **incremento** o **aumento.**

incrementar. (Del lat. *incrementāre.*) tr. Aumentar, acrecentar.

incremento. fr., *accroissement, crément;* it., *incremento;* i., *increment;* a., *Zuwachs, Vermehrung, Entwicklung.* (Del lat. *incrementum;* de *in,* en, hacia, y *crescĕre, -ĕvi, -ētum,* crecer.) m. **aumento.** ‖ Por ext., aumento en un negocio u otra actividad productiva. ‖ *Gram.* Aumento de sílabas que tienen en la lengua latina los casos sobre las del nominativo, y los verbos sobre las de la segunda persona del presente de indicativo. ‖ En el idioma español, aumento de letras que tienen los aumentativos, diminutivos, despectivos y superlativos sobre los positivos de que proceden, y cualquiera otra voz derivada sobre la primitiva.

increpación. (Del lat. *increpatĭo, -ōnis.*) f. Reprensión fuerte, agria y severa.

increpador, ra. (Del lat. *increpātor.*) adj. Que increpa. Ú. t. c. s.

increpante. p. a. de **increpar.** Que increpa.

increpar. fr., *blâmer, réprimander;* it., *increpāre;* i., *to increpate;* a., *tadeln.* (Del lat. *increpāre.*) tr. Reprender con dureza y severidad.

incriminación. f. Acción y efecto de incriminar.

incriminar. (Del lat. *incrimināre,* acusar.) tr. Acriminar con fuerza o insistencia. ‖ Exa-

incristalizable–incurrir

gerar o abultar un delito, culpa o defecto, presentándolo como crimen.

incristalizable. (De *in-* y *cristalizable*.) adj. **Miner.** y **Quím.** Que no se puede cristalizar.

incruentamente. adv. m. Sin derramamiento de sangre.

incruento, ta. fr., *non sanglant;* it., *incruento;* i., *incruental;* a., *unblutig.* (Del lat. *incruentus.*) adj. No sangriento. En sentido religioso, dícese del sacrificio de la misa.

incrustación. fr. e i., *incrustation;* it., *incrostazione;* a., *Uberrindung.* (Del lat. *incrustatio, -ōnis.*) f. Acción de incrustar. || Cosa incrustada.

incrustante. adj. Que incrusta o puede incrustar.

incrustar. fr., *incruster;* it., *incrostare;* i., *to incrust;* a., *überziehen einlegen.* (Del lat. *incrustāre.*) tr. Embutir en una superficie lisa y dura piedras, metales, maderas, etcétera, formando dibujos para que sirvan de adorno. || Cubrir una superficie con una costra dura. || fig. Unir, pegar, adherir fuertemente una cosa a otra.

incubación. fr. e i., *incubation;* it., *incubazione;* a., *Brüten.* (Del lat. *incubatio, -ōnis.*) f. Acción y efecto de incubar. || **Fisiol.** y **Zool.** Proceso natural por el cual las aves, con su propio calor, estimulan la actividad del germen del huevo y su desarrollo hasta que, rota la cáscara en el momento oportuno, sale a luz un nuevo ser. También incuban sus huevos muchos reptiles y los mamíferos monotremas, así como algunos peces, anfibios e insectos. || **industrial.** *Avic.* La que se hace artificialmente en gran escala mediante aparatos llamados incubadoras, en los que se colocan los huevos en condiciones similares a los de la incubación natural.

incubadora. (De *incubar.*) f. Aparato o local que sirve para la incubación artificial. || Urna de cristal acondicionada donde los niños

Incubadora

nacidos antes de tiempo o en circunstancias anormales permanecen para facilitar el desarrollo de sus funciones orgánicas.

incubar. (Del lat. *incubāre.*) intr. **encobar.** || tr. Ponerse el ave sobre los huevos para sacar pollos. || **Pat.** Desarrollar el organismo una enfermedad desde que empieza a obrar la causa morbosa hasta que se manifiestan sus efectos. Ú. m. en gerundio.

íncubo. (Del latín *incŭbus.*) adj. Dícese del espíritu, diablo o demonio que, según la opinión vulgar, tiene comercio carnal con una mujer, bajo la apariencia de varón. Ú. t. c. s. || m. ant. **Med.** Sueño intranquilo o angustioso.

incuestionable. adj. No cuestionable.

incuestionablemente. adv. m. **indubitablemente.**

inculcación. (Del lat. *inculcatĭo, -ōnis.*) f. Acción y efecto de inculcar.

inculcador. (Del lat. *inculcātor.*) adj. Que inculca. Ú. t. c. s.

inculcar. fr., *inculquer;* it., *inculcare;* i., *to inculcate;* a., *eimprägen.* (Del lat. *inculcāre.*) tr. Apretar una cosa contra otra. Ú. t. c. prnl. || fig. Repetir con empeño muchas veces una cosa a uno. || fig. Imbuir, infundir con ahínco en el ánimo de uno una idea, un concepto, etc. || En imprenta, juntar demasiado unas letras con otras. || prnl. fig. Afirmarse, obstinarse uno en lo que siente o prefiere.

inculpabilidad. fr., *inculpabilité;* it., *incolpabilità;* i., *inculpableness;* a., *Unschuld.* (De *inculpable.*) f. Exención de culpa.

inculpable. (Del lat. *inculpabĭlis.*) adj. Que carece de culpa o no puede ser inculpado.

inculpablemente. adv. m. Sin culpa; de un modo que no se puede culpar.

inculpación. fr., *inculpation;* it., *incolpazione;* i., *accusation;* a., *Anschuldigung.* (Del lat. *inculpatĭo, -ōnis.*) f. Acción y efecto de inculpar.

inculpadamente. adv. m. Sin culpa.

inculpado, da. (De *in-* y *culpado.*) adj. p. us. Inocente, sin culpa.

inculpado, da. p. p. de **inculpar.** Ú. t. c. s.

inculpar. (Del lat. *inculpāre.*) tr. Culpar, acusar a uno de una cosa.

incultamente. adv. m. De un modo inculto.

incultivable. (De *in-* y *cultivable.*) adj. Que no puede cultivarse.

incultivado, da. (De *in-* y *cultivado,* p. p. de *cultivar.*) adj. ant. Que no tiene cultivo ni labor.

inculto, ta. fr., *inculte;* it., *incolto;* i., *incult, incultivated;* a., *unangebaut, ungebildet.* (Del lat. *incultus.*) adj. Que no tiene cultivo ni labor. || fig. Aplícase a la persona, pueblo o nación de modales rústicos y groseros o de corta instrucción. || fig. Hablando del estilo, desaliñado y grosero.

incultura. fr., *inculture;* it., *incoltura;* i., *want of culture;* a., *Unbildung.* f. Falta de cultivo o de cultura.

incumbencia. fr., *charge, devoir;* it., *incombenza;* i., *incumbency;* a., *Obliegenheit.* (De *incumbir.*) f. Obligación y cargo de hacer una cosa.

incumbente. adj. **Bot.** Se dice de los cotiledones situados los dos a un mismo lado de la raicilla.

incumbir. fr., *incomber;* it., *incombere;* i., *to be incumbent;* a., *obliegen.* (Del lat. *incumbĕre.*) intr. Estar a cargo de uno una cosa.

incumplimiento. m. Falta de cumplimiento.

incumplir. tr. No llevar a efecto, dejar de cumplir.

incunable. fr., *incunable;* it., *incunàbile;* i., *incunabula;* a., *inkunabel.* (Del lat. *incunabŭla,* cuna.) adj. Aplícase a las ediciones hechas desde la invención de la imprenta hasta principios del s. XVI. Ú. t. c. s. m. || En América se consideran como incunables los impresos hasta 1550. || **Hist.** Al comienzo de la imprenta se procuró imitar el manuscrito. Por

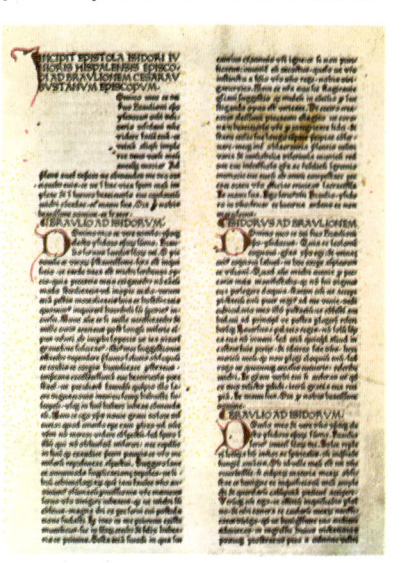

Página de un incunable. Biblioteca Nacional. Madrid

eso aparecen los primeros ejemplares con las iniciales de capítulo en blanco a fin de poder ser después iluminadas a mano. Tampoco llevaban colofón ni fecha de impresión. El primer libro en que éstos aparecen es el *Psalmórum códex,* de 1457.

incurabilidad. f. Calidad de incurable.

incurable. fr. e i., *incurable;* it., *incurabile;* a., *unheilbar.* (Del lat. *incurabĭlis.*) adj. Que no se puede curar o no puede sanar. Apl. a pers., ú. t. c. s. || Muy difícil de curarse. || fig. Que no tiene enmienda ni remedio.

in curia. expr. lat. V. **juez in curia.**

incuria. fr., *incurie, insouciance;* it., *incuria;* i., *carelessness, negligence;* a., *Sorglosigkeit, Vernachlässigung.* (Del lat. *incuria;* de *in,* negación, y *cura,* cuidado.) f. Poco cuidado, negligencia.

incurioso, sa. (Del lat. *incuriōsus.*) adj. Descuidado, negligente. Ú. t. c. s.

incurrimiento. m. Acción y efecto de incurrir.

incurrir. fr., *encourir;* it., *incorrere;* i., *to incur;* a., *verfallen, geraten in.* (Del lat. *incurrĕre.*) intr. Construido con la prep. *en* y substantivo que signifique culpa, error o castigo, ejecutar la acción, o merecer la pena, expresada por el substantivo. ‖ Con la misma preposición y substantivo que signifique sentimiento desfavorable, como odio, ira, desprecio, etc., causarlo, atraérselo.

incursión. fr. e i., *incursion;* it., *incursione;* a., *Streifzug.* (Del lat. *incursĭo, -ōnis.*) f. Acción de incurrir. ‖ **Mil.** Correría de guerra.

incursionar. intr. *Amér.* Realizar una incursión de guerra. ‖ Hablando de un escritor o de un artista plástico, hacer una obra de género distinto del que cultiva habitualmente.

incurso, sa. (Del lat. *incursus.*) p. p. irreg. de **incurrir.** ‖ m. p. us. Acometimiento o embestida.

incurvar. tr. ant. Poner curva una cosa.

incusación. (Del lat. *incusatĭo, -ōnis.*) f. ant. **acusación.**

incusar. (Del lat. *incusāre.*) tr. Acusar, imputar.

incuso, sa. (Del lat. *incūsus.*) adj. Aplícase a la moneda o medalla que tiene en hueco por una cara el mismo cuño que por la opuesta en relieve.

Incuyo. Geog. Pueblo de Perú, depart. de Ayacucho, prov. de Parinacochas, cap. del dist. de Puyusca; 580 h.

inch. (Voz inglesa.) **Metrol. pulgada.**

Incháustegui Cabral (Joaquín Marino). Biog. Historiador dominicano, n. en Baní y m. en Nueva Orleans (1808-1967). Fue embajador en Argentina y El Salvador. Obras principales: *Derecho civil* (1931), *Geografía universal y de las Antillas* (1939), *Historia de la República Dominicana* (1941), *Cristóbal Colón y La Isla Española.*

inchic. m. **Bot.** Nombre peruano del cacahuete.

Inchon o **Chemulpo. Geog.** C. de Corea, cap. de la prov. de Kyonggi; 646.013 h. Centro industrial y comercial.

Inchupalla. Geog. Dist. de Perú, depart. de Puno, prov. de Huancané; 5.803 h. ‖ Pueblo cap. del mismo; 110 h.

Indacochea. Geog. Local. de Argentina, prov. de Buenos Aires, part. de Chivilcoy; 431 h.

indagación. fr., *recherche, perquisition;* it., *indagazione;* i., *search, inquiry;* a., *Erforschung.* (Del lat. *indagatĭo, -ōnis.*) f. Acción y efecto de indagar.

indagador, ra. (Del lat. *indagātor.*) adj. Que indaga. Ú. t. c. s.

indagar. fr., *rechercher;* it., *indagare;* i., *to research;* a., *nachforschen.* (Del lat. *indagāre.*) tr. Averiguar, inquirir una cosa, discurriendo con razón o fundamento, o por conjeturas y señales.

indagatoria. (De *indagatorio.*) f. **Der.** Declaración que, acerca del delito que se está averiguando, se toma al presunto reo sin recibirle juramento.

indagatorio, ria. adj. **Der.** Que tiende o conduce a indagar.

indantreno. (De *índigo* y *antraceno.*) m. **Quím.** Colorante perteneciente a un grupo cuya estructura está compuesta por núcleos de antraquinona.

Indaparapeo. (En idioma tarasco, lugar de juego; de *andaperani,* apostar, y de *andapeni,* ganar en el juego.) **Geog.** Mun. de Méjico, est. de Michoacán de Ocampo; 9.295 h. ‖ Pueblo cap. del mismo; 3.657 h.

indayé. (Voz guaraní.) m. **Zool.** *Arg.* Ave falconiforme de la familia de las accipítridas, subespecie del gavilán común *(accipiter nisus).*

Indé. Geog. Mun. de Méjico, est. de Durango; 12.009 h. ‖ Villa capital del mismo; 1.032 h.

indebidamente. adv. m. Sin deberse hacer. ‖ Contra derecho y justicia.

indebido, da. fr., *indu;* it., *indebito;* i., *undue;* a., *ungebührlich.* (De *in-* y *debido,* p. p. de *deber.*) adj. Que no es obligatorio ni exigible. ‖ Ilícito, injusto y falto de equidad.

indecencia. fr., *indécence;* it., *indecenza;* i., *indecency;* a., *Ungebührlichkeit.* (Del lat. *indecentĭa.*) f. Falta de decencia o de modestia. ‖ Dicho o hecho vituperable o vergonzoso.

indecente. (Del lat. *indĕcens, -entis.*) adj. No decente, indecoroso.

indecentemente. adv. m. De modo indecente.

indecible. fr., *indicible;* it., *indicibile;* i., *inexpressible;* a., *unsäglich.* (Del lat. *indicibĭlis.*) adj. Que no se puede decir o explicar.

indeciblemente. adv. m. De modo indecible.

indecisión. fr., *indécision;* it., *indecisione;* i., *indecision;* a., *unschlüssigkeit.* (De *in-* y *decisión.*) f. Irresolución o dificultad de alguno en decidirse.

indeciso, sa. (De *in-* y el lat. *decīsus,* decidido.) adj. Dícese de la cosa sobre la cual no ha caído resolución. ‖ Perplejo, dudoso.

indecisorio. (De *in-* y *decisorio.*) adj. V. **juramento indecisorio.**

indeclarable. adj. Que no se puede declarar.

indeclinable. (Del lat. *indeclinabĭlis.*) adj. Que necesariamente tiene que hacerse o cumplirse. ‖ **Der.** Aplícase a la jurisdicción que no se puede declinar. ‖ **Gram.** Aplícase a las partes de la oración que no se declinan.

indecoro, ra. (Del lat. *indecōrus.*) adj. ant. Que carece de decoro.

indecoro. m. Falta de decoro.

indecorosamente. adv. m. Sin decoro.

indecoroso, sa. fr., *indécent;* it., *indecoroso;* i., *indecent;* a., *unanständig.* (Del lat. *indecorōsus.*) adj. Que carece de decoro, o lo ofende.

indefectibilidad. f. Calidad de indefectible. Aplícase especialmente a la Iglesia católica.

indefectible. fr., *indéfectible;* it., *indefettibile;* i., *indefectible;* a., *unfehlbar.* (De *in-* y *defectible.*) adj. Que no puede faltar o dejar de ser.

indefectiblemente. adv. m. De un modo indefectible.

indefendible. (De *in-* y *defendible.*) adj. Que no puede ser defendido.

indefensable. (De *in-* y *defensable.*) adj. Que no puede ser defendido.

indefensible. (De *in-* y *defensible.*) adj. Que no puede ser defendido.

indefensión. f. Falta de defensa; situación del que está indefenso. ‖ **Der.** Situación en que se deja a la parte litigante a la que se niegan o limitan contra ley sus medios procesales de defensa.

indefenso, sa. fr., *sans défense;* it., *indefeso;* i., *defenceless;* a., *wehrlos.* (Del lat. *indefensus.*) adj. Que carece de medios de defensa, o está sin ella.

indeficiente. (Del lat. *indefĭcĭens, -entis.*) adj. Que no puede faltar.

indefinible. fr., *indéfinissable;* it., *indefinibile;* i., *indefinible;* a., *unerklärbar, undefinierbar.* (De *in-* y *definible.*) adj. Que no se puede definir.

indefinidamente. adv. m. De modo indefinido o inacabable.

indefinido, da. fr., *indéfini;* it., *indefinito;* i., *undefinite;* a., *unbestimmt.* (Del lat. *indefinītus.*) adj. No definido. ‖ Que no tiene término señalado o conocido. ‖ **Lóg.** Dícese de la proposición que no tiene signos que la determinen. ‖ **Mil.** Decíase del oficial que no tenía plaza efectiva. Usáb. t. c. s.

indehiscente. adj. **Bot.** No dehiscente.

indeleble. fr., *ineffaçable;* it., *indelebile;* i., *indelible, ineffaceable;* a., *unauslöschlich.* (Del lat. *indelebĭlis.*) adj. Que no se puede borrar o quitar. Aplícase, entre otros usos, al carácter que el bautismo, confirmación y orden imprimen en el alma.

indeleblemente. adv. m. De modo indeleble; sin poderse borrar.

indelegable. adj. Que no se puede delegar.

indeliberación. f. Falta de deliberación o reflexión.

indeliberadamente. adv. m. Sin deliberación.

indeliberado, da. fr., *indélibéré;* it., *indeliberato;* i., *indeliberate;* a., *unüberlegt.* (Del lat. *indeliberātus.*) adj. Hecho sin deliberación ni reflexión.

indelicadeza. f. Falta de delicadeza, de cortesía, etc.

indelicado, da. adj. Falto de delicadeza.

indemne. fr., *indemne;* it., *indenne;* i., *undamaged, unhurt;* a., *unbeschädigt.* (Del lat. *indemnis.*) adj. Libre o exento de daño.

indemnidad. fr., *indemnité;* it., *indennità;* i., *indemnity;* a., *Sicherstellung.* (Del lat. *indemnĭtas, -ātis.*) f. Propiedad, estado o situación del que está libre de padecer daño o perjuicio.

indemnización. fr., *indemnisation, indemnité;* it., *indennizzazione;* i., *indemnification;* a., *Schadloshaltung.* f. Acción y efecto de indemnizar o indemnizarse. ‖ Cosa con que se indemniza.

indemnizar. fr., *indemniser, dédommager;* it., *indennizzare;* i., *to indemnity;* a., *für etwas entschädigen.* (De *indemne.*) tr. Resarcir de un daño o perjuicio. Ú. t. c. prnl.

indemorable. adj. Que no puede demorarse.

indemostrable. (Del lat. *indemonstrabĭlis.*) adj. No demostrable.

indeno. (De *indol* y *-eno.*) m. **Quím.** Hidrocarburo de la serie aromática con un anillo hexagonal y otro pentagonal condensados. Se encuentra en la brea de hulla y tiene por fórmula C_9H_{10}.

independencia. fr., *indépendance;* it., *indipendenza;* i., *independence;* a., *Unabhängigkeit.* f. Calidad o condición de independiente. ‖ Libertad, autonomía, y especialmente la de un Estado que no es tributario ni depende de otro. ‖ Entereza, firmeza de carácter.

Independencia. Geog. Part. de Argentina, prov. de Chaco; 13.100 h. Cap., Campo Largo. ‖ Depart. de Artgentina, prov. de La Rioja; 2.007 h. Cap., Patquía. ‖ Villa de Bolivia, depart. de Cochabamba, cap. de la prov. de Ayopaya; 6.000 h. ‖ Prov. de la República Dominicana; 1.861,8 km.^{2} y 32.580 h. Cap., Jimaní. ‖ Mun. de Paraguay, depart. de Guaira; 14.636 h. ‖ Población cap. del mismo; 1.040 h. ‖ Dist. de Perú, depart. de Ica, prov. de Nazca; 4.661 h. ‖ Pueblo cap. del mismo; 855 h. ‖ Dist. de Venezuela, est. de Anzoátegui; 15.625 h. Cap., Soledad. ‖ Mun. de Venezuela, est. de Carabobo, dist. de Valencia; 11.325 h. Cap., Campo de Carabobo. ‖ Mun. de Venezuela, est. de Falcón, dist. de Federación; 846 h. Cap., Tupi. ‖ Mun. de Venezuela, est. de Mérida, dist. de Justo Briceño; 3.395 h. Cap., Palmarito. ‖ Dist. de Venezuela, est. de Miranda; 14.536 h. Cap., Santa Teresa. ‖ Mun. de Venezuela, est. de Táchira, dist. de Capacho; 10.800 h. ‖ Pobl. de Venezuela, cap. del dist. de Capacho de su nombre; 4.897 h. ‖ Mun. de Venezuela, est. de Yaracuy, dist. de San Felipe; 18.493 h. Cap., San Felipe. ‖ **(La).** Mun. de Méjico, est. de Chiapas; 13.147 h. ‖ Pueblo cap. del mismo; 867 h. ‖ **(guerra de la). Hist.** Lucha sostenida por los españoles contra los franceses, desde 1808 hasta 1814, para la conservación de la integridad nacional. (V. **España. Historia.**) También se conocen con este nombre las luchas libradas por los pueblos americanos para gobernarse a sí mismos.

independente. adj. ant. Que no tiene dependencia.

independentemente–India

independentemente. adv. m. ant. **indepeendientemente.**

independentismo. m. Polít. En un país que no tiene independencia política, movimiento que la propugna o reclama.

independentista. adj. Partidario del independentismo. Ú. t. c. s.

independerse. prnl. Amér. emanciparse.

independiente. fr., *indépendant*; it., *indipendente*; i., *independent*; a., *unabhängig, selbständig*. adj. Que no tiene dependencia, que no depende de otro. ∥ **autónomo.** ∥ fig. Dícese de la persona que sostiene sus derechos y opiniones, sin que la doblen respetos, halagos ni amenazas. ∥ adv. m. Con independencia.

independientemente. adv. m. Con independencia.

independizar. tr. Hacer independiente a una persona o cosa. Ú. t. c. prnl.

indescifrable. (De *in-* y *descifrable*.) adj. Que no se puede descifrar.

indescriptible. fr., *indescriptible*; it., *indescrivibile*; i., *indescribable*; a., *unbeschreiblich*. (Del lat. *in*, priv., y *descriptum*, supino de *describĕre*, describir.) adj. Que no se puede describir.

indeseable. (De *in-* y *deseable*.) adj. Dícese de la persona, especialmente extranjera, cuya permanencia en un país consideran peligrosa para la tranquilidad pública las autoridades de éste. Ú. t. c. s. ∥ Dícese de la persona cuyo trato no es recomendable por sus condiciones morales. Ú. t. c. s. ∥ Indigno de ser deseado.

indeseado, da. adj. Que por su condición no es deseable.

indesignable. (De *in-* y *designar*.) adj. Imposible o muy difícil de señalar.

indestructibilidad. f. Calidad de indestructible.

indestructible. fr. e i., *indestructible*; it., *indistruttibile*; a., *unzerstörbar*. (Del lat. *in*, priv., y *destructibĭlis*.) adj. Que no se puede destruir.

indeterminable. (Del lat. *indeterminabĭlis*.) adj. Que no se puede determinar. ∥ Que no se resuelve a una cosa.

indeterminación. f. Falta de determinación en las cosas, o de resolución en las personas.

indeterminadamente. adv. m. Sin determinación.

indeterminado, da. fr., *indéterminé*; it., *indeterminato*; i., *indeterminate*; a., *unbestimmat*. (Del lat. *indeterminātus*.) adj. No determinado, o que no implica ni denota determinación alguna. ∥ Dícese del que no se resuelve a una cosa.

indeterminismo. m. Filos. Sistema opuesto al determinismo, o sea que admite el libre albedrío.

indeterminista. m. Partidario del indeterminismo.

indevoción. (Del lat. *indevotĭo, -ōnis*.) f. Falta de devoción.

indevoto, ta. (Del lat. *indevōtus*.) adj. Falto de devoción. ∥ No afecto a una persona o cosa.

índex. (Del lat. *index*.) adj. desus. **índice.** Usáb. t. c. s. ∥ m. desus. **índice**, manecillas de un reloj, barómetro, etc.

indezuelo, la. m. y f. dim. de **indio**, de la India.

india. f. fig. Abundancia de riquezas. Ú. m. en pl.

India (*Bharat*). Geog. Estado republicano del sur de Asia, miembro de la Commonwealth británica.

Situación y límites. Está sit. entre los 3° y 37° 30′ de lat. N. y los 68° 20′ y 97° de long. E. del meridiano de Greenwich. Limita al N. con la R. P. China, Nepal y Bhutan; al E., con Bangladesh y Birmania; al SE., con el golfo de Bengala; al S., con el océano Índico; al SO., con el mar Arábigo, y al O., con Pakistán.

Superficie y población. Este país es el segundo del mundo en cuanto a población se refiere; tiene una superf. de 3.287.590 km.² y una población absoluta de 547.576.535 h. (653.090.000 calculados en 1979); 165,5 h. por km.² Cap., Nueva Delhi (292.900 h.).

GEOGRAFÍA FÍSICA

Geología y relieve. La península presenta, desde el punto de vista físico, cuatro rasgos principales: *a)* la cadena del Himalaya, al N. y NE.; *b)* la meseta del Decán, en el centro; *c)* las llanuras costeras, en torno a las montañas del Decán, y *d)* el delta del Ganges. El Everest, punto culminante del Himalaya y del mundo

Cordillera del Himalaya

(8.848 m.) y los montes de Karakorum (8.611) e Hindu-Kush (7.750) constituyen formidables murallas septentrionales. La meseta del Decán no es de gran elevación (Hyderabad, 620 m.) y forma un enorme macizo triangular arrasado en gran parte por la erosión, que se inclina hacia el E. Sus bordes occidentales y orientales se presentan en escarpe y parecen cadenas de montañas en escalones sucesivos; el primero forma los Gathes occidentales, y el segundo los Gathes orientales. La gran planicie aluvial indogangética es un antiguo golfo, entre los Himalayas y la meseta peninsular, colmado al presente por los sedimentos fluviales. La llanura indogangética comprende la porción más rica y populosa de la Indida.

Costas e islas. La India es la península central del sur de Asia, de acusado contorno triangular. Las formas macizas de esta península dan origen a costas (5.000 km.), en general de perfil rectilíneo, acantilado y poco abordables. La costa occidental, bañada por el mar Arábigo, llamada *costa de Malabar*, es baja y forma una faja litoral de unos 50 km. de anchura; no abundan los puertos y sólo es importante el de Bombay. La costa del golfo de Bengala, con numerosos deltas, comprende el litoral de Coromandel, de Orissa y el delta del Ganges, y posee buenos puertos, como el de Madrás. De O. a E. los accidentes litorales más importantes son: el golfo de Cach, el de Cambaya, el cabo Comorin, el golfo de Mannar, el estrecho de Palk, que separa la India de la isla de Ceilán, los deltas de Krishna y de Godavari y, al fondo del golfo de Bengala, el enorme delta gangético con sus numerosas bocas.

Hidrografía. Los ríos que desaguan el macizo peninsular fluyen en tres direcciones: hacia el Ganges, hacia el golfo de Bengala y hacia el mar de Omán. Van a parar a éste el Narbada (2.000 km.) y el Tapti (1.700), que des. en el golfo de Cambaya. Al golfo de Bengala van el Mahanadi (820 km.), el Godavari (1.500), el Krishna y el Cavery. La cadena del Himalaya, exterior a la península, da origen a tres grandes ríos: el Indo, el Ganges y el Brahmaputra. El Indo (3.180 km.) es más largo que el Ganges (3.000); pero el río indio por excelencia, río sagrado del país, es el Ganges, cuya cuenca tiene una extensión igual al doble de la península ibérica, y posee un delta gigantesco (82.000 km.²) que comienza a 350 km. del mar, dividido por numerosos brazos y canales. El Brahmaputra (2.500 km.) n. en un hondo valle himalayo con el nombre de Tsam-po (agua santa), taja las montañas y acarrea enorme volumen de aluviones.

Climatología. En su mayor parte, la India tiene clima tropical. Lo que caracteriza singularmente su régimen climático es la periódica alternancia de los monzones, que regulan totalmente la vida del país y suponen la abundancia o el hambre. Hay sólo dos estaciones: la seca y la lluviosa. La primera dura desde diciembre a mayo; la segunda, de junio a diciembre. La inversión de los monzones suele provocar tifones o ciclones de extraordinaria violencia.

GEOGRAFÍA BIOLÓGICA

Flora. La vegetación de la India es la más variada del mundo, a causa de su gran extensión en lat. y la extrema variación de sus altitudes, temperatura y humedad. La flora posee 17.000 especies. En el Himalaya oriental son típicas las magnoliáceas, encinas y laureles, y en el Himalaya occidental hay cedros deodares, cipreses y otros. La planicie india tiene una vegetación desértica, herbácea. La llanura gangética es el dominio de la selva tropical o jungla, con palmeras, mangos, bambúes, etc.

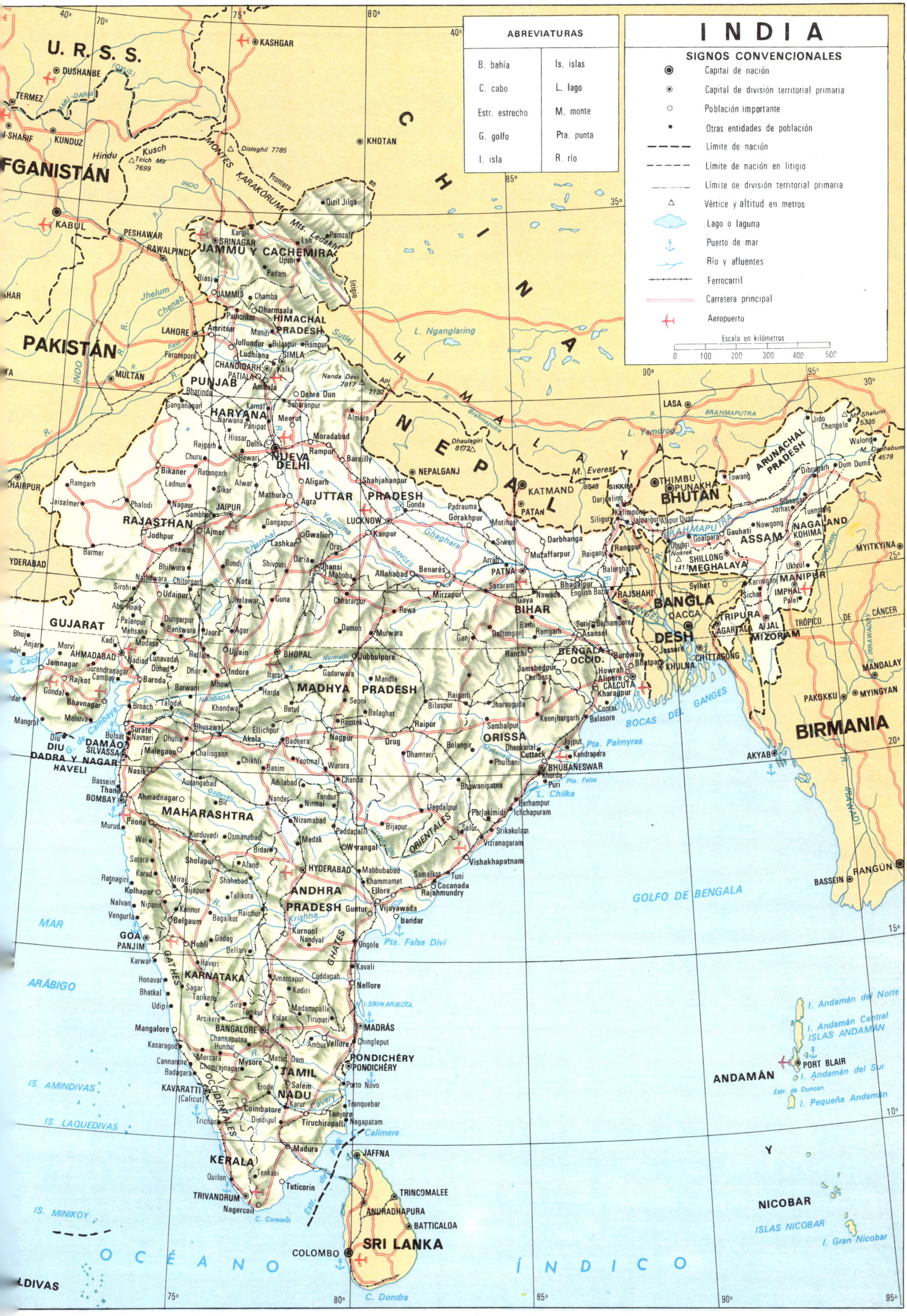

India

El Decán tiene bosques de maderas preciosas como el teck, la caoba y el sándalo; la *acacia arábica* es, acaso, la especie más típica.

Fauna. La fauna es extraordinariamente rica: existen más especies animales en la India que en toda Europa. Entre los mamíferos son comunes los monos, los felinos, los vivérridos, hienas, chacales, lobos, martas, osos, elefantes, rinocerontes, tapires, etc. Se encuentran asimismo el yac y el búfalo; cabras como el *gural* o gamuza del Himalaya; antílopes, gacelas, ciervos y jabalíes. Las aves (1.617 especies) son, en general, de formas bellísimas. Los reptiles son también muy numerosos: hay tres especies diferentes de cocodrilos, y las culebras (*python, cobra*), en su mayor parte, son venenosas.

GEOGRAFÍA ECONÓMICA

Agricultura y silvicultura. La superf. que se dedica al cultivo es de 162.500.000 hect. (49,5 % de la superf. total). Los cultivos arborescentes ocupan el 1,4 %; los prados y pastos, el 3,8; la selva, el 20,6, y el resto es improductivo. El arroz es el cereal más cultivado (70.500.000 ton. en 1976). El trigo, por el contrario, es el recurso del NO. (28.336.000 ton.). El tercer grupo cerealícola lo constituyen el mijo, 9.600.000 ton., y el sorgo, 8.700.000. Otros cereales de menor importancia son: el maíz, 6.500.000 ton., y la cebada, 3.196.000. Como cultivos de gran importancia alimenticia, son de citar; la patata, 7.432.000 ton.; la batata, 1.672.000; la mandioca, 6.307.000, y la banana, 3.450.000. Las plantas oleaginosas son muy variadas: cacahuete, 5.700.000 ton.; sésamo, lino, colza, algodón, ricino, etc. Se cultiva también yute, kenaf, copra, coco, agrios, judías, lentejas, etc. Los cultivos arbóreos principales son el té, 511.000 ton., de las que más de la mitad se obtienen en el est. de Assam, y el café, 84.000 ton. Además de estos dos cultivos es de citar también la caña de azúcar, cultivada principalmente en la llanura gangética. La selva es rica en maderas para ebanistería: teca, palo rosa, sándalo, etcétera. La producción de madera en 1976 fue de 130.947.000 m.³. En Bengala abunda el bambú, que se utiliza para la fabricación de papel. La producción de caucho natural fue en 1977 de 151.560 ton.

Ganadería y pesca. El patrimonio ganadero, en el año 1972, era el siguiente: bovino, 180.328.000 cabezas, búfalos, 61.087.000; ovino, 40.187.000; caprino, 70.394.000; equino, 900.000; porcino, 7.062.000, y camellos, 1.178.000. La pesca desembarcada en 1976 fue de 2.400.000 ton.

Minería. Tienen considerable importancia los yacimientos carboníferos de Raniganj (Bengala Occidental) y Jharia (Bihar). La producción en 1977 fue de 100.296.000 ton. Los principales yacimientos de hierro se encuentran en las zonas de Singhbhum y Mayurbhanj con una producción total de 26.633.880 ton. La obtención del petróleo es modesta, pero está experimentando un notable desarrollo (10.152.000 ton. en 1977) y los principales yacimientos se encuentran en los est. de Gujarat, Punjab y Assam. Muy prometedores son también los sectores del manganeso (575.400 ton. en 1975), del aluminio (1.512.000 ton. de bauxita en 1977) y del oro (1.611 kg. en 1975). Se extrae también: lignito, cromita, cobre, plomo, cinc, plata (3.000 kg. en 1975), diamantes (20.000 kilates), amianto, fosfatos naturales, etc.

Industria. La industria está favorecida por la abundancia de materias primas locales. La industria algodonera, extendida por Bombay, Surat, Baroda, Ahmadabad, Coimbatore, Nagpur, Sholapur, Madrás, etc., produjo (1975) 8.034 millones de tejidos de algodón y 989.300 ton. de hilados, lo que coloca al país entre los principales exportadores mundiales de algodón. Muy próspero es también el sector del yute y del rayón, mientras que el lanero apenas tiene importancia. Varanasi, Mysore y Jagirood son los principales centros para la elaboración de la seda, con una producción de 2.500 ton. (1976) de lana regia. La industria siderúrgica está experimentando un notable desarrollo, con una producción, en 1977, de 10.020.000 ton. de hierro y ferroaleaciones y 9.816.000 ton. de acero. La industria mecánica cuenta con importantes factorías de material ferroviario en Chittaranjan, Madrás Perambur y Varanasi, de bicicletas en Madrás, de motores eléctricos y transformadores en Naharkatiya, de maquinaria para la elaboración de papel en Calcuta, astilleros en Bombay, Howrah y Vishakhapatnam, y de automóviles en Bombay, Bangalore y Calcuta. La producción del sector papelero, en 1975, fue de 830.000 ton. de papel y 52.000 ton. de papel prensa. En cuanto a los productos químicos, son de mencionar (1977): ácido sulfúrico, 2.016.000 ton.; fertilizantes azufrados, 1.508.000; ácido nítrico, sosa cáustica, materias plásticas, caucho sintético, etc. La producción de cemento fue de 19.176.000 ton. Lugar especial merece la industria cinematográfica, con una producción de 433 largometrajes (1971), producción que coloca a este país en el 2.º lugar del mundo, cuyo principal centro es Bombay. La producción de energía eléctrica, en 1975, era de 85.631 millones de kwh., y la potencia instalada, 22.172.000 kw.

Comercio. El intercambio comercial durante el período 74-77, en millones de rupias, fue el siguiente:

Años	Importación	Exportación
1974	41.896	31.813
1975	53.554	36.731
1976	49.404	48.600
1977	49.219	46.226

Las principales exportaciones son, por orden de cuantía: productos textiles, té, minerales y tabaco. Las importaciones las constituyen principalmente: maquinaria y material de transporte, cereales y productos químicos.

Moneda. La unidad monetaria es la rupia, cuya paridad con el dólar, en septiembre de 1977, era de 8,69 rupias por 1 dólar estadounidense.

Comunicaciones y transportes. La long. de las vías férreas es de 60.301 km., y de las carreteras, de 1.337.000 km. La marina mercante tiene 526 navíos, y un registro bruto de 5.094.000 ton.

Tipo de Agra

GEOGRAFÍA POLÍTICA

Etnografía. La pobl. actual de la India está formada por pueblos pertenecientes a cuatro grupos étnicos distintos. El más antiguo y primitivo de todos es el denominado *veddoide*. Los veddas libres de mestizaje sólo se encuentran en las montañas de la isla de Ceilán. En la península indostánica no existen veddas puros, pero en las castas inferiores de la India se observan los rasgos veddoides. Las tribus veddoides más caracterizadas son los *bhil* y los *gond*. Otro grupo étnico de caracteres primitivos está integrado por la llamada *raza indomelánida*, cuyos integrantes formaban, junto con los veddas, la primitiva pobl. de la India antes de la llegada de los indoafganos de raza blanca. Habitan en la meseta del Decán. Las tribus más caracterizadas son los *munda* y los *tamil*. Hablan lenguas del grupo drávida y su cultura es también muy primitiva. En el NE. de la India comienza el dominio de las *razas amarillas*, que se manifiesta en el S. del Himalaya y en el Assam por la abundancia de individuos con pómulos salientes, nariz aplastada y frecuente presencia de pliegue mongol. La gran llanura indogangética es el dominio de las *razas blancas*, que fueron las que aportaron las lenguas y la civilización denominadas indoeuropeas. También se encuentran en la India gran número de representantes de la raza anatolia y otros pertenecientes a la raza sudoriental o armenoide.

Idioma. La India, desde enero de 1965, tiene como idioma oficial el hindi, proveniente del sánscrito, con tolerancia del inglés en algunos sectores. Posee asimismo catorce idiomas reconocidos para las diferentes regiones, con cerca de cincuenta dialectos y casi ochocientas subdivisiones.

Medios agrarios rústicos

Mujeres indias

Religión. Predomina el hinduismo con el 86 % de la pobl.; musulmanes, 11 %, y en porcentajes menores, sikhistas, budistas, cristianos, etc.

Gobierno. Independiente desde el 15 de agosto de 1947 y miembro de la Commonwealth desde el 26 de enero de 1950, la *Unión India* comprende 21 estados, dotado cada uno de ellos de Asamblea legislativa y gobierno propio, y 9 terr. administrados por el poder central. El presidente de la República es elegido junto con el vicepresidente por el Parlamento y por la Asamblea de los estados. El poder ejecutivo lo ejerce el Gobierno, presidido por el primer ministro (designado por el presidente en la persona líder del partido mayoritario), que es responsable ante el Parlamento. El Parlamento ejercita la función legislativa y está compuesto por dos *Cámaras: Consejo de los estados,* con 238 miembros, de los que 12 son nombrados directamente por el presidente de la República, y los restantes elegidos por los estados en proporción a sus habitantes, y *Cámara del Pueblo,* con 540 miembros elegidos por sufragio universal directo.

División territorial. A continuación se inserta el cuadro de la división administrativa:

Nombres	Superficie Km.²	Población Habitantes	Capitales y su población
Estados			
Andhra Pradesh	276.754	43.394.951	Hyderabad (1.612.276 h.).
Assam	78.523	14.632.108	Shillong (73.500).
Bengala Occidental	87.853	44.440.095	Calcuta (3.141.180).
Bihar	173.876	56.332.246	Patna (474.349).
Gujarat	195.984	26.687.186	Gandhinagar (24.049).
Haryana	44.222	9.971.165	Chandigarh (218.807).
Himachal Pradesh	55.673	3.424.332	Simla (55.300).
Jammu y Cachemira	222.236	4.615.176	Srinagar (403.612). Jammu (155.249).
Karnataka	191.773	29.263.334	Bangalore (1.648.232).
Kerala	38.864	21.280.397	Trivandrum (409.761).
Madhya Pradesh	442.841	41.650.684	Bhopal (302.618).
Maharashtra	307.762	50.335.492	Bombay (5.968.546).
Manipur	22.356	1.069.555	Imphal (100.605).
Meghalaya	22.489	983.336	Shillong (73.500).
Nagaland	16.527	515.561	Kohima.
Orissa	155.842	21.934.827	Bhubaneswar (105.514).
Punjab	50.362	13.472.972	Chandigarh (218.807).
Kajasthan	342.214	25.724.142	Jaipur (613.144).
Sikkim	7.107	208.609	
Tamil Nadu	130.069	41.103.125	Madrás (2.470.288).
Tripura	10.477	1.556.822	Agartala (59.700).
Uttar Pradesh	294.413	88.364.779	Lucknow (750.512).
Territorios			
Andamán y Nicobar	8.293	115.090	Port Blair.
Arunachal Pradesh	83.578	444.744	Shillong.
Chandigarh	114	256.979	Chandigarh.
Dadra y Nagar Haveli	491	74.165	Silvassa.
Delhi	1.485	4.044.338	Delhi (3.279.955).
Goa, Damán y Diu	3.813	857.180	Panjim.
Laquedivas, Minikoy y Amindivas	32	31.798	Kavaratti.
Mizoram	21.087	320.000	Aijal (15.000).
Pondichéry	480	471.347	Pondichéry (90.600).
Totales	3.287.590	547.576.535	

Cabeza de Visnú adormecida, escultura en piedra (s. XII) Rijksmuseum. Amsterdam

Cultura. En la India floreció una de las más grandes civilizaciones orientales, asentadas en las fértiles llanuras aluviales de los grandes ríos de esta península triangular. Cerca de tres mil años antes de la era cristiana, los arios de las orillas del Indo cantaban himnos reunidos con el nombre de *Vedas.* Las conquistas de los arios en la península fueron cantadas en los poemas épicos de *Mahabarata* (250.000 versos) y *Ramayana* (50.000 versos). Su legislación estaba contenida en el *Código de Manú.* La civilización india sobresalió de modo especial en el arte, que está, excepción hecha de los palacios, dedicado con casi exclusividad a lo religioso. Se caracteriza por su tono fantástico, mítico, con su predominio del adorno minucioso y de lo monumental. En los terrenos científico y técnico ha sido escaso el desarrollo de la cultura hindú. En las épocas moderna y contemporánea, la influencia de la cultura europea, en particular la inglesa, ha sido notable. Los más caracterizados representantes del pensamiento y de la política india contemporáneos se han formado en Cambridge y en Oxford. Bajo esta influencia se ha desenvuelto la cultura especulativa y técnica de las clases superiores de la India, aunque manteniéndose las formas tradicionales, amparadas en la religión y en la división de castas.

Historia. El primer período de la historia de la India, denominado *védico,* porque de entonces datan los himnos del *Rig Veda,* comienza, probablemente, casi tres mil años a. C., cuando los arios, que habitaban la meseta de Pamir, emigraron, y parte de ellos se establecieron en el valle del Indo. Siguió el período *brahmánico,* hasta el s. IV a. C., en que triunfó el budismo. Fue luego una satrapía del Imperio persa durante Darío, y más tarde los ejércitos de Alejandro establecieron en el terr. la dominación griega. Posteriormente, Seleuco, rey de Siria, reconoció la independencia de Sandracotos, hasta fines del s. I a. C., que, invadido el terr. por pueblos asiáticos del N., fue dividido en varios estados. El rey Asoka (273 a 231 a. C.), de la dinastía Mauria, logró reunir casi toda la India, incluso Afganistán, en un solo imperio, que perduró unos cien años. Pasó luego, sucesivamente, a poder de los árabes (s. XI), quienes fundaron en 1206 la sultanía de Delhi, a los afganos (s. XII) y los mongoles de Tamerlán (s. IV), quienes la rigieron durante tres siglos con una poderosa monarquía. Marco Polo, a su vuelta de China, visitó algunos lugares de este país e informó a Europa; estas noticias indujeron a Colón a buscar el camino de las Indias por Occidente. Los portugueses descubrieron, en 1498, la ruta marítima hacia la India. Almeida y Albuquerque conquistaron varios puertos, y Portugal disfrutó del monopolio comercial con la India durante cien años. Los holandeses e ingleses destruyeron el poderío portugués en la India; los primeros conquistaron el Sur (Ceilán), mientras que los ingleses dominaron el Norte, organizando la Compañía de Indias (1600). Esta región alcanzó su máximo esplendor durante el reinado de Akbar (1556-

Emboscada al ejército inglés en Mala-Khan, grabado de 1897

1605), que comprendió casi toda la India. También los franceses poseyeron, durante cierto tiempo, una parte de la India, pero lo perdieron casi todo en 1763. El verdadero fundador del poderío inglés en la India fue Robert Clive. El último Estado independiente, Sikh, fue anexionado en 1845. En 1857 estalló una terrible revolución de los cipayos, que los ingleses lograron reprimir a costa de grandes esfuerzos. Después de la rebelión de los cipayos fue disuelta la Compañía de Indias, y el dominio de la India pasó a la Corona inglesa. En 1876 la reina Victoria fue proclamada emperatriz de la India. En 1886 fue incorporada Birmania a la India. Desde el punto de vista político, existían dos clases distintas de terr.: los estados y las prov. La mayor parte de estos estados indígenas, en número de unos 700, eran protegidos o tributarios, y estaban gobernados por un príncipe o rajá. Las prov. de posesión inglesa eran: en el Norte, Bengala, Assam, Bihar y Orissa, Agra y Oudh, Ajmer-Merwara, Punjab, Delhi y prov. de la frontera NO.; en el Sudoeste, Berar, presidencias de Madrás y Bombay, Coorg; y en el exterior de la India, Beluchistán, Birmania y las islas de Andamán y Nicobar. La India inglesa estaba gobernada por un virrey en representación del rey de Inglaterra y emperador de la India. La cap. era Calcuta. En 1919 se concedió a la India una Constitución (Goverment of India Act) que no satisfizo los deseos de los nacionalistas, dirigidos por Gandhi, quien exigió para la India el estatuto de dominio británico. Fue establecido el sistema de la asistencia, y en 1921 la nueva legislatura lo derogó. En 1919 ocurrieron sangrientos disturbios, y especialmente desde 1922 hasta 1933 las actividades de Gandhi y sus partidarios causaron muchos motines. En las conferencias celebradas en Londres (Round Table Conference) en 1930, 31 y 32 no se logró llegar a un acuerdo. En los años siguientes, y principalmente durante la S. G. M., el problema político de la India fue evolucionando hacia una solución definitiva que no podía ser otra que la independencia del país con todas sus consecuencias. Por de pronto, Birmania fue separada de la India inglesa el año 1937. Finalmente, tras gestiones dilatadas y difíciles, una fórmula puso fin a este estado de cosas, la división de las tierras indias en dos Estados: la India, República federal democrática, y el Pakistán, federación de Estados. El R. U. promulgó, en 18 de julio de 1947, una ley reconociendo la soberanía de la India. Dicha disposición fijaba para el 15 de agosto la fecha de llevarla a cabo. Los jefes indios prestaron juramento el día 16. El rey del R. U. renunció al título de emperador de la India. Duró el período constituyente hasta el 31 de marzo de 1948, y durante este tiempo la India tuvo el carácter de dominio. Fue su gobernador general lord Lewis Mountbatten, y su primer jefe de Gobierno, Jawaharlal Nehru. Las rivalidades religiosas y, como consecuencia de ellas, políticas entre hindúes y musulmanes dieron lugar a graves y cruentas luchas durante el período constituyente: uno de los acontecimientos más salientes de esta guerra civil fue el asesinato de Gandhi. El 26 de noviembre de 1949 fue aprobada la Constitución, de tipo estadounidense, y el 23 de enero de 1950 se eligió presidente de la República a Rajendra Prasad, continuando Nehru como primer ministro. El nuevo Gobierno, al encargarse del poder en 1948, se encontró ante las ingentes cuestiones tradicionales, que constituyen una rémora para la democratización y progreso del país: enfrentamientos entre hindúes y musulmanes, problemas raciales, la existencia de los estados indígenas, las castas, la ignorancia del pueblo y sus supersticiones, la falta de higiene, etc. Con la persuasión unas veces, la coacción y la fuerza otras, Nehru se enseñoreó, en menos de un año, de más de 500 principados que habían sobrevivido a la dominación de los ingleses, aunque tuvo que respetar muchos de los privilegios de los príncipes. La resolución del problema político de la India, dividiendo el terr. en dos Estados independientes y en tres fragmentos, decapitó, además, su economía: toda la parte industrial quedó en manos de los hindúes, en tanto que las principales regiones agrícolas pasaron al poder de Pakistán, con la agravante de que las fuentes para el riego se encuentran en suelo hindú. La República de la India forma parte de la Commonwealth of Nations y de la O. N. U. La política exterior de la India se viene caracterizando por su línea independiente y particularista. Coincidiendo con el final de la Conferencia de Ginebra, que se ocupó del problema de Indochina, grupos de fanáticos nacionalistas, sin armas, invadieron o intentaron ocupar algunas posesiones francesas y portuguesas. El firme propósito de defenderlas demostrado por Portugal, y el de Nehru de no emplear las armas, hicieron volver al *statu quo;* pero Francia, a punto de desentenderse del problema de Indochina, transfirió a la India la soberanía sobre las posesiones que conservaba (Pondichéry, Karikal, Yanaon, Mahé y Surate), en 1 de noviembre de 1954, transferencia que fue formalmente reconocida por el tratado de 28 de mayo de 1956. No sucedió lo mismo con las posesiones portuguesas de Goa, Damão y Diu, que fueron ocupadas por las fuerzas hindúes en 1961. Nehru, campeón del neutralismo, se reunió con los otros dos líderes del mismo movimiento, Tito y Nasser (julio de 1956). El problema de Cachemira siguió enturbiando las relaciones con Pakistán, y a pesar de varios intentos de llegar a un acuerdo, el asunto quedó sin resolver. Durante 1958, la India mostró cierta tendencia a estrechar sus vínculos con los países comunistas. Con motivo de la visita del jefe del Gobierno soviético, Jruschev, a la India (febrero de 1960), ésta obtuvo un nuevo crédito de 1.500 millones de rublos. En 1961,

Jruschev, recibido en Nueva Delhi, junto al vicepresidente Radhakrishnan

la reina del R. U., acompañada del príncipe Felipe, realizó una larga visita, a cuyo término el Gobierno indio hizo público el fracaso de las conversaciones mantenidas con la R. P. China desde 1960, sobre los terr. ocupados por la última en la extremidad oriental de la línea MacMahon y en la región de Ledakh. Se sucedieron los choques fronterizos entre hindúes y chinos, hasta que el Gobierno de Pekín anunció unilateralmente el alto el fuego y comunicó que estaba dispuesto a retirar sus tropas a 20 km. de sus actuales posiciones en la región de Ledakh y a reconocer la línea MacMahon como frontera entre los dos países. Los chinos terminaron de replegarse en la región de Ledakh el 1 de marzo de 1963. En esta situación se ha mantenido el conflicto hasta la fecha, sin que ninguna de las partes haya intentado romper el *statu quo*. El día 27 de mayo de 1964 murió en Nueva Delhi el primer ministro Jawaharlal Nehru, y su puesto fue ocupado por Lal Bahadur Shastri. En abril de 1965 se reprodujeron los choques armados entre patrullas fronterizas hindúes y paquistaníes en la región de Rann de Kutch. Por mediación del R. U. se concertó un alto el fuego, y el 30 de junio se firmó un acuerdo por el que deberían reunirse en el plazo de un mes los ministros hindú y paquistaní para llegar a una solución sobre delimitación de fronteras. Musulmanes residentes en la región de Cachemira se sublevaron contra las autoridades hindúes y en los días sucesivos se enfrentaron al ejército (9 de agosto). Pese a las recomendaciones de la O. N. U., siguieron los enfrentamientos. Ante la insistencia de Pakistán en provocar el estudio de la situación interna de Cachemira, la Delegación India se retiró del Consejo de Seguridad, en señal de protesta; no obstante el 4 de enero de 1966 se reunieron en la c. soviética de Taskent, Shastri y Ayub Jan, con el primer ministro Kosygin para intentar solucionar dicho problema, pero esta conferencia fracasó, y finalmente el 30 de enero de 1966 la India y Pakistán firmaron la retirada de sus tropas de la línea de alto el fuego. Al morir Shastri, fue elegida como primer ministro Indira Gandhi (9 de enero de 1966), que empleó sus primeros esfuerzos en intentar la solución del problema del hambre. Indira Gandhi fue nuevamente reelegida, por mayoría absoluta, en las elecciones celebradas en marzo de 1971. En noviembre del mismo año fuerzas indias atacaron a Pakistán Oriental, entablándose la lucha entre ambos países. A principios de diciembre, la India reconoció a Pakistán Oriental como nación independiente, con el nombre de Bangla Desh; no obstante, la lucha prosiguió varios días más hasta que inesperadamente, el día 17, Pakistán aceptó el alto el fuego propuesto por la India y el reconocimiento de Bangla Desh. Con la visita de Brezhnev a la India (noviembre de 1973), se dio un nuevo impulso a la cooperación entre ambos países, sobre todo en lo que se refiere al aspecto económico. El 15 de mayo de 1974, Indira Gandhi informó al Parlamento de que se había llevado a cabo la primera explosión nuclear en su país con carácter pacífico. El Parlamento aprobó el 26 de abril de 1975 la anexión de Sikkim como parte integrante de la India, si bien el Gobierno de Pekín no reconoce tal anexión. El 24 de junio de 1975, Indira Gandhi fue declarada culpable de corrupción electoral por un tribunal de Allahabad, ciudad al norte del país; pero el Tribunal Supremo de la India desestimó finalmente la condena impuesta a la primer ministro, quedando ésta libre de toda acusación. Sus relaciones diplomáticas con Pakistán, rotas desde diciembre de 1971, fueron restablecidas en junio de 1976. En las elecciones generales de marzo de 1977 fue derrotado el partido del Congreso, frente al partido popular Janata, que obtuvo una amplia victoria. Indira Gandhi presentó su dimisión y Shri Morarji Ranchhodji Desai fue elegido como cuarto primer ministro de la India independiente. En las elecciones presidenciales, celebradas el 21 de julio, fue elegido presidente Neelam Sanjiva Reddy, único candidato al puesto. Tras la dimisión del primer ministro Desai (julio de 1979), Charan Singh formó un Gobierno que duró menos de un mes, pues dimitió el 21 de agosto al retirarle su apoyo Indira Gandhi. El presidente de la República convocó elecciones anticipadas. Indira Gandhi, apartada del poder tras la derrota electoral de 1977, triunfó arrolladoramente y ocupó nuevamente el cargo de primer ministro (5 de enero de 1980). ‖ **francesa. Geog. hist.** Conjunto de las posesiones de Francia en la India. Consistía en cinco colonias distintas, que ocupaban una superf. de 513 km.^{2} con 346.150 h., denominadas Chandernagor, Pondichéry, Karikal, Mahé y Yanaon. Chandernagor se incorporó a la India en 1951, a consecuencia de un referéndum celebrado en 1949, y las restantes posesiones fueron cedidas a la misma nación en 1954. || **portuguesa.** Nombre con que se venían designando las posesiones portuguesas en la India. Databan de 1505 y comprendían los terr. de Goa, Damão, Diu, Dadra y Nagar Aveli. Como el de todas las demás colonias portuguesas, el estatuto de estos terr. fue cambiado por el de provincia de ultramar (11 de 1951). Dadra y Nagar Aveli fueron invadidos por tropas de voluntarios nacionalistas (julio de 1954); tropas regulares hindúes hicieron otro tanto, sin previa declaración de guerra, con Goa, Damão y Diu; se apoderaron de ellos (18-19 de diciembre de 1961) y el Gobiernos los declaró incorporados al terr. hindú. Aunque Portugal llevó el caso al Consejo de Seguridad de la O. N. U., tropezó con el veto ruso, y renunció a plantear el problema ante la Asamblea General de la Organización. Sin embargo, Portugal sigue considerando estos territorios como propios. || V. **Indias.**

indiada. f. Conjunto o muchedumbre de indios. || *Amér.* Dicho o acción propios de indios. || Ímpetu de ira, grande e indomable, como de un indio o como heredado de él.

indiana. fr., *indienne;* it., *indiana;* i., *cotton print;* a., *Kattun.* (De *indiano*, perteneciente a las Indias Orientales.) f. Tela de lino o algodón, o de mezcla de uno y otro, pintada por un solo lado.

Indiana. Geog. Est. central de EE. UU., al S. del lago Michigán; 93.993 km.² y 5.193.669 habitantes. Cap., Indianápolis. Su riqueza se cifra particularmente en la agricultura.

Indianápolis. Geog. C. de EE. UU., cap. del de Indiana y del cond. de Marion; 744.624 h. Nudo de comunicaciones. Centro Industrial.

indianés, sa. adj. Natural de las Indias Orientales. Ú. t. c. s.

indianilla. f. Bot. Planta de la familia de las papilionáceas (*láblab vulgaris*).

indianismo. m. Vocablo o término cuyo origen se halla en las lenguas americanas. || Afición a cuestiones americanas vernáculas; estudio o cultivo de ellas.

indianista. fr., *indianiste;* it., *indianista;* i., *indianist;* a., *Indianist.* (De *indiano.*) com. Persona que cultiva las lenguas y literatura de la India, así antiguas como modernas. También se hace extensivo al que estudia las tradiciones y manifestaciones autóctonas de los antiguos pueblos de América. || Que cultiva las lenguas o estudios americanos.

indiano, na. adj. Natural, pero no originario, de América, o sea de las Indias Occidentales, o perteneciente a ellas. Ú. t. c. s. || Perteneciente a las Indias Orientales. || Dícese también del que vuelve rico de América. Ú. t. c. s. || **de hilo negro.** fig. y fam. *Lex.* Hombre avaro, miserable, mezquino.

Indias Occidentales Holandesas (*Nederlandsch West-Indie*). **Geog.** Comprenden los dominios de los P. B. en América, integrados por una parte insular (Antillas) y otra continental (Guayana holandesa o Surinam), que conjuntamente tienen 143.833 km.² y 567.981 h. (V. **Antillas Holandesas y Surinam**). || **Occidentales Británicas.** (*British West Indies*). El 3 de enero de 1958 se constituyó la Federación de las Indias Occidentales Británicas, que comprendía las islas de Jamaica (con Caimanes, Caicos y Turcas), Antigua, con Barbuda y Redonda, Montserrat, San Cristóbal, con Anguila y Nieves, Barbados, Dominica, Granada, San Vicente, Santa Lucía, Trinidad y Tobago, con sede del Gobierno en Trinidad, y decidieron no unirse a ella Honduras Británica, Guayana Británica y las islas Vírgenes; pero como

Santa Lucía (Indias Occidentales Británicas). Los Pitones

en 1961 Jamaica y Trinidad expusieron su propósito de separarse de la Federación, el Gobierno inglés, en 31 de mayo de 1962, la dio por disuelta. Al producirse la independencia de Jamaica (agosto), los islotes de Caimanes, Caicos y Turcas volvieron a depender del R. U. como colonias, y Trinidad y Tobago se proclamó nación independiente en el mismo mes. En 1967 se constituyeron los Estados asociados de las Indias Occidentales Británicas, formados por los de Antigua, Dominica, San Cristóbal-Nieves y Anguila, Granada, San Vicente y Santa Lucía. || **Occidentales. Geog. hist.** Nombre que dieron los españoles a América. También se dijo simplemente Indias o las Indias. || **Orientales.** Denominación que en otro tiempo se dio a la India y al Asia insular, en contraposición a la de las Indias Occidentales. || **Orientales Holandesas** o **Neerlandesas** (*Nederlandsch Indie*). Antiguas colonias de los P. B., en Insulindia (Asia), que en 1949 obtuvieron su independencia y constituyeron un Estado republicano. (V. **Indonesia.**)

Indíbil. Biog. Príncipe de los ilergetes en la España Tarraconense, en el s. III a. C. Se alió con los cartagineses, derrotando cerca de Cástulo al cónsul romano Publico Cornelio Escipión *el Africano*. La habilidad de éste supo captar al caudillo para la causa romana, pero

Monumento a Indíbil y Mandonio, en Lérida

las posteriores exigencias de Roma motivaron una sublevación de los ilergetes, capitaneada por los príncipes Indíbil y Mandonio, que fueron derrotados por Escipión. Continuó, no obstante, la lucha con una nueva sublevación de tribus ibéricas, que acabó con la derrota y muerte de Indíbil en el campo de batalla (año 205 a. C.).

Indica. Arqueol. Ampurias.

indicación. fr., *indication, renseignement;* it., *indicazione;* i., *indication, warning, hint;* a., *Anzeige, Fingerzeig.* (Del lat. *indicatio, -ōnis.*) f. Acción y efecto de indicar. || *Chile.* Mal usada por propuesta o consulta que se hace acerca de alguna cosa. || **de procedencia.** *Der.* Forma de propiedad industrial como derecho privativo de alguna localidad, zona o comarca cuyos productos son famosos por la naturaleza o la industria.

indicador, ra. fr., *indicateur;* it., *indicatore;* i., *indicator, pointer, index, recorder;* a., *anzeiger, Indikator.* adj. Que indica o sirve para indicar. Ú. t. c. s. || **Mec.** Nombre genérico de todo aparato destinado a indicar o medir algún esfuerzo, presión, marcha, velocidad, nivel de un líquido, etc. || **Quím.** Substancia perteneciente a un grupo de colorantes orgánicos, que se emplea en análisis químico por el método volumétrico para indicar el final de la valoración, mediante un cambio más o menos brusco de color. || **ácido-base.** Substancia colorante que, según el medio ácido o base en que se encuentre, cambia de color. || **de pH.** Es el mismo que se utiliza en las valoraciones volumétricas de ácidos o bases. (V. **indicador ácido-base.**) || **redox.** Substancia colorante que cambia de color según que el medio en que se encuentre sea oxidante o reductor.

indicán. (De *índigo.*) m. **Quím.** Substancia incolora que se encuentra en casi todas las plantas que dan el índigo azul. Aparece también en la sangre, en la orina y en el intestino humano. || Glucósido de fórmula $C_{14}H_{17}O_6N \cdot 3H_2O$, que se encuentra en las plantas del gén. *indigófera*, y que por hidrólisis ácida deja en libertad una molécula de glucosa y otra de indoxilo.

indicante. p. a. de **indicar.** Que indica. Ú. t. c. s.

indicar. fr., *indiquer, signaler;* it., *indicare;* i., *to indicate;* a., *azeingen, hindeuten.* (Del lat. *indicāre.*) tr. Dar a entender o significar una cosa con indicios y señales.

indicativo, va. fr., *indicatif;* it., *indicativo;* i., *to indicate;* a., *indikativ, andeutend.* (Del lat. *indicativus.*) adj. Que indica o sirve para indicar. Ú. t. c. s. || **Gram.** Modo verbal que se emplea en oraciones que contienen una afirmación.

indicatórido, da. (Del lat. científico *indicátor*, gén. tipo de aves, e *-ido;* aquél del b. lat. *indicātor*, indicador.) adj. **Zool.** Dícese de las aves del orden de las piciformes, de tamaño pequeño, pico corto, alas y cola bien desarrolladas, dedos con uñas largas y plumaje apagado. Se alimentan de la miel y de las larvas de las colmenas y son propias del África tropical. El *indicador negro* o *pájaro de la miel*, mide unos 20 cm. (*indicátor indicátor*), y el *menor* (*i. mínor*) unos 15 cm. || f. pl. Familia de estas aves.

indicción. fr., *indiction, convocation;* it., *indizione;* i., *indiction;* a., *Ansage.* (Del lat. *indictio, -ōnis.*) f. Convocación o llamamiento para una junta o concurrencia sinodal o conciliar. || **Cron.** Año de cada uno de los periodos de quince que se contaron desde el 315 de Jesucristo, y empezaba el 24 de septiembre. || **romana.** Año de igual período, que se usa en las bulas pontificias y empieza el 1 de enero como el ordinario.

índice. fr., *index;* it., *aiguille;* it., *indice;* i., *index, mark, table;* a., *Index, Verzeichnis.* (Del lat. *index, -ícis.*) adj. V. **dedo índice.** Ú. t. c. s. || m. Indicio o señal de una cosa. || Lista o enumeración breve, y por orden, de libros, capítulos o cosas notables. || Catálogo contenido en uno o muchos volúmenes, en el cual, por orden alfabético o cronológico, están escritos los autores o materias de las obras que se conservan en una biblioteca y sirve para hallarlos con facilidad y servirlos con prontitud a cuantos los buscan o piden. || Pieza o depart. donde está el catálogo, etc., en las bibliotecas públicas. ||

Cada una de las manecillas de un reloj y, en general, las agujas y otros elementos indicadores de los instrumentos graduados, tales como barómetros, termómetros, higrómetros, etc. || Gnomon de un cuadrante solar. || **Álg.** y **Arit.** Número o letra que se coloca en la abertura del signo radical y sirve para indicar el grado de la raíz. || **Antrop.** En antropología, y en otras ciencias biológicas, relación entre dos medidas de uno o varios órganos o de un ser o grupo de seres. || En la técnica antropológica, razón entre las medidas de dos dimensiones. El *índice cefálico horizontal* es la razón entre la anchura y la long. de la cabeza; sus valores superiores a 80 son propios de cabezas tendentes a la forma ancha y corta, y corresponden a individuos *braquicéfalos* (respectivamente, *braquicráneos*), y los inferiores a 80 son propios de cabezas alargadas, que corresponden a individuos *dolicocéfalos* (respectivamente, *dolicocráneos*). El *índice verticotransversal* es la razón entre la alt. y la anchura de la cabeza (la primera se mide entre el meato auditivo y el punto cefálico más alto, mientras en el cráneo se mide entre el *basión* y el *bregma*). Los individuos cuya cabeza sea muy alta respecto a la anchura son *acrocráneos* o *acrocéfalos*, y los que tienen poca altura respecto a la anchura son *tapinocráneos* o *tapinocéfalos*. Según estos dos índices, se pueden catalogar los cuatro modelos morfológicos del cráneo humano, que, según la nomenclatura de Mochi y Biasutti, son: 1.º, *acrodolicomorfo*; 2.º, *tapinodolicomorfo*; 3.º, *acrobraquimorfo*, y 4.º, *tapinobraquimorfo*. El *índice facial* es el que procede de la relación entre la alt. total facial (diámetro entre el nacimiento de la nariz y el mentón) y la anchura facial máxima (medida entre los pómulos). Los valores menores de 85 son propios de los *cameprosopos* (de cara ancha y baja) y los mayores de 91,1 lo son de los *leptoprosopos* (de cara angosta y alta).

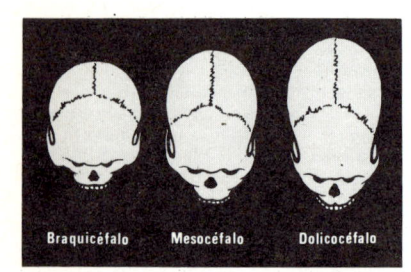

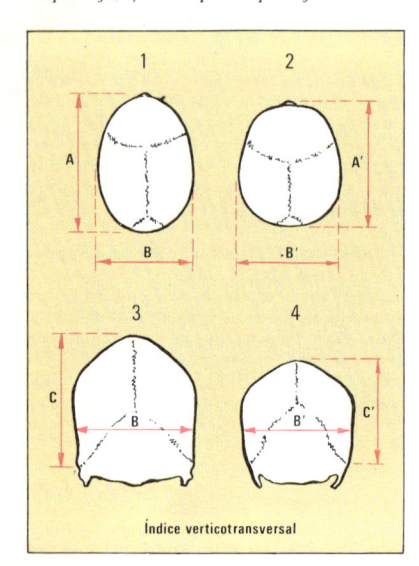

El límite entre ambos es el grupo de *mesoprosopos* (85,1-91). El *índice nasal* es la relación entre la anchura y la alt. de la nariz (en el cráneo la anchura se mide en la *apertura piriforme*), y sus valores pertenecen a dos tipos de conformaciones: *camerrinos* (de nariz corta y ancha) y *leptorrinos* (de nariz larga y estrecha), cuyas cifras se sitúan respectivamente arriba de 85 y abajo de 70 (las intermedias corresponden a los *mesorrinos*). El *índice orbitario* es la relación entre la alt. y la anchura de la órbita. Los valores mayores de 80 corresponden a los *hipsiconcos* (órbitas altas) y los menores de 60 a los *cameconcos* (órbitas bajas), y entre 80 y 60 están los *mesoconcos*. El *índice palatino* es la razón entre la anchura y la long. del paladar. El grupo central 80,1-85 separa los valores en dos grupos: *cameestafilinos* (paladar corto) los de cocientes inferiores, e *hipsiestafilinos* (paladar largo) los de valores superiores. Una de las relaciones más importantes para el estudio de las proporciones del cuerpo es el *índice esquelético*, cuyo cociente resulta de dividir la talla por la alt. sedente (de la que se resta la del asiento). En los individuos *braquisquélicos* (piernas cortas con relación al tronco) pasa de 53, y en los *macrosquélicos* no llega a 50,9, y entre ambos valores están los *mesosquélicos*. || **Bibliog.** Guía, extracto o enumeración sucinta y ordenada del contenido de los libros para su fácil manejo. || **cefálico horizontal.** *Antrop.* V. **índice.** || **esquelético.** *Antrop.* V. **índice.** || **nasal.** *Antrop.* V. **índice.** || **de octano.** *Quím.* Cifra que indica la presión máxima a que puede ser sometido un combustible sin que se produzca la detonación. Los tipos de gasolina usados más frecuentemente corresponden a los índices 85, 96 y 98 octanos para automóviles y de 120 la utilizada en los motores de aviación. || **orbitario.** *Antrop.* V. **índice.** || **palatino.** V. **índice.** || **de refracción.** *Opt.* Número que representa la relación constante entre los senos de los ángulos de incidencia y de refracción. Es igual al cociente entre las velocidades de la luz en los dos medios y varía con la frecuencia del rayo luminoso. || **verticotransversal.** *Antrop.* V. **índice.**

Índice expurgatorio o **de libros prohibidos. Der. can.** Catálogo de libros que se prohibían o se mandaban corregir por la Iglesia por ser peligrosos para la fe y las costumbres. Tuvo su origen en el Concilio de Trento (1562), Pío V creó la Sagrada Congregación del Índice (1571), más tarde reformada por Gregorio XIII (1572), y suprimida después, pasando sus funciones al Santo Oficio. Dejó de publicarse en 1790 y actualmente se declina la responsabilidad en la conciencia de los fieles.

indiciado, da. p. p. de **indiciar.** || adj. Que tiene contra sí la sospecha de haber cometido un delito. Ú. t. c. s.

indiciador, ra. adj. Que indicia. Ú. t. c. s.

indiciar. tr. Dar indicios de una cosa por donde pueda venirse en conocimiento de ella. || Sospechar una cosa o venir en conocimiento de ella por indicios. || Dar a entender algo a uno.

indiciario, ria. adj. **Der.** Relativo a indicios o derivado de ellos.

indicio. fr., *indice;* it., *indizio;* i., *indication, trace;* a., *Indiz, Anzeichen.* (Del lat. *indicĭum.*) m. Acción o señal que da a conocer lo oculto. || **indicios vehementes.** *Der.* Aquellos que mueven de tal modo a creer una cosa, que ellos solos equivalen a prueba semiplena.

indicioso, sa. (De *indicio*.) adj. Que sospecha.

índico, ca. (Del lat. *indĭcus.*) adj. Perteneciente a las Indias Orientales. || desus. **índigo.** || m. Lengua hablada en las Indias Orientales.

Índico. Geog. Nombre dado a veces al archipiélago malayo. || Uno de los más grandes océanos de la Tierra. Tiene un área de unos 75 millones de km.² y una profundidad media de 3.200 m. Baña las costas de África oriental, las meridionales de Asia y las occidentales de Oceanía. Sus más importantes islas son Madagascar y Sri Lanka. La parte este del océano es notable por sus inmensas olas. || **Mit.** Sobrenombre de Hércules y Baco.

índido, da. adj. **Antrop.** Dícese de una raza europida de la India, también llamada indoafgana, que se extiende por Irán, parte de Afganistán, cuenca del río Indo y llanura del Ganges y es especialmente pura en el Punjab y entre los individuos pertenecientes a las castas superiores. Son de piel morena clara, talla elevada, cabellos castaños o negros, lisos o ligeramente ondulados, y ojos generalmente obscuros o grises. Fueron los introductores en la India de las lenguas indoeuropeas o arias y del sistema social de las castas.

indiecito. m. **Bot.** Nombre vulgar de la litriácea *grislea secunda*.

in diem. expr. lat. **Der.** V. **adicción en diem.**

indiestro, tra. adj. ant. No diestro ni hábil para una cosa.

indiferencia. fr., *indifférence;* it., *indifferenza;* i., *indifference;* a., *Gleichgültigkeit.* (Del lat. *indifferentia.*) f. Estado del ánimo en que no se siente inclinación ni repugnancia a un objeto o negocio determinado.

indiferente. (Del lat. *indifferens, -entis.*) adj. No determinado por sí a una cosa más que a otra. || Que no importa que sea o se haga de una o de otra forma.

El indiferente, por Watteau. Museo del Louvre. París

indiferentemente. adv. m. Indistintamente, sin diferencia.

indiferentismo. (De *indiferente* e *-ismo*.) m. Estado de ánimo que hace ver con indiferencia los sucesos, o no adoptar ni combatir doctrina alguna. Aplícase principalmente a las creencias y prácticas religiosas.

indígena. fr., *indigène;* it., *indigeno;* i., *indigenous, native;* a., *Eingeboren.* (Del lat. *indigĕna.*) adj. Originario del país de que se trata. Apl. a pers., ú. t. c. s.

indigencia. fr. e i., *indigence;* it., *indigenza;* a., *Armut.* (Del lat. *indigentĭa.*) f. Falta de medios para alimentarse, vestirse, etc.

indigenismo. m. Estudio de los pueblos indios iberoamericanos que hoy forman parte de naciones en las que predomina la civilización europea. || Doctrina y partido que propugna reivindicaciones políticas, sociales y económicas para las clases trabajadoras de indios y mestizos en las repúblicas iberoamericanas.

indigenista. adj. Perteneciente o relativo al indigenismo. || com. Persona partidaria del indigenismo. || *Amér.* Artista o escritor que toma para sus obras los motivos autóctonos.

indigente. (Del lat. *indĭgens, -entis.*) adj. Falto de medios para pasar la vida. Ú. t. c. s.

indigerido, da. (De *in-* y *digerido.*) adj. ant. Mal digerido, no digerido.

indigestarse. (De *indigesto.*) prnl. No sentar bien un manjar o comida. || fig. y fam. No agradarle a uno alguien, por su trato áspero, o por otro motivo.

indigestible. (Del lat. *indigestibĭlis.*) adj. Que no se puede digerir o es de muy difícil digestión.

indigestión. fr. e i., *indigestion;* it., *indigestione;* a., *schlechte Verdauung.* (Del lat. *indigestĭo, -ōnis.*) f. Falta de digestión. || Trastorno que por esta causa padece el organismo.

indigesto, ta. (Del lat. *indigestus.*) adj. Que no se digiere o se digiere con dificultad. || Que está sin digerir. || fig. Confuso, sin el orden y distinción que le corresponde. || fig. Áspero, difícil en el trato.

indigete. (Del pl. lat. *indigĕtes.*) adj. *Etnog.* Dícese de un pueblo prerromano que habitaba una región de la Hispania Tarraconense correspondiente al este de la actual provincia de Gerona. Apl. a pers., ú. t. c. s. || Perteneciente o relativo a este pueblo.

Indigirka. *Geog.* Río de la U. R. S. S., en la R. F. S. S. R., república autónoma de Yakutsk, en Siberia oriental; 1.645 km.

indignación. fr. e i., *indignation;* it., *indignazione;* a., *Entrüstung.* (Del lat. *indignatio, -ōnis.*) f. Enojo, enfado vehemente contra una persona o contra sus actos.

indignamente. adv. m. Con indignidad.

indignante. (Del lat. *indignans, -antis.*) p. a. de **indignar.** Que indigna o se indigna.

indignar. (Del lat. *indignāri.*) tr. Irritar, enfadar violentamente a uno. Ú. t. c. prnl.

indignidad. fr., *indignité;* it., *indegnità;* i., *unworthiness, indignity;* a., *Unwürdigkeit.* (Del lat. *indignĭtas, -ātis.*) f. Falta de mérito y de disposición para una cosa. || Acción reprobable, impropia de las circunstancias del sujeto que la ejecuta, o de la calidad de aquel con quien se trata. || ant. Enojo, ira. || *Der.* Motivo de incapacidad sucesoria por mal comportamiento grave del heredero o legatario hacia el causante de la herencia o los parientes inmediatos de éste.

indigno, na. fr., *indigne;* it., *indegno;* i., *unworthy;* a., *unwürdig.* (Del lat. *indignus.*) adj. Que no tiene mérito ni disposición para una cosa. || Que no corresponde a las circunstancias de un sujeto o es inferior a la calidad y mérito de la persona con quien se trata. || Vil, ruin.

índigo. fr. e i., *indigo;* it., *indaco;* a., *Indigo.* (Del lat. *indĭcus,* de la India.) m. *Bot.* **añil,** planta. || *Quím.* Substancia colorante azul, de fórmula $C_{16}H_{10}ON_2$, que se extrae de una serie de plantas del género *indigófera,* originarias del Asia Oriental, que la contienen en forma de glucósido; éste se hidroliza por ácidos o por fermentos en glucosa e indoxilo, el cual se oxida fácilmente con el oxígeno del aire y se transforma en el índigo o añil. El índigo es la materia colorante orgánica más importante, debida a la cualidad de sus tintes y por su resistencia a la luz, al lavado y a los álcalis y ácidos.

indigoide. (De *indigo* e *-ide.*) m. *Quím.* Colorante perteneciente a un grupo muy numeroso, derivados todos del índigo y cuyo procedimiento de teñido es el mismo que para éste.

indigotina. f. *Quím.* índigo.

indijado, da. adj. ant. Adornado con dijes.

indilgar. tr. ant. y hoy vulg. **endilgar.**

indiligencia. (Del lat. *indiligentĭa.*) f. Falta de diligencia y de cuidado.

indinar. tr. fam. **indignar.** Ú. t. c. prnl.

indino, na. adj. fam. Que no es digno. || fam. Dícese de la persona, muchacho generalmente, travieso y descarado.

indio, dia. fr., *indien;* it., *indiano;* i., *india;* a., *inder, Indianer.* adj. Natural de la India, o sea de las Indias Orientales, o perteneciente a ellas. Ú. t. c. s. || *Cuba.* Aplícase al gallo de pelea de plumaje colorado obscuro y pecho negro. || *Etnog.* Aplícase a los primitivos habitantes del continente americano, tanto septentrional como meridional. El nombre de indios les fue dado, hacia 1493, por Cristóbal Colón, quien erróneamente supuso que había llegado

Indio americano, miniatura de un códice poscolombino. Museo de América. Madrid

a la India cuando, en realidad, estaba en un nuevo continente. Ú. t. c. s. y m. en pl. || Dícese también de las cosas. || m. *Quím.* Metal parecido al estaño, pero más fusible y volátil; de símbolo, In; peso atómico, 114,8; número atómico, 49; peso específico, 7,4, y punto de fusión, 145,5° C. Es más blando que el plomo y no se altera por el aire. Fue descubierto en 1863 por Reich y Richter. || **de carga.** *Hist.* El que en las Indias Occidentales conducía de una parte a otra las cargas, supliendo de esta suerte la carencia de otros medios de transporte. || **¿somos indios?** expr. fam. con que se reconviene a uno cuando quiere engañar o cree no le entienden lo que dice.

indio, dia. (De *índigo.*) adj. De color azul.

Indio. *Astron.* Pequeña constelación austral situada entre las del Pavo, la Grulla, el Microscopio y Sagitario. Su nombre científico es *Indus.* || **Rico.** *Geog.* Local. de Argentina, prov. de Buenos Aires, part. de Coronel Pringles; 1.385 h.

indiófilo, la. adj. Que protege a los indios.

Indios (Los). *Geog.* Local. de Argentina, prov. de Buenos Aires, part. de Rojas; 305 habitantes.

indirecta. fr., *insinuation, biais;* it., *indiretta;* i., *innuendo, oblique hint, cue;* a., *Wink, Anspielung.* (Del lat. *indirecta,* t. f. de *-tus,* indirecto.) f. Dicho o medio indirecto de que uno se vale para no significar explícita o claramente una cosa y darla, sin embargo, a entender. || **del padre Cobos.** fam. *Léx.* Explícita y rotunda manifestación o declaración de aquello que se quería o que, al parecer, se debía dar a entender embozada o indirectamente.

indirectamente. adv. m. De modo indirecto.

indirecte. adv. m. lat. V. **directe ni indirecte.**

indirecto, ta. fr. e i., *indirect;* it., *indiretto;* a., *indirekt.* (Del lat. *indirectus.*) adj. Que no va directamente a un fin, aunque se encamine a él.

indiscernible. adj. Que no se puede discernir.

indisciplina. fr. e i., *indiscipline;* it., *indisciplina;* a., *Zuchtlosigkeit.* (Del lat. *indisciplīna.*) f. Falta de disciplina.

indisciplinable. (De *in-* y *disciplinable.*) adj. Incapaz de disciplina.

indisciplinado, da. p. p. de **indisciplinarse.** || adj. Falto de disciplina.

indisciplinarse. prnl. Quebrantar la disciplina.

indiscreción. fr., *indiscrétion;* it., *indiscrezione;* i., *indiscretion;* a., *Unbedachtsamkeit.* f. Falta de discreción y de prudencia. || fig. Dicho o hecho indiscreto.

indiscretamente. adv. m. Sin discreción ni prudencia.

indiscreto, ta. fr., *indiscret;* it., *indiscreto;* i., *indiscreet, injudicious;* a., *Unklung.* (Del lat. *indiscrētus;* de *in,* negación, y *discernĕre, -crevi, -cretum,* distinguir.) adj. Que obra sin discreción. Ú. t. c. s. || Que se hace sin discreción.

indiscriminadamente. adv. m. Sin discriminación. || Sin la debida discriminación.

indiscriminado, da. adj. *Perú.* angl. por **indistinto.**

indisculpable. (De *in-* y *disculpable.*) adj. Que no tiene disculpa. || fig. Que difícilmente puede disculparse.

indiscutible. fr., *indiscutable;* it., *indiscutibile;* i., *unquestionable;* a., *unbestreitbar.* adj. No discutible.

indiscutiblemente. adv. m. De modo indiscutible.

indisolubilidad. fr., *indissolubilité, insolubilité;* it., *indissolubilità;* i., *indissolubility;* a., *Unlöslichkeit.* f. Calidad de indisoluble.

indisoluble. (Del lat. *indissolubĭlis.*) adj. Que no se puede disolver o desatar.

indisolublemente. adv. m. De un modo indisoluble.

indispensabilidad. f. p. us. Calidad de indispensable.

indispensable. adj. Que no se puede dispensar ni excusar. || Que es necesario o muy regular que suceda.

indispensablemente. adv. m. Forzosa y precisamente.

indisponer. fr., *indisposer;* it., *indisporre;* i., *to indispose;* a., *unwohl machen.* (De *in-* y *disponer.*) tr. Privar de la disposición conveniente, o quitar la preparación necesaria para una cosa. Ú. t. c. prnl. || Poner a mal a las personas, enemistar, malquistar. Ú. m. c. prnl. || Causar indisposición o falta de salud. || prnl. Experimentarla.

indisposición. fr., *indisposition;* it., *indisposizione;* i., *indisposition, illness, dislike;* a., *Unpässlichkeit.* f. Falta de disposición y de preparación para una cosa. || Desazón o quebranto leve de la salud.

indispuesto, ta. (Del lat. *indispostus.*) p. p. irreg. de **indisponer.** || adj. Que se siente algo malo o con alguna novedad o alteración en la salud.

indisputable. (Del lat. *indisputabĭlis.*) adj. Que no admite disputa.

indisputablemente. adv. m. Sin disputa.

indistinción. f. Falta de distinción.

indistinguible. (De *in-* y *distinguible*.) adj. Que no se puede distinguir. || fig. Muy difícil de distinguir.

indistintamente. adv. m. Sin distinción.

indistinto, ta. (Del lat. *indistinctus*.) adj. Que no se distingue de otra cosa. || Que no se percibe clara y distintamente.

individuación. f. Acción y efecto de individuar.

individual. fr., *individuel*; it., *individuale*; i., *individual*; a., *individuell*. adj. Perteneciente o relativo al individuo. || Particular, propio y característico de una cosa.

individualidad. fr., *individualité, individuité*; it., *individualità*; i., *individuality*; a., *Individualität*. (De *individual*.) f. Calidad particular de una persona o cosa, por la cual se da a conocer o se señala singularmente.

individualismo. (De *individual* e *-ismo*.) m. Aislamiento y egoísmo de cada cual en los afectos, en los intereses, en los estudios, etc. || Sistema filosófico que considera al individuo como fundamento y fin de todas las leyes y relaciones morales y políticas. || Propensión a obrar según el propio albedrío y no de concierto con la colectividad. || **Econ.** Concepción que considera a la economía como una resultante de la acción de individuos aislados, y que afirma que el egoísmo bien entendido, como instinto del hombre, conduce, en la esfera de la libre concurrencia, a la realización del interés de la sociedad.

individualista. adj. Que practica el individualismo. Ú. t. c. s. || Partidario del individualismo. Ú. t. c. s. || Perteneciente o relativo al individualismo.

individualizar. (De *individual*.) tr. **individuar.**

individualmente. adv. m. Con individualidad. || Uno a uno; individuo por individuo.

individuamente. adj. m. Con unión estrecha e inseparable.

individuar. (De *individuo*.) tr. Especificar una cosa; tratar de ella con particularidad y pormenor. || Determinar individuos comprendidos en la especie.

individuidad. (Del lat. *individuĭtas, -ātis*.) f. ant. Calidad particular por la que se distingue de otro.

individuo, dua. fr., *individu*; it., *individuo*; i., *individual*; a., *Individuum, Einzelwesen*. (Del lat. *individŭus*.) adj. **individual.** || Que no puede ser dividido. || m. Cada ser organizado, sea animal o vegetal, respecto de la especie a que pertenece. || Persona perteneciente a una clase o corporación. || En biología, totalidad indivisible cuyas partes separadas no pueden seguir viviendo. || fam. La propia persona u otra, con abstracción de las demás. || m. y f. fam. Persona cuyo nombre y condición se ignoran o no se quieren decir. || f. desp. Mujer despreciable.

indivisamente. adv. m. Sin división.

indivisibilidad. f. Calidad de indivisible.

indivisible. fr. e i., *indivisible*; it., *indivisibile*; a., *Unteilbar*. (Del lat. *indivisibĭlis*.) adj. Que no puede ser dividido. || **Der.** Dícese de la cosa que no admite división; ya por ser ésta impracticable, ya porque impida o varíe substancialmente la aptitud de ella para el destino que tenía, ya porque desmerece mucho con la división.

indivisiblemente. (De *in-* y *divisible*.) adv. m. De manera que no puede dividirse.

indivisión. (Del lat. *indivisĭo, -ōnis*.) f. Carencia de división. || **Der.** Estado de condominio o comunidad de bienes entre dos o más partícipes.

indiviso, sa. (Del lat. *indivīsus*.) adj. No separado o dividido en partes. Ú. t. c. s.

indiyudicable. (De *in-* y *diiudicāre*, formar juicio, juzgar.) adj. ant. Que no se puede o no se debe juzgar.

indizuelo, la. adj. *Guat.* **indezuelo.**

indo, da. (Del lat. *indus*.) adj. **indio**, natural de la India, o perteneciente a ella. Ú. t. c. s.

Indo. Geog. Río de Asia, en la India; su curso es de 3.180 km. y des. en el mar de Omán formando un gran delta.

indoafgano, na. adj. **Antrop. índido.**

indoamericano, na. adj. neol. para designar a los aborígenes de América, como sin. de *amerindo* o *amerindio*. Ú. t. c. s.

indócil. (Del lat. *indocĭlis*.) adj. Que no tiene docilidad.

indocilidad. fr., *indocilite*; it., *indocilità*; i., *indocility*; a., *Unlenksamkeit*. f. Falta de docilidad.

indoctamente. adv. m. Con ignorancia, de modo que revele falta de saber o instrucción.

indocto, ta. fr., *indocte, illetré*; it., *indotto*; i., *unlearned*; a., *ungelehrt*. (Del lat. *indoctus*.) adj. Falto de instrucción, inculto. Ú. t. c. s. m.

indoctrinado, da. adj. ant. Que carece de doctrina o enseñanza.

indocumentado, da. adj. Dícese de quien no lleva consigo documento oficial por el cual pueda identificarse su personalidad, y también del que carece de él. || fig. Dícese de la persona sin arraigo ni respetabilidad. Ú. t. c. s. || fig. y fam. Persona falta de conocimiento de una materia.

Indochina. Geog. La más oriental de las tres grandes penínsulas meridionales de Asia, con 2.272.637 km.^{2} de superf. Sit. en el SE. del gran continente, bañada por el golfo de Bengala, al O., y por el mar de China meridional, al E. Constituye un país intermedio entre la R. P. China y la India. Está surcada de N.

Mercado de frutas

Poblado del norte de Indochina

a S. por cinco grandes ríos procedentes del Asia interior, con deltas superpoblados gracias a su fertilidad: Irawadi, Saluen, Menan, Mekong y Song-Koi. La porción meridional de la península posee un clima ecuatorial, con escasa oscilación anual de la temperatura; en las proximidades del trópico de Cáncer ya son muy marcados el verano y el invierno, y aún es más acusada la variación térmica en las montañas del interior. La vegetación es exuberante, con dos formaciones dominantes, a saber: el bosque o jungla tropical y el arrozal. La pesca es de enorme importancia en deltas, lagos y costas, así como a lo largo de los ríos. Sus enormes riquezas despertaron la codicia de los pueblos colonizadores de Europa, siendo Francia y el R. U. las naciones que, en definitiva, se anexionaron, en gran parte, el territorio. En la actualidad, se hallan establecidos en Indochina los siguientes Estados: Birmania, Kampuchea, Laos, Malaysia, Singapur, Tailandia y Vietnam. || **(Federación).** Geog. hist. **Indochina francesa.** || **francesa.** Comprendía la región oriental de la península indochina, con la colonia de Cochinchina, al S., y cuatro protectorados: el reino de Camboya, el imperio de Anam, el reino de Laos y el Tonquín. Durante la S. G. M., los japoneses ocuparon el país y Francia se vio forzada a transferir a Japón su misión protectora en Indochina (1941). Al terminar la contienda, los franceses hubieron de reconocer el Estado de Vietnam (integrado por Anam, Cochinchina y Tonquín) y formar con él, Laos y Camboya la Federación Indochina, enmarcada en la Unión Francesa (1949). El Vietminh, o partido comunista indochino, dirigido por Ho-Chi-Minh y ayudado por la U. R. S. S. y por la R. P. China, que lo reconocieron en 1950, mantuvo una dura guerra contra los francovietnamitas y llegó a invadir Laos y Camboya. Se puso fin a la contienda mediante los acuerdos concertados en Ginebra en julio de 1954, en virtud de los cuales quedó rota la Federación Indochina, pues Laos y Camboya se convirtieron en naciones independientes y neutralizadas, y el Vietnam quedó dividido, siguiendo aproximadamente el paralelo 17, en dos partes: Vietnam del N. y Vietnam del Sur. (V. **Vietnam.**)

indochino, na. adj. Natural de Indochina, o perteneciente a esta península asiática. Ú. t. c. s.

indoeuropeo, a. adj. **Etnog.** y **Ling.** Dícese de cada una de las razas y lenguas procedentes de un origen común y extendidas desde la India hasta el occidente de Europa. También se les da el nombre de indogermanas y constituyen un conjunto de pueblos antiguos que realizaron una serie de expansiones que los llevaron a dominar gran parte de Europa y Asia, constituyendo uno de los factores preponderantes de la historia de todos los países en que llegaron a asentarse. || Dícese también de la raza y lengua que dieron origen a todas ellas. Ú. t. c. s. m.

indogermánico, ca. fr., *indo-germanique*; it., *indo-germanico*; i., *indogermanic*; a., *indogermanisch*. (De *indo* y *germánico*.) adj. Perteneciente o relativo a los indogermanos o indoeuropeos. (V. **indoeuropeo**.)

indogermano, na. V. **indoeuropeo**.

indoísmo. m. Rel. hinduismo.

indol. (De *índigo* y *fenol*.) m. **Quím.** Compuesto heterocíclico de carácter aromático, de fórmula C_8H_7N, cuya estructura está integrada por condensación de un anillo bencénico con otro pirrólico. Se encuentra en los excrementos, y se obtiene por reducción del índigo mediante destilación con polvo de cinc. Es base para la obtención sintética de muchos colorantes.

indolacético, ca. (De *indol* y *acético*.) adj. **Biol.** y **Bioq.** V. **ácido indolacético**.

índole. fr., *naturel*; i., *character*, *temper*, *idiosyncrasy*; a., *Eigenart*, *Beschaffenheir*. (Del lat. *indŏles*.) f. Condición e inclinación natural propia de cada uno. || Naturaleza, calidad y condición de las cosas.

indolencia. fr. e i., *indolence*; it., *indolenza*; a., *Lässigkeit*, *Trägheit*, *Indolenz*. (Del lat. *indolentĭa*.) f. Calidad de indolente.

indolente. fr. e i., *indolent*; it., *indolente*; a., *träge*. (Del lat. *indŏlens, -entis*.) adj. Que no se afecta o conmueve. || Flojo, perezoso. || Que no duele.

indolentemente. adv. m. Con indolencia.

indólico, ca. adj. **Quím.** Perteneciente o relativo al indol.

indoloro, ra. adj. Que no causa dolor.

indomabilidad. f. Calidad de indomable.

indomable. fr., *indomptable*; i., *untamable, indomitable*; a., *unzähmbar*. (Del latín *indomabĭlis*.) adj. Que no se puede domar.

indomado, da. adj. Que está sin domar o reprimir.

indomalayo, ya. adj. Perteneciente o relativo a la India y a Malaya. Ú. t. c. s.

indomelánido, da. (De *indio* y *melánido*.) adj. Etnog. Dícese de una de las razas asentadas en la India, de caracteres físicos intermedios entre los de las razas blancas y las negras. Apl. a pers., ú. t. c. s. || Perteneciente a esta raza. Se conoce también por *melánida* y *melanohindú*.

indomeñable. (De *in-* y *domeñar*.) adj. desus. **indomable**.

indomesticable. (De *in-* y *domesticable*.) adj. Que no se puede domesticar.

indomesticado, da. adj. No domesticado.

indoméstico, ca. (De *in-* y *doméstico*.) adj. Que está sin domesticar.

indomía. f. *Chile*. Maña, arbitrio.

indómito, ta. fr., *rebelle, insoumis, emporte*; it., *indomito*; i., *rebellious, untamed, ungoverned*; a., *ungebändigt, wild*. (Del lat. *indomĭtus*; de *in*, negación, y *domāre, -ŭi, -ĭtum*.) adj. No domado. || Que no se puede domar. || fig. Difícil de sujetar o reprimir.

Indonesia. (*Republik Indonesia*.) **Geog.** Estado republicano del Asia insular o Insulindia, integrado por diversas islas que formaron hasta fecha reciente el imperio colonial holandés en el Oriente con el nombre de Indias Neerlandesas (*Nederlandsch-Indie*).

GENERALIDADES

Situación y límites. Está sit. en el SE. asiático, entre los 10° de lat. S. y 6.° de lat. N. y los 95° y 141° de long. E. de Greenwich, y atravesada por el ecuador. Indonesia se halla comprendida en una zona marítima limitada al N. por la península de Indochina, el mar meridional de la China y las islas Filipinas; al S. por el continente australiano, y al E. y O. por los océanos Pacífico e Índico, respectivamente. Los estrechos de Malaca, Balabac y el mar de Arafura la separan de la península de Malaca, de Filipinas y de Australia.

Superficie y población. Superf., 2.042.012 km.²; población absoluta, 119.812.477 habitantes (153.725.000 calculados en 1979); pobl. relativa, 58,6 h. por km.² Cap., Yakarta (4.576.000 habitantes).

GEOGRAFÍA FÍSICA

Geología y relieve. El relieve indonésico continúa los plegamientos terciarios de Indochina que recorren el arch., formando un grandioso arco periférico enlazado, de una parte, con la orografía de Nueva Guinea y de otra, por las islas Filipinas, con las guirnaldas insulares del oriente asiático. El conjunto de las tierras insulíndicas consituye un zócalo continental roto en fragmentos separados por cuencas marítimas; el descenso de ese zócalo es rapidísimo hacia el Índico (fosa de la Sonda, 7.000 m.) y hacia el Pacífico (fosa de las Filipinas, 10.793). La formación del relieve indonésico se vio acompañada de una poderosa actividad volcánica y sísmica, de la que todavía quedan manifestaciones frecuentes.

Islas. Las más notables del arch. son: Sumatra, Java, Borneo, Célebes y el grupo de las Molucas. Borneo Meridional, que fue también de los P. B., forma parte de la República de Indonesia, y también la sección occidental de Nueva Guinea o Irian Barat. Otras islas menores son las de Bali, Belitung, Bangka, Flores, Madura, Sumbawa, Sumba, Lombok y Timor. Numerosísimas islas de tamaño reducido e islotes circundan las islas mayores.

Hidrografía. El régimen fluvial del arch. indonésico es el propio de un país ecuatorial montuoso. *Sumatra*: el Panai, el Rokan, el Kampar, el Inderaniri, el Musi y el Mesuyi Hari, *Java*: el Taroem y el Solo. *Célebes*: Ríos Lasiang y Walanae. *Borneo*: Rejang, Kapuas, Mendawai, Barito y Mahakam.

Instalación industrial de la Oil Company, al este de Borneo

Climatología. El archipiélago indonésico se halla en plena región ecuatorial, y a esa influencia responde su clima. Sus características son: débil amplitud anual en las variaciones térmicas (mayo, 26,4°; enero, 25,3; media, 26°); falta la estación seca, y las precipitaciones acuosas oscilan entre 1 m. y 4,7 m. anuales.

GEOGRAFÍA ECONÓMICA

Agricultura y silvicultura. La prosperidad del país está basada en la agricultura tropical intensiva, concentrada fundamentalmente en la isla de Java, donde ordinariamente se cultiva el 75 % de la superf. En las demás islas predomina el bosque. La superf. cultivada en todo el país es de 18.600.000

Sumatra. Recolección de caucho

Indonesia

hectáreas. El principal cultivo es el del arroz, con una producción de 22.950.000 ton. en el año 1976. Otros cultivos alimenticios son: maíz (2.532.000 ton.), mandioca (12.500.000 ton.), batata (2.478.000), y algunas frutas y hortalizas. Entre las plantas oleaginosas hay que contar: palma (450.000 toneladas de aceite), soja (550.000 ton.) y cacahuete (550.000). La caña de azúcar se cultiva principalmente en las grandes plantaciones de Java (1.149.000 ton. de azúcar refinada), lo mismo que el té (72.000 ton.) y el café (162.000 ton.). Es el 2.º país productor de caucho (835.200 ton.). El patrimonio forestal ocupa 121.800.000 hect. (64 % de la superf. territorial). La mayor parte de los bosques están sin explotar. En la isla de Java la madera de más valor es la de teca. La producción de madera en el año 1976 fue de 129.831.000 m.³

Zootecnia y pesca. El patrimonio zootécnico se compone principalmente de ganado bovino (6.765.000 cabezas), cabrío (7.500.000), búfalos (2.786.000), de cerda (4.225.000), ovino (3.188.000) y caballar (704.000). Mayor importancia tiene la pesca: 1.448.000 ton. en el año 1976.

Minería. Entre los minerales predominan el estaño, el petróleo y el carbón. Los yacimientos de estaño son importantísimos (23.340 ton. en 1976). El carbón se obtiene principalmente en Sumatra (206.000 ton.). Esta isla y la de Borneo dan petróleo en abundancia (93.948.000 ton. en el año 1977). También tiene bastante importancia el gas natural (5.732 millones de m.³). Otros minerales extraídos son: bauxita (993.000 ton.), manganeso (6.500), plata y oro.

Industria. La potencia eléctrica instalada en 1975 era de 1.100.000 kw. y la energía producida, 3.345 millones de kwh. La industria está basada en la producción textil y alimenticia clásicas, a las que se han unido las del refino de petróleo, azúcar y aceite y las del laboreo de los metales extraídos.

Comercio. Importa productos textiles, maquinaria, vehículos, materias alimenticias y farmacéuticas. Exporta petróleo, estaño, goma, copra, aceite de palma, azúcar, té, bauxita, etc. Las cifras relativas al valor de las importaciones y exportaciones en el período 1975-77, en millones de dólares estadounidenses, fueron las siguientes: Importaciones: 4.769,8; 5.673 y 6.230,3. Exportaciones: 7.102,5; 8.546,5 y 10.852,6.

Moneda. La unidad monetaria es la rupia, cuya paridad con el dólar, en diciembre de 1977, era de 374 rupias por 1 dólar estadounidense.

Comunicaciones y transportes. *Marina mercante:* 882 buques, con 1.046.000 ton. de registro bruto en 1976. La *red ferroviaria* tiene 8.596 km., y las *carreteras*, 95.544.

Geografía política

Etnografía. Los habitantes de Indonesia pertenecen a tres grupos étnicos: 1.º, los papúes, en las islas del SE. próximas a Australia; 2.º, los indonesios, poblaciones poco mezcladas y no costeras, que viven en las grandes islas de Sumatra, Java, Borneo y Célebes, y 3.º, los malayos, que habitan las regiones costeras. Hay también árabes, chinos e hindúes, procedentes de las inmigraciones de dichos pueblos.

Idioma. El idioma oficial del país es el *Bahasa Indonesia*, nueva lengua constituida con características autóctonas, ya divulgada escolarmente durante la dominación japonesa.

Religión. Los indonesios son musulmanes en su mayoría (88 %). Católicos hay 2.692.000.

Gobierno. En 1949, proclamada su independencia, Indonesia se organizó en estructura republicana federal con el nombre de Estados Unidos de Indonesia, integrado en la Unión de los P. B. Sin embargo, por acuerdo del Parlamento, la nueva República fue definida como Estado unitario en 15 de agosto de 1950. Por decreto presidencial promulgado el 5 de julio de 1959 fue puesta nuevamente en vigor la Constitución de 1945. El órgano supremo del Estado lo forman el presidente de la República y el Congreso del Pueblo. El poder ejecutivo lo ejerce el presidente de la República, asistido por un Consejo de Ministros responsable ante él. La Cámara de los Diputados, que ejerce el poder legislativo, está formada actualmente por 460 miembros, de los cuales 360 son elegidos por el cuerpo electoral y 100 nombrados por el Gobierno.

División territorial. A efectos administrativos, Indonesia está dividida en 25 provincias y un distrito metropolitano, como se indica en el cuadro siguiente:

Provincias	Superficie Km.²	Población Habitantes	Capitales y su población
Borneo indonesio (Kalimantan)			
Borneo Central *(Kalimantan Tengah)*	156.552	670.000	Palangka Raja (6.860 h.).
Borneo Meridional *(Kalimantan Selatan)*	34.611	1.699.000	Bandjermasing (281.673).
Borneo Occidental *(Kalimantan Barat)*	157.066	2.020.000	Pontianak (217.555).
Borneo Oriental *(Kalimantan Timur)*	202.619	734.000	Samarinda (137.521).
Célebes (Sulawesi)			
Célebes Central *(Sulawesi Tengah)*	88.561	914.000	Palu.
Célebes Meridional *(Sulawesi Selatan)*	82.768	5.189.000	Macasar (434.766).
Célebes Septentrional *(Sulawesi Utara)*	24.289	1.718.000	Manado (169.684).
Célebes Sudoriental *(Sulawesi Tenggara)*	32.036	714.000	Kendari.
Nueva Guinea (Irian)			
Irian Barat	412.781	923.000	Yajapura (14.462).
Java y Madura			
Java Central *(Djawa Tengah)*	34.503	21.877.000	Semarang (646.590).
Java Occidental *(Djawa Barat)*	49.118	21.633.000	Bandung (1.201.730).
Java Oriental *(Djawa Timur)*	47.366	25.527.000	Surabaya (1.556.255).
Yakarta (dist. metropolitano)	576	4.576.000	
Yogjakarta (dist. autónomo)	3.140	2.490.000	Yogjakarta (342.267).
Molucas (Malucu)			
Molucas (Malucu)	83.675	1.089.000	Amboina (56.037).
Bali e Islas de la Sonda			
Bali	5.623	2.120.000	Singa-Radja.
Sonda Occidental (Islas de la) *(Nusa Tenggara Barat)*	21.740	2.202.000	Mataram.
Sonda Oriental (Islas de la) *(Nusa Tenggara Timur)*	63.814	2.904.477	Kupang (267.616).
Sumatra (Sumatera)			
Atjeh (dist. autónomo)	59.814	2.009.000	Banda Atjeh.
Bangkahulu	21.082	519.000	Bangkahulu.
Lampung	33.892	2.777.000	Tandjungkarang.
Riau	124.084	1.642.000	Pakanbaru (145.030).
Sumatra Meridional *(Sumatera Selatan)*	103.268	3.444.000	Palembang (582.961).
Sumatra Occidental *(Sumatera Barat)*	66.080	2.793.000	Padang (196.339).
Sumatra Septentrional *(Sumatera Utara)*	70.804	6.623.000	Medan (635.562).
Yambi	62.150	1.006.000	Yambi (158.559).
Totales	2.042.012	119.812.477	

Bali. Ceremonia de plegaria colectiva para calmar las iras del dios Rama

Educación. Los alumnos matriculados, así como el personal dedicado a la enseñanza en 1970, son los que figuran en el cuadro siguiente:

Grado	Alumnos	Maestros
Preprimaria	394.100	15.030
Primaria	13.395.000	347.500
Secundaria	1.930.000	146.235
Superior	236.892	–

Historia. Los territorios insulares que forman hoy la República de Indonesia constituían, antes de la S. G. M., una colonia holandesa: las Indias Neerlandesas. Habían sido conquistadas por la Compañía de las Indias orientales a partir de 1602 y administradas por la metrópoli desde 1798. Durante dicha guerra el arch. fue ocupado por Japón. Desde 1930 existía en el país un movimiento político indígena dirigido por Ahmed Sukarno, al que los japoneses, durante su ocupación, colocaron al frente de un gobierno de indígenas. Al rendirse Japón y terminar la guerra, los holandeses trataron de recuperar sus posesiones indonesias y los nacionalistas de Sukarno proclamaron la República independiente. La oposición de ambas actitudes determinó una lucha cruenta entre el país colonizador y la antigua colonia. Sin embargo, la solución no nació del hecho bélico, sino de las gestiones diplomáticas. En 1949 el problema alcanzó su madurez y los P. B. se dispusieron a reconocer la independencia de sus colonias de Indonesia, y jugó la carta de la federación frente a los propósitos unitarios de Sukarno, como fórmula resolutoria. En 2 de noviembre de 1949, por acuerdo entre el Reino de Holanda y los indonesios, se creó la República de los Estados Unidos de Indonesia, soberana e independiente, mediante el sistema de inclusión de la misma en la denominada Unión Holandesa, presidida por la reina de los P. B. La transferencia de soberanía fue proclamada solemnemente en La Haya por la reina Juliana, y firmada en Amsterdam el 27 de diciembre. Poco antes, el 14 del mismo mes, se promulgó en Yakarta la Constitución provisional del nuevo Estado. El nuevo Estado federal comprendía diez Estados, entre ellos el de la ya existente República de Yakarta. Pero el desenvolvimiento de la organización federativa de Indonesia encontró desde el primer momento serias dificultades y su vida fue muy precaria a causa de la lucha interna entre federalistas y unitarios. Como consecuencia de todo ello, el Parlamento de Yakarta acordó, en 15 de agosto de 1950, proclamar la República unitaria, en substitución de la federativa, después de aprobar la nueva Constitución provisional del país. En ese mismo año fue admitida en la O. N. U. Al no llegar a un acuerdo con los P. B. (1954) para la cesión de Nueva Guinea occidental, la joven República se declaró desligada en absoluto de la metrópoli; poco después, rescindió unilateralmente los compromisos contraídos en la conferencia de La Haya de 1949 (febrero de 1956). El problema de Nueva Guinea fue llevado por Indonesia a la O. N. U., sin éxito (1956 y 1957). Las dificultades que para el gobierno de la nación suponía el sistema político de democracia liberal, hizo pensar en la posibilidad de instaurar un

Sukarno con Robert Menzies, primer ministro de Australia (14 de diciembre de 1960)

régimen más en armonía con las exigencias del país, y con este criterio fue establecida una democracia dirigida. El presidente Sukarno disolvió por decreto la Asamblea Constituyente, puso en vigor la Constitución de 1945 y nombró un Gabinete encabezado por él mismo (5 de julio de 1959). Por otro decreto, el presidente Sukarno se reservó el control de todos los partidos políticos, con poder para disolverlos (12 de enero de 1960). El Parlamento, cuyo Senado había sido ya suprimido al transformarse Indonesia en Estado unitario, fue prorrogado y organizado conforme a la Constitución de 1945 (6 de marzo de 1960). Durante todos estos años la política exterior de Indonesia se ha caracterizado por su compromiso, cada vez más firme, con los países neutralistas y anticolonialistas, una de cuyas figuras más destacadas es el propio presidente. Las diferencias con los P. B. respecto a Nueva Guinea no pudieron ser resueltas; Sukarno declaró a ésta provincia de Indonesia y creó un mando militar para su ocupación; los P. B. e Indonesia, tras largos meses de negociaciones dirigidas por el secretario de las Naciones Unidas, llegaron al acuerdo de transferir Nueva Guinea occidental a este último país (16 de agosto). Los P. B. entregaron el territorio a la O. N. U. (1 de octubre) y el 1 de mayo de 1963 se hizo cargo de él Indonesia. A primeros de agosto (1963), Sukarno se reunió en Manila con el presidente de Filipinas y el jefe del Gobierno malayo para tratar de una posible federación de sus tres países. El fracaso de estas negociaciones y la creación de Malaysia al mes siguiente motivaron la ruptura de relaciones diplomáticas entre este país e Indonesia (17 de septiembre). En días sucesivos las turbas incendiaron la Embajada inglesa en Yacarta y saquearon las propiedades británicas en represalia por el apoyo prestado por el R. U. a la creación de Malaysia. Como protesta por la elección de Malaysia para suceder a Marruecos en el Consejo de Seguridad, Indonesia abandonó la O. N. U. (21 de enero de 1965). En agosto de 1965 se retiró del Fondo Monetario Internacional y del Banco Mundial,

Suharto (a su izquierda, haciendo uso de la palabra, el general Nasution)

máximas instituciones financieras mundiales. El 17 de febrero de 1966 Sukarno disolvió el partido comunista, que contaba con tres millones de afiliados, y el 13 de marzo cedió sus poderes al general Suharto, jefe del Ejército, y su posición queda reducida a la de un monarca constitucional; en agosto, Indonesia y Malaysia firmaron la paz, después de tres años de hostilidades. El 11 de marzo de 1967, el Congreso determinó desposeer a Sukarno de todos sus cargos y designar a Suharto presidente en funciones, jurando éste su cargo en el mismo día. El Gobierno indonesio aceptó oficialmente la anexión del territorio portugués de Timor Oriental el 29 de junio de 1976. El 22 de marzo de 1978, el presidente Suharto fue unánimemente reelegido por el Congreso del Pueblo para su tercer mandato presidencial por un período de cinco años.

indonesio, sia. adj. Perteneciente o relativo a Indonesia. || Natural de esta región asiática, que comprende principalmente los territorios del arch. malayo. Ú. t. c. s.

indormia. f. Col. Maña o arbitrio.

Indortes. Biog. Caudillo lusitano, m. hacia 232 a. C. Celoso de la independencia de su país, reunió un ejército para luchar contra los cartagineses, pero cayó en poder de Amílcar Barca.

Indostán. (Del nombre persa *Hindustán* o *Hindostán*). Geog. Originariamente se dio este nombre al país regado por el río Indo; luego, por extensión, se aplicó a toda la India, es decir, al terr. comprendido entre el Himalaya, al N., y el océano Índico, que forma el golfo de Bengala y el mar de Omán, al S.

indostanés, sa. adj. Natural del Indostán. Ú. t. c. s.

indostaní. m. Ling. Nombre del dialecto más importante del grupo hindi.

indostánico, ca. adj. Perteneciente o relativo al Indostán. || m. Ling. **indostaní**.

indostano, na. fr., *indostanien, indostain;* it., *indostaniano;* i., *hindoo;* a., *inder, hindu.* adj. Natural del Indostán. Ú. t. c. s. || **indostánico**.

indotación. f. Falta de dotación.

indotado, da. (Del lat. *indotātus*.) adj. Que está sin dotar.

indoxilo. (De *índigo* e *hidroxilo*.) m. Quím. Compuesto heterocíclico con un grupo cetónico y otro amino, de fórmula C_8H_7ON. Se obtiene por hidrólisis ácida del indicán o a partir del ácido antranílico.

Indra. Mit. Según la mitología védica es el dios del cielo, del aire y del rayo. Posteriormente pasó a ocupar un lugar inferior a la trimurti (Brahma, Visnú y Siva).

Indre. Geog. Depart. de Francia; 6.777 km.² y 243.000 h. Cap., Châteauroux. Debe su nombre al río que lo cruza. || **-et-Loire.** Depart. de Francia, en la Turena; 6.124 km.² y 466.000 h. Cap., Tours. Debe su nombre a los ríos que lo cruzan.

indricoterio. m. Paleont. y Zool. Mamífero ungulado perisodáctilo, que vivió durante el oligoceno y el mioceno inferior en el sur de Rusia y Siberia. Fue uno de los mayores mamíferos que han existido.

índrido, da. (De *indri*, gén. tipo de primates, e *-ido*.) adj. Zool. Dícese de los prosimios del orden de los lemuriformes, muy parecidos a los lemúridos, pero de tamaño mayor, cabeza redondeada, hocico zorruno y con las extremidades posteriores algo mayores que las anteriores, adaptadas al salto y con los pies claramente prensiles. Todos son arborícolas en los bosques malgaches. || m. pl. Familia de estos primates, que algunos consideran como una subfamilia de los lemúridos, la de los *indrinos*.

Primate índrido (*daubentonia madagascariensis*)

indubitable. (Del lat. *indubitabĭlis*.) adj. Que no puede dudarse.

indubitablemente. adv. m. De modo indudable.

indubitadamente. adv. m. Ciertamente, sin duda.

indubitado, da. (Del lat. *indubitātus*.) adj. Cierto y que no admite duda.

inducción. fr. e i., *induction;* it., *induzione;* a., *Folgerung, Induktion.* (Del lat. *inductĭo, -ōnis*.) f. Acción y efecto de inducir. || **(aparatos de).** Fís. Los que transforman la energía eléctrica por mediación de un agente magnético. || **eléctrica.** Elec. En un campo eléctrico es la carga que aparece en la unidad de área de cada una de las caras de una lámina conductora colocada perpendicularmente a las líneas de fuerza del campo. Se llama también electrización por influencia y se representa por la letra D. || **electromagnética.** Influjo de las corrientes eléctricas sobre los imanes, y de éstos sobre aquéllas. Estas propiedades se utilizan en la construcción de dínamos, alternadores, motores eléctricos y transformadores. || **magnética.** Poder imanador de un campo magnético, excitación magnética. En los circuitos magnéticos se llama así a la densidad de líneas de fuerza. || **mutua.** Fenómeno que aparece cuando existen dos o más bobinas acopladas entre sí por el mismo campo magnético. Su valor depende de este acoplamiento. || **propia.** autoinducción.

inducia. (Del lat. *inducĭa*.) f. Tregua o dilación.

Documento de concesión de indulgencias a la Cofradía de la Virgen de Rodona. Pergamino del museo de la catedral de Vich (Barcelona)

inducido, da. p. p. de **inducir**. || m. Fís. Circuito de un aparato eléctrico, en el que se producen corrientes de inducción o que gira por la presencia de un campo magnético producido en el mismo; el inducido es su parte móvil y en un alternador su parte fija o estátor.

inducidor, ra. adj. Que induce a una cosa. Ú. t. c. s.

inducimiento. m. **inducción**.

inducir. fr., *induire;* it., *indurre;* i., *to induce, to lead into;* a., *anleiten, folgern.* (Del lat. *inducĕre*.) tr. Instigar, persuadir, mover a uno. || ant. Ocasionar, causar. || Filos. Ascender lógicamente del entendimiento desde el conocimiento de los fenómenos, hechos o casos, a la ley o principio que virtualmente los contienen o que se efectúa en todos ellos uniformemente. || Fís. Producir fenómenos eléctricos en un cuerpo situado a cierta distancia.

inductancia. (Del fr. *inductance*.) f. Elec. Magnitud eléctrica que sirve para caracterizar los circuitos según su aptitud para engendrar corrientes inducidas. || Reactancia inductiva o impedancia de una autoinducción. || **mutua.** En dos circuitos, es la fuerza electromotriz inducida en uno cualquiera cuando la corriente que circula por el otro varía a razón de un amperio cada segundo. || **propia.** En un circuito es la fuerza contraelectromotriz inducida cuando la corriente que circula por él varía a razón de un amperio cada segundo. || **reactiva. inductancia.**

inductivo, va. (Del lat. *inductīvus*.) adj. Que se hace por inducción. || Perteneciente a ella.

inductor, ra. (Del lat. *inductor, -ōris,* de *inducĕre,* inducir.) adj. Que induce. || m. Elec. En las máquinas eléctricas, bobina creadora de un campo magnético, usado para inducir tensiones en los circuitos que se mueven en el interior de dicho campo.

indudable. (Del lat. *indubitabĭlis*.) adj. Que no puede dudarse.

indudablemente. adv. m. De modo indudable.

induismo. m. Rel. hinduismo.

indulgencia. fr. e i., *indulgence;* it., *indulgenza;* a., *Nachsicht, Ablass.* (Del lat. *indulgentĭa*.) f. Facilidad en perdonar o disimular las culpas o en conceder gracias. || Teol. Remisión que hace la Iglesia de las penas temporales debidas por los pecados. || **parcial.** Aquella por la cual se perdona parte de la pena. || **plenaria.** Aquella por la cual se perdona toda la pena.

indulgente. (Del lat. *indulgens, -entis*.) adj. Fácil en perdonar y disimular los yerros o en conceder gracias.

indulgentemente. adv. m. De manera indulgente.

indultar. fr., *gracier, faire remise d'une peine;* it., *graziare;* i., *to free, to exempt, to forgive;* a., *begnadigen, freisprechen.* m. (De *indulto*.) tr. Perdonar a uno el todo o parte de la pena que tiene impuesta o conmutarla por otra. || Exceptuarle o eximirle de una ley u obligación. || prnl. Bol. Meterse uno donde no le llaman.

indultario. m. Sujeto que, en virtud de indulto o gracia pontificia, podía conceder beneficios eclesiásticos.

indulto. fr., *indult;* it., *indulto;* i., *indult, forgiveness, amnesty;* a., *Indult, Begnadigung.* (Del lat. *indultus;* de *in,* negación, *d* eufónica, y *ulcisci, ultus sum,* vengar.) m. Gracia o privilegio concedido a uno para que pueda hacer lo que sin él no podría. || Gracia por la cual el superior remite el todo o parte de una pena o la conmuta, o exceptúa y exime a uno de la ley o de otra cualquier obligación.

indulugencia. f. *Col., Chile y Méj.* vulg. por **indulgencia.**

indumentaria. fr., *costume;* it., *indumentaria;* i., *indumentary;* a., *Tracht, Kleidung.* (De *indumento.*) f. Estudio histórico del traje. || Vestimenta de persona para adorno o abrigo de su cuerpo.

indumentario, ria. adj. Perteneciente o relativo al vestido.

indumento. (Del lat. *indumentum,* de *induĕre,* vestir.) m. Vestimenta de persona para adorno o abrigo de su cuerpo.

induración. (Del lat. *induratĭo, -ōnis.*) f. endurecimiento.

indurar. tr. **Pat.** endurecer.

Indus. Astron. Indio.

indusio. m. **Bot.** Escama que cubre cada soro o grupo de esporangios en ciertos helechos.

industria. fr., *industrie;* it., *industria;* i., *industry, manufacture;* a., *Industrie, Gewerbe.* (Del lat. *industrĭa.*) f. Maña y destreza o artificio para hacer una cosa. || Conjunto de operaciones materiales ejecutadas para la obtención, transformación o transporte de uno o varios productos naturales. || Instalación destinada a estas operaciones. || Suma y conjunto de las industrias de uno mismo o de varios géneros, de todo un país o de parte de él. || **Econ.** Nombre genérico bajo el cual se comprenden todas las operaciones que concurren a la producción o incremento de la riqueza de una nación. || Aplicación especial del trabajo humano a un fin económico, en virtud del cual se transforman las primeras materias hasta hacerlas aptas para satisfacer las necesidades del hombre. || **agrícola.** La que tiene por fin la explotación de la tierra. || **de comercio.** La que distribuye los productos colocándolos al alcance de los consumidores. || **extractiva.** La que obtiene los productos que la naturaleza ofrece de una manera natural. || **pesada.** La que se dedica a la construcción de maquinaria y armamento pesado. ||

Industria. Fabricación de frigoríficos

de servicios. La que se ocupa del transporte o la producción de bienes inmateriales que satisfacen igualmente necesidades humanas (edición de libros, banca, seguros, etc.). || **de transformación.** La que tiene por misión modificar, mediante el trabajo humano o la maquinaria, las primeras materias ofrecidas por la industria agrícola y de extracción. || **de industria.** m. adv. De intento, de propósito.

industrial. fr. e i., *industriel;* it., *industriale;* a., *industriell.* adj. Perteneciente a la industria. || m. El que vive del ejercicio de una industria.

industrialismo. (De *industrial.*) m. Tendencia al predominio de los intereses industriales. || Tendencia al predominio de los intereses mercantiles.

industrialista. adj. Partidario del industrialismo.

industrialización. f. Acción y efecto de industrializar.

industrializar. tr. Hacer que una cosa sea objeto de industria o elaboración. || Dar predominio a las industrias en la economía de un país.

industriar. (Del lat. *industriāre.*) tr. Instruir, adiestrar, amaestrar a uno. || prnl. Ingeniarse, bandearse, sabérselas componer.

industriosamente. adv. m. Con industria y maña. || ant. De intento, de propósito.

industrioso, sa. (Del lat. *industriōsus.*) adj. Que obra con industria. || Que se hace con industria. || Que se dedica con ahínco al trabajo.

Indy (Vincent d'). Biog. Compositor y director de orquesta francés, n. y m. en París (1851-1931). Su carrera de compositor, muy fecunda, incluyó los más variados géneros. Efectuó en distintas épocas excursiones artísticas por Bélgica, Holanda y España, y compuso gran número de obras, siendo las más conocidas: *El bosque encantado, El canto de la campana, Sinfonía sobre un canto montañés, Fervaal, Wallenstein* y *El extranjero.*

Vincent d'Indy

inebriar. (Del lat. *inebriāre.*) tr. Embriagar, emborrachar.

inebriativo, va. (De *inebriar.*) adj. ant. Que embriaga.

inecuación. (De *in-* y *ecuación.*) f. **Mat.** Desigualdad condicional entre dos expresiones algebraicas que contengan las mismas incógnitas.

inedia. (Del lat. *inedĭa.*) f. Falta de la alimentación suficiente y estado de debilidad que provoca.

inédito, ta. fr., *inédit;* it., *inedito;* i., *unpublished, unedited;* a., *nicht herausgegeben, unveröffentlicht.* (Del lat. *ineditus;* de *in,* negación, y *edĕre, edĭdi, edĭtum,* editar.) adj. Escrito y no publicado.

ineducación. f. Carencia de educación.

ineducado, da. adj. Falto de educación o de buenos modales.

inefabilidad. (Del lat. *ineffabilĭtas, -ātis.*) f. Calidad de inefable.

inefable. fr. e i., *ineffable;* it., *ineffabile;* a., *unaussprechlich.* (Del lat. *ineffabĭlis;* de *in,* priv., y *affabĭlis,* que se puede decir, de *ad,* a, y *fari,* hablar.) adj. Que con palabras no se puede explicar.

inefablemente. adv. m. Sin poderse explicar. Dícese comúnmente por encarecimiento.

ineficacia. fr., *inefficacité;* it., *inefficacia;* i., *inefficacy;* a., *Unwirksamkeit.* (Del lat. *inefficacĭa.*) f. Falta de eficacia.

ineficaz. fr. e it., *inefficace;* i., *inefficacious;* a., *unwirksam.* (Del lat. *inefficax.*) adj. No eficaz.

ineficazmente. adv. Sin eficacia.

inejecución. f. *Chile.* No ejecución.

inelegancia. f. Falta de elegancia.

inelegante. (Del lat. *inelĕgans, -antis.*) adj. No elegante.

inelegible. adj. Que no se puede elegir.

ineluctable. (Del lat. *ineluctabĭlis.*) adj. Dícese de aquello contra lo cual no puede lucharse; inevitable.

ineludible. fr., *inévitable;* it. e i., *ineludibile;* a., *unausweichbar.* (De *in-* y *eludible.*) adj. Que no se puede eludir.

ineludiblemente. adv. m. De modo ineludible.

inembargable. adj. Que no puede ser objeto de embargo.

inenarrable. (Del lat. *inenarrabĭlis.*) adj. **inefable.**

inepcia. (Del lat. *ineptĭa.*) f. Calidad de necio. || Dicho o hecho necio.

ineptamente. adv. m. Sin aptitud o sin habilidad.

ineptitud. fr., *inaptitude, incapacité;* it., *inettitudine;* i., *unfitness, ineptitude;* a., *Untüchtigkeit.* (Del lat. *ineptitūdo.*) f. Inhabilidad, falta de aptitud o de capacidad.

inepto, ta. (Del lat. *ineptus;* de *in,* negación, y *aptus.*) adj. No apto para una cosa. || Necio o incapaz. Ú. t. c. s.

inequívocamente. adv. m. De modo inequívoco.

inequívoco, ca. fr., *qui n'est point equivoque;* it., *inequivoco;* i., *inequivocal;* a., *unzweideutig.* (De *in-* y *equivoco.*) adj. Que no admite duda o equivocación.

inercia. fr., *inertie;* it., *inerzia;* i., *inertia, inertness;* a., *Trägheit.* (Del lat. *inertĭa;* de *in,* negación, y *ars,* arte, acción.) f. Flojedad, desidia, inacción. || Incapacidad de los cuerpos para salir del estado de reposo en que se encuentren, para cambiar las condiciones de su movimiento o para cesar en él, sin la aplicación o intervención de alguna fuerza.

inercial. adj. **Fís.** Perteneciente o relativo a la inercia.

inerme. (Del lat. *inermis;* de *in,* priv., y *arma,* armas.) adj. Que está sin armas o sin medios de defensa. || **Bot.** y **Zool.** Desprovisto de corazas, espinas, aguijones, uñas venenosas, garras, cuernos y, en general, de toda clase de medios de defensa.

inerrable. (Del lat. *inerrabĭlis.*) adj. Que no se puede errar.

inerrancia. f. Sin error. || **infalibilidad.**

inerrante. (Del lat. *inerrans, -antis.*) adj. **Astron.** Fijo y sin movimiento.

inerte. fr. e it., *inerte;* i., *inert;* a., *tot, träge.* (Del lat. *iners, inertis.*) adj. Inactivo, ineficaz, estéril, inútil. || Flojo, desidioso.

inervación. fr. e i., *innervation;* it., *innervazione;* a., *Innervation.* f. **Anat., Fisiol.** y **Zool.** Acción del sistema nervioso en las funciones de los demás órganos del cuerpo del animal. ‖ Conjunto de nervios de un tejido, órgano o aparato.

inervador, ra. adj. Que produce la inervación.

inervar. (Del lat. *in,* hacia, y *nervus,* nervio.) tr. **Fisiol.** Acción que ejerce un nervio sobre un tejido.

Inés de Castro. Biog. Dama española, m. en Coimbra (h. 1320-1355). Marchó a Portugal acompañando a doña Constanza, hija de don Juan Manuel, cuando ésta fue a casarse con el infante don Pedro (luego Pedro I), hijo de Alfonso IV *el Bravo,* de Portugal. Don Pedro se enamoró de ella y, muerta su esposa (1345), sostuvieron relaciones amorosas y llegaron a contraer matrimonio secreto. Alfonso IV no aprobó el casamiento y la hizo asesinar. Don Pedro se levantó contra su padre y, ya rey, hizo sentar en el trono el cadáver de doña Inés y obligó a los nobles a rendirle homenaje y besar su mano. ‖ **de Poitou.** Emperatriz de Alemania, m. en Roma en 1077. Casó con el emperador Enrique II en 1043, enviudó en 1056 y gobernó como regente de su hijo Enrique IV hasta 1062. ‖ **Indart. Geog.** Local. de Argentina, prov. de Buenos Aires, part. de Salto; 1.082 h.

inescrupuloso, sa. adj. Que carece de escrúpulos. ‖ Dicho o hecho sin escrúpulos.

inescrutable. fr., *inscrutable;* it., *inescrutabile;* i., *unsearchable;* a., *unerforschlich.* (Del lat. *inscrutabĭlis.*) adj. Que no se puede saber ni averiguar.

inescudriñable. (De *in-* y *escudriñable.*) adj. Que no se puede escudriñar.

inesperable. (De *in-* y *esperable.*) adj. Que no es de esperar.

inesperadamente. adv. m. Sin esperarse.

inesperado, da. fr., *inattendu, inspéré;* it., *inesperato;* i., *unexpected;* a., *unerwartet, unverhofft.* (De *in-* y *esperado,* p. p. de *esperar.*) adj. Que sucede sin esperarse.

inestabilidad. fr., *instabilité;* it., *instabilità;* i., *instability;* a., *Unbeständigkeit.* f. Falta de estabilidad.

inestable. fr. e i., *instable;* it., *instabile;* a., *unbeständig, wandelbar.* adj. No estable.

inestancable. adj. Que no se puede estancar.

inestimabilidad. f. Calidad de inestimable.

inestimable. fr. e i., *inestimable;* it., *inestimabile;* a., *unschätzbar.* (Del lat. *inestimabĭlis.*) adj. Incapaz de ser estimado como corresponde.

inestimado, da. (Del lat. *inaestimātus.*) adj. Que está sin apreciar ni tasar. ‖ Que no se estima tanto como merece estimarse.

inevitable. fr., *inévitable;* it., *inevitabile;* i., *unavoidable;* a., *unvermeidlich.* (Del lat. *inevitabĭlis.*) adj. Que no se puede evitar.

inevitablemente. adv. m. Sin poderse evitar.

inexactamente. adv. m. Con inexactitud, de manera inexacta.

inexactitud. fr., *inexactitude;* it., *inesattezza;* i., *inaccuracy;* a., *Ungenauigkeit.* f. Falta de exactitud.

inexacto, ta. (De *in-* y *exacto.*) adj. Que carece de exactitud.

inexcogitable. adj. Que no se puede excogitar.

inexcusable. fr. e i., *inexcusable;* it., *inescusabile;* a., *unentschuldbar.* (Del lat. *inexcusabĭlis.*) adj. Que no se puede excusar.

inexcusablemente. adv. m. Sin excusa.

inexequible. adj. No exequible, que no se puede hacer, conseguir o llevar a efecto.

inexhausto, ta. fr., *inépuisé;* it., *inesausto;* i., *inexhausted;* a., *unerschöpft.* (Del lat. *inexhaustus.*) adj. Que por su abundancia o plenitud no se agota ni se acaba.

inexistencia. (Del lat. *in,* en, y *existentĭa.*) f. ant. Existencia de una cosa en otra.

inexistencia. f. Falta de existencia.

inexistente. (Del lat. *inexistens, -entis;* de *in,* en, y *existens,* existente.) adj. ant. Que existe en otro.

inexistente. (De *in-* y *existente.*) adj. Que carece de existencia. ‖ fig. Dícese de aquello que aunque existe se considera totalmente nulo.

inexorabilidad. (Del lat. *inexorabilĭtas, -ātis.*) f. Calidad de inexorable.

inexorable. (Del lat. *inexorabĭlis.*) adj. Que no se deja vencer de los ruegos.

inexorablemente. adv. m. De modo inexorable.

inexperiencia. (Del lat. *inexperientĭa.*) f. Falta de experiencia.

inexperto, ta. fr., *inexpérimenté;* it., *insperto;* i., *inexpert;* a., *unerfahren, ungeübt.* (Del lat. *inexpertus.*) adj. Falto de experiencia. Ú. t. c. s.

inexpiable. (Del lat. *inexpiabĭlis.*) adj. Que no se puede expiar.

inexplicable. fr. e i., *inexplicable;* it., *inesplicabile;* a., *unerklärbar.* (Del lat. *inexplicabĭlis.*) adj. Que no se puede explicar.

inexplicablemente. adv. m. De manera inexplicable.

inexplicado, da. adj. Falto de la debida explicación.

inexplorado, da. (Del lat. *inexplorātus.*) adj. No explorado.

inexpresable. adj. Que no se puede expresar.

inexpresivo, va. (De *in-* y *expresivo.*) adj. Que carece de expresión.

inexpugnable. fr. e i., *inexpugnable;* it., *inespugnabile;* a., *uneinnehmbar.* (Del lat. *inexpugnabĭlis.*) adj. Que no se puede tomar o conquistar a fuerza de armas. ‖ fig. Que no se deja vencer ni persuadir.

inextensible. adj. **Fís.** Que no se puede extender.

in extenso. fr. adv. lat. **por extenso,** circunstanciadamente.

inextenso, sa. (De *in-* y *extenso.*) adj. Que carece de extensión.

inextinguible. fr., *inextinguible;* it., *inestinguibile;* i., *inextinguishable, unquenchable;* a., *unauslöschlich.* (Del lat. *inextinguibĭlis.*) adj. No extinguible. ‖ fig. De perpetua o larga duración.

in extremis. loc. lat. En los últimos instantes de la existencia; y así, del que está a punto de morir se dice que está *in extremis.*

inextricable. (Del lat. *inextricabĭlis.*) adj. Difícil de desenredar; muy intrincado y confuso.

in facie ecclésiae. (líter., *en presencia de la Iglesia.*) expr. lat. que se usa hablando del santo sacramento del matrimonio, cuando se celebra públicamente y con las ceremonias establecidas.

infacundia. f. Falta de elocuencia.

infacundo, da. (Del lat. *infacundus.*) adj. No facundo, o que no halla fácilmente palabras para explicarse.

infalibilidad. fr., *infaillibilité;* it., *infallibilità;* i., *infallibility;* a., *Unfehlbarkeit.* f. Calidad de infalible. ‖ **pontificia. Rel.** Aquella de que goza el Papa por ser cabeza visible de la Iglesia cuando habla ex cáthedra en materia de fe y costumbres y dirigiéndose a la Iglesia universal, y que fue definida como dogma en el Concilio Vaticano.

infalible. fr., *infaillible;* it., *infallibile;* i., *infallible;* a., *unfehlbar.* (Del lat. *infallibĭlis.*) adj. Que no puede engañar ni engañarse. Dícese de Dios, el Papa, el Concilio ecuménico, el cuerpo apostólico de los obispos y la Iglesia discente. ‖ Seguro, cierto, indefectible.

infaliblemente. adv. m. De modo infalible.

infalsificable. adj. Que no se puede falsificar.

infamación. fr., *infamation;* it., *calunnia;* i., *defamation, infamation;* a., *Verleumdung.* (Del lat. *infamatĭo, -ōnis.*) f. Acción y efecto de infamar.

infamadamente. adv. m. De manera infamante.

infamador, ra. fr., *infamateur;* it., *calunniatore;* i., *defamer;* a., *verleumder.* (Del lat. *infamātor.*) adj. Que infama. Ú. t. c. s.

infamante. p. a. de **infamar.** Que infama. Denigrante, deshonroso.

infamar. fr., *infamer;* it., *infamare;* i., *to defame;* a., *verleumden, beschimpfen.* (Del lat. *infamāre.*) tr. Quitar la fama, honra y estimación a una persona o a una cosa personificada. Ú. t. c. prnl.

infamativo, va. adj. Dícese de lo que infama o puede infamar.

Portada de la obra de fray Jerónimo Bermúdez, sobre Inés de Castro. Biblioteca Nacional. Madrid

infamatorio, ria. adj. Dícese de lo que infama.

infame. (Del lat. *infāmis*.) adj. Que carece de honra, crédito y estimación. Ú. t. c. s. ‖ Muy malo y vil en cualquier línea. ‖ **purgar la infamia.** fr. En derecho, decíase del reo cómplice en un delito, que, habiendo declarado contra su compañero, no se tenía por testigo idóneo por estar infamado del delito, y poniéndole en el tormento y ratificando allí su declaración, se decía que purgaba la infamia, y quedaba válido su testimonio.

infamemente. adv. m. Con infamia.

infamia. fr., *infamie, opprobe*; it., *infamia*; i., *infamy*; a., *Schandtat, Ehrlosigkeit, Schändlichkeit*. (Del lat. *infamia*.) f. Descrédito, deshonra. ‖ Maldad, vileza en cualquier línea. ‖ **purgar la infamia.** fr. En derecho, decíase del reo cómplice en un delito, que, habiendo declarado contra su compañero, no se tenía por testigo idóneo por estar infamado del delito, y poniéndole en el tormento y ratificando allí su declaración, se decía que purgaba la infamia, y quedaba válido su testimonio.

infamidad. f. ant. Infamia, deshonra.

infamoso, sa. (De *infamia*.) adj. ant. Dícese de lo que infama.

infancia. fr., *enfance*; it., *infanzia*; i., *childhood, infancy*; a., *Kindheit*. (Del lat. *infantĭa*.) f. Período de la vida del niño desde que nace hasta los comienzos de la pubertad. ‖ **niñez**, período de la vida humana que se extiende desde el nacimiento hasta la adolescencia. ‖ fig. Conjunto o clase de los niños de tal edad. ‖ fig. Primer estado de una cosa después de su nacimiento o erección.

infando, da. (Del lat. *infandus*.) adj. Torpe e indigno de que se hable de ello.

infanta. (De *infante*.) f. Niña que aún no ha llegado a los siete años de edad. ‖ Cualquiera de las hijas legítimas del rey, que no sea sucesora del trono. ‖ Mujer de un infante. ‖ Parienta del rey que por gracia real obtiene este título.

infantado. m. Territorio de un infante o infanta real.

Infantado (Pedro Alcántara de Toledo Salm-Salm, duque del). Biog. Toledo Salm-Salm, duque del Infantado (Pedro Alcántara de). ‖ **(duque del).** Geneal. Título creado por los Reyes Católicos en Toro en 1475 para Diego Hurtado de Mendoza, 2.º marqués de Santillana.

infantazgo. m. ant. Territorio de un infante o infanta real.

infante. fr., *enfant*; it., *fanciullo, infante*; i., *infant, child*; a., *Infant, Kind, Knabe*. (Del lat. *infans, -antis*; de *in*, priv., y *fans*, p. a. de *fari*, hablar.) m. Niño que aún no ha llegado a la edad de siete años. ‖ Cualquiera de los hijos varones y legítimos del rey, nacidos después del príncipe o de la princesa. ‖ Pariente del rey que por gracia real obtiene este título. ‖ Hasta los tiempos de don Juan I se llamó así también el hijo primogénito del rey. Se solía añadir *heredero*, o *primero heredero*. ‖ Soldado que sirve a pie. ‖ **infante de coro.** f. ant. Descendiente de casa y sangre real. ‖ f. ant. Infanta real. ‖ **de coro.** Litur. En algunas catedrales, muchacho que sirve en el coro y en varios ministerios de la iglesia, con manto y roquete.

Infante (Facundo). Biog. Militar español, n. en Villanueva del Fresno y m. en Madrid (1786-1873). A causa de ideas políticas se vio obligado a emigrar al Perú, donde fue ministro del Interior. Vuelto a España desempeñó la cartera de la Guerra y otros cargos importantes. ‖ **(Manuel).** Compositor español, n. en Osuna y m. en París (1883-1958). Establecido en París en 1909, compuso diversas obras para piano: *Variations, Pochades, Andalouses, El vito, Gitanerías* y *Sevillana*. ‖ **(Pedro).** Actor y cantante mejicano, n. en Mazatlán, Sinaloa, y m. en accidente aéreo en Mérida, Yucatán (1918-1957). Gozó de gran popularidad. Entre las películas en que intervino destacan: *Los tres huastecos, Sobre las olas, Nosotros, los pobres* y *Vuelve Martín Corona*. ‖ **Pérez (Blas).** Político y escritor español, n. en Casares y m. en las cercanías de Sevilla (1885-1936). Como líder andalucista tuvo una intervención destacada en el proyecto de autonomía para su región durante la República. Fue fusilado al comienzo de la guerra civil. Escribió: *El ideal andaluz* (1915), *La dictadura pedagógica* (1921) y *La verdad sobre el complot de Tablada y el estado libre de Andalucía* (1931). ‖ **Rojas (José Miguel).** Estadista chileno, n. en Santiago (1778-1844). Fue uno de los primeros en alistarse en las filas revolucionarias que combatían al Gobierno español, e intervino eficazmente en todo momento para llegar a la implantación de una República federal al estilo de EE. UU. Fue ministro de Hacienda con O'Higgins (1818). ‖ **Geog.** Dist. de Venezuela, est. de Guárico; 70.577 h. Cap., Valle de la Pascua.

infantejo. m. dim. de **infante**. ‖ Niño de coro, en algunas catedrales.

Soldados españoles de infantería: tercios de Flandes, litografía de A. de Bayalos. Colección particular

infantería. fr., *infanterie*; it., *fanteria*; i., *infantry*; a., *Infanterie*. (De *infante*, soldado de a pie.) f. Mil. Tropa que sirve a pie en la milicia. ‖ **ligera.** La que con preferencia sirve en guerrillas, avanzadas y descubiertas. ‖ **de línea.** La que en regimientos, batallones y aun en agrupaciones menores, combate ordinariamente en masa como cuerpo principal de las batallas. ‖ **de marina.** La destinada a dar la guarnición a los buques de guerra fondeados, arsenales y departamentos marítimos, y la que forma parte de la dotación de un buque en operaciones de guerra, para ser empleada en funciones de desembarco y combate en tierra.

infantesa. f. desus. Infanta real.

infanticida. (Del lat. *infanticida*; de *infans, -antis*, niño, y *caedĕre*, matar.) com. Dícese del que mata a un niño o infante. Ú. m. c. adj.

infanticidio. fr. e i., *infanticide*; it., *infanticidio*; a., *Kindesmord*. (Del lat. *infanticidĭum*.) m. Muerte dada violentamente a un niño, sobre todo si es recién nacido o está próximo a nacer. ‖ **Der.** Muerte dada al recién nacido por la madre o ascendientes maternos para ocultar la deshonra de aquélla.

infantil. fr., *enfantin*; it., *infantile*; i., *childish, infantine*; a., *kindlich*. (Del lat. *infantīlis*.) adj. Perteneciente o relativo a la infancia. ‖ fig. Inocente, cándido, inofensivo.

infantilismo. m. Persistencia en la adolescencia o en la edad adulta de los caracteres físicos y mentales propios de la infancia. ‖ **Pat.** Atrofia de ciertos miembros del cuerpo humano que no alcanzan, por razones clínicas o biológicas, su natural desarrollo.

infantillo. m. dim. de **infante**. ‖ *Mur.* Cada uno de los niños que, como los seises, cantan en el coro de la catedral.

infantina. f. dim. de **infanta** real.

infantino, na. adj. infantil.

infanzón, na. (Del b. lat. *infantĭo, -ōnis*, y éste del lat. *infans, -āntis*, infante.) m. y f. Hidalgo o hijadalgo que en sus heredamientos tenía potestad y señoría limitadas.

infanzonado, da. adj. Propio del infanzón o perteneciente a él.

infanzonazgo. m. Territorio o solar del infanzón.

infanzonía. f. Calidad de infanzón.

infartar. tr. Causar un infarto. Ú. t. c. prnl.

infarto. fr., *infarctus, engorgement*; it., *infarto, ingorgamento*; i., *obstruction, infarct*; a., *Infarkt, Verstopfung*. (Del lat. *infarctus*, relleno.) m. **Pat.** Aumento de tamaño de un órgano enfermo. ‖ Síntomas y fenómenos morbosos, consecutivos a la privación de la circulación sanguínea en un órgano, por obstrucción de vasos arteriales y venosos. ‖ **cardiaco** o **de miocardio.** El producido por obstrucción de las arterias coronarias, por trombosis generalmente, que si afecta a una zona amplia del miocardio, ocasiona rápidamente la muerte. ‖ **pulmonar.** El producido por embolia o trombosis de la arteria pulmonar.

infatigable. (Del lat. *infatigabĭlis*.) adj. Incapaz de cansarse o muy difícil de cansarse.

infatigablemente. adv. m. Sin fatigarse. ‖ Con perseverancia tenaz.

infatuación. fr. e i., *infatuation*; it., *infatuazione*; a., *Vernarrtheit*. f. Acción y efecto de infatuar o infatuarse.

infatuar. (Del lat. *infatuāre*.) tr. Volver a uno fatuo, engreírle. Ú. t. c. prnl.

infaustamente. adv. m. Con desgracia o infelicidad.

infausto, ta. fr., *funeste*; it., *infausto*; i., *unhappy*; a., *unglücklich*. (Del lat. *infaustus*.) adj. Desgraciado, infeliz.

infebril. (De *in-* y *febril*.) adj. Sin fiebre.

infección. fr. e i., *infection*; it., *infezione*; a., *Ansteckung, Infektion*. (Del lat. *infectĭo, -ōnis*; de *in*, en, hacia, y *facĕre, feci, factum*, hacer.) f. Acción y efecto de infectar. ‖ **Pat.** Invasión de los tejidos del cuerpo por un organismo que medra a expensas de éste.

infeccionar. tr. **inficionar.**

infecciosidad. f. Pat. Calidad de infeccioso.

infeccioso, sa. fr., *infectieux, infectant*; it., *infettivo*; i., *infecting*; a., *ansteckend*. adj. Que es causa de infección.

infecir. (Del lat. *inficĕre*.) tr. ant. Dañar, inficionar.

infectar. (Del lat. *infectāre*.) tr. Causar infección en un organismo, o transmitirla éste a otro. Ú. t. c. prnl. || fig. Corromper con malas doctrinas o ejemplos. Ú. t. c. prnl.

infectividad. f. Pat. Calidad de infectivo.

infectivo, va. (Del lat. *infectīvus*.) adj. Dícese de lo que inficiona o puede inficionar.

infecto, ta. (Del lat. *infectus*.) p. p. irreg. de **infecir.** || adj. Inficionado, contagiado, pestilente, corrompido.

infecundarse. prnl. ant. Hacerse infecundo.

infecundidad. fr., *infécondité, stérilité*; it., *infeconditá*; i., *unfruitfulness, infecundity*; a., *Unfruchtbarkeit*. (Del lat. *infecundĭtas, -ātis*.) f. Falta de fecundidad.

infecundo, da. fr., *infécond*; it., *infecondo*; i., *barren, infecund*; a., *unfruchtbar*. (Del lat. *infecundus*.) adj. No fecundo.

Infeld (Leopold). Biog. Físico polaco, n. en Cracovia y m. en Varsovia (1898-1968). Profesor de la Universidad de Lwow, fue pensionado en Cambridge por la Fundación Rockefeller (1933-36). En 1936 se trasladó a EE. UU., ejerció la enseñanza en Toronto (1939-50) y trabajó con Einstein en la Universidad de Princeton. Eminente especialista en física teórica, ha realizado importantes investigaciones sobre las teorías de la relatividad y de los cuantos. Obras: *La nueva teoría del campo, El problema del movimiento, La evolución de la Física*, en colaboración, y *El mundo en la ciencia moderna*.

infelice. adj. poét. **infeliz.**

infelicemente. adv. m. **infelizmente.**

infelicidad. (Del lat. *infelicĭtas, -ātis*.) f. Desgracia, suerte adversa.

infeliz. fr., *malheureux*; it., *infelice*; i., *unhappy, unlucky*; a., *unglücklich*. (Del lat. *infēlix, -icis*.) adj. De suerte adversa, no feliz. Ú. t. c. s. || fam. Bondadoso y apocado. Ú. t. c. s.

infelizmente. adv. m. Con infelicidad.

inferencia. (De *inferir*.) f. Acción y efecto de inferir. || Log. Proceso discursivo mediante el cual se deduce una proposición de otra.

inferior. fr., *inférieur*; it., *inferiore*; i., *inferior*; a., *unter, niedriger*. (Del lat. *inferĭor*.) adj. Que está debajo de otra cosa o más bajo que ella. || Que es menos que otra cosa en su calidad o en su cantidad. || Dícese de la persona sujeta o subordinada a otra. Ú. t. c. s. || Geog. Aplícase a algunos lugares o tierras que respecto de otros están a nivel más bajo.

inferioridad. fr., *infériorité*; it., *inferiorità*; i., *inferiority*; a., *Minderwert, untergeordnete Lage, abhängige Stellung*. f. Calidad de inferior. || Situación de una cosa que está más baja que otra o debajo de ella.

inferir. fr., *inférer, déduire*; it., *inferire*; i., *to infer, to deduce*; a., *folgern, schliessen*. (Del lat. *inferre*.) tr. Sacar consecuencia o inducir una cosa de otra. || Llevar consigo, ocasionar, conducir a un resultado. || Tratándose de ofensas, agravios, heridas, etc., hacerlos o causarlos.

infernáculo. m. Juego de muchachos que consiste en sacar de varias divisiones trazadas en el suelo un tejo a que se da con un pie, llevando el otro en el aire y cuidando de no pisar las rayas y de que el tejo no se detenga en ellas.

infernal. fr. e i., *infernal*; it., *infernale*; a., *hollisch*. (Del lat. *infernālis*.) adj. Que es del infierno o perteneciente a él. || fig. Muy malo, dañoso o perjudicial en su línea. || fig. y fam. Se dice hiperbólicamente de lo que causa sumo disgusto o enfado.

infernar. (Del lat. *infernus*, el infierno.) tr. Ocasionar a uno la pena del infierno o su condenación. Ú. t. c. prnl. || fig. Inquietar, perturbar, irritar. Ú. t. c. prnl.

infernillo. m. Infiernillo para calentar.

inferno, na. (Del lat. *infernus*.) adj. poét. **infernal.**

ínfero, ra. (Del lat. *infĕrus*, bajo.) adj. Bot. Dícese de los órganos o partes de una planta que están colocados debajo de otros.

Infesta. Geog. **Puentecesures.**

infestación. (Del lat. *infestatio, -ōnis*.) f. Acción y efecto de infestar o infestarse.

infestar. fr., *infester*; it., *infestare, infetidire*; i., *to infest*; a., *verheeren, anstecken*. (Del lat. *infestāre*.) tr. Inficionar, apestar. Ú. t. c. prnl. || Causar daños y estragos con hostilidades y correrías. || Causar estragos y molestias los animales y las plantas advenedizas en los campos cultivados y aun en las casas. || Pat. Causar procesos morbosos ciertos parásitos macroscópicos.

infesto, ta. (Del lat. *infestus*.) adj. poét. Dañoso, perjudicial.

infeudación. f. **enfeudación.**

infeudar. tr. **enfeudar.**

infibulación. f. Veter. Acción de infibular.

infibular. tr. Veter. Ponerle a un animal un anillo u otro obstáculo en las partes genitales para impedir el coito.

inficiente. (Del lat. *inficĭens, -entis*.) p. a. ant. de **infecir.** Que inficiona.

infición. (Del lat. *infectio, -ōnis*.) f. ant. **infección.**

inficionar. (De *infición*.) tr. **infectar,** causar infección. Ú. t. c. prnl. || fig. Corromper con malas doctrinas o ejemplos. Ú. t. c. prnl.

infidel. (Del lat. *infidēlis*.) adj. ant. Que no profesa la fe verdadera.

infidelidad. fr., *infidélité*; it., *infedeltà*; i., *infidelity*; a., *Treulosigkeit*. (Del lat. *infidelĭtas, -ātis*.) f. Falta de fidelidad; deslealtad. || Rel. Carencia de la fe católica. || Conjunto y universidad de los infieles que no conocen la fe católica.

infidelísimo, ma. (Del lat. *infidelissĭmus*.) adj. superl. de **infiel.**

infidencia. (Del lat. *in*, priv., y *fidentia*, confianza.) f. Falta a la confianza y fe debida a otro.

infidente. (Del lat. *in*, priv., y *fidens, -entis*, confiado.) adj. Que comete infidencia. Ú. t. c. s.

infido, da. (Del lat. *infīdus*.) adj. ant. Infiel, desleal.

infiel. fr., *infidèle*; it., *infedele*; i., *unfaithful*; a., *untreu, unglaubig*. (Del lat. *infidēlis*.) adj. Falto de fidelidad; desleal. || Que no profesa la fe verdadera. Ú. t. c. s. || Falto de puntualidad y exactitud.

infielmente. adv. m. Con infidelidad.

infiernillo. m. Aparato metálico con lamparilla de alcohol para calentar agua o hacer cocimientos.

infiernito. m. Cuba. Cono de pólvora humedecida que hacen y queman los muchachos como si fuera una luz de Bengala.

infierno. fr., *enfer*; it., *inferno*; i., *hell*; a., *Hölle*. (Del lat. *infernus*, de *infĕrus*, inferior, debajo de; los romanos llamaban a los dioses del Tártaro *infĕri*, contraponiéndoles a los del mundo superior, a los que llamaban *supĕri*.) m. Según la Iglesia católica, lugar destinado por la divina justicia para eterno castigo de los que mueren en pecado mortal. || Tormento y castigo de los condenados. || Uno de los cuatro novísimos o postrimerías del hombre. || Lugar adonde creían los paganos que iban las almas después de la muerte. Ú. t. en pl. || Limbo o seno de Abrahán, donde estaban detenidas las almas de los justos esperando la redención. || En algunas órdenes religiosas que deben por instituto comer de viernes, hospicio o refectorio donde se come de carne. || Lugar o cóncavo debajo de tierra, en que sienta la rueda y artificio con que se mueve la máquina de la tahona. || Pilón adonde van las aguas que se han empleado en escaldar la pasta de la aceituna para apurar todo el aceite que contiene, en el cual, reposadas aquéllas, se recoge uno de inferior calidad. || V. **aceite de infierno.** || fig. Uno de los espacios o divisiones que se trazan en el suelo, en el juego del infernáculo. || En Cuba, cierto juego de naipes. || fig. y fam. Lugar en que hay mucho alboroto y discordia. || fig. y fam. La misma discordia. || **anda,** o **vete, al infierno.** expr. fam. de ira con que se suele rechazar a la persona que importuna y molesta. || **los quintos infiernos.** loc. fig. Lugar muy profundo o muy lejano.

El infierno. Museo de Arte de Cataluña. Barcelona

infiesto, ta. (Del lat. *infestus*.) adj. ant. Inhiesto, enhiesto, levantado, derecho.

Infiesto. Geog. **Piloña.**

infigurable. (Del lat. *infigurabĭlis*.) adj. Que no puede tener figura corporal ni representarse en ella.

infijo, ja. fr., *infixe*; it., *infisso*; i., *infix*; a., *Infix*. (Del lat. *infixus*, p. p. de *infigĕre*, fijar en medio.) adj. Gram. Afijo con función o significado propios, que se introduce en el interior de una palabra. Ú. m. c. s.

infiltración. fr. e i., *infiltration*; it., *infiltrazione*; a., *Durchsickern*. f. Acción y efecto de infiltrar o infiltrarse.

infiltrar. (De *in* y *filtrar*.) tr. Introducir suavemente un líquido entre los poros de un sólido. Ú. t. c. prnl. || fig. Infundir en el ánimo ideas, nociones o doctrinas. Ú. t. c. prnl. || prnl. Penetrar subrepticiamente en territorio ocupado por fuerzas enemigas a través de las posiciones de éstas. || Introducirse en un partido, corporación, medio social, etc., con propósito de espionaje, propaganda o sabotaje.

ínfimo, ma. fr., *infime*; it., *infimo*; i., *lowest*; a., *niedrigst, unterst*. (Del lat. *infĭmus*, superl. de *infĕrus*, bajo.) adj. Que en su situación está muy bajo. || En el orden y graduación de las cosas, dícese de la que es última y menos que las demás. || Dícese de lo más vil y despreciable en cualquier línea.

infingidor, ra. (De *infingir*.) adj. ant. Que finge.

infingir. (Del lat. *infingĕre*.) tr. ant. Dar a entender lo que no es cierto, fingir. Usáb. t. c. prnl.

infinible. (Del lat. *infinibĭlis*.) adj. Que no se acaba o no puede tener fin.

infinidad. fr., *infinité*; it., *infinità*; i., *infinity*; a., *Unzahl, Unendlichkeit*. (Del lat. *infinĭtas, -ātis*.) f. Calidad de infinito. || fig. Gran número y muchedumbre de cosas o personas.

infinido, da. (Del lat. *infinītus*.) adj. ant. Que no tiene fin ni término, infinito.

infinitamente. adv. m. De un modo infinito.

infinitesimal. fr., *infinitésimal;* it., *infinitesimale;* i. y a., *infinitesimal.* adj. **Mat.** Aplícase a las cantidades infinitamente pequeñas.

infinitésimo. m. **Mat.** Variable que tiene límite cero, esto es, que llega a tomar valores menores que cualquier número prefijado.

infinitivo. fr., *infinitif;* it., *infinito;* i., *infinitive;* a., *infinitiv.* (Del lat. *infinitīvus.*) adj. **Gram.** V. **modo infinitivo.** Ú. t. c. s. ∥ m. Presente de infinitivo, o sea voz que da nombre al verbo.

infinito, ta. fr., *infini;* it., *infinito;* i., *infinite;* a., *endlos, unendlich.* (Del lat. *infinītus.*) adj. Que no tiene ni puede tener fin ni término. ∥ Muy numeroso, grande y excesivo en cualquier línea. ∥ m. En matemáticas, signo en forma de un ocho tendido (∞), que sirve para expresar un valor mayor que cualquiera cantidad asignable. ∥ adv. m. Excesivamente, muchísimo.

infinitud. (Del lat. *infinitūdo.*) f. Calidad de infinito.

infinta. (Del lat. **infincta,* por *inficta,* de *infingěre.*) f. ant. Fingimiento, simulación, engaño.

infintosamente. adv. m. ant. Fingidamente, con engaño.

infintoso, sa. (De *infinta.*) adj. ant. Fingido, disimulado, engañoso.

infintuosamente. adv. m. ant. **infintosamente.**

infirmar. (Del lat. *infirmāre,* debilitar, anular.) tr. ant. Disminuir, minorar el valor y eficacia de una cosa. ∥ **Der.** Hacer nula una cosa, invalidarla.

inflación. fr. e i., *inflation;* it., *enfiagione;* a., *Aufschwellung, Aufblähung.* (Del lat. *inflatĭo, -ōnis.*) f. Acción y efecto de inflar. ∥ fig. Engreimiento y vanidad. ∥ **Econ.** Circulación excesiva de papel moneda que no es convertible en moneda acuñada. Es consecuencia natural de toda época de crisis. Para hacer frente a los mayores gastos originados por esas situaciones las naciones acuden a dos recursos principales: emisión de billetes y emisión de deuda. A medida que los billetes en circulación aumentan más y más, van perdiendo en valor efectivo y se produce el hecho de que cada día se pueden adquirir menos productos con el mismo dinero, de donde nace como consecuencia el aumento del costo de vida.

inflacionario, ria. adj. Perteneciente o relativo a la inflación monetaria.

inflacionista. adj. **inflacionario.**

inflamable. fr. e i., *inflammable;* it., *infiammabile;* a., *entzündbar.* adj. Que se enciende con facilidad y arde desprendiendo inmediatamente llamas.

inflamación. fr. e i., *inflammation;* it., *infiammazione;* a., *Entzündung.* (Del lat. *inflammatĭo, -ōnis.*) f. Acción y efecto de inflamar o inflamarse. ∥ **Pat.** Alteración patológica en una parte cualquiera del organismo, caracterizada por trastornos de la circulación de la sangre y, frecuentemente, por aumento de calor, enrojecimiento, hinchazón y dolor.

inflamador, ra. (Del lat. *inflammātor, -ōris.*) adj. Que inflama.

inflamamiento. (De *inflamar,* producir inflamación.) m. ant. Acción y efecto de inflamar o inflamarse.

inflamante. p. a. de **inflamar.** Que inflama.

inflamar. fr., *enflammer;* it., *infiammare;* i., *to inflame, to set on fire;* a., *entzünden, anzünden.* (Del lat. *inflammāre.*) tr. Encender una cosa que arde con facilidad desprendiendo llamas inmediatamente. Ú. t. c. prnl. ∥ fig. Acalorar, enardecer las pasiones y afectos del ánimo. Ú. t. c. prnl. ∥ prnl. Producirse inflamación. ∥ Enardecerse una parte del cuerpo del animal tomando un color encendido.

inflamativo, va. adv. Que tiene virtud de inflamar.

inflamatorio, ria. fr., *inflammatoire;* it., *infiammatorio;* i., *inflammatory;* a., *entzündlich.* adj. **Pat.** Que causa inflamación. ∥ Que procede del estado de inflamación.

inflamiento. (De *inflar.*) m. Acción y efecto de inflar.

inflar. (Del lat. *inflāre;* de *in,* en, y *flāre,* soplar.) tr. Hinchar una cosa con aire u otra substancia aeriforme. Ú. t. c. prnl. ∥ fig. Exagerar, abultar hechos, noticias, etc. ∥ fig. Ensoberbecer, engreír. Ú. m. c. prnl.

inflativo, va. adj. Que infla o tiene virtud de inflar.

inflazón. f. *Méj.* barb. por **inflación.**

inflexibilidad. fr., *inflexibilité;* it., *inflessibilità;* i., *inflexibility;* a., *Unbiegsamkeit.* f. Calidad de inflexible. ∥ fig. Constancia y firmeza de ánimo para no conmoverse ni doblegarse.

inflexible. (Del lat. *inflexibĭlis.*) adj. Incapaz de torcerse o de doblarse. ∥ fig. Que por su firmeza y constancia de ánimo no se conmueve ni se doblega, ni desiste de su propósito.

inflexiblemente. adv. m. Con inflexibilidad.

inflexión. fr., *inflexion;* it., *inflessione;* i., *inflection;* a., *Biegung, Beugung.* (Del lat. *inflexĭo, -ōnis.*) f. Torcimiento o comba de una cosa que estaba recta o plana. ∥ Hablando de la voz, elevación o atenuación que se hace con ella, quebrándola o pasando de un tono a otro. ∥ **Geom.** Punto de una curva en que cambia de sentido su curvatura. ∥ **Gram.** Cada una de las terminaciones del verbo en sus diferentes modos, tiempos, números y personas; del pronombre en sus casos, y de las demás partes variables de la oración en sus géneros y números.

inflexo, xa. adj. **Bot.** Encorvado o doblado hacia dentro.

inflicto, ta. (Del lat. *inflictus.*) p. p. irreg. ant. de **infligir.**

infligir. fr., *infliger;* it., *infliggere;* i., *to inflict;* a., *auferlegen.* (Del lat. *infligěre,* herir, golpear.) tr. Hablando de castigos y penas corporales, imponerlos, condenar a ellos. ∥ Ocasionar, producir.

inflingir. tr. *Guat.* barb. por **infligir.**

inflorescencia. (Del lat. *inflorescens, -entis,* que comienza a florecer en.) f. **Bot.** Pedúnculo floral ramificado y, por tanto, con varias flores; se distingue de las ramas con flores aisladas en que entre éstas hay hojas normales y entre las flores de una inflorescencia puede haber brácteas (hojas modificadas), pero no hojas normales.

influencia. fr. e i., *influence;* it., *influenza, influsso;* a., *Einfluss.* (Del lat. *influens, -entis,* influente.) f. Acción y efecto de influir. ∥ fig. Poder, valimiento, autoridad de una persona para con otra u otras o para intervenir en un negocio. ∥ fig. Gracia e inspiración que Dios envía interiormente a las almas.

influenciar. tr. **influir.**

Inflorescencia del granado

influente. (Del lat. *influens, -entis.*) p. a. desus. de **influir. influyente.**

influenza. (Del it. *influenza.*) f. **Pat.** gripe.

influir. fr., *influer, influencer;* it., *influire, influenzare;* i., *to influence;* a., *beeinflussen.* (Del lat. *influěre.*) tr. Producir unas cosas sobre otras ciertos efectos; como el del hierro sobre la aguja imanada, la luz en la vegetación, etc. Ú. t. c. intr. ∥ fig. Ejercer una persona o cosa predominio o fuerza moral en el ánimo. Ú. t. c. intr. ∥ fig. Contribuir con más o menos eficacia al éxito de un negocio. Ú. t. c. intr. ∥ fig. Inspirar o comunicar Dios algún efecto o don de su gracia.

influjo. (Del lat. *influxus.*) m. Acción y efecto de influir. ∥ Flujo de la marea.

influyente. p. a. de **influir.** Que influye.

infolio. fr., *in folio;* it., *in foglio;* i., *folio;* a., *Folioband, Folioformat.* m. Libro en folio.

Inforciado. (Del b. lat. *infortiatum,* reforzado; de *in,* en, y *fortis,* fuerte.) Segunda parte del Digesto o Pandectas de Justiniano.

información. fr., *information;* it., *informazione;* i., *report;* a., *Nachricht, Erkundigung, Auskunft.* (Del lat. *informatĭo, -ōnis.*) f. Acción y efecto de informar o informarse. ∥ Oficina donde se informa de alguna cosa. ∥ Averiguación jurídica y legal de un hecho o delito. ∥ Pruebas que se hacen de la calidad y circunstancias necesarias en un sujeto para un empleo u honor. Ú. m. en pl. ∥ ant. fig. Educación, instrucción. ∥

Información. *Resultado de las elecciones de 1902, en Francia, grabado de H. Meyer*

Comunicaciones. Comunicación o adquisición de conocimientos que permiten ampliar o precisar los que se poseen sobre una materia determinada. ∥ Conocimientos así comunicados o adquiridos. ∥ **Informática.** Conjunto de datos que constituye la entrada o el resultado de un proceso informativo. ∥ **de derecho.** *Der.* **información en derecho.** ∥ **en derecho.** papel en derecho. ∥ **de dominio.** Medio supletorio para inscribir el de bienes en el registro de la propiedad cuando se carece de título escrito. ∥ **genética.** *Biol.* y *Genética.* Proceso por el que el ácido desoxirribonucleico (ADN) de los cromosomas controla, en las células que lo contienen, la formación de proteínas específicas del ser a que pertenecen y de su estirpe. ∥ **parlamentaria.** *Der.* Averiguación sobre algún asunto importante encargada a una comisión especial de cualquiera de los cuerpos colegisladores. ∥ **ad perpétuam,** o **ad perpétuam rei memóriam.** La que se hace judicialmente y a prevención, para que conste en lo sucesivo una cosa. ∥ **de pobre,** o **de pobreza.** La que se hace ante los jueces y tribunales para obtener los beneficios de la defensa gratuita. ∥ **posesoria.** Medio supletorio de titulación para inscribir el de bienes en el registro de la propiedad, limitado a la posesión que

informador–infrascrito

puede convertirse luego en inscripción de dominio. ‖ **de sangre.** Aquella con que se acredita que en la ascendencia y familia de un sujeto concurren las calidades de linaje que se requieren para un determinado fin. ‖ **de vita et móribus.** La que se hace de la vida y costumbres de aquel que ha de ser admitido en una comunidad o antes de obtener una dignidad o cargo.

informador, ra. (Del lat. *informātor*.) adj. Que informa. Ú. t. c. s.

informal. (De *in-* y *formal*.) adj. Que no guarda las reglas y circunstancias prevenidas. ‖ Aplícase también a la persona que en su porte y conducta no observa la conveniente gravedad y puntualidad. Ú. t. c. s.

informalidad. fr., *inconvenance*; it., *informalità*; i., *informality*; a., *Ordungswidrigkeit*, *Unschicklichkeit*. f. Calidad de informal. ‖ fig. Cosa reprimible por informal.

informalismo. m. B. Artes. Tendencia artística caracterizada por la falta de concordancia entre las formas de expresión adoptadas y la realidad.

informalmente. adv. m. Con informalidad; de manera informal.

informamiento. m. ant. Acción y efecto de informar.

informante. fr., *rapporteur*; it., *relatore*; i., *reporter*; a., *Berichterstatter*. p. a. de **informar**. Que informa. ‖ m. El que tiene encargo y comisión de hacer las informaciones de limpieza de sangre y calidad de uno.

informar. (Del lat. *informāre*.) tr. Enterar, dar noticia de una cosa. Ú. t. c. prnl. ‖ ant. fig. Formar, perfeccionar a uno por medio de la instrucción y buena crianza. ‖ En filosofía, dar forma substancial a la materia prima. ‖ intr. Dictaminar un cuerpo consultivo, un funcionario o cualquier persona perita, en asunto de su respectiva competencia. ‖ **Der.** Hablar en estrados los fiscales y abogados.

informática. (Del fr. *informatique*, compuesto contracto de *information*, información, y *automatique*, automática.) f. Técnica que, por medio de ordenadores electrónicos, pone a disposición de los investigadores y estudioso información completa, exacta y rápida. Desde que Pascal en 1642 conseguía sumar y restar números enteros por combinación de ruedas dentadas, hasta nuestros más modernos ordenadores, han existido multitud de modelos y épocas que se pueden reunir en tres generaciones fundamentales:

Primera generación: De 1937 a 1948. En esta generación destacan los trabajos de J. P. Eckert y J. W. Mauchly, que en 1945 desarrollaron el ENIAC, que utilizaba ya 18.000 válvulas electrónicas. Al mismo tiempo trabajaban, con la colaboración de J. von Neuman, en el EDVAC, que se terminaría en 1952. Por esta misma época aparece el IAS, y por fin, el primer ordenador que surge en el mercado, el UNIVAC I (mezcla del IAS y el EDVAV), que ya utiliza técnicas binarias.

Segunda generación: De 1950 a 1960, aproximadamente. Se distingue esta generación de la anterior por el cambio de las válvulas por los transistores. Con lo que se disminuía el volumen de las máquinas y se aumentaba en fiabilidad y velocidad. En esta generación ya se puede hablar de procesos en microsegundos.

Tercera generación: Considerada por algunos como la actual, aunque otros hablan ya de una cuarta generación. Esta generación emplea una moderna tecnología electrónica, utilizando circuitos integrados monolíticos. Aparecen los conceptos de:

Tiempo compartido (Time/Sharing): Utilizado por ordenadores con multiprogramación. En este sistema el ordenador va repartiendo su tiempo entre los distintos usuarios, dando la sensación a cada uno de que es utilizado por él en exclusiva.

Teleproceso: Es la utilización del ordenador a distancia, empleando líneas de telecomunicación, como línea telefónica, telegráfica, ondas hertzianas, microondas, enlace vía satélite, etcétera.

Multiproceso: Es la forma de utilización de un equipo, en el cual un mismo trabajo puede ser desarrollado por dos o más procesadores simultáneamente.

Tiempo real: Es una forma de trabajo en la cual el ordenador procesa instantáneamente los datos que le son suministrados, obteniendo unos resultados que a su vez son utilizados como datos para la continuación del proceso.

Dos partes fundamentales existen en un ordenador: Hardware y Software.

Hardware: Es el conjunto de máquinas e instrumentos que con todas sus piezas mecánicas o electrónicas constituyen un equipo informático.

Software: Significa en inglés lo contrario de Hardware. Y es el conjunto de programas de que el sistema dispone para traducir y tratar la información dada por el usuario.

informativo, va. adj. Dícese de lo que informa para dar noticia de una cosa. ‖ **Filos.** Que da forma a una cosa.

informe. (Del lat. *informis*; de *in*, priv., y *forma*, figura.) adj. Que no tiene la forma, figura y perfección que le corresponde. ‖ De forma vaga e indeterminada.

informe. fr., *information*; it., *informazione*; i., *report*; a., *Bericht*, *Auskunft*, *Erkundigung*. (De *informar*.) m. Noticia o instrucción que se da de un negocio o suceso, o bien acerca de una persona. ‖ Acción y efecto de informar o dictaminar. ‖ **Der.** Exposición total que hace el letrado o el fiscal ante el tribunal que ha de fallar el proceso.

informidad. (Del lat. *informĭtas*, -ātis.) f. Calidad de informe.

infortificable. adj. Que no se puede fortificar.

infortuna. (De *in-* y *fortuna*.) f. **Astrol.** Influjo adverso e infausto de los astros.

infortunadamente. adv. m. Sin fortuna, con desgracia.

infortunado, da. (Del lat. *infortunātus*.) adj. **desafortunado.** Ú. t. c. s.

infortunio. fr., *malheur*, *malchance*; it., *infortunio*; i., *misfortune*; a., *Missgeschick*, *Unglücksfall*. (Del lat. *infortunĭum*.) m. Suerte desdichada o fortuna adversa. ‖ Estado desgraciado en que se encuentra una persona. ‖ Hecho o acaecimiento desgraciado.

infortuno, na. (De *in-* y *fortuna*.) adj. ant. **desafortunado.**

infosura. (Del lat. *infosus*, de *infodĕre*, cavar.) f. **Veter.** Enfermedad de las caballerías que se presenta con dolores en dos o en los cuatro remos, caracterizada principalmente por el miedo con que pisan.

infra-. (Del lat. *infra*.) prep. insep. que indica inferioridad.

infracción. fr., *infraction*; it., *infrazione*; i., *infringement*; a., *Verletzung*, *Übertretung*. (Del lat. *infractĭo*, -ōnis.) f. Transgresión, quebrantamiento de una ley, pacto o tratado; o de una norma moral, lógica o doctrinal.

infracto, ta. (Del lat. *in*, priv., y *fractus*, abatido, de *frangĕre*, quebrar.) adj. Constante y que no se conmueve fácilmente.

infractor, ra. (Del lat. *infractor*, -ōris.) adj. Que quebranta una ley o precepto.

infraestructura. (De *infra-* y *estructura*.) f. Parte de una construcción que está bajo el nivel del suelo.

in fraganti. m. adv. En el momento en que se está cometiendo el delito.

infrahumano, na. adj. Inferior a lo humano.

infrangible. (Del latín *infrangibĭlis*.) adj. Que no se puede quebrar o quebrantar.

infranqueable. fr., *infranchissable*; it., *insuperabile*; i., *unsurmountable*; a., *unübersteigbar*. (De *in-* y *franqueable*.) adj. Imposible o difícil de franquear o desembarazar de los impedimentos que estorban el paso.

infraoctava. (De *infra-* y *octava*.) f. Tiempo que abraza los seis días comprendidos entre el primero y último de la octava de una festividad de la Iglesia.

infraoctavo, va. adj. Aplícase a cualquiera de los días de la infraoctava.

infraorbitario, ria. (De *infra-* y *órbita*.) adj. **Anat.** Dícese de lo que está situado en la parte inferior de la órbita del ojo, o inmediatamente debajo.

infrarrojo, ja. (De *infra-* y *rojo*.) adj. **Fís.** V. **rayos infrarrojos.**

infrascripto, ta. adj. **infrascrito.** Ú. t. c. s.

infrascrito, ta. fr., *soussigné*; it., *sottoscritto*; i., *undersigned*; a., *unterzeichneter*. (Del lat. *infra*, debajo de, y *scriptus*, escrito.) adj. Que firma al

Unidad de cintas y unidad de discos

fin de un escrito. Ú. t. c. s. ‖ Dicho abajo o después de un escrito.

infrasonido. fr., *infrason;* it., *infrasuono;* i., *infrasound;* a., *Infraschall.* m. **Fís.** Vibración acústica de frecuencia demasiado baja, inferior a 20 ciclos por segundo, para producir una sensación auditiva.

infrecuencia. (Del lat. *infrequentĭa.*) f. Falta de frecuencia, rareza. ‖ Calidad de infrecuente.

infrecuente. (Del latín *infreqŭens, -ēntis.*) adj. Que no es frecuente.

infrigidación. (Del lat. *infrigidatĭo, -ōnis.*) f. desus. Acción y efecto de enfriar o enfriarse.

infringir. (Del latín *infringĕre.*) tr. Quebrantar leyes, órdenes, etc.

infructífero, ra. (Del lat. *infructĭfer, -ĕri.*) adj. Que no produce fruto. ‖ fig. Que no es de utilidad ni provecho para el fin que se persigue.

infructuosamente. adv. m. Sin fruto, sin utilidad.

infructuosidad. (Del latín *infructuosĭtas, -ātis.*) f. Calidad de infructuoso.

infructuoso, sa. fr., *infructueux;* it., *infruttuoso;* i., *fruitless;* a., *unfruchtbar.* (Del lat. *infructŭōsus.*) adj. Ineficaz, inútil para algún fin.

infrugífero, ra. (Del lat. *infrugĭfer, -ĕri.*) adj. **infructífero.**

infrutescencia. f. **Bot.** Fructificación formada por agrupación de varios frutillos con apariencia de unidad, como la del moral, la del higo, etcétera.

ínfula. (Del lat. *infŭla.*) f. Adorno de lana blanca, a manera de venda, con dos tiras caídas a los lados, con que se ceñían la cabeza los sacerdotes de los gentiles y los suplicantes, y que se ponía sobre las de las víctimas. Lo usaban tam-

Ínfula. Mitra del siglo XII. Museo de la catedral. Orense

bién en la antigüedad algunos reyes. Ú. m. en pl. ‖ Cada una de las dos cintas anchas que penden por la parte posterior de la mitra episcopal. ‖ pl. fig. Presunción o vanidad.

infumable. (De *in-* y *fumar.*) adj. Dícese del tabaco pésimo, ya por su calidad, ya por defecto de elaboración. ‖ Por ext., inaceptable, de mala calidad, sin aprovechamiento posible.

infundadamente. adv. m. Sin fundamento racional.

infundado, da. (De *in-* y *fundado*, p. p. de *fundar.*) adj. Que carece de fundamento real o racional.

infundia. f. *Amér.* barb. por **enjundia.**

infundibuliforme. (Del lat. *infundibŭlum,* embudo, y *-forme.*) adj. **Anat., Bot.** y **Zool.** Dícese de todo organismo o parte de él que tiene forma aproximada de embudo.

infundíbulo. (Del lat. *infundibŭlum,* embudo.) m. **Anat.** Cada una de las cavidades del organismo que tienen una forma parecida a la del embudo.

infundio. m. Mentira, patraña o noticia falsa, generalmente tendenciosa.

infundioso, sa. adj. Mentiroso, que acostumbra propalar infundios.

infundir. fr., *infuser, inspirer;* it., *infondere;* i., *to infuse;* a., *aufgiessen, einflössen.* (Del lat. *infundĕre.*) tr. ant. Poner un simple o medicamento en un licor por cierto tiempo. ‖ p. us. Echar un líquido en una vasija u otro recipiente. ‖ fig. Comunicar Dios al alma un don o gracia. ‖ fig. Causar en el ánimo un impulso moral o afectivo.

infurción. (De *in* y *furción.*) f. Tributo que en dinero o especie se pagaba al señor de un lugar por razón del solar de las casas.

infurcioniego, ga. adj. Sujeto al tributo de infurción.

infurtir. tr. **enfurtir.**

infurto, ta. p. p. irreg. de **infurtir.**

infuscar. (Del lat. *infuscāre;* de *in,* en, y *fuscus,* obscuro.) tr. ant. Ofuscar, obscurecer.

infusibilidad. f. Calidad de infusible.

infusible. (De *in-* y *fusible.*) adj. Que no puede fundirse o derretirse.

infusión. fr. e i., *infusion;* it., *infusione;* a., *Aufgiessen, Aufguss.* (Del lat. *infusĭo, -ōnis;* de *in,* en, y *fundĕre, fusi, fusum,* echar, verter.) f. Acción y efecto de infundir. ‖ Hablando del sacramento del bautismo, acción de echar el agua sobre la cabeza del que se bautiza. ‖ **Farm.** Acción de extraer de las substancias orgánicas las partes solubles en agua, a una temperatura mayor que la del ambiente y menor que la del agua hirviendo. ‖ Producto líquido así obtenido. ‖ Cualquier bebida preparada con alguna hierba en agua hirviente.

infuso, sa. (Del lat. *infūsus.*) p. p. irreg. de **infundir.** Hoy sólo tiene uso hablando de las gracias y dones que Dios infunde en el alma.

infusorio. fr., *infusoire;* it., *infusorio;* i., *infosorium;* a., *infusorie, infusionstier.* (Del lat. *infusorium.*) adj. **Zool.** Dícese de los protozoos que, con gran frecuencia, aparecen en las infusiones de heno, tierra vegetal, materias orgánicas, etc. ‖ m. pl. Clase de estos protozoos, más correctamente llamados *ciliados.*

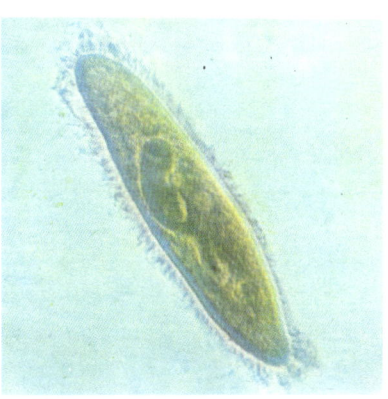

Infusorio

inga. (Del quechua *inca.*) **Bot.** Gén. de plantas de la familia de las mimosáceas, propio de los países tropicales y subtropicales de América, de madera pesada y muy parecida a la del nogal. ‖ adj. V. **piedra inga.** Ú. t. c. s. ‖ m. ant. **inca.**

Ingemann (Bernhard Severin). Biog. Poeta, dramaturgo y novelista danés, n. en Thorkildstrup y m. en Sorö (1789-1862). Dotado de extraordinaria fecundidad y extensa cultura, cultivó casi todos los géneros y produjo numerosas obras, por las que figura en uno de los primeros lugares en la literatura danesa.

ingenerable. (Del lat. *ingenerabĭlis.*) adj. Que no puede ser engendrado.

Ingenhousz (Jan). Biog. Médico, naturalista y químico holandés, n. en Breda y m. en Bowood (1730-1799). Hizo estudios sobre la conductibilidad de los metales y fue el primero que observó, en 1870, que las plantas que viven a la luz exhalan oxígeno, y en la obscuridad, desprenden anhídrido carbónico.

ingeniar. (De *ingenio.*) tr. Trazar o inventar ingeniosamente. ‖ prnl. Discurrir con ingenios trazas y modos para conseguir una cosa o ejecutarla.

ingeniatura. (De *ingeniar.*) f. fam. Industria y arte con que se ingenia uno y resuelve su bien.

ingeniería. fr., *génie;* it., *ingegneria;* i., *engineering;* a., *Ingenieurwissenschaft.* f. Conjunto de conocimientos y de técnicas que permiten aplicar el saber científico a la utilización de las materias primas y de las fuentes de energía, mediante invenciones o construcciones útiles para la humanidad. ‖ Profesión y ejercicio del ingeniero. ‖ La ingeniería es una rama de la ciencia aplicada, que avanza a tono con el progreso científico, aunque en las etapas más primitivas no fue exactamente así, sino que las primeras tecnologías evolucionaron a partir de la observación de fenómenos concretos, de los cuales en la mayoría de los casos no se conocía la explicación científica. En su sentido más amplio abarca prácticamente todos los campos de la vida colectiva e individual de los hombres y mujeres y tiene un número ilimitado de aplicaciones. Con el fin de resumir y sin ánimo de ser exhaustivo, agruparemos sus actividades con arreglo a los siguientes temas fundamentales:

A) *Defensa contra los elementos.*
B) *Materias primas, embalses y energía.*
C) *Comunicaciones.*
D) *Investigación pura.*

A) *Defensa contra los elementos.* Como obras típicas a este respecto son dignos de mención los diques holandeses de protección con-

Dique entre el Zuiderzee y el mar de Waaden, a la altura de Zurig (P. B.)

tra la invasión del mar, y en especial el de 32 km. de longitud que cierra el Zuider Zee, lo que ha permitido la desecación y conquista para el cultivo de grandes extensiones de terreno.

B) *Materias primas, embalses y energía.* Las materias primas se obtienen mediante la minería, la agricultura, la ganadería y la pesca; la primera y la última bastante industrializadas, y las otras en vías de serlo, y su desarrollo es el campo de acción propio de la industria, en sus diversas especialidades (metalúrgica, tejidos, petrolífera, papel, cemento, química, etc.). En el terreno energético se han realizado grandes obras de ingeniería en torno a las instalaciones hidroeléctricas. En España, la presa de Aldeadávila, en el Duero, con sus 138 m. de alt. y

ingeniería–ingeniero

115 millones de m.³ de embalse, tiene una potencia instalada de 760.000 kw. y es la más importante de Europa occidental. Mención aparte merece la obtención de energía nuclear controlada para la producción de energía eléctrica. En España existían, en 1978, tres centrales nucleares en funcionamiento y otras cuatro en diversas fases de proyecto o construcción. El número total de proyectadas es mucho mayor, pero no parece vayan a construirse todas. De hecho, las cifras oficiales en este sentido disminuyen de año en año. Hay que hacer notar que en muchos aspectos esta tecnología parece no ser aún del todo dominada y, debido a los graves peligros que ofrece, han aparecido fuertes movimientos populares de oposición a la utilización de la energía nuclear en todo el mundo. Debido a la constatación de la escasez de petróleo en un futuro no lejano y a las dificultades que ofrece la energía nuclear, a partir de 1975 se han empezado a desarrollar nuevas tecnologías para utilización de energías alternativas, siendo de especial mención las relacionadas con el aprovechamiento de la energía solar, bien a través de su aporte calórico, bien a través de la propia luz solar (fotovoltaico = producción de energía eléctrica a partir de la luz del Sol mediante células de silicio). En EE. UU. se están estudiando proyectos de grandes dimensiones, en los que se prevén producciones muy superiores a las de una central nuclear.

C) *Comunicaciones.* En este concepto tienen cabida las vías de comunicación (ferrocarriles, autovías y carreteras, con sus puentes y, túneles, canales de navegación, teleféricos y *pipe-lines*), los puertos, con sus instalaciones de carga y descarga, y los vehículos de transporte (locomotoras, automóviles, aviones y cohetes), más los servicios de telefonía, telegrafía, radiotelegrafía, radiotelefonía y televisión. Se trata, sin duda alguna, del grupo más complejo e importante y el que posee las obras de ingeniería por excelencia. Los ferrocarriles se vienen orientando hacia la substitución del vapor, como fuerza motriz, por la electricidad y los motores Diesel y Diesel eléctrico. Como especial avance de la década de los años cincuenta está el *Talgo*, invento del ingeniero español Alejandro Goicoechea. La tendencia en las grandes ciudades se dirige hacia la substitución del metropolitano subterráneo por trenes monocarriles, elevados o **suspendidos**, y se acentúa el aumento de velocidades de los trenes. En realidad, toda la tecnología va dirigida al aumento de velocidad y al máximo control de computación para evitar accidentes. Las autovías, concebidas para las grandes velocidades que pueden desarrollar los automóviles, permiten no sólo con el aumento de su anchura, sino también con la evitación de cruces, travesía de poblaciones y pasos a nivel, y con desviaciones y empalmes sin interferencias, la posibilidad de mayores velocidades y un menor peligro de accidentes. Entre los canales figuran como principales los marítimos de Suez, Kiel y, muy especialmente, Panamá. Son también importantes obras de ingeniería los puertos de gran tráfico, tales como el de Nueva York (EE. UU.), Rotterdam (P. B.), Londres (R. U.), Amberes (Bélgica), etcétera, en los que se han construido grandes muelles con medios propios de comunicación, grandes instalaciones para la carga y descarga y grúas gigantes. La ingeniería naval ha alcanzado un alto nivel, tanto en la marina de guerra como en la mercante. La aviación viene efectuando avances espectaculares que afectan tanto al tamaño de los aviones como a su velocidad, ambos crecientes. El motor de hélice ha sido totalmente superado por el de reacción; se ha vencido la barrera sónica, y se va venciendo la térmica, y el **vehículo espacial** tipo cohete ha iniciado la conquista del espacio extraterrestre. Las comunicaciones radiotelegráficas, superadas con las radiotelefónicas, se han visto completadas con la televisión, y últimamente se ha dado un paso muy importante con los satélites estadounidenses y soviéticos (*Telstar, Relay, Soyuz*, etc), que permiten la recepción de emisiones de televisión entre dos puntos cualesquiera de la Tierra.

D) *Investigación pura.* Deben mencionarse en este grupo grandes creaciones, como el telescopio gigante del observatorio de Monte Palomar (EE. UU.), el radiotelescopio de Chalais-Meudon (Francia), los canales hidrodinámicos para el estudio de nuevos tipos de aviones y los aceleradores nucleares para el bombardeo y fisión de los núcleos atómicos, como el ciclotrón, bevatrón y sincrotón. || **genética.** *Biol.* Nueva ciencia que aspira a conocer el origen de la vida y los fenómenos relativos a la evolución, el comportamiento, la reproducción, el crecimiento, el desarrollo, el envejecimiento y la muerte del hombre, con miras a controlar las causas que producen estos fenómenos. || **química.** *Quím.* Rama de la química que abarca el estudio y aplicación, desde el punto de vista fisicoquímico, de los procesos de fabricación en que tiene lugar alguna transformación química.

ingeniero, ra. fr., *ingénieur;* it., *ingegnere;* i., *engineer;* a., *Ingenieur.* (De *ingenio.*) m. y f. Persona que profesa o ejerce la ingeniería. || ant. El que discurre con ingenio las trazas y modos de conseguir o ejecutar una cosa. || **aeronáutico.** *Tecnol.* El que proyecta y construye aeronaves, pistas, hangares, etc. || **agrónomo.** El que entiende en el fomento, calificación y medición de las fincas rústicas y en cuanto se refiere a la práctica de la agricultura y dirección de las construcciones rurales. || **de la armada** o **de marina.** El que tiene a su cargo proyectar, hacer y con-

Encuentro espacial entre los *Géminis VI y VII*

Autopista de San Gotardo (Suiza)

servar toda clase de construcciones navales. || **de caminos, canales y puertos.** El que entiende en la traza, ejecución y conservación de los caminos, canales y puertos y de otras obras relacionadas con ellos. || **civil.** El que pertenece a cualquiera de los cuerpos facultativos no militares dedicados a obras y trabajos públicos. || **general.** Jefe superior del cuerpo de ingenieros militares, llamado después *director*, o *inspector general de ingenieros*. || **geógrafo.** El que ejerce su cargo en la corporación oficial encargada de formar la estadística y el mapa general de España. || **industrial.** El que entiende en todo lo concerniente a la industria fabril. || **mecánico.** El que tiene los conocimientos necesarios para trazar y construir toda clase de máquinas y artefactos, y establecer y dirigir a las industrias que dependen de las artes mecánicas. || **militar.** El que pertenece al cuerpo de ingenieros del ejército, que proyecta y ejecuta las construcciones militares de toda especie, cuida de su conservación en tiempo de paz y tiene a su cargo en campaña los trabajos de sitio y defensa y cuantas obras necesitan las tropas para acantonarse, comunicarse entre sí, marchar y combatir al enemigo. || **de minas.** El que entiende en el laboreo de las minas y en la construcción y dirección de las fábricas en que se benefician los minerales. || **de montes.** El que entiende en la cría, fomento y aprovechamiento de los montes. || **naval. ingeniero de la armada.** || **químico.** El que posee los conocimientos especiales para la confección de productos químicos y para establecer y dirigir las industrias relacionadas con la química. || **técnico. perito.** || **de telecomunicación.** El que dirige instalaciones telegráficas, telefónicas, estaciones de radio y televisión y toda clase de aparatos radioeléctricos.

Ingeniero Balbín. Geog. Local. de Argentina, prov. de Buenos Aires, part. de General Pinto; 728 h. || **Balloffet.** Local. de Argentina, prov. de Mendoza, depart. de San Rafael; 578 h. || **Barbet.** Local. de Argentina, prov. de Chaco, part. de Sargento Cabral; 311 h. || **Chancurdié.** Local. de Argentina, prov. de Santa Fe, depart. de General Obligado; 803 h. || **Ezcurra.** Local. de Argentina, prov. de Santiago del Estero, depart. de la Capital; 199 h. || **La Florida.** Local. de Argentina, prov. de Tucumán, depart. de Cruz Alta; 2.986 h. || **Foster.** Local. de Argentina, prov. de La Pampa, depart. de Rancul; 280 h. || **Gustavo Andre.** Local. de Argentina, prov. de Mendoza, depart. de Lavalle; 1.929 h. || **Huergo.** Local. de Argentina, prov. de Río Negro, depart. de General Roca; 2.226 h. || **Jacobacci.** Local. de Argentina, prov. de Río Negro, cap. del depart. de 25 de Mayo; 2.233 h. || **Juárez.** Local. de Argentina, prov. de Formosa, depart. de Matacos; 1.335 h. || **Luiggi.** Local. de Argentina, prov. de La Pampa, depart. de Realicó; 2.113 h. || **Maschwitz.** Local. de Argentina, prov. de Buenos Aires, part. de Escobar; 4.029 h. || **Moneta.** Local. de Argentina, prov. de Buenos Aires, part. de San Pedro; 474 h. || **Silveyra.** Local. de Argentina, prov. de Buenos Aires, part. de Chacabuco; 344 h. || **Trompson.** Local. de Argentina, prov. de Buenos Aires, part. de Pellegrini; 688 h. || **White.** Local. de Argentina, prov. de Buenos Aires, part. de Bahía Blanca; 6.089 h. || **Williams.** Local. de Argentina, prov. de Buenos Aires, part. de Navarro; 408 h.

Ingenieros (José). Biog. Médico, literato y filósofo argentino, n. en Palermo y m. en Buenos Aires (1877-1925). Escritor brillante y dotado de amplia cultura, influyó mucho en la dirección de los estudios biofilosóficos, a los que aportó ideas originales. Se le deben, entre otras muchísimas obras: *La cultura filosófica en la España medieval, La cultura filosófica en Francia, Ciencia y Filosofía, La moral de Ulises, La psicología en el Arte, La evolución de las ideas argentinas* y *La revolución*.

ingenio. fr., *génie, engin, esprit;* it., *ingegno;* i., *genius, engine;* a., *Begabung, Verstand.* (Del lat. *ingenium.*) m. Facultad en el hombre para discurrir o inventar con prontitud y facilidad. || Sujeto dotado de esta facultad. || Intuición, entendimiento, facultades poéticas y creadoras. || Industria, maña y artificio de uno para conseguir lo que desea. || Máquina o artificio mecánico. || Cualquiera máquina o artificio de guerra para ofender o defenderse. || Instrumento usado por los encuadernadores para cortar los cantos de los libros, compuesto de dos largueros de madera paralelos de unos 40 cm. de long., uno de los cuales tiene asegurada por la parte interior una cuchilla horizontal y ambos van unidos por un husillo que los aproxima gradualmente a medida del movimiento alternativo que se da a la armazón sobre las teleras de la prensa donde el libro está sujeto. || **Indus. ingenio de azúcar.** || *Ar.* Fábrica donde se elabora la cera. || **Mil.** Máquina de guerra antigua que servía para el ataque y la defensa. || **de azúcar.** *Indus.* Conjunto de aparatos para moler la caña y obtener el azúcar. || Finca que contiene el cañamelar y las oficinas de beneficio.

Ingenio. Geog. Mun. de España, en la isla de Gran Canaria, prov. de Las Palmas, p. j. de Telde; 15.407 h. || Lugar cap. del mismo; 8.437 h. || Dist. de Perú, depart. de Junín, prov. de Huancayo; 1.649 h. || Pueblo cap. del mismo; 996 h. || **(El).** Dist. de Perú, depart. de Ica, prov. de Nazca; 2.802 h. || Pueblo cap. del mismo; 647 h. || **La Esperanza.** Local. de Argentina, prov. de Jujuy, depart. de San Pedro; 3.194 h. || **Lules.** Local. de Argentina, prov. de Tucumán, depart. de Famaillá; 1.427 h. || **Primer Correntino.** Local. de Argentina, prov. de Corrientes, depart. de San Cosme; 567 h. || **San Antonio.** Pobl. de Nicaragua, depart. de Chinandega, mun. de Chichigolpa; 4.511 h. || **Santa Ana.** Local. de Argentina, prov. de Tucumán, depart. de Río Chico; 2.414 h.

ingeniosamente. adv. m. Con ingenio.
ingeniosidad. (Del lat. *ingeniosĭtas, -ātis.*) f. Calidad de ingenioso. || fig. Especie o idea artificiosa y sutil. Ú. por lo general despectivamente.
ingenioso, sa. fr., *ingénieux;* it., *ingegnoso;* i., *ingenious;* a., *scharfsinnig.* (Del lat. *ingeniōsus.*) adj. Que tiene ingenio. || Hecho o dicho con ingenio.
ingénito, ta. fr., *inné;* it., *ingenito;* i., *innate;* a., *angeboren.* (Del lat. *ingenĭtus;* de *in,* priv., y *gignĕre, genŭi, genĭtum,* engendrar.) adj. No engendrado. || Connatural y como nacido con uno.
ingente. fr., *énorme;* it., *ingente;* i., *enormous;* a., *unermesslich.* (Del lat. *ingens, -entis.*) adj. Muy grande.
ingenuamente. adv. m. Con ingenuidad o sinceridad.
ingenuidad. fr., *ingénuité;* it., *ingenuità;* i., *ingeniousness;* a., *Offenherzigkeit, Harmlosigkeit.* (Del lat. *ingenuĭtas, -ātis.*) f. Sinceridad, buena fe, candor, realidad en lo que se hace o se dice. || **Der.** Condición personal de haber nacido libre, en contraposición a la del manumiso o liberto.
ingenuo, nua. fr., *ingénu, naïf;* it., *ingenuo;* i., *ingenuous;* a., *naïv, harmlos.* (Del lat. *ingenŭus.*) adj. Real, sincero, candoroso, sin doblez. || En derecho, que nació libre y no ha perdido su libertad. || Ú. t. c. s. || f. Actriz que hace papeles de persona inocente y candorosa.
ingerir. (Del lat. *ingerĕre.*) tr. Introducir por la boca la comida, bebida o los medicamentos.
ingestión. (Del lat. *ingestio, -ōnis.*) f. **Biol.** Acción de ingerir.
ingiva. (Del lat. *gingīva.*) f. ant. **Anat.** encía.
Inglaterra. Geog. País del R. U., que se extiende por la parte meridional y oriental de la isla de Gran Bretaña y limita al N. con Escocia y al O. con Gales; 130.367 km.^{2} y 46.453.700 h. Tradicionalmente se ha venido aplicando este nombre para designar a todo el *Reino Unido* (v.).

El Parlamento. Londres (Inglaterra)

ingle. fr., *aine;* it., *inguine;* i., *groin;* a., *Leistenbeuge.* (Del lat. *inguen, -ĭnis.*) f. **Anat.** Parte del cuerpo en que se juntan los muslos con el vientre.

inglés, sa. fr., *anglais;* it., *inglese;* i., *english, british;* a., *engländer.* adj. Natural de Inglaterra o perteneciente a este país. Ú. t. c. s. || m. Cierta tela usada antiguamente. || fam. Acreedor de dinero. || **Ling.** Lengua inglesa, que pertenece al grupo de los idiomas germánicos occidentales. Lo hablan unos 250 millones de personas. Reúne en si elementos celtas, anglosajones, germánicos y latinos, que provienen de las diferentes invasiones de las islas. La relación entre el elemento latino y el germánico ha variado mucho en las diferentes épocas. En la actualidad, el número de raíces latinas oscila entre el 20 y el 40 %. Existen tendencias, tanto en EE. UU. como en el R. U., para modificar la ortografía inglesa, haciendo que coincida de una manera más exacta con la pronunciación. || **a la inglesa.** m. adv. Al uso de Inglaterra. || loc. adv. fam. **a escote.** || Dícese de la encuadernación cuyas tapas, de tela o cuero, son flexibles y tienen además las puntas redondeadas.

Inglés (Jorge). Biog. Pintor perteneciente a la escuela del s. XV. Es célebre por haber ejecutado el retablo mayor y colaterales de la iglesia del hospital de Buitrago, por encargo del primer marqués de Santillana, Íñigo López de Mendoza, famoso poeta que, junto con su esposa, aparece retratado en el mismo y que en la actualidad se encuentra en el Castillo de Viñuelas (Madrid). Le atribuyen también el retablo de San Jerónimo de la Mejorada (Museo de Valladolid).

inglesismo. (De *inglés.*) m. Vocablo o giro tomado del inglés.

inglete. (Del fr. *anglet*, y éste de *angle*, del lat. *angŭlus*, ángulo.) m. Ángulo de 45 grados que con cada uno de los catetos forma la hipotenusa del cartabón. || Unión a escuadra de los trozos de una moldura.

ingletear. tr. Formar ingletes con las molduras.

inglosable. adj. Que no se puede glosar.

ingobernable. (De *in-* y *gobernable.*) adj. Que no se puede gobernar.

ingratamente. adv. m. Con ingratitud.

ingratitud. fr., *ingratitude;* it., *ingratitudine;* i., *ingratitude, ungratefulness;* a., *Undankbarkeit.* (Del lat. *ingratitūdo.*) f. Desagradecimiento, olvido o desprecio de los beneficios recibidos.

ingrato, ta. (Del lat. *ingrātus.*) adj. Desagradecido, que olvida o desconoce los beneficios recibidos. || Desapacible, áspero, desagradable. || Dícese de lo que no corresponde al trabajo que cuesta labrarlo, conservarlo o mejorarlo.

ingravidez. f. Calidad de ingrávido. || Estado en que se encuentra cualquier ser u objeto no sometido a la fuerza de la gravedad.

ingrávido, da. (De *in-* y *grave.*) adj. Ligero, suelto y tenue como la gasa o la niebla.

ingre. (Del lat. *inguen, -ĭnis*, ingle.) f. ant. **ingle.** Ú. en Burgos.

ingrediente. fr., *ingrédient;* a., *ingrediente;* i., *ingredient;* a., *Bestandteil, Ingredienz.* (Del lat. *ingredĭens, -entis*, p. a. de *ingrĕdi*, entrar.) m. Cualquier cosa que entra con otras en un remedio, bebida, guisado u otro compuesto.

Ingres (Jean-Auguste-Dominique). Biog. Pintor francés, n. en Montauban y m. en París (1780-1867). Estudió en el taller de David, pasando luego a Italia a perfeccionarse en su arte, siguiendo las huellas de Rafael y de los primitivos, que influyeron notablemente en su estilo. Prodigioso dibujante, hizo notables retratos y excelentes desnudos y asuntos mitológicos e históricos. Entre sus obras hay que recordar: *Bonaparte como primer cónsul, La apoteosis de Homero, El nacimiento de Venus* y *Odalisca.*

ingresar. fr., *entrer, encaisser;* it., *incassare;* i., *to enter, to imburse;* a., *entreten.* (De *ingreso.*) intr. Ir. uno adentro. || Meter algunas cosas, como el dinero en un lugar para su guarda. Ú. t. c. tr. || Entrar a formar parte de una corporación.

ingresivo, va. (Del lat. *ingressus*, p. p. de *ingrĕdi*, entrar.) adj. **Gram.** Se dice del aspecto verbal que designa el comienzo de la acción. En español está representado generalmente por perífrasis.

ingreso. fr., *entrée, admission;* it., *ingresso;* i., *entrance, admission, ingres;* a., *Eintritt, Eingang.* (Del lat. *ingressus.*) m. Acción de ingresar. || Espacio por donde se entra. || Acción de entrar. || Acto de ser admitido en una corporación o de empezar a gozar de un empleo, etc. || Caudal que entra en poder de uno, y que le es de cargo en las cuentas. || **pie de altar.**

íngrimo, ma. (Del port. *íngreme*, escarpado, aislado.) adj. *Amér. c., Col., Méj., Pan.* y *Venez.* Solo, solitario, abandonado, sin compañía.

Inguilpata. Geog. Dist. de Perú, depart. de Amazonas, prov. de Luya; 1.013 h. || Pueblo cap. del mismo; 369 h.

inguinal. (Del lat. *inguinālis.*) adj. **Anat.** Relativo o perteneciente a las ingles.

inguinario, ria. (Del lat. *inguinarĭus.*) adj. Perteneciente a las ingles. || f. **Bot.** Nombre vulgar de la planta compuesta *pallenis* o *asteriscus spinosa.*

ingurgitación. (Del lat. *ingurgitatĭo, -ōnis.*) f. **Fisiol.** Acción y efecto de ingurgitar.

ingurgitar. (Del lat. *ingurgitāre;* de *in,* en, y *gurges, -ĭtis,* abismo, sima.) tr. **Fisiol. engullir.**

ingustable. (Del lat. *ingustabĭlis.*) adj. Que no se puede gustar a causa de su mal sabor.

inhábil. (Del lat. *inhabĭlis.*) adj. Falto de habilidad, talento o instrucción. || Que no tiene las calidades y condiciones necesarias para hacer una cosa. || Que por falta de algún requisito o por una tacha o delito, no puede obtener o servir un cargo, empleo o dignidad. || Dícese también del proceder que es inadecuado para alcanzar el fin a que se endereza. || **Der.** Dícese del día feriado y también de las horas en que está puesto el Sol, durante las cuales, salvo habilitación expresa, no deben practicarse actuaciones.

inhabilidad. fr., *inhabilité;* it., *inabilità;* i., *inability, unskilfulness;* a., *Unfähigkeit.* f. Falta de habilidad, talento o instrucción. || Defecto o impedimento para ejercer u obtener un empleo u oficio.

inhabilitación. fr., *déclaration d'inhabilité;* it., *inabilitazione;* i., *disqualification;* a., *Unfähigkeitserklärung.* f. Acción y efecto de inhabilitar o inhabilitarse. || Pena aflictiva en la cual se distinguen varios grados.

inhabilitamiento. (De *inhabilitar.*) m. ant. Acción y efecto de inhabilitar o inhabilitarse.

inhabilitar. (De *in-* y *habilitar.*) tr. Declarar a uno inhábil o incapaz de ejercer u obtener cargos públicos, o de ejercitar derechos civiles o políticos. || Imposibilitar para una cosa. Ú. t. c. prnl.

inhabitable. (Del lat. *inhabitabĭlis.*) adj. No habitable.

inhabitado, da. adj. No habitado.

inhacedero, ra. adj. No hacedero.

inhalación. fr. e i., *inhalation;* it., *inalazione;* a., *Einatmen, inhalieren.* (Del lat. *inhalatĭo, -ōnis.*) f. Acción y efecto de inhalar.

inhalador. (De *inhalar.*) m. **Terap.** Aparato para efectuar inhalaciones.

inhalar. (Del lat. *inhalāre.*) tr. Aspirar, con un fin terapéutico, ciertos gases o líquidos pulverizados. || intr. Soplar en forma de cruz sobre cada una de las ánforas de los santos óleos cuando se consagran.

inhallable. adj. Imposible o difícil de hallar.

Inhambane. Geog. Dist. de Mozambique; 68.470 km.² y 746.711 h. || C. cap. del mismo, orillas del Mutamba; 26.701 h.

Baño turco, por Ingres. Museo del Louvre. París

inheredilable. adj. Que no se puede heredar.

inherencia. (Del lat. *inhaerentia*.) f. Unión de cosas inseparables por su naturaleza, o que sólo se pueden separar mentalmente y por abstracción. || **Filos.** El modo de existir los accidentes, o sea no en sí, sino en la substancia que modifican.

inherente. fr., *inhérent*; it., *inerente*; i., *inherent*; a., *dazugehörig*. (Del lat. *inhaerens, -entis*, p. a. de *inhaerēre*, estar unido.) adj. Que por su naturaleza está de tal manera unido a otra cosa, que no se puede separar.

inhesión. (Del lat. *inhaesio, -ōnis*.) f. p. us. **apego.** || **Filos.** Inherencia de los accidentes a la substancia.

inhestar. tr. **enhestar.**

inhibición. (Del lat. *inhibitĭo, -ōnis*.) f. **Pat.** y **Psicol.** Acción y efecto de inhibir o inhibirse. || Suspensión parcial o total de una actividad del organismo, que puede tener un origen psíquico orgánico.

inhibidor, ra. adj. Lo que inhibe, frena o retarda la producción de un fenómeno. Ú. en química, fisiología y psicología.

inhibir. fr., *s'inhiber*; it., *inibirse*; i., *to inhibit oneself*; a., *inhibieren*. (Del lat. *inhibēre*.) tr. En derecho, impedir que un juez prosiga en el conocimiento de una causa. || En patología, suspender transitoriamente una función o actividad del organismo mediante la acción de un estímulo adecuado. Ú. t. c. prnl. || ant. Prohibir, estorbar. || prnl. Echarse fuera de un asunto, o abstenerse de entrar en él o de tratarlo.

inhibitorio, ria. fr., *inhibitoire*; it., *inibitorio*; i., *inhibitory*; a., *untersagend*. adj. **Der.** Aplícase al despacho, decreto o letras que inhiben al juez. Ú. t. c. s. f.

inhiesto, ta. (Del lat. *infestus*, levantado.) adj. **enhiesto.**

inhonestable. adj. p. us. Sin honestidad.

inhonestamente. adv. m. Sin honestidad.

inhonestidad. (Del lat. *inhonestĭtas, -ātis*.) f. Falta de honestidad o decencia.

inhonesto, ta. (Del lat. *inhonestus*.) adj. Falto de honestidad. || Indecente e indecoroso.

inhonorar. (Del lat. *inhonorāre*.) tr. ant. Deshonrar.

inhospedable. (De *in-* y *hospedable*.) adj. **inhospitable.**

inhospitable. adj. **inhospitalario.**

inhospital. (Del lat. *inhospitālis*.) adj. **inhospitalario.**

inhospitalario, ria. fr., *inhospitalier*; it., *inospitale*; i., *inhospitable*; a., *ungastlich*. (De *in-* y *hospitalario*.) adj. Falto de hospitalidad. || Poco humano para con los extraños. || Dícese de lo que no ofrece seguridad ni abrigo.

inhospitalidad. (Del lat. *inhospitalĭtas, -ātis*.) f. Falta de hospitalidad.

inhóspito, ta. (Del lat. *inhospĭtus*.) adj. inhospitalario, que no ofrece seguridad.

inhumación. fr. e i., *inhumation*; it., *inumazione*; a., *Beerdigung*. (Del lat. *inhumatĭo, -ōnis*; de *in*, dentro, y *humus*, tierra.) f. Acción y efecto de inhumar.

inhumanamente. adv. m. Con inhumanidad.

inhumanidad. (Del lat. *inhumanĭtas, -ātis*.) f. Crueldad, barbarie, falta de humanidad.

inhumanitario, ria. adj. No humanitario.

inhumano, na. fr., *inhumain*; it., *inumano*; i., *inhuman*; a., *unmenschlich*. (Del lat. *inhumānus*.) adj. Falta de humanidad, bárbaro, cruel. || *Chile.* Muy sucio.

inhumar. (Del lat. *inhumāre*; de *in*, en, y *humus*, tierra.) tr. Enterrar un cadáver.

inia. (Voz del lat. científico.) **Zool.** Gén. de cetáceos delfínidos, que habitan en el Amazonas y en el Orinoco.

Muchacha liberiana con los adornos que indican la iniciación de su juventud

iniciación. fr. e i., *initiation*; it., *iniziazione*; a., *Einweihung*. (Del lat. *initiatĭo, -ōnis*.) m. Acción y efecto de iniciar o iniciarse.

iniciador, ra. (Del lat. *iniciātor, -ōris*.) adj. Que inicia. Ú. t. c. s.

inicial. fr., *initiale*; it., *iniziale*; i., *initial*; a., *anfagsbuchstabe*. (Del lat. *initĭalis*.) adj. Perteneciente al origen o principio de las cosas.

iniciar. fr., *initier*; it., *iniziare*; i., *to initiate*; a., *anfangen, einweihen*. (Del lat. *initiāre*; de *initĭum*, principio.) tr. Admitir a uno a la participación de una ceremonia o cosa secreta; enterarle de ella, descubrírsela. || fig. Instruir en cosas abstractas o de alta enseñanza. Ú. t. c. prnl. || Comenzar o promover una cosa. || prnl. **Rel.** Recibir las primeras órdenes u órdenes menores.

iniciativa. fr., *initiative*; it., *iniziativa*; i., *initiating means*; a., *Initiative, Antragsrecht*. (De *iniciativo*.) f. Derecho de hacer una propuesta. || Acto de ejercerlo. || Acción de adelantarse a los demás en hablar u obrar. || Cualidad personal que inclina a esta acción. || **Políт.** Procedimiento establecido en algunas constituciones políticas, mediante el cual interviene directamente el pueblo en la propuesta y adopción de medidas legislativas; como sucede en Suiza y en algunos estados de Norteamérica.

iniciativo, va. (De *iniciar*.) adj. Que da principio a una cosa.

inicio. (Del lat. *initĭum*.) m. Comienzo, principio.

inicuamente. adv. m. Con iniquidad.

inicuo, cua. fr., *inique*; it., *iniquo*; i., *iniquitous*; a., *ungerecht, schnöde*. (Del lat. *iniquus*; de *in*, negación, y *aequus*, probo.) adj. Contrario a la equidad. || Malvado, injusto.

iniesta. (Del lat. *genesta*.) f. ant. **Bot. retama.**

Iniesta. Geog. Mun. de España, prov. de Cuenca, p. j. de Motilla del Palancar; 3.935 h. || Villa cap. del mismo; 3.772 h. *(iniestanos).*

Iniéstola. Geog. Mun. y lugar de España, prov. de Guadalajara, p. j. de Sigüenza; 46 habitantes.

inigual. (Del lat. *inaequālis*.) adj. ant. No igual, desigual.

inigualado, da. adj. Que no tiene igual; impar.

inigualdad. (Del lat. *inaequalĭtas, -ātis*.) f. ant. Desigualdad, falta de igualdad.

in illo témpore. loc. lat. que significa *en aquel tiempo*, y se usa en el sentido de en otros tiempos o hace mucho tiempo.

inimaginable. adj. No imaginable.

inimicicia. (Del lat. *inimicitĭa*.) f. ant. **enemistad.**

inimicísimo, ma. adj. superl. de **enemigo.**

inimitable. fr. e i., *inimitable*; it., *inimitabile*; a., *unnachahmlich*. (Del lat. *inimitabĭlis*.) adj. No imitable.

ininflamable. adj. Que no se puede inflamar o arder con llama.

Inini. Geog. Región de Guayana francesa, limítrofe con Brasil; 78.500 km.² y 5.024 h.

in íntegrum. loc. lat. **Der.** V. **restitución in íntegrum.**

ininteligible. (Del lat. *inintelligibĭlis*.) adj. No inteligible.

ininterrumpido, da. adj. Continuado sin interrupción.

iniquidad. fr., *iniquité*; it., *iniquità*; i., *iniquity*; a., *Ungerechtigkeit*. (Del lat. *iniquĭtas, -atis*.) f. Maldad, injusticia grande.

iniquísimo, sa. (Del lat. *iniquissĭmus*.) adj. superl. de **inicuo.**

Inis. Geog. Ennis.

injerencia. f. Acción y efecto de injerirse.

injeridura. (De *injerir*.) f. Parte por donde se ha injertado el árbol.

injerir. (Del lat. *inserĕre*.) tr. Injertar plantas. || Meter una cosa en otra. || Introducir en un escrito una palabra, nota, texto, etc. || En Río de la Plata, unir de un modo especial uno o más tientos que se han cortado, siguiendo el orden de la trenza o ramales que constituyen un lazo. || prnl. Entremeterse, introducirse en una dependencia o negocio.

injerta. f. Acción de injertar.

injertable. adj. Que puede injertarse.

injertador. m. El que injerta.

injertar. fr., *greffer*; it., *ingemmare, innestare*; i., *to graft, to ingraft*; a., *pfropfen*. (Del lat. *insertāre*, intens. de *inserĕre*, sup. *-ertum*.) tr. Injerir en la rama o tronco de un árbol alguna parte de otro en la cual ha de haber yema para que pueda brotar. || **Cir.** Aplicar una porción de tejido vivo a una parte del cuerpo modificada o lesionada, de manera que se produzca una unión orgánica. (V. **injerto.**)

injertera. (De *injertar*.) f. Plantación formada de árboles sacados de la almáciga.

injerto, ta. fr., *greffe, entée*; it., *innestato, innesto*; i., *graft*; a., *pfropfen, Auge, Pfropfreis*. (Del lat. *insertus*, introducido.) p. p. irreg. de **injertar.** || m. **Agr.** y **Bot.** Parte de una planta con una o más yemas, que aplicada al patrón se suelda con él. || Acción de injertar. || Planta injertada. || **Cir.** Operación quirúrgica que consiste en aplicar a una persona tejidos orgánicos tomados de otra parte de su propio cuerpo (homoinjerto), o de otra persona (heteroinjerto), para suplir una falta. || **de cañutillo.** *Agr.* El que se hace adaptando un rodete o cañuto de corteza con una o más yemas sobre el tronco del patrón. || **de corona** o **de coronilla.** El que se hace introduciendo una o más púas entre la corteza y la albura del tronco del patrón. || **de escudete.** El que se hace introduciendo entre el líber y la

Injerto de olivos, en la provincia de Jaén

albura del patrón una yema con parte de la corteza a que está unida, cortada ésta en forma de escudo.

injundia. f. fam. **enjundia.**

injuria. fr., *injure;* it., *ingiuria;* i., *injury;* a., *Beleidigung.* (Del lat. *iniuria;* de *in,* negación, y *ius, iuris,* derecho.) f. Agravio, ultraje de obra o de palabra. || Hecho o dicho contra razón y justicia. || fig. Daño o incomodidad que causa una cosa.

injuriado. m. *Cuba.* Tabaco en rama de clase inferior.

injuriador, ra. adj. Que injuria. Ú. t. c. s.

injuriamiento. m. ant. Acción y efecto de injuriar.

injuriante. p. a. de **injuriar.** Que injuria.

injuriar. fr., *injurier;* it., *ingiuriare;* i., *to injure;* a., *beleidigen, schmähen.* (Del lat. *iniuriāre.*) tr. Agraviar, ultrajar con obras o palabras. || Dañar o menoscabar.

injuriosamente. adv. m. Con injuria.

injurioso, sa. fr., *injurieux;* it., *ingiurioso;* i., *injurious;* a., *beleidigend.* (Del lat. *iniuriōsus.*) adj. Que injuria.

injustamente. adv. m. Con injusticia; sin razón.

injusticia. fr. e i., *injustice;* it., *ingiustizia;* a., *Ungerechtigkeit.* (Del lat. *iniustitia.*) f. Acción contraria a la justicia. || Falta de justicia.

injustificable. (De *in-* y *justificable.*) adj. Que no se puede justificar.

injustificadamente. adv. m. De manera injustificada.

injustificado, da. fr., *injustifié;* it., *ingiustificato;* i., *unjustified;* a., *ungerechtfertigt.* adj. No justificado.

injusto, ta. fr., *injuste;* it., *ingiusto;* i., *unjust;* a., *ungerecht.* (Del lat. *iniustus.*) adj. No justo. Apl. a pers., ú. t. c. s.

inlandéis o **inlandsis.** (Del a. *Inlandeis;* de *Inland,* interior [de un país], y *Eis,* hielo. *Inlandsis* es voz sueca.) m. **Geol.** Enorme casquete de hielo que llega hasta el mar y constituye el núcleo de los glaciares llamados groenlándicos o continentales. Actualmente se conocen dos, el de la Antártida y el de Groenlandia.

I. N. L. E. Siglas de *Instituto Nacional del Libro Español* (v.).

inllevable. (De *in-* y *llevar.*) adj. Que no se puede soportar, aguantar o tolerar.

Inmaculada. (De *inmaculado.*) **Rel.** Purísima.

inmaculadamente. adv. m. Sin mancha.

inmaculado, da. fr., *immaculé;* it., *immacolato;* i., *immaculate;* a., *unbefleckt.* (Del lat. *immaculātus.*) adj. Que no tiene mancha.

inmadurez. f. Falta de madurez.

inmaduro, ra. (De *in-* y *maduro.*) adj. No maduro.

inmanejable. fr., *immaniable, intraitable;* it., *immaneggiabile;* i., *unmanageable;* a., *unlenksam.* adj. No manejable.

inmanencia. f. Calidad de inmanente.

inmanente. fr. e i., *immanent;* it., *immanente;* a., *innewohnend.* (Del lat. *immānens, -entis,* p. a. de *immanēre,* permanecer en.) adj. **Filos.** Dícese de lo que es inherente a algún ser o va unido de un modo inseparable a su esencia, aunque mentalmente pueda distinguirse de ella.

inmarcesible. (Del latín *immarcescibĭlis.*) adj. Que no se puede marchitar.

inmarchitable. (De *in-* y *marchitar.*) adj. **inmarcesible.**

inmaterial. fr., *immatériel;* it., *immateriale;* i., *immaterial;* a., *unkörperlich.* (Del lat. *immateriālis.*) adj. No material.

inmaterialidad. f. Calidad de inmaterial.

inmaturo, ra. (Del lat. *immatūrus.*) adj. No maduro, o que no está en sazón.

inmediación. f. Calidad de inmediato. || En derecho, conjunto de derechos atribuidos al sucesor inmediato en una vinculación. || pl. Proximidad en torno de un lugar.

inmediatamente. adv. m. Sin interposición de cosa alguna. || adv. t. Luego, al punto, al instante.

inmediatez. f. Calidad de inmediato.

inmediato, ta. fr., *immédiat;* it., *immediato;* i., *immediate;* a., *unmittelbar.* (Del lat. *immediātus;* de *in,* priv., y *medium,* medio.) adj. Contiguo o muy cercano a otra cosa. || Que sucede de seguida, sin tardanza. || **de inmediato.** m. adv. Inmediatamente.

inmedicable. (Del lat. *immedicabĭlis.*) adj. fig. Que no se puede remediar o curar.

inmejorable. fr., *inaméliorable;* it., *immigliorabile;* a., *unimprovable;* a., *tadellos.* adj. Que no se puede mejorar.

inmejorablemente. adv. m. De manera inmejorable.

inmemorable. (Del latín *immemorabĭlis.*) adj. **inmemorial.**

inmemorablemente. adv. m. De un modo inmemorial.

inmemorial. fr., *immémorial;* it., *immemoriale;* i., *immemorial;* a., *unvordenklinch.* (De *in-* y *memoria.*) adj. Tan antiguo que no hay memoria de cuándo comenzó.

inmensamente. adv. m. Con inmensidad.

inmensidad. fr., *immensité;* it., *immensità;* i., *immensity;* a., *unermesslichkeit.* (Del lat. *immensĭtas, -ātis.*) f. Ilimitación en la extensión; atributo exclusivo de Dios por el cual se encuentra en todo lugar por esencia, presencia y potencia. || fig. Muchedumbre, número o extensión muy grande.

inmenso, sa. fr. e i., *immense;* it., *immenso;* a., *unermesslich.* (Del lat. *immensus.*) adj. Que no tiene medida; infinito o ilimitado; y en este sentido es propio epíteto de Dios y de sus atributos. || fig. Muy grande o muy difícil de medirse o contarse.

inmensurable. (Del lat. *immensurabĭlis.*) adj. Que no puede medirse. || fig. De muy difícil medida.

inmerecidamente. adv. m. Sin haberlo merecido, o sin merecerlo.

inmerecido, da. fr., *immérité;* it., *immeritevole;* i., *unmerited;* a., *unverdient.* adj. No merecido.

inméritamente. adv. m. Sin mérito, sin razón.

inmérito, ta. (Del lat. *immerĭtus.*) adj. Inmerecido, injusto.

inmeritorio, ria. adj. No meritorio.

inmersión. fr. e i., *immersion;* it., *immersione;* a., *Eintauchen.* (Del lat. *immersio, -ōnis;* de *in,* dentro, y *mergĕre, mersi, mersum,* poner.) f. Acción y efecto de introducir o introducirse una cosa en un líquido. || **Astron.** Entrada de un astro en el cono de la sombra que proyecta otro.

inmerso, sa. (Del lat. *immersus,* p. p. de *immergĕre,* sumergir.) adj. Sumergido, abismado.

inmigración. fr. e i., *immigration;* it., *immigrazione;* a., *Einwanderung.* f. Acción y efecto de inmigrar.

inmigrado, da. adj. **Sociol.** Dícese de la persona que, en busca de trabajo generalmente, fija su residencia en un país distinto del suyo. Ú. t. c. s.

inmigrante. fr. e i., *immigrant;* it., *immigrante;* a., *Einwanderer.* p. a. de **inmigrar.** Que inmigra. Ú. t. c. s.

inmigrar. (Del lat. *immigrāre;* de *in,* en, y *migrāre,* irse, pasar.) intr. Llegar a un país para establecerse en él los que estaban domiciliados en otro. Se dice especialmente de los que forman nuevas colonias o se domicilian en las ya formadas. || Dícese de la acción de elementos anatómicos que se desplazan hasta lugares que no son los de su posición normal.

inmigratorio, ria. adj. Perteneciente o relativo a la inmigración.

inminencia. fr. e i., *imminence;* it., *imminenza;* a., *Imminenz.* (Del lat. *imminentĭa.*) f. Calidad de inminente, en especial hablando de un riesgo.

inminente. (Del lat. *immĭnens, -entis,* p. a. de *imminēre,* amenazar.) adj. Que amenaza o está para suceder prontamente.

inmiscuir. fr., *s'immiscer;* it., *immischiarsi;* i., *to interfere;* a., *sich befassen, einmischen.* (Del lat. **immiscŭus,* de *immiscēre,* mezclar, formado como *promiscŭus.*) tr. Poner una substancia en otra para que resulte una mezcla. || prnl. fig. Entremeterse, tomar parte en un asunto o negocio, especialmente cuando no hay razón o autoridad para ello.

inmisión. (Del lat. *immissio, -ōnis,* acción de echar.) f. Infusión o inspiración.

inmobiliaria. (Del m. or. que *inmueble.*) f. Empresa o sociedad que se dedica a la construcción y explotación de inmuebles.

inmobiliario, ria. adj. Perteneciente a cosas inmuebles.

inmoble. (Del lat. *immobĭlis.*) adj. Que no puede ser movido. || Que no se mueve. || Constante, firme e invariable en las resoluciones o afectos del ánimo.

inmoderación. (Del lat. *immoderatĭo, -ōnis.*) f. Falta de moderación.

inmoderadamente. adv. m. Sin moderación.

inmoderado, da. fr., *immoderé;* it., *smoderato;* i., *unmässig.* (Del lat. *immoderātus.*) adj. Que no tiene moderación.

inmodestamente. adv. m. Con inmodestia.

inmodestia. fr., *immodestie;* it., *immodestia;* i., *immodesty;* a., *Unbescheidenheit.* (Del lat. *immodestĭa.*) f. Falta de modestia.

inmodesto, ta. (Del lat. *immodestus.*) adj. No modesto.

inmódico, ca. (Del lat. *immodĭcus.*) adj. Excesivo, inmoderado.

inmolación. fr. e i., *immolation;* it., *immolazione;* a., *Opferung.* (Del lat. *immolatĭo, -ōnis.*) f. Acción y efecto de inmolar. || **oblación.** || **sacrificio.**

inmolador, ra. (Del lat. *immolātor.*) adj. Que inmola. Ú. t. c. s.

inmolar. fr., *immoler;* it., *immolāre;* i., *to immolate;* a., *opfern.* (Del lat. *immolāre.*) tr. Sacrificar, degollando una víctima. || Ofrecer una cosa en reconocimiento de la divinidad. || prnl. fig. Dar la vida, la hacienda, el reposo, etc., en provecho u honor de una persona o cosa.

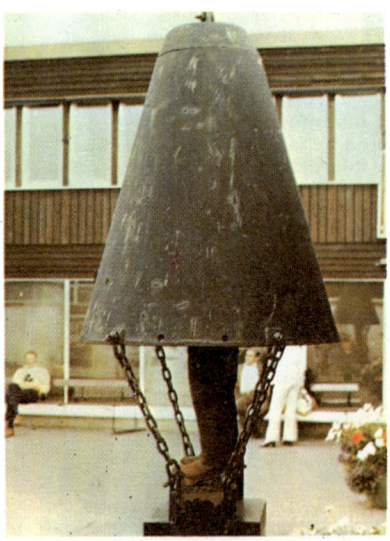

Campana de buzo para inmersiones.
Museo Vassa. Estocolmo (Suecia)

inmoral. (De *in-* y *moral.*) adj. Que se opone a la moral o a las buenas costumbres.
inmoralidad. fr., *immoralité*; it., *immoralità*; i., *immorality*; a., *unsittlichkeit.* f. Falta de moralidad, desarreglo en las costumbres. ‖ Acción inmoral.
inmortal. fr., *immortel*; it., *immortale*; i., *immortal*; a., *unsterblich.* (Del lat. *immortālis.*) adj. No mortal, o que no puede morir. ‖ fig. Que dura tiempo indefinido.
inmortalidad. fr., *immortalité*; it., *immortalità*; i., *immortality*; a., *Unsterblichkeit.* (Del lat. *immortalĭtas, -ātis.*) f. Calidad de inmortal. ‖ fig. Duración indefinida de una cosa en la memoria de los hombres. ‖ **Rel.** La creencia en una vida después de la muerte del cuerpo es universal, aunque el carácter de esta supervivencia varía mucho según los pueblos. ‖ **Teol.** La inmortalidad del alma es una verdad de fe. Se deduce claramente de todos aquellos textos de la Sagrada Escritura y de las definiciones conciliares en que se afirma la eternidad del cielo y del infierno. La inmortalidad es una consecuencia necesaria de la espiritualidad y simplicidad del alma.
inmortalizar. fr., *immortaliser*; it., *immortalizzare*; i., *to immortalize*; a., *unsterblichmachen.* (De *immortal.*) tr. Hacer perpetua una cosa en la memoria de los hombres. Ú. t. c. prnl.
inmortalmente. adv. m. De un modo inmortal.
inmortificación. f. Falta de mortificación.
inmortificado, da. adj. No mortificado.
inmotivadamente. adv. m. Sin motivo o razón; infundadamente.
inmotivado, da. (De *in-* y *motivado*, p. p. de *motivar.*) adj. Sin motivo.
inmoto, ta. (Del lat. *immōtus*; de *in*, negat., y *mōtus*, movido.) adj. Que no se mueve.
inmovible. (De *in-* y *movible.*) adj. **inmoble.**
inmóvil. (De *in-* y *móvil.*) adj. Que no se mueve; firme, invariable.
inmovilidad. fr., *immobilité*; it., *immobilità*; i., *immobility*; a., *Unbeweglichkeit.* (Del lat. *immobilĭtas, -ātis.*) f. Calidad de inmóvil.
inmovilismo. (De *inmóvil.*) m. Tendencia a mantener sin cambios una situación política, social, económica, ideológica, etc., establecida.
inmovilista. adj. Partidario del inmovilismo. Ú. t. c. s. ‖ Por ext., cerrado, opuesto a toda innovación.
inmovilización. f. Acción y efecto de inmovilizar o inmovilizarse.
inmovilizar. tr. Hacer que una cosa quede inmóvil. ‖ En comercio, invertir un caudal en

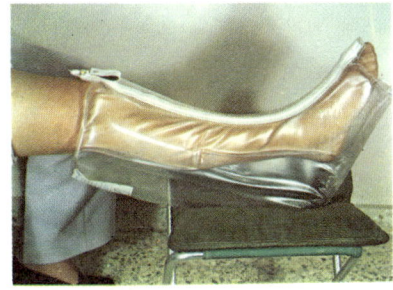

Férula para inmovilizar la pierna afectada de fractura

bienes de lenta o difícil realización. ‖ En derecho, coartar la libre enajenación de bienes. ‖ prnl. Quedarse o permanecer inmóvil.
inmudable. (Del lat. *immutabĭlis.*) adj. **inmutable.**
inmueble. (Del latín *inmobĭlis.*) adj. V. **bienes inmuebles.** Ú. t. c. s. m.

inmundicia. fr., *immondice*; it., *immondizia*; a., *Schmutz.* (Del lat. *immundĭtia.*) f. Suciedad, basura, porquería. ‖ fig. Impureza, deshonestidad.
inmundo, da. fr., *immonde*; it., *immondo*; i., *unclean*; a., *unsauber, unreim.* (Del lat. *immundus*; de *in*, negat., y *mundus*, limpio.) adj. Sucio y asqueroso. ‖ fig. **impuro.** ‖ fig. Dícese de aquello cuyo uso estaba prohibido a los judíos por su ley.
inmune. fr., *libre, immunisé*; it., *immune*; i., *free from, immune*; a., *frei, immun.* (Del lat. *immūnis.*) adj. Libre, exento de ciertos oficios, cargos, gravámenes o penas. ‖ No atacable por ciertas enfermedades.
inmunidad. fr., *immunité*; it., *immunità*; i., *immunity*; a., *Immunität.* (Del lat. *immunĭtas, -ātis.*) f. Calidad de inmune. ‖ Privilegio local concedido a los templos e iglesias, en virtud del cual los delincuentes que a ellas se acogían no eran castigados con pena corporal en determinados casos. ‖ **Bact.** Fuerza de resistencia contra los agentes perjudiciales que existe en todos los seres vivos. Se aplica a la resistencia a la enfermedad, y puede ser natural o artificial, adquirida principalmente por medio de vacunas. ‖ **diplomática.** *Polit.* Aquella de que gozan los representantes diplomáticos acreditados, en virtud de la cual no pueden ser sometidos a la jurisdicción de los tribunales del país en que se hallan acreditados. ‖ **parlamentaria.** Prerrogativa de los senadores y diputados, que los exime de responsabilidad por las manifestaciones que hagan y los votos que emitan en el respectivo cuerpo colegislador, y de ser detenidos o presos, salvo en casos que determinan las leyes, ni procesados o juzgados sin autorización del respectivo cuerpo legislativo.
inmunitario, ria. adj. **Bact.** Perteneciente o relativo a la inmunidad.
inmunización. f. **Terap.** Acción y efecto de inmunizar una persona o un animal contra un virus determinado, es decir, que, cuando éste entra en su organismo, no se desarrolla la enfermedad, o sólo lo hace en forma muy benigna.
inmunizador, ra. adj. Que inmuniza.
inmunizar. fr., *immuniser*; it., *immunizzare*; i., *to immunize*; a., *immunisieren, befreien.* tr. Hacer inmune.
inmunógeno, na. adj. **Terap.** Que produce inmunización.
inmunología. f. **Terap.** Tratado de las formas diversas de conseguir la inmunización.
inmunoproteína. f. Substancia que se forma en el cuerpo de los animales cuando se inyecta un cultivo bacteriano antiguo, por la unión de la cimasa del cultivo con las albúminas del organismo.
inmunoterapia. (De *inmunidad* y *terapia.*) f. **Terap.** Tratamiento de ciertas enfermedades infecciosas mediante la producción de inmunidad.
inmunotransfusión. f. **Med.** Transfusión de sangre que es capaz de proporcionar al individuo que la recibe medios de defensa humoral, que lo defiendan contra una determinada enfermedad.
inmutabilidad. (Del latín *immutabilĭtas, -ātis.*) f. Calidad de inmutable.
inmutable. fr., *immuable*; it., *immutabile*; i., *immutable*; a., *unveränderlich.* (Del lat. *immutabĭlis.*) adj. No mudable.
inmutación. (Del lat. *immutatĭo, -ōnis.*) f. Acción y efecto de inmutar o inmutarse.
inmutar. fr., *s'émouvoir*; it., *immutarsi*; i., *to change face*; a., *sich erregen.* (Del lat. *immutāre.*) tr. Alterar o variar una cosa. ‖ prnl. fig. Sentir cierta conmoción repentina del ánimo, manifestándola por un ademán o por la alteración del semblante o de la voz.
inmutativo, va. adj. Que inmuta o tiene virtud de inmutar.

Inn. *Geog.* Río de la Europa central, que n. en el est. suizo de Grisones y des. en el Danubio; 510 kilómetros.
innacible. (Del lat. *innascibĭlis.*) adj. ant. Que no puede nacer.
innaciente. (De *in-* y *naciente.*) adj. ant. Que no nace.
innatismo. (De *innato.*) m. Teoría filosófica que enseña que algunas ideas son connaturales a la razón y nacen con ella.
innato, ta. fr., *inné*; it., *innato*; i., *innate*; a., *angeboren.* (De lat. *innātus*, p. p. de *innasci*, nacer en, producirse.) adj. Connatural y como nacido con el mismo sujeto.
innatural. (Del lat. *innaturālis.*) adj. Que no es natural.
innavegable. (Del lat. *innavigabĭlis.*) adj. No navegable. ‖ Dícese también de la embarcación que se halla en estado tal, que no se puede navegar con ella.
innecesariamente. adv. m. Sin necesidad; de modo innecesario.
innecesario, ria. fr., *superflu*; it., *innecessario*; i., *unnecessary*; a., *unnötig.* adj. No necesario.
innegable. fr., *incontestable*; it., *innegabile*; i., *undeniable*; a., *unleugbar.* (De *in-* y *negable.*) adj. Que no se puede negar.
Inner Harbour. *Geog.* Región de Malta; 14,6 km.^{2} y 122.000 h.
innoble. (Del lat. *ignobĭlis.*) adj. Que no es noble. ‖ Dícese comúnmente de lo que es vil y abyecto.
innocencia. f. desus. **inocencia.**
innocente. adj. desus. **inocente.**
innocuidad. f. Calidad de innocuo.
innocuo, cua. fr., *inoffensif*; it., *innocuo*; i., *innocent, innocuous*; a., *unschädlich.* (Del latín *innocŭus.*) adj. Que no hace daño.
innominable. (Del lat. *innominabĭlis.*) adj. p. us. Que no se puede nombrar.
innominado, da. (Del lat. *innominātus.*) adj. Que no tiene nombre especial.
innoto, ta. adj. ant. **ignoto.**
innovación. fr. e i., *innovation*; it., *innovazione*; a., *Neuerung.* (Del lat. *innovatĭo, -ōnis.*) f. Acción y efecto de innovar.
innovador, ra. fr., *innovateur*; it., *innovatore*; i., *innovator*; a., *Neuerer.* (Del lat. *innovātor.*) adj. Que innova. Ú. t. c. s.
innovamiento. (De *innovar.*) m. **innovación.**
innovar. (Del lat. *innovāre.*) tr. Mudar o alterar las cosas, introduciendo novedades. ‖ ant. Volver una cosa a su anterior estado.
Innsbruck. *Geog.* C. de Austria, cap. del est. de Tirol, a orillas del río Inn; 115.197 h. Entre sus iglesias se cita como más importante la *Hofkirche*, del s. XIV. Centro industrial. Universidad.

Innsbruck. Arco Bogen

innumerabilidad–inoficioso

innumerabilidad. (Del lat. *innumerabĭlĭtas, -ātis.*) f. Muchedumbre grande y excesiva.

innumerable. fr., *innombrable;* it., *innumerabile;* i., *numberles;* a., *unzählig.* (Del lat. *innumerabĭlis.*) adj. Que no se puede reducir a número.

innumerablemente. adv. m. Sin número.

innumeridad. (De *innúmero.*) f. ant. Muchedumbre grande e incontable.

innúmero, ra. (Del lat. *innumĕrus.*) adj. Que no se puede reducir a número.

-ino. Quím. suf. utilizado como term. propia de los nombres de hidrocarburos no saturados, que posean uno o más enlaces triples.

inobediencia. (Del lat. *inobedientĭa.*) f. Falta de obediencia.

inobediente. (Del lat. *inobediens, -entis.*) adj. No obediente.

inobservable. (Del lat. *inobservabĭlis.*) adj. Que no puede observarse.

inobservancia. (Del latín *inobservantĭa.*) f. Falta de observancia.

inobservante. (Del lat. *inobservans, -antis.*) adj. No observante.

inocencia. fr. e i., *innocence;* it., *innocenza;* a., *Unschuld.* (Del lat. *innocentĭa.*) f. Estado y calidad del alma que está limpia de culpa. ∥ Exención de toda culpa en un delito o en una mala acción. ∥ Candor, simplicidad, sencillez.

Inocencio I *(San).* Biog. Papa, n. en Albano y m. en Roma en 417. Ocupó el solio pontificio de 401 a 417. Obtuvo del emperador Honorio leyes muy severas contra los donatistas, condenó las doctrinas de Pelagio y a los novacianos. Su fiesta, el 28 de julio. ∥ **II.** Papa (Gregorio Papareschi), n. en Roma y m. en la misma c. en 1143. Ocupó el solio pontificio de 1130 a 1143. El antipapa Anacleto le obligó a salir de Roma hasta 1138, en que, muerto el usurpador, ocupó de nuevo la silla de San Pedro. Convocó el II Concilio de Letrán (1139). ∥ **III.** Antipapa. **Sezze (Lando di).** ∥ **III.** Papa (Lotardo dei Segni), n. en Anagni y m. en Perusa (1160-1216). Ocupó el solio pontificio de 1198 a 1216. Coronó (1209) y excomulgó (1210) al emperador Otón; precisó que la autoridad soberana del Papa con respecto a los príncipes sólo puede ejercerse *ratione peccati* y convocó el IV Concilio de Letrán (1215). ∥ **IV.** Papa (Sinibaldo de Fieschi), n. en Génova y m. en Nápoles en 1254. Ocupó el solio pontificio de 1243 a 1254. Enemistado con el emperador Federico II de Alemania, hubo de huir a Lyón, en donde celebró el XIII Concilio ecuménico (1245). ∥ **V** *(Beato).* Papa (Pierre de Tarentaise), n. en Tarentaise, Francia, y m. en Roma (h. 1225-1276). Ocupó el solio pontificio de 21 de enero a 22 de junio de 1276. Fue arzobispo de Lyón y había substituido a Santo Tomás de Aquino en la enseñanza de la teología en la Universidad de París. ∥ **VI.** Papa (Étienne Aubert), n. en Mont, Limoges, y m. en Aviñón en 1362. Ocupó el solio pontificio de 1352 a 1362. Envió al cardenal Álvarez Albornoz como legado a Roma, para preparar la vuelta de los papas. ∥ **VII.** Papa (Cosma Migliorati), n. en Sulmona y m. en Roma (h. 1336-1406). Ocupó el solio pontificio desde 1404 hasta 1406. Fue protector de las ciencias y el iniciador de la restauración de la Universidad de Roma. ∥ **VIII.** Papa (Giovanni Battista Cibo), n. en Génova y m. en Roma (1432-1492). Ocupó el solio pontificio de 1484 a 1492. Reglamentó la represión de la brujería y practicó la simonía y el nepotismo. ∥ **IX.** Papa (Giovanni Antonio Facchinetti), n. en Bolonia y m. en Roma (1519-1591). Ocupó el solio pontificio de 29 de octubre a 30 de diciembre 1591. Fue patriarca de Jerusalén (1583) y continuó la labor de Gregorio XIV. ∥ **X.** Papa (Giovanni Batista Pamfili), n. y m. en Roma (1574-1655). Ocupó el solio pontificio de 1644 a 1655. Condenó las cinco proposiciones de Jan-

Inocencio X, por Velázquez

senio (1653). ∥ **XI** *(Beato).* Papa (Benedetto Odescalchi), n. en Como y m. en Roma (1611-1689). Ocupó el solio pontificio de 1676 a 1689. Se enfrentó con la situación política provocada por Luis XIV. Proscribió los errores de Molinos y condenó la *Declaration des Quatre articles,* de la iglesia galicana. ∥ **XII.** Papa (Antonio Pignatelli), n. en Spinazzolo y m. en Roma (1615-1700). Ocupó el solio pontifico de 1691 a 1700. Promulgó una bula prohibiendo el nepotismo y durante su pontificado Luis XIV hizo importantes concesiones al galicanismo. ∥ **XIII.** Papa (Michel Angelo dei Conti), n. y m. en Roma (1655-1724). Ocupó el solio pontificio de 1721 a 1724. Fue arzobispo de Tarso y nuncio en Suiza y en Lisboa. ∥ **Sosa.** Geog. Local. de Argentina, prov. de Buenos Aires, part. de Pehuajó; 368 h.

inocentada. fr., *enfantillage;* it., *dabbenaggine;* i., *childishness;* a., *Kinderei.* (De *inocente.*) f. Broma o chasco que se da a uno en el día de los santos inocentes. ∥ fam. Acción o palabra candorosa o simple. ∥ fam. Engaño ridículo en que uno cae por descuido o por falta de malicia.

inocente. fr., *innocent;* it., *innocente;* i., *innocent, simpleton;* a., *einfältig, unschuldig.* (Del lat. *innŏcens, -entis.*) adj. Libre de culpa. Ú. t. c. s. ∥ Aplícase también a las acciones y cosas que pertenecen a la persona inocente. ∥ Cándido, sin malicia, fácil de engañar. Ú. t. c. s. ∥ Que no daña, que no es nocivo. ∥ Aplícase al niño que no ha llegado a la edad de discreción. Ú. t. c. s.

inocentemente. adv. m. Con inocencia.

Inocentes *(Santos).* Biog. Los niños menores de dos años de Belén y sus cercanías, cuya matanza decretó Herodes, creyendo que así moriría también el niño Jesús. Su fiesta se celebra el 28 de diciembre.

inocentón, na. adj. fig y fam. aum. Muy inocente, cándido.

inocerámido, da. (Del lat. científico *inoceramus* e *-ido;* aquél del gr. *ís, inós,* fibra, y *kéramos,* vaso, concha.) adj. Paleont. y Zool. Dícese de los moluscos lamelibranquios fósiles, considerados entre los más característicos de los períodos jurásico y cretácico; su gén. tipo es el *inoceramus.* ∥ m. pl. Familia de estos moluscos.

inocuidad. f. innocuidad.

inoculable. adj. Que puede inocular.

inoculacion. (Del lat. *inoculatĭo, -ōnis;* de *in,* dentro, y *ocŭlus,* ojo, yema.) f. Acción y efecto de inocular.

inoculador. (Del lat. *inoculātor.*) m. El que inocula.

inocular. fr., *inoculer;* it., *inoculare;* i., *to inoculate;* a., *einimpfen.* (Del lat. *inoculāre.*) tr. fig. Pervertir, contaminar a uno con el mal ejemplo o la falsa doctrina. Ú. t. c. prnl. ∥ **Pat.** Comunicar por medios artificiales una enfermedad contagiosa. Ú. t. c. prnl.

inocultable. (Del *in-* y *ocultable.*) adj. Que no puede ocultarse.

inocuo, cua. adj. Innocuo, que no hace daño.

inodoro, ra. fr., *inodore;* it., *inodoro;* i., *inodorous, scentles;* a., *geruchlos.* (Del lat. *inodōrus.*) adj. Que no tiene olor. ∥ Aplícase especialmente a los aparatos de forma muy variada que se colocan en los excusados de las casas y en los evacuatorios públicos, para impedir el paso de los malos olores y de las emanaciones infectas de las letrinas. Ú. t. c. s. m.

inofensivo, va. fr., *inoffensif;* it., *inoffensivo;* i., *inoffensive;* a., *unschädlich.* (De *in-* y *ofensivo.*) adj. Incapaz de ofender. ∥ fig. Que no puede causar daño ni molestia.

inofenso, sa. (Del lat. *inoffensus.*) adj. ant. Que no ha sufrido daño o lesión.

inoficioso, sa. (Del lat. *inofficiōsus.*) adj. Inútil, ocioso, innecesario, inconducente, excusado. ∥ Der. Que lesiona los derechos de herencia forzosa. Aplícase a los actos de última voluntad y a las dotes y donaciones.

Degollación de los Inocentes, por F. García. Museo Lázaro Galdiano. Madrid

inógeno, na. (Del gr. *ís, inós*, fibra, y *-geno*.) adj. **Bioq.** y **Fisiol.** Que favorece la formación del tejido conjuntivo fibroso.
inolvidable. adj. Que no puede o no debe olvidarse.
inoneco, ca. adj. *Chile.* **noneco**, o sea simplón, babieca, baboso, bobo.
Inönü (Ismet.). **Biog.** Militar y político turco, también conocido por *Ismet Pachá*, n. en Esmirna y m. en Ankara (1884-1973). Fue consejero de Mustafá Kemal y sucesor del mismo en la presidencia de la República (1938-50). Tras el golpe de Estado de 1960 fue designado jefe del Gobierno turco (1961-65). En 1972 renunció a la presidencia del partido republicano del pueblo, cargo que ocupaba desde 1938.
inope. (Del lat. *inops, -ōpis*.) adj. Pobre, indigente.
inoperable. adj. Dícese del enfermo que no puede ser operado o de la enfermedad en que no procede la operación quirúrgica.
inoperante. adj. No operante, ineficaz.
inopia. fr., *indigence*; it., *inopia*; i., *poverty*; a., *Armut*. (Del lat. *inopĭa*.) f. Indigencia, pobreza, escasez.
inopinable. (Del lat. *inopinabĭlis*.) adj. No opinable. ‖ ant. Que no se puede ofrecer a la imaginación o no se puede pensar que suceda.
inopinadamente. adv. m. De un modo inopinado.
inopinado, da. fr., *inopiné*; it., *inopinato*; i., *unexpected*; a., *unerwartet*. (Del lat. *inopinātus*.) adj. Que sucede sin haber pensado en ello, o sin esperarlo.
inoportunamente. adv. m. Sin oportunidad.
inoportunidad. (Del lat. *inopportūnitas, -ātis*.) f. Falta de oportunidad.
inoportuno, na. fr., *inopportun*; it., *inopportuno*; i., *untimely*; a., *unzeitig, ungelegen*. (Del lat. *inopportūnus*.) adj. Fuera de tiempo o de propósito.
inorancia. f. ant. **ignorancia**.
inorar. tr. ant. **ignorar**. Ú. en Andalucía, Guatemala, Méjico y Salamanca.
inordenadamente. adv. m. De un modo inodernado.
inordenado, da. (De *in-* y *ordenado*.) adj. Que no tiene orden; desordenado.
inordinado, da. (Del lat. *inordinātus*.) adj. **inordenado**.
inorgánico, ca. fr., *inorganique*; it., *inorganico*; i., *inorganic*; a., *anorganisch*. (De *in-* y *orgánico*.) adj. Dícese de cualquier cuerpo sin órganos para la vida, como son todos los minerales. ‖ fig. Dícese también de lo mal concertado por faltar al conjunto la conveniente ordenación de las partes.
inorme. adj. ant. **enorme**.
inosilicato. (Del gr. *ís, inós*, fibra, y *silicato*.) m. **Miner.** Silicato formado por cadenas simples de tetraedros, cada uno de los cuales comparte un oxígeno con cada uno de los dos tetraedros inmediatos; o bien por dobles cadenas de tetraedros que comparten alternativamente dos y tres oxígenos. Del primer tipo son ejemplos los *piroxenos*, y del segundo, los *anfíboles*.
inosita. (Del gr. *ís, inós*, fibra, e *-ita*.) f. **Bioq.** Azúcar cíclico, de fórmula $C_6H_{12}O_6$. Se encuentra en animales y vegetales, ya en estado libre o en forma de *fitina*. Interviene en el metabolismo de las grasas.
inositol. (De *inosita* y *-ol*.) m. **Bioq. inosita**.
inoxidable. (De *in-* y *oxidable*.) adj. Que no se puede oxidar.
in pártibus. expr. lat. **in pártibus infidélium**.
in pártibus infidélium. (liter., *en lugares*, o *países, de infieles*.) expr. lat. V. **obispo in pártibus infidélium**. ‖ fam. y festivo. Aplícase a la persona condecorada con el título de un cargo que realmente no ejerce. En esta acepción es más frecuente decir sólo *in pártibus*.
in péctore. expr. lat. V. **cardenal in péctore**. ‖ loc. fig. y fam. con que se da a entender haberse tomado una resolución y tenerla aún reservada.
in perpétuum. loc. latina. Perpetuamente, para siempre.
in petto. expr. it. V. **cardenal in petto**.
in promptu. expr. lat. usada como m. adv. De improviso, al presente.
in púribus. loc. fam. Desnudo, en cueros.
input. (Voz i. que sign. *entrada*; de *in*, hacia adentro, y *to put*, poner.) m. **Econ.** Cantidad de los diversos factores que intervienen en la producción de cierto número de bienes o servicios.
input-output. (expr. inglesa que sign. *entrada-salida*.) **Econ.** Tabla estadística encaminada a descubrir las relaciones de interdependencia entre los factores económicos públicos o privados. Se trata de un sistema de contabilidad por partida doble, por el que cada sector económico contabiliza lo que da a los demás y lo que recibe de los que le circundan, en concepto de producción, servicio, inversiones, etc.
inquebrantable. fr., *que l'on ne peut pas briser*; it., *irrompibile*; i., *unbreakable*; a., *unzerbrechlich*. (De *in-* y *quebrantable*.) adj. Que persiste sin quebranto, o no puede quebrantarse.
inquerir. tr. ant. **inquirir**.
inquietación. (Del lat. *inquietatĭo, -ōnis*.) f. ant. Falta de quietud, desasosiego.
inquietador, ra. (Del lat. *inquietātor, -ōris*.) adj. Que inquieta. Ú. t. c. s.
inquietamente. adv. m. Con inquietud.
inquietante. p. a. de **inquietar**. Que inquieta.
inquietar. fr., *inquiéter*; it., *inquietare*; i., *to disquiet*; a., *beunruhigen*. (Del lat. *inquietāre*.) tr. Quitar el sosiego, turbar la quietud. Ú. t. c. prnl. ‖ **Der.** Intentar despojar a uno de la quieta y pacífica posesión de una cosa, o perturbarle en ella.
inquieto, ta. fr., *inquiet*; it., *inquieto*; i., *restles*; a., *unruhig*. (Del lat. *inquiētus*.) adj. Que no está quieto, o es de índole bulliciosa. ‖ fig. Desasosegado por una agitación del ánimo. ‖ fig. Por metonimia y designando el efecto por la causa, dícese de aquellas cosas en que no se ha tenido o gozado quietud. ‖ *Hond.* Mal usado por inclinado, propenso.
inquietud. fr., *inquiétude*; it., *inquietudine*; i., *restlessness*; a., *Unruhe*. (Del lat. *inquietūdo*.) f. Falta de quietud, desasosiego, desazón. ‖ Alboroto, conmoción.
inquilinaje. m. *Chile.* Conjunto o reunión de inquilinos.
inquilinato. fr., *location, louage*; it., *offitto*; i., *letting*; a., *Miete*. (Del lat. *inquilinātus*.) m. Arriendo de una casa o parte de ella. ‖ Derecho que adquiere el inquilino en la casa arrendada. ‖ Contribución o tributo de cuantía relacionado con la de los alquileres. ‖ *Col.* **casa de vecindad**.
inquilinismo. (De *inquilino* e *-ismo*.) m. **Biol.** Asociación entre animales de distinta especie, en la que el *inquilino* obtiene del *huésped* cobijo y, a veces, transporte. Se diferencia del comensalismo por la ausencia de relaciones alimentarias.
inquilino, na. fr., *locataire*; it., *inquilino*; i., *lodger*; a., *Mieter*. (Del lat. *inquilīnus*.) m. y f. Persona que ha tomado una casa o parte de ella en alquiler para habitarla. ‖ *Chile.* Persona que vive en una finca rústica en la cual se le da habitación y un trozo de terreno para que lo explote por su cuenta, con la obligación de trabajar en el mismo campo a beneficio del propietario. ‖ **Der.** Arrendatario, comúnmente de finca urbana.
inquina. fr., *rancune, haine*; it., *avversione*; i., *rancor, rancour*; a., *Hass*. (Del lat. *iniquāre*, exasperar, de *iniqŭus*, injusto.) f. Aversión, mala voluntad.
inquinamento. (Del lat. *inquinamentum*.) m. Acción y efecto de inquinar o inquinarse.
inquinar. (Del lat. *inquināre*.) tr. Manchar, contagiar.
inquiridor, ra. adj. Que inquiere. Ú. t. c. s.
inquisición. fr. e i., *inquisition*; it., *inquisizione*; a., *Erforschung, Inquisition*. (Del lat. *inquisitĭo, -ōnis*; de *in*, en, y *quaerĕre, quaesivi, quaesītum*, buscar.) f. Acción y efecto de inquirir. ‖ Casa donde se juntaba el tribunal de la Inquisición. ‖ Cárcel destinada para los reos sometidos a este tribunal.
Inquisición. (Del m. or. que el anterior.) **Hist.** Tribunal eclesiástico, establecido para inquirir y castigar los delitos contra la fe. Fundado por Inocencio IV, el año 1248, el primer Tribunal se estableció en Tolosa, extendiéndose luego el sistema a Italia (excepto Nápoles), España, Portugal, Perú, Méjico, Goa, P. B. y Alemania.

Escena de la Inquisición, por Eugenio Lucas

inquisidor–insecto

El tribunal de la Inquisición, o Santo Oficio (como vulgarmente se le llamaba), actuaba en secreto, y sus sentencias eran proclamadas en un auto de fe que efectuaban las autoridades civiles. La Inquisición en España fue establecida con carácter permanente por los Reyes Católicos, en el s. XV; suprimida por Napoleón en 1808 y abolida en 1813, resucitó en 1814 para ser de nuevo abolida en 1820 y substituida en 1823 por un Tribunal de la Fe, independiente, que desapareció en 1834-35. Esto no obstante, había dejado de tener efectividad, de hecho, desde fines del s. XVII.

inquisidor, ra. fr., *inquisiteur;* it., *inquisitore;* i., *inquisitor;* a., *Inquisitor, Glaubensrichter.* (Del lat. *inquisĭtor, -ōris.*) adj. Que inquiere. Ú. t. c. s. || m. Juez eclesiástico que conocía de las causas de fe. || El que hace indagación de algo para comprobar su realidad y sus circunstancias. || *Hist.* En Aragón, cada uno de los jueces que el rey, el lugarteniente o los diputados nombraban para hacer inquisición de la conducta del vicecanciller y de otros magistrados, o de los contrafueros cometidos por ellos, a fin de castigarlos según sus delitos. Estos inquisidores, que se nombraban de dos en dos años, acabada su encuesta quedaban sin jurisdicción. || **apostólico.** El nombrado por el inquisidor general para entender, a título de delegado, dentro de una demarcación eclesiástica, en los negocios pertenecientes a la Inquisición, principalmente en los nombramientos de familiares, jueces de causas, etcétera. || **de Estado.** En la república de Venecia, cada uno de los tres nobles elegidos del Consejo de los Diez, que estaban diputados para inquirir y castigar los crímenes de Estado, con poder absoluto. || **general.** Supremo inquisidor, a cuyo cargo estaba el gobierno del Consejo de Inquisición y de todos sus tribunales. || **ordinario.** El obispo o el que en su nombre asistía a sentenciar en definitiva las causas de los reos de fe.

inquisitivo, va. (Del lat. *inquisitivus.*) adj. ant. Que inquiere y averigua con cuidado y diligencia las cosas y es inclinado a esto. || Perteneciente a la indagación o averiguación.

inquisitorial. adj. Perteneciente o relativo al inquisidor o a la Inquisición. || fig. Dícese de los procedimientos parecidos a los del tribunal de la Inquisición.

inquisitorio, ria. adj. Que tiene virtud para inquirir. || Perteneciente a la inquisición o averiguación de las cosas.

Inquísivi. Geog. Prov. de Bolivia, depart. de La Paz; 10.277 km.² y 25.000 h. || Cantón de Bolivia, depart. de La Paz, prov. de su nombre; 6.000 h. || Pobl. de Bolivia, cap. de la prov. y del cantón de su nombre; 2.000 h.

inri. m. Rel. Nombre que resulta de leer como una palabra las iniciales de *Iesus Nazarenus Rex Iudaeórum*, rótulo latino de la Santa Cruz. || fig. Nota de burla o de afrenta.

Inri. *Cristo de las Injurias.* Catedral de Zamora

Inriville. Geog. Local. de Argentina, prov. de Córdoba, depart. de Marcos Juárez; 3.006 h.

insabible. adj. Que no se puede saber; inaveriguable.

insaciabilidad. f. Calidad de insaciable.

insaciable. fr. e i., *insatiable;* it., *insaziabile;* a., *unersättlich.* adj. Que tiene apetitos o deseos tan desmedidos, que no puede saciarlos.

insaciablemente. adv. m. Con insaciabilidad.

insaculación. f. Acción y efecto de insacular.

insaculador. m. El que insacula.

insacular. (Del lat. *in*, en, y *sacŭlus*, saquito.) tr. Poner en un saco, cántaro o urna, cédulas o boletas con números o con nombres de personas o cosas para sacar una o más por suerte.

insalivación. f. Acción y efecto de insalivar.

insalivar. (De *in-*, en, y *saliva.*) tr. Mezclar los alimentos con la saliva en la cavidad de la boca.

insalubre. (Del lat. *insalūbris.*) adj. Dañoso a la salud, malsano.

insalubridad. f. Falta de salubridad.

insanable. (Del lat. *insanabĭlis.*) adj. Que no se puede sanar; incurable.

insania. (Del lat. *insanĭa.*) f. Locura, privación del juicio.

insano, na. (Del lat. *insānus.*) adj. Loco, demente, furioso. || **insalubre.**

insatisfacción. f. Falta de satisfacción.

insatisfecho, cha. adj. No satisfecho.

inscribible. adj. Der. Que puede inscribirse.

inscribir. fr., *inscrire;* it., *inscrivere;* i., *to inscribe;* a., *eintragen, einschreiben.* (Del lat. *inscribĕre.*) tr. Grabar letreros en metal, piedra u otra materia. || Registrar el nombre de una persona entre los de otras para un objeto determinado. Ú. t. c. prnl. || Impresionar la voz, una imagen, etc. || **Der.** Tomar razón, en algún registro, de los documentos o las declaraciones que han de asentarse en él según las leyes. || **Geom.** Trazar una figura dentro de otra, de modo que, sin cortarse ni confundirse, estén ambas en contacto en varios de los puntos de sus perímetros.

inscripción. fr. e i., *inscription;* it., *inscrizione;* a., *Einschreibung.* (Del lat. *inscriptĭo, -ōnis.*) f. Acción y efecto de inscribir o inscribirse. || Escrito sucinto grabado en piedra, metal u otra materia, para conservar la memoria de una persona, cosa o suceso importante. || Anotación o asiento del gran libro de la Deuda pública, en que el Estado reconoce la obligación de satisfacer una renta perpetua correspondiente a un capital recibido. || Documento o título que expide el Estado para acreditar esta obligación. || **Num.** Letrero rectilíneo en las monedas y medallas.

inscripto, ta. (Del latín *inscriptus.*) p. p. irreg. **inscrito.**

inscrito, ta. (De *inscripto.*) p. p. irreg. de **inscribir.**

inscrutable. (Del lat. *inscrutabĭlis.*) adj. ant. Que no se puede averiguar, inescrutable.

insculpir. (Del lat. *insculpĕre.*) tr. **esculpir.**

inscultura. (Del m. or. que el anterior.) f. Arqueol. Dibujo prehistórico grabado en roca. Se encuentran en el NO. de la península ibérica, generalmente en lajas de granito, y comprenden signos antropomorfos esquematizados, elementos geométricos, representaciones estelares, caballos, laberintos y otros motivos ideográficos y simbólicos.

insecable. (Del lat. *inseccabĭlis.*) adj. Que no se puede secar o es muy difícil de secarse.

insecable. (Del lat. *insecabĭlis.*) adj. Que no se puede cortar o dividir.

insecticida. fr. e i., *insecticide;* it., *insetticida;* a., *insektentötend.* (Del lat. *insectum*, insecto, y *-cida.*) adj. Que sirve para matar insectos. Dicho de los productos destinados a este fin, ú. t. c. m. El uso de los insecticidas se ha incrementado enormemente en estos últimos tiempos en la agricultura y para fines domésticos. Actúan sobre los insectos de distinta manera: unas veces por vía digestiva; otras, solamente por causticidad, y otras, por la obturación que producen en sus órganos respiratorios. El estado en que se emplean es también distinto: líquidos, como los compuestos arsenicales destinados a matar los insectos devoradores; sólidos, como los que en forma de polvo finísimo se emplean para recubrir las plantas, y gaseosos, que se utilizan en forma de neblina o vapor fino.

insectil. (De *insecto.*) adj. Perteneciente a la clase de los insectos.

insectívoro, ra. (Del lat. *insectum*, insecto, y *-voro.*) adj. Dícese de los animales zoófagos que principalmente se alimentan de insectos. Ú. t. c. s. || Dícese también de algunas plantas que los apresionan entre sus hojas y los digieren. || **Zool.** Dícese de los mamíferos euterios de pequeño tamaño, plantígrados, y con cinco dedos provistos de uñas, pulgar no oponible, hocico prolongado y dientes muy puntiagudos aptos para perforar las cubiertas quitinosas de los insectos que suelen servirles de alimento. Son los erizos, topos y musarañas. ú. t. c. s. || m. pl. Orden de estos mamíferos.

insecto. fr., *insecte;* it., *insetto;* i., *insect;* a., *Insekt.* (Del lat. *insĕctum.*) adj. **Entom.** Dícese de los artrópodos antenados, de respiración traqueal, cuerpo cubierto de quitina y dividido en cabeza, tórax y abdomen, y provistos de tres

Hormiga roja

pares de patas. Ú. t. c. s. m. *Morfología:* La cabeza posee, además de las antenas, tres pares de apéndices bucales. Primitivamente son apéndices masticadores, pero en algunos se han modificado para picar, chupar, etc. Tienen generalmente un par de ojos compuestos, pero poseen además varios simples; a veces sólo éstos. El tórax consta de tres segmentos sucesivos: protórax, mesotórax y metatórax, cada uno con un par de patas, y los dos últimos con sendos pares de alas, un solo par o ninguno. Las alas son láminas de quitina reforzada en las nerviaciones; algunos grupos tienen el primer par de alas más grueso y sirve de protección al segundo. El abdomen consta, en general, de once segmentos sin apéndices, o muy escasos y relacionados con la reproducción. *Anatomía:* Tubo digestivo dividido en intestino anterior, medio y posterior; en el límite de los dos últimos desembocan los órganos excretores o tubos de Malpighi. Vaso dorsal que actúa de corazón; la circulación es abierta y la sangre se estanca en lagunas interorgánicas. Respiración por dendrotráqueas, tubos ramificados por todo el cuerpo a los que accede el aire por unos orificios laterales (estigmas). Sistema nervioso ventral con collar esofágico y ganglios cerebroides. *Reproducción y desarrollo:* Son ovíparos y generalmente unisexuales; la cubierta quitinosa, inextensible, les obliga a realizar mudas para su crecimiento, algunas acompañadas de metamorfosis; ésta puede ser sencilla y gradual (insectos hemimetábolos) o completa en tres fases bien marcadas: larva, pupa e imago (holometábolos). *Biología:* En el mundo hay unas 800.000 especies de insectos, que viven en los más diversos medios y de todos los modos posibles: los hay herbívoros, carnívoros, parásitos, simbiónticos, sociales; algunos beneficiosos para el hombre: abeja, mariposa de la seda, etc., y otros perjudiciales: langosta, filoxera, mosquito anofeles, mosca tsé-tsé, etc. *Clasificación:* Se reparten en dos subclases: la de los *apterigógenos*, sin alas ni metamorfosis y que se remontan al período devónico, y la de los *pterigógenos*, normalmente alados, originados en el carbonífero y que se agrupan en dos series: la de los *exopterigóneos*, de metamorfosis sencilla, y la de los *endopterigógenos*, de metamorfosis complicada. ‖ m. pl. Clase de estos artrópodos.

insectología. f. Voz híbrida e inútil por **entomología.**

insectólogo. adj. inútil por **entomólogo.**

in sécula. (Del lat. *in saecŭla.*) fr. adv. **para sécula,** para siempre jamás.

inseguramente. adv. m. Sin seguridad.

inseguridad. f. Falta de seguridad.

inseguro, ra. (De *in-* y *seguro.*) adj. Falto de seguridad.

inseminación. (Del lat. *in,* y *semen,* semilla.) f. Biol. Llegada del semen al óvulo, tras la cópula sexual. ‖ **artificial.** Unión de dos células germinativas, que tiene lugar, no mediante copulación directa de dos individuos de diferente sexo y de la misma especie, sino por la introducción artificial del semen, conservado adecuadamente, en el aparato genital de la hembra. En zootecnia se usa ampliamente este método; en cuanto a la especie humana, su práctica es muy discutida y condenada por la Iglesia.

insenescencia. (Del lat. *insenescens, -entis.*) f. Calidad de lo que no se envejece.

insensatez. fr., *manque de bon sens;* it., *insensatezza;* i., *stupidity;* a., *Torheit.* (Del lat. *insensatio.*) f. Necedad, falta de sentido o de razón. ‖ fig. Dicho o hecho insensato.

insensato, ta. fr., *insensé;* it., *insensato;* i., *insane;* a., *verrückt, sinnlos.* (Del lat. *insensātus.*) adj. Tonto, fatuo, sin sentido. Ú. t. c. s.

insensibilidad. (Del lat. *insensibilĭtas, -ātis.*) f. Falta de sensibilidad. ‖ fig. Dureza de corazón o falta de sentimiento en las cosas que lo suelen causar.

insensibilización. f. Terap. desensibilización.

insensibilizar. (Del lat. *in,* priv., y *sensibĭlis,* sensible.) tr. Quitar la sensibilidad o privar a uno de ella. Ú. t. c. prnl.

insensible. fr. e i., *insensible;* it., *insensibile;* a., *gefühllos.* (Del lat. *insensibĭlis.*) adj. Que carece de facultad sensitiva o que no tiene sentido. ‖ Privado de sentido por dolencia, accidente u otra causa. ‖ Que no se puede sentir o percibir. ‖ fig. Que no siente las cosas que causan dolor y pena o mueven a lástima.

insensiblemente. adv. m. De un modo insensible.

inseparabilidad. (Del lat. *inseparabilĭtas, -ātis.*) f. Calidad de inseparable.

inseparable. fr., *inséparable;* it., *inseparabile;* i., *inseparable;* a., *unzertrennlich.* (Del lat. *inseparabĭlis.*) adj. Que no se puede separar. ‖ fig. Dícese de las cosas que se separan con dificultad. ‖ fig. Dícese de las personas estrechamente unidas entre sí con vínculos de amistad o de amor. Ú. t. c. s. ‖ m. Zool. Nombre común a varias aves de la familia de los psitácidas, loritos medianos o pequeños, de cola muy corta y redondeada, verdosos en general, pero con partes diversamente coloreadas y propias de los bosques del sur de África. Soportan muy bien la cautividad siempre que se los tenga en

Inseparables

parejas. Los más conocidos son el *inseprable de cuello rosa* (agapornis roseicollis), el *alinegro.* (a. taranta) y otros.

inseparablemente. adv. m. Con inseparabilidad.

insepultado, da. (De *in-* y *sepultado.*) adj. ant. **insepulto.**

insepulto, ta. fr., *privé de sépulture;* it., *insepolto;* i., *unburied;* a., *unbeerdigt.* (Del lat. *insepultus.*) adj. No sepultado. Dícese del cadáver antes de enterrarlo.

inserción. fr. e i., *insertion;* it., *inserzione;* a., *Inserat, Einschaltung.* (Del lat. *insertĭo, -ōnis.*) f. Acción y efecto de inserir.

inserir. (Del lat. *inserĕre.*) tr. Insertar, injerir, injertar.

insertar. fr., *insérer;* it., *inserire,* i., *to insert;* a., *einschalten.* (Del lat. *insertāre,* frec. de *inserĕre,* *inserui, insertum,* injerir.) tr. Incluir, introducir una cosa en otra. ‖ Dar cabida a un escrito en las columnas de un periódico. ‖ prnl. Bot. y Zool. Introducirse más o menos profundamente un órgano entre las partes de otro, o adherirse a su superficie.

inserto, ta. (Del lat. *insertus,* p. p. de *inserĕre,* introducir, injerir.) p. p. irreg. de **inserir.** ‖ adj. ant. Injertado.

inservible. adj. No servible o que no está en estado de servir.

insidia. (Del lat. *insidĭa.*) f. Engaño o asechanza para hacer daño a otro.

insidiador, ra. (Del lat. *insidiātor.*) adj. Que insidia. Ú. t. c. s.

insidiar. (Del lat. *insidiāre.*) tr. Poner asechanzas.

insidiosamente. adv. m. Con insidias.

insidioso, sa. (Del lat. *insidiōsus.*) adj. Que arma asechanzas. Ú. t. c. s. ‖ Que se hace con asechanzas. ‖ Malicioso o dañino con apariencias inofensivas. ‖ Pat. Dícese del padecimiento o enfermedad que, bajo una apariencia benigna, oculta gravedad suma.

insigne. fr. e it., *insigne;* i., *illustrious;* a., *berühmt.* (Del lat. *insignis.*) adj. Célebre, famoso.

insignemente. adv. m. De un modo insigne.

insignia. fr., *insigne, enseigne;* it., *insegna;* i., *insignia;* a., *Abzeichen.* (Del lat. *insignĭa.*) f. Señal, distintivo o divisa honorífica. ‖ Bandera o estandarte de una legión romana. ‖ Pendón, estandarte, imagen o medalla de una hermandad o cofradía. ‖ p. us. El rótulo que indica sobre la puerta del género que se vende en las tiendas y el rótulo que en las puertas indica una profesión u oficio. ‖ Mar. Bandera de cierta especie que, puesta al tope de uno de los palos del buque, denota la graduación del jefe que lo manda o de otro que va en él.

insignido, da. (Del lat. *insignītus,* p. p. de *insignīre,* distinguir.) adj. ant. Distinguido, adornado.

insignificancia. (De *insignificante.*) f. Pequeñez, insuficiencia, inutilidad.

insignificante. (De *in-* y *significante.*) adj. Baladí, pequeño, despreciable.

insimular. (Del lat. *insimulāre.*) tr. ant. Acusar a uno de un delito; delatarlo.

insinceridad. f. Falta de sinceridad.

insincero, ra. (Del lat. *insincērus.*) adj. No sincero, simulado, doble.

insinia. f. ant. **insignia.**

insinuación. fr. e i., *insinuation;* it., *insinuazione;* a., *Andeutung.* (Del lat. *insinuatĭo, -ōnis.*) f. Acción y efecto de insinuar o insinuarse. ‖ Der. Manifestación o presentación de un instrumento público ante juez competente, para que éste interponga en él su autoridad y decreto judicial. Se ha aplicado especialmente a las donaciones. ‖ Ret. Género de exordio, o parte del exordio, en que el orador trata de captarse la benevolencia y atención de los oyentes.

insinuador, ra. (Del lat. *insinuātor, -ōris.*) adj. Que insinúa. Ú. t. c. s.

insinuante. p. a. de **insinuar.** Que insinúa o se insinúa.

insinuar. fr., *insinuer;* it., *insinuare;* i., *to insinuate;* a., *andeuten.* (Del lat. *insinuāre.*) tr. Dar a entender una cosa, no haciendo más que indicarla o apuntarla ligeramente. ‖ En derecho, hacer insinuación ante juez competente. ‖ prnl. Introducirse mañosamente en el ánimo de uno, ganando su gracia y afecto. ‖ fig. Introducirse blanda y suavemente en el ánimo un afecto, vicio, virtud, etc.

insinuativo, va. adj. Dícese de lo que tiene virtud o eficacia para insinuar o insinuarse.

insípidamente. adv. m. Con insipidez.

insipidez. fr., *fadeur, insipidité;* it., *insipidezza;* i., *insipidness;* a., *Fadheit.* f. Calidad de insípido.

insípido, da. (Del lat. *insipĭdus.*) adj. Falto de sabor. ‖ Que no tiene el grado de sabor que debiera o pudiera tener. ‖ fig. Falto de espíritu, viveza, gracia o sal.

insipiencia. (Del lat. *insipientĭa.*) f. Falta de sabiduría o ciencia. ‖ Falta de juicio.

insipiente. (Del lat. *insipĭens, -entis.*) adj. Falto de sabiduría o ciencia Ú. t. c. s. ‖ Falto de juicio. Ú. t. c. s.

insistencia. fr., *insistance;* it., *insistenza;* i., *insistence;* a., *Bestehen, Dringen.* (Del latín *insistens, -entis,* insistente.) f. Permanencia, reiteración y porfía acerca de una cosa.

insistente. (Del lat. *insistens, -entis,* de *insistĕre,* insistir.) p. a. de **insistir.** Que insiste.

insistentemente. adv. m. Con insistencia.

insistir. fr., *insister;* it., *insistere;* i., *to insist;* a., *bestehen, beharren.* (Del lat. *insistĕre.*) tr. Descansar una cosa sobre otra. ‖ Instar reiteradamente; persistir o mantenerse firme en una cosa.

ínsito, ta. (Del lat. *insĭtus,* p. p. de *inserĕre,* plantar, inculcar.) adj. Propio y connatural a una cosa y como nacido en ella.

in situ. loc. adv. lat. En el sitio, en el lugar, sin traslado.

insobornable. adj. Que no puede ser sobornado. ‖ Que no se deja llevar por ninguna influencia, auténtico, arraigado.

insociabilidad. fr., *insociabilité;* it., *insociabilità;* i., *unsociability;* a., *Ungeselligkeit.* f. Falta de sociabilidad.

insociable. (Del lat. *insociabĭlis.*) adj. Huraño o intratable e incómodo en la sociedad.

insocial. (Del lat. *insociālis.*) adj. Huraño, que evita el trato social.

ínsola. f. ant. **ínsula.**

insolación. fr. e i., *insolation;* it., *insolazione;* a., *Sonnenstich.* (Del lat. *insolatĭo, -ōnis.*) f. Meteor. Tiempo en que, durante el día, luce el sol sin nubes. ‖ Pat. Enfermedad causada en la

insolar–instantáneamente

cabeza por el excesivo ardor del sol o la producida por el excesivo calor de la sangre, especialmente cuando, con un fuerte calor exterior, trabaja mucho la musculatura.

insolar. (Del lat. *insolāre*.) tr. Poner al sol una cosa, como hierba, planta, etc., para facilitar su fermentación, o secarla. || En artes gráficas, exponer a la luz artificial una placa sensibilizada a través de un negativo o un positivo, según el sistema de impresión, con el fin de reproducirlos en la plancha. || prnl. Asolearse, enfermar por el demasiado ardor del sol.

Maíz insolado

insoldable. adj. Que no se puede soldar.
insolencia. fr. e i., *insolence*; it., *insolenza*; a., *Unverschämtheit*. (Del lat. *insolentĭa*.) f. Acción desusada y temeraria. || Atrevimiento, descaro. || Dicho o hecho ofensivo e insultante.
insolentar. tr. Hacer a uno insolente y atrevido. Ú. m. c. prnl.
insolente. fr. e i., *insolent*; it., *insolente*; a., *frech*. (Del lat. *insŏlens, -entis*.) adj. Que comete insolencias. Ú. t. c. s. || Orgulloso, soberbio, desvergonzado. || ant. Raro, desusado y extraño.
insolentemente. adv. m. Con insolencia.
in sólidum. (Del lat. *in*, en, y *solidum*, todo, total.) m. adv. Der. Por entero, por el todo. Ú. m. para expresar la facultad u obligación que, siendo común a dos o más personas, puede ejercerse o debe cumplirse por entero por cada una de ellas.
insólito, ta. fr., *insolite*; it., *insolito*; i., *unaccustomed*; a., *ungewöhnlich*. (Del lat. *insŏlĭtus*; de *in*, priv., y *solēre, -ui, -ĭtum*, acostumbrar.) adj. No común ni ordinario; desacostumbrado.
insolubilidad. fr., *insolubilité*; it., *insolubilità*; i., *insolubility*; a., *Unauflöslichkeit*. (Del lat. *insolubilĭtas, -ātis*.) f. Calidad de insoluble.
insoluble. (Del lat. *insolubĭlis*.) adj. Que no puede disolverse ni diluirse. || Que no se puede resolver o desatar.
insoluto, ta. (Del lat. *insolūtus*.) adj. No pagado.
insolvencia. fr., *insolvabilité*, *insolvence*; it., *insolvenza*; i., *insolvency*; a., *Zahlungsunfähigkeit, Insolvenz*. (De *in-* y *solvencia*.) f. Incapacidad de pagar una deuda.
insolvente. (De *in-* y *solvente*.) adj. Que no tiene con qué pagar. Ú. t. c. s.
insomne. (Del lat. *insomnis*; de *in*, priv., y *somnus*, sueño.) adj. Que no duerme, desvelado.
insomnio. fr., *insomnie*; it., *insonnio*; i., *sleeplessness*; a., *Schlaflosigkeit*. (Del lat. *insomnĭum*.) m. Pat. Vigilia, desvelo. Puede obedecer a varias causas, si bien las más frecuentes son de origen patológico o psicopatológico.
insondable. fr., *insondable*; it., *inscandagliabile*; i., *fathomless*; a., *unergründlich*. (De *in-* y *sondable*.) adj. Que no se puede sondear. Dícese del mar cuando no se le puede hallar el fondo con la sonda. || fig. Que no se puede averiguar, sondear o saber a fondo.
insonorización. f. Acústica. Acción y efecto de insonorizar.
insonorizado, da. p. p. de **insonorizar**.
insonorizar. tr. Acústica. Aislar de sonidos o de ruidos exteriores un local, cabina, etc., o atenuar los que se producen en su interior, utilizando dispositivos adecuados.
insonoro, ra. (Del lat. *insonōrus*.) adj. Falto de sonoridad.
insoportable. fr. e i., *insupportable*; it., *insopportabile*; a., *unerträglich*. (Del lat. *insupportabĭlis*.) adj. Insufrible, intolerable. || fig. Muy incómodo, molesto y enfadoso.
insoslayable. adj. Que no puede soslayarse, ineludible.
insospechable. adj. Que no puede sospecharse.
insospechado, da. adj. No sospechado.
insostenible. adj. Que no se puede sostener. || fig. Que no se puede defender con razones.
inspección. fr. e i., *inspection*; it., *ispezione*; a., *Kontrolle, Aufsicht*. (Del lat. *inspectĭo, -ōnis*.) f. Acción y efecto de inspeccionar. || Cargo y cuidado de velar sobre una cosa. || Casa, despacho u oficina del inspector. || **ocular.** Der. Examen que hace el juez por sí mismo, y en ocasiones con asistencia de los interesados y de peritos o testigos, de un lugar o de una cosa, cuyo conocimiento pueda influir notoriamente en la decisión del litigio.
inspeccionar. (De *inspección*.) tr. Examinar, reconocer atentamente una cosa.
inspector, ra. fr., *inspecteur*; it., *ispettore*; i., *inspector*; a., *Aufseher, Inspektor*. (Del lat. *inspector, -ōris*.) adj. Que reconoce y examina una cosa. Ú. t. c. s. || m. y f. Empleado público en particular que tiene a su cargo la inspección y vigilancia en el ramo a que pertenece y del cual toma título especial del destino que desempeña. || **general.** Adm. Funcionario a quien por su alta categoría corresponde la vigilancia sobre la totalidad de un servicio del Estado y del personal que lo ejecuta.
inspectoría. f. Casa, despacho u oficina del inspector. || Chile. Cuerpo de policía que está al mando de un inspector. || Territorio a que se extiende la vigilancia de dicho cuerpo.
inspiración. fr. e i., *inspiration*; it., *ispirazione*; a., *Einatmung, Eingebung*. (Del lat. *inspirātĭo, -ōnis*.) f. Acción y efecto de inspirar. || fig. Ilustración o movimiento sobrenatural que Dios comunica a la criatura. || fig. Efecto de sentir el escritor, el orador o el artista aquel singular y eficaz estímulo que le hace producir espontáneamente, y como si lo que produce fuera cosa hallada de pronto y no buscada con esfuerzo. || fig. Cosa inspirada, en cualquiera de las acepciones figuradas de inspirar. || **Fisiol.** Primera fase de la respiración, que consiste en hacer penetrar en la cavidad torácica el aire. || **Teol.** Intimación que Dios hace al escritor sagrado para que éste escriba acerca de una determinada materia, junto con una asistencia especial para que no yerre en su exposición. No incluye, de suyo, revelación alguna.
inspiradamente. adv. m. De manera inspirada; con inspiración.
inspirador, ra. (Del lat. *inspirātor, -ōris*.) adj. Que inspira. Ú. t. c. s. || **Anat.** Aplícase a los músculos que sirven para la inspiración.
inspirante. p. a. de **inspirar**. Que inspira.
inspirar. fr., *inspirer*; it., *ispirare*; i., *to inspire*; a., *einatmen, begeistern*. (Del lat. *inspirāre*.) tr. Atraer el aire exterior a los pulmones, aspirar. || fig. Infundir o hacer nacer en el ánimo o la mente afectos, ideas, designios, etc. || fig. En sentido menos genérico, sugerir ideas, o especies para la composición de la obra literaria o artística, o bien dar instrucciones a los que dirigen o redactan publicaciones periódicas. || fig. Iluminar Dios el entendimiento de uno o excitar y mover su voluntad. || prnl. fig. Enardecerse y avivarse el genio del orador, del literato o del artista con el recuerdo o la presencia de una persona o cosa, o con el estudio de obras ajenas.
inspirativo, va. adj. Que tiene virtud de inspirar.
inspirómetro. (De *inspiración* y *-metro*.) m. Med. Aparato que mide el volumen del aire inspirado.
instabilidad. (Del lat. *instabilĭtas, -ātis*.) f. **inestabilidad.**
instable. (Del lat. *instabĭlis*.) adj. **inestable.**
instalación. fr. e i., *installation*; it., *installazione, installamento*; a., *Einsetzung, Einrichtung*. f. Acción y efecto de instalar o instalarse. || Conjunto de cosas instaladas.
instalador, ra. adj. Que instala o coloca. Ú. t. c. s.
instalar. fr., *installer*; it., *installare*; i., *to install*; a., *einstellen, einrichten*. (Del lat. *in*, en, y el germ. *stallo*, mansión, estancia; en b. lat., *installare*.) tr. Poner en posesión de un empleo, dignidad, cargo o beneficio. Ú. t. c. prnl. || Poner o colocar en su lugar debido algo. Ú. t. c. prnl. || Colocar en un lugar o edificio los enseres o servicios que en él se hayan de utilizar; como en una fábrica, los conductos de agua, aparatos para la luz, etc. || prnl. Establecerse, fijar uno su residencia.
instancia. fr., *instance*; it., *instanza*; i., *instancy*; a., *Instanz*. (Del lat. *instantĭa*.) f. Acción y efecto de instar. || Memorial, solicitud. || En las escuelas, impugnación de una respuesta dada a un argumento. || **Der.** Cada uno de los grados jurisdiccionales que la ley tiene establecidos para ventilar y sentenciar, en jurisdicción expedita, lo mismo sobre el hecho que sobre el derecho, en los juicios y demás negocios de justicia. Las instancias son dos en el actual enjuiciamiento civil; una o dos en lo administrativo; y en lo penal, una para delitos y dos para faltas; fueron antes en mayor número, y sigue siéndolo en el procedimiento canónico. || **de primera instancia.** m. adv. Al primer ímpetu, de un golpe. || Primeramente, en primer lugar, por la primera vez.
instantánea. (De *instantáneo*.) f. Plancha fotográfica que se obtiene instantáneamente. || Estampa de la plancha así obtenida.
instantáneamente. adv. t. En un instante, luego, al punto.

Inspiración. *San Juan Evangelista en Patmos*, por Velázquez. Galería Nacional. Londres

instantáneo, a. fr. *instantané*; it., *istantaneo*; i., *instantaneous*; a., *augenblicklich*. adj. Que sólo dura un instante.

instante. fr. e i., *instant*; it., *istante*; a., *Augenblick*. (Del lat. *instans, -antis*.) p. a. de **instar**. Que insta. ∥ m. Porción brevísima de tiempo. ∥ Momento, porción de tiempo muy breve en relación con otra. ∥ **a cada instante,** o **cada instante.** m. adv. fig. Frecuentemente, a cada paso. ∥ **al instante.** m. adv. Luego, al punto, sin dilación. ∥ **por instantes.** m. adv. Sin cesar, continuamente, sin intermisión. ∥ De un momento a otro.

instantemente. adv. m. Con instancia. ∥ adv. t. ant. En un instante.

instar. fr., *presser*; it., *premere*; i., *to press*; a., *dringend auffordern*. (Del lat. *instāre*.) tr. Repetir la súplica o petición o insistir en ella con ahínco. ∥ En las escuelas, impugnar la solución dada al argumento. ∥ intr. Apretar o urgir la pronta ejecución de una cosa.

in statu quo. expr. lat. que se emplea para denotar que las cosas están o deben estar en la misma situación que antes tenían.

instauración. (Del lat. *instauratĭo, -ōnis*.) f. Acción y efecto de instaurar.

instaurador, ra. adj. Que instaura. Ú. t. c. s.

instaurar. fr., *instaurer*; it., *restaurare*; i., *to restore*; a., *wiederherstellen*. (Del lat. *instaurāre*.) tr. Renovar, restablecer, restaurar. ∥ Establecer, fundar, hacer o instituir de nuevo.

instaurativo, va. (Del lat. *instaurativus*.) adj. Dícese de lo que tiene virtud de instaurar. Ú. t. c. s. m.

instigación. (Del lat. *instigatio, -onis*.) f. Acción y efecto de instigar.

instigador, ra. fr., *instigateur*; it., *istigatore*; i., *instigator*; a., *aufhetzer*. (Del lat. *instigātor*.) adj. Que instiga. Ú. t. c. s.

instigar. fr., *instiguer*; it., *istigare*; i., *to instigate*; a., *anstiften*. (Del lat. *instigāre*.) tr. Incitar, provocar o inducir a uno a que haga una cosa.

instilación. (Del lat. *instillatĭo, -ōnis*.) f. Acción y efecto de instilar. ∥ ant. Destilación o fluxión.

instilar. (Del lat. *instillāre*; de *in*, en, y *stilla*, gota.) tr. Echar poco a poco, gota a gota, un licor en otra cosa. ∥ Infundir o introducir sensiblemente en el ánimo una cosa; como doctrina, afecto, etc.

instimular. (Del lat. *instimulāre*.) tr. desus. Incitar a ejecutar algo, estimular.

instímulo. m. desus. Incitación para ejecutar algo.

Instinción. Geog. Mun. y villa de España, prov. de Almería p. j. de Canjáyar; 809 h. (*instincioneros*).

instintivamente. adv. m. Por instinto; de una manera instintiva.

instintivo, va. adj. Que es obra, efecto o resultado del instinto, y no del juicio o la reflexión o de propósito deliberado.

instinto. fr. e i., *instinct*; it., *istinto*; a., *Instinkt, Naturtrieb*. (Del lat. *instintus*.) m. Estímulo interior natural heredado y, de suyo, irreprimible. ∥ ant. Instigación o sugestión. ∥ **Etología.** Capacidad para un modo de obrar efectivo que se traduce en inmediata respuesta a un estímulo particular que no requiere práctica ni deducción alguna. Este estímulo provoca en los animales las acciones no aprendidas de su comportamiento, actúa en todos los individuos de una misma especie y es el resultado de una adaptación evolutiva. Son instintos: la construcción de los nidos, panales, las migraciones estacionales, el cuidado de la prole, etc. El modo de obrar inteligente se caracteriza objetivamente por el ensayo y la experiencia; subjetivamente, por la deducción perceptiva; ahora bien, la experimentación con ideas generales es peculiar del hombre y se llama razón. ∥ **Teol.** Impulso o movimiento del Espíritu Santo, hablando de inspiraciones sobrenaturales. ∥ **de conservación.** *Etología.* Instinto innato del individuo, que propende a su propia conservación y a la de la especie. ∥ **por instinto.** m. adv. Por un impulso maquinal e indeliberado.

institor. (Del lat. *institor, -ōris*.) m. Factor o mandatario comercial.

institución. fr. e i., *institution*; it., *istituzione*; a., *Stiftung, Einrichtung*. (Del lat. *institutĭo, -ōnis*.) f. Establecimiento o fundación de una cosa. ∥ Cosa establecida o fundada. ∥ Cada una de las organizaciones fundamentales de un Estado, nación o sociedad. ∥ desus. Instrucción, educación, enseñanza. ∥ pl. Colección metódica de los principios o elementos de una ciencia, arte, etc. ∥ Órganos constitucionales del poder soberano en la nación. ∥ **canónica.** *Rel.* Acción de conferir canónicamente un beneficio. ∥ **corporal.** *Léx.* Acción de poner a uno en posesión de un beneficio. ∥ **de heredero.** *Der.* Nombramiento que en el testamento se hace de la persona que ha de heredar. ∥ **ser** una **institución.** loc. fig. Tener en una ciudad, empresa, tertulia o cualquier otra agrupación humana el prestigio debido a la antigüedad o a poseer los caracteres representativos de aquélla.

Institución Libre de Enseñanza. *Hist. de la Pedag.* Organización pedagógico-cultural española, fundada en 1876 por Francisco Giner de los Ríos al margen de la educación estatal. Perduró hasta 1939 y su proyección en todos los órdenes de la vida cultural nacional fue de gran importancia.

institucional. adj. Perteneciente o relativo a la institución.

institucionalismo. m. *Econ.* Escuela económica que concede importancia primordial al estudio descriptivo y genético de las instituciones económicas y sociales.

institucionalización. f. Acción y efecto de institucionalizar.

institucionalizar. tr. Aceptar como establecido formalmente algo que en principio empezó siendo una norma o costumbre. Ú. t. c. prnl.

institucionista. adj. Perteneciente a la Institución Libre de Enseñanza o influido por ella. Ú. t. c. s.

instituente. p. a. de **instituir. instituyente.**

instituidor, ra. adj. Que instituye. Ú. t. c. s.

instituir. fr., *instituer*; it., *istituire*; i., *to institute*; a., *einsetzen, errichten*. (Del lat. *instituĕre*.) tr. Fundar una obra pía, mayorazgo, etc. ∥ Establecer algo de nuevo; dar principio a una cosa. ∥ desus. Enseñar o instruir. ∥ ant. Determinar, resolver.

Instituta. (Del lat. *institūta*, instituciones.) Compendio del derecho civil de los romanos, compuesto por orden del emperador Justiniano.

instituto. fr., *institut*; it., *istituto*; i., *institute*; a., *Institut*. (Del lat. *institūtum*.) m. Constitución o regla que prescribe cierta forma y método de vida o de enseñanza; como, p. ej., el de las órdenes religiosas. ∥ Corporación científica, literaria, artística, benéfica, etc. ∥ Edificio en que funciona alguna de estas corporaciones. ∥ ant. Intento, objeto y fin a que se encamina una cosa. ∥ **armado.** *Mil.* Cada uno de los cuerpos destinados a la defensa del país o al mantenimiento del orden público y cuyos miembros llevan en su equipo algún arma. ∥ **laboral.** *Pedag.* En España, establecimiento oficial de enseñanza media y profesional o técnica que impartió cursos desde 1949 hasta 1970. ∥ **nacional de bachillerato.** Establecimiento oficial donde se siguen los estudios de bachillerato. ∥ **secular.** *Rel.* Conjunto de personas, que sin vivir en común, ni hacer votos públicos, están consagradas a Dios por los votos privados.

Instituto para la Conservación de la Naturaleza. (En abr., *ICONA*.) **Adm.** Organismo oficial, dependiente del Ministerio de Agricultura, creado en 1971 para la protección y conservación de la naturaleza, hábitat, medio ambiente, etcétera. ∥ **de Cultura Hispánica** o **de Cooperación Iberoamericana. Centro Iberoamericano de Cooperación.** ∥ **Geográfico Nacional.** Organismo oficial español, encargado del estudio e investigación en el campo de la geografía. ∥ **Nacional de Estadística.** Organismo oficial de España, que depende del Ministerio de Economía, y encargado de la confección de las estadísticas referentes a toda la vida nacional. ∥ **Nacional de Industria.** Organismo oficial de España, dependiente del Ministerio de Industria, y que es quizá el principal coadjutor económico del Estado. Controla y es dueño parcial o total de multitud de empresas de todo tipo. Abreviadamente, I. N. I. ∥ **Nacional del Libro Español.** Organismo oficial de España, dependiente del Ministerio de Información y Turismo. Se encarga de la difusión del libro español en general, de su ordenación sistematizada y de su protección desde el punto de vista comercial. Abreviadamente, I. N. L. E. ∥ **Nacional de Previsión.** Antiguo organismo español, extinguido tras la reestructuración del actual Ministerio de Sanidad y Seguridad Social.

(V. **España. Gobierno.**) ∥ **de España. Cultura.** Conjunto cultural integrado por todos los miembros de número perteneciente a las Reales Academias de la Lengua, Historia, Ciencias Exactas, Físicas y Naturales, Ciencias Morales y Políticas, Bellas Artes de San Fernando y Medicina. Fue creado por decreto de 8 de diciembre del año 1937 y su misión es servir de Senado de la cultura española, especialmente en lo que se refiere a la edición de publicaciones de interés nacional, bien le sea encomendada por el Estado o por las Reales Academias. ∥ **Español de Moneda Extranjera. Econ.** Entidad de Derecho público dependiente de los Ministerios de Industria y Comercio, y cuyas finalidades

Avionetas que el Instituto para la Conservación de la Naturaleza emplea en la extinción de incendios forestales

Instituto Nacional de Estadística

institutor–insulso

son: centralizar la compra y venta de divisas en España, comprar o vender oro y plata en lingotes o amonedado y títulos de cotización internacional, tomar a préstamo divisas y conceder créditos en moneda extranjera. ‖ Abreviadamente se designa con las siglas. I. E. M. E. ‖ **de los Hermanitos de Jesús. Rel.** Institución religiosa fundada en 1933 según la regla de Charles de Foucauld. Su apostolado se caracteriza por la pobreza y la contemplación en medio de los hombres. ‖ **de los Hermanos de las Escuelas Cristianas.** Institución religiosa fundada en Reims por San Juan Bautista la Salle en 1680, dedicada a la educación de la juventud. ‖ **de los Hermanos Maristas de la Enseñanza.** Congregación religiosa fundada en 1817 por el beato Marcelino Champagnat. Su fin principal es la educación de la juventud.

institutor, ra. fr., *instituteur;* it., *istitutore;* i., *institutos;* a., *Stifter.* (Del lat. *institūtor.*) adj. **instituidor.** Ú. t. c. s. ‖ Col. Profesor, pedagogo, maestro.

institutriz. fr., *institutrice;* it., *istitutrice;* i., *instructress;* a., *Lehrerin.* (De *institutor,* con el suf. f. *-triz.*) f. Maestra encargada de la educación o instrucción de uno o varios niños, en el hogar doméstico.

instituyente. (Del lat. *instítŭens, -entis.*) p. a. de **instituir.** Que instituye.

instridente. (Del lat. *instrīdens, -entis.*) adj. Que produce un sonido chirriante, estridente.

instrucción. fr. e i., *instruction;* it., *istruzione;* a., *Unterricht, Instruktion.* (Del lat. *instructĭo, -ōnis.*) f. Acción de instruir o instruirse. ‖ Caudal de conocimientos adquiridos. ‖ Curso que sigue un proceso o expediente que se está formando o instruyendo. ‖ Conjunto de reglas o advertencias para algún fin. Ú. m. en pl. ‖ pl. Órdenes que se dictan a los agentes diplomáticos o a los jefes de fuerzas navales. ‖ Reglamento en que predominan las disposiciones técnicas o explicativas para el cumplimiento de un servicio administrativo. ‖ **militar.** *Mil.* La que se da en el cuartel a los reclutas para que cumplan sus obligaciones militares. ‖ **primaria.** *Educación.* **enseñanza primaria.** ‖ **pública.** La que se da en el establecimiento sostenido por el Estado, y comprende la primera y segunda enseñanza, las facultades, las profesiones y las carreras especiales.

instructivamente. adv. m. Para instrucción.

instructivo, va. fr., *instructif;* it., *istruttivo;* i., *instructive;* a., *lehrreich.* (De *instructo.*) adj. Dícese de lo que instruye o sirve para instruir.

instructo, ta. (Del lat. *instructus.*) p. p. irreg. ant. de **instruir.**

instructor, ra. (Del lat. *instructor, -ōris.*) adj. Que instruye. Ú. t. c. s.

instruido, da. p. p. de **instruir.** ‖ adj. Que tiene bastante caudal de conocimientos adquiridos.

instruidor, ra. adj. ant. Que instruye. Usáb. t. c. s.

instruir. fr., *instruire;* it., *istruire;* i., *to instruct;* a., *belehren, unterrichten.* (Del lat. *instruĕre.*) tr. Enseñar, doctrinar. ‖ Comunicar sistemáticamente ideas, conocimientos o doctrinas. ‖ Dar a conocer a uno el estado de una cosa, informarle de ella, o comunicarle avisos o reglas de conducta. Ú. t. c. prnl. ‖ Formalizar un proceso o expediente conforme a las reglas de derecho y prácticas recibidas.

instrumentación. fr. e i., *instrumentation;* it., *istrumentazione;* a., *Instrumentierung.* f. Acción y efecto de instrumentar. ‖ **Mús.** Arte de combinar y distribuir las partes de una composición orquestal entre los diferentes instrumentos que la han de ejecutar.

instrumental. adj. Perteneciente o relativo al instrumento. ‖ Que sirve de instrumento o tiene función de tal. ‖ Perteneciente o relativo a los instrumentos músicos. ‖ Perteneciente a los instrumentos o escrituras públicas. ‖ Dícese del caso de la declinación que, en lenguas como el indoeuropeo, el sánscrito o el ruso, denota, entre otras relaciones, la de medio o instrumento. Ú. t. c. s. m. ‖ m. Conjunto de instrumentos destinados a determinado fin. ‖ Conjunto de instrumentos de una orquesta o de una banda militar. ‖ Conjunto de instrumentos profesionales del médico o del cirujano.

instrumentalmente. adv. m. Como instrumento.

instrumentar. fr., *instrumenter;* it., *istrumentare;* i., *to instrumentate;* a., *instrumentieren.* tr. Arreglar una composición musical para varios instrumentos.

instrumentista. m. Músico de instrumento. ‖ Fabricante de instrumentos músicos, quirúrgicos, etc.

instrumento. fr. e i., *instrument;* it., *istrumento;* a., *Werkzeug, Instrument.* (Del lat. *instrumentum.*) m. Utensilio o conjunto de diversas piezas combinadas adecuadamente para que sirvan con determinado objeto en el ejercicio de las artes y oficios. ‖ Ingenio o máquina. ‖ Aquello de que nos servimos para hacer una cosa. ‖ Escritura, papel o documento con que se justifica o prueba alguna cosa. ‖ **instrumento músico.** ‖ fig. Lo que sirve de medio para hacer una cosa o conseguir un fin. ‖ **de canto.** ant. *Mús.* **instrumento músico.** ‖ **de cuerda.** El que lleva cuerdas de tripa o de metal que se hacen sonar pulsándolas, golpeándolas con macillos o haciendo que un arco roce con ellas. ‖ **músico.** Conjunto de piezas dispuestas de modo que sirva para producir sonidos musicales. ‖ **neumático. instrumento de viento.** ‖ **de percusión.** El que se hace sonar golpeándolo con badajos, baquetas o varillas. ‖ **de viento.** El que se hace sonar impeliendo aire dentro de él.

instruto, ta. (Del lat. *instructus.*) p. p. ant. de **instruir.**

Insúa (Alberto). Biog. Álvarez-Insúa y Escobar (Alberto).

insuave. (Del lat. *insuāvis.*) adj. Desapacible a los sentidos o que causa una sensación áspera y desagradable.

insuavidad. f. Calidad de insuave.

insubordinación. fr. e i., *insubordination;* it., *insubordinazione;* a., *Ungehorsam.* f. Falta de subordinación.

insubordinado, da. p. p. de **insubordinar.** ‖ adj. Que falta a la subordinación. Ú. t. c. s.

insubordinar. fr., *se soulever, se révolter;* it., *ribellarsi;* i., *to revolt;* a., *aufwiegeln.* (De *in-* y *subordinar.*) tr. Introducir la insubordinación. ‖ prnl. Quebrantar la subordinación, sublevarse.

insubsanable. adj. Que no puede subsanarse.

insubsistencia. f. Falta de subsistencia.

insubsistente. adj. No subsistente. ‖ Falto de fundamento o razón.

insubstancial. (Del lat. *insubstantiālis.*) adj. De poca o ninguna substancia.

insubstancialidad. f. Calidad de insubstancial. ‖ Cosa insubstancial.

insubstancialmente. adv. m. De manera insubstancial.

insubstituible. adj. Que no puede substituirse.

insudar. (Del lat. *insudāre.*) intr. Afanarse o poner mucho trabajo, cuidado y diligencia en una cosa.

insuficiencia. fr., *insuffisance;* it., *insufficienza;* i., *insufficiency;* a., *unzulänglichkeit.* (Del lat. *insufficientĭa.*) f. Falta de suficiencia o de inteligencia. ‖ Cortedad o escasez de una cosa. ‖ **Pat.** Incapacidad de un órgano para realizar su función.

insuficiente. (Del lat. *insufficĭens, -entis.*) adj. No suficiente.

insuficientemente. adv. m. De manera insuficiente.

insuflación. fr. e i., *insufflation;* it., *insoffiatura;* a., *Einblasen.* (Del latín *insufflatĭo, -ōnis.*) f. **Terap.** Acción y efecto de insuflar.

insuflador. m. **Terap.** Aparato para insuflar.

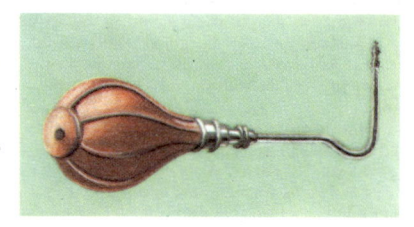

Insuflador

insuflar. fr., *insuffler;* it., *insoffiare;* i., *to blow in;* a., *einblasen.* (Del lat. *insufflāre;* de *in,* en, *sub,* debajo, y *flare,* soplar.) tr. **Terap.** Introducir a soplos en un órgano o en una cavidad un gas, un líquido o una substancia pulverulenta.

insufrible. fr. e i., *insupportable;* it., *insoffribile;* a., *unerträglich.* (De *in-* y *sufrible.*) adj. Que no se puede sufrir. ‖ fig. Muy difícil de sufrir.

insufriblemente. adv. m. De un modo insufrible.

insufridero, ra. (De *in-* y *sufridero.*) adj. desus. Que no se puede sufrir, insufrible.

ínsula. (Del lat. *insŭla.*) f. isla. ‖ fig. Cualquier lugar pequeño o de gobierno de poca entidad. Dícese a semejanza de la que fingió Cervantes en su *Don Quijote* haber sido dada a Sancho Panza.

insulano, na. (Del lat. *insulānus.*) adj. **isleño.** Apl. a pers., ú. t. c. s.

insular. (Del lat. *insulāris.*) adj. Natural de una isla. ‖ Perteneciente a una isla.

insulina. fr., *insuline;* it., *insulina;* i., *insulin;* a., *Insulin, Inselhormon.* (De *ínsula* y *-ina.*) f. **Bioq.** y **Fisiol.** Hormona segregada por las células pancreáticas que forman los islotes de Langerhans y cuya acción consiste en moderar la función glucémica del hígado y evitar un exceso de glucosa en la sangre (diabetes). ‖ **Quím.** y **Terap.** Substancia aislada del tejido insular del páncreas, que posee naturaleza albuminoidea. No es un medio curativo de la diabetes, pero complementa el tratamiento de esta enfermedad.

insulinasa. (De *insulina* y *-asa,* suf. de los nombres de fermentos o enzimas.) f. **Bioq.** Enzima proteolítica, que se encuentra especialmente en el hígado y que convierte a la insulina en inactiva.

Insulindia o **Asia insular. Geog.** Se designa con este nombre al conjunto de islas sit. al SE. de Asia, que antes se incluían bajo el nombre de Malasia, en Oceanía. Está constituida por las grandes islas de Sumatra, Java, Borneo, los arch. de Célebes y Filipinas y otras; a excepción de las Filipinas, la mayor parte de ellas forman actualmente parte de la República de Indonesia.

insulínico, ca. adj. Propio de la insulina o que se refiere a ella.

insulinoterapia. (De *insulina* y *terapia.*) f. **Terap.** Método de tratamiento de la diabetes y sus complicaciones, y otras enfermedades, utilizando la insulina.

insulsamente. adv. m. Con insulsez.

insulsez. fr., *fadeur, insipidité;* it., *insulsaggine;* i., *insipidness;* a., *Fadheit.* f. Calidad de insulso. ‖ Dicho insulso.

insulso, sa. fr., *fade;* it., *insulso;* i., *insipid;* a., *fade, reizlos.* (Del lat. *insulsus.*) adj. Insípido, zonzo y falto de sabor. ‖ fig. Falto de gracia y viveza.

insultada. f. *Amér. c., Col., Chile (Chiloé), Ecuad., Méj., Perú* y *P. Rico.* Insulto, serie de insultos.

insultador, ra. (Del lat. *insultātor, -ōris.*) adj. Que insulta. Ú. t. c. s.

insultante. p. a. de **insultar.** Que insulta. || adj. Dícese de las palabras o acciones con que se insulta.

insultar. fr., *insulter;* it., *insultare;* i., *to insult;* a., *Beschimpfen.* (Del lat. *insultāre.*) tr. Ofender a uno provocándole e irritándole con palabras o acciones. || prnl. **accidentarse.**

insulto. fr., *insulte;* it., *insulto;* i., *insult;* a., *Beschimpfung.* (Del lat. *insultus.*) m. Acción y efecto de insultar. || Acometimiento o asalto repentino y violento. || Indisposición repentina que priva de sentido o de movimiento; accidente.

insumable. adj. Que no se puede sumar o es difícil de sumarse; exorbitante.

insume. (Del latín *insumĕre,* gastar, consumir.) adj. Costoso, de mucho precio.

insumergibilidad. f. Calidad de insumergible.

insumergible. fr., *insubmersible;* it., *insommergibile;* i., *insubmergible, insubmersive;* a., *unversenkbar.* adj. No sumergible.

insumir. (Del lat. *insumĕre.*) tr. **Econ.** Emplear, invertir dinero.

insumisión. f. Falta de sumisión.

insumiso, sa. adj. No sumiso, desobediente.

insumo. (De *insumir.*) m. **Econ.** Bienes empleados en la producción de otros bienes.

insuperable. fr., *insurmontable, insurpassable;* it., *insuperabile;* i., *insurmountable;* a., *unübertrefflich.* (Del lat. *insuperabĭlis.*) adj. No superable.

insupurable. adj. p. us. Que no se puede consumir o supurar.

insurgente. (De *insurgir.*) adj. Levantado o sublevado. Ú. t. c. s.

insurgir. (Del lat. *insurgĕre.*) intr. ant. **insurreccionarse.**

insurrección. fr., *insurrection;* it., *insurrezione;* i., *rebellion;* a., *Empörung, Aufstand.* (Del lat. *insurrectĭo, -ōnis.*) f. Levantamiento, sublevación o rebelión de un pueblo, nación, etc.

insurreccional. adj. Perteneciente o relativo a la insurrección.

insurreccionar. (De *insurrección.*) tr. Concitar a las gentes para que se amotinen contra las autoridades. || prnl. Alzarse, rebelarse, sublevarse contra las autoridades.

insurrecto, ta. fr., *insurgé;* it., *insorgente;* i., *insurgent, rebel;* a., *aufständisch.* (Del lat. *insurrectus.*) adj. Levantado o sublevado contra las autoridades públicas; rebelde. Ú. m. c. s.

insustancial. (De *in-* y *sustancial.*) adj. **insubstancial.**

insustancialidad. f. **insubstancialidad.**

insustancialmente. adv. m. **insubstancialmente.**

insustituible. (De *in-* y *sustituible.*) adj. **insubstituible.**

intacto, ta. fr. e i., *intact;* it., *intatto;* a., *unberührt.* (Del lat. *intactus;* de *in,* negat., y *tangĕre, tetĭgi, tactum;* de *in,* negat., y *tangĕre, tetĭgi, tactum,* tocar.) adj. No tocado o palpado. || fig. Que no ha padecido alteración, menoscabo o deterioro. || fig. Puro, sin mezcla. || fig. No ventilado, o de que no se ha hablado.

intachable. fr., *irréprochable;* it., *intacciabile;* i., *irreproachable;* a., *tadellos.* adj. Que no admite o merece tacha.

intangibilidad. f. Calidad de intangible.

intangible. fr. e i., *intangible;* it., *intangibile;* a., *unberührbar.* (De *in-* y *tangible.*) adj. Que no debe o no puede tocarse.

integérrimo, ma. (Del lat. *integerrĭmus.*) adj. superl. de **íntegro.**

integrable. adj. **Mat.** Que se puede integrar.

integración. (Del lat. *integratĭo, -ōnis.*) f. **Mat.** Acción y efecto de integrar. || **definida.** Cálculo de una integral definida. (V. **integral.**) || **económica.** *Econ.* Concentración en una sola unidad de producción de todas las operaciones que componen el proceso productivo; por ext., aplícase a la unión económica de un país o de un continente; por ejemplo, integración económica europea. || **indefinida.** *Mat.* Operación inversa de la diferenciación, que tiene por objeto, dada la diferencial de una función, hallar ésta (función primitiva) y todas las que tienen la misma diferencial, que difieren de ella en una constante aditiva arbitraria. Por ejemplo, si $y = x^3$, se tiene $y' = 3x^3$, $dx = 3x^2 dx$. La integral indefinida de ésta, que se indica con el signo $\int$, con forma de S alargada, será:

$$\int 3x^2\, dx = x^3 + C,$$

siendo C una constante.

integrador. m. **Fís.** y **Mat.** Dispositivo que permite realizar la integración del valor de una función con relación a una variable. Existen integradores electrónicos, mecánicos y físicos.

integral. fr., *intégrale;* it., *integrale;* i., *integral;* a., *vollständig, integral.* (Del lat. *integrālis,* por *intĕger,* íntegro.) adj. Global, total. || **Filos.** Aplícase a las partes que entran en la composición de un todo, pero que no son esenciales y, por tanto, puede concebirse la existencia del ser aun sin ellas. || **Mat.** V. **cálculo integral.** || Aplícase al signo $\int$, derivado de la S mayúscula, abreviatura del lat. *summa* (suma), con que se indica la integración. || f. Resultado de integrar una expresión diferencial. Se llama *integral* o función primitiva de otra la que resulta de esta operación. Si se deriva la función primitiva obtenida mediante este algoritmo, se obtiene la función de la cual se ha partido. Así:

$$\int x\, dx = \frac{x^2}{2} + C, \text{ siendo } \frac{x^2}{2} + C \text{ la función primitiva de } y = x;$$

por derivación de $\frac{x^2}{2} + C$ se tiene nuevamente $y = x$. || **definida.** Dada la función $y = f(x)$, dividamos un intervalo (a, b) del campo de variabilidad de la x en n partes, mediante los puntos $x_1, x_2, ..., x_{n-1}$. Si $\bar{x}_1, \bar{x}_2, ..., \bar{x}_n$, son puntos arbitrarios situados respectivamente en cada uno de los intervalos $(a, x_1), (x_1, x_2), ..., (x_{n-1}, x_n)$, formemos la suma

$$S = f(\{\bar{x}_1\}) \cdot (x_1 - a) + f(\{\bar{x}_2\}) \cdot (x_2 - x_1) + ... + f(\bar{x}_n) \cdot (b - x_{n-1})$$

Se demuestra que bajo determinadas condiciones (por ejemplo, si $f(x)$ es continua), cuando el número de subdivisiones crece indefinidamente, S tiende a un límite que se llama integral definida de $f(x)$ en (a, b), y se representa por

$$I = \int_a^b f(x)\, dx$$

Se demuestra que si $F(x)$ es una función primitiva de $f(x)$ (véase **integración indefinida**), es $I = F(b) - F(a)$, fórmula debida a Barrow; así, p. ej., si

$$f(x) = 3x^2, \quad \int f(x)dx = \int 3x^2 dx = x^3 + C$$
$$F(x) = x^3, \quad \int_1^5 3x^2 dx = 5^3 - 1^3 = 124$$

Geométricamente, I representa el área comprendida entre la curva representativa de $y = f(x)$, el eje OX y las ordenadas en los extremos a y b del intervalo de integración. Mediante la integral definida pueden calcularse las áreas y volúmenes de figuras en el espacio. También tiene aplicación a la física y a otras ciencias; así, p. ej., si la curva de la figura anterior, $y = x^3$, fuese la variación de una fuerza en función del espacio recorrido por su punto de aplicación, la integral, es decir, el área rayada, representa el trabajo realizado por aquella fuerza, desde la distancia 1 a la 5. Si representase la variación de volumen de un gas en función de su presión, dicha área correspondería al trabajo realizado por dicho gas al expansionarse desde la presión 5 a la 1, o el trabajo necesario para comprimir dicho gas desde la presión 1 a la 5. || **indefinida.** Resultado de la integración indefinida.

Tabla de las integrales indefinidas más sencillas

$$\int a\, dx = ax + C$$
$$\int x\, dx = \frac{x^2}{2} + C$$
$$\int x^n\, dx = \frac{x^{n+1}}{n+1} + C$$
$$\int af(x)\, dx = a \int f(x)\, dx$$
$$\int [f(x) + \varphi(x)]\, dx = \int f(x)\, dx + \int f(x)\, dx + \int \varphi(x)\, dx$$
$$\int \frac{1}{x}\, dx = \log_e x + C$$
$$\int a^x\, dx = \frac{a^x}{\log_e a} + C$$
$$\int e^x\, dx = e^x + C$$
$$\int \log_e x \cdot dx = x \log_e x - x + C$$
$$\int \operatorname{sen} x \cdot dx = -\cos x + D$$
$$\int \cos x \cdot dx = \operatorname{sen} x + C$$
$$\int \operatorname{tg} x \cdot dx = -\log_e \cos x + C$$
$$\int \frac{1}{\cos^2 x} \cdot dx = \operatorname{tg} x + C$$

integralmente. adv. m. De un modo integral.

íntegramente. adv. m. **enteramente.** || Con integridad.

integrante. p. a. de **integrar.** Que integra. || adj. **Filos.** Aplícase a las partes que sin ser esenciales integran un todo.

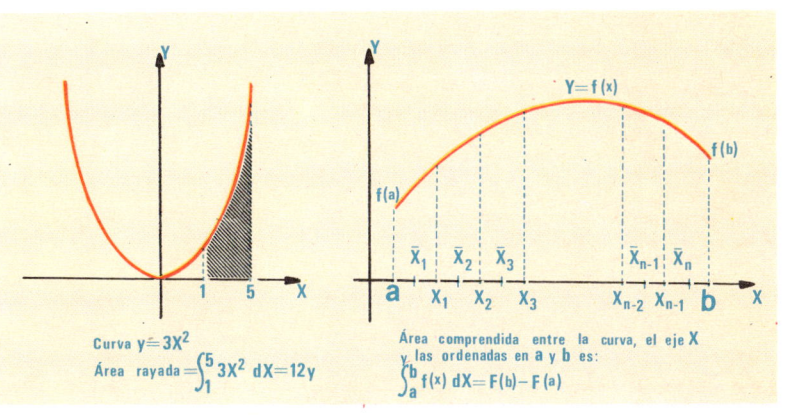

Curva $y = 3X^2$
Área rayada $= \int_1^5 3X^2\, dX = 12y$

Área comprendida entre la curva, el eje X y las ordenadas en a y b es:
$\int_a^b f(x)\, dX = F(b) - F(a)$

Integral definida

integrar. fr., *intégrer*; it., *integrare*; i., *to integrate*; a., *vervollständigen*. (Del lat. *integrāre*.) tr. Dar integridad a una cosa; componer un todo con sus partes integrantes. ‖ **reintegrar.** ‖ **Mat.** Determinar la integral de una función.

integridad. fr., *intégrité*; it., *integrità*; i., *integrity*; a., *Vollständigkeit*. (Del lat. *integrĭtas, -ātis*.) f. Calidad de íntegro. ‖ **Pureza de las vírgenes.**

integrismo. (De *íntegro*.) m. Partido político español fundado a fines del s. XIX, y basado en el mantenimiento de la integridad de la tradición española. Su figura más relevante fue Cándido Nocedal.

Cándido Nocedal (figura del integrismo), grabado del siglo XIX

integrista. adj. Perteneciente o relativo al integrismo. ‖ com. Partidario del integrismo.

íntegro, gra. fr., *intègre*; it., *integro*; i., *upright*; a., *vollständig, rechtschaffen*. (Del lat. *intĕger, -gri*.) adj. Aquello a que no falta ninguna de sus partes. ‖ fig. Dícese del recto, probo, intachable.

integumento. (Del lat. *integumentum*.) m. Envoltura o cobertura. ‖ fig. Disfraz, ficción, fábula.

intelección. (Del lat. *intellectĭo, -ōnis*.) f. Acción y efecto de entender.

intelectiva. (Del lat. *intellectīva*, t. f. de *-vus*, intelectivo.) f. Facultad de entender.

intelectivo, va. (Del lat. *intellectīvus*.) adj. Que tiene virtud de entender.

intelecto. (Del lat. *intellectus*.) m. Entendimiento, potencia cognoscitiva racional del alma humana.

intelectual. fr., *intellectuel*; it., *intellettuale*; i., *intellectual*; a., *intellektuell*. (Del lat. *intellectualis*.) adj. Perteneciente o relativo al entendimiento. ‖ Espiritual o sin cuerpo. ‖ Dedicado preferentemente al cultivo de las ciencias y letras. Ú. t. c. s.

intelectualidad. fr. *intellectualité*; it., *intellettualità*, i., *intellectuality*; a., *Geistigkeit*. (Del lat. *intellectualĭtas, -ātis*.) f. Entendimiento, potencia cognoscitiva racional del alma humana. ‖ fig. Conjunto de las personas cultas de un país, región, etc.

intelectualismo. m. Doctrina filosófica que sostiene la preeminencia del entendimiento sobre la sensibilidad y la voluntad.

intelectualmente. adv. m. De un modo intelectual.

inteleto. m. desus. **intelecto.**

inteligencia. fr. e i., *intelligence*; it., *intelligenza*; a., *Intelligenz, Verstand*. (Del latín *intelligentĭa*.) f. Facultad intelectiva. ‖ Facultad de conocer, la cual se manifiesta de varios modos. ‖ Conocimiento, comprensión, acto de entender. ‖ Sentido en que se puede tomar una sentencia, dicho o expresión. ‖ Habilidad, destreza y experiencia. ‖ Trato y correspondencia secreta de dos o más personas entre sí. ‖ Substancia puramente espiritual. ‖ **Fisiol., Psicol.** y **Zool.** Facultad de aprender y proyectar de los mamíferos superiores y especialmente del hombre; puede decirse que la inteligencia reside en la facultad de asociar los estímulos nuevos con los pasados, de integrar los de distintas clases y, sobre todo, de realizar actos conscientes no estrictamente iguales a otros, ya realizados anteriormente, pero constituidos por elementos de conducta debidos al aprendizaje. Esta última condición, aunque en un grado muy inferior al humano, se halla en los grandes monos; de aquí puede y deba hablarse de la inteligencia de estos animales. ‖ **artificial.** *Informática.* Ciencia o estudio de un tipo de ordenador que pueda por sí mismo perfeccionar sus operaciones. ‖ **en** , o **en la, inteligencia.** m. adv. En el concepto, en el supuesto o en la suposición.

inteligenciado, da. (De *inteligencia*.) adj. Enterado, instruido.

inteligente. fr. e i., *intelligent*; it., *intelligente*; a., *verständig, klug*. (Del lat. *intellĭgens, -entis*) adj. Sabio, perito, instruido. Ú. t. c. s. ‖ Dotado de facultad intelectiva.

inteligentemente. adv. m. De manera inteligente.

inteligibilidad. f. Calidad de inteligible.

inteligible. fr. e i., *intelligible*; it., *intelligibile*; a., *begreiflich*. (Del latín *intelligibĭlis*.) adj. Que puede ser entendido. ‖ Dícese de lo que es materia de puro conocimiento, sin intervención de los sentidos. ‖ Que se oye clara y distintamente.

inteligiblemente. adv. m. De un modo inteligible.

Intelsat. (Siglas del inglés *international telecommunications satellite*.) **Telecomunicaciones.** Consorcio multinacional cuyo objetivo es la puesta en órbita y explotación de una red mundial de satélites para la comunicación de ondas sonoras y ópticas. Se da también el nombre de *Intelsat* a los satélites construidos por el consorcio. El primero fue el *Intelsat I* o *Pájaro del Alba*, lanzado el 6 de abril de 1965; en 1969 se llegó a la cobertura mundial.

Intelligence Service. (expr. i. que significa *Servicio de Inteligencia*.) **Políт.** Oficina de información secreta, encargada de proporcionar al Gobierno inglés todos los datos de interés político y militar que no pueden obtenerse por vía diplomática ordinaria.

intemerata. (Del lat. *intemerāta*, no deshonrada; *de in*, no, y *temerare*, deshonrar.) f. *Perú.* barb. por **temeridad, atrevimiento, descaro.** ‖ **(la).** loc. vulg. que se emplea para indicar que una cosa ha llegado a lo sumo.

intemperadamente. adv. m. ant. Sin templanza.

intemperado, da. (Del lat. *intemperātus*.) adj. p. us. Inmoderado, excesivo.

intemperancia. fr., *intempérance*; it., *intemperanza*; i., *intemperance*; a., *Unmässigkeit*. (Del lat. *intemperantĭa*.) f. Falta de templanza.

intemperante. (Del lat. *intempĕrans, -antis*.) adj. Destemplado o falto de templanza.

intemperatura. (De *in-* y *temperatura*.) f. ant. Destemplanza o desigualdad del tiempo.

intemperie. fr., *intempérie*; it., *intemperie*; i., *intemper*; a., *Unwetter*. (Del lat. *intemperĭes*.) f. Destemplanza o desigualdad de tiempo. ‖ **a la intemperie.** m. adv. A cielo descubierto, sin techo ni otro reparo alguno.

intempesta. (Del lat. *intempesta* [*nox*], [noche] sujeta a las intemperies.) adj. poét. Dícese de la noche muy entrada.

intempestivamente. adv. m. De modo intempestivo.

intempestivo, va. fr., *intempestif*; it., *intempestivo*; i., *untimely*; a., *unzeitig*. (Del lat. *intempestīvus*.) adj. Que es fuera de tiempo y sazón.

intemporal. (Del lat. *intemporālis*.) adj. No temporal, independiente del curso del tiempo.

Satélite *Intelsat I*

intemporalidad. (Del lat. *intemporalĭtas, -ātis*.) f. Condición de intemporal.

intención. fr. e i., *intention*; it., *intenzione*; a., *Absicht*. (Del lat. *intentĭo, -ōnis*.) f. Determinación de la voluntad en orden a un fin. ‖ Designio de aplicar una oración, misa u otro acto del culto en favor de una persona determinada o de la consecución de un bien espiritual o temporal. ‖ fig. Instinto dañino que descubren algunos animales, a diferencia de lo que se observa generalmente en los de su especie. ‖ Cautelosa advertencia con que uno habla o procede. ‖ **primera intención.** fam. Modo de proceder franco y sin detenerse a reflexionar mucho. ‖**segunda intención.** fam. Modo de proceder doble y solapado. ‖ **de primera intención.** expr. Dícese de las acciones no definitivas.

intencionadamente. adv. m. Con intención.
intencionado, da. fr., *intentionné*; it., *intenzionato*; i., *intentioned*; a., *gesinnt*. adj. Que tiene alguna intención. Ú. principalmente con los adv. *bien, mal, mejor* y *peor*.

intencional. (De *intención*.) adj. Perteneciente a los actos interiores del alma. ‖ Deliberado, pensado, hecho a sabiendas.

intencionalmente. adv. m. De un modo intencional.

intendencia. fr., *intendance*; it., *intendenza*; i., *superintendancy*; a., *Intendanz, Verwaltung*. f. Dirección, cuidado y gobierno de una cosa. ‖ Distrito a que se extiende la jurisdicción del intendente. ‖ Empleo del intendente. ‖ Casa u oficina del intendente. ‖ Cuerpo de oficiales y tropa destinado al abastecimiento de las fuerzas militares y a la distribución de los campamentos o edificios en que se alojan.

intendenta. f. Mujer del intendente.
intendente. (Del lat. *intendens, -entis*, p. a. de *intendĕre*, dirigir, encaminar.) m. Jefe superior económico. ‖ Suele darse el mismo título a algunos jefes de fábricas u otras empresas explotadas por cuenta del erario. ‖ En el ejército y en la marina, jefe superior de los servicios de la administración militar, y cuya categoría jerárquica está asimilada a la de general de división o de brigada. ‖ **municipal.** Adm. Arg. Alcalde.

Intendente Alvear. Geog. Local. de Argentina, prov. de La Pampa, cap. del depart. de Chapaleufú; 2.534 h.

intender. tr. ant. **entender.**
intensamente. adv. m. Con intensión.
intensar. tr. Hacer más intenso algo. Ú. t. c. prnl.

intensidad. fr., *intensité*; it., *intensità*; i., *intensity*; a., *Intensität*. (De *intenso*.) f. Grado de energía de un agente natural o mecánico, de una cualidad, de una expresión, etc. ‖ fig. Vehemencia de los afectos y operaciones del ánimo. ‖ **activa.** Elec. Componente del vector intensidad total sobre el de la tensión aplicada. Es igual a la intensidad total multiplicada por el coseno del ángulo de desfasaje. El producto de ésta por la tensión es igual a la potencia útil o activa. ‖ **de campo eléctrico.** Fuerza ejercida por el campo sobre la unidad de carga eléctrica, en ese punto. Su símbolo es E. ‖ **de campo gravitatorio.** Mec. Peso de la unidad de masa. (V. **gravedad.**) ‖ **de campo magnético.** Elec. Fuerza ejercida por el campo sobre la unidad de masa magnética, en ese punto. Su símbolo es H. ‖ **de corriente.** Relación entre la tensión aplicada y la resistencia de un circuito. Se mide con los amperímetros y su unidad más usada es el amperio con sus submúltiplos el miliamperio y el microamperio. Se representa por I. ‖ **del sonido,** o **de la voz.** Acústica. Propiedad de los mismos, que depende de la mayor o menor amplitud de las ondas sonoras.

intensificación. f. Acción de intensificar.
intensificar. (De *intenso*, y el lat. *facĕre*, hacer.) tr. Hacer que una cosa adquiera mayor intensidad de la que tenía Ú. t. c. prnl.

intensión. (Del lat. *intensĭo, -ōnis*.) f. Grado de energía de un agente natural o mecánico o de una cualidad.

intensivamente. adv. m. **intensamente.**
intensivo, va. (De *intenso*.) adj. Que intensifica.

intenso, sa. (Del lat. *intensus*.) adj. Que tiene intensión. ‖ fig. Muy vehemente y vivo.
intentar. fr., *tenter, essayer de*; it., *intentare*; i., *to try, to attempt*; a., *versuchen*. (Del lat. *intentāre*, frec. de *intendĕre*.) tr. Tener ánimo de hacer una cosa. ‖ Prepararla, iniciar la ejecución de la misma. ‖ Procurar o pretender.

intento, ta. fr., *intention, propos*; it., *intento*; i., *aim, purpose, intent*; a., *Ziel, Vorsatz*. (Del lat. *intentus*.) adj. ant. **atento.** m. Propósito, intención, designio. ‖ Cosa intentada. ‖ **de intento.** m. adv. **de propósito.** ‖*Chile*. **al intento de,** o **a intento de.** loc. **con el fin de,** o **con el intento de.**

intentona. f. fam. Intento temerario, y especialmente si se ha frustrado.

inter-. (Del lat. *inter*, entre.) pref. que sign. entre o en medio, como en **inter**muscular, o entre varios, como en **inter**ministerial.

ínter. adv. t. Entretanto. Ú. t. c. s. con el artículo *el*.

interacción. f. Acción que se ejerce recíprocamente entre dos o más objetos, agentes, fuerzas, funciones, etc. ‖ **Quím.** Reacción de dos cuerpos cuyos elementos pasan a formar un tercer compuesto.

interamericano, na. adj. Referente a varios países americanos.

interandino, na. (De *inter-* y *Andes*, n. p.) adj. Dícese del tráfico y relaciones de otra índole entre las naciones o habitantes que están a uno y otro lado de los Andes.

interarticular. adj. Que está situado en las articulaciones.

interastral. (De *inter-* y *astro*.) adj. Dícese de la distancia u otra realidad existente entre los astros.

intercadencia. (De *inter-* y *cadencia*.) f. Desigualdad o inconstancia en la conducta o en los afectos. ‖ Desigualdad defectuosa en el lenguaje, estilo, etc. ‖ **Pat.** Cierta irregularidad en el número de las pulsaciones, que consiste en percibirse una más en el intervalo que separa dos regulares.

intercadente. (De *inter-* y el lat. *cadens, -entis*, que cae.) adj. Que tiene intercadencias.

intercadentemente. adv. m. Con intercadencia.

intercalación. (Del lat. *intercalatĭo, -ōnis*.) f. Acción y efecto de intercalar o intercalarse.

intercaladura. f. **intercalación.**
intercalar. (Del lat. *intercalāris*.) adj. Que está interpuesto, injerido o añadido.

intercalar. fr., *insérer*; it., *intercalare*; i., *to insert*; a., *einschalten*. (Del lat. *intercalāre*.) tr. Interponer o poner una cosa entre otras.

intercambiable. (De *inter-* y *cambiable*.) adj. Dícese de cada una de las piezas similares pertenecientes a objetos fabricados con perfecta igualdad, y que pueden ser utilizadas en cualquiera de ellos sin necesidad de modificación.

intercambiar. tr. Cambiar mutuamente dos o más personas o entidades, ideas, proyectos, informes, publicaciones, etc.

intercambio. (De *inter-* y *cambio*.) m. Acción y efecto de intercambiar. ‖ Reciprocidad e igualdad de consideraciones y servicios entre corporaciones análogas de diversos países o del mismo país. ‖ **iónico.** Quím. Reacción reversible entre un sólido (intercambiador iónico) y un líquido (generalmente una solución acuosa), que intercambia sus iones.

interceder. fr., *intercéder*; it., *intercedere*; i., *to intercede*; a., *Fürbitte einlegen*. (Del lat. *intercedĕre*.) intr. Rogar o mediar por otro para alcanzarle una gracia o librarle de un mal.

intercelular. (De *inter-* y *célula*.) adj. Histología. Dícese de las substancias y humores orgánicos situados entre las células, originados por ellas y que forman parte integrante de los tejidos.

interceptación. f. Acción y efecto de interceptar.

interceptar. fr., *intercepter, interrompre*; it., *intercettare*; i., *to intercept*; a., *unterbrechen, auffangen, unterschlagen*. (Del lat. *interceptum*, supino de *intercipĕre*, quitar, interrumpir.) tr. Apoderarse de una cosa antes que llegue al lugar o a la persona a que se destina. ‖ Detener una cosa en su camino. ‖ Interrumpir, obstruir una vía de comunicación.

interceptor. adj. Que intercepta. ‖ Dícese especialmente del avión de gran velocidad destinado a interceptar a los aparatos del enemigo. Ú. t. c. s.

Interceptor

intercesión. fr. e i., *intercession*; it. *intercessione*; a., *Fürsprache, Fürbitte*. (Del lat. *intercessĭo, -ōnis*; de *inter*, entre, y *cedĕre*, *cessi*, *cessum*, venir, ponerse.) f. Acción y efecto de interceder.

intercesor, ra. (Del lat. *intercessor*.) adj. Que intercede. Ú. t. c. s.

intercesoriamente. adv. m. Con o por intercesión.

interciso, sa. (Del lat. *intercīsus*, p. p. de *intercidĕre*, cortar por mitad o por medio.) adj. V. **día interciso.**

interclusión. (Del latín *interclusĭo, -ōnis*.) f. ant. Acción de encerrar una cosa entre otras.

intercolumnio o **intercolunio.** fr., *entrecolonnement*; it., *intercolonnio*; i., *intercolumniation*; a., *Säulenweite, Säulenabstand*. (Del lat. *intercolumnĭum*.) m. Arquit. Espacio que hay entre dos columnas.

intercomunicación. (De *inter-* y *comunicación*.) f. Comunicación recíproca. ‖ Comunicación telefónica entre las distintas dependencias de un edificio o recinto.

intercomunicador. m. Aparato destinado a la intercomunicación.

interconexión. f. Conexión o enlace entre dos o más cosas. Dícese especialmente del enlace de diversas redes eléctricas para el transvase de su potencial con miras a complementarse.

intercontinental. adj. Perteneciente o relativo a dos o más continentes. ‖ Que llega de uno a otro continente, y especialmente de Europa a América.

intercostal. (De *inter-* y *costa*, costilla.) adj. Anat. Que está entre las costillas.

intercurrente. (Del lat. *intercurrens, -entis*.) adj. Pat. Dícese de la enfermedad que sobreviene durante el curso de otra.

intercutáneo, a. (De *inter-* y *cutáneo*.) adj. Que está entre la piel y la membrana mucosa. Aplícase regularmente a los humores.

interdecir. (Del lat. *interdicĕre*.) tr. Vedar o prohibir.

interdental. adj. Fon. Dícese de la consonante que se pronuncia colocando la punta de la lengua entre los bordes de los dientes incisivos, como la z. || Dícese de la letra que representa este sonido. Ú. t. c. s. f.

interdependencia. f. Dependencia recíproca.

interdicción. fr. e i., *interdiction*; it., *interdizione*; a., *Untersagung*. (Del lat. *interdictio, -ōnis*.) f. Acción y efecto de interdecir. || **civil.** *Der.* Privación de derechos civiles, definida por la ley: es pena accesoria que somete a tutela a quien se le impone.

interdicto. fr., *interdit*; it., *interdetto*; i., *interdict*; a., *Interdikt*. (Del lat. *interdictum*.) m. **entredicho.** || **Der.** Juicio posesorio, sumario o sumarísimo.

interdigitación. (Del lat. *inter*, entre, y *digĭtus*, dedo.) f. Penetración entre ciertos espacios semejantes a los que quedan entre los dedos de una mano abierta, de otras prolongaciones en sentido inverso, formando como un engranaje.

interdigital. (Del lat. *inter*, entre, y *digĭtus*, dedo.) adj. **Anat.** Dícese de cualquiera de las membranas, músculos, etc., que se hallan entre los dedos. || **Zool.** Dícese especialmente de las membranas que, para facilitar la natación, poseen entre los dedos numerosas especies de animales de vida anfibia.

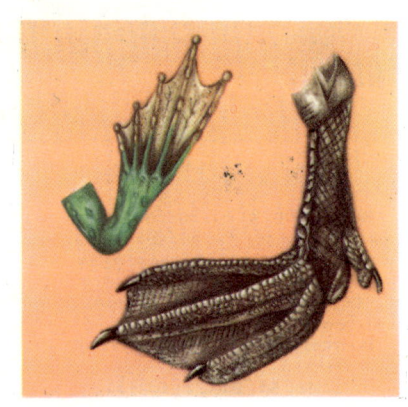

Membranas interdigitales

interdisciplinario, ria. adj. Dícese de los estudios u otras actividades que se realizan mediante la cooperación de varias disciplinas.

interés. fr., *intérêt*; it., *interesse*; i., *interest*; a., *Interesse, Zins.* (De *interese*.) m. Provecho, utilidad, ganancia. || Valor que en sí tiene una cosa. || Inclinación más o menos vehemente del ánimo hacia un objeto, persona o narración que le atrae o conmueve. || Ganancia obtenida por un acreedor por el capital prestado al deudor; en sentido estricto, es el precio de utilización del dinero por unidad de tiempo. || pl. Bienes de fortuna. || Conveniencia o necesidad de carácter colectivo en el orden moral o material. || **compuesto.** *Econ.* El de un capital al que se van acumulando sus réditos, al final de cada unidad de tiempo, para que produzcan otros. || De esta forma un capital c al cabo de un año, con un tanto por ciento r, se transforma en $c + rc = c(1 + r)$, que al cabo de otro año se convertirá en un nuevo capital $c(1 + r) + c(1 + r)r = c(1 + r)^2$. || **legal.** *Der.* El que a falta de estipulación previa señala la ley como producto de las cantidades que se están debiendo. || **simple.** *Econ.* El de un capital sin agregarle ningún rédito vencido, aun cuando no se haya cobrado. Con este tipo de interés, de un capital c al cabo de un año se obtendrá $i = c \cdot r/100$, siendo r el tanto por ciento. || **intereses creados.** *Léx.* Ventajas, no siempre legítimas, de que gozan varios individuos, y por efecto de las cuales se establece entre ellos alguna solidaridad circunstancial. Ú. m. frecuentemente en mala parte para designar este linaje de intereses en cuanto se opone a alguna obra de justicia o de mejoramiento social. || **a proporción.** *Econ.* Cuenta que se reduce a dividir los pagos que se hacen a cuenta de un capital que produce intereses, en dos partes proporcionales a la cantidad del débito y a la suma de los intereses devengados; como, por ejemplo, si el débito fuese 20 y los intereses adeudados 10, y el pago es de 6, se aplican 4 al capital y 2 a los intereses. || **a prorrata.** Cuenta que se llevaba en la Contaduría Mayor de Cuentas, y consistía en suponer el débito que habían de producir los intereses en cierto día; y al tiempo de pagarse una porción a cuenta, se cubría primeramente con ella el importe íntegro de dichos réditos, aplicándose el resto en cuenta del débito principal, el cual quedaba establecido en el mismo día que se causaba, y desde él producía los intereses que correspondían a la cantidad a que quedaba reducido.

interesable. (De *interesar*.) adj. Interesado, codicioso.

interesadamente. adv. m. De manera interesada.

interesado, da. fr., *intéressé*; it., *interessato*; i., *interested*; a., *interessiert, habgierig*. p. p. de **interesar.** || adj. Que tiene interés en una cosa. Ú. t. c. s. || Que se deja llevar demasiadamente del interés o sólo se mueve por él. Ú. t. c. s.

interesal. adj. **interesable.**

interesante. adj. Que interesa.

interesar. fr., *intéresser*; it., *interesare*; i., *to interest*; a., *interessieren*. intr. Tener interés en una cosa o sacar utilidad y provecho de ella. Ú. t. c. prnl. || tr. Dar parte a uno en una negociación o comercio en que pueda tener utilidad o interés. || Hacer tomar parte o empeño a uno en los negocios o intereses ajenos, como si fuesen propios. || Cautivar la atención y el ánimo con lo que se dice o escribe. || Inspirar interés o afecto a una persona. || Producir impresión a uno una cosa. || Producir una cosa alteración o daño en un órgano del cuerpo.

interese. (Del lat. *interesse*, importar.) m. ant. **interés.**

interesencia. (De *interesente*.) f. Asistencia personal a un acto o función.

interesente. (Del lat. *interesse*, asistir.) adj. Que asiste y concurre a los actos de comunidad para poder percibir una distribución que pide asistencia personal.

interestatal. (De *inter-* y *estatal*.) adj. Perteneciente a las relaciones de dos o más Estados.

interestelar. (De *inter-* y el lat. *stella*, estrella.) adj. Dícese del espacio comprendido entre dos o más estrellas.

interfecto, ta. (Del lat. *interfectus*, muerto.) adj. **Der.** Dícese de la persona muerta violentamente. Ú. m. c. s.

interferencia. fr., *interférence*; it., *interferenza*; i., *interference*; a., *Interferenz*. (De *inter-* y el lat. *ferens, -entis*, p. a. de *ferre*, llevar.) f. Acción y efecto de interferir. || **Fís.** Acción recíproca de las ondas en el agua, en la propagación del sonido, del calor o de la luz, etc., de la que se sigue, en ciertas condiciones, aumento, disminución o neutralización del movimiento ondulatorio resultante. || **Radiotelef.** Señal indeseable que en las comunicaciones de radiodifusión da lugar a ruidos, y en las de televisión, a líneas o manchas en la imagen. Puede ser de origen natural (descarga atmosférica) o artificial (chispas producidas por motores en marcha, interruptores, timbres, etc.), o también por emisoras que transmiten en una frecuencia próxima a la que se desea captar.

interferir. tr. Cruzar, interponer algo en el camino de otra cosa, o en una acción. Ú. t. c. prnl. || **Fís.** Causar interferencia. Ú. t. c. intr.

interferómetro. (De *interferencia* y *-metro*.) m. **Fís.** Instrumento utilizado para producir y medir interferencias.

interferón. (De *interferir* y *-on*, como *-ona*.) m. **Bioq.** y **Fisiol.** Proteína antivirósica producida por la generalidad de los tejidos a las pocas horas de la infección.

interfoliar. (De *inter-* y el lat. *folium*, hoja.) tr. Intercalar entre las hojas impresas o escritas de un libro otras en blanco.

interfono. (De *inter-* y *-fono*.) m. **Telef.** Aparato telefónico para comunicarse entre las dependencias de un mismo edificio, sin necesidad de usar microteléfono.

intergaláctico, ca. adj. **Astron.** Perteneciente o relativo al espacio existente entre dos o más galaxias.

intergenésico, ca. adj. Perteneciente o relativo a los intervalos entre los distintos partos de la mujer.

ínterin. (Del lat. *intĕrim*.) m. Tiempo que dura el desempeño interino de un cargo; interinidad. || adv. t. Entretanto o mientras.

interinamente. adv. t. Con interinidad o en el ínterin.

interinar. tr. Desempeñar interinamente un cargo o empleo.

interinario, ria. adj. ant. Que suple la falta de uno o de algo; interino.

interinato. m. *Arg.* y *Par.* Interinidad, tiempo que dura el desempeño interino de un cargo. || *Arg., Chile, Guat., Hond., Par.* y *P. Rico*. Cargo o empleo interino.

interinidad. f. Calidad de interino. || Tiempo que dura el desempeño interino de un cargo.

interino, na. fr., *intérinaire*; it., *interino*; i., *provisional, temporary*; a., *einstweilig*. (De *interin*.) adj. Que sirve por algún tiempo supliendo la falta de otra persona o cosa. Aplícase más comúnmente al que ejerce un cargo o empleo por ausencia o falta de otros, y en este caso ú. t. c. s.

interinsular. adj. Dícese del tráfico y relaciones de otra índole, entre dos o más islas.

interior. fr., *intérieur*; it., *interiore*; i., *inside*; a., *inner, Innere*. (Del lat. *interior, -ōris*.) adj. Que está de la parte de adentro. || Que está muy adentro. || Dícese de la habitación o cuarto que no tiene vistas a la calle. || fig. Que sólo se siente en el alma. || fig. Perteneciente a la nación de que se habla, en contraposición a lo extranjero. || m. En los coches de tres compartimientos, el de en medio. || El alma como principio de la actividad propiamente humana. || La parte interior de una cosa. || Parte central de un país, en oposición a las zonas costeras o fronterizas. || En algunos países de América, todo lo que en ellos no es la cap. o las c. principales; por ejemplo: de Argentina, lo que no es la c. de Buenos Aires y sus alrededores; de Panamá, lo que no son las c. de Panamá y Colón. || pl. **entrañas.**

interiorano, na. adj. *Pan.* Natural del interior del país, no capitalino. Ú. t. c. s. || Perteneciente o relativo al interior del país.

interioridad. f. Calidad de interior. || pl. Cosas privativas, por lo común secretas, de las personas, familias o corporaciones.

interiormente. adv. l. En lo interior.

interjección. fr. e i., *interjection*; it., *interiezione*; a., *Ausrufungswort*. (Del lat. *interiectio, -ōnis*; de *interiăcĕre, -ieci, -iectum*, arrojar entre.) f. **Gram.** Voz que, formando por sí sola una oración elíptica o abreviada, expresa alguna impresión súbita, como asombro, sorpresa, dolor, molestia, amor, etc.

interjectivamente. adv. De modo interjectivo.

interjectivo, va. (Del lat. *interiectīvus*.) adj. **Gram.** Perteneciente o relativo a la interjección.

interlínea. fr., *interligne*; it., *interlinea*; i., *interline*; a., *Durchschuss*. f. Espacio entre dos líneas de un escrito. || **Impr. regleta.**

interlineación. f. Acción y efecto de interlinear.

interlineado. m. **Impr.** Conjunto de los espacios blancos que hay entre las líneas de un texto manuscrito o impreso.

interlineal. (De *inter-* y *línea*.) adj. Escrito o impreso entre dos líneas o renglones. || Aplícase también a la traducción interpolada al texto de la obra traducida, de modo que cada línea de la versión esté inmediata a la línea correspondiente del original.

interlinear. (De *inter-* y *línea*.) tr. Escribir entre dos renglones. || **Impr.** Espaciar la composición poniendo regletas entre los renglones.

interlocución. (Del lat. *interlocutio, -ōnis*.) f. **diálogo.**

interlocutor, ra. fr., *interlocuteur*; it., *interlocutore*; i., *interlocutor*; a., *Gesprächpartner*. (Del lat. *interlocūtor*, de *interlŏqui*, dirigir preguntas, interrumpir.) m. y f. Cada una de las personas que toman parte en un diálogo real o fingido.

interlocutoriamente. adv. m. **Der.** De un modo interlocutorio.

interlocutorio, ria. (De *interlocutor*.) adj. **Der.** Aplícase al auto o sentencia que se da antes de la definitiva. Ú. t. c. s. m.

intérlope. (Del fr. *interlope*, y éste del i. *interlope*, contrabandear.) adj. Dícese del comercio fraudulento de una nación en las colonias de otra, o de la usurpación de privilegios concedidos a una compañía para las colonias. Aplícase también a los buques dedicados a este tráfico sin autorización.

interludio. (Del lat. *interludĕre*, jugar a ratos.) m. **Mús.** Breve composición que ejecutaban los organistas entre las estrofas de un coral, y modernamente se ejecuta a modo de intermedio en la música instrumental.

interlunio. fr. e i., *interlune*; it., *interlunio*; a., *neumond*. (Del lat. *interlunium*.) m. **Astron.** Tiempo de la conjunción, en que no se ve la Luna.

intermaxilar. (De *inter-* y el lat. *maxilla*, quijada.) adj. **Anat.** Que se halla entre los huesos maxilares. || m. Hueso situado en la parte exterior, media e interna de la mandíbula superior en algunos animales, llamado también incisivo, porque en él se alojan los dientes de este nombre; en la especie humana se suelda con los maxilares superiores, antes del nacimiento.

intermediado, da. p. p. de intermediar. || adj. ant. Que está en medio de dos.

intermediar. (De *intermedio*.) intr. **mediar,** existir una cosa en medio de otras. || Chile. Mediar o interceder por uno, o interponerse entre dos que contienden o riñen.

intermediaria, ria. fr., *intermediaire*; it., *intermediario*; i., *agent*; a., *vermittler*. (De *intermediar*.) adj. Que media entre dos o más personas, y especialmente entre el productor y el consumidor de géneros o mercaderías; y así se dice de los traficantes, acaparadores, proveedores, tenderos, tablajeros, etc. Ú. t. c. s.

intermedio, dia. (Del lat. *intermedĭus*.) adj. Que está entremedias o en medio de los extremos de lugar, tiempo, calidad, tamaño, etc. || m. Espacio que hay de un tiempo a otro de una acción a otra. || Baile, música, sainete, etc., que se ejecuta entre los actos de una comedia o de otra pieza de teatro. || Espacio de tiempo durante el cual queda interrumpida la representación o ejecución de poemas dramáticos o de óperas, o de cualquier otro espectáculo semejante, desde que termina cada uno de los actos o partes de la función hasta que empieza el acto o la parte siguiente. En el teatro durante cada uno de estos intervalos está generalmente corrido el telón de boca. || **por intermedio de.** m. adv. Por mediación de.

intermezzo. (Del lat. *inter*, entre, y *medĭus*, medio.) m. **Mús.** Voz italiana que significa *intermedio* y sirvió para denominar unos pasatiempos musicales que, a fines del s. XVI, era costumbre, en Italia, intercalar en las representaciones de tragedias.

interminable. (Del lat. *interminabĭlis*.) adj. Que no tiene término o fin.

interminación. (Del lat. *interminatĭo, -ōnis*.) f. p. us. Amenaza, conminación.

interministerial. adj. Que se refiere a varios ministerios o los relaciona entre si.

intermisión. (Del lat. *intermissĭo, -ōnis*; de *inter*, entre, y *mittĕre, misi, missum*, enviar.) f. Interrupción o cesación de una labor o de otra cualquiera cosa por algún tiempo.

intermiso, sa. (Del lat. *intermissus*.) p. p. irreg. de intermitir. || adj. Interrumpido, suspendido.

intermitencia. fr., *intermittence*; it., *intermittenza*; i., *intermission*; a., *Unterbrechung, Aussetzen*. (De *intermitente*.) f. Calidad de intermitente. || **Pat.** Discontinuidad de la calentura o de otro cualquier síntoma que cesa y vuelve.

intermitente. (Del lat. *intermittens, -entis*.) adj. Que se interrumpe o cesa y prosigue o se repite. || m. Dispositivo del automóvil que enciende y apaga periódicamente una luz lateral para señalar un cambio de dirección en la marcha. Ú. t. c. s. f.

intermitir. (Del lat. *intermittĕre*.) tr. Suspender por algún tiempo una cosa; interrumpir su continuación.

intermodulación. fr. e i., *intermodulation*; it., *intermodulazione*; a., *Kreuzmodulation*. (De *inter-* y *modulación*.) f. Fenómeno en virtud del cual las componentes de una onda compleja se modulan entre sí, dando lugar a otras distintas.

intermuscular. (De *inter-* y *músculo*.) adj. **Anat.** Que está situado entre los músculos.

internación. f. Acción y efecto de internar o internarse.

internacional. (De *inter-* y *nacional*.) adj. Relativo a dos o más naciones. || Dícese de los deportistas que han tomado parte en algún encuentro internacional. Ú. t. c. s.

Inauguración de la Exposición Internacional de París (1900), grabado de la época

Internacional. Hist. Organismo integrado por obreros de distintas naciones para la reivindicación de sus intereses. La Primera, denominada Asociación Internacional de los Trabajadores (A. I. T.), fue creada en Londres (1864); sus estatutos fueron redactados por Carlos Marx y aprobados en el Congreso de Ginebra (1866). Se disolvió pronto a causa de las disensiones entre bakuninistas y marxistas. En 1889 se fundó en París la Segunda Internacional con los partidos socialistas de Europa y América; disuelta en agosto de 1914, la renovaron en 1919 los representantes de los partidos socialdemócratas; actualmente es conocida con el nombre de Internacional de Amsterdam. La Tercera (Komintern), basada ideológicamente en los principios del marxismo revolucionario y creada en 1919, comprendía a todos los partidos comunistas del mundo; se disolvió en 1943. Los trotskistas constituyeron una, llamada Cuarta Internacional en 1938. (V. **Komintern** y **Kominform**.) || *(La)*. **Polít.** y **Sociol.** Himno del proletariado mundial; letra de Eugène Pottier y música de Pierre Degeyter. Ha sido también el himno oficial de la U. R. S. S.

internacionalidad. f. Calidad de internacional.

internacionalismo. m. Doctrina o actitud que antepone la consideración o estima de lo internacional a las puramente nacionales. || Sistema socialista que preconiza la asociación internacional de los obreros para obtener ciertas reivindicaciones.

internacionalista. adj. Partidario del internacionalismo. || Persona versada en derecho internacional.

internacionalización. f. Acción y efecto de internacionalizar.

internacionalizar. tr. Someter a la autoridad conjunta de varias naciones, o de un organismo que las represente, territorios o asuntos que dependían de la autoridad de un solo Estado.

internado, da. fr., *internat*; it., *internato*; i., *internate, convictory*; a., *Internat*. p. p. de **internar.** || m. Estado y régimen del alumno interno. || Conjunto de alumnos internos. || Estado y régimen de personas que viven internas en establecimientos sanitarios o benéficos. || Establecimiento donde viven alumnos u otras personas internas. || Condición de alumno interno en una Facultad de Medicina. || **medio internado. semiinternado.**

internamente. adv. l. En lo interno, en lo interior.

internar. (De *interno*.) tr. Conducir o mandar trasladar tierra adentro a una persona o cosa. || intr. Penetrar uno o una cosa en el interior de un espacio. || prnl. Avanzar hacia adentro, por tierra o por mar. || fig. Introducirse o insinuarse en los secretos y amistad de uno o profundizar una materia.

internista. adj. Dícese del médico que se dedica al estudio y tratamiento de enfermedades que afectan los órganos internos. Ú. t. c. s.

interno, na. (Del lat. *internus*.) adj. **interior.** || Dícese del alumno que vive dentro de un establecimiento de enseñanza. Ú. t. c. s. || Dícese del alumno de una Facultad de Medicina que presta servicios auxiliares en alguna cátedra o clínica. Ú. t. c. s. || **de interno.** m. adv. ant. En lo interno, en lo interior.

internodio. fr., *entre-noeuds*; it., *internodio*; i., *internode, internodium*; a., *Knotenweite*. (Del lat. *internodĭum*; de *inter*, entre, y *nodus*, nudo.) m. Espacio que hay entre dos nudos.

ínter nos. loc. lat. que sign. *entre nosotros*, y se usa familiarmente en frases como la siguiente: *acá* **inter nos** *te diré lo que ha sucedido*.

internuncio. (Del lat. *internuntĭus*.) m. El que habla por otro. || **interlocutor.** || Ministro pontificio que hace veces de nuncio. || Ministro del emperador de Austria, que residía en Constantinopla.

interoceánico, ca. adj. Que pone en comunicación de los océanos.

interoceptor. adj. **Fisiol.** Dícese del órgano receptor que recibe los estímulos del interior del organismo; como, p. e., los que acusan el hambre o la sed.

interóseo, a. adj. **Anat.** Que está situado entre los huesos.

interpaginar. (De *inter-* y *página*.) tr. **interfoliar.**

interparietal. adj. **Anat.** Que está situado entre los parietales.

interparlamentario, ria. (De *inter* y *parlamentario*.) adj. Dícese de las comunicaciones y

interpelación. fr. e i., *interpellation;* it., *interpellazione;* a., *Einspruch, Anfrage.* (Del lat. *interpellatio.*) f. Acción y efecto de interpelar.

interpelante. p. a. de **interpelar.** Que interpela. Ú. t. c. s.

interpelar. (Del lat. *interpellāre.*) tr. Implorar el auxilio de uno o recurrir a él solicitando su amparo y protección. ‖ Excitar o compeler a uno para que dé explicaciones o descargos sobre un hecho cualquiera. ‖ En el Parlamento, usar un legislador de la palabra para iniciar o plantear una discusión ajena a los proyectos de ley y a las proposiciones, comúnmente para obtener explicaciones o descargos de los ministros.

interplanetario, ria. adj. Dícese del espacio existente entre dos o más planetas.

interpol. f. Nombre abreviado de la Comisión Internacional de Policía Criminal con residencia en París y cuya misión es coordinar la labor de la Policía de todos los países para la persecución de los criminales.

interpolación. fr. e i., *interpolation;* it., *interpolazione;* a., *Interpolation, Einschaltung.* (Del lat. *interpolatio, -ōnis.*) f. Acción y efecto de interpolar.

interpoladamente. adv. m. Con interpolación.

interpolador, ra. adj. Que interpola.

interpolar. (Del lat. *interpolāre.*) tr. Poner una cosa entre otras. ‖ Intercalar algunas palabras o frases en el texto de un manuscrito antiguo, o en obras y escritos ajenos. ‖ Interrumpir o hacer una breve intermisión en la continuación de una cosa, volviendo luego a proseguirla. ‖ **Fís.** Averiguar el valor aproximado de una magnitud en un intervalo cuando se conocen algunos de los valores que toma a uno y otro lado de dicho intervalo, y no se conoce la ley de variación de la magnitud.

interponer. fr., *interposer;* it., *interporre;* i., *to interpose;* a., *dazwischenlegen, einschieben.* (Del lat. *interponĕre.*) tr. **interpolar.** ‖ fig. Poner por intercesor o medianero a uno. Ú. t. c. prnl. ‖ **Der.** Formalizar por medio de un pedimento algunos de los recursos legales; como el de nulidad, de apelación, etc.

interposición. (Del lat. *interpositio, -ōnis.*) f. Acción y efecto de interponer o interponerse.

interpósita persona. loc. lat. **Der.** El que interviene en un acto jurídico por encargo y en provecho de otro, aparentando obrar por cuenta propia.

interprender. (De *inter-* y el lat. *prehendĕre,* coger, sorprender.) tr. Tomar u ocupar por sorpresa una cosa.

interpresa. (De *inter-* y el lat. *prehensa,* t. f. de *-sus,* p. p. de *prehendĕre,* sorprender.) f. Acción de interprender. ‖ Acción militar súbita e imprevista.

interpretación. fr., *interprétation;* it., *interpretazione;* i., *interpretation;* a., *Auslegung, Erklärung.* (Del lat. *interpretatio, -ōnis.*) f. Acción y efecto de interpretar. ‖ **auténtica.** *Der.* La que de una ley hace el mismo legislador. ‖ **de lenguas.** *Léx.* Dependencia del Ministerio de Asuntos Exteriores en que se traducen documentos y papeles legales escritos en lengua extranjera y que han de hacer fe ante los tribunales o autoridades de la nación. ‖ **doctrinal.** *Der.* La que se funda en las opiniones de los jurisconsultos. ‖ **usual.** La autorizada por la jurisprudencia de los tribunales.

interpretador, ra. (Del lat. *interpretātor, -ōris.*) adj. Que interpreta. Ú. t. c. s. ‖ ant. Que traduce una obra o escrito, traductor, Úsáb. t. c. s.

interpretadora. f. **Informática.** Máquina que imprime en forma legible sobre la misma ficha los datos perforados.

interpretante. p. a. de **interpretar.** Que interpreta.

interpretar. fr., *interpréter;* it., *interpretare;* i., *to interpret;* a., *auslegen, erklären.* (Del lat. *interpretāre.*) tr. Explicar o declarar el sentido de una cosa, y principalmente el de textos faltos de claridad. ‖ Traducir de una lengua a otra. ‖ Explicar acertadamente o no, acciones, dichos o sucesos que pueden ser entendidos de diferentes modos. ‖ Representar un texto de carácter dramático. ‖ Ejecutar una pieza musical, mediante canto o instrumentos. ‖ Ejecutar un baile con propósito coreográfico. ‖ Concebir, ordenar o expresar de un modo personal la realidad.

interpretativamente. adv. m. De modo interpretativo.

interpretativo, va. adj. Que sirve para interpretar una cosa.

intérprete. fr., *interprète;* it., *interprete;* i., *interpreter;* a., *Ausleger, Dolmetsch.* (Del lat. *interpres, -ĕtis.*) com. Persona que interpreta. ‖ Persona que se ocupa en explicar a otras, en idiomas que entienden, lo dicho en lengua que les es desconocida. ‖ fig. Cualquier cosa que sirve para dar a conocer los afectos y movimientos del alma. ‖ **Informática.** Dispositivo que imprime sobre una tarjeta perforada el significado de los datos en ella perforados. ‖ **de buques.** *Der.* V. **corredor intérprete de buques.**

interpuesto, ta. p. p. irreg. de **interponer.**

interregno. fr., *interrègne;* it., *interregno;* i., *interreign;* a., *Interregnum.* (Del lat. *interregnum.*) m. Espacio de tiempo en que un Estado no tiene soberano. ‖ **parlamentario.** fig. *Polít.* Intervalo desde que se interrumpen hasta que se reanudan las sesiones de las Cortes.

interrogación. fr. e i., *interrogation;* it., *interrogazione;* a., *Frage, Befragen.* (Del latín *interrogatio, -ōnis.*) f. **pregunta.** ‖ Signo ortográfico (¿ ?) que se pone al principio y fin de palabra o cláusula en que se hace una pregunta. ‖ *Ret.* Figura que consiste en interrogar, no para manifestar duda o pedir respuesta, sino para expresar indirectamente la afirmación, o dar más vigor y eficacia a lo que se dice.

interrogador, ra. adj. Que interroga. Ú. t. c. s.

interrogante. fr., *interrogant, point d'interrogation;* it., *punto interrogativo;* i., *interrogation point;* a., *Fragezeichen.* p. a. de **interrogar.** Que interroga. Ú. t. c. s. ‖ adj. **Gram.** V. **punto interrogante.** Ú. t. c. s. ‖ amb. Pregunta. ‖ Problema no aclarado, cuestión dudosa, incógnita.

interrogar. (Del lat. *interrogāre.*) tr. Preguntar en algunas circunstancias.

interrogativamente. adv. m. Con interrogación.

interrogativo, va. (Del lat. *interrogatīvus.*) adj. **Gram.** Que implica o denota interrogación.

interrogatorio. fr., *interrogatoire;* it., *interrogatorio;* i., *interrogatory;* a., *Verhör.* (Del lat. *interrogatorĭus.*) m. Serie de preguntas comúnmente formuladas por escrito. ‖ Papel o documento que las contiene. ‖ Acto de dirigir a quien las ha de contestar.

interromper. (Del lat. *interrumpĕre.*) tr. ant. **interrumpir.**

interroto, ta. (Del lat. *interrŭptus.*) p. p. irreg. ant. de **interromper.**

interrumpidamente. adv. m. Con interrupción.

interrumpir. fr., *interrompre;* it., *interrompere;* i., *to interrupt;* a., *unterbrechen.* (Del lat. *interrumpĕre.*) tr. Cortar la continuación de una acción en el lugar o en el tiempo. ‖ **suspender.** ‖ Atravesarse uno con su palabra mientras otro está hablando.

interrupción. fr. e i., *interruption;* it., *interruzione;* a., *Unterbrechung.* (Del lat. *interruptio, -ōnis;* de *inter,* entre, y *rumpĕre, rupi, ruptum,* romper.) f. Acción y efecto de interrumpir.

interruptor, ra. fr., *interrupteur;* it., *interruttore;* i., *interruptor, interrupter;* a., *Unterbrecher, Schalter.* (Del lat. *interruptor, -ōris.*) adj. Que interrumpe. ‖ m. **Elec.** Mecanismo destinado a interrumpir o establecer un circuito eléctrico. Los hay automáticos y accionados a voluntad. Los primeros suelen llamarse cortacircuitos y los segundos, según su forma y uso, palanca, llave, manilla, pera, etc. Al abrir y cerrar un circuito por el que pasa una corriente eléctrica se produce una chispa o arco eléctrico que generalmente daña los contactos de los polos del interruptor. Para evitar esto, sobre todo en los de grandes corrientes o grandes tensiones se emplean diversos sistemas como los baños de aceite, cámaras de soplado por corriente de aire, aire comprimido, y accionamiento rápido mediante disparo por resortes.

Interruptores de alta tensión

intersecarse. (Del latín *intersecāre.*) rec. **Geom.** Cortarse o cruzarse dos líneas o superficies entre sí.

intersección. (Del latín *intersectĭo, ōnis.*) f. **Geom.** Punto común a dos líneas que se cortan. ‖ Encuentro de dos líneas, dos superficies o dos sólidos que recíprocamente se cortan. La intersección de dos líneas es un punto; la de dos superficies, una línea; y la de dos sólidos, una superficie.

interserir. (Del lat. *interserĕre;* de *inter,* entre, y *serĕre,* sembrar.) tr. ant. Injerir una cosa entre otras.

intersexo. m. **Biol.** Individuo que posee la condición de intersexual.

intersexual. adj. **Biol.** Dícese del individuo, del estado o de la constitución biológica, en los que notoriamente aparecen mezclados caracteres sexuales masculinos y femeninos.

intersexualidad. (De *inter-* y *sexualidad.*) f. **Biol.** Estado de un individuo que, perteneciendo a una especie unisexual (dioica), presenta características de ambos sexos. El grado varía ampliamente desde el caso en que el individuo es claramente macho o hembra, con algunos rasgos débiles del otro sexo, hasta el caso en que tales rasgos (que afectan a los genitales o a los caracteres secundarios) se equilibran.

intersticial. adj. Dícese de lo que ocupa los intersticios que existen en un cuerpo o entre dos o más.

intersticio. fr. e i., *interstice;* it., *interstizio;* a., *Zwischenraum, Lücke.* (Del lat. *interstitĭum;* de *inter,* entre, y *sistĕre, steti, statum,* poner.) m. Hendidura y espacio, por lo común pequeño, que media entre dos cuerpos o entre dos partes de un mismo cuerpo. ‖ **intervalo.** ‖ **Der.** Espacio de tiempo que, según las leyes eclesiásticas, debe mediar entre la recepción de dos órdenes sagradas. Ú. m. en pl.

intersubjetividad. f. *Lóg.* Cualidad de los enunciados científicos por la cual éstos son válidos para varios sujetos.

intertanto. adv. t. *Bol.* y *Guat.* barb. por **entretanto**.

intertrigo. (Del lat. *intertrīgo,* roce.) m. *Pat.* Dermatosis originada por el roce de dos superficies cutáneas, con inflamación y enrojecimiento de la piel, quemazón y, a veces, algo de secreción.

intertropical. (De *inter-* y *trópico*.) adj. Perteneciente o relativo a los países situados entre los dos trópicos, y a sus habitantes.

interurbano, na. adj. Dícese de las relaciones y servicios de comunicación entre distintos barrios o entre varias ciudades. ‖ *Telef.* Dícese del cable, central, circuito, etcétera, para comunicación de una red urbana con otra. Ú. t. c. s.

interusurio. (Del lat. *interusurium.*) m. *Der.* Interés que se debe a la mujer por la retardación en la restitución de su dote. Dícese comúnmente *interusurio dotal*.

intervalo. fr., *intervalle;* it., *intervallo;* i., *interval;* a., *Zwischenzeit*. (Del lat. *intervallum.*) m. Espacio o distancia que hay de un tiempo a otro o de un lugar a otro. ‖ Conjunto de los valores que toma una magnitud entre dos límites dados. Si contiene sus extremos, se llama cerrado; si no, abierto. ‖ **Mús.** Diferencia de tono entre los sonidos de dos notas musicales: **intervalo** *de 4.ª* (p. e., entre *re* y *sol*). ‖ **claro**, o **lúcido.** *Léx.* Espacio de tiempo en que los que han perdido el juicio dan muestras de cordura. ‖ **sidéreo.** *Astron.* **parsec.**

intervención. fr. e i., *intervention;* it., *intervenzione;* a., *Eintreten, Intervention*. (Del lat. *interventĭo, -ōnis,* de *inter,* entre, y *venire, veni, ventum,* venir.) f. Acción y efecto de intervenir. ‖ Oficina del interventor. ‖ Cuerpo de oficiales que tienen por misión inspeccionar la administración de los ejércitos y la de sus principales dependencias. ‖ **Cir.** Operación quirúrgica. ‖ **Der.** Injerencia de un Estado en la vida interna de otro.

intervencionismo. m. Ejercicio reiterado o habitual de la intervención en asuntos internacionales. ‖ **Der.** Actitud política de un Estado que le lleva a intervenir en los asuntos interiores de otro o en la guerra surgida entre otras naciones. ‖ **Econ.** Sistema intermedio entre el individualismo y el colectivismo, que confía a la acción del Estado el dirigir y suplir, en la vida del país, la iniciativa privada.

intervencionista. adj. Que se refiere al intervencionismo. ‖ Partidario de él. ‖ *Chile.* **interventor.**

intervenidor, ra. (De *intervenir.*) adj. **interventor.** Ú. t. c. s.

intervenir. fr., *intervenir;* it., *intervenire, intravvenire;* i., *to intervene;* a., *dazwischen kommen, intervenieren, vermitteln*. (Del lat. *intervenīre.*) intr. Tomar parte en un asunto. ‖ Interponer uno su autoridad. ‖ **mediar.** ‖ Sobrevenir, ocurrir, acontecer. ‖ tr. Tratándose de cuentas, examinarlas y censurarlas con autoridad suficiente para ello. ‖ Tratándose de una letra de cambio, ofrecer un tercero aceptarla o pagarla por cuenta del librador o de cualquiera de los endosantes. ‖ Dirigir, limitar o suspender una autoridad el libre ejercicio de actividades o funciones. ‖ Vigilar una autoridad la comunidad privada. ‖ Cuando se trata de aduanas, fiscalizar su administración. ‖ En países de régimen federal, ejercer el Gobierno central funciones propias de los estados o provincias. ‖ En las relaciones internacionales, dirigir durante un tiempo una o varias potencias algunos asuntos interiores de otra. ‖ **Cir. operar.**

interventor, ra. fr., *interventeur, contrôleur;* it., *interventore, intravventore;* i., *controller;* a., *mitaufseher, beauftragter*. (Del lat. *interventor, -ōris.*) adj. Que interviene. Ú. t. c. s. ‖ Empleado que autoriza y fiscaliza ciertas operaciones a fin de que se hagan con legalidad. ‖ En las elecciones para diputados, concejales, etc., elector designado oficialmente por un candidato para vigilar la regularidad de la votación y autorizar el resultado de la misma en unión del presidente y demás individuos de la mesa.

intervertebral. adj. *Anat.* Que está entre dos vértebras.

interview. (Voz i.; pronúnc. *interviú*.) f. Se dice especialmente de la visita que hace un periodista a determinada persona para que exponga su opinión sobre un asunto, de ordinario político y de actualidad.

intervistarse. prnl. **entrevistarse.**

interviuvar. tr. angl. por celebrar una entrevista.

ínter vivos. loc. lat. Entre vivos. (V. **donación inter vivos.**)

intervocálico, ca. adj. Dícese de la consonante que se halla entre letras vocales.

interyacente. (Del lat. *interiăcens, -entis.*) adj. Que yace en medio o entre cosas yacentes.

intestado, da. (Del lat. *intestātus.*) adj. *Der.* Que muere sin hacer testamento válido. Ú. t. c. s. ‖ m. Caudal sucesorio acerca del cual no existen o no rigen disposiciones testamentarias.

intestar. intr. Encajar una cosa en otra y estar lindando con ella; entestar.

intestinal. adj. Perteneciente a los intestinos.

intestino, na. fr., *intestin;* it., *intestino;* i., *intestine;* a., *Darm*. (Del lat. *intestīnus,* de *intus,* dentro, interiormente.) adj. **interno.** ‖ fig. Civil, doméstico. ‖ m. *Anat.* En el hombre, tubo que comienza en el estómago, por el orificio llamado *píloro,* y termina en el ano, de unos 8 m. de long., de los que los primeros 6,5 m. forman el *intestino delgado,* y los 1,5 m. finales forman el *intestino grueso*. El primero consta de tres partes: *duodeno, yeyuno* e *íleon,* y el grueso de otras tres: *ciego, colon* y *recto*. La pared intestinal está formada por una mucosa interior, una doble capa intermedia de músculos lisos longitudinales y transversales, para realizar los movimientos **peristálticos,** y una túnica peritoneal externa. La mucosa del intestino delgado posee glándulas intestinales para la digestión, y vellosidades para absorber las substancias digeridas; en el duodeno vierten además sus secreciones el hígado y el páncreas, que también intervienen en la digestión intestinal. El intestino grueso, sin glándulas o vellosidades, posee unos repliegues semilunares para evitar el retroceso de las heces fecales. En los demás mamíferos el intestino no se diferencia esencialmente del humano, salvo por ser mucho más largo en los herbívoros y más corto en los carnívoros, y por el enorme desarrollo del ciego en los primeros y su reducción en los últimos. En los invertebrados celomados se llama intestino a la totalidad del tubo digestivo, que en los artrópodos y demás grupos superiores aparece dividido en tres tramos muy bien diferenciados: el *intestino anterior* (boca y esófago), el *medio* o estómago, y el *posterior* o recto. ‖ **ciego.** Dícese de la primera parte del intestino grueso de los mamíferos primates y del uombat, un marsupial. Está muy desarrollado en los herbívoros y poco en los carnívoros.

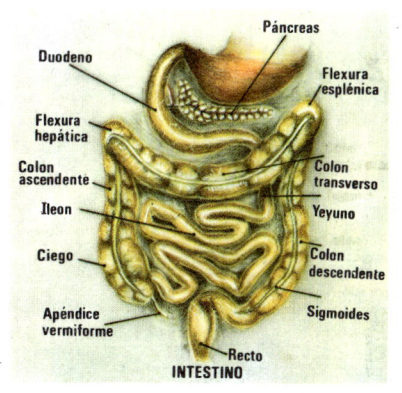

Inti. (Del quechua *Ynti.*) *Mit.* Dios de los antiguos quechuas. El Sol.

Intibucá. *Geog.* Depart. de Honduras; 3.072 km.² y 95.301 h. Cap., La Esperanza. ‖ Mun. de Honduras, depart. de su nombre; 9.960 h. ‖ Pobl. cap. del mismo; 2.149 h.

íntico, ca. adj. *Méj.* barb. por **idéntico.**

intima. (De *intimar.*) f. **intimación.**

intimación. (Del lat. *intimatĭo, -ōnis.*) f. Acción y efecto de intimar.

íntimamente. adv. m. Con intimidad.

intimar. fr., *intimer;* it., *intimare;* i., *to summon;* a., *ankündigen, auffordern*. (Del lat. *intimāre.*) tr. Declarar, notificar, hacer saber una cosa, especialmente con autoridad o fuerza para ser obedecido. ‖ prnl. Introducirse un cuerpo o una cosa material por las porosidades o espacios huecos de otra. ‖ fig. Introducirse en el afecto o ánimo de uno; estrecharse con él. Ú. t. c. intr.

intimatorio, ria. adj. *Der.* Aplícase a las cartas, despachos o letras con que se intima un decreto u orden.

intimidación. f. Acción y efecto de intimidar.

intimidad. fr., *intimité;* it., *intimità;* i., *intimacy;* a., *enge Freundschaft*. f. Amistad íntima. ‖ Zona espiritual íntima y reservada de una persona o de un grupo, especialmente de una familia.

intimidante. p. a. de **intimidar.** Que intimida.

intimidar. fr., *intimider;* it., *spaventare;* i., *to intimidate;* a., *einschüchtern*. (Del lat. *intimidāre;* de *in,* en, y *timĭdus,* tímido.) tr. Causar o infundir miedo. Ú. t. c . prnl.

íntimo, ma. fr., *intime;* it., *intimo;* i., *intimate;* a., *vertraut, innerst*. (Del latín *intĭmus.*) adj. Más interior o interno. ‖ Aplícase también a la amistad muy estrecha y al amigo muy querido y de confianza.

Intipucá. *Geog.* Mun. de El Salvador, depart. de La Unión; 6.897 h. ‖ Pobl. cap. del mismo; 3.466 h.

intitulación. (De *intitular.*) f. ant. Título o inscripción. ‖ ant. Dedicatoria de una obra impresa o manuscrita.

intitular. (Del lat. *intitulāre.*) tr. Poner título a un libro u otro escrito. ‖ Dar un título particular a una persona o cosa. Ú. t. c. prnl. ‖ ant. Nombrar, señalar o destinar a uno para determinado empleo o ministerio. ‖ ant. Dedicar una obra a uno, poniendo al frente su nombre para autorizarla. ‖ prnl. *Guat.* Mal usado por **llamarse.**

Intiyaco. *Geog.* Pobl. de Argentina, prov. de Santa Fe, depart. de General Obligado; 1.142 habitantes.

intocable. (De *in-* y *tocar.*) adj. desus. Que no se puede tocar. ‖ **Sociol.** Dícese de los parias o casta no inferior, sino aparte y despreciada en la India. Ú. t. c. s. El sistema de castas está en vías de desaparición.

intolerabilidad. (Del lat. *intolerabilĭtas, -ātis.*) f. Calidad de intolerable.

intolerable. fr., *intolérable;* it., *intollerabile;* i., *intolérable; insupportable;* a., *unerträglich*. (Del lat. *intolerabĭlis.*) adj. Que no se puede tolerar.

intolerancia. fr., *intolérance;* it., *intolleranza;* i., *intolerance, intoleration;* a., *Unduldsamkeit, Intoleranz*. (Del lat. *intolerantĭa.*) f. Falta de tolerancia. Dícese más comúnmente en materia religiosa. || **Fisiol.** y **Pat.** Conjunto de reacciones generales o locales opuestas a la acción de un agente extraño.

intolerante. (Del lat. *intolĕrans, antis.*) adj. Que no tiene tolerancia. Ú. t. c. s.

intomable. adj. *Chile.* Mal usado por **impotable.**

intonso, sa. (Del lat. *intonsus;* de *in,* negación, y *tondĕre,* tonsurar.) adj. Que no tiene cortado el pelo. || fig. Ignorante, inculto, rústico. Ú. t. c. s. || fig. Dícese del ejemplar de una edición o del libro que se encuaderna sin cortar las barbas a los pliegos de que se compone.

intoxicación. fr. e i., *intoxication;* it., *intossicazione;* a., *Vergiftung.* f. **Pat.** Acción y efecto de intoxicar o intoxicarse.

intoxicar. (Del lat. *in,* en, y *toxĭcum,* veneno.) tr. Inficionar con tóxico, envenenar. Ú. t. c. prnl.

intra-. (Del lat. *intra.*) pref. que sign. interioridad.

intracardiaco, ca. adj. **Med.** Proceso que tiene lugar dentro de las cavidades del corazón. || Administración de un medicamento directamente en estas cavidades.

intracelular. (De *intra-* y *celular.*) adj. **Biol.** Que está situado u ocurre dentro de una célula o células.

intracutáneo, a. adj. **Med.** Que se administra en el espesor de la capa cutánea de la piel.

intradermorreacción. (De *intra-* y *dermorreacción.*) f. **Med.** Prueba practicada en determinados enfermos para discernir su sensibilidad a diversas substancias o enfermedades, inyectando en el espesor de la dermis pequeñas cantidades de toxinas específicas de la afección.

Intradós. Mezquita de las Tornerías. Toledo

intradós. (Del fr. *intrados,* y éste del lat. *intra,* dentro, y *dorsum,* dorso.) m. **Arquit.** Superficie inferior visible de un arco o bóveda. || Cara de una dovela, que corresponde a esta superficie.

intraducibilidad. f. Calidad de intraducible.

intraducible. (De *in-* y *traducible.*) adj. Que no se puede traducir de un idioma a otro.

intrahistoria. (De *intra-* e *historia.*) f. Voz introducida por Unamuno para designar la vida tradicional que sirve de fondo permanente a la historia cambiante y visible.

intrahistórico, ca. adj. Perteneciente o relativo a la intrahistoria.

intramuros. (De *intra-* y el lat. *muros,* murallas.) adv. l. Dentro de una ciudad, villa o lugar.

intramuscular. (De *intra-* y *músculo.*) adj. **Anat.** y **Med.** Dícese de lo que está o se pone en el interior de los músculos y, especialmente, de cierta clase de inyecciones.

intráneo, a. (Del lat. *intranĕus.*) adj. ant. Interior, interno.

intranquilidad. fr., *intranquillité, faute de tranquillité;* it., *intranquillità;* i., *intranquility;* a., *Unruhe.* f. Falta de tranquilidad, inquietud, zozobra.

intranquilizador, ra. adj. Que intranquiliza.

intranquilizar. (De *in-* y *tranquilizar.*) tr. Quitar la tranquilidad, inquietar, desasosegar.

intranquilo, la. (De *in-* y *tranquilo.*) adj. Falto de tranquilidad.

intransferible. adj. No transferible.

intransigencia. fr., *intransigeance;* it., *intransigenza;* i., *intransigence;* a., *Unachgiebigkeit.* (De *intransigente.*) f. Condición del que no transige con lo que es contrario a sus gustos, hábitos, ideas, etc.

intransigente. (De *in-* y *transigente.*) adj. Que no transige. || Que no se presta a transigir.

intransitable. (De *in-* y *transitable.*) adj. Aplícase al lugar o sitio por donde no se puede transitar.

intransitivo, va. (Del latín *intransitīvus.*) adj. **Gram.** V. **verbo intransitivo.**

intransmisible. (De *in-* y *transmisible.*) adj. Que no puede ser transmitido.

intransmutabilidad. f. Calidad de intransmutable.

intransmutable. (De *in-* y *transmutable.*) adj. Que no se puede transmutar.

intraocular. adj. Perteneciente o relativo al interior del ojo.

intrarraquídeo, a. adj. **Anat.** Dícese del espacio situado dentro del conducto raquídeo formado por las vértebras, que aloja normalmente la medula espinal y sus cubiertas y donde se encuentra el líquido cefalorraquídeo. || **Med.** Dícese del procedimiento de anestesia en que se inyecta directamente en este líquido la solución anestésica.

intrascendencia. f. Calidad de intrascendente.

intrascendental. adj. Que no es trascendental.

intrascendente. adj. Que no es trascendente.

intrasmisible. adj. Que no se puede trasmitir; intransmisible.

intratabilidad. f. Calidad de intratable.

intratable. fr., *intraitable, inabordable;* it., *intrattabile;* i., *inmanageable;* a., *unzugänglich, unlenksan.* (Del lat. *intractabĭlis.*) adj. No tratable ni manejable. || Aplícase a los lugares y sitios difíciles de transitar. || fig. Insociable o de genio áspero.

intrauterino, na. adj. Que está situado u ocurre dentro del útero.

intravenoso, sa. adj. Dícese de lo que está o se pone en el interior de una vena y, especialmente, de ciertas inyecciones.

intrépidamente. adv. m. Con intrepidez.

intrepidez. (De *intrépido.*) f. Arrojo, esfuerzo, valor en los peligros. || fig. Osadía o falta de reparo o reflexión.

intrépido, da. fr., *intrépide;* it., *intrepido;* i., *intrepid;* a., *unerschrocken.* (Del lat. *intrepĭdus.*) adj. Que no teme en los peligros. || fig. Que obra o habla sin reflexión.

intributar. (Del lat. *intribūtum,* supino de *intribuĕre,* imponer contribución.) tr. ant. Imponer tributo, especialmente sobre una finca.

intricable. (Del lat. *intricabĭlis.*) adj. ant. Que se puede intricar.

intricación. (De *intricar.*) f. ant. Acción y efecto de intricar; intrincación.

intricadamente. (De *intricar.*) m. ant. Con intricación; intrincadamente.

intricamiento. (De *intricar.*) m. ant. Acción y efecto de intricar; intrincamiento.

intricar. (Del lat. *intricāre.*) tr. Enredar o enmarañar; intrincar.

intriga. fr. e i., *intrigue;* it., *intrigo;* a., *Intrige, Umtrieb.* (De *intrigar.*) f. Manejo cauteloso, acción que se ejecuta con astucia y ocultamente, para conseguir un fin. || Enredo, embrollo.

intrigante. fr., *intrigant;* it., *intrigante;* i., *intrigue;* a., *ränkevroll, Intrigant.* p. a. de **intrigar.** Que intriga o suele intrigar. Ú. m. c. s.

intrigar. (Del lat. *intricāre,* enredar, embrollar.) intr. Emplear intrigas, usar de ellas. || tr. Inspirar viva curiosidad una cosa.

intrincable. adj. Que se puede intrincar.

intrincación. f. Acción y efecto de intrincar.

intrincadamente. adv. m. Con intrincación.

intrincado, da. p. p. de **intrincar.** || adj. Enredado, complicado, confuso.

intrincamiento. m. Acción y efecto de intrincar.

intrincar. (De *intricar.*) tr. Enredar o enmarañar una cosa. Ú. t. c. prnl. || fig. Confundir u obscurecer los pensamientos o conceptos.

intríngulis. (Del lat. *in,* en, y *trīcŭlis,* abl. de *trīcŭlae,* dim. de *trīcae,* enredos.) f. fam. Intención solapada o razón oculta que se entrevé o supone en una persona o acción.

intrínsecamente. adv. m. Interiormente, esencialmente.

intrínseco, ca. (Del lat. *intrinsĕcus,* interiormente.) adj. Íntimo, esencial.

intrínsico, ca. adj. *Chile* y *Guat.* barb. por **intrínseco.**

intrisiqueza. (De *intrínseco.*) f. Intimidad de uno o de una familia.

introducción. fr. e i., *introduction;* it., *introduzione;* a., *Einführung, Einleitung.* (Del lat. *introductĭo, -ōnis.*) f. Acción y efecto de introducir o introducirse. || Preparación, disposición, o lo que es propio para llegar al fin que uno se ha propuesto. || Exordio de un discurso o preámbulo de una obra literaria o científica. || fig. Entrada y trato familiar e íntimo con una persona. || **Mús.** Parte inicial, generalmente breve, de una obra instrumental o de cualquiera de sus tiempos. || Pieza musical que precede a ciertas obras teatrales; sinfonía.

introducidor, ra. (De *introducir.*) adj. ant. Que introduce. Usáb. t. c. s. || ant. **metedor,** contrabandista.

introducir. fr., *introduire;* it., *introdurre;* i., *to introduce;* a., *einführen, einleiten.* (Del lat. *introducĕre.*) tr. Dar entrada a una persona en un lugar. Ú. t. c. prnl. || Meter o hacer entrar o penetrar una cosa en otra. || fig. Hacer que uno sea recibido o admitido en un lugar, o granjearle el trato, la amistad, la gracia, etc., de otra persona. Ú. t. c. prnl. || fig. Hacer figurar, hacer hablar a un personaje en una obra de ingenio; como drama, novela, diálogo, etc. || fig. Hacer adoptar, poner en uso. || fig. Atraer, ocasionar. Ú. t. c. prnl. || prnl. fig. Meterse uno en lo que no le toca.

introducto, ta. (Del lat. *introductus,* introducido.) adj. Instruido, diestro.

introductor, ra. fr., *introducteur;* it., *introduttore;* i., *introducer;* a., *Einführer.* (Del latín *introductor.*) adj. Que introduce. Ú. t. c. s. || **de embajadores.** *Diplomática.* Funcionario o diplomático destinado en algunos países para acompañar a los embajadores y ministros extranjeros en las entradas públicas y otros actos de ceremonia.

introductorio, ria. (Del lat. *introductorĭus.*) adj. ant. Que sirve para introducir.

introito. fr., *introït;* it., *introito;* i., *introit;* a., *Introitus.* (Del lat. *introĭtus;* de *intra,* dentro, e *ire,* ir.) m. Entrada o principio de un escrito o de una oración. || Lo primero que lee el sacerdote en el altar al principio de la misa. || En el teatro antiguo, prólogo para explicar el argumento del poema dramático a que precedía, para pedir indulgencia al público o para otros fines análogos.

intrometerse. (Del lat. *intromittĕre*.) prnl. ant. Meterse uno en algo importunamente, entrometerse, entremeterse.

intromisión. fr. e i., *intromission*; it., *intromissione*; a., *Einmischung*. (De *intra*, dentro, y *mittĕre*, meter.) f. Acción y efecto de entremeter o entremeterse.

introspección. (Del lat. *introspectio*, *-ōnis*.) f. **Psicol.** Observación interna del alma o de sus actos. ‖ Autoanálisis de los estados psíquicos.

introspectivo, va. (Del lat. *introspectum*, p. p. de *introspicĕre*, mirar por dentro.) adj. Propio de la introspección o relativo a ella.

introversión. (De *introverso*.) f. Acción y efecto de penetrar el alma humana dentro de sí misma, abstrayéndose de los sentidos.

introverso, sa. (Del lat. *introversus*, vuelto hacia dentro.) adj. Dícese del espíritu o del alma que se abstrae de los sentidos y penetra dentro de sí para contemplarse.

introvertido, da. adj. Dado a la introversión. Ú. t. c. s.

intrusamente. adv. m. Por intrusión.

intrusarse. (De *intruso*.) prnl. Apropiarse, sin razón ni derecho, un cargo, una autoridad, una jurisdicción, etc.

intrusión. (De *intruso*.) f. Acción de introducirse sin derecho en una dignidad, jurisdicción, oficio, propiedad, etc.

intrusismo. (De *intruso*.) m. Ejercicio de actividades profesionales por persona no autorizada legalmente para ello.

intrusivo, va. (De *intrusión*.) adj. **Geol.** Dícese de las rocas ígneas (magmáticas o eruptivas) consolidadas por enfriamiento lento, en profundidad, y por ello, de textura holocristalina o granuda. ‖ f. pl. Clase de estas rocas, también llamadas *plutónicas*.

intruso, sa. fr., *intrus*; it., *intruso*; i., *intruded*; a., *Eindringling*. (Del lat. *intrūsus*, p. p. de *intrudĕre*, introducirse.) adj. Que se ha introducido sin derecho. ‖ Detentador de alguna cosa alcanzada por intrusión. Ú. t. c. s. ‖ Que alterna con personas de condición superior a la suya propia.

intubación. f. **Cir.** Acción y efecto de intubar.

intubar. tr. **Cir.** Introducir un tubo o cánula en una cavidad, y especialmente en la laringe a través de la glotis para permitir el acceso del aire y evitar la asfixia.

intuición. fr. e i., *intuition*; it., *intuizione*; a., *Unmittelbare*, *Erkenntnis*. (Del lat. *intuitio*, *-ōnis*.) f. **Filos.** Percepción clara, íntima, instantánea de una idea o una verdad, tal como si se tuviera a la vista. ‖ **Teol. visión beatífica.**

intuicionismo. (De *intuición* e *-ismo*.) m. **Filos.** Nombre genérico aplicado a los sistemas filosóficos que admiten la intuición, sensible o intelectual, como forma primaria del conocimiento.

intuir. (Del lat. *intuēre*.) tr. Percibir clara e instantáneamente una idea o verdad, y tal como si se tuviera a la vista.

intuitivamente. adv. m. Con intuición.

intuitivo, va. adj. Perteneciente a la intuición.

intuito. (Del latín *intuītus*.) m. Vista, ojeada o mirada. ‖ **por intuito.** m. adv. En atención, en consideración, por razón.

intuitu. m. ant. Vista, ojeada o mirada; intuito.

intumescencia. (Del lat. *intumescens*, *-entis*, intumescente.) f. Aumento del volumen de algunas cosas, hinchazón.

intumescente. (Del lat. *intumescens*, *-entis*, p. a. de *intumescĕre*, hincharse.) adj. Que se va hinchando.

intususcepción. (Del lat. *intus*, interiormente, y *susceptio*, *-ōnis*, acción de recibir.) f. **Biol.** Modo de crecer los seres orgánicos por los elementos que asimilan interiormente, a diferencia de los inorgánicos, que sólo crecen por yuxtaposición.

intutible. adj. *Chile*. Que no se puede mirar por desaseado o sucio.

Intutu. Geog. Pueblo de Perú, depart. y prov. de Tigre, cap. del dist. de Tigre; 344 h.

ínula. (Voz del lat. científico, del lat. *inŭla*, énula.) **Bot.** Gén. de plantas compuestas, al que pertenecen las denominadas vulgarmente *matamoscas* (*i. viscosa*) y *helenio* (*i. helénium*).

Planta del género ínula

inulina. (De *ínula* e *-ina*.) f. **Bioq.** Polisacárido de fórmula $(C_6H_{10}O_5)x$, que se encuentra en los tubérculos de muchas plantas como la dalia y en las alcachofas, de donde se obtiene.

inulto, ta. (Del lat. *inultus*; de *in*, negación, y *ulcisci*, vengar.) adj. poét. No vengado o castigado.

inundación. fr., *inondation*; it., *inondazione*; i., *inundation*; a., *Überschwemmung*. (Del lat. *inundatĭo*, *-ōnis*.) f. Acción y efecto de inundar o inundarse. ‖ fig. Multitud excesiva de una cosa.

inundado, da. p. p. de inundar. ‖ m. **Mar.** Acción y efecto de inundar un tanque, compartimiento o buque.

inundancia. (De *inundar*.) f. ant. Acción y efecto de inundar o inundarse.

inundante. p. a. de inundar. Que inunda.

inundar. fr., *inonder*; it., *inondare*; i., *to inundate*; a., *überschwemmen*. (Del lat. *inundāre*.) tr. Cubrir el agua los terrenos y a veces las poblaciones. Ú. t. c. prnl. ‖ En lenguaje marino, llenar de agua un tanque, compartimiento o buque. ‖ fig. Llenar un país, una población o plaza de gentes o de cosas extrañas. Ú. t. c. prnl.

inurbanamente. adv. m. Sin urbanidad.

inurbanidad. f. Falta de urbanidad; desatención, descortesía.

inurbano, na. (Del lat. *inurbānus*.) adj. Falto de urbanidad.

Inurria y Lainosa (Mateo). Biog. Escultor español, n. en Córdoba y m. en Chamartín de la Rosa, Madrid (1867-1924). La escultura fue la afición de toda su vida, aunque no logró triunfar hasta la edad madura. Su primera obra, *El náufrago* (1890), tenía tal carácter de realismo, que se la creyó un vaciado del natural. Cultivó con predilección el desnudo femenino: *Forma*, que le valió la medalla de honor en la Exposición de 1920. Entre sus obras más destacadas figuran: el monumento funerario de *Ángel Velas*, en Buenos Aires; el monumento a *Barroso* y el del *Gran Capitán*, en Córdoba; la estatua de *Rosales*, en Madrid, y *Cristo atado a la columna*.

inusado, da. (De *in-* y *usado*.) adj. ant. **inusitado.**

inusitadamente. adv. m. De modo inusitado.

inusitado, da. fr., *inusité*; it., *inusitato*; i., *unusual*; a., *ungebräuchlich*. (Del lat. *inusitātus*.) adj. No usado.

inusual. adj. No usual.

inútil. fr. e i., *inutile*; i., *useless*; a., *nutzlos*, *unnütz*. (Del lat. *inutĭlis*.) adj. No útil.

inutilidad. (Del lat. *inutilĭtas*, *-ātis*.) f. Calidad de inútil.

inutilización. f. Acción y efecto de inutilizar.

inutilizar. fr., *inutiliser*; it., *inutilizzare*; i., *to make useless*; a., *nutzlos machen*. tr. Hacer inútil, vana o nula una cosa. Ú. t. c. prnl.

inútilmente. adv. m. Sin utilidad.

in utroque o **in utroque jure.** (liter., *en uno y otro* o *en uno y otro derecho*.) loc. lat. que se usa para expresar que un bachiller, licenciado o doctor lo es en ambos derechos, civil y canónico.

invadeable. (De *in-* y *vadeable*.) adj. Que no se puede vadear.

invadiente. p. a. de **invadir.** Que invade.

invadir. fr., *envahir*, *occuper*; it., *invadere*; i., *to invade*; a., *überfallen*, *betreten*. (Del lat. *invadĕre*.) tr. Acometer, entrar por fuerza en una parte. ‖ fig. Entrar injustamente en funciones ajenas.

invaginación. f. Acción y efecto de invaginar. ‖ **Biol.** Forma ordinaria de la gastrulación de la blástula, consistente en que una parte de la misma se repliega sobre la otra. ‖ **Cir.** Operación quirúrgica que consiste en introducir uno en otro los dos extremos del intestino que se ha cortado, con objeto de restablecer la continuidad del tubo intestinal. ‖ **Pat.** Introducción anormal de una porción del intestino en la que le precede o le sigue.

invaginar. (Del lat. *in*, en, y *vagina*, vaina.) tr. Doblar los bordes de la boca de un tubo o de una vejiga, haciendo que se introduzcan en el interior del mismo.

invalidación. f. Acción y efecto de invalidar. ‖ Calidad de inválido, inutilidad.

invalidad. (De *inválido*.) f. ant. Calidad de inválido de algunas cosas.

inválidamente. adv. m. Con invalidación.

invalidar. fr., *invalider*; it., *invalidare*; i., *to invalidate*; a., *entkräften*, *ungültigmachen*. tr. Hacer inválida, nula o de ningún valor y efecto una cosa.

invalidez. fr., *invalidité*; it., *invalidità*; i., *invalidity*; a., *Ungültigkeit*. f. Calidad de inválido.

inválido, da. fr., *invalide*; it., *invalido*; i., *invalid*; a., *dienstunfähig*, *invalide*. (Del lat. *invalĭdus*.) adj. Que no tiene fuerza ni vigor. ‖ Dícese de la persona que adolece de un defecto físico o mental, ya sea congénito, ya adquirido, el cual le impide o dificulta alguna de sus actividades. Ú. t. c. s. ‖ Dícese en especial de los militares que en acto de servicio o a consecuencia de él han sufrido mutilación o pérdida de alguna facultad importante. Ú. t. c. s. ‖ fig. Nulo y de ningún valor, por no tener las condiciones que exigen las leyes. ‖ fig. Falto de vigor y de solidez en el conocimiento o en la razón.

invaluable. adj. Que no se puede valuar como corresponde, inestimable.

invar. (Del i., *invar*, abr. de *invariable*.) m. **Metal.** Aleación de bajo coeficiente de dilatación que se compone aproximadamente de un 36 % de níquel y 64 % de acero. Se emplea para instrumentos de medida y aparatos de precisión.

invariabilidad. f. Calidad de invariable.

invariable. fr. e i., *invariable*; it., *invariabile*; a., *unveränderlich*. (De *in-* y *variable*.) adj. Que no padece o no puede padecer variación.

invariablemente. adv. m. Sin variación.

invariación. f. Subsistencia permanente y sin variación de una cosa o en una cosa.
invariadamente. adv. m. **invariablemente.**
invariado, da. adj. No variado.
invariante. (De *in*, pref. negat., y *variante*.) f. **Mat.** Magnitud o expresión matemática que no cambia de valor al sufrir determinadas transformaciones; p. e., la distancia entre dos puntos de un sólido que se mueve, pero que no se deforma.
invasión. fr., *envahissement;* it., *invasione;* i., *invasion;* a., *Einfall, Einbruch.* (Del lat. *invasĭo, -ōnis;* de invadĕre, *-si, -sum.*) f. Acción y efecto de invadir. ‖ **Pat.** Ataque o período inicial de una enfermedad.
invasor, ra. (Del lat. *invāsor.*) adj. Que invade. Ú. t. c. s.
invectiva. fr. e i., *invective;* it., *invettiva;* a., *Schmälung, Schimpfwort.* (Del lat. *invectīva;* de *in*, contra, y *vehi, vectus sum,* ir.) f. Discurso o escrito acre y violento contra personas o cosas.
invehír. (Del lat. *invehĕre.*) tr. ant. Hacer o decir invectivas contra uno.
invencibilidad. f. Calidad de invencible.
invencible. fr. e i., *invincible;* it., *invincibile;* a., *unbesiegbar, unüberwindlich.* (De *in-* y *vencible.*) adj. Que no puede ser vencido.
Invencible. (La). Geog. Pobl. de Argentina, prov. de Buenos Aires, part. de Salto; 672 habitantes. ‖ **(La). Hist. Armada Invencible.**

invenciblemente. adv. m. De un modo invencible.
invención. fr., *invention;* it., *invenzione;* a., *Enfindung.* (Del lat. *inventĭo, -ōnis;* de *invenire, -ni, -ntum,* hallar.) f. Acción y efecto de inventar. ‖ Cosa inventada. ‖ Engaño, ficción. ‖ **Ret.** Elección y disposición de los argumentos y especies del discurso oratorio. ‖ **de la Santa Cruz.** *Rel.* Conmemoración litúrgica con que anualmente celebraba la Iglesia, el día 3 de mayo, el hallazgo de la cruz de Nuestro Señor Jesucristo. En la actualidad se ha unificado con la de la Exaltación de la Santa Cruz (14 de septiembre).
invencionero, ra. (De *invención.*) adj. inventor. Ú. t. c. s. ‖ Embustero, engañador. Ú. t. c. s.
invendible. (Del lat. *invendibĭlis.*) adj. Que no puede venderse.
invenible. (De *invenir.*) adj. ant. Que se puede hallar o descubrir.
invenir. (Del lat. *invenīre.*) tr. ant. Hallar o descubrir.
inventación. (De *inventar.*) f. ant. Acción y efecto de inventar.
inventador, ra. (De *inventar.*) adj. Que inventa. Ú. t. c. s.
inventar. fr., *inventer;* it., *inventare;* i., *to invent;* a., *erfinden.* (De *invento.*) tr. Hallar o descubrir, a fuerza de ingenio y meditación, o por mero acaso, una cosa nueva o no conocida. ‖ Hallar, imaginar, crear su obra el poeta o el artista. ‖ Fingir hechos falsos; levantar embustes.
inventariar. tr. Hacer inventario.
inventario. fr., *inventaire;* it., *inventario;* i., *inventory;* a., *Güterverzeichnis, Inventar.* (Del lat. *inventarĭum.*) m. Asiento de los bienes y demás cosas pertenecientes a una persona o comunidad, hecho con orden y distinción. ‖ Papel o instrumento en que están escritas dichas cosas.
inventiva. fr., *esprit, originalité;* it., *inventiva;* i., *wit;* a., *Erfindungsgebe.* (De *inventar.*) f. Facultad y disposición para inventar. ‖ ant. Cosa inventada.
inventivo, va. adj. Que tiene disposición para inventar. ‖ Dícese de las cosas inventadas.
invento. (Del lat. *inventum.*) m. Acción y efecto de inventar. ‖ Cosa inventada.
inventor, ra. fr., *inventeur;* it., *inventore;* i., *inventor;* a., *erfinder.* (Del lat. *inventor, -ōris.*) adj. Que inventa. Ú. t. c. s. ‖ Que finge o discurre sin más fundamento que su voluntariedad y capricho. Ú. t. c. s.
Invercargill. Geog. C. de Nueva Zelanda, en la isla del Sur, cap. del área de Southland; 50.681 h.
inverecundia. (Del lat. *inverecundĭa.*) f. Desvergüenza, desfachatez.
inverecundo, da. (Del lat. *inverecundus;* de *in*, priv., y *verecundĭa,* vergüenza.) adj. Que no tiene vergüenza. Ú. t. c. s.
inverisímil. (De *in-* y *verisímil.*) adj. **inverosímil.**
inverisimilitud. (De *in-* y *verisimilitud.*) f. **inverosimilitud.**
inverna. f. *Perú.* apóc. de **invernada.**
invernación. (De *invierno.*) barb. por **hibernación.**
invernáculo. fr., *serre;* it., *serra;* i., *greenhouse;* a., *Gewächshaus.* (Del lat. *hibernacŭlum.*) m. **Agr.** Lugar cubierto y abrigado artificialmente para defender las plantas de la acción del frío.
invernada. (De *invernar.*) f. Estación de invierno. ‖ *Amér.* Invernadero para el ganado.
Invernada de Itacuaré. Geog. Local. de Argentina, prov. de Misiones, depart. de San Javier; 661 h.
invernadero. (De *invernar.*) m. Sitio cómodo y a propósito para pasar el invierno, y destinado a este fin. ‖ Paraje destinado para que pasten los ganados en dicha estación. ‖ **invernáculo.**
invernal. (De *ivernal.*) adj. Perteneciente al invierno. ‖ m. Establo en los invernaderos para guarecerse el ganado. ‖ *Sal.* Temporal de invierno.
invernar. (De *invernar.*) intr. Pasar el invierno en una parte. ‖ Ser tiempo de invierno. ‖ *R. de la Plata.* Pastar el ganado en invernadas.
invernazo. aum. de **invierno.** ‖ m. *Dom.* y *P. Rico.* Período de lluvias, de julio a septiembre. ‖ *P. Rico.* Período de inactividad en los ingenios de azúcar.
Inverness. Geog. C. del R. U., en Escocia, cap. de la región de Highland, en la des. del río Ness; 34.870 h. Industria mecánica y destilerías. Puerto comercial.
invernizo, za. adj. Perteneciente al invierno o que tiene sus propiedades.
inverosímil. fr., *invraisemblable;* it., *inverosimile;* i., *unlikely;* a., *unwahrscheinlich.* (De *in-* y *verosímil.*) adj. Que no tiene apariencia de verdad.
inverosimilitud. (De *in-* y *verosimilitud.*) f. Calidad de inverosímil.
inverosímilmente. adv. m. De modo inverosímil.
inversamente. adv. m. Al contrario, a la inversa.
inversión. fr. e i., *inversion;* it., *inversione;* a., *Umkehrung, Geldanlage.* (Del lat. *inversĭo, -ōnis.*) f. Acción y efecto de invertir. ‖ Homose-

Invención de la Santa Cruz. Retablo de Santa Elena (1521). Catedral de Gerona

xualidad. ‖ **Econ.** Compra de activos por una persona natural o jurídica. ‖ **Mús.** Colocación de las notas de un acorde en posición distinta de la normal, o modificación de una frase o motivo de manera que los intervalos se sigan en dirección contraria a la primitiva. ‖ **Ópt.** Fenómeno peculiar de las lentes convergentes al formar imágenes reales, que consiste en que puntos luminosos del objeto situados arriba o abajo, a derecha o izquierda, aparecen en la imagen, respectivamente, abajo o arriba, a izquierda o derecha y, por tanto, las figuras al revés. ‖ **Quím.** Transformación, por hidrólisis, de la sacarosa en glucosa y fructosa. ‖ **colectiva.** *Econ.* **fondos de inversión.** ‖ **privada.** La efectuada por empresas privadas o por capitalistas individuales. ‖ **pública.** La que realiza el Estado o las corporaciones de Derecho público.

inversionista. adj. Dícese de la persona natural o jurídica que hace una inversión de caudales. Ú. t. c. s.

inverso, sa. (Del lat. *inversus*.) p. p. irreg. de **invertir.** ‖ adj. Alterado, trastornado. ‖ **a, o por, la inversa.** m. adv. Al contrario.

inversor, ra. (Del lat. *inversāre*, cambiar.) adj. **Astron.** V. **capa inversora.** ‖ m. **Elec.** Conmutador destinado a invertir la polaridad de un circuito eléctrico. También se llama así al dispositivo que, por medios mecánicos, transforma la corriente continua en alterna.

invertasa. (De *invertina* y *-asa*.) f. **Bioq. invertina.**

invertebrado, da. (De *in-* y *vertebrado*.) adj. **Zool.** Dícese de los animales desprovistos de columna vertebral y, por tanto, de esqueleto cartilaginoso u óseo. Ú. t. c. s. m. ‖ m. pl. En la antigua clasificación zoológica, tipo de estos animales.

invertido, da. p. p. de **invertir.** ‖ adj. **Fort.** V. **aspillera invertida.** ‖ m. Sodomita, el que comete sodomía.

invertina. (De *invertir* e *-ina*.) f. **Quím.** Enzima producida por la levadura, que cataliza la inversión o hidrólisis de la sacarosa en glucosa y fructosa.

invertir. fr., *invertir, déranger*; it., *invertire, rivoltare*; i., *to turn upside down*; a., *umstürzen*. = fr., *invertir, dépenser*; it., *invertire*; i., *to invert*; a., *anlegen*. (Del lat. *invertĕre*.) tr. Alterar, trastornar las cosas o el orden de ellas. ‖ Hablando de caudales, emplearlos, gastarlos o colocarlos en aplicaciones productivas. ‖ Hablando del tiempo, emplearlo u ocuparlo de una u otra manera. ‖ **Mat.** Cambiar los lugares que en una proporción ocupan, respectivamente, los dos términos de cada razón.

investidura. f. Acción y efecto de investir. ‖ Carácter que se adquiere con la toma de posesión de ciertos cargos o dignidades.

investigable. (Del lat. *investigabĭlis*.) adj. Que se puede investigar.

investigable. (Del lat. *in*, negat. y *vestigāre*, hallar, inquirir.) adj. desus. Que no se puede investigar.

investigación. fr., *recherche*; it., *investigazione*; i., *investigation*; a., *Untersuchung, Nachforschung*. (Del lat. *investigatĭo, -ōnis*.) f. Acción y efecto de investigar. ‖ **operativa.** *Organización.* Conjunto de técnicas y procedimientos matemáticos cuyo objetivo es facilitar a los directivos una serie de datos económicos, industriales, mercantiles, etc., de interés a la hora de tomar decisiones. Se desarrolló en el R. U. durante la S. G. M. con fines militares.

investigador, ra. (Del lat. *investigātor*.) adj. Que investiga. Ú. t. c. s.

investigar. fr., *faire des recherches*; it., *investigare*; i., *search*; a., *erforschen, nachforschen*. (Del lat. *investigāre*.) tr. Hacer diligencias para descubrir una cosa.

investimento. m. Inversión de dineros eclesiásticos en la adquisición de inmuebles.

El emperador inviste caballero a San Martín de Tours, por S. Martini. Colección privada. Roma

investir. (Del lat. *investīre*.) tr. Conferir una dignidad o cargo importante. Ú. con las preposiciones *con* o *de*.

investment trust. loc. inglesa que se refiere a las sociedades formadas para la inversión o empleo de capitales.

inveteradamente. adv. m. De un modo inveterado.

inveterado, da. fr., *invétéré, enraciné*; it., *inveterato*; i., *inveterate*; a., *eingewurzelt*. (Del lat. *inveterātus*.) adj. Arraigado, antiguo.

inveterarse. (Del lat. *inveterāre*.) prnl. envejecerse, anticuarse.

inviar. m. desus. **enviar.**

invictamente. adv. m. Victoriosa, incontrastablemente.

invicto, ta. (Del lat. *invictus*; de *in*, negación, y *vincĕre, vici, victum*, vencer.) adj. No vencido; siempre victorioso.

invidencia. f. Falta de vista. ‖ Envidia.

invidente. adj. Que no ve, ciego. Ú. t. c. s.

invidia. f. ant. Pesar del bien ajeno; envidia. Ú. en León.

invidiar. tr. ant. Tener invidia; envidiar.

invidioso, sa. adj. ant. Que tiene invidia; envidioso. Usáb. t. c. s.

ínvido, da. (Del lat. *invĭdus*.) adj. Que tiene envidia.

Inviernas (Las). Geog. Mun. y villa de España, prov. y p. j. de Guadalajara; 246 h.

invierno. fr., *hiver*; it., *inverno*; i., *winter*; a., *Winter*. (De *ivierno*, infl. por *in-*.) m. **Astron.** Estación del año, que astronómicamente principia en el solsticio del mismo nombre y termina en el equinoccio de primavera. ‖ En el ecuador, donde las estaciones no son sensibles, temporada de lluvias que dura próximamente unos seis meses, con algunas intermitencias y alteraciones. ‖ Época la más fría del año. En el hemisferio boreal su duración media es de 89 días, del 21-22 de diciembre al 21-22 de marzo; en el austral, de 93,7 días, desde el 21-22 de junio al 23-24 de septiembre.

invigilar. (Del lat. *invigilāre*.) inr. Velar, cuidar solícitamente de una cosa.

inviolabilidad. fr., *inviolabilité*; it., *inviolabilità*; i., *inviolability*; a., *Unverletzbarkeit*. f. Calidad de inviolable. ‖ Prerrogativa personal del monarca, declarada en la Constitución del Estado. ‖ **parlamentaria.** *Polit.* Prerrogativa personal de los diputados y de los senadores, que los exime de ser detenidos o presos, salvo en casos que determinan las leyes, ni procesados o juzgados sin autorización del respectivo cuerpo colegislador.

inviolable. (Del lat. *inviolabĭlis*.) adj. Que no se debe o no se puede violar o profanar. ‖ Que goza la prerrogativa de inviolabilidad.

inviolablemente. adv. m. Con inviolabilidad. ‖ **infaliblemente.**

inviolado, da. (Del lat. *inviolātus*.) adj. Que se conserva en toda su integridad y pureza.

invirtud. f. ant. Falta de virtud; acción opuesta a ella.

invirtuosamente. adv. m. ant. Sin virtud; viciosamente.

invirtuoso, sa. (De *in-* y *virtuoso*.) adj. ant. Falto de virtud y opuesto a ella.

invisibilidad. fr., *invisibilité*; it., *invisibilità*; i., *invisibility*; a., *Unsichtbarkeit*. (Del lat. *invisibilĭtas, -ātis*.) f. Calidad de invisible.

invisible. (Del lat. *invisibĭlis*.) adj. Incapaz de ser visto. ‖ m. *Méj.* Albanega, cofia para el pelo. ‖ **en un invisible.** loc. adv. fig. En un momento.

invisiblemente. adv. m. De modo que no se percibe o no se ve.

invitación. fr. e i., *invitation*; it., *invitazione*; a., *Einladung, Aufforderung*. (Del lat. *invitatĭo, -ōnis*.) f. Acción y efecto de invitar. ‖ Cédula o tarjeta con que se invita.

invitado, da. p. p. de **invitar.** ‖ m. y f. Persona que ha recibido una invitación.

invitador, ra. (Del lat. *invitātor, -ōris*.) adj. Que invita. Ú. t. c. s.

invita Minerva. loc. lat. que suele usarse en español con su propia significación de contra la voluntad de Minerva o de las musas.

invitante. p. a. de **invitar.** Que invita. Ú. t. c. s.

invitar. fr., *inviter, engager*; it., *invitare*; i., *invite*; a., *einladen, auffordern*. (Del lat. *invitāre*.) tr. Convidar, incitar.

invitatorio. (Del lat. *invitatorĭus*.) m. Antífona que se canta o reza antes y después de cada verso del salmo *Venite* con que comienzan los maitines.

invito, ta. adj. desus. **invicto.**

in vitro. loc. lat. que sign. *en el vidrio*. ‖ **Biol.** Se emplea para indicar que un fenómeno acontece fuera del organismo y puede producirse experimentalmente en un recipiente de vidrio.

invocación. fr. e i., *invocation*; it., *invocazione*; a., *Anrufung*. (Del lat. *invocatĭo, -ōnis*.) f. Acción y efecto de invocar. ‖ Parte del poema en que el poeta invoca a un ser divino o sobrenatural, verdadero o falso.

invocador, ra. (Del lat. *invocātor*.) adj. Que invoca. Ú. t. c. s.

invocar. fr., *invoquer*; it., *invocāre*; i., *to invoke*; a., *anrufen*. (Del lat. *invocāre*.) tr. Llamar uno a otro en su favor o auxilio. ‖ Acogerse a una ley, costumbre o razón; exponerla, alegarla.

invocatorio, ria. adj. Que sirve para invocar.

involución. (Del lat. *involutĭo, -ōnis*, acción de envolver.) f. En biología, fase regresiva de un proceso biológico, o modificación retrógrada de un órgano, en especial del útero después del parto. ‖ Por ext., cambio retrógrado o proceso regresivo de otra índole. ‖ **Geom.** Homografía que coincide con su inversa. ‖ **senil.** *Biol.* Conjunto de fenómenos de esclerosis y atrofia característicos de la vejez. ‖ **uterina.** Retorno del útero al estado de reposo después del parto.

involucrado, da. p. p. de **involucrar.** ‖ adj. **Bot.** Que está provisto de un involucro.

involucrar. fr., *insérer*; it., *rimescolare*; i., *to involucrate*. (Del lat. *involūcrum*, cubierta, disfraz.) tr. Abarcar, incluir, comprender. ‖ Injerir en los discursos o escritos cuestiones o asuntos extraños al principal objeto de ellos.

involucro. (Del lat. *involūcrum*.) m. **Bot.** Verticilo de brácteas, situado en el arranque de la umbela o la cabezuela, como en la zanahoria y en la dalia.

involuntariamente. adv. m. Sin voluntad ni consentimiento.

involuntario, ria. fr., *involontaire*; it., *involontario*; i., *involuntary*; a., *unffreiwillig*. (Del lat. *involuntarius*.) adj. No voluntario. Aplícase a los movimientos espontáneos y a los actos que se realizan con independencia de la voluntad.

invulnerabilidad. f. Calidad de invulnerable.

invulnerable. fr., *invulnérable*; it., *invulnerabile*; i., *invulnerable*; a., *unverwundbar*, *unverletzlich*. (Del lat. *invulnerabĭlis*.) adj. Que no puede ser herido.

inyección. fr. e i., *inyection*; it., *iniezione*; a., *Einspritzung*. (Del lat. *iniectĭo, -ōnis*; de *iniŭcere, -ieci, -iectum*, arrojar a, inyectar.) f. Acción y efecto de inyectar. ‖ Fluido inyectado. ‖ **Mat.** Transformación o aplicación en la que a todo elemento del conjunto imagen corresponde a lo sumo un elemento del conjunto origen. ‖ **Mec.** En los motores Diesel, proceso para llevar el combustible a gran presión (250 a 300 kg.-cm.²) al cilindro. ‖ **Terap.** Acción de introducir, por medio de una aguja hueca acoplada a una jeringa, una substancia en el interior del organismo. Los tipos más corrientes son: *subcutáneas, hipodérmicas, intramusculares* e *intravenosas* o *endovenosas*.

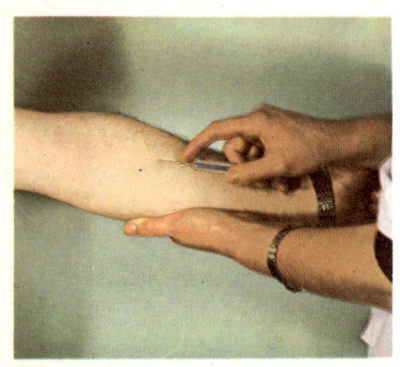

Inyección hipodérmica

inyectable. (De *inyectar*.) adj. Dícese de la substancia o medicamento preparados para usarlos en inyecciones. Ú. t. c. m.

inyectar. (Del lat. *iniectāre*.) tr. Introducir a presión un gas, un líquido, o una masa fluida, en el interior de un cuerpo o de una cavidad.

inyector. fr., *injecteur*; it., *iniettore*; i., *injector*; a., *Spritze*. m. Aparato que sirve para introducir el agua en las calderas de vapor aspirándola directamente del depósito por medio de una corriente de este flúido. ‖ **Mec.** En los motores Diesel, aparato que introduce el combustible pulverizado en el interior del cilindro.

inyuncto, ta. (Del lat. *iniunctus*.) p. p irreg. ant. de **inyungir**.

inyungir. (Del lat. *iniungĕre*.) tr. ant. Prevenir, mandar, imponer.

Inzá. Geog. Mun. de Colombia, depart. de Cauca; 11.351 h. ‖ Pobl. cap. del mismo; 1.061 h.

Iñapari. Geog. Dist. de Perú, depart. de Madre de Dios, prov. de Tahuamanu; 466 h. ‖ Pueblo de Perú, cap. de la prov. de Tahuamanu y del dist. de su nombre; 159 h.

Íñigo Arista. Biog. Primer rey de Navarra, m. en 850, cuya existencia se da simplemente como probable. Le sucedió su hijo García Íñiguez. ‖ **de Loyola.** Ignacio de Loyola *(San)*.

iñiguista. (De *San Íñigo* o Ignacio de Loyola, fundador de la Compañía de Jesús.) adj. **jesuita.** Ú. t. c. s.

Ío. (Del gr. *Ío*, nombre mitológico.) Astron. Uno de los doce satélites de Júpiter, y uno de los cuatro descubiertos por Galileo el 7 de enero de 1610. Es el segundo por su distancia al planeta, 422.000 km., con un período de revolución de 1 día, 18 horas, 27 minutos, 35 segundos y un diámetro de 3.735 km.

Ioánnina. Geog. Janina.

iodo. m. yodo.

ion. (Del gr. *ión*, que va.) m. **Quím.** Átomo o grupo de átomos que, por pérdida o ganancia de uno o más electrones, ha adquirido una carga eléctrica. Si el ion está formado a partir de un átomo de hidrógeno o de un átomo de metal, su carga es, en general, positiva; si a partir de un átomo que no es de metal o de un grupo de átomos, en general, está cargado negativamente. El número de cargas eléctricas que soporta un ion se denomina su electrovalencia. Las partículas cargadas positivamente se llaman cationes; las negativamente, aniones. La transformación de los átomos y moléculas en iones se llama ionización. ‖ Radical simple o compuesto que se disocia de las substancias al disolverse éstas, y da a las disoluciones el carácter de la conductividad eléctrica.

Ionesco (Eugène). Biog. Escritor y comediógrafo francés, de origen rumano, n. en Slatina en 1912. En 1970 fue elegido miembro de la Academia francesa. Obras: *La cantatrice chauve* (1950), *La leçon* y *Jacobo o la sumisión* (1951), *Las sillas* (1952), *Amédée* (1954), *Tueur sans gages*, *El rinoceronte* (1959), *Le piéton de l'air* (1962), *El nuevo inquilino, El rey se muere, La sed y el hombre, Triunfo de la muerte* y *Macbeth*.

iónico, ca. adj. **Fís.** y **Quím.** Relativo a los iones o a los productos capaces de ionización.

ionización. (De *ion*.) f. **Fís.** y **Quím.** Separación de uno o varios electrones de un átomo o molécula, creando un ion positivo. Los métodos

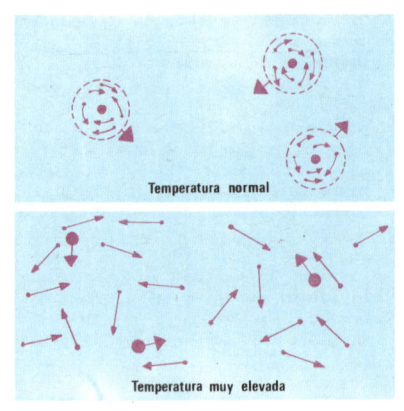

Temperatura normal

Temperatura muy elevada

Ionización

más utilizados para ionizar son el aumento de temperatura y las radiaciones ondulatorias (v. **ionizante**). ‖ **Terap.** iontoforesis.

ionizante. p. a. de **ionizar**. Que ioniza. ‖ adj. **Fís.** Dícese de lo que es capaz de ionizar, como los rayos X o gamma y los electrones, protones, neutrones y heliones.

ionizar. (De *ion*.) tr. **Quím.** Disociar una molécula en iones o convertir un átomo o molécula en ion. Ú. t. c. prnl.

ionómetro. (De *ion* y *-metro*.) m. **Quím.** Aparato dosificador, basado en la ionización de un gas.

ionona. (Del gr. *ion*, violeta, y *-ona*.) f. Quím. Cetona de la serie alicíclica, de fórmula $C_{13}H_{20}O$. Tiene mucho interés en perfumería por su fuerte olor a esencia de violeta.

ionosfera. (Del gr. *ión*, que camina, y *sphaira*, globo.) f. Envoltura atmosférica de gases ionizados. (V. **atmósfera**.)

iontoforesis. (Del gr. *iontos*, genit. de *ión*, que camina, ión, y *phéro*, llevar.) f. Terap. Introducción de iones de distintas substancias en los tejidos orgánicos, mediante una corriente eléctrica.

Ioshkar-Ola. Geog. Yoskar-Ola.

-iosis. suf. V. **-iasis**.

iota. (Del gr. ἰῶτα.) f. Novena letra del alfabeto griego, que corresponde a nuestra *i* vocal.

iotización. (De *iota*.) f. Conversión de una *e* inacentuada en *i* semiconsonante o semivocal, al agruparse en una misma sílaba con otra vocal; de la que antes estaba separada por hiato.

Ioualteuchtli. Mit. Dios de la noche entre los aztecas de Méjico de época precolombina.

Ioualticitl. Mit. Diosa protectora de los niños entre los aztecas de Méjico de época precolombina.

Iowa. Geog. Est. de EE. UU., al O. del río Misisipí, que forma su límite E.; 145.791 km.² y 2.825.041 h. Cap., Des Moines. Agricultura y ganadería.

Ipal. Geog. Pueblo de Perú, depart. de Cuzco, prov. de La Convención, cap. del dist. de Huayopata; 307 h.

Ipala. Geog. Mun. de Guatemala, depart. de Chiquimula; 13.100 h. ‖ Pobl. cap. del mismo; 3.379 h.

Ipané. Geog. Pobl. de Paraguay, depart. de Villeta; 4.600 h.

Ipanema. Geog. Mun. y c. de Brasil, est. de Minas Gerais; 47.050 h. Produce café, tabaco y azúcar.

Iparia. Geog. Dist. de Perú, depart. de Loreto, prov. de Coronel Portillo; 3.387 h. ‖ Pueblo cap. del mismo; 171 h.

Iparraguirre Belardi (José María). Biog. Poeta y músico español, n. en Villarreal de Urrechu y m. en el caserío de Zozabarro, Ezquioga-Ichaso (1820-1881). Llevó una vida aventurera, viajó a Sudamérica y de regreso en España, cantó en Madrid el zortzico *Gernikako Arbola* (El árbol de Guernica), que se ha convertido en canción tradicional del pueblo vasco. Supo expresar el sentir del alma popular vasca.

ipecacuana. (Voz de los indios americanos, que sign. *raíz nudosa*. En Brasil, *ipecacuanha*.) f. **Bot.** Planta de la familia de las rubiáceas, que vive principalmente en Brasil. Es una hierba de hasta 20 cm., rastrera o ascendente, raíces nudosas de un modo especial, parte leñosa del tallo subterráneo, de 2 a 4 mm. de grueso, hojas elípticas, estípulas rasgadas, cabezuelas con dos pares de brácteas y 20 o menos flores blancas, bayas azules, retorcidas al secarse. Se usa mucho en medicina como emética, expectorante, tónica, purgante y sudorífica (*uragoga ipecacuanha*). Se extrae de ella la emetina. ‖ Raíz de esta planta. ‖ **de las Antillas.** Arbusto de la familia de las asclepiadáceas, de hojas lanceoladas y lisas y flores de color de azafrán. Su raíz se usa como emético. ‖ Raíz de esta planta.

Ipek. Geog. C. de Yugoslavia, en la entidad administrativa autónoma de Kosovo-Metohija; 28.300 h. Célebre monasterio que fue residencia de los patriarcas serbios. Frutas y sericicultura.

iperita. (De *Ieper*, nombre flamenco de la c. de Ypres, e *-ita*.) f. **Quím.** Sulfuro de etilo diclorado, de fórmula $C_4H_6SCl_2$. Se obtiene haciendo reaccionar el cloruro de azufre con el etileno. Fue utilizado como gas de guerra por los alemanes en la P. G. M., en las cercanías de Ypres. Su gran estabilidad frente a los agentes atmosféricos y su escasa tensión de vapor que le da una volatilidad muy pequeña, hacen de él un agresivo ideal desde el punto de vista militar.

Ipiales. Geog. Mun. de Colombia, depart. de Nariño; 49.775 h. ‖ Pobl. cap. del mismo; 30.871 h.

ípido, da. (Del lat. científico *ips*, un gén. de insectos, e *-ido*.) adj. **Entom.** escolítido.

ipil. m. *Méj.* huipil.

ipil. (Voz tagala.) m. **Bot.** *Filip.* Nombre de la leguminosa *eperna decandra*, árbol grande y hermoso, con hojas opuestas y aladas, hojuelas aovadas y lampiñas, flores en panoja, cáliz tubular y legumbre coriácea, en forma de hoz, y tres o cuatro semillas. La madera, dura, pesada y de color amarillo, que se obscurece con los años como el nogal europeo, es incorruptible y muy apreciada para la construcción de muebles y otros objetos.

Ipizca. Geog. Local. de Argentina, prov. de Catamarca, depart. de Ancasti; 131 h.

-ipnosis. suf. V. **hipn-**.

-ipo. suf. V. **hip-**, caballo.

Ipoh. Geog. C. de Malaysia Occidental, cap. del est. de Perak; 247.689 h.

ips. Entom. Gén. de insectos coleópteros polífagos, de la familia de los escolítidos, al que pertenecen los *barrenillos*.

Ipsambul. Geog. e Hist. Abu Simbel.

ípsilon. (Del gr. ὑψιλόν; liter., y pura y simple.) f. Vigésima letra del alfabeto griego, que corresponde a la que en el nuestro se llama *i griega* o *ye*.

ipsismo. (Del lat. *ipse*, él mismo, e *-ismo*.) sin. de **masturbación**.

ipso facto. loc. lat. que sign. *por el mismo hecho*. Inmediatamente, al punto, en el acto.

ipso iure. loc. lat. que sign. *por el mismo derecho*. Por disposición de la ley.

Ipsos. Geog. hist. Pueblo de Asia, en la antigua Frigia, donde tuvo lugar una célebre batalla entre los generales de Alejandro Magno en 301 a. C.

Ipswich. Geog. C. del R. U., en Inglaterra, cap. del cond. de Suffolk; 122.814 h.

Ipuche (Pedro Leandro). Biog. Poeta uruguayo, n. en Treinta y Tres en 1889. Cultiva el tema local, sobre todo el gauchesco. Obras principales: *Alas nuevas* (1922), *Tierra honda* (1924), *Júbilo y miedo* (1926), *Fernanda Soto* (1931), *Tierra celeste* (1938), *El yesquero del fantasma* (1942), etc.

Iqbal (Muhammad). Biog. Poeta y filósofo paquistaní, n. en Sialkot y m. en Lahore (1873-1938). Ha influido grandemente en el campo intelectual con sus formas tradicionales del lirismo oriental. Su filosofía pesimista es profundamente espiritual. Obras principales: *Asar-i-Khudi, Paiam-i-Mashirig*.

Iquique. Geog. Depart. de Chile, prov. de Tarapacá; 74.155 h. ‖ Comuna del anterior; 65.040 h. ‖ C. cap. de la prov. de Tarapacá y del depart. y comuna de su nombre; 64.477 h. Puerto en el Pacífico, al que se llama la *capital del salitre*.

iquiqueño, ña. adj. Natural de Iquique, o perteneciente a esta ciudad. Ú. t. c. s.

Iquira. Geog. Mun. de Colombia, depart. de Huila; 4.621 h. ‖ Pobl. cap. del mismo; 1.888 habitantes.

Iquitos. Geog. Dist. de Perú, depart. de Loreto, prov. de Maynas; 120.760 h. ‖ C. de Perú, cap. del depart. de Loreto, de la prov. de Maynas y del dist. de su nombre; 111.327 h. Puerto en el Amazonas.

ir. fr., *aller, marcher*; it., *andare, ire*; i., *to go*; a., *gehen, reiten, fahren, ziehen*. (Del lat. *ire*.) intr. Moverse de un lugar hacia otro. Ú. t. c. prnl. ‖ Venir bien o mal, acomodarse o no una cosa con otra. ‖ Caminar de acá para allá. ‖ Distinguirse, diferenciarse una persona o cosa de otra. ‖ Úsase para denotar hacia dónde se dirige un camino. ‖ Extenderse una cosa, ocupar, comprender desde un punto a otro. ‖ Obrar, proceder. ‖ Con la prep. *por*, declinarse o conjugarse un nombre o verbo como otro tomado como modelo. ‖ En varios juegos de naipes, entrar, tomar sobre sí el empeño de ganar la apuesta. ‖ Considerar las cosas por un aspecto especial o dirigirlas a un fin determinado. ‖ Junto con los gerundios de algunos verbos, denota la acción de ellos y da a entender la actual ejecución de lo que dichos verbos significan; o que la acción empieza a verificarse. ‖ Junto con el participio pasivo de los verbos transitivos, significa padecer su acción, y con el de los reflexivos, ejecutarla. ‖ En la aceptación anterior, cuando el participio sea el del verbo *apostar*, se calla, y queda ir con la significación que tendría si aquél fuera expreso. ‖ Junto con la prep. *a* y un infinitivo, significa disponerse para la acción del verbo con que se junta. ‖ Junto con la misma prep. y algunos substantivos con artículo o sin él, concurrir habitualmente. ‖ Junto con la prep. *con*, tener o llevar lo que el nombre significa. ‖ Junto con la prep. *contra*, perseguir, y también sentir y pensar lo contrario de lo que significa el nombre a que se aplica. ‖ Construido con la prep. *en*, importar, interesar. ‖ Con la prep. *por*, seguir una carrera. ‖ Con la misma prep., ir a traer una cosa. ‖ prnl. Morirse o estarse muriendo. ‖ Salirse un líquido insensiblemente del vaso o cosa en donde está. Aplícase también al mismo vaso o cosa que lo contiene. ‖ Deslizar, perder el equilibrio. ‖ Gastarse, consumirse o perderse una cosa. ‖ Desgarrarse o romperse una tela, y también envejecerse. ‖ Ventosear o hacer uno sus necesidades sin sentir o involuntariamente. ‖ Con la prep. *de*, y tratándose de las cartas de la baraja, descartarse de una o varias. ‖ **a eso voy**, o **vamos**. loc. fam. que usa aquel a quien recuerdan alguna cosa de que debía hablar en la conversación o discurso, y de la cual parecía haberse olvidado o distraído. ‖ **a gran ir**, o **al más ir**. loc. adv. ant. **a todo correr**. ‖ **¡allá irás!** loc. que equivale a enviar a alguno en hora mala. ‖ **allá va** o **allá va eso**, o **allá va lo que es**. expr. fam. que suele emplearse al arrojar algo que puede caer sobre quien esté debajo o cerca. También se usa cuando, repentinamente y sin prevenir a uno, se le dice algo que ha de dolerle o disgustarle. ‖ **¡cuánto va!** expr. con que se significa la sospecha o recelo de que suceda o se ejecute una cosa, y es la fórmula de apostar a que se verifique. ‖ **ni va ni viene.** expr. fig. y fam. con que se expresa la irresolución de una persona. ‖ **¡qué va!** interj. **¡quia! ¿quién va?** o **¿quién va allá?** expr. de que se usa, regularmente por la noche, cuando se descubre un bulto o se siente un ruido y no se ve quién lo causa. ‖ **sin irle ni venirle** a uno. expr. fig. y fam. Sin importarle aquello de que se trata. ‖ **sobre si fue o si vino.** expr. fig. y fam. que se emplea para denotar la contrariedad de pareceres en una disputa o reyerta, y con que por lo común se da a entender haber sido fútil y vano el motivo de la discordia. ‖ **vamos claros.** expr. fam. con que se manifiesta el deseo de que la materia que se trata se explique con sencillez y claridad. ‖ **¡vamos despacio!** expr. fig. **¡despacio! ¡vaya!** interj. fam. que se emplea para expresar leve enfado, para denotar aprobación o para excitar o contener. Ú. t. repetida. ‖ **váyase lo uno por lo otro.** expr. fam. con que se da a entender que una de las dos cosas de que se trata puede ser compensación de la otra. ‖ **vete**, o **idos, a pasear.** expr. fam. **vete**, o **idos, a paseo.** ‖ **vete**, o **idos, en hora mala**, o **noramala.** expr. fam. que se emplea para despedir a una o varias personas con enfado o disgusto.

Ir. Quím. Símbolo del *iridio*.

ira. fr., *colère, courroux*; it., *ira*; i., *ire, choler*; a., *Zorn, Grimm*. (Del lat. *ira*.) f. Pasión del alma, que mueve a indignación y enojo. ‖ Apetito o deseo de injusta venganza. ‖ Apetito o deseo de venganza, según orden de justicia. ‖ fig. Furia o violencia de los elementos. ‖ pl. Repetición de actos de saña, encono o venganza. ‖ **¡ira de Dios!** excl. de que se usa para manifestar la extrañeza que causa una cosa, o la demasía de ella, especialmente cuando se teme produzca sus malos efectos contra nosotros.

iracundia. (Del lat. *iracundia*.) f. Propensión a la ira. ‖ Cólera o enojo.

iracundo, da. (Del lat. *iracundus*.) adj. Propenso a la ira. Ú. t. c. s. ‖ fig. y poét. Aplícase a los elementos alterados.

Allá va eso, aguafuerte de la serie *Los Caprichos*, por Goya

El Amazonas, a su paso por Iquitos

Iradier–Irak

Iradier (Sebastián). Biog. Músico español, n. en Lanciego y m. en Vitoria (1809-1865). Profesor de canto de la emperatriz Eugenia, en París. Residió largo tiempo en Cuba, donde estudió la música criolla. Fue autor de canciones tan populares como la de *La Paloma* y la *Habanera;* esta última la recogió Bizet en su ópera *Carmen.* ‖ **y Bulfy (Manuel).** Explorador español, n. y m. en Vitoria (1854-1911). Fue el primero en internarse en el continente africano, entonces desconocido, y recorrió 1.876 km. Triplicó los dominios españoles en el África ecuatorial y abrió una puerta que le dio acceso al interior del país.

irado, da. p. p. ant. de **irarse.** ‖ adj. ant. Que anda por el campo huyendo de la justicia, forajido. ‖ **irado y pagado.** expr. que se halla en donaciones antiguas de los reyes, de la cual se usaba al tiempo de nombrar lo que se reservaban en los lugares reales. Entre estas reservas era una que el rey había de poder entrar en los tales lugares, siempre que quisiese, de guerra o de paz.

Iráiozz. Geog. Local. de Argentina, prov. de Buenos Aires, part. de General Alvarado; 305 h.

Irak. (Del persa *erak.*) **Geog.** Estado republicano del sudoeste de Asia, compuesto por los tres valiatos de Bagdad, Basora y Mosul. Es aproximadamente la antigua Mesopotamia.

Generalidades. Está sit. entre los 29 y 36° de lat. N. y los 38° 30′ y los 48° 25′ de long. E. de Greenwich. Limita al N. con Turquía e Irán, al E. con este último país, al S. con Koweit y Arabia Saudí y al O. con Jordania y Siria. Posee una breve salida al golfo Pérsico. Tiene una superf. de 434.000 km.², de los que quedan excluidos los 7.000 de la zona neutral en la región fronteriza con Arabia Saudí, que son administrados conjuntamente por ambos países; pobl. absoluta, 9.440.098 h. (12.730.000 calculados en 1979), y una densidad de 21,7 h. por km.² La cap. es Bagdad (1.745.328 h.).

Geografía física. Irak es la llana depresión comprendida entre la gran meseta de Irán, la de Arabia y Armenia. La llanada, en parte baja y pantanosa, está formada por los aluviones del Éufrates y del Tigris, principales ríos del país, de régimen torrencial en los valles altos y lento en la llanura. Aun cuando los altos valles de estos ríos, famosos en la Historia, son ásperos por tener su cabecera en las alturas del Norte, los dos ríos se unen al final del trayecto en uno solo, el Shatt al-Arab, o río de los árabes, cuyo delta crece a razón de 22 m. por año. El clima es árido y esteparia, con inviernos templados y veranos muy cálidos; las lluvias, en general, son escasas.

Geografía económica. Debido a la escasez de lluvia, los cultivos se concentran a lo largo de los valles fluviales. El terreno cultivado representa el 11,7 % de la superf. total. Los principales cultivos, en 1976, son los cereales: trigo, 1.312.000 toneladas; cebada, 579.000; y arroz, 163.000. Entre los productos industriales tienen relativa importancia el tabaco, el algodón y los dátiles. La producción forestal es de escasa importancia (65.000 m.³). Dentro de la ganadería destaca el ganado ovino, con 8.400.000 cabezas.

El subsuelo iraquí es particularmente rico en hidrocarburos, con una producción, en 1977, de 111.228.000 ton. de petróleo y 1.210 millones de m.³ de gas natural. El centro principal de la producción petrolífera se encuentra en la prov. de Kirkuk y es conducido al Mediterráneo a través de un oleoducto hasta Trípoli (Líbano). Aparte de la industria montada en torno al petróleo y de la tradicional industria artesanal, es de señalar el particular desarrollo de la industria textil en Bagdad y Mosul, la papelera en Basora, la del cemento (1.800.000 ton.) en Bagdad, Mosul y Kirkuk, y la del tabaco (7.000 millones de cigarrillos). La producción de energía eléctrica, toda de origen térmico, es de 3.400 millones de kwh. Los ferrocarriles tienen una longitud de 2.394 km., y las carreteras, de 10.824. La red de ferrocarriles es propiedad del Estado. Los puertos principales son Basora y Umkusir, y cuenta con aeropuerto internacional en Bagdad y Basora. Las cifras relativas al comercio exterior durante el período 1974-76, en millones de dinares, fueron las siguientes:

Años	Importación	Exportación
1974	700,1	2.060,2
1975	1.244,7	2.450,2
1976	1.024,7	2.610,8

El petróleo es el principal producto de la exportación. Los principales artículos importados son: automóviles y recambios, prendas de vestir, maquinaria, azúcar, té, etc. La unidad monetaria es el dinar, cuya paridad con el dólar, en 1977 era: 0,2961 dinares por un dólar.

Geografía política. La mayoría de la población es árabe; las minorías más importantes están formadas por curdos y turcos. La lengua oficial y la hablada por el 80 % de la población es el árabe; los curdos tienen su idioma propio, el curdo. La mayor parte de la pobl. pertenece a la religión musulmana.

Gobierno. República desde el 14 de julio de 1958, tras el golpe de Estado dirigido por el general Karim Kassem, que derrocó la monarquía. Todos los poderes recaen en el Consejo del Comando de la Revolución, el cual, basado en la Constitución provisional del 16 de julio de 1970, elige al presidente de la República, quien, después de las enmiendas constitucionales del 13 y 17 de julio de 1973, está asesorado por un Consejo de Ministros y un Consejo Nacional, órgano consultivo de la nación, compuesto de 100 miembros.

División territorial. A continuación se inserta el cuadro de la división administrativa:

Provincias	Superficie Km.²	Población Habitantes	Capitales y su población
Anbar	137.969	345.226	Ramadi (28.723 h.).
Arbil	15.315	418.902	Arbil (90.320).
Babylon	6.889	516.855	Hilla (84.717).
Bagdad	19.922	2.688.819	Bagdad.
Basora	18.022	797.376	Basora (313.327).
Dhok	9.754	—	Dhok.
Diala	15.742	444.844	Baquba (34.575).
Kerbela	7.170	447.872	Kerbela (83.301).
Kirkuk	19.543	533.867	Kirkuk (167.413).
Maysan	17.945	354.404	Amara (64.847).
Muthanna	73.984		Semawa.
Nineveh	41.127	980.042	Mosul (243.311).
Qadissiya	9.359	556.055	Diwaniya (60.553).
Sulaimaniya	11.993	471.856	Sulaimaniya (86.822).
Thi-Qar	14.452	524.256	Nasinya (60.405).
Waset	14.814	359.723	Kut (42.116).
Totales	434.000	9.440.098	

Historia. En esta región florecieron, Nínive y Babilonia. Aquí se encontraba Ur, la ciudad más antigua del mundo, cuna del patriarca Abraham. Fue declarado Estado mandatario por la Sociedad de las Naciones (1920), y el mandato, otorgado a Gran Bretaña. En 1921, Faisal, hijo del rey de Hejaz, fue elegido soberano por los votos del pueblo, y en 1922, el Estado entabló relaciones contractuales con el R. U. En 1926 se determinó la frontera entre Irak y Turquía, y en 1930 el R. U. reconoció formalmente a Irak como Estado independiente y firmó con él un tratado de alianza que entró en vigor en 1932, cuando Irak fue admitido en la Sociedad de las Naciones. El rey Faisal falleció en 1933, y le sucedió en el trono Ghazi I, quien murió en 1939. El hijo de Ghazi fue proclamado rey con el nombre de Faisal II, bajo la regencia de su tío carnal el príncipe Abdul Illah. Irak, con otros Estados, constituyó la Liga Árabe en 1945. (V. **árabe.**) La actitud de Egipto y de Irán en sus relaciones políticas y económicas con el R. U. no dejó de repercutir en Irak, cuyo Gobierno, en 12 de octubre de 1951, pidió la revisión del tratado de 1932. No obstante esta tendencia, se firmó a principios de 1952 un nuevo acuerdo con las compañías explotadoras del petróleo. En el mes de noviembre de 1952, y con motivo de las elecciones que habían de celebrarse en diciembre, se produjeron sangrientos disturbios en Bagdad, a causa de que los partidos de la oposición deseaban que se reformase previamente la ley electoral. En el fondo, latía también la tendencia nacionalista, que aspiraba a la no renovación de la alianza con el R. U., a reducir los poderes de la Corona y a la nacionalización del petróleo, esto último a pesar del fracaso de tal política en Irán. Las elecciones se celebraron en enero de 1953 y el país entró por cauces de normalidad. El 2 de mayo siguiente cumplió la mayoría de edad y ocupó el trono el rey Faisal II. Después de romper sus relaciones con la U. R. S. S. (enero de 1955), Irak se inclinó decididamente del lado occidental, firmando con Turquía un pacto defensivo (24 de febrero), que había de ser el núcleo de lo que después se llamó Pacto de Bagdad. El 14 de julio de 1958, el general Abd ul-Karim Kassem dirigió el golpe de Estado que acabó con la vida del monarca Faisal II, del príncipe heredero, su tío Abdul Illah y del primer ministro Nuri es-Said, y proclamó la república. El nuevo régimen se mostró conciliador con Occidente y permitió mantener los envíos de petróleo a todas las naciones. El 27 de julio se promulgó una Constitución provisional, en la que se propugnó la necesidad de la reforma agraria. El R. U. y EE. UU. acabaron reconociendo al nuevo régimen. El 24 de marzo de 1959, Irak se retiró del Pacto de Bagdad. Durante el año hubo varios intentos de rebelión, sobre todo en Mosul y Kirkuk, pero fueron aplastados. Un golpe de Estado, dirigido por el coronel Aref, se hizo dueño del poder (8 de febrero de 1963); Kassem murió asesinado y el Consejo revolucionario, presidido por el coronel Abdul Karim Mustafá, nombró a Aref presidente provisional de la República El nuevo Gobierno, que fue inmediatamente reconocido por EE. UU., R. U. y la U. R. S. S. (10 de febrero), pareció dispuesto a un mayor acercamiento a Egipto, y en efecto, el 17 de abril firmó con este país y Siria un acuerdo de federación, por el cual los tres países se comprometían a reconstituir en el plazo de unos años una nueva República Árabe Unida. La rebelión de los curdos, iniciada ya en la época de Kassem, se recrudeció a la subida al poder de Aref, quien, mediante una hábil política de represión y negociación, pudo contenerla. En el mes de mayo se creó un Consejo presidencial conjunto para coordinar la política de Egipto e Irak, como primer paso hacia la unión total. Al presidente Abd ul-Salam Aref, muerto en accidente aéreo (13 de abril de 1966), le sucedió su hermano Abd el-Rahman Aref, quien a través de una entrevista con el jefe curdo Mustafá Barzani consiguió la paz en la sublevación de los curdos, que tuvo que ser re-

Iraklion–Irán

El coronel Aref (izquierda) con el general Kassem

primida por el ejército iraquí; posteriormente, ante la crisis política y la completa desintegración ideológica del país, Aref asumió también la jefatura del Gobierno, con la pretensión enérgica de realizar la unión nacional. El presidente Aref fue derribado en un golpe de Estado (17 de julio de 1968), y se nombró en su puesto a Al Bakr, primer ministro, el 31 de julio. El 1 de junio de 1972, el Consejo de la Revolución nacionalizó la Irak Petroleum Company, nacionalización que creó algunos problemas económicos al país. El 14 de julio, el presidente Hasán Bakr reformó la Constitución provisional del país, reservándose plenos poderes tanto en asuntos políticos como militares. Con respecto a los conflictos árabes-israelíes, v. **Oriente (Próximo).** El 11 de marzo de 1974 entró en vigor como ley lo que, desde hacía justamente cuatro años, era un proyecto de autonomía para la minoría curda. No obstante, tal ley fue rechazada por ellos por considerarla inadecuada, ya que esperaban conseguir mayores concesiones. Los curdos, dirigidos por el general Mullah Mustafá Barzani, se enfrentaron con las armas a las fuerzas de Bagdad, para poder presionar y conseguir su tan pretendida autonomía, pero un año más tarde se rendían sin conseguir su cometido. El Gobierno de Bagdad ofreció la amnistía para los que se rindieran antes del 1 de abril de 1975, garantías de las que desconfiaron gran parte de los guerrilleros rebeldes, que se pasaron a la nación vecina, Irán. En junio de 1978, los reyes de España visitaron oficialmente Irak. En octubre, Irak crea un mando militar conjunto con Siria, y en enero de 1979, ambos países inician negociaciones a fin de unirse en un solo Estado. El deshielo en las relaciones con Arabia Saudí, iniciado en 1977, se plasmó en 1979 con la firma de un pacto de seguridad sobre fronteras. Tras la dimisión de Hassan Al Bakr, el 16 de julio, asumió la presidencia de la República el vicepresidente del Consejo de la Revolución, Saddam Hussein. El 9 de agosto fueron ejecutados veintiún dirigentes iraquíes, entre los que figuraban cinco miembros del Consejo de la Revolución, acusados de conspirar contra el régimen de Saddam Hussein. Bagdad pasó a ocupar un puesto de primera fila en el mundo árabe con la nueva orientación política. La vieja animosidad iraquí-iraní, con diferencias de tipo religioso, social y territorial, se recrudeció a mediados de diciembre, hasta llegar a enfrentamientos armados en el suroeste de Irán, tras la aprobación de la nueva Constitución iraní, que oprimía a la rama sunita, protegida por Irak. El 11 de febrero de 1980, el presidente del Gobierno español, Adolfo Suárez, realizó una visita oficial a Bagdad, al término de la cual se mostró satisfecho de los resultados obtenidos en el plano político y, principalmente, en el económico, aumentando el contrato de compra de petróleo iraquí.

Iraklion. Geog. Candía.
Irala (Domingo Martínez de). Biog. Martínez de Irala (Domingo). ‖ Geog. Local. de Argentina, prov. de Buenos Aires, part. de Bragado; 1.112 h. ‖ Dist. de Paraguay, depart. de Alto Paraná; 2.659 h. ‖ Pobl. cap. del mismo; 457 h.
Iramain (Juan Carlos). Biog. Escultor argentino, n. en Tucumán en 1900. Obtuvo medalla de oro en la Exposición de Filadelfia (1927) y obras suyas figuran en los museos de dicha ciudad, Buenos Aires y Génova.
Irán. (De *Airizana*, tierra de los arios.) Geog. Vasta meseta de Asia que comprende Armenia, Irán, Afganistán y el Beluchistán; 2.500.000 km.². Es quebrada, dominada por elevadas cumbres y se extiende entre las llanuras del Turquestán y la depresión aralocáspica al N., la planicie del Indo al E., el golfo Pérsico al S. y la depresión de Mesopotamia al O. El clima es continental y la pluviosidad escasa. ‖ Estado monárquico del SO. de Asia.

Generalidades. Está sit. entre los 29 y 39° 45′ de lat. N. y los 44 y 63° 20′ de long. E. de Greenwich. Limita al N. con la U. R. S. S. y el mar Caspio, al E. con Afganistán y Pakistán, al S. con el mar Arábigo y el golfo Pérsico, y al O. con Irak y Turquía. Tiene una superficie de 1.648.000 km.², y la población absoluta es de 29.018.000 habitantes (35.690.000 calculados en 1979); población relativa, 17,6 por km.². Capital, Therán (4.496.159 h.).

Geografía física. El suelo está formado por dos regiones bien diferenciadas, la meseta interior y las montañas que la rodean: en el N., los montes Elburz, cuya máxima altura es el Demavand (5.673 m.), y en el SO., los montes Zagros. Los ríos interiores son poco caudalosos y no tienen salida; los que corren por el escarpe exterior son el Sefid Rud, que des. en el Caspio, y El Karum, afl. del Shatt al-Arab. La costa es seca y desolada, en la que sólo algunos oasis ponen una nota de verdor. Su perfil es poco articulado. Los accidentes litorales más notables son: la bahía de Guattar, la de Gahbar, el cabo Grask, el estrecho de Ormuz —con las islas de Qeshm, Ormuz, Larak y otras menores—, las islas de Qeys, Forur y Sheykh, y, en la zona más profunda del Pérsico, la bahía de Buscú y la isleta de Charag. La costa lacustre del Caspio, que comprende la parte meridional de éste, va desde Astara, al O., hasta la bahía de Gasan Kuli, formando un arco sin articulaciones importantes. El clima es continental desértico.

Geografía económica. Sólo aparecen los cultivos en los valles o en los oasis; el agua es el gran problema de la agricultura persa; donde existe, el terreno es fértil y da copiosos frutos. La superficie cultivada ocupa el 9,6 % del total. Uno de los principales cultivos es el de los cereales: trigo 6.000.000 de ton. en 1976; arroz, 1.500.000; cebada, 1.487.000, y maíz, 80.000. Entre las plantas industriales destacan: el algodón, 152.000 ton. de fibra y 275.000 de semilla; el lino, la remolacha azucarera, 4.800.000 ton.; el tabaco, 20.000. La zona forestal apenas ocupa el 0,4 % de la superf. La pesca es de poca importancia, salvo la del esturión en las costas del Caspio. Dentro del sector ganadero es de importancia la ganadería ovina y su gran producción de lana, utilizada para la fabricación de las famosas alfombras persas. El petróleo es la principal riqueza del país, con una producción de 285.048.000 ton. en 1977. Los principales pozos se encuentran en la zona de Maidan-j-Naftun, unidos todos ellos por un oleoducto que transporta el petróleo a la refinería de Abadán. El petróleo obtenido de los pozos de Khanagin es transportado mediante otro oleoducto a Kermanshahán. Se extrae también carbón, 1.150.000 ton.; hierro, 610.000; cinc, 66.000; cromo, 84.000; cobre, plomo, etc. La produc-

Abadán. Refinería de petróleo

ción de gas natural es de 22.126 millones de m.³ La industria ha experimentado un notable desarrollo en los últimos años, destinando algunos sectores, como el textil, gran parte de su producción a la exportación. Cuenta con plantas para producción de acero en Ispahán y Ahwaz y de aluminio en Arak. Existen numerosas plantas para la obtención de azúcar de remolacha, con una producción de 70.500 ton. en 1976. La manufactura del tabaco está ubicada en Teherán (20.269 millones de cigarrillos), donde radica también una factoría para la producción de automóviles. Entre la industria artesana gozan de fama mundial los tapices, los mantones de seda y los puñales de plata. Tiene relativa importancia también, dentro de la industria nacional, la fabricación de cemento, 3.900.000 toneladas, la de neumáticos y la de abonos. La producción de energía eléctrica en 1975 fue de 15.000 millones de kwh.

Comercio. El intercambio comercial durante el período 1975-77, en millones de riales, fue el siguiente:

Años	Importación	Exportación
1975	700.300	1.358.280
1976	905.200	1.651.400
1977	993.600	1.711.830

El petróleo es el principal artículo de la exportación, y en cantidades más pequeñas, alfombras, algodón, pieles, etc. Las importaciones son de maquinaria, hierro y acero, vehículos de motor, productos químicos y farmacéuticos, maquinaria eléctrica, etc. La unidad monetaria es el rial, cuya paridad con el dólar, en septiembre de 1977 era: 70,6 riales por 1 dólar. La red de ferrocarriles, en 1975, tenía una long. de 4.700 km. y la de carreteras, 50.000. Los aeropuertos principales están en Teherán y Abadán, esta última cuenta también con el puerto principal del país.

Geografía política. La población, muy compleja por ser un país en el que se han entremezclado numerosos pueblos, está compuesta por iranios (2/3 de la población), turco-tártaros, árabes, cíngaros, etc. Se habla el persa y gran número de dialectos. La gran mayoría de la población es musulmana de rito chiíta.

Gobierno. Abolida la monarquía constitucional hereditaria, fue proclamada la República Islámica, mediante referéndum, el 30 de marzo de 1979. La nueva Constitución, aprobada el 3 de diciembre del mismo año, concede al ayatollah

Artesano del cobre, en Ispahán

Irán

Jomeini el poder omnímodo de por vida. Banisadr fue elegido presidente de la República en enero de 1980.

División territorial. Administrativamente, el país está dividido en nueve gobiernos y catorce provincias, como indica el cuadro siguiente:

Nombres	Superficie Km.²	Población Habitantes	Capitales y su población
Gobiernos			
Bakhtiyari y Chaharmahal	15.000	359.000	Shahr-e-Kord (16.000 h.).
Boyer Ahmad-e-Kohkiluyeh	14.000	175.000	Yasuj.
Busher	28.000	700.000	Busher (45.000).
Hamadán	20.000	937.000	Hamadán (155.848).
Ilam	18.000	167.000	Ilam (8.000).
Lorestán	31.000	775.000	Jorramabad (59.578).
Semnán	80.000	213.000	Semnán (31.058).
Yazd	57.000	304.000	Yazd (135.978).
Zanjan	22.000	499.000	Zanjan (58.714).
Provincias			
Azerbaiyán Occidental	44.000	1.214.000	Rizaiyeh (163.991).
Azerbaiyán Oriental	67.000	2.838.000	Tabriz (598.576).
Beluchistán-Sistan	182.000	443.000	Zahedan (39.732).
Central	92.000	5.865.000	Teherán (4.496.159).
Costa e Islas Meridionales	67.000	633.000	Bandar-Abbas (34.627).
Curdistán	25.000	682.000	Sanandaj (54.578).
Fars	133.000	1.617.000	Shiraz (414.408).
Gilan	15.000	1.459.000	Resht (187.203).
Ispahán	95.000	1.750.000	Ispahán (671.825).
Jorasán	313.000	2.669.000	Meshed (670.180).
Juzistán	65.000	1.901.000	Ahwaz (329.006).
Kerman	193.000	824.000	Kerman (140.309).
Kermanshahán	25.000	917.000	Kermanshahán (187.930).
Mazandaran	47.000	2.077.000	Sari (44.547).
Totales	1.648.000	29.018.000	

Capital. La capital es Teherán; 4.496.159 h.

Arte. Irán estuvo influido en su arte por Egipto, Mesopotamia y Grecia, aunque esto no significa ausencia de originalidad, pues asimiló la cultura de estos pueblos dándole personalidad propia. En el período prehistórico y protohistórico (h. 5.000 a. C.) reviste importancia la cerámica, con decoración animalística; hacia el 2.º milenario aparecen ya estatuillas de divinidades, muy estilizadas. Las excavaciones de Luristán han mostrado la existencia, hacia fines del 2.º milenario y principios del siguiente, de una cultura megalítica muy interesante, con objetos de bronce y armas. Dos períodos principales hay que distinguir en el arte persa, el aqueménida (hasta el s. III a. C.) y el sasánida (hasta 640). En el primero reviste singular importancia la arquitectura, particularmente en la construcción de palacios. Las columnas eran de fuste muy alto y basa en forma de campana invertida; el fuste tenía en su parte superior unas volutas, influencia jónica, antes de llegar al capitel propiamente dicho, formado por 2 toros sedentes, unidos por las grupas, y sobre cuyos lomos y entre los cuernos descansaban las vigas. La portada refleja la influencia egipcia, en la forma de la moldura que remata la parte superior de la entrada, y asiria, en los toros alados que ornamentan los flancos de la puerta. Las tumbas que comúnmente construyeron los persas eran parecidas a los hipogeos egipcios; el ejemplo más característico es la de Darío en Nasth-i-Rustem, cerca de Persépolis. La tumba de Ciro es de otro tipo y revela clara influencia griega. Las artes figurativas están muy influidas por Asiria. Lo más representativo son los relieves de palacios y tumbas. En la época sasánida se generaliza en las construcciones el empleo de nuevos procedimientos técnicos, como la bóveda y la cúpula sobre trompas. La estructura de los palacios solía estar organizada alrededor de una estancia o patio central, con las habitaciones a los lados. Esto influyó en la arquitectura romana. De este período son también una serie de piezas de orfebrería adornadas con gran variedad de símbolos y con escenas de caza y guerra. En cuanto a los tejidos, son de notar su riqueza decorativa, con los típicos motivos vegetales y animalísticos, y sus características formas circulares, notas que perduraron e influyeron en el arte de los conquistadores árabes.

Historia. *Prehistoria y protohistoria.* En el suelo de la antigua Persia se desarrollaron desde aproximadamente el quinto milenio a. C., primitivas culturas cuyos descubrimientos se ven de día en día enriquecidos por nuevos hallazgos. Se puede, en rasgos generalísimos, describir esas culturas como de tipo agricultor y matriarcal. Los persas eran un pueblo indoeuropeo; procedían de las regiones del S. de Rusia y Asia central, de Ariana, así como los medos, que les acompañaron en la invasión, de las mesetas situadas entre el mar Caspio y el golfo Pérsico, y al comenzar el segundo milenio a. C., y probablemente sin apenas violencia, llegaron imponiéndose a los autóctonos por su cultura y dotes políticas.

Persia antigua. Son los medos (v. **Media**) quienes en el siglo VII gozan de la hegemonía en Irán, después de independizarse de los asirios, que habían logrado dominarles, engrandecidos por Deyoces fundador de Ecbatana, la actual Hamadán. Fraortes, hijo de Deyoces, sometió a los persas a partir de 650 a. C., pero es Ciajares el rey medo que más prosperó, aunque por poco tiempo, pues su tímido hijo Astiages no hizo nada en pro de su reino; se dice incluso que quiso dar muerte a su nieto Ciro, quien sin embargo fue salvado y destronó a su abuelo, consecuencia de la victoria que sobre él obtuvo en Pasargadas en 546; desde entonces quedaron los medos incorporados a Persia, y sólo de ésta se habla en lo sucesivo. Las campañas de Ciro fueron célebres; sus conquistas hicieron grande el nombre de Persia, al par que inauguró un nuevo estilo de dominio procurando, lejos de avasallar a los vencidos, atráerselos respetando todas sus costumbres, religión e instituciones. Sus victorias numerosas le hicieron dueño de Lidia, derrotando a Creso, de Babilonia, el imperio caldeo, con Siria y Palestina, y de todo Irán. Su hijo Cambises conquistó Egipto. El monarca siguiente representa el máximo esplendor del imperio persa. Darío I (521-486) organizó a la perfección cada ensamblaje de la estructura político-administrativa de sus dominios, dividió sus extensos territorios en veinte satrapías o provincias y ensanchó asimismo las fronteras del imperio, reuniendo a su corona Egipto, el Punjab, la cuenca del Indo y parte de Escitia. Se vio, sin embargo, derrotado el gran rey en Maratón (490 a. C.), en la primera Guerra Médica, principio de la decadencia persa que habría de culminar en las conquistas de Alejandro Magno. No obstante, aún se mantuvo en pie el imperio aqueménida, y destacaron reyes ilustres como Jerjes y Artajerjes II. El imperio persa fue atacado desde el 334 a. C. por Alejandro Magno, que derrotó a Darío III en las batallas del Gránico (334), Iso (333) y Arbelas (331), destruyendo por completo la hegemonía persa. A la muerte de Alejandro surgieron las rivalidades entre sus generales, que se disputaban el imperio. Persia pasó bien pronto a manos de Seleuco y sus descendientes los seléucidas. Después, los arsácidas dominaron en Persia desde 247 a 224 a. C. El imperio sasánida quiso restaurar el esplendor aqueménida. Sus monarcas mantuvieron, en lucha contra Roma, la independencia persa, con numerosos éxitos, llegando Sapor I a apresar (260) al emperador Valeriano, que murió en el cautiverio, y no sucumbieron sino ante la invasión árabe en el s. VIII.

Persia musulmana. El año 640 eran ya los árabes dueños de todo Irán. Durante ciento cincuenta años fue gobernada desde Medina o desde Bagdad por enviados de los califas mahometanos. Después del fallecimiento de Harún al Raschid (809), hubo rebeliones contra Bagdad; posteriormente, las Cruzadas también favorecieron las rebeliones internas en Persia; y así, en 1194, los turcos iranizados del NE. del país ayudados por los mongoles derrocaron a los selyúcidas, que también fueron arrinconados en Asia Menor por los ayubidas. En el s. XIII Persia fue ocupada por Gengis-Kan y sus mongoles, que llegaron a destronar, en 1258, al califa de Bagdad; fueron, no obstante, detenidos en su avance por los sultanes mamelucos egipcios. Al final de este siglo los mongoles de Persia se convirtieron al aislamismo. En 1360, sin embargo, co-

Sepulcro de Darío I, grabado antiguo

menzó la acción devastadora de Tamerlán, a cuya muerte, sin embargo, sólo continuó el predominio mongol en el centro y N. del país. Desde 1502 fue gobernada por los sefévidas, apoyados por la secta chiíta; el reinado más importante fue el de Abbas *el Grande* (1587-1629), que obtuvo numerosas victorias sobre los otomanos y fomentó las artes. Se desvanece la dinastía y sucumbe ante los afganos, a principio del s. XVIII.

Persia en los siglos XVIII-XX. El poderío afgano, a quien ayudaban en todo los turcos, fue destrozado por un simple jefe de tribu, Nadir, que se proclamó sah en 1736, después de destronar a Abbas III. En seguida se ocupó de recuperar para Persia sus antiguos territorios. Sus conquistas no fueron mantenidas por sus sucesores. En el año 1786, Aga Muhammad inició la dinastía de los kayares, que perduró hasta principios de nuestro siglo. Se proclamó en Teherán, capital en lo sucesivo, y sus conquistas tuvieron éxito. Asesinado en 1797, se disputaron en adelante Rusia e Inglaterra la hegemonía en Persia, llenando los últimos dos siglos toda la historia persa del XIX, y culminando con motivo del descubrimiento de los yacimientos petrolíferos en 1901. La penetración extranjera hizo que el nacionalismo de muchos estallara en la revolución de Teherán (1906). El problema cristalizó en el acuerdo anglo-ruso de 1907. por el que se delimitaban las zonas de influencias en Persia de ambas potencias. En 1925 disolvió el Parlamento y se proclamó sah con plenos poderes un militar, Mirza Reza Pahlevi, quien acentuó el nacionalismo al par que abría también el país a las influencias occidentales. Dispuso que el nombre de la nación fuese en lo sucesivo *Irán*. En concreto, el sah se preocupó de asegurar a su país una mejora e independencia de beneficios en las explotaciones de petróleo, principalmente de ingresos de Irán frente a las compañías extranjeras. En 1941 abdicó en su hijo Muhammad Reza Pahlevi. Después de la S. G. M. la tendencia nacionalista estalló de nuevo frente a las injerencias de las grandes potencias y se centró en el problema de la nacionalización del petróleo; el problema era significativo, pues en el fondo se planteaba la pugna entre la U. R. S. S. y los occidentales por el dominio de tan importante fuente de riqueza. Ante el embargo de la compañía petrolífera Anglo Iranian por parte de Irán, el R. U. rompió sus relaciones en octubre de 1952. Por fin, el 3 de agosto de 1954 se acordó la nacionalización del petróleo; se creó para la explotación y venta un consorcio de ocho compañías, con la participación para la Anglo del 40 %, y el abono a ésta de 25 millones de libras esterlinas como compensación por sus instalaciones. Siguiendo la misma línea política que con el petróleo, se nacionalizaron también las pesquerías del Caspio, que explotaban los rusos desde 1893. Irán se incorporó de lleno a la política occidental con su adhesión al Pacto de Bagdad (1955). En 1959, Irán firmó un pacto con EE. UU., por el que

El sah revista las tropas que le rindieron honores a su vuelta de Roma, tras el derrocamiento de Mussadeq

éstos se comprometieron a garantizarle contra cualquier agresión. Por razones económicas, Irán reconoció a Israel, lo cual motivó la ruptura con la R. A. U. (27 de julio de 1960) y los reproches de todo el mundo árabe. El 31 de octubre le nació al sah un heredero, fruto de su matrimonio con la emperatriz Farah Diba, al que se pusieron los nombres de Reza Ciro. Para paliar los graves problemas sociales que el país tenía planteados, se promulgó la ley de Reforma agraria (15 de enero de 1962). El sah, que ya había iniciado una verdadera reforma agraria con el reparto entre los campesinos de la mayor parte de sus tierras, sometió a referéndum una serie de medidas radicales que, de ser llevadas a la práctica, supondrían la liquidación del régimen feudal en Irán y la incorporación del país a un sistema de vida moderno (26 de enero de 1963). Muhammad Reza Pahlevi se coronó como sah de Persia el 26 de octubre de 1967 e inmediatamente coronó a su esposa Farah Diba, siendo la primera mujer coronada como emperatriz de Persia en los últimos dos mil quinientos años de la historia de Irán. En junio de 1977 comienzan a producirse en el país peticiones de que abandone el trono el sah Reza Pahlevi. En agosto de 1978, el sah nombra nuevo Gobierno y primer ministro a Charif Emami, chiíta practicante, a fin de calmar la revuelta religiosa que contra su régimen se extendía por el país. En noviembre, el sah, en peligro de ser arrollado, puso el Gobierno en manos de los militares, y dos meses más tarde abandonó el país. El 1 de febrero de 1979 llega a Teherán el ayatollah Ruhollah Jomeini, líder de la oposición religiosa chiíta, que es acogido por más de dos millones de fervientes partidarios. El día 12 del mismo mes, Jomeini declara formalmente la República Islámica de Irán, aprobada en referéndum nacional, por abrumadora mayoría, en abril del mismo año. La inestabilidad política interior condicionó irreversiblemente la política exterior de la República Islámica, que tiene en el petróleo su principal arma. La suspensión de exportaciones de crudo y la reducción posterior de su producción provocó el incremento de los precios en el mercado internacional. Por otra parte, en los países occidentales se levantaron grandes protestas por la continuación de los juicios sumarios y ejecuciones de altos cargos del antiguo régimen. El 4 de noviembre, los estudiantes islámicos ocuparon la Embajada de EE. UU. en Teherán, reteniendo como rehenes a unos setenta ciudadanos estadounidenses, con la amenaza de muerte si EE. UU. no les entregaba al sah, hospitalizado en el Cornell Medical Center, de Nueva York, desde el 22 de octubre. También fue ocupada la Embajada británica en la capital iraní, pero sería desalojada a las pocas horas. Jomeini aceptó la dimisión del pleno del Gabinete de Mehdi Bazargan y encargó del Gobierno al Consejo de la Revolución (6 de noviembre). Carter suspendió la importación de petróleo iraní, y la crisis, en una tensión sin salida, pese a los reiterados intentos de negociación, entró en una fase de guerra económica. Cerradas las puertas de Méjico al exilio del sah, tuvo que instalarse en Panamá, el 15 de diciembre. Jomeini logró institucionalizar su poder omnímodo con la aprobación del referéndum constitucional, chocando con disidencias internas entre moderados y radicales, incluso en las más firmes filas jomeinistas. Las elecciones presidenciales, celebradas el 25 de enero de 1980, dieron el triunfo a Abdul Hassan Banisadr, esperanza de los moderados islámicos, quien desde el primer momento se mostró optimista en la solución al problema de los cincuenta rehenes estadounidenses que aún permanecían retenidos en la Embajada. La aceptación iraní a una comisión internacional, bajo el patrocinio de la O.N.U., para investigar sobre los actos de corrupción y crímenes políticos imputados a Muhammad Reza Pahlevi, parece la solución más viable en la negociación; si bien, las últimas manifestaciones de Jomeini, condicionan la liberación de los rehenes a la extradición del sah y a la entrega de todos sus bienes.

iraní. adj. Natural del Irán moderno, o perteneciente a este Estado. Ú. t. c. s.

iranio, nia. fr., *iranien*; it., *iranio*; i., *iranian*; a., *iranier*. adj. Natural del Irán antiguo o perteneciente a dicho país. Ú. t. c. s. ‖ **Etnog.** Dícese de un pueblo que hablaba una rama importante del indoeuropeo, a la que pertenecen el persa, curdo, etc., y habitaba en la meseta de Irán, Afganistán y Beluchistán. Apl. a pers., ú. t. c. s. ‖ Perteneciente o relativo a este pueblo.

Irañeta. Geog. Mun. y villa de España, prov. de Navarra, p. j. de Pamplona; 159 h.

Iraola. Geog. Local. de Argentina, prov. de Buenos Aires, part. de Tandil; 707 h.

Irapa. Geog. Mun. de Venezuela, est. de Sucre, dist. de Mariño; 10.583 h. ‖ Pobl. de Venezuela, cap. del dist. de Mariño y del mun. de su nombre; 4.470 h.

Irapuato. Geog. Mun. de Méjico, est. de Guanajuato; 174.728 h. ‖ C. cap. del mismo; 116.651 h. Centro de comunicaciones e industrial.

Iraq. Geog. **Irak.**

iraquí. adj. Natural de Irak, o perteneciente a este país. Ú. t. c. s.

irará. m. Zool. Mamífero carnívoro de la familia de los mustélidos. Es como una marta grande, de unos 60 cm. de long. con el tronco flexible y las patas cortas, su pelaje denso y de color pardo obscuro. Vive desde Méjico hasta Argentina, y se alimenta de ratones, agutíes, pájaros y miel (*galera bárbara*).

irarse. (De *ira.*) prnl. ant. Irritarse, airarse.

irascencia. (Del lat. *irascentĭa.*) f. ant. Ira, iracundia, enojo.

irascibilidad. fr., *irascibilité*; it., *irascibilità*; i., *irascibility*; a., *Jähzorn*. f. Calidad de irascible.

irascible. (Del lat. *irascibĭlis.*) adj. Propenso a irritarse.

irasco. (Quizá del lat. *hircus*, contaminado, con el suf. *asco.*) m. Al., Ar. y Nav. **macho cabrío.**

Irawadi o **Irrawaddy.** Geog. Río de Birmania. Se forma de la confluencia del Malikha y el Nmaikha, al SE. del Tíbet; 2.011 km. Forma una gran zona deltaica de 46.000 km.². ‖ División de Birmania, regada por el río de su nombre; 35.167 km.² y 4.264.000 h. Cap., Bassein.

Iray. Geog. Dist. de Perú, depart. de Arequipa, prov. de Condesuyos; 1.272 h. ‖ Pueblo cap. del mismo; 148 h.

Irazú. Geog. Volcán de Costa Rica, al N. de Cartago, punto culminante de la cordillera central. Tiene tres cráteres; el más elevado alcanza 3.432 m. de alt.

Irazusta. Geog. Local. de Argentina, prov. de Entre Ríos, depart. de Gualeguaychú; 773 h.

Irbid. Geog. Dist. de Jordania; 3.402 km.² y 343.000 h. ‖ C. cap. del mismo; 49.401 h. ‖ **Arbil.**

irbis. m. Zool. Mamífero carnívoro de la familia de los félidos, subfamilia de los panterinos. Se le llama también *pantera* o *leopardo de las nieves*; mide 1,30 m. de long. más 90 cm. de cola, y 60 cm. de altura; el pelaje, de color gris-amarillento, con manchas negras, es más espeso y largo que el del leopardo. Vive en las zonas altas y frías del Himalaya y del Tíbet (*panthera uncia*).

irenarca. (Del lat. *irenarcha*, y éste del gr. *eirenárches*; de *eiréne*, paz, y *árcho*, gobernar). m. Entre los romanos, magistrado destinado a cuidar de la quietud y tranquilidad del pueblo.

Irene. Biog. Emperatriz de Constantinopla, n. en Atenas y m. en Lesbos (752-803). Contrajo matrimonio con León, hijo de Constantino, quien luego ocupó el trono con el nombre de León IV. Ejerció la regencia a la muerte de su esposo y, destronada por Nicéforo, murió desterrada. ‖ **Geog.** Local. de Argentina, prov. de Buenos Aires, partido de Coronel Dorrego; 627 habitantes.

Ireneo Portela. Geog. Local. de Argentina, prov. de Buenos Aires, part. de Baradero; 592 h.

Irgum Zuai Leumi. (expr. del hebr. mod., que sign. *Organización Militar Nacional*.) **Polít.** Organización terrorista judía que pretendía la creación del Estado judío de Palestina. Fundada en 1935, se integró en el ejército israelí en 1948.

Iria Flavia. Geog. hist. C. antigua de España, cap. del país de los caporos. Estuvo situada en Galicia, en las inmediaciones de la actual Padrón. Según la tradición, a Iria arribó la barca con el cuerpo de Santiago Apóstol.

Irian Barat (*Irian Occidental*). **Geog.** Parte occidental de la isla de Nueva Guinea, antes colonia holandesa y desde el 1 de mayo de 1963 provincia de Indonesia; 412.781 km.² y 923.000 habitantes. Cap., Yajapura.

iri-apustu. (expr. vasc.) **Dep.** y **Folk.** idiapostu.

Iriarte (Ignacio). **Biog.** Pintor español, n. en Azcoitia, Guipúzcoa, y m. en Sevilla (1620-1685). Discípulo de Herrera *el Viejo*. Uno de los fundadores de la Academia sevillana y su primer secretario. Existen lienzos de este pintor

Paisaje con un torrente, por Ignacio Iriarte. Museo del Prado. Madrid

en los Muesos del Prado, Louvre y Leningrado. ‖ **(Juan de).** Escritor español, n. en Puerto de la Cruz y m. en Madrid (1702-1771). Bibliotecario de la Biblioteca Real, eminente lingüista y gran bibliógrafo, fue uno de los hombres más eruditos de su tiempo. Escribió gran número de artículos periodísticos y poesías, una *Gramática latina*, una *Paleografía griega*, etc. ‖ **(Tomás de).** Poeta, fabulista, erudito y autor dramático español, n. en La Orotava y m. en Madrid (1750-1791). Conocedor del latín, griego y francés, así como de la literatura castellana, luchó contra el mal gusto literario de su época. Dirigió el periódico llamado *Mercurio Histórico Político*, al que imprimió personalidad nueva; tradujo el *Arte poética* y la *Epístola a los Pisones*, de Horacio; escribió el poema didáctico titulado *La Música*, y el opúsculo *Los literatos en Cuaresma*. Su producción más famosa y meritoria son las *Fábulas literarias* (1782). ‖ **Geog.** Local. de Argentina, prov. de Buenos Aires, part. de General Pinto; 719 h.

Iribarren (Juan Guillermo). **Biog.** Militar venezolano, n. en Barquisimeto (1794-1827). Fue de los primeros en sumarse a la causa de la Independencia, y, debido a su valor, Bolívar, a quien siempre acompañó, le confirió el grado de comandante. **Geog.** Dist. de Venezuela, est. de Lara; 366.120 h. Cap., Barquisimeto.

iribú. (Del guar. *urubú*, pájaro negro.) m. **Zool. zopilote.** ‖ fam. *Arg.* **aura,** ave de rapiña.

irid-, irido-. (Del m. or. que *iris*.) pref. que sign. iris.

iridáceo, a. (De *íride* o *iris*, nombre de un género de plantas, y *-áceo*.) adj. **Bot.** Dícese de hierbas angiospermas monocotiledóneas, del orden y filo de las liliflorales, herbáceas, con rizomas, tubérculos o bulbos, hojas alternas, sentadas, enteras y rectinervias; flores actinomorfas o cigomorfas con el perianto formado por dos verticilos de aspecto de corola; fruto en cápsula y semillas con albumen córneo o carnoso; como el lirio cárdeno, el lirio hediondo y el azafrán. Ú. t. c. s. f. ‖ f. pl. Familia de estas plantas que comprenden 1.500 especies en 60 géneros, de los cuales son los más importantes el *iris* y el *gladíolus*.

íride. (Del lat. *iris, -idis*, iris, a causa del color azul violado de las flores de esta planta.) f. **Bot. lirio hediondo.**

iríedo, a. (Del lat. *iris, -idis*, lirio.) adj. **Bot.** Perteneciente al género íride.

iridio. fr., *iride;* it., *iridio;* i., *iridium;* a., *Iridium*. (Del lat. *iris, -idis*, y éste del gr. *iris*, iris.) m. **Quím.** Metal blanco amarillento, quebradizo, difícilmente fusible y casi tan pesado como el oro; símbolo, Ir; peso atómico, 193,1, y núm. 77 de la serie atómica. Se halla en la naturaleza juntamente con el platino, rutenio y osmio. Se obtiene a partir de los residuos del platino. Se emplea para construir crisoles, cátodos y anticátodos en los tubos de rayos X, y aleado con el platino aumenta la resistencia de éste a la acción de los agentes químicos. Fue descubierto en 1803 por Tennant.

iridiscente. fr. e i., *iridescent;* it., *iridescente;* a., *irisierend*. (Del lat. *iris, -idis*, iris.) adj. Que muestra o refleja los colores del iris.

irido-. pref. V. **irid-.**

iriense. adj. Natural de Iria Flavia, o perteneciente a esta antigua c. de España. Ú. t. c. s.

Irigoyen. (Bernardo de). **Biog.** Político argentino, n. y m. en Buenos Aires (1822-1906). Toda su vida la pasó al servicio del Estado, llegando a ejercer gran influencia en los destinos de su país, cuyos Ministerios de Hacienda y Relaciones Exteriores desempeñó. Fue candidato a la presidencia, y en 1899 representó a Argentina en la cuestión de límites con Chile. ‖ **(Hipólito). Yrigoyen (Hipólito).** ‖ **Geog.** Pobl. de Argentina, provincia de Santa Fe, depart. de San Jerónimo; 1.236 h.

Irijo. Geog. Mun. de España, prov. de Orense, p. j. de Carballino; 4.105 h. ‖ Lugar cap. del mismo; 171 h.

Irijoa. Geog. Mun. de España, prov. de La Coruña, p. j. de Betanzos; 2.406 h. Corr. 71 a la cap., el lugar de Pazo de Irijoa.

Irimbo. Geog. Mun. de Méjico, est. de Michoacán de Ocampo; 6.490 h. ‖ Pueblo cap. del mismo; 1.388 h.

Iringa. Geog. Región de Tanzania, en Tanganyika; 58.923 km.² y 802.000 h. ‖ C. cap. de la misma; 21.946 h.

Iriona. Geog. Mun. de Honduras, depart. de Colón; 4.615 h. ‖ Pobl. cap. del mismo; 89 habitantes.

Iriondo. Geog. Depart. de Argentina, prov. de Santa Fe; 3.184 km.² y 55.395 h. Cap., Cañada de Gómez. ‖ Pobl. de Argentina, prov. de Santa Fe, depart. de la Capital; 700 h.

irire. m. *Bol.* Calabaza de forma ovoide en que se toma chicha.

irirear. intr. *Bol.* Tomar chicha en irire.

Lirios (flores del género iris)

iris. fr., *iris, arc-en-ciel;* it., *iride, arco baleno;* i., *rainbow;* a., *Regenbogen*. (Del lat. *iris*, y éste del gr. *iris*.) Gén. de plantas, llamadas vulgarmente lirios, de la familia de las iridáceas (v.). ‖ Gén. de insectos dictiópteros, de la familia de los mántidos (v.). ‖ m. Arco de colores que a veces se forma en las nubes cuando el Sol, a espaldas del espectador, refracta y refleja su luz a través de las gotas de lluvia. También se observa este arco en las cascadas y pulverizaciones de agua bañadas por el sol en determinadas posiciones. ‖ **Anat.** Parte coloreada de la coroides del ojo detrás de la córnea y que en medio tiene la abertura contráctil, llamada pupila, delante del cristalino. Está formada de fibras musculares circulares que rodean la pupila (esfínter de la pupila), de fibras radiadas (dilatador de la pupila) y de una capa posterior de pigmento. Su color depende de la cantidad de melanina que contiene, abundante cuando es negro o castaño obscuro, y escasa si es gris, azul o verde. ‖ **Miner.** ópalo noble. ‖ **de paz.** Sociol. fig. Persona que logra apaciguar graves discordias. ‖ fig. Acontecimiento que influye para la terminación de algún disturbio.

Iris. (De *Iris*, mensajera de Juno.) **Astron.** Asteroide descubierto por Hind en 1847. Dista del Sol 495 millones de km. y tarda en su revolución 1.335 días. ‖ Región lunar en que las tierras altas y brillantes dibujan una bahía sobre la llanura obscura del Mar de las Lluvias. Se llama también *Bahía del Arco Iris*. ‖ **(Esperanza). Biog. Bonfiel (Esperanza).**

irisación. (De *iris*.) f. Acción y efecto de irisar. ‖ pl. Vislumbre que se produce en las láminas delgadas de los metales cuando, estando candentes, se pasan por el agua.

irisar. fr., *iriser;* it., *iridare;* i., *to iridise;* a., *irisieren.* (De *iris.*) intr. Presentar un cuerpo fajas variadas o reflejos de luz, con todos los colores del arco iris o algunos de ellos.

Irisarri (Antonio José de). Biog. Escritor y político guatemalteco, n. en Ciudad de Guatemala y m. en Brooklyn (1786-1868). Tomó parte en la lucha colonial en su patria y en Chile, donde llegó a ocupar fugazmente la jefatura (1814), y lograda la independencia, fue ministro del Interior y de Relaciones Exteriores. Vuelto a su patria ocupó el Ministerio de Guerra. Fundó revistas y periódicos, entre ellos *El Censor Americano.* Obras: *El cristiano errante* (novela autobiográfica), *Historia crítica del asesinato del Gran Mariscal de Ayacucho, Cuestiones de filosofía* y *Poesías satíricas.*

iritis. f. Pat. Inflamación del iris del ojo.

Irivill. Geog. Local. de Argentina, prov. de Córdoba, depart. de Marcos Juárez; 3.408 h.

Irkutsk. Geog. Prov. de la U. R. R. S., en la R. F. S. S. R., al N. de Mongolia; 767.900 km.^{2} y 2.313.410 h. ∥ C. cap. de la misma, a orillas del río Tunguska; 450.941 h. Centro industrial.

irlanda. (De *Irlanda,* isla de donde proceden estas telas.) f. Cierto tejido de lana y algodón. ∥ Cierta tela fina de lino.

Irlanda. Geog. Isla del océano Atlántico; 84.426 km.^{2} y 4.349.752 h. Políticamente se divide en Irlanda del Norte, perteneciente al R. U., y la República de Irlanda. ∥ **(República de).** Estado nordoccidental de Europa, en la isla de su nombre.

GENERALIDADES

Situación y límites. Está sit. entre los 51° 26′ y los 55° 5′ de lat. N. y los 6° y 10° 30′ de long. O. del meridiano de Greenwich. Limita al N. con el Ulster o Irlanda del Norte y el océano Atlántico, al E. con el mar de Irlanda y el canal de San Jorge, y al S. y O. con el océano Atlántico. Tiene una superf. de 68.870 km.^{2} (con las aguas internas, 70.280 km.^{2}) y una pobl. de 2.971.230 h. (3.277.400 calculados en 1979); pobl. relativa, 42,2 h. por km.^{2} Cap., Dublin (566.034 h.).

Geografía física. Irlanda es un bloque de rocas antiguas pertenecientes a los sistemas caledoniano y herciniano que han sufrido una erosión intensa y prolongada. El interior de la isla se ha convertido en una llanura cuyos bordes no exceden de 100 m. de alt. y cuyo centro está a unos 150 m. En los cuatro ángulos han subsistido pequeños macizos dominados por cimas redondeadas de granito y de cuarzo. El litoral es muy recortado, sobre todo en la costa occidental: profundos golfos, semejantes a rías que a fiordos, se abren entre largas penínsulas y ofrecen excelentes abrigos a la navegación. El más importante de los ríos es el Shannon, que riega la llanura central, y no es otra cosa que un rosario de lagos y marismas separados por zócalos rocosos que provocan la formación de rápidos. Otros ríos dignos de citarse son: el Slaney, el Liffey, el Lagan, el Bann, el Foyle y el Erne. Los lagos son numerosos, siendo los más importantes el Erne, el Shannon y los de Killarney. El clima es extremadamente húmedo.

Geografía económica. Los terrenos cultivados ocupan 1.044.000 hect., y los principales productos agrícolas son (1976): trigo, 216.000 ton.; cebada, 973.000; avena, 123.000; patata, 1.178.000, y remolacha azucarera, 1.473.000. La ganadería es de gran importancia económica, y el principal factor de la exportación. La cabaña ganadera era, en 1976: bovino, 6.688.000 cabezas; ovino, 3.900.000; suino, 1.000.000, y más de diez millones de aves de corral. La producción de carne fue de 4.980.000 ton., y la de leche, 4.550.000 ton. La pesca está poco desarrollada, y el sector minero apenas tiene importancia. Se extrae: carbón, 48.000 ton.; plomo, 36.600; cinc, 66.700, y cobre, 9.800. Con base

Paisaje costero del condado de Galway

Irlanda

en los productos ganaderos existe una floreciente industria alimenticia. La industria más famosa es la de cerveza, con una producción, en 1974, de 5.050.000 hl. Otras actividades industriales de relativa importancia son la fabricación de abonos fosfatados, calzados, elaboración del tabaco, cemento (1.572.000 ton. en 1976), etc. La producción de energía eléctrica (1975) fue de 7.730 millones de kwh. El valor del intercambio de mercancías, durante el período 1975-77, en millones de libras esterlinas, fue el siguiente:

Años	Importación	Exportación
1975	1.704,1	1.447,4
1976	2.335,8	1.857,9
1977	3.082,0	2.514,7

Productos principales de la exportación son los derivados del sector pecuario. La unidad monetaria es la libra esterlina, cuya paridad con el dólar, en septiembre de 1977 era: 0,402 libras por 1 dólar.

Geografía política. Lor irlandeses son de raza céltica. La lengua nacional es el irlandés; y la lengua oficial el inglés, hablado por la mayoría de la población. La población pertenece, principalmente, a la religión católica.

Gobierno. República parlamentaria basada en la Constitución de 1937 y modificada en 1949. El poder ejecutivo lo ejerce el presidente, elegido por sufragio popular para un período de siete años. El poder legislativo concierne al Parlamento, que se compone de dos cuerpos: Cámara de Representantes (*Dáil Éireann*), compuesta de 148 miembros elegidos por sufragio universal cada cuatro años, y Senado (*Seanad Éireann*), formado por 60 miembros.

División territorial. A continuación se inserta el cuadro de la división administrativa:

Condados	Superficie Km.²	Población Habitantes	Capitales y su población
Provincia de Gonnacht			
Galway	5.937	148.220	Galway (26.896 h.).
Leitrim	1.525	28.313	Carrick-on-Shannon (1.636).
Mayo	5.395	109.497	Castlebar (5.970).
Roscommon	2.462	53.497	Roscommon (1.659).
Sligo	1.797	50.236	Sligo (14.071).
Totales	17.116	389.763	
Provincia de Leinster			
Carlow	896	34.025	Carlow (9.384).
Dublín	922	849.542	Bublín (566.034).
Kildare	1.693	71.522	Naas (5.078).
Kilkenny	2.061	61.811	Kilkenny (10.292).
Laois	1.719	45.349	Port Laoise (3.434).
Longford	1.043	28.227	Longford (3.454).
Louth	821	74.899	Dundalk (21.718).
Meath	2.338	71.616	Trim (1.467).
Offaly	1.996	51.834	Tullamore (6.810).
Westmeath	1.763	53.557	Mullingar (6.471).
Wexford	2.351	85.892	Wexford (11.744).
Wicklow	2.025	66.270	Wicklow (3.340).
Totales	19.628	1.494.544	
Provincia de Munster			
Clare	3.187	74.844	Ennis (5.934).
Cork	7.456	351.735	Cork (128.235).
Kerry	4.699	112.941	Tralee (12.227).
Limerick	2.685	140.370	Limerick (57.137).
Tipperary	4.254	123.196	Clonmel (11.031).
Waterford	1.838	76.932	Waterford (31.695).
Totales	24.119	880.018	
Provincia de Ulster			
Cavan	1.890	52.674	Cavan (3.244).
Donegal	4.828	108.000	Lifford (925).
Monaghan	1.289	46.231	Monaghan (5.255).
Totales	8.007	206.905	
Totales generales	68.870	2.971.230	

Historia. Los primeros pobladores de Irlanda fueron los celtas, y apenas si la conocieron los romanos. San Patricio la convirtió al cristianismo en 431, y en aquella época recibió la isla el nombre de *Isla de los Santos*. Se fundaron en ella muchos conventos, de donde salieron numerosos misioneros que predicaron el cristianismo en Germania. En virtud de una bula promulgada por el papa Adriano IV en 1155, el monarca inglés se proclamó soberano de Irlanda, pero los ingleses no pudieron apoderarse sino de la parte E. en 1171. En el s. XIV, con el apoyo de los escoceses; en el XVI, durante el reinado de Isabel, con el auxilio de los españoles; en el XVII, valiéndose de las guerras subsiguientes a la revolución de Inglaterra en tiempo de Carlos I y Jacobo II, y en el s. XVIII, durante las guerras de la Revolución francesa, los irlandeses trataron tenazmente de independizarse, pero fueron siempre vencidos. En 1880, y por el *Acta de Unión*, fue incorporada al R. U., pero continuó protestando, particularmente, bajo la dirección del gran político O'Connell, y los patriotas irlandeses de la sociedad secreta de los *fenianos* desplegaron siempre una actividad grandísima contra el R. U. Poco antes de comenzar la P. G. M., el Gobierno inglés parecía dispuesto a conceder el *home rule* o autonomía, pero proseguía el armamento de tropas voluntarias en el Ulster. Los fenianos (*o sinn fein*) comenzaron a organizar la revolución para lograr la independencia absoluta. Paralelamente con el desarrollo de la guerra europea, en la que los irlandeses lucharon con su denuedo característico en favor de los aliados, se fueron acentuando las diferencias contra el R. U., y tras varias revueltas, que originaron represalias por parte del Gobierno inglés, en agosto de 1921 se llegó a un arreglo entre los representantes de la República irlandesa y el Gobierno británico,

Cruz céltica

quedando desde entonces dividida la isla en dos porciones: *Irlanda del Norte* y el *Estado Libre de Irlanda*. Las relaciones con el R. U. sufrieron una crisis momentánea, debido a la política de Eamon de Valera, crisis que terminó a fines del año 1939. En 1933 fue suprimido el juramento de fidelidad al rey del R. U. Durante la crisis que condujo a la abdicación de Eduardo VIII (diciembre de 1936), fue suprimido el cargo de gobernador general que representaba a la Corona británica. En la S. G. M., Irlanda se mantuvo neutral. Los lazos que la asociaban a la Commonwealth británica fueron abolidos en 18 de abril de 1949. Ingresó en la ONU en 1955, y en la Comunidad Económica Europea en 1972. Durante 1959 se registraron incidentes en la frontera con Irlanda del Norte, incidentes que se hicieron más frecuentes como causa de la lucha que se desarrolla en Irlanda del Norte entre católicos y protestantes. Figura clave de la historia de Irlanda ha sido Eamon de Valera, presidente de la República durante el período 1959-

De Valera (derecha) con el presidente italiano Gronchi

1973. Le sucedió Erskine Childers, que murió en noviembre de 1974, al que sucedió Cearbhall O'Dalaigh. El 22 de octubre de 1976, Cearbhall O'Dalaigh, tras un enfrentamiento contra el ministro de Defensa Patrick Donegan, dimitió de la presidencia. Le sucedió Patrick John Hillery. En diciembre de 1978, Irlanda decide retirarse del área de la libra esterlina e integrarse al sistema monetario europeo. Jack Lynch, criticado por su colaboración con Londres contra el IRA, dimitió de primer ministro, siendo substituido por Charles Haughey, partidario de la reunificación de la isla, en diciembre de 1979.

PRESIDENTES DEL ESTADO

1938-1945   Douglas Hyde.
1945-1959   Sean T. O'Kelly.
1959-1973   Eamon de Valera.
1973-1974   Erskine Childers.
1974-1976   Cearbhall O'Dalaigh.
1976-   Patrick John Hillery.

Irlanda del Norte o **Ulster.** (En i., *Northern Ireland*.) Zona NE. de la isla de Irlanda, que forma parte del R. U. Tiene 14.120 km.² de superf. y 1.543.300 h. Cap., Belfast. (V. **Reino Unido**.)

Irlandés, sa. fr., *irlandais;* it., *irlandese;* i., *irish;* a., *irländer, irländisch.* adj. Natural de Irlanda, o perteneciente a esta isla de Europa. Ú. t. c. s. ∥ m. Lengua de los irlandeses (v. **gaélico**).

irlandesco, ca. adj. ant. Natural o perteneciente a Irlanda. Ú. t. c. s.

ironía. fr., *ironie;* it., *ironia;* i., *irony;* a., *Ironie.* (Del lat. *ironĭa,* y éste del gr. *eironeia*.) f. Burla fina y disimulada. ∥ Figura retórica que consiste en dar a entender lo contrario de lo que se dice.

irónicamente. adv. m. Con ironía.

irónico, ca. fr., *ironique;* it., *ironico;* i., *ironic;* a., *ironisch.* (Del lat. *ironĭcus,* y éste del gr. *eironikós,* disimuladamente.) adj. Que denota o implica ironía, o concerniente a ella.

ironista. com. Persona que habla o escribe con ironía.

ironizar. tr. Hablar con ironía, ridiculizar.

Suplicio de un prisionero de guerra por los iroqueses, grabado de 1811. Colección particular

iroqués, sa. fr., *iroquois;* it. e i., *iroquese;* a., *irokese.* adj. Dícese del individuo de una raza indígena de la América septentrional en la parte atlántica. Antes habitaban en los actuales territorios de la prov. canadiense de Ontario y de los estados de Nueva York, Ohío y Pensilvania, mientras que hoy viven en las reservas de los parques nacionales en Ontario y en el est. de Nueva York. Son gente de gran inteligencia y energía, que alcanzaron un nivel político bastante elevado, formando una confederación de tribus que se llamó de *las cinco naciones* que luchó victoriosamente con las tribus vecinas y mantuvo en jaque largo tiempo a los blancos. Ú. t. c. s. y m. en pl. ∥ m. **Ling.** Lengua hablada por los individuos de esta raza.

irracionabilidad. f. p. us. **irracionalidad.**

irracionable. (Del lat. *irrationabĭlis*.) adj. ant. Que carece de razón.

irracionablemente. adv. m. ant. **irracionalmente.**

irracional. fr., *irrationnel;* it., *irrazionale;* i., *irrational;* a., *unvernünftig.* (Del lat. *irrationālis*.) adj. Que carece de razón. Usado como substantivo, es el predicado esencial del bruto, que le diferencia del hombre. ∥ Opuesto a la razón o que va fuera de ella. ∥ **Mat.** Aplícase a las raíces o cantidades radicales que no pueden expresarse exactamente con números enteros ni fraccionarios.

irracionalidad. f. Calidad de irracional.

irracionalmente. adv. m. Con irracionalidad; de un modo irracional.

irradiación. fr. e i., *irradiation;* it., *irradiazione;* a., *Ausstrahlung.* f. Acción y efecto de irradiar. ∥ **Meteor.** Desprendimiento del calor solar recibido por la Tierra y cuya intensidad varía con la latitud, con la inclinación del terreno respecto a los rayos solares y, sobre todo, con la altitud. ∥ **Terap.** Tratamiento con rayos de varia índole; por ejemplo, ultravioleta.

irradiador, ra. adj. Que irradia.

irradiar. fr., *irradier;* it., *irradiare, irraggiare;* i., *to irradiate;* a., *ausstrahlen.* (Del lat. *irradiāre*.) tr. Despedir un cuerpo rayos de luz, calor u otra energía en todas direcciones. ∥ Someter un cuerpo a la acción de ciertos rayos.

irrazonable. (Del lat. *irrationabĭlis*.) adj. No razonable. ∥ ant. Que carece de razón.

irreal. adj. No real; falto de realidad.

irrealidad. f. Calidad o condición de lo que no es real.

irrealizable. fr., *irréalisable;* it., *irrealizzabile;* i., *unfeasible;* a., *unausführbar.* (De in- y realizable.) adj. Que no se puede realizar.

irrebatible. (De in- y rebatible.) adj. Que no se puede rebatir o refutar.

irreconciliable. fr., *irréconciliable;* it., *irreconciliabile;* i., *irreconcilable;* a., *unversöhnlich.* (De in- y *reconciliable*.) adj. Aplícase al que no quiere volver a la paz y amistad con otro.

irrecordable. adj. Que no puede recordarse.

irrecuperable. fr., *irrécupérable;* it., *irrecuperabile;* i., *irrecoverable;* a., *unwiederbringlich.* (Del lat. *irrecuperabĭlis;* de *in, re-,* y *capĕre,* tomar agarrar.) adj. Que no se puede recuperar.

irrecusable. (Del lat. *irrecusabĭlis*.) adj. Que no se puede recusar. ∥ ant. Que no se puede evitar.

irredentismo. m. Actitud política que propugna la anexión de un territorio irredento. ∥ Actitud política de aquellos habitantes de un territorio que propugnan la incorporación de éste a otra nación a la cual se sienten pertenecer. ∥ Situación o condición de irredento. ∥ **Hist.** Movimiento político italiano surgido en el último tercio del s. XIX, que pugnaba por incorporar a la patria la Italia irredenta, es decir, los territorios que consideraba italianos por su lengua y

Irredentismo. Vista parcial de Trieste

cultura y que estaban sometidos a un país extranjero: Trentino, Istria, Trieste, Córcega, Malta, etc.

irredentista. adj. Partidario del irredentismo como actitud política. Ú. t. c. s.

irredento, ta. (Del lat. *in-,* in-, y *redemptus,* participio pasivo de *redimĕre,* redimir.) adj. Que permanece sin redimir. Dícese especialmente del territorio que una nación pretende anexionarse por razones históricas, de lengua, raza, etc.

irredimible. fr., *irrachetable;* it., *irredimibile;* i., *irredeemable;* a., *unauslösbar.* (De in- y redimible.) adj. Que no se puede redimir.

irreducible. (De in- y reducible.) adj. Que no se puede reducir.

irreductibilidad. f. Calidad de irreductible.

irreductible. (De in- y reductible.) adj. **irreducible.**

irreductiblemente. adv. m. De modo irreductible.

irreemplazable. adj. No reemplazable.

irreflexión. fr., *irréflexion;* it., *irreflessione;* i., *thoughtlessness;* a., *Unüberlegtheit.* f. Falta de reflexión.

irreflexivamente. adv. m. Con irreflexión; de modo irreflexivo.
irreflexivo, va. (De *in-* y *reflexivo*.) adj. Que no reflexiona. || Que se dice o hace sin reflexionar.
irreformable. (Del lat. *irreformabĭlis*.) adj. Que no se puede reformar.
irrefragable. (Del lat. *irrefragabĭlis*.) adj. Que no se puede contrarrestar.
irrefragablemente. adv. m. De un modo irrefragable.
irrefrenable. (Del lat. *irrefrenabĭlis*.) adj. Que no se puede refrenar.
irrefutable. (Del lat. *irrefutabĭlis*.) adj. Que no se puede refutar.
irreglamentable. adj. Que no se puede reglamentar.
irregular. fr., *irrégulier*; it., *irregolare*; i., *irregular*; a., *regelwidrig, regellos*. (De *in-* y *regular*.) adj. Que va fuera de regla; contrario a ella. || Que no sucede común y ordinariamente. || Que ha incurrido en una irregularidad canónica, o tiene defecto físico que le incapacita para ciertas dignidades. || **Geom.** Dícese del polígono y del poliedro que no son regulares. || **Gram.** Aplícase a la palabra derivada o formada de otro vocablo, que no se ajusta en su formación a la regla seguida generalmente por las de su clase. || **Zool.** Dícese de los equinodermos equinoideos, que se diferencian del erizo de mar propiamente dicho en que el ano, y muchas veces también la boca, es excéntrico, con lo que su simetría es bilateral en vez de radiada; y las zonas ambulacrales forman una roseta en torno al polo apical. Son las familias de los clipeástridos y espatángidos. || m. pl. Orden de estos equinodermos.
irregularidad. fr., *irrégularité*; it., *irregolarità*; i., *irregularity*; a., *Unregelmässigkeit*. f. Calidad de irregular. || Impedimento canónico para recibir las órdenes o ejercerlas por razón de ciertos defectos naturales o por delitos. || fig. y fam. Malversación, desfalco, cohecho u otra inmoralidad en la gestión o administración pública o en la privada.
irregularmente. adv. m. Con irregularidad.
irreivindicable. adj. No reivindicable.
irrelevancia. f. Calidad o condición de irrelevante.
irrelevante. (De *in-* y *relevante*.) adj. Que carece de importancia o significación.
irreligión. fr., *irreligion*; it., *irreligione*; i., *irreligiousness*; a., *unglaube*. (Del lat. *irrelīgĭo, -ōnis*.) f. Falta de religión. || Conducta contraria a la virtud de la religión que prescribe el respeto a Dios y a las cosas sagradas.
irreligiosamente. adv. m. Sin religión.
irreligiosidad. (Del lat. *irreligiosĭtas, -ātis*.) f. Calidad de irreligioso.
irreligioso, sa. fr., *irréligieux*; it., *irreligioso*; i., *irreligious*; a., *irreligiös*. (Del lat. *irreligiosus*.) adj. Falto de religión. Ú. t. c. s. || Que se opone al espíritu de la religión.
irremediable. fr., *irrémédiable*; i., *irremediable*; a., *unheilbar*. (Del lat. *irremediabĭlis*.) adj. Que no se puede remediar.
irremediablemente. adv. m. Sin remedio.
irremisible. fr., *irrémisible*; it., *irremissibile*; i., *irremissible*; a., *unverzeihlich*. (Del lat. *irremissibĭlis*.) adj. Que no se puede remitir o perdonar.
irremisiblemente. adv. m. Sin remisión ni perdón.
irremunerado, da. (Del latín *irremuneratus*.) adj. No remunerado.
irrenunciable. (De *in-* y *renunciable*.) adj. Que no se puede renunciar.
irreparable. fr., *irréparable*; it., *irreparabile*; i., *irreparable*; a., *unersetzlich*. (Del lat. *irreparabĭlis*.) adj. Que no se puede reparar.
irreparablemente. adv. m. Sin arbitrio para reparar un daño.

irreprehensible. (Del lat. *irreprehensibĭlis*.) adj. desus. Que no se puede reprehender, irreprensible.
irreprensible. fr., *irréprehensible*; it., *irreprensibile*; i., *irreprehensible*; a., *untadelhaft*. (De *irreprehensible*.) adj. Que no merece reprensión.
irreprensiblemente. adv. m. Sin motivo de reprensión.
irrepresentable. adj. Dícese de aquellas obras de carácter dramático que no son aptas para la representación escénica.
irreprimible. adj. Que no se puede reprimir.
irreprochabilidad. f. Calidad de irreprochable.
irreprochable. adj. Que no puede ser reprochado.
irrequieto, ta. (Del lat. *irrequietus*.) adj. desus. Inquieto, incesante, continuo.
irresarcible. adj. Que no se puede resarcir.
irrescindible. (De *in-* y *rescindible*.) adj. Que no puede rescindirse.
irresistible. fr., *irrésistible*; it., *irresistibile*; i., *irresistible*; a., *unwiderstehlich*. (De *in-* y *resistible*.) adj. Que no se puede resistir.
irresistiblemente. adv. m. Sin poderse resistir.
irresoluble. (Del lat. *irresolubĭlis*.) adj. Dícese de lo que no se puede resolver o determinar. || p. us. **irresoluto**.
irresolución. fr., *irrésolution*; it., *irresoluzione*; i., *irresolution*; a., *Unschlüssigkeit*. f. Falta de resolución.
irresoluto, ta. (Del lat. *irresolūtus*.) adj. Que carece de resolución. Ú. t. c. s.
irrespetar. tr. *Col*. No respetar, desacatar.
irrespeto. m. *Col*. Falta de respeto, desacato.
irrespetuoso, sa. adj. No respetuoso.
irrespirable. fr. e i., *irrespirable*; it., *irrespirabile*. (Del lat. *irrespirabĭlis*.) adj. Que no puede respirarse. || Que difícilmente puede respirarse.
irresponsabilidad. fr., *irresponsabilité*; it., *irresponsabilità*; i., *irresponsability*; a., *Unverantwortlichkeit*. f. Calidad de irresponsable. || Impunidad que resulta de no residenciar a los que son responsables.
irresponsable. (De *in-* y *responsable*.) adj. Dícese de la persona a quien no se puede exigir responsabilidad. || Dícese de la persona que adopta decisiones importantes sin la debida meditación. || Dícese del acto resultante de una falta de previsión o meditación.
irresponsablemente. adv. Sin sentido o conciencia de la propia responsabilidad.
irrestañable. adj. Que no se puede restañar.
irresuelto, ta. (Del lat. *irresolūtus*.) adj. **irresoluto**.
irretractable. (Del lat. *irretractabĭlis*.) adj. p. us. No retractable.
irretroactividad. f. Principio jurídico que rechaza el efecto retroactivo de las leyes, salvo declaración expresa de éstas, o en lo penal, favorable al reo.
irreverencia. fr., *irrévérence*; it., *irriverenza*; i., *irreverence*; a., *Unehrerbietigkeit*. (Del lat. *irreverentĭa*.) f. Falta de reverencia. || Dicho o hecho irreverente.
irreverenciar. tr. No tratar con la debida reverencia; profanar.
irreverente. fr., *irrévérent*; it., *irreverente*; a., *unehrerbietig*. (Del lat. *irreverens, -entis*.) adj. Contrario a la reverencia o respeto debido. Ú. t. c. s.
irreverentemente. adv. m. Sin reverencia.
irreversibilidad. f. Calidad de irreversible.
irreversible. adj. Que no es reversible. || **Med.** Se dice del proceso o estado en que las fases se suceden sin posibilidad de rectificación o marcha atrás.

irrevocabilidad. f. Calidad de irrevocable.
irrevocable. fr., *irrévocable*; it., *irrevocabile*; i., *irrevocable*; a., *unwiderruflich*. (Del lat. *irrevocabĭlis*.) adj. Que no se puede revocar.
irrevocablemente. adv. m. De un modo irrevocable.
irrigación. fr. e i., *irrigation*; it., *irrigazione*; *irrigamento*; a., *Bewässerung*. (Del lat. *irrigatĭo, -ōnis*.) f. Acción y efecto de irrigar una parte del cuerpo. || Acción y efecto de irrigar un terreno.
irrigador. fr., *irrigateur*; it., *irrigatore*; i., *irrigator*; a., *Irrigator*. (Del lat. *irrigātor*.) m. *Sal*. **regadera**. || **Terap.** Instrumento que sirve para irrigar.
irrigar. fr., *irriguer*; it., *irrigare*; i., *to irrigate*; a., *begiessen, bewässern, spülen*. (Del lat. *irrigāre, regar, rociar*.) tr. Aplicar el riego a un terreno. || **Terap.** Rociar con un líquido alguna parte del cuerpo.
irrisible. (Del lat. *irrisibĭlis*.) adj. Digno de risa y desprecio.
irrisión. fr., *dérision*; it., *derisione, scherno*; i., *derision*; a., *Hohnlachen*. (Del lat. *irrisĭo, -ōnis*.) f. Burla con que se provoca a risa a costa de una persona o cosa. || fam. Persona o cosa que es o puede ser objeto de esta burla.
irrisoriamente. adv. m. Por irrisión.
irrisorio, ria. (Del lat. *irrisorĭus*.) adj. Que mueve o provoca a risa y burla.
irritabilidad. fr., *irritabilité*; it., *irritabilità*; i., *irritability*; a., *Reizbarkeit*. (Del lat. *irritabilĭtas, -ātis*.) f. Propensión a conmoverse o irritarse con violencia o facilidad. || **Biol.** Capacidad del organismo viviente para reaccionar frente a los estímulos.
irritable. (Del lat. *irritabĭlis*.) adj. Capaz de irritación o irritabilidad.
irritable. (De *irritar*, anular.) adj. Que se puede anular o invalidar.
irritación. fr., *irritation*; it., *irritazione, irritamento*; a., *Reizung, Erregung*. (Del lat. *irritatĭo, -ōnis*.) f. Acción y efecto de irritar o irritarse.
irritador, ra. (Del lat. *irritātor*, de *irritāre*, irritar.) adj. Que irrita o excita vivamente. Ú. t. c. s.
írritamente. adv. m. **inválidamente**.
irritamiento. (Del lat. *irritamentum*.) m. Acción y efecto de irritar o anular.
irritante. p. a. de **irritar**. Que irrita.
irritar. fr., *irriter*; it., *irritare*; i., *to irritate*; a., *reizen, erregen*. (Del lat. *irritāre*.) tr. Hacer sentir ira. Ú. t. c. prnl. || Excitar vivamente otros afectos o inclinaciones. Ú. t. c. prnl. || **Pat.** Causar excitación morbosa en un órgano o parte del cuerpo. Ú. t. c. prnl.
irritar. (Del lat. *irritāre*, de *irrĭtus*, vano.) **Der.** Anular, invalidar.
írrito, ta. (Del lat. *irrĭtus*; de *in*, priv., y *ratus*, válido.) adj. Inválido, sin fuerza ni obligación.

Irrigar. Canal de la comarca de Llanos de Violada. Huesca

irrogación. f. Acción y efecto de irrogar.
irrogar. fr., *causer;* it., *irrogare;* i., *to cause;* a., *verursachen.* (Del lat. *irrogāre.*) tr. Tratándose de perjuicios o daños, causar, ocasionar. Ú. t. c. prnl.
irrompible. (De *in-* y *rompible.*) adj. Que no se puede romper.
irruir. (Del lat. *irruĕre.*) tr. Acometer con ímpetu, invadir un lugar.
irrumpir. (Del lat. *irrumpĕre.*) intr. Entrar violentamente en un lugar.
irrupción. fr. e i., *irruption;* it., *irruzione;* a., *Einfall.* (Del lat. *irruptĭo, -ōnis.*) f. Acometimiento impetuoso e impensado. ‖ Entrada impetuosa en un lugar, invasión.
irruptor, ra. adj. Que irrumpe.
Irtish, Irtix o **Irtysh.** Geog. Río de la Siberia occidental, afl. del Obi; n. al SO. del Altai, en la R. P. China, y des. más abajo de Tobolsk; 3.700 km.
Iruela (La). Geog. Mun. de España, prov. de Jaén; p. j. de Cazorla; 3.345 h. ‖ Villa cap. del mismo; 1.049 h.
Iruelos. Geog. Mun. y lugar de España, prov. de Salamanca, p. j. de Vitigudino; 155 h.
Iruerrieta. Geog. Mun. de España, prov. de Guipúzcoa, p. j. de Tolosa; 795 h. Corr. 367 a la cap., la villa de Icazteguieta.
Irueste. Geog. Mun. y villa de España, prov. y p. j. de Guadalajara; 153 h.
Irujo Ollo (Manuel de). Biog. Político español, n. en Estella en 1892. Miembro del Partido Nacionalista Vasco, fue diputado en 1936. Durante la guerra civil fue ministro sin cartera en el Gobierno presidido por Largo Caballero (1936-37) y ministro de Justicia con Negrín (1937-38). Escribió: *Los vascos y la República española* (1944), *Instituciones jurídicas vascas* (1945) y *La comunidad ibérica de naciones* (1945).
Irún. Geog. Mun. de España, prov. de Guipúzcoa, p. j. de San Sebastián; 45.060 h. ‖ C. cap. del mismo; 38.014 h. Centro industrial. Restos de época romana. Puentes de Santiago y Behobia fronterizos con Francia.
irunés, sa. adj. Natural de Irún, o perteneciente a esta c. Ú. t. c. s.
Iruña. Geog. Mun. de España, prov. de Álava, p. j. de Vitoria; 369 h. Corr. 169 a la cap., el lugar de Trespuentes. Restos romanos.
irupé. (Voz guaraní.) m. Bot. *Arg., Bol.* y *Par.* victoria regia.
Irura. Geog. Mun. y lugar de España, prov. de Guipúzcoa, p. j. de Tolosa; 856 h.
Iruraiz-Gauna. Geog. Mun. de España, prov. de Álava, p. j. de Vitoria; 687 h. Corr. 30 a la cap., el lugar de Acilu.
Iruya. Geog. Depart. de Argentina, prov. de Salta; 3.515 km.² y 4.344 h. ‖ Local. cap. del mismo; 85 h.
Irving (Washington). Biog. Escritor e hispanista estadounidense, n. en Nueva York y m. en Sunnyside (1783-1859). En 1802 publicó en *The Morning Chronicle* una serie de cartas firmadas con el seudónimo *Jonathan Oldstile*, y en 1819 su primera obra, con el seudónimo de *Diedrich Knickerboker: La historia de Nueva York*, sátira histórica y política. De 1815 a 1832 residió en Europa, donde publicó: *El libro de los bocetos* (1819-20), *Cuentos de un viajero* (1824), *Vida y viajes de Colón* (1828), *Crónica de la conquista de Granada* (1829), *Cuentos de la Alhambra* (1832), su obra más popular, etc.
is-. pref. V. **iso-.**
isa. f. *Can.* Tonada popular de estas islas. ‖ Copla que se entona con ella.
Isaac (San). Biog. Patriarca hebreo que vivió en el s. XVII a. C. Era hijo de Abraham y de su esposa Sara. Casó con Rebeca y fue padre de Jacob y Esaú. Su fiesta, el 25 de marzo. ‖ **I. Comneno.** Emperador de Oriente, m. en Stoudión (1005-1061). Hijo del prefecto de Oriente Manuel *Comneno*, fue proclamado emperador en 1057. Abdicó en su hermano Constantino Ducas. ‖ **II** *el Ángel.* Emperador de Constantinopla (1155-1204). Proclamado en 1185, fue destronado por su hermano Alejo III en 1195; pero como volviera a subir al trono con la ayuda de los cruzados en 1203, Alejo V. le destronó por segunda vez y le mandó matar en 1204.
Isaacs (Jorge). Biog. Poeta, novelista y político colombiano, n. en Cali y m. en Ibagué (1837-1895). Persona activa, intervino en casi todos los sucesos importantes de su patria. Se dio a conocer con la novela *María* (1867), de carácter autobiográfico. Es autor también de: *Poesías* (1864), *La revolución radical de Antioquia* (1880), etc.
Isaba. Geog. Mun. y villa de España, prov. de Navarra, p. j. de Aoiz; 664 h. A orillas del río Ezca.
Isabel. Biog. Emperatriz de Alemania y reina de España, n. en Lisboa y m. en Toledo (1503-1539). Hija de los reyes de Portugal don Manuel y doña María de Castilla, casó con su primo Carlos V (1526) y fue madre de Felipe II. Gobernó con acierto y prudencia en las largas ausencias de su esposo, como regente del reino. ‖ **Cristina de Brunswick.** Emperatriz de Alemania, n. en Brunswick (1691-1750). Se casó en 1708 con el archiduque Carlos, que disputaba la corona de España a Felipe V, pero fue llamado al trono de Alemania por muerte de su hermano José. Isabel fue proclamada reina de Hungría en 1714. ‖ Emperatriz de Austria, esposa de Francisco José, n. en Munich y m. en Ginebra (1837-1898). Hija del duque Maximiliano José de Baviera, casó con Francisco José I. Los disgustos conyugales y las desgracias familiares la tuvieron alejada de la corte. Fue asesinada en Ginebra por el anarquista Lucchesi. ‖ **Petrowna.** Emperatriz de Rusia, n. en Kolomenskoje y m. en San Petersburgo (1709-1762). Hija de Pedro *el Grande*. Arrebató a Suecia parte de Finlandia, participó en la guerra de los Siete Años contra el rey de Prusia Federico II y fundó la Universidad de Moscú y la Academia de Bellas Artes de San Petersburgo. Dejó por sucesor a Pedro III. ‖ **I** *la Católica.* Reina de España, n. en Madrigal de las Altas Torres y m. en Medina del Campo (1451-1504). Hija de Juan II y de su segunda esposa Isabel de Portugal y hermana de padre de Enrique IV, rey de Castilla. Muerto su hermano, el infante Alfonso (1468), los partidarios de éste ofrecieron la corona a doña Isabel, pero la infanta se negó a la pretensión mientras viviera el rey Enrique IV, quien, por el tratado de Guisando (1468), la reconoció como heredera, excluyendo así a su hija Juana, *la Beltraneja*. La decisión de Isabel, al contraer matrimonio con don Fernando de Aragón, hijo de don Juan II y heredero de aquel reino (1469), molestó a Enrique IV, que quería casarla con don Alfonso, rey de Portugal; entonces revocó su decisión y volvió a nombrar heredera a doña Juana. A la muerte de Enrique IV (1474), Isabel se autoproclamó reina de Castilla mientras Juana reclamaba el trono para sí. De la lucha entablada para la sucesión salió victorioso el partido de Isabel.

La Iruela. Castillo

Isabel

Isabel la Católica, por Madrazo. Biblioteca Nacional. Madrid

Proclamados doña Isabel y don Fernando reyes de Castilla, aspiró éste a reinar con exclusión de su esposa, pero tan delicado asunto fue resuelto mediante la *Concordia de Segovia* (1475), que reguló la participación de cada uno en el gobierno. Desde este hecho no es posible separar la actuación de ambos soberanos, y es más lógico hablar de los Reyes Católicos que de Fernando o Isabel. (Véase **Fernando V.**) Isabel, la reina más grande que ha tenido España por sus virtudes, su talento, su prudencia y su energía, supo destacar notoriamente su personalidad en varias ocasiones: fue el alma organizadora para la gloriosa campaña y conquista de Granada; ayudó eficazmente a Colón en su maravillosa empresa; supo con su claro talento escoger los hombres más capacitados de su tiempo; y, con su testamento y codicilo, dio las pruebas últimas de su amor a España y a los indios de América y señaló la misión que incumbía realizar en el N. de África para garantizar la independencia y el porvenir de la nación. ‖ **II.** Reina de España, n. en Madrid y m. en París (1830-1904). Hija de Fernando VII y de María Cristina de Nápoles, su sobrina. Cuando murió Fernando VII contaba tres años de edad, por lo que subió al trono bajo la regencia de su madre. Se desencadenó la *primera guerra carlista*, promovida por el tío de la reina, Carlos María Isidro de Borbón, pretendiente al trono, guerra que fue llamada de los *Siete Años* (1833-40). La regente se hizo pronto impopular, y una revolución la obligó a renunciar a la regencia y ausentarse de España (1842). Quedó como regente el general Espartero, héroe de la guerra carlista y árbitro de la política nacional, quien la ejerció desde 1841 a 1843, a quien una sublevación militar le forzó a abandonar el Poder y a expatriarse. Las Cortes declararon a la reina mayor de edad cuando contaba trece años (8 de noviembre de 1843). Los moderados, cuyo más destacado jefe fue el general Narváez, gobernaron entre 1844 y 1854, y en su tiempo se promulgó la Constitución de 1845 y se celebró el matrimonio de la reina con don Francisco de Asís de Borbón, primo de la reina. La incompatibilidad de caracteres entre los reyes acabó con la separación amistosa después de 1868. A raíz del matrimonio de la reina estalló en Cataluña la segunda guerra carlista, promovida por el conde de Montemolín, que duró dos años (1846-1848). Prosiguieron las luchas entre progresistas y moderados y la intromisión de los militares en la vida pública. La Unión Liberal estuvo en el Poder desde 1858 a 1863, y su personaje más destacado fue el general O'Donnell; en este tiempo tuvo lugar la victoriosa *guerra de África* (1859-60), contra el imperio de Marruecos, y la fracasada intentona carlista del conde de Montemolín, en San Carlos de la Rápita (1860), que costó la vida al general Ortega. La inestabilidad política era barrunto de mayores males; se produjeron nuevas sublevaciones militares, murieron O'Donnell y Narváez y quedaron como generales destacados Serrano y Prim, que se hallaba expatriado. El 18 de septiembre de 1868 se inició la revolución con la sublevación de la escuadra. La reina, que se hallaba en San Sebastián, se internó en Francia y fijó su residencia en París, donde vivió hasta su muerte. Poco después de su destronamiento, el 25 de junio de 1870, abdicó la corona en su hijo Alfonso, luego rey con el nombre de Alfonso XII. ‖ Reina de Inglaterra, n. en París y m. en Hertford (1292-1358). Hija de Felipe *el Hermoso*, de Francia. Casó en 1309 con Eduardo II de Inglaterra, pero conspiró contra su marido, haciéndole destituir por un Parlamento y asesinar después. Proclamado rey su hijo Eduardo III y regente ella, cometió tales excesos, que al llegar Eduardo III a su mayoridad, la encerró en un castillo e hizo decapitar a su favorito y amante, Mortimer. ‖ Reina del R. U., n. en Saint Paul's Waldenbury en 1900. En 1923 contrajo matrimonio con el que luego fue Jorge VI. Es madre de la actual soberana Isabel II. ‖ **I.** Reina de Inglaterra, n. en el Palacio de Greenwich y m. en Richmond (1533-1603). Hija de Enrique VIII y de Ana Bolena. Subió al trono a la muerte de su hermana María, 1558. Restableció la religión protestante y mandó decapitar a María Estuardo en 1587. A su muerte nombró para sucesor a Jacobo, rey de Escocia e hijo de María Estuardo. ‖ **II.** Reina de Inglaterra, n. en Londres en 1926. Contrajo matrimonio con Felipe Mountbatten, duque de Edimburgo, el 20 de noviembre de 1947, y su primer hijo, el príncipe Carlos, n. el 15 de noviembre del siguiente año. Subió al trono al fallecer su padre, Jorge VI (6 de febrero de 1952), y fue coronada el 2 de junio de 1953. ‖ Reina de Rumania, conocida por *Carmen Sylva*, n. cerca de Neuwied y m. en Bucarest (1843-1916). Hija del príncipe Guillermo de Wied, contrajo matrimonio (1869) con el rey Carlos de Rumania. Publicó con el seudónimo de *Carmen Sylva* una serie de poemas y cuentos en rumano, alemán, francés e inglés. ‖ **de Aragón.** Reina de Francia, n. en Cosenza y m. en Calabria (1247-1271). Hija de Jaime I de Aragón. Se casó con Felipe *el Atrevido*, después rey de Francia. ‖ **de Aragón y de Castilla.** Reina de Portugal, m. en Arévalo (1470-1497). Hija de los Reyes Católicos, casó en primeras nupcias con el príncipe Alfonso de Portugal, y en segundas, cuatro años después, con Manuel I *el Afortunado,* rey de Portugal. ‖ **de Borbón.** Reina de España, hija del rey de Francia Enrique IV, n. en Fontainebleau y m. en Madrid (1603-1644). Casó con Felipe IV de España, y es célebre por haber sido la que valientemente se manifestó contraria al valido conde-duque de Olivares, siendo el agente principal de su caída. ‖ **de Bosnia.** Reina de Polonia Hungría, n. en Novigrad y m. en Croacia (1339-1387). Casó con Luis I *el Grande*, y a la muerte de éste (1382), quedó como regente de Hungría de su hija María. ‖ **de Braganza y Borbón.** Reina de España, hija de los reyes de Portugal Juan VI y doña Carlota, n. en Lisboa y m. en Aranjuez (1797-1818). En 1816 casó con Fernando VII y fue la inspiradora de la creación del Museo del Prado. ‖ **la Católica. Isabel I de España.** ‖ **de Farnesio.** Reina de España, n. en Parma y m. en Aranjuez (1692-1766). Sobrina y heredera del duque de Parma, Antonio, que merced a las habilísimas gestiones del abate Alberoni, agente diplomático del duque en Madrid, casó con Felipe V, en 1714. Tomó parte activa en el gobierno, manejó al rey a su antojo y lanzó a España a varias guerras para conseguir terr. donde pudieran reinar sus hijos. Fue desterrada a La Granja por su hijastro Fernando VI; muerto éste (1759), ocupó la regencia hasta la llegada de su hijo Carlos III desde Nápoles. ‖ **Francisca de Asís de Borbón. Borbón y Borbón (María Isabel Francisca de Asís de).** ‖ **de Valois.** Reina de España, n. en París y m. en Aranjuez (1546-1568). Hija del rey de Francia Enrique II de Francia y de Catalina de Médicis. Fue la tercera esposa de Felipe II como condición de la paz firmada con Francia, por lo que se la llama con el sobrenombre de *Isabel de la Paz*. ‖ **Clara Eugenia.** Infanta de España, n. en Valsaín, Segovia, y m. en Bruselas (1566-1633). Hija de Felipe II y de Isabel de Valois. Fue gobernadora de los Países Bajos y casó con el archiduque Alberto, hijo del emperador Maximiliano II. Muerto su esposo, y no ha-

Isabel II, por Madrazo. Museo Naval. Madrid

Isabel Clara Eugenia, por Peter Pourbus. Colección duque del Infantado. Sevilla

biendo hijos del matrimonio, el dominio de Flandes revertió a España. || **de Portugal** (*Santa*). Infanta española, hija de Pedro III de Aragón, n. en Zaragoza y m. en Estremoz (1274-1336). Desposada a los doce años con don Dionisio, rey de Portugal, con quien colaboró en las tareas del gobierno. Viuda en 1325, se retiró a un convento de Coimbra, por ella fundado, de donde sólo salió para evitar la guerra entre su hijo Alfonso *el Bravo* de Portugal y su nieto Alfonso XI de Castilla. Su fiesta, el 8 de julio. || **Geog.** Isla de Chile, una de las principales del estrecho de Magallanes, a 20 km. al N. del puerto de Punta Arenas. Tiene 14 km. de largo por 4 de anchura media. || **Victoria.** Local. de Argentina, prov. de Corrientes, depart. de Goya; 654 h.

, **Isabela. Geog.** Prov. de Filipinas, en la parte central de la isla de Luzón; 10.665 km.² y 648.123 h. Cap., Ilagan. El río Grande de Cagayán atraviesa toda la zona central, de N. a S. Produce tabaco de buena calidad, cereales, arroz, cacao, caña de azúcar, café, etc. || Mun. de Puerto Rico, dist. de Aguadilla; 30.430 h. || Pueblo cap. del mismo; 9.515 h. || **(La).** Pobl. de Cuba, prov. de Las Villas, junto a la desembocadura del río Sagua; 3.850 h. Puerto comercial. || **(Puerto).** Rada de la República Dominicana, en la costa N. de la isla de Santo Domingo. En sus riberas fundó Colón, en 1493, la primera c. del Nuevo Mundo. || **Albemarle.**

isabelina. f. **Entom.** Lepidóptero heterócero, de la familia de los satúrnidos, que vive en los pinares madrileños. Sus alas son verdes con las nerviaciones rojas y una mancha multicolor en cada ala; las posteriores se prolongan hacia atrás en los machos. Es una de las más bellas mariposas europeas, cuyas afines son todas propias de países exóticos (*graellsia isabellae*).

isabelino, na. adj. Perteneciente o relativo a cualquiera de las reinas que llevaron el nombre de Isabel en España e Inglaterra. || Aplícase a la moneda que lleva el busto de Isabel II de España. || Con el mismo epíteto se distinguió a las tropas que defendieron su corona contra el pretendiente don Carlos. Ú. t. c. s. || Tratándose de caballos, de color de perla o entre blanco y amarillo. || **B. Art.** Dícese del estilo imperante en España durante el reinado de Isabel II. Conservó formas del estilo Imperio y se distinguió por la abundancia de superficies curvas. Fue empleado principalmente en el mobiliario.

isabelita. f. **Miner.** Silicato de la subclase de los inosilicatos, grupo de los anfíboles y variedad de actinolita. || **Zool.** Pez teleóstomo perciforme de la familia de los quetodóntidos, que figura entre los llamados *peces mariposa* o *de los corales;* tiene color anaranjado con listas azul celeste y doradas, y es propio del mar de las Antillas (*holacanthus ciliaris*).

Isábena. Geog. Mun. de España, prov. de Huesca, p. j. de Barbastro; 385 h. Corr. 174 a la cap., que es el lugar de La Puebla de Roda.

Isabey (Jean-Baptiste). **Biog.** Pintor y miniaturista francés, n. en Nancy y m. en París (1767-1855). Introdujo en Francia el grabado en negro al estilo de Reynolds.

Isacar. Quinto hijo de Jacob, que dio nombre a una de las 12 tribus de Israel.

isagoge. (Del lat. *isagōgē*, y éste del gr. *eisagōgē*, de *eiságō*, introducir.) f. Exordio, introducción, preámbulo.

isagógico, ca. (Del lat. *isagŏgĭcus*, y éste del gr. *eisagogikós*.) adj. Perteneciente a la isagoge.

Isaías (San). **Biog.** Profeta, autor del libro sagrado que lleva su nombre. Vivió en el s. VIII a. C. La gran misión de Isaías fue advertir al pueblo de Dios que, por haber aban-

El árbol de Isaías, por Berthold Furtmayer. Página del misal de Bernhard von Rohr (1481). Biblioteca del Estado. Munich

donado a Yaveh, le aguardaba un severo castigo, pues caería en manos de los asirios, y que su salvación estaba en volver a Yaveh y renovar su confianza en Él. El libro en que están contenidas sus visiones se compone de 66 capítulos. La parte más importante es la última, en que habla de la restauración de Israel por el Mesías. Sin embargo, la parte más conocida, en general, es el llamado *Libro de Emanuel,* formado por los cap. VII-XII. Murió martirizado en tiempo del rey Manasés. Su fiesta, el 6 de julio.

isalóbara. (De *is-, -alo-* y *-bara.*) adj. **Meteor.** Dícese de la línea que, en una carta meteorológica, une los puntos de igual variación de la presión atmosférica, en un período dado; esa variación puede ser positiva (*anisalóbara*), o negativa (*catisalóbara*), según aumente o disminuya dicha presión. Ú. t. c. s.

Isamitt (Carlos). **Biog.** Músico y pintor chileno, n. en Rengo en 1887. Compositor de música folklórica y autor de estudios sobre la música y la lengua de los araucanos.

isangas. f. pl. *Perú.* Especie de nasas para pescar camarones.

Isar. Geog. Río de Alemania, que nace en el Tirol, en el Stalter Anger, y des. en la orilla derecha del Danubio, cerca de Isarmuend; 352 km. de curso. || Mun. y lugar de España, prov. y p. j. de Burgos; 301 h.

Isasi Isasmendi (José Antonio). **Biog.** Director y productor de cine español, n. en Madrid en 1927. Películas: *La huida, Pasión bajo el sol, Diego Corrientes, Vamos a contar mentiras, La máscara de Scaramouche, Las Vegas 500 millones, Un verano para matar, Estambul 65,* etc.

Isasondo. Geog. Mun. de España, prov. de Guipúzcoa, p. j. de Tolosa; 1.099 h. || Villa cap. del mismo; 906 h.

isatina. f. **Quím.** Producto resultante de la oxidación del índigo, de fórmula $C_8H_5O_2N$, que se emplea como reactivo en análisis químico para reconocer la presencia de iones cuprosos, mercaptanos y del tiofeno.

isatis. m. **Zool.** Mamífero carnívoro de la familia de los cánidos, llamado también zorro ártico, más pequeño que el europeo y cubierto de pelo espeso, largo y fino, completamente blanco en invierno y pardusco en verano. Hay una variedad que nunca cambia de color y cuyo pelaje es de un delicado tono azul. Vive en América, Asia y Europa, pero siempre por encima de los 60° de latitud, y es objeto de activa caza por el valor de su piel (*alópex lagopus*).

Isauria. Geog. hist. Antigua comarca de Asia Menor, cuya ciudad principal fue Seleucia. La cruzaban las montañas del Tauro.

isba. (Del ruso *izbá.*) f. Vivienda rural de madera, propia de algunos países septentrionales del antiguo continente, y especialmente de Rusia.

Isbarta. Geog. Isparta.

Isbert Alvarruiz (José). **Biog.** Actor cómico español de teatro y cine, n. y m. en Madrid (1886-1966). Se caracterizó por sus notables dotes interpretativas y su voz inconfundible. Películas principales: *¡Bienvenido Mr. Marshall!* (1951), *Calabuch* (1955), *Los jueves milagro* (1956), *El cochecito* (1960) y *El verdugo* (1963).

Isboset. Biog. Hijo de Saúl, que a la muerte de su padre, en 1040 a. C., disputó el trono a David. Reinó durante siete años sobre 11 tribus de Israel y murió asesinado por dos benjaminitas.

isca. (Voz gallega.) f. **Pesca.** *Gal.* cebo.

Isca Yacú. Geog. Local. de Argentina, prov. de Santiago del Estero, depart. de Jiménez; 206 h.

iscar. (Voz gallega.) tr. **Mar.** *Gal.* cebar.

Íscar. Geog. Mun. y villa de España, prov. y p. j. de Valladolid; 5.192 h. (*iscariotes*).

Iscariote. Biog. Judas Iscariote.

iscumnín. f. **Bot.** *Perú.* La rubiácea *randia ruiziana,* llamada también *ñup chucri.*

Ischia. Geog. Isla de Italia, en el mar Tirreno, prov. de Nápoles, en Campania, sit. en la boca NO. del golfo de este nombre; 46,4 km.² y 33.967 h. Montañosa y de origen volcánico. || C. de Italia, cap. de la isla de su nombre; 10.385 h. Hermosa catedral y castillo llamado de Alfonso I de Aragón, sit. en islote cercano.

Ischilín. Geog. Depart. de Argentina, prov. de Córdoba; 5.123 km.² y 25.753 h. Cap., Deán Funes.

Isenbrant o **Ysenbrant** (Adriaen). **Biog.** Pintor flamenco, m. en Brujas en 1551. Se ignora quién fue su maestro, si bien se cree que trabajó bajo la dirección de Gérard David. Se le cree autor del díptico *La dolorosa adorada por la familia Van de Velde.* Se le atribuyen también la *Adoración de los Magos,* tríptico fechado en

La Virgen y el Niño, por Isenbrant. Museo de Bellas Artes. Gante

Iseo–Isla

1518, y que sería su obra capital; la *Presentación*, la *Visión de San Ildefonso*, etc.

Iseo. Biog. Orador ático, n. en Calcis de Eubea (390-340 a. C.). Tuvo en Atenas una escuela de Retórica, entre cuyos discípulos se contaba Demóstenes. ‖ **Geog.** Lago de Italia, en Lombardía. Lo atraviesa el Oglio. ‖ **Lit.** Figura legendaria celta. Amante de Tristán. También se dice Isolda (del a. *Isolde*).

Isère. Geog. Río de Francia, de 290 km. de curso, que n. en los heleros del macizo de Iseran, en Saboya, y des. en el Ródano por su orilla izquierda después de pasar por Moutiers y Grenoble. ‖ Depart. del SE. de Francia, en la región de Rhône-Alpes; 7.474 km.² y 812.000 habitantes. Cap., Grenoble.

Isernia. Geog. Prov. de Italia, región de Molise; 1.529 km.² y 100.062 h. ‖ C. cap. de la misma; 14.442 h.

Isfahán. Geog. Ispahán.

Isherwood (Christopher William Bradshaw). Biog. Escritor inglés, n. en Disley, Chester, en 1904. Formó en el grupo de poetas izquierdistas reunidos en torno a W. H. Auden, con el que escribió obras teatrales en colaboración: *The Dog beneath the Skin*, *Ascent of F. 6*, *On the Frontier*, etc.

Ishikari. Río de Japón, en la isla de Hokkaido. Nace a unos 5 km. al E. de Asahigawa y des. en la bahía de su nombre, después de 365 km. de curso.

Ishikawa. Geog. Prefect. de Japón, sit. en la parte central de la isla de Honshu; 4.195 km.² y 1.002.420 h. Cap., Kanazawa.

Ishtar. Mit. Istar.

Ishuatán. Geog. Mun. de El Salvador, depart. de Sonsonate; 4.786 h. ‖ Pobl. cap. del mismo; 585 h. ‖ Mun. de Méjico, est. de Chiapas; 4.045 h. ‖ Pueblo cap. del mismo; 807 h.

isíaco, ca o **isíaco, ca.** adj. Perteneciente a Isis o a su culto.

isidoriano, na. adj. Perteneciente a San Isidoro. ‖ Dícese de ciertos monjes jerónimos, instituidos por fray Lope de Olmedo, y aprobados por el papa Martín V, los cuales, entre otras casas, tuvieron la de San Isidoro del Campo, en Sevilla. Ú. t. c. s.

Isidoro de Alejandría (San). Biog. Monje griego, llamado el *Hospitalario*, n. en Egipto y m. en Constantinopla (318-404). Vivió como anacoreta en Tebaida, y enemistado con Teófilo, patriarca de Alejandría, buscó refugio en Constantinopla. ‖ **de Gaza.** Filósofo neoplatónico que floreció a fines del s. V. Fue discípulo y amigo de Marino y le sucedió como jefe de la escuela de Atenas. ‖ **de Sevilla** (San). Obispo español y doctor de la Iglesia, n. probablemente en Sevilla entre 560 y 570 y m. en la misma c. el 636. Sucedió a su hermano San Leandro en la sede episcopal de Sevilla (599). Acabó de desarraigar el arrianismo, robusteció la disciplina eclesiástica y presidió el segundo Concilio de Sevilla (619) y el cuarto de Toledo (636), al que asistieron todos los obispos de España y del que fue Isidoro alma e iniciador. En su obra *Synónyma, de lamentatione ánime peccatricis*, se muestra profundo poeta, lleno de misticismo; sus ideas filosóficas se encuentran expuestas, principalmente, en los *Libri Sententiárum* y en las *Etimologías*; el *Liber de viris illústribus* es altamente interesante como repertorio de personajes de la época, y el *Chrónicon* y la *Historia de régibus gothórum, wandalórum et suevórum*, sus obras históricas más notables. Mas ninguna de las obras del sabio arzobispo es tan representativa como *Oríginum sive etymologiárum libri XX*, denominada vulgarmente *Etimologías*, resumen admirable de la cultura clásica, fruto de vastísima y fecunda asimilación, que se convirtió en indispensable en toda biblioteca de la Edad Media. San Isidoro es la figura más destacada de la España visigoda y una de las fundamentales en la historia general de la cultura española. Su fiesta se celebra en España el 26 de abril.

isidro, dra. m. y f. En Madrid, aldeano forastero e incauto, especialmente el que acude a la cap. con motivo de las fiestas de San Isidro. ‖ Persona que, del resto de España, acude a Madrid con ocasión de las fiestas de San Isidro.

Isidro (San). Biog. Labrador español, n. y m. en Madrid (h. 1080-h. 1130). Modelo de virtudes, fe ardiente y humildad, casado con Santa María de la Cabeza. Fue fundador de la cofradía para el culto del Santísimo Sacramento. Fue canonizado por Gregorio XV en 1622. Es el patrón de Madrid. Su fiesta, el 15 de mayo. ‖ **Fabela. Geog.** Mun. de Méjico, est. de Méjico; 2.598 h. Cap., Tlazala de Fabela.

isiga. f. Bot. Árbol de los países cálidos que exuda una resina amarillenta y aromática.

Isinliví. Geog. Pobl. de Ecuador, prov. de León; 3.000 h. Cereales, ganadería, minas de plata, hierro, azufre, etc.

isipó. (Del guar. *isipó* o *sipó*, bejuco, liana.) m. **Bot.** *Arg.* Planta sarmentosa y trepadora, de las que hay varias especies.

isípula. f. desus. **erisipela.**

Isis. Mit. Divinidad egipcia, hermana y mujer de Osiris, con quien reinó mucho tiempo en Egipto. Asesinado Osiris por su hermano Tifón, Isis, para vengarle, levantó un ejército, poniendo a su frente a Horus, su hijo, que venció al enemigo en dos combates. Personificación del influjo fertilizante del Nilo.

Iskandariya (El). Geog. Nombre egipcio de Alejandría (v.).

Iskander. Biog. Herzen (Aleksander Ivanovich).

Iskenderun. Geog. Gran golfo del Mediterráneo, entre Asia Menor y Siria. ‖ C. de Turquía asiática, prov. de Hatay, sit. al fondo del golfo de su nombre; 69.259 h. Antes se llamó *Alejandreta*.

Iskowitz (Edward). Biog. Actor de cine y teatro estadounidense, más conocido por el seudónimo de *Eddie Cantor*, n. en Nueva York y m. en Hollywood (1892-1964). Adquirió gran popularidad interpretando papeles cómicos en películas musicales. Películas principales: *Torero a la fuerza* y *Escándalos romanos*.

isla. fr., *île*; it., *isola*; i., *island, isle*; a., *Insel*. (Del lat. *insŭla*.) f. Porción de tierra rodeada de agua por todas partes. Un grupo de islas se llama archipiélago. Se clasifican en continentales y oceánicas; las primeras son continuación de tierra firme; las segundas son generalmente de poco tamaño, de origen volcánico o resultado del trabajo de los corales. ‖ **Manzana de casas.** ‖ fig. Conjunto de árboles o de monte de corta extensión, aislado y que no esté junto a un río. ‖ fig. *Chile.* Terreno más o menos extenso, próximo a un río, y que en años anteriores ha sido bañado por las aguas de éste, o lo es actualmente en las grandes crecidas. ‖ **islas adyacentes. Geog.** Las que, aun apartadas del continente, pertenecen al territorio nacional, como las Baleares y Canarias respecto a España, y las que se consideran parte de tal territorio. ‖ **en isla.** m. adv. **aisladamente.**

Isla (José Francisco de). Biog. Literato y jesuita español, n. en Vidanes y m. en Bolonia (1703-1781). Contribuyó a restaurar los estudios de humanidades. Luego de publicar algunos trabajos de mérito escaso, dio a la publicidad su *Historia del famoso predicador fray Gerundio de Campazas*, alias *Zotes*, magnífica sátira literaria contra los predicadores enfáticos y huecos de la época, a los que flagela sin piedad a través de ejemplos vivos, al mismo tiempo que desliza algunas insinuaciones malévolas respecto a ciertas Órdenes religiosas. El libro I se hizo popular, pero la Inquisición lo prohibió, y el II no pudo ser publicado hasta que el autor salió de España, cuando fue expulsada la Compañía de Jesús. El poema satírico *Cicerón*, traducción libre del italiano, difuso y sin unidad, tiene como mérito esencial las digresiones morales y literarias. En las *Cartas a Juan de la Encina*, aspiró a hacer con los malos médicos lo que con *Fray Gerundio* había llevado a cabo contra los predicadores vacíos, pero no logró el mismo éxito. Tradujo el *Gil Blas*, de Lesage, abrigando la pretensión de restituir el original a su lengua primitiva y calificando a aquel autor de plagiario; el valor de la traducción es indiscutible. Por último, las *Cartas familiares*, en seis volúmenes, constitu-

San Isidoro de Sevilla, por Martínez Montañés. Monasterio de San Isidoro del Campo. Santiponce (Sevilla)

Isis. Museo del Louvre. París

yen un conjunto de gran valor, digno de tan alto ingenio. ‖ **(La). Geog.** Local. de Argentina, prov. de Santiago del Estero, depart. de Banda; 1.562 h. ‖ Mun. de Méjico, est. de Veracruz-Llave; 15.790 h. ‖ Villa cap. del mismo; 8.075 h. ‖ **Apipé Grande. Apipé Grande.** ‖ **Cristina.** Mun. de España, prov. de Huelva, p. j. de Ayamonte; 14.271 h. ‖ C. cap. del mismo; 11.402 h. (*isleños*). ‖ **de Francia. Île de France.** ‖ **de León. León (Isla de).** ‖ **de Maipo.** Comuna de Chile, prov. de Santiago, depart. de Talagante; 12.917 h. ‖ Pobl. cap. de la misma; 5.019 h. ‖ **Martín García. Martín García.** ‖ **Mujeres.** Isla de Méjico, terr. de Quintana Roo, sit. a 5 km. de la costa oriental de la península de Yucatán, en el mar de las Antillas; 3,44 km.² Faro. ‖ Delegación de Méjico, terr. de Quintana Roo, 6.867 h. ‖ Pueblo cap. de la misma y de la isla de su nombre; 2.663 h. ‖ **Pucú.** Mun. de Paraguay, depart. de la Cordillera; 8.954 h. ‖ Pobl. cap. del mismo; 1.765 h. ‖ **de San Antonio (La).** Local. de Argentina, prov. de Córdoba, depart. de Tulumba; 335 h. ‖ **del Tesoro. Coco.** ‖ **Umbú.** Dist. de Paraguay, depart. de Ñeembucú, 3.903 h. ‖ Pobl. cap. del mismo; 236 h. ‖ **Verde.** Pobl. de Argentina, prov. de Córdoba, depart. de Marcos Juárez; 3.228 h.

islam. (Del ár. *islām*, entrega a la voluntad de Dios.) m. **islamismo.** ‖ Conjunto de los hombres y pueblos que creen y aceptan esta religión.

Islamabad. Geog. C. cap. de Pakistán, que forma por sí misma un terr.; 906 km.² y 235.000 h. Es cap. de la nación desde 1967 y está sit. 14 km. al N. de Rawalpindi. Se comenzó a construir en 1961.

islámico, ca. adj. Perteneciente o relativo al islam.

Mahoma en su viaje nocturno, miniatura turca del siglo XVIII. Museo Topkapi. Estambul

islamismo. fr., *islamisme*; it., *islamismo*; i., *islam, islamism*; a., *Islamismus.* (De islam e -ismo.) m. **Rel.** Conjunto de dogmas y preceptos morales que constituyen la religión de Mahoma. Es una mezcla de elementos árabes, judíos, cristianos y gnósticos. Su doctrina se contiene en el Alcorán, código a la vez religioso y social, que se aplica a la comunidad de los creyentes. El dogma islámico contiene los siguientes principios: existe un solo Dios, Alá, que creó de la nada al universo en siete días, creando al hombre en el sexto. Alá creó también los ángeles, seres asexuados hechos de luz a cuyo frente están los cuatro arcángeles. Alá hizo que los ángeles se prosternasen ante el hombre. Uno de ellos, Satán o Iblis, se negó y Dios le arrojó a los infiernos y ahora gobierna un ejército de demonios —djins— creados antes que el hombre y hechos de fuego. Alá escoge a ciertos hombres santos y les encarga transmitir su voluntad a la humanidad; estos hombres son los profetas: Adán, Noé, Abraham, Moisés, Jesús; el más importante de todos los profetas es Mahoma, quien restableció en su integridad la revelación divina, falseada —según él— por los cristianos. La historia de la humanidad acabará en una época de terribles catástrofes, tras la cual vendrá a la tierra el Mahdí, y en Irak o Siria aparecerá el Anticristo, que será aniquilado por Jesús. Tras esto llegará el día de la Resurrección y el Juicio Final, en el que cada hombre será juzgado, y, según sean sus acciones, será premiado con el paraíso —lugar deleitoso de placeres materiales en el que corren arroyos de miel y leche—, lleno de hermosas mujeres —las huríes—, o castigado con el infierno, en el que arderá eternamente. Las fuentes de la ley islámica, aparte el Alcorán, son la tradición y la Sunna, recopilación de tradiciones y relatos acerca de la vida de Mahoma que sirve de modelo a los fieles. El islam impone fundamentalmente un sometimiento —islam— absoluto a la voluntad de Alá, siendo la profesión de fe, en que se reconoce la trascendencia y unidad divinas, la base fundamental del sistema religioso islámico: «No hay más Dios que Alá y Mahoma es su profeta.» Aparte la profesión de fe, el musulmán tiene cuatro obligaciones canónicas: la *oración* cinco veces al día, previa ablución ritual purificadora, el *ayuno* durante el mes del ramadán, la *limosna* y el *peregrinaje a la Meca*, para visitar la Caaba, la casa de Dios, al menos una vez en la vida. Se prohibe al creyente el comer carne de cerdo, beber vino y los juegos de azar. Se recomienda la guerra santa contra el infiel; los musulmanes que mueren en guerra santa alcanzan el paraíso. No hay sacerdocio. La suprema autoridad religiosa es el califa. En las luchas por la sucesión de Mahoma hubo diversas escisiones; de la primera, más importante (años 656-657), nacieron los sunnitas (v.), chiítas (v.) y jarichitas. En la actualidad, el 90 % de los musulmanes son sunnitas. El islamismo se extendió rápidamente desde Arabia, penetrando por la fuerza de las armas, ya en el s. VII, en Egipto, Siria y Persia. Después llegó a África, España, la India, Turquía, etc.

islamita. adj. Mahometano, musulmán. Apl. a pers., ú. t. c. s.

islamizar. intr. Adoptar la religión, prácticas, usos y costumbres islámicos. Ú. t. c. prnl.

islán. m. Especie de velo, guarnecido de encajes, con que antiguamente se cubrían la cabeza las mujeres cuando no llevaban manto.

islandés, sa. adj. Natural de Islandia, o perteneciente a esta isla del norte de Europa. Ú. t. c. s. ‖ m. **Ling.** Idioma hablado en Islandia: es un dialecto del nórdico.

Islandia. (*Lýdhveldidh Ísland.*) **Geog.** Estado republicano del NO. de Europa, constituido por la isla del mismo nombre.

Situación. Está sit. al norte del océano Atlántico, entre los 63° 24′ y 66° 32′ de lat. N. y los 13° 28′ y 24° 32′ de long. O., lindante en su zona septentrional con el círculo polar ártico.

Superficie y población. Superf., 102.829 km.², pobl. absoluta, 204.548 h.; pobl. relativa, 1,9 h. por km.²

Geografía física. Está formada por materiales basálticos que se erigen en una meseta de 600 m. de alt. media, dominada por cimas que alcanzan de 1.200 a 1.300 m. El país está sujeto a terremotos y a un volcanismo activo. El Hekla, su principal cono volcánico, tiene 1.491 m. de alt. La séptima parte del terr. está cubierta por glaciares. El clima es frío; la temperatura del mes más frío es de −0,6° C., y la del mes más caluroso, de 11,3° C. Densas brumas recorren el país frecuentemente.

Geografía económica. La agricultura es pobre a causa de la rocosa naturaleza del suelo y la inclemencia del clima ártico. El único producto agrícola de alguna importancia es la patata (1.000 hect. y 13.000 toneladas en 1975). Los prados ocupan buena parte del suelo: 2.279.000 hect., y el terreno improductivo supone un 76,70 % del total (7.900.000 hect.). La ganadería es una de las riquezas de la isla; ganado ovino (846.000 cabezas), bobino (67.000) y el caballar (42.000), en 1975. La pesca y sus industrias derivadas son la principal riqueza del país (994.771 ton. en 1975). La flotilla pesquera cuenta con 996 unidades, con un total de 167.209 ton. Los principales productos son el arenque y la merluza. La caza de la ballena también es importante. El subsuelo sólo proporciona bauxita, de la cual existen buenos yacimientos. Las fuentes termales tienen un valor incalculable a causa de la carencia de combustibles, y son utilizadas para la calefacción, incluso de las vías públicas, y para el cultivo en invernaderos de legumbres y flores. Entre las industrias solamente tienen im-

Muelle pesquero

portancia las derivadas de la pesca (aceite y harinas de pescado). La producción de energía eléctrica en 1974 fue de 2.266 millones de kwh., con una potencia instalada de 493.000 kilovatios. Exporta conservas de pescado y otros productos de las industrias derivadas de la pesca. Importa principalmente carburantes, barcos, hierro y acero, cereales y carne. La unidad monetaria es la corona, cuya paridad con el dólar, en octubre de 1976, era: 189,7 coronas por 1 dólar. Posee una marina mercante compuesta de 363 buques, con un registro bruto de 154.381 ton. Carreteras: 11.533 kilómetros. Vehículos de motor: 65.071.

Geografía política. La pobl. está constituida en su inmensa mayoría por islandeses; el resto son daneses y noruegos. Su idioma figura entre los más antiguos del grupo escandinavo; se habla también el danés. Los islandeses son protestantes en su mayoría. Hay unos 1.050 católicos. República independiente desde el 17 de junio de 1944. El Parlamento está compuesto por 60 miembros, divididos en dos cámaras, la Alta, con 20 miembros, y la Baja, con 40. El poder ejecutivo es ejercido por un Consejo de Ministros bajo la autoridad del presidente de la República. Este último es elegido por sufragio universal.

División territorial. A continuación se inserta el cuadro de la división administrativa:

Distritos	Superficie Km.²	Población Habitantes
Meridional	25.214	18.052
Nordoccidental	13.093	9.909
Nordoriental	22.368	22.225
Occidental	8.711	13.214
Oriental	21.991	11.315
Península Occidental	9.470	10.050
Reykianes	1.982	119.813
Totales	102.829	204.578

Capital. La cap. es Reykiavik (82.893 h.).

Historia. Islandia fue descubierta por los irlandeses a fines del siglo VIII. De aquí partió Erico *el Rojo,* en el año 1000, para colonizar Groenlandia y probablemente descubrir América. Islandia fue una República independiente de 930 a 1263, año en que se unió a Noruega. Al unirse Dinamarca y Noruega en 1380, Islandia pasó a poder de Dinamarca, bajo cuya tutela permaneció al separarse Noruega de Dinamarca en 1814. En 1918, Dinamarca reconoció a Islandia como Estado soberano, pero el rey de Dinamarca siguió siendo rey de Islandia. Del 23 al 28 de junio de 1930 se celebró el milenario del *Althing,* la más antigua representación parlamentaria del mundo. Fuerzas expedicionarias británicas, substituidas luego por las del ejército estadounidense, ocuparon Islandia en junio de 1941, con motivo de la S. G. M. Las tropas estadounidenses evacuaron la isla en septiembre de 1946, aunque reservándose el aeródromo de Keflavik. El Parlamento islandés proclamó la independencia del país, y su separación de Dinamarca, el 14 de junio de 1944, declarándose constituido bajo la forma de gobierno republicano. La importancia que la actividad pesquera tiene para la economía nacional indujo a Islandia a declarar unilateralmente la ampliación de sus aguas territoriales de 4 a 12 millas (30 de junio de 1958), de 12 a 50 (septiembre de 1972) y de 50 a 200 (octubre de 1975). Esto motivó serios incidentes con otros países, especialmente con el R. U., conocidos como «guerra del bacalao». Esta guerra concluyó el 1 de junio de 1976 mediante un acuerdo temporal negociado por los ministros de Asuntos Exteriores Crosland y Agustsson. Por el pacto, el R. U. redujo substancialmente las capturas y el número de traineras en las 200 millas reclamadas por Islandia. En las elecciones de junio de 1978, el Gobierno de centro-derecha fue derrotado por los socialdemócratas y comunistas. Dos meses después, Ólafur Jóhannessan, dirigente del Partido Progresista, fue nombrado primer ministro y formó un Gobierno de coalición. La retirada socialista del Gobierno, a mediados de octubre de 1979, provocó la caída de la coalición gubernamental. En las nuevas elecciones, celebradas el 2 de diciembre, obtuvieron el triunfo los centristas. Stingrimur Hermannsson, dirigente del Partido Progresivo del Centro, se mostró partidario de mantener la coalición izquierdista con los socialdemócratas y los comunistas.

islándico, ca. adj. Perteneciente a Islandia.

islario. m. Descripción de las islas de un mar, continente o nación. ‖ Mapa en que están representadas.

Islas. Geog. Local. de Argentina, prov. de Buenos Aires, partido de 25 de Mayo; 585 h. ‖ **de la Bahía.** Depart. de Honduras; 261 km.² y 10.100 h. Cap., Roatán. Se compone de las islas de Roatán, Guanaja y Utila, y los islotes de Barbareta, Santa Elena y Morat. ‖ **del Egeo.** Región de Grecia, que comprende los nomos de Samos, Quíos, Dodecaneso, Cícladas y Lesbos; 9.071 km.² y 416.475 h. ‖ **Jónicas.** Región de Grecia, que comprende los nomos de Cefalonia, Corfú, Léucada y Zante; 2.307 km.² y 183.633 h. ‖ **Occidentales.** Región del R. U., en Escocia, constituida por las Hébridas exteriores; 2.898 km.² y 29.600 h. Cap., Stornoway. Sus principales islas son: Lewis, Harris, Uist Septentrional y Uist Meridional. Cultivo de cereales. Ganadería y pesca. ‖ **Canarias. Rel.** Obispado de España, sufragáneo del arzobispado de Sevilla, prov. de Las Palmas, con sede en esta capital.

Islay. Geog. Dist. de Perú, depart. de Arequipa, prov. de su nombre; 99 h. ‖ Pueblo cap. del mismo; 3 h. ‖ Prov. de Perú, depart. de Arequipa; 30.623 h. Cap., Mollendo. Productos agrícolas; ganado de cerda; yacimientos de cobre, salitre, magnesia y yeso.

Islebius. Biog. Schneider (Johann).

isleño, ña. adj. Natural de una isla, o perteneciente a ella. Ú. t. c. s. ‖ Natural de las islas Canarias, o perteneciente a estas islas. Ú. t. c. s. ‖ Natural de las islas de San Andrés y Providencia, o perteneciente a este arch. de Colombia. Ú. t. c. s.

isleo. (De *isla*.) m. Isla pequeña situada a la inmediación de otra mayor. ‖ Porción de terreno circuida por todas partes de otros de distinta clase o de una corona de peñascos u obstáculos diversos.

islera. f. **Bot.** Planta de la familia de las saxifragáceas, de flores blancas con puntitos rojos (*saxifraga hirsuta*).

isleta. f. dim. de **isla**.

Isletas. Geog. Dist. de Argentina, depart. de Diamante, prov. de Entre Ríos; 1.500 h.

Isletillas (Las). Geog. Local. de Argentina, prov. de Córdoba, depart. de Tercero Arriba; 523 h.

Isley (Phyllis). Biog. Actriz de cine estadounidense, más conocida por el seudónimo de *Jennifer Jones*, n. en Tulsa, Oklahoma, en 1917. Películas: *La canción de Bernadette* (1943), *Duelo al sol* (1946), *Cartas a mi amada* (1947), *Jennie* (1949) *Pasión bajo la niebla*, etc.

islilla. (De *aslilla*.) f. **Anat.** sobaco. ‖ **clavícula.**

Islington. Geog. Mun. del R. U., en Inglaterra, uno de los que constituyen el Gran Londres; 199.129 h.

islote. m. Isla pequeña y despoblada. ‖ Peñasco muy grande, rodeado de mar.

Isluga. Geog. Volcán de los Andes, en los confines de Bolivia y Chile; 5.430 m. de alt. ‖ Pobl. de Chile, prov. de Tarapacá, depart. de Pisagua, cap. de la comuna de Los Cóndores; 20 h.

Ismael. Biog. Hijo de Abraham y de su esclava Agar. Arrojado con su madre de la casa paterna después del nacimiento de Isaac, se encaminaron hacia Egipto, pero se quedaron a vivir en el desierto comprendido entre Palestina y el Sinaí. Ismael llegó a ser, con el tiempo, cabeza de un pueblo numeroso. Los árabes, que le llaman Ismail, lo consideran como origen de su nación. ‖ **(Muhammad Aben).** Rey de Granada, n. en Almería en 1466. Sobrino del rey Muhammad VII Al-Hayzari; se disgustó con él, buscó refugio en Castilla, y con la ayuda de Juan II se presentó en Granada y derrotó a su tío.

ismaelianos. m. pl. **ismailíes.**

ismaelita. (Del lat. *ismaelīta*.) adj. Descendiente de Ismael. Dícese de los árabes. Ú. t. c. s. ‖ Agareno o sarraceno. ‖ Apl. a pers., ú. t. c. s.

Ismail I. Biog. Rey de Persia, n. y m. en Ardabil (1487-1524). Fue el fundador de la dinastía de los Sofís. Después de diversas alternativas fue vencido en 1514 por Selim. ‖ **II.** Rey de Persia, m. en Qazvin en 1578. Sobrino del anterior, que logró ascender al trono y murió envenenado. ‖ **Bajá.** Jedive de Egipto, n. en El Cairo y m. en Constantinopla (1830-1895). Apoyó el proyecto del canal de Suez y en 1867 fue nombrado jedive por Turquía.

Ismail o **Izmail. Geog.** Región de la U. R. S. S., en Ucrania; 12.400 km.² y 700.000 habitantes. ‖ C. cap. de la misma; 97.186 h.

Ismailía. Geog. Gob. de Egipto, en la zona central del canal de Suez; 829 km.² y 395.000 habitantes. ‖ C. cap. del mismo; 395.000 h. Magnífico Palacio del Gobierno.

ismailíes. (De *Ismail*.) m. pl. **Rel.** Secta musulmana chiíta, fundada en el s. VIII, que tuvo su origen en Ismail, hijo del sexto imán Yafar al-Sadik (699-767), quien le desposeyó de la sucesión por haber bebido vino. Los partidarios de Ismail no aceptaron tal resolución, y aunque los hijos de éste fueron perseguidos como chiítas, el mayor, Muhammad, se refugió en Persia, de donde sus descendientes pasaron al Jorasán y luego a la India, en tanto que los de Alí, el menor, pasaron a Siria y después a Marruecos. Los ismailíes interpretan el Alcorán con sentido alegórico, creen que la divinidad ha encarnado en varios profetas y practican una obediencia pasiva. Consideran a su jefe espiritual Aga Kan IV como soberano absoluto.

Ismet Pachá. Biog. Inönü (Ismet).

Agar, Ismael y el ángel, por autor anónimo italiano. Museo del Prado. Madrid

Ismid. Geog. Izmit.

-ismo. (Del lat. *-ismus*, y éste del gr. *-ismos*.) suf. que sign. doctrina, secta o sistema: *comunismo*; también sign., a veces, calidad o condición de: *daltonismo*.

ismo. (De *-ismo*, doctrina, secta o sistema.) m. neol. Tendencia de orientación innovadora.

Isna o **Esna. Geog.** Esneh.

Isnos. Geog. Mun. de Colombia, depart. de Huila; 11.343 h. ‖ Pobl. cap. del mismo; 1.558 h.

Isnotú. Geog. Pobl. de Venezuela, est. de Trujillo, dist. de Betijoque, cap. del mun. de José Gregorio Hernández; 1.146 h.

iso-, is-; -iso. (Del gr. *isos*, igual.) pref. o suf. que sign. igual o uniformidad o semejanza. ‖ **Quím.** Como pref., se antepone a los nombres de compuestos orgánicos isómeros en cadena ramificada. También se utiliza para designar otros compuestos isómeros que sólo se diferencian en el enlace de alguna de sus funciones.

I.S.O. Indus. V. norma.

Iso. Geog. hist. C. antigua de Asia Menor, en Cilicia, al fondo del golfo de su nombre, donde Alejandro Magno venció en 333 a. C. a Darío III Codomano.

isoaglutinina. (De *iso-* y *aglutinina*.) f. **Biol.** Cuerpo de aparición provocada o espontánea, que se halla en la sangre de un animal y es capaz de aglutinar la de otros de la misma especie.

isoaloxacina. f. **Quím.** Isómero de la aloxacina, de fórmula $C_{10}H_6O_2$, que constituye el

núcleo básico de la vitamina B₂ o lactoflavina. Se la conoce también con el nombre de *flavina*.
isoásico, ca. adj. Que tiene ejes iguales entre sí.
isobárico, ca. (De *iso-* y *-bárico*.) adj. **isóbaro**.
isóbaro, ra o **isobárico, ca.** adj. **Fís.** Dícese de cualquier transformación que experimenta un sistema, cuando la presión se mantiene constante. ‖ **Meteor.** Dícese de dos o más lugares de igual presión atmosférica media y a

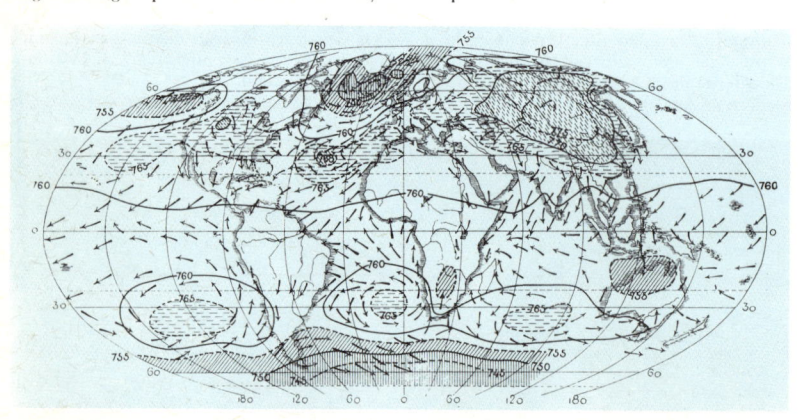

Líneas isóbaras

la línea que une estos lugares en un mapa meteorológico. Ú. t. c. s. f. ‖ **Quím.** V. **isótopo isóbaro**.
isobático, ca. adj. Aplícase a dos o más lugares de igual profundidad y en las cartas hidrográficas a la línea que los une.
Isóbol. **Geog.** Mun. de España, prov. de Gerona, p. j. de Puigcerdá; 237 h. ‖ Lugar cap. del mismo; 42 h.
isobutano. (De *iso-* y *butano*.) m. **Quím.** Hidrocarburo saturado de la serie parafínica, isómero del butano normal, que se encuentra en la fracción ligera del petróleo, de donde se obtiene.
isobutílico, ca. adj. **Quím.** V. **alcohol isobutílico**.
isoca. (Del guar. *ysoca*, apóc. de *ysocarú*; de *ysó*, larva, y *carú*, devoradora.) f. **Entom.** *Arg.* y *Par.* Larva de mariposa que invade y devora los cultivos. Se la designa con diversos nombres vulgares según la especie y la planta que ataca: gramíneas, alfalfa, caña de azúcar, maíz, naranjo, etc.
isocaína. (De *iso-* y *cocaína*.) f. **Quím.** Compuesto parecido a la cocaína en el que se substituyen los etilos de ésta por grupos isopropilo.
isociánico, ca. adj. **Quím.** V. **ácido isociánico**.
isocíclico, ca. (De *iso-* y *cíclico*.) adj. **Quím.** Dícese de los compuestos orgánicos de cadena cerrada, cuyo anillo sólo contiene átomos de carbono. Es sin. de *homocíclico*.
isoclino, na. (De *iso-* y *-clino*.) adj. **Fís.** Que tiene la misma inclinación. ‖ **Fís.** y **Meteor.** Dícese de las líneas que unen los puntos de la superficie terrestre en los que la inclinación magnética tiene el mismo valor.
isocolesterina. (De *iso-* y *colesterina*.) f. Componente de la secreción grasa de la piel (sebo).
isocoria. (De *iso-* y *-coria*.) f. **Anat.** Igualdad en el tamaño de ambas pupilas.
isócoro, ra. (De *iso-* y *-coro*, espacio.) adj. **Fís.** Dícese de la curva que representa la variación de la presión de un gas en función de la temperatura, cuando el volumen del sistema se mantiene constante. ‖ f. Transformación termodinámica realizada a volumen constante.

Isócrates. **Biog.** Orador ateniense, discípulo de Pródico y Gorgias, n. en Atenas (436-338 a. C.). Gozó de la confianza y la amistad de Filipo de Macedonia, y, afligido por la pérdida de la batalla de Queronea, se dejó morir de hambre.
isocromático, ca. (De *iso-* y *cromático*.) adj. **Fís.** Que tiene el mismo color.
isocronismo. (De *isócrono*.) m. **Fís.** Igualdad de duración en los movimientos de un cuerpo.
isócrono, na. (Del gr. *isóchronos*; de *ísos*, igual, y *chrónos*, tiempo.) adj. **Fís.** Aplícase a los movimientos que se hacen en tiempos de igual duración.
isodáctilo, la. (De *iso-* y *dáctilo*.) adj. **Zool.** Que tiene los dedos iguales.
isodinámico, ca. (De *iso-* y *dinámico*.) adj. Dícese de lo que genera igual fuerza. ‖ Dícese de dos cantidades de substancias alimenticias que desprenden igual número de calorías. ‖ Dícese de la línea que une puntos de la superficie de la Tierra con la misma componente horizontal del campo magnético terrestre.
isodosis. (De *iso-* y *-dosis*.) f. Condición de dos o más cantidades que se presentan en la misma cuantía.
isoestructural. (De *iso-* y *estructura*.) adj. **Miner.** Dícese de los minerales que tienen la misma estructura y, por ello, son isomorfos.
isófago. m. desus. **esófago**.
isofeno, na. (De *iso-* y *-feno*.) adj. **Biol.** Dícese de las plantas y animales que presentan el mismo fenotipo.
isofonía. (De *isófono*.) f. Igualdad de sonoridad.
isofónico, ca. (De *isófono*.) adj. Dícese de los sonidos que tienen igual sonoridad.
isófono, na. (De *iso-* y *-fono*.) adj. **Fís.** **isofónico.** ‖ m. Aparato que registra los mensajes telefónicos en ausencia del abonado y es capaz de repetirlos, marcando una clave, incluso llamando desde otro teléfono.
isofoto, ta. (De *iso-* y *-foto*.) adj. **Elec.** Dícese de la línea formada por los puntos de igual iluminación.
isogameto. (De *iso-* y *gameto*.) m. **Biol.** Cada uno de los gametos que intervienen en una conjugación isogámica.
isogamia. (De *iso-* y *-gamia*.) f. **Biol.** Forma de reproducción sexual en la que se conjugan dos gametos aparentemente iguales; se da en diversas algas y otros organismos inferiores.
isoglosa. (De *iso-* y *-glosa*.) adj. Dícese de la línea imaginaria que en un atlas lingüístico pasa por todos los puntos en que se manifiesta un mismo fenómeno. Ú. t. c. s. f.
isogónico, ca. (De *iso-* y *-gónico*, ángulo.) adj. **Fís.** Dícese de la línea que tiene la misma declinación magnética.

isógono, na. (De *iso-* y *-gono*, ángulo.) adj. **Fís.** Aplícase a los cuerpos cristalizados, de ángulos iguales.
isógrado, da. (De *iso-* y *grado*.) adj. **Geol.** Dícese de la línea que, en los mapas de las formaciones rocosas, une los puntos donde el metamorfismo ha alcanzado el mismo grado.
isohieta. (De *iso-* y el gr. *hyetós*, lluvia.) adj. **Meteor.** Dícese de la línea curva que en las cartas meteorológicas enlaza los puntos de un país que tienen igual precipitación acuosa en todas sus formas.
isoionía. (De *iso-* e *ion*.) f. **Quím.** Identidad de concentración iónica en dos soluciones.
Isolda. **Astron.** Asteroide núm. 211, descubierto por Palisa en 1879. ‖ **Lit.** **Iseo.** Figura legendaria celta. Amante de Tristán, esposa del rey Marcos de Cornwall.
isolecito, ta. (De *iso-* y el gr. *lékithos*, yema de huevo.) adj. **Biol.** Dícese del huevo en el que el vitelo nutritivo está repartido uniformemente por todo el protoplasma.
isomería. f. Calidad de isómero. ‖ **Quím.** Fenómeno que se observa en numerosos compuestos orgánicos, los cuales, poseyendo la misma composición centesimal, idéntica fórmula empírica y el mismo peso molecular, tienen distintas propiedades físicas o químicas. **de cadena.** La debida a una diferente ordenación de la cadena carbonada, pues los carbones de ésta pueden formar cadenas rectas y dar lugar al isómero denominado *normal*, o en forma ramificada, y entonces se denomina *isomorfa*. ‖ **cis-trans, isomería geométrica.** ‖ **estereoquímica.** Es la de cuerpos de igual composición y constitución, que difieren principalmente por su comportamiento con la luz polarizada. ‖ **física.** **Fís.** Aquella en la cual sólo difieren las propiedades físicas. ‖ **geométrica.** Aquella que se produce en los compuestos que contienen átomos de carbono unidos por un doble enlace cuyas dos valencias libres en ellos están saturadas con radicales distintos. Esta particularidad da lugar a que la disposición de la molécula en el espacio con respecto a un plano puede tener los substituyentes a un lado o a otro del plano, dando lugar a distintos compuestos con la misma fórmula, denominados *cis-* o *trans-*.

```
   H   R              H   R
   |   |              |   |
   C = C              C = C
   |   |              |   |
   R₁  R₂             R₂  R₁
   cis-               trans-
```

Isócrates. Villa Albani. Roma

Siendo R, R_1 y R_2 distintos radicales, isómeros geométricos. ‖ **química.** Es en la que varían las propiedades químicas y que presenta dos casos: *metamería,* cuando el peso molecular y la composición centesimal son iguales, y *polimería,* cuando la composición centesimal es la misma, pero el peso molecular es distinto.

isómero, ra. (Del gr. *isomerés;* de *ísos,* igual, y *méros,* parte.) adj. **Fís.** y **Quím.** Dícese de los cuerpos de la misma composición, tanto por los elementos que los constituyen (composición cualitativa), como por la proporción en que éstos intervienen (composición cuantitativa), que poseen, no obstante, propiedades físicas o químicas distintas. Este fenómeno es debido a la diferente manera de estructurarse esos componentes. ‖ m. **Quím.** Elemento cuyo núcleo tiene el mismo número atómico y el mismo número másico; pero que durante intervalos perceptibles de tiempo permanece en diferentes estados de energía. ‖ Compuesto orgánico en el cual se produce una isomería.

isométrico, ca. (De *iso-* y *-métrico.*) adj. De dimensiones iguales.

isometropía. (De *iso-, -metr-* y *-opia.*) f. **Med.** Capacidad de refracción igual en un ojo que en el otro.

isomorfismo. fr., *isomorphisme;* it., *isomorfismo;* i., *isomorphism;* a., *Isomorphismus.* m. **Mat.** Correspondencia biunívoca entre los elementos de dos conjuntos A y A', que se extiende a sus propiedades y a las operaciones efectuadas con ellos. Así, si en A se ha definido una operación suma, también en A', y si a es la suma de b y c en A, ha de ser a' suma de b' y c' en A', siendo a', b' y c' los elementos correspondientes de los a, b y c. Si se demuestra que dos conjuntos son isomorfos, basta hacer el estudio de uno de ellos, pues toda proporción demostrada en el primero, es también cierta en el segundo. El álgebra moderna estudia estructuras de conjuntos abstractos, y sus propiedades son así aplicables a todo conjunto abstracto o concreto isomorfo con el modelo. ‖ **Miner.** Calidad de isomorfo. ‖ **Quím.** Propiedad de algunas substancias, que deben reunir estas condiciones: 1) Un cristal de una de ellas debe crecer en la solución saturada de la otra. 2) Al evaporar el disolvente, dos substancias isomorfas deben dar cristales mixtos. 3) Dos substancias isomorfas deben cristalizar en el mismo sistema y la diferencia de los ángulos no debe ser superior a un grado. Además debe cumplirse que los dos compuestos tengan la misma configuración electrónica; que las unidades estructurales respectivas, átomos o iones, no es preciso que sean del mismo tamaño, pero que sus tamaños relativos difieran poco; y que tales unidades estructurales tengan la misma polaridad. Mitscherlich en 1819 enunció la siguiente ley: *Las substancias isomorfas tienen composición química semejante,* que fue muy útil para corregir algunos pesos atómicos y para hallar el del selenio; p. e.:

	Potasio	Oxígeno	Azufre	Selenio
SO$_4$K$_2$ (sulfato de potasio)	44,83	36,78	18,39	–
SeO$_4$K$_2$ (seleniato de potasio)	44,83	36,78	–	45,40

Como son substancias isomorfas, suponemos que si el SO$_4$K$_2$ tiene un átomo de azufre, el SeO$_4$K$_2$ tiene un átomo de selenio.

$$\frac{32)\ \text{peso atómico azufre}}{(x)\ \text{peso atómico selenio}} = \frac{18,39\ \%}{45,40\ \%} =$$

= 79, peso atómico del selenio.

isomorfo, fa. (De *iso-* y *-morfo.*) adj. **Miner.** Dícese de los minerales de composición química próxima, e igual forma cristalina, que pueden presentarse en la naturaleza formando cristales mixtos; tal sucede, p. e., con la *calcita,* CaCO$_3$, y la magnesita, MgCO$_3$, que juntos forman la dolomita (Ca,Mg)CO$_3$. (V. **isomorfismo.**)

isón. m. **Bot.** Nombre peruano de la leguminosa *dálea astragalina.*

Isona y Conca d'Alla. Geog. Mun. de España, prov. de Lérida, p. j. de Tremp; 1.615 habitantes. Corr. 672 a la cap., la villa de Isona.

Isona. Rincón de la villa

isoniazida. (Nombre comercial.) f. **Farm.** Hidracida del ácido isonicotínico, moderno medicamentos antituberculoso. (V. **tuberculosis.**)

isonicotínico, ca. (De *iso-* y *nicotínico.*) adj. **Quím.** V. **ácido isonicotínico.**

isonitrilo. (De *iso-* y *nitrilo.*) m. **Quím.** Compuesto formado por la función —CN, que forma por lo tanto un grupo cuyas propiedades difieren bastante de sus isómeros los nitrilos.

Isonzo. Geog. Río de Yugoslavia e Italia, de 138 km. de curso; n. en el macizo de Terglose, riega Gorizia y Gradisca y des. en el golfo de Trieste, cerca de Monfalcone. Adquirió gran celebridad en la P. G. M. por las batallas que se libraron junto al mismo.

isoperímetro, tra. (De *iso-* y *perímetro.*) adj. **Geom.** Aplícase a las figuras que siendo diferentes tienen igual perímetro.

isópodo, da. (De *iso-* y *-podo.*) adj. **Zool.** Que tiene las patas iguales. ‖ Dícese de los crustáceos malacostráceos, edrioftalmos, o sea con los ojos no pediceolados, con 7 pares de patas torácicas andadoras semejantes entre sí y 6 pares abdominales, que funcionan como

Cochinillas de humedad (crustáceos isópodos)

branquias. Los hay marinos, como los *piojos de mar,* pero los más conocidos son las *cochinillas de humedad,* únicos crustáceos adaptados de un modo permanente al hábitat terrestre. ‖ m. pl Familia de estos crustáceos.

isopreno. m. **Quím.** Hidrocarburo cuya fórmula empírica es C$_5$H$_8$. Se obtuvo por primera vez en la destilación seca del caucho. Industrialmente se obtiene sintéticamente a partir de la acetona, pasando por su derivado sodado, por condensación con acetileno. Este compuesto constituye el eslabón más simple de una serie de productos naturales del reino vegetal, denominados *compuestos terpénicos,* a cuyo grupo pertenecen la mayoría de los componentes de los aceites esenciales.

isoprenoide. adj. **Quím.** Dícese de aquellos compuestos que poseen uno o más grupos de isopreno (v.) en su molécula, como ciertos pigmentos, cloropreno, etc.

isopropílico, ca. (De *iso-* y *propílico.*) adj. **Quím.** V. **alcohol isopropílico.**

isóptero, ra. (De *iso-* y *-ptero.*) adj. **Entom.** Dícese del insecto que tiene las alas iguales. ‖ Dícese de los insectos pterigógenos, exopterigógenos, de cuerpo blando, con antenas y cercos cortos, boca masticadora y alas largas de igual consistencia. Viven en comunidades numerosas, en construcciones llamadas termiteros o comejeneras y tienen polimorfismos sexual y colonial: los obreros y soldados son machos y hembras ciegos, estériles y blancos; los machos y hembras sexuados tienen dos pares de alas membranosas iguales, que se desprenden tras el vuelo nupcial. Existen unas 1.800 especies, casi todas tropicales. Su vida social, como la de las abejas y hormigas, es de un extraordinario interés. Se les llama también *termes* y *termites* (v.). ‖ m. pl. Orden de estos insectos.

isoquímeno, na. (De *iso-* y el gr. *cheimaíno,* sentir el frío del invierno.) adj. **Meteor.** Dícese de la línea que pasa por todos los puntos de la Tierra que tienen la misma temperatura media en el invierno.

isoquinoleína. (De *iso-* y *quinoleína.*) f. **Quím.** Isómero de la quinoleína, de fórmula C$_9$H$_7$, que se diferencia de ésta por la posición del nitrógeno en el anillo de piridina. Oxidando la isoquinoleína se obtiene el ácido ftálico.

Isos. Geog. hist. V. **Iso.**

isosafrol. m. **Quím.** Derivado isómero del safrol, de fórmula C$_{10}$H$_{10}$O$_2$. Se encuentra en la naturaleza en la esencia de *ylang-ylang,* de donde se extrae.

isósceles. (Del lat. *isoscéles,* y éste del gr. *isoskéles;* de *isos,* igual, y *skelos,* pierna.) adj. **Geom.** V. **triángulo isósceles.**

isosilábico, ca. (De *iso-* y el gr. *syllabikós,* silábico.) adj. Dícese de las formas y sistemas de versificación que asignan un número fijo de sílabas a cada verso.

isosilabismo. m. Calidad de isosilábico. ‖ Sistema isosilábico de versificación.

isosista. (De *iso-* y *-sista.*) adj. **Geol.** Dícese de la curva obtenida al unir en un mapa los puntos en que la intensidad de un seísmo fue la misma. U. t. c. s.

isospín. (De *isotópico* y *espín.*) m. **Fís. nucl.** Número cuántico nuclear. Se apoya en la hipótesis de que un protón y un neutrón son estados diferentes de un nucleón.

isóspora. (De *iso-* y *espora.*) f. **Bot.** V. **isospóreo.**

isospóreo, a. (Del gr. *iso-* y *espora.*) adj. **Bot.** Dícese de las plantas cuya fase de esporofito produce esporas iguales (*isósporas*) que dan lugar a protalos hermafroditas con arquegonios y anteridios.

isosporo, ra. adj. **Bot.** **isospóreo.**

isostasia. (De *iso-* y *-stasia.*) f. **Geol.** Teoría propuesta por el geólogo estadounidense Dutton, en 1889, según la cual la corteza terrestre tiende a un equilibrio hidrostático mediante movimientos verticales de los bloques de distinta densidad, que forman los continentes y los fondos oceánicos.

isostático, ca. (De *iso-* y *-stático.*) adj. **Mec.** Dícese de la línea que enlaza los puntos en que el equilibrio es idéntico.

isostémono, na. (De *iso-* y *-stémono.*) adj. **Bot.** Se dice de la planta o de la flor que tiene el mismo número de estambres que de piezas perianticas.

isotermia. (De *iso-* y *-termia.*) f. **Fís., Meteor.** y **Zool.** Condición de isotermo.

isotérmico, ca. (De *iso-* y *-térmico.*) adj. **Fís.** isotermo.

isotermo, ma. (De *iso-* y *-termo.*) adj. **Fís.** De igual temperatura. || Dícese de la transformación termodinámica realizada a temperatura constante. En ella se cumple la ley de Boyle-Mariotte para los gases perfectos (p. v. = constante). || Dícese de la línea de variación de la presión, en función del volumen de un gas, cuando la temperatura permanece constante. || **Meteor.** Dícese de la línea que pasa por todos los puntos de la Tierra de igual temperatura media anual. Ú. t. c. s. || **Zool.** homotermo.

isótero, ra. (De *iso-* y el gr. *théros*, verano.) adj. **Meteor.** Dícese de la línea que pasa por todos los puntos de la Tierra que tienen la misma temperatura media en el verano.

isótoma. (Voz del lat. científico.) **Entom.** Gén. de insectos apterigógenos del orden de los colémbolos, con el aparato saltador muy encorvado y que vive en los hielos alpinos, donde se conoce como *pulga negra de los glaciares* (*i. sáltans*).

isotónico, ca. adj. **Quím.** Dícese de las soluciones que a la misma temperatura tienen igual presión osmótica.

isótono, na. (De *iso-* y, probablemente, del gr. *tónos*, tensión, estiramiento.) adj. **Fís.** y **Quím.** Dícese de dos núcleos que tienen el mismo número de neutrones y distinto número de protones.

isotópico, ca. adj. **Fís.** y **Quím.** Relativo o perteneciente a un isótopo.

isótopo. (Del gr. *isos*, igual, y *topos*, lugar.) m. **Fís.** y **Quím.** Elemento de la misma estructura atómica e iguales propiedades que otro, pero de peso atómico diferente; como, p. e., el hidrógeno pesado o deuterio (v.), de peso atómico 2,0137, mientras el hidrógeno ordinario lo tiene igual a uno; o los uranios naturales U-234 y U-235, o los producidos en las transmutaciones atómicas, denominados U-237 y U-239, cuando el uranio tiene 238 de peso atómico. La diferencia radica en la masa del núcleo y en el número de electrones. Si los isótopos intervienen en la formación de compuestos, transmiten a éstos cualidades particulares. Los isótopos radiactivos, obtenidos en la pila atómica y de los que se conocen más de 700, aunque sólo se utilizan unos pocos, se consideran como el mejor medio de investigación subsiguiente a la aparición del microscopio, sobre todo para la observación de procesos biológicos e investigaciones físicas y químicas. || **isóbaro.** Dos o más isótopos de distintos elementos son isóbaros cuando tienen el mismo peso atómico. || **nuclear. isótopo isóbaro.**

isotrón. (De *isótopo* y *electrón.*) m. **Fís.** Separador electromagnético de masas, que utiliza una amplia fuente de iones. Éstos son acelerados de manera que los de masas distintas adquieren velocidades diferentes.

isotropía. f. **Fís.** Calidad de isótropo.

isótropo, pa. (De *iso-* y el gr. *tropos*, dirección.) adj. **Fís.** y **Miner.** Dícese del cuerpo que tiene las mismas propiedades en todas direcciones. Los únicos cuerpos absolutamente isótropos son los líquidos y gases y los sólidos amorfos, porque su cohesión tiene igual intensidad en todas direcciones.

ispacle. (Del azt. *ixtli*, medicina.) f. **Bot. Méj.** Planta que sirve de remedio para los ojos.

Ispahán o **Isfahán. Geog.** Prov. de Irán; 95.000 km.² y 1.750.000 h. || C. cap. de la misma; 671.825 h. Es la antigua *Aspadana* de Tolomeo. Conserva restos de su pasado esplendor.

Isparta. Geog. Prov. de Turquía asiática, región de Anatolia Occidental; 8.933 km.² y 300.391 h. || C. cap. de la misma; 51.107 h. Fábricas de alfombras y tapices.

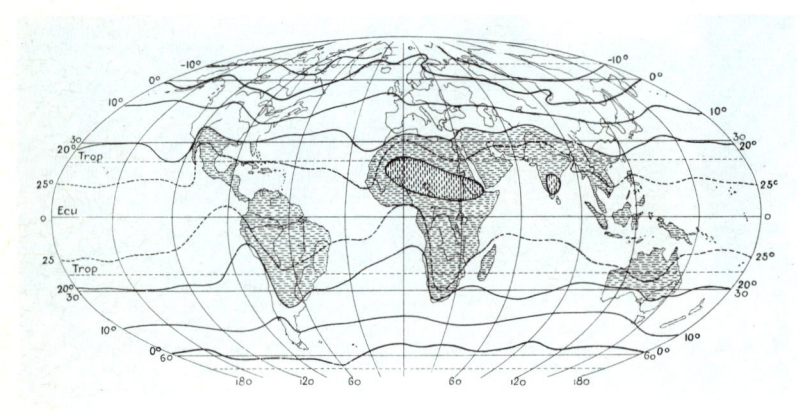

Líneas isotermas

Reactor para producir isótopos. Instituto de Investigaciones Nucleares. Swierk, cerca de Varsovia

Ispahán. Mezquita de Mollah-Loz-Follah

Ispáster. Geog. Mun. de España, prov. de Vizcaya, p. j. de Guernica y Luno; 798 h. Corr. 259 a la cap., la anteiglesia de Elejalde Ispáster.

Ispizúa (Segundo de). Biog. Historiador español, n. en Bermeo y m. en Madrid (1869-1924). Estudió especialmente la intervención de los vascos en el descubrimiento y colonización de América. Obras principales: *Los vascos en América, Biblioteca de historiales vasca, La primera vuelta al mundo* e *Historia de la Geografía y la Cosmografía en las edades Antigua y Media.*

isqu-. pref. V. **isquio-.**

isquemia. (De *isqu-*, retener, y *-emia.*) f. **Pat.** Estado de retención de la sangre arterial en una parte u órgano del cuerpo.

isqui-. pref. V. **isquio-.**

isquiático, ca. adj. **Anat.** Perteneciente o relativo a la cadera o al isquion.

isquio-, isqui-, isqu-; -isquio. (Del gr. *ischion*, cadera; o de *ischo*, detener.) pref. o suf. que sign. cadera; o, también, detención, retención; e. de suf.: *ornitisquio.*

isquiocavernoso. adj. **Anat.** Dícese de un músculo que ejerce la compresión venosa que conduce a la erección del pene o el clítoris.

isquion. fr., *ischion;* it., *ischio;* i., *ischium;* a., *Sitzbein.* (Del gr. *ischíon.*) m. **Anat.** y **Zool.** Hueso que, con el pubis y el ilion (o íleon), constituye la cintura pelviana de los vertebrados. En los mamíferos está soldado a ellos formando la cadera, de la que ocupa la parte inferoposterior.

Israel. Biog. Nombre dado a Jacob, según la Sagrada Escritura, después de su lucha con un ángel. || Por ext., el pueblo hebreo. || **(Estado de). Geog.** República democrática del occidente de Asia.

Situación y límites. Está sit. en el Levante mediterráneo. Sus límites son: al N. la República de Líbano, al E. la República de Siria y de Jordania, al S. el golfo de Aqaba y al O. el mar Mediterráneo.

Superficie y población. Superf., 20.255 km.²; pobl. absoluta, 3.121.800 h.; pobl. relativa, 154,2 h. por km.².

Geografía física. El país se extiende desde el Mediterráneo hasta el mar Muerto. A continuación de las llanuras costeras, y paralelamente al litoral, se levanta una cadena montañosa calcárea, que continúa la orografía siria y que en el Hebrón alcanza 1.027 m. de alt. La costa es rectilínea en general. El río más importante es el Jordán, que nace en el monte Hermón, atraviesa el lago Tiberíades e internándose en Jordania desagua en el mar Muerto, que pertenece a las dos naciones. Éste, con una extensión de 930 km.², está sit. a 392 m. bajo el nivel del mar. El clima es de tipo mediterráneo: la llanura litoral, con veranos secos e inviernos lluviosos, y el interior, aunque más húmedo, es estepario.

Geografía económica. La parte más fértil de Israel se halla en la llanura costera, claramente mediterránea. Con ayuda del riego ha adquirido gran importancia el cultivo de los agrios, pero está muy difundida la cerealicultura y abundan los frutales. También tiene importancia agrícola la zona de Galilea, que da, en sus valles, cereales y frutales. El terreno cultivable abarca una superf. de 342.000 hect., lo que representa el 16,5 % de la superf. total; los cultivos arborescentes, 88.000 hect.; los prados y pastos permanentes, 818.000 hect.; la selva, 114.000 hect., y el 34,2 % es improductivo. Los cultivos más difundidos son los cereales y sobre todo el trigo (95.000 hectáreas y 241.000 ton.), la cebada (25.000 y 27.000) y el sorgo (7.000 y 25.000), correspondientes a la cosecha de 1975. El cultivo de la vid se encuentra difundido principalmente por la llanura de Giuda y de Sharon (9.000 hect., y 80.000 ton. de uva); el olivo se cultiva por todo el país, si bien es la parte de Galilea occidental la más productiva. Otros cultivos son: algodón, remolacha azucarera, tabaco, cacahuete, sisal, sésamo, patata, etc. El patrimonio ganadero, en 1975, estaba compuesto de las siguientes cabezas: bovino, 300.000; ovino, 197.000; caprino, 138.000, etc. La pesca desembarcada, en 1975, arrojó un total de 24.200 ton. El subsuelo israelí es pobre en recursos mineros. Desde 1955 se vienen explotando los pozos petrolíferos del Neyed, con una producción de 43.200 ton. de petróleo en 1976. Se extrae hierro en el N. de Galilea y cobre en Neyed. Se obtiene sal marina en los alrededores de Haifa y en la parte meridional del mar Muerto. En los yacimientos potásicos de Sedón se extrajeron 600.000 ton. en 1974. Los fosfatos naturales se extraen del Neyed septentrional: 1.124.000 ton. en 1974.

Industria. La energía eléctrica es total de origen térmico. La potencia instalada, en 1974, era de 1.913.000 kw., y la producción, en el mismo año, fue de 9.153 millones de kwh. Las actividades industriales están concentradas principalmente en los alrededores de Tel Aviv-Jaffa (industrias ligeras y alimentarias) y en la llanura de Haifa (industrias químicas, petroquímicas, metalúrgicas y de cemento). En Haifa radica también una factoría para el montaje de automóviles: 3.924 turismos y 3.096 vehículos comerciales en 1976. La zona Tel Aviv-Jaffa es el centro de la industria textil: 23.300 ton. de hilados de algodón y 12.600 ton. de tejidos; 8.900 ton. de hilados de lana y 1.000 ton. de tejidos, en 1974. Natanya es el centro principal para la elaboración de diamantes. El volumen del comercio exterior, en 1975, fue de 4.140,4 y 1.835 millones de dólares para las importaciones y para las exporta-

Israel

Zona industrial, en Nazaret

ciones, respectivamente. La unidad monetaria es la libra israelí, cuya paridad con el dólar, en enero de 1976, era de 7,24 libras por 1 dólar estadounidense. La marina mercante cuenta con 65 navíos y un registro bruto de 451.323 ton. (1975). Los principales puertos son: Haifa y Ashdoh en el Mediterráneo, y Eilat en el golfo de Aqaba. Los ferrocarriles tienen una long. de 781 km., y las carreteras, de 10.657 (1974). El principal aeropuerto se encuentra en Lod, al SE. de Tel Aviv-Jaffa.

Geografía política. La religión mayoritaria es la hebrea, con 2.959.400 creyentes; hay 411.400 musulmanes, 80.200 cristianos, de los que 19.000 son católicos, y 42.200 drusos. La lengua oficial es el hebreo moderno; el árabe lo habla solamente una minoría de la pobl. Israel es una república de tipo parlamentario, proclamada el 14 de mayo de 1948. Asamblea Nacional (*Knesset*) de 120 miembros, elegidos mediante el sistema de representación proporcional para un mandato de cuatro años. El presidente de la República es elegido, para un período de cinco años, por el *Knesset*.

División territorial. A continuación se inserta el cuadro de la división administrativa:

Distritos	Superficie Km.²	Población Habitantes	Capitales y su población
Central	1.242	572.300	Ramla (34.100 h.).
Haifa	854	480.800	Haifa (218.700).
Jerusalén	557	338.600	Jerusalén (304.100).
Meridional	14.107	351.300	Beersheba (84.100).
Septentrional	3.325	473.700	Nazaret (33.300).
Tel Aviv	170	905.100	Tel Aviv-Jaffa (362.900).
Totales	20.255	3.121.800	

Historia. Palestina —hoy Israel, como en los días bíblicos— fue teatro de grandes acontecimientos, desde el punto de vista religioso y moral, los más importantes para la humanidad. Allí nació la idea monoteísta, profesada por los patriarcas hebreos o judíos (v. esta voz), Abraham, Isaac y Jacob, como precursores, y que Moisés divulgó con el Decálogo. Después de algunos siglos de estar sometida al gobierno de Egipto, cayó (h. 1100 a. C.) en poder de los filisteos, de los cuales tomó el nombre. Los hebreos, aliados con los cananeos, arrojaron del país a los filisteos, y desde entonces, bajo el gobierno de David, Palestina llegó a un alto grado de prosperidad. Desde el s. IX al VI a. C., Asiria y Babilonia dominaron, alternativamente, el país. Desde el s. VI al IV. Persia tomó el mando de las provincias de Babilonia, incluso Palestina, y permitió a los hebreos desterrados residentes en Babilonia volver a su patria y reconstruir Jerusalén. Alejandro Magno sojuzgó el Imperio persa (desde 333 a C.), y, después de su muerte y de la división de su Imperio, Palestina pasó a poder de Egipto y de la dinastía de los Tolomeos, que derrotaron a los seléucidas a través del devastado suelo de Palestina. Como estas potencias se debilitasen ante las embestidas de Roma, los hebreos se sublevaron; los hermanos Macabeos los condujeron a la lucha (168 a. C.), y en 143 habían conseguido la completa libertad. El año 70, y a consecuencia de una rebelión contra Roma, Jerusalén quedó prácticamente destruida tras de un largo asedio, y durante seis siglos el Imperio romano fue dueño de Palestina. Bajo la dominación romana surgió el cristianismo con el nacimiento del Redentor en Belén. En 635 de nuestra era, la caída de Damasco puso a Palestina bajo el yugo de los musulmanes; desde el s. VII al XI, Palestina fue gobernada por los califas, y en el XI, los turcos fueron dominándola gradualmente. El período de las Cruzadas (siglos XII-XIII) terminó dejando aún a Palestina bajo el poder de los turcos. Un nuevo terror apareció en el s. XIII, procedente del N., con las hordas tártaras, y los mamelucos o sultanes tártaros gobernaron a Palestina hasta que los turcos otomanos, en el s. XVI, prevalecieron, gobernando el país hasta ser derrotados y desposeídos de él en 1918. En 1920, la Conferencia de San Remo adjudicó al R. U. el mandato sobre Palestina, que fue ratificado por la Sociedad de Naciones, en 1923, y apoyado por EE. UU. en el año siguiente. El país se rigió, a continuación, por la Constitución de 1922-23. El comisario británico era el jefe de la administración y presidente del Consejo Ejecutivo, de tres miembros. La S. G. M. es un breve paréntesis en el problema de Palestina; mas, terminado el conflicto, la cuestión judía entra en un período agudo. El 14 de mayo de 1948, el R. U. dio por terminado su mandato, y el mismo día el Consejo Nacional, en nombre del pueblo judío de Palestina y del movimiento sionista mundial, «en virtud del derecho natural e histórico del pueblo judío y por la resolución de la Asamblea General de las Naciones Unidas», proclamó el Estado de Israel. Por su parte, en 2 de octubre del mismo año se proclamó en Gaza el Estado árabe; sus límites eran: Siria y Líbano al N., Siria y Transjordania al E., el mar Mediterráneo al O. y Egipto al S. No reconocía, pues, el Estado judío de Israel. Esta nueva situación provocó la guerra civil entre judíos y árabes en Palestina y entre Israel y los Estados árabes vecinos. En febrero de 1949 fue nombrado Chaim Weizmann presidente de la República, y el 11 de mayo siguiente se admitió a Israel en la O. N. U. La internacionalización de Jerusalén, acordada por la O. N. U. en diciembre de 1949, no ha sido aceptada por Israel ni por los Estados árabes. Posteriormente, Jordania se anexionó 6.000 km.² de la Palestina árabe con unos 300.000 h.; el hecho desagradó a Israel y a los Estados de la Liga Árabe. En la apertura del Parlamento (24 de abril de 1950), el rey Abdullah declaró que esta medida no prejuzgaba la solución del pleito de Palestina ni significaba

El doctor Ch. Weizmann (en el centro)

perjuicio alguno para los pueblos árabes. El 9 de noviembre de 1952 falleció el presidente Weizmann, y el Parlamento eligió para sucederle a Isaac ben Zvi, uno de los fundadores del sionismo. La situación entre Israel y sus vecinos era de recelo y vigilancia, y el choque podía producirse tanto por la necesidad de espacio vital de Israel como por problemas económicos, entre los cuales figura en primer lugar el proyecto israelí de aprovechamiento integral del curso superior del Jordán, que podría dejar seco el río en la Palestina árabe y Jordania. En octubre de 1956, Israel invadió Egipto, asistido por Francia y el R. U., lo que dio lugar a un grave conflicto en Oriente Próximo y a la inutilización del canal de Suez por los egipcios. Finalizada la breve guerra por presión de la O. N. U., de EE. UU. y de la U. R. S. S., Israel se vio obligado a evacuar el territorio conquistado (1957). El 5 de junio de 1967, Israel comenzó la guerra, que se ha llamado «de los seis días», contra los países árabes, y su triunfo fue aplastante; en sólo sesenta horas de guerra, a pesar de las elevadas pérdidas ocasionadas por las guerrillas árabes, llegó por el O. hasta las orillas del canal de Suez, y por el E., hasta las márgenes del Jordán; por el N. amenazó la capital de Siria, y al S. se apoderó de la fortaleza de Sharm el-Cheij. Las grandes potencias declararon su

Efraín Katzir, Golda Meir y la esposa del jefe del Estado

neutralidad en el conflicto y a los cinco días la O. N. U. anunció que el alto el fuego, antes acordado y no respetado, ya era efectivo; finalizó, por tanto, el conflicto bélico el 10 del mismo mes. A las hostilidades siguió un violento forcejeo diplomático para que cada país reconociera lo que le pertenecía, pero lejos de conseguirse esto, los dos bandos han mantenido una constante guerra fría que se ha interrumpido a cortos intervalos para convertirse en activas escaramuzas locales. Mediante la intervención diplomática de otros países, EE. UU., U. R. S. S., etc., se consiguió una tregua en las hostilidades, aceptada tanto por Egipto como por Israel. Pero lo que no quiso aceptar el Estado judío fue una paz que tuviera como base la retirada de los territorios conquistados en la «guerra de los seis días», ya que la extensión territorial la consideraba necesaria para su seguridad. Por su parte, Egipto exigía a Israel una vuelta a las fronteras anteriores a la guerra y un tope en la inmigración judía. A la muerte del primer ministro Levi Eshkol (febrero de 1969), fue nombrada para ocupar su cargo Golda Meir. El 10 de abril de 1973 fue nombrado presidente de la República Efraín Katzir. El 6 de octubre comenzó la llamada «cuarta guerra árabe-israelí». V. **Oriente (Próximo).** El 11 de abril de 1974 dimitió Golda Meir y el partido eligió su partido nuevo líder en la persona de Yitzhak Rabin, quien fue encargado de formar nuevo Gobierno. El 31 de mayo de 1974, las delegaciones de Siria e Israel firmaron en Ginebra un acuerdo de separación de fuerzas en el Golán, al que siguió un inmediato alto el fuego. Los israelíes se retiraban al O., cediendo sus conquistas del octubre anterior y parte de las de 1967, y los sirios al E., quedando separados por una franja central que ocuparían las fuerzas de la O. N. U., con una serie de seguridades para uno y otro bando garantizadas por EE. UU. En noviembre de 1976, la Asamblea General de la O. N. U. aprobó una resolución en pro de los palestinos, exigiendo la retirada israelí de los territorios árabes ocupados, para antes del 1 de junio de 1977. Dicha resolución fue rechazada y considerada fuera de derecho por el Gobierno israelí, y para contrarrestar la amenaza de las fuerzas sirias, reforzó militarmente la zona nórdica del país, fronteriza con el Líbano. El 22 de abril de 1977, Simón Peres substituyó interinamente en el cargo de primer ministro a Yitzhak Rabin, que dimitió a causa de un escándalo financiero. Celebradas las elecciones generales el 17 de mayo, triunfó el partido Likud, cuyo líder, Menahem Begin, tras obtener el voto de confianza del Parlamento, formó nuevo Gobierno. En abril de 1978 fue elegido presidente Isaac Navon. Las tropas israelíes han penetrado varias veces en el sur del territorio libanés (marzo de 1978 y enero de 1979) para destruir los campamentos de fedayines establecidos en esta zona del Líbano y crear una franja de seguridad a lo largo de la frontera con este país. Las conversaciones mantenidas en Camp David (EE. UU.) entre Israel y Egipto, culminaron con un tratado de paz entre ambos países, firmado en Washington (26 de marzo de 1979). El tratado comprende principalmente: retirada de las tropas israelíes de los territorios ocupados en la península del Sinaí, fin del estado de guerra entre los dos países y la iniciación de negociaciones para llegar a un acuerdo sobre la autonomía del pueblo palestino. Con la retrocesión israelí hasta la línea que une El-Arish con el cabo Muhammad, el 25 de enero de 1980, se cumplió la primera etapa del tratado de paz. Un día después fueron normalizadas las relaciones egipcio-israelíes, con apertura de fronteras terrestres, marítimas y aéreas; sin embargo, aparecen marcadas diferencias en torno a las negociaciones sobre la autonomía palestina.

israelí. (De *Israel*.) adj. Natural o ciudadano del Estado de Israel, o perteneciente a dicho Estado. Ú. t. c. s.

israelita. (Del lat. *israelīta*.) adj. **hebreo,** judío. Apl. a pers., ú. t. c. s. || Perteneciente o relativo al que profesa la ley de Moisés. || Natural o perteneciente al antiguo reino de Israel. Ú. t. c. s.

israelítico, ca. (Del lat. *israelīticus*.) adj. Perteneciente al antiguo reino de Israel.

Israels (Jozef). Biog. Pintor holandés, n. en Groningen y m. en La Haya (1824-1911). Empezó su carrera con asuntos históricos; pero impresionado por el sufrimiento de los pescadores de Zandvoort, se incorporó al realismo.

Issos. Geog. hist. Iso.
Issus. Geog. Iso.
Issyk-Kul. Geog. Lago de la U. R. S. S., en Kirguizistán. || Prov. de la U. R. S. S., en Kirguizistán; 43.000 km.^{2} y 311.992 h. Cap., Przevalsk.

-ista. suf. en nombres grecolatinos, como *helenista,* y en castellanos derivados de nombres, adjetivos o verbos. Denota oficio, profesión, etc.

istacayota. (Del azt. *iztac*, cosa blanca, y *ayotli*, calabaza.) f. **Bot.** *Méj.* Cidracayote, variedad de sandía.

istacoate o **istacuate.** (Del azt. *iztac*, blanco, y *coatl*, culebra.) m. **Zool.** *Méj.* Nombre común a varios ofidios venenosos de la familia de los crotálidos, en especial al *bóthrops nummifer* y al *b. nasuta*.

istafiate. m. **Bot.** estafiate.

Istán. Geog. Mun. y villa de España, prov. de Málaga, p. j. de Marbella; 1.546 h. *(istaneños).*

Istanbul. Geog. Estambul.
Istanköy. Geog. Cos.

istapacle. (Del azt. *iztac*, blanco, y *patli*, medicina.) m. **Bot.** *Méj.* Planta apocinácea, usada como purgante.

Istar. Mit. Divinidad caldea, llamada también Astarté o Astoret. Era la diosa del amor y la naturaleza, la que otorgaba la fecundidad. Con los dioses Sin y Shamash formaba la tríada caldea.

istiofórido, da. (Del lat. científico *istióphorus*, gén. tipo de peces, e *-ido*; aquél del gr. *histíon*, vela de navío, y *phorós*, portador.) adj. **Zool.** Dícese de los peces teleóstomos, del orden de los perciformes, de cuerpo alargado y comprimido, mandíbula superior muy prolongada y con una enorme aleta dorsal. Son propios de los mares cálidos y templados, y la

Victoria de los israelitas y cántico de Débora, por Lucas Jordán

especie más típica es el *pez vela*. || m. pl. Familia de estos peces.

istmeño, ña. adj. Natural de un istmo; perteneciente o relativo a él. Ú. t. c. s. || Natural del istmo de Tehuantepec, región del est. mejicano de Oaxaca; perteneciente o relativo a dicha región. Ú. t. c. s. || Natural del istmo de Panamá; perteneciente o relativo a él. Ú. t. c. s.

ístmico, ca. adj. Perteneciente o relativo a un istmo. || m. pl. Juegos que se celebraban en el istmo de Corinto el segundo y cuarto año de cada olimpíada.

Istmina. Geog. Mun. de Colombia, depart. de Chocó; 29.426 h. || Pobl. cap. del mismo; 5.575 h.

istmo. (Del lat. *isthmus*, y éste del gr. *isthmós*.) m. **Geog.** Lengua de tierra que une dos

Istolacio–Italia

continentes o una península con un continente. ‖ **de las fauces.** *Anat.* Abertura entre la parte posterior de la boca y la faringe; la limitan por arriba el velo del paladar; por los lados, los pilares de éste; por abajo, la base de la lengua. ‖ **del encéfalo.** Parte inferior y media del encéfalo en que se unen el cerebro y el cerebelo.

Istolacio. *Biog.* Régulo hispano, turdetano, m. en 237 a. C. Al igual que Indortes, se sublevó contra los cartagineses. Uno y otro pagaron su resistencia con la vida y fueron crucificados por orden de Amílcar Barca.

Istrati (Panait). *Biog.* Escritor y novelista rumano, n. en Braila y m. en Bucarest (1884-1935). En sus novelas pinta tipos y costumbres de su país. Deben citarse *Kira Kiratina*, *Mi tío Ángelo* y *Los Aiducs*.

Istria. *Geog.* Parte peninsular de la Venecia Julia, hoy de Yugoslavia, república de Croacia. Sus costas son muy accidentadas.

istriar. tr. **estriar.**

Istúriz (Francisco Javier de). *Biog.* Político español, n. en Cádiz y m. en Madrid (1790-1871). Fue presidente de las Cortes de Sevilla y Cádiz en 1825; tuvo que huir al suspender Fernando VII la Constitución y regresó a España en 1834, siendo entonces nombrado presidente de la Cámara y poco después ministro de Estado y presidente del Consejo; más tarde volvió a ocupar este elevado puesto (1846 y 1858).

isuate. m. *Bot.* Especie de palma de Méjico, de cuya corteza se hacen colchones.

Isuerre. *Geog.* Mun. y lugar de España, prov. de Zaragoza, p. j. de Ejea de los Caballeros; 75 h.

isuma. m. *Zool.* Primate de la familia de los cercopitécidos, subfamilia de los cercopitecinos; es un mono de pelaje bellamente combinado en negro y amarillo, que vive en Guinea Ecuatorial *(cercopithecus grayi)*.

isúrido, da. (Del lat. científico *isurus*, gén. tipo de peces, e *-ido;* aquél del gr. *ísos*, igual, y *ourá*, cola.) adj. *Zool.* Dícese de los peces elasmobranquios plagióstomos, del orden de los escuálos, talla mediana o grande, con aleta caudal en forma alunada, aletas dorsales, grandes hendiduras branquiales, hocico cónico y mandíbulas erizadas de dientes todos iguales. Son los tiburones llamados *marrajos* y *jaquetones*. ‖ m. pl. Familia de estos peces.

-ita. (Del suf. del lat. científico *-ites*.) suf. usado en nombres de minerales: *magnes***ita**.

ita. adj. aeta. Ú. t. c. s.

Itá. *Geog.* Mun. de Paraguay, depart. Central; 25.204 h. ‖ Pobl. cap. del mismo; 7.105 h. ‖ **Ibaté.** Local. de Argentina, prov. de Corrientes, depart. de General Paz; 1.588 h.

Ítaca. *Geog.* Isla de Grecia, en el nomo de Léucada; 100 km.² y 12.000 h. Cap., Vathi. Producción de pasas y aceites. Es considerada como patria de Ulises.

Itacaruaré. *Geog.* Pobl. de Argentina, prov. de Misiones, depart. de San Javier; 6.750 h. Algodón y tabaco.

itacate. (Del azt. *itacatl*, bastimento.) m. *Méj.* Provisiones de boca que llevan los indígenas cuando van de viaje.

itacismo. (De *ita*, pronunciación gr. mod. de *eta*, e *-ismo*.) m. **Filol.** Fenómeno del griego moderno y también de otras lenguas, consistente en el paso a sonido *i* de algunos otros sonidos; en el griego, la conversión de varios diptongos y vocales (p. e. la *eta*) en el sonido de la *iota*. Este proceso se denomina también con menos frecuencia *yotacismo* o *yotización*.

Itacuararé. *Geog.* Local. de Argentina, prov. de Misiones, depart. de San Javier; 422 habitantes.

Itacurubí de la Cordillera. *Geog.* Dist. de Paraguay, depart. de La Cordillera; 9.558 h. ‖

Pobl. cap. del mismo; 1.953 h. ‖ **del Rosario.** Mun. de Paraguay, depart. de San Pedro; 10.979 h. ‖ Pobl. cap. del mismo; 2.460 h.

Itaguá. *Geog.* Dist. de Paraguay, depart. Central; 17.670 h. ‖ Pobl. cap. del mismo; 3.052 h.

Itagüí. *Geog.* Mun. de Colombia, depart. de Antioquia; 98.312 h. ‖ Pobl. cap. del mismo; 96.972 h.

Itakyry. *Geog.* Mun. de Paraguay, depart. de Alto Paraná; 5.935 h. ‖ Pobl. cap. del mismo; 957 h.

Ítala. f. **Bibliog.** Versión latina de la Biblia, hecha palabra por palabra del texto griego de los Setenta. Anterior a la *Vulgata*, estuvo en uso en la Iglesia desde principios del s. II. Recibe también los nombres de *Itálica* y *Vulgata vetus*.

Italia. *Geog.* Estado de Europa meridional.

GENERALIDADES

Situación y límites. El Estado italiano está instalado en la península apenina. Su terr. comprende: una parte continental, que es la vertiente meridional de los Alpes, la península propiamente dicha, y otra parte, la insular, integrada principalmente por las islas de Sicilia y Cerdeña. Está sit. Italia entre los 36° 38' y 47° 5' de lat. N. y los 6° 32' y 18° 31' de long. E. de Greenwich. Limita al N. con Suiza y Austria; al E. con Yugoslavia y el mar Adriático; al S. con el estrecho de Sicilia, que la separa de África, y al O. con el mar Tirreno y Francia. Su long. máxima es de 1.200 km.

Superficie y población. Super., 301.243 km.²; pobl. absoluta, 54.134.846 h.; pobl. relativa, 179,7 h. por km.²

GEOGRAFÍA FÍSICA

Relieve. El relieve está constituido principalmente por la porción cóncava del arco de los Alpes y la cadena de los Apeninos, que recorren toda la península, a modo de columna vertebral, alcanzan la región de Calabria y se continúan por la isla de Sicilia. En la zona italiana de los Alpes son numerosas las alturas que superan los 3.000 m. La vertiente desciende rápida sobre las llanuras lombarda y veneciana. En Sicilia se encuentra la mayor altura de los Apeninos en el monte Etna (3.274 m.). El arco de los Apeninos meridionales es volcánico y sísmico: son activos algunos volcanes, como el Etna, el Estrómboli, en las islas Lípari, y el Vesubio, junto a Nápoles.

Costas e islas. Las costas occidentales están bañadas por el mar de Liguria y el mar Tirreno, al N. y S., respectivamente, donde se forman los golfos de Génova, Gaeta, Nápoles, Salerno y Policastro; en este litoral se encuentran las islas de Elba, Ischia, las Pontinas y las Lípari. Las costas del mar Jónico presentan las penínsulas de Calabria y Apulia. El canal de Otranto es la entrada al mar Adriático, en el que se encuentran el promontorio de Gasgano, la punta de Ancona, las islas Tremiti, los golfos de Manfredonia, Venecia y Trieste. Las costas de Sicilia y de Cerdeña son abruptas.

Hidrografía. El régimen fluvial de Italia se compone fundamentalmente de: *a)* torrentes alpinos; *b)* torrentes apeninos de típica naturaleza mediterránea. Los ríos de tipo alpino más importantes son: Isonzo (130 km.), Taglia-

Lago Como

mento (170), Piave (215), Brenta (170) y Adigio (320). Los torrentes apeninos, encajados en valles angostos, como el Arno (220 km.) y el Tíber (393), han creado sus pequeños deltas sobre el Tirreno. Pero el más importante de los ríos italianos es el Po (675 km.), que n. en los Alpes y en su desembocadura forma un inmenso delta. Sus afluentes más caracterizados son los alpinos: el Tesino (250 km.) el Adda (300) y el Tanaro (276). En la vertiente meridional de los Alpes centrales, junto a la llanura lombarda, se alojan lagos de origen glaciar: Como, Garda, Iseo y Mayor. Entre Roma y Florencia, de S. a N., viejos cráteres de volcanes extinguidos están ocupados por lagos: Trasimeno, Bolsena, Brácciano y Nemi.

Climatología. El clima está muy condicionado por el singular relieve italiano. Hay cuatro regiones fisiográficas y climáticas: 1) la alta región alpina, que ofrece caracteres comunes con Suiza, aunque más templado por su exposición meridional; 2) la llanura del Po, en la que predomina el clima continental; 3) la arista montañosa apenina, y 4) las llanuras costeras, en las que el clima es típicamente mediterráneo.

GEOGRAFÍA ECONÓMICA

Agricultura y silvicultura. Los terrenos cultivados ocupan 27.061.507 hect., de las que 9.264.682 están dedicadas al cultivo de gramíneas, 5.213.828 a prados permanentes, 2.955.273 a cultivos arbóreos y 6.292.328 están ocupadas por los bosques. Los principales productos de la agricultura son: *cereales:* trigo

ITALIA

SIGNOS CONVENCIONALES

- ⊙ Capital de nación
- ⊙ Capital de provincia
- ○ Poblaciones importantes
- • Otras entidades de población
- ――― Límite de nación
- ------- Límite de región
- △ Vértice y altitud en metros
- ⋈ Puerto de montaña, collado o collada
- Lago o laguna
- Río y afluentes
- Carretera principal
- Otras carreteras
- Ferrocarril
- ✈⚓ Aeropuerto y puerto de mar

Escala en kilómetros
0 50 100 150 200

Italia

(3.552.338 hect. y 9.528.000 ton. en 1976), maíz (889.670 y 5.337.400), arroz (182.366 y 906.800), cebada (760.300 toneladas), avena (439.700) y centeno (35.100); *cultivos hortícolas:* patata (2.988.500 toneladas en 1976), tomate (2.985.300), melón y sandía (1.096.700), alcachofa (676.900) y coliflor (627.600); *cultivos industriales:* remolacha azucarera (12.536.400 ton. en 1976), tabaco (113.400 en 1975) y algodón (610 ton. de fibra en 1976); *cultivos arbóreos:* uva (10.546.800 ton. en 1976, de las que 125.230 ton. se dedicaron al consumo directo y del resto se obtuvieron 65.850.000 hectolitros de vino), aceituna (3.227.900 ton. en 1975, de las que 912.000 se dedicaron al consumo directo y del resto se obtuvieron 632.900 toneladas de aceite), agrios (3.099.630 ton. en 1976), manzana (2.142.900), pera (1.523.300), melocotón (1.449.500), etc.

Zootecnia. El patrimonio ganadero en 1976 estaba compuesto por las siguientes cabezas:

Porcino	9.097.300
Bovino	8.736.900
Ovino	8.445.200
Caprino	948.200
Equino	540.600

Pesca. La actividad pesquera es bastante reducida, y las capturas: 266.113 ton. de pescado, 92.631 de moluscos y 19.830 de crustáceos (1976), son insuficientes para abastecer la demanda nacional.

Minería. Los principales productos de la industria minera y la producción, en el año 1976, son los siguientes: mineral de hierro, 514.172 ton. y 230.736 de hierro obtenido; 4.461 ton. de mineral de manganeso; 37.311 de mineral de plomo; 274.725 ton. de mineral de cinc; 1.951 ton. de mineral de antimonio; 139.973 ton. de mineral de mercurio; 4.822 ton. de mineral de cobre; 854.477 ton. de piritas; 2.027.991 de lignito; 1.108.546 ton. de petróleo; 15.642.617 m.³ de gas natural, etc.

Elaboración y tratamiento industriales del mármol, en Carrara

Industria. La industria textil es una de las más importantes del país y sus productos constituyen un renglón muy importante en las exportaciones. Los principales productos de la industria metalúrgica son: hierro, 11.630.592 ton. en 1976; acero, 23.446.624; laminados, 18.910.817; ferroaleaciones, 257.191; mercurio, 757; plomo, 45.223; cinc, 201.732; aluminio, 212.985; cobre, 13.700; plata, 48.000 kilogramos; magnesio, 7.033 ton.; cadmio, 435; antimonio, 1.471 etc. La industria mecánica está también muy desarrollada, destacando el sector del automóvil con una producción de 1.471.308 automóviles en 1976 y cuyo centro principal se encuentra en Turín. Otras producciones de la industria mecánica: máquinas de coser, 825.876; máquinas de escribir, 633.230; calculadoras, 207.127; bicicletas, 2.013.222; motocicletas, 921.427 etc. Algunos de los principales productos de la industria química, en el año 1976, fueron: sulfato amónico, 1.209.178 toneladas; superfosfato mineral, 814.233; ácido nítrico, 917.672; etc. La producción del sector papelero en 1976 fue de 618.689 ton. de papel para periódicos y 3.880.228 de otros tipos de papel y cartón. El sector petrolífero trató, en 1976, 100.520.290 ton. de crudos importados y 1.139.976 ton. de crudos de origen nacional, con una producción de 13.031.256 ton. de gasolina súper, 1.364.432 de gasolina normal, 1.614.993 de carburantes para turborreactores, 26.175.833 de gasóleo, 43.415.582 de aceite combustible, 2.332.811 de gas licuado, etc.

Comunicaciones y transportes. La red de ferrocarriles, en 1975, tenía una longitud de 20.176 km., de los que 9.460 estaban electrificados, y la de carreteras, 290.869, de los cuales 5.329 eran autopistas. El parque automovilístico, en 1975, era de 16.253.642 automóviles, de ellos, 15.060.609 eran turismos. Los servicios aéreos civiles los realiza principalmente la compañía *Alitalia*, que mantiene vuelos con las principales capitales del mundo. Durante el año 1975 el servicio aéreo, nacional e internacional, transportó 21.971.707 pasajeros. La marina mercante cuenta con 4.283 naves, con un total de 10.165.521 ton. de registro bruto.

Comercio. El valor de las transacciones comerciales durante el período 1973-76, en millones de liras, fue el siguiente:

Años	Importación	Exportación
1974	26.603.507	19.683.674
1975	25.199.599	22.866.426
1976	36.305.883	30.904.160

Los principales artículos importados son: petróleo bruto, hierro y acero, maíz, cobre, ganado bovino, madera, etc., y los exportados: automóviles, productos textiles, agrios y frutas frescas, componentes de aparatos no eléctricos, materias plásticas, productos químicos, etcétera.

Moneda. La unidad monetaria es la lira, equivalente a 0,00142187 g. de oro fino.

Geografía política

Idioma. Italia es uno de los raros países de Europa cuya unidad lingüística es casi completa. El idioma oficial es el italiano, del tronco latino, con muchos dialectos: piamontés, lombardo, toscano, romano, napolitano, siciliano. En la isla de Cerdeña se habla el sardo, también lengua latina.

Religión. La católica, con libertad de cultos. A los fines eclesiásticos Italia está dividida en 20 regiones conciliares que comprenden 10 arzobispados con numerosas diócesis sufragáneas.

Gobierno. El 10 de junio de 1946, Italia se constituyó oficialmente en república, como resultado del referéndum celebrado el anterior día 2. La Constitución vigente fue promulgada el 27 de diciembre de 1947. El Poder legislativo corresponde al Parlamento, que se compone de la *Cámara de Diputados* y del *Senado*. Son electores todos los ciudadanos, hombres y mujeres, mayores de edad; el voto es personal, igual, libre y secreto. Los diputados son elegidos por cinco años; los senadores, para un período de seis.

División territorial. Italia está dividida en 94 provincias; la división en 20 regiones no tiene valor administrativo. Sicilia, Cerdeña, Valle de Aosta y Trentino-Alto Adigio son regiones autónomas. A continuación se inserta el cuadro de la división administrativa:

Regiones y provincias	Superficie Km.²	Población Habitantes	Capitales y su población
Abruzos			
Aquila (L')	5.034	293.066	L'Aquila (60.131 h.).
Chieti	2.587	351.567	Chieti (51.436).
Pescara	1.225	264.981	Pescara (122.470).
Teramo	1.948	257.080	Teramo (47.804).
Totales	10.794	1.166.694	
Apulia			
Bari	5.129	1.351.288	Bari (357.274).
Bríndisi	1.838	366.027	Bríndisi (81.893).
Foggia	7.184	657.292	Foggia (141.711).
Lecce	2.759	696.503	Lecce (83.050).
Tarento	2.437	511.677	Tarento (227.342).
Totales	19.347	3.582.787	
Basilicata			
Matera	3.447	194.629	Matera (44.513).
Potenza	6.545	408.435	Potenza (56.597).
Totales	9.992	603.064	
Calabria			
Catanzaro	5.247	718.069	Catanzaro (86.284).
Cosenza	6.650	691.659	Cosenza (102.086).
Reggio Calabria	3.183	578.323	Reggio Calabria (165.822).
Totales	15.080	1.988.051	
Campania			
Avellino	2.801	427.509	Avellino (52.382).
Benevento	2.061	286.499	Benevento (59.009).
Caserta	2.639	677.959	Caserta (62.710).
Nápoles	1.171	2.709.929	Nápoles (1.226.594).
Salerno	4.923	957.452	Salerno (155.496).
Totales	13.595	5.059.348	

Italia

Regiones y provincias	Superficie Km.²	Población Habitantes	Capitales y su población
Cerdeña			
Cagliari	9.298	802.888	Cagliari (223.376 h.).
Nuoro	7.272	273.021	Nuoro (31.033).
Sassari	7.520	397.891	Sassari (107.125).
Totales	24.090	1.473.800	
Emilia-Romagna			
Bolonia	3.702	918.844	Bolonia (490.528).
Ferrara	2.632	383.639	Ferrara (154.066).
Forli	2.910	565.470	Forli (104.971).
Módena	2.690	553.852	Módena (171.072).
Parma	3.449	395.497	Parma (175.228).
Piacenza	2.590	284.881	Piacenza (106.841).
Ravena	1.859	351.876	Ravena (131.928).
Reggib Emilia	2.291	392.696	Reggio Emilia (128.789).
Totales	22.123	3.846.755	
Friul-Venecia Julia			
Gorizia	466	142.412	Gorizia (42.778).
Pordenone	2.273	253.906	Pordenone (47.364).
Trieste	212	300.304	Trieste (271.879).
Udine	4.894	516.910	Udine (100.794).
Totales	7.845	1.213.532	
Lacio			
Frosinone	3.239	422.630	Frosinone (39.028).
Latina	2.251	376.238	Latina (78.210).
Rieti	2.749	143.162	Rieti (39.179).
Roma	5.352	3.490.377	Roma (2.781.993).
Viterbo	3.612	257.075	Viterbo (54.461).
Totales	17.203	4.689.482	
Liguria			
Génova	1.831	1.087.973	Génova (816.872).
Imperia	1.155	225.127	Imperia (40.670).
Savona	1.545	296.043	Savona (79.809).
Spezia (La)	882	244.435	La Spezia (124.547).
Totales	5.413	1.853.578	
Lombardia			
Bérgamo	2.759	829.019	Bérgamo (126.902).
Brescia	4.761	957.686	Brescia (210.047).
Como	2.067	720.463	Como (97.996).
Cremona	1.770	334.281	Cremona (82.094).
Mantua	2.339	376.892	Mantua (65.703).
Milán	2.762	3.903.685	Milán (1.732.000).
Pavía	2.965	526.389	Pavía (86.839).
Sondrio	3.212	169.149	Sondrio (22.990).
Varese	1.199	725.823	Varese (83.239).
Totales	23.834	8.543.387	
Marcas (Las)			
Ancona	1.938	416.611	Ancona (109.789).
Ascoli Piceno	2.087	340.758	Ascoli Piceno (55.217).
Macerata	2.774	286.155	Macerata (43.537).
Pésaro y Urbino	2.893	316.383	Pésaro (84.719).
Totales	9.692	1.359.907	
Molise			
Campobasso	2.909	227.641	Campobasso (41.782).
Isernia	1.529	92.166	Isernia (15.696).
Totales	4.438	319.807	
Piamonte			
Alessandria	3.560	483.183	Alessandria (102.424).
Asti	1.511	218.547	Asti (76.151).
Cuneo	6.903	540.504	Cuneo (54.544).
Novara	3.594	496.811	Novara (100.687).
Turín	6.830	2.287.016	Turín (1.167.968).
Vercelli	3.001	406.252	Vercelli (56.494).
Totales	25.399	4.432.313	

Viaducto de la autopista sobre Sampierdarena, cerca de Génova

Roma. Palacio del Quirinal, residencia del jefe del Estado

Ravena. Baptisterio y *campanile* de los Ortodoxos

Abadía de Montecassino

Italia

Regiones y provincias	Superficie Km.²	Población Habitantes	Capitales y su población
Sicilia			
Agrigento	3.042	454.045	Agrigento (49.213 h.).
Caltanissetta	2.104	282.069	Caltanissetta (60.051).
Catania	3.552	938.273	Catania (400.048).
Enna	2.562	202.131	Enna (28.189).
Mesina	3.247	653.002	Mesina (248.955).
Palermo	5.016	1.124.015	Palermo (642.814).
Ragusa	1.614	255.047	Ragusa (61.805).
Siracusa	2.109	365.039	Siracusa (108.981).
Trapani	2.462	405.393	Trapani (70.134).
Totales	25.708	4.679.014	
Toscana			
Arezzo	3.232	306.340	Arezzo (87.330).
Florencia	3.880	1.146.367	Florencia (457.803).
Grosseto	4.496	216.325	Grosseto (62.590).
Livorno	1.220	335.265	Liorna (174.791).
Luca	1.773	380.356	Luca (90.995).
Massa-Carrara	1.156	200.955	Massa (62.922).
Pisa	2.448	375.933	Pisa (103.415).
Pistoya	965	254.335	Pistoya (93.185).
Siena	3.821	257.221	Siena (65.634).
Totales	22.991	3.473.097	
Trentino-Alto Adigio			
Bolzano	7.400	414.041	Bolzano (105.757).
Trento	6.213	427.845	Trento (91.768).
Totales	13.613	841.886	
Valle de Aosta			
Aosta	3.262	109.150	Aosta (36.906).
Umbría			
Perusa	6.334	552.936	Perusa (129.921).
Terni	2.122	222.847	Terni (106.927).
Totales	8.456	775.783	
Véneto			
Belluno	3.678	221.155	Belluno (34.484).
Pauda	2.142	762.998	Padua (231.599).
Rovigo	1.793	251.908	Rovigo (49.848).
Treviso	2.477	668.620	Treviso (90.446).
Venecia	2.460	807.251	Venecia (363.062).
Verona	3.096	733.595	Verona (266.470).
Vicenza	2.722	677.884	Vicenza (116.620).
Totales	18.368	4.123.411	
Totales generales	301.243	54.134.846	

Capital. La cap. es Roma (2.781.993 h.).

Historia. Hasta el año 395 puede decirse que la historia de Italia se confunde con la de Roma. Al ser repartido el Imperio por Teodosio, el Occidente, al que pertenecía Italia, recayó en Honorio. Siguieron las invasiones de los bárbaros, y Odoacro se proclamó rey en 476, destronando al último emperador, Rómulo Augústulo. Más tarde fue conquistada Italia por Teodorico al frente de los ostrogodos (493), pero a su muerte decayó rápidamente su Imperio. Siguió luego la dominación de los emperadores de Bizancio, que se hallaban representados en Ravena por un exarca. En 568 tuvo lugar la invasión de los lombardos, quienes repartieron el territorio en varios ducados, origen principal del feudalismo en Italia. En ella había entonces tres capitales: Pavía, que lo era de la dominación lombarda; Ravena, del exarcado bizantino, y Roma, residencia de los papas. En el s. XIII, merced a la protección de los monarcas carolingios, se constituyó el Estado pontificio. En el s. XII, los pontífices y las ciudades lombardas se unieron contra Alemania, y, después de la victoria de los güelfos sobre los gibelinos, comenzaron las luchas intestinas y rivalidades locales en toda Italia. En el centro y N. dominaban las poderosas repúblicas de Florencia, Pisa, Luca, Génova y Venecia, y en el S. el reino de Nápoles era disputado entre franceses, españoles y alemanes. Estas tres naciones, durante los s. XV y XVI, convirtieron el territorio de Italia en un inmenso campo de batalla durante las llamadas guerras de Italia. Por el tratado de Château-Cambresis, Francia renunció a sus pretensiones más allá de los Alpes, quedando los españoles como triunfadores durante dos siglos. Italia no pudo conseguir en diferentes tratados (el de Utrecht, el de Rastadt, el de Viena, etc.) la unidad de su terr.; no obstante, en el N. fue afianzándose una soberanía más poderosa: la de los duques, y después reyes de Saboya, que extendían su dominación por el Piamonte, Lombardía y Cerdeña. En 1797, después de las guerras de la Revolución, constituyóse la República Cisalpina, que en el año 1806 se transformó en reino de Italia; pero los tratados de 1815 entregaron Lombardía a Austria, que la conservó hasta que Napoleón III, aliado del rey de Cerdeña, se la arrebató en 1859 para entregarla a dicho monarca. Preparada la unidad por Cavour y con la conquista del reino de Nápoles por Garibaldi, fue definitivamente terminada por Víctor Manuel en el año 1870, con la entrada de sus ejércitos en Roma. Desde entonces, los recursos económicos y militares aumentaron y se logró crear, finalmente, un Imperio colonial en Tripolitania (1911). Al sobrevenir la P. G. M., y a pesar de la Triple Alianza, Italia permaneció neutral en principio, pero el 24 de mayo de 1915 declaró la guerra a Austria, e inmediatamente a Turquía y Alemania. Hasta fines de otoño de 1917, Italia hizo la guerra por sí sola y no se mostró dispuesta a intervenir en las empresas de la *Entente,* especialmente en Salónica; pero a raíz de la gran ofensiva austroalemana de octubre-noviembre de 1917, Italia se decidió a establecer la unidad de frente y al mutuo apoyo de los aliados. Las dificultades inherentes al período de la posguerra fomentaron el desarrollo del fascismo, a cuyo frente se hallaba Benito Mussolini. Ante la «marcha sobre Roma» de los adeptos al nuevo partido, dimitió el Gobierno, y Mussolini fue encargado de la formación del Ministerio. En 1929 se firmó el tratado de Letrán, restableciendo las buenas relaciones entre el Vaticano y el Quirinal. En 1936 procedió a la conquista de Etiopía, incorporando este país al Imperio colonial de Italia. El 23 de octubre del mismo año se firmó entre Italia y Alemania el pacto que se denominó *Eje Roma-Berlín*, que estableció la unidad de acción de ambas naciones en política exterior y terminó convirtiéndose en alianza militar. En abril de 1939, Mussolini se adueñó, mediante un golpe de mano, de Albania, cuyo trono brindó igualmente al monarca italiano. El 10 de junio de 1940, Italia intervino en la S. G. M. al declarar la guerra a Francia e Inglaterra. Vencida en la campaña del norte de África, vio invadido el territorio nacional, en 1943, por las tropas anglofrancoestadounidenses. Como consecuencia de la situación angustiosa del país, el 25 de julio de dicho año fue separado Mussolini del poder y formó Gobierno el mariscal Badoglio. Italia firmó, a primeros de septiembre, el armisticio. Los alemanes ocuparon gran parte del país y, después de liberado Mussolini, favorecieron la constitución, en el norte de Italia, de la República Social Italiana. La guerra se prolongó en territorio italiano y los alemanes ocuparon Roma. Terminada la guerra, el rey Víctor Manuel III nombró a su hijo, el príncipe Humberto, lugarteniente del reino. Más tarde abdicó en él la corona. Puesta ésta en litigio, triunfó la oposición en las elecciones de 1946 y fue proclamada la República,

Entrada triunfal de Garibaldi en Nápoles, por Antonio Licata. Museo Nacional de San Martín. Nápoles

de la que se eligió primer presidente, el 28 de junio, a Enrico de Nicola. Italia firmó, en 1947, la paz con las naciones vencedoras. El 11 de mayo de 1948 fue designado presidente de la República Luigi Einaudi. Al Gobierno Fanfani (19 de enero de 1954) le sucedió el formado por Scelba (febrero). Los acuerdos de París relativos a la Unión Europea Occidental fueron ratificados por Italia (19 de marzo). En mayo tuvieron lugar las elecciones presidenciales, en las que salió elegido Gronchi. Scelba dimitió como jefe de Gobierno (22 de junio) y Antonio Segni formó un nuevo Gabinete (2 de julio). En este mismo año, Italia consiguió ser admitida en la O. N. U. (14 de diciembre). En Roma tuvo lugar la firma de los acuerdos que dieron origen a la Comunidad Económica Europea y a la Euratom (25 de marzo de 1967). Italia también pasó a formar parte del Pacto del Atlántico y del Consejo de Europa, se benefició con el Plan Marshall y obtuvo un fideicomiso sobre su antigua colonia de Somalia. Las elecciones generales para el Senado y la Cámara de Diputados (25 de mayo) dieron el triunfo a la democracia cristiana, seguida de comunistas y socialistas de izquierda. Amintore Fanfani formó Gobierno (1 de julio) y se mantuvo hasta febrero de 1959, en que Segni formó nuevo Gabinete. El 24 del mismo mes dimitió Segni y le sucedió Tambroni, y a éste Fanfani (26 de julio), con un Gabinete integrado por democristianos de todas las tendencias. En el Congreso de la Democracia Cristiana, celebrado en enero de 1962, se acordó aceptar la colaboración de los socialistas de Nenni (30 de enero de 1962). Fanfani dio a conocer la lista del nuevo Gobierno, vigésimo tercero después de la S. G. M.; pero tuvo que valerse de la colaboración con el partido socialista para mantenerse ante el Parlamento (21 de febrero). En las elecciones presidenciales resultó elegido Antonio Segni (6 de mayo). El 19 de junio, el Gobierno acordó nacionalizar la industria eléctrica. La Cámara formada tras las elecciones de abril de 1963 quedó compuesta por 260 diputados de la Democracia Cristiana, 166 comunistas, 87 socialistas, 39 liberales, 33 socialdemócratas, 27 neofascistas, 8 monárquicos y 6 republicanos. Giovanni Leone formó un Gobierno casi exclusivamente técnico, que fue aprobado por la Cámara el 27 de junio y gobernó hasta el 17 de diciembre, en que fue substituido por el formado por Aldo Moro, en cuya composición entraron ministros de la Democracia Cristiana, socialistas, socialdemócratas y republicanos. Este Gobierno se mantuvo hasta la crisis provocada con motivo de las subvenciones presupuestarias a la enseñanza privada; los socialistas se negaron a votar dichas asignaciones por considerar que iban destinadas principalmente a los centros docentes de la Iglesia. Aldo Moro dimitió (26 de junio de 1964), y después de una crisis de veintisiete días, volvió a presidir un nuevo Gobierno de las mismas características que el anterior. El 6 de diciembre dimitió del cargo el presidente de la República Antonio Segni por causa de enfermedad. La Asamblea, a la vigésima primera votación, designó para sucederle al jefe del partido socialdemócrata y ministro de Asuntos Exteriores Giuseppe Saragat (28 de diciembre), quien juró el cargo el día 29. En mayo de 1968 fue nombrado jefe del Gobierno Giovanni Leone, quien dimitió en noviembre de 1968. Rumor, Aldo Moro, Fanfani, nuevamente Rumor y más tarde Andreotti fracasaron en su intención de formar Gobierno. A este inestable estado político contribuyó en proporción considerable la discutida polémica del divorcio y la intervención de la Santa Sede en este problema. Emilio Colombo logró formar Gobierno para el verano de 1970, consiguiendo un acuerdo en la coalición cuatripartita de centro izquierda. En este mismo año tuvo lugar la aprobación del divorcio. Giovanni Leone fue elegido sexto presidente de la República en diciembre de 1971, y poco después Colombo le presentó la dimisión de su puesto de jefe de Gobierno. Fue encargado de formar nuevo Gobierno el también democristiano Giulio Andreotti. El 28 de febrero de 1972, Leone disolvió las Cámaras y anunció elecciones generales para el 7 de mayo. De éstas salió reforzada y triunfante la Democracia Cristiana. El 4 de junio, el presidente Leone encargó a Giulio Andreotti la formación de nuevo Gobierno, que dimitió el 12 de junio de 1973, y fue sucedido el 7 de julio por el presidido por Mariano Rumor, que a su vez dimitió el 2 de marzo de 1974, quedando Rumor de presidente del nuevo Gobierno, formado el día 14. Tras una dimisión no aceptada (10 de junio de 1974), el V Gobierno Rumor dimitía definitivamente el día 3 de octubre. Días después el presidente, Giovanni Leone, encargaba a Aldo Moro, líder de la izquierda democristiana, para dicho cometido. El 9 de octubre de 1975, el Senado, a propuesta del Gobierno, aprobó definitivamente la cesión a Yugoslavia de la llamada *Zona B* de Trieste y la rectificación fronteriza entre ambos países, con lo que quedó zanjado un litigio que venía manteniéndose desde la S. G. M. El presidente de la República, ante la crisis política que culminó el 7 de enero de 1976 con la dimisión del Gobierno, encargó de nuevo a Aldo Moro la

Mitin del partido comunista, en la campaña electoral

Víctor Manuel III y la reina Elena, grabado de 1903

El rey de España haciendo uso de la palabra en un banquete oficial al que asistió con el presidente italiano

italianismo—-ito

formación del nuevo Gabinete. Ante una nueva crisis política, que llegó hasta el presidente de la República, el Gobierno presentó la dimisión el 30 de abril, y al día siguiente el presidente firmaba la disolución de las Cámaras, a la vez que convocaba elecciones para el 20 de junio, que fueron nuevamente ganadas por la Democracia Cristiana, y Andreotti fue encargado de formar Gobierno. La ola de terrorismo que azota al país, llegó a su máximo exponente el 9 de mayo de 1978 al aparecer en las calles de Roma con el cadáver de Aldo Moro, presidente del Consejo Nacional de la Democracia Cristiana, asesinado por las Brigadas Rojas, que le habían secuestrado el 16 de marzo. El presidente Sergio Leone dimitió de su cargo (marzo de 1978), tras una campaña periodística en la que se le acusaba de su posible relación con el *caso Lockheed* y de irregularidades financieras y tributarias. En las elecciones celebradas en julio fue elegido presidente el socialista Alessandro Pertini. Las crisis gubernamentales son la tónica de la vida política italiana; fracasó Andreotti en varias ocasiones y el republicano Ugo La Malfa en la formación de Gobierno. Ante esta situación de apatía, se convocaron elecciones generales para primeros de junio de 1979. La gran sorpresa de estas elecciones fue la derrota de los comunistas, que perdieron 27 diputados y tres senadores, ganando posiciones los partidos de centro, los socialistas y los radicales, mientras que la Democracia Cristiana, partido mayoritario, mantuvo sus posiciones. Tras las elecciones, se encarga de nuevo a Andreotti la formación de Gobierno, pero fracasa ante el veto del socialista Bettino Craxi, quien alegó que el país necesitaba un Gobierno y una política nuevos. El 9 de julio, al propio Craxi le encargó el presidente una nueva formación gubernamental, objetivo que no consiguió. Tampoco lo logró F. M. Pandolfi. Finalmente, F. Cossiga obtuvo para su Gobierno la confianza parlamentaria (12 de agosto).

italianismo. m. Giro o modo de hablar propio y privativo de la lengua italiana. || Vocablo o giro de esta lengua empleado en otra. || Empleo de vocablos o giros italianos en distinto idioma.

italianizante. p. a. de **italianizar** o **italianizarse.** || adj. Que italianiza.

italianizar. tr. Hacer tomar carácter italiano, o inclinación a las cosas italianas. Ú. t. c. prnl.

italiano, na. fr., *italien;* it., *italiano;* i., *italian;* a., *italiener, italienisch.* adj. Natural de Italia. Ú. t. c. s. || Perteneciente a esta nación de Europa. || m. Lengua italiana, una de las neolatinas. || **a la italiana.** m. adv. A estilo de Italia.

Italiano (Anne Marie). Biog. Actriz de cine estadounidense, más conocida por el seudónimo de *Anne Bancroft*, n. en Nueva York en 1931. Trabajó primero en el teatro y en la televisión. Principales películas: *El milagro de Ana Sullivan, El que come calabaza, La vida vale más, El graduado, Siete mujeres,* etc.

Itálica. Arqueol. e **Hist.** Antigua ciudad de España, en la Bética, fundada por Publio Cornelio Escipión *el Africano*, el año 206 a. C. La ciudad se levantó sobre unas colinas, a la orilla derecha del Betis (Guadalquivir), y a unos cinco kilómetros de Hispalis (Sevilla). Si al principio fue una fortaleza fronteriza, adquirió pronto gran desarrollo y llegó al apogeo de su esplendor en el s. IV de nuestra era; posteriormente, la invasión bárbara, y sobre todo la árabe, que explotó a Itálica como cantera para las construcciones de Sevilla, consumaron su ruina. Se conservan restos de las *termas* y del *anfiteatro*, edificado, al parecer, en el s. II de nuestra era, y que con el de Mérida es de los más notables de España.

italicense. (Del lat. *italicensis.*) adj. Natural de Itálica, o perteneciente a esta c. de la Bética. Ú. t. c. s.

itálico, ca. (Del lat. *italĭcus.*) adj. **italiano.** || Dícese en particular de lo perteneciente a la Italia antigua. || **italicense.** Ú. t. c. s.

ítalo, la. (Del lat. *italŭs.*) adj. **italiano.** Apl. a pers., ú. t. c. s. y casi siempre en poesía.

Italo. Geog. Pobl. de Argentina, prov. de Córdoba, depart. de General Roca; 959 h.

Italo. Mit. Rey pelasgo, hijo de Telégono, rey de Arcadia. De su mujer Electra, hija de Latino, tuvo a Remo.

ítamo. m. *Méj.* barb. por **díctamo.**

Itapé. Geog. Mun. de Paraguay, depart. de Guairá; 6.941 h.

Itapúa. Geog. Departamento de Paraguay; 16.525 km.² y 284.815 h. Cap., Encarnación. Riqueza forestal y agrícola. Lo riegan los ríos Yacuy, Tembey y Tacuari, que des. en el Paraná.

itar. (Del lat. *iectāre* o *iactāre*, echar.) tr. ant. **echar.**

Itard (Jean-Marc-Gaspard). Biog. Médico francés, n. en Oraison y m. en París (1774-1838). Se especializó en otología, y su obra *Traité des maladies de l'oreille et de l'audition* fue el primer texto completo sobre esta materia. Se dedicó a la enseñanza de sordomudos.

Itata. Geog. Río de Chile; n. en los Andes y des. en el Pacífico, a los 186 km. de curso; tiene numerosos tributarios. || Depart. de Chile, prov. de Ñuble; 34.704 h. Cap., Quirihue.

Itatí. Geog. Depart. de Argentina, prov. de Corrientes; 870 km.² y 5.761 h. || Local. cap. del mismo; 2.327 h. A orillas del Paraná. Fue fundada en 1516. Santuario de Nuestra Señora de Itatí, fundado en 1589 por el misionero Luis de Bolaños.

Itauguá. Geog. Mun. de Paraguay, depart. Central; 20.249 h. || C. cap. del mismo; 3.782 habitantes.

ítea. (Voz del lat. científico; del gr. *itéa*, sauce.) **Bot.** Gén. de plantas de la familia de las saxifragáceas, arbustos propios de Asia oriental y América del Norte, cultivadas algunas especies como ornamentales en Europa.

itelmo. adj. **Etnog. kamchadal.**

ítem. (Del lat. *item*, del mismo modo, también.) adv. lat. de que se usa para hacer distinción de artículos o capítulos en una escritura u otro instrumento, y también por señal de adición. Dícese también *ítem más*. || m. fig. Cada uno de dichos artículos o capítulos. || fig. Aditamento, añadidura.

ite, missa est. expr. lat. que, liter., sign. *marchaos, es la despedida;* se decía al final de la misa (v.).

iterable. (Del lat. *iterabĭlis.*) adj. Capaz de repetirse.

iteración. (Del lat. *iteratĭo, -ōnis.*) f. Acción y efecto de iterar.

iterar. (Del lat. *iterāre.*) tr. Repetir uno algo.

iterativo, va. (Del lat. *iteratīvus.*) adj. Que tiene la condición de repetirse o reiterarse.

iterbio. fr. e i., *ytterbium;* it., *itterbio;* a., *Ytterbium.* (De *Ytterby*, pobl. de Suecia.) m. **Quím.** Elemento del grupo de las denominadas *tierras raras*, de peso atómico 173,04, símbolo Yb y núm. 70 de la serie periódica. Es un metal de densidad bastante elevada, que en sus compuestos funciona como di y trivalente.

itericia. f. ant. **ictericia.**

Itero del Castillo. Geog. Mun. y villa de España, prov. y p. j. de Burgos; 227 h. || **Seco.** Mun. y villa de España, prov. de Palencia, p. j. de Carrión de los Condes; 154 h. || **de la Vega.** Mun. y villa de España, prov. y p. j. de Palencia; 436 h.

Itín. Geog. Local. de Argentina, prov. de Chaco, part. de Doce de Octubre; 543 habitantes.

itinerante. adj. **ambulante,** que va de un lugar a otro.

itinerario, ria. fr., *itinéraire;* it., *itinerario;* i., *itinerary;* a., *Reiseplan.* (Del lat. *itinerarĭus*, de *iter, itinĕris*, camino.) adj. Perteneciente a caminos. || m. Descripción y dirección de un camino con expresión de los lugares, accidentes, paradas, etc., que existen a lo largo de él. || Ruta que se sigue para llegar a un lugar. || Guía, lista de datos referentes a un viaje. || p. us. **derrotero.** || **Mil.** Partida que se adelanta para preparar alojamiento a la tropa que va de marcha.

-itis. (Del suf. gr. del mismo nombre.) suf. que sign. inflamación.

-ito. Quím. suf. utilizado como term. propia de los nombres de sales cuyo grado de oxidación es inferior: *sulfito, clorito*, etc.

Mapa del itinerario de Magallanes, por Battista Agnese

I. T. O. Com. Siglas de la *International Trade Organization* (Organización Internacional de Comercio), de la O. N. U.

Ito, príncipe Ito (Hirobumi). Biog. Político japonés, n. en Tsukari y m. en Kharbin (1841-1909). De humilde nacimiento, llegó por su talento y energía a ocupar los más elevados cargos de su país. Durante su gobierno en Corea se distinguió por su obra de confraternidad. Fue asesinado por un coreano.

Itrabo. Geog. Mun. de España, prov. de Granada, p. j. de Motril; 1.569 h. ‖ Villa cap. del mismo; 1.538 h. (*itrabeños*).

itria. (De *itrio*.) f. Quím. Óxido de itrio, substancia blanca, terrosa, insoluble en el agua y que se extrae de algunos minerales poco comunes.

itrio. (Del m. or. que *iterbio*.) m. Quím. Elemento de símbolo Y, peso atómico 88,92, y número atómico 39. Encabeza el grupo de las *tierras raras*, se encuentra en la *gadolinita* y en la *ytrialita*.

Itsukushima. Geog. Miyajima.

I. T. U. Siglas de la *International Telecomunication Union*. (V. **Organización de las Naciones Unidas**.)

Ituango. Geog. Mun. de Colombia, depart. de Antioquia, 25.749 habitantes. ‖ Pobl. cap. del mismo; 5.561 h.

Ituata. Geog. Dist. de Perú, depart. de Puno, prov. de Carabaya; 2.695 h. Capital, Tambillo.

Ituero de Azaba. Geog. Mun. de España, prov. de Salamanca, p. j. de Ciudad Rodrigo; 492 h. ‖ Lugar cap. del mismo; 472 h. ‖ **y Lama.** Mun. y lugar de España, prov. y p. j. de Segovia; 107 h.

Iturbe. Geog. Local. de Argentina, prov. de Jujuy, depart. de Humahuaca; 326 h. ‖ Mun. de Paraguay, depart. de Guairá; 8.994 habitantes. ‖ Pobl. cap. del mismo; 3.413 h.

Iturbi (José). Biog. Pianista, director de orquesta y compositor español, de fama mundial, n. en Valencia en 1895. Una de sus obras más sobresalientes es la *Fantasía para piano y orquesta*, estrenada en Nueva York (1942).

Iturbide (Agustín). Biog. Militar y político mejicano, n. en Valladolid (hoy Morelia) y m. en Padilla (1783-1824). Al frente de la Comandancia Militar del Sur luchó contra Guerrero, con el cual finalmente entró en conversaciones que culminaron en el Plan de Iguala (febrero de 1821). Con el Ejército Trigarante entró en Ciudad de Méjico, y constituyó una Junta Provisional que reemplazó después por una Regencia de 38 miembros. En mayo de 1822 el Ejército le proclamó emperador, medida confirmada por el Congreso. Combatido por los republicanos y el Congreso, disolvió éste y lo reemplazó por una Junta Instituyente. Su colaborador López de Santa Anna se sublevó y hubo de convocar nuevamente el Congreso, donde presentó su abdicación (marzo de 1823). Fue desterrado a Italia e, ignorando que había sido declarado traidor, regresó a Méjico y fue condenado a morir fusilado. ‖ Geog. Mun. de Méjico, est. de Nuevo León; 3.345 h. ‖ Villa cap. del mismo; 1.018 h.

Ituren. Geog. Mun. de España, prov. de Navarra, p. j. de Pamplona; 434 h. ‖ Villa cap. del mismo; 237 h.

Iturmendi Bañales (Antonio). Biog. Político español, n. en Baracaldo y m. en Madrid (1903-1976). Estudió la carrera de Derecho en Deusto e ingresó en el Cuerpo de Abogados del Estado en 1926. Fue ministro de Justicia (1951-65), presidente de las Cortes Españolas y del Consejo del Reino. ‖ Geog. Mun. y lugar de España, prov. de Navarra, p. j. de Pamplona; 409 h.

Iturraspe. Geog. Población de Argentina, prov. de Santa Fe, depart. de Belgrano; 600 h.

Iturregui. Geog. Pobl. de Argentina, prov. de Buenos Aires, part. de Olavarría; 750 habitantes.

Iturrigaray y Arostegui (José de). Biog. General español, n. en Cádiz y m. en Madrid (1742-1815). En 1803 ocupó el virreinato de Nueva España y, al sobrevenir en España la invasión napoleónica, el cabildo le propuso separarse de la metrópoli. Como se opusiera a ello en principio, los oidores, junto con elementos populares, asaltaron el palacio y le expulsaron del país.

Iturrino (Francisco). Biog. Pintor y grabador español, n. en Bilbao y m. en Suiza (1864-1924). Fue designado como uno de los primeros expresionistas. Al principio pintó personajes de tipo castellano, mendigos, vagabundos y escenas de danza. Después pintó desnudos de mujeres y paisajes.

Ituzaingó. Geog. Depart. de Argentina, prov. de Corrientes; 8.613 km.² y 13.502 h. ‖ Local. cap. del mismo; 2.459 h. ‖ Pobl. de Argentina, prov. de Buenos Aires, part. de Morón; 8.040 h.

itzá. adj. Etnog. Dícese de un pueblo de la familia lingüística y cultural maya, que habita en el norte de Guatemala y Honduras británica. También se les llama *petenes*. Apl. a pers., ú. t. c. s. ‖ Perteneciente o relativo a este pueblo.

Itzamná. Mit. Dios sol, señor de la noche y el día y de los cielos según la mitología de los mayas centroamericanos. Era hijo de Hunab-Ku, el dios creador.

Itzcoatl. (Del azt. *itxtli*, pedernal, y *coatl*, culebra.) Biog. Cuarto rey y primer emperador de Méjico, hijo natural de Acampeapictl. Él consolidó el poder de su casa, auxiliado por el después famoso Natzahualcoyotl. Ocupó el trono desde 1433 hasta 1445. Le sucedió Moctezuma Ilhuicamina.

itzumacua. f. Bot. *Méj*. Planta de la familia de las orquidáceas; también se la suele llamar *flor del Corpus* (*laelia grandiflora*).

iuana. f. Zool. iguana.

iva. f. Bot. Abiga o pinillo almizclado, de la familia de las labiadas (*ajuga iva*).

Iván. Forma rusa del nombre Juan. ‖ **I Danilovich.** Biog. Gran príncipe ruso, m. en Moscú (1304-1341). Sucedió a su hermano Jorge en 1328. A los pocos años abdicó en su hijo y se retiró a un monasterio. ‖ **II Ivanovich.** Gran príncipe de Rusia (1326-1359). Hijo del anterior, que murió a los seis años de reinado y le sucedió su hijo Demetrio. ‖ **III Vasilievich.** Gran príncipe de Rusia, llamado *el Grande*, n. y m. en Moscú (1440-1505). Ensanchó sus estados valiéndose de las armas. ‖ **IV Vasilievich.** Primer zar de Rusia, apodado *el Terrible* (1530-1584). Nieto del anterior, subió al trono por muerte de su padre Basilio IV, en 1533. Luchó con los tártaros, con Suecia y con Polonia, y favoreció en sus estados las artes y el comercio. ‖ **V Alexievich.** Zar de Rusia (1666-1696), que sucedió a Teodoro III en 1682 y reinó junto con su hermano Pedro I, gobernando en nombre de ambos su herma-

Iván V. Biblioteca Gogol. Roma

na la princesa Sofía. ‖ **VI Antonovich.** Zar de Rusia, n. en San Petersburgo y m. en Schlüsselburg (1740-1764). Fue proclamado emperador con arreglo al testamento de la emperatriz Ana, pero un golpe de Estado proclamó emperatriz a Isabel, hija de Pedro *el Grande*, la cual le hizo encerrar en el castillo de Schlüsselburg, en donde años más tarde fue asesinado por orden de Catalina II.

Ivanissevich (Ludovico). Biog. Ingeniero y profesor universitario argentino, n. en Buenos Aires (1889-1957). Proyectó y dirigió numerosas obras: construcciones antisísmicas (Mendoza y San Juan), obras sanitarias, traídas de agua, energía y fuerzas hidráulicas (Mendoza), así como saneamiento urbano de la ciudad de La Paz (Bolivia).

Ivano-Frankov. Geog. Provincia de la U. R. S. S., en Ucrania; 13.900 km.² y 1.249.271 habitantes. ‖ C. cap. de la misma; 104.971 habitantes.

Ivanov (Dimiter). Biog. Literato búlgaro, n. en Bailoro y m. en Sofía (1878-1949). Sus características son una personalidad acentuada y gran amor al pueblo, al que describe magistralmente, y el estilo es abundante, fácil y de gran elegancia. ‖ **(Vsievolod Vyacheslavovich).** Novelista soviético, n. en Lejaj (1895-1963). Se impuso con la novela *El tren blindado*, traducida a diversos idiomas. ‖ **(Vyacheslav Ivanovich).** Poeta y filósofo soviético, n. en Moscú y m. en Roma (1866-1949). Se consagró al periodismo y a la crítica, y en 1903 publicó su primer volumen de poesías. Es autor de varios ensayos, destacándose el que dedica a la religión de la Grecia antigua. Convertido al catolicismo, vivió en Roma desde 1924. Obras suyas son: *Astros pilotos, Cor ardens, Prometeo* y *Die Krise des Humanismu*-

Antonio Iturmendi, por autor anónimo. Ministerio de Justicia. Madrid

Ivanovo. Geog. Prov. de la U. R. S. S., en la R. F. S. S. R., 23.000 km.² y 1.339.110 h. ‖ C. cap. de la misma; 419.639 h. Metalurgia, tejidos.

Ivanowsky. Geog. Local. de Argentina, prov. de La Pampa, depart. de Catriló; 268 h.

ivernal. (Del lat. *hibernālis*.) adj. ant. **invernal.**

ivernar. (Del lat. *hibernāre*.) intr. ant. **invernar.**

ivierno. (Del lat. [*tempus*] *hibernum*, [tiempo] invernal.) m. **invierno.**

Iwar. Biog. Rey de Suecia y Dinamarca, que vivió en el s. VII. Se apoderó de parte de Alemania del Norte y del Northumberland, en Inglaterra.

Iwaszkiewicz (Jaroslaw). Biog. Escritor polaco, n. en Kalnik, Ucrania, en 1894. Obras principales: *Odas olímpicas* (1947), *Líricas* (1959-60), poesías, *Fiestas de otoño* (1918), *Los escudos rojos* (1934), *La madre María de los Ángeles* (1943), *La huida de Felek Okon* (1953), etc.

Iwate. Geog. Prefect. de Japón, al N. de la isla de Honshu; 15.275 km.² y 1.371.383 h. Cap., Morioka.

Iwo. Geog. C. del SO. de Nigeria, situada a unos 43 km. al NE. de Ibadan; 191.684 h.

iwurra. (Voz indígena australiana.) m. Zool. Mamífero marsupial australiano de la familia de los peramélidos, de mediano tamaño y pelaje anaranjado en el dorso; la hembra tiene una marsupia bien desarrollada. Es de costumbres nocturnas y de régimen omnívoro; de día vive en agujeros excavados en el suelo (*perameles eremianus*). Se llama también *mulgaruquirra*.

Ixcamilpa. Geog. Pueblo de Méjico, est. de Puebla, cap. del mun. de Ixcamilpa de Guerrero; 1.360 h. ‖ **de Guerrero.** Mun. de Méjico, est. de Puebla; 3.631 h. Cap., Ixcamilpa.

Ixcapuzalco. Geog. Pueblo de Méjico, est. de Guerrero, cap. del mun. de Pedro Ascencio Alquisiras; 728 h.

Ixcaquixtla. Geog. Mun. de Méjico, est. de Puebla; 4.962 h. Capital, San Juan Ixcaquixtla.

Ixcateopan. Geog. Mun. de Méjico, est. de Guerrero; 8.601 h. Cap., Ixcateopan de Cuauhtémoc. ‖ **de Cuauhtémoc.** Geog. Pueblo de Méjico, est. de Guerrero, cap. del mun. de Ixcateopan; 1.507 h.

Ixcatepec. Geog. Mun. de Méjico, est. de Veracruz-Llave; 9.343 h. ‖ Pueblo cap. del mismo; 1.885 h.

Ixcuina. Mit. Diosa del amor y del placer entre los antiguos aztecas.

Ixchel. Mit. Diosa de las inundaciones, la fecundidad y la luna entre los mayas centroamericanos de época precolombina. Era la esposa de Itzamná.

Ixchiguán. Geog. Mun. de Guatemala, depart. de San Marcos; 7.452 h. ‖ Pobl. cap. del mismo; 759 h.

Ixhuacán. Geog. Mun. de Méjico, est. de Veracruz-Llave; 5.511 h. Cap. Ixhuacán de los Reyes. ‖ **de los Reyes.** Pueblo de Méjico, est. de Veracruz-Llave, cap. del mun. de Ixhuacán; 1.530 h.

Ixhuatlán. Geog. Mun. de Méjico, est. de Veracruz-Llave; 9.029 h. Cap., Ixhuatlán del Café. ‖ Villa de Méjico, est. de Veracruz-Llave, cap. del mun. de Ixhuatlán de Madero; 1.492 habitantes. ‖ **del Café.** Villa de Méjico, est. de Veracruz-Llave, cap. del mun. de Ixhuatlán; 3.599 h. ‖ **de Madero.** Mun. de Méjico, est. de Veracruz-Llave; 40.708 h. Cap., Ixhuatlán. ‖ **del Sureste.** Municipio de Méjico, estado de Veracruz-Llave; 13.635 h. Cap., Nanchital.

Ixhuatlancillo. Geog. Mun. de Méjico, est. de Veracruz-Llave; 3.433 h. ‖ Pueblo cap. del mismo; 2.496 h.

Ixchel, cerámica procedente de un santuario de la costa occidental de Yucatán. Peabody Museum. Universidad de Harvard (EE. UU.)

Ixil. Geog. Mun. de Méjico, est. de Yucatán; 1.594 h. ‖ Pueblo cap. del mismo; 1.425 habitantes.

Ixmatlahuacan. Geog. Mun. de Méjico, est. de Veracruz-Llave; 5.105 h. ‖ Pueblo cap. del mismo; 1.003 h.

Ixmiquilpán. Geog. Mun. de Méjico, est. de Hidalgo, 35.516 h. ‖ C. cap. del mismo; 6.048 h.

ixodes. (Voz del lat. científico; del gr. *ixódes*, pegajoso como la higa; de *ixós*, liga, y *eidos*, forma.) Zool. Gén. de arácnidos ácaros, de la familia de los ixódidos (v.).

ixódido, da. (De *ixodes* e *-ido*.) adj. Zool. Dícese de los arácnidos ácaros conocidos vulgarmente por *garrapatas* (v.), cuyas hembras son parásitas temporales de los mamíferos, a los que chupan la sangre y pueden transmitir enfermedades. El gén. más importante es el *ixodes*; otros son el *dermacéntor*, el *argus*, etc. ‖ m. pl. Familia de estos arácnidos.

ixodiforme. (De *ixodes* y *-forme*.) adj. Zool. **metastigmato.**

ixora. (Voz del lat. científico; del sánscr. *ísvara*, señor.) Bot. Gén. de plantas rubiáceas (v.).

Ixtab. Mit. Diosa del suicidio entre los mayas centroamericanos de la época precolombina.

Ixtacalco. Geog. Delegación de Méjico, que forma parte del Dist. Federal; 477.331 h. Pueblo cap. de la misma; 48.954 h.

Ixtacamaxtitlán. Geog. Mun. de Méjico, est. de Puebla; 21.807 h. ‖ Villa cap. del mismo; 336 h.

Ixtaccihuatl. Geog. **Iztaccihuatl.**

Ixtacomitán. Geog. Mun. de Méjico, est. de Chiapas; 3.678 h. ‖ Pueblo cap. del mismo; 1.431 h.

Ixtacuixtla. Geog. Mun. de Méjico, est. de Tlaxcala; 18.114 h. Cap., Villa Mariano Matamoros.

Ixtaczoquitlán. Geog. Mun. de Méjico, est. de Veracruz-Llave; 22.935 h. ‖ Pueblo cap. del mismo; 1.735 h.

Ixtahuacán. Geog. Mun. de Guatemala, depart. de Huehuetenango; 13.730 h. ‖ Pobl. cap. del mismo; 1.624 h. ‖ **de los Membrillos.** Mun. de Méjico, est. de Jalisco; 7.682 h. ‖ Pobl. cap. del mismo; 2.801 h.

Ixtapa. Geog. Mun. de Méjico, est. de Chiapas; 6.367 h. ‖ Pueblo cap. del mismo; 1.357 h.

Ixtapalapa. Geog. Delegación de Méjico, perteneciente al Dist. Federal; 522.095 h. ‖ Pueblo cap. de la misma; 41.243 h.

Ixtapaluca. Geog. Mun. de Méjico, est. de Méjico; 36.722 h. ‖ Pueblo cap. del mismo; 4.278 h.

Ixtapan del Oro. Geog. Mun. de Méjico, est. de Méjico; 3.993 h. ‖ Pueblo cap. del mismo; 697 h. ‖ **de la Sal.** Mun. de Méjico, est. de Méjico; 13.703 h. ‖ Pueblo cap. del mismo; 6.588 h.

Ixtapangajoya. Geog. Mun. de Méjico, est. de Chiapas; 3.029 h. ‖ Pueblo cap. del mismo; 130 h.

Ixtenco. Geog. Mun. y pueblo de Méjico, est. de Tlaxcala; 5.035 h.

Ixtepec. Geog. C. de Méjico, est. de Oaxaca, cap. del mun. de Ciudad Ixtepec; 14.025 h. ‖ Mun. de Méjico, est. de Puebla; 3.927 h. ‖ Pueblo cap. del mismo; 3.290 h.

Ixtlahuaca. Geog. Mun. de Méjico, est. de Méjico, 51.053 h. ‖ Cap. Ixtlahuaca de Rayón. ‖ **de Rayón.** Villa de Méjico, est. de Méjico, cap. del mun. de Ixtlahuaca; 2.290 h.

Ixtlahuacán. Geog. Mun. de Méjico, est. de Colima; 4.801 h. ‖ Pueblo cap. del mismo; 1.746 h. ‖ **de los Membrillos.** Mun. de Méjico, est. de Jalisco; 10.652 h. ‖ Pueblo cap. del mismo; 3.346 h. ‖ **del Río.** Mun. de Méjico, est. de Jalisco; 16.073 h. ‖ Pueblo cap. del mismo; 2.727 h.

Ixtlán. Geog. Mun. de Méjico, est. de Michoacán de Ocampo; 18.897 h. ‖ Pueblo, cap. del mismo; 5.172 h. ‖ Mun. de Méjico, est. de Nayarit; 15.730 h. Cap., Ixtlán del Río. ‖ **de Juárez.** Mun. de Méjico, est. de Oaxaca; 4.889 habitantes. ‖ Villa cap. del mismo; 1.396 h. ‖ **del Río.** C. de Méjico, est. de Nayarit, cap. del mun. de Ixtlán; 10.968 h.

ixtle. (Del azt. *ixtli*, rostro.) m. Bot. *Méj.* Nombre que se aplica al gén. vegetal de los *agaves* y a las plantas que lo integran, de las cuales se obtiene una fibra textil característica de Méjico.

Ixtlaltón. (Del azt. *ixtli*, rostro, y *tlilli*, negro.) Mit. Dios de la Medicina entre los antiguos habitantes de Méjico.

Ixtlixochite. (Del azt. *ixtli*, rostro, y *xochitl*, flor.) Biog. Sexto monarca de la tribu chichimeca de los pueblos antiguos de Méjico, que, según los cronistas, gobernó por el año 1409. ‖ Decimocuarto y último monarca chichimeca. Comenzó su reinado el año 1531.

iza. (De *izar*.) f. Germ. Ramera, prostituta, mujer pública.

Iza. Geog. Putumayo. ‖ Mun. de Colombia, depart. de Boyacá; 1.682 h. ‖ Pobl. cap. del mismo; 568 h. ‖ Mun. de España, prov. de Navarra, p. j. de Pamplona; 958 h. Corr. 86 a la cap., el lugar de Erice.

Gulina (Iza, Navarra). Iglesia parroquial de San Pedro

Izabal. Geog. Lago de Guatemala, en el depart. de su nombre, entre la sierra de Santa Cruz y la de las Minas. Forma la bahía de Chapín o Matilisguate, recibe las aguas de varios ríos y des. en el Dulce. || Depart. oriental de Guatemala, que limita con Honduras; 9.038 km.² y 170.864 h. Cap., Puerto Barrios. Lo riegan el Motagua y el Sarstoon, y su costa forma el golfo de Amatique. Agricultura, frutas, maderas tintóreas. Minas de cromo y cobalto.

izada. f. Acción y efecto de izar.

izado, da. p. p. de **izar**. || m. **izada**. || *Germ.* El que está amancebado.

izaga. (Del vasc. *izaga*.) m. Lugar en donde hay muchos juncos.

Izagaondoa. Geog. Mun. de España, prov. de Navarra, p. j. de Aoiz; 244 h. Corr. 62 a la cap. el lugar de Ardanaz.

Izagre. Geog. Mun. de España, prov. y p. j. de León; 739 h. || Lugar cap. del mismo; 251 habitantes.

Izalco. Geog. Volcán de El Salvador, quizá el más activo de la América central, a 1.885 m. de alt., y visible a gran distancia por tierra y mar, por lo cual es llamado *el faro del Pacífico*. || Mun. de El Salvador, depart. de Sonsonate; 36.673 h. || Pobl. cap. del mismo; 8.897 h. Iglesia parroquial con hermosa campana de 1580, regalada por Carlos V. Importante Escuela de Agronomía.

Izalzu. Geog. Mun. y villa de España, prov. de Navarra, p. j. de Aoiz; 96 h.

Izamal. (Del maya *itz-emal*, rocío que desciende.) Geog. Mun. de Méjico, est. de Yucatán; 15.926 h. || Pueblo cap. del mismo; 9.746 habitantes. Fue una de las ciudades sagradas mayas, corte de los itzaes y santuario de *Kin Ich Kakmó*.

Izanagi e **Izanami.** Mit. Padre cielo y madre tierra de la mitología japonesa. De su unión surgió el mundo y todas las cosas vivas.

Izaña. Geog. Observatorio meteorológico instalado cerca de Santa Cruz de Tenerife (Canarias, España), uno de los principales del mundo al servicio de la aviación.

izapí. m. Bot. Árbol de Misiones, en Argentina, que en la estación del calor despide de sus hojas un abundante rocío que refresca el suelo.

izar. fr., *hisser*; it., *issare* i., *to hoist, to haut up*; a., *hissen*. (Del neerl. *hissen*.) tr. **Mar.** Hacer subir alguna cosa tirando de la cuerda de que está colgada, la cual pasa, al efecto, por un punto más elevado.

Izarra. Geog. Urcabustáiz.

Izbor. Geog. Mun. de España, prov. de Granada, p. j. de Órjiva; 669 h. || Lugar cap. del mismo; 473 h.

Izcuchaca. Geog. Dist. de Perú, depart. y prov. de Huancavelica; 910 h. || Pueblo cap. del mismo; 343 h.

izcuincle. (Del azt. *itzcuintli*, perro.) m. *Méj.* Perro sarnoso o maltratado. || Por ext., niño, generalmente el desharrapado.

Izevsk. Geog. C. de la U. R. S. S., en la R. F. S. S. R., cap. de la república autónoma de los Udmurtos; 422.409 h.

izgonce. m. ant. Ángulo entrante o saliente de una línea o de una superf.; esconce.

izgonzar. tr. ant. Hacer algo a izgonce; esconzar.

Izmail. Geog. Ismail.

Izmir. Geog. Esmirna.

Izmit o **Ismid.** Geog. C. de Turquía asiática, región de Mármara y Costas del Egeo, cap. de la prov. de Kocaeli; 123.016 h. Puerto en el mar de Mármara.

Iznájar. Geog. Mun. de España, prov. de Córdoba, p. j. de Lucena; 9.414 h. || Villa cap. del mismo; 2.138 h. *(iznajeños)*.

Iznalloz. Geog. Mun. de España, prov. y p. j. de Granada; 9.414 h. || Villa cap. del mismo; 4.814 h. *(iznallocenses)*. Notable iglesia parroquial del s. XVII.

Iznate. Geog. Mun. y villa de España, provincia de Málaga, partido judicial de Vélez-Málaga; 834 h.

Iznalloz. Vista general

Iznatoraf. Puerta de la fortaleza árabe

Iznatoraf. Geog. Mun. de España, prov. de Jaén, p. j. de Villacarrillo; 2.041 h. || Villa cap. del mismo; 1.705 h. *(torafeños)*.

izoceño. adj. Etnog. Dícese de una tribu de indios de lengua guaraní, que habita en los llanos bolivianos y estribaciones de los Andes. Apl. a pers., ú. t. c. s. || Perteneciente o relativo a esta tribu.

Izoozoc. Geog. Cantón de Bolivia, depart. de Santa Cruz, prov. de Cordilleras; 4.000 habitantes.

Ceremonia de izar la bandera en los Juegos olímpicos de 1976. Montreal (Canadá)

izote. (Del azt. *izotl* o *ixhuatl.*) m. **Bot.** Amér. c. y *Méj.* Planta de la familia de las liliáceas, parecida a la yuca, especie de palmera. Es de tallo erguido, sus ramas en forma de abanico y hojas lanceoladas; flores blancas y olorosas, de las cuales se hace dulce en conserva; meollo suave y comestible en ensalada; de las hojas se extrae fibra mediana, y con ella se hacen esteras (*yuca albifolia, y. haccata, y. filamentosa* y *yuca treculeana*).

Izote

izque. m. *Méj.* vulg. por **dizque.**
izquierda. fr., *gauche*; it., *sinistra*; i., *left-hand*; a., *Linke*. (Del adj. *izquierdo, da*, por la posición que ocupaban los componentes de las asambleas de la Revolución francesa.) f. **mano izquierda.** ‖ En las asambleas parlamentarias, los representantes de los partidos no conservadores. ‖ Por ext., conjunto de personas que postulan una modificación del sistema político y social en un sentido no conservador. ‖ **de izquierda** o **de izquierdas.** loc. adj. con que se atribuyen ideas izquierdistas a personas, grupos, partidos, actos, etc.
izquierdear. (De *izquierdo.*) intr. fig. Apartarse de lo que dictan la razón y el juicio.
izquierdismo. m. **Polít.** Doctrina y tendencia de los izquierdistas. Se opone al derechismo.
izquierdista. adj. Dícese de la persona, partido, institución, etc., que comparten las ideas de la izquierda política. Ú. t. c. com.
izquierdo, da. (Del m. or. que *esquerro.*) adj. Dícese de lo que está en la mitad longitudinal del cuerpo humano que aloja la mayor parte del corazón. ‖ Dícese de lo que está situado hacia esa parte del cuerpo de un observador. ‖ Dícese de la parte de un ser que se hallaría hacia el oeste, si dicho ser se orientara al norte. ‖ Dícese de lo que, referido a dicho objeto, cae hacia su parte izquierda. ‖ En los móviles, dícese de lo que hay en su parte izquierda o de cuanto cae hacia ella, considerada en el sentido de su marcha o avance. ‖ **zurdo.** ‖ Dícese de la caballería que por mala formación saca los pies o manos hacia fuera y mete las rodillas adentro. ‖ fig. Torcido, no recto. ‖ f. **mano izquierda.** ‖ **a izquierdas.** loc. adv. que se aplica a las formas y movimientos helicoidales que avanzan cuando giran en sentido contrario al de las manecillas de un reloj.

Izquierdo de Piña (Juan). Biog. Poeta y novelista español, n. en Buendía (1566-1643). Amigo de Lope, que le alaba en el *Laurel* y en el *Isidro*. Compuso numerosísimos versos; la comedia *La fortuna del príncipe de Polonia*, y varias novelas, como *Casos prodigiosos y cueva encantada* y *Novelas ejemplares y prodigiosas*.

Iztaccihuatl o **Ixtaccihuatl. Geog.** Monte volcánico de Méjico, que forma parte de la Sierra Madre en el lado E., en que ésta limita el Valle de Méjico. La cima, que alcanza 5.286 m. s. n. m., está cubierta de nieves persistentes. Su última erupción tuvo el lugar el 20 de julio de 1868.

Iztapa. Geog. Mun. de Guatemala, depart. de Escuintla; 5.550 h. ‖ Pobl. cap. del mismo; 1.261 h.

Izúcar de Matatoros. Geog. Mun. de Méjico, est. de Puebla; 45.210 h. ‖ C. cap. del mismo; 21.164 h.

Izurza. Geog. Mun. y anteiglesia de España, prov. de Vizcaya, p. j. de Durango; 367 habitantes.

Izvekov (Serguey Mijailovich). Biog. Pimen.

Izzo (Roque Anselmo). Biog. Médico y profesor universitario argentino, n. y m. en Buenos Aires (1892-1967). Ha publicado *Semiología de la azoemia* y muchos trabajos sobre tisiología en revistas especializadas.

j. f. Undécima letra del abecedario español, y octava de sus consonantes. Su nombre es **jota** y su articulación es velar, sorda y fricativa; la mayor o menor tensión con que se articula en diferentes países y regiones produce variedades que van desde la vibrante a la simple aspiración.

J. Fís. abr. de *julio*, unidad de medida del trabajo. || **Quím.** Símbolo del *yodo*, usado en los países de lengua alemana. || **Mar.** Décima bandera del Código Internacional de Señales, que izada aisladamente significa: *Voy a comunicar con aparato semafórico o por banderas de mano.*

jaba. (Voz caribe.) f. *Amér.* Especie de cajón de forma enrejada en que se transporta loza. || *Cuba*. Especie de cesta hecha de tejido de junco o yagua.

jabado, da. adj. **habado,** dicho de las aves. || *Mur.* Dícese de las aves que tienen la pluma de dos o tres colores, en forma de escamas.

jabalcón. (De *jabalón*.) m. **Arquit.** Madero ensamblado en uno vertical para apear otro horizontal o inclinado.

jabalconar. tr. Formar con jabalcones el tendido del tejado. || Sostener con jabalcones un vano o voladizo.

jabalí. fr., *sanglier;* it., *cinghiale;* i., *wildboar;* a., *Wildschwein.* (Del ár. *ŷabalī*, montaraz.) m. **Zool.** Mamífero ungulado artiodáctilo del suborden de los queromorfos o suiformes, familia de los suidos, bastante común en los montes de Europa, América y Asia. De él se han originado todas las razas del cerdo doméstico, del que se distingue por su cabeza más aguda, jeta más prolongada, orejas siempre tiesas, pelaje muy tupido, fuerte, de color gris uniforme, y colmillos grandes y salientes de la boca (*sus scrofa*). Vive salvaje en los montes y la hembra es algo más pequeña que el macho y sus defensas son rudimentarias. Se reproduce una sola vez al año. Los jabatos, en número de seis, ocho, diez y aun más en cada parto, maman durante cuatro o cinco meses. El crecimiento dura de cuatro a cinco años y vive de veinticinco a treinta. La principal base de su alimento consiste en bellotas, castañas, frutas silvestres y cultivadas, raíces y granos, produciendo grandes destrozos en los sembrados y viñedos; su dentición es la típica primitiva de los mamíferos: 3-1-4-3/3-1-4-3. || **alunado.** Aquel cuyos colmillos, por ser muy viejo, le han crecido de manera que casi llegan a formar media luna o algo más, de suerte que no puede herir con ellos. || **barbado.** Especie que vive en Insulindia y se caracteriza por poseer una verruga cubierta de largas cerdas entre los ojos y la nariz (*sus barbatus*). || **crestado.** Especie cuyos miembros presentan una cresta de pelos negros, y que vive en los bosques húmedos de la India (*sus cristatus*). || **enano.** Especie cuya altura no pasa de los 30 cm. y que sólo vive en los bosques de las vertientes del Himalaya (*sus silvania*). || **verrucoso** o **verrugoso. facóquero.**

jabalín. m. ant. **Zool.** jabalí. Ú. en Andalucía y Salamanca.

jabalina. (De *jabalín*.) f. **Zool.** Hembra del jabalí.

jabalina. (En fr., *javeline*, y éste del célt. *gabalos*, lanza.) f. Arma arrojadiza de caza y guerra, a modo de lanza ligera, de que se usó en la antigüedad y primeros siglos de la Edad Media. || **Dep.** Una de las pruebas de lanzamiento, practicadas por los atletas. La jabalina en un asta de madera de 2,60 m. de long. y 800 g. de peso, terminada en una punta metálica. El lanzamiento se efectúa desde una pista de 33 m. de largo, como mínimo. Forma parte de los modernos juegos olímpicos desde los de Londres de 1908. La marca mundial la ostenta el húngaro Miklos Nemeth, con 94,58 metros (1976).

jabalinero, ra. (De *jabalín*.) adj. *Sal.* Dícese del perro adiestrado en la caza del jabalí.

jabalón. (Del ár. *ŷamalūn*, techo abovedado.) m. **Arquit.** jabalcón.

Jabalón. Geog. Río de España, prov. de Ciudad Real; n. en Montiel y des. en el Guadiana, después de 170 km. de recorrido.

jabalonar. tr. **jabalconar.**

Jabaloyas. Geog. Mun. de España, prov. y p. j. de Teruel; 222 h. || Lugar cap. del mismo; 192 h.

Jabalquinto. Geog. Municipio de España, prov. de Jaén, p. j. de Baeza; 3.088 h. || Villa cap. del mismo; 2.830 h. (*jabalquinteños*).

jabaluno, na. (De *jabalí*.) adj. V. **piedra jabaluna.** Ú. t. c. s. f.

jabarcón. m. ant. **Arquit. jabalcón.**

jabarda. f. *Sal.* Saya de lana basta y sin teñir.

jabardear. intr. Dar jabardos las colmenas.

jabardillo. (dim. de *jabardo*.) m. Bandada grande, susurradora, arremolinada e inquieta, de insectos o avecillas. || fig. y fam. Remolino de mucha gente que mueve confusión y ruido.

jabardo. (De *jarbar*.) m. Enjambre pequeño producido por una segunda cría del año, o como primera y única si está débil por haber sido el invierno muy riguroso. || fig. y fam. **jabardillo,** remolino de gente. || *Extr.* y *Tol.* Prenda de vestir desechada.

Jabarovsk o **Khabarovsk. Geog.** Terr. de la U. R. S. S., en la R. F. S. S. R.; 824.600 km.² y 1.317.000 h. || C. cap. del mismo; 435.000 h.

jabato, ta. adj. fam. Valiente, osado, atrevido. Ú. t. c. s. || m. Hijo pequeño o cachorro del jabalí. Los primeros meses presenta bandas longitudinales de color pajizo muy claro, por lo que recibe el nombre de *rayón*.

jabear. tr. *Guat.* **robar.**

jabeba. f. Flauta morisca; ajabeba, jabega.

jabeca. (Del ár. *sabīka*, lingote.) f. **Min.** Horno de destilación, usado antiguamente en Almadén, que consistía en una fábrica rectangular con su punta y chimenea de tiro, y cubierta por una bóveda en cañón con varias filas de agujeros, donde se colocaban las ollas casi llenas de mineral de azogue revuelto con hormigo.

jábeca. (Del ár. *šabaka*, red.) f. **jábega,** red de pesca.

jabega. f. Flauta morisca; ajabeba, jabeba.

jábega. (De *jábeca*.) f. Red de más de cien brazas de largo, compuesta de un copo y dos bandas, de las cuales se tira desde tierra por medio de cabos sumamente largos.

jábega. (De *jabeque*.) f. Embarcación parecida al jabeque, pero más pequeña y que sirve para pescar.

jabegote. m. Cada uno de los hombres que tiran de los cabos de la jábega.

Jabalquinto. Fachada de un palacio

jabeguero, ra. adj. Perteneciente a la jábega. || m. Pescador de jábega.
jabelar. tr. *Caló.* Entender, conocer.
jabelgar. tr. ant. Blanquear las paredes con cal; jalbegar, enjalbegar. Ú. en Salamanca.
jabeque. (Del ár. *šabbāk*, barco para pescar con red.) m. **Mar.** Embarcación costanera de tres palos, con velas latinas, que también suele navegar a remo.
jabeque. (Del ár. *habaṭ*, huella o señal de herida.) m. fig. y fam. Herida en el rostro, hecha con arma blanca corta. Ú. m. con el verbo *pintar*.
jabequín. m. **Mar.** chambequín.
jabera. f. **Folk.** Especie de cante popular andaluz, en compás de 3 por 8; se compone de una introducción instrumental parecida a la malagueña, y de una copla.
jabí. (Del ár. *ša'bī*, variedad de manzana primaveral.) adj. **Bot.** Dícese de una especie de manzana silvestre y pequeña. Ú. t. c. s. m. || Aplícase también a ciertas especies de uva pequeña que se cría en el antiguo reino de Granada. Ú. t. c. s.
jabí. (Voz americana.) m. **Bot.** Árbol de la familia de las papilionáceas, de la región intertropical de América, que alcanza bastante altura; es de tallo liso, muy ramoso, con hojas compuestas, flores moradas, fruto en vainas estrechas con semillas elípticas, y su madera, que además de dura y compacta es incorruptible debajo del agua, se emplea preferentemente en la construcción naval y de casas rurales *(copaifera hymenaefolia e ichthyometia communis.)* Su raíz se usa como narcótico y analgésico contra las neuralgias, insomnios, nervios y dolores de dientes. Ú. también para envenenar las aguas y pescar.
jabielgo. m. *Sal.* Blanqueo o acción de blanquear.
jabilla. f. **Bot.** *Cuba.* Enredadera de cuyo fruto se obtiene un aceite lubricante y medicinal. || jabillo.
jabillo. (De *jabí*, árbol.) m. **Bot.** Árbol corpulento, de la América intertropical, de corteza recia, erizada de aguijones, hojas acorazonadas, dentadas, y flores unisexuales *(hura crepitans o hura polyandra).* Se usa mucho como planta de ornato en jardines y paseos en Cuba. La leche que mana de la corteza es cáustica. Madera blanca y suave, de poco uso. Llámase también *jabilla, habilla o habillo, salvadera* y de otros modos. || Fruto de este árbol; cápsula formada por husos o discos, de 1 cm. de grueso y 6 u 8 de diámetro, que convergen en un eje o pezón central, leñoso; cada celda contiene una semilla aislada, como de 3 cm. de diámetro, negra.
jabín. m. **Bot.** *Méj.* jabí.
jabino. (Del lat. *sabīna.*) m. **Bot.** Enebro rastrero o sabina morisca.
jabiri. (Del tupí *jabirú* o *jaburú.*) f. **Zool.** Ave ciconiforme de la familia de las cicónidas, de hasta 1,50 m. de long. y 2,40 de envergadura, con pico rojo de 30 cm., robusto, curvado al final hacia arriba, y con una expansión a modo de silla de montar en la base; vive en Senegal *(ephippiorhynchus senegalensis).*
jabirú. m. **Zool.** jabiri.
jabladera. f. **argallera.**
jable. (Del fr. *jable.*) m. **Carp.** Gárgol en que se encajan las tiestas de las tapas de toneles y botas.
jable. m. *Can.* Arena volcánica con la que se cubren ciertos cultivos para proteger la humedad de la tierra. || **Geol.** Arena fina de tonalidades claras. Ú. m. en pl.
Jablonski (Henryk). Biog. Político polaco, n. en Waliszewo en 1909. Es miembro del Comité Central del Partido Obrero Unificado Polaco (1948) y del Buró Político (1971). Ha sido ministro de Educación (1965-72). Desde 1972 desempeña la jefatura del Estado. Es autor de *La política y el Partido Socialista durante la primera guerra mundial* (1958), *El nacimiento de la Segunda república 1918-19* (1962) y *Escuela, profesores, educación* (1972).
jabón. fr., *savon;* it., *sapone;* i., *soap;* a., *Seife*. (Del lat. *sapo, -ōnis.*) m. Compuesto medicinal que resulta de la acción del amoníaco u otro álcali, o de un óxido metálico, sobre aceites, grasas o resinas, y se mezcla a veces con otras substancias que no producen saponificación. || **Quím.** Pasta que resulta de la combinación de un álcali con los ácidos del aceite u otro cuerpo graso; es soluble en el agua, y por sus propiedades detergentes sirve comúnmente para lavar. El jabón ordinariamente empleado para lavar se obtiene por la acción de la potasa o de la sosa cáustica sobre aceites o grasas sólidas vegetales o animales. El proceso químico que se realiza consiste en una esterificación del ácido graso del aceite con pérdida de agua; proceso que, por ser característico de la obtención del jabón, se le denomina también *saponificación*. En la fabricación moderna del jabón se procede en frío o en caliente. En el método en frío, para jabones duros, se funde aceite de coco, principalmente, y se agita a 35° con solución de sosa cáustica, debiéndose emplear determinadas proporciones de una y otra substancia. El método en caliente puede aplicarse a todos los aceites y grasas sólidas, empleándose sosa cáustica para obtener jabones duros y potasa cáustica para preparar jabones blandos; a veces se preparan también jabones mixtos. En todos estos procedimientos resulta, como producto secundario, glicerina. || fig. Cualquiera otra masa que tenga semejante uso, aunque no esté compuesta igual que el jabón común. || **blando.** *Quím.* Aquel cuyo álcali es la potasa y que se distingue por su color obscuro y su consistencia de ungüento. || **duro.** Aquel cuyo álcali es la sosa, y se distingue por su color blanco o jaspeado y su mucha consistencia. || **mineral.** *Miner.* Arcilla esméctica. || **de olor.** *Léx.* Pastilla de jabón aromatizada, jaboncillo. || **de Palencia.** fig. y fam. Pala con que las lavanderas golpean la ropa para limpiarla y gastar menos jabón. || fig. y fam. Zurra de palos. || **de piedra.** *Quím.* **jabón duro.** || **de sastre.** *Léx.* Esteatita blanca que los sastres emplean para señalar en la tela el sitio por donde han de cortar o coser. || **de vidrieros.** *A. y Of.* Pizolusita utilizada por los vidrieros para eliminar la coloración verdosa en los vidrios ricos en óxido de hierro.
Jabón. Geog. Pobl. de Venezuela, est. de Lara, cap. del mun. de Torres; 1.432 h.
jabonada. f. Acción y efecto de jabonar. || *Chile.* Jabonado o jabonadura. || *Méj.* reprimenda.
jabonado, da. p. p. de **jabonar.** || m. **jabonadura.** || Conjunto de ropa blanca que se ha de jabonar o se ha jabonado.
jabonador, ra. adj. Que jabona. Ú. t. c. s.
jabonadura. f. Acción y efecto de jabonar. || pl. Agua que queda mezclada con el jabón y su espuma. || Espuma que se forma al jabonar.
jabonar. fr., *sabonner;* it., *insaponare;* i., *to soap, to wash;* a., *seifen, einseifen, waschen*. tr. Fregar o estregar la ropa u otras cosas con jabón y agua para lavarlas, emblanquecerlas o ablandarlas. || Limpiar el cuerpo, o parte de él, con agua y jabón. || Humedecer la barba con agua jabonosa para afeitarla.
jaboncillo. (dim. de *jabón.*) m. Pastilla de jabón duro mezclado con alguna substancia aromática para los usos del tocador. || *Chile.* Jabón en polvo o desleído que se usa para rasurarse o hacerse la barba. || **Bot.** *Amér.* Árbol del orden de las terebintales, familia de las sapindáceas, de 6 a 8 m. de alt., con hermosa copa, hojas divididas en hojuelas enteras, flores de cuatro pétalos amarillentos, en racimos axilares, y fruto carnoso parecido a una cereza, pero amargo y con dos o tres huesos o semillas negras y lustrosas *(sapindus saponaria).* La pulpa de este fruto produce con el agua una especie de jabón que sirve para lavar la ropa. El de Méjico es *symplocos citrea,* de la familia de las estiracáceas. (V. **jabonera.**) || *Cuba.* **calalú.** || **Farm.** Jabón medicinal. || **de sastre.** *Léx.* jabón de sastre.

Jabonera

jabonera. fr., *savonnière;* it., *saponiera;* i., *box for a wash-ball;* a., *Seifennapf.* f. Mujer que hace o vende jabón. || Recipiente para depositar o guardar el jabón de tocador. || **Bot.** Nombre común de diversas plantas que, por contener saponina en su zumo y raíz, hacen espuma con el agua, por lo que se utilizan a modo de jabón para lavar la ropa. || **blanca.** Es la planta cariofilácea *lichnis dioica.* || **común.** Planta herbácea, de la familia de las cariofilá-

Fruto

Flor

JABILLO

ceas, con tallos erguidos de hasta 60 cm.; hojas lanceoladas con pecíolo corto y tres nervios muy prominentes; flores grandes, olorosas, de color blanco rosado, en panojas; fruto capsular con cuatro semillas; y rizoma ramificado. El zumo de esta planta y su raíz hacen espuma con el agua. Es muy común en los terrenos húmedos *(saponaria officinalis).* || **de Egipto** o **de Levante.** Es la berberidácea *leóntice thalictroides.* || **de la Mancha.** Planta cariofilácea, con tallos nudosos de 60 a 80 cm. de alt.; hojas largas muy estrechas y carnosas; flores blancas, pequeñas, en corimbos muy apretados y fruto seco y capsular. Es frecuente en los sembrados *(melandrium dicline).* Se llama también *jaboncillo.*

jabonería. (De *jabonero.*) f. Fábrica de jabón. || Tienda de jabón.

jabonero, ra. adj. Perteneciente o relativo al jabón. || Dícese del toro cuya piel es de color blanco sucio que tira a amarillento. || m. El que fabrica o vende jabón. || **Bot.** *Amér.* Árbol de la especie *sapindus saponaria.*

jaboneta. f. **jaboncillo.**

jabonete. m. Pastilla de jabón aromatizada; jaboncillo, jaboneta. || **de olor.** *Léx.* **jabonete.**

jabonoso, sa. adj. Que es de jabón o de naturaleza de jabón.

jaborandi. (Del tupí *yaborandí.*) m. **Bot.** *Brasil.* Árbol poco elevado, de la familia de las rutáceas, con hojas compuestas de siete o nueve hojuelas, flores en racimos delgados y largos y fruto capsular de cinco divisiones. Las hojas tienen olor y sabor semejantes a las del naranjo *(pilocarpus pennatifolius).*

jaboticabeira. (De la voz indígena *jabotim,* tortuga.) f. **Bot.** *Brasil.* Árbol de 10 a 12 m. de alt., cuyos frutos son semejantes a granos de uva. Sus flores crecen sobre la corteza del tronco y de las ramas principales *(myrciaria cauliflora).* Se halla en estado silvestre y en las regiones tropicales no produce frutos.

jabre. (Del gall. *xabre,* y éste del fr. *sabre.*) m. **Petrog.** Arena feldespática procedente de la meteorización del granito. Cuando no ha sufrido transporte se denomina *lem* granítico, y cuando lo ha sufrido es el equivalente a una arcosa.

jabrir. (Del lat. *experīre,* abrir.) tr. *Ar.* Roturar la tierra.

jabuco. m. *Cuba.* Jaba de boca más estrecha que el fondo.

Jabugo. Geog. Mun. de España, prov. de Huelva, p. j. de Aracena; 3.010 h. || Villa cap. del mismo; 1.522 h. *(jabugueños).* Fabricación de chacinas.

jaca. (De *haca.*) f. Caballo cuya alzada no llega a siete cuartas. || Yegua, hembra del caballo. || *Amér., And.* y *Can.* Gallo inglés de pelea al que se le deja crecer los espolones. || *And.* Caballo castrado de poca o mediana alzada. || *Perú.* Yegua de poca alzada.

Jaca. Geog. Mun. de España, prov. de Huesca, p. j. de su nombre; 11.134 h. || C. cap. del mismo y del p. j.; 9.936 h. Notable catedral de estilo románico. Ciudadela construida en los reinados de Felipe II y Felipe III. Bella torre del Reloj. Es sede del obispo de su nombre, sufragáneo del arzobispado de Pamplona. Existía ya en la época romana.

Jaca. Puente romano de San Miguel, sobre el río Aragón

jacal. (Del azt. *xacalli.*) m. *Méj.* Especie de choza.

Jacala. Geog. Mun. de Méjico, est. de Hidalgo; 10.739 h. || Villa cap. del mismo; 2.160 habitantes. Producción minera.

Jacaleapa. Geog. Mun. de Honduras, depart. de El Paraíso; 1.877 h. || Pobl. cap. del mismo; 1.176 h.

jacalón. (Del azt. *xamitl,* adobe, *y calli,* casa, con la terminación castellana aumentativa *on.*) m. *Méj.* Colgadizo o pieza de grandes dimensiones, siempre más larga que ancha, construida de manera provisional en algún sitio público. || Por ext., teatro de mala muerte.

Jacaltenango. Geog. Mun. de Guatemala, depart. de Huehuetenango; 15.807 h. || Pobl. cap. del mismo; 4.522 h.

jacamar o **jacamara.** (Del tupí *jacamá-ciri,* nombre de cierta especie de las galbúlidas.) m. **Zool.** *Amér.* Nombre vulgar de las aves piciformes, de la familia de las galbúlidas, de tamaño pequeño o mediano, con pico de casi doble long. que la cabeza, cola escalonada y larga, tarsos cortos y los dos dedos delanteros unidos en gran parte. Poseen un bellísimo plumaje con tonalidades metálicas verdes, azules, áureas y broncíneas. Son insectívoros y viven en los parajes húmedos de los bosques americanos tropicales y ecuatoriales. La especie más conocida es el *jacamar de cola roja* o *yacamaciri,* de dorso verde brillante y castaño vivo por debajo, con una banda verde en el pecho y otra blanca en el cuello y que mide unos 20 cm. de long. *(gálbula ruficauda).* Se llama también *yacamar.*

Jacán. Geog. Barrio de Cuba, prov. de Matanzas, p. j. de Colón; 3.000 h.

jacana. (Del tupí *jaçanam.*) **Zool.** Gén. tipo de aves. || m. **aguapeazó,** ave caradriforme.

jacánido, da. (De *jacana,* gén. tipo de aves, e *-ido.*) adj. **Zool.** Dícese de las aves caradriformes, cuya principal característica radica en sus dedos y uñas larguísimos, gracias a los cuales pueden colocarse sobre las hojas flotantes y atravesar los ríos o dejarse llevar por la corriente; son de patas largas, alas cortas y de unos 20 a 30 cm. de long. Viven en las islas polinésicas. Ejemplos: el *gallito africano (actophilornis africanus)* y la *jacana* o *aguapeazó.* || f. pl. Familia de estas aves.

jacapa. f. **Zool.** *Amér. c.* y m. Pájaro de la familia de los tanágridos, que vive en los bosques *(tachýphorus loricatus).*

jacapucayo. m. **Bot.** Planta lecitidácea de la América tropical, cuyo fruto es del tamaño de la cabeza humana.

jácara. (Quizá del verbo ár. *ŷakkara,* hacer rabiar, molestar a uno.) f. Romance alegre en que por lo regular se cuentan hechos de la vida airada. || Cierta música para cantar o bailar. || Especie de danza, formada al tañido o son propio de la jácara. || Junta de gente alegre que de noche anda metiendo ruido y cantando por las calles. || fig. y fam. Molestia o enfado, por alusión al que causan los que andan de noche cantando jácaras. || fig. y fam. Mentira o patraña. || fig. y fam. Cuento, historia, razonamiento.

jacarandá. fr. e i., *jacaranda;* it., *giacarandà;* a., *Jacaranda.* **Bot.** Gén. de plantas de la familia de las bignoniáceas *(jacaranda de Jussieu),* que comprende diversos árboles originarios de la América tropical. La especie más importante es el *abey de Brasil* o *árbol de Brasil (j. brasiliana),* cuya madera es muy estimada

Planta del género jacarandá

para ciertas obras de torno. De este árbol procede la madera conocida en Francia con el nombre de *palissandre,* empleada en ebanistería. Puede recibir incrustaciones, por el color de sus aguadas y por su poca dureza. Exhala olor agradable, análogo a la madera de Santa Lucía *(prunus máhaleb),* con la cual se confunde a veces por provenir del mismo punto. Otra especie importante es la *j. sagraeana,* peculiar de Cuba. La *j. procesa* es la *caroba.* || m. Nombre vulgar de la papilionácea *dalbergia nigra (machaérium).* || **abey hembra.** Árbol indígena de las Antillas, de la familia de las papioná-

jacarandaina–jacobino

ceas, conocido en Cuba por *tengue*, y cuya madera es buena para horconadura y tablones (*proeppigia excelsa*). En Méjico se llama *quiebracha*, *quebracho* o *bicho*. Crece en los trópicos de todo el continente americano. También se llama así a una de las especies del abey típico, planta bignoniácea. || **abey macho.** La especie *j. coerúlea gris*, indígena de Cuba; magnífica planta por la dureza de su madera blanca. En Santo Domingo se llama también así la planta de la *masa* (*hedwigia balsamifera*). || **abey mimosifario,** u **ovolifario.** Árbol de mediana altura, originario de Brasil, cuyas hojas se parecen a las de la acacia; se cultiva en los invernaderos, se multiplica por estaquillas y exige tierra ligera y substanciosa al propio tiempo (*j. mimosifolia*). || **abey tomentoso.** Arbusto originario de Brasil, que se cría en las selvas de los alrededores de Río de Janeiro y alcanza hasta 10 m. de alt. (*j. tomentosa* Brown).
jacarandaina. f. *Germ.* **jacarandina.**
jacarandana. (De *jácara*.) f. *Germ.* Rufianesca o junta de rufianes o ladrones. || Lenguaje de los rufianes.
jacarandina. f. *Germ.* **jacarandana.** || **jácara,** música para cantar y bailar. || Modo particular de cantarla los jaques.
jacarandino, na. adj. *Germ.* Perteneciente a la jacarandina.
jacarando, da. adj. Propio de la jácara o relativo a ella. || m. Guapo, baladrón, jácaro.
jacarandoso, sa. (De *jacarando*.) adj. fam. Donairoso, alegre, desenvuelto.
jacarear. intr. Cantar jácaras frecuentemente. || fig. y fam. Andar por las calles cantando y haciendo ruido. || fig. y fam. Molestar a uno con palabras impertinentes y enfadosas.
jacarero. m. Persona que anda por las calles cantando jácaras. || fig. y fam. Alegre de genio y chancero.
Jacarilla. Geog. Mun. y lugar de España, prov. de Alicante, p. j. de Orihuela; 1.265 h.
jacarista. m. **jacarero.**
jácaro, ra. (Del m. or. que *jácara*.) adj. Perteneciente o relativo al guapo y baladrón. || m. El guapo y baladrón. || **a lo jácaro.** m. adv. Con afectación, valentía o bizarría en el modo o traje.
Jacas Chico. Geog. Dist. de Perú, depart. de Huánuco, prov. de Dos de Mayo; 1.765 h. Cap., San Cristóbal de Jacas Chico. || **Grande.** Dist. de Perú, depart. de Huánuco, prov. de Huamalíes; 5.158 h. || Pueblo cap. del mismo; 645 h.
Jacassia. Geog. Jakasia.
jácena. (Del ár. *ḥāṣina*, que fortalece o defiende.) f. *Alic.* Madero de hilo, de 36 palmos de long. y escuadría de 18 pulgadas de lado. || *Bal.* Viga de pinabete. || **Arquit.** Viga que sostiene las cabezas de otros maderos, viga maestra.
jacer. (Del lat. *iacēre*.) tr. ant. Tirar o arrojar.
jacerina. (De *jacerino*.) f. Cota de malla.
jacerino, na. (De *jazarino*.) adj. ant. Duro y difícil de penetrar, como el acero.
jacetano, na. (Del lat. *iacetānus*, no muy seguro en los manuscritos.) adj. Dícese de un pueblo indígena prerromano que habitaba la región de la actual Jaca. Apl. a pers., ú. t. c. s. || Perteneciente o relativo a este pueblo. || **jaqués.**
jacilla. (Del lat. *iacilia*, pl. n. de *iacīle*, de *iacēre*, yacer.) f. Señal o huella que deja una cosa sobre la tierra en que ha estado por algún tiempo; yacija.
jacintino, na. (Del lat. *hyacinthinus*.) adj. De color violado. Ú. m. en poesía.
jacinto. (Del lat. *hyacinthus*, y éste del gr. *hyákinthos*, voz con la que en la Grecia clásica se designaba otra planta: la del *phínium aiacis*.) **Bot.** Gén. de plantas que comprende unas

treinta especies con perigonio de piezas soldadas en tubo, limbo más corto. El jacinto propiamente dicho, de la familia de las liliáceas (*h. orientalis*), es hierba vivaz, con hojas radicales, anchitas, acanaladas, casi tan largas como el escapo, lustrosas y crasas; flores en racimo, con perigonio acompañado, abierto, ventrudo en la base, blancas, azules, róseas o amarillentas o casi negras, muy olorosas, y fruto capsular con tres divisiones y varias semillas negras casi redondas. Es originario del Asia Menor y se cultiva por lo hermoso de las flores. El jacinto de penacho es *muscari comósum*; el racimoso silvestre es *muscari racemósum*; el llamado del Perú o estrellado, *scilla peruviana*. Se multiplica por semillas y por bulbos. || m. Flor de esta planta. || **Miner. circón.** || **de agua.** *Bot.* Planta de la familia de las pontederiáceas, gén. *eichhornia*. Crece en el agua y llega a alcanzar hasta un metro de alt. La especie *e. crassipes*, originaria de América del Sur, fue llevada a África a principios de siglo y se ha propagado de una forma incontenible por ríos, lagos, etc. || **de Ceilán.** *Miner.* **circón.** || **de Compostela.** Cuarzo cristalizado, de color rojo obscuro. || **occidental. topacio.** || **oriental. rubí.**

Jacinto de Compostela, procedente de Cuenca (España)

Jacinto Aráuz. Geog. Local. de Argentina, prov. de La Pampa, depart. de Hucal; 1.752 habitantes.
Jack. Biog. Cade (John).
Jackson (Andrew). Biog. Político estadounidense, n. en Waxhaw y m. en Nashville (1767-1845). Fue representante, senador, magistrado de la Corte Suprema de Tennessee y gobernador del terr. de la Florida (1821). En 1812 derrotó a los ingleses y se apoderó de Nueva Orleans, y en 1818 conquistó Florida, por lo que adquirió gran popularidad. Fue elegido presidente de la República por dos períodos consecutivos (1829-37). || **(Frederick).** Explorador inglés, n. en Denstone y m. en Londres (1860-1938). Realizó expediciones a las tierras árticas y en 1894 a Tierra de Francisco José, donde encontró a Nansen. || **(Glenda).** Actriz de cine inglesa, n. en Birkenhead en 1936. Entre sus mejores filmes se encuentran: *Marat-Sade* (1967), *Women in love* (1971), *María, reina de Escocia* (1972), *Un toque de distinción* (1973) y *La pasión de vivir*. || **(John).** Pintor inglés, n. en Lastingham y m. en Londres (1778-1831). Siguió en Londres los cursos de la Real Academia. Adquirió gran reputación como retratista. || **(John Hughlings).** Célebre neurólogo y cirujano inglés, n. en Green Hammerton y m. en Londres (1835-1911). Fue el primero en describir la forma de epi-

lepsia localizada que lleva su nombre. || **(Mahalia).** Cantante estadounidense de color, n. en Nueva Orleans en 1911. Intérprete, con mucho éxito, de *spirituals* y *gospels*, cantos muy populares del folklore del sur de EE. UU. || **(Thomas Jonathan).** Militar estadounidense, n. en Clarksburg y m. en Chancellorsville (1824-1863). Al estallar la guerra de Secesión se unió a los sudistas, destacándose en varias batallas. Por su acometividad y firmeza se le motejó de *Stonewall Jackson* (muro de piedra). || **Geog.** C. de EE. UU., cap. del de Misisipí; 153.968 h. Hermoso Capitolio. Gran comercio de algodón.
Jacksonville. Geog. C. de EE. UU., en el de Florida, cap. del cond. de Duval, a orillas del río St. Johns; 528.865 h. Fabricación de perfumería, cigarros y comercio de maderas.
jaco. (Del ár. *sákk*, loriga de mallas apretadas.) m. Cota de malla de manga corta y que no pasaba de la cintura. || Jubón de tela tosca hecha con pelo de cabra, que antiguamente usaron los soldados.
jaco. (De *jaca*.) m. Caballo pequeño y ruin.
Jacob. (Quizá del hebreo *'āqab*, engañar.) **Biog.** Patriarca hebreo, hijo de Isaac y Rebeca y hermano gemelo de Esaú. Habiendo obtenido de éste el derecho de primogenitura y de su padre la bendición, por medio de una estratagema, fue heredero de los bienes paternos y uno de los tres grandes patriarcas de los israelitas. Tuvo 12 hijos, que dieron nombre a las 12 tribus bíblicas de Israel: Rubén, Simeón, Leví, Juda, Dan, Neftalí, Gad, Aser, Isacar, Zabulón, José y Benjamín. || **François.** Biólogo francés, n. en Nancy en 1920. Jefe del servicio del Instituto Pasteur y profesor de genética celular en el Colegio de Francia. En 1965 se le concedió el premio Nobel de Medicina juntamente con sus compatriotas André Lwoff y Jacques Monod. || **(Max).** Poeta y pintor francés, de raza judía, n. en Quimper, Bretaña, y m. en el campo de concentración de Drancy (1876-1944). La singular y estéticamente afortunada amalgama de realismo y fantasía, fervor religioso y jovial travesura que constituye su obra, le valió que fuera ésta calificada de *payasada angelical*. Citamos entre sus obras *El cubilete de los dados* (1917), *El laboratorio central* (1920) y *La corona de Vulcano*.
jacobeo, a. adj. Perteneciente o relativo al apóstol Santiago.
Jacobi (Friedrich Heinrich). Biog. Filósofo alemán, n. en Düsseldorf y m. en Munich (1743-1819). Fue presidente de la Academia de Ciencias de Munich. Combatió el criticismo de Kant y el panteísmo y buscó fuera de la razón pura una nueva base para la filosofía. || **(Karl Gustav Jakob).** Matemático alemán, n. en Potsdam y m. en Berlín (1804-1851). Fue profesor de matemáticas en Königsberg, estudió la teoría de los números y el cálculo combinatorio, y compartió con Abel la gloria de haber descubierto la doble periodicidad de las funciones elípticas. || **(Moritz Hermann von).** Físico alemán, n. en Potsdam y m. en San Petersburgo (1801-1874). Se le debe la invención de la galvanoplastia y el reóstato.
jacobínico, ca. adj. Perteneciente o relativo a los jacobinos.
jacobinismo. m. Doctrina de los jacobinos.
jacobino, na. (Del fr. *jacobin*.) adj. Dícese del individuo del partido más demagógico y sanguinario de Francia en tiempo de la Revolución, y de este mismo partido, llamado así a causa de haber celebrado sus reuniones en un convento de dominicos, a quienes vulgarmente se daba en aquel país el nombre de jacobinos, por la calle de San Jacobo, donde tuvieron en París su primera casa. En 1794 fueron expulsados de la Convención, y días más

tarde, guillotinados sus jefes más significados, entre ellos Robespierre y Saint-Just. Apl. a pers., ú. t. c. s. || Por ext., dícese del demagogo partidario de la revolución violenta y sanguinaria. Ú. m. c. s.

jacobita. adj. Hereje que negaba que en Jesucristo haya dos naturalezas. Ú. t. c. s. || Nombre que se dio en Inglaterra a los individuos del partido legitimista escocés e irlandés que permaneció fiel a la causa de Jacobo II y a la dinastía de los Estuardos, contra la causa de Hannóver. Ú. t. c. s. || Perteneciente o relativo a la política de estos partidarios. || Cristiano copto. Ú. t. c. s. || com. Peregrino a Santiago de Compostela. Procede la denominación del nombre del apóstol Santiago, también llamado Jacobo, cuyos restos se conservan, según se cree, en aquella famosa ciudad.

Jacobo I. Biog. Rey de Chipre y de Jerusalén, de la familia Lusignan de Ultramar (1334-1398). Fue tío de Pedro II, y a la muerte de León VI heredó el título de rey de Armenia. || **II.** Rey de Chipre, de la familia Lusignan de Ultramar (1440-1473). Fue hijo natural de Juan III, que en 1460 despojó del trono a la reina Carlota, hija legítima de Juan III. Murió envenenado. || **III.** Rey de Chipre, de la familia Lusignan de Ultramar (1474-1475). Fue proclamado a su nacimiento. || **I.** Rey de Escocia, n. en Dunfermline y m. en Perth (1394-1437). Hijo de Roberto III. Prisionero de los ingleses cuando murió su padre, ocupó el trono en 1423. || **II.** Rey de Escocia, m. en el castillo de Roxburgh (1430-1460). Sucedió a su padre Jacobo I en 1437. Con su violencia enajenóse el afecto de sus súbditos. || **III.** Rey de Escocia, m. en el campo de batalla de Sauchieburn, cerca de Bannockburn (1451-1488). Hijo del anterior, a quien le sucedió en el año 1460. Con su conducta descontentó a los nobles, los cuales, capitaneados por su propio hijo, le vencieron y dieron muerte. || **IV.** Rey de Escocia, m. en Flodden (1473-1513). Se alió con Luis XII y hizo la guerra a Enrique VII y a Enrique VIII de Inglaterra, pero fue vencido y murió en la batalla de Flodden. || **V.** Rey de Escocia, n. en Linlithgow y m. en Falkland (1512-1542). Hijo del precedente, a quien sucedió en 1513 bajo la regencia de su madre. Se casó en primeras nupcias con la hija mayor de Francisco I de Francia, y en segundas con la princesa de Longueville, y fue padre de María Estuardo. || **VI y VII.** V. *Jacobo I* y *II*, reyes de Inglaterra. || **I.** Emperador de Haití, cuyo verdadero nombre era *Jean-Jacques Dessalines*, n. en Guinea y m. en Jacmel, Haití (antes de 1758-1806). Asumió la dirección de la guerra de independencia de Haití contra los franceses, venció a Rochambeau y conquistada la independencia (1804), se hizo proclamar emperador. Fue asesinado durante una revista militar. || **I.** Rey de Inglaterra, n. en Edimburgo y m. en Theobalds Park (1566-1625). Hijo de lord Darnley y de María Estuardo. Rey de Escocia desde la cuna por el asesinato de su padre y la abdicación de su madre, fue proclamado rey de Inglaterra a la muerte de Isabel, en 1605. || **II.** Rey de Inglaterra, n. en Londres y m. en Saint-Germain-en-Laye (1633-1701). Hijo de Carlos I, que sucedió a su hermano Carlos II en 1685. Trató de restablecer el catolicismo en Inglaterra. || **III.** Rey de Inglaterra, cuyo nombre completo era *Jacobo Francisco Eduardo Estuardo*, n. en Londres y m. en Roma (1688-1766). A la muerte de su padre (1701) fue reconocido rey de Inglaterra e Irlanda por Francia, España, el Papa y los duques de Módena y Parma; pero el Parlamento de la Gran Bretaña puso precio a su cabeza, y todas sus tentativas para apoderarse del trono fueron infructuosas. || **I.** Príncipe de Mónaco.

Rigió los destinos del principado entre 1731 y 1733, en que abdicó en su hijo Honorato III. || **de Vorágine** (*Beato*). Prelado y escritor italiano, conocido por *Diego de Vorágine*, n. en Varazze y m. en Génova (1226-1298). Religioso dominico y arzobispo de Génova. Escribió *Leyenda Áurea*, la más considerable obra hagiográfica de la Edad Media.

Jacobs (William Wymark). **Biog.** Novelista y autor dramático inglés, n. y m. en Londres (1863-1943). Entre sus muchas novelas se citan: *La dama de la barba*, *Una obra maestra*, *Demasiada carga* y *Extraño artificio*. También estrenó con éxito varias obras dramáticas.

Jacobsen (Jens Peter). **Biog.** Novelista danés, n. y m. en Thisted (1847-1885). Dejó dos novelas: *María Grubbe*, sobre este personaje danés del siglo XVII (1876), y *Niels Lyhne*. Escribió además cuentos, poemas en prosa, ensayos y estudios sobre cuestiones de biología.

Jacobson (Ludwig Levin). **Biog.** Médico y anatomista danés, n. y m. en Copenhague (1783-1843). Descubrió en 1809 el órgano llamado de Jacobson, en las fosas nasales de los mamíferos. Más tarde, siguiendo en París las lecciones de Cuvier, descubrió el nervio que lleva su nombre. || (Per). Economista y hacendista sueco, n. en Tanum y m. en Londres (1894-1963). Fue director del Fondo Monetario Internacional (1956-63), institución en la que desempeñó gran actividad, incrementando sus recursos y el número de miembros.

Jacoby (Johann). **Biog.** Político alemán, n. y m. en Königsberg (1805-1877). Luego de estudiar Medicina se dedicó de lleno a la política, distinguiéndose por sus ideas avanzadas. Al estallar la guerra francoprusiana (1870) fue detenido como portavoz de la democracia internacional.

Jacomart. Biog. Baço (Jaime).
Jacometrezo. Biog. Trezzo (Jacome o Jacopo).

Jacona. (Del tarasco *xacua*, hortaliza, y la final *na*, de lugar: *huerta, lugar de hortalizas*.) **Geog.** Mun. de Méjico, est. de Michoacán de Ocampo; 26.078 h. Cap., Jacona de Plancarte. || **de Plancarte.** Villa de Méjico, est. de Michoacán de Ocampo, cap. del mun. de Jacona; 22.724 h.

jaconta. f. *Bol.* Especie de puchero de carne, tubérculos y fruta, que suele comerse por carnaval.

Jacobo I de Inglaterra

Jacopone da Todi (*Beato*). **Biog.** Poeta místico italiano, cuyo nombre en el siglo fue *Jácopo Benedetti*, n. en Todi, Umbría, y m. en Collazone (1230-1306). Sus *Laudes*, escritas en italiano, figuran entre las mejores obras de la poesía mística medieval. Se le considera como el autor del himno litúrgico *Stábat Máter*.

Jacotot (Jean Joseph). **Biog.** Pedagogo francés, n. en Dijon y m. en París (1770-1840). Fue inventor del método educativo *l'enseignement universel*, conocido por el nombre de *Método Jacotot*.

Jacquard y los obreros de Lyón, grabado de 1860

Jacquard (Joseph-Marie). **Biog.** Tejedor de seda francés, n. en Lyón y m. en Oullins (1752-1834). Se le debe la invención de la máquina para fabricar telas con dibujos hechos con hilos de distintos colores.

Jacquerie (La). **Hist.** Nombre que se dio a la insurrección que estalló en la región de Beauvaisis (Francia) en 1358. Los campesinos, cansados de la opresión feudal, se sublevaron y atacaron algunos castillos, pero fueron derrotados por Carlos de Navarra, que reprimió terriblemente la insurrección.

Jacques (Amédée-Florent). **Biog.** Filósofo francés, n. en París y m. en Buenos Aires (1813-1865). Regentó cátedras en Uruguay y Argentina. En 1863 se le confió la dirección del Colegio Nacional de Buenos Aires. Escribió: *Diccionario de ciencias filosóficas*.

Jacquin, barón de Jacquin (Nikolaus Joseph). **Biog.** Botánico holandés, n. en Leyden y m. en Viena (1727-1817). Describió 50 nuevos géneros de plantas. Linneo, para honrarle, dio el nombre de *jacquinia* a una especie de plantas de la familia de las primuláceas.

jacra. f. Especie de azúcar que se extrae de la savia de la palmera o del coco.

jactancia. (Del lat. *iactantia*.) f. Alabanza propia, desordenada y presuntuosa.

jactanciosamente. adv. m. Con jactancia.

jactancioso, sa. (De *jactancia*.) adj. Que se jacta. Ú. t. c. s.

jactante. (Del lat. *iactans, -antis*.) p. a. ant. de *jactarse*. Que se jacta.

jactar. (Del lat. *iactāre*.) tr. ant. Mover, agitar. || prnl. Alabarse uno excesiva y presuntuosa o desordenadamente de la propia excelencia, y también de la que él mismo se atribuye, y aun de acciones criminales o vergonzosas. También se ha usado como tr.

jactura. (Del lat. *iactūra*.) f. ant. Quiebra, menoscabo, pérdida.

jacú. (Voz tupí.) m. *Bol.* Pan, yuca o plátano que sirve para comer con los demás manjares.

jacua haganga. f. *Bot. Brasil.* Planta medicinal cuyas hojas producen la misma picazón que la ortiga. Sus flores son azules y amarillas.

jaculatoria. (Del lat. *iaculatoria*, t. f. de *-rius*, jaculatorio.) f. Oración breve dirigida al cielo con vivo movimiento de corazón.

jaculatorio, ria. (Del lat. *iaculatorius*, de *iaculāri*, lanzar.) adj. Breve y fervoroso.

jáculo. (Del lat. *iaculum*.) m. Lanza pequeña arrojadiza, dardo.

Jacura. *Geog.* Mun. de Venezuela, est. de Falcón, dist. de Acosta; 6.684 h. ‖ Pobl. cap. del mismo; 790 h.

jachado, da. (De *hacha*.) adj. *Hond.* Dícese del que en la cara tiene una cicatriz producida por herida de arma cortante.

Jáchal. *Geog.* Depart. de Argentina, prov. de San Juan; 14.749 km.² y 18.500 h. ‖ Local. cap. del mismo; 6.815 h.

jachalí. (Voz americana.) m. *Bot.* Árbol de la América intertropical, de la familia de las anonáceas, con tronco liso de seis a siete m. de alt.; copa redonda, ramas abundantes pobladas de hojas gruesas, enteras, alternas, lanceoladas y lustrosas; flores blancas, axilares; fruto ovoide, drupáceo, aromático, sabroso, de corteza amarillenta y dividida en escamas cuadrangulares, y madera sumamente dura, muy apreciada para la ebanistería.

jachar. tr. *Caló.* Encender, quemar.

jachí. m. *Bol.* Afrecho o salvado.

jachipén. m. *Caló.* Alimento; banquete.

jada. (Del lat. *asciāta*, de *ascia*.) f. *Ar.* **azada.**

Jadacaquiva. *Geog.* Mun. de Venezuela, est. y dist. de Falcón; 3.061 h. ‖ Pobl. cap. del mismo; 260 h.

jade. fr. e i., *jade*; it., *giada*; a., *Jade*. (Del fr. *jade*, ant. *ejade*, y éste del esp. *ijada*, piedra de jade.) m. *Petrog.* Piedra muy dura, tenaz, blanquecina o verdosa con manchas rojizas o moradas, que suele hallarse formando nódulos entre rocas metamórficas. Generalmente predominan en su composición los silicatos alumínico-sódicos o cálcico-magnésicos. Muchas de las herramientas prehistóricas están hechas de este mineral, y aún se emplea en China para fabricar amuletos muy apreciados contra el mal de piedra. Con el nombre de jade se designan además materiales de diferente composición mineralógica y petrográfica, como *jadeíta*, *tremolita*, *nefrita*, etc. ‖ **verde obscuro.** *Miner.* **amazonita.**

jadeante. p. a. de *jadear*. Que jadea.

jadear. (De *ijadear*.) intr. Respirar anhelosamente por efecto de algún trabajo o ejercicio impetuoso.

jadeíta. (De *jade* e *-ita*.) f. **Miner.** Silicato alumínico-sódico, del grupo de los inosilicatos; es un piroxeno alcalino, que cristaliza en el sistema monoclínico, generalmente en agregados compactos y fibrosos; de 6,5 a 7 de dureza y de color verde manzana a verde esmeralda claro.

jadeo. m. Acción de jadear.

jadiar. (De *jada*.) tr. *Ar.* Cavar con la jada.

Jadiya. *Biog.* Primera esposa de Mahoma. Le ayudó con su fortuna e influencia en la propagación de la nueva doctrina. Diole tres hijos y cuatro hijas.

Jadotville. *Geog.* **Likasi.**

jadraque. (Del ár. *ḥaḍrat*, excelencia, majestad, señoría.) m. Tratamiento de respeto y cortesía que se da entre musulmanes a los sultanes y príncipes.

Jadraque. *Geog.* Mun. y villa de España, prov. de Guadalajara, p. j. de Sigüenza; 1.490 habitantes (*jadraqueos*).

jaecero, ra. m. y f. Persona que hace jaeces.

Jaeger o **Jäger** (Albert). *Biog.* Historiador y religioso benedictino austriaco, n. en Schwaz y m. en Innsbruck (1801-1891). Fundó el Instituto para la investigación histórica de Austria. Obras: *Historia de la Reforma*, *Historia de Austria* y *Crónica del Tirol*. ‖ **(Werner Wilhelm).** Humanista estadounidense, de origen alemán, n. en Lobberich y m. en Cambridge (1888-1961). Desempeñó la cátedra de Griego en la Universidad de Chicago (1936), y la de Humanidades en la de Harvard (1939). Publicó: *Gregorius Nyssenus* (1921), *Aristotle fundamentals of the history of his development* (1934), *Demosthenes* (1938), *Paideia: The ideals of Greek culture* (1939-46), *Humanism and theology* (1943) y *Aristotle's metaphysica* (1957).

jaén. (De *Jaén*, de donde procede esta uva.) adj. V. **uva jaén.** Ú. t. c. s. ‖ Dícese también de la vid y del viduño que la producen.

Jaén. *Geog.* Prov. meridional de España, en la región de Andalucía. Limita al N. con la prov. de Ciudad Real, al E. con las de Albacete y Granada, al S. con esta última y al O. con la de Córdoba. Posee una superf. de 13.498 km.² y su población es de 661.146 h. La prov. está accidentada, al N., por la porción oriental de Sierra Morena, en la que se encuentra el paso de Despeñaperros; al E., por las sierras de Cazorla, Quesada, Segura y del Pozo, y al S. se extienden las de Jabalcur, Mágina (2.167 m.) y Lucena. Sus aguas son tributarias del Guadalquivir, a cuya cuenca pertenece toda la prov. El Guadalquivir atraviesa el territorio de E. a O., recibiendo por la derecha el río Guadalimar y por la izquierda el Guadiana Menor, el Guadalbullón y el Jandulilla. El clima es, en general, apacible y sano, aunque frío en invierno. En las montañas orientales, las lluvias son bastante regulares y las temperaturas extremas son de 44° y −9°. Se distinguen las siguientes comarcas: *Sierra Morena*, al N., región montuosa y agreste, posee una vegetación formada por arbustos y matorrales y algún arbolado de castaños, encinas y alcornocales; el *alto valle del Guadalquivir*, al E., país de magníficos bosques de robustos pinares y buenos pastos; las *lomas*, en el centro, tierras fértiles y bien cultivadas, cubiertas de viñedos y olivares, y, en las tierras bajas y más próximas al río, de espesas cebadas y trigales; y la *campiña*, con sus inmensos olivares y grandes poblaciones. Los principales productos agrícolas son los cereales, vino, legumbres, hortalizas, frutas y aceite. Es la mayor zona olivarera de España. La actividad minera cuenta con los filones de galenas (Arrayanes, El Guindo, Mirador, etc.), uno de los principales centros productores de plomo. Hay dos distritos principales: Linares y La Carolina. Las industrias principales son: la metalúrgica, con fundiciones en las que se beneficia el plomo; la del aceite, con numerosos molinos, y la industria mecánica de fabricación de vehículos automóviles y de maquinaria agrícola en Linares. Tiene 316 km. de vías férreas, que corresponden a la línea de Madrid a Andalucía y sus derivaciones: Baeza a Córdoba, Sevilla, Cádiz, Granada y Almería, y Linares a Jaén y Puente Genil. Posee, además, 1.685 km. de carreteras, de los que 550 pertenecen a la red nacional, 549 son comarcales y el resto locales. Está dividida en 10 partidos judiciales: Alcalá la Real, Andújar, Baeza, Cazorla, La Carolina, Jaén, Linares, Martos, Úbeda y Villacarrillo. En la prov. quedan bastantes huellas de la dominación romana en el valle del Guadalquivir. Fue ocupada por los vándalos y, cuando éstos pasaron a África, por los visigodos, a cuyo reino perteneció hasta que cayó en poder de los árabes en los primeros años del s. VIII. Reconquistado el territorio por Fernando III (1246), tuvo que sufrir las incursiones de los reyes moros de Granada, por ser durante mucho tiempo una zona *adelantada*. En la época de Carlos III se estudió un plan de colonización de Sierra Morena, que llevó a cabo Pablo de Olavide, roturándose los montes, yermos y baldíos, a la vez que se fundaban poblados con colonos alemanes. Durante la guerra de la Independencia, Bailén fue teatro de la victoria que el general Castaños obtuvo sobre el general francés Dupont. ‖ Mun. de España, prov. y p. j. de su nombre; 78.156 h. ‖ C. cap. del mismo, de la prov. y del p. j.; 71.145 h. Se conserva algo de la ciudad antigua en el castillo de Santa Catalina, de origen árabe, aunque reedificado después de la **Reconquista**; también en los baños árabes, hechos construir por Alí, reye-

Tiscar, en la sierra de Cazorla

Jaén. Vista general desde el castillo

zuelo de Jaén, en el s. XI, y que actualmente se encuentran en los sótanos del Hospital. Es suntuosa su catedral, construida sobre la antigua mezquita. Entre los demás templos existen las iglesias de San Juan, la Magdalena, San Ildefonso, San Bartolomé, la Merced y San Andrés. Museo Provincial de Bellas Artes, con una magnífica colección de objetos ibéricos. Jaén se menciona ya en el Concilio de Iliberis con el nombre de *Advinge*. Los romanos la llamaron *Flavia*, quedando de esta época algunos vestigios. Durante la dominación musulmana fue cap. de un valiato o gobierno. En 1246 la reconquistó Fernando III *el Santo*. En 1407 fue sitiada por el rey moro de Granada, siendo socorrida por Castilla. En 1810 estuvo en poder de los franceses. ‖ Prov. de Perú, depart. de Cajamarca; 75.625 h. ‖ Dist. de Perú, depart. de Cajamarca, prov. de su nombre; 20.212 h. ‖ Pueblo de Perú, cap. de la prov. y dist. de su nombre; 4.420 h.

jaenero, ra. adj. **jaenés**.
jaenés, sa. adj. Natural de Jaén, o perteneciente a esta c. o a su prov. Ú. t. c. s.
jaez. fr., *harnais*; it., *bardatura*; i., *harness*; a., *Pferdegeschirr*. (Del ár. *ŷahāz*, aparejo, equipo.) m. Cualquier adorno que se pone a las caballerías. Ú. m. en pl. ‖ Adorno de cintas con que se enjaezan las crines del caballo en días de función o gala. Llámase *medio jaez* cuando sólo está entrenzada la mitad de las crines. ‖ fig. Calidad o propiedad de una cosa. ‖ *Germ.* Ropa o vestidos.
jaezar. (De *jaez*.) tr. Poner los jaeces a las bestias; enjaezar.
Jafet. Biog. Tercer hijo de Noé.
jafético, ca. adj. **Etnog.** Aplícase a los pueblos y razas que descienden de Jafet, tercer hijo de Noé, y que se cree hallarse extendidas desde la India y Asia Central hasta las extremidades occidentales de Europa. Ú. t. c. s. ‖ Perteneciente a estos pueblos o razas.
Jaffa. Geog. C. y puerto de Israel, junto al Mediterráneo, al SO. de Tel Aviv, a la que está agregada desde 1949. Es el puerto más próximo a Jerusalén.
Jaffna. Geog. Dist. de Sri Lanka, prov. Septentrional; 2.587 km.² y 694.000 h. ‖ C. de Sri Lanka, cap. de la prov. Septentrional y del dist. de su nombre; 100.000 h. Templos.
Jafre. Mun. de España, prov. y p. j. de Gerona, 430 h. ‖ Lugar cap. del mismo; 378 h.
jaga. (Del gall. y port. *chaga*, y éste del lat. *plaga*, golpe.) f. ant. Llaga, úlcera.

Jagang. Geog. Chagang.
Jagellón. Geneal. Familia ducal lituana, cuyos miembros reinaron en Polonia (1386-1572), Hungría y Bohemia.
jagua. (Del azt. *xahualli*, afeite.) f. **Bot.** *Cuba.* Nombre de la rubiácea *génipa americana*; la de Cartagena de América es *g. caruto*. Las especies del gén. son árboles o arbustos con hojas grandes, coriáceas, estípulas interpeciolares caedizas, flores olorosas, de un blanco amarillento, en cimas paucifloras; la primera especie tiene hojas acuminadas, y la segunda obtusas. El tronco es recto, de 10 a 12 m. de alt.; corteza gris, ramas largas, casi horizontales; fruto como un huevo de ganso, drupáceo, dulce y grato al paladar; madera fuerte y elástica, muy usada para cabos de hacha y demás instrumentos de labranza, etc. ‖ Fruto de este árbol.
jaguadero. (Del ant. *ejaguar*, del lat. **exaquāre*, desaguar.) m. ant. Conducto de salida de las aguas; desaguadero.
jagual. m. *Cuba.* Lugar poblado de jaguas.
jaguapitango. (Voz brasileña.) m. **Zool.** Mamífero carnívoro de la familia de los cánidos, de unos 60 cm. de long., más 30 de cola. parecido al zorro gris pampero, aunque su pelaje es más bien amarillogrisáceo (*dusicyon vetalus*). Es nocturno y vive en los espacios abiertos.
jaguar. (De *yaguar*.) m. **Zool.** Mamífero carnívoro de la familia de los félidos, subfamilia de los panterinos, el más corpulento de América, pues mide hasta 1,70 m. de long., más 80 cm. de cola; de pelaje amarillorojizo por encima; cabeza, cuello y tronco sembrados de manchas negras, más o menos oceladas en los costados; extremidades blanquecinas, también con manchas. Es temible y feroz; caza de noche; habita en los grandes bosques, principalmente a las márgenes de los ríos, y trepa muy bien a los árboles (*panthera onca*). Vive desde el norte de Méjico al centro de Argentina. Los españoles le dieron el nombre de *tigre americano* y *tigre real*, y se le llama además *jaguareté, yaguareté, cangusú, onza, yaguar, yaguareto, nahuel, uturunco* o *uturuncu, chaquechinca y ocelote.*
jaguarcillo. m. **Bot.** Jarilla de la especie *halimium umbellátum*.
jaguareté. m. **Zool.** *Arg., Par. y Urug.* jaguar.
jaguarzo. (Del ár. *šaqwāṣ*, variedad de jara.) m. **Bot.** Arbusto de la familia de las cistáceas, de unos 2 m. de alt., derecho, ramoso, con hojas algo viscosas, de color verde obscuro por la haz y blanquecinas por el envés, lanceoladas, casi lineales, revueltas en su margen, algo envainadoras; flores blancas en grupos terminales; y fruto capsular, pequeño, liso y casi globoso (*cistus clusii*). Es muy abundante en el centro de España.
jaguay. m. **Bot.** *Cuba.* Árbol de madera amarilla, empleada en ebanistería.
Jagüe. Geog. Local. de Argentina, prov. de La Rioja, depart. de General Sarmiento; 594 habitantes.
jagüecillo. m. **Bot.** Especie de higuera, de madera dura y de color castaño.
jagüel. m. *R. Plata.* Pozo que se excava para obtener agua.
Jagüelles (Los). Geog. Local. de Argentina, prov. de Córdoba, depart. de Río Cuarto; 503 h.
jagüey. m. *Amér.* Balsa, pozo o zanja llena de agua, ya artificialmente, ya por filtraciones naturales del terreno. ‖ **Bot.** *Cuba.* Nombres de especies de higuera; el llamado macho es *ficus indica* y el llamado hembra *f. rádula*. ‖ Bejuco que crece enlazándose con otro árbol, al cual mata por vigoroso que sea.
Jagüey Grande. Geog. Mun. de Cuba, prov. de Matanzas; 13.665 h.
jagüilla. f. **Bot.** *Ant.* Nombre de un árbol de la familia de las rubiáceas, que crece espontáneo en casi toda América y abunda en Cartagena de Indias (Colombia). Su fruto es carnoso, y su madera, dura y compacta, se emplea en carpintería. Es una variedad de la jagua (*génita, o thevetia, caruto*). ‖ **Zool.** *Hond.* Variedad de puerco silvestre.
jaharí. (Del ár. *ša'arī*, peludo, velloso.) adj. Dícese de una especie de higos que se crían en Andalucía. Ú. t. c. s.
jahariz. m. ant. Lagar, jaraíz.
jaharral. (Del ár. *ḥaŷar*, piedra.) m. *And.* Lugar de mucha piedra suelta.
jaharrar. (Del ár. *ḥawāra*, greda blanca.) tr. Cubrir con una capa de yeso o mortero el paramento de una fábrica de albañilería.
jaharro. m. Acción y efecto de jaharrar.
jahuel. m. *Arg., Bol. y Chile.* jagüey, pozo o balsa de agua.
Jahveh. Rel. Yahveh.
jai-alai. (expr. vasc.; de *jai*, fiesta, y *alai*, alegre: *fiesta alegre*.) m. Juego de pelota.
jaiba. f. En América, con excepción del Río de la Plata, nombre que se da a muchos crustáceos decápodos branquiuros, cangrejos de río y cangrejos de mar. ‖ m. y f. *Ant., Méj. y P. Rico.* Persona lista, astuta, marrullera. ‖ *Cuba.* Persona perezosa.
jaibería. (De *jaiba*.) f. *P. Rico.* Astucia, marrullería.
jaibol o **jaibolito.** (Del i. *high-ball*, bola alta.) m. *Caribe y Venez.* Vaso de güisqui.

Jaifa–Jalacingo

Jaifa. Geog. Haifa.
jaima. f. Tienda de los nómadas del Sáhara.
Jaime. (En aragonés, *Jaime*; en ant. fr., *James*, del b. lat. *Jacŏbus*.) n. p. de varón, igual a Jacobo, Diego y Santiago. ‖ **I** *el Conquistador.* **Biog.** Rey de Aragón, hijo de Pedro II, n. en Montpellier y m. en Valencia (1208-1276). Cuando murió su padre, en 1213, contaba tan sólo seis años; en las Cortes de Lérida (1214) fue nombrado regente el conde don Sancho, hijo de Ramón Berenguer IV; asistido de un Consejo de Regencia, y desde 1218, en que aquél renunció al cargo, comenzó a reinar don Jaime, auxiliado por un consejo de nobles. Esta minoría fue anárquica y el soberano no pudo ver pacificados a sus estados hasta 1227.

Monumento a Jaime I el Conquistador, en Valencia

Entonces acometió la tarea de proseguir la empresa de la Reconquista. En 1229 desembarcó en Mallorca y se apoderó de la actual Palma; en una campaña posterior venció a los moros montañeses de la isla y logró que reconociesen su autoridad los de Menorca (1232); más tarde conquistó la isla de Ibiza (1235). En la dominación del reino de Valencia invirtió más de trece años (1232-1244); la hermosa c. se rindió el 28 de septiembre de 1238. Después conquistó Játiva, Alcira, Villena (1240) y Biar (1245). En 1244 firmó con el infante Alfonso (luego Alfonso X), hijo de Fernando III *el Santo*, de Castilla, el tratado de Almizra, por el que se fijó el límite sur de la expansión aragonesa. Organizó una cruzada hacia Palestina (1269); pero, combatida su escuadra por las tempestades, terminó en fracaso. En 1258 firmó con San Luis el tratado de Corbeil, por el que, a cambio de la renuncia a los hipotéticos derechos del rey francés sobre Cataluña, renunció a los más positivos e inmediatos sobre las tierras del S. de Francia, tan afines por su lengua e historia a sus terr. catalanes. La segunda esposa de don Jaime, doña Violante de Hungría, aspiró a situar a sus hijos en destacada situación, en perjuicio de don Alfonso, nacido del primer matrimonio con doña Leonor de Castilla; esto fue causa de discordias civiles que no pudieron evitar, aun muerto Alfonso, la desmembración del reino, quedando por rey de Aragón Pedro III, y el infante Jaime por rey de Mallorca, Rosellón, Cerdaña y el señorío de Montpellier. ‖ **II** *el Justo*. Rey de Aragón, m. en Barcelona (1264-1327). Segundo de los hijos de Pedro III y nieto de Jaime *el Conquistador*. A la muerte de su padre, en 1268, heredó su hermano mayor Alfonso III Aragón, Cataluña y Valencia, y él Sicilia; pero muerto aquél sin hijos, pasó a ser rey de Aragón y dejó encomendada Sicilia a su otro hermano Fadrique (1291). La actitud de Francia y del Papa le llevó a renunciar a sus derechos sobre Sicilia, y hasta se obligó a luchar contra su hermano si se negaba a entregarla al Papa, quien por una cláusula secreta del tratado había ofrecido a Jaime el reino de Cerdeña (1295). Don Fadrique y los sicilianos defendieron su independencia, y aunque Roger de Lauria con la escuadra aragonesa los venció en el combate del cabo Orlando (1299), se pactó un arreglo, y el francés Carlos de Anjou reconoció por rey a don Fadrique, quien habría de casarse con su hija y, a la muerte del príncipe aragonés, Sicilia revertiría a poder de Francia, lo que después no se cumplió. Como consecuencia del acuerdo de Anagni de 1295, Jaime II se posesionó de Cerdeña. Tomó parte en la toma de Tarifa, pero después, durante la minoría de Fernando IV de Castilla, fomentó las discordias civiles de este reino, apoyando a los pretendientes, infantes de la Cerda, e invadió el reino de Murcia con la intención de anexionárselo. ‖ **I.** Rey de Mallorca, hijo segundo de Jaime *el Conquistador*, n. en Montpellier y m. en Barcelona (1243-1311). Al morir su padre en 1276 le correspondió las islas Baleares, Cerdaña, Rosellón y Montpellier, con el título de reino de Mallorca. Esta disposición no fue aceptada por el rey de Aragón, su hermano Pedro III, sino con la condición de que fuera su feudatario. Molesto por esta sumisión, se vengó dejando pasar por el Rosellón a las tropas francesas de Felipe III, que invadieron Cataluña (1285); rechazados los invasores, Pedro III preparó una invasión contra la isla de Mallorca, que hubo de confiar a su hijo Alfonso, por hallarse enfermo. Éste, ya rey con el nombre de Alfonso III, desposeyó a Jaime I de su reino (1287), que le fue devuelto por Jaime II de Aragón en 1295. ‖ **II** *el Desdichado*. Rey de Mallorca, n. en Catania y m. en Lluchmayor (1315-1349). Sucedió a su tío don Sancho, en 1324, bajo tutela. Desde el primer momento le disputó sus estados Jaime II de Aragón, pero acabó por pactar con él y casarse con su nieta Constanza. Pedro IV *el Ceremonioso* se apoderó de sus estados en 1344 y al intentar recuperarlos fue derrotado y muerto en la batalla de Lluchmayor. ‖ **III.** Rey titular de Mallorca, hijo de Jaime II y de doña Constanza, m. en Soria (1336-1375). Cayó prisionero en la batalla de Lluchmayor, y al cabo de doce años, consiguió fugarse y se refugió en Nápoles, donde casó con la reina doña Juana. Aliado con Enrique de Trastamara, combatió contra Aragón, con el deseo de recuperar su reino, aspiración que no logró ver realizada. ‖ **de Borbón y Borbón. Borbón y Borbón (Jaime de).** ‖ **Peter.** Geog. Local. de Argentina, prov. de Córdoba, depart. de Ischilín; 449 h. ‖ **Prats.** Local. de Argentina, prov. de Mendoza, depart. de San Rafael; 1.454 h.

Jaimes Freyre (Ricardo). Biog. Poeta e historiador boliviano, n. en Sucre y m. en Buenos Aires (1868-1933). Como poeta se distinguió en el movimiento modernista con su libro *Castalia bárbara* (1899); después publicó *Los sueños son vida* (1917), *País de sueño y País de sombra* (1918).

jaimiquí. m. Bot. Árbol de la familia de las sapotáceas, de 10 a 12 m. de alt. y 2 ó 3 de circunferencia, que crece espontáneo en Cuba (*mimusops jaimiqui*). Llámase también *aimiquí*, *amiquí*, *saimiquí* y *carne de doncella*.

jaimismo. m. Polit. carlismo.
jaimista. adj. Hist. Partidario del jaimismo. Ú. t. c. s.
jain. m. Filol. ain.
jainismo. (Del sánscr. *jinas*, conquistadores.) m. Rel. Una de las tres grandes religiones históricas de la India. Los jainas creen en la inmortalidad del alma y en la realización del *nirvana*. Se estima a Vardhamana, contemporáneo de Buda, como fundador de la religión.

Jaipur. Geog. C. de la India, cap. del est. de Rajasthan; 613.144 h. Se halla rodeada de una muralla fortificada, con siete puertas, y cuenta con espléndidos edificios, como el palacio del maharajá, el Albert Hall Museum, el fuerte Nahargarh, y un notable Observatorio astronómico construido por el maharajá Sawai Jai Sing II. Se llama también *Jeypore*.

jaique. (Del ár. *ḥā'ik*.) m. Especie de almalafa, usada en Berbería, que sirve para cubrirse de noche y como vestido de día.

jairel. m. Bot. Planta de las papilionáceas, cuyos frutos están cubiertos de pelos y causan una sensación dolorosísima (*mucuna úrens*). Crece espontáneamente en Cuba.

Jairo. Biog. Jefe de sinagoga, cuya hija fue resucitada por el Salvador.

¡ja, ja, ja! interj. con que se manifiesta la risa.
¡jajay! interj. que expresa burla o risa.
Jají. Geog. Mun. de Venezuela, est. de Mérida, dist. de Campo Elías; 3.061 h. ‖ Pobl. cap. del mismo; 274 h.
Jajó. Geog. Mun. de Venezuela, est. de Trujillo, dist. de Urdaneta; 6.399 h. ‖ Pobl. cap. del mismo; 1.258 h.
Jakarta. Geog. Yakarta.
Jakasia o **Khacassia.** Geog. Prov. autónoma de la U. R. S. S., en la R. F. S. S. R., terr. de Krasnoiarsk; 61.900 km.^{2} y 445.824 h. Cap., Abakan.

Jakobson (Roman). Biog. Lingüista estadounidense de origen ruso, n. en Moscú en 1896. Fundador del Círculo Lingüístico de Moscú, se preocupó por dar un fundamento teórico a la fonología histórica. Ha enunciado una teoría sobre las funciones del lenguaje. Autor de *Lenguaje infantil y afasia* (1941) y *Ensayos de lingüística general* (1963).

jal. (Del azt. *xalli*, arena.) m. Miner. Méj. Pedazo de piedra pómez.
Jala. (En azt. sign. *arenal*.) Geog. Mun. de Méjico, est. de Nayarit; 11.042 h. ‖ Villa cap. del mismo; 4.535 h.
Jalacingo. (Del azt. *xalla*, arenal; *tzintli*, expresión de diminutivo, y *co*, en.) Geog.

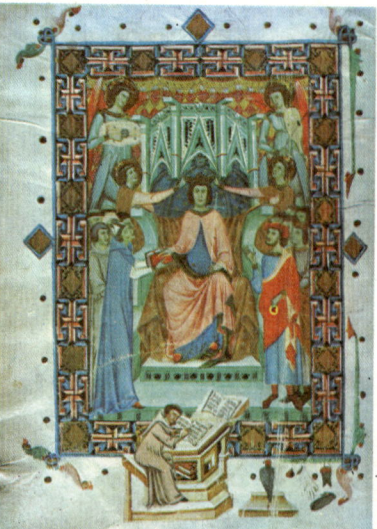

Coronación de Jaime II, miniatura del códice Libro de los privilegios del reino de Mallorca. Casa de la Cultura. Palma de Mallorca

Mun. de Méjico, est. de Veracruz-Llave; 16.139 h. ‖ C. cap. del mismo; 3.427 h.

jalado, da. adj. *Mej.* borracho.

jalalabad. Geog. C. de Afganistán, cap. de la prov. de Nangarhar; 47.000 h.

Jalance. Geog. Mun. y villa de España, prov. de Valencia, p. j. de Requena; 1.503 h. (*jalancinos*).

Jalandhar, Jullunder o **Jullundur.** Geog. C. de la India, est. de Punjab; 296.103 h. Fue cap. en el s. IV del reino rajputa de Katoch. Cuenta con una importante fortaleza.

jalapa. fr., *jalap*; it., *gialappa*; i., *jalapa*; a., *Jalapawurzel, Jalapaknollen*. (De *Xalapa*, c. de Méjico, de donde procede esta planta.) f. Bot. Raíz de la convolvulácea *exogonium purga*. La de Brasil es *ipomoea operculata*. La falsa es *mirabilis jalapa*. El primer género es de hierbas volubles, vivaces, sufruticosas o arbustos, con hojas enteras o lobuladas, flores en general rojas, vistosas, a veces muy grandes; las especies son catorce, de América tropical, la especie oficinal es de hojas enteras y sin ramos cortos, brácteas muy pequeñas, corola asalvillada, de 6 cm. de largo, originaria de Méjico. La raíz es del tamaño y forma de una zanahoria, compacta, pesada, negruzca por fuera, blanca por dentro y con jugo resinoso que se solidifica pronto. Se usa en medicina como purgante.

Jalapa. Geog. Depart. de Guatemala; 2.063 km.² y 118.103 h. ‖ Mun. de Guatemala, depart. de su nombre; 45.417 h. ‖ C. cap. del depart. y mun. de su nombre; 13.819 h. ‖ Mun. de Méjico, est. de Tabasco; 18.557 h. ‖ Villa cap. del mismo; 1.970 h. ‖ Mun. de Méjico, est. de Veracruz-Llave; 130.380 h. Cap. Jalapa Enríquez. ‖ Mun. de Nicaragua, depart. de Nueva Segovia; 8.602 h. ‖ Pobl. cap. del mismo; 1.868 h. ‖ **Enríquez.** C. de Méjico, cap. del est. de Veracruz-Llave y del mun. de Jalapa, en Sierra Madre Oriental; 122.377 h. (*jalapeños*). Llamada *Ciudad de las flores* por la abundancia de ellas. Estación de empalme de varios ramales de ferrocarril.

jalapao. m. Bot. *Brasil*. Nombre vulgar de varias plantas como la *játropha opífera, adencrópium opíferum, játropha officinalis*; la llaman también *tiú*.

jalapeño, ña. adj. Natural de Jalapa Enríquez, o perteneciente a dicha ciudad. Ú. t. c. s.

jalapina. f. Quím. Glucósido producido por varias especies de jalapa. Es de color amarillento y tiene efectos purgantes.

jalar. (De *halar*.) tr. fam. Tirar de una cuerda, halar. ‖ fam. Tirar, atraer. ‖ fam. Comer con mucho apetito. ‖ *Amér. c.* Cortejar. ‖ intr. fig. *Amér.* y *And.* Correr o andar muy de prisa. ‖ prnl. *Amér.* emborracharse. ‖ Largarse, irse.

Jalatlaco. Geog. Mun. de Méjico, est. de Méjico; 7.861 h. ‖ Pueblo cap. del mismo; 5.759 h.

jalbegador, ra. adj. Que jalbega. Ú. t. c. s.

jalbegar. (Del lat. *exalbicāre*, blanquear.) tr. enjalbegar. ‖ fig. Afeitar o componer el rostro con afeites. Ú. t. c. prnl.

jalbegue. (De *jalbegar*.) m. Blanqueo hecho con cal o arcilla blanca. ‖ Lechada de cal dispuesta para blanquear o enjalbegar. ‖ fig. Afeite de que suelen usar las mujeres para blanquearse el rostro.

Jalca (La). Geog. Dist. de Perú, depart. de Amazonas, prov. de Chachapoyas; 2.439 h. ‖ Pueblo cap. del mismo; 1.401 h.

Jalcomulco. Geog. Mun. de Méjico, est. de Veracruz-Llave; 2.785 h. ‖ Pueblo cap. del mismo; 1.551 h.

jalda. (Del germ. *falda*, pliegue.) f. falda. ‖ *P. Rico.* Halda o falda de un monte.

jaldado, da. adj. Amarillo subido, jalde.

jalde. (Del ant. fr. *jalne*, y éste del lat. *galbĭnus*, de color verde claro.) adj. Amarillo subido.

jaldeta. f. ant. Falda del vestido, faldeta. Ú. en Salamanca. ‖ ant. Cada una de las vertientes o aguas de una armadura desde el almizate hasta el estribo. ‖ ant. Distancia que había entre las alfardas que formaban cada vertiente de la armadura.

jaldo, da. adj. Amarillo subido, jalde.

jaldre. m. Cetr. Color jalde.

jalea. fr., *gelée*; it., *conserva di frutta*; i., *jelly*; a., *Gelee, Sülze*. (Del fr. *gelée*, y éste del lat. *gelāta*.) f. Conserva transparente, hecha del zumo de algunas frutas. ‖ **Farm.** Cualquier medicamento muy azucarado, de los que tienen por base una materia vegetal o animal, y que al enfriarse toman consistencia gelatinosa. ‖ **del agro.** Biol. y Farm. Conserva de cidra. ‖ **real.** Biol., Terap. y Zool. Líquido lechoso, de composición compleja, rico en vitamina B6 y proteínas, pero carente de hormonas, que constituye el alimento suministrado a las larvas de las abejas durante los tres primeros días de su vida y a las reinas durante toda ella, de donde procede su calificación. Se utiliza en medicina como reconstituyente.

jaleador, ra. adj. Que jalea. Ú. t. c. s.

jalear. (De *¡hala!*) tr. Llamar a los perros a voces para cargar o seguir la caza. ‖ Animar con palmadas, ademanes y expresiones a los que bailan, cantan, etc. Ú. t. c. prnl. ‖ *And.* Ojear la caza, espantarla. ‖ *Chile.* Importunar, molestar; burlarse, mofarse.

jaleco. (Del turco *yalak*, chupa.) m. Jubón de paño de color, cuyas mangas no llegaban más que a los codos, puesto sobre la camisa, escotado, abierto por delante y con ojales y ojetes. Era prenda del traje servil entre los turcos; pero los turcos argelinos, hombres y mujeres, lo usaban en tiempo de frío debajo del sayo, y siempre los vestían allí los cristianos cautivos.

Jaled Ben Abdel Azis. Biog. Rey de Arabia Saudí, n. en Riyadh en 1913. En noviembre de 1964 fue nombrado por el rey Faisal, su hermano, vicepresidente del Consejo de Ministros y en marzo del año siguiente, príncipe heredero. Ocupó el trono el 26 de marzo de 1975, al día siguiente de ser asesinado su hermano.

jaleo. m. Acción y efecto de jalear. ‖ Cierto baile popular andaluz. ‖ Tonada y coplas de este baile. ‖ fam. Diversión bulliciosa. ‖ fam. Alboroto, tumulto, pendencia. ‖ *And.* Ojeo de la caza.

jaletina. f. gelatina. ‖ Especie de jalea fina y transparente, que se prepara generalmente cociendo cola de pescado con cualquier fruta, o con substancias animales, y azúcar.

jalifa. (Del m. or. *que califa*.) En Marruecos, lugarteniente que substituye a un funcionario; p. e., al cadí durante sus ausencias o enfermedades. ‖ **Hist.** En la antigua zona del protectorado español en Marruecos, la autoridad suprema que, con intervención del alto comisario de España y por delegación irrevocable del sultán, ejercía los poderes y desempeñaba las funciones que a éste competían. Residía en Tetuán.

jalifato. m. Dignidad de jalifa. ‖ Terr. gobernado por el jalifa.

jalifiano, na. adj. Que corresponde a la autoridad del jalifa o de ella depende.

Jalil. Biog. Al Aschraf Salahaddin Jalil. ‖ Gran visir otomano del s. XV, también conocido por *Jalil Bajá*. Ganó la batalla de Varna, en que pereció el rey de Hungría Ladislao. ‖ Beg. Rey de Persia, sucesor de su padre Uzun-Assán en 1478. Se hizo odioso por sus violencias y pereció asesinado a los seis meses de reinado.

jalisciense. adj. Natural de Jalisco, o perteneciente a este est. mejicano. Ú. t. c. s.

jalisco, ca. adj. *Mej.* En términos festivos, borracho. Ú. t. c. s. ‖ Sombrero de paja hecho en este estado.

Jalisco. (Del azt. *xalli*, arena, e *ixo*, en la superficie.) Geog. Est. del O. de Méjico, a orillas del océano Pacífico; 80.137 km.² y 3.296.586 h. Cap. Guadalajara. Lo atraviesa la Sierra Madre occidental de S. a N. Los valles y llanuras más notables son el de Atemajac, donde está sit. la cap.; el de Ameca, el de Zapotlán y Llano Grande. Sus ríos principales

Guadalajara (Jalisco). Teatro Degollado

son el Santiago, el Lerma y el de los Panes. Producción minera muy importante, en especial oro, plata, cobre, plomo, mercurio, cobalto, níquel, hierro y mármol. Entre sus productos vegetales, fuente primera de la riqueza local, maíz, frijol, trigo, garbanzos y caña de azúcar. Destilación de alcohol de maguey llamado *tequila*. Industria importante de artículos alimenticios, calzado, hilados y tejidos, azúcar, alfarería, etc. ‖ Mun. de Méjico, est. de Nayarit; 13.815 h. ‖ Pueblo cap. del mismo; 6.246 h.

jalma. (Del lat. *sagma*, y éste del gr. *ságma*.) f. enjalma.

jalmería. f. Arte u obra de los jalmeros.

jalmero. (De *jalma*.) m. El que hace o vende jalmas.

jalón. fr., *jalon*; it., *biffa*; i., *stationpole*; a., *Landmarke*. (En fr., *jalon*.) m. Vara con regatón de hierro para clavarla en tierra y determinar puntos fijos cuando se levanta el plano de un

Jalón–Jamaica

terreno. ‖ fam. *Amér.* **tirón.** ‖ *Bol.* Trecho, distancia.

Jalón. Geog. Río de España, en las prov. de Soria y Zaragoza; n. en el término de Esterao (prov. de Soria) y des. en el Ebro después de 234 km. de curso. ‖ Mun. y villa de España, prov. de Alicante, p. j. de Denia; 1.730 h. *(jaloneros).* ‖ **de Cameros.** Mun. y villa de España, prov. y p. j. de Logroño; 48 h.

jalonar. tr. Alinear por medio de jalones.

jalonear. tr. *Méj.* Dar tirones como para estrujar.

jaloque. (Del ár. *šarūq* o *šalūk*, viento de Levante.) m. Viento sudeste.

Jalostotitlán. (Del azt. *xalli*, arena; *ozto*, cueva, y *titlán*, entre.) **Geog.** Mun. de Méjico, est. de Jalisco; 18.467 h. ‖ Villa cap. del mismo; 11.719 h.

Jaloux (Edmond). Biog. Novelista francés, n. en Marsella y m. en Lutry (1878-1949). Obras principales: *El resto es silencio, Los amores perdidos, El final de un bello día, El tocador de Proserpina, La caída de Ícaro, Profundidades del mar* y *El rincón de los cipreses.*

Jalpa. (Del azt. *xalli*, arena, y *pan*, sobre.) **Geog.** Mun. de Méjico, est. de Tabasco; 29.799 h. Cap., Jalpa de Méndez. ‖ Mun. de Méjico, est. de Zacatecas; 24.663 h. ‖ Pueblo cap. del mismo; 9.904 h. ‖ **de Méndez.** C. de Méjico, est. de Tabasco, cap. del mun. de Jalpa; 4.785 h.

jalpacar. (Del m. or. que *Jalpa.*) tr. **Min.** *Méj.* Lavar en bateas la lama mineral.

Jalpan. (Del m. or. que *Jalpa.*) **Geog.** Mun. de Méjico, est. de Puebla; 7.229 h. ‖ Pueblo cap. del mismo; 663 h. ‖ Mun. de Méjico, est. de Querétaro de Arteaga; 13.974 h. ‖ C. cap. del mismo; 1.878 h.

Jalpatagua. Geog. Mun. de Guatemala, depart. de Jutiapa; 13.444 h. ‖ Pobl. cap. del mismo; 1.818 h.

Jaltenco. Geog. Mun. de Méjico, est. de Méjico; 4.738 h. ‖ Pobl. cap. del mismo; 2.626 habitantes.

Jáltipan de Morelos. Geog. Mun. de Méjico, est. de Veracruz-Llave; 19.885 habitantes. ‖ C. cap. del mismo; 15.170 h.

Jaltocán. Geog. Mun. de Méjico, est. de Hidalgo; 5.591 h. ‖ Pueblo cap. del mismo; 2.570 h.

jaltomate. m. **Bot.** *Méj.* Nombre de la solanácea *saracha jaltomata.*

jaluza. f. *Mur.* Hambre, gazuza.

jallar. tr. *Méj.* barb. por **hallar.**

jallo, lla. adj. *Méj.* Presumido, quisquilloso.

jallullo. m. *And.* Especie de torta o pan; hallulla, hallullo.

jama. f. **Zool.** *Hond.* Iguana más pequeña que la común.

jamaca. f. *Méj.* **hamaca.**

jamachpeke. m. **Bot.** *Bol.* Tubérculo de gran poder alimenticio.

jamaica. f. *Méj.* Especie de feria que se celebra para reunir dinero con un fin benéfico. ‖ **Bot.** Arbusto de la familia de las malváceas que se cultiva en Méjico, los cálices de cuyas flores se usan para hacer refrescos *(hibiscus sabdariffa).*

Jamaica. Geog. Estado insular de América, en el mar de las Antillas. Es miembro de la Commonwealth británica.

Situación. Está sit. entre los 17° 43′ y 18° 32′ de lat. N. y 76° 11′ y 78° 20′ de long. O. Sit. en el mar Caribe, dista del extremo oriental de Cuba 128 km., y 190 km. de Haití.

Superficie y población. Superf., 10.991 km.²; pobl. absoluta, 1.861.000 h.; pobl. relativa, 169,3 h. por km.².

Geografía física. Una cordillera atraviesa la isla de E. a O., la cual por presiones sufridas está cortada por una serie de cadenas que se dirigen diagonalmente hacia el NO. y el SE. En su parte oriental alcanza su mayor elevación, con su pico Monte Azul (2.236 m.), en las denominadas Montañas Azules *(Blue Mountains).* Las dos terceras partes de Jamaica están ocupadas por una meseta, interrumpida por numerosas colinas y valles. La costa septentrional es poco recortada y el agua es profunda cerca de la costa. En cambio, las aguas son poco profundas a lo largo de la costa meridional, lo mismo que en la bahía de Old Harbour. Los ríos son cortos y rápidos e irradian de la región montañosa central. De ellos sólo el Black, al SO., es navegable por barquichuelos hasta 40 km. desde su desembocadura. El clima es típicamente tropical y uniforme, muy húmedo, pero atemperado esto por las brisas marinas.

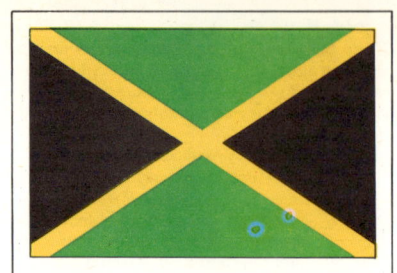

Geografía económica. La superficie dedicada a la agricultura es de 260.000 hect. (23,7 %), a prados y pastos, 220.000 (20,1 %) y a bosques, 492.000 (44,9 %). Los principales productos son la caña de azúcar (62.000 hect. y 366.000 ton. en 1975), de la que se destila el famoso ron jamaiquino, plátano (30.000 y 125.000), tabaco (809 y 1.633), café (1.400 ton.), cacao (1.800), etcétera. Es característico de este país el cultivo de pimienta, de cuyo producto se exportaron 3.873 ton. en 1975. La riqueza pecuaria estimada en 1975 se refleja en el siguiente cuadro:

Ganado vacuno	280.000	cabezas
» porcino	233.000	»
» ovino	5.000	»
» equino	4.000	»
» caprino	300.000	»
» mular	11.000	»
» asnal	30.000	»

Jamaica es el mayor exportador mundial de bauxita, cuya producción en 1975 alcanzó a 11.304.000 ton. Otros productos importantes son el yeso y la sal. La industria es la propia de transformación y en 1974 se lograron estas cantidades: fabricación de cemento, 396.000 ton.; cerveza, 578.000 hl.; fabricación de cigarros, 19.000.000 de unidades, y de cigarrillos, 1.546.000.000 de unidades; productos lácteos, margarina, zumos, aceite, etc. A éstos cabe agregar una naciente industria textil de algodón y de alimentos en conserva. La energía eléctrica producida alcanzó en el año 1974, 2.218 millones de kwh. El turismo adquiere cada vez mayor importancia, y constituye un capítulo destacado de entrada de divisas.

Las principales importaciones: productos manufacturados y alimentos, maquinaria y equipo de transporte, lubricantes y productos químicos. La casi totalidad del valor de las exportaciones lo constituyen la alúmina, 346.733 dólares jamaicanos en 1974, y la bauxita, 134.745, seguidos en cantidades menores por el azúcar, bananas, ron, pimienta, etc. La unidad monetaria es el dólar jamaiquino, cuya paridad con el dólar, en enero de 1973, era de 1 dólar jamaiquino por 1,10 dólar estadounidense. En 1970, la red de carreteras principales era de 4.326 km., de los cuales 2.408 estaban asfaltados. Había 401 km. de vías férreas. El parque automovilístico, en el año 1974, era de unos 91.670 vehículos, de los cuales 73.768 eran automóviles de turismo. Los aeropuertos más importantes son los siguientes: Palisadoes-Kingston y Montego Bay. El puerto principal es Kingston.

Zona turística

Geografía política. La composición racial del país es la siguiente: 77 % es de sangre negra; 14,6 %, mestizos; blancos, 5 %, e hindúes y chinos, 3,4 %. El idioma oficial es el inglés. Domina la religión protestante (80 % de la pobl.) y de ella la de mayor número de fieles es la Iglesia anglicana, seguida de la presbiteriana. El número de católicos se calcula en 174.093. Jamaica es una monarquía constitucional, cuyo soberano es nominalmente el del R. U., representado por un gobernador general. La Constitución entró en vigor el 6 de agosto de 1962. El Parlamento consta del gobernador general, como representante de la reina, el Senado y la Cámara de Representantes.

División territorial. A continuación se inserta el cuadro de la división administrativa:

Parroquias	Superficie Km.²	Población Habitantes	Capitales y su población
Clarendon	1.196	177.000	May Pen (26.200 h.).
Hanover	450	59.000	Lucea (3.800).
Kingston	22	117.000	Kingston (117.000).
Manchester	830	124.000	Mandeville (13.100).
Portland	814	69.000	Port Antonio (10.400).
Saint Andrew	431	433.000	Kingston (117.000).
Saint Ann	1.213	121.000	Saint Ann's Bay (7.300).
Saint Catherine	1.192	186.000	Spanish Town (41.600).
Saint Elizabeth	1.212	127.000	Black River.
Saint James	595	104.000	Montego Bay (42.800).
Saint Mary	611	100.000	Port María (5.100).
Saint Thomas	743	71.000	Morant Bay (7.800).
Trelawny	875	61.000	Falmouth (3.900).
Westmoreland	807	113.000	Savanna-la-Mar (12.000).
Totales	10.991	1.861.000	

Capital. La cap. es Kingston (117.000 h.).

Historia. Jamaica fue descubierta por Colón en 1494, que la llamó isla de Santiago. Fue colonizada por Diego Colón, hijo del Almirante, fundándose Santiago de la Vega, entre los años 1520 y 1526, que es la actual Spanish Town. Fue su primer gobernador Juan de Esquivel, y los españoles retuvieron la isla hasta 1655, año en que los ingleses, al mando de sir William Penn, padre del fundador de Pensilvania, se apoderaron de ella. Desaparecidos los indios arahuacos (v.), sus antiguos pobladores, fueron traídos negros africanos para trabajar en las plantaciones. La isla fue colonizada con los soldados desmovilizados del ejército de Cromwell. En 1670, por el Tratado de Madrid, España reconoció su traspaso a Inglaterra a cambio de que se frenara la piratería. Los ingleses habían dado a la isla una Constitución e instalado una Asamblea legislativa (1661). Las epidemias que asolaban a la isla no fueron obstáculo para que ella fuera poblada por colonos escoceses, irlandeses y judíos que vinieron a sumarse a los pobladores españoles, indígenas y negros que ya la habitaban. Estos últimos se levantaron en 1739 y en 1795, pero fueron dominados severamente por los ingleses, hasta que la esclavitud quedó abolida en 1833. Tentativas de invasión para apoderarse de la isla fueron rechazadas: en 1782 la planeada por los franceses y españoles y en 1806 por los franceses. En 1866, mediante un acta del Parlamento inglés, se estableció el gobierno colonial de la Corona. En 1884 se permitió a los jamaiquinos elegir miembros de la legislatura. En 1944 una nueva Constitución estableció una Cámara de Representantes electiva por sufragio universal. Por acuerdo con el R. U., Jamaica proclamó su independencia el 6 de agosto de 1962, pero formando parte de la Comunidad Británica de Naciones. El 21 de

Firma de los acuerdos de la conferencia pro independencia de Jamaica. Norman Manley, líder de la mayoría, y Alexander Bustamante, jefe de la oposición

jamaicano–jampara

febrero de 1967, en las primeras elecciones celebradas desde la independencia de Jamaica (1962), el Partido Laborista, dirigido por Donald Sangster, jefe de Gobierno en funciones desde 1965 a causa de la escasa salud de Alexander Bustamante, obtuvo 33 de los 48 escaños de la Cámara de Representantes frente al Partido Popular Nacional, dirigido por Norman Manley. Las elecciones del 27 de febrero de 1972 cambiaron la situación, obteniendo el Partido Popular Nacional mayor número de escaños, siendo nombrado primer ministro Michel M. Manley. Las elecciones de diciembre de 1976 volvieron a dar la victoria al Partido Popular Nacional.

jamaicano, na. adj. **jamaiquino.**
jamaicina. (De *Jamaica.*) f. *Quím.* Alcaloide purgante vermífugo y antihelmíntico, extraído del fruto de la *andira jamaicensis* o *a. inermis,* conocida en las Antillas con el nombre de *macayo.*
jamaiquino, na. adj. Natural de Jamaica, o perteneciente a esta isla de América. Ú. t. c. s.
Jamal. *Geog.* **Yamal.**
Jamalaricham. *Geog.* **Chomo Lhari.**
Jamalca. *Geog.* Dist. de Perú, depart. de Amazonas, prov. de Bagua; 1.351 h. ‖ Pueblo cap. del mismo; 149 h.
jaman. m. *Méj.* Tela blanca, manta cruda, ruán.
Jamapa. *Geog.* Mun. de Méjico, est. de Veracruz-Llave; 6.492 h. ‖ Pueblo cap. del mismo; 1.234 h.
jamar. tr. fam. Tomar alimento, comer.
jamás. fr., *jamais;* it., *mai, giammai;* i., *never, nevermore;* a., *niemals.* (Del lat. *iam magis,* ya más.) adv. t. **nunca.** Pospuesto a este adverbio y a *siempre,* refuerza el sentido de una y otra voz. ‖ ant. **siempre.** ‖ ant. Alguna vez. ‖ Ú. t. c. s. en las locuciones *jamás de los jamases* o *en jamás de los jamases,* que refuerzan enfáticamente la significación de este adverbio. ‖ **jamás por jamás,** o **por jamás.** m. adv. **nunca jamás.**
Jamay. *Geog.* Mun. de Méjico, est. de Jalisco; 12.735 h. ‖ Pueblo cap. del mismo; 8.981 habitantes.
jamba. fr., *jambage;* it., *stipite;* i., *doorpost;* a., *Türpfosten.* (Del fr. *jambe,* y éste del célt. *camba,* pierna.) f. *Caló.* Ama de casa. ‖ *Arquit.* Cualquiera de las dos piezas labradas que, puestas verticalmente en los dos lados de las puertas o ventanas, sostienen el dintel o el arco de ellas.
jambaje. m. *Arquit.* Conjunto de las dos jambas y el dintel que forman el marco de una puerta o ventana. ‖ Todo lo perteneciente al ornato de las jambas y el dintel.
Jambaló. *Geog.* Mun. de Colombia, depart. de Cauca; 3.860 h. ‖ Pobl. cap. del mismo; 482 h.
jambar. tr. *Hond.* y *Méj.* **jamar.**
jambarse. prnl. *Méj.* **hartarse.**
jambazón. f. *Méj.* Entre campesinos, la comida.
jámbico, ca. adj. Perteneciente al jambo; yámbico.
jambo, ba. adj. En Murcia, taimado, astuto. ‖ m. *Caló.* Amo de casa.
jambo. m. ant. *Poét.* Pie métrico de breve y larga; yambo.
Jambol. *Geog.* **Yambol.**
jambón. (De *jamba.*) m. ant. La pierna del cerdo curada o desecada; jamón.
jamboree. f. Voz i. con que los zulúes designaban las juntas o reuniones de las tribus para fines de esparcimiento y regocijo popular. La han adoptado los *boys-scouts* para sus reuniones internacionales.
jambrar. (Del lat. *examināre,* enjambrar.) tr. *Ar.* Formar enjambre, enjambrar.

Jambrina. *Geog.* Mun. y lugar de España, prov. y p. j. de Zamora; 431 h.
jamela. f. *Mar. Gal.* Chalana que se emplea en el trecho comprendido entre el río Miño y la ría de Vigo.
jamelgo. (Del lat. *famelĭcus,* hambriento.) m. fam. Caballo flaco y desgarbado, por hambriento.
jamerdana. (De *jamerdar.*) f. Paraje adonde se arroja la inmundicia de los vientres de las reses en el rastro o matadero.
jamerdar. (Del lat. *ex,* priv., y *merda,* excremento.) tr. Limpiar los vientres de las reses. ‖ fam. Lavar mal y de prisa.
James (Henry). *Biog.* Escritor estadounidense, n. en Nueva York y m. en Londres (1843-1916). La primera de sus novelas que dio a conocer su nombre fue *Roderick Hudson* (1875). Gozó de gran popularidad en América y en Europa. Entre su obra principales: *El americano* (1877), *Los europeos* y *Daisy Miller* (1878), *Retratos de una dama* (1881), *Los bostonianos* (1886) y *Los embajadores* (1903). ‖ **(William).** Filósofo y psicólogo estadounidense, n. en Nueva York y m. en Chocorua, New Hampshire (1842-1910). Doctor en Medicina, fundó el primer laboratorio de Psicología empírica de América y fue profesor de Psicología en la Universidad de Harvard. Partiendo del agnosticismo respecto a la primera causa y el fin último del mundo, juzga las ideas según su *valor efectivo,* aquello que prestan de apoyo, de coraje, de utilidad vital; ello constituye el eje del **pragmatismo,** su original aportación a la filosofía. Como psicólogo sostuvo, junto con Karl G. Lange, que los fenómenos fisiológicos que acompañan al sentimiento no son efecto, sino causa del mismo. Se consideran sus obras principales: *Principios de psicología* (1890), *La voluntad de creer* (1897), *Las variedades de la experiencia religiosa* (1902) y *Pragmatismo* (1907). ‖ *Geog.* Bahía de Canadá, en la costa septentrional de las prov. de Ontario y Quebec, que forma parte de la bahía de Hudson y está sit. al sur de ésta. Fue explorada en 1631 por Thomas James. ‖ Río de EE. UU., en el de Virginia; n. de la confl. del Jackson y el Cow Pasture River, en los montes Alleghany. Recibe varios afl. y des. en la bahía de Chesapeake después de recorrer 720 km. ‖ **Craik.** Local. de Argentina, prov. de Córdoba, depart. de Tercero Arriba; 3.300 h.
Jameson (Leander Starr). *Biog.* Colonizador inglés, más conocido por *el doctor Jameson,* n. en Edimburgo y m. en Londres (1853-1917). Antes de la guerra anglobóer (1896) entró en el Transvaal al frente de unos centenares de aventureros con el propósito de proclamar la anexión de la República Sudafricana a la Colonia del Cabo. Fue hecho prisionero y después indultado por el presidente Krüger.
Jamesone o **Jameson (George).** *Biog.* Pintor inglés, conocido por el sobrenombre de *el Van Dyck escocés,* n. en Aberdeen y m. en Edimburgo (1586-1644). Cultivó el retrato, los temas históricos y el paisaje.
jamesonita. (De R. *Jameson,* naturalista escocés, e *-ita.*) f. *Miner.* Sulfoantimoniuro de plomo y hierro, de fórmula $S_{14}Sb_6Pb_4Fe$, monoclínico, prismático, de aspecto fibroso, color gris de plomo y brillo metálico.
Jamestown. *Geog.* Pobl. cap. de la isla de Santa Elena, colonia del R. U.; 1.600 h. Es puerto libre y estación carbonera y cablegráfica.
jamete. (Del b. gr. *hexámitos,* de seis lizos.) m. Rica tela de seda, que algunas veces solía entretejerse de oro.
jametería. (Del ár. *ḥammād,* que elogia desmedidamente, con terminación española.) f. *Mur.* **zalamería.**

jámila. (Del ár. *ŷamīla,* agua que corre de las aceitunas apiladas.) f. Líquido fétido de las aceitunas, alpechín.
Jamilena. *Geog.* Mun. y villa de España, prov. de Jaén, p. j. de Martos; 3.044 h. *(jamilenudos).* Balneario de aguas mineromedicinales.
Jamin (Jules). *Biog.* Físico francés, n. en Termes y m. en París (1818-1886). Se le deben, entre otras cosas, un modelo de imán artificial, una bujía eléctrica y un interferómetro que lleva su nombre.
Jammes (Francis). *Biog.* Poeta y prosista francés, n. en Tournay y m. en Hasparren (1868-1938). Entre sus obras poéticas descuellan: *Un día, Seis sonetos, El nacimiento del poeta* y *El triunfo de la vida.* De sus obras en prosa se citan la novelas *Almaida de Entremont* y *Pera en dulce.*
jamming. (Voz i.; de *to jam,* apretar, estrechar.) m. *Radio.* Emisión de ondas perturbadoras destinadas a impedir o dificultar la radiorrecepción.
Jammu. *Geog.* C. de la India, cap., junto con la ciudad de Srinagar, del est. de Jammu y Cachemira; 155.249 h. ‖ **y Cachemira.** Est. de la India; 222.236 km.² y 4.615.176 h. Tiene dos capitales: Srinagar y Jammu.
Jamna. *Geog.* **Yamuna.**
Jamnagar. *Geog.* C. de la India, est. de Gujarat, en la península de Kathiawar; 214.853 h. Aeropuerto.
jamo. m. *Cuba.* Especie de red de manga, rematada en punta. ‖ *Pesca.* Aparejo de hierro con mango de madera, que sirve para extraer los peces de los depósitos o viveros de pescado fresco, de los que hay fondeados en algunos puertos de mar de las islas Canarias.
jamón. fr., *jambon;* it., *prosciutto;* i., *ham;* a., *Schinken.* (De *jambón.*) m. Carne curada de la pierna del cerdo. ‖ ant. **Anca, pierna.** ‖ **en dulce.** *Coc.* El que se cuece en vino blanco y se come fiambre. ‖ **un jamón** o **un jamón con chorreras.** loc. fig. y fam. con que irónicamente se denota algo que excede de lo que buenamente se puede pedir o conceder.

Jamones de Jabugo

jamona. (De *jamón.*) adj. fam. Aplícase a la mujer que ha pasado de la juventud, especialmente cuando es gruesa. Ú. m. c. s. ‖ f. ant. Galardón, gratificación o regalo consistente principalmente en perniles u otros comestibles.
jamoncillo. m. *Méj.* Dulce de leche.
jampa. f. *Ecuad.* barb. por **jamba** de puerta o ventana.
jampara. f. *Bot. Brasil.* Árbol cuyo fruto se emplea contra la disentería.

jamparo. m. *Col.* Especie de embarcación.
jampón, na. adj. *Mur.* Robusto, guapo. || *Sal.* **glotón.**
jampudo, da. adj. Grueso, robusto, rollizo.
Jamshedpur. *Geog.* C. de la India, est. de Bihar, a orillas del río Subarnarekha; 340.564 habitantes. Industria siderúrgica.
jamsin. m. *Meteor.* Viento propio de Egipto, con las características del simún.
Jämtland. *Geog.* Cond. central de Suecia, 51.548 km.² y 126.388 h. Cap., Östersund.
jamúas. f. pl. *León.* jamugas.
jamuga. f. jamugas.
jamugas. (Del lat. *sambūca*.) f. pl. Silla de tijera, con patas curvas y correones para apoyar espalda y brazos, que se coloca sobre el aparejo de las caballerías para poder montar cómodamente a mujeriegas.
Jamundí. *Geog.* Mun. de Colombia, depart. de Valle del Cauca; 31.585 h. || Pobl. cap. del mismo; 12.941 h.
jamurar. tr. Achicar el agua.
jamuscar. tr. ant. Quemar ligeramente con llamas, chamuscar.
jan. m. **kan.**
jan. m. *Cuba.* Estaca usada para sembrar haciendo hoyos.
Jan Mayen. *Geog.* Isla volcánica del océano Ártico, que con el arch. de Spitsbergen constituye la posesión noruega de Svalbard; 372,5 km.² y 29 h. Estación meteorológica y radiotelegráfica.
Jana (La). *Geog.* Mun. y villa de España, prov. de Castellón de la Plana, p. j. de Vinaroz; 1.272 h. (*janeses*).
Janácek (Leös). *Biog.* Compositor checo, n. en Hukvaldy y m. en Moravská (1854-1928). Está considerado como una de las principales figuras de la escuela nacionalista. Sus obras principales son las óperas *Járka, Jenufa, Osud, Výlety Brouokovy, Katie Kavanová* y *La zorra*.
Janakpur. *Geog.* Zona de Nepal; 9.764 km.² y 1.200.000 h. Cap., Madi.
janano, na. adj. *Guat.* y *Salv.* Dícese del que tiene el labio leporino.
Janda. *Geog.* Laguna litoral de España, prov. de Cádiz. Algunos historiadores creen que en sus orillas se libró la batalla, que más generalmente se denomina del Guadalete (v.).

jandac. m. *Geol.* Barranco, lecho de un torrente.
jándalo, la. (De la palabra *andaluz*, pronunciada burlescamente.) adj. fam. Aplícase a los andaluces por su pronunciación gutural. Ú. t. c. s. || m. En Castilla, Asturias y otras regiones del Norte, se dice de la persona que ha estado en Andalucía y vuelve con la pronunciación y hábitos de aquella tierra.
jandirobo. m. *Bot. Amér.* Planta rastrera, propia de América del Sur, de fruto semejante a la pera.
Jándula. *Geog.* Río de España, prov. de Ciudad Real y Jaén; n. en la sierra de Almadén y desemboca en el Guadalquivir después de 157 km. de curso.

El Jándula, junto a Sierra Morena, en la comarca de Andújar

jane. adj. *Hond.* janano.
janeiro. m. *Bot. Ecuad.* Planta graminea que se usa para alimento del ganado.
Janequin (Clément). *Biog.* Compositor y sacerdote francés, n. probablemente en Châtellerault y m. en París (h. 1480-1558). Sus canciones tuvieron gran éxito y todavía se incluyen en los conciertos actuales. Obras: *Octante-Deux Psaumes de David* (dedicado a la reina); *24 Chansons musicales, 31 Chansons musicales, Chansons de la guerre, Inventions musicales*, etc.
Janet (Pierre). *Biog.* Médico y psicólogo francés, n. y m. en París (1859-1947). Fue director del Laboratorio de Psicología Patológica de la Salpêtrière, y continuó allí la fecunda labor de Charcot. Publicó: *Bacon y los alquimistas, El estado mental de los histéricos* y *Neurosis e ideas fijas*.
jangada. f. fam. Salida o idea necia y fuera de tiempo o ineficaz. || fam. Trastada, mala acción a uno. || Maderos para navegar, balsa.
Jangas. *Geog.* Dist. de Perú, depart. de Ancash, prov. de Huaraz; 2.726 h. || Pueblo cap. del mismo; 333 h.
Jangteg. *Geog.* Montaña de Asia, en la cordillera del Himalaya; 6.702 m. de alt.
jangua. (Del chino *chun*, barco.) f. Embarcación pequeña armada en guerra, muy usada en los mares de Oriente, similar a la jangada.
Jánico. *Geog.* Mun. de la República Dominicana, prov. de Santiago; 27.165 h. || Pobl. cap. del mismo; 1.117 h.
Janículo. (Del lat. *janicŭlus*, colina del dios Jano.) *Geog.* Colina de Roma, no incluida entre las siete célebres. A su pie se encuentran la plaza de San Pedro, el Vaticano y el barrio de Trastévere.
janiche. adj. *Hond.* y *Salv.* janano.
Janina o **Ioánnina.** *Geog.* Nomo de Grecia, en el Epiro; 4.990 km.² y 134.356 h. || C. cap. del mismo; 39.814 h.
janipaba. f. *Bot.* Árbol de Brasil, que en Cuba llaman *jagua*, cuyo fruto se emplea contra la disentería.
Janjaillo. *Geog.* Dist. de Perú, depart. de Junín, prov. de Jauja; 2.020 h. || Pueblo cap. del mismo; 215 h.
Jannings (Emil). *Biog.* Actor alemán, n. en Rorschach, Suiza, y m. en Stroblhof (1884-1950). Comenzó su carrera artística como actor de teatro. Entre sus primeras películas se cuentan: *Madame Dubarry, Los hermanos Karamazov, Ana Bolena, Danton* y *Quo vadis?*, hechas entre 1918 y 1923. En Hollywood (1926-29) se consagró definitivamente y mereció ser calificado como *el mejor actor de América*. De entonces son *Otelo, Varieté* y *El ángel azul*. A su segunda época alemana corresponden *Krüger, El rey soldado* y *Roberto Koch*.
Janniot (Alfred). *Biog.* Escultor francés, n. en París en 1889. Obras principales: decoración del Museo de las Colonias, fachada del Museo de Arte Moderno de París, monumento a los muertos en Niza, etc.
Jannu. *Geog.* Cumbre del Himalaya, en Nepal oriental, con cerca de 7.710 m. de alt.
Jano. *Geog.* Mun. de Honduras, depart. de Olancho; 1.404 h. || Pobl. cap. del mismo; 134 h. || *Mit.* Rey de Italia con quien reinó juntamente Saturno cuando fue expulsado del cielo. El dios le concedió el don de ver en lo pasado y en lo porvenir, y por eso se le representa con dos caras.
Janos. *Geog.* Mun. de Méjico, est. de Chihuahua; 7.028 h. || Pueblo cap. del mismo; 1.178 h.
Jansen (Cornelis). *Biog.* Teólogo holandés, más conocido por *Jansenio*, n. Acquoi y m. en Ypres (1585-1638). Fue obispo de Ypres y combatió al jesuita Molina en un tratado titulado *Augustinus*, publicado dos años después de la muerte de su autor, que dividió a los teólogos en jansenistas y molinistas. Los papas Inocencio X y Alejandro VII condenaron cinco proposiciones de esta obra, que dieron origen al jansenismo (v.).
Jansenio. *Biog.* Jansen (Cornelis).
jansenismo. (De *Jansenio* e -*ismo*.) m. Doctrina de Cornelis Jansen, heresiarca holandés

La colina Janículo, vista desde el parque. Al fondo, San Pedro y vista panorámica de Roma

jansenista–Japón

del s. XVII, que exageraba las ideas de San Agustín acerca de la influencia de la gracia divina para obrar el bien, con mengua de la libertad humana. || **Hist.** La doctrina fundamental de esta secta, y que se contiene en el libro *Augustinus*, escrito por Jansenio, consiste en hacer caso omiso del orden sobrenatural al tratar de la gracia divina, con lo cual el hombre, irresistible pero voluntariamente, obra el bien o el mal, según que se halle dominado por la gracia o por la concupiscencia, no pudiendo resistir ni a la una ni a la otra. En este sistema es evidente que no cabe la gracia puramente suficiente, y, por lo mismo, el papa Urbano VII, en 1642, confirmó la condenación que había decretado contra dicho libro el Santo Oficio el año anterior. El cisma que produjo entre los católicos, terminó con la bula condenatoria *Auctórem fidei*, promulgada por el papa Pío VI en 1794. || En el s. XVIII, tendencia que propugnaba la autoridad de los obispos, las regalías de la Corona y la limitación de la intervención papal; solía favorecer una disciplina eclesiástica estricta y las reformas ilustradas.

jansenista. adj. Sectario del jansenismo. Ú. t. c. s. || Perteneciente o relativo al jansenismo.

Janské Lazné. Geog. Fuentes termales radiactivas de Checoslovaquia, prov. de Bohemia Oriental. Se utilizan contra las consecuencias posteriores de una parálisis infantil.

Janssen (Pierre-Jules). Biog. Astrónomo francés, n. en París y m. en Meudon (1824-1907). Estuvo en Perú para determinar el ecuador magnético (1857-58); en Italia para estudiar los rayos telúricos del espectro solar (1861-62) y en las Azores para estudios magnéticos y topográficos (1867). En 1868 halló un procedimiento para observar las protuberancias solares sin necesidad de esperar los eclipses. Fundó los Observatorios de Mont Blanc y Meudon y fue director de este último.

Janssens (Cornelis). Biog. Pintor flamenco, n. en Amberes y m. en Amsterdam (1593-1664). Pasó a Inglaterra en 1618; cuando ya era muy conocido en su patria entró al servicio de Jacobo I, cuyo retrato pintó varias veces.

Jantetelco. Geog. Mun. de Méjico, est. de Morelos; 6.092 h. || Villa cap. del mismo; 2.015 h.

Jantipo. Biog. Famoso ateniense, padre de Pericles, que en el año 479 a. C. fue elegido general juntamente con Arístides. Es célebre por la victoria de Micala. || General lacedemonio del s. III a. C., que mandó las tropas mercenarias cartaginesas en la primera guerra púnica (255 a. C.) y derrotó e hizo prisionero a Régulo cerca de Túnez.

janto. Zool. Gén. de crustáceos malacostráceos, decápodos, del grupo de los braquiuros, con el cefalotórax (pereion) redondeado por delante y truncado oblicuamente por ambos lados. La especie más común es el *janto florido (xánthus rivulosus).*

Janty-Mansis (Distrito Nacional de los). Geog. Dist. de la U.R.S.S., en la R.F.S.S.R.; 523.100 km.² y 271.157 h. || C. cap. del mismo; 24.754 h.

Japet o **Japeto.** (De *Japeto*, personaje mitológico.) **Astron.** Satélite de Saturno, descubierto por Cassini en 1671; es el octavo por su distancia al planeta, 3.563.000 km.; recorre su órbita en 79 días, 7 horas, 55 minutos, y tiene un diámetro probable de unos 1.800 km.

Japeto. Astron. Japet. || **Mit.** Hijo del Cielo y de la Tierra, que se casó con una hija del Océano y Tetis. Entre sus hijos figuran Prometeo y Atlante.

japígido, da. (De *jápyx*, gén. tipo de insectos, e *ido*.) adj. **Entom.** Dícese de los insectos apterigógenos, del orden de los dipluros, que viven bajo las piedras y cuyos cercos están modificados en pinzas. || m. pl. Familia de estos insectos.

japón. na. adj. Natural de Japón.

Japón. Geog. Estado monárquico del oriente asiático.

GENERALIDADES

Situación y límites. El imperio japonés está constituido por un archipiélago situado al oriente del continente asiático. Sus coordenadas geográficas son: 24° y 45° de lat. Norte y 128° 30′ y 146° 40′ de long. Este del meridiano de Greenwich. Sus límites son: al N. el mar de Ojotsk, al E. el océano Pacífico, al S. el mar de China y al O. el mar del Japón. El archipiélago está separado del continente por el estrecho de Corea (170 km.).

Superficie y población. Superf., 370.073 km.²; pobl., 103.720.060 h., y con el arch. de Riukiu (2.240 km.² y 945.111 h.), 372.313 km.² y 104.665.171 h.; pobl. relativa, 281,1 h. por km.²

GEOGRAFÍA FÍSICA

Geología y relieve. Toda la región, a causa de los sucesos geológicos de hundimiento de que el Pacífico ha sido teatro, es de naturaleza volcánica, como lo prueban sus continuos terremotos, las numerosas fuentes termales y los pozos sulfurosos. Las cumbres de la gran cadena montañosa que recorre las islas en dirección longitudinal son volcanes –activos o extinguidos– pertenecientes al *cinturón de fuego* del Pacífico. Los hay de gran altura; el Fujiyama, la montaña sagrada, con 3.778 m.; Shirane, 3.192; Hodaka, 3.190; Yarigatake, 3.180; Ontaké, 3.063 y Asamayama, 2.480.

Costas e islas. Japón comprende más de 4.000 islas, pero sólo cuatro son las más importantes y extensas: Honshu, la mayor de ellas; Kiu-shiu y Shikoku al S., y al N. la de Hokkaido. Las islas están dispuestas en forma de guirnalda que se prolonga al N. hasta las Kuriles y al S. hasta Formosa. El litoral de estas islas es tan desgarrado como el de las costas noruegas, formándose golfos profundos que sirven de magnífico abrigo. El mar del Japón queda entre la porción S. de Honshu, Shikoku y Kiu-shiu, y forma siete cuencas relacionadas por estrechos angostos.

Hidrografía. Los ríos, a causa de la estrechez de las islas, son de poca longitud, están cortados por numerosas cascadas y fluyen por valles angostos y rocosos. Los más importantes son: el Ishikari (365 km.), en la isla de Hokkaido; el Tone (322) y el Shinano (329), en la isla de Honshu; el Yoshino, en Shikoku. El caudal de estos ríos crece súbitamente con las lluvias del monzón estival. El mayor y más bello de los lagos japoneses es el Biwa.

Climatología. Como el archipiélago se extiende tan ampliamente de N. a S., ofrece climas muy diversos, desde el siberiano del norte de la isla de Hokkaido hasta el casi tropical de la región meridional. El resto de Japón está sometido a un clima suave y marítimo, influido por los monzones y por las corrientes marinas. El monzón de invierno, seco y continental, sopla desde fines de septiembre y del NO.; el monzón de verano, portador de lluvias, es marítimo y húmedo y sopla del SE. La inversión de los monzones provoca los terribles tifones.

GEOGRAFÍA ECONÓMICA

Agricultura y silvicultura. La superf. del país, en cuanto a explotación del suelo se refiere, está dividida de la siguiente forma: 4.826.000 hect. (13 %) es terreno cultivable; 620.000 (1,6), dedicadas a cultivos arbóreos; 950.000 (2,6), de praderío; 25.688.000 (69), bosques, y el resto, 5.124.000, improductivo. Entre los productos agrícolas más cultivados destaca el arroz, al que se dedica más de la

Sistema de invernadero que permite cultivar frutas y verduras durante todo el año

mitad de la superficie cultivable, 2.765.000 hect., con una producción de 17.101.000 ton. en el año 1975, seguido del trigo, 90.000 y 241.000, y cebada, 78.000 y 221.000. En cantidades más pequeñas se cultiva avena, maíz, mijo, sorgo, sésamo, etc. Entre las plantas alimenticias son de destacar los cultivos de patata; 140.000 hect. y 3.000.000 ton.; batata, 69.000 y 1.418.000; soja, 87.000 y 126.000; cacahuete, colza, fréjoles, etc. El té, cultivado en las pendientes montañosas, es un producto de gran valor al que se dedicaron, en 1975, 50.000 hect., con una producción de 94.710 toneladas. Se cultiva también tabaco, 103.000 toneladas, remolacha azucarera y caña de azúcar, 464.000 ton. de azúcar; canapa, lino, etc. Entre los frutales, se pueden destacar los agrios, con una producción de 372.000 ton. de naranjas, 3.639.000 de mandarinas, y 173.000 de otras variedades. La gran riqueza forestal del país cuenta con especies muy variadas y una producción de 36.548.000 m.³ de madera, en el año 1975.

Zootecnia. El patrimonio ganadero, en el año 1975, lo componían las siguientes cabezas: bovino, 3.650.000; porcino, 8.243.000; caprino, 125.000; equino, 60.000; ovino 15.000, así como 280.755.000 aves. Está muy extendida por el país la explotación del gusano de seda.

Terreno de pastos, en una granja lechera de Hokkaido

Pesca. Japón es el primer país pesquero del mundo. A la pesca se dedican 907.142 personas y 287.918 embarcaciones a motor, que en 1975 desembarcaron 10.508.451 ton. de pescado. En la costa meridional de Shikoku y Kiu-shiu se obtienen corales y perlas (perlas naturales en la bahía de Omura, cerca de Nagasaki, y perlas cultivadas en los viveros de Toba). Las flotillas japonesas llegan hasta la Antártida en busca de la ballena; para esta actividad Japón cuenta con 7 navíos-laboratorio y 8 establecimientos costeros. Durante el año 1974 realizaron 10.095 capturas y obtuvieron 42.800 ton. de aceite de ballena.

Minería. El sector minero representa un papel muy secundario dentro de la economía japonesa, por lo que se hace necesaria la importación de grandes cantidades de minerales para abastecer la demanda nacional. Cuenta con importantes yacimientos de carbón y una producción de 18.396.000 ton. en 1976, pero escasea el hierro, 414.720 ton., y el lignito, 48.000. La producción de petróleo, 672.000 ton., es muy reducida. Son de relativa importancia los yacimientos de cobre, 81.600 ton., y los de azufre, 1.561.000, y en cantidades apreciables se obtiene: plomo, 51.720 ton.; cinc, 260.400; estaño, cromo, manganeso, molibdeno, tungsteno, amianto, etc. Durante 1974 se obtuvieron 32.132 kg. de oro y 306.000 de plata.

Industria. En lo que va de siglo, y aun antes (en el decenio 1870-80), comienza la industrialización de Japón. La producción de energía eléctrica, en 1974, fue de 460.705 millones de kwh., y la potencia instalada, de 105.156.000 kilovatios. La industria siderúrgica consiguió una producción, en 1976, de 88.608.000 ton. de hierro y ferroaleaciones, y 107.388.000 de acero. La industria de la seda, tradicional en el país, produjo, en 1974, 18.936 ton. de seda en rama y 166.500.000 m.² de tejidos. La producción de la industria algodonera fue, en 1976, de 498.000 ton. de hilados y 2.232 millones de m.² de tejidos. Dentro del sector mecánico, la construcción naval ha dado origen a una floreciente industria, con un total botado de 14.310.286 ton. de registro bruto, en 1976. La industria automovilística, en continua expansión, produjo, en 1975, 4.567.854 automóviles y 2.373.737 vehículos industriales. La mecánica de precisión ha invadido los mercados de todo el mundo con sus aparatos ópticos: cámaras fotográficas, gemelos, microscopios, proyectores, etcétera, y radiotécnicos: 18.026.000 aparatos de radio y 13.406.000 televisores, en 1974. La industria química se ha desarrollado principalmente en el sector de fertilizantes. Las plantas para la fabricación de papel están ubicadas en las regiones de Tokio y Osaka. Otras producciones importantes son: cemento, cerveza, y tabaco.

Comercio. El valor del intercambio comercial, durante el período comprendido entre 1971 y 1975, en millones de dólares, fue el siguiente:

Años	Importación	Exportación
1971	19.712	24.019
1972	23.470	28.591
1973	38.314	36.930
1974	62.110	55.536
1975	57.881	55.844

Limpieza de telas de algodón, en las aguas de un río

Moneda. La unidad monetaria es el yen, cuya paridad con el dólar, en marzo de 1977, era de 277,50 yenes por 1 dólar estadounidense.

Comunicaciones y transportes. Las líneas férreas tenían, en 1973, una long. de 26.955 km., de los que 12.836 estaban electrificados; la red de carreteras, en 1974, era de 1.059.100 km., de ellos 303.800 estaban asfaltados. El parque automovilístico, en el año 1975, era de 28.090.558, de los que 17.236.321 eran turismos y el resto vehículos comerciales. La marina mercante cuenta con 9.932 barcos, y un registro bruto de 39.739.598 ton. en 1975. La aviación civil voló 263.200.000 km. (1974), y transportó 27.797.000.000 pasajeros por km.

GEOGRAFÍA POLÍTICA

Etnografía. Se distinguen en Japón dos tipos étnicamente bien definidos: el llamado *chosiu*, que se caracteriza por su elevada estatura, braquicefalia, gran nariz y barbilla pro-

Moderna autopista

Japón

minente, del Japón central y occidental, y el tipo *satsuma*, de pequeña estatura, mesocéfalo, cara ancha, nariz dilatada y chata y pequeña barbilla, de la región central y norte.

Idioma. El idioma nacional es el japonés. El japonés está emparentado con los idiomas uraloaltaicos del N. de Asia. Se diferencia del chino en que es polisilábico. La escritura procede de China y llegó a Japón en el s. V de nuestra era (v. **canyi**). Se escribe con pincel de arriba hacia abajo y de derecha a izquierda.

Religión. El Estado japonés no tiene religión oficial. El pueblo practica, en su mayoría, el sintoísmo o el budismo. En 1972 había 429.445 protestantes y 361.339 católicos.

Gobierno. Japón es una monarquía constitucional hereditaria. El emperador está desprovisto de todo poder político, quedando reducido a simple símbolo del Estado. El poder legislativo corresponde a la Dieta, que está compuesta de: *Cámara de Representantes*, formada por 511 miembros elegidos por 4 años, y *Cámara de Consejeros*, con 250 miembros elegidos por 6 años y renovables por mitad cada período de tres años. El poder ejecutivo corresponde al primer ministro, elegido por la Dieta entre sus propios miembros, y a su Gabinete.

División territorial. A continuación se inserta el cuadro de la división administrativa:

Prefecturas	Superficie Km.²	Población Habitantes	Capitales y su población
Hokkaido	78.513	5.184.287	Sapporo (1.010.123 h.).
Honshu			
Aichi	5.084	5.386.163	Nagoya (2.036.053).
Akita	11.609	1.291.376	Akita (235.873).
Aomori	9.613	1.427.520	Aomori (240.063).
Chiba	5.079	3.366.624	Chiba (482.133).
Fukui	4.188	744.230	Fukui (200.509).
Fukushima	13.781	1.946.077	Fukushima (227.451).
Gifu	10.596	1.758.954	Gifu (385.727).
Gumma	6.356	1.658.909	Maebashi (233.632).
Hiroshima	8.447	2.436.135	Hiroshima (541.998).
Hyōgo	8.351	4.667.928	Kobe (1.288.937).
Ibaraki	6.087	2.143.551	Mito (173.789).
Ishikawa	4.195	1.002.420	Kanazawa (361.379).
Iwate	15.275	1.371.383	Morioka (196.036).
Kanagawa	2.385	5.472.247	Yokohama (2.238.264).
Kyoto	4.612	2.250.087	Kyoto (1.419.165).
Mie	5.772	1.543.083	Tsu (125.203).
Miyagi	7.288	1.819.223	Sendai (545.065).
Nagano	13.584	1.956.917	Nagano (285.355).
Nara	3.692	930.160	Nara (208.266).
Nügata	12.577	2.360.982	Nügata (383.919).
Okayama	7.078	1.707.026	Okayama (375.106).
Osaka	1.854	7.620.480	Osaka (2.980.487).
Saitama	3.799	3.866.472	Urawa (269.397).
Shizuoka	7.770	3.089.895	Shizuoka (416.378).
Siga	4.016	889.768	Otsu (171.177).
Simane	6.626	773.575	Matsue (118.005).
Tochigi	6.414	1.580.021	Utsunomiya (301.231).
Tokio	2.141	11.408.071	Tokio (8.840.942).
Tottori	3.492	568.777	Tottori (113.151).
Toyama	4.252	1.029.695	Toyama (269.276).
Wakayama	4.719	1.042.736	Wakayama (365.267).
Yamagata	9.325	1.225.618	Yamagata (204.127).
Yamaguchi	6.085	1.511.448	Yamaguchi (101.041).
Yamanasi	4.464	762.029	Kofu (182.669).
Totales	230.766	82.559.580	
Kiu-shiu			
Fukuoka	4.922	4.027.416	Fukuoka (853.270).
Kagoshima	9.145	1.729.150	Kagoshima (403.340).
Kumamoto	7.383	1.700.229	Kumamoto (440.020).
Miyazaki	7.734	1.051.105	Miyazaki (202.862).
Nagasaki	4.096	1.570.245	Nagasaki (421.114).
Oita	6.325	1.155.566	Oita (260.584).
Saga	2.411	838.468	Saga (143.454).
Totales	42.016	12.072.179	
Shikoku			
Ehime	5.658	1.418.124	Matsuyama (322.902).
Kagawa	1.870	907.897	Takamatsu (274.367).
Kochi	7.106	786.882	Kochi (240.481).
Tokushima	4.144	791.111	Tokushima (223.451).
Totales	18.778	3.904.014	
Totales generales (1)	370.073	103.720.060	

(1) Con el arch. de Riukiu (2.240 km.² y 945.111 h.), 372.313 km.² y 104.665.171 h.

Capital. La cap. es Tokio (8.840.942 h.).

Historia. Los primeros textos chinos que mencionan la existencia de los japoneses relatan que las islas estaban repartidas entre los señores, el más poderoso de los cuales rendía homenaje al emperador de China. Según estas leyendas, estos magnates habían rechazado a los autóctonos hacia el Nordeste. La historia propiamente dicha empieza, en Japón, con la introducción del budismo, en el año 538. En esta fecha, residía un emperador en los alrededores de Nara; bajo el impulso de la nueva creencia, en esta capital floreció una brillante civilización; se levantaron templos y los bonzos construyeron monasterios en los montes. En el s. VIII, se compiló el primer conjunto de poemas. En 794, el emperador se fijó en Kyoto, que fue la capital de Japón durante diez siglos. Japón era entonces un país autónomo, que guerreaba contra Corea y mantenía su independencia con respecto a China. Potencias feudales se enraizaron en provincias, y en el s. XII, el gobierno efectivo se estableció en Kamakura, a 50 km. de Tokio. Desde entonces, existió un antagonismo entre las provincias del E. y las del O. En el s. XIV, la capital administrativa se unió a la capital imperial. Cuando, a mediados del s. XVI, los españoles y los portugueses llegaron a Japón, lo hallaron en plenas luchas feudales. Desde fines del XVI a principios del XVII, se sucedieron tres dictadores; el tercero de ellos, Tokugawa, se instaló en Eddo, el actual Tokio, y fundó una dinastía de gobernantes que detentó el poder durante dos siglos y medio. Los Tokugawa unificaron Japón y centralizaron su administración, pero conservaron su estructura feudal. De 1638 a 1853, el país estuvo cerrado por miedo a la cristianización. En la última de las fechas, el comodoro Perry, enviado por el presidente de EE. UU., forzó las puertas de Japón, hecho que tuvo gran trascendencia en la vida del país: científica, económica y política. En 1868 se rebelaron los daimios, o señores, contra el *shogun*, que asumía el poder temporal, y desde entonces quedó sometido al *Mikado*, que hasta aquella fecha sólo constituía un soberano espiritual. Desde entonces, Japón sufrió una

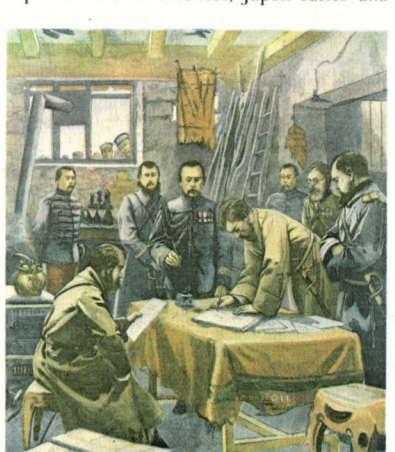

Firma de la capitulación, en la contienda ruso-japonesa (1905), grabado de la época

completa transformación; de ahí su afán por adoptar la civilización de Occidente. En 1894 venció a China y en 1904 y 1905 triunfó sobre los rusos, adquiriendo mediante estas guerras Corea, Formosa y una parte de la isla Sajalín. Tomó parte en la P. G. M., arrebatando Kiao-Cheu a los alemanes y asumiendo mandato sobre las islas Marshall, Marianas, Carolinas y Palaos, que hasta 1914 eran posesiones

JAPÓN

SIGNOS CONVENCIONALES

- nación
- prefectura
- ...dades de población
- nación
- prefectura
- altitud en metros
- Lago o laguna
- Puerto de mar y aeropuerto
- Río y afluentes
- Ferrocarril
- Carretera principal
- Otras carreteras

alemanas. A principios de 1931 inició una guerra contra China, sin previa declaración, fundando a raíz de la conquista de Manchuria el est. independiente de *Manchukuo*, sometido a su influencia. Japón rompió con la Sociedad de Naciones (1933), denunció el Pacto de Washington (1934) y firmó con Alemania el Pacto antikomintern (1936). Con el pretexto de un incidente mínimo, volvió a intervenir militarmente, y sin declaración de guerra, en China (1937), ocupando lugares estratégicos de la costa, así como las islas de Hainán y Spratly (1939). Durante la S. G. M., al producirse la derrota de Francia, obtuvo de ésta concesiones militares en Indochina (4 y 22 de septiembre de 1940). El 27 del mismo mes se firmó el Pacto de alianza entre Alemania, Italia y Japón, que fue llamado Pacto tripartito, o Eje Berlín-Roma-Tokio, y el 13 de abril de 1941 el Pacto de neutralidad rusojaponés, por cinco años, por el que Japón aspiraba a librarse de toda amenaza por el N., mientras quedaba en libertad para actuar en los mares del Sur. En julio de 1941, las tropas japonesas ocuparon toda Indochina militarmente, previo acuerdo con las autoridades francesas, pretextando la necesidad defensiva frente a un enemigo común. Mientras, se negociaba en Washington por el embajador japonés y un enviado extraordinario, conversaciones que no tuvieron éxito porque los estadounidenses pedían como condición previa la evacuación de China. Entonces se produjo el 7 de diciembre de 1941 un ataque aeronaval japonés, por sorpresa, contra la base naval de Pearl Harbor (Hawai), punto de partida de la guerra entre EE. UU. y Japón. Acto seguido atacaron los nipones en Filipinas, así como las posesiones inglesas y holandesas. Hong-Kong cayó el 25 de diciembre; en enero de 1942 fue invadida Birmania y ocupada integramente en el plazo de cinco meses, con lo que se interrumpieron los abastecimientos enviados a China a través de ella; el 15 de igual mes se rindió Singapur; el 9 de marzo se produjo la rendición holandesa en las Indias orientales y fueron ocupados los archipiélagos de Salomón y Bismarck y parte de Nueva Guinea, y en mayo acabó la resistencia estadounidense en Filipinas. Cambiado ya el curso de la contienda, la U. R. S. S. denunció el Tratado de neutralidad de 1941, y el 6 y el 9 de agosto de 1945, las bombas atómicas lanzadas por los estadounideses sobre Hiroshima y Nagasaki precipitaron el término de la guerra, a la que puso fin el emperador Hiro-Hito, por una declaración radiada el 15. El general estadounidense Mac Arthur fue nombrado comandante supremo en Japón y el 2 de septiembre se firmó la rendición incondicional de éste. Con el triunfo de las Naciones Unidas, Japón quedó reducido a sus islas; cesó su influencia sobre el Manchukuo (Manchuria), región que volvió a poder de China; perdió Corea, que recobró su independencia; la isla de Formosa, reintegrada a China; la mitad meridional de la isla de Sajalín y las islas Kuriles, que ocupó la U. R. S. S., así como el mandato sobre las Carolinas y otros archipiélagos de Oceanía, de los que se hizo cargo EE. UU. Ocupado también Japón por las fuerzas estadounidenses, la política japonesa se orientó en sentido democrático. En aras de esa democratización, Hiro-Hito hubo de renunciar a su divinidad, se consumó la separación entre la Iglesia sintoísta y el Estado y fue aprobada una nueva Constitución (1947). El 8 de septiembre de 1951 se firmó en San Francisco de California el tratado de paz y otro de seguridad entre EE. UU. y Japón. Lo mismo que Alemania occidental, Japón se benefició notablemente con la ayuda estadounidense y con la tirantez de relaciones entre

Firma del tratado de paz, en San Francisco (1951)

los occidentales (especialmente EE. UU.) y la U. R. S. S. Su reconstrucción fue rápida. El 28 de abril de 1952 recuperó la condición de Estado soberano y el 8 de marzo de 1954 firmó con EE. UU. un tratado de mutua defensa. El 7 de diciembre de 1954 dimitió el jefe del Gobierno, Shigeru Yoshida, y el 9 fue designado para sucederle Ichiro Hatoyama, derechista. Para terminar el estado de guerra subsistente con la U. R. S. S., se entablaron conversaciones, que terminaron con la firma de un tratado de paz (19 de octubre) y la reanudación de las relaciones diplomáticas (12 de diciembre). El 18 del mismo mes, Japón fue admitido en la O. N. U. Un nuevo Gobierno formado por Nobusuki Kishi sucedió al de Hatoyama (25 de febrero de 1957). Un nuevo tratado de seguridad mutua con EE. UU., firmado en Washington, autorizó a esta última nación a mantener las bases defensivas existentes, bajo la soberanía japonesa (19 de enero de 1960). Nobusuki Kishi fue substituido en la dirección del partido liberal-democrático (14 de julio) y, días después, en la jefatura del Gobierno por Hayato Ikeda (18 de julio). En las elecciones para la Cámara de Representantes, el partido liberal-democrático volvió a asegurarse la mayoría (20 de noviembre). Ikeda fue reelegido como primer ministro (7 de diciembre). El 21 de noviembre de 1963 se celebraron elecciones generales y volvió a triunfar el partido liberal-democrático. El 26 de octubre dimitió Hayato Ikeda por motivos de salud y fue designado para sucederle como primer ministro Eisaku Sato (9 de noviembre). En diciembre de 1966, el Gobierno japonés disolvió el Parlamento. Se realizaron las votaciones y en febrero de 1967 fue reelegido primer ministro Eisaku Sato. En abril de 1968, firmó un acuerdo con EE. UU. por el que las islas de Bonin y Volcano volvieron a poder de Japón. El partido liberal-democrático consiguió de nuevo una impresionante mayoría en las elecciones celebradas el 8 de julio de 1968. En noviembre del año 1969 se firmó un acuerdo con EE. UU., por el cual éste restituiría a Japón, en 1972, la isla de Okinawa, y las demás del arch. Riukiu que aún no eran japonesas. EE. UU. mantendría sus bases en la isla, pero retiraría de ella las armas nucleares. El 5 de julio de 1972 fue reemplazado Eisaku Sato como primer ministro por Kakuei Tanaka. El 29 de septiembre, Japón y la R. P: China llegaron a un acuerdo respecto a reanudar sus relaciones diplomáticas. El 26 de noviembre de 1974, Tanaka dimitió como primer ministro, cargo para el que fue elegido Takeo Miki. En las elecciones celebradas el 5 de diciembre, con el escándalo Lockheed de fondo, los demócratas-liberales perdieron la mayoría que venían gozando en el Parlamento desde hacía veintiún años. Takeo Fukuda se erigió en nuevo líder del partido liberal-democrático y fue elegido presidente del mismo y primer ministro, cargo del que tomó posesión el 5 de enero de 1977. En diciembre de 1978 tomó posesión el nuevo primer ministro Masayoshi Ohira. El cambio en la jefatura del Gobierno fue debido a la derrota sufrida en las elecciones a la presidencia del Partido Liberal Demócrata por Takeo Fukuda, fracaso que le llevó a

Takeo Miki y esposa (izquierda) saludan a los emperadores y a Isabel II de Inglaterra y el príncipe Felipe

dimitir de su cargo de jefe de Gobierno. Las divisiones en el seno del Partido Liberal Demócrata, surgidas a raíz del revés sufrido en las elecciones celebradas el 7 de octubre de 1979, provocaron la dimisión del Gobierno; pero la reelección de Ohira como primer ministro (6 de noviembre) puso fin a la crisis. Con motivo de la visita oficial de Ohira a la R. P. China, a primeros de diciembre, Japón concedió a este país un importante préstamo bancario y se ampliaron los intercambios económicos bilaterales.

japonense. adj. **japonés.** Apl. a pers., ú. t. c. s.

japonés, sa. fr. *japonais;* it. *giapponese;* i., *japanese;* a. *japaner, japanisch.* adj. Natural de Japón, o perteneciente a este país de Asia. Ú. t. c. s. ‖ m. Idioma de Japón.

japónica. adj. V. **tierra japónica.**

Japonesa (La). Geog. Local. de Argentina, prov. de La Pampa, depart. de Cura-Co; 225 habitantes.

Japurá. Geog. **Caquetá.**

japuta. (Del ár. šabbūt.) f. Zool. Pez teleóstomo del orden de los perciformes, familia de los brámidos. Es de color plomizo, de unos 35 cm. de largo y casi otro tanto de alto; cabeza pequeña, boca redonda, armada de dientes finos, largos y apretados a manera de brocha; escamas regulares y romboidales, que se extienden hasta cubrir las aletas dorsal y anal; cola en forma de media luna, y aleta pectoral muy larga. Es comestible. En Levante se le llama *castañola* y en Laredo *paparda* (*brama raji*).

jaque. (Del persa šāh, rey.) m. Lance del ajedrez en que un jugador, mediante el movimiento de una pieza, amenaza directamente al rey del otro, con obligación de avisárlo. Por ext., ú. también cuando se amenaza directamente a la reina, sin tal obligación. || Palabra con que lo avisa. || fig. Ataque, amenaza, acción que perturba o inquieta a otro, o le impide realizar sus propósitos. Ú. especialmente con el verbo *dar* o en las frases *poner, tener, traer en jaque.* || ¡**jaque!** interj. con que se avisa a uno que se aparte o se vaya. || **mate.** *Léx.* **mate,** lance que pone término al juego de ajedrez.

jaque. (Del ár. šaij, jeque.) m. fam. Valentón, perdonavidas.

jaque. (Del ár. šaqq, mitad de una cosa.) m. Especie de peinado liso que antiguamente usaban las mujeres. || *Ar.* Cada una de las dos bolsas de las alforjas. || **Bot.** Especie de algarrobo (*prosopis*) de Cumaná.

jaqué. m. *Méj.* **chaqué.**

jaquear. tr. Dar jaques en el juego del ajedrez. || fig. Hostigar al enemigo haciéndole temer un ataque.

jaqueca. fr., *migraine;* it., *emicrania;* i., *micrany;* a., *Migräne.* (Del ár. šaqīqa, migraña.) f. **Pat.** Cefalalgia de origen vascular. Se caracteriza por intenso dolor de cabeza, que ataca habitualmente una mitad del cráneo. Recibe también los nombres de *hemicrania* y *migraña.* La jaqueca no es continua, sino que se presenta en ataques más o menos periódicos y es más frecuente en las mujeres. || **oftálmica.** La que va acompañada o dependiente de trastornos visuales intensos, como hemiopía y escotoma, y dolor que se localiza especialmente en el ojo. || **oftalmopléjica.** La que se presenta con parálisis del tercer par. Se le da también el nombre de *enfermedad de Moebius.*

jaquecoso, sa. (De *jaqueca.*) adj. Dícese de la persona que padece jaquecas. || fig. Fastidioso, molesto, cargante.

jaquel. (De *jaque,* en el ajedrez.) m. **Bl.** Escaque del escudo.

jaquel. adj. *Méj.* **cajel,** dicho de la naranja.

jaquelado, da. (De *jaquel.*) adj. Dícese de las piedras preciosas labradas con facetas cuadradas. || **Bl.** Dividido en escaques.

jaquero. m. Peine pequeño y muy fino que servía para hacer el jaque o peinado liso.

jaqués, sa. adj. Natural de Jaca, o perteneciente a esta ciudad. Ú. t. c. s.

Jaques-Dalcroze (Émile). Biog. Compositor y pedagogo suizo, n. en Viena y m. en Ginebra (1865-1950). Profesor de Armonía del Conservatorio de Ginebra en el año 1892, fue el creador de la gimnasia rítmica como terapéutica.

jaqueta. (De *jaco.*) f. ant. **chaqueta.**

jaquetilla. f. Jaqueta más corta que la común.

jaquetón. m. **Zool.** Pez elasmobranquio escualiforme, de la familia de los isúridos. Es un tiburón parecido al marrajo, que puede alcanzar más de 6 m. de long., con dientes planos, triangulares y de bordes aserrados (*carcharodon carcharias* o *c. rondeleti*). Se encuentra en todos los mares cálidos y es, quizá, por su tamaño y potente dentadura, el más peligroso de los tiburones.

jaquetón. m. fam. aum. de **jaque.**
jaquetón. m. Jaqueta mayor que la común.
Jaqui. Geog. Dist. de Perú, depart. de Arequipa, prov. de Caravelí; 1.096 h. || Pueblo cap. del mismo; 686 h.

jáquima. (Del ár. šakīma, cabezada.) f. Cabezada de cordel, que suple por el cabestro, para atar las bestias y llevarlas. || *Hond.* **borrachera.**

jaquimazo. m. Golpe dado con la jáquima. || fig. y fam. Pesar o chasco grave dado a uno.

jáquimero. m. El que hace o vende jáquimas.

jaquimón. m. *Cuba.* Jáquima con una argolla a la que se ata el cabestro. || *Chile.* Jáquima grande con adornos de cuero.

jaquir. (Del cat. *jaquir,* y éste del germ. *jahan,* darse por rendido.) tr. ant. Dejar, desamparar.

jar. (aféresis del cat. *pixar,* deriv. del latín *mixi,* pret. de *mingĕre,* mear.) intr. Germ. **orinar.**

jara. fr., *ciste;* it., *imbrentina;* i., *rockrose;* a., *Zistus.* (Del ár. šaʿrā', mata, breña.) f. Palo de punta aguzada y endurecido al fuego, que se emplea como arma arrojadiza. || **Germ.** Arbitrio, impuesto. || Onza de oro. || *Méj.* **flecha.** ||

Jara blanca y del diablo, lámina de J. Salinas en *Flora forestal española,* de P. de Ávila. Jardín Botánico. Madrid

Bot. Nombre vulgar de las matas del gén. *cistus.* La blanca es *c. albidus;* la cervuna o macho o jarguna, *c. populifolius;* la común, *c. ladaniferus;* la negra, *c. salviaefolius;* la del diablo, *haliminium atriplicifolium.* Las del primer gén. son arbustos de hojas opuestas, flores vistosas y pedúnculos fructíferos erguidos. La resina aromática de las hojas se usó con el nombre de *láudano* como confortativo y hoy como sahumerio. En España existen la mayoría de las especies, sobre todo en el centro, levante y sur. En Levante las llaman *estepas.* Se multiplica por esquejes. || **blanca. estepilla.** || **cerval,** o **cervuna.** Mata semejante a la jara, de la que se distingue por tener las hojas con pecíolo, acorazonadas, lampiñas y sin manchas en la base de los pétalos. Abunda en España. || **estepa.** Mata semejante a la jara, pero más pequeña, de cuatro a seis decímetros de altura, muy ramosa, con hojas pecioladas, elípticas, vellosas, verdes por encima y cenicientas por el envés; flores en largos pedúnculos, blancas, con bordes amarillos, y fruto en cápsula pentagonal. Se halla en toda España. || **macho. jara cerval.** || **negra. jara.**

Jara (Albino). Biog. Político paraguayo, m. en Paraguarí (1878-1912). Fue ministro de la Guerra en 1908 y tres años más tarde se hizo elegir presidente de la República, cargo que desempeñó muy poco tiempo por haber sido depuesto violentamente. Más tarde intrigó contra el nuevo presidente, Rojas, y tomó parte en la guerra revolucionaria, siendo herido mortalmente en una de sus acciones. || **(Max).** Poeta chileno, n. en Yerbas Buenas, Linares, en 1886. Cultivador refinado del verso, obtuvo en 1856 el premio nacional de Literatura. Obras: *Juventud* (1909), *Poesía* (1914), *Asonantes* (1922) y *Poemas selectos* (1942). || **Geog.** V. **Toledo. Regiones naturales.**

jaraba. f. **Bot.** Nombre vulgar de la umbelífera *cárum palcaria.*

Jaraba. Geog. Mun. y lugar de España, prov. de Zaragoza, p. j. de Calatayud; 462 h.

Jarabacoa. Geog. Mun. de la República Dominicana, prov. de La Vega; 35.442 h. || Villa cap. del mismo; 6.329 h.

jarabe. fr., *sirop;* it., *sciropo;* i., *sirup, syrup;* a., *Sirup.* (Del ár. šarāb, bebida.) m. Bebida que se hace cociendo azúcar en agua hasta que se espese, sin formar hilos, y añadiendo zumos refrescantes o substancias medicinales, de que toma nombre. || fig. Cualquier bebida excesivamente dulce. || **tapatío.** *Folk. Méj.* Baile popular típico. || Música de ese baile.

jarabear. tr. Dar o mandar tomar el médico jarabes con frecuencia. || prnl. Tomar jarabes, regularmente para disponerse a la purga.

jaracalla. f. **Zool.** Especie de alondra o cogujada.

jaracatal. m. *Guat.* Abundancia, multitud.

Jaraco. Geog. Mun. y lugar de España, prov. de Valencia, p. j. de Requena; 3.631 h. (*jaraquenses*).

Jarafuel. Geog. Mun. y villa de España, prov. de Valencia, p. j. de Requena 1.446 h. (*jarafuelinos*).

jaragua. f. **Bot.** Arbusto rubiáceo de Cuba.
Jaragua. Geog. Dist. municipal de la República Dominicana, provincia de Bahoruco; 12.485 h. || Villa cap. del mismo; 4.853 h.

Jarahueca. Geog. Villa de Cuba, prov. de Las Villas; 1.300 h.

Jaraicejo. Geog. Mun. y villa de España, prov. de Cáceres, p. j. de Trujillo; 1.369 h. (*mojinos*).

jaraíz. (Del ár. šahrīy, cisterna, estanque.) m. **lagar.** || En algunas partes, lagar pequeño.

Jaraiz de la Vera. Plaza.

Jaraiz de la Vera. Geog. Mun. y villa de España, prov. de Cáceres, p. j. de Plasencia; 6.370 h. (*jaraiceños*).

jaral. m. Sitio poblado de jaras. || fig. Lo que está muy enredado o intrincado, aludiendo a la espesura de los jarales.

Jaral del Progreso. Geog. Mun. de Méjico, est. de Guanajuato; 19.480 h. || C. cap. del mismo; 8.689 h.

Jarama. Geog. Río de España, prov. de Guadalajara, Madrid y Toledo; n. en Somosierra y des. en el Tajo después de 194 km. de curso. Sus principales afl. son el Lozoya, Guadalix, Manzanares, Henares y Tajuña.

jaramago. fr., *sisymbre;* it., *ruchetta;* i., *horse-radish;* a., *Rauke.* (Del lat. *siser amarĭcum,* sisimbrio amargo.) m. **Bot.** Planta herbácea de la familia de las crucíferas, con tallo enhiesto de 60 a 80 cm., y ramoso desde la base; hojas grandes, ásperas, arrugadas, partidas en lóbulos obtusos y algo dentados; flores amarillas, pequeñas, en espigas terminales muy largas, y fruto en vainillas delgadas, casi cilíndricas, torcidas por la punta y con muchas semillas. Existen varias especies: *diplotaxis virgata* es el amarillo de los tejados, y el oficinal, *cochlearia armoracia* o rábano rusticano. El blanco es la rabaniza o rábano silvestre, y el amarillo medicinal es *sisymbrium officinale.* Es muy común entre los escombros.

jarameño, ña. adj. Perteneciente al río Jarama o a sus riberas. || Aplícase a los toros que se crían en las riberas del Jarama, celebrados por su bravura y ligereza.

Jaramillo. Geog. Local. de Argentina, prov. de Santa Cruz, depart. de Deseado; 437 habitantes. || **de la Fuente.** Mun. y villa de España, prov. de Burgos, p. j. de Salas de los Infantes; 128 h. || **Quemado.** Mun. y villa de España, prov. de Burgos, p. j. de Salas de los Infantes; 54 h.

jarampa. f. Mar. En el estrecho de Gibraltar y bahía de Algeciras, mercancía de contrabando.

jaramugo. (De *samarugo.*) m. Zool. Pececillo nuevo de cualquiera especie.

jarana. fr., *tapage, vacarme;* it., *cagnara;* i., *uproar;* a., *Lärm.* (De *jacarandana.*) f. fam. Diversión bulliciosa de gente ordinaria. || fam. Pendencia, alboroto, tumulto. || fam. Trampa, engaño, burla. || *Hond.* **deuda.** || *Méj.* Baile de gente del pueblo. || Guitarra pequeña.

Jarandilla de la Vera. Geog. Mun. y villa de España, prov. de Cáceres, p. j. de Navalmoral de la Mata; 3.039 h. (*jarandillanos*). Iglesia parroquial, que fue fortaleza de los templarios. Histórico castillo de los condes de Oropesa, del s. XII. La villa corresponde a la antigua *Flavium Vioertorum* de los romanos.

jarandina. f. Germ. **jacarandina.**
jaranear. intr. fam. Andar en jaranas. || *Cuba.* Chancear, burlarse de alguno o de algo.
jaranero, ra. adj. Aficionado a jaranas.
jaranista. adj. *Perú.* **jaranero.**
jarano. adj. V. **sombrero jarano.** Ú. t. c. s.
jarapa. f. *Germ.* **telón.**
jarapote. m. *And.* y *Ar.* Jarope de botica.
jarapotear. tr. *And.* y *Ar.* Dar a uno muchos jaropes de botica, jaropear.
jararaca. (Voz tupí.) f. Zool. *Brasil.* Reptil ofidio de la familia de los crotálidos, muy venenoso (*bóthrops neuweideii*).
jararacusu. f. Zool. *Brasil.* Reptil ofidio de la familia de los crotálidos, muy venenoso (*bóthrops jararacussu*).
jarazo. m. Golpe dado o herida hecha con la jara.
jarbar. (Del lat. *exseparāre,* separar.) tr. *Sal.* Formar un enjambre con las abejas sueltas. || Tomar un enjambre de una colmena muy poblada. || intr. Rebosar de abejas una colmena.
jarca. f. **harca.** || Bot. Especie de acacia de Bolivia, de madera colorada, que se emplea en la construcción.
jarcia. fr., *cordage;* it., *sartiame;* i., *tackle, rigging and cordage;* a., *Takelwerk.* (Del ár. *sarsiya,* cuerda que sujeta el mástil.) f. Carga de muchas cosas distintas para un uso o fin. || Aparejos y cabos de un buque. Ú. m. en pl. || Conjunto de instrumentos y redes para pescar. || fig. y fam. Conjunto de muchas cosas diversas o de una misma especie, pero sin orden ni concierto. || *Cuba.* Cuerda gruesa de henequén. || *Méj.* **cabuya,** cordel. || **muerta.** *Mar.* La que está siempre fija y que, tensa, sirve para la sujeción de los palos.
jarciar. tr. Poner la jarcia a una embarcación, enjarciar.

jarcio, cia. adj. *Méj.* borracho.
jarcha. (Voz árabe.). f. **Poét.** Denominación que recibe la estrofa final de una *moaxaja,* nombre de ciertos poemas árabes o hebreos. Las jarchas casi siempre se ponían en boca de una muchacha enamorada. Las jarchas mozárabes en español constituyen la primera manifestación de la literatura española. En 1975, García Gómez publicó *Las jarchas romances de la serie árabe en su marco,* con todas las descubiertas hasta la fecha.

Jard Hafun. Geog. Guardafuí.
jarda. f. *And.* **harda,** costal.
jardazo. (De *jarda.*) m. *And.* Golpe del cuerpo al caer pesadamente en tierra.
Jardiel Poncela (Enrique). Biog. Escritor español, n. y m. en Madrid (1901-1952). Comenzó como periodista y a partir de 1923 se dedicó a la literatura. Produjo obras donde rebosa la gracia fina e irónica o el chiste desorbitado. Sus características esenciales fueron la fantasía libre y el ingenio. Últimamente escribió con preferencia para el teatro. Entre sus novelas y trabajos más leídos figuran: *Amor se escribe sin hache, ¡Espérame en Siberia, vida mía!; Pero ¿hubo alguna vez once mil vírgenes?;* y entre las obras teatrales: *Margarita, Armando y su padre; Los ladrones somos gente honrada, Usted tiene ojos de mujer fatal, Los habitantes de la casa deshabitada, Eloísa está debajo de un almendro,* etc.

jardín. fr., *jardin;* it., *giardino;* i., *garden;* a., *Garten.* (Del fr. *jardin,* y éste del a. *Garten.*) m. Terreno donde se cultivan plantas deleitosas por sus flores, matices o fragancia, y que suele adornarse además con árboles o arbustos de sombra, fuentes, estatuas, etc. || Retrete o letrina, especialmente en los buques. || Mancha que deslustra y afea la esmeralda. || Germ. Tienda de mercader o feria. || **botánico.** *Bot.* Jardín en el que, con fines científicos, existen especies vegetales clasificadas de los distintos grupos, y procedentes de diversos países. || **de la infancia.** *Léx.* Colegio de párvulos. || **de infantes.** *Arg., Par.* y *Urug.* Establecimiento de educación al que asisten niños de edad preescolar.

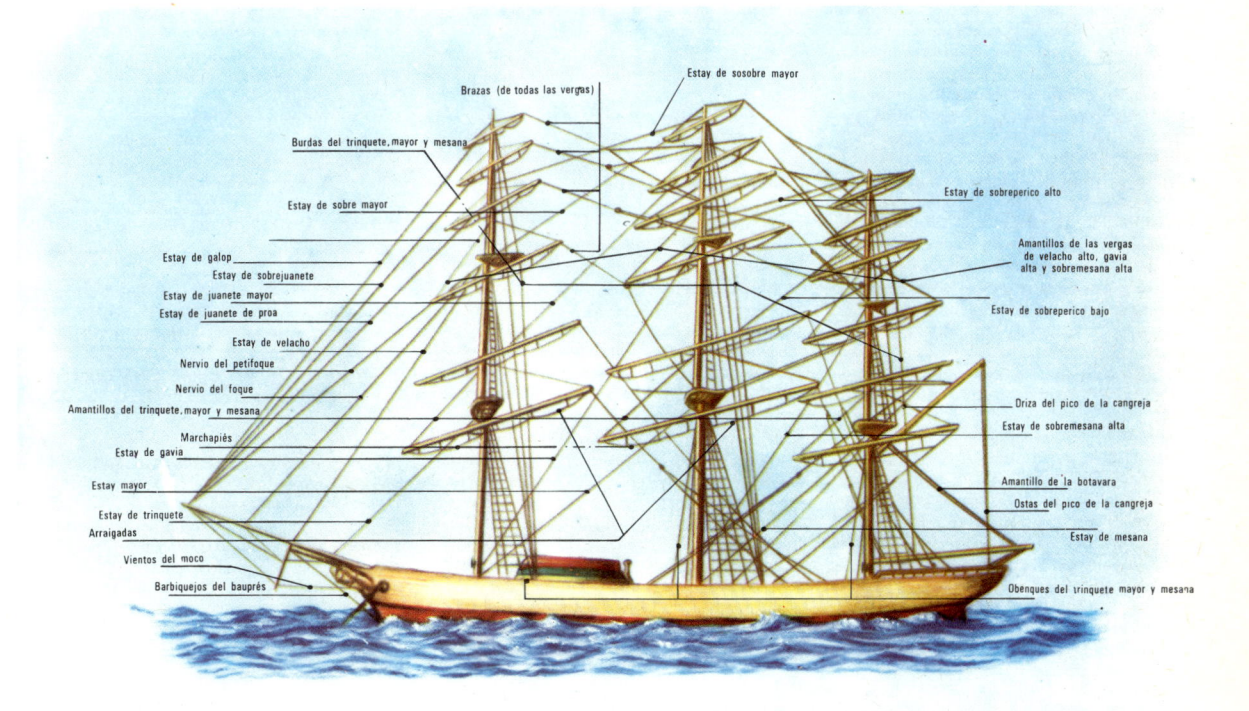

Jarcias

Jardín. Geog. Mun. de Colombia, depart. de Antioquia; 12.633 h. || Pobl. cap. del mismo; 5.311 h. Minas de oro y plata. || **América.** Local. de Argentina, prov. de Misiones, depart. de San Ignacio; 1.669 h.

jardinaje. m. *Chile.* galic. por **jardinería.**

jardinera. f. La que por oficio cuida y cultiva un jardín. || Mujer del jardinero. || Mueble de una u otra forma, más o menos rico, dispuesto para colocar en él macetas con plantas de adorno o con las mismas plantas. || Carruaje de cuatro ruedas y cuatro asientos, ligero, descubierto, y cuya caja, por lo general, figura ser de mimbres. || Coche abierto que se usa en verano en los tranvías. || *Chile.* Mal usado por **marquesina.**

jardinería. (De *jardinero.*) f. Arte de cultivar los jardines.

jardinero. fr., *jardinier;* it., *giardiniere;* i., *gardener;* a., *Gärtner.* m. El que por oficio cuida y cultiva un jardín. || **Zool.** Nombre común a casi todos los pájaros de la familia de los ptilonorrínquidos, muy próximos a las aves del paraíso, aunque sin sus vistosos colores ni ornamentos. Son propios de la región australiana. Los más característicos son el *jardinero común* (amblyornis inornata), el *jardinero* o *pájaro de glorieta* (ptilonorhynchus violáceus) y el *jardinero de capilla* (chlamydera maculata).

jardinista. com. Persona entendida en jardines.

járea. f. *Méj.* hambre.

jarearse. prnl. *Méj.* Morirse de hambre. || Huirse, evadirse. || **bambolearse.**

jareña. f. *Pan.* Surco profundo para desagüe de lugares pantanosos.

jareta. fr., *coulisse;* it., *guaina;* i., *flem, seam;* a., *Saum.* (Del ár. *šarīt,* cuerda, cinta, trenza.) f. Costura que se hace en la ropa, doblando la orilla y cosiéndola por un lado, de suerte que quede un hueco para meter por él una cinta o cordón, a fin de encoger o ensanchar la vestidura cuando se ata al cuerpo. || En algunas artes de pesca, cabo que se pasa por las argollas dispuestas en la parte inferior de la red y que sirve para cerrarla por abajo y formar el bolso. || *C. Rica.* **bragueta,** abertura de los pantalones. || **Mar.** Red de cabos o enrejado de madera, que cubría horizontalmente el alcázar para detener los motones y pedazos de cabo o de madera que pudieran desprenderse de la arboladura durante una función, o se colocaba verticalmente por encima de las bordas, para dificultar la entrada de los enemigos en los abordajes. || Cabo que se amarra y tesa de obenque a obenque desde una banda a otra para sujetarlos, y asegurar una banda a otra para sujetarlos, y asegurar que, cuando la obencadura se ha aflojado en un temporal. || Cabo que con otros iguales sujeta el pie de las arraigadas y la obencadura, yendo desde la de una banda a la de la otra por debajo de la cofa.

jaretera. f. Liga de la pierna, jarretera.

jaretón. (De *jareta.*) m. Dobladillo muy ancho.

jargón. (Del persa *zargun,* color de oro.) m. **Miner.** Circón amarillento utilizado como piedra preciosa.

jargonza. (Del provenz. *jargonsa,* y éste del gr. *hyápinthos.*) f. ant. **circón.**

jaricar. (Del ár. *šarīk,* socio, aparcero.) intr. *Mur.* Reunir en un mismo caz las hilas de agua de varios propietarios, para regar cada uno de ellos con el total de agua, durante el tiempo proporcionado a la cantidad de ella que ha aportado al caudal común.

jarico. m. **Zool.** *Cuba.* Reptil quelonio emídido; hicotea, jicotea.

jarife. m. **jerife.**

jarifiano, na. adj. **jerifiano.**

jarifo, fa. (Del ár. *šarīf,* noble, excelente.) adj. Rozagante, vistoso, bien compuesto o adornado.

jariloca. f. **A. y Of.** Plantilla usada por los carpinteros de ribera.

jarilla. f. **Bot.** Árbol terebintáceo que crece en diversas provincias argentinas y es muy estimado por su abundante resina, a la que se atribuyen virtudes como febrífugo enérgico. || Jaguarcillo de la especie *halimium umbellátum.* La de monte es *haliánthemum vulgare.* || Numerosas plantas llevan también este nombre en muchas otras localidades de América, hasta en los EE. UU. Hay varias especies, pertenecientes a distintas familias, que se distinguen con los nombres de *jarilla macho* o *crespa,* que es una cigofilácea (*larrea cuneifolia*), *hembra* (*l. divaricata*) o *jarilla del cerro,* o propiamente *jarilla,* etc. En Méjico hay un gén. completo de plantas llamado así (*zaccagnia punctata*). La de Chile es la papilionácea *adesmia balsámica,* y la de jardín (v. *cielo estrellado*), es la compuesta *aster novi belgii.*

Jarilla. Geog. Mun. y lugar de España, prov. de Cáceres, p. j. de Plasencia; 398 h. (*jarillanos*). || **(La).** Local. de Argentina, prov. de La Rioja, depart. de General Roca; 249 h.

jarillo. (dim. de *jaro.*) m. **Bot.** aro, planta, jaro.

jarina. f. **Bot.** Palmera amazónica, cuyo fruto, de materia córnea, suele denominarse marfil vegetal, por su analogía con el marfil animal. Es materia prima de alto valor en Europa y aun en Brasil, donde existen ya fábricas de objetos de jarina.

jaripear. tr. *Méj.* Tomar parte en un jaripeo.

jaripeo. m. *Méj.* Especie de coleadero. Fiesta charra en que se montan potros cerriles y se hacen suertes de lazo.

jarique. (Del m. or. que *jaricar.*) m. *Ál.* Número de cabezas de ganado de cerda que pueden pastar gratuitamente en los montes comunales, y cuota que se ha de pagar por las que excedan del número señalado. || *Mur.* Convenio entre diversos regantes para jaricar un caudal de agua. || Acción y efecto de jaricar.

járjara. (De *fárfara.*) f. *And.* Telilla del huevo; fárfara, hálara.

Jarkov o **Harkov.** Geog. Provincia de la U. R. S. S., en Ucrania, sit. en la parte NE. de la misma; 31.400 km.² y 2.826.122 h. || C. cap. de la misma; 1.222.852 h. Es una de las más importantes ciudades comerciales de la U. R. S. S.

Jarnés Millán (Benjamín). Biog. Escritor español, n. en Codo, Zaragoza, y m. en Madrid (1888-1949). Al terminar la guerra civil fijó su residencia en Méjico, donde permaneció hasta 1948. Comenzó su vida literaria colaborando en algunas revistas, como *Revista de Occidente* y *Gaceta Literaria.* Figuran entre sus obras más conocidas: *El profesor inútil* (1926), *La vida de San Alejo* (1928), *El convidado de papel* (1929), *Sor Patrocinio, la monja de las llagas* (1929), *Zumalacárregui, el caudillo romántico* (1932), *El libro de Esther* (1935), *Lo rojo y lo azul* (1932), las biografías *Castelar* y *Doble agonia de Bécquer* (1936), *La novia del viento* (1940), *Manuel Acuña* (1942), *Españoles en América* (1943), y *Eufrosina o la gracia* (1948). Su obra se caracteriza por su estilo exquisito, jugoso, limpio, de gran originalidad, y por su aguda sensibilidad.

jaro. m. **Bot. aro,** planta.

jaro. (De *jara.*) m. Mancha espesa de los montes bajos. || *Ál.* Roble pequeño.

jaro, ra. adj. Dícese del animal que tiene el pelo rojizo, y especialmente del cerdo y del jabalí. Ú. t. c. s.

jarocho, cha. (Del lat. *ferox, -ōcis.*) m. y f. En algunas prov., persona de modales bruscos, descompuestos, y algo insolentes. Ú. t. c. adj.

jarocho, cha. adj. Natural u originario de la ciudad mejicana de Veracruz. Ú. t. c. s.

jarón. m. **Bot.** Jara macho.

jaropar. tr. fam. Dar a uno muchos jaropes o medicinas de botica. || fig. y fam. Disponer y dar en forma de jarope otro licor que no sea de botica.

jarope. (Del m. or. que *jarabe.*) m. Agua espesada con azúcar, jarabe. || Jarabe medicinal. || fig. y fam. Trago amargo o bebida desabrida y fastidiosa.

jaropear. tr. fam. **jaropar.**

jaropeo. m. fam. Uso excesivo y frecuente de jaropes.

jaropero, ra. adj. *Mur.* Aficionado a los jaropes.

jarosita. (Del barranco El *Jaroso,* de Sierra Almagrera, Almería, e *-ita.*) f. **Miner.** Sulfato de hierro y potasio, hidratado, de color amarillento, piramidal ditrigonal.

Jaroslavl. Geog. **Yaroslavl.**

jaroso, sa. adj. Lleno o poblado de jaras.

Jaroszewicz (Piotr). Biog. Político y militar polaco, n. en Nieśwież en 1909. Es miembro del Partido Obrero Polaco (1944), del Comité Central del Partido Obrero Unificado Polaco (1948) y del Buró Político (1970). Ha sido viceministro de Defensa con el grado de teniente general (1945-50), vicepriver ministro (1952-70) y ministro de Minería (1954-56). Desde 1970 es presidente del Consejo de Ministros.

Jarpa. Geog. Dist. de Perú, depart. de Junín, prov. de Huancayo; 4.754 h. || Pueblo cap. del mismo; 782 h.

Jarque. Geog. Mun. y villa de España, prov. de Zaragoza, p. j. de Calatayud; 752 h. (*jarqueños*). || **de la Val.** Mun. y lugar de España, prov. y p. j. de Teruel; 179 h.

jarquía. (Del ár. *šarqiyya,* parte oriental.) f. ant. Distrito o terr. sito al este de una gran ciudad y dependiente de ella.

jarra. fr., *jarre;* it., *giara, brocca;* i., *earthen jar;* a., *Wasserkrug.* (Del ár. *ŷarra,* vasija de barro para agua.) f. Vasija, generalmente de loza, con cuello y boca anchos y una o más asas. || En Jerez, recipiente de hojalata, de doce litros y medio de capacidad, que sirve para el trasiego de los vinos en la bodega. || Orden antigua de caballería en el reino de Aragón, que tenía por insignia un collar de oro o una jarra con azucenas. || **de jarras,** o **en jarra,** o **en jarras.** m. adv. para explicar la postura del cuerpo, que se toma encorvando los brazos y poniendo las manos en la cintura.

jarrazo. m. aum. de *jarro.* || Golpe dado con jarra o jarro.

jarrear. intr. fam. Sacar frecuentemente agua o vino con el jarro. || Sacar frecuentemente agua de un pozo, a fin de que no se cieguen los veneros. || fam. y p. us. Golpear, dar jarrazos. || fig. Llover copiosamente.

jarrear. tr. Cubrir con yeso o mortero una pared, jaharrar.

jarrer, ra. (De *jarro*.) m. y f. ant. El que despacha en una taberna, tabernero.

jarrero. m. El que hace o vende jarros. || El que cuida del agua o vino que se pone en ellos.

jarreta. f. dim. de **jarra**.

jarretar. (De *jarrete*.) tr. ant. Cortar o romper los jarretes, desjarretar. || fig. Enervar, debilitar, quitar las fuerzas o el ánimo. Ú. t. c. prnl.

jarrete. fr., *jarret;* it., *garetto;* i., *hock, gambrel;* a., *Kniekehle*. (Del fr. *jaret* o *jarret*, y éste de *jarre*, del célt. *garra*, pata.) m. Corva de la pierna humana. || Corvejón de los cuadrúpedos. || Parte alta y carnuda de la pantorrilla hacia la corva.

jarretera. fr., *jarretière;* it., *giarrettiera;* i., *garter;* a., *Strumpfband.* (Del fr. *jarretière*, de *jarret*.) f. Liga con su hebilla, con que se ata la media o el calzón por el jarrete.

Jarretera. Hist. Orden militar que fue instituida en Inglaterra por Eduardo III en el s. XIV. Recibe esta denominación por la insignia que se añadió a la orden de San Jorge, que fue una liga.

Jarrilla. Geog. Local. de Argentina, prov. de San Luis, depart. de La Capital; 138 h.

jarrita. f. dim. de **jarra**.

jarro. fr., *gargoulette, pot à l'eau, aiguière;* it., *brocca, boccale;* i., *water-jug;* a., *Krug*. (De *jarra*.) m. Vasija de barro, loza, vidrio o metal, a manera de jarra y con sólo un asa. || Cantidad de líquido que cabe en ella. || fam. *Ar.* El que grita mucho hablando sin propósito, principalmente si es mujer. || **Metrol.** *Ar.* Medida de capacidad para el vino, octava parte del cántaro, equivalente a 1 litro y 24 centilitros. || **jarros.** m. adv. fig. y fam. **cántaros.**

jarrón. (aum. de *jarro*.) m. Pieza arquitectónica en forma de jarro, con que se decoran edificios, galerías, escaleras, jardines, etc., puesta casi siempre sobre un pedestal y como adorno de remate. || Vaso, por lo general de porcelana, artísticamente labrado para adornar consolas, chimeneas, etc.

jarropa. adj. Se dice de la res cabría de pelo castaño tostado.

Jarry (Alfred). Biog. Escritor francés, n. en Laval y m. en París (1873-1907). Su original y discutida obra *Ubu roi* se considera como precursora del superrealismo. También es autor de: *César Anticristo* (1895), *Los días y las noches* (1897), *Ubu encadenado* (1900), *El supermacho* (1902) y *Mesalina* (1901). || **(Gastón).** Pintor argentino, n. en Buenos Aires en 1889. Ha realizado decoraciones murales para los edificios de los Ministerios de Hacienda y de Obras Públicas de su país, y para el Pabellón Argentino de la Exposición Internacional de Nueva York (1939).

Jartum. Geog. Prov. de Sudán; 20.971 km.² y 945.000 h. || C. cap. de Sudán y de la prov. de su nombre, sit. en la confl. del Nilo Azul y el Nilo Blanco; 261.840 h. Entre sus principales edificios se citan: la catedral anglicana, el Gordon Memorial College, el palacio del gobernador, la oficinas del Estado, el hospital, etc. || **North.** C. de Sudán, prov. de Jartum; 127.672 h.

Jaruco. Geog. Mun. de Cuba, prov. de La Habana; 25.000 h. || Pobl. cap. del mismo; 4.000 h.

Jarvis. Geog. Isla de Oceanía, en el grupo de las Line, que constituye una posesión de EE. UU.; 7,7 km.². Aeropuerto y estación meteorológica.

jasa. (De *jasar*.) f. Cortadura hecha en la carne, jasadura, sajadura.

Jasa. Geog. Mun. y lugar de España, prov. de Huesca, p. j. de Jaca; 134 h.

jasador. (De *jasar*.) m. Sajador o sangrador. || ant. Instrumento para sajar.

jasadura. f. Cortadura hecha en la carne, jasa, sajadura.

jasar. (Del ant. fr. *jarsier*, rajar, y éste del grecolat. *charassāre*.) tr. Hacer un corte en la carne, sajar.

jásido, da. (Del lat. científico *jassus*, gén. tipo de insectos, e *-ido;* aquél del gr. *Iassos*, c. de Caria.) adj. **Entom.** Dícese de los insectos hemípteros, del suborden de los homópteros, de tamaño pequeño, patas posteriores saltadoras y alas coloreadas de tonos vistosos. Atacan a diversas plantas, produciendo daños considerables. Los de los géneros *empoasca* y *nephotettix* causan grandes pérdidas en el arroz, vid, algodón y frutales. || m. pl. Familia de estos insectos, también llamados *cicadélidos*.

Jasión. Mit. Rey de Etruria, hijo de Júpiter, que fue amado por la diosa Ceres, de quien tuvo dos hijos.

jasione. (Voz del lat. científico; del gr. *iasióne*, albohol, enredadera.) **Bot.** Gén. de plantas de la familia de las campanuláceas (v.).

Jasmin. Biog. Boé (Jacques).

Jasón de Cirene. Biog. Historiador judío del s. II a. C. Escribió cinco libros narrando los hechos ocurridos en el período comprendido entre los años 175 y 160 a. C. || **de Pheres.** Tirano griego del s. IV a. C. Se apoderó de parte de Tesalia y se disponía a la conquista de Persia cuando fue asesinado en Delfos en el año 370. || **Mit.** Jefe de los argonautas conquistadores del *vellocino de oro*, que guardaban en la Cólquida un terrible dragón y un grupo de toros ignívomos.

jaspe. fr., *jaspe;* it., *diaspro;* i., *jasper;* a., *Jaspis*. (Del lat. *iaspis*, y éste del gr. *íaspis*.) m. **Miner.** Variedad criptocristalina de cuarzo, formada por una mezcla íntima de cuarzo cristalizado y sílice amorfa. Es de grano fino y fractura concoidea y generalmente de color rojo, por tener inclusiones de oligisto. Más que como mineral se debe considerar como roca. || **jaspeado.** Piedra compuesta de jaspe verde y ágata. || **lidiano. lidita.** || **porcelana.** Variedad brillante de colores claros. || **plasma.** El de color verde puerro. || **sanguíneo.** El verdoso con manchas color rojo sangre.

jaspeado, da. p. p. de **jaspear.** || adj. Veteado o salpicado de pintas como el jaspe. || m. Acción y efecto de jaspear.

jaspear. fr., *jasper;* it., *diasprare;* i., *to marble, to vein;* a., *marmorieren.* tr. Pintar imitando las vetas y salpicaduras del jaspe.

jasperoide. (Del i. *jasper*, jaspe, y *-oide*.) m. **Petrografía.** Roca silícea sedimentaria, de grano fino, con aspecto de pedernal, generalmente interestratificada entre lechos calizos.

Jaspers (Karl). Biog. Filósofo y psiquiatra alemán, n. en Oldemburgo y m. en Basilea (1883-1969). En 1913 ingresó como profesor de Patología en la Universidad de Heidelberg y en 1931 obtuvo la cátedra de Filosofía en la Universidad de dicha ciudad, hasta 1937, año en que fue expulsado por el gobierno de Hitler. En 1948 ocupó la cátedra de Filosofía en la Facultad de Basilea. Se le adscribe al horizonte de la moderna filosofía existencial. Preocupado por el problema religioso, dice que halla la vida humana su verdad más honda en el fracaso total, *situación-límite* que se revela como naufragio ante una trascendencia inasequible. Señala también como fundamental el concepto de *comunicación*, relación entre las personalidades humanas. Para él, la autenticidad del ser radica en la búsqueda de la trascendencia. Entre sus obras se citan: *Psicopatología general* (1913), *Filosofía* (1932), *Filosofía de la existencia* (1938), *Sobre la verdad* (1947), *Nietzsche y el cristianismo* (1946), *Origen y meta de la historia* (1950), *Razón y contra-razón de nuestro tiempo* (1950), *Leonardo como filósofo* (1953), *Filosofía y mundo* y *La bomba atómica y el futuro de la humanidad* (1958).

jaspilita. (Del lat. *iaspis*, y éste del gr. *íaspis*, y *-lita*, piedra.) f. **Petrografía.** Nombre común de las rocas fajeadas o brechiformes, en las que alternan capas muy silíceas (cuarzo, calcedonia, jaspe, etc.), con otras de óxidos de hierro (oligisto, magnetita, etc.).

jaspón. (De *jaspe*.) m. Mármol de grano grueso, blanco unas veces, y otras con manchas rojas amarillas como los del brocatel.

Jassu y Azpilcueta (Francisco). Biog. Francisco Javier *(San).*

Jassy. Geog. Iasi.

jastre. m. ant. **sastre.**

jata. (Voz caribe.) f. **Bot.** *Cuba.* Nombre con que se designan algunas especies de palmeras, entre otras las *copérnica hóspita*, y en Guanabacoa la *c. maelogrossa*.

jatata. f. **Bot.** Especie de palmiche de Bolivia, con el que se hace un trenzado muy fino.

jate. m. **Bot.** *Hond.* Planta de cuyas hojas se hace una tintura como la de árnica.

jatear. tr. *Méj.* Entre arrieros, aparejar, estibar.

jateo, a. adj. **Mont.** V. **perro jateo.** Ú. t. c. s.

jatero, ra. m. y f. *Méj.* Vulgarmente, persona que cuida del hato.

jatía. (Voz caribe.) f. Bot. Cuba. Árbol silvestre, de unos 10 m. de alt.; su madera correosa es usada en carpintería para obras finas.

jatib. (Del ár. *jaṭīb*, orador, predicador.) m. En Marruecos, predicador encargado de dirigir la oración del viernes y de pronunciar el sermón.

jatibí. adj. Mur. Dícese de una especie de uva de hollejo duro. Ú. t. c. s.

Jatiel. Geog. Mun. y lugar de España, prov. de Teruel, p. j. de Alcañiz; 104 h.

Játiva. Geog. Mun. de España, prov. de Valencia, p. j. de su nombre; 21.578 h. ‖ C. cap. del mismo y del p. j.; 20.934 h. (*jativeses*). Magnífica colegiata del s. XV. Real monasterio de Santa Clara, fundado en 1325. Bellos palacios antiguos y modernos. Histórico castillo, conquistado por Jaime I en 1249. Játiva es de probable fundación ibera. Acuñó moneda en la época romana. Los árabes la llamaron Medina Xateva. Tiene una huerta feracísima, secadero de tabaco y fábricas de papel.

jato, ta. m. y f. ternero. ‖ m. vulg. por hato.

¡jau! interj. para animar e incitar a algunos animales, especialmente a los toros.

jaudo, da. (Del lat. *fatŭus*.) adj. Rioja. Insípido, sin sal; jauto.

jauja. (Por alusión a la c. y a la prov. de igual nombre en Perú, célebres por la bondad del clima y riqueza del territorio.) f. Nombre con que se denota todo lo que quiere presentarse como tipo de prosperidad y abundancia. ‖ **¿estamos aquí, o en Jauja?** expr. fam. con que se reprende una acción o un dicho importuno o indecoroso.

Jauja. Geog. Prov. de Perú, depart. de Junín; 95.496 h. ‖ Dist. de Perú, depart. de Junín, prov. de su nombre; 14.298 h. ‖ C. de Perú, cap. de la prov. y dist. de su nombre; 12.751 h. El terreno de sus cercanías está poblado de frutales y flores.

jaula. fr., *cage*; it., *gabbia*; i., *cage, birdcage*; a., *Käfig*. (Del ant. fr. *jaiole*, y éste del lat. *caveŏla*, jaula.) f. Caja hecha con listones de madera, mimbres, alambres, etc., y dispuesta para encerrar animales pequeños. ‖ Encierro formado con enrejados de hierro o de madera, como los que se hacen para asegurar a las fieras. ‖ Embalaje de madera formado con tablas o listones, colocados a cierta distancia unos de otros. ‖ **Min.** Armazón generalmente de hierro, que, colgada del cintero y sujeta entre guías, se emplea en los pozos de las minas para subir y bajar los operarios y los materiales. ‖ **de ardilla.** *Elec.* Devanado compuesto de conductores colocados según las generatrices de un cilindro y con sus extremos reunidos por anillos conductores que los cierran en cortocircuito. ‖ **de Faraday.** La de tela metálica que rodea totalmente los locales peligrosos para protegerlas contra los efectos del rayo.

jaulero, ra. (De *jaula*.) adj. Perteneciente o relativo a la jaula. ‖ m. And. Cazador de perdices, con reclamo.

jaulilla. (dim. de *jaula*). f. Adorno para la cabeza, que se usaba antiguamente, hecho a manera de red.

Jaulin. Geog. Mun. y lugar de España, prov. y p. j. de Zaragoza; 364 h.

jaulón. m. aum. de **jaula.**

Jaumave. Geog. Mun. de Méjico, est. de Tamaulipas; 14.374 h. ‖ Villa cap. del mismo; 3.072 h.

Jaunsaras. Geog. Basaburúa Mayor.

Jáuregui y Aguilar (Juan de). Biog. Poeta dramático y pintor español, n. en Sevilla y m. en Madrid (1583-1641). Entre sus muchas composiciones, se cuentan las *Rimas*, *Antídoto contra las soledades*, *Discurso poético*, *Orfeo* y *Por el arte de la Pintura*. Como pintor se le deben muchos retratos y se le atribuye el de Cervantes que se conserva en la Real Academia Española. ‖ Geog. Local. de Argentina, prov. de Buenos Aires, part. de Luján; 6.534 h. ‖ Dist. de Venezuela, est. de Táchira; 91.374 h. Cap., La Grita.

Jaurès (Jean). Biog. Socialista francés, n. en Castres y m. en París (1859-1914). Diputado en 1885, en 1893 ingresó en el partido socialista; el mismo año entró a formar parte de la redacción de *La Petite République*, que abandonó en 1904, fundando *L'Humanité*. Su actividad en favor de la paz internacional y la reducción de los armamentos fue la causa de su asesinato. Fue orador y escritor notable. Entre sus obras se distingue la *Historia socialista de la Revolución francesa*.

jauría. fr., *meute*; it., *muta di cani*; i., *pack of hounds*; a., *Meute, Koppel*. f. Conjunto de perros que cazan mandados por el mismo podenquero.

Jaurrieta. Geog. Mun. y villa de España, prov. de Navarra, p. j. de Aoiz; 465 h.

jauto, ta. (Del lat. *fatŭus*.) adj. Ar. Insípido y sin sal; jaudo.

Java (En indonesio, *Djawa*.) Geog. Isla del arch. malayo, que forma parte de Indonesia; 134.703 km.² y 76.103.000 h., incluida la isla de Madura, con la cual forma una división administrativa. Está separada de Borneo por el mar de Java, de Sumatra, por el estrecho de Sonda, y de la isla de Bali, por el estrecho de este nombre. Cap., Yakarta. Baja de terreno y cubierta de pantanos de mangle al N., el interior es montañoso con gran número de volcanes, como el Bromo y el Semeru, algunos de ellos activos. La agricultura produce kapok, caucho, quina, aceite de palma, té, caña de azúcar, tabaco y madera de teca. La isla está poblada por malayos. A principios del s. XVI los portugueses se apoderaron de la isla, pero fueron expulsados en 1596 por los holandeses. La administración estuvo a cargo, hasta 1798, de la Compañía Comercial de las Indias Holandesas. Durante cinco años, de 1811 a 1816, la isla estuvo en poder de los ingleses. Terminada la S. G. M., después de luchar los naturales del país contra los holandeses, Java entró a formar parte del nuevo Estado independiente de Indonesia. ‖ (**mar de).** Nombre dado a la parte del océano Índico comprendida entre la isla de Borneo al N., la de Java al S., la de Sumatra al O. y el mar de Banda al E. ‖ **Central.** (En indonesio, *Djawa Tengah*.) Prov. de Indonesia, en Java y Madura; 34.503 km.² y 21.877.000 h. Cap., Semarang. ‖ **Occidental.** (En indonesio, *Djawa Barat*.) Prov. de Indonesia, en Java y Madura; 49.118 km.² y 21.633.000 h. Cap., Bandung. ‖ **Oriental.** (En indonesio, *Djawa Timur*.) Prov. de Indonesia, en Java y Madura; 47.366 km.² y 25.527.000 h. Cap., Surabaya.

Javalambre. Geog. Sierra de España, en los Montes Ibéricos, prov. de Teruel; 2.020 m. de altura.

Javalí (El). Geog. Localidad de Argentina; prov. de Buenos Aires, part. de 9 de Julio; 355 h.

javanés, sa. fr., *javanais*; it., *giavanese*; i., *javanese*; a., *Javaner*. adj. Natural de Java, o perteneciente a esta isla de Indonesia. Ú. t. c. s. ‖ **Etnog.** Dícese de un pueblo de raza malaya que habita en la isla de Java. La artesanía javanesa es muy notable, especialmente las telas estampadas por el procedimiento del batik; artísticamente es famoso el teatro de sombras, en el que por medio de marionetas, bellamente vestidas y adornadas, se representan las viejas leyendas hindúes del Ramayana y el Mahabharata. Apl. a pers. ú. t. c. s. ‖ Perteneciente a este pueblo. ‖ m. **Ling.** Lengua hablada por los javaneses.

Jávea. Geog. Mun. de España, prov. de Alicante, p. j. de Denia; 7.130 h. ‖ Villa cap. del mismo; 6.228 h. (*javienses*). Puerto. Faro en el cabo de San Antonio. Parador de turismo Costa Blanca, con una capacidad para 120 personas.

javelina. f. Zool. *Méj.* pecarí de collar.

javera. f. jabera.

javeriano. adj. Referente a San Francisco Javier.

Javier I. Biog. Borbón-Parma y Braganza. (**Francisco Javier Carlos de**). ‖ Geog. Mun. de España, prov. de Navarra, p. j. de Aoiz; 173 h. ‖ Villa cap. del mismo; 145 h. Cuna de San Francisco Javier.

javo, va. adj. Natural de Java, o perteneciente a esta isla. Ú. t. c. s.

Javorrovsk o **Khabarovsk.** Geog. Territ. de la U. R. S. S., en la R. F. S. S. R.; 824.600 km.² y 1.345.907 h. ‖ C. cap. del mismo; 435.962 h.

Jay (John). Biog. Político y jurisconsulto estadounidense, n. en Nueva York y m. en Bedford (1745-1829). Tomó parte en los preliminares de la revolución estadounidense, y en 1799 llegó a España como embajador. En 1794 negoció en Inglaterra la delimitación de las fronteras y fijó la indemnización que reclamaban los estadounidenses por las presas ilegales hechas por los cruceros ingleses, concertando el tratado que lleva su nombre.

jayabacaná. (Voz caribe.) m. Bot. Nombre genérico de ciertas plantas euforbiáceas, cuya planta tipo es la *pera oppositifolia*.

jayajabico. (Voz de origen caribe.) m. Bot. Arbusto de la especie *colubrina acuminata*, familia de las ramnáceas, de corteza amarga y resinosa, que crece espontánea en Cuba y Puerto Rico. Llámase también *yayajabico*.

Planta rubiácea medicinal, resinosa, de hojas coriáceas, con estípulas acuminadas y flores blancas en cimas (*erithalis fruticosa*).

jayán, na. (Quizá del ár. *ḥayyān*, animoso, lleno de vida.) m. y f. Persona de grande estatura, robusta y de muchas fuerzas. || m. *Germ.* Rufián respetado por todos los demás.

Jayanca. *Geog.* Dist. de Perú depart. y prov. de Lambayeque; 7.208 h. || C. cap. del mismo; 4.240 h.

jayao. m. *Zool. Cuba.* Pez teleóstomo perciforme de la familia de los lutiánidos. Se llama también *jocú* y *pargo blanco.*

Jayaque. *Geog.* Mun. de El Salvador, depart. de La Libertad; 7.470 h. || Pobl. cap. del mismo; 3.717 h.

Jayena. *Geog.* Mun. y villa de España, prov. de Granada, p. j. de Loja; 2.039 h. (*jayeneros*).

Jayewardene (Junius Richard). *Biog.* Político cingalés, n. en Colombo en 1906. Tras una intensa carrera política, en julio de 1977 se puso al frente del Gobierno y el 4 de febrero de 1978 asumió la presidencia de la República.

jayón. m. ant. Niño expósito que ha sido recogido.

jayún. m. *Bot. Cuba.* Especie de junco.

Jayuya. *Geog.* Mun. de Puerto Rico, dist. de Ponce; 13.588 h. || Pueblo cap. del mismo; 3.826 h.

jazarán. m. Cota de malla, jacerina.

jazarino, na. (Del ár. *yazā'irī*, perteneciente o relativo a la ciudad de Argel.) adj. ant. Natural de Argel, o perteneciente a esta ciudad. Ú. t. c. s.

jazmín. fr., *jasmin;* it., *celsomino;* i., *jasmine, jessamine;* a., *Jasmin.* (Del ár.-persa *yāsimīn.*) m. *Bot.* Arbusto de la familia de las oleáceas, con tallos verdes, delgados, flexibles, algo trepadores y de cuatro a seis m. de long.; hojas alternas y compuestas de hojuelas estrechas, en número impar, duras, enteras y lanceoladas; flores en el extremo de los tallos, pedunculadas, blancas, olorosas, de cinco pétalos soldados por la parte inferior a manera de embudo, y fruto en baya negra y esférica. El real, oloroso o de España, es *jásminum grandiflórum;* el de Arabia o de Francia, *j. sámbac;* el común, morisco o blanco, *j. officinale;* el amarillo, *j. frúticans,* y el de invierno, *j. nudiflórum.* El del Cabo o de la India es la gardenia, y el del monte, la ranunculácea *clématis plámmula* o muermera; el trompeta o de Virginia, la bignoniácea *tecoma radicans;* el llamado de Italia en Cuba, *solánum scándens,* y el azul, *plumbago capensis.* Es originario de Persia y se cultiva en los jardines por el excelente olor de sus flores, que utiliza la perfumería. || Flor de este arbusto. || **amarillo.** Mata o arbustillo de la misma familia que el anterior, con ramas erguidas de 60 a 120 cm., delgadas, angulosas y verdes; hojas partidas en tres hojuelas, oblongas, obtusas y enteras; flores amarillas, olorosas, en grupos pequeños, de pedúnculos cortos y al extremo de las ramas, y fruto en baya globosa del tamaño de un guisante. Es indígena y común en España. || Flor de este arbusto. || **de España.** Especie que se cría señaladamente en Cataluña, Valencia y Murcia. Sus tallos son derechos; las hojas, aladas y compuestas de muchos pares de hojuelas, rematan en tres reunidas hasta cierto trecho por sus bases, y las flores colorean algo por fuera y son blancas por dentro, y mayores, más hermosas y mucho más olorosas que las del jazmín común. || Flor de este arbusto. || **de la India.** gardenia. || **real.** jazmín de España.

jazmíneo, a. (De *jazmín.*) adj. *Bot.* Dícese de matas y arbustos pertenecientes a la familia de las oleáceas, derechos o trepadores, con hojas opuestas y sencillas o alternas y compuestas, sin estípulas, con flores hermafroditas y regulares, cáliz persistente y fruto en baya con dos semillas; como el jazmín. Ú. t. c. s. f. || f. pl. Familia de estas plantas.

jazminero. m. *Bot. And.* jazmín.

jazminoideo, a. (De *jazmín* y *-oideo.*) adj. *Bot.* Dícese de las plantas oleáceas, con flores de corola asalvillada y de cinco a ocho lóbulos; y fruto en baya. || f. pl. Subfamilia de estas plantas.

jazminorro. m. *Bot.* Jazmín amarillo.

jazmona. (De *jazmín* y *-ona.*) f. *Quím.* Cetona derivada de la ciclopentanona, de fórmula $C_{11}H_{16}O$, que se encuentra en la esencia de flores de jazmín.

jazz. m. *Mús.* yaz.

J. C. abr. de *Jesucristo.*

jea. (Tal vez del ár. *chizia,* tributo.) f. Tributo que se pagaba antiguamente por la introducción de los géneros de tierra de moros en Castilla y Andalucía.

Jean Paul. *Biog.* **Echagüe (Juan Pablo).** || **-Paul. Richter (Johan Paul).** || **Maire.** *Geog.* Local. de Argentina, prov. de Córdoba, depart. de San Justo; 103 h.

Jeanneret-Gris (Charles-Édouard). *Biog.* Arquitecto suizo, más conocido por Le Corbusier, nacido en Le Chaux-de-Fonds y muerto en Roquebrune-Cap-Martin (1887-1965). Establecido en París desde 1916, es el gran teórico de la arquitectura de nuestro tiempo y el renovador de las concepciones sobre urbanismo.

Capilla en Ronchamp (Francia), construida por Jeanneret-Gris

Sus creaciones más notables son: la ciudad-jardín de Pessac, cerca de Burdeos; el bloque para viviendas, en Marsella; los planos de la ciudad de Chandighar (India); la capilla para peregrinos en Ronchamp (Francia), etc. Fue uno de los cinco arquitectos internacionales que se encargaron de la edificación de la sede de la U. N. E. S. C. O.

Jeannot de Moncey, duque de Conegliano (Bon Adrien). *Biog.* Mariscal de Francia, n. en Palisse y m. en París (1754-1845). Después de tomar parte gloriosa en la segunda campaña de Italia y obtener el bastón de mariscal y el título de duque de Conegliano, se encargó del mando del tercer cuerpo de ejército que operaba en España, ocupó Valencia y tomó parte en el sitio de Zaragoza. En 1823 fue enviado a España a imponer el absolutismo.

jebe. (Del ár. *šabb.*) m. Sulfato de alúmina y potasa, alumbre. || *Amér.* **goma elástica.**

jebén. m. *Bot. Ál.* **mostaza,** planta crucífera.

Jeberos. *Geog.* Dist. de Perú, depart. de Loreto, prov. de Alto Amazonas; 3.109 h. || Pueblo cap. del mismo; 1.842 h.

jebrar. (Del lat. *exseparāre.*) tr. *Extr.* Separar el ganado.

jebuseo, a. (Del lat. *iebusaeus,* y éste del hebr. *yabūsī,* el de la gente o nación de Jebús.) adj. Dícese del individuo de un pueblo bíblico que tenía por cap. a Jebús, después Jerusalén. Ú. t. c. s. || Perteneciente a este pueblo.

jecato. (De *jeque,* y el suf. *-ato,* por similitud con emirato y sultanato.) m. Territorio sujeto a la autoridad de un jeque.

Jeconías. *Biog.* Penúltimo rey de Judá. Sólo reinó tres meses, pues cayó prisionero de Nabucodonosor, que le llevó cautivo a Babilonia.

jeda. (Del lat. *fēta,* preñada.) adj. f. *Sant.* Dícese de la vaca recién parida y que está criando.

jedar. (Del lat. *fetāre,* preñarse.) tr. *Sant.* parir. Dícese de la vaca y de la cerda.

Jedda. *Geog.* Yeddah.

jeder. intr. *Amér.* **heder.**

jedive. (Del ár.-persa *jadīw* o *jidīw,* señor.) m. Título peculiar que se daba al virrey de Egipto.

jedrea. f. fam. *Bot.* ajedrea.

jeep. (Voz inglesa.) m. Tipo de vehículo automotor ideado en EE. UU. y que se adapta a las necesidades de guerra. Está dotado de transmisión trasera y delantera y destinado a funciones de patrullaje, reconocimiento y servicios auxiliares. Se ha adaptado a la agricultura con magníficos resultados. || Tipo de embarcación anfibia similar en sus características al anterior.

Jef. *Biog.* **Kessel (Joseph).**

jefa. (De *jefe.*) f. Superiora o cabeza de un cuerpo u oficio. || Mujer del jefe.

jefactura. f. *Méj.* barb. por **jefatura.**

jefatura. f. Cargo o dignidad de jefe. || Puesto de guardias de seguridad bajo las órdenes de un jefe.

jefe. fr., *chef;* it., *capo;* i., *head, chief;* a., *Chef, Haupt, Vorsteher.* (Del fr. *chef,* y éste del lat. *caput,* cabeza.) m. Superior o cabeza de un cuerpo u oficio. || Cabeza o presidente de un partido o corporación. || En el ejército y en la marina, categoría superior a la de capitán e inferior a la de general. || *Cuba.* y *Méj.* Señor, caballero. || **Bl.** Cabeza o parte alta del escudo de armas. || **de administración.** *Adm.* Funcionario de categoría administrativa civil, inmediatamente superior a la de jefe de negociado. || **de día.** *Mil.* Cualquiera de los que turnan por días en el servicio de vigilancia. || **de escuadra.** En la marina, grado que equivalía al de mariscal de campo en el ejército. || **de negociado.** *Adm.* Funcionario de categoría administrativa civil, inmediatamente superior a la de oficial. || **político.** El que tenía el mando superior de una prov. en la parte gubernativa, como ahora el gobernador civil. || **superior de administración.** *Adm.* Funcionario que es o ha sido subsecretario, director general, o desempeña o ha desempeñado otro cargo civil asimilado a éstos.

Jeffers (Robinson). *Biog.* Poeta estadounidense, n. en Pittsburgh y m. en California (1887-1962). Miembro de la Academia estadounidense de Artes y Letras, escribió: *Tamar and other poems* (1924), *Roan setallion* (1925), *Dear Judas and other poems* (1929), *Selected poetry* (1938), *Medea*, tragedia teatral (1946), y *Themes in my poems* (1956).

Jefferson (Arthur Stanley). *Biog.* Actor cinematográfico estadounidense, más conocido por *Stan Laurel*, n. en Ulverston, Inglaterra, y m. en Santa Mónica, California (1890-1965). Desde 1923 formó pareja cómica con Oliver Hardy, obteniendo clamorosos éxitos

Stan Laurel (A. S. Jefferson) y Oliver Hardy. Cartel antiguo

con películas como: *Héroes de tachuela, Fra Diávolo, Presidiarios, Dos fusileros sin bala, Laurel y Hardy en el Oeste, Marinos a la fuerza*, etc. || **(Thomas).** Político estadounidense, n. en Shadwel y m. en Monticello (1743-1826). Embajador en Francia (1785-89) y secretario de Estado con Washington (1790-1793). Desde 1797 a 1800 ocupó la vicepresidencia bajo J. Adams. En las elecciones de 1800 fue elegido presidente y reelegido en 1804. Durante su gobierno adquirió el est. de Luisiana, en poder de Francia. || **City.** C. de EE. UU., cap. del de Misuri; 32.407 h. Biblioteca.

Jefté. *Biog.* Uno de los jueces de Israel, originario del país de Galaad. Peleó contra los amonitas, a los que infligió seria derrota; pero tuvo que inmolar a su hija, pues había hecho voto de que si salía victorioso sacrificaría a la primera persona de su familia que saliese a recibirle.

jegüite. (Del azt. *xihuitl*, hierba.) m. *Méj.* Malezas, hierbas que nacen en terrenos cultivados o sementeras.

Jehan. *Biog.* Emperador mongol de la India, n. en Lahore y m. en Agra (1592-1658). Fue el tercer hijo de Jahangir, al que sucedió en el trono. Le sucedió su hijo Aurangzeb.

Jehová. *Rel.* Pronunciación errónea del nombre Jahveh (v.); esta pronunciación empezó a usarse en el s. XII.

Jehú. *Biog.* Rey de Israel, que vivió alrededor del año 842 a. C. Fue ungido rey por Eliseo, y, por mandato divino, dio muerte a Joram y a Jezabel; como se excediese al cumplir las órdenes recibidas, fue a su vez castigado. || Profeta de Israel que predijo a Baasa los castigos con los cuales Dios le heriría por sus muchos pecados. También reprochó al rey de Judá, Josafat, su conducta, al que sobrevivió e historió.

Jehuda. n. p. **Judá.** || **Haleví.** *Biog.* **Yehuda Haleví.** || **Mosca Hagaton. Yehuda Mosca Hagaton.**

jehuite. m. **jegüite.**

jeito. (Del gall. *cheito*.) m. Red usada en el Cantábrico para la pesca de la anchoa y la sardina.

jeja. (Del lat. *sasia*, que es como debe leerse en Plinio, en vez de *asia*.) f. *Bot.* En las prov. españolas de Levante, **trigo candeal.** || **blanca.** Trigo redondillo, de la especie *tríticum linnaénum*.

¡je, je, je! interj. con que se manifiesta la risa.

jején. (Voz haitiana.) m. *Entom.* Insecto díptero del suborden de los nematóceros, familia de los simúlidos. Es un mosquito muy común en todos los lugares cálidos de la costa americana, y su picadura produce ardor e irritación de la piel *(símulus meridionalis)*. Se llama también *jerjén*. Hay otra especie que ataca a los bisontes *(s. pecuárum).* || *Hond.* **cucaracha.**

jejo. m. *Sal.* Canto, piedra.

Jejuy. *Geog.* Río de Paraguay, que se forma del Jejuy-mi y del Jejuy-guazú, y des. en el río Paraguay.

Jelacic (Josip). *Biog.* General croata, n. en Peterwardein y m. en Zagreb (1801-1859). Declaró la independencia del reino de Croacia, Eslavonia y Dalmacia, por lo que hubo de sostener luchas armadas con Hungría.

Jelapa. *Geog.* Mun. de Méjico, est. de Tabasco; 16.921 h. || Pobl. cap. del mismo; 1.579 habitantes.

Jelenia Gora. *Geog.* Vaivodato de Polonia; 4.400 km.² y 483.400 h. || C. cap. del mismo; 58.100 h.

jeliz. (Del ár. *ŷallas*, con imela *ŷallts*, aposentador de oficio.) m. Oficial que en las tres alcaicerías del antiguo reino de Granada, y con la fianza de 1.000 ducados, estaba nombrado y autorizado por el ayuntamiento para recibir, guardar y vender en almoneda o subasta pública la seda que llevaban personas particulares, y para cobrar y percibir los derechos que por tales ventas devengaba para los propios de la ciudad aquella mercancía. En la alcaicería de Granada eran seis los jelices; algunos tenían tienda propia, y otros en ajena desempeñaban su oficio.

Jellicoe, primer conde de Jellicoe (John Rushworth). *Biog.* Marino inglés, n. en Southampton y m. en Londres (1859-1935). Sirvió en la guerra de Egipto (1882) y en la de China (1898-1901). Al estallar la P. G. M. fue nombrado comandante en jefe de la Gran Escuadra, puesto que ocupó hasta noviembre de 1916, fecha en que fue promovido a primer lord del Almirantazgo. En la batalla de Jutlandia dirigió las fuerzas navales inglesas.

Jellinek (Georg). *Biog.* Jurista alemán, n. en Leipzig y m. en Heidelberg (1851-1911). Fue profesor de Derecho civil en la Universidad de Heidelberg. Introdujo el método sociológico en el estudio del Derecho civil.

jemal. adj. Que tiene la distancia y longitud del jeme.

Jemappes. *Geog.* C. de Bélgica, prov. de Henao; 12.800 h. Batalla del año 1792 entre franceses y austriacos.

jeme. (Del lat. *semis*, medio.) m. Distancia que hay desde la extremidad del dedo pulgar a la del dedo índice, separado el uno del otro todo lo posible. Sirve de medida. || fig. y fam. Rostro o talle de mujer, palmito.

Jemein. *Geog.* **Marquina-Jemein.**

jemesía. (Del ár. *šamsiyya*, solar.) f. Enrejado de piedra, ladrillos, yeso o madera, para dar luz y ventilación; celosía.

jemiquear. intr. *Chile.* **jeremiquear.**

jemiqueo. m. *Chile.* **jeremiqueo.**

Jena. *Geog.* C. de la R. D. A., dist. de Gera; 90.839 h. Importante Universidad. Sus fábricas de instrumentos de precisión y óptica, entre las que descuellan las de Zeiss y Schott, tienen fama mundial. Victoria de las tropas francesas, dirigidas por Napoleón, sobre el ejército prusiano (1806).

Napoleón en la batalla de Jena. Colección particular

jenabe. (Del lat. *sināpi.*) m. **Bot. mostaza,** planta. ‖ Semilla de esta planta.

jenable. m. **Bot. jenabe.**

Jenatsch (Georg). Biog. Militar suizo, n. en Samaden y m. en Coire (1596-1639). Llegó a ser cacique político y militar de su país, obligando a los franceses a retirarse de los Grisones. Murió asesinado.

Jendouba. Geog. Gob. de Tunicia; 3.050 km.^{2} y 276.000 h. ‖ C. cap. del mismo; 14.778 h.

Jenezano. Geog. Mun. de Colombia, departamento de Boyacá; 7.297 h. Pobl. cap. del mismo; 814 h.

jengibre. fr., *gingembre;* it., *zenzero;* i., *ginger;* a., *Ingwer.* (Del lat. *zingibĕri*, y éste del gr. *ziggíberi.*) m. **Bot.** Planta de la India, de la familia de las cingiberáceas, con rizoma del grueso de un dedo, rastrero, tuberculoso, ramificado, aplanado; tallos hojosos de hasta un metro, hojas lanceoladas, tallo florido de 15 a 25 cm., con escamas verdosas, corola amarilloverdosa punteada y rayada de violeta pardusco, y labelo manchado de púrpura obscuro; fruto capsular bastante pulposo y con varias semillas, y rizoma del grueso de un dedo, algo aplastado, nudoso y ceniciento por fuera, blanco amarillento por dentro, de olor aromático y de sabor acre y picante como el de la pimienta; se usa en medicina y como especia (*zingiber officinale*). ‖ Rizoma de esta planta.

jeniquén. m. **Bot.** *Cuba.* **henequén.**

jenízaro, ra. (Del turco *yeni-ŷeri*[k], tropa nueva.) adj. ant. Decíase del hijo de padres de diversa nación; como de española y francés, o al contrario. Usáb. t. c. s. ‖ fig. Mezclado de dos especies de cosas. ‖ *Méj.* Dícese del descendiente de cambujo y china, o de chino y cambuja. ‖ m. **Hist.** Soldado de infantería de la antigua guardia del sultán de los turcos. Los jenízaros se reclutaban entre jóvenes cristianos cautivos y naturales del Imperio.

Jenkis (Richard). Biog. Actor teatral y cinematográfico inglés, más conocido por *Richard Burton*, n. en Pontrhyfden en 1925. De origen humilde, consiguió una beca para estudiar en Oxford. Muy joven inició su carrera teatral e intervino en el cine en *La túnica sagrada* (1953) o *Mirando hacia atrás con ira* (1958). Pero su fama lo debe principalmente a *Cleopatra* y al idilio que durante el rodaje de la misma surgiría con Elizabeth Taylor, con la que después contrajo matrimonio. Otras películas: *La noche de la iguana, The sandpiper, Becket, El desafío de las águilas,* etc.

Jenner (Edward). Biog. Médico y biólogo inglés, n. y m. en Berkeley (1749-1823). Se le debe la utilización de la vacuna antivariólica. Observó cómo las personas que, por su contacto con las vacas, contraían la vacuna de éstas, no padecían jamás la viruela; en 1796 vacunó a un muchacho, que resistió luego la infección variólica. Publicó la obra *Investigación acerca de las causas y efectos de la vacuna de la viruela.*

Jenócrates. Biog. Filósofo griego de Calcedonia, m. en 314 a. C. Fue discípulo de Platón y trató de conciliar su doctrina con el pitagorismo.

Jenófanes. Biog. Filósofo griego, n. en Colofón (h. 570-h. 470 a. C.). Fue jefe de una secta que se hizo célebre con el nombre de *escuela eleática*, y fundador de un sistema completamente panteísta.

Jenofonte. Biog. General, historiador y filósofo griego, n. en Atenas y m. en Corinto (430-355 a. C.). Fue discípulo de Sócrates. Entre sus obras descuellan: *Apología de Sócrates, Economía, Ciropedia* o *Educación de Ciro y Anábasis,* obra histórica que narra la expedición de Ciro *el Joven* a Persia.

Jens (Walter). Biog. Profesor y escritor alemán, n. en Hamburgo en 1923. Profesor de Filosofía clásica de la Universidad de Tubinga, ha publicado: *Der Welt der Angeklagten* (1950), *Der Blinde* (1951), *Vergessene Gesichter* (1952), *Testament des Odysseys* (1957), *Deutsche Literatur der Gegenwart* (1961), etc.

Jensen (Hans D.). Biog. Científico alemán, n. en Hamburgo (1907-1973). Fue profesor de Física teórica en la Universidad de Heidelberg desde 1949. Publicó una serie de trabajos que contienen el resultado de sus investigaciones sobre la estructura nuclear y por las cuales fue galardonado con el premio Nobel de Física en 1963, junto con María Goeppert Mayer y Lugen P. Wigner. ‖ **(Johannes Wilhelm).** Escritor danés, n. en Farso, Himmerland, y m. en Copenhague (1873-1950). Realizó extensos viajes, durante los cuales escribió muchas novelas, ensayos y cuentos, así como varios tomos de poesías. Es idealista en su filosofía. Escribió la trilogía *Den Lange Rejse* (El largo viaje), en la cual describe la evolución de la humanidad, en forma novelada, desde fines de la época terciaria hasta los viajes de Darwin. Otras obras: *Dr. Renaults Fristelsen, Madame d'Ora, Kongens Fald, Eksotiske Noveller, Darduse* y *Cuentos exóticos.* En 1944 le fue concedido el premio Nobel de Literatura.

Jenson (Nicolas). Biog. Grabador y tipógrafo francés, n. en Sommevoire y m. en Venecia (1420-h. 1480). Introdujo los tipos romanos en substitución de los monacales, que pronto se implantaron con el nombre de *tipos Jenson.*

jentender. tr. *Méj.* barb. por **entender.**

Jepelacio. Geog. Dist. de Perú, depart. de San Martín, prov. de Moyobamba; 2.398 h. ‖ Pueblo cap. del mismo; 1.212 h.

Jeppener. Geog. Local. de Argentina, prov. de Buenos Aires, part. de Brandsen; 1.067 h.

jeque. (Del ár. *šaij,* anciano, caudillo local [en fr., *cheikh;* en i., *sheik*].) m. Superior o régulo entre los musulmanes y otros pueblos orientales, que gobierna y manda un territorio o provincia, ya sea como soberano, ya como feudatario. ‖ Entre los árabes, nombre de la máxima autoridad de cada pueblo.

jeque. m. *Ar.* Cada una de las bolsas de las alforjas, jaque.

Jequetepeque. Geog. Dist. de Perú, depart. de La Libertad, prov. de Pascamayo; 1.686 h. ‖ Pueblo cap. del mismo; 1.192 h.

jera. (Del lat. *diaria.*) f. fig. *Extr.* Espacio de tierra de labor labrada en un día, yugada. ‖ *Sal.* Obrada, jornal. ‖ *Zam.* Ocupación, quehacer.

jera. (Del fr. [*bonne*] *chère*, buena cara.) f. regalo, comida exquisita; comodidad. ‖ *Ál.* Buena cara, afectuosidad.

jerapellina. (De *harapo.*) f. Vestido viejo hecho pedazos o andrajoso.

jerarca. fr., *hiérarque;* it., *gerarca;* i., *hierarch;* a., *Hierarch.* (Del gr. *hierárches;* de *hierós,* santo, y *árcho,* mandar.) m. Superior o principal en la jerarquía eclesiástica.

jerarquía. fr., *hiérarchie;* it., *gerarchia;* i., *hierarchy;* a., *Hierarchie.* (Del gr. *hierarchía.*) f. Orden entre los diversos coros de los ángeles y los grados diversos de la Iglesia. ‖ Por ext., orden o grados de otras personas y cosas. ‖ Cada uno de los núcleos o agrupaciones constituidos, en todo escalafón, por personas de saber o condiciones similares.

jerárquicamente. adv. m. De manera jerárquica.

jerárquico, ca. (Del gr. *hierarchikós.*) adj. Perteneciente o relativo a la jerarquía.

jerarquizar. tr. Organizar jerárquicamente alguna cosa.

jerbo o **gerbo.** (Del ár. *ŷarbū',* por *yarbū,* variedad de rata.) m. **Zool.** Nombre de varios roedores simplicidentados esciuromorfos, familia de los dipódidos. El más conocido es el jerbo de Egipto, del tamaño de una rata, pelaje leonado por encima y blanco por debajo, miembros anteriores muy cortos y excesivamente largos los posteriores, por lo cual, aunque de ordinario camina sobre las cuatro patas, salta mucho y con rapidez al menor peligro; la cola es de doble longitud que el cuerpo y termina en un grueso mechón de pelos (*jáculus jáculus*). Vive en el norte de África.

Jerécuaro. Geog. Mun. de Méjico, est. de Guanajuato; 37.857 h. ‖ Villa cap. del mismo; 4.043 h.

jeremíaco, ca. (De *Jeremías.*) adj. Que gime o se lamenta con exceso. Ú. t. c. s.

jeremiada. (De *Jeremías.*) f. Lamentación o muestra exagerada de dolor.

jeremías. (Del nombre del profeta *Jeremías,* por alusión a sus célebres trenos.) com. fig. Persona que continuamente se está lamentando.

Jeremías. Biog. Profeta de Israel, que vivió a fines del s. VII y en la primera mitad del VI a. C. A causa de sus primeras profecías peligró ya su vida entre sus conciudadanos de Anathot y, al trasladarse de allí a Jerusalén, empeoró su situación, por haber amenazado al rey Joachim por sus excesos. Después de la destrucción de Jerusalén, que había predicho, no marchó a Babilonia, sino que se quedó en Canaán, donde siguió profetizando hasta que fue a Egipto con los judíos que emigraban a aquel país. Allí murió apedreado por sus conciudadanos, a causa de sus predicciones.

jeremiquear. intr. *Amér.* y *And.* Lloriquear, gimotear.

jeremiqueo. m. *Cuba.* Lloriqueo, gimoteo.

Jeres del Marquesado. Geog. Mun. y villa de España, prov. de Granada, p. j. de Guadix; 2.064 h. (*jeresanos*).

Jeresa. Geog. Mun. y lugar de España, prov. de Valencia, p. j. de Gandía; 2.089 h. (*jeresanos*).

jerez. m. Vino blanco y de fina calidad, que se cría y elabora en la zona integrada por los municipios de Jerez de la Frontera, Puerto de Santa María y Sanlúcar de Barrameda.

Jerez. Geog. Mun. de Guatemala, depart. de Jutiapa; 3.451 h. ‖ Pobl. cap. del mismo; 978 h. ‖ Mun. de Méjico, est. de Zacatecas; 49.459 h. Cap., Jerez de García Salinas. ‖ **de los Caballeros.** Mun. de España, prov. de Badajoz, p. j. de su nombre; 11.598 h. ‖ C. cap. del mismo y del p. j.; 8.607 h. (*jerezanos*). Mi-

Jenofonte. Museo del Prado. Madrid

jerezano–Jerusalén

nas de volframio y hierro. Su fundación se atribuye a los fenicios. Los árabes la llamaron *Xerixia*. A 6 km. de la c., en el lugar denominado Cerca de Toñiñuelo, se encuentra un dolmen conocido con este nombre, del tipo de los dólmenes de cúpula. ‖ **de la Frontera.** Mun. de España, prov. de Cádiz, p. j. de su nombre; 149.867 h. ‖ C. cap. del mismo y del p. j.; 112.411 h. *(jerezanos).* Son notables su Colegiata, la Cartuja, obra del s. XVI, y las iglesias de San Dionisio, San Mateo, Santiago y San Juan de los Caballeros. Gran producción de vinos, famosos en todo el mundo. Jerez existía ya en la época romana. Tarik la tomó después de la batalla de Guadalete, reconquistándola Alfonso *el Sabio* en 1255. En marzo de 1980 se creó la diócesis de Jerez de la Frontera con 25 municipios gaditanos que antes pertenecían a la archidiócesis de Sevilla. ‖ **de García Salinas.** C. de Méjico, est. de Zacatecas, cap. del mun. de Jerez; 20.325 h.
jerezano, na. adj. Natural de Jerez de la Frontera, de Jerez de los Caballeros o de Jeres del Marquesado, o perteneciente a esta villa o a una de aquellas ciudades. Ú. t. c. s.
jerga. (Del lat. *serīca*, de seda.) f. Tela gruesa y tosca. ‖ Colchón de paja o hierba, jergón.
jerga. fr., *argot, jargon;* it., *gergo;* i., *jargon;* a., *Gaunersprache.* (deriv. regr. del fr. *jargon*, y éste de la onomat. *garg.*) f. Lenguaje especial y familiar que usan entre sí los individuos de ciertas profesiones y oficios, como toreros, estudiantes, etc. ‖ **jerigonza,** lenguaje difícil de entender.
jergal. adj. Propio de la jerga.
jergón. fr., *paillasse;* it., *pagliericcio;* i., *straw mattress;* a., *Strohsack.* (aum. de *jerga.*) m. Colchón de paja, esparto o hierba y sin bastas. ‖ fig. y fam. Vestido mal hecho y poco ajustado al cuerpo. ‖ fig. y fam. Persona gruesa, pesada, tosca y perezosa.
jergón. (Del ár. *zarqūn*, minio.) m. Circón de color verdoso que suele usarse en joyería.
jergueta. f. dim. de jerga, tela.
jerguilla. (dim. de *jerga.*) f. Tela delgada de seda o lana, o mezcla de una y otra, que se parece en el tejido a la jerga.
jeria. f. *Méj.* vulg. por **feria.**
jeribeque. m. Guiño, visaje, contorsión. Ú. m. en pl.
Jérica. Geog. Mun. de España, prov. de Castellón, p. j. de Segorbe; 2.186 h. ‖ Villa cap. del mismo; 1.953 h.
Jericó. Geog. Mun. de Colombia, depart. de Antioquia; 15.551 habitantes. ‖ Pobl. cap. del mismo; 6.705 h. ‖ Mun. de Colombia, depart. de Boyacá; 6.450 h. ‖ Pobl. cap. del mismo; 516 h. ‖ C. de Jordania, dist. de Jerusalén, en el valle del Jordán; 12.915 h. En tiempo de Jesucristo era una bella c. rodeada de jardines, y con tal abundancia de palmeras que se la llamó la *Ciudad de las palmas,* y siguió siendo una pobl. importante hasta que las guerras de los judíos la convirtieron en ruinas.
jericoplear. tr. *Guat.* Fastidiar, amolar.
jerife. fr., *chérif;* it., *sceriffo;* i., *sherif;* a., *Scherif.* (Del ár. *šarîf*, noble, ilustre.) m. Descendiente de Mahoma por su hija Fátima, esposa de Alí. ‖ Individuo de la dinastía reinante en Marruecos. ‖ Jefe superior de la ciudad de La Meca, antes de la conquista de esta ciudad por Ben Seud.
jerifiano, na. adj. Perteneciente o relativo al jerife. ‖ Aplícase, en lenguaje diplomático, al rey de Marruecos.
jerigonza. (Del provenz. *gergons*, y éste del fr. *jargon*, de la onomat. *garg.*) f. Lenguaje especial de algunos gremios, jerga. ‖ fig. y fam. Lenguaje de mal gusto, complicado y difícil de entender. ‖ fig. y fam. Acción extraña y ridícula.

jerigonzar. (De *jerigonza.*) tr. ant. Hablar con obscuridad y rodeos; explicar con ellos una cosa.
jeringa. fr., *seringue;* it., *siringa;* i., *syringe;* a., *Spritze.* (Del lat. *syringa*, y éste del gr. *syrigx*, tubo.) f. Instrumento compuesto de un tubo que termina por su parte anterior en un cañoncito delgado, y dentro del cual juega un émbolo por medio del que asciende primero, y se arroja o inyecta después, un líquido cualquiera. Sirve más comúnmente para echar ayudas e inyecciones. ‖ Instrumento de igual clase dispuesto para impeler o introducir materias no líquidas, pero blandas, como la masa con que se hacen los embutidos. ‖ fig. y fam. Molestia, pejiguera, importunación.
jeringación. f. fam. Acción de jeringar.
jeringador, ra. adj. fam. Que jeringa. Ú. t. c. s.
jeringar. tr. Arrojar por medio de la jeringa el líquido con fuerza y violencia a la parte que se destina. ‖ Introducir con la jeringa un líquido en el intestino para limpiarlo y purgarlo. Ú. t. c. prnl. ‖ fig. y fam. Molestar o enfadar. Ú. t. c. prnl.
jeringatorio. m. fam. **jeringación.**
jeringazo. m. Acción de arrojar el líquido introducido en la jeringa. ‖ Líquido arrojado con la jeringa.
jeringuear. tr. *Chile.* **jeringar,** fastidiar.
jeringuilla. fr., *séringat;* it., *siringa;* i., *syringa;* a., *Pfeifenstrauch.* f. dim. de **jeringa.** ‖ Jeringa pequeña en la que se enchufa una aguja hueca de punta aguda cortada a bisel, y sirve para inyectar substancias medicamentosas en el interior de tejidos u órganos. ‖ Bot. Arbusto de la familia de las saxifragáceas, con tallos de unos dos metros de altura, muy ramosos, de hojas sencillas, aovadas, puntiagudas y casi lampiñas; flores dispuestas en racimos, con el tubo del cáliz aovado y la corola de cuatro a cinco pétalos, blancos y muy fragantes, muchos estambres y cuatro o cinco estilos *(philadelphus coronarius).* ‖ Flor de esta planta.

Jeringuilla

jerjén. m. Entom. *Chile.* **jején.**
Jerjes I. Biog. Rey de Persia, m. en Susa (519-465 a. C.). Sucedió a Darío I, su padre, en 485. Sometió a Egipto, que se le había sublevado; invadió Grecia, tomó a Zelas, Platea y Tespies; entró en Atenas y la entregó a las llamas; después volvió a Asia, dejando en Grecia su ejército a las órdenes de Mardonio. Murió asesinado por un capitán de sus guardias. ‖ **II.** Hijo de Artajerjes I, a quien sucedió en 414 a. C. Murió asesinado un año después por su hermano Sogdiano. ‖ **III.** Rey titular de Persia, a quien colocó en el trono el eunuco Bagoas, el cual reinó en su nombre (337-336 a. C.).
jero-. pref. V. **hiero-.**
Jeroboam I. Biog. Rey de Israel que vivió en el s. X a. C. Después de ser ministro de

Salomón fue proclamado rey por las 10 tribus sublevadas contra Roboam. ‖ **II.** Rey de Israel, hijo de Joás, a quien sucedió en 826 a. C. Estableció en Samaria la cap. de su reino y, después de vencer a los sirios, reinó pacíficamente durante cuarenta años.
jeroglífica. (De *jeroglífico.*) f. desus. Sentencia breve que incluye un misterio que necesita explicación; mote.
jeroglífico, ca. fr., *hiéroglyphe;* it., *geroglifico;* i., *hieroglyph;* a., *Hieroglyphe, Bilderschrift.* (De *hieroglífico.*) adj. Aplícase a la escritura en que, por regla general, no se representan las palabras con signos fonéticos o alfabéticos, sino el significado de las palabras con figuras o símbolos. Usaron este género de escritura los egipcios y otros pueblos antiguos, principalmente en los monumentos. ‖ m. Cada uno de los caracteres o figuras usados en este género de escritura. ‖ Conjunto de signos y figuras con que se expresa una frase, ordinariamente por pasatiempo o juego de ingenio.
Jerome (Jerome Klapka). Biog. **Klapka (Jerome).**
Jeromín. Biog. **Austria (Juan de).**
jeronimiano, na. adj. Perteneciente a la Orden de San Jerónimo.
jerónimo, ma. adj. Dícese del religioso de la Orden de San Jerónimo (v.). Ú. t. c. s. ‖ Perteneciente a esta Orden, jeronimiano.
Jerónimo (San). Biog. Doctor de la Iglesia y escritor, n. en Stridon y m. en Belén (hacia 345-h. 419 ó 420). De entre sus numerosas obras, escritas muchas por encargo del papa San Dámaso, del que fue secretario, destaca su traducción al latín del Antiguo Testamento, más la completa revisión del texto latino del Nuevo Testamento (v. **Biblia vulgata**). Pasó los últimos años de su vida en la soledad de un monasterio, en Belén (v. **Orden de San Jerónimo**). Su fiesta, el 30 de septiembre. ‖ **Bonaparte.** Rey de Westfalia y mariscal de Francia, n. en Ajaccio y m. en Villegenis (1784-1860). Hermano menor de Napoleón I, ocupó el trono de Westfalia desde 1808 hasta 1813. Después de la derrota de Waterloo se retiró a los estados de su suegro, el rey de Wurtemberg. ‖ **Matorras.** Geog. Local. de Argentina, prov. de Salta, depart. de Orán; 369 h.
jerosolimitano, na. (De *hierosolimitano.*) adj. Natural de Jerusalén, o perteneciente a esta c. de Palestina. Ú. t. c. s.
jerpa. (De *serpa.*) f. Sarmiento delgado y estéril que echan las vides por la parte de abajo y junto al tronco.
jerricote. m. Guisado o potaje compuesto de almendras, azúcar, salvia y jengibre, cocido todo en caldo de gallina.
jerrumbre. f. *Guat.* **herrumbre.**
jersey. (De *Jersey,* isla del canal de la Mancha.) m. Prenda de vestir, de punto, que cubre de los hombros a la cintura y se ciñe más o menos al cuerpo.
Jersey. Geog. Isla del R. U., la mayor del arch. del Canal; 116 km.² y 72.629 h. Capital, Saint Helier. Importante turismo. Puerto. Castillo normando del s. X.
Jerson, Herson o **Kherson.** Geog. Prov. de la U. R. S. S., en Ucrania; 28.300 km.² y 1.029.988 h. ‖ C. cap. de la misma, junto al Dniéper; 260.687 h. Astilleros, pesquerías.
jertas. f. pl. *Germ.* Las orejas.
Jerte. Geog. Mun. y villa de España, prov. de Cáceres, p. j. de Plasencia; 1.494 h.
jeruga. (Del lat. *siliqua.*) f. Vaina en que están encerradas algunas semillas.
Jerusalén. Geog. Mun. de Colombia, depart. de Cundinamarca; 3.459 h. ‖ Pobl. cap. del mismo; 558 h. ‖ Mun. de El Salvador, depart. de La Paz; 1.744 h. ‖ Pobl. cap. del mismo; 539 h. ‖ Dist. de Israel; 557 km.² y 338.600 h. ‖ C. cap. de Israel y del dist. de su

nombre; 304.100 h. ‖ Dist. de Jordania; 2.058 km.² y 431.000 h. ‖ C. cap. del mismo; 65.554 h. ‖ (En hebr., *Yerushalayim;* en ár., *El Quds esh Sherif* o *El Kuds.*) **Geog.** e **Hist.** C. de la antigua Palestina, actualmente perteneciente a Israel. La ciudad moderna está dividida en cuatro barrios: mahometano, judío, cristiano y armenio. Se menciona a Jerusalén, ya en el año 1500 a. C., como capital del reino de los jebusitas. David la conquistó y la convirtió en corte de su reino. Salomón la adornó con numerosos monumentos. Fue destruida por Nabucodonosor (586 a. C.) y reconstruida al volver los judíos de la cautividad de Babilonia. Tito, hijo de Vespasiano, la destruyó de nuevo (70 d. C.) y la reconstruyó Adriano (130 d. C.). Los árabes se apoderaron de ella en 637 d. C. En el año 1099 la conquistaron los cruzados, que la convirtieron en capital del reino de Jerusalén, hasta que el sultán Saladino se la arrebató (1187). Fue conquistada por los ingleses en 1917, los cuales, con el mandato de Palestina, la retuvieron hasta 1948. Surgida la guerra entre Israel y los estados árabes, parte de la c. fue ocupada por aquél y el resto por Transjordania (hoy Jordania), situación que ha perdurado después de terminada la contienda. El Gobierno israelita resolvió instalar en su sector la mayor parte de sus organismos estatales (13 de diciembre de 1949), designó la c. como cap. del Estado de Israel (24 de enero de 1950), y en 1952 trasladó definitivamente su capitalidad a esta c. En noviembre de 1954, los países de la Liga Árabe acordaron convertir el sector jordano de Jerusalén en la segunda capital de Jordania y trasladar a ella el Ministerio de Asuntos Exteriores.

jeruza. f. *Guat.* y *Hond.* La cárcel.

jerviguilla. f. dim. desus. de **jervilla**.

jervilla. f. servilla.

Jervis, conde de Saint Vincent (John). Biog. Almirante inglés, n. en Meaford y m. en Rochetts (1735-1823). En el año 1793 mandó la expedición contra las Antillas francesas y se apoderó de la Martinica, y en 1797 derrotó en el cabo de San Vicente al almirante español Córdoba.

Jesé. n. p. V. **vara de Jesé**.

jesnato, ta. (Del lat. *Iesus,* Jesús, y *natus,* nacido.) adj. Díjose de la persona que desde su nacimiento fue dedicada a Jesús. Ú. t. c. s.

Jespersen (Otto). Biog. Filólogo danés, n. en Randers y m. en Copenhague (1860-1943). Fue el iniciador del sistema para transcribir analíticamente los fonemas del habla, que expresó en su libro *Compendio de la fonética,* y uno de los fundadores del idioma universal conocido con el nombre de *Ido.*

Jessore. Geog. Dist. de Bangla Desh, prov. de Khulna; 6.597 km.² y 2.365.363 h. ‖ C. cap. del mismo; 67.400 h.

jesuato. adj. Individuo de una Orden religiosa fundada en Italia en 1335 por Juan Colombini.

Jesucristo. fr., *Jésus-Christ;* it., *Gesù-Cristo;* i., *Jesus Christ.* (De *Jesús* y *Cristo.*) m. **Rel.** Nombre sacrosanto de Nuestro Redentor, el Hijo de Dios hecho hombre. ‖ Segunda persona de la Santísima Trinidad, Hijo de Dios hecho hombre para la redención del género humano. Concebido por obra del Espíritu Santo, nació Jesús en Belén, de la Virgen María, esposa de José, en el reinado de Augusto en Roma y Herodes *el Grande* en Palestina. Anunciado su nacimiento por ángeles y profetas, fueron a adorarle reyes y pastores. Para librarle de las persecuciones de Herodes lleváronle sus padres a Egipto, donde le tuvieron hasta la muerte del rey, después de la cual regresó a Galilea la Sagrada Familia, estableciéndose en Nazaret. A los doce años fue Jesús a Jerusalén en compañía de sus padres, estuvo tres días alejado de ellos, y al volver a Nazaret se puso a trabajar de carpintero con San José. A los treinta años hízose bautizar en el Jordán por San Juan Bautista, y eligiendo 12 apóstoles comenzó a predicar sus divinas doctrinas, a la vez que realizaba numerosos milagros. Acusado ante Poncio Pilato, gobernador romano de Judea, de atentar contra la forma de gobierno establecida, fue condenado a muerte, azotado, coronado de espinas y crucificado en el monte Calvario, entre dos ladrones, a los treinta y tres años de edad. A los tres días resucitó y mostróse a sus discípulos, y, por último, se elevó al Cielo. Desde el principio al fin de su vida pública, Jesús se proclamó enviado o legado de Dios, ese enviado que los judíos esperaban y a quien designaron con el nombre de Mesías. ‖ **Teol.** Dios y hombre perfecto, Jesucristo reúne substancialmente unidas en una sola persona la naturaleza divina y la humana en sus propiedades inherentes, sin mezcla ni confusión entre ellas, sino distintas y completas. En Él, pues, hay dos naturalezas, una divina y otra humana, con sus correspondientes entendimientos y voluntades. En cambio, no hay más que una sola persona, la divina del Verbo, por no constituir en Él persona la naturaleza humana a causa de su comunicación, y una sola memoria humana porque en cuanto Dios todo lo tiene presente. Del hecho de existir en Jesucristo la doble naturaleza y una sola persona divina, se deduce que de Él puede predicarse todo lo que es propio de cada una de las dos naturalezas, y que el mérito de todas sus acciones, aun de las más sencillas, es infinito por responder del mérito de las acciones a la dignidad de la persona que las realiza. De ahí que la satisfacción dada a su Eterno Padre con la efusión de su sangre sea infinita y sobreabundante, válida para toda la humanidad, tanto para los que vivimos con posterioridad a su muerte, como para los que vivieron antes que Él. ‖ **¡Jesucristo!** interj. con que se manifiesta admiración y extrañeza.

jesuita. fr., *jésuite;* it., *gesuita;* i., *jesuit;* a., *Jesuit.* adj. Dícese del religioso de la Compañía de Jesús, fundada por San Ignacio de Loyola. Ú. t. c. s. (V. **Compañía de Jesús.**)

jesuítico, ca. adj. Perteneciente a la Compañía de Jesús.

jesuitismo. m. Doctrina, sistema o principios religiosos, políticos y sociales de los jesuitas, o a ellos atribuidos.

San Ignacio, fundador de los jesuitas, en la cueva de Manresa, por J. Valdés Leal. Museo Provincial de Bellas Artes. Sevilla

Jesús. fr., *Jésus;* it., *Gesù;* i. y a., *Jesus.* (Del lat. *Iesus;* del hebr. *Yehosuá,* Salvador.) n. p. m. Segunda persona de la Santísima Trinidad, hecha hombre para redimir al género humano (v. **Jesucristo**). ‖ *Méj.* y *Mur.* Cristus del abecedario. ‖ **Nazareno. Jesús.** ‖ **en un decir Jesús,** o **en un Jesús.** loc. adv. fig. y fam. En un instante; en brevísimo tiempo. ‖ **hasta verte, Jesús mío.** expr. fam. Hasta apurar el líquido contenido en un vaso, porque antiguamente algunos de éstos llevaban en el fondo la cifra IHS. ‖ **¡Jesús!,** o **¡Jesús, María y José!** excl. con que se denota admiración, dolor, susto o lástima. ‖ **¡Jesús, mil veces!** excl. con que se manifiesta grave aflicción o espanto. ‖ **sin decir Jesús.** loc. adv. fig. con que se pondera lo instantáneo de la muerte de una persona.

Jesús. Geog. Mun. de Paraguay, depart. de Itapúa; 5.621 h. ‖ Pobl. cap. del mismo; 1.537 habitantes. ‖ Dist. de Perú, depart. y prov. de Cajamarca; 11.027 h. ‖ C. cap. del mismo; 1.651 h. ‖ Dist. de Perú, depart. de Huánuco, prov. de Dos de Mayo; 3.998 h. ‖ C. cap. del mismo; 429 h. ‖ **Carranza.** Mun. de Méjico, est. de Veracruz-Llave; 16.565 h. ‖ Pueblo cap. del mismo; 2.441 h. ‖ **Enrique Lossada.** Mun. de Venezuela, est. de Zulia, dist. de Maracaibo; 18.443 h. Cap., Los Teques. ‖ **María.** Local. de Argentina, prov. de Córdoba, cap. del depart. de Colón; 14.163 h. ‖ **María.** Local. de Argentina, prov. de Santa Fe, depart. de San Lorenzo; 1.356 h. ‖ **María.** Mun. de Colombia, depart. de Santander; 14.931 h. ‖ Pobl. cap. del mismo; 745 h. ‖ **María.** Mun. de Méjico, est. de Aguascalientes; 16.674 h. ‖ Pueblo cap. del mismo; 3.215 h. ‖ **María.** Mun. de Méjico, est. de Jalisco; 15.041 h. ‖ Pueblo cap. del mismo; 1.989 h. ‖ **María Semprún.** Mun. de Venezuela, est. de Zulia, dist. de Colón; 8.182 habitantes. Cap., Casigua. ‖ **de Otoro.** Mun. de Honduras, depart. de Intibucá; 7.375 h. ‖ Pobl. cap. del mismo; 2.114 h.

jesusear. intr. fam. Repetir muchas veces el nombre de Jesús. ‖ tr. *Guat.* Atribuir un hecho a una persona.

jet. (Voz i. que sign. *chorro.*) m. **Mec.** Motor basado en el principio de reacción, capaz de imprimir movimiento a un vehículo (avión, cohete, automóvil) mediante la expulsión de un fuerte chorro de gases o, a veces, de un líquido, debidamente dirigido. ‖ **-stream.** (expr. inglesa que significa *chorro de corriente,* de *jet,* chorro, y *stream,* corriente, y formada a seme-

Jesucristo ante los doctores, por autor de la escuela de Palencia, s. XVI. Museo Lázaro Galdiano. Madrid

janza de la de *Gulf-stream,* corriente del Golfo.) *Meteor.* Corriente aérea descubierta durante la campaña del Pacífico, en la S. G. M., por los aviadores estadounidenses. Se desplaza de O. a E. entre los 30 y 60° de lat. N., a alturas superiores a los 7.000 m., tiene una anchura de 500 km., un grosor de 10, aproximadamente, y alcanza velocidades de 300 a 700 kmh.

jeta. (Del ár. *jaṭm,* hocico, pico, nariz.) f. Boca saliente por su configuración o por tener los labios muy abultados. ‖ fam. **cara** o parte anterior de la cabeza. ‖ Grifo de una cañería, caldera, etc. ‖ *Ar.* Espita de la cuba u otra vasija. ‖ *Zool.* Hocico como los del jabalí y el cerdo, esto es, truncado, calloso y apto para hozar.

jeta. (De *jetar.*) f. ant. Seta, especie de hongo. Ú. en Andalucía.

jetar. (Del aragonés, *jetar,* y éste del lat. *iectāre* o *iactāre,* arrojar.) tr. ant. Echar, jitar. ‖ *Ar.* Desleír algo en cosa líquida.

jetazo. (De *jeta.*) m. *Ar.* y *Mur.* Golpe dado con la mano en la jeta o cara, bofetón.

Jete. *Geog.* Mun. y villa de España, prov. de Granada, p. j. de Motril; 728 h.

jetlíner. m. *Aviac.* Avión de reacción que presta servicio en líneas de pasajeros.

jeto. (De *jetar.*) m. *Ar.* Colmena vacía, untada con aguamiel, para que acudan a ella los enjambres. ‖ *Bot.* Árbol de Honduras, cuyas frutas son parecidas a las aceitunas.

jetón, na. adj. **jetudo.**

jetta. f. **jettatura.**

jettatore. (Voz it.; del lat. *iectātor,* de *iactāre,* intens. de *iacĕre,* arrojar.) com. Persona que provoca mal de ojo.

jettatura. f. Mal de ojo, entre los italianos. ‖ *Amér.* Mala suerte.

jetudo, da. adj. Que tiene grande jeta.

Jevons (William Stanley). *Biog.* Filósofo y economista inglés, n. en Liverpool y m. en Bexhill (1835-1882). En 1863 fue nombrado profesor de Lógica en Manchester. Su obra *Lógica pura* es una lúcida exposición de la materia. Escritor original y conciso, se distinguió por sus obras científicas, como: *Principles of Science, Coad question,* etc.

Jewisson (Norman). *Biog.* Director de cine estadounidense, n. en Toronto, Canadá, en 1926. Su película *Un violinista sobre el tejado* obtuvo tres Oscar. Otras obras: *La pequeña aventura, Soltero en apuros, El arte de amar, No me mandes flores, En el calor de la noche, El caso Thomas Crown, Jesucristo Superstar,* etc.

Jeypore. *Geog.* Jaipur.

Jezabel. *Biog.* Reina de Israel, esposa de Acab, que cuando el rebelde Jehú se apoderó del trono fue arrojada por una ventana de su palacio, siendo su cadáver pisoteado por los caballos y devorado por los perros, según había profetizado Isaías. Jezabel había hecho matar a los profetas del Señor.

Jezrael. *Geog. hist.* C. de Canaán, sit. a unas 11 millas de Nazaret. Acab tuvo en ella la capital de su reino.

Jhansi. *Geog.* C. de la India, est. de Uttar Pradesh; 140.217 h. Fue cap. del principado independiente de Maratha.

Jhelum. *Geog.* Río de la India, el más occidental de los cinco que bañan el Punjab; n. en Cachemira y corre a través del Punjab, juntándose luego con el Chenab. Su curso total es de 720 km. Es navegable desde más abajo de Islamabad y de gran importancia para el riego.

J. H. S. V. **I. H. S.**

ji. (Del gr. χ.) f. Vigésima segunda letra del alfabeto griego. En latín se representa con *ch,* y en los idiomas neolatinos con estas mismas letras, o solamente con *c* o *q,* como acontece en el español, según su ortografía moderna; p. e.: *Caos, Aquiles.*

jía. f. *Bot. Cuba.* Arbusto rubiáceo espinoso.

jiang. *Geog.* kiang.

jiba. m. *Bot. Cuba.* Nombre de una planta de la familia de las liliáceas, abunda a orillas de los ríos y lagunas *(erythróxylon brévipes).*

jibaku. (Voz japonesa.) m. Sacrificio voluntario de la vida hecho por la patria. Fue puesto en práctica principalmente por los aviadores japoneses en la S. G. M.

jibanete. m. *Arm.* Pequeño jubón de acero, hierro o malla. ‖ Pequeño jubón de malla que usaron los españoles hasta empezar el último tercio del s. XV.

jíbaro, ra. adj. Dícese de un grupo de indios sudamericanos llamados *chivora* o *xívora,* que habitan en el Alto Marañón (Amazonas), entre Manseriche y el río Pastaza, afl. del Amazonas (Perú). Pertenecen, según unos autores, a la familia de los aruacas, y según otros, a los guaraníes. Sus tribus son hasta 40, con unos 20.000 indígenas; entre las más im-

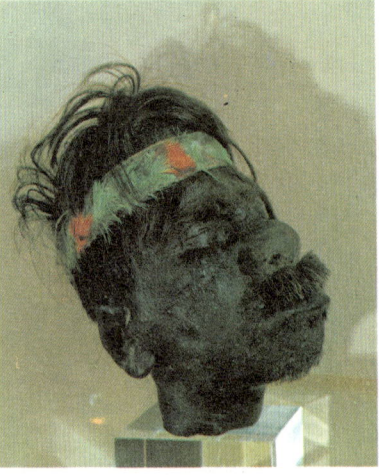

Cabeza de jíbaro, procedente de Ecuador. Museo de América. Madrid

portantes figuran la *aguaruna,* en la orilla derecha del Amazonas, entre el Nieva y el Potro; la *maca, gualaquiza* y *zamora.* Su idioma es claro y armonioso. Los jíbaros son muy fuertes y musculosos, de mediana estatura, ojos grandes, hundidos, negros muy vivos, nariz aguileña o recta, labios delgados, pómulos salientes, cuello corto, cabellera abundante y color moreno claro. Se les llama también cazadores de cabezas. Preparan como trofeos las de sus enemigos, reduciéndolas al tamaño de un puño por procedimientos desconocidos. Apl. a pers., ú. t. c. s. ‖ Perteneciente o relativo a este grupo. ‖ *Amér.* Campesino, silvestre. Dícese de las personas, los animales, las costumbres, las prendas de vestir y de algunas otras cosas. Apl. a pers., ú. t. c. s. ‖ *Méj.* Dícese del descendiente de albarazado y calpamula o de calpamulo y albarazada. Ú. t. c. s. ‖ *P. Rico.* Campesino blanco, o perteneciente o relativo a él. Apl. a pers., ú. t. c. s.

jibe. m. *Cuba* y *Dom.* (Cibao). Criba usada principalmente por los obreros de la construcción.

jibia. fr., *tasse à chocolat;* it., *seppia;* i., *cuttle fish, sepia;* a., *Tintenfisch, Sepia.* (Del m. or. que *sepia.*) *Zool.* Gén. de cefalópodos del orden de los dibranquios, suborden de los decápodos, también llamados *sepias.* Son de cuerpo ovoide, con aletas a modo de expansión, laminar continua de 2 ó 3 cm. de ancho, que bordea lateralmente el manto y cuyas ondulaciones ayudan al movimiento lento del animal. La concha o jibión es interna, calcárea, blanda y ligera. Su gran riqueza en cromatóforos le permite cambiar variadísimamente de coloración. Los demás caracteres son parecidos a los del calamar (manto, brazos, boca, cavidad paleal, sifón, etc.). Su tinta se llama *sepia.* Es muy común en nuestras costas y se alimenta principalmente de otros moluscos y de crustáceos. Especie tipo es la *jibia común (sepia officinalis).*

jibión. m. *Zool.* Concha de la jibia. Los plateros lo utilizan para hacer moldes, y se usa también para pulir metales y proporcionar a los pájaros cautivos el alimento cálcico que necesitan. ‖ En las costas cantábricas se da este nombre al calamar.

jibraltareño, ña. adj. **gibraltareño.**

Jibuti. *Geog.* Yibuti.

Jicalapa. *Geog.* Mun. de El Salvador, depart. de La Libertad; 2.474 h. ‖ Pobl. cap. del mismo; 417 h.

jícama. f. *Bot.* La especie de Cuba es *phaseolus tuberosus* y también *stenelóbium caerúleum,* y la de las Antillas, *pachyrhizus tuberosus;* todas ellas con raíces tuberosas comestibles.

jicaque. adj. *Guat.* y *Hond.* Cerril o inculto.

jícara. fr., *tasse à chocolat;* it., *chicchera;* i., *chocolate-cup;* a., *Schokoladenschale.* (De azt. *xicalli,* vaso hecho de la corteza del fruto de la güira.) f. Vasija pequeña, generalmente de loza, con asa, que suele emplearse para tomar chocolate. ‖ *Amér.* Vasija pequeña de madera, hecha de la corteza del fruto de la güira, y usada como la de loza del mismo nombre en España. ‖ *Guat.* Fruto del jícaro. ‖ *Méj.* Arquilla con que se llevan frutas, panecillos, etc.

Jicaral (El). *Geog.* Mun. de Nicaragua, depart. de León; 2.801 h. ‖ Pobl. cap. del mismo; 239 h.

jicarazo. m. Golpe dado con una jícara. ‖ Propinación alevosa de veneno. ‖ **dar jicarazo.** loc. fig. y fam. Terminar rápidamente y de cualquier modo una cosa.

jícaro. m. *Hond.* y *Nic.* **güira.**

Jícaro (El). *Geog.* Mun. de Guatemala, depart. de El Progreso; 6.247 h. ‖ Pobl. cap. del mismo; 1.907 h. ‖ **(El).** Mun. de Nicaragua, depart. de Nueva Segovia; 7.593 h. ‖ Pobl. cap. del mismo; 1.114 h.

jicarón. m. aum. de **jícara.**

jicarudo, da. adj. *Méj.* De cara ancha y frente abultada.

Jicatuyo. *Geog.* Río de Honduras, en el depart. de Santa Bárbara.

jico. m. *Ant.* **higo.**

Jico. *Geog.* Municipio de Méjico, est. de Veracruz-Llave; 14.538 h. ‖ Ciudad cap. del mismo; 7.269 h.

jicote. (Del azt. *xicotli.*) m. *Entom. Hond.* y *Nic.* Avispa gruesa de cuerpo negro y vientre amarillo. ‖ Nido de esta avispa. ‖ *Méj.* Insecto himenóptero de la familia de los ápidos. Es un abejorro de gran tamaño, provisto de un aguijón con el que causa heridas muy dolorosas *(bombus terrestris).*

jicotea. f. *Zool. Cuba.* **hicotea.**

Jidda. *Geog.* Yeddah.

jiddisch. m. *Ling.* yidich.

jienense. adj. **jiennense.**

jiennense. adj. **jaenés.** Apl. a pers., ú. t. c. s.

jifa. (Del ár. *ŷifa,* carne mortecina, carroña.) f. Desperdicio que se tira en el matadero al descuartizar las reses.

jiferada. f. Golpe dado con el jifero, cuchillo.

jifería. (De *jifero.*) f. Ejercicio de matar y desollar las reses.

jifero, ra. (De *jifa.*) adj. Perteneciente al matadero. ‖ fig. y fam. Sucio, puerco y soez. ‖ m. Cuchillo con que matan y descuartizan las reses. ‖ Oficial que mata las reses y las descuartiza.

jifia. (Del lat. *xiphĭas*, y éste del gr. *siphias*, de *síphos*, espada.) f. **Zool. pez espada.**

jifonoto, ta. (Del gr. *xiphos*, espada, y *nótos*, espalda.) adj. **Zool.** Se dice de aquellos animales que tienen el dorso en figura de quilla comprimida y afilada, como la hoja de un sable.

jifosuro, ra. (Del lat. *xiphos*, espada, y *-uro*.) adj. **Zool.** Dícese de los artrópodos quelicerados de la clase de los merostomas, con cefalotórax en forma de herradura y abdomen ancho y no segmentado. Son marinos o de aguas salobres, y como ejemplo típico figura el *cangrejo-bayoneta* o *cacerola*, del gén. *limulus*. ‖ m. pl. Subclase de estos merostomas.

jiga. f. **giga.**

jigote. m. **gigote.**

jigua. f. **Bot.** Árbol de Cuba, cuya madera, sólida y pesada, se usa para hacer muebles.

jiguagua. f. **Zool.** *Cuba*. **caballón.**

jiguana. f. **Zool.** *Cuba*. **iguana.**

Jiguaní. Geog. Mun. de Cuba, prov. de Oriente, p. j. de Bayamo; 52.320 h.

jigüe. m. **Bot.** *Cuba*. Árbol de la familia de las papilionáceas. ‖ **Folk.** *Cuba*. Duende que según la tradición popular salía de los ríos.

jigüera. f. *Cuba*. Vasija de güira.

jiguilete. m. **Bot. jiquilete.**

jiguillo. (De *higuillo*.) m. **Bot.** *P. Rico*. Arbusto de la familia de las piperáceas, de corteza y hojas aromáticas.

Jihochesky. Geog. Bohemia Meridional.

Jihomoravsky. Geog. Moravia Meridional.

jijallar. m. Monte poblado de jijallos.

jijallo. (De *sisallo*.) m. **Bot.** Planta de la especie o semejanza de la barrilla o caramillo; sisallo.

jijas. (Quizá del m. or. que *chicha*, carne.) f. pl. *León*. **brío,** pujanza, valor.

jijear. intr. *Sal*. Lanzar el grito jubiloso ¡ji, ji, ji!

jijeo. m. Acción y efecto de jijear.

¡ji, ji, ji! interj. con que se manifiesta la risa. ‖ Grito de júbilo.

jijirri. m. **Bot.** *Amér*. Palmera de la especie *guilielma speciosa*, llamada también *gachipaes*.

jijo. m. En algunas partes, **ripio.**

jijón. adj. Dícese de la res vacuna que tiene el color del pelo de un rojo encendido. ‖ m. **Bot.** *Cuba*. Árbol de madera parecida a la caoba.

jijona. f. **Agr.** Variedad de trigo álaga, que se cría en la Mancha y Murcia.

jijona. m. Turrón blando, procedente de Jijona.

Jijona. Geog. Mun. y c. de España, prov. y p. j. de Alicante; 8.117 h. (*jijonencos* o *jijonenses*). Famosa industria de elaboración de turrones de diversas clases. Almendras; excelente uva.

jijonenco, ca. adj. Natural de Jijona o perteneciente a esta c. Ú. t. c. s.

jijonense. adj. **jijonenco.**

Jikuani. Mit. Especie de semidiós de los japoneses, que protege las almas de los niños y de los jóvenes. Se le representa con cuatro brazos y vestido con un traje brillantísimo.

jilar. intr. *Germ*. **refrescar.** ‖ Estar trastornado.

jilé. adj. *Germ*. Tonto, inocente.

jileco. m. **jaleco.**

jilecuelo. m. **Indum.** Casaca que usaban los antiguos.

jilguera. f. **Zool.** Hembra del jilguero.

jilguerito. m. dim. de **jilguero.** ‖ *Chile*. **landrecilla.**

jilguero. fr., *chardonneret*; it., *cardellino*; i., *goldfinch*; a., *Distelfink*. (De *silguero*.) m. **Zool.** Pájaro de la familia de los fringílidos, muy común en Europa y América, de unos 12 cm. de long. y 23 cm. de envergadura; pico cónico y robusto, narices con plumitas cortas, plumaje pardo por el lomo, blanco con una mancha roja en la cara, otra negra en lo alto de la cabeza, un collar blanco bastante ancho en el cuello, y negras con puntas blancas las plumas de las alas y con banda amarilla, cola negra con manchas blancas. Es uno de los pájaros más bonitos de Europa; se domestica fácilmente y su canto es muy agradable. Vive unos dieciséis o dieciocho años y se aparea fácilmente con el canario y con el verderón. Se le llama también *cardelino*, por su costumbre de posarse en los cardos (*carduelis carduelis*), y *colorín*.

jilibioso, sa. adj. *Chile*. Dícese de la persona que se queja o llora sin motivo; dengoso, melindroso. ‖ Dícese del caballo que, por molestia o desasosiego, está siempre moviendo alguna parte del cuerpo.

jilmaestre. (Del a. *Schirrmeister*, maestro del arnés.) m. **Artill.** Teniente mayoral que suple a éste en el gobierno de los caballos o mulas de transporte de las piezas.

jilote. (Del azt. *xilotl*.) m. *Amér*. y *Mej*. Mazorca de maíz, cuando sus granos no han cuajado aún.

jilotear. intr. *Mej*. Empezar a cuajar el maíz.

Jilotepec. Geog. Mun. de Méjico, est. de Méjico; 35.339 h. Cap., Jilotepec de Abasolo. ‖ Mun. de Méjico, est. de Veracruz-Llave; 8.197 habitantes. ‖ Pueblo cap. del mismo; 1.691 h. ‖ **de Abasolo.** C. de Méjico, est. de Méjico, cap. del mun. de Jilotepec; 4.252 h.

Jilotlán de los Dolores. Geog. Mun. de Méjico, est. de Jalisco; 10.347 h. ‖ Pueblo cap. del mismo; 1.162 h.

Jilotzingo. Geog. Mun. de Méjico, est. de Méjico; 4.240 h. Cap., Santa Ana Jilotzingo.

jimagua. adj. *Cuba*. Gemelo, mellizo.

jimalá. f. **aimara.**

Jimaní. Geog. Mun. de la República Dominicana, prov. de Independencia; 5.522 h. ‖ C. de la República Dominicana, cap. de la prov. de Independencia y del mun. de su nombre; 2.248 h.

jimelga. (Del lat. *gemellĭca*, de *gemellus*, gemelo.) f. **Mar.** Refuerzo de madera, en forma de teja y de longitud variable, que se da a los palos, vergas, etc.

Jimena. Biog. **Díaz (Jimena).** ‖ Geog. Mun. de España, prov. y p. j. de Jaén; 2.256 h. ‖ Villa cap. del mismo; 2.151 h. (*jimenatos*). ‖ **de la Frontera.** Mun. de España, prov. de Cádiz, p. j. de San Roque; 9.731 h. ‖ C. cap. del mismo; 3.996 h. (*jimenatos*).

Jiménez (Enrique Adolfo). Biog. Político panameño, n. en Panamá en el año 1888. Ha sido vicepresidente de la República por dos veces, embajador en EE. UU. y presidente provisional de la República en 1945. ‖ **(Francisco).** Astrónomo e ingeniero mejicano (1824-1887). Fue encargado de levantar el mapa geográfico de Méjico y más tarde se le nombró director del Observatorio Astronómico Central. Publicó, entre otras obras: *Carta celeste para el horizonte de Méjico* y *Cálculos relativos al paso de Mercurio por el disco del Sol*. ‖ **(Jerónimo).** Compositor español, n. en Sevilla y m. en Madrid (1854-1923). Músico de gran cultura, reconocido gusto y delicada inspiración. De sus numerosas obras hay que recordar: *Trafalgar, Los picaros celos, El húsar de la guardia, La Tempranica, La gatita blanca, Los voluntarios* y *Las bodas de Luis Alonso*. Compuso también algunas piezas para orquesta, piano y violín. ‖ **(Jesús).** Político costarriqueño, n. en Cartago (1823-1897). Desempeñó altos cargos en la política de su país y fue presidente de la República en dos períodos distintos. ‖ **(Juan Isidro).** Político dominicano, n. en Santo Domingo (1846-1919). Fue presidente de la República en 1899 y tuvo que desalojar el poder a causa del golpe de Estado del vicepresidente Horacio Vásquez (1902). De nuevo presidente en 1914, fue derribado por el golpe militar encabezado por el ministro de la Guerra, Desiderio Arias (1916). ‖ **(Juan Ramón).** Poeta

Jijona. Vista general

español, n. en Moguer y m. en San Juan de Puerto Rico (1881-1958). Autor de gran originalidad, hondo sentimiento y delicadeza suma, constituye el nudo de enlace entre el modernismo de fin de siglo, en que se formó, y la generación de la poesía pura, que comienza con él, su verdadero creador y maestro. Su primera época, que abarca de 1900 a 1916, se

Juan Ramón Jiménez, por Daniel Vázquez Díaz. Colección Laura Vázquez Díaz. Madrid

caracteriza por el predominio de lo musical, unido a un sentimiento melancólico refinado. Muestra de esta primera época son: *Rimas de sombra* (1902), *Jardines lejanos* (1903), *Olvidanzas* (1906), *Baladas de primavera* (1910) y *Sonetos espirituales* (1914). La segunda época comienza con la publicación del *Diario de un poeta recién casado* (1917). En ella aparece la forma nueva del sentimiento del mar «sin estaciones de parada», que se identifica con el corazón del poeta; se caracteriza por imágenes y estilo más concisos y seguros, que hablan solamente al alma que navega confiada por su mundo. *Eternidades* (1917), *Piedra y cielo* (1919), *Unidad* (1925), *Sucesión* (1932), *Presente* (1933) y *Ciego ante ciegos* (1939) jalonan la segunda época de este gran poeta, sin olvidar la exquisita prosa de *Platero y yo*, a cuyo calor se ha formado lo mejor de la generación poética española contemporánea. Obtuvo el premio Nobel de Literatura en 1956, por el mérito de su poesía lírica. Otras obras: *Tercera Antolojía* (1957), y con posterioridad a su muerte, *Olvidos de Granada, Por el cristal amarillo* y *La corriente infinita (crítica y evocación)* (1961); *Primeras prosas* (1962), *La colina de los chopos* y *Trescientos poemas* (1963), y *Selección de cartas (1899-1958)* (1973). ‖ **(Max.)**. Pintor y escritor costarricense, n. en San José y m. en Buenos Aires (1900-1947). Modernista, tanto en sus obras artísticas como literarias. En su producción figuran: *Ensayos, Abrazo* (bronce), *Unos fantoches, Poesías, Quijongo* y *El domador de pulgas*. ‖ **Aranda (José)**. Pintor e ilustrador español, n. y m. en Sevilla (1837-1903). Fue un caso de vocación decidida y de autodidactismo. Mereció la protección de Fortuny y cultivó preferentemente los temas de género, ambientados en el s. XVIII, y en sus últimos años los asuntos al aire libre, caracterizados siempre por la corrección del dibujo y la gama alegre de su paleta. De ellos cabe citar: *El mentidero, Los bibliófilos, Los murmuradores* y *Los pequeños naturalistas*. Como ilustrador, su obra genial fue el *Quijote*. ‖ **de Asúa (Luis)**. Jurisconsulto y político español,

n. en Madrid y m. en Buenos Aires (1889-1970). En 1918 ganó la cátedra de Derecho penal en la Universidad de Madrid. Sus protestas por los malos tratos que recibió Unamuno bajo la dictadura de Primo de Rivera le ocasionaron un destierro a las islas Chafarinas. Afiliado al P. S. O. E., militó en el ala moderada, fue diputado en varias ocasiones y vicepresidente del Congreso durante la II República. Encabezó la comisión que se encargó de redactar la Constitución republicana. Al término de la guerra civil, marchó a Argentina, donde continuó su labor docente. Obras: *El estado de necesidad, El hombre ante las leyes penales* (1922), *Proceso histórico de la Constitución española* (1932), *Códigos penales iberoamericanos, Estudios de legislación comparada* (1946), *Tratado de derecho penal* (1949-63), etc. ‖ **de Cisneros (Francisco)**. Religioso, político y estadista español, n. en Torrelaguna y m. en Roa (1436-1517). Estudió en Alcalá, Salamanca y Roma, y fue capellán de la iglesia de Sigüenza y vicario general de su obispo Mendoza; ingresó en la Orden franciscana y, del retirado convento de Salceda, le escogió la reina Isabel *la Católica* para confesor y consejero; a propuesta de la soberana se le nombró arzobispo de Toledo. A la muerte de Felipe *el Hermoso*, en 1506, presidió, como arzobispo de Toledo, un Consejo de Regencia, que requirió a don Fernando el Católico, que se hallaba en Nápoles, para que viniese a hacerse cargo del gobierno de Castilla, ya que su hija doña Juana seguía privada de razón y su nieto don Carlos, menor de edad, vivía en Gante. Cuando regresó a España don Fernando (1507), agradecido de sus servicios, obtuvo por él el capelo cardenalicio y le nombró inquisidor general. Durante la segunda regencia de don Fernando, fue Cisneros el paladín de la expansión española en África; el rey envió una expedición que se apoderó del peñón de la Gomera, y el cardenal, a costa de los ingresos del obispado de Toledo, organizó un ejército de 20.000 hombres que, al mando de Pedro Navarro, se apoderó de Orán, Bujía y Trípoli, y obligó a declararse súbditos de España a los

Francisco Jiménez de Cisneros, por Juan de Borgoña. Sala capitular de la catedral de Toledo

reyezuelos moros de Tremecén, Argel y Túnez. A la muerte del soberano, en 1516, y en virtud del testamento de éste, se hizo cargo de la regencia. Adriano Florencio Boeyens, deán de Lovaina, representante del príncipe don Carlos, pretendió hacerse cargo de la regencia; no lo consintió Cisneros, invocando los testamentos de los Reyes Católicos y la condi-

ción de extranjero del deán; pero le asoció al gobierno, resolución más tarde aprobada por don Carlos. Saneó la hacienda, reduciendo los gastos, y organizó, sobre recia disciplina y sabias ordenanzas, el ejército y fomentó cuanto pudo la artillería y la marina. Protector de las letras y las ciencias, fundó y dotó la Universidad de Alcalá de Henares y el Colegio de San Ildefonso y publicó la famosa *Biblia poliglota*. Sin duda para evitar mayores males, accedió al deseo de don Carlos de ser proclamado rey, aun viviendo su madre doña Juana, y en tal sentido influyó sobre el Consejo. Al tener noticia de que el nuevo soberano se había puesto en camino, se dispuso a ir a recibirle; pero, agotado por los años y sus dolencias, disgustado por las dificultades que le ponían los cortesanos flamencos, acabó sus días en Roa, cuando se dirigía a Valladolid, donde había hecho entrada don Carlos. ‖ **Díaz (Carlos)**. Médico español, n. y m. en Madrid (1898-1967). Profesor de Patología y Clínica en la Facultad de Medicina de Madrid: Gozó de extraordinaria celebridad dentro y fuera de España como profesor, investigador y especialmente como clínico. Fundador y director del Instituto de investigaciones clínicas y médicas. Fue director, hasta su muerte, de la fundación que lleva su nombre o Clínica de la Concepción. Autor de obras tan destacadas como: *El asma, Lecciones de Patología* y de la revista *Anales de la Clínica de Patología Médica*. ‖ **de Enciso (Diego)**. Poeta dramático español, n. y m. en Sevilla (1585-1633). Autor de producciones escénicas que le colocaron entre los primeros escritores de su época, como *Júpiter vengado, Los médicis de Florencia* y *El príncipe don Carlos*, su obra maestra. ‖ **de la Espada (Marcos)**. Viajero, erudito, naturalista y escritor español, n. en Cartagena y m. en Madrid (1831-1898). Se distinguió como hombre de ciencia y explorador. En 1862 fue nombrado naturalista de la expedición al Pacífico, con encargo especial de estudiar la fauna sudamericana. Con este motivo realizó un asombroso viaje de exploración y estudios. Trajo numerosas colecciones y dio a conocer varias especies, géneros y familias de animales. ‖ **Moreno (Manuel)**. Torero español, más conocido por *Chicuelo*, n. y m. en Sevilla (1902-1967). En 1919 tomó la alternativa en Sevilla, bajo el padrinazgo de Belmonte, y al año siguiente la confirmación en Madrid. Tuvo personalidad, delicadeza y buen gusto. Inventó la *chicuelina*. ‖ **Oreamuno (Ricardo)**. Jurisconsulto y político costarriqueño, n. en Cartago (1859-1954). Fue varias veces ministro y desempeñó la presidencia de la República en tres períodos (1910-14, 1924-28 y 1932-36). Dio impulso a las comunicaciones y consolidó la deuda interna. ‖ **de Quesada (Gonzalo)**. Guerrero, explorador y conquistador español, n. en Córdoba, según unos, o en Granada según los demás, y m. en Mariquita, Nueva Granada (1496-1579). Después de haber estudiado derecho, fue nombrado justicia mayor de la fuerza que, mandada por Pedro Fernández de Lugo, había de embarcarse para Santa Marta (Colombia actual). Fernández, como adelantado o gobernador, le designó para dirigir una expedición en busca de las fuentes del llamado entonces Río Grande (Magdalena). Salió Quesada de Santa Marta el 5 de abril de 1536 y, después de innumerables penalidades, en 1537 localizaron el *Imperio de chibchas*, el tercero del Nuevo Mundo por su importancia después del *azteca* y del *inca*. Se apoderó de Tunja e hizo prisionero a su zipa o reyezuelo y luego de Bogotá. Fundó la c. de Santa Fe (6 de agosto de 1538) y zanjó las dificultades de la llegada al país del alemán Federmann procedente de Venezuela, y de Belalcázar, teniente de Pizarro, que venía de

Perú, y los tres caudillos salieron para España (1539). No logró Jiménez el título de gobernador del territorio por él descubierto y conquistado, y hasta fue condenado por el Consejo de Indias por la muerte injusta del zipa de Bogotá. Logró por fin el nombramiento, más nominal que efectivo, de mariscal de *Nueva Granada* o *Nuevo Reino de Granada*, y una renta de 5.000 ducados. En 1569 dirigió una expedición destinada al descubrimiento y conquista del fabuloso El Dorado o Eldorado, y llegó a

Gonzalo Jiménez de Quesada. Biblioteca Nacional. Madrid

las márgenes del Orinoco. Anciano, enfermo y arruinado, se retiró a su casa de Suesca, donde escribió una crónica de sus campañas, que denominó *Ratos de Suesca*, desgraciadamente perdida. La obra *Epítome de la conquista del nuevo Reino de Granada*, que se atribuyó a Quesada, pero se cree más bien obra de uno de los soldados que le acompañaron. ‖ **de Rada (Rodrigo).** Prelado y escritor español, n. probablemente en Rada, Navarra, y m. en el Ródano, Francia (1170-1247). Fue obispo de Osma (1208) y arzobispo de Toledo (1209). Fue uno de los más activos colaboradores de Alfonso VIII y fue el cronista de la famosa cruzada y batalla de las Navas de Tolosa (1212). En 1215 asistió al Concilio ecuménico de Letrán. Acompañó a San Fernando en sus expediciones guerreras; procuró eficazmente la unión de Castilla y León a la muerte de Alfonso IX de este reino, e inició y llevó a cabo con los recursos del obispado la construcción de la catedral de Toledo. Escribió, entre otras, las siguientes obras: *De rebus Hispániae, Hunnórum, Vandalórum, Suevórum et Silinguórum Historia; Ostrogothórum Historia, Historia Romanórum, Historia Árabum* y *Breviárium Históriae Cathólicae*. ‖ **Rueda (Julio).** Historiador y escritor mejicano, n. en Méjico (1896-1960). Decano de la Facultad de Filosofía y Letras de la Universidad Nacional. Obras: *Sor Adoración del Divino Verbo* (novela, 1923), *Lo que ella no pudo prever*, drama; *Historia de la literatura mexicana* (1928), *Juan Ruiz de Alarcón y su tiempo, Novelas coloniales y otros relatos* y *Estampas de los siglos de oro* (1957). ‖ **de Urrea (Jerónimo).** Militar y escritor español, n. en Épila (1515-

1567). Peleó en las campañas de Alemania, Flandes e Italia; fue virrey de la Pulla y formó parte del Consejo de Felipe II. Tradujo *Orlando Furioso* de Ariosto, y escribió las originales: *Diálogo de la verdadera honra militar y reprobación del duelo, El victorioso Carlos V* y *La famosa Épila*. ‖ **de Urrea (Miguel).** Militar español del s. XVI, capitán de los tercios aragoneses en la expedición a Calabria. Escribió la obra *Instrucción político-cristiana*. ‖ **Zamora (Jesús).** Político costarriqueño, n. en Cartago (1823-1893). Fue gobernador, ministro de Estado y presidente de la República (1863-66). Ejerció la dictadura disolviendo el Congreso, y dio impulso a la educación pública. En 1868 asumió nuevamente la presidencia, pero fue desalojado de ella por el movimiento acaudillado por Tomás Guardia Gutiérrez (1870). ‖ **Geog.** Depart. de Argentina, prov. de Santiago del Estero; 4.832 km.^{2} y 10.730 h. Cap., El Charco. ‖ Cantón de Costa Rica, prov. de Cartago; 11.523 h. Cap., Juan Viñas. ‖ Mun. de Méjico, est. de Coahuila de Zaragoza; 8.445 h. ‖ Villa cap. del mismo; 1.246 h. ‖ Mun. de Méjico, est. de Chihuahua; 27.635 h. ‖ C. cap. del mismo; 18.095 h. ‖ Mun. de Méjico, est. de Michoacán de Ocampo; 16.997 h. Cap., Villa Jiménez. ‖ Mun. de Méjico, est. de Tamaulipas; 5.423 h. Cap., Santander Jiménez. ‖ Dist. de Venezuela, est. de Falcón; 52.498 h. Cap., Quibor. ‖ **del Téul.** Mun. de Méjico, est. de Zacatecas; 4.794 h. ‖ Pueblo cap. del mismo; 772 h.

Cabalgando a la jineta. Colección particular. París

jimenzar. (De *simiente*.) tr. **Agr.** *Ar.* Quitar a golpes de pala o piedra al lino o cáñamo seco la simiente, para llevarlo a poner en agua.
Jimera de Líbar. Geog. Mun. de España, prov. de Málaga, p. j. de Ronda; 886 h. ‖ Villa capital del mismo; 690 h. (*jimeranos*).
jimerito. m. **Entom.** *Hond.* Insecto himenóptero de la familia de los ápidos. Es una abeja diminuta que anida en los agujeros de los árboles y de las rocas (*melípona lútea*). ‖ Panal que fabrica esta abeja.
jimia. f. **Zool. simia.**
jimilile. m. *Hond.* Carrizo compuesto de cañas muy delgadas y flexibles.
jimio. m. **Zool. simio.**
Jimma. Geog. C. de Etiopía, cap. de la prov. de Kaffá; 30.580 h. Importante centro comercial.
Jimmu Tenno. Biog. Nombre del primer mikado de Japón, que gobernó probablemente en 660-585 a C.
jimplar. intr. **himplar.**

jinca. adj. **Etnog.** Dícese de una tribu amerindia de lengua independiente, que habita en el SE. de Guatemala, en la región costera hasta la frontera con El Salvador. También se denomina *xinca* o *sinca*. Apl. a pers., ú. t. c. s. ‖ Perteneciente o relativo a esta tribu.
jinda. abr. de *jindama*.
jindama. (Del caló.) f. Miedo, cobardía.
jinebro. (Del lat. *iuniperus, uniperus*.) m. ant. **enebro**, árbol. Ú. en Álava.
jinestada. f. Salsa que se hace de leche, harina de arroz, especias, dátiles y otros ingredientes.
jineta. fr., *genette*; it., *gatto selvatico*; i., *genet*; a., *Ginsterkatze*. (Del ár. *ŷarnait*, variedad del gato de algalia.) **Zool.** Gén. de mamíferos carnívoros de la familia de los vivérridos, subfamilia de los viverrinos, próximo a las civetas; cola muy larga, plantas velludas, pelaje bastante largo, con pintas obscuras sobre fondo pálido; cola anillada y línea obscura a lo largo del dorso; cuatro premolares y dos molares a cada lado arriba y abajo (*genetta genetta*). Sus especies viven en África y SO. de Europa. La de España es de medio metro aproximadamente y de cola algo menor. Persigue a toda clase de mamíferos y aves de pequeño tamaño y, a veces, entra en los corrales, donde ocasiona grandes pérdidas.
jineta. (De *jinete*.) f. Arte de montar a caballo que, según la escuela de este nombre, consiste en llevar los estribos cortos y las piernas dobladas, pero en posición vertical desde la rodilla abajo. Ú. en el modo adverbial **a la jineta**. ‖ Lanza corta con el hierro dorado y una borla por guarnición, que en lo antiguo era insignia de los capitanes de infantería. ‖ Charretera de seda que usaban los sargentos como divisa. ‖ Tributo que en otro tiempo se imponía sobre los ganados. ‖ *Amér.* y *And.* Mujer que monta a caballo.
jinetada. (De *jinete*.) f. p. us. Acto de vanidad o de jactancia impropio del que lo ejecuta.
jinetazo. (aum. de *jinete*.) adj. *R. Plata.* Persona muy diestra y hábil para montar a caballo.
jinete. fr., *cavalier*; it., *cavaliere*; i., *horseman*; a., *Reiter*. (Del ár. *zanata*, nombre de una tribu berberisca, famosa por su destreza en la equitación.) m. Soldado de a caballo que peleaba en lo antiguo con lanza y adarga, y llevaba encogidas las piernas, con estribos cortos. ‖ El que cabalga. ‖ El que es diestro en la equitación. ‖ Caballo a propósito para ser

montado a la jineta. ‖ Caballo castizo y generoso. ‖ *Cuba.* **sablista.**

jineteada. f. *R. Plata.* Fiesta campestre en la cual los jinetes lucen su destreza y coraje, jineteando caballos ariscos, potros o reservados.

jinetear. (De *jinete.*) intr. Andar a caballo, principalmente por los sitios públicos, alardeando de gala y primor. ‖ tr. En Chile, mandar sin tener nombramiento efectivo. Ú. en la milicia. ‖ En América, domar caballos cerriles. ‖ fig. Lucrar. ‖ prnl. *Col.* Montarse, espetarse.

jinglar. intr. Moverse de una parte a otra colgado, como en el columpio.

jingoísmo. (Del i. *jingo*, partidario de una política exterior agresiva.) m. Patriotería exaltada que quiere la agresión a otras naciones.

jingoísta. m. Partidario del jingoísmo. Ú. t. c. s. com.

jinja. (De *jinjo.*) f. ant. Azufaifa, jínjol.

Jinja. Geog. C. de Uganda, en la región Oriental, sit. en la orilla septentrional del lago Victoria, cap. del dist. de Busoga; 52.509 h. Es el centro industrial más activo del país.

jinjo. (Del lat. *zizy̆phum*, y éste del gr. *zízyphon.*) m. ant. Azufaifo, jinjolero.

jínjol. (De *jinjo.*) m. Bot. **azufaifa.**

jinjolero. (De *jínjol.*) m. Bot. Azufaito, jinjo.

Jinnah (Muhammad Alí). Biog. Político paquistaní, n. y m. en Karachi (1876-1948). Militó en las filas del movimiento de independencia acaudillado por Gandhi, del que se separó por discrepancias ideológicas; revivió la influencia de la Liga Musulmana, de la que fue presidente en 1916 y de 1934 hasta su muerte, y fue el principal propulsor de la formación de Pakistán. El rey de Inglaterra le nombró gobernador del nuevo dominio en 1947.

¡jinojo! interj. *And.* **¡hinojo!**

Jinotega. Geog. Depart. centro-occidental de Nicaragua, lindante en su parte N. con la República de Honduras; 15.200 km.² y 74.816 habitantes. Terreno montañoso, regado por el Tuma, que produce cacao, café, creales, azúcar, plátanos y algodón; ganadería. ‖ Mun. de Nicaragua, depart. de su nombre; 58.153 h. ‖ C. de Nicaragua, cap. del depart., y mun. de su nombre; 57.374 h.

Jinotepe. Geog. Mun. de Nicaragua, depart. de Carazo; 18.957 h. ‖ C. de Nicaragua, cap., del depart. de Carazo y del mun. de su nombre; 16.112 h.

jinrikisha. (Voz japonesa; de *jin*, hombre, *riki*, poder, y *sha*, carruaje.) f. Cochecillo ligero de dos ruedas que, tirado por un hombre, se dedica al transporte de personas en las ciudades. Originaria de Japón, se usa también en los países del Oriente asiático, de la India a Japón, excepto Filipinas; y en África oriental. En algunos lugares la tracción directa por el hombre se ha substituido por el remolque mediante bicicleta y también por moto. Abreviadamente se llama *rikisha*, *rickshaw*; y también se la conoce con el nombre de *curuma*.

jiña. f. *Chile.* Cosa muy pequeña, nonada.

jiñicuite. m. Bot. *Honduras.* Árbol terebintáceo que se utiliza para setos vivos.

jiñocuave. (Del azt. *xiocuahuitl*, árbol leproso.) m. Bot. *Hond.* Especie de terebinto, empleado para setos vivos, cuya resina sirve para hacer barnices, con el nombre de *resina chivou* (*búrsera gummifera*). En otras partes de Centroamérica se llama *jiñocuabe*, *jiñocuabo*, *jiñocuao*, *jiote* o *palo jiote.*

jiñote. m. Bot. **jiñocuave.**

jiosco. m. *Méj.* **quiosco.**

jiote. (Del azt. *xiotl*, sarna.) m. Pat. *Amér. c.* y *Méj.* **sarna, empeine**, enfermedad cutánea.

jipa. f. *Col.* y *Perú.* Sombrero de jipijapa.

jipar. (De *hipo.*) intr. **hipar.**

jipato, ta. adj. *Chile.* **hepático**, que padece del hígado.

jipe. m. *Méj.* **jipa.**

jipi. m. *Cuba.* **jipa.**

jipiar. (De la onomat. *hip, jip*, del gemido.) intr. Hipar, gemir, gimotear. ‖ Cantar con voz semejante a un gemido.

jipido. m. Acción y efecto de jipiar.

jipijapa. (De *Jipijapa.*) f. Fibra fina, flexible y muy tenaz, conocida también con el nombre de *bombonaje*, que se emplea en la población de Jipijapa y otros puntos de América meridional para tejer sombreros, petacas y diversos objetos muy apreciados. Procede de la planta ciclantácea *carludovica palmata*. ‖ m. Sombrero de jipijapa.

Jipijapa. Geog. Cantón de Ecuador, prov. de Manabí; 66.591 h. ‖ Pobl. cap. del mismo; 27.301 h. Fabricación de sombreros que exporta a todo el mundo.

jipío. (De *hipido.*) m. En el cante flamenco, ay o exclamación que se prolonga y arrastra a modo de lamento.

jiquí. m. Bot. Nombre de la sapotácea *bumelia nigra*, llamada también *cucuyo*. El denominado jiquí de costa es la malpigiácea *malpighia obovata.*

jiquilete. (Del azt. *xiuhquilitl.*) m. Bot. Planta de la familia de las papilionáceas, del mismo género que el añil, común en las Antillas, con tallos ramosos de 80 a 90 cm. de altura, hojas compuestas de hojuelas en número impar, enteras, elípticas, pecioladas, de color verde claro; flores amarillas, y fruto en vainas estrechas, algo encorvadas, de 6 a 8 cm. de largo, y con varias semillas negras poco mayores que lentejas. Macerando en agua las hojas de esta planta, y echando el líquido filtrado con una disolución de cal, se consigue añil de superior calidad.

Jiquilisco. Geog. Mun. de El Salvador, depart. de Usulután; 40.604 h. ‖ Pobl. cap. del mismo; 5.585 h.

Jiquilpan. Geog. Mun. de Méjico, est. de Michoacán de Ocampo; 26.116 h. Cap., Jiquilpan de Juárez. ‖ **de Juárez.** C. de Méjico, est. de Michoacán de Ocampo, cap. del mun. de Jiquilpan; 15.960 h.

jíquima. f. Bot. *Cuba* y *Ecuad.* **jícama.**

jiquina. f. Bot. **jícama.**

jiquipil. (Del azt. *xiquipilli*, costal.) m. *Méj.* Medida de áridos equivalente a 400 piezas de la especie a que se aplique.

Jiquipilas. Geog. Mun. de Méjico, est. de Chiapas; 24.423 h. ‖ Pobl. cap. del mismo; 3.523 h.

Jiquipilco. Geog. Mun. de Méjico, est. de Méjico; 29.467 h. ‖ Pobl. cap. del mismo; 3.426 h.

jira. (De *jirón.*) f. Pedazo algo grande y largo que se corta o rasga de una tela.

jira. (Del fr. [bonne] *chère*, buena cara.) f. Banquete o merienda, especialmente campestre, que se hace entre amigos, con regocijo y bulla.

jirafa. fr., *girafe*; it., *giraffa*; i., *giraffe*; a., *Giraffe*. (Del m. or. que *azorafa.*) f. Mamífero rumiante de la familia de los jiráfidos, de 5 m. o más de alt., cuello largo y esbelto, extremidades abdominales bastante más cortas que las torácicas, con lo que el cuerpo está inclinado hacia atrás; cabeza pequeña con dos o más cuernos poco desarrollados, recubiertos por la piel y presentes en ambos sexos; sólo tiene dos dedos en cada pie, y su pelaje es de color gris claro con manchas leonadas poligonales (*giraffa camelopárdalis*). ‖ Cin. y Telev. Mecanismo, especie de brazo, por lo general de gran longitud, que soporta el micrófono ante el que hablan los actores.

Jirafa. Astron. Constelación boreal, cercana al Polo, situada entre las de Perseo, Ca-

Jirafa

siopea, el Lince y el Cochero, y formada por estrellas débiles. Su nombre científico es *Camelopárdalis* o *Cameloparalus.*

jiráfido, da. (De *jirafa* e *-ido.*) adj. Zool. Dícese de los mamíferos artiodáctilos rumiantes, con cuernos persistentes y revestidos de piel, totalmente o en parte; sin caninos superiores, ni falsas pezuñas laterales, y con las extremidades posteriores más cortas que las anteriores. Sólo existen dos especies, ambas africanas: la *jirafa* y el *okapi*. ‖ m. pl. Familia de estos rumiantes, a veces llamada de los *camelopárdalidos.*

jirafista. adj. Cin. y Telev. El que maneja la jirafa.

jirajara. adj. Etnog. Dícese de una tribu de indios que habitaba parte de los estados venezolanos de Carabobo, Jara y Trujillo. Apl. a pers., ú. t. c. s. ‖ Perteneciente o relativo a esta tribu.

jirapliega. (Del gr. *hierá*, santa, y *pikra*, especie de antídoto; en b. lat., *girapigra.*) f. Farm. Electuario purgante compuesto de acíbar, miel clarificada y otros ingredientes.

jirasal. (Quizá del ár. *qarāsiyā*, especie de ciruela o cereza.) f. Bot. Fruto de la yaca, parecido a la chirimoya y erizado de púas blandas.

Jirasek (Alois). Biog. Escritor checo, n. en Náchod y m. en Praga (1851-1930). Fue profesor en Litomysl y en Praga. Es el verdadero autor nacional de la literatura checa y, con Henryk Sienkiewicz, el representante más típico de la novela histórica eslava.

Jircán. Geog. Dist. de Perú, depart. de Huánuco, prov. de Huamalíes; 1.286 h. ‖ Pueblo cap. del mismo; 166 h.

Jirecek (Josef). Biog. Político y crítico checo, n. en Vysoké Myto y m. en Praga (1825-1888). Publicó una serie de libros de texto para las escuelas y fue elegido consejero ministerial y luego ministro de Cultos. Fue uno de los escritores más fecundos de su tiempo.

jirel. (Del ár. *ŷilāl*, caparazón, baste, albarda.) m. Gualdrapa rica de caballo.

jíride. (Del lat. *xyris, -ĭdis*, y éste del gr. *xyris*, lirio hediondo.) f. Bot. Lirio hediondo, iride.

jirimiquear. intr. *Chile, Guat.* y *Méj.* **jeremiquear.**

jirimiquiento, ta. adj. *Guat.* Que jirimiquea.

jirocho, cha. adj. Campante, ufano, satisfecho.

jirofina. f. Coc. Salsa que se compone de bazo de carnero, pan tostado y otros ingredientes.

jiroflé. m. *Bot.* giroflé.

jirón. (Del germ. *gairo, tira de tela.) m. Faja que se echa en el ruedo del sayo o saya. ‖ Pedazo desgarrado del vestido o de otra ropa. ‖ Pendón o guión que remata en punta. ‖ fig. Parte o porción pequeña de un todo. ‖ *Perú.* Vía urbana compuesta de varias calles o tramos entre esquinas. ‖ **Bl.** Figura triangular que, apoyándose en el borde del escudo, llega hasta el centro o corazón de éste.

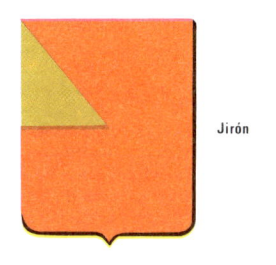

Jirón

jironado, da. adj. Roto, hecho jiras o jirones. ‖ Guarnecido o adornado con jirones. ‖ **Bl.** Dícese del escudo dividido en los ocho triángulos o jirones que resultan por la combinación de las armas partidas, cortadas, tajadas y tronchadas.

jirpear. tr. *Agr.* Cavar las cepas de las vides alrededor, dejando un hoyo donde se detenga el agua cuando se riega o llueve.

Jirueque. Geog. Mun. y lugar de España, prov. de Guadalajara, p. j. de Sigüenza; 98 h.

jisca. (Del célt. *sesca.*) f. *Bot.* carrizo.

jisma. (De *cisma.*) f. ant. Cuento o chisme.

jismero, ra. (De *jisma.*) adj. ant. Que lleva jismas o cuentos.

jistra. f. *Bot.* Nombre vulgar de la umbelífera *ammi majus*.

jitar. (Del lat. *iectāre* o *iactāre*, echar.) tr. ant. Echar lo que se tiene en el estómago, vomitar. ‖ *Ar.* Echar, expulsar. Ú. ya sólo en las montañas.

jitomate. (Del azt. *xictli*, ombligo, y *tomatl*, tomate.) m. *Bot. Méj.* Fruto de una planta de la familia de las solanáceas, de color rojo, parecido al tomate, y usado, al igual que éste, como condimento (*lycopersicum esculéntum*).

Jitomir. Geog. Prov. de la U. R. S. S., en Ucrania; 29.900 km.² y 1.626.608 h. ‖ C. cap. de la misma; 160.936 h.

Jitotol. Geog. Mun. de Méjico, est. de Chiapas; 5.650 h. ‖ Villa cap. del mismo; 1.237 h.

jiu-jitsu. m. *Dep.* yiu-yitsu.

Jiutepec. Geog. Mun. de Méjico, est. de Morelos; 19.567 h. ‖ Villa cap. del mismo; 4.418 h.

Jivia. Geog. Distrito de Perú, depart. de Huánuco, prov. de 2 de Mayo; 1.654 h. ‖ Pueblo cap. del mismo; 296 h.

Jmelnitski. Geog. Prov. de la U. R. S. S., en Ucrania; 20.600 km.² y 1.615.373 h. Campos de lúpulo. ‖ C. cap. de la misma; 112.959 h.

jmer. adj. *Etnog.* khmer.

Jn. *Rel.* abr. de *Evangelio según San Juan.*

Jnr. m. abr. inglesa de *júnior.*

jo. m. *Num.* Moneda de Méjico que vale 3 centavos de peso.

¡jo! interj. Voz para detener las caballerías; ¡so!

Joab. Biog. Sobrino de David y caudillo de su ejército. Sirvió fielmente a su tío y fue el que dio muerte al rebelde Absalón, arrojándole tres dardos. Murió a manos de Banaías por orden de Salomón, su primo.

Joacaz. Biog. Rey de Israel, m. en el año 798 a. C. Era hijo de Jehú, a quien sucedió en 815. Luchó con variable fortuna contra el rey de Siria. ‖ Rey de Judá, m. en el año 609 a. C. Como se hubiese apoderado del trono en perjuicio de su hermano Eliacín, Necao, rey de Egipto, lo depuso y se lo llevó cautivo a su reino, en donde murió.

Joanes. Geog. Marajó.

João Belo. Geog. Pobl. de Mozambique, cap. del dist. de Gaza; 63.949 h. ‖ **Pessoa.** C. de Brasil, cap. del est. de Paraíba, sit. en la margen derecha del río Paraíba do Norte, a 17 kilómetros de su des.; 228.418 h. Observatorio meteorológico. Instituto Histórico-Geográfico Paraibano.

Joaquín *(San).* Biog. Padre de Nuestra Señora y esposo de Santa Ana. Su fiesta, el 26 de julio. ‖ **I.** Elector de Brandeburgo, m. en Stendal (1499-1535). Fundó la Universidad de Francfort, persiguió a los protestantes y a los judíos y se distinguió por su sabiduría. ‖ **II.** Elector de Brandeburgo, hijo del anterior, m. en Koepenick (1505-1571). Subió al trono en 1535. Introdujo la Reforma en sus estados. ‖ **Murat.** General francés y rey de Nápoles, n. en Labastide-Fortunière y m. en Pizzo, Calabria (1767-1815). En el año 1808 fue encargado del mando en jefe del ejército de España, donde decretó las ejecuciones del 2 de mayo. Casado con Carolina Bonaparte, hermana de Napoleón, ocupó el trono de Nápoles, uniéndose después a los ejércitos coligados y luchando contra el emperador. Cuando Napoleón se fugó de la isla de Elba, se puso nuevamente de su parte, y después de la batalla de Waterloo huyó a Córcega, donde organizó una expedición contra los Borbones. Derro-

Joaquín Murat, grabado de la época. Museo Municipal. Madrid

tado y hecho prisionero en Calabria, fue juzgado por un consejo de guerra y fusilado. ‖ **de Fiore** *(Beato).* Monje cisterciense italiano, n. en Celico, Cosenza, y m. en San Giovanni in Fiore (1130-1202). Fundó con algunos de sus discípulos un monasterio, gobernado por la regla más rígida del Cister, que fue agregado a la Orden, de la cual era miembro, al principio del s. XVI. ‖ **Suárez.** Geog. Pueblo de Uruguay, depart. de Canelones; 2.357 h. ‖ **V. González.** Local. de Argentina, prov. de Salta, cap. del depart. de Anta; 4.351 h.

Joaquina de Vedruna y de Mas *(Santa).* Biog. Religiosa española, n. y m. en Barcelona (1783-1854). Fundadora del Instituto de Religiosas Carmelitas de la Caridad (1826). Su fiesta, el 22 de mayo.

joaquino. m. *Bot. Chile.* Especie de pero grande y largo, de mejor sabor que los comunes.

Joara. Geog. Mun. de España, prov. de León, p. j. de Sahagún; 593 h. ‖ Lugar cap. del mismo; 107 h.

Joarilla de las Matas. Geog. Mun. de España, prov. de León, p. j. de Sahagún; 863 h. ‖ Villa cap. del mismo; 425 h.

Joás. Biog. Rey de Judá (836-797 a. C.). Fue el menor de los hijos de Ocozías, al que el gran sacerdote de los judíos libró del furor de Atahé y colocó en el trono. Murió asesinado por sus propios súbditos. ‖ Rey de Israel. Gobernó desde 798 hasta 783 a. C., sucediendo a su padre, Joacaz. Sostuvo dos guerras, de las que salió victorioso, con Benadad III, rey de Siria, y con Amasías, rey de Judá.

Joatán. Biog. Rey de Judá, hijo de Osías, m. en 741 a. C. Gobernó dieciséis años y embelleció a Jerusalén.

Joateca. Geog. Mun. de El Salvador, depart. de Morazán; 4.552 h. ‖ Pobl. cap. del mismo; 481 h.

job. m. Por antonomasia, hombre de mucha paciencia.

Job. Biog. Protagonista del libro sagrado que lleva su nombre. Satanás obtuvo de Jehová permiso para atraer sobre él todo género de adversidades, en la esperanza de que blasfemaría del Señor. Sin embargo, Job, a pesar de perder todos sus bienes y sus servidores e hijos y ver su cuerpo cubierto con una repugnante enfermedad, no perdió su fe en Dios; antes bien, le fue fiel hasta el fin, dando un ejemplo de paciencia que se ha hecho proverbial. El Señor le recompensó devolviéndole con creces cuanto había perdido. ‖ **(Duque). Gutiérrez Nájera (Manuel).** ‖ *Lit.* V. **libro de Job.**

jobada. (De *jubo*, yugo.) f. *Ar.* Terreno que puede arar en un día un par de mulas.

jobillo. m. *Bot. Ant.* jobo.

jobo. (Voz caribe.) m. *Bot. Amér.* Nombre de la anacardiácea *spondias lútea*, o sea el llamado ciruelo agrio o amarillo; árbol grande, de hojas compuestas, flores en racimo, blancas y olorosas; corteza muy gruesa, leñosa, roja, rugosa; madera blanca y suave; muy usados los tallos como postes de pega o de nacer, para cercas vivas. El llamado francés es la *s. purpúrea*; el *jobo jíbaro* de Quito, la euforbiácea *phyllanthus cornifolius*, y el de *lagarto*, la arabiácea *sciadodendron excelsum*. ‖ Fruto del ciruelo agrio, pequeño, amarillo, muy dulce, empalagoso, muy ácido y hasta vomitivo. Es alimento bueno para cerdos.

jocalias. (Del b. lat. *iocalīa.*) f. pl. ant. *Ar.* Alhajas de iglesia; como vasos sagrados, relicarios, etc.

jocear. tr. *Guat.* hozar u hocicar.

jockey. (Voz i.; pronúnciase *yoke.*) m. **yóquey.**

jocó. (Voz del Sudán.) m. Especie de chimpancé.

Jocoaitique. Geog. Mun. de El Salvador, depart. de Morazán; 5.833 h. ‖ Pobl. cap. del mismo; 1.102 h.

Jocolí. Geog. Local. de Argentina, prov. de Mendoza, depart. de Lavalle; 1.994 h.

jocomico. m. *Bot. Hond.* Árbol de fruta dulce y agradable.

Jocón. Geog. Mun. de Honduras, depart. de Yoro; 4.683 h. ‖ Pobl. cap. del mismo; 1.449 h.

Jocoró. Geog. Mun. de El Salvador, depart. de Morazán; 10.267 h. ‖ Pobl. cap. del mismo; 2.749 h.

jocosamente. adv. m. Con jocosidad; chistosamente.

jocoserio, ria. adj. Que participa de las calidades de lo serio y de lo jocoso.

jocosidad. fr., *badinage, plaisanterie*; it., *giocosità*; i., *pleasantry*; a., *Scherz, Spott.* f. Calidad de jocoso. ‖ Chiste, donaire.

jocoso, sa. (Del lat. *iocōsus*, de *iocus*, broma.) adj. Gracioso, chistoso, festivo.

jocotal. m. *Bot. Guat.* Variedad de jobo, cuyo fruto es el jocote.

Jocotán. *Geog.* Mun. de Guatemala, depart. de Chiquimula; 22.070 h. ‖ Pobl. cap. del mismo; 2.314 h.

jocote. (Del nahua *xococ*, agrio.) m. *Bot. Guat.* y *Méj.* Fruta parecida a la ciruela, de color rojo o amarillo, con una película delgada que cubre la carne y con un cuesco pequeño.

jocotear. intr. *Guat.* Salir al campo a cortar o a comer jocote. ‖ fig. Molestar mucho; hacer daño, hacer mal.

Jocotenango. *Geog.* Mun. de Guatemala, depart. de Sacatepéquez; 3.421 h. ‖ Pobl. cap. del mismo; 2.998 h.

Jocotepec. *Geog.* Mun. de Méjico, est. de Jalisco; 22.390 h. ‖ Villa cap. del mismo; 7.736 h.

Jocotitlán. *Geog.* Mun. de Méjico, est. de Méjico; 24.275 h. ‖ Pueblo cap. del mismo; 4.008 h.

jocoyoli. m. *Bot. Méj.* Nombre de una acederilla del gén. *óxalis.*

jocú. m. *Zool. Cuba.* **jayao.**

jocuma. f. *Bot. Cuba.* Nombre de la sapotácea *dipholis salicifolia;* su madera es roja cuando fresca. ‖ **amarilla.** *Cuba.* Árbol de cuya madera, dura y muy fuerte, se hacen muebles. Es la sapotácea *sideróxylon pállidum.*

jocundidad. (Del lat. *iucundĭtas, -ātis.*) f. Alegría, apacibilidad.

jocundo, da. (Del lat. *iucundus.*) adj. Plácido, alegre y agradable.

jochear. tr. *Bol.* Torear, azuzar.

Jódar. *Geog.* Mun. de España, prov. de Jaén, p. j. de Úbeda; 12.020 h. ‖ C. cap. del mismo; 11.973 h. (*jodeños*). Ruinas de un antiguo castillo.

Jodavendikiar. *Geog.* Bursa.

Jodelle (Étienne). *Biog.* Poeta dramático francés, n. y m. en París (1532-1573). Formó parte de la pléyade y con su tragedia *Cleopatra cautiva* introdujo grandes innovaciones en la literatura teatral. Cultivó también la poesía lírica.

joder. (Del lat. *futuĕre.*) tr. Practicar el coito, fornicar. Es voz malsonante. ‖ f. Molestar, fastidiar. Ú. t. c. prnl. ‖ fig. Destrozar, arruinar, echar a perder. Ú. menos como prnl. ‖ Úsase como interjección de enfado, irritación, asombro, etc.

Jodl (Alfred). *Biog.* General alemán, n. en Wurzburgo y m. en Nuremberg (1890-1946). Jefe del Estado Mayor General. Desempeñó un papel importante en la anexión de Austria y en la invasión de Noruega, Grecia y Yugoslavia durante la S. G. M. El Tribunal de Crímenes de Guerra Interaliado de Nuremberg le condenó a morir en la horca.

Joe Louis. *Biog.* Barrow **(Joseph Louis).**

Joel. *Biog.* El segundo profeta menor del Antiguo Testamento, según el orden de la Vulgata, que vivió en el s. VIII a. C. Sus profecías se refieren a la cautividad de Babilonia y al Juicio final.

Joensuu. *Geog.* C. de Finlandia, en Carelia, cap. de la provincia de Pohjois-Karjalan; 86.714 h.

Joergensen (Jens Johannes). *Biog.* Escritor danés, n. y m. en Svendborg (1866-1956). Fundó la revista *Taarnet* (1893-95), por medio de la cual verificó el paso del naturalismo al simbolismo francés. Residió en Italia, donde se convirtió al catolicismo (1896). Obras: *Parábolas* (1907), *San Francisco de Asís* (1909), *Peregrinaciones franciscanas* (1910), *Vita vera* (1913) y *Santa Catalina de Siena* (1923).

jofaina. fr., *cuvette, lavoir;* it., *catino;* i., *wash-bowl;* a., *Waschbecken.* (Del ár. *ŷufaina*, platillo hondo, escudilla.) f. Vasija en forma de taza, de gran diámetro y poca profundidad, que sirve principalmente para lavarse la cara y las manos.

Joffre (Joseph). *Biog.* Mariscal de Francia, n. en Rivesaltes y m. en París (1852-1931). Tomó parte en la guerra de 1870-71, luego en la expedición a Tombuctú (1894), y bajo las órdenes de Gallieni, en la campaña de Madagascar (1898-99). En 1911 fue nombrado generalísimo de los ejércitos franceses, en cuyo cargo le sorprendió la P. G. M. En la batalla del Marne compartió el éxito con el general Gallieni; en diciembre de 1915 se le dio el mando de todas las tropas francesas y, en el mismo mes del año siguiente, fue substituido por el general Nivelle y nombrado mariscal de Francia.

jofor. (Del ár. *ŷufūr*, de *ŷafr*, adivinación.) m. Pronóstico, entre los moriscos.

Jogjakarta. *Geog.* **Yogjakarta.**

joglar. (Del lat. *ioculāris.*) m. ant. **juglar.**

joglería. (De *joglar.*) f. ant. Pasatiempo, regocijo, placer.

joguer. (Del lat. *iacŭi*, pret. perfecto de *iacēre.*) intr. ant. **acostarse.**

Johannesburgo. *Geog.* C. de la República Sudafricana, prov. de Transvaal; 1.407.963 h. Es el centro de la minería de oro. Fundada en 1886, al descubrirse la primera mina de oro, creció rápidamente.

Johjanlahti. *Geog.* Botnia.

John (Augustus Edwin). *Biog.* Pintor inglés, n. en Tenby, Pembrokeshire, y m. en Fordingbridge (1878-1961). Está considerado como uno de los retratistas más notables de la escuela inglesa moderna. ‖ **Bull.** *Hist.* Nombre con el cual se personifica al pueblo inglés en general y a los ingleses en particular. Se simboliza en un hombre bastante fornido con sombrero de copa baja, levita, calzones y botas de montar. Se empleó por primera vez en un escrito satírico del año 1712, con el título de *The history of John Bull,* cuyo autor fue John Arbuthnot.

Johnson (Andrew). *Biog.* Político estadounidense, n. en Raleigh y m. en Carter County (1808-1875). Elegido vicepresidente en la elección de Lincoln, fue elevado a la presidencia cuando el asesinato de éste, en abril de 1865. En febrero de 1868 fue acusado por la Cámara de Representantes de hechos delictivos, pero el proceso terminó con una absolución. ‖ **(Eyvind).** Escritor sueco, n. en Overlulea y m. en Estocolmo (1900-1976). Toda su obra está marcada por su origen popular y refleja un conocimiento profundo del hombre moderno. Escribió: *Carta certificada* (1927), *Bobinack* (1932), *Olof* (1934-37), *La vuelta del soldado* (1941) y *Ulises, dichoso* (1950). En el año 1974 compartió el premio Nobel con Harry Martinson. ‖ **(Lyndon Baines).** Político estadounidense, n. en Johnson City y m. en San Antonio (1908-1973). Director de la Administración Nacional Juvenil de Tejas (1935-37), senador (1949) y paladín demócrata desde 1953, fue elegido vicepresidente de EE. UU. (1960) y sucedió a John F. Kennedy en la presidencia, al morir asesinado este último en Dallas (22 de noviembre de 1963). En las elecciones de 1964 fue elegido presidente y ocupó el cargo hasta 1968. ‖ **(Samuel).** Ensayista y lexicógrafo inglés, n. en Lichfield y m. en Londres (1709-1784). Colaboró en *The Gentleman's Magazine,* y en 1744 escribió una de sus mejores obras, *Life of the poet Savage.* En 1750 empezó a escribir *The Rambler,* serie bisemanal de ensayos y cuentos, y en 1759 publicó una segunda serie, titulada *The Idler.*

Johnston (Harry Hamilton). *Biog.* Explorador y escritor inglés, n. en Kennington y m. en Londres (1858-1927). En 1878-80 recorrió

Johannesburgo. Vista panorámica

el N. de África, y en 1882-83 exploró el África occidental portuguesa y el Congo. En 1884 dirigió una expedición al monte Kilimanjaro; en 1889 exploró los lagos Malawi y Tanganyika y fundó el Protectorado del África central inglesa.

Johor. *Geog.* Est. de Malaysia Occidental, en la península de Malaca, sit. en el extremo meridional; 19.062 km.² y 1.273.990 h. Cap., Johor Bharu. ‖ **Bharu.** C. de Malaysia Occidental, cap. del est. de Johor; 135.936 habitantes.

Joinville (Jean de). *Biog.* Historiador francés, n. en el castillo de Joinville (1224-1317). Tomó parte en la cruzada de San Luis, en la expedición de 1248-54. Escribió *Historia de San Luis,* en la que expone un excelente retrato de su época.

jojoto. m. *Venez.* Fruto del maíz en leche.

Jojutla. *Geog.* Mun. de Méjico, est. de Morelos; 32.213 h. Cap., Jojutla de Juárez. ‖ **de**

Juárez. C. de Méjico, est. de Morelos, cap. del mun. de Jojutla; 14.438 h.

Jókai (Mór). Biog. Novelista húngaro, n. en Komáron y m. en Budapest (1825-1904). Publicó cerca de 300 volúmenes, entre los que sobresalen los titulados *Cuadros de guerra, Flores salvajes, El diamante negro, La mujer de los ojos verdes* y *Días tristes*.

Jolalpan. Geog. Mun. de Méjico, est. de Puebla; 8.104 h. ǁ Pueblo cap. del mismo; 2.752 h.

jolgorio. m. fam. Diversión bulliciosa; holgorio.

Joliot (Jean-Frédéric). Biog. Físico francés, n. y m. en París (1900-1958). Fue profesor del Instituto de Radio (París) y del Colegio de Francia y estuvo casado con Irène Joliot-Curie. Su contribución al estudio del átomo ha sido notabilísima, pues dio a conocer la existencia del neutrón al mismo tiempo que Chadwick, y, como Anderson, llevó a cabo la materialización de la energía y la destrucción de las partículas atómicas; con su esposa des-

Jean-Frédéric Joliot

cubrió la radiactividad artificial, por lo que merecieron conjuntamente el premio Nobel de Química en 1935; y en 1939 presentó a la Academia de Ciencias una comunicación y prueba experimental de ruptura explosiva de los núcleos del radio y del torio bajo la acción de los neutrones. ǁ **-Curie (Irène). Física** francesa, n. y m. en París (1897-1956). Fue hija de Pierre y Marie Curie y esposa de Jean-Frédéric Joliot, con el cual colaboró. En 1936 fue subsecretaria de Estado en el Departamento de Investigaciones.

jolito. (Del it. *giolito*.) m. Calma, suspensión. ǁ **en jolito.** m. adv. Burlado o chasqueado. Ú. con los verbos *dejar, quedarse* y *volverse*.

Jolivet (André). Biog. Compositor francés, n. y m. en París (1905-1974). Discípulo de Le Flem y Edgar Varèse, y perteneciente al grupo llamado *La Jeune France*. Sus obras están escritas en sistema atonal: *Dolores ou le miracle de la femine laide* (ópera bufa), *Guignol et Mandore* (ballet), obras para piano, cámara, corales, etc.

Joló o **Sulú. Geog.** Arch. y prov. de Filipinas, que une a éstas con Borneo y comprende cinco grupos de islas, de los cuales el de Basilán corresponde a la prov. de Zamboanga, y los otros cuatro, que son Joló o Sulú, Pangutarang, Tapul y Tawi-Tawi, forman la prov. de Joló; 2.688 km.² y 425.617 h. De origen volcánico, se hallan cruzadas por tres cadenas paralelas de montañas. ǁ Pobl. cap. de la prov. de su nombre; 33.259 h.

joloano, na. adj. Natural de Joló, o perteneciente a cualquiera de las islas de este arch. de Filipinas. Ú. t. c. s.

jolote. m. **Zool.** *Guat., Hond.* y *Méj.* **guajolote.**

jollín. (De *hollín*.) m. fam. Gresca, holgorio, diversión bulliciosa.

joma. f. *Méj.* **joroba.**

jomado, da. adj. *Méj.* **jorobado.**

jomar. tr. *Méj.* **Jorobar,** encorvar.

Jomeini (Ruhollah). Biog. Líder religioso chiíta y político iraní, n. en 1901. Jefe de la oposición al régimen político del sah Reza Pahlevi, en febrero de 1979 y, tras una corta guerra civil, se hizo cargo de la jefatura del estado proclamando la República Islámica del Irán.

Jomolhari. Geog. Chomo Lhari.

Jonacatepec. Geog. Mun. de Méjico, est. de Morelos; 7.379 h. ǁ C. cap. del mismo; 3.863 h.

Jonás *(San).* **Biog.** Uno de los 12 profetas menores del Antiguo Testamento, que vivió en el s. VIII a. C. Como recibiese del Señor la orden de ir a Nínive a predicar, embarcó en

El profeta San Jonás, miniatura medieval. Biblioteca Nacional. París

Jope para ir a Tarsis, y habiendo sido arrojado al mar, estuvo, según dice la Biblia, tres días con tres noches en el vientre de un cetáceo, de donde salió incólume en las costas ninivitas. La Iglesia conmemora su fiesta el 21 de septiembre.

Jonatás. Biog. El más joven de los hijos del macabeo Matatías, elegido jefe por los partidarios de su hermano Judas al sucumbir éste en su lucha contra los asirios. ǁ El mayor de los hijos de Saúl y de Aquinoam. Fue íntimo amigo de David. Murió en Gelboé, junto a su padre, y David lloró su muerte amargamente.

jondo. (De *hondo*, por aspiración de la *h*.) adj. **Folk. cante hondo.**

Jones (Ernest). Biog. Psicólogo inglés, n. en Gowerton, Glamorganshire, y m. en Londres (1879-1958). Introdujo el psicoanálisis en los países de habla inglesa. Entre sus obras se citan: *Ensayos de psicoanálisis, Psicoanálisis sobre las pesadillas* y *Sigmund Freud: life and work* (1953-58). ǁ **(Henry Arthur).** Dramaturgo inglés, n. en Grandborough y m. en Londres (1851-1929). Su primer gran éxito fue el melodrama *El rey de plata* (1882); pero su especialidad fue la comedia social, cuyo primer ensayo fue *Santos y pecadores* (1884), seguido de otros que cimentaron su fama. ǁ **(Inigo).** Arquitecto y decorador inglés, n. y m. en Londres (1573-1652). Inspirándose en las obras renacentistas italianas, construyó el Palacio Real de Whitehall, el Hospital de Greenwich, la Bolsa Vieja de Londres, etc. Innovó la escenografía inglesa introduciendo elementos italianos y se dedicó también al diseño de trajes. ǁ **(Jennifer). Isley (Phyllis).** ǁ **(John Paul).** Marino estadounidense, de origen inglés, n. en Kirkbean y m. en París (1747-1792). Fue el primero en izar una bandera estadounidense en un navío (13 de diciembre de 1775). Con la ayuda del rey de Francia, organizó una flotilla con la que derrotó a los ingleses (1779). Llamado por Catalina II de Rusia, fue contraalmirante de la Marina rusa, con la que combatió a los turcos (1788-90). ǁ **(William).** Orientalista inglés, n. en Londres y m. en Calcuta (1746-1794). Fundó en esta ciudad de la India la Sociedad Asiática, que presidió hasta su muerte. Su obra más importante es la traducción del *Sakuntala*, de Kalidasa, y otra del Código de Manú.

Jongelingx (Jacob). Biog. Escultor belga, n. y m. en Amberes (1531-1606). Su obra más importante es el sepulcro de Carlos *el Temerario*, en la catedral de Brujas.

Jonia. Geog. e **Hist.** Región de la costa oriental del Asia Menor, a la que dieron nombre los jonios expulsados del Peloponeso por los dorios. En el año 64 a. C. fue anexada por Pompeyo al Imperio romano. Hoy pertenece a Grecia.

Jónicas (Islas). Geog. Grupo de siete islas griegas, en el mar Jónico. Componen una región que comprende los nomos de Cefalonia, Corfú, Léucada y Zante; 2.307 km.² Son muy montañosas. Agricultura muy intensa (olivos, vinos, etc.)

jónico, ca. fr., *ionique, ionien*; it., *ionico*; i., *ionian*; a., *ionisch, ioner*. (Del lat. *ionĭcus*, y éste del gr. *ionikós*.) adj. Natural de Jonia, o perteneciente a las regiones de este nombre de Grecia y Asia antiguas. Ú. t. c. s. ǁ Uno de los modos del sistema musical griego. ǁ **Arquit.** Dícese de un estilo u orden que se comenzó a utilizar en Jonia (Asia Menor) y de ahí su

Templo de la Fortuna Viril, en Roma, de estilo jónico (s. II a. C.)

nombre. En él son frecuentes los elementos orientales procedentes de la arquitectura asiria. Sus características más esenciales son éstas: la base de la columna tiene dos molduras; el fuste, estrías separadas por listeles; el capitel está formado por dos volutas y un pequeño ábaco moldurado, y el entablamento presenta el friso convertido en una faja continua. ǁ m. **Ling.** Uno de los cuatro principales dialectos de la lengua griega. ǁ **Poét.** Pie de la poesía griega y latina, compuesta de cuatro sílabas. Se divide en mayor o menor: en el mayor son largas las dos primeras y breves las otras, y al contrario en el menor.

Jónico (mar). **Geog.** Nombre de aquella porción del Mediterráneo que separa la Italia meridional y Sicilia de Albania y Grecia.

jonio–Jordana

jonio, nia. (Del lat. *ionĭus,* y éste del gr. *Ionía,* Jonia.) adj. Natural de Jonia, o perteneciente o relativo a las regiones de este nombre en Grecia y Asia. Ú. t. c. s.

jonja. f. *Chile.* Burla, fisga, vaya, y especialmente la que se hace remedando el gesto o el tono de la voz de una persona.

jonjabar. tr. fam. Engatusar, lisonjear. || *Germ.* Apurar, inquietar.

jonjabero, ra. adj. Lisonjeador, zalamero.

jonjolí. m. ant. **Bot. ajonjolí.**

Jönköping. Geog. Cond. meridional de Suecia; 11.488 km.² y 307.896 h. || C. cap. del mismo, sit. en el extemo S. del lago Wetter; 108.429 h. Puerto.

Jonotla. Geog. Mun. de Méjico, est. de Puebla; 4.149 h. || Pueblo cap. del mismo; 1.643 h.

J. O. N. S. Siglas de *Juntas de Ofensiva Nacional Sindicalista.* V. **Redondo Ortega (Onésimo).**

Jonson (Benjamin). Biog. Dramaturgo inglés, conocido también con el nombre de *Ben Jonson,* n. en Westminster y m. en Londres (1573-1637). Se le considera como el mejor dramático inglés después de Shakespeare. Entre sus producciones descuellan: *Volpone, El alquimista, La conspiración de Catilina y Sejanus.*

jonuco. m. *Méj.* **chiribitil,** cuarto obscuro. || **covacha.**

Jonuta. Geog. Mun. de Méjico, est. de Tabasco; 14.481 h. || C. cap. del mismo; 2.746 h.

Jopala. Geog. Mun. de Méjico, est. de Puebla; 8.268 h. || Pueblo cap. del mismo; 2.240 h.

joparse. (De *jopo.*) prnl. Irse, huir, escapar.

jopear. intr. Menear la cola, especialmente la zorra, hopear. || Corretear, andar de calle en calle, hopear.

jopeo. m. Acción de jopear.

jopo. m. Cola de mucho pelo, hopo. || *Bol.* Alfiler grande para prender el pelo. || *Mur.* Penacho de la caña verde. || Hopo de la raposa.

¡jopo! interj. fam. **¡hopo!**

Joquicingo. Geog. Mun. de Méjico, est. de Méjico; 5.809 h. || Pueblo cap. del mismo; 2.420 h.

jora. (De *sora.*) f. *Amér. m.* Maíz preparado para hacer chicha.

Joram. Biog. Rey de Israel, hijo de Acab, m. en 884 a. C. Venció a los moabitas y al rey de Siria; pero Jehú le venció y le despojó del trono, haciéndole degollar con toda su familia. || Rey de Judá, m. en 881 a. C. Inducido por Atalía, su esposa, introdujo en Judea el culto de Baal y murió en la impiedad, desoyendo las predicaciones del profeta Elías.

Jorasán o **Khurasan.** Geog. Prov. del NE. de Irán; 313.000 km.² y 2.669.000 h. Cap., Meshed. Cereales y frutas e importante ganadería.

Jorba. Geog. Mun. de España, prov. de Barcelona, p. j. de Igualada; 640 h. || Lugar cap. del mismo; 355 h.

Jorbalán (vizcondesa de). Biog. María Micaela del Santísimo Sacramento *(Santa).*

jorcar. (Del latín *furca,* instrumento para aventar el trigo, horca.) tr. *Extr.* **ahechar.**

Jorcas. Geog. Mun. y villa de España, prov. y p. j. de Teruel; 131 h.

jorco. m. *Extr.* Fiesta o baile algo libre que se usa entre gente vulgar.

Jordaens (Jacob). Biog. Pintor flamenco, n. y m. en Amberes (1593-1678). Fue discípulo de Adam van Noort y ejercieron influencia en su arte Caravaggio y Rubens. Pintó preferentemente cuadros de gran tamaño con temas mitológicos, costumbristas, retratos, escenas de familia y naturalezas muertas. Fue uno de los más importantes pintores flamencos del s. XVII. Decoró la Maison du Bois, en La Haya, donde figura su obra más representativa: *El triunfo de Federico Enrique de Nassau.* Pintó también: *Concierto de familia, La niñez de Baco, Crucifixión, Jesús con los doctores, Fecundidad,* etc.

Salomé presentando a Herodes la cabeza del Bautista, por Jordaens. Museo Lázaro Galdiano. Madrid

jordán. (Por alusión al río *Jordán,* santificado por el bautismo del Salvador.) m. fig. Lo que remoza, hermosea y purifica.

Jordan (Alexis). Biog. Botánico y biólogo francés, n. en Lyón (1814-1897). Estudió las mutaciones en los vegetales y estableció el concepto de que las especies linneanas están formadas, en realidad, por entidades más elementales, hoy llamadas especies jordanianas. || **(Camille).** Matemático francés, n. en Lyón y m. en París (1838-1922). Es muy conocido su *Curso de análisis* y la definición de curva que lleva su nombre. || **(Pascual).** Físico alemán, n. en Hannóver en 1902. Ha realizado investigaciones acerca de la teoría de los cuantos y escrito: *Anschauliche quantentheorie* (1936), *Das Bild der modernen Physik* (1947), *Schwerkraft und Weltall* (1952) y *Atom und Weltall* (1956).

Jordán (Esteban). Biog. Escultor español, n. y m. en Valladolid (1534-h. 1603). Discípulo y colaborador de Berruguete. Autor del retablo de la iglesia del monasterio de El Pardo y de varias esculturas y un retablo (empezado por Juan de Juni) en Medina de Rioseco. Una de sus mejores obras es el sepulcro de Pedro de la Gasca. También realizó el retablo de Montserrat. || **(Lucas). Giordano (Luca).** Geog. Mun. de Colombia, depart. de Santander; 1.488 h. || Pobl. cap. del mismo; 104 h. || Río de Palestina; n. en el monte Hermón y corre a través de las aguas del Merom al mar de Galilea, desde donde, después de descender a 396 m. bajo el nivel del mar, se precipita en el mar Muerto. En él fue bautizado Jesucristo.

Jordana (conde de). Biog. Gómez Jordana y Souza, conde de Jordana (Francisco).

Retablo de la iglesia de Santa María, por Esteban Jordán. Medina de Rioseco (Valladolid)

Jordania. *(Al-Mamlakah al-Urduniyah al-Hashimiyah.)* **Geog.** Estado monárquico del SO. de Asia.

Situación y límites. Está sit. entre los 29° 15' y 33° 50' de lat. N., y 35° 30' y 39° de long. E. del meridiano de Greenwich. Limita al N. con Siria, al E. con Irak y Arabia Saudí, al S. con esta última y al O. con el Estado de Israel.

Superficie y población. Superficie, 96.622 km.² (con las aguas interiores, 97.740 km.²); pobl. absoluta, 2.185.929 h. (2.979.000 calculados en 1979); pobl. relativa, 22,3 h. por km.²

Geografía física. El país forma parte de la gran meseta de Arabia y es, en su mayor parte (72.500 km.²), desierto. Está constituido por una altiplanicie que bordean al E. el Gebel Anaiza (1.100 m.), al S. el Gebel Tribaik (1.008) y al O. el Gebel Moghar (1.140), y por una parte de la depresión de Ghor que recorre el río Jordán. Aparte del Jordán, alimentado por las lluvias que caen en el monte Hermón, no existen verdaderos ríos, sino *ueds*, entre los cuales los más notables son el Araba, el Arnab y el Ghara. El clima es seco y extremado, con estíos muy calurosos e inviernos y noches —éstas en todo tiempo— muy fríos.

Geografía económica. Las tierras cultivables se calcularon en 1.360.000 hectáreas. El principal cultivo es el de cereales: trigo (105.000 hect. y 60.000 ton.), cebada (30.000 y 16.000) y sorgo (1.000 y 1.000). Entre los cultivos alimenticios propiamente destacan: lentejas (31.000 toneladas), judías (1.000), tomates (130.000), patatas (1.000), cebollas (2.000), etc. En la zona de las colinas es frecuente la vid, dedicada principalmente al consumo directo (18.000 ton.), y en el N., el olivo (4.825 ton. de aceitunas). La producción de agrios fue de 18.000 toneladas de naranjas y 11.000 de limones. El patrimonio ganadero, en 1975, estaba compuesto de las siguientes cabezas: ovino, 792.000; caprino, 400.000; bovino, 49.000; equino, 2.000; asnal, 44.000; mular, 8.000, y aves, 2.765.000. Los únicos productos minerales en la actualidad son fosfatos (1.676.000 toneladas en 1974) y sal (15.000 ton.), en las orillas del mar Muerto. La industria tabaquera (1.972 millones de cigarrillos) y la de cemento (596.000 ton.) están ubicadas en Amman. En Zarqa hay una refinería de petróleo. El potencial de energía eléctrica instalado, en 1974, era de 30.000 kw., y la producción fue de 310 millones de kwh., enteramente de origen térmico. El valor, en miles de dinares, del intercambio comercial, durante el período 1972-75, fue el siguiente:

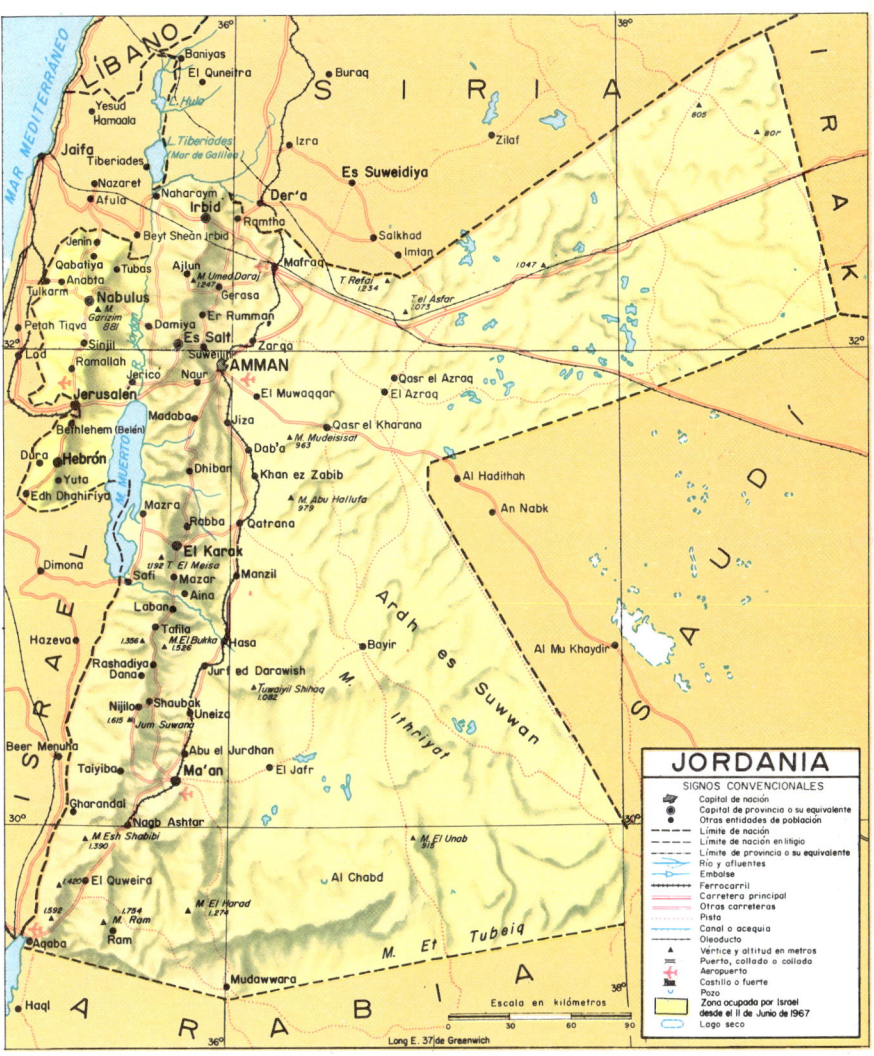

Años	Importación	Exportación
1972	95.310	17.010
1973	108.250	18.980
1974	156.510	49.750
1975	234.00	46.890

La unidad monetaria es el dinar, cuya paridad, en febrero de 1977, era de 0,333 dinares por dólar. Amman tiene aeropuerto internacional, y Aqaba es el principal puerto.

Geografía política. El idioma oficial del país es el árabe. La religión predominante es la mahometana, con 1.597.000 musulmanes. Hay 109.000 cristianos, de los cuales 13.000 son melquitas, 70.000 ortodoxos griegos y 3.900 armenios. Jordania es una monarquía hereditaria. Parlamento bicameral: Cámara de Diputados (60 miembros elegidos por cuatro años por sufragio masculino) y Senado (30 miembros elegidos por el rey). El poder ejecutivo es responsable ante al Parlamento.

División territorial. A continuación se inserta el cuadro de la división administrativa:

Distritos	Superficie Km.²	Población Habitantes	Capitales y su población
Amman	2.384	542.000	Amman (330.220 h.).
Balqra	1.119	98.000	Es Salt (17.896).
Hebrón	1.074	149.000	Hebrón (42.578).
Irbid	3.402	343.000	Irbid (49.401).
Jerusalén	2.058	431.000	Jerusalén (65.554).
Karak	2.359	83.000	El Karak (8.184).
Ma'an	668	60.000	Ma'an (7.517).
Nabulus	2.510	427.000	Nabulus (49.927).
Desierto	81.048	52.929	—
Totales	96.622	2.185.929	

La capital es Amman (330.220 h.).

Historia. Antes de la P. G. M., el territorio pertenecía al Imperio turco. En 1920 fue colocado el país bajo la administración inglesa, y terminada la S. G. M., en 22 de marzo de 1946 fue reconocida su independencia con el nombre de Transjordania, bajo un soberano al que se dio el título de emir. Por convenio de la misma fecha, el R. U. podía mantener tropas en ella e intervenir en su economía. Convertido en reino en 25 de mayo de igual año, fue proclamado monarca el emir Abd ul-Alá ibn-Hussein. Con motivo de la constitución del Estado de Israel y la paralela declaración de un Estado árabe (2 de octubre de 1948) en tierras de Palestina, y de la subsiguiente lucha entablada entre árabes y judíos, los Estados mahometanos limítrofes, entre ellos Transjordania, hicieron la guerra a la República israelí. El armisticio de 3 de abril de 1949 puso fin al conflicto armado. La Comisión Política de la O. N. U., en 7 de diciembre de 1949, fijó en principio la internacionalización de Jerusalén, contra el parecer de Israel y de Jordania, y aprobada por la Asamblea en 10 del mismo mes, se encargó de la ejecución del acuerdo al Consejo de Fideicomisos. Jordania se anexionó, en abril del año 1950, la Palestina árabe (unos 6.000 km.² con 300.000 h.), sin que este hecho prejuzgara la solución del pleito palestiniano ni perjudicara a los demás Estados árabes. El R. U. reconoció, en 27 de abril, la incorporación a título provisional; pero la decisión de Jordania no agradó a Israel ni a las naciones de la Liga Árabe, ante la que Egipto pidió la expulsión, si bien posteriormente se atenuó esta oposición de la Liga, gracias a la habilidad política del rey Abd ul-Alá. Éste fue asesinado por un fanático, el 20 de julio de 1951, y el derecho al trono recayó en su hijo Talal, que fue proclamado rey por la Asamblea

El rey Abd ul-Alá

blea (5 de septiembre); pero ante su delicado estado de salud acordó su cese y nombró para sucederle a su hijo Hussein, bajo regencia, hasta su mayoría de edad, en 2 de mayo de 1953. Posteriormente se produjeron dos acontecimientos importantes: la sangrienta incursión de tropas israelíes en Quibya (octubre de 1953) y el acuerdo de la Liga Árabe de convertir la ciudad vieja de Jerusalén en la segunda capital de Jordania y residencia del ministro de Asuntos Exteriores. En diciembre de 1955 se produjeron disturbios en el país a causa de la adhesión o no de Jordania al Pacto de Bagdad. El Gobierno dimitió, fue disuelto el Parlamento y denunciado el Pacto; en represalia, el R. U. retiró la subvención para el sostenimiento de la Legión Árabe. Arabia se comprometió a afrontar esos gastos. En octubre, tropas israelíes atacaron Kalkilya y el R. U. anunció que protegería a Jordania en caso de nuevo ataque; pero el acuerdo firmado con el R: U. se dio por terminado con mutuo consentimiento (13 de marzo de 1957). Ante la agitación existente en el Parlamento y en el país, Hussein impuso la ley marcial, declaró fuera de la ley a todos los partidos de izquierda y encargó formar Gobierno a Ibrahim Hashim. En respuesta a la unión de Siria y Egipto formando la R. A. U., Jordania e Irak se unieron con la denominación de Federación Árabe (14 de febrero de 1958). La unión quedó consagrada con la firma de las enmiendas introducidas en la Constitución para la nueva situación. Con motivo de la revolución en Irak (14 de julio), que costó la vida al rey de aquel país, Hussein se proclamó jefe supremo de la Federación y pidió ayuda militar al R. U., que mandó sus paracaidistas (17 de julio). La Federación Árabe fue oficialmente disuelta y suspendida la Constitución (1 de agosto). El ·24 de noviembre se celebraron elecciones generales para la Cámara de Diputados, y el 3 de diciembre volvió a ser investido el mismo Gobierno anterior de Wasfi al-Tal. En febrero de 1965, los árabes comenzaron los trabajos para desviar el Jordán, negando el agua a Israel. El 17 de marzo, los israelíes destrozaron los puntos de desviación en la región norte por medio del fuego artillero. El 13 de noviembre de 1966, Israel penetró en Jordania con sus tropas de combate apoyadas por aviones de caza a reacción, ocasionándose en ambas partes graves pérdidas, tanto en los combates desarrollados en tierra, como en el aire. Poco después, la O. N. U. consiguió un acuerdo de alto el fuego entre los dos países, y Jordania acusó a Israel ante el Consejo de Seguridad, que amonestó a Israel. El 9 de octubre, el rey Hussein asumió el mando directo de las Fuerzas Armadas, designando primer ministro a Bahjat al-Talhuni (antes ministro de defensa). Actos hostiles, como un atentado contra Hussein, y la batalla de Amman, con un balance de 400 muertos, acusaban el peligro de una guerra civil. Los continuos choques entre la autoridad real y los guerrilleros, aparte de malograr el esfuerzo militar común, llegaron a comprometer la propia existencia del Estado. Hussein optó por ceder a las presiones de los extremistas del Frente Popular de Liberación Palestina, dejando el trono sin sus mejores soportes. En septiembre, Hussein entregó el poder a los militares. Toda la resistencia quedó bajo el mando de Yasser Arafat. La guerra civil entre las fuerzas reales y los guerrilleros palestinos empezó como tal el 17 de septiembre, y el 25 se acordaba el alto el fuego. Finalmente, Hussein y Arafat firmaron la paz en El Cairo (28 de septiembre de 1970). Para permitir la convivencia de estas comunidades (la beduina, partidaria de Hussein, y la palestina, de Arafat), se creó un Comité Superior Árabe, con autoridad sobre las dos partes para imponer sus decisiones. Este compromiso sostuvo el alto el fuego, pero no pudo resolver el problema político jordano. La acción militar de las tropas gubernamentales contra los guerrilleros (13 a 18 de julio de 1971) empeoró las relaciones de Jordania con los países árabes; Libia había roto sus lazos diplomáticos en septiembre de 1970, y Argelia y Siria lo hicieron ahora, cerrando ésta, además, la frontera, medida que también tomó Irak. Egipto rom-

Hussein I

pería el 6 de abril de 1972. El 28 de noviembre, al ser asesinado en El Cairo Wasfi al-Tal, primer ministro desde el 28 de octubre de 1970, fue designado para sucederle Ahmed al-Lawzi. El 12 de septiembre de 1973 finalizó una reunión en El Cairo entre los presidentes de Egipto y Siria y el rey Hussein, fruto de la cual, entre otros, fue el restablecimiento de relaciones diplomáticas entre los tres países y el propósito de reactivar de nuevo el frente árabe del Este contra Israel. En relación con el conflicto originado en el mundo árabe, con motivo de la iniciativa unilateral de paz del presidente egipcio Sadat (v.), Hussein se entrevistó en Teherán con el presidente Carter (31 de diciembre de 1977-1 de enero de 1978) y en septiembre de 1978 rechazó los acuerdos firmados entre Egipto e Israel. El 19 de diciembre de 1979, el primer ministro Modar Badran presentó la dimisión de su Gobierno, formado en julio de 1976, y fue substituido por el jefe del gabinete real, Sharif Abdul Hamid Sharaf. La crisis de Oriente Próximo y el problema palestino fueron los temas principales que el presidente Suárez trató en la visita que hizo a este país (febrero de 1980), así como otros de carácter bilateral relativos a la cooperación Cultural entre España y Jordania.

jordano, na. adj. Natural de Jordania, o perteneciente a esta nación. Ú. t. c. s.

jordanon. (De A. *Jordan.*) m. **Bot.** Entidad con caracteres morfológicos constantes cuando se somete a la prueba del cultivo. Se llama también *línea pura, especie elemental* y *genotipo.*

Jorezm. Geog. Prov. de la U. R. S. S., en Uzbekistán; 4.500 km.² y 553.707 h. Cap., Urgench.

jorfe. (Del ár. *ŷurf*, acantilado.) m. Muro de sostenimiento de tierras, ordinariamente de piedra en seco. || Peñasco tajado que forma despeñadero.

jorge. m. Entom. abejorro.

Jorge (*San*). **Biog.** Mártir cristiano del s. II. Jefe de una compañía de soldados del emperador Diocleciano, se convirtió al cristianismo, abandonando la carrera de las armas y repartiendo sus bienes entre los pobres. Publicado el edicto de persecución contra los cristianos, San Jorge hizo pública profesión de fe, sufriendo el tormento y la decapitación en el año 303. Su fiesta, el 23 de abril. || Nombre de 13 reyes de Georgia, el último de los cuales m. en 1800, habiendo vendido antes sus estados a

Rusia. || **I.** Rey de Grecia, n. en Copenhague y m. en Salónica (1845-1913). Fue elegido rey por la Asamblea Nacional griega en 1863. Su reinado se distinguió por la ampliación de las fronteras griegas. Murió asesinado. || **II.** Rey de Grecia, n. en el castillo de Tatoi y m. en Atenas (1890-1947). Subió al trono en 1922, pero hubo de abdicar en 1924, fecha en que se proclamó la República. Fue restaurado en el trono en 1935, pero en 1941 hubo de abandonarlo nuevamente, para recuperarlo mediante plebiscito en septiembre de 1946. || **V.** Último rey de Hannóver, n. en Berlín y m. en París (1819-1878). Subió al trono en 1851, y en la guerra entre Prusia y Austria en 1866, donde mandaba personalmente su ejército, fue vencido y hecho prisionero, siendo sus estados anexionados a Prusia. || **Guillermo, elector de Hesse-Cassel.** Feldmariscal al servicio

Jorge I de Inglaterra

de Prusia, rey después en todo el Hesse (1743-1821). Formó parte de la coalición contra Francia y, en 1803, cambió su título de landgrave por el de elector del imperio germánico. || **I.** Rey de Inglaterra y elector de Hannóver, n. en Hannóver y m. en Osnabrück (1660-1727). Hijo del elector Ernesto Augusto y descendiente por su madre de Jacobo I Estuardo, fue llamado al trono inglés por el partido liberal en 1714, a la muerte de la reina Ana. || **II.** Rey de Inglaterra, n. en Herrenhausen y m. en Kensington (1683-1760). Fue hijo del anterior, a quien sucedió en 1727. El hecho más saliente de su reinado fue la expansión colonial de Inglaterra, en detrimento de Francia. || **III.** Rey de Inglaterra, n. en Londres y m. en Windsor (1738-1820). Sucedió a su abuelo Jorge II en 1760. Los comienzos de su reinado se señalaron con triunfos tan resonantes como la toma de Belle-Isle, de Pondichéry, de la Martinica, etc. Cedió la regencia a su hijo Jorge III en 1810. || **IV.** Rey de Inglaterra, n. en Londres y m. en Windsor (1762-1830). Fue hijo mayor de Jorge III. Continuó la política retrógrada de su padre y la guerra contra Francia. Murió sin dejar ningún hijo varón. || **V.** Rey de Inglaterra, n. en Londres y m. en Sandringham (1865-1936). Ascendió al trono en 1910. Por su actuación en la P. G. M. y por las beneficiosas y prudentes medidas tomadas por su iniciativa para el bien de sus súbditos, fue queridísimo en todo el reino. || **VI.** Rey de Inglaterra. n. y m. en Sandringham (1895-1952). Subió al trono en diciembre de 1936, después de haber renunciado su hermano Eduardo VIII. Como consecuencia de la S. G. M. y del subsiguiente período de *guerra fría*, le tocó actuar en momentos muy difíciles para el Imperio británico. || **Brancowitz.** Rey de Serbia, que subió al trono en 1412. En sus guerras con Turquía fue muy desgraciado, por lo que se sublevó el pueblo (1454), teniendo que huir. || **Petrovic.** Libertador y primer príncipe de Serbia, fundador de la dinastía de Karageorgievic, conocido también por *Jorge Czerny* y llamado por los turcos *Karadjordge* (Jorge *el Negro*), n. en Visevac y m. en Radovante (1766-1817). Luchó denonadamente contra los turcos, y en 1808, como consecuencia de sus victorias, fue reconocido por el sultán príncipe de Serbia. Derrotado a su vez, tuvo que refugiarse en Rusia y, al volver a su país para recuperar lo perdido, fue alevosamente asesinado a instigación de su rival Milosch Obrenovich. || **I Rakoczi.** Príncipe soberano de Transilvania (1597-1648). Tomó Cassovia y las poblaciones mineras de la Alta Hungría, y después firmó un tratado de paz con Austria. || **II Rakoczi.** Príncipe de Transilvania, n. en Sárospatak y m. en Várad (1621-1660). Fue hijo del anterior y murió a consecuencia de una herida recibida en una batalla. || **(el tío). Ibor Casamayor (Jorge).** || **Chávez.** Geog. Dist. de Perú, depart. de Cajamarca, provincia de Celendín; 1.157 h. Cap., Lucmapampa.

Jorgensen (Jens Johannes). Biog. **Joergensen (Jens Johannes).**

Jorgito el Inglés (don). Biog. **Borrow (George Henry).**

jorgolín. m. *Germ.* Compañero o criado de rufián.

jorgolino. m. *Germ.* **jorgolín.**

jorguín, na. (Tal vez del vasc. *sorguina*, bruja.) m. y f. Persona que hace hechicerías.

jorguinería. (De *jorguín.*) f. Arte de hechicería.

jorja. f. *Méj.* Sombrero de paja.

jornada. fr., *journée, trajet;* it., *giornata;* i., *journey;* a., *Tagereise, Tagewerk.* (Del lat. *diurnus*, propio del día.) f. Camino que yendo de viaje se anda regularmente en un día. || Todo el camino o viaje, aunque pase de un día. || Expedición militar. || Viaje que los reyes de España hacían a los sitios reales. || Tiempo que residían en alguno de estos sitios. || Época veraniega en que oficialmente se traslada el cuerpo diplomático a residencia distinta de la capital y también algún ministro, para mantener las relaciones con aquél. || Tiempo de duración del trabajo diario de los obreros y empleados. || fig. Lance, ocasión, circunstancia. || fig. Tiempo que dura la vida del hombre. || fig. Tránsito del alma de esta vida a la eterna. || fig. En el poema dramático español, **acto.** || desus. Estipendio del trabajador por un día, jornal. || Impr. Tirada de unos 1.500 pliegos que se hacía antiguamente en un día. || **intensiva.** *Sociol.* La de trabajo que se realiza de forma continuada, evitando desplazamientos para las comidas o grandes intervalos que llevan consigo una pérdida de tiempo. Suele ser más corta que la jornada normal. || **rompida.** ant. *Mil.* Batalla o acción general. || **a grandes,** o **a largas jornadas.** m. adv. fig. Con celeridad y presteza.

jornal. fr., *salaire;* it., *salario;* i., *salary, reward;* a., *Arbeitsloh, Taglehn.* (Del lat. **diurnāle*, de *diurnus*.) m. Estipendio que gana el trabajador por cada día de trabajo. || Este mismo trabajo. || Medida de tierra, de extensión varia, usada en diferentes provincias de España. || **a jornal.** m. adv. Mediante determinado salario cotidiano. Dícese del trabajo hecho de este modo, a diferencia del que se ajusta a destajo.

jornalar. tr. **ajornalar.** || intr. ant. Trabajar a jornal.

jornalero, ra. fr., *journalier;* it., *giornaliere;* i., *journey man;* a., *Taglöhner.* m. y f. Persona que trabaja a jornal.

joroba. fr., *bosse;* it., *gobba;* i., *knob;* a., *Buckel.* (Del ár. *ḥudūba*, giba.) f. Giba, corcova, chepa. || fig. y fam. Impertinencia y molestia enfadosa.

jorobado, da. p. p. de **jorobar.** || adj. Corcovado, cheposo. Ú. t. c. s.

jorobadura. f. Acción y efecto de jorobar.

jorobar. (De *joroba*, impertinencia.) tr. fig. y fam. Fastidiar, molestar. Ú. t. c. prnl.

jorobeta. m. fam. Jorobado, corcovado.

Jorog. Geog. Pobl. de la U. R. S. S., en Tajikistán, cap. de la provincia autónoma de Gorno-Badajshán; 12.295 h.

jorondo, da. adj. *Méj.* **horondo.**

jorongo. m. *Méj.* **poncho.**

Jorquera. Vista panorámica

Jorquera. Geog. Mun. de España, prov. y p. j. de Albacete; 1.188 h. || Villa cap. del mismo; 723 h. *(jorqueranos).*

Jorramabad. Geog. C. de Irán, cap. del gobierno de Lorestán; 59.578 h.

Jorramshahr. Geog. C. de Irán, prov. de Juzistán, a orillas del Karún; 146.709 h. Fábricas de objetos de plata y curtidos.

jorrar. (De *jorro*.) tr. ant. Remolcar una embarcación.

jorro, rra. (De *horro*.) adj. Se dice de la vaca que se queda vacía un año al menos. || *Cuba* y *Méj.* **horro.**

jorro. (Del ár. *ŷarr*, arrastre.) m. *And.* Arrastradero de maderas. || **a jorro.** m. adv. Subiendo una pendiente de derechura. || **Mar. a remolque.**

Jorsabad. Geog. Pobl. de Irak, prov. de Mosul, a 20 km. de la c. de este nombre. Ruinas de la famosa ciudad asiria de su nombre, situada al N. de Nínive.

Jos. Geog. C. de Nigeria, cap. del est. de Plateau; 90.402 h.

josa. (Del ár. *ḥuṣṣa*, jardín, vergel.) f. Heredad sin cerca plantada de vides y árboles frutales.

Josa. Geog. Mun. y lugar de España, prov. de Teruel, p. j. de Calamocha; 137 h. || **-Tuxent.** Mun. de España, prov. de Lérida, p. j. de Seo de Urgel; 180 h. Corr. 148 a la cap., el lugar de Tuxent.

Josafat. Biog. Rey de Judá (873-849 a. C.). Fue hijo de Asa, a quien sucedió. Venció a los árabes, a los moabitas y a los amonitas. || **(valle de).** Geog. hist. En el sagrado texto se cita una sola vez en Joel (III, 2), diciendo que después de la vuelta de Judá y Jerusalén del cautiverio, Dios reunirá en este valle a todas las gentes y allí disputará con ellas en favor de Israel, su pueblo.

josco, ca. adj. *Méj.* Hosco; color obscuro del ganado.

José. (Del hebr. *yōsef*, que [el Señor] me dé [un hijo].) n. p. de varón. || *(San).* Biog. Esposo de la Virgen María, de oficio carpintero. Se celebró la unión en Jerusalén, haciendo los dos esposos voto de castidad. José murió antes de que Jesús comenzara a predicar la Fe. || **I.** Emperador de Alemania, n. y m. en Viena (1676-1711). Hijo de Leopoldo I, a quien sucedió en 1705. Venció a los franceses y murió antes de que se firmase el tratado de paz. || **II.** Emperador de Alemania, n. y m. en Viena (1741-1790). Sucedió a su padre, Francisco I de Lorena, en 1765. Modificó la disciplina eclesiástica y sostuvo una guerra con Turquía en 1788. || **I.** Rey de España, hermano mayor de Napoleón Bonaparte, n. en Ajaccio, Córcega, y m. en Florencia (1768-1844). El encumbramiento de Napoleón le llevó a ser rey de Nápoles y luego de España. Por iniciativa del emperador se reunió en Bayona una Junta de notables o Asamblea de Diputados que aprobó la llamada *Constitución de Bayona*, la cual respondía en líneas generales al derecho constitucional francés; la juró José I el 7 de julio de 1808, y luego de formar Ministerio se trasladó a Madrid, donde llegó el 20 del mismo mes y se instaló en el palacio real. Como a los pocos días se supiese la derrota del ejército francés en Bailén, abandonó Madrid y se retiró hacia el Norte. Napoleón vino a España en diciembre y en Chamartín tomó algunas medidas que desagradaron a José I. Como consecuencia de las victorias de los españoles y sus aliados (Arapiles, 1812), tuvo que abandonar de nuevo Madrid, y aunque regresó a la corte, fue sólo para preparar su famoso equipaje, en que incluyó cuanto de valor pudo hallar en iglesias y palacios, después de lo cual salió definitivamente en marzo de 1813, y en mayo lo hicieron las tropas francesas. Se trasladó a Valladolid, Burgos, Miranda y Vitoria, donde el ejército hispanoinglés, al mando de Wellington, le derrotó (1 de julio de 1813), lo que exasperó a Napoleón, que le reemplazó por Soult en el mando del ejército. Después de la derrota de Napoleón, se retiró a EE. UU., luego a Inglaterra y, por último, a Florencia, en donde acabó sus días. || **Manuel I.** Rey de Portugal, n. y m. en Lisboa (1715-1777). Fue elevado al trono en 1750. En 1759 expulsó a los jesuitas de sus estados. || Hijo de Jacob y de Raquel. Vendido por sus hermanos a unos mercaderes ismaelitas, que lo llevaron a Egipto, entró de esclavo en casa de Putifar, oficial de la guardia del faraón. Acusado falsamente por la esposa de éste de que había tratado de seducirla, fue encarcelado, pero como descifrase el significado de los

José y la mujer de Putifar, por Esquivel. Museo Provincial de Bellas Artes. Sevilla

sueños del faraón, el monarca le nombró su primer ministro. José perdonó a sus hermanos y gobernó Egipto por largo tiempo. || **de Arimatea** *(San).* Varón virtuoso que después de la muerte de Jesucristo desclavó su cadáver de la cruz en unión de Nicodemo y le dio sepultura. || **Benito Cottolengo** *(San).* Sacerdote italiano, n. en Bra y m. en Chieri (1786-1842). Fundó en Turín, en 1832, una institución de caridad para ancianos e inválidos. Los hogares dedicados a esta finalidad se denominan *cottolengos*. Su fiesta, el 30 de abril. || **de Calasanz** *(San).* Religioso, pedagogo y fundador español, n. en Peralta de la Sal, Huesca, y m. en Roma (1556-1648). Estudió filosofía y ambos derechos en Lérida y teología en Valencia y Alcalá de Henares. Fue ordenado sacerdote en 1583 y, en 1597, planteó el *problema de la educación popular universal y gratuita*, creó en la iglesia de Santa Dorotea, situada en el humilde barrio romano de Trastévere, la primera escuela pública y gratuita, que denominó *Escuela Pía* (1597). La obra se extendió rápidamente y, en el año 1617, el papa Paulo V la erigió en Congregación y, posteriormente, Gregorio XV en Orden religiosa (1621). Las Escuelas Pías se establecieron en España en 1638 y se hallan hoy difundidas por todo el mundo. En sus *Reglas y Constituciones de la Orden* se apuntan o realizan normas pedagógicas que significaron, en su época, un gran adelanto. Su fiesta, el 25 de agosto. || **María el Tempranillo. Hinojosa** (José Pelagio). **Pignatelli** *(San).* Jesuita español, n. en Zaragoza y m. en Roma (1737-1811). Cooperó a la restauración de la Compañía después de la disolución de la Orden por Clemente XIV. Su fiesta, el 15 de noviembre. || **A. Guisasola.** Geog. Localidad de Argentina, prov. de Buenos Aires, part. de Coronel Dorrego; 1.447 h. || **Azueta.** Mun. de Méjico, est. de Guerrero; 17.873 h. Cap., Zihuatanejo. || **B. Casas.** Local. de Argentina, prov. de Buenos Aires, part. de Patagones; 704 h. || **Cardel.** Villa de Méjico, est. de Veracruz-Llave, cap. del mun. de La Antigua; 5.396 h. || **Contreras.** Dist. municipal de la República Dominicana, prov. de Espaillat; 8.933 habitantes. || Pobl. capl. del mismo; 819 h. || **Domingo Choquehuanca.** Dist. de Perú, depart. de Puno, prov. de Azángaro; 2.891 h. Cap., Estación de Pucará. || **Elías Bisonó.** Villa de la República Dominicana, prov. de Santiago, cap. del mun. de Bisonó; 2.630 h. || **Fassardi.** Dist. de Paraguay, depart. de Guairá; 4.602 h. || Pobl. capl. del mismo; 816 h. || **Ferrari.** Local. de Argentina, prov. de Buenos Aires, part. de Magdalena; 373 h. || **Gálvez.** Dist. de Perú, depart. de Cajamarca, prov. de Celendín; 2.970 h. Cap., Huacapampa. || **Gregorio Bastidas.** Mun. de Venezuela, est. de Lara, dist. de Palavecino; 8.345 h. Cap., Los Rastrojos. || **Gregorio Hernández.** Mun. de Venezuela, est. de Trujillo, dist. de Betijoque; 2.616 h. Cap., Isnatú. || **de la Isla. Genaro Codina.** || **M. Blanco.** Local. de Argentina, prov. de Buenos Aires, part. de Pellegrini; 4.249 h. || **M. Micheo.** Local. de Argentina, prov. de Buenos Aires, part. de General Alvear; 352 h. || **María Blanco.** Mun. de Venezuela, est. de Lara. dist. de Crespo; 6.849 h. Cap., El Eneal. || **María Morelos.** Mun. de Méjico, est. de Tlaxcala; 4.235 h. Cap., Mazatecocho. || **María Quimper.** Dist. de Perú, depart. de Arequipa, prov. de Camaná; 1.078 h. Cap., El Cardo. || **de la Quintana.** Local. de Argentina, prov. de Córdoba, depart. de Santa María; 698 h. || **De San Martín.** Local. de Argentina, prov. de Chubut, cap. del depart. de Tehuelches; 1.313 h. || **Santos Arévalo.** Local. de Argentina, prov. de Buenos Aires, part. de Lobos; 372 h. || **Trinidad Colmenares.** Mun. de Venezuela, est. de Táchira, dist. de Jáuregui; 17.543 h. Cap., Coloncito.

Josefa. n. p. de mujer.

Josefina. dim. de **Josefa.** || Biog. Emperatriz francesa, primera esposa de Napoleón I, cuyo nombre completo era María Josefa Tascher de La Pagerie, n. en Martinica y m. en Malmaison (1763-1814). Hija del conde Tas-

Josefina, emperatriz francesa. Colección particular. París

cher de La Pagerie, se casó primero con el conde de Beauharnais, que murió en la guillotina, y después con el entonces general Bonaparte, en 1796. Fue coronada como emperatriz en 1804 y repudiada como estéril en 1809. De su primer matrimonio tuvo a Eugenio y a

Hortensia de Beauharnais. || **Geog.** Local. de Argentina, prov. de Santa Fe, depart. de Castellanos; 943 h.

josefinismo. m. **josefismo.**

josefino, na. adj. Perteneciente o relativo a ciertos personajes históricos que llevaron el nombre de José. || Dícese especialmente de los individuos de las congregaciones devotas de San José, como los Sacerdotes Operarios Diocesanos y la Congregación de Siervas de San José. Ú. t. c. s. || Natural de San José, o perteneciente a esta prov., cantón o c. de Costa Rica. Ú. t. c. s.

josefismo. m. Reforma de la Iglesia conforme a las doctrinas febronianas, emprendida por el emperador de Austria José II. Subordinaba la Iglesia al Estado.

Josefo (Flavio). Biog. Historiador griego de raza hebraica y linaje sacerdotal, n. en Jerusalén y m. en Roma (37-100). Escribió: *Historia de la guerra de los judíos contra los romanos y de la ruina de Jerusalén* e *Historia antigua de los judíos*.

Joselito. Biog. Gómez Ortega (José).

Josephson (Brian). Biog. Científico inglés, n. en 1940. En 1973 le fue concedido el premio Nobel de Física por sus trabajos sobre predicciones teóricas de las propiedades de una supercorriente a través de una barrera de túnel, en particular los fenómenos conocidos como *efectos Josephson.*

Josías. Biog. Rey de Judá, m. en una batalla contra Necao, rey de Egipto, en 609 a. C. Fue sabio y piadoso, y el profeta Jeremías compuso en su elogio un canto fúnebre que ha conservado el historiador Josefo.

Joskar-Ola. Geog. Yoskar-Ola.

jostra. (De *jostrar*, y éste del lat. *substrāre*, echar abajo.) f. ant. Suela del calzado. || *Ál.* Suela hecha del mismo cuero que las abarcas y cosida a éstas como refuerzo. || *León.* Mancha de una cosa.

jostrado, da. (Del latín *substrāre*, echar abajo.) adj. Aplícase al virote guarnecido de un cerco de hierro, al modo de las puntas de las lanzas de justar, y con la cabeza redonda.

jostrar. tr. **Mar.** Bogar al unísono, avivar la boga.

Josué. (Del m. or. que *Jesús*.) **Biog.** Jefe del pueblo hebreo, sucesor de Moisés, m. en 1428 a. C. Se apoderó de Jericó y sometió al país de Canaán, y, según se consigna en el libro sagrado que lleva su mismo nombre, durante una batalla detuvo con su palabra el curso del Sol para prolongar el día. || Hijo de Josedec, a quien sucedió en el cargo de sumo sacerdote. Se dedicó desde un principio al restablecimiento del culto del verdadero Dios, auxiliado por Zorobabel, y construyó el templo de Jerusalén. || **Lit. Libro de Josué.**

jota. (Del lat. *iota*, y éste del gr. *iota*.) f. Nombre de la letra *j*. || Cosa mínima. Ú. siempre con negación. || **sin faltar jota,** o **una jota.** expr. adv. fig. y fam. **sin faltar una coma.**

jota. (Del aragonés *jotar*, y éste del lat. *saltāre*.) f. Baile popular propio de Aragón, aunque el lirismo popular de casi todas las regiones de España, especialmente en Navarra y Valencia, lo haya acogido como propio y amoldado a sus peculiares tendencias folklóricas. || Tañido propio de este baile. || Copla que se canta con esta música. Consta generalmente de cuatro versos octosílabos.

jota. f. *Amér.* m. Especie de sandalia; ojota.

jota. (Del ár. *futta,* potaje, sopa.) f. Potaje de bledos, borrajas y otras verduras sazonadas con hierbas olorosas y especias, y rehogado todo en caldo de la olla.

jote. m. **Zool.** *Chile.* Ave falconiforme de la familia de las catártidas, parecida a los zopilotes y auras; es de color negro, excepto la cabeza y cuello, que son violáceos, y cola bastante larga *(catharista jota).*

jotero, ra. (De *jota*.) adj. *Ar.* Dícese del que es especialista en cantar o bailar la jota. Ú. t. c. s.

joto, ta. adj. *Méj.* **afeminado.**

Jotunheimen. Geog. Cadena de montañas del O. de Noruega, la más alta y salvaje de este país. Su punta culminante es el monte Galdhöpiggen (2.468 m.).

joturo. m. **Zool.** *Cuba* y *Méj.* Pez de río, de carne agradable *(joturus pichardii).*

jou. (Voz asturiana, que sign. *hoyo.*) m. **Geol. torca.**

Jouffroy (Théodore). Biog. Filósofo espiritualista francés, n. en Les Pontets y m. en París (1796-1842). Fueron célebres sus cursos en la Sorbona sobre el Derecho natural.

Jouhandeau (Marcel). Biog. Novelista francés, n. en Guéret en 1888. Sus obras realistas, recargadas de detalles minuciosos y de argumentos poco consistentes, están muy influidas por los medios rural y familiar propios: *La juventud de Teófilo* (1922), *La pincengrain* (1924), *La intimidad del señor Godeau* (1926), *El señor Godeau, casado* (1933), *Crónicas maritales* (1938) y *Escenas de la vida conyugal.*

Jouhaud (Edmond). Biog. General francés, n. en Bou-Sfev, Argelia, en 1905. Jefe del Estado Mayor de las Fuerzas Aéreas e inspector militar general (mayo de 1960). En septiembre de este último año pidió el retiro y fijó su residencia en Argelia, donde participó en la revuelta de generales contra la política del presidente De Gaulle y se unió con Salan para formar la O. A. S. Detenido en marzo de 1962, fue condenado a la pena de muerte, que le fue conmutada por cadena perpetua, y puesto en libertad en 1967.

Jouhaux (Léon). Biog. Político francés, n. y m. en París (1879-1954). Secretario general de la Confederación General del Trabajo de 1909 a 1914, vicepresidente de la Federación Sindical Mundial y presidente del Consejo Internacional del Movimiento de Unidad Europea desde 1949. Se le concedió el premio Nobel de la Paz en 1951.

joule. m. **Fís.** Nombre del *julio* en la nomenclatura internacional.

Joule (James Prescott). Biog. Físico inglés, n. en Salford, Manchester, y m. en Sale, Londres (1818-1889). Es el fundador experimental de la teoría mecánica del calor y determinó los equivalentes mecánico y eléctrico de la caloría. A este respecto debe mencionarse el llamado *efecto Joule,* que se enuncia así: Cuando una corriente eléctrica pasa por un conductor homogéneo de diámetro uniforme, parte de la energía que proviene de la corriente se transforma en calor. La cantidad de energía térmica que se produce está dada por la ley de Joule. La *ley de Joule* dice: La energía transformada en calor en un conductor desprovisto de toda fuerza electromotriz, es proporcional al producto de su resistencia R por el cuadrado de la corriente I que por él circula y por el tiempo t durante el que circula dicha corriente. En 1852, en colaboración con Thomson (v.), descubrió el *efecto* conocido con el nombre *Joule Thomson,* que dice así: Cuando pasa un gas por un tapón poroso, desde una cámara a alta presión a un recipiente donde reina otra más baja, sin producir trabajo exterior, el gas se enfría. Son excepción el hidrógeno y el helio, que se calientan. Esta variación de temperatura es debida a la producción de trabajo interior, necesario para vencer la atracción mutua de las moléculas. Inventó un instrumento para medir exactamente las corrientes eléctricas, por lo que lleva su nombre una unidad de trabajo o energía en la nomenclatura internacional, el *joule,* llamado *julio* (v.) en español.

Jourdan, conde de Jourdan (Jean-Baptiste). Biog. Mariscal de Francia, n. en Limoges y m. en París (1762-1833). Realizó la campaña de Holanda, y luego, ya general en jefe, obtuvo la victoria de Fleurus. Estuvo más tarde en España con el rey José I, como jefe de su Estado Mayor.

Jouve (Pierre Jean). Biog. Escritor y poeta francés, n. en Arrás en 1887. Se distingue por su vigor y su sentido trágico. Obras principales: *Presencias* (1912), *Poemas contra el gran crimen* (1916), *Danza de los muertos* (1917), *Trágico* (1923) y, posteriormente, *Sudor de sangre* y *Bodas.*

Jouvenet (Jean). Biog. Pintor francés, n. en Ruán y m. en París (1644-1717). Su mejor cuadro es el titulado *La curación del paralítico,* que le dio renombre universal. Luis XIV le encargó decorar el Palacio de Versalles.

Jouvet (Louis). Biog. Director y actor francés de teatro y de cine, n. en Crozon y m. en París (1887-1951). Gran intérprete de Molière, dirigió el teatro de la Comedia Francesa y el de l'Athénée. Entre las obras más notables presentadas por él se citan: *La escuela de las mujeres, El amor que pasa* y *El corsario;* y entre sus películas se cuentan: *Topaze, La kermesse heroica, Bajos fondos, Knock o el triunfo de la Medicina* (dirigida por él), *Ramuntcho, Volpone, Monsieur Alibi* y *El espectro del pasado.*

jovada. (De *jubo.*) f. *Ar.* Terreno que puede arar en un día un par de mulas.

jovar. (Del lat. *invāre,* ayudar.) tr. ant. Remolcar una embarcación.

Jove. Geog. Mun. de España, prov. de Lugo, p. j. de Mondoñedo; 3.755 h. || Aldea cap. del mismo; 381 h. || **Mit. Júpiter.**

Jovellanos (Salvador). Biog. Político paraguayo, n. en Asunción (1833-1874). Fue en su patria diputado de la Convención Nacional, ministro de Guerra y Marina y del Exterior y presidente de la República en 1871-74. || **y Ramírez (Gaspar Melchor de).** Literato, economista y político español, n. en Gijón y m. en Vega (1744-1811). Fue alcalde del crimen (1767) y oidor de la Audiencia de Sevilla (1774). En 1778 se trasladó a Madrid, como alcalde de corte, y dos años después fue consejero de órdenes; ingresó en las Academias de la Historia y de San Fernando, y la Española le nombró supernumerario; escribió numerosos informes, dictámenes, discursos, etc. Entre es-

Gaspar Melchor de Jovellanos. Museo Lázaro Galdiano. Madrid

tos trabajos descuellan el informe sobre la *Ley Agraria,* la obra más notable salida de su pluma, y el *Reglamento del Colegio Imperial de Calatrava,* que constituye el plan de enseñanza más completo y perfecto que hasta entonces hubo en Europa. Godoy le nombró secretario o ministro de Gracia y Justicia (1797), pero al año siguiente, envidioso de su personalidad, le desterró a Gijón; en 1801 fue detenido y se le llevó a Palma de Mallorca, donde estuvo encerrado en la cartuja de Valldemosa y en el castillo de Bellver, a título de reo de un supuesto delito de Estado. Fernando VII, en 1808, y el rey José y Murat intentaron vanamente atraerlo a su causa. Identificado con la lucha del pueblo español por su independencia, representó a Asturias en la Junta central. || **Geog.** Mun. de Cuba, prov. de Matanzas, p. j. de Cárdenas; 20.000 h. || Villa cap. del mismo; 10.000 h.

joven. fr., *jeune;* it., *giovane;* i., *young;* a., *Jung.* (Del lat. *iuvĕnis.*) adj. De poca edad. || com. Persona que está en la juventud. || **de lenguas.** *Polit.* En algunos Estados europeos, funcionario de la categoría de entrada en la carrera de intérpretes para el extranjero al servicio de las misiones diplomáticas establecidas en países orientales.

jovenado. (De *joven.*) m. En algunas órdenes religiosas, tiempo que están los religiosos o religiosas, después de la profesión, bajo la dirección de un maestro. || Casa o cuarto en que habitan.

jovenete. (Dim. de *joven.*) m. Jovenzuelo osado o petulante.

jovenzuelo, la. adj. dim. de **joven.**

jovial. fr., *jovial, jovieux, gai;* it., *gioviale;* i., *jovial, gay, merry;* a., *munter, heiter.* (Del lat. *ioviālis.*) adj. Perteneciente a Jove o Júpiter. || Alegre, festivo, apacible.

jovialidad. fr., *jovialité, gaieté;* it., *giovialità;* i., *joviality, gayety;* a., *Fröhlichkeit, Heiterkeit.* (De *jovial.*) f. Alegría y apacibilidad de genio.

jovialmente. adv. m. Con jovialidad; de manera jovial.

Joviano (Flavio). Biog. Emperador romano, n. en Panonia y m. en Dadastana, Bitinia (332-364). Fue elevado al trono a la muerte de Juliano *el Apóstata.* Murió envenenado cuando se encaminaba a Constantinopla para que lo coronasen.

Jovita. Geog. Local. de Argentina, prov. de Córdoba, departamento de General Roca; 2.105 h.

joya. fr., *joyau, bijou;* it., *gioiello, gioia;* i., *jewel;* a., *Juwel.* (Del fr. *joie,* y éste del lat. *gaudĭum,* gozo.) f. Pieza de oro, plata o platino, con perlas o piedras preciosas o sin ellas, que sirven para adorno de las personas y especialmente de las mujeres. || Agasajo hecho en reconocimiento o como premio de algún servicio. || Joya grande abrochada en la parte del pecho, brocamantón. || fig. Cosa o persona ponderada, de mucha valía. || **Arquit.** Cordón que rodea el fuste de una columna. || **Artill.** Adorno de los cañones antiguos. || **Indum.** pl. Conjunto de ropas y alhajas que lleva una mujer cuando se casa.

Joya (La). Geog. Dist. de Perú, depart. y prov. de Arequipa; 4.883 h. || Pueblo cap. del mismo; 1.305 h.

Joyabaj. Geog. Mun. de Guatemala, depart. de Quiché; 32.776 h. || Pobl. cap. del mismo; 2.369 h.

joyante. adj. V. **seda joyante.**

Joyce (James). Biog. Escritor irlandés, n. en Dublín y m. en Zurich (1882-1941). Su novela *Ulises* (1904) se considera modelo de las modernas tendencias en la técnica de la novela. Es una de las obras más discutidas de la literatura contemporánea: es la historia de un solo día en forma de monólogo interior. Otras

James Joyce. Galería Nacional de Retratos. Londres

novelas suyas son: *El artista adolescente* (1916) y *Finnegan's Wake* (1939). Escribió, además, versos y obras para el teatro, como la titulada *Desterrados.*

joyel. (De *joya.*) m. Joya pequeña.

joyelero. (De *joyel.*) m. **guardajoyas,** joyero.

joyera. (De *joya.*) f. La que tiene tienda de joyería. || Mujer que hacía y bordaba adornos mujeriles.

joyería. fr., *bijouterie;* it., *gioielleria;* i., *jewellery;* a., *Juwelenhandel.* (De *joyero.*) f. Trato y comercio de joyas. || Tienda donde se venden. || Taller en que se construyen.

joyero. fr., *joaillier, bijoutier;* it., *goielliere;* i., *jeweller;* a., *Juwelenhändler.* = fr., *écrin;* it., *scrigno, forziere;* i., *jewel-case;* a., *Juwelenkästchen.* (De *joya.*) m. El que tiene tienda de joyería. || **orífice.** || Estuche, caja o armario para guardar joyas.

joyo. m. **Bot. cizaña,** planta gramínea.

joyolina. f. fam. *Guat.* La cárcel.

joyón. m. aum. de **joya.**

joyosa. (Del fr. *Joyeuse,* nombre de la espada de Carlomagno, y de las de otros caballeros.) f. **Germ.** Espada, arma.

Joyosa. Geog. Mun. de España, prov. y p. j. de Zaragoza; 433 h. || Lugar cap. del mismo; 265 h.

joyuela. f. dim. de **joya.**

joyugo. m. **Zool.** Ave del orden de las anseriformes, familia de las anátidas, congénere del pato mandarín y tan vistosa como él; pasa el verano en América septentrional e inverna en las Antillas y América central, y vive y anida en los árboles (*áix sponsa*).

Jozjan. Geog. Prov. de Afganistán; 23.546 km.² y 419.000 h. Cap., Shibarghan.

jr. o **Jr.** abr. inglesa de *júnior.*

Jruschev (Nikita S.). Biog. Político ruso, n. en Kalinowka, Ucrania, y m. en Moscú (1894-1971). Inició su carrera política como secretario del Comité regional del partido (1935). Posteriormente fue miembro del Soviet Supremo de la U. R. S. S. (1937), del Presídium del Soviet Supremo (1939), presidente del Consejo de Ministros de Ucrania (1944-1949), miembro del Presídium del Comité Central del Partido Comunista de la U. R. S. S., desde 1952, y primer secretario del Comité Central del Partido Comunista, al renunciar Malenkov (1953). En el congreso del partido celebrado en febrero de 1956, con-

denó el culto a Stalin en un discurso demoledor; influyó poderosamente en la eliminación de Beria y en el alejamiento de Malenkov, Yukov, Molotov y Bulganin, hasta conseguir, al dimitir este último, ser designado jefe del Gobierno (1958), conservando al mismo tiempo la secretaría del partido. El 15 de octubre del año 1964 fue relevado de sus cargos. Preconizó para las relaciones exteriores la fórmula llamada de *coexistencia pacífica,* basada en la incruenta competencia del capitalismo y el comunismo.

juagar. tr. *Col.* Aféresis de **enjuagar.**

juagaza. f. *Col.* En los trapiches, **meloja.**

juaguarzo. m. **Bot. jaguarzo.**

juajuilla. f. *Venez.* Látigo de dos guías, con nudos y espinas de acero. || Hamaca ordinaria. || **Bot.** Especie de bambú muy menudo. Substituye con ventaja al mimbre, por ser más elástico, consistente y fino.

juan. m. **Germ.** Cepo de iglesia. || **de buen alma.** fam. *Léx.* **buen Juan.** || **de Garona. Germ. Díaz. Germ.** Piojo, insecto. || **Díaz. Germ.** Candado o cerradura. || **dorado. Germ.** Moneda de oro. || **lanas.** fam. Hombre apocado que se presta con facilidad a todo cuanto se quiere hacer de él. || **machir. Germ. machete.** || **Palomo.** fam. Hombre que no se vale de nadie, ni sirve para nada. || **platero. Germ.** Moneda de plata. || **tarafe. Germ. tarafe.** || **buen Juan.** fam. Hombre sencillo y fácil de engañar. || **otra al dicho Juan de Coca.** expr. fig. y fam. con que se nota la importuna repetición de una cosa.

Juan I (San). **Biog.** Papa, n. en Toscana y m. en Ravena (h. 470-526). Ocupó el solio pontificio de 523 a 526. Fue encarcelado y martirizado por Teodorico. Su fiesta, el 27 de

San Juan I

mayo. || **II.** Papa (Mercurius), n. y m. en Roma (470-535). Ocupó el solio pontificio de 533 a 535. || **III.** Papa (Catelinus), n. en Roma y m. en esta misma c. en 574. Ocupó el solio pontificio de 561 a 574. El principal acontecimiento de su pontificado fue la incursión de los lombardos en Italia. || **IV.** Papa, n. en Salona y m. en Roma (h. 580-642). Ocupó el solio pontificio de 640 a 642. Condenó el monotelismo. || **V.** Papa de origen sirio, n. probablemente en Antioquía y m. en Roma en 686. Ocupó el solio pontificio de 685 a 686. || **VI.** Papa de origen griego, m. en Roma en 705. Ocupó el solio pontificio de 701 a 705. || **VII.** Papa de origen griego, m. en Roma en 707. Ocupó el solio pontificio de 705 al 707. || **VIII.** Antipapa elegido en 844, durante el pontificado de Sergio II. || **VIII.** Papa, n. y m. en Roma (820-882). Ocupó el solio pontificio de 872 a 882. Reconoció a Focio, patriarca de Constantinopla, como colega en la dignidad patriarcal. Murió asesinado. || **IX.** Papa, n. en Tívoli y m. en Roma (840-900). Ocupó el solio pontificio de 898 a 900. En el Concilio de Ravena procuró asegurar la libertad en la elección de papas. ‖ **X.** Papa, n. en Tossignano y m. en Roma (860-928). Ocupó el solio pontificio de 914 a 928. Había sido arzobispo de Ravena y derrotó a los sarracenos (915). Fue preso y ahogado por Guido de Toscana. ‖ **XI.** Papa, n. y m. en Roma (906-935). Ocupó el solio pontificio de 931 a 935. Fue encarcelado y asesinado por Alberico en el castillo de Sant'Angelo. ‖ **XII.** Papa (Ottaviano), n. y m. en Roma (937-964). Ocupó el solio pontificio de 955 a 964. Consagró al emperador Otón I. Fue depuesto a causa de sus excesos. ‖ **XIII.** Papa, m. en Roma en 972. Ocupó el solio pontificio de 965 a 972. Hubo de abandonar Roma a consecuencia de un motín popular, pero fue repuesto por Otón el Grande. ‖ **XIV.** Papa (Pietro Canepanova), m. en Roma en 984. Ocupó el solio pontificio de 983 a 984. Fue preso por el antipapa Bonifacio, que le tuvo encerrado en el castillo de Sant'Angelo hasta su muerte. ‖ **XV.** Papa, n. en Roma y m. en esta misma c. en 996. Ocupó el solio pontificio desde 985 hasta su muerte. Fue expulsado de Roma por Crescencio y repuesto en el pontificado por Otón III. ‖ **XVII.** Papa (Siccone), n. en Roma y m. en esta misma c. en 1003. Ocupó el solio pontificio de junio a diciembre de 1003. ‖ **XVIII.** Papa (Fasano), n. en Roma y m. en esta c. en 1009. Ocupó el solio pontificio desde 1004 hasta su muerte. Creó el obispado de Bamberg. ‖ **XIX.** Papa (Romanus), n. en Roma y m. en esta c. en 1032. Ocupó el solio pontificio de 1024 a 1032. Era hermano de Bonifacio VIII y había sido cónsul y senador de Roma. Consiguió, merced a cuantiosas dádivas, pasar en un solo día de seglar a padre de la Iglesia. ‖ **XXI.** Papa (Pietro Giuliano), n. en Lisboa y m. en Viterbo (h. 1220-1277). Ocupó el solio pontificio de 1276 a 1277. Debería llevar el número anterior, puesto que Juan XX, admitido en las listas por Gregorio VI, no existió realmente. ‖ **XXII.** Papa (Jacques Duèse o de Euze), n. en Cahors y m. en Aviñón (1245-1334). Ocupó el solio pontificio de 1316 a 1334. Canonizó a Santo Tomás de Aquino (1323), instituyó la fiesta de la Trinidad (1334) y añadió la tercera corona a la tiara pontificia. ‖ **XXIII.** Antipapa. **Cossa (Baldassare).** ‖ **XXIII.** Papa (Angelo-Giuseppe Roncalli), n. en Soto-il-Monte, cerca de Bérgamo, y m. en Roma (1881-1963). Fue arzobispo de

Juan XXIII, por autor anónimo.
Palacio Patriarcal. Venecia

Aeropoli (1925), vicario apostólico en Turquía (1935), nuncio apostólico en París (1944), cardenal (1953), patriarca-arzobispo de Venecia en el mismo año, y a la muerte de Pío XII, fue elegido papa el 28 de octubre de 1958. El 25 de enero de 1959 anunció la convocatoria del Concilio Ecuménico Vaticano II (v.), y publicó las encíclicas *Mater et Magistra* y *Aeterna Dei Sapientia* (1961) y *Pacem in Terris* (1963). ‖ **Pablo I.** Papa (Albino Luciani), n. en Forno di Canale y m. en Roma (1912-1978). Hijo de familia emigrante, pasó sus primeros años en Suiza. De regreso a Italia, trabajó como artesano del vidrio en Murano. Estudió Teología en el seminario de Belluno y fue ordenado sacerdote en el año 1935. Se graduó en Teología en la Universidad Gregoriana. Fue vicedirector y profesor de Teología Dogmática, Moral, Derecho Canónico y Arte Sagrado en el seminario de Belluno (1937-47), provicario general de la diócesis (1948-58) y obispo de Vittorio Veneto (1958-69). Promovido a patriarca de Venecia en 1969, Pablo VI le elevó al rango cardenalicio en 1973. El 26 de agosto de 1978 fue elegido sucesor de Pablo VI, tomando como nombre de pontificado Juan Pablo I, símbolo de querer aunar en el mismo la herencia de sus dos inmediatos antecesores. En su corto pontificado de treinta y tres días hizo llegar su sonrisa y su esperanza a los confines de la Tierra. ‖ **Pablo II.** Papa (Karol Wojtyla), n. en Wadowice en 1920. Alternó sus primeros estudios con el trabajo, convirtiéndose muy pronto en un líder obrero. En este ambiente de intensa vivencia de los problemas de la condición obrera, ingresó en el seminario eclesiástico de Cracovia y fue ordenado sacerdote en 1946. Amplió sus estudios en Roma, doctorándose en Filosofía y Teología. Fue nombrado catedrático de Ética de la Universidad de Lublín y de la Facultad Teológica de la Universidad de Cracovia. Obispo auxiliar de Cracovia en 1958, fue promovido a arzobispo en 1964, y Pablo VI le impuso el birrete cardenalicio en 1967. El 16 de octubre de 1978 fue elegido sucesor de Juan Pablo I. En enero de 1979 y con motivo de la inauguración de la III Conferencia General del Episcopado Latinoamericano, en Puebla, visitó la República Dominicana y Méjico, en junio del mismo año cursó una visita oficial a Polonia, su país natal y en mayo de 1980 a varios países africanos. De espíritu intelectual y moderadamente progresista, ha publicado: *Amor y responsabilidad, Signo de contradicción,* la encíclica *Redémptor hóminis* y *El sabor del pan,* libro de poemas. ‖ **I,** *el Cazador* o *el Amador de toda gentileza.* Rey de Aragón, nacido en Perpiñán y muerto en Foixá (1350-1395). Hijo de Pedro IV, quien creó para él el título de duque de Gerona, que habían de llevar desde entonces los herederos de la corona. Reinó entre 1387 y 1395. Cumpliendo el testamento de su padre, falló a favor de Clemente VII, papa de Aviñón, la actitud de Aragón respecto al *cisma de Occidente,* y más tarde reconoció al antipapa Luna (Benedicto XIII); se desentendió de los asuntos del gobierno abandonándolos en manos de su esposa doña Violante. ‖ **II.** Rey de Aragón y I de Navarra, n. en Medina del Campo y m. en Barcelona (1398-1479). Hijo segundo de Fernando I de Antequera, fue rey consorte de Navarra a partir de 1425, por su matrimonio con doña Blanca, viuda de Martín de Sicilia e hija de Carlos III. Al morir ésta (1442), dejó por heredero a su hijo Carlos (conocido en la Historia con el nombre de príncipe de Viana), con la recomendación de que mientras viviese su padre no usase el de rey. Casó Juan II con doña Juana Enríquez, hija del almirante de Castilla, enemigo de Álvaro de Luna, y éste supo aprovechar las circunstancias para en-

Juan II de Aragón y Navarra, litografía por Rufino Casado en *Iconografía española*, obra de Carderera. Museo Lázaro Galdiano. Madrid

frentar a don Carlos con su padre. Se dividió Navarra en dos bandos: agramonteses, partidarios del rey, y beamonteses, del príncipe; estalló la guerra civil y don Carlos fue vencido y hecho prisionero (1451). Puesto en libertad, se levantaron nuevamente sus partidarios, que fueron vencidos, y el príncipe y su hermana Blanca quedaron desheredados, en beneficio de doña Leonor, su hermana menor. A la muerte de su hermano Alfonso V (1458), heredó Juan II la corona de Aragón con los territorios españoles de Sicilia y Cerdeña. Por la concordia de Villafranca (1461), reconoció por heredero al príncipe de Viana y le encomendó el gobierno de Cataluña a título de lugarteniente. La muerte prematura del príncipe, ocurrida en el mismo año, atribuida a envenenamiento maquinado por doña Juana, y las intrigas de ésta, originaron el levantamiento de Cataluña; la suerte de las armas favoreció a Juan II, que, luego de rendir Barcelona (1472), otorgó un perdón general, y unidos ya Aragón y Cataluña acometieron la reconquista del Rosellón y la Cerdaña, en poder de Luis XI; pero murió el rey sin lograr ver acabada la campaña, y pasó la corona de Aragón a su hijo don Fernando, habido en su segundo matrimonio, ya casado con Isabel de Castilla, y la de Navarra, a doña Leonor. ‖ **I,** *Zimisces.* Emperador de Bizancio, n. en Hierápolis y m. en Constantinopla (925-976). Era general del Imperio, e inducido por su amante, la emperatriz Teofona, asesinó al emperador Nicéforo y se apoderó del trono. Después se desembarazó de su amante y se entregó a las conquistas militares, anexionando al Imperio la Bulgaria oriental y sometiendo Beirut. ‖ **II,** *Commeno.* Emperador de Bizancio, m. en Cilicia (1088-1143). Fue elevado al trono en 1118. En Asia venció a los turcos y reconquistó una parte de Asia Menor. ‖ **III,** *Vetacio.* Emperador de Bizancio, n. en Didimótica y m. en Ninfeo (1193-1254). Yerno y sucesor de Teodoro I en 1222. Terminó la conquista de Asia Menor, tomó Salónica y extendió sus estados a costa de Bulgaria. ‖ **IV,** *Láscaris.* Emperador de Bizancio de 1258 a 1261. Hijo de Teodoro II *Láscaris.* Se hallaba aún en la minoría cuando sucedió a su padre. Miguel Paleólogo se apoderó en seguida de la regencia e hizo cegar y aprisionar a Juan IV, despojándolo del trono. ‖ **V,** *Paleólogo*. Emperador de Oriente, hijo de Andrónico III (1332-1391). Sucedió a su padre en 1341. Durante su reinado desmembró en parte el Imperio, estableciéndose en Andrinópolis el sultán Amurates I. ‖ **VI,** *Cantacuzeno*. Emperador de Bizancio, n. en Constantinopla y m. en Mistra (1292-1383). Favorito de Andrónico III, a la muerte de éste conquistó Constantinopla y se hizo reconocer como emperador de Bizancio. En 1355 abdicó el poder y entró en un convento ‖ **VII.** Emperador de Oriente (1366-1440). Hijo de Andrónico V y nieto de Juan V. Fue asociado por su padre al Imperio en 1390; pero se mantuvo poco tiempo en el poder. ‖ **VIII.** Emperador de Oriente (1390-1448). Hijo y sucesor de Manuel II en 1425. Durante su reinado terminó de aniquilarse el Imperio. Los turcos ocuparon Tesalónica y después devastaron el Peloponeso, teniendo los *Paleólogos* que declararse tributarios del sultán. ‖ **I de Luxemburgo.** Rey de Bohemia, m. en Crécy (1296-1346). Era hijo del emperador Enrique VII. Se distinguió por sus hechos guerreros y m. en la batalla de Crécy, peleando contra los ingleses. ‖ *sin Miedo*. Duque de Borgoña, n. en Dijon y m. en el puente de Montereau (1371-1419). Sostuvo larga lucha contra Francia, ayudado por los ingleses, y se apoderó de París, siendo asesinado en una emboscada. ‖ **Ladislao.** Rey de Bulgaria, m. en el sitio de Duras en 1018. Fue elevado al trono a la muerte de su primo Gabriel en 1016. Continuó la lucha contra los bizantinos y m. asesinado. ‖ **I.** Rey de Castilla, hijo de Enrique II, n. en Épila y m. en Alcalá de Henares (1358-1390). Reinó entre 1379 y 1390. Viudo de doña Leonor, hija de Pedro IV de Aragón, contrajo matrimonio con doña Beatriz, heredera del trono de Portugal (1383), y a la muerte de su suegro, Fernando I, invadió Portugal y fue derrotado en la célebre batalla de Aljubarrota (1385). El duque de Lancaster, hijo de Eduardo III de Inglaterra, invadió Galicia, pero se llegó a un arreglo mediante el matrimonio de Enrique (luego III de este nombre), heredero de Castilla, con Catalina de Lancaster, hija del duque; los esposos recibieron el título de *príncipes de Asturias*, que desde entonces han llevado los herederos del trono español (1388). Juan I, luego de oír a una Junta de prelados y doctores del reino, resolvió la actitud de Castilla ante el *cisma de Occidente*, con la adhesión a la causa del papa de Aviñón, Clemente VII (1380). ‖ **II.** Rey de Castilla, hijo de Enrique III, n. en Toro y m. en Valladolid (1405-1454). Heredó la corona en 1406, bajo la regencia de su tío don Fernando, que se apoderó de la plaza de Antequera (1410); pero al ser designado para ocupar el trono de Aragón (1412) (v. **Fernando I de Aragón**), la regencia pasó a ser desempeñada por doña Catalina, madre del rey menor; muerta en 1418, fue declarado Juan II mayor de edad al siguiente año. El nuevo monarca, débil de carácter y muy inclinado a diversiones, a la literatura y a justas y torneos de los caballeros, abandonó el ejercicio del poder en Álvaro de Luna. Éste derrotó a los árabes en la batalla de la Higueruela (1431), y se apoderó de algunas plazas; pero la actitud de la nobleza y las intrigas de su segunda esposa, Isabel de Portugal, acababan con la privanza del condestable, que fue decapitado (1452). Le sucedió su hijo Enrique IV. ‖ **I.** Rey de Chipre y Jerusalén. Reinó desde 1284 hasta 1285. ‖ **II.** Rey de Chipre y Jerusalén, de la familia Lusignan de Ultramar (1374-1432). Fue hijo y sucesor de Jacobo I. En 1423 atacó a Alejandría, pero fue derrotado. ‖ **III.** Rey de Chipre y Jerusalén, de la familia Lusignan de Ultramar, n. y m. en Nicosia (1415-1458). Reinó desde 1432 hasta su muerte. ‖ **Carlos I.** Rey de España, hijo de don Juan de Borbón y de Battenberg, n. en Roma en 1938. Efectuó sus estudios en la

Juan Carlos I

Academia General Militar (1955-1957), en la Escuela Naval (1957-58) y en la Academia General del Aire (1958-59). El 14 de mayo de 1962 casó con la princesa Sofía de Grecia; de su matrimonio han nacido tres hijos: las infantas Elena y Cristina, y el príncipe Felipe. El 22 de julio de 1969 fue propuesto por el generalísimo Franco, en el pleno de las Cortes, como sucesor a la Jefatura del Estado a título de rey. Aprobada la propuesta, fue proclamado al día siguiente príncipe de España. En dos ocasiones (julio de 1974 y octubre de 1975), asumió, a causa de enfermedad de Franco, la Jefatura del Estado. Tras el fallecimiento de éste, fue proclamado rey ante las Cortes, el 22 de noviembre de 1975. ‖ **I.** Rey de Francia, hijo póstumo de Luis X, n. en París el 15 de noviembre de 1316 y m. cinco días después de su nacimiento. ‖ **II** *el Bueno*. Rey de Francia, n. en el castillo de Gué de Maului y m. en Londres (1319-1364). Fue hijo de Felipe VI, a quien sucedió en 1350. Seis años después, el príncipe de Gales invadió Francia, lo derrotó en la batalla de Poitiers y lo llevó prisionero a Londres. En libertad en 1360, después de un tratado de paz con Inglaterra, reunió Champaña y Borgoña a sus estados y tomó la cruz en Aviñón. ‖ **I.** Conde de Holanda, m. en 1299. Sucedió a su padre, Florencio, en 1296. Gobernó bajo la tutela de Juan de Avesnes. ‖ **II.** Conde de Holanda, sucesor del anterior, m. en 1304. ‖ **I Zapolya.** Rey de Hungría, hijo de Esteban Zapolya, n. en Szepesvár y m. en Szászsebes (1487-1540). Se hizo proclamar rey de Hungría por una parte de la nobleza, mientras la otra proclamaba a Fernando I de Austria. Fue reconocido soberano a condición de reconocer a Fernando como sucesor. ‖ **II Segismundo Zapolya.** Rey de Hungría, hijo de Juan I Zapolya, n. en Buda y m. en Alba Julia (1540-1571). El sultán Solimán, con el pretexto de socorrerle contra Fernando de Austria, ocupó Buda y redujo a su protegido al título de vaivoda de Transilvania. ‖ *sin Tierra*. Rey de Inglaterra, n. en Oxford y m. en el castillo de Newark (1167-1216). Cuarto hijo de Enrique II, sucedió a su hermano Ricardo *Corazón de León* (1199) y asesinó a su sobrino Arturo. En 1215 hubo de conceder a sus súbditos la *Carta Magna*. ‖ **I.** Rey de Jerusalén y conde de Brienne (1148-1237). Fue una de las más grandes figuras de la Edad Media por su bravura y lealtad. ‖ **I.** Duque de Lorena, m. en París (1340-1390). Fue hijo de Raúl, a quien sucedió en 1346. Tomó parte a favor de Francia en la batalla de Poitiers. ‖ **II.** Duque de Lorena y rey de Nápoles, hijo de Renato de Anjou, n. en Toul y m. en Barcelona (1427-1470). Llamado al trono de Nápoles por muerte de Alfonso, venció a su rival Fernando. Quiso apoderarse de Aragón, muriendo en Barcelona, después de haber sometido a Cataluña. ‖ **de Luxemburgo.** Gran duque de Luxemburgo, n. en el castillo de Colmarberg en 1921. Sucedió a su madre, la gran duquesa Carlota, por abdicación, el 12 de noviembre de 1964. ‖ **I.** Señor de Mónaco, hijo de Raniero II (1382-1454). Ocupó el trono en 1427 y, aliado con los milaneses, infligió una importante derrota a la flota veneciana. ‖ **II.** Señor de Mónaco, hijo mayor de Lamberto y Claudina. Ocupó el trono de 1494 a 1505, en que m. a manos de su hermano Luciano. ‖ **I.** Rey de Navarra (v. **Juan II,** rey de Aragón). ‖ **I Alberto.** Rey de Polonia, n. en Cracovia y m. en Torun (1459-1501). Subió al trono a la muerte de su padre, Casimiro VI, en 1492. ‖ **II** o **Juan Casimiro. Casimiro V.** ‖ **I** *el grande*. Rey de Portugal, n. y m. en Lisboa (1357-1433). Fue hijo natural de Pedro I, elevado al trono en 1385. Se distinguió por sus hechos de armas, tomando Ceuta a los moros en 1415. ‖ **II.** Rey de Portugal, n. en Lisboa y m. en Alvor (1455-1495). Hijo de Alfonso V, a quien sucedió en 1491. Su reinado se señaló por las gloriosas expediciones efectuadas por los portugueses a las Indias orientales. ‖ **III.** Rey de Portugal, n. y m. en Lisboa (1502-1557). Sucedió a Manuel, su padre, en 1521. Persiguió a los judíos y herejes y estableció en Lisboa la Inquisición. ‖ **IV.** Rey de Portugal, n. en Villaviciosa y m. en Lisboa (1604-1656).

Juan I de Portugal. Museo Nacional de Arte Antiguo. Lisboa

Fue elegido en 1640 por los portugueses sublevados contra la dominación española. ‖ **V.** Rey de Portugal, n. y m. en Lisboa (1689-1750). Sucedió a su padre, Pedro II, en 1689. Tomó parte en la guerra de Sucesión de España contra Felipe V, y auxilió al Papa contra los turcos. ‖ **VI.** Rey de Portugal, hijo de Pedro III, n. y m. en Lisboa (1767-1826). Sucedió a su madre, María I, en 1816. ‖ *el Constante*. Elector de Sajonia, sucesor de su hermano Federico *el Sabio*, n. en Meissen y m. en Schweinitz (1467-1532). Se distinguió por su celo por la Reforma, que le llevó a proclamar en 1530 la confesión de Augsburgo y a provocar la Liga de Esmalcalda. || **Federico I.** Elector de Sajonia, sucesor de Juan *el Constante*, n. en Torgau y m. en Weimar (1503-1554). Fue jefe de la Liga de Esmalcalda. || **Federico II.** Duque de Sajonia, hijo de Juan Federico I, n. en Torgau y m. en Steyr (1529-1595). Fundó la Universidad de Jena. || **Jorge I.** Elector de Sajonia, n. y m. en Dresde (1585-1656). Sucedió a su hermano Cristián II en 1611. Obtuvo del emperador Fernando la Alta y Baja Lusacia. || **Jorge II.** Elector de Sajonia, hijo y sucesor del anterior, n. en Dresde y m. en Freiberg (1613-1680). La necesidad de recursos económicos le hizo depender de Luis XIV. || **Jorge III.** Elector de Sajonia, n. en Dresde y m. en Tubinga (1647-1691). Sucedió a su padre, Juan Jorge II, en 1680. Formó parte de la Liga de Augsburgo y mandó el ejército del Imperio. || **Jorge IV.** Elector de Sajonia, hijo del anterior, n. y m. en Dresde (1668-1694). No tuvo prestigio político alguno, aunque sí su consejero, el mariscal de campo Von Schoening. || **I.** Rey de Suecia, m. en Visingsö (h. 1201-1222). Ocupó el trono en 1216. || **II.** Rey de Suecia y Dinamarca, n. y m. en Alborg (1455-1513). Sucedió a su padre, Cristián I, en 1481. Fue depuesto de Suecia en 1502. || **III.** Rey de Suecia, n. en el castillo de Stegeborg y m. en Estocolmo (1537-1592). Sucedió en 1569 a su hermano Erico XIV, obligándole a abdicar. || Príncipe de España, hijo y heredero de los Reyes Católicos, muerto en plena juventud en 1497. Fancelli le esculpió un magnífico mausoleo. || Vizconde de Narbona, n. en 1472. Disputó el reino de Navarra a Catalina de Foix, llegando después a un concierto con ella. || **de Albret.** Noble francés, m. en 1517. Por su matrimonio con Catalina de Foix (1484) fue rey consorte de Navarra. || **Caragea.** Príncipe de Valaquia, que reinó de 1812 a 1819. Hizo dictar el código que lleva su nombre. || **Gastón de Médicis.** Último gran duque de Toscana de la casa Médicis, segundo hijo de Cosme III (1671-1737). Elegido gran duque en 1723, se vio obligado a adherirse al tratado de 1731, que daba Toscana al infante don Carlos. || **de Suabia.** Príncipe de Austria, n. en 1289. Asesinó a su tío, el emperador Alberto I, en Rheinfelden (Suiza) en 1308. || **Arbó (Sebastián).** Escritor español, n. en San Carlos de la Rápita, Tarragona, en 1902. Cultiva preferentemente la novela. Entre sus obras se cuentan: *L'inutil combat* (1931), *Terres de l'Ebre* (1934), *Camins de nit* (1936), *Tino Costa* (1948), *Sobre las piedras grises* (1949), *Maria Molinari* (1954), *Nocturno de almas* (1957), *Los hombres de la tierra y del mar*, autobiografía (1961); *Pío Baroja y su obra* (1963), *Relatos del delta* (1965), episodios sueltos; *Entre el mar y la tierra* (1966), *La espera* y *Hechos y figuras* (1969). || **de Austria. Austria (Juan de).** || **Ávila** *(San).* Sacerdote, misionero y escritor místico español, n. en Almodóvar del Campo y m. en Montilla (1500-1568). Se entregó con tanto celo y fe a la evangelización de Andalucía, que se le llamó el Apóstol de Andalucía. Tuvo por discípulos a fray Luis de Granada y a San Juan de Dios. Como escritor místico, figura en la etapa o período de asimilación, con el tratado *Audi, filia, et vide* (1527), paráfrasis del salmo 44; un *Tratado del Amor de Dios* (1596) y numerosas cartas, en que figuran las de su correspondencia con Santa Teresa. Su fiesta, el 12 de mayo. || **Bautista** *(San).* Hijo de San Zacarías y Santa Isabel y primo de Jesucristo, quien recibió el bautismo de sus manos, m. en el año 32. Predicó la venida del Mesías, anatematizó los vicios y crímenes de los poderosos y m. degollado por orden de Herodes Antipas. || **Bautista María Vianney** *(San).* Sacerdote francés, más conocido por el *cura de Ars*, n. en Dardilly y m. en Ars-en-Dombe (1786-1859). Fue vicario de Écully y párroco de Ars (1818-59). Es patrono de los sacerdotes. Su fiesta, el 4 de agosto. || **Bautista de La Salle** *(San).* Religioso francés, n. en Reims y m. en Ruán (1652-1719). Distribuyó sus rentas entre los pobres para dedicarse a la fundación del Instituto religioso denominado Hermanos de las Escuelas Cristianas. Su fiesta, el 15 de mayo. || **Bosco** *(San).* Religioso italiano, n. en Becchi y m. en Turín (1815-1888). Fundó la Congregación de los salesianos en 1845 y el Instituto de Hijas de María Auxiliadora. Su fiesta, el 31 de enero. || **Crisóstomo** *(San).* Obispo de Antioquía y patriarca de Constantinopla, n. en Antioquía y m. en Comana del Ponto (344-407). Desterrado en Armenia, se le venera como mártir. Su fiesta, el 27 de enero. || **de la Cruz** *(San).* Religioso y poeta místico español, cuyo nombre en el siglo fue Juan de Yepes y Álvarez, n. en Fontiveros, Ávila, y m. en Úbeda (1542-1591). Ingresó en la Orden de Nuestra Señora del Carmen, en Medina del Campo, y estudió en Salamanca. Su encuentro con Santa Teresa de Jesús, de la que fue discípulo, gran amigo y colaborador, le decidió a emprender con ella la reforma de la Orden carmelitana. Fundó el primer convento de Carmelitas Descalzos y acompañó a la Santa en su misión por los pueblos de Castilla. Las rivalidades entre los Carmelitas Calzados y los Descalzos le llevaron a la prisión, en Toledo. Como poeta es una de las figuras más notables de la mística española, que culmina en la obra de Santa Teresa de Jesús, y como ella, pertenece a la escuela ecléctica. Sus principales obras son: *Noche obscura del alma*, *Llama de amor viva*, *Cánticos espirituales entre el alma y Cristo su esposo*, *Subida al Monte Carmelo* y *Avisos y sentencias espirituales*. Su fiesta el 14 de diciembre. || **Damasceno** *(San).* Escritor cristiano, n. en Damasco y m. en San Sabas en 754. Combatió la herejía iconoclasta y, entre 726 y 737, compuso tres discursos contra los destructores de las imágenes. Su fiesta, el 6 de mayo. || **de Dios** *(San).* Fundador de la Orden de los Hermanos Hospitalarios o de la Caridad, n. en Casarrubios del Monte, Toledo, y m. en Granada (1495-1550). Soldado de profesión, repartió todos sus bienes e hizo tales extremos de penitencia que fue recluido como demente. El mal trato que vio dar a los enfermos le llevó a consagrarse a su cuidado; reunió limosnas y construyó un hospital en Granada, donde, con otros colaboradores, echó los cimientos de la nueva Orden. Su fiesta, el 8 de marzo. ||

San Juan Bautista, por autor desconocido. Museo Lázaro Galdiano. Madrid

Evangelista *(San).* Hijo de Zebedeo y de Salomé y uno de los 12 apóstoles. Fue uno de los discípulos predilectos de Jesús, quien le hizo presenciar su transfiguración y más tarde su agonía en el huerto de los Olivos. Se le denomina también *Águila de Patmos* y *San Juan Ante Portam Latinam*. Fue desterrado a Patmos, donde escribió el *Apocalipsis*. Es autor del cuarto *Evangelio* y de tres *Epístolas*. Su em-

San Juan Evangelista, en Patmos, por autor anónimo. Ministerio de Justicia. Madrid

blema es el águila. Con la advocación de San Juan Ante Portam Latinam es patrono de los impresores. Su fiesta, el 6 de mayo y el 27 de diciembre. || **Fisher** *(San).* Cardenal inglés, n. en Beverley y m. en Londres (1459-1535). Obispo de Rochester en 1504. Al negarse a anular el matrimonio de Enrique VIII con Catalina de Aragón, fue condenado a muerte. El Papa, en muestra de afecto, le envió a la cárcel el capelo cardenalicio. Su fiesta, el 22 de junio. || **José de Austria. Austria (Juan José de).** || **de Juanes. Masip Navarro (Vicente Juan).** || **Manuel.** Literato, guerrero y prócer español, hijo del infante don Manuel y nieto del rey San Fernando, n. en Escalona, Toledo, y m. en Córdoba (1282-1347). Fue regente de Castilla durante la minoría de Alfonso XI (1321-25) y, por tanto, parcialmente responsable de las discordias interiores de aquel período; cuando el soberano ocupó el trono, don Juan Manuel intrigó contra su pariente por haber faltado éste a la promesa de casamiento que había hecho a doña Constanza, hija de Juan Manuel. No obstante, éste intervino en las guerras contra los musulmanes y tomó parte en la batalla del Salado y en el sitio de Algeciras, cubriéndose de gloria. Muchos de sus escritos se han perdido, como el *Libro de los cantares*, colección de poesías, y *Reglas como se debe trovar*, el más antiguo tratado castellano de versificación. Su *Libro del caballero y del escudero*, inspirado en Ramón Lull; el *Libro de los Estados*, los varios escritos históricos y el *Libro infinido*, también llamado *de los castigos* (castigo significaba entonces enseñanza), son de mérito relativo. La obra más notable es el *Libro de Patronio* o *El conde Lucanor* (1328-34), conocido también con el título de *Libro de los exemplos*, donde se insertan unos cincuenta cuentos o apólogos que Patronio, preceptor del conde Lucanor, ofrece a fin de responder indirectamente a sus preguntas. Muchos de estos cuentos, inspirados en las más variadas fuentes, particularmente árabes, aunque populares en su tiempo, entraron por su mano en la literatura occidental. Todos terminan siempre por una moraleja en verso, interesante repertorio para el estudio de la métrica, y algunos han adquirido el valor de modelos del género. ‖ **de Mata** (*San*). Sacerdote francés, n. en Faucon y m. en Roma (1160-1213). Fundador, con San Félix de Valois, de la Orden de los trinitarios. Su fiesta, el 8 de febrero. ‖ **Nepomuceno** (*San*). Sacerdote bohemo, n. en Nepomuk y m. en Praga (1330-1383). Como se negara a revelar al emperador Wenceslao la confesión de su esposa, la emperatriz Juana, fue ahogado en el río por orden del soberano. Su fiesta, el 16 de mayo. ‖ **de Ribera** (*San*). Patriarca, arzobispo, hombre de Estado y escritor español, n. en Sevilla y m. en Valencia (1533-1611). Fue hijo primogénito de Perafán de Ribera, virrey de Cataluña y de Nápoles. Fue obispo de Badajoz (1562), y arzobispo de Valencia y patriarca de Antioquía (1569). Se consagró con extraordinario celo a la conversión de los moriscos y, decretada su expulsión por Felipe III, extremó su celo para hacerles más llevadera su desgracia hasta que embarcaran (1609). Felipe III, de quien fue influyente consejero, le nombró virrey y capitán general de Valencia. Reformó la Universidad y fundó el Colegio del Corpus Christi, llamado del Patriarca, y adquirió ricos ejemplares de incunables, códices y obras de ediciones raras, que constituyen rico tesoro de su biblioteca. Su fiesta, el 6 de enero. ‖ **y Santacilia (Jorge).** Cosmógrafo, astrónomo y marino español, n. en Novelda y m. en Madrid (1713-1773). En 1734 fue designado por el rey Felipe V, con Antonio de Ulloa, para formar parte (1735-41) de la expedición francesa dirigida por La Condamine y colaborar en la medición de un arco de meridiano próximo al ecuador (en Perú), a fin de determinar la forma real de la Tierra, y emprender luego otros servicios políticos y militares, que le re-

Jorge Juan y Santacilia. Museo Naval. Madrid

tuvieron en aquel continente once años. Proyectó y dirigió los arsenales de Cartagena y El Ferrol, organizó el funcionamiento de las minas de Almadén y mejoró los procedimientos de extracción; estableció el Observatorio Astronómico de Cádiz y escribió su *Compendio de Navegación.* En 1767 fue embajador extraordinario cerca del emperador de Marruecos, y en 1770 se le confió la dirección del Real Seminario de Nobles. Gozó del máximo prestigio en su tiempo como hombre de ciencia, dentro y fuera de España, y escribió varias obras, como *Método de levantar y dirigir el mapa o plano general de España* y *Noticias secretas de América,* en colaboración con Ulloa. ‖ **A. de la Peña.** Geog. Local. de Argentina, provincia de Buenos Aires, part. de Pergamino; 644 h. ‖ **A. Pradera.** Local. de Argentina, prov. de Buenos Aires, part. de Patagones; 1.453 h. ‖ **de Acosta.** Mun. de Colombia, depart. de Atlántico; 7.365 h. ‖ Pobl. cap. del mismo; 3.779 h. ‖ **Aldama.** Mun. de Méjico, estado de Zacatecas; 13.912 h. ‖ C. cap. del mismo; 9.667 h. ‖ **Ángel Bravo.** Mun. de Venezuela, est. de Cojedes, dist. de San Carlos; 1.672 h. Cap., La Sierra. ‖ **B. Arruabarrena.** Local. de Argentina, prov. de Entre Ríos, depart. de Federación; 1.997 h. ‖ **Bautista Alberdi.** Local. de Argentina, prov. de Buenos Aires, part. de Leandro N. Alem; 2.061 h. ‖ **Bautista Alberdi.** Local. de Argentina, prov. de Tucumán, depart. de Río Chico; 7.872 h. ‖ **Bautista Molina.** Local. de Argentina, prov. de Santa Fe, depart. de Constitución; 1.175 h. ‖ **Bautista Rodríguez.** Mun. de Venezuela, est. de Lara, dist. de Jiménez; 24.065 h. Cap., Quibor. ‖ **Blaquier.** Local. de Argentina, prov. de Buenos Aires, part. de Saladillo; 547 h. ‖ **C. Bonilla.** Mun. de Méjico, est. de Puebla; 7.017 h. Cap., Cuanalá. ‖ **Cuamatzi.** Mun. de Méjico, est. de Tlaxcala; 11.909 h. Cap., Contla. ‖ **E. Barra.** Local. de Argentina, prov. de Buenos Aires, part. de González Chaves; 720 h. ‖ **Emilio O'Leary.** Mun. de Paraguay, depart. de Alto Paraná; 8.028 h. ‖ Pobl. cap. del mismo; 2.176 habitantes. ‖ **Espinoza Medrano.** Dist. de Perú, depart. de Apurímac, prov. de Antabamba; 2.422 h. Cap., Mollebamba. ‖ **F. Ibarra.** Local. de Argentina, prov. de Buenos Aires, part. de Bolívar; 985 h. ‖ **F. Quiroga.** Depart. de Argentina, prov. de La Rioja; 3.649 h. ‖ **Fernández.** Pequeño arch. del océano Pacífico, perteneciente a Chile, prov. de Valparaíso; 185 km.² y 220 h. Sit. a unos 667 km. al O. de Valparaíso, está formado por las islas de Robinsón Crusoe, antes Más a Tierra, 95 km.²; Alejandro Selkirk, antes Más Afuera, 85 km.², y Santa Clara, 5 km.² La isla de Robinsón Crusoe, también llamada Juan Fernández, fue descubierta por el piloto español de este nombre hacia 1565. En esta isla vivió el escocés Alejandro Selkirk desde 1704 hasta 1709, y sus aventuras creen algunos que dieron a Defoe materia para su obra *Robinson Crusoe.* ‖ **G. Bazán.** Local. de Argentina, prov. de Formosa, depart. de Patiño; 426 h. ‖ **Galindo.** Mun. de Méjico, est. de Puebla; 5.080 h. Cap., Nuevo Necaxa. ‖ **de Garay.** Local. de Argentina, prov. de Río Negro, departamento de Pichi-Mahuida; 174 h. ‖ **Guerra.** Dist. de Perú, depart. y prov. de San Martín; 1.783 h. ‖ Pueblo cap. del mismo; 1.761 h. ‖ **Ignacio Montilla.** Mun. de Venezuela, est. de Trujillo, dist. de Valera; 33.086 h. Cap., Valera. ‖ **J. Almeyra.** Local. de Argentina, prov. de Buenos Aires, part. de Navarro; 696 h. ‖ **J. Paso.** Local. de Argentina, prov. de Buenos Aires, part. de Pehuajó; 1.929 h. ‖ **Jorba.** Local. de Argentina, prov. de San Luis, depart. de General Pedernera; 562 h. ‖ **Jorge.** Local. de Argentina, prov. de Entre Ríos, depart. de Colón; 236 h. ‖ **José Castelli.** Local. de Argentina, prov. de Chaco, cap. del part. de General Güemes; 3.679 h. ‖ **José Flores.** Mun. de Venezuela, est. de Carabobo, dist. de Puerto Cabello; 31.163 h. Cap., Puerto Cabello. ‖ **Lacare.** C. de Uruguay, depart. de Colonia; 11.204 h. ‖ **Llerena.** Local. de Argentina, prov. de San Luis, depart. de General Pedernera; 488 h. ‖ **de Mata Suárez.** Mun. de Venezuela, est. de Cojedes, dist. de Anzoátegui; 3.505 h. Cap., Apartadero. ‖ **de Mena.** Mun. de Paraguay, depart. de La Cordillera; 4.433 habitantes. ‖ Pobl. cap. del mismo; 1.027 h. ‖ **N. Fernández.** Local. de Argentina, prov. de Buenos Aires, part. de Necochea; 3.021 h. ‖ **N. Méndez.** Mun. de Méjico, estado de Puebla; 4.678 habitantes. Cap., Atenayuca. ‖ **Pujol.** Local. de Argentina, prov. de Corrientes, depart. de Monte Caseros; 625 h. ‖ **R. Escudero.** Mun. de Méjico, estado de Guerrero; 12.637 h. Cap., Tierra Colorada. ‖ **Rodríguez Clara.** Mun. de Méjico, est. de Veracruz-Llave; 17.522 h. ‖ Villa cap. del mismo; 5.598 h. ‖ **Viñas.** Pobl. de Costa Rica, prov. de Cartago, dist. y cap. del cantón de Jiménez; 6.234 h.

Juana Enríquez. Biog. Reina de Aragón, hija del almirante de Castilla, n. en Barcelona (1425-1468). Casó con el rey Juan I de Navarra y después II de Aragón. Ejerció gran dominio sobre su esposo, y por odio al príncipe de Viana, su hijastro, desencadenó la guerra civil entre los navarros, la insurrección de Cataluña y la guerra de los Remensas, a cuyo frente se puso en Gerona contra el ejército de la Generalidad de Barcelona. Logró asentar la corona en las sienes de su hijo, Fernando el Católico. ‖ **Reina de Castilla,** única de su nombre, conocida vulgarmente por *Juana la Loca,* n. en Toledo y m. en Tordesillas (1479-1555).

Juana la Loca, ilustración de *Iconografía española,* obra de V. Carderera. Museo Lázaro Galdiano. Madrid

Hija segunda de los Reyes Católicos, casó con Felipe *el Hermoso* (1496). La muerte sucesiva de sus hermanos don Juan y doña Isabel, la primogénita, hizo recaer en ella el derecho a las coronas de Castilla y Aragón. De su matrimonio nacieron cuatro hijas y dos hijos, Carlos I de España y V de Alemania, y Fernando II, emperador de Alemania. Al morir doña Isabel fue proclamada reina de Castilla (1504), encargándose su padre de la regencia, por disposición de la reina, a causa de su enajenación mental, agravada con la muerte de su esposo (1506), de cuyos restos se negó a separarse y que paseó por España en fúnebre cortejo. En 1509 la llevó su padre a Tordesillas y, por fin, fue depositado el féretro en el monasterio de Santa Clara. Desde entonces vivió retirada, intervino ligeramente en los asuntos de gobierno y su nombre iba unido al de su hijo Carlos I en los documentos públicos. ‖ **de Portugal.** Reina de Castilla, n. en Almada y m. en Madrid (1438-1475). Fue esposa de Enrique IV, que al ser desheredada su hija, llamada *la Beltraneja,* huyó de palacio, reuniéndose nuevamente con su esposo al revocar éste el tratado de los Toros de Guisando. ‖ **Manuel.** Reina de Castilla y de León, hija del infante Juan Manuel, m. en Salamanca (1333-1384). Casó con el bastardo don Enrique de Trastamara, ocupando el trono después de la tragedia de Montiel. ‖ **Reina de Francia** (1326-

1360). Hija de Guillermo XIII, conde de Auvernia y de Bolonia. Viuda de Felipe de Borgoña, casó en 1349 con el delfín de Francia, elevado al trono en 1350 con el nombre de Juan II. Ejerció la regencia durante el cautiverio de su esposo. ‖ **de Borbón.** Reina de Francia, n. en Vincennes y m. en París (1338-1378). Hija de Pedro I, duque de Borbón, y de Isabel de Valois. Se casó en 1350 con el príncipe Carlos, después Carlos V. ‖ **de Borgoña.** Reina de Francia, m. en Roye (1292-1325). Era hija de Otón IV, conde palatino de Borgoña, y se casó en 1306 con Felipe, conde de Poitiers, más tarde rey de Francia con el nombre de Felipe V. Fue encausada por adulterio. ‖ **Seymour.** Reina de Inglaterra, tercera esposa de Enrique VIII, n. en Wolf Hall y m. en Hampton Court (1509-1537). Murió a los diecisiete meses de casada, después de dar a luz al futuro Eduardo VI. ‖ **I.** Reina de Nápoles, hija de Carlos, duque de Calabria, y nieta y sucesora en 1343 de su abuelo, Roberto *el Bueno*, n. en Nápoles y m. en Aversa (1326-1382). Después de un reinado muy accidentado y de haberse casado cuatro veces, la tercera vez con Jaime de Aragón, infante de Mallorca, fue despojada del trono por uno de sus sobrinos y ahogada después entre dos colchones. ‖ **II.** Reina de Nápoles, n. y m. en Nápoles (1371-1435). Sucedió a su hermano Ladislao en 1414. Su conducta fue escandalosa, y como no tuviera descendencia, a pesar de haberse casado y enviudado dos veces, fueron disputados sus estados entre Alfonso, rey de Aragón, y Renato de Anjou. ‖ **I.** Reina de Navarra, n. en Bar-sur-Seine y muerta en Vincennes (1270-1305). Ocupó el trono bajo la tutela de su madre en 1274, y a causa de una revuelta, el rey de Francia se incautó del reino, hasta que, casada en 1284 con Felipe *el Hermoso*, hijo de Felipe *el Atrevido*, se reintegró en el trono. Fundó el Colegio de Navarra en la Universidad de París. ‖ **II.** Reina de Navarra, más conocida por *Juana de Évreux*, m. en Conflans (1311-1349). Hija de Luis I de Navarra y X de Francia. Casó con el conde de Évreux, conocido por Felipe III de Navarra, con quien comienza la dinastía de Évreux. ‖ **III de Albret.** Reina de Navarra, n. en Saint-Germain-en-Laye y m. en París (1528-1572). Era nieta de Juan de Albret y Catalina de Foix, últimos reyes de la Navarra española, e hija de Enrique II de Albret, soberano de la Navarra francesa, y de Margarita de Angulema, hermana de Francisco I, rey de Francia. En 1541 casó con el duque de Cléveris, y por segunda vez con Antonio de Borbón en 1548; sucedió a su padre en 1550; abrazó la doctrina protestante, por lo que fue excomulgada por el papa Pío IV en 1565. Fue madre del rey Enrique IV de Francia. ‖ **Plantagenet.** Reina de Sicilia y condesa de Tolosa, m. en Ruán en 1200. Hija del rey de Inglaterra Enrique II, casó en primeras nupcias con el rey de Sicilia Guillermo II, y en segundas con Raimundo VI, conde de Tolosa. ‖ **Condesa de Flandes,** que sucedió en 1206 a Balduino IX, conde de Flandes y emperador de Constantinopla. Se casó en primeras nupcias con Fernando, príncipe de Portugal. y en segundas con Tomás de Saboya. ‖ **de Austria.** Princesa española, hija de Carlos I, n. en Madrid y m. en El Escorial (1535-1573). Casó con el príncipe Juan de Portugal y fue la madre del rey Sebastián. ‖ **la Beltraneja.** Princesa de Castilla, n. en Madrid y m. en Lisboa (1462-1530). Hija de Enrique IV de Castilla y de su segunda esposa Juana de Portugal, a quien la maledicencia pública suponía hija adulterina de Beltrán de la Cueva, de donde procede su apodo. Proclamada heredera de la corona, fue, no obstante, excluida debido a la debilidad de ca-

Santa Juana de Arco, preparada para la hoguera, miniatura de Vigiles de Charles VII, *por Martial de París (s. XV). Biblioteca Nacional. París*

rácter del rey. Pretendió recuperar sus derechos al trono de Castilla, mas, derrotadas sus huestes por Fernando de Aragón en la batalla de Toro, la corona pasó a la hermana del soberano, Isabel *la Católica*. Doña Juana se retiró a un convento de Coimbra, en Portugal, titulándose reina de Castilla hasta su fallecimiento. ‖ **Grey.** Dama inglesa, bisnieta de Enrique VII, rey de Inglaterra, n. en Bradgate y m. en Londres (1537-1554). Proclamada reina a la muerte de Eduardo VI, en perjuicio de María Tudor, a los nueve días de reinado cayó en poder de su rival, que entró en Londres con un numeroso ejército. María Tudor ocupó el trono e hizo ejecutar a su prisionera y a su marido el duque de Guildfort. ‖ Heroína de una burda patraña según la cual una joven francesa, disfrazada de hombre y con el nombre de *Juan el Inglés*, fue elegida papa y ocupó la silla apostólica cerca de dos años y medio, entre los pontificados de San León IV y Benedicto III, a mediados del s. IX. Se la llama la *Papisa Juana*. ‖ **de Arco** (*Santa*). Heroína francesa, llamada la *Doncella de Orleans*, nacida en Domrémy-la-Pucelle y muerta en Ruán (1412-1431). Cuando Francia estaba en guerra con los ingleses y amenazada de caer en poder de ellos, Juana oyó una voz que le decía que estaba destinada a salvar a su patria. Después de vencer muchos obstáculos, hizo levantar a los ingleses el sitio de Orleans y coronar a Carlos VII en Reims, quien la autorizó para que se pusiera al frente del ejército (1429). A partir de entonces alcanzó grandes triunfos sobre los ingleses, pero por fin cayó en poder de sus enemigos, que la quemaron viva. Su fiesta, el 30 de mayo. ‖ **Francisca Fremyot de Chantal** (*Santa*). Religiosa francesa, n. en Dijon y m. en París (1572-1641). Fundadora de la Orden de la Visitación de Santa María. Su fiesta, el 21 de agosto. Discípula de San Francisco de Sales. Se distinguió por sus muchas virtudes. Se la honra el 21 de agosto. ‖ **Díaz.** Geog. Mun. de Puerto Rico, dist. de Ponce; 36.270 h. ‖ Población cap. del mismo; 8.765 h.

Juanacatlán. Geog. Mun. de Méjico, est. de Jalisco; 5.501 h. ‖ Pueblo cap. del mismo; 2.702 h.

juancagado. m. Zool. *Hond.* Ave estrigiforme de las estrígidas, variedad de búho cuyo canto parece imitar su propio nombre.

juanchi. m. Zool. *Guat.* **margay.**

Juancho. Geog. Local. de Argentina, prov. de Buenos Aires, part. de General J. Madariaga; 384 h.

Juanelo. Biog. Turriano (Juanelo).

juanero. (De *juan.*) m. *Germ.* Ladrón que abre cepos de iglesia.

juanete. fr., *pommette;* it., *zigoma;* i., *prominent cheek-bone;* a., *vorstehender Backenknochen.* (En port., *juanête.*) m. Pómulo muy abultado o que sobresale mucho. ‖ Hueso del nacimiento del dedo grueso del pie, cuando sobresale demasiado. ‖ Sobrehueso que se forma en la cara inferior del tejuelo o hueso que tienen dentro del casco las caballerías. ‖ En marina, cada una de las vergas que se cruzan sobre las gavias y las velas que en aquéllas se envergan. ‖ pl. *Hond.* Las caderas.

juanetero. m. Mar. Marinero especialmente encargado de la maniobra de los juanetes.

juanetudo, da. adj. Que tiene juanetes.

Juangriego. Geog. Pobl. de Venezuela, est. de Nueva Esparta, cap. del dist. de Marcano y del mun. de Figueroa; 6.062 h.

juanillo. (dim. de *Juan*.) m. *Chile.* **alboroque.** ‖ *Chile* y *Perú.* Propina, soborno.

juanita. f. *Méj.* Vulgarmente, **marihuana.**

Juanitas (Las). Geog. Local. de Argentina, prov. de Buenos Aires, part. de Pehuajó; 166 h.

juanito. m. Zool. **gentú.**

Juanjuí. Geog. Dist. de Perú, depart. de San Martín, prov. de Mariscal Cáceres; 8.436 habitantes. ‖ C. cap. del mismo y de la prov. de Mariscal Cáceres; 5.105 h.

juarda. (Del lat. *sordes,* suciedad, inmundicia.) f. Suciedad que sacan el paño o la tela de seda por no haberles quitado bien la grasa que tenían al tiempo de su fabricación.

juardoso, sa. adj. Que tiene juarda.

Juárez (Benito). Biog. Estadista mejicano, de raza indígena zapoteca, n. en San Pablo Guelato y m. en Méjico (1806-1872). Fue gobernador del est. de Oaxaca y presidente de la Suprema Corte de Justicia. Se opuso al golpe de Estado del presidente Ignacio Comonfort, defendiendo la integridad de la Constitución de 1857, negándose a reconocer al presidente Zuloaga, lo que dio origen a la guerra civil que terminó con el triunfo de Juárez en 1861. Elegido presidente de la República, llevó a cabo la nacionalización de los bienes del clero y dictó un cuerpo de leyes avanzadas que se conocen con el nombre de *Leyes de Reforma.* Luchó contra el ejército francés que quiso imponer en Méjico como emperador a Maximiliano de Habsburgo. ‖ **(Horacio).** Escultor argentino, n. en Córdoba en 1901. Ha expuesto sus obras en España, Francia, EE. UU., Chile y su país, de cuya Academia Nacional de Bellas Artes es profesor. ‖ **Celman (Miguel)**. Político argentino, n. en Córdoba y m. en Capitán Sarmiento, Buenos Aires (1844-1909). Fue gobernador de Córdoba (1880-83) y senador (1883). En octubre de 1886 asumió la presidencia, inaugurando una administración de ambiciosas obras públicas. La crisis económica que sobrevino entonces y las enconadas luchas políticas provocaron un movimiento popular contra su gestión gubernativa, que si bien fue sofocado a poco de estallado, en julio de 1890, determinó poco después su alejamiento del poder. ‖ *Geog.* Part. de Argentina, prov. de Buenos Aires; 5.285 km.² y 21.072 h. ‖ Local. cap. del mismo; 11.329 h. ‖ Mun. de Méjico, est. de Coahuila de Zaragoza; 1.578 h. ‖ Villa cap. del mismo; 731 h. ‖ Mun. de Méjico, est. de Chiapas; 12.821 h. ‖ Estación de ferrocarril, cap. del mismo; 1.209 h. ‖ Mun. de Méjico, est. de Chihuahua; 424.135 h. ‖ C. cap. del mismo; 407.370 h. Hasta enero de 1969 se llamó *Ciudad Juárez*, y hasta 1888, *Paso del Norte*. Punto fronterizo con EE. UU. Centro comercial de exportación. Terminal del Ferrocarril Central. ‖ Pueblo de Méjico, est. de Hidalgo, cap. del mun. de Juárez Hidalgo; 782 h. ‖ Mun. de Méjico, est. de Michoacán de Ocampo; 6.749 h. Cap., Benito Juárez. ‖ Mun. de Méjico, est. de Nuevo León; 5.656 h. ‖ Villa cap. del mismo; 2.216 h. ‖ Mun. de Venezuela, est. de Lara, dist. de Iribarren; 5.212 h. Cap., Río Claro. ‖ **Celman.** Depart. de Argentina, prov. de Córdoba; 8.902 km.² y 42.515 h. Cap., La Carlota. ‖ **Celman.** Local. de Argentina, prov. de Córdoba; 628 h. ‖ **Hidalgo.** Mun. de Méjico, est. de Hidalgo; 3.164 h. Cap., Juárez.

Juarros de Riomoros. *Geog.* Mun. y lugar de España, prov. y p. j. de Segovia; 159 h. ‖ **de Voltoya.** Mun. y lugar de España, prov. y p. j. de Segovia; 454 h.

Juayúa. *Geog.* Mun. de El Salvador, depart. de Sonsonate; 17.155 h. ‖ Pobl. cap. del mismo; 4.927 h.

juba. f. Especie de gabán morisco, aljuba.

Juba I. *Biog.* Rey de Numidia, n. en Zama el 46 a. C. Sucedió a su padre Hiempsal en el año 50 a. C. Como abrazase el partido de Pompeyo, fue vencido por César y obligado a darse muerte. Su reino fue convertido en provincia romana. ‖ **II.** Rey de Mauritania, hijo del anterior (h. 52-h. 23 a. C.). Entregado a César después de la derrota y muerte de su padre, fue llevado a Roma, donde se le educó con esmero y Augusto le casó con Cleopatra, hija de Antonio y Cleopatra, y le constituyó un reino con las dos Mauritanias. Cesarea, la cap. del reino, fue un centro brillante de civilización helénica. ‖ *Geog.* Río de África oriental, en Somalia, que se origina en el borde SE. de la meseta de Etiopía. Se forma de la unión de tres grandes ríos: el Daud, el Ganale, su brazo principal, y el Web, y des. en el océano Índico, después de atravesar de N. a S. Somalia; 880 km. de curso. ‖ C. de Sudán, cap. de la prov. de Ecuatoria; 15.000 h. ‖ **Inferior.** Región de Somalia; 49.917 km.² Cap., Chisimaio. ‖ **Superior.** Región de Somalia; 131.492 km.² Cap., Baidoa.

jubada. (De *jubo*, yugo.) f. *Ar.* Terreno que puede arar en un día un par de mulas, jovada.

Jubany Arnáu (Narciso). *Biog.* Obispo español, n. en Santa Coloma de Farnés en 1913. Consagrado obispo auxiliar de Barcelona en 1956, en 1964 pasó a la sede de Gerona; en 1971 fue designado arzobispo de Barcelona, y en marzo de 1973 fue creado cardenal.

jubarte. m. *Zool.* gubarte.

jubete. (Del m. or. que *jubón*.) m. Coleto cubierto de malla de hierro que usaron los soldados españoles hasta fines del s. XV.

jubetería. f. Tienda donde se vendían jubetes y jubones. ‖ Oficio de jubetero.

jubetero. m. El que hacía jubetes y jubones.

jubilación. fr., *retraite*; it., *giubilazione*; i., *pension*; a., *Ruhestand*. (Del lat. *iubilatio, -ōnis*.) f. Acción y efecto de jubilar o jubilarse. ‖ Haber pasivo que disfruta la persona jubilada. ‖ ant. Viva alegría, júbilo.

jubilado, da. p. p. de **jubilar.** ‖ adj. Dícese del que ha sido jubilado. Ú. t. c. s.

jubilante. p. a. ant. de **jubilar.** Que se jubila o se alegra.

jubilar. adj. Perteneciente al jubileo.

jubilar. (Del lat. *iubilāre*.) tr. Disponer que, por razón de vejez, largos servicios o imposibilidad, y generalmente con derecho a pensión, cese un funcionario civil en el ejercicio de su carrera o destino. ‖ Por ext., dispensar a una persona, por razón de su edad o decrepitud, de ejercicios o cuidados que practicaba o le incumbían. ‖ En Venezuela, hacer novillos. ‖ fig. y fam. Desechar por inútil una cosa y no servirse más de ella. ‖ intr. Alegrarse, regocijarse. Ú. t. c. prnl. ‖ prnl. Conseguir la jubilación. Usáb. t. c. intr. ‖ *Col.* Venir a menos, dementarse. ‖ *Cuba* y *Méj.* Instruirse en un asunto; adquirir práctica.

jubileo. fr., *jubilé*; it., *giubileo*; i., *jubilee*; a., *Jubiläum*. (Del lat. *iubilaeus*; del hebr. *yobel*, júbilo.) m. Fiesta pública que celebraban los israelitas al terminar cada período de siete semanas de años, o sea, al comenzar el año quincuagésimo. En este año no se sembraba ni se segaba; todos los predios vendidos o de cualquier manera enajenados volvían a su antiguo dueño y los esclavos hebreos, con sus mujeres e hijos, recobraban la libertad. ‖ Entre los cristianos, indulgencia plenaria, solemne y universal, concedida por el papa en ciertos tiempos y en algunas ocasiones. ‖ Espacio de tiempo que contaban los judíos de un jubileo a otro. ‖ fig. Entrada y salida frecuente de muchas personas en una casa u otro sitio. ‖ fig. y fam. Bodas de oro de una persona de alta dignidad. ‖ **de caja.** *Lex.* El que se concede con la obligación de dar una limosna. Se le dio este nombre porque para recoger dicha limosna se solían poner cajas. ‖ **compostelano** o **del Año Santo.** *Rel.* año santo de Santiago. ‖ **por jubileo.** m. adv. fig. y fam. Rara vez. Alusión a que el jubileo se concedía de cien en cien años.

Jubileo. *Geog.* Local. de Argentina, prov. de Entre Ríos, depart. de Villaguay; 509 habitantes.

júbilo. fr., *réjouissance*; it., *giubilanza, giubilo*; i., *rejoicing*; a., *Jubel*. (Del latín *iubĭlum*.) m. Viva alegría, y especialmente la que se manifiesta con signos exteriores.

jubilos. m. pl. *Al.* Tanteo de cinco puntos ganados seguidamente en el juego de la pelota.

jubilosamente. adv. m. Con júbilo.

jubiloso, sa. (De *júbilo*.) adj. Alegre, regocijado, lleno de júbilo.

jubillo. (De *jubo*, yugo.) m. Regocijo público de algunos pueblos de Aragón, el cual consistía en correr por la noche un toro que llevaba en las astas unas grandes bolas de pez y resina encendidas. ‖ Toro que se corría de esta manera.

Jubín. *Geog.* Cenlle.

jubo. (Del lat. *iŭgum*.) m. *Ar.* yugo.

jubo. m. *Zool.* Reptil ofidio de la familia de los colúbridos. Es una culebra pequeña, muy común en la isla de Cuba, donde vive oculta entre las piedras y malezas (*tropidonotus melanurus*). ‖ *Cuba.* Por ext., todo ofidio no muy grande.

jubón. (Del m. or. que *chupa*.) m. Vestidura que cubre desde los hombros hasta la cintura, ceñida y ajustada al cuerpo. ‖ fig. y fam. **jubón de azotes.** ‖ **de azotes.** fig. y fam. *Der.* Azotes que por justicia se daban en las espaldas. ‖ **de nudillos.** *Arm.* Especie de cota. ‖ **ojeteado. jubete.** ‖ **buen jubón me tengo en Francia.** expr. fig. y fam. que se usa para burlarse de quien se jacta de tener una cosa que en realidad no le puede servir.

jubonero. m. El que tiene por oficio hacer jubones.

Jubrique. *Geog.* Mun. de España, prov. de Málaga, p. j. de Marbella; 1.361 h. ‖ Villa cap. del mismo; 1.346 h. *(jubriqueños)*.

Júcar. *Geog.* Río de España, que corre por las prov. de Cuenca, Albacete y Valencia; nace en Ojuelos de Valdemingete, al pie de la sierra de San Felipe y des. en el Mediterráneo

El Júcar, a su paso por Cuenca

después de 498 km. de curso. Su principal tributario es el Cabriel. La zona de regadío más importante es la de la vega de Cofrentes y la Ribera.

júcaro. m. *Bot.* Árbol de las Antillas, de la familia de las combretáceas y especie *bucida capitata*, que crece hasta unos 12 m. de altura, con tronco liso y grueso, hojas ovales y lustrosas por encima, flores sin corola y en racimos, fruto muy parecido a la aceituna y madera durísima.

juco, ca. adj. *Hond.* Agrio, fermentado.

Jucuapa. *Geog.* Mun. de El Salvador, depart. de Usulután; 14.012 h. ‖ Pobl. cap. del mismo; 6.208 h.

Jucuarán. *Geog.* Mun. de El Salvador, depart. y dist. de Usulután; 19.097 h. ‖ Pobl. cap. del mismo; 9.943 h.

Jucul. *Geog.* Pueblo de Perú, departamento de Lima, prov. de Chancay, cap. del dist. de Santa Leonor; 534 h.

Juchipila. *Geog.* Mun. de Méjico, est. de Zacatecas; 14.458 h. ‖ C. cap. del mismo; 6.328 h.

Juchique de Ferrer. *Geog.* Mun. de Méjico, est. de Veracruz-Llave; 14.189 h. ‖ Pueblo cap. del mismo; 1.446 h.

Juchitán de Zaragoza. *Geog.* Mun. de Méjico, est. de Oaxaca; 37.686 h. ‖ C. cap. del mismo; 30.218 h.

Juchitepec. *Geog.* Mun. de Méjico, est. de Méjico; 8.301 h. Cap., Juchitepec de Mariano Riva Palacio. ‖ **de Mariano Riva Palacio.** Villa de Méjico, est. de Méjico, cap. del mun. de Juchitepec; 6.242 h.

Juchitlán. *Geog.* Mun. de Méjico, est. de Jalisco; 6.587 h. ‖ Pueblo cap. del mismo; 3.583 h.

Judá–judicatura

Judá. (Del n. p. hebreo Jehuda o Yehuda, Jehudá o Yehudá.) **Biog.** Cuarto hijo de Jacob y de Lía. Dio su nombre a la tribu más poderosa del pueblo hebreo. ‖ **Hist.** Nombre de uno de los dos Estados hebreos que se formaron a la muerte de Salomón, al ocurrir el cisma en el pueblo judío, hacia el año 962 a. C. Se componía de las tribus de Judá y Benjamín y duró hasta la deportación a Babilonia (587 y 586). ‖ Nombre de una de las tribus en que se dividió el pueblo judío, al tomar posesión de Palestina, de la que habla la Biblia laudatoriamente. La tribu de Benjamín se unió a la de Judá en tiempo de la monarquía. ‖ **Haleví. Yehuda Haleví.**

judaica. (De *judaico*.) f. Púa de equino fósil, de forma globular o cilíndrica, lisa, espinosa o estriada y siempre con un piececillo que la unía a la concha del animal. Son bastante abundantes sobre las rocas jurásicas y cretáceas, y por la forma que algunas tienen se han empleado como amuletos.

judaico, ca. (Del lat. *iudaïcus*.) adj. Perteneciente a los judíos.

judaísmo. (Del lat. *iudaismus*.) m. Profesión de la ley de Moisés, hebraísmo. ‖ Religión de los judíos descendientes de los antiguos hebreos y herederos de sus principios y tradiciones religiosas. Los puntos principales de esta religión son: la unidad de Dios y la fraternidad de todos los hombres. Es una religión revelada, se considera que Abraham fue el fundador de la religión judía; Dios (Yahveh) pactó con él una Alianza, simbolizada por el rito de la circuncisión. Moisés fue el organizador del judaísmo, él recibió de las manos de Yahveh la Ley (Tora), desarrolló el ritual y estructuró el sistema sacerdotal. Jerusalén y su templo fueron el centro religioso de los judíos; el cautiverio de Babilonia (s. VI a. C.) señaló el inicio de la dispersión de los judíos (diáspora). Más tarde, la destrucción del Templo y del Estado judío por el ejército romano al mando de Tito (año 70 d. C.) privó a los judíos de su Templo y de su Tierra Santa, por ello su vida espiritual se centró en torno a la Tora, la sinagoga y el Talmud, libro de comentarios de la Biblia que viene a complementar ésta. El judaísmo rechaza el Nuevo Testamento, niega la divinidad de Jesucristo y no le acepta como el Mesías prometido, y sigue esperando la venida de éste a la Tierra. Cree que el alma es inmortal y que puede alcanzar la salvación por el arrepentimiento del pecado, la oración y las buenas obras. El centro de la vida religiosa de los judíos es el sábado; en la sinagoga se lee la Biblia y se reza. El judaísmo no tiene sacramentos, ni sacrificios.

judaización. f. Acción y efecto de judaizar.

judaizante. p. a. de **judaizar.** Que judaíza. Ú. t. c. s. ‖ **Hist.** Cristianismo que practicaba el judaísmo clandestinamente.

judaizar. (Del lat. *iudaizāre*.) intr. Abrazar la religión de los judíos. ‖ Practicar pública o privadamente los ritos y ceremonias de la ley judaica.

judas. (Por alusión a *Judas* Iscariote, por quien alevosamente Jesús fue vendido a los judíos.) m. fig. Hombre alevoso, traidor. ‖ Gusano de seda que se engancha al subir al embojo y muere colgado sin hacer su capullo. ‖ fig. Muñeco de paja que en algunas partes ponen en la calle durante la Semana Santa y después lo queman.

Judas Iscariote. Biog. Uno de los 12 apóstoles y el traidor que vendió a su Maestro por 30 dineros. Después de entregar a Jesús, designándole a sus enemigos con un beso que era la señal convenida, arrepintióse de su infamia y, arrojando las monedas en el templo, se ahorcó de un árbol. ‖ **Macabeo.** Caudillo judío, libertador de su patria (200-160 a. C.). En 166, tras la muerte de su padre Matatías, al frente de sus compatriotas, venció a los tres generales sirios enviados contra él por Antíoco IV Epifanes, y a la muerte de éste, al año siguiente, se apoderó de Jerusalén. Luchó contra Antíoco V y Demetrio I Soter hasta que fue vencido y muerto en una batalla contra el general sirio Bacquides, en Elasa. ‖ **Tadeo** (*San*). Uno de los 12 apóstoles, hermano de Santiago *el Menor* y primo de Jesús. Sufrió el martirio en Mesopotamia después de haber predicado el Evangelio en Judea y en Samaria. Escribió la epístola que lleva su nombre. Su fiesta, el 28 de octubre.

Judea. Geog. hist. Dist. que comprendía la parte S. de Palestina tal como se hallaba en la época del regreso del cautiverio por los israelitas. Muy a menudo se toma por el O. de Palestina.

judeoespañol, la o **judeo-español, la.** adj. Perteneciente o relativo a las comunidades sefardíes y a la variedad de la lengua española que hablan. ‖ Dícese de la variedad de la lengua española hablada por los sefardíes, principalmente en Asia Menor, los Balcanes y el N. de África. Conserva muchos rasgos del castellano anterior del s. XVI. Ú. t. c. s. m.

judería. fr., *juiverie*; it., *ghetto*; i., *jewry*; a., *Judenviertel*. f. Barrio destinado para habitación de los judíos. ‖ Cierto pecho o contribución que pagaban los judíos. ‖ ant. Profesión de la ley de Moisés, hebraísmo.

Juderías y Loyot (Julián). Biog. Erudito, sociólogo e historiador español, n. y m. en Madrid (1877-1918). Discípulo de Menéndez y Pelayo. Publicó: *España en tiempos de Carlos II, La leyenda negra y la verdad histórica, Gibraltar, La miseria y la criminalidad en las grandes ciudades de Europa, Los hombres inferiores* y otros libros. Como Altamira, Ganivet y otros, procuró en sus obras exaltar el sentimiento patriótico.

judezno, na. m. y f. ant. Judihuelo o hijo de judío.

judgador. (De *judgar*.) m. ant. **juez.**
judgar. (Del lat. *iudicāre*.) tr. ant. **juzgar.**
judía. fr., *haricot*; it., *fagiuolo*; i., *kidneybean*; a., *Bohne*. (Del ár. *ŷudiyā'*, alubia.) f. En el juego del monte, cualquier naipe de figura. ‖ **Bot.** Nombre que se aplica a varias leguminosas del género *phaseolus*, que son hierbas volu-

Moisés en el Sinaí, por C. Giaquinto.
Museo del Prado. Madrid

Limpia de matas de judías, por campesinos almerienses

bles, tendidas, rara vez algo erguidas, con hojas pinnadas de tres folíolos, muy rara vez sólo uno, con estipulillas; estípulas persistentes rayadas, no rara vez espolonadas en la base; flores blancas, amarillas, violadas, rojas o purpurinas, en racimos axilares; estandarte circular con orejuelas; alas en general retorcidas; quilla con pico largo, obtuso y retorcido; legumbre lineal u oblonga, cilíndrica, o más o menos comprimida. Se cuentan unas 150 especies de países cálidos; la más vulgar es de América del Sur. Se cultiva en las huertas por su fruto, comestible en verde y por sus semillas cuando seco; hay muchas especies que se diferencian por el tamaño de la planta y el volumen, color y forma de las vainas y semillas. ‖ Fruto de esta planta. ‖ Semilla de esta planta. ‖ **Zool.** *Ar.* y *Mur.* **avefría.** ‖ **de careta. Bot.** Planta procedente de la China, de la familia de las leguminosas, parecida a la judía, pero con tallos más cortos, vainas muy estrechas y largas, y semillas pequeñas, blancas, con una manchita negra y redonda en uno de los extremos (*dólichos melanophthalmus*). ‖ Fruto de esta planta. ‖ Semilla de esta planta.

judiada. f. Acción propia de judíos. ‖ p. us. Muchedumbre o conjunto de judíos.
judiar. m. Tierra sembrada de judías.
judicación. (Del lat. *iudicatĭo, -ōnis*.) f. ant. Acción de juzgar.
judicante. (De *judicar*.) m. *Ar.* Cada uno de los jueces que condenaban o absolvían a los ministros de justicia denunciados y acusados por delincuentes en sus oficios.
judicar. (Del latín *iudicāre*.) tr. ant. **juzgar.**
judicativo, va. (Del lat. *iudicatīvus*.) adj. ant. Que juzga o puede hacer juicio de algo.
judicatura. (Del lat. *iudicatūra*.) f. Ejercicio de juzgar. ‖ Dignidad o empleo de juez. ‖

judicial–Judío

Tiempo que dura. || Cuerpo constituido por los jueces de un país.

judicial. (Del lat. *iudiciālis*.) adj. Perteneciente al juicio, a la administración de justicia o a la judicatura.

judicialmente. adv. m. Por autoridad o procedimiento judicial.

judiciario, ria. (Del lat. *iudiciarĭus*.) adj. ant. **judicial**. || V. astrología judiciaria. Ú. t. c. s. || Perteneciente a ésta. || m. El que profesa esta vana ciencia.

judicio. (Del latín *iudicĭum*.) m. ant. **juicio**.

judiciosamente. adv. m. ant. **juiciosamente**.

judicioso, sa. (De *judicio*.) adj. ant. **juicioso**.

judiego, ga. adj. ant. Perteneciente a los judíos. || Dícese de una especie de aceituna, buena para hacer aceite, pero no para comer.

judihuela. f. dim. de **judía**.

judihuelo, la. m. y f. dim. de **judío**.

judío, a. fr., *juif*; it., *giudeo, ebreo*; i., *jew*; a., *Jude*. (Del lat. *iudaeus*, y éste del hebr. *yehūdí*, de la tribu de Judá.) adj. Referente al individuo de la tribu de Judá. || Perteneciente o relativo a los que profesan la ley de Moisés. || Natural de Judea, o perteneciente a este país del Asia antigua. Ú. t. c. s. || **hebreo** (v.) o **israelita**. Apl. a pers., ú. t. c. s. La denominación de judío es la más usada en España. || Etnográficamente se ha hablado y se habla aún de raza judía, aunque los judíos no constituyen ni han constituido nunca una raza; se trata de una etnia que, según el antropólogo Mr. Vallois, a causa de su lengua, su religión, su civilización y las circunstancias históricas, se mantuvo aislada durante cerca de mil años; esta etnia se constituyó con elementos procedentes de dos razas: la anatolia en su variedad armenoide al norte y la sudorriental o semita al sur. La dispersión de los judíos por el mundo y los consiguientes cruces con otros pueblos entre los que vivían aportaron una serie de variaciones a los dos tipos básicos que, sin embargo, persisten aún hoy. || m. *Cuba*. **garrapatero**. || Bot. **judión**. || pl. Hist. Los judíos tienen una historia ininterrumpida de cuatro mil años. Pueblo elegido por Dios para hacerle depositario de su doctrina, fue el único de la antigüedad que creyó en una sola divinidad. Su doctrina e historia primitivas constan en la Biblia. Desde Harán, adonde fue Terah, padre de Abraham, procedente de Ur, en el bajo Éufrates, marchó Abraham, en el año 2140 a. C., a Hebrón, en el país de Canaán, en la actual Palestina. Su nieto Jacob (Israel) marchó con su tribu y se estableció, por consejo de su hijo José, en la prov. egipcia de Gosen, en el curso inferior del Nilo, donde siguieron llevando su vida nómada. (V. **Jacob**.) En el s. XIV a. C. trataron los egipcios de convertir Gosen de terreno de pastos en un país agrícola, por lo que habían de convertirse en sedentarias las tribus israelitas. Bajo el mando de Moisés (v.), escapó el pueblo israelita —con más de 600.000 hombres en pie de guerra— de la esclavitud de Ramsés II. En el reinado de su hijo y sucesor Meneptah, según la opinión más probable, huyeron los israelitas a través del desierto, y después de cuarenta años alcanzaron «la tierra de Canaán». Moisés murió después de haber llegado al Jordán. Josué, su sucesor, conquistó el país, pero no pudo sostener unido a su pueblo y repartió el territorio, dividiendo así las tribus y su fuerza militar cuando estaba rodeado de enemigos. Las tribus, una a una, fueron atacadas en su aislamiento, y sólo transitoriamente pudieron unir los caudillos llamados «jueces» al pueblo entero para oponer resistencia al enemigo. Samuel, el último juez, unió en el año 1050 a. C. a las distintas tribus y dio paso a la monarquía. Con David (hacia 1025-993 a. C.), los hebreos alcanzaron el máximo de su poderío, que empezó a declinar con el mismo y con Salomón (hacia 993-953 a. C.). A su muerte se dividió la nación en los reinos de Israel, al N., integrado por diez tribus, y de Judá, constituido por dos, al S., este último con Jerusalén por cap. Israel perduró hasta 722 a. C., en que cayó bajo el poder de los asirios y lo mejor del pueblo fue llevado cautivo a Mesopotamia. Judá, aunque atacado por egipcios y asirios, mantuvo una semiindependencia hasta 586 a. C., en que Nabucodonosor, rey de Babilonia, sitió y capturó a Jerusalén y se llevó cautivo a Babilonia a una gran parte del pueblo judío. Después de la conquista de Babilonia por Ciro, rey de Persia (538 a. C.), éste permitió a los cautivos judíos regresar a Jerusalén y reconstruir su templo; pero, de hecho, no pudieron constituir sino una especie de prov. autónoma que luego pasó a formar parte de los dominios del imperio de Alejandro y después de los dominios de su general Seleuco. Todavía se produjo un rebrote de vida nacional independiente con la revolución de los macabeos (166 a. C.) y la elevación de Simón al trono (142 a. C.). Los acontecimientos posteriores más importantes fueron: la invasión romana en tiempo de Pompeyo (63 a. C.); el reinado de Herodes *el Grande* (37-4 a. C.), nombrado por el Senado romano; la destrucción de Jerusalén por Tito (año 70 d. C.), y la revuelta judía del año 132, que costó la vida a más de medio millón de judíos y produjo el destierro de los sobrevivientes por orden de Adriano (135). Dispersos los judíos por el Oriente Próximo, África del Norte y Europa, aunque se adaptaron en lo externo a las condiciones de vida de distintos países, conservaron intimamente sus creencias y sus costumbres, la añoranza de la patria perdida. El anatema de pueblo deicida, de raza maldita, sus actividades lucrativas y políticas y muchas veces el afán de apoderarse de sus riquezas han sido causa de persecuciones y terribles matanzas en distintas naciones durante la Edad Media. España fue el país que se condujo con más templanza con los judíos, aunque también los expulsó de su territorio en 1492, por edicto de los Reyes Católicos. Estos judíos españoles se establecieron principalmente en el N. de África y en Turquía; se les llama sefardíes o sefarditas y han conservado el idioma español de la época. Los tiempos modernos trajeron a los judíos una mayor tolerancia en los países civilizados, y después de la Revolución francesa, la igualdad política. Sin embargo, su intervención muchas veces relevante en la vida económica y pública produjo en el pasado siglo una reacción llamada *antisemitismo* y, como consecuencia, un acercamiento entre los judíos de distintas naciones con el nombre de *sionismo*. Ese antisemitismo, que sólo se manifestó en casos aislados, tuvo su máxima virulencia en la Alemania nazi, que, tanto en su territorio como en los países ocupados por ella durante la S. G. M., llevó a cabo una persecución horrenda que, según datos del proceso de Nuremberg, costó la vida, aparte las defunciones producidas por la guerra, a cerca de 6 millones de personas, o sea el 60 % de la población judía de Europa. Por eso, nada tiene de extraña la emigración en masa que, terminada la S. G. M., se produjo, principalmente desde Europa central, hacia el *Hogar Judío* (creación simbólica y limitada en el mandato inglés de Palestina, después de la P. G. M.) y el afán de constituir a base de él una nación judía. Cuando el R. U. dio por concluso su mandato en Palestina y evacuó sus tropas (1948), se proclamó inmediatamente el Estado judío con el nombre de Israel (v.).

Población judía del mundo (1977)

Continentes	Habitantes
América del Norte	6.641.118
Centro y Sudamérica	727.000
Europa	4.082.400
Asia	3.203.460
Australia y Nueva Zelanda	84.000
África	294.400
Total	15.032.378

|| **errante (El).** Lit. Ahasvero. || **de señal.** Hist. Judío convertido a quien se le permitía vivir entre cristianos, y para ser conocido se le hacía llevar una señal en el hombro. || **cegar como la judía de Zaragoza, llorando duelos ajenos.** expr. con que se moteja a los que, sin obligación ni motivo justificado, se interesan demasiado por los asuntos ajenos.

Judío de Carrión (el). Biog. Sem Tob.

Tribunal del proceso de Nuremberg

judión. m. *Bot.* Variedad de judía, de hoja mayor y más redonda y con las vainas más anchas, cortas y estoposas.

Judit. *Biog.* Heroína judía que, cuando las tropas que acaudillaba Holofernes sitiaban la ciudad de Betulia, se fue a la tienda del caudillo y, después de cautivarle con su hermosura, se aprovechó de su embriaguez para cortarle la cabeza, salvando así a su país en 658 a. C., ya que los asirios, privados de su jefe, se dispersaron. Su historia la narra la Biblia en el *libro de Judit* (v.).

judo. m. *Dep.* **yudo.**
judogui. m. **yudogui.**
judoka. adj. **yudoka.**
juego. fr., *jeu;* it., *giuoco;* i., *play, game;* a., *Spiel.* (Del lat. *iocus.*) m. Acción y efecto de jugar. || Ejercicio recreativo sometido a reglas y en el cual se gana o se pierde. || En sentido absoluto, **juego de naipes.** || En los juegos de naipes, conjunto de cartas que se reparten a cada jugador. || Disposición con que están unidas dos cosas, de suerte que sin separarse puedan tener movimiento; como las coyunturas, los goznes, etc. || El mismo movimiento. || Determinado número de cosas relacionadas entre sí y que sirven al mismo fin. || En los carruajes de cuatro ruedas, cada una de las dos armazones, compuestas de un par de aquéllas, su eje y demás piezas que le corresponden: llámanse delantero o trasero, con relación al lugar que ocupan. || Visos y cambiantes que resultan de la caprichosa mezcla o disposición particular de algunas cosas. || Seguido de la prep. *de* y de ciertos nombres, casa o sitio en donde se juega a lo que dichos nombres significan. || En mecánica, huelgo que existe entre piezas acopladas de maquinaria, como entre eje y cojinete. || fig. Habilidad o arte para conseguir una cosa o para estorbarla. || *Méj.* vulg. por **fuego.** || *Anat.* y *Fisiol.* **articulación.** || pl. *Dep.* Fiestas y espectáculos públicos que se usaban en lo antiguo. || **de alfileres.** *Léx.* Juego de niños, que consiste en empujar cada jugador con la uña del dedo pulgar, sobre cualquier superficie plana, un alfiler, que le pertenece, para formar cruz con otro alfiler, que hace suyo si logra formarla. || **de anillos.** *Dep.* **carrera de cintas.** || **de azar.** *Léx.* **juego de suerte.** || **de billar.** *Dep.* **billar.** || **de bolos. bolos.** || **de la campana.** *Léx.* Juego infantil en el que dos niños, dándose la espalda y enlazándose por los brazos, se suspenden alternativamente imitando el volteo de las campanas. || **de los cantillos.** El que juegan los niños con cinco piedrecitas haciendo con ellas diversas combinaciones y lanzándolas a lo alto para recogerlas en el aire al caer. || **de cartas. juego de naipes.** || **carteado.** Cualquiera de los naipes que no es de envite. || **de compadres.** fig. y fam. Modo de proceder dos o más personas que aspiran al logro de un fin, estando de acuerdo y aparentando lo contrario. || **de cubiletes.** fig. y fam. Industria con que se trata de engañar a uno haciéndole creer lo que no es verdad. || **de damas. Damas,** juego que se ejecuta en un tablero de 64 escaques. || **de envite.** Cada uno de aquellos en que se apuesta dinero sobre un lance determinado. || **del hombre. hombre,** juego de naipes. || **de ingenio.** Ejercicio del entendimiento, en que por diversión o pasatiempo se trata de resolver una cuestión propuesta en términos sujetos a ciertas reglas; como las charadas, las quincenas, los logogrifos, los ovillejos y los acertijos de todo género. || **a lo largo.** *Dep.* El de pelota, cuando ésta se dirige de persona a persona. || **limpio.** *Léx.* Conducta que indica un proceder claro y moralmente intachable. || **de manos.** Acción de darse palmadas unas personas a otras por diversión o afecto. || fig. Acción ruin por la cual se hace desaparecer en poco tiempo una cosa que se tenía a la vista. || *Malabarismo.* El de agilidad que practican los prestidigitadores para engañar a los espectadores con varios géneros de entretenimientos. || **de naipes.** *Léx.* Cada uno de los que se juegan con ellos, y se distinguen por nombres especiales; como la brisca, el solo, el tresillo, etc. || **de niños.** fig. Modo de proceder sin consecuencia ni formalidad. || **del oráculo.** Diversión que consiste en dirigir preguntas en verso varias personas a una sola, y en dar ésta respuestas en el mismo metro de las preguntas. || **de palabras.** Artificio que consiste en usar palabras, por donaire o alarde de ingenio, en sentido equívoco o en varias de sus acepciones o en emplear dos o más que sólo se diferencian en alguna o algunas de sus letras. || **de pasa pasa.** *Malabarismo.* Juego de manos de los prestidigitadores. || **de pelota.** *Dep.* Juego entre dos o más personas, que consiste en arrojar una pelota con la mano, con pala o con cesta, de unas a otras directamente o haciéndola rebotar en una pared. || **de prendas.** *Léx.* Diversión casera que consiste en decir o hacer los concurrentes una cosa, y paga prenda el que no lo hace. || **público.** Casa donde se juega públicamente con tolerancia de la autoridad. || **de salón.** Cualquiera de los que se jugaban, más que se juegan, en las reuniones familiares o de amigos, en las viviendas particulares, como el de prendas, el de palabras, etc. || **de suerte.** Cada uno de aquellos cuyo resultado no depende de la habilidad o destreza de los jugadores, sino exclusivamente del acaso o la suerte; como el del monte o el de los dados. || **de tira y afloja.** Juego de prendas que consiste en asir cada uno de los que lo juegan la punta de sendas cintas o pañuelos que a su vez coge por la punta o extremo opuesto la persona que dirige el juego, y cuando ésta manda aflojar deben tirar los demás, o al contrario, y pierde prenda el que yerre. || **de trucos. trucos,** juego de destreza y habilidad que se ejecuta sobre una mesa. || **de por vez.** *Léx.* En Chile, aquel en que no media interés alguno. || **de vocablos** o **voces. juego de palabras.** || pl. **juegos florales.** *Folk.* Concurso poético instituido en la Edad Media por los trovadores de Provenza (Francia) e importado en España por Juan I de Aragón, al nombrar en 1393 al caballero Jaime March y al honorable Luis de Aversó *magistros et defensores* de la gaya ciencia, para que dirigieran cada año en el mes de mayo los *Jochs Florals* de Barcelona. En 1833, el Renacimiento literario catalán reinstauró esta fiesta. Su premio es una flor natural para el poeta vencedor. || **ilíacos.** *Dep.* Los que se celebraban en las fiestas ilíacas. Consistían principalmente en carreras y ejercicios gimnásticos. || **malabares.** fig. *Léx.* Combinaciones artificiosas de conceptos con que se pretende deslumbrar a alguien. || *Malabarismo.* Ejercicios de habilidad, agilidad y destreza que se practican generalmente como espectáculo circense, manteniendo diversos objetos en equilibrio inestable, lanzándolos a lo alto y recogiéndolos, etc. Proviene su nombre de haberlos dado a conocer artistas de Malabar (India). || **olímpicos.** *Dep.* **olimpiada.** || **píticos.** *Hist.* Fiestas que se celebraban en la antigua Grecia en honor de Apolo, cada cinco años. || **rurales vascos.** *Dep.* Serie de juegos antiquísimos propios del país vasco-francés, que constituyen una exaltación del trabajo manual, pues sus diversas competi-

Juegos rurales vascos. Un *arrijasotzalle*

ciones están basadas en la práctica y emulación de trabajos rurales. || **en juego.** loc. que con los verbos *andar, estar, poner,* etc., significa que intervienen en un intento las cosas de que se habla. || **fuera de juego.** expr. usada para indicar la posición antirreglamentaria en que se encuentra un jugador, en el fútbol o en otros juegos, y que se sanciona con falta contra el equipo al cual pertenece dicho jugador. || **juego fuera.** expr. usada en algunos juegos de envite cuando se envida todo lo que falta para acabar el juego. || **por juego.** loc. adv. Por burla, de chanza.

jueguezuelo. m. dim. de **juego.**
juella. f. *Méj.* vulg. por **huella.**
juera. (Del lat. *iouarium* [*cribrum*], por *loliarium* [*cribrum*], [tamiz] de cizaña.) f. *Extr.* Harnero espeso de esparto que sirve para limpiar o ahechar el trigo.

¡juera! (De *fuera.*) *C. Rica.* Exclamación callejera empleada para alejar a los perros cuando molestan o atacan a las personas.

Los jugadores de naipes, por Goya.
Museo del Prado. Madrid

juerga. (De *huelga*.) f. En Andalucía, diversión bulliciosa de varias personas, acompañada de cante, baile flamenco y bebidas. || Por ext., en el uso general, holgorio, parranda, jarana.

juerguearse. prnl. Estar de juerga.

juerguista. adj. Aficionado a la juerga. Ú. t. c. s.

juerte. adj. *Amér.* vulg. por **fuerte.**

jueves. fr., *jeudi*; it., *giovedì*; i., *thursday*; a., *Donnerstag*. (Del lat. *Iovis* [*dies*], [día] consagrado a Júpiter.) m. Quinto día de la semana. || **de comadres.** *Cron.* y *Léx.* El penúltimo antes de carnaval. || **de compadres.** El anterior al de comadres. || **gordo,** o **lardero.** El inmediato a las carnestolendas. || **santo.** *Rel.* Quinto día de la semana santa.

juey. m. *P. Rico.* Persona codiciosa, avara. || **Zool.** Cangrejo de tierra.

juez. fr., *juge*; it., *giudice*; i., *judge*; a., *Richter*. (Del lat. *iudex, -ĭcis*.) com. Persona que tiene autoridad y potestad para juzgar y sentenciar. || Persona que en las justas públicas y certámenes literarios cuida de que se observen las leyes impuestas en ellos y distribuye los premios. || Persona que es nombrada para re-

Jesús, Dios y Juez, detalle del *Juicio final*, fresco de Miguel Ángel en la Capilla Sixtina. Vaticano

solver una duda. || m. Magistrado supremo del pueblo de Israel, desde que éste se estableció en Palestina hasta que adoptó la monarquía. || Cada uno de los caudillos que conjuntamente gobernaron a Castilla en cierta época a falta de sus antiguos condes. || **acompañado.** *Der.* El que se nombraba para que acompañara el conocimiento y determinación de los autos a aquel a quien recusaba la parte. || **de alzadas,** o **de apelaciones.** En lo antiguo, cualquier juez superior a quien iban las apelaciones de los inferiores. || **apartado.** El que por comisión especial conocía antiguamente de una causa, con inhibición de la justicia ordinaria. || **arbitrador.** Aquel en quien las partes se comprometen para que por vía de equidad ajuste y transija sus diferencias. || **árbitro. juez arbitrador.** || El designado por las partes litigantes, y que ha de ser letrado, pero no juez oficial, para fallar el pleito conforme a derecho. || **amigable componedor.** || **de balanza. balanzario.** || **de competencias.** Cualquiera de los ministros de los consejos que componían la junta de este nombre, encargada de decidir las competencias suscitadas entre diversos jueces sobre jurisdicción. || **compromisario. compromisario.** || **de**

compromiso. **juez compromisario.** || **conservador.** *Der. can.* Eclesiástico o seglar nombrado para defender de violencias a una iglesia, comunidad u otro establecimiento privilegiado. || **in curia.** Cualquiera de los seis protonotarios apostólicos españoles a quienes el nuncio del Papa debía someter el conocimiento de las causas que venían en apelación a su tribunal, no pudiendo él conocer por sí sino en los casos en que su sentencia causaba ejecutoria. Hoy conoce la Rota de las causas de que ellos conocían. || **delegado.** *Der.* El que por comisión de otro que tiene jurisdicción ordinaria, conoce de las causas que se le cometen, según la forma y orden contenidos en la delegación. || **de encuesta.** Ministro togado de Aragón, que hacía inquisición contra los ministros de justicia delincuentes y contra los notarios y escribanos, a los cuales castigaba procediendo de oficio, y no a instancia de parte. || **entregador. alcalde entregador.** || **del estudio.** En la Universidad de Salamanca, el que conocía de las causas de los graduados, estudiantes y ministros que gozaban del fuero de la Universidad. || **de ganados.** Uno de los tres mayores que formaban parte de las principalías de Filipinas, y que entendía especialmente en los asuntos relacionados con la ganadería. || **de hecho.** El que falla sobre la certeza de los hechos y su calificación dejando la resolución legal al de derecho. Tales son los jueces en cuestiones sobre riegos y distribución de aguas. || **jurado,** cada uno de los que componen cierto tribunal no profesional. || **lego.** Juez municipal no letrado, y especialmente si actúa como substituto del de primera instancia, caso en que necesita abogado asesor para lo que no sea de mero trámite. || **de línea.** *Dep.* En el fútbol, cada uno de los dos jueces auxiliares del árbitro, que se mueve a lo largo de la banda, y señala las faltas que advierte levantando un banderín. || **mayor.** *Der.* Cada uno de los tres que formaban parte de las principalías de Filipinas. || **mayor de Vizcaya.** Ministro togado de la chancillería de Valladolid, que por sí solo conocía en segunda instancia de las causas civiles y criminales que iban en apelación del corregidor y justicias ordinarias de Vizcaya. || **municipal.** El que con duración temporal y sin la exigencia de ser letrado, ejerce en un municipio o distrito de éste, jurisdicción penal sobre faltas, civil en los asuntos de menor cuantía y actos de conciliación, y dirige también el registro del estado civil de las personas. || **oficial de capa y espada.** Cada uno de los ministros de capa y espada que había en la audiencia de la contratación de Indias, en Cádiz, cuando existía este tribunal. || **ordinario.** El que en primera instancia conoce las causas y pleitos. || Juez eclesiástico, vicario del obispo. || Por ant., el mismo obispo. || **de palo.** fig. y fam. *Léx.* El que es torpe e ignorante. || **de paz.** *Der.* El que hasta la institución de los jueces municipales, en 1870, oía a las partes antes de consentir que litigasen, procuraba reconciliarlas, y resolvía de plano las cuestiones de ínfima cuantía. También cuando era letrado solía suplir al juez de primera instancia. || **pedáneo.** Magistrado inferior que entre los romanos sólo conocía de las causas leves, y no tenía tribunal, sino que oía de pie y decidía de plano. || Asesor o consejero del pretor romano, a cuyos pies se sentaba. || **alcalde pedáneo.** || **pesquisor.** El que se destinaba o enviaba para hacer jurídicamente la pesquisa de un delito o reo. || **de policía.** Uno de los tres mayores que formaban parte de las principalías de Filipinas, y que entendía especialmente en los asuntos relacionados con el cumplimiento de las obligaciones sobre policía urbana. || **de primera instancia. juez de primera instancia y de instrucción.** || **de primera ins-**

tancia y de instrucción. El ordinario de un partido o distrito, que conoce en primera instancia de los asuntos civiles no cometidos por la ley y a los jueces municipales, y en materia criminal dirige la instrucción de los sumarios. || **prosinodal. examinador sinodal.** || **ad quem.** Juez ante quien se antepone la apelación de otro inferior. || **a quo.** Juez de quien se apela para ante el superior. || **de raya.** *Dep.* En Argentina, el que falla sobre el resultado de una carrera de caballos. || **de sacas.** *Der.* **alcalde de sacas.** || **de sementeras.** Uno de los tres mayores que formaban parte de las principalías de Filipinas, y que entendía especialmente en los asuntos relacionados con los productos agrícolas. || **tutelar.** El que tenía el cargo de proveer de tutela al menor que no la tuviese.

juflu. m. *Zool.* Reptil ofidio de la familia de los homalópsidos, de 1 m. de long., que vive de día en los ríos y estanques. Se alimenta de peces y anfibios y es propio del sudeste asiático (*homalopsis buccata*).

Jufré (Juan). *Biog.* Conquistador español, m. en 1578. Pasó a Perú a las órdenes de Valdivia; reprimió la sublevación de los indios en 1554 y 1556; fue teniente gobernador de Santiago; trasladó el emplazamiento de la ciudad de Mendoza, y en 1561 fundó la de San Juan.

jugada. fr., *coup, tour*; it., *giuocata*; i., *play*; a., *Ausspielen*. f. Acción de jugar el jugador cada vez que le toca hacerlo. || Lance de juego que de este acto se origina. || fig. Acción mala e inesperada contra uno.

jugadera. (De *jugar*.) f. **lanzadera.**

jugador, ra. fr., *joueur*; it., *giuocatore*; i., *player*; a., *Spieler*. adj. Que juega. Ú. t. c. s. || Que tiene el vicio de jugar. Ú. t. c. s. || Que tiene especial habilidad y es muy diestro en jugar. Ú. t. c. s. || **de manos.** *Léx.* El que hace juegos de manos. || **de ventaja. fullero.** || **el mejor jugador, sin cartas.** expr. fig. y fam. con que se denota que se ha dejado de incluir a uno en el negocio o diversión en que tiene mayor interés, inteligencia o destreza.

júgano. (Voz caribe.) m. Madera sólida de Guayaquil (Ecuador), que se emplea en la construcción de embarcaciones.

jugante. p. a. de *jugar.* Que juega.

jugar. fr., *jouer*; it., *giuocare*; i., *to play*; a., *spielen*. (Del lat. *iocāri*.) intr. Hacer algo por espíritu de alegría y con el solo fin de entretenerse o divertirse. || Travesear, retozar. || Entretenerse, divertirse tomando parte en uno de los juegos sometidos a reglas, ya medie o no en él interés. || Tomar parte en uno de los juegos sometidos a reglas, no para divertirse, sino para satisfacer la inclinación viciosa o con el solo fin de ganar dinero. || Llevar a cabo el jugador un acto propio del juego, cada vez que le toca intervenir en él. || En ciertos juegos de naipes, **entrar** o tomar sobre sí el empeño de ganar la apuesta. || Con la prep. *con*, burlarse de una persona o cosa. || Ponerse una cosa, que consta de piezas, en movimiento o ejercicio para el objeto a que está destinada; como las máquinas, las tramoyas en los teatros, etcétera. Ú. t. c. tr. || Tratándose de armas blancas o de fuego, hacer de ellas el uso a que están destinadas. || Hacer juego o convenir una cosa con otra. || Intervenir o tener parte en un negocio. || tr. Tratándose de partidas de juego, llevarlas a cabo. || Tratándose de las cartas, fichas o piezas que se emplean en ciertos juegos, hacer uso de ellas. || Perder al juego. || Tratándose de los miembros corporales, usar de ellos dándoles el movimiento que les es natural. || Tratándose de armas, saberlas manejar. || Arriesgar, aventurar. Ú. m. c. prnl. || **¡bien juega quien mira!** loc. con que se reprende a los mirones de un juego cuando notan o advierten alguna mala jugada.

jugarreta. fr., *mauvais tour;* it., *tiro;* i., *bad turn;* a., *Betrügerei, Schabernack.* (De *jugar.*) f. fam. Jugada mal hecha y sin conocimiento del juego. ‖ fig. y fam. Truhanada, mala pasada.

jugendstil. m. B. Art. Corriente innovadora de las artes aplicadas que apareció en Alemania a fines del s. XIX y principios del XX, y que consiste en una estilización modernista de las formas. Tomó su nombre de la revista muniquesa *Jugend*, y debe mucho a las teorías del inglés William Morris.

juglandáceo, a. adj. Bot. yuglandáceo.
juglandal. adj. Bot. yuglandal.
juglándeo, a. adj. Bot. yuglandáceo.

juglar. fr., *jongleur, bouffon;* it., *buffone;* i., *juggler;* a., *Gaukler, Possenreisser.* (De *joglar.*) adj. Chistoso, picaresco. ‖ **juglaresco.** ‖ m. El que por dinero y ante el pueblo cantaba, bailaba o hacía juegos o truhanerías. ‖ El que por estipendio o dádivas recitaba o cantaba poesías de los trovadores, para recreo de los reyes y magnates. ‖ ant. Trovador, poeta.

juglara. adj. f. ant. de **juglar.** ‖ f. Mujer juglar; juglaresa.

juglarería. f. desus. Arte de los juglares; juglaría, juglería.

juglaresa. f. Mujer juglar.

juglaresco, ca. adj. Propio del juglar, o relativo a él.

juglaría. f. Arte de los juglares; juglería.
juglería. f. Arte de los juglares.

jugo. fr., *jus;* it., *succo;* i., *juice;* a., *Saft.* (Del lat. *sucus.*) m. Zumo de las substancias animales o vegetales sacado por presión, cocción o destilación. ‖ fig. Lo provechoso, útil y substancial de cualquiera cosa material o inmaterial. ‖ **gástrico.** Fisiol. y Zool. Líquido ácido que segregan ciertas glándulas existentes en la membrana mucosa del estómago y que contiene pepsina, fermento que actúa sobre las materias albuminoideas de los alimentos. ‖ **pancreático.** Fisiol. Líquido alcalino que segrega la porción exocrina del páncreas y llega al intestino por un conducto especial. Contiene varios fermentos, que actúan sobre algunos hidratos de carbono, grasas y proteínas de los alimentos.

jugosidad. (Del lat. *sucosĭtas, -ātis.*) f. Calidad de jugoso.

jugoso, sa. fr., *juteux;* it., *sugoso;* i., *juicy;* a., *saftig.* (Del lat. *sucōsus.*) adj. Que tiene jugo. ‖ Dícese del alimento substancioso. ‖ fig. Valioso, estimable. ‖ Pint. Aplícase al colorido exento de sequedad, y al dibujo exento de rigidez y dureza.

juguete. fr., *jouet;* it., *trastullo;* i., *toy;* a., *Spielzeug.* (dim. de *juego.*) m. Objeto curioso y bonito con que se entretienen los niños. ‖ Chanza o burla. ‖ Composición musical o pieza teatral breve y ligera. ‖ Persona o cosa dominada por fuerza material o moral que la mueve y maneja a su arbitrio. ‖ **por juguete.** m. adv. fig. Por chanza o entretenimiento.

juguetear. fr., *badiner, folâtrer;* it., *scherzare, balocare;* i., *to toy;* a., *tändeln, scherzen.* (De *juguete.*) intr. Entretenerse jugando y retozando.

jugueteo. m. Acción de juguetear.

juguetería. f. Comercio de juguetes. ‖ Tienda donde se venden.

juguetero, ra. adj. desus. **juguetón.** ‖ m. Pequeño mueble con anaqueles superpuestos, muy usado en gabinetes y salones, y en el cual suelen colocarse objetos de fantasía.

juguetón, na. (De *juguetear.*) adj. Aplícase a la persona o animal que juega y retoza con frecuencia.

juiciero. (De *juicio.*) m. ant. El que juzgaba sin fundamento.

juicio. fr., *jugement;* it., *giudizio;* i., *judgment;* a., *Verstandt, Vernunft, Urteilskraft.* (Del lat. *judicĭum.*) m. Facultad del alma, en cuya virtud el hombre puede distinguir el bien del mal y lo verdadero de lo falso. ‖ Estado de la sana razón opuesto a locura o delirio. ‖ Opinión, parecer o dictamen. ‖ Pronóstico que los astrólogos hacen de los sucesos del año. ‖ fig. Seso, asiento y cordura. ‖ **Der.** Conocimiento de una causa, en la cual el juez ha de pronunciar la sentencia. ‖ **Log.** Operación del entendimiento que consiste en comparar dos ideas para conocer y determinar sus relaciones. ‖ **Teol.** El que Dios hace del alma en el instante en que se separa del cuerpo. Es uno de los cuatro novísimos o postrimerías del hombre. ‖ **juicio final.** ‖ **categórico.** Filos. Aquel en que se afirma o niega algo de una manera absoluta. ‖ **contencioso.** Der. El que se sigue ante el juez sobre derecho o cosas que varias partes contrarias litigan entre sí. ‖ **contradictorio.** Proceso que se instruye a fin de justificar el merecimiento para ciertas recompensas. ‖ **convenido.** Aquel en que estando conformes de antemano acreedor y deudor, sólo buscan la solemnidad de allanamiento y confesión para el reconocimiento de la deuda. ‖ **declarativo.** El que, en materia civil, se sigue con plenitud de garantías procesales y termina por sentencia que causa ejecutoria entre los litigantes acerca del asunto controvertido. ‖ **de desahucio.** El sumario que tiene por objeto el lanzamiento de quien como arrendatario, dependiente o precarista posee bienes ajenos sin título alguno o sólo por el de arriendo caducado o resuelto. ‖ **de Dios.** Hist. Cada una de ciertas pruebas que con intento de averiguar la verdad se hacían en lo antiguo; como la del duelo, la de manejar hierros ardientes, etc. ‖ **ejecutivo.** Der. **vía ejecutiva.** ‖ **extraordinario.** Aquel en que se procedía de oficio por el juez. ‖ Aquel en que se procedía sin el orden ni reglas establecidas por el Derecho para los juicios comunes. ‖ **de faltas.** El que versa sobre infracciones de bandos de buen gobierno, o ligeras transgresiones del Código penal, de que antes conocían los jueces de paz y hoy los municipales. ‖ **final.** Teol. **juicio universal.** ‖ **de mayor cuantía.** Der. El declarativo de tramitación más solemne que versa sobre derechos inestimables pecuniariamente o cosas cuyo valor exceda del límite procesal, que varía mucho según los tiempos y países. ‖ **de menor cuantía.** El declarativo, intermedio entre el de mayor cuantía y el verbal. ‖ **oral.** Período decisivo del proceso penal en que, después de terminado el sumario, se practican directamente las pruebas y alegaciones ante el tribunal sentenciador. ‖ **ordinario. juicio declarativo.** ‖ **particular.** Teol. **juicio,** el que Dios hace al alma al separarse del cuerpo. ‖ **petitorio.** Der. El que se seguía sobre la propiedad de una cosa o la pertenencia de un derecho. ‖ **plenario.** El posesorio en que se trata con amplitud del derecho de las partes para declarar la posesión a favor de una de ellas o reconocer el buen derecho que tienen en la propiedad. ‖ **posesorio.** Aquel en que se controvierte la mera posesión de una cosa. ‖ **universal.** El que tiene por objeto la liquidación y partición de una herencia o la del caudal de un quebrado o concursado. ‖ Teol. El que ha de hacer Jesucristo de todos los hombres al fin del mundo, para dar a cada uno el premio o castigo de sus

Juicio final, proyecto de Miguel Ángel. Colección particular. Berna

juiciosamente–julio

obras. ‖ **verbal.** *Der.* El declarativo de grado inferior que se sigue ante la justicia municipal. ‖ **falto de juicio.** loc. Dícese del que padece una demencia, del que está poseído de algún arrebato o pasión que le embarga el discernimiento y del que lo tiene muy escaso. ‖ **justos juicios de Dios.** expr. Decretos ocultos de la divina Justicia.

juiciosamente. adv. m. Con juicio.

juicioso, sa. adj. Que tiene juicio o procede con madurez y cordura. Ú. t. c. s. ‖ Hecho con juicio.

juico, ca. adj. *Hond.* sordo.

Jujuy. Mercado ambulante

Juigalpa. *Geog.* Mun. de Nicaragua, depart. de Chontales; 23.366 h. ‖ C. de Nicaragua, cap. del depart. de Chontales y del mun. de su nombre; 18.259 h.

juil. (Del azt. *xohuilin*, pescado.) m. **Zool.** Pez teleóstomo del orden de los cipriniformes, familia de los ciprínidos y próximo a nuestra *carpa*, que vive en los lagos próximos a la ciudad de Méjico *(cyprinus americanus)*.

juilín. m. **Zool.** *Guat.* y *Hond.* juil.

Juin (Alphonse). *Biog.* Mariscal francés, n. en Bone y m. en París (1888-1967). Durante la S. G. M. combatió con éxito a los alemanes para proteger la retirada de Dunkerque, en la que cayó prisionero (1940); liberado por mediación de Weygand y Pétain, ejerció el cargo de comandante supremo en África del Norte, y cuando se produjo el desembarco de los aliados se unió a ellos, intervino en la batalla de Túnez y mandó el cuerpo expedicionario francés en Italia (1943); después fue jefe del Estado Mayor, residente general en Marruecos (1947-51) y jefe de las fuerzas de tierra del Ejército europeo. Fue inspector general de las Fuerzas Armadas francesas (1951). Apoyó a los partidarios de la Argelia francesa, por lo que fue pasado a la reserva (1962).

juir. intr. *R. Plata.* **huir.**

Juiz de Fora. *Geog.* Mun. de Brasil, est. de Minas Gerais; 244.002 h. ‖ C. cap. del mismo; 218.832 h.

jujear. intr. *León* y *Sant.* Lanzar el grito jubiloso ¡ju, ju! o ¡¡jujú!

jujeño, ña. adj. Natural de Jujuy, o perteneciente a prov. Argentina o a su cap., San Salvador de Jujuy. Ú. t. c. s.

jujeo. m. Acción y efecto de jujear.

ju-jitsu o **ju-jutsu.** m. **Dep.** yiu-yitsu.

ju-ju. m. **Zool.** Ave psitaciforme de la familia de las psitácidas; es un loro congénere del coré, de plumaje verde, con cuello y cabeza grises y abdomen anaranjado y propio del África occidental *(poicéphalus senegalus)*.

¡ju, ju! interj. ¡¡jujú!

Jujutla. *Geog.* Mun. de El Salvador, depart. de Ahuachapán; 16.490 h. ‖ Pobl. cap. del mismo; 859 h.

Jujuy. *Geog.* Prov. septentrional de Argentina, en la frontera con Bolivia y Perú; 53.219 km.² y 302.436 h. Cap., San Salvador de Jujuy. La riega el río Grande o San Francisco. Producción agrícola; ganado vacuno, caballar, asnal, cabrío y de cerda. La verdadera riqueza de la provincia es la minera; la cuarta parte del territorio está ocupada por tierras auríferas; posee yacimientos de oro, plata, mercurio, cobre, carbón, petróleo y asfalto.

Julcamarca. *Geog.* Dist. de Perú, depart. de Huancavélica, prov. de Angaraes; 1.875 h. ‖ Villa cap. del mismo; 678 h.

Julcán. *Geog.* Dist. y pueblo de Perú, depart. de Junín, prov. de Jauja; 1.668 h.

julepe. (De *ŷulläb*, palabra persa arabizada, agua de rosa, jarabe.) m. Poción compuesta de aguas destiladas, jarabes y otras materias medicinales. ‖ Juego de naipes, en que se pone un fondo y se señala triunfo volviendo una carta después de repartir tres a cada jugador. Por cada baza que se hace se gana la tercera parte del fondo, y quien no hace ninguna queda obligado a reponer el fondo. ‖ Esfuerzo o trabajo excesivo de una persona; desgaste o uso excesivo de una cosa. ‖ fig. y fam. Reprimenda, castigo. ‖ fig. y fam. Golpe, tunda, paliza. ‖ fig. y fam. Susto, miedo. ‖ fig. *Méj.* Trabajo, sufrimiento. ‖ fig. *P. Rico.* Lío desorden.

julepear. intr. Jugar al julepe. ‖ tr. *Arg., Par.* y *Urug.* Asustar, infundir miedo. Ú. t. c. prnl. ‖ *Col.* Molestar, mortificar algunas cosas. ‖ Insistir, urgir. ‖ *Méj.* Reprender, atormentar. ‖ *P. Rico.* Embromar.

Juli. *Geog.* Dist. de Perú, depart. de Puno, prov. de Chucuito; 22.188 h. ‖ C. de Perú, cap. de la prov. de Chucuito y del dist. de su nombre; 3.874 h.

Julia. *Biog.* Hija de Julio César y de Cornelia (83-54 a. C.). Se casó con Agripa, y a su muerte, en segundas nupcias a instancias de su padre, con Pompeyo, como garantía de concordia entre los dos rivales. ‖ Hija del emperador Tito y de Marcia Furnilla, n. el año 65. Casó con su primo Flavio Sabino, nieto de Vespasiano. Domiciano la sedujo y, haciendo morir a su marido, la llevó con él a su palacio y le hizo dar el título de *Augusta*. Julia murió a consecuencia de un aborto. ‖ Hija de Julia y de Agripa, su segundo marido, y nieta de Augusto, m. en 28 de nuestra era. Llevó, como su madre, una vida de desórdenes y escándalos, y Augusto la desterró a la isla de Tremera, en donde murió. Fue causa del destierro de Ovidio. ‖ Hija de Augusto y de Escribonia, m. en Regio (39 a. C.-14). Se casó con Tiberio en terceras nupcias; pero como llevase una vida de exceso y libertinaje, su propio padre la desterró a la isla de Pandataria y, su marido, al ascender al trono imperial, la condenó a morir de hambre. ‖ **Domna (Pía Félix Augusta).** Emperatriz romana, n. en Emesa y m. en Antioquía. Se casó con el emperador Septimio Severo, sobre el que ejerció gran influencia, y fue madre de Caracalla y de Geta. ‖ **Mammea.** Madre de Alejandro Severo, m. en 235. Cuando la caída de Heliogábalo, elevó a su hijo al trono. Julia ejerció la regencia, rodeándose de sabios y prudentes consejeros; pero después se hizo odiosa por su soberbia y fue muerta con su hijo por la soldadesca rebelde.

Juliaca. *Geog.* Distrito de Perú, depart. de Puno, prov. de San Román; 30.890 h. ‖ C. de Perú, cap. de la prov. de San Román y del dist. de su nombre; 28.206 h.

Julián (San). *Biog.* Prelado visigodo, n. en Toledo y m. en el 690. Siendo arzobispo de Toledo (679-690) reunió varios concilios toledanos y elevó a la sede de Toledo a la primacía sobre todas las de España. Escribió entre otras obras el *Prognósticon futuri saéculi*. ‖ **(conde don).** Gobernador de Ceuta, en los primeros años del siglo VIII. A la muerte de Witiza, franqueó la entrada de la península a los árabes en apoyo de los hijos de éste y en contra de don Rodrigo, lo que propició la invasión musulmana. La leyenda cuenta que esta traición fue motivada por su deseo de venganza de la ofensa cometida contra su honor por don Rodrigo, que forzó a su hija Florinda, llamada *la Cava*.

juliana. f. **Bot.** Nombre vulgar de la crucífera *hésperis matronalis*. La falsa es *silene armeria*, de la familia de las cariofiláceas. Hay también un género de este nombre en la familia de las rutáceas.

Juliana. *Biog.* Reina de los P. B., n. en La Haya en el año 1909. Hija de Guillermina y de Enrique de Mecklemburgo-Schwering. Contrajo matrimonio en 1937 con el príncipe Bernardo de Lippes-Biesterfeld, matrimonio del que han nacido tres hijas: Beatriz, Irene y Margarita. Ocupó el trono el 4 de septiembre de 1948, y el 30 de abril de 1980 abdicó en favor de su hija Beatriz.

juliano, na. adj. Perteneciente a Julio César o instituido por él. ‖ Perteneciente al conde Julián.

Juliano (Flavio Claudio). *Biog.* Emperador romano, llamado *Juliano el Apóstata*, n. en Constantinopla y m. en Mesopotamia (332-363). Sobrino de Constantino. Proclamado emperador a la muerte de Constancio, abjuró el cristianismo y organizó el clero pagano. Murió combatiendo a los persas.

Julimes. *Geog.* Mun. de Méjico, est. de Chihuahua; 5.639 h. ‖ Pueblo cap. del mismo; 1.540 h.

julio. fr., *juillet*; it., *luglio*; i., *july*; a., *Juli*. (Del lat. *Julius*, así denominado en honor de Julio César.) m. Séptimo mes del año según nuestro cómputo; consta de treinta y un días.

julio. (De J. P. *Joule*, físico inglés.) m. **Fís.** Unidad de medida del trabajo o energía producida por una corriente de un amperio, al pasar por una resistencia de un ohmio, durante un segundo. Por tanto, será igual al trabajo o energía producido por un vatio durante un segundo, o a diez millones de ergios. Su nombre internacional es *joule*. ‖ **Mec.** Unidad de energía o trabajo mecánico en el sistema M. K. S. Equivale a la fuerza de un newton durante un recorrido de un metro y a diez millones de ergios.

Julio. I *(San)*. **Biog.** Papa romano, n. y m. en Roma (280-352). Fue elegido en 337 hasta 352. Proclamó la inocencia de San Atanasio, patriarca de Alejandría, calumniado por los eusebianos, y dejó dos cartas dirigidas a las Iglesias de Oriente. Su fiesta, el 12 de abril. ‖ **II.** Papa (Giuliano della Rovere), n. en Albisola, Savona, y m. en Roma (1443-1513). Ocupó el solio pontificio de 1503 a 1513. Restauró la potencia temporal de la Santa Sede al eliminar el poderío de César Borgia, la hostilidad de Venecia y la influencia de Francia.

Julio II, por Rafael. Galería de los Uffizi. Florencia

Protegió a Bramante, Rafael y Miguel Ángel y fundó la guardia suiza (1506). ‖ **III.** Papa (Giammaria Ciocchi del Monte), n. y m. en Roma (1487-1555). Ocupó el solio pontificio de 1550 a 1555. Confirmó los estatutos de los jesuitas y les autorizó para establecer en Roma sus dos grandes centros de enseñanza: el Colegio Germánico y el Colegio Romano. ‖ **Antonio. Rodríguez Hernández (Julio Antonio).** ‖ **Geneal.** Nombre que llevaron los miembros de una de las familias más ilustres de la antigua Roma: la *gens* Julia, que se decía descendiente de Eneas, Ascanio o Julo. ‖ **Arditi. Geog.** Local. de Argentina, prov. de Buenos Aires, part. de Magdalena; 402 h. ‖ **César Salas.** Mun. de Venezuela, est. de Mérida, dist. de Miranda; 4.306 h. Cap., Arapuey.

Julióbriga. Geog. hist. C. de la España romana, sit. en la actual aldea de Retortillo, cerca de Reinosa (Santander). Fue fundada por Augusto y sede de la IV Legión macedónica.

julus. (Del gr. *íoulos*, todo objeto velludo.) **Entom.** Gén. de miriápodos diplópodos, al que pertenece el *cardador* (v.).

Jullunder o **Jullundur. Geog. Jalandhar.**

¡jum! *Méj.* interj. muy usada para expresar extrañeza.

juma. f. fam. **jumera.**

jumaga. f. *Méj.* Cuchara hecha con la cubierta de una cucurbitácea.

jumarse. prnl. vulg. Embriagarse, emborracharse. Ú. m. en América.

Jumbilla. Geog. Dist. de Perú, depart. de Amazonas, prov. de Bongará; 1.093 h. ‖ Villa de Perú, cap. de la prov. de Bongará y del dist. de su nombre; 876 h.

jumenta. f. **Zool.** Hembra del jumento.

jumental. (Del latín *iumentális*.) adj. Perteneciente al jumento.

jumentil. adj. **jumental.**

jumentizar. tr. *Col.* **embrutecer.** Ú. t. c. prnl.

jumento. (Del lat. *iumentum*.) m. **Zool.** Pollino, asno, burro.

jumera. f. fam. Borrachera, embriaguez; humera.

Jumial Grande. Geog. Local. de Argentina, Prov. de Santiago del Estero, depart. de Figueroa; 431 h.

Jumilla. Geog. Mun. de España, prov. de Murcia, p. j. de Yecla; 20.103 h. ‖ C. cap. del mismo; 16.407 h. *(jumillanos)*. Bella iglesia de Santiago, con esculturas de Salzillo. Vinos.

Jumla. Geog. C. de Nepal, cap. de la zona de Karnali.

Jumma. Geog. Yamuna.

Jun. Geog. Mun. y lugar de España, prov. y p. j. de Granada; 808 h.

junacaté. m. **Bot.** Cebolla comestible de Honduras, que huele a ajo.

juncáceo, a. (Del lat. científico *juncus*, gén. tipo, y *-áceo*; aquél de la misma voz lat., que sign. *junco*.) adj. **Bot.** Dícese de las plantas monocotiledóneas, del orden de las lilifloras, la mayoría hierbas vivaces con rizoma cundidor, con ramas aéreas erguidas, verdes, con mucha medula; hojas estrechas e inflorescencias compuestas y multifloras; las flores con perigonio poco vistoso; fruto cápsula y albumen harinoso. Comprende unas 500 especies, la mayoría de sitios muy húmedos, templados o fríos. ‖ f. pl. Familia de estas plantas.

juncada. f. Fruta de sartén, de figura cilíndrica y larga a manera de junco. ‖ **juncar.** ‖ *Veter.* Medicamento preparado con manteca de vacas, miel y cocimiento de adormideras, que para curar el muermo usaron los antiguos veterinarios, aplicándolo en la parte enferma con un manojito de juncos.

juncal. adj. Perteneciente o relativo al junco. ‖ En Andalucía y Nicaragua, gallardo, bizarro. ‖ m. Sitio poblado de juncos, juncar.

Juncal. Geog. Monte de los Andes, entre Argentina, prov. de Mendoza, y Chile, prov. de Aconcagua y Santiago; 6.060 m. de alt. ‖ Isla sit. en la des. del río Uruguay y del Paraná-Guazú. En sus inmediaciones obtuvo Brown, del 8 al 9 de enero de 1827, una brillante victoria sobre los brasileños. ‖ Local. de Argentina, prov. de Santa Fe, depart. de Constitución; 1.997 h.

juncar. m. Sitio poblado de junqueras.

júnceo, a. (Del lat. *iuncěus*, de junco.) adj. **Bot. juncáceo.**

juncia. fr., *souchet*; it., *cunzia*; i., *galingale*; a., *Zypergras*. (Del lat. *iuncěa*, parecida al junco.) f. **Bot.** Nombre vulgar de la especie del género *cyperus*, de una familia de las ciperáceas, que son hierbas con tallo en general triangular, hojoso y a veces el eje da la espiguilla alada; ésta multiflora, rara vez uniflora; las espiguillas reunidas en inflorescencias compuestas, espiciformes, acabezueladas o umbeliformes. Viven en terrenos bajos, abundantes en agua, y a orillas de pantanos y ríos. La larga o de olor es *c. longus*; la redonda o chineta, *c. olivaris*, y la avellanada o chufa, *c. esculentus*. Se crían espontáneamente en las provincias meridionales de España, en terrenos ligeros. ‖ **la juncia de Alcalá, que llegó tres días después de la función.** expr. fig. y fam. con que se motexa todo aquello que por retraso viene o se dice tarde y fuera de tiempo.

juncial. m. Sitio poblado de juncias.

junciana. f. fig. y fam. Hojarasca, jactancia vana y sin fundamento.

Junciana. Geog. Mun. de España, prov. de Ávila, p. j. de Piedrahíta; 237 h. ‖ Lugar cap. del mismo; 230 h.

junciera. (De juncia.) f. Vaso de barro, con tapa agujereada, para que salga el olor de las hierbas o raíces aromáticas que se ponen dentro de él en infusión con vinagre.

juncino, na. (Del lat. *iuncīnus*.) adj. De juncos o compuesto con ellos.

juncir. (Del lat. *iungěre*.) tr. ant. Uncir, yungir, poner el yugo. Ú. en Álava.

junco. fr., *jonc*; it., *giunco*; i., *rush*; a., *Binse, Simse*. (Del lat. *iuncus*). Gén. de pajaros de la familia de los fringílidos, propios de América septentrional. Viven bien en cautividad y la especie más característica es el *junco común*, de cabeza y dorso grises y vientre blanco (*junco hyemalis*). ‖ m. **bastón**, especialmente cuando es delgado. ‖ **Bot.** Aunque este nombre se aplica a plantas de diferentes géneros, hay uno así llamado por Linneo en la familia de las juncáceas, de plantas vivaces, más rara vez hierbas, con hojas casi siempre de vaina enrollada y terminada con frecuencia en orejuelas, limbo diverso, plano, acanalado, tabicado o cilíndrico, e inflorescencia muy diversa de flores pequeñas. ‖ Cada uno de los tallos de esta planta. ‖ Vulgarmente se llama junco a *scirpus holoschoenus*, de la familia de las ciperáceas, abundante en toda España, con rizoma rastrero, tallos cilíndricos finamente estriados; inflorescencia formada por varias cabezuelas globosas, de flores muy pequeñas y situada cerca del ápice del tallo. El junco de laguna es *sc. lacustris*, y el de esteras, *juncus effusus*. En Méjico llaman junco a la cactácea *cereus flagelliformis*. ‖ **común.** *Bot.* junco. ‖ **de esteras. junco.** ‖ **florido.** Arbusto de la familia de las alismáceas, cuyas flores, dispuestas en umbela, tienen seis pétalos y sus frutos son cápsulas con seis divisiones y multitud de semillas. Se cría en Europa y América, en lugares pantanosos; las hojas se usan en medicina como aperitivas, y la raíz y las semillas, contra la mordedura de las serpientes (*bútomus umbellatus*). ‖ **de Indias. rota.** ‖ **de laguna. junco.** ‖ **marinero, marino,** o **marítimo.** Planta de la familia de las juncáceas, con tallos verdes, rollizos, ásperos y medulosos; hojas radicales, muy puntiagudas, y flores en panoja apretada. Crece espontáneamente en lugares húmedos y alcanza hasta 3 m. de alt. ‖ **oloroso. esquenanto.**

junco. (Del chino *chun*, barco.) m. **Mar.** Especie de embarcación pequeña, con velas de fibra, de que usan en China y en el arch. asiático.

Junco (Alfonso). Biog. Escritor mejicano, n. en Monterrey y m. en Ciudad de Méjico (1896-1974). Su obra poética fue recogida en *Florilegio eucarístico* (1926). De sus obras en prosa citamos: *Un siglo de Méjico* (1934), *Sangre de Hispania* (1940) y *España en carne viva* (1946).

Juncos. Geog. Mun. de Puerto Rico, dist. de Humacao; 21.814 h. ‖ Pueblo cap. del mismo; 7.985 h.

Juncosa. Geog. Mun. y lugar de España, prov. y p. j. de Lérida; 695 h.

juncoso, sa. (Del lat. *iuncōsus*.) adj. Parecido al junco. ‖ Aplícase al terreno que produce juncos.

Juneau. Geog. C. de EE. UU., cap. del est. de Alaska; 6.050 h. Pesquerías, minas de oro, aeropuerto.

Juneda. Geog. Mun. y villa de España, prov. y p. j. de Lérida; 3.135 h. *(junedenses)*.

Jung (Carl Gustav). Biog. Psiquiatra suizo, n. en Kesswyl y m. en Kuesnacht (1875-1961). En principio, discípulo y colaborador de Freud, se apartó de su concepción pansexualista para ver en el impulso creador del hom-

Jungapeo–junquillar

bre una fuerza más poderosa. Dio a conocer la teoría del *inconsciente colectivo*. Sus aportaciones al estudio de las teorías psicoanalíticas se conocen con el nombre de *Psicología Analítica o Compleja*. Escribió: *Lo inconsciente en la vida normal y patológica* (1927), *El yo y el inconsciente, Tipos psicológicos, Transformaciones y símbolos de la libido, Teoría del psicoanálisis, Psicología y religión*.

Jungapeo. Geog. Mun. de Méjico, est. de Michoacán de Ocampo; 12.001 h. Cap., Jungapeo de Juárez. ‖ **de Juárez.** Pueblo de Méjico, est. de Michoacán de Ocampo, cap. del mun. de Jungapeo; 4.075 h.

Jünger (Ernst). Biog. Escritor alemán, n. en Heidelberg en 1895. Se caracteriza por encarnar en las fuerzas de la naturaleza o en personajes de ficción los problemas eternos del hombre. Ha escrito: *Tormentas de acero, Der Arbeiter (El trabajador*, 1932), diagnóstico de la época con caracteres de profecía; *Blätter und Steine* (1934), *Auf den Marmor Klippen (Acantilados de mármol)*, retirada de la circulación por sus ataques al nazismo (1939); *Gärten und Strassen* (1942), *Diario* (1952), *Rivarol* (1956), *Abejas de cristal* (1957), *Años de ocupación* (1958), *En el muro del tiempo* (1959) y *Der Weltstaat* (1960).

jungermanial. (Del lat. científico *jungermannia*, gén. tipo de plantas dedicado al botánico L. *Jungermann*.) adj. Bot. Dícese de las briofitas de la clase de las hepáticas, cuyo gametofito se parece más al de los musgos por tener, en general, aparentes tallitos y hojitas, y porque los esporogonios no están hundidos en el talo, sino que son externos y aislados y dispuestos con frecuencia en los ápices de los falsos tallos. ‖ f. pl. Orden de estas plantas.

Jungfrau. (Voz a. que sign. *mujer joven, virgen*.) Geog. Monte de Suiza, en el Oberland Bernés, de forma piramidal, perteneciente al grupo de Finsteraarhorn; 4.166 m. de alt.

jungla. (Del i. *jungle*, y éste del indo *jangal*, bosque.) f. En la India y otros países de Asia y América, terreno cubierto de vegetación muy espesa.

junglada. f. Cierto guiso de liebre; lebrada.

Juni (Juan de). Biog. Escultor, arquitecto y pintor francés, n. en Joigny, Borgoña, y m. en Valladolid (1507-1577). Desarrolló toda su labor artística en Castilla y puede ser considerado como uno de los más destacados escultores de la escuela castellana. Duro al principio y violento en sus obras, logró después la expresión profunda de sentimientos, especialmente del dolor. Renacentista en el fondo, aspiró, más que al naturalismo, a la creación de tipos, de que es admirable ejemplo la *Inmaculada* de la capilla de los Benavente en Medina de Rioseco. Entre sus obras escultóricas de mayor fama figuran: *El entierro de Cristo*, en la catedral de Segovia; *La Virgen de los Cuchillos*, en la capilla de las Angustias de Valladolid, y *Cristo yacente*, en el Museo de esta ciudad. Trabajó principalmente en León, Salamanca y Valladolid.

Junín. Geog. Lago de Perú, depart. de Junín, prov. de Pasco; 78 km. de largo de N. a S., por 16,5 de ancho. Sit. a 4.063 m. de altura. Da origen al río Mantaro ‖ Part. de Argentina, prov. de Buenos Aires; 2.260 km.² y 69.731 h. ‖ Local. cap. del mismo; 59.020 h. ‖ Depart. de Argentina, prov. de Mendoza; 263 km.² y 22.052 h. ‖ Local. cap. del mismo; 2.343 h. ‖ Depart. de Argentina, prov. de San Luis; 2.476 km.² y 9.973 h. Cap., Santa Rosa. ‖ Mun. de Colombia, depart. de Cundinamarca; 10.683 h. ‖ Pobl. cap. del mismo; 810 h. ‖ Cantón de Ecuador, prov. de Manabí; 16.578 habitantes. ‖ Pobl. cap. del mismo; 16.578 h. ‖ Depart. central de Perú; 43.384 km.² y 708.100 h.

Cap., Huancayo. Minas de oro, plata, cobre, hierro, cinabrio y carbón de piedra. Producciones variadas. ‖ Prov. de Perú, depart. de su nombre; 23.490 h. ‖ Dist. de Perú, depart. y prov. de su nombre; 7.588 h. ‖ Pueblo de Perú, cap. de la prov. y dist. de su nombre; 5.004 h. Célebre batalla de su nombre, librada por Bolívar, en la que la caballería republicana, de 900 hombres, atacó a la realista, compuesta de 1.300, venciéndolos brillantemente. ‖ Dist. de Venezuela, est. de Táchira; 38.187 h. Cap., Rubio. ‖ **de los Andes.** Local. de Argentina, prov. de Neuquén, cap. del depart. de Huiliches; 3.870 h.

Junio, pintura románica alegórica. Panteón Real de San Isidoro (León)

junio. fr., *juin*; it., *giugno*; i., *june*; a., *Juni*. (Del lat. *iunĭus*.) m. Sexto mes del año, que era el cuarto entre los antiguos romanos; consta de treinta días.

junior. (Del m. or. que el siguiente.) m. Religioso joven; júnior.

júnior. (Del lat. *iunĭor, -ĭus*, comp. de *juvenis*, más joven.) m. En algunas congregaciones u órdenes religiosas, religioso que, después de haber profesado de votos temporales, no ha emitido aún la profesión solemne o perpetua. ‖ En los países anglosajones, y p. ext. en algunos hispanoamericanos, se aplica para designar a la más joven de dos personas que llevan el mismo nombre. Se escribe pospuesto al apellido y generalmente en las formas abreviadas jr., Jr. o Jnr. Se opone a *sénior*. ‖ En los colegios y escuelas superiores estadounidenses, alumno de curso inmediatamente anterior al último. ‖ **Dep.** Categoría en que están encuadrados los deportistas de edad inmediatamente inferior a la de sénior. ‖ Deportista comprendido en esta categoría.

juniorado. m. En algunas congregaciones u órdenes religiosas, etapa comprendida entre la profesión temporal y la solemne o perpetua.

junípero. (Del lat. *iunipĕrus*.) m. Bot. enebro.

júnker. (Voz alemana). m. Hidalgo, caballero. En los tiempos del Imperio se daba este nombre a los hijos de familia noble, y con él se designó también antes de 1918 el partido conservador.

Junkers (Hugo). Biog. Industrial alemán, n. en Rheydt y m. en Gauting (1859-1935). Desarrolló y perfeccionó los primeros motores de aceite pesado para aviación, una bomba calorimétrica para la determinación del calor de combustión, la construcción enteramente metálica para aviones, el monoplano de ala baja, etc.

Juno. Mit. Una de las grandes divinidades romanas, hija de Saturno y de Rea, esposa de Júpiter, reina del cielo y diosa de la luz y del matrimonio. En la mitología griega se llama *Hera*.

Junot, duque de Abrantès (Jean Andoche). Biog. General francés, n. en Bussy-le-Grand y m. en Montbar (1771-1813). Intervino en las campañas de Italia (1796) y Egipto (1799). Fue embajador en Lisboa (1804) y gobernador general en Parma y Plasencia (1806), y recibió el mando de las tropas que debían invadir Portugal (1807), pero fue derrotado por los ingleses en Vimeiro. Tomó parte en las campañas de España y Rusia y después fue nombrado gobernador de las provincias ilíricas. Caído en desgracia ante Napoleón, se suicidó.

junquera. f. Bot. junco.

Junquera (La). Geog. Mun. de España, prov. de Gerona, p. j. de Figueras; 1.964 h. ‖ Villa cap. del mismo; 1.731 h. (*junquerenses*). ‖ **de Ambía.** Mun. de España, prov. y p. j. de Orense; 3.705 h. ‖ Villa cap. del mismo; 427 habitantes. Hermosa colegiata de estilo románico. ‖ **de Espadañedo.** Mun. de España, prov. y p. j. de Orense; 1.376 h. ‖ Lugar cap. del mismo; 225 h.

junqueral. m. juncar.

junquillar. m. *Chile*. juncar.

La Junquera. Paso fronterizo

junquillo. fr., *jonquille;* it., *giunchiglia;* i., *jonquil;* a., *Jonquille.* (dim. de *junco.*) m. **Arquit.** Moldura redonda y más delgada que el bocel. || **Bot.** Planta de jardinería, especie de narciso, de flores muy olorosas de color amarillo, cuya caña o tallo es liso y parecido al junco. || **junco de Indias.** || **Mar.** Moldura de media caña que se hace en los baos y otras piezas, cuando son de madera. || Listón de madera flexible usado por los carpinteros de ribera para trazar líneas curvas. || **amarillo u oloroso.** *Bot.* Nombre vulgar del *narcissus jonquilla.* || **de Méjico.** Es la cactácea *cereus flagelliformis.* || **de noche.** Nombre vulgar de la iridácea *gladiolus tristis.*

junta. fr., *junte, comité;* it., *giunta, consulto;* i., *council, meeting;* a., *Ausschuss, Rat.* (De *juntar.*) f. Reunión de varias personas para conferenciar o tratar de un asunto. || Cada una de las conferencias o sesiones que celebran. || Todo que forman varias cosas unidas y agregadas unas a otras. || Unión de dos o más cosas. || Conjunto de los individuos nombrados para dirigir los asuntos de una colectividad. || **juntura.** || Pieza de cartón, cáñamo, caucho u otra materia compresible, que se coloca en la unión de dos tubos u otras partes de un aparato o máquina, para impedir el escape del cuerpo fluido que contienen. || **Arquit.** Espacio que queda entre las superficies de las piedras o ladrillos contiguos de una pared, y que suele rellenarse con mezcla o yeso. || Cada una de estas mismas superficies. || **Geol.** Espacio que queda entre las caras o superficies de los estratos de las rocas sedimentarias. || **Mar.** Empalme, costura. || **administrativa.** *Der.* La que rige los intereses peculiares de un pueblo que forma en unión de otros un municipio. || **de aposento.** Tribunal que entendía en el repartimiento de las casas de aposento y de los tributos impuestos sobre ellas. || **arbitral.** Tribunal administrativo que entiende en defraudaciones o faltas de contrabando. || **de descargos.** Tribunal o junta de sujetos nombrados por el rey, que intervenían en el cumplimiento y ejecución de los testamentos y últimas voluntades de los reyes y en la satisfacción de sus deudas. || **de detasas.** Tribunal especial de comercio para resolver los litigios derivados del contrato de transporte. || **de dilatación.** *Mec.* La que permite la libre dilatación por el calor de los elementos de una estructura, evitando así su deformación. || **de laberinto.** Caja que forma cierre estanco a base de numerosos discos solidarios al árbol, que giran en ranuras talladas en el cuerpo de aquélla. Se utiliza principalmente en las turbinas de vapor. || **municipal.** *Der.* Reunión de concejales con un número igual de vocales asociados, para la aprobación de presupuestos y otros asuntos importantes.

Junta de Oteo. Geog. Mun. de España, prov. de Burgos, p. j. de Villarcayo; 818 h. Corr. 88 a la cap., el lugar de Oteo. || **de Río de Losa.** Mun. de España, prov. de Burgos, p. j. de Villarcayo; 250 h. Corr. 67 a la cap., el lugar de Río de Losa. || **de San Martín de Losa.** Mun. de España, prov. de Burgos, p. j. de Villarcayo; 299 h. Corr. 47 a la cap., el lugar de Fresno de Losa. || **de Traslaloma.** Mun. de España, prov. de Burgos, p. j. de Villarcayo; 446 h. Corr. 97 a la cap., el lugar de Castrobarto. || **de Villalba de Losa.** Mun. de España, prov. de Burgos, p. j. de Villarcayo; 336 h. Corr. 140 a la cap., la villa de Villalba de Losa.

juntador, ra. adj. ant. Que junta. Usáb. t. c. s.

juntadura. (De *juntar.*) f. ant. **juntura.**

juntamente. adv. m. Con unión o concurrencia de dos o más cosas en un mismo sujeto o lugar. || ant. **unánimemente.** || adv. t. A un mismo tiempo.

juntamiento. m. ant. Acción y efecto de juntar o juntarse. || ant. Junta o asamblea. || ant. **juntura.**

juntar. fr., *joindre, assembler;* it., *congiungere;* i., *to join, to couple, to unite;* a., *vereinigen, verbinden.* (Del lat. *iunctāre.*) tr. Unir unas cosas con otras. || Reunir, congregar, poner en el mismo lugar. Ú. t. c. prnl. || Acumular, acopiar o reunir en cantidad. || Tratándose de puertas y ventanas, **entornar.** || prnl. Acercarse mucho a uno. || Acompañarse, andar con uno. || Tener acto carnal.

Juntas (Las). Geog. Pobl. de Costa Rica, prov. de Guanacaste, dist. y cap. del cantón de Abangares; 5.486 h. || **de Ofensiva Nacional Sindicalista** (Abreviadamente, *J. O. N. S.*). **Hist.** y **Polít.** Partido político español, fundado en 1931 por Ramiro Ledesma Ramos, que en 1933 se fusionó con Falange Española.

juntera. (De *junta,* empalme.) f. Garlopa cuyo hierro ocupa solamente la mitad del ancho de la caja, de la cual resalta la otra mitad de ésta, con lo cual permite afirmar la herramienta en el canto de la pieza que se cepilla.

junterilla. f. **A. y Of.** Juntera pequeña para principiar los rebajos, por lo cual se suele llamar *junterilla de rebajos.*

juntero, ra. adj. Perteneciente a una junta o delegado de ella. || m. **Hist.** Individuo de la junta que, en Barcelona y en septiembre de 1843, promovió la revolución que terminó en noviembre del mismo año.

junto, ta. (Del lat. *iunctus.*) p. p. irreg. de **juntar.** || adj. Unido, cercano. || Que obra o que es juntamente con otro, a la vez o al mismo tiempo que él. Ú. m. en pl. || adv. l. Seguido de la prep. *a,* **cerca de.** || adv. m. Juntamente, a la vez. || **de por junto.** m. adv. **por junto.** || **en junto.** m. adv. En total. || **por junto.** m. adv. **por mayor.** Empléase hablando del acopio de provisiones que para algún tiempo suele hacerse en las casas.

juntorio. m. Cierta especie de antiguo tributo.

juntura. fr., *jointure, joint;* it., *giuntura;* i., *joint, joining;* a., *Gelenk, Verbindung.* (Del lat. *iunctūra.*) f. Parte o lugar en que se juntan y unen dos o más cosas. || ant. **junta,** todo que forman varias cosas unidas. || ant. Unión o mezcla de una cosa con otra. || **Ling.** Término propuesto por G. L. Trager y B. Bloch para designar la frontera entre dos segmentos. || **Mar. costura.** || **claval.** *Anat.* Unión de dos huesos que entran el uno en el otro a manera de clavo. || **nodátil,** o **nudosa.** La que forman dos huesos que entran en la cavidad del uno la cabeza o nudo del otro, y es la que sirve para el movimiento. || **serrátil.** La que tienen dos huesos en figura de dientes de sierra, de modo que las puntas que salen del uno entran en los huecos del otro.

Junturas (Las). Geog. Local. de Argentina, prov. de Córdoba, depart. de Río Segundo; 1.138 h.

Junyer y Pascual (Juan). Biog. Pintor español, n. en Barcelona en 1904. Alumno de la Escuela Superior de Bellas Artes, fue seleccionado por Gali y dibujó para el *Círcol Artístic Sant Lluch.* Pinta paisajes que son fondos para figuras humanas, pues lucha para obtener nuevos valores estéticos, encaminados más hacia lo moral que a las ideas o temas sociales.

junza. f. *Mur.* **juncia.**

juñir. (Del lat. *iungĕre.*) tr. *Ar.* Poner el yugo; uncir, yuncir.

jupa. f. *Amér. c.* Calabaza redonda.

júpiter. (Del m. or. que el siguiente.) m. **Alq. estaño.** || **Bot.** Nombre vulgar de la litrariácea *gerstroema índica.*

Júpiter. (Del dios *Júpiter.* contr. de *Jovpater,* el padre *Jove* o *Zeus.*) **Astron.** Planeta del sistema solar, el mayor de cuantos lo componen y el quinto en el orden de alejamiento del Sol. Es conocido desde la antigüedad. Su brillo es inferior al de Venus. Mediante el telescopio se observan en su superficie bandas características, aproximadamente paralelas al ecuador. Estas manchas no giran con movimiento uniforme, sino que su velocidad angular disminuye al aproximarse a los polos. Por la observación de estas bandas se ha deducido que Júpiter gira alrededor de su eje. Característica de este planeta fue una gran mancha roja en el hemisferio S., observada por primera vez en 1878, de 42.000 km. de longitud por 15.000 de anchura. Algunos autores suponen que la

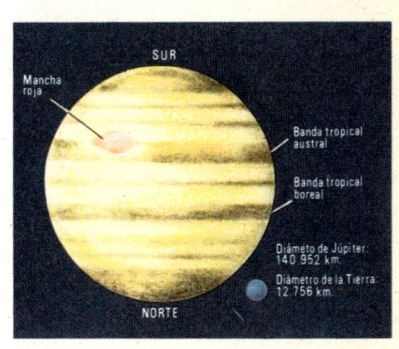

Aspecto del planeta Júpiter

atmósfera de Júpiter está compuesta por hidrógeno con nubes de metano y cristales de amoníaco que envuelve a una gruesa capa de hielo. Tiene 12 satélites, que por orden de distancia al planeta son: V, *Amaltea;* I, *Ío;* II, *Europa;* III, *Ganimedes;* IV, *Calixto;* los cuatro primeros fueron descubiertos por Galileo (7 de enero de 1610) y el V, Amaltea, por Barnard (9 de septiembre de 1892); el IX, X, XI y XII fueron descubiertos por Nicholson, el VI y el VII por Perrine y el VIII por Melotte. Recientemente ha sido descubierto el satélite XIII y, asimismo, un anillo. Las características esenciales de Júpiter son: 141.947,4 km. de diámetro ecuatorial, ligeramente superior al diámetro polar; 1.402.821.700 kilómetros cúbicos de volumen; $1{,}903{.}450{.}10^{21}$ kg. de masa; 1,38 de densidad, bastante inferior a la de la Tierra y poco más que la del agua; gravedad, $1{.}690{.}10^{-10}$ c. g. s.; la distancia del Sol es cinco veces superior a la de la Tierra, 778.830.297 km. La luz y el calor que recibe del Sol es una pequeña parte de la que llega a la Tierra, lo que hace pensar que en el seno del planeta existe un remanente de calor capaz de producir la gran cantidad de vapores que hay en su atmósfera, por lo que parece encontrarse en su fase postsolar. Recibe el calor que produciría un foco luminoso de 1.295 candelas situado a un metro de la superficie receptora, lo que produce una iluminación de 1.295 lux; su tiempo medio de rotación es de 9 h., 55 m., 37 s.; el de traslación, 4.332,59 días; recorre su órbita a una velocidad de 12,6 km. por segundo (v. **Astronáutica**). || **Mit.** Divinidad principal de los romanos, hijo de Saturno y de Rea, hermano y esposo de Juno e identificado con el Zeus de los griegos. Venció a los titanes, arrebató el poder a su padre Saturno y dividió el Imperio del mundo con sus dos hermanos Neptuno y Plutón, correspondiendo al primero el mar, al segundo los infiernos y a él los cielos y el aire.

jupiterino, na. adj. Perteneciente o relativo al dios mitológico Júpiter.

juque. m. *Amér. c.* Zambomba de los indios. || **Bot.** *Venez.* Término genérico de barbasco (v.).

jur. (Del lat. *ius, iuris.*) m. ant. Derecho legal.

jura. (De *jurar*.) f. Acción de jurar solemnemente la sumisión a ciertos preceptos u obligaciones. ‖ **juramento,** afirmación o negación de una cosa, poniendo por testigo a Dios, o en sí mismo o en sus criaturas. ‖ Acto solemne en que los estados y ciudades de un reino, en nombre de todo él, reconocían y juraban la obediencia a su príncipe. ‖ **de bandera.** *Mil. Col.* Promesa civil de lealtad y servicio a la nación. ‖ **de la bandera.** Acto solemne en que cada individuo de las unidades o de los reemplazos militares jura obediencia y fidelidad en el servicio de la Patria. ‖ *Arg.* **jura de bandera.** ‖ **de la mancuadra,** o **de mancuadra.** ant. *Der.* **juramento de calumnia.**

Jura. *Geog.* Cadena montañosa que se extiende entre Francia y Suiza, de 300 km. de longitud, cuya cima más elevada es la Cresta de la Nieve (1.723 m.). ‖ Depart. centroccidental de Francia, en la región de Franco Condado, fronterizo con Suiza; 5.008 km.² y 238.000 h. Cap., Lons-le-Saunier.

juraco. m. *Amér. c., Cuba* y *Méj.* Agujero.

juradería. f. ant. Oficio de jurado, juraduría.

juradero, ra. (Del lat. *iuratorĭus*.) adj. V. **iglesia juradera.**

jurado, da. fr. e i., *jury;* it., *giurato;* a., *Geschwornengericht, Jury.* p. p. de **jurar.** ‖ adj. Que ha prestado juramento al encargarse del desempeño de su función u oficio. ‖ m. Sujeto cuyo cargo versaba sobre la provisión de víveres en los ayuntamientos y concejos. ‖ Tribunal de origen inglés, introducido luego en otras naciones, cuyo esencial cometido es determinar y declarar el hecho justiciable o la culpabilidad del acusado, quedando al cuidado de los magistrados la imposición de la pena que por las leyes corresponde al caso. ‖ Cada uno de los individuos que componen dicho tribunal. ‖ Cada uno de los individuos que constituyen el tribunal examinador en exposiciones, concursos, etc. ‖ Conjunto de estos individuos. ‖ **en cap.** *Der.* En la corona de Aragón, era el primero de los jurados, que se elegía entre los ciudadanos más ilustres que ya habían sido insaculados en otras bolsas de jurados, y que tuviesen cuarenta años cumplidos.

Juradó. *Geog.* Mun. de Colombia, depart. de Chocó; 1.995 h. ‖ Pobl. cap. del mismo; 935 h.

jurador, ra. (Del lat. *iurātor, -ōris*.) adj. Que tiene vicio de jurar. Ú. t. c. s. ‖ ant. Que jura. Usáb. t. c. s. ‖ **Der.** Que declara en juicio con juramento. Ú. t. c. s.

juradoría. f. ant. **juraduría.**

juraduría. f. Oficio y dignidad de jurado.

juramentar. tr. Tomar juramento a uno. ‖ prnl. Obligarse con juramento.

juramento. (Del lat. *iuramentum*.) m. Afirmación o negación de una cosa, poniendo por testigo a Dios, o en sí mismo o en sus criaturas. ‖ Voto o reniego. ‖ **asertorio.** *Der.* Aquel con que se afirma la verdad de una cosa presente o pasada. ‖ **a la bandera.** *Mil.* **jura de la bandera.** ‖ *Pan.* **jura de bandera.** ‖ **de calumnia.** *Der.* El que hacían las partes al principio del pleito, testificando que no procedían ni procederían con malicia. ‖ **decisorio,** o **deferido.** Aquel que una parte exige de la otra en juicio o fuera de él, obligándose a pasar por lo que ésta jurare. ‖ **execratorio.** Maldición que uno se echa a sí mismo si no fuere verdad lo que asegura. ‖ **falso.** El que se hace con mentira. ‖ **hipocrático.** Recopilación de preceptos del médico griego Hipócrates, que contienen la base ética y moral en el ejercicio de la medicina. ‖ **indecisorio.** Aquel cuyas afirmaciones sólo son aceptadas como decisivas en cuanto perjudican al jurador. ‖ **judicial.** El que el juez toma de oficio o a pedimento de la parte. ‖ **supletorio.** El que se pide a la parte a falta de otras pruebas.

juramiento. m. ant. **juramento.**

jurante. p. a. de **jurar.** Que jura.

jurar. fr., *jurer;* it., *giurare;* i., *to swear;* a., *schwören.* (Del lat. *iurāre*.) tr. Afirmar o negar una cosa, poniendo por testigo a Dios, o en sí mismo o en sus criaturas. ‖ Reconocer solemnemente y con juramento de fidelidad y obediencia la soberanía de un príncipe. ‖ Someterse solemnemente y con igual juramento a los preceptos constitucionales de un país, estatutos de las órdenes religiosas, graves deberes de determinados cargos, etc. ‖ intr. Echar votos y reniegos.

jurásico, ca. adj. *Geol.* Dícese del terreno sedimentario que en la región del Jura, en Francia, donde ha sido bien estudiado, sigue en edad al liásico. Ú. t. c. s. ‖ Perteneciente a este terreno.

Jura de la Constitución por Fernando VII, siendo príncipe de Asturias, por Luis Paret. Museo del Prado. Madrid

Nuevo miembro de la Orden del Espíritu Santo, jurando sobre los Evangelios el cumplimiento de la regla, grabado antiguo. Biblioteca Nacional. París

juratoria. (Del lat. *iuratorĭa,* t. f. de *-rĭus,* juratorio.) adj. *Der.* V. **caución juratoria.** ‖ f. *Hist.* Lámina de plata o plana de pergamino, casi siempre esto último, en que estaba escrito el principio de cada uno de los cuatro evangelios y sobre la cual ponían las manos los magistrados de Aragón para hacer el juramento.

juratorio. (Del lat. *iuratorĭus*.) m. Instrumento en que se hacían constar el juramento prestado por los magistrados de Aragón.

jurco. m. Surco de tierra que hace el arado.

jurdano, na. adj. Natural de las Jurdes, o perteneciente a esta comarca. Ú. t. c. s.

Jurdes (las). *Geog.* Comarca de España, prov. de Cáceres, lindante con la de Salamanca. Comprende los municipios de Caminomorisco, Casares, Nuñomoral, Ladrillar y Pinofranqueado. Debido a su especial situación topográfica y ausencia de comunicaciones, vivieron los jurdanos en un estado de lamentable atraso, del que se ha mejorado mediante la construcción de carreteras. En 1921, por iniciativa de Alfonso XIII, se constituyó un patronato cuya misión era trabajar por el progreso moral y material de esta comarca.

Juramento de Alfonso XIII, el 17 de mayo de 1902, por Manuel Fernández Carpio. Colección privada. Reinosa (Santander)

Las Jurdes. Al fondo, el caserío de Casa Rubia (municipio de Casares de las Hurdes, Cáceres)

Se han realizado obras de abastecimiento de agua y saneamiento, electrificación y dotación de servicio telefónico.

jurdía. (Quizá del ár. *zaradiyya*, cosa hecha de mallas.) f. Especie de red para pescar.

jure. abl. de la voz lat. *ius*, que sign. *derecho*. Se pronuncia *iure* o *yure*.

jurel. (Del gr. *sauros;* en fr., *saurel*.) m. Zool. Pez teleóstomo del orden de los perciformes, familia de los carángidos; marino, de 50 cm. de largo aproximadamente, cuerpo rollizo, carnoso, de color azul por el lomo y blanco rojizo por el vientre, cabeza corta, escamas pequeñas y muy unidas a la piel, excepto a lo largo de los costados, donde son fuertes y agudas, dos aletas de grandes espinas en el lomo, y cola extensa y muy ahorquillada. No es pescado fino y suele escabecharse. En la costa cantábrica se le llama *chicharro (trachurus trachurus).*

jurero, ra. adj. *Chile* y *Perú.* Que jura en falso.

jurgina. f. **jurguina.**
jurgonera. f. *Amér.* vulg. por **huronera.**
jurguina. f. **jorguina.**

Jureles

juria. f. *Méj.* Acto de arrojar monedas o golosinas a los muchachos. Ú. principalmente en ceremonias religiosas.

juria. (Del lat. *foria.*) f. *Sant.* **diarrea.**
juriarse. (De *juria.*) f. prnl. *Sant.* Irse de diarrea. ‖ fig. Tener gran miedo.

jurídicamente. adv. m. En forma de juicio o de derecho. ‖ Por la vía judicial; por ante un juez. ‖ Con arreglo a lo dispuesto por la ley. ‖ En términos propios y rigurosos de derecho; en lenguaje legal.

juridicial. (Del lat. *iuridiciālis.*) adj. ant. **judicial.**

juridicidad. (De *jurídico.*) f. Tendencia o criterio favorable al predominio de las soluciones de estricto derecho en los asuntos políticos y sociales.

jurídico, ca. (Del lat. *iuridĭcus.*) adj. Que atañe al derecho, o se ajusta a él.

Juríes (Los). Geog. Local. de Argentina, prov. de Santiago del Estero, depart. de General Taboada; 1.624 h.

Jurin (James). Biog. Médico y físico inglés, n. y m. en Londres (1684-1750). Fue secretario de la Sociedad Real de Londres. Enunció la ley de su nombre, según la cual, la altura o depresión anormales que alcanza un líquido en un tubo capilar está en razón inversa del diámetro del tubo y de la densidad del líquido, y en razón directa del coeficiente de tensión superficial. (V. **capilaridad.**)

jurio. m. ant. Der. Juro o derecho perpetuo de propiedad.

jurisconsulto. fr., *juriste, légiste;* it., *giureconsulto;* i., *jurisconsult;* a., *Rechtsgelehrter.* (Del lat. *iurisconsultus.*) m. El que profesa con el debido título la ciencia del derecho, dedicándose más particularmente a escribir sobre él y a resolver las consultas legales que se le proponen. ‖ En lo antiguo, intérprete del derecho civil, cuya respuesta tenía fuerza de ley. ‖ Conocedor de la ciencia del derecho; jurisperito.

jurisdicción. fr. e i., *jurisdiction;* it., *giurisdizione;* a., *Gerichtsbarkeit.* (Del lat. *iurisdictĭo, -ōnis.*) f. Poder o autoridad que tiene uno para gobernar y poner en ejecución las leyes o para aplicarlas en juicio. ‖ Término de un lugar o provincia. ‖ Territorio en que un juez ejerce sus facultades de tal. ‖ Autoridad, poder o dominio sobre otro. ‖ **acumulativa.** *Der.* Aquella por la cual puede un juez conocer a prevención de las mismas causas que otro. ‖ **contenciosa.** La que se ejerce en forma de juicio sobre pretensiones o derechos contrapuestos de las partes litigantes. ‖ **contencioso administrativa.** La que conoce de los recursos contra las decisiones definitivas de la administración. ‖ **delegada.** La que ejerce uno en lugar de otro por comisión que se le da para asunto y tiempo determinados. ‖ La que, aun ejercida en nombre del rey, correspondía a los jueces o tribunales, sin que pudiera decidir en último término ni aquél ni el gobierno. ‖ **exenta.** *Der. can.* La que no depende de la ordinaria. ‖ **forzosa.** *Der.* La que no se puede declinar. ‖ **ordinaria.** La que procede del fuero común, en contraposición a la privilegiada. ‖ **retenida.** La que, aunque confiada a tribunales o consejos, dependía en último grado y término del rey o del gobierno. ‖ **del trabajo.** La que entiende en los conflictos que surgen en las relaciones laborales. ‖ **voluntaria.** Aquella en que, sin juicio contradictorio, el juez o tribunal da solemnidad a actos jurídicos o dicta ciertas resoluciones rectificables en materia civil o mercantil.

Jurisdicción de Lara. Geog. Mun. de España, prov. de Burgos, p. j. de Salas de los Infantes; 174 h. Corr. 77 a la cap., la villa de Lara de los Infantes. ‖ **de San Zadornil.** Mun. de España, prov. de Burgos, p. j. de Villarcayo; 151 h. Corr. 35 a la cap., la villa de San Zadornil.

jurisdiccional. adj. Perteneciente a la jurisdicción.

jurispericia. (Del lat. *iurisperitĭa.*) f. Conocimiento o ciencia del derecho; jurisprudencia.

jurisperito. fr., *légiste;* it., *giurisperito;* i., *legist;* a., *Gesetzkundiger.* (Del lat. *iurisperītus;* de *ius, iuris*, derecho, y *perītus*, perito.) m. **Der.** El que conoce en toda su extensión el derecho civil y canónico, aunque no se ejercite en las tareas del foro.

jurisprudencia. fr. e i., *jurisprudence;* it., *giurisprudenza;* a., *Jurisprudenz, Rechtswissenschaft.* (Del lat. *iurisprudentĭa.*) f. **Der.** Ciencia del derecho. ‖ Enseñanza doctrinal que dimana de las decisiones o fallos de autoridades gubernativas o judiciales. ‖ Norma de juicio que suple omisiones de la ley, y que se funda con las prácticas seguidas en casos iguales o análogos. ‖ Criterio constante y uniforme de aplicar el Derecho mostrado en las sentencias del Tribunal Supremo.

jurisprudente. (Del lat. *iurisprūdens, -entis.*) m. **jurisperito.**

jurista. fr., *juriste;* it., *giurista;* i., *jurist,* a., *Jurist.* (Del lat. *ius, iuris*, derecho.) m. El que estudia o profesa la ciencia del derecho. ‖ El que tiene juro o derecho a una cosa.

juro. (Del lat. *ius, iuris.*) m. **Der.** Derecho perpetuo de propiedad. ‖ Especie de pensión perpetua que se concedía sobre las rentas públicas, ya por merced graciosa, ya por recompensa de servicios, o bien por vía de réditos de un capital recibido. ‖ **moroso.** Aquel a cuya cobranza se había dejado de acudir por espacio de cierto número de años, y porque el dinero no estuviera ocioso se valía el príncipe de él, con la calidad de satisfacerlo a la parte luego que acreditara su pertenencia. ‖ **de juro.** m. adv. Ciertamente, por fuerza, sin remedio. ‖ **de,** o **por, juro de heredad.** m. adv. Perpetuamente; para que pase de padres a hijos.

jurquero, ra. adj. **surquero,** asurcano.

Juruá. Geog. Río de Brasil, que n. en los Andes peruanos y des. en el Amazonas; 1.600 kilómetros. Es muy caudaloso.

jurutungo. m. *P. Rico.* Lugar lejano.

jusbarba. (Del lat. *Jovis barba,* barba de Júpiter.) f. Bot. Una planta liliácea, brusco.

jusello. (Del lat. *iuscellum,* caldo, salsa.) m. Coc. Potaje que se hace con caldo de carne, perejil, queso y huevos.

jusente. f. ant. Marea baja; yusente.

Juseu. Geog. Ex mun. de España. V. **Torres de Juseu.**

jusi. m. Tela de Filipinas, clara como gasa y listada de colores fuertes, que se teje con seda y con hilazas de la China.

Juslapeña. Geog. Mun. de España, prov. de Navarra, p. j. de Pamplona; 450 h. Corr. 74 a la cap., el lugar de Marcalán.

jusmeso, sa. (Del lat. *deorsum,* abajo, y *missus,* metido.) p. p. irreg. de **jusmeterse.**

jusmeterse. (Del lat. *deorsum,* abajo, y *mittĕre,* meter.) prnl. Ar. Sujetarse, someterse.

Jussieu (Antoine Laurent de). Biog. Botánico francés, n. en Lyón y m. en París (1748-1836). Organizó el Museo de Historia Natural de París y perteneció a la Academia de Ciencias. Escribió varias obras de anatomía humana, botánica y zoología.

justa. (De *justar.*) f. Pelea o combate singular, a caballo y con lanza. || Torneo o juego de a caballo en que acreditaban los caballeros su destreza en el manejo de las armas. || fig. Competencia o certamen en un ramo del saber.

justa. f. Germ. La justicia.

justador. (De *justar.*) m. El que justa. || ant. Ajustador o jubón.

justamente. adv. m. Con justicia. || Cabalmente, ni más ni menos. || Con igual medida, ajustadamente. || adv. l. o t. En el mismo lugar o tiempo en que sucede una cosa, precisamente.

justar. (Del latín **iuxtāre,* de *iuxta,* junto.) intr. Pelear o combatir en las justas.

justedad. f. Calidad de justo. || Igualdad o correspondencia justa y exacta de una cosa.

Justel. Geog. Mun. de España, prov. de Zamora, p. j. de Puebla de Sanabria; 404 h. || Lugar cap. del mismo; 187 h.

justeza. f. **justedad.**

justicia. fr. e i., *justice;* it., *giustizia;* a., *justiz, Gerechtigkeit.* (Del lat. *iustitĭa.*) f. Virtud que inclina a dar a cada uno lo que le pertenece. || Atributo de Dios por el cual arregla todas las cosas en número, peso y medida. Ordinariamente se entiende por la divina disposición con que castiga las culpas. || Una de las cuatro virtudes cardinales, que inclina a dar a cada cual lo que le corresponde. || Derecho, razón, equidad. || Conjunto de todas las virtudes, que constituye bueno al que las tiene. || Lo que debe hacerse según derecho o razón. || Pena o castigo público. || Ministro o tribunal que ejerce justicia. || Poder judicial. || fam. Castigo de muerte. || ant. Alguacil, oficial inferior de justicia. || **conmutativa.** *Der.* La que regula la igualdad o proporción que debe haber entre las cosas, cuando se dan o cambian unas por otras. || **distributiva.** La que arregla la proporción con que deben distribuirse las recompensas y los castigos. || **legal.** La que obliga al súbdito a prestar obediencia a las disposiciones del superior. || **mayor de Aragón.** *Hist.* Magistrado supremo de aquel reino, que con el consejo de cinco lugartenientes togados hacía justicia entre el rey y los vasallos, y entre los eclesiásticos y seculares. Dictaba en nombre del rey sus provisiones e inhibiciones, cuidaba de que se observasen los fueros, conocía de los agravios hechos por los jueces y otras autoridades y fallaba los recursos de fuerzas. || **mayor de Castilla, de la casa del rey,** o **del reino.** Dignidad, de las primeras del reino, que gozaba de grandes preeminencias y facultades, y a la cual se comunicaba toda la autoridad real para averiguar los delitos y castigar a los delincuentes. Desde el siglo XIV se hizo esta dignidad hereditaria en la casa de los duques de Béjar, en donde permanece, aunque sin ejercicio. || **ordinaria.** *Der.* La jurisdicción común, por contraposición a la de fuero y privilegio. || **original.** *Rel.* Inocencia y gracia en que Dios crió a nuestros primeros padres. || **de sangre.** *Der.* ant. **mero imperio.** || **vindicativa.** La que obliga al juez a castigar a los delincuentes. || **¡aquí de la justicia! favor a la justicia!** exclam. || **de justicia.** m. adv. Debidamente, según justicia y razón. || **de justicia en justicia.** m. adv. Dícese de los desterrados conducidos de pueblo en pueblo o de alcalde en alcalde hasta su destino. || **¡justicia de Dios!** exclam. para dar a entender que aquello que ocurre se considera obra de justicia de Dios. || Imprecación con que se da a entender que una cosa es injusta, como pidiendo a Dios que la castigue. || **la justicia de enero.** expr. fam. con que se da a entender que ciertos jueces u otros funcionarios no suelen perseverar en el nimio rigor que ostentan cuando principian a ejercer sus cargos.

justiciable. adj. Que puede o debe someterse a la acción de los tribunales de justicia. Dícese principalmente de ciertos hechos.

justiciador. (De *justiciar.*) m. ant. El que hace justicia.

justicialismo. (De *justicia social* e *-ismo.*) m. Polít. Doctrina política, económica y social del peronismo (v.).

justiciar. (De *justicia.*) tr. ant. Aplicar pena de muerte al reo, ajusticiar. || Declarar culpable e imponer una pena, condenar.

justiciazgo. m. Empleo o dignidad del justicia.

justicieo, a. adj. Bot. Dícese de plantas de la familia de las acantáceas, subfamilia de las acantoideas y grupo de las imbricadas, con polen de botoncitos y dos estambres. El género tipo lleva el nombre de *justicia* (250 especies). || f. pl. Tribu de estas plantas.

justiciero, ra. adj. Que observa y hace observar estrictamente la justicia. || Que observa estrictamente la justicia en el castigo de los delitos.

justificable. adj. Que se puede justificar.

justificación. fr. e i., *justification;* it., *giustificazione, giustificanza;* a., *Rechtfertigung.* (Del lat. *iustificatĭo, -ōnis.*) f. Conformidad con lo justo. || Probanza que se hace de la inocencia o bondad de una persona, un acto o una cosa. || Prueba convincente de una cosa. || En teología, santificación interior del hombre por la gracia, con la cual se hace justo. || Impr. Justa medida del largo que han de tener los renglones que se ponen en el componedor que funde la máquina.

justificadamente. adv. m. Con justicia y rectitud. || Con verdad y exactitud; sin discrepar.

justificado, da. p. p. de **justificar.** || adj. Conforme a justicia y razón. || Que obra según justicia y razón.

justificador, ra. adj. Que justifica. || m. Santificador.

justificante. p. a. de **justificar.** Que justifica. Ú. t. c. s. m.

justificar. fr., *justifier;* it., *giustificare;* i., *to justify;* a., *rechtfertigen.* (Del lat. *iustificāre;* de *iustus,* justo, y *facĕre,* hacer.) tr. Probar una cosa con razones convincentes, testigos y documentos. || Rectificar o hacer justa una cosa. || Ajustar, arreglar una cosa con exactitud. || Probar la inocencia de uno en lo que se le imputa o presume de él. Ú. t. c. prnl. || Impr. Igualar el largo de las líneas según la medida exacta que se ha puesto en el componedor, estrechando o ensanchando el espacio entre las palabras. || Teol. Hacer Dios justo a uno con la infusión de la gracia santificante o habitual.

justificativo, va. adj. Que sirve para justificar una cosa.

justillo. (dim. de *justo.*) m. Indum. Prenda interior sin mangas, que ciñe el cuerpo y no baja de la cintura.

Justina (Flavia Augusta). Biog. Emperatriz romana, n. en Sicilia y m. en Tesalónica en 388. Bella e inteligente, casóse con el tirano Magencio y después, en segundas nupcias, con el emperador Valentiniano. A la muerte de éste, hizo proclamar emperador por las legiones a su hijo Valentiniano *el Joven.*

justinianeo, a. adj. Aplícase a los cuerpos legales del tiempo del emperador Justiniano y al derecho contenido en ellos.

Justiniano I. Biog. Emperador de Oriente, nacido en Tauresium de Iliria y muerto en Constantinopla (482-565). Sucedió a su tío Justino I en 527 y con la asistencia en materia de gobierno de su esposa Teodora y en materia de política exterior de sus generales Belisario y Narsés V, venció a los persas, reconquistó

La Justicia y la Paz, por Corrado Giaquinto

Justiniano I y su séquito, mosaico de la basílica de San Vital. Ravena

el reino de los vándalos de África del N. (535), conquistó Italia en 553 y estableció su ejército en parte de España (554). Justiniano ha debido su celebridad a su obra legislativa, que recibe el nombre de *Corpus iuris civilis* y consta de el *Código*, la *Instituta*, el *Digesto* o *Pandectas* y las *Novelas*. || **II.** Emperador de Oriente, hijo y sucesor de Constantino IV, m. en Sínope (669-711). Fue destronado por una revolución militar en 695; recuperó el trono en 705 con el apoyo de los búlgaros, pero seis años después otra revolución militar se lo quitó y le dió muerte. || **Geog.** Local. de Argentina, prov. de Córdoba, depart. de Unión; 4.545 h.

Justino (*San*). **Biog.** Filósofo cristiano, n. en Flavia-Neapolis y m. en Roma (100-165). Estableció la primera escuela cristiana en Roma. Denunciado a los jueces por el filósofo cínico Crescencio, fue condenado a muerte y ejecutado. Es el teólogo católico más antiguo, cuyas obras son dos *Apologías* y el *Diálogo con el judío Trifón*. Su fiesta, el 13 de abril. || **I.** Emperador de Oriente, n. en Berediana de Iliria y m. en Constantinopla (450-527). Era gene-

Cruz vaticana, perteneciente a Justino II. Tesoro de San Pedro. Vaticano

ral del ejército, y a la muerte de Anastasio, en 518, apoderóse del trono y asoció a él a su sobrino Justiniano. Restableció la unión con Roma. || **II.** Emperador de Oriente, sucesor de su tío Justiniano en 565; m. en 578. Durante su reinado los ávaros invadieron la Iliria y la Tracia, y los persas, Siria hasta Antioquía.

justipreciación. f. Acción y efecto de justipreciar.
justipreciar. (De *justo* y *precio*.) tr. Apreciar o tasar una cosa.
justiprecio. (De *justipreciar*.) m. Aprecio o tasación de una cosa.
justo, ta. (Del lat. *iustus*.) adj. Que obra según justicia y razón. || Arreglado a justicia y razón. || Que vive según la ley de Dios. Ú. t. c. s. || Exacto, que no tiene en número, peso o medida ni más ni menos que lo que debe tener. || Apretado o que ajusta bien con otra cosa. || m. *Germ.* Jubón, prenda que cubre hasta la cintura. || adv. m. Justamente, debidamente. || Apretadamente, con estrechez. || **al justo.** m. adv. Ajustadamente, con la debida proporción. || Cabalmente, a punto fijo. || **en justos y en verenjustos.** m. adv. fig. y fam. Con razón o sin ella. || **en justo y creyente.** loc. adv. Al punto, súbitamente, aceleradamente.
Justo (*Agustín Pedro*). Militar y político argentino, n. en Concepción del Uruguay, Entre Ríos, y m. en Buenos Aires (1876-1943). Fue ministro de la Guerra. Intervino activamente en el movimiento del 6 de septiembre del año 1930 que derrocó al presidente Yrigoyen. Resultó elegido presidente en las elecciones de 1931, cargo que ocupó desde 1932 hasta 1938. Su gestión gubernativa se caracterizó por el impulso que dio a la construcción de obras de utilidad pública. || (**Juan Bautista**). Médico, escritor, parlamentario y organizador del movimiento socialista argentino, n. en Buenos Aires y m. en Los Cardales, Buenos Aires (1865-1928). Se destacó como médico, pero le atrajeron poderosamente los problemas sociales. Fundó el partido socialista de la Argentina. Fue el creador de las leyes que reprimieron los *trusts*. Escribió *Teoría y práctica de la Historia*. || **Briceño. Geog.** Dist. de Venezuela, est. de Mérida; 21.148 h. Cap., Torondoy. || **Daract.** Local. de Argentina, prov. de San Luis, depart. de General Pedernera; 5.958 h.

juta. (Voz sudamericana.) f. **Zool.** *Ecuad.* Ave del orden de las anseriformes, familia de las anátidas, variedad del ganso doméstico, que crían los indios de Quito (*ánsar ánsar*).
jute. m. **Zool.** *Guat.* y *Hond.* Caracolillo fluvial comestible.
jutía. f. **Zool.** *Cuba.* Un mamífero roedor de las Antillas, hutía.
Jutiapa. Geog. Mun. de El Salvador, depart. de Cabañas; 10.160 h. || Pobl. cap. del mismo; 1.195 h. || Depart. de Guatemala; 3.219 km.² y 231.005 h. || Mun. de Guatemala, depart. de su nombre; 52.244 h. || C. cap. del depart. y mun. de su nombre; 10.086 h. || Mun. de Honduras, depart. de Atlántida; 7.487 h. || Pobl. cap. del mismo; 1.163 habitantes.
Juticalpa. Geog. Mun. de Honduras, depart. de Olancho; 25.965 h. || C. cap. del depart. de Olancho y del mun. de su nombre; 7.912 h.
Jutlandia. (En danés, *Jylland*, que sign. *Tierra de los godos*.) **Geog.** Región de Dinamarca que comprende los cond. de Aarhus, Nordjylland, Ribe, Ringköbing, Sönderjylland, Vejle y Viborg; 29.766 km.² y 2.197.970 h. Es una península unida a Alemania por el istmo de Schleswig y constituye la parte continental de Dinamarca. Hay gran número de riachuelos y grandes extensiones cubiertas de materiales de aluvión. Es memorable el combate naval que entre las grandes flotas de R. U., mandada por el almirante Jellicoe, y Alemania, a las órdenes del almirante Scheer, tuvo lugar en el mar del Norte, del 31 de mayo al 1 de junio de 1916, conocido con el nombre de batalla de Jutlandia. A pesar de la superioridad inglesa, la batalla quedó tácticamente indecisa, pues los alemanes consiguieron regresar a puerto.
juvada. f. *Ar.* **jovada.**

Mariagerfjord (Jutlandia). Casa típica

Juvara (Filippo). Biog. Arquitecto y abate italiano, n. en Mesina y m. en Madrid (1676-1736). Discípulo de Carlo Fontana, proyectó para Madrid un palacio real que el arquitecto Sachetti redujo a proporciones bastante más modestas, y así surgió el actual palacio. Trabajó como arquitecto de Víctor Amadeo II en Turín. En Portugal, llamado por Juan V, construyó el Palacio Real de Ajuda, de Lisboa.

juvenal. (Del lat. *iuvenālis*.) adj. **juvenil.** || **Hist.** Dícese de los juegos que instituyó Nerón cuando se cortó la barba y la dedicó a Júpiter, y del día que añadió Calígula a las saturnales para que lo celebrasen los jóvenes.

Juvenal (Décimo Junio). Biog. Poeta satírico latino, n. en Aquino (h. 62-h. 143). Escribió 16 sátiras en cinco libros, de las que se conservan 14. En ellas, con lenguaje vibrante, satiriza las costumbres corrompidas de la sociedad romana de su época.

juvenco, ca. (Del lat. *iuvencus*.) m. y f. ant. Res vacuna de dos a tres años; novillo.

Juvenco (Cayo Veccio Aquilio). Biog. Poeta cristiano español del s. IV. Vivió en tiempo de Constantino *el Grande*, al que dedicó su obra *Evangeliórum libri quáttuor*, versificación del Evangelio según el estilo de Virgilio.

juvenecer. (Del lat. *iuvenescĕre*.) tr. ant. Dar a uno condiciones de juventud; rejuvenecer.

juvenible. adj. ant. Perteneciente a la juventud; juvenil.

juvenil. (Del lat. *iuventīlis*.) adj. Perteneciente a la juventud.

juventud. fr., *jeunesse*; it., *giovinezza*; i., *youth*; a., *Jugend*. f. Edad que empieza en la pubertad y se extiende a los comienzos de la edad adulta. || Estado de la persona joven. || Conjunto de jóvenes. || Primeros tiempos de alguna cosa. || Energía, vigor, frescura.

juvia. f. **Bot.** Árbol indígena de Venezuela (uno de los nombres vulgares de *bertholletia excelsa*), de la familia de las mirtáceas; crece en la región del Orinoco y es uno de los más majestuosos del Nuevo Mundo. Su tronco tiene un metro de diámetro, pero alcanza más de 30 de altura; a los quince años da las primeras flores, y su fruto, que contiene una almendra muy gustosa, de la cual se saca excelente aceite, es del tamaño de una cabeza humana, y tan pesado, que los salvajes no se aventuran en los bosques sin cubrirse cabeza y espaldas con un broquel de madera muy sólida. || Fruto de este árbol.

Juviles. Geog. Mun. y lugar de España, prov. de Granada, p. j. de Órjiva; 501 h.

Juyá. Geog. Mun. y lugar de España, prov. y p. j. de Gerona; 313 h. || Lugar cap. del mismo; 135 h.

juyaca. f. Artificio de que se valen en América meridional los viajeros para encender fuego en despoblado. Consiste en hacer girar un palito vertical sobre un madero seco y poroso. El rozamiento hace surgir la llama.

Juzbado. Geog. Mun. de España, prov. y p. j. de Salamanca; 214 h. || Villa cap. del mismo; 174 h.

Júzcar. Geog. Mun. y villa de España, prov. de Málaga, p. j. de Ronda; 246 h.

juzgado. (De *juzgar*.) m. Junta de jueces que concurren a dar sentencia. || Tribunal de un solo juez. || Término o territorio de su jurisdicción. || Sitio donde se juzga. || **judicatura,** dignidad de juez. || **de provincia.** *Hist.* El que formaba cada uno de los alcaldes de casa y corte en Madrid, y cada uno de los alcaldes del crimen en las poblaciones donde había chancillería, para conocer en primera instancia de las causas civiles y criminales de su respectivo cuartel.

juzgador, ra. (De *juzgar*.) adj. Que juzga. Ú. t. c. s. || m. ant. **juez.**

juzgaduría. (De *juzgador*.) f. ant. Dignidad de juez.

juzgamiento. m. ant. Acción y efecto de juzgar.

juzgamundos. (De *juzgar* y *mundo*.) com. fig. y fam. Persona murmuradora.

juzgante. p. a. de *juzgar*. Que juzga.

juzgar. fr., *juger*; it., *giudicare*; i., *to judge*; a., *urteilen, richten*. (De *judgar*.) tr. Deliberar, quien tiene autoridad para ello, acerca de la culpabilidad de alguno, o de la razón que le asiste en cualquier asunto y sentenciar lo procedente. || Persuadirse de una cosa, creerla, formar dictamen. || ant. Condenar a uno por justicia a perder una cosa; confiscársela. || **Lóg.** Afirmar, previa la comparación de dos o más ideas, las relaciones que existen entre ellas.

Juzistán o **Khuzistán. Geog.** Prov. de Irán; 65.000 km.² y 1.901.000 h. Cap., Ahwaz.

Jyväskylä. Geog. C. de Finlandia, cap. de la prov. de Keski-Suomen, junto al saliente N. del lago Päijänne; 57.297 h.

La juventud de Aristóteles, mármol por G. Degeorge. Museo del Louvre. París

k. f. Duodécima letra del abecedario español, y novena de sus consonantes. Su nombre es **ka**, y su articulación es velar, oclusiva y sorda. No se emplea sino en voces de procedencia griega o extranjera y durante muchos años ha estado en desuso. Suplíasela con la *c* antes de la *a*, la *o* y la *u*, y con la *q*, seguida de esta última vocal, antes de la *e* y la *i*; y se la suple también de igual modo en muchos vocablos que la tienen en lenguas de que la nuestra los ha tomado: *quiosco*, *curdo*, *Astracán*. Esta letra procede del latín, que la tomó a su vez, como ocurre con la mayoría de las letras del alfabeto latino, del alfabeto etrusco, y éste del griego (v. **kappa**). || **Impr.** Cada uno de los tipos móviles con los cuales se imprime esta letra. || El punzón grabado en hueco con el que se produce este tipo.
K. (Del lat. científico *kállium*, y éste del ár. *al-qali*, álcali.) **Quím.** Símbolo del *potasio*.
K. Mar. Onceava letra del Código Internacional de Señales. Izada aisladamente significa: *Pare Vd. inmediatamente*.
°**K. Fís.** Grado Kelvin.
K₂. Geog. Punto culminante de los montes Karakorum, paralelos al Himalaya occidental, de 8.611 m. de alt., y llamado también *Godwin Austen*, que sigue en importancia al Everest.
K-Hito. Biog. García López (Ricardo).
ka. f. Nombre de la letra *k*.
Kaaba. Rel. Caaba.
Kaalund (Hans Vilhelm). Biog. Poeta danés, n. y m. en Copenhague (1818-1885). Gozó en su época de merecida fama. Entre sus producciones figuran: *Fábulas y poesías*, *Fábulas para niños*, *Una primavera* y *El rey Heldan el Fuerte*.
kaama. m. **Zool.** caama.
Kaaper. Arqueol. Escultura egipcia del Imperio Antiguo, que representa a un alto funcionario de la corte de los faraones. Fue encontrada en Sakkara y se le dio el nombre de *Cheik* (o *Kaid*) *el Beled* (el jeque del pueblo).
Kaarta. Geog. Región de Mali, al E. del río Senegal; 54.000 km.² y 350.000 h.
Kabala. Geog. C. de Sierra Leona, prov. Septentrional, cap. del dist. de Koinadugu.
Kabale. Geog. C. de Uganda, en la región Occidental, cap. del dist. de Kigezi; 11.239 h.
Kabalevski (Dimitri Borisovich). Biog. Compositor y director de orquesta soviético, n. en San Petersburgo en 1904. Al principio compuso canciones y una sonata, y entre sus principales obras citamos: una ópera: *Maestro de Clamency*, y tres sinfonías.
Kabilia. Geog. Cabilia.

kabuki. m. **Lit.** Género teatral japonés, que trata, generalmente, de asuntos míticos o históricos, con intermedios musicales. Su escenografía es muy suntuosa, especialmente en las máscaras y disfraces, de una gran belleza visual. Solamente actúan hombres.
Kabul. Geog. Río de Afganistán; n. 90 km. al O. de la ciudad del mismo nombre, tiene un curso de 450 km. y des. en el Indo. || Prov. de Afganistán; 3.137 km.² y 1.267.000 h. || C. cap. de Afganistán y de la prov. de su nombre, sit. a orillas del río de este mismo nombre: 498.821 h. Como punto de enlace de varias rutas caravaneras mantiene un importante comercio en alfombras y tapices, seda y artículos de algodón. Muestra de las construcciones antiguas es la Gran Mezquita, en la que se conserva la tumba de Timur Chad. Fue cap. del imperio del Mogol desde muy antiguo: en 1774 Timur la hizo cap. de Afganistán; fue tomada por los ingleses en 1839, perdida a los dos años y recuperada más tarde; pero sus habitantes obligaron a los ingleses a abandonarla en 1928.

Kabwe. Geog. C. de Zambia, cap. de la prov. Central; 89.000 h. Centro minero.
Kaczkowski (Zigmunt). Biog. Novelista polaco, n. en Bereznitza y m. en París (1825-1896). Autor de gran número de novelas históricas, de las que citaremos: *Los judíos*, *El naufragio*, *Anunciata* y *Murdelio*.
Kachaturian (Aram Ilich). Biog. Khachaturian (Aram Ilich).
Kachin. Geog. Est. de Birmania; 87.809 km.² y 687.000 h. Cap., Myitkyina. Terreno montañoso regado por el Irrawaddy. Arroz, azúcar y tabaco.
Kadar (Janos). Biog. Político húngaro, n. en Salgotarján en 1912. Miembro del partido comunista desde 1932, organizó el movimiento de resistencia durante la S. G. M. Ocupó diversos cargos en el partido hasta el levantamiento de 1956, en que formó un Gobierno frente al de Imre Nagy y solicitó la ayuda de las tropas soviéticas. Desde aquélla fecha es secretario general del partido y ha sido primer ministro en dos ocasiones (1956-58 y 1961-65).

Kabul. Instituto Técnico

Kadéi–Kalinga

Kadéi. Geog. Depart. de Camerún, en la prov. de Camerún Oriental, región de Este; 20.000 km.² y 63.000 h. Cap., Batouri.

Kaduna. Geog. Est. de Nigeria; 4.098.306 habitantes. ‖ C. cap. del mismo; 181.201 h. Aeropuerto.

Kaduna. Tipos hausas

Kaédi. Geog. Región IV de Mauritania; 14.100 km.² y 98.000 h. ‖ C. cap. de la misma; 13.000 h.

Kaesöng. Geog. C. de la R. D. P. de Corea, al SE. de la prov. de Hwanghae Meridional; 139.900 h. Goza de una organización administrativa especial, que la equipara a una provincia.

Kaf-Dagh. Geog. Elbruz.

Kaffá. Geog. Prov. de Etiopía; 54.600 km.² y 688.000 h. Cap., Jimma.

Kafka (Franz). Biog. Escritor checo en lengua alemana, n. en Praga y m. en el sanatorio de Kierling, cerca de Viena (1883-1924). De familia judía, se adhirió al sionismo. En la Universidad de Praga estudió Derecho y en 1906 obtuvo el doctorado en dicha especialidad. Hasta 1908 trabajó en la carrera judicial y posteriormente en una compañía de seguros. Sus obras, cuya nota característica según algunos críticos es el realismo mágico, son una manifestación de sus conflictos internos: las relaciones con su padre, asuntos amorosos, aversión al trabajo burocrático que desempeñó. Durante su vida publicó muy poco y sus dos obras maestras han sobrevivido gracias a su amigo Max Brod, quien desatendió la orden de Kafka para que destruyera todos sus escritos una vez muerto él. Obras: *Consideraciones* (1913), *La metamorfosis* (1915), *La sentencia* (1916), *La colonia penitenciaria*, *Un médico rural* y *Carta al padre* (1919), *Un artista del hambre* (1924); *El proceso* (1925) y *El castillo* (1926) son consideradas sus dos mejores novelas; *América* (1927), *La muralla china* (1931) y *Diario 1910-23* (1927).

Kafr el Sheikh. Geog. Gobierno de Egipto; 3.492 km.² y 1.234.000 h. ‖ C. cap. del mismo; 51.500 h. ‖ **el Zaiyat.** Pobl. de Egipto, gob. de Gharbiya; 25.100 h. Industria química, lanera y algodonera.

Kafra. Biog. Khafra.

Kaganovich (Lazar Moisevich). Biog. Político ruso, n. en Kabany en 1893. Ingresó en el partido comunista en 1911. Tomó parte en la revolución y en la lucha contra Kerensky y se distinguió por su labor como miembro del Comité para la reorganización del ejército rojo; fue comisario de los ferrocarriles (1935 y 1943-44), comisario para el petróleo (1935-1941), miembro del Presidium, jefe de la industria pesada (1938-40), miembro del Politburó (1938) y del Comité de Defensa del Estado (1942-43), también, vicepresidente del Consejo de Ministros (1945-53). Intervino en las purgas del partido y, a pesar de ser judío, no fue molestado. A la muerte de Stalin (1953), ocupó la primera vicepresidencia del Gobierno. En la pugna entre el presidente de éste, Malenkov, y el secretario del partido comunista Jruschev, tomó partido por el primero, junto con Molotov y Bulganin, y habiendo prevalecido la tesis de Jruschev, se vio obligado a cesar en sus cargos en julio de 1957.

Kagawa. Geog. Prefect. de Japón, en la isla de Shikoku; 1.870 km.² y 907.897 h. Cap., Takamatsu.

Kagi. Geog. Chiayi.

Kagoshima. Geog. Prefect. de Japón, en la isla de Kiu-shiu; 9.145 km.² y 1.729.150 h. ‖ C. cap. de la misma, sit. en la costa NO. de la bahía de su nombre; 403.340 h.

kagú o **kagu.** (Voz melanesia.) m. **Zool.** Ave del orden de las ciconiformes, familia de las rinoquétidas, parecida a una grulla enana, de plumaje gris verde y rojizo y con una cresta occipital de plumas blancas que endereza a voluntad, cola redondeada y alas cortas. Es nocturna y habita exclusivamente en los bosques de Nueva Caledonia (*rhynochetus jubatus*).

kaguang. m. **Zool.** caguán.

kahau. Zool. V. nasalis.

Kai. Arqueol. Escultura egipcia del Imperio Antiguo, también conocida con el nombre de *Escriba sentado*. Junto con la de Kaaper re-

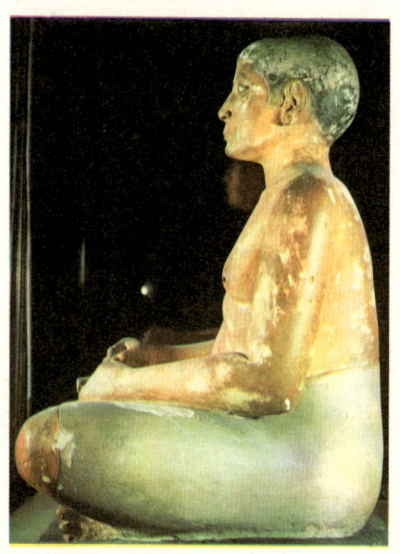

Kai, «el escriba sentado». Museo del Louvre. Paris

presenta la más grande manifestación de naturalismo dentro de la gran escultura hierática del Imperio Antiguo.

kaíd. m. caíd.

Kaid el Beled. Arqueol. Kaaper.

Kaieteur. Geog. Catarata de Guyana, en el río Potaro; 226 m. de alt. Centro turístico.

Kailahun. Geog. Dist. de Sierra Leona, prov. Oriental; 3.859 km.² y 150.236 h. ‖ C. cap. del mismo; 5.419 h.

kaimichi cornudo. m. **Zool.** añuma.

kainita. f. **Miner.** cainita.

Kairuan. Geog. Gob. de Tunicia; 7.030 km.² y 302.000 h. ‖ C. cap. del mismo; 46.199 habitantes. Tiene más de 80 mezquitas y monasterios y una *casbah*.

káiser. (Del a. *kaiser*, y éste del lat. *caesar*.) m. **Hist.** Título de algunos emperadores de Alemania.

Kaiser (Georg). Biog. Autor dramático alemán, n. en Magdeburgo y m. en Ascona (1878-1945). Fue una de las figuras más destacadas de las letras modernas de su país. Se le deben, entre otras: *Gas*, *Un día de octubre*, *Desde el mediodía a la medianoche* y *Un incendio en la Ópera*. ‖ **(Henry John).** Empresario estadounidense, n. en Canajoharie, Nueva York, y m. en Honolulu (1882-1967). De origen muy humilde, comenzó trabajando como peón de albañil y fotógrafo ambulante, y en el año 1946 era patrón de 200.000 obreros. Se dedicó a la construcción de carreteras y revolucionó la construcción naval. También fundó la empresa constructora de automóviles que lleva su nombre.

kaka. f. **Ling.** Lengua hablada por el pueblo amerindio diaguita que habitaba en Argentina desde el Nevado de Acay hasta Mendoza.

Kakamega. Geog. C. de Kenya, cap. de la prov. Occidental; 6.244 h.

kakapú. m. **Zool.** cacapú.

kaki. m. caqui.

kala-azar. m. **Pat.** Enfermedad infecciosa, conocida también por *fiebre negra*, propia de los países sudorientales, que se distingue por su cronicidad, enflaquecimiento, leucopenia, fiebre irregular, anemia, hipertrofia del bazo y a menudo del hígado, la aparición en éstos y otros órganos de la *leishmania denovani*, aumento relativo de los leucocitos mononucleares, produce casi siempre una hiperpigmentación peculiar de la piel y mortalidad elevada.

Kalahari. Geog. Región desértica del S. de África, en Botswana, de 800 a 1.300 m. de alt. media. En el S. existen dunas; en el N., debido a la presencia de algunas corrientes de agua, se encuentran bosques y pantanos, donde abundan las serpientes.

Kalai. Geog. C. de Afganistán, cap. de la prov. de Zabul; 47.000 h.

Kalakaua (David). Biog. Rey de las islas Hawai, n. en Honolulu y m. en San Francisco (1836-1891). Fue proclamado en 1874 y en 1887 promulgó una Constitución liberal.

Kálamis. Biog. Cálamis.

kalamita. f. **Miner.** calamita.

Kalan. Geog. C. de Turquía asiática, cap. de la prov. de Tunceli; 9.356 h.

Kalasin. Geog. Provincia de Tailandia, región Nordoriental; 7.650 km.² y 573.000 h. ‖ C. cap. de la misma; 14.649 h.

Kaledin (Alexei Maximovich). Biog. General ruso, n. en Oust-Khoperskaia y m. en Novocherkassk (1861-1918). Se distinguió brillantemente en la guerra europea, y al apoderarse los bolcheviques del gobierno, luchó contra ellos; pero al ser derrotado, se suicidó.

Kalevala. (Tierra de los kaleva, o sea Finlandia; pronúnc. *Kálevala*.) **Lit.** Leyenda nacional finlandesa que se compone de 50 cantos (*runo*) y 22.800 versos. Se describe en ella la lucha entre los kalevas (finlandeses) y los pokjolas (lapones). Todavía se canta en las fiestas populares. En el s. XVIII, Lönroth empezó a ordenarla y se publicó por vez primera en 1835.

Kalgan. Geog. C. de la R. P. China, prov. de Hopei, sit. a 150 m. al NO. de Pekín, junto a la gran muralla; 380.000 h.

Kali. Mit. Cali.

Kalima. Geog. Ciudad de Zaire, prov. de Shaba; 62.300 h. Aeropuerto. Antes se denominó *Albertville*.

Kalimantan. Geog. Borneo. ‖ **Barat.** Borneo Occidental. ‖ **Selatan.** Borneo Meridional. ‖ **Tengah.** Borneo Central. ‖ **Timur.** Borneo Oriental.

Kalimnos o **Kalymnos. Geog.** Isla de Grecia, en el arch. y nomo del Dodecaneso; 123 km.² y 26.500 h. ‖ C. cap. de la misma; 12.818 habitantes.

Kalinga. Geog. hist. Antiguo reino sit. en la costa meridional de la India, hoy en el est.

de Orissa. En 244 a. C. fue conquistado por el emperador Asoka, quien, apesadumbrado por los males causados con su acción, tomó desde entonces derroteros de paz y de tolerancia. ‖ **(premio).** Para honrar ese espíritu, creó la U. N. E. S. C. O., en 1952, este premio, que se adjudica a los vulgarizadores que ponen su ciencia al alcance de los demás. Tiene una asignación de 1.000 libras esterlinas, donación personal del personaje indio B. Patnaik, director de la fundación, y se adjudica todos los años.

Kalinin (Mikhail Ivanovich). Biog. Político soviético n. en Werkhnaja Troiza y m. en Moscú (1875-1946). Fue presidente del Comité Central de los Soviets en 1923, y desde 1938 presidente de la U. R. S. S. ‖ **Geog.** Prov. occidental de la U. R. S. S., en la R. F. S. S. R.; 84.100 km.² y 1.717.237 h. ‖ C. cap. de la misma, sit. a orillas del Volga; 345.112 h. Hasta 1933 se llamó *Iver.*

Kaliningrado. Geog. Prov. de la U. R. S. S., en la R. F. S. S. R.; 15.100 km.² y 731.936 h. ‖ C. cap. de la misma, sit. en una pequeña isla a ambas márgenes del río Pregel; 296.962 h. Cuando pertenecía a Prusia oriental se llamó *Königsberg*. Catedral del s. XIV, Universidad, fundada en 1544, etc.

kaliofilita. f. **Miner. caliofilita.**

Kalisz. Geog. Vaivodato de Polonia; 6.500 km.² y 640.300 h. ‖ C. cap. del mismo; 85.700 h. Es una de las c. más antiguas de Polonia.

Kalix. Geog. Río de Suecia, en Laponia; n. junto al lago Rautas, corre primero en dirección SE. y luego S. y des. en el golfo de Botnia; 440 km. de curso.

Kaliyuga. Hist. Cuarta y actual edad india, de 432.000 años de duración, que comenzó el año 3102 a. C.

Kalkbrenner (Friedrich Wilhelm). Biog. Compositor y pianista alemán, n. durante el viaje de su madre desde Kassel a Berlín y m. en Enghien-les-Bains (1788-1849). Vivió muchos años en París; compuso más de 120 obras de diverso género y publicó un *Método de piano* que se hizo célebre.

Kalmar. Geog. Cond. meridional de Suecia; 11.622 km.² y 240.502 h. ‖ C. cap. del mismo; 52.586 h. Hermosa catedral de tiempo de Carlos XI. Astilleros. En esta ciudad se formó la Unión de los tres países escandinavos en 1397, rota al ocupar Gustavo Vasa, en 1523, el trono de Suecia.

Kalogeropoulos (Maria). Biog. Cantante estadounidense, de origen griego, más conocida por el seudónimo de *Maria Callas*, n. en Nueva York y m. en París (1923-1977). Estudió en el Real Conservatorio de Atenas, donde fue discípula de la soprano española Elvira de Hidalgo. Su voz tenía una extensión extraordinaria, pues abarcaba más de tres octavas completas y llegaba hasta el *fa* sostenido, más allá del *do* sobreagudo, lo que le permitió adaptarse tanto a los papeles de soprano dramática como a los de soprano lírica, o de coloratura. Se la consideró como la primera figura femenina del arte lírico mundial.

Kalomiris (Manolis). Biog. Compositor griego, n. en Izmir y m. en Atenas (1883-1962). Fue profesor en la Escuela Musical Obolenski de Jarkov y en el Conservatorio de Atenas y dirigió el Conservatorio Helénico. De sus obras citaremos: *Protomastoras, Constantino Paleólogo* y la *Sinfonía de la Levandia*, además de varias sinfonías, baladas, suites, preludios, etcétera.

kalong. m. **Zool.** Mamífero quiróptero, megaquiróptero, de la familia de los pterópodos, gigante de los murciélagos (pues mide 1,60 m. de envergadura y 1 m. de long.), de cabeza pequeña y pelaje amarillento en el dorso y negro en el vientre. Es nocturno y frugívoro y vive en Malaca e islas de la Sonda, donde se caza por los daños que causa a los árboles frutales y porque su carne es comestible. Se llama también *perro* y *zorro volador (pteropus celaeno)*.

Kaltenbrunner (Ernst). Biog. Político alemán, del partido nazi, n. en Ried y m. en Nuremberg (1903-1946). Jefe de las S. S. austríacas y luego jefe de la policía política del Reich. Murió en la horca condenado en el proceso de Nuremberg.

Kaluga. Geog. Provincia occidental de la U. R. S. S., en la R. F. S. S. R.; 29.900 km.² y 994.876 h. Abundante agricultura y minería. ‖ C. cap. de la misma, a orillas del Oka; 210.906 habitantes. Centro industrial de primer orden.

Kalutara. Geog. Dist. de Sri Lanka; 1.616 km.² y 706.000 h. ‖ C. cap. del mismo; 27.000 habitantes.

Kalyan. Geog. C. de la India, est. de Maharashtra, en el fondo la rada de Bombay; 26.291 h. Importante centro comercial y nudo ferroviario. En el s. VII gozó de gran esplendor, en tiempo de la dinastía india de los Solanki, conforme lo atestiguan las grandiosas ruinas que en ella se encuentran.

Kalymnos. Geog. Kalimnos.

kállima. Entom. Gén. de lepidópteros al que pertenece el *insecto hoja*, famoso por su mimetismo.

Kama. Geog. Río de la U. R. S. S.; n. en los montes Urales y des. en el Volga después de un cursó de 1.886 km., de los cuales son navegables 1.500. Es el afluente más caudaloso del Volga.

Kama. (Del sánscr. *kāma*, amor, el dios del amor.) **Mit.** En la religión hindú, fuerza cósmica personificada en un dios, que es el dios del amor, esposo de Rati, diosa de la primavera. Se representa sobre un papagayo, sosteniendo en la mano un arco que dispara flores en lugar de flechas. También recibe el nombre de *Ananga.*

kamacita. f. **Petr. camacita.**

Kamakura. Geog. C. de Japón, prefect. de Kanagawa, en la isla de Honshu; 85.000 h. Sus numerosos santuarios budistas son visitados por millares de viajeros. Hay una imagen colosal de Buda que mide 50 pies de alt. y 36 de rodilla a rodilla.

El Buda de Kamakura

Kamal el-Mallakh. Biog. Arqueólogo egipcio, n. en Assiut en 1920. Ha participado en la restauración de la gran Esfinge y en el descubrimiento de la cámara fúnebre del faraón Cheops (1954).

kamani. (Voz aimara.) m. *Bol.* Indígena encargado del cuidado de los sembrados en los latifundios.

Kamaran. Geog. Pequeño grupo de islas de la República Popular Democrática del Yemen, en el mar Rojo; 181 km.² y 2.200 h. Su isla principal es Kamaran (57 km.²). Aeropuerto.

Kambia. Geog. Distrito de Sierra Leona, prov. Septentrional; 3.108 km.² y 137.806 h. ‖ C. cap. del mismo.

kamchadal. adj. **Etnog.** Dícese del individuo de un pueblo de raza paleosiberiana (v.), que habita al SE. de la península de Kamchatka. Son muy diestros en el arte de guiar los trineos y se dan el nombre de *itelmos*. Ú. t. c. s. y m. en pl.

Kamchatka. Geog. Península de la Unión Soviética, en la R. F. S. S. R., al NE. de Siberia, entre los mares de Behring y de Ojotsk; 1.270.000 km.². ‖ Prov. de la U. R. S. S., en la R. F. S. S. R.; 472.300 km.² y 287.612 h. Cap., Petropavlovsk Kamchatski.

kame. m. **Geol. came.**

Kamehameha o **Tamehameha I. Biog.** Rey de las islas Hawai (1744-1819). Fue elegido en 1784. En 1794 se colocó bajo el protectorado del R. U. ‖ **II.** Rey de las islas Hawai, m. en 1824. Sucedió a su padre en 1819. Abolió la idolatría en sus estados. ‖ **III.** Rey de

Kalmar. Castillo

las islas Hawai (1814-1854). Hermano del anterior, a quien sucedió en 1824. ‖ **IV.** Rey de las islas Hawai (1833-1863). Hijo del anterior, que ocupó el trono a la muerte de su padre. Estableció un Parlamento y se declaró monarca constitucional. ‖ **V.** Rey de las islas Hawai, hermano del anterior, m. en 1872. Partidario entusiasta de la civilización europea, procuró extenderla en su país.

Kamenev (Liov Borisovich). Biog. Político soviético, n. y m. en Moscú (1883-1936). A la muerte de Lenin, formó con Stalin y Zinoviev el triunvirato que se hizo cargo del poder. Fue embajador de la U. R. S. S. en Roma. Se le fusiló por razones políticas, acusado con Zinoviev de oposición a Stalin, después del asesinato de Kirov.

Kamensk. Geog. Dneprodzerzhinsk.

Kamerlingh Onnes (Heike). Biog. Físico holandés, n. en Groninga y m. en Leyden (1853-1926). Fue profesor de física en Leyden. En 1908 logró licuar el helio y el hidrógeno. Llevó a cabo diversas investigaciones relacionadas con la termodinámica y la radiactividad. Obtuvo el premio Nobel de Física (1913) en reconocimiento de sus investigaciones acerca de las propiedades de la materia a bajas temperaturas.

Kamerún. Geog. Camerún.

kamikaze. (Voz japonesa que sign. *viento divino.*) m. **Mil.** Cuando los mongoles invadieron Japón (1218), su flota fue estrellada contra los arrecifes por los vientos kamikazes, protectores del país. Durante la S. G. M. se dio ese nombre a los aviadores y aparatos japoneses que se lanzaban contra la flota estadounidense para hacer explotar sobre seguro su carga de bombas. Ú. t. c. adj.

Kaminal-juyú. Arqueol. Local. de Guatemala, junto a la cap. de la nación, que conserva ruinas de construcciones mayas.

Kaminker (Simone). Biog. Actriz de cine francesa de origen alemán, más conocida por el seudónimo de *Simone Signoret*, n. en Wiesbaden en 1921. Películas: *Le couple idéal, La Ronde, Thérèse Raquin, Las diabólicas, Les sorcières de Salem, Un lugar en la cumbre (Room at the top)*, por la que obtuvo el premio a la mejor actriz en el Festival de Cannes y el Oscar de Hollywood (1959); *Adua et ses compagnes, Amores célebres, Escándalo en las aulas, Llamada para el muerto, La confesión* y *El gato*.

Kaminsky (Daniel David). Biog. Actor cinematográfico y teatral estadounidense, más conocido por *Danny Kaye*, n. en Nueva York

Daniel D. Kaminsky

en 1913. Comenzó su carrera en espectáculos musicales y, a partir de 1944, se convirtió en uno de los más famosos actores cómicos del cine estadounidense. Ha interpretado las películas siguientes: *La vida secreta de Walter Mitty, El asombro de Brooklyn, El fabuloso Andersen, Escuela de sirenas, Un gramo de locura, Loco por el circo* y *La loca de Chaillot*.

Kampala. Geog. C. cap. de Uganda y del dist. de Mengo, en la región de Buganda; 332.000 h.

Kamphaeng Phet. Geog. Prov. de Tailandia, región Septentrional; 8.954 km.² y 333.000 h. ‖ C. cap. de la misma 10.882 h.

Kampot. Geog. Provincia de Kampuchea; 5.962 km.² y 340.415 h. ‖ C. cap. de la misma; 12.700 h.

Kampuchea. (*República Popular de Kampuchea.*) **Geog.** Estado republicano del SE. de Asia, que hasta 1970 se denominó *Camboya* y desde esta fecha hasta el 14 de diciembre de 1975, *República Khmer*.

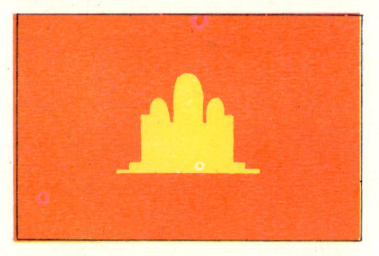

Límites. Limita al N. con Tailandia y Laos; al E., con Vietnam; al S., con este mismo país y el golfo de Siam, y al O., con dicho golfo y Tailandia.

Superficie y población. Superf., 178.035 km.²; pobl. absoluta, 5.728.771 h. (9.200.000 calculados en 1979); población relativa, 31,9 h. por km.²

Geografía física. El país está formado por una meseta de poca altitud, entre las estribaciones occidentales de la cordillera anamita, al E., las alturas del Pnom-pau (1.000 m.), al O., y el Pnomdangrek, al N., que desciende hacia la gran depresión que va del lago Tonle Sap hasta el mar. Está atravesado de N. a S. por el Mekong, desde Khong a Chau Phu, que recibe en territorio camboyano, los tributarios Sé-Mekong, San y Srepok, procedentes de las montañas anamitas. Su breve costa, a occidente del delta del Mekong, desde Mac Pring hasta Hatién, es acantilada; se distinguen en ella los accidentes geográficos siguientes: la bahía de Kimpong-Som, frente a la cual se halla la isla de Rong, y las islas de Milieu y Phu Quoc, ante el golfo de Kampot. De tipo tropical, es un clima de monzones, cálido y húmedo; el S. es casi ecuatorial.

Geografía económica. Las tierras cultivadas ocupan 3.046.000 hect. (16,8 % de la superficie territorial); prados y pastos, 580.000 (3,2 %); bosques 13.372.000 (73,9 %), e improductivo, 1.106.000 hect. (6,1 %). La zona mejor cultivada tiene como centros el Mekong y el Tonle Sap; el arroz es el producto más importante, 700.000 hect. y 800.000 ton. en 1975. Se cultiva también maíz, 60.000 hect. y 70.000 ton.; sésamo, mandioca, batata, cacahuete, etc. Entre las plantas industriales se cultiva yute y tabaco. También son importantes los cultivos de frutos, entre los que destacan la banana, naranja, pomelo, limón y ananás. El caucho, con una producción de 20.040 toneladas en 1976, es otro de los grandes pilares en que se sustenta la economía del país. La producción de maderas, en 1975, fue de 4.570.000 m.³ El patrimonio ganadero, en 1975, estaba compuesto por las siguientes cabezas: bovino, 1.800.000, porcino, 850.000; búfalos, 820.000, etc. La pesca constituye un capítulo importante en la economía del país. En el lago Tonle Sap se encuentran ricos fondos de agua dulce. El total de la pesca desembarcada, en 1975, fue de 84.700 ton. La industria típica del país es de carácter artesanal y se dedica principalmente a la fabricación de artículos para vestir y cerámicas. La producción de energía eléctrica, en el año 1974, alcanzó los 150.000.000 kwh., totalmente de origen térmico. Los puertos principales son los de Kompong Son y Phnom Penh, este último accesible a través del Mekong. Los principales aeropuertos son los de Pochentong, cerca de Phnom Penh, y Siem Reap. La long. de las vías férreas es de 272 km., y la de carreteras, de 15.029 (1971), de los que 2.662 están asfalta-

Relieves del templo de Angkor Vat

dos. La balanza comercial es deficitaria, déficit que se enjuga en gran parte con la entrada de capital en forma de ayuda. Las exportaciones tienen como base los productos agrícolas: arroz, caucho, maíz, ganado, madera, pimienta, etc., y las principales importaciones son: metales, productos metálicos manufacturados, minerales, etc.

Geografía política. El Estado Democrático de Kampuchea, denominación que recibe el país desde que fue aprobada la Constitución el 14 de diciembre de 1975 en el tercer Congreso del Frente Unido Nacional Khmer, tiene su órgano fundamental en la Asamblea del Pueblo, cuyos 250 diputados (150 en representación de los campesinos, 50 por los obreros y 50 por el ejército), fueron elegidos en lista única el 20 de marzo de 1976.

División territorial. A continuación se inserta el cuadro de la división administrativa:

Nombres	Superficie — Km.²	Población — Habitantes	Capitales y su población
Municipalidades			
Bokor	1	449	Bokor.
Kep	45	7.724	Kep.
Kompong Som	68	7.095	Kompong Som.
Phnom Penh	46	393.995	Phnom Penh.
Provincias			
Battambang	19.184	551.374	Battambang (38.780 h.).
Kampot	5.962	340.415	Kampot (12.700).
Kandal	3.812	706.206	Kandal.
Koh Kong	11.161	39.283	Khemarak Phouminville.
Kompong Cham	9.799	821.030	Kompong Cham (28.532).
Kompong Chhnang	5.521	274.095	Kompong Chhnang (13.001).
Kompong Speu	7.017	307.551	Kompong Speu (7.334).
Kompong Thom	27.602	320.364	Kompong Thom (9.477).
Kratié	11.094	126.340	Kratié (12.139).
Mondolkiri	14.288	14.857	Senmonorom.
Prey Veng	4.883	487.060	Prey Veng (8.847).
Pursat	12.692	179.973	Pursat (12.115).
Ratanakiri	10.782	49.306	Lomphat.
Siem Reap	16.457	312.696	Siem Reap (10.281).
Stung Treng	11.092	34.609	Stung Treng (3.431).
Svay Rieng	2.966	289.132	Svay Rieng (11.317).
Takéo	3.563	465.217	Takéo (7.308).
Totales	178.035	5.728.771	

Cribando arroz, cerca de Siem Reap

La cap. es Phnom Penh (393.995 h.).

Historia. Camboya, denominación que recibió el país hasta 1970, formó parte del reino de Fou Nam, subyugado (siglo VI) por los khmers. En Angkor (v.), que fue la antigua cap. del reino, construyeron los reyes medievales maravillosos monumentos, de los que el más famoso es el templo de Siva, que aún se conserva. Tras interminables guerras con los países limítrofes, este imperio se salvó de la destrucción con la llegada de los franceses a Indochina en 1863. Bajo un régimen de protectorado francés permaneció hasta el comienzo de la S. G. M., en que fue invadido por los japoneses. En 1941, el príncipe Norodom Sihanuk fue designado para suceder a su abuelo. En 1946, Camboya se convirtió en un Estado asociado dentro de la Unión Francesa, y en 1954, con los Acuerdos de Ginebra que pusieron fin a la guerra de Indochina, se proclamó la independencia. En marzo de 1955, el rey Norodom Sihanuk abdicó en su padre, Norodom Suramárit. Al morir éste (3 de abril de 1960), asumió el poder un Consejo de Regencia, hasta el 20 de junio del mismo año, en que el príncipe Norodom Sihanuk fue nombrado jefe de Estado, sin la dignidad de rey. El 18 de marzo de 1970, mientras realizaba un viaje a Moscú y Pekín para que apoyasen su neutralismo contra las incursiones de tropas vietnamitas, fue depuesto de su cargo el príncipe Norodom Sihanuk. El golpe de Estado lo llevó a cabo el primer ministro Lon Nol. Como consecuencia, ocupó provisionalmente la jefatura del Estado Cheng Heng, hasta entonces presidente de la Asamblea Nacional. Las fuerzas khmer, de base campesina, iniciaron una guerra de liberación nacional, bajo la dirección de Sihanuk, que formó en Pekín un Gobierno en el exilio. Mientras tanto, EE. UU., invadía Camboya para controlar el SE. del país y Lon Nol se autonombraba presidente (1972) de la República Khmer, creada en 1970. Sin embargo, el régimen de Lon Nol, debido a la corrupción militar y civil, sólo se mantenía gracias al apoyo de EE. UU., que efectuaba bombardeos masivos sobre las posiciones de las tropas revolucionarias. El 17 de marzo de 1973, un avión pilotado por So Photra, yerno de Norodom Sihanuk, bombardeó la residencia del presidente camboyano, causando veinte muertos. Como consecuencia se declaró el estado de excepción en todo el país. Poco tiempo después, los comunistas llegaron a sitiar y bombardear la capital, que quedó unida por un simple puente aéreo con bases estadounidenses para recibir vituallas. Lon Nol abandonó el país el 31 de marzo de 1975 ante el dominio prácticamente total del territorio camboyano por parte de los comunistas, que entraban en Phnom Penh el 17 de abril, instaurándose seguidamente el nuevo régimen, cuyo jefe de Estado pasó a ser el hasta entonces exiliado en Pekín príncipe Norodom Sihanuk. El 12 de mayo fue apresado por fuerzas camboyanas el mercante estadounidense *Mayagüez* cuando se dirigía a Tailandia. Tras unos días de infructuosas negociaciones, EE. UU. atacó, hundiéndolos, a los tres barcos que custodiaban al *Mayagüez*, inutilizando además otros cuatro, y rescatando así el buque. En abril de 1976 dimitió de la jefatura del Estado el príncipe Norodom Sihanuk; la recientemente elegida Asamblea Nacional proclamó nuevo presidente del país al hasta entonces viceprimer ministro, y comandante en jefe de las Fuerzas Armadas, Khieu Samphan, al que substituyó Pol Pot, de ideología prochina. El 3 de mayo del año 1977 estableció relaciones diplomáticas plenas con España. En junio de 1978, Kampuchea fue invadida por Vietnam, y en enero de 1979, Phnom Penh cayó en manos de las fuerzas del Frente de Salvación Nacional, derrocando al Gobierno y estableciendo una República Popular en el país. Norodom Sihanuk denunció la invasión ante el Consejo de Seguridad de la O.N.U., pero aquélla continuó hasta llegar a dominar las principales ciudades del país. Asumió el poder un Consejo Revolucionario y Heng Samrin fue designado jefe del Estado y del Gobierno; por su parte, el Gobierno derrocado ha formado un Frente de Unidad Nacional para luchar contra los vietnamitas.

Kandersteg. Picos Oeschinensee y Bluemlisalp

kan. (Del turco y persa *jān*, título que a veces ha designado al soberano.) m. Príncipe o jefe, entre los tártaros.

Kanagawa. Geog. Prefect. de Japón, en la isla de Honshu; 2.385 km.² y 5.472.247 h. Cap., Yokohama. || Antigua pobl. de Japón, en los arrabales de Yokohama, e incluida en ésta desde 1901. Es famosa por el tratado celebrado allí en 1854 entre el Gobierno japonés y el comodoro estadounidense Perry, que inició la habilitación de puertos para el comercio con los blancos.

kanamicina. f. **Farm.** canamicina.

Kananga. Geog. C. de Zaire, cap. de la prov. de Kasai Occidental; 428.960 h. Importante centro comercial diamantífero.

Kanaris (Konstantinos). Biog. Marino griego, n. en Psara y m. en Atenas (1790-1877). Luchó en la guerra contra Turquía y fue dos veces presidente del Consejo y ministro de Marina. Victor Hugo le dedicó una de sus *Orientales*.

Kanasín. Geog. Mun. de Méjico, est. de Yucatán; 6.280 h. || Pueblo cap. del mismo; 5.051 h.

Kanazawa. Geog. C. de Japón, cap. del la prefect. de Ishikawa, en la isla de Honshu; 361.379 h.

kancha. f. cancha.

Kanchanaburi. Geog. Prov. de Tailandia, región Central, a orillas del río Klong; 19.486 km.² y 321.000 h. Minas de volframio, plomo y cinc. || C. cap. de la misma; 15.817 h.

Kanchenjunga. Geog. Pico de la India, en el Himalaya, en el límite de Nepal y de Sikkim, de 8.585 m. de alt. Es, en alt., el tercer pico del Himalaya y del mundo.

Kamchipuram. Geog. C. de la India, est. de Tamizhagam, a orillas del Vegavati, que hasta 1949 se llamó *Conjeeveram;* 74.000 h. Es una de las siete ciudades sagradas y antigua cap. de los drávidas. Notable templo de Siva.

Kandahar. Geog. Prov. de Afganistán; 49.058 km.² y 724.000 h. || C. cap. de la misma, sit. en una altiplanicie entre los ríos Argendab y Tarnak; 123.938 h. Aeropuerto.

Kandal. Geog. Prov. de Kampuchea; 3.812 km.² y 706.206 h. || C. cap. de la misma.

Kandavu. Geog. Isla de Oceanía, en el arch. de Fiji; 321 km.² y 7.450 h. Montañosa. Copra.

Kandé. Geog. Circunscripción de Togo, en la región de La Kara; 1.692 km.² y 42.000 h. || C. de Togo, cap. de la región de La Kara y de la circunscripción de su nombre; 4.700 habitantes.

Kandersteg. Geog. Pobl. de Suiza, est. de Berna, en el valle de Emmenthal; 3.554 h. Notable por la fabricación de quesos y por sus hermosas casas de madera. Deportes de invierno.

Kandinski (Vasili). Biog. Pintor soviético, n. en Moscú y m. en Kenilly-sur-Seine (1866-1944). Después de haber estudiado derecho pasó a Munich a estudiar pintura y se dedicó a la escenografía. Vivió en Túnez, Berlín, París y Munich. En 1911 ensayó la pintura abstracta y un año más tarde fundó *Blaue Reiter*, publicando el libro que lleva este mismo título. En 1913 publicó un libro de poesía y grabado: *Klänge*, y expuso en el Salón de Otoño de Berlín. Ha sido profesor de la Academia de Bellas Artes de Moscú, en 1918, y director del Museo de Cultura Pictórica. Creó el Instituto de Cultura Artística y en 1920 le nombraron profesor de la Universidad de Moscú. Su pintura logra expresarse mediante el solo lenguaje de las formas y los colores.

Kandy. Geog. Dist. de Sri Lanka, prov. Central; 2.367 km.² y 1.184.000 h. || C. de Sri Lanka, cap. de la prov. Central y del dist. de su nombre; 76.000 h. Antigua cap. del reino indígena de Kandy, fue anexionada en 1815. Notables templos y tumbas reales.

Kane (Elisha Kent). Biog. Explorador estadounidense, n. en Filadelfia y m. en La Habana (1820-1857). De 1850 a 1852 tomó parte en la expedición al Polo; en 1853 hizo una nueva expedición, no regresando hasta 1855. Publicó: *Narrative of the expedition in search of Sir John Franklin* y *Second Grinnell expedition in search of Sir John Franklin.*

Kanem. Geog. Prefect. de Chad; 114.520 km.² y 193.000 h. Cap., Mao. Antiguamente fue imperio independiente y alcanzó gran prosperidad.

Kang-Hi. Biog. Emperador de China (1654-1722), de la dinastía de los Tsing. Autorizó el culto cristiano e introdujo en su país las ciencias europeas. || **-Teh.** Último emperador de China, n. y m. en Pekín (1906-1967). Destronado por la revolución, fue después elegido por los japoneses para el cargo de emperador del Estado protegido del Manchukuo, con el nombre de Pu-Yi (1932). Al finalizar la S. G. M. cayó prisionero de los rusos. Fue entregado por éstos a la R. P. China, que lo puso en libertad a fines de 1959. Finalmente residió en Pekín y fue miembro del organismo oficial encargado de los jardines botánicos.

Kangar. Geog. C. de Malaysia Occidental, cap. del est. de Perlis; 8.757 h.

Kangean. Geog. Arch. de Indonesia, al NE. de Java; 691 km.^{2} y 40.795 h. Lo forman gran número de islotes y las islas Kangan, Pandschang y Paliat.

Kanggye. Geog. C. de la R. D. P. de Corea, cap. de la prov. de Chagang; 130.000 h. Industria química.

Kangra. Geog. C. de la India, est. de Himachal Pradesh; 5.000 h. Fue cap. del ant. dist. de su nombre, en la división de Jullunder. El famoso templo de Devi Bajreshri fue destruido por el terremoto del 4 de abril de 1905.

Kangwon. Geog. Prov. de la República de Corea; 16.712 km.^{2} y 1.866.928 h. Cap., Chunchon. ‖ Prov. de la R. D. P. de Corea; 10.572 km.^{2} y 793.000 h. Cap., Wonsan.

kanji. m. Ling. canyi.

Kankan. Geog. Región de la República de Guinea; 27.488 km.^{2} y 191.000 h. ‖ C. cap. de la misma, sit. a orillas del Milo, afl. del Níger; 30.500 h. Aeropuerto. Yacimientos de oro.

Kanko. Geog. Hamhung.

Kano. Geog. Est. de Nigeria; 5.774.804 h. ‖ C. cap. del mismo; 357.098 h. Aeropuerto internacional.

Kanpur. Geog. C. de la India, est. de Uttar Pradesh, a orillas del Ganges; 1.151.975 h. Hasta 1948 se llamó *Cawnpore*.

kansa. adj. Etnog. Dícese de una tribu amerindia de la familia lingüística siux, que habita en la orilla derecha del curso bajo del río Misuri. Apl. a pers. Ú. t. c. s. ‖ Perteneciente o relativo a esta tribu.

Kansas. Geog. Río de EE. UU., que des. en el Misuri. Curso, 400 km. ‖ Est. central de EE. UU.; 213.063 km.^{2} y 2.249.071 h. Cap., Topeka. Forma parte de grandes llanuras que se extienden desde el río Misuri hasta la vertiente E. de las Montañas Rocosas. Kansas es un est. eminentemente agrícola y ganadero; produce maíz, trigo, heno para forraje y frutas. En sus minas se explota carbón, sal, cinc, cobre, petróleo y gas natural. Sus industrias más importantes son las del vidrio, empaquetado de carnes, fabricación de cemento Pórtland. Francisco Vázquez de Coronado, en 1541, exploró Kansas buscando el oro de una ciudad imaginaria, llamada Cibola. Al volver a Méjico dejó encargado al padre Juan de Faroles que fundara una misión entre los indígenas, pero éstos lo asesinaron. ‖ **City.** C. de EE. UU., en el Kansas; 168.213 h. Sede de la Universidad de Kansas *(Kansas City University)*. Después de Chicago es el mayor centro ganadero de la nación. ‖ **City.** C. de EE. UU., en la margen derecha del Kansas y frente a Kansas City, del est. de Kansas; 507.330 h. Es estación de empalme de numerosos ferrocarriles y tiene tres puentes sobre el río Misuri.

Kansu. Geog. Prov. de la R. P. China, en la región Nordoccidental; 616.600 km.^{2} y 13.000.000 h. Cap., Lan-chou.

Kant (Immanuel). Biog. Filósofo alemán, n. y m. en Königsberg (1724-1804). Educado en un ambiente de severa religiosidad pietista, se ganó la vida como preceptor desde 1746. En 1755 fue docente privado, y profesor de Lógica y Metafísica de la Universidad de Königsberg en 1770. Vivió entregado de lleno a su obra filosófica, sin salir nunca de la Prusia Oriental. Tiene una importancia extraordinaria para la historia de la filosofía la investigación que llevó a cabo acerca de la posibilidad del conocimiento. Estudia este problema en su obra titulada *Crítica de la Razón Pura* (1781), la más difundida de todas. Abandonado el sueño dogmático del que, según dice, Hume le despertó, da, en toda experiencia, una importancia decisiva a la actividad del sujeto conociente. Así, el tiempo y el espacio no tienen existencia objetiva; son formas *a priori* de la sensibilidad, por las cuales *lo dado*, caos de sensaciones, es unificado y puesto en orden. Hay, asimismo, formas *a priori* del entendimiento (las llamadas *categorías*); éstas no forman parte de la experiencia, sino que constituyen las condiciones bajo las cuales la experiencia es clasificada y sistematizada por el entendimiento. De ello deduce que no podemos conocer la *cosa en sí* o *noúmeno*; sólo sabemos de un mundo de apariencias o *fenómenos*. Señala, por tanto, el fracaso de la Metafísica como pretendida ciencia de lo absoluto, al considerar incognoscibles sus objetos principales (Dios, el mundo y el alma humana). En la *Crítica de la Razón Práctica* (1788), sin embargo, afirma la existencia de Dios, la libertad del alma y su inmortalidad, como postulados que se implican en la necesidad de obedecer a una suprema ley moral (el llamado *imperativo categórico*). Los objetos, pues, que la razón pura tachó de indemostrables, son afirmados por la razón práctica. En la línea del individualismo moderno, la moral, según él, es autónoma, sin necesidad de apoyo en la religión ni en la metafísica. Se trata de una moral formalista, que no atiende al contenido: «no cabe pensar nada que sin limitación pueda ser considerado como bueno, más que una buena voluntad». Otras obras suyas importantes son *Historia Natural y Teoría del Cielo* (1755), en la que se anticipó a la concepción de Laplace; *Crítica del Juicio* (1790), *Los primeros principios metafísicos de la Ciencia y de la Naturaleza*, *Prolegómenos a toda metafísica futura que pueda presentarse como ciencia*, *Fundamentación de la metafísica de las costumbres*, *De lo bello y lo sublime* y *Antropología en sentido pragmático*.

kantiano, na. adj. Perteneciente o relativo al kantismo. Apl. a pers., ú. t. c. s.

kantismo. (De *Kant* e *-ismo.*) m. Sistema filosófico ideado por el alemán Kant a fines del s. XVIII, fundado en la crítica del entendimiento y de la sensibilidad.

Kantorovich (Leonid Vitalevich). Biog. Economista y matemático soviético, n. en 1912. Miembro de la Academia de Ciencias de la U. R. S. S. y profesor de la Universidad de Leningrado. Obtuvo en 1949 el premio Stalin. Ha sido galardonado con el premio Nobel de Economía 1975, que fue compartido con el estadounidense T. C. Koopmans. Obras principales: *Métodos matemáticos de organizar y planificar la producción* (1939) y *Análisis funcional y matemáticas aplicadas*.

Kantorowicz (Hermann). Biog. Jurisconsulto y filósofo del Derecho alemán, n. en Posen y m. en Cambridge (1877-1940). Fue profesor de las Universidades de Friburgo y Kiel. Destituido al ocupar Hitler el poder, marchó al R. U. y enseñó en las Universidades de Oxford y Cambridge. Perteneció a la escuela del Derecho libre. Alcanzó celebridad con sus estudios acerca de la literatura jurídica medieval.

Kansas-City. Vista aérea

Kantunil. Geog. Mun. de Méjico, est. de Yucatán; 3.395 h. || Pueblo cap. del mismo; 2.070 h.

Kanye. Geog. Ciudad de Botswana, cap. del dist. Sur; 10.664 h.

kanyi. m. Ling. canyi.

kañahua. (Voz aimara.) f. Bot. Bol. y Perú. Planta oriunda del altiplano, cuyos granos, parecidos a la quinua, constituyen un buen alimento para los indígenas, que los emplean tostados y finamente pulverizados.

Kao-tsang. Biog. Rey de Corea, que ocupó el trono desde 643 hasta su muerte en 677. || **-tsu.** Emperador de China (248-195 a. C.). Fundador de la dinastía de los Han. Se le considera como el iniciador de la restauración de las ciencias morales, filosóficas e históricas de China. En su reinado se redujo la música a principios y se redactó un *Código de leyes.* || **-tsu** *(Li Yuan).* Emperador de China, fundador de la dinastía de los Tang, elevado al trono en 618. Después de derrotar a los turcos occidentales, abdicó en su hijo el príncipe Li-Chi-Muig en 626. || **-tsung.** Emperador de China, m. en 683. Fue elevado al trono en 650.

Kaohiung. Geog. Kaohsiung.

Kaohsiung. Geog. Condado de Formosa; 2.833 km.² y 846.077 h. || Municipio de Formosa; 113,7 km.² y 864.157 habitantes. || C. de Formosa; 490.000 h.

Kaolack. Geog. C. de Senegal, cap. de la región de Sine-Saloum; 69.560 h.

kaolín. m. Miner. caolín.

kaolinita. f. Miner. caolinita.

kaolinización. f. Geol. caolinización.

kaón o **mesón K.** (De *K* [kappa], letra del alfabeto gr., y *-ón,* de *electrón.*) m. Fís. nucl. Partícula subnuclear, perteneciente a la familia de los mesones, de masa unas 970 veces la del electrón y espín O. Existen cuatro clases de kaones, dos con carga igual a la del electrón, positiva o negativa, y otros dos sin carga, que son en realidad el kaón neutro y su antipartícula.

Kaosiung. Geog. Kaohsiung.

Kapchorwa. Geog. Pobl. de Uganda, en la región Oriental, cap. del dist. de Sebei. Algodón.

Kapisa. Geog. Prov. de Afganistán; 4.682 km.² y 335.000 h. Cap., Sarobi.

Kapitza (Piotr Leonidovich). Biog. Físico soviético, n. en Kronchtadt en 1894. En el R. U. desarrolló un método para la producción de campos magnéticos de alta intensidad, que utilizó en la producción de fríos intensos (efectos Haas). En 1935 regresó a la U. R. S. S. y se especializó en física atómica y en los rayos cósmicos, en un laboratorio situado en los Urales, y en 1957 pasó a dirigir el Instituto de Problemas de Física, de Moscú. Autor de un sencillo procedimiento para extraer el oxígeno del aire e inyectarlo en los hornos altos y en los convertidores, en 1978 fue galardonado con el premio Nobel de Física.

kapoc. m. Bot. capoc.

Kaposvar. Geog. C. de Hungría, cap. del cond. de Somogy; 54.000 h.

kappa. (Del gr. κάππα.) f. Gram. Décima letra del alfabeto griego, que corresponde a la que en el nuestro se llama *ka.* En el latín y en los idiomas neolatinos se ha substituido por regla general con la *c;* p. e.: *Cadmo, centro, cinoglosa.*

Kappelhoff (Doris). Biog. Cantante y actriz cinematográfica estadounidense, más conocida por el seudónimo de *Doris Day,* n. en Cincinnati, Ohío, en 1924. Películas: *Romanza en alta mar* (1952), *A la luz de la luna* (1953), *El hombre que sabía demasiado, Confidencias de media noche, Un grito en la niebla, Pijama para dos, Siempre tú y yo, Mi marido se divierte, Jumbo, Apártate, cariño, No me mandes flores, Por favor,*

no molesten, La indómita y el millonario, Una sirena sospechosa, El novio de mamá, etc.

Kapteyn (Jacobus Cornelius). Biog. Astrónomo holandés, n. en Barneveld (1851-1922). Estudió en Utrecht y fue astrónomo y profesor en Leiden y Groninga. Destacó su labor sobre paralajes y movimientos de las estrellas, así como sobre la constitución de nuestro sistema estelar.

Kapuas. Geog. Río de Indonesia, en la isla de Borneo; n. en la vertiente S. de la cordillera central del dist. de Sintang, y, tras de un curso de 600 km., des. en el mar de China.

Kara Ylug Ozmán. Biog. Sultán turcomano de la dinastía del Cordero Blanco (1316-1406). Ayudó a Tamerlán a vencer a Bayaceto, por lo que aquél le cedió varias ciudades. Engreído con el aumento de su poderío, declaró la guerra a los príncipes del Cordero Negro, pero fue derrotado y m. en un combate. || Geog. Mar del N. de Europa que forma parte del océano Atlántico, entre la península de los Samoyedos al E., la U. R. S. S. al S. y las islas Novaia Zemlia y Vaigach al O. Mide 770 km. de N. a S. por 400 de E. a O. || **(La).** Región de Togo, que comprende las circunscripciones de Kandé, Lama-Kara, Niamtougou y Pagouda; 4.362 km.² y 235.000 h. Cap., Kandé. || **-Bogaz.** Golfo de la costa E. del mar Caspio, separado de éste por dos fajas arenosas, entre las que sólo queda un estrecho canal. Es de poca profundidad y ocupa 16.000 km.² || **-Kalpak.** República autónoma de la U. R. S. S., en Uzbekistán: 165.600 km.² y 702.264 h. Cap., Nukus. || **-Kul.** Lago de la U. R. S. S., en Tajikistán; 400 km.².

Karachajevo-Cherkesia. Geog. Prov. autónoma de la U. R. S. S., en la R. F. S. S. R.; 14.100 km.² y 344.651 h. Cap., Cherkesk.

Karachi. Geog. C. de Pakistán, cap. de la prov. de Sind; 3.442.000 h. Está sit. en el extremo occidental del delta del Indo. Desde su fundación, en 1843, ha crecido en importancia y ha sido, hasta 1959, cap. de la nación.

Karadeniz. Geog. Costas del Mar Negro. || Bogazi. Bosforo.

Karadjordge. Biog. Jorge Petrovic.

Karaganda. Geog. Prov. de la U. R. S. S., en Kazajstán; 398.800 km.² y 1.552.056 h. || C. cap. de la misma; 523.271 h.

Karageorgievic. Geneal. Familia real serbia que subió al trono en la persona de Jorge Petrovic, llamado Karadjordge por los turcos. Su hijo *Alejandro* fue príncipe de Serbia, y su otro hijo *Alejo,* que casó con Sara, tuvo por descendientes a los hermanos *Alejo* y *Bozidar.* || El príncipe *Alejandro,* segundo de su nombre, tuvo diez hijos, de los cuales sólo cabe mencionar a *Pedro,* que desde la sangrienta revolución de 1903 ocupó el trono de Serbia. || *Pablo,* príncipe de Yugoslavia, primo del rey Alejandro, n. en San Petersburgo y m. en París (1893-1976). Desde la muerte de Alejandro hasta marzo de 1941, en que fue ocupado el país por los alemanes, fue regente de su sobrino Pedro, actual pretendiente.

Karajan (Herbert von). Biog. Director de orquesta austriaco, n. en Salzburgo en 1908. Estudió en la Universidad y en el Conservatorio de Viena. Ha sido director de las orquestas de la Ópera de Ulm y del Estado, de Berlín (1941-44); de la Filarmónica y de la Staatskapelle de la misma ciudad, de la Ópera del Estado, de Viena, y de los festivales de Lucerna y Salzburgo.

Karak. Geog. Dist. de Jordania; 2.359 km.² y 83.000 h. || C. cap. del mismo; 8.184 h.

Karakorum. Geog. Cadena de montañas de Asia central. Contiene algunas de las cumbres más elevadas del orbe, y corre desde la meseta de Pamir al N. y paralela al Himalaya occidental con tendencia SE., forma el límite N. de Cachemira y la divisoria de aguas entre las cuencas del Indo y el Tarim. El punto más elevado es el K2, llamado también *Godwin Austen* (8.611 m.). A través de ella corre el paso del mismo nombre, a 5.574 m. s. n. m., que une Asia central con la India.

Karaköse. Geog. C. de Turquía asiática, cap. de la prov. de Agri; 30.633 h.

karakul. adj. Zoot. caracul.

Karamanlis (Konstantinos G.). Biog. Jurisconsulto y político griego, n. en Proti, Macedonia, en 1907. Estudió en la Universidad de Atenas. Ha sido ministro de distintos departamentos desde 1946 hasta 1955, en que fue elegido primer ministro, hasta 1963. Desde este año residió exiliado en París, hasta 1974, en que fue llamado para formar un nuevo Gobierno, ganando las elecciones generales, y volviendo a ocupar el cargo de Primer ministro. En mayo de 1978 fue galardonado con el premio Carlomagno, por sus incesantes esfuerzos para llevar a su país a la Comunidad Europea. En las elecciones generales celebradas en mayo de 1980 fue elegido presidente de Grecia para substituir a Torcuato Tsatsos. Su influencia y capacidad política han conseguido apaciguar las tradicionales rivalidades entre su país y Turquía.

Konstantinos G. Karamanlis

Karamoja Meridional. Geog. Dist. de Uganda, en la región Oriental; 27.213 km.² y 296.000 h., con el dist. de Karamoja Septentrional. Cap. Moroto. || **Septentrional.** Dist. de Uganda, en la región oriental; 27.213 km.² y 296.000 h., con el dist. de Karamoja Meridional. Cap., Kotido.

Karamzin (Nikolai Mijailovich). Biog. Historiador ruso, n. en Mijailovca y m. en San Petersburgo (1766-1826). Dio gran impulso a la literatura de su país y compuso, entre otras muchas obras, una *Historia del Imperio ruso.*

karate. (Voz japonesa que sign. *matar con la mano desnuda.*) m. Dep. Método milenario japonés de autodefensa, que utiliza las manos, los brazos y las piernas como armas paralizadoras, dirigiendo sus golpes sobre los centros nerviosos más sensibles del cuerpo, o actuando por simple presión sobre dichos centros.

karateca. adj. Que practica el karate. Ú. t. c. s.

Karatepe. Arqueol. Ciudadela hitita que floreció a comienzos del s. VIII a. C., sit. en las estribaciones del Tauro y en la orilla derecha del río Ceyhan, el ant. Pyramos (Turquía asiática). Es famosa por sus restos arqueológicos, especialmente por las piedras con textos jeroglíficos hitita y antiguo fenicio, descubiertos por el profesor H. Th. Bossert.

Kardelj (Edvard). Biog. Político yugoslavo, de origen esloveno, n. y m. en Ljubljana (1910-1979). Miembro del partido comunista desde su juventud, sufrió por tal motivo encarcelamiento y destierros; sirvió en el ejército de liberación (1941), formó parte del Comité de Liberación y del Gobierno, durante la S. G. M., y en 1949 ocupó el cargo de vicepresidente del Comité de Asuntos Exteriores (1948-54), y en 1954, del de Coordinación.

Karditza. Geog. Nomo de Grecia, en Tesalia; 2.576 km.² y 133.756 h. ‖ C. cap. del mismo; 25.523 h.

Kardzali. Geog. Dist. de Bulgaria; 4.040 km.² y 293.554 h. ‖ C. cap. del mismo, a orillas del río Arda; 43.592 h.

Karelia. Geog. Carelia.

karen. adj. Etnog. Dícese del individuo perteneciente a un pueblo de Birmania, que forma multitud de tribus. Vive en el valle de Salwin y en el delta del Irawady. Son de espíritu guerrero. Apl. a pers. ú. t. c. s. y m. en pl.

Karen. Geog. Kawthule.

Kariba. Geog. Garganta del río Zambeze, donde ha sido construida una de las más importantes presas del mundo, con 128 m. de alt., formando el lago artificial de su nombre, de 280 km. de long. La central hidroeléctrica, de 1.400.000 kw., constituye la base del desarrollo industrial de Rhodesia y Zambia.

Karim. Biog. Aga Kan IV.

Karl-Marx-Stadt. Geog. Distrito de la R. D. A.; 6.009 km.² y 2.038.067 h. ‖ C. cap. del mismo; 299.670 h. Industrias de tejidos, automóviles, etc. Antes se llamó *Chemnitz.*

Karlfeldt (Erik Axel). Biog. Poeta lírico sueco, n. en Folkarna y m. en Estocolmo (1864-1931). Fue secretario permanente de la Academia sueca. Por su amor a la naturaleza y frescura de estilo adquirió gran fama. Escribió: *Flora y Pomona* (1906), *Flora y Bellona* (1908) y *El poeta Lucidor.* Se le concedió el premio Nobel de Literatura (1931) a título póstumo.

Karloff (Boris). Biog. Pratt (William Henry).

Karlovci. Geog. C. de Yugoslavia, en Serbia; 10.000 h. Tratado que puso fin a la guerra entre Turquía y los aliados (25 de enero de 1699).

Karlskrona. Geog. C. de Suecia, cap. del cond. de Blekinge; 36.797 h. Puerto.

Karlsruhe. Geog. C. de la R. F. A., est. de Baden-Wurtemberg; 259.200 h. Fue cap. del ant. est. de Baden. Palacio ducal.

Karlstad. Geog. C. de Suecia, cap. del cond. de Värmland; 72.488 h.

karma. (De la misma palabra sánscr., que significa *acto.*) m. Rel. Creencia del brahamanismo y del budismo, según la cual el destino del hombre después de la muerte depende de sus hechos en esta vida o en existencias anteriores, reencarnando en una clase superior o inferior.

Karmal, o **Karmel** (Babrak). Biog. Político afgano, n. en Canari en 1929. Tras ocupar varios cargos en la administración, en abril de 1978 fue nombrado por el presidente Taraki vicepresidente del Consejo Revolucionario y viceprimer ministro. Consumado el golpe de Estado que derrocó al presidente Hafizullah Amin, asumió el cargo de presidente de Afganistán (diciembre de 1979), con el apoyo incondicional de Moscú, cuyas tropas invadieron el territorio afgano.

Kármán (Theodore von). Biog. Físico e ingeniero estadounidense, de origen húngaro, n. en Budapest y m. en Aquisgrán (1881-1963). Fue profesor en las Universidades de Gotinga y Aquisgrán (R. F. A.), e instalado en EE. UU. (1930), fue nombrado consejero del Ejército del Aire (1941) y presidente del Centro de Investigaciones Aeronáuticas de la O. T. A. N. (1951). Fue autor de la teoría denominada *Karman Votex Trail,* acerca de la resistencia opuesta por el aire en los desplazamientos a velocidades supersónicas, e hizo construir el primer túnel aerodinámico supersónico.

Karnak. Geog. Aldea de Egipto, en la provincia de Quena, en la margen derecha del Nilo y que con Luxor formaba la ant. c. de Tebas en el Bajo Egipto. El templo de Amón, empezado durante la 12.ª dinastía por Senusret I, fue ensanchado durante la 18.ª, conservándose aún hoy los obeliscos de Tutmés I y Hatshepsut. Durante la 19.ª dinastía se le añadió la sala hipóstila. Entre otras construcciones se encuentran la sala de fiestas de Tutmés III, y a la derecha, al S. de estas construcciones, los restos de la tumba de Osiris, el templo del dios Khonsu y el templo de Opet.

Karnali. Geog. Zona de Nepal; 12.963 km.² y 200.000 h. Cap., Jumla.

Karnataka. Geog. Estado de la India, situado en la parte S. de la península indostánica; 191.773 km.² y 29.263.334 h. Cap., Bangalore. Antes se denominó Mysore.

Kärnten. Geog. Carintia.

Karolyi (Mihály). Biog. Político y escritor húngaro, n. en Budapest y m. en Vence (1875-1955). Militó en el partido de la Independencia. Producido el colapso de la monarquía dual, fue primer ministro y luego presidente de la República. Dirigente del movimiento de Hungría Libre en Londres (1941) y uno de los editores de *Le Monde,* de París.

Karonga. Geog. Dist. de Malawi, región Septentrional; 3.346 km.² y 77.687 h. ‖ C. cap. del mismo; 979 h.

Karpathos. Geog. Isla de Grecia, en el mar Egeo, una de las que forman el grupo del Dodecaneso; 287 km.² y 8.000 h.

Karpelès (Georg). Biog. Pintor checoslovaco, de origen judío, más conocido por *Georges Kars,* n. en Kralupy y m. en Ginebra (1882-1945). Estudió en la Escuela de Bellas Artes de Munich y se instaló en París, donde siguió las huellas de los pintores impresionistas. Después de pasar por la abstracción pictórica volvió a un objetivismo. Su pintura es de una austeridad espiritual que se manifiesta en el dibujo y en el colorido.

Karpenision. Geog. Pobl. de Grecia, región de Grecia Central y Eubea, cap. del nomo de Euritania; 4.643 h.

Karr (Alphonse). Biog. Literato francés, n. en París y m. en Saint-Raphael (1808-1890). Le dieron celebridad sus novelas, entre las que figuran: *Una hora más tarde, El camino más corto, La piedra de toque, Bajo los tilos* y *La familia Alami.*

Karrer (Paul). Biog. Químico y biólogo suizo, n. en Moscú en 1889. Profesor de Química de la Universidad de Zurich. En 1937 obtuvo el premio Nobel de Química, que compartió con Hauorth, por sus investigaciones sobre los carotinoides, flavinas y vitaminas A y B. Publicó *Manual de Química orgánica.*

karroo. (De *Karroo,* meseta en la prov. de El Cabo, República Sudafricana.) m. Geol. Formación muy potente, que ocupa grandes extensiones en el S. de África, y que corresponde al pérmico y triásico de facies continental. Se extiende desde el S. de la prov. de El Cabo hasta las de Orange y Transvaal.

Kars (Georges). Biog. Karpelès (Georg). ‖ Geog. Prov. de Turquía asiática, región de Anatolia Oriental; 18.557 km.² y 663.088 h. ‖ C. cap. de la misma; 53.473 h.

Karsavina (Tamara). Biog. Bailarina soviética, también conocida por *la Tamara,* n. en San Petersburgo en 1885. Sucedió a Ana Paulova como primera bailarina en la Ópera imperial de San Petersburgo.

Karsi. Geog. C. de la U. R. S. S., en Uzbekistán, cap. de la prov. de Kaska-Daria; 71.111 habitantes. Refinería de petróleo.

Karst. (En it., *Carso.*) Geog. Comarca montañosa de la región costera italiana oriental del Adriático y de Yugoslavia. Está formado especialmente de rocas calcáreas del período cretáceo y contiene en su subsuelo un gran número de grutas, algunas muy extensas, como las de Postumia y de San Canciano. Hay allí ríos cuyo curso es en parte subterráneo, como el Piuca y el Timavo. Se ha tomado como tipo para estudiar los fenómenos geológicos de erosión en las montañas calizas.

kárstico, ca. (De *Karst.*) Geol. cárstico.

kart. (Voz i.; probablemente de *go-kart,* nombre comercial.) m. Aut. y Dep. Vehículo automóvil para una sola persona, pequeño, estrecho, ultraligero y de gran estabilidad, por tener muy bajo el centro de gravedad. Se llama también *go-kart.* Se utiliza como juego y en competiciones deportivas, y está muy extendido en EE. UU. y Europa Occidental.

kartell. (Voz alemana.) m. Econ. cartel.

karting. angl. por **kartismo.**

kartismo. m. Dep. Deporte practicado con los karts.

Karún. Geog. Río de Irán; n. al SO. de Ispahán, a 3.880 m. de alt., en los montes Bajtiaris, y tras un curso muy tortuoso des. por Mohammera en el Shatt el Arab. Es navegable en gran parte de su curso.

Karlsruhe. Vista del palacio

Karyaí. Geog. C. de Grecia, región de Macedonia, cap. del nomo de Athos; 429 h.

Kasai. Geog. Río del Congo, afl. izquierdo del Congo; n. en Angola. Su curso total es de 1.940 km. ‖ **Occidental.** Prov. de Zaire; 261.305 km.² y 2.433.861 h. Cap., Kananga. ‖ **Oriental.** Prov. de Zaire; 61.758 km.² y 1.872.231 h. Cap., Mbuji-Mayi.

Kasama. Geog. C. de Zambia, cap. de la prov. Septentrional; 11.000 h. Centro comercial agrícola. Arzobispado católico.

Kasane. Geog. C. de Botswana, cap. del dist. de Chobe; 400 h.

Kasavubu (Joseph). Biog. Político congoleño, n. en Mayombé y m. en Boma (1917-1969). Fue comandante del dist. de Dendale, en Leopoldville (1958-59), y presidente de la República (1959-65).

kasbah. f. casbah.

Kasbek. Geog. Kazbek.

Kasempa. Geog. C. de Zambia, cap. de la prov. Occidental.

Kashan. Geog. C. de Irán, cap. del dist. de su nombre; 45.998 h.

Kaska-Daria. Geog. Prov. de la U. R. S. S., en Uzbekistán; 28.400 km.² y 801.480 h. Cap., Karsi.

Kassala. Geog. Prov. de Sudán, limitada por el mar Rojo (NE) y Etiopía (SE.); 340.656 km.² y 1.754.000 h. ‖ C. cap. de la misma; 48.000 h. Importante producción de algodón.

Kassel. Geog. C. de la R. F. A., est. de Hesse; 214.200 h. Antigua iglesia de San Martín, del s. XIV, que encierra valiosísimos objetos artísticos. Palacio Wilhelmshöhe, de estilo barroco. Palacio rococó Wilhelmstal. Museo provincial. Es uno de los centros fabriles más importantes de la R. F. A., con fábrica de locomotoras, maquinaria de precisión, tractores y fibra artificial.

Kassem. Biog. Abd ul-Karim Kassem.

Kasserina. Geog. Gob. de Tunicia; 9.040 km.² y 229.000 h. ‖ C. cap. del mismo; 9.847 habitantes.

Kastamonu. Geog. Prov. de Turquía asiática, n de Costas del Mar Negro; 13.108 km.² y 446.864 h. ‖ Pobl. cap. de la misma; 29.303 h.

Kastler (Alfred-Henri-Frédéric). Biog. Físico francés, n. en Guebwiller en 1902. Es catedrático de la Escuela Normal Superior de París. En 1966 le fue concedido el premio Nobel de Física por el descubrimiento y desarrollo de métodos ópticos para el estudio de la resonancia herziana en los átomos.

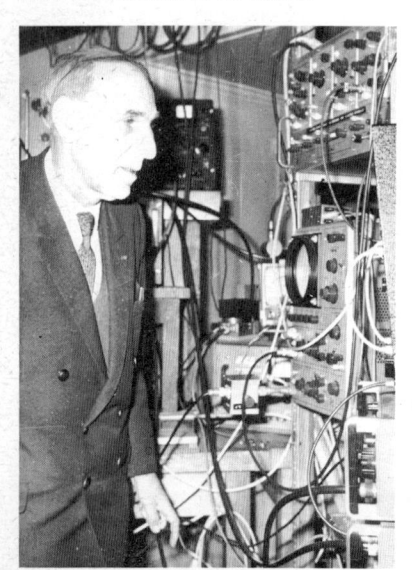

Alfred-H.-F. Kastler

Kästner (Erich). Biog. Escritor alemán, n. en Dresde en 1899. Sus numerosas novelas cortas constituyen un arquetipo de literatura infantil: *Emilio y los detectives* (1928), *Pünktchen und Anton y Das verhexte Telephon* (1932), *Emil und die drei Zwillinge y Drei Männer in Schnee* (1934), *Till Eulenspiegel* (1938), *Das doppelte Lottchen* (1949). Ha publicado también varias obras de poesía y *Als ich ein kleiner Junge war*, de carácter autobiográfico (1957).

Kastoría o **Castoría.** Geog. Nomo de Grecia, en Macedonia; 1.685 km.² y 45.628 h. ‖ C. cap. del mismo; 15.990 h.

Kastos (Emiro). Biog. Toro (Fermín).

Kastriota (Gjergj). Biog. Patriota albanés, más conocido por *Skanderbeg*, m. en Alessio (1405-1468). Educado en la corte del sultán de Turquía, se granjeó, por su valor, audacia y talento militar, la confianza del sultán, quien le dio el mando de varias expediciones contra el emperador de Serbia. Fue jefe de la Confederación de los Señores del Epiro, y en este cargo redobló su actividad militar. Conquistó la c. de Krujë y obligó a los turcos a firmar una paz de diez años.

Kastrioto (Jorge). Biog. Kastriota (Gjergj).

Kastron. Geog. Quíos.

Kastrop-Rauxel. Geog. Castrop-Rauxel.

Kasungu. Geog. Dist. de Malawi, región Central; 7.866 km.² y 97.472 h. ‖ C. cap. del mismo; 1.629 h.

Kasupe. Geog. Dist. de Malawi, región Meridional; 5.952 km.² y 226.506 h. ‖ C. cap. del mismo; 403 h.

Katanga. Geog. Shaba.

Katar. Geog. Qatar.

Katerini. Geog. C. de Grecia, región de Macedonia, cap. del nomo de Piería; 29.151 h.

Katiola. Geog. Depart. de Costa de Marfil; 17.163 km.² y 120.000 h. ‖ C. cap. del mismo; 12.731 h.

Katipunan. Hist. Nombre que se dio en Filipinas al Consejo supremo de los conspiradores tagalos contra el clero regular. Se constituyó en Manila en 1892. La campaña activa del Katipunan empezó en agosto de 1896, y de él se derivó el levantamiento que determinó la pérdida de aquellas islas por intervención de EE. UU.

Katmandú. Geog. C. cap. de Nepal y de la zona de Bagmati; 332.982 h. Palacios.

Kato (Tomosaburo). Biog. Almirante y político japonés, n. en Nagoya y m. en Tokio (1860-1926). Durante la guerra rusojaponesa ejerció varios mandos con gran capacidad, y en la P. G. M. mandó la primera escuadra, siendo después ministro de Marina y presidente del Gobierno.

Katona (István). Biog. Historiador húngaro, n. en Bolyk y m. en Kalocsa (1732-1811). Autor entre otras muchas obras, de una *Historia crítica del reino de Hungría*, en 42 vol.

Katowice. Geog. Vaivodato de Polonia; 6.700 km.² y 3.439.700 h. ‖ C. cap. del mismo; 321.900 h. Industria siderúrgica y fábrica de material eléctrico. Carbón en sus cercanías.

katschar. m. Zool. Nombre indígena de una variedad de argalí (v.). Es el mayor de todos los carneros y vive en la meseta de Pamir *(ovis ammon)*.

Katsura (Taro). Biog. Hombre de Estado japonés, n. en Hagi y m. en Tokio (1848-1913). Fue ministro de la Guerra y dos veces presidente del Consejo de ministros. Su influencia en la corte del Mikado fue preponderante.

Kattegat. Geog. Estrecho sit. entre Suecia al E. y Jutlandia (Dinamarca) al O., de 27.550 km.², y es temible por sus borrascas y corrientes; por término medio, su profundidad es de 15 m.

Kattowitz. Geog. Katowice.

Katz (Bernard). Biog. Científico inglés, de origen alemán, n. en Leipzig en 1911. Miembro del Consejo de Investigaciones de la Royal Society. En 1970 obtuvo el premio Nobel de Medicina, compartido con el sueco Ulf von Euler y el estadounidense Julius Axelrod, por sus descubrimientos, sobre la transmisión de

Bernard Katz

los impulsos nerviosos a través de las sinapsis o uniones interneuronales. Sus obras: *Reacción del sistema nervioso ante los estímulos eléctricos* y *Músculos y nervios*. ‖ **(Johann R.).** Químico alemán (1880-1938). Descubrió el llamado *índice de Katz*, que es aquel que expresa la velocidad media de sedimentación de los glóbulos rojos, aumentada principalmente en las enfermedades infecciosas.

Kaua. Geog. Mun. de Méjico, est. de Yucatán; 980 h. ‖ Pueblo cap. del mismo; 711 h.

Kauffmann (Angelika). Biog. Pintora alemana, n. en Chur y m. en Roma (1741-1807). Influida por los retratistas ingleses pintó retratos, con los que obtuvo merecida fama, y cuadros alegóricos, mitológicos y religiosos, con exquisita suavidad en el trazo y en el colorido y con delicado y gracioso clasicismo.

Kaulbach (Friedrich August). Biog. Pintor alemán, n. en Hannóver y m. cerca de Murnau (1850-1920). Discípulo de Raup y de Díez, viajó por Italia y residió en París. Perteneció a diversas Academias y dejó telas célebres. ‖ **(Wilhelm von).** Pintor alemán, n. en Arolsen y m. en Munich (1805-1874). Fue discípulo de P. Cornelius. Pintó telas y murales con temas históricos, alegóricos y mitológicos, en un estilo barroco y con una gran serenidad, que puede admirarse particularmente en sus retratos. Sus obras más importantes son: *Batalla naval de Salamina*, en Munich, los frescos en la Nueva Pinacoteca de Munich, *La época de la Reforma, Destrucción de Jerusalén, Batalla de los hunos*, etc.

Kaunas. Geog. Kovno.

Kaunda (Kenneth). Biog. Político zambiano, n. en 1924. Profesor de segunda enseñanza, ha sido secretario general para Rhodesia del Norte (1953), presidente del Partido Unificado de Independencia Nacional (1960), ministro de Administración Local y Bienestar Social (1962), presidente del Movimiento de Liberación Panafricana para el este, centro y sur de África (1963) y primer ministro del Gobierno autónomo de Rhodesia del Norte (enero de 1964). El 27 de agosto de este último año fue elegido para ocupar la presidencia de la República de Zambia.

Kaunitz, príncipe de Kaunitz (Wenzel Anton von). Biog. Diplomático austriaco, n. y m. en Viena (1711-1794). De grandes dotes y reconocida fidelidad a la emperatriz María Teresa, rigió la política exterior del país durante el reinado de la misma y el de sus sucesores inmediatos.

Kautsky (Karl). *Biog.* Político y escritor alemán, n. en Praga y m. en Amsterdam (1854-1938). Ha sido uno de los más importantes e influyentes teóricos del marxismo. Fue adversario de Berstein y de Rosa Luxemburgo. Combatió los métodos y tácticas bolcheviques. Autor de: *Las doctrinas económicas de Carlos Marx, El programa de Erfurt, Precursores del socialismo moderno, La cuestión agraria, El origen del cristianismo, La huelga general política, La concepción materialista de la historia,* etc.

Kavafis (Constantin). *Biog.* Cavafis (Constantin).

Kavala o **Kavalla.** *Geog.* Nomo de Grecia, en Macedonia; 2.109 km.² y 121.491 h. ∥ C. cap. del mismo; 46.679 h. Puerto.

Kavaratti. *Geog.* Pobl. de la India, cap. del terr. de Laquedivas, Minikoy y Amindivas.

Kavkaz. *Geog.* Cáucaso.

kawa-kawa. f. *Bot.* yangona.

Kawabata (Yasunari). *Biog.* Escritor japonés, n. en Osaka y m. en Zushi (1899-1972). En 1968 le fue concedido el premio Nobel por su maestría narrativa, que con gran sensibilidad expresó la esencia del espíritu nipón. Obras principales: *Izuno odoriko (Los danzantes de la provincia de Izu), Yukiguni (Campo de nieve)* (1947), *Senbazuru (Las mil grullas)* (1952) y *Kyoto* (1962).

Kawasaki. *Geog.* C. de Japón, en la isla de Honshu, prefect. de Kanagawa; 973.486 h. Fábrica de acero, industria química.

Kawthule. *Geog.* Est. de Birmania; 28.726 km.² y 795.000 h. Cap., Pa-an. Hasta 1964 se denominó *Karen.*

Kaya. *Geog.* C. de la República de Volta, cap. del depart. de Plateaux du Nord-Mossi; 12.504 h.

Kayah. *Geog.* Est. de Birmania; 11.671 km.² y 113.000 h. Cap., Loikaw. Minas de tungsteno.

kayak. (Voz de origen esquimal.) m. Canoa empleada por los esquimales, constituida por una armadura ligera, cubierta exteriormente con pieles de foca, y dotada en la parte central superior de un orificio por donde su único tripulante se mete hasta el abdomen, obstru-

Kayak

yendo aquél con su cuerpo a fin de que no entre agua. La embarcación se gobierna con un remo de dos paletas. ∥ **Dep.** Deporte acuático practicado con la canoa de este nombre. Consta de cinco modalidades, una de ellas femenina, y existe como competición olímpica desde los Juegos de 1936.

Kaye (Danny). *Biog.* Kaminsky (Daniel David).

Kayes. *Geog.* Región de Malí; 119.813 km.² y 744.270 h. ∥ C. cap. de la misma; 29.870 h.

Kayseri. *Geog.* Prov. de Turquía asiática, región de Anatolia Central; 16.917 km.² y 610.287 h. ∥ C. cap. de la misma; 167.696 h. Es la antigua Cesarea.

Kazajstán. *Geog.* República de la U. R. S. S., situada en Asia occidental, al S. de la llanura siberiana, y limitada al E. por los montes Altai, al S. por el Turquestán y al O. por el mar Caspio; 2.715.100 km.² y 13.008.726 h. Cap., Alma-Ata. Su nombre procede de los kazakos, nombre que dan los rusos al pueblo más conocido generalmente con la denominación de kirguises, por ser éstos la raza allí dominante. Administrativamente está dividida en diecisiete prov., cuya superf. y pobl. son las que se indican en el cuadro siguiente:

Provincias	Superficie — Km.²	Población — Habitantes	Capitales y su población
Aktiubinsk	299.800	550.582	Aktiubinsk (149.914 h.).
Alma-Ata	104.700	1.441.781	Alma-Ata (729.633).
Chelinogrado	124.600	754.955	Chelinogrado (179.514).
Chimkent	114.100	1.287.431	Chimkent (249.064).
Dzhambul	144.600	794.320	Dzhambul (187.164).
Guryev	278.600	499.577	Guryev (114.277).
Karaganda	398.800	1.552.056	Karaganda (523.271).
Kazajstán Oriental	97.300	845.251	Ust-Kamenogorsk (230.340).
Kazajstán Septentrional	44.300	555.830	Petropavlovsk (172.911).
Kokchetav	78.100	589.204	Kokchetav (80.564).
Kustanai	114.600	889.621	Kustanai (123.517).
Kzyl-Orda	227.000	491.780	Kzyl-Orda (122.373).
Pavlodar	127.500	697.947	Pavlodar (187.070).
Semipalatinsk	179.600	713.827	Semipalatinsk (235.735).
Taldy-Kurgan	118.500	610.046	Taldy-Kurgan (60.601).
Turgaj	111.800	221.441	Arkalyk (15.108).
Uralsk	151.200	513.077	Uralsk (134.162).
Totales	2.715.100	13.008.726	

∥ **Oriental.** Prov. de la U. R. S. S., en Kazajstan; 97.300 km.² y 845.251 habitantes. Cap., Us-Kamenogorsk. ∥ **Septentrional.** Provincia de la U. R. S. S., en Kazajstán; 44.300 km.² y 555.830 h. Cap., Petropavlovsk.

Kazan (Elia). *Biog.* Director de cine y teatro estadounidense, de origen greco-armenio, y cuyo apellido originario era Kazanjoglus o Kazanyoglus, n. en Estambul en 1909. Estudió en la Escuela de Arte Dramático de la Universidad de Yale e inició sus actividades profesionales como actor en 1935, interpretando, entre otras obras, *Golden Boy, Fire-Alarm Waltz* y *Lilion.* Dedicado exclusivamente a la dirección y montaje, puso en escena, con éxito notable, *La piel de nuestros dientes,* de Wilder, y *Un tranvía llamado Deseo,* de T. Williams, y las películas: *Lazos humanos, Cadenas invisibles,* por la que obtuvo el Oscar de la Academia de Hollywood en 1947; *Pánico en las calles, Pinky, ¡Viva Zapata!, La ley del silencio, Un tranvía llamado Deseo, Baby Dool, Al este del Edén, Un rostro entre la multitud, Esplendor en la yerba, América, América,* que obtuvo la concha de oro en el Festival de San Sebastián (1964), *El compromiso, The visitors,* etc. Ha publicado tres novelas: *América, América* (1962), *El compromiso* (1967) y *Los asesinos* (1972).

Elia Kazan

Kazán. *Geog.* Pobl. de la U. R. S. S., en la R. F. S. S. R., cap. de la república autónoma de Tartaria, sit. a 4,5 km. de la orilla izquierda del Volga; 868.537 h. Tiene Universidad y es importante plaza comercial en las rutas a Siberia, R. P. China y Persia.

Kazantzakis (Nikos). *Biog.* Escritor griego, nacido en Herakleion, Creta, y muerto en Friburgo de Brisgovia, R. F. A. (1855-1957). Fue ministro de Estado (1945-46) y presidente de la Asociación de Escritores (1947). El conjunto de su obra está presidido por la idea de la libertad. Escribió, entre otras obras: *El alba luce,* novela (1906), *Cristo,* tragedia (1910), *Odisea,* extenso poema alegórico y filosófico; *La libertad o la muerte, Cristo de nuevo crucificado,* llevada al cine *(El que debe morir); Alexis Zorba, el griego,* y *El pobre de Asís,* novelas.

Kazar el-Kebir (El). *Geog.* Alcazarquivir.

Kazbek. *Geog.* Monte de la U. R. S. S., en el Cáucaso, Georgia; 5.045 m. de alt. Domina el desfiladero de Dorial.

Kazinczy (Ferenc). *Biog.* Literato húngaro, n. en Ersemlyén y m. en Széphalom (1759-1831). Se dedicó a la tarea de hacer del húngaro un idioma apto a la expresión literaria. Entre sus producciones figuran: *Obras poéticas, Espinas y flores* y *Relaciones de viaje.*

Kazvin. *Geog.* C. de Irán, prov. de Gilan, 88.106 h. Mezquita notable, mandada construir por Harún al-Raschid.

kcal. abr. de *kilocaloría.*

Keaton (Joseph Francis). *Biog.* Actor y director cinematográfico estadounidense, más conocido por el seudónimo de *Buster Keaton,* y en España, por el de *Pamplinas,* n. en Pickway (Kansas) y m. en Woodlands Hills (1895-1966). Fue una de las más importantes figuras del cine mudo, por su comicidad natural, sin caracterización ni abuso de trucos. Entre sus películas destacan: *La ley de la hospitalidad, El general, El navegante, Siete ocasiones, El boxeador, El héroe del río, Tres edades, El rey de los cowboy, El cameraman, Estrechados, De frente; ¡marchen!, El rey de los Campos Elíseos, Gerra a la italiana* y *Golfus de Roma.*

Keats (John). *Biog.* Poeta inglés, n. en Londres y m. en Roma (1795-1821). Su genio poético se despertó merced, sobre todo, a la lectura de Spencer y Chapman. A su tomo de *Poemas* (1817) siguió muy pronto el poema griego-romántico *Endymion* (1818). Es considerado hoy como uno de los más grandes poetas de lengua inglesa, y Byron dijo de su poema *Hyperion* que parecía inspirado por los titanes y que igualaba en sublimidad a las obras más perfectas de Esquilo.

Kebnekaisse. Geog. Cima más alta de los montes suecos, en Laponia; 2.136 m. de alt. Se halla próxima a la frontera con Noruega.

Kebreau (Antoine). Biog. Militar haitiano (1909-63). Jefe del ejército, presidió la Junta Militar que asumió el poder tras el derrocamiento de Daniel Fignolé (1957). Fue exonerado de su cargo en 1958.

Kebtó. Geog. hist. Coptos.

Kecskemét. Geog. C. de Hungría, cap. del cond. de Bács-Kiskun; 77.000 h.

Kedah o **Quedah.** Geog. Est. de Malaysia Occidental; 9.479 km.² y 955.374 h. Cap., Alor Setar.

kedive. m. barb. por **jedive.**

Keeling. Geog. Cocos.

Keelung o **Kirum.** Geog. Mun. de Formosa, sit. en la costa N.; 132,3 km.² y 329.049 h. Puerto carbonero. Fábrica de fertilizantes.

Keeson (Willem). Biog. Físico holandés, n. en Texel y m. en Leyden (1876-1956). Logró obtener el helio en estado sólido y estudió los fenómenos físicos a baja temperatura.

Kef (El). Geog. Gob. de Tunicia; 8.060 km.² y 339.000 h. || C. cap. del mismo; 23.244 habitantes.

kéfir. (Voz caucásica.) m. Leche fermentada artificialmente y que contiene ácido láctico, alcohol, y ácido carbónico.

Kefrén. Biog. Khafra.

Keft. Geog. hist. Coptos.

Kegalla. Geog. Dist. de Sri Lanka, prov. de Sabaragamuwa; 1.663 km.² y 670.000 h. || C. cap. del mismo; 12.000 h.

Keita (Modibo). Biog. Político malí, n. y m. en Bamako (1915-1977). Ocupó destacados cargos en la administración francesa de África occidental. En 1956 fue elegido presidente del Consejo de la recién fundada Federación de Malí, y disuelta ésta (1960), pasó a ser presidente de la República de Malí. En 1968 fue derrocado por un golpe militar.

Keitel (Wilhelm). Biog. Mariscal alemán, n. en Helmscherode y m. en Nuremberg (1882-1946). Tomó parte en la P. G. M.; en 1938 fue nombrado por Hitler jefe del Estado Mayor de la Wehrmacht y desempeñó respecto a ésta un papel semejante al de Goering con la Aviación y Raeder con la marina; durante la S. G. M. no actuó directamente en los campos de batalla; se le atribuye la creación del mito del genio militar del Führer. El tribunal de crímenes de guerra de Nuremberg le condenó a morir en la horca y la sentencia fue ejecutada el 16 de octubre de 1946.

Keith (Arthur). Biog. Arqueólogo británico, nacido en Old Machar y muerto en Downe (1866-1955). Fue eminente antropólogo y encaminó sus investigaciones al estudio de restos y fósiles que le permitieran la reconstrucción del hombre prehistórico.

Kekkonen (Uhro Kaleva). Biog. Jurisconsulto y político finlandés, n. en Pielavesi (Kuopio) en 1900. Ha sido ministro de distintos departamentos en varias ocasiones, presidente de la Dieta, primer ministro y presidente de la República, cargo para el que fue elegido en 1956 y reelegido en febrero de 1962 y de 1968 y en enero de 1978.

Kekulé von Stradonitz (August). Biog. Químico alemán, n. en Darmstadt y m. en Bonn (1829-1896). Descubrió la tetravalencia del carbono, determinó la fórmula de estructura del benceno, lo que dio un gran impulso a la obtención de los tintes de anilina, y fue uno de los más eminentes fundadores de la química orgánica. Escribió: *Tratado de Química orgánica* y *Química de los derivados del benzol.*

Kelantan. Geog. Est. de Malaysia Occidental; 14.970 km.² y 680.626 h. Cap., Kota Baharu. Gran parte del país está cubierto de bosques, y es rico en oro y estaño. Su principal riqueza es la agricultura.

kelifítico, ca. (Del gr. *kélyphos*, vaina.) adj. Miner. quelifítico.

Kelvin (William Thomson, barón de). Biog. Thomson, primer barón de Kelvin (sir William).

Keller (Gottfried). Biog. Literato suizo, n. y m. en Zurich (1819-1890). Se distinguió como novelista, cuentista y poeta; sus obras se caracterizan por su originalidad y humorismo. La principal y más conocida es *El verde Enrique.* || (Helen Adams). Escritora estadounidense, n. en Tuscumbia y m. en Easton (1880-1968). Ciega y sordomuda a la edad de diecinueve meses, inició sus estudios con la ayuda de su maestra, Ana Sullivan, y obtuvo los siguientes grados: doctora en Letras, por Temple (1931); doctora en Medicina, por Berlín (1955) y doctora en Leyes, por Harvard (1955). Escribió, entre otras obras: *Historia de mi vida* (1902), *El mundo en el que vivo* (1908), *Fuera de la obscuridad* (1913) y *Tengamos fe* (1941).

Kellermann, primer duque de Valmy (François-Christophe). General francés, n. en Estrasburgo y m. en París (1735-1820). Cadete en 1750, tomó parte en la guerra de los Siete Años. Al estallar la Revolución, que acogió con entusiasmo, era ya general de división, ascendido a teniente general poco después. En 1792 derrotó a los prusianos que se dirigían hacia París. ||, duque de Valmy (François-Étienne). General francés, n. en Metz y m. en París (1770-1835). Tomó parte en la campaña de Italia y se distinguió en la batalla de Marengo. En el período 1807-08 luchó en España y después en Alemania. Estuvo a punto de triunfar en Waterloo, dando la celebérrima carga de Quatre-Bras, que hubiera obligado a Wellington a retirarse si Ney hubiera tenido suficientes fuerzas para apoyarle.

Kellogg (Frank Billings). Biog. Jurista, político y diplomático estadounidense, n. en Potsdam y m. en St. Paul (1856-1933). Senador por el est. de Minnesota; juez del Tribunal Permanente Internacional de Justicia (1930) y premio Nobel de la Paz (1929). Lleva su nombre un pacto firmado el 27 de agosto de 1928 entre las principales potencias, según el cual éstas renunciaban a la guerra y se comprometían a someter al arbitraje sus diferencias.

Kelly (Gene). Biog. Bailarín y actor de cine estadounidense, n. en Pensilvania en 1912. Películas: *Luz en el alma* (1946), *Levando anclas* (1948), *Un día en Nueva York* (1951), *Un americano en París* (1952), *Cantando bajo la lluvia* (1953), *Brigadoon* (1954), *Siempre hace buen tiempo, Las girls, Mi marido se divierte, Ella y sus maridos* y *Hello, Dolly.* || (Grace Patrice). Gracia, princesa de Mónaco.

Kemal (Mustafá). Biog. Mustafá Kemal.

Kemeny (Zsigmond). Biog. Novelista y político húngaro, n. en Alvinc y m. en Pusztakamarás (1814-1875). Autor de numerosas novelas que se distinguen por el gran conocimiento psicológico que encierran. Cítase entre ellas: *La viuda y su hija, Amor y vanidad* y *Los fanáticos,* su obra maestra.

Kemerovo. Geog. Prov. de la U. R. S. S., en la R. F. S. S. R.; 95.500 km.² y 2.918.353 h. || C. cap. de la misma; 384.989 h.

Kemmerer (Edwin Walter). Biog. Economista estadounidense, n. en Seranton y m. en Princeton (1875-1945). Profesor en las Universidades de Cornell y Princeton, fue consejero de finanzas de los gobiernos de Filipinas (1904-06), Méjico (1917), Colombia (1923), Chile (1925), Polonia (1926), Bolivia (1927), China (1929) y Perú (1931). Obras: *Money and credit instruments in their relation to general prices, Modern currency reforms* y *The A B C of inflation.*

Kemo-Gribingui. Geog. Prefect. del Imperio Centroafricano; 37.200 km.² y 134.031 h. Cap., Sibut.

Kempen o **Kemperland.** Geog. Campine.

Kempeneer (Peter van). Biog. Pintor flamenco, más conocido en España por *Pedro de Campaña,* n. y m. en Bruselas (1503-1580). Vivió mucho tiempo en Sevilla donde pintó varios retablos y cuadros religiosos. Su obra maestra *El Descendimiento,* que se conserva en la sacristía de la catedral de Sevilla, maravilló a Murillo. Tuvo por discípulo a Morales. En Bruselas fue director de la fábrica de tapices e ingeniero del duque de Alba. Además de pintor era escultor, matemático, arquitecto, astrólogo y geómetra.

Kemperland. Geog. Campine.

Kempf (Paul). Biog. Astrónomo alemán, n. en Berlín y m. en Potsdam (1856-1920). Trabajó toda su vida en el Observatorio de Potsdam, donde publicó numerosos trabajos sobre el espectro solar, estrellas variables, masa de Júpiter, nebulosas y conglomerados estelares.

Kempff (Wilhelm). Biog. Pianista y compositor alemán, n. en Jüterbog en 1895. Estudió en la Universidad y Conservatorio de Berlín. Fue profesor y director de la *Stuttgart Staatliche Hoschule für Musik.* Su obra comprende cuatro óperas, piezas para piano y cámara, una sinfonía, un preludio, etc.

Kempis (Thomas de). Biog. Escritor ascético alemán, n. en Kempen y m. en Sint Agnietenberg (1379-1471). Produjo muchas obras, pero debe su renombre a la titulada *Imitación de Cristo,* que algunos críticos atribuyeron al canciller Juan Gerson. Su nombre también va unido a la llamada *devotio moderna* (v.).

ken. m. Geog. Voz japonesa que sign. prefectura, equivalente a la provincia de España. || Metrol. Medida de long. de Japón, igual a seis *shaku* y a 1.818 m.

kenaf. (Voz persa.) m. Bot. Planta oriunda de la India, de la familia del algodón y el quimbombo, de la que se obtiene una fibra, que substituye al yute, para la confección de

Frank Billings Kellogg

sacos. Se cultiva en España, en las tierras del plan de Badajoz.

Kendall (Edward Calvin). *Biog.* Bioquímico estadounidense, n. en South Norwalk en 1886. Dedicado a la bioquímica del tiroides, ha conseguido aislar la tiroxina (1915), el glutatión de la levadura y varias hormonas de la corteza suprarrenal. Por estos trabajos le fue concedido el premio Nobel de Medicina en 1950, junto con T. Reichstein y P. S. Hench.

Kendari. *Geog.* C. de Indonesia, cap. de la prov. de Célebes Sudoriental.

Kendrew (John Cowdery). *Biog.* Bioquímico y biólogo inglés, n. en Compton en 1917. Pertenece al Consejo de Investigación Médica para Biología molecular, del Laboratorio Cavendish, de Cambridge, y en 1962 compartió el premio Nobel de Química con su compatriota Max Ferdinand Perutz, por sus estudios acerca de proteínas globulares.

kenedia. *Bot.* Gén. de plantas de la familia de las papilionáceas (v.).

Kenema. *Geog.* Dist. de Sierra Leona, prov. Oriental; 6.053 km.² y 227.428 h. ‖ C. de Sierra Leona, cap. de la prov. Oriental y del dist. de su nombre; 13.246 h.

Kenia. *Geog.* Kenya.

Kénitra. *Geog.* Provincia de Marruecos; 19.820 km.² y 1.345.975 h. ‖ C. cap. de la misma; 139.206 h.

Kennan (George Frost). *Biog.* Diplomático y profesor estadounidense, n. en Milwaukee en 1904. Ha sido jefe de la sección de proyectos políticos del Departamento de Estado y, como tal, inspirador de la política de contención respecto a la U. R. S. S., de la que nacieron la *doctrina Truman*, el Plan Marshall y el Pacto del Atlántico. De 1951 a 1953 fue embajador en Moscú.

Kennedy (Edward Moore). *Biog.* Político estadounidense, n. en Brookline en 1932. Hermano de John Fitzgerald, fue elegido senador por Massachusetts en 1962 y reelegido en 1964 y 1970. Ha publicado: *Decisiones para*

Edward Moore Kennedy

una década (1968). ‖ (**John Fitzgerald**). Político estadounidense, n. en Brookline, Massachusetts, y m. en Dallas, Texas (1917-1963). Inició su actividad política en 1946, al ser elegido representante en el Congreso por el estado de Massachusetts, cargo para el que fue reelegido en 1948 y 1950. En 1952 obtuvo el puesto de senador y posteriormente pasó a ser del partido demócrata. Candidato a la presidencia de la República frente al republicano Nixon, resultó elegido (noviembre de 1960) y tomó posesión del cargo en febrero de 1961. Murió asesinado por disparos de fusil, el 22 de noviembre de 1963. Sus obras: *My England slept*, *Profiles in courage*, premio Pulitzer de biografía (1957); *The strategy of peace* (1961) y *To turn the tide* (1962). ‖ (**Joseph Patrick**). Financiero, político y diplomático estadounidense, n. en Boston y m. en Hyannis Port (1888-1969). Padre de John Fitzgerald, Robert Francis y Edward Moore. Hombre de consulta de Franklin D. Roosevelt, fue embajador en el R. U. (1937-40) y Méjico. ‖ (**Margaret**). Escritora inglesa, n. en Londres y m. en Banburny (1896-1967). Su novela *La ninfa constante*, adaptada al teatro y después al cinematógrafo, le dio gran fama. Animada por el éxito escribió: *Nunca te me escapas*, *Hace mucho tiempo* (1934) y *Juntos y separados* (1936). ‖ (**Robert Francis**). Político y abogado estadounidense, n. en Boston y m. en Los Ángeles (1925-1968).

Robert Francis Kennedy

Dirigió la campaña electoral que llevó a su hermano John a la presidencia de la República y fue con éste procurador general (secretario de Justicia) en 1961, cargo que siguió desempeñando con el presidente Johnson. En noviembre del mismo año fue elegido senador por el estado de Nueva York. Fue asesinado después de ganar las elecciones primarias para candidato a la presidencia en el estado de California. ‖ (**Cabo**). *Geog.* Cabo Kennedy.

Kennelly (Arthur Edwin). *Biog.* Físico inglés, n. en Bombay y m. en Cambridge (1861-1939). Fue uno de los principales auxiliares de Edison y se dedicó principalmente a la electrotecnia teórica.

Kenneth I. *Biog.* Rey de Escocia, m. en Forteviot en 860. Sucedió a su padre como rey de Jallovay. Después venció a los daneses y a los pictos y se proclamó rey de Escocia en 834. Se le considera como fundador de la dinastía escocesa. ‖ **II.** Rey de Escocia, m. en Fettercairn en 995. Hijo de Malcolm I, a quien sucedió en 971. Murió asesinado por instigación de su hija Fenella. ‖ **III.** Rey de Escocia, sobrino del anterior, m. en 1005. Subió al trono en 997 y reinó hasta su muerte.

Kenny. *Geog.* Local. de Argentina, prov. de Buenos Aires, part. de Carmen de Areco; 103 h.

Kent (santa de). *Biog.* Barton (Elizabeth). ‖ (**Victoria**). Política y jurista española, n. en 1898. Diputada en las Cortes Constituyentes de 1931 y en las de 1936. Durante la República, fue directora general de Prisiones, puesto en el que realizó una excelente labor para reformar las instituciones penitenciarias. Se opuso al voto femenino. Al terminar la guerra civil marchó exiliada a Francia, donde vivió la ocupación nazi, experiencia que refleja en su libro *Cuatro años en París* (1947). Después marchó a Méjico, donde se encargó de organizar una escuela para capacitación de las presas. ‖ *Geog.* Cond. del R. U., en Inglaterra, en la parte SE. del país; 3.732 km.² y 1.445.400 h. Cap. Maidstone. ‖ *Zoot.* Dícese de una raza lanar inglesa. Es de fuerte talla, mocha, está cubierta de lana todo el cuerpo menos la cabeza y terminación de las extremidades.

Kentei. *Geog.* Hentey.

Kentucky. *Geog.* Estado sudcentral de EE. UU.; 104.623 km.² y 3.219.311 h. Capital Frankfort. Excepto en el E. (que ocupa la región de los Alleghany) y el SE. (que atraviesan los montes Cumberland), la superf. es generalmente ondulada. Su principal fuente de riqueza es la agricultura.

Kenya o **Kenia.** *Geog.* Monte y volcán de Kenya, junto al ecuador, y al E. del lago Victoria; 5.193 m. de alt. ‖ Est. de África oriental, miembro de la Commonwealth británica. También puede verse con la grafía *Keña*.

Límites. Limita el N. con Sudán y Etiopía; el E., con Somalia y el océano Índico; al S., con Tanzania, y al O., con Uganda.

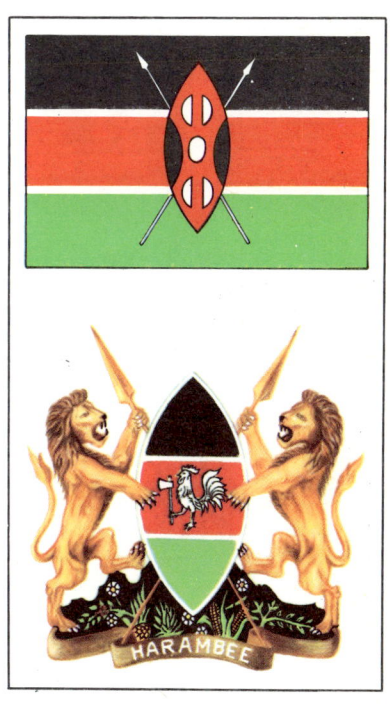

Superficie y población. Superf., 582.646 km.²; pobl. absoluta, 10.942.705 h. (15.300.000 calculados en 1979); población relativa, 18,7 por km.²

Geografía física. El país comprende una zona nordoriental de poca elevación, esteparia o desértica; bajas tierras áridas, con el lago Rodolfo incluido, y una parte montañosa en el NO.; una franja seca, casi inhabitada, en el SE., y una región sudoccidental de elevadas montañas. La orografía de esta última aparece dominada por el monte Kenya (5.149 m.). El relieve desciende, de O. a E., hasta las llanuras costeras. La cadena montañosa determina tres vertientes hidrográficas: la del Índico y la de los lagos Rodolfo y Victoria. Atravesada por el ecuador y enclavada, por lo tanto, en plena zona tórrida, el clima de Kenya es ecuatorial y más húmedo en la región interna o zona montañosa.

Geografía económica. La superficie cultivada es de 1.755.000 hect. (3 % de la superf. territorial). Los prados y pastos permanentes ocupan 3.800.000 hect. (6,5 %) y los bosques

Kenya

Muchacha masai, recogiendo café

productos mineros son: cobre, 100 ton. en 1972; amianto, 100; magnesita, 1.500, y sal, 35.000. Las principales industrias del país tienen como base los productos agrícolas, alimentos, bebidas, tabaco, etc., y en pequeñas cantidades se produce hierro y acero en Nairobi; cemento, 856.000 ton. en 1974; fertilizantes; etc. La producción de energía eléctrica, en 1974, fue de 800.000.000 de kwh. Las líneas férreas tenían en 1970 una long. de 4.125 km., y la red de carreteras, 46.768, de los que solamente 2.489 estaban asfaltados. El puerto principal es Mombasa, unido por ferrocarril con la capital de la nación y con Kampala (Uganda). Los principales aeropuertos están en Nairobi, Mombasa y Kisumu. Las principales exportaciones tienen como base los productos o derivados de la agricultura y la ganadería; té, pelitre, carne, pieles y cueros, etc. Las importaciones son maquinaria, material para transporte, productos químicos, petróleo y derivados, etc. La unidad monetaria es el chelín, cuya paridad, en julio del año 1974, era de 7.143 chelines por un dólar estadounidense.

Geografía política. La gran masa de la población autóctona está constituida por negros bantús, puros o mestizados con elementos árabes y suahilis, con frecuencia muy belicosos, como los masais, a los que hay que añadir hindúes, europeos y árabes en pequeño número. El idioma oficial es el suahili, si bien el usado normalmente es el inglés. Entre la población indígena se habla el kikuyu y el kamba. República, desde el 12 de diciembre de 1964, con un presidente elegido en sufragio

Elefante. Parque Nacional de Tsavo

1.935.000 (3,3 %. Los principales productos son: maíz (1.250.000 hect. y 1.600.000 toneladas en 1975), trigo (105.000 y 158.000), cebada (20.000 y 20.000), avena (5.000 y 4.000), arroz, sésamo, etc. Otros productos importantes son: té (53.200 hect., y 56.256 ton.), algodón (75.000 hect., 11.800 ton. de semilla y 6.000 de fibra), tabaco, caña de azúcar y pelitre (14.400 ton.), del que Kenya es el primer productor del mundo. La producción de madera, en 1975, fue de 11.795.000 m.³. El patrimonio ganadero contaba, en 1975, con las siguientes cabezas: bovino, 7.600.000; ovino, 3.600.000; caprino, 3.900.000; porcino, 68.000, y aves, 15.239.000. Los principales

Guerrero masai

popular directo por siete años. El poder legislativo reside en la Cámara de Representantes.

División territorial. A continuación se inserta el cuadro de la división administrativa:

Provincias	Superficie Km^2	Población Habitantes	Capitales y su población
Central	13.176	1.675.647	Nyeri (10.004 h.).
Costa	83.603	944.082	Mombasa (247.073).
Nairobi	684	509.286	Nairobi (509.286).
Nordoriental	126.902	245.757	Garissa (205).
Nyanza	16.162	2.122.045	Kisumu (32.431).
Occidental	8.360	1.328.298	Kakamega (6.244).
Oriental	159.891	1.907.301	Embu (3.928).
Rift Valley	173.868	2.210.289	Nakuru (47.151).
Totales	582.646	10.942.705	

La cap. es Nairobi (509.286 h).

Historia. En 1886 se estableció en el país la Compañía inglesa de África Oriental, y en 1895, el sultán del territorio lo puso bajo la administración británica, mediante el pago de 16.000 libras esterlinas anuales. Desde 1888 hasta 1895 estas tierras se conocieron con el nombre de *Ibea*, y desde 1895 hasta 1920, con el de África oriental inglesa. Se dividieron en dos partes: una, colonia de la Corona inglesa, y otra, un protectorado regido por un gobernador, comandante en jefe. Por el tratado de 15 de julio de 1924, Gran Bretaña cedió a Italia 90.000 km.^{2} al otro lado del río Juba, cesión que se hizo efectiva en 29 de junio de 1925 con la anexión a Somalia italiana. Uno de los movimientos nacionales africanos más sombríos fue el que se produjo en Kenya, desde 1952 hasta 1957, bajo la dirección de una sociedad secreta denominada Mau-Mau, movimiento contra la ocupación blanca. La insurrección alcanzó su máxima intensidad en la zona más próspera de Kenya. La acción concertada de los ingleses y la fuerza pública, con la colaboración de tribus enemigas de los kikuyus, fue reduciendo poco a poco las bandas terroristas, hasta aniquilarlas prácticamente. Los resultados fueron fulminantes: 2.845 kikuyus se rindieron, 2.664 fueron capturados, 1.068 ajusticiados y 10.524 murieron en combate. Los que lograron escapar fueron diezmados por la enfermedad y las privaciones: 21.000 kikuyus sospechosos fueron internados en campos de concentración. En octubre de 1961, Jomo Kenyatta fue nombrado presidente de la Unión Nacional Africana de Kenya. Del 14 de febrero al 6 de abril de 1962 se celebró en Londres una conferencia, en la que el Gobierno inglés acordó con los representantes de los principales partidos políticos de Kenya la reorganización constitucional de la colonia; se creó un Consejo legislativo, compuesto en su mayor parte de miembros electivos, y un Gabinete de coalición, del que entraron a formar parte Jomo Kenyatta y Ronald Ngala, este último presidente de la Unión Democrática Africana de Kenya. A pesar del acuerdo, durante el resto del año no dejaron de producirse disturbios a causa de las rivalidades entre las diferentes facciones políticas. Para preparar el camino de la independencia, se volvió a celebrar en Londres una nueva conferencia constitucional (febrero-marzo de 1963), cuyo resultado fue un compromiso entre las tendencias centralistas sostenidas por la Unión Nacional Africana y los partidarios de una Constitución de tipo federal, que asegurase a las minorías raciales una gran autonomía a través de gobiernos regionales. Sobre esta base se elaboró una nueva Constitución que dotó a Kenya de autonomía interna. En los días 18 y 26 de mayo se celebraron elecciones generales y en ellas obtuvo un triunfo rotundo el partido de la Unión Nacional Africana, de Kenyatta. La Constitución de autonomía entró en vigor el 1 de junio y se fijó la fecha de la independencia para el 12 de diciembre. Pocos días después de la independencia, Kenya fue admitida en la O. N. U. y en la Organización de la Unidad Africana. La creación de la provincia Nordoriental, poblada por tribus somalíes, partidarios de la incorporación a Somalia, provocó en ella un fuerte movimiento de oposición, que se tradujo en levantamientos armados y choques fronterizos entre tropas de Kenya y Somalia y obligó al Gobierno a declarar el estado de emergencia en dicha provincia en diciembre. El 12 de diciembre de 1964, sin salir de la Commonwealth, se constituyó en república, con Jomo Kenyatta como primer presidente. En junio de 1967, Kenya, Tanzania y Uganda celebraron una reunión para tratar sobre la formación de una comunidad económica entre ellas, y el 1 de diciembre se puso en práctica su misión. En 1976, tras la incursión israelí al aeropuerto ugandés de Entebbe (4 de julio), con el fin de liberar los pasajeros de un avión secuestrado por un comando propalestino, se agravaron las relaciones entre Kampala y Nairobi. Idi Amin acusó a Jomo Kenyatta de colaboración con el comando israelí en la audaz operación y, como venganza, emprendió una serie de represalias contra los kenyanos que se encontraban en Uganda. Numerosos kenyanos fueron detenidos y fusilados en masa, y otros se apresuraron a cruzar la frontera en dirección a su país. Como consecuencia, el Gobierno de Kenya procedió a un bloqueo económico y de transportes de Uganda. Las relaciones empeoraron el 24 del mismo mes, al cortar Uganda el suministro de electricidad a la nación vecina. Para evitar una guerra, Uganda pidió mediación a la O. N. U. y a la O. U. A. Kenya planteó siete condiciones, figurando en primer término la retirada de las concentraciones de tropas en las fronteras, para normalizar sus relaciones. Finalmente el ministro de Asuntos Exteriores de Kenya, Munyau Waiyaki, y el teniente coronel Dusman Sabuni, ministro de Industria de Uganda, después de tres días de conversaciones llegaron a un acuerdo (6 de agosto), por el que se decidió la retirada de las fuerzas militares de su frontera común, y Uganda aceptó pagar las deudas pendientes con Kenya, para reanudar el suministro de petróleo. En agosto de 1978 falleció el presidente Jomo Kenyatta, substituyéndole en la jefatura del Estado Daniel Arap Moi.

kenyano, na. adj. Natural de Kenya, o perteneciente a esta nación. Ú. t. c. s.

Kenyatta (Jomo). Biog. Político kenyano, n. en la tribu kikuyu, en el área cercana a Nairobi, y m. en Mombasa (1893-1978). Estudió en la Misión Escocesa de su país y en la Escuela de Economía de Londres. Volvió a su país en 1946, donde presidió la Unión Africana de Kenya. En su lucha por la autodeter-

Kenyatta con la reina Isabel II de Inglaterra

Jomo Kenyatta

minación del país, organizó el movimiento conocido por Mau-Mau, por lo que fue reducido a prisión en 1953. En agosto de 1961 fue nombrado presidente de la Unión Nacional Africana de Kenya (octubre), miembro del Consejo legislativo (enero de 1962) y ministro de Estado y de Planificación Económica (abril de 1962-63). Al obtener Kenya la autonomía, se le nombró primer ministro (junio de 1963), cargo que siguió desempeñando después de la independencia (diciembre de 1963), y al convertirse el país en república, ocupó el puesto de presidente (11 de diciembre de 1964), cargo para el que fue reelegido en 1970.

Kéops. Biog. Khufu.

Kep. Geog. C. de Kampuchea, que forma por sí sola una municipalidad; 45 km.^{2} y 7.724 habitantes.

kepis. m. quepis.

Kepler. Astron. Cráter lunar, sit. en la región oeste de la cara visible. Constituye un gran centro de radiaciones, tiene un diámetro de 31 km. y alcanza en algunos puntos una altura de 2.300 m. || **(Johann).** Biog. Astrónomo alemán, n. en Weil y m. en Ratisbona (1571-1630). Estudió en Tubinga, donde se formó en las ideas de Copérnico; fue profesor de Matemáticas y Astronomía en la Universidad de Graz (1594); auxiliar de Tycho-Brahe en el Observatorio próximo a Praga (1600) y luego sucesor de aquél (1601); matemático en Linz (1612); en Ulm (1626) completó y publicó las *Tablas rudolfinas*, de Brahe. Escribió *Nova stereometria doliórum*, de carácter matemático; dos obras de óptica, *Paralipómena* (1604) y *Dióptrice* (1611), y sobre los grandes cometas de 1607 y 1618; pero lo que le sitúa en primera fila de los grandes astrónomos es el haber deducido y enunciado las tres leyes del movimiento de los planetas, a saber: 1.ª, *los planetas describen órbitas elípticas en uno de cuyos focos está el Sol*; 2.ª, *Las áreas descritas por el radio vector de un planeta en tiempos iguales son iguales*, y 3.ª, *Los cuadrados de los tiempos de la revolución de los planetas son proporcionales a los cubos de su distancia media al Sol*. Las dos primeras las enunció en su *Astronomia nova de mótibus stéllae Martis* (1609) y la última en *Harmónices mundi* (1619). Kepler fue, por tanto, el creador de la mecánica celeste. Pese a su altura intelectual, Kepler mezcló sus conceptos científicos con otros místicos y astrológicos, que expuso sobre todo en su obra *Mystérium Cosmográphicum* (1596).

Kerak. Geog. Karak.

Kerala. Geog. Est. de la India; 38.864 km.^{2} y 21.280.397 h. Cap., Trivandrum.

kerargirita. f. Miner. querargirita.

keratófido, da. adj. Petr. queratófido.

Kerbela. Geog. Prov. de Irak; 7.170 km.^{2} y 447.872 h. || C. cap. de la misma; 83.301 h.

Kerch. Geog. Estrecho que une el mar de Azof al Negro, separando la península de Crimea de la extremidad O. del Cáucaso. Tiene 40 km. de largo y de 4 a 7 de ancho. || C. de la U. R. S. S., en Ucrania, sit. en la costa oriental de la península de Crimea en el estrecho de Kerch; 114.000 h. Yacimientos de hierro. Escenario de grandes combates en la guerra de Crimea y en la S. G. M.

Kerenski (Alexander Feodorovich). Biog. Político ruso, n. en Simbirsk y m. en Nueva York (1881-1970). Afiliado al partido socialista revolucionario, al estallar en la U. R. S. S. la revolución de 1917 fue ministro de Justicia en el Gabinete formado por Lvoff, en marzo del mismo año, y al reorganizarse el Gobierno se encargó de la cartera de Guerra y Marina. En septiembre de 1917 proclamó la República y se erigió en jefe del Gobierno provisional, pero los bolcheviques se hicieron dueños de la situación y aunque Kerenski formó un nuevo Gabinete, compuesto de socialistas y moderados, el 8 de noviembre Trotsky y Lenin dieron el golpe de Estado que obligó a Kerenski a abandonar la U. R. S. S. En 1919 publicó un libro titulado *Preludio del bolcheviquismo*.

Kerewan. Geog. C. de Gambia, cap. de la división de North Bank; 1.647 h.

Kerguelen. Geog. Arch. del océano Índico meridional, que forma parte de las Tierras Australes y Antárticas Francesas; 6.232 km.^{2} Está formado por la isla del mismo nombre; 5.820 km.^{2} y unas 300 pequeñas islas más. La isla de Kerguelen fue descubierta por Yves Joseph de Kerguelen de Trémarec en 1722.

Kerkenna. Geog. Grupo de islas pertenecientes a Tunicia, golfo de Gabes.

Kérkira. Geog. Corfú.

Kerman. Geog. Prov. de Irán; 193.000 km.^{2} y 824.000 h. || Ciudad cap. de la misma; 140.309 h.

Kermanshahán. Geog. Prov. de Irán; 25.000 km.^{2} y 917.000 h. || Ciudad cap. de la misma; 187.930 h.

kermes. m. Entom. quermes.

kermés. (Voz de origen flamenco.) f. Fiesta popular, al aire libre, con bailes, rifas, concursos, etc. || Lugar donde se celebra esa fiesta. || Nombre dado a las pinturas o tapices flamencos, generalmente del s. XVII, que representan fiestas populares.

kermesita. f. Miner. quermesita.

Kerner (Andreas Justinus). Biog. Poeta y escritor alemán, n. en Ludwigsburg y m. en Weinsberg (1786-1862). Su producción poética de mayor empuje es un volumen de *Cartas en verso*, que escribió a sus amigos cuando viajaba por Alemania. Escribió, además, poemas, dramas y novelas, en producción numerosa y escogida.

kernita. (Del cond. de *Kern*, California, e -*ita*.) f. Miner. Borato sódico hidratado, monoclínico, prismático, de dureza 2,5, que se presenta generalmente en grandes cristales incoloros o blancos. Es una mena muy importante del boro. También se llama rasorita.

kero. (Voz quechua.) m. *Perú*. Vaso grande de tierra cocida, artísticamente decorado, que se usaba en el Imperio incaico; han sido hallados en diversas excavaciones.

kerosene o **keroseno.** m. Quím. queroseno.

Kerouac (Jack). Biog. Escritor estadounidense, n. en Lowell y m. en San Petersburgo, Florida (1922-1969). En sus obras recoge las experiencias de su vida de bohemio, siempre en contacto con las gentes desarraigadas y miserables de los suburbios. Fue considerado como el más caracterizado representante de los *beatniks*. Publicó: *The town and the city* (1950), *On the road* (1957), *The Dharma Bums*, *The subterraneans* (1958) y *Book of dreams* (1961).

Kérouané. Geog. Región de Guinea; 51.000 h. || C. cap. de la misma; 2.500 habitantes.

Kerr (John). Biog. Físico inglés, n. en Ardrossan y m. en Glasgow (1824-1907). Estudió varios fenómenos magnetoópticos y electroópticos y descubrió los dos efectos que llevan su nombre: *Efecto Kerr magnetoóptico*. Se altera el estado de polarización de un haz de rayos de luz que incide sobre una superficie fuertemente magnética. *Efecto Kerr electroóptico*. Se llama también birrefringencia eléctrica. Un cuerpo transparente, situado en un intenso campo eléctrico, se convierte en birrefringente. || **-Trimmer (Deborah Jane).** Biog. actriz cinematográfica inglesa, n. en Helensburg (Escocia) en 1921. Películas: *Quo Vadis?*, *De aquí a la eternidad*, *Tú y yo*, *La noche de la iguana*, *El compromiso*, etc.

Kermés. *Baile campestre ante los archiduques*, por Jan Brueghel de Velours. Museo del Prado. Madrid

Kerry. (En irlandés, *Ciarraighe*.) **Geog.** Cond. de Irlanda, prov. de Munster; 4.699 km.² y 112.941 h. Cap., Tralee. || **blue terrier. Zoot.** Raza irlandesa de perros originaria del cond. de Kerry, de unos 48 cm. de alt. y unos 17 kg. de peso, y pelo sedoso, gris azulado, que se utiliza como guardián pastor y para la caza menor.

kersantita. (De *Kersanton*, Francia, e *-ita*.) f. **Petr.** Roca filoniana del grupo de los lamprófidos, constituida por biotita y plafioclasa, un poco de olivino y a veces algo de cuarzo.

Kerschenteiner (Georg.). Biog. Pedagogo alemán, n. y m. en Munich (1854-1932). Organizó en Munich la Escuela del Trabajo. Entre sus obras se citan: *Teoría de la educación, El concepto de la escuela del trabajo* y *Esencia y valor de la enseñanza científica natural.*

Kersifron de Knosos. Biog. Arquitecto de la antigua Grecia y autor, junto con su hijo Metágenes, del templo de Artemisa en Éfeso.

kertag. m. **Zool.** tarpán.

Kertész (Michael). Biog. Director cinematográfico estadounidense, de origen húngaro, más conocido por el seudónimo de *Michael Curtiz*, n. en Budapest y m. en Hollywood (1883-1962). Después de dirigir en Europa pasó a Hollywood, de donde destacaron sus películas: *El capitán Blood* (1935), *La carga de la brigada ligera* (1936), *Casablanca* (1943) y *Pasaje para Marsella* (1943).

Keski-Suomen o **Mellersta Finland. Geog.** Prov. de Finlandia; 18.337 km.² y 239.060 h. Cap., Jyväskylä.

Kessel (Joseph). Biog. Escritor francés, conocido también por el seudónimo de *Jef*, n. en Clara, Argentina (1898-1979). Estudió y fijó su residencia en París. Ha escrito, entre otros libros: *La vallée des rubis, Témoin parmi les hommes, Le Lion, Les mains du miracle* y *Les alcooliques anonymes.* En 1964 ingresó en la Academia Francesa.

Kesselring (Albert). Biog. Mariscal de campo alemán, n. en Markstedt y m. en Bad Nauheim (1885-1960). Tomó parte en la P. G. M. Goering le llevó al Arma aérea (1935), y al año siguiente fue primer jefe de la Luftwaffe, en la que impuso su método de operación colectiva; durante la S. G. M. intervino en las campañas de Polonia, Bélgica y los P. B. y dirigió la acción aérea sobre el R. U. (1940); actuó en el frente del Este (1941); al producirse el derrumbamiento de Italia, organizó la resistencia y frenó el avance aliado. El tribunal aliado de crímenes de guerra le condenó a cadena perpetua. En 1952 se le concedió la libertad.

Kesten (Hermann). Biog. Escritor alemán, n. en Nuremberg en 1900. Tuvo que huir de su patria por haber combatido el nazismo en su novela *El Charlatán* (1932) y se estableció en Amsterdan (1933). En 1940, ante la invasión alemana, marchó a EE. UU. Ha escrito: *Fernando e Isabel, los Reyes Católicos, El rey Felipe II, Los niños de Guernica*, etc.

Ketelbey (Albert William). Biog. Aston **(Albert William).**

ketita. adj. **Etnog.** e **Hist.** hitita.

Ketrzyn. Geog. Pobl. de Polonia, prov. de Olsztyn; 16.091 h.

ketupa. (Voz del lat. científico; de probable origen javanés.) **Zool.** Gén. de aves del orden de las estrigiformes, familia de las estrígidas (v.).

keuper. (Del a. *Keuper*, cobre.) m. **Geol.** Nombre del piso superior del triásico de facies germánica.

keV. Fís. Siglas de kiloelectronvoltio.

Key (Ellen). Biog. Educadora sueca, n. en Sundsholm y m. cerca del lago Wätter (1849-1926). Sus libros son muy leídos, pero sobresalió más en los discursos y conferencias que pronunció, en los que cautivaba a sus oyentes con su elocuencia. Escribió también algunas obras filosóficas.

Keynes (John Maynard). Biog. Economista inglés, n. en Cambridge y m. en Firle, Sussex (1883-1946). Con motivo de la S. G. M. ejerció gran influencia frente al estadounidense Morgenthau, en la Conferencia económica de Breton-Woods. Se le debe una aportación notable a la doctrina del *Full Employment*, encaminada a suprimir el paro obrero. Publicó: *The economic consequences of the peace* (1919), *The end of laissez-faire* (1926), etc.

Keyserling, conde de Keyserling (Hermann). Biog. Filósofo, escritor y conferenciante alemán, n. en Köno y m. en Innsbruck (1880-1946). Afirmó que la inteligencia no puede captar el sentido de la vida, empeño que sólo puede conseguir la fuerza comprensiva y creadora alcanzada por la intimidad personal. A fin de revigorizar la civiliza-

El conde de Keyserling

ción europea, propuso la asimilación del pensamiento oriental. De su obra citamos: *La filosofía del sentido, La vida íntima, Del conocimiento creador, Del sufrimiento a la plenitud, Diario de viaje de un filósofo* y *Norteamérica, libertada.*

kg. abr. de kilogramo.

Kgalagadi. Geog. Distrito de Botswana; 110.209 km.² y 15.000 h. Cap., Hukuntsi.

Kgatleng. Geog. Dist. de Botswana; 7.247 km.² y 31.000 h. Cap., Mochudi.

kgm. abr. de kilográmetro.

kh. Fon. y **Ling.** Consonante gutural aspirada del idioma sánscrito, que aproximadamente equivale a la j española.

Khabarovsk. Geog. Jabarovsk.

Khacassia. Geog. Jakasia.

Khachaturian (Aram Ilich). Biog. Compositor soviético, n. en Tiflis y m. en Moscú (1903-1978). Estudió en el Conservatorio de Moscú y fue discípulo de Gnesin y Myaskovsky. Su obra se inspira en motivos folklóricos armenios. Obras: piezas para piano, clarinete y violín; *Poema a Stalin*, sinfonías, *suites*, música para la película *La batalla de Stalingrado*; ballets, como *Gayaneh* (1942) y *Spartacus* (1954), etc.

Khafra. Biog. Faraón egipcio, número cuatro de la 4.ª dinastía. Hizo construir cerca de Gizeh la pirámide que lleva su nombre, la segunda por su altura, en que figura su nombre egipcio de Khafra. Otras transcripciones del nombre de este faraón son: Kefrén, Quefrén, Sefrén, Chefrén, etc.

Khaipur. Geog. Jaipur.

Khalil. Biog. Al-Aschraf Salahaddin Jalil.

Khama (Seretse). Biog. Hombre de Estado de Botswana, n. en 1921, primer presidente del país desde su independencia (1966).

Khammouane. Geog. Prov. de Laos; 26.400 km.² y 240.000 h. || Ciudad cap. de la misma; 12.676 h.

khan. m. kan.

Khan (Yahya). Biog. Político paquistaní, n. en Peshawar en 1917. Teniente coronel en 1947 y general en 1957, llegó a jefe del Estado Mayor en 1959 y comandante en jefe del Ejército en 1966. En 1969 asumió la presidencia de la República. Su política dictatorial le enfrentó con la India y le llevó a invadir Bangla Desh, entonces Pakistán Oriental, ante la decisión de ésta de proclamar su independencia. En 1971 fue substituido en la presidencia por Alí Bhutto.

Khanh Hoa. Geog. Prov. de Vietnam, en la región de Vietnam Central Bajo; 5.937 km.² y 251.000 h.

kharma. m. karma.

Khartoum o **Khartum. Geog.** Jartum.

Khatousarou o **Khitisar. Biog.** Hatusil III.

khedive. m. jedive.

Khemarak Phouminville. Geog. Ciudad de Kampuchea, cap. de la prov. de Koh Kong.

Khentei. Geog. Hentey.

Khitisar. Biog. Hattusil III.

khmer o **jmer.** adj. **Etnog.** Dícese de un pueblo que vive en Kampuchea y Cochinchina. Desarrolló un espléndida cultura por el influjo de la India y alcanzó su máximo desarrollo en los siglos X y XII de nuestra era. Apl. a pers., ú. t. c. s. || Perteneciente o relativo a este pueblo. || m. **Ling.** Grupo de lenguas de la familia mon-khmer que se hablaron antiguamente en las llanuras bajas de Indochina, y que la invasión de los thai redujo a pequeños islotes dispersos por esa vasta región. Actualmente hablan khmer unos cuatro millones de personas.

Khmer (República). Geog. Kampuchea.

khoin. m. **Ling.** Nombre que recibe la lengua hablada por bosquimanos y hotentotes. Es una lengua extrañamente musical, al hablar se producen unos sonidos que han sido llamados cliks. que provienen de la salida del aire de la cavidad bucal.

khoisan. adj. **Etnog.** Dícese de la raza africana constituida por los pueblos hotentote, cuyo nombre indígena es khoi, y bosquimano, nombre indígena san. Apl. a pers., ú. t. c. s. || Perteneciente o relativo a esta raza.

Khon Kaen. Geog. Prov. de Tailandia, región Nordoriental; 13.404 km.² y 1.025.000 h. || C. cap. de la misma; 28.437 h.

Khong. Geog. Pobl. de Laos, cap. de la prov. de Sithandone.

Khorana (Har Gobind). Biog. Investigador estadounidense de origen hindú, n. en Raipur en 1922. En 1960 fue nombrado profesor del Instituto de Investigaciones sobre Enzimas de la Universidad de Wisconsin. En 1968 compartió el premio Nobel de Medicina con Robert W. Holley y Marshall W. Nirenberg, por su interpretación del código genético en función de la síntesis de las proteínas.

Khorasan. Geog. Jorasán.

Khouribga. Geog. Prov. de Marruecos; 4.250 km.² y 328.304 h. || C. cap. de la misma; 73.667 h.

Khrouchtchev (Nikita S.). Biog. Jruschev (Nikita S.).

Khrumig. Mit. En el antiguo Egipto, dios principal de la tríada Elefantina. Era el dios creador y el que regulaba las crecidas del Nilo. Se le representaba como un hombre manejando un torno de alfarero.

Khruschov o **Khrushchev (Nikita S.). Biog.** Jruschev (Nikita S.).

Khubsugul. Geog. Hubsugul.

Khufu. Biog. Faraón de Egipto, sucesor de Esnefru y segundo de la 4.ª dinastía. Como para el comienzo de ésta se da la fecha de 2723 debió de iniciar su largo reinado hacia el 2600. Durante él se construyó la Gran Pirámide de Gizeh. Otras transcripciones del nombre de este faraón son: *Cheops, Quéops, Kéops, Kufu, Sufis* y *Saofis.*

Khulna. Geog. Prov. de Bangla Desh, que comprende los dist. de Bakerganj, Jessore, Khulna, Kushatia y Patuakhali; 33.178 km.^{2} y 10.531.676 h. ‖ Dist. de Bangla Desh, prov. de su nombre; 12.049 km.^{2} y 2.644.619 h. ‖ C. de Bangla Desh, cap. de la prov. y dist. de su nombre; 452.500 h.

Khurasan. Geog. Jorasán.

Khusistán o **Khuzistán.** Geog. Juzistán.

Kia-king. Biog. Emperador de China (1739-1820), de la dinastía de los Tai-tsing. Toleró en sus estados el cristianismo e hizo que se respetara a los misioneros holandeses. ‖ **-tsing.** Emperador chino (1507-1566). Perteneció a la dinastía de los Ming, y durante su reinado fueron invadidas las fronteras meridionales del país.

kiang. Geog. Voz china usada en el N. del país con la significación de *río.* Suele posponerse al nombre: *Yang-tse-kiang* (v. **ho**). También suele escribirse *jiang.*

kiang. (Voz tibetana.) m. Zool. Mamífero perisodáctilo de la familia de los équidos, muy parecido al hemión, aunque algo mayor, de orejas más largas y pelaje denso, rojo obscuro con una línea dorsal negra. Vive en las montañas del Asia central, hasta los 5.000 m. de alt. (*équus kiang*).

Kiangsi. Geog. Prov. de la R. P. China, en la región Centromeridional; 164.700 km.^{2} y 25.000.000 de h. Cap., Nanchang.

Kiangsu. Geog. Prov. de la R. P. China, en la región Oriental; 102.300 km.^{2} y 47.000.000 de habitantes. Cap., Nanking.

Kiayi. Geog. Chiayi.

kibbutz. Geog. y Sociol. kibutz.

Kibungo. Geog. Prefect. de Ruanda; 4.134 km.^{2} y 249.000 h. ‖ C. cap. de la misma.

kibutz. (Del hebr. *qibbûtsah,* asamblea, grupo.) m. Geog. y Sociol. Colonia agrícola colectiva en el Estado de Israel. Su organiza-

Kibutz, en Haifa

ción está fundada en la explotación en común de la tierra y en la abolición total de la propiedad privada. Sus miembros contribuyen al trabajo con arreglo a sus capacidades y participan en los beneficios en la medida de sus necesidades.

Kibuye. Geog. Prefect. de Ruanda; 1.320 km.^{2} y 235.000 h. ‖ C. cap. de la misma.

Kiel. Geog. C. de la R. F. A., cap. del land de Schleswig-Holstein, sit. en el fondo del golfo de su nombre; 271.700 h. Universidad. Buenos edificios públicos y oficiales. Iglesia del s. XIII. Palacio Real, fundado en el s. XIII. Gran número de monumentos públicos. Puerto. ‖ Canal que une el mar del Norte con el Báltico, obra que mide 99 km. de long.

Kielce. Geog. Vaivodato de Polonia, sit. en los límites de lo que fue Galitzia austriaca; 9.200 km.^{2} y 1.030.400 h. ‖ C. cap. del mismo; 143.900 h.

Kielland (Alexander). Biog. Escritor noruego, n. en Stavanger y m. en Bergen (1849-1906). Es uno de los cuatro grandes clásicos de la literatura noruega, junto a Von Björnson, Ibsen y Lie. Escribió novelas y narraciones, en las cuales combatió el capitalismo y la burguesía. Perteneció a la escuela realista. En sus obras puso de manifiesto un espíritu humorista, irónico y elegante junto a un estilismo refinado. Escribió: *Garman y Worse, Narraciones, Trabajadores, El capitán Worse, Elsa, Veneno, Fortuna, Nieve, La fiesta de San Juan, Jacobo,* etc.

Kien Giang. Geog. Prov. de Vietnam, en la región de Vietnam Meridional; 5.189 km.^{2} y 386.000 h. ‖ **Hoa.** Prov. de Vietnam, en la región de Vietnam Meridional; 2.084 km.^{2} y 619.000 h. ‖ **Phong.** Prov. de Vietnam, en la región de Vietnam Meridional; 2.393 km.^{2} y 408.000 h. ‖ **Tuong.** Prov. de Vietnam, en la región de Vietnam Meridional; 2.499 km.^{2} y 52.000 h.

Kien-long. Biog. Emperador de China, de la dinastía de los Tsing (1709-1799). Sucedió a su padre, Young-tchin, en 1736. Fue un príncipe clemente y culto. Abdicó en su hijo Kia-king en 1796.

Kienzle (Raymond Nicholas). Biog. Director de cine estadounidense, más conocido por *Nicholas Ray,* n. en La Crosse, Wisconsin (1911-1979). También fue director y empresario teatral. Entre las películas que dirigió figuran: *Your red wagon, They live buy night, Born to be bad, Infierno en las nubes, Llamad a cualquier puerta, Chicago, año 30; Busca tu refugio, Los dientes del diablo, Rey de Reyes, La verdadera historia de Jesse James* y *55 días en Pekín* (1963).

Kiepert (Heinrich). Biog. Geógrafo alemán, n. y m. en Berlín (1818-1899). Autor de numerosas obras, entre las que se cuentan: *Atlas de Grecia y de las colonias helénicas, Nuevo Atlas de la Tierra* y *Carta del Asia Menor.*

Kierkegaard (Sören). Biog. Filósofo, teólogo y escritor danés, n. y m. en Copenhague (1813-1855). Educado en un clima de rígido protestantismo, llevó una vida atormentada por su personalísima postura frente al problema religioso. Fue de un temperamento melancólico y enfermizo. Según él existen tres estados o formas de vida: el estético, el ético y el religioso, los cuales se excluyen recíprocamente y entre los que se debe elegir; la existencia humana es posibilidad y significa la po-

Sören Kierkegaard

sible nulidad de lo posible, la amenaza de la nada; el sentimiento o experiencia de la posibilidad es la angustia. La imposible tentativa de querer ser autosuficiente sin dejar de ser uno mismo y, en consecuencia, finito y temporal, conduce a la desesperación, la enfermedad mortal: vivir la muerte. La desesperación es el pecado; lo opuesto no es la virtud, sino la fe, la esperanza y la confianza en Dios. No obstante, la fe es una relación privada, personal, entre el hombre y Dios, y es en el cristianismo donde se revela la substancia de la existencia humana: la paradoja, la contradicción, el escándalo y la necesidad y la imposibilidad de decidirse. Su filosofía ejerció una influencia considerable en Karl Barth, Miguel de Unamuno y Martin Heidegger. Escribió: *O lo uno o lo otro, Temor y temblor, Estadios en el camino de la vida, Migajas filosóficas, El concepto de la angustia, Apostilla concluyente no científica, La enfermedad mortal,* etc.

kieselgur. m. Geol. trípoli.

kieserita. (De D. G. *Kieser,* sabio alemán, e *-ita.*) f. Miner. Sulfato magnésico hidratado, monoclínico, prismático de fórmula Mg(SO$_4$)H$_2$O, que se presenta en agregados finamente granudos, blancos o amarillos, brillantes, y raras veces en cristales.

Kiesinger (Kurt Georg). Biog. Político alemán, n. en Ebingen, Wurtemberg, en 1904. En diciembre de 1966 fue elegido canciller de la R. F. A., para suceder a Ludwig Erhard. En 1969 cesó como canciller y como presidente del partido cristianodemócrata.

Kiev. Geog. Prov. de la U. R. S. S., en Ucrania; 29.000 km.^{2} y 3.465.929 h. ‖ C. cap. de Ucrania y de la prov. de su nombre, sit. a orillas del Dniéper; 1.631.908 h. Catedral de Santa Sofía y famoso convento de Pechersk. Es la más antigua c. rusa, elegida en 882 cap. de los príncipes rusos. Fue desvastada en 1240 por los mongoles. Con motivo de la S. G. M., Kiev fue escenario de diversos acontecimientos militares. (V. **guerra.**)

kif o **kiff.** m. hachís.

Kiffa. Geog. Región III de Mauritania; 46.800 km.^{2} y 185.000 h. ‖ Ciudad cap. de la misma; 4.359 h.

Kigali. Geog. Prefect. de Ruanda; 3.251 km.^{2} y 390.000 h. ‖ C. cap. de Ruanda y de la prefect. de su nombre; 60.000 h.

Kigezi. Geog. Dist. de Uganda, en la región Occidental; 5.218 km.² y 672.000 h. Cap., Kabale. Cultivos de maíz y tabaco. Ganadería ovina. Yacimientos de tungsteno.

Kigoma. Geog. Región de Tanzania, en Tanganyika; 45.066 km.² y 508.000 habitantes. ‖ C. cap. de la misma; 14.000 h.

kikuyu. adj. Etnog. Dícese de una tribu negroafricana de cultura camita y lengua bantú, que étnicamente constituye una mezcla de elementos nilóticos y congoleños. Habita en un extenso terr. que se extiende desde Nairobi hasta los macizos de Kenya y fueron los principales integrantes de la sociedad secreta conocida con el nombre de Mau-Mau. Apl. a pers. ú. t. c. s. ‖ Perteneciente o relativo a esta tribu.

Kikuyus

Kildare. (En irl., *Gill Dara*.) Geog. Cond. de Irlanda, prov. de Leinster; 1.693 km.² y 71.522 h. Cap., Naas.

kili-, kilo-. (Del gr. *chílioi*.) pref. que sign. mil.

kiliárea. (De *kili-* y *área*.) f. Metrol. Extensión superficial que tiene 1.000 áreas, o sea 10 hectáreas.

Kilimanjaro. Geog. Monte de África, el más alto del continente (5.895 m.). Está sit. en Tanzania, al NE. de Tanganyika. ‖ Región de Tanzania, en Tanganyika; 13.209 km.² y 766.000 h. Cap., Moshi.

Kilkenny. (En irl., *Cill Coinnigh*.) Geog. Cond. de Irlanda, prov. de Leinster; 2.061 km.² y 61.811 h. ‖ C. cap. del mismo; 10.292 habitantes.

Kilkis. Geog. Nomo de Grecia, en Macedonia; 2.597 km.² y 84.539 h. ‖ C. cap. del mismo; 12.425 h.

kilo-. pref. V. **kili-**.

kilo. m. Metrol. Forma abreviada de *kilogramo*.

kilocaloría o **caloría grande.** (De *kilo-* y *caloría*.) f. Fís. Unidad de energía térmica, igual a la energía necesaria para elevar en un grado centígrado la masa de un kilogramo de agua. Sus equivalencias son: 1.000 calorías-gramo, 427 kilográmetros, 4.180 julios y 3,968 British thermal unit (B. T. U.).

kilociclo. (De *kilo-* y *ciclo*.) m. Fís. Unidad de frecuencia, equivalente a mil ciclos por segundo, muy empleada en radiotransmisión.

kiloelectronvoltio. (De *kilo-* y *electronvoltio*.) m. Fís. Unidad práctica de energía, equivalente a 1.000 electronvoltios. Abreviadamente se escribe *keV*.

kiloestenio. m. Mec. Medida práctica de fuerza mecánica, igual a 1.000 estenios.

kilográmetro. (De *kilogramo* y *metro*.) m. Fís. Unidad práctica de trabajo, equivalente al esfuerzo realizado al levantar un kilogramo de peso a un metro de alt.; equivale a 9,8 julios y a 736 vatios, y abreviadamente se escribe *kgm*.

kilogramo. (De *kilo-* y *gramo*.) m. Metrol. Unidad métrica fundamental de masa (y peso), igual a la masa (o peso) de un cilindro de platino-iridio guardado en la Oficina Internacional de Pesos y Medidas, cerca de París, y aproximadamente igual a la masa (o peso) de 1.000 cm.³ de agua a la temperatura de su máxima densidad (4° C.). Equivale a 2 libras, 2 onzas, 12 adarmes, y 14 1/2 granos de las antiguas pesas de Castilla, o sea 2,17 libras aproximadamente. ‖ Pesa de un kilogramo. ‖ Cantidad de alguna materia que pesa un kilogramo. ‖ **fuerza.** Fís. Unidad de fuerza en el sistema técnico. Es el peso de un kilogramo, o sea la fuerza que actúa sobre la masa de un kilogramo en un lugar en que la aceleración de la gravedad tenga el valor normal, 9,80665 metros por segundo². Se denomina también *kilopondio*.

kilohercio. (De *kilo-* y *hercio*.) m. Fís. Unidad práctica de frecuencia, igual a 1.000 hercios.

kilojulio. m. Mec. Unidad práctica de trabajo, equivalente a 1.000 julios.

kilolitro. (De *kilo-* y *litro*.).) m. Metrol. Medida de capacidad, que tiene 1.000 litros, o sea la cabida de 1 m.³ En los líquidos equivale a 61,98 cántaras, y en los áridos, a 18,01 fanegas.

kilométrico, ca. adj. Perteneciente o relativo al kilómetro. ‖ fig. De larga duración.

kilómetro. (De *kilo-* y *metro*.) m. Metrol. Medida de long. que tiene 1.000 m. Equivale a 18 centésimas de legua. ‖ **cuadrado.** Medida de superf. que es un cuadrado de 1 km. de lado. Tiene 1.000.000 de metros cuadrados, o sea 100 hectáreas, y equivale a 155,2 fanegas de Castilla.

Kilómetro 8 (Petroquímica). Geog. Local. de Argentina, prov. de Chubut, depart. de Escalante; 2.783 h. ‖ **100 Nav. Río Bermejo.** Local. de Argentina, prov. de Formosa, depart. de Laishí; 717 h. ‖ **125.** Local. de Argentina, prov. de Buenos Aires, part. de San Andrés de Giles; 192 h. ‖ **158.** Local. de Argentina, prov. de Buenos Aires, part. de San Pedro; 495 h. ‖ **213.** Local. de Argentina, prov. de Formosa, depart. de Pirané; 300 h. ‖ **711.** Local. de Argentina, prov. de Córdoba, depart. de Colón; 547 h.

kilopondio. (De *kilo-* y el lat. *pondus, -ěris*, peso.) m. Fís. kilogramo fuerza.

kilotex. m. Metrol. Múltiplo del tex, equivalente a una masa mil veces mayor que la de éste. Es el más aplicable a mechas y cordelería. Ú. t. c. pl. sin variación de forma.

kilotón. m. Metrol. **kilotonelada.**

kilotonelada. f. Metrol. Unidad de energía, también denominada abreviadamente *kilotón*. Equivale a la energía liberada por la explosión de una bomba de 1.000 ton. de trinitotolueno.

kilovatio. (De *kilo-* y *vatio*.) m. Elec. Unidad de potencia, equivalente a 1.000 vatios. Se escribe abreviadamente *kw.* o *kv*. ‖ **-hora.** Unidad de trabajo o energía, equivalente a la energía producida o consumida por una potencia de un kilovatio durante una hora. Es la unidad empleada para evaluar la energía eléctrica disponible en las centrales o suministrada a los abonados. Se representa por las siglas *kwh*.

kilovoltamperio. (De *kilo-*, *voltio* y *amperio*.) m. Elec. Unidad de energía eléctrica aparente; equivale a 1.000 voltamperios y se representa por *kva*.

kilovoltio. m. Elec. Unidad de fuerza electromotriz, equivalente a 1.000 voltios. Se representa por *kv*.

kilt. (Voz de origen escandinavo.) m. Falda peculiar del traje nacional escocés, que llega por la rodilla, y usan indistintamente hombres y mujeres.

Killa. Mit. Diosa lunar, hermana y esposa del Sol entre los incas de Perú.

Kim Il Sung. Biog. Político coreano, n. cerca de Pyongyang en 1912. Afiliado desde su juventud al Partido Comunista, dirigió el Ejército Popular Coreano contra los japoneses por los años 1931 a 1945. Ha sido secretario general del Comité del Partido Comunista Coreano y dirigió una reforma agraria radical. De 1948 a 1972, primer ministro de la República Popular Democrática de Corea. En 1972 fue nombrado presidente de la República. Es el creador de la teoría revolucionaria conocida por *idea Zuche*, según la cual, las masas trabajadoras deben ser dueñas y responsables de la revolución, y disfrutar de una vida independiente y creadora.

Kim II Sung

Kimberley. Geog. C. de la República Sudafricana, prov. de El Cabo; 107.104 h. Minas de oro y yacimientos de diamantes.

kimberlita. (De *Kimberley* e *-ita*.) f. Petr. Roca ultrabásica brechoide, del grupo de las peridotitas, compuesta por olivino, broncita, diópsido, flogopita, piropo e ilmenita. Esta roca forma las chimeneas diamantíferas de Kimberley.

kimógrafo. m. Fís. cimógrafo.
kimona. f. Cuba. quimono.
kimono. m. Indum. quimono.
kin. m. Metrol. Medida japonesa de peso, equivalente a 160 mommés y a 600 g.
Kinchil. Geog. Mun. de Méjico, est. de Yucatán; 2.912 h. ‖ Pueblo cap. del mismo; 2.777 h.
Kindelán y Duany (Alfredo). Biog. General español, n. en Cuba y m. en Madrid (1879-1962). Procedente del arma de ingenieros, se especializó en aerostación y colaboró con Torres Quevedo en la construcción de un globo dirigible. En 1927 era jefe de la aviación militar, y ministro del Aire durante la guerra civil.
Kindergarten. Pedag. Palabra alemana que sign. *jardín de niños*, con que denominó Federico Fröbel su institución pedagógica, cuyo objeto es la educación de niños de tres a seis años. Este tipo de escuelas se denomina en España *escuelas de párvulos, escuelas maternales*, o también, *jardines de la infancia*.
Kindia. Geog. Región de la República de Guinea; 8.828 km.² y 136.000 h. ‖ Pobl. cap. de la misma; 40.500 h.
kinesi-. pref. V. **cine-**. movimiento.
kinesiólogo, ga. m. y f. **quinesiólogo**.
kinesiterapia. f. **quinesiterapia**.
kinesiterápico, ca. adj. **quinesiterápico**.
kinestesia. f. Biol. **cinestesia**.
kinetógrafo. m. Fís. **cinetógrafo**.
kinetoscopio. m. Fís. **cinetoscopio**.
King (Ernest Joseph). Biog. Almirante estadounidense, n. en Lorain, Ohío, y m. en Portsmouth, Nuevo Hampshire (1878-1956). Tomó parte en la P. G. M.; jefe de la Oficina Aeronáutica del Ministerio de Marina (1933-1936); vicealmirante a cargo de la fuerza aérea de la Marina (1936-39); jefe de la flota del Pacífico (1941); comandante en jefe de la Marina (1941), y jefe de operaciones navales (1942). ‖ **(Martin Luther).** Pastor baptista estadounidense, de raza negra, n. en Atlanta y m. en Memphis (1929-1968). Fue presidente del Consejo directivo de la Asociación de Cristianos del Sur. Paladín de la integración racial, se esforzó siempre por encauzar la emancipación de sus hermanos de raza a través de procedimientos pacíficos. En 1964 le fue concedido el premio Nobel de la Paz. En 1968 fue asesinado de un tiro en la cabeza. Autor de *Stride toward freedom* (1958), *Why we can't wait* (1964) y de numerosos artículos periodísticos. ‖ **(William L. Makenzie).** Político canadiense, n. en Berlín, hoy Kitchener, y m. en Ottawa, Ontario (1874-1950). Fue diputado (1908), presidente del partido liberal (1919-48); primer ministro en los períodos de 1921-25, 1926-30 y 1935-48, con un total de veintiún años. Obras: *Canada at Britain's side* (1941), *Canada and the fight for freedom* (1944), etc.

Kingsley (Charles). Biog. Literato y eclesiástico inglés, n. en Holne y m. en Eversley (1819-1875). Publicó muchas obras de vulgarización científica y varias novelas de tesis socialista que le dieron gran popularidad, entre ellas *Alton Locke* (1850), *Hypatia* (1853) y *¡Rumbo al Oeste!*, publicada en 1855.

Kingston. Geog. Pobl. de Australia, cap. de la isla de Norfolk. Centro turístico. ‖ C. cap. de Jamaica, y de la parr. de Saint Andrew, que constituye por sí sola una parr.; 22 km.² y 117.000 h. Importante centro comercial. Centro residencial y turístico, con el mejor puerto de Jamaica. Aeropuerto internacional. Fundada entre 1693 y 1703, fue elevada a cap. en 1872. ‖ **-upon-Hull.** Hull. ‖ **-upon-Thames.** Mun. del R. U., en Inglaterra, uno de los treinta y dos que constituyen el Gran Londres, cap. del condado de Surrey; 140.210 h. Industria eléctrica. Escuela politécnica.

Kingstown. Geog. C. cap. de San Vicente y Granadinas, en la isla de San Vicente; 25.000 habitantes. Puerto.

Kinich-Ahau. Mit. Dios del Sol, entre los mayas, estrechamente asociado con Itzamná (v.). Era el dios tutelar de la ciudad de Izamal.

Kinsey (Alfred Charles). Biog. Biólogo estadounidense, n. en Hoboken y m. en Bloomington (1894-1956). Desde 1942, y ayudado por la Universidad de Indianápolis, la Fundación Rockefeller y el National Research Council, se aplicó a una profunda investigación acerca de la conducta sexual humana y reunió copiosos datos que publicó en los informes *Sexual behaviour in the human male*, en colaboración con Pomeroy y Martin, y *Sexual behaviour in the human female*, en colaboración con los dos anteriores y Gebhard.

Kinshasa. Geog. C. cap. de Zaire; 1.977 km.² y 1.323.039 h. Sit. en la orilla izquierda del río Congo, constituye administrativamente una c. independiente. Importante centro comercial. Puerto fluvial. Aeropuerto internacional. Antes se denominó *Leopoldville*.

kiosko. m. quiosco.
Kioto. Geog. Kyoto.
kiowa. adj. Etnog. Dícese de un pueblo amerindio de lengua independiente. Habitó en el curso medio de los ríos Arkansas y Platte, en los estados de Oklahoma y Colorado. Apl. a pers., ú. t. c. s. ‖ Perteneciente o relativo a este pueblo.
kip. m. Num. Unidad monetaria de Laos; tomó este nombre en substitución del de piastra en 1955, y cuya paridad, en julio de 1974, era de 600 kip por un dólar estadounidense.

Kipling (Rudyard). Biog. Novelista y poeta británico, n. en Bombay y m. en Londres (1865-1936). Desde 1882 hasta 1889 estuvo en la India dedicado al periodismo, y allí publicó sus primeros trabajos en prosa; *Plain tales from the hills* (1887), *Soldiers three* (1888), *Under the deodars* (1888) y *Wee Willie Winkie* (1889). Su primera novela, titulada *La luz que se apaga*, apareció formando un número del *Lippincott's Magazine* (1890), y luego en sucesión no interrumpida, dio a la estampa dos de sus mejores colecciones de cuentos: *Life's handicap* (1891) y *Many inventions* (1893), como también su conocido volumen de poesías *Barrack room ballards* (1892), *The jungle book* y *The second jungle book* (1894-95), que es, según muchos, su obra maestra; *The seven seas (Los siete*

Rudyard Kipling, por W. Nicholson

Martin Luther King

Kinshasa. Bulevar del 30 de Junio

mares, 1896) y *Captains courageous* (*Capitanes intrépidos*, 1897). En el año 1907 obtuvo el premio Nobel.

Kiprianou (Spyros). Biog. Político chipriota, n. en Limassol en 1932. Ministro de Asuntos Exteriores (1960-72) y presidente de la Cámara de Diputados, fue nombrado presidente de Chipre a la muerte de Makarios.

Kircher (Atanasius). Biog. Famoso polígrafo alemán, n. en Geisa y m. en Roma (1602-1680). Enseñó matemáticas y hebreo en Roma, desarrolló una teoría sobre el interior de la Tierra y defendió la existencia del *contagio vivo*. Además, inventó el pantómetro, y, según se cree, la linterna mágica. Escribió sobre ciencias físicas, matemáticas y naturales, y también sobre filología e historia.

Kirchhoff (Gustav Robert). Biog. Físico alemán, n. en Königsberg y m. en Berlín (1824-1887). Fue profesor de física en Heidelberg y de física y matemáticas en Berlín. Con Bunsen comparte el honor de haber descubierto el análisis espectral, el cesio y el rubidio. Fue el primero en afirmar que las teorías de la física no son una explicación, sino una descripción de los fenómenos. En electricidad estableció las leyes que determinan las corrientes de cada rama o de cada malla de una red eléctrica, cuando se conocen las resistencias y las fuerzas electromotrices de las mismas. En óptica estableció la ley según la cual el poder emisivo y el poder absorbente de un cuerpo es independiente de la naturaleza de éste y no depende más que de la temperatura del cuerpo y de la long. de onda de la radiación considerada.

Kirchner (Ernst Ludwig). Biog. Pintor, grabador y escultor alemán, n. en Aschaffenburg y m. en Frauenkirch bei Davos (1880-1938). Estudió arquitectura y, en 1903, dedicado a la pintura como autodidacta, fundó con Heckel el grupo de los expresionistas titulado *Die Brücke*. Internado en el sanatorio de Königstein, pintó allí notables frescos. Al principio, escenas de circo, café concierto y vida mundana; luego, escenas de trabajo campesino.

kirguís. adj. *Etnog.* quirguiz.

Kirguizistán. Geog. República de la U. R. S. S.; 198.500 km.² y 2.932.805 h. (*quirguizes*). Cap., Frunze. A efectos administrativos está dividida de la manera siguiente:

Provincias	Superficie Km.²	Población Habitantes	Capitales y su población
Circunscripciones dependientes	30.800	1.201.574	—
Issyk-Kul	43.200	311.992	Przevalask (42.262 h.)
Naryn	50.600	186.358	Naryn (21.098)
Os	73.900	1.232.881	Os (120.374)
Totales	198.500	2.932.805	

Kiribati. Geog. República de Oceanía, constituida por los arch. de Gilbert, Fénix y Line y la isla de Ocean; 904,9 km.² y 56.000 h. Cap., Tarawa (18.000 h.), en la isla de su nombre.

Debido a la pobreza del suelo, compuesto en gran parte por roca coralina, la agricultura es escasa; no obstante, el cocotero crece en la mayoría de las islas. Las principales fuentes de ingresos provienen de la exportación de copra y de las pequeñas industrias de licores y pesca. Se cree que estas islas fueron descubiertas por los navegantes españoles entre 1537 y 1606. En el año 1892 se constituyeron, junto con las Ellice, en protectorado británico; en 1916 se convirtieron en colonia del R. U., y el 12 de julio de 1979 tomaron la independencia dentro del ámbito de la Commonwealth británica.

Kirid. Geog. Creta.

kirie. (Del gr. *Kýrie*, voc. de *Kýrios*, Señor.) m. Deprecación que se hacía al Señor, llamándole con esta palabra griega, al principio de la misa, tras el introito. Ú. m. en pl.

kirieleisón. (Del gr. *Kýrie*, ¡oh Señor!, *eléeson*, ten piedad.) m. **kirie.** ∥ fam. Canto de los entierros y oficio de difuntos.

Kirim. Geog. Prov. de la R. P. China, región Nordoriental; 271.700 km.² y 20.000.000 de habitantes. Cap., Changchun.

kirivula. m. *Zool.* Mamífero quiróptero, microquiróptero, de la familia de los vespertiliónidos. Es un murciélago de color anaranjado con manchas rojas y negras en las alas (*kerivoula picta*).

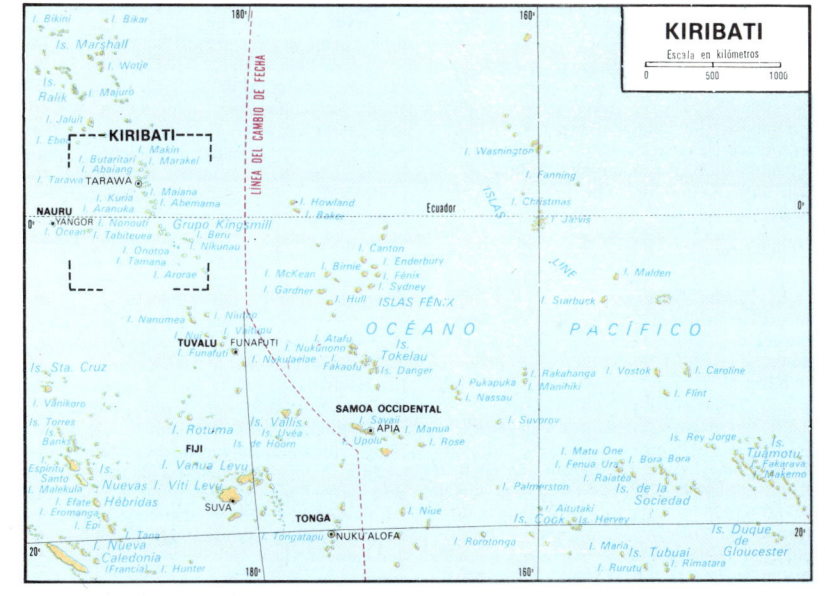

Kirkkilissa. Geog. Kirklareli.

Kirklareli. Geog. Prov. de Turquía europea; 6.550 km.² y 257.477 h. ∥ C. cap. de la misma; 28.290 h.

Kirkuk. Geog. Prov. de Irak; 19.543 km.² y 533.867 h. ∥ C. cap. de la misma; 167.413 h. Producción petrolífera.

Kirkwall. Geog. Pobl. del R. U., cap. del arch. y cond. de las islas Orcadas; 4.618 h.

Kirov (Serguei). Biog. Político soviético, n. en Viatka y m. en Leningrado (1886-1934). Luchó contra el zarismo desde 1904. Fue secretario del Partido Comunista en Leningrado y después miembro del Comité Central. Su asesinato tuvo riguroso repercusión en la política soviética. ∥ **Geog.** Prov. de la U. R. S. S., en la R. F. S. S. R.; 120.800 km.² y 1.727.348 habitantes. ∥ C. cap. de la misma; 332.503 h. Museos Científico y de Arte y Antigüedades.

Kirovograd. Geog. Prov. de la U. R. S. S., en Ucrania; 24.600 km.² y 1.259.348 h. ∥ C. cap. de la misma; 188.795 h. Está sit. en las vertientes de dos colinas, entre las cuales corre el río Ingul. En una de sus plazas se hallan la tumba común de las víctimas de la revolución y un monumento a Lenin.

kirsa. (Voz mongola.) m. *Zool.* Mamífero carnívoro de la familia de los cánidos; es una zorra parecida a la común, aunque de pelaje más amarillento y de mayor esbeltez. Vive en las estepas de Asia central y fue objeto de activa caza por su piel (*vulpes córsac*).

kirsch. (Del a. *Kirsche*, cereza.) m. Bebida alcohólica, llamada también aguardiente de cerezas, que se obtiene por destilación del zumo fermentado de las cerezas maduras. Por término medio su riqueza en alcohol es del 50 %.

Kirsehir. Geog. Prov. de Turquía asiática, región de Anatolia Central; 6.570 km.² y 212.083 h. ∥ C. cap. de la misma; 32.580 h.

Kirst (Hans Hellmut). Biog. Escritor alemán, n. en Osterode en 1914. Su novela *La original rebelión del cabo Asch* (1955) obtuvo un gran éxito y forma parte de la trilogía titulada *08/15* junto con *Las aventuras bélicas del sargento Asch* y *La última rebelión del teniente Asch*. En 1959 publicó *Nadie escapará*.

Kirun. Geog. Keelung.

Kisangani. Geog. C. de Zaire, cap. de la prov. de Alto Zaire; 229.596 h. Importante centro comercial. Aeropuerto internacional.

Kisch. Geog. hist. Mesilim.

Kisfaludy (Sándor). Biog. Poeta y autor dramático húngaro, n. y m. en Sümeg (1772-1844). Su elegía *Mohacs* es considerada como una de las composiciones más célebres de la poesía magiar. Entre sus obras escénicas más conocidas figuran: *El guardián de las jóvenes*, *Los conjurados* y *Los pretendientes*. Es el creador de la comedia húngara.

Kishi (Novusuki). Biog. Político japonés, n. en Yamaguchi en 1896. Se graduó en la Facultad de Derecho de la Universidad Imperial de Tokio. Formó parte del Gabinete de guerra presidido por Tojo. Fue ministro de Asuntos Exteriores con el Gobierno Ishibashi y al dimitir éste ocupó los cargos de primer ministro y presidente del partido liberal-demócrata (1957-60). Ha sido el principal artífice del resurgimiento de Japón.

Kishinev. (En rumano, *Chisinau*.) **Geog.** C. de la U. R. S. S., cap. de la república de Moldavia; 356.382 h.

Kishuara. Geog. Dist. de Perú, depart. de Apurímac, prov. de Andahuaylas; 4.254 h. ∥ Pueblo cap. del mismo; 214 h.

Kisil Khoto. Geog. C. de la U. R. S. S., en la R. F. S. S. R., cap. de la prov. autónoma de Tuva; 47.000 h.

Kisimayu. Geog. Chisimaio.

Kisling (Moïse). Biog. Pintor francés, n. en Cracovia y m. en Sarnay-sur-Mer (1887-

1953). Fue discípulo de Pankiewicz y perteneció a la escuela cubista. Son célebres sus retratos y sus naturalezas muertas. Sus obras principales son: *Desnudo ante el espejo, Holandesa, La Romana, La Española, Polonesa, Jovencita, El puerto de Audierne, Retrato de Ingrid, Retrato de la señora R. Lieberman,* etc.

Kissidougou. *Geog.* Región de la República de Guinea; 8.872 km.² y 151.000 h. ‖ C. cap. de la misma; 9.000 h.

Kissinger (Henry). *Biog.* Político y profesor estadounidense, de origen judeoalemán, n. en Fuerth, Alemania, en 1923. A los quince años emigró con su familia a EE. UU. Ha sido profesor de Ciencias Políticas de Harvard.

Henry Kissinger

Consejero para asuntos internacionales y de seguridad nacional y secretario particular del presidente Nixon, desde enero de 1969, ha sido el principal negociador de la reconciliación China-EE. UU., culminada con la visita de Nixon a Pekín (1971), de las distensiones con la U. R. S. S., y de la paz en Vietnam, tras arduas negociaciones con el Gobierno de Hanoi en París. Se le concedió el premio Nobel de la Paz 1973, compartido con el norvietnamita Le Duc Tho. Ha sido presidente del Consejo de Seguridad Nacional (1969-76) y secretario de Estado (1973-77).

Kisumu. *Geog.* C. de Kenya, cap. de la región de Nyanza; 32.431 h.

Kitakyushu. *Geog.* C. de Japón, en la isla de Kiu-shiu, prefect. de Fukuoka; 1.063.000 habitantes.

Kitasato (Shibasaburo). *Biog.* Médico japonés, n. en Kumamoto y m. en Nakanocho (1856-1931). Estudió medicina en Berlín; en el Instituto Koch preparó cultivos puros del bacilo tetánico y colaboró con Behring en la obtención de los sueros antitetánico y antidiftérico. También descubrió el bacilo de la peste, en colaboración con Yersin, en 1894, y en 1898 el de la disentería.

Kitchener (Horacio Herbert). *Biog.* General inglés, n. en Kerri, Irlanda, y m. en el mar junto a Brough of Birsay (1850-1916). Salió de la Academia militar en 1870; en 1882 se incorporó al ejército de Egipto, en 1892 fue nombrado general en jefe del mismo, y terminó brillantemente la campaña de 1896-98. En 1902 puso también fin a la guerra anglobóer. Al estallar la P. G. M. fue nombrado secretario de Estado del departamento de Guerra. Murió en el mar cuando se dirigía a Rusia en misión oficial, al chocar contra una mina el buque en que viajaba.

Kitega. *Geog. Gitega.*

Kitgum. *Geog.* C. de Uganda, en la región Septentrional; cap. del dist. de Acholi Oriental. Tabaco.

Kíthira o **Kythera.** *Geog.* Isla de Grecia, en el mar Jónico, nomo de Ática; 275 km.² y 18.000 h. En la antigüedad fue colonia fenicia. ‖ C. cap. de la misma; 1.235 h.

Kiti. *Geog.* Quiti.

Kitwe-Kalulushi. *Geog.* Ciudad de Zambia, prov. de Copperbelt; 311.000 h. Minas de cobre.

Kiuhfou. *Geog.* C. de la R. P. China, prov. de Shantung, depart. de Yenchou; 20.000 h. Cuna de Confucio. Gran templo o serie de templos erigidos en su honor.

Kiu-shiu o **Kyushu.** *Geog.* Isla de Japón; 42.016 km.² y 12.072.179 h. Ha desempeñado un importante papel en la historia de Japón. Tiene volcanes en actividad y los terremotos son frecuentes. Es rica en tabaco, alcanfor y carbón y se cosecha en abundancia caña de azúcar.

Kivu. *Geog.* Prov. de Zaire; 259.077 km.² y 3.361.883 h. Cap., Bukavu. Mandioca y maíz. Gran reserva de caza denominada Ruindi National Park.

kiwi o **kiwi-kiwi.** (Onomat. maorí del grito de esta ave.) m. *Zool.* Denominación común a varias aves neornitas, paleognatas, del orden de las apterigiformes y familia de las apterígidas. Son del tamaño de un gallo, de cuerpo robusto, con los orificios nasales en el extremo de su largo pico, alas muy reducidas, sin cola, patas gruesas tetradáctilas y con plumas piliformes. Pertenecen a la fauna de Nueva Zelanda y se alimentan casi exclusivamente de

Kiwi

lombrices de tierra y otros gusanos. Hay varias especies, de las que la más conocida es el *kiwi común (ápteryx australis)*.

Kizil Irmak. *Geog.* Río de Turquía, de 550 km. de curso, que n. en el Antitauro y des. en el mar Negro.

Kjustendil. *Geog.* Dist. de Bulgaria; 3.039 km.² y 197.862 h. ‖ C. cap. del mismo; 45.045 habitantes. Manufacturas de tabaco.

kl. abr. de *kilolitro.*

Klagenfurt. *Geog.* C. de Austria, cap. del est. de Carintia, sit. a orillas del Glan, afl. del Drave; 74.326 h. Es notable la catedral, construida por los protestantes y cedida a los jesuitas en 1603.

Klages (Ludwig). *Biog.* Filósofo y psicólogo alemán, n. en Hannóver y m. en Klichberg (1872-1956). Se dedicó al principio a la grafología, y la amplió hasta convertirla en hermenéutica general de la expresión, fundamento de una caracterología y una metafísica. Influido por Nietzsche, fue un apologista de lo vital y lo dionisiaco, en contra del espíritu, la razón y la ciencia mecanicista de la naturaleza. Su obra más conocida es *El espíritu como adversario del alma.*

Klaipeda. *Geog.* C. de la U. R. S. S., en Lituania, a orillas del Báltico y en la desembocadura del Dange; 120.000 h. Fundiciones de hierro y arsenales. Puerto.

Klapka (György). *Biog.* General húngaro, n. en Temesvár y m. en Budapest (1820-1892). Al estallar la revolución de 1848, fue enviado por el nuevo Gobierno de Hungría a Transilvania; se encargó después de las fortificaciones de Komorn y Presburgo, y resistió solo, cuando su país estaba dominado. ‖ **(Jerome).** Escritor inglés, popularmente conocido por *Jerome Klapka Jerome,* n. en Walsall y m. en Northampton (1859-1927). Su primer éxito literario fue la novela *Tres hombres en un bote* (1889), a la que siguió la titulada *Los pensamientos necios de un necio muchacho* (1892). También compuso obras escénicas.

Klaproth (Martin Heinrich). *Biog.* Farmacéutico, químico y mineralogista alemán, n. en Wernigerode y m. en Berlín (1743-1817). Sentó las bases del análisis químico cuantitativo y del mineralógico. En 1789 separó de la pechblenda lo que él creyó un metal puro, al que llamó uranio; también aisló el circonio del mineral circón y contribuyó a descubrir o a estudiar el titanio, el cerio, el cromo y el telurio.

Klau (Christopher). *Biog.* Matemático y astrónomo alemán, más conocido por la forma latinizada de su nombre *Christophorus Clavius,* n. en Bamberg (1537-1612). Fue profesor de matemáticas y las dominó en tan alto grado, que se le llamó el *Euclides* del s. XVI. Gregorio XIII le encargó, junto con Lilius, la reforma del calendario juliano.

Klausenburg. *Geog.* Cluj.

Kleber (Jean-Baptiste). *Biog.* General francés, nacido en Estrasburgo y muerto en El Cairo (1733-1800). Ganó la batalla de Altenkirchen (1796), acompañó a Napoleón I a Egipto, y en la campaña de Siria ganó la batalla de Monte Tabor (1799). Derrotó a los turcos en Heliópolis (1800), y fue asesinado poco después.

Klebs (Edwin). *Biog.* Microbiólogo y patólogo alemán, n. en Königsberg y m. en Barna (1834-1913). Se le debe el método de la inclusión en la parafina para los exámenes de piezas en microscopio. Por primera vez observó en las seudomembranas diftéricas, el bacilo que después demostró Löffler ser el agente específico de la difteria (bacilo de Klebs-Löffler).

Klee (Paul). *Biog.* Pintor suizo, n. en Münchenbuchsee y m. en Muralto (1879-1940). De su pintura se ha dicho que constituye, con personalísimo sentido poético, un mundo amable y misterioso donde se transforma la geometría del tiempo y el espacio en sugestiva y enigmática fantasía. De sus cuadros citamos: *Jardín mágico, Comida variada, El malabarista* y *El pez de oro.*

Klein (Felix). *Biog.* Matemático alemán, n. en Düsseldorf y m. en Gotinga (1849-1925). Sus investigaciones se extienden a las mecánicas ondulatorias y cuántica, la teoría de grupos, las ecuaciones de quinto grado, las funciones elípticas y las geometrías no euclidianas. Entre sus obras se distinguen: *Matemática elemental desde un punto de vista superior.*

Kleist (Heinrich von). *Biog.* Poeta y novelista alemán, n. en Francfort del Oder y m. en Wannsee, Potsdam (1777-1811). Una de las más grandes figuras del romanticismo alemán. Desde las columnas del periódico *Berliner Abendblätter* combatió la política de Hardenberg y pretendió levantar a los alemanes contra la dominación francesa. Arruinado, incomprendido como escritor y como patriota, puso fin a su vida. Fue un artista de genio que buscó por medio del sentimiento la verdad, que según el criticismo kantiano, no puede alcanzarse por la ciencia. Escribió: *Amphytrion, Penthesilea, Käthchen von Heilbronn, El cántaro roto, La batalla de Hermann, El príncipe de Homburg* (su obra maestra), *Die Heilige Caecilie,* etc. ‖ **(Paul Ewald von).** Mariscal alemán, n. en Braunfels (1881-1954). Tomó parte en la P. G. M.; forzado a pedir el retiro por su actitud antinazi (1938), fue llamado de nuevo como especialista en fuerzas blindadas, y durante la S. G. M. luchó en Polonia, Francia, Yugoslavia y la U. R. S. S., donde efectuó una gran retirada (1943), y abandonado por los rumanos, fue relevado (1944). Cumplía condena en la U. R. S. S. como criminal de guerra.

Mujer a la orilla del mar, por Klinger

Klinger (Max). Biog. Pintor, grabador y escultor alemán, n. en Leipzig y m. en Grossjena (1857-1920). Renovador de la plástica, en la técnica del grabado fue un virtuoso y en este campo dio salida a su exuberante fantasía, llegando a ser un precursor del surrealismo. Su obra definitiva como escultor es un retrato de *Beethoven*, ejecutado con diversas calidades de mármol y bronce.

klinker. (Del hol. *klinken*, retiñir.) m. Quím. Denominación del cemento tal como sale de los hornos.

klistrón. (Del gr. *klýs, klýda*, oleaje, y *-trón*.) m. Electrón. Generador de microondas en el que los electrones pasan, con grandes y variadas velocidades, entre dos rejillas muy próximas y llegan a una primera cavidad, o resonador de entrada, en la que forman grupos (oleadas) que se separan unos de otros al recorrer cierta distancia, y son reforzados en una segunda cavidad, llamada resonador de salida. || **de reflector.** Aquel en que, gracias a un electrodo polarizado negativamente que refleja los electrones hacia atrás, permite utilizar una sola cavidad resonante, que hace de resonador de entrada y de salida.

klop. (Voz alemana.) Quím. cloropicrina.

Klopstock (Friedrich Gottlieb). Biog. Poeta alemán, n. en Quedlimburgo y m. en Hamburgo (1724-1803). Fue autor del poema épico *La Mesíada*, a cuya composición dedicó cerca de treinta años, y que ha sido traducido a muchas lenguas. Son célebres sus *Odas* y varios poemas dramáticos.

Kluck (Alexander von). Biog. General alemán, n. en Münster y m. en Berlín (1846-1934). Al estallar la P. G. M. le fue entregado el mando del primer ejército que invadió Bélgica a primeros de agosto de 1914. Fue derrotado por las tropas francesas e inglesas en la batalla del Marne.

Kluge (Hans Gunther von). Biog. Mariscal alemán, n. en Poznan y m. cerca de Metz (1882-1944). Fue uno de los más destacados generales durante la S. G. M., y en julio de 1944 fue nombrado para suceder a Von Rundstedt como jefe supremo de las fuerzas alemanas en Francia. Ante el fracaso de la batalla de Normandía, hizo entrega del mando y se suicidó.

km. abr. de *kilómetro*.
km.² abr. de *kilómetro cuadrado*.
kmer. adj. Etnog. khmer.
kmh. abr. de *kilómetro por hora*.

Knaus (Hermann). Biog. Ginecólogo austriaco, n. en Sankt Veit y m. en Viena (1892-1970). Alcanzó renombre universal por sus trabajos sobre el ciclo de fecundidad de la mujer, en colaboración con el japonés Kiusaku Ogino (v.).

kneiss. Petr. gneis.

knock out. (expr. inglesa). Dep. fuera de combate.

Knosos. Geog. hist. Cnosos.

Knox (John). Biog. Reformador escocés, n. en Giffordgate y m. en Edimburgo (1505-1572). Ordenado sacerdote, fue notario apostólico en Haddington, pero habiendo abrazado la Reforma, abandonó la carrera eclesiástica. La vida de Knox fue desde entonces una continua campaña en favor del calvinismo en Francia, Suiza y Escocia. Entre sus muchos escritos descuella una *Historia de la reforma en Escocia*, terminada por su secretario Bannatyne. || **(Fuerte).** Geog. Fortaleza militar de EE. UU., en el de Kentucky, cerca de Louisville, en la que se halla la cámara fuerte donde se guardan las reservas de oro de la nación.

Suplicio del knut, grabado antiguo

knut. (Voz rusa.) m. Hist. Castigo que se aplicó en Rusia. Consistía en azotar la espalda del condenado con unas disciplinas compuestas de varios ramales de cuero, terminados en bolas de metal. El *knut* fue suprimido en 1845 y se le substituyó por el simple latigazo, el cual fue, a su vez, abolido en 1863.

k. o. Dep. Siglas de *knock out* (v. **fuera de combate**).

Ko Ting-sui. Biog. Científico chino contemporáneo. Trabajó en el Instituto Tecnológico de la Universidad de California, donde se especializó en física nuclear. Participó en los trabajos atómicos estadounidenses (1944-45) y ha sido uno de los principales artífices de la bomba atómica china.

koala. m. Zool. coala.

kob. (Voz yolof.) m. Zool. Mamífero rumiante de la familia de los bóvidos, subfamilia de los hipotraguinos, congénere del puku, muy parecido a él y también habitante de África central *(adenota kob).*

Kobayashi (Masaki). Biog. Director japonés de cine, n. en Hokkaido, en 1916. Cursó estudios en las Universidades de Waseda y Shoshiku. Obras: *La juventud del hijo, Magakoro, La habitación de las grandes paredes, Harakiri, Kwaidan, Rebelión*, etc.

Kobdo o **Cobdo.** Geog. Gran meseta montañosa de la Mongolia Occidental, de 1.200 m. de alt. Se supone que es la *Chinguitalas* mencionada por Marco Polo. || Prov. de Mongolia; 76.000 km.² y 54.000 h. || C. cap. de la misma; 5.800 h.

Kobe. Geog. C. de Japón, cap. de la prefect. de Hyögo, en la isla de Honshu, sit. en la bahía de Osaka; 1.288.937 h. Grandes talleres de construcción naval y otras industrias, especialmente siderúrgicas. Puerto.

kobego. m. Zool. caguán.
Kobenhavn. Geog. Copenhague.
kober. m. Zool. kobez.

kobez. m. Zool. Ave falconiforme, de la familia de las falcónidas, congénere del cernícalo común, del que se distingue por el color rojizo de sus patas y de la cera del pico. Vive en el centro y E. de Europa y en Asia, y se le conoce también por *cernícalo patirrojo (falco vespertinus).*

Koblenz. Geog. Coblenza.

Kocaeli. Geog. Prov. de Turquía asiática, región de Mármara y Costa del Egeo; 3.986 km.² y 383.552 h. Cap., Izmit.

Kock (Johannes). Biog. Teólogo alemán, más conocido por *Cocceyo*, n. en Brema y m. en Leyden (1603-1669). Es autor del primer diccionario hebreo que se ha publicado. Creó un sistema de exégesis para comprender las frases de la Biblia en todos los sentidos de que son susceptibles. || **(Paul de).** Escritor francés, n. en Passy y m. en París (1794-1871). Autor de gran número de novelas del género festivo y picaresco que alcanzaron extraordinaria popularidad. Son las más conocidas: *El hijo de mi mujer, Gustavo el calavera, La joven de las tres enaguas, El señor Dupont, Un marido en busca de su mujer* y *La mujer, el marido y el amante.*

Koch (Robert). Biog. Médico y microbiólogo alemán, n. en Klauthal y m. en Baden-Baden (1843-1910). Ejerció la medicina en Wollstein y en Breslau, donde realizó su más importante labor bacteriológica, hasta que, en 1885, marchó a Berlín, al Departamento Imperial de Sanidad. En aquellos veinte años halló el modo de obtener cultivos puros en medio sólido y perfeccionó los métodos de tinción y de fotografiar preparaciones microscópicas. Descubrió los bacilos del carbunco (1876) y de la tuberculosis (1882), y enviado a Egipto y a la India para combatir el cólera, descubrió también el vibrio de esta enfermedad. Investigó asimismo sobre paludismo, peste bubónica, lepra y enfermedad del sueño, y recibió en 1905 el premio Nobel. Inventó la tuberculina, que si

Kob

Robert Koch, en su laboratorio, grabado antiguo

no dio resultado como vacuna preventiva, si lo fue y lo sigue siendo como medio de diagnosticar la infección. Estableció la llamada *ley de Koch*, todavía válida, que establece las condiciones para conocer si un microbio es o no el agente de una determinada enfermedad. Escribió, entre otras, las siguientes obras: *Remedios antituberculosos* (Leipzig, 1891), *Sobre la propagación de la peste bubónica* (Leipzig, 1898), y *La lucha antitífica* (Berlín, 1902).

Kochanowski (Jan). *Biog.* Poeta polaco, n. en Sycina, cerca de Radom, y m. en Lublín (1530-1584). Sus producciones le valieron el título de poeta nacional.

Kocher (Emil Theodor). *Biog.* Médico y fisiólogo suizo, n. y m. en Berna (1841-1917). Se le concedió en 1909 el premio Nobel de Medicina por sus estudios sobre la fisiopatología de las glándulas linfáticas y el tiroides. Además fue un célebre cirujano, especializado en las operaciones de esta última glándula.

Kochi. *Geog.* Prefect. de Japón, en la isla de Shikoku; 7.106 km.^{2} y 768.882 h. ‖ C. cap. de la misma, en la bahía de Tosa; 240.481 h.

Kodaly (Zoltan). *Biog.* Compositor húngaro, n. en Kecskemèt y m. en Budapest (1882-1967). Fue presidente de la Academia húngara de Ciencias (1946-49). Recopiló 3.500 canciones populares húngaras y es autor de varios libros acerca del folklore musical de su país. Entre sus obras destacan: *Psalmus Hungáricus* (1923), *Hary Janos*, drama (1927), *Kuruc Mese*, ballet (1935), *Missa Brevis* (1944) y *La tumba de los mártires* (1945).

Kodde (Pieter Jacob). *Biog.* Codde (Pieter Jacob).

Kodiak. *Geog.* Isla de EE. UU., en el de Alaska, separada de la península de Alaska por el estrecho de Shelikov; 10.000 km.^{2} y 7.174 h. Caza. Pesca del salmón.

Koechlin (Charles). *Biog.* Compositor francés, n. en París y m. en Canadel (1867-1950). Con gran libertad de inspiración y rara habilidad técnica, compuso diversas obras, entre las cuales destacan por su calidad y brillantez las *Sonatinas* para piano, el *Quinteto* para piano y cuerdas y tres *Cuartetos*, los poemas sinfónicos, los ballets y *Abbaye*, pieza sinfónico-coral.

Koenig (Friedrich). *Biog.* Inventor alemán, n. en Eisleben y m. en Oberzell (1774-1833). Inventó, en colaboración con su compatriota Andreas Friedrich Bauer, la primera máquina de imprimir a vapor, en que la impresión plana se substituía por la estampación en un cilindro. ‖ (**Marie Pierre**). General francés, n. en Caen, Calvados, en 1898. Se destacó en la S. G. M. y en 1944 De Gaulle le nombró general en jefe del frente interior de Francia *(maquis)*, y en el mismo año fue gobernador militar de París. Terminada la guerra, fue jefe de la zona de ocupación francesa en Alemania; pero luego se consagró a la política y ha sido ministro de la Guerra.

Koenigs (Paul Xavier Gabriel). *Biog.* Matemático francés, n. en Toulouse y m. en París (1858-1931). Profesor de Mecánica en la Sorbona. Se ocupó particularmente de geometría, de cinética y de la teoría de los mecanismos.

Koenigsberg (Allen Stewart). *Biog.* Actor, director y guionista de cine estadounidense, más conocido por *Woody Allen*, n. en Nueva York en 1935. Entre las películas en que ha intervenido figuran: *¿Qué tal, Pussycat?, Casino Royale, La última noche de Boris Grushenko, Todo lo que usted desearía saber sobre el sexo y no se atreve a preguntar* y *Annie Hall*, en la que fue premiado en 1978 con el Oscar a la mejor dirección. ‖ *Geog.* Kaliningrado.

Arthur Koestler

Koestler (Arthur). *Biog.* Periodista y escritor inglés, de origen judeohúngaro, n. en Budapest en 1905. Fue corresponsal en la guerra de España. Sus obras más famosas son: *Obscuridad a mediodía, El cero y el infinito, Los cruzados sin cruz* y *Promise and Fulfilment. The Trail of the Dinosaur* (1955), *Reflections on Hanging* (1956), *The Sleepwalkers* (1958), *The Lotus and the Robot* (1960), *The Act of Creation* (1963), *The gost in the machine* (1967) y *The call-girls* (1972).

Koforidua. *Geog.* Pobl. de Ghana, cap. de la región Oriental; 69.804 h.

Kofu. *Geog.* C. de Japón, en la isla de Honshu, cap. de la prefect. de Yamanasi; 182.669 h. Fabricación de tejidos de seda.

kogia. m. *Zool.* Cetáceo odontoceto, de la familia de los fisetéridos, que mide de 5 a 6 m. de largo, y es llamado *cachalote enano*. Vive en los océanos Índico, Atlántico y Pacífico *(kogia bréviceps)*.

Koh Kong. *Geog.* Prov. de Kampuchea; 11.161 km.^{2} y 39.283 h. Capital, Khemarak Phouminville.

Kohima. *Geog.* C. de la India, cap. del est. de Nagaland.

Köhler (Wolfgang). *Biog.* Psicólogo alemán, n. en Revel en 1887. Profesor de la Universidad de Gotinga, de Berlín y de Manchester. Es autor de la teoría psicológica llamada gestaltismo. Ha escrito: *La medida de la inteligencia en los monos antropoides*. (V. **Filosofía de la forma.**)

Kohlrausch (Friedrich Wilhelm Georg). *Biog.* Físico alemán, n. en Rinteln y m. en Marburgo (1840-1910). Fue profesor de Física en Estrasburgo, Gotinga, Zurich y Berlín, estudió la conductividad de los electrólitos y dio a conocer su ley sobre la *independencia de la movilidad de los iones en los electrólitos*.

koi. adj. *Etnog.* gond.

Koinadugu. *Geog.* Dist. de Sierra Leona, prov. Septentrional; 12.121 km.^{2} y 129.061 h. Cap., Kabala.

Koizumi (Yakumo). *Biog.* Hearn (Lafcadio).

kok-saghyz. (Voz rusa; del turco *kok*, raíz, y *sagiz*, goma.) m. *Bot.* Planta originaria del Turquestán, de cuya raíz, no comestible, se extrae caucho y, como subproductos, alcoholes, pasta de papel, vinaza y levaduras.

Kokchetav. *Geog.* Prov. de la U. R. S. S., en Kazajstán; 78.100 km.^{2} y 589.204 h. ‖ C. cap. de la misma; 80.564 h.

Koken. *Biog.* Emperatriz de Japón, m. en 769. Reinó de 749 a 758 de nuestra era. Abdicó en favor de su primo Jumin Tenno; pero después, arrepentida de ello, lo destronó y recobró el poder.

Kokoschka (Oscar). *Biog.* Pintor y escritor austriaco, n. en Pöchlarn y m. en Montreux (1886-1980). Frecuentó la Escuela de Artes Industriales de Viena (1904-07) y realizó su primera exposición en 1908. En 1960 le fue concedido el premio Erasmo, en el Congreso de la Cultura, celebrado en Copenhague. Expresionista un tanto tenebroso y sombrío, entre sus obras destacan: *La novia del viento, El caballero errante, Por qué luchamos* y *Energía atómica*, pinturas; y *My life*, autobiografía.

Kola. *Geog.* Península de la U. R. S. S., en la costa N. de ésta, entre el mar de Barents al N. y el Blanco al S.; 99.000 km.^{2} y 2.700 h. Importantes yacimientos de titanita.

Kolarov (Vassil). *Biog.* Político búlgaro, n. en Sumen y m. en Sofía (1877-1950). Secretario del partido comunista (1919) y secretario general de la III Internacional (1922); en 1923 dirigió, con Dimitrov, la revolución, a consecuencia de la cual fue condenado a muerte y hubo de huir del país. De regreso en Bulgaria (1944), fue presidente de la Asamblea Nacional (1945), presidente provisional de la República (1946), presidente del Presídium (1946), ministro de Asuntos Exteriores y viceprimer ministro (1947), y jefe del Gobierno a la muerte de Dimitrov (1949).

Kolbe (Adolph Wilhelm Hermann). *Biog.* Químico alemán, n. en Ellichausen y m. en

Leipzig (1818-1884). Profesor de las Universidades de Marburgo y Leipzig. Descubrió numerosas síntesis que llevan su nombre; trató de aislar los radicales orgánicos por electrólisis, y publicó el importante libro *Sobre la constitución química y la naturaleza de los radicales orgánicos.*

kolinski. (Voz rusa que sign. *de Kola.*) m. **Zool.** Mamífero carnívoro de la familia de los mustélidos, muy parecido a los visones, pero de color leonado obscuro; es propio de Siberia, donde se le caza para utilizar su piel *(kolenokus sibiricus).*

koljós o **kolkhós.** (Del ruso *kollectivnoie josiaistvo*, que sign. *economía colectiva.*) m. Tipo de cooperativa agrícola de producción, que constituye la base de la colectivización de la agricultura en la U. R. S. S. llevada a cabo por el Gobierno soviético. Todos los miembros del koljós tienen iguales derechos; los trabajos son dispuestos conforme a las líneas trazadas por el plan del Estado, según las características de la región; el Comité distribuye la tarea por brigadas y equipos; al terminar cada campaña, se reparten los beneficios proporcionalmente a la tarea realizada por cada uno. La labor de los koljoses es orientada por las granjas oficiales del Estado o sovkhojes.

Köln. Geog. Colonia.

Kolokotronic. Biog. Colocotronis.

Kolonjë. Geog. Dist. de Albania, región de Elbasan-Berat; 805 km.² y 18.500 h. Cap., Ersekë.

Kolozsvár. Geog. Cluj.

kolsun. m. **Zool.** Mamífero carnívoro de la familia de los cánidos, parecido al lobo, aunque de hocico más corto y con un pelaje espeso, de color rojo en el lomo y muy largo en la cola. Vive en Asia central, donde forma manadas de hasta 60 individuos. Se le llama también *perro rojo (cúon dukhunensis).*

Koltchak (Alexis Vasilievich). Biog. Almirante ruso, m. en Irkutsk (1874-1920). En la P. G. M. era contraalmirante de la escuadra del mar Negro. Al estallar la revolución rusa organizó un movimiento antibolchevique en el O. de Siberia y constituyó un Gobierno con cap. en Omsk; en 1918-19 avanzó con sus huestes al O. de los Urales e infligió serias derrotas a los bolcheviques, pero al fin cayó en manos de éstos y murió fusilado.

Kolyma. Geog. Río de la U. R. S. S., en Siberia Nordoriental, que n. en la prov. de Magadan, y des., después de entrar en la república de Yakutsk, en el océano Glacial Ártico, tras 1.600 km. de curso.

Kollar (Jan). Biog. Poeta checo, n. en Mosovcé y m. en Viena (1793-1852). Por la belleza del lenguaje, intenso sentimiento y ardiente patriotismo, los chechos le consideran como poeta nacional. Su obra maestra es la colección de sonetos *La hija de Slavia.*

Kollontai (Alejandra Mijailovna). Biog. Diplomática soviética, n. en San Petersburgo y m. en Moscú (1872-1952). Formó parte del primer Gobierno bolchevique. Representó a su país en Méjico (1926-27) y posteriormente en Suecia. Fue también comisario del Bienestar social en el primer Gabinete soviético.

Kollwitz (Käthe). Biog. Artista grabadora alemana, n. en Koenigsberg y m. en Moritzburgo, Dresde (1867-1945). Prefirió los temas sociales, que representa con rudeza trágica, y antimilitaristas.

Komadugu. Geog. Río de África Occidental, en Nigeria; n. en la región de Sokoto y des. en el lago Chad, a los 800 km. de curso.

Komárom. Geog. Cond. de Hungría; 2.249 km.² y 305.800 h. Cap., Tatabánya.

Komarov (Vladimir Leontievich). Biog. Botánico soviético, n. y m. en San Petersburgo (1869-1945). Especialista en la flora de la U. R. S. S. Obras: *La flora de la península de Kamchatka, La flora de la U. R. S. S.,* etc.

Komensky (Jan). Biog. Pedagogo checo, también conocido por la latinización o españolización de su apellido Comenius o Comenio, n. en Niwnitz y m. en Amsterdam (1592-1670). Fue último obispo de la comunidad de los Hermanos Bohemios. Perseguido por el gobierno imperial, vivió expatriado. Puso vida y obra al servicio del ideal de la paz perpetua. Contra la instrucción pedante de la época preconizó la enseñanza directa de las cosas y creó el llamado *realismo* en pedagogía. Fue un espíritu enciclopédico y escribió más de cien obras, la mayoría en latín. Sus obras más importantes son: *Laberinto del mundo y paraíso del corazón, Inana linguárum reserata, Orbis sensuálim pictus, Didáctica Magna,* etc.

komet. m. **Mar.** Sistema de radionavegación que emplea ondas cortas y sus antenas están a la distancia de dos longitudes de onda; es similar al *consol.*

Komi-Permiacos (Distrito Nacional de los). Geog. Dist. de la U. R. S. S., en la R. F. S. S. R.; 32.900 km.² y 212.141 habitantes. Cap., Kudynkar.

Kominform. Polít. Organismo de organización y propaganda creado por los partidos comunistas de la U. R. S. S., Polonia, Checoslovaquia, Hungría, Rumania, Bulgaria, Yugoslavia, Italia y Francia. Fue creado en 1947 y disuelto en 1956.

Komintern. (Del ruso *Kommunistizesky Internatsional:* Internacional Comunista.) **Polít.** Organismo creado por Lenin en 1919 para imprimir unidad de acción a todos los partidos comunistas del mundo. Se conoce también con el nombre de Tercera Internacional. Tenía su sede en Moscú y estaba dirigida por un Presídium, con representantes de todas las naciones, aunque el verdadero jefe fue el búlgaro Dimitrov. Durante la S. G. M., en 1943, el Presídium acordó la disolución del Komintern.

Kommunizma. (En esp., *Comunismo.*) **Geog.** Pico de la U. R. S. S., república de Tajikistán, que hasta 1961 se llamó *Stalin,* y anteriormente *Garmo;* está en la cordillera de Tian Shan, y su altura es de 7.495 m. Es la cumbre más alta de la U. R. S. S.

Komorovski (Tadeusz). Biog. Militar polaco, n. en Lwow y m. en Londres (1895-1966). Con el nombre de general *Bor,* dirigió la sublevación de Varsovia en agosto de 1944 y fue el alma de la resistencia polaca durante la ocupación alemana. Se le nombró generalísimo de los ejércitos polacos por el Gobierno emigrado en Londres. Después de la S. G. M. fue declarado criminal de guerra por los soviéticos y el Gobierno de Varsovia.

Komotini. Geog. C. de Grecia, cap. del nomo de Rodope, en Tracia; 32.123 h.

Kompong Cham. Geog. Prov. de Kampuchea; 9.799 km.² y 821.030 h. ‖ C. cap. de la misma; 28.532 h. ‖ **Chhnang.** Prov. de Kampuchea; 5.521 km.² y 274.095 h. ‖ C. cap. de la misma 13.001 h. ‖ **Som** C. de Kampuchea, que forma por sí sola una municipalidad; 68 km.² y 7.095 h. ‖ **Speu.** Prov. de Kampuchea; 7.017 km.² y 307.551 h. ‖ C. cap. de la misma; 7.334 h. ‖ **Thom.** Prov. de Kampuchea; 27.602 km.² y 320.364 h. ‖ C. cap. de la misma; 9.477 h.

Komsomol. (De la expr. rusa *Komunisticheskii Soiuss Molodeschi:* Unión Juvenil Comunista.) **Polít.** Organización juvenil comunista soviética fundada en 1918.

Konakry. Geog. Región de Guinea; 308 km.² y 200.000 h. ‖ C. cap. de la nación y de la región de su nombre; 197.267 h. Puerto.

Konar. Geog. Prov. de Afganistán; 9.661 km.² y 322.000 h. Cap., Chaga Sarai.

Kondrashin (Kiril Petrovich). Biog. Director de orquesta soviético, n. en 1914. Estudió en el Conservatorio de Moscú y ha dirigido las orquestas del Teatro de la Ópera de Leningrado (1937-38) y del Bolshoi de Moscú, (1943-56) y la de Conciertos del Estado (1956-60). En este último año fue nombrado director de la Filarmónica de Moscú. Ha sido galardonado dos veces con el premio Stalin (1948 y 1949).

Koniev (Iván). Biog. Mariscal soviético, n. en Lodeyno (1897-1973). Fue soldado en las tropas zaristas y en 1919 se unió voluntariamente al ejército rojo. En el transcurso de la S. G. M. cruzó el Dnieper, reconquistó Dniepropetrovsk y Kirovgrad, y conquistó Praga. En 1946 recibió el nombramiento de comandante en jefe de todas las fuerzas terrestres de la U. R. S. S. Fue comandante en jefe del Pacto de Varsovia hasta 1960.

Königsberg. Geog. Kaliningrado.

Königshütte. Geog. Chorzów.

Konin. Geog. Vaivodato de Polonia; 5.100 km.² y 423.700 h. ‖ C. cap. del mismo; 48.400 habitantes. Importante industria energética.

Konkán. Geog. Región de la India, est. de Bombay, sit. al pie de los Ghates Occidentales, est. de Gujarat y Maharashtra; 31.200 km.² y 4.000.000 de habitantes.

Konkoure. Geog. Río de Guinea; n. en el Fouta-Djallon, y después de un curso de 350 km. des. en el Atlántico, cerca de Konakry.

Kono. Geog. Dist. de Sierra Leona, prov. Oriental; 5.641 km.² y 167.915 h. Cap., Sefadu.

Konoye (Fumimaro) Biog. Príncipe y político japonés, nacido y muerto en Tokio (1891-1945). Pertenecía a la familia más próxima en parentesco a la del emperador. Fue presidente del Senado (1933-1937) y jefe del Gobierno (1937-39) y (1940-41). Al término de la S. G. M., el general MacArthur le dio el encargo de redactar una nueva Constitución, pero declarado más tarde presunto criminal de guerra, se envenenó para evitar ser procesado.

Fumimaro Konoye

Konstantinovka. Geog. C. de la U. R. S. S., en Ucrania; 105.446 h.

Konstanz. Geog. Constanza.

Kontum. Geog. Prov. de Vietnam, en la región de Vietnam Central Alto; 10.181 km.² y 117.000 h.

Konya. Geog. Prov. de Turquía asiática, región de Anatolia Central; 47.420 km.² y 1.289.500 h. ‖ C. cap. de la misma; 200.760 h. Corresponde a la famosa *Iconium,* que durante el dominio persa fue c. fronteriza de Frigia. En 1466 cayó en poder de los otomanos.

konzo. m. **Zool.** Mamífero rumiante de la familia de los bóvidos, subfamilia de los hipotraguinos, de hasta 1.25 m. de altura; cuernos muy recurvados, de unos 30 cm., pelaje rojizo en los machos, y amarillento en las hembras, y cola negra. Es propio de la región de Zambeze (*alcelaphus lichtensteini*).

Koo (Vi Kyuin Wellington). Biog. Político y diplomático chino, n. en Shanghai en 1888. Ha sido ministro de Estado y de Hacienda y presidente y vicepresidente del Gobierno. Ha representado a su nación (desde 1949, China Nacionalista) en diversos países, como Francia (1936-1941), R. U. (1941-46) y EE. UU. (1946-1956). Ha sido juez del Tribunal Internacional de La Haya (1957-66).

Koopmans (Tjalling Charles). Biog. Economista estadounidense, de origen holandés, n. en Graveland en 1910. Especialista y uno de los pioneros de la econometría (v.), ha sido galardonado con el premio Nobel de Economía en 1975, compartido con L. Kantorovich (v.). Sus dos publicaciones más importantes son: *Three essays on the state of economic science* (1957) y *Scientific papers of Tjalling C. Koopmans* (1970).

kopek. m. Num. copec.

Kopernik (Nikolaj). Biog. Astrónomo polaco, más conocido por *Nicolás Copérnico*, forma latinizada de su nombre, n. en Torum y m. en Frauenburg (1473-1543). Llegó a Italia a los veintitrés años de edad para estudiar matemáticas en Bolonia y Padua. Después de licenciarse en Medicina y doctorarse en Teología, su espíritu inquieto le llevó a Roma. En 1500 estaba en esta ciudad, donde dio lecciones de Astronomía durante seis años y frecuentó el trato de famosos astrónomos, y de una manera especial el de Regiomontano. Vivió un tiempo en Heilsberg y allí empezó sus investigaciones sobre el sistema solar y escribió su obra *De revolutiónibus órbium coeléstium* (*Sobre las revoluciones de los cuerpos celestes*), concluida en 1530, pero que no pudo imprimirse hasta poco antes de su muerte, debido a que la Iglesia apoyaba el sistema geocéntrico de Tolomeo. Copérnico supuso que los planetas giraban alrededor del Sol, y este sistema heliocéntrico es el que se considera como verdadero en nuestros días, si bien al Sol, que él consideraba inmóvil, hoy se le atribuye también un movi-

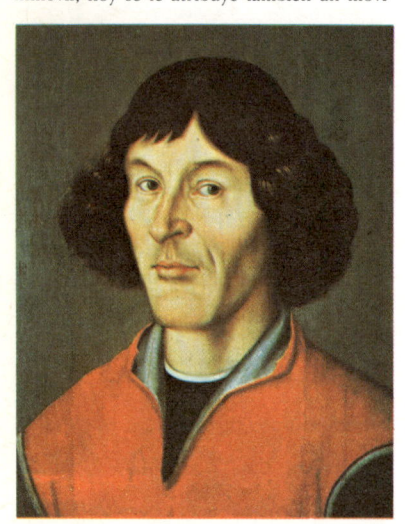

Nikolaj Kopernik. Biblioteca del Gimnasio. Turín

miento de traslación hacia la constelación de Hércules. En el prólogo de la obra citada reconoce que los clásicos griegos ya habían pensado lo mismo.

Kopet-Dagh. Geog. Cadena de montañas de Turquía, en Anatolia Oriental, que atraviesan la prov. de Erzurum; 3.300 m. de alt.

Kopomá. Geog. Mun. de Méjico, est. de Yucatán; 1.624 h. || Pueblo cap. del mismo; 1.120 h.

Kopp (Hermann). Biog. Químico alemán, n. en Hanau y m. en Heidelberg (1817-1892). Discípulo de Liebig, realizó estudios sobre la relación entre las propiedades físicas y la fórmula química de los compuestos.

Kopparberg. Geog. Condado de Suecia; 30.362 km.^{2} y 278.723 h. Cap., Falun.

Korái. Museo de la Acrópolis. Atenas

korái. (Voz griega que sign. *vírgenes, doncellas*.) f. Arqueol. Nombre de un tipo de escultura arcaica griega. Las *korái* son estatuas que representan doncellas. Su tamaño es muy variado (v. **kurói**).

Korcë. Geog. Región de Albania, que comprende los dist. de Kolonjë, Korcë y Pogradec; 3.711 km.^{2} y 231.900 h. || Dist. de Albania, en la región de su nombre; 2.181 km.^{2} y 167.500 h. || C. cap. de la región y dist. del mismo nombre; 45.858 h. Aeropuerto. Catedral ortodoxa griega.

Korcula. Geog. Isla de Yugoslavia, en el mar Adriático, en la república federada de Croacia, cerca de la costa de Dalmacia; 280 km.^{2} y 28.356 h. || C. cap. de la misma; 7.144 habitantes. Puerto; astilleros. Catedral gótica de San Marcos, del s. XIII.

Korda (sir Sándor). Biog. Director de cine inglés, de origen húngaro, más conocido por *Alexander Korda*, n. en Turkeye y m. en Londres (1893-1956). Fue maestro de escuela y periodista, y con el ejercicio de esta profesión se aficionó al cine y empezó a lanzar películas cortas. Trabajó en Austria, Alemania, Francia, EE. UU. y el R. U., donde se afincó y comenzó a producir por su cuenta (1931). Películas principales: *La vida privada de Enrique VIII, Rembrandt, Lady Hamilton* y *Un marido ideal*. || **(Zoltán).** Director de cine inglés, hermano de Sándor, n. en Turkeye y m. en Hollywood (1895-1961). Destacó en filmes de ambiente colonial, entre los que cabe citar: *Sabú* (1936), *Las cuatro plumas* (1939) y *El libro de la selva* (1942).

Kordofán. Geog. Prov. de Sudán; 380.546 km.^{2} y 3.027.000 h. Cap., El Obeid.

korf-ball. (Del a. *Korf*, cesto, y el i. *ball*, pelota.) f. Dep. Modalidad del baloncesto, jugado en Europa central desde principios del presente siglo. También es llamado *baloncesto libre*.

Korhogo. Geog. Depart. de Costa de Marfil; 12.164 km.^{2} y 243.000 h. || C. cap. del mismo; 23.766 h.

kori. (Voz de un dialecto bantú.) m. Zool. Ave del orden de las gruiformes, familia de las otídidas, parecida a nuestra avutarda, que vive en África del Sur (*eupodotis kori*).

koriaco. adj. Etnog. coriaco.

Koricancha. (Voz quechua.) Hist. *Perú.* Templo del Sol, erigido en el Cuzco durante el reinado del inca Pachacutee.

Koritsa o **Koritza.** Geog. Korcë.

korkodilo. m. Zool. Reptil saurio de la familia de los agámidos, y congénere del ágama común, que vive en Egipto (*agama stellio*).

Korn (Alejandro). Biog. Médico alienista y filósofo argentino, n. en San Vicente y m. en La Plata (1860-1936). Preconizó una filosofía en la que dio preeminencia a la libertad, el valor y la personalidad. De su producción extensa y fragmentaria pueden citarse: *Incipit vita nova* (1918), *La libertad creadora*, su obra fundamental (1922), *El concepto de la ciencia* (1926) y *Bergson en la filosofía contemporánea* (1935). || **(Arthur).** Físico alemán, n. en Breslau y m. en Jersey City (1870-1945). En 1904 logró por primera vez la transmisión de fotografías a través de líneas telegráficas, con el empleo de fotorresistencias sensibles a la luz, que transformaban las distintas intensidades de la luz en corrientes eléctricas diferentes.

Kornberg (Arthur). Biog. Bioquímico estadounidense, n. en Brooklyn en 1918. En 1959 compartió el premio Nobel de Medicina con Severo Ochoa, por sus estudios enzimáticos, que le permitieron sintetizar el ácido desoxirribonucleico mediante una ADN-polimerasa descubierta por él.

Kornbliet (Alexander). Biog. Director de escena soviético, más conocido por el seudónimo de *Alexander I. Tairov*, n. en Rommy y m. en Moscú (1885-1950). Liberó las trabas literarias en el montaje de las representaciones dramáticas. Dio gran importancia al decorado y resaltó extraordinariamente el valor musical en la técnica del actor.

Korneichuk (Alexander). Biog. Autor dramático y político soviético, n. en Ucrania en 1910. Ha sido presidente del Soviet Supremo de Ucrania, y presidente de la Unión de Escritores Soviéticos de Ucrania. Es autor de: *Platon Krecht, Bogdan Jmelnitski, En las estepas de Ucrania, El frente, Mr. Perkins visita la tierra de los bolcheviques*, etc.

Körner (Karl Theodor). Biog. Poeta alemán, n. en Dresde y m. cerca de Gadebusch (1791-1813). En 1813 sentó plaza de soldado al levantarse Prusia contra Napoleón. Poco antes de morir en el campo de batalla compuso el famoso *Canto de la espada*.

Kornilov (Laur Georgievich). Biog. General ruso, n. en Ust Kamenogorsk y m. en Iekaterinodar (1870-1918). Como general en jefe del 8.º ejército, tomó una parte muy principal en la ofensiva rusa de julio de 1917, y en el mismo año substituyó a Brusiloff como generalísimo. Iniciada la revolución, no logró entenderse con Kerensky; marchó contra Petrogrado, y, detenido por los bolcheviques, se escapó y se unió a Denikin en el Don; en mayo de 1918 se presentó ante Iekaterinodar, donde murió combatiendo.

Korolenko (Vladimir Galaktionovich). Biog. Escritor ruso, n. en Jitomir y m. en Poltava (1853-1921). Sus obras le dieron gran celebridad. Sobresalen entre sus producciones: *El sueño de Makar, El músico ciego, El bosque murmura* y *Relato de un turista siberiano*.

Koronadal. Geog. C. de Filipinas, en la isla de Mindanao, cap. de la prov. de Cotabato del Sur.

korrikalari. (Voz vascuence.) m. **Dep.** *Vasc.* Corredor que interviene en las carreras a pie, deporte rural.

Korsabad. Arqueol. Jorsabad.

koruna. Num. corona.

Koruturk (Fahri S.). Biog. Militar y político turco, n. en Estambul en 1930. Posee el grado de almirante de la Armada. Ha sido embajador de su país en la U. R. S. S. (1960-1964) y en España (1964-65). El 6 de abril de 1973 fue elegido presidente de la República turca.

Korwin-Piotrowska (Gabryela). Biog. Escritora polaca, más conocida por *Gabriela Zapolska*, n. en Kivirka y m. en Lvov (1860-1921). Escribió muchas novelas realistas, como *Kasta Karytyda* y *La antesala del infierno*. También compuso una serie de dramas de gran efectismo, entre los que sobresale *Malka Schwarzenhopf*.

Korzeniovski (Józef). Biog. Literato polaco, n. en Brody y m. en Dresde (1797-1863). Autor de unas 60 obras teatrales y de varias novelas. Entre sus obras dramáticas se mencionan: *Muertos y vivos*, *Los judíos*, *La joven viuda*, *Los bohemios* y *Los montañeses de los Cárpatos*. || **(Konrad).** Novelista inglés, de origen polaco, más conocido por el seudónimo de *Joseph Conrad*, n. en Berdichv, Ucrania, y m. en Bishopsbourne (1857-1924). Su realismo es sorprendente. Se le ha llamado el poeta épico del mar, y, en efecto, nadie como él ha sabido tratar la sugestión y magnificencia marítimas.

Konrad Korzeniovski

Sus principales obras, escritas en inglés, son: *La locura de Almayer* (1890), *El negro del «Narciso»* (1897), *Lord Jim* (1900), *Juventud* (1902), *Tifón* (1903), *Nostromo* (1904), *Victoria* (1915) y *La flecha de oro* (1919).

Kos. Geog. Cos.

Kosciusko (Tadeusz). Biog. General y patriota polaco, n. en Mereczowszczyna y m. en Solothurn (1746-1817). Poniatowski le nombró general en jefe de las fuerzas insurrectas y cayó prisionero de los rusos, que le libertaron posteriormente. Al morir en Suiza, fue trasladado a Cracovia y se le enterró en la catedral. || **Geog.** Monte de Australia, en los Alpes australianos, est. de Nueva Gales del Sur; 2.228 m. Es el más alto de la nación.

Koshi. Geog. Zona de Nepal; 8.229 km.² y 700.000 h. Cap., Dharān Bāzār.

Kosice. Geog. C. de Checoslovaquia, cap. de la prov. de Eslovaquia Oriental; 142.233 h.

Kosigin (Alexei Nicolaievich). Biog. Político soviético, n. en San Petersburgo en 1904. Estudió la carrera de ingeniero textil, trabajó en varias cooperativas regionales y dirigió una fábrica textil de Leningrado (1937-38). Miembro del Comité Central del Partido Comunista de la U. R. S. S., desde 1939, del Politburó (1948-52) y del Presídium (1963). Dentro del Gobierno de la U. R. S. S. ha desempeñado los siguientes cargos: diputado del Soviet Supremo (1946-1960), ministro de Finanzas (1948), de Industria ligera (1948-53) y de Producción de Bienes de Consumo (1953-54), vicepresidente (1955-60), así como uno de los tres vicepresidentes del Consejo de Ministros (1960-64). El 15 de octubre 1964 fue designado por el Presídium del Soviet Supremo para substituir a Jruschev en el cargo de presidente del Consejo de Ministros, mandato para el que fue reelegido en 1966.

Kostrowitski y sus amigos, por Marie Laurencin. Colección Apollinaire. París

Kosnovski (Salomon). Biog. Escritor y político socialista alemán, conocido también por *Kurt Eisner*, n. en Berlín y m. en Munich (1867-1919). Después de ingresar en el partido socialista, fue editor del órgano del mismo: *Vorwaerts*. Al estallar la revolución en 1918 tomó posesión del puesto de primer ministro y luego fue presidente de la República bávara. Trabajó inútilmente por separar a Baviera del resto de Alemania y hacer la paz separada con los aliados.

Kosovo. Geog. Entidad autónoma de Yugoslavia, en la república de Serbia; 10.887 km.² y 1.244.755 h. Cap., Priština.

Kossel (Albrecht). Biog. Fisiólogo, bioquímico y médico alemán, n. en Rostock y m. en Heildelberg (1853-1927). Fue profesor de las Universidades de Marburgo, Heildelberg y Berlín. En 1910 se le concedió el premio Nobel de Medicina por sus estudios sobre química celular. Obras: *Untersuchungen über di Nukleine und ihre Spaltungsprodukte*, *Leitfaden für medizinisch-chemische Kurse*, etc.

Kossovo. Geog. Kosovo.

Kossuth (Lajos). Patriota húngaro, n. en Monok y m. en Turín (1802-1894). Su primer acto político fue tomar parte en la Dieta nacional de Presburgo (1825). En 1848, en plena revolución, se encargó de la cartera de Hacienda, y su llamamiento a la defensa nacional reunió una fuerza de más de 200.000 hombres para resistir a los serbios y croatas invasores. Su oratoria excitó al ejército en los sucesos de abril de 1849. Entonces hizo su famosa declaración de independencia, pero al ver que era inevitable someterse a Austria, renunció a sus planes.

Kostroma. Geog. Prov. de la U. R. S. S., en la R. F. S. S. R. Confina al N. con la de Vologda, al E. con la de Gorki, al S. con Ivanovo y al O. con Jaroslav y Vologda; 60.100 km.² y 870.575 h. || Ciudad cap. de la misma, sit. en la confluencia del Kostroma y del Volga; 223.042 h. Es una de las más antiguas ciudades de la U. R. S. S. Catedral del s. XIII. Tejidos de lino.

Kostrowitski (Wilhelm Apollinaris de). Biog. Poeta francés, más conocido por el seudónimo de *Guillaume Apollinaire*, n. en Roma y m. en París (1880-1918). Cultivó el cuento, la novela, el ensayo y la crítica. Antecesor inmediato de los *ismos* que proliferaron en el período llamado *de entre guerras*, inventó un modo inédito hasta entonces de trágica, disparatada y juvenil poesía. Así sus *Alcools* (1913) y *Calligrammes* (1918).

Kosygin (Alexei N.). Biog. Kosigin (Alexei N.).

Koszalin. Geog. Vaivodato de Polonia; 8.500 km.² y 428.500 h. || C. cap. de la misma, a orillas del Mühlbach; 75.100 h. Iglesia del s. XIV.

Kota Baharu. Geog. C. de Malaysia Occidental, cap. del est. de Kelantan; 55.052 h. || **Kinabalu.** C. de Malaysia Oriental, cap. del est. de Sabah; 41.830 h.

Kotido. Geog. Pobl. de Uganda, en la región Oriental, cap. del dist. de Karamoja Septentrional. Algodón.

Kotka. Geog. C. de Finlandia, cap. de la prov. de Kymi; 33.581 h.

Kotonou. Geog. Cotonou.

Kottbus. Geog. Cottbus.

Kotzebue (August Friedrich). Biog. Dramaturgo alemán, n. en Weimar y m. en Mannheim (1761-1819). El éxito obtenido con su drama *Menschenhass und Reue* le alentó para dedicarse exclusivamente a la literatura escénica. Compuso más de 200 piezas de teatro y fue nombrado director del San Petersburgo. El 23 de mayo de 1819 fue asesinado por un estudiante.

Koudougou. Geog. C. de la República de Volta, cap. del depart. de Centre-Ouest; 25.394 h.

Kouilou. Geog. Región de la República Popular del Congo; 14.500 km.² y 183.000 h. Cap., Pointe-Noire.

Koula-Moutou. Geog. C. de Gabón, cap. de la región de Ogooué Lolo; 3.000 h.

Koundara. Geog. Región de la República de Guinea; 58.000 h. || C. cap. de la misma; 5.500 h.

Kountie (Seyni). Biog. Militar nigerino, n. en Fandou en 1931. Ingresó en el ejército francés en 1949. En 1961 se incorporó al ejército nigerino y, tras un período de instrucción en la Escuela de Estado Mayor de París (1965-66), fue designado subjefe de Estado Mayor de las Fuerzas Armadas de Níger, pasando a ocupar la jefatura en 1973. Asumió la presidencia de la nación el 15 de abril de 1974, al derrocar a Hamani Diori.

Kouroussa. Geog. Región de la República de Guinea; 16.405 km.² y 94.000 h. ‖ C. cap. de la misma; 6.500 h.

Kovalevsky (Aleksandr Onufriyevich). Biog. Zoólogo ruso, n. en Dünaburg y m. en San Petersburgo (1840-1901). Profesor de las Universidades de Kazán, Kiev, Odessa y San Petersburgo, y uno de los más destacados especialistas en embriología de invertebrados. ‖ **(Sofya Vasiliyevna).** Matemática rusa, más conocida por *Sonya Kovalevsky*, n. en Moscú y m. en Estocolmo (1850-1891). Fue profesora de la Universidad de Estocolmo. Ha sido notable por sus estudios sobre ecuaciones diferenciales y física matemática. Escribió varias memorias, entre ellas: *Zur Theorie der partiellen Differentialgleichungen* y *Acta Mathematica* (1885).

Kovno. (En lituano, *Kaunas*.) **Geog.** C. de la U. R. S. S., en Lituania, sit. en la confluencia de los ríos Viliya y Niemen; 269.000 h. Ha sido capital de la República. Iglesia del s. XV.

Koweit. Geog. Kuwait.

Kowloon. Geog. Ciudad de Hong-Kong; 1.579.825 h.

Kozalin. Geog. Vaivodato de Polonia; 18.104 km.² y 803.000 h. ‖ C. cap. del mismo; 65.600 h.

Kozani. Geog. Nomo de Grecia, en la región de Macedonia; 3.562 km.² y 135.619 h. ‖ C. cap. del mismo; 23.884 h.

Kozintsev (Grigoriy). Biog. Director de cine soviético, n. en Kiev y m. en Moscú (1905-1973). Entre sus películas más importantes figuran *Don Quijote* (1955) y *Hamlet* (1964), la cual obtuvo un premio especial en el Festival de Venecia.

Escena de *Don Quijote*, de Grigoriy Kozintsev

Krabbe. Geog. Local. de Argentina, prov. de Buenos Aires, part. de Coronel Pringles; 197 h.

Krabi. Geog. Prov. de Tailandia, región Meridional; 4.624 km.² y 148.000 h. ‖ C. cap. de la misma; 7.602 h.

Krakatoa o **Krakatua. Geog.** Rakata.

Kraków. Geog. Cracovia.

Kralendijk. Geog. Pobl. de las Antillas holandesas, cap. de la isla de Buen Aire.

Kramar (Karel). Biog. Político checo, n. en Vysoké y m. en Praga (1860-1937). Fue dirigente del partido Juventud Checa, miembro del Parlamento de Viena y de la Dieta de Bohemia. Luchó por la idea paneslavista, intentando enfrentar Austria, Hungría y la U. R. S. S. al pangermanismo. Al proclamarse la independencia, fue miembro del Consejo Nacional Checo y más tarde ministro.

Kramer (Erich Paul). Biog. Novelista estadounidense, de origen alemán, más conocido por el seudónimo de *Erich María Remarque*, n. en Osnabrück y m. en Locarno, Suiza (1898-1970). En 1928 publicó su novela *Sin novedad en el frente*, de orientación pacifista, que obtuvo un éxito resonante. Otras obras: *El camino del regreso* (1931), *Tres camaradas* (1937-1938), *Ama a tu prójimo* (1941), *Arco de triunfo* (1946), *Una chispa de vida* (1952) y *Tiempo de amar, tiempo de morir* (1955), *Der schwarze Obelisk* (1956), *Der Himmel kennt keine Günstlinge* (1960) y *Die Nacht von Lissabon* (1961). ‖ **(Stanley).** Director y productor de cine estadounidense, n. en Nueva York en 1913. Inició su carrera como productor y, en 1955, dirigió *No serás un extraño*. Otras películas: *Orgullo y pasión* (1958), *Vencedores o vencidos* (1961), *Adivina quién viene esta noche*, *El secreto de Santa Vittoria* y *Oklahoma, año 10*.

Krasicki (Ignacy). Biog. Autor polaco, n. en Dubiek y m. en Berlín (1735-1801). Príncipe obispo de Ermland. Escribió fábulas, sátiras y epopeyas cómicas.

Krasnodar. Geog. Terr. de la U. R. S. S., en la R. F. S. S. R.; 83.600 km.² y 4.509.807 h. ‖ C. cap. del mismo; 464.147 h. Refinería de petróleo.

Krasnoiarsk. Geog. Territorio de la U. R. S. S., en la R. F. S. S. R.; 2.401.600 km.² y 2.961.991 h. ‖ C. cap. del mismo; 648.113 h. Industria pesada.

Krasnoyarsk. Geog. Krasnoiarsk.

Kraszewski (Józef Ignacy). Biog. Novelista polaco, n. en Varsovia y m. en Ginebra (1812-1887). Autor de más de 300 obras basadas en la historia o en las costumbres familiares de su país: *El mundo y el poeta*, *La esfinge*, *Resurrección* y *La condesa Cosel*.

Kratié. Geog. Provincia de Kampuchea; 11.094 km.² y 126.340 h. ‖ Ciudad cap. de la misma; 12.139 h.

kratógeno. m. **Geol.** cratógeno.

kratón. m. **Geol.** cratón.

Kraus (Karl). Biog. Poeta, crítico y ensayista austriaco, n. en Jicin y m. en Viena (1874-1936). Fue uno de los mejores escritores satíricos y ensayistas de la moderna literatura alemana. Obras: *Aforismos*, *Máximas y contradicciones*, *Moralidad y criminalidad*, *La muralla china*, *Decadencia del mundo por la magia negra*, *Literatura y mentira*, *Los últimos días de la Humanidad*, etc. ‖ **Trujillo (Alfredo).** Tenor español, n. en Las Palmas de Gran Canaria en 1927. Su clase y facultades artísticas le hacen comparable a los mejores tenores españoles, como Fleta y Gayarre. Debutó en 1956 y desde 1961 ha actuado en los principales teatros del mundo. Destaca en la interpretación de zarzuelas y de las óperas románticas italianas.

Krause (Karl Christian Friedrich). Biog. Filósofo alemán, n. en Eisenberg y m. en Munich (1781-1832). Fue discípulo de Schelling y Hegel. Tituló su sistema filosófico *panenteísmo*, conocido en España con el nombre de *krausismo*. Lo más importante de su obra es la Ética, la Filosofía del Derecho y su teoría de la sociedad. Su doctrina acerca de Dios se funda en una conciliación entre el teísmo y el panteísmo, según la cual, Dios sin ser el Mundo ni estar exclusivamente fuera de él, lo contiene en sí y de él trasciende. Escribió: *Fundamentos de Derecho Natural*, *Sistema de Moral*, *El ideal de la humanidad*, *Sistema de Filosofía*, *Compendio de Estética*, etc.

Alfredo Kraus

krausismo. (De *Krause* e *-ismo*.) m. **Filos.** Sistema filosófico de Krause (v.). Fue introducido en España por Julián Sanz del Río y formó escuela, a la que se adhirieron Francisco Giner de los Ríos, José de Caso, Manuel B. Cossío y otras figuras prominentes del pensamiento español contemporáneo.

krausista. adj. Perteneciente o relativo al krausismo. Apl. a pers., ú. t. c. s.

Krebs (sir Hans Adolf). Biog. Científico inglés, de origen alemán, n. en Hildesheim en 1900. Huyó de Alemania al instaurarse el nazismo, y en el R. U. ha ejercido la enseñanza en Cambridge y Sheffield. Es especialista en citología. En 1953 compartió el premio Nobel de Medicina con Fritz Albert Lipmann. Estableció el llamado *ciclo de Krebs*, serie de reacciones exoenergéticas que se producen en los tejidos de los mamíferos mediante la formación y descomposición repetida del ácido cítrico, con la eliminación de CO_2. Estos procesos se verifican en las mitocondrias celulares y, como reguladores de energía, intervienen en ellos el difosfato y el trifosfato de adenosina. ‖ o **Chrypffs (Nikolaus).** Filósofo, obispo y cardenal alemán, n. en Cues (Cusa) y m. en Todi (1401-1464). Es más conocido por *Nicolás de Cusa* o *el Cusano*. Participó en el Concilio de Basilea. Sus estudios filosóficos y matemáticos tienen una enorme importancia, hasta constituir un cruce entre la filosofía platónica medieval y el racionalismo moderno. Sus estudios de astronomía se anticiparon a Copérnico al enunciar el movimiento de rotación de la Tierra alrededor del Sol. Obras: *De docta ignorantia*, *De concordantia cathólica*, *De visione Dei*, *De ludo globi*, etc.

Kreisky (Bruno). Biog. Político austriaco, n. en Viena en 1911. Se adhirió al partido socialdemócrata y sufrió persecuciones y cárcel, hasta que pudo escapar a Suecia (1938). Fue subsecretario de Asuntos Exteriores y más tarde ministro de este departamento (1959-1966) Líder del Partido Socialista Austriaco, desempeña desde 1970 el cargo de canciller, para el que ha sido reelegido en posteriores elecciones, la última en mayo de 1979 para un período de cuatro años más. Ocupó interinamente la presidencia de la república (abril-junio de 1974) a la muerte del presidente Franz Jonas.

Kreisler (Fritz). Biog. Violinista estadounidense, de origen austriaco, n. en Viena y m. en Nueva York (1875-1962). Llegó a ser uno de los violinistas mejores de todos los tiempos. Fue también compositor.

Kremer (Gerhard). Biog. Matemático y geógrafo flamenco, más conocido por *Mercator*, n. en Rupelmonde y m. en Duisburgo

(1512-1594). Trazó gran número de cartas geográficas y publicó en 1569 la primera carta hidrográfica. Inventó la proyección cartográfica que lleva su nombre, caracterizada porque los meridianos y paralelos se cortan siempre en ángulo recto, lo cual falsea tanto más las superficies de las tierras cuanto más próximas están a los polos geográficos; no obstante, es muy utilizada, especialmente en cartas marinas, por su sencillez.

Kremlin. (Del ruso *kreml*, parte alta y fortificada de una ciudad antigua o alcazaba.) **Geog.** e **Hist.** Fortaleza en que residía el zar en Moscú. Tiene forma de pentágono irregular, ocupa una colina de 40 m. de alt. y está rodeado de una muralla de 2.400 m. de Long. por 21 m. de alt., construida en 1487. Actualmente, varios de sus edificios son museos. En uno de los palacios celebra sus sesiones el Presídium del Soviet supremo de la U. R. S. S.

Krenek (Ernst). Biog. Compositor austriaco, n. en Viena en 1900. En sus obras primeras se manifestó como un radical partidario del expresionismo, no obstante, luego se pasó a la música popular tonal para derivar hacia el dodecafonismo. Su obra más conocida es la ópera con ritmos de yaz, *Jonny empieza a tocar*. Ha compuesto también partituras para piano, *lieder*, cuartetos, tres sinfonías, dos conciertos para piano y orquesta, cantatas y las óperas: *La vida de Orestes, Carlos V*, etc.

Krete. Geog. Creta.

Kretschmer (Ernst). Biog. Psiquiatra alemán, n. en Wüstenroth y m. en Tubinga (1888-1964). Profesor en las Universidades de Marburgo, Gotinga y Tubinga. En su famosa obra *Estructura corporal y carácter* clasificó a los seres humanos según unos tipos a los que pertenecen la mayoría de las personas; existen, además, otros mixtos. Los más importantes son: *asténico, atlético, pícnico y leptosomático*. Escribió: *Der sensitive Beziehungswahn, Körperbau und Charakter, Medizinische Psychologic, Über Hysterie, Geniale Menschen*, etc.

Kreuznach. Geog. Bad Kreuznach.

Kribi. Geog. Depart. de Camerún, en la prov. de Camerún Oriental, región de Centro Sur; 11.700 km.² y 60.000 h. ‖ Ciudad cap. del mismo; 5.000 h.

Krim (Belkacem). Biog. Militar y político argelino, n. en Aït Yahia, Gran Cabila, y m. asesinado en Francfort (1922-1970). Fue uno de los fundadores del Frente de Liberación Nacional y comandante de la wilaya III (1954-57). En el Gobierno provisional fue ministro de las Fuerzas Armadas (1958-62), de Asuntos Exteriores (1960-61) y del Interior (1961-62), jefe de la delegación del Gobierno provisional argelino en las conversaciones de Evian (mayo de 1961) y vicepremier ministro (1962). En desacuerdo con Ben Bella, se exilió poco después a Italia.

kriolita. f. **Miner.** criolita.

kriptón. m. **Quím.** criptón.

Krishna Menon (Vengalil Krishnan). Biog. Jurista y diplomático indio, n. en Calicut en 1897. Luchó por la independencia de su país, y conseguida ésta, fue jefe de la delegación en la O. N. U. desde 1946; alto comisario de la India en el R. U. (1947-52), ministro sin cartera (1956) y de Defensa (1957-62), cargo del que fue relevado a consecuencia de la escasa resistencia del ejército frente a la invasión china. ‖ **Geog.** Río de la India, que n. en la vertiente E. de los Ghates occidentales y des. en la bahía de Bengala después de recorrer 1.280 km. ‖ **Mit.** Dios hindú, encarnación de Vishnú. Se representa en figura humana, tocando una flauta, y es símbolo del amor de las almas a Dios.

Krishnamurti (Jiddu). Biog. Filósofo espiritualista hindú, n. en Madanapalle en 1897. Propugna un sistema de meditación práctica que convierta las ideas en acción. Ha escrito: *El sendero, La fuente de la sabiduría, La vida liberada* y *Experiencia y dirección de la vida*.

Kristiansand. Geog. C. de Noruega, cap. de la prefect. de Agder Occidental; 57.743 h. Está sit. en la confluencia del Otra con el Skager Rak.

Kristianstad. Geog. Condado de Suecia; 6.419 km.² y 267.140 h. ‖ C. cap. del mismo; 56.276 h.

Krleja (Miroslav). Biog. Escritor yugoslavo, n. en Zagreb en 1893. Su espíritu revolucionario y su tendencia hacia la política de libertad han quedado reflejados en su obra. Escribió: *El dios Marte croata*, noticias sobre la guerra; *Galitzia*, drama; las novelas: *El regreso de Filip Latinovicz, En los confines de la razón* y *Banquete en Blithuania*, y *Baladas de Petrica Kerempuh*.

Kroeber (Alfred Louis). Biog. Antropólogo estadounidense, n. en Hoboken y m. en París (1876-1960). Su *Handbook of the Indians of California* (1925) es clásico, por sus intensivos estudios de campo. Escribió también: *Anthropology* (1923), *Cultural and natural areas of native North America* (1939) y *The nature of culture* (1953).

Krogh (August). Biog. Zoólogo y fisiólogo danés, n. en Grenaa y m. en Copenhague (1874-1949). Se le concedió en 1920 el premio Nobel de Fisiología y Medicina por sus trabajos sobre la respiración y sus descubrimientos acerca de la función de los vasos sanguíneos llamados capilares en el sistema circulatorio.

krona. Num. corona.

krone. Num. corona.

Kronecker (Leopold). Biog. Matemático alemán, n. en Liegnitz y m. en Berlín (1823-1891). Se destacó por su oposición sostenida a Cantor y a sus teorías sobre el transfinito. Se mantuvo siempre en la creencia de que sólo existe en realidad el número natural, y de que todo en matemática es expresable en términos finitos.

Kronoberg. Geog. Est. de Suecia; 9.913 km.² y 168.050 h. Cap., Växjo.

kronosaurio. m. **Paleont.** y **Zool.** Reptil fósil euriápsido, del orden de los sauropterigios.

Kronstadt. Geog. Brasov.

Kropotkin (Piotr Alexeievich). Biog. Revolucionario ruso, n. en Moscú y m. en Dmitrov (1842-1921). Se afilió (1867) a la Internacional fundada en Suiza por Bakunin y empezó a difundir sus ideas revolucionarias. Detenido en 1874, logró escapar en 1876 y volvió a su propaganda, primero en Suiza y después en Francia. Entre sus escritos son dignos de mención especial los siguientes: *Memorias de un revolucionario* (1899), *La conquista del pan, Los ideales y la realidad en la literatura rusa* y *El apoyo mutuo* (1902).

Krosno. Geog. Vaivodato de Polonia; 5.600 km.² y 418.000 h. ‖ C. cap. del mismo; 32.200 h.

Krüdener, baronesa de Krüdener (Barbara Juliane). Biog. Aristócrata rusa, de origen báltico, n. en Riga y m. en Karasubazar (1764-1824). Ejerció una gran influencia sobre el zar Alejandro y de su inspiración nació la Santa Alianza.

Krug (Wilhelm Traugott). Biog. Filósofo y literato alemán, n. en Radis y m. en Leipzig (1770-1842). Fue discípulo de Kant y se esforzó por conciliar el idealismo trascendental de su maestro con las doctrinas realistas.

Krüger (Paul). Biog. Político bóer, n. en Vaalbank, cerca de Colesberg, y m. en Clarens (1825-1904). En 1883 fue elegido presidente de aquel pequeño Estado y reelegido en 1888, 1893 y 1898. Fracasó en las negociaciones en-

Paul Krüger y la reina Guillermina de Holanda, grabado de la época

tabladas con el R. U. sobre la situación de los *Uitlanders* en el Transvaal. El resultado fue la guerra sudafricana.

Krujë. Geog. Dist. de Albania, en la región de Tirana-Durrës; 610 km.² y 68.600 h. ‖ C. cap. del mismo; 7.195 h.

Krung Kao. Geog. Ayutthaya. ‖ **Thep.** Bangkok.

Krupp (Alfred). Biog. Industrial alemán, n y m. en Essen (1812-1887). Hijo de Friedrich, continuó el negocio iniciado por su padre y lo convirtió en uno de los más importantes del mundo. ‖ **(Friedrich).** Industrial alemán, n. y m. en Essen (1787-1826). Fue el fundador de la dinastía que lleva su apellido. Consiguió producir acero colado en grandes cantidades y contribuyó con su industria a los triunfos militares de Prusia. ‖ **von Bohlen und Halbach (Alfred).** Industrial alemán, n. y m. en Essen (1907-1967). Acusado después de la S. G. M. de haber favorecido el acceso de Hitler al poder y de haber violado el Tratado de Versalles, fue juzgado en Nuremberg y encarcelado. En 1956 declaró que sus fábricas no producirían ninguna clase de material bélico y se dedicó a la construcción de locomotoras, maquinaria Diesel, camiones, autobuses, barcos ligeros y puentes, artículos que han conquistado importantes mercados en el extranjero.

Krupskaya (Nadezhda Konstantinovna). Biog. Política y pedagoga soviética, n. en San Petersburgo y m. en Moscú (1869-1939). Esposa de Lenin, con el que trabajó activamente en la primera época de la revolución soviética. Después del triunfo de la revolución marxista, se encargó del programa de educación soviética. En el año 1930 escribió las *Memorias de Lenin*.

Kruschev (Nikita S.). Biog. Jruschev (Nikita S.).

Krusenstierna (Agnes von). Biog. Escritora sueca, n. en Växjö y m. en Estocolmo (1894-1940). En las novelas y relatos de un lenguaje impecable, realizó una dura crítica de la aristocracia contemporánea y de la alta burguesía de su país, al tiempo que planteó los problemas sexuales de la mujer. Fue una estilista inimitable. Escribió: *Los libros de Tony, Las señoras de Pahlen, Historia de Vivelos de Lagercrosa*, etc.

Krylov (Iván Andreievich). Biog. Fabulista ruso, n. en Moscú y m. en San Petersburgo (1768-1844). Autor de más de 300 fábulas que reflejan las costumbres de las distintas clases sociales de su época. También escribió para el teatro y estrenó con aplauso: *Cleopatra y Filomena, Los farsantes* y *Kofeinitsa*.

Ksar el-Kebir. Geog. C. de Marruecos, prov. de Tetuán; 48.262 h. Antes se denominó Alcazarquivir, y en sus cercanías tuvo lugar (1578) la famosa batalla que lleva este nombre, en que fue derrotado por los moros un ejército portugués y desapareció el rey don Sebastián. Fue ocupada por los españoles en 1912. || **es-Souk.** Prov. de Marruecos; 100.000 km.² y 471.620 h. || Ciudad cap. de la misma; 16.775 h.

Ku-Klux-Klan. Hist. Sociedad secreta de EE. UU., organizada en los del S. en el período de reconstrucción subsiguiente a la guerra de Secesión. Parece que en un principio fue una asociación puramente recreativa; más tarde actuó clandestinamente para poder reprimir las extralimitaciones de los negros, pero pronto acometió toda suerte de desafueros. Tiene también matiz anticatólico.

Kuala Lumpur. Geog. C. cap. de Malaysia; 451.728 h. Principal centro industrial de Malaysia. Desde primeros de febrero de 1974 constituye un territorio federal autónomo.

Kuan-yin, estatua en madera, del período Sung (970-1127 d. C.)

Kuan-yin. Mit. Diosa de la misericordia de la tradición del budismo Mahayana. Se la representa frecuentemente con un niño en los brazos. Las mujeres chinas le hacen ofrendas y le dirigen sus súplicas para que proteja a sus hijos.

Kuang-su. Biog. Emperador de China, n. en Pekín (1872-1908). En 1875 sucedió a su primo T'ungchi bajo la regencia de su tía, la emperatriz Tseu-hi, y fue proclamado mayor de edad en 1889. Quiso promover importantes reformas, que originaron una revolución, circunstancia que aprovechó Tseu-hi para recuperar el poder, dejando relegado al emperador a un puesto secundario. || **-chou.** Geog. Cantón.

Kuantan. Geog. C. de Malaysia Occidental, cap. del est. de Pahang; 43.391 h.

kuassi. (Voz galibi.) m. Zool. coatí rojo.

Kuatli (Chukri el). Biog. Político sirio, n. en Damasco y m. en Beirut (1891-1967). De avanzadas ideas nacionalistas, ya en 1925 acaudilló una rebelión contra el dominio francés. En 1943 fue el primer presidente de su país como nación independiente, siendo reelegido para el cargo hasta que en 1949 fue depuesto por un golpe de Estado. En 1955 fue nuevamente presidente hasta 1958.

kuba. adj. Etnog. bakuba.

Kubala Stez (Ladislao). Biog. Futbolista español, de origen húngaro, n. en Budapest en 1927. Comenzó su carrera deportiva en su país natal, actuando en las selecciones nacionales de ese país y de Checoslovaquia. A partir de 1951 jugó en España, en el Club de Fútbol Barcelona y Real Club Deportivo Español, participando en encuentros internacionales con la selección española. En 1969 la Real Federación Española de Fútbol le designó seleccionador-entrenador nacional.

Kuban. Geog. Río de la U. R. S. S., en la Ciscaucasia, que n. en los ventisqueros del Elbruz y des. en el mar Negro por el golfo de Kizíltash; 810 km. de curso.

Kubelik (Jan). Biog. Violinista checoslovaco, n. en Michle y m. en Praga (1880-1940). Fue un concertista de primera línea, virtuoso de su instrumento. Fue miembro honorario de la Sociedad Filarmónica de Londres y violinista de la corte real de Rumania. Entre sus composiciones merecen destacarse: *Concierto número 4 en si mayor*, considerado una de las mejores obras musicales modernas, y tres conciertos más para violín y orquesta.

Kubilai. Biog. Emperador de China (1214-1294). Fue el fundador de la 20.ª dinastía, que subió al trono en 1260. Durante su reinado, Marco Polo consiguió penetrar en Asia oriental.

Kubitschek de Oliveira (Juscelino). Biog. Estadista brasileño, n. en Diamantina y m. cerca de Río de Janeiro (1902-1976). Estudió medicina en Belo Horizonte y se perfeccionó en cirugía en París. Comenzó su carrera política como secretario de la Intervención Federal, en Minas Gerais; representó a este estado ante el Congreso Federal (1934-37); elegido gobernador de Minas Gerais, puso en ejecución un plan de energía y transportes; ocupó el cargo de presidente de la República de 1956 a 1960.

Kubrick (Stanley). Biog. Director, actor y guionista cinematográfico estadounidense, n. en Nueva York en 1928. Ha protagonizado las películas *Fear an Desire* (1952) y *Killer's Kiss* (1954); director y guionista en *The Killing* (1956) y *Paths of Glory*, y director en *Espartaco* (1960), *Lolita* (1962), *2001: Odisea del espacio* y *La naranja mecánica* (1972).

Kuching. Geog. C. de Malaysia Oriental, cap. del est. de Sarawak; 63.491 h.

Kuds (El). Geog. e Hist. Jerusalén.

kudu. (Voz hotentote.) m. Zool. Mamífero rumiante de la familia de los bóvidos, subfamilia de los hipotraguinos; es un antílope africano grande, con el cuello listado de blanco y cuernos retorcidos sólo en el macho (*strepsíceros strepsíceros*).

Kudymkar. Geog. C. de la U. R. S. S., en la R. F. S. S. R., cap. del Distrito Nacional de los Komi-Permiacos; 26.350 h.

kudzu. (Voz japonesa.) m. Bot. Planta propia de Japón (*pueraria thunbergiana*). De ella se obtiene una fécula y una fibra.

Kuei-sui. Geog. Huhehot.

Kufu. Biog. Khufu.

Kuhlau (Friedrich). Biog. Compositor alemán, n. en Uelzen y m. en Lyngbye (1786-1832). Autor de numerosas obras, entre ellas las óperas *El castillo de los bandidos*, *Elisa*, *Lulú* y *El arpa encantada*. Escribió asimismo música instrumental.

Kuhn (Richard). Biog. Bioquímico austriaco, n. en Viena en 1900. Fue discípulo de Richard Willstätter y profesor de Química en Zurich, Heidelberg y Tubinga. En 1938 se le otorgó el premio Nobel de Química por sus trabajos acerca de carotenoides y vitaminas, en particular de la vitamina A, que sintetizó en 1937, y por haber formado parte del grupo que sintetizó la riboflavina.

Kuibischev. Geog. Prov. de la U. R. S. S., en la R. F. S. S. R. Está surcada por el río Volga; 53.600 km.² y 2.750.926 h. || C. cap. de la misma; 1.044.849 h. Está sit. a la orilla izquierda del Volga, en la desembocadura del Samara. Importante centro industrial.

Kuiper (Gerard Peter). Biog. Astrónomo estadounidense, de origen holandés, n. en Harenkarspel en 1905. Es autor de una teoría sobre el origen del sistema solar, basada en el *protosol*; ha realizado estudios astrofísicos referentes a la Luna y los planetas; determinado la masa de Plutón que, según él, es un antiguo satélite de Neptuno; identificado espectroscópicamente la atmósfera de Titán con la de Saturno; y descubierto los satélites *Miranda*, de Urano (1948), y *Nereida*, de Neptuno (1949). En 1934 descubrió la estrella que lleva su nombre.

Kukës. Geog. Dist. de Albania, en la región del Shkodër; 1.564 km.² y 65.300 h. || C. cap. del mismo; 4.795 h.

Kukulcán. Mit. Dios de la vida, de la sabiduría, del viento, del sacerdocio, de la mañana, etc., entre los mayas de Centroamérica. Es el Quetzalcóatl de los aztecas.

Kul-Tepe. Arqueol. Antigua ciudad del Imperio hitita (Capadocia), de la cual se conservan las ruinas, y en cuyas excavaciones ha aparecido gran cantidad de cerámica semejante a la de Susa.

kulak. (Voz rusa que sign. *puño* o *acaparador*.) m. Designaba así particularmente a quien poseía extensas tierras, en oposición al labriego pobre.

kulán. m. Zool. hemión.

kulm. m. Geol. culm.

Kulturkampf. (De *Kampf*, lucha, y *Kultur*, cultura.) Hist. Nombre dado en Alemania a la lucha del Estado contra la Iglesia católica. Duró desde 1873 hasta 1883, en que, en virtud de una visita hecha al Papa por el Kronprinz alemán, se sellaron definitivamente las paces entre ambas potestades. || Por ext., el período en que se desarrolló dicho conflicto.

Kuluri. Geog. Salamis o Salamina.

Kumamoto. Geog. Prefect. de Japón, en la isla de Kiu-shiu; 7.383 km.² y 1.700.229 h. || C. cap. de la misma; 440.020 h.

Kumasi. Geog. C. de Ghana, cap. de la región de Ashanti; 342.986 h.

Kumba. Geog. Dist. de Camerún, prov. de Camerún Occidental; 10.800 km.² y 238.000 habitantes. || C. cap. del mismo; 50.000 habitantes.

kummel. m. cúmel.

Kun (Béla). Biog. Político húngaro, n. en Szilagycseh y m. en Ucrania (1886-1937). Fundó un periódico, en el que defendió las ideas bolcheviques. En 1919, Hungría fue, durante unos meses, una República comunista soviética bajo el gobierno de Kun. En 1927 volvió a perturbar el país, pero fue deportado a la U. R. S. S. En 1937, acusado por la Komintern de desviación ideológica y de haber intentado suscitar una disidencia en el seno de la III Internacional, fue ejecutado en Uman (Ucrania). En 1958 fue rehabilitada su memoria.

Kunduz. Geog. Provincia de Afganistán; 14.383 km.² y 395.000 h. || Ciudad cap. de la misma; 76.000 h.

Küng (Hans). Biog. Teólogo suizo, n. en Sursee, Lucerna, en 1928. Realizó su formación filosófico-teológica en la Universidad Gregoriana (1948-55), ampliada luego en la Sorbona y en el Instituto Católico de París. Asesor teológico del Concilio Vaticano II, se situó como líder del sector reformista. Desde 1960 es profesor de Teología en la Universidad de Tubinga. Por la tendencia ideológica de sus obras, fue objeto de una severa condena por la Santa Sede, con la privación de la docencia como teólogo católico (1979). Principales obras: *El Concilio en acción* (1963), *La Iglesia* (1967), *La Encarnación de Dios* (1970), *¿La infalibilidad?* (1971), *Ser cristiano* (1974) y *¿Existe Dios?* (1978).

Kunming. Geog. C. de la R. P. China, en la región Sudoccidental, cap. de la prov. de Yunnan; 900.000 habitantes. Notable templo del s. XVII, construido enteramente de cobre.

Kunturkanki. Geog. Dist. de Perú, depart. de Cuzco, prov. de Canas; 3.041 h. Cap., El Descanso.

Kuomintang. (En el dialecto chino de Pekín, partido popular nacionalista.) Hist. Movimiento político chino, iniciado en 1912 por Sun Yat-sen a favor de la unidad y la independencia nacionales. Chiang Kai-shek sucedió a Sun como jefe del mismo y formó un Gobierno nacional en Nankín (1939), el cual prevaleció y orientó la política china hasta el triunfo de los comunistas dirigidos por Mao Tse-tung (1949). Actualmente está vigente en Formosa, siendo el partido mayoritario.

Kuopio. Geog. Prov. de Finlandia, formada con parte de Carelia; 20.014 km.² y 256.842 h. ‖ C. cap. de la misma; 64.169 h.

Kupang. Geog. C. de Indonesia, en la isla de Timor, cap. de la prov. de Sonda Oriental; 267.616 h.

Kuprin (Alexandr Ivanovich). Biog. Escritor soviético, n. en Narovchat y m. en Moscú (1870-1938). Reflejó el ambiente degradante y la miseria moral del ejército zarista, así como la vida de sus contemporáneos. Escribió: *El duelo*, la obra que le hizo famoso; *La casa de trato, Olessia, Moloch, El circo* y *El pozo*.

Kura. Geog. Río de la U. R. S. S., en Georgia, que n. en Armenia, atraviesa longitudinalmente casi toda Georgia, y después de un curso de 1.300 km. se divide en varios brazos para desembocar en el mar Caspio.

Kurchatov (Igor Vasilievich). Biog. Físico soviético (1903-1960). Máxima autoridad en energía atómica, dirigió el grupo de científicos que proporcionó a la U. R. S. S. la bomba atómica en 1949 y la primera arma termonuclear práctica del mundo en 1953. Descubrió el kurchatovio.

kurchatovio. (De I. V. *Kurchatov*, físico soviético.) m. Quím. Pretendido elemento transuránido del que, según información recibida de la U. R. S. S., fue descubierto un isótopo, a fines de 1964, en el Centro de investigación nuclear de Dubna, mediante bombardeo del plutonio con átomos de neón. Le atribuyeron el número 104 de la serie periódica y dijeron que sus propiedades eran parecidas a las del hafnio y su período de semidesintegración de 0,3 segundos; pero no se precisó su peso específico. (v. **elemento**.)

Kurdistán. Geog. Curdistán.

kurdo, da. adj. curdo.

Kurgan. Geog. Prov. de la U. R. S. S., en la R. F. S. S. R., a orillas del río Tobal; 71.000 km.² y 1.085.560 h. ‖ C. cap., de la misma; 243.850 h.

Kuriles. Geog. Arch. de la U. R. S. S., en la R. F. S. S. R., prov. de Sajalin. Se extiende desde la península de Kamchatka hasta la isla de Hokkaido; 10.215 km.² y 17.549 h. Perteneció a Japón hasta que después de la S. G. M., y a consecuencia de los acuerdos secretos de Yalta, pasaron a poder de la U. R. S. S. Japón no ha dejado de reivindicarlo.

Kurlandia. Geog. Curlandia.

Kurnool. Geog. C. de la India, est. de Andhra Pradesh; 136.682 h.

Kuro-Sivo. Geog. Corriente marina, cálida del océano Pacífico, que baña las costas orientales de Formosa y Japón, describiendo luego un amplio arco en dirección a las islas Hawai.

Kurobe. Geog. Río de Japón, en la isla de Honshu, que des. en la bahía de Toyama, prefectura de este nombre. Forma pintorescos desfiladeros. En su curso se hallan instalados varios embalses para la producción de energía hidroeléctrica. ‖ Pobl. de Japón, cerca de la des. del río del mismo nombre.

kurói. (Voz gr. que sign. *jóvenes*.) m. Arqueol. Nombre de un tipo de escultura arcaica griega. Los *kurói* representan atletas divinizados (v. **korái**).

Kuropatkin (Alexei Nicolaievich). Biog. General soviético, n. en Pskov y m. en Moscú (1848-1925). Ingresó en el ejército en 1864; sirvió en la guerra rusoturca (1877-78); en 1898-1904 desempeñó la cartera de Guerra, y en este último año se le confió el supremo mando de los ejércitos que peleaban en Manchuria contra Japón. Fue también gobernador de Turquestán.

Kurosawa (Akira). Biog. Director de cine japonés, n. en Tokio en 1910. Películas: *Sugata Sanshiro* (1943), *Rashomon*, Oscar de Hollywood (1950); *Los siete samuráis* (1954), *El trono de sangre* (1957), *Yojimbo, Barbarroja, El infierno del odio, Dode'Kaden* e *Ikiru*.

Kurpinski (Karol). Biog. Compositor polaco, n. en Wloszakowice y m. en Varsovia (1785-1857). Autor de numerosas producciones, entre las que se cuentan las óperas: *El palacio de Lucifer, Hedwige, Las dos cabañas* y *Agar en el desierto*.

Kurrachee. Geog. Karachi.

Kursk. Geog. Prov. de la U. R. S. S., en la R. F. S. S. R.; 29.800 km.² y 1.473.864 h. ‖ C. cap. de la misma; 284.162 h.

Kurunegala. Geog. Dist. de Sri-Lanka, prov. del Noroeste; 4.776 km.² y 969.000 h. ‖ C. cap. del mismo; 22.000 h.

Kurz (Carmen). Biog. V. **Rafol Imarés (Carmen).**

Kurzeme. Geog. Curlandia.

Kusaie. Geog. Isla volcánica del océano Pacífico, en Melanesia, que forma parte de las Carolinas Orientales; 109 km.² y 1.652 habitantes.

Kusch (Polycarp). Biog. Físico estadounidense, de origen alemán, n. en Blankenburg en 1911. Compartió el premio Nobel de Física en 1955 con su compatriota W. E. Lamb, por sus trabajos relativos al valor del momento magnético del electrón.

Kushtia. Geog. Distrito de Bangla Desh, prov. de Khulna; 3.551 km.² y 1.259.573 h. ‖ C. cap. del mismo; 24.952 h.

Kustanai. Geog. Prov. de la U. R. S. S., en Kazajstán; 114.600 km.² y 889.621 h. ‖ C. cap. de la misma; 123.517 h. Industria metalúrgica.

Kut. Geog. C. de Irak, cap. de la prov. de Waset; 42.116 h.

Kütahya. Geog. Prov. de Turquía asiática, región de Anatolia Occidental; 11.875 km.² y 482.553 h. ‖ C. cap. de la misma; 62.060 h.

Kutaraya. Geog. Banda Atjeh.

Kutuzov Golenichev (Mijail). Biog. General ruso, n. en San Petersburgo y m. en Buzlau (1745-1813). Luchó en Polonia, Turquía y Crimea en tiempo de Catalina II; acudió en ayuda de los austriacos en Austerlitz, donde fue derrotado; guerreó de nuevo en Turquía (1809-11), y general en jefe del ejército ruso, venció en Krasnoie y fue vencido en el río Moskowa, dirigiendo la campaña de invierno contra Napoleón.

Kuwait, Koweit o **Kuweit.** Geog. Estado independiente de Asia.

Situación y límites. Está sit. en la costa NO. del golfo Pérsico, en la península de Arabia, y limita al N. con Irak; al E., con el golfo Pérsico; al S., con Arabia Saudí, y al O., con esta última e Irak.

Superficie y población. Superficie 17.818 km.², y pobl., 815.000 h. (1.270.000 calculados en 1979); pobl. relativa, 45,7 h. por km.²

Geografía económica. El recurso económico más tradicional es la pesca (14.000 ton., en 1971). A éste se ha sumado el petróleo, que actualmente se extrae de 690 pozos situados en las zonas de Magna, Burgan, Ahmadi, Bahra, Sabriya, etc. (99.624.000 ton., en 1977). La mayoría de este petróleo es transportado por medio de oleoductos al puerto de Mina-al-Ahmadi, que cuenta con una importante refinería. La producción de energía eléctrica, en 1975, fue de 4.653 millones de kwh. La marina mercante cuenta con 172 buques, con 990.857 ton. de registro, en 1975. Carreteras: 920 km. La unidad monetaria es el dinar, que equivale a 2,48828 g. de oro fino.

Geografía política. La pobl. está constituida en su gran mayoría, 89,4 %, por árabes sunnitas. La lengua oficial es el árabe. La mayor parte de la pobl. es de religión musulmana. El poder ejecutivo corresponde al jeque, que lo ejercita a través de un Consejo de Ministros, presidido por un primer ministro. El legislativo es ejercido por el jeque y una Asamblea Nacional, compuesta de 50 miembros, elegidos por cuatro años.

División territorial. El país está dividido en tres gobiernos: Kuwait, Ahmadi y Hawali. La capital es Kuwait o Al-Kuwait (295.273 h.).

Historia. El emirato de Kuwait fue fundado por Sabah-Abu-Abdullah, que gobernó desde 1756 hasta 1772. El emir Mubarak, temiendo que Turquía quisiese hacer efectiva su autoridad nominal sobre Kuwait, firmó un tratado con el R. U. (1899). En 1914, el Gobierno británico reconoció a Kuwait como Estado soberano, bajo la protección británica, y el 11 de junio de 1961, la plena independencia; ambos países firmaron un tratado de alianza y cooperación. A pesar de la oposición de Irak, fue admitido en la Liga Árabe (20 de julio) y en la O. N. U. (15 de mayo de 1963). El 23 de noviembre falleció el jeque sir Abdullah al-Salim al-Sabbah y se proclamó soberano su hermano el jeque Sabbah al-Salim al-Sabbah, que era jefe del Gobierno. En diciembre, el jeque Jabar al-Almed al-Sabbah fue nombrado primer ministro, y el 31 de mayo de 1966, príncipe heredero. En mayo de 1967 estableció un acuerdo con España para realizar la búsqueda y explotación de petróleo sobre una superficie. Por sucesivas disposiciones tomadas en diciembre del 1974 y marzo de 1975, Kuwait nacionalizó integramente sus yacimientos de petróleo. En enero de 1978 falleció el jeque Sabbah al-Salim y fue nombrado nuevo emir Jaber al-Ahmed al-Sabah. ‖ C. cap. del est. de su nombre; 295.273 h. Situada en la gran bahía de Kuwait, posee un magnífico puerto por donde se exportan la mayoría de los enormes recursos petrolíferos del país. Planta potabilizadora de agua del mar. Aeropuerto.

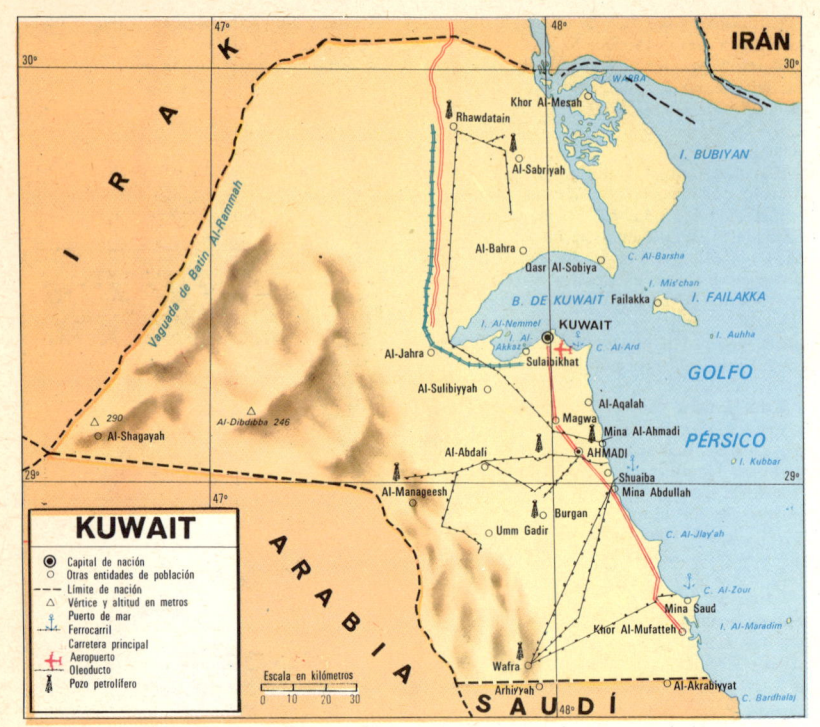

Kuznets (Simon). Biog. Economista estadounidense, de origen ucranio, n. en Jarkov en 1901. Emigró a EE. UU. y ha sido profesor en las Universidades de John Hopkins (1954-1960) y Harvard (1960-71). En 1971 recibió el premio Nobel de Economía. Entre sus numerosas obras citamos: *Movimientos seculares de la producción y los precios* (1930), *La renta nacional y su composición* (1941), *Renta y riqueza de los EE. UU.* (1952), *El capital en la economía norteamericana* (1961) y *Crecimiento económico de las naciones* (1971).

Kuznetsov (Nicolai Gerasimovich). Biog. Almirante soviético, n. en Medvederka en 1902. En la S. G. M. mandó la flota del mar Negro. En los años siguientes ha desempeñado el cargo de ministro de Marina (1951-53), ministro adjunto de Defensa (1953-56) y vicepresidente de Estado en 1977.

kv. Elec. abr. de *kilovoltio*.
kva. Elec. abr. de *kilovoltamperio*.
kw. Elec. abr. de *kilovatio*.
kwacha. m. Num. Unidad monetaria de Malawi. Equivale a 1,066405 g. de oro fino. ‖ Unidad monetaria de Zambia. Equivale a 1,24414 g. de oro fino.
kwakiutl. adj. Etnog. Dícese de una importante tribu amerindia de la familia lingüística wakash, que habita en la isla de Vancouver y en la costa continental frente a dicha isla (Canadá). Apl. a pers., ú. t. c. s. ‖ Perteneciente o relativo a esta tribu. ‖ **m. Ling.** Grupo de lenguas de la familia lingüística algonquina, que comprende la lengua de este nombre, la de los bella-bella y la de los kitamat-hiada, hoy en día extinguida.

Kwangju. Geog. C. de la República de Corea, cap. de la prov. de Cholla Meridional; 502.753 h.

Kwangsi Chuang. Geog. Región autónoma de la R. P. China, sit. en la región Centromeridional; 240.100 km.^{2} y 24.000.000 de habitantes. Cap., Nan-ning.
Kwango. Geog. Cuango.
Kwangtung. Geog. Provincia de la República Popular China, en la región Centromeridional; 211.500 km.^{2} y 42.800.000 h. cap., Cantón.
Kwara. Geog. Est. de Nigeria; 1.717.485 h. Cap., Ilorin. Minas de carbón.
kwashiorkor. (Voz de Costa de Oro que sign. *niño rojo*.) **Pat.** Enfermedad carencial producida por la falta de proteínas. Se presenta con frecuencia en los niños de países cálidos; se caracteriza por decoloración de la piel y del pelo, hinchazón del abdomen, retraso en el crecimiento, consunción y llagas.
Kwazulu. Geog. Terr. autónomo bantú de la República Sudafricana; 26.871 km.^{2} y 2.105.509 h. Cap., Nongoma.
Kweichou. Geog. Prov. de la R. P. China, en la región Sudoccidental; 174.000 km.^{2} y 20.000.000 de h. Cap., Kweiyang.
Kweiyang. Geog. C. de la R. P. China, en la región Sudoccidental, cap. de la prov. de Kweichou; 530.000 h.
Kweneng. Geog. Distrito de Botswana; 38.122 km.^{2} y 65.000 h. Cap., Molepolole.
kyanita. f. Miner. cianita.
kyat. m. Num. Unidad monetaria de Birmania, que equivale a 0,186621 g. de oro fino.
Kyd (Thomas). Biog. Dramaturgo británico, n. y m. en Londres (1558-1594). Perteneció al círculo de Marlowe y como él se vio complicado en un gran proceso por ateísmo. Su obra principal fue *The Spanish Tragedy* (*Tragedia española*), un drama en el que trató el tema de la venganza premeditada, según el modelo de *Thyest* de Séneca. Fue un anticipo de *Hamlet* y, probablemente, donde Shakespeare halló el punto de partida para su tragedia.
Kymi. Geog. Prov. de Finlandia; 12.846 km.^{2} y 345.162 h. Cap., Kotka. Regada por el río de su nombre.
Kyo (Machiko). Biog. Actriz de cine japonesa, n. en Osaka en 1924. Ha intervenido como protagonista en las películas: *Rashomon*, *Ugetsu*, *La puerta del infierno*, *La casa de té de la luna de agosto* y *Mariposas nocturnas*.
Kyonggi. Geog. Prov. de la República de Corea; 10.958 km.^{2} y 3.358.105 habitantes. Cap., Inchon.
Kyongsang Meridional. Geog. Prov. de la República de Corea; 11.498 km.^{2} y 3.119.393 h. Cap., Masan. ‖ **Septentrional.** Prov. de la República de Corea; 19.798 km.^{2} y 4.559.584 h. Cap., Taegu.
Kyoto. Geog. Prefect. de Japón, en la isla de Honshu; 4.612 km.^{2} y 2.250.087 h. ‖ C. cap. de la misma y, hasta 1868, cap. del Imperio; 1.419.165 h.. Se encuentra sit. en una fértil llanura, limitada en los tres lados por montes altos. Está cruzada de N. a S. por el río Kamogawa, afl. del Yodogawa. Es el centro de varias industrias artísticas. Muchos templos famosos y edificios notables.
Kyrenia. Geog. Dist. de Chipre; 640 km.^{2} y 33.000 h. ‖ C. cap., del mismo; 4.900 h.
Kythera. Geog. Kíthira.
Kyzyl. Khoto. Geog. C. de la U. R. S. S., en la R. F. S. S. R., cap. de la República autónoma de Tuva; 51.683 h.
Kzyl-Orda. Geog. Prov. de la U. R. S. S., en Kazajstán; 227.000 km.^{2} y 491.780 h. ‖ C. cap. de la misma; 122.373 h.

Sabbah al-Salim al-Sabbah

l. f. Decimotercera letra del abecedario español, y décima de sus consonantes. Su nombre es **ele,** y se pronuncia con articulación apicoalveolar, lateral, fricativa y sonora. Deriva del etrusco y del griego. ‖ **Metrol.** abr. y símbolo de *litro.*

L. Letra numeral que tiene el valor de 50 en la numeración romana.

L. Mar. Undécima letra del Código Internacional de Señales; izada aisladamente significa: *Pare Vd., tengo algo importante que comunicarle.*

£. Com. y **Num.** Signo usado como abreviatura de *libra esterlina* (v.).

la. fr. e it., *la;* i., *the;* a., *die.* (Del lat. *illa.*) Gram. Artículo determinado en género femenino y número singular. Suele anteponerse a nombres propios de persona de este mismo género. ‖ Acusativo del pronombre personal de tercera persona en género femenino y número singular. No admite preposición, y puede usarse como sufijo. Esta forma propia del acusativo no debe emplearse en dativo, aunque lo hayan hecho escritores de nota. ‖ Empléase como pronombre de acusativo sin referencia a substantivo expreso, frecuentemente con valor colectivo o cercano al del neutro *lo.*

la. (V. *fa.*) m. **Mús.** Sexta voz de la escala músical.

La. Biog. Todos los apellidos que empiecen por esta voz deben buscarse por la palabra siguiente.

La. Quím. Símbolo del *lantano.*

Laar (Pieter van). Biog. Laer (Pieter van).

Laatokka. Geog. Ladoga.

lab o **lab fermento.** m. **Bioq.** y **Fisiol.** cuajo.

Labadie (Jean de). Biog. Reformador francés, n. en Bourg y m. en Altona (1610-1674). Fundador de la secta de los labadistas. Después de predicar el quietismo, abrazó el calvinismo, y trató de conseguir, sin resultado, que las Iglesias protestantes volvieran al cristianismo primitivo. Tuvo en su época muchos seguidores.

Labajos. Geog. Mun. y villa de España, prov. y p. j. de Segovia; 248 h.

Labán. Biog. Hermano de Rebeca, esposa de Isaac, y padre de Raquel y Lía, esposas de Jacob.

Labarca Hubertson (Guillermo). Biog. Educador, escritor y político chileno, n. y m. en Santiago (1878-1954). Fue ministro de Educación, alcalde de Santiago y ministro de Defensa e Interior. Se le considera como uno de los más brillantes novelistas de su país. Obras: *El amor de la tierra* (cuentos, 1906), *Mirando al océano, Diario de un conscripto* (1911) y *Las universidades norteamericanas.*

Labardén. Geog. Localidad de Argentina, prov. de Buenos Aires, part. de General Guido; 1.246 h.

labaria. f. **Zool.** cuatro narices.

lábaro. (Del lat. *labărum.*) m. Estandarte de que usaban los emperadores romanos, en el cual, desde el tiempo de Constantino y por su mandado, se puso la cruz y el monograma de Cristo, compuesto de las dos primeras letras de este nombre en griego. ‖ Este mismo monograma. ‖ Por ext., la cruz sin el monograma.

Labastida. Geog. Mun. y villa de España, provincia de Álava, p. j. de Vitoria; 1.059 habitantes.

Labateca. Geog. Mun. de Colombia, depart. de Norte de Santander; 8.412 h. ‖ Pobl. cap. del mismo; 1.515 h.

Labayen. Geog. Mun. de España, prov. de Navarra, p. j. de Pamplona; 411 h. La cap., única pobl. del mun., es la villa de Beinza-Labayen.

labe. (Del lat. *labes.*) f. p. us. Mancha, tilde, plaga.

Labe. Geog. Elba.

Labé. Geog. Región de la República de Guinea; 7.729 km.² y 301.000 h. ‖ Pobl. cap. de la misma; 25.500 h.

labelo. (Del lat. *labellum,* dim. de *labrum,* labio.) m. **Bot.** Pétalo mayor de la flor de las orquídeas, por lo común dirigido hacia abajo y de forma extraordinaria.

labeo. m. p. us. **labe.**

Labeón (Marco Antistio). Biog. Jurisconsulto romano (50 a. C.-20 d. C.). Su figura descolló durante la época de Augusto por sus obras jurídicas, que ejercieron gran influjo después de su muerte.

laberíntico, ca. (Del lat. *labyrinthĭcus.*) adj. Perteneciente o relativo al laberinto. ‖ fig. Enmarañado, confuso, a manera de laberinto.

laberíntido, da. (de *laberinto* e *-ido.*) adj. **Zool.** anabántido.

laberinto. fr., *labyrinthe;* it., *labirinto;* i., *labyrinth;* a., *Labyrinth.* (Del lat. *labyrinthus,* y éste del gr. *labýrinthos.*) m. Lugar artificiosamente formado de calles, encrucijadas y plazuelas, para que, confundiéndose el que está dentro, no pueda acertar con la salida. ‖ fig. Cosa confusa y enredada. ‖ **Anat.** y **Zool.** Parte más interna del oído de los vertebrados y única en los peces y algunos anfibios y reptiles. ‖ **Hist.** El primitivo tipo de laberinto parece haber sido el que mandó construir Amenemhat III, faraón egipcio de la XII dinastía. Estaba sit. al E. del lago Moeris, frente a la ant. Crocodilópolis. Construido h. 2300 a. C., aparecieron sus cimientos en las excavaciones dirigidas por sir Flinders Petrie en 1911-12. En la mitología griega, el laberinto de Creta, obra de Dédalo, era una red de corredores, mansión del Minotauro. ‖ **Poét.** Composición poética hecha con tal artificio, que los versos puedan leerse al derecho y al revés y de otras maneras sin que dejen de formar cadencia y sentido.

laberintodonto, ta. (De *laberinto* y *-odonto.*) adj. **Paleont.** y **Zool.** Dícese de los anfibios fósiles de finales del período devónico, y del carbonífero, descendientes de los peces crosopterigios por adaptación a la vida terrestre, aunque siempre en estrecha relación con el agua, y que se caracterizaban por los complicados repliegues de esmalte que penetraban profundamente en el interior de sus dientes. Los más típicos entre ellos fueron los *ictiostégidos* y el *cacops* (v.). ‖ m. pl. Orden de estos animales.

laberintoso, sa. adj. *Méj.* Escandaloso, hablador.

Laberthonnière (Lucien). Biog. Filósofo y teólogo francés, n. en Chazelet, Indre, y m. en París (1860-1932). Escribió *Essais de philo-*

Labelo

labia–Laborde

sophie religieuse, donde expone la llamada doctrina de la *inmanencia*. Este libro fue inscrito en el Índice el año 1906. Otras obras: *Positivisme et Catholicisme, Le Realisme chrétien et l'Idéalisme grec, Théorie de l'éducation*, etc.

labia. (De *labio*.) f. fam. Verbosidad persuasiva y gracia en el hablar.

labiado, da. adj. **Bot.** Dícese de la corola gamopétala irregular que está dividida en dos partes o labios, a manera de una boca, de los cuales el superior está formado por dos pétalos y el inferior por tres. Por ext., dícese de las flores que tienen esta clase de corola. || Dícese de las plantas dicotiledóneas, gamopétalas, del orden de las tubiflorales y filo de las contortales-tubiflorales, hierbas, matas o arbustos, rara vez mayores, con hojas y ramas opuestas o verticiladas, tallo cuadrangular y flores en cimas bíparas, a menudo contraídas en verticilastros, cáliz gamosépalo, corola labiada, estambres didínamos, o sólo dos; los dos carpelos dan un fruto de cuatro aquenios o, por aborto, tres, dos o uno. Comprende unas 3.000 especies, la mayoría de países cálidos y templados. Se utilizan principalmente por las esencias que de ellas se obtienen; romero, espliego, salvia, tomillo, albahaca, orégano, menta, cantueso, mejorana, etc. Ú. t. c. s. || f. pl. Familia de estas plantas.

labial. (Del lat. *labiālis*.) adj. Perteneciente a los labios. || **Fon.** Dícese de la consonante cuya pronunciación depende principalmente de los labios, como la *b*. || Dícese de la letra que representa este sonido. Ú. t. c. s. f.

labialización. f. Acción y efecto de labializar.

labializar. tr. **Fon.** Dar carácter labial a un sonido.

Labiche (Eugène). Biog. Autor dramático francés, n. y m. en París (1815-1888). Escribió muchas comedias y gran número de *vaudevilles*, cuya mayor parte ha sido adaptada al teatro español. Cítanse entre ellas: *El polvo en los ojos, El marido que lanza a su mujer, El más feliz de los tres* y *El viaje de M. Perrichon*.

labidognato, ta. (Del gr. *labís, -idos*, pinzas, y *-gnato*.) adj. **Zool.** dipneumón.

Labieno (Tito). Biog. General romano, m. en 46 a. C. Fue lugarteniente de César en las Galias, pero después se pasó al bando de Pompeyo y luchó contra su jefe anterior. Vencido en Tapso, pasó a España para unirse a los hijos de Pompeyo y pereció en la batalla de Munda.

Planta labiada del género *cóleus*

labiérnago. (Del lat. **laburnĭcus*, de *laburnus*, codeso.) m. **Bot.** Arbusto o arbolillo de la familia de las oleáceas, de 2 a 3 m. de altura, con ramas mimbreñas, de corteza cenicienta, hojas persistentes, opuestas, estrechas, de color verdinegro, correosas, enteras o aserradas y con pecíolo corto; flores de corola blanquecina en hacecillos axilares, y fruto en drupa globosa y negruzca, del tamaño de un guisante (*phillýrea angustifolia*).

labihendido, da. adj. Que tiene hendido o partido el labio superior.

lábil. (Del lat. *labĭlis*.) adj. Que resbala o se desliza fácilmente. || Frágil, caduco, débil. || **Quím.** Dícese del compuesto fácil de transformar en otro más estable.

labilidad. f. Calidad de lábil.

-labio, -lema, -lepsia, -lepsis, -léptico, -lepto. (Del gr. *lambáno*, coger; *lepsis*, captación, o *leptikós*, prensil.) suf. que sign. captar, captador, captado, etc.: *di***lepsia**, *cata***lepsia**, *foto***lepsis**.

labio. fr., *lèvre*; it., *labbro*; i., *lip*; a., *Lippe*. (Del lat. *labĭum*.) m. Cada una de las dos masas carnosas y movibles que, en la mayoría de los mamíferos, limitan la abertura bucal y les sirven para succionar durante la lactación; se llaman *superior* e *inferior*. || fig. Borde de ciertas cosas. || fig. Órgano del habla. Ú. en sing. o en pl. || **Entom.** Cada uno de los dos apéndices bucales que constituyen la parte inferior de la boca en los insectos. || **de falla.** *Geol.* Cada uno de los bloques que se desplazan al producirse una falla. || **leporino.** *Pat.* queilosquisis. || **vulvar.** *Anat.* Cada uno de los repliegues que forman la abertura externa de la vagina. Se llaman *menores* los más internos, y *mayores*, los externos.

labiodental. adj. **Fon.** Dícese de la consonante cuya articulación se forma aplicando o acercando el labio inferior a los bordes de los dientes incisivos superiores, como la *f*. || Dícese de la letra que representa este sonido. Ú. t. c. s. f.

labioso, sa. adj. *Hond.* y *Méj.* Que tiene labia.

labirinto. m. ant. laberinto.

labor. fr., *labeur*; it., *lavoro*; i., *labour*; a., *Arbeit*. (Del lat. *labor, -ōris*.) f. Acción de trabajar y resultado de esta acción. || Adorno tejido o hecho a mano, en la tela, o ejecutado de otro modo en otras cosas. Ú. con frecuencia en pl. || Obra de coser, bordar, etc., en que se ocupan las mujeres. || Con el artículo *la*, escuela de niñas donde aprenden a hacer labor. || Labranza, en especial la de las tierras que se siembran. Hablando de las demás operaciones agrícolas, ú. m. en pl. || Cada una de las vueltas de arado o de las cavas que se dan a la tierra. || Entre los fabricantes de teja y ladrillo, cada millar de esta obra. || Cada uno de los grupos de productos que se confeccionan en las fábricas de tabacos. || En algunas partes, simiente de los gusanos de seda. || **Metrol.** *Méj.* Medida agraria de superficie, equivalente a 4 hectáreas. || **Min. excavación.** Ú. m. en pl. || **blanca.** *A.* y *Of.* La que hacen las mujeres en lienzo. || **de chocolate.** *Indus.* tarea de chocolate. || **de zapa.** fig. *Léx.* trabajo de zapa.

Labor (La). Geog. Mun. de Honduras, depart. de Ocotepeque; 3.216 h. || Pobl. cap. del mismo; 286 h.

laborable. adj. Que se puede laborar o trabajar.

laborador. (Del lat. *laborātor, -ōris*.) m. ant. Trabajador o labrador.

laboral. adj. Perteneciente o relativo al trabajo, en su aspecto económico, jurídico y social.

laboralista. com. Especialista en derecho laboral.

laborante. (del lat. *labōrans, -antis*.) p. a. de **laborar.** Que labora. || m. Conspirador o munidor que persigue algún empeño político. || ant. El que se ocupa o trabaja en un oficio. || **Zool.** Pájaro de la familia de los ploceidos, del tamaño de un gorrión, pero de plumaje multicolor, sobre todo el de los machos en la época nupcial. Es gregario, propio de África central (*quélea quélea*).

laborar. (Del lat. *laborāre*.) tr. **labrar.** || intr. Gestionar o intrigar con algún designio.

laboratorio. fr., *laboratoire*; it., *laboratorio*; i., *laboratory*; a., *laboratorium*. (De *laborar*.) m. Oficina en que los químicos hacen sus experimentos y los farmacéuticos las medicinas. || Por ext., oficina o taller donde se hacen trabajos de índole técnica, o investigaciones científicas.

Laborcillas. Geog. Mun. y aldea de España, prov. de Granada, p. j. de Guadix; 389 habitantes.

Laborde, conde de Laborde (Alexandre-Louis-Joseph). **Biog.** Escritor y político fran-

Labores del hogar, por Jaime Mercadé. Colección particular. Madrid

cés, n. y m. en París (1774-1842). Entre sus obras figuran un *Itinerario de España* y el *Viaje pintoresco e histórico por España*. ‖ **Geog.** Local. de Argentina, prov. de Córdoba, depart. de Unión; 4.050 h.

Labordeboy. Geog. Local. de Argentina, prov. de Santa Fe, depart. de General López; 1.398 h.

laborear. (De *labor*.) tr. Labrar o trabajar una cosa. ‖ En lenguaje minero, hacer excavaciones en una mina. ‖ intr. **Mar.** Pasar y correr un cabo por la roldana de un motón.

laboreo. (De *laborar*.) m. Cultivo de la tierra o del campo. ‖ **Mar.** Orden y disposición de los que se llaman en las embarcaciones cabos de labor, para el conveniente manejo de las vergas, masteleros y velamen. ‖ **Min.** Arte de explotar las minas, haciendo las labores o excavaciones necesarias, fortificándolas, disponiendo el tránsito por ellas y extrayendo las menas aprovechables. ‖ Conjunto de estas labores.

laborera. adj. Aplícase a la mujer diestra en las labores de manos.

laborero. m. *Chile*. Entre mineros, el que dirige una labor o excavación. ‖ Mal usado por zurrador o adobador.

Labores (Las). Geog. Mun. y villa de España, prov. de Ciudad Real, p. j. de Manzanares, 874 h.

laborío. m. Labor o trabajo.

laboriosamente. adv. m. Con laboriosidad.

laboriosidad. (De *laborioso*.) f. Aplicación o inclinación al trabajo.

laborioso, sa. fr., *laborieux*; it., *laborioso*; i., *laborious*; a., *arbeitsam*. (Del lat. *laboriōsus*.) adj. Trabajador, aficionado al trabajo, amigo de trabajar. ‖ Trabajoso, penoso.

laborismo. (De *laborism*, de *labor*, trabajo.) m. **Polít.** En Inglaterra y, por ext., en algunos otros países, partido socialista u obrerista.

laborista. adj. **Polít.** Dícese de lo perteneciente o relativo al laborismo. ‖ com. Afiliado al partido laborista.

Laborit (Henri). Biog. Cirujano francés, n. en Hanoi en 1914. Ha realizado importantes estudios acerca del sistema neurovegetativo e inventó el procedimiento de hibernación artificial. Introdujo el uso de la cloropromacina en farmacología.

laboroso, sa. (De *labor*.) adj. desus. **laborioso.**

laborterapia. (De *labor* y -*terapia*.) f. Tratamiento de las enfermedades mentales o psíquicas mediante el trabajo.

Labougle. Geog. Local. de Argentina, prov. de Corrientes, depart. de Monte Caseros; 503 h.

Laboulaye. Geog. Local. de Argentina, prov. de Córdoba, cap. del depart. de Presidente Roque Sáenz Peña; 13.537 h.

labra. f. Acción y efecto de labrar piedra, madera, etc.

Labra y Cadrana (Rafael María de). Biog. Político y jurisconsulto español, n. en La Habana y m. en Madrid (1841-1918). Tomó parte activa en la revolución de 1868, y con sus campañas periodísticas contribuyó a la abolición de la esclavitud en Cuba; fue partidario de la autonomía colonial, y escribió numerosas obras de derecho, historia, etc.

labrada. (De *labrar*.) f. Tierra arada, barbechada y dispuesta para sembrarla al año siguiente. ‖ pl. *Germ*. Hebillas.

labradero, ra. adj. Proporcionado para la labor o que se puede labrar.

labradío, a. (De *labrado*.) adj. Dícese del campo que se labra, labrantío. Ú. t. c. s. m.

labrado, da. p. p. de **labrar.** ‖ adj. Aplícase a las telas o géneros que tienen alguna labor, en contraposición de los lisos. ‖ m. Acción y efecto de labrar. ‖ Campo labrado. Ú. m. en pl. ‖ pl. *Germ*. Botines o borceguíes.

labrador, ra. fr., *laboureur*; it., *aratore*; i., *ploughman*; a., *Ackersmann, Bauer*. (Del lat. *laborātor, -ōris*.) adj. Que labra la tierra. Ú. t. c. s. ‖ Que trabaja o es a propósito para trabajar. ‖ m. y f. Persona que posee hacienda de campo y la cultiva por su cuenta. ‖ *Cuba, Dom.* y *Par*. El que labra la madera sacando la corteza de los árboles cortados para convertirlos en rollizos. ‖ f. *Germ*. La mano.

Labrador Ruiz (Enrique). Biog. Escritor y periodista cubano, n. en Sagua la Grande, Las Villas, en 1902. Obras: *El laberinto de sí mismo* (1933), *Anteo-Novelas Gaseiformes* (1940), *Carne de quimera-Novelines neblinosos* (1947) *Por la sangre hambrienta* (premio nacional de Novela, 1950) y *El gallo en el espejo-Cuentería cubiche* (1953). ‖ **Geog.** Península de América del N., en Canadá, limitada al N. por el estrecho de Hudson, al E. por el Atlántico y al O. por la bahía de Hudson. Ocupa una superf. de 1.380.000 km.² y está casi deshabitada. ‖ Terr. de Canadá, en la península de su nombre y bañado por el Atlántico, que forma parte con Terranova de la provincia de este nombre; 285.000 km.² y 5.525 h. Tundra al N. y bosques al S. cubren casi completamente esta tierra inhóspita, pero rica en minerales.

labradoresco, ca. adj. Perteneciente al labrador o propio de él.

labradoril. adj. **labradoresco.**

labradorita. (De *Labrador*, península de Canadá, donde descubrió primeramente se halló este mineral, e -*ita*.) f. **Miner.** Feldespato calcosódico del grupo de las plagioclasas, con un porcentaje en anortita del 50 al 70 %. Es un tectosilicato que cristaliza en el sistema triclínico, generalmente de color gris, aunque algunos cristales presentan reflejos azules, verdes, rojos y amarillos. Es muy frecuente en las zonas eruptivas y metamórficas básicas.

labradura. (De *labrar*.) f. ant. **labor.**

labrandera. f. Mujer que sabe labrar o hacer labores mujeriles.

labrante. (De *labrar*.) m. p. us. Cantero, picapedrero. ‖ p. us. El que trabaja con el hacha en cortar y labrar maderas.

labrantín. (De *labrante*.) m. Labrador de poco caudal.

labrantío, a. (De *labrante*.) adj. Aplícase al campo o tierra de labor. Ú. t. c. s. m.

labranza. fr., *labourage*; it., *coltura*; i., *cultivation*; a., *Landbau*. (De *labrar*.) f. Cultivo de los campos. ‖ Hacienda de campo o tierras de labor. ‖ Labor o trabajo de cualquier arte u oficio.

Labranzagrande. Geog. Mun. de Colombia, depart. de Boyacá; 5.137 h. ‖ Pobl. cap. del mismo; 534 h.

labrar. fr., *labourer*; it., *lavorare la terra*; i., *to elaborate*; a., *bearbeiten*. (Del lat. *laborāre*.) tr. Trabajar en un oficio. ‖ Trabajar una materia, reduciéndola al estado o forma conveniente para usar de ella. ‖ Cultivar la tierra. ‖ **arar.** ‖ Llevar una tierra en arrendamiento. ‖ Hacer un edificio. ‖ Coser o bordar, o hacer otras labores mujeriles. ‖ fig. Hacer, formar, causar. ‖ intr. fig. Hacer fuerte impresión en el ánimo una cosa, y en especial cuando es gradual y durable.

Labraza. Geog. Mun. y villa de España, prov. de Álava, p. j. de Vitoria; 127 h.

labrero, ra. adj. Aplícase a las redes de cazonal.

lábrido, da. (De *labro*, gén. tipo de peces, e -*ido*.) adj. **Zool.** Dícese de los peces teleósteos, del orden de los perciformes, de cuerpo oblongo, comprimido o casi cilíndrico, labios grandes y de bellísimos colores que pueden cambiar rapidísimamente para adaptarse al

Pez lábrido del mar Rojo

del medio. Son gregarios y forman vistosos grupos en los arrecifes coralinos. Entre las especies más conocidas están la *maragota*, el *tordo*, la *doncella*, etc. ‖ m. pl. Familia de estos peces.

labriego, ga. (Del lat. *labor, -ōris*.) m. y f. Labrador rústico.

labrio. (Del lat. *labrum*, infl. por *labĭum*.) m. desus. **labio.**

labro. (Del lat. científico *labrus*; del lat. *labrus*, cierto pez.) **Zool.** Gén. de peces teleóstomos, del orden de los perciformes, familia de los lábridos (v.).

labro. (Del lat. *labrum*.) m. ant. **Anat. labio.** ‖ **Entom.** Pieza impar movible que limita por delante la boca de los insectos, y que se ve muy claramente en los de tipo masticador.

Labrunie (Gérard). Biog. Poeta y escritor francés, más conocido por el seudónimo de *Gérard de Nerval*, n. y m. en París (1808-1855). Se ocupó del ocultismo y de las pasadas religiones, lo que reflejó en sus *Chimères*, sonetos de difícil interpretación, lejano anticipo de Baudelaire y de Mallarmé. En sus tratados sobre algunos iluminados y en el de sus visiones, titulado *Aurelia*, escrito poco antes de su muerte, impresionó vivamente a Rimbaud y ha logrado interesar a la moderna psicología. Tras llevar una vida miserable, cayó en la demencia y se ahorcó. Además de *Silvia*, lo mejor de su producción, escribió: *Les faux sauniers*, *Les Illuminés*, *Les filles de feu*, *La Bohème galante*.

labrusca. (Del lat. *labrusca*.) f. **Bot.** Vid silvestre.

Labuerda. Geog. Mun. de España, prov. de Huesca, p. j. de Boltaña; 245 h. ‖ Lugar cap. del mismo; 207 h.

Lac. Geog. Prefect. de Chad; 22.320 km.² y 131.000 h. Cap., Bol.

laca. fr., *laque*; it., *lacca*; i., *lac*; a., *Lack*. (Del ár. *lakk*, nombre de varias drogas que tiñen de rojo.) f. Substancia resinosa, translúcida y quebradiza que se forma en las ramas de varios árboles de la India con la exudación que producen las picaduras de unos insectos he-

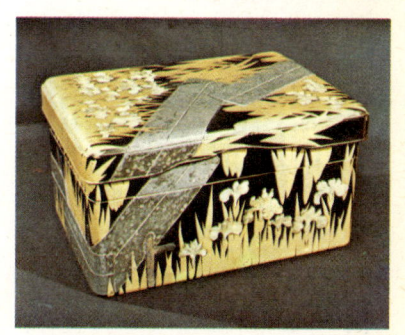

Caja de laca Yatsuhashi, por Ogata Korin. Museo Nacional de Tokio

mípteros, de la familia de los cóccidos, parecidos a la cochinilla, y los restos de estos mismos animales que mueren envueltos en el líquido que hacen fluir; con carbonato sódico y luego alumbre toma color rojo. La especie más típica es la *láccifer laca*. ‖ La laca japonesa es el látex de una anacardiácea del gén. *rhus*, extraído mediante incisiones en el tronco y que luego forma un barniz duro y brillante muy empleado por los chinos y japoneses. ‖ Por ext., objeto barnizado con laca. ‖ Color rojo que se saca de la cochinilla, de la raíz de la rubia o del palo de Pernambuco. ‖ Substancia aluminosa o de otros óxidos metálicos combinados con materias colorantes, que se emplea en la pintura.

Lacabamba. Geog. Dist. de Perú, depart. de Ancash, prov. de Pallasca; 1.144 h. ‖ Pueblo cap. del mismo; 503 h.

Lacaille (Nicolas Louis). Biog. Astrónomo y matemático francés, n. en Rumigny y m. en París (1713-1762). Formó parte de la comisión que determinó la long. del grado de meridiano terrestre. De 1751 a 1754 vivió en el Cabo; rectificó los catálogos de las estrellas australes y dio a éstas los nombres que hoy tienen, en su *Coelum australe stelliferum*, que contiene 10.000 estrellas. Publicó también *Astronomía fundamental*, *Tablas solares* y *Tablas de logaritmos*.

Lacalahorra. Geog. Mun. de España, prov. de Granada, p. j. de Guadix; 1.374 h. ‖ Villa cap. del mismo; 1.305 h. (*calahorreños*). En ella se levanta el histórico castillo construido por don Rodrigo de Vivar y Mendoza, primer marqués de Cenete. Es obra de principios del s. XVI, de gusto italiano y de gran importancia en la arquitectura española.

lacandón, na. adj. Etnog. Dícese de un pueblo amerindio del grupo maya-quiché, de la familia lingüística maya-zoque, que habita en las selvas del interior del est. mejicano de Chiapas. Apl. a pers., ú. t. c. s. ‖ Perteneciente o relativo a este pueblo.

Lácar. Geog. Depart. de Argentina, prov. de Neuquén; 4.930 km.² y 8.088 h. Cap., San Martín de los Andes.

lacaya. f. *Bol.* Casa sin techo.

lacayil. adj. desus. Propio de lacayos, lacayuno.

lacayo, ya. fr., *laquais*; it., *lacchè*; i., *lackey*; a., *lakai*. adj. desus. Propio de lacayos. ‖ m. Cada uno de los dos soldados de a pie, armados de ballesta, que solían acompañar a los caballeros en la guerra y formaban a las veces cuerpos de tropa. ‖ Criado de librea, cuya principal ocupación es acompañar a su amo a pie, a caballo o en coche. ‖ Lazo colgante de cintas con que se adornaban las mujeres el puño de la camisa o del jubón. ‖ **mozo de espuelas.**

lacayuelo. m. dim. de **lacayo.**

lacayuno, na. adj. fam. Propio de lacayos.

laceador. m. *Amér.* Hombre que tiene por oficio lazar o manganear.

lacear. tr. Adornar con lazos. ‖ Atar con lazos. ‖ Disponer la caza para que venga al tiro, tomándole el aire. ‖ Coger con lazos la caza menor. ‖ *Chile.* Sujetar un animal con lazo, lazar.

lacedemón. adj. **lacedemonio.** Apl. a pers., ú. t. c. s.

Lacedemón. Mit. Rey de Esparta, c. de Laconia, del cual tomó ésta su nombre de Lacedemonia.

Lacedemonia. Geog. Nombre que se daba también a Laconia y a Esparta (v.).

lacedemonio, nia. (Del lat. *lacedaemonius*.) adj. Natural de Lacedemonia, o perteneciente a este país de la ant. Grecia. Ú. t. c. s.

lacena. f. Aféresis de **alacena.** Armario empotrado con anaqueles.

Lacépède (B. G. E. de La Ville, conde de). Biog. Ville, conde de Lacépède (B. G. E. de La).

laceración. (Del lat. *laceratio, -ōnis*.) f. Acción y efecto de lacerar.

lacerado, da. p. p. de **lacerar.** ‖ adj. Infeliz, desdichado. ‖ Que padece el mal de San Lázaro. Ú. t. c. s. ‖ ant. Mezquino, miserable, roñoso. Usáb. t. c. s.

lacerador. (Del lat. *lacerātor, -ōris*.) m. ant. Acostumbrado a trabajos; capaz de resistirlos.

lacerante. p. a. de **lacerar**, lastimar o padecer. Que lacera.

lacerar. fr., *lacérer*; it., *lacerare*; i., *to lacerate*; a., *zerreissen*, *verwunden*. (Del lat. *lacerāre*.) tr. Lastimar, golpear, magullar, herir. Ú. t. c. prnl. ‖ fig. Dañar, vulnerar. ‖ ant. Penar, pagar un delito. ‖ ant. fig. Perjudicar a una persona; malquistarla con otra.

lacerar. (De *laceria*.) intr. Padecer, pasar trabajos. ‖ ant. Escasear, ahorrar, gastar poco.

lacerear. intr. ant. **lacerar,** padecer.

laceria. (De *Lázaro*.) f. Miseria, pobreza. ‖ Trabajo, fatiga, molestia. ‖ ant. **mal de San Lázaro.**

lacería. f. Conjunto de lazos, especialmente en labores de adorno.

lacerio. m. ant. **laceria.**

lacerioso, sa. adj. Que padece laceria o miseria.

lacero. m. Persona diestra en manejar el lazo para apresar toros, caballos, etc. ‖ El que se dedica a coger con lazos la caza menor, por lo común furtivamente. ‖ Empleado municipal encargado de recoger perros vagabundos.

lacerta. (Voz del lat. científico; del lat. *lacerta*, lagarto). Zool. Gén. de reptiles saurios, de la familia de los lacértidos (v.).

Lacerta. (Voz lat. que sign. *lagarto*.) Astron. Nombre científico de la constelación del *Lagarto*.

lacértido, da. (De *lacerta* e *-ido*.) adj. Zool. Dícese de los reptiles saurios, de miembros pentadáctilos bien desarrollados, cola larga y frágil, regenerable, provistos de párpados, lengua bífida y placas anchas, que cubren la parte dorsal de la cabeza. Su tamaño varía de 10 a 50 cm.; son de colores muy vivos, cosmopolitas, de hábitat muy diversos, siempre diurnos, agilísimos trepadores y ovíparos; los más frecuentes en nuestros climas son los *lagartos* y *lagartijas* de diversos géneros, principalmente del *lacerta*. ‖ m. pl. Familia de estos animales.

lacertiforme. (De *lacerta* y *-forme*.) adj. De figura o forma de lagarto.

lacerto. (Del lat. *lacertus*.) m. ant. Lagarto, reptil.

lacertoso, sa. (Del lat. *lacertōsus*.) adj. Musculoso, membrudo, fornido.

Lacetania. Geog. hist. Región de la España Tarraconense, cuyo terr. comprendía parte de las prov. de Barcelona, Lérida y Tarragona.

lacetano, na. (Del pl. lat. *Lacetani*.) adj. Dícese de un pueblo prerromano que habitaba la Lacetania. Apl. a pers., ú. t. c. s. ‖ Perteneciente o relativo a este pueblo.

lacinia. (Del lat. *laciniă*, franja, tira.) f. Bot. Cada una de las tirillas largas y de forma irregular en que se dividen las hojas o los pétalos de algunas plantas.

laciniado, da. adj. Bot. Que tiene lacinias.

lacio, cia. (Del lat. *flaccĭdus*.) adj. Marchito, ajado. ‖ Flojo, descaecido, sin vigor. ‖ Dícese del cabello que cae sin formar ondas ni rizos.

Lacio. Geog. Región de Italia; 17.203 km.² y 4.689.482 h. Cap., Roma. Comprende las prov. de Frosinone, Latina, Rieti, Roma y Viterbo. Es el antiguo *Látium*, país de los latinos.

Ruinas de Ostia (Lacio)

lacivo, va. adj. desus. lascivo.

Laclos (Pierre Choderlos de). Biog. Choderlos de Laclos (Pierre).

lacmoide. (Del hol. *lakmoes*, tornasol en pasta, y *-oide*.) m. Quím. tornasol.

lacolito. (Del gr. *lakkos*, foso, y *-lito*, piedra.) m. Petrog. Yacimiento de rocas plutónicas con forma de lente planoconvexa, de tamaño variable, y concordante con las rocas sedimentarias en las que se ha interestratificado.

lacón. (Del gr. *lákon*.) adj. p. us. lacónico. Apl. a pers., ú. t. c. s.

lacón. (Voz gallega.) m. Brazuelo del cerdo, y especialmente su carne curada.

Laconia. Geog. Nomo de Grecia, región del Peloponeso; 3.636 km.² y 95.800 h. Cap., Esparta.

lacónicamente. adv. m. Breve y concisamente; de manera lacónica.

lacónico, ca. fr., *laconique*; it., *laconico*; i., *laconic*; a., *lakonisch*. (Del lat. *laconĭcus*, y éste del gr. *lakonikós*, espartano, lacedemonio.) adj. laconio, perteneciente a Laconia. ‖ Breve, conciso, compendioso. ‖ Que habla o escribe de esta manera.

laconio, nia. (Del lat. *laconĭus*.) adj. Natural de Laconia, o perteneciente a este país de Grecia. Ú. t. c. s.

laconismo. fr., *laconisme*; it., *laconismo*; i., *laconism*; a., *Lakonismus*. (Del lat. *laconismus*, y éste del gr. *lakonismós*.) m. Calidad de lacónico.

Lacordaire (Henri). Biog. Religioso dominico y orador sagrado francés, n. en Recey-sur-Ource y m. en Sorèze (1802-1861). Ordenado de sacerdote en 1827, en 1834 comenzó su gran obra de predicación y en 1836 pasó a Italia e ingresó en la Orden de Predicadores. En 1848 fue elegido diputado de la Asamblea Nacional, pero en 1850 resignó el mandato.

lacra. f. Reliquia o señal de una enfermedad o achaque. ‖ Defecto o vicio de una cosa, físico o moral.

lacrar. (De *lacra*.) tr. Dañar la salud de uno; pegarle una enfermedad. Ú. t. c. prnl. ‖ fig. Dañar o perjudicar a uno en sus intereses.

lacrar. tr. Cerrar con lacre.

lacre. fr., *cire à cacheter*; it., *ceralacca*; i., *sealing-wax*; a., *Siegellack*. (De *laca*.) fig. adj. De color rojo. Ú. m. en América. ‖ m. Pasta sólida, generalmente en barritas, compuesta de goma laca y trementina con añadidura de bermellón o de otro color. Empléase, derretido, en cerrar y sellar cartas y en otros usos análogos. ‖ fig. y desus. Color rojo. ‖ **Bot.** *Cuba.* Árbol de madera resistente, fibrosa y fina. ‖ **Zool.** *Cuba.* Especie de cera de la abeja criolla, más dura y aromática que la ordinaria; se emplea como vulneraria y antiespasmódica.

lácrima. f. ant. **lágrima.**

lacrimable. adj. ant. **lagrimable.**

lacrimación. (Del lat. *lacrimatĭo, -ōnis.*) f. ant. Derramamiento de lágrimas.

lacrimal. adj. Perteneciente a las lágrimas. ‖ **lagrimal.**

lacrimar. (Del lat. *lacrimāre.*) intr. ant. Derramar lágrimas.

lacrimatorio, ria. (Del lat. *lacrimatorĭus.*) adj. V. **vaso lacrimatorio.** Ú. t. c. s.

lacrimógeno, na. (Del lat. *lácrĭma*, lágrima, y *-geno*.) adj. Que produce lagrimeo. Dícese especialmente de ciertos gases.

lacrimosamente. adv. m. De manera lacrimosa.

lacrimoso, sa. (Del lat. *lacrimōsus.*) adj. Que tiene lágrimas. ‖ Que mueve a llanto.

lact-, lacti-, lacto-; -lact-. (Del lat. *lac, lactis.*) pref. o infijo que sign. leche; e. de infijo: pro**lact**ina.

lactacidasa. (De *lact-*, ácido, y *-asa*.) f. **Quím.** Enzima contenida en ciertos esquizomicetos, que provoca la transformación de los hidratos de carbono en ácido láctico.

lactación. (Del lat. *lactatĭo, -ōnis.*) f. **Fisiol** y **Zool.** Acción de mamar.

lactalasa. (De *ácido láctico* y la terminación *-asa* propia de las enzimas.) f. **Quím.** Enzima contenida en el músculo del corazón y en el sarcoma de Jensen. En química analítica, tiene aplicación para la determinación de piruvatos. En medicina, se aplica en la diagnosis del infarto de miocardio y leucemia. Se denomina también *lactato de dehidrogenasa*.

lactalbúmina. (De *lact-* y *albúmina*.) f. **Bioq.** y **Fisiol. lactoalbúmina.**

lactama. (De *lactona* y *amino*.) f. **Quím.** Amida interna que se obtiene al deshidratar intramolecularmente un aminoácido. La lactama correspondiente al ácido caproico es la base para la obtención del nilón.

lactancia. fr. e i., *lactation*; it., *allattamento*; a., *Säugezeit*. (Del lat. *lactantĭa*.) f. Acción de mamar. ‖ Período de la vida en que la criatura mama. ‖ **Fisiol. y Zool.** Fenómeno conjunto de la secreción y eyección de la leche, que se prepara durante la gestación (proliferación y desarrollo de los conductos lactíferos y de los lóbulos y alvéolos) y se completa después del parto. En él intervienen varios enzimas: estrógenos, progesterona, prolactina y oxitacina, así como algunos corticoides de la corteza suprarrenal y hormonas del crecimiento.

Lactancio. Biog. Escritor cristiano de origen africano (h. 260-340). Escribió: *Divinárum Institutiónum libri VII*, primera obra latina en que, de modo sistemático, se expone la misión mundial del cristianismo. Entre sus otros libros figura una *Historia de mórtibus persecutórum*, que se hizo muy popular.

lactante. (Del lat. *lactans, -antis*.) p. a. de **lactar.** Que mama. Ú. t. c. s. ‖ adj. Que amamanta. Ú. t. c. s. f.

lactar. fr., *allaiter*; it., *allattare*; i., *to give suck*; a., *säugen*. (Del lat. *lactāre*, de *lac, lactis*, leche.) tr. Dar de mamar. ‖ Criar con leche. ‖ Sacar con los labios la leche del pecho.

lactario, ria. (Del lat. *lactarĭus*.) adj. **Bot.** p. us. **lechoso,** dicho de algunas plantas y frutos.

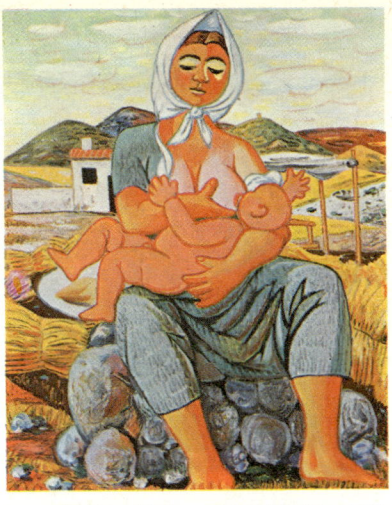

Lactancia. *Maternidad*, por Rafael Zabaleta (1958). Colección particular. Barcelona

lactasa. (De *lact-* y *-asa*.) f. **Quím.** Diastasa que transforma la lactosa o azúcar de leche en glucosa y galactosa. En la obtención del *yogur* provocan estos fermentos la transformación de la lactosa en ácido láctico.

lactato. (De *lácteo* y *-ato*.) m. **Quím.** Sal formada por la reacción del ácido láctico con una base o un alcohol. Los más importantes son los de sodio, calcio y hierro.

lacteado, da. (De *lácteo*.) adj. V. **harina lacteada.**

lácteo, a. fr., *lacté*; it., *latteo*; i., *lacteous*; a., *milch*. (Del lat. *lactĕus*.) adj. Perteneciente a la leche o parecido a ella.

lactescencia. f. Calidad de lactescente.

lactescente. (Del lat. *lactescens, -entis*.) adj. De aspecto de leche.

lacti-. pref. V. **lact-.**

lacticíneo, a. (Del lat. *lacticīna*, de *lac, lactis*, leche.) adj. Perteneciente a la leche.

lacticinio. (Del lat. *lacticinĭum*.) m. Leche o cualquier manjar compuesto con ella.

lacticinoso, sa. (De *lacticinio*.) adj. Lechoso, lácteo.

láctico. (Del lat. *lac, lactis*, leche.) adj. **Quím.** Perteneciente o relativo a la leche.

lactida. (Del fr. *lactide*; de *lact-* y *anhydride*, anhídrida.) f. **Quím.** Dímero que se forma por reacción de dos moléculas de ácido láctico al calentar éste. Tiene por fórmula $C_6H_8O_4$.

lactífero, ra. (Del lat. *lactĭfer, -ĕri*, de *lac, lactis*, leche, y *ferre*, llevar.) adj. **Anat.** y **Zool.** Dícese de los conductos por los que circula la leche procedente de las glándulas mamarias, donde se forma, y que se van reuniendo en otros cada vez más gruesos, hasta desembocar independientemente en los pezones de las mamas. Es sinónimo de *galactóforo*.

lactina. (Del lat. *lactīna*, blanca como la leche.) f. **Quím. lactosa.**

lacto-. pref. V. **lact-.**

lactoalbúmina. (De *lacto-* y *albúmina*.) f. **Biol.** y **Bioq.** Albúmina contenida en el suero de la leche, rica en azufre.

lactobacilo. (De *lacto-* y *bacilo*.) m. **Bact.** Bacteria capaz de desdoblar los hidrocarbonados, dando lugar a la aparición de ácido láctico.

lactoflavina. (De *lacto-* y *flavina*.) f. **Bioq.** y **Fisiol. riboflavina.**

lactogénico, ca. (De *lacto-* y *-génico*.) adj. **Bioq.** y **Fisiol.** Dícese de cierta hormona que estimula la formación de la leche. (V. **prolactina.**)

lactómetro. (De *lacto-* y *metro*.) m. Instrumento de medir la densidad de la leche.

lactona. f. **Quím.** Éster interno producido al deshidratarse intramolecularmente un oxiácido.

lactosa. (De *lact-* y *-osa*.) f. **Quím.** Azúcar, denominado también *azúcar de leche*, de fórmula $C_{12}H_{22}O_{11}$, que se obtiene del suero dulzaino de la leche, por cristalización. Por los ácidos y por los fermentos se descompone en glucosa y galactosa. En medicina se utiliza como diurético, y también como excipiente.

lactosuero. (De *lacto-* y *suero*.) m. **Biol.** y **Bioq.** Líquido que queda al separarse la caseína coagulada de la leche. Tiene menos albúmina y materias grasas que la leche completa; es ligeramente opalescente y diurético, actúa como antiséptico intestinal y resulta como subproducto en la industria de fabricación de quesos.

lactucario. (Del lat. *lactucarĭus*, de *lactūca*, lechuga.) m. **Farm.** Jugo lechoso que se obtiene de la lechuga espigada, haciendo incisiones en su tallo. Desecado al sol, es pardo, quebradizo, de olor fétido y sabor amargo, y se usa como medicamento calmante.

lactumen. (Del lat. *lac, lactis*, leche.) m. **Pat. costra láctea.**

lactuoso, sa. adj. ant. Perteneciente a la leche.

lacunario. (Del lat. *lacunarĭum*.) m. **Arquit.** Huecos del artesonado, lagunar.

Lacunza. Geog. Mun. y villa de España, prov. de Navarra, p. j. de Pamplona; 1.015 h.

lacustre. fr. e i., *lacustre*; i., *lacustrine*; a., *in Sümpfen lebend*. (Del lat. *lacus*, lago, con la terminación de *palustre*.) adj. Perteneciente a los lagos.

Lacy, conde de Lacy (Francisco Antonio). Biog. General español, muerto en Barcelona (1731-1792). Descendía de una familia irlandesa y en 1780 se encontró en el sitio de Gibraltar como jefe de artillería. En 1789 fue presidente de la Real Audiencia de Barcelona. ‖ **Evans (George de).** General inglés, n. en Moig (1787-1870). Como oficial del ejército de Wellington en España, en 1810 se distinguió notablemente en la batalla de Vitoria. Más tarde, en la guerra civil de España, mandó la legión inglesa, se destacó ante San Sebastián y Pasajes y terminó la campaña en 1837 con el asalto y toma de Irún. ‖ **y Gautier (Luis de).** General español, n. en San Roque, Campo de Gibraltar, y m. en Palma de Mallorca (1775-1817). Tomó parte en la guerra del Rosellón. Retirado del ejército en 1803, se alistó en

Luis de Lacy y Gautier. Museo Municipal. Madrid

el de Francia, del que se separó al iniciarse la guerra de la Independencia y reingresó en el español. Jefe y organizador de una conspiración contra el Gobierno en 1816, fue fusilado en el castillo de Bellver.

Laczynska (María). Biog. Dama polaca, más conocida por *María Walewska*, m. en París (1739-1817). Esposa de Anastase Colonna, conde de Walewski, y, en segundas nupcias, del mariscal D'Ornano. En Varsovia conoció a Napoleón, del que fue amante y de quien tuvo un hijo, llamado Alexandre Joseph Colonna, conde de Walewski.

lacha. f. Especie de sardina pequeña, haleche.

lacha. (Del sánscr. *lajj*, avergonzar.) f. fam. **vergüenza**, pundonor. ‖ fam. *Chile*. Mujer libre, prostituta.

Lachaqui. Geog. Dist. de Perú, depart. de Lima, prov. de Canta; 2.167 h. ‖ Villa cap. del mismo; 1.184 h.

Láchar. Geog. Mun. de España, prov. y p. j. de Granada; 1.991 h. ‖ Lugar cap. del mismo; 1.377 h.

lachear. (De *lacho*.) tr. *Chile*. Galantear, hablar de amores.

Lachelier (Jules). Biog. Filósofo francés, n. y m. en Fontainebleau (1832-1918). Como Bergson, reaccionó contra el positivismo y trató de hallar un fundamento metafísico al mundo de la experiencia. Centró en la inducción la posibilidad de pasar de lo contingente a lo necesario, afirmando que el camino de la inducción lleva forzosamente a Dios.

Lachmann (Karl). Biog. Filólogo y literato alemán, n. en Brunswick y m. en Berlín (1793-1851). Se le considera como uno de los fundadores de la crítica moderna, y sus ediciones de los clásicos griegos y latinos son notables por su método irreprochable y sólida erudición.

láchmidas. m. pl. Hist. Miembros de una dinastía árabe, cuyo primer soberano fue Asur Ben-Adi, rey de los árabes del Irak (250 de nuestra era). La dinastía de los láchmidas reinó hasta 663, en que murió Román V, último vástago de la misma.

lacho. (Quizá del gitano *lachó*, bueno.) m. *Chile*. Amante, galán, sobre todo el que vive a expensas de la mujer que corteja.

lada. (Del lat. *lada*.) f. Bot. Jara, arbusto cistáceo.

ládano. (Del lat. *ladănum*.) m. Bot. Producto resinoso que fluye espontáneamente de las hojas y ramas de la jara.

ladeado, da. fr., *penché*; it., *inclinato*; i., *inclined*; a., *schief*. p. p. de **ladear**. ‖ adj. Dícese de las hojas, flores, espigas y demás partes de una planta cuando todas miran a un lado únicamente.

ladear. fr., *pencher*; it., *inclinare*; i., *to incline*; a., *schief stellen*. tr. Inclinar y torcer una cosa hacia un lado. Ú. t. c. intr. y c. prnl. ‖ intr. Andar o caminar por las laderas. ‖ fig. Declinar del camino derecho. ‖ prnl. fig. Inclinarse a una cosa; dejarse llevar de ella. ‖ fig. Estar una persona o cosa al igual de otra. ‖ fig. y fam. *Chile*. Prendarse de una mujer, enamorarse.

ladeo. m. Acción y efecto de ladear o ladearse.

ladera. fr., *versant*; it., *versante*; i., *slope*; a., *Abhang*. (De *ladero*.) f. Declive de un monte o de una altura. ‖ ant. **lado**.

ladería. f. Llanura pequeña en la ladera de un monte.

ladero, ra. (De *lado*.) adj. Perteneciente al lado, lateral. ‖ *R. Plata*. Dícese de la caballería que, agregada al conjunto de los animales que arrastran un vehículo, tira de lado, comúnmente para igualarlos en un paso difícil o cuando aquéllos están cansados. Ú. t. c. s.

Ladhiqiyah (Al-). Geog. **Latakia**.

ladi. (Del i. *lady*.) f. Título de honor que se da en Inglaterra a las señoras de la nobleza.

ladiado, da. adj. *R. Plata*. **ladeado**. Dícese en especial de la persona que se encuentra enojada o disgustada.

ladierno. (Del lat. *alaternus*.) m. Bot. Aladierno o aladierna, arbusto ramnáceo.

ladilla. fr., *morpion*; it., *piattola*; i., *grablouse*; a., *Filzlaus*. (Del lat. *blatella*, de *blattŭla*.) f. Bot. **cebada ladilla**. ‖ Entom. Insecto del orden de los anopluros, próximo a los piojos, de 1 mm. los machos y 1,5 mm. las hembras, casi redondo, aplastado y de color amarillento (*phthirius pubis*). Vive parásito en las partes vellosas del cuerpo humano, excepto la cabellera, donde se agarra estrechamente por medio de las pinzas con que terminan sus patas; se reproduce con gran rapidez y sus picaduras son muy molestas.

ladillo. (dim. de *lado*.) m. Parte de la caja del coche que está a cada uno de los lados de las puertecillas y cubre el brazo de las personas que están dentro. ‖ Impr. Composición breve que suele colocarse en el margen de la plana, generalmente para indicar el contenido del texto.

ladinamente. adv. m. De un modo ladino.

ladino, na. (Del lat. *latīnus*, latino.) adj. ant. Aplicábase al romance o castellano antiguo. ‖ Que habla con facilidad alguna o algunas lenguas además de la propia. ‖ fig. Astuto, sagaz, taimado. ‖ Perteneciente o relativo al dialecto judeoespañol y a sus variedades. ‖ m. Dialecto judeoespañol. ‖ m. Filol. Lengua hablada en la antigua Retia.

Ladislao I (San). Biog. Rey de Hungría, n. en Polonia y m. en Nitra (1043-1095). Hermano de Geyze, a quien sucedió en 1077. Durante su reinado el cristianismo se estableció definitivamente en Hungría. Por sus virtudes mereció el renombre de *Piadoso*. Fue canonizado en 1198. ‖ **II.** Rey de Hungría (1131-1162). Fue elevado al trono en 1161. Murió a los seis meses de reinado. ‖ **III.** Rey de Hungría, hijo menor de Emerico, m. en Viena (1185-1205). Fue destronado por su tutor André. ‖ **IV.** Rey de Hungría, m. en Köröshegy (1262-1290). Sucedió a su padre, Esteban V, en 1272. Luchó contra Otocaro, rey de Bohemia, a quien venció. Murió asesinado en un festín. ‖ **V.** Rey de Hungría y de Bohemia, hijo póstumo de Alberto (1439-1457). Murió repentinamente, se supone que envenenado. ‖ o **Lancelot**. Rey de Nápoles, n. y m. en Nápoles (1377-1414). Hijo de Carlos III de Durazzo, a quien sucedió en 1386. Sumamente ambicioso, se hizo coronar rey de Hungría en 1403, y más tarde, en 1413, se apoderó de Roma por sorpresa y sometió los Estados pontificios. ‖ o **Vladislao I**. Rey de Polonia, m. en Plock (1043-1102). Sucedió a su hermano Boleslao *el Atrevido*. Sostuvo largas guerras contra los pomeranios y los bohemios y al morir dividió sus estados entre sus dos hijos Zbiguiew y Boleslao. ‖ o **Vladislao II**. Rey de Polonia (1104-1159). Hijo de Boleslao III, a quien sucedió en 1139. Murió en Alemania, donde hubo de refugiarse después de una sublevación de su pueblo. ‖ o **Vladislao III**. Rey de Polonia (1168-1221). Fue elevado al trono en 1203. Por sus crueldades y violencias hubo de salir fugitivo de su reino. ‖ o **Vladislao IV**. Rey de Polonia, m. en Cracovia (1260-1333). Elegido en lugar de Leszek *el Negro*, en 1290. Perdió Pomerania, que se declaró independiente, pero quitó a los caballeros de la Orden Teutónica Bromberg y Dobrzyn. ‖ o **Vladislao V** *Jagellón*. Rey de Polonia, m. en Gródec (1350-1434). Hijo de Olgierd, heredó de éste el gran ducado de Lituania (1377). Se convirtió al catolicismo para casarse

Ladislao Jagellón, por Marcello Bacciarelli. Castillo real. Varsovia

con Jadwiga, reina de Polonia (1386), con lo que pasó a ser soberano de este país y fundador de la dinastía de los Jagellones. Polonia se engrandeció bajo su mando. ‖ o **Vladislao VI**. Rey de Polonia (1423-1444). Hijo de Ladislao V, a quien sucedió en 1434. Elegido rey de Hungría a la muerte del emperador Alberto III, dejó Polonia, adonde no regresó hasta el año 1440. Fue muerto en la batalla de Varna contra los turcos. ‖ o **Vladislao VII**. Rey de Polonia, n. en Cracovia y m. en Merecz (1595-1648). Hijo y sucesor de Segismundo III. Rehusó el trono de Rusia, que se le ofrecía a condición de que abrazase la religión griega.

lado. fr., *côte*; it., *lato*; i., *side*; a., *Seite*. (Del lat. *latus*.) m. Cada uno de los costados o partes del cuerpo de una persona o de otro animal vertebrado, comprendidos entre cada extremidad anterior y la posterior correspondiente. ‖ Por ext., en los invertebrados de simetría bilateral, cada una de las dos partes de la superficie del cuerpo situadas a ambos lados del plano sagital, entre el brazo y el hueso de la cadera. ‖ Lo que está a la derecha o a la izquierda de un todo. ‖ Costado o mitad del cuerpo del animal desde el pie hasta la cabeza. ‖ Cualquiera de los parajes que están alrededor de un cuerpo. ‖ Estera que se pone arrimada a las estacas de los lados de los carros para que no se salga por ellos la carga. ‖ Anverso o reverso de una medalla. ‖ Cada una de las dos caras de una tela o de otra cosa que las tenga. ‖ Sitio, lugar. ‖ Línea genealógica. ‖ fig. Cada uno de los aspectos por que se puede considerar una persona o cosa. ‖ fig. Modo, medio o camino que se toma para una cosa. ‖ En geometría, cada una de las dos semirrectas que limitan un ángulo. ‖ Cada uno de los segmentos que forman o limitan un polígono. ‖ Arista de los poliedros regulares. ‖ Segmento generador de la superficie lateral del cono y del cilindro. ‖ fig. Valimiento, favor, protección. ‖ pl. fig. Personas que favorecen o protegen a otra. ‖ fig. Personas que frecuentemente están cerca de otra a quien aconsejan y en cuyo ánimo influyen. ‖ **al lado.** m. adv. Muy cerca, inmediato. ‖ **a un lado.** loc. adv. con que se advierte a uno o a varios que se aparten y dejen el paso libre.

Ladoga. (En ruso, *Ladozhskoye Ozero*; en finlandés, *Laatokka*.) Geog. Lago de la U. R. S. S., en la R. F. S. S. R., repartido entre la república de Carelia y la provincia de Leningrado, próximo a Finlandia. Es el mayor de Europa después del mar Caspio. Tiene una superf. de 18.130 km.², una profundidad máxima de 200 metros y envía sus aguas, por medio del Neva, al golfo de Finlandia. A él afluyen 70 ríos.

ladón. m. Bot. Jara, lada.
Ladozhskoye Ozero. Geog. Ladoga.
ladra. f. Acción de ladrar. || Mont. Conjunto de ladridos que se oyen a cada encuentro de los perros con una res.
ladrador, ra. (Del lat. *latrātor, -ōris.*) adj. Que ladra. || m. ant. **perro.**
ladradura. f. ant. Acción de ladrar.
ladral. (Del lat. *laterālis*, lateral.) m. Ast. y Sant. **adral.** Ú. m. en pl.
ladrante. p. a. de **ladrar.** Que ladra.
ladrar. fr., *abover;* it., *abbaiare;* i., *to bark;* a., *bellen.* (Del lat. *latrāre.*) intr. Dar ladridos el perro. || fig. y fam. Amenazar sin acometer. || fig. y fam. Impugnar, motejar. Alguna vez se entiende con razón y justicia, pero de ordinario indica malignidad.
ladrería. f. galic. por **leprosería.**
ladrido. fr., *aboi, aboiement;* it., *abbaiamento;* i., *barking;* a., *Bellen, Gebell.* (De *ladrar.*) m. Voz del perro, parecida a la onomatopeya *guau.* || fig. y fam. Murmuración, censura, calumnia con que se zahiere a uno.
ladriello. m. ant. **ladrillo.**
ladrillado, da. p. p. de **ladrillar.** || m. Constr. Solado de ladrillos.
ladrillador. (De *ladrillar.*) m. El que pone ladrillos, enladrillador.
ladrillar. m. Sitio o lugar donde se fabrica ladrillo.
ladrillar. (De *ladrillo.*) tr. Poner ladrillos, enladrillar.
Ladrillar. Geog. Mun. de España, prov. de Cáceres, p. j. de Plasencia; 1.045 h. || Lugar cap. del mismo; 426 h.
ladrillazo. m. Golpe dado con un ladrillo.
ladrillejo. m. dim. de **ladrillo.** || Juego que suelen hacer de noche los mozos colgando un ladrillo delante de la puerta de una casa y moviéndolo desde lejos para que dé en la puerta y crean los de la casa que llaman a ella.
ladrillera. f. *Méj.* y *Mur.* **ladrillar.**
ladrillería. f. *Chile.* vulg. por **gradilla.**
ladrillero, ra. m. y f. Persona que hace ladrillos. || m. El que los vende.
ladrillo. fr., *brique;* it., *mattone;* i., *brick;* a., *Ziegelstein.* (Del lat. *laterēllus, dim. de *later, -ĕris.*) m. Masa de barro, en forma de paralelepípedo rectangular, que, después de cocida, sirve para construir muros, solar habitaciones, etc. Sus dimensiones ordinarias son de 28 cm. de largo, 14 de ancho y 7 de grueso. || Por ext., reciben este nombre otros elementos de construcción semejantes hechos de varias materias. || fig. Labor en figura de ladrillo que tienen algunos tejidos. || **azulejo.** Constr. **azulejo.** || **de chocolate.** *Indus.* fig. Pasta de chocolate hecha en figura de ladrillo.
ladrillo. (Del lat. *latro.*) m. Germ. El ladrón.
ladrilloso, sa. adj. Que es de ladrillo o se le asemeja.
ladrocinio. (De *latrocinio.*) m. ant. Robo, latrocinio.
ladrón, na. fr., *voleur, larron;* it., *ladro;* i., *thief, robber;* a., *dieb.* (Del lat. *latro, -ōnis.*) adj. Que hurta o roba. Ú. m. c. s. || m. Portillo que se hace en un río para sangrarlo, o en las acequias o presas de los molinos o aceñas, para robar el agua por aquel conducto. || Toma clandestina de electricidad. || Pavesa encendida que, separándose del pabilo, se pega a la vela y la hace correrse. || vulg. Enchufe eléctrico con tres salidas hembra, triple. || Impr. Pedazo de papel que queda al imprimir entre la forma y el pliego y deja en blanco una parte de éste, lardón. || **(el buen).** *Rel.* San Dimas, uno de los dos malhechores crucificados con Jesucristo, y el cual, arrepintiéndose, alcanzó la gloria. || **(el mal).** Uno de los dos malhechores crucificados con Jesucristo, y el cual murió sin arrepentirse. Es tradición que se llamaba Gestas. || **cuatrero.** *Léx.* Ladrón que hurta bestias.
Ladrón de Guevara (Domingo). Biog. Militar español del siglo XVI, nacido en Puebla de Arrieta, Álava. Pasó a América, formando parte de la expedición de Faderman, y se distinguió por sus hechos en Venezuela y en el Nuevo Reino de Granada. || **de Guevara (María Fernanda).** Actriz de teatro y cine española, n. y m. en Madrid (1896-1974). Se distinguió por sus interpretaciones del teatro benaventino. Entre sus más recientes interpretaciones se cuenta *¿Dónde vas, triste de ti?*
ladronamente. adv. m. fig. Disimuladamente, a hurtadillas.
ladronear. intr. Vivir de robos, hurtos y rapiñas.
ladronera. f. Lugar donde se recogen y ocultan los ladrones. || Ladrón de un río o acequia. || Acción de defraudar en los intereses. || Hucha de barro, alcancía. || **Fort. matacán**, obra voladiza con parapeto en lo alto de un muro, torre, etc.

El buen ladrón. *Retablo de la Santa Cruz*, por Miguel Alcanys (1409). Museo Provincial. Valencia

ladronería. (De *ladronera.*) f. **ladronicio.**
Ladrones (islas de los). Geog. Marianas (islas).
ladronesca. f. fam. Conjunto de ladrones.
ladronesco, ca. adj. fam. Perteneciente a los ladrones.
ladronía. (De *ladrón.*) f. ant. **ladronicio.**
ladronicio. m. latrocinio.
ladronzuelo, la. m. y f. dim. de **ladrón.** || El que hurta cosas generalmente de poco valor, ratero.
lady. (Voz inglesa; pronúnc. *leidi.*) f. ladi.
Laennec (René T. Hyacinthe). Biog. Médico francés, n. en Quimper y m. en Kerlouanec (1781-1826). Fue el primero que aplicó la acústica al examen de las enfermedades del pecho. Inventó el estetoscopio y dio el nombre de *auscultación mediata* a la que practicaba con ayuda de este instrumento.
Laer o **Laar (Pieter van).** Biog. Pintor holandés, también conocido por *Bamboccio*, n. y m. en Haarlem (1613-1675). Adquirió gran fama por las escenas rústicas representadas en sus cuadros, que por él reciben el nombre de *bambochadas.*
Laertes. Mit. En la leyenda griega, padre de Ulises. El reencuentro entre ambos, después de veinte años de ausencia de Ulises, es uno de los más bellos episodios de la *Odisea.*
Lafargue (Paul). Biog. Político y escritor francés, n. en Santiago de Cuba y m. en Draveil (1842-1911). Expulsado de Francia por su participación en el I Congreso Internacional de Estudiantes de Lieja (1865), marchó a Londres, donde trabó amistad con Karl Marx, con cuya hija Laura contrajo matrimonio (1868). Volvió a Francia a la caída de Napo-

Fábrica de ladrillos

león III y tomó parte en la Comuna de París (1871). Al ser nuevamente expulsado en este mismo año, se trasladó a España, donde tuvo una intervención destacada en las luchas entre bakuninistas y marxistas. Vuelto definitivamente a París (1883), ejerció la medicina y preparó el Congreso Socialista Internacional de París (1889). Como había anunciado, se suicidó, junto con su esposa, al cumplir los setenta años. A él se debe la publicación en España del *Manifiesto Comunista*. Es autor de *El socialismo y la conquista de los derechos públicos* (1899), *El determinismo económico de Karl Marx* (1925), etcétera.

Lafayette (condesa de). Biog. Pioche de la Vergne, condesa de La Fayette (Marie Madeleine).

Laferrère (Gregorio de). Biog. Autor teatral argentino, n. y m. en Buenos Aires (1867-1913). Sus comedias se distinguen por la agudeza de la observación psicológica y su factura. Obras: *Jettatore* (1904), *Locos de verano* (1905), *Bajo la garra* (1907), *Las de Barranco* (1908) y *Los invisibles* (1911).

Lafinur. Geog. Local. de Argentina, prov. de San Luis, depart. de Junín; 228 h.

Lafone Quevedo (Samuel Alejandro). Biog. Antropólogo argentino, de origen uruguayo, n. en Montevideo y m. en La Plata (1835-1920). Fue un gran erudito en historia de la conquista. Dejó numerosas memorias sobre las lenguas del territorio argentino. Su conocida obra, *Tesoro de catamarqueñismos*, es un diccionario razonado de vocablos y locuciones indígenas.

Lafontaine (August Heinrich). Biog. Novelista alemán, n. en Brunswick y m. en Halle (1758-1831). Fue uno de los primeros que cultivaron en su país el género sentimental. Cítanse entre sus obras: *Historia de familia*, *Los peligros del gran mundo*, *Vida de un pastor pobre* y *Cuadro de la vida humana*. || **(Jean de).** Fontaine (Jean de La). || (sir **Louis Hippolyte).** Político canadiense, n. en Boucherville, Quebec, y m. en Montreal (1807-1864). Es considerado como el fundador del partido conservador en el Canadá francés.

Laforet Díaz (Carmen). Biog. Escritora española, n. en Barcelona en 1921. Obtuvo un gran éxito con la novela *Nada* y posteriormente ha publicado: *La muerta*, cuentos; *La isla y los demonios*, novela (1952); *La llamada*, nove-

Carmen Laforet

las cortas (1953); *La mujer nueva*, novela (premio nacional de Literatura 1956); *La insolación* (1963), y *Paralelo 35*, narraciones.

Laforgue (Julio). Biog. Poeta y escritor francouruguayo, n. en Montevideo y m. en París (1860-1887). Fue uno de los creadores del verso libre francés y figura descollante del simbolismo. Obras pinipales: *Moralidades legendarias* (cuentos) y *Las quejas* (poesías).

Lafragua. Geog. Mun. de Méjico, est. de Puebla; 8.262 h. Cap., Saltillo.

Lafuente Ferrari (Enrique). Biog. Crítico e historiador español de arte, n. en Madrid en 1898. Ha sido director del Tesoro Artístico del Patrimonio Nacional y miembro de la Academia de San Fernando. Ha publicado: *Breve historia de la pintura española*, *La vida y el arte de Ignacio Zuloaga*, *Vida y arte de Evaristo Valle*, *Museo del Prado I* (Pintura española de los s. XVII y XVIII), *Museo del Prado II* (Pintura española del románico al Greco) y *Ortega y las artes visuales*. || **y Zamalloa (Modesto).** Escritor español, n. en Rabanal de los Caballeros y m. en Madrid (1806-1866). Entre los años 1837-1843 y 1848-49 publicó la revista festiva titulada *Fray Gerundio*, de gran popularidad. Escribió, entre otras obras, la *Historia general de España*, en 29 tomos, su obra capital; *Teatro social del siglo XIX* y *Viaje aerostático*.

lagachina. f. Zool. Molusco anfineuro marino del orden de los poliplacóforos, congénere del *quitón*, que vive hasta profundidades de 4.000 m. (*chiton squamosus*).

lagaña. f. **legaña.**

lagañoso, sa. adj. **legañoso.**

lagar. fr., *pressoir;* it., *ammostatoio;* i., *winepress;* a., *Kelter, Presse.* (De *lago*.) m. Recipiente donde se pisa la uva para obtener el mosto. || Sitio donde se prensa la aceituna para sacar el aceite, o donde se machaca la manzana para preparar la sidra. || Edificio donde hay un lagar para uva, aceituna o manzana. || En las fábricas de salazón, depósito para conservar el pescado en salmuera. || Suerte de tierra de poca extensión, plantada de olivar, y en la cual hay edificio y artefactos para extraer el aceite.

Lagar (Celso). Biog. Pintor español, n. en Ciudad Rodrigo, Salamanca, y m. en Sevilla (1891-1966). Residió en Francia desde 1912, donde frecuentó a Modigliani y Picasso. Especializado en temas circenses, supo reflejar en sus telas el lado humano y a veces trágico de los artistas ambulantes.

Prostíbulo, por Celso Lagar. Colección privada. Madrid

lagarearse. prnl. *Sal.* **hacerse lagarejo.**
lagarejo. m. dim. de **lagar.** || **hacerse lagarejo.** fr., fig. y fam. Maltratarse o estrujarse la uva que se trae para comer.
lagarero. m. El que trabaja en el lagar.

lagareta. f. **lagarejo.** || Charco de agua u otro líquido. || *And.* Pocilga de cerdos.
lagarta. (Del lat. **lacarta*, por *lacerta*.) f. Hembra del lagarto. || fig. y fam. Mujer pícara, taimada. Ú. t. c. adj. || **Entom.** Insecto lepidóptero heterócero, de la familia de los limántridos. La oruga posee una coloración parecida a la de los lagartos y ataca a numerosas especies arbóreas, preferentemente a la encina, y puede constituir una plaga. La mariposa hembra es casi blanca y mucho mayor que el macho, de color gris, a lo que alude su nombre específico (*lymantria díspar*). || **falsa.** Insecto lepidóptero heterócero, de la familia de los lasiocámpidos (*malacosoma neustria*).
lagartado, da. adj. Semejante en el color a la piel del lagarto.
lagartear. tr. *Chile.* Coger de los lagartos a uno con instrumento adecuado o con ambas manos, y apretárselos para impedirle el uso de los brazos, con el fin de atormentarlo o vencerlo en la lucha.
lagarteo. m. *Chile.* Acción de lagartear.
lagartera. f. Agujero o madriguera del lagarto. || **Bot.** Nombre vulgar de la gramínea *setaria verticillata*.
Lagartera. Geog. Mun. y villa de España, prov. de Toledo, p. j. de Talavera de la Reina; 2.518 h. (*lagarteranos*). Renombrados bordados populares.
lagartero, ra. adj. Aplícase al ave u otro animal que caza lagartos.
lagartezna. f. ant. Lagartija, ligaterna.
lagartija. (dim. de *lagarta*.) f. Zool. Nombre común con que aquellas especies de saurios de la familia de los lacértidos y del gén. *lacerta*, cuya longitud no suele pasar de los 15 cm.; son muy esbeltas, ágiles y espantadizas, de color pardo verdoso con varios matices por encima y blanco por debajo; se alimentan de insectos y viven entre los escombros, las ruinas y en los huecos de las murallas y paredes. La especie más conocida es la *lagartija común* (*lacerta muralis*), pero hay otras muy semejantes en toda la región mediterránea. || **de prado.** Lacértido muy abundante en España y parecido a la lagartija común, de la que se distingue por su

color verde aceituna, por carecer de collar de escamas característico de las especies del gén. *lacerta* y por vivir en los prados y otros lugares donde abunda la hierba *(psammódromus hispánicus).*

lagartijero, ra. adj. Aplícase a algunos animales que cazan y comen lagartijas.

lagartijo. m. dim. de **lagarto.** ‖ *Méj.* Lechuguino, petimetre.

Lagartijo. Biog. Molina Sánchez (Rafael).

lagarto. fr., *lézard;* it., *lucertola;* i., *lizard;* a., *Eidechse.* (Del lat. **lacartus,* por *lacertus.*) m. fig. y fam. Hombre pícaro, taimado. Ú. t. c. adj. ‖ *Germ.* Ladrón del campo. ‖ Ladrón que muda de vestido para que no le conozcan. ‖ **Anat.** Músculo grande del brazo, que está entre el hombro y el codo. ‖ fig. y fam. **Bl.** Espada roja, insignia de la orden de caballería de Santiago. ‖ **Zool.** Nombre común a aquellos saurios de la familia de los lacértidos y del gén. *lacerta,* que suelen medir de 50 a 80 cm. desde la parte anterior de la cabeza hasta la extremidad de la cola. La cabeza es ovalada, la boca grande con muchos y agudos dientes, el cuerpo prolongado y casi cilíndrico y la cola larga y cilindrocónica, con escamas dispuestas en anillos; las patas son cortas, delgadas y con cinco dedos armados de afiladas uñas; la piel está cubierta de escamas, blancas en el vientre, y manchadas de verde, amarillo y azul, que

Lagarto africano. Esmara (Sáhara Occidental)

forman dibujos simétricos, en el resto del cuerpo. Son sumamente ágiles, inofensivos y muy útiles para la agricultura por la gran cantidad de insectos que devoran. Se reproducen por huevos que entierra la hembra, hasta que el calor del sol los vivifica. En el sur de Europa y norte de África viven dos especies, el *lagarto verde (lacerta víridis)* y el *común* u *ocelado* (*l. ocellata);* en Europa central y septentrional abunda más el *lagarto ágil (lacerta ágilis).* ‖ **ápodo.** lución. ‖ **de arena.** uma. ‖ **de cola espinosa.** uromástix. ‖ **de cola truncada.** traquisaurio. ‖ **de collar.** Saurio de la familia de los iguánidos, propio de EE. UU. y norte de Méjico *(crotaphytus collaris).* ‖ **cornudo.** tapaya. ‖ **de Indias.** caimán. ‖ **de las palmeras.** uromástix. ‖ ¡**lagarto!** interj. que entre gentes supersticiosas se dice cuando alguien nombra la culebra y, en general, para ahuyentar la mala suerte. Úsase más repetida.

Lagarto. Astron. Constelación boreal introducida por Hevelio en el s. XVII y situada entre las de Cefeo, Andrómeda, Pegaso y el Cisne. Solamente posee estrellas débiles, y su nombre científico es *Lacerta.*

lagartón, na. adj. Dícese de la persona taimada y astuta.

Lagartos. Geog. Mun. de España, prov. de Palencia, p. j. de Carrión de los Condes; 354 habitantes. ‖ Villa cap. del mismo; 42 h.

Lagasca (Pedro de). Biog. Gasca (Pedro de La).

Lagash. Geog. hist. Famosa c. de Caldea, cuyo emplazamiento quedaba junto a la actual ciudad de Telloh (Irak), no lejos de la confluencia del Tigris y el Éufrates. En ella, el rey Ur-Nina fundó una dinastía. Ruinas del palacio del rey Gudea, un templo de los denominados zigurats, de pequeño tamaño, y gran número de relieves.

Lagata. Geog. Mun. y lugar de España, prov. y p. j. de Zaragoza; 255 h.

Lagawe. Geog. C. de Filipinas, en la isla de Luzón, cap. de la prov. de Ifugao.

Lage. Geog. Mun. de España, prov. de La Coruña, p. j. de Carballo; 3.535 h. ‖ Villa cap. del mismo; 1.141 h. *(lageses).*

lagena. (Voz lat. que sign. *botella.*) f. **Zool.** Tubo, algo encorvado, del oído interno, que en los reptiles, y más desarrollado en las aves, corresponde al caracol de los mamíferos.

lageniforme. (Del lat. *lagēna,* botella, redoma, y *-forme.*) adj. Que tiene la figura de una botella o redoma.

lagenorrinco. (Del lat. científico *lagenorhyncus,* y éste del gr. *lágenos,* botella, y *rhýgchos,* pico.) **Zool.** Gén. de cetáceos odontocetos, de la familia de los delfínidos (v.).

Lagerkvist (Pär). Biog. Novelista, autor teatral y poeta sueco, n. en Växjö y m. en Estocolmo (1891-1974). En sus libros figura como constante preocupación el angustioso interrogante del destino humano, como en *Angustia* (1916) y *Caos* (1919). Se considera su obra maestra la novela *Barrabás* (1946), donde se hace del personaje bíblico una manera de símbolo del moderno inadaptado. Otras obras: *El verdugo* (1934), *El hombre sin alma* (1936), intensa obra dramática; *El enano* (1944), *Las Sibilas* (1956) y *La muerte de Asuero.* Le fue concedido el premio Nobel de Literatura en 1951.

Lagerlöf (Selma). Biog. Escritora sueca, n. y m. en Marlacka (1858-1940). Su obra *La leyenda de Gösta Berling* (1891) la colocó en primera fila entre los escritores suecos. Escribió además: *Los milagros del Anticristo* (1897), *Jerusalén* (1901-02), *El maravilloso viaje de Nils Holgersson, El proscrito* (1920), *El anillo del general* (1925), *Ana Svörd* (1927) y *El diario de Selma Lagerlöf* (1937). Se le concedió el premio Nobel de Literatura en 1909.

Laghman. Geog. Provincia de Afganistán; 7.510 km.² y 216.000 h. ‖ Población cap. de la misma.

lágida. adj. Dícese de la dinastía griega que gobernó en Egipto desde la muerte de Alejandro Magno hasta la conquista del país por Roma.

lago. fr., *lac;* it., *lago;* i., *lake;* a., *See.* (Del lat. *lacus.*) m. Gran masa permanente de agua depositada en hondonadas del terreno, con comunicación al mar o sin ella. ‖ **Anat.** Confluente al que llegan varios conductos que se remansan allí. Uno de éstos en el espacio que en la placenta facilita el intercambio de oxígeno entre la sangre materna y la fetal. ‖ **de leones.** *Léx.* Lugar subterráneo o cueva en que los encerraban.

Lago Argentino. Geog. Depart. de Argentina, prov. de Santa Cruz; 37.292 km.² y 1.994 habitantes. Cap., El Calafate. ‖ **Blanco.** Local. de Argentina, prov. de Chubut, depart. de Río Senguerr; 244 h. ‖ **Buenos Aires.** Depart. de Argentina, prov. de Santa Cruz; 28.609 km.² y 3.897 h. Cap., Perito Moreno. ‖ **Epecuén.** Local. de Argentina, prov. de Buenos Aires, part. de Adolfo Alsina; 1.123 h. ‖ **Futalaufquen.** Local. de Argentina, prov. de Chubut, depart. de Futalenfú; 578 h. ‖ **Occidental.** Región de Tanzania, en Tanganyika; 39.627 km.² y 725.000 h. Cap., Bukoba. ‖ **Ranco.** Comuna de Chile, prov. de Valdivia, depart.

de Río Bueno; 12.734 h. ‖ Pobl. cap. de la misma; 1.675 h.

lagocéfalo. m. Zool. tamboril.

lagomorfo, fa. (Del gr. *lagós,* liebre, y *morfo.*) adj. **Zool.** Dícese de los mamíferos euterios unguiculados, de tamaño pequeño o mediano, con cola rudimentaria o ausente; sin caninos, con incisivos largos, en bisel, de crecimiento continuo y propios para roer (cuatro en la mandíbula superior y dos en la inferior) y con una amplia diastema entre ellos y las muelas. Son ágiles, de costumbres minadoras, muy prolíficos y, por lo general, herbívoros. Entre ellos están los *picas* u *ocotonas* y los *conejos, liebres* y *caprolagos.* ‖ m. pl. Orden de estos mamíferos, que muchos consideran como un suborden de roedores con el nombre de *duplicidentados.*

lagopo. (Del lat. *lagōpus,* y éste del gr. *lagópous;* de *lagós,* liebre, y *pous, podós,* pie.) m. **Bot.** pie de liebre. ‖ **Zool.** lagópodo.

lagópodo. (Del m. or. que el anterior.) **Zool.** Gén. de aves del orden de las galliformes, familia de las tetraónidas (v.).

Lagos Chazarro (Francisco). Biog. Político mejicano, n. en Tlacotalpan (1879-1932). Gobernador de Veracruz (1911-13) y secretario particular del presidente Roque González Garza. Al cesar éste sus funciones, asumió el Ejecutivo de junio a octubre de 1915. ‖ Geog. Est. de Nigeria; 1.443.568 h. Cap., Ikeja. ‖ C. cap. de Nigeria; 909.969 h. Importante puerto comercial y aeropuerto internacional. La antigua colonia de Lagos fue creada en 1862 y en 1914 unida al protectorado de Nigeria del Norte para formar la colonia y protectorado de Nigeria. ‖ **(Los).** Depart. de Argentina, prov. de Neuquén; 4.230 km.² y 2.135 h. Cap., Villa La Angostura. ‖ **(Los).** Comuna de Chile, prov. y depart. de Valdivia, 15.964 h. ‖ Pobl. cap. de la misma; 4.733 h. ‖ **de Moreno.** Mun. de Méjico, est. de Jalisco; 65.950 h. ‖ C. cap. del mismo; 33.782 h. Famoso santuario.

lagosta. f. ant. **Zool.** langosta.

lagostín. m. ant. **Zool.** langostín.

lagosto. m. ant. **Zool.** langosta.

lagotear. (Del gót. *laigon,* lamer.) intr. fam. Hacer halagos y zalamerías para conseguir una cosa. Ú. t. c. tr.

lagotería. (De *lagotero.*) f. fam. Zalamería para congraciarse con una persona o lograr una cosa.

lagotero, ra. (De lagotear.) adj. fam. Que hace lagoterías. Ú. t. c. s.

Lagrán. Geog. Mun. de España, prov. de Álava, p. j. de Vitoria; 259 h. ‖ Villa cap. del mismo; 209 h.

Lagrange, conde de Lagrange (Joseph Louis). Biog. Matemático francés, n. en Turín y m. en París (1736-1813). Creó el *cálculo de variaciones.* Como astrónomo le dio gran fama su teoría completa de las libraciones de la Luna y la de los satélites de Júpiter. Como matemático se le deben *Mecánica analítica* y el descubrimiento de la *serie de Lagrange.*

lágrima. fr., *larme;* it., *lacrima;* i., *tear;* a., *Träne.* (Del lat. *lacryma.*) f. Cada una de las gotas del humor que segregan de modo constante las glándulas lagrimales. Este humor es alcalino, con 1,4 % de cloruro de sodio (de ahí su sabor salado) y sirve para mantener húmeda la conjuntiva y evitar que pierda su transparencia. Fluye normalmente a las fosas nasales por los conductos lagrimales, pero si hay un exceso de secreción, bien sea debido a causas externas físico-químicas, bien a causas fisiológicas o psíquicas (emoción, pena, alegría, etc.), este exceso se desborda fuera de los ojos y se produce el llanto. Ú. m. en pl. ‖ fig. Gota de humor que destilan las vides y otros árboles después de la poda. ‖ fig. Porción muy

Las lágrimas de San Pedro, por el Greco. Catedral de Toledo

corta de cualquier licor. ‖ pl. fig. Pesadumbres, adversidades, dolores. ‖ **de Batavia,** o **de Holanda.** *Vidriería.* Gota de vidrio fundido que al echarse en agua fría se templa como el acero, tomando la forma ovoide o de pera. En tal estado se mantiene firme, mas en cuanto se le rompe la punta, se reduce a polvo fino con una ligera detonación. ‖ **lágrimas de cocodrilo.** fig. *Léx.* Las que vierte una persona aparentando un dolor que no siente. ‖ **de David** o **de Job.** *Bot.* Planta de la familia de las gramíneas, de caña elevada, hojas anchas y algo planas, flores monoicas en espiga, y fruto globoso, duro y de color gris claro. Es originaria de la India, se cultiva en los jardines, y de las simientes se hacen rosarios y collares. ‖ **de María.** *Bot. Méj.* dulcamara. ‖ **de Moisés.** fig. y fam. *Léx.* Piedras o guijarros con que se apedrea a uno. ‖ **de Salomón.** *Bot.* convalaria. ‖ **de San Lorenzo.** fig. perseidas. ‖ **de San Pedro.** fig. y fam. *Léx.* **lágrimas de Moisés.** ‖ **lo que no va en lágrimas va en suspiros.** expr. fig. y fam. con que se da a entender que unas cosas se compensan con otras.

lagrimable. (Del lat. *lacrimabĭlis.*) adj. Digno de ser llorado.

lagrimacer. intr. Derramar lágrimas.

lagrimal. (De *lágrima.*) adj. Dícese del aparato destinado a segregar y conducir las lágrimas para mantener húmeda la conjuntiva. ‖ m. Extremidad del ojo próxima a la nariz. ‖ *Agr.* Úlcera que suele formarse en la axila de las ramas cuando éstas se desgajan algún tanto del tronco.

lagrimar. (Del lat. *lacrimāre.*) intr. Derramar lágrimas.

lagrimear. intr. Secretar con frecuencia lágrimas la persona que llora fácil o involuntariamente.

lagrimeo. m. Acción de lagrimear. ‖ **Pat.** Flujo independiente de toda emoción del ánimo, por no poder pasar las lágrimas desde el lagrimal a las fosas nasales, o ser su secreción muy abundante por irritación del ojo. Es síntoma de varias enfermedades del ojo, de los párpados y de las vías lagrimales.

lagrimón, na. (De *lagrimar.*) adj. ant. Lagrimoso, legañoso o pitarroso.

lagrimón. m. aum. de **lágrima.**

lagrimoso, sa. (Del lat. *lacrimosus.*) adj. Aplícase a los ojos tiernos y húmedos por achaque, por vicio de la naturaleza, por estar próximos a llorar o por haber llorado. ‖ Dícese de la persona o animal que tiene los ojos en este estado. ‖ Que mueve a llanto. ‖ Que destila lágrimas, dicho de un árbol, planta, etc.

lagua. (Voz americana.) f. *Amér.* Especie de puches o gachas que en Bolivia y Perú se hacen con fécula de maíz o de chuño.

Laguardia. *Geog.* Mun. de España, prov. de Álava, p. j. de Vitoria; 1.696 h. ‖ Villa cap. del mismo; 1.563 h. (*guardienses*). Notable iglesia del s. XVII, con bellas esculturas. Magnífico hospital.

Laguerre (Enrique). *Biog.* Escritor puertorriqueño, n. en 1906. Obras: *La llamarada* (1935), *Solar Montoya* (1947), *Los cinco dedos de la mano* (1951) y *La ceiba en el tiesto* (1956).

Lagueruela. *Geog.* Mun. y lugar de España, prov. de Teruel, p. j. de Calamocha; 141 h.

laguna. fr., *lagune;* it., *laguna;* i., *lagoon;* a., *Lagune.* (Del lat. *lacūna.*) f. Depósito natural de agua, generalmente dulce y por lo común de menores dimensiones que el lago. ‖ fig. En lo manuscrito o impreso, hueco en que se dejó de poner algo o en que algo ha desaparecido por la acción del tiempo o por otra causa. ‖ fig. Defecto, vacío o solución de continuidad en un conjunto o serie. ‖ **estratigráfica.** *Geol.* Ausencia de estratos en una serie sedimentaria, originada generalmente por una emersión del país, aunque también puede formarse por no haber existido sedimentación en un período de tiempo; en este caso se le da el nombre de *diastema.* ‖ **interorgánica.** *Zool.* Espacio entre diversos órganos, donde se estanca momentáneamente la sangre en los animales que, como los insectos, tienen el aparato circulatorio abierto. Allí es enviada y de allí aspirada por las contracciones del vaso dorsal. ‖ **de la ley,** o **del derecho.** *Der.* Falta de disposición legal al pretender resolver un problema jurídico con arreglo a un determinado ordenamiento positivo. ‖ **ósea.** *Anat.* Cada una de las minúsculas cavidades del tejido óseo donde se alojan los osteocitos, y que se comunican entre sí por los delgadísimos *conductos calcóforos.*

Laguna (Andrés). *Biog.* Médico y escritor español, n. y m. en Segovia (entre 1494 y 1499-1560). Hijo de un médico notable, recibió en Salamanca el título de bachiller en Artes, y deseando ampliar sus conocimientos se trasladó a París, donde estudió griego, medicina y botánica. Fue catedrático de la Universidad de Alcalá y médico de Carlos I y del pontífice Julio III. En Metz y Colonia se distinguió como médico y como político. Fue uno de los hombres más célebres de su tiempo y ocupa un puesto eminente en la historia de la medicina, y la Academia Española le cuenta entre las autoridades del idioma. Hizo numerosas traducciones y publicó comentarios y obras originales, entre las que figuran las tituladas *Discurso breve sobre la cura y preservación de la peste, Las cuatro elegantísimas y gravísimas oraciones de Cicerón contra Catilina* y *Pedacio Dioscórides Anazarbeo,* su trabajo más importante. ‖ *Geog.* Prov. de Filipinas, en la isla de Luzón; 1.760 km.^{2} y 699.736 h. Cap., Santa Cruz. ‖ **(La).** Local. de Argentina, prov. de Córdoba, depart. de General San Martín; 1.456 h. ‖ **(La).** Mun. de El Salvador, depart. de Chalatenango; 3.343 h. ‖ Población cap. del mismo; 1.239 h. ‖ **(La).** Mun. de España, prov. de Santa Cruz de Tenerife, en la isla de Tenerife, p. j. de su nombre; 79.963 h. Corr. 17.483 (*laguneros*) a la cap., la c. de San Cristóbal de La Laguna, abreviadamente denominada La Laguna, cap., también, del p. j. Universidad. Es sede episcopal sufragánea del arzobispado de Sevilla. Tiene una bonita catedral. Aeropuerto de Los Rodeos. ‖ **Alsina.** Local. de Argentina, prov. de Buenos Aires, part. de Guaminí; 1.163 h. ‖ **Blanca.** Local. de Argentina, prov. de Chaco, part. de Libertad; 266 h. ‖ **Blanca.** Local. de Argentina, prov. de Formosa, departamento de Pilcomayo; 1.936 h. ‖ **Blanca.** Pobl. de Cuba, prov. de Oriente, p. j. de Bayamo; 12.700 h. ‖ **Brava.** Local. de Argentina, prov. de Corrientes, depart. de La Capital; 615 h. ‖ **de Cameros.** Mun. y villa de España, prov. y p. j. de Logroño; 244 h. ‖ **de Contreras.** Mun. de España, prov. de Segovia, p. j. de Cuéllar; 489 h. ‖ Villa cap. del mismo; 371 h. ‖ **Dalga.** Mun. de España, prov. de León, p. j. de La Bañeza; 1.204 h. ‖ Villa cap. del mismo; 559 h. ‖ **de Duero.** Mun. de España, prov. y p. j. de Valladolid; 3.405 h. ‖ Villa cap. del mismo; 3.006 h. (*laguneros*). ‖ **Larga.** Pobl. de Argentina, prov. de Córdoba, depart. de Río Segundo; 4.367 h. ‖ **Limpia.** Local. de Argentina, prov. de Chaco, part. de Libertador General San Martín; 1.423 h. ‖ **del Marquesado.** Mun. y lugar de España, prov. y p. j. de Cuenca; 167 h. ‖ **del Monte.** Local. de Argentina, depart. de Presidente Roque Sáenz Peña; 390 h. ‖ **Nainek.** Local. de Argentina, provincia de Formosa, depart. de Pilcomayo; 1.445 h. ‖ **de Negrillos.** Mun. de España, prov. de León, p. j. de La Bañeza; 2.293 h. ‖ Villa cap. del mismo; 2.004 h. (*parameses*). ‖ **Paiva.** Local. de Argentina, prov. de Santa Fe, depart. de La Capital; 11.196 h. ‖ **Salada.** Dist. municipal de la República Dominicana, prov. de Valverde; 9.931 h. ‖ Pobl. cap. del mismo; 2.703 h. ‖ **de Tacarigua (La).** Mun. de Venezuela, est. de Miranda, dist. de Paéz; 1.737 h. Cap., Tacarigua de la Laguna. ‖ **Yema.** Local. de Argentina, prov. de Formosa, depart. de Bermejo; 801 h.

lagunajo. (desp. de *laguna.*) m. Charco que queda en el campo después de haber llovido o haberse inundado.

lagunar. (Del lat. *lacūnar, -āris.*) m. Charco, lagunajo, lagunazo. ‖ **Arquit.** Cada uno de los huecos que dejan los maderos con que se forma el techo artesonado.

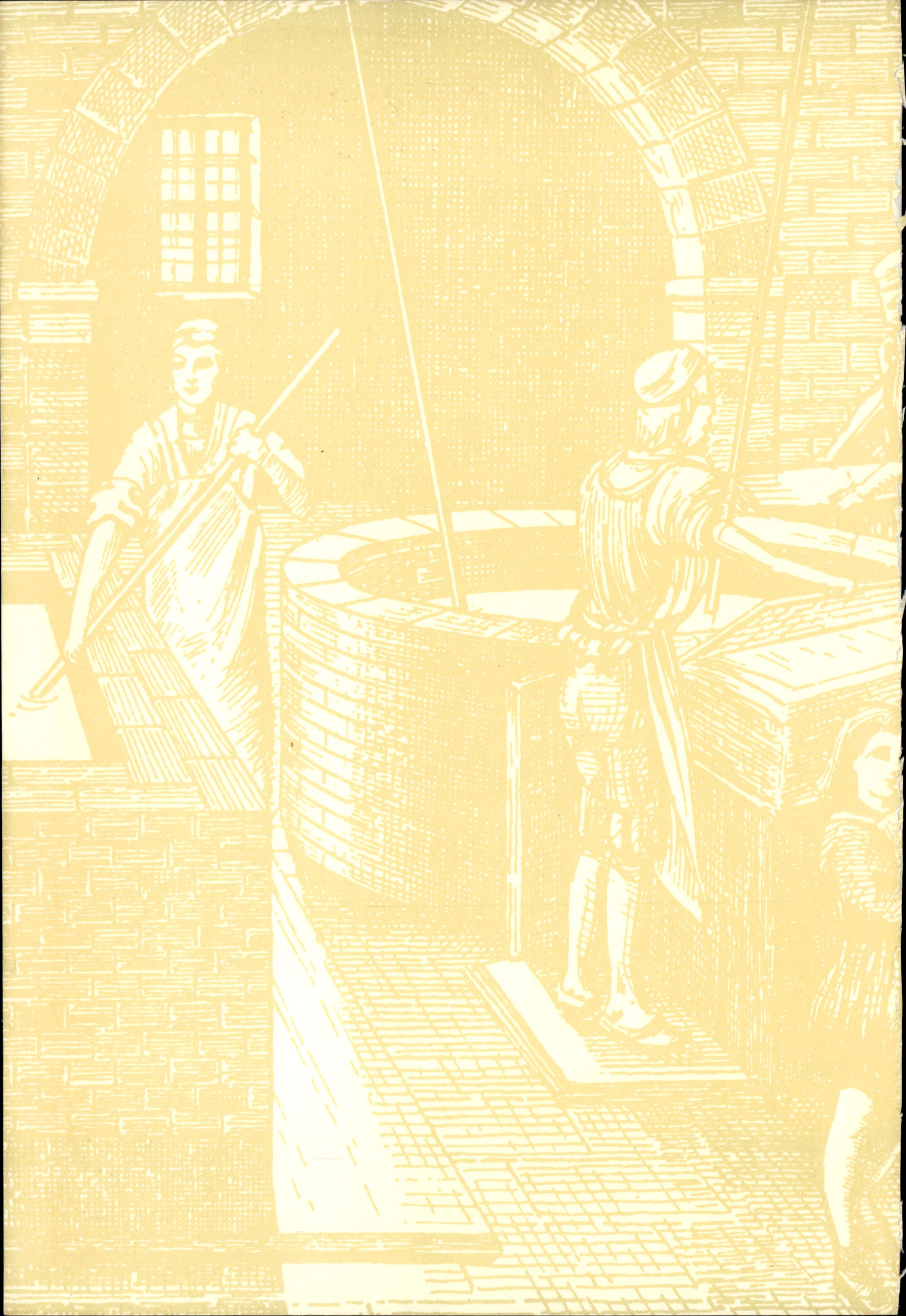